光緒嘉興府志

（清）許瑶光 修　（清）吳仰賢等 纂　嘉興市圖書館 整理

壹

國家圖書館出版社

圖書在版編目(CIP)數據

[光緒]嘉興府志:全五册/(清)許瑶光修;(清)吴仰賢等纂;嘉興市圖書館整理. -- 北京:國家圖書館出版社,2016.10

ISBN 978-7-5013-5909-7

Ⅰ.①光… Ⅱ.①許… ②吴… ③嘉… Ⅲ.①嘉興-地方志-清代 Ⅳ.①K295.53

中國版本圖書館 CIP 數據核字(2016)第 208458 號

書　　名　[光緒]嘉興府志(全五册)
著　　者　(清)許瑶光 修　(清)吴仰賢等 纂　嘉興市圖書館 整理
責任編輯　苗文葉
封面設計　得銘文化+邢毅

出　　版　國家圖書館出版社(100034　北京市西城區文津街 7 號)
　　　　　(原書目文獻出版社　北京圖書館出版社
發　　行　010-66114536　66126153　66151313　66175620
　　　　　66121706(傳真)　66126156(門市部)
E-mail　nlcpress@nlc.cn(郵購)
Website　www.nlcpress.com→投稿中心
經　　銷　新華書店
印　　裝　河北三河弘翰印務有限公司
版　　次　2016 年 10 月第 1 版　2016 年 10 月第 1 次印刷

開　　本　787×1092(毫米)　1/16
印　　張　172

書　　號　ISBN 978-7-5013-5909-7
定　　價　2800.00 圓

出版説明

現存最早的嘉興府志爲元至元二十五年（1288）單慶修、徐碩纂［至元］《嘉禾志》三十二卷，有舊鈔本流傳。明代四修嘉興府志。清代凡五修，一爲康熙二十一年（1682）刻袁國梓等纂修十八卷首一卷末一卷，二爲康熙六十年（1721）刻吴永芳修、錢以塏等纂十六卷本，三爲嘉慶六年（1801）刻伊湯安修、馮應榴等纂八十卷首三卷本，四爲道光二十年（1840）刻于尚齡纂修六十卷首三卷本，五即光緒四年（1878）刻八十八卷首二卷本，由時任嘉興府知府許瑶光修，邑人吴仰賢等纂。

許瑶光（1817—1882）字雪門，號復齋、復叟，湖南善化（今屬長沙）人。詩人，浙江名宦，被時論譽爲近世少有之賢太守。道光二十九年（1849）拔貢。歷任桐廬、淳安、常山、諸暨、仁和等縣知縣，有循聲。任嘉興府知府前後十八年，政聲卓著。著有《雪門詩鈔》十六卷、《談浙》四卷。

吴仰賢（1821—1887）初字慕周，更字牧騶，號萃思、魯儒，别署小匏庵主，室名曰『小匏庵』『小梅花庵』『梅花草堂』，嘉興人。詩人。道光二十三年（1843）舉人，咸豐二年（1852）進士，改庶吉士。歷任雲南羅次、昆明知縣，武定知州。著有《小匏庵詩存》六卷附一卷、《小匏庵詩話》十卷、《小匏庵雜録》《續增廣輿記》。

此志共八十八卷首二卷，前有許瑶光、吴仰賢所作序及修志銜名。首兩卷爲巡典及天章，餘八十八卷分圖説、星野、建置、疆域、城池、橋梁、公署、學校、壇廟、山川、古蹟、坊表等類目，内容翔實，是目前嘉興市存世舊志中距今最近也是最爲完備的一部府志。

爲更好地保存地方文獻，滿足廣大史學、方志工作者和愛好者查考及閲讀需要，嘉興市圖書館以館藏清光緒四年（1878）鴛湖書院刻本《嘉興府志》爲底本，將其影印出版。相信此舉能爲社會各界瞭解、關注、研究、宣傳嘉興提供一定的幫助。

嘉興市圖書館

二〇一六年十月

總目録

第一册

第二册

第三册

第四册

第五册

第一册目録

嘉興府志

嘉興府志

光緒丁丑秋月開
雕戊寅季夏竣工
版藏鴛湖書院

光緒五年八月重印
百部詳加校正無訛

重修嘉興府志序

國朝浙江通志開局於雍正九年李敏達進呈於乾隆元年嵇文敏迄今百有四十年矣其間因革損益更僕難數兵燹之餘載籍失散中興之政百度維新及時纂輯無可再緩於是當軸有續修省志議而徵文考獻惟籍有資省必先以府府必先以縣理也同治十三年秋檄縣修志期其爲府志先也乃事越年餘惟海鹽王令延徐太僕編次成書餘若善平石桐方議刱始而告竣需時嘉秀諸紳又以切近郡城擬附府志而暫行緩修今之得不急修府志以振各縣之綱領考舊志始於宋[illegible]

甲午郡守張元成而其書不傳岳珂擬重修又未竟去任元代郡經歷單慶亦命徐碩爲之而版復未鋟今之託始者即以至元一志爲最著明則柳邦用修於宏治朝鄒衡補於正德朝趙瀛修於嘉靖朝劉應鈳修於萬歷朝蓋三百年之久凡三修而一補也

本朝至今已四修康熙辛酉修者袁國梓庚子修者吳永芳嘉慶庚申修者伊湯安道光庚子修者于尚齡袁志未得見吳志亦尙簡略最詳贍者莫如伊志雖其中田賦散不合總鹽法與兩浙鹽法志有舛武備紀兵事只載倭寇未免疎漏然朝章國憲搜索靡遺軼事前聞網羅殆遍蓋時當乾嘉之際宇宙重熙累洽阮文達主持風雅於兩浙下中英才輩起讀書攷古有本有原其體製典核華贍粹然可觀宜哉于志承伊志而變之削引用之原書刪紀載之始末遺賦役之細款收浮薄之藝文裁官師之列表采私家之骨董識者譏之第由嘉慶初至道光中四十年間之掌故經亂而足資考證實賴存其梗概焉此次重修原本伊志而稍爲折衷亦擇善而從之意爾考古地理之書多名圖經所重在山川方域也茲境圖則水道加詳城圖則橋梁亦載瞭如指掌似較前志爲密伊志首

天章次
巡典蓋依熱河志例茲首
巡典次
天章則謹遵
南巡盛典例竊以爲熱河志乃出自
欽定盛典則撰自臣工也伊志城池門只載今城茲移古城於前而仍註其詳於古蹟流虹一亭古蹟也伊志載入學校茲改歸古蹟而第存其名於學校鴻博召試特科也伊志統歸於選舉表中之上列似非所以昭異數茲另標表前而彭美門之名次不以海鹽而抑以憲綱使居

嘉興與舉諸人之後所以崇
欽取也列傳門類悉從伊志而兩廡先儒則從于志特表於前凡此數端皆與伊志異者至金石一門分金分石而附之以甎此不獨與舊志異并與各金石之書異然而名與實符矣若高文恪本錢塘籍而舊入平湖錢文端嘉興籍也而其母南樓老人入海鹽屠叔方秀水籍也其母項氏入嘉興屠正嘉桐鄉籍也其母徐氏入秀水各賢母傳此中應别有原委仍從伊志不事更張焉顧近今以來時事變遷法度亦與之俱變所謂見聞異辭者非歟學額則有暫廣永廣矣漕運則有滬兌津收矣釐政則有票運綱引矣郵傳則改用代馬船遞矣武備則有澉乍水師之增矣營制則有減兵增餉之舉矣權宜募勇則有砲船水師之分防矣算緡助餉則有釐局之坐賈行商矣善後各政前因夷燬後有粵匪內訌既修平浙之書外更講通商之約嘉興切近海口地產蠶桑野堪雉兎華人時與洋人交錯而教民又搆煽於中海防邊事官此者自宜慎之又慎故於武備之後附記中外交涉事件雖前志所未有然郝玉麟之修廣東志也以粵中市舶騈集特列外番一門識者稱其與通典述邊防而兼及海外諸國之意合是前哲固早已慮及之矣

又兵事之末談及槍匪或疑蠛蠓之害無關痛癢不知袁志序文云一二不逞之徒磨牙礪角日相尋於鋒刃鋒刃之利而其類從之日以成俗豈種蠡之遺未盡澌滅一再變而至此司世教者所宜感慨而痛念之由斯言觀之博徒鹽梟之倚船弄兵康熙時卽有此莠慝匪自今日始也瑶痛殺數百人風稍熄矣而懲前毖後念念難忘筆之亦將以爲來者告耳且夫揚州舊域厥土塗泥厥田下上厥賦下上上錯七邑幅幀截長補短徑方不過百里而額銀五十六萬額漕五十八萬各有奇民力頗形竭蹶同治四年恭逢
恩詔減漕挽歷朝積重之勢而轉之使輕蠲米之數至十四萬石有奇億萬家生民氣脈霍然一蘇已屬千載一時之盛而嘉善復免賠虧焉七邑又減貢絲焉同治三年粵逆盪平四年試征未荒未歉之熟田奉蠲三成焉凡此超今邁古之曠典一時並集閭里歡欣鼓舞而瑶適躬際其休雖俗吏無文未能潤色鴻業然莅兹土者已十有五年於兹爲從前官師表中所無涓埃未報未免載筆躊躇仰惟
聖天子涵濡黎庶深仁厚澤鏤心刻骨何敢稍事疏忽於是詳稽官牘備載本末所謂中興之政百度維新者不其然

與不其然與夫足兵足食有關國計民生者爲識大其
名宦人物各類爲識小李敏達通志序文嘗言之矣此
志八十八卷而列傳至叢談合三十八卷居全書十之
四中如忠義列女又占十七卷衡以前人未大於本同
乎家牒之議似欠裁汰然地志之中增以人物太平寰
宇記已開其端元明以來踵事增華勢難遽返矣況復
咸豐庚申之亂秀州士女抗節赴義實繁有徒自甲子
克復以來已十五閱寒暑而杭省採訪尚未撤局京師
言官時有奏陳蓋食毛踐土感恩衛國書之以扶世翊
教具在乎此省中既編爲錄郡志備載其名忠義一門
詎得謂爲過濫乎至若傳之可合者合之誤之當釐者
釐之如桐鄉孝義載檀郁實係桐城嘉善古蹟載王山實係雲間之類工時藝者不登
文苑歸大雅焉非占籍者不入寓賢防再冒焉亦復以
嚴謹爲事矣列女接仙釋後通志舊例也茲於方外後
間以忠義以示有別諸紳耆之雅意深哉是書計用經
費番銀八千數百餅三成奉發公帑七成就地籌款始
事於乙亥孟冬告竣於戊寅季夏稽之案牘者瑤與委
員吳縣秦嘉樂主之而旁考於文武寮宋小引乃瑤一
人撰也待乎採訪者嘉秀列傳撰於秀水恩貢生盛慶
璠嘉善各門撰於教諭汪繩武海鹽各門錄徐太僕用

儀所撰及副貢生徐用福所采輯平湖則舉人葉廉諤
拔貢生高掄元撰石門則舉人譚逢仕撰桐鄉則嚴刑
部辰撰至經籍藝文則嘉興舉人陳其榮金石叢談祥
異兵事則嘉興廩生石芳采節孝則桐鄉廩生嚴文浩
諸人之力居多而統其成者吳山長仰賢焉採訪校刊
各紳均列其銜名於左

光緒四年戊寅六月三品銜補用道浙江嘉興府知府
善化許瑤光撰

重修嘉興府志序

郡之有志所以備掌故誌沿革而治亂興衰之迹未嘗不寓其間故採風者恒以時修輯不敢緩也然舉行於承平之世爲易若經兵燹流離文獻缺乏之後而欲網羅散失以接續前志則其爲功也甚鉅而其致力也較難攷嘉禾之有志自至元始而紅羊之劫亦惟元末爲烈

國朝定鼎下江南其於我郡式遏亂略而已迨咸豐庚辛間遭寇蹂躪所在蕩如書籍有煨燼之憾老成多凋謝之悲凡昔時古蹟名勝金石刻畫之僅存者咸歸銷滅蓋

視楊完者苗兵之禍殆有甚焉歲甲子天心厭亂郡治恢復善化許公來守郡戢奸慝撫瘡痍日不暇給而

朝廷方念東南士民苦寇久矣於是漕賦則減征學校則增解營制兵馬亦多所變易期於衞民而止公更推

國家所以與民沐浴更化之意養教兼施百廢具舉癸酉報政於

朝

天子命仍莅舊治至則益以扶正教拒邪說爲己任政暇乃進都人士而告之曰郡志修於道光庚子今版片無存舊者將湮而新者未續其曷以資考鏡昔至元志成於甲申閱一百四十有九年至明宏治壬子而柳志繼之我

朝康熙辛酉袁公始輯新志距明萬歷庚戌劉志亦閱七十有二年中皆洊歷喪亂紀載散逸然至元以後啟禎以前事蹟卒賴此二書以存今庚子至今僅三十餘年耳其大者時政之有損益須諸令甲職掌在余簿書冗闒不克躬自纂葺於郡掾中求敏於識果於事者得秦君嘉樂綜聚而劂錄之喜稱事惟是二三前哲其政績行誼久孚衆望者宜分別甄錄以垂示無窮斯邦人之責也於是七邑之士退而各蒐葺舊聞條分件繫以上於公而取裁焉書旣成公命賢爲之序賢不敏於纂修事

無所効長然幸與參末議辭不獲命謹發明公刊志之故使後之覽者幸劫火之不蝕慶

皇澤之維新則我郡今日誠治亂興衰絕續之會也夫嘉興吳仰賢撰

重修嘉興府志銜名

總修

三品銜補用道嘉興府知府許瑤光　湖南善化縣人

協修

三品銜補用道浙江候補知府王維圻　江蘇上海縣人

浙江候補知府郭慶藩　湖南湘陰縣人

三品銜升用道浙江候補知府彭慰高　江蘇長洲縣人

道銜浙江候補知府史書青　江蘇溧陽縣人

知府銜嘉興府乍浦同知徐皋　貴州黔西州人

知府銜嘉興府通判鄭彤書　江蘇上元縣人

補用同知署嘉興府通判事張毓麟　湖南善化縣人

分修

同知銜嘉興縣知縣羅子森　廣東南海縣人

同知銜署嘉興縣事候補知縣張彝　四川仁壽縣人

四品銜嘉興縣知縣臧均之　山東諸城縣人

同知銜署秀水縣事候補知縣徐傳晃　江西豐城縣人

四品銜補用同知署秀水縣事正任錢塘縣知縣沈寶恒　江蘇元和縣人

同知銜秀水縣知縣黃兆槐　江西新城縣人

知府銜正任定海同知署嘉善縣事史致馴　江蘇陽湖縣人

同知銜嘉善縣知縣梁琛　河南河內縣人

同知銜署海鹽縣事候補知縣王彬　福建閩縣人

同知銜海鹽縣知縣司開先　河南長葛縣人

補用知府正任中防同知署平湖縣事姚光宇　江蘇溧陽縣人

補用知府候補同知署平湖縣事正任富陽縣知縣許嘉德　江蘇華亭縣人

同知銜平湖縣知縣彭潤章　貴州黃平州人

同知銜石門縣知縣余麗元　安徽婺源縣人

同知銜桐鄉縣知縣龔鳳岐　江西義寧州人

兼分纂事嘉善縣教諭汪繩武　杭州錢塘縣人

兼分纂事升用知縣浙江候補縣丞秦嘉樂　江蘇吳縣人

總纂

前署雲南迤東道候補知府吳仰賢　嘉興人 壬子翰林

分纂

甲辰科舉人葉廉鍔　平湖人

乙丑補行辛酉壬戌科舉人譚逢仕　石門人

丁卯並補甲子科舉人陳其榮　嘉興人

兵部主事武選司行走錢發榮　嘉興人 附生

副貢生徐用福　海鹽人

恩貢生盛慶瑞　秀水人

拔貢生高掄元　平湖人

廩貢生候選訓導嚴文浩　桐鄉人

歲貢生石芳采　嘉興人
採訪
內閣中書銜嘉興府教授嚴嘉榮　山陰縣人
嘉興府訓導莊振英　鎮海縣人
嘉興縣教諭查耀乘　海甯州人
五品銜嘉興縣訓導王震元　仁和縣人
內閣中書銜秀水縣教諭魏焜棟　仁和縣人
秀水縣訓導張書訓　烏程縣人
國子監典籍銜嘉善縣訓導張鼎元　仁和縣人
內閣中書銜海鹽縣教諭傅賚予　蕭山縣人
署海鹽縣訓導事候選訓導陳書　浦江縣人
內閣中書銜平湖縣教諭傅商霖　西安縣人
署平湖縣訓導事候選訓導王宗訓　麗水縣人
石門縣教諭高學治　仁和縣人
石門縣訓導馬揵先　餘姚縣人
桐鄉縣教諭魏熙元　仁和縣人
桐鄉縣訓導查光華　海甯州人
浙江候補驛丞林孝斌　福建閩縣人
原任江蘇陽湖縣知縣張清華　秀水人乙卯舉人
記名內閣中書王朝瀚　秀水人丁卯並補甲子舉人

己未科舉人楊象濟　秀水人
己未科舉人顧福仁　嘉善人
丁卯並補甲子科舉人錢清炤　秀水人
癸酉科舉人張義增　嘉善人
癸酉科舉人孫與壽　嘉善人
候選訓導倪廷藻　嘉興附貢生
候選訓導孫灦　秀水附貢生
候選訓導王駿　秀水附貢生
候選訓導唐敦塤　秀水附貢生
歲貢生徐厚　嘉興人

職貢生屠以銓　嘉善人
職貢生許元杰　嘉善人
歲貢生陳宗溥　嘉善人
歲貢生徐燧森　嘉善人
廪膳生屠樹榮　秀水人
廪膳生胡其彬　嘉善人
附貢生倪元釗　嘉善人
增廣生許鼎龢　秀水人
生員陸費烜　桐鄉人
生員范宗文　嘉善人

校勘

內閣中書程宗伊 嘉興人 癸酉舉人

候選訓導王福祥 嘉興人 附貢生

廩膳生凌和鈞 嘉興人

廩膳生陶玉珂 秀水人

生員曹維城 嘉興人

監生王宜祿 嘉興人

繪圖

浙江候補縣丞顧緒洪 江蘇長洲縣人

兼校勘事生員沈桐閏 嘉興人

嘉興府志總目

卷八十八

舊志敘錄

嘉興府志卷首一

巡典

康熙二十八年二月

聖祖仁皇帝南巡自蘇州啟

鑾至嘉興

駐蹕水營次日自嘉興啟

鑾幸杭州

回鑾過嘉興

駐蹕如前

是月奉

諭頃經維揚民間結彩歡迎盈衢溢巷雖出其恭敬愛戴之誠恐致稍損物力甚爲惜之前途經歷諸郡縣宜體朕意悉爲停止又見百姓老幼男婦奔走雜遝瞻望恐後未免喧嘩擁塞念此行原以爲民不嚴警蹕但人衆無所區別高岸水次或有傾跌之虞此後止於夾道跪迎勿得紊亂追趨致有諸患又

諭政治所先在崇文教江南浙江爲人文萃集之地入學額數應酌量加增永昭宏獎㞢南巡以來所經過地方官員凡因公詿誤降級留任者俱准與開復降級調用者著帶所降之級留任其經過地方見在監禁人犯自康熙二十八年二月

十一日以前死罪及軍流徒罪以下已結未結俱著寬釋以
示赦罪宥過之意又
諭近見民間有建立碑亭稱頌德意者雖出羣黎感戴之誠但
恐各郡皆然未免致損民力誠使閭閻殷阜則裨益良多碑
亭何與焉嗣後亦宜停止江浙錢糧既經蠲豁猶虞有不肖
有司借端詞訟朘削民生著該督撫嚴行禁飭
三十八年三月
聖祖仁皇帝南巡自蘇州啟
鑾至嘉興
駐蹕水營次日自嘉興啟

鑾幸杭州
回鑾過嘉興
駐蹕如前
是月奉
諭頃至蘇州府駐蹕浙江文武官吏及在籍官員有迎謁于行
在言浙民望幸之心至殷且切合詞諄懇不啻再三朕勉徇
輿情揚旌前發以三月十九日啟行自京師以來一切供御
之需皆出儲備其沿途日用令該衙門照各地方時價採辦
一無所累於民如有官吏借名科派致擾閭閻者察實以軍
法從事地方大小文武官員與扈從官員借稱親舊私相餽
遺與受之人及扈從大小官員隨從人等有橫行生事者一
並軍法從事凡經過地方百姓各安生業皆如常時務令廛
無廢市隴不輟耕毋得遑遽引避方今正屆農時所過田畝
勿令踐蹈其軍民人等懷挾私怨受人指使擅於駐蹕處所
輒行告訐者一概嚴禁不准仍照衛突儀仗例嚴加治罪又
諭頃自江南巡歷浙省沿途供御悉經儲備不以纖毫取辦閭
閻而地方官料理夫船等項一無缺誤殊屬勤勞此等官員
有因公詿誤罰俸住俸降俸降級革職留任者著察明悉從
寬免又
諭朕巡視東南行次浙省因官吏軍民依戀誠懇特留蹕數日

以慰喁喁之情獨念獲罪人犯身淹刑獄一干法網無由自
新茲乘輿經臨惻然矜憫用沛好生之澤聿示格外之仁該
省各屬地方有犯罪現在監禁者除十惡等眞正死罪及詔
款不赦等罪與官吏犯贓不宥外其餘自三十八年三月二
十六日以前死罪以下已結未結悉著寬釋四月奉
諭視河事竣巡歷江浙咨訪民間情形見淮揚一路既因潦災
而他所過州縣察其耕穫之盈虛市廛之贏絀視十年以前
實為不及此皆地方有司奉行不善不能使實惠及民朕目
擊廑懷亟思拯卹截留錢糧寬免積欠另有諭旨惟各鹽差
關差向因軍需繁費於正額外令在差官員以所私得贏餘

交納充用今思各官孰肯自捐私槖勢必仍行苛取商㾌民困均坐此弊著將加增銀兩一概停罷以紓商民之累此外有應行應革事宜朕還都以後仍加商摧次第舉行該督撫藩臬皆地方大吏亦著細心體訪凡有可爲民興利除害者作速勸實陳奏嚴革雜派禁止刁訟然後胥吏不能作奸良民得以安業倘官吏有悖旨妄行許商民首告該督撫察出即行恭奏又

諭江南浙江人文稱盛入學名數前已酌定增額今著於府學大學中學小學各增五名舉行一次以示奬勵人才至意

四十二年二月

聖祖仁皇帝南巡自蘇州啟

鑾至嘉興

駐蹕水營次日自嘉興啟

鑾幸杭州

回鑾過嘉興

駐蹕如前

是年恭逢

聖祖仁皇帝五旬萬壽三月回

鑾至京師

頒發

恩詔布告天下次年十月奉

諭昨歲南巡至浙江見其農桑徧野户口繁殖閭閻氣象較勝于三十八年巡幸之時甚爲心慰浙省錢糧雖前此屢經蠲貸而車駕經臨應更敷恩寬恤俾民生益加充裕當回鑾以後即擬免四十三年額賦因山東急賑災荒遂爾少緩曾頒有諭旨茲直省皆獲有秋特申前命康熙四十四年浙江通省應徵地丁銀米等項除漕糧外著俱行蠲免

四十四年四月

聖祖仁皇帝南巡自松江啟

鑾至嘉興

駐蹕水營次日自嘉興啟

鑾幸杭州

回鑾駐嘉興如前

是月奉

諭頃因親閱河工濟江而南至于浙省見民間生聚殷繁菜畦麥隴遠近彌望農事可冀豐穰朕心用以稍慰凡車駕臨幸之地必大敷膏澤以下逮黎元而各省錢糧屢次遞蠲浙江本年地丁銀米又經全免無可加恩惟是刑獄爲民命攸關朕每當重罪奏讞之時深切矜恤今乘輿所至父老子弟夾道歡迎而身陷囹圄之人獨自新無路朕甚憫焉浙江福建

兩省康熙四十四年四月初八日以前凡犯罪詔款不應赦者外其餘死罪以下已發覺未發覺俱著減等發落四十三年秋審奉旨監候緩決者一併減等發落仍開具人數奏聞爾等其體朕爲民巡省布德好生之意卽詳愼察明遵行

四十六年四月

聖祖仁皇帝南巡自蘇州啟

鑾至嘉興

駐蹕水營次日自嘉興啟

鑾幸杭州

回鑾過嘉興

駐蹕如前

是月奉

諭頃因視河駐蹕淮上江浙兩省官員及地方紳士軍民咸環道遠迎懇請臨幸朕勉順羣情涉江而南循省風俗所至郡縣見雨暘應時麥苗蕃殖比閭樂業可冀盈寧雖山東一路尚未悉覩而江浙田疇鬱蔥在望深愜朕懷方今二麥垂熟正將刈穫之時一切扈從人員皆以次舟行不致蹂踏誠恐百姓沿途迎送老稚扶攜動盈千萬越阡度陌未免踐傷朕心甚爲軫恤雖民情依戀出於悃誠但農事方殷應令所過地方悉停止岸傍迎送且車駕來時小民業已瞻覲兹節候

漸熱朕舟行乘夜迎凉亦未可定民雖遠來無由親見爾等督撫可張示徧加曉諭使各知悉俾無負朕重農愛民之意

乾隆十六年二月

高宗純皇帝南巡自蘇州府吳江縣南斗圩

大營啟

鑾至嘉興府秀水縣北教場

大營

駐蹕次日啟

鑾經嘉興府城

幸煙雨樓三塔寺至桐鄉縣石門鎮

大營

駐蹕又次日啟

鑾幸杭州三月

回鑾至嘉興

駐蹕如前

先是十五年正月奉

諭明歲南幸江浙耗羨內未完銀兩全行豁免十月奉

諭江浙省各截留漕糧十萬石以資平糶之用又

諭浙省漕糧再截留五萬石俾糶用充裕民食有資至是年正月奉

諭浙江一省節年以來並無積欠具見官民敬事急公之義著
將本年應徵地丁錢糧蠲免三十萬兩以示鼓勵又
諭各營汛兵丁有派辦差務者著查明賞給兩月錢糧又
諭承辦差務之文武官弁凡有罰俸住俸降級之案俱准其開
復其無此等參罰案件者各加一級二月奉
諭本年歲試文童府學及州縣大學著增取五名中學增取四
名小學增取三名舉行一次
行在禮部奏嘉興府唐臣陸贄祠請遣官致祭奉
旨派刑部侍郎錢陳羣致祭三月奉
諭經過州縣男婦七十以上照從前恩詔之例分別賞賚又

諭此次考中之謝墉陳鴻寶王又曾皆取其最精者且人數亦
不多著加恩特賜舉人授爲內閣中書學習行走令其與考
取候補人員一體補用仍准其會試
二十二年二月
高宗純皇帝南巡自蘇州吳江縣南斗圩
大營啟
鑾至嘉興府秀水縣北教場
大營
駐蹕次日啟
鑾經嘉興府城
幸煙雨樓三塔寺至桐鄉縣石門鎮
大營
駐蹕又次日啟
鑾幸杭州三月
回鑾至嘉興
駐蹕如前
先是二十一年閏九月奉
諭明春巡幸江浙所有供宿頓次皆出自帑項絲毫不以累民
第扈從官兵以及外省接駕人等輻輳雲集經過地方錢米
價值恐一時或至騰踊著將運京銅鉛兩省各截留十萬觔

添鑪鼓鑄減價發賣并將該兩省應運本年漕糧各截留五
萬石減價平糶以裕民間日用至是年正月奉
諭乾隆二十一年以前積欠未完地丁銀兩概予蠲免又
諭錢陳羣從前在京供職勤慎今養痾林居著加恩在家食俸
以昭眷念舊臣之意二月奉
諭經過各州縣地方本年應徵地丁銀兩俱著加恩蠲免十分
之三此內或有去秋被水歉收者蠲免十分之五又
諭辦差文武員弁任內罰俸住俸降級之案俱著加恩准其開
復其無此等參罰者俱各准其加一級又
諭男婦年七十以上者俱著加恩照從前恩詔例賞賚又

諭辦差兵丁俱著賞給兩月錢糧又
諭軍流以下人犯俱著加恩各予減等發落又
諭本年歲試文童照乾隆十六年例府學及州縣大學增取五
名中學增取四名小學增取三名
行在禮部奏嘉興府唐臣陸贄祠請遣官致祭奉
旨派散秩大臣昭毅伯永慶致祭三月又
諭杭州至塘棲大營嘉興至桐鄉大營道里頗近併站駐蹕又
覺稍遠下次著於塘棲桐鄉適中之地安立營盤又
諭浙江進獻詩賦考取一等之童鳳三陳文組顧震錢受穀著
照乾隆十六年之例俱特賜舉人授爲內閣中書學習行走

與考取候補人員一體補用其二等之沈初等十二名著各
賞緞二疋
二十七年二月
高宗純皇帝南巡自蘇州吳江縣吉慶寺
大營啟
鑾過嘉興府城
幸煙雨樓茶禪寺謹案三塔寺是年賜名茶禪至桐鄉縣石門鎮
大營
駐蹕次日啟
鑾幸杭州三月
回鑾過嘉興復
幸煙雨樓
駐蹕吉慶寺
大營
先是二十六年十月奉
諭江浙兩省冬兌漕糧內各截留十萬石在於水陸駐蹕地方
分廠平糶十一月奉
諭原任侍郎錢陳羣久歷卿貳兼直內廷年逾七十學問優裕
前以養痾回籍有旨在家食俸用資頤養今來
慶祝召對之次見其神明不衰而居鄉素稱恪謹著加恩賞給

尚書銜以昭優眷至是年正月奉
諭自乾隆二十二年起至二十六年止所有積年災田緩徵及
未完地丁各欠項照二十二年例概予蠲免二月奉
諭水陸經過地方本年應徵額賦俱著加恩蠲免十分之三或
有去秋被水歉收者蠲免十分之五又
諭辦差兵丁著加恩賞給兩月錢糧又
諭辦差文武各官任內罰俸住俸降級之案俱著加恩准其開
復其無此等參罰案件者著各加一級又
諭經過地方男婦年七十以上者俱著照從前恩詔例一體賞
賚又

諭本年應試文童府學及州縣大學增取五名中學增取四名
小學增取三名又
諭軍流以下人犯俱著各予減等
行在禮部奏嘉興府唐臣陸贄祠得
旨遣官致祭如例三月奉
諭浙江進獻詩賦考取一等之進士孫士毅舉人汪孟鋗俱著
授爲內閣中書遇缺即補沈初王鑾俱著特賜舉人授爲內
閣中書學習行走與考取候補人員挨次補用其二等之李
旦華等十三名著各賞緞二疋又
諭尚書銜錢陳羣原係刑部侍郎著加恩賞給刑部尚書銜是

年籍隸嘉興之尚書錢陳羣等恭迎
聖駕奉
旨錢陳羣賞緞四疋范璨賞緞三疋許王猷賞緞二疋諸錦陸
樹本唐淮馮浩各賞緞一疋進獻龍井見聞錄之舉人汪孟
鋗賞緞二疋進獻書冊之監生朱芳藹賞緞一疋又奉
旨錢陳羣之妻賞緞四疋
三十年閏二月
高宗純皇帝南巡自蘇州吳江縣吉慶寺
大營啟
鑾過嘉興府城
幸煙雨樓茶禪寺至桐鄉縣石門鎮
大營
駐蹕次日啟
鑾過石門縣城至海甯縣
駐蹕安瀾園是月自杭州
回鑾至石門鎮
大營
駐蹕次日至嘉興復
幸煙雨樓
駐蹕北教場

大營又次日
駐蹕南斗圩
大營
諭江浙兩省冬兌漕糧內各截留十萬石在水陸駐蹕地方分
廒平糶十二月奉
先是二十九年九月奉
諭浙省將軍總督巡撫准其赴蘇迎接然亦不得遠越蘇郡其
餘各官俱于本省嘉興交界處所祇候概不必出境至是年
正月奉
諭浙江一省額賦本較江南爲少其積欠亦屬無多著將乾隆

二十六七八三年因災未完地丁銀兩並二十七年屯餉沙
地公租二十六七兩年未完漕項等銀一十三萬二千五百
餘兩又二十八年借給籽本穀一萬三千七百餘石加恩悉
行蠲免二月奉
諭水陸經過地方本年額賦俱著加恩蠲免十分之三又
諭男婦年七十以上者俱照從前恩詔之例一體賞給又
諭辦差兵丁著賞給兩月錢糧又
諭辦差文武各官任內罰俸住俸降級之案俱著加恩准其開
復其無此等參罰案件者著各加一級閏二月奉
諭浙江經過地方本年應徵錢糧概免十分之五又

諭本年應試文童府學及州縣大學增取五名中學增取四名
小學增取三名又
諭軍流以下人犯俱加恩各予減等發落又
諭沈德潛錢陳羣江浙耆宿也並以卿貳予告里居曩者省方
東南存問所及特進尚書階優頒稟祿茲時巡莅至二臣咸
扶杖迎謁耄耋而神明不衰惟國之瑞朕甚嘉焉其各加太
子太傅以寵異之沈德潛之孫錢陳羣之幼子並賜舉人一
體應禮部試二臣並忻愉恬養以躋期頤副朕優高年眷舊
臣之意又
諭浙江進獻詩賦考取一等之進士張培馮應榴舉人吳壽昌
俱著授爲內閣中書遇缺即補陸費墀著特賜舉人授爲內
閣中書學習行走與考取候補人員挨次補用其二等之黃
瀛元等十四名著各賞緞二疋是年嘉興在籍尚書錢陳羣
等接
駕並進獻詩賦冊奉
旨錢陳羣著賞緞四疋范璨賞緞三疋許王猷賞緞二疋馮浩
諸錦陸樹本各賞緞一疋又奉
旨進獻詩冊入選之馮浩著賞給大荷包一對小荷包二個又
旨沿途進獻詩賦之汪又辰朱琰吳光照等俱著賞緞一疋又
奉

奉
諭此次南巡接駕人員內因考試休致編修陸樹本等有情願
來京考試者准其自行來京候考試定奪

四十五年二月

高帝純皇帝南巡自吳江縣南斗圩
大營啟
鑾至嘉興北教場
大營
駐蹕次日啟
鑾過嘉興府城

幸煙雨樓茶禪寺至石門鎮
大營
駐蹕又次日啟
鑾幸海甯三月自杭州
回鑾過嘉興
駐蹕如前
是年恭逢
高宗純皇帝七旬萬壽元旦
頒發
恩詔布告天下先是四十三年

諭開恩科鄉試普免各省漕糧一次十一月奉
諭水程所安大營上四次南巡江浙兩省久經辦熟近年直隸
山東間有於水營內備板房坐落數楹因回鑾時天氣漸熱
且北方岸旁寬闊尚可擴充若江浙河岸窄狹實無可容板
房之處且登舟至回旋不過春末夏初亦無取涼爽之處斷
不可仿照山東直隸辦理十二月奉
諭浙江水營行宮等事雖少於江蘇地面然一切差務亦資費
用自宜一體加恩著於鹽項餘銀內賞給十萬兩以爲浙省
辦差之用四十四年十月奉
諭江浙兩省冬兌漕糧內各截留十萬石在水陸駐蹕地方分
歲平糶四十五年二月奉
諭老民老婦俱加恩賞賚又
諭經過地方本年額賦蠲免十分之三三月奉
諭浙江進獻詩冊考取一等之馬履泰沈颺李彤沈叔埏著特
賜舉人授爲內閣中書學習行走與考取候補人員挨次補
用其二等之吳純等十三名俱著賞緞二疋是年
行在禮部奏嘉興府已故尚書錢陳羣墓請遣官諭祭得
旨遣祭如例
四十九年三月
高宗純皇帝南巡自吳江縣南斗圩

大營啟
鑾過嘉興府城
幸煙雨樓茶禪寺至石門鎮
大營
駐蹕次日啟
鑾幸海甯是月自杭州
回鑾過嘉興
駐蹕如前
先是四十八年九月奉
諭明春巡幸自直隸以至浙江著傳諭各該督撫不得隨營預

備支搭買賣街棚廠以省無益之費十一月奉

諭江浙二省冬兌漕糧內各截留十萬石在水陸駐蹕地方分

廠平糶至是年二月奉

諭水陸經過地方本年應徵地丁錢糧俱著加恩蠲免十分之

三又

諭老民老婦俱著加恩賞賚又

諭辦差兵丁著加恩賞給兩月錢糧又

諭辦差文武各官任內罰俸住俸降級之案俱著加恩准其開

復其無此等參罰案件者各加一級又

諭軍流以下人犯俱著加恩各予減等發落又

諭本年應試文童府學及州縣大學著增取五名中學增取四

名小學增取三名三月奉

諭杭州嘉興湖州三府屬本年應徵地丁錢糧共一百九萬餘

兩著再加恩普免十分之三又

諭浙江進獻詩冊考取一等之張師誠費錫章何金姚祖同著

特賜舉人授爲內閣中書學習行走與考取候補人員挨次

補用考列二等之吳純張廷桂張彤王觀沈澍錢枚朱光烈

王步瀛黃絲淩越朱孫垣應澧許翼宗楊本翁樹沈珏翁濂

陸以誠著各賞緞二疋

謹案秀水縣北教場

大營乾隆十六年恭設二十二年恭設如前二十七年三十

年俱于吳江縣吉慶寺恭設

大營三十年

回鑾仍于北教場恭設四十五年添建板房以備

駐蹕

召對之所四十九年恭設如前

營盤地基計廣二十二畝一分八釐五毫

石岸計長七十二丈六尺

外宮門

內宮門

御座

前

御座

後

御書房

照廳

左右廻廊

照壁

小花園在水南郎古落帆亭址

桐鄉縣石門鎮

大營乾隆十六年恭設二十二年二十七年三十年恭設如

前四十五年添建板房四十九年恭設如前

營盤地基計廣五十四畝四分八釐五毫

石岸計長九十丈

宮門

東

御座

西

御座

御書房

左右廻廊

後宮門

照壁

東西軍機房

自江南蘇州吳江縣南斗圩

大營起四十里至王江涇係秀水縣界自吉慶寺起十一里至王江涇大營

王江涇八里至寺前村六里至金橋汎十里至北教場

大營計程六十四里

自北教場

大營起三里至嘉興府城三里至煙雨樓五里至茶禪寺五

里至學繡塔自北教場起十二里至學繡塔大營學繡塔七里至莫家

涇十里至萬壽橋八里至㱏家橋入桐鄉縣界二里至

妙智汎十三里至皁林橋五里至秀溪橋六里至大王

廟六里至石門鎮

大營計程七十三里

自石門鎮

大營起一里入石門縣界九里至羔羊橋九里至北三里橋

三里至石門縣城二里至迎薰館十里至松老橋七里

至安樂橋入湖州府德清縣界五里至大麻村入杭州

府仁和縣界二十九里至塘棲鎮

大營計程七十五里

乾隆三十年

聖駕先幸海甯自石門鎮

大營起二十二里至石門縣何家橋二里入杭州府海甯縣

界十二里至長安壩二十里至海甯縣城安瀾園計程

五十六里

嘉興府志卷首一

嘉興府志卷首二

天章

聖祖仁皇帝御製詩

入平望 并序 康熙二十八年

平望爲浙江界長吏以畫舫五百來迎恐勞民力卻之不

御

錦纜無勞列綵艘輕橈自愛倚船窗勤民不憚周行遠早又

觀風向浙江

禾中道上

兩岸人家半種桑雨中入望盡蒼茫民間本業惟農織愛看

山村共水鄉

賜高士奇 康熙三十七年

廿年載筆近螭頭心慕江湖難再留忽憶當時論左國依稀

又是十三秋

浙省道上書懷 康熙三十八年

徧野農桑繞翠旌畦邊童叟帶雲耕江山盡是昇平日寸晷

難忘終始情

桑林乍綠蠶事方興詩以嘉之

彌望桑林吐葉垂枝嫩碧初匀竹含正殷蠶務天工雨露維

均

曉發嘉興

數里城依水千門路向田菜塍無近遠桑岸互綿連土沃勤

爲最年豐儉欲先雲開林野秀初日上行旃

聖祖仁皇帝御製文

桑賦 并序 康熙三十八年

朕巡省浙西桑林被野天下絲縷之供皆在東南而蠶桑

之盛惟此一區近在宮中刻爲耕織圖每示司牧使知其

艱苦今更爲賦以託意焉

伊彼條桑其葉始萋春日載陽綠陰乃披紫陌上兮婀娜綺

岸側兮垂垂來曉旭之晨照受風光之午吹影映帶兮青翰

色彷彿兮翠旗既扶疏而相亞復低昂而參差念蠶事之欲

動正芳候之如期聿茲女紅生計是賴采采盈筐慎加覆蓋

虞日煦之少潤防雨濕之爲害儻薄蘆之不繼時憂心之旆

旆虔飼食之維勤勞形神於塵墟摘曉露之輕滋乘良月之

新薈望于畝之間閒實蠶家之宏賚誠黼黻之必資繫袞職

之用大其重等於苗稼爲王政之不外予恆恐其難知作深

宮之圖繪至於厥貢著於尚書沃若詠於篇什公室見說於

禮經牆下屢申於孟集試古訓之歷稽又民務之應急若乃

訏爲神木騁以青華末照是晞甘椹如瓜馴雉表異黃鳥稱

嘉雖景物之堪娛咸無關於大家夫其詫幢幢之高蓋美亭

24

亭之奇樹靈根依倚於十洲巨蹟遂擘於周宇類齊諧之荒
唐旨寻今日之所不取也聊因清晏簡牘是書用示遠邇是
漑是鋤共知愛護種繞其盧蠶桑農務安寶播瑱

聖祖仁皇帝御書

賜少詹事高士奇扁 康熙二十八年

竹窗

賜詹事高士奇扁 康熙三十六年

清吟堂

賜致仕禮部尚書杜臻扁 康熙三十七年

煙霞耆舊

賜內閣學士徐嘉炎扁聯 康熙三十八年

直西清

樹影不隨明月去

溪聲常送落花來

賜吏部右侍郎彭孫遹扁 康熙三十八年

松桂堂

賜詹事高士奇扁

忠孝節義

賜副都御史吳涵扁

風霜之任

賜詹事高士奇聯 康熙四十年

忠爲表孝爲裏

言有物行有恆

賜詹事高士奇扁聯 康熙四十一年

文詞贍蔚

五言淩白雪

六翮向青雲

賜內閣學士曹鑑倫扁聯

錫類堂

檢點未形過

力求將放心

賜刑部侍郎吳涵扁

愼行堂

賜禮部侍郎兼翰林院學士高士奇扁 康熙四十二年

萊衣晝錦

賜化城寺僧元璟扁

棲心寺

賜檢討朱彝尊扁 康熙四十四年

研經博物

賜已故禮部尚書杜臻扁

眷懷舊德

賜編修高輿聯

勉學承先志

存誠報國恩

賜懶石庵僧超遠扁

香巖寺

賜圓明庵僧本沖扁聯

性覺寺

淨域長齡

片石孤雲窺色相

清池皓月照禪心

嘉興府志 卷首二 天章 五

賜福善寺僧成衡扁康熙六十年

香海寺

以上扁聯

賜內閣學士徐嘉炎康熙三十三年

臨蘇軾書陶淵明詩幅

賜禮部尚書杜臻康熙三十七年

臨米芾好懶難辭友詩幅

賜詹事高士奇康熙三十八年

御製再過鸞峯詩幅詩云

愛此清輝一徑深馬隨泉響入雲林蒼苔古洞何人鑿脈脈

部光自賞心

賜內閣學士徐嘉炎康熙三十八年

張旭隱隱飛橋隔野煙詩幅

賜少詹事曹鑑倫康熙三十九年

老樹成雙便作屏山光晃晃耀人衣西村有叟入城去倩喚

借書童子歸

賜禮部尚書杜臻康熙四十二年

顧愷之春水滿泗澤詩幅

王維曲江絲柳變烟條詩幅

嘉興府志 卷首二 天章 六

李憕御柳遙隨仙仗發詩幅

臨蘇軾集陶潛歸去來辭詩卷

賜禮部侍郎兼翰林院學士高士奇康熙四十二年

千字文卷

御跋卷後跋云

米芾書原無千字文朕自幼臨摹深知沈著痛快處令人起

敬所以集成兩部此一部乃是小字其中無字者朕書補之

雖不能彷彿古人用筆亦知朕好書之意也癸未春南巡禮

部侍郎高士奇終養在籍以色笑養母萊衣自歡當年講筵

時精神少壯留心翰墨嘗進春秋講義夜分不寐今見齒落

髮白三十年間光陰之速以至於此朕甚憐之故丹書萊衣
晝錦扁額並千字文賜之以記不忘舊臣之意云爾

賜石門縣知縣張廷寀
唐人門嚴九重靜詩幅
伊志謹案御書五言絶句一首張廷寀恭摹勒石於迎薰館

賜內閣學士曹鑑倫
御製南巡焦山作詩扇詩云
風帆戰艦入沙洲不動雲煙一豫遊只見晴光安水面潮聲靜裏卷潭湫

賜棲心寺僧元璟康熙四十二年

御製製硯說卷說云
盛京之東砥石山麓有石偏偏質堅而温色綠而瑩文理燦然握之則潤液欲滴有取作礪具者朕見之以為此良硯材也命工度其小大方圓悉準古式製硯若干方磨隃麋試之遠勝綠端即舊坑諸名產亦弗能出其右爰裝以錦匣臚之棐几俾日親文墨寒山磊石洵厚幸矣顧天地之生材甚夥未必盡見收於世若此石終埋沒於荒煙蔓草而不一遇豈不大可惜哉朕御極以來恒念山林藪澤必有隱伏沈淪之士屢詔徵求多方甄錄用期野無遺佚庶惬愛育人材之意於製硯成而適有會也故濡筆為之說壬午冬嘉平月朔書

賜性覺寺康熙四十四年
金字心經冊

賜內閣中書吳之振
題董其昌夜雨連朝春水生詩幅
伊志謹案御書七言絶句一首吳之振恭摹勒石於黃葉村莊

賜平湖縣知縣董天眷康熙四十六年
唐人坐酌泠泠水詩幅

賜桐鄉縣知縣劉鎧
朱子絶壑雲浮冉冉詩幅
伊志謹案御書朱子六言絶句一首劉鎧恭摹勒石於桐鄉縣學

賜香海寺僧成衡康熙六十年
唐人遠公遁蹟廬山岑詩扇
宋人梅雪爭春未肯降詩幅
以上卷幅詩冊

世宗憲皇帝御書
賜河南按察使陳世倕之父温州府教授陳訏扁雍正九年
松柏堂

賜金粟寺聯雍正十一年
不佛求不法求不僧伽求早已過去
無我相無人相無衆生相卻是未來

賜報忠寺扁雍正十二年

覺海寺

高宗純皇帝御製詩

題趙孟堅水村圖手卷乾隆四年

屈子卜居後潭邊漁父逢滄浪鼓枻去煙水自重重

謹案舊志尚載有趙孟堅白描水仙卷五古一章水仙七絕二章水仙即用其韻七絕一章水仙五絕二章白描水仙五絕二章落水蘭亭七絕四章茲謹錄一章以昭嚴敬

題盛懋秋林蕭散圖

佳蔭之下鋪芳蘅是何處兮日蓬瀛青鸞白鶴兩不藉飄飄旬五御風行

謹案舊志尚載有盛懋長江秋艇五律一章山水五律一章溪山窈窕圖五絕一章風雨歸舟七絕一章名畫薈珍內紅葉讀書堂圖七律一章暎雪讀書圖七絕一章秋江待渡圖七絕一章山水即用其韻五古一章山莊對奕圖五律一章雪景七絕一章茲謹錄一章以昭嚴敬

題吳鎮清溪垂釣圖乾隆五年

一江春水如油綠滿目春山看不足春水春山共我三南華二篇不須讀渟淵青沘猶堪掬聊把絲竿寄幽躅扁舟不繫任去來誰與為羣鷗鷺鴦頗知水清本無魚亦令人識求緣木

謹案舊志尚載有題元四大家畫幅合璧內吳仲圭寒溪罨行七古一章吳鎮夏山欲雨圖七古一章題梅道人洞庭漁隱長幅即用圖間原韻七絕一章墨竹五絕一章題元人名繪集錦卷內吳鎮中山圖五古一章題松竹梅蘭四友圖七絕一章題赤壁圖五絕一章秋江濯足圖七絕一章題清溪垂釣圖疊舊作韻七古一章山水七絕九章山水卷五律一章再題夏山欲雨卷疊舊作韻七古一章題漁艇霜楓七絕一章晴江列岫卷七律一章後赤壁賦圖七律一章嵐光逆爽圖即用其韻七絕一章山水七律一章秋江漁隱七絕一章茲謹錄一章以昭嚴敬

聞浙省今年蠶繅甚盛喜而有作乾隆七年

重穀心殷並重桑繅簷甚陌厪籌量星輝天駟徵殊瑞聞道吳蠶熟倍常

吚軋郁齊響緯車松明火燒斗河斜辛勤吳女無閒暇那採尋常陌上花

東鄰晝靜聽鳴機西舍春深繭更肥盡祝黃姑乞心巧呈來

新樣趁裁衣

浙土從來桑作田宜晴宜雨養蠶天女紅並與農功溥卒歲常吟七月篇

浙江巡撫常安奏杭州諸府桑間自生蠶繭可取以織綢名曰天蠶蓋以為瑞也朕謂此范成大詩所謂野蠶可繅而常安未之知者然不假人力用佐女紅則信乎授衣之助因紀以詩

吳中蠶事由來備九月授衣常厪意照田然炬想遺俗石湖樂府風人義野蠶可繅換短褐錦繡纂組猶餘事欣聞天蠶綴野桑以供織紝堅且緻馬頭祭罷有厚佑物產菁華佐衣

被可云人不假其力將無地尙遺其利農桑之計牧臣責底
須豔詡名時瑞

項元汴竹石 乾隆十二年

疎篠依文石天然稱主賓詩星傳古貌玉局是前身元汴自記寫蘇長公詩星竹云云豈向秋而瘦端爲靜者倫卽看張屋壁个个掃煙
新

謹案舊志尙載有項元汴畫王維避暑詩意五律一章種竹圖七律一章題天籟書屋畫卷四種一米芾雲山煙樹疊己亥舊詩韻一吳鎮梅竹松蘭疊辛巳舊題韻一徐賁眠雲軒圖疊壬申舊題韻一唐寅采蓮圖疊己亥舊題韻七絕各一章再題天籟書屋所藏四卷同前七絕各一章茲謹錄一章以昭嚴敬

項聖謨東籬佳色

白露爲霜以後松陰梧影之間聖謨自記寫於松陰梧影之間又見幽人古
貌飄然綠鬢蒼顏

謹案舊志尙載有項聖謨松濤散仙圖卽用自題原韻五律八章天香書屋圖七絕一章偶仿項聖謨松濤散仙卷爲小幅題其上五律一章題摹韓滉五牛圖再疊前韻七絕二章雲林清賞圖五律一章孤山放鶴圖卽用其韻七絕二章松陰焙茶圖卽用其韻七絕一章山館秋深五古一章婪尾春圖七絕一章春艇看鴻七絕一章松下琴興七絕一章林亭釣艇圖卽用其韻七絕一章茲謹錄一章以昭嚴敬

入浙江境 乾隆十六年

午臨於越曉句吳一水何曾易舳艫兩界此疆人縱別民胞
物與我寧殊敢忘求瘼心常切且喜行程春與俱萬姓尊親
盈蹕路豈辭膏澤以時敷

煙雨樓用韓子祁詩韻

春雲欲泮旋濛濛百頃南湖一棹通迴望還迷堤柳綠到來
纔辨樹梅紅不殊圖畫倪黃境眞是樓臺煙雨中欲倩李牟
攜鐵笛月明度曲水晶宮

伊志謹案前詩恭摹宸翰勒石於煙雨樓下

舟過嘉興

徐牽錦纜過嘉禾隱隱時聞欵乃歌漫入高樓傳八詠獨欣
舊館號三過油花香入青葱町毛芷新浮澹瀲波夾岸桑林
數十里果然蠶事此邦多

嘉興道中雜咏

從來佳景稱吳越是處佳因吳越問水以澄渟謀目靜山惟
平遠致心閒

射襄橋下水長流句踐夫差兩並休只有王涇一彎月入波
影尙學吳鈎

屬鏤賜罷孤忠死覆楚將無報逆施何必胥山留宇木潮神
自合付鴟夷

在齊遁蹟號陶朱吳越惟聞泛五湖古寺金明稱故里標題
雜汁又誰乎

士希賢聖聖希天日進何曾可止焉兩字齊名誨高弟文公
不離去聲道爲詮

山水清華是此方樓臺高下賞煙光西山作記無多許說項
邊稱孝友堂

嘉禾百詠景原多豈盡吳興手擘窠會景於中偏厚幸標名
已覺冠其他

舟行常是雨兼風徐賁詩情想像中卻為推篷聊散悶米家
畫意說空濛

檇李橋邊憶舊賢子京高致渺溪煙收藏流落人間世㬎存
雕章內府傳（內府所藏明季牙章甚富內有墨林賞鑒印向命貯之三希堂）

青貯旗亭絲渚邊紅雲畫棹盪蘭船鴛鴦湖遞西湖信頓使
軒軒意欲仙

橫塘十里盡桑麻漂絮繅絲共作家舞榭綺羅都出此吳儂
漫笑不栽花

迎鑾男婦兩隄旁鞠跽歡呼翳褥桑嫩綠遙看未抽葉所欣
不致悞蠶忙

經嘉興問蠶事未興因而有作

杭嘉湖三府蠶事最盛者夾岸種女桑彌望無高下時節未
穀雨攤烏尙早也三眠已不悞何虞繅絲寡周禮禁原蠶豈
為桑與馬利戒不遺餘深意存非假時巡厘農桑勸課及春
社插秧候正遙草木早遍野我更何所事拈吟清興惹

題姚綬江南春雨圖

文會飲元同（軒名）倡酬皆雋秀琴樽與瀟灑芝蘭氣芳馥（叶）猗
玗韻颯響濃黛拖遙岫頰壁度清風齒詹點餘溜所期水乳
投豈貴肴饌富傳眞誰所為逸史雲東綬行勝久相隨展閱
吟情湊今歲江南春雨景我重覯

（謹案舊志尙載有姚綬寒林鸜鵒圖用高士奇韻七絕一章樹石小景七絕一章江南春雨圖七律一章題姚公綬江南春雨卷七絕一章煮茶圖七絕一章秋英馴貓圖七絕一章秋江獨釣圖七絕一章雪溪棲鷺七絕一章茲謹錄一章以昭嚴敬）

賜題夜紡授經圖（乾隆十七年）

索觀錢陳羣香樹集有題其母夜紡授經圖慈孝之意惻
然動人且以見陳羣學問所自來也輒成二絕句題之

篝燈課讀澹安貧義紡經鋤忘苦辛家學白陽詒繪事成圖
底事待他人（陳羣母陳氏善畫）

五鼎兒誠慰母貧吟詩不覺鼻含辛嘉禾欲續賢媛傳不愧
當年畫荻人

賜錢陳羣歸里時陳羣有反穀之疾詩以寬其意

三尸素所滅二豎胡為作子告遂頤和還鄉願如約（浙江嘉禾長水塘俗名還鄉水）
陛辭意懇款請詩應允諾憐汝身日羸壯汝神猶鑠
達生有至論庸醫無大藥辟穀方赤松先難後原樂

錢陳羣養痾歸里進途中所作詩因用其會錦春園和杜
韻詩率題書賜

北海惟客待錢陳羣詩因孔傳檣招遊而作故云杜陵詎身謀勝會開名園新
詩步泰州猶記陛辭時流火方新秋何事大江北開尋谿壑
幽養痾許謝莊遁跡非田疇故鄉山水佳藥餌頗易求頤攝
冀艮愈待泛還朝舟江頭有錦春何妨一命遊几杖兒孫侍
樽核賓朋稠江湖信可樂廊廟豈忘憂遲遲有深意欲邁還
停收況彼五畝間卷阿我曾留即是矢音地扈賡憶從頭詩
筒附奏箋翰院傳風流故知解脫心疾等浮雲浮從茲一葦
南遙望心與悠

題金粟箋

蔡左徒曾紀傳聞晉唐一片擬卿雲鋪箋見此代猶宋試筆

慚他鵞換羣蒸栗祇須誇玉色青蓮仍自隱經文用之不竭
非奇事金粟如來善化云

新正降旨加賑江浙去歲被水飢民並免米豆稅詩以紀
事乾隆二十一年

沴行三吳區哀鴻歎連歲昨秋更甚前嘉杭亦奄逮下隰已
無收幸餘高厚地而何蟲生之嚴霜復早至嗟哉憐獨民胡
堪諸患萃比戶鮮蓋藏無怪穀踴貴救災艱艮方逭存屯膏
意截漕及留帑旁籌入粟制復思近利輩米豆免關稅庶幾
穀漸多差免流離毓轉壑念時縈調纂顏常愧實乏大禹能
匪市馮諼惠

命緩征浙江本年正供詩以紀事

總督喀爾吉善奏浙西春雨過多麥蠶俱減因命緩本年
應徵賦稅以紓民力並詔江蘇大吏察上年災重之地一
體緩徵以示軫卹

越角連吳根被災大都似吳吏陳備悉越牧或諱飾叶所以
蠲賑惠遂因異倍蓰徐察知其然補救原同視茲聞蠶麥歉
益切飢溺己蠲租及截漕次第施行矣緩徵逮本年例外蘇
瘡痏絜矩有常經念此寧忘彼申命詔吳中民瘼虛心揣其
有災重區於越恩一體致和已愧之拯災可更委顒望九秋
登元氣復閭里

正月二日降旨免江浙積欠詩以喻志乾隆二十二年

始和布寬大頻年率例行茲當巡東南酬彼望幸情辛未縱
蠲豁寒暑六歲更況復屢遭歎溝壑哀鴻鳴賑飢救一時賦
稅有常程災重乃蠲租其輕則緩征積少因成多數累巨萬
盈催逋民奚堪是宜一免清長吏詎政拙閭閻寧留贏指日
澤國臨吾將省春耕

入浙江境

輕舟曉日別吳門川路溪煙漾晏温柳葉青籠雞犬社菜花
黄入苧蘿村連江頓覺民風異轉壑都關吾意存恩沛寧無
需再沛疇咨大吏悉心論

過嘉興府城

接境金閶卽秀水此豐彼歉理眞無旋知大吏爲屯澤肯使
斯民歎向隅（前秋南省偏災江浙接境江蘇請賑之地頗廣而浙省報災獨輕且全遺嘉郡因特命加賑）
溝壑流離期普濟閭閻氣象幸微蘇城鄉蓁僻從來異不獲
吾猶廑一夫

題煙雨樓

楊柳磯邊繫畫舟六年淸蹕重（去聲）來游素稱雨意復煙意漫
數處州還洒州（名勝志煙雨樓有三一卽此一在處州括山一在洒陽州）詩句還從畫間
得雲山常在鏡中留鴛湖依舊誰相識懶惰無心問野鷗

伊志謹案前詩恭摹宸翰勒石於煙雨樓下

觀錢陳羣書趙孟頫耕織圖詩屏題句

侍臣歸老此居停煙雨樓中書素屏悉我重耕還重織豈其
如畫竟如銘深惟衣食求民瘼詎止湖山悅性靈無逸爾知
曾染翰（勤政殿屏間無逸篇朕所手書也）嘉茲金鏡效張齡

煙雨樓卽景

不蓬萊島卽方壺弱柳新荑淸且都煙態依稀如雨態（是日晴和）
澎湖消息遞西湖自宜春夏秋冬景何必漁樵耕牧圖（有陳士民漁樵耕牧圖者故戲及之）應放晴光補疇昔（辛未至此煙霧中頗不見遠）奇遐畢獻興
眞如

伊志謹案前詩恭摹宸翰勒石於煙雨樓下

和錢陳羣田園雜興十首書以賜之

庸醫望問覓形聲氣餒三閭病豈成我令歸田靜調攝精神
竟得復平生

忽忽過隙白駒催問道家居七秩開蹕路迎鑾多舊侶就中
頗喜此人來

村舍何妨門縛柴逃禪時有野僧來惟應戀闕心如灶辨色
趨朝心未灰

前歲災鴻實弊勞賑賙南望首徒搔相逢爲問民蘇未巡狩
寧因問柳桃

開年正可墾春畦更喜柔桑葉漸肥勸稽課蠶林下事豈能

高枕說閒歸

武原舟放莫教遲（見陳羣詩）煙雨樓前煙雨微檢得石湖詩卅首
一時賡韻興軒飛（陳羣詩本和范成大田園雜興三十首之十也）

溪上風來料峭寒春衫也覺切肌單笑伊何故朝衣典鄉俸
從今志可寬（命如沈德潛例在家食俸故戲及之）

世族錢塘嫡派錢禦兒遷里是何年澎湖淼淼澄明水可養
胸中一片天

溪雲欲泮柳煙低柳外靑帘颺影飛新壓槽牀春酒熟換沽
可解帶腰圍

炊黍何論尊與菘怡情桃李繪薰醲今來扈蹕權教置可忘

螭頭珥筆供

宸翰勒石於家
伊志謹案前詩錢陳羣恭摹

石門道中作

水程卅里惠風柔迤邐由拳接秀州每至横橋人更庶夾川歡喜訝龍舟

杏花紅覆菜花黄間出芃芃緑麥長岸轉山迴渾助喜爲看芒穗報秋穰

徐行減從經城郭萬騎奔馳亦底爲到岸畫艫還少待率知舟較馬猶遲

溪亭水市夾横塘老幼扶攜共覲光御喜陌桑纔吐葉人家

未至蠶忙

偶因建置考圖經降縣升州溯與名天下本來無事好石城榮辱豈關情

自嘉興一日至靈巖駐蹕二首

檇李至靈巖一百卅餘里舟行縱順風比至亦晚矣長隄可跋馬篤速便且駛易馬行逾刻風帆落後已北南殊所習其別乃若此誰掛翰林颿（布帆有大書翰林者是日所見故戲及之）畫寢方隱几前行馬及之艤岸行且止（隨行無事之舟率令前行是日易馬由隄行及之故反落後）謂彼落後勞彼喜逸無比飽食倦且眠夜到亦可耳

易舟寶帶橋取道石湖寺跋馬上方山復行廿里地申刻至靈巖寤畫峯愈翠坐我臨湖榭太湖在襟袂非歷半日勞那愜無窮意來往已半月彈指訝何易

題陳書荷花

濯漣色不妖微露香都淨能底神韻傳伊人本蓮性

題金廷標畫 乾隆二十三年

跣足科頭書在手罷釣扁舟艤緑柳清音山水似誕溪伊人可是陵陽否

謹案舊志尚載有金廷標雨景七古一章題畫七絶二章又古歌一章又七古一章題寫意秋英十八種七絶各一章題人物七絶一章四皓圖七絶一章懸崖採芝圖七絶一章鬻茶圖七古一章聽泉圖五古一章十八學士圖七絶一章放鶴圖五古一章題人物七絶一章題畫七絶二章又七古一章仙山樓閣七絶四章題人

物七絶一章秋英十二種七絶各一章題畫五律一章又疊前韻五律一章醉菊圖五言排律一章嗜酸圖七絶一章題人物七絶一章醉八仙圖七律一章因疊前命金廷標撫李公麟五馬圖法畫愛烏罕四駿韻作歌七古一章仿蘇漢臣貨郎擔圖七絶一章漁樵耕讀畫七絶各一章戲嬰圖五律一章題畫五律一章羣嬰鬬草圖七絶一章羣嬰撲棗圖七律一章留帶圖并序七絶一章僥仔當熊圖用蟬聯韻體七絶二章四皓圖反杜牧詩意并序七絶一章清溪漁艇七絶一章長至添綫圖七絶一章掣筆圖七絶一章仿陳容九龍圖即用題陳畫韻七律一章溪彴扶笻七絶一章桐陰把蘭圖七律一章雜花四種七絶各一章人物事蹟十二幀一琴歌南風五言六韻一章一橋梓喩敎七古一章一漢陰抱甕七絶一章一遇仙翀舉五古一章一子畝種竹七律一章一青溪邀笛五律一章一折梅寄友一六言一章一廬山觀瀑五古一章一蕉葉臨書七古一章一彈鬱輪袍五絶一章一金蓮歸院四言一章一映雪讀書五古一章仿女史陳書畫冊疊題陳畫韻一古木修篁一蘿蔔一霜菘一仙果珍禽一雜果一眠犬一蝴蝶鳳仙牡丹一怪石古栢一春溪水族一梅溪一花籃

七絶各一章倣古卷六種內金廷標倣李公麟擊壤圖倣趙孟頫八駿圖七絶各一章採藥圖七絶二章題畫八幀一漁舟一樵徑一水車一夜讀一撫琴一款鶴一書課一橫箋五絶各一章題人物畫一選梅接枝一移桃課植七絶各一章溪橋策蹇七絶一章秋英圖七古一章種竹圖七律一章宮市圖七絶一章新秋景圖七律一章題畫七絶一章雪梅高士圖七絶一章題山水冊一溪亭疏影七古一章石壁淙流五絶一章松磴層巖疊瀑五古一章山城春曉五律一章松磴花宮六言一章鑪峰晴濤五古一章垂虹煙雨七律一章六言江船上峽七絶一章荻洲楓岸六言一章沙汀艤渡如夢令詞一章玉峯寒翠七古一章題負擔圖七絶一章松陰牧馬七絶一章琵琶行圖七絶一章莊惠論魚樂圖七絶一章題畫冊牧笛一觀瀑一旅蹇一玩梅七律各一章簫聲泉韻七絶一章秋山行旅圖七律一章甯泥圖七古一章墨牡丹五律一章梅村小卷七絶一章聞喜圖七絶一章雪中三友七律一章題花卉七絶一章紈扇畫景七絶二章歲朝圖五律一章鍾馗採梅圖七絶一章畫高敢詩意七絶一章歲朝圖五律一章瑤圃採芝圖五律一章歲朝圖七絶一章仙館澄秋圖五律一章再題吹簫召鶴圖七絶一章品泉圖七絶一章茲謹錄一章以昭嚴敬

題女史陳書畫箋

桃柳春江

桃襯輕霞柳率煙書堂豁朗晒晴川欲知水暖春江趣已有乘流放鴨船

溪山清遠

清遠溪山肖浙東箋頭皴法是王蒙不須搖拂涼生席饒有吹來林下風

偶爲喬梓圖賜錢陳羣疊舊作韻

重五日陳羣書和賜其子汝誠書畫扇以進蓋欲之而不敢言陳羣老矣不可使因此鬱鬱於懷促成是幅並疊舊韻賜之不復計筆墨之工拙矣

南國應嘗穀雨茶箋頭書自遂初家貢來卻好臨蒲節賜去無須寶墨華教寄北山聊示梓（卽付其子寄去）漫參西土擬拈花高年已覺多男累（陳羣自云如是卽以調之）莫逐東風更羡鴉

伊志謹案前詩及畫箋陳羣恭摹
宸翰勒石於家

錢汝誠錄西巡舊作小冊以進口號調之

汝誠此意我先知正是催詩非錄詩庚午數過丙寅倍（丙寅得詩八十七首庚午計得至一百八十九首茲行亦不欲減其數也）倍斯何必可虛其

降旨免江浙積欠詩以誌事有序

春頒青陸將迎
鳳輦於維南日下黃封早佇雞竿於自北爰仿再巡之典制俾寬三省之供輸念額徵既羨乎鄰疆知尾欠旋贏夫比歲雖遇微眚而必緩長官自識勤撫字以輟催科卽希明詔而少延下戶不無覬新恩以紓舊課嘉彼祝
釐之共切廣茲
錫類之咸周匪矜澨澤十行歡均白屋惟厪始和二日令協紫泥云爾

行時保蹕指東南嘉與吾民共樂湛財賦重區歲有欠催科概豁澤均覃積逋豈計萬已累（三省共八十五萬兩有奇）旁及俾寬省以

御製澎湖換輕舟載沓攜大吏延樓鏡中央

疊憕圖次第元璙首絺搆仲圭足標致名寧詫鴛鴦臣莊

有恭

御製利頗擅芰荷謂當煙雨濛乃值春光霽游目益悅心

對時兼得地青巒識送迎白鳥忘呵避柔桑驗萌芽臣莊

有恭

御製纁壤嫌鼓吹耕織八政關鐘磬元音肆樓中舊有錢陳羣書趙孟頫耕織圖詩屏

今來復書朕鑄鐘特磬二銘於壁老錢筆老健

棠莊昉棠翳臣目本近覩棠中陳羣所書幾茫無以對詢樓前虛

豹尾隨今預

嘉興府志《卷首二　天章

鴿頭何隄桃佇礩紅臣莊有恭

御製渚柳漸凝翠近遠景畢呈吟咏興誠遂何殊侍西清

竊幸訝

南暨遲牽載書船急控催詩轡遇榮三接承臣莊有恭

御製音矢載賡繼頻陰所恆慣屢晴實罕事御慮誤東作江浙澤國夙稱多雨自渡江旬餘纔逢晴和雖宜暢覽實廑農時不無望雨之意

然誠得兩利冬雪優霑正月下旬雪纔以雨今旬餘晴霽實利農田臣知之最悉三農足

冬雪萬國來輯瑞瞻

天恆衆懷臣莊有恭

御製觀風匪予意暢舒固勝陰月計尤省歲勛爾惟清心體茲共

三安徽本所不到亦免之較彼豫人誠厚幸一爲歡喜一爲慚

題宋旭山水

竹籬茅舍帶江村萬壑千巖勢吐吞山淨無雲遮玉宇雨餘有水到柴門仙家雞犬那聞吠世上簪裾且漫論不著桃花林夾路恐防認是武陵源

謹案舊志尚載有題宋旭西湖圖七絶一章禹王村夜話圖五絶一章天香書屋七絶一章歲朝圖七律一章茲謹錄一章以昭嚴敬

沈德潛錢陳羣來接走筆成什書之各賜一通

二老江浙之大老新從九老會中迴身體康强自逢吉芝蘭氣味還相陪迎隄驀遇以爲喜出詩命和羣應推更與殷勤

嘉興府志《卷首二　天章

訂佳約期頤定復登金臺二人皆云朕六旬時德潛當九十陳羣當八十七必皆入京叩賀笑亦許之

入浙江境

一水原無異兩疆頓爾分行春三月近迎駕萬民紛瞻就寧須禁頌揚非所欣不謀共尊戴保赤益心勤

過嘉興府城

御舟別路湖漕河登陸春城按轡過吳帝經營非舊郭周書假借得嘉禾戶聞絃誦漸摩善野富蠶桑衣被多博施愧予焉濟衆民情到處總逢和

游煙雨樓與莊有恭聯句用石鼎體

濟義

伊志謹案前詩浙江巡撫莊有恭奉
敕敬書勒石於煙雨樓下

再題煙雨樓

未年丑歲兩經行煙雨都逢副盛名卻訝今番出新樣自過江後總開晴柳絲窣地折罯舞梅朶烘春笑口迎更上高樓聊極目水村近遠望分明

伊志謹案前詩恭摹
宸翰勒石於煙雨樓下

三塔寺賜名茶禪寺因題句

積土築招提三塔寺基舊爲潭不利往來舟楫唐僧行雲積土起塔吳越名保安院宋改景德禪寺又名三塔寺蘇軾三過煮茶千秋鎮秀溪予思仍舊貫僧籲賜新題偶憶趙州舉茶經玉局擕登舟語首座付爾好幽棲

過嘉興再和錢陳羣田園雜興十首

伊志謹案前詩恭摹
宸翰勒石於寺

接運迎鑾多頌聲覩民惟愧政無成境臨秀水心聊喜爲瑞林居有老生

祝
釐昨歲驛程催九老圖形霽月開便令還鄉頤暮齒宣傳不許遠迎來

稜稜孤鶴瘦如柴圓嶠方壺任往來鶴其性人壽其似會看劫火有寒灰

游山屐總不辭勞遇勝吟詩白髮搔花瀨濛濛春澹澹微醺何礙暈如桃

春田未致手親畦俸養何妨剌齒肥常把一篇宏景傳殊途要欲有同歸

三月遠如三歲遲詩裁前席辨精微雖然賜杖何須杖見說香山步似飛昨命九老就香山游讌以副嘉會先期並有賜杖

薄試春寒冬更寒吾民寧之有衣單定當剴切陳民隱莫飾其辭靳意寬

結屋江鄉不費錢雙槐門巷蔭多年樸淳生計耕還織淡蕩心情水與天

樓臺煙雨望中低早見書屏健筆飛煙雨樓有陳羣書趙孟頫耕織圖詩屏新署頭銜榮晚節定知家慶子孫圍

鄉味休耽韭與菘行時韶令正芳醲爲吾數日隨清蹕可負湖山佳景供

題張南本華封三祝圖錢陳羣所進自作贊

封人三祝帝堯辭轂食鶉居請進之終始欽哉吾所企陳羣每頌不忘規

過石門縣

策馬石門縣覩民度石城閭閻際時泰埤埧倚春晴寸土桑麻地萬家絃誦聲何加曰惟教然匪尚詞英

復游煙雨樓

前度晴中閲春景今朝雨後賞煙光是日細雨即止輕陰猶戀波瀾
意細籟都含花木香
果然名實善相隨百尺樓高悅目時試看淺煙方淡蕩便教
不雨也迷離

煙雨樓疊舊作韻

煙絲罥柳柳絲濛雨意迎人人意通自是雲容盟水態並宜
草綠藉花紅奚稱處括洒暘彼處州括山及洒暘州並有煙雨樓而嘉興名特著總
在天高地厚中耕織圖詩屏宛在樓中有錢陳羣書趙孟頫耕織圖詩屏不殊
惇史惕深宮

伊志謹案前詩三章恭摹
宸翰勒石於煙雨樓下

竹根如意錢陳羣所進既成是什復郵致令其和之 乾隆二十八年

首曲非由爍火成天然寧是裁去聲金營匠人雕飾緣工巧高
士指揮愛格清有節更看文似賁從心不踰矩斯貞本宜賜
與齊賢器摛藻翻因獻憲卿

伊志謹案錢陳羣呈進竹根如意仰蒙
御題一律鐫諸柄復繪圖以賜陳羣恭摹
宸翰勒石於家

石芝乾隆二十九年

說文珊瑚生於海本草又稱生海中磐石上白如菌一歲
變黃二歲變赤此石芝似之豈火樹所未變成者耶蓋錢
陳羣所進而非東坡所食之物也率爾題句並擘令和之
還鄉未下海中羅陳羣古里嘉興有還鄉河假借用之石菌居然致則那蒸出
歎非好子厚夢游幻亦異東坡芳甘漫擬雞蘇味斐郁宛同
鳳尾娑何必賤瑉珍鎮玉他山原待琢分磨

伊志謹案前詩並
御畫石芝圖錢陳羣恭摹
宸翰勒石於家

題陳書長松圖

壁畫長松三百年見陳羣自識語眞松窗外綠參天兩翁不識誰兄
弟照影疑如立鏡前

降旨免江浙積欠詩以誌事有序 乾隆三十年

供輸維正租庸恆甲於南邦澤沛非常蠲復早申於北闕
循三載一巡之盛事計籍加詳佈元辰二日之恩言郵傳
倍速杳彼頟徵未足覬延不乏齊民軫茲尾欠猶懸被歎
寧無下戶縱比年頻致十千之取而爲數尚踰百萬而贏
詢疆吏以陳書淸問每勤夫側席救度支而奏課宣條毋
靳乎持籌庶幾澤逮飛鴻白屋三時歌鼓腹抑且村閒吠
犬青旗一路樂遨頭云爾

曰休曰助重時勤嗟爾司農聽綍綸百姓已皆注耳目三年
又復有逋陳持籌漫計贏巨萬投匭都敎豁窶貧仍慮十行
或遺署屆期應更細咨詢

題錢陳羣進伊祖瑞徵所篆瑞日祥雲和風甘雨章

迎春帖子進南方先以家傳古篆章瑞日祥雲兆歲美和風甘雨卜農慶休徵敢謂時斯應善頌還嘉規不忘願共吾民沐新祉春祺噍噍萃方昌

沈德潛錢陳羣來接因成是什仍各書一通賜之

二仙仍此候河濱三載相睽意更親郭泰李膺一煙舫（二人同舟而來）沈期錢起兩詩人飄然白髮都還健瞭爾青瞳自有神筆力年華雖共老載賡知復倍清新

入浙江境

一川不異舟兩省頓分郵風俗漸因別桑麻較更稠春晴真

嘉興府志　卷首二　天章　三九

是暢三載忽如流祇覺民情切惠鮮可忘謀

游煙雨樓即景雜咏四首

煙雨今朝煙雨無眺吟暢好不糢糊菜花黃映麥苗綠所喜猶然在此乎

即景無過遣興題過譽老筆注金鎚（樓中錢陳羣書舊作並跋語張璧頗覺過譽）

樓前一對玉蘭樹直與樓簷開並齊

近涯野艇不譏訶漁樂憑看樂若何訝似天孫機杼張（去聲）錦端來往織仙梭

船泛春波天上坐樓稱煙雨霽中來韶光陶冶無先後庭際辛夷盆裏梅

題煙雨樓

岩嶢無地起樓臺一棹宛從鏡裏來問孰宜煙更宜雨合稱惟柳復惟梅韶光豔裔為屏匝漪影空明映座開錢趙王孫詩與字（樓中有錢陳羣書趙孟頫耕織圖詩屏）卻因吟翫久延陪

（伊志謹案前詩五首恭摹宸翰勒石於煙雨樓下）

游煙雨樓與莊有恭聯句疊前韻作

御製　昔茲撫土臣今為隔省吏（前年調莊有恭撫蘇仍就近兼管海塘事務）仍攜因閱塘

明陪逾及第（臣昔蒙特拔巍科茲再荷恩命得侍聯句尤為榮幸）嘉禾奉

清娛高樓挹佳致花繁雙樹玉（臣莊有恭）

嘉興府志　卷首二　天章　四十

御製　香凝千頃芰名循處煙雨（近頗望晴）實惠快晴霽何處不籌農

所喜無棄地就瞻

禁譏訶蹴踏

敕趨避（萬姓歡迎環擁左右者或踐及菜麥每上不令訶蹕其趨隨諭避之亦勿顧也）藹然衢謠盈（臣莊有恭）

御製　翕若天籟吹頗嘉新政覩莫忘舊學肆行當侍左右（已授有恭刑部尚書協辦大學士仍令在內廷行走）

頓爾豁障翳薄書幸寬程筆札願謹伺

撫時值風和（臣莊有恭）

御製　延遠勝山翠（嘉興境內無山憑眺益遠）一天景越明四鄰望俱遂澄波識

魚樂董其昌書魚樂國勒石樓前

厚澤欣衆暨澎湖正

迴櫂秀溪橋名復

控轡是日上迴舟卽乘騎數十里老幼遮道瞻仰幾無隙地萬千氣象呈臣莊有恭

御製百二春光繼時值閏二月攬結敢忞輿游豫無非事明將鹽官駐

總

匯海亹利北漲常安瀾中開必表瑞北岸漲沙益蓮則中小亹故道自可復開

聖仁感

天仁臣莊有恭

御製予意視民意翹心緬四巡睫眼又三歲載賡非玩物懷哉惟

展義

降旨免浙省所有欠積並經過地方正賦十分之五詩以

誌事

新正降恩諭江浙免積逋江省數實多前降旨免江浙逋賦江南至一百四十餘萬浙江止十三萬餘已不及十分之一且又報有續完則較江省更多南北已大殊因加惠江南昨經臨江省諭知所免災緩積欠淮北獨多江以南纔三萬餘因將江蘇各屬熟田未免欠項概行蠲免並免水陸殿所經州縣本年額賦十分之五浙省赤子懷保同悉予豁除復將經過地方新賦蠲半以均惠澤浙省可忘

乎入疆再諮詢逋祇江南如更有續完者急公益嘉予漕欠

及借項寬免例所無此豈非在民爰概與豁除其經過正賦

十五蠲厥租休助庶以副歌頌寧所圖

自石門縣跋馬度城易輕舟至陳氏安瀾園卽景雜咏

艤舟跋馬度由拳心喜觀民綴著鞭更有閱塘予正務遂循

溪路易輕船

夾溪萬姓喜迎鑾桑柘盈郊入畫看廿四槳過風帆去聲駛片

時新壩到長安郎壩名

壩隔高低換綷舟綷舟致重艣聲柔仍圖迅利策予馬蓄眼

韶光面面酬

鹽官三載重輕臨兩字安瀾實厪心駐輦春風樂清暇果然

城市有山林

賜錢陳羣

王帖一句猶過之羲之帖足下今年政七十耶陳羣今年八十歲故云來迎喜重去聲聒

龐眉杖朝足領羣仙列從政仍教一子隨陳羣子汝誠適扈蹕來商確

古今關治亂諮詢風物度淳漓我閒卻是卿無暇合為催賡

攬勝詩

再游煙雨樓

南去北還半月餘澎湖樓閣祇猶初墨辛夷縱花全謝紫碧

桃方朵豔舒是處見紫碧桃花特鮮豔波態含煙欲藏舫雲容釀雨正如

車循名奚要惟晴好念在饘筐與麥鋤

宸翰鐫扁敬懸於樓右伊志謹案前詩恭摹

三和錢陳羣田園雜興詩十首

詩篇來往達音聲前席猶欣晤耇成曰善頌卿思古者不忘
規我厘民生

肩輿弗許遠迎催喜過新年八袠開民數無央覲鑾路就中
遥說地仙來

清短身如愚也柴當年給杖重去聲扶來相逢一別三年話不
覺金猊篆已灰

問汝林居更底勞每逢賡韻首應搔陳羣雖居林下每得新句輒作常和韻以進故以此之郎今三疊田園興一例還當報木桃

詎必鄉田藉自畦潤身願以德充肥不妨春冷常朝出或遇
山佳定暮歸

晏眠誰斥入朝遲娛老那虞生理微子貳地官身里倖豈同
寒士論潛飛

鄉居想復濟貧寒未冐君恩身受單更有餘閒問風景南湖
春水暎心寬

老伴詩人沈與錢清詞麗句荅芳年爲詢北阜竹梅月何似
南樓煙雨天

于公門巷豈嫌低歸省還聽琴轡飛依蹕卻因勤供奉冐教
婦子一家圍陳羣以老侍從迎鑾後即隨扈行在特命其子汝誠先還家侍母俾得歡聚庭闈

石湖高致寄冬菘潤筆應知藉酒醲三十首中和十首范成大田園雜興本三十首陳羣所和三分之一也想因詩興偶然供

題女史陳書畫頁十種

古木修篁

子昂題句仲姬畫元時陳道昇畫多有趙孟頫題此冊乃尚書錢陳羣母陳書所畫每幅俱有其父錢綸光題句相莊風雅故不減趙管云頗有今人似昔人幾个修篁依古木麗公
高躅別傳神

蘿蔔霜菘

畦蔬小摘供盤飧熨齒蔔頭與菜根咬得此中無限味寫將
清白示兒孫

僊果珍禽

飛來珍鳥自棲枝欲啄垂瓊意且遲淡墨淺深分向背清風
林下有如斯

雜果楊梅 枇杷 桃

楊梅酸與露桃甘可做尋常世味參一例琵琶彈別調前三
三郎後三三

眠犬

一團烏玉臥婆娑似解黑甜樂趣多如此宴眠不吠盜主人
畜爾意云何

蝴蝶鳳仙牡丹

嬝嬝蠻蠻態各奇輭紅芳綴一絲絲采香欲識春駒意好是
花叢未入時

怪石古柏

怪石磵礐古柏森煙霞之表結同心錦官城外如相見用陳羣父綸光題語定是曾經老杜吟

春溪水族

青青弱藻泳魚蝦幾片輕紅貼落花試看春溪圖越若豈殊秋水對南華

梅溪

清溪月影一輪孤屧屐人眞號弄珠若問詩中傳作者不於高啟在林逋

花籃

幾般寒卉篛籃裝不是春園桃李芳珍重齊眉成合璧自應綿慶繼書香

此冊爲錢陳羣父母手澤貽留今陳羣欲登之石渠以永其年朕思石渠所藏陳羣母各種畫頗多不忍更留此因各題一絶仍以賜陳羣俾其家什襲爲傳世之寶並命金廷標倣寫成冊錄原題收入石渠藝林當增此一段佳話也

朱碧山銀槎歌

彝尊長歌詠雙解朱彝尊銀槎歌中有可憐雙解今成鮮之句蓋亦知本有二也一成壬寅一乙酉鑿落銀器誰所爲乃出朱氏碧山手酉者展轉入孫家承澤寅者宋氏犖所珍守一時豪客醉流霞俠寫宇驪闘吟口滓徵故事稱張騫漢書不識曾讀否彝尊及宋犖題此皆以張騫當之夫漢書張騫傳言騫窮河源事不言其浮槎天漢也惟博物志載海渚人見有浮槎去來不失期乘之至一處見織婦及牽牛人還問嚴君平對以某月日有客星入牽牛漁洋諸人蓋沿荊楚歲時記之訛而於漢書未加深考耳居易辨頗精先得我心是此叟既考漢書辨乘槎非張騫事復閱王士禎居易錄亦以張騫之說爲非而深悔其詩窮源過大夏云云數典未當且援拾遺記貫月槎事以證之辨訂頗爲精覈槎格實奇乃自孫藏非宋有雕鏤絶藝不重僊諸人麗句早有拔之精剖偶因博古一致評置之弗用戒旨酒

津水早春詞用錢陳羣韻並寄去命和之

香樹齋集偶披翻清虛婉約眞除煩早春津水詞更美正値

三月停巡軒近海民討夙所厪幸看氣象猶飽溫摩肩接踵日輻輳迎鑾出欲空巷村江南輿情一例篤偽憶詩客安詩魂當年傭書此閱歲每有佳句無斧痕自從歸去樂桑苧直沽塌淀空潺湲詩筒遐寄俾賡韻睪然南望紛川原

題陳書倣唐寅夏日山居圖

山明水秀碩人邁幾架溪亭俯碧波不禁漁翁把釣往時來幽士問書過麥鋮已撲香風滿柳線猶含弱意多若曰山居倣子畏知爲首夏尚清和

錢陳羣進銅如意因成口號乾隆三十四年

古製樸還古色穆須知寓意有多端九州萬物同如意正是

為君之所難

再疊錢陳羣津水早春詞韻仍寄去命和

大沽赴海晴波翻海口昔聞茲不煩茲來實以俞衆籲祝

鼇攬勝奉

翟軒似繪花柳細而野漸長風曰和且温吳山廣陵有同約浙江南淮商衆並籲請赴天津與長蘆諸商共伸祝釐之願司鹺者以聞并即日具舟戒行因已成事姑聽之來賀詎止津瀛郵香樹齋翁命且俟初欲聽錢陳羣今歲即來京慶祝既而念其精力雖健而八十餘老翁頻年仆仆非所以示體恤也因諭俟明歲赴京恭祝皇太后萬壽而止其今歲之行更憐歸愚地下魂二老外與言詩少片雲空手寧留痕津水早春詞重去聲和還鄉河名在嘉興直達波瀉湲東坡先生例具在不妨險韻數入聲疊原

題錢陳羣所進王淵梅雀報春卷即用其韻並書賜之乾隆三十六年

貴得其人不貴妍書宗畫法有同傳雀梅一卷詩三首妙義還因揭道淵

南枝最識好春歸羞煞海棠獨以肥麻雀偏欣晴雪夜淨明香界聚相圍

臘雪先春湊嫩寒展圖詠句興無闌江鄉食履應增健大愜予懷老者安

錢陳羣奏進所書登岱祝

釐頌及御製詩文并賡韻詩冊至因成是什書以賜之

平厯此日巡方駐秀水多時奏牘欽萬有言餘親手寫三千里外故人心可知食履益康健具見頌揚篤悃忱冬月定當重晤面陳羣於今冬來京恭祝聖母萬壽當與之覿面談詩以慰眷懷健談興自勃知音

錢陳羣奏進謝恩詩至即以其韻答之並書以賜

宣毫端硯常隨側即景摛詞每寓欽何必多思甫老句所無逸緬旦公心往來筆札如覿面賡和篇章每託忱善頌雖鄉頗自許不忘規更佇佳音

賜錢陳羣

祝暇重來紫禁攀依然鶴髮晤童顏枕流漱石家鄉慣實語眞情前席間不覺六年如一日更期百歲頌三班陳羣於辛巳慶典即居致仕九老之次茲復與嘉會爲林下諸紳領袖而精神矍鑠如前計其再來恭祝九旬慈壽陳羣亦將百歲矣神不問蒼生問吉甫清風補袞閒

賜錢陳羣南旋歸里之作

剛喜談心頻席前胡爲慶蕆又當旋幾番笑語消一瞬重晤風光期十年雪阻長途仍發軔氷凝順水未開船精神健豈妨跋涉御是南瞻每眷然

錢陳羣奏抵家鄉信至詩以賜答

就道輕輿發殘臘高年抵里尚初春逾三千路僱食履望九

句身超類倫幅幅書箋仍健逸章章和句總淸新香山適接還鄉信嘉興有還鄉水即景尤思扶鹿人陳羣昨歲和賜九老游香山詩有鹿馴巖畔當童扶之句愛其超逸茲駐蹕香山陳羣奏抵家摺適至并附和詩及所書御製詩文以進披覽慰懷即得此末二句於摺內批答視事畢續成全什書賜更爲香山增一段佳話云

三疊錢陳羣津水早春詞仍寄去命和

光陰眞似逝水翻萬幾那敢謝勞煩搜題摘句乃餘事時亦引興因游軒而惟觀民體休助衣食計欲飽與温斯來本爲閱河務因緣復至章武村行館憩息春之暮蝶夢不離花間魂屛額勒昔和錢句彼無斧鑿我有痕一篇寄付北風去望予渺渺波湲湲即今可與言者孰莫辭更疊險韻原

女史陳書出海大士像用其子陳羣題句韻

屋履宴坐貝多平天水空涵石竹淸示現漫云出海像如來如是本圓成

題陳經尚書詳解六韻 乾隆三十九年

帝王行事具心中檃括經發題語挈要一言迴鮮同數彼專通難僂指得茲詳解足治平聲躬卷成五十能探奧書秘半千未發蒙休陽經南宋淳熙間進士逮今五百餘年矣大典闕收誠惜漏休陽復購可稱功汪森於康熙乙卯年泛舟濮川見人鬻舊籍於市盡數覯歸中有抄白本乃尚書詳解也繙檢合五十卷遂錄而藏之詳見汪森跋語新興教化爲根本龍溪縣志經爲新興令改德淸專以教化爲首務古壁精微與擴充詩義雲煙誰過眼森跋云經著述更有毛詩講義是森所藏亦無此種或竟散佚無存或復有收輯之者皆未可知也珍斯片羽願研窮

錢陳羣故詩以誌惜

沈去錢存勢已孤徒觀遺奏故人無江南忽爾失二老沈德潛錢陳羣皆耆年宿學凡御製詩章時命賡和壬午南巡兩人同舟迎駕曾賜以詩有二老江浙之大老句德潛故已五年今陳羣又復溘逝此後更無可與言詩之儒臣老輩矣天子原非友匹夫棠邑應成蝶醒夢香山那復鹿重扶最喜其和賜游香山詩鹿馴巖畔當童扶之句前歲春駐香山陳羣奏抵家摺適至即得香山適接還鄉信即景尤思扶鹿人二句於摺內批答隨續成全什以賜並前此賜其歸里詩有更期百歲領三班語孰意竟虛所望乎詩郵罷趁北風寄每有御製詩或於陳羣奏事之便檢錄數十篇寄令和韻今後詩郵不復得矣郢堊憐亡爲質吾

閱錢陳羣書游盤山詩冊有感

昔年扈蹕至田盤給假游山春未闌得句書成藏靜寄一回來必一迴看

五古穆如蘇李詞愛他更具頌中規同游卻是竹林數陳羣冊中錄詔扈從諸臣游盤山詩跋云同游者協辦大學士阿克敦侍郎介福學士鄒一桂通政司參議薄海太僕寺少卿介錫周中書祝維誥云云今相隔僅二十餘年而同游七人竟無一存者矣屈指都成鬼簿披

門前雙杏護山莊五字聯吟錢與汪冊後附錄題行宮門外雙杏五絕句與汪由敦同作今距由敦之亡亦十七年矣雙杏依然人去矣那堪對樹更尋芳

盤山春日塞垣秋得句郵傳夥唱酬每於盤山熱河駐蹕得詩較多必錄寄錢陳羣和韻今後復誰可與言詩乎今日吟成誰與寄可憐老輩謝都休

題冷謙竹溪琴友圖

叢篁深處兩仙翁佺羨精神黄綺風橫膝焦桐不須撫琅玕
清響正相同

題唐闕史

知不足齋奚不足（鮑士恭家藏書處名知不足齋）渴於書籍是賢乎長篇大部都庋閣小說卮言亦入厨闕史兩篇傳摭拾（是書分上下兩卷）晚唐遺蹟見規模彥休自號參寥子參得寥天一也無

題錢陳羣所書詩冊二首一韻

山莊往歲句郵諸八十八翁必手書惟爾因文研妙義其他賡韻率虛譽徒覩遺蹟猶斐爾暗引遐心一愴予知己箇中誰復在從今吟興欲爲疎（第一首書陳羣所書御製詩並其跋語冊）

弆置案頭偶閱諸人何往矣祇存書悉孚字裏義袪藻嘉彼行間規勝譽兩冊誰知成絕筆（此錢陳羣所書癸巳春巡幸天津御製詩並其和韻之作及秋以山莊詩寄和而陳羣已臥病此實其絕筆也）一時偏識有開予可憐老輩凋零盡不啻晨星祇漸疎（第二首書陳羣和韻詩冊）

題顏眞卿書朱巨川前後告身各於其卷書之（乾隆四十年）

誰識告身有後前豐城撫意得珍聯高卑品秩因文別（巨川初則行起居舍人後則守之蓋如今之試用實授乃有文亦未可知）今古風規以字延舟楫豈誠巨川用龍蛇斯實灌園傳（見陸完識語）弆藏題識率難考（告在內府舊藏者雖爲前而以唐時年月較之則新得者當爲前卷舊藏爲後卷閣卷後陸完跋敘述原委甚詳又考陳繼儒祕笈張丑清河書畫舫似前卷卽宣和書譜所載及陸完跋疑爲王詵所得別本後藏項元汴家者後卷曾刻入停雲館帖向爲陸完所藏後歸陳繼儒者今兩卷內如陸之跋項之印章皆有可據惟王詵曾收藏處則前卷無考疑題跋爲妄人割去而繼儒識語不書於後卷則理之所不可解耳）何礙驪珠眞者全

倣陳書長松圖疊向題陳畫韻

題詩猶憶甲申年倣畫聊因適性天溪壑似哉神不似果然眞者怵當前

天籟書屋

天籟顏書屋名因檇李彰竪峯及橫嶺綫范更癡黃九夏淸將綠三秋丹與蒼所收皆活書那數項家藏

李肇亨鵲送春聲卽用其韻

喬樹營巢見飛鵲占來風雨較人明雌雄相呼（去聲）知何意卻是人稱報喜聲

題金令昭水亭高士

倚几高人弗礙涼溪風吹送野梅香箕裘雖有家聲繼（令昭乃廷標之父此畫卽其子向所進者）一例石渠古畫藏

題朱彝尊經義考（乾隆四十二年）

泰燔弗絕殆如綫未喪斯文聖語曾疑信雖滋後人議述傳終賴漢儒承天經地緯道由託一貫六同教以興蔡閣炎劉校誠韙竹垞昭代撰堪稱存亡若彼均詳註（彝尊號竹垞秀水人康熙己未以博學鴻詞授檢討入直內廷博聞淹貫是書通考歷代諸儒說經書目每書先列撰人姓氏書名卷數次列題注曰存

日闕日佚日未見次列原書叙跋諸儒論斷及其人爵里彝
尊考正按語載於末而附以逸經毖緯擬經諸目凡三百卷
自漢迄今說經諸書存亡可考文獻足徵綢輯之勤考據之
審網羅之富實有裨於經學惟所注闕佚未見者今四庫所
錄往往其書尚存蓋冊府儲藏外間難覯不足爲彝尊病至
卷首冠以我朝 世祖御製孝經 聖祖日講解義自
屬體製應爾若臣工著述則當按時代先後彝尊於編次時
亦未及詳訂即如本朝成德所著之大易集義粹言合訂列
於前朱子元亨利貞說列於後殊爲參錯第以刊布成書難
以改刻惟令於四庫全書提要內聲明以正體例至其義在
尊經不惟汲古之助
並將昭示來茲矣 文獻於茲萃可徵遠紹旁搜今古會焚
膏繼晷歲年增考因嘶理求其是義在尊經靡不勝枕葄寧
惟資汲鑒闡崇將以示孫曾

題影宋鈔班馬字類

宋摭欣傳檇李裒居然影宋似雕鎪荀袁原未範圍出班馬

藉因輿叟求喜此朝菸而暮誦嘉伊遠紹更旁搜披翻快處
綠惡旨笑異東坡大白浮

懷舊詩

故刑部尚書銜原刑部侍郎錢陳羣
詞臣退居林下齒爵學問足爲縉紳領袖者惟錢陳羣
沈德潛二人余昔有二老江浙之大老句東南士大夫
多欣羨之陳羣浙之嘉興人康熙辛丑翰林雍正九年
贊善洊歷侍講學士十三年直南書房尋改右通政乾
隆元年丁母憂歸其母陳氏知書工繪事陳羣少時母
每勖之學有夜紡授經圖陳羣嘗奏及余嘉而題之服
闋補原官六年擢太僕卿累遷至刑部侍郎十七年得
轉穀疾連疏乞解職准回籍調治二十二年命在籍食
俸二十七年加尚書銜三十年賜其幼子錢汝彌爲舉
人皆南巡迎鑾時所加恩也再與香山九老矍鑠如舊
冀其尚可再赴闕廷曾賜侵以資頤養三十九年正月
竟以疾卒於家聞而悼惜優䘏有加祀賢良祠陳羣深
於詩學書法亦蒼老家居以後每歲錄寄御製詩百餘
篇命之和陳羣既和韻並寫冊頁以進冊必有跋字體
或兼行草余甚愛之詩多不經人道語而其香山詩有
鹿馴巖畔當童扶之句喜其超逸親爲圖以賜及駐蹕
香山覽其抵家奏即得二句云香山適接還鄉信即景

尤思扶鹿人於摺內批答之仍續成書幀寄示如此佳
話今不可復得矣能無追念乎

少年困場屋賢母授之經故學有淵源於詩尤粹精經濟雖
非卓不失爲老成以疾賜懸車還鄉信循名相傳嘉興有還鄉河故其地仕
宦多歸老者吾於陳羣益信 迎鑾三於浙祝
釐兩入京倡和稱最多陳羣三次迎鑾兩次入都令其和韻極多如田園詩之類亦有賜和其韻者
頌中規亦行林下惟恂謹文外無他營優游登大耋生賢沒
亦榮

題錢陳羣和韻詩仍用甲午詩韻

兩歲山莊倏別諸案頭香樹重（去聲）觀書獨嘉老手饒麗則詎爲連篇多頌譽有主世南寧讓彼無兒伯道並憐予（陳羣子女誠頗能世其家學茲不幸病歿爲之惋惜）明春安福艫中路迎蹕遥愁識者疎

天籟書屋

額簷借構李天籟發天香詎祇欣說項兼因遇達莊亦將眞蹟檢便置筒中藏（項元汴嘗蓄名人字畫每以天籟閣印記鈐之今書屋既仿其名因於續石渠寶笈書畫內曾經元汴印識鑒藏者檢數種貯此亦循名責實意也）設以北南較高佗千里强

題陳書幽居清夏圖箑頭（其子陳羣書夜游山月歌所進）

夜游山月夥清娛頗類幽居清夏圖書扇因之供暇覽懷賢（陳書賢憶舊並般吾母也）

題朱彝尊井田硯

曝書亭裏考經義井字硯田磨欲平自是伊人思復古可知復古實難行（井田不可行於後世向每切論之及題夏休周禮井田譜復爲闡發其義詳見前詩注）

入浙江境　乾隆四十五年

一水無須更換舟卻看兩省各分畛南爲迎者後爲送養俾欲兮給俾求老幼依然非越俗桑麻櫛若較蘇稠來巡要務此疆切正在海塘固永謀

駐浙江水營

江南水營屋三間已謂不當心噌踧（江南沿途水營構屋三間以備召對已謂煩費浙省則屋宇倍增且點綴亭臺花木前亦未曾預戒益覺不安耳）浙江水營倍過之點綴亭臺及花木爭强長此竟安窮今駐明發祇一宿未曾預戒吾之過實不思及此預督將求吾喜喜何曾益覺怦怦增鞫恧

題煙雨樓

祇疑瀛泛到雲來鏡裏樓臺熟路開四面波光煙雨意無邊春景咏吟材今斯今也昔斯昔柳尚柳兮梅尚梅一讀錢家書趙句（樓中有錢陳羣書趙孟頫耕織圖詩屏伊志詳案前詩恭摹宸翰勒石於煙雨樓下）愴然弗忍更徘徊

遊煙雨樓與梁國治董誥聯句再疊前韻作

御製　所貴省方者休民與察吏問亦涉吟咏斯復經品第湖平鑑澄心樓迥納遠致放舟帆挂蒲（臣梁國治）

御製　理棹裳集芰餘事問花柳正務課雨霽遺蹟緬元璙連江記吳地（嘉興今雖屬浙地唐以前則吳地也）摛詞座無譁授簡席欲避竊爾駥蚓竅（臣董誥）

御製　依然答松翠莊（有恭）續舊韻賡錢（陳羣）憶西清肆嗟均作古人慰遥谿久翳

四巡昔未扈再疊今初侍（前此四次聖駕南巡臣昔未得扈從茲初與聯句不勝榮幸）體遞藍本藍（臣梁國治）

御製　攬鮮翠微翠（煙雨樓四面遠近俱無山）魚躍帶波活鳶飛齊雲遂雉堞郡城望

蠶箔郵舍暨暇仍
詢倪錫
憩𣈆駐義響衆合萬億迎 臣董誥
御製年越十六繼自乙酉南巡至今庚子凡十六年 對時延新景聯句循古事便
與迴舟泛
信得
觀風利
錫漕普賓惠 皇上復降旨普免各省漕糧一次江浙乃爲巡蹕所經首議及之 登豐驗上
瑞 浙江昨歲收成甚豐 詎惟拜賜榮 臣梁國治
御製勉守勑示意夙懷酬閔堤深情屢祈歲歌舞漫紛陳頁諺非

茲義
御製於煙雨寫景卽題其上
敬書上石 伊志謹案前詩梁國治奉
宿雨已收際曉雲未泮時斯樓合斯景宜晝復宜詩悔謝砌
餘片柳眠蘀罥絲傳神縱非米那可恝過之

嘉興道中作
去時桑葉未抽齊返棹桑陰綠覆低正是蠶忙此鄉最未宜
歸舫更教稽
塡潭積土有諧傳 茶禪寺吳越時爲保安院宋改景德禪寺又名三塔寺南巡時賜今名相傳寺爲澧不利行舟來往唐僧行雲塡土起塔鎭之因以名寺土人相沿之說如此 三塔而今尙峙然僧侶

向曾乞題額與名遂舉趙州禪
龍井昨纔述橋事嘉禾今復識堂名 蘇軾訪文長老嘗三過湖上汲水烹茶後人建臺因以三過名之在府城西南 再斯可矣三仍再玉局居然未忘情
已收宿雨煙未泮寫景得神更詠詩今日晴明異名實直教
舟過恐程遲

驛致項子京所藏畫卷四種弆之梅檀林之天籟書屋因
成長歌紀事
梅檀林是古佛埸莊嚴弗事事淨常亦有書屋築於旁偶多
名同昔子京 叶 因思檇李稱鑒藏石渠多有其重裝四美具
例董香光 董其昌所跋顧愷之李公麟四卷題曰四美具而弆之建福宮之靜怡軒茲梅檀林之天籟書屋旣

與元汴閣名相同因思石渠寶笈所有畫卷曾經元汴識以天籟閣印記者甚多乃驛致米芾吳鎭徐賁唐寅四合弆書屋中從四美具貯其昌鑒藏畫卷例也 亦檢四種弆此堂宋元各一明則其
雲山煙樹米襄陽眞僞疑之未甚詳 米芾雲山煙雨卷閱其筆法似小米而非大米曾經跋識及於幀中書之則竟非宋紙或贋作亦未可知 元則吳鎭四友良眠雲寫自徐
平江江鄉探蓮圖出唐同珍爲去聲製檀屏方項家舊物及凡
荊 叶 至今散失半存亡四卷何幸聯豐城 叶 天籟曾有水還
鄉 相傳嘉興有還鄉河凡仕宦者多得歸老元汴嘉興人而天籟閣所藏之畫仍得貯於天籟書屋亦有還鄉之意因戲及之 更欣佳話增山莊
伊志謹案梅檀林之天籟書屋在避暑山莊以與項元汴閣名相同因弆藏米芾吳鎭徐賁唐寅四家畫卷於內時値
蹕灤河

宸咏所及更爲嘉禾還鄉之水增一佳話恭錄於簡以誌勝槩幸云

題項元汴東井硯

項家東井猶餘硯豈是五星所聚曾閣亦山莊額天籟（避暑山莊內有閣亦顏曰天籟）殊其閒雅用非應

趙元合溪草堂圖 乾隆四十六年

堂築碧溪中幽棲樂莫窮無塵到心境有水合天空仗策來佳友烹茶付野僮非舟不能到（見顧阿瑛自識語） 原是許舟通（末二句反其詩意）

題項元汴端石四螭硯

四螭鑑式法炎劉書畫千秋朗鑑收不識當年天籟閣躬行

鑑己亦思不

題煙雨樓二首

攜圖去歲興工始斷手今年蕆事勤敷典可知自元璙賡詩更以憶陳羣（煙雨樓本錢元璙所創爲嘉禾勝蹟向年南巡陳羣屢次經臨時錢陳羣在籍賡和頗多樓中並有陳羣所書趙孟頫耕織圖詩屏）最宜雨態煙容處無礙天高地廣文卻勝南巡憑賞者平湖風遞芰荷分

十五年達煙雨樓昨春未免惜情投雖然寫景原藏弆（去歲寫煙雨樓圖一貯內府一存浙江茲於山莊內肖圖爲之）莫若肖形可泳游底論南吳及北塞敢忘後樂與先憂憑欄俯視清泠鏡武列鴛湖異水不

題陳書撫古冊

昔年尚書錢陳羣進其母陳書所畫此冊有其父綸光題句時以其家傳手澤題句賜還不忍留也昨因題煙雲集繪冊見錢選苕茵臥犬憶陳冊似有是圖命取來證之則實倣選但首尾易其向乃知霅溪家法淵源有自冊內有陳羣與其子汝誠賡和詩亦成陳蹟良用憮然復還此還之俾什襲世守云

撫古宣來冊訂疑南樓精到藉因知倡隨夫婦空前品賡和子孫有後詞羣也老年那久住誠兮少長竟何之憮然寄弆還鄉水錢氏雲仍愼守斯

題錢陳羣和韻詩冊再疊甲午詩韻

曩年有作寄賡諸望九人勤每手書眞蹟難重得致惜誠心仍此鑒惟譽及門題者復逝彼（題冊詩逮此凡四首其三曾命于敏中和韻以其爲陳羣之高弟子也今并敏中亦爲陳迹彌覺感懷遂令梁國治董誥和之書冊後）撫案觀之更戚兮七字聯因識歲月吟鬚無恙鬢霜疎

登煙雨樓即景

爲喜嘉禾樓望意攜樓玉塞俯澄瀛適當煙雨呈暑景便拾級梯攬潤情去歲巡南因省北今朝責實果循名循名可耳無須甚時我心中正盼晴

題董誥煙雨樓圖

素壁詞臣命寫圖遂看即景貌鴛湖是煙是雨眞無定爲北

爲南了不殊何必避嫌云著相果然入妙協清娱春巡昨況分明在依戀民情畧繾吾

寫煙雨樓圖用去歲煙雨樓圖詩韻此亦弆懋勤殿者

曾兩圖臨米昨歲仿小米爲煙雨樓圖凡二一弆嘉禾本處一弆懋勤殿忽忽已過時茲於塞之浙亦復畫而詩那辨異同境都饒煙雨絲函三原是一舊韻偶賡之

題錢載梅花乾隆四十七年

何事梅花獻侍郎略看畫法校元章疎原有密標高度豔弗傷清吐暗香點點圈圈俱生意斜斜直直引吟腸南枝亦寫三五朶似此繁叢覺太忙

題陳書仿王蒙夏日山居圖

詩册書來圖并陳陳書乃錢陳羣之母陳羣呈進詩册并進是圖王家荷葉宛同皴盤中此畫得其所御我無端憶故人

題陳書仿王蒙箋頭

津水早春羣和聲去歲詩箋頭其母畫猶遺尚書錢陳羣進其母陳書所倣黃鶴山樵畫扇其一面陳羣手書御製津水早春詞並伊和句靈空妙筆誠堪咏繾綣深情更可思西墅東郵通不遠千峯萬壑狀尤奇老人豈是師王者自有心中天地師

題陳書山居圖畫箋

靜宜偷暇偶山居畫箋欣看陳氏書蓋以昔年和詩子得因此日撫圖孚陳書乃錢陳羣之母畫法精妙入神能臨倣各家昔年陳羣呈和詩便兼進此扇適其時駐香山遂弆於此松蒼柏翠清無盡溪繞峯圍靜有餘取法明云自文璧見陳羣自識語入神處恐彼難知

題宋版陸宣公奏議乾隆四十八年

熟讀東坡進奏篇欣看議疏陸家宣行間字裏通時事曲譬直陳總道詮一部允當置棐几萬言猶喜見初鐫梁洋失及忠州遣惜舍何殊天與淵

煙雨樓對雨

摛句茲來欲滅之此次山莊吟咏簡於往歲以秋間恭詣盛京應有紀述功德之作詳見前出古北口詩句待吟遂至洎旬期五月三十日至山莊今六月初九日將及旬矣今朝即景不

孤望便與登樓一賦詩疎點密絲相間作薄寒輭潤細爲披何殊庚子淛湖上屏展陳羣書對時嘉興煙雨樓中有錢陳羣書趙孟頫耕織圖詩屏是以庚子題詩有一讀錢家書趙句愴然不忍更徘徊之語茲雨中對景不覺追憶前游也

賜江蘇學政謝墉

江浙均爲文物鄉非鴻博此任難當雖然尚藻豈其趣必也窮經以是蘉雅正清眞茲已鮮抹塗勦襲亦應防士風淳則民風順教化寧云虛設庠

入浙江境

海塘躬閱此來巡迎送河邊兩省臣疆有其分臨益切民無不愛見尤親春雲尚覺籠午日宿雨已看清路塵麥欲滋膏

蠶欲霽（浙江三月間麥田欲雨蠶桑欲晴故有種麥要雨採桑要晴之諺）雨全難矣豈能均

駐浙江水營疊庚子舊作韻

庚子駐此心不怡嫌其侈費意躕踟（庚子前巡駐此水營點綴亭臺花木不似江南之從簡有將求吾喜者畧為修理何曾益覺怦怦增鞫恧之句）茲來實為仍舊貫（茲來早勅地方官不過仍舊有無多費矣）花則花而木則木駐營咨政有餘暇偶涉趣成歸舫宿侈費者本意營私後亦廉知刑以督（前歲王亶望任用王燧惟務華侈其意在假公營私以飽慾壑未幾王亶望王燧皆以貪黷伏法實咎由自取也）然而用彼誰之過至今自咎猶怛恧

題煙雨樓

春秋三閱喜重（平聲）來雨意煙情鏡裏開承德何妨摹畫貌（庚子年南巡旋蹕攜煙雨樓圖歸於熱河倣為之至辛丑工成嘉情景宛肖有攜圖去歲興工始斲手今年蕆事勤之句）嘉興畢竟啟詩材夏中讓彼泛錦芰春季饒茲對玉梅不擬南巡更臨此鳴榔欲去重（去聲）徘徊（伊志謹案前詩有甲辰季春疊庚子韻御題欵識恭摹宸翰勒石樓下）

御製遊煙雨樓與梁國治董誥聯句三疊前韻作

庚子圖樓景肖構敕苑吏（庚子年南巡迴蹕時圖寫樓景以歸於避暑山莊倣為之至辛丑年落成）數典可忘茲

循名因定第眞面谿重謀

會心宛一致南湖窗亞梅（臣梁國治）

御製北塞漪臨芰詎惟耐煙雨亦復宜晴霽扈從有鄒枚

眺覽離塵地

四詠元瑛輸（熱河煙雨樓御製四詠曰煙曰雨曰假山曰眞樹樠李不逮也）

三卷襄陽避活畫含空濛（御製倣米芾寫煙雨樓圖凡三卷一貯此樓中一歸懋勤宸翰一貯山莊　臣董誥）

御製清音滌繁吹響鉢非詩壇奪茵擬講肆優游翰墨林

瀟灑松竹騁樗材珥筆仍梓里觀風伺（臣國治臣誥均以浙人兩扈巡蹕恩賜聯句實為詞臣未有之榮遇）鋪棻砌耕蠶（臣梁國治）

御製塗飾御丹翠敢誇諸政和所願羣生遂海塘深廑念

桑土斯攸曁詢維富教籌綏以剛柔瞥悠哉鏡影登（臣董誥）

御製昜爾歌聲繼錢莊胥故人（煙雨樓有錢陳羣所書趙孟頫耕織圖詩屏前壬午乙酉兩次南巡皆與莊有恭聯句）梁董共新事興適便迴舫

瀾情思涉利俯看魚游樂（煙雨樓旁有董其昌題魚樂國三字刻石）凭想禾嘉

瑞蓮疊隔雲封（熱河煙雨樓為青蓮島舊址　臣梁國治）

御製鼇磯足山意（嘉興百里無山樓前釣鼇磯有石數拳頗具嶙峋之致）賡韻嗣前春罷巡

自今歲（自辛未至今甲辰六巡浙江適符我皇祖南巡次數適可而止不敢過也）六度迅流陰

五字申時義

（伊志謹案前詩董誥奉敕敬書勒石）

題庚子寫煙雨樓景卷疊韻

重展前巡卷分明親寫時昔今不隔日煙雨祗饒詩潤景披
銀鑑祕思抽綺絲再三倣米意庚子春南巡在舟中倣米意寫煙雨樓卷凡二其一弆嘉禾本處一携貯宮內懋勤殿又於山莊復倣一卷貯熱河煙雨樓中笑我此耽之

錢陳羣之孫錢端進其曾祖母所畫四子講德及陳羣書論合卷閱畢還之俾爲其家世珍並題是什

王褒四子講德論賢母爲圖令子書錢陳羣之母陳書畫四子講德圖陳羣補書論郤憶石渠經祕弆俾還香樹作家儲一之爲甚豈可再其或有因益愴予石渠向存陳書畫四子講德及陳羣書論乃陳羣所進此卷末陳羣跋載其母于五年中曾畫此圖者再更爲確證因思內府既藏其一不忍復留此卷題什還之俾其子孫世守永作家珍亦爲藝林增一段佳話也觸目不堪懷舊處南來老輩半凋疎

降旨寬免浙江杭嘉湖三府正供十分之三詩以誌事

入疆民隱切諏諮積欠概將寬免之昨入江南境即降旨將江寧江蘇安徽各藩司所屬未完積欠地丁漕項及民借籽種並未逢災謝等項共銀米一百三十餘萬全行蠲免祐無災則無借項更當完賦慶農時雨暘時而歲美每年完賦更無欠項所當嘉也其風善寧可靳哉我惠施十以免三正供逭浙省附郭之仁和錢塘二縣本年應徵地丁正項先經降旨概予豁免外因思杭州嘉興湖州三府蹕途所經復加恩將三府所屬本年因徵地丁錢糧共一百九萬餘兩再行普免十分之三計三十餘萬俾近光黎庶益享盈寧之福幸茲同樂世雍熙

嘉興道中詠古四首

檇李城

水村處處重農桑檇李誰知古戰場越蹼吳顛胥往事遠帆煙雨望茫茫

三過堂

茶禪數典自三過茶禪寺本吳越保安院宋改景德禪寺俗名三塔寺壬午南巡時用蘇軾訪文長老三過湖上汲水烹茶事賜改今名長老烹茶事吚哦文士豪吟殊不少羶薌何獨萃東坡

岳珂故宅

太守因之寓郡城金陀坊裏尙存名五經萃室珍遺帙宋嘉定中岳珂守嘉興後寓居郡中金陀坊有金陀粹編蓋爾時寓郡政暇校刊五經或即其時云疑此宅中鋟版行

天籟閣

檇李文人數上聲子京閣收遺蹟欲充楹明項元汴字子京檇李人好收金石遺文圖繪名蹟貯書處名天籟閣雲煙散似飄天籟項元汴所收書畫有天籟閣墨林印記石渠寶笈所收甚夥今經其本地反惜其閣與名蹟俱無存矣其印記亦不知其何時久入內府收貯然以此又幸其不落賈人手用假亂眞明史憐他獨挂名

題陳書長松圖

三百年松孥古枝見陳書自識語寫形女史壁間披若論窗外眞松古甲申題是圖詩有眞松窗外綠參天兩翁不識誰兄弟之句相對還應弟視之末句反甲申詩意

題煙雨樓

象寫鴛湖景最嘉饒他俯檻看荷花設如煙雨中方至著相

內典循名儒書兩落差

老樹綠雲疑作雨平湖碧靄欲生煙分明檇李暮春皃游目渾如一瞥然

煙雨樓對荷有作

不欲速還時不孤今年山莊荷開畧遲至孟秋始盛放金風玉露錦平鋪闘香無礙魚樂國嘉興煙雨樓有董其昌書魚樂國三字刻石入畫有如武列湖弗語閒情超筆墨襲人靜馥滿袍襦試詢錢陳羣董其昌諸君子煙雨能同塞景無

題陳書畫扇

林密復山崇結亭宜此中飛泉來落㵎懸磴正臨空斯韻聽

宜寂其源望不窮漫嫌無應答謖謖有松風

右幽壑聽泉

箑面纔盈尺何來千里觀能令近爲遠豈計易和難插水峯形疊連天江勢寬未言倣誰氏直作富春看內府所藏黃公望富春山居圖有咫尺千里之勢此箑寫煙江疊嶂彷彿得其筆意

右煙江疊嶂

意寫右丞詩山中首夏時幽居無外事一舫有相知畫中有客乘船來訪白鷺驚人去黃鸝選樹移復庵亙作者豈獨畫家師

右水田飛鷺

天籟書屋

碧宇寥寥迴太淸千林天籟作秋聲雲山四季賞無盡底論嘉禾項子京、

命緩徵浙江去歲被旱州縣詩以誌事

浙雖一省分東西去歲逈東頗豐稔上年浙江之金衢嚴寗紹溫台處八府秋收均獲豐稔迺西數府近歙嶽城門殃及逢旱審浙西之杭嘉湖三府地近歙嶽因得雨較遲收成致歉災雖弗重民食貴緩徵借種寧可寢杭嘉湖三府屬之仁和錢塘等十七州縣及杭嚴嘉湖二衞昨歲已降旨將應徵地丁漕項緩至次年分別帶徵以紓民力茲命再行緩至秋收後徵收並查明實在貧民酌借口糧籽種俾得接濟亦欲實惠被飢民申命有司其勉恁

題陳書畫冊

漫議託根草謂水仙木謂梅差凌波疎影共橫斜月明林下靑邱句早識丰標是一家

右水仙梅花

外直中通性本空遠香輕度鯉魚風女夷賦色初無意此白終須勝彼紅

右白蓮

一片秋江澄不波蘆花沙渚颯婆娑扁舟浮去止亦可莫認漁名張志和

右蘆舟漁艇

竹梧清籟石流泉唱和無心出自然傾耳宮商以外聽小哉

屬詠顯師紘

右坐弄流泉

木芙蓉纔水芙蓉一片秋蟾印晚風蘆荻飄蕭下水鳥來參異異與同同

右芙蓉水禽

吉祥草綠臘梅黃蔬（百合）果（霜柿）憑占百事昌香樹軒中家慶藹歲朝圖出好韶光

右歲朝圖

陳書山窗讀易圖

欲倣叔明讀易圖不期筆法石田俱（見圖中自識語）幀中下半忽齊集易理無窮寓此乎

案是幀下半樹屋坡石截然而止紙幅之窮尚餘十分寸之三似有意止之以齊者或老人因易理無窮作畫時故留有餘以寓書不盡言言不盡意之旨乎

天籟書屋

四卷貯斯項氏符（明項元汴貯書畫處曰天籟閣茲書屋所貯元汴賞鑒書畫卷凡四米芾雲山煙樹一吳鎮梅竹松蘭一徐賁眠雲軒圖一唐寅採蓮圖一均有天籟閣印記云）輸他閣上富藏圖甲辰憶過嘉興路御惜子京蹟久無（甲辰南巡過嘉興惜其閣與名蹟均無存者有雲煙散似飄天籟之句至其印記不知何時收入內府又幸其不落賈人手藉假亂眞耳）

煙雨樓晴望

澎湖之樓武列上水態霙容不殊狀底須縮地詡仙家游目暢心胥一樣南巡在春弗在秋秋晴欣獨登斯樓朗峯晃樾入波面問檇李者能斯不山莊已駐月餘矣霖則為愁霽為喜今朝即景供慰觀奚必盛名副其美

題陳書山靜日長圖　乾隆五十二年

予西佳句叔明法恰合南樓倣老人（見圖中自識語）筆裏有詩聊寓畫幀中無處不傳神幽居深藉松林護翠巘層鋪荷葉皴為想當年勤課荻集成香樹果清新（錢陳羣集名香樹集其詩格律清新亦由母教云）

題陳書倣王蒙夏日山居

山軒古畫復觀陳疊疊雲巖葉葉皴香樹賡吟隨進者撫餘歎鮮論詩人

天籟書屋

項氏閣無惜甲辰（天籟閣為明項元汴藏書畫處甲辰過嘉禾有雲煙散似飄天籟之句蓋惜其閣與名蹟俱無存也茲山莊書屋弆藏元汴所賞鑒名畫四卷一米芾雲山煙樹一吳鎮梅竹松蘭一徐賁眠雲軒圖一唐寅採蓮圖俱有天籟閣印記亦可謂名副其實矣）幸收四卷副名新御欣天籟悠然作掃盡閒心辨假眞

浙江巡撫瑯玕奏報春花蠶絲收成豐稔詩以誌慰

麥之苗秀資雨哉麥之結實賴晴矣作蠶繅絲喜晴暄適逢其會成雙美（浙省各府俱種春麥而杭州嘉興湖州三府尤以春蠶為重茲據瑯玕奏二麥陸續刈穫今蠶亦俱繅絲其二麥約收分數杭州嘉興紹興溫州四府屬俱九分有餘寧波台州金華嚴州四府屬俱有九分湖州衢州

處州三府屬俱有八分其蠶絲收成分數嘉興府屬九分有餘杭州湖州二府屬俱有九分大概春花春蠶當收成之際最宜暵曬幸遇天氣晴朗一律稔收可稱雙美云衣食之源吾所廑而絲之源惟浙爾雨收胥獲九分餘額手同民幸遇此昨知兩江報麥收前據上下兩江督臣撫臣奏二麥收成分數俱九分有餘浙江界其南故麥收相仿更南則爲閩粵當亦無殊惟日盼奏至以慰廑念而奏到略遲耳風氣至浙南迤邐復南則爲閩粵疆均似茲乎一心企

題陳書倣王蒙夏日山居

王氏名蹤陳仿之重陰如蓋四鄰披山莊避暑弗居此每歲夏至後即啟蹕避暑山莊長夏山居之圖於此處似不相稱然斯圖斯境斯時三即一耳詩本看時同在茲

浙江布政使顧學潮報春花蠶絲收成豐稔詩以誌慰

田協霑膏蠶協晴九分兩得報收成顧學潮報浙江各屬春雨霑足大麥陸續登場小麥亦俱結實飽綻春蠶漸次成繭現據查明各府州縣春花蠶絲收成分數杭州嘉興寧波紹興溫州五府屬二麥約九分有餘湖州金華嚴州處州四府屬二麥約有九分台州衢州二府屬二麥約八分有餘統計通省二麥收成九分有餘杭州嘉興二府屬蠶絲收成九分有餘湖州府屬蠶絲收成九分統計蠶絲收成亦九分有餘田功需澤蠶事需晴茲晴雨各協並獲豐收寶堪慰慶足衣資食酬民願旰食宵衣慰我情護撫司藩合申奏巡撫琅玕入覲顧學潮護理撫篆收成分數例得陳奏慎微戒滿益盟誠封章南北多吉語昨據福康安奏安南阮惠進表乞降茲又據阿桂顧學潮奏河南浙江豐收情形吉語駢臻洵屬大順欣慰之下敬畏益深自問何修幸畏并

浙江巡撫琅玕奏報春花蠶絲收成豐稔詩以誌慰

一日披覽兩奏摺浙江巡撫琅玕奏報春收與江南總督書麟奏報安徽麥收之摺同日披覽浙稱收麥更兼蠶據琅玕奏浙省二麥收成杭州嘉興湖州寧波紹興五府屬計九分有餘金華衢州嚴州溫州四府屬計九分台州處州二府屬計八分有餘統計通省麥收共九分有餘又奏杭州嘉興湖州三府屬養蠶之處收成九分有餘統計通省蠶絲收亦九分有餘等語該省麥收計比安徽較優兼以蠶絲豐裕有關民生衣食不淺覽奏深爲慶慰慰哉衣食資民計額慶維箴戒滿談

松霞室題陳書畫軸

巖松擘畫各軒軒霞舉答相謖籟翻女史古圖經屢詠笑予於此未忘言

題陳書倣王蒙夏日山居

春朝重看夏山圖綠樹濃陰足靜娛但得精神契倪筦底須景概較同殊

題煙雨樓

山莊駐蹕將半月煙雨樓凡幾度憑矣每孤責厥實幸哉今乃副其稱遠峯欲與白雲合平畈纔看綠草增與寄澎湖阿那畔遜他時若麥蠶登近據浙撫奏杭嘉湖三府雨暘時若今歲麥蠶收成俱有九分此間得雨稍遲較遜於彼

題女史陳書寫生十幀

崇蘭倚石

寫花倚石亦恆爲獨以幽蘭乃覺宜屈子之香孫氏介相淸氣味且深思

仙杏含葩

淺紅嫩綠郁相扶畫則趙昌（江少虞事實類苑稱趙昌善畫花自號寫生趙昌宣和畫譜有昌杏花圖一）詩則吳融合蕾多於放英者意之不盡在斯乎

虎耳叢芳

團葉居然似雙耳芳叢何礙寫於菟設如絜矩履其尾三四之間凶吉殊（履之六三九四俱不中不正履乾之剛然三以柔而志剛故有咥人之戒四則以剛居柔故能愬愬終吉是戒懼之為益大矣）

香林翠羽

薇紅卮白各為觀生意斕斑正未闌誰謂六根泯禽類一枝託處愛林蘭

雲根秋錦

石竹金萱各冶榮一峰側畔託秋清西風斜日相過處颯沓猶聞金石聲

淥池初照

不為工織為瀟灑面目本來卻飾修設以濂溪定名論應於隱逸傳中求

蒲塘介士

蒲塘霜後正酣肥勃窣平沙樂晚暉介士名稱高位置可知亦有橫（去聲）行譏

蓼汀蛺蝶

秋意寥蕭到蓼汀玉腰小柱喜丁星看他栩栩如方醒（上聲）便合南華試著經

丹楓穩宿

一枝楓樹已經霜好鳥來非翥與翔試問杜家得句者於斯究竟孰閒忙

仙珮凌波

洛神賦裏得神餘皎如兼淡淡如結搆總無巾幗氣知伊人特醉詩書

煙雨樓對荷作

花盛原因開以遲樓陰一片綺袘披屈為信理固宜是淡弗華高乃在茲鹿苑不妨恣游奕鴛湖豈必較參差設如座喻

對君子香樹依稀與論詩（香樹錢陳羣號向年每游嘉興煙雨樓常與之談詩宛然如昨也）

浙江巡撫福崧奏報春花蠶絲豐收情形詩以誌慰（乾隆五十七年）

奏章披浙撫民福普西東（浙省以江分東西屬十一府）舉麥均稔府三（杭嘉湖）蠶並豐（福崧奏浙省各屬地方入春以來晴雨得宜農桑並利現在二麥陸續登場春蠶亦已成繭所有二麥收成分數計九分有餘者杭州嘉興湖州寧波金華五府屬九分者紹興衢州嚴州溫州四府屬八分有餘者台州處州二府屬統計通省麥收共九分有餘至杭州嘉興湖州三府屬蠶絲收成均屬九分等語）望南固慰意盼北切憂衷（京畿左近二麥因已歉收然北地重在大田日內若仰得透雨農民翻犁播種秋收向屬可望而不雨日甚一日憂懣不可言矣）因亦人情悟緩遐急近同

天籟書屋口號

林旣栴檀屋天籟絕塵色與不凡聲畫中詩卽詩中畫笑彼珍藏項子京

浙江巡撫長麟奏春雨霑足詩以誌慰 乾隆五十八年

入境甘膏遇上旬重霑各屬更宜春 長麟前奏正月初五日抵任所有經過嘉興杭州二府屬於初二初三等日業經得雨霑足今又據奏十三四等日省城一帶復被甘膏入土更爲優渥其近省之嘉興湖州紹興各府屬並報十三四及十七八等日得雨極爲深透米糧各價亦俱平賤 澤深分寸難計數去聲稔卜麥蕤喜被均南暖雨滋昨徵報 南方和暖春膏多係雨澤是以朱珪昨奏安徽省城亦於正月初旬中旬節次得雨深透 北寒雪積近齊陳 今日又據吉慶奏濟南省城二月初六辰刻始而密雨繼之以雪積二寸有餘北地候寒故仲春尚或霏雪其爲利益農田則均也 姑蘇一帶獨闕奏督撫寧忘命驛詢 江蘇界浙江山東之間當可一律均霑乃尚未據奏到爲之懸廑因卽降旨馳詢

題陳書仿王蒙夏日山居

邇年避暑必山莊長幅當前滿意涼香樹獻詩兼獻畫 陳書乃尚書錢陳羣之母陳羣家居時呈進和詩之便并獻是圖香樹陳羣號也 迴思談學浙雲茫

浙江巡撫長麟湖南巡撫姜晟各奏報麥收分數詩以誌慰

湖南收早浙收晚奏異近遙到卻同 湖南氣候較暖於浙江二麥收成亦早且湖南距京四千五百餘里浙江止三千三百餘里是以姜晟四月初十日所發之摺與長麟四月十八日所發之摺卻同於五月初六日奏到 統以八分有餘計 據姜晟奏湖南省宜麥之區向止湘陰茶陵等三十一州縣該處地方舊臘今春雪澤雨水優霑入夏後晴霽經旬二麥大有禪益現已刈穫登場查收成九分者沅陵等二縣八分有餘者茶陵永明等八州縣八分者湘陰道州等十八州縣七分有餘者華容等三縣通省麥收計八分有餘其大田禾苗益見芃發農民爭相蒔插田功大起歌聲四野氣象恬舒等語又據長麟奏浙江省春雨充足二麥菜豆長發暢茂現俱一律收成內九分有餘者寧波府屬九分者紹興金華衢州溫州四府屬八分有餘者台州嚴州處州三府屬七分有餘者杭州嘉興湖州三府屬通省春花計收成八分有餘等語二省春收均在八分以上洵可謂之中豐民食得此接濟當益寬裕矣 雖非上稔實中豐浙嫌寒暑惜蠶遜 又據長麟奏稱杭州嘉興湖州三府屬蠶絲均約收七分有餘因四月初旬天氣稍寒是以未能十分豐盛雖衣食俱關小民生計而食尤重於衣幸收麥不致有減爲之欣慰耳 湖喜雨霑起穡功曰食曰衣總民要殷殷孰不切關衷

題陳書長松圖

江南塞北原無涉室裏山中若有期女史或知此意否七章佛偈早言之

浙江巡撫長麟奏報早禾收成九分詩以誌慰

早晚二禾例各報早收欣悅晚之成九分實足近上稔 據長麟奏浙江省寧波衢州處州台州金華嚴州紹興溫州杭州等府屬本年所種早禾甚廣五月內雨水雖多各該府地勢高阜並無妨礙六月以後晴潤得宜長發愈覺暢茂所有各府收成九分有餘者寧波衢州處州三府屬九分者台州金華嚴州溫州四府屬八分有餘者紹興杭州屬之仁和錢塘海寧三州縣暨嘉興湖州二府地勢較低向來多種晚禾現亦長發青葱將來亦可望其豐收 五縣仍教並緩徵 又據稱湖州府屬之烏程歸安長興德清武康等五縣沿湖沿河之低田因五月間雨水較多湖河泛溢禾苗不免受傷雖現已播種雜糧農民僅敷糊口等將應完漕糧一并輸納小民未免拮据等語已卽降旨將應徵漕米及新舊錢糧加恩緩徵統於來年收成後分作二年帶徵以紓民力蓋此歉收之地雖不及通省十分之一而朕心無不軫念惟一有諱飾則民隱無由上達矣 肯以此豐忘

彼欵最嫌爲諄勗陳誠愛民惟是籌農要曉夜孜孜此屏營

天籟書屋作歌自詠

大笙小箹籟居中子京意弗用厥庸益之曰天寓吹萬胥任自取將無同然而一再識古蹟秀水之天籟閣項元汴鑒藏名人書畫之所也取莊子吹萬自取之言隱寓忘己之意然即其鑒藏名蹟顯自己出果能達莊翁之意耶謂云忘己瞞莊翁一之爲甚其可再而我何事尋彼踪作歌撫卷聊自詠元汴所藏書畫每鈐以天籟閣印記是處書屋既仿其名因即於續石渠寶笈書畫內有經元汴印識鑒藏者數種貯其中意爲循名即當責實但元汴既徒藉其名而予復踵尋其踪偶一撫卷亦堪自詠若謂此書屋即秀水之閣不必存分別見則又非豕穀所能置之秀水辯安窮窮也

浙江巡撫吉慶奏報早禾收成八分有餘詩以誌慰

昨歲九分今八餘亦堪稱稔慰心舒吉慶奏浙省夏間雨水調勻六月以後更爲暄潤得宜早禾倍加暢茂現俱陸續成熟所有各屬收成分數九分有餘者金華嚴州二府屬九分者溫州府屬八分有餘者杭州紹興台州衢州處州五府屬七分有餘者寧波府屬統計各府早禾收成實八分有餘該省上年早禾收成九分今歲雖分數少減尚稱中稔堪爲農慶中雖欠上實爲幸北則遜南惜弗如北方畿南齊北及豫省之大河以北秋間以雨水過多田禾多被淹浸雖近據各督撫奏除窪地被水外其高阜處所亦尚有收然通省牽算究不能無減則遠遜南省矣況得春蠶收報盛更欣晚稼茂過平聲初又據奏杭州府屬之仁和錢塘海寧三州縣暨嘉興湖州三二府地勢較低向皆種植晚禾現亦青葱芃茂等語此三府向來最重蠶絲今春已獲豐盛而晚稼亦可一律稔收更深欣慰南瞻豈不同浙樂齊豫燕民切惆予

浙江巡撫吉慶奏報春花蠶絲收成分數詩以誌慰乾隆六十年

麥與蠶絲衣食原可能偏廢總心存浙之所重異他省麥卻宜涼蠶喜暄事有不齊慎調劑幸逢一致慰黎元八分胥報稱中稔據吉慶奏浙省春雨充足二麥正當揚花之時又值連日晴霽現在次第收穫所有各屬收成分數八分有餘者湖州寧波處州三府屬八分者杭州紹興金華衢州溫州五府屬七分有餘者嘉興台州嚴州三府屬合省統計麥收約有八分其杭嘉湖三府屬蠶事自三月下旬以來天氣和暖最爲得宜現在陸續成繭收成亦約八分有餘慶共民同叨

昊恩

登煙雨樓即事

昨過廣仁嶺西東農畢見麥燮未逮熟禾黍則耕遍生機究

欠潤炎風況時扇羣言可待時我意微覺旱叶湖樓肖嘉興煙雨其名善南巡實每副北駐亦屢眷是樓制肖鴛湖浙中春雨南巡到彼每副其名山莊望雨時登斯樓亦率有雨試之屢驗斯登匪爲游希即甘露霈

高宗純皇帝御製文

陸贄論

治有不生於治之日亂有不生於亂之時有國家者宜正其本而辨之於早也我讀史至唐德宗之時謂朱泚之亂不生於姚令言而生於用盧杞復唐之功不在於用李晟而在於信陸贄天下之治亂社稷之安危在於人君用一人由是觀之用人可不慎哉當奉天之難天下反者十四五藩鎮擁強

兵虎視中原而朱泚兵勁將强圍城纍月其破圍解難冒矢石觸鋒刃以救帝復國者固李晟渾瑊諸將之功而經營大計調和天下使諸鎮人人思慕唐德者非陸贄之功其誰之功歟故曰復唐之功不在於用李晟而在於信陸贄也贄爲人剛方嚴正而有經世之才其奏疏皆可行可法措之於天下者有治安之效大抵以仁義爲本根貨財爲末務論深切於世情言不離於道德至於君子小人之分忠厚苛刻之別推誠任術之判未嘗不反復爲德宗言之故在奉天之時悉

聽其言而藩鎮畏威梁州再幸道路相失號痛如失左右手及天下畧平大難畧定乃置於閒散者數年雖命爲相不能信用又聽裴延齡之讒而貶於遠州蓋君子小人之分若此其難雖贄反覆言之而身亦不免於廢黜也順宗即位復欲用之詔未至而殁惜哉

吳鎮硯銘

墨華吐沛時雨

金廷標羅漢贊

手持青蓮欲拱金鉢需水沃之潤泉飛沫曰水有與是謂邪見曰鉢有取是何神變取與胥幻水鉢非二諸諸應眞善哉游戲

金廷標畫古佛贊

見身無實了如心幻海印發光盤郄指按伽梨不着偏袒右肩優曇樹側晏坐巖間諸魔伏盡亦無伏者波旬怒目意若弗下演三乘畢示萬法空無可不可游戲圖中

金廷標畫羅漢贊

大澤深山宴坐平石童子炷香各適其適如意在手非有非無意亦强名如何爲乎

高宗純皇帝御書

賜在籍工部侍郎范璨扁乾隆十六年

松巖樂志

賜煙雨樓聯乾隆二十七年

船泛春波天上坐

樓稱煙雨霽中來

賜本覺寺扁

本覺寺

賜茶禪寺扁聯

茶禪寺

標示三乘

湧塔同參法華品

試茶分證趙州禪

賜在籍刑部尚書錢陳羣扁

香山耆碩
賜在籍工部侍郎范璨扁 乾隆三十年
耆英介景
賜禮部侍郎陸費墀之母趙氏扁 乾隆四十八年
蘭陔慶衍
賜關帝廟扁 乾隆四十九年
聲靈綏佑
以上扁聯
賜在籍刑部侍郎錢陳羣 乾隆二十二年
臨米帖

賜在籍刑部尚書錢陳羣 乾隆三十年
臨顏眞卿自書告身
以上卷幅
高宗純皇帝御畫
賜在籍刑部侍郎錢陳羣 乾隆二十五年
橋梓圖
御題詩屏識 恭載在前
幸煙雨樓 乾隆二十七年
御筆墨梅
賜在籍刑部尚書錢陳羣

竹根如意圖
御題詩屏識 恭載在前
賜兵部侍郎錢汝誠
倣文徵明疎林茅屋圖
御題詩即用徵明元韻 詩云
消閒戲墨勝分茶詎論倪黃各擅家楓岸卻如吟小杜茅齋雅稱讀南華度橋詩意行勝草哄座生春佛鉢花古樹幾梢煙靄澹晚來隨分噪歸鴉
賜在籍刑部尚書錢陳羣 乾隆二十九年
石芝圖

御題詩并識 恭載在前
賜在籍刑部尚書錢陳羣 乾隆三十六年
幸煙雨樓 乾隆四十五年
倣梁楷潑墨法
御筆倣米芾意寫煙雨樓圖
御題幀首寫心寄趣四字
御製詩 恭載在前
伊志謹案乾隆四十五年南巡至嘉興於
御舟中倣米意寫煙雨樓卷凡二其一弆嘉興之煙雨樓一貯
宮內之
懋勤殿復於
避暑山莊仿寫一卷貯

御製詩注熱河之煙雨樓詳見

仁宗睿皇帝御製詩乾隆四十九年

恭和

御製題庚子寫煙雨樓景卷原韻

高樓開碧沼

游豫好春時景足供煙雨

題仍寄畫詩波光涵玉鏡柳色冪晴絲千古彭湖上

奎文永煥之

嘉興府志卷首二

第二冊 卷一之二

嘉興府志卷一

嘉興府知府善化許瑤光重輯

圖說

周禮地官土訓掌圖以詔地事道地慝詔地求王巡守則夾車而夏官職方氏亦掌圖以知利害嘉興有趙圖記海鹽圖經尚矣茲沿舊志繪總圖境圖而水道則倍詳繪郡縣城圖而橋梁坊巷倍詳卽土訓詔地事詔地求意也繪

臨幸大營圖卽巡守夾車意也繪海防圖卽職方知利害意也府署府學書院則因城圖而兼及之煙雨樓圖亦

臨幸所經也豈徒以娛目哉志圖說

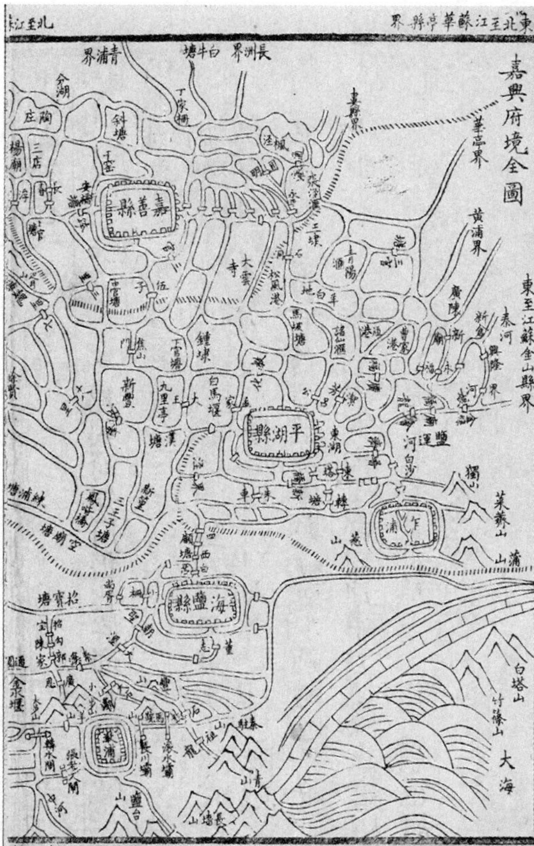

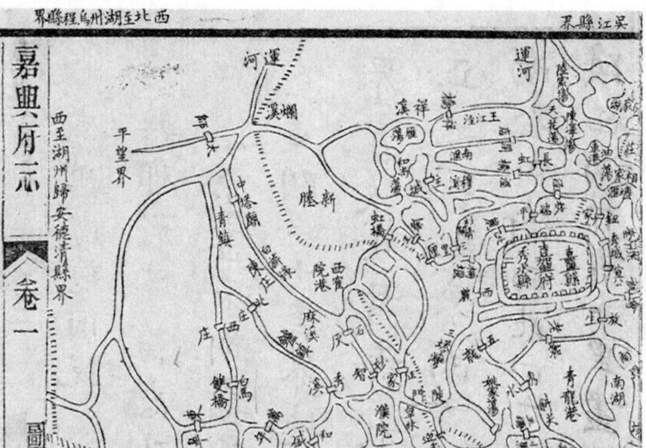

嘉興府總圖說

嘉興郡形勝舊志稱其表裏吳越長雄浙湄東盡平湖嘉善九十三里界華亭南盡石門八十里界德清南盡海鹽百二十里界甯波北盡秀水三十七里界吳江此四正之境也東南百里盡平湖界大海接江南金山衛西北四十里盡桐鄉界湖州之烏鎮西南百有十里盡石門界杭州之仁和東

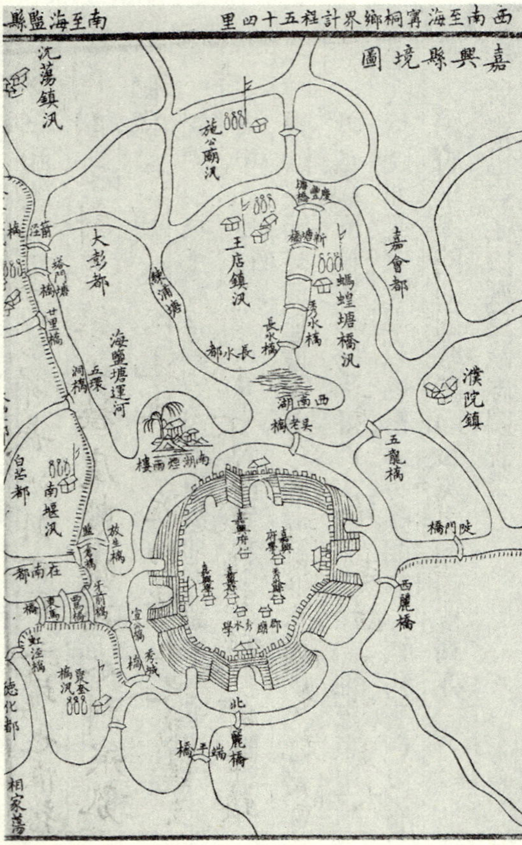

北五十里盡嘉善界長洲山四隅之境也惟舊圖開方計里雖上按度數然於水利形勢仍簡畧與其以地輿之近切轉求之高遠之天辰而彷彿難稽不如就山川城郭市鎮鄉里之確有可憑者臚列而指明之尤瞭然在目之為愈也爰取舊志茲王鳳生水道全圖參酌摹繪以定斯圖

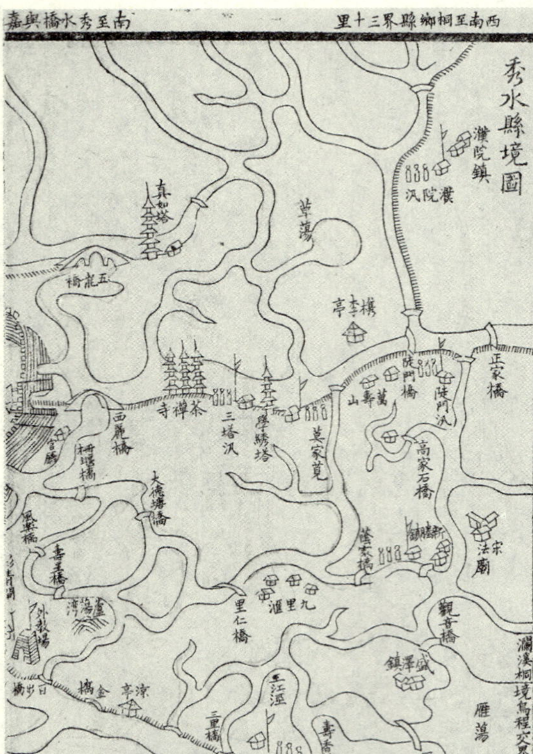

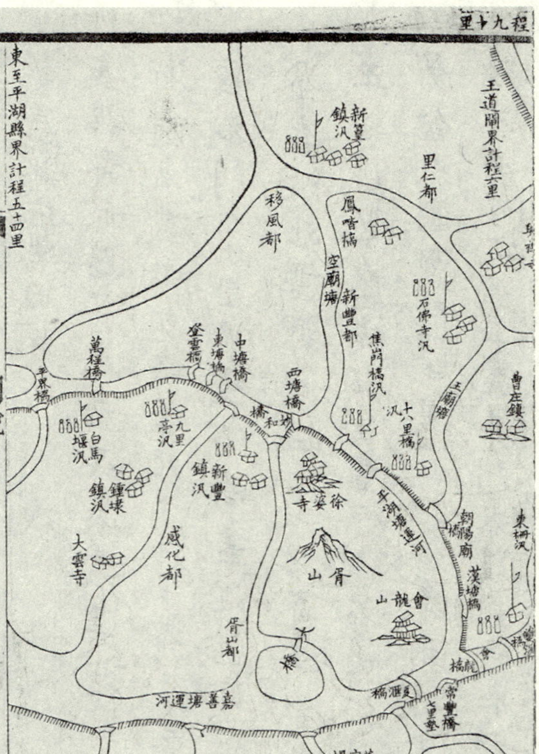

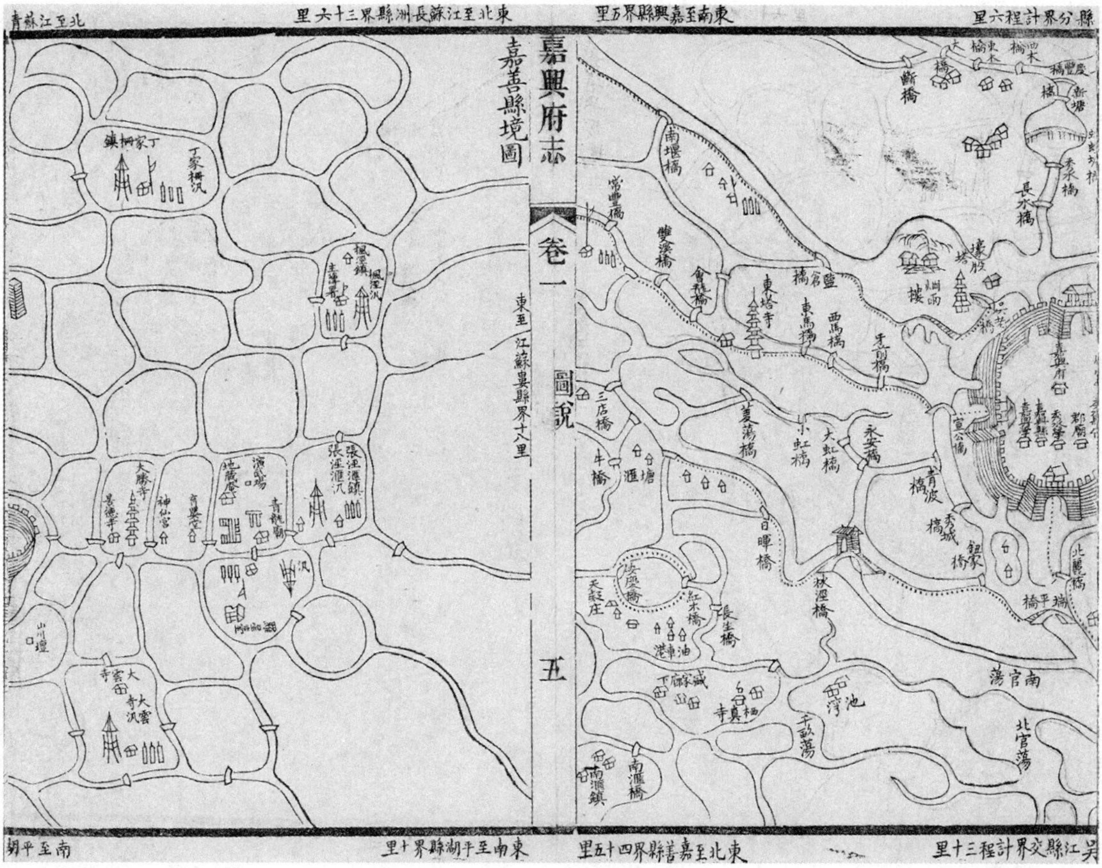
嘉興府志
卷一
圖説
五
嘉善縣境圖
東至江蘇婁縣界十八里
東北至江蘇長洲縣界三十六里
青蘇江至北
東南至嘉興縣界五里
縣分界計程六里
南至平湖
東南至平湖縣界十里
東北至嘉善縣界四十五里
吴江縣交界計程三十里
南官蕩
北官蕩
千畝蕩
長水橋
南堰橋
東塔寺
西馬橋
東馬橋
大虹橋
小虹橋
秋涇橋
張涇匯鎮
張涇匯汛
楓涇鎮
楓涇汛
丁家橋汛
大雲寺
大雲寺汛

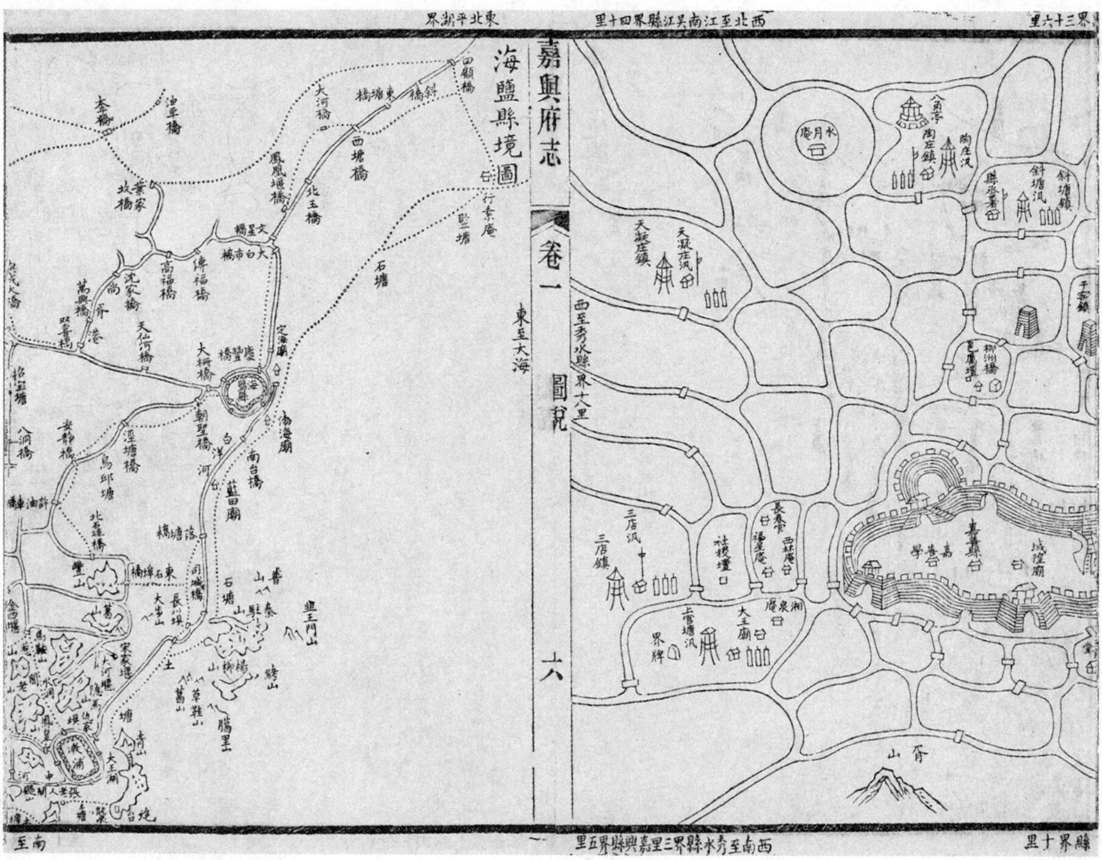
嘉興府志
卷一
圖説
六
海鹽縣境圖
東至大海
西至秀水縣界十八里
東北平湖界
西北至江南吴江縣界四十里
縣界三十六里
南至
西南至秀水縣界三里嘉興縣界五里
縣界十里
嘉興縣
天凝庄鎮
天凝庄汛
陶庄鎮
陶庄汛
斜塘鎮
斜塘汛
新塍
三店汛
三店鎮
上睿塘汛
界牌
水月庵
大王廟
城隍廟
石塘
北王橋
西塘橋
鳳凰墩橋
大河橋
高福橋
大王廟
南台橋
秦山
鷹窠頂

63

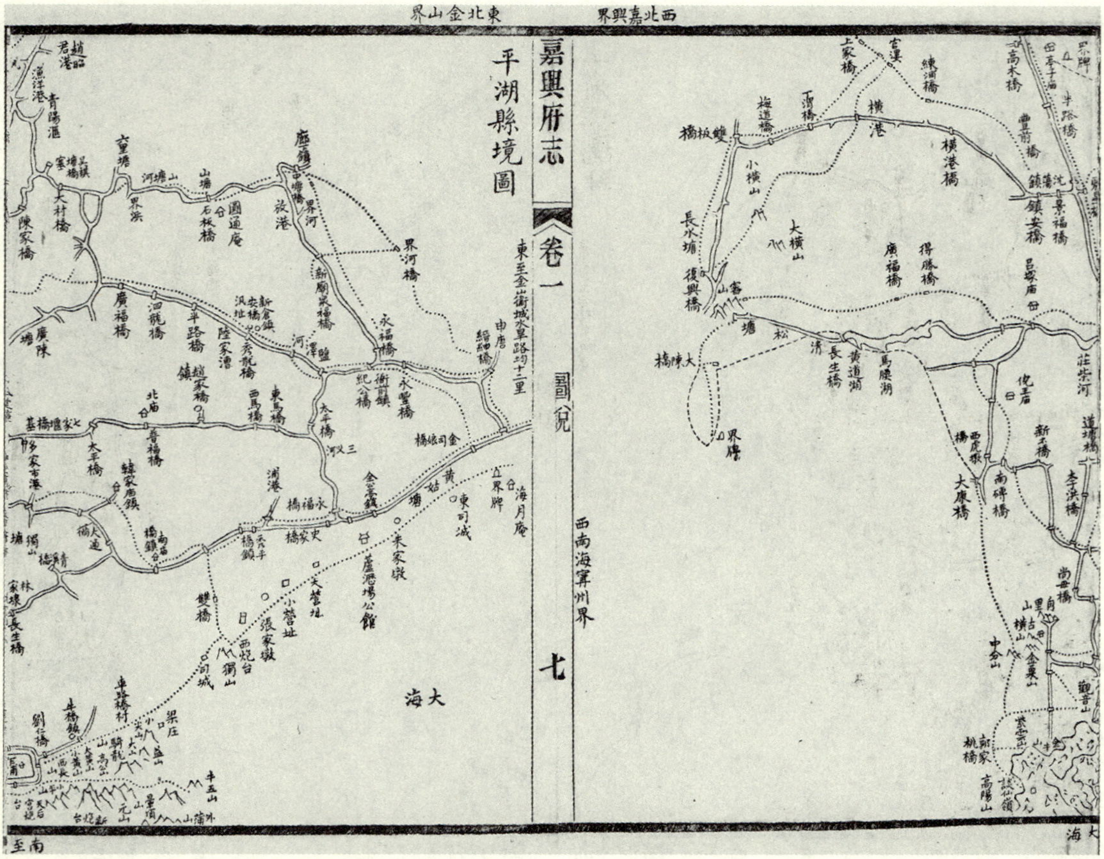
東北金山界
西北嘉興界
平湖縣境圖
嘉興府志
卷一
圖說
七
東至金山衛城水旱路均十二里
西南海寧州界
大海

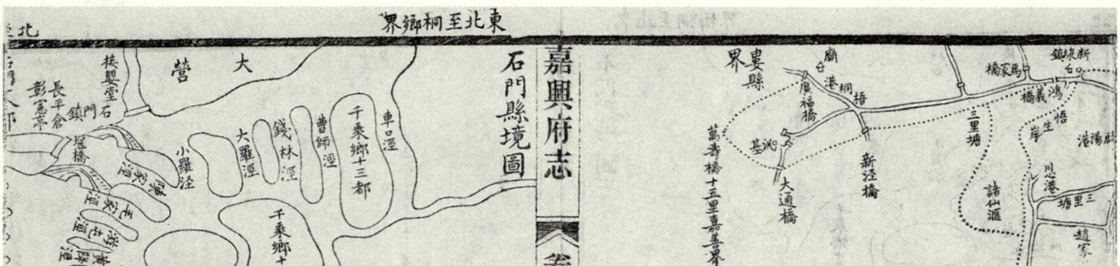
東北至桐鄉界
石門縣境圖
嘉興府志
卷一
圖說
八
西嘉興界
東至桐鄉界
崇德鄉九都
東南至海寧州界
西南海鹽界

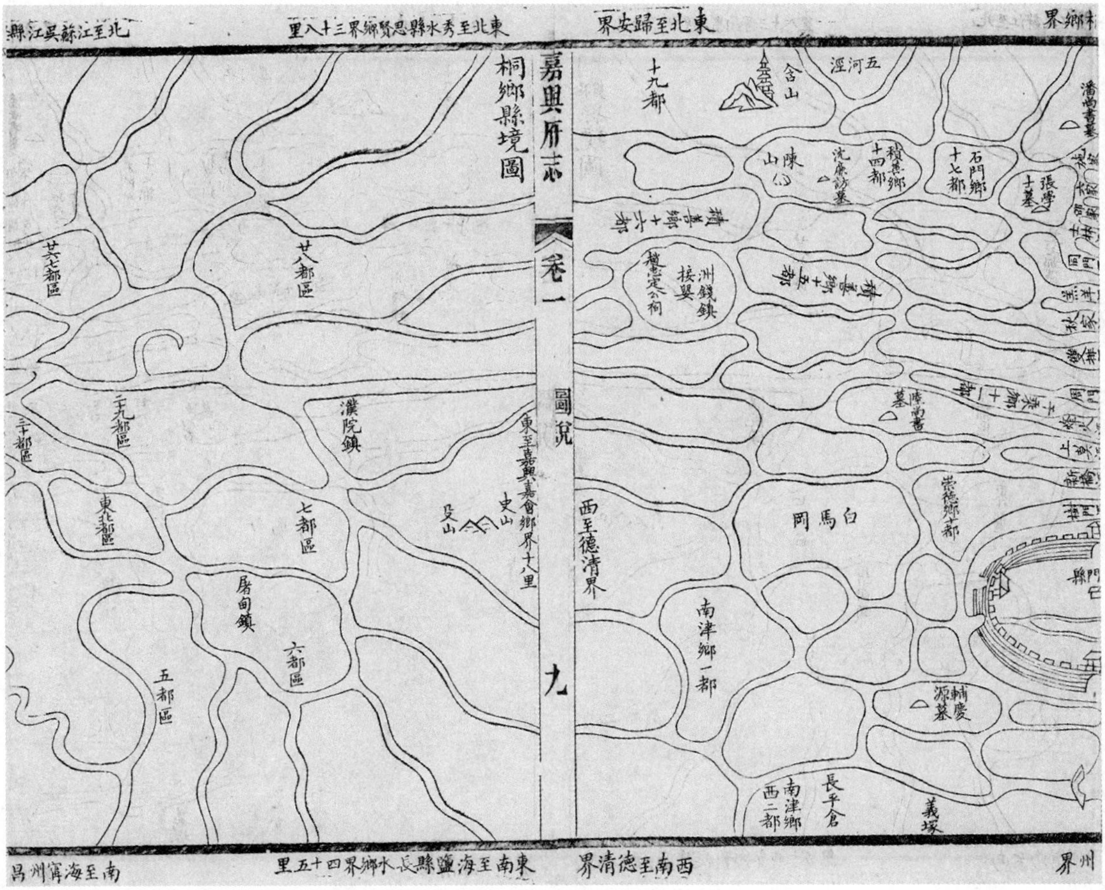
桐鄉縣境圖
嘉興府志
卷一
圖說
九
東北至歸安界
東北至秀水縣思賢鄉界三十八里
北至江蘇吳江縣
西南至德清界
東南至海鹽縣長水鄉界四十五里
南至海寧州
東至嘉興嘉會鄉界十八里
西至德清界
十九都
含山
五河涇
陳山
十七都
石門鄉
白馬岡
南津鄉一都
濮院鎮
七都區
六都區
五都區
屠甸鎮
廿八都區
廿七都區
二十九都區
三十都區
東北區
長平倉
義塚
南津鄉西二都

嘉興府城圖
嘉興府志
卷一
圖說
十
西北至湖州歸安縣含山界三十七里
西南至石門縣
西至玉溪鎮三十五里
白馬塘
爛溪
陳庄
青鎮
廿三都區
三十一都區
萬年橋
皇林橋
石門縣轄
桐鄉縣
西北都區
天花蕩古戰場
玉溪鎮
大營
望吳門
春波門
望春橋
北營基
南營基

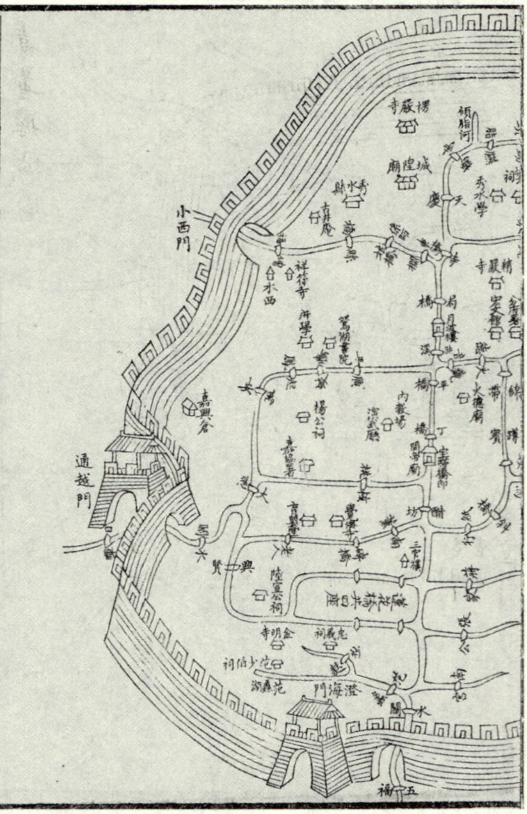

嘉興府示　卷一　圖說　十一

嘉善縣城圖

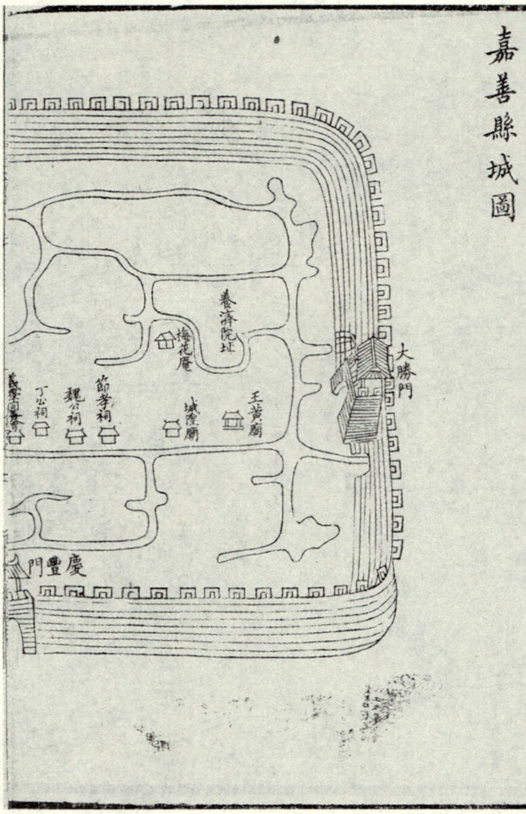

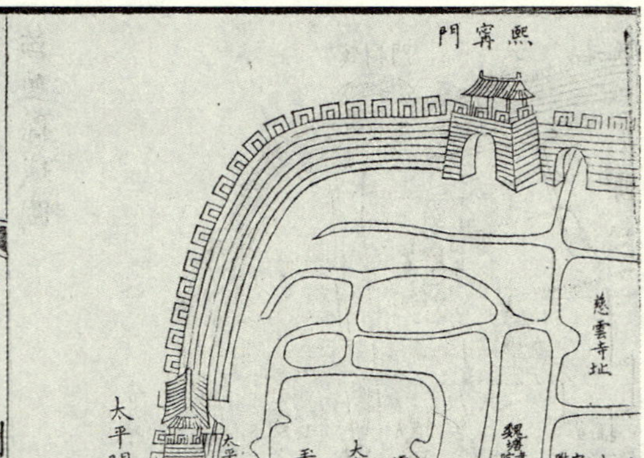

嘉興府示　卷一　圖說　十二

海鹽縣城圖

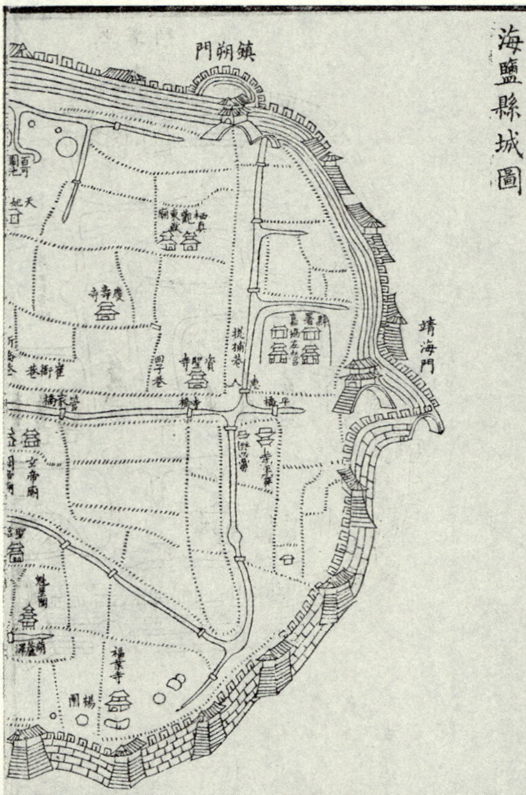

嘉興府志 卷一 圖說 十三

平湖縣城圖

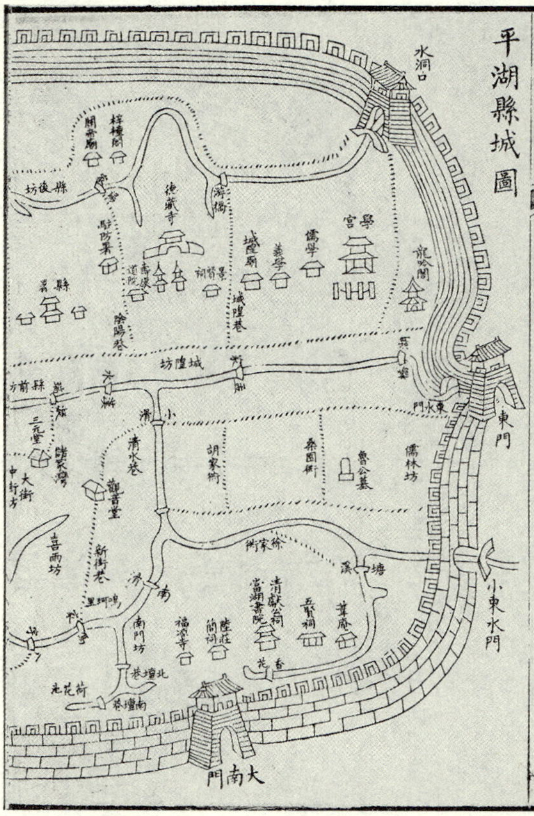

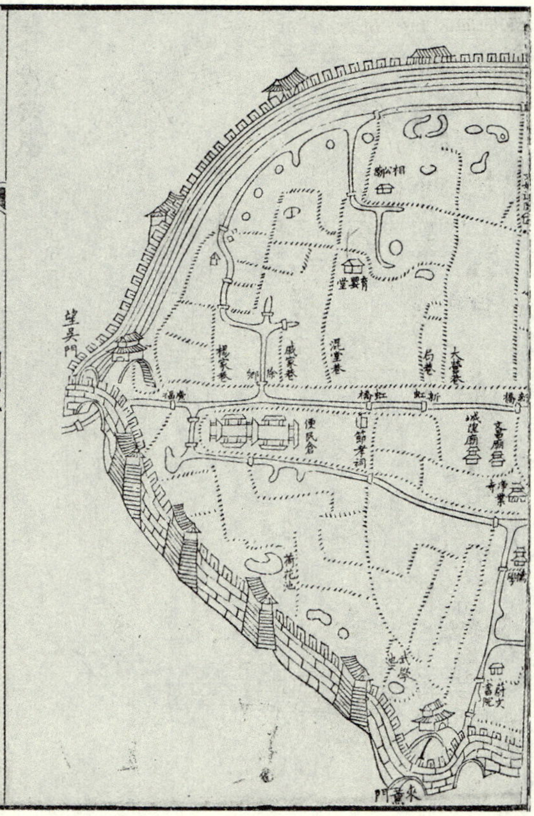

嘉興府志 卷一 圖說 十四

石門縣城圖

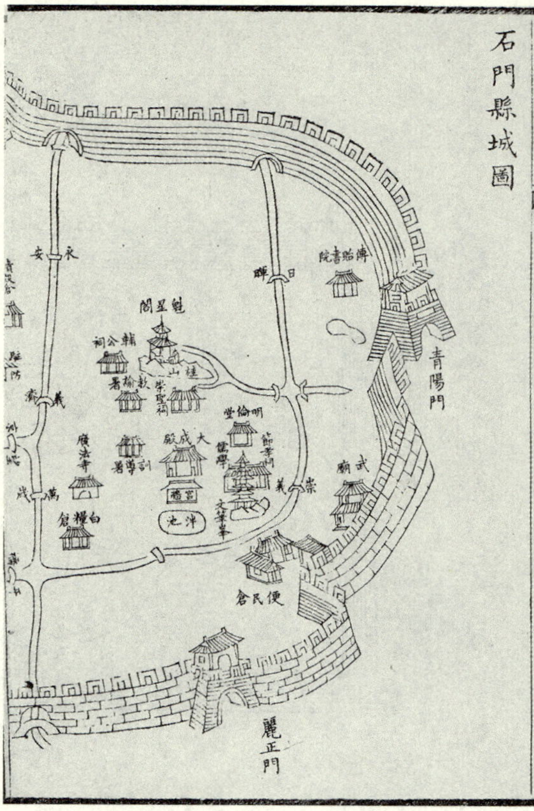

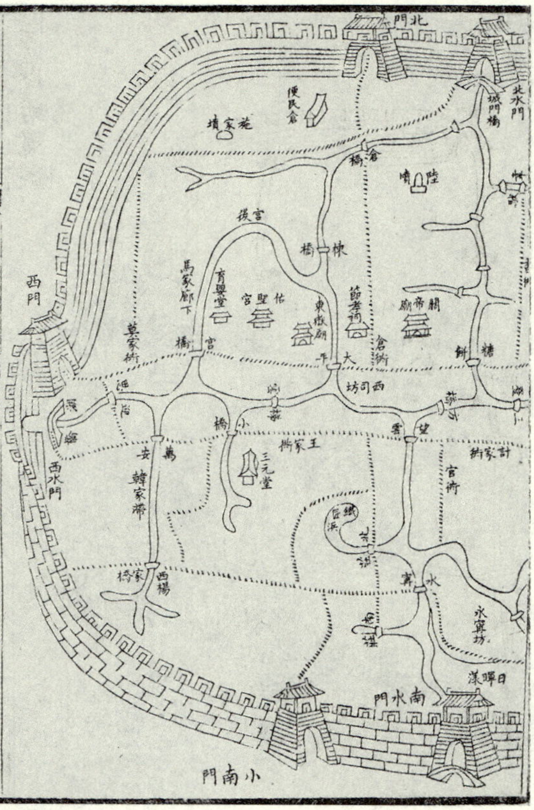

桐鄉縣城圖

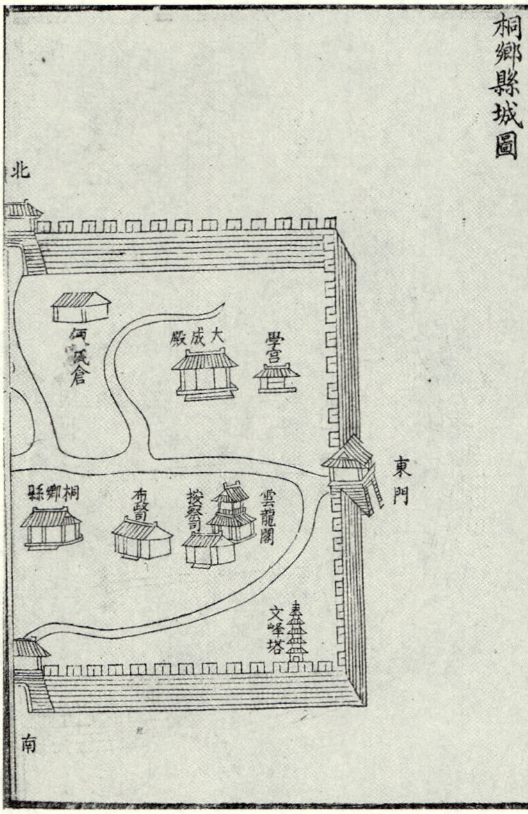

嘉興府志　卷一　圖說　十二

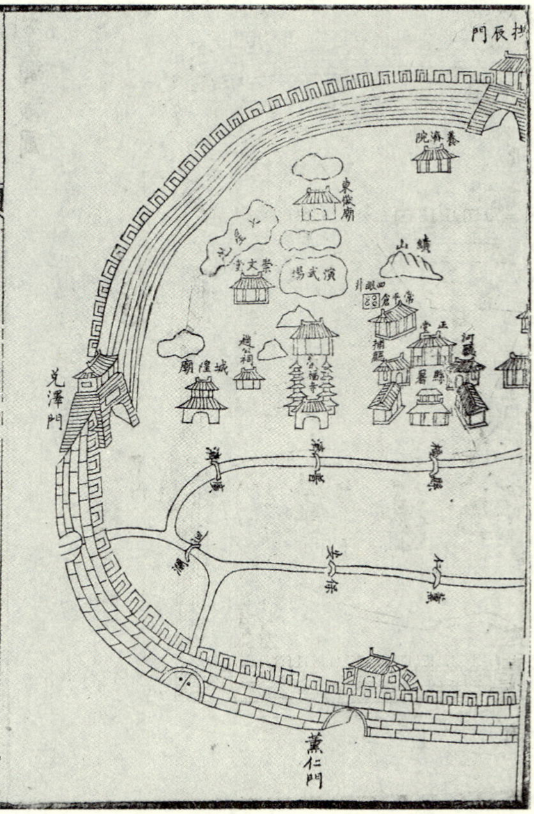

臨平程站圖

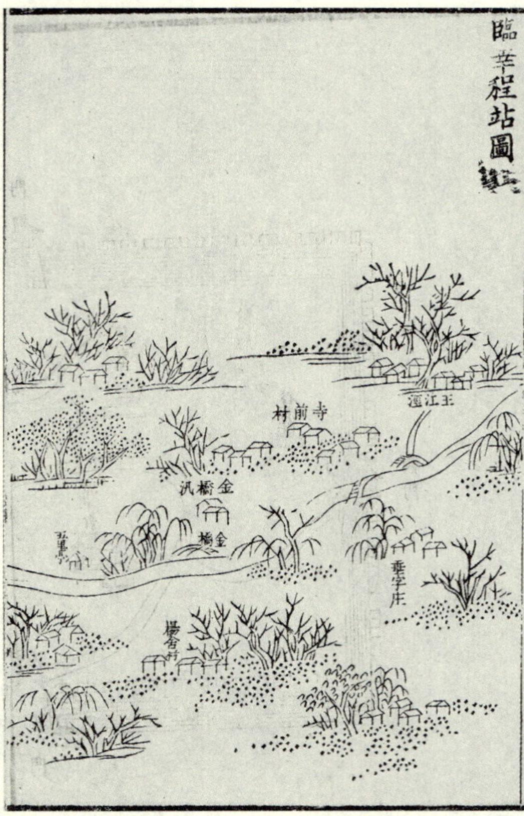

嘉興府志　卷一　圖說　十六

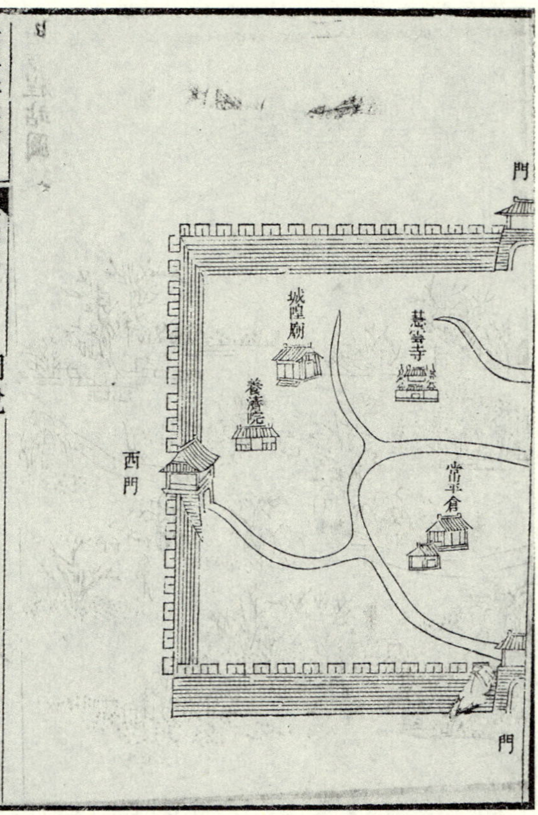

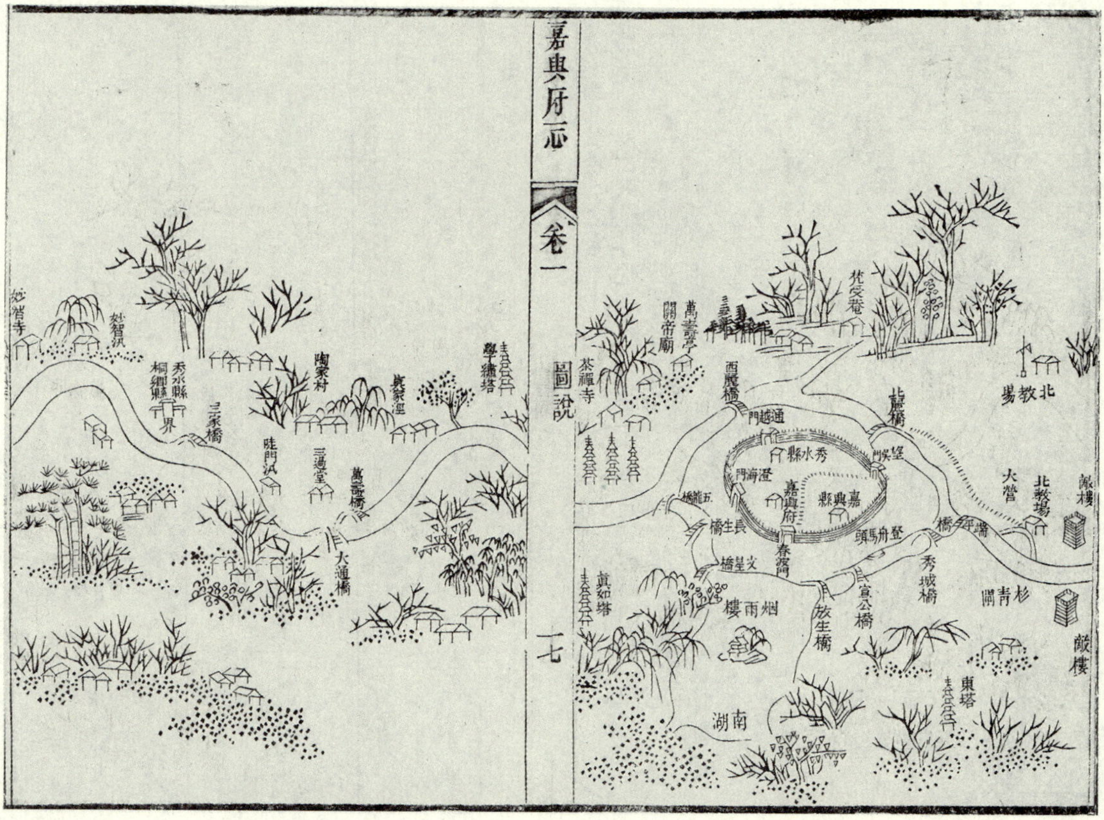
嘉興府志
卷一
圖說
十七
妙智寺
秀水縣
桐鄉縣
界
三家橋
陶家村
陡門汎
三過堂
萬壽橋
大通橋
萬壽亭
關帝廟
茶禪寺
西麗橋
北麗橋
通越門
秀水縣
澄海門
嘉興縣
嘉興府
長生橋
登舟馬頭
春波門
文星橋
宣公橋
秀城橋
杉青閘
大營
北教場
煙雨樓
放生橋
真如塔
南湖
東塔
鼓樓

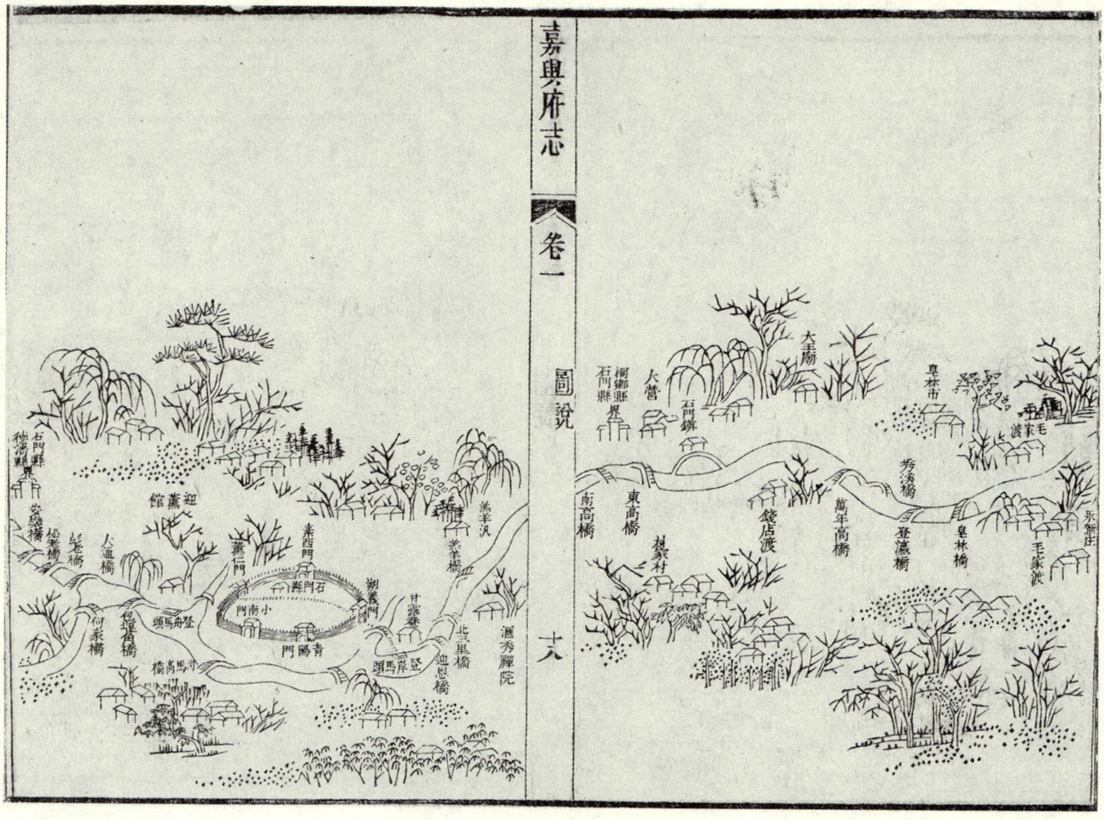
嘉興府志
卷一
圖說
十八
石門縣
桐鄉縣
界
大營
石門鎮
大王廟
皇林市
毛家渡
秀溪橋
萬年高橋
錢店渡
東高橋
南高橋
登瀛橋
皇林橋
永新庄
迎薰館
大通橋
何家橋
小南門
青陽門
北里橋
迎恩橋
登岸馬頭

嘉興府志 卷一 圖說 十九

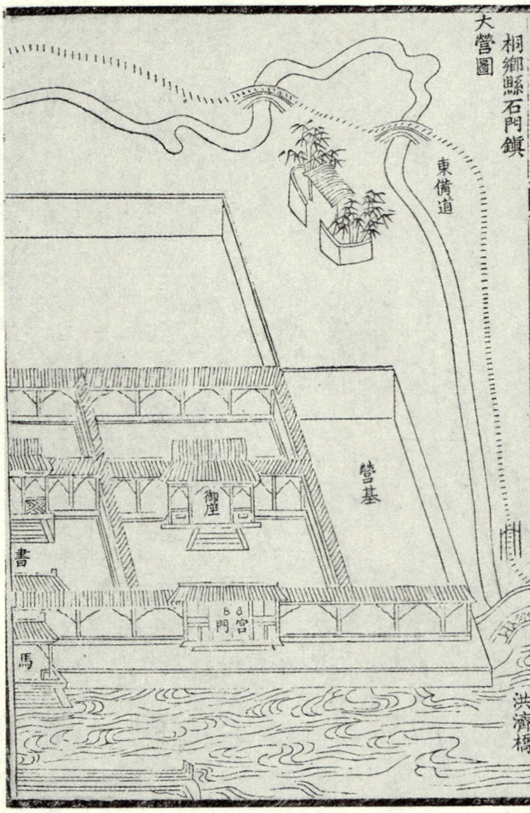

嘉興府志 卷一 圖說 廿

嘉興府志 卷一 圖說 三十

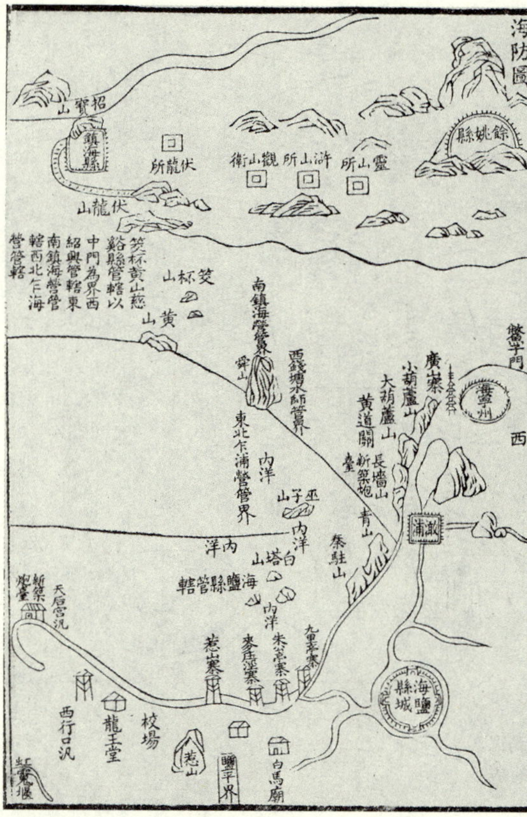

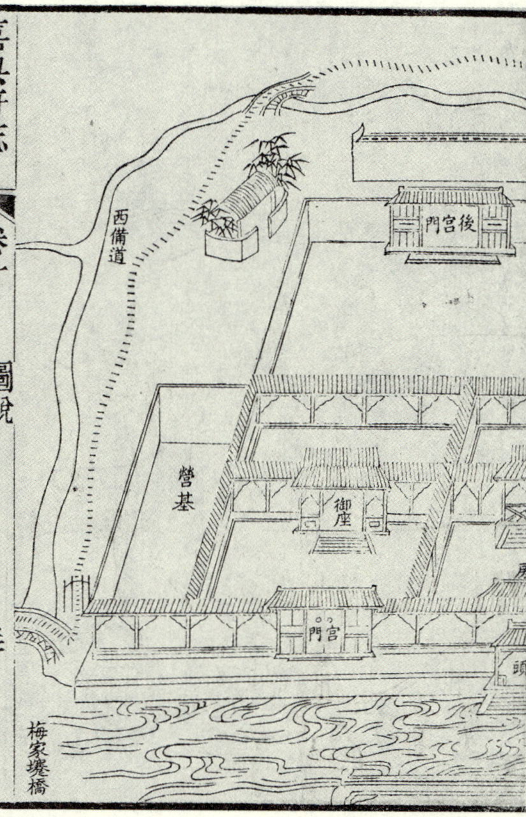

嘉興府志 卷一 圖說 三十一

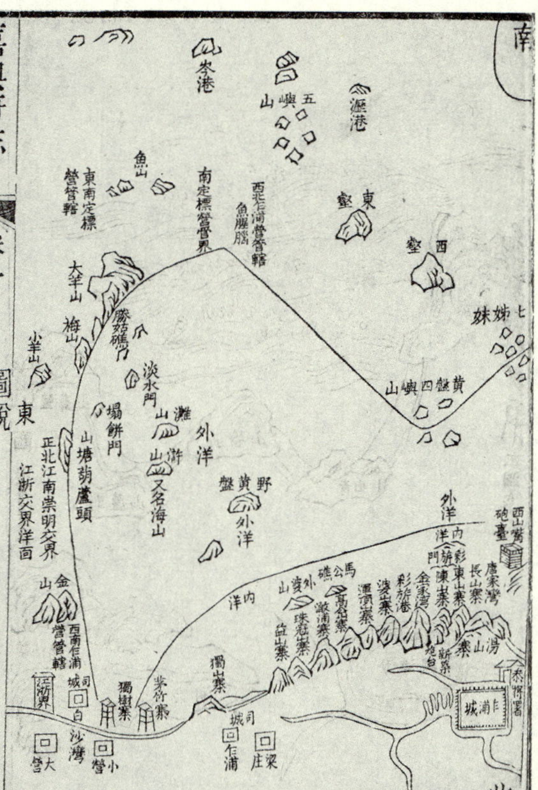

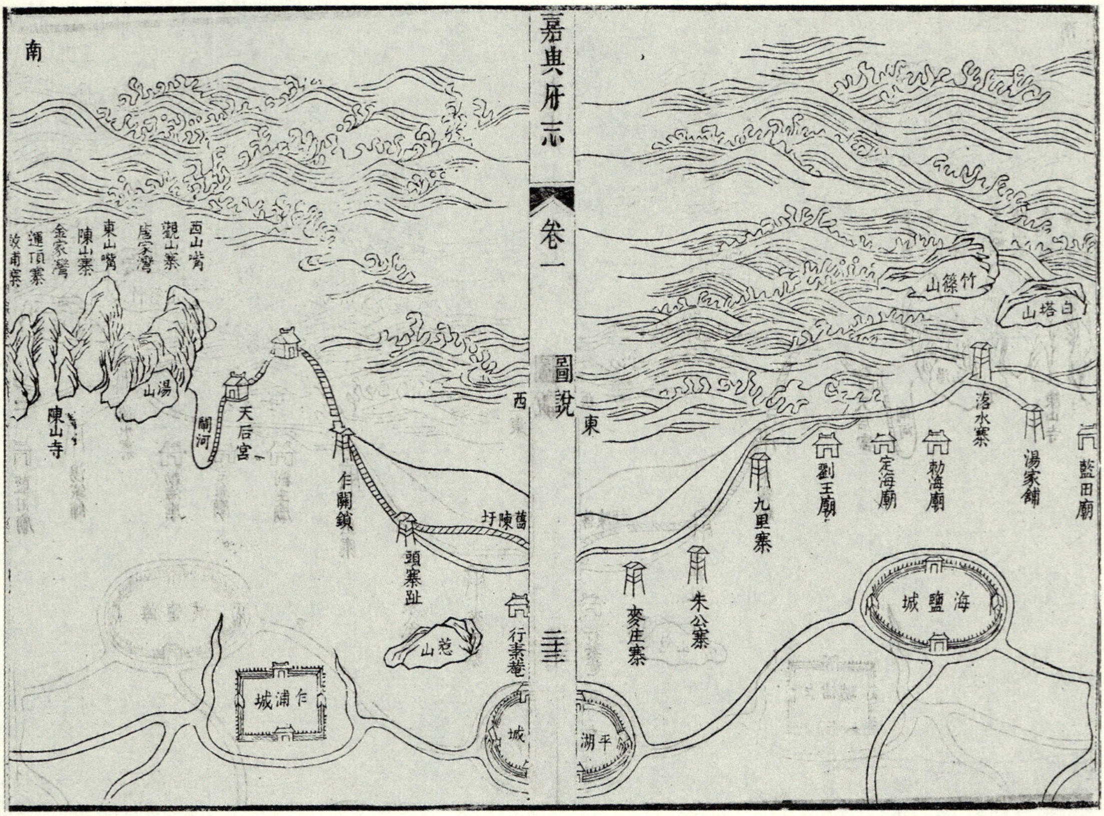
嘉興府志
卷一
圖說
南
西山嘴
覲山寨
庵子灣
東山嘴
陳山寨
金家灣
運頂寨
陳山寺
湯山
閘河
天后宮
乍關鎮
頭寨趾
陳圩
行素菴
乍浦城
平湖
麥庄寨
朱公寨
九里寨
劉王廟
定海廟
勅海廟
洛水寨
湯家鋪
藍田廟
海鹽城
竹篠山
白塔山
西
東

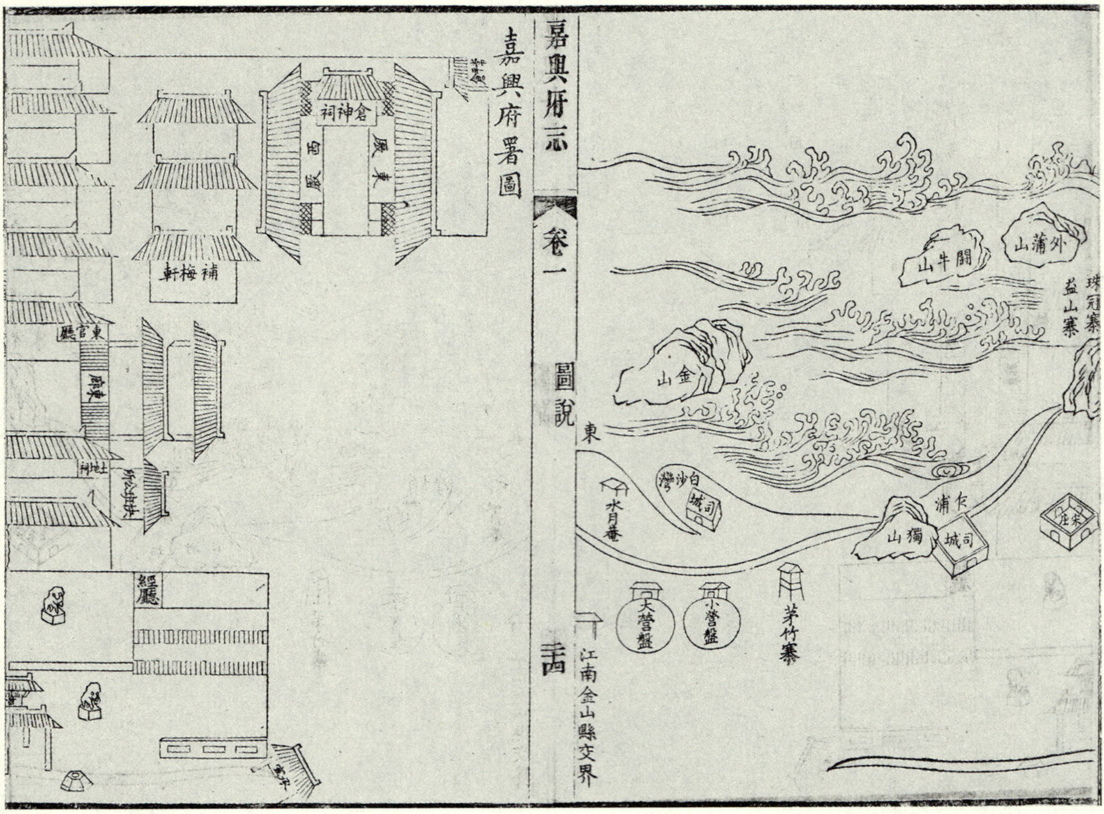
嘉興府志
卷一
圖說
嘉興府署圖
倉神祠
東廡
西廡
補梅軒
東官廳
經廳
東
外蒲山
關牛山
珠冠寨
益山寨
金山
白沙灣
司城
乍浦
司城
獨山
水月菴
大營盤
小營盤
茅竹寨
江南金山縣交界

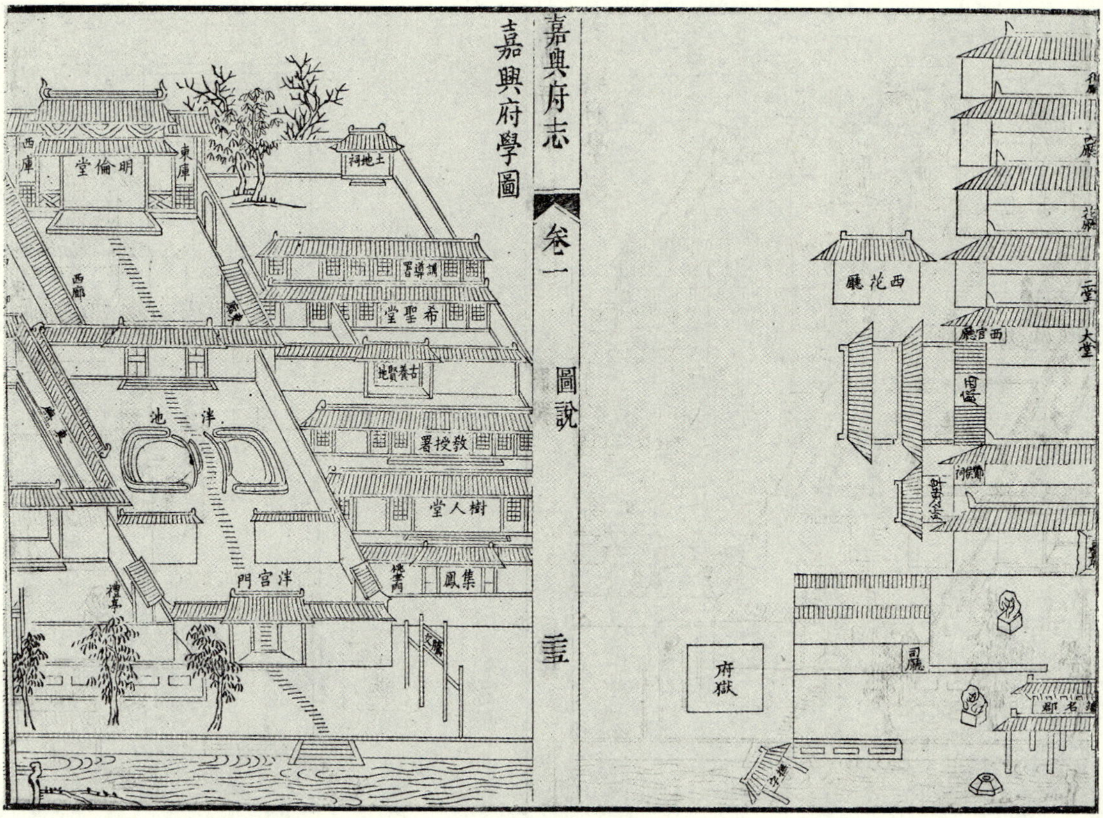
嘉興府志
卷一
圖說
三十五
嘉興府學圖
明倫堂
東庫
西庫
土地祠
訓導署
希聖堂
古養賢地
西廊
泮池
敎授署
樹人堂
集鳳
泮宮門
西花廳
府獄

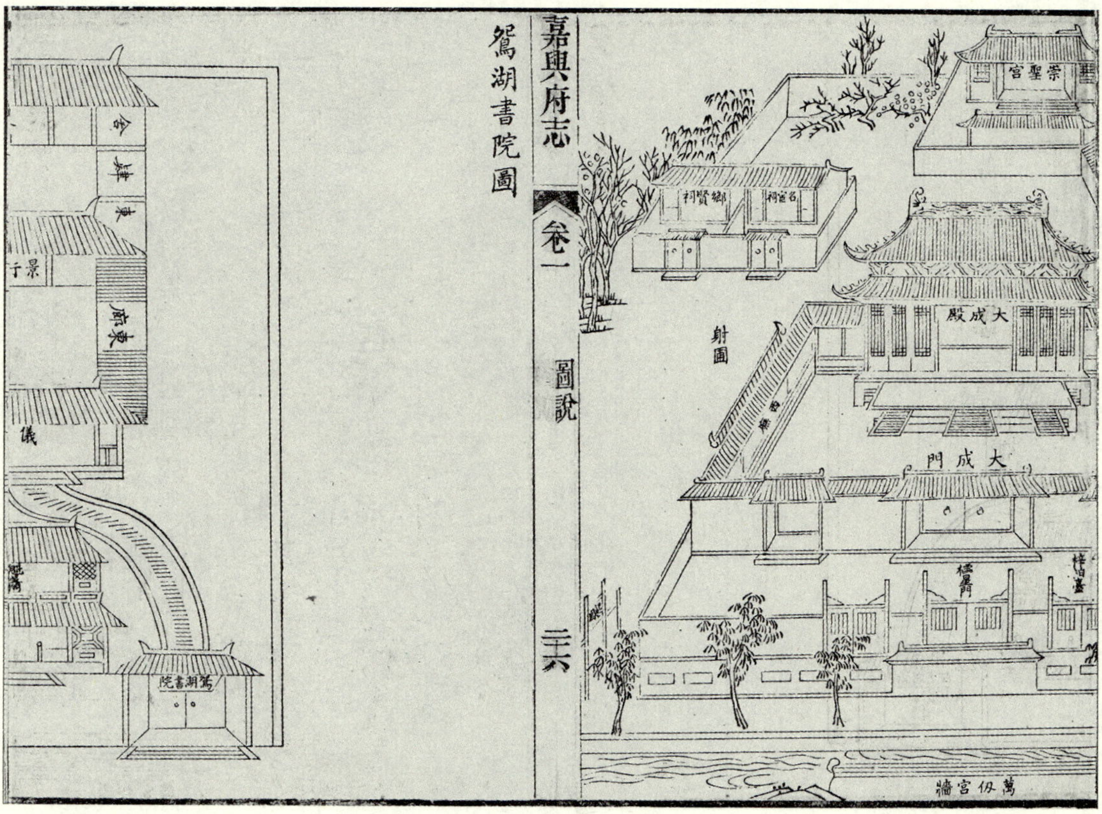
嘉興府志
卷一
圖說
三十六
鴛湖書院圖
鴛湖書院
東廊
景子
崇聖宮
鄉賢祠
名宦祠
大成殿
射圃
大成門
萬仞宮牆

煙雨樓圖

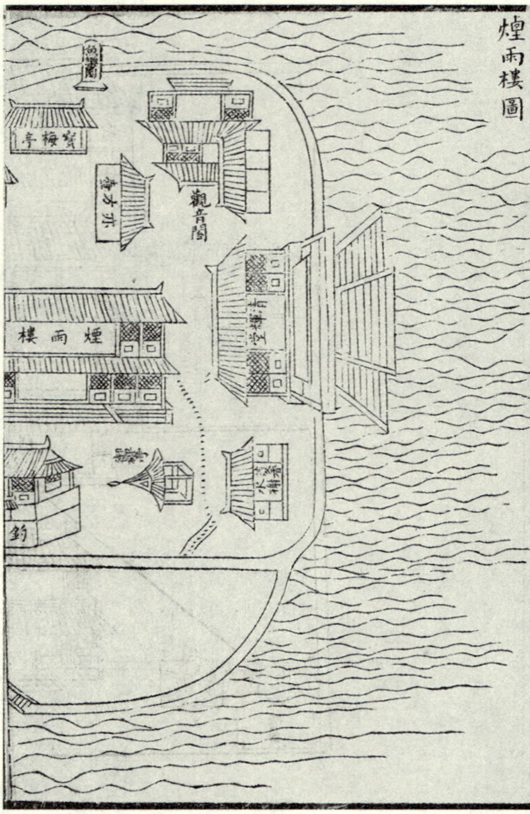

嘉興府志 卷一 圖說 三七

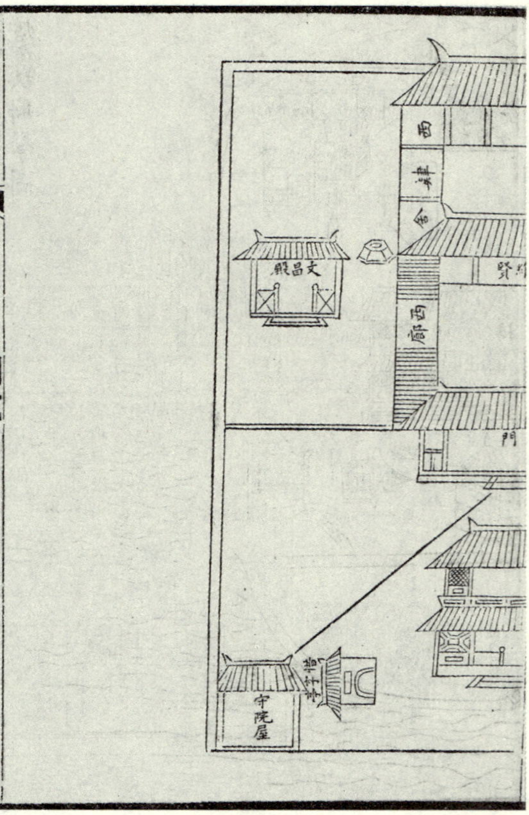

嘉興府志 卷一 圖說 三六

星野

星野之說雖不可泥然考之周官左傳及歷代史書嘉興乃吳地南偏於次爲星紀於宿爲南斗於北斗爲權於三台爲下級固歷歷可證也至南斗在宮爲丑而史記天官書則曰丙丁爲江淮此不以宮論而以干論矣南斗在元武爲水而天官書則又曰熒惑主火主吳越此不以宮論而以五緯之五行論矣若夫北極出地之度初昏中星之差日至晷影之長短亦不可不知也志星野

十二次分野　以星土辨九州之地所封封域皆有分星以觀妖祥（周禮保章氏　鄭氏註曰元謂大界則曰九州州中諸國中之封域於星亦有分焉其書亡矣堪輿雖有郡國所入度非古數也）星紀吳越也（周禮保章氏鄭註）星紀初斗十二度中牽牛初終于婺女七度（漢書律歷志）自斗六度至須女二度謂之星紀之次越之分野（續漢書律歷志註引蔡邕月令章句）自斗十一度至婺女七度一名須女曰星紀之次今吳越分野（續漢書郡國志註引皇甫謐帝王世紀）班固取三統歷十二次配十二野其言最詳自南斗十二度至須女七度爲星紀于辰在丑吳越之分野屬揚州又有費直說周易蔡邕月令章句所言頗有先後費直起斗十度蔡邕起斗六度（晉書天文志）揚州在天官自斗十二度至須女七度爲星紀吳越得其分野（隋書地理志）古吳越皆星紀分也（舊唐書天文志）南斗牽牛星紀也初南斗九度餘千四十二秒十二太中南斗二十四度終女四度（唐書天文志）斗四度三十六分六十六秒外入吳越分星紀之次揚州之分（元史天文志）斗三度至女一度星紀之次也（欽定明史天文志引清類天文分野之書　伊志案新舊唐書天文志並云貞觀中李淳風撰法象志因漢書十二次度數始以唐之州縣配焉至開元初沙門一行又增損其書更爲詳密今考漢書星紀起斗十二度唐書起斗九度元史起斗四度明史起斗三度蓋歲差之故每近七十年而差一度也）

二十八宿分野　昭公三十二年夏吳伐越始用師於越也史墨曰不及四十年越其有吳乎越得歲而吳伐之（春秋左傳　杜氏註曰此年歲在星紀星紀吳越之分也歲星所在其國有福吳先用兵故反受其殃　孔氏疏曰吳越同分而曰越福吳凶者以吳先用兵故反受其殃賈逵云然杜從之也鄭元云天文分野斗主吳牽牛主越此年歲星在牽牛故吳伐之凶案史傳所云吳越同分不言于次之內更復分星鄭之此說爲妄之甚也案周禮鄭元註云星紀吳越也則以十二次言此云斗主吳牽牛主越則以二十八宿言即元所謂諸國封域於星亦有分者也細釋左氏傳越得歲而吳伐之七字其分指吳越語意顯然鄭說似較賈說爲優孔疏未敢盡信）牽牛流爲揚州分爲越國（春秋元命苞）越故治今大越山陰南斗也吳故治西江都牛須女也（越絕書　伊志案吳越春秋大夫種曰吳與越同音共律上合星宿下共一理與此文不合）斗江湖牽牛婺女揚州（史記天官書　漢書天文志同）吳地斗分野也今之會稽九江丹陽豫章廬江廣陵六合臨淮郡盡吳分也粵地牽牛婺女之分

野也今之蒼梧鬱林合浦交趾九眞南海日南皆粤分也漢書地理志 斗牽牛越須女吳淮南子天文訓 斗吳之分野牽牛一名星紀越之分野淮南子天文訓高誘註 斗北方宿吳之分野牽牛婺女北方宿越之分野呂氏春秋高誘註 魏太史令陳卓更言郡國所入宿度丹陽入斗十六度會稽入牛一度晉書天文志 伊志案通志天文略載陳卓范蠡鬼谷先生張良諸葛亮譙周京房張衡並云一條與此文同 南斗在雲漢下流當淮海間爲吳分牽牛去南河寖遠自豫章迄會稽南逾嶺徼爲越分唐書天文志 兩浙路揚州之域當南斗須女之分宋史地理志 嘉興乃斗之分野而崇德處吳越之間則獨在斗牛躔度之交案五代史載豫章人有善術者望斗牛間有王氣謂錢塘分也宋建炎初國步艱虞是秋占者望斗牛間有紫氣既而移蹕維揚謂其已驗暨冬十月戊寅孝宗虹渚之祥實在嘉興非明驗歟至元嘉禾志 浙江布政司所屬之杭州嘉興府皆牛女分欽定明史天文志引淸類天文分野之書 嘉興府斗分野明一統志 嘉興府古揚州斗分野欽定授時通考引分野考 嘉興府斗牛分野星紀之次大淸一統志

伊志案嘉興一府本屬吳境雖槩兒之爲越界實鄰於吳當以吳之分野爲主若斗牛之指吳越說固不一當從漢書地理志爲確至如舊浙江通志所云嘉興劉基分爲斗十一度古測嘉興斗分野今測嘉興斗二度新浙江通志引內緯祕言所云斗十五度嘉興府嘉興秀水嘉善三縣入七分之六海鹽平湖石門桐鄉四縣入

八分之四未知據何時測驗也又查嘉善章志云向曾以竹造簡儀窺而測之嘉善當在斗二十四度之下此袁黃之語專指一邑今取斗牛女三宿繪圖於後

北斗七星分野 北斗七星所謂琁璣玉衡以齊七政杓攜龍角衡殷南斗魁枕參首用昏建者杓杓自華以西南夜半建者衡衡殷中州河濟之間平旦建者魁魁海岱以東北也史記天官書漢書天文志同 蒙山以東至江南會稽震澤徐揚之州屬權星春秋文耀鉤 玉衡第六星主揚州常以五巳日候之辛巳爲丹陽丁巳爲吳郡會稽續漢書天文志註引星經 斗第四星曰權其分爲吳宋史天文志

三台分野 兗豫屬上台荆揚屬下級論語摘輔象註日上之下等九州繫于三台台各有上下 一西近文昌二星曰上台爲司命主壽上星主兗豫下星主荆揚上同

五緯分野 吳楚之疆候在熒惑占於鳥衡史記天官書正義曰熒惑鳥衡皆南方之星故吳楚之占候也鳥衡柳星也一本作注張也 星經曰熒惑主霍山揚州荆州交州續漢書天文志註 熒惑曰南方夏火主楚吳越以南晉書天文志

干支分野 丙丁江淮海岱也史記天官書漢書天文志同 一日戊吳

伊志案天官書南宮朱鳥權衡衡太微三光之庭權軒轅是以孟康曰軒轅爲權太微爲衡也正義似未合

越漢書天文志

伊志案天官書此條上下文俱有日蝕月蝕字疑專指日食之占故有甲乙四海之外日月不占之語若漢書

所云戌吳越則泛言之也

極度　西洋人測得直省北極出地度分浙江三十度欽定明史天文志浙江三十度十八分二十秒五禮通考欽定協紀辨方書云日出入之早晚晝夜永短所由分也人居有南北則北極出地有高下於是日之出入早晚隨地不同中國在赤道北北極出地上南極入地下故夏晝長冬晝短自京而北北極愈高則永短之差愈多所居之地愈南北極漸低則永短之差漸少各省日出入時刻不同俱以各省北極出地及太陽赤道緯度立算欽定明史天文志云南行二百五十里則北極低一度北行二百五十里則北極高一度東西亦然

伊志案以地圖推之嘉興府城北極出地三十度五十二分嘉善縣城三十度五十三分海鹽縣城三十度三十十四分平湖縣城三十度四十四分石門縣城三十度三十五分桐鄉縣城三十度四十五分今依府城推得日出入時刻爲表於後

東西偏度　東西偏度以京師子午線爲中而較各地所偏之度凡節氣之早晚月食之先後胥視此東西相距三十度則差一時浙江杭州府偏東三度欽定明史天文志浙江偏東三度四十一分二十四秒五禮通考凡偏東一度節氣遲時之四分偏西一度節氣早時之四分江氏永曰浙江遲一刻上同

伊志案以地圖推之嘉興府城偏東四度三分嘉善縣城偏東四度十三分海鹽縣城偏東四度十二分平湖縣城偏東四度十七分石門縣城偏東三度五十二分桐鄉縣城偏東三度五十七分今推得府城節氣比京師遲一刻一分

又案極度以定南北里差此晝夜永短時刻之所以異也偏度以定東西里差此節氣早晚時刻之所以異也

秦氏蕙田曰寅賓之類以測象日宅嵎夷宅南交宅西宅朔方即後世里差之法星鳥之類以測象星即後世歲差之法

晷景　以土圭之灋測土深正日景以求地中日至之景尺有五寸周禮大司徒註曰鄭司農云土圭之長尺有五寸以夏至之日立八尺之表其景適與土圭等謂之地中今潁川陽城地爲然冬至之日樹八尺之表日中視其晷易通卦驗

伊志案古灋立八尺之表以測日景每尺爲十寸每寸爲十分今西灋六十二度之表以測日景每度爲六十分每分爲六十秒今依古灋尺寸推得府城日晷直景爲表于後西灋又有倒景之表不具載

中星　堯時冬至日躔於虛而初昏中星爲昴今冬至日躔於箕而初昏中星則室宿中之雲雨星偏東數分餘

也中星諸方各異隨時不同欽定書經傳說彙纂古今中星不同由於歲差欽定明史天文志胡亶中星譜云中星者恆星之見于正南午位者也其指壁自堯典所謂星鳥星火星虛星昴各以昏時測其正中以定二分二至此古聖人敬授民時之宏規三代因以加詳月令一書以十二月別昏旦中星敘次尤晰漢唐至今歷術加密皆附節氣以記中星然節氣古與今同中星今與古異如堯時冬至昏昴中今時冬至昏壁中四千年之間已移五十餘度

伊志案胡亶中星譜載入四庫全書今取其所記浙省昏旦中星爲表於後但此係康熙初年所測較之今日又移二度矣

斗牛女分野圖

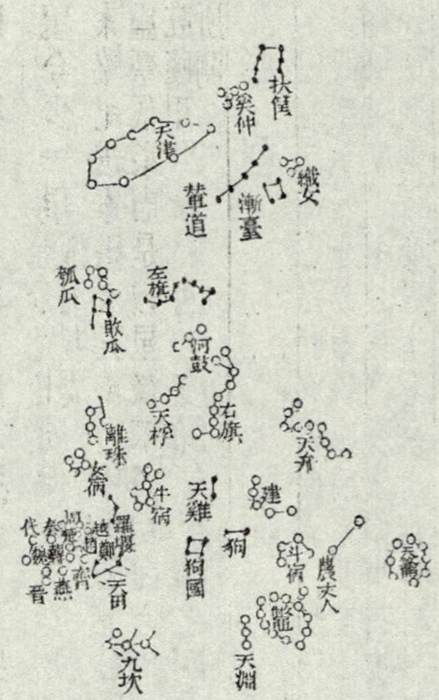

右依欽定儀象考成定本

斗宿內天淵十星今少七星鼈十四星今少三星牛宿內天田九星今少五星九坎九星今少五星女宿內離珠五星今少一星（欽定儀象考成伊志案協紀辨方書及五禮通考所載星圖皆照康熙年間靈臺儀象志是以星數不符今謹遵儀象考成新圖乃乾隆甲子年所測）

日出入晝夜時刻表（依嘉興府城北極出地三十一度立算）

節氣		日出	日入	晝	夜
冬至		辰初初刻	酉初初刻	四十刻	五十六刻
小寒日	大雪日	卯正三刻十二分	酉初初刻三分	四十刻六分	五十五刻九分
大寒前二日	小雪後二日	卯正三刻七分	酉初初刻八分	四十一刻一分	五十四刻十四分
大寒後六日	小雪前六日	卯正三刻一分	酉初初刻十四分	四十一刻十三分	五十四刻二分
立春前二日	立冬後二日	卯正二刻十二分	酉初一刻三分	四十二刻六分	五十三刻九分
立春後二日	立冬前二日	卯正二刻八分	酉初一刻七分	四十二刻十四分	五十三刻一分
雨水前六日	霜降後六日	卯正二刻三分	酉初一刻十二分	四十三刻九分	五十二刻六分
雨水日	霜降日	卯正一刻十三分	酉初二刻二分	四十四刻四分	五十一刻十一分
雨水後六日	霜降前六日	卯正一刻七分	酉初二刻八分	四十五刻一分	五十刻十四分
驚蟄前二日	寒露後二日	卯正一刻二分	酉初二刻十三分	四十五刻十一分	五十刻四分
驚蟄後二日	寒露前二日	卯正初刻十一分	酉初三刻四分	四十六刻八分	四十九刻七分
春分前六日	秋分後六日	卯正初刻六分	酉初三刻九分	四十七刻三分	四十八刻十二分
春分日	秋分日	卯正初刻	酉正初刻	四十八刻	四十八刻
春分後六日	秋分前六日	卯初三刻九分	酉正初刻六分	四十八刻十二分	四十七刻三分
清明前二日	白露後二日	卯初三刻四分	酉正初刻十一分	四十九刻七分	四十六刻八分
清明後二日	白露前二日	卯初二刻十三分	酉正一刻二分	五十刻四分	四十五刻十一分
穀雨前六日	處暑後六日	卯初二刻八分	酉正一刻七分	五十刻十四分	四十五刻一分
穀雨日	處暑日	卯初二刻二分	酉正一刻十三分	五十一刻十一分	四十四刻四分

穀雨後旮 處暑前旮	卯初一刻十二分	酉正二刻三分	五十二刻六分	四十三刻九分
立夏前旨 立秋後旨	卯初一刻七分	酉正二刻八分	五十三刻一分	四十二刻十四分
立夏後旨 立秋前旨	卯初一刻三分	酉正二刻十二分	五十三刻九分	四十二刻六分
小滿前旮 大暑後旮	卯初初刻十四分	酉正三刻一分	五十四刻二分	四十一刻十三分
小滿後旨 大暑前旨	卯初初刻八分	酉正三刻七分	五十四刻十四分	四十一刻一分
芒種日 小暑日	卯初初刻三分	酉正三刻十二分	五十五刻九分	四十刻六分
夏至日	卯初初刻	戌初初刻	五十六刻	四十刻

日晷直景尺寸表 依嘉興府城北極出地三十一度立算

節氣	卯酉正	辰酉初	辰申正	巳申初	巳未正	午未初	午正
冬至			二百五十四尺三寸三分	二百八十六尺九寸一分	十四尺八寸	十二尺五分	十一尺二寸
小寒 大雪			三十九尺九寸一分	二十尺七寸二分	十四尺三寸八分	十一尺六寸六分	十尺八寸五分
大寒 小雪		二百六十七尺三寸三分	三十四尺五寸一分	十八尺八寸四分	十三尺一寸九分	十尺七寸	九尺九寸五分
立春 立冬		一百十八尺四寸	二十八尺九寸八分	十六尺五寸	十一尺六寸三分	九尺三寸七分	八尺七寸一分
雨水 霜降		六十九尺八寸五分	二十三尺九寸	十四尺二寸	十尺	七尺九寸七分	七尺三寸三分
驚蟄 寒露		四十七尺一寸三分	十九尺九寸	十二尺一寸七分	八尺五寸一分	六尺六寸四分	六尺二分
春分 秋分		三十五尺一寸七分	十六尺八寸九分	十尺五寸	七尺二寸二分	六尺四寸二分	四尺八寸九分
清明 白露	二百五十尺三寸一分	二十八尺一寸三分	十四尺六寸二分	九尺二寸	六尺一寸八分	四尺三寸九分	三尺七寸四分
穀雨 處暑	七十七尺四寸四分	二十三尺六寸三分	十三尺四分	八尺二寸四分	五尺三寸七分	三尺五寸六分	二尺八寸四分
立夏 立秋	五十四尺五寸	二十尺八寸四分	十一尺九寸四分	七尺五寸四分	四尺八寸	二尺九寸一分	二尺七分
小滿 大暑	四十四尺二寸三分	十九尺一寸一分	十一尺二寸	七尺一寸二分	四尺四寸三分	二尺四寸九分	一尺五寸二分
芒種 小暑	三十八尺二寸三分	十八尺一寸六分	十尺八寸六分	六尺八寸九分	四尺二寸四分	二尺二寸五分	一尺二寸五分
夏至		十七尺八寸六分	十尺七寸一分	六尺八寸一分	四尺一寸八分	二尺一寸八分	一尺五分

昏旦中星度分表依浙江省城所定

節氣	昏中	旦中
立春	昴七度太	亢七度太
雨水	畢十四度半	氐十度太
驚蟄	井二度太	房五度太
春分	井二十度太	尾三度太
清明	柳三度半	尾十三度太
穀雨	張四度少	箕三度太
立夏	翼五度少	斗三度太
小滿	軫四度太	斗十六度少
芒種	角五度少	牛五度太
夏至	氐一度太	虛二度太
小暑	房初度少	危十一度太
大暑	尾二度太	室十四度半
立秋	尾十四度太	奎五度少
處暑	箕六度少	婁九度少
白露	斗四度太	昴初度太
秋分	斗十五度	畢七度太
寒露	牛初度少	參八度
霜降	女五度	井十三度太
立冬	虛六度少	井三十一度
小雪	危十度太	星初度太
大雪	室十一度	張十一度太
冬至	壁九度太	翼十一度太
小寒	婁一度少	軫八度半
大寒	胃六度少	角六度

嘉興府志卷一

嘉興府志卷二

嘉興府知府善化許瑶光重輯

建置

古者建國以經野建官以治民至秦廢封建而嘉興之地置縣隸於郡隋隸於州唐隸於道於府宋隸於路於郡於軍元隸於省於司於路至明宣德始定一府七縣之制而

國朝因之伊志取一統志以爲綱而以諸史地理志浙江通志各前府志等書緯之考校精確誠無間然茲仍其舊志建置

嘉興府

唐虞禹貢揚州之域 大清一統志

夏揚州地

商揚州地 以上皇輿表

太伯虞仲亡如荆蠻 史紀周本紀正義曰太伯奔吳而云荆蠻者楚滅越其地屬楚秦滅楚其地屬秦秦諱楚改曰荆故通號吳越之地爲荆及北人書史加云蠻勢之然也 吳太伯弟仲雍奔荆蠻自號句吳 吳世家索隱曰此言自號句吳吳名起於太伯明以前未有吳號地在楚越之界故稱荆蠻 舊圖經云太伯仲雍以避季歷而逃之荆蠻即此地也後世子孫受封爲吳如此則殷末亦爲荆地矣 柳志

伊志案爾雅釋地江南曰揚州注云殷制則商時此地當屬揚州之域所謂荆地者猶言吳地也

周揚州地春秋時吳越二國境後屬越戰國屬楚 皇輿表 魯定公十四年於越敗吳於檇李 春秋左氏傳杜預註檇李吳郡嘉興縣南醉李城 伊志案檇李公羊傳作醉李 闔閭伐越句踐迎擊之檇李 史記吳世家 哀公元年吳王夫差敗越于夫椒報檇李也遂入越 春秋左氏傳 吳王聞越王盡心自守因而增之以封東至於句甬西至於檇李南至於姑末北至於平原縱橫八百餘里 吳越春秋 伊志案平原越絕書作武原 哀公二十二年十一月丁卯越滅吳 左氏傳 句踐之境北至於禦兒 越語韋昭註今嘉興禦兒鄉是也 大夫種曰吾用禦兒臨之 吳語韋昭註禦兒越外鄙在今嘉興 禦兒鄉故

越界本名就李吳疆越地以爲戰地至柴辟亭 越絕書越地傳 伊志案柴辟亦作辟塞 柴辟亭到語兒就李吳侵以爲戰地 越絕書吳地傳 伊志案此二條于吳越疆界極明晰 柴辟故就李鄉吳越戰地 漢書地理志 應劭曰古之檇李也 伊志案柴當讀如寨辟當讀如壁 浙江又東逕柴辟南舊吳楚之戰地吳備候于此故謂之壁塞是以越絕稱吳故從由拳辟塞渡會稽湊山陰是也 水經注 周顯王四十六年越王無疆伐楚楚人大敗之乘勝盡取吳故地東至於浙江越以此散 資治通鑑 胡三省注越都會稽其境北至于禦兒不能全有漢會稽一郡地及其滅吳始并有吳地今楚取吳地至於浙江禦兒亦入於楚矣 楚威王伐越破之盡取其地至於浙江之北故此地亦名曰楚 至元志

伊志案禾地舊名見於左傳國語吳越春秋者曰檇李今嘉興秀水嘉善是曰平原今海鹽平湖是曰禦兒今石門是桐鄉則界於檇李禦兒之間正春秋時吳越分境處而越絕書之就李柴辟等名又嘉秀石桐之舊地也各詳見古蹟

秦爲會稽郡由拳海鹽二縣 大清一統志

始皇二十五年定荆江南地降越君置會稽郡三十七年始皇出遊至錢塘臨浙江上會稽還過吳 史記秦本紀

秦始皇東游望氣者曰五百年後江東有天子氣始皇至令囚徒十萬人掘汙其地表以惡名故改之曰由拳 搜神記

始皇東游至長水聞土人謡曰水市出天子從此過見人乘舟交易應其謡遂改曰由拳縣 太平寰宇記

海鹽吳記云本名武原鄉秦以爲海鹽縣 宋書州郡志

伊志案至元志謂始皇二十年置海鹽縣海鹽陳志柳志竝從之柳志又謂三十五年準丞相斯議罷侯置守長水武原俱屬會稽郡統縣二十六趙圖記亦謂三十五年置會稽郡領縣二十六其長水武原二縣乃今嘉興府地此二志之誤也秦置會稽郡在始皇二十五年見史記本紀以爲二十年者誤以爲三十五年者尤誤至于秦之置縣史記雖畧而不書今以他書證之如水經注引神異傳曰由拳縣秦時長水縣是也秦本爲長水縣其後改曰由拳柳志趙圖記以爲秦有長水縣尚可至云秦置武原縣則誤甚漢書地理志有海鹽縣無武原縣秦置縣爲海鹽武原者鄉名非縣名也

漢會稽郡地屬揚州部 皇輿表

會稽郡縣二十六吳曲阿烏傷毗陵餘暨陽羡諸暨無錫山陰丹徒餘姚婁上虞海鹽剡由拳太末烏程句章餘杭鄞錢唐鄮富春冶回浦 漢書地理志

伊志案前漢海鹽由拳二縣兼今嘉興府松江府海甯州吳江縣地介古吳婁烏程錢塘之間故兼列諸縣名以備考後倣此

灌嬰渡江破吳郡長吳下得吳守遂定吳豫章會稽郡 史記灌嬰列傳

正義曰今蘇州也吳郡長即吳郡守也伊志案漢書顔師古注謂長亦如郡守也時每郡置長吳郡長當時爲吳郡長嬰破之於吳下

高帝六年以故東陽郡鄣郡吳郡五十三縣立劉賈爲荆王 漢書高帝紀文穎曰吳郡本會稽也劉攽曰案地理志吳非秦郡後漢順帝時始分會稽爲吳今此文殊不可曉

伊志案秦置會稽郡雖取山陰縣之會稽山爲名而郡治在吳當時人多稱吳郡史記灌嬰列傳及漢書此文是也又往往以吳會稽連言之如吳王濞傳云上患吳會稽輕悍又云削吳會稽豫章郡書志皆以吳會稽竝稱猶言吳越也不必泥後漢始分吳郡之說

十一年秋淮南王英布反東併荆地高帝自將往誅之沛侯濞以

騎將從破布布走荆王劉賈爲布所殺乃立濞爲吳王王三郡五十三城 史記吳王濞列傳徐廣曰十二年十月辛丑

會稽濮陽府君曰吾聞秦始皇二十五年以吳越地爲會稽郡治吳漢封諸侯王以何年復爲郡朱育對曰劉賈爲荆王賈爲英布所殺又以吳濞爲吳王景帝四年濞反誅乃復爲郡治於吳 三國志虞翻傳注

伊志案灌嬰定會稽事史記列傳不著年月據高祖本紀當在五年此柳志所本也劉志譌作三年袁志吳志均未訂正趙圖記又謂漢改武原曰海鹽縣劉志以後皆仍其誤海鹽本秦縣漢因之不改至新莽僭號乃改海鹽曰展武無本名武原事至元志云王莽時陷爲柘湖移治武原鄉爲武原縣考吳地記陷湖移治武原鄉係秦時事謂莽復改武原縣者誤漢時縣治本在武原鄉非莽始移治也

東漢永建四年分屬吳郡（大清一統志）

吳郡十三城吳海鹽烏程餘杭毗陵丹徒曲阿由拳永安富春陽羨無錫婁（續漢書郡國志　伊志案後漢嘉興海鹽二縣境與前漢同建安初析置鹽官縣今海甯州地詳後）吳郡漢順帝分會稽置（宋書州郡志）永建四年劉府君上書浙江之北以爲吳郡會稽還治山陰（三國志虞翻傳注）永建中陽羨周嘉上書以縣遠赴會至難求得分置遂以浙江西爲吳東爲會稽（水經注）順帝永建四年陽羨令周嘉山陰令殷重上書求分爲兩郡遂割浙江以東爲會稽浙江以西爲吳郡（元和郡縣圖志）

三國吳吳郡地（皇輿表）

吳郡領縣十五吳婁海鹽嘉興富春建德桐廬新昌鹽官錢唐陽羨永安臨水烏程餘杭寶鼎元年以陽羨永安餘杭臨水烏程及丹陽之故鄣安吉原鄉於潛九縣置吳興郡（蘇州府志　伊志案陳壽書無志其郡縣之見於紀傳及晉書地理志宋書州郡志者可考吳郡初領縣十五吳興郡後領縣十蘇州府志補之是已第考其時有錢唐無新城蘇志誤也今改正）黃龍三年由拳野稻自生改爲禾興赤烏五年立子和爲太子改吳興爲嘉興（三國吳志孫權傳）鹽官縣本漢海鹽由拳二縣之境（太平寰宇記）鹽官之置當在吳時今嘉興海鹽與之接境必置縣之初析海鹽爲之以地有鹽官因以名縣（咸淳臨安志）

晉吳郡地屬揚州部（皇輿表）

吳郡統縣十一吳嘉興海鹽鹽官錢唐富陽桐廬建德壽昌海虞婁（晉書地理志　伊志案晉嘉興海鹽二縣境與三國吳同）前將軍劉牢之以高祖參府軍事築城海鹽故治（宋書高祖紀）晉隆安三年孫恩北出海鹽帝築城於故海鹽（南史宋武帝紀）伊志案至元志謂晉咸康七年復故邑爲海鹽縣柳志趙圖記皆同此于正史無考惟吳地記云隆安五年改東武州移在故邑山咸康七年改禦越復號海鹽縣隆安在咸康之後紀年悖矣不足爲據至咸康之移治禦越郎馬嘷城事屬可信然云復號海鹽非也柳志言邑遷而海鹽之名未改是已然又云咸康復號海鹽則其誤究未能正觀諸史紀傳在漢永建以後晉咸康以前者皆以海鹽書可知海鹽之名無改也海鹽圖經辨之最審詳見海鹽縣

宋齊梁陳竝吳郡地（皇輿表）

吳郡太守領縣十二吳婁嘉興海虞海鹽鹽官錢唐富陽新城建德壽昌桐廬（宋書州郡志）吳郡吳婁海虞嘉興海鹽錢唐富陽鹽官新城建德壽昌桐廬（南齊書州郡志　伊志案宋齊嘉興海鹽二縣地竝同梁始析前京胥浦二縣今松江府之東北境與西南境也）永定二年十二月割吳郡鹽官海鹽前京三縣置海甯郡屬揚州（陳書高祖紀　伊志案宋齊志嘉興海鹽二縣竝屬吳郡梁陳書無志其散見紀傳者有嘉興有海鹽至元志柳志皆云陳割海鹽屬鹽官陳以縣屬海甯郡也明一統志海鹽仇志乃謂陳省縣入鹽官誤矣海鹽之析爲胥浦當在侯景置武原郡之前侯景置武原郡事在太清三年謂侯景置武原郡者非也海鹽之析爲前京當在梁時陳書以析置胥浦以

海鹽前京竝稱可據惟陳書以前京屬吳郡而隋志則云信義郡所領此爲異同胡震亨圖經云不能詳竊謂陳永定二年以前京屬海甯郡其後海甯郡廢而前京改入信義郡及隋平陳廢信義郡竝廢前京縣入常熟則仍屬吳郡也至信義郡隋志但云梁置無天監六年之說又其領縣六有海陽無海鹽柳志趙圖記俱謂天監六年以海鹽屬信義郡蓋亦誤也又案柳志趙圖記俱謂侯景之亂嘉興人趙伯超據錢唐拒之據梁書侯景傳景弃吳郡進次嘉興趙伯超據錢唐拒之文以次嘉興爲句伯超非嘉興人也舊志收入人物誤甚

隋爲吳餘杭二郡地 大清一統志

吳郡統縣五吳崑山常熟烏程長城 伊志隋無嘉興省入吳縣也 餘杭郡統縣六錢唐富陽餘杭於潛鹽官武原 隋書地理志伊志 隋無海鹽省入鹽官也 海鹽隋開皇九年廢縣北屬杭州 元和郡縣圖志

自吳至唐竝爲嘉興縣屬蘇州 晏殊類要 隋罷嘉興縣以其

地屬蘇州 清類天文分野之書

唐高祖時爲蘇州地明皇時爲吳郡地肅宗時復爲蘇州地屬江南東道 皇輿表

蘇州上隋吳郡武德四年平李子通置蘇州六年陷輔公祏七年平公祏復置蘇州都督督蘇湖杭暨四州治於故吳城分置嘉興縣八年廢嘉興入吳縣九年罷都督貞觀八年復置嘉興縣領吳崑山嘉興常熟四縣天寶元年改爲吳郡乾元元年復爲蘇州領縣六吳嘉興崑山常熟長洲海鹽 舊唐書地理志 蘇州吳郡雄縣七吳長洲嘉興崑山常熟海鹽華亭 伊志此析華亭縣今松江府全境 華亭縣天寶十載吳郡太守趙居貞奏割崑山嘉興海鹽三縣置 唐書地理志 伊志崑山本秦漢婁縣梁分置信義縣又分信義置崑山縣 松江府舊華亭縣也唐天寶十載置太平寰宇記以爲本嘉興縣地輿地廣記以爲本崑山縣地元和郡國圖志云割崑山嘉興海鹽三縣爲之今四境與三縣接郡國志爲不誣矣

至元志 伊志案柳志引嘉禾記云元宗先天二年蘇州採訪使張廷珪奏將嘉興建爲州又云穆宗長慶二年置嘉興軍俱不詳何據嘉興湯志云天寶元年罷嘉興州此又因是年改蘇州爲吳郡而附會以合先天二年建州之說也華亭之析至元志據元和志云天寶十載與新舊書志合柳志趙圖記作天寶元年誤又案唐制州有輔雄望緊上中下之差通典上州凡一百九以舊唐書考之蘇居一焉元和志以蘇爲緊州新唐書則以爲雄蓋遞有所升入矣

五代爲吳越錢氏地晉時錢元瓘奏分置秀州 皇輿表

蘇州吳江縣梁開平三年兩浙奏於吳松江置縣 五代會要 伊志此析嘉興北境置吳江縣今平望震澤地古嘉興西北兩鄉也 唐莊宗同光二年吳越改元寶大升蘇州爲中吳府別於嘉興置開元府割華亭海鹽二縣屬之 柳志原註案海鹽志節度使朱行先墓誌云葬開元府海鹽縣實寶大元年歲次甲申郎錢氏自立之年號五代史錢氏無改寶大之號亦無開元府之名惟錢唐志吳越給事中羅隱撰新城杜太師稜築城記後書寶大元年及吳越尊勝咒幢記婺州女弟子胡氏二娘寶大三年建在九里松觀音寺蓋吳越之僭號也則開元府之名亦其僭改矣 寶大元年王於嘉興置開元府割華亭海鹽二縣屬焉 十國春秋吳越武肅王世家伊志是年爲唐同光二年 寶正五年罷開元府 伊志是年爲唐長興元年 晉天福三

年廣陵郡王元璙請析嘉興之西鄙義和市爲崇德縣
從之 吳越文穆王世家伊志文穆王時錢元璙爲中吳節度使 天福三年十月以
杭州嘉興縣爲秀州從錢元瓘之奏也 舊五代史晉高祖紀伊志五
代會要秀州晉天福三年以杭州之嘉興縣置與舊史同 秀州吳越王錢元瓘置割
杭州之嘉興縣爲屬而治之 五代史職方考 秀州本蘇州嘉興
縣地晉天福四年於此置秀州仍割嘉興海鹽華亭三
縣竝置崇德縣以屬焉 太平寰宇記
伊志案柳志以後諸志皆謂吳越置開元府自同光二
年甲申至長興三年壬辰凡九年開元府罷諸縣復屬
中吳軍今考新舊五代史俱無開元府之名方輿紀要
以爲唐制非京尹不得稱府謬不敢置府於杭州何由
置府於嘉興開元蓋軍府之名志誤也今考至元志碑
碣門載吳越將朱行先墓誌銘寶大元年甲申厝於開

嘉興府志 卷二 建置 九

元府海鹽縣德政鄉云云董穀稱係武原志所載得自
土中是宋元之間此碑且出而至元志沿革篇不書開
元府名朱彝尊跋云吳越錢氏建國曾改秀州爲開元
府是編不載未免失之疎畧所論是也然謂改秀州爲
開元府語亦小誤置府時在升州前也又海鹽圖經載
吳越時屠環智墓志銘亦稱葬於開元府海鹽縣德政
鄉是碑稱天寶五年爲梁乾化三年則開元府置府又不
始於唐同光二年也有此二證而吳越僭改可無疑矣
吳任臣十國春秋據此載入吳越世家非無說也又
案至元志柳志竝謂析縣在先升州在後今考太平寰
宇記是置州之時竝置崇德舊五代史及五代會要則
云天福三年置秀州而寰宇記以爲四年吳郡志以爲
五年殆奏請在三年而敕置在五年
歟至元志作五年升州亦非無據

宋秀州屬兩浙路甯宗時升爲嘉興府 皇輿表
秀州領縣四嘉興華亭海鹽崇德 太平寰宇記 上秀州軍事
治嘉興縣縣四嘉興華亭海鹽崇德 元豐九域志 嘉興府本

秀州軍事政和七年賜郡名曰嘉禾慶元元年以孝宗
所生之地升府嘉定元年升嘉興軍節度縣四嘉興華
亭海鹽崇德 宋史地理志
元嘉興路屬江浙行省 大清一統志
嘉興路上領司一錄事司舊置廂官元初改爲兵馬司
至元十四年置錄事司縣一嘉興州二海鹽崇德元貞
元年升州松江府唐爲蘇州屬邑宋爲秀州屬邑元至
元十四年升爲華亭府十五年改松江府仍置華亭縣
以隸之二十七年以華亭縣戶口繁多置上海縣屬松
江府 元史地理志 至元十三年正月改爲嘉興府安撫司十

嘉興府志 卷二 建置 十

四年三月改爲嘉興路總管府領府一松江縣三嘉興
海鹽崇德 至元志
伊志案元史江浙行省爲路三十嘉興其一又府一曰
松江不言其統於嘉興路此史之疎也嘉禾志成於至
元十五年其云嘉興路領府一曰松江在十四年二月
改路之後所言自得其實至松江府屬縣華亭嘉禾志
有之而史又有上海一縣乃十七年從華亭析置故嘉
禾志不載海鹽崇德之升州爲元貞元年則又在後矣
明洪武初曰嘉興府屬南直隸十四年改隸浙江布政使
司 大清一統志
嘉興府太祖丙午年十一月爲府 伊志丙午爲元至正二十六年時太祖平吳改路爲府 直隸京師十四年十一月改隸浙江領縣七嘉
興秀水嘉善海鹽平湖石門桐鄉 明史地理志 宣德四年三

月巡撫大理寺卿胡槩以嘉興海鹽崇德三縣地廣賦繁建議於朝五年分嘉興自郡城西亘北至吳江柿涇爲秀水郡城東北魏塘鎮東涉華亭楓涇市北薄長洲蘇來鄉爲嘉善分海鹽東北爲平湖崇德東北爲桐鄉柳志

皇朝嘉興府屬浙江布政使司領縣七嘉興秀水嘉善海鹽石門本崇德縣康熙元年改平湖桐鄉皇輿表伊志案雍正七年議準府州縣衝繁疲難等缺詳載大清會典是年定嘉興府爲衝繁疲難最要缺

嘉興府志　卷二　建置　十一

府表

世次	州部	府	縣
唐虞	揚州		
夏		吳國	
商		越國	
周 春秋		楚國	
戰國			
秦 始皇二十五年		會稽郡 治吳	長水縣
			海鹽縣
三十七年			由拳縣 長水改
漢		會稽郡 治吳	由拳縣

世次	州部	府	縣
高帝六年		荆國 都吳	海鹽縣
十一年		會稽郡 荆國除	
十二年		吳國 都廣陵	
景帝四年		會稽郡 吳國除	
元封五年	揚州刺史 是年置刺史十三部以會稽郡隸揚州部刺史無常治所	會稽郡 治吳	由拳縣
			海鹽縣 王莽改曰展武建武初復舊
東漢 建武十八年	揚州刺史 建武初稱州牧至是乃罷州牧稱刺史治歷陽		
永建四年	漢末移治壽春	吳郡 析會稽郡置治吳	由拳縣
			海鹽縣 漢末析由拳海鹽二縣地置鹽官縣
三國 吳 黃龍三年	揚州都督 治建業	吳郡	禾興縣 由拳改
			海鹽縣
赤烏五年			嘉興縣 禾興改
晉 太康元年	揚州刺史 治壽春後移治建業		嘉興縣
			海鹽縣

嘉興府志　卷二　建置　十二

年代	州、道	郡	縣
宋 永初元年	揚州刺史治建康	吳郡	嘉興縣 海鹽縣
大明七年	南徐州刺史治京口		
八年	揚州刺史		
齊 昇明三年	揚州牧是年改刺史曰牧	吳郡	嘉興縣 海鹽縣 前京縣析海鹽出 胥浦縣
梁			
陳 太清三年	吳州是年於吳郡置吳州	吳郡是年侯景分海鹽胥浦二縣爲武原郡	嘉興縣 海鹽縣 前京縣
大寶元年	揚州吳州罷復隸揚	吳郡吳州省復爲郡	
永定元年	揚州	吳郡是年割鹽官海鹽前京三縣置海甯郡	
隋 禎明元年	吳州是年於吳郡置吳州	蘇州吳郡改	吳縣嘉興省入
開皇九年	揚州行臺	杭州	鹽官縣海鹽省入
大業元年		吳州蘇州改	

年代	州、道	郡	縣
三年		吳郡吳州改	嘉興縣復置海鹽縣地改隸嘉興
唐 武德四年		錢塘郡杭州改　蘇州平李子通復置六年陷輔公祏	
七年	四州都督督蘇湖杭暨四州	蘇州平輔公祏復置	嘉興縣復廢
八年			
貞觀元年	江南道治蘇州是年分天下爲十道		
八年			嘉興縣復置
景雲二年			海鹽縣復置
先天元年			海鹽縣復廢
開元五年			海鹽縣復置
二十年	江南東道採訪使治蘇州是年分天下爲十五道	蘇州	嘉興縣
天寶元年		吳郡蘇州改	海鹽縣
天寶十載			華亭縣析嘉興海鹽出
至德二載			
乾元元年	浙江西道節度使	蘇州吳郡改	

嘉興府志 卷二 建置 十五

治昇州尋徙治蘇州

二年　浙江西道觀察使　治蘇州

建中二年　浙江西道節度使　賜號鎮海軍治潤州

貞元三年　浙江西道觀察使　治潤州

五代

梁　開平三年　鎮海節度使　治潤州　杭州

唐　同光三年　中吳軍節度使　吳越升蘇州置　開元府　吳越置治嘉興　嘉興縣　吳江縣　析嘉興出

杭州　開元府罷

秀州　吳越置治嘉興領縣四

華亭縣

海鹽縣

晉　長興元年　天福三年

嘉興縣

華亭縣

海鹽縣

崇德縣　析嘉興置

宋　太平興國三年　兩浙路　是年吳越國王錢俶獻兩浙諸軍州

熙寧七年　浙西路　是年分兩浙為東西

嘉興府志 卷二 建置 十六

路尋合為一

九年　浙西路　是年復分兩浙為東西路

嘉禾郡

十年　兩浙路　是年復合為一

秀州

政和七年

宣和三年

建炎元年　兩浙西路

嘉興府

慶元元年

嘉興軍

嘉定元年

元

至元十三年　江淮行中書省　治揚州　嘉興安撫司

十四年　嘉興路

嘉興縣

華亭縣　是年升為華亭府十五年改松江府仍置華亭縣

海鹽縣

崇德縣

二十二年　江浙行中書省　治杭州

元貞元年　海鹽州　縣升為州

明 吳元年 洪武二年　南直隸　嘉興府
崇德州 縣升爲州
嘉興縣
海鹽縣 州復爲縣
崇德縣 州復爲縣

十四年　浙江布政使司 治杭州
宣德五年　嘉興府
嘉興縣
秀水縣 析嘉興置
嘉善縣 析嘉興置
海鹽縣
平湖縣 析海鹽置
崇德縣
桐鄉縣 析崇德置

皇朝 順治二年　嘉興府
嘉興縣
秀水縣
嘉善縣
海鹽縣
平湖縣
石門縣 即崇德縣

桐鄉縣 康熙元年改是名

嘉興縣

周揚州地春秋時長水地又檇李鄉吳越戰地皇輿表
吳王時此地本名長水至元志引吳錄 嘉興縣春秋時長水縣元和郡縣圖志 嘉興縣本號長水縣周敬王十年置在谷口湖秦始皇重移改由拳縣至元志引吳地記 周敬王六年置長水縣至元志引嘉禾記 昔吳伐越越子禦之於檇李則今嘉興縣之地通典 嘉興縣古檇李地吳之南境輿地廣記 國語勾踐之境北至於禦兒吳越春秋吳王夫差增越封西至於檇李然則與闔閭戰時越境猶未能至檇李檇李當爲吳地矣春秋地名考 古檇李在今浙江嘉興府嘉興縣南四十五里春秋大事表

伊志案長水名縣之始吳地記以爲周敬王十年嘉禾記以爲周敬王六年他無可考故柳志疑之然元和郡縣志亦云春秋時長水縣宋元二志要非無稽

秦置由拳縣屬會稽郡大清一統志
谷水逕由拳縣故城下神異傳曰由拳縣秦時長水縣也吳記曰谷中有城故由拳縣治也即吳之柴辟亭故就李鄉檇李之地秦始皇惡其勢王合囚徒十餘萬人汙其土表其惡名改曰囚倦亦由拳也水經注 伊志 由拳舊本水經

注皆作由卷故由拳縣在今縣南五里太平寰宇記舊志云在今縣南四十五里其徙治今所莫詳年代疑長水陷即徙之趙圖記

伊志云秦改由拳縣在始皇三十七年本爲長水縣故曰秦時長水縣其二十五年置郡時或因春秋舊縣以爲名也水經注所云由拳縣故城者謂長水縣治也秦時從縣非今治當從寰宇記爲是

漢由拳縣屬會稽郡皇輿表

會稽郡由拳漢書地理志

東漢由拳縣屬吳郡皇輿表

吳郡由拳續漢書郡國志

三國吳黃龍三年改曰禾興縣赤烏五年又改曰嘉興縣

大清一統志

孫權黃龍四年由拳縣生嘉禾改曰禾興孫皓父名和又改名曰嘉興鹽官本屬嘉興吳立爲海昌都尉治此後改爲縣宋書州郡志谷水又東南逕鹽官縣故城南舊海昌都尉治晉太康中分嘉興立水經注

伊志案鹽官縣始見於晉志故柳志趙圖記皆云吳置而海鹽圖經以爲當在漢末酈道元則稱晉太康中分嘉興立今兩存之並詳海鹽縣

晉嘉興縣屬吳郡皇輿表

吳郡嘉興晉書地理志

宋齊梁陳嘉興縣並屬吳郡皇輿表

吳郡太守領嘉興令宋書州郡志吳郡嘉興齊書州郡志

伊志云梁陳書無志其散見紀傳者嘉興隸吳郡如故

隋嘉興縣省入吳縣大清一統志

隋罷嘉興以其地屬蘇州清類天文分野之書

伊志案至元志隋平陳置蘇州廢嘉興屬杭州柳志云隋開皇九年廢嘉興入錢塘屬杭州今考隋書無明文浙江通志據晏殊類要自吳至唐並屬蘇州之語以爲隋省嘉興入吳縣又考元和郡縣志太平寰宇記等書皆不言隋省嘉興入杭州乾道咸淳臨安兩志所言省并各縣亦不及嘉興是隋志無嘉興其爲省入吳縣無疑謹從大清一統志定爲省入吳縣又柳志云仁壽二年復置嘉興而至元志趙圖記謂隋廢嘉興至唐武德七年復置太平寰宇記輿地廣記亦皆云然仁壽復置之說他無可考未足信也

唐高祖時復置嘉興縣尋省入吳郡太宗時復置屬蘇州

皇輿表

蘇州嘉興隋廢武德七年復置八年廢入吳貞觀八年復置舊唐書地理志蘇州嘉興望武德七年置八年省入吳貞觀八年復置唐書地理志海鹽廢縣武德七年地屬嘉興元和郡縣圖志互見海鹽縣建置天寶十載析嘉興置華亭縣唐書地理志大歷十年升嘉興爲望縣柳志

伊志案柳志云嘉興隋仁壽二年復置唐武德七年廢貞觀四年復置與正史異又云武德七年復置八年又廢與正史合本文自相歧異舛誤可知又稱貞觀元年復置而新舊史並云八年考太平寰宇記輿地廣記及至元志亦皆云八年則柳志誤又案玉海載唐志縣有赤畿望緊上中下七等凡四千戶以上爲望三千戶以上爲緊二千戶以上爲上不滿千戶爲中五百戶以下爲下每三年一次升降通志略開元時望縣八十

無嘉興元和志新唐書地理志以嘉興爲望則大歷中升也

五代吳越嘉興縣屬杭州晉時於縣置秀州 皇輿表

杭州嘉興縣 五代會要 嘉興縣五代屬杭州 輿地廣記 梁初嘉興縣改屬杭州 十國春秋注 梁開平三年置吳江縣 五代史職方考 伊志吳江縣析嘉興北境置見前 晉天福三年析縣之西鄙義和市爲崇德縣 柳志 晉天福三年錢氏始奏置秀州治嘉興縣 方輿紀要 伊志云五代吳越置錢江縣其北境有自嘉興縣割入者臨平在唐時有尚書戶部員外郎邱丹退居山墅其歸也崔峒送以詩云春水與寒煙嘉禾路幾千又蘇州刺史韋應物贈以詩云終當署里門一表高陽族邱眘云還同褚伯玉入館忝州人此其證也

宋嘉興縣爲嘉興府治 大清一統志

縣舊五十鄉今三十二鄉屬秀州 太平寰宇記 秀州縣四望嘉興二十七鄉 元豐九域志 嘉興府本秀州軍事縣嘉興望 宋史地理志 伊志宋初嘉興縣有三十二鄉熙甯中析西五鄉益崇德故元豐志止二十七鄉

元嘉興縣爲嘉興路 皇輿表

嘉興路領縣嘉興上倚郭 元史地理志

明嘉興縣爲嘉興府治 皇輿表

嘉興府領縣嘉興倚 明史地理志 嘉興縣領鄉二十六析秀水嘉善後鄉十二 柳志

皇朝嘉興縣附郭治府東南偏 大清一統志

嘉興縣屬嘉興府附郭編戶三百八十里 浙江通志 伊志云雍正七年定嘉興縣爲衝繁難要缺

秀水縣

漢由拳縣地

三國吳以後爲嘉興縣地 以上大清一統志

明宣宗時始分嘉興縣地置秀水縣爲嘉興府治 皇輿表

嘉興府領縣秀水倚宣德五年三月析嘉興縣地置 明史地理志 宣德五年巡撫大理寺卿胡槩奏請分府城之西五福等鄉爲秀水縣附郭焉所轄鄉八 柳志 伊志云吳志宋時秀州亦稱秀水引王明清玉照新志宣和末曾空清守秀水爲證考玉照新志舊刊本作秀

州水字訛也吳志又謂建炎中朱勝非節制平江府秀州著秀水閒居錄此陳振孫書錄解題所載明言勝非寓居宜春時作秀水者袁州水也二說皆不足爲據惟宋張堯同嘉禾百咏有秀水詩又明初徐一夔西溪隱居記云郡之置以秀水名秀水在北門外是五代之置秀州本以秀水名宣德間名縣蓋仍因之

皇朝秀水縣附郭治府西北偏 大清一統志

秀水縣屬嘉興府附郭編戶二百里 浙江通志 伊志云雍正七年定秀水縣爲衝繁難要缺

嘉善縣

漢由拳縣地

三國吳以後爲嘉興縣地 以上大清一統志

明宣宗時始分嘉興縣東境地置嘉善縣屬嘉興府 皇輿表

嘉興府領縣嘉善本嘉興縣魏塘鎮明史地理志宣德五年巡撫大理寺卿胡槩奏嘉興地廣賦繁本府止三縣請分爲七割嘉興東北境遷善等六鄉爲縣因鄉名遷善故曰嘉善嘉善章志

皇朝嘉善縣在府東三十八里大清一統志

嘉善縣屬嘉興府編戸二百里浙江通志

伊志雍正七年定嘉善縣爲繁難中缺

海鹽縣

秦海鹽縣屬會稽郡皇輿表

海鹽故武原鄉漢書地理志 武原鄉今平湖地伊志 吳記云武原鄉秦爲海鹽縣宋書州郡志 通典海鹽縣下亦引之伊志杜佑 馬皋城東出五十里有武原鄉故越地也秦於其地置海鹽縣水經注 縣地春秋時屬越舊志云屬吳非是初吳與越成封地百里後增封八百里其北則平原平原者武原也秦幷天下始置縣曰海鹽秦定江南郡會稽實二十五年語具秦本紀原註吳地記二十六年置縣永樂宏治志二十年置一統志秦析吳縣地置海鹽應與吳同時置云析置未知出何典記 縣始置在今華亭縣槖林於古爲華亭鄉地海鹽圖經伊志案槖音同柘 海鹽縣始皇二十六年置陷爲柘湖又改武原縣吳地記 治城在華亭鄉者山名槖山林名槖林陷爲湖名槖湖聞窗括異志

伊志案海鹽圖經謂海鹽越地云析吳縣置者明一統志之誤今考太平寰宇記海鹽本吳縣武原鄉其誤不始於明一統志矣謂海鹽陷爲柘湖當在秦時云王莽陷湖移治武原者明一統志之誤今考元和郡縣志海鹽本秦縣漢因之其後縣城陷爲柘湖移於武原鄉惟圖經聞窗括異志亦云莽改其誤亦不始於明一統志吳地記所謂秦時自華亭鄉移治武原鄉按之吳記吳地記所言皆合吳地記謂秦改武原縣則誤秦陷湖但移縣治不言改縣名也

漢海鹽縣屬會稽郡皇輿表

會稽郡海鹽有鹽官莽曰展武漢書地理志

東漢海鹽縣屬吳郡皇輿表

吳郡海鹽續漢書郡國志劉昭注案今計偕簿縣之故治順帝時陷而爲湖今謂爲當湖大旱湖竭城郭之處可識 漢安帝時武原之地又淪爲湖今之當湖也水經注 縣城後又陷爲當湖移置山旁元和郡縣圖志 順帝永建四年分會稽爲吳郡海鹽縣隸之復又陷爲湖即當湖移治故邑山伊志故邑山在平湖東二十七里 故邑山新唐書所載故縣山是也山下有舊海鹽城所以名故縣者後人追名之宋高祖與海賊孫恩戰築城海鹽故縣有驍將剡人虞邱進被重創於城中養創事見宋書時縣已於晉咸康時遷今治故名其處爲故縣也海鹽仇志

伊志案前漢志莽改海鹽曰展武續漢志有海鹽縣其復舊名不著年月以後書本紀考之建武六年併省四百餘縣疑海鹽縣名之復即在是時柳志云建武二年復舊名爲海鹽縣未知何據舊浙江通志但云建武初復舊名又案當湖之陷劉昭郡國志注謂漢順帝時酈道元水經注謂漢安帝時元和志但以爲漢後不言

何時今竝存之又案續漢書註引計偕簿載順帝時陷湖不言移縣新唐書志海鹽有故邑山不言何時移治元和志謂陷湖移置山旁亦不言順帝何年趙圖記定爲順帝永建二年海鹽仇志謂永建四年以後陷湖移治俱未詳何據至至元志云移故邑山爲故邑縣則誤甚柳志爲邑遷而海鹽之名未改最爲有見趙圖記故邑亦作顧邑謂顧榮之先句踐封支庶于此尤誤至元志春秋有東顧城不在此也

三國吳海鹽縣屬吳郡皇輿表

赤烏五年海鹽縣言黃龍見三國志吳主孫權傳孫權爲將軍遜年二十一歲始仕幕府出爲海昌郡尉竝領縣事三國志陸遜傳裴松之注陸氏祠堂像贊曰海昌今鹽官縣也鹽官漢海鹽縣地有鹽官吳遂名縣舊唐書地理志吳錄地理云鹽官本名海昌時改爲鹽官屬吳郡沈約宋書州郡志云此說非也予案吳志權爲將軍漢建安五年也太平寰宇記鹽官亦名海昌者本海鹽南境故地其分析難確定何年但追檢前後漢志無鹽官縣名至晉始志之當是吳時割置明矣宋書以鹽官爲漢縣非吳置權之爲將軍在建安五年此時啟土江南尚襲稱漢名爵縣雖析自吳云漢縣宜也海鹽圖經原註柳志引地志漢獻帝建安五年割海鹽置海昌又云吳大帝黃武四年析嘉興海鹽二境置鹽官案吳之析海昌止以陸遜傳爲據於孫權之爲將軍遜之從軍府出領縣事約略其時知在建安初定爲五年已是揣度至云黃武四年則入魏又已六年去之益遠矣吳大帝置鹽官縣清類天文分野之書伊志案海鹽圖經謂兩漢志無鹽官縣當是吳時割置然司馬彪郡國志凡郡縣增省在安順後者率不著錄沈約云鹽官本漢舊縣非吳所立也其說亦是今兩存之

晉海鹽縣屬吳郡皇輿表

吳地統縣海鹽晉書地理志漢順帝時移治故邑山爲故邑縣晉咸康七年復爲海鹽縣移處故馬嘷城至元志舊志云晉成帝咸康七年復爲海鹽縣備考晉史帝紀及地理志咸康中無此事恐有誤海鹽仇志晉咸康移故邑治治馬嘷城城爲海鹽鄉地因訛傳改稱海鹽海鹽圖經吳禦越城亦名馬嘷城吳王濞置司鹽校尉居此城其地卽名海鹽鄉同上故邑之改亦屬可疑夫自海鹽而故邑漢宜志由故邑而海鹽晉又宜志何以二志竝弗載也且求諸他紀傳在順帝後晉咸康前者則吳赤烏之龍見以海鹽書晉太興之雨雹以海鹽書其他縣令長若步騭孫諠之屬無不以海鹽書豈非有海鹽無故邑之明證耶浙江通志

宋齊梁海鹽縣竝屬吳郡皇輿表陳永定二年分屬海甯郡大清一統志

吳郡領縣海鹽宋書州郡志南齊書州郡志同梁天監六年析東北境置前京縣侯景分海鹽胥浦二縣爲武原郡陳省入海甯郡海鹽仇志梁胥浦縣今名胥浦鄉在平湖東北華亭西南其地有壇步平江朱涇花緒治宅義成浦曲海岸等名從海鹽析置侯景嘗以海鹽胥浦二縣立武原郡

是也前京地近胥浦在今松江府治東八十五里負海鹽舊境之東北鄙也宋嘉禾志載其地尚有前京舊城趙圖記云梁太淸中以海鹽地析今攷宋齊志竝有海鹽無前京惟陳書武帝本紀始以海鹽前京竝稱其爲梁析似無可疑 海鹽圖經

伊志案海鹽仇志謂梁以海鹽屬信義郡又析海鹽東北境置前京縣考梁書侯景傳陳書武帝紀海鹽仍屬吳郡仇志誤以前京爲海鹽也當云梁置信義郡析海鹽東北境爲前京縣以屬之第梁時前京旣屬信義郡何陳書又以吳郡之前京與海鹽竝稱蓋梁陳建置不常梁之前京屬信義郡而陳之前京屬吳郡後又改屬海甯郡泊海甯信義二郡俱廢則前京仍屬吳郡隋志稱信義郡所領六縣俱併入吳郡六縣有海陽無海鹽圖經據以駁正梁海鹽屬信義郡之誤甚是又陳置海甯郡以海鹽與鹽官前京屬之海鹽仇志謂陳省入海

甯郡與吳地記後主禎明元年海鹽縣割屬鹽官誤同陳以縣屬海甯郡非省縣入鹽官也至隋始廢海鹽入鹽官耳 又案隋志無海鹽縣蓋廢入鹽官也元和郡縣志云隋開皇九年廢北屬杭州是已至元志謂前京海鹽隋併入常熟是因前京而誤連海鹽也隋廢信義郡前京併入常熟見史志海鹽非信義郡所領何由併入常熟況隋省海鹽入鹽官有元和志可據圖經謂省海鹽入常熟道里太紆當以省入鹽官爲是然就當日之疆域而論前京本海鹽之東北鄙即省海鹽入常熟亦未見其道理太紆耳

唐海鹽縣高祖時復置太宗時省睿宗時復置屬蘇州 皇輿表

蘇州海鹽漢縣久廢景雲二年分嘉興復置先天元年復廢開元五年復置治吳禦越城 舊唐書地理志 蘇州海鹽緊貞觀元年省景雲二年復置 唐書地理志 海鹽縣上武德七年地屬嘉興開元五年刺史張廷珪又奏置 元和郡縣圖志 武德七年以海鹽地隸歸嘉興 吳地記 天寶十載以吳郡太守趙居貞奏始割海鹽北境立華亭縣仍屬於吳 海鹽仇志

伊志案舊唐志武德七年平輔公祏始置嘉興縣海鹽地入嘉興與元和志吳地記所言皆合八年廢嘉興入吳縣海鹽地亦即隸吳貞觀八年嘉興復置海鹽還隸嘉興此可考而知者也新唐書云貞觀元年省海鹽圖經謂貞觀元年縣未置何從得省歐陽氏誤矣然新唐志所言特未詳耳不爲誤蓋武德七年置海鹽縣尋廢復置至貞觀元年又省景雲二年又置未必是開皇九年省縣而後直至景雲二年始復也圖經爲海鹽於唐最廢置不恒故郡縣志多訛今遵 皇輿表定爲武德置縣貞觀復省景雲復置於新舊唐書元和志俱無不合矣 又案舊唐書謂開元五年置縣治吳禦越城至元志謂開元置於海鹽舊縣吳禦越城而北即今縣治而說小異然二城道里相去無多圖經所以合馬嘷吳禦越爲一也

五代海鹽縣後唐初割屬杭州晉天福四年改屬秀州 大清一統志

秀州領縣海鹽 十國春秋

伊志案至元志謂昭宗大順中海鹽割歸杭州舊志皆仍之今考新舊五代史及五代會要皆言晉天福三年以杭州之嘉興置秀州太平寰宇記謂仍割海鹽屬焉是海鹽在天福以前亦屬杭州又十國春秋後唐同光二年吳越於嘉興置開元府是海鹽在同光以後又嘗屬開元府竝詳見前

宋海鹽屬嘉興府 皇輿表

秀州海鹽縣南九十里元十鄉 太平寰宇記 秀州縣四上海鹽州東南八十里一十鄉 元豐九域志 嘉興府本秀州軍事縣海鹽上 宋史地理志

伊志海鹽自吳析鹽官梁析前京胥浦唐析華亭以後宋時縣境凡十鄉至明宣德又析四鄉爲平湖今止六鄉

元海鹽縣成宗時升爲州屬嘉興路 皇輿表

嘉興路海鹽州中元貞元年升 元史地理志 元貞元年詔曰縣五萬戶以上宜升州海鹽戶滿六萬其改爲海鹽州 海鹽圖經

明海鹽州太祖時改爲海鹽縣屬嘉興府 皇輿表

嘉興府領海鹽縣府東南元海鹽州明洪武二年降爲縣 明史地理志 宣德五年析東北四鄉爲平湖縣本縣所轄凡四隅六鄉 柳志

皇朝海鹽縣在府東南八十里 大清一統志

海鹽縣屬嘉興府編戶一百六十四里 浙江通志 伊志案雍正七年定海鹽縣爲繁難中缺乾隆三十一年改爲海疆要缺

平湖縣

漢置海鹽縣屬會稽郡後漢順帝時廢 大清一統志 伊志案春秋武原鄉即今平湖縣治漢置海鹽縣於此順帝時城陷爲湖爲當湖即今平湖也徙治故邑山在今平湖縣境之乍浦

晉以後爲海鹽縣地 大清一統志

明宣宗時分海鹽縣東北境地爲平湖縣屬嘉興府 皇輿表

嘉興府領縣平湖宣德五年以海鹽縣之當湖鎮置 明史地理志

宣德五年巡撫大理卿胡槪以海鹽地廣民衆請分置縣於當湖鎮因名平湖 柳志

皇朝平湖縣在府東南五十四里 大清一統志

平湖縣屬嘉興府編戶百四十里 浙江通志 伊志云雍正七年定平湖縣爲衝繁疲難海疆要缺 案同治七年改爲繁疲難沿海要缺

石門縣

漢由拳縣地 大清一統志

會稽郡由拳縣 漢書地理志 伊志石門縣本崇德縣在漢爲由拳縣之西鄙 崇德縣古越地也 元豐九域志 越國西北至禦兒與吳分爲界通典注云在嘉興縣南有地名禦兒也國語曰吾用禦兒臨之今俗作語字 太平寰宇記 崇德縣有禦兒水本曰禦兒越之北境越語云句踐之地北至禦兒即此 輿地廣記 東越使徇北將軍守武林敗樓船軍數校尉殺長吏樓船軍卒錢塘轅終古斬徇北將軍爲禦兒侯 史記東越列傳 正義曰禦字今作語語兒鄉在蘇州嘉興縣南七十里臨官道也 蘙兒以軍卒斬東越徇北將軍功侯元封元年閏月癸卯莊侯轅終古元年太初元年終古死無後國除 史記建元以來侯者年表 索隱曰蘙兒韋昭云在吳越界今爲鄉也 伊志案漢書兩粵列傳作語兒年表作蘙兒師古曰語字或作蘙或作蘙其音同詳山川 漢法十里一亭凡封侯視功大小亭鄉縣郡各有差或謂語兒在漢爲亭轅終古之封正是亭侯迺證以孟康吳南亭之

注是蓋不然春秋戰國時檇李禦兒俱望地縱橫廣袤亦相等秦易檇李爲由拳且以爲縣則禦兒爲鄉無疑孟康魏人恐於吳地不能訂其詳吳南亭者特指語兒十亭之一耳至元志

三國吳以後爲嘉興縣地大清一統志

唐乾符中所立崇福寺二石經幢一云嘉興縣語兒鄉一云語兒市然則語兒在唐其名如故黃巢之亂豪傑起義兵保護鄉井遂升爲義和鎮餘杭吳公約隨董昌禦巢於西鄙奏置都遏於硤石兼授義和鎮遏使後其子重裕襲拜西佳鎮遏使兼義和鎮事見羅隱撰吳公

約碑至元志

伊志案石門鄘志云陳文帝時庾持爲尚書左丞以長城功封崇德子考陳書庾持列傳持以長城功封崇德縣子宋齊州郡志崇德縣屬宋隆郡至隋平陳宋隆郡廢崇德省入信安郡之平興縣庾持所封當是宋隆郡之崇德縣志以五代始置之秀州崇德縣當之失考甚矣

五代晉時始奏分嘉興縣地置崇德縣屬秀州皇輿表

梁開平時吳越王錢鏐廢義和鎮稱義和市晉天福三年始析嘉興縣崇德等七鄉爲縣置於義和市因鄉以名縣五年升嘉興縣爲秀州以嘉興華亭及新置崇德隸焉崇德洪志

宋崇德縣屬嘉興府皇輿表

秀州崇德縣西南一百八十里元九鄉太平寰宇記伊志今石門縣在府西南八十里寰宇記一百字係衍文秀州縣四中崇德州西南一百里一十二鄉元豐九域志嘉興府本秀州軍事縣崇德中宋史地理志熙甯中析嘉興縣西五鄉隸崇德至元志

伊志案晉天福三年置縣止崇德等七鄉宋熙甯十年又割嘉興縣梧桐永新清風千金保甯五鄉以益之故元豐志云十二鄉寰宇記作九鄉字誤柳志以後諸志謂崇德益鄉在政和十年亦誤

元崇德縣成宗時升爲崇德州屬嘉興路皇輿表

嘉興路崇德州中元貞元年升元史地理志

明崇德州太祖時改爲崇德縣屬嘉興府皇輿表

嘉興府領縣崇德府西南元崇德州洪武二年降爲縣

明史地理志宣德五年割梧桐等鄉分置桐鄉縣今縣所割六鄉一十六都二百一十一里柳志

皇朝石門縣在府西南八十里大清一統志本崇德縣康熙元年改皇輿表

崇德縣屬嘉興府康熙元年因與

太宗文皇帝年號相同改名石門以縣有石門鎮故也編戶一百六十四里浙江通志

伊志案雍正七年定石門縣爲衝繁難要缺乾隆十三年改爲衝繁中缺四十一年復爲衝繁難要缺

桐鄉縣

漢由拳縣地

三國吳以後爲嘉興縣地

五代晉以後爲崇德縣地 以上大清一統志

明宣宗時始分崇德縣地置桐鄉縣屬嘉興府 皇輿表

嘉興府領縣桐鄉宣德五年巡撫大理寺卿胡槩奏請分崇德縣慕化千金保甯清風永新梧桐六鄉地置縣 柳志

皇朝桐鄉縣在府西南五十五里 大清一統志

桐鄉縣屬嘉興府編戶一百里 浙江通志

伊志案雍正七年定桐鄉縣爲繁難中缺

縣表

	唐虞	夏	商	周	秦	漢	東漢	三國	晉	宋	齊	梁
嘉興縣				檇李鄉又長水地	長水縣治谷口湖改由拳縣治在今縣南五里屬會稽郡	屬會稽郡	屬吳郡	屬吳郡析南境置鹽官縣吳大帝時改禾興縣歸命侯時又改嘉興縣	屬吳郡	屬吳郡	屬吳郡	屬吳郡
秀水縣					由拳縣境			嘉興縣境				
嘉善縣					由拳縣東境			嘉興縣東境				
海鹽縣					海鹽縣治華亭鄉陷爲柘湖移治武原鄉屬會稽郡	屬會稽郡	屬吳郡陷爲當湖移治故邑山	屬吳郡析西南境置鹽官縣	屬吳郡成帝時移治吳禦越郎馬噑墟在今縣治東南數百步	屬吳郡	屬吳郡	屬吳郡析東北境置前京縣屬信義郡又析東北境置胥浦縣屬吳郡侯景分
平湖縣				武原鄉	海鹽縣西南境後爲海鹽縣治			海鹽縣西北境	海鹽縣東北境			前京縣西南境胥浦縣治
石門縣				禦兒鄉	由拳縣地西南境			嘉興縣西南境				
桐鄉縣					由拳縣地西南境			嘉興縣西南境				

	陳	隋	唐	五代	宋	元	明
	屬吳郡	省入吳縣	高祖時復置尋省入吳縣太宗時復置卽今縣治	屬蘇州析東境置華亭縣梁析北境置吳江縣晉爲秀州治	爲嘉興府治	爲嘉興路治	爲嘉興府治
		吳縣南境	嘉興縣境				宣宗時分嘉興
		吳縣南境	嘉興縣東北境				宣宗時分嘉興
海鹽胥浦二縣置武原郡	屬吳郡武帝時分鹽官海鹽前京置海甯郡	省入鹽官縣	高祖時復置太宗時嘉興縣東南境睿宗時復置元宗時嘉興	東南境開元五年復置屬蘇州屬秀州	屬嘉興府	成宗時升爲海鹽州屬嘉興路	太祖時復爲縣
	前京海鹽二縣境	常熟縣西南境	嘉興縣東境後爲海鹽縣東北境析北境置華亭縣			海鹽州東北境	宣宗時分海鹽
		吳縣南境	嘉興縣西南境	晉分嘉興縣西南境置崇德縣治義和市	屬嘉興府	成宗時升爲崇德州屬嘉興路	太祖時復爲縣
		吳縣南境	嘉興縣西南境	崇德縣東境		崇德州東境	宣宗時分崇德

	皇朝
	附郭嘉興府
置秀水縣治府城西北偏屬嘉興府	附郭嘉興府
縣北境置嘉善縣治魏塘市屬嘉興府	屬嘉興府
屬嘉興府	屬嘉興府
縣北境置平湖縣治當湖鎮屬嘉興府	屬嘉興府
屬嘉興府	康熙元年改石門縣屬嘉興府
縣東境置桐鄉縣治鳳鳴市屬嘉興府	屬嘉興府

嘉興府志卷二

嘉興府志卷三

嘉興府知府善化許瑤光重輯

疆域

秦制天下爲三十六郡會稽特小今嘉興僅得海鹽由拳之半是疆域又特小矣乃疆域小而賦稅甲於杭湖故都邑之分較密則經界不可不正也若夫外濱巨海內障省垣彈丸也乎哉實管鑰地也申畫郊圻慎固封守胥於是乎在志疆域并附形勝

嘉興府

在布政使司東北一百八十里東西距一百五十里南北

距一百里東至江南松江府華亭縣界六十里西至湖州府歸安縣界九十里南至杭州府海甯州界七十里北至江南蘇州府震澤縣界三十里東南至江南松江府金山縣界一百五里西南至杭州府仁和縣界一百里東北至松江府婁縣界六十里西北至湖州府烏程縣界八十里自府治至 京師三千三十里（大清一統志）東西一百六十里南北八十七里東至松江華亭之楓涇六十里卽平湖嘉善之東境東北至蘇州長洲之章練八十里卽嘉善之東北境北至吳江之柿涇二十七里卽秀水之北境西北至湖州烏程之烏鎮五十里卽崇德之西北境西至烏程之烏鎮一百一十三里（伊志案袁志云西界湖州府德清之含山一百十五里此云西至烏鎮一百十三里疑誤）卽桐鄉之西境西南至杭州仁和之金鵝鄉一百里卽崇德之西南境東南濱大海直隸金山衛一百五里卽平湖東南境南際於海（趙圖記界甯波府慈溪縣海中黃牛山一百三十里）卽海鹽之南盡境也（柳志）

太平寰宇記秀州領縣四嘉興海鹽華亭崇德州境東西三百一十八里南北九十一里東至大海二百一十里南至杭州硤石鎮爲界六十里西至杭州二百一十九里北至蘇州二百四十二里 元豐九域志秀州軍事東至海二百里西至本州界一百二十五里自界首至湖州七十五里南至本州界七十五里自界首至杭州一百一十五里北至本州界三十里自界首至蘇州一百二十五里東南至海九十二里西南至本州界四十五里自界首至杭州一百里東北至本州界六十里自界首至蘇州八十里西北至本州界四十五里自界首至蘇州九十五里（伊志案唐以前道里無攷宋時四至八到皆兼華亭言之茲附錄以備參攷）

嘉興縣

附郭治府東南偏東西距五十三里南北距八十二里東至平湖縣界五十里西至秀水縣界三里南至杭州府海甯州界六十里北至嘉善縣界二十二里東南至海鹽縣界五十四里西南至桐鄉縣界三十六里東北至嘉善縣界三十里西北至秀水縣界一里（大清一統志）

秀水縣

附郭治府西北偏東西距三十八里南北距四十五里東至嘉興縣界三里西至桐鄉縣界三十五里南至嘉興

縣界十五里北至江南蘇州府震澤縣界三十里東南至嘉興縣界五里西南至桐鄉縣界三十里東北至嘉善縣界四十五里西北至桐鄉縣界四十五里（大清一統志）

嘉善縣

在府東三十六里東西距四十五里南北距四十二里東至江南松江府婁縣界十八里西至秀水縣界十八里南至嘉興縣界十里北至江南蘇州府震澤縣界三十二里東南至平湖縣治三十六里西南至秀水縣治三十六里東北至松江府青浦縣界三十六里西北至震澤縣治七十二里（大清一統志）

海鹽縣

在府東南八十里東西距六十四里南北距八十四里東至海半里西至杭州府海甯州界六十三里南至海甯州界四十八里北至平湖縣界三十六里東南至海二里西南至海甯州界五十里東北至平湖縣治四十里西北至嘉興縣界四十里（大清一統志）

平湖縣

在府東南五十四里東西距三十九里南北距五十六里東至江南松江府金山縣界三十六里西至嘉興縣界三里南至海二十七里北至江南松江府婁縣界二十九里東南至海四十里西南至海鹽縣治四十里東北至婁縣界八十里西北至嘉善縣界十五里（大清一統志）

石門縣

在府西南八十里東西距四十五里南北距三十里東至桐鄉縣界二十里西至湖州府德清縣界二十五里南至杭州府海甯州界十里北至桐鄉縣界二十里東南至海甯州界十里西南至德清縣界二十五里東北至桐鄉縣界三十里西北至湖州府歸安縣界三十里（大清一統志）

桐鄉縣

在府西南五十五里東西距四十三里南北距六十二里東至嘉興縣界十八里西至石門縣界二十五里南至杭州府海甯州界三十里北至江南蘇州府震澤縣界三十二里東南至海鹽縣界四十五里西南至石門縣界二十七里東北至秀水縣界三十八里西北至湖州府歸安縣界三十七里（大清一統志）

唐宋以來鄉都分合表

攷唐時嘉興縣五十鄉海鹽縣十鄉本十一鄉省爲十貞元十一年刺史于頔奏增爲十五乾甯五年以戸不符額復爲十鄉吳地記在乾符間作故云十五鄉見吳地記及太平寰宇記共六十鄉除十一鄉分屬吳江華亭等縣餘四十九鄉宋熙甯以後嘉興二十七鄉本三十二鄉熙甯十年割五鄉入崇德海鹽十鄉崇德十二鄉見元豐九域志仍爲四十九鄉卽今嘉興一府七縣之地也嘉興湯志載唐五代鄉名多少不符兼有譌脫茲參稽往籍以七縣所轄鄉都區里之或分或合或全或半爲表以便省覽而鄉之屬他郡者則附其目於末

唐	五代	宋	元	明初	明分縣後	國朝
勸善鄉 治東北二里	嘉興	嘉興 治東	嘉興 東南都 東北都	錄事司 管里四 書雲 輪王 懷賢 東塔 伊志案至元志錄事司所屬五福嘉禾由拳勸善時清五鄉凡十有二界	嘉興	嘉興 東都東南區里六 東北區里八	嘉興 里一 里一

唐	五代	宋	元	明初	明分縣後	國朝
德化鄉 治東二十里	嘉興	嘉興	嘉興 二都 三都	嘉興 管里四 瓜舍 高豐 吳涇 朱涇	嘉興	嘉興 二都 里十八 三都 里十四	嘉興 里十二 里十
胥山鄉半 治東三十里	嘉興	嘉興	嘉興 四都 六都	嘉興 管里八 石雲 葛趙 三槁 藝 舊廟 當湖 姚塔 錢村	嘉興	嘉興 四都 里九 六都 里二十三	嘉興 里九 里十九

嘉興府志　卷三　疆域　七

鄉	嘉興	嘉興	嘉興	嘉興	嘉興	嘉興	嘉興
感化鄉 治東三十里			七都 八都	管里三 秋塔 杜莊 籬林 伊志籬林一作梨村		六都 里十八 七都 里二十三	里十二 里十九
移風鄉 治東五十里			九都	管里三 葛澳 漢全 秋澳		九都 里十七	里十四

嘉興府志　卷三　疆域　八

鄉	嘉興	嘉興	嘉興	嘉興	嘉興	嘉興	嘉興
履仁鄉 治東南五十里今作里仁			十都 十一都	管里五 張村 張宅 秋塔 東周 楊滙		九都 里十七 十都 里十六 十一都 里十五	里十六 里十二 里十一
新豐鄉 治東南四十里			十二都	管里七 松陽 莊興 薰墓 莫村 顧墓 嶽濮 柳莊		十二都 里二十三	里十九

永豐鄉	治東南二十里
嘉興	
嘉興	
嘉興	十三都 十四都
嘉興	管里四 朱墓 衢林 戴溴 清墓
嘉興	
嘉興	十三都 里二十五 十四都 里二十二
嘉興	里十九 里十六

白苎鄉	治南一里
嘉興	
嘉興	
嘉興	十五都
嘉興	管里四 六里 磨塘 南界代 北界代
嘉興	
嘉興	十五都 里二十
嘉興	里七

大彭鄉	治南十里
嘉興	伊志條嘉興湯志於唐五代鄉名下失載
嘉興	
嘉興	十六都 十七都
嘉興	管里四 朱塔 力林 陳湳 梅會
嘉興	
嘉興	十六都 里五 十七都 里十 十八都西南區 里十二 西北區 里十
嘉興	里四 里十 里二十一

嘉會鄉	治南二十里
嘉興	
嘉興	
嘉興	十八都 十九都
嘉興	管里四 魯興 梅會 朱巷 張滿
嘉興	
嘉興	十八都東區 里十五 十九都西區 里十一 二十都 里十
嘉興	里十 里九

長水鄉 治南三里

嘉興

嘉興

嘉興 二十都 二十一都

嘉興 管里四 桃花 梨會 落塘 屠甸 伊志案至元志稍志無屠甸今從湯志增

嘉興

嘉興 三十都 里八 三十一都東南區 里八 西南區 里六 東北區 里八 西北區 里五

嘉興 里七 里六 里五 里六 里三

嘉禾鄉 嘉興府治 嘉興秀水二縣附郭

嘉興

嘉興 州治

嘉興 中一都 中二都

錄事司 管里四 作晃 朱巷 紙行 華表

嘉興 伊志案柳志洪武元年以在城嘉禾一鄉分為四隅

秀水 西南區 里六 西北區 里四 伊志案秀水李任二志俱載在城西南西北二區而不指實舊為何鄉大約統嘉禾五福等鄉而言柳志一鄉存疑

秀水

嘉興府志 卷三 疆域 十一

五福鄉 治西二里

嘉興 伊志案湯志於唐鄉名下失載

嘉興 治西

嘉興 西北都 西南都

錄事司 管里四 羅 廟巷 絃 廣平

嘉興

秀水

秀水

由拳鄉 治南一里

嘉興

嘉興 治南

嘉興 南都 南一都

錄事司 管里四 甘露 社壇 南宮 秤花

嘉興

秀水

秀水

嘉興府志 卷三 疆域 十二

鄉	沿革
時清鄉	治北一里
嘉興	
嘉興	治北
嘉興	一都
嘉興	管里一 甘露
嘉興	
秀水	
秀水	

鄉	沿革
象賢鄉	治西三里
嘉興	伊志案至元志象賢在唐爲來蘇鄉
嘉興	伊志案湯志於五代鄉名下失載
嘉興	二十二都
嘉興	管里三 至德 深葉 桃花
嘉興	
秀水	二十二都東區 里二十 西區 里十
秀水	里二十 里十

鄉	沿革
靈宿鄉	治西北十二里
嘉興	
嘉興	
嘉興	二十三都 二十四都
嘉興	管里四 史村 落涇 陳墓 籠會
嘉興	
秀水	二十三都東區 里八 西區 里十一
秀水	里八 里十一

鄉	沿革
雲泉鄉	治西北十二里
嘉興	
嘉興	
嘉興	二十五都
嘉興	管里二 王安 莊塔
嘉興	
秀水	二十五都 里十七
秀水	里十七

嘉興府志　卷三　疆域　十五

柿林鄉　治西北三十里
嘉興　伊志案湯志於唐五代鄉名下失載
嘉興
嘉興　二十六都　二十七都
嘉興　管里二　姚莊　朱耆
嘉興
秀水　二十七都　里十四　二十八都　里十三
秀水　里十四　里十三

復禮鄉　治北二十里
嘉興
嘉興
嘉興　二十八都　二十九都
嘉興　管里二　九里　吳會
嘉興
秀水　二十九都　里十二　二十都　里八
秀水　里十二　里八

嘉興府志　卷三　疆域　十六

永樂鄉　治西北十五里
嘉興
嘉興
嘉興　三十都
嘉興　管里二　朱涇　羞墓
嘉興
秀水　三十都　里十　三十一都　里十八
秀水　里十　里十八

思賢鄉半　治北三十里
嘉興
嘉興
嘉興　三十一都　三十二都　三十三都半
嘉興　管里二　吳後　平塔
嘉興
秀水　三十二都　里二十八　三十三都保東區　里十五　上保西區　里十五
秀水　里二十八　里十六　里十五

嘉興府志 卷三 疆域 十七

麟瑞鄉半 嘉興 治東北三十六里

嘉興

嘉興 三十六都

嘉興 管里三 殷林 射成 魏塘

嘉興

秀水 三十六都 里二十三

秀水 里二十三

白苎鄉半 嘉興

嘉興

嘉興

嘉興 管里見前

嘉興

秀水 十六都 里四 伊志紫柳趙諸志秀水無白苎鄉今從秀水李任二志增

秀水 里四

嘉興府志 卷三 疆域 一八

思賢鄉半 嘉興 嘉善治西北五十里

嘉興

嘉興 三十三都半

嘉興 管里見前

嘉興

嘉善 三十三都下保東區 里十 下保西區 里九 三十四都 里九

嘉善 里十 里九 三十四都思四區 里十

遷善鄉 嘉興 嘉善治北三十五里

嘉興

嘉興 三十四都

嘉興 管里五 松墩 胥瀆 楊瀆 江涇 斜塘

嘉興

嘉善 三十四都東區 里八 西區 里十二 三十五都南區 里九 中區 里六 北區 里七

嘉善 三十四都遷東區 里八 遷西區 里十二 三十五都遷南區 里九 遷中區 里六 遷北區 里七

鄉	嘉興	嘉興	嘉興	嘉興	嘉興	嘉善	嘉善
麟瑞鄉半嘉興（嘉善治西十五里）			三十五都	管里見前		三十五都里九 三十七都里八	三十五都麟五區里九 三十七都麟七區里八
永安鄉嘉興（嘉善縣治）			三十七都 三十八都	管里三 黃巷 胡受 巡院		三十七都里十八 三十八都南區里十二 中區里八 北區里十二 伊志案洪武元年於三十七都內割里四為魏塘鎮今縣治	三十七都永七區里十四 三十八都永八南區里十二 永八中區里八 永八北區里十二

鄉	嘉興	嘉興	嘉興	嘉興	嘉興	嘉善	嘉善
奉賢鄉（嘉善治東北二十里）	伊志案嘉興湯志於唐五代鄉名下失載		三十九都 四十都	管里三 白牛 居涇 新城		三十九都南區里十二 北區里九 四十都南區里十 中區里十 北區里九	三十九都奉九南區里十二 奉九北區里九 四十都奉四南區里十 奉四中區里十 奉四北區里九
胥山鄉半嘉興（嘉善治東南十里）			五都	管里見前		五都里二十	五都胥五區里十八

開濟鄉 治西百步

海鹽 管里四 歟城 保壽 合穗 真化

海鹽 一都 里十二 二都 里十二 三都 里十四

海鹽 里八 里七 里十 伊志案樊圖經云西北郭里二屬開濟鄉一都

永寧鄉 治西二十里

海鹽 伊志案志元志云舊為永泰後改是名樊圖經云唐名永泰

海鹽 管里四 秀岐 崇敎 永昌 崇仁

海鹽 四都 里十四 五都 里十四

海鹽 里七 里十五

長水鄉 治西南十八里

海鹽 管里四 橫山 徐涇 招賢 甘雨

海鹽 六都 里十四 七都 里十五 八都 里十六

海鹽 里七 里九 里九

德政鄉 治西南二十五里

海鹽 管里五 金牛 延德 構李 斤林 歸仁 伊志案斤林一作斤竹

海鹽 九都 里十三 十都 里十四 十一都 里十七 十二都 里十六 十三部 里十五 十四都上 里十五

海鹽 里六 里十 里九 里六 里十一 里四 伊志案樊圖經云澉浦鎭城里三屬德政鄉十三都

甘泉鄉 海鹽 治西南十五里

海鹽

海鹽

海鹽

海鹽 管里四 永和 瑞井 馴雉 東姜

海鹽 十四都下里十三 十五都里十六

海鹽 里四 里十二 伊志桑樊圖經云南郭里一屬甘泉鄉十五都

海鹽

海鹽鄉 海鹽縣治

海鹽 伊志案至元志云烏夜鄉後併為海鹽鄉 樊圖經云唐有烏夜鄉許金石

海鹽

海鹽

海鹽 管里四 長年 東城 聞琴 大周 伊志案東城一作車城一作連城

海鹽 十六都里十七

海鹽 里十一 伊志桑樊圖經云東郭里一屬海鹽鄉十六都

海鹽

大易鄉半 海鹽 治北十二里

海鹽

海鹽

海鹽 管里四 新進 陶涇 擊壤 蕭墓

海鹽 十七都半里二

海鹽 十七都半里二

海鹽

武原鄉半 海鹽 治東北十八里

海鹽

海鹽

海鹽 管里四 永福 紘歆 鄭鶴 馬廄

海鹽 十八都半里六

海鹽 十八都半里六

海鹽

鄉	縣							
齊景鄉半	海鹽	治北四十里						
	海鹽							
	海鹽							
	海鹽	管里五 當湖 惠安 埭降 下車 羊墅	伊志案樊圖經云隸降今名由義又案下車一作下亭					
	海鹽	二十都半 里一						
	海鹽	二十都半 里一						
	海鹽							

嘉興府志　卷三　疆域　卅五

鄉	縣		
大易鄉半	海鹽	平湖治西南十四里	
	海鹽		
	海鹽		
	海鹽	管里見前	
	海鹽	十七都半 里十四	
	平湖	十七都東區 里八	西區 里六
	平湖		

鄉	縣			
武原鄉半	海鹽	平湖治東北二十一里		
	海鹽			
	海鹽			
	海鹽	管里見前		
	海鹽	十八都半 里十四	十九都 里二十五	
	平湖	十八都半 里十四	東十九都 里十一	西十九都 里十
	平湖	東十九都東區 里六	西區 里五	西十九都 里十

嘉興府志　卷三　疆域　卅六

鄉	縣					
齊景鄉半	海鹽	平湖縣治伊志案今平湖治東南五十里皆是				
	海鹽					
	海鹽					
	海鹽	管里見前				
	海鹽	二十都半 里三十三	二十一都 里二十三	二十四都 里二十四		
	平湖	二十都 里十九	二十一都 里十九	二十二都 里九		
	平湖	二十都東區 里八	西區 里十一	二十一都上扇 里十一	下扇 里十一	齊二十二都 里九　華二十二都 里八

嘉興府志　卷三　疆域　三十七

1	華亭鄉 平湖治東北二十九里	南津鄉 石門縣西郭下
2	海鹽	嘉興
3	海鹽	崇德
4	海鹽	崇德
5	海鹽 管里五 招賢 新安 魚所 谿里 烏社 伊志秦魚所一作魚折	崇德 管里八 孝義 清化 大義 進安 永豐 桂華 嘉福 長營
6	海鹽 二十三都里十九 二十四都里二十一 二十五都里十三	崇德
7	平湖 二十三都里六 二十四都里六 雲二十四都里二 二十五都里七	崇德 一都里十九 東二都里十二 西二都里十五
8	平湖	石門 里十二 里八 里四

嘉興府志　卷三　疆域　三十八

1	語兒鄉 石門縣治	崇德鄉 石門治東北一里
2	嘉興	嘉興
3	崇德	崇德
4	崇德	崇德
5	崇德 管里六 垌城 邵林 孝義 南陽 通霅 宣化	崇德 管里六 知義 知和 石關 崇新 神墟 上莫
6	崇德	崇德
7	崇德 三都里十一 四都里十六	崇德 九都里二十一 十都里十五 伊志秦都十 趙二志九都不分東西
8	石門 里七 里十三	石門 東九都里七 西九都里八 十都里十一

千乘鄉 石門治東北十二里
嘉興
崇德
崇德
崇德 管里九 紀目 羔羊 上蔡 游屯 錢林 合璧 五社 雙林 新城
崇德
崇德 十一都 里十一 十二都 里十三 十三都 里十三 伊志柔柳志誤以千一都入崇德鄉今依趙志改正
石門 里七 里十 里十一

積善鄉 石門治西北二十里
嘉興
崇德
崇德
崇德 管里八 宣風 仁化 嘉善 生賢 崇政 萬年 大通 西河
崇德
崇德 十四都 里十五 十五都 里十四 十六都 里十一
石門 里九 里八 里八

石門鄉 石門治北二十里
嘉興
崇德
崇德
崇德 管里六 大塔 長濠 從信 通賢 上林 合仁
崇德
崇德 十七都 里十二 十八都 里十 十九都 里十三 伊志柔柳志誤以十七都入積善鄉今依趙志改正
石門 里八 里七 里八

崇化鄉 桐鄉治南十五里
嘉興
崇德
崇德 五都 八都
崇德 管里四 義政 尊賢 禾新 清平
崇德 五都 里二十 八都 里三十四
桐鄉 里十六 里二十三
桐鄉 里十九

千金鄉 桐鄉治東南二十五里
嘉興
嘉興
崇德 六都 七都
崇德 管里四 新政 大麻 得義 覩谷 伊志案得義一作保義
崇德 六都 里十四 七都 里十四
桐鄉 里十一 里九
桐鄉 里八

保甯鄉 桐鄉治西北二十五里
嘉興
嘉興
崇德 二十都 二十一都 二十二都 二十三都
崇德 管里四 尊賢 鵰循 白馬 義安
崇德 二十都 里十七 二十一都 里二 二十二都 里十 二十三都 里八
桐鄉 二十都 里十八 二十二都 里四 西二十三都 里六
桐鄉

清風鄉 桐鄉治北二十里
嘉興
嘉興
崇德 東二十三都 二十四都
崇德 管里四 化遷 清和 高田 眾安
崇德 二十三都 里五 二十四都 里十八
桐鄉 里九 里十八
桐鄉 里十六

永新鄉 桐鄉治東北二十里
嘉興
嘉興
崇德 二十五都 二十六都 二十七都 二十八都
崇德 管里四 集賢 靜安 翕林 下塔
崇德 二十五都 里十二 二十六都 里十二 二十七都 里八 二十八都 里十一
桐鄉 二十五都 里十 二十六七都 里十四 北二十八都 里四
桐鄉 里十三

梧桐鄉	嘉興	嘉興	崇德	崇德	崇德	桐鄉	桐鄉
桐鄉縣治 伊志案趙志誤以梧桐鄉入崇德縣今改正			南二十八都管里五	梧桐	南二十八都 里四	里四	
			二十九都	鳳鳴 永泉	二十九都 里二十四	里十八	
			三十都	邵莊 善眾	三十都 里十六	里十	里九
			三十一都	伊志案永泉一作永眾善眾一作眾善	三十一都 里二十一	里十五	里十四

附記五鄉之分為十二界

天慶上界　天慶下界　鹽倉上界　鹽倉下界

大悲東界　大悲西界　府東界　府西界

韭溪界　薛響界　南宮界　南果子界

附錄十一鄉之今屬他府者

	唐	五代	
綺川鄉	嘉興	吳江	今為莫舍村一名綺川村在范隅上鄉之一都隸吳江縣
平望鄉	嘉興	吳江	今為平望鎮在范隅下鄉之二十四都運河東南隸吳江縣運河西北隸震澤縣
澄源鄉	嘉興	吳江	今分隸吳江震澤二縣
震澤鄉	嘉興	吳江	今隸震澤縣
范隅鄉	嘉興	吳江	今分隸吳江震澤二縣
入詠鄉	嘉興	吳江	今隸吳江縣
			伊志案後梁開平三年閏八月割嘉興北境平望震澤等六鄉為吳江縣即此六鄉是也今屬江南蘇州府
谷陽鄉	嘉興	華亭	伊志案至元志修竹本谷陽鄉今隸婁縣青浦縣
集賢鄉	嘉興	華亭	今分隸華亭縣婁縣青浦縣
招賢鄉	嘉興	華亭	伊志案招賢里有招賢村在雲間鄉惟嘉興湯志作招賢鄉恐誤　今隸華亭縣
			伊志案唐天寶十載吳郡太守趙居貞奏割海鹽之北境嘉興之東境崑山之南境置華亭縣今屬松江府
韭溪鄉	嘉興		
射城鄉	嘉興		伊志案至元志城內五鄉凡十二界內有韭溪界又麟瑞鄉有射城里則韭溪射城皆里名也嘉興湯志作鄉名恐誤

形勝附

嘉興府

揚州在九州之地最廣全吳在揚州之域最大嘉禾在全吳之壤最腴故嘉禾一穰江淮為之康嘉禾一歉江淮為之儉 唐李翰嘉禾屯田紀績頌

封圻廣袤是為檇李之區井里豐登肩表嘉禾之瑞 宋祝穆方輿勝覽

嘉興澤國也左杭右蘇負海控江土膏沃饒風俗淳秀生齒蕃而貨財阜為浙右最 元金吾重修嘉興路總管府記

嘉興為浙西大府巨海環其東南具區浸其西北左杭右蘇四望如砥海濱廣斥鹽田相望鎮海諸山隱隱列拱

百川環繞而鴛鴦一湖渟蓄其南誠為澤國之雄江東一都會也 柳志

山則散而不聚無迫促狹隘之形水則曲而能迴具縈拂旋繞之致平野四周靈氣中宅萬室鱗次蔚成奧區南控海洋以通百貨蠻帆蜑市非時翔集北鄰震澤烟波淼茫葭菼連延漁轡出沒 吳志

嘉興縣

嘉秀皆郡翊同稱澤國上腴 明黃承昊嘉興縣志序

嘉興居山澤相錯之介迺吳越交戰之區 舊浙江通志

秀水縣

秀水東會滮瀆西控語溪襟帶具區獨攬其秀 舊浙江通志

嘉善縣

嘉善在嘉興府最為膏腴之壤平鋪如席無高山大澤惟支涇曲港而已 柳志

三吳門戶通海臨泖 明姚宏謨築城碑記

易野鱗次平疇掌舒居人目不識山阜獨其水自郡城東北流飂為二渠委輸以達於縣之西南又析為支河數十交流錯注浸灌包絡逾縣治折而東以會於松江之黃浦 明沈綸劉公墩碑記

負其區面海鹽東接秀水西連王溪 柳志

桐鄉縣

走馬為吳越分疆之地語兒乃吳人棲兵之所 舊浙江通志

鶯湖四望如砥皆平原沃壤 柳志

南枕皋亭北通震澤左王灣右金牛前對臨平山後抵鶯

志 徐

鬱邑皆平田沃壤圍以支港無山林川澤之險 楊引舊浙江通志

嘉興府志　卷三

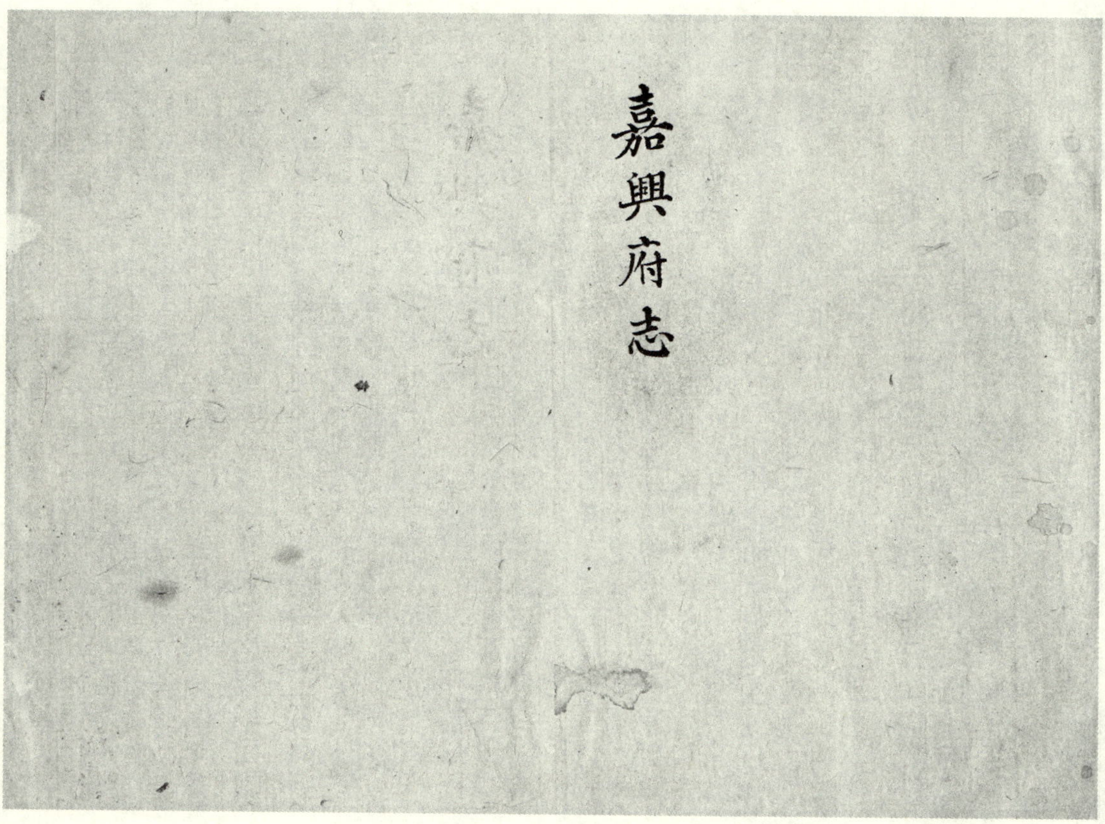

嘉興府志

嘉興府志卷四　　嘉興府知府善化許瑤光重輯

城池 坊巷市鎮附

山城依山池以鑿就江城臨水池以江深禾郡七邑六城附以瀲乍惟瀲近山餘均環水是濬鑿功少而修築功多也嘉秀抗蘇善平抗淞石桐抗湖瀲乍抗海是內防固先外防尤切也唐以前古城詳古蹟門茲載其畧於前備稽考也坊巷堙咽殷實景也市鎮棋布亦成邑成都絫也志城池

古城

嘉興縣　檇李城　由拳古城

秀水縣　射襄城　主城

海鹽縣　馬嘷城　東城　古城　望海城

平湖縣　故邑城

石門縣　何城　萱城

桐鄉縣　檇李城　晏城

以上俱詳古蹟

今城

嘉興府 嘉興秀水二縣附郭

府城　唐乾甯三年嘉興鎮將曹信築 柳志引宋嘉禾記案吳越備史唐

文德元年吳越武肅王命制置使阮結築前志二說並載據吳志五代吳越古蹟有阮結城原注引舊經云嘉興縣城周二百二十五步宋濱熙間僅餘百步今無之然阮結之築恐非舊經所云縣城吳志誤引也又考曹信於唐末自臨平移鎮嘉興始城其地子珪嗣嘉興都將乾甯中淮南人圍城珪登樓張欒縱飲矢石交加晏如也乾甯改元僅四年信築城當在乾甯之前記云三年似亦有誤 五代晉天福四年升縣爲州五年吳越王元瓘拓爲州城宋謂之軍城元謂之路城又謂羅城 柳志 周圍一十二里高一丈二尺厚一丈五尺 案明洪武中重築府城西南隅一府縮三里即今所云九里十三步也 凡四門門各分水旱上各有樓東門舊曰青龍後改春波 明徐一夔過春波門詩春波門外春波綠萬柳亭邊萬柳絲今日樓臺斜照裏滄桑風景記當時 西門舊曰永安後改通越 李日華云蘇舜欽過秀州通越門詩小序云通越門外八九里臨水多佳木茂林舜欽元符間人則知青龍永安等名吳越築城時所命而春波通越等名乃宋初內附時改之耳趙圖記謂元所改誤 南門舊曰廣濟後改澄海北門舊曰望京後改望雲續改望吳 案鄒志東春波以其接雙溪之水西通越以其通越王臺南澄海以其通海北望吳以其通姑蘇臺 宋宣和年間 案柳志作七年 知州宋昭年嘗更築徐珏作亂遂廢澄海水門樓 案嘉興湯志建炎三年秀州軍卒徐明作亂珏一作明 德祐元年守臣余安裕重修諮議劉漢傑董其役且增築保障元至元十三年隳郡縣城羅城遂平惟子城存 至元志參趙圖記 案秀水黃志時議隳江淮城壘嘉興屬江淮行中書省故並隳 元末兵起守臣議防禦至正十六年路推方道叡 案各志俱作方叡今考碑碣名道叡 復營羅城甲辰 案二十四年 同知繆思恭重築未就 柳志案宋濂集有刪烏

城志一篇紀其事云吳僧本誠著烏城志予刪以附集
篇曰元至正七年冬嘉禾地西有烏數千營巢于地圖
八尺崇五尺晝夜弗休若有廹之者未幾大盜弄兵紅
巾繼起江淮皆驛騷朝廷遂詔州郡築城築城自嘉禾
始 明興太守呂文燧謝節始竟其役較舊縮三里 案今西南
隅角 一高倍于舊二尺面闊一丈敵樓二十五女墻三千
四百一十五增置月城四釣橋四城樓四城門四 水門同
其城下隙地聽民置房屋歲課入灰爲繕城之費 趙圖記
嘉興何志四門上各有禽獸人物刻石藏于墻內爲厭
術相傳西門有鳳凰石像故俗名鳳城或曰西門獨昂
向南如鳳脛云 明徐發嘉禾鳳城詩嘉禾秀水擁名
城丹鳳回翔此哺鳴較勝蟠門空一戰放閒范蠡傲韓
彭原注闔閭城有蟠門嘗刻
木作蟠龍以鎮越今名盤門 嘉靖三十三年倭寇猝至
知府劉慤繕修城隍 案嘉興湯志知府劉慤允里人實卿請修城防倭即申乞工費今嘉

秀二縣各築其半每縣分二十四作各委義民監督不
期年而成 嘉興何志寇至慤命賊在東門則開西門
受民賊在南門則開北門受民全活甚衆 三十九年知府侯東萊奉檄增築
案嘉興何志巡撫周際嚴檄知府侯東萊興築增高城一丈二尺帮岸三尺計周城一千九百餘丈括公帑銀一萬八千六百餘兩有奇知縣嘉興何源秀水張翰翔董其役 改春波門曰澄霽通越
門曰阜成澄海門曰迎薰望吳門曰拱辰重建敵樓二
十七座 明吳鵬修城記畧江東之郡以十數嘉興稱腴壤人垂老不識兵革視城且贅也國家承平日
久人情狃于晏安玩細娛而忽遠慮城郭講池之固廢
而莫之講自島夷內寇民惶駭棄戈蒲伏疲苶相枕孥
戮卽數十百人不足以當倭夷一二灰燼室廬魚肉民
命又虜子女括玉帛持梁飲醨相謂入寇晚江南北並
受其毒大都無城者屠城傲而不爲備者陷當是時寇
數蹂躪薄嘉興城下城之弗陷蓋天幸馬嘉靖己未侍
郎周公際嚴奉天子命來按全浙行部周覽曰城弗修
猶亡城也檄知府侯君東萊使修築之乃下令曰徃者

郡繫三罪人予察之有冤狀其贖三罪人以襄城事守
乃按行隱度委帑緡于三人使具諸費而躬爲之畫工
程日以考其成焉計所修城一周一千九百餘丈高視舊
加一丈二尺厚以高計三之一又改爲城樓者四凡守
之具故所有者今無不飭其所無者必備之始事於某
月某日越五旬而迄工飛閣崇墉薄上阻下憑高氣倍
跳梁環望者卻步而回首于是鄉大夫范君言輩咸樂
其成爲狀馳使京師請予記之予嘉產也睹期役之成
不獨爲邦人慶實惟東南無疆之休遂書以貽之使
鏤諸石爲後來告焉邑人范言有修南城樓記 萬
歷初城漸圮 案秀水任志萬歷七年城間有拆泐知縣朱來遠修城一十八丈三尺十六年知縣
郭如川勘治近城隙地令民築舍以防禦二十年知縣
李培又以城多拆泐大加葺治計三十四丈二尺嗣令
排年開報相繼修葺城堵分轄兩縣遇
有傾圮卽爲補葺額定歲修城銀兩 四十七年知府
莊祖誨同知劉可訓知縣蔣允儀湯齊范文若議嘉秀
二縣分築城垣八月而竣 案嘉興湯志勘得城身周圍二千丈通加二尺并蓋造窩

鋪箭樓馬坡等項約須工料銀四千五百八十五兩申
請動支修城貼役銀并各屬欠解海塘夫銀充用嘉興
縣管修城凡一千一百七十二丈八尺分爲八號秀水
管修城凡七百八十一丈七尺二寸分爲七號 又秀水
任志城中俱屬秀水而城工則又分管當宣德中分縣
割境之日未知何所見而然萬歷二十四年兵備湯日
昭持議欲中分其地以半屬本縣已詳二院允行未及
題請會湯遷去議寢湯議略曰議得嘉興爲財賦奥區
號稱名郡而逼近海壖三面受敵先年倭奴入犯直抵
城下室廬生聚焚劫無遺勢亦岌岌矣蓋環城九里而
遙雉堞以千萬計而在城營兵不過四百所軍自轉漕
而外僅老弱數十人何濟于用所恃乘埤而守者合二
縣之編氓家取而戶役之僅給于數而其人之堪用與
否不暇計焉但郡城以內盡秀水轄地而嘉興僅寄一
縣治其間此外無立錐焉則城內者各自爲室廬妻子
計守之必力而城外者强之入守則無所顧慮有掉臂
而去耳是嘉秀二縣雖共居一城而內外異形心力不
一若非同舟之人期于其濟者比一旦有急鮮不儧事
矣職愚以爲此二縣者既同城而居應分地而守姑無
遠引卽近而杭之仁錢湖之歸烏蘇之長吳俱各據郡

城之半左右相提而輔翊郡治平居無事則若指臂相承血脈易貫一旦有急如手足捍衛外侮難侵蓋古者設官建置原有深意柰何丁嘉郡而獨不然職甚謬之間嘗詢之父老及鄉縉紳先生咸謂此雖祖制已定然亦不妨通變以宜民請以郡前一河爲界而中分之在東南隅者屬之嘉興在西北隅者屬之秀水中間計所割之坊里戶口悉令嘉興照數補還務不失其原額是在一變通之間而分土分民官無折閱不均之歎可常可變民有同心共濟之休尙何防守之足慮哉四十七年嘉興兵備道王鐘岱修城外西北隅甃築石岸案嘉興湯志四十八年嘉興知縣蔣允儀秀水知縣湯齊會議歲修之法向來外城有圯官支原編修城銀買料給工共內城腳分派各區見年里長凡遇坍損照分定城段各自修理而里長又散斂于里閒多所苛剋姦匠視爲利藪每修時預留罅隙年修年築徒爲里中之累因議啟徵見年銀每名一兩五錢貯庫遇有頽壞發銀選料修城通詳允行天啟二年知縣湯齊范文若修築袁志

國朝順治十年澄霽門城樓燬嘉興知縣張厥修重建十五年奉檄增高城垛合二爲一康熙四年迎薰門水關圯嘉興知縣林逵重築案原注十六年里戶金珩等呈請每年各里輸城磚五十塊石灰一百觔貯修城嘉興何志二十三年嘉興知縣何鋕秀水知縣任之鼎分修城垣門樓瑤堤四十九年築水關于西城在秀水縣治西案原注俗呼小西門明有舊址于四十七年始丁四十九年竣又案乾隆十九年里民呈乞以小西門自明嘉靖以來議開議閉不便居民議詳請開奉巡撫覺羅雅爾哈善批允永遠關閉行一體撥兵防守城內建集鳳橋城外建通裕橋吳志雍正五年巡撫李衞檄委衢州知府靳樹德協同嘉興府知府閻堯熙併力修葺重建門樓四座每座增加一層各題其額東曰樓觀滄海南曰澄海凝秀西曰浙西鎖鑰北曰咫尺雲天又于澄海門之東春波門之西創建魁星閣一座浙江通志乾隆二十七年風潮異漲城根受淹鬆裂嘉興知縣李化秀水知縣孫爾周各勘所轄坍城城樓城圈二十七年工部題准三十一年興工修竣伊志嘉慶十三年署嘉興縣陸玉書詳請捐修于志道光間海氛不靖知府徐敬勘修內外城身垛口城圈城樓水關及附城砲臺三十三二十四年經始二十七年工竣用銀八萬八千七百有奇紳民捐辦浙江巡撫梁寶常奏請議敘報可同治三年春官軍攻剿粵匪轟坍北門城垣并及東西南各門知府李甫田紳士張清

泰修築城身垛口及附城砲臺二十八四年知府許瑤光重建南門城樓五年又修小西門大西門及南門月城內城身八年嘉興縣所轄城垣垛口間段傾圯知縣臧均之詳准修葺新纂

嘉秀兩縣分管段落

城垣周圍九里十三步嘉興縣分管自東門內馬王廟前起由南門至小西門古井庵前止共長城身一千三百八十六丈九尺計垛口一千一百一十個五分東門樓一座南門樓一座秀水縣分管自小西門古井庵起由北門至東門馬王廟止共長城身七百八十丈八尺

二寸城垜七百三十四個五分西門樓北門樓各一座
伊志

子城　周迴二里十步高一丈二尺厚一丈二尺至元志按袁志引舊經云吳黃龍時築今本至元志無此文元有正門一曰麗譙子城者郎子牆宋之軍州元之路衙今之府治牆也柳志間窻括異志秀州子城上有天王樓詳見古蹟元至元間嚎江淮城壘羅城並隳惟子城麗譙獨存趙圖記萬歷二十年知縣李培增高子牆三尺秀水李志

池　隍池周圍繞城其里數與城加四分之一闊二十二丈深一丈二尺其歷代疏濬並與城同柳志四門外各置

弔橋跨隍池以通往來袁志南引鴛鴦湖水西引漕渠並周羅城會于望吳門外北麗橋西北以達于太湖吳志

關隘 附

太平樓　在澄霽門外宣公橋東扼橋爲險上構崇樓以瞭烽警下𨶒門扃榜其門曰太平樓曰春波遠覽屹然一關隘也橋故有樓明嘉靖三十三年燬于倭四十年知縣何源建萬歷九年再燬知縣張問達更建崇禎七年又燬今石址磚壁僅存嘉興湯志明范言太平樓碑記心泉何侯令嘉興以治行聞當亡徵選風憲既至竟補工部主事邑人感其恩而惜其去譬諸嬰兒乍離乳下悲愴悽惻眷戀弗捨于是父老倪錫輩治碑頌德以銘屬言范子曰嗟乎適余觀嘉興令之賢有金溪洪侯範其後則有何侯洪侯簡易溫良綜理周密均田糧刻有版榜示民以晝一之守侯則明爽嚴毅張弛不違均里甲預爲冊式要皆淸愼節省務爲邑人久遠計而不爲身謀者顧版榜不久尋燬冊式漸有異同之議古人謂有治人無治法詎不信歟若行鹽牙鋪不及編氓而責諸徵人之有質庫者以鹽商多徽人也風涇巡攔邑民但令供課力役則歸嘉善以風涇屬嘉善也淸出歷年餘銀三千兩有奇以裨荒稅不累貧民此皆洪侯欲爲而未及以俟吾侯于今日者蓋其先冢宰公守溫時撰牧民備用侯治嘉殆多祖述故其政章章若此諸弟若子績文發解鄉用有期則治嘉之政又將宣軌以詔後矣羣黎感戴道路口碑宜若無侯貞珉然揚鴻休以昭令德非碑無以圖不朽迺立碑宣公橋宣公者嘉之先達陸相贊佐唐之效忠題橋以表賢也橋故有樓燬于寇侯瀕行始克新之宏敞高朗屹然重關于是榜其樓曰太平若將徼福宣公之靈以庇其鄉人者一舉役曷嘗忘情于民哉且仕途多巧慧每爲達官貴人樹綽楔庶幾其宣孅而匿瑕弔古闠幽曾不暇及侯也巧慧是徼于人所不暇及者獨加之意是豈有爲而爲者哉景行先賢樹之風聲即此可以觀政矣政存論定寵命日新則陟華躋要省署輿風

憲等又何擇焉政紀若干卷已付剞劂傳之通都茲不贅云侯名源別號心泉江西廣昌人嘉靖已未進士銘曰巖巖者樓在橋之滸溶溶春波來自南浦波以澤枯既沽且濡橋以濟險自近及遠險也攸濟孰濾其利也攸遂孰究其惠茲利茲惠猗吾侯拊循之治召棠或梓狄碑或碎茲樓茲橋猗吾民墮淚之地

敵樓　本縣自危堞深隍而外無壯險可恃止于東北二郊有東柵北柵之名用拒暴客不足言保障也嘉靖三十三年倭寇蹂躪城外數萬家僅存餘燼三十四年巡撫胡宗憲僉事王詢侍郎趙文華議建敵樓六座有記嘉興湯志案今俱廢

東柵　北柵　在東北二郊嘉興湯志明李日華建郡城各處水口總柵議呈爲設立各處水口總柵以絕盜徑以消亂萌事照得嘉禾郡城四面皆水灣流曲折以兆生聚其水必自大水分來

分多必合下流又歸大水而去大水者爲湖爲蕩爲浦爲漾瀰茫千百餘里乃四方姦盜嘯聚出没之藪也故禾郡之防盜不當防之于陸而當防之于水不當防之于內地曲折灣流之水而當防之于大水所來之口與支流會合趨入大水之口其口闊者或數十丈或五六丈一入是口則肆行刼掠比屋可虞一出是口則瀰茫巨浸卽是盜鄉飽載揚帆不復可追矣賊雖愛財當亦護命先年之盜不敢輒入內地止于沿塘行徑寥落無人之處剽刼孤客正以各口有柵口不易入卽得入而別口之柵又不易出入而難出勢卽成擒賊亦安肯輕自送死耶近因承平日久諸事弛隳各口之柵無一存者其稱設柵鎖閉者止于城市橋梁之下横木一根圍圓不過徑尺長短不過二丈雖有鎖鏁亦不堅固又于編民中擇其下戶貧窘者强派柵夫此不過阻遏里中往來小船適爲要索之媒何益防守之數若過大盜版斧一加立見斬截甯足爲毫髮之恃乎今當差官于郡城四面查有小水接連大水去處兩邊窖釘椿木四五層其木務須粗大牢壯中留一口作門一扇或兩扇通船往來止是官座船與運艘經由者其門稍大其餘止容一船鉄鏁巨鎖晨昏啟閉僉點附近殷實之人編定工食從厚給與仍于柵之左右地面置造官房督令居住以便看守總柵之內于各處橋梁仍舊安置横木以時啟閉此復卽有大盜能斬柵而入看柵之人力不能敵者亦可自從陸路馳至第二柵層內柵邊呼集居民爲禦盜之具又于緊要柵口撥兵船一隻臨期放炮發哨助其聲援所謂重門之險也嘗閱史傳見唐末時我地西南屬吳越錢鏐西北屬江南李昪東北屬楊行密紹興沿江海以達海甯又屬董昌汪汪積水之中四分五裂各自爲守亦惟恃有水柵一節故嘉善有澱山湖柵吳江有防山湖柵當橋寶帶湖柵崇德有石門語溪等柵桐鄉秀水有碎柴柵附近我郡有杉青柵至今尚稱爲柵堰又曰北柵口東柵口是也成化中姚御史公綬有杉青閘圖兩頭石碶爲堤中開一口通船堤上列屋數間爲守閘者所棲當時水勢懸流故須閘爲阻嗣後因海水退灘上流迂緩吾郡之河悉爲平流石閘遂廢然閘存不惟留水以貲灌溉亦實藉以遏禦盜舟今閘既廢柵尤不可已也去歲葉朗生之警合郡皇皇幸賴仁辜當事府縣同心搜捕綏戢竟得事平然嘉湖接壤湖獨發難而嘉止震隣近日湖之各縣安然而長興獨被慘毒者正以嘉湖之大水多于嘉郡長興一縣又獨濱太湖諸盜脫去之路甚易故也以彼此地形相照則防盜于水而于水口多立總柵眞防禦之第一義也人無遠慮每狃于目睫階庭之間而不能及郊圻之外又多恇擾匆迫于聲息可畏之時而弛玩于平定之後是以猝發之盜往往束手無策耳大畧郡城四面八維之口有二十餘處而其大口緊要者亦止七八處附城兩邑各捐輸工料二百餘金各立柵夫派編工食銀三四十兩柵成每歲于冬月水涸時捕官逐一看驗有損壞者卽行修補則內地之民與城池庫獄可永保萬年無事矣鄙人湖游川澤考覽形勢其見頗眞敢竭一得之愚仰佐仁臺惓惓弭盜安民之德意倘蒙採裁施行地方幸甚

嘉善縣

城　明宣德四年分縣無城案嘉善章志城外東有賓暘門在演武場右西有平成門在跨塘橋北俱正德五年知縣胡潔建舊無城故建此以備啟閉今則儼然有重關之意云嘉靖三十二年倭警巡撫王忬以知府劉慤議奏請築城命通判鄧遷董其事三十三年十月興工三十四年三月竣事東西皆係民居城基展轉不定劉公親至周行相視始定今址水門五案其南一門後塞一陸門四東曰大勝西曰太平南曰慶豐北曰熙甯各因其坊舊名也城樓如之月城一百四十四丈望樓四座水門旁臺五座墩臺一十二座窩鋪三十六間周圍六里計一千四百八十八丈原注當時兵役並興財費甚窘鄧公以大丈量之僅僅足用實計一千七百八十五丈六尺約八里高二丈三尺厚二丈二尺明邑人姚宏謨築城成功碑記嘉善故無城聯眾爲邑室廬鱗次市廛輻輳冠盜鮮警晏如也歲癸丑寇起海陬挾倭猖亂睥睨東南勢甚張然他邑猶有城郭相拒至嘉善則藩籬莫隔賊遂不可制於是郡守劉公惻然憫曰民困極矣及今不城是以民予敵也矧茲地蕞爾實爲三吳門

戸通海臨洲逼賊巢最近城不可緩遂移文巡撫省集諸公公亦下茲議衆謀僉同謹請諸朝制曰可行委通府鄧公董其事爾乃簡八戸飭工役計丈尺齊物料稽出入警勤惰亡大小公私咸協諸一卜於甲寅年十月初四日興工閱五月爲次年之三月四日告成先是嘉善久襲承平兵獲罕及咸樂田畝重興作盜初入逡巡鄉落偷旦夕安聞大役不樂者什九紛然阻撓劉公屹不爲動議益堅及黠寇再入焚縣治燬公所民舍蕩然爲燼衆遂惶駭徒避即居者無旦夕甯然始斷斷有還定安集之想而惡勞斬費者猶横議囂然鄧公曰嘻吾今亦惡乎辦夫計小者亂大謀多者寡成任勞任怨乃始有功且始寇之至也邑之民孰不曰設有城吾民奚至是及茲築城而當事者又鰓鰓然懼不克任是扼薪而救火也乃始毅然計决黎庶亦用是踴躍樂觀厥成上官移檄褒勵衆職賞勞諸役有差可以觀善政城垣周一千五百三丈有奇高三丈廣二丈濠六丈月城一百一十四丈周圍方九里而遙敵樓十二城樓四座階梯倍之窩舖三十六水門五旱門四東曰大城西曰太平南曰慶豐北曰熙甯外門暨樓如之樓櫓修修長堞道道翼翼濯濯下鏖上削畫偵宵邏鈴鐸聲聞境以內甯謐是役也用徒萬八僉取人戸七百四十餘名分督工役縣丞董邦甯主簿魏世鏊公佔田三百五十三畝包補名根一百二十七石七斗各項費銀三萬五千八百五十六兩九錢二分四厘六毫中二萬出公帑餘取之丁田其帑貼之費不與焉於是縣之士大夫詣余徵文勤諸石以紀碩績余惟域民威暴卻敵振武莫大乎城故春秋之義築城必書雖美刺殊旨其重厥事一也劉公仁愛治民力主斯議鄧公涖事勸恪克底成績咸可書以垂後而諸士予克自趨公乃錄其實而爲之記

萬歷二十年春海鹽知縣章士雅增土修築城垣雉堞知縣章士雅城守議有兵有食而城池不固不可守也本縣衛所不設無兵已倉廩久虛無食已兼孤城草創而四圍臨大河高不越二丈以樓船臨之船尾高于雉堞此不亦至危險哉本縣于工十年間已于內城加土三尺增雉堞之傾頹者稍稱完固第城周數里僅止敵臺十二所防守甚難爲今之計合應添設敵臺數處萬一有警可以從旁攻擊城外東西附郭要地亦宜設建墩臺三四座一以便屯聚一以便採望語曰圖大事不惜小費此其費雖不小但事關一邑生靈即破格設處錢

緝修繕城池更議兵議食以期可守亦目前要務非迂圖也嘉靖中海酋竊發以柘林爲巢穴離本縣七十餘里橫行境內民受荼毒此檇李之隱憂宜于演武場左臨華亭塘對築兩臺或即于羅星險處築之縱有倭船深入兩岸矢石交下賊必不能飛渡矣大都附城劇地俱宜築臺而此爲尤要云爾崇禎八年知縣李陳玉更修

國朝順治十五年知縣方舟增修袁志參嘉善章志康熙二十二年知縣崔惟華督修城垣又修造城堞二十五年知縣嚴宏祖重建西城樓二十八年知縣李之藻重建東城樓四十三年知縣于舜枚重葺東水門五十三年知縣梁文熩重葺南水門五十八年知縣孫錫重修西水門雍正三年知縣張鏞修南城隅五年知縣李天桂修城堞又署知縣楊世祿郜煜相繼修南堞八年知縣郜煜重建東西二城樓嘉善戈志乾隆三十三年知縣黃宗伊董鈞領帑修城垣重建南北二城樓修東西城樓砲臺六座三十四年知縣董鈞前任知縣黃宗伊分別賠借續修嘉慶四年知縣萬相賓重建東西城樓伊志同治六年東門水閘圮知縣凌鄉雲請帑重建十三年知縣丁紹德詳修南門城垣及西南水閘貢生許元杰募資重建北水關新纂

池 濠周于城闊六丈崇禎八年知縣李陳玉疏濬嘉善崔志

海鹽縣

城　秦皇帝定江南郡會稽置縣曰海鹽在今華亭槀林陷爲湖遷武原鄉漢因之莽改展武漢中興仍復故稱又陷爲湖其當湖即舊海鹽治也再遷齊景鄉故邑山晉治城在吳禦越城唐開元五年就馬嗥置城即今治也吳志參海鹽圖經　案圖經以吳禦越城即馬嗥吳地記亦指晉治馬嗥爲吳禦越城然宋武原志謂唐于舊海鹽縣吳禦越城西北置縣則并即吳禦越城可知持道里相去不遠故亦名馬嗥也舊城詳古蹟　趙圖記在府城東南八十里明洪武十七年太祖命信國公湯和巡視要害增城增兵以備固守遂設海甯衞城委指揮許能率軍增築置四門月城皆以磚石爲之案海鹽徐志謂城于元初重築于宋無考永樂十六年都指揮谷祥復修之周圍六里三十五步高二丈五尺其陸路城門凡四東曰鎮海西曰望吳南曰來薰北曰鎮朔上下相對各設兵馬司東至大洋海西通嘉興縣界南抵海塘岸通澉浦北抵海塘岸通乍浦其水門三西與陸路同南通西門北通松江惟東門瀕海故舊無水門柳志參海鹽仇志　案王文祿海甯衞志水門三東近海縣基來脈故不開通嘉靖三十二年倭亂都指揮張鉄沿城增築土城以爲外塘高一丈三尺闊六尺徐泰記癸丑夏四月海寇犯鹽戕兵無算張公以都閫督兵駐節乃緣城濠掘土爲外塘其厚六尺惟其堅其崇一丈三尺惟其峭四闢外爲門門有柵柵置守卒重障可守無虞海寇嗣今時加修葺無墜公功爲詩曰崇崇外塘下瞰深濠伊誰是築張侯孔勞崇崇外塘內障我垣伊誰是築張侯孔煩民之攸恃恃此孤城城有障蔽士有甲兵外塘之築計遠慮周桓桓張

侯功垂千秋三十三年知縣鄭茂增子城四敵樓一十六敵臺二案在東門外之南北隅其制可三面瞰外施礮石是時徐冠數來鄭令守禦有法城賴以全萬歷二十一年知縣王臨亭重築王稺登記千雉有翼守國之規遠百堵聿興慮始之謀大惟此鹽官聿稱嚴邑輔攜李而作鎮枕滄溟以奠域素車白馬之濤響答鼓鼙鯨人鮫客之羣趾錯鄽市所繇烽燧時驚刁斗不輟王大夫心慮復隍謀先版築鳩工庀材負鍤先衆築城千三百丈女墻增高者三尺始于二月之朔竣于三月之晦計費二千餘金盜財沒入者十九餘則取諸贖鍰罔由公帑言言若金登陴易守蕩蕩如漆拔幟難上若霞丹樓焉事長康之喻凌雲碧樹奚煩明遠之嗟矣爰命紀成式彰不朽天啟初知縣樊維城復繕完之案海鹽圖經凡修城軍三之民七之計丈尺各有分地成化間衞指揮徐勲議也仇俊卿曰軍戍貧役之苟且應城易傾不若全歸里甲責軍戍守財力分任便其議有裨城守軍三派南門至東門扣軍糧修民七泒東門北門至南門用里甲萬歷四十三年知縣何早設修城銀于貼役巾里甲始得息肩四十八年掌衞指揮彭宗周以窮戍月糧扣之非仁建議用本縣剩餘餉國朝順治十五年知縣毛一駿奉檄增高併堵吳志重建東西二城樓十六年游擊郭光斗築城濬池海鹽續圖經雍正五年知縣王仕正奉檄重修城垣乾隆二十八年知縣沈全達請項興修嘉慶三年知縣任澤和捐項重修四門城垣伊志

池　周圍九里一十三步計一千三百四十丈二尺闊六丈九尺深一丈一尺四門外各置弔橋惟北門外加置東西弔橋爲二其池歲久湮塞永樂中復加修濬柳志城

濠年久侵淤每遇漕米出兌有害短撥

國朝康熙元年邑人張給諫惟赤捐資開濬天甯寺西至城內便民倉一帶河道并四門城濠六年知縣湯其升勸諭募夫開濬便漕城河海鹽續圖經 乾隆三十五年知縣鮑鳴鳳濬河運土培築海塘伊志

澉浦城 在縣西南三十六里袁志宋元係澉浦鎮無城澉水志明洪武十九年命安慶侯榮陽侯委海甯千戶費進度地築土爲城周圍八里一十七步高二丈四尺五寸永樂十六年都指揮谷祥以磚石包砌正統八年命侍郎焦宏參政俞士悅勘議令杭嘉湖三府備料重加包

甃嘉靖三十三年知縣鄭茂增築弁敵臺一十六座陸門四東抵海岸西通海甯縣界南抵長墻山海濱北至本縣水門一惟西門與陸路俱通海甯縣界吳志

國朝順治十五年同知冀應熊奉檄重築城垣樓舖康熙五十七年知縣梁澤重修海鹽續圖經 乾隆二十八年知縣沈全達動欵興修城垣女墻瓦樓伊志

池 周圍九里三步深一丈一尺闊五尺弔橋四吳志

平湖縣

城 明宣德四年立縣無城嘉靖三十二年島倭爲亂巡撫王忬巡按趙炳然採諸生張治等議檄知府劉慤署知縣殷廷蘭量材鳩工興築至冬城成三十五年知縣陳一諫復建東西二甕城四十一年知縣顧廷對增加城堞高五尺置窩舖一百一十二座城凡九里高二丈五尺闊二丈周一千六百九丈有奇陸門五東曰啟元西曰毓秀南曰豫泰北曰豐亨西南曰小南門水門五西南北各一東揵當湖巨浸爲二東之北爲水洞口袁志參平湖程志 明鄞縣張時徹築城記畧平湖故爲當湖鎮海鹽所治地也宣德四年始析壤而邑之承平既久海防積弛嘉靖癸丑倭寇蟻聚大掠于黃巖毒流海壖癸丑夏四月遂掠平湖南境五月又掠于東湖去縣治半里郡守劉慤調兵轉餉極力捍禦推官殷廷蘭適署邑事挽舟飛控鼓勇當先冦乃稍稍引卻四封騷然生聚失業遺黎凜凜乃始僉議事城而文學諸生張治陳實陳萬鍾馮敏功陸萬里陸萬竣輩實倡之殷君以

其事聞諸郡劉涕泣而言曰疆境之民吾赤子也父母之謂何而忍使橫噬于豺狼乎乃請于撫按藩臬諸司次第報可請命乎朝守乃與殷君揆度土方酌規景向不踰旬而經畫條貫咸井井矣水門五旱門五城樓窩舖外濠馬道水關周圍一千六百九丈有奇廣二丈高如之表裏以石覆以磚瓦一用白鏹三萬三千八百有奇區畫既定刻日告成而知縣劉存義適來肩所未備凡樓櫓門闢濠臺鎖鑰之類罔不畢具工啟于九月十二日訖于十二月二十日總九十九日城既成賊聚驍銳數千奄薄城下我乃閉門乘城捍以矢石環視仰睇憤曰城如是雖百萬其能克乎遂踉蹌而走平湖之民蓋自是得喘息矣春秋城築必書重用民也然重門禦暴設險守國先聖蓋亟言之其在今日倭患孔棘百姓之皇皇莫必須臾之命是惡可已乎余因守令之請而爲之記

國朝順治十八年知縣朱之瀚增高城堵雍正二年知縣林緒光詳准開濬水洞五年知縣楊克慧奉檄重修城垣

九年知縣方以恭復濬水洞名曰永新浙江通志案初開僅通水至是併通舟矣乾隆二十八年知縣劉國烜復修城隍乾隆五十二年知縣王恒捐俸重修城垛城樓平湖王志嘉慶九年知縣路錞二十三年知縣劉肇紳道光三年知縣胡述文各捐廉詳修九年胡述文捐廉再修并開濬水洞志于同治七年知縣郭恩觀九年知縣邢守道先後請帑修葺新纂

池濠闊五丈有奇弔橋四平湖程志

乍浦城在縣東南二十七里明洪武十九年信國公湯和置乍浦守禦千戶所累土築城城形正方案海鹽圖經初張士誠據江浙築城崇德甚雄壯信國議欲隳之移築乍浦城永樂十二年都指揮谷祥始用石甃正統八年久雨傾頹侍郎焦宏參政俞士悅奏令杭嘉湖三府葺治景泰二年都指揮使王謙添設城樓四後廢嘉靖三十三年知縣劉存義增築併建敵樓十座城周九里十三步高二丈廣一丈五尺窩舖二十七座陸門四東曰迎暉西曰惹秀南曰朝宗北曰拱極水門一平湖程志參乍浦志崇禎十一年署知縣李懷玉開設東南水門一平湖朱志明許丕祚乍浦新開水門記略乍縣海上為浙西形勝宋元時並村落通互市以是召隙洪武十九年信國公湯和練兵海上築七十餘城乍其一然猶擁土為墻埠而望之郭外人見城中人面麋鹿可越至永樂時始覆外石視昔有加正統間建言有稱崇德城孔固為偽吳張士誠所築徙築于

乍浦而發杭嘉湖三府之廩餼之凡數仞環以流水地虎之士戍其中遂成天塹而猶憾昔八經畫之疎也為門五水僅水關居一城中人如在甕中遇警決而灌之則沈竈久即魚鼈死壅而塞之則又竭城中人又不舉火又其甚者乍之城凡四面南郭而外即古戰場稍出又大海其西則民以鹽生牢盆聲達數十里稍有餘土一望葦茅不耕北雖原田通湖邑民有米咸走一間來乍亦罕惟東南數十百頃獨近乍田腴歲獲畝湖鍾貿易相通乍命咸係而其坎不鑿太平猶可一且有警米在山中門懸天北至則盜糧不至則民且栲腹是莫大之憂也是以嘉靖時倭寇偵知內犯擁攄上流城中之水東南之粒又遭堵截城中兵軍撮塵而食渙溺而飲不戰自潰剽殺係囚引頸貫索長老言之猶為流涕至于軍士凋療火變時起與夫地脉底滯雖有淵雲之才莫不抱瑟王門奏輪主第猶其害之小者萬歷時豫章趙公備兵建海指示方署欲東建水門以禋守禦而于觀山之頂建浮屠七級其留意于地方艮厚後因必需公祭邑侯某菴陳公無策事遂寢崇禎十一年二月里人合詞上請並得俞其說而署縣宰吉陽謙菴李公適至郡侯鴻逵鄭公業首屬之兵憲香城葉公又視師臨鎮遂以建築之事一委李公李公仁心為質兼精形家親臨卜視酌于巽巳之方建水門一座爾時操築未幾入地丈許得椿木一小方石一上署卜吉二字二物並當卜處不失累黍因歎公目過于會廖郎昔人籌畫若信國公厥有深意未可思議李公復首助贖鍰為地方助之倡捐文鼓舞未以艮喻事方半新任元芎吳公至一如李公因繼二公之志何其似我趙公也始于崇禎十一年四月成于明年十月鑿新河七十餘丈舊河狹淺者增鑿三百餘丈時董其事者則有地方耆賢陳堯中張文李劉三士龍丁文鸞劉應潮吳彭王建章因思客冬讀書一葦禪舍周子赳起過訪談及東南水門事遂附里人李孝廉屬園之末合地方而請之復請王君景儀白君啟元監策諸者指畫經營功成咸二君君之力若丕祚與周子幸免罪戾何功之有焉

國朝雍正五年移滿洲駐防官兵駐劄乍浦繕城濬池峻整深固浙江通志設陸門盤詰廳四水門盤詰廳二每門佐領驍騎校率兵十名更番值宿掌門管鑰以時啟閉乍浦志

乾隆二十五年知縣劉純煒修城垣三十一年知縣周昭仔奉檄重修幷建城樓[平湖王志] 道光三年知平湖縣事胡述文捐廉詳請重修並修濬水門[于志] 同治五年同知吳中傑詳修南門城垣[案乍浦東南有白沙灣城洪武十九年巡檢辛得名建築今廢]

池 濠周一千六百三十丈深八尺闊十丈弔橋四[知縣陳熙昌詩乍浦瀛壖曲遥連蘆㶁場迎船桑葉白繫纜菜花黃塔影開初地鐘聲落上方孤城非鉄甕先事慎周防] 乾隆十年知縣高國楹濬濠十三年水門內並築石閘[乍浦志]

梁莊城 縣東南四十里明正統五年巡按李奎以其地為倭船最衝奏建大寨築城周八百丈高一丈五尺城樓二角樓四移海甯衛指揮一員鎮之嘉靖三十三年倭寇失事遂置不守四十年知縣顧廷對申議移乍浦巡檢司居之仍設官兵以時防禦後廢[海鹽仇志參平湖程志]

國朝置梁莊三寨烽堠臺[吳志]

獨山巡檢司城 縣東南四十里在獨山南宋元俱名故邑巡檢司明洪武十四年改名乍浦鎮巡檢司移駐乍浦十九年乍設千戶所巡檢張觀音奴建城于獨山居焉城周一百二十丈高一丈五尺濠深二丈闊一丈五尺[柳志案城久廢袁志吳志皆不載今從平湖王志增]

石門縣

城 元末張士誠據蘇州戊戌年于本縣築城鑿池周五里三十步置城門四水門三池濶七丈深二丈二尺里步比城有加明洪武十九年海甯衛依奉左軍都督府勘合將城磚石拆運公用舊址尚存[柳志參崇德靳志案靳志崇德故無城城築于元順帝十六年禦偽吳張士誠之亂洪武十九年海鹽有倭警徙城城乍浦又云拆磚石築乍浦千戶所考元末方內兵起嘉興羅城猶議築未就未必特築崇德以禦偽吳海鹽圖經謂張士誠據江浙築城崇德甚雄壯則城為張士誠築近是] 天順間王令輿仍立四門以障之東青陽南薰仁西素商北朔義無城如故嘉靖三十四年倭寇屢入巡撫王忬檄知縣蔡端本度地鳩工郡守劉慤躬詣定址畚鍤未竣明年正月倭寇徐海擁眾萬餘突入剽掠蔡令坐譴去閱五月城完凡七里餘三十步高二丈七尺闊一丈五尺水旱門各五又明年倭復來窺以城守有備遁去[明呂希周築城記崇德古為要區故無城勝國之季嘗一創築及高皇帝混一華夏薄海內外罔不甯謐無所事城洪武十有九年倭夷倡亂遣信國公湯和經理海上遂撤崇城城乍浦然崇南百里為浙江省北百里為嘉興府崇介于其間擬之前代尤為衝要嘉靖壬子歲倭夷入犯深擾內地蹂躪無忌當道諸公以崇鄰省控府非城不可乃中丞王公下議城時維守吾府者唐巖劉公以海寇數犯嘉興內安外攘出奇制敵府固以城為賴諸邑無城其誰與守歲在甲寅議新築崇德桐鄉平湖嘉善四城一時並舉尤介注于崇崇城舊址悉為居民洶洶稱不便城址數易不能定唐巖公親涖邑中觀形勢集士民諭之曰爾城舊址水陸輻輳生齒蕃庶究為安宅久矣夫築城衛民民居盡毀城成孰居之自是愜廓城制凡里中要會之處環城而囊括焉北多幽曠乃城于舊址址遂定又以天目之山苕水發源從西南數百里流

入崇德之陽舊南門乃在東偏公遷于中迎山水以納
王氣爰命邑大夫蔡侯董其役城未及完正月初六日
倭寇偵知突如其來大羅修酷蔡侯以罪去公臨城爲
之潛然乃屬事于貳守瀛峯張公浹月而樓櫓雉堞完
且備矣丙辰歲立齋崔侯自長垣調崇首務防禦凡城
工創始樓雉未有齊壹火器乍未有鑄造者夙募從事夏
四月海寇擁衆從金山越乍浦經海鹽入園花抵長安
欲循故道來寇崇犯浙省取道犯留都時總督司馬胡
公設險制勝隨地爲備在嘉業已屬公築敵臺六座防
寇北犯賊不復窺伺北路在崇則已捐貲築敵臺二座
于南門三里橋以防寇犯南路賊望見不敢近走趨硤
石以圍桐鄉而崇城獨安堵如故崇民溯城伊始慶城
保終乃顲天而祝曰遐哉劉公之澤也今而後福弗替
矣于是崔侯造呂子日崇城隆隆維公之功崇有安宅
維公之澤請樹豐碑于南門左方紀元功也惟是作記
以昭示無極盡重圖之于是呂子曰崇之鄉校嘗有詠
謠矣崇無城賊入境也如無人崇有城而不守民隨侯
而出走崇有城有守入安乃久觀于詠謠而我公我侯
口碑具在矣矧余又嘗考有周中興之盛城彼東方命
仲山甫賦政于外平淮南之夷召虎疆理甸宣徐方繹

騷南仲專此南國是天生聖王不貴無警所寶惟在賢
哲先後禦侮爾今我皇上聖神文武允邁宣王區區倭
奴不迨徐夷乃我劉公修仲山甫召虎南仲之職祇今
海寇蕩平殘孽俘馘殆盡東南甯謐如故矣聖朝億萬
年無彊大歷服當永永泰平而豐碑所樹豈特如甘棠已哉
三十九年知縣劉宗武
加築南北舊城門各一座箭臺三十窩鋪二十有四嗣
是間有雨潦旋潰旋修萬歷戊申知縣靳一派增修袁志
明靳一派論曰設險以守國也風氣之聚一邑之屯
泰饒之繫之嘗聞之邑父老崇自劉郡守慤經始築城
規地定址業有成畫矣邑東南居民有狡黠者陰以私
便害成遂腴削東南隅如割左股南薰仁門又拆而西
若垂首然劉公臨眺咄咄有空匱之嗟而謂塘以東受
詘特甚昔日素封之家列塘東者今若掃矣言固不誣
堪輿家稱邑城獨西門進水餘四門皆洩瀉無豬宜遷
薰仁門于丙方遷南大門水門于鯨音閣右併塞西南
南北二水門更通進龍港巽水于學宮前此一議也又
謂宜築湖于包甬堰左仿彿鴛湖復查劉公所定原址

改築城墉則形勝包裹無缺陷亦一議也夫非常之事難與慮始惟邑父老愼謀焉
國朝順治十六年知縣李震奉檄併堵合雉培高益堅石門鄺志
康熙五十一年知縣韓麟趾重修四門城樓康熙六十
年知縣王以和重修垣堞添建西門城樓雍正五年知
縣呂廷鑄重修浙江通志東水門南水門西南水門于乾隆
二十四年間知縣周鼎因風水攸關郎行塡塞案塡塞三水門郎靳志堪輿家言而稍變通耳故錄靳論于前以表所自焉
西水門北水門于乾隆
二十九年知縣鮑祖幹領項興修伊志嘉慶八年九年城
垣間段坍損知縣稽承烈詳修十三年知縣淇鍾傑十
四年知縣殷起瀛先後捐貲修葺于志咸豐十年粤匪之

亂自南水門迤東至北門一帶城垣悉拆毀同治五年
署縣事楊恩澍詳請建復如舊並葺治西南城用銀四
萬有奇領帑不足邑紳以民工助之竟其役知府許瑤
光沏石爲記記畧云石門隸嘉興而實爲杭州之外障五代始置縣元末始創城明嘉靖年備倭
亂而城始增建前人謂爲翊省控府居西浙之要衝是
矣咸豐十年春粤寇由金陵以犯常州提督張玉良率
兵遽退四月初六日常州告陷十三日陷蘇州二十六
日陷嘉興其時石門猶無恙也張玉良既退至杭州收
潰兵復進以圖嘉興七月潮勇通賊陸營自亂各營目
畫船纏募攜眷舟居者護眷先奔河狹舟爭水營亦潰
石門合李宗謨要張於河千請守石門以障蔽杭州張
佯諾之半夜走李死於賊賊既得石門仍棄不守省中
亦不調兵守只檄一縣令居之後遂安然爲賊踞比兩
浙淪没賊乃爲所欲爲劊城之東隅一千百餘弓改而
小之與營寨相以焚廢祀廟茱蕪民居慘矣同治三年
春二月十八日蘇兵復嘉郡越二日我軍復杭州石門

賊酋以城乞降四月瑤來守嘉　宮保恪靖伯左謂瑤曰大難初平地方瘡痍滿目百廢待興況石門為杭州管鑰與湖郡犬牙相錯今湖郡未復兵馬往來民多戒心必得慈良而能任事者為之父母庶撫事保障遺黎克安焉楊令恩澍吾營幕湘人也籌兵籌餉艱難跋涉者數年其誠懇吾素知之令權宰石門必能宣厥抱負而無負斯民無疑也瑤曰唯已而楊君蒞任凡有益於國與民者悉臻盡善鋤奸暴撫流移清賦額創建祀廟書院暨官廨倉庫而又以城垣被賊削小恐復業之民不能歸來殷殷謀所以修復之顧吳越雖定而防兵未裁外省協餉歲百萬有餘本省地丁多鐲免經費不充因而各郡邑善後均議緩獨楊君見信於當軸者深得撥帑錢二萬九千串以畀之修城其不敷者諸紳耆又願出民工以相助以五年五月興工六年七月告蕆既堅既厚崇焉屹焉商民懽忭塞巷盈塗瑤聞之喜而不能已於言也今夫肩天下之大任成天下之大事者仁與勇而已仁則不忍而勇則能忍也當咸豐末使手握兵柄者不忍浙民塗炭發奮以堵嘉興則石門城或不至失杭州亦或免於刼乃一挫不振遂棄不顧無勇也實不仁也茲楊君從恪靖伯定兩浙前後宣勞及宰石門三年之間無廢不舉其勇固則多矣然非忠信能浮於上則請帑或未必發發矣而其平日之撫字勞來若無以感士民急公好義之心又誰復出民工以相助哉仁聲仁聞以行其善政善教其得民心也不宜然哉楊君湘潭人也是役也訓導蔡錫崑教授徐振墉縣丞沈保壽曹澄翰從九趙溶生監范承恩錢王漢魏履初諸紳均與為力焉是為記　同治十二年知縣余麗元詳修西水關新纂

池　濠周于城凡八里五十三步袁志　同治五年知縣楊恩澍詳請開濬新纂

桐鄉縣

城　明宣德四年分縣無城五年知府齊政相度土宜始分崇德之東鄙為縣治天順初知縣張泰成化中孟俊正德中任洛等始創城隍工俱未竣嘉靖三十二年海警巡撫王忬檄知府劉慤知縣金燕築成之周圍五里計一千二百丈外高三丈一尺內高一丈四尺闊一丈八尺上磚下石陸門四東曰青陽西曰兌悅南曰時薰北曰來遠水門四各有弔橋跨池隍以通往來惟西水門閉不通流堞凡一千一十二城樓四座月城四敵臺十三敵樓八明主簿江以同修城記夫事有曠世相感者恨時不同而惟歌其德之不可及也以故戀德期于親炙並時擬于相遭子以天官選領簿浙江之桐鄉縣時龍飛改元五月也適右轄劉公唐巖翁函表入賀同于屬下末吏嘗謁公行臺辱垂念通家既惠以顏色又迪以官箴復語及作郡嘉興縣之有城乃公所創也子時唯唯及抵縣閱其崇墉峻岨攖帶天壁壯哉翁之功德于此藐不可及矣每出入于斯觚俯躬欽其雄鎮也及拜生祠復知前大令金芝川翁極有功于桐鄉民去思不已致為像祀之且功莫大于建城事

繁而不可省民費而不得已向非二公同心其能措斯民于久安遭倭寇而徑免于湯火哉斯時之感必不徒然翁昔被譎起合貴溪政肅風清曾不數月飄然徑去而說尹在口民不忍忘今困而復起列于內卿風被龍光叨庇金城側竝二公尋登廊廟勒勳鼎彝實所優為其覿德醉心遭時之盛幸孰大焉緣裁詩紀德業之不替同斯城之不磨也其後之取法俟諸世世豈啻興感己哉穹碑列績蘄然在隅本不假蕪蔓贅疣第景仰之私謹錄鄙詞鐫諸貞琅嵌置城隅竊附同慶詞曰四海提封內天朝長撫之萬國錯碁置小大羅綱維設險其為虞金湯飭郊圻帝念民星散居之屬有司事變乃無常周防先所宜惟時同氛祲着處競張旗斯民致流冗倉猝靡所支不有城為保士庶紛流離據城能制勝堅壁實為隄民駭免蕩析寇來藉安樓同心擢鋒鏑衝突勢自拔保降遍方隅紀綱自我持封域界相侵斯賓民之依或陶甓為堅或壘石壯基風壓時竊發安堵如山溪茲城建有因早晚若得時頃遭倭虜變嗟咄壘為欽無警向困循亟建功最奇動魄駭倭毒黎庶走且啼府主遺籌畫縣宰無停羈版築躬率作突地擁丹梯炭業羅壯覯百雉雄睥睨旗亭重門禁鋒櫓肅威儀劇賊空

悵望肆暴安能施是役最宜民奕世以安貽有初遭艱難克終慎勿迷避侵德爲最保固慎先幾束馬懸車守安常輯鼓鼙不備莒先貽繕緩仍垂識先訓旨燦然識早戒辦遲勤業起今古金石豈磷淄儉德時修舉鞏固萬年斯

國朝順治三年建月城鎖亭八座十七年知縣王好仁奉文修城將女墻二堵併成一口雉堞一新康熙十四年知縣徐秉元重修二十四年知縣何金蘭修築垜堞建四門城樓三十四年知縣郭金湯重修五十二年知縣魯城捐修吴志案是年修城紀畧云邑治城垣歷久不修坍塌甚矣門樓倒廢瓦木無蹤知縣魯城捐俸勸輸鳩工庀材康熙五十一年十一月經始至五十二年冬女墻垜口雉堞重新四門城樓翬飛觀美賴邑宰之勤勞冒祁寒暑雨而日新巡視欣士民之協理分晝耕夜讀以殫力經營期年之內金湯鞏固合與紳士

鄉大綬鍾燮汪用謙張朱姜福元耆民岑仙谷金公禮蔣惠安陳煥文徐青虬等並傳于不朽云雍正五年知縣王輅奉檄重修浙江通志乾隆三十三年知縣李天錫詳請修建內外城垣垜口四門城樓伊志同治初城垣坍損知縣富拉渾領帑修築八年又捐修續坍工段新纂

池　濠周于城廣六丈深二丈五尺康熙二十四年知縣何金蘭開濬城隍河道西水門百年阻塞特加疏闢桐鄉徐志

坊巷

府城

古坊案至元志錄事司下坊七十其名義未可沒茲列如左而見于他志者附後

迎年坊春波門內舊名春波後改取迎青帝祈豐年之義

正興坊在朱港舊名永興後改取經正庶民興之義

登春坊春波門內取登春臺之義

宜民坊在嘉興縣前取豈弟宜民之義

流虹坊在興聖寺西乃朱孝宗毓聖之地故取華渚流虹之義

好德坊在鹽倉巷有歌妓蘇小卿墓故名使人知好色不如好德之義

通津坊在府東灣坊近水故名

聯魁坊在倪家橋舊名褒孝以宋里人陳四嘗刲心藥親之疾立此以褒其孝後趙汝訓汝㢸兄弟登第故改是名

蘭錡坊宋于太尉居焉故取蘭錡內設之義

碧漪坊在縣西北舊曰集賢以通天心湖故改是名

集仙坊巷通隱眞道院因仙人劉高嘗至此故名蓋效唐以集仙名館之義

青緺坊宋胡安撫名與可子孫皆把麾故取東郭先生傳青緺之義

環闠坊府後門東偏路回環子城詩註闠曲城也故名

旌烈坊在郡治北巷有楊將軍廟故立此以旌休烈

聽履坊西河上宋有王尙書希呂宅故取上聽履上星辰之句

卿月坊宋有趙少卿宅故取卿士惟月之義

祥鱣坊至元志近郡文學廳故取銜鱣之義

杏壇坊在路學前故名

輕裘坊 宋寶安撫居實嘗帥襄陽故取羊祜輕裘緩帶之義

通明坊 在醋坊橋舊在額市橋後移此路通南門因取離明之義

爰稽坊 俗曰糖巷因取稼穡作甘之義

勸善坊 通咸中坊刑人之所故名

暨容坊 通南營取戎容暨暨之義

天祿坊 在石獅子巷天祿辟邪乃獅子之類故名

閱武坊 通教場因取春秋大閱之義

歸鶴坊 舊曰華表後改化鶴歸來之義

清瑞坊 南通澄海門因取海清瑞應之義

格眞坊 通崇道宮取感格上眞之義

向葵坊 在府治前以其東嚮取葵花向陽之義

依蓮坊 通節推廳取泛綠水依芙蕖之義

望恩坊 巷西有橋曰望恩故名

寶化坊 路通寶花寺因名

皇華坊 宋浙西提舉任清叟居此故名

廣平坊 通廣平橋因名

擁麾坊 宋有陳知軍宅故名

敷潤坊 在油車巷故以是名

崇梵坊 通兜率寺故名

欽祐坊 通天甯寺欽奉宋祐陵香火故以是名

鳳池坊 宋有裏參政機府故取中書鳳池之義

百福坊 巷通天慶觀故取中以百福之義

封祝坊 巷通祥符寺宋時祝聖之所故取華封人之義

介甯坊 俗曰陳婆兒巷婆媼乃婦人高年之稱故取介福康甯之義

尊耆坊 俗曰老人局故取尊事黃耆之義

率育坊 俗曰楊洗麩巷故取來牟率育之義

斯才坊 俗曰馬坊巷故取斯馬斯才之義

咸中坊 俗曰幢子巷乃宋刑人之所故取咸中有慶之義

聚桂坊 舊名神童蓋市有唐堯臣包時習與弟時中時飛俱中童科後徐聞詩又以童科第進士故也堯臣後人夢符震龍天麟又相繼擢第景定庚申改是名

豐衍坊 通慈濟倉故名

美俗坊 通瓦子故立是名欲以美汙俗也

靈光坊 在驛巷通靈光寺故名

移風坊 通西瓦子故立是名與美俗同義

鄉道坊 在何道人巷故名

通闤坊 在府後橋之西通大市故名

織雲坊 通蔡織紗巷故取巧織雲錦裳之義

燕春坊 巷通酒庫熙春樓故取遊燕之義柳志作宴春

四騏坊 宋有馬太尉定遠居焉故取乘其四騏之義

鳴社坊 通社壇李蕭遠運命論里社鳴而聖人出郡為宋孝宗毓聖之地故因社名坊

遺愛坊有善黨王廟古傳嘉興縣令有善政天降一銅棺蓋自開令入焉吏挽留之故名遺愛

六一坊通天慶觀取東坡天慶觀賦六壯一稱之義或曰六一居士後人居焉或謂宋陳聖俞爲東坡六客之一名此以表之

政桴坊在王覲鼓巷取善政猶桴鼓之義

阜通坊通稅務因取阜通貨賄之義

金佗坊舊通趙郡王府因取王金印槖佗之義

燕支坊通燕支橋因名

澄觀坊通楞嚴十六觀堂因名

繪麟坊通金山大王廟即霍光也因取繪形麟閣之義

東陵坊巷有石井欄象瓜俗曰甜瓜井因取東陵種瓜之義

瑞龜坊通精嚴寺嘗獲靈龜故名

繡衣坊宋延安撫居焉延持使節故名

流化坊通水纂橋故名流化

興賢坊在貢院前取賓興賢能之義後守鄭定重修貢院改立興賢館今皆廢

以上至元志

秀豐坊柳志在縣西南二里二十步

步蟾坊柳志在縣西一里

乘驄坊鄭志相傳自宋元其里人屢任繡衣故名

古巷

朱巷　馬坊巷　鹽倉巷　橦子巷　陳婆兒巷　何道人巷　楊洗麫巷　蔡織紗巷

糖巷　石獅子巷　油車巷

王覲鼓巷　廟巷以上至元志

遺愛巷　澄觀巷　靈光巷　豐衍巷

斯才巷　織雲巷　宴春巷　移風巷

流化巷　廣平巷　四騏巷　金佗巷

聚桂巷　咸平巷　聯魁巷　望恩巷

勸善巷　歸鶴巷　楊將軍巷　塔兒巷

甜瓜巷　竹杯巷　市心巷　菓子巷

以上柳志

嘉興縣

今坊九皆在郡東門外

宣公坊　春波坊　北版坊　放生坊

鹽倉坊　王家坊　蒯塔坊　冉里坊

常豐坊

今巷

永康巷　沈家行　望春巷　獅子匯

薛家匯　永阜巷　崇家街　安阜巷

義菴街　潘家街　朝陽巷　莫乃巷

聚賢巷　育才巷　里仁巷　呂家匯

大紅橋巷　小紅橋巷　拷栳街　紙行橋街

穿田巷　窰街頭髮街　永安巷　穿田街

箬帽街　萬安巷　祝家街　務前橋街

居庵街　顏家街　熙春巷　高家灣

花園街　鹽倉橋巷　興賢巷　泥涇巷

蒯塔街　雙元巷　天馬巷　黃家廊

西馬巷　慶元巷　東津巷　游龍街

葛家街　陸家街　沈家街　張家街

吳涇橋街　包家街　碑亭街　起龍巷

永福橋街　太平橋街　鋪前街　通濟橋街

秀水縣

今坊十五城內十城外五

鳳池坊仍元名　集慶坊　報忠坊　府西坊

府前坊　府東坊　毛家坊　靈光坊仍元名

鍾秀坊　碧漪坊仍元名　北麗坊　東瓜坊

太平坊　五龍坊　西麗坊

今巷

仁壽巷　鳳凰街　學東巷　學西巷

西城巷　百福巷　清風巷　學子街

平家街　韭菜園街　干戈街　天慶街

羅漢巷　火德巷　察院東巷　察院西巷

察院前東巷　察院前西巷　紙行巷　梓牆南巷

撫字巷　梓牆北巷　平橋巷　聯魁巷

羅城巷　石獅子巷　集仙坊巷　福順巷

通濟巷　元愷巷　承宣巷　三版巷

羊血巷　竹林巷　混堂街　平家巷

綵衣巷　千歌巷　北津南巷　賢昌巷

楊柳巷　邵慶巷　塔兒巷　北津北巷

武甯巷　鈕家橋巷　通靈巷　通秀巷

迎春巷　石灰橋西巷　石灰橋東巷　秋涇橋西巷

秋涇橋東巷　湯家巷　寺街　顏井頭街

楊家橋巷　米柵

濠股

嘉善縣

今坊十五 考嘉善章志及新纂俱名鋪不名坊今仍吳志之舊

熙甯坊　慶豐坊　香花坊　環整坊

北亭坊　黃王坊　大勝坊　石灰坊今名日暉

太平坊　諟安坊　西闕坊　大安坊

浹安坊　北闕坊　麟諟坊 案後四坊照新報烟戶冊補

今巷

總捕巷　東花園巷　西花園巷　戴家巷

徐家巷　狄家巷　慈雲巷　儒學東巷

儒學西巷　天水巷　鹹井巷　太平巷

河灘街　鄒家街　水欠街　田家街

北郁街　南郁街　巡警街　陳家街

捕家街　沈學官街　沈油車街　布按分司兩巷

吳公巷　王家巷

黃巷巷

海鹽縣

宋坊 案海鹽圖經城內宋坊十

海瑞坊　海會坊　海晏坊　海漕坊

海康坊　海安坊　海豐坊　海熙坊

海潤坊　海阜坊

古坊 案至元志海鹽縣坊十各有名義錄于左

字民坊 在縣前縣令乃字民之官故以名

閭琴坊 在縣東南取宓單父鳴琴之義

宣化坊 在縣西承流宣化之義

定民坊 取辨上下定民志之義

眾安坊 至元志缺文

熙春坊 至元志缺文

迎恩坊 凡恩霈于此地迓之故名

起潛坊 在福業院前院有龍湫取起潛龍之義

喜雨坊 在福業院前禱雨之所因名

甘泉坊 至元志缺文

今坊十八 其十坊仍至元志舊名不贅列

東門坊　敎場坊　西門坊　朝聖坊

西柵坊　南門坊　北門坊　太子坊

今巷

總鋪巷　同子巷　崔衙巷　新橋巷
北廟巷　馬官巷　石皮橋巷　謝家巷
東橫巷　通海橋巷　四營　致和巷
楊橋巷　興廉橋巷　忌留橋巷　談家巷
青黃巷　彭衙巷　祝衙巷　學前街
長壽庵巷　觀音堂巷　磨子橋巷　遷善橋巷
關帝廟巷　槐花巷　高槐巷　鄔家巷
大營巷　局巷　混堂巷　戚家巷
陽家巷　西橫街　九營巷　蟹家巷
倉橋巷　虹橋巷　新虹橋巷　虎衙
唐家巷　索家巷　向家巷　城隍廟巷
虎尾浜街　會家巷　查家巷　煮雞巷

趙家巷　黃家巷　曲尺巷　董家巷
寺街　張家巷　元壇巷　馬路
庵街

平湖縣

今坊十 案平湖王志有莊名而無坊名今依吳志仍以坊屬焉凡十其巷名則易以街仍照王志

縣前坊　喜雨坊　南門坊　西門坊

西司坊　城隍坊　儒林坊　永甯坊

王家坊　仲街坊

今巷

馮家街　莫家街　南壇街　方街
居家街　張家廊　馬家廊　蘇家街
香街　混堂街　高家廊　陰陽街
城隍街　陳牲街　醬園街　了髻街

東廊下　王家街　學官街　劉家廊
長街　官街　南街　莫乃街
大街　觀音堂街　計家街　胡家街
桑園街　西街　清水街　糖坊街
董家街　倉浜街　臭街　西廊下
馬街　賀家街　分金街　俞家場
嚴家街　方家街　楊家街　學後街
司街　北壇街　小橫街　新開街
司後街　南司街　鋸子街　三官堂街
揚舉街　新街　西街　祈堂浜街
硯砂街　九曲街　錠子街　倪家街
井甃街　趙家街　蘆席街　劉家匯

石門縣

今坊六

宣化坊　太平坊　清泉坊　儒林坊

嘉會坊　永安坊

古巷

趙家巷　生賢巷　見至元志
採花巷　見柳志

今巷

青陽巷　宣化巷　登仙巷　水門巷
四井巷　採花巷　壘石巷

桐鄉縣

今坊六

邑前坊　永甯坊　仁德坊　青龍坊

隣泮坊　舞鳳坊

今巷

服德街　時薰街　通離街　新興街
濯清街　雙節街　青陽街　集蔬街

煥文街　新街　文獻里　通遠街　以上伊志

市鎮

嘉興縣

王店鎮　在縣南三十六里一名梅里縣境又有新豐鍾帶新行三鎮俱爲商賈輳集之所 大清一統志 市多販糴民務農桑所織綢最著名稱王店綢褚氏畫絹亦甲於天下業儒者衆科第不絕亦一方都會也 嘉興志 何樂郊私語 王店鎮有工部尚書王逵者世居大彭都官灘里逵購屋于梅溪聚貨貿易因名王店尚書公子曰合安孫曰延福皆成進士簪纓相繼而王店日漸殷庶遂成巨鎮 靜志居詩話 予年十七避兵練浦歲已丑移家梅會里亦名王店或曰石晉時鎮遏使逵居此故名或曰宋尚書居正之宅或曰元學士綸也已亥十月訪蔣布衣之翹于

射襄城蔣語余曰子知王店之所由名乎洪武中孝廉鏞及其弟鈞之所居也鏞有詩云吾家舊住梅溪上是也梅會一作梅匯 國朝周篔東石環橋記 畧云王店鎮者嘉興四鎮之一在長水東鎮距硤川二十里距郡四十里長水之北分折而東貫於鎮市以入于海鹽塘而北仍合於郡之南湖者也鎮民之居夾湖成聚爲三里者

新豐鎮　在縣東三十六里 柳志作二十七里誤 鎮曰新鎮塘曰漢塘相傳以爲漢新豐里人遷于汴又南渡居此故名居民農桑多市販亦有業儒者 趙圖記

新行鎮　在縣東南五十四里 柳志 鎮東西廣三里南北袤二里明施鳳來廟記有云界屬嘉興脈連海鹽平湖蓋錯壤在兩邑之偏隅沃土通流勤於稽事宜生聚貿遷環萃于此亦多士流明中葉後有登科第者鎮北又有村市名小新行 伊志 國朝邑人戴彬舟至新行詩 帶水溪橋路扁舟載月來客多思骨月地近見樓臺鐘遠先傳寺花香早放梅款門應識我笑口一齊開

鍾帶鎮　在縣東五十里 柳志 明姚綬東嶽行宮碑 嘉興東下四十餘里曰鍾帶鎮村落市闤所聚居人稠密 案柳志嘉邑之稱市鎮者五曰鍾帶朱村新豐新行王店朱村在縣東南二十七里嗣爲郡縣志者皆不載

秀水縣

王江涇　縣北三十里運河所經爲往來要衝有巡司 大清一統志 案雍正十三年裁巡檢司移嘉興府同知駐此乾隆七年改駐嘉興通判 鎮在縣北永樂鄉舊有王氏江氏所居因以名鎮鎮南盡秀水縣界北據吳江縣界俗稍刁頑多織綢收縞紵之利居者可七千餘家不務耕績多業儒登賢書者數有之 秀水志

李王江涇名勝志又名聞川市宋聞人氏家焉 方輿勝覽 黄江涇在漕河東因巨姓黄氏居此亦作黄江涇 樂郊私語 至正十六年五月張氏兵南下楊參政完者以數萬衆屯王江涇川途嚴肅張兵遂不敢取道嘉禾乃自平望烏墩直擣武林 元岑士貴稅暑亭記 聞川市又名王江涇舊在官塘東宋徙置塘西 明武進惲紹芳王江涇晚眺詩 逶迤一徑野橋低門掩蔬籬對碧溪沙浦日晴時落雁水村天暝忽聞雞山童藉草爭牽袖田父遺醪獨灌畦滄朴古風今不改向來兵火重悲悽 國朝程瑞綸泊王江涇詩 舟橫野浦卧沙明玉月凉生景倍清燈火照波螢亂點鳧鷺隔岸夜無聲千林桑葉留人採萬頃湖田待雨耕記取東風還有意酒旗吹向闔閭城 顧光旭詩 掛帆又過王江涇柁樓再拜張公經紅雨亂點春袍青花香人影烟冥冥柘林二萬倭夜至張公命將如雷霆麾下蘇松副總兵俞公大猷本書生少好學易傳蔡清推演兵法磨青萍平江八

百倭出沒俞公所至靈雨零十里五里長短亭春風楊柳鷗不驚三百年來水如鏡想公英爽留江汀當時戰功豈不敍趙文華輩欺朝廷冒公納賄殘生靈奸相肆毒邦不甯此輩胡以逃天刑此輩雖莫逃天刑盈城流血江風腥橋東社鼓鼕鼕聲試聽擊壤歌昇平　王明福舊聞川市詩接戰巷口春草萋莫家村樹有鳥啼豈知前代肩摩處今日繁華讓水西

新城鎮　縣西北二十七里唐會昌中嘗築土爲城謂之新城稅課局大清一統志唐景雲中鎮遭兵亂居民壘土爲城案新城俗名雲中鎮蓋沿此誤故云新城城久廢今存其名宣德分縣謀建縣治而不果其民男務居賈與時逐利女攻紡織居者可萬餘家頗多儒有登鄉書者秀水李志嘉禾志新城務有酒稅靜志居詩話柹林今之新城鎮也城本作塍宋會魯公嘗監秀水新塍酒稅　明金愼柹林移居詩喜

得移家秀水濱此邦風物舊相親爲農久已知農事近市還能遠市塵鸞散墨池迎洗硯鷗馴漁屋看垂綸蔬畦藥圃終吾老未必溪花解笑人

濮院鎮　縣西南三十六里其南接桐鄉縣界舊爲濮氏所居故名大清一統志舊名永樂市柳志元至正間惟右族濮氏一姓迨濮氏流徙他卜居者漸繁今可萬餘家因以濮院名鎮南隷桐邑之梧桐鄉北界本邑之靈宿鄉居民務織絲綢亦業農賈商旅輻輳與王江涇相亞而俗較馴謹多業儒秀水李志濮川紀畧宋爲永樂市地之淯美可知河南濮鳳隨駕南渡仕爲著作郞居此子姓繁衍理宗朝賜第曰濮院鎮以是名初惟濮氏爲最旣而諸族有前八家後八家之稱爲地無多商賈經營往來科第衣冠日盛　明項忠入濮院路詩行盡禦兒涇纔過禦兒亭將軍鉦鼓靜毋子笑談

甯破國霜千樹還家月一庭明朝載酒出鷗鷺滿洲汀　國朝顏鼎受題濮川誌畧詩卓犖推前輩恢宏屬後賢挑燈終此夕開卷憶當年人豈文章重家因孝友傳他時名世出往哲在斯編

陡門鎮　縣治西二十七里靈宿鄉鎮夾運河南北廛居僅二百餘家較諸鎮最爲闃寂民務耕桑女勤紡織頗多樸茂之風秀水李志　明吳宏濟四鎮常平倉碑記畧云循濮院而還五六里爲陡門于虎林常走集其人十農一賈十二苦旱十八苦澇其田宜麥禾多樹桑兼菽覗原沃所入其儉惟倍　國朝譚吉璁櫂歌斗門水勢到今平兩岸條桑鳩婦聲嘹峭春風飽帆腹微茫烟樹露金明案秀水任志市集之稱鎮者舊凡五曰陶莊新城濮院王江涇彰陵今析陶莊隷嘉善彰陵僅存村落合王江涇新城濮院并陡門爲四鎮萬歷三十年知縣李培于四鎮各建常平倉

塘滙鎮　縣北九里舊名漲沙村見漁隱遺錄元隱士盛子樵

避亂于此自號漲沙散人一時相就者十餘家今編氓相望市廛鱗次而盛子遺址無可考惟市中有嘉靖間修橋碑載盛沈梅周十餘姓氏見梅氏藏一山八塘滙鎮溯源記　新纂

嘉善縣

風涇鎮　縣東北十八里舊名白牛村市元改爲鎮置巡司大清一統志宋賢良陳聖俞居焉自號白牛居士故以名舊爲市至元十三年立爲鎮至元志舊名白斗溪後名清風涇訛爲風涇柳志半屬華亭物阜民殷商賈輻輳嘉善章志元貢師泰風涇舟中詩白髮飄蕭寄短蓬春深杯酒意會同落花洲渚鷗迎雨芳草池塘燕避風烽火此時連海上音書何日到山中故人別後遙相望夜夜空隨斗柄東　明瞿佑過風涇詩雨餘新綠漲橫塘紅版橋

邊殘粉牆知是清明時節到鞦韆一架倚垂楊金景西㣲風逕詩白牛塘上酒旂中南北長橋卧綠虹烟寺晚鍾蕉葉雨水樓晴檻落花風衣冠文物聲名藹舟楫魚鹽利澤通東望雲間酬二陸舉杯南向酹宣公

斜塘鎮　縣北二十里西北之水皆滙于此一名西塘大清一統志鎮界永安遷善二鄉坤乾二水會於市南從巽斜流而出故名又名西塘亦名平川正統時從陶莊稅課局於此居民稠密向成市廛水鄉貿易者萃焉嘉善章志案大理寺卿胡檕將析縣命知府齊政相地齊欲定縣於西塘鎮有成議矣胡詢諸父老陶莊民袁顥方弱冠進曰最上論國計次論人情又次論地勢西塘僻處一隅非扼塞要會武塘海濱孔道郡之東藩地方有警可以扼抗又商旅往來民易成聚胡然之遂挾與偕行自嘉興東來先閱武塘四水皆直齊不甚樂及抵西塘見南北諸流皆會于文水漾召顥語曰國計民情爾言當矣如地勢何顥曰西塘二水雖合勢實傾邪武塘雖直勢

甚平正觀形者得其偽察理者得其眞古者太史覘土較輕重試等之優劣判矣胡命取兩鎮水秤之果武塘重遂定治焉

王帶鎮　縣東南一十里元有巡檢王六八秀巨貲招商因成市井遺址尚存鎮南元有姚莊市後遭兵火廢嘉善章志

陶莊鎮　縣西北三十六里去府城五十四里本名柳溪宋紹興中陶氏居此易今名元置巡司明正統十二年改置斜塘萬歷初廢大清一統志宋紹興中保義郎陶文幹自蘇徙此遂名陶莊初世家鼎峙橋亭相望南曰南陶莊北曰北陶莊今民居凋敝漸成村落嘉善章志元楊維楨陶莊詩

村落成行市井連日中雲集自年年刀錐有利圖衣食貿易無人索稅錢漁鼓畫橋楊柳外酒旗茆店杏花前陶家義塾相聞近教子何須孟母傳

千家窯鎮　縣西北一十二里民多業陶壓居聯絡三吳貿遷弗絕明萬歷時邑令章士稚設常平倉于此與風涇斜塘相埒嘉善章志

三店縣西十里張涇堰縣西北十里亦成十家之市嘉善章志案柳志首列魏塘鎮今爲縣治不並載吳志鎮之屬嘉善者四王帶斜塘陶莊風涇嘉善章志載有千家窰鎮又有三店張涇堰亦成村市並增入

海鹽縣

澉浦鎮　縣西南三十六里唐開元五年蘇州刺史張廷珪奏設舊志有鎮將吳越錢氏置鎮遏使以是土豪傑管領宋置鎮官監鎮稅兼鮑郎鹽場各設專官置水軍寨歲水軍百八戍守至元皇慶間宣慰楊耐翁居于此以巳貲廣搆房宇招集海商番舶皆萃於此居民貿易遂成村落後築城于鎮設千戶以守備焉海鹽仇志縣西南之水由此入海宋開禧初置澉浦水軍今湮塞大清一統志案海鹽圖經鎮大者曰澉浦有城置戍明陳善詩搆酒來從海上遊蒼蒼樹色望中浮林間梵唄天眞院空外闌干宣慰樓滄海接雲疑越嶠青山繞郭似杭州醉歸驢背饒詩興東海蓬萊鐵笛秋張甯澉川圖詩澉湖新漲碧瀰瀰湲奏駐高峰紫翠間拂曙烟雲蒼壓水過春桑柘綠彌山海門桴客浮何在石屋棋翁去不還欲趁蘭舟一登望杏林深處草堂間

半邏市　縣西南三十五里昔云半路有亭故名之今訛爲半邏計海鹽至嘉興七十里半邏乃路之半往來之人咸餉於此鄉民皆輻輳爲市焉海鹽仇志半路亭者漢施延賃作處延後官至太尉故成市鎮則半路亭始漢舊志云以縣至郡城七十里此爲路之半故名非也漢時郡縣未置於此或從長水至馬嗥城言之耳海鹽圖經 國朝彭孫遹詩十里寒塘水漫流蕭蕭蘆葉響空洲濃陰宿霧連朝雨柔艣輕帆半邏舟心事蹉跎王谷隱故人零落鄭田秋吟成猶倚危橋立惝恍沙頭雙白鷗

鮑郎市　舊有鮑郎浦宋元時置鹽課于此大清一統志縣西南三十五里週圍六里三十步又有鮑郎海鹽場舊傳黃巢爲冠時鹽令姓鮑者遣其子抗賊戰死故名鮑郎案南史孫恩作亂海鹽令鮑陋遣子嗣之以吳兵一千爲前驅劉裕以吳兵不習戰命之在後是夜裕多設奇兵廣置旌鼓明日賊過復發嗣之追奔陷歿則鮑郎之說蓋自南史矣海鹽仇志鮑郎者晉令鮑陋子與孫恩戰死後爲神有鸞公者見其形狀如二十許人請於梁武帝立廟錢塘江此地有浦舊入海通江乃其戰處也鮑郎場今俗名水閘埭海鹽圖經地名鮑郎者宋志云昔鹽場初開于此有鮑姓者鑿浦煮鹽遂名鹽法志

茶院市　縣西南三十六里唐開寶已巳錢武肅王至金粟寺敕賜茶院因名之海鹽仇志　案海鹽仇志及圖經俱載唐開寶已巳考已巳歲爲宋開寶二年云唐者誤又其時爲錢武肅王則是梁開平二年已巳也

沈蕩鎮　縣西北三十里曰沈蕩爲大鎮水四通列廛五六百家五穀絲布竹木油坊質店大賈往往雲集海鹽圖經

歟城　縣西十八里晉將袁山松築城以備孫恩洪武初置關隸海甯衛今廢海鹽仇志　明陳善詩水雲鄉在舊城西幾度尋幽醉不迷遙憶清虛樓上客洞簫吹徹海雲低　吳夔詩正值江天驛維舟在渡頭聊沽村酒薄還對月華浮水鳥銜蒼藹漁磴集遠洲生涯蕭瑟甚無地不堪愁

案至元志海鹽縣有甯海鎮在縣東唐天寶十年太守趙居貞置宋淳化二年移置近縣一里今廢圖經云元陷入海吳志海鹽市鎮四茶院半邏鮑郎澉浦考海鹽圖經沈蕩鎮爲大鎮歟城諸處俱列于市

平湖縣

白沙灣鎮　縣東二十七里距乍浦二十里自獨山稍折而東海勢一曲爲泊帆舊地明洪武十九年自廣陳墅移置巡檢司於此並築城週一里有奇今仍設巡檢司大清一統志

廣陳鎮　縣東北二十七里元曰廣陳鎮明初置巡檢司後移白沙灣大清一統志鎮之古廣陳爲最元時番舶至列肆於此故名廣陳與舊衙金山水陸交會襄通海潮其土如蟲齧木間飛潮于岸則黃茂不粒故堤防于唐久之沙湧海潮漸隔輪會不至居人寥落矣平湖王志

乍浦鎮　縣東南三十里與海鹽接壤舊有官河滙諸水入海吳越設鎮遏使南宋置水軍設統制領之元置市舶司洪武十四年自故邑城徙巡司于此改今名十九年改建千戸所築城九里又築捍海石塘聯絡雄峙二十六年增置水寨爲海道三關之一隆慶間革海口澉浦二關止留乍浦一關

國朝順治十七年所廢仍設巡檢司及守備雍正二年增設水師遊擊駐防五年又移杭州副都統及滿兵駐此九年改遊擊設參將道光二十四年改副將爲海口巨鎮大淸一統志　案康熙五十六年以嘉興府總捕同知移駐乍浦雍正六年又設理事同知番舶湊

集居民成市洪武初築城于此爲海濱一都會平湖王志詳城池

新帶鎮　縣北三十里鎮有中市東市西市花街上塘下塘饒魚鹽花布之屬平湖程志

蘆瀝市　縣東北四十里縣北之水悉滙于此大淸一統志東自松江南連秀州約一百餘里有大浦二十稱瀝浦者卽蘆瀝浦也平湖王志

新倉鎮　縣東北三十里今設白沙巡檢司分駐居水陸中道平湖王志蘆瀝鹽課司所兩浙鹽法志

靑蓮寺鎮　縣西三十里平湖王志

錢家帶　縣南一十二里吳志

徐家帶　縣北七里吳志

案大淸一統志平湖有乍浦白沙灣廣陳三鎮在縣東南東北袁志蘆瀝錢家帶徐家帶乍浦廣陳之外又有新倉新帶舊帶吳志平湖市鎮大蘆瀝錢家帶徐家帶乍浦廣陳新帶也平湖王志稱鎮者五廣陳乍浦新帶新倉靑蓮寺或盛衰之故今昔殊焉茲補列靑蓮新倉兩鎮錢徐二帶仍照吳志存之蘆瀝市王志歸鹽課今亦列入

石門縣

語兒市　縣東南隅隔運河三百步後均爲縣市矣縣市卽古義和市也至元志在縣東南一里近漕渠左三百步趙圖記卽今南高橋東沙渚塘崇德靳志　案至元志謂語兒市後均爲縣市柳志則云語兒市今廢石門鄺志于義和市云在縣北一百五十步卽縣後通衢至河盡今爲縣治于語兒市云在縣東南隅運河三百步卽今南高橋東沙渚塘明其先固爲二市也劉志袁志吳志皆云語兒市卽義和市今廢語未詳晰義和市今爲縣治亦未可云今廢也又語兒當作禦兒其名最古詳見建置又古蹟

石門鎮　縣北二十里春秋時嘗壘石爲門爲吳越二國之限或謂之石夷門唐上元二年劉展作亂遣其將張景超攻杭州敗李藏用將李疆於石夷門宋紹興中車駕往還卽驛建行幄又置榷酒稅務元置巡司明初分鎮之半屬桐鄉曰玉溪鎮由石門而北三十里達湖州之烏鎮北出吳江之徑道也大淸一統志民物阜蕃貿易尤盛柳志學士張伯滄尙書潘蕃俱顯于此崇德靳志明王守仁晚泊石

門詩風雨石門晚停舟問舊游烟花春欲盡惆悵遶溪頭王穉登石門曲採桑復採桑蠶長桑葉齊妾住石門東郎住石門西蠶成桑葉空門前青芒長一半織郎衣一半結魚網賣絲家復貧哭解紅羅襦將絲貫妾淚可得作明珠國朝顧贇詩昔年吳越地此處設王官戰氣千年盡悲風日夜寒采桑成白紵繅水出冰紈筐篚天家貢行人莫浪看

洲錢市　縣西北二十七里其地週迴皆水形如錢布故名宋嘉定中農劚地得石刻乃唐長慶初李公明葬母于吳郡嘉興洲錢之陽內有螭尾平底斗一枚是知洲錢之名甚古崇德靳志宋南渡初士大夫避地來寓者殆二十家建炎中宗室趙公不求子善應寓踰一紀生丞相汝愚于寺橋南之民舍紹熙中范令機扁其里曰生賢

石門鄺志詳見古蹟案靳志又列卜店市在縣東北十里元時卜氏家富聚而成市洪武初籍其家址存市廢今附識于此

桐鄉縣

皁林鎮　縣北九里本在崇德市南有寨宋建炎中徙此火燬明初常遇春破張士誠兵于皁林舊設皁林巡司及皁林驛後移驛于石門縣大清一統志皁林市巡檢司館驛麗便民倉在焉自立縣治此為噤喉之地居民夾運河成一雄市昔張士誠攻嘉興元將路成駐此禦之今鎮西尚有營壘遺址明啟禎間尤為蓄庶薄暮四方舟楫雲集張燈夜市成河路之要津桐鄉徐志元薩天錫皁林舟中詩春溪野鴨肥可射幽樹深陰叫山鷓遠人三月酒船過柳絮飛時杏花謝行行水竹上雲林往往人家或僧舍小官便欲賦歸來何處買山錢可借錢惟善早發莇門得風抵皁林詩白龍廟前風浪生扁舟初離闔閭城嬋娟霜月雁千里顛倒衣裳雞五更櫓答漁歌江入夢帆迎野色樹移程葦間何限秋蕭瑟愁絕胡笳出塞聲

青墩鎮　縣北二十五里唐置鎮遏使今有巡司與湖州之烏鎮止隔一水大清一統志梁昭明太子讀書此地太子為青宮故以青名昔吳越王戍兵于此又稱戍上與湖郡所屬之烏鎮夾溪相對民物蓄庶第宅園池盛于他鎮宋南渡後士大夫多卜居其地宋有鎮官監稅其繫銜曰監嘉興府安吉州青烏鎮稅舊經所載有草市凡四處元設武臣守戍明設石門稅課局于南柵幅幀四

逹八文曰起甲于一邑桐鄉徐志明高岳寓青鎮詩南亭橋下水無波獨客扁舟試一過撫景自慨佳句少思親還恨別情多東風燕子穿花語落日漁郎隔岸歌郤上高蓬望西北青山雲影共嵳峩國朝陸圻風雨過烏戍詩昨宵泊鶯脰今此近南潯四野寒烟重三江新漲深景陽曾苦雨子建亦愁霖何況停橈客鄉思淚不禁

濮院鎮　縣東十八里古檇李地在梧桐鄉前朝陽述為開國解元楊青為開邑甲科俱產于此宋景濂摘濮川八景繪圖賦詩桐鄉徐志案鎮西南屬桐鄉東北屬秀水互見秀水

石門鎮　縣西北二十五里桐鄉徐志案南屬石門北屬桐鄉互見石門

爐鎮　縣西北十里居民以冶鑄為業為縣北通衢大清一統志原名爐頭村古柞溪在清風鄉以冶鑄為業爐火不

絕故名路近官塘毋患盜賊然北鄙之輸納來縣者半由於此 桐鄉徐志

陳莊鎮　縣西北十里居民以竹器為業 大清一統志 舊陳莊村在爐鎮之西北四方貿易甚遠苕霅諸山貨竹者皆集於此 桐鄉徐志

屠甸市　縣東南二十四里舊名屠甸村在千金山商賈貿易亞於他鎮 桐鄉徐志 宋莫若沖屠甸詩偶然屠甸見浮屠為問屠中有佛無見說庖丁游刃在恢恢全不費工夫

案未分縣以前崇德縣之所轄者石門鎮皁林鎮靑鎮語兒市鳳鳴市洲錢市明宣德後鳳鳴市即為桐鄉縣治析皁林一鎮及石門鎮之半屬之其靑鎮仍分烏程之半濮院仍分秀水之半俱隸桐鄉爐鎮陳莊舊志不載今遵 大清一統志并列于鎮屠甸亦附入焉

嘉興府志卷四

嘉興府志卷五

嘉興府知府善化許瑤光重輯

橋梁

越絕一書外傳記地書亭書郭書塘而不書津梁故舊志遂以宣公橋為最著而以見於至元志者次之不知史記平準書已有天下郡國皆豫治道橋之文若禮記之謹關梁詩經之造舟為梁則更古矣第古橋架木易傾今橋纍石經久此今人勝古人處也吳地記謂吳郡虹橋三百有餘夸其多也茲考禾中又豈多讓志橋梁

府城 案城內雖屬秀水仍繫以府示有所統也其在城外者分嘉秀隸縣

瑞虹橋　在府治前

府後橋　在府後 又名驛橋見山川門

望恩橋　在府治西南三十步 以上至元志

燕餅橋　在府治西南三十步 至元志 一作蹲賓橋 嘉興何志 國朝朱彝尊鴛鴦湖櫂歌河頭時有浣衣人處處春流漾白蘋橋下輕舟來往疾南經娛老北蹲賓

藕行橋　在府治西北二十步 至元志

百步橋　在蓮花浜 袁志 一城外 宋張堯同百步橋詩 伊志案百步橋有二一城內志載在城內百步橋下誤又通志嘉興府下載有震橋西亭橋迎仙橋考三橋俱屬松江府通志誤引至元志載入今刪去

通濟橋　在春波門內一十步 秀水李志

贊福橋　在春波門西一百步

薦橋　在春波門西北半里以上至元志　明徐元春記嘉興郡城東隅去春波門可半里許有湖曰天星河之南築梁以通闤闠利徒行也名曰薦橋肇自宋景定間旁有雞鳴臺其石約長五尺廣半之俗傳有陳氏者薦祭餘之雞黍於其姑姑食暴卒有司欲置婦于法婦寃之命復豕雞享于臺所俄有蜈蚣盈尺者數十叢食于雞而雞忽長鳴乃知姑死之由婦寃始白故以名臺嘉靖己酉秀水鼇峯方侯莅政之明年適橋傾圮侯命鄉之約正副張鸞王愷勸率良善募材鳩工以新之逾月而橋落成嘉靖己酉九月

五柳橋　在嘉興縣治西又名慶豐橋大清一統志　宋孝宗登極因田禾一莖九穗改為慶豐明一統志　案今名西縣橋　宋陸蒙老五柳橋詩五柳先生倦折腰孤眠千載仰風標青山令尹頭如雪不厭朝昏過此橋

騰蛟橋　起鳳橋　在春波門西北半里

崔家橋　在春波門西北一里十步以上秀水李志

猪兒橋　在春波門西北一里

蟹行橋　在春波門西南半里

南縣橋　在春波門西半里以上至元志　案吳志作縣南橋

環秀橋　在春波門西北半里秀水李志　通天星湖袁志

滕家橋　在春波門西北一里秀水李志

倪家橋　在春波門西南一百步至元志

清軍館橋　在春波門西南一里秀水李志

湖橋　望湖橋　在春波門西北一里至元志

保安橋　在春波門西北一里十步秀水李志　康熙二十九年

嘉興府志　卷五　橋梁　二

國朝嘉興縣知縣樊咸修重建人呼樊公橋伊志　王庭記嘉郡古澤國其源自天目南承浙西諸水北達吳淞故郡西皆漕渠講水利為最急嘉邑屏郡左水由東環邑治包絡學宮支流滙澤委蛇曲折而通大河其間便農經遠若周禮合方氏有掌凡畎澮洼下溝坎曲窞則梁之俾熙攘攘者不至有褰裳濡軌之嘆此十月成渠經國者所不能不區畫也三原樊公來宰是土善政具舉邑治之北偏有保安橋故址歲久傾廢里人支一木而横水涘登臨者危之公曰是非所以為民便爰命掾吏倪國昌鳩工採石不數月而橋落成邑之人顧而樂焉羣曰是樊公之所締造也遂名其橋曰樊公志不忘也公諱咸修號慈東丙辰科進士陝西三原人

羅家橋　安祿橋　北營橋　在春波門西北一里半

大悲橋　在通越門北五十步以上至元志　案吳志作濟川橋

遇仙橋　在通越門東北一里

迴龍橋　在通越門内水西寺前

爽溪橋　在通越門内半里以上秀水李志

萬安橋　在通越門東北一百步至元志

寺橋　在通越門東北一里半至元志　乾隆五十八年里人重建伊志

廣平橋　在通越門東北一里

車欄橋　在通越門東北一里半以上至元志　道光八年里人錢聚文等募貲重建

紅橋　在通越門東北一里一百步至元志

韭溪橋　在通越門東北一里秀水李志

嘉興府志　卷五　橋梁　三

韭緺橋　在通越門東一里

顧市橋　在通越門東北一里半

福順橋　在通越門東半里

興福橋　在通越門東一里二百步以上至元志

興賢橋　舊名過軍橋在通越門東一百步柳志乾隆三十五年重建伊志

寶帶橋　在通越門東北

蓬萊橋　北資橋　在通越門東南

楊公橋　在通越門東南一里半以上秀水李志

范蠡橋　石灰橋　在澄海門內

張公橋　在澄海門東北一百步

營橋　在澄海門北一百步以上至元志

炒麩橋　在澄海門西北一百五十步至元志　裴休女名祖貞捨基創庵名炒麩橋亦由名橋李詩繫

南石橋　史家橋　在澄海門北二百步

婁家橋　醋坊橋　在澄海門北二百步

蔣家橋　在澄海門東北二百步

蓮花橋　在澄海門北半里

紙行橋　在澄海門東北一里

磚橋　在澄海門西北一里伊志案改名太興橋

竹絲橋　在澄海門北一里

毛家橋　一名熙甯橋在澄海門東北一里

蔡十郎橋　在澄海門西北一里三十步　國朝朱彝尊櫂歌酒市茶寮總看場金風亭子入春涼俊遊改作烏蓬小蔡十郎橋低不妨

三板橋　在澄海門東北一里五十步以上至元志

楊公橋　在澄海門西北一里五十步至元志　楊公港有太守楊公祠祠前有楊公橋越圖記

斜橋　在澄海門東北一里五步至元志　乾隆五十九年重建伊志

烏盆橋　屐鞵橋案吳志作履鞋橋誤　丁橋　在澄海門東北一里半至元志

泉安橋　在望吳門南二十步柳志　北有倉橋府縣倉在其兩涯越圖記

倉橋　在望吳門內秀水李志

北寺橋　在望吳門東南三十步至元志

孩兒橋　在望吳門南一百步至元志　嘉禾北門有孩兒橋橋欄四角皆石刻孩兒因名歲時既久遂出為怪或夜出叩人門戶求食或月夜遊戲於市人多見之有膽勇者至夜密伺果見三四石孩兒徐徐自橋而下遂大呼以刀逐至其處斫去其頭怪遂絕閒窗括異志　國朝朱彝尊櫂歌女牆

宮柳過啼鴉小閣臨風卷幔斜笑指孩兒橋下水雨晴漂出滿城花

香花橋 在望吳門南半里至元志 明吳鵬記香花橋狹且峻久漸圮壞人跡所經值風雨夕墮河死者不知其幾予家與橋近每聞而憐之今年春正月道人王左居民祝賜等相與倡議募工重修其捐濟之惠四旬橋乃成視舊稍平坦闊加尺餘可使行者無風雨患

安樂橋 丁家橋 在望吳門東南半里至元志

菩薩橋 在秀水縣治東橋李詩繫

集家橋 在望吳門南二百步至元志 一作習家橋又名藉架橋吳志 竹鄰里元陳秀民所居藉架橋在其東北曝書亭詩註 國朝朱彝尊櫂歌藉架橋上水松牌白石登登鴈齒階曾記小時明月夜踏歌連臂竹鄰街

船場橋 在望吳門東南一里至元志 案吳志作禪杖橋 宋汪莘秀州船場橋玩月詩鴉聲欲斷雉聲起柳眼已青桑眼黃故鄉春事正如許春事只緣思故鄉

水纂橋 在望吳門南一里至元志

天慶橋 在望吳門西南一里半秀水李志

朱鋤頭橋 胭脂橋 陸家橋 鍾家橋 通觀橋 明順橋 俱在望吳門西南一里至元志

局橋 在望吳門西南一里半秀水李志

孫師孃橋 在望吳門西南一里半至元志 道光九年訓導孫光照重修 案至元志錄事司下尚有邵塿橋戴公橋廣濟橋吳志尚有召公橋杜家橋顏家橋均未載明坐落附存于此 以上伊志

凝德橋 廣道橋 在治西南楊柳灣嘉慶年里人陳振聲延聲修

正義橋 興仁橋 在楊柳灣嘉慶二十四年建

蓮花橋 在興仁橋東道光十二年里人張健齋修

大慈橋 在治西一里道光十五年里人沈攀桂修

騰蛟橋 起鳳橋 在府學前道光十七年里人陳宗柏萬福建 以上于志 案現在府城各橋間有名目互異者時遠年湮字跡漫漶所以府城圖不能悉合

嘉興縣 城外

宣公橋 在縣治東一里跨月河上大清一統志 相傳為陸宣公建橋李詩繫 宋陸蒙老宣公橋詩當時倉卒倚鴻籌若白甚封萬戶侯陵谷已非家世遠畫橋依舊水東流 明高登第詩沙隄久沒水無聲一道飛虹接郡城兔苑已荒當日草獨留千古相公名

熙春橋 在縣東半里柳志 今名衙前橋一名牙前橋南境為放生坊嘉興湯志 明嘉靖中重建萬歷初孫簡肅公募新之嘉興何志 明萬歷間重建牙前橋記我禾百貨所萃莫盛於郡城東隅販碑之家操奇贏以化居遠近歸市者肩相摩而趾相錯也南北阻一衣帶水駕橋如虹名曰熙春又曰牙前往時甲寅之歲燬於兵燹令君胡公捐貲重建迨己卯孫簡肅公勸募一新之今又歷三紀而日就傾圮里中父老募財鳩工制不拓於昔而甃石懸磴較壯且固焉是役也始事於癸丑十月落成於乙卯八月 光緒元年重建

春波橋 北境為北板坊嘉興湯志 明徐柏齡春波橋夜坐詩桐風射腳竹露濺拂琴展簟長簷下夜深不語復不寢開門踏月傾老瓦橋橫悄卧羣驄心清夢牀頭詩人假城頭壓水片壓城霜寒更點鼓全啞深情掩閣且自問銀月窺帷燭臺俺國朝杜致遠詩平橋流水故依然塔影崔嵬直到天驛路花飛三月暮江城春煖萬家烟青細圖史烟霞窟白鬖山林嘯𢿙年尚有薄田堪種秫未須料理杖頭錢

嘉慶二十一年里人鄭枚等重建于志

七星橋　在春波坊嘉興湯志　國朝朱彝尊櫂歌風檣水檻盡飛花一曲春波瀲灔斜北斗欄干郎記取七星橋下是兒家　嘉慶十二年里人謝震榮曹玉衡重建

虹橋　在縣東二里柳志　案有大小虹橋

江家橋　北埭爲北坂坊嘉興湯志

壽榮橋　在縣東二里半柳志今名新橋嘉興湯志

永安橋　南埭爲春波坊

猪行橋　西埭爲春波坊以上嘉興何志

放生橋　在縣東南三里柳志　案放生橋有二一名大放生橋卽古之由拳基也道光十六年里人倪灋沈攀桂等重建一名小放生橋

天馬橋　在縣東一里半柳志通宋參政呂鳴植宅宋史云淳熙初秀州呂氏家冰瓦有文樓觀車馬人物並蒂芙蓉重荵牡丹長春萱草經日不散卽此明一統志又名西馬橋西北爲宣公坊東南爲王家坊西南爲放生坊嘉興湯志

駟馬橋　在縣東一里半柳志呂太常慤以鄉民入市艱於跋涉因建此橋取乘駟馬車之義鄒志今名東馬橋南埭爲王家坊嘉興湯志天啟二年里人倪繼宗修嘉興何志　伊志　案吳志以天馬爲東馬駟馬爲西馬誤

奚家橋　東埭爲常豐坊嘉興湯志嘉慶元年重建伊志　里人有記云至元志稱吾家或稱余家至明李太僕日華輯邑志奚家之名始著　案奚家橋亦有二

潘家橋　在縣東一里二百步柳志

指南橋　一名放生橋在東塔寺前放生池上嘉興湯志

瀛塘橋　北埭分屬秀水嘉興湯志自漕渠北折而東爲松江平湖嘉善孔道明隆慶間重建嘉興何志　孫植瀛塘橋記郡城東五里水自漕渠北折而東舊有橋名瀛塘以石架木爲梁上甃之甎歲久傾圮往來病涉隆慶辛未居人募欲修之工費不支通守九山陸君甫下車以職在水利視溺猶己請于餉兵憲使暘山莊公議改建築高爲環洞用圖久固踰年橋成高若干尺廣五十尺上施欄楯履若周行運漕商旅舟檝上下通道無阻君諱穩滇之趙州人

吳涇橋　在縣東七里至元志

雙溪橋　在縣東七里合武塘漢塘二水故名柳志

會龍橋　雙溪南瀦漢塘東注當湖水勢浩渺明嘉靖間里人張淮鳩工于溪東創建一橋郡守郭公名之曰會龍萬曆末里人錢周錢福徵相繼重修嘉興何志　明屠應埈序略嘉之水自天目而下北達具區東迤爲雙溪溪中平沙屹然水折而支流東南爲漢塘又東爲當湖議建橋溪東據涉爲固憚巨費輒止嘉靖甲辰萬戶張侯徵材鳩工經營偉構不逾歲橋遂成郡伯平川郭公名之曰會龍橋應埈常經始茲議樂觀厥成迺爲之銘張侯名淮字達之世居雙溪里錢福徵重修記先君巨源公諱周矢願修葺會先君疾篤橋功暫停乃絕而復蘇連呼造橋者再福等勉遵遺命竭力營構鳩工於三月己卯告成于九月庚子崇禎二年己巳范言會龍橋成贈張揮使詩碧蝀連天起蒼龍駕海迴亦知題柱手原有濟川才萬里風雲合千年日月開行人懷令德歌頌滿江隈

通濟橋　一名永福嘉興湯志

常豐橋　在縣東九里至元志 徐春記白蓮講寺瞰乎雙溪水流甚駛衝齧寺前之塘行者病之寺之坤方有常豐橋故塘以常豐名舊惟土築易至傾圮宏治三年寺僧靜中奉水利道伍公鳩工築以石

塘橋　成化間王店鎮西塘橋傾圮病涉王彝捐貲建石橋以渡聚善傳芳錄 國朝繆綏武梅花溪踏春詞菱似餛飩分外鮮腰稜兩角玉湖偏西風吹勁枯桑落泊遍塘橋換葉船

東環橋　元至正間修梅里志 康熙十二年重修一名衆安橋伊志 國朝王庭周篔俱有記又李鏡記梅里泣長水之東其水自天目經歷數邑而至甯之峽川自峽川而北至禾郡計程六十里皆長水也梅里之市南向挾河而成聚河即長水分注由市而東入于鹽塘北趨于郡之南湖市中南北往來之梁凡石築而以環名者凡三焉河之形直而且紆遞東則遞迤乎南最東市杪有地突出以捍河之衝者曰梅溪滙焉東口環橋距滙不遠溲者尤藉此捍衞以蓄之誠彼此關鍵之要樞也比歲葺而新之于橋之下得鐫石爲元至正間物盖記橋所自從也

萬安橋　在縣南三十七里柳志 即東闌干橋梅里志

斷橋　在王店鎮一名梅溪橋伊志

五兒子橋　在里東七里橋南有村曰馮村朱太史彝尊曾居此梅里志 國朝楊謙詩五兒子東練浦西詩人朱十此曾棲籬根繫纜一相訪茅屋荒村報午雞

登雲橋　在縣東南三十四里柳志 康熙六年知縣梁沖霄率里人陳聖謨等捐募重建嘉興何志 梁沖霄記禾郡之東曰新豐鎮其地向有巨橋三中曰中塘右曰妙峰左曰登雲蓋自元至正間創造明萬歷時圮邑人顏公經營重建無何復欹於是父老合辭以請上官咸是其言亟令鳩舉是役始壬子秋訖丙辰冬五歷寒暑而橋成中洞廣四丈一如舊制準漕艘之高下左右二洞各廣二丈蓋舊制所無今增設之所以殺水之湍激也

天打橋　在長水塘東南世傳有孝婦夢神告之曰天欲誅汝來朝果雷雨婦恐驚其姑走至橋受誅天感其孝僅擊碎石因名天打橋鄒志

妙峰橋　在縣東南三十里明成化六年里人金景瑺居世英等重建嘉興何志 沈湄記新豐嘉興郡治東南巨鎮長溪界乎中曰漢塘舊有橋曰妙峰歲久傾圮民病涉有年矣鄉之鉅姓金景瑺居世英輩相與謀各捐貲首倡復推本庵比邱如廣泊淨相比邱永繼佐理其事遠近莫不興起不閱月錢以緡計者凡若干舊制低矮乃宏其規模中下環石爲洞壯麗堅固往來者皆免跋涉之患經始于成化五年十月落成于次年十一月

妙和橋　在縣東南三十二里柳志 道光間里人周瑞春重建于志

和平橋　在縣東南三十五里柳志

通濟橋　在縣東南四十里柳志 俗呼寺橋萬歷已未里人陸夠朱邦俊徐堯儒重建嘉興楊志

太平橋　在縣東南五十四里柳志

北郭橋　在新行鎮久圮嘉慶三年里人募建題曰迎龍

南星橋　在新行鎮嘉慶五年里人張起也等募建以上伊志

梯雲橋　在縣東三十里柳志

十八里橋　在縣東十八里乾隆二十四年僧絕塵勸募

重建伊志 錢成羣記略乾隆十八年冬絕塵禪師爲予言郡東十八里有橋跨塘凡居民貿易悉由斯橋自傾圮以來往來燗絕土人設舟以濟多覆溺虞絕塵憫之發願力以募衆善築橋還舊觀以便行者乞爲之引予亦心知斯役之不可已也迺允其請三年橋成 明高承埏十八里橋詩野外官橋斷溪邊綠樹層入家多酒市風俗但魚罾問渡爭編竹聽歌雜采菱晚來飛雨過半逕夜船燈 國朝張日華十八里橋歸舟詩漢塘十八里歸艇指津橋素髮吟邊短青林別後凋竹深知近舍溪曲更縈橈鄰叟來相問歡言慰寂寥

東橋 在縣東四十里成化間御史姚綬建於舊居之東故名柳志 明姚綬與鄒汝平東橋留別詩載酒雲東第一橋南風吹雨竹蕭蕭未酬詩請匆匆去相送仙舟有暮潮

徐婆橋 在縣東南十九里柳志乾隆四十九年重建伊志重建徐婆橋記浮屠普周居石龍橋庵有年平生以修橋葺寺爲急務時徐婆橋傾圮堪虞偕其徒勝千擊柝勸募於甲辰二月起工即於六月告成攷徐婆係有宋時人身居闤闠樂善好施以建此橋當時之記與不記杳不可得乃垂名久遠有由來矣

鄰橋 嘉靖中里人周智建嘉興湯志 明王道記略鄰橋鄉耆周翁所建也李家堰即橋故址橋下之水本漢塘餘派塘由楊涇而北迤邐而東結局於元巷村蓋是堰與橋圮而居民蕭然行旅病涉翁惻然計之願以田四十畝轉之人以營橋迺構石平橋一所不數月淫雨驟發而橋圮翁復爲石圜橋夫圜橋之視平橋其功滋難其費滋甚而翁益勵嶅出所有勉期畢業即古好義者不是過也翁名智字文明鄰橋其別號也橋既成鄉之人不忍沒其功因標爲鄰橋云

鶴道橋 在徐家墳後嘉興何志

復初橋 在縣東南三十二里柳志

往生橋 在縣東南三十五里柳志乾隆五十年重建伊志重建往生橋記郡東五十里有淨土寺寺前有橋曰往生西通新行東達平湖界 國朝康熙二年寺僧重修至今百有餘載歲久頽圮里人謀諸寺僧廣爲疏募經始於乾隆五十年三月落成於是年十一月

欈李橋 在縣治東五十里入平湖界欈李詩繫 明王穉登欈李橋步月詩澤國菰蘆色星橋欈李名亂風丹染寺高柳碧縈城月白虹霓卧天寒駟馬行越姬歌並起一半採蓮聲

萬程橋 在縣東白馬堰市明嘉靖庚申義商曹暘謀建橋於南津乃倡捐鳩工三年未成曹恥之遂抱石沉水衆驚援之徽商程沂韓應鯉等咸激於義各捐助不一年落成嘉興何志 馮汝弼有記

衆懽橋 在縣東南三十四里柳志

竹林廟橋 在縣東南三十二里柳志萬歷十三年里人胡天秀高文登重修嘉興何志 高文登爲記 天啟五年里人趙長明等重修高道素爲記 國朝康熙三十六年里人沈國禎等重修伊志

吳家廟橋 在縣東南三十八里柳志同治間里人重修

慶善橋 太平橋 横坳橋 在新豐都嘉興何志 明高道淯記新豐市西南慶善橋崩行者股栗許君惺涵里之長者叩予以請予曰此善事亦先志也敢勿盡力不三月而橋成惺涵復過予曰向有太平橫坳二橋俱頽廢此利涉而彼望洋仁人忍乎予亦傾囊重建非惺涵終始經營安得速竣如是時天啟壬戌歲也

焦山門橋 在永豐都嘉興何志 明馮汝弼漢塘紀事嘉靖四十年十月余行自漢塘至郡城忽風雨大作見兩涯斷岸泥瀣牽挽徒涉者溺水相繼余不忍見也歸辦竹木甎石沿隄修築五十餘里

十餘年來時圮時葺恐不能爲長久計于是蓄料鳩工
修建石梁木梁三十二座修築石堰土堰一十五處若
其未備不能無望于同志君子

香花橋　在縣東南四十里柳志

七里店橋　在永豐都嘉興何志吳王闔閭傷將指還卒於陘去檇李七里俗稱七里店橋本此學易堂二筆

秀水橋　馬洪塘橋　在永豐都嘉興何志

白苎橋　在縣東一十里跨於苎溪柳志俗呼堰橋吳志道光七年里人朱澄等修于志

薦涇橋　在大彭都嘉興何志

國界橋　在草蕩即古吳越戰場有國界橋在濮院之南梅會詩選注　國朝繆綏武詩蕭疎兩岸荻花齊荒草淒迷日影西行過野橋分國界朔風猶聽馬酸嘶以上伊志

鹽倉橋　在東門外順治八年建

鳳喈橋　在治東南三十里永豐鄉咸豐八年里人吳家駒徐東煌等募建

漢塘張家環橋　距城十八里道光十七年里人錢青選施集義姚大椿募建

魏塘夏滙環橋　距城二十四里道光十九年里人施柳塘莫令儀愼鶴洲鄭濂募修以上于志

曹郵涇橋　在永豐鄉元至正九年建

虹橋　在治東南三十二里元至正二十四年建　國朝咸豐間重建以上新增

王家橋　太平橋　北板橋　俱在東門外

壽三朋橋　茅橋　蕭老橋　俱在里仁鄉

楊思橋　在里仁鄉道光十年張邦材周際唐張兆柟募建

甯壽橋　環碧橋　興隆橋　塘耀橋　在新豐俱里人袁汝嵩修建

范公廟橋　在里仁鄉今圮

魚滙橋　治東南五里道光十四年里人沈攀桂修

福生橋　治東三十里道光十七年里人陳宗柏修

張家橋　治東十五里道光十二年里人施瑞敬修

下滙橋　治東北二十里

黃泥橋　塘河橋　在新豐鎮嘉慶間里人周瑞春建

登青廟橋　衆勝橋　華家橋　空廟橋　菴橋　王家環橋　在新豐鎮道光間俱里人周瑞春重建

大中橋　在新行鎮道光八年重建

鍾駟橋　乾隆五十一年里人袁在山修

石觀金橋　沈百戶橋　惠安橋　北庄橋　念梁橋

汪洞橋　俱嘉慶間里人袁在山重建

青雲橋　在北板坊道光十五年里人沈作霖陸震建
聚奎橋　道光八年里人計瑞齡王桂芬建以上自王家橋起至此俱見于志
秀水縣城外
北麗橋　在縣北二里望吳門外相傳秀水在橋東所謂天和景明則水漾五色見者多獲福利者也趙圖記順治中知縣孫繼儒重建乾隆四十三年修秀水任志知縣潘安智記嘉禾古稱澤國環城皆水城之西北屬秀水境西引餘杭北距震澤為漕渠孔道其在望吳門外者以臨坎位為北麗橋自順治間知縣事孫公繼儒重建後距今有數十年日就傾圮歲丙申前令張公圖南首捐俸召紳士勸募重建丁酉春余奉調受秀篆諸紳士即以是舉請因詳請上憲擇日鳩工闔邑好施之士皆同舟共濟不

煩敦促而工竣咸豐末燬于兵同治七年知府許瑤光率邑紳重建
端平橋　在縣北三里至元志
百步橋　在縣東北三里道光十六年僧亮週募資重建于志橋之北又有小橋
涇橋　在城北十三里吳王闔閭與越戰傷指還卒于涇即其處志伊俗呼金橋明許恂如涇橋詩涇橋蜿偃控龍湫涇水遙連笠澤流回首闔閭遺恨處半規新月似純鉤
九里橋　在郡城北十八里光緒二年重修
小三里橋城北二十四里延年橋城北二十四里半萬安橋城北二十六里半俱光緒二年重修
長虹橋　在城北二十七里王江涇跨運河康熙五年知府王鑛率里人朱麟世張應麟重建秀水何志嘉慶十七年里人唐秉義謝丕勳陳嗣昌募資重建于志
閭店橋　在城北二十七里道光七年重建
小新橋　在城北二十七里
小洞橋　在城北二十八里
西麗橋　在縣西南二里通越門外咸豐末燬光緒二年知府許瑤光請帑重建
頭筧橋　在城西十二里光緒二年重修

談家橋城西十三里三筧橋城西十四里迎龍橋城西十五里頭洞橋城西十六里縵家筧橋城西十七里俱光緒二年重修
何家筧橋　城西十八里光緒二年重建
老娘筧橋城西十九里陶家涇橋城西二十里戴家筧橋城西二十一里岳廟筧橋城西二十二里俱光緒二年重修
萬壽橋城西二十四里觀音橋城西二十七里光緒二年重建
張搖渡橋城西二十八里南新河橋城西二十九里光緒二年重修
甘棠橋城西三十里彌陀橋城西三十里半道光十二年里人沈攀桂募資重建光緒二年重修
三家筧橋城西三十一里光緒二年重修

正家涇橋 城西三十三里 道光十四年里人沈攀桂等募資重建

光緒二年重修

以上跨塘沿塘各橋俱驛路 知府許瑤光修建秀石桐沿河跨河各橋碑記 嘉禾澤國匪橋不通其由杭而石門而桐鄉而秀水以達於蘇境沿河跨河之橋關繫文報商旅往來爲尤切緊自吳越啟土漢魏築塘前建後修日積月累更數千百年以至今日七邑橋梁名登志乘者三百八十有三締構經營蓋不知幾費民財國帑而始克臻此矣咸豐十年郡縣先後被陷匪徒四出擄掠邨墟野渡之小橋平橋居民自斷以遏賊路其沿河跨河者賊懼兵衝悉力毀之或聚木器於環洞中焚而使之自裂爲所欲爲可謂橫矣逮同治三年大兵雲集環攻郡城賊無去路悉數被殲蠢哉亦卒自困矣克復以來閱時十稔官勸民捐亦有修建而瘡痍之餘財力無幾不能悉舉於是架木支石以濟目前乃日炙雨淋朽腐立見朔風冷雪傾滑堪虞行旅之人有嘆息者十三年春巡撫院湘鄉楊公石泉奉命大閱由吳興繞蘇境蒞禾顧謂瑤曰

大川之上必有涂所以通車書也川涂滙處斷處必有津有梁所以濟不通以利涉也粵匪猖獗梗塞我道路焚毀我橋梁使宇宙之氣脈不聯不貫上下苦之今王道砥平天下一家百姓須由庚之樂而雪上來柳往厲揭多艱興梁之政未修使民病涉能無恧焉茲者吳中連歲豐稔算緡有餘可以借支撥用所有嘉興沿河跨河各橋其一一勘估之不可再緩瑤曰唯退卽具舟於三月朔日會同嘉興舉人石中玉程瑞生并率西水驛丞李寵桂由北路王江涇長虹橋起轉折而繞郡河逾桐鄉石門至德清界之安樂橋止往返六日而量高測深之度之分別其緩急劃明其段落請以秀桐之工責瑤石邑之工責知縣余麗元各職各事而以候補知縣汪肇敦襄之具文以報光緒元年巡撫院據情繕摺聲明嘉興府知府許瑤光勘明秀水境內應建橋二應修橋二十二桐鄉應修橋七石門應修橋二十五合經費洋銀二萬一千圓又錢三萬四千貫有奇借釐金以動撥等因具奏正月二十六日奉旨允准於是采石於吳縣之木瀆購椿木於平湖之乍浦祀土開工分年遞辦續又拆建桐鄉登雲橋費洋銀七千二百四十二圓并請發節省椿木經費洋銀三千四百五十元塡修塘路均於元年春經始三年夏告竣經軌以通斥堠相接坦坦蕩蕩無偏無陂爰爲文樹石記之且爲之記曰人世之治亂河山之通塞關之朝野之安危道路之夷險卜之橋梁之始建也其閱歷經數朝而毀之止一旦甚矣成難而敗易也至今日之修復也糜釐金六萬有奇竭人力兩年有餘祗能畢秀桐石三境之工而旁邑未遑兼顧甚矣事鉅而費艱也能知其艱與難乃可以挽既倒之瀾而奠磐石之安幸無徒高車駟馬以自耀其赫赫之觀愼旃

五龍橋 在縣南二里運河所經 大清一統志明范言記郡城之南故有鴛鴦湖湖分東西隄其中爲橋曰五龍五龍者五龍之神立祠龍淵代著祀典顧其地延袤不數里天目諸水東注之夾谷諸水南注之夏潦秋霖湖不克受奔潰衝激往往坼黿鼉之窟而撼虹霓之勢又橋密邇公庾度支輸輓國計攸重匪直民間車馬擔負之藉而已比歲橋漸傾大司空趙公文華奉命督兵堂構茲郡迺諗于衆曰湖豈徒勝哉橋之亦足以示險阨也捐俸二百金撤而新之 道光八年里人萬選青

修志于同治七年知府許瑤光重修光緒元年又修

漈波橋 一名雙湖橋在縣南二里半

衆德橋 在縣東南二里 以上柳志

日陽橋 在縣南二里半 秀水李志

長生橋 在縣南三里

潘家橋 在縣南二里半 以上柳志

跨塘橋 在縣南跨鴛湖上 大清一統志 宋陸蒙老跨塘橋詩 路接張涇近塘連谷水長一聲清鶴唳片月在滄浪

山家橋 在縣南四里 柳志

澄海橋 在縣南二里

米市橋　在縣南三里以上至元志

吳老橋　在縣南二里一十步柳志一名娛老秀水任志國朝李良年詩金陀坊曲水層波吳老橋邊春草多倘識漁舠清唱好朱三十五舊樵歌

石灰橋　在縣東北三里半又名日暉橋秀水李志伊志案至元志石灰橋在澄海門內自元末重築府城縮其西南隅遂劃城外前志仍載城內誤道光五年里人沈摯桂募貲重建

楊家橋　在縣南三里

竹橋　在縣西三里柳志

秋涇橋　在縣東北三里半一作迎春橋柳志明崇禎初修建秀水任志國朝朱彝尊櫂歌秋涇極望水平隄歷歷杉青古閘西夜半嘔啞柔櫓撥亭前燈火落帆齊

柵堰橋　在縣西北二里柳志乾隆三十年重建改名萬壽橋伊志同治四年重建

月河橋　在縣東北秀水任志乾隆四十一年重建伊志

鉏家橋　在縣東北三里望吳門外道光間里人集貲重建

隆興橋　在縣東北六里塘滙鎮乾隆三十八年重修伊志

秀城橋　在縣東北二里望吳門外道光六年重建

大德橋　在縣北七里

里仁橋　在縣北九里名九里滙道光八年里人錢茂華仲井田募貲重建于志

三元橋　舊名春麗橋張天柱改建吳志

桃花廟橋　在澄海門外七里世傳里人多種桃名桃花里橋亦由名鄒志

壽香橋　城北王江涇有射襄橋俗訛為壽香橋卽射襄城故址伊志國朝朱彝尊櫂歌跳地垂楊絮未飄蘭舟上已祓除遙射襄城北南風起直到吳江第四橋

通濟橋　彩東橋　彩西橋　在王江涇西乾隆十八年里人蔣大紳創建三橋幷築隄以便行路鄉里德之蔣字彩如遂名其橋伊志

問松橋　在縣南三十六里新塍北柵古傳南軍殺伐至此問松樹云前不可去已松為點頭橋亦遂斷軍不得渡而止故名明許恂如問松橋詩垂虹蜿蜿水溶溶聳壑驚看百尺松忽解點頭軍散去論功應晉大夫封

餘慶橋　在縣南三十里宋天聖五年餘慶大佛寺僧文受建故名正統初僧智圓重修以上鄒志

大全橋　舊名渡船橋在十景塘內元至元間濮氏築莊匯東因建此橋

平橋　平橋有二在香海寺東曰西平在翔雲觀東曰東

平平分二勝故名今東平止存橋址

濮九孃橋　濮院元濮樂閒所居有濮九孃橋在十景塘西濮旱寡守節捐貲築橋故名　國朝朱彝尊櫂歌春絹秋羅軟勝緜折枝花小樣爭傳舟移濮九孃橋宿夜半鳴梭攪客眠

大有橋　大德橋　大積橋　三橋在秀水桐鄉交界皆元時濮鑑建今大有仍舊名大德呼廟橋大積俗呼新橋

興龍橋　明嘉靖三十一年里人竇兒泉重建明呂穆記嘉之長水鄉在郡之西南鄉之南為濮院東隣硤石西據陡門中有橋名百公近改為興龍其創也莫知所昉迄今嘉靖三十年傾圮殆盡見泉竇君捐貲鳩工始于仲冬畢於孟春是役也其材取諸自勤之積而不勸里人之一錢其工取諸傭食之夫而不勞里中之一卒竇君誠仁人哉誠義士哉

大通橋　一名陡門橋明嘉靖中濮文貴建伊志今燬

迎春橋　在陡門塘南乾隆五十七年僧濟如同里人戴秀章等募貲重建

圓滿橋　在陡門塘北濮文貴立願建十二橋此為最後故名以上伊志

日新橋　在新塍市中道光十二年里人王承勳閻人黃澧等集貲重建

震龍橋　在新塍東柵嘉慶十八年里人許汝賢修

歲元橋　在新塍南柵嘉慶十三年里人李壽芝修

青龍橋　在新塍鎮後嘉慶十一年里人金錩重建以上于志

福緣橋　在南門外嘉慶間里人姚文明修

延年橋　治北二十二里道光十一年里人沈攀桂募建

三里塘橋　治北四里道光十七年重建

放生橋　道光十年重建

塘橋　在太平坊道光元年里人朱春鏵等募建

烏橋　在太平坊道光五年里人朱雪門募建

張家橋　在北門外鉗黃圩嘉慶二十一年里人吳沛然張殿升朱獻吉募建

渡附

義渡　在石滙嘉慶二年里人方昇設並捐田九畝二分濟經費以上俱見于志

嘉善縣

熙甯橋　在縣治西大清一統志俗稱賣魚橋跨佐子塘嘉善章志宋熙甯間建　國朝康熙壬子邑人柯維禎郁喬郁廣重建嘉善崔志

永豐橋　在縣東一里明隆慶六年醫生錢曉重建俗稱東亭橋跨西莒蒲涇口後陸鳴重修伊志　國朝同治四年錢錫圻又修

青龍橋　書院前青龍橋本名通濟橋萬歷間改稱思賢

橋因書院也以上嘉善章志　明孫一元青龍橋詩石梁無病涉杖履時相逢昔聞橫空霓今見跨水龍　倪璣詩萬里乘風雲遠跨滄江上野水映長衢行人自來往

典賢橋　在儒學東舊有文亨橋嘉靖二十八年圮萬歷二十四年知縣章士雅重建嘉善崔志

梅谷橋　在縣東一里柳志今爲城濠板橋江吉建吉號梅谷故名嘉善章志俗呼江家橋嘉善崔志

吉祥橋　在縣東一里柳志元至正間有張巨山者貲雄一鄉生子曰巨森年十八喑啞不能言有僧募緣建橋過其家巨山紿曰問吾子欲何爲僧即詣其子問忽應曰此橋吾家當獨成巨山喜乃捐貲建橋名曰吉祥巨森由是能言倪志嘉善　正德中朱袞重修嘉善章志　明孫詢吉祥橋詩架海爲梁事若何分明神劍斫蛟鼉光涵半璧初三後影破連環二八過玉蝀橫秋消宿雨金猊噓霧散晴波憑誰移向高空外借與天孫夜渡河

章典史橋　元至正間建嘉善崔志

康濟橋　一名新橋又名羅星康熙中僧自修募張坦助建吳志

見龍橋　在南門外濠上萬歷二年知縣李仕華建嘉善章志　明盛唐記嘉善號澤國環城皆水各門俱有木梁通往來獨南門外則大通渠也商賈帆檣旦暮鱗集達官貴客樓船金鼓相望衢徹易圮屢修屢易歲甲戌邑侯李仕華來莅茲土邑人以病涉告公蹙然乃召居民徐鶴田軾沈林錢汝山四人親賜卮酒俾任厥事以耆老王子行董率之募鄉人之好義者殫力協濟由是士庶欣然各資以助事始於秋八月朔至明年正月落成於是居民咸曰橋成公之惠也盍命之名以識不忘乃刻曰見龍橋橋之側濬井一曰龍泉井蓋公號龍田也

登豐橋　在便民倉前俗名大倉橋明景泰四年建嘉善倪志

富民橋　在太平倉前柳志今名小倉橋明成化五年建今移造玉虛道院前嘉善崔志

大通橋　明萬歷三年重修嘉善章志今名北亭橋吳志嘉慶六年里人孫仁煥募貲重建于志

瑞安橋　俗名西跨塘橋在西門外東瓜河明宏治十四年重建嘉靖中重修嘉善章志　國朝咸豐六年里人蔣希賢等又修

華嚴橋　在北門外俗稱虎塔車橋嶲李詩繫明洪武三年陸安三建宏治中諸政重建嘉善章志　明孫詢晚泊詩黃昏溪上寂無喧漁艇歸來競後先風偃荻花欹醉笠雨昏江樹溼炊烟囊頭綠蟻時時滿船尾金鱗箇箇鮮不似姑蘇愁絕夜烏啼月落曉霜天

會龍橋　在西關外南跨城河康熙十一年重建伊志同治七年里人查炳年等集貲重修

福星橋　在跨塘橋西福星庵傍舊名興濟順治十四年里民陳昱募修以上嘉善崔志

界牌橋　在西關外三里許秀水交界康熙間知縣莫大勳建嘉善戈志

談公橋　在神仙宮西談氏所建

東林橋　昔有東林庵故名今俗呼石灰橋

連翠橋　俗呼北界涇

步雲橋　在三店右明成化十四年沈鏁等建以上嘉善章志　明周鼎步雲橋詩孤村自成市酒幔兩三家橋約中流壯田分別徑斜滄滄通浦漵石井沒泥沙落日停橈處高城西望賒沈盤步雲橋夜泊詩石井塘隈小市壓步雲橋外蓼花鮮輕橈載月隨風渡乍送冥鴻過遠天

瑞麟橋　在麟瑞鄉故名去縣治十二里舊名東橋鄉志

晉賢橋　在縣北一十二里柳志

文虹橋　在瑞麟橋西北三里舊名虹橋鄉志正德元年沈葵等建嘉善章志嘉慶二十四年里人俞天文修之

嘉興府志　卷五　橋梁　三六

王巷橋　在縣東北三里柳志俗呼謝家橋嘉善章志　明呂平王巷橋詩榮花零落麥初黃柳絮東風燕子忙橋下已無王謝宅年年猶自集空梁

孩兒橋　又名飛仙嘉善章志在西塘福源宮西宋唐道錄建

登瀛橋　嘉善崔志　在縣西北三十六里柳志宋政和中建嘉善章志

南莊橋　在縣治北二十八里柳志道光三年里人錢永貞等募修

北莊橋　在縣治北三十里柳志明嘉靖四十三年王宰重修嘉善章志

迎仙橋　懷遠橋　在縣西北一十二里柳志

廣濟橋　在縣東北二十里楓涇南市明景泰三年顧文昱建嘉善章志

圓明橋　在縣東北二十里柳志嘉慶九年里人王津等捐修于志

致和橋　上有德泉亭明景泰五年顧文昺等建嘉善章志

躋雲橋　在南風塘口嘉善崔志明成化十三年建嘉善章志

石灰橋　即阜安橋明洪武二十一年建

接秀橋　俗呼南寺明宣德六年建以上嘉善章志

大雲橋　在縣東南一十八里柳志元至正二年建嘉善戈志

永壽橋　在永安鄉跨大豐大日二圩嘉慶十八年徐惠昌建同治十年里人李惠泳重建

嘉興府志　卷五　橋梁　三七

北關橋　跨永七遷南二圩　萬福橋　俗呼界涇橋跨遷南遷中二圩　嘉慶二十一年徐惠昌募建

東海橋　在張涇滙舊名興賢橋爲九豐陸莊要道乾隆四十八年里人徐腹東建嘉慶二十五年徐氏後裔重修

通濟橋　在楓涇官塘口俗名響水橋道光四年里人王鳴鶴重建以上于志

永安橋　在永安鄉道光二年里人陳傳均募修于志二十三年里人過超賢錢浚明重修

永昌橋　在永安鄉俗名打鐵橋爲干窑鎮出入要道久圮籍小舟以渡行道苦之道光十七年有僧獨募重建于志同治十年里人查卧雲等集貲重修

同興橋　在遷南區道光九年重建同治十年查卧雲集佽重修

三里塘橋　在遷西區爲南北通津道光元年里人孫仁煥募貲創建以上于志

北烏橋　在永安鄉一名永濟橋明萬歷間建同治十年里人查卧雲等集佽重修

三官塘橋　在南門外跨城河同治七年里人許經邦重

修

永甯橋　在遷中區嘉慶十五年僧守純募建

壬新橋　在遷中區嘉慶十四年重修

石人頭橋　在八南區嘉慶五年重修

蘭翠橋　在遷南區嘉慶九年重修

塔家橋　在九北區嘉慶十二年里人楊堃建

興隆橋　三里橋　在犇七區嘉慶十二年里人黃洪範募修

秀涇橋　在遷中遷北兩區嘉慶十四年建

福星橋　在胥五區嘉慶十九年里人沈文貴修

殷家橋　在胥五區嘉慶十九年里人彭廷三修

曹家橋　青龍橋　在胥五區嘉慶二十一年里人顧燦然沈惠南修

里仁橋　在八北區嘉慶二十一年里人魏行淏韓鳳岡等募建

賣醋橋　在犇七區

伍子塘橋　在南門外嘉慶二十二年改建

蔣廟橋　在犇五區嘉慶二十四年里人沈建玉修

灣里橋　在胥五區嘉慶二十四年里人夏慧隆修

井陽橋　在南門外道光元年里人陸應龍等修

南烏橋　在犇七區道光元年里人包文進修

耳順橋　在八北區道光二年里人許栻建

遷善橋　在遷西區道光四年里人孫仁煥建

普濟橋　在四南區道光五年里人袁一斐等修

小寺橋　在永七區道光六年里人沈鴻業修

王家涇橋　在九南區

長生橋　在犇七區

福履橋　在張涇滙道光八年里人沈東侯袁靜巖李西橋重建

觀涇橋　在遷南區道光八年里人姚吉元等募修

曾家橋　在八中區道光九年里人包世昌修

毛家橋　在遷中區道光十年里人許恒裕等修

大德橋　在遷西區道光十年里人張永發僧雪川募建

武聖橋　在思四區道光十年里人蘇廷魁胡明懷建

雲溪橋　在𢌞五區道光十年里人趙嵩山修

全家橋　在九南區

烏金橋　在遷南區

泉塘橋　在胥五區

覺露庵橋　在東關內

來鳳橋　在斜塘鎮道光十六年里人徐明華建

虎塔橋　在北門外北關坊道光十七年里人夏松周浦澄陸封桂孫孔堅重修

日暉橋　在北門內北亭坊道光三年里人陸光旭鮑之霖夏淞沈棻修以上俱見于志

海鹽縣

惠人橋　在縣西一十步宋紹熙間縣令李直養重修舊名浮藻至元志明天啟初樊維城重修海鹽圖經

思曾橋　在縣治西南宋紹興中建明一統志縣令曾宗道既去邑人思之故名至元志

通海橋　在縣西二十五步至元志一名慶豐橋伊志

裼橋　在縣西南一百九十步柳志元大德三年建海鹽仇志

黃橋　在縣西南二百步柳志宋紹熙四年建海鹽仇志

還珠橋　在縣治東明浙江通志一名聞琴在伯牙臺前至元志國朝朱彝尊櫂歌勸耶滿飲黃支犀勸耶莫聽花冠雞聞琴橋東海月上烏夜村邊烏未啼

駟車橋　在縣西南二百一十步宋紹熙四年建海鹽仇志俗名鍾家橋海鹽圖經

永安橋　在縣西南三百步宋紹熙五年建在學宮西海鹽仇志

興廉橋　遷善橋　在縣西一百五十步至元志宋紹熙四年建海鹽仇志

新橋　在縣西一百五十步柳志明知縣王璽建易名續曾海鹽仇志天啟元年知縣樊維城葺海鹽圖經嘉慶二十二年里人捐貲重修

安仁橋　在縣西一里半至元志俗呼黃橋今訛爲虹橋海鹽仇志

悅禮橋　在縣西二百五十步至元志俗呼徐鄉橋海鹽仇志

孝悌橋　在縣西北一里至元志通縣後東西跨河海鹽仇志

崇甯橋　在縣西北六十步至元志俗名陶官橋伊志

錦繡橋　在縣西北九十步柳志回子巷橋下不通舟楫海鹽圖經

宣和橋 在縣西北八十步柳志案海鹽圖經作仙和橋

紹興橋 在縣西一里五十步俗呼廣福橋

順甯橋 在縣西三里半西門外明洪武二十一年建成化十八年通判陳寶重建俗呼葉家橋以上海鹽仇志

龍王廟橋 在東門外一百步明萬歷五年建海鹽圖經

陶涇橋 在縣北門外海鹽圖經明天啟三年建俗名高橋伊志道光三年重建

羅星臺橋 縣北九里明萬歷間知縣蔡逢時建 國朝康熙間給事張惟赤重建案吳志作文星橋

第五橋 在涉園後以上海鹽圖經

嘉興府志 卷五 橋梁

東門弔橋 道光三年知縣汪仲洋建復于志

天甯寺橋 在縣西三里元至正乙酉年建俗呼大柵橋

天仙湖橋 在縣西八里柳志元至正二年建海鹽仇志今改甯武橋海鹽仇志

尚賢橋 在縣西一十二里海鹽朱志元大德三年建明嘉靖間重建海鹽仇志 國朝乾隆五十四年圮里人富受天捐貲重建相傳橋下有老蚌大如船月夜吐珠光映數丈有泉甘冽可以瀹茗海鹽續圖經

淡井橋 在縣西南五里柳志宋景德三年建海鹽仇志

永慶橋 在縣西南一十五里海鹽圖經 國朝錢陳羣記永慶橋當半邏以南歟城以北塘之東西若村若鎮居民千百戶向以問渡通往來人苦之有僧野樵者慨然思任其事又有僧某繼之卒無成于是恬息庵僧日自然者亟請于宗伯許公汝霖邑侯梁公澤為首倡捐貲數十里內聞者踴躍恐後自然乃謀于衆集事無棄材計時無棄日自康熙五十八年六月工啟至雍正三年四月凡七年而橋成余里人也因略次其工之始末俾好善樂施者知所勸 道光間橋圮

涇塘橋 在縣西南一十里元至正年建海鹽仇志

秀遠橋 在縣西南四里俗呼天打橋明成化間呂萱建

南平駕橋 在縣西南四里相傳秦皇馳道以上海鹽圖經

石碑橋 在縣西南茶院市柳志有石碑二夾道而立高一丈五尺歲久字磨滅不能識海鹽圖經

歟城橋 在縣西北十八里柳志宋紹興三年建明宏治間知縣譚秀重建嘉靖中重修海鹽仇志

嘉興府志 卷五 橋梁

南化城橋 在縣西三十五里明成化中建海鹽圖經明朱祚記邑治西有豬水之澤曰貢湖湖心有庵曰南化城庵庵左右有土堰通行旅往來數潰圮庵僧德淯暨其弟子智昂謀諸里中長者易土以石以為長久計為梁虛其中十有七其西以丈計者如東之數梁通湖水之消長以殺其勢庵之東以丈計者四十梁一一十有九以成化己亥夏四月落成

秦溪橋 在縣西三十里柳志甯海寺前海鹽仇志道光二年重建易名文星橋

施搭橋 在縣西五十五里居民以種菱捕魚為業稱澤國焉伊志 國朝崔學泗泊施搭橋詩雞啼星欲稀月落天未曙何處打魚舟鳴榔衝霧去

半邏橋 在縣西北三十五里柳志元至正間造海鹽圖經

思仲橋　在半邏橋西舊名繆家橋明嘉靖十一年知縣夏浚重建鄉民以建橋出浚仲兄瀾意因名思仲浚自爲記

文會橋　縣西北三十五里明嘉靖二十九年建以上海鹽圖經 明錢芹記縣治西北二都舊有董家堰橋在官塘東水陸往來輻輳莫詳本始芹髫年所睹見大抵興圮靡常其初官令塘長召鄉民爲堰橋以濟涉其既則上下苟且每歲秋夏間風雨大作水暴漲橋側塌民乃病涉予家近是橋世父兩涯翁每有興建志不果嘉靖庚戌僉憲石屏胡公以督水利行縣屬縣大夫雲溪張公倡帖下僧某募緣邑中好義之士施捨有差予亦捐資以成先志橋高三丈八尺濶一丈二尺長十八丈石砌環洞繚繞皆石欄經始于庚戌春二月工訖于冬十月名曰文會云

白苎橋　在縣北八里柳志元至正間建明宏治三年縣令徐謹重建海鹽仇志 國朝彭孫貽白苎橋詩阡陌同山徑茅茨各水門清溪堪命棹白苎自成村沙暖魚爭躍花明路不昏探幽應有路此地即桃源

嘉興府志　卷五　橋梁　三十四

鳳凰橋　在縣東北十二里柳志舊名馬奧堰宏治二年縣丞徐謹勸民王孟江造改名海鹽仇志

西石橋　在縣西南澉浦鎮西北海鹽仇志過橋南爲永安湖路澉水志

通江橋　在縣西南三十六里海鹽朱志澉浦城西北柳志

殷老橋　在縣西四十里明御史殷杲建　國朝進士殷紹選重建吳志

望湖橋　在澉浦城西南柳志北至澉市西通永安湖東至海岸中分水脈至錢家港入鎮市澉水志 國朝戴彬望湖橋詩隔岸疑無路過橋別有村三更開夜市海月正當門

平湖縣

龍門橋　儒學東即東城橋平湖王志

三登橋　在縣西一百步南北跨河魯氏兄弟詹訔先後登進士故名柳志後漸圮光緒乙亥重修

慶源橋　在縣西二百步柳志俗呼方橋平湖王志同治間重修

梯雲橋　在縣治西一里明一統志乾隆丁酉重建

永平橋　在梯橋北俗呼東太平橋平湖張志

迎恩橋　俗呼三環洞橋在西城內咸豐己未重建改名當湖第一橋

嘉興府志　卷五　橋梁　三十五

萬安橋　在迎恩橋轉東五步以上平湖王志 明沈懋孝記漢塘之水分派鴛鴦諸湖駛流東行五十餘里匯于當湖西游彼時未有城郭萬安橋實綰給其處與梯雲迎恩諸梁相抱于是天目之源接于長水者蜿蜒若晴蜺焉余聞之長老當湖蓋有八景萬安橋其一焉嘉靖中始置城守城成地益勝水益蓄其外比年橋漸圮今道州刺史肖南韓公倡義繕築經始于萬歷丙申十一月落成于戊戌四月同治間重修

福源橋　在縣南一里柳志俗呼香花橋平湖王志

望雲橋　在縣西南二百四十二步邑人陳日章建平湖程志

永豐橋　在縣西一百五十步柳志俗呼糖餅橋平湖王志同治間重修

凝瑞橋　舊名喜雨橋在縣前元丙子年建大旱得雨因名柳志

漢水橋　在縣東五十步元至正間建柳志國朝雍正八年知縣方以恭捐建浙江通志

利涉橋　在縣東南二百步柳志俗呼小滑橋乾隆丙寅重建改名運元橋伊志同治間重修

南環橋　在湋水巷南俗呼大滑橋

八字橋　在日暉漾東橋有二故名乾隆丙戌邑人屈天成改建以石以上平湖王志

呂公橋　在啟元門外爲東湖關鎖康熙三十二年知縣呂猶龍建浙江通志雍正十二年知縣郜煜重建平湖王志同治五年邑人重修

通靈橋　在東門外顯忠廟前

洪義橋　洪忠宣住此平湖程志在十七都

漢異橋　在十七都有馮異將軍廟故名柳志

廣濟橋　在廣陳普照寺前俗呼寺橋邑人陸序建平湖程志

廣福橋　在廣陳普照寺後知州陸鳳建平湖王志明張甯記廣陳鎮古屬嘉興路海鹽州今析平湖邑其土高亢燥烈斥鹵皆旱陸惟中界一水限南北東接新倉鎮潛通于海西接鵁湖潮生潮落朝暮不一其狀自古嘗建橋于普照寺南年久圮頽民病其涉普照僧翠峯偕士人具其事以告前廣德州知州陸公子厚告其母王氏樂施已貲一百二十兩于成化十六年七月鳩工復建斯橋于前所不終歲而成題曰廣福乾隆乙酉邑人屈天成重建

鍔翁橋　在縣治東北三十里明宏治間袁可鍔建鄉人德之橋亦由名明沈煉鍔翁橋詩淡水何瀰瀰厲涉須深隱累石梁其阜梁成勢雄偉屹如山冠鼇參差幾百尺夌虛控雲濤赤欄月鈎小影落魚龍逃方隅往來通行人日滔滔褰裳免艱歎歌謠徧兒曹嘗聞蔡君謨洛楊橫海潮又聞鄉逸士絕流連巨艘較翁此營作濟川俱足褒能聲與義久廢間今古相爭高

繼鍔橋　鍔翁橋東北百步河水汪洋非舟不渡袁可鍔仲子璲復建此橋以便經行橋亦由名以上鄒志久廢

眾安橋　長安橋　在乍浦城東

長豐橋　在乍浦城北舊係木橋乾隆丁亥易以石嘉慶壬申重建

三里橋　在乍浦北門外乾隆辛卯梅世賢建嘉慶戊午鍘商王文鏊重建

轉塘橋　在縣南十里三十都同治庚午重修

思過橋　在十七都思過坊舊志作斯姑𧨏

萬程橋　在縣西門外漢塘之水東來於此一束道光間里人徐士芬集貲重建

普濟橋　普通橋　在二十一都俱邑人姚松石建平湖高志明顧充題姚氏橋碣浙以西當湖爲巖邑東受檇李武原諸水唯鵁湖最大鵁湖疏爲支流唯北津最大非石梁梁之歲歲爲褰裳濡軌之患松石姚公一力建普濟普安普通三橋捌義舉也其一以贩築故廢矣而其孫郡丞楫博士應燧置題名碣于祠之堂昭祖功也勒石記題俾永勿失永世守也濟衆之仁承先之孝祖孫

有同美焉同治辛未重建普濟橋

聖塘關橋　在縣東一十二里二十一都番船從乍浦海道入者此爲津要 平湖朱志 康熙甲午諸生俞錫齡重建 吳志

橫橋　久圮土人築堰塞之乾隆丙午知縣王恒鼎建 知縣王恒記邑東四十里曰庫港迤南北爲戈溪大乘兩坊東通松之泖湖西達邑之馬浦跨水爲溪橋其來久矣歲癸卯橋已圮鄉人聚土爲堰越二年乙巳余來承乏適遇亢暘遠近支河莫不焦涸訪之耆老環籲請開亟爲決放嚴禁阻撓水得大來田無孔嘆因爲設船濟渡以有關鹽運遂起建牐之議工多費鉅寢焉旣思舊貫可仍何必改作爰爲之倡率而鄉人願焉淸芮廣忠等樂爲勸助次年丙午興工鼎建三洞石版平橋中星廣一丈四尺兩次星各一丈朝潮夕汐疏暢通流越今年戊申四月告成共縻錢三十萬有奇舊觀復還工堅于昔所以記千石者欲後人曉然于堰不可築橋必時修也

斜橋　在橫橋西同治十二年知縣邢守道捐建 知府宗源瀚有記

高橋　在城南十里嘉慶二年重建 知縣李賡芸記邑城南十里聖塘坊坊有高橋漾北通湖水南達乍浦跨塘有橋曰甯善爲居民出入所必經由來舊矣康熙甲午歲重修迄今已八十餘載橋復圮民病涉坊之人士樂爲勸鑿石鳩工七閱月而告成

慶元橋　在西十九都舊名金家橋嘉慶元年里人沈上垣重建改今名同治年重建

利生橋　在西十九都嘉慶四年重建

長生橋　在二十一都嘉慶七年里人楊思詠重建

虹橋　跨東南城河乾隆五十三年重建兵燹燬同治甲戊又建

廣行橋　在二十一都嘉慶七年僧寂明募建

石門縣

萬歲橋　在縣東南一百三十步跨運河俗呼南橋 至元志 相傳爲唐初建宋嘉定中縣令徐起宗重建西堍燬縣令靳一派重建 崇德靳志 國朝乾隆二十二年里人胡聖麟募資重建咸豐中燬同治九年知縣陳謨修

永安橋　在縣東北二百步跨運河俗呼北橋 至元志 宋紹興初建明正德中知縣洪異修萬歷間圮修者低其柱數尺 崇德靳志 國朝康熙十年知縣杜森重建邑紳曹

廣易以巨石四 石門鄺志 乾隆四十三年重修咸豐辛酉西堍燬

太平橋　跨城南河 明浙江通志 俗呼平橋在萬歲橋南五十餘步正統中縣令焦寬重建 伊志

義濟橋　在縣東俗呼中橋元至正間吳英建　國朝乾隆三十五年里人胡聖麟重建

宣化橋　俗呼縣橋在縣治前

崇義橋　在學東明嘉靖十四年葉鋹建 呂希周爲記 今燬

望京橋　舊名觀風亭橋俗呼聖堂橋在縣東六十步宋紹定間建 石門鄺志 國朝乾隆三十八年胡聖麟募資

重建

城隍廟橋　在縣西一百五十步柳志明成化間重建石門鄺志

松老橋　在縣西南九里宋建明宏治九年徐華隆慶初知縣朱潤先後重建崇德新志　國朝嘉慶五年知縣方維翰勸輸重建案青鏤雜筆云浙西之水發源天目由塘棲東流入檇李經邑境五里許有橋跨其上日松老相傳昔有老人於此艤舟作渡幾五十年所取渡值銖積寸累遂建此橋後老人化爲松橋因以名

彭河橋　在縣西五里明成化九年知縣沈讓重建嘉靖末圮萬歷己酉知縣靳一派重建崇德新志　國朝嘉慶十八年知縣熊錫鵬重建

大德新橋　一名大通橋在縣西南四里宣德間沈璘創建石門鄺志

包角堰橋　俗稱南三里橋在縣南一里宋嘉定十三年建莫若沖記崇德啓拱行都自邑東至沙渚二十七里自南營語溪橋至張涇皆民居也張涇雖有石橋闊僅二尺余貸金爲衆倡嘉定癸酉二月覺南營之街過張涇以東百丈皆坦夷之乙亥仲春重建張涇橋可通車馬名曰通濟近邑有包角堰橋屢款而屢修有湍波道民余智超姚富率其徒裒金鑿石成於庚辰冬十月先是季夏漕渠南橋一夜忽傾潰時堰橋之役未就縣家就委二道民幹造官帑不足繼以募緣越明年三月成予所居西偏張涇南瞰語溪從東舊有木橋曰東興狹陋殆類晷彴於是因其名以石易之壬午春庀工九月興築十月訖工　明正統六年重建崇德新志　國朝康熙六年邑人夏方旲重建自爲記　乾隆五十七年復建伊志　道光元年知縣鄧廷彩重建同治甲子兵燬光緒元年知縣余麗元請帑重建

司馬高橋　在皁林驛東明洪武間建　國朝乾隆十四年邑人沈廷槐重建舊名南高橋同治甲子兵燬光緒元年知縣余麗元領帑重建

靑陽橋　在靑陽門外東南二百步柳志順治初許汝揚增修乾隆五十七年重建伊志同治甲子兵燬光緒元年知縣余麗元領帑重建

迎恩橋　在朔義門外明正統間知縣焦寬建隆慶崇禎間先後復建尋圮　國朝乾隆四十四年重建

拱辰橋　在朔義門外三里舊名北三里橋明天順六年建嘉靖間呂納言議築堰橋改運河從松老橋東北偏經此橋而出故特高之後不果乃於橋北築分水墩以砥中流萬歷間以橋峻不便行者復改建後圮　國朝乾隆元年重建三十九年僧傑堂募貲重建同治甲子兵燬光緒元年知縣余麗元請帑重建名曰拱辰

南皁橋　在玉溪鎭明嘉靖間建　國朝康熙四十七年里人吳維楷周鎬募貲重建同治甲子兵燬十一年海昌張品三倡捐里人集貲重建

東皁橋　在玉溪鎭明成化中錢浩建浩孫允禮橋南甃

六里橋　明正統三年沈斌建北有憩亭　國朝咸豐十年燬同治七年玉溪吳廷蘭重建

沈匠橋　縣東八里明宏治間沈華建南有憩亭　國朝咸豐十年燬同治八年玉溪吳廷蘭洲錢吳友蘭重建

南建橋　縣東九里俗呼南埧橋光緒二年修

北建橋　縣東十里俗呼北埧橋光緒二年修

小羔羊橋　縣西十一里北有憩亭咸豐十年燬同治九年沈木工重建

大羔羊橋　縣東十四里元至正初建　國朝道光二

十六年福嚴寺僧悟善募貲重建光緒二年修

顯德橋　縣東十三里北有憩亭咸豐十年燬光緒二年玉溪吳桂和重建

塡泥橋　縣東十七里光緒二年修

福嚴橋　縣西十二里舊名同門橋明正德間徐方建　國朝道光二十六年福嚴寺僧悟善募貲重建光緒二年修

太公渡橋　縣東十六里北有憩亭咸豐十年燬同治八年邑人重建亭中向奉潮神張丞相今仍之

士林橋　舊名南沈橋明萬歷間修　國朝道光二十一小河嘉靖間浩孫思孝偕姪懋新築橋於所濬河上今呼爲錢家橋潘蕃爲記　國朝道光己酉圮里人郭永和勸募重建同治十年里人重修

錢店渡橋　在玉溪鎮東十里郡西五十九里南屬石門北屬桐鄉明嘉靖間建　國朝乾隆間重建尋圮嘉慶二十三年道士徐鐵簫勸募重建改名萬年高橋

何家橋　在縣東一里運河東折此橋跨之明宏治間王璋建　國朝康熙末圮雍正間知縣呂廷鑄復建改名吾嘉橋乾隆六十年里人重建光緒二年知縣余麗元請帑修

登雲橋　在包角堰南通海昌之長安鎮東接小涇明萬歷間知縣蔡貴易建　國朝康熙十年沈士龍捐貲重建光緒二年知縣余麗元請帑修

淇橋　舊名吳橋俗又呼虹橋在縣北四里明宏治間重建　國朝光緒二年知縣余麗元請帑修

丁家橋　縣北八里半明宏治十年重建石門鄷志　朱家橋縣北四里半　元祿橋縣北五里　費家橋縣北七里　先幾橋縣北八里　阜財橋縣北十里　西港橋縣北十四里　東港橋縣北十里半　孔雀橋縣北十三里　俱於光緒元年知縣余麗元請帑重修

三里橋　北有憩亭咸豐十年燬同治八年里人重建

六年福嚴寺僧悟善募貲重建光緒初知縣余麗元請

帑修

岳家𡍼橋　縣東十八里同治六年里人集資重修

鎖銀橋　舊呼砂仁橋同治六年知縣楊恩澍重修

觀音橋　舊名施家堰橋在彰憲亭南俗呼油車橋明萬歷間僧眞恩改建　國朝同治四年里人集資重修以橋畔有玉溪庵改今名

玉灣堰橋　明洪熙元年建堰以內爲石門涇今隸桐鄉

以上自松老橋起跨塘沿塘各橋俱驛路　知府許瑤光修橋碑記光緒元年巡撫院湘鄉楊公石泉以浙江由杭州仁和逾湖州德清入嘉興石門桐鄉秀水以出蘇境一帶橋梁塘路因兵燹毀敗失修致文報商旅往來不便亟應興辦以利遄行飭據嘉興府知府許瑤光勘明秀水桐鄉石門應修應建各工程估計經費請於釐金借撥動用等因具奏正月二十六日奉　旨允准檄府恪遵瑤遂請以秀桐之工歸府承修其石門之工歸石門知縣經理而以候補知縣汪肇敏襄之石門均於是年三月經始三年春三月蕆事統於郡城通越門立石紀之而石門宰余君介石亦屬爲文以存石邑之顛末計石門自玉溪鎭之南皐橋至城北之迎恩橋止內修補者九橋拆建者一橋其由東門繞河而南自青陽橋至德清界之安樂橋止內修補者十一橋拆建者四橋估經費三萬四千串有奇續又撙節增修福嚴小羔羊二橋并塡補塘路之陊缺是役也或踵舊基或累新塊扶傾而正易陂而平撈沈石於江而舟行不滯跨環洞於港而安步可徒無濫費無減工無偸材無稽日大府贊其賢居民歌其德行旅頌於野郵傳速於郊既堅既好磐石安焉如砥如矢王道蕩焉前者克復之初吾鄉楊君森吾宰是邑百廢具舉而各橋之傾圮者架木以渡固權濟一時之急茲者余君介石以星江名孝廉筮仕浙江于今二十年浦陽廣陽淸名洋洋盈耳旋由赤城擢調茲邑又六易草木矣詩書之味益於訟牘孝友之聲洽乎黎庶其於修橋也鑠金運石自造良因俾士女連袂車馬疊跡蓋將以廣渡危難而奠千祀不拔之基也考漢李伯都建橋析里而民頌惠君隋邢州南和縣令馬士暉造石橋於澧水而人謂之淸同水鏡不有標舉孰顯鴻規爰鐫貞珉以彰厥績詞曰茗雪西來繞崇德城川聯野屬世頌由庚虹橋架空如砥斯平如何狂寇狻焉思逞梗塞河山蹙蹙靡騁日月中興乃淸浙境聖帝日咨涉病吾民疆臣上告溫詔重申發帑丕作恩波水濱穆穆良宰從政果達經之營之忘飢忘渴石勢參差規模壯瀾雁平其齒鴻漸於磐鋼龍厭勝石犀鎭瀾花生夢筆有容憑欄舟楫之才砥柱之器東坡六橋何遜萬歲與古合符巨川乃濟易占利涉禮重虞衡東橋曉日西橋長庚南薰北斗拱衞無傾典郡舊水已十四年卬須我友分此仔肩抒藻泐石愧筆非椽

薰仁橋　在薰仁門外舊以木屢圮明隆慶初知縣朱潤易以石　石門鄺志

王過此橋　康王南渡金兵追之土人曰王已過此故名

下馬蓋橋　康王南渡下馬於此故名　以上崇德新志

義禾亭橋　在縣北東岸二百步明宏治間重建

烏鴉橋　元至正初建　崇德新志

五社橋　寶祐初鍾琳建

洪河橋　明正德中洪興開天長河故名

臙脂橋　宋皇祐初建明景泰中重修

游屯橋　俗呼牛墩橋元泰定初建

北道橋　在洲錢漢廷尉吳公墓左明宣德中建　國朝同治八年里人重修

渡附

南津渡 在縣南三里

北門渡 在朔義門外

六里渡 在六里鋪前

羔羊渡 在縣北九里

福嚴渡 在羔羊渡北有福嚴寺頭山門遺址尚存

南沈渡 在福嚴渡北今廢

太公渡 在縣北十五里

石門渡 在縣北十九里

錢店渡 在玉溪鎮東十里舊有橋今圮以上石門縣志

桐鄉縣

惠民橋 在縣署前明正德九年改建桐鄉徐志 國朝雍正二年知縣陳大慶重建伊志

萬春橋 在縣西北宋淯祐初建明一統志俗名東寺橋伊志

燕子橋 在城隍廟西北水西門內今廢伊志

登雋橋 在儒學東南柳志明成化二年移建舊在西名德輝橋桐鄉徐志萬歷間知縣蔣共修 國朝康熙十五年知縣徐秉元教諭焉勸重修伊志

迴泮橋 俗名欄干橋桐鄉徐志

來鳳橋 在儒學右柳志明宏治十二年建桐鄉徐志

同情橋 在燕子橋北柳志今名童泰伊志

陳莊橋 在施水庵前縣治西北伊志

便民橋 在皁林鎮柳志明正統初建天順時鄧鏞創改石橋天啟三年知縣張定志重建桐鄉徐志 明吳昂記宣德間廬陵周文襄忱撫折西以興革利害爲己任乃建爲橋民甚便之名之曰便民歲久木壞危不可渡天順改元之冬通判事臨川鄧鏞孟宣督賦桐鄉乃于皁林見而恤之乃易甃以石爲久遠計知縣事張泰縣丞鄧玭董其事不逾時而橋成共長一百九十尺高加其闊之六尺下爲環洞長比上殺四之三有奇于是有事往來者無阽溺之患而咸喜其便予曰此惠政也不可以無記故書

妙智橋 郡西三十五里 道光十五年里人曹韻玉捐建光緒二年知府許瑤光請帑重建

永新橋 郡西三十八里 道光十九年嘉邑庠生沈攀桂募建光緒二年重建

莫家筧橋 郡西三十九里 光緒二年重建

毛家渡橋 郡西四十里半 光緒二年重修

羅家筧橋 郡西四十二里半

東筧橋 郡西五十一里半

萬年橋 在皁林伊志

登雲橋 郡西五十二里 在皁林卽皁林雙橋之一嘉慶二十五年重建光緒二年知府許瑤光請帑重建

西筧橋 郡西五十三里 光緒二年重建

秀溪橋郡西五十四里在阜林驛西明永樂十三年建　國朝康熙七年重修乾隆癸卯知縣唐文昭捐俸重建伊志

豐稼墈橋郡西五十五里　虹家墈橋郡西五十六里　穆家墈橋郡西六十里　小洞橋郡西六十一里光緒二年重修　大廟筧橋郡西六十二里　李家筧橋郡西六十二里半光緒二年重修　烏道墈橋郡西六十三里　曹家筧橋郡西六十三里半　洪濟橋郡西六十四里　梅舍筧橋郡西六十四里半　東高橋郡西六十五里　石門堰橋郡西六十五里半在石門鎮

以上自便民橋起跨塘沿塘各橋俱驛路

青雲橋　在青鎮柳志

登瀛橋　在青雲橋北柳志俗名柵橋伊志

興德橋　在青鎮上有樓亭又名花橋柳志宋紹興間建亭燬於火元至正間重建桐鄉徐志　元宇文恪記許君廷用以將軍之符來守烏青鎮居間或徘徊里巷視民緩急之宜而以興德橋壞實艱于涉乃發私橐而重建焉時至元乙亥冬十一月也茲邑燬于兵歷五寒暑矣業薄民散闔巷索然昔之所見一無復有剏興德橋居市之半分三州一水之間行旅憧憧臨流而返幾何人哉然未有以濟川之功爲己任者今將軍不謀於人鳩工僦傭購材輦石飛梁閣道舉復其舊許君名信廷用其字

雙溪橋　舊名太平橋伊志

下廟橋　在爐頭村柳志

餘慶橋　廣甯橋　德慶橋　積慶橋　在濮院鎮柳志今橋名盡易莫詳其處岳昭增濮錄

梧桐橋　在濮院俗稱箍桶橋宋濮鳳建伊志　國朝嘉慶六年濮仲均重建濮錄

朝陽橋　邑治至濮鎮俱係梧桐鄉故名伊志　在濮院元季濮氏建濮川紀聞　國朝乾隆年重建嘉慶間又修之濮錄

語兒橋　春秋時夫差督兵拒越此地有生子即能言者因名以上桐鄉徐志　宋德祐中濮振重葺　國朝嘉慶二年重建岳昭增濮錄

長生橋　明成化間建伊志

晏城橋　多福橋　俱在慕化鄉桐鄉徐志

覲谷橋　在七都柳志即長水橋宋時有覲谷里故名桐鄉徐志

一名都斧吳志

鮑涇橋　在七都吳志作鮑澤

千金橋　在七都

海月橋　東山橋　在三十二都

迎鳳橋　在三十一都

虹橋　在二十八都

八字橋　在三十都

達道橋　在三十一都

保安橋　在二十三都

興福橋　在保甯鄉東

普濟橋　在二十都

安樂橋　在無量橋西以上柳志

會龍橋　星橋　育嬰堂橋俱在東門外于志

渡附

茅家渡　在皁林東四里大清一統志宋建官渡歲課淨利錢

元明以來革之聽民自便

秀溪渡　在皁林秀溪橋西原名皁林渡亦古官渡也

妙智渡　在妙智寺前皁林東二十里以上桐鄉徐志

嘉興府志卷五

嘉興府志

嘉興府志卷六

嘉興府知府善化許瑤光重

公署一

署之名初見國語然孟文子曰臣立先臣之署則私而非公也史記有宦署之目至後漢而內署中署左署七署三署郎署寺署粉署之名著究亦京師而非郡縣也郡縣之有署蓋自秦設郡縣始史闕失載耳夫廳者聽也聽民事也廨者雖也雖和教化也署者位之表也說文云部署有所罔屬也徐鍇謂羅絡之若罘罔大官大邑身之所庇受其庇盡其職若網在綱有條不紊庶幾無愧其位志公署

嘉興府

府治 路總管府衙在子城內舊府治也至元志 府治在城南門內自五代晉天福時陞嘉興爲秀州始建于此宋改爲郡爲府爲軍府元改爲安撫司爲路皆仍其處吳元年改路爲府府衙墻周圍二里一十步高一丈二尺舊稱子墻柳志案府治自五代歷宋元明千有餘年未嘗徙建治爲最古時代既遠今昔異制其與前志互異者附次于下中爲大堂顏曰忠愛案至元志舊名同顏宋守俞浙改修齊袁志改端本後改帥正吳志改忠愛前覆崇軒柳志云軒五間堂之東北隅爲軍資庫趙圖記云廳東北爲府庫西北隅爲架閣庫柳志云軍資庫四間在府廳東北推官廳後架閣庫間在軍資庫東十堂東爲鄭侯祠祠南爲供招科堂之西爲庫房南爲批值科趙圖記云並廳而左爲軍資庫爲經歷司司北爲架閣庫並廳而右爲儀仗庫爲照磨所所北爲茶房伊志案軍資架閣二庫移徙堂隅儀仗庫久廢經歷司移置儀門外西照磨所移駐襆院鎮供招科南爲東廊列吏戶禮三科及承發房批值科南爲西廊列兵刑工三科柳志云兩廊東西大小正從各二十五間六房列置其內趙圖記云夾臺左右爲東西吏廊袁志云兩廡左列吏戶禮三科科南承發房右列兵刑工三科科北號房伊志號房遷儀門外延賓館前大堂前爲露臺趙圖記云堂之前爲露臺臺南爲戒石亭袁志云堂下爲丹墀爲甬道中立戒石亭爲甬道伊志甬道兩旁梅花數十本雍正間知府閻堯熙所植乾隆二年知府姚淮梅花廳事記略曰雍正甲寅余自雅州來守嘉興至之日見甬道夾列梅樹詢之迺今湖北觀察山西夏縣閻公前守斯地時所手植也嘉爲浙西劇郡號稱澤國余既承乏閻公之後樂

是邦之政簡刑清而又覩斯梅之槎枒奇崛縱橫參錯于廊堦廳事間顧而樂之遂不禁愛之護之培植之蘊崇之蕃余之顧惜此梅也其亦與甘棠之勿翦伐者同其意歟南爲儀門左右各有翼室柳志云儀門三間東西翼室各五間儀門外東爲延賓館即鄭太守瑄祠顏曰永贍堂有石刻儀門外西爲土地祠又北爲經歷司署趙圖記謂府門內左爲土地祠爲理刑廳右爲督儲館折而西出便門又折而南爲馬道馬道之左爲同知推官宅右爲通判宅者三而經歷照磨知事檢校亦參互居之伊志案土地祠移建儀門之西督儲推官知事檢校各官皆裁同知通判皆移駐唯經歷署在馬道之西袁志府門之內舊有樓三亭七由儀門百步至大門伊志故老相傳謂之百步石甃磚數仞如城墻式建爲譙樓案柳志譙樓在儀門前計七間袁志府門上有譙樓設鍾鼓鄒志補明宣德間知府齊政奉元帝像居樓正間詳見署中古蹟牓曰嘉興府鄒志云吳元年復更府名匾曰嘉興府三大字大門外爲

牓廊趙圖記謂府門南出左右南向爲牓廊廊外毬場東申明亭西旌善亭袁志云場東西兩廡分列快皂房原註即古申明旌善二亭址伊志案場外東西皂快房復爲申明旌善二亭申明亭北爲三相祠至元志云譙樓外有宋宣詔頒春二亭東西向門之南建木坊顏曰首藩名郡其下爲屏門袁志云舊爲照墻明萬歷中知府龔勉改建左右列木柵東西繚以石欄欄左右各樹木坊左曰承宣右曰撫字譙樓東高阜爲文昌閣案柳志譙樓左右𤬪樓各三間鄒志補左右𤬪樓左設銅壺滴漏以支更右設五顯神像以護庫伊志左右𤬪樓俱廢建文昌閣于東𤬪樓遺址大堂後爲川堂趙圖記云軒其前後爲川堂後爲宅門門內爲二堂顏曰無倦案至元志敬信節愛之堂在郡治公廨後舊名清香堂詳見署中古蹟二堂東西翼室堂之西爲樂賢堂賓客觴詠之所又西爲嘉蔭軒公餘吟詠之所軒北爲竹南蕉北之間軒之西爲正志亭二堂後爲內宅東西翼室宅後樓五楹額曰遠耀署西北多隙地東北隅有土地祠乾隆年間知府張鎮建伊志

歷代修建　宋景定四年癸亥知軍陳塤葺譙樓左右𤬪樓府門柳志　元大德三年己亥達魯花赤撒刺兒總管辛仲實重修總管府元金吾重修嘉興路總管府記嘉興澤國也左杭右蘇負海控江土膏沃饒風俗淳秀生齒蕃而貨財阜爲浙右最至元丙子春天戈南下民不改聚市不易肆聖朝福是邦也宏矣深仁厚澤涵濡至今民居增葺尤盛於昔獨郡宇歲月滋久風雨交蠧東傾西圮上漏旁穿前乎牧守視猶傳舍大德戊戌大中大夫達魯花赤撒刺兒字仲文中憲大夫總管辛公仲實字仲和接踵而至公餘相與言曰府治久弊殊失具瞻欲鼎新之而力未逮捐己俸以率先則必有好事者以輔吾志諗諸寅幕僉議允合邦之名公達宦富家大室聞者莫不鼓舞欣躍樂爲郡助爭趨而來惟恐殿後甲者曰某修某處乙者曰某建某所願傾貲市材者有之願輸粟向工者有之至於釋氏之徒亦願施力曾無靳色是皆出於自然而非使然也由是百工具興斲者削者鋸者塈者塗丹雘者咸精其能經始於己亥仲夏之朔落成於仲秋之望自麗譙而儀門由公廳而燕室徹裏無巨無細靡不輪奐翬飛藻繪彪炳偉哉若茲盛美前所未聞後所創見邦之士若民咸願勒石以垂不朽而求記於余余謂天下事創始易起廢難起廢非難不擾者爲難矧此舉非細故也官不廢財民不知役不日而成向非有大力量大謀猷疇克爾彼如亭數椽於道旁爲行者休息梁一木於水濱爲涉者往來猶且書其名旌其善傳之悠永况堂堂大藩數百餘年之所置建百十萬戶之所瞻依一旦興廢補弊振後光前黼黻太平官府詎容不大書特書以侈其傳雖然豈特土木之工而已哉凡郡之弊政民之汙俗悉作而新之尤可嘉已於是乎記是歲仲秋既望　後至元五年己卯總管法忽嚕丁重修元韓興重修嘉興路總管府治記凡物久則弊弊則葺理之常也弊而弗葺而弗完則益弊矣故大而禮樂制度小而日用供具舉莫不然况於郡府廳事爲吾民具瞻之地者哉構李爲西淛鉅州郡治峻整著自古昔前政嗣之葺弗完堅貌若綵緻中實摧陊至元五年後己卯夏四月兆庭法忽嚕丁嘉議公繇海漕萬夫長三轉而守茲郡修舉庶政得民懽心暇日率僚案議曰郡有治豈止爲守理所而已哉禮之大者惟元正之節天壽之旦有司駿奔服采具如式設帷帟嚴兵衛樂舞在庭庶官星列緇黃耆氓更班迭贊凡吾屬束帶端笏顒立北向獻享興頌載舞載蹈以達吾瞻天望聖之忱敬者端在于是乃今楹宇簡陋弗稱具瞻使吾不有以起廢焉繼自今震凌益加墮圮益甚不足以壯觀而永厥成其何以臨民哉即諗于衆疇能佐吾理者令既下得郡之富埒一鄉者九姓乃啟帑庀工謹然趨事鋸者削者塓者甃者工設色者哲巧雋能罔敢偷惰自儀門兩廡承宣廳舍堂曰公明樓曰環星越麗譙以南二亭屹峙宣詔在右頒春在左以至宵直有廬禮仗有舍縶馬有軒登騎有石率易其垢腐翼然以新渥丹深碧藻繪彰施耄倪聳觀嘖嘖興嘆棟

宇之隆於斯爲盛時余以事至郡屬余記余曰郡治起廢非說以使民者不能是可記也然余聞公之爲理也嚴以勅法循以恤民豪強有憚已賦調繁棠他戶而芘其私者則黜而抑之耗乏不能給役者則核而復之摧酷毒民蕩產者衆則易而完之雲水僧有侵漁其類藏抗弗律者則杖而逐之民有舊躬臺隸怙彊而陰持者則戢而刑之若迓官有驄則恢宏之橋堍西麗則增搆之水馬二驛埃翳弗涓則拓而大之頻宮堂廡庫隘弗崇則撤而嚴飭之一時同寅幕府之士又皆協恭畢力故能興起於治若此是又可記也繇茲政成使邦人咏歌之則公之德之美於斯數者尚有徵焉

洪武中知府劉觀重建柳志宏治初知府柳琰重建府門申明旌善二亭嘉靖丁未知府趙瀛重建府庫軍資架閣二庫經歷照磨二司嘉靖戊申趙瀛重建譙樓趙圖記嘉靖三十二年知府畢竟容劉慤重修吏廨明任希祖記略吏廨漸圮前有畢公鳩工聚材功未就緒即拜督鎮紫荊之命辛亥歲萬

安劉公繼臨遂及前工之未竟癸丑夏四月告成昔之東西對峙者舉易陽面凡四行行凡一十四間共五十六間翼然爲堂廡左輔

萬歷十二年知府龔勉重修府治改闢照墻爲屏門榜曰首藩名郡明龔勉重修嘉興府治記略國家建置郡縣其出而臨民也前必有堂其退而燕息也後必有堂而其與賓佐僚吏以議政也則中必有堂惟有堂以經於中而前後始相映帶蓋上法天象而下示民瞻乃定制也余始令嘉之附城邑趨謁郡廷嘗進而議見其規制乃獨異是堂後有軒覆以明瓦又其後有小廳事者二且卑陋而前後不相續大弗稱其郡治心竊非之以爲是在所當更也越十有二載歲維萬歷辛巳余復叨守茲郡入其堂猶故也遂思所以更之之時令嘉者爲內江張君問達令秀者爲廬江朱君來遠間以謀之二君咸曰唯唯事如有待更之宜亟遂鳩工聚材而董其役於典史劉洸唐時化軒以內盡撤之而惟存其堂之最後者一中建橫堂若干楹而使其前後相爲映帶不越月而落成郎是歲之十有一月也既而左右翼以高垣兩庭各植修竹清陰滿座而一風至則鏘然玉鳴蓋不惟有廣大高明之象而且日與君子羣矣郡門以內故有賓館館後宴賓者曰嘉會堂湫隘弗爽安所稱嘉於是徹其中虛之以爲庭而更其制爲堂三間軒敞明爽宴賓爲宜門以外屏牆立焉堪輿家以爲非善乃去之建石坊而匾曰首藩名郡中通出入而闔闢以門屹然壯觀而郡治之規制於是乎大備是役也工料皆取足贖鍰弗以煩民其董之者爲照磨黃仕龍而相繼告成則癸未冬甲申春也夫卑宮室以崇儉聖訓也余爲此舉無乃自侈乎曰不然君子之臨民也規制弗備非所以新觀聽而一心志也是又烏可以緩圖且有父老自余曰前坊故有之而中堂亦舊制也坊燬於火始易以牆而前守有或於異說者乃更其堂制然則余之爲此亦不過舉廢墜以復其舊耳夫豈一侈哉雖然此未也必廣大其心明其識以德澤帡幪一郡而使人人皆安其居樂其業則臨民之責斯無媿矣余竊有志焉而未之逮也因紀其略以俟後之君子

萬歷二十七年郡守劉應鈳重建吏廨又建約法堂內祀蕭相國爲諸吏議法之所劉志

國朝康熙元年知府張漢傑修府門外三坊袁志康熙三十六年知府黃家遴重修以清香堂舊址爲道珍堂浙江通志

國朝朱彝尊道珍堂記康熙三十有五年冬太守廣甯黃公來知嘉興府事入郛則瓦礫塞乎渠及堂塗則榛艿接於徑爰與邦人士謀思營葺而疏瀹之念民力未逞也明年夏案無留牘黠者畏懦者懷公乃庀材鳩工先治其廨新一樓堊鏝子來恐後於時彝尊方居長水之南池中芙蕖花並蔕紅衣綻絲房垂緗螺實以公嘉績之所召也以奉公公適諏是日立柱礎架宋廇遂貽書請名其堂兼紀之石且歸德於 天子肅清邊徼禎祥是致彝尊欲以不文辭非禮也敢竊伏自幸生於堯舜之世獲覩 聖德神功靡遠弗屆又有賢太守以拊循閭鄣於焉歌詠太平獨於玉燭飲於醴泉暢於永風芙蕖雖小草而曹植賦之則曰覽百卉之英茂無斯華之獨靈傅亮賦之則曰考庶卉之珍麗實總美于芙蕖而江淹之辭則又進焉而曰一爲道珍二爲世瑞至于並蔕則尤代所罕覯故魏收志靈徵令禽奇獸嘉穀靡不登載而斯獨無之益見致之匪易也稽之

至元嘉禾志郡治廳事後有清香堂宋知秀州俞澈更扁曰敬信節愛盎理廳據子城之內而軒其後爲穿堂爲後堂其來久矣堂之廢且百年鮮克有治之者迨公至而始考舊址復新之吁今之守土者屏賓客省謡度則見以爲能矣公府之不飭則見以爲廉矣雖然儒者之爲政則有道焉居之必廣也涖之必莊也兼者治之塞者通之廢者舉之道存焉矣堂之建詎足爲公重而政事之暇豫多士庶民之胥附及僚屬吏之交孚於此覘公治術之先務焉宜其始建而珍果適應其瑞也天子之德亦我公之惠也公既命我請以道珍名堂可乎公曰可哉遂爲文以紀落成之歲月納之於壁用示後之君子是年黃家遴重建二堂川堂。黃家遴重建二堂川堂記皇帝三十五年歲在丙子五月余受命來守嘉禾道出山東值洪水泛濫川涂梗塞至冬十月始抵署受事見門廡堂構規模整然而廳事之北則有地數十武榛莽淒其幾同荒圃視甃地之甎尚零亂有存者余心訝之夫國家設官置署各有攸司或爲聽政之堂或爲退食之室必無有閒房餘舍可聽其廢墜者顧受事之初未暇謀此乃于丁丑夏捐俸重建之以四月上浣日始至秋八月望日而落成焉故例凡郡府有事必七邑舉相經營刺史但拱手觀成而已今惟嘉秀稍捐清橐其外五邑佽助工作以共成斯役爰乞竹垞朱太史文納壁以垂不朽焉自今案牘之餘焚香燕坐檢點平居要期上不負君下不負民中無負所學朝乾夕惕不敢稍自暇豫必無忝厥職而後安則斯堂之爲功吏治詎淺鮮哉若徒爲壯觀瞻之美具耳目之飾大非予建堂意矣雍正六年知府閻堯熙復修乾隆四十八年知府恒甯重建移儀門外東隅土地祠於西隅五十年知府方林重修五十六年知府劉嘉會重修於譙樓東操樓遺址添建文昌閣嘉慶元年知府伊湯安重修三年復建正志亭於西圃又重葺書室爲嘉蔭軒伊湯安嘉蔭軒記爲園圃亭墅之勝壘石疏泉蒔花種竹皆可計日成也維樹爲難得樹之嘉者經數十百年之久極扶疏蓊鬱之觀則尤難禾郡署西偏有屋三楹兒子繼昌讀書其

中其庭院頗隘今年繼昌歸京師適當春夏之交余偶至其室見垣之外有巨梓森然高聳枝葉披拂簷端余大喜爰命匠人毀垣更築而遠之丈許納其樹于庭中翹然蔚然婆娑垂蔭儼如偉丈夫之立吾前也簿書餘閒輒憇斯室鳥鳴其巔月映其下聽睍睆之好音覩柯條之如瀉余因感茲樹之植也殆二百年物矣莅茲郡者不知凡幾乃屏諸垣外無有顧而惜之者今也始展其扶疏蓊鬱之觀是可爲此樹慶所遭而亦未始非此室之幸也遂名之曰嘉蔭軒雖然蔭誠嘉矣思有以芘其民者視此樹爲何如耶居此軒愛其樹思所以芘其民吾願與後之君子共勗云以上伊志道光四年知府羅尹孚修葺十五年知府瑞元重建遠耀樓十七年知府王壽昌即正志亭舊址改建虛受亭又於亭南北嚮建三楹院中植蕉梅桂竹花艸幽秀爲公餘吟詠之所由樂賢堂對墻闢洞門朱欄曲折達虛受亭院門額曰得省十八年又修頭門鼓樓于志咸豐十年粵匪之亂悉毀其舊肅清後就加修整以爲治前後七進進七間後四進各有樓前爲大堂爲鄭侯祠三相祠土地祠爲頭門同治初知府許瑤光建復兩廊房舍又於二堂之西建書屋三楹堂東建補梅軒軒之東築墻爲圃培土爲山題曰東瓶以與瓶山相對也刻銘其上四圍盛栽花木爲公餘燕息之所其餘隙地尚未重建頭門前鼓樓亦被燬待修

海防督捕同知署　在乍浦東門內浙江通志府治馬道之左舊爲同知宅趙圖記康熙六年即推官宅改同知署康熙五十七年同知移駐乍浦入郡時仍居之今廢吳志明兵

巡道行署基所謂大司也雍正二年設乍浦水師營游
擊黃天寅建游擊署七年游擊移駐南門外改爲同知
署乍浦志 乾隆三十九年同知舒希忠重修至四十二年
後任同知高模工竣伊志六十年同知盧又紳嘉慶十五
年同知劉星渠修葺咸豐末燬同治五年同知吳中傑
請就理事同知署基領欵移建具詳有案

理事同知署 在乍浦東門内浙江通志海防署東明乍浦千
戸所基平湖張志康熙六十一年同知曹秉仁建雍正七年
設滿洲營改爲理事同知署乍浦志 乾隆四十年同知瑞
亨四十七年同知佛永嘉慶二年同知甯泰先後修治

伊志咸豐末燬現因駐防未復暫駐省城

督糧水利通判署 舊在府儀門內西偏宏治中知府柳
琰建柳志 案趙圖記府治儀門外馬道之右爲通判宅者三袁志通判有督糧水利織造明季並以三員分任

國朝康熙三年通判殷作霖重建浙江通志乾隆七年通判移駐
王江涇以前軍捕同知署爲通判駐防署府西衙署圯
廢二十三年知府曾日理修建王江涇通判署伊志咸豐
末燬同治十年通判鄭彤書請就郡城靈光坊官地基
內領欵移建

經歷司署 舊在郡治廳西偏至元志嘉靖丁未秋知府趙
瀛重建趙圖記乾隆三十五年經歷元兆良修五十八年
經歷鍾琪重修伊志嘉慶十六年經歷張颺二十三年經
歷陳從嘉先後修葺道光九年經歷李煇曾十八年劉
玉衡借廉重修于志咸豐末燬同治五年經歷鄧壽仁在
郡治頭門外東偏領欵重建

照磨所署 舊在郡治廳右雍正間移駐濮院鎮其署久
圯伊志嘉慶二十一年照磨謝廷鐸重建濮院照磨署道
光八年李治平十八年顧光照先後修葺于志咸豐末燬
同治五年照磨周建封重建

司獄司署 舊在郡治南五十步至元志宋初置司寇一作

司戸參軍後改司理院柳志明洪武元年柳志作十年誤知府呂
文燧卽宋參軍舊廨爲之趙圖記 乾隆三十七年司獄程
兆璠五十九年司獄陳宗禮嘉慶十六年司獄池文芳
道光三年司獄王重遠十八年張勳節先後修葺于志咸
豐末燬同治四年司獄陳裔德在於郡治頭門外西隅
領欵重建

西水驛丞署 在府西三里通越門外官驛有馬驛水驛
至元志至正末燬于兵明洪武元年除授站提領爲驛丞
公廨柳志明末燬

國朝康熙十一年知府王師夔重新之吳志嘉慶十六年驛丞

賓幕齋又西爲箭道中有射廳後爲内宅庖湢悉備伊志

歴代修建　明宣德八年縣丞傅霖重建公堂軒廳諸屋柳志　明魏驥嘉興縣修建記古者列國失政史必識之若宮室川梁修治之不時亦係焉今之縣猶古之列國而司之者奚可於所治視之猶傳舍而漫不加省哉宣德六年某月貴溪傅霖時佐以才選授丞嘉興政教既蕂重惟邑治歴歳滋久欹仄傾圮惕然于衷謂失今弗葺必積久益壞且無以昭等威肅民庶也亟欲撤而新之尤慮僚友弗協卽謀及之而僚友亦闔辭無異乃首捐己俸爲興作倡由是僚友及邑民之好義者亦從而樂爲之助若夫朝程夕督于木石諸費則惟時佐是司焉經始於時佐涖政之又明年某月落成於經始之明年某月屋以間計若干其宏敞嚴邃規制合度則視昔有加誠不啻泰山巖巖之聿稱具瞻也然嘉興實浙水西北邑要衝叢劇素號難理故官於是者恒以闕決徵辦爲急其於官府之葺治不暇也久矣是役也費不出於公力不勞於民一旦俾其堂室門廡輪焉奐焉於舊一新此固由時佐視官猶家而無所私以誠立

事而無所憚用克底于有成抑非僚友之虛己讓能邑之好義循理則時佐亦烏得畢志殫慮以致其效如斯哉是皆可書也茲同邑丞夏某以斯舉之善不可没徵記於予予故樂爲之書若時佐之於政於教而質於邑固有可稱者以無關於修建則略而不贅　宏治六年廳堂燬七年知縣黃澤再建

國朝康熙六年知縣金鏞改建凝芬亭爲梅署亭七年闢屏墻爲門額曰浙西首邑十四年知縣梁冲霄重建譙樓二十一年知縣何鋕重建延賓館修葺後堂浙江通志　乾隆二年知縣閻沛年修三十九年知縣梁森修四十六年知縣金仁重修五十四年奉頒恭摹

御筆墨刻雞雛待飼圖懸於大堂伊志各縣同　嘉慶二年知縣司能蔡觀瀾二十一年李衕白先後修補于志　今廢僦民房以居

嘉興縣

縣治　在府治東北二百步浙江通志　五代晉天福中升縣爲州卽縣治爲州治別建縣治於此宋元及明因之中爲大堂綴堂爲軒堂東爲三相祠又東爲典史署堂西爲贓房又西爲主簿署爲縣丞署今移建並見後　又西北爲架閣庫有堂額曰清源堂內江張聞達重修　後黃冊屋三間大堂前爲月臺爲甬道中戒石亭後易爲木坊　甬道左爲吏戸禮右爲兵刑工六房門外左爲延賓館館東爲土地祠爲酇侯祠又

捕役房右爲獄南北二監又民壯房正南爲譙樓上監榜曰嘉興縣中爲大門外爲毬場左申明亭嘉興湯志云亭中有知縣郭東去思碑　右旌善亭嘉興湯志云洪武三年創申明亭于城市鄉村凡有過之人里老揭名亭內以懲其惡十六年增置旌善亭凡孝義節行可稱者備錄以彰其善二亭並列異其高卑蓋旌別淑慝之意云爾　又左爲皁役房側爲河皁房右爲快役房側爲徭快房中爲照墻東西有木柵街之南更築高垣蔽之正堂後爲穿堂左簡房右庫房後爲二堂爲宅門門內中爲三堂左右爲書齋折而東爲嘉會堂碧梧軒顏曰聯雅取吳仲圭墨冊意嶺南梁森識　廊之北爲花廳爲書室曰拳石書屋姑臧何鋕題　南爲前廳西爲來鶴軒詳後公署古蹟　及檔房又西爲關帝廟後爲

任十八年知縣趙撒道光四年知縣王維堉先後重修
咸豐末燬同治六年知縣臧均之請欵重建
縣丞署　舊在縣治大堂西偏（案門額曰膏糧廳二門曰儲國裕民欽縣程懋重修）
康熙二十年李侗重建後圮歷任僦居民舍（嘉興何志）乾隆
三十二年縣丞李國楷請就道署舊基西偏改建新署
（伊志）道光十四年重修今廢暫駐王店鎮
主簿署　在縣治大堂之西康熙七年朱鼎重建（嘉興何志）乾
隆四十四年主簿蕭文矩六十年主簿八十九道光十
一年主簿劉秩十八年主簿李琪先後重修咸豐末燬
同治九年主簿馬玉麟領欵重建

典史署　在縣治大堂之東（嘉興湯志）康熙十年典史劉士俊
改建（嘉興何志）嘉慶十五年典史孔廣文二十年典史陳克
安二十四年典史王如璪先後修葺道光十年重修咸
豐末燬同治七年典史汪履吉領欵重建
秀水縣
縣治　在府子城西北一里（浙江通志）明宣德五年吏部員外
郎李亨相地於此建立公廨廳宇（柳志）知縣趙忠始建其
制略如嘉興而無譙樓（趙圖記）舊宋仁壽寺址宣德四年
大理寺卿胡槩以嘉興地廣賦繁請析西北境爲秀水
卜建今址邑門瀕市街湫甚嘉靖間知縣周顯宗移入

丈許（秀水李志）中爲正堂（堂側有秀水縣令題名碑記嘉靖壬辰長洲文徵明撰）堂之
南綴以重軒堂東爲三相祠右爲庫房前爲露臺爲甬
道中爲戒石亭今易木坊甬道下爲丹墀墀左右爲六
房吏廊（左爲吏戶禮及承發房右爲兵刑工房）南爲儀門東西翼門左爲
土地祠前延賓館中有彭祖觀井圖碑（圖端題曰夫井險地也蔽輪繫索倚杖俯童臨視可無虞矣而猶惴惴然不敢逼焉慎之至也嗚呼險不必皆井也而有非井之井存能慎斯衡以往其或無所失乎歲癸巳濮陽姚材題案俞縣桐葉偶書秀水縣署有彭祖觀井石刻未詳所始考徐州圖經宋陳靖嘗作是圖爲之銘序曰面井而覆之以輪背樹而繫之以繩憑杖欲躬踞蹐而迎視兢兢然若將墜也嗚呼其臨事而懼之有若是檢身遠害之有若是後之君子得毋效歟坡達道作奏曰俗言彭祖觀井自繫大木之上以車輪覆井而後敢觀此言鄙而切于事胡邦衡建炎中上奏高宗引坡此翰云願陛

下審戒諸將爲持重如彭祖之觀井則社稷福也此圖蓋昉于徐坡公嘗爲徐守見之耳）右爲獄（東爲蕭王）
祠東側捕役房西側壯役房又南爲大門門內東夾
道夾道北爲縣丞署東爲主簿署又北爲丞衙今廢又
北爲典史衙極北夾道通正衙西吏廊之北遶二庫外
爲吏舍前爲大門上豎榜曰秀水縣外毬場東西榜廊
南設屏墻又南跨河爲縣前橋橋左爲輻房河快房快
役房又翼房橋右爲皂役房正堂後爲川堂後爲二堂
堂左爲外門房右爲號房（舊爲軍資庫架閣庫）二堂後爲三堂（舊額
公廉堂又聯曰保障繭絲媿奉職未優自矢冰懷紫秀水箕風畢雨念字民不易敢矜花事繼河陽乾隆已亥潘安智題）前爲川堂東折爲花廳巳建廖西紀有堂題翼以

修廊前有照廳再前東爲書廳後爲賓幕齋書廳東爲內宅又東爲愛日樓北側爲廚竈三堂西側有廊爲關帝廟三堂後爲觀我樓(南題張圖)後爲圜水木清華有二亭一曰嘉禾一曰月波(詳署中古蹟)又瑞蓮池舊有橋亭康熙二十年三韓于𤪌濬池葺亭嘉蓮表瑞時邑中紳士歌詠成編(伊志)

歷代修建 明萬歷丁亥戊子間正衙圮敝後令皆居公廉堂萬歷壬辰知縣李培仍就左方新之以公廉堂爲造冊所(秀水李志)

國朝康熙三年知縣王廷機葺堂署廊廡重門(袁志)十二年知

縣李見龍重修大門(秀水任志)雍正十二年知縣董懿修大堂及廊舍乾隆十六年知縣曾克恭五十六年知縣戰效曾重修嘉慶元年春大堂燬知縣姚鳴庭重建(伊志)道光三年知縣劉炳然重修咸豐末燬同治八年知縣郭恩覲請欵重建

縣丞署 在縣治大門內東夾道之北(秀水李志)嘉慶二十年縣丞鄧必玉道光七年段懷忠十六年方銘正先後重修今燬未建

主簿署 在丞衙東康熙七年主簿張光恩重修(吳志)雍正間廨宇漸圮官多差委未及時修僅存空基後皆僦居民舍(伊志)

典史署 在主簿衙東北舊丞衙之北(秀水李志)康熙二年典史井自瑞重建(秀水任志)乾隆三十五年典史鮑文烈四十四年典史王彥林六十年典史陳士驗嘉慶十七年典史謝永福二十四年典史曹佩蘭道光十三年典史陳錫元先後重修咸豐末燬同治十年署典史儲鴻勳領欵重建

嘉善縣

縣治 在府城東三十六里魏塘鎮(浙江通志)元吳氏廢址前臨華亭塘後枕魏塘河(嘉善楊志)明大理卿胡槩度地定基

(趙圖記) 宣德五年知縣鄭時領印開設正統六年李遜繼知縣事凡未修者漸加增設規制頗完(柳志)中爲正堂前綴以軒堂東爲三相祠又東爲承發科(嘉善章志云舊有幕廳三楹即其址也)下爲月臺兩旁爲皂隸房中爲戒石亭兩翼爲廊東列吏戶禮房課程科糧房鹽法科西列兵刑工房南爲儀門門內左起徵科門右軍器庫(嘉善章志云俱北向又有鑾架庫架閣庫贓罰庫在庫西南)儀門外左轎班房馬快房銀房右民壯房土穀祠(嘉善章志云祠西有延賓館又有貯榜房及甲首門皂守宿二房)又西爲獄中爲譙樓上監榜曰嘉善縣(嘉善章志云上有銅壺一座)下爲治門左右班房(嘉善戈志云康熙二十二年知縣崔維華又築隔河照墻)嘉慶二年知縣萬

相賓新設治前牌坊二左曰嘉猷右曰善政正堂後爲燕堂左右爲門皂值宿房堂後爲宅門（舊名政本門）內爲二堂（額曰模醻舊名對越堂）西花廳曰松風蘿月二堂後內宅門前爲川堂後爲三堂（額曰職思舊曰再思）北爲天尺樓西爲書房內爲寢室東爲庖廚之所後爲土穀祠又後爲園圃（伊志）

歷代修建　明宣德五年知縣鄭時建（柳志　明張櫆嘉善縣治記嘉興古秀州浙之西統邑維三宣德改元大理寺卿胡公承上命巡撫吳浙歷觀是郡最爲繁劇乃奏請增置縣與官以治之上允其奏故嘉興縣分爲三嘉善其一焉去舊邑僅一舍許前臨官河地勢平衍足以聚居民而爲聽治之所越五年秋縣尹鄭君始綰銅章開設縣治下車之初四顧荒凉莽焉荆棘于是鋤治荒蕪去高築低經營謀度詢諸同寅若二尹陳君蘇君詹君幕長楊君咸極力贊襄各捐已俸吏皆悅從鄉閭好義之士亦翕然助費以是歲九月鳩工庀材中搆聽治之廳前揭崇麗之軒後爲燕休之堂幕宇挾其左公帑掖其右凡兩廊儀門囹圄垣墉與夫公廨室宇祠祀神壇朞歲之間悉完且美鄭君偕諸同寅置酒燕休堂以落其成復以書抵予求記其實以垂不朽夫郎官上應列宿出宰百里其責任爲甚重故必邃其縣治高其堂廡以爲之發號施令之地俾民有所觀瞻畏威而趨事也今新建是縣費廣力衆民不告勤不日而成棟宇雄麗甍桷翬飛倪耄聳觀嘖嘖稱嘆則鄭君之用心可謂勤矣然作屋室使構櫨侏儒棖闑扂楔皆得其宜者匠氏之功也爲民父母使疲癃殘疾鰥寡孤獨皆得其所者縣令之功也鄭君尚當盡心竭力夙興夜寐交修邑治使斯民脫其瘡痍頓生風采如斯堂之黝堊丹艧煥然一新則鄭君之嘉惠斯民豈淺淺也哉）　正統六年知縣李遜葺（嘉善章志）　成化中知縣汪貴　宏治中知縣吳傑　正德中縣丞倪璣皆增修之（趙圖記）　萬歷二十年知縣章士雅重修　崇禎癸酉知縣馬成名建天尺樓（嘉善楊志）

國朝順治十三年知縣方舟重建蒞政堂　康熙十一年知縣莫大勳　十六年知縣楊廉相繼重修（浙江通志）　二十二年知縣崔維華重修　雍正八年知縣郜煜修葺歸燕堂庫房茶房于內署另建庫房茶房于石庫南又卽幕廳故址建三相祠撤去幽亭重建皂隸房于甬道左右并重修兩廊土穀祠諸處又於涇口築堰闢移關帝廟以鎮之　九年知縣楊繩祖建花廳并重葺之（嘉善戈志）　乾隆二十六年知縣梁徽　三十八年知縣周樽　五十年知縣恒明均重修（伊志）　咸豐末燬　同治四年知縣傅斯懌請欵重建

縣丞署　舊在二門外西（嘉善章志）　康熙七年重建　四十六年縣丞康珪修　雍正八年縣丞閻紹祖改頭門爲南向（嘉善戈志）　乾隆三十八年縣丞吳超移駐斜塘鎮　六十年縣丞路泰修（伊志）　道光十一年縣丞張樹棠重修　咸豐末燬　同治九年縣丞章元煦重建斜塘鎮縣丞署

主簿署　舊在儀門外東南（嘉善章志）　康熙四十五年主簿周宗達　雍正八年主簿曹廷基修（嘉善戈志）　乾隆六年曹廷基移駐楓涇鎮（伊志）　同治五年主簿張廷萱請欵重建楓涇署

典史署　在儀門外東夾道（嘉善章志）　康熙五十九年典史周定栗　嘉慶四年典史靳光朝　十九年典史覃光斗　道光

六年典史謝元鎮先後修葺咸豐末燬同治五年典史徐漣重建

海鹽縣

縣治　在城東北隅浙江通志舊在縣城隍廟北三十步有舊宣詔頒春二亭東西觜至元志秦漢以下營卜非一處唐開元中建於今治之右唐劉長卿攝縣令詩久客田園廢初官印綬輕家憐雙鯉斷才媿小鱗烹懶慢羞趨府驅馳憶退耕榴花無暇醉蓬鬢帶愁縈地僻方言異身微俗累并潮聲來萬井山色映孤城滄海今猶滯青陽歲又更倘無知已在今已訪蓬瀛秦長卿攝令在至德中此詩上浙西節度李公碑本與集稍異錄之又海鹽官舍早春詩小邑滄洲吏新年白首翁一官如遠客萬事極飄蓬柳色孤城裏鶯聲細雨中羈心早已亂何事更春風洪武十七年改爲海甯衛知縣祝用

宏卽衛左舊按察分司而更置之今縣治是也海鹽仇志去東門減舊署十步而近於方左而尊矣海鹽圖經明樊維城記略曰海鹽邊海之邑也其風質其民僥而俗習獷悍地界三分盜賊多有不易于爲仁似難于行令余以爲仁之致與令之行不可求之民也故廣其說以省覽焉雖然余未能也今之縣傳舍也縣之尹過客也辟曾叔孫昭子所寓雖一日必治其宮焉可前綴以矣敢以告後來之居此堂者天啟元年辛酉撰中爲正堂軒堂東爲土地祠又東爲寅賓館堂西爲三相祠浙江通志云正堂右爲軍器庫爲架閣庫前爲月臺下爲甬道東西兩廊東爲承發吏戶禮及箇房西爲俸給庫供招兵刑工房前爲儀門門外左爲縣丞署署南爲獄獄南爲典史署右爲鹽捕民壯軍轎班房正南爲譙樓上監榜曰海鹽縣中爲

大門外爲毬場場東西爲兩翼房南爲屏牆海鹽仇志云旌善亭在大門左申明亭在大門右宇民坊在縣治前嘉靖中重建改曰親民正堂後爲二堂曰清心海鹽圖經清心堂在治北後改爲雙瑞移清心名後堂堂東爲軍器庫西爲稿房稅房架閣庫內爲宅門門內有川堂內爲三堂舊匾曰熙春堂東爲花廳廳後爲雙桂軒廳西爲箭廳堂西爲分杏書屋堂後大樓五楹爲邑令內宅周以廂廊庖湢之所咸具伊志

歷代修建　明正統三年知縣左璇建譙樓後知縣嵇鋼重建陳塤有記宏治中知縣王璽重建大堂海鹽仇志成化間知縣譚秀再建後堂嘉靖間知縣夏浚闢縣門樹坊建

左右碑亭萬歷初知縣饒廷爵重建二堂知縣李當泰改顏雙瑞堂詳公署古蹟重修申明旌善二亭知縣喬拱璧易庫磚以石海鹽圖經

國朝康熙五年知縣湯其升重建縣門浙江通志乾隆四十二年知縣張力行通署修之國朝張力行修署記略海鹽舊治秦漢以來遷徙不一前明令祝君用宏徙置今所中間歷經營構備具載前志署基濱海環河號稱雄勝頭門上有譙樓檐牙高聳前令何君肇灝于內署築樓五間以應之而或者猶嫌譙樓太峻益緣儀門兩廊過低耳爰鳩工庀材高建儀門兩廊科房亦隨加高仰承大堂土地祠舊建儀門外三相祠舊建頭門外今移大堂之東西寅賓館舊址久廢今復建大堂之極東于內則東爲花廳仍以景曾額之中有泉石花木之勝復爲疏鑿蒔植設鹿柴鶴徑資其點綴益退食思政之所也是舉也捐廉從事遂獲觀成願後之守是土者時葺而新之俾久弗壞云乾隆丁酉七

月日記五十六年知縣恒明嘉慶元年知縣任澤和重修伊志十五年知縣張宗軾道光三年知縣汪仲洋十一年知縣鄧鳴謙先後修葺咸豐十一年燬于兵燹同治十一年知縣沈寶恒請款重建

縣丞署 在儀門外左海鹽圖經續宋時在舊治內一在儀門內左一在儀門外左海鹽仇志明洪武十七年改建嘉靖中縣丞詹岳重建海鹽圖經舊有主簿署缺裁併入丞署伊志

國朝順治十三年縣丞黃道運乾隆二十三年縣丞雷廷鉞四十年縣丞李梁道光十一年縣丞郭帶汾先後修葺咸豐間燬未建

典史署 元時在舊治內明洪武中改建於今治內海鹽仇志在儀門外署旁卽犴狴之所伊志嘉慶二十二年典史韓鍾驥重修咸豐間燬同治五年典史周振華領款重建

平湖縣

縣治 在當湖鎮浙江通志明宣德四年吏部員外余亨相地於壽康道院之西陸氏宅吳志案平湖王志吏部員外郎余亨勘得當湖一鎮浦泖環繞于東北山海拱衛于東南玉帶河為托鸚鵡洲為峯誠列雉建署之會現為居民陸廣等之基及壽康道院餘地相度形勢定此地為縣治五年知縣王簡創建改道院為理廳道房為令丞衙正統九年知縣徐韶宏治四年知縣林奇相繼營建平湖程志中為大堂綴堂為軒堂東為土地祠舊贊政廳傾賓房贊政廳堂西三相祠舊批迴科批迴科堂號房供招房正堂前為月臺為甬道平湖程志云中戒石亭萬歷丁未知縣蕭鳴甲改為坊甬道左為吏戶禮鹽法俸給承發房右為兵刑工房前為儀門左右角門門西為獄門東為主簿典史縣丞署平湖程志云東為土地祠稍前右為延賓館左為巡捕廳正南為譙樓上監榜曰平湖縣中為大門外為毬場門左右翼以旌善申明二亭場南為屏墻大堂後為二堂東為庫房軍器庫架閣庫東北為宅門為內署中為燕堂東書屋西古藤書屋詳公署古蹟後為寢室為大樓為廂房為側房燕堂之西為園圃西為觀圃知縣劉雁題題中為詮香書屋後為就樹軒又西北為天香亭伊志

歷代修建 明正德年間知縣郭天錫建大堂知縣王璽建燕堂嘉靖十六年知縣黎循典築圍墻二十五年知縣李僑建丞署幕舍寢室書齋三十一年知縣楊挺高建譙樓孫校有記天啟中知縣顧國寶塞各衙旁門盡從儀門出平湖程志

國朝順治十八年知縣金鐵重建大堂平湖朱志康熙間知縣董天眷輯天香亭平湖張志乾隆四十年知縣劉雁題建西園觀圃四十四年知縣張力行重建大堂五十四年知縣王恒于天香亭東建就樹軒平湖王志王恒有記嘉慶十四年知縣劉炳重修道光十四年知縣沈逢恩修葺咸豐末燬

同治九年知縣邢守道領欵重建

縣丞署 凡二所靖軍丞在縣堂正東管糧丞在縣堂東北柳志後圮假寓城隍廟乾隆十六年知縣閻公銑撤崇文書院重建于縣堂東北五十三年縣丞彭澤濂重修有記平湖王志嘉慶十七年縣丞謝燦二十二年縣丞萬珍道光八年縣丞祁鎬十九年縣丞韓錞先後重修今燬暫駐新埭鎮

主簿署 在縣大門內東乾隆十六年知縣閻公銑重修題其門曰佐令之署四十年主簿姚興濂建書屋于堂西平湖王志道光七年主簿林樹錦重修咸豐末燬同治六

年主簿姚慶鏞請欵修建十年主簿費文郁捐廉再修

典史署 在縣儀門外東平湖王志嘉慶十八年典史錢書成道光十八年典史汪賓瑞先後重修咸豐末燬同治七年典史龔鳳衢領欵重建

乍浦巡檢司署 舊在縣東北五十八里齊景鄉二十都獨山宋元俱名故邑在乍浦故邑城去縣三十六里洪武十四年巡檢祁僧伽奴仍遷于本都乍浦鎮十九年因本鎮設千戶所巡檢張觀音奴起築屯堡改移于此海鹽仇志後假寓僧寮康熙五十三年里人宋炳等捐貲買民房十二間改爲署乍浦志嘉慶十六年巡檢邱永安十七年巡檢李枝蔭先後重修今燬

白沙巡檢司署 在縣東北九十里海岸邊舊在武原鄉十九都廣陳鎮海鹽仇志元爲蘆瀝巡檢司洪武初改今名十九年巡檢辛克明起築屯堡改移于此海鹽圖經今署久廢假寓新倉鎮廟伊志

石門縣

縣治 在城內運河塘浙江通志天淸宮東北五十步舊縣治也至元志晉天福中明浙江通志作三年始建於義和市運河西五十步宋建炎初燬寄治廣法寺紹興中明浙江通志作二十四年知縣黃揚重建崇德新志元時陞爲州洪武元年改州治爲縣

治知縣梁宣仍舊開設柳志

國朝康熙元年改崇德爲石門縣浙江通志中爲大堂石門縣志云隆慶末知縣蔡貴易額曰崇德堂後知縣陳宗湯顏曰作新知縣靳一派立題名碑於堂左自爲記宋趙與衮刻漏圖銘禦溪復邑治自紹興乙亥歲于今六十年而無刻漏以別昏旦爲令者率以賦訟轇轕于懷未暇及也僕偶承檄攝事輒按邵湯規式命工製造錫壺置之廳事之左謹列其名物于上使來者有所考焉復爲銘曰水有常度晝夜不忒政有常經吏民不惑朝聽夕修君子是則念茲在茲惟謹厥德嘉定八年五月望日前綴以軒堂東爲典史署堂西爲主簿署前爲月臺爲甬道中爲戒石亭今改建木坊甬道東爲吏戶禮房西爲兵刑工房課程承發各房皆附于左右前爲儀門外左爲延賓館館南爲土地祠祠東爲儀仗庫右爲吏廨爲覊所

吏解之北爲東西監房正南爲譙樓上監榜曰石門縣中爲大門外爲毬場（崇德靳志云左爲申明亭右爲旌善亭）中爲屏墻大堂後爲中堂後爲宅門又後爲後堂堂東北爲庫房東西爲書室後爲寢樓樓後築土爲山其西爲園圃有卧月亭桐在軒諸勝（伊志）

歷代修建　宋紹興中知縣黃揚重建（柳志　黃揚崇德縣治記　崇德縣治）自罹建炎兵火鞠爲茂草乃寓于邑之廣法院所謂圄圄帑藏案籍吏舍紛雜莫辨無庭除以別官曹訟輩氣息相屬每郡吏追呼徑造屏間如是者蓋二十有四年揚始至旬日慨然欲遷之方積逋日支懼不給奚能侵於官是歲適澇常賦輸且艱其忍哀諸民朝夕慮鳩工之計邈如也一日院僧如琳等數輩執幅楮郄進退若無所措狀問之則曰縣居寄此久矣齋粥無炊爨之所夏臘廢戒律之儀僦諸民居與俗何異願以殿後重屋之屬移爲縣宇小大餘五十間蓋前百年之良材也揚嘉其言而納之乃涓日相視舊址首度土工繚以垣墻先剙圜扉次立廳事及旁吏舍中門環廡於是粗備豪右助金者一千七百餘緡助材者巨細一百七十餘事凡備食之費取諸其間出納之數具如案籍有司掌之故興作而民不知始謀而郡弗沮郎其所自則如琳輩之功也揚何力焉求者願毋擾廣法之衆使揚無愧於永久幸矣紹興乙亥六月甲申

紹定初知縣樓寅重建譙樓（宋吳潛縣譙樓記環百里而爲邑視古子男自唐以前事權之重至得擅生殺本朝約四海于禮制之中一民一物皆轄命於上守將之權輕則縣令之權尤輕然有人民社稷敎化政令之所出獄訟財賦之所繫人生安危休戚之所始則權雖輕而任實重故縣令之所治不肅則吏民不威凡縣邑門皆有樓樓設鼓若刻漏所以授人時登吏治嚴書而警夜者也崇德自晉天福中得七鄉爲縣地褊而版計繁又適嘗孔道舟車旁午將迎應接之費十倍他邑前後往往以罷輭不堪任譴謫號有才力者亦不過埋頭于篝書期會僅僅辦集善三年去則已矣其出而聽政入而安身之所猶將以逆旅傳舍視之况斯樓乎

實慶乙酉東陽樓君實來敏而有吏能始至則究極源流疏獘蠹發爲條敎具有繩準粤明年財用沛饒舊逋宿負悉上于府則以餘資躬自程度鳩工聚財創樓于縣門之上首丙戌孟冬迄丁亥二月落成朱甍雲齊畫棟山峙雕欄縹楯紫窗至壁外揭巨匾中立大鼓晝刻宵漏一毫不忒旣成復撤新東序面杭河流導堙爲通石梁跨河去庫爲崇于是邑人之往來者載瞻載觀忻如儼如不意父母之邦忽有此新美也夫天下之理公則一私則萬殊一則事舉而無不宜萬殊則欲動而輒礙令君以官事興役不取之民不斂之吏人知其役而不知其費此非天之生財豐于今而嗇于昔也公與私之間耳邑人嘉君能起數百年之曠闕新一縣之耳目屬予爲記顧末予應之曰君子莫大乎與人爲善予也何敢不揚令之善而慰邑人與善之思乎于是爲之記君名寅字仲甫襄靖公之曾孫云紹定二年四月望日）淳祐間知縣黃元直重建

中堂後堂明洪武初建譙樓及戒石亭正統中知縣焦寬重建中堂宏治中知縣湯沐重建後堂內衙正德中知縣洪翼重修中堂嘉靖中知縣劉宗武修葺延賓館後堂改建庫房甃石爲城并改建重門堂軒東西書室寢樓（劉宗武自爲記）萬歷己丑知縣孫承謨重建西吏曹房辛卯知縣王逑古重建儀仗庫辛丑知縣陳允堅重建吏廨（郭子直有記）及闢西園甲辰知縣徐穆重建東書室丁未知縣靳一派重建西書室（崇德靳志）萬歷末年藥庫火知縣陳心德熠焉胥吏多死者天啟辛酉知縣陳宗湯鳩工重建正堂後堂內署

國朝順治十年知縣陳邦寄重修中堂及六曹房十二年知縣易象兌康熙十四年知縣鄺世培重修譙樓（鄺世培記考石）

邑之治舊有譙樓冠于署門之上置鼓若刻漏其間以別昏旦警宴息其圮而廢諸未計起自何年乃邑居孔道上官幨帷而至與四方薦紳先生行過是者視其布政之所觀聽不肅麗譙不戒必有以識治道之窳而議長吏之偷昔卑子入陳火朝覿而道茀不除斤斤然致告焉則茲鼎而新之無容或已蓋可知矣長斯土者忽於斯義何以謹民閒之蓋藏而峻百雉之鎖鑰哉予莅茲薄兩朞矣幸疆圉之𧹞以次靖蜚輓之貢以次集郵傳之困以次蘇芻茭供億之具亦備而不乏爰是進鄉大夫長老而諗之曰譙門之建此其時乎惟是一楹一甓弗以賦諸民一繩一削弗以科諸匠于與二三寮吏共節齋廚之供捐賓客之奉以殘厥工而庶民之輸以力大夫士之助以緡者聽無所強也詎意人心競勸董不逾時不支公帑一錢不溢正額一粟飛甍列楹氣象煥然成勞具在予何敢尸惟共襄厥事者之效宜誌諸不朽已爾

十五年正堂圮五十四年知縣韓麒趾重建作新堂 石門鄭志 韓麒趾記署令之有堂所以親民也將朝夕見而字撫焉治邑地當孔道供應四出官竭於資民疲於路無暇為居息計大都因陋就簡麒趾始

至見治堂卑隘漸即於圮西廊廨宇傾廢吏抱案立鮮中甃然謀所以振之顧以初任諸務旁午興舉先其大者刻無暇晷朞年始能完葺西廨三年之二月乃央計重建作新堂擴舊宇而崇之工甫興予適視篆鹽官戒僚吏無菲材無竊工一磚一甓無以科民一飯一粟無以苛匠每十日輒歸而課之始于仲春之上浣落於季夏之初旬然署後向有高樓聳峙邑之休咎令之遷除往往於前堂後枕閒徵之予力不能兼舉也敢以告後之莅茲土者

咸豐末燬同治四年知縣楊恩澍重建

主簿署在正公廨之右 柳志 明嘉靖中知縣劉宗武增建

隆慶初主簿王禴增修中大堂 崇德新志

國朝道光十七年主簿徐知鏡修葺咸豐末燬同治四年知縣楊恩澍重建于縣署東

典史署在正堂東 宋樓澤縣尉記一行作吏各有分職令丞通行之外警察盜賊平決詞訟與凡保伍饑饉之事皆屬之尉或憑籍門闌或乍脫場屋折腰斂板于干官之底況當冠蓋往來之衝朝暮將迎匆匆鮮暇徒勞之歎殆為此發然賢且才者固可得以自見若梅福賈責裴虬孟郊載在史冊類有可稱亦存乎其人而已語溪為禾興巖邑尉廨殘於兵燹僑寓僧坊紹興講解始遷新址今又八十年矣贛川曾子春始至顧廳壁鋟木記名氏自李君球以後凡二十有五人民部貳卿吳門林公今諫議大夫錢塘俞公皆發軔於此竦然起敬知所矜式既書兩考年豐事簡遂刊諸石以詔不朽俾澤識之澤初筮進甸實居是官履而後知之子春今為鄉人相與有連又為同僚嘉其不敢怠事謹誦所聞且以加勉嘉定十三年中和節 正德中典史李滋牓曰贊政先是丞簿尉從正堂東西角門儀門出入知縣蔡貴易于六曹房外各闢甬道丞尉出入從左簿出入從右 崇德新志

國朝嘉慶十六年典史粱登縉二十四年楊禮衡道光十九

年張安邦先後重修咸豐末燬同治四年知縣楊恩澍重建于縣署西

桐鄉縣

縣治在梧桐鄉鳳鳴市 浙江通志 明宣德五年巡撫胡槩郡守齊政議設縣治於六鄉道里之中知縣生用和草創廳事 桐鄉徐志 後知縣趙中繚以周垣經理創建 柳志 中為正堂 顏曰和衷成化間縣令粱敬易曰寓牧 明黎遲寓牧堂詩杏園仙子桐鄉令早歲天門拜君命甘雨隨車春意生郎星燭夜天心靜閭里不特揚清風童孺無能說嘉政自知治所須高明故築斯堂上形勝浙東山水雙眼豁象外乾坤一時俯揭書寓牧字如斗筆正要自居心正詩書自作千古計華水天拱四時興曉出簾星運未稀晚歸窗蟾已孤映人如子雲時問字士有澹臺不由徑寒泉瀉下碧玉壺晚奩推出青銅鏡琴彈古

調豈愧宓錦製妙手當思鄭古桂還于秋後香修竹正
自霜中勁人生立身貴秉節治務行簡先居敬牧民一
寓只三載天子求賢正明聖我亦金華牧羊客牧理會
須與君訂荒山細草天地春物性未必非我性百年大
塊亦寓耳丈夫志業何時竟我詩
贈君君莫疑桐民吏有甘棠咏 前綴以軒堂左爲贊
政廳堂右爲供招科（案柳志軒右爲架閣科成化間縣丞孟俊遷架閣科于東廂又建丞簿廳爲分治之所） 前爲月臺爲甬道中爲戒石亭（今移置治道廳東偏）
左爲吏戸禮承發號房右爲兵刑工房鹽法科又西爲
獄前有蕭王祠號宛樓（中懸一鐘令囚有宛欲訴則擊之以聞） 前爲儀門
外東西各建廊房正南爲譙樓上監榜曰桐鄉縣中爲
大門外爲毬場（桐鄉徐志云申明亭在譙樓西偏旌善亭在譙樓東偏） 場東西爲
版廊南爲屏墻大堂後爲川堂爲宅門後爲二堂堂東
爲耳庫房（桐鄉徐志云堂左爲儀仗庫黄冊庫堂右爲會客廳） 二堂後爲三堂

嘉興府志　卷六　公署一　三十九

三堂之東爲内庫西爲土地祠後爲内宅爲園圃有池
亭之勝（伊志）
歷代修建 明宣德六年知縣趙中建治廳後堂川堂
儀門大門譙樓架閣庫丞尉等署（柳志） 正統間知縣田玉
增置吏舍天順初知縣張泰修葺廳事建榜廊于譙樓
之左右及申明旌善二亭成化十年知縣孟俊重建六
房尋新廳治移架閣庫於西廊而易以分治廳二十年
知縣梁敬重拓申明旌善二亭改建典史衙于舊址宏
治中知縣王昊重修治署（明胡權重修桐鄉縣治記畧桐鄉縣距皂林河南一舍許

即崇德之分縣也建置之初規畫畧備越今幾七十年
因循廢弛殆不可縣甚者如公寢惟遺址學舍亦圮毀
驛巡廨宇不輯官屬皆民舍以居委積絹粟浥腐
若橋梁若壍栅若囹圄養濟院房多不可觀衡陽王侯
登宏治癸丑進士出知桐鄉下車即以是爲憂乃謀諸
丞簿而下咸協志移告于公遂與民經始之卜吉伐木
石摶埴爲瓦甓執事執役者惟公惟慎首學之明倫堂
尊經閣生徒別舍次縣之儀門兩廊譙樓後堂縣貳衙
宅土地祠次養濟院囹圄房皂林驛巡檢司又次便民
預備二倉與布政分司聿新創建者凡若干楹傾頹而
振起者凡若干楹剝落浸漶而整飭鮮明者又凡若干
楹于市衢則設民栿以衛居氓市外則成同情燕子等
五橋以濟行道者桐鄉之治亦煥然一新然工不逾時
而民不告勞桐鄉人民相與樂成之嘗一聞侯爲民爭稅
銀奇羨于其長奮不顧利害治功
速成有自矣民甯忘子來者哉） 正德八年知縣任洛
建黄冊庫於後堂東并建大堂前月臺儀門外廊房增
築周圍縣墻萬歷間知縣高梅重修治署有記癸丑知

嘉興府志　卷六　公署一　三十

縣胡舜允重修譙樓
國朝順治八年堂及後樓俱燬康熙間知縣孫郁徐秉元修
建又修改架閣科爲鹽法科添建供招科於西廊號房
于東廊（桐鄉徐志） 雍正二年知縣陳大慶繕修中堂及兩廊
書吏房乾隆七年知縣李華松十八年知縣王瑄重建
治廳增加川堂于廳後又重建供招房二十三年知縣
韓本晉重修譙樓三十一年知縣雷士佺樹塞門于宅
門内四十三年知縣王泰曾重葺三堂儀門書吏房重
建外廊房四十六年知縣李銓重建贊政廳五十七年
知縣呂爾熺即造作廳舊址建會客廳于後堂西六十

年知縣李廷輝重修治廳儀門譙樓（李廷輝記邑之有譙樓也所以謹漏刻嚴宵柝辨昏旦而理庶政也夏官挈壺氏以水火分日夜告時於朝與秋官司寤氏掌夜時詔夜士夜禁之職通自齊風以顛倒衣裳爲失節刺挈壺氏弛其職矣嗣是而浮箭傳漏靈蚪吐流更以鼓點以鉦然則譙樓之建非亦興居號令之所必重哉癸丑嘉平中旬之六日涖任桐溪入其樓樓欹入其堂堂圮因思唐房琯歷宋城濟源而以繕理廨宇著能者興利除害其權輿也乙卯籌及經費申請方伯頒支廉銀擇日庀材鳩工堂廡輪奐一新越十一月之五日譙樓落成是夕也天宇霜清訟庭閴冷漏鼓初撾挑燈兀坐默計半載以來刑獄之輕重果得當否爭訟之曲直果盡平否農桑之勸課果無怠否糧賦之催科果無擾否一內訟不覺惘然有失也嗚呼天道之妙千歲可致而基于一刻之弗差治道之盛庶績咸熙而原於寸陰之無曠古人所謂晝而考職夜而計過無憾而後即安者其在斯樓歟）嘉慶二年復繕修監房（伊志）道光四年知縣王鼎銘十二年知縣黃攀桂十九年知縣高奇偉先後重修咸豐末燬光緒元年知縣龔鳳岐請欵重建

嘉興府志 《卷六 公署一 三十二

縣丞署 在正堂東（吳志）乾隆三十七年知縣潘安智縣丞王華改延賓館爲丞署五十一年縣丞郭湑奉委駐靑鎭五十六年知縣呂爾熺與郭湑增造五十八年署縣丞曾毓芑增建大門額曰糧廳（伊志）道光二年縣丞許繼栢十七年柏書先後重修咸豐末燬光緒二年縣丞王春澤請欵重建

典史署 在正堂東北（吳志）乾隆三十九年知縣潘安智典史耿昭將丞署遺址搆建五十六年知縣呂爾熺典史易元曜葺大門額曰督捕廳（伊志）嘉慶二十年典史李華年道光十二年鄧醕重修咸豐末燬同治五年署典史高長松領欵重建

巡檢署 初在皂林鎭康熙三十六年題請改建于靑鎭以駐防廨爲巡檢司署卽常平倉故址也乾隆二十四年巡檢朱瑞麟重建大堂三十七年巡檢姜寶善重修（伊志）嘉慶十七年巡檢李景翰二十三年巡檢李簡道光十二年十九年巡檢黃宗鈞先後重修咸豐末燬同治四年署巡檢金和節請欵修建

嘉興府志 《卷六 公署一 三十三

嘉興府志卷六

嘉興府志卷七

嘉興府知府善化許瑤光重輯

公署二

宏文館　在府治西北靈光坊浙江通志即布政分司明崇禎年間知府鄭瑄建爲督學校士之所相傳爲宋監倉東廳中爲大堂後爲川堂寢室後建一亭堂東西爲號廠吳志可坐千人前爲儀門東爲賓館西爲土地祠大門外東西爲府縣官廳南列照墻東西轅門樹坊二東曰文章司命西曰風教提衡袁志

明陳懿典宏文館碑記　昔唐太宗置宏文館增學舍千二百區貞觀之風稱極盛焉明皇留心儒術簡博士鄭虔主之茂育之化蔚然盛美國初宏文學士之銜名位淸要劉文

成亦辭封拜今郡守刱建試第取其名顏之葢昉諸此我禾宣德四年分增屬治譽彥輩起莅茲土者欣瞻彙征之盛而憚于鼎造因循避勞雖國家射策鉅典迄無定宇故事督學較禾權借大察院爲棘闈浩費帑藏葺堅鳩工煩累浹旬不即告竣試畢給散薪木化爲敗物三載間歲科接踵再興再廢他若上臺堂課諸提調季考或值繡衣出巡勢必徙之黌宮廟剎與郊外五賢祠窩賓斜扉固嫌卑隘巖棲頹壁復驚履冰當事者憂之恒念露臺百金可惜此院千金不可不捐也郡守鄭公德業豐偉躬荷斯文重任藝苑曠闕實刺史之責詳審經畫惟按察荒址係世廟御倭郵署修之不資棄之無名毅請改營築室數堵規格整飭洞開諸門奎耀映靄二百餘年諸子衿一朝頓見體制威儀猗與盛矣是役也先割俸爲七邑令尹倡二三幹掾分董其勞一切土木卒舉勿擾輿情懽躍願言子來此誠悅服之明效也昔翁家次公遷沛郡興鄭攸令聞藉藉而公爲鴛湖長力扶文運使讀書者登堂入室繼絕學宗薪傳流澤孔長吏何底與公相宅卜吉始于春正月交夏仲告成止四閱月耳不百日而談笑就功都人士感公鼎樹若有神助與周召營洛媲美諸弟子員朱治甡等請之直指鄧君乞余言以勒垂名業異日彤庭採郡乘書某二千石賢著其績爲不朽余實忻附而誌其畧云　黃承昊記我浙學使者試士會城有校士館而我郡獨無之每遇學使按郡棚廠之費不貲雖七邑合輸然竹木供自郡城諸肆商賈苦之一建一除七邑所輸旣委諸逝波而日暴雨霖民間之物半歸朽壞往者綱疏歲考約十載方一及猶可強支邇則功令嚴密非歲科兼周學使者不得擢三歲中兩試業爲之額將邑困供輸而民不堪命矣惟我郡侯鄭公祖有慨于心毅然創建館之議以爲一勞永逸計慮心博訪殫力圖維蓋經畫之精綜理之密幾于嘔心矣木石之價傭役之值悉準民間纖毫不以累民一大工落成閭里中若不知也我侯經綸手卽此可覘一斑矣敬記其實弗置諛辭是役也規畫于崇禎丙子之臘始工于丁丑之王正落成于夏五不半載而大役以就亦足徵子來之民情矣

國朝嘉慶十年知府李賡芸倡捐重修自爲記嘉慶十年四月前郡守鉅野姚君奉文府考甫試嘉善海鹽二縣童生遽丁內艱時賡芸以郡之海防丞于役德淸督賑事奉臺檄俾權守事

弁令馳赴辦考蓋恤士子之羣集以待也旣受印次日即開考天多雨目擊東西號舍庳陋湫隘上淋下濕几案坐具又時有毁裂者心爲之不甯居無何仰蒙

恩命眞授是職乃躍然曰今可以改作之矣爰進郡之薦紳先生及三庠之士而謀鼎新也則僉曰諾復就外縣之薦紳先生及庠士而謀焉則又僉曰諾於是賡芸偕各邑令尹先捐俸以刱而七邑之人出金者遂相繼不絕乃延項君學醋陳君延聲錢君善膺褚君長春四人董其役鳩工庀材且司出納凡庶人在官者胥不得與焉遂擴文場東西之地而展寬之文場之內隔以庭文場之外繚以闌所攎者所坐者所便旋者雨之所能侵者日之所能入者囿不曲爲之計以期於無巇而後止又濟溝甃石自堂以下至門外之屏平其路如砥又舉東之客位西之韓公祠而弁新之文場將試而啟旣畢而閑扃之鑰之以籧篠障之皆有司其事者焉賡芸初意不過欲崇其棟密其瓦甃其地堅其坐倚之具而已初不虞如是之改絃更張而其工作又如是之堅緻而整齊周詳而翬固也詩有之如竹苞矣如松茂矣記有之美哉輪焉美哉奐焉舉以目斯殆可無愧蓋不特爲兩浙試院之冠也夫士而懷居不足以爲士此聖人

之言也畢世之居不可懷况一日之居乎然而士之就試良苦矣早則夜分遲或雞鳴即興食而持槖立於風霜雨露之下以待唱名比入塲非遲明即日出矣力既倦腹既枵又以陋室困之宜其文之遠遜於平素也是以工欲善其事必先利其器而今而後就試之士庶幾心開目明其可以抽秘而騁妍爭盡此一日之長矣是役也經始於十一年三月畢工於八月計用白金七千有奇出錢者多不能仿漢碑之例鋟姓名於碑陰也則別梓徵信錄以垂久焉董役之四君子尤能盡心力而爲之者其材足支百餘年尚有歲修之經費存則不僅百餘年矣工既畢迺勒其緣起於石

道光四年九年嘉興秀水二縣先後重修十八年秀水紳士陳宗柏捐修東西文場咸豐十年燬于兵同治三年知府許瑤光重建自爲記云嘉興古吳越交壤地左抱淞瀆右吞苕笠前控大海平田沃壤野穀自生秀水五色蔚成奧區其士人率彬彬秀雅秀州錫名其以此乎漢晉以薦辟舉士時則有若嚴施于顧諸陸彪炳史冊先後相輝至唐肇科目陸宣公由進士爲名臣扶

翊唐室尚矣宋自熙甯以迄明末每科或五六人或十餘人　國朝順治已丑登進士者二十四人康熙已未與鴻博者四人其時匠成翹秀鳳舉鴻翻懷瑾握瑜之士莫不爭自礱錯以副崇文之雅化中如陸清獻紹洛閩之傳功德加於海內雖不能以科目圓之然實自科目起家則知朝廷以輶軒校士論秀書升詳延天下方聞之士補弟子員釋餌前師以時習禮于庠序莘莘祁祁觀國之榮因而招振材端啟發性緒以標爲人倫襟晃固不可一日已也同治三年孟夏瑤典郡嘉興時郡城克復始七旬官廨民房盡付灰燼宏文館者督學使按臨之所也在府署北往省視則瓦礫蒿蓬不辨舊址蓋郡城陷於賊至是已五年矣儒生廢經史流離遷播不得與歲科試者已三次矣一旦官軍報克復始欣欣然發篋啟書各理舊業至六月而金陵戡八月而湖州克兩浙肅清東南底定中興景運如日再中學人懷抱利器昕夕翹企冀得一展而皇華使者無掄材地守土者能不惡然迺商之紳耆緩諸土木工不舉繳七邑醵金修宏文館急先務也于三年八月經始四年四月落成羣屬瑤爲文記之瑤惟試館以宏文名其時義亦大矣哉蓋文也者在古人爲德性之英華在後人爲詩書之菁采韓退之進學一解以六經與司馬相如揚雄相提並論其佶屈聱牙奇法葩正幾若以末世雕蟲小技上測聖賢矣不知古之神聖賢人身體力行毫釐無謬不得已而發爲教世傳道之書本無意於工詞而義精理密遂郁郁可觀如堯典文思禹謨文命文王之經天緯地文公之制禮作樂孔顏之博文約禮僅以文視之不可也退之枕葩古籍根柢經訓以爲文故文直越八代而上惟閎中肆外尚不免以文視經訓耳至今日士人讀聖賢書以經義代聖賢立言應亟知文以載道必融貫於聖經賢傳而平日之砥行立名又曲曲焉以與之相赴庶幾由淺造深由末悟本處則孝弟稱於鄉閭出則勳業節義顯於當時而傳於後世斯不負讀書爲文之本願矣若斤斤焉以一藝博科名邀榮耀其剽竊浮薄者固深足鄙恥即鎔鑄經史瑋詞瑰論炫一時之耳目以傲然自雄而反躬內鏡文與行絕不符合吾恐上無以對往哲下無以副知巳於經義取士意亦大謬不然矣能毋戒旃爰書之以告來者

鹽場公署

嘉興批驗所　在春波門外五里趙記圖門堂俱南向挈北向即宋鹽倉曰寶花倉址嘉興湯志元延祐間嘗置所於衙前橋之南案元史大德三年于嘉興設檢校所專驗鹽袋冊過常度至正戊戌燬明洪武戊申以水次便利移建於此即宋玉霄萬壽宮遺址歲久傾圮萬歷三十五年巡鹽御史方大鎮重建明張以誠重建嘉興批驗所碑記在鹽政場竈煎鹽邊商報引內商質其引以支鹽而運銷之顧天引或詐冒鹽或闌出此批驗所之繇設也故事每歲季月商各异鹽集臺使者委官驗引引符輒放無留行其後乃有秤掣之法踰額即第其輕重而罪之然猶須鹽運後徵納餘鹽至于刻期畢登始許發運而商遂困矣所在嘉興東郭故有督掣廳堂久且敗居官者視若逆旅莫適爲葺而商當積困之後又誰肯捐巳貲以急公家之役者然而掣之日上下若杞人然兢兢惟崩壓是懼稍雨即坐塗潦中屑越甚矣歲丁未商綱朱國裕王誠黃棟柱等請

于臺使者方公重繕之則公首斥贖鍰五十金爲有眾經始于是工必中程材必中度其廣袤必中地宜其建制必中方位其埏埴必中準繩其塗墍必中物釆首門宇次階墀中堂皇左右燕寢森森井井繚以周垣腐者易而堅朽者易而良湫隘者易而爽塏陂陀者易而輸奐益自戊申之丙辰迄于壬戌七浹月而事舉計費千餘緡眾商欣然任之無以爲厲已也者此何以得于商哉我國初每引止輸粟二斗五升較子母利贏倍迨世廟末南海氏爲政議折粟價納銀三錢五分則利輕而鹽多壅滯之始也頃中使出監稅事將囊括諸商而逞志焉會涇川葉公永盛按浙以死力爭之中使權稍奪然稅額歲增三萬有奇自此引價視昔益重矣公念商之困既久如將按額而取盈非苛其幾察不可商無所規利而力竭勢必鳥獸竄故其所爲先後撫卹百端而最要者如開四運禁小票務與諸商公其利權毋壟文罔雖再疏請罷增稅未報可而商固幸以少甦宜乎商之德公而不敢愛其貲以繕茲所也

國朝因之置掣廳前臨運河嘉興何志掣廳北向西爲關帝廟東爲土地祠南向即仰德堂中有觀稼樓所署在掣廳之東伊志今燬同治初暫駐海鹽之澉城鎮

海砂場鹽課司　在縣西一百二十步宋爲砂腰場明正統元年都御史朱鑑移置治東一十八里砂腰村白馬廟東海鹽仇志咸豐末燬未建

鮑郎場鹽課司　在縣西三十六里澉浦鎮西門外海鹽仇志宋時舊廨址在通江橋側茗溪朱㑺立海鹽圖經李昌宗記咸豐末燬未建

蘆瀝場鹽課司　在縣東北九十里今隸平湖縣海鹽仇志在縣東北三十九里蘆瀝市東明洪武元年建趙圖記萬歷

四十六年移置縣治之南門

國朝康熙三十九年因離場太遠復移新倉鎮兩浙鹽法志咸豐末燬同治十三年大使沈福祉捐資置買民房一所改爲署

武職公署

嘉協副將署　在府治西北浙江通志順治七年奉經制額設十一年奉裁改設游擊一員移駐海鹽康熙五十年福浙總督范時崇題改游擊爲副將駐劄府城五十四年副將何肇彩增設衙署吳志咸豐末燬同治五年副將劉樹元領欵重建

都司署　在府治東即舊察院基初爲推官宅康熙六年裁推官改爲同知署五十七年同知移駐乍浦雍正六年添設都司改爲中軍都司署七年都司吕上懋重建浙江通志咸豐末燬同治四年署都司傅宏禧請欵修建八年署都司周萬友建軍裝局房

左營守備署　在海鹽縣署西海鹽續圖經順治十二年游擊駐劄海鹽康熙五十年移駐中軍守備雍正間移駐左營守備伊志咸豐間燬光緒二年重建

右營守備署　在乍浦南門內明備倭把總署嘉靖九年把總杭州右衛指揮楊和建二十一年把總杭州前衛

指揮陳鳳四十四年欽依把總章延廪重修海鹽圖經
國朝順治十三年移嘉協守備駐乍浦改爲守備署乍浦志今
燬未建

城守營署　在府城報忠寺西蜆子匯久圮賃居民舍吳志

嘉興汛防署　在東門外天尊閣吳志今燬

王江涇汛防署　在王江涇鎮吳志咸豐末燬同治四年千
總金朝元重建

新城汛防署　在新城鎮吳志今燬

嘉善城守營署　向借預備倉嘉善戈志久圮同治六年重建

澉浦汛防署　在澉浦城海鹽圖經續今燬

平湖城守營署　在縣治東康熙三十一年建平湖張志今燬

石門城守營署　在石門城內伊志咸豐末燬同治四年知
縣楊恩澍重建

桐鄉城守營署　在治東乾隆五十七年知縣呂爾瘖建
伊志今燬

濮院汛防署　在濮院鎮吳志今燬

水師公署

乍浦水師營副將署　在乍浦南門外湯山麓雍正七年
建乍浦志咸豐末燬同治九年署副將楊春和請欵重建

左營守備署　在乍浦南門外雍正二年建乍浦志今燬

右營守備署　在乍浦南門外陸家橋乾隆二十年建乍浦
志今燬

左營千總署　在乍浦東門內綠旗水兵營雍正八年建
乍浦志今燬

右營千總署　在守備署側乾隆二十年建乍浦志今燬

左營把總署二員　左司在乍浦北門內右司在守備署西
並雍正二年建乍浦志今燬

右營把總署　在守備署左乾隆二十年建乍浦志今燬

澉浦水師營都司署　千總署　把總署　均在澉浦南
門外海口道光年建今燬新纂

衛署

嘉湖衛署　舊爲海甯衛在縣西一十步舊縣治也洪武
十七年移縣治于東偏改設本衛於此基南西北相距
河東並縣宏治中把總嚴明掌衛事指揮使李振重修
明錢福重建海甯衛記略浙江都指揮使司所領海甯
衛其地爲嘉興府之屬縣海鹽海鹽故州也衛治郎州
治與今縣治連其領左右中前後五千戶所附之而乍
浦澉浦二守禦所遥隸焉衛泊海可二里許其海塘與
甯紹相望倭夷之所出没魚鹽之饒漢稱都會番舶之
萃元目富區可不爲浙西一大險要哉正統間夷寇乍
浦遷後千戶所共守之而仍領焉若今所附即四所也
監察御史關中張公鷟爲浙江按察使副使敕視海道
至則曰練卒閱將申令葺械修城塹脩堡塞固隄防吾
職也若夫衛所穨墮堂陛不分作止無階何以持權而
莅其成哉於是按節海甯衛而有振穨起廢之舉乃會
議總督都指揮黄公華覈得舊所脩估而未行者乃畀

把總指揮嚴君明主之主衛事指揮李君振協督焉於是有蒞事之廳曰宣威其後爲堂曰退思左爲經歷司文士佐貳古之參幕也右爲齋宿所大事戎祀國之所愼也退思之左爲客使館重交際也右爲鸞駕庫愼六奉上也軍器有庫旗纛有廟習其所有事也宣威之前房對峙儀門之外爲屬官集議之所鎭撫之廨頒示榜文之舍譙樓門閎煥然一新誠足以壯觀肅威振武別秩也經始于壬戌七月落成於癸亥五月其爲費銀以兩計者九百六十四兩有奇張公蒞止顧而悅爲既又歎曰有衛而無所可乎乃出其道中所積餘銀勸官軍義士助給之而嚴君仍董其役遂成四所嚴君恐後之之人不知所自而或至於易墜也走書徵言以爲記嘉靖中指揮崔鼎彭端隆慶中姚磐萬歷中彭紹賢並重葺海鹽仇志

國朝康熙間以衛署改設城守營移建于縣西新橋北即總司行署舊址乾隆十五年裁併嘉興所改名嘉興衛二十六年

裁併湖州所改名嘉湖衛伊志咸豐末燬同治十一年衛守備孫悅恭請款購買海鹽南門內民房改建爲署

鎭守乍浦滿洲駐防公署

副都統署　在乍浦東門內環以城協領以下署附列左

右並雍正七年建平湖張志今燬未建

協領署　凡五

佐領署　凡一十有一

防禦署　凡八

驍騎校署　凡一十有六

左司署　凡一

右司署　凡一

筆帖式署　凡二以上乍浦志　咸豐十一年俱燬於匪尚未建復

公署古蹟

嘉興府

同穎堂　在郡治宋守俞浙改名修齊至元志

清香堂　在同穎北趙圖記　宋守俞浙改名敬信節愛之堂至元志

山堂　在府治內西北宋郡守張德甫建後守李孟堅改名浩燕堂柳志　取沈括詩米芾書刻石於堂之東壁大清一

統志　宋沈括浩燕堂詩幷序嘉興太守番陽張侯德甫重新西堂太守以重名寵學敎治綏輯民樂其政歲以大穰時引故人賓客燕而屬括名之括請名日浩燕而爲詩一篇以見太守所以禮賓客美之登臨之意西堂昔日冷蕭條使君名高堂爲高流紅碎壁動鏘雕粉黛翕倏隨揮毫太守浩燕鵷九牢門前過客羅百艘艣褕熤煜欄亭皋切雲危冠控豪曹秋鶴霜毛飛錦袍六鷁曳地橫金腰輕羅韜煙媚中宵緩歌闊舞縈雲髯超人手提千牛刀目視大窖如鴻毛太守巨筆如波濤指畫風雲慘動搖佩牛帶犢如銷膏區區古人無是超吳杭如脂暾百筲連車折軸東道交釜區爭先走名豪旋艫掣酒飛千舠袵伯稱觥釃醲醪翳翳禾黍藏雈簫太守浩燕樂歲饒豈徒割烹盌大庖

渙堂　在郡圃內東北至元志　宋紹興中郡守王安道建李孟堅改名衆樂嘉熙初知府史宅之重修名渙堂柳志　宋史宅之修渙堂記郡後圃東偏舊有渙堂紹興間太守王公安道所創也方六飛渡南公驅馳兵間歷變履險

者數矣其後南北議解上方樂天保民以生聚教訓從事嘉禾去天最近民用和懌公之至於是邦也不自意其生乎憂患之餘一旦遂有爲郡之樂覊懷感憤至是殆若渙然冰釋者是雖皇天悔禍世運推移其極必復而嘉興牧守輯甯於一方國則亦莫非君上賜也益名堂之意昉此歲月漸老聞見不接後人榜之曰禾興則又以郡之所以得名者名斯堂也迺嘉熙改元夏四月余實來始延見吏民具宣聖天子德意奉職循理夙夜不敢懈尚何所於遊何所於燕居數月爬梳爬理略見端緒上下稍稍相安調度僅不至乏稍間從公餘與客登斯堂顧瞻懷徜毀剝撓攲傾圮若將壓焉是不可不葺而新之且復其名曰渙使不廢其舊蓋是年冬十二月也夫合一郡而言凡園池亭宇皆郡之觀也既以名郡雖不以名堂可也惟艱難憂險之備嘗而優游佚樂之驟適乃獨不敢一日以忘上恩前太守之意則不可以不存也若曰好惡不同去取各異後之視今或猶今之視昔抑余豈得以預計哉况夫人情事物之終始政如循環之無端合者未有不離渙者未有不聚盈虛消息之數流行於宇宙間雖智者亦卒無以易此在易渙之六四近君之謂也曰渙有丘匪夷所思說者曰丘聚也

夷常也當渙散之時而能大致羣聚之功此非平常思慮之所及又必有先天下之憂而憂後天下之樂而樂者任此余以菲材試郡蒙被聖恩得不以罪去既幸矣而何敢以及此也敬書其實以俟來者倘存古之志同庶幾相與緝續之俾勿壞

平易堂 在郡治舊通判廳之東

坐嘯堂 在郡圃西偏

同宣堂 在舊府判東廳

志隱堂 在舊府判西廳今爲織造局

順觀堂 在舊府判西廳 以上至元志

六鶴堂 在府治後宋知州鄧根建其後知州徐蒧於堂北爲雪窗外臨荷池 大清一統志

荷屋 在郡圃後 至元志

六鶴亭 在郡圃內 柳志

嘯諸堂 在州治之西宋郡守沈括建 名勝志 案至元志不載嘯諸堂而題詠門別收沈括秀州秋日詩至柳志始著嘯諸堂趙圖記卽於嘯諸堂下附入括詩今以其詩本非題堂之作故從至元志例別著藝文

教簡齋 在舊府判東廳

秀遠齋 在郡治內

環聚亭 在郡圃內 袁志作環瑞堂

最宜亭 在郡圃內 以上至元志

璇星樓東 趙圖記

留春亭 在郡圃內

京歌亭 在子城上 案柳志作景歌亭趙志作歌景亭

翠涼亭 在郡圃內風月無邊樓下 趙圖記作最涼亭

風月無邊樓 在子城上東偏舊名披雲 以上至元志 紹興間郡守方滋建卽披雲閣更今名 趙圖記 宋沈與求披雲樓記 宣和四年春秘閣曾侯自山陽移守嘉禾嘉禾在三吳爲支郡封域儉狹而物產饒衍居民敦本好約雅稱易治侯至因其俗施教條數十示所禁勸民畏慕之相戒毋犯侯今越數月政成從容語僚吏曰郡雖小然介江湖之間侯川舟陸車孔道四出賓客之至無虛日顧其地湾下無高明之居以稱游燕何以壯千里觀望盍圖之先是內相葉公道卿於子城西北築亭榜曰披雲後人更名樓其實亭也庳屋三楹歲久且圮又西北其戶下瞰通闤煙塵宛轉於几席間非登臨之美侯乃以完堞工悉撤去故屋其基增高培薄取材之無用者更南向爲亭外施重檐而敞之深明洞達丹碧煥然亭西挾以水閣曲欄橫檻映帶左右它日與客登焉送天末之孤帆迎海上之遙

岑目力所窮與空為際更唱遞嘯觴酌行流神意徜徉
如在塵垢外信哉披雲霧覩青天僅足以方其快且適
也侯舉觴屬某曰茲游樂乎子為我記之某謂成敗哀
樂奄忽之變在物也物不可以為常顧我所建立有不
可磨滅者物則托焉以垂不朽此羊公所以與峴首之
歎也湛輩反自哀已不暇也登斯亭也徘徊四顧益吳
越交兵百戰之場而句踐夫差之爭雄也高城深溝有
荒田野草之悲穴狐狸而伏鰌鱓也其人骨已朽其事
可為哀也前年盜弄潢池兵薄吾城連三日夜民大震
擾天子至出禁旅討平之盜去而城完因得剏亭其上
使吾輩一觴相屬是可樂也侯生於相家文章事業稱
天下設施一當有大於今日者則名之傳山川猶且託之
不朽況斯亭乎故亭之成兕情之哀樂有不言而侯之
功名為可勉也於是乎書　陸蒙老披雲閣詩城角巍
欄見海涯春風簾幕暖飄花雲煙斷處滄江闊一簇樓
臺十萬家　周邠和詩曲欄高枕子城涯雲霧披開眼
界花幾處橋横流水巷朱樓畫閣幾人家　張堯同詩
茲樓當勝地高望極峻嶒欲覩青天色還須上一層

水香亭　在郡圃內下瞰荷池

垂芳亭　在郡圃內

玉明亭　在郡圃內趙圖記作玉明堂

射弓亭　在郡圃內亦曰觀德亭

平遠亭　在郡圃內子城上趙圖記作憑遠

元翫亭　在郡圃內子城上

來月亭　在郡治內舊府判東廳舊名花月宋倅張子野
創此亭取雲破月來花弄影之句明王立龍花月亭詩楊柳風神又著緋彩
毫曾此弄珠璣花開水面香流鏡月沁天心桂染衣三
影霏微賸幻象萬緣活潑闢真機我來點蘸梅稍露化
作紅雲幾瓣飛　來月亭詩來月亭中月好來嫦娥隨
月下瑶臺欲從綠鬢收金珥姑以紅唇印玉杯勝地不
容桑海換仙情豈計世人猜一簾
桂魄三花冷並蒂香雲潑翠苔

嘯鶴亭　在舊東府判廳

碧漪亭　在舊西府判廳

雪香亭　在舊西府判廳

杯水亭　在舊西府判廳以上至元志

序賓亭　在子城內宋知州張瑜建柳志

水鑑亭　在郡治宋本都曹建姓名失考

賞心亭　在郡治內宋通判陳寺丞建

議公亭　在子城上以上柳志宋建嘉興湯志

臨津亭　在郡後圃柳志宋建嘉興湯志

利川亭　觀風亭　在子城端北趙圖記宋知州張瑜建柳志

野泉亭　朝宗亭　在子城北趙圖記宋知州張瑜建

嘉禾亭　在子城西以上柳志宋建趙圖記　宋張堯同嘉禾亭詩五馬來何暮經營指
一彈石碑書近事留與後人看　秦秀
水縣署亦有嘉禾亭為分縣後所建

金風亭　在子城西

清風亭　在子城東以上柳志

觀音亭　在府治子城上坤隅舊傳有魁見於此元季達
魯花赤八札建此鎮之鄒志

益清亭　在府治中元至正間同知繆思恭建嘉興湯志　元僧克
新益清亭詩嘉興同知繆侯思恭既葺郡治復植蓮於
治之後池作亭池上取周元公之言而名曰益清江左
外史克新為作詩曰維秀之治有翼其亭誰其作者繆
侯國楨維亭之址有池瀰瀰蓮樹於池有華藟藟華既

茂止其香芬芬侯日於茲惟香是聞侯既聞只懷彼周子格言是徵嘉名是紀維侯之德如蓮斯馨維侯之行如香斯清猗歟來者繼侯吏是來游來觀載求厥指載求厥指惟侯是師垂監無極邦人永思

嘉慶亭　在郡圃後極北郡守延祥建柳志呂原有記　明徐霖嘉慶亭詩頌毛多事欲成雪肺疾經旬不可風薄俸羈迷三畝趣苦吟消受一生窮山雲閣雨栖高巘野蝶尋春薄小叢長笑挂冠非避世廟廊經濟有豪雄

嘉山　在府治後圃嘉慶亭之後成化間知府金谿徐霖塞池築土集奇石疊而爲山公餘則吟哦其上文人墨客賦詠者以歐陽公治滁擬之鄒志　明許恂如嘉山詩不因五馬志巖棲疊就芙蓉小院西隱隱山林在城市深松細雨聽黃鸝

春臺　在郡治東舊通判廳柳志

葵嚮閣　在郡治東舊通判廳

璇星樓　在郡治內東偏宋建以上至元志

近民樓　在郡治西舊通判廳子城上至元志　宋建

天王樓　在府治西子城上宋建炎間建元季燬案括異志建炎中金兵南牧蘇秀大擾將屠之有天王見子城上若數間屋大兵卒望之怖懼遂引去一境獲免亂平建樓西北隅事之

清香樓　在府公廳後清香堂之上宋建以上嘉興湯志

懷蘇亭　在府治東子城上宋建與蘇小墓相望故名後改朝陽樓嶲李詩繫注　宋張堯同詩猶使樽前客常懷歿後名好風吹遠籟如有笑歌聲

五顯祠　在府譙樓舊五顯祠宣德間知府齊政緣事至圖圖見有古柏一株仆地因取裴元帝像居樓正間以障邪魔鄒志

竹寓軒　在府推官廳署中劉志

凝香亭　在府署內康熙戊寅池開瑞蓮知府黃家遴建

憩亭　射圃　在察院行臺內劉志

旬宣堂　布政分司公廳

澄清堂　按察分司公廳以上柳志

嘉興縣

小心亭　在縣治後東北宋建

樂全齋　在縣東北宋皇祐中主簿王存建以上袁志

春風亭　春雨亭　近雅亭一作延雅　宋建趙圖記

換衣亭　在縣治宋建案原注又一在府治西北舊天慶觀東宋建似當時有二亭嘉興何志及袁志皆以天慶觀東之換衣亭列入署中古蹟今依湯志列而爲二其在天慶觀者另詳古蹟

片玉齋　在堂後之左知縣鄭振先建

凝芬亭　在縣宅內以上嘉興湯志

來鶴軒　在凝芬亭西嘉興何志　錫山龔勉書湯齊有記

協和堂　鹽捕公署理廳

誠求堂　鹽捕公署後廳以上嘉興湯志

案嘉興何志以樂郊亭列岫亭仙鶴亭列於公署考樂郊列岫二亭俱在滮湖之南不應混入署中其仙鶴亭未詳其處附識於此

秀水縣

嘉禾亭　在縣治後圃（柳志）宋建久圮

國朝康熙十四年三韓于琎重建（秀水任志）

秀水亭　舊在府子城西南宋建今移建秀縣署內

月波亭　在縣治後圃（以上柳志）

月波軒　在縣治內宋有月波樓久圮明天順初知縣莊澈重建

惜節堂　在縣治內明崇禎間知縣王養正建（袁志）

瑞芝堂　丞衙治廳

清惠堂　在丞廨後

和中堂　丞廳後堂（以上秀水任志）

嘉善縣

燕休堂　在縣治廳後（柳志）

思過堂　在燕堂右

再思堂　在燕堂東

應星堂　明宣德五年將建縣署有星隕爲石即以石處爲公堂嘉靖間重建因名堂曰應星

帥正堂　察院行臺之堂（以上嘉善章志）

海鹽縣

思魯堂　在縣圃之西以魯宗道作宰於此故名（大清一統志）紹興元年邑令歐陽延世建紹興二十年令祝閎以秦師垣嘗肄業縣宇改名將覺後令林仰易名相隱紹熙元年令李直養禱雨有應改名喜雨後以魯公不可沒仍易景魯（海鹽圖經）

道愛堂　在治內至元戊寅縣尹王澤立（案海鹽仇志一作遺愛堂）

雙穗堂　在治內邑令史彌迥立（以上至元志）

燕鹿堂　在縣治內宋時建（圖經）

帥正堂　元泰定乙丑海鹽州知州王協中同知張邁爲監使李蘭奚立（浙江通志）廳事元名（元陸居仁建帥正堂記自秦郡縣天下至皇元有國海鹽得縣最古元貞乙未詔江南五萬戶縣陞州重民數也惟海鹽得縣名最古爲戶六萬厥等應中州

是歲始革縣秩而廳治仍舊貫規模湫隘歲月彌遠前賢無經意者泰定乙丑達魯花赤朝散李蘭奚公來長是郡越明年理甚無事喟曰官宇宏狹當視秩次崇卑海鹽以州名而廳宇尚循縣制於州陋未稱與是州東薄海徼不出一里間又地無廳驛凡一使將命必館於廳之阿室壁耳訟庭敲扑喧囂每褻君使顧其宇非深廓無以安使臣之尊非壯偉無以重灝海之鎮捐已資趣改觀恐後初浮屠氏苦於棘苛公至保障之安於無擾久矣公政以公苞苴不入無謀施報至是天寓首僧梵芳與徒曰公素以廉自持令重爲公家費於吾徒安乎且吾敎尚施予與其積生民有用者有餘於吾徒而無所用孰若急公家之義以報公之德與於是幸城之十上院僧師隆輩請公曰公無難堂之成公倡厥始某當相厥終公義其向方遂唯其請於是同寅較既廩之稱以協其謀浮屠之裒衣鉢之羨以助不給土木具興百工走集榛蕪者翦之污下者崇之始自泰定丙寅夏迄是年冬十月堂成衡者廣五間縱者深三室廚之廣數如之堂有寢處廚有庖湢鏝塈黝堊不侈不苟由是使之至者有館民之具瞻益尊僚屬相扑士庶咸悅公命斯堂曰帥正取仲尼子帥以正孰敢不正之義示以

身先之以公相種也視公之政廉昭於人而謙以自牧
仁孚百姓而強梗必鋤弭蝗而禾稼無犯禮士而學校
相勸之才之美固能克世其勳也登斯堂者當知公作
堂之志其闕故址美輪奐益隆德業而恢容量革其舊
染以新浙民也豈徒燕閒休處之適哉後
之來者則有所取也泰定四年歲在丁卯

清心堂　萬歷初邑令饒廷錫建

雙瑞堂　萬歷間知縣李當泰奏最日神芝產於靈佑宮
又野人以禾之一莖兩穗獻因以名其堂以上海鹽圖經　明劉世
教神芝頌曰於昭太清監茲下土奕奕神君惟民是怙
春雲等潤朝曦娛煦五袴知廉三異邁魯於菟在檻遊
魚雲瑤嘉績既成式歌且舞乃眷靈佑芝產雕梁竹園
精舍瓊山淨鄉六英並挺三秀聯行甘露爲液卿靄爲
裳琉璃吐燄火齊敷芒光搖寶靨秀映星裝猴池散采
龍窟分香丹燈星煥黼帳雲藏靈宮不夜香域爾芳神
超有色既出無壘元氣之精清和之幹象太微體參二
曜觀箕甫生虞華萍啟旦匪公神明天將有煥紀茲芳
懿永留玉版

秀野堂　在鮑郎場鹽課司署宋嘉定中司鹽苕溪朱俯
立堂中設米老畫蔡邕焦琴澉水志　姑蘇周應旂重修海鹽
圖經　宋常棠記鮑郎鹽場鎮舊廨也廨西一室匾曰
秀野堂堂之外有青樹翠蔓淒神寒骨如英雋之排列
者有龍蹲虎踞岊嶨靋霸如珪璋之挺特者有方臺中
址蟠回詰曲如前村後墅之通行者有馴毛集羽斜窺
澹屹如匳吟越語之不羈者堂之內有騷人墨客獻瑰
吐奇如壺鑑之清瑩者有牙籤玉軸裁綺純繡如河漢
之美麗者有米老畫風溪煙嶠如夜賓秋色之曠遙
者有蔡邕焦桐高山流水如叢篁聞佩之幽邃者堂之
上遙岑寸壁石劍泉紳可夢而知中衢清淑之氣堂之
下蒼苔依砌花影書簾可醉而思枕簟入林之僻雲卷
空舒月桂霜繞天宇修眉斗牛璀璨時則三光五嶽之
氣恍乎盈目疎風暮雨榕籟琴韻隔墻讙呼樵牧倡應
時則千林萬壑之聲洋乎充耳然則秀野得名宜哉是
名之立嘉定癸未苕溪朱君俯始分專員匾之未幾穎

壁敗霤相繼摧毀越十五禩姑蘇周君應旂退食慨曰
吾甯捐俸起廢何其倣例弗爲於是鋤莠削蕪藝梅畚
竹重楹列牖葢瓦級磚丹如也堂成迺定奧窔迺政書
宇靡鳩靡斂次第塗雘視舊廨改觀矣雖然西峯秀野
不遇魏侯家法名世則傳舍其官府蕞爾亭民榛蕪莽
没於靈芝乎何有今吾周君傳山房之芳拾世科之芥
故能不日之間而萬木向榮胸中邱壑當不在魏
侯下有使秀野專美西峯嘉熙己亥夏五既望

澄清堂　在按察分司內海鹽仇志

三賢堂　在海砂場鹽課司海鹽圖經三賢堂碑記略云海鹽州鹺場竈民採處厥
土輕揚厥水渾鹹凡蒞政者猶酌貪泉罕逢廉吏風土
所召也至治三年李公仲彬來尹是邦暴傲革面歌謠
載途孛蘭奚公處其右察邇洞遐奸究僉得其情疇昔
鹺丁虐民鹽官黨過未聞其伏誅者矣時有海砂令抹
速忽廉幹寡欲能潔其躬程先課最民不煩擾或爲暴
虐令有司誅之餘頑自化三君子者亦可云關於風土
乎遺愛去思宜宣金石垂憲於後云案
此碑記自爲鹽場官立惜佚其姓名矣

時阜堂　在宋鎮廨之東廳監鎮傅朋壽題匾

美固堂　在水軍寨宋淳祐九年統制邢子政立以上澉水志
邢子政記余領軍事越三載舟楫器械視昔具備一日
暇登高望遠兩山橫倚巨海浸邊營壁中立若龜之伏
焉門闢三面如尾如足東首而猶垣之無迺形勢有未
全乎詢諸宿老答曰陰陽所忌者卯風也當闢複室余
應之曰此未識變通者也使益墻仞而臺臺之上而屋
則有形勢之備無卯風之嫌其不可乎哉衆皆曰然於
是度材僝工築室搆堂欄楯具景晨光逕翠夜影涵壁
師休役簡當知與衆同樂其不在茲乎是堂也於以全
此營之形勢而山海也又以壯此堂之形勢故以美固
名者美哉山河之固昔武侯語也余是取焉落成之日
淳祐庚戌六月乙
未二十六日庚申

深樾亭　在縣治內旁依喬木下瞰清池宋李直養取韓
愈詩宰縣坐深樾爲名大清一統志

移風亭 在縣東南尉廳之南宋景德間邑令翁緯建夫子廟廟南鑿池池之陽作亭名之後廟遷亭廢靖康元年尉黃唐傑以廟址建尉廳

綺川館 舊移風亭址宋淳熙八年尉趙善沛以亭址建此館方瑜修之匾曰綺川 以上海鹽圖經

弦風亭 在澉浦鎮東宋鎮官稅所海岸收稅之地紹熙間監鎮葉樾建名曰觀瀾寶慶三年監鎮趙潛夫改今名 海鹽仇志

宣詔亭 在澉浦鎮前端平六年監鎮張思齊立 澉水志

閱武亭 在長墻山上宋開禧丙寅統制王復古立 海鹽圖經

望月亭 在海鹽縣治內宋時建 趙圖記

玩月亭 在澉浦鎮監稅廨內宋端平三年監鎮張思齊建

雙杜軒 在簿廳南宋紹熙三年簿陳震之建紹興五年吳天民重修 以上海鹽圖經

柏泉 在簿廳旁泉上有柏取名 海鹽徐志

清節軒 在丞廳東偏前有竹宋紹興三年丞李益建淯熙已酉正民李直養初為丞復之鐫識詩於壁間 海鹽圖經 李直養壁記海鹽貳令見於史傳惟唐陸翘一人五代前不置丞簿太平興國元年歸版圖於國朝後置丞焉淯熙丁未直養貝丞茲邑問前人了無知者僅因紹興改元緝諸名氏得二十有二人鑱名龕置於壁間俾來者有考焉已酉歲除識詩云新種修篁翠葉稠凜然清節坐驚秋官曹正類崔斯立風味仍同王子猷暫卻鷺鷥容退食他時鸞鳳小遲留戢自是名家事我亦身閒媿食浮

熙熙臺 在縣圃東偏案嘉禾志舊名月樓宋令李直養易今名 海鹽仇志

平湖縣

應宿樓 明正德十五年知縣郭天錫建

觀月臺 在縣治廳後 以上平湖程志

古藤書屋 在後堂西自明宣德中建治即有之蓋數百年託根於此藤西隅有屋三楹舊額曰古藤書屋 平湖張志

覲賢館 明嘉靖三十一年知縣楊挺高建

三式館 在延賓館左巡捕廳天啟丙寅改為三式館 以上平湖王志

石門縣

南亭 在今縣內史記元封元年封轅終古為禦兒侯孟康注云吳南亭也 崇德洪志

讀書堂 在舊廨宋令黃元直取韓詩出宰山水縣讀書

松竹林

清心堂 在縣治西圃

秋芳堂 問梅堂 澄碧堂 在縣治內 以上趙圖記

平易堂 在縣治內宋乾道中令葛邠建 宋杜申平易堂記申聞古人有

言曰天下本無事庸人自擾之以爲知此則知爲治之道無他術焉不擾而已撫民若烹小鮮擾之則潰御衆若牧羣羊擾之則亂此理較然可見矣且治出於郡守縣令令之職與民最親豈不知愷悌之化原於此乎然世有能吏有良吏雖爲政不同同期於治而優劣有間矣或者擅聰明而變故常任術數而尚察慧立威名而峻刑罰務在出奇立異以希旦暮之功能則能矣又安知良吏之用心邪世之人徒見其在位典職爲無爲無事酬酢應接漫不介意及其功成效立然後知其不求顯顯之名志於善俗安民故也夫以簡冊所載參訂所爲有可得而言者大率裁決有餘裕不必戴星以出也俛仰無愧怍不必祝蝘以禱也罰當其罪不必伏臘放四也事摠其要不必米鹽是務也以至遷善遠罪之民化何在於路不拾遺安居樂業之俗成何在於市合之作屋彼皆飾盧文此則收實效孰優耶孰劣邪禦兒爲邑制水上游公舍有此堂名之曰平易蓋知治道所以然也乾道二年秋八月右從政郎青陽葛公捧檄抵官刓去圭角谿除崖岸以樂易處心以儒雅飾吏略煩碎而舉其大綱示敦篤而鎮以至靜未旬歲間民不駭政俗皆安堵詬第牒寡圜扉草生市無喧鵲之驚野有馴雉

之異綽然得循良之稱而平易之政固行矣噫觀人者見其所已爲信其所未爲昔陳平宰社知有宰天下之心謝幼度履屐得其任知有將三將之略公豈直百里之材而已邪匪特善政聞於四遠達於九閽擢居臺郎給官舍之聯推簡易之理茂昭賢人之德業左右聖主恢張治具不必舍蓋公於堂而清淨之化可覃及海隅矣曹參在齊而國乂安在漢而民甯壹用此道也公其有之三年正月壬寅初六日丁未

清風堂　在尉廨之東宋紹興中建以上崇德洪志取李白贈瑕丘王少府清風佐鳴琴寂寞道爲貴意崇德靳志

司愛亭　秀野亭　在縣西圃並宋令黃元直建崇德洪志

臨賦閣　在清心堂西圃中崇德靳志

宣化堂　布政分司之堂

思愚亭　在布政分司

澄清堂　在按察分司以上柳志

語溪亭　在縣治南宋建袁志

桐鄉縣

愛棠軒　仕學齋　軒在縣治中堂之左齋在縣治中堂之右俱成化間知縣梁敬建桐鄉徐志

宴喜堂　在治廳後宣德中知縣趙中建

旬宣堂　愛物亭　在布政分司內

肅清堂　在按察分司內以上柳志

歷代廢署

秦

由拳廢縣　秦改長水縣曰由拳漢因之孫權改曰禾興而由拳之名隱方輿紀要故城詳見古蹟由拳在府治南袁志案記謂故由拳城在今嘉興縣南五里袁志殆據太平寰宇記然城經淪陷則廢治亦莫指其處也吳志云由拳廢縣以爲說嘉禾百咏有詩今考張堯同詩故城人不見云云蓋咏漢由拳人張武事於廢縣無涉

漢

司鹽校尉　漢吳王濞置司鹽校尉居馬嘷城太平寰宇記

海鹽舊治　秦於武原鄉置海鹽縣水經注順帝時陷爲當湖大旱湖竭城郭之處可識後漢郡國志永建二年移治故邑山晉咸康七年移縣治於馬嘷城宋武原志海鹽圖經吳禦越城即馬嘷城

晉

嘉興屯　晉建武中高史君出爲鹽屯校尉領兵三千屯田於此（至元志）

唐

嘉興屯　在縣東十八里（柳志）唐廣德中浙江有三屯嘉興其一（方輿紀要）唐李翰嘉興屯田紀績頌禹平九土溝洫之功大棄粒烝民稼穡之務重自古有國者未嘗不率由斯道底愼其業故登平足以厚生殖禍難足以定凶災未有易此而能理者自天步多艱兵連不解十有四年因之以饑饉重之以瘥札死者暴露亡者情遊編版之戶三耗其二歸耕之人百無其一將多於官吏卒衆於農人古者八家爲鄰一家從軍七家隨之猶曰興師十萬內外騷動不得操農桑者七十萬家今乃以一夫家食一伍一餘子衣一卒師將不立人將不堪此聖王所以旰食宵興求古今令典可以濟斯難者

莫出乎屯田廣德初乃命相國元公倡其謨分命諸道節度觀察都團練使統其事擇封內閒田荒壤人所不耕者爲之屯求天下良材善政以食爲首者掌其務屯有都知羣士爲之都知有治郎邑爲之官府官府既建史胥備設田有官官有徒野有夫夫有任上下相維如郡縣吉凶相恤如鄉黨有誅賞之政馭其衆有教令之法須於時此其所以爲屯也雖天下命吏股肱贊之至於宣上命齊下力經地役制地事辨土宜均土法簡穡器修稼政陳三壤之種而散其始考九農之要而成其終則都知之職專達其事焉詎可以非其人哉浙西觀察都團練使御史中丞兼吳郡守贊皇公王國大賢憂公如家愼擇厥官以對明命浙西有三屯嘉禾爲大乃以大理評士朱自勉主之且揚州在九州之地最廣全吳在揚州之域最大嘉禾在全吳之壤最腴故嘉禾一穰江淮爲之康嘉禾一歎江淮爲之儉公首選於衆獨當之任有寬簡惠和之德知艱難勤儉之事政達乎本智通乎時仁愛足以結下機權足以成務嘉禾土田二十七屯廣輪曲折干有餘里公晝爲封疆屬於海濬其畎澮達於川求遂氏治野之法修稻人稼穡之政芟以殄草剔以除木風以布種雨以附根頒其法也冬耕春種夏耘秋穫朝巡夕課日考旬會趨其時也勤者勞之情者勖之合耦助之移田救之宣其力也下稽功事達之於上上制祿食復之於下敎其勞也至若義感於內誠動於中徇國忘家恤人猶已野次露宿簞食瓢飲盡四體之勤趨一時之役大寒栗烈而猶執鼛鼓盛暑赫曦而不傳車蓋如登高去梯與之死生投醪均味忘其饑渴然後知仁義之政必見於耕穫井田之法可施於甲兵夫如是人將竭其力地將盡其利天將與其時自贊皇爲郡無凶年自朱公爲屯無下歲元年冬收入若干斛數與浙西六州租稅埒朝嘉厥庸授廷尉評公又稽氣授時如前代法有白雀集於高豐屯廩益大穰之徵也屯官某乙等聚而稱曰初公爲屯人有二懼焉曰人而懼其暴屯人懼其擾今溝封犬牙而不相侵疆場履而人不知方舟而上以饋師旅此功及於國也登量而入以寬徵稅此德加於人也古者智效一官政修一鄉猶歌之詠之手之足之況朱公之績如此其大者乎遂相與斲琬琰表阡陌南陽太守豈專刻石之功桐鄉嗇夫終踐大農之位其辭曰茫茫九區陽九纆災兵荒瘥札田卒汙萊天步未移連師滿野不耕不穫仰食於下嗷嗷遺人餬口餽軍帝曰予憂爰立其屯且戰且耕

古之傳經辟師祇肅王命是將嘉禾之田際海茫茫取彼榛荒畫爲封疆朱公莅之展器授方田事既飭黎人則康我屯之稼如雲漠漠夫伍綦布溝封綺錯朱公履之勸耨趨穫稂莠不生螟蟊不作歲登億計徵寬稅薄息我烝人遂其耕鑿我屯之餘如京如坻嘉量是登方舟是維贊皇獻之達於京師飽我六軍肅將天威畝踞於溝溝達於川故道既堙變溝爲田朱公濬之執用以先浩浩其流乃與湖連上則有塗中亦有船旱則溉之水則泄焉曰雨曰霽以溝爲天俾我公私永無饑年公田翼翼私田嶷嶷不侵其畔不犯其穡我倉既盈爾廩維億屯人熙熙邑人怡怡不擾其務不干其時我無爾異爾無我欺我有官屬朱公訓之我有徒庶朱公恤之我有衆役朱公率之我有微功朱公序之起於田中印綬纍纍何以況之福祿如茨何以久之刻篆於碑

嘉興監　海鹽榷鹽唐置監嘉興領之（海鹽圖經）唐顧況嘉興監記（正德）

利用阜財足食國之本也天寶末天下兵起乾元初上司奏議宜以鹽鐵之職揔以社稷之臣幹乎山海之利以富人也淮海閩洛其監十焉嘉興爲首朝廷以是鐍貸恒賦實乎大內大臣奉法爲事選人拔其賢幹昇於

憲署以宣原隰光華之寵趨其署者如好鳥之棲茂林
相國劉公嘗以大監小州不相若也故其職員不忝乎
爵秩其刀布必倍於租入渤海高君日倫世以勛烈綏
步闊視胸襟洞開中有方略不循進級故一廷評於茲
二紀傾酒定交擲金市義不餌不仁之粟前使張侍郎
澇王尚書緯摠其卜式宏羊之計遂有採山賚海之役
十年六監興課特優至是未期從百萬至三百萬監人
買人各得其所故端介之節風采自高繼夫漕運波委
陸溢此天下之利器也可示人乎夫以步光莫耶切王
如泥剃鐘無聲不以一剳均其銛鈍君子以知人則哲
無德不馴鴻飛九霄驥騁千里前秘書省著作郎顧
況美使臣之得人貞元十七年歲在辛巳正月朔

甯海鎮　在海鹽縣東唐天寶十載太守趙居貞置宋湻
化二年移置今廢（至元志）在縣東一里元陷入海（海鹽圖經案）
海鹽圖經引吳郡志開元五年刺史張廷珪奏置澉浦
鎮又引至元志唐時惟嘉興華亭海鹽有鎮將至錢氏
有國始置澉浦鎮遏使今考再續澉水志云唐設鎮
將副各一員公廨田五頃是唐時澉浦亦有鎮將矣

宋

嘉興貢院　在北門內衆安橋之西（至元志案問總括異志嘉興貢院原是州學浙江通志引之誤作海鹽州學宋陳造有入月晦嘉興試院詩見本集）

漕運司治　在府治東北一百步當瓶山南今為守禦千
戶所（趙圖記）

節推廳　在郡治西南三十步元為管軍鎮撫治（柳志宋王持）
屋節推廳碑記中興駐驆吳會嘉禾為三輔郡土沃水
深而其俗庶地大人衆而其事繁乾興盛時已號難理
則今之所謂難荅倍蓰於乾興矣吁盍亦反求諸心乎
乾父坤母同賦此形同稟此性雖賢愚易習貴賤易分
而趨利避害愛生惡死之心未嘗不同也經曰若保赤
子心誠求之雖不中不遠矣赤子之身父母之身也饑
渴痛痒未能自言其意乳哺拊摩深體密察切於真誠
非有所為而為之故父母不能一息忘赤子赤子不能

一息離父母其相依而生相感而契亦謂求之此心焉
爾為民父母而以父母之心為心民之懷之猶赤子之
心懷父母矣夫何難理之有自世變而趨下賦役日重
獄訟日滋民吏相仇上下交急長民者精神念慮專於
簿書錢穀弊弊焉日不暇給綜覈愈密督趨愈苛鞭笞
之聲在府庭愁歎之聲在田野惟見其可薄可鄙不見
其可矜可愛所為忠厚和平之福隱然為根本深長計
者無餘味矣抑豈其心之本然哉此心苟存私欲不累
惻隱流動以天地萬物為一體四海之大即吾身也況
千里乎夫如是然後可以為民父母持厓是以有感於
太史成公所以敬刻諸石以
事斯語咸湻已巳三月朔日

澉浦監鎮廨　在安定橋西紹定壬辰監稅羅叔韶建端
平三年錢塘張思齊增建（海鹽圖經）鹽場初攝鎮務嘉定中
始顓官又詔今後鎮官免以鹽場繫銜（澉水志宋張思齊澉浦鎮廨
舍記鎮治舊是兼職初在永安橋西嘉定十二年內朝
紳有請增置廨有定寓四明羅文林叔韶司鎮於此紹）

定壬辰始置民產於丁家橋東傍有小港開而通之僅
建正廳穹堂而已癸巳孟夏思齊實為之代亦做其屋
以居概念親民之官司旅之職聽訟徵稅觀瞻係焉曾
未兩月亟廣前規鳩工度材分毫不擾於民由是宣詔
有亭戒石有銘榜示有房俱列於外廊廡吏舍翼乎左
右廳之夾屋分為二塾區以肅賓劄疑添買鄰地以為
東廳中闢一戶以通東廡循廊而趨則有看街之所由
門而入則有甎月之亭堂宇峻聳房室得宜東西小閣
寒暖隨處以致庖湢之類纖悉備具申明前政郡守喜
而給牓蠲其牙皂之資除其元輸之賦自落成以來雨
暘時若戶口日繁民與軍而相安商與賈而共悅俱日
澉川當由此而益盛矣幸拭目以觀之端平三年上巳
日

青鎮監鎮衙　在普靜寺南宋鎮官所居湻祐間圯景定
二年鎮官陳子榮重建至德祐丙子後衙廢（烏青鎮志）

在城酒務　在郡治北五十步熙春原屬酒庫故坊亦名

熙春至元志 元爲驛尚有驛橋之名嘉興湯志

新城酒務 紹興初曾魯公丞相時待浙西帥幹闕權嘉禾新塍稅清波雜志新城又有稅務至元志

魏塘酒務 在嘉善慶豐橋北劉志魏塘又有稅務柳志

海鹽酒務 在縣西七十步海鹽圖經

石門酒務 在縣東北一百五十步宋建崇德靳志 黃勉齋曾監石門酒庫其申提領劄云石門爲酒庫之首袁志 贍軍酒庫郎黃幹所監者趙圖記 宋黃幹監石門酒稅詩 吳越天下富京畿遊俠鄉隴畝皆膏腴第宅多侯王世言蘇湖熟霑溉及四方自我來石門綱目何凄涼淩晨開務門有酒誰復嘗累累挈妻子汲汲求糟糠父老稱近年十載常九荒聚落成邱墟少壯多逃亡案至元志崇德縣酒務有在城者有在石門青鎮者靳志在縣東北一百五十步者宋之酒務明初改爲課稅司後廢宋黃幹所監者在石門鎮今屬桐鄉縣地幹有監石門鎮酒庫碑記近時濬河得之詳金石

青鎮酒務 在通安橋南宋景定元年迪功郎酒正吳予之建德祐丙子後廢爲官地稅務在衆安橋德祐丙子後遷安利橋南爲酒醋稅務收兩鎮稅課烏青鎮志

公使醋庫 在縣東南一百步宋建崇德靳志

青鎮酒庫 宋慶元間建烏青鎮志 明宏治中青鎮居民掘地得酒甕甚多相傳舊有瓶山正庫基也桐鄉徐志

澉浦酒庫 昔在歟城後遷茶院去鎮西一十二里

澉浦子庫 紹興初有鞠姓者抱倅廳緡錢繼屬漕司庫官兼之因立子庫於市淳祐八年增刱新樓以上澉水志

當湖務 在縣治西趙圖記 宋寶慶二年設明洪武初改稅庫局海鹽仇志

廣陳務 在縣東二十七里趙圖記 宋寶慶二年設明洪武中改稅課司海鹽仇志

海鹽在城稅務 在安仁橋西四十五步舊彰慶館址紹興五年監稅解㯰建案趙圖記西關大柵橋南元爲稅務課

澉浦稅務 在安定橋西紹定壬辰監稅羅叔部建以上海鹽圖經 柳志元爲澉浦務明洪武三年改稅課局

市舶場 在海岸淳祐六年創市舶官十年置場澉水志

澉浦收稅亭 在瀕海收稅處紹興間監稅葉𣚴建海鹽圖經 宋監鎮魯君稅亭即事詩林居懶出二十年試吏強書中下考青山自覺見人羞白髮眞成被官惱葛山坐對日無聊秦望閒看雲卻好潮聲自爲訴不平誰念詩人愁欲老

石門收稅亭 在縣東宋建崇德靳志

魏塘巡檢廨 在嘉善治宋置巡司大清一統志

故邑巡檢廨 在縣東北五十里獨山南宋元俱名故邑巡檢司海鹽圖經

元

錄事司 在郡治西北二百步宋監倉東廳至元志

漕運司 在府治北二百步柳志

鎭守萬戶府 在郡治東二十步舊府判東廳也至元志案吳為龍再續澉水志澉浦鎭亦有中萬戶府今名舊察院趙圖記

浙江鹽提舉司 在府治西南一里半舊納鹽場也至元志

兵馬司 元置三廂置兵馬司治城內兼巡徼之事柳志

宣慰司 在澉浦鎭元有宣慰及市舶等官後改鎭守卽宣慰司也再續澉水志

新城務 在縣西北二十七里柿林鄉新城鎭洪武三年改新城稅課司局嘉靖間罷柳志

風涇白牛務 元置大清一統志在嘉善縣治東北二十四里風涇鎭明洪武三年改爲稅課局正統二年裁嘉善揚志

陶莊務 元置大清一統志明洪武三年改爲稅課局正統二年裁嘉善揚志

陶莊巡檢司 陶莊元置巡司

風涇巡檢司 元置巡司以上大清一統志

魏塘巡檢司 白牛巡檢司 王江涇巡檢司

新城巡檢司 蘆瀝巡檢司以上至元志

明

鹽運分司 在察院西卽招提寺址後改楊公祠又南爲寶花倉袁志

察院行臺 在子城西北百步廣平橋南趙圖記卽慧安寺址明嘉靖間建後有烏臺袁志今廢爲營兵習射之所吳志

明陸深嘉興新建察院記略我朝御史列居兩京謂之十三道各統以都察院道視十三省南北畫同而皆同以浙江爲之首其制然也御史凡奉命而出所至則謂之察院匪若六曹諸司各以本曹繫其體然也是故御史職任肅僚貞度察院得專達上下維地維人固兩重哉嘉靖五年中秋日嘉興府新作察院成嚴整壯麗甲于兩浙嘉興浙首郡也凡御史至入境按治與御史按竟代去必於是洛陽潘公倣適以浙江道御史按浙庶政維新乃以嘉興守蕭侯世賢爲才蕭侯謀諸貳守王君大化將改作察院以繫體制瞻城中得廢寺一區相與規畫以授諸匠氏會公代去御史朔州盧公問之實東睇規材因以議於分守參政胡公諗之胡公曰宜爲計永永於時參政朱公應周僉事喻公宗之蔡公汝建史公文材先後行部至胥相之垂成會盧公以憂去既乃訖工是役也費出於羨耗工成於雇募役徵於優隙以金計者六百有四十五兩有奇以日計者三百有三十以工計者九千四百有九十爲室五間崇二十四尺贏廣七筵深五之三翼堂而左右之者爲室

各二堂之前爲露臺覆露臺者爲軒棚爲房以處案吏者列之東西各五間候隸房亦如之引堂而後者爲穹堂五間後堂亦如之間爲卧闥者二爲烏臺三間臺之崇四尺爲書房十間居聽堂東西之際爲生吏房三間門有儀墀有級庖有所湢有牀浴有室溷有舍書房之東西偏各有隙地焉西爲圃可射東爲亭可憩亭之南爲池可臨總之爲地十有八畝南北四十有八丈東西三十有三丈總之爲屋八十有三間經始於四年十月之望佐之通判李君源與董君琦張君佩推官南金而王君大化實終始之

布政分司 在府治西北半里元爲廉訪司洪武初爲嘉興倉永樂中改爲織染局正統間建柳志

按察分司 在治東北靈光街趙圖記明嘉靖中倭變改置帥府吳志

理刑廳 在府門內左趙圖記卽舊察院基初在府治內西

偏後移府廳之東北又移於承宣坊東袁志

知事署　在馬道右趙圖記　明崇禎中裁袁志

檢校署　在馬道之右

百戸所　在千戸所東

鎭撫司　在百戸所東以上趙圖記

河泊所　在圓妙觀東明洪武中設崇禎中裁改爲馬鳴王廟

兵馬司　在西城門內

弓張局　即軍器局在織染局西以上吳志

杭嘉湖道署　在府治西北靈光坊舊爲按察司後改嘉湖分巡道署吳志

國朝康熙六年巡道奉裁九年復爲道署二十五年改爲學院行署雍正四年杭嘉湖三府事設分巡道學院行署仍爲道署歸本道駐劄浙江通志乾隆二十四年杭嘉湖道因兼管海防移駐海甯遂坍廢伊志以上府城

貼堂丞署　在縣堂西北明崇禎間裁袁志

鹽捕公署　在縣學東

稅課司　在王家坊務前橋北以上嘉興湯志　即元時惠民藥局吳元年改建崇禎間裁袁志

天星馬場鴛鴦相家四湖河泊所　在府東三里春波門外洪武初止用船隻無廨宇十四年開辦總旗王友典等改建十六年始設所官署事而辦課焉柳志

社約所　在東津亭北舊爲靈光庵明集民宣讀聖諭之所萬歷已亥鄭振先建以上嘉興湯志

杉青閘巡檢司　在縣東北望吳門外五里秀水任志　雍正間裁伊志

王江涇巡檢司　在縣東北三十里秀水李志　缺裁秀水任志以上秀水縣

察院行臺　在治西正統六年建嘉靖三十三年倭燬重建嘉善章志

布政分司　在嘉善縣治西正統六年建柳志

按察分司　在治東宣德六年建

兵馬司　在西城門內

魏塘稅課局　元爲務以上嘉善章志　明洪武三年改設十八年徙建正統二年裁今爲思賢書院基嘉善楊志

貼堂縣丞署　在縣燕堂左嘉善章志　後員省嘉善楊志

巡檢司　在縣治東城外演武場東明初建嘉靖間燬嘉善崔志以上嘉善縣

按察分司　在布政分司西舊在縣東一十步洪武十七年改爲縣治二十一年移建於此

布政分司　在縣南一百五十步正統七年倭變布政使參政一員奉勅專一提督海道而設今改爲參將府以上柳志

總司行署　在慶壽寺右海鹽圖經

衞經歷司　在衞正廳東海鹽仇志

衞鎮撫廳　在衞儀門外柳志

浙西參將署　在興廉橋巷內海鹽圖經

左千戶所　在衞儀門外海鹽仇志舊制左右中前後五千戶所在衞西始自洪武十八年開設撥後千戶所赴乍浦備倭今本衞在城止有左右中前四千戶所設百

戶十員俱有廨宇柳志

澉浦千戶所　明洪武十九年安慶侯榮陽侯度地築建二十二年建倉屋三十年復增置新倉四門譙樓嘉靖中重建

所鎮撫廳　在澉浦千戶所內以上海鹽仇志

縣倉丞分署　在北門內海鹽圖經

澉浦巡檢司　在德化鄉十三都秦駐山北洪武二年設置在澉浦鎮德化坊七年遷於本鎮安德橋十九年因本鎮設千戶所遷於此柳志

海口巡檢司　在縣東北一十八里舊在東門外海塘邊洪武十九年因設海甯衞遷於此柳志後徙砂窯村

把總司　在乍浦城中嘉靖九年建二十二年修以上海鹽仇志

以上海鹽縣

布政分司　在縣治西二百步正統六年縣丞周亨建

按察分司　在縣治東五十步宣德七年縣丞孫華建以上柳志名東司

兵備司　在縣治東南一里舊福源寺址嘉靖三十四年知縣劉存義建名南司以上平湖程志

乍浦河泊所　在縣東南二十七里元爲市舶司洪武十四年建明浙江通志宣德中裁海鹽朱志

乍浦稅課局　在乍浦城中宋爲乍浦務洪武初改今名十四年大使陳友信重建海鹽仇志

乍浦千戶所　在乍浦東門內海甯衞志洪武十九年信國公度地築建

乍浦後千戶所　明正統七年千戶李亨通建嘉靖三十三年指揮李元律重建

梁莊指揮司　在乍浦城北十里正統二年建以上海鹽仇志

海甯衞後所　在東門大街乍浦所西九山續志明正統七年千戶李亨通建以上海甯衞志平湖縣

察院行署　在縣東五十步洪武初知縣田慶元建萬歷

巳丑燬辛卯知縣王述古移預備倉爲之崇德靳志

布政分司　在縣東南三百二十步運河之左

按察分司　在縣東五十步洪武七年建以上柳志

石門稅課局　在石門鎮東柵趙圖記　即宋酒稅務洪武中建正德初裁崇德靳志

河泊所　在縣東南二百步運河之左後改爲分司崇德靳志

縣丞公廨　在廳之西柳志　嘉靖中改建

國朝康熙三十一年缺裁石門鄭志

治農縣丞公廨　在廳之東以上石門縣柳志

布政分司　在青陽街知縣田玉建桐鄉徐志

按察分司　在服德街明正統六年知縣田玉建崇禎年間改爲南司

國朝改建書院

治農丞廨　明宣德間建於架閣科西

主簿廨　舊在丞廨後遷於縣治外東偏陰陽學址

皂林巡檢司　在皂林鎮運河北岸宋初有皂林寨在石門縣市南建炎四年移建皂林鎮明宣德五年分屬桐鄉兼巡石門宏治十三年縣令王昊造廨宇正德九年移駐青鎮署遂圮以上桐鄉徐志

嘉興府志卷七

嘉興府志

嘉興府志卷八

嘉興府知府善化許瑤光重輯

學校一 書院義學附

郡縣設學始於唐嘉興篤學亦盛於唐陸宣公是也國朝從祀兩廡之典最愼乃前入淸獻後入楊園誰謂北人好學南人好文乎名宦以報德鄉賢以式後忠義孝悌以明倫是以神道輔敎也書院以育才義塾以發蒙廣額以登進是以誘掖勸學也周禮九兩以賢得民以道得民其在斯乎志學校

府學 在府治西北宋紹興中建 大清一統志 案祥符圖經云舊有文宣王廟在天星湖上唐開元二十七年建廟後有學室 或云大歷九年置學案此本嘉興縣學 宋太平興國二年知州安德裕即立學于廟右 趙圖記 有騰蛟起鳳橋故跡 大中祥符二年知州耿肱以廟學庳窄移望雲門內西偏 袁志 其地後併天甯寺 崇甯元年頒學制知州錢遹改建紹興壬戌知州方滋於通越門內二百步立學 至元志 肇建殿堂齋舍七十三間

張嵲重建州學記紹興壬戌二月丁亥制詔諸路守臣興學如故事于是右奉議郎直秘閣知州方滋言郡有學在望雲門之西偏建炎中因仍簡陋即州治之東故賓館以爲學規橅湫隘前臨河渠旁迫治所諠囂混淆大失古人處士于閒燕之義請更諸舊基以詔令從事四月壬午上尙書省禮部以爲宜是年壬戌下其事于州乃審曲面勢計間楹量功庸慮財用練日庀事賦諸任職之吏而時視之取財于典利之餘積貲于經用之外屬徒于復作之隷凡百工之用售直于官者皆厚于私家上不謐有司下不煩民力工甚大而人得以食其業役踰時而衆無所病其勤作殿于前以奉聖師築堂于後以講術業齋宿有所絃誦有舍步櫩周垣門庖福浴莫不備具先是學無典籍乃市書于四方略備貯之以庫而謹其出內爲屋凡七十有三間以六月乙亥始事以十月庚申告成邦士大夫郡儒游士耆稚畢會以視嘆息咸多太守之義曰是能欽天子之詔而承之以敏矣其將以是爲風化之原接邦人于道也夫仁義治化之本禮樂所以文仁義也而學校所以寓禮樂也故大司徒以六德六行教民而終之以六藝則所以文仁義者有其具矣以六禮六樂爲教而必肄之于學則所以寓禮樂者有其所矣仁義無以文之則人不知孝弟之可樂禮樂無以寓之則藏在有司掌于容官何以習民之視聽哉故古者行禮必于學是以鄉大夫既登賢能之書退而以鄉射之禮五物詢衆庶蓋庶民無射禮獨有主皮之射故鄉大夫因行鄉射之禮而鑒視之夫既登其賢能而使之有所勸又詢之以禮樂而使之有所慕斯民之從之也無難矣然則學校之教豈獨逮于學士弟子哉雖庶民亦與也爲治者可不務乎太守字

務德世家桐廬賢而有文理其爲秀治迹甚衆興學校其一事云 案嵲記舊學在望雲門西建炎中即州東賓館爲學規橅湫隘請更諸舊基而至元志稱于通越門內立學則非舊基明矣又張鎮記學自始創三遷訖定茲地牟巘記學宮本在郡治北紹興間改作于其西徐一夔記學在通越門內二百步而近肇建于紹興中今之學基即紹興間所立無疑趙圖記方滋請從肱所置故處蓋嵲記舊基二字致訛惟廟學分合不常自西拓東則歷元明而始定今制也 嘉定十一年知軍府岳珂改建廟學未就十三年知軍府鄭定落成又闢西地建六齋 袁燮爲記 紹定二年知軍府莫叔益重建觀頤堂 黃夢高記凡學校養士各就食于位 觀頤有堂獨構李爲然合異而同不相淆亂此意善矣然地本畦虞常居溼蒸屋老而欹勢且覆壓移食于齋衆謂非宜余視事數月亟請于郡侯莫叔益得錢五十萬撤而新之工徒既畢舊觀復還塡然鼓聲少長咸集升降坐起禮儀肅莊乃歌曰廈屋崇成昔陋今盈匪伊我居言依于仁齋廚有食昔枵今實匪飽我粒言飽于

德余聞而進之曰侯之養士厚矣士亦知所以自養乎觀頤則易自求口實則難觀頤觀其所養也口實觀其自養也二三子勉之寶祐丁巳守臣謝堂案作瑩者非闢大門于廟西
疏潢池建泮橋剏明德堂于西改觀頤堂于東張鎮爲記元
至元丙戌分教陳紹在里人徐碩請撤學新之學前有
井覆亭其上以育德名悉脩浚之舊有八齋曰上達立
道思誠體仁敎睦改正誼連茹改養心輔德朋來講堂舊名
正禮至元志清釐正禮堂基何覲爲記案三十一年甲午大德三年總管府事
辛仲實案作寶者非重建廟學傳光龍爲記十一年教授孔照學
正趙由儁學錄沈德華復葺之柳志牟巘記考之郡乘學宮本在郡治北湫
監弗稱紹興間改作于其西屋凡百三十餘楹規模宏傑費悉郡出不以累學也越更多故嗣而葺之者往往
學任其費則儒戶之科抑生員之停供勢不能免失初意矣孔君之至嚴課講增廩給以勵諸生按田蕩禁豪奪以歸侵疆諸事略舉乃議脩泮白之郡郡侯以下皆樂從于是上兩旁風費良夥亟命直學方應龍趙良盛王子正會計用度募匠庀徒分董其役而學正趙由儁學錄沈德華左右叶贊焉遂盡撤舊茀更覆之正榱桷棍闌之病撓者易以堅壯丹碧黝堊之漫漶者加以煥飾起丙午季秋畢丁未仲春殿庭門廡八齋小學講堂頤堂以及他屋靡一不新過者色然改觀皆曰吾教授孔君之爲也孔君博物多識篤於學而勇于義苦心勞形不肯碌碌從俗苟安而其能又足以達其所欲爲故科抑不停供數月而成克有盛譽如此抑予聞夫子之道在六經學在論語而其傳在曾子子思之大學中庸之所以敎人亦惟曰君臣也父子也夫婦兄弟朋友也世之學者固知誦習其書然不安下因陋就簡則失于陵節躐等不溺于記覽詞章則流于異端邪遯末習相承微言幾熄繼自今朝夕勉懋相與玩味講論由伊洛而溯洙泗孔君崇學之意也不亦偉歟延祐戊
午總管徐傑重脩廟學創禮亭及儒星門吳志陳良弼爲記至

順二年達魯花赤八扎建大成殿門廡張釆爲記至正六年
總管禿堅董阿良臣更儒星門以石創路學正錄廳吳志
鮑恂爲記二十三年總管陳宗義闢地改作大脩易正禮
爲明倫堂趙圖記徐一夔記嘉興之學在通越門內二百步而近肇建于宋紹興中學迫于廟規
模隘陋弗稱先時守臣亦欲斥而大之而其地南臨廣衢西北委巷惟東面寬敞而多民廬且鄰于執政婁氏
里第既入國朝婁氏雖微而民廬猶轃集故自宋季以迄于今莫克改作至正二十二年三月淮南行省郎中
陳公來守茲郡適丁兵燹而向者民廬轃集之地悉皆爲墟公與教授孫某相度面勢慨然以與學爲己任乃
勸民以地售于學其不願售者聽以民所便他學地易之得地南北四十二丈有奇東西視南北則不及四之
一遂約學計之入鳩材庀工先作講堂五間左右翼以夾室揭屠軒以廣前榮堂崇三丈六尺廣三倍于崇深
視廣三之二煥以丹碧塗以黝堊中設講經之座以重都授堂舊名正禮今以明倫易之亦作東西步廊爲間
各十有二以趨堂廡步廊之內爲齋廬四西日成德日養正東日致道日時敏齋各爲屋四楹敞以前軒夾又爲屋九楹而門衕中闢其外則鑿地爲池架梁以達兩廡之間立重門于外而繚以周垣茲學至是始克大備斯役也克承公意先事趨辦者嘉興縣尹石某而董治其事規材量費則學正朱某府吏陳某顧某也公不間風雨日一至學凡一木石之惡一工匠之怠審視程督不啻若治家事故其成不苟不緩始於是年八月某日越七月迄工明年四月一日也時一夔僑居嘉興之野承公致幣俾助教諸生且屬之記一夔固辭不獲乃作而言曰學校之設國家風化之機任焉非細故也嘗竊聞之初國家起自朔漠以威武立國未遑學校之事中統至元之際天下大定許文正公衡用儒術爲輔相凡其謀謨皆經國大計至于學校一事尤切切言之其言自國都以及州縣皆設學校使皇子以至庶人之子皆從事日明君臣父子之道自灑掃應對以至治國平天下遲以十年則上知所以御下下知所以事上而上下親睦此誠不可拔之論然當是時國家肇建而州縣尚多苟且延祐更化上深厭吏蠹蘇然欲刈去之而顧學校難須成于月日斷以科目取士益將朝用其人而夕收

其效也大抵天下之勢此急則彼緩別夫上之人以是求之哉由是學校之設始若冠之有旒履之有絇姑具人文而已當國者以提調則付之守令以勉勵則付之風憲曰有任之者矣而受其任者既不皆出于儒術而錢穀詞訟又從而奪之幾何不視爲迂闊之務月更朔望相率入謁廟廷退坐論堂引師弟子勸取先儒成說敷陳一過已則掉臂而去如是以爲故事而欲學校有成如文正所云其可得乎循習之久卒至人紀廢壞寇賊姦宄以迄于今弗振者職此由也嘉興自唐季以郡置土田民物不劣他郡惟學陋隘有乖具瞻三百餘年于茲公之來守值時艱虞顧以學校之廢莫甚于今日思欲振而起之難以時詘舉贏爲□遂出獨見大作茲學使廟既克全其尊而學之方位嚴正規模廓大締構堅密又悉冠乎東南之庠序嗚呼此豈徒資觀美也哉誠以受國家一郡之託所繫者重是用崇茲閎耀之居使凡學者耳目不蔽于凡近則志氣清明志氣清明則念慮之所存精誠之所至沈潛乎詩書六藝之府須□以悠久造詣精切踐履篤至修于其家而知事親長□□于其國而知尊君親上師師成風孝弟忠信之道立狠戾悖逆之習變而教道成矣雖然陸宣公郡之先哲也

其言曰吾上不負天子下不負所學繼自今嘉興之士甯無不負所學如宣公者出乎我知自公之爲郡凡爲郡者來取法矣不然此三百餘年隘陋之學也公胡爲于難爲之時爲之不疑哉初公與其兄今甘肅行省參政俱以科目自奮參政既以大對魁天下敭歷省臺讜言直道爲時名臣公亦首薦于鄉會朝廷輒科稍起從部使者辟暨參佐大藩出其奇謀碩畫克濟王事及爲郡取其尤病民者力言于上罷之曾未期月政用大敷興學特其一也學始奠址工墾土得錢一窖遂用以相役人謂茲學之興蓋不偶然云公名宗義字子方參政名祖仁字子山河南人至正二十三年

明洪武二十七年參議李文華重脩明倫堂于廟後卽宋明德堂舊址有軒廊四齋宣德間巡撫大理卿胡槩重脩殿閣廊廡講堂移饌堂居東卽宋觀頤堂舊基建四齋正統二年知府黃懋以學逼廟後廣購東北地十五畝即古曹刺史捨建慈恩寺故址移建明倫堂爲後堂曰思樂東西爲四齋號房饌堂射圃柳志正統九年陳循記

九月九日嘉興府儒學重建明倫堂成其經始蓋八年四月二十日學故有是堂在先聖廟之艮隅洪武二十七年有用堪輿家言堂向利位與廟直乃移置廟後尊經閣之北然閣高而堂卑幾半相距之地空不數尺堂之中雖晴明如晝晦時處者恒以爲患莫有能易之者正統二年眞定黃侯子勉來守是郡周覽之餘欲作學以恤所患會連歲歉弗果改作越數年因得民售隙地十有五畝于庠垣之外而歲又稍豐適工部侍郎廬陵周公以巡撫至侯以言公欣然主之遂構堂前後各五楹前爲明倫後扁思樂明倫翼以夾室東西爲廊各十二楹廊之內爲四齋兩廊之南爲室七楹而門其中之三會食有所棲徒有舍以楹計者幾十有幾壯偉宏耀蓋數倍于前矣工之興也市地與材傭人之力其錢出于公帑之儲俘費之節俸入之捐用之雖多而人不以爲費且勞既成師生德公與侯之惠不可使長相與具實走京師請爲記刻石且俾相繼游於此者皆知其所自也自三代之學建而明人倫之教行于世遠矣我國家循用此道尤篤故學之建以明倫名其講習之所公

與侯欲改作而不能自己者㝵有以也使凡居是堂者能務其所以教且學究心聖賢之言約而有之于己舉而措之于事斯爲不孤不然不獨爲孤改作者之心而于國家建學明倫之意不亦大有負耶

景泰七年僉事鄘彥譽知府延祥脩葺并脩補祭器樂器章瑨記成化十八年後守徐霖脩四齋兩廡饌堂及廚展射圃地廣號舍撤文昌祠于思樂堂左又建鄉賢祠柳志張甯徐記霖爲通判陳寶廣門外地護以石欄壘石湖濱趙圖記宏治初郡守柳琰重整思樂諸堂袁志七年知府佟珍重建明倫堂及思樂堂吳志吳寬爲記正德十四年提學副使劉瑞知府徐盈等脩學王贊爲記嘉靖六年知府蕭世賢重脩廟學鍾梁爲記嘉靖中建敬一亭於思樂堂東其西爲啟聖

祠二十七年知府趙瀛重脩廟學及青雲樓趙圖記 鄉賢
名宦祠吳志 萬歷初案碑四年丙子 知府李橡重脩廟學吳志姚宏謨爲記 十一年知府龔勉重脩嚴從簡爲記 二十四年知府曹代蕭重脩陸光祖記 三十年兵備道車大任脩明倫堂朱國祚重脩嘉興府儒學記嘉興郡學改建自有宋紹興入國朝而地加闢制加備第延袤廣斥其中祟宮大榭風雨剝蝕亦易甞稍往牒自正統迄今若元氏黃公陽城楊公金谿徐公遼陽佟公三原趙公豐城李公錫山龔公莒州曹公相繼脩葺雖工力異齊總之祟先聖育英賢爲國家隆教化意良切至夫二千石身任師帥視學校不啻家塾視青衿奚殊子弟經營培造責不容追耳若監司而以興學爲己責前無千古實我春涵車公始公自辛丑歲捧璽書來蒞吾郡甫兩載士民胥愜計公當久任覆露無窮迺銓司合公前守閩歷履謂貧望宜敘遷而中丞劉公重念東南特疏請得報可公遂爲西浙兵備觀察仍駐節檇李焉歲癸卯郡學圮維時二千石闕且迫于財用未暇議葺公獨慨然曰安聖靈育人才務孰與急余雖稅駕郡事尚蒞茲土奈何以越俎辭旁檢橐中俸餘付之兩縣尉鳩工庀材自外坊表綽楔欄楯及內殿廡堂舍悉更監而𡡉易腐而堅丹艧一新煥然觀美至沿河隄塹則採甃固完視昔有加蓋自杪秋經始訖作于冬仲適直指使按部至諸縫掖雍容揖讓于明所分講經義克稱偉觀于是學博劉在科段逢吉應明德甯國徵董應庚暨門弟子倪廷楨王一統等相率踵余謀所以勒石揚休者余惟以我夫子道德同天地爲萬世師華夏蠻貊罔不率俾矧今聖明在御三紀于茲久道化成人文休邑檇李爲三吳名郡雲蒸霧變之士濟濟後先而郡庠穎發尤甲旁校非涵濡聖澤沐浴菁莪疇克臻此顧多士不虞其拙于文虞其文之入于巧也不虞其塞于遇虞其遇而塞之變也公惓惓宮牆作興士類意所期待詎止以雕龍繡虎掇拾青紫已耶大都游聖域者先聖功欲遠施者豫厚養惟茲絃誦其中者日漸月劘沈潛義理以會諸心動比禮樂以飭其體敦尚孝弟以立其基言有宇行有坊他日應時而出爲皐夔爲周召爲吉甫方叔使天下稱嘉人士實冠絕寓內庶教育之地有光而車公造士美意爲不負矣諸友勉

乎哉車公守茲郡以循良著稱今建□茲郡疆圉甯謐其經文緯武之烈不能殫述惟志公加惠特典垂不朽云公名大任號春涵楚之邵陽人若本府同知熊秉衡通判傅之任林應奎尹紹臯推官曹光德知縣鄭振先陳于廷先後籌畫克襄盛事得並書之 三十九年知府吳國仕重脩明倫堂沈思孝朱國祚爲記 崇禎十三年訓導吳祖穆脩啟聖祠
國朝順治十三年知府史載脩大成殿兩廡啟聖祠櫺星儀戟諸門袁志譚貞默爲記又史載有記 康熙十六年知府盧崇興教諭姜廷櫟重建明倫堂啟聖祠袁志張天植爲記姜廷櫟爲序 十七年訓導范光燮重建饌堂更名希聖即舊觀頤堂萬歷中教授魏浣初葺爲養賢堂廢址改講堂顏今名吳志陳錫嘏范光燮爲記劉堤張天植王庭杜臻范光燮爲序 二十四年建文昌閣于學之東范光燮記 五十五年知府吳永芳重脩大成殿兩廡櫺星門 六十年新啟聖祠移名宦鄉賢祠于戟門西重建文昌閣吳志吳永芳爲記 五十八年郡人鄒天嘉重修啟聖祠自爲記 雍正十二年知府盧承綸重脩明倫堂乾隆四年浙江巡撫盧焯重脩廟學三年舉盧焯記今上御極之臨雍大典特於國文廟易蓋黃瓦重道崇儒亘古未有一時山陬澤荒徼退陬學校之地蒸蒸向風靡不振起猗歟盛哉是年焯膺簡命自閩移浙浙中文教之隆于斯爲盛焯不敏安得陶以禮而淑以樂而黨庠術序偶有廢墜竊願觀厥成焉邇以蘇務巡行嘉禾此我祖方伯公所守之邦我父廷尉公亦嘗分刺于是予小子何幸于我祖我父繼治之區又承乏于是則聖朝優渥之恩于我家爲獨厚而我家一至再至三至在是邦爲奇君親之感彌深忠孝之思何已乃入聖人之居登明倫之堂方伯公手書聖經在焉廷尉公手

書柱聯亦在焉而宮牆堂廡間則漸就傾頽矣爰出帑金命有司董其役而一時邦之紳士亦皆踴躍襄事不數月而觀成是歲也幸天無愆伏之災地無旱潦之患人有豐穰之慶得天之時因地之利用人之和故民不勞而事舉時不曠而工完觀成之日邦之人咸相賀于是博士弟子相率詣太守之庭而言曰美哉復觀此輪奐也不遇歲稔人和烏能速成願一言以記之太守轉白于余余曰嘻歲稔人和 天子之聖也我民之幸也詎余實是為且是役也敬紹我祖父之緒以宣揚 聖天子文治正不免煩我父老耳雖然余固有所願為爾多士言者而亦不必別為爾多士言即我祖所書聖經一章是也夫士不外乎行與文耳八條目所云格物致知即學文之事誠意正心脩身即敦行之功此齊家為孝子為悌弟為慈父義夫信友以此治國平天下為聖主為忠臣胥是學也我 皇上聖功王道比隆唐虞亦惟是於聖經迪知允蹈士漸摩 至治浹髓淪肌感發奮起更當何如哉夫庠序者文行之所基也上棟下宇興廢不常至理名言千古不易他年增華踵事不無待于後人此日脩行學文實所望于多士然則觀茲繕葺之成不若觀爾德業之成也爾多士勉乎哉遂不辭而記之以附我祖父手書之後乾隆己未季冬三十二年知府馮章宿重脩三十九年紳士重脩鄉賢祠范永澄為記四十年郡人吳高增以石刊聖賢像贊三十六版寘諸殿廡四十七年紳士捐修大成殿重建兩廡及儀門禮亭櫺星門甃石路並壘石岸五十四年鹽道盧崧命工綵繪大成殿重脩名宦祠明倫堂嘉慶四年知府伊湯安重脩明倫堂及兩翼儀門學門崇聖祠門圜以長垣設東西柵門嚴啟閉禁營馬闌入焉伊志十三年知府李賡芸重脩明倫堂道光十五年知府瑞元率郡紳沈維鐈倪濂范基陳宗柏等大修廟學陳宗柏萬福捐建騰蛟起鳳二橋黃安濤記

略自有生民以來日聖之時惟我 夫子徵諸訓典凡勵時習務時敏戒時過知我 夫子之所以垂教萬世則知萬世之所以立廟崇奉而罔或廢闕者非時曷由謹稽我郡之有學也創始於唐移建於宋嗣後展拓增修歷元明以至 國朝碑版志乘釐然可考長白棟鄂公名瑞元滿洲正黃旗人道光辛巳舉順天鄉試癸巳之夏以刑部郎中來守我郡下車展謁見殿宇凋毀垣墉傾陊朔望函香將事遇陰雨則房舍滲漏東序就燥以避霑溼周察顧視蹙然以歎蓋自前守伊公湯安於嘉慶四年重修明倫堂距今將及三紀而大成殿各工建於元至順二年者寢積五百餘載凋毀缺陊宜若此矣公亟思嗣修顧又默念頻年水潦民力凋敝殆未可也越兩歲乙未年穀既登政成務簡公則瞿然日際 右文之世膺導民之職崇明祀而惇教典共修廢飾闕其在斯時乎由是會僚友集儒紳詢事攷言僉議惟允乃捐廉以倡下檄屬縣相助為理以懿德之好鼓士民以有恒之財資經費凡讀公條教罔不踴躍咸欣施力輸緡言發韶逐若疾風之靡草焉爰審度日力庀徒僦功指委監隸咸得其人經始於是年八月迨丙申四月祗敬蕆事閟宮霞蔚正殿岑立奠設之地肅祠庭之閎固重構復建四顧交葺視前此之稍稍補苴尺版尺築正傾支摧者工費何啻倍蓰是役也初以工鉅用宏眾有拾瀋之慮及是靑衿黃髮奔走皆來樂觀厥成而公始焉蹙然瞿然之思斯慰矣夫為國家者於可以捍牧圉衞民生隆祈報而肅觀瞻者有舉莫廢況化民成俗莫善於學聖域儒門豈宜堙墜微文翁則蜀學不崇公之所為急先務哉然而先時則躁躁則民不樂從後時則怠怠則功不易集當可之謂時公其有焉不自今克守舊典或謀儲偫贏財蓄貲為綢繆計無俟損剝用資歲修此即時習之義也或十年或二十年易舊增新無俾大壞此即時敏之義也若乃遷延玩愒坐視頽圮積久荒墜繕完益艱此即時過後學勤苦難成之義也昔昌黎韓子為處州刺史李繁作孔廟碑記謂後之君子無廢成美不大可惕然兢懼哉工既竣公猥及庸愚屬之論撰時安濤以部民塵忝書院講席目覩盛舉於公經理始末與聞最詳讓不獲已粵惟 夫子道大德隆游夏難言何敢鋪飾毫末若夫宮庭考室之制力役匠費之數具在尺籍茲不備書竊從梓人圬者後有見於時義之大比附而引伸之謹志歲月塞譴委而申歡躍用詺來者云爾 案是役十五年八月開工

各董事分任工程于十六年四月告竣共捐銀二萬一千三百有奇咨部題請議敘奉旨依議于志

同治三年知府許瑤光重脩

廟制 今爲大成殿前露臺東西爲兩廡前戟門左爲齋宿所側門通學前櫺星門前屏牆護以石欄 順治二年定府州縣歲以春秋仲月上丁日祭

先師於頖宮以正官將事佐貳分獻監禮以師儒贊引執事以生員將事之儀均如

太學丁祭禮如遇有事改次丁或下丁順治十四年議准致祭祝文稱

至聖先師孔子大清會典 康熙二十四年恭懸

聖祖仁皇帝御書萬世師表匾額於殿二十八年頒

御書

孔子贊並顏曾思孟四子贊恭摹勒石雍正五年恭懸

世宗憲皇帝御書生民未有匾額乾隆三年恭懸

高宗純皇帝御書與天地參匾額嘉慶五年恭懸

仁宗睿皇帝御書聖集大成匾額二十五年恭懸

宣宗成皇帝御書聖協時中匾額咸豐元年恭懸

文宗顯皇帝御書德齊幬載匾額同治三年恭懸

穆宗毅皇帝御書聖神天縱匾額光緒 年恭懸

御書 匾額于殿同各縣

釋奠禮 府州縣均同以四配十二哲侑饗殿中以先賢先儒從祀兩廡 四配復聖顏子 述聖子思子東位西嚮 宗聖曾子 亞聖孟子西位東嚮 東序先賢閔子損 冉子雍 端木子賜 仲子由 卜子商有子若 西序先賢冉子耕 宰子予 冉子求 言子偃 顓孫子師 朱子熹位均東西嚮 東廡先賢公孫僑咸豐七年從祀 林放 原憲 南宮适 商瞿 漆雕開 司馬耕 梁鱣 冉孺 伯虔 冉季 漆雕徒父 漆雕哆 公西赤 任不齊 公良孺 公肩定鄡單 罕父黑 榮旂 左人郢 鄭國 原亢

廉潔 叔仲會 公西輿如 邽巽 陳亢 琴張步叔乘 秦非 顏噲 顏何 縣亶 牧皮 樂正克 萬章 周敦頤 程顥 邵雍位西嚮 西廡先賢蘧瑗 澹臺滅明 宓不齊 公冶長 公晳哀高柴 樊須 商澤 巫馬施 顏辛 曹卹 公孫龍 秦商 顏高 壤駟赤 石作蜀 公夏首 后處 奚容蒧 顏祖 句井疆 秦祖 縣成 公祖句茲 燕伋 樂欬 狄黑 孔忠 公西蒧 顏之僕 施之常 申棖 左邱明 秦冉 公明儀咸豐三年從祀公都子 公孫丑 張載 程頤位東嚮 東廡先

儒公羊高　伏勝　毛亨同治二年從祀　孔安國　后蒼　許
慎光緒二年從祀　鄭康成　范甯　陸贄道光五年從祀　范仲淹　歐
陽修　司馬光　謝良佐道光二十九年從祀　羅從彥　李綱
咸豐元年從祀　張栻　陸九淵　陳淳　眞德秀　何基　文
天祥道光二十三年從祀　趙復　金履祥　陳澔　方孝孺同治二年
從祀　薛瑄　胡居仁　羅欽順　呂柟同治二年從祀　劉宗周
孫奇逢道光八年從祀　張履祥同治十年從祀　陸隴其　西廡先儒
穀梁赤　高堂生　董仲舒　劉德光緒三年從祀　毛萇　杜
子春　諸葛亮　王通　韓愈　胡瑗　韓琦咸豐二年從祀
楊時　尹焞　胡安國　李侗　呂祖謙　袁燮同治七年

從祀　黃幹　蔡沈　魏了翁　王柏　陸秀夫咸豐九年從祀　許
衡　吳澄　許謙　曹端咸豐十年從祀　陳獻章　蔡清　王
守仁　呂坤道光六年從祀　黃道周道光五年從祀　陸世儀光緒二年從祀　湯
斌位均東西嚮位次其從祀在道光四年以後者皆案兩廡從祀謹遵同治年間部頒新定
大清通禮所未載今備書其年分以資稽考
正位前　制帛一白色　牛一　羊一　豕一　登一實以太羹　鉶二實以和羹
簠二實以黍稷　簋二實以稻粱　籩十實以形鹽槀魚棗栗榛菱芡鹿脯白餅黑餅　豆
十實以韭菹醓醢菁菹鹿醢芹菹兔醢筍菹魚醢脾析豚拍　尊一　爵三　鑪一　鐙二
四配位　各制帛一白色　羊一　豕一　鉶二　簠二　簋二實並同上
籩八實以形鹽槀魚棗栗榛菱芡鹿脯　豆八實以韭菹醓醢菁菹鹿醢芹菹兔醢筍菹魚醢　爵

三　鑪一　鐙二　東西各尊一四案同
十二哲從位　各制帛一　鉶一同上　簠一實以黍　簋一實以稷
籩四實以形鹽棗栗槀魚　豆四實以菁菹鹿醢芹菹兔醢　爵三　東西各羊一　豕
一　尊一　鑪一　鐙二
兩廡從位　每位爵一　每案簠簋各一　籩豆各四　東西
各羊一　豕三　尊三　統設香案二　每案制帛一　爵三　鑪一
鐙二　牲載於俎　帛正位四配異篚　十二哲東西共篚
尊實酒　疏布羃勺具
樂器　麾一　編鐘編磬各十有六　琹六　瑟四　排簫二　簫
篴　笙各六　壎二　箎四　建鼓一　搏拊二　柷敔各一　木笏六

設於階下　樂律中和韶樂　春以夾鐘爲宮　秋以南呂
爲宮　樂章六奏　迎神奏昭平　奠帛初獻宣平　亞獻秩
平　終獻敘平　徹饌懿平　送神德平
佾舞　六佾三獻均文舞　舞器引舞以旌節左右各
一　文德之舞以羽籥各三十有六
崇聖祠　在殿後東北隅　明嘉靖九年敕建啟聖祠吳志
國朝雍正元年奉
上諭議準易啟聖祠爲崇聖祠浙江通志　歲春秋仲月上丁同日致
祭中設
肇聖王木金父左

裕聖王祈父右
詒聖王防叔左次
昌聖王伯夏右次
啟聖王叔梁紇位皆南嚮祠內配饗先賢孔孟皮咸豐六年配饗顏
無繇　孔鯉東位西嚮　曾點　孟孫激西位東嚮
兩廡從祀先儒東廡周輔　程珦　蔡元定　西廡張
迪　朱松位均東西嚮
正位前各帛一羊一豕一鉶二簠簋各二籩豆各八爵
三尊一鑪一鐙二　四配位各帛一簠簋各一籩豆各
四爵三東西各羊一豕一尊一鑪一鐙二　兩廡從位
東二案西一案均簠簋各一籩豆各四每位爵一東西
各帛一羊一豕一尊一鑪一鐙二俎篚冪勺具

庫貯禮樂祭器至元志　宋沈揆有府學古鼎記見金石　明章瑺祭器碑記略曰孔子之道大似天地明並日月漢唐宋以來太學至郡邑通祀無間然必備禮樂之器實殽物和音聲以將吾報本之誠而後已我朝祀禮之備亘古莫及嘉興爲浙西鉅邦其祭器爲尤備爐瓶有漢制者宋制元制者最古則商鼎也簠簋罍爵鐘磬率多元制至琴瑟笙簫柷敔塤篪之類靡不制度中法景泰丙子浙江僉憲鄺公彥譽行部至是啟庫鑰視器曰某器何若是之古某器何若是之新瑺以國初守是邦者購器以奉祭祀其時所備多古歲久殘闕古者僅存十之六七有以補爲名而易之者輒罹禍殃此天罰也公聞而慨歎與郡守延公祥復脩祭器其高下廣狹并厚薄輕重各注于器目之下勒諸堅珉用垂永久焉　案袁志列所存器目銅登一　大銅爵三十五　小銅爵八十六　銅豆七十七　豆底十二今增蓋餘以木爲之　大銅花瓶五今增一銅

大鼎爐二　銅簠二十二　銅簋二十九　銅儀尊五　象尊六　大銅酒尊二　小銅酒尊七　銅閼口花瓶二　又銅花瓶一今增一　盥洗銅盆二　索耳爐四　銅方坫三十五　錫杓六　鐵香爐二　銅小龍頭一　鐵龍頭一　銅光鐘九　銅花鐘十二　小銅鐘一　鐵鐘一　石磬二　康熙三十九年知府佟賦偉復補製禮樂祭器肄選樂舞杜臻爲記　案吳志列目　琴六　瑟四　鐘架一　楹鼓一　簫六　笛六　笙六　鳳簫二　搏拊二　銅磬十六　柷敔一　塤二　篪二　節二　習籥各三十六　五十七年巡撫朱軾檄脩樂器令樂舞生執事六十年知府吳永芳增置祭器七銅鉶二十　大銅爵十　小銅爵二十六　銅簠二十七　銅簋二十伊志　咸豐間悉毀失無存今陸續重製尚未齊備

學制　今爲明倫堂前甬道東翼齋西翼廊前泮宮門前頖池前二門前頭門　順治九年春
欽依臥碑文恭刊于學康熙二十三年奉頒
御製學校論四十一年奉
御製訓飭士子文恭錄刊碑雍正四年九月二十九日奉
上諭一道七年正月二十七日又奉
上諭一道彙刊頒貯于學乾隆五年奉
上諭一道十三年敬刊勒石四十四年八月十六日奉
旨欽頒
世宗憲皇帝訓飭士子文於各省學宮恭錄刊石各縣同

學額　府學二十五名大縣視府學嘉秀善海平　惟石桐二縣

視次縣大學各二十名（會典則例）咸豐同治間各縣士民捐輸軍餉歷奉

恩旨除暫廣無定額外加廣永遠學額府學十名嘉興九名秀水十名嘉善七名海鹽五名平湖十名石門四名桐鄉五名恭遇

恩詔之年廣額名數均視府學（案現在定額府學三十五名嘉興三十四名秀水三十五名嘉善三十二名海鹽三十名平湖三十五名石門二十四名桐鄉二十五名）廩膳生員府學四十名縣學二十名（按欽定學政全書增廣生同）拔貢生十二年一舉（案會典則例雍正五年奉諭六年一次府學乾隆七年諭著十二年一舉定爲例）二人縣學各一人副貢生以鄉試副榜準作貢生歲貢生府學歲貢一人縣學二歲一人（案會典則例順治中試康熙二十六年覆準槩免來京願入監肄業者送部劄監）恩貢生遇

覃恩以正貢作恩貢以次貢作正貢優貢生歲科試遴擇其尤者送部考試廩增準作貢生附學及武生準作監生（會典則例案同治二年七月禮部議覆官文等奏請優貢特加擢用一摺自甲子科爲始優貢朝考列一二等者以知縣教職二項請旨依議錄用等因奉）凡武生武童三年一試府學取二十名各縣學十有五名（會典）大清現奉加廣永額府學十名嘉興九名秀水十名嘉善七名海鹽五名平湖十名石門四名桐鄉五名嘉慶四年禮部議覆湖南布政使通恩條奏各省駐防准其就近考試歲科

嘉興府志　卷八　學校一　十七

應試童生五六名取進一名乍浦駐防旗籍于府考時一併考試錄送學政取入府學（伊志）道光二十三年禮部咨行各省駐防文童專考繙譯概令停止歲科應試二十四年兵部咨行駐防歲試武童循舊錄取（案乍浦駐防歲試武童現因暫駐杭州歸杭州府考試俟乍防復設後再照舊章辦理）

尊經閣　宋崇甯元年建六經閣建炎兵火知州程俱移于州治東偏（柳志）淳熙四年知州呂正已建御書閣于書庫基上（至元志）端平二年知軍府趙與篡建于禮殿後（柳志）元至元丙戌分教陳紹在改名尊經閣上儲經籍下奉

先聖燕居像旁祀十先生焉（至元志徐碩爲記）後至元五年總管和元昇重脩（柳志）（張宋記學舊有閣至元丙戌嘗脩之矣距今五十二年𡔷毁日甚東平和侯元昇守是郡之三年寬厚廉平知教之本謂脩葺之費閣最鉅乃督學之逋租爲錢萬五千緡而大脩之役三月畢民不知也于是敎授錫山強可仕行之始至理之豪占汰冗職節浮費以佐成之願有記宋辭不獲乃爲之言曰陸宣公論諫數十百篇皆本仁義非六經所自出歟近士潛庵輔先生受敎于朱呂氏淵源之正操守之篤諸經有解成書具存皆吾郡人也後學得無景行哉閣之東婁氏有隙地若干欲售諸人以與學鄰遂鬻于學謀遷宣公祠廣大小學齋規模益宏敝侯字仲德）明成化初知府楊繼宗重脩（柳志）十二年重建（蕭子鵬記）

國初復加脩整康熙五十三年燬（吳志）

名宧祠　今在殿後西北隅歲春秋釋奠禮畢詣名宧鄉賢忠義孝悌各祠致祭（縣同）祀晉高史君吳越曹珪宋

嘉興府志　卷八　學校一　十八

柳植劉師道葉清臣洪皓趙士𣂏喬行簡吳柔勝黃灝
岳珂孫夢觀王介劉漢弼李宗勉趙景緯元杜滸劉貞
明呂文燧謝節李鑑劉觀趙豫夏原吉胡槩張恭戴昇
周忱黃懋楊繼宗陳琳李伸洪範伍文定徐盈蕭世賢
劉愨張任何源張綸張子仁張問達方揚湯日昭曹代
蕭曹光德朱邦喜鄭振先吳其貴吳國仕顧起鳳蔡懋
德潘洙李仕亨孫昌裔伊志郁綸張濂于志增
國朝朱昌祚范承謨俱總督塞白理提督李之芳王國安王騭俱總督
張衡學道趙申喬巡撫楊宗仁按察使李衛嵇曾筠俱總督以上浙省通祀各縣同朱延慶李樓鳳上官鑑俱巡道顏光斆姜橚俱學政
嚴正矩彭舜齡丁仁定史載張作礪范光燮李舜有
盧崇興張思齊黃家遴陳大宏臧憲祖俱見吳志李鴻雷成
輔梁徽于志增趙黻惲敷新增伊志按巡道以上考浙江通志職官表按其履任年月註明某官知府以下府志有官師表可考不悉註嘉興秀水二縣均倚郭名宦鄉賢附不更置

鄉賢祠　今在名宦祠右　祀唐陸贄從祀東廡邱爲顧況陸
辰宋陳舜俞聞人宏朱敦儒趙汝愚婁機王希呂徐龜
年蔡闢陳塏常楙李曾伯輔廣明鮑恂貝瓊金絅殷近
仁史仲彬程本立高遜志姚瑄沈淯呂原項忠沈琮劉
泰張甯姚綬屠勳包鼎呂㦤姜學夔張敏劉瑋戴經朱
綬錢琦屠應埙陶儼諸偁張徽王朴吳方鄭曉劉木徐

贄孫軒陸圻屠應埈沈謐錢薇陶謨孫校包節包孝孫
植沈磐卜大同劉熠俞乾卜大有陸光祖周恂懋劉玢
姚宏謨卜大順錢同文盛周戴鳳翔陸相儒嚴從簡張
應治項篤壽卜相王俸沈元華沈英華馬如麟徐學周
李自華鄒國儒賓卿鄭履準金燿高文登郁本宗鍾天
才沈思孝沈懋孝陸萬垓許應逵鍾庚陽夏建寅黃洪
憲丁賓張正鵠洪烝徐爀徐應奎施乾馮夢禎屠叔方
黃正色朱廷益姚履道朱儒岳九德盛惟謙岳九皐張
應宿包世杰朱國祚岳元聲姚思仁孫光啟盛萬年吳
昌期鈕盛時黃承元項德禎吳宏濟陳一德顧態邱民
貴徐必達岳和聲陳懿典李日華賀燦然吳輔明陳德
元沈孚先常高繼譚守範孫光裕譚昌言彭宗孟張奇
齡毛尚忠陶朗先施鳳來陳繼徵陸鍵馬德澧馬德澍
王體元胡維忠賀萬祚朱大啟李衷純曹大田沈元佐
沈振龍金其相虞紹唐魏大中黃承昊金麗兼虞廷陛
徐世淯金志孝陳萬言項夢原劉泓曹名卿錢周倪有
觀竇文照曹憲來周履靖徐間韶高遠屠存仁徐石麒
錢嘉徵沈繩芳鈕用登沈燿辰馬嘉植徐郴臣吳洪珍
徐肇森徐肇樑高道淯徐爾穀姚勉莊嚴虞相堯朱茂
時吳鑄黃卯錫伊志姚以誠張履祥從祀東廡劉燿于志增

國朝莊日思王堦張萬壽沈翰如郁調元董士昌錢江王庭杜衡陸本莊鏻何其仁張維赤何元英孫來曾元艮杜嵋曾王孫杜臻吳三錫吳源起趙隨高以永朱振虞兆清沈瞻日沈廷麒沈廷勷沈璜沈廷文馬士巘張瀾崔上渙陳謍姚敬明姚宗孫姚宏貢嚴誾綸翟堯佐莊䒧陳士鑛伊志云吳志鄉賢二百三十八人外有嘉靖庚子舉人號東沙主姓名無考未錄入案劉侍御同春堂遺集及明海鹽仇志劉燿字元麗號東沙嘉靖庚子舉人官至雲南道監察御史應補錄合二百三十五人諸錦許椿馬浩于志增沈維鐈吳昌壽新增俱嘉興案道光六年岳鴻逵捐修名宦鄉賢祠並捐田十二畝二分

小學 宋嘉定庚辰十三年教授吳杜於學東後廡之屋五楹葺爲小學高熙績記古者學有等序教不陵節自書計誦舞以往所謂流水盈科草木區別截截不可徑詣闒黨速成申戒明甚小學之設爲是歟後世仕進階文藝且經傳子史浸多必于始學培其基本雖故訓子姪者有戒以潢潦無根勉以月閱一箱等語雖㚷賦有利鈍惟穉齒易精通督授以時孰量所到然富窶不齊範師殖學力有弗逮則以公庠代私塾其庶幾乎浙右密拱行部在在有小學不興獨闕前後郡博士有志太息艮由郡學福臨創置無所糧儲之贏莫可資焉嘉定庚辰鄉同年吳君杜分教初筵亟請于郡廣學宮而新之明年學成規圖宏壯迺即東後廡之屋五楹葺爲小學几席用器略具其秩閒補生員遴選職事二人俾主訓導同給于郡前駕部鄭侯定始之今戶部朱侯煥在樂繼焉學田舊爲豪民所浮冒占始數百畝君極力歸復用饍朝暮課程詳于私塾規式做十上庠于是邦人翕然願以子弟入學誦絃洋洋一改舊聽若之加意士子誠小大畢舉矣噫創學以淑童丱師儒之功也遺子以就教養父兄之賢也循蹈規程進脩業履以無負于父兄師儒之訓其責獨不在爾子弟乎若乃㨗名籍以尚觀美聚嬉戲而虧全功齒日以長後將噬牓是堂先生所望于爾者因書以爲戒云咸淳丙寅守臣星渚趙景緯重建於廟之東生徒額三十日課月試長陞大學案今址改餘併書院

射圃 在文廟西浙江通志案正統九年知府黃懋爲射圃於饌堂之東成化二十一年知府徐霖展射圃地俱在學東至劉志云在殿西偏不述遷改與今合

學田 宋慶歷中始頒田吳志陸口記宋乾道五年賜田五頃淳熙四年知州呂正己撥置麟瑞鄉柴蕩五百餘畝抑志尚朴記麟瑞鄉柴蕩秀學之舊物也淳熙四載顯謨呂公典是邦給佃於學以助都養計五百餘畝隸嘉興或樵或租所得尚薄越五六年地力日盛根苗滋益繁延袤數里葱蒨彌望爲蘆而當錢之百者萬束而薪芻不與焉強有力者實租之不得而擅也收緡除三之一以輸賦去歲有旨鬻官產前守都大趙公以廩粟不繼將在學所有舉籍以戒令佐毋得佔用是晏如無復經念亡何狡謀發于不虞濟以黠胥舞權巧爲何卻當貳車攝事復令官估畝錢七百貪民挾多貲志于必得增畝錢三千三百一十有一今春朱轓易鎮迺變租爲佃撓法豪敚若士子若走隸無一知者其詭閟如此逮索逋始言售爲已業郎以其事列于郡于外臺都運直閣郎中王公提舉秘丞黃公咸察其非傳檄沓至太守郎中槩公徐爲正之會兩年師費贏蠹糧用差有餘積規欲葺齋廡補罅漏至是輒以償直爲錢五十萬提舉須公筭二十萬來助倉使閱學校藉匱謂非足用外有此寬牘州郡合體朝廷優恤意既一時失行詎可與齊民爭攘比今以官物歸官養士止令用元估賈而過內之數不復請召租視昔增三倍有奇歲如是利原無窮矣初蕩之失也或勸之以爲不必復或沮之以爲不可復或哂之以爲不能復睥睨其勝負者相半予謂職有常守不爲物猶仕而行義不爲勢詘苟見善不明用心不剛切切然私慮卻顧次且怵縮爲後日䀹身避禍地不惟有負於所學其有負于設官之意多矣吾知守吾職行吾誼他渠追䘏乎竟復之雖然蕩則吾蕩也圖與學俱存毋患再失而租入豐約則視人爲高下亦惟後之君子加意焉爾姑志始末用埀不朽紹熙四年九月嘉定元年知軍府趙希道括

開田百七十畝歸學吳志秘書郎陸□記郡學自慶歷始頒田養士南渡以來距淳熙癸卯凡再卜遷地於鹽倉故址藏脩之所蒸鹵卑濕而衿佩于于日增歲入每以不繼病趙侯以秀邸孫襲分封符明于先務甫下車訪學宮求所未備乃捐緡錢六十萬米石五十俾慮材□障地之濕又括郡之閒田得百七十畝以助廩膳嗚呼士必畜于學而亨于時覩時會通氣類丕應鄉邦己事之驗方來而未艾夫固有相之者本其所繇致而引之於無窮則非天之所能實人之爲也趙侯深長之思將以壽學校之脉而篤皇家之慶則士之報上當何如郡博士陳君光遠孜孜勸率方幸于得師矣自求口實不志于求其飽與安思無負其所學責將誰歸與則夫相與扶翼以保其勿壞使風化廩廩鄉鄒魯蓋士之命也侯之願也郡博士之職也

十二年教授蕭杞復學田趙圖記錢撫記嘉禾眡漢三輔非下州遐障等厭田宜與學稱歲入乃素嗇臺郡每捐羨賦以爲助檢核不恪之漁蠹交病比歲滋以削聞三山蕭君杞主教是邦至之日喟然曰教吾職也而士嗛一飽徒教不能以自行盍思爲續食計舊田尚可考無多求益推求其無所損直

學袁鎮學諭沈應時善計會遂命以簿正搜匿抉伏未易枚算其最甚則六和塔院冒據之田初院僧誘鶡冠顧氏取其田四百六畝虛立賤買券約已而夏姓民稱其家質田居十之一僧不應言買詣縣請已贖令從之因論僧受顧氏田不如律告之郡郡不私有悉沒以予學僧屢訟屢屻特以贖田者非質田子孫有司僅給此田餘在學固無恙會郡博士踐更僧與胥爲市乘罅去籍併已沒田掩而有之涉年二十閱儒官六七弗究弗圖稔僞成眞至是隱狀始盡白乃疏于郡于臺中及漕叶心主盟詰胥之姦仍歸之學僧怙舊又訟之部部亦坐僧非是僧遂詘乃合受田之數而歸其半向使潛隳僧計尺田且非我有也端自蕭君發之學之士德君甚以記屬予予雖纍官于朝回首泮芹則丁年弦誦之所也記其實辭春秋之書歸田曰歸我曰來歸皆志喜也今茲田逃釋歸儒不以養游民而養秀民名正言順亶可書已雖然復田誠士之幸既足以養其口體必將以養其心志抑有復性之說一眞之地萬善所根成之以學乃存其口情田易蕪學弗加耨外物敓攘失所固有則訟李翺三篇之書進乎大易猶不遠之旨朝講夕誨俾爲士者皆知所以復其性是猶有待于蕭君也獨復田云乎哉案吳杜另爲記見吳志

咸淳五年知軍王畬齋置田四百六十六畝撥沒官田七畝提學常蒲谿助三十三畝吳志方恢爲記

元大德甲辰教授沈天佑歸復田租金吾爲記

明萬歷二十七年嘉興知縣鄭振先置義田五頃張似良記姑蘇甯方伍公奉敕督兩浙學政爰于造士之暇移檄各屬增置學田多方設宜揣楔務當會嘉邑鄭令廉得巨猾隱糧田如干分入三學府學得五頃總先是所存田計之約與公檄數相當公于是請得直指臺方公剳前田例入查盤戒永承無相諉者瀞滌淬厲列爲左券具建置初終俾所司轄焉曰廩曰積曰佃泊畝賸溢遂皆詳識之昔吳興學田顧臨爲記曰惠有術貴不費養有道貴不窮茲役也不費不窮蓋兼有焉伍創之而鄭成之者也余不敏承乏郡事屬在創與成之間不固不慮惠之不敷而慮鈎者以不費而生其費也固不慮養之不遲而慮忮娟者因不窮而速其窮也主計之掖而要者以待給之士爲易與而故肩越之則費猾胥之虎而冠者以可居之貨

爲犄挈而故漁獵之則滋費夤緣請乞突梯迷陽濫竽幹辦轉相尤效而有時窮藉言公務挪移借支強幹鸞權豎儒倖竇而亦有窮豐歉相掩完欠相蒙虛實遞糅對支影射搜括媒餌以澤饋橐而費且不貲而窮且立盡嗟乎折柳樊圃狂夫瞿瞿知有法也今學使者法具在從事而才其以惠養實政恕恕奉行勤宣禪助郎以當丈翁儒奚遜至諸士或秦與周惟所自待瑩而冰玉飭而簠簋令他日釋屩而程舊閥大都摧勞苦空乏之中人諸士當必有勗焉

新舊學田共一千二十畝六分九釐劉志云共徵租米六百一十三石七斗九升內除楊公祭祀米三十石外實該米五百八十三石七斗九升又租銀一百四十一兩四錢四分七釐六毫八絲內除辦糧外實剩銀米申明動支案袁吳伊志田數相符咸豐間粵匪之擾冊籍蕩然現在節次清查尚有坐落秀邑田三百畝無着詳明在案

教授署在舊青雲樓南袁志今二門外東南隅乾隆九年教授沈廷標重脩六十年教授錢廷謨請借俸脩重整

樹人堂左爲書室後爲六息堂左折爲寢室堂之前爲集鳳門西嚮爲頭門榜曰桃李門伊志嘉慶十二年教授車宸英脩葺道光十四年教授張光熹重脩于志咸豐間燬同治十三年教授嚴嘉榮請欵重建

訓導署　在明倫堂之東南泮宮門之左即古饌堂址明曾闢爲養賢堂今榜門曰古養賢地改堂曰希聖康熙中訓導范光燮建袁志陳錫嘏爲記乾隆三十三年訓導張洪圖重脩四十五年崔楙雋脩之六十年訓導倪紹岳請借俸脩葺堂右爲書室又于後堂左偏添建屋四楹兩翼耳房後有圖伊志嘉慶十八年訓導車雲鵬脩葺道光十四年訓導孫頤重脩于志咸豐末燬未建權駐齋房

宣公書院　舊在錄事司之東城南鴛鴦湖上有三賢堂公居其一宋郡侯黃大卿始爲立祠案宋淯熙志云故祠于學宮四年以舊泰益公廢祠爲之在廟西北隅見柳志趙公與篔嘗撥田土建堂未遂景定壬戌郡守謝奕燾構堂繼廩率諸生祭菜焉案嘉興湯志紹定中通判陳塤建祠于柳氏園景定四年始以祠堂爲書院至元丙子以太初堂爲書院里人徐碩經營完美堂曰仁義之堂紫微史大參書宣公書院額亦其筆也至元志至正十五年總管劉貞復建于柳氏園嘉興湯志劉基陸宣公書院碑銘士有以一身任社稷之安危一言迴天下之趨嚮蓋其智足以識事機其誠足以動人心故能出入危邦扶持庸君寵之而不阿違之而弗懟知有國而不知有其身若是眞可謂大臣哉孔子稱大臣以道事君不可則止其或先蒙君之知而期盡心以報効以知禍而不避知難而不止若唐陸宣公者其去就雖殊其揆一也孔子曰篤信好學守死善道宣公以之吾嘗怪唐德宗以猜防小智行多慾之私信讒邪如心膂視貨賄爲性命臨患難則姑息施處安佚則嫌疑百出以致藩臣叛命士卒離心播遷困阨而卒不亡及觀唐史稱其出居艱阻之時謀猷參決一出于公又稱奉天所下詔書武夫悍卒無不流涕多公所爲然後知其得人以扶持也昔者隨有季良不滅于楚裔成公有甯武子不死於晉無競維人不然殆哉況公之言德宗不盡用也而僅用其一二猶足以轉危爲安易敗爲功使其能舉國以聽公周宣漢光不難繼矣惜乎其中信用羣小而棄公也公沒而奏議行於天下今天下言時務論政事者莫不宗之然則公之志雖暫屈于一時而終伸于萬世公之言雖不能寤時君而足以淑後人則亦可以無憾矣夫公浙西之嘉興人嘉興郡學舊有公祠其詳見于呂公祖謙之記而郡城之東鴛鴦湖上又有宣公書院其地有橋曰宣公橋故老相傳以宣公實生于此故於此立祠以祀公至宋景定癸亥始以祠堂爲書院丙子之歲書院燎於兵而公像故存衆白郡迎致于太初堂因以堂爲書院大德九年濟南趙曾爲山長病其簡陋始改作之其詳見于年公囑之記自是城東故址遂廢爲墟泰定之中有僧賄學官請佃而建庵焉後至元二年庵災地復于書院是歲六月其僧復賄有司荊庵如故山長雖爭之弗能得也至正十四年宜徽院海岱劉公貞受節爲嘉興路總管至則首治學校之闕顧書院陋且朽欲新之而址監帑稱乃用推官方君道墊言命有司督其僧撤庵歸地復建書院其中爲先聖廟兩廡儀門東西禮亭標星之門具焉其西爲宣公之祠祠西爲室東鄉以祀郡之先賢其外爲三門廟東爲講堂其前軒仍舊扁曰仁義之堂以藏宣公奏議謂其言皆仁義也西齋以延師教弟子又增置蕩田若干畝以益廩膳庖廚倉涵各得其所將成而公改除海道萬戶於是以屬之方君方君力贊成之經始于至正十四年四月竣事於十五年二月董其役者嘉興縣丞善慶路吏施淵顧選及前山長王珉任弃走者直學張唯仁學吏沈雋也既成使請記於劉基惟孔子明王道以教萬世宣公學孔子者也故其術業一本之道昔人以宣公祠爲書院有以也夫劉公用方君言撤浮圖以復書院可謂能

君君子惜之自宣公之沒三百餘年而至建炎始有祠宇建炎至咸淳百四十年咸淳甲戌至至正庚子又將百年矣書院祠堂迭興迭廢至今日而大備德宗慊其啼已不能暫容於一時而士君子乃惓惓於五百餘年之後以見天理之在人心者如此在易之革曰大人否亨道亨則身否宣公亦何憾焉夫盛德必百世祀卽其父母之邦虔崇報之典廣絃誦之敎盛揖讓之容讀其書思其人作興俊秀此郡侯賓佐之美意蓋能知所先務矣有勸於方來者豈淺淺哉故詳其建置之始末繫論宣公之大節以著焉詩曰高山仰止景行行止來遊來歌者尚有稽焉 明洪武初同知劉澤民建於城內宣德二年巡撫胡槩建於府治北正德十四年知府徐盈重脩嘉靖十七年通判張本潔改建報忠坊嘉興縣學故址三十六年裔孫陸杲等建象賢堂萬歷四十五年重脩左

有景賢書院嘉興湯志今廢

仁文書院 在三塔東百步一名天心袁志萬歷癸卯知府車大任與嘉興知縣鄭振先創建奉祀河東餘干姚江新會四先生又建有斐亭 車大任記余不佞自束髮受讀知檇李爲人文淵藪頃以辛丑秋領郡則目睹諸青衿循循雅飭載道之器洒躍然歎曰文運本之山川淵源得之師友今天下無一郡無書院者檇李固首藩名郡獨茲缺典作人之謂何嘉興鄭君亟圖之乃於西郊外三塔寺上游卜其地而得吉喜焉厥面孔陽盈盈一水龍蟠遺脉猶有存者工成而落之顏曰仁文書院特於本朝廟祀四先生而祇奉之標示正脉統一聖眞甚盛舉哉且地由捐俸力不煩民花竹池亭斐然淇澳而營繕成於不日鄭君遂屬余記其事余惟天地間理一而已自其渾然全體而言謂之仁自其燦然昭列而言謂之文仁不可驟至文先之文不可忘本仁主之仁文非有二也夫求仁者舍知行無從入之路矣知行豈有二哉造化之心不可見而于吾人見之仁者人也人而不仁生生之理滅矣何以文爲辟之手足痿痺孰持行而元氣周流四體自貫又辟

闢異端植正道者有功于世教矣於是因序而銘之曰孔子大聖不遇于時旣沒之後爲萬世師宣公大賢忠而見疑降及異代人以爲規有德無位用無所施用而弗信惟禍之隨詭遇有獲君子弗爲身黜道光雖止弗顯邦守孔肎百廢咸支爰崇其宮又嚴乃祠俾民觀者式是令儀勿替後人尚永無虧至正十五年三月望日

廢燬後從祀路學同知繆思恭再建於太初堂 周伯琦重建宣公書院記國家遵用舊典凡天下郡邑皆置廟學以祀以教其所在先正學行德望可以軌範百世者又爲書院如學制而專祠之擬於先師所以崇德表行而敦化勵俗也其慮至矣浙右之郡曰嘉興者古之檇李吳之屬境也唐相陸宣公贄故興實生於茲焉宣公之問學行業具在史冊其文章議論有成集家誦而戶習之以爲矜式蓋千百世一人而已宋建炎初程守俱于郡治東鴛湖之上作宣公書院繪像而祠之中廢紹定中陳倅塤暨寓公共置柳氏園以建祠堂景定癸亥始以祠堂爲書院咸淳甲戌郡守余安裕作先聖禮殿於郡書院之左至元丙子元有江南悉燬于兵士人請於郡以宋相賈似道太初堂爲書院至正十五年郡守劉公貞病其隘陋復遷於柳氏園棟宇粗備而兵燹大起又燬乃治王氏義塾設主而祠之後四年兵作又燬遂祀於郡庠焉越三年郡貳守繆侯思恭暨經歷茅君毅誕咨于衆合力改作相方度宜惟太初之基是稱爰除爰闢拓而大之鳩工庀材會庸給直心畫目指不勞而集起手於是年六月落成於十二月禮殿中峙以祀先聖十哲北爲祠堂以祀宣公又北爲講堂屬以脩舍以爲會集之所以楹計之凡三十有二東西廡爲間各六以爲講誦之地庫以藏祭器廩以貯佃租庖以治亨餴又若干間秩然有敘以營繕堅緻規制宏麗炳然奐然有加於昔練吉庀儀奠而告焉時則四明周棐爲山長主之於是郡博士曹君睿來請文以示悠久嗚呼天賚以後唐綱解紐權移藩鎮其未滅亡者徒以昭陵休養生息之澤洽于民心爾德宗以昏庸之資乘弊運之好佞復諫昧於利害重播遷不少懲艾亡可翹足待宣公周旋其間不忍鄙棄其君竭其忠義以筆舌感人心厲士氣支大厦於將傾閼頹波於長逝其言曰吾上不負天子下不負所學可謂偉然王佐之器能以天下爲己任者矣使其端本整棼之策盡獲設施則阿衡孔明之事業夫豈多讓顧讒短於羣邪斥沒于遐荒有臣撫

之果核未種生理中含而根莖枝葉發露殆盡仁以貫通乎文文以發露乎仁總之所以學爲人也吾夫子講道論德諄諄惟仁是訓因材而篤道脉心源開來繼往功莫大焉至濂洛關閩諸大儒始表章之至我朝四先生益闡揚而光大之頃得旨廟祀孔庭信以揚昭代鄒魯之風啟後人斗山之念也已夫河東雖不著書而時錄新得若餘干以敬爲主新會以靜爲主文成則一以致良知爲主要而論之殊途同歸莫非仁也或曰薛胡踐履醕篤似專於行陳王天資穎拔似專於知嗟乎知行豈有二哉其致力之不一者所入之途而得力之無不一者所至之域一者何也曰仁也豈惟四先生爲然由宋儒以上逆夫孔子亦安往而不一哉四賢一仁而已矣今書院建在長水塘之濱有志於仁者因委求源以完吾人生生之理無亦效法四賢眞知力行直追聖門之一脉甯爲樸毋爲華甯爲拙毋爲巧甯呐然不出口退然不勝衣而必不可使寤寐之慙于衾影甯博不窮二酉業不奏一匡而必不可使夜氣之牿于旦晝此仁不仁之辨也生理克全本眞自復耳目不用歸乎其天所爲繼四先生而輝煌俎豆者誰謂檇李之間無若人哉諸生生長此邦所不足者非文而器多載道仁不難成余故申述仁文之旨四先生實式臨之瞻象洗心生生一脉仁不可勝用也自是海內稱檇李士甯獨以文勝亦如四先生以道德勝庶于父兄師友及良有司與起斯文之意俱無負哉 後知府詹應鵬鄭瑄相繼增祀吳貞肅岳石帆爲六賢祠置義田四百二十二畝吳志岳元聲和聲均有碑記案記兵巡道車大任司理曹光德捐俸倡紳士置義田繼守蔡承植嘉興令顏欲章秀水令陳于廷始終成之署守熊秉衡建樓五楹久廢乾隆二年奉檄改建岳忠武王廟詳祠祀

鴛湖書院 在郡學東偏康熙五十五年郡守吳永芳建前爲頭門門右爲文昌祠中爲甬道戟門爲正誼明道堂後爲樓下敦宿齋旁皆書舍永芳嘗以鄉賢稼書陸先生三請從祀未果院成奉主于樓延師課士捐置義田七十五畝二分又撥楊公祠田七十八畝零爲祀葺費及脩脯焉吳志吳永芳記黨庠術序之教廢而鄉學之不行也久矣至宋始有書院鴛湖鹿洞若踵鄉學之遺意而于聖人之精義微言與其徒日相發明迄於今不墜良以師範有人則興起更易前型後學交相待也嘉禾爲浙西名郡英賢接踵而當代儒者則推稼書陸先生今成人小子幸生禮義之鄉而聞風興起若濟巨川而得舟楫履暗塗而遇夜光以覩僻壞遐陬徒望古而遙集者相去難易蓋什伯較矣昔安定教湖州搆經義齋治事齋以造就諸生其子弟莫不循循謹飭今欲俾嘉之人士戶詩書而家禮讓自非萃聚羣英講學以明之亦何以美風俗而維道統使稼書先生之澤久而弗替乎夫表章先哲以培養後學司牧者之責也爰倡捐俸入營度隙壤屬國子生王廷植之有力者鳩工庀材以落成之而顏之曰鴛湖書院於後樓三楹設主以祀先生傍列生徒齋舍延文行之士爲之師無遠近皆得就學器用之需咸備具焉又與二三邑長捐置義田量其歲之所入爲學師脩脯之資其餘以葺院宇給司閽之口食仍刊列一編疊敘文案俾永遠以遵守夫鴛湖胎靈孕異實人文之淵

藪子弟平時受父兄之教耳濡目染原能有所成就今更得會聚一堂日奉先儒之範讀其遺書景其懿行且與賢師友講明以切究之譬之業百工者居其肆以成其事而益進于廣大高明之域于以繼美正學爲朝廷儲大有用之材是又邦家之光而都人士之所以增慶也今 聖天子昌明道學獨尚考亭朱子而先生居平言行一本新安明後罕有其匹宜其躋位先儒從祀兩廡因格於例未從所請而茲之書院適建於學宮之旁豈理學後先輝映而食報之不爽乎抑鄉學之建與學校相維繫而斯文萃美並峙而不朽乎然余又聞嶽麓書院創於宋長沙太守朱洞至今傳頌其名余誌鴛湖書院而覶縷言之者蓋深冀後之來守是郡與郡之賢士大夫相爲繼續不致久而徒循其名也余滋幸矣 又張尚瑗爲記又有鴛湖書院彙刊一編案先儒陸公于雍正二年議准從祀距請祀僅數載云 乾隆三十四年士人集伙重脩次年夏知府李星曜檄秀水知縣撥寺僧入官田佐經費九十三畝內贖去二十畝實田七十三畝其贖價銀實八十兩存公取息邑人陸樹本爲記三十一

年知府馮章宿又撥徐何二公祠田四十七畝四分零歸書院嗣守令倡捐積存銀二千四百八十兩給典生息詳記碑册四十七年知府劉嘉會增建齋舍後堂嘉慶元年知府伊湯安又倡屬捐銀千兩更定規條伊湯安書院規條碑記郡之鴛湖書院自康熙丙申前守吳公永芳畫郡學東南餘地創建時當 聖祖壽考作人化成天下釐定學宮典制 特崇紫陽朱子位次於十哲之下郡屬平湖縣陸清獻公講學著述一本紫陽德行宦跡粹美無疵奏請從祀兩廡奉有 諭旨本朝惟此一賢光馨上丁俎豆而書院適成專奉公爲宗主訓厲鄉後學誠盛舉也初止義田七十五畝二分資院長饘粥今所稱膳田是收租完賦所餘無多又有楊公祠田七十八畝零雖入書院自有管理者除完糧諸費每畝僅取租二斗共一十五石六斗零諸生赴課咸自裹飯至乾隆丙子以來諸前守加意敎育彭城李公星曜撥精嚴寺僧入官田七十三畝又贖回田價一百二十兩存典起息又代州馮公章宿撥徐何祠田四十七畝四分二釐皆爲課期諸生午飯試卷及脩葺院宇諸用今所稱課田是無錫鄒公應元又議定院長束脩銀一百兩內課生員三十名各月給膏火銀五錢令七縣捐貲未能籌立經費至乙未戊戌如皋王公燧有典商兩次願捐銀一千六百八十兩付典一分生息給用到今積存本二千四百餘兩經費乃有所出各縣免捐詳載碑冊各記然年之豐歉不齊用之多寡莫定支給尚慮小虧而課士之規更未整肅如每課發題散卷生童越數日陸續交卷眞贗何由察辨且易午餐爲給錢尤爲不扃門而試之藉口訓士實政幾成具文吁可慨也嘉慶初元丙辰余由括蒼移守茲土漸知其弊敬率同城嘉秀兩令合捐廉一千兩俾歲添百金息諸用可充因爲酌定規條甄核必公約束必密向時兩課胥由院長今定望課歸院長朔課府縣官輪試課必扃門無許挾卷潛出內外附課生童槩給午餐官課優卷捐資獎賞用示鼓舞一條列刊示余昔牧奉天甯遠州其俗湻樸少文百餘年無登第者余公餘校錄三十餘人捐俸立義學親加訓勉自丙午迄辛亥登甲科列館選者輩出益信何地無材惟人有造況此名邦素稱文藪諸生負俊秀之高姿被鄉先生之遺澤既已得所師承于茲類聚勤脩橫經鼓篋居肆專精麗澤滋益相漸摩于

聖朝棫樸菁莪之雅化何難日盛月新蔚然邦家之光也哉余因詳核而統記之冀後來者一覽畢知有增毋或廢焉嘉慶二年丁巳春三月道光十三年知府覺羅克興額倡捐脩葺改後樓爲平屋五楹咸豐十年燬于兵燹同治三年布政司蔣益澧捐廉爲倡知府許瑤光集資重建奉祀陸宣公陸清獻公張楊園先生位閩浙總督恪靖伯左宗棠書景行維賢額于講堂舊時院產查有田地六百六十一畝零內膳田七十五畝零課田一百十八畝零金明寺捐田一百六十七畝零惟嘉學撥田三百畝零每年應解租銀七十二兩五錢知府許瑤光籌洋二千元生息爲山長脩脯資嘉秀各絲業復每年捐資佐膏火詳明立案許瑤光爲記新天子受寶命之二年秋飭禮臣議興學校以各直省府州縣書院與學校相表裏自經亂後月課廢弛士氣無由振應由督臣撫臣檄各屬於事平後設法經理俾士子得聚處觀摩潛心學問以副 朝廷樂育人材之至意甚盛典也是年夏瑤辦善後於越州脩蕺山書院以課士三年春二月蘇兵復嘉興浙兵復杭省四月瑤典郡禾中七月方伯蔣率兵復湖州禾民愈安堵無恐八月方伯來自湖命亟脩鴛湖書院出番銀千餅助工十月宮保左督師由浙將入閩瑤送之錢江臨行謂瑤曰我 朝浙西人文以陸清獻張楊園爲最皆嘉興人也清獻於雍正初祀東廡未祀以前郡守吳永芳爲剏鴛湖書院奉清獻栗主於敦宿齋樓置義田繕脩脯以課士清獻之風可以偕模後進矣惟楊園與清獻同時學問篤實純粹遠紹閩洛近淑山陰惜未從祀孔廟蓋其遺隱而其書未盛行也余既飭脩其墓暨務本堂於桐鄉鑪鎮矣汝曷思以表彰之瑤准從祀之典自咸豐十年後限制綦嚴申文詳請准駁難必而書院之供奉則守土者可以自主因謀之紳者集資修書院擬增奉楊園栗主而又考嘉興往哲推唐陸宣公爲最著宣公經濟在名臣中學術在純儒中宇宙所其欽慕不獨嘉興也然於配祀中贍其名位則尊敬之心多而親企之心或轉淡是推而崇之爲天

下所其戴不如引而近之為鄉里所塾稱而觀感興起之獲益彌多也於是決議之增宣公於清獻楊園位上書謚不書諱所以申禾人之敬也慨自後世取士尚文藝詞宗詩伯推重名流傳衍既久好事者或拓其逸事著為年譜又復刻桷丹楹以標榜之馨香俎豆以報賽之因而後生小子童震其名老服其教精神手澤之所垂亦深足引學人好古之念比比然矣至講理明道躬行實踐之儒其品誼既不諧流俗著作又不求工於章句精純之義轉似平庸嚴正之詞反形迂執道高識寡遏陋僻壤無人識其姓氏無足怪矣乃里居相近歲月相接而黨庠術序中亦無復道其梗概如張楊園者又何可勝數哉夫鄉里賢哲之風衰微不彰此師承之失也若後進之士無所效法而日與浮華相逐守土者亦安得辭咎瑤之是舉蓋猶遵前太守吳公之遺意冀學者知聖賢相傳之微緒振於古不絕於今得於鼓篋肆業之餘羹牆相見庶幾學術正而人心日古風俗日醇厚成　國家中興之盛會而延舊邦文獻漸摩之餘澤已爾書院舊有田若干畝生息銀若干兩兵後田荒息銀盡沒失瑤為清查其田更籌番銀二千餅留以稍助山長脩脯他日當謀所以益之也是為記　按先儒張楊園于同治十一年奉准從祀東廡

育德義塾　在府治西南毛家坊舊為塼庵同治十三年知府許瑤光率郡人嚴大魁張程式等改建義塾延師以課童蒙之無力讀書者郡中向有化城庵善舉公產兵後僅存基址光緒二年董事稟請撥入義塾並集貲建復租房二所一在秀邑報忠坊䕶二庄地六分一在五龍坊䕶四庄地九分紳士金福曾捐䕶一庄房基一所各收賃息佐經費

嘉興縣學　在縣治東明嘉靖十四年遷建大清一統志案圖經有文宣王廟在天星湖上唐開元中建乾符間廢五代晉天福縣陞為州崇廟貌未立學制柳志宋初廟在縣西北二百步後附於州學縣學址更為郡社壇咸淳五年縣令張汴以西城舊驛舍為縣學至元志梅應發記我朝縣學始於慶歷弟子員更定於熙甯主其事者簿若丞官未專置理宗皇帝三十九載始詔天下悉差主學于是簿海內外皆夫子宮牆矣構李甲右扶風附庸邑曰嘉興學久廢其址更為郡社壇士藏脩無所校官至虛設今尹資中張君汴喟然歎曰設庠序以化于邑尙矣今朝以主學命官名具而實泯令獨不愧子衿詩乎迺亟請于邦君本心文公公曰興學吾志也曷敢不如請令迺相攸西城廢館自于郡而址焉邦君命之則出帑佐費鳩僝功大尹高墅潛公聞之喜撥緡為助經始於咸淳五年八月明年正月告成先是學有田寄諸泮宮未復令曰均之養士奪彼予此非吾志也迺捐邑圭租畝百漕郡又撥鹿苑廢寺而佽田地凡若干畝為繼粟地邑民士復爭以田租來助郡侯嘉之悉與蠲賦稅免徭役菁菁莪沚仁養沛然是可以教思無窮矣　又有知軍文本心判張令及主學張夢吉二狀元至元二年憲副楊某檄總管新之嘉興湯志

至正十一年縣尹陳伯顏重建大成殿陳達記故宋咸淳五年本心文先生知府事縣令張侯汴請以城西舊驛舍改作之及今八十年未有圖新者至正庚寅秋當塗潘君庭堅來職教禰邑令陳侯伯顏君退而稽學田租逋之籍可得米五百餘石私度復求好義士佐以濟則事無不集明年辛卯春兩浹旬殿宇果傾圮君走告陳侯翼日侯詣學進儒生問計耋老前日侯捐俸錢五十錠率先校官若吏與儒之食于學者咸願請甦息廩給以相迺復盡徵前所逋米又增撥是歲之入二百石資用以三月旬之中率作興事四閱月而成築崇其基二尺殿深廣增高皆加于舊楹丈制度比擬郡庠七月甲子行釋菜禮告厥成功稱為浙右邑學冠是謀也陳侯力維之而朝夕盡瘁以家視學公爾忘私則潘君也二十二年縣令石光著重新櫺星門齋廬吳志明洪武六年縣丞魏誠重脩陳彥博記嘉興縣學創自宋咸淳已巳今百有餘年而易代者再歲月滋久脩作不時將就頹圮今從事郎河東魏誠來丞茲邑既視事祗謁廟廷稟然懼無以奉明祀而廣樂育乃首捐俸以義

而勸邑人且自置府僉判劉公澤民鳩工庀材百堵皆
作先禮殿次戟門次兩廡次禮亭次儒星門次像貌次
作文昌祠于學東既又甓明倫堂作閣楯益東西二齋
二軒治庖廩經始于洪武癸丑六月辛卯訖工于七月
戊辰宣德二年巡撫胡槩命知府齊政知縣趙亘大建禮
殿明倫堂易櫺星門以石正統十一年知府黃懋增號
舍柳志十四年知府舒敬知縣王錦重新之劉儼為記嘉靖初
知縣蔡經重脩又建大觀樓十六年知縣黃獻可改興
聖寺基為今學即宋孝宗流虹之地規制咸備姚淶新遷儒學
記嘉興縣學在城之西隅僻且陋菁莪之士病焉非所
以陳俎豆廣弦誦也以告于所司輒邊應之曰地不可
更也即有欲更者旋自疑曰役未可輕也縣治之東一有
寺曰興聖傳者為宋孝宗潛邸誕育之所也雄壯為一邦
方冠嘉靖歲乙未十月侍御西墅張公按浙西蒞是邦
有司率諸生言其狀且請以興聖寺易之公曰省風宏

教崇正言才事無大于此亟命行之于是大參洪公王
方僉憲焦公伯升咸以循行至胥賛其役督學徐公子
升相以成之下檄郡守鄭君南金暨邑令黃君獻可奉
以周旋身綜厥事迺徙金仙像庵諸僧徒改其殿為文
廟殿之左右為兩廡即其重門為戟門其外門為櫺星
門遷明倫堂於廟之東鑿堂之前為池遙與天星湖相
映建尊經閣于池之東南池之左右為東西二齋一門于
齋之外稍更其方丈之制為啟聖祠堂之後為敬一亭
制惟其備不求其麗工椎其集不責其疾凡棟宇罘罳
之過度者悉屏削之蓋以正吾宮牆之規不欲襲其舊
也經始于乙未之冬落成于丙申之春安侑有除墳典
有儲講肄有區游息有廬士之習禮容者洋洋焉濟濟
焉相與盱衡揖遜談詠于其間見者嘆息莫不以此為
吳會之盛事初事之舉也多或于流虹之說公斷之曰
寫精寄曜者其事誣宣風敦化者其義正于是破昏為
明圖難于易乃知先後之宜輕重之分公所獨審非流
俗之所及也 明年作正役亭黃獻可為記 三十三年門堂齋舍燬
三十九年知府侯東萊案自劉志誤作劉懿後通志郡邑志皆沿其訛從碑記及傳改

知縣何源重建賈名儒為記 四十五年案郡邑志作四十年誤 廟門災
知縣范崙重建賈名儒為記 萬歷十二年知縣顧雲程重脩
并建聚奎門嘉興湯志姚宏謨為記 十九年知縣蔡肇慶重建學
宮吳志許應逵為記 二十四年知縣陳儒重脩大成殿劉志許應逵
為記 三十五年知縣顏欲章重建學宮朱國祚為記 三十八年
知縣陸獻明重脩朱國祚為記 泰昌元年知縣蔣允儀重脩
陳懿典為記 崇禎三年知縣王驥案志作張鳳翥者誤今從碑 重建學宮
嘉興湯志李日華為記 十一年明倫堂燬知縣羅炌重建并脩殿
廡儀門十三年訓導孫肇元起聯奎樓廣學前街
國朝順治十三年知縣張厥脩重脩廟廡戟門康熙六年知

縣金鏞脩明倫堂儀門十三年知縣梁沖霄脩啟聖祠
儀門二十一年知縣何鋕脩明倫堂聯奎樓四十四年
知縣陳大宏脩殿未竟五十四年徐岱成之袁志徐鳳池為記
雍正元年署知縣王以和重脩殿廡門垣自為記 乾隆八
年知縣趙頊重脩旋去知縣鮑鈐接脩殿廡崇聖祠及
門垣悉葺增置石欄自為記 十九年知府張照乘通判署
知縣胡天畀重脩明倫堂張照乘為記 三十三年知縣王士
澣重脩學宮錢陳羣為記 三十九年知縣梁森重脩明倫堂
齋舍錢汝誠為記 五十四年知縣鄧曰治教諭車向榮重建
聖殿兩廡崇聖祠忠義孝悌祠及兩署內外門垣大脩

明倫堂尊經閣奎星閣土地祠流虹亭在儀門右移詳古蹟東西齋號舍鍳泮池伊志嘉慶十五年知縣趙黻重脩大成殿崇聖祠道光三年邑紳陸應熊錢泰吉周瑞春等脩大成門東廡甬道六年邑紳沈維鐈捐築北首廟牆鮑晉捐脩大成殿並增置祭器八年教諭楊城烈訓導程夢麟暨邑紳捐脩廟牆于志咸豐十年毁于兵燹同治三年知府許瑤光率邑紳石中玉程瑞生籌欵重脩規制如初許瑤光碑記天下文教之興各直省視京師各列郡視直省之首郡各州縣又視列郡如流承源如枝承幹波相屬機相緘也顧列郡雖設郡學其秀士仍分錄於各州縣以隸之教授官其人常散然四處其教遂遠而不親賴列郡附郭州縣之學聚其士人以時彬彬於俎豆間講求經義相爲琢磨而後由近以及遠各外學乃翕然而化嘉興秀水附郭邑也然秀水分置在嘉興後故縣必首嘉興學亦必首嘉興唐開元年始置學明嘉靖中改建於興聖寺即今學也同治三年夏瑤來守郡時適匪踞郡已五年矣克復後議修各學以期復中興文教之治始治郡學次即嘉興縣學敬往履視則大成殿雖存而崇聖祠尊經閣東西齋暨奎星樓流虹亭均蕩然無有兵燹之餘籌費不易驟難并舉乃與孝廉程君瑞生石君中玉謀爲撙積計以三年秋創始不迨不較至七年夏工乃告成爲文以記之瑤惟聖人之學明倫爲大犯上作亂皆不孝不弟之所爲頃者粵匪構禍煽異說於山陬海澨亦教化不逮所致也茲　國家運會中興削平禍亂東南萬里民得復業士得雍雍濡濡垂數百年挺生一二公忠之士忘家爲國忘身爲君啟篋讀書非僅恃有武臣力也實賴　朝廷教化涵揮斥將士所至有功而後天下安而吾浙亦安則是中興之業非學無以至此非明倫亦無以致此也嘉興爲陸宣公誕育之地翊中興於唐室其言上不負吾君下不負所學蓋於盡禮致身之道得力甚深也此邦士人既密邇宣公遺澤使修身勵志明古邇今深權時變因以上窺聖賢之堂奧將處則有守孝弟詩書足以倡率

嘉興府志　卷八　學校一　三七

乎鄉里出則有爲本文章以抒爲經濟黼黻隆平不致貽黨庠術序羞是天下之福也邦家之休也亦學校昌明之象也豈不盛哉是役也董其事者知縣諸城臧均之教諭鄞縣范樾訓導錢塘汪繩武而紳士程君石君之力爲最多并誌之

崇聖祠　在大成殿後乾隆五十四年重建伊志咸豐間燬同治中重建

尊經閣　明嘉靖中遷學建于儀門左嘉興湯志

國朝乾隆十九年知縣張元文重建于明倫堂之東北隅伊志錢陳羣記曰自古學校之設首重明倫而人倫之道莫備於經春秋說辭曰六經所以明君父之尊天地之開闢皆有教也王制樂正崇術立教而日順詩書禮樂以造士此經之藏于學宮樂正掌之所自來也兩漢設學廣立經生博士而藏經之室未聞徧置于郡國唐開元以還郡縣始得通有孔子廟其後定制廟立於學凡郡縣學之堂扁曰明倫堂之左右或立社學或闢射圃而其後則峙以尊經之閣經之有閣其昉此歟我國家右文重道　御纂諸經燦如星日皇上學集大成御極以來尊崇　至聖凡所以培扶士氣敦厲化本者勞來匡直靡所勿周又復愼簡師儒廣宣德意維時膺其任者皆學有經術之大臣以故薄海內外經明行脩之士莫不爭自砥礪以萃于學乾隆庚午冬甯化雷君視學吾浙公爲人公正通經術其訓課士子亦最重經術由是浙東西士翕然皆以經訓爲圭臬嘉興吾郡首邑也而學舍之旁獨無尊經閣郡伯以下師君意者咸以爲古制不可缺及君移節江左士之思君者益亟欲見閣之成以志君之教造君復來視學則又申明職掌於布條約率各屬學宮其相勉厲吾邑教諭沈君莫尚仰遵而力行之適脩葺明倫堂既成沈君以其餘財志創建尊經閣以補前志所未備者郡伯磁州張君邑侯甯陵張君咸稱善各首捐俸所入以欽于是規明倫堂東偏隙地爲閣址而邑之樂從經訓者亦各以私繙來會不數月而工竣告成于君君乃寓書俾予爲之記予爲閣之藏經循樂之在懸也六經義蘊廣大悉備分之則如金石絲竹匏土革木之各鳴其

嘉興府志　卷八　學校一　三八

天不相襲也合之而搏拊考擊相協而自致于和是故不習其器不能審其音也不通其旨不能明其器也學官弟子際此聖學昌明之會誠能篤嗜而深契焉屏去外務檢束身心仿朱子分年讀書之法以優游饜飫于其中毋欲速以自囿毋畏難而中阻毋以小得自詡毋以小智自矜時敎正業辨之豫而行之力所以澤躬即所以善世庶不負學使者諄復期望之至意予雖老實于諸生有厚幸焉 咸豐間毀同治中重建

忠義孝弟祠 在泮池之西南隅流虹亭後

國朝雍正元年建於明倫堂西北隅乾隆五十四年公捐遷建于此咸豐間燬同治中重建 祀漢張武唐徐岱邱爲宋朱張恂陶蕤隱元潘應定戚敬孫宣俞庸明楊任殷原善章傳普岳商聞人彬周之仁徐世淯徐肇樑徐石麒李鏮新項嘉謨湯執中李士標五人遵欽定勝朝殉節諸臣錄增

國朝李應魁曹淇然吳煥沈茂功陳艮德沈俊傑范進生倪振公黃承昌鍾顯名碑刻及學冊計共三十二人伊志譚吉璁沈鼎以下俱孝子倪德臣王如皐岳鑑陳聚仁謝觀瀾岳錦文戴光擧九人從學冊增

案咸豐同治間粵匪之亂閤屬紳民士庶或殺賊捐軀或守正不屈一時殉難忠義不下數千百人肅清後省城設局采訪聞于 朝得 旨分別優郵入祀省城郡城忠義總祠詳忠義門茲難備錄各縣皆同

學田 宋咸淳五年知縣張汴撥有圍蕩田制職田鹿苑等廢寺田及士民田至四十六頃案主學張夢吉狀因縣學糧千八百石先已并郡庠故元至正間邑人王氏捨田一頃總管陳宗義增

四百三十三石並廢明嘉靖中部使者袁某始置學田三十九年知縣何源置六十五畝萬歷十八年邑紳沈文銳項穆各捨田百畝二十六年知縣鄭振先問發田千畝分三學陳懿典爲記 又朱廷益記略嘉靖間部使者袁公始置學田今猶賴之茲遇學使伍公加意樹人下檄廣置區處有微權經理有定法人方謂曠古盛舉有功於斯文甚大而吾邑鄭侯自初下車即惓惓以造士爲念會發豪民隱田一千餘畝侯慨然曰以沒官虛田成樹人實政此一時也遂移文諸當道籍爲義田分隸三庠以布大公兼條七事以重永利侯之以斯文爲己任顧不重耶 新舊共田一千二百二十二畝一分四釐八毫天啟四年知縣湯齊搜絕戶田二十四畝助學嘉興湯志 姚思仁學田記吾嘉故郡首邑二丁之祀向無專廩即學宮修葺卒因陋踵敝不能及歲月邑侯湯公臨祭追念已議增置廩餼齋祠俎豆比隆郡庠而猶謂備之不永乃搜通邑故絕圖田凡二十四畝申請助學歲入粟計二十四石其籍藏之縣其入則以供祀典之增設者至廟廡之敝漶尤時督胥史亟爲修飾棟宇且一新也

國朝嘉慶四年監生范煥捐田五畝地二畝五年候選縣丞錢世繩捐田七畝三分地一畝助學伊志 今勘實學田六百八十一畝零見該縣學各年冊報

案嘉興學田久經該縣徵解嘉慶五年舉人黃灝張廷濟褚長春等呈請歸學徵收經知縣司能任詳奉布政司劉轉詳查秀水學租係縣學與府學分收嘉善石門兩縣全歸儒學徵收海鹽平湖桐鄉三處全歸該縣徵解今據紳士請將嘉興縣徵收學租歸學仍移縣轉解核與秀水嘉善石門等縣情形相同應請俯如所詳辦理等因奉撫部院院批准遵行

敎諭署 在明倫堂後乾隆五十五年敎諭車向榮規建

伊志嘉慶二十年教諭汪日焚道光十八年教諭胡元杲先後重修于志咸豐間燬同治中重建

訓導署　在明倫堂西禮門內乾隆五十五年訓導阮培元改建嘉慶五年訓導李承烈捐俸重脩伊志十八年訓導柴崇高修葺于志咸豐間燬同治中重建

社學　明嘉靖九年知府趙瀛命縣境九坊各建一所萬歷十七年兵備道史旌賢通判劉應台勘復北板坊社學嘉興湯志馮夢禎爲記二十六年知縣鄭振先復建社學六所一在北城內預備倉一東津社約所餘分四眞常平倉內今廢嘉興何志

東湖書院　在常豐坊吳志虹涇橋西正德中建宮保尚書屠康僖

公勳即雙溪居第爲之嘉興湯志范言東湖書院記正德庚辰秋八月東湖書院成故太保屠康僖公之書院也太保別號東湖遂以名其書院云積書買田將羣族人子弟而教之規畫甫定而卒至是公子職方君以服闋入朝繼其志而成之者則職方之弟太學生應竣也今廢

陶甄書院　在學署東偏尊經閣前光緒二年知縣羅子森捐廉爲倡邑人石中玉程瑞生張鴻熙等集佽建延師課士仍寓義塾之意世家寒畯得在院肄業定額二十資其膏火典商及絲布業各按年認捐佐經費詳明立案

于氏義塾　在胥山都道光三年于珩于瑞麟于樹棠建

平林義學　在新豐市中

倘文義塾　在新豐西

里仁義塾　在新豐鎮西南以上三塾皆嘉興周士漣捐建按自序邑人湯紹岐袁在山張錦淵所捐最多汪廷珍記嘉興周生士漣愼其少以貧廢學倡爲義塾於鄉邑之間以課童蒙之力不能從師者積數十年而工成者三日平林日倘文日里仁於乎可謂勤矣古者鄉學起於家閭左右兩塾以大夫致仕有德者居之故其時人無苦於無師者至後世而人自爲學家自爲師其不能具修脯者則輟君子憫焉故義學者所以濟鄉學之窮也然非好義者不能舉好義而無力亦不能舉周生家無擔石而克舉之卒底於成此殆孔子所謂欲立立人者哉方周生之倡議也有百計阻之者卒不懈人以爲難余日乾坤闢萬物屯蒙之象也故始受學者日蒙蒙之卦上艮下坎水欲行而山止焉險象也然其辭日山下出泉君子以果行育德解之者日果行者體坎之剛中以決其行見善必遷聞義必徒不畏難而苟安也育德者體艮之靜正以養其德不爲欲速優游以倖其成也而其所以果之育之者不外蒙養之正彼夫

楊墨之行非不果也而非吾之所謂果佛老之德非不育也而非吾之所謂德故日蒙以養正聖功也周生創學之志可謂果矣至其所以育之者吾未知其何若也我　國家教隆化洽自京師達郡邑靡不立學所以造就人材者至周且備蓋涵揉海內之士以復三代之盛者百數十年於茲矣周生所建雖不過一鄉一邑然由是而推之國推之天下野處之秀皆足備卿大夫之選則道德一風俗同矣遊斯學者誅誅從業日鐫月劘毋狃於功利之溺心詞章之蠹學而慨然有志聖賢之途以仰副　天子作人之化豈不休哉余視學至浙聞而義之適周生來請記書此以應至其學之規制與其捐貲集事者之姓名則有周生之自敘詳矣茲不復述是爲記今俱廢

義塾　在冉里街嘉慶十六年邑人俞貽曾建職員倪濂募捐經管後爲潤珍集在蒯搭坊化成菴今俱廢

附梯雲集　道光十四年邑紳以積存賑餘錢文生息

佐寒士鄉試之資謂爲梯雲集咸豐末遭兵燹無存每過正科隨時籌款分給同治十年知縣臧均之撥周姓里字各莊充公田二百畝濟經費

秀水縣學　在縣治東一百五十步明宣德五年吏部郎李亭闢基七年戶部侍郎成均命同知孟廸建明倫堂及後堂明年建大成殿兩廡二齋正誼明道儒星戟門及廨柳志正統十年知府黃懋脩門廡建文昌祠號舍景泰二年知府舒敬造饍堂庖湢三年僉事陳永葺殿重建儒星門增觀德亭秀水黃志天順五年知縣莊澈易儒星門以石新兩廡明倫堂膳堂二齋建退居舍樹題名碑浙江通志莆田林文秀爲記成化二年知府楊繼宗闢明倫堂建後堂二齋吳志林茂記秀水爲郡附郭縣宣德五年割嘉興土地人民增置之明年得善地於縣治東建爲學又明年廟學之制以次粗備然營創之初徒事苟完速就而不爲久遠謀故不數年間隨整而隨壞成化紀元秋官主事陽城楊侯繼宗以碩德重望來守是郡甫及下車郎注意于興學念斯學之敝陋顧瞻明倫堂洎正誼明道二齋謂同官日是邑爲郡文獻之邦而學宮實師生講肄之所茲不惟上漏旁穿不蔽風雨抑且規模卑陋殊甚苟不更作示以宏遠之制則何以竦邦人之具瞻而興起士子向學之志哉衆聞而韙之于是鳩材庀工諏日興事恢拓故址卻後一丈增築五尺一材之弗堅一工之或劣悉屏去之先作前堂舊爲間三今闢而爲五其崇二丈四尺有奇廣殆三倍于崇深視廣三之二次作後堂其崇與深稍減于前堂而廣則與之相埒次作兩齋復築學門之基增高二尺門內列植檜樹二十四章經始于成化元年十一月二十有五日迄工於次年冬董其事者測區長沈湝也十九年知府徐霖闢學東垣建鳴陽門秀水黃志宏治十四年知縣譚溥修明倫堂殿廡齋舍劉璣爲記嘉靖五年知縣趙章重新廟學吳志陶儼爲記又翁泳爲記十四年御史張景檄知縣林應亮建啟聖祠遷敬一亭于明倫堂後增左右廳導學渠撤梵宇蔽午位者袁志吳鵬記秀水縣學肇于宣德五年迄今若干年有司因其圮而葺之庶無甚壞然學河介於民居積久壅堙未之能浚也績嚴梵宇屏障南面未能毀也今皇上敬一碑亭建諸儒星門內位置偪隘未之能遷也識者恒病焉嘉靖十四年冬十月監察御史西墅張公以巡按至祗謁先師達觀厥基攝講座進諸吏士語之日是之不治何足以始教化乎夫學也者將以溯流而求源也源泉放乎四海非以有本耶河弗疏則流塞流塞者道之滯也盍浚諸又日學也者將以崇正道而黜異端也弦歌雅頌詩書禮樂之教萃集乎其後而佛家之層宮疊宇巋然峙壓於前似與吾道角者道之蔽也盍毀諸又日學也者所以興教端化國之典章是崇是依今皇上敬一碑亭位

置弗稱且不足以達文明利出入非制也盍遷諸乃屬之知縣林君應亮亟爲之勿怠於是林君蚤夜殫力圖之鳩工庀材浚河渠之堙塞者廣袤凡若干丈撤梵宇之層架者凡若干丈遷敬一碑於明倫堂後數武屋增其舊而易其欀桷瓦甓之腐壞者中爲亭以間計者三左右各爲側廳者一飛簷隆棟髹采丹堊煥然大新其齋廡門垣道路之制於是爲稱役始是月六日越十二月以成告工取諸逸卒材取諸廢祠弗勞民弗傷財以克有丕績皆西墅規畫素定之效也二十七年知府趙瀛浚河闢廓侵地屏崇墉趙圖記四十年脩文峰塔濬泮池吳志王諷爲記萬歷十年知縣朱來遠脩建十九年知縣李培重脩明倫堂恢博士廨葺儀戟兩門啟聖宮秀水黃志馮夢禎爲記二十四年巡道湯日昭知府曹代蕭命縣丞殷嘉謨浚學河廣舊丈許秀水任志三十年知府車大任知縣陳于廷大脩學江文

明錢明選爲記天啟七年知府詹應鵬脩啟聖祠儀門齋舍濬池吳志李葵爲記崇禎七年通判署令張治統脩廟門欞星諸門明倫堂陳懿典爲記崇禎九年知縣傅汝爲脩殿廡欞星諸門文昌祠金麗兼爲記

國朝順治十四年知縣賈曾脩大成殿明倫堂康熙四年巡道上官鑑脩文昌閣改建鳴陽門于巽隅十二年知縣李見龍葺兩廡濬學河四十丈建啟聖祠觀德亭脩明倫堂改頭門儀門向巽十七年訓導袁日華葺復正誼齋袁志十九年知府袁國梓知縣于珽教諭范正輅脩整欞星儀門禮亭廡廨復甍門于右吳志范正輅記秀學創于明宣德時相

傳踞地最靈爲禾郡諸庠之冠考其遺制其脉自坤入首其水則庚兌巽丁拱於左右其流則歸於丑艮其殿則居壬向丙其門則闢於丁位法甚善也及嘉靖中又用四壬寅月日開鳴陽門於震方以合壬山丙向甲門開之局由是魁元翰苑麟麟炳炳天下慕之誠有如具區先生所云可與江南之崑山華亭閩之晉江吾浙之鄞相埒者皇清定鼎仍其舊制甲第蟬聯亦綦盛矣然捷秀庠者間有外籍諸生咸思杜之因言甍門例宜東遂改其向于巳位夫信形家之說而遷就頖宮誠爲過舉然其術往往有驗不圖改作後歷乙卯丙辰丁巳而戊午己未諸科自建學以來無若此遺佚者方思陰陽位置前人信有可法轉移偶悖休咎立符於是姚生安陸生洄呈當事懇復甍門而曹司農張司馬杜少宰咸謂舊制宜復詢謀僉同而郡侯雲間袁公邑侯三韓于公率先捐俸暨憲山左孫公成公共襄盛舉余亦勉偕同寅袁寶齋爲諸生先又得萬生人望成生璐等協輸之趣日庀徒飭材鳩工經畫規模悉遵往制自大門儀門廟門及欞星門禮亭殿廡署舍齋陛圮者莫之敝者葺之毀者新之殘缺者補之失序者正之始康熙十九年三月迄二十年七月凡一年餘工落成將安神告虞因進諸生而語之曰是役也上不耗國下不朘民循其位置復舊觀矣夫諸生皆誦法孔子者也孔子以五倫爲紀以六經爲教以仁義禮智爲心以堯舜禹湯文武之道爲道誠能敬信而不悖服習而不遷優游漸漬以幾于化庶幾才兼體用而學貫天人如棟梁之可以任重戶牖之可以納明丹雘黼黻之可以飾治使天下之慕之者謂秀邑人文究與崑山華亭鄞相埒也豈非庠序之光哉其或不思昔聖賢之所以垂教萬世者以陶淑其身心表見其功業即使宮牆制度已復舊觀甲第一如往昔終無所樹立以爲法于天下可傳於後世也不滋愧乎余之勉復甍門豈惟率由舊章且望新其風化至于形家之術雖儒者所弗重然易言俯察仰觀書言卜瀍營雒詩言相陰陽度流泉似古聖人亦嘗爲之因並存其說尤慮歲久事湮繼起者復喜紛更因次第其言於石垂戒永遠又邑人杜臻爲序三十一年九月知縣任之鼎脩明倫堂三十五年秋大風暴明倫堂圮知府黃家遴知縣陳綽倡建程隆基爲記四十一年布政趙申喬檄知縣

于勛重建明倫堂姜橚杜臻爲記五十三年知縣吳階芝建啟聖祠五十六年知府吳永芳知縣丁兆啟倡建殿廡欞星門吳志雍正四年知縣程世恂脩大成殿世恂爲記乾隆十一年邑人諸錦捐置欞星門外石欄諸錦銘并序秀水與嘉興邑夾郡學亦如之郡學與嘉縣學欞星門外皆有石欄獨缺秀水余往時及見樹以木柵今并亡矣下馬石二通夾廟壖東西列今并仆其一於是列隧徵債秘戲奇技亦莫不麕至蕘集路而東西者便旋溲溺如雞狗羊豕馬牛不啻詰之則無欄楯故民是以褻余駭焉乃取鴛湖書院授粲米六十石爲料匠之費鬩以石欄自丙寅閏三月四日至四月八日匝月而竣其隄岸及宮牆之類猶有待爲之銘昔之儒官冠紳其師今也過之百戲市司昔之儒官禮樂書詩今也不然姑旋慧私亦庇私館丹漆陶瓦而獨廟門蹴踏牛馬已乎殆哉孰飾孰欺孰背孰馳龔石是闌欄成寢安以勸德施以風有位二十三年知府曾日理知縣楊

國華倡脩學宮殿廡堂宇門欄屏牆并濬學渠諸錦記至
聖先師孔子自中國以訖蠻貊爲生人秉彝之性命與
天地古今不敝故文廟之建自京師太學省郡州縣
無敢不肅我朝于先賢先儒尤加意倍至聖
祖仁皇帝祔朱子于十哲世宗憲皇帝復祀六
人增祀二十人啟賢一人今天子臨御升有子
於堂餘增于廡分別前明改罷者復位式序更昭穆者
凡三次郡縣悉依頒行闕里之志匪咸秩無文己也而
秀水文廟南岸以寺基拓界爲宮牆屏數十年來
皆廢隧學之者宿揖予而言曰門間列肆習爲故常而
兩廡神牌顚倒舛錯褻其悖慢極矣錦以省墓在籍告
之邑侯府道諸公而崇義踴躍書簿者十日內得若干
金殿臺髹黝瓴甋一新賢儒栗主脩廣厚薄謹書如法
舊位斂以板格香廚戟門顏以左所盟尊右所省牲頌
日自堂徂基自羊徂牛鼐鼎及鼒禮也若欄若堧若街
築石完固重門西向形家以右出爲善也岸闊東西凡
二十餘丈影壁過之槐榎樟枌景行大道挺挺如也因
復之楊侯曰敝邑稱文人之藪前明馮祭酒夢禎比之
江左之華亭閩之晉江浙之鄞今是役也不爲苟且而

爲遠大之謀不爲緣飾而爲淪浹之計過者仰止後來
者感發豈獨科名之盛將儒宗名臣循吏文苑相望不
絕焉甚盛事也經始于乾隆戊寅二月告竣于己卯八
月監生陶讓德悉心經理又以堂後周垣爲己任大夫
曾公亦以其能也并濬河之役
託焉庶幾有始終者是爲記三十五年知府陳夢說
知縣張圖南勘明學基飭定精嚴寺殿毋逾舊制丈尺
朱坤記秀邑學宮基地卑下自基至脊凡三丈五尺五
寸精嚴寺峙於前高出其上前明御史張景巡視至學
見其鴟吻陵駕謂與吾道相角令有司撤去今石刻可
考也歲庚寅寺僧重建意將改舊觀同學諸君請禁之
坤曰今主郡縣者凡所蒞止靡不以維持世教爲己任
諸君何過慮爲既而郡縣聞焉曉以功令限之規制僧
惴惴自白不敢過高狀於是限以舊址爲基自基至頂
無踰三丈二尺五寸頂不起脊一仍舊式并禁其剏造
後
殿五十四年脩明倫堂嘉慶三年知府伊湯安率知縣
何際昌大脩學宮伊湯安記學校爲三代聖王治民之具厚人倫廣教化美風俗興賢才胥

於是乎在後世率循莫敢或廢我朝列聖相
承作君作師尤以學校爲首務余自括蒼移守嘉禾下
車之日仰承聖天子興學重道之意廣勵學官
整脩文廟時嘉興學繕葺方竣秀學傾圮已逾十
載垣頹木蠹瞻顧悚惕亟謀聿新會邑人陶世仁張純
熙楊志麟鼓舞倡率輸貲佐費共襄厥事大成殿陶氏
獨任之戟門兩廡張氏楊氏分任之鳩工飭材踴躍恐
後易朽腐正傾欹加瓦甓以厚庇覆一施髹漆以煥丹雘
築萬年之臺石脩隔水之宮牆栗主一新規制加宏焉
學始建于明宣德五年屢脩屢圮國朝以來遞有增
建乾隆二十四年知府曾日理知縣楊國華重加脩葺
邑人陶讓德董其役詎今四十餘年讓德子若孫復襄
盛舉陶氏可謂世濟其美矣經始于嘉慶三年三月迄
工於十二月凡木石陶旊釘鉸丹漆匠役之費計若干
落成之日邑紳士來乞余記洪惟皇圖式廓聲教
所訖無間遐邇凡隸學宮者涵濡沐浴旁皇周浹閱百
五十餘載秀水人文甲他邑名臣輩出科第踵接其所
以冀仰答者宜何如夫三代之學皆以明人倫爲本人
倫厚斯教化廣而後風俗美賢才與多士仰瞻廟堂
誠能齊一心志勉勵學問踐其實不徒騖其名苟有得

於己而爲閭里之型爲邦家之望於焉發之乎盛德大
業以懋佐朝廷之盛治是余之所厚望也夫既以
是告卽書以爲記
以上伊志十四年邑人陶世仁晉揚晉應重脩
學宮甬道並門內石路禮門義路道光九年邑人葉臣
佐陳宗柏等捐脩櫺星門十三年陳宗柏捐置祭器樂
器十八年陳宗柏等捐脩明倫堂志于咸豐十年燬于兵
燹同治五年知縣翁以巽會同邑紳請款並勸捐重建
知府許瑤光記皇上登極之三年東南大定遣官祭告
闕里飭天下脩學校以光中興文明之治瑤是年守嘉
興謀脩各學而秀水學被燬最甚乃請帑錢萬千更勸
捐助以五年興工七年告成爲文以記之瑤思尊崇聖
道惟本朝超越於前古攷崇德元年致祭孔廟五年
定丁祭儀洎燕京定鼎順治改元行經筵禮章廟親
祭孔子於宏德殿益脩舞籩豆之數復大成殿之名九
年幸學行六叩首禮此龍興盛軌也康熙初造藩亂始

平時猶岌岌多事然二十二年舉幸魯盛典釋奠特九拜幸孔林亦三拜斷酒留曲柄黃蓋作供奉物撫摩古檜欽仰製賦　御書懸額頒布天下後遂遵爲憲章屢朝有額矣二十五年設位於傳心殿四十九年　諭武臣入廟一體行禮懿懿郁郁猗歟盛哉逮　憲皇帝即位增祀五代改公爲王改幸學爲詣學二年闕里灾素服徹樂詣國子監行禮發帑銀十五萬遣侍郎官詣魯督修殿瓦改用黃兩廡用綠三年　諭聖諱加阝旁讀作期音郡縣學改用太牢四年釋奠於學進爵進帛皆跪羣臣以爲非舊儀　諭以立獻不安永著爲禮五年　諭每歲聖誕官民致齋一日不理刑名凡際丁祭疆臣學臣親詣行禮毋得先行祭丙七年闕里工將竣飭內務府往裝聖像用元衣纁裳頒發鎮圭推從周之意也是年卿雲見於曲阜　御製碑云錫祜者天承庥者聖不其然已而頒法琅銅鼎及祭器於尚方計此十餘年中無日不以寤寐羹牆景行先師爲念而親詣闕里之典則又莫盛於乾隆之朝考古幸魯之事惟漢四見唐再見元魏後周及宋僅一見元明絕無可紀者欽惟　純廟三詣闕里其及大成門也皆步入其釋奠也皆於前一日行香其修廟也殿門額皆　御書聖時宏道門皆口授詩禮堂金絲堂各蹟皆有贊杏壇楷木洄橋洙河各勝皆有詩仍留黃蓋更汲古井誠哉明德馨香　化成天下矣自時厥後凡國家有大典大慶必遣官或　命皇子祭告繼繼繩繩至於今日巍然成中興之景運此豈僅揚詡張皇其外飾已哉蓋　聖與聖契重熙累洽之治皆原本於六經也恭讀康熙　御製贊文非師夫子惟師於道統天御世惟道爲實雍正　御製論語論云綱維既立而人無踰閑蕩檢之事在君上尤受其益乾隆　御製碑文見聖匪艱由聖則難弗克由聖孰圖治安此以知　聖謨洋洋垂型於億萬年矣瑤躬際休明得備員西浙時與諸弟子講肄詩書若　朝章鉅要數典而忘何以副平昔文章報國之志故詳述之以揄揚鴻烈且顧此邦人士能知德化之由而相率以自祓濯耳是爲記是役也督其成者知縣上元翁以巽太和張致高濰縣郭恩觀學官諸暨蔡欽堯仁和湯炳奎紳士則舉人陳介儀蔣珍張濤安陳善揚拔貢沈景脩同知倪熹生員唐敦墀高寶銓諸人之力居多

崇聖祠　舊在明倫堂左偏嘉慶三年邑人陳振聲延聲捐貲重建於明倫堂後並搆敬一亭伊志咸豐末燬同治中重建

尊經閣　在學之巽隅明萬歷二十三年守道張某巡道湯日昭知府曹代蕭知縣李培建秀水黃志

國朝康熙四年巡道上官鑑捐俸重建袁志久廢

忠義孝悌祠　在明倫堂西

國朝雍正五年建乾隆元年邑人鄒天嘉重脩鄒天嘉爲記十一年又脩之勒祠祀姓氏于石二十九年知縣韓本晉訓導陸勤棻率祠裔脩葺伊志道光五年祠裔項琳婁志書陳宗柏岳鴻逵何濤捐資重建潘國徵撰碑記以上于志祀明姚瑄金絅

呂原俞山項忠金鼎屠勳徐瓚陳四四沈璧周恂懋陳昺鍾璧劉鏜吳槐賓卿高尚志曾丙曾雨鄒國儒沈東姚世華沈本積周允文沈思孝朱儒項元淳陶廷錦朱國祚曹大田岳元聲徐必達陳懿典夏雷項德純卜宗洛賀燦然竇文照項穆徐石麒高穎琦沈文銳竇國元葛學孔沈元昌邵宗舜陳愫徐世濬宋承武姚堯允葉森張次柳殳邦清徐郴卜年劉謙齋吳兆華姚勉項嘉謨夏祖訓張龍德三人遵欽定勝朝殉節諸臣錄增

國朝吳天俊朱彝敘董士昌沈蕙纕屠英陳王愉鄒模卜玠宣戴樹屏朱元盛支燧葛天麟曹德望沈曠張作霖沈

選文金士龍陶德信王生槐張瀾鄒世麒何漢偉陶宗恒屠世芳俞文彬伊志從碑刻學冊序次合八十六人陳元朗于志增嚴大升顧沈連程元英程煥姜承烈王鳳鳴周師洛陳功安王恩壽以上俱孝子從學冊增　咸豐末祠燬未建

射圃　在學宮之南景泰五年知縣童暉立柳志

國朝康熙十二年知縣李見龍重立伊志

學田　鹽院淩某置義田九十九畝三分九釐萬歷中三次問發入官田九十四畝十八年沈文銳助田一百畝共田二百九十三畝三分九釐秀水黃志二十六年學道伍袁萃飭屬廣贍士田知縣李培勸輸及籍隱田四百畝

黃洪憲記甯方伍公奉璽書視吾浙學政德教翔洽多士斌斌雅化復推廣勵指飭所部諸庠增置義田以贍士之貧有行者其言曰禮義生于衣食足教化行于生養遂蓋古者既富方穀之意而又慮法有起奸利或召蠹乃一再移檄防其弊實于是戒乾役懲胥濫清隱佔嚴催併廣增置之條定均輸之令條分縷析期行之永久無廢墜焉而余邑李侯雅意作人奉行德惠不三月而報命先是巡鹺淩直指覆官鏹之奇羨者若干緡置田九十畝有奇嗣後民之以事當沒產者封君富人之好行其德者以次輸入至三百九十畝贏屬又以奸豪隱田籍其家得四百畝總之視大縣八百例實首中程云而又恐其歲久易湮也因奉公指屬文爲記余惟古者虞庠夏序殷學周膠其藏粢米廩之制袒割執酳之儀特爲養老而設未聞養士士亦無不養者蓋古者無不授田之民而家塾黨序羣弟子而訓誨之故有養士之實無養士之名厥後井地法湮民鮮恒產而士常食貧雖以洙泗之間閭閻而或簞瓢環堵或纓絕肘見以至學祿干祿賢者猶然不免矧後世乎國家功令邑之廩學宮者二十人而增附弟子員無慮二什倍以上雖盡復其身而勢不能槩餼之廩彼其屈首受書恒鮮生計貎表斂而囊簡寒則有纊不完者則有粢糲不充者則有三釜無措而二簋無資者是非大賢鮮不易慮强者恣睢弱者甘昧雖踰繩檢弗恤豈自背於名教哉饑寒迫其躬而隕穫亂其志也乃今廣置學田視常廩不啻十倍凡俯仰服食之需冠婚喪祭之費靡不充牣一而又履畝有籍徵輸有程出入有經有會規畫周悉蓋一舉而五利焉籍沒官之產爲養士之資不加賦而用饒利一青青子衿思樂泮水勿以困窮而踰繩檢利二生養遂而術業工經明行脩人文愈鬯利三釐奸剔蠹侵漁者無所容而士得蒙實惠利四久之而積貯日贏增置日廣一切歲季試賞齋膳諸費皆可倚辦其中而不煩里旅利五易日利者義之和也利者可久義者可大可久則不廢可大則不私置田之所由名歟雖然此上之養士非士之所以自養也士何必恒產乃有恒心哉是故有穀田有心田穀田之植以人心田之植以己彼治田者耕而鹵莽之則鹵莽報芸而滅裂之則滅裂報夫治心亦猶是也誠知仁聚義種學耨禮耕脩孝友睦婣之實勵忠信廉恥之節毋滋甫田之驕莠毋爲伐檀之素飧使異日者出能經世居足善俗庶幾哉無負學使者置田之意而於國家建學育才之道不重有賴乎

又嘉興知縣鄭振先問發隱田千餘畝分三學案劉志金圻隱田一千三百五十五畝張似良碑記日府學得五頃見前學田共一千一十八畝一釐二毫該租米一千二石六斗四升七合劉袁吳伊志同今勘實學田八百九十一畝零見該縣學各年冊報

教諭署　在鳴陽門內禮門左廨前有泮池吳志乾隆三十三年教諭酈祖綬重脩五十年教諭王日桂重脩伊志嘉慶二十四年教諭丁元宋脩葺于志咸豐末燬同治中重建

訓導署　舊基在學久廢雍正十一年公置學廨在師孃橋側嘉慶三年訓導胡舉捐俸重脩伊志道光四年訓導

潘國尊十三年訓導陳掄英先後重脩于志咸豐末燬同治中重建

社學　舊三處嘉靖中郡守趙瀛增建爲七趙圖記府東鳳池靈光碧漪鍾秀報忠五龍七坊又在北營一在四鎮常平倉側四袁志今廢

江南書院　在城南隅嘉興湯志明金幼孜陸宣公祠堂記洪武初郡守劉澤民重建於城內實元江南書院之故址柳志今廢

景賢書院　在陸宣公祠左詳府學校　案祠遷于城中凡三易地嘉靖中始置書院今廢

文湖書院　在闔家湖嘉靖中參議沈謐構吳志謐建文湖書院祀王陽明集四方學者講肄不倦務在興起後學求合于道士皆賴焉沈氏文獻略知縣林應亮爲記今廢

肅成書院　在太僕卿

賜諡烈愍徐世淳旌忠祠右徐氏祠墓志爲徐氏族子講習之所陸堂文集序今廢

翔雲書院　在濮鎮翔雲坊同治十一年邑人內閣中書沈梓等集資創建知府許瑤光詳撥官房十四所歸書院爲課士費本鎮絲業復每年捐釐以增益之許瑤光爲記出嘉興通越門舟西南行三十六里爲濮院鎮南隸桐鄉北隸秀水宋時乃永樂市多業機織南渡時河南濮鳳居此理宗賜第日濮院因是得名翔雲石者院中舊物也石今失去地舊有翔雲義塾亦久廢不舉同治九年冬內閣中書沈君梓糾約紳耆捌建書院仍榜翔雲經度[illegible]始支絀頗甚瑤乃陸續查出充公房產繼之又請撥本鎮絲捐以濟用經費既裕膏火有資發篋陳書斷斷如也考濮院往昔衣冠最盛自　國朝順治十五年顧高嘉得詞林外甲榜六十人至乾隆二十八年濮啟元而止乙榜五十人至道光十九年曹定蓀而止近則文教頗衰聞無仕進故諸紳耆謀所以振之且請今光緒丙子　恩榜朱君善祥以鎮人得登翰苑爲建立書院之效欣然生喜屬瑤爲文記之瑤夙昔之見以爲書院造士使之攻詩書說禮樂漸引於聖賢大道之域非止爲文藝科名發也繼而思之聖門誘人自博文始　朝廷獎士自設科始舍文藝[illegible]空言義理何以爲稽求舍科第而別開延訪薦辟之路恐後世詐僞日多必轉長純盜虛聲之弊今夫童子勝衣就傅父兄擇吉期送之入塾無不以學古入官般般相誡勉久之沉酣典籍或能默悟本原矣若復博一矜擢一第自顧不與庸流伍則又矜矜自愛欲求所以荷往哲之任肩作當代之模楷是由淺入深由外返內胥恃此也孔子云三年學不至於穀又曰學也祿在其中孟子云修其天爵而人爵從之非輕爵也急先務也如輕爵也則天爵天理也不應尊之曰爵矣自藉文藝以博科名得科名而汩沒其天性於是老成人乃薄文藝爲糟粕鄙科名爲敝屣變本者日多而憤激之談乃出於文藝科名又何尤焉然則磨厲人才而振拔學術吾於是固有厚望也襄其事者董耀昌夏濤秦仲濂仲浚朱成勳沈桐沈福榮岳昭塏岳樹音岳廷振鄒錫祚是爲記

陳氏義塾　在報忠坊嘉慶七年陳振聲延聲建今廢

雁湖書塾　在王江涇里人計楠等捐建邑令呂延慶頒給聯額今廢

附登雲集　道光四年署秀邑訓導陳遇春首捐紳士陳宗柏吳傳等繼之陳光鑑等復請以積存賑餘錢文生息佐鄉會試朝考路費兵後無存今遇鄉試正科隨時籌欵分給

嘉興府志卷九

嘉興府知府善化許瑤光重輯

學校二 書院義學附

嘉善縣學 在縣治西明宣德五年建 大清一統志 大理卿胡槩定基 嘉熙倪志 前臨華亭埭七年知縣鄭時建明倫堂 嘉善章志 八年知府齊政建文廟 黃澤記大理卿胡公既請設縣乃以學校最亟因營學宮於邑治之西甫定厥基會有詔召公還越二年壬子姑孰王益來典教事謀諸邑之令佐始搆明倫堂而禮殿齋廡猶缺又明年莆田林勤分教來茲四顧榛莽獨一堂巋然特立規制闕如自知府齊政召邑之鉅姓陸坦者諭之坦慨然捐金以兩計者三百有奇爰市材鳩工虔卜穀旦而禮殿是營其崇四十六尺修如崇而殺其八廣如崇而加其七經始於是年九月越明年孟夏落成焉既而同知劉縉至曰輪奐美矣規制宏矣而不嚴其像猶爲闕典坦復承命貲工肖像廟貌嚴肅儀制聿新他如門廡齋廬庖庫湢亦以次繕葺 正統六年知縣李遜建後堂 題曰羣英會膳 餘稍闢廣 柳志 天順中知縣盧雲建櫺星門甃泮池爲橋 吳志 成化四年盧雲復易櫺星門以石柱立儒林坊于左八年知府楊繼宗同知楊冠知縣畢紳重建明倫堂燕堂二齋 日新時習 及聖庫神祠號舍邑民曹瓊等助之 嘉善章志 十九年知縣汪貴易陛石新門廡廚庫饌堂號舍 劉志 宏治九年知縣吳傑訓導王緒新儀戟門設廚庫省牲房增謁聖獻亭兩齋甃石欄于湖滸 嘉善章志 又建聚樂堂 王緒爲記 十年參議車明理十一年知縣劉子厲丞潘瑜先後增號舍神廚牲房 程楷爲記 正德四年縣丞朱袞復侵地廡各爲龕七年知縣王德明築垣壘土爲獻山 嘉善章志 十六年知縣郭田丞王紀增葺 趙圖記 嘉靖四年知縣李調元築塘南屏垣三十丈十二年知縣徐榮建敬一亭左右亭各一 曰靜壽動樂 啟聖祠立亭獻山曰仰高甃池曰龍津二十八年知縣于業葺明倫堂燕堂三十五年知縣王察言重脩萬歷三年知縣李仕華九年知縣金和相繼脩之十九年知縣章士雅大脩 嘉善章志袁黃爲記 四十四年知縣徐儀世重脩崇禎二年知縣蔡鵬霄復脩 吳志

國朝康熙十一年知縣莫大勳重脩廟學建謁聖雲衢兩門葺祠庫正直堂甃泮池 袁志 莫大勳記魏塘忠孝節義甲于嘉禾禮樂科名聲高東國自昔攸聞爲非教育涵養者深與雖然樹德務茲敦大成譬良田不播或生稊稗此則操耒耜者事也歐陽子曰學校王政之本也古者致治之盛衰視其學之興廢盍深識致治之源而爲衆化所由出也今 天子思廣至治臨雍釋菜屢 勑有司脩建學宮肅清士習豈非所見大且遠與武水自前朝宣德四年己酉由嘉禾分邑始建學宮其時草創樸略嗣後脩葺數四英人傑出代不乏人神宗末載余判漢徐先生儀世涖茲邑實新其堂而殿廡之制備崇禎時寢頹圯晉江蔡侯鵬霄復脩之自此以還日復傾削己酉春余承乏是土覽其荒廢不勝惋然藉衆力相率輸將不數月而樂觀厥成輪奐斯崇丹雘交映是皆聖教之大 國祚之祐歟落成之日衆請壽之碑記余不敏敢以修葺之意爲長若幼陳之夫學宮之設以明倫也宏壯其規以昭德也登其堂瞻其貌則欣感生焉返而內顧則媿慕形焉教之義也外以脩聖人之宮內以脩聖人之德不亦可乎此建學意也先儒有云亦有斧藻其德如斧藻其節者歟則脩之謂也且爾鶴湖前哲既已彬彬脩其

遺言景其風烈不猶鐵基在前堂構在後乎繼斯擴而充之則視乎賢者之力也 又劉元瑷張邦豫爲記

十八年教諭邵廷章訓導鄭觀光脩學門二十年易欞星門石櫟二十一年脩屏牆立下馬碑二十二年脩石岸三十四年知縣徐現麟脩殿堂啟聖祠及各祠齋舍鄭開極閔元賞等爲記 五十三年知縣梁文燨重脩殿廡五十八年知縣孫錦脩啟聖祠明倫堂兩齋易磚牆一百十丈雍正八年知縣郜煜脩塘南牆岸嘉善柯志 十二年知縣羅緒重脩建奎星閣蔣振鷺爲記 乾隆八年知縣陳以剛脩葺二十六年知縣梁徽倡脩二十七年教諭郭瑞齡重建仰高亭三十五年知縣董鈞教諭諸克任重脩嘉慶三

年知縣萬相賓重脩廟學增建德侔天地道冠古今二坊于欞星門外遷名宦鄉賢祠于奎星閣後更泮池環橋建肄雅養正二齋東西與日新時習齋比 易崇聖庫爲禮樂祭器庫伊志 道光十五年知縣李東育率紳士黃安濤周以炘等重脩廟學並脩土地祠仰高亭及四面圍牆明倫堂下甃以方石欞星門外增石版石欄于志 咸豐間毀于兵燹同治二年知縣傅斯懌訓導章朱紱督飭武舉錢錫圻稟生孫葆瀓等籌欵重脩大成殿欞星門明倫堂並建復兩廡大成門及周圍牆垣悉如舊制十一年教諭汪繩武訓導張鼎元捐置祭器

崇聖祠 在殿後西北隅本明嘉靖間啟聖舊祠

國朝雍正二年增葺嘉慶三年知縣萬相賓勸捐重脩伊志

名宦祠 在文昌閣之北舊建于學明正德十二年縣丞倪璣移置思賢書院趙圖記 嘉靖十五年知縣徐榮遷建文廟戟門左嘉善于志

國朝光緒三年教諭汪繩武重脩 祀宋洪皓黃灝明胡槩鄭時楊繼宗汪貴聶如斌楊懋李錫倪璣陳道基周宗許鎡金和章士雅謝應祥康元穗何士晉李陳玉

國朝莫大勳盧崇興又通祀總督朱昌祚以下十一人詳府名宦○伊志按嘉善舊志名宦祠二十五人萬志增六人考浙省通祀者凡十一人是應增者不止此數也大抵舛錯遺漏各縣皆然特爲釐正如右

梁巖于志增 惲敷新增

鄉賢祠 舊建于廟戟門右今在名宦祠西北嘉善楊志 光緒三年教諭汪繩武重修 祀唐陸贄陸扆嘉善志增 宋陳舜俞聞人宏蔞機明楊任孫詢項忠施奇任泰劉侃於珇錢春陸坍沈槩沈爚孫朝宗孫朝𠃍顧熊丁寅丁賓支大綸葉繼美袁黃夏九鼎李奇珍莊則孝孫光祖計元勳蔣英魏大中魏學洢魏學洙郁本宗王周官徐聞韶李奇玉曹穗曹勳陳龍正夏允彝柯元芳朱廷旦郁調元徐爾穀錢栻丁鑛陸維祺陸敷樹

國朝孫在鎬柯聳孫籀曹爾坊沈應震魏學渠陳華育沈志

高巽在升金皋謝沈辰垣孫棨陳霆萬戈（以下嘉善志增）孫衍

張王典（伊志云案吳志載五十八人今從縣志增舊志增四人新增二人合六十四人）許椿（于志增）

忠義孝弟祠　在明倫堂西北隅崇聖祠左稍後

國朝雍正四年知縣張鏞建十年知縣楊繩祖脩（嘉善戈志）光緒

三年教諭汪繩武重修　祀明支茂凌孝子孫顯陸琦

支立周玭章普音顧昌孫忠鄒昊江吉高泰陳謨孫奎

沈稱蔣裔孫峯徐鴻倪津孫嵐錢繼科丁鉉蔣茂陸靈

海毛尚質孫朝寵錢繼振吳德賢趙秉智朱國望柯茂

林顧朝樞孫紹祖丁洪夏夏繕錢栻魏學濂魏學洙孫

應文毛士龍張念省沈大政孫纘祖支允堅蔣藹葉承

芳孫枝艮郁性善孫世蕙沈泓周謨錢湆陸應賢徐爾

穀孫世選沈春山李標葉守德金文遠孫鏌王任相郁

期毛尚忠孫麒孫叔呂毛士麟湯芬（遵欽定勝朝殉節諸臣錄增）

國朝沈受祺錢楞錢棐蔣玉立陳五達魏文焜王璋張邦豫

朱紫蔣春程光祖丁策孫藻張元默蔣鳴西葉汝誂戴

大用張履綏汪士俊錢遴孫廷鑾孟春和張騫龔廷鈞

張鴻隱錢永善吳熏徐善建夏慥汪文源錢永懋孫肇

薰丁穎銓劉孝夏照程文劉苹葉世榮吳廷憲夏默毛

正學陸淮葛道明葉廷棫李濤曹錀高標孫彧張元杰

陸樹本程高澤朱績何業成李大憲孫之湛戴家理蔡

浩陸自誠錢掞沈廷楨夏惠疇鍾之榛錢士壯劉藻劉

傅彪曹春陳仁顧以棻孫復煇沈馨傳（以下萬志增）孫玠陸

坦王尚賓（伊志案知縣張鏞查報允祀者明六十二人國朝三十二人刊褒祀編知縣李天桂報允祀者明四人國朝三十八人刊懿行編又增明一人萬志增三人合一百四十八人伊志）

射圃　明正德間知縣郭田立在燕堂北有觀德亭（呂屏為記）

嘉靖間知縣徐榮移于啟聖祠前建正直堂（明浙江通志）

學田（明嘉靖間知縣于業陳道基邑人盛唐王尚賓隆慶中教諭倪以和訓導黃利見高善邑人馬中驊萬歷間邑人倪應選陳應禎黃炤項德純李宗陳先後捐置）共四百二十四畝八分有

奇計租三百五十九石二斗有奇（嘉善章志）天啟二年丁賓

捐腴田百畝（袁志　朱國楨爲記）又玎司空姪九玉亦捐田五十

餘畝入義學案楊廉縣志云義田共六百三十畝四分

五釐零（加虧一十九畝四分二釐零）實辦糧田六百四十九畝八分

六釐（此吳志依額載）案戈鳴岐縣志云丈實田六百二十七畝

五分零義學田五十四畝六分四釐零鄉賢田五畝五

分（共丈實田六百八十七畝六分四釐零內積荒五畝八毫）計加虧辦糧田七百二

十畝四分二釐三毫萬相賓縣志又有亞聖祠田十八

畝亦歸併于學外官房（二十六楹）歲納租銀二十兩六錢地

一畝二釐折租銀二兩六錢四分自明嘉靖沿今歷載

縣志（伊志）今勘實學田六百二十七畝零（並無加虧辦糧名目）亞聖

祠田二十二畝零官地民租造房三十二間（見該縣學冊報）

食德義田 道光三十年教諭張錫庚捐俸置田七十一畝七分五釐收租爲季考諸生膏火之資名曰食德祠産同治二年訓導章朱紱復勸捐增其數共田一百四十二畝一分五釐

教諭署 在碑亭左康熙三十四年移建五十九年知縣趙永參教諭沈雲鴻重建嘉善戈志案章士雅志舊在明倫堂左儀門外有池爲文水注入教諭徐牧所濬今湮伊志嘉慶二十三年教諭張鋐修葺于志咸豐間毁同治四年署教諭周和請款重修九年教諭汪繩武修葺書室五楹

訓導署 在甬道左偏司教署南康熙三十六年知縣徐現麟建伊志道光三年訓導沈金淮重修于志咸豐間毁同治四年訓導章朱紱請款重修

社學 在布政分司後嘉靖元年知縣郭田建十三年知縣徐榮設十所嘉善于志先是正德十二年縣丞倪璣建平川風涇二社學趙圖記萬歷二十四年知縣章士雅創四鄉常平倉各設社學嘉善章志又北城劉公臺旁爲社學今並廢吳志

思賢書院 在縣治東正德十二年縣丞倪璣建浙江通志其游息之所曰學禮亭養蒙館清風樓趙圖記都穆爲記志學堂卓然亭漱芳亭愛山圖北截魏塘河甃池架梁列石植

樹亦邑中勝槩又有名宦鄉賢兩祠嘉靖間遷入學改五賢祠嘉善章志劉瑞爲記崇禎中邑人陳龍正新之吳志後爲同善館失講學初制矣嘉善楊志

國朝康熙四十三年知縣于舜枚修設義學五十七年知縣孫錦修改經正堂爲義學吳志雍正四年知縣張鏞增建節孝祠八年知縣鄧爕重修今廢嘉善戈志

鶴湖書院 在北門外明崇禎十年知縣李陳玉建浙江通志中有觀易堂德行教事堂五雲閣鳴鶴樓明德齋親民堂水鏡樓大學樓聯奎樓至善菴又有掌圃射圃後爲謙湖魏塘紀勝嘉善楊志參今廢

魏塘書院 舊在城內東南隅大安坊乾隆二年知縣張聖訓捐貲購程氏別業置中爲城南講堂南爲軒曰敬業樂羣東爲萃古樓當牖有紫雲一峰屹立亦稱紫雲樓下爲他山書屋前後爲生白室洗心亭西闢齋曰虚受面池有閣曰衡殷朔望集諸生講學延山長課士于此張聖訓爲記嗣張公被論去士思其德建祠祀焉後圖爲明李奇玉講易處亭曰黙易八年知縣陳以剛重構題曰梅花亭邑人捐置田一百九十畝有奇詳見備稽録二十六年知縣梁徽重修二十九年知縣劉臻再修邑人復捐銀生息助費司事九姓世繼弗替伊志嘉慶十三年知

縣張青選重脩道光三年知縣張邦棟倡捐大脩邑人
黃安壽黃若濟經理其事道光十一年署知縣張如梧
捐置桌椅周備十九年知縣賴晉重脩于志咸豐十年燬
于兵燹同治二年知縣傅斯懌改建于北亭坊額曰北
亭講舍中有堂有廳前後有樓爲屋三十二楹清理舊
時田產爲延師課士費斯懌及董事復勸捐增置現有
田六百三十九畝五分五釐詳徵信錄邑人屠以銓許元燕
孫葆澂魏鈞分年經理

陶氏義塾 在陶莊吳志 案魏塘紀勝宋紹興中陶文幹遷此族姓最盛莫考創自何人今
廢

吳氏義塾 在魏塘鎮嘉善章志 案續文獻通考元吳森嘗捐田四頃建以訓鄉人至大
間廉訪使以名聞表其門曰義士嘉興湯志大德七年管軍千戶吳森闢書塾聚教由是人皆知學今廢

戴氏義塾 在郡城東北浙江通志 案嘉興湯志至正六年白牛鎮民戴光遠建延慈
溪黃伯成主教事捨贍田五百畝黃溍記處士戴某規
創義塾其子光遠因其經畫度地于鎮東若干步廣袤
可二十畝先聖先師之殿峙其中講堂踞其後齋廬翼
其傍邃廡穹門下至庖湢庫庾直舍之屬爲屋總四十
有五間圖史之藏什器之須纖悉畢備乃延儒師招來
學用仲丁行釋菜禮退即講席俾序進而請業焉四齋
職教者各一人生員恒百五十人
割上腴之田五百畝以贍之今廢

陸氏義塾 在汾湖陸宣德中陸坦建趙圖記曾鶴齡記陸氏家故饒至
孟琛益尚儒雅嘗曰使一鄉之人皆知學則風俗自變
風俗自變禮義自生又曰好學者人情皆然也顧其力
弱無所從遊而怠廢耳使有遊學之地不翕然相從如
歸耶于是命其子搆屋十數楹爲塾聘有文學德義者

爲師告于其里開後進小子願學者率詣焉懼其無所
歸仰也創夫子廟于塾前俾朔望相率謁拜又懼其乏
資給也割常稔之田若干畝歲收
其租以供常膳束脩之費今廢

程氏義塾義莊 在城內環整坊道光九年職員程學洙
建捐田一千五百餘畝佽經費併以贍族詳院具題奉
旨優敘
沈維鐈序 國家彰善旌淑凡匹夫行義於家能置田
千畝以上施貧活族例得奏聞褒錫所以使民
篤本支敦親睦也夫敬宗收族自古爲昭其有敦一本
之義賙恤加隆使親疎遠近各得其所非以仁心行仁
術者不能故慷慨好施之士力行不倦下足爲鄉黨矜
式而上以稱 朝廷獎勸之至意固有風教之責者
所樂得而稱道之也嘉善程君素葊奉其先人遺訓置
田一千五百畝立義莊設家塾凡用銀六萬二千九百
有奇規模條畫纖悉俱備大吏爲請于 朝奉
旨賞加道銜而義田得以永其世守甚盛舉也事既
成程君乞予爲記予乃爲之言曰自范文正公創立義
田遂爲千古贍族之良法然我觀元明以來踵而行之

往往不能如范氏之久遠豈非德薄流淺而經畫之未
盡其宜歟攷公之初立義田也族止九十餘人得以人
人遍給厥後族姓繁衍於是司事者爲之限制而寓勸
懲之道焉蓋仁至而以義裁之此范氏之田所以至今
勿替歟今程氏義莊規條大約依倣范氏又捐腴產若
干畝別設義學以造就通邑人材凡貧不能具脩脯者
延明師友教導之是又足以廣學宮之教而崇養正之
術矣易曰積善之家必有餘慶歐陽子曰爲善無不報
今程君之贍恤族人也如彼引掖小子也如此吾知奕
葉子孫其力學慎修後先繼起當必有以植行慰程君
之望者正不獨高第華門侈一時鄉族之盛也至義
田立法之善且久則已詳列規條中余故不具著云

新義塾 一在訓導署前同治中建每年知縣學官分助
銀米爲塾師脩脯 一在縣治東同治二年知縣傅斯
懌飭董脩建塾中設四齋分課生徒邑人陸續捐置田
一千四百十五畝有奇地三畝有奇

附登瀛集　邑人公捐田四百畝零爲寒士鄉試路費以三年之租餘作一科之分饋再有不敷隨時集佽以益之詳徵信錄

海鹽縣學　在縣治西南元元貞中改建大清一統志　初唐有夫子廟在縣東南吳越時廢海鹽圖經原注見宋碑今無考　舊廟在縣東二百步宋太平興國中主簿攝縣事石知一建案宋志舊縣學在烏夜鄉　景德二年令翁緯以廟逼農田移建縣南翁緯爲記

嘉祐八年令褚理立學于東南褚理記富而後教古之道也玆邑地勢高而瘠土衆若歲差旱則禾盡槁而人食貧矣能備其患然後可以議教于是周眡四境凡可以瀦水漑田處悉鳩衆力以浚川既而境內豐穰民用給足皆遷思回慮靡然有向善之心父老有造庭而言者曰宣聖舊祠壞久弗葺願易其地增置學校誨我子弟庶幾有立凡一材一物之費悉自營辦予從其請得勝壤于縣之東南隅冬十有一月經始明年夏五月訖工廟像尊嚴學舍閎邃講有堂齋有次賓位小學立于西偏爨膳湢沐處之東廡祀物什具罔不完備將以延先生碩儒傳道授業使學者日見所未見日聞所未聞而業廣道充可以俟朝家之選用也

紹興十五年令徐光實新之堂曰務本齋曰處仁好義復禮近智李正民爲記

隆興二年令劉銓遷於縣南堂曰傳道後令魏汝功李大卞繼成之淳熙十五年邑丞李直養新廊廡

紹熙元年李自丞遷令脩大成殿立小學置書籍祭服至元志案柳志云李又鐫堂齋銘于壁刊讀書記立進士題名碑後改明倫堂　謝諤記秀州海鹽既脩縣學掌教官四員職事十員齋生三十員合辭遣介走二千里以來索文具言本末而知縣事李侯之功有不可不記蓋侯初來爲丞嘆學之敝而縣有不暇丞欲自任其勞未幾諸司以才推擇得旨竟綰銅章于是經營不懲于素夫州縣有學所以爲多士求仁之地也仁本性生而失其固有者衆人不知有以求之爲政之人不知有以導之而仁晦矣今李侯爲斯邑鼎新乎求仁之地俾士得以藏脩其中六經爲仁之書五典五教爲仁之方自家而國而天下爲仁之序學者目之所見升降揖遜無非仁焉如參于前如倚于衡朝夕寒暑造次顛沛必在于是上之可以致君下之可以澤民窮可以善其身達可以兼善乎率土之濱經曰爲仁由已又曰吾欲仁斯仁至矣求仁于學其獲則易故學之爲效明禮義移風俗召和氣而致太平有不難者侯既立學復建小學所以領袖百里之內耳目習慣父教其子兄語其弟長老訓其後生循循然惟仁之歸侯之意豈不廣哉侯名直養世家維揚學經始于紹熙元年冬明年六月告成

元陞州學後至元初教授呂德裕知州賈禧大新之作櫺星門採芹橋趙圖記案海鹽圖經乾道劉銓遷學郎今地而宏治柳志及嘉靖浙江通志俱云趙孟貫呂德裕所遷爲今學考陳旅碑記趙孟貫未及興作後知州賈禧與德裕繕成且記明言故搆垂圮莫不更治殿門東南舊祠守神遷築西南以故祠爲謁聖脩容次則學固未嘗遷改自柳志誤閱記文後之省志郡志多沿其誤矣　陳旅記海鹽州士韓允元等致書旅曰昔吾州之爲縣也宣聖廟在縣治之南縣東別有學今學麗于廟者前代之所并也學有田萬餘畝至元內附之初民乘閒據有之利之歸于我者十無二三元貞元年縣陞州以學爲州學設敎授大德中數授邱世良等始復田延祐三年鄧文翁典敎事田盡復綌庾既實乃新宮室之壞者今二十餘年田不加少歲不恒歎而貣用弗充稱貸彌重深蠹積弊莫或弭之顧爾室翹翹殆不可禦風雨矣至元再元之三年單父呂德裕文饒爲敎授慨然有作興之志廉訪詹思得之適行部之州得之儒者又嘗知文饒而新知州賈禧吉甫尤以崇文爲務敎授于是得展其志蠹之深者剏之弊之積者鋤之佃田而自封者悉懲而徵之大防既立不益自盈是歲又有年敎授喜曰天其相吾興廟學乎于是鳩工市材繕成大殿治甚備經始于四年之春明年夏成故宋縣學設主學有官廨距廟一里許遺趾僅存以故爲學官者設於廟旁近僦舍以居文饒以諸生請遂買宅爲廨計自經葺以至爲此費亦殷矣然宿債畢庚士稟仍繼弟子員增至五十人皆食而敎之允元等

又言教授處己以嚴行事有節用錢五十緡以上必稟于州碩獷者畏而服之善愿者悅而助之故能化窘爲裕而卓然有成若此至正元年知州陳某作大成樂黃溍記海鹽昔爲縣時既立學而廟祀孔子逮版圖入職方朝廷以其地大人夥易縣爲州而廟學之制猶循其故禮具而樂缺有司以吏議所不責久寘弗講至正元年夏四月陳侯某來知是州首務興舉學政問其籍則爲士者百家爲田者萬畝問其春秋之事則有牲幣而無樂侯爲之惕然與寮佐延諸儒共圖之僉言儀眞有周君者善樂事老而不仕寓跡于雲間欲正雅樂非周君不可侯卽俾持書幣迎致焉君曰樂以導和不和不足爲樂僕觀江淮間所用樂雜出于伶人賤工之手器不中法音不中律左右高下參差混淆惡足以致和哉苟徒捐厚費而飾虛文僕弗爲也侯曰作樂以和神惟君言是聽君乃爲考其數度齊量範金爲鐘而協以古律管彼此適均吹其律而鐘自應至于琴瑟亦悉自制惟笙磬之屬擇善工使受指畫而爲之集諸生三十有二人教之肄習而以明年春二月上丁合奏焉在列者無不欣豫明復爲縣學明浙江通志洪武三年邑令王文教諭孫復初新之堂仍曰明倫省二齋仍復禮改由義永樂間知縣上官廉修明倫堂知縣秦恭脩大成殿劉志宣德六年知縣厲肅復脩大成殿海鹽仇志海甯衛指揮郭瓛營脩之海鹽圖經正統十二年知縣曾昌建神廚宰牲房于戟門左右柳志景泰四年教諭王恭改建門樓于東南劉志成化六年御史劉珂知府楊繼宗命知縣楊克敬新殿廡堂齋及宣公祠文昌祠東北爲庾舍西北爲饌堂柳志海鹽張甯記自宋建學至國朝凡十一遷脩成化庚寅郡大夫楊繼宗等方欲脩舉會監察御史劉珂參政甯良僉事周正方行部視學盡撤故餘易以柏木中立明倫堂南徙中門北徙後堂東建復禮齋西建由義齋西北隅爲饌室東北隅爲廩庾肆舍在西際南上廨舍在東際北上復宣公祠于廟東仍文昌祠于廟西重門翼廡垣屏周肅

左殿右堂廟學均稱自經始至告成僅五越月而吾邑之士遂有所歸矣嗟夫學校者士之家也人而無家則無所于歸其適也將惟遇而止撫世者知其然必先爲之地陶以禮樂期以科目待以祿位使有定詣所以收天下之材而一其歸也當周盛時鄉國有學賓選以德行道藝天下皆若人焉及其衰微以至戰國王政不行庠序廢熄士始變故求通放爲遊說鶩爲戰爭流爲異端聚爲食客波流風靡知藏者遜而莫之振皆由乎士之無家也及秦厭縱橫之術一切焚書坑儒專尚法令士之所學一無嚮用絕于授受或就耰鋤或附刀筆或困爲卒伍或迫爲屠傭苟避時禁不復審義一旦倡謀起事爲大約皆出于無家之士使其初不務除絕而務反古以居之則跋扈蹢躅者固皆彀時賓興之賢能士也何至空國而速亡哉漢唐以下學校僅舉科目多岐士之功業與時相半因循遷合沿及五季儒者之門戶蕩然矣天啟人文誕敷宋治三百年來未嘗一日忘養士之地其後國步維艱學制不廢官曹或紊士論常存建炎德祐之際天運改屬人心不移雖有外圖卒無內叛扶持延續百有餘年而仗節死義與國終始者率多學校之士蓋由其養用兼隆安危相倚士至是則又以國爲家以死爲歸不特不爲他適而已也嗟夫秦宋之國勢強弱不倫而其廢興得失之故乃爾士果可使之久無所歸也哉洪維皇朝繼周邁宋學校遍于海內所以陶養期待乎士者舉天下而一之無所不用其極海鹽雖地薄民聚居無厚貲然比之疇昔人皆安土樂文俗尚明達風化日臻而不動以非義者學與士之效也諸君子以士入官仰體至意果能興弊起廢使吾黨大康其家而終爲吉士之歸是不獨一州之美雖達之天下可以善政稱矣甯故弟子員也舊家有光深復自慶因記敘其事而刻諸石凡吾同志盍歸乎來十九年知縣謝萬貫以舊饌堂爲教諭宅移建明倫堂東北二十年知縣徐樸建大門于外海鹽仇志宏治二年分巡僉事伍性檄知縣譚秀撤新殿廡塑像劉志又知縣王璽易櫺星門爲石柱海鹽仇志嘉靖中建敬一亭啟聖祠劉志十年知縣夏浚重脩又知縣何思謹繼新之海鹽圖經隆慶元年

知縣李薦佳大加葺治（海鹽仇志有記今無考）萬歷五年知縣饒廷錫改敬一亭于廟後并建會講堂署通判張繼芳改移大門儀門泮池（劉志）又知縣李當泰喬拱璧脩學拱璧又脩祭器（海鹽圖經）三十四年教諭陳九級裝飾聖賢像（劉志）天啟元年知縣樊維城脩學及樂器（吳志）

國朝康熙初年知縣湯其升重脩（海鹽續圖經彭孫遹爲記） 三十年知縣李鏈重脩乾隆十三年教諭駱志适濬泮池補葺池闌十九年知縣蔣祖培立石坊于櫺星門左右（西曰禮門東曰義路）並置石闌拓宮牆基闢街四十年知縣何肇灝倡脩殿廡祠閣門垣六十年知縣任澤和請帑重脩廟廷如

制（伊志）嘉慶十六年知縣張宗軾倡率邑紳捐脩兩廡二十五年知縣饒芝倡率邑紳捐脩大成殿道光五年知縣楊國翰倡率邑紳捐脩明倫堂（于志）咸豐十一年燬同治五年知縣張蕙圃虞慶瀾等先後請款並勸捐重建廟學規制如初（顏宗儀爲記）

崇聖祠　舊在聖殿北嘉靖四十年知縣何思謹移建廟門東（海鹽仇志）

國朝康熙三十年知縣李鏈重建雍正元年增葺（伊志）嘉慶十六年知縣張宗軾率邑紳重脩（于志）

名宦祠　在戟門左　祀漢蘇章白沃使君吳步騭晉鮑陋宋王爭齊孔僉周容梁劉霽蕭特陳徐份唐劉長卿姚南仲李謂宋魯宗道李維幾范世京何執中喬大臨朱艮姚憲丁安義蔣行簡邱未徐光實劉銓李大卞趙汝愚李直養陳仲微朱夢炎元顧泳李衎呂德裕龐昺明吳復上官廉陣謂林榮王端莫震孫芳楊克敬譚秀陳選王璽嵇綱辛九齡張濂呂湯民夏俊朱實昌張劃鄭茂王宗載饒廷錫楊繼瀾蔡逢時王臨亨喬拱璧田升年李當泰何卓樊維城楊瑄

國朝毛一駿張素仁盧崇興趙廷臣蔣國柱（又通紀總督朱昌祚以下十一人詳府名宦）

鄉賢祠　在戟門右　祀晉干寶唐顧況宋常同常楙趙孟堅元沈嗣昌明劉儼朱侃張綱劉泰張甯倪容鄭廷劉瑋朱祚吳昂錢琦鄭儒泰鍾梁沈棠鄭曉錢薇劉熠錢术（劉卽术）徐鵠馮皋謨劉玠祖晟朱朴許相卿張季文湯彬鄭履淳鄭履準許聞至李星朱學道沈藻賀南儒賀岳徐爔吳霽朱正學虞志曾虞紹唐徐應奎祖彭年王廷俊陸鼇來倪政彭紹賢沈宏遇王文祿吳中偉謝錫敎彭宗孟張奇齡徐從治賀萬祚曹憲來呂元善朱元弼朱泰禎劉浤俞之泰錢陛陳言李毓新陳所學劉仲鎮朱茂明馬繼武徐同貞吳品曹名卿吳麟徵

小學　宋紹熙四年知縣李直養置趙圖記、施棐記海鹽爲秀支邑維揚李君下車期年既修治學宮羅致一邑之士而教之一日顧謂諸生曰小學之設所以因其良心而訓廸之今獨無有宜其習俗日薄此無他失其良心也諸生奉教曰善迺擇教諭朱沆主之其始進也或通經或詩賦選舉而公師嚴以尊于是閭巷之間絃誦之聲相接無智與愚皆以子弟入學爲美事李君可謂善教人矣

國朝康熙三十年知縣李鏈立義學于啟聖祠後伊志

學田　宋萬餘畝元初民據有之大德中迄後至元間相繼盡復吳志陳旅記州學故有田萬餘畝至元內附初民乘間據有之大德中教授邱世良始復田延祐三年鄧文翁典教事田盡復至元再元之三年單父呂德裕文饒爲教授剔蠹釐弊佃田自封者悉懲而徵之租入既盈于是繕大成殿築守神新祠作櫺星門采芹橋故朱主學官廨距廟里許今買廟西民宅爲廨增弟子員至五十人皆食而教之案圖經載碑陰田一百五頃七十八畝租一千八百八十三石四斗六升九合田多而所入則薄未悉其故元末又沒豪右明建學有田自隆慶間司訓高梓始袁志知縣鄭昊范梅相繼助田吳志范梅爲記

萬歷二十八年知縣李當泰增置學田袁志李當泰記海鹽故無學田隆慶間師生自置田始有田僅五十一畝有奇一時義而入者七十二畝有奇歷今三十年沒而入者三百五十三畝有奇貲而入者一百畝有奇訴而出者一百五十三畝有奇今實爲田四百二十三畝有奇夫以師生之自置田也鄉人士君子襲之郡邑學憲共成之而豪有力者猶將旋入旋出以自解去予悲士之終不迨養而吏胥上下因緣爲病無已時也故悉其額于下方而虛左以俟後君子用堅持其末案海鹽圖經萬歷三十一年生員張復貞丈實田五百二十九畝有奇今內二頃尤上腴官生鄭心材義輸也吳志田額從之

田十九畝九分六釐海鹽續圖經案縣志原額田五百六十四畝有奇額租一百九十一兩九錢零前明輸田者捐租而未授田後裔式微分析轉售而戶籍在官按額徵解以充給貧諸欵被累爲

國朝張惟赤張晧錢爾復鄭應生錢同文吳麟振何澄查培繼朱延坊徐琨陸廷錫朱淑文鄭宣吳甫及朱袞錢瑞徵何其仁費仰泰朱琨以上伊志翁允元劉仲履從續圖經增案伊志列費仕查雍正五年部行陳昌懋蔣正開費仕費萬程因載割股事實俱不留祀今刪

忠義孝弟祠　在鄉賢祠西

國朝雍正元年奉文刱建嘉慶十六年知縣張宗軾率邑紳重修　祀宋常同明劉鳳劉泰張甯常麟張敏劉璋許相卿錢芹鄭曉吳中偉彭期生徐從治吳麟徵朱泰禎許士奇曹履泰徐一源湯雲章湯芬遵欽定勝朝殉節諸臣錄增

國朝張行健張洽伊志以上忠義陳希敬朱右賢曹爲鉞沈炳垣新增

俱忠義唐陸南金陸趙璧劉儼明曹仁陸宗秀潘允濟崔永胡寬胡宏陸平世章輝仇武昂仇必達仇必顯仇必侃顧薇朱文才徐藻沈孟賢顧萱張亨沈藻吳之英蔡維祺周紹宗鍾鴻穎張調元陳惆周至德

國朝徐乾貞李商玉崔王貞許雄朱廷采伊志李應占朱星煒于志以上孝弟案舊志列陸感陸梁考趙圖記仇志並云陸元感父梁學士謀道子南金趙璧惟續圖經載祠中碑刻作陸感父梁子南金趙璧脫一元字又以梁爲元感父名謬誤甚矣且南金兄弟以匿盧崇道事爭請死固宜入祠兼及其祖父甚無謂也今並刪之

射圃　在櫺星門東南嘉靖十年知縣夏浚廣之趙圖記舊有觀德亭海鹽仇志久廢

甚雍正十三年間疉籲請豁奉准豁免田一百八十三畝一分四釐計免租銀七十七兩五錢八分同治六年奉准豁免無着學租銀九十六兩四錢六分三釐現存租銀二十三兩九錢

教諭署　在明倫堂後東北隅乾隆六十年教諭包慶長請借俸重脩伊志嘉慶十六年教諭翟元重脩于志咸豐間燬同治間重建

訓導署　在土地祠西南隅乾隆六十年訓導金澐請借俸脩葺伊志道光九年訓導來清曙倡率邑紳捐脩于志咸豐間燬同治間重建

社學　明城鄉各有社學吳志在城一各鎮常平倉側四劉志久廢

國朝雍正二年知縣王仕正建龍神廟義學王仕正爲記

觀成書院　在西門外蔣家橋康熙五十八年邑人張元熠捐置知縣梁澤爲義學設義田梁澤爲記乾隆四十一年將田房併入蔚文書院遂廢惟張墓存院後伊志

蔚文書院　舊在資聖寺橋南乾隆四十一年邑人徐文錦翔捐房屋一區及田三百五畝四分俱牒得請併觀成書院原屋一所田一百七畝二分又紳士捐田一百十二畝零又買田十二畝今共新舊田蕩六百八十五畝零嘉慶元年知縣任澤和時臨講課增取肄業人數費每不敷歲捐以佽伊志道光四年知縣楊國翰捐廉增

廣生童肄業名數十八年士人集貲重修咸豐十一年燬于匪同治十三年知府許瑤光撥欵並集捐購買南門內高槐橋民房改建

海東里塾　在資聖寺橋南道光二十八年里民高泰捐房屋一所並田一百畝知縣段光清爲立條規今里人續捐共合田一百五十七畝四分八釐

崇德里塾　同治三年里人趙衡銓翁聲皋等捐田二百七十四畝零充經費設塾延師課孝廉後人之無力者十一年以田畝暫歸蔚文書院

馮氏義塾　在縣治東浙江通志去治東十八里趙圖記徐一夔記今廢

平湖縣學　在縣治東明宣德五年建大清一統志吏部員外郎余亨卜基創講堂柳志九年縣丞孫華率邑人陸珪沈昊建大成殿兩廡案溫純記云平湖學宮自縣人陸珪始又云初建縣力不及廟學珪曰范文正以其宅爲吳學矣吾與其資豐後人寧佐公家于是捐建大成殿又同沈昊佐建學宮則一統志所謂宣德五年建者當即珪與昊也其成當在九年正統九年知縣徐韶重脩天順六年知縣張甯于殿西改建明倫堂兩齋經義治事及儀門學門杉前稍東成化十年知縣郝文傑建戟門欞星門名宦鄉賢兩祠平湖程志十九年御史劉魁置地以拓門逕立儒宮坊柳志嘉靖中知縣周仕脩之趙圖記十七年知縣黎循典建敬一亭啟聖祠鄭曉爲記三十年教諭韋鑾建魁星樓

孫校為記 三十九年知縣陳一謙建學倉劉志 四十二年知縣顧廷對增門欄立文明坊建龍吟閣高七十尺袁志 萬歷九年廟災知縣劉士琰更建劉士琰為記 十六年大風祠廡亭閣圮知縣江環脩兩廡二十年教諭吳廸甫脩門欄知縣黃熠脩敬一亭啟聖祠儀門重建龍吟閣平湖張志案羅向忠龍吟閣記言興風圮萬歷壬辰復建前志失載吳志因碑立乙卯遂誤為四十三年 二十二年知縣黃熠重置祭器平湖程志 三十一年知縣王羲民葺學沈懋孝為記 三十九年知縣朱欽相重脩教諭張蔚然種柏四十二年署知縣沈鳴韶易護闌以石平湖程志 天啟四年知縣顧國寶重脩施鳳來為記 教諭孫啟文脩鄉賢祠孫啟

文為記 崇禎元年知縣程楷重脩六年教諭方允昌作泮池夏六月颶風作廟廡圮七年知縣賴垓留羨金邑人各捐助歷知縣黃士藻吳春枝始竣工平湖廟學志

國朝康熙十七年邑人共建啟聖宮築牆陸光旭獨成禮殿二十三年巡撫趙士麟檄知縣陳時夏次第監脩姚淯熙記 二十六年教諭姚淯熙補祭器平湖朱志 三十八年知縣王璋脩學及坊門五十七年巡撫朱軾知府吳永芳飭置樂器吳志 邑人建韓文公祠六十年知縣林緒光脩澮泮池甃石闌雍正六年攝知縣白環署知縣方以泰先後監脩三載竣工陸奎勳記以宏堯舜之治于聖天子法孔子之道是當路諸公莫不仰承德意崇聖興學獎勸生徒以佐雲漢昭回之至化邑人士歡欣鼓舞輸材竭力固分義所當然也余族侍御稼書先生接程朱之道脈從祀兩廡吾黨聞風興起上之希聖希賢次亦勉為醇儒善士出則致主澤民處則垂訓範俗豈徒矜博洽炫詞章以釣名干祿乎哉 雍正十年學政李清植飭添祭樂器乾隆二年知縣王之琪增置祭器八年知縣高國楹脩泮池石岍宮牆平湖高志 又邑人捐置銅祭器平湖張志 二十四年知縣李納璧議脩邑人屈天成等倡助二十五年知縣劉純煒始竣工三十四年知縣周昭仔脩葺重建戟門周大樞為記 四十六年知縣嵩福重脩沈初為記 又邑人張誥兄弟重建兩廡沈初為記 五十六年知縣王恒脩補祭器平湖王志 嘉慶二年知縣李賡芸監脩櫺星門石欄

伊志 七年重脩大成殿崇聖名宦鄉賢三祠及明倫堂八年邑人張誥捐脩西廡十九年邑紳重脩大成殿二十三年知縣劉肇紳教諭章鈞沐訓導程夢麟捐脩經義治事兩齋肇紳有記 道光十五年邑紳公修大成殿櫺星門十六年邑人施鍔黃世恩等復于櫺星門石欄外建設柱桓長十三丈有奇又于河口列樹為表下設石欄二座徐光濟捐修明倫堂并添修祭器十九年邑紳重脩兩廡咸豐末遭兵燹悉毀損同治四年邑紳徐鼎基等集資統脩規制如初

崇聖祠 在大成殿西北明倫堂後舊名啟聖

國朝雍正六年脩建改今名伊志

名宦祠　在櫺星門東偏　祀明梅清林光熊卓周仕曾

曙楊梃高喬登劉存義顧廷對李實劉士瑗洪敷文朱

欽相羅尚忠陳熙昌程楷柴世皋

國朝陶鑄呂猶龍盧崇興通祀總督朱昌祚以下十一人詳府名宦又總督趙廷臣巡撫蔣國柱詳見海鹽　伊志案吳志平湖名宦惟陶鑄一人平湖王志稱舊志失載巡撫呂猶龍今補考浙江通志呂猶龍康熙六十一年以福建巡撫調浙江抵任而歿今平湖得祀名宦以其先曾任知縣也詳見平湖名宦實畧

鄉賢祠　在櫺星門西偏　祀宋曾文謚明陸宗秀劉志增

沈琮沈琫馬璇沈棨許盛倪輔陸珪俞廸屠勳過璘吳

佐馬昆吳軾馮俊陸鋹陸淞沈煉屠奎孫璽屠垚趙漢

屠應埈陸琳陸杰劉圯孫校陸鼇姚篚馮汝弼趙伊沈

垣俞呑伯孫植陸杲陸光祖陳善道屠仲律曹丕陸光

祚俞南金陸珂馬瑀沈宏光馮敏功張大忠朱志及鄉賢實畧增

沈懋孝孫從龍陸鮮馬千里馬千乘陸萬垓孫成泰陸

志孝馬應圖戈用泰王言陸文典陳泰來陸長庚馬維

銘馬維鉉金錫陸基誠陸基忠陸基恕陳九韶施應埈

施鳳來陸光弼馬德澧馬德澍毛應銓劉希聖過厚金

汝諧沈萃楨陸鍵郭日乾陸澄原沈瑞磐陸懋功陸錫

明徐子方徐子章胡友忠陸燦馬嘉植陸清原金德普

李天植楊兆梧馬嘉楨陸山陸萬原陸本邵朗

國朝陸敳鏻倪承裕陸濬睿沈棻陸大柱邵延齡陸隴其從

祀東廡　沈夢麒顧人龍高士奇高輿二人志增高程伯鐫吳志

一百六人從劉志增一人朱高二志增三人合一百十人沈初于志增黃鳳陳嗣龍朱

爲弼徐士棻倪承弼方垌顧廣譽朱善張張兕誠以上九八

新增

忠義孝弟祠　在司訓署西南雍正四年知縣楊克慧建

平湖張志　祀明周翼明陸燦康承爵陸上鉉陸清原陸凡

遵欽定勝朝殉節諸臣錄增以上忠節　宋曾文謚明沈珍陸宗秀沈昊

屠機江濟俞廸孫佐鍾鳴遠潘璧陸平陸杲楊陛俞錦

張濤陳增曹臯韓文陸垕陸序曾烈沈維錡沈維鋾陸

光宅劉麟陸基誠李爊陸珂陸文典郭日乾倪維城施

應埈曹鍾鳴陸長春陸瑞銓倪士顯沈紹閭過厚曹繹

祖胡嗣璜劉亮采

國朝張沖元張甫陸其燧以上忠義四十四人元過宗一明沈渭沈琮

沈夔馬炣陸鋹郭球過橋孫璧林雨陳謨沈思孝秦涇

楊志英俞懋脩俞永言馬瑀陸錫命時敏曹伯來胡士

奇胡士章毛應銓陸萬源馮伯禮馮伯禋劉希聖陸基

志俞志臯張熒陸文相馬香陸萬達陸燭馬維鉉陸大

鋭陸大鉠趙邦秩沈瑞磐馮洪業俞煜楊兆梧陸倣孟

顧之琦姚舜宣
國朝湯自梁陸本金式玉陸徵誠顧明傑沈日芳金赤徐昱
屈希平王棟馮錡以上伊志孝弟五十六人案平湖張志云入祀忠義孝友者舊志不詳串遠無稽就祠主凡百五人分列敘次增明一人合一百六人張世昌吳元凱方樹業
陸汝灝張慶盛朱士坊以上六人新增
柏林書屋　在學門內東平湖學志廟　雍正六年邑人建爲會
課公所浙江通志今燬
射圃　在山川壇左有亭成化中知縣朱德建柳志嘉靖間
遷城外浙江通志知縣顧廷對置射器平湖程志
國朝雍正八年于殿後隙地作射圃平湖王志

學田　明嘉靖三十八年知縣陳一謙始置武惠伯陸炳
助之平湖程志顧廷對重定學田規制序平湖縣學舊未有田嘉靖已未歲西粵文峯陳公始置之將以資貧生計田五百畝每畝取租九斗共租四百五十石每年徵貯本學倉設運頭一名專掌收放又慮糧餉之重或無實惠查將蔣銓等無糧田二頭餘畝裨補其半規晝初定而陳公過制回籍各佃戶仍逋負不納庚申冬不佞蒞茲士廉悉其由深羨文峯之善政而惜其志未竟迨辛酉奉例當大造覈民間隱田得若干畝併合前田照數補之盡復其稅緣版籍有定未可指名收除止於實徵冊總爲之盈縮其數由是文峯之初志有成矣本年八月邑人陸廷鑾者亦以義田呈報蓋陸武惠公常欲爲本學及本族生員貧寒者之助厥嗣錦衣公體先德而成之武惠之仁錦衣之孝具見之矣田一百六十七畝二分共租一百二十石亦查得隱田有餘者盡數裨補使諸生獲沾武惠之實惠猶文峯也　隆慶六年知縣謝良弼更置
義田二百二十餘畝張大忠爲記　又撥邑人入官田共田五

百八十三畝零平湖王志
國朝康熙四年核實四百二十一畝六分二釐四毫平湖朱志張志
縣徵租米三百四十五石二斗五升雍正間邑人捐田三十四畝九分零
爲脩學費平湖張志今勘實田六百二十七畝零見該縣學各年冊報
明萬歷間知縣羅尙忠捐俸置田贍貧士舊志稱羅太
常義田施鳳來記羅侯以俸買民田得一百三十九畝有奇陳熙昌記田二百一十七畝五分零地二十二畝四分零
國朝康熙六年核實田地二百五畝六分零平湖朱志原定貧士
三十六人歲給米五斗康熙四十五年知縣董天眷覈實均
給八十餘人人給米七斗有奇西畇筆談案以上二項田知縣管理乾隆五

十年後知縣王恒核學田及義田歲入分極貧士八斗次貧士四斗爲膏火助增至二百五十名　乾隆
五十九年邑人吳璥捐錢七百緡于嘉慶四年置田四
十二畝四分零又奚泗哲吳宗鍔吳鼎燮陸拱斗黃坤
公捐田四十九畝七分零共額租米一百石一斗七升爲歲脩費刊
徵信錄支銷伊志同治十一年教諭嚴嘉榮以贅田三十
五畝零捐入學中爲增脩祭器及禮樂諸生酌加祭胙
之資通詳立案
教諭署　在明倫堂東明嘉靖三十九年教諭曾士彥建
萬歷三十一年知縣王羲民建鳳翥軒平湖程志
國朝雍正三年教諭趙瀚重建平湖高志乾隆三十一年教諭周

大樞樹梅改曰有梅堂五十三年教諭何蕙重建改題飽經伊志嘉慶二十三年教諭章鈞沐脩葺咸豐間毀同治六年教諭嚴嘉榮請欵重脩

訓導署　在明倫堂西明成化中教諭林光創建平湖張志

國朝嘉慶三年訓導凌象山重建講堂題曰耘雅伊志二十三年訓導程夢麟重脩咸豐間燬同治六年訓導汪儒玉請欵重建

社學　在德藏寺塔東舊舒公井上明宏治四年知縣林奇建柳志在城一各鎮常平倉側四柳志嘉靖中知縣陳一謙建三所在北門內一報功祠左右二平湖程志馮汝弼爲記

義學　在城隍廟左康熙二十七年知縣朱維熊建平湖朱志朱維熊爲記三十六年知縣王瑋倡置義田平湖張志王瑋爲記

當湖書院　在南門內陸清獻祠後乾隆十五年知縣閻公銑遷置平湖張志用閻公銑記邑人張嶸捐建又千金取息脩脯延山長集邑之雋講學會文於祠月以爲常恒苦人滿思有以增廓俗正人心書院之設允宜在是適指修肄業地迨謁陸清獻公祠思公之學行純正洵足勵風之會邑人張嶸願捐貲爰于庚午正月經始閱三月落成諸生幸近公之居去公之世未遠茲復得昕夕仰瞻升堂習禮知必有感發奮興慨然奉公爲師法者乾隆五十年知縣王恒重脩建樓五楹王恒爲記五十四年邑人張誠捐田地蕩一百六十六畝零爲膏火知縣王恒詳定釐正規條刊石平湖王志王恒爲記　嘉慶四年里人公置

田二十七畝九分零伊志五年屆芥舟置田一十四畝張保盛置田二十畝又置佃官基四分六釐四毫院內向祀知縣閻公銑王恒十五年邑紳請以張誠附祀通詳立案二十二年知縣劉肇紳捐置大學衍義四書大全四書匯參十三經注疏佩文韻府通考通典通志共八種咸豐末毀同治中邑紳徐鼎基等請欵重脩張姓江姓續捐田地九十五畝有奇

新溪書院　在新埭鎮乾隆五十三年知縣王恒捐設義學後易今名

蘆川書院　在新倉鎮乾隆五十三年知縣王恒設先爲義學後易今名咸豐末廢同治四年廩生徐步瀛捐購京圩西地二畝八分有奇建造院屋倡捐田一百五十三畝零濟經費又與舉人馬承昭等勸捐田四百八十一畝零爲膏火資通詳立案今陸續增置共有田蕩六百九十畝零

觀海書院　在乍浦南門內舊名九峯書院乾隆四年海防同知林緒光建劉錫勇爲記三十八年知縣董鈞改今名四十二年知縣劉雁題重建里人置田十八畝五分零又捐銀六百兩取息爲經費伊志咸豐中九峯觀海各延山長課士分爲二院後值兵燹俱燬廢同治中邑人陳

珮璲等捐田助資舉行考課爲觀海書院舉人張天翔
等捐田請于縣延師開課爲九峯書院
崇文書院 即報公祠（浙江通志）明嘉靖間知縣陳一謙立（舊浙江通志）
國朝雍正元年知縣林緒光移設德藏寺殿後改名鳳溪四
年知縣楊克慧改爲崇文義學乾隆五年知縣方以棻
復舊名（平湖高志 今廢）
介菴書院 在縣治東（浙江通志）案山上明總督胡宗憲爲陸
淞建（袁志 今廢）
天心書院 爲陸氏義塾（舊浙江通志）莫如忠爲記在舊帶（平湖程志 今廢）

江村義塾 在縣南三十里朱江坊乾隆四十四年武舉
孫斌建並捐田五十畝有奇童蒙貧乏者皆就學焉刊
有規則今廢
思源書塾 在縣治西嘉慶十七年職員黃鳳捐置又捐
田二百七十畝爲塾中薪水束脩之用今廢
石門縣學 在縣治東元至正中改建（大清一統志）宋元豐八
年令吳伯舉始創學于縣南運河之西崕（至元志 沈括記吳越多
山而湖澤斷其下其支流涯渚之間不辨牛馬崇德居
山澤之介孔道四出戰國之時闔閭勾踐常大戰于檇
李禦兒之間裂其地而守之至今墟壠網絡稻蟹之利
轉徙數州元豐八年括蒼吳君伯舉爲是邑也始爲築
宮廟以祀孔子聚學者擇經師而教之以義理行能不
苟使之爲文章誦習務中有司之程而已培高爲堂燕

有二室繚以環廬豐約稱事四方聞令賢皆來學惟恐
在後崇德爲遠邑縣令爲小官輿材賦工動觸吏禁非
篤誠自信强有才者不能任也此其成就之難又未若
持之之難也僨犀象決鴻鵠之器非深山大谷則無以
養其才執規矩而求之者不視其材視所養則耽耽之
室孰規矩者所視也養之以先王之所待以興者而不
徒循其末跡則其爲役也不爲苟美矣）紹興間知縣黃楊徙置東南隅（趙圖
記）後令相繼增廣堂有成德堂釆芹亭致道育德二齋
序列四先生有奎星亭令奚士達建（陸埈記 案吳志慶元四年奚士達
爲沈晦立陸埈記今案埈記脩復沈晦舊迹耳非爲沈晦立也吳志誤）尚書陳壇重剏（至元
志）元升爲州知州王雍徙萬歲橋東（趙圖記 案至元辛丑改建于今所
堂曰明倫齋曰興仁集義見柳志）明洪武六年知縣田慶元重建（崇德洪志）

永樂乙未州判陳原祐新之宣德間巡撫胡槩命有司
脩整正統十一年知縣焦寬葺堂齋天順三年知縣郁
綸脩殿廡易櫺星門以石建號房學門（魏驥爲記）成化六年
知縣王輿建明倫堂築露臺（張甯記畧崇德爲嘉興上邑其俗多秀民美士自宋
至今科第相望正統中邑令焦寬重建明倫堂于學之
故址歲久弗時葺日就傾圮大尹南巢王君以鄉進士
出宰是邑下車瞻謁已有成慮民未可以遽勞也乃早
夜績畫聚財鳩工爲備幾十之八九而民尚未知成化
庚寅三月卜日經始言諸師生擇弟子之能者楊明費
敏使爲倡率邑中聞義而起富者以貲貧者效力是秋
八月具以成告俯仰周接輪奐一新自昔更始舉邑未
有斂贍和洽不以令民而民樂從如此是可以見養士
之足以勸人矣嗟夫天下無一非聖人之道民皆由其
事而不知士能明其理而不倍故士之所在其民必良
無士之地其國必殆一得一失古有明徵無興學養
士之功而欲善化于天下雖絕力優智皆苟焉耳）十
四年知縣張超脩兩廡塑像置祭器會饌堂宰牲所宏

治四年知縣吳浚建殿廡改學門選號舍柳志張甯爲記八年立正德中知縣洪異脩兩廡戟門學傅徐蕃徙正鄉賢祠學使劉瑞檄建名宦祠邵銳陳霆爲記縣尉盧溥爲文璧山桂山井構瞻學屋四十楹吳志嘉靖間知縣許繹增建敬一亭崇德陳志知縣劉宗武脩明倫堂邑人呂希周開泮池與河通又建三塔案萬歷間知縣王述古教諭趙賢左相繼脩之見吳志隆慶二年知縣朱潤脩堂齋諸門顏齋曰脩德講學門曰志伊學朱潤呂希周各爲記六年知縣蔡貴易脩堂甃泮池吳志宏謨爲記姚萬歷初知縣陳履重葺有文峯三塔時存一劉志攝縣通判方玘脩名宦鄉賢祠吳志郭子直爲記二十六年知縣陳允堅脩廟學崇德陳志

許孚遠記二十八年教諭陳繼祖改廨宇植桃李三十八年知縣靳一派脩明倫堂呂希周爲記改建奎星亭崇禎間知縣劉國會甃泮池及堤石門鄭志十七年知縣解學周重建明倫堂吳志

國朝順治十二年重建大清一統志案吳二志爲通判韓範知縣李震教諭周有亮重建谷應泰記順治丁酉戊戌間會兵燹後學宮多廢不治余間以其力鳩工庀材今無不釐然次第舉者而外郡則石門鎮槊兒鄉其故址猶有存者國家奠鼎以來樓船將軍指闖越下東甌往來驛騷以蕞爾彈丸當其衝夜半下片檄徵芻茭幾何卒徒幾何詰旦無不立具者邑有司日不暇給余按檔李經其地見農夫釋耒治道嘆息者久之益民力爲已竭矣迺比者建學之議一興而君子相與倡于上小民相與和于下簡徒程工人爭趨之三年而學成爲資五千九百有奇而捐者不以爲費爲屋廟廡祠堂數十間又以其餘葺垣墉築池沼

而役者不以爲勞噫何其不令而行也語曰雖不能至心竊嚮往之余不敏敬從鄉先生長有司後以爲諸生勸康熙十年教諭陳祖法重建敬一亭陳祖法爲記十一年許汝揚甃階十二年知縣杜森脩戟門明倫堂石門鄭志雍正元年知縣王以和脩櫺星門六年知縣呂廷鑄脩明倫堂及儒學門浙江通志乾隆十一年知縣倪琯倡脩陳其凝記二十四年知縣周鼎教諭邵灝重脩四十六年知縣朱麟徵教諭費震訓導陸時茂先後倡捐大脩伊志嘉慶十二年知縣洪鐘傑教諭柳超二十四年知縣耿維祜教諭闞樹棻先後修葺道光十五年知縣齊雙進教諭宋成勳訓導王世勳倡捐重修廟學于志咸豐十一年燬同

治五年知縣楊恩澍籌款重建殿廡門牆九年知縣陳謨重建明倫堂十一年知縣余麗元以明倫堂爲崇聖祠而改建明倫堂于大成殿東北

崇聖祠　明嘉靖九年知縣許繹建于桂山後隆慶二年知縣朱潤改建學門東崇德靳志朱潤爲記

國朝雍正二年知縣王以和增葺伊志咸豐十一年燬同治十一年知縣余麗元以舊建明倫堂改奉爲祠

尊經閣　在明倫堂左明隆慶六年建姜寶爲記萬歷三十七年知縣靳一派重脩置田四畝爲舉祀費崇德靳志

國朝康熙二年教諭陳祖法重建吳志陳祖法爲記雍正二年知縣

呂廷鑄重脩浙江通志今燬未建

名宦祠　舊在儒學門東隆慶初遷戟門左咸豐末燬同治五年重建　祀宋吳伯舉鄧根黃幹明畢輝蔡貴易孫承謨陳允堅高士選

國朝盧崇興又通祀總督朱昌祚以下十一人詳府名宦按浙江通志石門名宦祀吳伯舉以下八人吳志增通祀王國安一人今考浙省通祀凡十一人皆應增祀伊志

鄉賢祠　舊在桂山後隆慶初遷戟門右咸豐末燬同治五年重建　祀宋趙汝能趙汝愚錢文徐綱莫若冲徐龜年陸埈蔡闢輔廣陳炳陳塏元衛富益明鮑恂貝瓊姚文潘蕃周崑呂煥呂炯郭子直沈大德勞永嘉陸典

呂元學費彥芳吳沛然吳尚倫曹廣吳爾壎吳之屏以上二人鄭志增顧文昌以上舊志朱逢吉姚鵬從學冊補

國朝吳之振吳寶林朱輔鍾景音鍾朗顧朱勞叙融鍾天奇鍾璜吳志三十八人從鄭志增二人伊志八人增二人合四十二人

忠義孝弟祠　在射圃東二十步雍正元年知縣呂廷鑄奉文創建乾隆四十八年知縣朱麟徵倡捐建咸豐末燬未建　祀宋趙汝愚明程本立費彥芳二人遵欽定勝朝殉節諸臣錄增方暕

國朝周鍾岳以上舊志陳琬陳鳳從學冊補馬國棠葉恩照凌茂松新增

射圃　舊在學之西北柳志宏治初知縣吳浚改建廟東嘉靖中知縣陳憲卽號舍遺址爲圃石門新志崇禎間教諭孫肇元建門題額石門鄭志今在尊經閣東南浙江通志

學田　宋嘉定間主學輔廣嘗經理之以豐廩餼柳志商逸卿記天下事無不可爲利不主于已則慮之必精處之必當行之必力苟反是則目睫之見遑恤其宅惟志於得甯論非據顧護徵營首鼠弗確事之小者猶不可爲而況望其可以爲大乎甚矣利心之不可有也一國一家一身皆不可以利言自其貪慾熏灼患禍相延則前日之所謂利者皆害之藏也爲士者脩身厲行以爲常隆師親友以求益朝廷爲之設郡縣之學爲之八上者必思厚其廩給使之不以口腹之念分其理義之營此有學必有田不可廢闕田以養士而士之有位于學者能盡心爲則干歲之日猶一時也輔公廣爲崇德縣主學以其躬行君子者倡率其徒以其師友淵源者出而浸灌之謂學田之稽其隱漏誠不可以已然亦不可近于摘伏非學之政蓋慮田之僅存者久復漏讕當籍其數以防欺又將有惡其害已而去其籍遂復勒之石以期不

渝公可謂知所處而勇于行矣嗚呼公能私淑一邑之士俾其深知理義則斯石其可久否雖豐碑插棟疾視在旁乘鎒排根不去不止恨不得爲十牛而扑之亟耳是區區之尋尺者果足恃乎贍學舊凡八百斛司存爲蠹邑改以隸其庚氏輾轉吏護益漫漶不可攷慶元四年有主學木君壘白之縣遣簿曹行根括之合所存僅八之一士無以養其時邑之由進士選者莫公元忠與今知昭武蔡公開知歷陽陸公埈合辭嬔力從漕倉兩可乞撥没官田若干學又自置民產若干令悉刊其畝步之所至斗斛之所入與租戶若而人詩不云乎我心匪石不可轉也後之人能知輔公之用心斯其行也遠矣湻祐中知縣黃元直撥田給廩養士至元志嘉靖中呂希周捐田一百七十四畝有奇石門鄭志姚汝舟記呂大夫東匯之爲諸生慷慨務奇節有古豪士風既通貴典衛選進退天下士傾心急人如諸生時中讒家居益以義相高破產養士大夫樂也遭歲連緇士或不得安意卒業大夫召其子端甫曰嗟乎小子禮生於有廢於無吾始蒙世業得專肆習以能有成功起家文學今諸生得無有困窘徵會幾

至易業者乎自吾爲諸生病無羡貲轉貸求給往往而是夫布衣任俠亦足聲施況被服禮義籍於有土之倫哉若爲我履畝剗腴畝而計之可得百有二十畝其租可得四十鍾移書學師籍其入附著令甲什二給常賦什八贍諸生喪祭冠婚之不能備禮者端甫度其田數以輸學宮 萬歷中呂㦗捐田五十畝五分零陳允堅爲記又徐稷捐田地九畝九分零呂元肇置田二十畝袁志知縣靳一派捐俸置田五十九畝一分零石門鄭志靳一派趙賢意各爲記

國朝乾隆六十年邑人胡源遵父以陶志捐田百畝助考試費巡撫阮元核定規例刊石垂久焉伊志又贍學房四十間明正德中典史李滋建歲取賃錢以贍費嘉靖中呂希周脩之萬歷中教諭陳繼祖重建崇德靳志外贍學田六

十六畝四分零輸賦外歲收批解石門鄭志今勘實學田五十九畝四分七釐零地六畝八分八釐零見該學各年冊報

教諭署 在學顏門西明萬歷三十八年知縣陳繼祖改建

國朝乾隆四十二年教諭陳存矩捐脩嘉慶五年教諭柳超詳請借俸重脩伊志道光十七年教諭宋成勳興脩于志咸豐十一年燬未建

訓導署 在教諭署之前乾隆六十年訓導方暨捐脩伊志咸豐末燬同治九年知縣陳謨重建

社學 在學東浙江通志舊在崇福寺西明宏治四年知縣吳浚改城隍廟東袁志萬歷初知縣蔡貴易改建縣治東吳志又各鄉五所隆慶初學道屠羲英毀淫祠建石門鄭志

傳貽書院 在縣治東北一大清一統志宋儒輔廣讀書之所後人立書院祀焉續文獻通考潛菴先生廣紫陽門人也自祠官歸隱語溪題堂曰傳貽咸淳五年知縣家之柄建額今名堂曰本文齋二曰書味曰師傳朱文公亦祀焉元至志

文及翁記自宋受命肇基立極藝祖皇帝一日洞開諸門曰此如我心少有邪曲人皆見之識者謂得三聖傳心之妙又一日問世間何物最大時元臣對以道理最大識者謂開萬世理學之源猗歟盛哉自時厥後天下凡曰書院通經學古之士彬彬輩出慶歷間詔州縣皆立學道化大明儒風丕振至濂溪周子建圖著書徽顯闡幽明道伊川二程子實得其傳程門高弟如楊如游如尹如謝皆天下英才中原板蕩載道而南楊游

尹謝數子實大有力焉龜山楊文靖公一傳而羅仲素再傳而李延平朱文公受學于延平見之師友問答可考也文公門人遍天下中更僞禁歲寒松柏疾風勁草磨涅而不磷緇者絕無而僅有于時潛菴輔公獨立不懼遯世無悶自祠官報罷歸隱語溪題讀書之堂曰傳貽蓋將以傳之先儒貽之後學爲已任著書滿家易書詩春秋禮記有註釋大學論語孟子中庸有問答通鑑有說師訓有編日新有錄襍著有藁襲藏于家至今語溪之人熏其德而善良不知其幾祠而奉之尸而祝之宜也嘗謂太極一而陰陽分有陽則有陰有善則有惡有君子則有小人以孔孟大聖大賢不免叔孫臧倉之毀元祐諸賢而指爲姦元符上書而指爲邪慶元道學而指爲僞嗚呼此未定之天也乃天者定人者泯元祐諸賢元符上書慶元道學至今光明碩大照耀汗青一時儉士萬世遺臭剝爛復反否極泰亨君子小人之界限事久論定此潛菴褒贈之典日星垂而河漢流也崇德縣大夫家之柄以元祐同門元符上書故家習聞詩禮及見典型洋洋輿誦挺挺祖風于簿書期會整暇之餘思所以彰善癉惡表厥宅里樹之風聲此傳貽書堂所由建也堂成移書謁記敢拜手稽首對揚我朝道學

源流之盛以諗同志庶學者于善惡之幾正邪之別義利之判人心道心之危微天理人欲之消長知決擇而定趨向焉不至爲君子之棄小人之歸其於國家化民成俗之意豈曰小補之哉 明嘉靖間知縣張守約重建于射圃舊址姚汝舟張嶼各爲記後廢爲倉呂希周胡其久購復之胡其久爲記萬歷初知縣蔡貴易重建二十九年知縣陳允堅得廣遺像奉院中三十六年知縣靳一派增脩靳一派爲記

國朝康熙十三年知縣杜森鄺世培相繼脩建石門鄺志杜森管鳳來爲序道光七年知縣盧昆鑾率紳士重建盧昆鑾爲記嘗聞孔子之道曾子子思繼其微至孟子而始著孟子而後周程張子繼其緒至朱子而始著蓋有宋諸儒相繼蔚起洛學再傳而朱子集其成大抵窮理以致知反躬以實踐一以居敬爲主而得洙泗眞傳其門人更相傳授以闡微言而昌正學何其盛也自紹興初陳公輔上疏力詆伊川其後何若謝廓然趙彥中鄭丙陳賈林栗之徒從而媒孽道學之名爲世大詬及韓侂胄用事籍宰執至士人五十九人概指爲僞學於是道學之禁歷四朝六十餘年至嘉泰而其禁始弛朱子之歿已逾年矣方學者解散或詭他師崇德輔漢卿先生獨不爲禍動且亟棄產往隨以身試禍入京師居太學之南相與質疑問難志不少屈者何也以孔孟子道至朱子而始著將以傳之先賢者貽之來學也爰名其堂曰傳貽以祀朱子躬行倡率後學興起魏氏了翁亦其出其門經史雜著多所脩明然則如輔先生者無論立德立言學術造詣篤信好學守死善道詎不足爲百世之師哉昆鑾宰其臨安時倡立錦城書院及來石門讀先生之書慨然於聖賢之道可傳可貽者當講明而切究之也顧諸生肄業之所創於乾隆二十七年嘉慶初年前令方君維翰捐廉以資膏火地既湫隘經費又絀乃於城東爽塏之地買屋若干間謀於邑紳士捐資締造越旬月而克觀厥成仍以傳貽之名顏之而祀先生於中亦踵先生奉祀朱子之志也課士規條略仿錦城書院經畫既定乃進諸生而誨之曰我 朝敦崇實學 聖製

御製詩文於周程張朱俱稱曰子而不名誠以有宋諸儒得先聖之眞傳也而說經之士往往辯論曉曉講宋學者以漢儒爲破碎大道擯持訓詁之末務述漢學者以宋儒爲拘牽文義摭拾心性之迂談不知無馬鄭孔賈之名抱遺經則周程張朱諸子何自尋其緒無周張朱之深通大義則孔顏曾孟之道何以闡其微學者幸逢 聖朝無邪說之簧鼓而或漢學宋學橫分畛域各挾拘墟之見欲窺聖賢之傳難矣其下者溺於速化之術謂科舉可弋獲專事摹揣墨守麻沙冊高閣學官之書摒之國家立學取士之意不啻背馳幸而獲選者亦卒少其人昆鑾嘗有慨於此既取輔先生義以名諸生肄業之所因思先生守朱子之道於邪說橫流之時其勢一難諸生讀朱子書於正學昌明之日其道易昔胡氏中序詩童子問之日橋李士夫藏是書如至寶傳是書如秘帙然則先生之書固此邦之士所服膺久矣夫先生傳朱子之道即傳朱子所傳孔孟之道以貽來學者也凡在傳貽書院者苟深思夫所傳所貽者何在則科舉之業既不誤於速化之術而分門漢宋入主出奴者當恍然於孔孟之道殊途同歸勿爲陳公輔之徒設淫辭而助之攻也此則予之所願與語溪士君子共守也夫司事馬珮思葉城鄭燾蔡應萁吳作霖朱邵楣馬鳳翔馬煥猷鄭塏鍾浩仝勒石咸豐十一年燬同治四年知縣楊恩澍重建九年知縣陳謨捐廉錢六百千生息備用

白社書院 在石人涇浙江通志衛富益教授講學處舊浙江通志今廢

綠槐書院 在石門鎮東三里王畿之裔分棲于此袁志今廢

崇文書院 在城內西北隅乾隆二十七年邑人公置以課士凡埋胔施棺給藥放生惜字諸善會亦集于此四十八年捐建講堂書廳後樓軒廊庖湢咸備並有竹山魚池繚以垣墉舊名崇

文堂嘉慶三年知縣方維翰同教諭柳超講課改題今
額公捐膏火伊志咸豐十一年燬
開文書院　在玉溪鎮運河東岸玉溪橋右咸豐元年知
縣張家縉建前爲講堂後樓祀宋儒黄幹今燬
延陵義塾　元皇慶中吳英建在縣東南運河左址廣十
畝構屋六十楹塑先聖諸賢像撥田五頃資春秋祀事
及師生脩饌費柳志今廢
義學　舊有五所東在廣福寺南在育嬰堂西在慧菴北
在甘露寺道光三年知縣鄧廷彩捐建中在崇福寺軒
轅殿邑人捐設道光七年知縣盧昆鑾捐廉并撥四學
餘貲以濟之咸豐十年俱燬同治十一年知縣余麗元
捐廉復設一在崇福寺一在財神堂
玉溪義學　在玉溪鎮西竺庵光緒二年知縣余麗元倡
設
生賢義學　在洲錢鎮祇園寺初爲生賢文社主簿楊純
禮捐廉倡設光緒元年知縣余麗元改爲義學撥育嬰
堂餘欵以濟之
桐鄉縣學　在縣治東北一里明宣德五年大理寺卿胡
槩知府齊政相地得邑民徐進居爲學基案劉志宋文思院徐綱之裔衆水匯合形如半璧　七年知縣趙中建明倫堂正統二年知縣

范宣建大成殿兩廡神廚神庫文昌祠知縣田玉建戟
門欞星門二齋居仁由義號舍倉廨門闢射圃柳志天順四年
知縣張泰重脩殿廡增建後堂曰樂育及退省軒易欞星
門以石縣丞鄧玭建饌堂觀德亭明浙江通志李賢爲記成化五
年知縣左源新明倫堂七年參議劉潺僉事周正方縣
丞李經撤殿新之劉宣記桐鄉本崇德地宣德庚戌歲析爲是縣于時庶事草創學校廟殿悉卑陋不稱加以歲久日就傾圮厥後提調學校按察司副使劉君嘗新明倫堂成化辛卯按察司僉事周君正方按臨是邑撤其舊而新之時得罰贖金若干付所司市材募工至役夫亦授直殿成以閒計者三其高五十尺深加四尺廣視深又加二尺葢增于舊者五之三云經始于是年臘月落成于明年二月適提調學校僉事張君悅至又命工重肖聖賢像　十年知縣孟俊重新號舍建齋宿房
十六年知縣張翬新饌堂二十一年知縣梁敬新圍牆
易奎光樓柳志宏治中知縣王昊脩明倫堂置俸廩倉後
知縣李廷梧考正鄉賢祠位錢福爲記正德九年知縣任洛
重建明倫堂及儀門脩饌堂齋閣號廳立題名碑沈煉記正德壬申秋七月任侯來尹是邑謁先聖禮成載觀學之規制慨然有鼎新之志越二年憲副徐公宣之奉勅督理學政諸生建增大之議徐公是之侯喜成其志爰鳩工庀材宏壯倍于昔新學宮之外築河岸百丈有奇
嘉靖九年知縣王宸增建敬一亭劉志十七年知縣朱
尚質脩明倫堂吳志呂希周爲記四十二年知縣曾士彥脩整
廟學建文昌祠文奎閣劉志萬士和爲記萬歷五年知縣蔡時
鼎新明倫堂九年知縣高梅教諭李九標新殿廡儀門

櫺星門（案李樂記先聖先賢諸主狹小宏其制名宦鄉賢祠左右失序正其位）李九標又
建文昌祠（茅神爲記）二十二年知縣陸枝重脩廟學（馮孜爲記）教
諭韓士元倡建聚奎樓（沈士充記）
國朝康熙七年教諭閻圻申重建明倫堂十五年巡撫陳秉
直知府盧崇興知縣徐秉元倡捐大脩殿廡建大成門
杜臻記畧浙撫陳公起家三韓由方伯而晉陟禾郡之
盧公以卓犖異才擢爲郡牧二公之偉業不可殫述矣
煥新桐學乃善政之尤鉅者方今 聖天子銳意
文治臨雍講學開科求士尤惓惓焉桐之學人文蔚起
向嘗甲禾郡自鼎革來半畝之宮鞠爲茂草至賢書絕
響入廟而觀瞻者靡不慨嘆謂未足副崇儒重道之盛
心也今年春司諭馮君議重建邑侯徐君脩述以請撫
軍陳公首捐五十金郡尊盧公割俸二十石且手製募
敘多方勸輸自是里中鼓舞爭助始自正月落成于是
秋重九先脩聖殿三間高五十尺深五十二尺廣五十

六尺甍脊楹榱欂櫨垣牆無不選料精良加以丹漆金
彩炏造大成門九間高二十四尺廣九十八尺深二十
五尺皆堅巨輝煌殿東西接兩廡側皆漆屋兩廡俱脩
飾之甃門竪石柱圜牆新築五十四丈殿之前後泊門
內外淤泥草萊挑除淨盡不數月而爲宏麗之規學東
有登俊橋乃泮水青龍所會久圯新之以通冠蓋工竣
郵書求予序其事余思當此水旱游臻兵燹交困之時
而工成不日非二公倡導宣揚正己率人又烏能使桐
之類璧生光奕葉也哉 二十年知縣何金蘭牓明倫堂額建名宦
祠（自爲記）二十四年甃泮池（吳志）三十四年知縣郭金湯脩
殿廡建二坊五十六年邑人金學渭脩名宦鄉賢祠（浙江
通志）雍正五年邑人汪繩烪重建明倫堂葺禮門泮橋購
地築宮牆（蔡可遠爲記）七年知縣蔡可遠捐建名宦祠（馮景夏爲
記）十三年知縣蔡可遠教諭汪楷訓導吳昌祺倡脩殿

廡泮池櫺星儀門及各祠重建宮牆乾隆三十八年知
縣潘安智董脩廟學盡皆新之五十五年邑人陳亮世
脩葺櫺星門明倫堂五十七年知縣呂爾熺捐廉同教
諭殷立梧訓導周人英倡脩大成殿重建兩廡及各祠
宇嘉慶四年知縣李廷輝請帑竣工（伊志李廷輝爲記）道光六
年知縣王鼎銘教諭宋咸熙訓導褚運鯤勸輸重脩大
成殿櫺星門九年知縣王鼎銘重甃泮池石岸教諭程
希濂重建泮橋十四年又勸輸重脩文昌閣（于志）同治四
年邑紳嚴辰請欵統脩規制如初（嚴辰爲記）
崇聖祠 在明倫堂後（即舊啟聖祠）嘉靖九年知縣王宸建（吳志）

國朝康熙十九年訓導吳賓文重建（吳志）雍正二年奉文改葺
十三年知縣蔡可遠重脩乾隆五十八年署知縣戴廷
沭倡率重建（伊志）同治四年邑紳嚴辰請欵脩
尊經閣 在明倫堂後明宏治中知縣王昊脩嘉靖戊申
知縣朱尚質重建四十二年邑人沈瓚捐建知縣曾士
彥成之（桐鄉徐志鍾繼元記今廢）
名宦祠 今在學宮之東乾隆五十九年紳士改建（伊志）
祀明生用和田玉張泰孟俊王昊楊燦任洛范來賢方
克胡宗憲阮鶚宗禮霍宗道侯槐何衡（嘉禾徵獻錄作何翔）錢淵
金燕蔡時鼎方可正須之彥藍應斗嵇之楚

國朝盧崇興何金藺劉鐘又通祀總督朱昌祚以下十一人詳府名宦按明代自胡宗憲以下六人向祀於忠義孝弟祠者改入名宦

鄉賢祠　今在名宦祠右乾隆五十九年移建伊志　祀宋徐綱明鮑恂貝瓊程本立錢貢李樂馮孜朱大雅沈照沈棻沈雲從錢夢得錢夢傳沈思充朱邦祈沈錫陳素張履祥已從祀東廡

國朝鄭璜鄭蘊宏沈允文金士瑜案吳志云明縣志有馬繼祖楊述楊青沈棨趙讓鍾繼元祁鯨陸堦陸日新陸吉陸懋元十一人以上伊志馮浩于志增馮景夏陸以湉新增

忠義孝弟祠　在名宦祠之北雍正元年奉文建乾隆五

嘉興府志　卷九　學校二

十八年重建伊志　祀五代薛仁德元衛富益濮鑑明程本立濮宗淵濮圓齡朱霧陸日新鍾名遠王三錫沈鏵董臯濮文起莊儒徐梗徐嶅陸鼇王全顏小童王顯保張鋭鍾啟明王允昌從通志增錢汝迢府縣志傳俱作汝逍湯日新葉應乾夏儒李成德李尚白李懋華張明俊吳重光沈方遴欽定勝朝殉節諸臣錄增

國朝施錩志傳作昌周起龍周應驊薛陛烏青鎮志作正陛計灝孔尚忠以上伊志忠義三十九人嚴謹忠義新增宋吳三五潘十三通志作潘生錢四十二施二十通志作施二范奎一作圭明檀郁從通志增甯冠朱杲陸天錫毛文耀錢夢傳仲應鶴張昭湯士陞唐元垰朱涵臺案孝子檀郁係安徽桐城縣人見萬姓統譜

國朝沈樾陸費錫施國楨錢枋張景曾施永譽桐鄉徐志作泳譽范文裕錢天濟李元任時慶孫嘉麗張侶韓沈元楷莊三聘李元慶祈起元以上伊志孝弟三十二人三祠均與學冊相符

射圃　在奎光樓後內有觀德亭桐鄉徐志

學田　新舊共四百一十一畝八分四釐劉志袁志同　又乾隆元年縣人倪作楫五十一年縣人蔣受基先後捐田十七畝三分為惜字經費伊志　今勘實學田地四百二十二畝零見各年冊報

教諭署　今在明倫堂西南由義齋之後嘉慶元年教諭

嘉興府志　卷九　學校二

殷立梧重脩伊志　同治四年邑紳嚴辰請欵脩

訓導署　向在司教署後今遷明倫堂東南乾隆五十七年訓導周人英重脩伊志　道光二年訓導趙烺脩葺于志　同治四年邑紳嚴辰請欵重脩

義學　在縣治東寅賓館舊址雍正九年知縣陳大慶建浙江通志　十年知縣蔡可遠延師捐餼乾隆五十四年署知縣郭文鋕重葺捐俸貲課伊志　今廢

社學　三所一在西門外吳志云市一在東郭外　一在玉溪鎮東一在青鎮興德橋東浙江通志今廢

正心書院　在惠雲寺西南明崇禎十四年建浙江通志今廢

立志書院　舊爲分水書院在青鎭北中爲講堂左右翼以廂樓後樓五楹前爲大門乾隆五十二年邑人沈啟震捐建同里助之湖州知府雷輪記曰吳興山水清遠其士澤于詩書其民敦質樸而重廉恥郡號易治郡東南九十里有聚會烏鎭隸烏程其東圻曰青鎭隸嘉興之桐鄉一水中分民居稠密縉紳商賈簪纓富庶不絕形家言鎭水發源天目歷苕霅入爛溪九水匯環尾閭實居其北南宋時已有羅星前明添設同知羅公斗于水口築墩屹然中峙其右連三元閣閣之前有殿歲久殿圮惟閣巍然獨存其額垣廢址滅沒於荒榛腐草虧蝕於侵佔私貰者數十稔矣歲丁未余同年友河東觀察沈公啟震以恤歸里里中人因鎭之社學久廢謀所以復之者公慨然獨任適悉出其橐中金金盡則典質田宅以繼之庀材鳩工卽於三元閣前址闢萊復土創立講堂學舍凡若干楹不數月工竣顏之曰分水書院以墩誌也余惟風俗之端由于人心之正而欲正人心必先知禮義鄉鎭之有書院卽古黨庠術序也鎭處四衢五達之衢界連吳越剛柔異性良楛不齊今聚其人之秀者使之遊于鄉校之中教之以孝弟文之以禮樂優而柔之厭而飫之肫然返于三代之俗其爲功豈淺鮮哉若夫踵事增脩重新墩閣以及講院中脩膳之資出入經理之數烏青兩鎭之紳士實踴躍從事焉　五十四年署知縣郭文鋐捐置課士桌橙五十七年德清徐以坤助膏火田三十畝秦瀛記烏鎭舊名烏戍湖州之烏程歸安所治地也鎭之東爲青鎭隸嘉興之桐鄉烟火相望故又名烏青鎭鎭有墩焉浙西之水發源天目歷苕霅入瀾溪分九派而匯于鎭明同知羅斗就水口築墩曰分水墩桐鄉沈兵備青齋世居于是乾隆丙午自山東運河道任歸懼其鄉人失學無師而人材之卽于呰窳也建書院于墩之上卽顏曰分水前後屋凡若干楹堂廡庖湢畢具歲延師課生徒其中以一鎭而聚三邑之士烏虖盛矣今年春兵備及桐鄉令李君廷輝以膏火紬于貲謀諸余爰偕守令各蠲俸緡而逆平湖進士徐君爲主講古者士無不志于學家有塾黨有庠術有序又設鄉老鄉大夫州長黨正族師閭胥比長之屬以董之無非學卽無非師也盍野處之秀教而成之可爲

鄉大夫之選不教則將入于莠民而不自知于是董之于師講明于孝友睦婣陶淑于詩書禮樂磨揉遷革而俊造繇是出焉烏鎭故吳地吳越之民多秀而習俗澆漓且其地闤闠錯雜游敖蕩佚之風往往而有是書院之設實合于家塾黨庠術序之遺意而徐君因與其徒藏脩游息其教易入則其學易成抑比年以來魁進士科者皆在苕霅數十里之內科目固不足榮多士而士各砥于學以應　昌明之運固余之志而兵備與徐君之所期者　余故記之以爲多士勖　伊志　咸豐間燬于匪同治七年邑紳嚴辰請欵改建于青鎭之型字圩額曰立志前後五進中爲張楊園先生祠後附義塾本鎭絲商每年集貲佐膏火

桐溪書院　在東水門內同治三年署知縣王聯元籌欵買民房改建並置田四十二畝零延師課士奉張楊園馮伯陽俞甯世三先生栗主祀焉附設義塾絲商集資佐經費與立志書院同

義塾　光緒三年知縣龔鳳岐捐廉創設自城內至青鎭濮院屠甸寺爐頭鎭玉溪鎭凡六處各延師以課童蒙之無力讀書者通詳立案

嘉興府志卷九

嘉興府志

嘉興府志卷十

壇廟一 祠祀附　嘉興府知府善化許瑤光重輯

上祀中祀羣祀以昭誠敬以隆報賽大禮攸關罔敢缺矣茲卷所載或沿昔以存名或循今以附記雖未必盡符彝憲然遺俗也古愛也世德也皆數典者所必徵也爰敬謹志壇廟而附以祠祀

嘉興府

先農壇 嘉興秀水二縣附府合祭 在東門外白五都地宇圩號內 浙江通志

國朝雍正五年嘉興縣知縣戈鳴岐秀水縣知縣魏大德奉旨建立壇基　畝　分耤田九畝八分 伊志 嘉慶十八年嘉興縣文遵知縣趙檝詳修 于志

祭日 大清會典直省府州縣均歲以仲春吉亥各于所治東郊建先農壇朝服行禮禮成更采服率屬行耕耤禮

祭品 大清會典羊一豕一鉶一簠簋各二籩豆各四尊一爵三帛一

壇制 浙江通志田在壇前壇中正祠五間左右翼七間後立寢室內供先農炎帝神農氏之神先農厲山氏之神先農后稷氏之神

案浙江通志云先農壇最爲鉅典應列諸祠之前而社稷山川諸壇次之凡附郭之縣統附于府皆不分設今

依其例

編次

蠶神廟 嘉興秀水二縣附府合祭 在西門外茶禪寺

國朝乾隆五十九年知府邢澍奉文建立先是奉

上諭吉慶奏浙省鄉民飼蠶每年在

軒轅黃帝廟後殿祈祀

蠶神向不官爲致祭蠶桑本與稼穡並重浙省杭嘉湖三府

尤比戶飼蠶以資生業允宜恭祀

先蠶聿崇昭報著每年官爲致祭載入該省祀典並御書扁

額發往懸掛

軒轅黃帝廟及

先蠶後殿以祈

神貺欽此六月奉到

御書匾額軒轅廟曰利用宜民先蠶廟曰衣被功神每歲春秋

二祭祀以少牢春祭以季春吉巳秋祭以九月十六日

其儀品如先農壇之例並祀軒轅黃帝 知府邢澍先農神祀典記爲國首重民事農桑者民生衣食之本農田詧徧寰宇各祀土之所宜以殖百穀蠶桑之務禹貢兗州桑土既蠶諸州貢篚皆爲繭物文王養老之政豳風七月之詩雍土亦宜桑也今則或仍修習或遂廢棄獨東南浙西數郡蠶功殷繁甲于天下上以貢朝廟法服之章采下給薄海內外織紝服物之取用盇此數郡厥田古稱下下後世號水鄉腴壤其實土窄而民勤若秋穫豐登僅敷歲之半必半資於江湖商販之轉輸惟賴蠶事絲綿通百貨之懋遷收外鄉之滋液幸免飢虛一遇歉收立形空匱是以地無不桑之土農無不蠶之室我 皇上仁心仁政子養兆民德溥膏濃紀頌莫罄久道化成彌復孜孜勉勉 特以浙江蠶桑與稼穡並重 垂詢大吏中丞吉奏杭嘉湖三府比戶飼蠶鄉民歲於軒轅黃帝廟祈祠二神未經官爲致祭今於殿後安設 先蠶神主率屬恭祭天氣晴和蠶桑茂育遂荷重頒 諭旨每年官爲致祭載入祀典 御書匾額懸 軒轅黃帝廟及蠶神後殿以祈神貺 恩意洋溢 睿藻喬皇猗與盛哉此浙西曲被之鴻施邀福于無疆者也夫農桑皆肇五帝之世炎帝始教農故號神農氏蜡祭始焉神農氏世衰黃帝軒轅氏代興內傳曰黃帝伐蚩尤蠶神獻絲乃稱織紝之功蠶神其始此乎黃帝正妃西陵氏是爲嫘祖兩漢祀先蠶苑窳婦人寓氏公主二神亦未詳其由北齊祀先蠶黃帝於蠶壇上後周皇后至蠶所親奠先蠶西陵氏神凡皆于親蠶時祀之如耕耤祀先農非若先農建壇歲祀之通制也傳記高辛之世有馬皮卷女飛棲桑樹女化爲蠶食葉吐絲成繭乃塑女子像披馬皮爲之馬頭娘民間私祀已久至有謂其飛棲之樹始號爲桑民競栽種之者其尤誕與今虔奉 諭旨既行省郡恭祀先蠶聿崇昭報典既全而儀不黷 丕展敬共洵不易之定制

盡善之隆舉璵承乏嘉興府事屬縣七皆養蠶惟勤時近蠶忙急率嘉興縣令徐雙桂秀水縣令戰效曾虔龍淵之上古刹佛殿之東因舊址建新楹安奉先蠶之神准禮禋祀民老幼聚觀踴躍歡悅蠶獲豐收是由帝力神功彌綸感格樂利我蒸民繼自今民篤其誠神昭其靈潛孚顯佑祈報益虔衣食足而耕鑿安本固邦甯我 國家綿長之景運億萬年無終極矣頌上德而樂民和守土者職也爰謹記于石云

廟中設木主二一軒轅黃帝位一司蠶之神位廟東隅

設馬頭娘像西隅設大姑二姑三姑像皆附列焉 伊志 咸

豐間廟燬暫祀于覺海寺中

雩祭 嘉興秀水二縣附府合祭 乾隆二十一年奉文遵

旨郎于先農壇舉祭 伊志

案七縣雩祭俱在先農壇其八蜡亦郎先農壇致祭不另載

社稷壇 嘉興秀水二縣附府合祭 路社壇舊經云子城西北一里八
十步今在澄海門内西北百步 至元志 考證 縣社壇 舊在縣西南一里一百
三十步後移精嚴寺前壇宇廢圯宋 宰李時習修之有舊碑没眢井中 宋元並在府西郊
明洪武十五年知府李賙建在府治通越門外二里一
百八十步附郭五福鄉西都 趙圖記 案柳志社稷之制史稱後漢建武二年始詔郡縣置社稷二八月及臘歲三祀梁惟二仲加祀靈星風伯雨師日用甲隋唐以戊罷二星加雷師祀以少牢社石稷栗帛用黑宋制五壇同壝風雨在焉元制罷附郭縣社稷二移風師于東北郊日用丑雷雨師于西南郊日用申明制社稷合祭于西郊祀以春秋二仲月上戊日去在城縣壇以歸于一其風雲雷雨山川邑厲諸壇縣皆合祭于府
國朝雍正三年奉

頒稱府社之神府稷之神基地八畝肆分五釐 伊志
壇制 秀水任志北向高三尺東西二丈五尺南北如之出陛三級前十二丈東南西皆五尺埋石主于壇南正中設木主二臨祭奉于壇而祭之 案今制府社之神府稷之神壇側宰牲房神廚房神庫房齋宿房各三間北向爲大門繚以周垣
風雲雷雨山川壇 嘉興秀水二縣附府合祭 在府治南澄海門外三
里象賢二十二都明洪武十五年知府李賙建 柳志 案趙圖記宋在至德里壇制及齋房一視社稷壇
國朝雍正十年奉
旨查照定例如式修理基地七畝一分一釐一毫 伊志
壇制 秀水任志南向高二尺五寸方闊二丈五尺四圍共十丈四出陛南五級北東西皆三級無石主定

神之號曰雲雨風雷之神嘉興府境内山川之神嘉興府城隍之神壇側宰牲房神廚房神庫房齋宿房各三間南向爲大門繚以周垣
厲壇 嘉興秀水二縣附府合祭 在府治北望吳門外舊廢菩提院基 柳志
明洪武三年十二月詔府縣立厲壇十五年知府李
賙建宏治三年九月知府柳琰重建 趙圖記 基地二畝九
分五釐三毫 伊志
壇制 秀水任志南向壘石爲之高二尺五寸方闊二丈五尺南出陛三級城隍祭屋居中餘祭屋列兩旁宰牲房神廚房神庫房大門繚以周垣 案里社壇鄉厲壇皆不載
文昌祠 在元妙觀嘉慶五年列入羣祀咸豐六年奉

旨升入中祀十年祠燬同治四年知府許瑤光移建于鴛湖書
院講堂西偏
城隍廟 在集慶坊即天慶觀故址 吳志 舊在州樓上之東
偏晉天福四年立後移於此守臣劉炳爲之記 至元志 案劉
炳改建城隍廟碑記其前半無從補録兹録其闕廑存者士香火後先而錫名尊顯之義曠焉未詳非敢越端平二禩今公海制垣趙公與籌被命作牧歲格豐嘉興邦人列神之功力請于朝會以召歸繼之者何公處久頗經紀之且闕歲而炳實來假守視事三日循彝典謁祠下祝史以版贊神名若有見焉已而天封沓來申錫顯號獲與耄倪對揚神休靈昔閣今顯豈非有待也耶抑聞民生之休戚閣之疾苦使其壅于上達而不獲伸于下者吏之責也吏固不敢勉至于雨暘慘舒豐凶之數司之者非神乎况夫是邦田連阡陌地瀕斥鹵風潮蕩潏之變間不免焉不聽之宜以福斯人而侈上賜也然莫之爲之先雖美而神不之彰

莫爲之後雖盛而不傳名則正矣繼自今修大侯王之封所以致崇極于神祈後之人毋忘之云嘉熙改元歲在丁酉正月初吉日中奉大夫知嘉興軍府事兼管內勸農使節制澉浦金山水軍劉炳記 元末兵燬明洪武三年知府謝節卽天慶觀址立廟袁志柳志趙圖案記俱云知府謝士毅卽天福寺址爲之考名宦傳士毅卽謝節之字李日華六研齋筆記天福寺卽天慶觀

詔定神號稱某府縣城隍之神著在祀典趙圖記案洪武二年正月丙申詔封府城隍爲鑒察司民威靈公秩正二品縣城隍爲鑒察司民顯佑伯秩四品詞臣撰制文頒之至明年五月丁巳乃更定神號云 宣德間知府齊政重修柳志 成化間知府楊繼宗修之嘉靖二十六年知府趙瀛大加修葺新增敞軒省牲堂左右齋廬屏垣凡十有二兩廊各有祠三間以居二縣城隍之神至元志嘉興縣城隍廟在縣治內考證舊在縣西二十步晉天福四年立後移在治內之東偏知縣李時習重修案後併于府 徙諭祭碑亭于中道左右別建亭樓焉趙圖記明陸杰記略嘉興府重修城隍廟伐石請紀其成惟城隍捍外衛內必有神焉默運于高深之外者廟祀始于唐上自國都下迄郡邑祝號之數視諸守土法天道而治神人也我高皇御極初定封爵隨復釐正從本號嘉興府統地一千六百里其屬皆聽命于城隍太守爲守土之官城隍爲守土之神是故太守奉天子命率其屬以賞罰治人城隍奉天子命率其屬以禍福治人作善作不善明有賞罰而幽有禍福嚴矣哉嘉興爲漕運之地其神之職宜必加重有司之所當知者也今廟在郡治西北天慶觀之址正統間郡守齊公政嘗修之歲久漸敝神棲弗稱太守左山趙公至考圖經恢前烈踈濬堙淤增廣益深相度方隅間爲培築於是形勢益勝遂有事于廟命秀水令洪君邁方君祥規度材用而責成于者民梁用俞遜鈕鐸仍而葺之者爲二門爲正堂爲後寢有間凡二十有三撤而新之者爲二門爲兩廊間凡四十有九新作者爲敞軒爲省牲堂爲左右齋廬爲屏垣間凡十有二嘉秀附府之邑舊不更廟今卽兩廊之中各飾

祠兩間以居二縣城隍之神徙諭祭碑亭于中道左右別建亭樓碑焉役取諸僱費出諸贖士民胥樂爲助始嘉靖丁未秋七月訖明年戊申秋八月太守朔望率其屬謁廟已縣令復率其屬各謁于所主之祠制合于宜事始于中見者咸相觀喜謂必如是而後朝廷命名之意合稱夫神爲民物庇事神者其誠無所寓而寓之廟貌廟嚴則神靈赫亦猶公庭壯則守勢尊公其知務哉公守嘉三載于茲秉明愼勤以倡厥屬而嚴鄉約均由賦禁倡優籍游手蠹剔其本利開其源郡以稱治其理人之道所可爲者亦既盡之矣而所不能爲者則以望于神神以聰明正直自命公則有神之用神獨無公之心乎公之心爲民而已茲舉爲民也不與興作非時者類法得書公名瀛嘉靖已丑進士陝西三原人嘉靖戊申八月旣望 萬歷三十八年知府吳國仕重修伊志賀燦然重修府城隍廟碑記略城隍之號昉于隋唐國朝仍之著在會典自都城達於郡邑各立有廟郡邑長貳朔望謁焉葢其重也郡廟在治西北一修宣德王子再修嘉靖戊申今且六十餘年風雨所摧霜霰所剝蠹蛀所蝕嚙卽棲神之殿幾不能蔽風雨殿之前故有軒軒卑不能與殿埒方明爲軒所障且就圮矣殿以後爲川堂楹棟桁梧朽而將仆其重門兩廡亦垣頹壁敗非所以崇廟貌妥神靈也會吳公以名進士出守禾郡一顧瞻歎曰不穀受天子命忝守茲土敢不刻厲輯甯此一方民以稱任使然藉神實相之願焉弗飾守土者責也乃首捐俸倡諸僚屬於是郡司馬關公別駕劉公方公張公郡憲歐公令尹嘉興陸侯秀水吳侯平湖宋侯嘉善徐侯崇德靳侯桐鄉藍侯亦各捐俸若干而士若民爭樂爲助工取諸募不勞一民費取諸良牧及士庶所喜捨不費官帑一錢經始萬歷庚戌嘉平月廿有五日辛亥嘉平之望遂告成規制故敝今且奕然改觀矣廟貌一新神靈加赫人心加嚴卽所云神道設教其在斯乎 四十三年大殿災次年知府莊祖誨重建吳志案秀水李志署府同知劉可訓建考職官志莊祖誨丁巳任劉可訓戊午任葢相與共成之

國朝順治間復建二邑城隍行宮于殿之東西秀水任志 康熙三十一年火燬知府徐崇禮重建吳志 道光二年郡紳徐二

存等捐輸歲修經費十年十四年十八年先後修葺于志

咸豐間燬同治中里人重建

順濟龍王廟　在郡西通越門外三里舊志在嘉興縣西五里今屬秀水縣永樂鄉三十一都去縣四里景德禪寺之右三塔灣之左案至元志碑載廟基下爲白龍潭深險莫測往往致風雨壞帆檣雨晴則有白光三道起水中唐時異僧行雲日運大石以實之積久潭塞遂于光起處建三塔以鎭之祠爲伽藍神號宋嘉定十年旱邑人禱龍得雨祠部爵龍靈澤侯而祠曰順濟宋嘉定中封嘉興順濟廟神爲靈澤侯勅云勅嘉興府嘉興縣順濟廟神比歲禱旱四方萬里以神應來諗者袂相屬也休稱美號極其褒崇既以侈神之休抑以慰民望也況神之靈著于輔郡有禱輒應民恃以無恐則封爵之榮庸可緩乎國之于神也既厚則民之望神也益切神其有以慰秀民之望則國之報神者其有既乎可特封靈澤侯奉敕加右牒奉行嘉定九年三月十八日　案此敕于嘉定九年三月施行則秀州之旱當在八年非十年祥異志不備載牒以敕文爲據　案宋李時習白龍潭記云漕渠出通越門直西三里平折以北面其曲爲今景德寺前有三塔杭其流流之深倍左右四尺龍之所宅也寺有伽藍祠號順濟龍王蓋嘗有德爵莫考其所以始舊俗云風檣雨權淪溺不測往來者謂險眎江湖間乃相與琢石轄舍利建浮屠鼎足鎭之所謂三塔者也塔初成靈光夜明險害乃已豈其依佛慧力易暴以仁如華嚴經所言遂以福德有此珠宮貝闕耶湻熙元年夏五月潭之所大雨雹已而不雨至秋七月有旨禱羣望最後築壇刑白鵜歃血以祠蘊隆如惔郡刺史毗陵張公元成顧日將何以拯民憂時習日歲旱取虎顱骨納諸有龍湫潭中可以致雨法用長綆繫之雨足卽出之先大夫嘗行諸京口雨旋至請加之于三塔之潭公曰諾獻議者疑之夫事既亟矣知之而不行欲行之而不勇不誠謂我民何于是綿蕝如法乙未公從僚吏出禱小雨隨之越三日丁酉禱畢蜿蜒雲端不終朝大雨歲以大熟邦人咸喜乃卽廟貌新之此謂祠之建莫考其所始與至元志異語詳山川　明洪武三年詔定嶽鎭海瀆神號改封順濟龍王有司春秋二仲祀以中牢宣德間知府齊政重構祠宇繪塑一新有加于昔矣柳志案嘉興湯志成化間郡內大旱知府徐霖召道士沈嵩亦用虎骨攪龍不旋踵大雨雹田禾霑足霖喜謝道士詩曰道人掌上一瓢水太守城中千頃禾好雨四郊流帝澤淸風隨處聽吳歌　崇禎七年重修吳志邑人陳懿典記略歲甲戌五月久旱不雨人心皇皇余隨諸紳從郡邑大夫虔禱于城隍廟更訟言宜並禱于龍王祠見廟宇上漏下濕四壁傾頹僅存神像幾不能蔽爲之慨然遂發願重爲修整不三日蜿蜓雲端甫禱畢而大雨如注僮僕輿隸居民行道負濕歡呼自此綿綿得遂有秋廟故載在祀典修整係有司事頻年公私交困難以舉行余立疏勸募已則惟力是視乃神則先示夢于門人石生騰霄生以千錢爲助余不忍卻其誠而獨任之意益堅聚財鳩工卜日經始先期置石砌于旁將以厥明合衆支撐然後安礎乃石砌不煩人力大顯神通業已安然位置衆皆駭異奔告于余謂非精虔感格何以得此余謝不敏何敢貪天之功然輪奐鼎新面貌改觀不可謂非神也余考三塔爲古景德寺號爲龍淵原爲蛟龍所窟鎭之以塔因以龍神爲本寺護法祈禱立應宋湻熙間嘉興令李時習崇飭其祠有記其虎骨攪龍之事我朝成化間太守徐公霖因旱召道士沈嵩亦用一虎頭骨不旋踵大雨今則不煩攪龍神自降靈以甦此一方民故不事請禱請賑而供億飛輓如故豈非聖天子銳志乂安霖雨蒼生之所漸被哉吾儕小人永拜億萬年太平之賜敢忘帝德敢忘神庥是不可以不記　今祠三塔寺內西偏嘉慶元年知府伊湯安重修咸豐末燬同治十二年夏知府宗源瀚請款建復

關帝廟　在府治西北一里跨錦帶河爲石梁廟於其上嘉靖間建浙江通志　明趙文華記略嘉靖乙未朝既建部有水旱疾疫民告嚮答比者倭寇擾吳越督撫諸公皆嘗夢侯驅賊遁狀既賊衆數千來攻我師合圍擊之于王江涇斬獲幾盡蓋侯冥助陰施致此

大捷于是咸謂故廟湫隘不稱嘉興縣知縣張烈文拓址大新之　咸豐十年燬同治十二年嘉興協副將侯定貴募貲重建　知府許瑤光記嘉興武廟在府治西北跨錦帶河爲石梁廟於其上道光十六年前守伊克精額碑記謂創於明嘉靖三十五年而通志載越文華記略云建於嘉靖乙未則十三年也又云比者倭寇擾吳越督撫諸公夢侯驅賊遁狀既賊衆數千來攻我師合圍擊之於王江涇斬獲幾盡蓋一侯冥助於是知縣張烈文拓址新之考明史嘉靖三十一年秋倭陷嘉善三十三年命張經討倭三十四年趙文華請祭海神以禳寇遂命文華督視海防適是年張經大敗賊于王江涇廟之重新當在其時伊以重新爲創建誤矣至康熙朝前守吳永芳所輯府志不云武廟而稱關王廟是又沿習之最誤者也神在唐以前稱漢壽亭侯宋徽宗時封忠惠公大觀二年封武安王高宗建炎二年加壯繆孝宗淳熙十四年加英濟王元文宗天歷元年封顯靈威武安英濟王明洪武中復侯原封至萬歷二十二年進封爲帝廟曰英烈四十二年勅封三界伏魔大帝神威遠鎭天尊關聖帝君繼又崇爲武廟與文廟竝祀是知稱大帝稱帝君稱關聖稱武廟皆始於萬歷趙記作於嘉靖故尚稱侯也　大清順治九年封忠義神武關聖大帝吳志沿宋元之舊不獨非　國制并非明制蓋明制始侯終帝無王稱也自康熙至咸豐屢封靈佑仁勇威顯護國保民精誠綏靖十八字同治九年以河南撫臣請鈐出翊贊二字厚禮隆名於斯極矣論者疑本朝祀典沿襲前明非也前明神宗崇尚修煉奉神以伏魔故加號天尊　本朝革伏魔天尊名而特尊爲帝以凡有武功仰賴神佑捍災禦患封號洊加是前明爲一已祀釐　本朝爲蒼生祈福相去奚啻天壤乎或又疑神至宋始彰何寂寥於前而顯熾於後趙翼謂爲衰旺之有數此又非也夫神明之道愈疏遠則愈崇隆以尼山至聖德配天地西漢高帝雖有太牢過魯之祀至國學郡縣之祀則始於東漢明帝西漢平帝雖有褒成宣尼公之諡而文聖尼父之諡則始於北朝孝文帝若夫停祭周公升孔子爲先聖則在唐之貞觀二年而文宣王之諡則又在開元二十七年至冕服鎭圭用王者制殿號大成則又在宋徽宗崇甯四年由是觀之乃武乃文其道同也先聖後聖其揆一也久而始顯理固然也又何疑哉又何疑哉咸豐十年四月粵賊陷城廟燬於

火同治三年二月克復瑤來守郡安神於祥符寺至八年四月永綏侯公定貴由閩中叅府擢嘉興協營政聿修文武和輯乃謀就基重創弁兵感德踴躍輸貲文僚紳商亦各有助都司鎭海胡君憲章守備秀水張君順標董其事以十一年秋經始十二年秋迎神復座捐貲若干另石刊數屬瑤記年月爰爲銘曰遐稽蜀志絕倫逸羣綱目扶統漢匪三分乾坤正氣萬古絪縕威靈於爍戟戟前聞中興翊鼎龕滌妖氛東南底定熏燎高薰侯君楚寶智冠三軍行伍既肅禋祀克勤舊址新廟金碧紛紜赤兔戾止東海之雲永洗兵甲南湖之濱千秋萬歲偃武修文

旗纛廟　在所廳後七十九步案禮制壇高二尺五寸闊三丈池深二尺五寸此因有廟而不設壇焉正屋三間神廚神庫宰牲房各三間柳志已久廢　案軍牙六纛之神歲霜降日于教場致祭伊志

天后宮　在府治東北二里宋乾德中建明嘉靖已酉嘉興所指揮鞏洋捐創道士沈道誠重葺　邑人吳鵬記嘗聞古君子之于天下也上當體國家之憂下當遂民情之欲其綱紀法度之施亦惟欲垂之久遠而已使徒恃其末節而不急先務吾見其爲心也隘焉而已矣其爲政也敝焉而已矣曾是以爲治乎是故有志于治者必以社稷爲重況先朝所創之神祠其有助于國家者義同于社稷在後世豈可得而褻之耶吾禾城舊有天妃宮堂宇巍峩松杉交翠前帶川原後臨城郭此則宮之勝概而已若夫神靈則自宋乾德間以威福顯于江淮夫江淮者迺貢賦之所必由仕進之所必涉者至于陰風怒號濁浪排空舟楫或幾于顚覆人能禱之歷承其祐當時有崇道眞人知有神焉入奏于朝皇帝下詔令四方廣立堂廡以祀之此宮之所由起也以後愈遠而愈毁焉其宮室臺榭不及于古遠矣嘉興所指揮鞏洋以王事之勤來奠于神見而嘆曰噫此吾漕運香火也何至傾頹之若此遂捐俸資爲之重葺然一時功未可就有本宮道士沈道誠以誠篤允孚于人募化四方人皆樂於捨施本

所甲士白端輩先後勞來協力經營是以切子來之願者咸用丕作蓋上之憂之也切則下之感之者深上之所務者大則下之所成者疾此所以不待假之以歲月而煥然復新此豈欲爲一時之觀美哉欲生民之庇其祐也深矣在輩公也一則忠君之誠一則生物之仁其用心若此則其德業之垂于後世奚容泯乎吾于是嘉其請是爲記

國朝康熙十八年春住持伍文徵於殿後創建文星閣二十五年於西偏搆三星祠 前邑人王庭記禾城舊有天妃宮前帶川原後臨城郭地勢萃東南之美亦澤國一鎮也記載天妃自宋乾德間以威福顯于江淮有崇道眞人奏於朝詔令四方立堂廡以祀之此宮之所由建也其址廣不過三間深亦止兩進自黃冠元妙創于宋至故明嘉靖己酉嗣教道誠復修葺之迄今一皇清康熙十有八年仲春鍊師伍文徵具大願力積一十八年住持之經費罄其所藏爰擴故址得劉氏地基創建文昌斗閣兩廂側樓炊㕑臥室次第鼎新復于二十五年春起聖母正殿而立建中之極整山

門以進步趨之階搆福祿壽三星祠于西偏奉各善信長生位以祈福于中規模宏遠像宇莊嚴不啻蓬壺金闕蘂珠丹壺也師固元門之傑也哉師甫九齡棄箕裘而受經籙性慧而神清宜其讀石室書學長生訣守元田寶鼎之秘任則雖棄幻隱去則拔宅飛昇而師也目空一切圖爲可大可久之業當經營運籌有削雪指石之能鳩工度木有叱羊吐蜂之用聚人賞功有從龍從虎之昉其成此宮也戴星出人脩歷風霜乃獲輪焉奐爲之美神所憑依將在是矣書載有虞氏肆類于上帝禋于六宗柴望于山川偏于羣神後世廣爲宮觀所以通精誠迎福釐祐黍民阜萬物乃亘古不易之典師之功偉矣哉且又爲諸祖師化鶴處營丙舍以崇報本之思爲本宮經久遠計立祠陳紀置恒產以爲瞻戒其法屬世守勿替其貽謀美矣備矣閩之太上立德其次立功以此言功功固可稱以此言德德尤可頌而況師以大公爲懷無私業無私徒亭亭壁立眞神仙中人也豈特以其賢勞創垂勤之貞珉也耶不獨師之偉也其師兄陳元策暨諸法嗣皆能協力同心聿觀厥成亦賢矣哉

咸豐間燬今權在覺海寺致祭

陸宣公祠 在府治西南即舊嘉興學址祀唐陸贄舊祠在州學中宋建炎初知州程俱始建祠堂宋程俱贊陸宣公贊嘉興人建炎三年夏四月信安程俱假守秀州始訪公之像圖之資聖佛寺率僚吏祠而拜之爲贊曰天下無事湛于宴安視此神器隱如泰山是以其臣惟得是嗜以訣爲恭以儉爲智世方紛亂上下岌岌忍于其間覬得患失偉哉宣公與元之初夷險一致爲君矢謨如彼大厦載支載扶如彼赤子以調以虞格君之非砭國之肓卒以一旅還之興方西平之功宣公之畫外戡內籌心膂惟一構李之郊吳越所虔公生其間種蠡汗顏顧視故國喬木蒼然豈無若人以奠九壥兵後僅祀閣下淳熙四年知州呂正己以秦檜廢祠爲之建于文廟西北隅宋呂祖謙記古者建學先聖先師各因其國之故國無其人然後合他國而釋奠焉由漢以來先聖先師之位雖定于一然郡邑先賢亦往往祠于學宮猶古意也唐史載陸宣公贄蘇州嘉興人石晉時吳越王元瓘奏以嘉興置秀州城東橋以宣公名

者先老相傳公所生之地郡學故有公祠今郡學直題謨閣東平呂侯正己復葺而新之維秀陪翼行都典治爲天下劇侯獨置迎將期會之煩表公以風勵多士其知本務矣初公事德宗入翰林爲學士方禁旅四出伐叛公深以根本爲慮論居重馭輕之勢至熱悉也未幾淫卒內叛迄如公憂奉天艱難之際雖號親近而其實不大紓職在書詔因得具著天子悔過罪已之意聞者流涕人心已離而復合以便事抵懷光于立談頃拔李晟之軍已而平賊泚收長安獨晟軍是賴其守所及猶見一二已足以再造唐室苟帝以國聽焉官所就何如哉起建中歷貞元垂二十年離合從違之變縈矣確乎其不移溫乎其不懟疊疊乎其不厭所積之厚豈世士所易竊耶晚節爲相經緯之業出之固有次第始建白臺省長官各居其屬議輒見格然綱條本末載于章奏者尚可復也驟貶忠州閭戶人不識其面專以方藥自娛蓋畏天命畏大人員罪引慝于幽間隱約之中其志念深矣雖德宗卻猜忌克猶勞問有加非公之忠敬有以發之耶彼謂避謗不著書殆知公細者也秀維公里雋彥林立公之精緼列于鄉誦者舊矣故于祠字之成誦所聞以質其否焉淳熙四年四月記紹定中

通判陳塤復改建于湖上柳氏園景定四年始以祠堂爲書院景炎元年燬于兵更以東湖上賈似道太初堂奉公像即以堂爲書院吳志元大德九年復改作之牟巘記泰定中廢爲僧庵至正十四年嘉興路總管劉貞撤庵復建公祠書院案明劉基有陸宣公書院碑詳學校至正十五年復遷柳氏園又燬于兵乃以王氏義塾設主祀之後四年又燬祀于郡庠二十年郡貳守繆思恭仍移于太初堂元周伯琦有宣公書院記詳學校明洪武五年同知劉澤民復建于城南隅吳志明陳彥博記略惟唐丞相陸宣公祠之在嘉興者今二百五十餘年而隳廢不治歲時謁享無所寓其敬其前政嘗欲治之未遑也五年冬今同知府事江右劉公澤民來莅是邦間謁祠下以修復之不可緩也亟

軫念焉明年禾既有秋公曰可矣乃率寮宷出廩秩以先邑人於是聞者樂趨工役咸萃凡完舊者七創作者三重構者六改塑宣公像而嚴飾之重祠也始八月丙子終九月丁未凡三十日而少工倍既訖事邑人相與縱觀咨嗟太息莫不仰神明而思盛德蓋公之生實在于此祠之興復於人心獨無慊乎宣德四年大理卿胡槩即公城南故宅建書院因祀公於中明浙江通志　明金幼孜記略槜李舊有陸宣公祠歷有唐宋元廢興不一國朝洪武初郡守劉澤民重建於城內實元江南書院之故址且以公二十四世孫膺其守其祠歲久風雨頹圮因循弗治民有力者侵奪其地乃宣德二年大理卿胡君元節承上命巡撫吳浙諸郡鋤奸植良政行化孚慨念公之忠誠而廟食未稱實爲缺典遂購材鳩工復厥侵地命郡人王愷之董其役祀享有堂燕處有室門廡庖庫序列輪奐周垣崇崇環以林木胡君於是率其部之僚屬祭告落成焉夫公忠誠之所感奏議之所存垂之天下後世雖與日月爭光可也今日祠事之復與公固不足爲輕重後之謁公之祠者得有所勸焉正統間知府黃懋重修

嘉興湯志景泰二年知府舒敬疏請以歲春秋祭明浙江通志薛瑄記略史載公蘇州嘉興人即今之嘉興府城南有公遺廟世傳爲公故宅前代碑誌備載其事景泰二年知府事江西舒君敬上章以公乃唐之名臣忠節著于當時奏議行於後世其遺廟雖存自昔以來官無祭饗宜量給官錢修舉春秋祀事以褒忠賢激勵臣節詔從其請又二年爲景泰四年舒君以書來求記其事予惟世之爲守者類以督辦爲能而於世教風化所關者漠不留意獨舒君卓然以表忠勵俗爲急乃論奏公之事蹟於朝舉久缺之文以秩登祀典廟貌益崇血食不泯其所以爲天下後世人臣盡忠盡節之勸是不可不記正德十五年知府徐盈重修又于祠右建潄芳亭嘉興湯志范言潄芳亭記詳古蹟嘉靖十七年通判張本潔改建于此吳志知府王學孔記略嘉靖戊戌余守茲土瞻拜祠下恍若杖履公側親挹其咳貌而摳侍之也祠故址在秀水縣治歷唐至今且千百年鄉人崇祀如一日顧世遠寢圯敝不能障風雨先是同寅別駕張君陛泉懼弗寅也乃擇嘉興

縣舊祀夫子之廟厥宇尚新起而宏之考兆日吉上之大巡冷塘周公議亦允協于是工役並舉不越歲告成堂塗庭寢其序卓卓爾籩篚俎豆其器翼翼爾栒虡鏞鼓其文煥煥爾賓惟張君別駕之謨巡察周公之靈二三同寅之勤且明也因書以記之又邑人吳鵬記三十六年裔孫陸杲等建象賢堂于後嘉興湯志　沈瀹有象賢堂記四十二年裔孫秋官郎杲與其兄尚書杰太保炳翰林集等重建康太和記略陸宣公祠舊在槜李宋元以來遷徙不一載在舊記可略也入國朝始由南湖濱遷入城南繼遷于藩臬行署之間又繼遷于邑學宮之故址地凡三易矣然當時因舊爲新規構弗稱故不數年而傾圮已甚若有待于後人者嘉靖丙辰公裔孫秋官郎杲仰觀祠宇喟然嗟曰茲吾子孫之責也乃謀諸伯兄尚書杰太保炳翰林集與姪進士夢韓等協謀修之值海上盜起未暇也越明年盜平太保捐俸金申前議乃諏日鳩工凡堂宇碑亭階砌俱撤而新之又建儀門五楹於櫺星門之北建寢堂五楹于堂宇之陰左齋宮右建刑牲所肇工於正月辛未告成于九月丙寅

巍巍翼翼煥然改觀矣祠成學憲畢公擇裔孫夢
周充學官弟子員以守祠宇爲後之考德者稽焉**萬歷**
四十五年嘉興府莊祖誨重修吳志宋黃幹謁陸宣公祠于嘉興府學門外
詩年來風俗軟如綿再拜公祠氣凜然莫是平主太忠
綆只今猶斥學宮前徘徊無處謁精廬　義膽忠肝一卷
書昏主亂時公尙爾清朝平世合何如　李曾伯詩公
不生唐世貞元事若何主恩思報切臣罪忤時多佞舌
改何忍剮腸死不磨倚闌凝望久一鷺點蒼波　林逢
子詩仁義百篇唐孟子排姦勁節凜秋霜人生一死固
不免死落忠州骨也香千年舊事隨流水一縷殘香弔
蜀魂門掩落花人不到野風吹月照黃昏　林景熙詩
水玉爲骨秋爲神堂堂內相眞天人諫草數百垂清芬
仁義一洗功利塵剣肝灑血空排雲白日不見吾忠勤
奉天詔下哀痛新將士感泣天亦聞皇威雷動清九垠
一紙可敵百萬軍草芽學古期致君一頟扣關九虎嘯
玉堂雲霧當華津耿耿何不批龍鱗一樽驕古淒夕曛
鷺湖之水春復春　吳潛詩凜凜清規百世師功名僅
見奉天時忠謀任起姦邪忌感泣甯無士卒思落日桑
榆存舊蹟西風蘆葦護荒祠忠州流落空遺恨留得良

方與後醫　許棐詩一編奏議從頭讀字字冰聯玉綴
成不是德宗嫌切直自緣唐室未升平詔魂盡逐殘星
滅義魄長臨霽月明我亦愛君憂國者年年來一拜先
生　明陳述詩乘輿還播奄蒙塵翊戴公爲第一人建
議有功唐社稷中與無愧漢君臣感孚虎旅皆垂涕逆
犯龍鱗不顧身相業當時雖未久至今忠節照蒼旻
徐霖詩讀公封事爲公悲海嶽精靈鑒我私天地斯文
是元氣江山故國有新祠同時黃閣人何在此老丹心
萬古知寂寞忠州一抔土夜深明月泣湘纍　項良枋
詩孤城落木冷蕭蕭丞相祠堂畫寂寥內禁萬言青簡
在忠州千里赤心遙秋風斷雁迷湖渚夜月啼烏上麗
譙祇有忠魂應未散傷心欲賦楚辭招　沈周詩奉天
身獨係安危內相嘉名四海知臣節盡於多難日君心
忽在小康時論成姦蠹基南擯襲得方書啓後醫惟有
賈生同一調人才時命總堪悲　李廷梧詩鳳烏何時
此地鳴惟將一冽配周京已無文字書年月空有懷題
記姓名落日孤臺橫塔影西風門巷作秋聲遙思曦曦
當時事獨對孤雲坐月明　國朝陳英詩內相祠經幾
戰場至今遺像肅蒸嘗奉天瓜果歸行在別駕衣冠葬
故鄉玉局劵留追往事金華碑廢臥斜陽當年仙李京

都閟不見憑高禁欒長盧存心詩宣公祠宇夕陽斜
古木蕭森噪亂鴉直道幾人容汲黯忠魂無路返長沙
沿湖合種思親橘隔巷應栽故相瓜
猶有殘碑臥苔徑摩挲細讀呂金華
國朝道光六年奉
旨從祀西廡咸豐十年粵匪之擾僅存祠屋一椽奉栗主焉
楊公祠　在府治西報忠坊祀明成化間知府楊繼宗吳志
正德十六年知府徐盈卽招提寺址建秀水任志**春秋致祭**
歸于府學承辦設祠生一人奉祠每歲以仲春秋上丁
次日祭明浙江通志費宏記略故都憲陽城楊公繼宗字承芳以成化乙酉來守嘉興滿九載而去
去且五十年矣郡城之思公如一日會貴溪徐君由監察御史來爲郡甫歷三載百廢具興與范生言等乃以衆
志告君君遂度招提寺隙地取樂助之貲庀工從事又毀淫祠取其材以佐之落成日老稚手香帛具牢醴從

君羅拜庭下且喜且悲眞如慕其考妣然者公德入于
人心何爲深且久如此也又以麗牲之石不可虛徐君
乃遣言及鄉進士項錫來請予記惟公嘉興之治守之
以至廉而民不知有一毫之擾行之以至公而民不聞
有一言之議雖挾尊怙勢與公不合者皆憚公威名忸
怩自失不能撓其權以鬭其澤久而上民咸化奸暴革
心訟平賦均風清弊絕嘉禾呈瑞百穀屢登無遠無近
莫不傳播公之德政想望公之風采上而禁掖亦知公
爲清白吏而萋菲之謗莫能中焉非誠其曷克臻此哉
予少日卽知誦公之賢旣忝從史氏後嘗以爲公之樹
立視班范所書尤卓卓不可遺也故因徐君之請而特
書其大節以見郡人思公之故正德乙亥　支立楊公
去思碑記成化元年夏刑部主事楊公來知嘉興府事
不挈家累惟一幼子自隨以廉律已以正接物權勢不
可奪請托不可行事有病民者雖上官之牒亦格之而
不行有利民者雖一時之禁亦爲之而不顧九年之間
豪貴側目強梗遁迹由是官屬肅於庭編氓樂於野商
賈集於市三吳兩浙翕然稱爲賢郡守九載滿以素苦
風痺疾遂治行訪醫是日郡之君子庶民耆里環府門
遂行者數千人雖疲癃行丐者亦皆扶耋攜孺奔呼嗷

號至一舍許知不可留乃合辭請曰公既不可留矣願乞一物以慰我民後日之思公不得已解青紗衣以遺之者老周實輩以衣藏之髹櫝置諸三賢祠右方乞文記之夫爲官莫難於守令爲守令莫難於不屈於勢不疚於利公之爲政大率以此二者爲先宜乎得民心愛戴之如此也公名繼宗字承芳山西陽城人

國朝乾隆三十二年秀水知縣馮玲清理楊公祠田並附徐何二太守主合祭于祠

馮玲記祭法有功烈于民則祀之前明三百年中名太守之臨涖斯土務種其德俾民俎豆於勿衰者凡三人曰陽城楊公貴溪徐公進賢何公楊公清剛有執能爲捍患除災徐公沉靜不擾與民休息何公廉直自矢人服其清治績蓋相亞也楊公之祠在府學南偏祀產特富後雖分其餘于書院然尚足以襄事郡博士主之歲收所入以供時享又時出其羡以爲墐塈計故公祠迄今閱二百餘禩藉以不墜徐何二公祠寄佛剎之旁素無祭田禾民請撥楊公田四之一以具牲醴當路從之因有何姓者司其祀顧徒利歲入不以祠爲事由是祠卒傾圮至莫審厥處遂移其主於私室而鬻田以爲世業守楊

公祠者效之輒自詭楊公後人求管其歲修田郡伯張公察其詐即下縣取勘且屏逐其人值縣篆新故之際事未有決余適奉調承乏茲邑乃校核舊碑博徵佐驗訪知楊公始以省郎出守繼以京卿內召盡其室以北無留此者或人之自詭蓋妄也惟是祠田歷歲既久懼其飛寄缺漏等弊爰清丈其區畮名數而仍歸諸學其徐何二公之祠既不可復則迎其主於民間合食祠中與楊公分席而坐既竣事上其狀于諸大憲咸是之翌年山西馮公來知郡事而以楊公爲公之鄉袞也親謁其祠仰瞻梁桷旁矚塀堦外眡門屏苟有未盡周飾者咸命治髹之教授淩君司訓張君克任厥事祠遂改觀禮云有其舉之莫或廢也況以楊公之明德而重以徐何二公之繼美忍不力爲封殖以坐聽黠民之妄加侵廢耶然非張公燭察於前馮公率作於後淩張兩君之維持整頓則亦何能久而不廢而余則嘗于三公祠有朝夕之勞例得附名于次焉張公名鎮海豐人馮公名章宿代州人淩君名樹屏張君名淇圖一爲烏程人一爲浦江人余則涿州馮玲也乾隆三十二年歲次丁亥六月中浣之吉

嘉慶四年八月教授錢廷謨訓導倪紹岳生員夏儼重修

陳經業謁楊貞肅公祠詩析城王屋驕龍從靈氣萃拔人中龍秋曹初蒞囹圄空麾守檇李鞭青驄大猶老猾驅無蹤誅猿拔雛鋤蕭蓬與民更化還醇厖痼瘝在抱拯災凶旱澇躬禱孚蒼穹大興水利鳩田功港汊疏鑿溝塍通謹諄十雨連五風瑞禾或或雙芃芃雙岐九穗慶屢豐更挪社學高門墉海陬河畔規條同經師秉鐸童發蒙膳飲膏火官庖供魚魚雅雅鼓篋從東南文治光熊熊農桑禮樂教養隆署齋蕭然一孱憧徽衣數襲蔡藿充披雲閣瞰湖南濠濤德沲此湖波瀲九載卓薦明光宮不私一錢楊繼宗憲皇天語如鐘鏞中官咋舌不敢攻若慶若敏倨而恭擢司臬事浙西東洊撫滇僰旌旄重碧雞金馬當關雄蠻徼能以功名終由拳遺愛祠屋崇滿庭檜柏紫翠濃靈旂閃閃肸蠁叢閟三百禩猶葱蘢承前啟後金谿洪陌頭巷尾歌于喁

今爕案公祠舊產坐落嘉興縣田二十三畝一分秀水縣田二百十八畝一分見圖揚德政錄厥後田歸府學每年歸楊祠米三十石以供祀事

徐太僕祠　在府治東祀明徐世渲大清一統志明崇禎十四

年徐世渲守隨州死流賊張獻忠之難贈太僕少卿賜特祠世渲子彬置田一百畝以爲祠祭之費

國朝康熙三年督學道胡尚衡批府照例春秋致祭金之俊記十一年知府王師夔重修吳志

王師夔記余自守禾郡以春秋歲祀見徐公廟貌因悉公死事節槩蓋爲明季張獻忠之亂公時蒞隨百計堅守最後躍馬巷戰碎首行陣子肇樑併僕妾十有八人偕殉之詳在殉難實錄中特贈廕賜祠以風示後世至今讀汪直指之題請金太傅之祠記猶凜凜有生氣徐公直無媿祀典也已蓋徐公之死易徐公之烈難公本科名中人宜未嫺武事乃公募義勇授方畧誓守孤地至于格賊而眼鼻橫斷今猶相傳不下馬州官之語膽炙人口其忠烈之槩千百年來歸然猶起非所謂間氣鍾異名垂天壤者乎先是賜祠業鼎建崇祀乙酉以後兵燹祀圯幾墜厥祀闔郡士民見　本朝今甲寅忠表節無分遠近乃于康熙三年鞏請諸學憲胡公願協力重修復其禋祀學憲允其請遂棟宇聿新景仰靡磬公

之子彬復捐田百畝以助永遠祭費不累 國課具呈藩憲袁公卽檄縣存案斯眞忠孝相維永言不匱者矣彬又慮後嗣廢墜卽于祠之西偏起肅成書院以爲子姓義學里中方伯王公敬而序之自茲忠藎代與人貌榮名豈有旣乎案郡中陸宣公祠自唐迄今越千餘年而有徐太僕祠其地叢祠不少茲二祠者獨耿耿人心意間良由功德丕盛忠義允爭足媿不朽不僅與仙梵花宮相爲靡麗爭其久暫已矣余忝蒞茲土職司風化有先烈而不表彰予之咎也因于其祠之重修敬述徽猷以爲後世爲人子者勸銘曰綱常不墜允賴先哲式廬表墓民志攸切緬哉徐公冰操玉潔五馬分符城守如鐵罵賊碎顱常山之舌有子殉孝嵇侍中血國典有章崇以緯楔兵燹相仍丹楹圮缺蒸彼髦士頌聲不絕肯堂肯構輪奐復設捐產助祭遠近欣悅肅成貽教綿綿瓜瓞佑啓後嗣增光藻梲瞻仰之餘陳辭碑碣惟爾有眾式穀前烈 明黃道周太僕少卿徐公像贊千仞之罔冒積雪危松化石挺奇節睢陽嚼齒髮如鐵顏公握爪掌透血干將吐鋩坐屈折雷神呼山護巨闕隨州太守英且烈手搏金湯依日月火齊騰光不可奪黃金鑄軀尊楚越不得以面親吾舌垂像儼然千載活精靈

上天秉黃鉞上佐列祖鞏不拔一洗兵馬消螮蜺安知鍾鼎爲家物 今燬

陸清獻公祠 在府學東祀

國朝監察御史陸隴其大清一統志康熙五十六年郡守吳永芳建吳志吳永芳有記咸豐間燬同治四年知府許瑤光重建鴛湖書院奉陸宣公張楊園暨公栗主祀焉

案康熙乙未郡守吳永芳詳請 本朝大儒陸子隴其從祀兩廡未行丁酉建鴛湖書院奉公栗主于中延師訓課士子捐置義田以奉祀繕修脯焉雍正三年奉旨增祀陸子于東廡有司春秋致祭卽于祭 先師日祀公于此又案乾隆元年贈公禮部侍郎賜謚淸獻平湖建有專祠今府城中陸宣公祠楊公祠徐太僕祠陸公祠皆列祀典春秋致祭因附于諸壇廟之後不以時代爲次前太守之賢而得祀于民者亦附綴于後其他祠廟仍分隸嘉興秀水二縣

黃公祠 在北板坊爲明正統初郡守黃懋立正德間知府徐盈建祠于墓隆慶間知府徐必進重修今其子姓附居焉嘉興湯志 呂穆記案郡守黃公諱懋字子勉元氏人正統初由進士知嘉興府剛方廉正子惠困窮力除奸弊奏禁捍海隄尤注意學校拔大父文懿公于諸生又躬教督之人才聿起郡人戴如父母歷任九年陞福建布政還卒嘉興子中領浙省鄉薦墓在嘉邑北板坊正德間因其子孫貢廢太守徐白泉公盡收復其墓地計五畝五分仍追買戶所侵歷年餘息建祠于墓前越今五十餘年伊孫又欲以墓田易之黃澤未絕如綫穆約王君儒沈君元華宗君宏暹項君元捽具呈于縣未行幸鏡川徐公來守茲土復爲具呈公力任其事覈其房地歸諸黃裔之能自立者如徽徹袍等仍給帖付照使之歲時伏臘祀掃不絕黃氏子孫昜昜諸是爲記今燬

方侯祠 舊在龍淵之西南啣數歲傾圮乃遷祠于三塔

寺中爲萬歷間同知嘉興府郡侯方揚立姚世華記略往余聞方大夫言夫善陽也而爲善宜陰以故大夫所至不欲人佹知之而佹德之其卓卓者具傳誌中未幾遷武林守積用勞瘁以斃攜李諸人士遙爲位奠哭特建祠祀大夫業樹豐碑者三于孔道當龍淵之西南啣是時倉卒舉事甫數朞圮廢居民悲思大夫爲公像設于三塔寺中吏民赴祠工者以百數未閱月告竣復爲勒石以垂永久嗟乎余不能名大夫善第大夫祠成五六年餘而縉紳學士過之疇有不歛容正色起敬者則大夫所嘗言爲善宜陰足徵已今燬

徐何二太守祠 名遺澤祠在順應祠左嘉興何志在景德寺祀正德間郡守徐盈戴經撰記嘉靖間郡守何祉周崑撰記立有祭田六十五畝零明浙江通志 案徐何二太守祠宇祭田久已不存語詳前楊公祠禡玲

碑記

侯太守祠　在徐何二公祠間明嘉靖四十三年邑人爲郡守侯東萊立置田十畝以供歲祀 范言記略吾郡守之賢者在憲皇帝時則有若陽城楊公繼宗郡人懷思里聚而野祭焉儼其濆也始請祠諸郡城載在祀典穀皇帝時則有若貴溪徐公盈今上皇帝時則有若進賢何公祉今並祠西郭龍淵之上萬安劉公慤祠祀城中繼是則有若掖川侯公東萊其治行之著吾不知其與四公者相上下而築城斯舉永世攸賴高墉懸壁嚴柝重關功亦偉哉歲甲子父老擇地于徐何二祠間而俔有孚有觀割田十畝以供歲祀先是徐何二祠成守僧戒性受田六十四畝奉香火茲三祠者永永鼎峙矣 今燬

王太守祠　與徐何二祠同在景德寺爲嘉靖間郡守王學孔立 賈名儒記嘉興郡城西驛路景德寺左方有三太守祠一貴溪徐侯諱盈一進賢何侯諱祉一安福王侯諱學孔鄉人尸祝重遺愛也徐何舊有碑記王侯嘉靖癸未進士初再任皆松江推官有明允聲陞

刑部主事執法忤權貴謫貴州都司經歷尋陞湖廣長沙同知論定陞嘉興知府侯歷郡約己節費釐弊革奸已亥庚子連歲旱蝗侯齋戒步禱雨雪靈應隨又發粟賑貸又課民捕蝗易以粟如量蝗遂息時又疫侯曰其咎在獄乃大洗雪狴犴一清疫勢頓歇乃獲有年侯寬厚仁慈臨政時未嘗妄撻一人有蒲鞭之風又毀淫寺更爲育才別館自此人文盛于東浙矣時城西呈五色水嘉善麥秀兩岐皆德化之感召也郡堂前雙古柏交道虬枝偃蹇狀若舞躍侯出入嘉之因支小坊題曰久盤根錯節實寓已意郡人追念侯德以比甘棠云

廢

劉太守祠　在報忠寺爲嘉靖間郡守劉慤立 賈名儒記嘉興郡治南折而西九百武奇有僧寺曰報忠寺寺之坤隅則太守唐巖劉公祠建焉公之初來也値連歲夏旱公曰咎在守即躬自貶損步禱山川諸神令民開濬溝洫隨賑其窮乏者天爲降甘霖歲即大有後三年倭夷入寇公毅然以身任軍旅初冠且薄城公單騎出城外號市民亟驅入城不移時賊縱火焚燒男婦得脫于灰燼者無算是後崇修郡城築隍儲糗備器械飭師徒諸戰守之具無不亟爲之備者隨築平湖嘉善崇德桐鄉四城區畫綜理不弛不擾內治既固民心協和故諸間帥及調集客兵得以展布於外兵威大振嗣後鷗湖抵王江涇日夜轉戰馘賊二千餘級號稱大捷公又慮城守乏水捐俸金倡民鑿井民歡趨操畚鍤從事數日間成百井公曉星歷每歲終必頒春圖于民與歷並行使之趨避又刻醫經大旨四卷行世惠民濟生靡所不至其他嚮紀綱敦風俗美教化懿德雅道難以縷數終公之任郡中不聞有急步疾呼而奸宄自無所宿其科目登薦十倍往昔愷悌作人之功稱特盛焉既五載天子嘉公偉績陟浙江按察副使行時士民遮道留之不得因建祠祀之庶慰去後之思乎公名慤字致卿別號唐巖江西萬安人嘉靖甲辰進士起虞部郎祖廣衡大司寇父王少司寇世篤忠貞爲名臣家學淵源蓋有自云 久廢

浙江通志引舊嘉興府志遺澤祠在景德寺祀明太守徐盈何祉劉慤其案語云賈名儒嘉興三郡守祠記一貴溪徐盈一進賢何祉一安福王學孔別有郡守劉慤祠記不知何時去王而進劉也秀水任志亦載遺澤祠

祀徐盈何祉劉慤今廢是祠之傾廢已在康熙初去王進劉當是明末時事今徐何二公木主已遷祀楊公祠祭田亦同楊公祠田俱歸府學承辦景德之祠久已莫考至王劉二公祠祀主失亦無從追核矣

龔太守祠　在西麗橋西百步即嘉禾遞運所址爲萬歷間太守龔勉立 以上劉志 陸光祖記當公之蒞檇李報最而薦紳大夫博士弟子諸吏民虞公遷則走數千人白中丞臺乞留公中丞以疏請報可爲之增秩予俸又二年晉公秩參浙藩政則復步數千人于中丞臺所留公中丞曰此君天下才若乃欲以一郡擅耶格不可歸而亟擁公輿號泣使毋行公好謂曰吾尚未去浙且終不以浙故而後檇李于是遷延緩轡彌旬月迫期乃發則又相率走數百里牽公裾不忍別盍薦紳大夫惘惘若失倡博士弟子若失嚴師諸吏民若失怙恃相顧嘆咤曰安能雨公身以覆庇我公去未幾以賀萬壽行道經檇李士大夫爭持牛酒出數百里迎公堅握公手絮絮語不置曰公實生我吏上伏地泣拜公曰公去而吾輩日衣短後蹩躠行風雨中歲饑曾不得半菽以克飽公胡去也其里中兒挽公綷走百里

不頓舍曰公在五六年民無流亡即有流亡公必先期賑之令胡能起白骨而精也而其婦孺又驚相謂曰何爲久不見豐面方頤太守公擁肩輿馳道上一行哉是福星也近乃聞復過吾里中吾不能從舳艫後一望見公奈何已又與其父老嘆咤曰安得兩公身以覆庇我則又曰庶幾設像而祠之以寄朝夕之思乎行求公先所建育才地鳩工庀材不日而堂廡翼然告成矣已復嘆曰大像能貌公烏能代公爲政也已復有相慰藉者曰海內仰公不啻黍苗之望膏雨顧安能百公身分布之異日耆公爲九卿三事其受職也大其底物也宏吾儕李將與有榮施彼夫有楹中立而像赫奕者獨非公神遊地也耶公祠行且徧天下矣

一在煙雨樓之側嘉興湯志盛楓有祠祭田碑記 今燬

王太守祠 爲萬歷間知府王貽德立 劉志沈思孝記蓋聞皇虞咨牧十二州之命始隆有漢指守二千石之寄爰重然事權殊則委任同軌而布宣上意用蠶蒸人一也古初渺矣書傳所略龔黃以還可得而論代有其人然世鮮其業嶽音雖遠芳武可循乃復有零陵王公諱貽德字師禹受元懿之正性而道含沖漠挺堅孤之上操而治首清淨歷典州郡夙著馨烈稍陟曹署一麾出守顧郡當吳越之交地距滇海之徼周羅七邑旁眺五城烽鼓時動舟車之騈會儒雅雖足可觀輕黠最稱難治況乎霖潦蕩溢于前驕陽燋灼于後凶饉再罹伯强厲野無青草衢交白骨飯稻羹魚之民不厭糠粃蹋鞠走馬之場盡成墟里而公賑匱弭釁知營形析救瘠補病沐食遑暇襪凶札以精誠煦凋蒡以靈淑軿順天道亘灑時若完保千里沃土更闢無衣起餘袴之謠鞠食庶多徐之咏懼仍靡泰牽儉佚防繭絲之憂般而服御重辦拔葵之志切而豆實三韭清風先驅寮貳草偃縣道承其沛流胥吏備其兼照發伏伸枉務鋤民穢奸宄潛竄譸張屏息遠委無餉不沾厚酒之譽造鍰罕及多就薄罰之科耕桑不出鄉鄙工賈不越乎閭閈雜犬聲聞四境樂業民日用而不知公相望而勿有嘗論遇物若浼流必刻深視民如創弊恒姑息公則寬嚴不主德義是經黃鍾奏而寒谷生溫元冥至而熱海凝凍謝家食之惟來干旌亦云在後斥子衿之援勢白駒更有空谷其聲善抑惡屈私起公雖權貴不能撓其慮厄言不足惑其聽也公自受任符守日恪位邑草木四易松桂一載非夫鑒

別淵朗挾持貞固者其孰能之方將攬潁景以迴照邇逝波以澄清末俗維新緊公是賴而及瓜當代擢憲嵩河耆稚崩奔巷衢摧慘顧簡書之可畏感留借以無從及其治任西路推轡履一發流澤與綿水俱深載石比鬱林增重于時士庶傾城扶牧塡委引領跂踵瞻望弗及悲號則殷雷驚轉浩歎則重雲奮起自昔郡守得民未有若斯之深也明年壬辰廷計羣吏得公治狀上曰予聞遂以在郡清苦拔置高第海內有識莫不歡允厥後故吏門生郡邑父老循覽所茇歌慕彌結相與樹石構宇式志永思覩屏軒而覆露斯存撫片碣而泣雨交至良由公淸畏人知病懸魚之昭揭勤恤民隱哂養狙之眩詐誠以基廉信以抵愛匪事塗澤胄被榮名故能上壓聖主之懷下發氓隸之思于去郡之日也其辭曰巢崑九疑浩浩湘江合智萃仁實生王公蘊然高厲鮮于匹雙承帝曰嗟來守茲邦爰遘不辰天毀地凶亦子扶持父母時恫夙宵民瘼肉骼溝中亦既康止茂禴戒工制義庶字宏振遐風銀口如斷其刈梗雄董道不豫咸莫能降政成登爵去我疇同民之寔寔不實思公思公之力莫之與隆恩喻冬日義高秋穹思公公令儀肅肅形形難汙非色可尊非容思公語言虛受如鏡言堂滿堂千里響從豐碑巖巖宮廟峻嵩奕禩子孫思公無窮 今燬

鄭太守祠 在府大門東偏 即延賓館所 爲崇禎間知府鄭瑄立公像刻石南向扁曰永瞻堂 朱大啓公像贊樂只賢侯載德滿轂紫氣凌雲丹衷抱旭五載甘霖萬姓骨肉恩有餘波仁無不畜僉曰使君之不凡而孰知太守之霖霂張南翀贊猗與鄭侯名高九牧與除秉軸循卓芬馥水利民歌宏文樂育堂蔭嘉禾五禩禔福雙歧五秀穎川匪獨中朝師柱詳星燦煜行觀詠臺萊者瞻末光而荷康衢之腹酌洪潤者仰喬嶽而薦庚桑之祝 今燬

佟公祠 治東碧漪坊鄭家帶

國朝順治三年士民爲兵巡副使佟國器立 秀水何志 今燬

徐公祠 在城隍廟

國朝康熙間知府徐崇禮立 案徐公字秩庵漢軍鑲白旗人康熙三十一年任三十五年去

當時城隍廟中塑公像二追思公德久而不忘歲時致祀至今百有餘年其澤之入人深可想見也今燬以上伊志

程忠烈公祠　在郡城南門外君四庄北黄圩祀太子太保提督程學啓並附克復嘉郡陣亡將弁總兵何安泰副將郭興發叅將趙三德等四十九人同治三年奉
旨建立春秋致祭

忠義總祠　在郡城金明寺隸郎洞眞觀舊址祀咸豐同治間官紳兵勇士民婦女殉粤匪之難者同治九年知府許瑤光嘉興縣藏均之秀水縣郭恩觀創建春秋致祭嘉秀兩縣每年各捐廉銀四兩以供祀費

嘉興縣

元壇廟　在王家坊明萬歷辛亥工部郎中平湖陸基恕建上有文昌閣袁志今燬

節孝祠　在東門外接官亭雍正元年奉
恩詔舉行凡邑中節婦貞女題　旌者咸祀之歲春秋上丁後一日致祭乾隆三十九年拓祠基址姚晉錫記略案節孝祠基爲明之社約所即宋之靈光庵顧祠屋止有門堂而祠後之庵堂及隙地久歸鄉紳項氏宅中繚以短垣不可踰也乾隆三十九年節孝後裔之有力而好禮者合錢三十貫與項氏易得之像塑僧塔安置弗去惟繕葺舊室以爲春秋祭日潔齋灌洗之所視牲飲福之地由是而祠祀之規模加展矣基稅若干祀田若干詳其數以期不廢著其姓氏以俟興起而增益焉庠生黄子達屠子文煜經理完善索余記其緣起如右咸豐間燬同治八年里人王蔭乾集資建復數楹十三年遭風又燬里人倪廷藻石中玉程瑞生金涵張鴻熙籌款重建規制如初

土穀神祠　在縣東六里德化一鄉柳志今廢

馬塘廟　在縣南六里至元志作七里馬塘堰側燬于匪同治七年建復前殿

吾相公廟　在德化一鄉東原字圩宋勅封撥雲吾相公祠前有深浜相傳每歲春時有衆魚來朝今燬案吾魚字古通列子黄帝篇姬魚語女註姬讀居魚讀吾晉語暇豫之吾吾註吾讀如魚漢武帝狐子歌曰功無已時兮吾山平註謂郎魚山衆魚來朝之說或因吾魚音義相通而附會歟

石筍夫人廟　在白芸十五都二陽字圩宋咸淳初建祀石筍夫人明嘉靖庚辰進士吳默重建以上吳志邑人曽丙記略吾郡皆平壤也咸淳初東南十里石出如筍里人異之因名石筍廟廟之中央題曰順天夫人而並列者三歷元至我朝景泰三年修建以迄于今上下數百年間造福降禧如一日郡中父老兒童與夫村嫗野叟豐凶相祈水旱相咎疾病相求應之如響遠近絡繹爭趨者如市能若此者石果得靈而特異哉意者天下之物多見之謂常罕見之爲異物非自異也亦非自靈也人心異之而見其靈耳故異斯靈矣靈斯神矣神也者其氣之機乎且造化流行屈伸闢闔獨以秀且靈者鍾之于人雖婦人女子厥賦維均故其含貞抱一鬱積之久于兩間者精爽照朗與名山大川相爲終始正所謂不以生而存不以死而亡者矣孰謂卷石勺水非山水類耶則此石筍之靈益啓人心祗肅之機以見鬼神爲德之盛固在于石而實不在于石也國朝黃濤石筍夫人廟詩地實有情生筝女如介石爲神白芸都中賽社賣花村裏尋春

崔貞姑廟　在練浦塘一螺淸東南廟外有橋土人以此爲土穀祠春秋社祭舊志失載見朱竹垞明詩綜註今補載之以存湮蹟明馮伯初詩貞姑遺廟練塘坳古瓦漂零補白茅影帳有烟香細細明粧臙粉玉磽磽達村未輟雞豚社獨樹長懸鸛鶴巢右族博陵銷歌盡尚餘形史一題鈔明陳許廷詩野塘臨練浦祠屋頹圜焦近社初聞鼓閧門側近橋靈衣金粉餌烟帳蕙蘭銷欲采蘋花薦迴波一水遙

天后宮　在南十三庄北稱字圩明崇禎間創建兼稱福建會館爲寄厝旅櫬之所

國朝乾隆五十年重修太子太師文華殿大學士蔡新有記咸豐間燬于匪同治中閩人之仕商于此者集貲重建

周城隍廟　在鹽倉坊地藏庵側祀浙江都城隍周新伊志案新字志新南海人永樂中任浙江按察使初至界見羣蚋飛馬首尾之榛中得一暴屍身餘一鑰一小鍥識新曰布賈也收取之既至使人大市市中布一一驗其端與識同者皆留之鞫得盜召屍家人與布而置盜法新坐堂有旋風吹葉至異之左右言此木城中所無一寺去城稍遠獨有之新曰其寺僧殺人乎往樹下發得一婦人屍有商人自遠夜歸將抵舍潛置金叢祠石鎛中旦取無有也商告新新曰有同行乎曰無有語人乎曰否僅語小人妻新立命械其妻考之得其盜則其私也新行部微服視屬縣觸縣官收繫獄遂盡知其縣疾苦明日縣人閩按察使來共訴不得新出獄曰我卽是縣官大驚當是時周廉使名聞天下錦衣指揮紀綱使千戶絓訪浙中作威受賕會新入京遇諸涿郎捕繫千戶涿獄千戶逸出訴綱綱卽誣奏新上怒逮之至抗聲陛前曰按察使擒治奸惡陛下所命也臣奉詔書死死不憾矣上怒命戮之臨刑大呼生作直臣死作直鬼是夜太史奏曰文星墜上不悅問左右周新何許人對曰南海上曰嶺外乃有此人一日上見緋衣立者問爲誰對曰臣周新也上帝謂臣剛直使主浙江城隍爲陛下治奸貪吏言已不見新妾幹高偉好學能文所至貧民

嘉興府志　卷十　壇廟一　兲

宼繫閭之皆喜奸徒猾吏則戢䰟落膽稱生閻羅云咸豐間燬同治十二年建復

正殿山門

伍王廟　在縣東二十七里胥山下至元志子胥伐越經營於此後以忠諫死土人憐之因爲立廟唐乾甯中封爲吳安王吳志唐徐凝詩千載空祠雲海頭夫差王國已千秋浙波只有靈濤在拜奠胥山人不休羅隱詩市蕭聲咽跡崎嶇雪恥酬恩此丈夫霸主兩亡時亦異不知魂魄更歸無釋常雅詩蒼蒼古廟映林巒鼎鼎煙霞覆石壇精魄不知何處在陰風又入浙江寒宋王安石伍子胥廟銘烈烈子胥發節窮通遂爲冊臣奮不圖軀諫合謀行隆隆之吳厥廢不遂邑都俄墟以智死昏忠則有餘胥山之顛殿屋渠渠千載之祠如禰之初孰作新之民勸而趨維忠肆懷維孝肆孚我銘祠庭示後不誣張詠詩生能酬楚怨死可報吳恩直氣海濤在片心江自存國朝項以淸詩眇茲一拳石獨抱荒江隩何爲往來者登覽輒悲嘯維昔伍大夫千古仰忠孝屬鏤雖已矣英靈獨炳耀嗟此兵屯地遺跡堪憑弔怪石如蟠螭怒劍擊隱豹至今來非風蕭颯吹蘿蔦高秋霜氣凜肅肅瞻遺廟淸塵凝俎豆誰薦寒江藻落日杳無人松林但餘照

霍王廟　在石佛寺北塘橋東吳主皓嘗病瘧有神降小黃門曰華亭金山鹹塘風激重潮海水爲患非人力所能防臣漢之霍光也可立廟鹹塘當統部屬以鎭之翌日皓病愈遂立廟焉袁志

國朝同治四年里人重修案孫皓事柳志趙圖記載平湖顯忠祠下袁志列嘉興仍之又有一霍將軍廟卽祀神廟在新豐鎭後成化七都西黃字圩祀漢大將軍博陸侯明成化二十年建殿後向有鶴鳴舊址乾隆二十九年道士蕭逸仙里人鍾廷掄等募建三淸閣又至元志有金山大王廟在郡治北一里半或云亦卽霍光也

嘉興府志　卷一　壇廟一　兲

蕭王廟　在縣西北唐贊云梁蕭氏興江左有功于民故州縣多祀之惠安寺即蕭王故宅至元志又蕭王太祖廟在郡治西二百步鄒志今燬

陳司徒廟　在縣西南五里唐咸通五年建祀隋司徒陳果仁唐封忠烈公大清一統志果仁字世威常州晉陵人生梁太清三年仕陳爲監察御史至隋累建討賊功官司徒娶沈法興女法興有異謀惡其二志毒之至滌腸死身僵不化英爽凜赫于東郭門雲中發矢誅法興嘉興湯志梁封福順王十國春秋明洪武正位號詔題隋司徒陳公之神趙圖記今燬

案柳志載有福順廟云舊志不載其處惟宋張堯同有詩云老屋無丹艧空階只翠苔遙簷看箭鏃誰記赤眉來而松江府志載蔡京修廟記云隋將陳果仁嘗以陰兵助錢氏伐淮南有功奏封福順賢德王使諸郡皆建廟則知嘉興福順廟即陳司徒廟矣

高豐廟　在縣東北一十八里唐屯田之所至元志嘉興東十八里有高豐廟在雀墓村唐朱士勉主嘉禾屯田有白雀集於高豐里歲輒大穰遂立祠祀之名勝志今燬

曹王廟　在縣東南三十里宋元時鄉人崇奉最謹有碑殘毀惟云唐天寶間里人王友文捨宅創建柳志相傳宋開寶中曹武惠王彬帥師平江南不妄殺邦人祀之袁志明萬歷間重修嘉興何志　明孫植記略郡城之南三十里有宋曹武惠王廟蓋自唐天寶間所建東嶽行宮其後相傳武惠嘗駐兵于茲因就其地別構祠宇祀之予考宋史建隆間王下江南由荆南順流東至采石磯濟師進次秦淮則王之南伐當不假道於浙豈其爲周世宗閤門使奉使吳越時道經其地爲後傳者之誤耶廟有國朝成化間郡守陽城楊公繼宗題壁亦具載王南伐時事楊公爲時名臣顧其心嘉尚不必詳其履蹟耶王仁恕廉愼史稱爲宋良將第一其神之肸蠁昭格自當上下宇宙蓋昔自其奉使私餽一無所受吳越人輕舟追遺至數四迺受而籍之歸輸之官則浙人之敬而且慕即其行所過而貌祀之至于今者固人心彝好之常不容已也　國朝彭孫貽舟過馬涇謁曹武惠王廟詩有序馬涇曹王廟祀宋侍中曹武惠王彬案武惠王下江南時吾郡皆錢王境錢氏納土功不在曹下祀之不知何據且宋史武惠傳終於檢校太師同平章事卒贈中書令濟陽郡三謚武惠以光獻太后追贈韓王未嘗爲侍中者乃瑋也或曰乃唐曹王皐爾詩曰夾馬眞人出江東王氣消至慈叛佐命偃甲並還朝草木金陵潤煙花燕子飄宮鶯吟左纛街孺拜前鑣計日開吳會仁風動浙潮詎勞宸算舉坐入版圖遙使相功何伐黎元福重徽錦衣收古鏡黃鉞

定陳橋俗自祠諸葛民猶愛鄭僑麟圖貴臣像花插侍中貂山鬼疑司戶神巫更下招原蠶爭小繭居冢僅迎猫治女矜紅粉妖姬盼彩橈鑪香晴若霧壁蘚晝長凋幽客多題句村兒半賣簫古涇環夏屋芳罾薦春椒嘆息懷遺烈雲霓已寂寥惟留宋時碣大樹日蕭蕭錢載曹王廟詩橫港春暄進小航雲風車馬望斜陽杏開橋跨村園社叟拜爐焚小挈娘連歲米稀收穀少今朝歸即養蠶忙老無遊伴聊尋迹定有神明也爇香案浙江通志引十國春秋梁開平二年封故唐曹王明爲昭靈侯注云明爲唐太宗子淮人圍姑蘇時守將禱于其廟輒潰去故加封焉則神爲唐曹王李明而非宋曹武惠王彬又按孫植廟碑疑武惠王南伐不假道于浙沈堯中亦以爲並未到禾疑即曹信父子吳志嘉興何志皆因之然信別有曹使君祠且于王號未稱而通所辨謂曹王李明與唐天寶間里人王友文捨宅說爲合特里人奉王久傳爲武惠云爾燬于匪

國朝同治四年重建

西施侯廟　在新豐鎮西今燬

東施侯廟　在新豐鎮東大古道院 邑令陳大宏記 今新豐東鄉插秧竣羣來祭禱艤舟榆柳綠陰下飲福歲率爲常燬于匪同治四年道士守眞重修

三賢祠　在春波坊漏澤寺佛殿西偏嘉靖間巡撫都御史胡宗憲兵備副使劉燾平倭有功肖像供祀于殿後歲久傾圮天啓甲子知縣湯齊重建增入巡按御史龐尚鵬以倭寇時嘉首當厄官軍繹騷富室應役不支龐革去里長值日立一條鞭法徵銀雇役保全者多並列而三焉 嘉興湯志 今燬

范忠貞公祠　在新豐鎮南里仁都祀

國朝浙江總督范承謨康熙五十一年建 案高興記略曰惟吾國家定鼎燕京化被九垓薄海內外莫不賓服蓋太平以來於今數十年矣而故家大族欽承國郵傳習家風移孝作忠輔助立勳者亦所在多有惟吾范公生長世胄其先太傅公參豫密勿門業熾昌公承庭訓恂恂自下甫弱冠成進士讀中秘書當是時我皇上勵精圖治軫念東南民瘼特簡我公來撫兩浙時當凋瘵民苦瘡痍公焦心勞思夙夜匪懈洞悉地方利弊其大者若減賦請蠲寬免浙東賠累戶糧數十萬水潦淤臻公講求荒政設廠賑濟存活無算鹽有禁特寬老幼婦女一途俾食其力免漕一事旗丁勒索倉蠹欺侵累民甚苦自公行官收官兌之法而民始樂業至若嚴戢旗丁訪鋤豪强彈劾墨吏振興學校次第舉行不倦不怠嗣奉旨特擢總制八閩時三孽雜連鯨吞鼠竄逆謀初爛虐我元臣公于是慷慨自誓嘔血罵賊初以爵祿糜之不動也繼以白刃脅之不懼也至五刑逼體三木囊頸桁楊桎梏者歷三載罵不絕口卒受賊戕方公被羈以其悲憤發爲詩歌求筆墨不可得以炭書壁之成詩數百首迨天兵南下叛賊生擒頹垣破壁公之遺稿宛存焉嗚呼是殆有神物呵護者歟九重震悼萬姓悲號優卹載頌易名忠貞公之浩氣自足千古公之精靈至今猶往來浙閩間也兩浙蒼生受公恩最深思公德最切郡縣皆有祠奉祀春秋不衰嘉興縣之里仁都舊建一祠年久傾圮嘉邑張侯起隆平邑董侯天眷兩浙運副李公繼謨來攝我郡仰慕休烈瞻拜祠壇願爲振興率屬復勦堂宇璀璨廟貌一新旣成以碑文屬余余詮次公官績如左其獨詳于浙者以祠在浙余等皆浙人是猶蘇子所云掘井得泉以爲水專在是者歟時康熙五十二年癸巳吉旦立 道光中周瑞春重修

朱文公祠　在新豐鎮康熙初裔孫嘉福建嘉慶十年裔孫爆重修

聞人端穆公祠　在縣西北雲泉鄉永樂初聞人著建歲久圮廢崇禎戊辰聞人彬等復建宗祠于鹽倉坊廸字圩初地庵相連僧如恒即公之裔令督守焉彬同弟麓

子爌烶等疏捐田一十三畝以供歲祀今廢

屠康僖公祠　在常豐坊東湖書院明正德庚辰屠應塤應埈爲刑部尚書屠勳立 明太倉毛澄有東湖書院記

國朝嘉慶十一年題准春秋官爲致祭今燬

姚穀庵祠　在鹽倉坊清眞道院嘉靖甲子爲明監察御史姚宏謨建 莆田康太和記 今燬

孫簡肅公祠　在永豐坊十四都麒麟原賜墓之東南一百步爲刑部尚書孫植建

兩孫公祠　在梅谿庵西祀大參光啓南光祿少卿光裕

陸氏宗祠　在胥六都東盈字圩萬歷己卯陸灼建捐田二十三畝餘供祀事嘉興湯志陸萬垓有碑記今燬

沈氏敦本祠　在里仁十一都來字圩竹林里康熙三十年里人沈治泰建案嘉善曹鑑倫有碑記以上伊志

朱竹垞太史祠　在王店鎮曝書亭側同治五年浙江學政吏部侍郎泰州吳存義倡捐建並置田以供歲祀知府許瑤光記略國初兩浙人文嘉興爲最盛陸清獻隷平湖張楊園隷桐鄉皆以理學名儒著至經籍考據詞章之學則推朱竹垞太史太史籍繫秀水而曝書亭在嘉興縣南之梅會里咸豐十年夏嘉郡陷先賢名宦祠墓多被毀越五年閩浙總督恪靖伯左既平浙旋閩勦餘匪將行命修張楊園墓於爐鎮已而方伯楊又修清獻墓於泖口并修其祠宇之在縣城者表揚先進楷模後學意均厚也同治四年吏部侍郎泰興吳和甫宗伯按試至郡訪清獻遺裔升之秀士五年五月復按臨事竣命小舟往訪竹垞太史宅至梅里其裔孫迎於道導入村則北垞已頹廢而南垞之曝書亭藤花館暨醞舫均完好無兵燹痕宗伯欣然喜命觴於醞舫酒次言曰近世土人習日趣浮薄修身立行難企前哲矣即殫見洽聞根柢深濬如竹垞前葺之研經博物遨獎於　聖祖者亦不可一見盍爲建祠宇庶邦人知所景仰而經學得以復振耳瑤謹誌之不致忘已而宗伯出廉銀以倡指諸同人各有貲助遂置田建祠以今年三月告成既成爲文以記之瑤惟伊川之言曰古之學者一今之學者三似謂文章訓詁無與于儒者矣似學謂古有儒者之學而不分文章訓詁矣然聖門四科德行言語政事之後列文學似古亦未始不分也蓋分者天質之有所偏近而其裁成以歸於大道斯恃有聖人耳且言學莫先於說命而一則曰人求多聞再則曰學於古訓今欲舍文章而空求所謂儒者之學其又奚所憑藉哉孔門敎人之法篤志始於博約禮亦始於博矣竹垞太史之博雖未必當於伊川儒者之言然以視說命之多聞論語之文學蕃庶幾焉崇之而爲建祠其誰曰不宜瑤又考竹垞太史作曝書亭詩以庾信小園自況嚴然千秋可

夯矣乃春日南垞雜詩又云不知何人更結草堂似又難必其亭館之永久以至於今也王摩詰唐之高曠士也新家孟城尚不免作來者爲誰之想然則古賢豪遺蹟其能傳不能傳當其生前殆在將信將疑間矣顧人果能自樹立敏於好學確有所成就其流風餘韻自克垂耀數世而使仰慕者愛惜而庇護之如曝書亭之蹟迄今幾二百年儀徵阮文達修之於前上元朱述之修之於後茲於亭側又建祠宇是其不與風雨俱就磨滅者賴有可傳者在也讀書有志之士固可不自免哉◯案祠産坐落嘉興縣東上十五庄田二十畝六分地四畝七分南上十七庄田十七畝三分

包孝肅公祠　在東原圩即香海庵案庵基四面距水舊址一十六畝明宏治間包鼎建崇禎間裔孫包南嶷汝楫興修後爲人盜鬻國朝乾隆五十四年後裔包煒包炳呈經知府鄭交泰判歸復建永爲包祠并題笑比河清額及史魚後勁忠介先聲聯嘉慶八年巡撫阮題准春秋官爲致祭今燬

孫氏宗祠　在縣東移九下十五庄明刑部尚書孫植爲

始祖聽雪徵君建燬于匪今改建鳳喈橋鎮

孫氏嘉勝祠　在宿字圩祀國子生孫成倫有董其昌碑記今[illegible]

魁星閣　在縣治東道光七年方璿方璣謝丕勳捐建十七年邑紳公同捐修同治中重修

劉猛將軍廟　俗稱南皋峯廟　在治東南三里白苎堰橋下祀劉猛將軍賴以驅蝗衛穀雍正二年列入祀典每歲正月十三日誕祭冬至後第三戌日致祭咸豐七年

勅加保康號案禮部則例載神劉姓名承忠元時官指揮能驅蝗元亡自沉於河世稱劉猛將軍　大清會典通禮皆同舊志作劉琦誤

關帝廟　在新篁鎮六如庵舊名古廣蓮庵道光辛卯里

人重建

魁星閣　在新篁鎮道光八年周瑞春重建今燬

鮑氏孝子祠　在蒯搭坊道光六年鮑晉建並立義莊捐置義田歲祀之外悉以贍族燬于匪今移設學中

于氏宗祠　在胥山都夜字圩于珩于鑑于瑞麟及同知于樹棠建並捐田一百七十畝贍族道光三年學政杜堮給義昭敦睦額

三義祠　在鍾溪東即秀州之三義祠 案三義宋宗室趙孟僴移家居於伍莊之西創莊大構亭林與殷澄陶菊隱爲友後人於伍建此祠立三木主焉至今猶存俗訛以爲桃園三義云

以上于志

姚公祠　祀嘉興縣舉人江蘇補用道姚丙禧咸豐十年粵匪之難丙禧集團禦賊陣亡同治十一年浙撫楊昌濬

奏准在於原籍捐建專祠

秀水縣

關帝廟　在西門外三塔寺之東舊岳王廟址雍正間改建乾隆四十九年

高宗純皇帝

翠華臨蒞

御題聲靈綏佑匾額咸豐末廟圮尚未建復一在鳳池坊未詳建立年代 邑人諸錦記 嘉慶四年里人顧氏復捨宅充拓廟址燬于匪光緒元年重建 案關帝廟之建于本境者不可枚舉市心關帝廟地屬秀水已詳府祠祀中玆特舉其一二云

火德廟　在府治乾隅舊在城南隅城外倉基上宋建炎間建明永樂乙未宣德間吳志作知府齊政命遷城西北隅蓋取火庫居戌之義 鄒志明陳泰交記郡南隅爲火德廟肇宋建炎中兵燬今守某君決計爲遷城內曰夫南離位也離爲火火之不熄其張之也按天官家火以辰見以戌伏今之遷戌地也去戌數百武爲市曹實祀水神水火之妃也水火並祀所以濟也庶其藉手鬱攸之靈以道不佞罪耳予爲再三嘆曰君福百姓良厚夫火于玉行屬二口日稱最大政問爲火政之重也在古不在今在下不在上夫涪耀悖大天明地德光昭四海古于稱祝融氏而祝融氏實爲高辛氏之火正唐火正名閼伯迄周而司烜氏司耀

氏實爲位號以表官常漸而今也縣官第求羣臣孰利治水否耳火不爲設官亦不左右顧問丞相火政如何百姓拮据生産惟是恐恐焉慮晝夜之不虞以貽火患父子兄弟相誡也而一切牧守者贊旃之道路若塞野場若棄中春不修火禁四時不變國火以救時疾第當寒沍飛一紙四境慎火而已嗟乎吾郎無望徼祝融之靈成天地之大功亦何意夷爾爾也君臨嘉郡首遷之此廟修火政其見一斑已予所稱今與古合者君故不任也而上與下合者是則在君不聞單襄公之藥石虞陳者耶曰列表以樹道立鄙食以守路國有郊牧疆有寓望藪有圃草囿有林池所以禦災也君惠會元元而恤其災必先事禦若承蜩甯獨新神之廟貌而曰是足消譆譆之鳥鳴也必不其然夫瓘斝玉瓚子産弗與解者謬云天災流行非可禳息耳夫子産其亦欲講于禦災之道也耶君曰某不佞敢不佩韋若言記之 萬歷壬辰燬崇禎癸未道士糜國珍重建 吳志

市曹廟　在郡治西二百步咸中坊市心巷之中區 案舊爲靈

觀道院亦稱五郎廟創自宋景定甲子至正統乙丑圮于戶呂熊捐俸道士沈了然修己巳道士沈道亨建松月軒天順壬午知府楊繼宗捐俸建元帝殿太清樓樂閑堂于其中鄒志明張甯記市曹廟在嘉興郡治西去秀水縣東南二百步咸中坊市心巷之中區創自宋景定甲子歷一百八十年至國朝正統乙丑傾摧浸隘與市儆等是年守禦千戶呂熊以俸錢施道士沈了然修葺後四年己巳沈道亨始購震隅地作松月軒天順壬午陳曰常立山門復購巽隅地時都御史楊承芳守郡予俸楮幣千緡給資費肇建元帝殿脩設儀像繼作太清樓樂閑堂于中後自乙丑至今又五十年而五材具用眾工協成始稱方外大家曰常之功葢十九也聞曰常蚤師徐守眞爲火德祠士一領廟事苦心瘁力今年幾七十尚勤願慮介元眞忻自然請言刻石以示其後使其少遵世用將不有過于碌碌餘子邪爲是感也樂爲之記萬歷甲申道士楊懋元增建文昌閣嘉興湯志項篤壽市曹火德二廟碑記嘉興府治之西有錦帶河河之西北隅有火德神祠其西南隅有市曹廟二祠東西相距不下二十丈許歷宋迄元以至今日凡六百餘歲其所跨民居嘉靖初爲自氏之廬尋歸范民范歸于沈沈又屬之于余三十年間主之者四姓二祠固無恙也二祠之北爲吾祖故居歷元至令已二百年僅僅世守吾祖父與二祠羽士爲方外交相得極歡令吾又卜居爲鄰羽士輩亦時時往來更爲依倚奉吾祖襄毅公遺像供養不替良足賢矣嘗謂物各有主第主之于我則我易盡而物亦易窮惟主之于天地則天地無窮而物亦與之無窮佛老之徒雖或詭于正道然習靜苦空之教亦足以醒悟顓蒙而輪迴報應之說得吾儒勸善懲惡之旨其周流于天地間有不可盡廢者吾郡禪居惟靈光眞如二刹稱雄于諸寺其地乃晉徐熙唐裴休故居捨而爲寺二寺歷晉唐抵令于五百餘年未之有改徐裴二公之名托以不朽而羽流衲子亦與之常住無窮是二祠一名鬱攸一名市曹市曹典官刑鬱攸典回祿福善禍淫其應不爽可畏也已令歲甲申道友姚守禮楊懋元沈以誠輒碁隙地構數椽樓居奉文昌神于其上文昌星麗于天爲文章司命有梓潼經行于世謂能檢點人間善惡登斯樓也當必有夙夜匪懈臨深履薄者矣吾子若孫其永念爾祖法其所興鑒其所亡無淪惡趣哉若乃不務廣德巧取豪奪則典刑鬱攸皆可懼也乃因姚子之亟請而書以勒石

國朝乾隆五十四年道士王蘅重修燬于匪同治十年建復

廟宇

節孝祠　在秀水學宮之東

國朝乾隆四十二年陳王氏率孫金桂重修王日桂記世宗憲皇帝御極之元年九月五日詔書有曰旌表節義給銀建坊民間迤迤視爲具文未曾建立恐日久仍至湮沒不能使民間有所觀感著於地方公所設立祠宇將前後忠孝節義之人俱標姓名於其中已故者則設牌面於祠中祭祀用以闡幽光而垂永久欽此嗣經部議各府州縣建立專祠設石牌坊一座鐫列節婦姓氏法至善也恩至渥也秀水學宮之東爲節孝祠祠前有坊創建已七十餘年雖一再修而日就傾圮今年夏紳士董葺學宮而節孝祠則畱之節婦王氏獨任之王嫁上舍陳鈺早天撫其孤壽歲立守節逾三十載已旌門矣迺捐金繕祠甃甬道重建儀門三楹規制宏敞復以其羨餘兼修忠孝祠不靳重資里人歎美是役也始戊午七月訖九月鳩工庀材鈺之從弟振聲實贊成焉余秉鐸斯庠振聲爲弟子員夙以論文相契因爲之記咸豐末燬同治九年重建

五龍王堂　在迎薰門外五龍橋北嘉興湯志南城外三里宋天聖二年立至元志舊在湖中與凌虛閣相對天順間遷之北岸知府楊繼宗改潦波橋爲五龍橋鄒志廟有石幢甚古秀水李志今燬

雨金嶽宮　在新城鎮唐景雲二年汴人翁嵐避地新溪建東嶽行宮扁山門曰雨金勝地歷宋元毀廢明洪武

甲子翁可立重建天順間道士李景暘建正殿嘉興志 明湯呂常記略案唐景雲辛亥汴人翁嵐字谷瑞挈家避地新溪即唐會昌元年所築土城廢址谷瑞夢金冠絳袍神人命居此因卜地溪上爲棲遲之所明年秋夜忽聞異香襲人戶外漉漉如有冰雹聲旦觀河中多金片疑天雨賜谷瑞不敢私以拓地葺材列以羣神主以嶽神咸稱谷瑞爲雨金翁此其名所自始更宋歷元燬于兵癸明洪武十七年裔孫翁可立修復之天順初耆善陸宗輩增置正殿道士李景暘與徒沈永澄協力經營焉

國朝乾隆四十八年重修燬于匪光緒二年建復

小武當案秀水黃志作小普陀 在東禪寺南一里吳志 舊名南溪眞武祠元延祐間建明景泰時重修隆慶年主祠楊守成鑿池壘石建殿于山巔復築土山于殿北竹樹蓊蔚水光山色爲縣治西一勝云秀水黃志

國朝順治初里人許聖道捐修伊志

嘉禾大王廟 在縣北望雲門外今廢

靈宿土地廟 在縣西南二十七里本覺寺之東南相傳始欲立廟他處木植既備一夕自移至此水旱禱之無不響應

靈濟昭烈王廟 在郡治西南一里半舊在西門外宋德祐兵火後移于此即知惠州徐聞詩宅至元志 今廢

螺潭廟 在治南五里廟側有元羅愛卿塔羅善詩守節遇亂死葬銀杏樹下吳志見山川 互 今燬

雷祖廟 在碧漪坊壽峯禪院東今燬

德勝閘神君廟 在西門外二十里深葉里宋婁眞卿有德勝閘神君碑顯應德勝閘神君廟崇甯初年本邑王子明所建禾興之西深葉里昔立于邊塘忽一夕颶雨雷轟鏗然移址神兵千萬陰助靈顯主災主福有禱必靈一方之民在在加敬陰受神賜顯迹凜然老宿相傳百餘年矣端平乙未徐道慧等重修榱欄棟折年深久弛景定癸亥秋七月道慧再捐囊資募求檀施建造廟門殿室東西廊廡廟軒庵廬凡一十有餘間捨置田地以贍道衆錢穀役工用磚灰瓦木費緡一萬有奇道信道勤寒暑不倦頹圮鋳補粲然一新道勤守庵惟香火之流傳贍衆得田於獲饘粥之繼咸悅一誠之心幽顯以之仰蒙權府德清趙慨然據執從請之美事也道信作禮因其請識顚末若書盍爲紀述數語堅珉以永其傳景定甲子仲春望日 今廢

徐偃王廟 在府城西北二十里偃王逃戰之會稽王之宗族有散在邑者爲立廟大清一統志 今廢

越相國范公祠 在府治西南金明寺後秀水任志 國朝曹溶詩組豆千年舊名因霸越留黃金冒鑄像烏喙久含愁身退靈旗遠功成廢殿秋至金丹檻外猶繫五湖舟吳偉業詩檥棹滄江學釣魚五湖何必計然書山川禹穴思文種烽火蘇臺弔伍胥浪擲紅顏終是恨拜辭鳥喙待何如卻嗟子猶難免霸越平吳事總虛朱彝尊櫂歌落花三月葬西施寂寞城隅范蠡祠水底盡傳螺五色湖邊空挂網干絲馬逢皋詩遺廟空千古春風杜宇愁閒情鰕菜老霸業 綺羅秋越甸殘青嶂吳舸冷白鷗夕陽回首處綠草遍芳洲袁日華詩池水千年碧湖光一片秋大夫當日去祠宇至今留金鑄終難覓弓藏合早休應憐同事者功就又何求 今燬

三賢祠 在縣西南半里元大德間建祀漢朱買臣唐陸贄宋陳舜俞羅汝敬記浙江嘉興古吳郡地漢會稽守朱買臣唐首相陸贄宋山陰令陳舜俞實生茲土是爲三賢元大德間鄉老以其行義足以淑諸人請郡祠東南春波門外以春秋二仲之上丁祀之歲

久圮有司者因循勿替唯除地以將事洪熙紀元初大理卿胡公槩拜東土旬宣之命考圖數志憫神棲之無所乃治郡西三皇殿之故址重構焉經始於宣德二年之十月落成于明年之正月爲屋若干楹官無費財民不勸力棟宇雕牆增加於前規模堅樸不逾時制于是奠獻有位瞻拜有儀廊廡庖廚以序畢具旣竣事率厥官僚暨厥耆耇置牲酒以妥其靈于是神降之休郡治豐豫又明年郡守齊侯政以大理公爲能得其要振颺風化得其正嘉惠于郡者得其人乃礱石請記嗟夫賢者之用世莫不欲建功立德以匡輔當時然所遇非其時則齎志以沒齒者亦往往而有苟非崇執于文明盛世其不與草木同朽腐者幾希若三君子者文學能行舉足以膏澤斯世顧乃材不足盡用雖漢武之寵任買臣不過俾其富貴而故鄉歸耳至若陸公奮切忠義以紓奉天之難舜俞力詆時宰以伸變法之非當時信從而終任之其功德豈淺淺者惜乎相業未終官職未試而別駕忠州監稅星江之命下矣有志之士得不扼腕而深悼之向非世享以崇厥報彼三賢者衆人奚擇焉然則祠之重構俾廟食百世以光啓其後人者良有以也繼自今郡之人士登賢者之堂仰賢者之像繼成賢

者之跡以顯融聖世匹休前人則豈惟無負大理公建祠之心而刻石著祠之意郡侯亦有光矣若夫三賢致身詳實有國史在茲不復具列其事也 案三賢祠有宋鄭淸之撰陸贄像贊明鄒衡補撰朱買臣陳舜俞像贊見鄒志 咸豐末燬今移祀鴛湖書院

許侍郎廟 一名許公廟 在府城內祀晉黃門侍郎許安仁 大清一統志 今廢

裴丞相祠 在秀水縣南眞如寺唐大中年裴休捨宅爲寺後人立祠祀焉 浙江通志 案秀水任志今祠廢塑像于殿左爲本寺伽藍 今燬

楊將軍廟 在郡治北五十步乾化元年置 至元志 在治北一里 劉志 明張甯記略嘉興縣西北五十步有旌烈院東將軍爲守將時城陷不屈赴井死今地故有井歲旱不竭必其生有捍禦功于民又能死其事故立廟以祀惜其名爵不傳廟祀沿革亦無所考元延祐中廟之故址皆割沒爲民舍正統景泰間復廟址之半成化已丑遂盡復故所侵地底于大成焉 案吳志云名字世次莫考嘗入井斬妖蜃出化爲神廟額旌烈與張甯所記不符應以碑記爲正又云秀水縣治西古井庵卽旌烈楊將軍井與記中歲旱不竭之說爲合今考古井庵卽楊將軍廟也 今廢

王總管廟 在郡治西南通越門內高田賊作亂以身死難故祠之加封旌忠廟 至元志 總管名佚 吳志 今燬

曹使君廟 在郡治西北二百五十步祀吳越曹信及其子珪 大清一統志 案吳志云舊經載邑人列狀祀之者曹信吳越備史以爲曹珪嘉興縣志以爲廟貌三人碑漫漶不可考案唐季之亂信城嘉興珪與族人師魯守之有功茲土例皆得祀廟像三人卽信珪及師魯有謂信卽珪然十國春秋信夢一大夫謂我爲爾子有二千石遂生珪似可據今祠久廢

施府君廟 一名靈顯侯廟 在縣北五里土神施府君宋人諱伯成九歲爲神幾百餘年有禱輒應歲旱澇鄉貢進士聞人剛中等禱于祠下隨獲大雨遂請于朝景定五年九月准勅賜今額今廟之左右皆施族居焉 至元志 案鄒志俗呼爲撒秧廟施府君未封前事也 明勅封護國鎭海侯 吳志 案黃霨古蹟詩注云在杉靑閘上以護國鎭漕勅封相傳爲宋施全里人患瘡者禱之立愈志稱神字伯成與全之命名其義頗合姑存其說以備考 今廢

普甯王廟 在郡治北一里俗呼銅棺廟舊傳嘉興知縣有善政天降一銅棺蓋自開知縣入焉蓋又自闔其棺飛在常州宜興縣山上今爲銅棺山當時有吏人堅挽

知縣不可八遂折一臂後塑折臂曹司在其側（至元志）今燬

趙龍圖祠　在縣南眞如寺宋建炎初趙叔近以龍圖待制知秀州王淵以私憾誣殺之殯寺中後爲立祠（清一大統志　嘉興湯志趙叔近宗室也累官龍圖待制建炎初守秀州杭卒陳通反詔辛道宗將西兵討之兵潰爲亂抵秀城下叔近乘城諭以禍福通斂兵退詔差權兩浙提刑以撫通叔近輕騎入賊畱酒推誠衆皆感服因奏赦通黨帝業已許之而叔近還秀王淵兵至杭淵素與叔近有隙忌其功欲陷之詐傳趙秀州來通出郊迎遽殺通而誣叔近庇賊拘于州以朱芾代之秀卒徐明號衆因芾出叔近叔近撫定之倉卒未及聞而朝旨已遣御營中統制張俊討明俊淵之部曲希淵旨誣叔近與明同謀竟殺之農民哀痛立廟祀焉）今燬

蘇公祠　在本覺寺三過堂後萬歷九年郡守龔勉建（秀水李志）今燬

楊姑廟　在縣西舊圖經云昔有楊氏女篤孝躬耕給養父母死後鄉里爲之立祠（至元志）今廢

徐王廟　在秀水深一莊德化一都日字圩（伊志　國朝范長發記略徐王浙人也廟在禾城東北思賢鄉自宋迄今五百餘年矣舊壁繪王出征始末功績丕著當徽欽北狩王忠義不屈歿于江右隨郎成神今巢湖鴛央殿郎主顯聖處也歲之八月王之誕辰仲春二月王夫人誕辰故老相傳每歲八月前紅光燭天徐王歸里是年五穀豐登歷有明驗明末王常顯靈使此地免于兵刃是以合郡士民無不感戴酬賽爲一方盛會云）

岳忠武王祠　在西門塘三塔寺東王裔孫元聲和聲駿聲立（嘉興何志）明末兵燬僅存基地

國朝雍正九年裔孫私貲歸公（案今爲關帝廟）乾隆初裔孫經五呈請復祠制府嵇曾筠飭仁文書院故址改建經五子鑑經營二十年至乾隆五十二年工竣重樹萬古精忠坊流芳橋置祠田六十畝（浙江布政司使給有永禁侵毀示勒石桐鄉馮浩記）咸豐元年

勅賜顯忠祠額鑑子鴻逵增置祠田孫廷楷建

御碑亭于祠之西北隅十年燬于匪同治九年祠裔岳鴻翔岳彤等重建

岳氏啓忠祠　在忠武王祠後祀忠武先世三代栗主明司馬岳元聲中丞岳和聲銀臺岳駿聲皆祔夾室嘉慶十四年裔孫岳鑑建立並建莊房增置祭田四十畝管祠膳田十畝十五年又于祠西建立岳氏支祠今燬未建

廣福行祠　在祥符寺東偏宣德間主僧緣事錢塘數月不決因禱鹽橋蔣侯祠獲應請立祠鄉民崇奉朝夕香火不絕（柳志）祀宋蔣崇仁（明姚思仁記略余猶子孝廉讀書祥符僧舍常述寺中伽藍神蔣侯極靈余耳之熟而未悉侯何以靈也茲重建侯祠猶子計偕入都乞余爲記因閱宋牒文知侯杭人也兄弟三人富而爲善廣積米穀遇荒歉即平糶焉且聽糴者自量故稱蔣自量云宋宣和間方臘冦杭州侯率家人拒之冦平部使者上其功未及祿而侯沒沒現夢于隣家謂上帝因平糶拒冦牒爲本方土地人未盡信次夕得夢甚衆土人即故宇爲祠祀焉有臨安尹韓疑爲淫祠命撤之侯忽憑其家人索故宇韓媿謝爲徙基鹽

橋上且聿新之嗣是禱者如市嘉熙丁酉杭城旱郡侯夢黃衣告曰禱用蔣自量名郎雨尹如其言果大雨又城中火忽現蔣相公旗號火遂熄甚至火逼橋側祠上現出侯像風迴燎止丙戌歲江潮嚙岸沿江之民禱于侯得免漂蕩者十之七其廟佐神張判官朱三耆靈應尤異咸淳三年有司奏請賜廟額曰廣福又六年盡封爲侯此侯之靈於杭者也吾禾詳符寺前有出路爲元時貴人所佑因從曲徑借道於水西國朝洪武丁巳寺僧信傳呈復此路寓侯廟祈禱願奉侯爲伽藍及路復而祠未建有三人者從杭買舟抵禾至三塔失楫引舟子入祥符則楫在殿中三人忽不見止遺包帙有籤經據之以卜無不嚮應此又侯之靈於嘉而祠所由昉也歲久漸圯寺僧員淨如潮矣願修葺里中文學陶武忠爲倡弟元暉中丞爲文告諸檀信眾皆樂施鳩工數月登疏者十集二三淨年邁不堪拮据潮獨捐貲那貸刻期落成祠柱故用木易之以石材程鑒漆無不緻好夫天下神宮宇必侯眾而成今無庸眾而成也潮心苦力殫矣余因謂世之祀神者以神靈也使神不靈而所禱不應則錙錙銖銖而告之眾且積歲粲月不可得今何以樂施者眾獨任者又甚捷也非侯之靈足以皷動人哉余益信猶子之言非謬矣是爲記 今燬

報恩寺　在縣北三十里宋進義校尉朱張恂殉崖山難至元丙子子穹壽悲父之死難舍居爲禪院肖像祀之額曰報恩至正初語溪釋本誠有記奎章閣學士院參書柯九思篆額明成化庚寅盛舉重修 嘉興何志 明周鼎記 今廢

冷仙祠　在元妙觀後明季秀水令傳汝爲葺

國朝康熙十年里人朱鑛重修 國朝鍾淵映題冷協律祠詩猶憶先朝協律郎曾將樂府事高皇幾時玉洞成仙隱不向金門隸太常琪樹春深丹竈冷瑤笙晝靜碧雲長城隅華表千年在化鶴還應返故鄉 萬光泰詩神仙事若誕院倉甯有書飛昇略可紀稚川非欺余吾鄉冷啓敬郎潛勝國初七絃寫泉石犁眉爲軒渠奇跡托餅隱俗緣棄土苴葛井錢作蛙劉盤嚥化魚往事二百載遺祠竹中居符籙羽客宅刀砧屠沽閭空堂寂于野升降廢殿墟隙地菘苣時方池萍藻瀦不汎春水舫時荷新雨鉏仙人蟬蛻後塑裝玉雪如去來青霜袍乘以雲光輿下土何所見帷閶饗瑤琚登樓近粉堞冬老萬木疏散馬臥短草饑烏啄長槜星湖衣帶水水淺斷釣魚一市飲淪溪數家掩籩篠吾來每臘尾雪姑嗚屋胥寒光澹憑几曠境與攬袪側聞可祈夢絕勝占旟旟此生本如寐況悟莊叟邂安知天門狃不等鼠穴車齋心詠仁義盜篋不可胠下梯踏夕煙明發逼歲除 道光八年里人俞厚基捐募重修咸豐末毀同治七年建復

六賢祠　在仁文書院初祀薛瑄胡居仁陳獻章王守仁後增祀吳與弼岳元聲 以上吳志 今移祀鴛湖書院

項襄毅公祠　有二一在象賢鄉賜墓之東嘉靖丁亥孫項鏞建 秀水任志 明長洲陸粲有碑記 今燬一在靈光坊即尚書坊址建造內爲孝友堂嘉慶六年項氏後裔重修巡撫阮元書額道光三年裔孫琳于堂後建端本廳

孝義祠　在西麗坊祀明特旌孝義賓卿沈城項穆天啓初建 明朱國祚記略吾郡自正統歲饑有素封沈公本捐米三千三百賑活生類荷勑榮獎者至嘉靖時有贈通判竇孝子卿首議修築郡城倒囊獨築澄海一門於是平善崇桐四邑效法各請建城同時有封郎中項公銓先買人宅已數十年因破壁獲藏金急召故宅子孫悉還之此鄉閭嘖嘖頌義無窮用以允胄緣延世紹休義也項當戊子己丑間東南集稿疇攏焚如穀萩騰踴家戶不能糠粃厭也乃復有榮獎曾孫光祿君文銳築城子若孫郡丞君文照文學君國元還金家孫封中輸項君穆孝能推乃祖乃父之前心義舉成我胞我與之滿願諸君之祝人飢猶之我飢道殣等之家殣至郡丞父子產遜中人而粥饑以月計者五糟齒以百計者六典簿則爲寡母陳賑粟以千計更復請向後里閭有不可知之年爲宗寒庠俊計久遠則沈之捐田六

百有八十項遂割畝七百焉于是郡嘉秀庠各受沈項田二百畝項以故籍嘉善庠亦受田百畝沈則仁文有助項則宗黨有贍漸仁渥慈垂之永永已自沈已丑暨今三十三載當知見前林林然力畝滄肩負販業工伎于山林城市閭者莫非由三諸君昔所全活之子若孫也中丞直指具題樹坊特表三公孝義人于是始知孝于親樂于施爲明主之所旌重當塗之所褒嘉其有觸于孝義非一人矣坊後有地樹祠三楹以祠三氏贈通判旌孝子實公卿贈典簿沈公城封中書項公穆各主廂左右以居守者一切經費皆郡丞首倡茲孝義祠竣請記以垂不朽今燬

菊隱祠　在王江涇鎮純眞道觀旁祀宋將仕郎陶菊隱佚其名

國朝乾隆間其裔孫重建燬于匪光緒元年建復以上伊志

魁星閣　在學之東其下即鳴陽門成化中知府徐霖闢

建取道東出嘉靖二十七年冬知縣方祥更爲鳴陽坊

國朝康熙四年改建已位不利于學十九年請仍舊志知縣于斑復之詳范正輅修學記　案伊志秀學巽方有魁星閣二一在廟門左角一在道署左偏又精嚴寺有鐘樓巡道車大任知縣陳于廷因秀庠建俱在學東南隅馮夢禎記具述之咸豐十年燬

今移祀學宮東偏文昌閣中

沈少保祠　在碧漪坊祀明贈太子少保沈思孝嘉慶初

巡撫阮元題准列入祀典道光十七年裔孫沈篤慶等

修之咸豐間燬光緒三年祠裔重建

二戴祠　在北麗坊祀漢信都太傅戴德九江太守戴聖

道光十三年後裔戴永智建立巡撫富題准列入祀典

春秋致祭今燬

呂祖廟　在咸一庄證覺禪院嘉慶四年奉准　部行春

秋致祭十年奉

旨錫加封號

大王廟　舊在北門外歲久傾圮嘉慶十六年里人岳鎮

創捐募建侍郎沈維鐈撰碑記咸豐末燬同治十三年建復

朱文恪公祠　祀明大學士朱國祚舊祠在北門外二十

里百花庄久圮後移建南門嘉慶十年巡撫阮元題准

春秋官祭

先賢鄭氏祠　祀鄭國鄭康成在咸一庄道光四年祠裔

鄭世英等捐建

先賢程氏祠　在塘滙鎮祀晉新安太守程元譚宋先賢

程明道伊川道光元年祠裔程輝等建立

昭忠祠　在郡廟西側嘉慶八年奉准　部咨遵

旨祀陣亡官兵陸光濂等十二人春秋致祭今燬

陳孝子祠　在報忠坊祀陳元朗嘉慶七年祠裔陳振聲

延聲建咸豐末燬光緒元年祠裔建復

鄭氏宗祠　在咸一庄月字圩祠裔鄭宗源建案宋處士鄭錡十世同居歷行孝義旌爲義門

北市文昌閣　在仙渡墩案嘉禾一郡西接省城東通吳會水源皆由天目餘杭塘棲

石門來西關灌注郡城之東至舟里街東市官塘作兩股分流達嘉善平湖入于海天目之水又自湖州南潯由新城經郡之北門分流一達王江涇至江南一達石條街橋橋出北市由嘉善入海東北兩市盡處里人以爲有關合邑文風東市水中有曹龍山禪院障分水勢北市水中亦有呂祖祠文昌閣名仙渡墩以障逆流墩廟久圮邑人朱澐築土重建後復圮道光十九年朱士重修燬于匪同治十年建復

南城文昌閣　乾隆五十年里人重建陸樹本有記　燬于匪同治九年建復

曹武惠王廟　在南門外一里祀南宋曹彬推官史顯卿建雍正間里人沈見龍重建乾隆間復修咸豐末燬同治中里人重建

朱孝子祠　在大露圩相家蕩東祀朱元墓在祠右今廢以上于志

姚氏三世祠　在郡城西門外祀明贈光祿大夫姚履道贈太傅工部尚書姚思仁南城兵馬司指揮姚以誠並入祀府學鄉賢祠崇禎末燬

國朝順治十一年重建每年春秋由府委官致祭咸豐十年燬于兵燹尚未建復

嘉善縣

先農壇　在東關外雍正六年知縣郜煜建并置耤田四畝九分浙江通志今在東關外羅星臺致祭

先蠶廟　位設北關柳洲亭之環碧堂乾隆五十九年奉文建久圮今在城內道院致祭

社稷壇　在縣西二里柳志宣德五年知縣郭時建成化二十三年知縣汪貴葺嘉善章志

國朝雍正八年知縣郜煜以舊壇逼處囂塵詳請改建于福星庵西嘉善戈志今在福星庵致祭

風雲雷雨山川壇　在華亭塘南去縣治一里趙圖記

厲壇　在縣治北一里

城隍廟　在縣治東二百步明宣德五年開設縣治知縣鄭時建以上柳志燬于匪

國朝同治三年知縣傅斯懌飭邑人錢錫圻孫鈺等集資重

建悉如舊制張祖陸爲記

文昌廟　在縣治東咸豐間兵燬同治二年知縣傅斯懌創建大殿三楹八年知縣陶雲升甃地以甎十二年邑人許元杰等募資建二門及周圍墻垣復增翼室于殿之西偏規制稍備祭祀如儀金安清爲記泐石

東嶽行宮　在縣東二百步俗名黃王廟宋乾道七年道士劉道正創元燬于兵明洪武間重建副都紀施景章搆方丈數楹修煉其中自是相繼恢飭廟宇重輿嘉善章志

國朝順治間復建楊公祠于左廡吳志康熙三十年邑令徐現麟于楊公祠左建關帝殿雍正十二年邑令羅緒捐建

倉帝祠置常住田（嘉善戈志）乾隆中道士萬軼凡等相繼增葺（伊志）咸豐間燬同治中道士世復募資重建

關帝廟　在瓶山洞虛道院右（嘉善崔志）燬于匪同治中知縣傅斯懌以凝和道院之眞武殿奉神像祀焉

土地祠　在縣治內歲春秋仲上丁後一日致祭（伊志）

亞聖廟　宋南渡時亞聖四十七代孫孟忠厚扈從臨安建鄒國孟子廟于蘇州（案今蘇州孟子堂前即是）元末圮五十四代孫孟觀避兵于嘉興之清風涇（案即今風涇鎮）遂居焉明嘉靖三十二年蘇州廟圮山東教授司查孟氏南支在嘉善移文浙省改建于嘉善給裔孫衣衿守之有本縣印帖給五十九代孫孟屏三十六年置祭田十八畝縣帖給孟道亭（邑令陳道基記皇明嘉靖庚戌余奉天子命令茲邑越明年春丁躬秩祀禮于先師之廟分奠既終福胙爰錫見青衿侍坐郭吳兩學博示予曰是亞聖裔也余方切喬木之思又數日邑博士弟子員名道亭者以家胙來饋因詢之道亭脩陳始末乃知亞聖四十五代孫名在者女爲宋哲宗后沐京陷沒乘輿播遷靖康二年厥孫忠厚與孔子後咸扈蹕來杭孔賜第衢州孟賜第蘇州各勅建廟般祀賜田以供柰盛至我朝孝皇帝時衢州守沈杰疏請孔氏南支賜襲五經博士典祀事在之後名觀者因張士誠竊據蘇州挈家逃避寓嘉善之清風涇遂家于此廟祀仍于蘇焉至嘉靖甲辰三氏學教授司生員孟彥詩來浙訪求遺跡重傷南支祀典不修呈請有司遷祠奉祀通申詳允額匾門楣已樹表揚之意矣歲丙辰督學桐城阮公特疏奏聞已末巡臺金泉王公給銀修理而崇祀焉余在治時道亭祈余一言以紀其事時簿書無暇旋即召命匆匆弗果至歲甲子余按廣東事竣而還道經浙河道亭復迓以申前請爰即其始末而詳之告後之賢有司使之修墜以

舉廢賢子孫以敬承其家學云

國朝雍正七年嘉興府知府閻堯熙奉文遵旨重建于學宮之南太平坊（浙江通志）十二年署知縣羅緒同紳士重修（邑令羅緒記善邑有亞聖祠猶衢州有至聖廟也勅建于南宋分支移建于前明中葉由來久矣雍正七年　聖天子崇儒重道　特諭各省督撫飭所屬修葺先聖賢舊祠時閻公堯熙守禾允前令楊君及邑紳士修復斯祠之請督院程公督學李公先後檄催厥功未竟緒以癸丑冬承乏茲邑甲寅春與諸紳士經營冊表捐貲以興版築捐田以復蒸嘗至秋工竣偕學簿尉諸君登堂致祭泰山巖巖之氣象與夫道性善稱堯舜之聲息恍乎若接慨乎如聞傳之百世庶令人有所憑藉而興起矣顧祠祀之興廢實由子姓之盛衰在善孟氏列諸生者祇孔授孔時二人應童子試者祇孔成一人孔成爲南支長孫而貧無立錐破屋數椽不蔽風雨今祠祀雖復而後之視今猶今之視昔安知數十年後不更有零落之憂也往時曾白學使帥公帥公頒袖斯文以振儆起衰爲已任飭緒備查世系通詳以俟會商督院用敢申懇各憲循列題請添設孟氏南支博士以主祀事且恐祭田未足贍用復詳請分撥學租以脩禮儀誠欲綿祠祀于無窮不得不計之深而慮之遠也夫道統于孔孟無分祀典于南北無異昔宋仁宗時孔公道輔得孟子墓薦其後名甯者于朝以主林廟遂開今日孟氏北支之盛明世宗時沈公杰始表彰衢屬孔氏疏請添設博士主祀遂廣今日孔氏南支之傳逮至　聖朝優禮聖賢後裔軼于前代不惟孔氏南支歲科試另編字號定額入泮二名抑且推恩他氏若朱若關皆分支添設博士幸際文明廣宣德化當世之爲孔公沈公者固不乏人緒自念位卑德薄豈敢謂有志竟成特作此記疏其大略以俟德隆望重之君子）乾隆三十四年動帑修理

勅建啓賢殿春秋致祭（伊志）巡撫熊學鵬記余膺命九重巡撫兩浙涖任時詳案通志于檇李嘉善學宮之南有孟廟在焉實爲亞聖南祠與三衢孔廟相峙前明設衣衿世守其廟之根底緣由具見前朝陳尚書　國朝羅邑令兩記我　皇上御極之三十四年特頒帑金重修孟廟併黌部文以舊制卑狹

宜大加廓宏以壯其觀如鄒廟式設正殿正寢兩門繼往聖開來學諸坊然地在城市中湫隘廹促雖欲高大其規模實難措手賴亞聖六十六代南支宗孫孟興鈺撤已所居屋因得隙地議爲啓賢祠崇祀亞聖父母遂令興工飭縣令董鈞董其事縣丞吳超監其工經之營之于以度其基于以定其制于以聚其材木于以甃碑瓦黝堊丹漆無不畢致其亞聖殿則增高三尺以崇之其啓賢殿則建置于其後匠之精者皷之舞之工之僑者絀之罰之凡三閱月而工竣落成之日興鈺請余爲記余謂亞聖之德業如日月經天江河行地愚夫愚婦皆盡知之廟祀之所自則諸乘記班班鑿鑿學士大夫亦盡知之孟氏之宗派則雍正十三年東省六十五代北支宗子翰博孟衍泰使胞弟衍岱衍嶧來南通系一命修南支祀典并授手書及三遷志是南支北支固爲一家彰彰無庸置喙今聖天子尊聖崇道遠超前代累詔查修十三氏祠宇兹則發帑以葺亞聖南祠使聖賢之神靈得以憑依而廟貌輝煌今後令兹土者春秋上丁登斯堂而覩巖巖泰山之象其亦有懷息邪說距詖行放淫辭以承三聖之言其功同神禹其道直接周孔宜虔修其祀典保護其子孫以世守于弗替是則深符宸衷頒帑重新之盛意也乎 咸豐間燬于匪光緒三年邑人許元杰等重建

高王廟 在縣北三十六里遷善鄉祀晉嘉興監高史君 至元志 案元虞文靖公風涇仁濟道院高王祠碑記高王爲西涼君長既夢神顯于中國非高史君也與此有別 今廢

陸宣公祠 在縣治東十五里 嘉善戈志 春秋二仲有司致祭子姓聚守人稱爲陸莊 伊志

節孝祠 在思賢書院中雍正四年奉文建 嘉善戈志 乾隆五十七年紳士曹焜等捐貲修建咸豐間燬同治十年邑生沈嘉汾等集貲重建祠屋三楹

表賢祠 在縣治東南七里 案吳志作六里 祀宋山陰令陳舜俞宋嘉祐間舜俞捨地與僧爲焚修地後即于此建祠 鄒志 祀之 吳志 正德間知縣胡潔肖像祀公 嘉興倪志 呂嵩記墓而祠非古也仰其賢求其子孫不得有墓焉郎而祠之固亦不悖於禮也禮以厚民俗勸士風實有司之先務哉我鄉先生賢良陳公諱舜俞字令舉嘉禾人嘗僑吳興博學強記宋慶歷進士嘉祐間擢制科第一授光祿丞發書壽州判官熙甯初以屯田員外郎知山陰縣召試館職不赴會時相王安石行青苗法先生不奉令上疏非之旨忤因自劾讁監南康軍星江鹽酒故與太博廬山劉凝之高尚士歐陽永叔爲賦廬山高以美之者也先生遂棄官歸日跨犢以窮林泉之趣自號白牛居士去今五百餘年而鄉猶以奉賢名塘猶以白牛名涇猶以清風名郡城有三賢祠以先生配亭宣公也吳興有六客堂以先生友善于蘇軾也其人望之重可想見矣墓在縣治東七里有墩隆然而石函在焉兆爲寺僧所發銘則先生之孫光遠郡博撰者僧欲滅跡故碎之或從瓦礫中得石一隅始知先生首邱之處而寺有三木主其一則先生也宏治二年部使者陳公金將廢無名寺觀父老以公墓言以故寺得不廢今餘二十年有識者率欲建祠以表章之而他有司以爲非法令所及遂止嗟夫先生之不可及者三高才擢冠制科讜言不阿時栢敝屣以視浮榮謂非豪傑可乎千載而下孰能磨滅初亦不係乎祠之有無也然非祠則無以著賢有司善俗移風之舉舊有堂三間爲僧所據墓鄰季清氏發憤陳之浙省不報頃者鄉貢進士陸君嶽以本末白于縣令廣東區公越始克圖新其祠區公赴內召又得滇南胡公潔來代二公皆名進士知以禮善俗移風者先後同志因聚材鳩工不費不勞祠以就緒僧守祠僧忠義屬予記是役也興於正德三年七月二日落于五年七月十五日 嘉靖二十八年知縣于業置田贍祭 嘉善章志

國朝康熙二十一年知縣崔維華重修乾隆年間裔孫永言等重整門廡并建庵于側春秋次丁委官致祭 伊志

思賢禮廟　在縣治西北三十里宋建炎間建元燬于兵明正統間里人重建柳志案鄒志東嶽行祠在縣西北三十里考證云俗呼思賢禮祠卽此也今廢

朱相公祠　在縣治西北三十里相傳宋高宗夢登紫薇樓而墜有力士持之得不委地問其姓字則云秀州遷善三十五都朱六郎也既覺體汗猶濕乃使訪之時六郎已死七日矣封爲紫薇侯鄉民立祠江涇塘柳志

徵君丁海鶴祠　在永八北區洪武初禮聘丁長如授湖廣黃州別駕秩滿歸宣德五年析縣長如撤所居建明倫堂撤石築縣譙樓邑令欽其德爲置祠云嘉善戈志今廢

六賢祠　在魏塘書院

國朝乾隆二年建祀明尚書丁賓職方袁黃都給事魏大中大學士錢士升少宗伯曹勳祠部陳龍正邑故有鶴湖書院嘗祀丁袁魏錢曹五公知縣張聖訓因紳士之請合祀陳公爲六浙江巡撫納蘭常安記略自古名都大邑諸生羣處誦弦之地必奉其鄉之先達德行功烈文章表著當世聲聞奕譔者祀諸瞽宗以昭崇尚而矜式其子弟昌黎有言鄉先生沒而祭於社以余所見聞盱江有十賢之堂南康有五賢之祠其他所在多有蓋代異則品核始眞地近則興起尤易祠非獨庚畏壘有司牧者亦與有賴焉余受　命來撫浙浙之桑屬邑有嘉善其地賢哲輩出而莫盛于前明中葉以後保障留都清風惠澤有若丁公改亭學貫天人名振海外有若袁公了凡揮擊奄豎九死不悔有若魏公廓園爲民請命爭執去國有若錢公塞庵文章氣節朗朗炳炳有若曹公峨雪不負所學蹇蹇諤諤有若陳公

幾亭蓋嘉善當吳越交明之理學越則姚江吳則東林諸公先後往來訂証其問故師友淵源最深有法于德功皆應祀典非獨一國之士已也而善之士尤至今稱道弗衰因相與建六賢祠於其書院中而投牒於其令陳君以剛請余言以文其麗牲石余案嘉善縣志邑故有鶴湖書院邑之士嘗合丁袁魏錢曹五公而祀其中歲丁已前令張君聖訓建魏塘書院以課多士又請以五公合陳公而均祀焉春秋匪懈以時釋奠習禮于中者蓋八年所亦可以見士之能尊奉其諸先進而令之能訓其士也余公餘退食頗耽鉛槧考名賢于前史搜別集于書倉素欽此六先生徵請吾固將表之以厲全浙之人士翔靳一言以不慰多士望雖然有進矣夫古人于前哲非徒尊奉之又且則倣之文信國遊廬陵四忠一節祠慨然曰沒不俎豆其間者非夫也斯時信國亦諸生耳其後對大廷魁多士致命遂志忠貫干古卒與四忠一節者同旹祀勿衰余謂信國特遇其不幸也今國家　重熙累洽多士幸際昌期他日圭璋特達參贊密勿黼黻太平其舟楫霖雨足以光史冊而永俎豆者必更有在多士勉乎哉語云莫爲之前雖美弗彰莫爲之後雖盛弗繼余樂見六賢得多士而有繼多士得六賢而益彰也多士勉乎哉是爲記　案思賢書院舊有五賢祠祀周畏齋周伯器朱東齋卞白溪陸天厚今祠已圮奉五公主于儒學鄉賢祠燬于匪同治中重建

丁清惠公祠　在縣治東祀明丁賓大清一統志歲春秋戊日官爲致祭明錢士升記略猗歟此宮保大司空丁清惠公特祠也創于癸未成于甲申距公歿之癸酉蓋十有二年而民之懷思齋嗟而出涕者不少衰謂公祠于宦南士自爲媚耳祠于校諸士樂有典型耳其何以慰夫扶杖者椎髻而春且汲者鳩車之戲者懷且禋以行路者是以特祠然何以遲之至今遲至今而益知公之明德遠也公自縣令至司空垂六十年其嘉績休化著于國史郡志甚詳而公之志表碑狀且赫然脩述予不復贅辭卽其爲德于鄉識其大者如萬歷戊子己丑間旱潦薦劇米價翔湧民間摶麩屑榆以食道殣相望公發先世藏粟悉以賑之于是四境遠近之民扶老攜幼環集公所者綿亘數里公計口有籍部署有法躬親噢咻不問寒暑所全活無算戊申甲子再祲公賑如初概其生平凡四賑不惜毀家而邑中帖然無抑

價勸分之擾則是公大有造于桑梓也公爲南都大寮去鄉孔邇凡邑中大利弊走謁公輒毅然仔肩輸將之于役南庾者歲苦出納爲厲公爲釐革耗羨以甦其困時有督漕用法稍峻挈舟迎于境力言糧不足老夫一身任之多得寛貸民運議起躬起淮撫陳利害事獲寢是又公之大有造于桑梓也邑議修城首捐俸餘與搢紳襄事聞寇擊輒爲守令調度亦倡助軍資角巾行野躬問民間疾苦煢獨賑貸之外備籍入養濟或有孝弟貞烈男女即介里老呈官旌表如此纍纍是公造于桑梓之心無盡也且公孜孜施濟兩臺聞于朝下詔晉秩表里公拜疏謝曰老臣無狀第量力賑濟了此心願其敢叨明天子之殊錫固辭乃允夫晏嬰爲相待以舉火者七十餘家耳富鄭公活流民五十餘萬猶守青州耳公孫施粥不聞其再司城貸粟猶存其名孰有祠鄉如國視家如官不靳累世之藏不食爲善之報如公者乎則以視公得之于學者素也公學于王龍溪先生龍溪學于王文成以致良知爲宗旨夫良知當體圓成有觸即覺推之于人介然有知亦復如是公惟實體允致之已饑已溺祇以惓萬物一體之心而市德好名纖毫不與也嗟乎今之居官則家于官居鄉則官于家不知一體之也

學而望其與民同患是以撫摩爬搔而責之瘺痺不仁之人必不得矣留都卿大夫俎豆公于文成龍溪兩先生之間士庶之志去思者凡九甯特桑梓之尸祝乎哉先是臺使者可邑士民特祠之請檄下公于鑛等不欲煩縣官緡錢以達公志是以遲之至今三山左公按浙景公遺烈令有司趣成准謚公事例復田一百三十四畝藏祀事祠成父老子弟婦女商旅聚觀塞衢巷向之愾以思齋噬而出涕者咸歌呼忭舞曰猗歟此宮保太師司空丁清惠公之特祠也而後慰也

忠孝魏公祠　在縣治東祀明魏大中及子學洢 大清一統志 康熙二十七年知縣李之藻重建知府佟世俊重修雍正九年知縣楊繩祖請帑重建 嘉善志 乾隆十九年裔孫繼蓍五十三年督糧道鹿荃倡捐知府鄭交泰及七邑令各助修理增建思敬堂 伊志 鹿荃記明季不綱婦寺煽虐六君子之禍最烈嘉善魏忠節公畢命詔獄其孤子敬先生又以孝殉莊烈繼祚先後褒恤因得廟食鄉邦至今列于祀典先忠節未仕時偕孫鍾元先生與魏公訂交於楊椒山祠是時方隨高陽贊畫關門子敬走投先太公釀金營救得扶櫬而歸及仲子刺血鳴冤亦主我家以荃童時即聞而慕之比蒙　聖恩補授浙江糧道以荃查漕至嘉善敬謁公祠祠在委巷中敝陋將圮荃踧踖不安亟商于太守鄭公捐俸爲倡程工渠費屬邑令李明府爲之改建按其地近市久爲細民所估乃以倍價贖其必需者益門廡擴堂寢甃密材堅丹堊竝煥忠節公栗主南向子敬先生東向祔仍前志也嗚呼公之英靈颯爽固當與日月經天江河行地豈區區里社之足戀然而孤忠瀝血一羣醜含沙岌岌乞身匆匆被逮祖宗邱墓之鄉宜未嘗一日忘者其甯不降享於茲也而荃之與賢守宰共襄此舉非以式閭報祀博守士之虛聲亦非以我先人金石論交藉手以展溪毛之敬夫聖賢之學不過爲人臣人子耳忠節父子當天地晦冥之時各盡其臣子極苦之分後之人苟所遇不至於此則隨分自盡上可爲國家受心膂之寄下亦不失爲孝弟端謹之良士何至頑鈍無恥若明季之小人與之載胥及溺耶是故忠

節之祠非獨爲嘉禾一隅取矜式而嘉禾之總總林林則皆公之鄉鄰子弟也如能瞻拜新楹思哀思敬歸而自求其所以爲臣爲子之道共厲廉隅克完至節則一邑之風俗成即一省之風俗成此則荃之厚望也

咸豐間燬于匪

懷德祠　在北城外明嘉靖中知府劉慤慮伍子塘水勢衝突築臺障之萬歷二十三年知縣章士雅拓舊基爲正殿 題曰大士行宮 殿左爲文昌閣閣下爲祠 題曰懷德 以祀胡公槩龐公尚鵬又左爲堂 題曰碧環 堂右建祠祀劉公慤 吳志 邑人葉繼美有重修劉公臺碑記 今廢

喩楊祠　在縣北斜塘鎮祀明治水參議喩良知知府楊繼宗 大清一統志 今廢

彰義祠　舊在縣治東關外明萬歷中知縣金和建祀江西陣亡嘉善主簿李錫本邑陣亡福建汀州百戶賴恩吳志

國朝雍正七年知縣郜煜重修後改名二忠今祠在風涇鎭主簿署西同治十一年知縣陳鍾英請以克復楓涇陣亡叅將王玉林附祀仍名彰義詳明立案

賢良祠　在縣治東關外石灰橋爲孫詢建今廢

顧氏世德祠　在城南大安坊祀宋湘州刺史顧覬之裔吏部郎顧憲之陳黃門侍郎顧野王明崇禎間太僕顧際明建以上嘉善戈志今廢

錢氏世德祠　在東關外明崇禎九年爲甯州守錢吾德建伊志咸豐十年燬于兵尚未建復

孫氏世德祠　在東刺史涇之左舊名甘露庵祀明初孝義孫顯等又有古堰五賢祠祀孫朝宗朝甯光祖在鎬衍俱崇祀鄉賢舉人孫霖修建嘉善戈志今廢

倪氏甯遠祠　在遷中區北翠圩雍正九年邑人倪源創置義田以贍族人婚喪孤寡之費嘉善戈志乾隆二十八年源子應梅重修今廢

四賢祠　在斜塘鎭嘉善戈志國朝周煌記考之祭法法施於民則祀之能禦大菑捍大患則祀之記又曰有其舉之莫敢廢也國家愼重祀典設立名宦祠于學宮凡官于其地者以勤恤官以方廉倡寮屬以嚴毅約束胥吏以慈愛拊循閭閻諸士庶旣沒而民思慕之皆得與俎豆之列凡以報賢勞寓激勸也嘉善縣治之北距城二十里曰斜塘鎭地有四賢祠里民建以祀喻楊麗莫四公者也案前明永樂中參議喻公良四川叙州人郡遭水災駐節斜塘治之築東根古竊民賴以甦成化中知府楊公繼宗山西陽城人宣德達情不畏强樂治行爲天下第一里民思慕二公之德沒世不忘正德中縣丞倪公璣以請官在邑多所建置民請歲舉社祭始爲二公合立一祠嘉靖中知縣于公業嘉民之義官爲置田合紳土捐置者令守祠道土掌之以供春秋二祭祭則紳土中年長者主焉嗣後巡抜御史麗公省庵鄉擊强豪復立祠以報其功旣而祠毀弗能復葺　本朝邑令莫公大勳淸丈田地釐剔賦役創立官收官兌法民甚德之於是里民奉栗主合祠於喻楊二公之側續增祀田共得三十四畝有奇題額曰四賢祠而祠之名以定此康熙年間事歲久祠圯僅存旁屋數椽復爲駐防兵踞處其中而祠幾廢然祠田如故春秋祀事亦如故好義者議興復之捐資重建經始於乾隆十八年二月落成於是年九月門廡堂寢規模粗具而麗牲之碑闕焉適余按臨嘉郡里民合詞以請願得一言勒石永垂不朽余爲考核四賢匡績實有合於古者勤民事有功德之義稽諸西漢循吏如文翁祀蜀召父祀南陽以四賢絜之當無愧焉宜其血食茲土數百年不衰也爰紀其顚末今廢

許公祠　在白牛蕩公墓左祀

國朝四川內江縣知縣晉贈中憲大夫許椿顧光旭記略往余權臬蜀中王師方進勦兩金川戎馬倉皇飛輓絡驛於道屬吏之才且賢者司餫餉直郵傳各供乃職以余所知若老成持重才略過人而能盡瘁不遑者則內江令許君椿其一也癸巳夏猝有木果木之變文成先後死事二十六人自趙農部文哲王比部日杏而外皆蜀之守令與其丞尉而許君實與其難已而　卹命下許君贈道銜階中憲大夫　賜祭葬祀昭忠祠蔭一子而余因稽古祀典以死勤事則祀之義立慰忠祠祠於成都竝祀諸臣余猶憶祠成日余親奠爵歌招魂祠而許君之鄉人農部曹公秋漁爲文以祭相與低徊激昂大慟不能置許君旣死骸骨不歸乙未春君之子煌以君衣冠葬淸浦縣白牛蕩之伐圩旣葬除服煌以蔭令山

282

西之武鄉安邑越八年而煌以母老終養歸始搆君祠於墓左余惟君之大節載在國史炳若日星而煌復以於舊嘗宦蜀知君尤深屬爲文余乃撮其略文於祠君字董園號南薌椿其名世爲江南休甯望族曾祖世俊明廣東海陽縣尉始從浙江嘉善之楓涇鎮祖鉉授州同知父經歲貢生皆以君貴贈文林郎內江縣知縣君少工詩爲時輩所推中乾隆辛酉舉人丙戌揀選知縣試用四川既至上官器其才委署雙流儀隴等縣歷有政聲乾隆丁亥王師征緬甸蜀省派供驛馬縣令爲督解官而滇南山勢猛峻塗徑崎嶇重以春夏多嵐瘴觸者輒死人皆震慴莫敢行上官委灌縣知縣沈鵬令已下矣沈母老且多病然業受命不敢辭君慨然請代上官義之乃以委君而君夙夜恪勤調度秩然未半載而報命讀君南征草二卷可想見其據鞍嘯歌自得也事竣授內江令寛嚴有法膺上考居忘何會兩金川蠢動大學士定邊將軍溫公福帥師進討屬君司正林口臺站官理餌餉君轉輸不竭軍給以饒既而調登春臺站二月我師次木果木六月戍戍師潰旋美諾辛丑賊突至登春臺站君率站夫持器械與賊力戰傷賊甚多卒以救援不至爲賊突礫而死先是正月君賦詠懷詩二十六首寄其子有七尺軀何愛君恩未報難句識者知其先識而君之平日忠義自矢已隱然溢於言表易曰王臣蹇蹇匪躬之故詩曰彼其之子舍命不渝許君有焉乃者嗣君煌搆祠以妥君靈用國家褒忠大典而君當日慷慨赴死凜凜烈丈夫之概照人耳目非特邦家之光閭里亦與有榮施君其可含笑於九京也夫余既紀君之顚末乃復綴歌詞以侑君享歌曰山萬重兮雲萬重書生投筆兮從戎賊倉皇兮若蟻蜂張空拳兮計窮不返顧兮旋踵殉國難兮從容　詔下重泉兮丕嘉乃忠又歌曰君樂土兮南方馬革裹兮何望魂歸來兮故鄉胡慮兮道阻今且長松桷旅楹兮俎豆有光子子孫孫兮以奉烝嘗

燬

萬公祠　在學署義學中祀縣令德化萬相賓道光十五年建（于志）

關帝廟　在楓涇鎮四中區東出圩道光十九年主簿李禎暨紳士程廷沅謝宇澄等倡捐重修（于志）今燬

晏公祠　在務前里元時建祀晏公戍仔公於元初爲文錦堂局長尸解去明洪武初以其陰翊海運封平浪侯

國朝康熙年間重建咸豐十年燬於兵燹

范文正公祠　在縣治南慶豐坊

國朝順治中公裔廷桂移居善城因建祠于此後人寶琛等屢修咸豐十年燬尚未建復

顧九槐公祠　在楓涇鎮西月明庵明嘉靖甲寅倭犯楓涇偕兄衣冠見其酋諭以大義同時遇害里人德而祀之今燬

功德祠　在縣治北香花坊建于明祀邑人之歿而無主者咸豐十年兵燬同治四年邑人周士恒等重建并集資置田十畝零（顧福仁作記泐石）

陳氏毓秀祠　在楓涇鎮莽塘浜雍正十二年建祀唐陳熺咸豐十年燬同治初重建有田一千三百餘畝

程氏宗祠　在秀南里嘉慶十八年程廷璵建祀晉新安太守程元譚咸豐元年燬於火同治十二年重建并創義莊計田一千餘畝

劉猛將軍廟　在四八區腰涇村咸豐間兵燬未建（詳嘉興南皇峯廟）

楊公祠　在楓涇鎮南明正德十二年縣丞倪璣建祀郡守楊公繼宗今廢

　嘉興府知府善化許瑤光重輯

壇廟二　祠祀附

海鹽縣

先農壇　在城南白圖

國朝雍正五年知縣王仕正奉文建立并置耤田四畝九分浙江通志乾隆五十九年修嘉慶十六年知縣張宗軾道光五年知縣楊國翰並詳請修葺

先蠶廟　在楊橋東南乾隆五十九年奉文創建今燬

社稷壇　元社壇在縣西南今社稷壇在縣西門外西北一里嘉慶二十二年知縣楊德恒詳修

風雲雷雨山川壇　在南門外一里甘泉鄉道光六年修

厲壇　在縣治北門外一里海鹽鄉

城隍廟　舊在縣南五十步廟碑陳文惠公八分書至元志元末兵燬明洪武三年知縣劉朝英遷於治西南二百五十步後傾圮永樂間知縣畢瑛重建成化中知縣李雲宏治中知縣王璽加葺規制始備吳志嘉靖中知縣劉桂重建海鹽仇志萬歷壬子知縣李常泰建齋閣海鹽徐志

國朝康熙十一年道士曹履泰募葺乾隆初道士朱鶴年重建前後殿嘉慶元年道士張應軫募修大殿兩廊角門

四年募建後殿知縣任澤和成之咸豐間燬于匪同治六年光緒元年里人先後重建大殿廊廡

關帝廟　在縣治新橋南明萬歷年建嘉慶二十五年知縣饒芝道光元年知縣汪仲洋七年知縣孫巖先後修葺

海神廟　在東門外海塘上一名龍王廟永樂三年左通政趙居任築海鹽塘成因立廟吳志萬歷七年巡撫徐栻築塘功成疏請移建白洋河上今燬于匪

天后宮　在縣西北二百五十步十字街北今燬　一在澉浦南門今燬　一在乍浦海口

火神廟　在東門外伯牙臺之北今燬

旗纛廟　在衛後海鹽仇志久廢

楊副使祠　在白洋河上大清一統志明成化中浙江按察副使楊瑄築塘有功後陞按察使司卒民祀之海上與龍王廟並吳志萬歷七年巡撫徐栻疏請重建海鹽圖經明陳詔楊公報功祠記略捍海石塘之功余奔走者數年而楊公尤神應公諱瑄字廷獻江西豐城人舉景泰進士試御史再疏曹石之奸謫戍嶺表茂陵即位復公官陞浙江按察使副使巡視海道癸巳甲午風潮大作乙未丙申繼之塘大圮公篤意籌畫海鹽海塘皆公修築踰二千三百丈工最鉅捍患最大陞按察使半載病亟語寀采惓惓惟築海塘法不及私載名臣傳中鹽民感公德肖公像祀之萬歷乙亥祠宇漂沒公像及侍衛自移百步外踞高曠間士人異之余自奉命綜理塘務巡海上訪公政績率有司禱公以默相比余督桐江公白晝見夢投以修築之法出人意表塘既竣余據典疏請建廟賜額蒙旨名報功祠有司春秋仲祭遂于白洋河內擇高爽地負城面海創建神宇圖以今燬勅旨永鎮洪波與海神埒云

英烈均祠　在東門外祀嘉靖倭變殉節指揮馬昰圖滿朝采煉徐行健李元律千百戶王繼隆薛炯宋應蘭王相呂鳳姚岑康綬等嘉靖間知縣楊進道請建春秋致祭海鹽仇志

國朝乾隆十一年李元律四世孫道亨捐資重建今燬

英烈祠　在東門外祀嘉靖倭變殉節指揮姚宏知縣李薦佳請建案千百戶尚有姜楫楊臣于岳三人同殉者尚有王鏜邵鼎劉大仲等附記于此　今燬

忠烈祠　在西門外祀明徐從治明崇禎二年叛將李九成等攻萊州巡撫都御史徐從治督戰死贈兵部尚書賜祠曰忠烈咸豐辛酉燬同治中重建

旌忠祠　在縣治西祀吳麟徵明崇禎十七年流賊李自成陷京師太常吳麟徵殉節自縊贈兵部右侍郎特祠額曰旌忠今燬

節孝祠　在安仁橋南賓圖雍正四年知縣王仕正奉文建浙江通志道光八年張登善偕里人重建咸豐間燬光緒元年里人馮以柏捐資建復

三公祠　在白洋河上楊公祠旁祀僉事陳詔郡丞黃清

縣令饒廷錫並築塘有功者康熙八年學道金鏡以副使張奇齡配改名四賢祠今燬

東嶽別廟　在縣西北一百五十步宋大觀四年造建炎四年闕將領敗兵入海避金兵過海鹽謁東嶽廟闕某祠見塑像卒持刀柄離地出舊塑尺許敬畏之不敢爲變而去紹熙三年縣令李直養重修今燬

眞武廟　在縣東南八里明景泰間僉事陳璇建海鹽圖經明魏驥記浙江按察使鳳陽陳公璇具海鹽重修捍海一塘眞武廟作興之槩以書遺予願有紀之蓋海鹽去海一里許洪濤巨浪晝夜衝撞古有塘岸一所自教場至秦駐山北計長一十八里一名太平塘一名捍海塘專以防禦潮汐其保障軍民之功殆不止海鹽一邑而浙西諸郡縣皆賴之豈淺鮮哉永樂初塘壞有司具其事上

聞遣通政使灤水趙公居任董蘇松嘉湖數郡官民修築僅完宣德中巡撫侍郎周公忱復俾民于塘裏增立五尺仍令嘉興屬縣倩夫七百人就塘分方守候過塴隨補歲以爲常正統九年秋風潮大作塘被衝決水溢四境傷民禾稼及羣縣倉糧知府黃懋復以請于朝命工部行浙江布按二司勘實次于本塘裏岸重築新塘計木石灰料價銀三十九萬八十餘兩奏令所屬有罪官民出銀以偹塘費景泰五年夏四月憲使公乃屬僉事泰和陳公璇領其事公督意籌畫用民之力取諸糧里細民不與因塘故址撤舊更新外砌大石內實瓦礫增添土功漸有就緒而右布政使南宮白公圭右參政樂安謝公輔左參議文江周公忱僉憲臨武鄺公彥譽相繼至各秉公勤勞來曲盡恩意措置有條人爭効力故不勞而績用聿成其費十省其九塘之廣十有二丈高一丈八尺視昔之堅固蓋百倍矣眞足以障怒濤而捍強波歷世湮遠而無壞先是興工之夕僉憲陳公夢一室塑眞武像于是訪諸父老云塘故有眞武祠久廢無克舉者公相地掄材創眞武廟若干楹廟右遷龍王祠並之周繚石垣繪像有赫廟宇煥然復擇羽流以崇祠祀經始于景泰甲戌落成于乙亥春二月也又于藍田廟重修眞武廟一所官無廢而民不擾期神默相保祐斯塘而福利浙西庸有紀極哉予惟凡賢智之士爲其民捍灾興利之作不患其難成惟患其易壞繼之者無其人則已成之功其有不至於隳廢者幾希此憲使公欲紀斯塘興作之詳以示諸後也繼自今凡爲藩臬爲郡縣者臨蒞茲土能用心以克成斯塘不負朝廷惓惓爲民之心與僉憲陳公勤其事之心憲使公紀其事以示後之心則浙西一方豈有遺利之憾焉若夫相是役而存心不懈者則指揮徐鑑劉清經歷姚瀚鎮撫張翱夏宗陰陽正術姜雍典史李貴其人併書之以告後之人云　嘉靖十四年焦僉事改建於丫义塘南咸豐間燬同治中重建正殿

文昌祠　舊在縣學大成殿西宏治元年知縣譚秀重建嘉靖壬寅邑人王文祿等別建城隍廟左以上海鹽杭志王文祿紫府瀛陽記略明經濟錄文昌星名或云梓潼張亞子也其先越嶲人因報母讐徙劍州七曲山仕晉戰沒人

爲立廟唐元宗西狩追封左丞僖宗入蜀封濟順王宋咸平中改封英顯又案文昌六星在北斗魁前爲天之六府道家謂上帝命梓潼掌文昌府事及人間祿籍故元加號爲輔元開化文昌司祿宏仁帝君而天下學校亦多立祠以祀之景泰五年勅賜文昌宮額

國朝嘉慶六年列入羣祀咸豐六年

特旨升入中祀樂奏六成文舞六佾一切禮節均同文廟同治四年知縣張蕙圖繕修正殿廊廡餘燬于匪

金山顯忠別廟　一名博陸侯祠　在縣東一里漢大將軍霍光祠封忠烈順濟昭應公宋宣和間案在六年創建紹熙甲寅縣令李直養脩至元志燬于匪同治中重建

陳山龍君行祠　在縣西南一里福業院乃歲旱禱雨之

所始於宋縣令李直養建迨元至元縣尹顧泳重脩久圯海鹽圖經顧泳記海鹽爲秀之屬邑去縣東北三十六里陳山龍祠在焉實白龍興雨之所今縣南福業寺巋然獨存於廊之右者龍君行祠也余奉皇太子令旨勅試茲邑王午之六月旱魃爲虐農民相視待斃十月朔亟走陳山禱曰今日非特農民無一飽望朝廷公租苗額七萬五千有奇尤令責也言甫出雲陣蔽天大雨沛然而下越一日雲漢昭回人心皇皇如昨遂帥官僚士友暨僧道耆老復禱於行宮盍數日又詣陳山請於龍湫得顯跡以歸安奉余囊得馮眞人正印就私廨又作法檄雷霆以佐其神果雨民大悅既沾既足咸乃大熟癸未五月尤旱余再詣行宮如前禱不懈益虔大雨二日農民餘望未洽再禱復檄雷次夜雨若傾民望始慰余唯行宮祠始邑令李公直養垂百年祠宇隘圯因捐俸鼎新之明樓雲聳華軒翼廻妃嬪部從像設一一脩舉復創二坊東以起潛名西以喜雨名七月十九日辛未立木之間日光赫奕後忽晦陰大雨若期而至二十二日甲戌亭午遣工爲龍君施塗繪不俄頃雷電以風大龍君見繼而小龍又見儼然父子之在其上及

上昇卽雨水盈尺時邑人沈煜者老孫時懋道士葉師純等萬目共覩莫不悚怖余之事龍君甚至而龍君之報余亦不薄矣謹識歲月爲之記以永其傳元至元二十年仲秋吉辰

敕海廟　在東門外海塘上相傳明洪武中建中供紫楠大士像最著靈異海鹽仇志

國朝康熙二年海鹽遊擊陳一安倡修雍正間知縣王仕正重修廟有鐵鑄地藏王像重七百觔左有晏思堂道光初知縣汪仲洋建祀范趙二制軍及有功于海塘者今毁同治十三年改建于右曰報功祠

横山廟　在縣西南五十里宋紹熙五年建淯祐間浙西蝗旱蘇秀尤甚華亭宰吳及禱于横山之神天卽大雨蝗亦避境至秋大稔海鹽仇志元大德間里人創周宣靈王祠于廟右明正德丁卯閭崔玉等重修董序有記

國朝乾隆十六年里人崔學洪等倡捐重修國朝陳梓記横山之有周宣靈王廟不知昉于何代西安縣志神杭之新城人姓周名雄字仲偉謹事後母母病劇敬禱于婺之五王廟比歸及衢母訃聞一慟殞舟中直立不仆衢人異之郎奉肉身斂布固漆建廟祀焉有方回廟記云神生宋淯熙十五年卒嘉定四年至端平二年饒州上言神靈異始封翊應將軍淯祐四年封翊應侯寶祐二年賜額輔德七年加正烈十年加廣靈其進封爲宣靈王則始于元至正中伯顏忽都守衢之日後遂徧祀于浙東西

復新文武二帝殿廟値獅子峯之東故一名獅庵横山記畧

壇墩廟　在縣西北二十里宋景定二年建始建在鄔家堰遺址尚存明永樂五年修海鹽圖經萬歷元年里人周天袍捨宅移建山門大殿改名壇墩

國朝順治十八年天袍孫華宇復捨建後殿講堂國朝吳始泰有記咸豐辛酉燬同治中重建

墓容廟　在縣西南三十里德政鄉虎墩村祀土穀神名義不詳所始明嘉靖中里人呂昂捨田重建相傳有官家欲以廟基營葬地夜夢金甲神執笏擊其身未幾死人至今敬畏之海鹽圖經

國朝康熙戊午里人徐德方等遷建石泉

太公呂望廟一名昭烈武成王祠　在縣東一百五十步吳地志云太公避紂居東海之濱後徙渭濱封於齊歸葬於汲百

姓懷之爲立廟至元志後淪於海鄉民立於甘泉鄉在縣西南一十五里海鹽仇志後又徙德政鄉俗名三官堂伊志沈友儒記略昭烈武成王唐貞元中封師尙父姜太公號也武原志太公避紂隱於海濱鄉民懷之立祠治東後淪於海宋宣和六年遷于縣治西南甘泉鄉明嘉靖五年改遷于東南德政鄉三官堂內濟南守鍾梁爲之記嘉靖二十九年劉炳募修萬歷三年祠圮住持爲之鼎新祠後爲玉皇殿三官殿壯麗稱是云毀于匪同治中重建

尙胥廟　在縣西北一十里尙胥橋之北祀伍子胥及其兄尙明一統志　案晉段灼曰吳人傷子胥之寃酷皆爲立祠今祠與橋名皆及其兄尙其詳莫考案嘉禾志考證伍子胥入吳至此越絕書云耕於吳之南鄙或即此地吳人以子胥不忘父讐爲孝不寒兄盟爲

友盡謀於吳爲忠傷其死之酷烈故并其兄尙祠焉宋初封清忠英烈威惠獻王宋德祐元年徐林爲之記元大德三年加封忠孝威惠顯聖王廟故有田歲久侵鬻廟亦傾圮景泰中太學生張彛重建海鹽仇志張甯記略胥山海鹽開濟鄉去胥山二百里有尙胥橋而北有尙胥廟豈公將兵時伐楚破越常經行其間而有按兵息民之澤歟公兄尙死于楚今橋廟之名及其兄尙豈以奔吳之謀尙實成之而懷德報本耶廟故有田若干畝皆鄉人捐已資以奉歲祀者侵鬻殆盡正統中邑人處士張暴修復典守非人尋蹈故轍其子太學生彛積十餘年而廟貌始復舊觀可以誠孝稱已予特爲著其大略云曹播重修廟記略天順辛巳伍公祠住持龔益修從老氏學端謹重厚以修復爲己任積勞致慮數十餘年成化壬辰始克謀諸里人州判張天常輩先後倡和爰贖前田起眞武堂齋供廳翼以前後房廊四十餘間宏治丁巳又增創法堂山門推者葺之隘者飾之其有功于伍公之祠者不亦大歟正德四年冬十月國朝彭孫貽詩伍胥祠廟鎮溪橋灌木千章夏自消此地避讐空說劍只今乞食有吹簫東風芳草連吳苑南渡江流盡浙潮羨煞種魚三徙客烟波一去五湖遙錢鴻尙胥亭望月詩荒亭寂寞倚胥川野曠因知受月先光湧人如天上坐影澄橋似鏡中懸珠藏澤底明生夜水並江心味入禪莫道孤忠徒自苦海濱祠墓至今傳袁玉如詩海氣暗黃蘆荒祠祀大夫鞭屍成報楚抉目看亡吳竊室謀成蠹鴟夷恨不無似聞靈爽在社臘走村巫咸豐間毀同治中重建

秦始皇廟　在縣南一十八里秦駐山上至元志廟前有飄松一株伐去復生澉水志王文祿文獻志載廟碑云前覽灼灼茂哉後聖始皇承天越受帝命業超上古殲周滅鄭七雄靡餘六國是併功齊太古道深前王埒炎均吳羨冠顓黃通靈七代敬搆商堂縱聖疑神將紀百氏罨藹餘暉蜚聲萬祀梁天監二年八月二十三日右判史敬素立石今破碎不存宋王象之輿地碑石記曰秦始皇碑在嘉興縣意即此碑宋常棠詩古廟三間短棘叢帝魂枉自氣淩空早知今日

容身窄前此阿房不作宮明崔培元詩荒涼舊蹟有行宮秦帝東遊傳說中山色不隨王氣盡海潮常應月弦紅若無方眼能千載空有元心說六通不信繁華皆夢影浸因人事願長風國朝徐乾學詩窅窕春華石徑開何年秦帝六龍來金輿舊蹟荒祠廟玉座殘碑蝕草萊仙島樓船空逝水驪山鳧雁竟成灰我來酌酒岩扉下日暝悲風鼓角哀柯崇樸登秦駐山觀海過始皇祠詩秦皇曾駐蹕獨客此登臨遺跡空祠宇雄圖自古今徘徊山日落蕭瑟海雲深咫尺蓬萊近仙人何處尋朱煐詩立馬夕陽開山風拂面來秦皇渺何遺廟伴蒿萊覆轍千秋戒雄心萬古灰薄雲歸遠岫憑弔獨徘徊

蕭相國祠　在歟城海鹽續圖經國朝彭孫貽詩相國何年廟西風繫短舸吳中諸弟子誰識故功曹谷水浮檣鎖歟城秋淚高邱陵入懷古登覽更蕭騷毀于匪同治中重建

太尉廟俗呼太子廟　在縣西北二里不詳所始相傳祀皇甫嵩吳志明錢薇記海鹽城北二里許有太尉廟俗訛太子廟考之碑記云皇甫嵩漢中平間破黃巾拜太

尉太尉安定朝那人也靈帝時舉孝廉茂才拜議郎張角黄巾賊起荆揚八州騷應吾鹽揚州屬也太尉用薦拜右中郎將與上虞朱儁討角則吾鹽亦太尉經畧地史稱太尉平角歸功于儁儁得封錢塘侯治錢塘東西也則吾鹽荷儁治亦太尉讓功所致也太尉生有功于吾鹽死或如博陸保障吾鹽不然何廟祀太尉則時和年豐否則災異迭見故繫士民思今楊龍金誠等不由督責捐金構宇廟貌一新予祖墓在太尉廟東嘗因土人言進謁禮拜英風灝氣猶使人低徊不忍去邑人姚禎朱瑾嘗刻文紀太尉予因廣究其說以告來者徐咸踏青至太子廟詩散步出西郭乘風支瘦藤逢人頻問路扣寺欲尋僧花落紅雨亂麥搖碧浪層歸來日將暝渡口已漁燈

吳王廟 相傳孫什謀行宮 海鹽續圖經 明金麗兼詩 片帆春水泊危廊大帝几筵野店旁壁上宮城帷粉黛兼前羽衛只風霜苔封古碣青千帀鳥颭閒門自一行劍閣已㢠祠後主江東猶自憶孫郎

步公廟 在縣南楊橋下元大德三年建祀吳合步隲萬歷四十六年修俗呼步總管廟 海鹽圖經 明陳昌期記吳志侯名隲字子山晉大夫楊食采于步步采邑也而以爲姓春秋時有步叔師事仲尼秦漢之世有爲將軍封淮陰侯世爲淮陰人侯少避亂江東與廣陵衛旌相善俱種瓜自給焦征羌者豪于郡侯與旌求食其地修刺奉瓜以獻羌坐二人於牖外享大案殽膳重沓爲侯作食唯菜茹而已旌不能食侯極飯之飽旌怒侯曰何忍此侯曰吾等貧賤是宜以貧賤遇之會孫權辟書記除海鹽長還爲辟車騎將軍東曹掾建安時出領鄱陽太守尋代陸遜爲丞相居處手不釋卷如儒者後鎮西陵十年卒海鹽舊有祠未碑其時相傳某甲子年旱乞靈于侯有羣鶴乘雲盤于祠上雲結而雨捄災衛民合於祀法邑人陳普信鳩工立石以垂不朽毀于匪今建復

正殿

黃道廟 一在縣西南三十五里鸕鷀湖上一在澉浦城南長橋山下宋建炎三年建初在石帆村因陷於海僧若忠遷之山寶慶三年廟額顯應侯中有神曰楊太尉客舟渡海必禱之嘉靖癸丑參將盧鏜復建 邑人董穀記略山在鎮南下枕龍泉潭泊舟處有水軍寨外捍大海廟在山之腰舊勅曰顯應神曰楊太尉光靈異後龍眼潭塞廟之顯于昔者亦鞠爲茂草二百餘年矣歲王子島夷剽掠黃巗浙西告警癸丑遂犯金山侵及海鹽舟師守澉集於山外兵有登山伐廟前柏爲舵笱者神憑之曰汝敢伐吾柏耶祀吾當宥汝乃謀新厥祠俄而潮衝沙積龍眼潭仍洋洋深入戰艦復集祠下風濤不驚自是冦經數四終不爲害其靈貺之著顯蓋如此也國朝咸豐中燬于匪今已建復

祠山廣惠王廟 俗呼張王廟 在縣西南四十五里横山下宋紹熙五年建明成化三年重脩前殿祀土穀神 横山紀略 案明太祖定南京十廟一曰祠山廣惠張王廟每歲以春二月初八日致祭用少牢見南京太常寺志神之發身顯跡略見於寰宇記能改齋漫錄及夢梁錄武林遺事諸書惟宋訥碑記明一統志載之稍詳訥之記曰神爲龍陽人姓張名勅發跡於吳興宅靈于廣德西漢以來蓋已有之或謂即張湯之子安世而顏眞卿所記則在于新室建武之間以時考之不無牴牾至于錫封加號則始于唐之天寶益于宋之咸遇旱潦疵癘禱之必應民懷信慕時走犧牲告虔祠下陰功所至鴻化以熙一統志云神生西漢末遊茗霅之間久之欲自長興之荆溪鼇河至廣德以通舟櫂工役將半遂遯于橫山故入立祠祀之夫人李氏亦有廟在州東二十里名昭妃廟其神最靈至神之先世或以爲御史大夫湯之後或以爲其父名秉或以爲西漢或以爲東漢見於留青日札羣碎錄究亦莫能定也其他述王事者尤衆至顯靈助化之蹟則夷堅志癸辛雜識齊東野語等書紀之彌穆惜乎詹仁澤纂祠山家世編其目見於文獻通考而書卒罕傳今摭聞見所及識其大略庶幾祀神者知所自焉

蘇驃騎廟　在縣西一百三十步梁大同間碑神名舉字子羽晉驃騎將軍封烏程侯卒葬金牛山北劉宋高祖常夢其神因贈平南大將軍明帝加賜持節都督征北大將軍至元志　案海鹽仇志廟廢碑亦不存後海甯吳騫重立神字撰碑記按察使秦公瀛題額今圮

吳越王廟　在澉浦鎮西南三里澉墅村宋崇甯間建祀吳越國王錢鏐海鹽圖經　國朝吳熙詩社鼓鼕鼕澉墅邊吳王坐並越王肩兒家陌上花開日記得婆留八姓錢

黃郎中廟　宋志縣衙前相傳爲古賢令生祠海鹽圖經宋元祐間縣尹何公執中重建紹興二十八年林仰修紹熙五年李直養重修至元志宋何執中記黃公不知何代不知何名亦不知何許人惟此間舊老傳云公爲縣有善政入民民不解于心相與尸祝者又不知幾何年今廟且頹圯民復奉主環注請合新之余惟人莫親于祖先然親盡則毀茲黃公以前朝一令世何遠也世遠則政隔澤無及也世與澤兩不可知則心所不屬也而民猶戀戀若不釋然者是豈人情哉我知其以前令勸後令耳以爲彼善爲民民亦不忘雖千百世不改則令之爲牧者曷不盡若黃公使後世不忘若今日之不忘黃公也余亦勉承民志重新厥祠以副其不忘黃公者余豈敢望民不忘如黃公也哉　案姚梱壽樂郊私語州衙前有黃郎中廟相傳前代賢令考之舊志惟紹興間有黃昱乾道間有黃綸然廟今廢爲何執中重建則何又先於二黃竟不知爲誰

魯公祠　在縣南思魯橋之左慈會寺之右北向祀宋令魯公宗道海鹽圖經道光六年知縣楊國翰重建今燬　案吳志云明高巽志過海鹽二賢祠詩思魯橋邊月較明二賢祠下水偏清如何水月無情物也重當年邑宰名則黃魯嘗合爲一祠矣考元末明初祠嘗併入黃郎中廟亦名二賢祠後又併入慈會寺遂廢至萬歷中郡守車大任道光中知縣楊國翰皆重建今又毀

陳文惠公祠　在金粟寺左公諱堯佐號希元四川閬州人相宋仁宗五世孫公輔從高宗南渡卜居茶院遂建公祠海鹽續圖經

岳忠武王廟　在澉浦所公廨左明嘉靖中以倭亂建癸丑以後倭夷寇城下官兵悉力捍禦默禱于王忽見神兵數萬約長丈餘金戈鐵馬出入雲端自是師屢捷申請建精忠祠以答神貺續澉水志今燬

顯忠祠　在縣治西祀明禮科贈太常寺少卿錢薇吳志

吳大司寇祠　在西門廣福橋祀明刑部尚書吳中偉澉水遺聞燬于匪同治中重建

雙忠祠　在西門外苞溪里祀明季殉節訓導李自明兵科給事中李毓新

國朝乾隆四十一年

賜諡節愍李氏子姓建祠奉祀

先賢任子祠　在篁墅里裔孫任用治同族建立

風神廟　在海塘龍神祠左道光四年知縣汪仲洋建自爲記曰世謂海昌之潮橫掃武原之潮直衝固也而義猶未盡海昌當江流輪海之處海潮逆江而上爲尖山鱉子亹所逼大氣鼓怒呼吸千里轉瞬夷然初不惜威於風也武原獨當海面東望無際南則澉浦諸山北則乍

浦諸山左拒右撐遥相犄角其中沿海五十餘里更無障蔽惟賴一線堤防日與潮水相爭而潮水之漲落大小全在有無東北風相助爲虐不保乎汎期之衰旺也當夫天清氣朗風不鳴條雖霉伏大汎不過沿塘漬滿旋即消落如其狂颶鴐潮即隆冬嚴寒如銀山層擁而來逼近塘身作勢衝擊其激而直上者如無數白龍騰身而上散爲飛雨潑濺塘後其過摯而下者如巖巒搓裂訇然脫壞鴻絅湔湝聲猶百萬雷霆相闞前潮未落後潮復超三日雨且以風爲節或且風息而潮不退蓋全海簸蕩其勢不得驟靜也去年風潮屢作爲數十年所末見之危險則以七月初二日爲最是日風從東北挾雨來瓦屋皆飛大木斯拔但聽風聲雨聲潮聲橫空歷落舉境官民面無人色逆計夜半潮汎旺時必將其葬魚腹乃潮甫屆旺而風忽轉爲東南次日有自乍浦來者云當風勢轉時乍浦軍民登城避水見武原海岸無數燈光從風雨中現出鳴呼謂非神靈呵護之力也哉武原舊有龍神祠中祀龍神潮神而風神獨缺予謂安靈憯威爲民祈命宜有專祠以崇祀典詳請大府以城內舊存入官房屋擇其材木之可用者營建於龍神祠之左計凡享殿三楹齋室壹區廟門三椽周以垣牆

嘉興府志　卷十一　壇廟二　十四

纔以廊閣經始於春二月落成於夏六月謹記顛末而製樂歌三闋以迓神麻今燬

白沃使君廟一作白沃史君　在縣北十八里沙腰村俗稱白馬廟道光二十二年四月乍浦失守有夷酋率黨乘馬將犯海鹽道經廟前無故墜馬而殞餘衆駭退僉謂恍中若有指之者鹽邑因是得全巡撫劉韻珂奏請列入祀典新纂

忠義總祠　在新橋南祀咸豐辛酉城陷後殉難官紳士民同治九年里人俞紹廉等捐建紹廉並捐田六畝七分六釐以租息作歲修費由育嬰堂帶管新纂

魁星閣　在學宮南葫蘆潭高阜之上乾隆二十五年知縣陳譔倡率邑紳捐建初名奎文閣嘉慶年間里人朱瑞椿等重脩改今名毀於粤匪之亂同治九年知縣沈起鶚訓導陸同元倡捐重建知府許瑤光爲銘並序云奎星之祀始於宋之皇祐二年時因祀汴河而遷及之以其主溝瀆及江河也至奎星主文章倉頡效象首見於孝經援神契唐張懷瓘書斷曾引證之然其說之顯則自宋始也考星經暨晉書天文志奎爲天子之武庫主兵無主文之說至宋乾德五年五星聚奎占者以爲文明之兆而管窺緝要則曰東壁乃文章府是時五星實在奎壁間故有是占乃由是相沿元有奎章閣之名矣虞集有文章協奎壁之句矣馬祖常有天章爛漫象西奎之詠矣明萬歷十二年嘉興縣學懸奎門之建見于志乘矣今則府州縣學閣祀文昌無不閣祀奎星然則仰觀員曲之勢奎固爲文章所取象矣顧奎星有作魁星者抑叉何說考八魁在北落東主獸與此無涉惟北斗七星四星方形爲魁天宮書云斗魁戴匡六是爲文昌宮象緯家云文昌星明文運將興魁星之祀或以文昌在前而連而及之與且今之塑魁星者左執金右執筆背負斗或取其戴斗而然與然考周禮春官以槱燎祀司中司命疏以爲即文昌第五第四星宋史兆司中司命司祿於南郊皆祀文昌也無祀文昌而及斗魁之說且　大清通禮天

嘉興府志　卷十一　壇廟二　十五

壇配祀北斗亦無祀七星而僅及四星魁之典雖蘇潁濱上清詞有降斗魁神君之語似專指四星矣要亦與主文章無與然則魁星之祀無乃誤奎爲魁與余曰是又未必然夫渠魁之義見于尚書爲魁之義見於戴禮後世乃有花魁香魁瑞草魁之稱而大魁之目則始於宋蓋凡物之首皆可以魁命之奎宿在西方金宿爲魁亦猶青龍以角爲魁朱雀以斗爲魁皆壓宿之首次也明成祖有詩云奎魁照碧空謂非奎即爲魁之明證與且夫星者天文也皆有文明象何獨奎山川者地文也建閣以配山川即扶人文以成化也閣祀奎星其有益於文運宜矣海鹽縣治舊有南北魁星閣俱被兵燬已而北建而南廢群慝然不安同治九年知縣池州沈君起鶚學官湖州陸君同元倡捐修復各紳者助之并勸各稟膳生出全年膳銀以資廠工以十年夏告成囑記瑤乃爲之銘曰唐祀壽星純嘏爾常織女下拜富貴汾陽翔茲奎宿文星吐苾珠躔西紀華布東方鹽官濱海就日扶桑宅留尚父山駐秦皇西浙秀毓斗牛之疆斯閣高峙參旗畢行聳天暑德拔地輸祥紫宮下鑒肅肅闓闆斟元受職照耀扶佳宣作人化雲漢爲章鬱侯昂降李白庚長黃姚游渚蒼姬夢房維彼眾瑞珠連雁翔

太人占之其地吉昌龍魚扳浪歲進賢良援筆作誦
敢告序鑾修德迓福積善有慶自甄靈貺守土之望

平湖縣

先農壇　在東郊二十一都巳字圩雍正五年知縣楊克慧奉文建立並置耤田四畝九分乾隆四十六年颶風壇宇圮五十年知縣王恒重建

先蠶壇　在西關外西林寺中乾隆五十九年奉文創建

社稷壇　在西關外西林寺東南（平湖朱志）乾隆五十二年知縣王恒重修

風雲雷雨山川壇　舊在縣南半里（棚志案即南司左）嘉靖間知縣顧廷對遷南門外教場東北（平湖程志）乾隆五十二年知縣王恒重修

邑厲壇　在西門外西林寺西（平湖程志）

城隍廟　在縣治東一百五十步宣德五年知縣王簡建由西偏旁出成化十六年知縣李智以所起藏錢買地廣三丈許直南為神路重建堂廡門額（棚志）嘉靖間知縣顧廷對建軒棚三楹萬歷二十一年知縣黃熠重修（平湖朱志）

國朝乾隆五十三年知縣王恒重修（平湖王志）一在乍浦東門內咸豐末燬同治十二年里人重建一在全公亭鎗塘橋北嘉慶三年大使周澄創建（知縣事李廣芸記蘆瀝場治平湖縣境官舍面海大
門之左有城隍神像在焉峨嵋周君調選來涖展謁之
初詢於父老僉云官舍本廟基剏建年代不可考君聞
言蹙然不寧未幾大病恍惚若有神佑病良已乃移建
廟于鎗塘橋首捐俸大購地二畝有奇里人上舍陸貴章
盛鳳鳴等各捐貲贊成之凡大門三楹正殿三楹有後
廨有前廊隙地植榆柳竹柏經始於嘉慶二年十月落
成于三年十有二月而屬予記之周君尊甫與
先君子同中乾隆壬戌科進士又同出于涪州周文恭
公本房闈今將一甲子而予與君同官于此以公事常
得相接知浙西谷一場唯君政為最即此移建城隍廟亦
其一端夫有城隍而後有城隍神今場無城隍而有其
神名實殆不副或疑君不當建廟移祀雖然城隍神非
淫祀比傳曰有其舉之莫敢廢也又曰敬鬼
神而遠之周君之為合乎傳所云矣因記之）（王志）

土地祠　在縣治內（平湖朱志）歲春秋仲上丁後一日致祭（平湖

關帝廟　在慶源橋西明崇禎十三年建（平湖朱志知縣吳春枝記）

為邑主廟後有文檝閣

國朝雍正十三年知縣郜煜改文檝閣建三公祠（平湖高志）乾隆六年大門火燬知縣高國楹重修十三年知縣閻公銑重建大門二門大殿前軒（知縣閻公銑記關廟崇祀一千五百有餘歲矣其生平忠
義大節光史冊而震天壤者含生負氣之眾罔不樂為
稱道赫赫若前日事而其神之英靈於爍叩之罔如響斯
應者尤稗乘不勝載此均無俟余之辭費唯是歷代崇
封祀典禮有加莅未有定制逮我朝屢隆殊錫封
命祀先代蔭爵後裔詔天下郡縣咸立廟三時
官致祭薦以太牢禮與文廟埒夫崇其神者既至而棲
其神者或不克整以肅則有司者之過也往余宰五雲
宰嘉禾俱於關廟加修葺丁卯春攝篆當湖下車來謁
昕廟址圍于地苦偪仄陳牲設帛近在階墄官屬瞻拜
咸列庭中間遇風雨之辰卒難成禮竊謂宜覆以軒楹
翼之兩廡秋七月奉檄移治遂與同列諸君捐俸為剏
邑人士亦相率出私錢為助爰諏戊辰之三月上浣經

始於六月望前落成噲噲噦噦美哉奐焉執事駿奔有嚴有翼邑人士請記以鍥諸石余謂是固有司者責耳記何有焉繼念廟自前明崇禎十四年進士尚寶卿馬君鳴建捐基高州別駕陸君啟濛創建歷年逾百未嘗有文之者茲以同事之相與有成俾夫入廟從事不愆于儀誠有光以國興郎董是役者亦不容泯其勞輒書以付之廼余更慮廟既整以肅倘不率教者習焉溷擾終非所以妥神也並泐條禁于石且以告後之君子幸加意焉三十四年刑部員外屈樹榮重建三公祠四十九年僧際元募建行宮上建文昌閣五十三年知縣王恒重修平湖王志嘉慶八年知縣路鐏率邑紳黃鳳等捐資重建大殿並修葺臺廡門牆咸豐十年燬僅存大殿同治五年知縣郭惇典捐建大門十二年邑紳公建二門廊廡並新殿宇

節孝祠　在縣西西司坊東太平橋歲春秋上丁後一日致祭雍正四年知縣楊克慧建乾隆四十年知縣劉雁題重建劉雁題記五十四年知縣王恒重修王恒記嘉慶十九年火僅存祠宇三楹道光二十七年戶部侍郎徐士芬重建大門咸豐十一年復燬同治五年重修

陳山顯濟廟　宋大觀三年建舊圖經以神為天帝典雨曹政和間縣人郭益三為中司以祈禱感應奏請封爵崇甯三年詔以顯濟名其廟宣和五年封龍君為淵靈侯紹熙元年六月旱知縣李直養因禱於龍君得小龍以歸就縣廳設醮三日後果雨是歲大稔聞於朝進封龍君為廣惠淵靈侯龍母為慶善夫人二年直養建新龍君龍母二大殿裝龍君及龍母四龍王像置供具繪龍于壁自廟門而下皆新之五年敕封龍君為廣惠淵靈威佑侯龍母為慶善薦福夫人至元志宋龔頤正記秀州海鹽縣乍浦之陳山有靈湫居山之半水旱不涸不溢山椒有盤陁大石歲三月十有八日吳之陽山及此山多雲霧晦冥雷雨之變俗傳為白龍君以是日生于陽山而歸藏其母于是焉故有祠事甚嚴州邑旱潦致禱必先酹酒石上有物蜿蜒即見崇甯三年部使者以聞詔以顯濟名其廟宣和五年又以昭蘇旱虐始封龍君為淵靈侯紹熙元年四月不雨至於六月雎陽李直養攝邑華亭侯使者以才薦昇令事還入境漕河已斷流亟走祠下俄見蜿蜒舉體金色見神座上直養迎揖即循其左臂而上至巾幞因請歸醮祠復循而上如初奩中四龍子如粟閤邑驚異見所未見閱三日大雨霑洽溝澮畢通苗槁而興誕寘蜿蜒及奩子于石頓之俱無所見七月又

旱申禱旋應適如其時日是歲進封龍君為廣惠淵靈侯龍母慶善夫人命既下神報益彰明年三月直養以祠宇敗撓弗稱夫上命與神施遂衰眾力為建二大殿鼎新象設且列四神像于後以表四龍子之異乃四月龍見於龍母殿自空而下其大如柱光彩奪目觀者震悖不敢仰視五月廟僧夢神人告將迎龍淮上有日計海邑之雨可支兩旬耳自是開霽復雨之日果再泆也又明年三月直養遣工繪於壁至則壁上濕不可為也念且歸其夕夢金冠白衣神人曰令俾爾畫龍龍實難畫工日書非難壁濕耳應曰乾矣東作行雨自西而歸仍有珠乃成龍更語曰令他日謁雨當誦華嚴袖出經一卷顧其後四神人云此亦而令所致也工起視壁果已乾如戒而成有蜿蜒正自復見神座晛視壁間久之躍而入于花壺四月郡守趙不迹以梅雨愆期親作文以禱其應立至六月直養請于郡徙興福院創廟之右以廣僧居而嚴香火直養狀如此以屬楚國龔頤正紀於麗牲之石

明去侯爵稱陳山之神乍浦志廟建于宋者歲久廟圮合龍君母子為一祠規制甚狹崇禎五年夏旱邑

入馮洪業親步禱雨有奇應復建前後二大殿頓還舊觀九山志　趙維寰記吾邑乍浦之陳山有龍湫焉歲旱禱雨必謁湫取水父老相傳謂取水而水中有物若蜿蜒然者是爲龍降必得雨然在昔戊子赤地千里邑人亦一再行之弗驗也崇禎壬申自夏五不雨至六月間萬眾嗷嗷邑令築壇南郊屬術僧禱旱愈劇吾友馮茂遠乃簡邑乘得宋宣和紹熙故事請挹水于湫而躬肅將之五步一嗟十步一拜懸嶺八十一丈傴僂而登勿敢頓足于是及湫挹水果有神物蜿蜒水中矣初僅得一倏而五五復爲三三復爲四四復爲五迨水至壇而甘霖且濤沛爰自四郊徧乎隣壞罔不沾濺皆龍力也顧壇僧不恪妄强龍必再雨不雨且諄詐而蜿蜒者遂忽化去大眾愣然無何茂遠家僮急報吾家古佛前淨水中有蜿蜒者五茂遠急歸覘則盤旋雄躍神氣飛動其背瑳瑳其眸灼灼大者寸許小者半之縮則菌而粒拓則蜒而晰依然壇上物也茂遠益驚異爲虔恭肅謝而還之湫余嘗見野史所載唐明皇時僧無畏召龍致雨事甚奇未敢信不圖證之茂遠顧以郊壇之虔奉龍不屑處而獨劾靈于耘盧之區勺間不知茂遠何以得之豈孝子能起孝龍負有如姚叔祥所詠耶識之爲異日修邑乘者徵信地毋令李顧二人專美于前云

歲三月十八日致祭平湖朱志

國朝嘉慶二十四年夏大旱都統默爾格訥同知周鎬禱雨有應二十五年與知縣劉肇紳各捐俸重修咸豐十一年燬同治十一年邑生范祝嵩等募貲重建

天后宮　在苦竹山遠汛者奉于此賽禱春月士女雲萃遺鈿墮翠或接路焉海鹽圖經　神爲福建莆田人宋都巡檢林愿之女沒爲海神屢彰靈應歷代累封至天妃

國朝康熙二十年加封天后雍正十一年載入祀典歲春秋仲上辛日致祭平湖高志　乾隆二年加封福佑羣生二十二年加封誠感咸孚五十三年加封顯神贊順案九山志天妃像乃海中浮來香木所塑初建廟時道士夢神告以海中有木次日木果至春秋時天妃夜常出遊燈火煇煌雙行引導或至龍王堂或至白馬廟戍卒漁人往往見之　凡沿海處所及閩人之商于乍者皆祀之平湖王志　咸豐末燬

旗纛廟　在乍浦所東久廢平湖程志　軍牙六纛之神歲霜降日于教場致祭平湖王志

東嶽廟　係佑聖宮分基

國朝康熙元年建歲春秋仲上丁後一日致祭平湖朱志　咸豐十年燬同治五年里人募貲重建

顯忠廟　在縣治東一里當湖旁祀漢大將軍霍光閩人

英烈錢侯亦附焉案雲間志侯閩人行七嘗爲商浮海至廟下歎息願事忠臣即又手立化宋與金戰有陰兵旌旗著華亭錢太尉字已而賊勢披靡因錫今封　宋大觀四年建宣和二年賜額顯忠祠五年封忠烈公建炎三年辛道宗領舟師由海道護行在所奏加忠烈順濟且賜緡錢以新廟貌四年加昭應宋曾詹記大觀庚寅冬詹廣陵秩滿膽中歸省親道經吳江寒甚一夕震澤冰合即抵家鄉人皆言曰昔湖中冰厚幾尺有物自東北趨西南轟然有聲冰碎如粉夕即還如是三日乃已此何異耶詹曰異哉我不得而知之第聞吳主孫皓嘗被疾時有神降于小黃門云華亭鹹塘風濤爲害非人力能防古海鹽縣治一旦陷爲河無大神護臣漢之功臣霍光也臣部黨有力當鎮之可免翌日疾瘳立廟小金山鄉人盍相與築宮湖上謁虔昭惠以鎮此土乎僉曰茲眾所祈禱者即卜爽塏之地占湖山之勝乃營廟宇乃嚴神棲自是遠近翕然結社會拜者舳艫相銜也竊嘗謂生爲偉人則沒爲明神必有大功德于民隨其

所向而追想世奉祀之如大禹之於會稽泰伯季札之
於姑蘇伍子胥之於錢塘馬伏波之於南海韓文公之
於潮陽是也惟忠烈公策名孝武擁昭立宣厥功懋焉
是時漢都長安距吳會爲遠甚又公之没更兩漢歷三
國已數百年矣乃托吳主之疾肇建金山之祠敷錫陰
貺宏庇海邦此何理耶噫人心神矣乎疾徐俯仰之間
再撫四海之外生兮一世之傑没兮不亡者存如月
在天有水則現舟行月移東西南北隨所向而見之若
黃石公之於仙州張漁陽之於鄭邑民猶尸祝之矧夫
忠烈巖巖精爽凜凜發祥炳靈感應如響曾何久且遠
之間耶時愈久而民之祀愈崇道愈遠而民之祀愈廣
神妙莫測詎容擬議哉公之動業青史煥然而錢氏謂
之冠軍非是我宋重熙百神受職宣和二年始賜額曰
顯忠後三年詔封忠烈公雖冠五等之爵尚遲顯冊之
頒庶致崇極而侈神既也丙午春詹自京師祗欽祠
下主未就緒慨嘆久之而職其事者輿議弗允亟告縣
大夫而易之明年冬閩郡司還朝過家上家乃見廟宇
屹然擁以虛亭翼以修廊旁列攸司各有次第高明輪
奐庭殖翬飛徘徊諦觀目駭而心肅焉因哀始末書之
石式告來者　趙孟堅英烈錢侯記夫聰明正直謂曰
神靈膺國褒封饗世血食歷祀不泯主福主災赫然炳
靈入恒斯畏豈偶然哉克孝克忠爲國犯難生昭直節
殁助陰靈者也英烈錢侯所以身陪正祠封受顯號其
以斯乎紀石傳芳示垂奕世請從具載甯厭纖委西浙
諸州禾興最爲邊海華亭縣小金山者又在郡東插脚
滄溟峻岸截起驚濤四浮吳越備史載漢博陸侯霍公
附小黃門謂吳主曰國之疆土東暨海海虧蝕侵尋臣
漢舊輔今當爲神駐小金山爲禦海斥使不衝盪全護
國封當爲建祠于彼金山示所旌顯自時厥後封祀不
絕今爲忠烈王顯擠廟焉維英烈侯家閩氏錢行位居
七航海而商舶帆經從入廟致禮儼觀威爽雪浪東來
一山若峙巖巖殿宇卓冠山椒地勢坤靈軒赫斯稱又
謚王忠存漢社稷歆生敬慕若曰浮沉周利膠轄迷途
汨澳塵中何終底止殁事忠臣愈很生死猛念倏發幽
明洞符玉立應間又手瞠視不歆不倚宵然化歸異哉
於是驚怪顯迹爲廟部臣老宿相傳幾百年矣季夏之
月二十二日維侯生辰沿海祭祀在在加謹廣陳鎮全
山祠祀尤嚴常歲是日海商海賈寨戶亭丁社鼓喧迎
香華羅供然前無位號未應國經仗隊弓刀逕稱太尉
殆幾野廟殊闕聲猷屬青齊向化之年因獸猶競東郜

興師侯能助順虛無之際神證用彰霧消雲飛陰兵十
萬排空而下旌旗著號華亭錢太尉智識昭明逮及交
鋒敵勢披靡風驅電掃冥助惟多主兵上之公朝訪尋
允合爰加封勅諡以英烈庸答靈休端笏垂紳榮被章
服從節仗衛一變魚雅孟堅母弟孟湢今嗣秀安僖王
曾元孫蘽居里日嘗謂言曰英烈侯神靈國勳如是其
偉兄志於文盍爲紀述其永聲聞當備樂石以奉刻詞
茲以書來石既就磐紀弗可後乙巳上春甲子熏篆灑
亳寓誠歷敘因作言曰夫所謂聰明正直謂神者豈誣
哉忠烈公功存漢祀雖世祿不嗣於當時而廟食乃存
於異代蓋忠誠動績迄莫泯忘英烈侯初焉非衣逢掖
道先王者一念向正卽隸明祠惟王與侯肹蠁相應如
斯至者心公忠耳故侯卒能効順佐邦殄小醜使侯居
廟堂而職臣事殺身成仁夫豈難能竊祿鄙夫身縻好
爵畏事齷齪當言不斷口若置箝鼠計自營盼視同列
苟利飲啄縮縮循墻鬼蜮斯靡何無何有若拜侯祠有
泚其顙孟堅疇昔之夕躅祀嶽神節仗旋歸繽紛肅截
璧月當午簫吹撼空文繡兒郎粉黛優女晝燭椽列夾
道秉行敬拜奉安一無醉懈顧而問曰此嬰曰社稷臣
也心實歆焉曰有親在無代言曰人死留名豹死留皮
丈夫大節雖死猶生睢陽之忠常山之操平原叱希烈
太尉擊朱泚讀史凜凜恨九原之不作也神之爲神其
以是夫因紀侯事遡頌王忠夙心忠鯁不覺宣露爲之
銘曰正直爲神惟忠惟孝國有常經祀典崇報博陸在
漢擁昭立宣雖曰世祿不吾以延逮及異朝血食廟祀
爲禦隄封叱捍潮水無使侵齧虧厥疆理至於今世靈
畏若存英烈錢侯起身七閩浮舶而商致禮英靈惟公
與直至令心傾一誠默孚旋隸部下拱立廟廡杳然冥
化東海之濱奉祀畢虔位號封崇若有待然小醜不競
東鄙興師維侯助順若響之隨神兵千萬陰雲擁之冠
勢旋靡電掃風披昭靈顯功褒號英烈服爵儀衛一變
綿蕞吾茲銘石匪事夸雄寓勸若人知孝而忠爲食君
祿當勇於事事依違者將焉用彼致忠於君奮不顧身
身死不死其名永存史傳紀績廟食薦馨吁嗟鬼蜮狗
苟蠅營
明成化六年住持潘道堅重建柳志 嘉靖三十四年
倭警神昭靈應邑人奉事加虔知縣劉存義建坊劉存義記
萬歷二十九年知縣王義民重建沈懋孝記 崇禎十三年知

縣吳春枝重修

國朝乾隆二十五年知縣李納璧重修(李納璧記)五十三年知縣王恒重修春秋仲上丁後一日致祭(平湖王志)咸豐末燬

景賢祠　在德藏寺左明嘉靖三十三年建(平湖程志)祀唐相陸贄以宋儒陸正明徵士陸宗秀程鄉令陸鋹吏部尚書陸光祖配(吳志明范維一有祠記)續以兵部員外陸澄原巡按御史陸清原濟南府推官陸燦贈禮部侍郎陸隴其配歲春秋仲上丁後一日致祭(平湖張志)同治五年知縣郭惇典重修

報功五賢祠　在南司東明嘉靖三十七年知縣陳一謙建祀總督胡宗憲萬歷元年以知府劉慤知縣劉存義入祠後並祀兵備道劉燾署知縣殷廷蘭因名五賢祠典史喬登鎮撫彭應時百戶朱璽祔焉(平湖程志明馮汝弼記嘉靖三十五年丙辰秋九月二十有五日欽差總督軍務都察院右僉都御史梅林胡公藏海寇於平湖之南郊先是海寇徐海等挾倭寇數萬橫行浙直官軍莫敢誰何朝廷命重臣督廣兗蒼處諸路兵擒勦數失利賊愈猖獗率衆趨嘉興諸將逡巡莫敢出公時為御史按兩浙奮然起曰諸君按兵不舉如宗社蒼生何挺身前進諸將從之鏖戰於王江涇斬首千餘級捷聞陞右僉都御史提督王師丙辰三月加兵部左侍郎總督軍務時徐海大合賊黨及倭奴數萬攻乍浦兵備劉公燾禦之賊趨皁林巡撫阮公率游擊將軍宗禮禦之禮兵寡力戰而歿阮公遂保桐鄉賊百計攻圍踰月不解公知賊勢方熾我兵未集難與爭鋒陽為昭撫之令賊退屯於華亭之呂巷六月復還乍浦公欲翦其羽翼計遣應襲管懋光賚書朱尚禮等間攜徐海執其渠魁麻葉胡四戴

一等以獻適提督尚書趙公文華奉命視師以天兵至公與合議復遣辯士說海縛其巨酋陳東以獻公曰賊心離矣機不可失時巡撫阮公議亦合遂行兵偹劉公分布諸將刻期進兵犄角互發奮力齊擊賊大敗爭奔海船我兵乘勢追擊斬首七百餘級燒賊廠二十餘處焚溺死者不可勝計獨徐海擒精悍千餘人以歸順為名據平湖之沈家莊去縣治纔十里許公遣中書羅龍文義士蔡時宜等閭其左右使自相疑忌以離其心腹協謀於趙公而巡撫阮公巡按趙公謀俱協行郎中郭公會兵備劉公為擣巢之舉公親履行陣偕阮公督戰而劉公率驍勇為前鋒時賊分二巢已各相疑無固志又以招撫之故不設備我軍攻西巢箭炮齊發賊敗入巢乘夜奔東巢我軍齊進奮擊勢如拉朽擒斬賊級一千四百餘顆焚溺死者不計其數於是元兇授首醜類盡殲數年積寇一旦掃除無子遺矣振天朝之神武絕外寇之窺伺正亂賊之典刑洩萬民之積憤以舒我皇上東南根本之憂豐功峻烈豈曰小補之哉向使招撫之令不行賊必肆毒無忌戕定之功不繼賊必貽患無窮生民之禍將不忍言而浙西瀕海之地亦未必若是之甯謐也吾邑士民懷公再造謀諸邑令陳君一謙建祠立碑以垂不朽屬余為記而系之以詩東海冥冥陰風怒狂妖氛塞空鯨鯢跳梁天威赫赫維公肅將肅將伊何神謀允臧始則餌之終焉在綱匪公幃幄曷展勛勦蕩潾妖氛海波不揚我家我室奠我封疆我衣我食樂我耕桑曷以報之新祠煌煌百千萬年令聞無疆)

國朝乾隆五十三年知縣王恒重修歲春秋仲上丁後一日致祭咸豐末燬

陸莊簡祠　在南司東萬歷四十六年建祀明太子太保吏部尚書諡莊簡陸光祖歲春秋仲上丁後一日致祭(平湖朱志馮夢禎記)同治六年裔孫重修

陸清獻祠　在縣治東南(郎明兵偹道發基)乾隆八年知縣高國楹建並捐俸贖回東湖水港以為祠產(即前明陸氏放生湖)歲春

秋仲上丁後一日致祭常安記云天生聖賢非以爲一世之人也將使生乎其前者統緒由之昌明將使生乎其後者淵源爲之紹續故人而有志聖學則其一身具有上下今古之責而道統傳焉人心正焉此其所係非偶然也平湖陸清獻公終身講學而以其學問所得發爲政事文章方下帷發憤時卽取宋儒諸書反覆參訂其意豈徒以獵榮爲溫飽計哉致力於克已復禮之問求詳於主敬行恕之說而終之以變化氣質蓋其志趣固已迥出一切矣嗣其任邑令居諫垣所至卓卓有聲而考証乎先儒之醇雜辨訂乎學問之宗旨矻矻者不知其身之既老也竊嘗論前明諸儒生於國初者尙能由金許之傳以邈周程之旨自良知說起王畿甚之而格致之義渺如矣清獻公生於數百載之後慨然力闢其非充養邃窔似薛文清主敬存誠似胡敬齋而躬行實踐不誇歎悟覺白沙生平所爲養端倪於至靜者未免存養之意多省察之功少矣我　朝振興雅化崇奬先賢既祀於黌宮又立有專祠至是有司以其碑文來請余謂聖賢以道德相授苟能學清獻公之學則卽千里而遥與夫百世而下尙有繼其心源想其議論風旨幾幾乎謦欬可得而親凡席可得而接者況平湖乃先生桑梓之鄉去今未數十年登其堂舊址斯在啟其箴遺編斯陳想當日之勤勤懇懇紹述乎斯道者其身而存則以爲一已之任其身旣往則責在後世之人卽不獲親炙而未有不願立門牆者也其能無穆然而思慄然而悟也哉余宦轍所至每樂表章先哲之遺蹤至是蒞浙若魏塘六賢旣爲之碑記重幸其流風餘韻之未冺而如清獻公尤稱道學之宗其子孫能嗣守餘澤官於其邑者復能祠而祭之是亦足見薪傳之不墜而余所樂於觀成者也爲之歌曰先生之生聖道攸託根抵關閩源本濂洛先生之學得其大者意態沖融襟懷瀟灑先生之祠掩映湖濱日組曰豆閟歲猶新先生往矣道在來哲奮焉起興祼此碑碣

督學彭起豐碑記聖人之道如日在天綿綿延延薪傳勿替必賴有昌明理學之大儒起而負荷之南宋而後配享諸儒若元之許魯齋明之薛文清胡敬齋尤其純者　聖朝隆重理學碩彥蔚生天下之士瞻泰山而仰北斗首推湯文正陸清獻兩公清獻平湖人也由縣令拜御史清風勁節惠政嘉謨迄今猶傳人口其爲學在于居敬窮理擇善固執教人必宗朱子小學讀書必依程氏日程而于派別支流防維甚切若惟恐異說之淆亂流於禪說而不返也不憚反覆極論剖晰同異洵乎其遠承孔孟之傳近接程朱之派而負荷斯道者歎　國家以清獻有功聖敎既從祀文廟復　褒以贈謚崇儒之典曠古獨隆願考諸邑乘二丁釋奠僅附祭于陸宣公祠崇報未專爲慨然久之甲子春邑令三韓高君國楹首捐廉俸卜基經圖鳩工集事逾數月門廡堂宇巍然秩秩有序俎豆駿奔不懈益虔陸氏子孫請余文以記余維浙中人士類多尙詞華鶩聲氣罕有能紹述金華四先生之理學而講明濂洛關閩之旨者微清獻則斯道之傳曷其有賴今公所著作具在苟讀遺書而附於私淑艾之列則敎淳流於無垠平湖卽鄒魯也祠宇之新豈惟邑令之賢有足誌或以沿流而採原挽華而崇實以爲式化風俗振厲人心一機歟因樂爲之記

高嵩詩崇祠適典卿湖淸遺範長深卿止情抗疏遠過賜諫議說經常聚魯諸生政傳循吏眞無忝望重儒林況有名如見講堂開故里其看隆棟接高城金章奕奕榮千古俎豆森森奠兩楹誦法自慚聞道淺抒毫端爲　盛朝賡

陸天錫詩有美承儒統維桑表廣居五賢虛地左一塔聳城隅風月入如在荃蘅庭可疏辦香深嚮往重欲輯遺書

四十六年知縣張力行以祠產刻石張力行清獻公祠港租記**五十年知縣王恒重修祠宇恭勒從祀**

上諭於碑嘉慶三年邑人黃鳳等醵貲置田歸祠供祀易湖放生其湖邊水埠基地由祠管業官爲給照黃鳳等具呈事畧云東湖放生始於明主事陸杲有王世貞放生碑記　國朝以來惟陸莊簡公祠管業東馬頭一段循舊放生餘皆賃漁戶捕魚取租繼且分售別姓乾隆十一年知縣高國楹捐廉贖回十分之八歸作陸清獻公祠祀產嘉慶三年邑人黃鳳吳鼎燮奚泗哲吳顯德吳履曾以先賢俎豆取給魚蟹不足昭誠敬且失愛物之意公醵鍰置俊圩田三十四畝八分五釐八毫歸祠取租供祀易東湖復放生舊制又續易陸浩其陸汝續等案山浜窑頭港汊并曹廷榮所捐東湖中段俱全作放生湖交當湖書院司事經管每年收菱租辦港稅及修補碑石等費呈縣詳憲批准勒石永禁採捕放生湖四至東自潔芳橋起迤南至面長港止西自呂公橋起迤南至新橋港止

南至高墳北至龍王堂咸豐末祠毀同治五年布政司楊昌濬捐廉修復嗣因沿湖水埠淤積成地知府許瑤光宗源瀚先後奉檄親勘斷歸陸祠屋基六十七間半每間約地二釐永爲祠產繪圖勒石並將東湖仍還陸祠田歸書院同治十二年巡撫楊昌濬奏准立案巡撫楊昌濬奏略陸祠湖濱水閣埠頭基地自管業後曾出售數處而歷年久遠淤積成地原佃之水閣埠頭漸移而前祠生與民戶爭地各執一詞結訟不休該府等核其承佃之照坐落之地及陸姓出賣年分之遠近悉心酌斷除水閣埠頭向歸陸氏收租及原認歸祠屋基三十四間外其賣在近年應斷贖者共十六間各照契內原價由知縣邢守道捐廉贖回又契照難凴斷令歸祠者共十三間契照年遠而新淤分數較多斷令劃出歸祠者一間半尚有無人承認基地五間亦斷歸祠嗣據祠生陸念松以呂公橋外無主地二間向非祠產情願讓出計共六十七間半並據聲明擬將東湖仍歸陸祠田歸書院等情除飭給照執業立石定界不准陸氏後裔再行售賣外事關先儒祠產理合附片陳明十三年二月二十五日奉

硃批該部知道欽此餘詳徵信錄

龍王廟　在呂公橋東原注俗呼龍王堂創建年月無考咸豐十年燬同治十二年知縣邢守道倡捐重建

火神廟　在北門外二里松塵道院內咸豐十一年燬同治七年里人重建

眞武廟　在南門外教場邑人張友直建

文昌祠　在佑聖宮內萬歷四十四年建

國朝咸豐七年重建同治九年知縣邢守道重修

藥王廟　華佗廟　並在佑聖宮康熙間建咸豐末燬同治五年藥商公建藥王廟

白沃使君廟　在縣東北三里許柳志相傳當湖初陷時白沃使君躍馬疾走不及遂駐馬以鞭指得湖東南一角水至不没今此地獨高後人于此立廟咸豐末燬同治五年里人重建兄弟三人一在沙腰一在乍浦皆稱白沃廟閒窻括異志　陸世楷詩　水患方滔天四望鮮高阜使君何神術躍馬東南走揮鞭使倒流蛟龍遂弭首邱原乃可依厥民安井臼園廬漸以完村村遍花柳徽君我已魚遺恩頌耆耇白屋煥朱扉懷筵崇不朽旱潦輒有祈歲時薦椒酒叢祠滿寰區文繡被土偶稽古洵足徵德馨庶能久捍患與禦災豐碑在人口鼎據雄三方孰爲龍虎狗

齊景公廟　在官田坊俗呼官田廟平湖程志故老相傳景公遊海而南至此舊有碑今磨滅不存矣案閒窻括異志作官田廟

咸豐十一年燬同治五年重建

馬廄廟　在縣南一十五里俗傳齊景公養馬之所因名馬廄平湖王志

三將軍廟　在益山北去梁莊二里祀田開疆古冶子公孫捷三木主并塑像在焉九山志　案王志引李天植云三士在齊何以廟食于此豈地名齊景鄉故祀及三士耶祀齊田橫及橫兄榮廣邴始不可考萬歷間重葺平湖程志　明馬維銘募疏邑梁莊故有三將軍廟三將軍者爲齊義士田橫及橫兄榮廣夫田將軍可異矣台王侯之約而顧自刎以死賓客五百人皆死之此太史公之所贊以爲至賢也漢以下騷人墨客相與悲歌慷慨以寫其忠義憤烈之狀如昌黎眉山者甚多余不暇論所爲祀梁莊者吾邑隸在吳

去齊境二千里梁莊肄在吾邑卽濱海乎去橫之島何啻二千里而遥橫以海爲命而恥事漢無論梁莊其身之未至吳審矣而祀梁莊者何也毋亦謂神則無所不之乎夫伍員之祀于吳以弔吳也屈原之祀于楚以弔楚也其靈爽在後世而功伐在本朝其齒劍懷石以自傷不幸而吾言適中君國喪亡益以重我之不幸故至于今浙江之潮瀟湘之水洶涌而不安如怨如泣而不可止者二大夫之神爲之也然而其神有方而人得以意揣之自吳楚之外或未有神焉者矣漢昭烈起自蜀中闘張以趙趙武夫佐之未嘗得意鄴下而判門之東悉爲吳地亦不能廣尺寸之封今大江南北以距遼海二神最顯靈應雖蜀何加之焉神無方矣若横所謂無方者是耶非耶不然何以生不識梁莊爲何物吾邑爲何地而死乃宅于此也殆將吞子胥于江上挾居平于漢川而哂其陋且局而獨有羿于雲長翼惪之所爲耶前是把總韓生曾新其廟旋圯而頃者海[illegible]敵警所冀神厎甚切遂議再飭余輒疏之重神也亦[illegible]也唯義故雖死而凜然有生氣神之所以無方也[illegible]武弁及居此土者尚其以義易焉

馮將軍廟　在縣南一十五里宋端平三年建祀漢陽夏侯馮異柳志 一在大易鄉朱江坊闕字圩明崇禎十二年里人孫世隆捐地創建

國朝嘉慶九年孫九思重修增建魁星閣

三義廟　在縣東二十里蒹葭圍祀漢昭烈帝關壯繆侯張桓侯康熙十一年生員張長生兄弟捐建乾隆元年候補通判張漢年重修平湖王志 咸豐十一年燬同治十一年重建

陸績廟一名懷橘菴　在乍浦西門小街俗稱西菴祀吳鬱林太守陸績近易名懷橘以乍浦舊有績故宅號懷橘里故也

韓文公廟一名潮聖廟　在海口閘乾隆二十年潮州人建以上乍浦志 咸豐十一年燬

吳越武肅王廟　在縣治東南一十二里徐埭鎮西平湖王志 咸豐十一年燬同治十二年里人重建

烈士大王廟　在獨山北百步不知何神爲獨山一方香火咸豐十一年燬同治四年里人重建

顧相公廟　在雅山東麓神松江上海人有伏虎之異故裝一虎于案下一方香火最著靈驗門外兩沙樸樹大數抱不知何年物以上九山志

張相公廟　在乍浦西門內懷橘菴前殿平湖張志 公諱夏蕭山人雍正三年封靜安公紹興府志西河集張十一郎官者宋護堤侯張六五老相公也名夏蕭山鴟里人初以父亮爲吳越王時刑部尚書入宋歸命遂由故任子起家授工部郎中稱郎官既而海溢颶風發錢塘蕭山隄總壞相公充護隄使者有功封護隄侯乃以護潛當決河覆舟旗丁繞河覓相公不得翼日有大黿負相公尸浮于沙巫者狂言相公已爲神其尸歸葬於蕭山之長山閘而立祠閘傍負山壁爲楹面海滔滔每雨歇見神燈數隊沿山而歸景祐間禮部請于朝封英濟王蕭俗呼十一爲六五呼官爲相公以侯王故呼老相公至是呼老相公廟每歲三月六日係老相公生日

晏公廟一名宏濟菴　在東門內祀平浪侯晏戍仔乍浦志 晏戍仔江西清江鎮人元初輸文錦于上都因而尸解人以爲神立祠祀之後顯靈江湖間洪武初封平浪侯浙江通志 同治十年重修

巡撫范公祠 在弄珠樓爲巡撫范承謨立 吳志 咸豐十年燬

曾簡肅祠 在桑園街祀宋參知政事謚簡肅曾宗道 平湖程志 明知縣賴垓記 嘉慶三年其裔孫曾洪等重修 按察使司秦公瀛重修祠記平湖之有曾簡肅公祠也以公嘗令海鹽遂家于是而歿即葬于是也公墓在平湖之桑園街其地故隸海鹽今析治平湖墓旁即公祠建自宋仁宗天聖七年後屢廢屢修明之中葉公後人曾學周承周等置祠田邑令賴垓記之嘉慶三年戊午裔孫洪等復修焉知縣李君賡芸請予記其事公仕眞宗朝於時事多所論列其生平大節尤在諫止立劉氏七廟折樞密曹利用之權貴戚憚之一時有魚頭參政之目而其始仕則嘗由定遠尉調海鹽令邑濱海其東南境舊有港導海水歲久湮塞公發鄉丁疏治之號曾公浦厥後思公澤者有景曾堂思曾橋諸稱夫以公功在社稷非一邑所得而私而其勤施于民合乎祭法則報功之典于是爲宜

昔漢循吏延熹中嘗詔密縣洛陽留卓茂王渙祠廟且訪古右賢式閭表墓者良有司事也柳季之壟樵採有刑信陵之墳守衛無缺今以公之澤被茲土而祠實與墓鄰則因祠以存墓不惟曾氏之子孫當世其祀于勿替也已公裔居浙代有賢者余既因李君請爲之記俾時過當湖擬更展拜公祠以致嚮慕之思焉公諱宗道字貫之亳州譙人咸平三年進士歷官右諫議大夫參知政事再遷禮部侍郎贈兵部尚書初謚剛簡後改謚事蹟具宋史 道光八年裔孫曾模等復請以宋左朝請大夫誉直敷文閣致仕嘗高郵州司理文謚宣教郎應龍配焉咸豐十年燬

張忠獻祠 在東十九都盤字圩里名蒹葭圍祀宋魏國公張浚華陽伯張栻淮揚判官張溥 吳志 張著張氏宗祠記 咸豐十一年燬同治九年裔孫訓導張定閏重建

陸象山祠 在東城內祀宋將作監丞知荊門州軍陸九淵 平湖程志 徐階記語有之莫爲前美弗彰莫爲後盛弗傳竊有慕乎洵開軾轍午續祁奚絳與景繼起儉與泰齊名皆喬梓爭榮華萼相輝者也孰有如奕葉永承箕裘遠紹歷百世而彌光越兩地而並耀如陸氏者乎陸氏象山先生得孟子眞脈從祀孔廟諱九淵字子靜先世吳縣人長水吳境隋亦屬姑蘇唐德宗朝宣公爲名相厥後八世孫希聲復相昭宗謚文公孫德遷五代末避兵奚入撫遂籍金谿十世同居延福鄉之青田二百餘年合三千餘指共居一爨宋詔旌義居父賀學行著鄉黨酌先儒冠婚喪祭之禮行於世生子六九思九敘九皋九韶皆奇傑韶與文達公九齡及先生世稱三陸迄今祠祀焉先生三四歲常掃林間宴坐終日過者祗望稱羨一日侍父行忽詢天地何所窮際父笑而不答遂深思至忘寢食讀書至宇宙二字輒大悟曰元來此道無窮人與天地皆在其中援筆書曰宇宙內事即已分內事宇宙即吾心吾心即宇宙讀孟子即契悟自得至先立乎其大者一語終身效法焉嘗云道外無事事外無道纔警策便與天地相似其立教直指人

心本然至善使從此培養日充日著令人就血脈上轉移故多感悟興起隨寓講學父老子弟數百人莫不感動或勸之著書曰六經註我我註六經結精舍貴溪之應天山山形如象題曰象山先生門人遂相稱之嘗謂孟子之死眞不得其傳直到濂洛得不傳之秘然草昧殊晦今日不合大段光明更治何事故孟子之道益光登乾道八年進士主考呂祖謙一見其文遂決此江西陸子靜也少遇靖康兵亂即願請纓博求知勇士議恢復後輪對劄皆格心經邪要語首重讐恥未復孝宗亦感悟居官時故事上元設醮爲民祈福乃會吏民講洪範皇極一章以代之聽者感悟泣下與朱熹會白鹿洞講君子喻義章諸生亦感悟爲泣熹嘆服謂中學者隱微深痼之病跣講義刻石于洞中會禱雪雪驟降語家人日吾將逝矣遂沐浴更衣而卒其履歷宦蹟載史冊不復贅嘉定八年謚文安從父筠紹興乙丑進士姪濬中嘉定辛未榜子持之循之渙之皆以理學見重于朝野理宗時四世孫貞恪公啟楨爲嘉興路巡檢使僑寓于當湖鎮復還吳境山川不改井里自如八閩朝升鎮爲縣遂爲平湖始祖建祠于城之隅肖先生像而祀之登其堂金璧玲瓏朱藍燦煜冠裳禮樂之盛無損青

田之遺制焉明世祿綸爲夾江令琳爲名侍御品格政績詳載趙師相貞吉陳掌院琀碑記中琳之子夏津令山從子南康郡丞鼇俱有惠政歲月浸尋星霜剝蝕榱桷傾圮薜荔斷碑山又堂構而聿新焉侍御李容執經於余學以爲已爲主嘗曰孝弟外無餘道孝弟外無餘一事先生理學源流嘗慨宋武好籽蒔藏褉傑之衣示子孫掄口笑莊家之拙齊人好筴算戈矛有告以鄰曾紘匏事見謂迂闊老頭巾語乃陸氏吳而越越而楚楚復歸吳家學淵源數百世如一日固已度越他人久圮門閥幾等矣祠葺竣徵余爲記因焚盥而志其略

呂公祠　在南門外祀知縣呂猶龍有祀田三十畝即猶龍所建呂公書院舊基久圮

石莊沈氏樹德祠　在石莊里房字圩平湖朱志陸棻有記康熙二十四年其裔改建績字圩

陸豸史祠　在啟元門內祀明巡按四川御史陸琳平湖程志

趙貞吉有記久圮

陸孝子祠　在東河左祀明光祿署正陸山平湖朱志明王建中有記乾隆五十四年其族孫陸士鈿重新知縣王恒記久圮

劉氏世德祠　在南司左祀明刑部主事劉玘贈兵部尚書劉希聖久圮

懷德祠　在太平橋左祀明給事中馮汝弼以上平湖程志王世貞記懷德祠者何祠故諫議平湖馮公者也公舉進士拜行人奉使便便有僑肸風尋入諫省論中貴大臣直聲動天下出而一領望州再宰巖邑所至號爲神君而中尼於忌者竟挂冠歸公享壽七十有九其成進士迨捐館垂四十六年然爲德于州邑以歲數之不過十之一二而爲德于其鄉則十且八九以故甫公歿之踰月而諸生沈維鏡等若而人請於令願祠公于鄉賢三老徐燮等若而人復相率請於令願特爲祠以報公令劉君異之爲再覆其事咸信乃下教特祠祀命以其祠曰懷德而屬不佞記其事不佞公門下士也不敢以椎不文辭竊讀三老等所上事大略云公居恒謂家居不習計倪不可饒不饒不可以伸志夫人富而仁義附焉故自其罷官而且少奉羨即以收棄田而治之皆成土腴又以其田入益斥直傍畝已又以其法教邑中耕者已又以其爲州邑時賦三則及助徑法語守令行之仁何邑田皆驟貴於是公喜曰吾可以爲德矣其首施則伯仲子姓有四時衣帛廩餼之供謂習儒者教之農者田之賈者貲之稍次施則五服之親屬其衣帛廩餼之供遞殺而吉凶緩急靡不于我取貲其最後施則邑之老者疾者無子者不能紼者叩之郎響應而又推其餘饒築城當睥睨者數十雉城成而島寇絕不復窺脩通都之土石堰十五石橋三十二浚陳塘爲里二十七築義塚以叢討賊之殤骨而封之又以其暇獎節義贍孝友假典禮佐有司之權蓋環公居而家者可十萬戶其大半食公惠其自罷官至捐館三十四年如一日矣夫安能遂忘公夫以樊君雲之工治生與賑贍不責報解訟英夯得公之近似而天之報之通侯者累世然未聞其仕宦善狀朱仲卿之歿思托祀于桐鄉而不敢望其鄉以鄉

之所被德淺也公守吾太倉不再閱歲去既歷三紀而士民今且議祠公公殆兼君雲仲卿而有之矣於乎賢哉公諱汝弼其大節著於後廢爲育嬰堂平湖王志諫議故特稱馮諫議云

陸鴻臚祠　在東湖右祀明鴻臚寺主簿陸志忠平湖程志施鳳來記久圮

存嚴祠　在湯山瑞祥寺祀明沖夷處士陸鐩順治二年建乾隆三十三年其裔肯堂重建以孝子陸倣孟配平湖張志咸豐末燬

張高士祠　在北門月城祀明生員張治以廣東布政使張大忠配先是治以平倭築城首功督撫欲請於朝爵之不受獎以地宅治爲建廟月城爲國祝釐既而邑人

懷其德迎洽與大忠位合祀於廟平湖高志王建中記咸豐末燬

傑果毅公祠　在乍浦東門外牛橋鎮祀原任乍浦副都統傑純同治十二年建

忠義祠　在全公坊祀副將黃金友覃連陞附以殉難紳民同治五年蘆瀝場大使葉基奎邑人山鳳輝等建

知府許瑤光記畧同治三年春二月既望越三日戊午提督程忠烈率蘇省兵復嘉興郡城夏四月余來守郡檄屬縣場采訪忠義越二年六月官瀝場吳縣葉君寅階從國學生山鳳輝顧晉藩秀才黃福增楊龍濟朱文治諸人之請請為死事其場地之副將黃公諱金友覃公諱連陞暨紳民等建祠於全公坊合祀之余惟表彰忠義守土者之責也嘉興七縣八城三場淪陷四五年之久力戰而死抗義而死者大有八在克復今三年矣各屬均未郎建祠而蘆瀝獨先非賢官賢紳之力不至此越四月祠宇告竣求記於余余自道光庚戌以明經科籤挈浙江今已十有七年凡浙事之所以壞浙局之所以轉舉目擊而心識其概至嘉興郡城之失在咸豐十年四月廿六日余時宰仁和憶賊自三月上已棄杭州以回撲我圖金陵之師雨花臺之營潰四月而常州蘇州相繼陷遂陷嘉興嘉府儒學張詠蔡兆輅死之餘官皆走杭州又復危急是時提督張玉良由常奔至杭撫軍王壯愍與張有舊請集潰卒以圖嘉郡故五六月之間郡城雖失而五縣三場俱苟安無恙七月而張玉良之兵又潰於是嘉善以十二日失矣石門以廿五日失矣桐鄉以廿六日失矣平湖亦以十五日失越日復之八月五日又失又復之至十一年三月八日賊破海鹽明日破乍浦復陷平湖由是激浦孤城存一角餘全陷於賊矣考黃公陣亡於廣城在十一年五月七日是平湖三次失守後也夫浙江之與江蘇也均濱海為國地界犬牙相錯兵與餉交相籌借蘇州失後撫軍薛駐滬上平湖與滬相聯屬十年秋至十一年春嘉興之正道雖梗而鹽激平乍四城未失浙省軍書猶可由海甯襍此以達於滬公之守平湖也與提督米與朝來此半年中江浙聲氣能通則其力戰之功為不少矣逮賊由海鹽破乍浦杭餉不繼平湖腹背受敵米軍先退公亦不能

不退乃以其軍屬之蘇省屯金山衛賊旋逼金山公與戰於新倉平其壘已而圖復平湖乞水師於提督曾秉忠曾助以四十艘命其弟守忠將之遂破周家圩象皮廟六里港諸賊壘賊憤甚率黨鏖至公迎擊於十字街有奸民伏賊破屋中鎗傷不能騎昇至明珠菴遂薨公號益亭湖南靖州人前以戰功賜協勇巴圖魯年四十有一蘇撫奏於朝以提督賜卹公薨之三年癸亥冬十一月平湖賊降於官軍嘉興以次復士人嘖嘖言平湖既失以後力戰陣亡者稱黃公平湖將復之先力戰陣亡者稱覃公覃公字黼堂四川雲陽人從鮑春霆軍門征鄂征皖屢戰有功同治元年秋蘇撫李調至滬復金山衛二年春統浦東防務平乍之賊謀東犯築二營於新倉作東西犄角勢公探知其初築也率隊奮進平其西營折而東持戟躍馬至泰橋中鎗墜馬部兵請退公呼曰賊已挫東營可拔也拔東營新倉以東之民可免塗毒不可以我一人傷傷百姓吾瞑目矣麾下游擊劉起咸公義憤含涕揮兵進遂拔之林船三百禽馘五百賊自是不敢東是役也主將亡而戰捷或問故其部曲曰我將生平不愛錢待我輩厚殺賊所以報我將也公薨年四十五後劉起亦死事宜興云余考黃覃二副將之死先後不同時且其戰而陣亡一際衰勢一際勝勢其成敗又不同矣然皆欲復平湖城至一死廣城一死泰橋俱為蘆瀝場近地蘆瀝之紳民見之甚親切有孝廉馬君承昭者為傳其畧故余得知其詳是其忠義感人之深愈無不同也合祠祀之禮也舉人黃鵬飛以設偽官逼不食死秀才徐汝霖被執罵賊死其餘義民烈女均附祀於祠秀為之銘銘曰蘆川之水東湖之東海日照耀波光躍紅流丹化入耿耿孤忠毅魄不散鬱為鬼雄夜呼殺賊竟告成功東南奠矣兩浙清風靈應慰矣俎豆伊崇貞珉鏤翠永垂無窮

石門縣

先農壇　在東郊距城三里雍正五年知縣呂廷鑄奉文建立並置耤田四畝九分浙江通志

先蠶廟　在崇福寺山門內大殿東偏五十步乾隆六十年奉文建立今燬未建

社稷壇　在縣西素商門外柳志宋在縣西二百步入門而南有齋廳三楹廳之南五壇壇各三級原注風伯雷雨師案注疑有誤崇德靳志云宋合風雲雷雨為三壇與上文五壇亦不符繚之以牆廳有宋政和間重修社壇碑記磨滅幾不可讀大率全備勅牒之語勅牒則盡述江東提舉沈延嗣奏請之辭當時案式圖鏤版行下故式圖刻在碑首歷年雖久壇制如式至元志元置于城西南明洪武十五年趙令觀改建西門外崇德靳志

風雲雷雨山川壇　在縣南薰門外運河東岸柳志宋附社稷壇明洪武十五年趙令觀改建于運河東崇德靳志

邑厲壇　在縣北朔義門外運河西岸柳志宋元無考明洪武十五年趙令觀改建于北門外崇德靳志

城隍廟　在縣西北一百八十步浙江通志舊在縣西南隅語溪觀東邑令臧元士增栁門道兩廊開路東出岳王祠附于內至元志明洪武十五年縣令涂節徙置縣西建殿宇兩廊歲久傾圮柳志景泰間知縣郁綸重建崇德靳志後漸傾圮成化二十二年重建柳志嘉靖三十年復燬知縣邱岳重建萬歷中知縣周應秋重建正殿中堂寢殿東西兩廡水火二亭知縣靳一泒改闢戚門原注即儀門為屋三楹門外有石甃池東西六丈南北二丈餘中跨石橋周以石闌

國朝順治九年知縣陳邦寄重建肅敬樓十八年知縣李震興工鳩倡至康熙八年知縣杜森竣工石門鄺志乾隆二十二年兩殿災次年知縣周鼎重修伊志咸豐末燬同治十年重建

關帝廟　在崇義橋東南舊在縣北三百步嘉靖中因築城遷于永橋北邑人姚汝舟捐貲更遷崇義橋崇德靳志姚汝舟記

國朝順治四年重建石門鄺志乾隆三十一年知縣鮑祖幹重修舊案石門鄺志云廟有鐘一口元延祐年鑄題十里順治辛丑鎮浙昂邦章京取入靈隱寺所謂延祐鐘也

咸豐末燬尚未建復

東嶽廟　在縣西南一百步宋政和修廟舊碑磨滅猶可讀謂淹沒時久感夢興繕建立甚古至元志嘉靖中知縣張守約因火改于城隍廟前河下以其地易市民謝姓居址欲為陰陽醫學不果萬歷中移建演武場北內有元帝像又呼為眞武廟崇德靳志咸豐末燬同治八年重建

節孝祠　在縣東二百步雍正元年奉文設立並建石坊乾隆四十八年知縣朱麟徵同紳士重修伊志咸豐末燬同治十二年移建于學宮東首

許侍郎廟　在縣西南二里祀晉黃門侍郎許安仁永嘉

兆亂兵至崇德安仁時教授于鄉有保護功既卒立祠
祀之宋嘉泰二年創明永樂天順間重建
國朝順治間鄉民沈文盛諸文照重修石門鄺志咸豐末燬同治
八年重建
何律王廟　在縣西三里至元志洪武中重建崇德靳志相傳郎
吳王遣以築城者名勝志咸豐末燬同治六年重建
部村廟　在縣西北二十里泗水橋土穀神爲章陳許內
有觀音樓宋嘉定間尚書陸德輿創里人陸鏜重修廟
後古松一章遠望虬枝偃蓋秀色可愛石門靳志元陸官詠部村廟
松詩沃野遙山抱神壇獨此松羽張飛夕蓋琴響和晨
鐘曇翠來翔鶴溪長有卧龍假饒秦蹕過應得大夫封

咸豐末燬同治六年重建
蕭尚書廟　在縣東三十里至元志元蕭穆拜尚書後封蕭
王祀此浙江通志今燬
馬鳴王廟　在上字圩其神亦稱裴蔣二王石門鄺志世培記略
歲在旃蒙單閼之辜月邑之西偏馬鳴廟重飭祠宇閱
三月告成崇里之民乞言以垂麗牲之石案神裴姓名璩
唐廣明中官浙西藩鎮會黃巢由盜冦浙公力戰却之
此土茀燐没而廟食以報其功配饗者爲蔣都尉佚其
名則與公戮力者也新唐書黃巢犯浙西時節度使裴
璩斬其二長殲其黨衆賊大沮喪乃指天平軍乞降尋
復轉掠浙東當巢所過千里無孑遺而斯境安堵如故
微神之力弗及此矧捍患禦菑式靈鐘鼓自唐迄今于
有餘禩生則宣勞牧圉没而介福馨香神之綏艾吾民
始終如一日也俎豆蘋紱其何有替乃里之人僅以士
鼓蕢桴酹于秋冬祈賽之間毋乃瀆而近于褻然禹稷
句龍皆田祖也鄉之士女恪共靡懈神其樂吾民之樸

邀而忘其儉乎故于廟貌之成作
迎神送神之詩使工祝歌以祀之咸豐末燬同治六年
重建
金龍四大王廟　在甘露庵左郎靳公祠故址
國朝康熙初運丁公建久圮乾隆二十八年復醵金重建別
建靳公祠于左伊志今燬
忠勳祠　在縣治東祀宋趙汝愚大清一統志嘉靖丙辰建三
清宮徙三清像于其中後知縣靳一派移三清于外室
奉忠定神位于堂飭新之仍繕門牆顏以舊額崇德靳志今
毀
趙忠定公祠　在洲錢里祇園寺殿西隆慶中知縣朱潤

題額久廢萬歷辛亥知縣靳一派捐貲助建崇德靳志錢夢得
記吾鄉趙忠定公以天潢懿親夾輔宋室其精忠偉蹟
載在紀籍茲不具論惟公實誕生洲錢里曰生賢巷曰
探花昭昭在人耳目曷可無祠以薦維馨公祠舊在祇
園寺嘉靖中胡中丞毀諸寺觀祇園賴有公祠獨不毀
今祇園梵宇金碧輝映公之榱桷几筵化爲烏有靳侯
捐俸首倡使邑中好義者翕然樂助以共成此祠祠成
徵記于余余惟我祖吳越王世忠于宋功與忠定相伯
仲幸表忠俎豆依然而忠定獄降之地廟貌聿新令後
之人顧瞻遺像羹牆在望肅然忠憤則徽寵于靳侯多
矣語溪桐溪今雖分壤當公之時一邑耳實爲桑梓之
慶遂紀其
事如此　咸豐末毀同治七年重建
列侯遺愛祠　在朔義門外二百餘步舊爲去思亭久圮
萬歷辛亥知縣靳一派建爲祠城南舊有三賢祠今併
入石門鄺志靳一派記畧崇故有列侯去思亭燬于
島夷之亂隆慶初紳士前後董其役再成再毀列侯

之治蹟卒不與亭榭俱摧珉石俱碣也其可縷指者洪龍溪湯江陰陳洛陽張華容四公爲尤著若德興吳公福清陳公麻城喻公新建艾公則併其碑碣半就湮沒城南故有二祠曰三賢祠者同安蔡公東莞陳公萬安朱公也曰生祠者金壇周公也今惟周公祠無恙三賢祠傾圮已甚且蔡公朱公業有專祠獨陳公僅存碑記與洪湯諸公之祀皆闕不舉又亭之北有武進薛公碑亭湫隘特甚嗣是長洲陳公貞珉未勒德澤如新稽諸同堂共室之誼毋甯合而祀焉一派承乏玆土懼隕越爲諸君子羞爲是緬懷先哲典型在望几筵不設誰任其咎爰度去思亭故址簡三賢祀之可棲栖者諏日鳩工搆堂三楹設木主以祀洪公等爲置田如干畝畀甘露庵僧性宗掌其籍入供春秋祀而時加葺焉則闔邑士民之心庶幾可以少慰乎 今毀

蔡侯祠　在包角堰爲蔡令貴易建萬歷庚戌知縣蘄一派增修其祠兼訪憲臣置田十六畝畀守祠者崇德新志郭子直碑記 今毀

朱侯祠　在遺愛祠左爲朱令維京建沈九疇碑記 今毀

周侯祠　在包角堰西爲周令應秋建萬歷辛亥知縣蘄一派增修仍置祭田黃洪憲蘄一派各有碑記 今毀

孫侯祠　在包角堰爲孫令承謨建有祭田今毀

陳侯祠　在包角堰東北爲陳令允堅建今毀

蘄侯祠　在朔義門外甘露菴左爲蘄令一派建郎戴星別署有祭田久廢

國朝乾隆二十八年糧艘醵貲重建林人槐有記 今毀

二賢祠　在甘露庵內祀康熙間浙江巡撫三韓王國安高安朱軾額曰韓范遺風石門鄺志 今毀

四君子祠　在邑庠內明倫堂東宏治間知縣趙希賢立祀輔廣鮑恂朱逵吉沈貴石門鄺志

張文穆公祠　在石門鄉南張邨爲學士伯湄建久廢萬歷辛亥知縣蘄一派重建今毀

潘尚書祠　在玉溪鎮侯埸橋北嘉靖間總制胡宗憲爲潘蕃建仍給祭田內有諭祭碑文今毀

蔡烈婦祠　在玉溪鎮南明嘉靖間郡守趙瀛建仍給祭田事詳貞孝錄享堂坊表久而傾圮萬歷辛亥知縣蘄一派重建崇德新志 今毀

胡安定公祠　在城西圖佳灞嘉慶十八年後裔胡枚等建今毀

桐鄉縣

先農壇　在東門外常平倉舊址雍正五年知縣王軫生奉文建立並置耤田四畝九分浙江通志

蠶神廟　在邑治東乾隆六十年奉文創建今毀未建

社稷壇　在西門外

風雲雷雨山川壇　在縣東南一里

厲壇　在北門外去縣治二里許以上桐鄉徐志

城隍廟　在縣治西北一里宣德六年知縣趙中建天順改元知縣張泰脩趙圖記郡人呂原記國朝之制自京都達于天下郡邑咸建廟以祀城

隍之神凡官于郡邑者莅任之初必遵典禮祇謁歲時有事山川邑厲于輒奉神以與或為民禱水旱瘥札亦詣神以告故城隍神祠祀典載焉宣德五年命大理寺卿胡公槩臨撫浙西以嘉興大郡民眾而賦多奏增四邑其一曰桐鄉則崇德所分也縣廨儒庠壇壝祠廟凡制所宜有者悉皆創制如他邑亦嘗有增葺第歲滋久不能無朽腐摧圮之患景泰三年冬永平張君泰來知縣事始下車從故事謁城隍廟顧瞻棟宇卑陋僅蔽風雨妥奉明靈大懼弗稱因慨然嘆曰有司之責可緩于此耶適歲洊饑欲作弗果越六年大稔遂與僚佐議新其廟而捐俸資以倡之同官景從吏民響應佽助日多財用不匱即市材諏日召匠就傭廟舊有殿三間東西廡為間者六前門為間者三于是徹其舊殿而新之又加別殿于後門廡垣墉或因或革以次就緒丹碧藻繪光彩煥然壯麗顯敞有加於昔始役于天順元年八月二十四日至明年三月初吉訖工邑之父老皆願礱石以著其事走書京師請予記之夫縣地方百里有民人焉有社稷焉治民事神固有司之當務也況神如有城隍祀典所載者乎且郡邑所在必設險固以防不虞城隍是也築而高之以為城鑿而深之以為隍主乎城隍者

明則有人幽則有神神之與人所謂陰陽表裏者也其可以不重歟張君務新其廟可謂知所重矣不甯惟是他如儒學之脩阜林驛之飭養濟院便民橋之建皆君主議而相與成之者則縣丞鄧玭陳昭典史王紱及訓導田艮貴也君由貢監釋褐拜今官清慎有為故克知所務如此繼而新之以維持茲廟于無窮則有望于後之來者焉 成化十年知縣孟俊重建吳志

國朝康熙元年重修桐鄉徐志 乾隆四十二年知縣潘安智拓地建寢殿及廊廡頭門儀門邑人馮浩記 咸豐末毀同治九年重建

關帝廟 在縣治北集蔬街宋淳祐二年建明崇禎十二年火毀重建邑人姚汝舟記

火神廟 在濮院鎮南以上桐鄉徐志 今毀未建

節孝祠 在縣治東雍正二年知縣陳大慶奉文擇治東前明知縣曾士彥祠基為節孝祠歲久傾圮乾隆四十七年知縣李銓重建

宗將軍廟 在縣西十里阜林鎮秀溪橋將軍名禮嘉靖末禦倭戰死吳志 張定志記將軍諱禮嘉靖丙午倭寇入犯所至蹂躪將軍奮勇而前禦于阜林市之三里橋三覆賊兵斬首四百餘兵興以來稱血戰第一功今日桐之蒼赤詎非將軍所遺哉廟食茲土而家尸戶祝亦不負將軍一死矣張繼栻詩夜夜靈旂卷繡溪月明驟裹尚酸嘶戰袍血濺吞倭虜斷劍光埋吐白霓今日精靈留阜角當年父老哭征鼙我來憑弔追遺事一向西風感慨題 汪錕詩偏師邀戰豈貪功赴難戎行越境同千載荒祠依野渡一庭夕照弔孤忠干戈舊事漁歌裏絃誦新聲雉堞中今日彈丸欣保聚牲醪祈報走村翁 咸豐末毀同治四年重建

三公祠 在城隍廟東祀明巡撫阮鶚邑令金燕鄉宦推官王三錫 吳鳳鑑過三公祠懷古詩有明嘉靖代海寇起非常孫恩覦中夏販負擬侯王會城烽火急石門為戰場中丞赫然怒追寇如捕亡旁佚不可得寄巢襲桐鄉桐鄉令為誰金公儒林郎金公工守禦眾石築高牆時有王節推毀家助軍糧開門延中丞彈邑嚴封疆冠方四面集以計推其鋭聞有死戰士賊殺身亦傷姓標宗與霍旅骨人能藏緬維解嚴日屈指三月强寇殲中丞歸士女樂耕桑令歸節推老閱世二百霜纍年鑄三公德鄰古城隍歲久廟不葺奚忍廢烝嘗三公載邑乘此事頗煌煌敢告於有司祀典毋遺忘 咸豐末毀同治九年重建

胡總制祠 在城隍廟前明嘉靖年建祀總制胡宗憲吳志 禹禾胡總制祠田記嘉靖三十五年倭寇圍桐鄉軍門胡公策解其圍民建祠肖像醫生姚崑謂有祠無租祠何以守倡捨已田一十五畝以贍守者樹碑祠中名曰報功田云

程都御史祠 在北門內祀明建文末殉節僉都程本立故宅桐鄉徐志萬歷壬子邑令胡舜允命祠裔時泰改建于東門
國朝雍正五年燬於火族孫琳建乾隆丁亥祠裔應珍重修
咸豐末燬
東嶽廟 在東門外康熙初建舊案神初號府君宋眞宗勅封天齊仁聖大帝自是州縣皆為立廟每歲立春邑令率僚屬迎春於此咸豐末毀同治三年重建
索度大王廟 在縣北三十五里青鎮密印寺東三國吳大帝之子號索度王一云索靖王夙有靈應著于本鎮吳志舊志謂索度王即吳王孫權之子然鎮西南隅自有索靖王廟攷之唐咸通中朱洪所記索靖王實吳王孫權之仲子也未知孰是至元志宋萬珪記秀之青墩與湖之烏墩二市相抵為一會鎮青墩有土地神廟居密印寺之東號曰索度明王世祠茲土左有東平王像右有丁晉公像並著厥稱獨索度王名位世次不見于載述使後無所考益鎮人之奉王祠也飲食必祭水旱疾癘必禱咸若有荅國朝宣和間起居舍人周離亭謫泚鎮事一夕夢有神人謁之曰予居弊陋幸公惠顧我翌日周訪諸叢祠得王之像適契夢中所見者因為修祠宇創幃幄飭貌像自是人之奉祀益勤而王之靈益顯獨恨其役不為記文以傳於後今考諸鎮西南隅有古山廟神曰索靖唐咸通中朱洪所記索靖王者實三國吳王孫權之仲子也是為文皇帝謹案吳書孫氏世居吳郡漢末封堅為烏程侯堅子權始都建業權少子亮第六子休皆嗣位長子登蚤卒慮封建昌王和為太子後遜為南陽王謚文皇帝霸及舊其封不一則吳王之子凡七人本傳所稱文皇帝乃吳王第三子也而洪以為仲子不知何據而云今父老所傳或言王與占山廟神棣萼也豈名隨時顯因著今號而昔名不復見耶或言王即索靖是也觀春秋之時晉有士會又謂士季又謂隨會又謂范武子曾有公子友又謂季子又謂季友又謂成季此皆一人而稱道有異又安知索度之不為索靖也進士莫若震張松募堅珉將以揭神之休于永久訪珪為之記屬來遊是邦有年矣幸竊賴神之庇因其有請姑為序其大槩以俟後之博識君子而審訂焉淳熙二年丙申記

大王廟 在北門外邑厲壇舊案神姓謝諱緒宗錢塘人明天啟四年封護國濟運金龍四大王國朝順治二年加封顯佑通濟今毀
昌武大王廟 在阜林鎮便民橋北明洪武間里人費秀二捨地為廟桐鄉徐志世傳淮海王有三子皆有功于民封昌武王死後各著神異民奉為當境土穀之神在阜林者為大王龍翔為二王爐頭為三王正德九年建檇李詩繫

國朝嘉慶二年重建咸豐末毀同治六年重建
昌武三王下廟 在縣西十里爐頭村朱淮海王第三子廟在車溪九里松之西至和元年五月大風雨擁廟入水漂至車門堰北四里而止感夢于密印寺僧仲翔告以欲遷里人驚異以是年重建故云下廟吳志咸豐末燬同治四年重建
眞武廟 在新興街桐鄉徐志俗名聖堂相傳未建城時鳳鳴里有四聖堂此其一也宋元豐七年建明宏治四年重建
國朝雍正六年葺乾隆四十四年燬于火重建
宣靈廟 在殳山寶慶元年建亘衞孝子周姓死而成神

宋封周宣靈王禱者甚眾浙江通志仲宏道詩三月花開日空山正寂寥神官原有口村社喜漁樵今燬

蕭王廟 在石門鎮祀元蕭穆桐鄉徐志咸豐末燬同治十三年重建

索度明王廟 在青鎮祀宋知嘉興奏免民丁錢者舊志神指丁晉公然丁謂史不言知嘉興烏青文獻有辨

張循王祠 在青鎮崇福宮宋張俊有功于鎮立祠祀之元末廢明正德間重建久廢烏青文獻

三賢祠 一在壽聖寺張仙殿東祀宋參政陳與義明知府楊繼宗桐鄉縣知縣蔡時鼎萬歷二十八年鎮人李樂建 一在三元閣祀明同知羅斗羅心濮璽卿今燬

褒忠祠 在皁林秀溪橋祀明都督宗禮隆慶間勅以從征死事臣一十五人配享有司春秋致祭海甯衛指揮使贈右府都督僉事提督大教場水陸官兵總理備倭等務總兵官馬呈圖海甯衛指揮僉事滿潮海甯衛指揮同知朱煉海甯衛指揮使徐行健海甯衛指揮贈都指揮僉事李元律處州衛千百戶薛椈甯波衛百戶宋應瀾乍浦所千戶王繼隆乍浦所百戶姜楃乍浦所百戶楊臣乍浦所百戶王相嘉興所百戶姚岑乍浦所百戶康縠海甯衛指揮僉事姚宏 咸豐末燬同治四年重建

李臨川先生祠 在青鎮祀尚寶卿李樂朱國楨有記相傳為此方土地神國朝沈希范詩數椽近水訪遺祠瞻拜生平悵所思風骨爭傳歸里後霜稜想見立朝時微言撫實資懲勸薄俗還譌賴主持合與楊園同不朽尼山鄒嶧總吾師 今燬

嘉興府志 卷十一 壇廟二 四六

金邑侯祠 在城內祀明知縣金燕吳志明茅坤記桐鄉者故野處邑也迺者島夷數萬劫掠吳越內地而其令金公始塹土為城城完築不數日而明年丙辰夏四月島夷分五道入其所稱最雄者曰徐海擁數萬人乍浦焚舟而岸劫硤石道由皁林以窺崇中河胡將宗禮躡其後賊反兵三戰而覆之于是提督阮公不得已收帳下散卒入桐鄉城賊復合兵圍桐鄉當是時海觀桐鄉等机上肉耳吳越人亦危桐鄉欲旦暮下者予扁舟過督府督府引劍畫地曰賊剽甚其鋒不可當君獨不聞周亞夫之所以委梁以困吳楚者乎桐鄉之城小而堅其令材多其捍一切楯櫓兵仗火藥薪燭糗糧之屬于州縣最具間嘗一度城隙遍募邑中富姓者入塡其中提督公為從中籍而收之可得卒千人列壘而持數十日永保戍兵至固可遲而破之不然吾以兵嘗之少不利譬之抱石以自沉耳東南果魚爛矣已而賊盛為雲樓撞竿以攻桐鄉城日急予日恐一日以申督府督府持不顧及市月桐鄉圍果解圍中人出稱桐鄉令守城城獲以完大略如督府所策而督府卒藉之運永保之兵以破賊嗟乎吳楚之所以困而毋西與漢爭利者梁為之捍也海之所以逡巡狼狽而不得踰湖脅杭以瞰三吳者桐鄉為之捍也然而梁竟以首功論賞而桐鄉令人卒無有言者及其去也邑人憐之相與歙獻涕洟爭像而為祠以祀之請予記其事予案祭法曰能捍大患則祀之若公者謂其有功于社稷可也獨桐鄉乎哉予奇督府之所以知公公之所以守桐鄉又竊憐公之所以卒不得如梁故事而疏錄之天子也因以其事刻之于石之左而系之以詩凡五百字公名燕字尚質潛山縣人癸丑進士 咸豐末燬同治九年重建

陳待制祠 在青鎮祀宋寶文閣待制陳杞嘗為壽聖寺請給膳田柴蕩寺故祀之久廢烏青文獻

黃文肅公祠 在東門外新橋祀宋監石門酒庫黃幹康熙二十五年後裔建咸豐末燬

張楊園先生祠 在青鎮立志書院內同治九年創建

嘉興府志 卷十一 壇廟二 四七

嘉興府志卷十二

嘉興府知府善化許瑤光重輯

山川一

浙西杭州半山半水湖州亦然嘉興水多山少實爲澤國然澉浦乍浦濱海皆山則知扶輿盤鬱於東南之氣固不任其坦然而無所蓄聚也惟他郡以山源水嘉郡以山障水異矣匯爲河停爲湖爲蕩爲漾分爲涇爲港瀦爲潭爲池而所以防其泛濫達其程途者則有塘塍莫大於海此兼志海而海塘則別爲志以其關水利爲最巨也志山川

嘉興縣

胥山 一名張山在縣東南三十里高一十五丈周二里舊經云伍子胥伐越經營於此故名案史記吳太宰嚭譖子胥吳王賜子胥劍自剄死王取子胥尸盛以鴟夷革浮之江中吳人憐之立祠江上因命曰胥山 至元志 左有石龜凝望溼水有欲趨赴之態昔風雨中有老農見其行疑其爲怪命工鑿傷一目右有吳王磨劍石 案趙圖記作子胥磨劍石 長可三四丈直指西下劍痕在焉 柳志 山與嘉善分屬相傳子胥伐越駐兵於此有子胥祠 趙圖記詳祠祀 山巔有子胥墓 嘉興湯志 伊志案湯志載有宋陳氏胥山書堂詳園宅案水經注子胥死於吳吳人立祠江上名胥山今杭州吳山名胥山蘇州吳縣亦有胥山并此而三矣 浙江通志互見嘉善縣 國朝俞㬎游記臨安姑蘇並有胥山而吾禾之胥最小而著里中朱丈子貞結廬荒遠村距山僅三里數招予游不果丁酉首夏始偕蔣丈公凡禪友文可泊朱丈放舟東出白蓮寺經七里店而稍南遙屠家塔循綢帶鳳幽港趣伍子堂遂臻其麓登謁子胥祠躡西源山舍踰嶺觀石劍下憩陸氏墓讀墓碑旋入東濱書院乃解櫂投村飲於鶴間草堂薄暮始還七里店以自郭至此七里有酒壚焉近新其橋改曰戚里塾小兒強作解事大堪胡盧屠家塔則因青烏家言而建者也藤蔓糾纏惟露半身可謂若有人兮山之阿被薜荔兮帶女蘿矣綢帶者夾岸十數家橫木以通往來其人皆結網爲業義取連接如帶禾地多有此稱幽港上有幽橋水頗泚瀰西源山舍已頹落其林壑最深處仰止堂一倚雲樓尚存是爲司空西源先生墓舍石劍以形似名一石偃土際丈許其膚刻有此二字云因憶昔人眼前多少不平事願與將軍借寶刀之句爲留連久之陸氏墓中葬光祿東西葬

錦衣司空松柏蕭蕭仰不見白日摩娑石馬疑欲鳴嘶東濱書院與墓碑亭對峙水夾東濱光祿號荒遠村言所去最僻今美其字曰花園村非也鶴間草堂郎朱丈墅據村北溪竹木明秀軒窗高閒蔣丈贈句云人同朱稚阮之閒達風是羲皇以上淯亦一紀實云朱彝尊題壁嘉禾四望無山近府治者胥山一簣而已歲在己酉孟冬偕同里周貞青士沈傳弓武功汎舟魏塘聞鐘聲取徑以入有僧舍棲石壁下天將雨非無膚寸之雲焉予謂二子曰爾雅釋山文小山岌大山峘言乎小者高過大者也大山宮小山霍言乎大者圍繞小者也小山別大山鮮言與大山不相連屬然則茲山其別之謂與至元嘉禾志稱一名張山則胥山之名未必出於古而山有磨劍石傳是夫差遺跡又有石龜凝望溼水有赴壑之勢或見其潛行命工鑿傷一目殆村氓傳會不足信也宋隆興中山爲李氏所有既而或請於朝隸諸郡學其後鄉人陳氏結書屋於此今爲巨室葬地所存僧舍殆即書堂故址爾二子語予山不在高當以少爲貴吾子行萬里難得故鄉之山游也是不可不留題也因相與聯句爲詩兼書以示後游之君子明屠應埈賦吾邑東境平田沃壤有山突兀廣尋數畝昔名張山因

子胥屯兵禦越故以胥山稱焉癸未仲秋偕趙紿諫漢
張萬戶淮探幽訪勝弔古興悲應埈為之賦曰游觀宇
宙之瓌詭兮仰嶽鎮之岩嶤紛岀岫之崒嵂兮淩萬仞
而干霄伊惟檇李之縣曠而延袤兮多曲渚而長濠臨
平原與廣隰兮時接眄而連郊有魚鳥烟雲之縹渺兮
無層巒峻嶺之高標何茲山兮突而崛起兮據平衍而
忽超盤沃壤之綺錯兮分地脈之餘澤應斗牛以中鎮
兮樹柴辟之故迹接瀰瀰之迴瀾兮帶秦駐之扼塞指
吳會於雲間兮渺溟渤於咫尺地既潛隱而弗耀兮歧
路崎僻而莫識故雖美而弗記兮悵游轍之未及時維
仲秋天朗氣清律中南呂日在翼星鶴汀菰露鴛渚霽
澄爾乃揚青翰泛白蘋調鏽鐫邀上賓川原鬱其繚繞
烟水減其華清迦碧流兮乘輕颸挂錦帆兮鼓蘭橈羅
襟乍舒紈扇輕搖遠青拂樾近綠迴標既經芳嶼乃泊
蘭皋於是尋幽賞恣冥搜躡丹梯憩崇邱怪石偃臥而
虎踞蒼松青翠而如虬圖形東趨而奔軼霞標西控而
紛糾風穿徑而朝颯雲抱嶺而暮收走狐兔於石竇驚
蟵蜴於岀陬莎雞響而聲應蟄卉發而香稠爰遶山椒
載陟載游廟貌風摧而半圮碑亭雲翳而敝幽瞻仙源
於神境窺乳洞於危樓涉矣門之匹練擅越絕之風流

嘉興府志　卷十二　山川一　三

訊樵夫以往蹟磨斷碣而品讐歎英雄之偉略慨故國
之遺謀方其楚仇已復越憤未伸旌麾電掣列騎雲屯
耀吳鈎之百鍊統犀甲之千羣知士獻策勇夫勠勤人
懷闔志車不留行洗兵石畔飼馬林坰鳥為之宿雲為
之停城何堅而弗克敵何勁而弗擒欲誕興乎霸業爰
託蹟於山岑弔豪華之遐邈眺岡隴之嶙峋美哉此山
外實坦夷中涵秘靈昔為張阜名滅無稱今則胥陵于
古永貞贔屭雲護劍石苔生薙草環坐滌我煩襟地有
靈而必紀情有感而益眞聊登舟而命管傳妙賞於斯
文

元辛敬胥山松濤詩　榜舟趨南山飛蓋轉芳甸登
高望吳越擊鼓馳觴燕靈飈振巖角飛雨灑石面欲弔
子胥魂歌長淚如霞

國朝萬光泰詩　疏林落碎葉
進艇山光低牛場敗屋閉茱圃寒花棲孤僧不迎客細
路尋昔蹊慘慼烟雲痕滲瀌莓苔梯厲風擠析曰古木
颸䟽啼未言單紵寒且踏凉草齊凉草滑山腰遶巡渡
深壑一年不來游石劍仍崖粵稻穟紛在野黃茂想于
橐不僅土壤肥益信農圃樂梧桐種未老亂石相交錯
伍祠既塵悔陸墓亦寂寞

錢載詩　州人齒未壯未識
近郭山茲山亦傳會數例殊孱顏靈支自雙峽湧出平
田間周以種蔆水曲為臥柳灣村農廟鴟夷野鬼莫敢
姦由來忠義魄到處土木頑陸家墓柏拱樵斧幸勿刪
賢愚同此盡翁仲知其艱書堂碧篠影石劍青苔斑偏
提可常醉何
必秋林殷

由拳山　嘉興縣故由拳縣有由拳山其處出好紙縣廢
後有一巖磯在東（太平寰宇記）案寰宇記郡境無由拳山惟
餘杭有此山在縣南二十六里輿地志云一名大辟山
搜神記云由拳即嘉興縣吳大帝時縣人郭暨猷與由
拳山人隱此因以為名郡國志亦曰餘杭大辟山故亦
曰郭公山今岩穴中有煉藥石竈猶存詳此則大辟郭
公即由拳山也郡去是山二百餘里隔錢塘之境非古
由拳境內之山不過以由拳山人隱此故名考之郡南

嘉興府志　卷十二　山川一　四

六十里海寗之界有硤石山長水鑿導經其中故曰硤
且去古檇李城僅一十五里通夾谷中即城陷為谷湖
處疑秦時鑿掘引長水以泄其王氣實古由拳境內山
也（柳志）十道志云鹽官本漢海鹽由拳二縣地則硤石之
為由拳山又何疑乎（嘉興湯志　伊志案硤石山隸今海寗州境久非縣屬因山為古由拳縣所自名舊府縣志並登之附存於此）

殳山　嘉興縣殳山在縣西南嘉會都千金字圩半屬本
縣半屬桐鄉（浙江通志　詳桐鄉縣）國朝朱彝尊題壁予避地梅會距殳山一十三里居未定南至於端州西北窮乎雲朔東放瑯琊茲山在戶牖之外歷四十九載未之游焉歲在丁丑九月九日期譚十一給事兄踐登高之約舍舟而陸杖藜偕行山高僅二丈透迤七百步上有桐棺冢道士殳基尸解葬焉遺井

尚存傳是基所鑿也石皆赭土人伐以纜垣歲既久山失其半惟一僧舍獨存拓北窗灌木一林葉未黃落寺僧㩧新栗以進猶帶芒蝟取其實嘗之味若岩桂之始花然當元之季貝助教瓊來居千金之圩暇與比鄰諸子燕飲於是其後入爲史官分教中都胄子極思此樂之不易得見諸吟咏今給事暨予已脫朝簿歸田敝車小舫縱吾意所如而莫爲之限且天假以年老而不學分寸之陰皆可惜曷不各載書卷留寓兹山相與辨析古今疑義別其是非用示後學此亦事機之不可失者也給事曰弟之言然適分書於寺壁 王庭詩最有殳山近尋游老尚騃愛從溪叟櫂開喫野 僧茶鑿後玲瓏石樵餘寂寞花一泉清可挹猶半維泥沙 周箕詩淩春歸舊山郭落雲根兀我昔居是村斧鑿聲不歇積歲今既多山脉忽垂絕深爲蛟龍潭幻非烟霧窟人力適鬼工峯巒遂奔突登臨發淸嘯響應如欲裂茲山豈無靈日夕傷采伐綠生今年草黑墜古時骨空崖無傾覆足懾寓敢越始知造化中陵谷有遷沒

青墩　在新豐鄉廣尋僅數丈崔巍隆崇亦胥山之脉嘉興揚志

谷水　庾仲初揚都賦注曰今太湖東注爲松江下七十里有水口分流東北入海爲婁江東南入海爲東江與松江而三也吳記曰一江東南行七十里入小湖爲次溪自東南出謂之谷水谷水出吳小湖逕由拳縣故城下神異傳曰由拳縣秦時長水縣也始皇時縣有童謠曰城門當有血城陷沒爲湖有老嫗聞之憂懼旦往窺城門門侍欲縛之嫗言其故嫗去後門侍殺犬以血塗門嫗又往見血走去不敢顧忽有大水長欲沒縣主簿令幹入白令令見幹曰何忽作魚幹又曰明府亦作魚遂乃淪陷爲谷矣因目長水城水曰谷水也吳記曰谷中有城故由拳縣治也即吳之柴辟亭故就李鄉檇李之地秦始皇惡其勢王令囚徒十餘萬人汙其土表以汙惡名改曰囚卷亦曰由拳也吳黃龍三年有嘉禾生由拳縣改曰禾興後太子諱和改曰嘉興春秋之檇李城也谷水又東南逕嘉興縣城西谷水又東南逕鹽官縣故城南舊吳海昌都尉治晉太康中分嘉興立太康地道記吳有鹽官縣樂資九州志曰縣有秦逕山秦始皇逕此有美人葬於山上山下有美人廟谷水之右有馬皋城故司鹽都尉城吳王濞煮海爲鹽於此縣也是以漢書地理志曰縣有鹽官東出五十里有武原鄉故越地也秦於其地置海鹽縣地理志曰縣故武原鄉也後縣淪爲柘湖又徙治武原鄉改曰武原縣王莽名之展武漢安帝時武原之地又淪爲湖今之當湖也後乃移此縣南有秦望山秦始皇所登以望東海故得其名焉谷水於縣出爲澉浦以通巨海水經注東江久廢難考水經注吳記曰一江東南行七十里云云此即庾仲初所謂東南入海爲東江者也其分江入海皆在今浙江嘉興府界中近世由澱山湖注青龍江入海者疑是後來之改道非古谷水之所經也曹允儒海塘考云自唐

開元以來脩築捍海塘禦鹹潮以便耕稼起杭之鹽官迄吳松江長一百五十里而東江遂湮無考斯言得之矣胡渭禹貢錐指　伊志案古谷水源委酈注所載甚明自湖東南出逕由拳縣故城曰又東南逕嘉興縣城西曰又東南逕鹽官縣故城南曰谷水出澉浦通海以地勢揆之則今長水疑卽故谷水中間一節而首尾久不可考矣其由卷故城後世雖莫指其處大要在今府城之西北而小湖在由卷之西北太湖又在小湖之西北可案方而知也谷水在松江府南陸士衡詩髣髴谷水陽婉孌崑山陰陸道瞻吳地記云海鹽縣東北二百里有長谷昔陸遜陸凱居此谷水東二里有崑山父母葬焉水北曰陽山北曰陰則此水在崑山之北也寰宇記谷名華亭谷水下通松江祥符圖經華亭谷水東有崑山元

和郡國圖志在縣西三十五里朱伯原續吳郡圖經本之酈善長云松江一原書作一江東南行七十里入小湖自湖東南出謂之谷水南接三泖陸士衡詩所云卽此水也至元志　伊志案谷者水名也故吳記云謂之谷水神異傳云目曰谷水也若夫長谷則長乃谷名也華亭谷則華亭乃因谷名水名谷名必當有其辨至元志所引谷水諸條特谷長谷華亭谷連及稱之其水自近崑山與水經注所述分流於太湖入海於澉浦之谷水本無涉惟志誤引酈善長說改一江為松江而臆斷之曰南接三泖未免牽混故併錄而正之梁元帝元覽賦時度谷水之陽尙想嘉禾之方壯慶亭於吳后雄檇李於越王　宋張堯同谷水詩　短棹輕行處風披藻荇香中宵孤鶴淚片月在滄浪　國朝朱彝尊櫂歌　谷水由來出小湖渚城辟塞總春蕪戰場吳楚看猶在折戟沙中定有無

長水　在縣南六里通硤石市吳錄地理曰吳王時此地本名長水故嘉興亦曰長水又始皇游至長水聞土人謠曰水市出天子從此過見人乘舟交易應其謠遂改為由拳至元志　源自海甯諸山貫硤石東北流二十里入嘉興縣境嘉興湯志　明項元淇長水夜歸詩長水蕭宵征中流擊楫聲湖傾天若倚舟觸月如行楊柳知門處桃花識里名祇因來往慣村犬不相驚　國朝朱彝尊櫂歌長水風荷葉葉香斜塘慣宿野鴛鴦郎舟愛向斜塘去妾意終憐長水長　又長水曉行詩月暗千重樹風微一葉舟殘星高太白重露滴牽牛菰乳新漿熟魚標小市收不知葭菼岸吠蛤爾何求

滮湖　鴛湖之水與其支流至城東南二里會於滮湖亦名馬場湖名勝志　在縣南二里柳志　滮湖亦稱南湖西則燈舍窣堵北則虹飲濠梁倚水千家背城百雉蒹葭楊柳

菱葉荷花綠漫波光碧開天影雕舣笙琶靡間涼燠此一方最勝處也嘉興湯志　在橫塘曲那堪萬里違門臨秋水掩帆帶夕陽飛傲俗宜紗帽干時倚布衣獨將湖上月相逐去還歸　元薩都剌過秀州南湖詩三山雲海幾千里十幅蒲帆挂秋水吳中過客莫思家江南畫船如屋裏蘆芽短短穿碧沙船頭鯉魚吹浪花吳姬蕩槳入城去細雨輕寒生綠莎我歌水調無人續江上明月吹紫竹春風一曲鷓鴣詞花落鶯啼滿城綠　明姚綏馬場湖詩　初見菱葉稀漸見菱葉肥馬場湖水闊處處采菱歸　范言南湖詩　放生橋頭春水生馬場湖上野烟橫魚蝦入市鮮無比鷗鷺迎船慣不驚　戚元佐湖上詩　小閣堪乘興清尊倚暮噎湖盧先受月林窣暗巢雲短楊臨秋半輕絺怯夜分沉酣有同好那用世入間　沈堯中春日泛滮湖詩　春日晴湖四坐賒東風搖曳綠楊斜鐘聲隔岸翻經處帘影穿林賣酒家鸂鶒隊中喧畫舫鴛鴦隄上闘香車遙憐年少人如玉故向樓頭弄琵琶　李應徵秋夜南湖看月詩　小築臨長水孤村借芒蘿竹風生響細湖月受光多世豈忘舟楫秋偏豔綺羅獨

𣑽親切地無奈蓉雲何 陳繼儒登湖樓值雨詩烟雨
織湖光半露洲前樹却笑來游人翻向湖中去項眞
泛南湖詩水滿長湖一片秋微茫烟雨鏡中收芙蓉爽
岸迎青雀蘆荻平沙隱白鷗載酒自宜銷歲月垂竿還
擬向滄洲采菱何處歌聲斷木落天高動客愁國
朝陽雍建南湖有感詩佳人何縹渺綠水夜光浮寂寞
梨園曲蕭疏竹徑秋滌愁還問酒乘興一登舟鄉夢蘋
花冷浮生愧浪游 徐之福南湖秋興詩千古南湖水
偏宜此夜秋淸尊邀皓月桂楫蕩中流露溼汀花秀雲
寒古木愁美人天際隔蕭瑟罷登樓 徐緘南湖詩昨
夜南湖雨點齊蓼花灘没板橋低美人曉起搴珠箔無
限白雲飛出溪 朱彝尊櫂歌堤外湖光堤内池露荷
珠綴夜涼時阿誰月底偺簫譜更索東堂舊日詞宣公
橋南畫鼓過酒船風幔挂丫义碧山銀盃勸郎醉棹入
南湖秋月斜 沈起孟南湖早秋詩鳴蟬催暑處湖畔
嫩涼生粉墜遺房冷絲牽蕁帶輕長天來爽氣高樹作
秋聲一棹空明裏機忘鷗不驚 錢載驟雨過南湖詩
亂激水心白微開天角青數漁歸草舍一笛隱花汀髮
動涼於樹船來活似萍煮
茶人漫汲中恐帶龍腥

嘉興府志 卷十二 山川一 九

廣濟陂 在縣南八里南北三十五丈東西一里一百步 至元志 伊志案此陂今無考以形勢揆之似在長水左近姑附此

練浦 在縣南二十五里一名練塘吳王練兵之所南通橫塘西北十里許有槁壤圍環八里廣地萬畝相傳爲吳越戰場 越圖記 伊志案練浦北流入長水處曰斜塘俗名斜尖在秀水橋南又有一螺青爲浦上水名 國朝朱彝尊櫂歌小舫中流播燕梢一螺青水練塘坳隨郎盡日鹽官去莫漫將儂半邏拋

雙溪 在郡城東六里以其接漢魏兩塘故名 嘉禾百詠考 宋張堯同詩柔櫓響相應名齊漢魏收可憐一溪水分作兩塘流

梅溪 在縣南四十里秦長水之東境相傳溪旁村落多梅樹故名 嘉興湯志 國朝朱彝尊櫂歌溪上梅花舍後開市南浙酒醱新醅尋山近有戈基宅看雪遙登顧況臺 繆泳村居雜詠詩長水南塘路向西西溪東畔是梅溪乘舟慣出梅溪市曲岸藤花咫尺迷

藕溪 治東三十里明正統初許松泉植藕花於上人多遊咏於此 吳志

馬塘涇 在縣南七里 至元志 伊志案至元志載馬塘堰身高廣之數則元時故堰猶存而柳志云馬塘涇即始皇斬馬祭河神之所是其開堰成涇當在明初也其涇從海鹽塘分水東流 又詳見古蹟

六里涇 在治東六里故名 吳志 伊志案六里涇自春波門外分流東出熙春橋又東經天馬橋有務前橋港南來入之又東經駟馬橋有鰻鱺堰港南來入之其港初僅如溝雍正間開通以濟鹽運又東有分支北出小奚家橋其水繞東塔寺後而出又東有分支北出大奚家橋又東有周思涇南來入

嘉興府志 卷十二 山川一 十

之又東有分支北出吳涇橋又東經雙溪橋又東經會龍橋又東爲鳳凰洲即分水墩也洲東有逆水沙向西形銳謂之會龍山漢魏兩塘水自此分

吳涇 在縣東六里一名虹涇廣野平疇有橋跨之故名 嘉興湯志 伊志案至元志有吳涇里

海鹽塘 橫塘一名海鹽塘在縣南五里 至元志 自南湖轉路馬塘廟而上南至海鹽縣謂之橫塘故劉文房詩云家住橫塘曲是也 考證 伊志案橫塘雖古名其實南北相直長及百里自海鹽縣北流約三十里至歟城又北約二十里至半邏又北入嘉興縣境又北過薦涇又北過馬塘涇又北入馬場湖自半邏以下約五十里而近 宋何昌弼橫塘道中詩一舸凌風去縈紆度幾村水淸魚引子田美稻生孫山近塵埃遠秋晴枕席溫悠悠迷處所疑是武陵源

漢塘　在縣東一十五里至元志　新唐書地理志在海鹽注云西北六十里有漢塘太和七年開然此塘自海鹽西北直通嘉興故總爲漢考證伊志案爾時未析平湖故屬海鹽也東通平湖相傳漢新豐人遷於此故塘名漢塘鎮新豐嘉興何志　伊志案漢塘自會龍山分水東流十八里爲十八里橋其間南岸有林公塘水西來入之又有曹港橋水張家橋水南來入之橋東蓄爲漾漾北分一支東出爲鍾帶塘又分一支北流通胥山塘又東有空廟塘水南來分之三口入之塘又東南爲焦山門橋自衆歡塘南來入之又東九里至新豐鎮有三王子塘南來水入之又東九里爲九里亭有沈莊塘水南來入之又東七里至白馬堰入平湖縣界又東二里至縣治　明高承埏十八里橋詩野外官橋斷溪邊綠柳層人家多酒市風俗但漁罾問渡爭編竹聽歌雜采菱晚來飛雨過半溼夜船燈　國朝朱彝尊棹歌花船新造水中央曉發當湖泝漢塘聽盡鐘聲十八里平林小市入新坊

魏塘　華亭塘通松江府華亭縣至元志　今俗呼嘉善塘嘉興湯志魏塘河亦名武塘相傳魏武帝嘗經此故名趙圖記　伊志案魏塘自會龍山分水東流七里爲七里店又東北流有雀母廟港水南來入之又東有白蘆涇水北來入之又東爲半墩又東有分水爲先福寺港又東北十數里爲九里灣又東北九里抵嘉善縣治　又魏漢二塘之名舊志所載遷新豐人及魏武經此之說並屬無稽姑存而不論云　明貝瓊魏塘夜泊詩風帆如健馬一日過嘉興水鳥時相喚秋蚊尚可憎照人明月近接地白河澄耿耿渾無寐中宵對玉繩

麒麟塘　在縣東南一十九里通漢塘南北長三十六里嘉興湯志　伊志案麒麟塘水自海鹽塘分支遞遷東北流至石佛寺前折而北邐其下流正出之口舊爲土人所築名麒麟壩今分水消東由張家橋西由曹港橋竝入平湖塘此塘不敷三十六里舊志誤

伍子塘　治東二十五里接胥山吳志　相傳子胥伐越駐兵於此故山水皆以爲名趙圖記　長四十餘里南接漢塘北接魏塘入嘉善縣境嘉興何志

青龍港　治南七里通橫塘正對郡譙樓吳志

高豐廟港　在德化鄉別見寺觀

竹林廟港　在里仁鄉別見寺觀

李塔港　在新豐鄉以上嘉興何志

施洪港　縣東二十六里東北接伍子塘嘉興湯志詳水利

幽港　縣東二十里其水頗闊北通嘉善塘

白雲橋港　在嘉會鄉以上嘉興何志

六萬軍港　在長水塘東有六萬軍塔吳志詳古蹟

俸祿港　在長水鄉

六里塘河　在胥山鄉

廿里橋河　在永豐鄉

永新河　在嘉會鄉以上嘉興何志

高家灣　治東南二里吳志　民廛翳水而居市樓水閣依趁

南湖勢彎如月嘉興湯志

草場灣　在縣東北二里又名柴場灣舊傳市薪者聚於此故名柳志　今傍灣皆市廛櫛比鱗萃嘉興湯志

烈婦津　在王店西塘口詳烈女傳

繡鴨灘　在梅溪傍以上梅里志　國朝朱彝尊詩水木陰陰夏尚寒桑枝風戾幾曾乾

愁著展衝泥遠小舫撑過繡鴨灘

沈莊塘　水從乍浦之西新行鎮之東迤北流入縣境過沈莊橋約六七里分支其正北流至九里亭東北流至白馬堰竝入漢塘沈莊者沈參政之宅嘉靖間倭寇平湖會流匿於此事載吳志

羅漢塘　自海鹽塘半邏北分水東流橫亘於王廟塘空廟塘眾歡塘諸水之南東入平湖界

鍾帶塘　自漢塘十八里橋分水東流六七里至龍口又東北十餘里過大雲寺又東北十八里至鍾帶鎮又東北入魏塘 以上伊志　案大雲寺之東西已有嘉興與嘉善錯壤其鍾帶鎮隸嘉興而鎮之四圍悉隸嘉善

秀水縣 縣境無山

秀水　邑舊有秀水世傳閒歲天和景明則水濠五色土子見多擢第仕者美遷常人亦獲慶也故邑因以名 柳志

在城東北隅即城濠之三叉水會處趙圖記謂漕渠經北麗橋與橋東秀水合又謂宣公橋水循城而北與秀水合是也 伊志　宋張堯同詩好景明於畫長浮五色波一竿吾欲釣來此聽漁歌　明高巽志詩挂席晚烟收忽與天風遇誰唱秀州謠恐是南塘路　周紹濂詩望吳門外水如油瀲灩浮空映鷁舟莫是西施會濯繡至今人羨錦江頭

運河　舊志云隋大業中開 吳志 運河至嘉興府城分支夾城左右 水道提綱　伊志案縣境運河南自桐鄉縣界北至吳江縣界凡六十里詳後山水總

月河　治北一里其水抱城灣曲如月故名亦曰月濠 吳志　伊志案月河古杉青閘之月河也明許恂如秀州百咏序凡近閘之河皆稱月河是已古有月河寺明初林輔和周內翰游月河寺詩云露冕行春到月河僧房寂寂少人過當郎堯同詩所稱蓮社耶　宋張堯同月濠詩入逕深於塢滄波近馬啼每尋蓮社友咫尺走東西

寶帶河　在府治西二百步歲久阻淺 伊志案此河以唐寶華寺得名

錦帶河　在府西子城下南通瑞虹橋北連州後橋以其環抱府治故名 以上鄒志　國朝朱彝尊櫂歌寶帶河連錦帶斜精嚴寺古黯金沙牆陰一逕游人少開遍年年梓樹花

烈女河　在州後橋之下即錢子順妻妹二貞一節同死處 吳志詳列女傳

運河南北岸諸水　漕渠入秀水境又東三十里繞府城 趙圖記　伊志案府城以西運河南北兩岸各水口雁齒相排舊志錯載未明今舉其大略南岸自桐鄉縣交界東為迎春橋港又東為賈家港又東為姜家港三口皆進水又東為武陵涇又東為王家涇又東為西塘兜又東為東塘兜諸口皆出水又東為大紅涇又東為渡船港二口水出入無定又東為俞經港又東為莫家涇二口皆進水又東為張家浜又東為夏家浜又東為西草場中草場東草場三浜又東為金家涇又東為麻園涇又東為池魚濱又東為學繡涇又東為義壩口又東為鍾家村浜又東為四涇壩口又東為甕橫浜又東為牛橋港以上諸口皆出水其北岸桐鄉縣界為正家橋港又東為新開河澗又東為觀音橋港橋與南岸迎春橋對又東為萬壽橋港又東為嶽廟澗又東為臧家澗又東為陶家澗又東為老娘澗又東為鰻澗又東為吳家澗又東為新廟澗又東為談家澗以上諸口皆從運河分水北流

臙脂河一名傾脂河 相傳西施曾傾脂水於此 槜李詩繫國朝朱彝尊棹
歌春城處處起吳歌夾岸疎簾影翠蛾
一葉舟穿妝閣底傾脂河畔落花多
范蠡河 在澄海門內范蠡橋西約周二十畝湖水繰絲
甚白中產五色細螺昔范蠡泛舟五湖從此發棹鄒志治
西南一里金明寺後水淸不涸深處不可測萍荇不生
湖心有西施梳妝臺今廢水落遺址尙可見 吳志宋張堯同詩
少伯曾居此螺蚊吐絲絲一匳秋鏡好猶可照西施
國朝彭孫貽冒雨訪范蠡湖詩少伯旣霸越採藥尋
滄洲長楫烏喙公飄然五湖游錦衣入吳宮乃是石室
囚龍虎不可餌功成謝諸侯廢寺枕遺宅草木俱靈幽
寒藻舞雙鯉澄波悅羣鷗高軌邈千載湖水長悠悠伍
胥徒智勇憤決錢塘流斯人友安期陰符祕丹邱至今
越來溪古月照我愁 陳玉璂詩澄湖晴望斷平蕪卻
憶當年范大夫亂後君臣猶在越異時蹤跡不歸吳一

春雁鶩常飛動中夜魚龍竟有無知爾封侯原不羨稽
山回首月明孤 徐善詩里巷高蹤在無勞問霸圖扁
舟人自遠遺廟月常孤弱柳移吳沼靈茅薦越巫由來
江海意强半託菰蒲 周篔詩見說鴟夷子曾爲越大
夫家方浮震澤國已沼句吳金范祠猶在弓藏語不誣
平生鰕菜意只許配蓴鱸 王瀛彥范蠡湖懷古詩功
成身退扁舟去此地猶傳范蠡湖豈爲蛾眉甘遯迹早
窺烏喙欲全軀黃金鑄像空祠廟碧水流名入畫圖今
日梵宮頻眺望秋風千載憶蓴鱸 陳忱詩霸業消烏
喙花宮祀大夫書還名越絕里自屬陶朱苔石思羅綺
春城聽鷓鴣明妝無
處所螺髻現晴湖
天星湖 嘉興縣東五里有天心池 吳地記 天心湖一名天
星湖舊經云其池東西二十四丈南北闊五十四丈池
口闊五十四丈舊傳秦始皇所掘水草不生亦一異也
至元志 天星湖卽始皇發囚所掘以禳天子氣者深泔不

涸不產水草俗傳天星墜穴泉與海通故大旱不竭旁
有古碑漶漫不可讀 嘉興湯志 國朝朱彝尊櫂歌天星湖口好花枝便過三春采未
遲蝴蝶雙飛如可遂
教郎乞夢冷仙祠
鴛鴦湖 槜李澤國也東南皆陂湖而南湖尤大計百有
二十頃而其利實藉水以資土田灌溉其產蒲菱餘芡
芀雞雍之屬而鮮苣味特芳甘膚色凝綠他所無有也
其禽則鷗鷺春鋤鳩鶬洿澤而多鴛鴦故名鴛鴦湖或
云東西兩湖連故謂之鴛鴦湖今以其居於南方又謂
之南湖云一名雙湖 柳志 湖在府城南半里許長水歸焉
考至元志不載此湖而東坡過秀州贈錢端公安道詩

有鴛鴦湖邊月如水孤舟夜榜鴛鴦起之句則其名早
著矣 伊志 元陳世昌南湖賦禾城之南有積水焉界
吳越之土疆直斗牛之星躔雖川浸之不侔亦泛
濫之所先挾地勢之爽塏匯淸波之淪漣紛纚纚其來
屬咸爭奇而効妍若乃泝其源委則天目之崖苕雪之
溪東會吳淞西控欒兒支流旁達聯絡相維以灌以澨
以遂夫土宜其南則長水之塘殳山之鄉出硤石道海
寗岸絕兮望洋其北則杉靑之閘平望之亭表裏湖江
并包濁淸眾流之趨混浩浩以達於滄溟其上則有艮
田衍沃灌木叢生麻麥夏熟秫稌秋登溝塍綺錯原隱
縱橫蔬圃之利瓜芋薤菘蘆菔茄莎實繁其生其中則
有萑蒲葭菼瀆漫渺瀰紅蕖濯錦翠荇牽絲菱生而紫
角爭奮芡長而紅豆欲齊玉截肪而無玷珠脫蚌而未
鼉可以續食代飽爲水菰之珍奇魚則鰷鰋鱵鯾鯉鯽
鱄鰕白小羣鮮雜以蜆螺網罟相求泌瀰交加霍如霧
散倏爾雲遮或鱗甲璀璨或鬐鬣鬖髿或貴列鼎俎或
戕比泥沙以得之而厭飫愜家益而戶夸若乃時雨降
川澤盈春流汩其乍起縠波瀲以鱗生於是淑景布麗
微風扇和靑莎緣隄虹梁跨波都人士女往來婆娑列

綺席間清歌揚桂楫浮綵舸以樂時雍既麗且都又若潦水盡寒潭澄天翳絕湖鏡平望頳陽之西下見明月之東生漁歌互答水調淒清輕艭短棹比渚連汀寶傢且之攸樂匪伊人之所愜別有浮屠之宮號爲眞如孤塔岧嶤仰攀雲衢俯瞰川陸渺漭縈紆巨浸涵其表遙峯峙其隅極南湖之壯觀攬秀色而無餘口口口名臣口口口寶爲風氣之所聚寶乎昱而光新凡湖之美盡是而不乏所陳矣嗚呼噫嘻惟昔春秋敵國初讐夫差句踐各奮其謀疲民以逞暴骨爲邱檇李敗師而東使居越不爲僇吳其沼乎然則是水固嘗閱前代之興亡鑒當年之成敗洗干戈之汙蟻復民生之凋瘵語其量一勺之多語其用五行之大豈直涵烟波浮藻荇狎其游觀貪玩愒而已哉客有爲之譏者曰洞庭彭蠡之水天下之大者也子不是之求而獨甚譽於茲水不已過乎余曰不然人情忽於所近小大各有攸當是故鷃鵬扶搖萬里而鴳鷃亦自足翱翔大山之高千仞而不能有加於毫芒莊生所謂目擊而道存隨寓而無方者也亦奚病哉乃爲之歌曰南湖之清兮可以濯纓南湖之上兮聊寄我情 地之勝兮獨不以人而後名後千載兮亦有慕其遺聲

胡奎南湖玩月詩團圓三五月挂在鴛湖東方舟泛平流坐我青天中低頭看月月在水倒影姮娥呼不起三更露下芒袍涼恍然濯足銀河裏城南斗酒眞珠紅 與月共醉鮫人宮醒來月落不知處張帆且趁清風去 又雙湖芙蓉曲銀塘水靜秋波白芙蓉浥露香烟溼翠綃瑩薄錦雲濃水紋搖蕩雙鸂鶒妾家住在湖上頭木蘭爲楫沙棠舟錯金孔雀攏蟬鬢百索明珠垂臂韝蕩舟日日穿花塢不覺花深紅日暮欲將羅帶結同心斷藕絲柔不成縷金羈白馬誰家郎日光照耀羅衣香嫣然一笑卻回顧隔花醉贈雙鳴璫鳴璫晗結羅襦小識得君心爲花惱昔時花妾貌似花紅今日紅顏鏡中老坐對芙蓉雙淚垂妾貌君心兩不知 高巽志鴛湖秋月詩雙湖偃長虹月出微瀾靜鼓枻獨沿洄流光蕩空影 邵亨貞早春鴛湖夜泊詩燒燈過了閒門靜踏月歸來 宿酒香何處高樓夜吹笛曲中桃葉斷人腸 明周瑾南湖即事詩湖水空明靜不波蕩舟人遠夕陽多我來無限相思苦欲采芙蓉奈晚何 朱樸南湖采蓮曲南湖采蓮子湖北采芙蓉蓮子心猶苦芙蓉花自紅日暮高歌下烟渚鴛鴦飛向湖東去 文彭詩秀水亭前水荇香鴛鴦湖上浴鴛鴦遠天簫鼓迎歌扇倒影樓臺浸女牆蘭槳夷猶衝菡萏竹枝欸乃和

滄浪莫嫌煩暑無由避月照波光玉露涼 潘暘升詩秋滿晴空月正圓隔湖聽唱小游仙不因蘋際微風起那得清音到畫船一平波瀲灩羨雙鷗草借晴光綠滿洲花事欲殘人未到一時憑徧畫山樓 張若羲夜泛詩曾記舊烟雨今疑小輞川漁燈見還沒螢火斷猶連 歷歷星邊樹遙遙水上天何緣同少伯爲櫂五湖船 陳繼儒詩水月淡無際秋風清可憐是誰能領略罷釣野漁船 高承埏詩兩湖秋水抱城斜縹緲樓臺帶落霞日暮鴛鴦看不見數聲風笛起蘆花 國朝李繩遠南湖春詞鴛鴦湖頭翡翠樓鴛鴦湖畔木蘭舟幾度相思隔春水憑欄日暮不勝愁 黃濤詩緊艇鴛鴦渡香高菱芡風名園彫岸柳古塔廢秋蟲鸂鶒浮還沒鸕鷀西復東五龍橋影落兩水夾長虹 朱彝尊棹歌沙頭宿鷺傍船棲柳外驚烏隔岸啼爲愛秋來好明月湖東不住住湖西百尺紅樓四面窗石梁一道鎖晴江自從湖有鴛鴦目水鳥飛來定自雙 譚吉璁櫂歌參旗橫照郡樓平塔火初沈漁火生郭外城中十三寺一時落月盡鐘聲

相家湖　在縣東北九里昔有相氏居湖之濱故名菱蕩漁叢鋪波壓浪尺水皆腴受西南之流東入嘉善 嘉興湯志

明咸元佐詩短髮風前還獨往坐來百草何芳青天不動闊沈水白鳥雙下湖生雲酒綠欲傾無客共花開半謝知春分淩虛白卽木蘭棹倚盡蒼茫空夕曛 國朝朱彝尊櫂歌懷家亭館相家湖雪艇風闌近已蕪猶有白蘋香十里生來黃蜆蛤蜊麄

聞家湖　聞川東三里爲聞家湖宋聞人氏家焉相傳聞人尙書而佚其名 趙圖記尙書名建 伊志案詳列傳 距嘉禾郡北三十里市涇運河之東有千頃之陂曰聞湖 稅暑亭記 志案宋有武節 伊 將軍朱張宣扈蹕南遷家於聞湖宣元孫恂恂子穹壽建稅暑亭岑士貴作記各志所載甚明浙江通志誤以朱張宣爲聞人宣乃承檇李詩繫之失 今通呼梅家蕩明朱國祚有梅家蕩櫂歌見介石齋集產黃蜆佳 伊志詳物產

幽湖　治西四十里支流環錯匯爲深源因以幽名吳志幽湖有二雖名湖其實港也一在靈宿鄉一在雲泉鄉名並見秀水李志其在靈宿鄉者多前人題咏即吳志所稱治西四十里者是伊志明貝瓊寓幽湖客舍詩我無太古明星宅白首西東寄此身已免崎嶇投劍外敢辭寂寞老江濱枇杷結子初肥雨芍藥留花不見春萬古乾坤同逆旅兩山風月屬詩人又九月望日偕覺原過幽湖讀書所走筆爲贈且有紫薇山之約詩云野老讀書溪水南匯如杜甫百花潭安得仙人來七七且從禪客語三三山多秋雨都荒菊樹著新霜未熟柑更約葛翁丹井上好詩連夜爲君談宋濂幽湖月滿詩蒼旻不挂一游絲兩岸漁歌月上遲看破嬋娟眞面目菱花無語笑馮夷

韭溪　虞仲翔川瀆記云太湖東通長洲松江水南通烏程雪溪水西通義興荆溪水北通晉陵滆湖水東通嘉

興韭溪水凡五通謂之五湖太平寰宇記在州南八里方輿勝覽宋聞人綱嘉禾志及至元志所載道里同案舊志在縣南八里今詢之耆老考其地勢絕無所謂韭溪者惟在城有橋名韭溪而張堯同詩亦有分流入郭來市橋人影合之句疑即南湖之支流經城而達北運河者是也運河之水西北接太湖虞所謂東通韭溪者蓋因北接運河而誤其稱在縣南八里者外謬無疑柳志韭溪實長水之正派與松雪判滆四水相當至隋穿漕渠及府置城濠其流分殺遂迷其處今城中韭溪橋處乃其末流堯同詩謂分流者本上源入郭者指下流間志非謬趙圖記伊志案柳志詆虞記東通韭溪句因北接運河而誤非也運河鑿於隋代虞爲三國時人安得先有誤耶蓋古韭溪甚長不獨長水爲上流即後世所稱運河何莫非韭溪之故道李日華撰嘉興縣志曾辯之今震澤縣尚有韭溪港見太湖備考亦其一證自穿漕鑿濠而後盡沒舊名志家但據城內尺寸之水求之泥矣宋張堯同詩終與雙溪接分流入郭來市橋人影合不解洗塵埃明周𡏖韭溪春水送張別駕詩春風吹花澄海門韭溪雨足浮春雲碧漪分流入城去石闌橋壓玻璃紋使君青驄駐溪側推鼓官船送行色片帆直溯五湖東水晶宮中夜吹笛

爽溪　在治西上有水西寺相傳唐宣宗爲光王時嘗隱於此秀水任志伊志案溪在水西寺側因借唐宣宗詩有殿閣凌雲接爽溪之句志家沿襲遂被此名其實僅一曲尺水非可言溪也

穆溪　一名穆湖又名穆和溪在縣西北三里此水接上谷湖入太湖至元志據吳志上谷湖在治西南六十里西受硤川之流則與今穆溪遠不相屬今之穆溪在郡北運河之

右僅長三里許趙圖記謂漕渠出杉青閘受穆溪水是也距太湖亦尙遠蓋源流均失故處未可泥古以求耳水中多龍骨俗傳龍蛻於此秀水李志宋張堯同詩靜練明田外源流笠澤通不因逢歲旱誰識濟時功國朝朱彝尊櫂歌穆湖蓮葉小於錢臥柳雖多不礙船兩岸新苗纔過雨夕陽溝水想溪田

東溪　在縣西北七十一里今名爲斜港秀水李志伊志案新塍鎭西北有斜港分爛溪水東南流以及於鎭但溪去縣無七十一里志誤

西溪　在府城西二里徐一夔西溪記詳一園宅

芝溪　在縣西北五里柳志國朝張劭芝溪歸舟詩荻葉多藏岸綠菜花半夾村黃漸覺驪鼉天暖微聞燒筍風香雨被白鳩呼出烟從花鴨衢開酒店船頭未辨燈橋湖上先來朱麟應續櫂歌芝溪溪水抱村回溪上人烟暮景催兩岸微風瓜蔓引一籬疏雨豆花開

麻溪 治西北三十里水通太湖 秀水任志 麻溪之水穿爛溪而東至王江涇之間店橋曲折頗多有專屬吳江者亦有與秀水合轄者 吳江縣志

車溪 自石門縣東北流經桐鄉縣北自皁林堰口抵青鎮南北二十里又東北流經秀水縣北三十五里合於爛溪 大淸一統志 伊志案至元志車溪作車溝亙見石門桐鄉

爛溪 在縣西北四十三里 柳志 爛溪受車溪及湖州苕溪諸水波流湍急自青鎮以東橫亙十里北屬吳江東屬秀水下平望 趙圖記 國朝釋德山詩平波夕照拓紗窗銜尾西來賈客艭兩岸楓林看不厭一帆風送下吳江

錢家溪 在縣治西北二十五里相傳舊有富室錢氏居之故名 柳志

茶花涇 在縣東六里 柳志 康熙四十四年春

聖駕南巡由松江幸嘉興經臨此處見茶花被野郎

命駐宿村氓扶老攜幼歡迎羅拜塡溢阡陌至今耆老猶能言之 伊志 國朝褚鳳翔禾事閒吟 翠華昔日幸雙溪鳳舸龍艑晝向西傳語茶花涇駐蹕水圍夜宿萬星齊

秋涇 治東北六里 吳志 伊志案柳志秋涇作羞涇一曰湫涇 趙圖記云以朱買臣得名蓋猶沿舊稱而康熙府縣志及曝書亭集已更今名其水自杉青閘分流出秋涇橋東北去

王江涇 在漕河東因巨姓黃氏江氏居此亦作黃江涇 方輿勝覽 王江涇吳江秀水之間西受聞店橋麻溪南受嘉興運河水北至合路 沈彤吳江志

新城塘 一作新塍 在縣西北七里以通新城市鎮故名 柳志 詳市鎮 伊志案水自烏鎮分水墩一支東流數里入縣境又東約二十里至新城鎮又新城之西北自爛溪分一支東南流入之又東至東塘匯又東南至九里匯又東過大德塘橋入石臼漾東出柵堰橋抵郡城西北閘會運河自新城至郡凡二十七里 國朝朱彝尊櫂歌九里橋西落照銜櫻桃初熟鳥爭鵮須知美酒烏程到遙見新塍一片帆

冬瓜湖塘 冬瓜湖塘一名東郭湖塘在縣北三里冬瓜湖堰在縣北 至元志 唐張祜領堰事見叢譚 今堰已開通 柳志 周鼎記略云吾郡有大鄉曰麟諟地皆平田而衆流交絡於中其南則郡城之東郭長陂橫亙三十里曰冬瓜湖塘 趙圖記 嘉興府城東有支渠二一東北流通嘉善北境崇福 伊志案此郎冬瓜湖塘 一東流至嘉善城南曰華亭河 水道提綱 伊志案此郎魏塘又案冬瓜湖塘自城外鉏家橋分水東北流有秋涇西來入之又東北有茶花涇南來入之又東北出塘橋有鳥橋港南來入之又東北過塘匯鎮又東北至高地村有相家湖水南來入之又東北至運涇港入嘉善境自郡至此凡二十一里此與魏塘乃郡境諸水趨艮之尾閭也 國朝朱彝尊櫂歌江市魚同海市鮮南湖菱勝北湖偏四更枕上歌聲起泊徧冬瓜堰外船

蘆慼塘 在縣西北五里 趙圖記 俗呼蘆蕩灣

石臼漾 一作石舅漾 張士誠據吳稱王嬪家石氏居此故名 許恂如秀州百詠注 伊志案石臼漾居郡之乾方堪輿家謂與澱湖異水相應石臼以形名許說近誣而譚吉璁

棹歌亦似咏其事今並存之 國朝譚吉璁棹歌石臼湖南麻雀墩溪流盡向木蛇門 三江霸業今何在吳越春秋又屬孫 錢載石臼漾殘雪詩篆紋流至清本是若所泒況來晴雪時艇子搖益快風鳥聲不聞煙林色如壞人家屋山竹梢葉已勝畫高城渺同首翠靄隔香界誰爲施水游屐齒佛前敗

白龍潭 卽三塔灣 景德禪院前有白龍穴於此行舟飄溺居人作塔埋舍利以鎮之今寺之伽藍神乃順德龍王也宋淳熙改元秋大旱知縣李時習以龍潭在此遂以太平廣記載南中攬龍事請於知州張元成張命如法行之果大雨歲以豐稔李作記鐫之石攬龍法以長繩繫虎頭骨投有龍處卽得雨今婺州圖經亦載攬龍之事合諸大蘇公起伏龍行次公邢山潭詩則此法洵不誣矣

至元志 伊志案方輿勝覽及閒窗括異志所載略同 宋李時習白龍潭記漕渠出通越門直西三里斗折以北面其曲爲今景德寺前有三塔杭其流流之深倍左右四尺龍之所宅也寺有伽藍祠號順德龍王蓋嘗有德爵莫考其所以始舊俗云風檣雨櫂淪溺不測往來者謂險昧江湖間乃相與琢石韞舍利建浮圖鼎足鎮之所謂三塔者也塔初成㬎光夜明除害乃已豈其依佛慧力易暴以仁如華嚴經所言遂以福德有此珠宮貝闕耶圖經亦不載始末元豐已未歲有張君勝者作三塔白龍潭詩其序云爾或云近歲有艤舟河上夜半風雨晦冥遷之數十步櫂夫幾殆然皆以此非深山大澤且不考知其故意欲易之淳熙元年夏五月潭之所大雨雹殆陽不克也克必過過則爲旱己而不雨至於秋七月莘者待雨秀發莢者待雨堅好有旨禱羣望最後築壇刑白鷺坎血以祠蘊隆如惔郡刺史毘陵張公元成顧日將何以拯民憂時習日歲旱取虎顱骨納諸有龍湫潭中可以致雨法用長綆繫之雨足卽出之先大夫嘗行諸京口雨旋至請加之於三塔之潭公曰諾獻議者疑之夫事旣亟矣知之而不能行欲行之而不勇不議不誠謂吾民何于是緜蕝如法乙未公從僚吏出

禱小雨隨之越三日丁酉禱畢蜿蜒雲端不終朝大雨翌日又雨雹繞佛廬震而人駭然如在其左右不涸不流不萎不蘇歲乃以大熟邦人咸喜嗟夫十日不雨則飢五日不雨則饉今飢饉不作盜賊無有人以爲是固然孰知龍之自乃卽廟貌寵新之命車命服始追用王儀丕宜厭靈客有過之者爲時習言川澤之物莫智於龍上古之世有以龍名官者官倚其事則禱雨其艱哉厭後不能紀遠乃紀於近近而民事爲民師者今或日所不給又何暇議龍之智刱日天地陰陽之事其言似有旨故併書之 伊志案建塔始末李記雖云圖經不載然至元志則據宋志云碑載寺僧行雲積土填潭於光起處建塔鎭之 宋許同白龍潭詩呼吸湖中水山椒寄此身洞門風雨夜電火逐霜鱗 岳珂嘉定丁卯余守樵李召還郡人相餞於三塔灣偶至此寺有感詩往年曾佩雙湖組古刹猶連三塔灣墮雁重尋波浩渺斷虹渾記水回環兩州隔絕名無改二紀棲遲老復還病衲雖無分別想經行莫作少年看 元辛敬龍潭暮雲詩淸溪駿奔湍神物出其下浩劫空浮雲中霄走雷雨吾從廬阜來六月不知暑對此發幽期長吟度秋浦 明王思任詩泊舟三塔灣偶入此景德寺寺中有老柏蒼桂千年翠禿頂橫肱掣殿雲銅皮剝食碑贔屭寺外深淵睡白龍月明潛起聽經字老僧咒鉢肯相容願作嘉禾行雨使

螺潭 在縣南五里相傳舊有白色螺生其中故名潭之西有廟 柳志 廟舊爲趙氏宅 嘉興湯志 國朝沈邁螺潭廟晚棹詩白鳥橫飛過碧潭看花醉後泛城南木魚響出新篁裏烟樹迷濛入暮嵐

九勛潭 在治東北思賢鄉南接天荒許家二蕩天荒蕩西接毛頭荼花寺等蕩 吳志 皆有菱芡之利 柳志

雁蕩 治西北二十五里 秀水任志 一名雁門蕩有海雲樓今廢 趙圖記 又稱雁湖湖有堤堤有亭曰冠鼇近時所建朱麟應題聯云一道平連吳越水三橋半擬白蘇堤蓋水

東卽吳江縣境也西南有苜蓿灣見蔣之翹詩注朱元來陶氏始居此伊志 明茅坤王質齋墓碑公飲予於雁湖之上檻以外煙波萬頃公築室而俯之左圖右史嘉樹名花爛然繡錯與鳧鴨鵝鸛荷芰莎芷相掩映或謂輞川不過也陶照雁湖晚眺詩蘅皋秋色滿楓老葉疑花翠黛銜殘日金波浸落霞牧歸猶弄笛漁散卻移槎一水盈盈隔柴桑處士家蔣之翹詩淼淼東西湖雁掠菰蒲起忽憶坐扁舟瀟湘秋色裏一抹漁村煙迴波渚成村入市腥風來家家齊曬網國朝張天麐櫂歌河鷺沙鷗日往還半篙新張碧如環客來常伴漁翁宿暮雨瀟瀟苜蓿灣

知尙蕩 在縣西北二十八里柳志

官蕩 在治東北十五里趙圖記 其形略如束腰故有南官蕩北官蕩之稱近岸多種荷伊志

長蕩一名長溪 古秀州東北境鄉名思賢襟帶湖蕩其東有溪橫亙震兌二三里許曰長溪沈氏家乘

陳盛蕩 在縣東北三十里有陳盛二家居焉趙圖記

六百畝蕩 治東北二十九里吳志廣袤六百畝柳志 舊爲柴蕩朱給於州學趙圖記

化成橋港 在象賢東區長九百三十丈

思家橋港 在象賢東區長一千一百二十丈

渡船港 在象賢東區長二千二百丈

吳家港 在象賢西區長一千三百丈

魚橋港 在靈宿東區長一千二百丈

宣涇港 在靈宿西區長一千四百十丈

幽湖港 在雲泉鄉長一千二百三十丈

謝衕港 在柿林西區長一千六百丈

橫塘港 在柿林東區長一千五百八十四丈

馬涇港 在柿林東區長一千二百八十三丈

鴨頭灣港 在復禮東區長八百五十三丈

徐涇港 在永樂南區長五千一百十丈

陸涇港 在永樂南區長二千三百七十丈

彰陵涇港 在思賢鄉西區秀水李志於一區內載彰陵涇港有二一云長一千二十五丈一云長七百一十丈

合路港 在思賢鄉西區長一百五十丈以上秀水李志 伊志案陸游日記合路賣鮓者甚衆故朱彝尊櫂歌有不須合路尋魚鮓但向分湖問蟹胥之句又案秀水李志列各鄉支港凡二百餘皆著其來去及長短之數惜未免混淆第存其名目尙可藉以考核今於各鄉摘錄長港一二略見其端而合路名較著遂附焉

嘉善縣

胥山 在治南十三里半屬嘉興縣嘉善志 乃硤石山之餘支嘉善章志詳嘉興縣 明沈棨登胥山詩山骨巉岩小徑通登臨於此惜英雄劍痕慘淡蒼崖上鳥跡荒涼古穴中草色亂侵尊酒碧江流遙趁夕陽紅今朝不結尋常會慷慨相成孝與忠 陸埛詩伍胥來駐馬見說此山頭草木兵猶似乾坤氣未收蒼崖含宿雨野屋抱寒流日晚一登眺天風吹客裘 沈道映登武水城橋望胥塘詩一閒攜雙屐向河橋綠埜青塍入望遙幾處鶯花迷古堞一川烟雨送輕橈英雄去後名還在芳草春來恨未銷無限吳宮零落盡空城猶上伍胥潮

鳳凰墩　在永八南區東菖蒲涇左右高一二丈嘉善楊志

潘家墩　在奉四北區胥山之脈其石方可一畝形如臥牛趙圖記

茜墩　在永八北區祥符蕩西石高丈餘延袤四五丈生茜草故名

蹲墩　在奉四北區章練塘南頑石突兀有水環之若蹲獸然以上嘉善楊志

鷗石　在西菖蒲涇右岸蹲若沙鷗半隱半現嘉善戈志伊志案以上諸墩嘉善章志云胥山之脈散入平疇始於西南迄於東北如鷗如牛略可考見者也

文水　自文廟後環繞黌宮袁志在明倫堂前今湮塞嘉善于志

學宮前三台沙三小圩也堪輿家言邑中人文之秀鍾於是今爲居民所佔魏塘紀勝雍正八年知縣郜煜議復跡未及行嘉善戈志嘉慶四年知縣萬相賓開濬伊志

鶴湖　在縣西北三十六里中多蓴茶蘆葦舊嘗產鶴故名名勝志　國朝彭孫貽鶴湖眺鳴鶴樓詩飛甍窈窕俯疏汀林樹蒼茫四面青水榭樓臺留返照高城燈火亂春星憂時爲誦登樓賦題壁還摹瘞鶴銘莫訝軒窗烟五色飄飖羽駕集仙靈

麟湖　東麟湖俗名六百畝蕩西麟湖俗名千畝蕩與秀水縣接界大清一統志在縣西十三里有東西兩湖槜李詩繫以在麟瑞鄉故名嘉善楊志　明朱純麟湖夜泛詩寥落暮天迴蒼茫湖水平秋雲開雁道涼雨洗蟬聲坐石忘收釣臨流愛濯纓自緣耽野趣不是爲逃名

汾湖　縣西北有汾湖明史地理志在縣西北三十里半屬吳江故名中產巨蟹風味殊絕明一統志元楊維楨遊汾湖記至正九年三月十有六日吳江顧君遜既招客遊東林明日復命釣雪舫載聲妓酒具遊汾湖客凡七人會稽楊維楨甫里陸宣大粱程翼金陵孫煥雲間王佐吳郡陸恒汝南毀奎妓二人珠簾氏金粟氏也朝出自武陵溪過伍子灘二里許北望見鵲巢喬樹顛岸桃花與水楊柳緋翠相間長竿旂出緋翠頂主人云顧村也又五里所見修篁寄木薇芾亭臺於巖洞之上遂解舟維來秀橋不問主逕詣亭所亭門翠巖主人陸君繼善出肅客憩樂潛丈室設茗飲談樂潛詩有向夕羣動息時間落葉聲之句余嘉而錄之復引客至嘉樹堂觀先翁手植百歲棠就飲堂上出鐵笛一枚云江南後唐物也有刻字云一枝橫寒玉七點明瑞星余爲作淸江引一弄聲勁亮甚笛閣陸君恒揳余三弦琴顧君遜亦自起彈十四絃命珠簾氏與孫君爊交作十六天魔舞飲妓蹋歌引客至長堤上度來秀橋至南陸庵班揃坐大樹下珠簾氏用白蓮辯行杯酌主客舟中鼓吹交作兩岸女婦馳逐而觀者

礁屬不絕解纜出汪港五里所至汾湖湖東西袤八里南北如之湖分兩半一屬嘉禾一屬姑蘇故名汾湖云舟經龍王廟酹酒龍君借便風果應錦帆一開郎抵柳溪過吉祥寺游鮑氏池亭亭有古松數十章奇石數十株亭已廢環翠池及石屋洞尙無恙時寺客徐徐柳邊出陪談興事云池亭爲前朝鮑節制書墅也今子孫無嗤類惟遺八十老嫗不能立乞入寺去登舟出邀溪過登瀛橋十里許北過蘆墟爲巡官寨寨官李氏柳客啜茗徐步過泗通橋月已在淸松頂上一丈矣遂步月色歸蒼雪所用主人顧君遜武陵溪上花如錦之句分韻賦詩夫水國之游衆矣得名者鴟夷子後惟陶水仙儋州禿翁耳鴟夷子先幾去國并西子借去智矣而客則未聞禿翁赤壁之樂客有吹洞簫者淸矣而聲伎尙無間水仙賓客聲伎俱載客爲焦革之流酒徒耳而觴詠之樂又未聞也觴詠至而聲妓之娛又無流連之行今汾湖之游備已其可不有紀述以爲後人之慕乎於是乎書俾主人刻諸蒼雪軒上主客諸詩各繫於後時期而弗至者茅山張君雨界溪顧君瑛也　顧遜詩武陵溪上花如錦花氣薰人如酒濃簫聲時倚鏌鄉鐵雲影忽落琉璃鐘小娃傳令覆蓮掌遊子掀篷招玉容汾

湖歸來夜何許明月已挂青螺峯陸宣詩翠巖亭下問棠梨上客同舟過柳溪花下停歌聽鸚鵡竹間把酒引玻璃緋桃照眼春無蹟石洞闢門路轉迷金粟彈箏銀甲冷珠簾度曲翠眉低錦帆卷浪風生坐羅襪生塵草被隄履舞不妨飛野馬醉歸遮莫報鄰雞梵王臺殿空陳迹鮑氏池亭憶故棲鐵笛吹殘山月白竹枝唱過驛橋西楊維楨詩畫舟武陵谿頭出伍子浦還過西陸家仙童啟巖戶棠樹大十圍桃花爛欲語遺我古鐵版色比脩月斧為作古江詞江鳥凌亂舞攜之調龍君湖水吹暮雨晚飲花石岡亭臺已無主瀛橋步月歸竹枝和銅鼓道人早歸來脫冠挂元武明卞倫詩萬里秋天萬里湖月輪飛作片雲無影搖黃鶴磯頭夢光奪驪龍頷下珠漁唱悠悠來遠渡雁聲嚦嚦起烟蕪滿船風露涼如水身世分明在玉壺

魏塘　縣東有魏塘河明史地理志　在治東十二里亦名武塘趙圖記詳嘉興縣元王冕詩杉青閘轉雲間路河水分流過武塘客況慣經風雨惡詩情不減少年狂魚鹽市井三吳俗海島香航十丈檣楊柳連隄鷺鴨聚家家茅屋似淮鄉明瞿佑詩沽酒人家柳岸傍棠梨花白柰花黃少年游覽今陳迹暮雨瀟瀟灑夕陽　呂憲竹枝詞東風吹綠上垂楊十里朱樓是武塘前輩畫師零落盡何人解寫此風光

嘉興府志　卷十二　山川一　三十九

華亭塘　縣南有華亭塘河明史地理志　今稱上官塘通松江華亭縣浙江通志　伊案此即魏塘詳嘉興縣及後山水總

冬瓜湖塘　今稱下塘亦名運涇塘詳秀水縣

石井塘　在縣西九里麟伍區俗呼三店塘以上嘉善楊志

伍子塘　縣西半里曰伍子塘南引胥山以北之水相傳子胥君臣經營戰伐之所趙圖記　南通胥山北達西陸港長二十七里因築城中斷見嘉興縣魏塘紀勝　互

張練塘　在縣東北七十里東通長泖至元志　吳孫權造戰艦於此張纛以練水軍因名後訛為章練趙圖記　明夏原吉詩塘名章練起何時試問村翁盡不知畫舫來風颺鼓過落花飛絮漫相隨

甓竈塘　治西北三十六里舊時民以陶冶為業袁志　西受茜涇諸流東入祥符蕩嘉善志　又名甓溪嘉善楊志

張涇塘　張涇匯在縣東十二里趙圖記

江涇塘　在縣西北一十餘里遷東區嘉善楊志　明周鼎詩江涇好村巷稠屋似廛居詞賦工無益耕漁樂有餘土祠春社後野寺晚鐘初我欲頻來往扁舟當筍輿

蘆墟塘　在縣北三十里下保東區嘉善楊志　蘆墟塘水與汾湖北入華亭界之澱山湖趙圖記

大雲塘　在縣南二十里胥五都又東二十四里入華亭界趙圖記

嘉興府志　卷十二　山川一　四十

平川　在治北二十四里一名西塘又名斜塘明浙江通志

滄滄涇　南出千畝蕩西合秀水眾流亦名麟溪嘉善于志　明周鼎麟溪八景序略吾郡有大鄉曰麟諟地皆平田而眾流交絡於中故總名之曰麟溪其南則郡城之東郭而長陂横亘三十里曰湖塘折而北走迤東曰石井塘又迤而西曰滄滄涇分滄滄之西迴而南曰餘畝涇云分學佛者結四廬于其間曰崇福負麟而立日淨蓮在滄之陰曰水雲在滄之陽又其偏曰雪溪皆地之勝絕境也故有湖塘春漲餘畝秋盈石井風帆雪溪漁唱滄烟霜月水雲色淨蓮夕照崇福曉鐘八景以入詩人之咏國朝朱應祥詩一川流水牛村花舊屋南鄰是釣家長記歸蓬載春釀雲籠殘照雨鳴沙

清風涇　一作楓涇　縣東北有清風涇明史地理志　白牛塘宋陳舜俞跨白犢往來處後更名清風涇在縣東北二十四里趙圖

記國朝查容由西塘抵風涇詩蘆荻風多颭雨涼漁村歷歷似瀟湘烟波十里橫塘路鴉背西來帶夕陽

蓮花涇　治東十八里中多菡萏吳志

唐莊涇　在縣東南十餘里宋參知政事唐介裔孫居此嘉善楊志

王宿涇　在縣西北二十四里宋趙王嘗宿此故名後誤宿爲秀趙圖記

東莒蒲涇　在縣東一十五里嘉善楊志

西莒蒲涇　在永八南區嘉善楊志兩涇多產莒蒲吳志

茜涇　治北十二里出茜草故名名勝志

葫蘆涇　在奉四北區嘉善楊志

太平橋河　南門內接市河北入魏塘河

鉼山河　在鉼山前西接伍瀆東入市河以上嘉善于志

新開河　一在遷東區一在遷西區

謙河　在北門外鶴湖書院後明李令陳玉開莫令大勳記以上嘉善楊志

許巷蕩　縣西北三十六里波流澄澈洞見水族旁多艮田歲旱資以灌溉明一統志

夏墓蕩　治北三十里又曰夏湖李槱詩繫西接長蕩東會松溪嘉善于志明周忱夏湖泛月詩泰宇天光澹欲流水風搖蕩夏湖秋銀河直擬乘槎到赤壁聊同載酒游傾盡玉杯霞彩散團成寶蓋月華浮此生此夜窮奇興錯上年年庾老樓國朝朱彝尊詩夏墓蕩前停釣綸荒溝極浦易迷津夕陽滿地北風起飛徧蘆花不見人

水月蕩　在下保西區吳江界國朝李廷桂秋夜泊水月蕩詩夢醒烟橈傍釣磯涼颸吹霧儘紛霏推蓬不覺蘆花晚誤認初寒小雪飛

藏兵蕩　在縣北周圍二十里半屬青浦以上嘉善楊志國朝朱應祥詩風細湖平酒力微坐深涼沁薄羅衣棹聲忽渡蘆花渚應有漁翁罷釣磯

祥符蕩　在縣北二十里周二十餘里產芰荷蒲草魚鰕禽鳥甚饒東北流十里入吳江界趙圖記

南白蕩　在下保東區

東王白蕩　東錢白蕩　俱在縣東北三十餘里奉四北區以上嘉善楊志

查家蕩　在縣北三十六里多產蒲葦芰荷夏月蓮花盛開游覽之所明一統志明高啟詩秋老共溪長游人笑語涼萍開天倒影蓮墜水浮香魚留和星澁禽宜帶雨張從今搖桂棹不必問瀟湘

崇福蕩　在縣北三十里北屬長洲

三角蕩　在思四區

馬蕩　在遷北區半屬青浦

沉香蕩　在縣北二十四里以上嘉善楊志丁裔沉香湖古梅詩嶔崎碧樹草堂栽雅集艮朋曲水隈高士提壺花下至幽人吹笛月中來獨扶霜幹龍鱗結遙傍香臺翠影開故老相傳多再拜春風好護舊莓苔

柳溪　在保東區前代爲陶莊鎮北入蘆墟嘉善于志明周鼎柳溪

懷古詩不見當年種柳人數株猶自遶河濱長條吳解年年綠飛絮都成滾滾春張緒別來情易老陶潛歸去跡空陳客邊無限登臨興問訊鶯聲幾度新

松溪 在思四區縣西北二十四里

蓉溪 在胥五區

北亭橋港 東亭橋港 俱在城中

顏店港 浦店港 俱在永八中區

姚莊港 在奉九八區

陸莊港 在奉四中區 以上嘉善楊志 元倪瓚陸莊港 調寄天香引片帆輕木遶山長鴻雁將來菊蕊初黃碧海鯨鯢蘭茁翡翠風露鴛鴦問音信何人口口想情懷舊日風光楊柳池塘隋處淵零無限思量

廟港 治西一十里古有蜡臘廟因名 吳志

菱巷港 治北十里路通松江市菱者多集此 鄒志

墨竹港 在胥五區

荷花潭 在保東區

雁塔灣 在西塘鎮市西 以上嘉善楊志 明周鼎詩古塔倚晴灣行人指點間雁來秋水闊僧去白雲閒望遠孤峯碧憑高落照殷幾回看不盡江上釣歌還

淨池 汾湖之南有淨池柳溪諸水 李樵詩繫 在縣北二十四里陶莊池不生雜草故名 明一統志 元楊維楨詩汾水南頭第幾灣淨池初曉鏡光寒漁舟曬網日將出酒肆招帘露未乾楊柳烟迷隔浦桃花新水漫前灘罶家回首今何在風物爭如此地看

文水漾 在永八中區斜塘鎮市南丁旭記味異衆水土人挹取作釀 嘉善倪志 伊志案嘉善章志明初漾有一木圓可五六尺天陰則出舟觸之輒覆宣德間建福源宮里人鈎致之截塑三清像其怪遂息

幽瀾泉 縣治東關外景德寺有亭相傳昔高僧夜坐見堂前一女子厲聲曰窗外誰家女女應曰堂中何處僧怪而逐之女奔入土掘之無所有得泉一泓及一石鐫幽瀾二字人遂以名泉大旱不涸煮茶無滓盛暑經宿而味不變 嘉善楊志 元黃晉德詩幽瀾遠引曹溪水此是人間第一泉一吸青凉除熱苦不妨頻候煮茶烟 明顧孟時詩秀水東流入魏塘一泓誰鑿近禪房煮來茗碗清無滓分出花渠細有香霜月半空融碧海風濤一派引滄浪客裝此日難成醉聊吸寒泉當酒嘗

墅泉井 在縣西北三十里井久湮正統間鑿得之味甚甘冽 明一統志 一名乳泉 嘉善章志

一渦泉 在縣治南下塘一名萬盎井清冽與幽瀾同每至大風雨波濤踴躍有聲 嘉善章志

嘉興府志卷十二

嘉興府志卷十三

嘉興府知府善化許瑤光重輯

山川二

海鹽縣

秦駐山 在縣南一十八里高一百六十丈周迴二十里輿地志云秦始皇游登此山因名水經注云縣南有秦望山始皇所登以望東海故得名樂資九州志曰縣有秦逕山始皇逕此美人死葬於山下有美人廟至元志 山下長隄沿海相傳爲始皇馳道海鹽圖經明嘉靖三十四年官軍敗倭於此大淸一統志 唐薛據登秦望山詩南登秦望山目極大海空朝陽半蕩漾晃朗天水紅谿壑爭噴薄江湖遞交通而多漁商客不悟歲月窮振緡迎早潮弭棹候長風予本萍泛者乘流任西東茫茫天際帆棲泊何時同將尋會稽蹟從此訪任公 元方行詩此地曾經駐蹕來秦皇遺蹟尚崔嵬採窮滄海無靈藥歸到驪山有刼灰萬里黑風迷鬼國一杯弱水隔蓬萊詩人弔古多遐思落日高邱首重回 明皇甫汸詩萬乘留秦蹕千秋望越山水從溟海外雲自會稽開草樹迴窮髮魚龍候駐顏不知徐市去靈藥幾時還 屠隆同蔡明府登秦駐山望海歌高秋立馬登秦駐海風蕭蕭吹海樹極目迷天不可窮赤縣神洲在何處萬馬長驅巨浪來千鳥力抉浮雲去盤陀石上坐微茫令我魂氣四飛揚閃閃金波騰若木高高赤日挂扶桑諸峯遠近青螺矗大者如拳小如栗雷電砰鏑戲白龍風雲慘淡愁黃鵠方丈蓬萊近可降烟濤彷佛見雲窗瑤草琪花相蔭翳斑麟文豹何紛麗紅顏玉女賽珠箔綠髮金童擁綉幢仰天把酒三歎息安得此身生羽翼謁罷東皇大帝君石邊寶瑟花間弈龍旂翠蓋照潺湲聞道秦皇駐此山苔無靈氣通仙籍空有雄心出大寰三山福地尋難見千古沙邱去不還海神之鞭亦杳滅黿鼉之梁猶巀嵲月色溟濛龍女珠露華淒冷湘妃襪山上荒祠被冕旒老僧香火幾春秋古今英爽眞潮汐酒罷歌殘海水流 潘梅詩提封猶禹甸望海自秦山萬樹花爭發孤雲鳥共還方隅從眺覽磴道足躋攀擬叩金銀闕丹砂少駐顏 國朝袁國梓詩秦駐峯頭縱目看望洋何必起長歎百年興廢青山老萬古升沈碧海寒臺擁金銀無羽翼水連雲漢失波瀾祖龍昔日眞堪笑鞭石未安能訪大丹 尤侗同錢武子登秦駐山詩孟冬寒未嚴海山淨如濯客懷恣孤往況乃覯朋樂躡屐力既煩進艇道仍邐雖非縱三驅聊且駕六駛屈曲躋曾岑盤桓憩蘭若朔飈正怒號巨浪羣噴薄天陰叫鵾鶴潮鳴上鯖鰐吐氣象丹樓飛鹽似沙漠遙指一點烟中流隱城郭秦帝昔東游茲巒駐行幄金革銷榛莽羽衛化猿鶴野廟遺荒村香火慘寂寞木杯何年渡錫杖自今卓殿宇本宿構甘泉出新鑿茗柯隨起元箸暫休解塵縛興至憺忘歸景移逝將作急鞭日下短帽對風落平楚散牛羊坐林聚鳥雀回首望餘青暮雲漫寥廓 彭孫遹詩積陰生霽色一望隔塵寰谷水煙中樹秦溪雨後山參差青靄裏隱見白雲閒待約攜笻往捫蘿此更攀 鄭時敏泰峯遠眺詩幾堆風葉因霜老一片天光傍水停望斷錢江舟沒處夕陽影裏暮烟青 按察使秦公瀛詩華陰山鬼遮秦使沙邱轀涼祖龍死輦道猶傳駐翠華靈藥何曾獻徐市憶昔東巡萬騎喧滄海日射如車輪赭鞭鞭石石亂走直駕屭贔乘黿鼉中原逐鹿今何有三泉水涸陰風吼阿房宮已盡成灰安論紅顏葬荒阜巖花還似美人容巖月曾教照六龍子規夜啼翠微裏廟門寂寞鎖深松

嚴家山 潘家山 荷池山 羊頭山 四山皆秦駐支派澉水志

白塔山 在縣東南二十里海中山上有白塔因名舊有港通魯浦名曰白塔潭海舟多泊焉至元志 國朝朱彝尊櫂歌橫浦東連白塔雲下方鐘鼓落潮聞結成海氣樓相似煮就吳鹽雪不分

望虞山 在縣東南二十二里高九十丈周迴一十二里至元志 在海北登之可南望上虞諸山趙圖記

土山 在縣南一十一里高十丈周一里海鹽圖經

大步山 在縣南二十里高五十九丈周三里海鹽圖經 在秦駐山西石馬山東北上有丁山神廟蓋潮神也澉水志

小步山 在縣南二十里高五十九丈周二里海鹽仇志 與大步相連旁有音樂墩每陰雨夜靜時聞其中有音樂聲澉水志 國朝徐點詩曲水沿沙岸疎疎白屋多山低鶯滿樹草淺石牽蘿樵徑聞人語孤舟發榜歌霜肥老橡栗策杖一爲過

青山 澉浦鎮之主山武原志 在縣西南三十五里高五十丈周圍四里隱若龜形海鹽仇志 亦名龜山上有烽堠趙圖記

長牆山 在縣南三十五里高八十丈周圍一十九里舊經云秦始皇東游登山望海以其孤聳遙望勢如堵牆因名至元志 下有石巖臨海名穿山洞海鹽仇志

黃道山 澉浦鎮東三里海上其南有黃道山海鹽圖經 與長牆山相連上有黃道神祠下有龍眼潭舊名白龍窟乃宋時番船所聚明初沙漲潭塞嘉靖癸丑潭復開出汎舟師泊焉續澉水志 宋有水軍寨造船場立燧燧於山頂明嘉靖中於山設東西諸寨以防倭寇大清一統志 國朝常安游黃道秦望諸山記乾隆乙丑夏由武林出巡海口一宿於楊村再宿於新倉淩晨起望海上諸山峯巒羅列指點嵐光於依稀髣髴之間若脩眉乍染而晴雲一抹也就中有如霧如烟與層峯疊嶂相上下者海氣之縹緲而氤氳也大約俱濛濛不甚可辨識云遂過黃灣登譚山山爲譚景升煉藥得道處其南巔曰鷹窠頂孟冬朔日可望東海中日月並出頂上有庵曰雲岫雲集卽雨因之名庵饒怪石及產奇茗以路險峻不果往懸崖一綫九折縈紆時於雲陰斷滅中得之旋下坡磴行永安湖隄湖水兩分中央一隄洵所謂兩水夾明鏡也遠近芙蕖搖紅漾綠溪光人影俱在荷香霏微中矣次過澉浦登黃道山山左有祠祀古賢令黃道山以是得名其間長牆連屛青山作案西挹蒳蘆半浸入海宛然作細腰狀迤邐間鳥道盤迴林風颯爽洽然善也崖下海商羣集迤望風帆如飛鳧一點飄漾蒼茫其高出海中若浮若沈者秦駐也世傳秦始皇鞭石成橋卽此至於縣治東郊伯牙琴臺惟土阜若村若橋皆以聞琴名不知山林窅渺羣鳥叫號之際向有伯牙之靈來往其間否又不知成連當日果有師方子春在海上否夫人生與會各以所寄而殊而高超曠渺之思多得之登山臨水之頭昔之人聞樵歌牧唱且以爲洗盡十年塵垢而況浩浩焉俯萬里之長空淩千尋之絕巘霄漢其其徘徊天日供其摩盪者哉

大巫子山 小巫子山 二山在黃道山外水甚湍險不可渡續澉水志 秦駐山之東海口有巫子山明一統志 國朝朱彝尊櫂歌巫子峯晴返照開傳聞秦女葬山隈閒聽野老沙中語曾有毛民海上來

篠山 在澉浦鎮東南六里海鹽圖經

石帆山 石帆山在長牆山外海中有立石如帆故名澉水志 古時有神現其上月霽則吐蚌珠陰晦則曜神火舟觸輒碎人莫能涉山下石帆村有古田甿名王家甿今廢爲海武原志 國朝陳光縡詩海上行吟憐海樹蜃樓初散餘煙霧石帆山上石帆開似欲乘風橫海渡相傳此地有村墟萬樹桃花十室居不知何年海水溢蛟龍鼓浪傾田廬居人一去無消息雲朝雨夕迷南北初晴海上露枯槎細視街衢猶可識有人拾得崇甯錢歷數歷年心惘然石闕殘碑水中沏波紋似刻深迴旋更見樽罍狀殊異摩挲散落松花翠想昔芳筵進酒時幾人歌舞花間醉桑田滄海向誰論何處侯門

樂事繁不道有生皆速化試看海底石帆村

茶山 許山 在海鹽縣東南海中明嘉靖三十七年俞大猷敗倭於茶山洋卽此爲江南兩浙官兵會哨之所又許山在縣東大海中亦哨守要地 大淸一統志

葫蘆山 在縣西南三十五里浸海中狀如葫蘆語曰湖生瀨落葫蘆自若其下有葫蘆寨 趙圖記

荆山 在縣西南四十五里高四十丈周圍三里占永安湖山之勝下有悟空寺 海鹽仇志

颺山 縣西南四十五里高七十丈周六里 海鹽圖經 在永安湖閘南

葛母山 在永安湖東南下有渾水閘洩湖水入海

伏獅山 在永安湖東北 以上續澉水志

雞籠山 澉浦鎭西南六里 海鹽圖經 在永安湖東際地名徐灣 澉水志 以形似名 明一統志

大山 在湖上左有蓮花峯右有合掌石頂際有望牛石 澉水志

九杞山 在永安湖子丑之位舊名杜家灣九杞翁許相卿買置杜曲岡雲濤莊因以名其山 續澉水志 別詳園宅

鹿山 縣西南四十五里高六十丈周四里 海鹽圖經 以形似名 明一統志 在中湖塘西與譚山相連 續澉水志

鷹窠頂山 石帆之東有鷹窠頂山 明一統志 在縣南三十里 海鹽圖經 山前臨澉湖後枕大海形旣壁立路更紆迴凡九折而上饒怪石及產奇茗其上有庵曰雲岫庵松寮竹徑迴在雲表 車大任記略 鷹窠山鳥道千尋懸崖百仞襟帶湖海吞吐日月而且絕頂岧嶤靈源潛通蔓草蒙茸偃芽軋茁可謂山川儷秀泉石兼資者矣 許聞造序略 南陽山雄峙海堧下瞰南湖雲聚卽雨有庵名雲岫 沈友如雲岫庵記略 山下有長水澗由山麓至庵有九曲逕初憩亭三休亭獅頭巖合掌巖庵前有泉深丈許旱澇不加盈涸味甘列名雪竇泉山頂可觀日月並出山背有開元庵 雲岫庵志

山下有仰天塢 澉水志 明陳梁雲岫觀合朔記略月與日隔金水二天日大二百倍許也人目蔽於近謂日月等方升自殊日光恆掩月匪先匪後兩不相掩惟十月一日之辰國語會於龍尾是也是日之前一日會雲岫快飲日漏之四下小憩促起櫛沐則星爲霧掩寒氣逼人行滏草中達頂霧益昏重俄而見一二星又見霧如彈絮如車輪足下起頃之金光赤焰如線橫經於天自喜日升乃十百金線忽合而蜃城市萬象宮闕千門層層閣道復茂林崇山村居屋角窗櫺清楚傍有靑色雲狀如龍鱗爪儼然口吐珠雲數丈須臾海底推出一輪色若丹砆心目晃晃稍見紅數謂常日耳竊究合升必併見月今夾氣如許佳月在何處方競猜疑而殘蜃忽送月印日心二輪合體雪裏丹邊相摩盪還轉不止海天俱動不可思議目中或作黑日千百或作黃日千百或作白日千百恆恐身爲所攝與山俱墮抱石疑眸噴嘖又二刻許日光稍侵目漸不可逼視矣

明貝瓊九日游鷹窠山詩忽忽已九日出門淨無泥地偏實斗絕有山如會稽賓客後雜遝傑夫各有攜天風海上來我馬驕且嘶咴陀出險徑窈窕遵迴溪前登鄭家嶺始覺華蓋低作者四五人更託千層棲日午叩

其戶不愁蒼耳迷欲俯棲鶻巢上淩萬丈梯豈但一畏猛
虎彷彿聞天雞共燕脩竹林落日猶在西相看且一笑
四郊多鼓鼙許相卿雪後游雲岫峰詩深雪撩狂興
長蓑弄晚寒翠淩孤突兀玉拱萬巑岏勢合疑包地塵
空惬凭闌野情多僻向閒處擅奇觀得句浮眉宇抒思
入渺漫詩魂清到骨仙意欲騰翰認路樵無跡題名竹
有瘢餘生饒樂事無地著憂端 錢箫游鷹窠頂詩孤
峰倚天碧側徑入蒼烟蠟屐還今日題詩自昔年磴雲
生古木溜響落寒泉極目滄溟外蓬瀛一點煙 國
朝魏世傑詩九折登禪院鷹窠頂更高捫天疑有路載
地信無鼇石筍如村叟松根識海濤謂宜常到此痛飲
讀離騷 徐豫貞秦山北峰觀合璧詩燭龍無光天地
合崑崙若木遙相接海色蔥朧夜氣封層巒晛動青蒼
蹋天門沈沈星漢垂羲和鞭日窺咸池洪濤崩迫混沌
鑿二儀清濁分何遲雲螭擁駕雙精一萬古光芒偶相
匹碧海中涵赤馭浮銀蟾斜抱金輪出積水紅霞旭影
東 孤笻淩石坐芙蓉秦皇山北三千丈晞髮雲中第一
峯 查慎行鷹窠頂觀日出歌吾聞堯時十日曾並出
域內大水凡九年自從羿射九日落大禹注海納百川
獨留一曜隨天全爾來四千一百七十載朝朝沐浴蛟

龍淵登州蓬萊閣太山日觀羅浮顛文人游跡往往到
鷹窠之頂僻在東南偏海隅荒陋題咏少好事或聽旁
人傳奉率九月晦後十月朔是時日月行同躔初生類
合璧吞吐寅卯前居民生長此山頂目所睹記云偶然
況乃游人一生或間至何怪欲觀無由緣我來此處看
日出要是乾坤曠蕩之奇觀山高地窮天水連尾閭東
洩茫無邊明星有爛黑氣作霧非霧兮煙非煙移時一
痕破滿空血色紅殷鮮乍浮復乍沈水底疑被長繩牽
須臾湧出水面圓紫金光現榑桑顛自東而西不知幾
萬里一線倒射洪波穿亦不知自高而下幾千萬萬丈
一躍直上團團天觀者目眩心神遷
卻尋雞聲到宿處松窗黑暗僧猶眠

譚山 縣西南四十二里澉浦鎮四十里海鹽圖經 山在永安湖西紫雲山之南有高嶺過此入海寧界乃南唐仙人譚峭得道處 續澉水志 國朝彭孫貽詩譚山高嶺白雲間亂石蒼苔鎮日閉五色雲封丹竈冷萬年芝雜野花斑神洲隔海多靈草越嶠浮空只遠山行把化書巖際讀卻忘林月下松關

金牛山 在縣西南五十里高一百三十六丈周迴四十里至元志 亦名會骸山 寰宇記 國朝朱彝尊櫂歌招寶塘傾水淺深會骸山古冢銷沈都緣世上錢神貴地下劉伶改姓金

邵灣山 縣西南三十六里澉浦鎮西八里高七十丈周八里海鹽圖經 有嶺亦名邵灣嶺在黃巢衖之南澉水志

大旗山 在澉浦鎮西八里海鹽圖經 相傳劉裕勝孫恩於此澉水志

紫雲山 在縣西南三十六里相傳唐建中時有村女患頭瘋惡於兄嫂出耕山下有紫雲輒覆之事聞詔入宮山名本此 趙圖記 國朝錢載詩唐代記耕女紫雲常覆之入宮非豔色賦命偶應時王者蘭生

谷騷人木有枝寄言與兄嫂轑釜亦何爲

茶磨山 縣西南三十七里高二十丈周三里海鹽圖經 山下有港港外有城塹昔人避兵結砦處 武原志 伊志案明嘉靖初海昌許相卿棄官隱居於此詳見圖宅

南山 即觀音山 海鹽圖經 續 在縣西南三十里 伊志 國朝鄭壽平詩暖翠浮嵐風日佳插香爭試踏青鞋溪田水涸生魚筍山店煙輕傍鹿柴霤滴冷雲融石乳衫吹香粉落松釵行歌木杪樵相和一路幽尋到會骸

石屋山 在縣西南三十六里海鹽圖經 山與茶磨山相接上有石疊成屋舊傳黃巢時民避兵處澉水志

金粟山 在縣西南三十五里高九十八丈周迴六里有

石篆三十八字天冊元年刻碑有廣惠禪院至元志山周

六里一名六里山海鹽朱志山在紫雲西北上有秦皇劍池海鹽徐志　明張寗詩溪深通小艇山峻露層臺林葉經霜盡河冰近午開閒雲僧出定舊雨客重來擾擾浮生路經過知幾迴　王守仁詩金粟峰頭縱遠觀山雲不動萬松寒飛崖濆碧雨初歇古澗流紅春欲闌佛地移來龍窟小僧房高借鶴巢寬飄然悟卻離塵想一笑天風振羽翰

夾山　縣西南三十五里高六十丈周迴七里山居金粟金牛二山之間因名至元志

冉里山　在金粟南楊雄云四皓避秦居藍田山海鹽有藍田疑四皓隱此故名海鹽仇志　國朝楊崑詩石磴歷層梯登高俯望低一拳青拔地四面碧圍溪林響鶯調舌崖香蘚腕牖採芝人可到遺跡恐無稽

寳家山　在澉浦鎮西南三里海鹽圖經

吳家山　在澉浦鎮西南三里高五十丈周五里海鹽圖經山後有慈竹灣續澉水志

鳳凰山　在縣西南三十九里澉浦鎮西南二里南臨大海最爲衝要有寨大清一統志形如翠鳳之展翅山前有地名細米灣續澉水志

月山　在縣西南四十五里與小山相接去澉浦鎮西三里海鹽朱志在鳳凰山側續澉水志

澤山　澉浦鎮西南五里海鹽圖經在泊檣山前與鳳凰山相對續澉水志

泊檣山　在縣南三十五里高一百五十丈周迴四十里伊志案海鹽圖經云周四里此十字疑衍輿地志云始皇東游候潮渡海泊檣此山下因名至元志

羅漢山　與泊檣山相連東抵礀頭門路山下地名羅漢灣古有長眉大士庵今廢澉水志山陰曰翠屏山海鹽圖經

礀頭門山　一名廟山縣西南四十五里高五十丈周五里海鹽圖經有礀王廟故一名廟山伊志案山上

沈氏山　半湖山　在縣西南四十五里澉浦鎮之東北海鹽仇志　伊志案半湖一統志作半湖二山相近

惹山　在澉浦鎮西北五里海鹽圖經上有普明院及朱令公廟澉水志

墓澉水志

陸墓山　在澉浦鎮西北五里海鹽圖經以姓得名莫詳何人

石馬山　一名隱馬山澉浦鎮西北海鹽圖經與礀頭門山相連宋時官給亭戶煎鹽之所至今謂之官山續澉水志山上有隱馬石舊傳有馬隱入山中今山石多有人馬隊仗形澉水志山分兩支如巷有村名文溪塢幽僻儼若桃源殷水遺聞　國朝楊崑詩近山拱揖若送迎遠山退縮如逍藏海上環峯九十九峰相接成低昂初從細路歷高嶺仄徑上躡愁顛僵路窮水轉山亦轉石馬登立排青蒼開闢何年攤毛鬣屹之不動愁王良昂首東向奮齒頰似欲下飲清滄浪瞿塘灩澦水出沒巨石萬古危舟航神人之鞭匆遽動恐我石馬越海趨扶桑

東石屋山　澉浦鎮西五里海鹽圖經在陸墓山西續澉水志

馬鞍山　在縣西南四十五里西北去澉浦所五里明嘉靖中參將盧鏜敗倭於此一統志　大清山旁有分金嶺澉水志　國朝徐豫貞由馬鞍山麓至澉水村詩西山斷續水迢遞水曲山回致頗饒夾嶺松杉穿徑沿溪村落過雙橋試茶晝永黃鸝囀煮繭風清紫楝飄斜日歸筇堪入畫遠峯幾點淡青描

楊山　石塔山　馬鞍山　碧里山　四山並在縣西南四十五里海鹽圖經續　四山相連東北去鎮八里澉水志

黃毛山　在澉浦鎮西北四里

葛山　龜山　並在澉浦鎮東北明吳文憲詩葛嶺復開眺振衣天若低萬雲驕覆晦紅樹醉臨溪石澗幽逾勝茅岡亂亦齊一尖當面出縹緲硤山西　國朝彭孫貽游葛山詩芒屩輕裝

未覺貧入林猿鳥狎逾馴山花匝地迎幽客丹竈無人訪谷神溪活自炊魚作飯草香新與麝爲因此中暫別渾忘俗避世終期老逸民　徐點龜山詩葛嶺東南道常年款斧柯樓蓮一枝上曳尾小山阿洞戶雲霾黑山家休外多登臨時一盼溪釣有披蓑

管山　縣南九里以上海鹽圖經　明吳文憲詩管山小一邱屧齒卻矜秋樹老青鳥穴臺荒白鶴樓噴雲朝霧熟剛翠午樵幽亦復臨流水蘋花攪釣舟　國朝馬世榮詩楊柳生稀桃有村郵煙亭午欲生廚何當便覓句龍爽爲寫春山蠟屐圖

豐山　在縣南一十八里高一百三十丈耆老相傳云秦始皇屯兵於此有石屋三所昔有發之者蜂蠆蛇虺不可近至元志　伊志案海鹽圖經云山產石色黃而堅土人採伐者衆不特地脈傷殘抑且毀及邱壟此當如周官之法設厲禁以守之

古黃山　在縣西南三十六里海鹽圖經有高王山與此相連明一統志一名古杏山產筍甘美甲於諸山伊志　國朝徐豫貞從海甯至金粟越嶺過古黃山詩信宿東林綠翠間又攜雙槳打青灣溪迴貼嶺藏僧寺崖斷穿村過別山雲外入雲羣木杳畫中添畫一筇閒日斜再上平頭艇煙浦仍隨野鴨還

橫山　在縣西南三十里伊志山去縣實四十五里顧況所居唐縣令劉長卿有過橫山顧山人詩有寺曰禪寂院至元志別詳園宅寺觀　國朝朱彝尊橫山題名自梅花溪逆橫山十五里而近予徙居溪上凡七年始一至焉上有顧逋翁讀書臺翁詩所云遙向雙峰禮磬聲是已同游者周篔青士繆永謀丁野鄭明隨始沈進山下也山雖小有岡有岫有章有隆有密有砥有巖有潭有埒塞者可闢爲徑高者可升爲臺其下多居民守望可以相助乃與四子謀結鄰於是而皆無其貲也登舟悵然聊書於壁以俟之異日焉　明崔培元晨游橫山詩星落鐘聲一路聞到

來無伴指鷗羣僧燃折葦朝煙溼起作橫山寺後雲　國朝李良年看新漲至橫山詩十有二句河坼底宵添尺水一溪渾了無沙觜眠鷗處忽見楓根繫纜痕野老桑田元近海詩人苗裔尚成村　沈進早春橫山懷朱錫鬯詩蘭若雙看雙峯翠掃門憑槁春草斷垣生黑髮心原峰近懷人禮磬聲梅花高館落春草斷垣生黑髮心原壯名山業未成知君甘寂寞棄世學君平　盧存心詩偶到林亭水石邊僧寮一縷上茶煙道人愛聽松風韻閒就雙峰石上眠

小橫山　大橫山北一里曰小橫山柳志　國朝周廣業小橫山詩大橫與小橫相望不相卽渺渺逋翁臺長松帶暝色古石樹根蟠荒阡苔痕破春風何處多此山難久臥

沈山　在縣西南七十里高三十五丈周迴七里舊經宋臨海南陽二郡太守沈景葬此因名唐屬蘇州海鹽縣昭宗大順中割歸杭州今沈山即鹽官縣硤石鎮之東

山至元志或以爲審食其葬處故名審山誤也昔海鹽令周彥倫至此謂其林境清灑亞於鍾山故山北亦名北亞山大清一統志

沈山俗名東山鹽轄也海鹽徐志明蘇平登審山詩冠蓋相逢總俊髦登臨此日興偏豪青山有約聯同社黃菊無情笑二毛萬里碧天連海迴兩峯秋色倚雲高誰知顧況臺前月還爲詩人照錦袍王守仁審山詩朝登硤石巔霽色浮高宇長岡抱迴龍怪石駭奔虎古刹凌層雲中天立鼇柱萬室湧魚鱗晴光動江許曲徑入藤蘿行行見危堵寺僧聞客來袈裟候庭廡登堂識遺像畫繪衣冠古乃知顧況宅今爲梵王土書臺空有名煙埋化煙莽蔦井雖依然日暮飲牛羖長松非舊枝子規啼更苦古人豈不立身後杳難睹悲風振林薄落木驚秋雨人生一無成寂寞知何許

木山 在邵灣山之南産茶最佳號雲霧茶又木山南側有巨石拔起三丈其上寬平二丈許中作微窪圓如盤

石以羅經安窪處針即轉而指北俗號曰倒針石伊志

海 在縣東五里南纔二里與明越二州相對耆老云深夜籟寂時越山雞犬之聲相聞海瀕舊有鎮海樓海月亭龍王廟有崗十八條爲海潮之限因潮汐漂蕩日久今皆爲魚龍之宮無復存矣崗僅存一在縣學南五十步南抵澉浦三十六里番舶萃焉東北抵乍浦商船間至至元志海自金山乍浦渡縣城至澉浦黃灣海昌縣界岸皆斜傍而南過赭山錢塘歷臨觀以及四明復斜出東北向大洋故此縣雖遠睨窮髮而實內屏越境紆迴曲島風氣苞函與他海不同此縣潮頭朔望再至餘日遞退半月復月三日十八日再至潮王餘日遞縮亦半月復若夫天雲忽垂一海盡黑若有漚泡在釜沸泣土人以爲海唑唑萬喙聲言海發聲洪囂如萬喙齊喧也唑發時多在晚及夜恆有海鷗千百羣鳴助其湫惕便若崩濤已從空半瀉來元監州至欲登屋脊避無怪爾南唑句風多北唑句雨多土謠云其暴溢謂之海嘯蹙口出聲曰嘯蹙海水出之使溢應亦曰嘯也又雨後初霽海色氤氳如炊有海市爲樓臺人物車馬狀俗呼曰海現矣夜亦常有火光飛出海數丈許分爲碎小火忽又合併作一此則元虛賦中陰火潛燃者是也又近年

正月中忽見海中有火如鐙者二後有衆鐙百十隨行人立高處望之以爲海船所懸鐙竟無有乃知是鯨魚將子出游爾裴氏記云鯨魚目即明月珠故其光如此海上無山處盡石隄藉以捍潮製作宏整詳別海塘凡海色晝如空夜如合春如進冬如歸夏秋如驕日海平雪海深雨海悲風海怒月海樂不一也海鹽圖經國朝魏際瑞海市記海鹽有放庵庵之僧曰自慶者曰吾居此十年矣亦嘗見海市城郭人民樓觀猶登州也惟城中牛馬出則大水無牛馬水亦不溢云是爲庚戌二月二十有五日是日也春初霽草木之華得霽而榮者如積怒之不可遏于是大中丞范公遂以次日霽定巡行於海甸予與諸同志者登涉園之石以觀於海瀰水成岸亘如銀沙將不可紀極而林木障其北公忽遣騎來曰海之北樓臺出矣衆皆騎而往則有若石堡者若松林者城垣雉堞者于

是石堡者變而爲亭林木者爲檣山若較城垣雉堞長亘而爲橋橋之上若二人杠帷輴徐徐若行又有山正方如屏者折其角而矗然爲單峯如筆于是而亭者復爲芝芝爲蓋蓋爲盤盂皆有跗承之業業然如籩豆檣之山半析爲二一伏一踞者分焉于是與盤盂皆又爲亭而正方之矗然者爲亞字又爲負又析爲峯而盤盂檣山之爲亭者又爲腰鼓而橋不可復見矣惟歷歷如碎石析爲峯者仍正方也諸爲腰鼓者爲飛蓋矣正方之上爲人獨立焉或曰正方者名鐵山其先爲堡爲枎爲城堞者曰闞牛山人皆可至然則是山也何以變且其或有之也亦見於秋年七十者日末嘗春見之也于是乎自午以至於未之朿而所謂山者亦杳然沒焉土人之謂山也是邪非邪或日大中丞公出入龍蛇虎豹之區往返且萬里沾淫雨暴驕陽飯疏嚼茶方一年所浙民之若茺遹災傷者爲數百有餘萬一旦鐲釋延及子孫天地知公一無所受於是乎不愛其奇矢以相晛予從公之後而以得此巨之也於是乎爲記

明王文祿海上觀日出賦

方虞淵觀委照兮徵回光於崑崙夜沈而家闐兮若鴻濛其未分騶至陰之久晦兮肆太陽之遹轉窅翰音之三號兮又譙壺之五黜瀆胭脂以浹梁兮紛赤縷之飛騰浩洸朗之巨冶兮漾溶液之金精拂扶桑以爀弈兮湧火輪之將升蹙錦濤以衝瀲兮浴萍賁乎青冥跿烏翩其高翔兮燭龍躍以噴雪彩霞絢而霏微兮紫電烱以列鈌捲虹霓之哆侈兮森珊瑚之晶晶蒸浮浮之赭赫兮爛昭昭其大明

陳元禮秦駐山望海賦并序

夫鹽爲小邑海號巨觀石塘亘乎南北千丈如銀秦嶺峙於西南萬尋若翠登斯峻巘矚彼大洋其爲壯覽誠非他境所得倬也猥蒙授簡辱委抽思謹惟雅命之式臨嘶丞妍辭之敢驊厠從蠡測仰質鴻裁辭曰粵稽神禹奏功厥惟會同量宏涵納義大朝宗接扶桑而靡極屬暘谷而無窮若我馬嗥陋邑實處其東徽乎彈丸藐於蟻封分版圖於越境藉作鎮於秦峯乃有大人先生擴澄清之懷勤釆風之駕攬名勝於高深報治平而多暇於是登絕巘臨滄溟騁游目縱娛情問當年之馳道第見夫石仄之與沙平爰慨然歎曰此嬴氏祖龍駐蹕處也緬夫豬鞭走石壘石爲粱求長生于三島渺仙瀛於一航方士跡杳美人祠荒空巖花落危壁莽蒼恣遐睇於析木快遥想乎滄桑淇濤汗漫萬里無際駭浪騰傾十洲在皆方春雨之初晴逞游觀之極詣攬於越之山川探有吳之形勢夫其龍藏蛟門雪

涌雷奔白波夜照紫瀾朝暾播宏音於鼉鼓起疾湍於鯨吞睥眩星河若覆心驚日月如翻撼浮地軸激入天根界長空以一線側倒影而無痕斯放矚之大概猶未盡夫瞻言若乃吐納殊觀晦明異色害師漁子早晚出入鱗族無分於巨微惟錯信乎其不測魚目射波而成紅鼇身映天而爲黑視四瀆等渠流閱百川如溝洫望之有若喜者三光揚釆萬色呈鮮雲錦散文於沙際霞綃流燦於洲前儀當時翠華之擁長駕陽侯來朝於紫煙望之有若怒者聲悒白晝氣結青陽鼉望風而若吼龍非雨而長吟恍囊日鶩旂之導遠馭風雲叱咤于鬼岑孛之有若哀者險火潛然陽冰不冶天吳出沒而莫知蛹像慘黯而難寫似雄主捲吞之餘風悲颻颯颯而來灑至於珊瑚日窟鵾鵬天池望之而識其奇也渾元一氣瀇泎相泙望之而驗其平也崑崙委輸大瀛環外望之而極其大也蜃樓莫狀鮫室無蹤蓬壺若近而若遠遙島非色而非空望之而歎其變幻之何從也此皆或由神運或出化功可助冥搜可禪靈通憶鳳輦於陟嶺感玉舄於臨風留歲月其幾何而今昔收此一睫之中當今乾坤浩蕩清晏呈祥惟河隄之底績及海波之不揚倚中流之砥柱奠浮瀛之天綱竊愧東海波臣一介鰥生待秋槎以問渡從精衛而傾誠雖乏賦海之才賓深望洋之情不自揆其難爲願一游於夫子之門

王世貞海鹽石隄觀日出詩

日者萬物母海爲百谷王兩雄未蕩摩泉有皆韜藏天雞警曉發波臣導余望窮紘露勠紫極際見青蒼回首顧中原破睫猶茫茫倏忽金輪升流光浴扶桑一髮界濮漭黃鬣競縱橫湛湛天猶晞煜煜雲旗張波將駭駁上猋與蹻龍翔無復虞濛汜陽德熾方昌

鄭曉秋日海上詩

孤城海上若星棋聞道三遷事更悲百谷東南空地力九秋潮汐自天時黃灣水落魚鯫亂日塔煙深草木遲鼇鼓年來猶未息何人肉食抱長思獨立滄溟歎禹功長隄隱現亂濤中鹽田何處蘆花雨茅屋誰家燕子風漂泊苔痕連水碧參差楓葉帶霜紅珊瑚樹底垂綸者豈盡天涯白髮翁

國朝彭孫貽秦山望海詩

石磴盤紓葦道開懸崖曾此翠華來空山漠漠春陰合大壑蒼蒼積氣回牛斗東窮箕子國蛟龍南沒越王臺淩風倚許探溟浡願乞三漿飲一杯

王幼華鹽官雜興其一云

陸欲策乘風絕景之良駟水欲駕蘭槳桂棹之輕舟朝驅車孟諸之廣野夕挂席江漢之清流生平閱歷苦未多我閭騶術大九州家人但望安餔糜此事難同妻子謀囊中苦少

金錯刀蹋蹬安能事遠游其二云景光不可住紅顏日夜凋鍊金餐玉徒爾爲追思往事心鬱陶我登秦駐山人言祖龍欲駕巨浪作長橋三山神人望不見流波終古白蕭蕭 錢爾復詠大海秋濤詩聲速城郭暗勢挾海山雄舟樯空濛裏魚龍戰鬭中迴瀾秋望紫陰火書看紅壯志酬宗慤負乘破浪風 朱玟海上竹枝詞寄奴城外海潮過寄奴城內風聲多九里環環三面海海風吹上竹枝歌海東日出山外山海西月子灣又灣月光照海圓復缺海潮應月往仍還鞭山連海如口銜鞭山連山空巖巖泊樹山高難泊檣石帆不動莫抽帆海市原從蜃氣分海壁還作秋鼉鳴南壁多風北壁雨海裏何時得見晴

谷水　谷水又東南逕鹽官縣故城南水經注谷水已全錄伊志案水經注加以考證詳載嘉興縣矣而海鹽續圖經載朱丕基東江考一篇力排酈說其詞甚辨但究不能確指谷水所在又浙江通志引貝瓊說謂谷水爲天目分流尤屬臆斷故均不錄 國朝吳謙牧谷水歌雲峯九十九若翠滿山松借問清秋月先懸第幾峯我登湖上樓湖上秋風發蕩搖湖水光欲墮雲中月

殷水　福見水　海鹽縣在吳郡東南二百二十里地名殷水水名福見吳地記伊志案今莫詳其處矣

澉浦　在縣南四十五里水經注谷水於縣出爲澉浦以通巨海光熙二年有毛民三人集於縣蓋汎於風也至元志　澉浦在海鹽之西宋元時通番舶之處鎮市記詳橋李元黃庚舟行送王琴所之澉川詩晨星寥落曙光浮柳岸風搖送客舟萬點遠山重疊恨一江流水淺深愁淡煙茅店家家曉白露楓林處處秋獨倚篷窗還自笑此身漂泊愧沙鷗

東浦　東浦在鎮東海水舊入礩頭門汲之煮鹽今不可考

鮑郎浦　古老云昔鹽場初開有鮑姓者鑿浦煮鹽因名後沙漲移東浦紹興中經界爲田是浦遂連招寶塘爲河今呼爲鮑郎浦又案南史孫恩作亂海鹽令鮑陋遣子嗣之追之陷沒於此以上續澉水志

橫浦　在縣東二里闊一十二丈東北通故邑西通貰湖南入海

藍田浦　一名魯公浦在縣南長一十八里浦有藍田廟宋咸平六年知縣魯肅簡公宗道重開特利於農至名橋爲思魯橋其浦爲魯公浦面闊一丈七尺紹熙三年縣令李直養重濬又自藍田廟開浦一十八里至鮑郎鹽場以便鹽運以灌農田以上至元志

永安湖　在縣南四十五里周迴一十二里海鹽仇志此本是田後濬爲湖瀦水以資灌溉雨久瀰漫則入於海至元志湖上四圍皆山中間小隄春時游人競渡號爲小西湖續澉水志　水中有長隄分爲二湖羣山環之獨缺其南之十二海外越中諸山羅列湖則南面全受之未存賸存餘堂明詩話余舊藏顧仲瑛詩話一紙乃次韻劉李章治中邀夏仲信郎中游永安湖詩二首字畫絕工楊鐵崖先生嘗和之中有一聯云啄花鶯坐水楊柳雪藕人歌山鷓鴣極爲鐵崖所稱許許雲邨家傳正德十三年秋八月既望先生偕孫太初一元董從吾澐朱元素樸陳用明鑑僧石門明秀游永安湖放舟中流先生舉酒屬太初日青蓮居士與張渭游漢陽湖遂改名郎官公今至此可謂高士湖矣先生詩云一年好月是中秋向夕呼舟抱病游大地清輝翻白晝良宵幽興屬滄洲湖山夜色孤篷遠天水浮光兩鏡浮酣坐不知吟嘯永闌干北斗

挂峯頭太初詩云中秋此地成高會山雨初收澉墅隱望裏星河舟楫近坐中滄海酒杯開月明靜抱黿鼉出樹色晴浮島嶼來爛醉長歌眞自得回頭天地莫生哀從吾詩云青山影裏進扁舟海色湖光併作秋午夜雲濤悲王笛九天風露溼瓊樓直淩牛斗同清泛應有魚龍識醉遊萬里長空傳浩嘯泠然鸞鳳在滄洲用明詩云百年高會滄溟夜璧月鯨波萬里秋避地衣冠回天下土傍湖尊酒水邊樓松杉谷應聞清嘯沙磧潮回捲慢流不用乘風跨黃鶴人間隨處有瀛洲秀公詩云人物百年滄海上釣竿裊裊拂珊瑚前峯吹笛月在水中流放歌秋滿湖夜靜魚龍迴浦澉天低星宿動菰蒲山川勝概自今昔天杜洞庭還有無張甯詩澉湖新漲碧潺湲秦駐高峯紫翠間拂曙雲蒼壓水過春桑柘一綠彌山海門桴客浮何任石上棋翁去不還欲趁蘭舟登望杏林深處草堂開許相卿詩雨閣春雲遲客遊荻灘桃浪信輕舟病身祇合伴孤鶴健語猶能回萬牛隴樹陰成悲宿上煙蕪影斷見浮邱沙棠擬續招尋興更汎蓬萊清淺流 國朝按察使秦公瀛詩三秋泛月永安湖太白山人今已無獨上鷹窠山頂望五更海日射珊瑚

天仙湖 在縣西八里周迴二百步海鹽仇志天仙湖相傳有徐彎故居彎得道者後委蛻仙去故以名湖然復有廟神稱徐王蓋誤以徐彎爲徐王也樂郊私語 國朝馬維翰詩放櫂天仙湖中有徐彎宅罡風海外來我亦方壺客

莊柴湖 在縣西南一十八里海鹽仇志

宋坡湖 一名賁湖舊名宋村湖在縣西三十五里海鹽仇志

通練塘及沈蕩諸水海鹽圖經 國朝朱彝尊棹歌稗花楓葉宋坡湖路轉潮鳴山翠無百里鹽田相望白至今人說小長蘆

彭墩河 在縣西北三十五里都地界

橫河 在縣西三十里周回六里以上海鹽仇志伊志案海鹽徐志卽莊柴湖

鸕鶿湖 在縣西南四十里有黃道神廟故俗稱黃道湖海鹽徐志伊志案海鹽仇志分鸕鶿黃道爲二湖誤 國朝鄭時敏詩湖光淡宕景偏黔瀲瀲扁舟日易斜汀畔草迷黃雀雨岸邊秋老白蘋花煙波千頃留寒月野樹孤村醉晚霞萬里水天渾一色不知何處著繁華徐豫貞詩兀坐中宵一艇孤鸕鶿風急瀲菰蒲只驚波闊湖吞月不道天空月挂湖別浦分帆通異縣長橋偃水斷行艫遙村杳杳雞聲起星亂螢光濬有無

上谷湖 在縣西南六十里周回五里海鹽仇志鸕鶿湖長湖上谷湖俱西受硤川之流長湖東北出支港入於官塘上谷東北會鸕鶿湖東過橫湖會招寶塘入於官塘海鹽徐志

長湖 在縣西南五十里周回三里五百步海鹽仇志

官塘 在縣西二里半自天甯寺橋至常豐閘計二十三里二百七十四步宋淳熙九年守臣趙善悉重濬至元志

招寶塘 在縣西南二十五里一作三十五里宋淳化三年開淳熙九年守臣趙善悉重濬至元志招寶塘長四十里自南境北流至璵城入於官塘海鹽徐志在澉浦鎮市澉水志

烏邱塘 陶涇塘 在縣西二塘並宋淳熙九年守臣趙善悉重濬至元志烏邱塘會南境之水自涇塘橋東北八里至天甯寺前入官塘又陶涇塘自北關外北流至平湖界一十二里海鹽徐志

橫塘 在縣北四十里常豐閘北通南湖滸至元志互見嘉興

秦溪　在縣南三十六里通豐山港接運河法喜寺有碑鐫秦溪二字至元志　源出秦駐山海鹽仇志　國朝朱一是詩秦溪斜日射秋蘋幾箇閒鷗自作隣沙斷柳深魚路狹野橋西去竟無人　吳夔詩偶蕩扁舟去滄波接暮天遠村烟樹杪獨鳥布帆前牢落人將老蹉跎歲累遷夙心在何許東逝水涓涓

古涇　古涇三百一所唐長慶中縣令李諤開通小舟至元志疑即今麻涇脩涇之屬海鹽徐志

獨匯涇　自六里堰經茶磨水出根竺橋入紫雲村路澉水志

白洋河　在縣東沿海塘下海鹽圖經詳水利

六里河　自城濠西抵六里堰古上河也深丈許澉水志

清通港　在縣西五十里至元志

龍眼潭　在鎮東舊傳白龍窟於此今客舟艤泊以待潮澉水志　伊志案志云白龍母冢在長牆山後每歲秋間白龍來視母冢必風雨大作又續澉水志云靈潭在石帆山下白龍母居焉每秋龍來視母必大風雨考石帆即長牆之支峯也　明董穀游龍眼潭記龍眼潭在澉之南二里許長牆山下黃道祠之前余爲澉人未一投足焉乙酉二月始偕王生楊生周生拉李光德爲引導及僧秋林以往春風狂發午潮粘天雷奔鯨走來如崩山去欲縮地石崖林立洪濤吐吞雖魚貫卻立俯視數丈而浪花仰激灑然著面大巫山去潭可百五十步趾若積鐵亂流環射如沸湯然草色鮮碧雜樹婆娑對視可枝數葉辯而不能飛渡也悵望久之聞前癸未六月有兩巨魚東西來不適會於此僅容過之掉尾激水至於山椒業海者皆見偶憶之諗諸光德曰信小巫山在大巫之外相距尋丈其廣視大巫山四之一頹然居乎洴洴之間正西一山去此如三十里者茫茫煙雲水氣中不見其麓的然純黑上平下均如帽屋者上虞縣下蓋山也白塔之左爲秦駐峯大巫之右爲葫蘆灣綿亘圍繞隱若金城而澉之形勝盡矣嘗攷澉浦志有仙人洞在長牆山之後是日由潭左遵海而東躡蹯捫歷至縹岡少憩而天吳簸蕩海氣渺焉際空光德進曰洞尙遠風惡崖危往往沙魚變化成虎叵測請俟他日遂越嶺而還

蛟潭　在橫山東南隅山腹石裂中虛如庵循級而八有泉瀚然冬夏不竭味甘冷相傳有蛟起於此遂成潭橫山紀略　國朝朱彝尊詩雲根雁齒階旁覩怪石裂傳聞此山隅有蛟出自穴崖傾箭栝門水暗元黃血不見下山人悄悵芳菲節

雪竇泉　雲岫山有雪竇泉海鹽圖經互見前條

尙胥泉　在縣西十里尙胥里泉深不見底俗傳以爲海眼殷水遺聞　闕名尙胥泉詩春秋伍大夫忠義與兄俱一片浣紗石千秋磨劍湖秋風魚躍練夜月蚌浮珠畢竟泉源湧奔濤尙向吳

馬鼻泉　文溪塢有馬鼻泉海鹽圖經　續泉有二孔一清一濁一寒一溫遇夏旱涸涸則見土人賴以接飲伊志　國朝吳有榆詩冰谷溫泉自殊域濁涇清渭不同源誰知呼吸相連處便有參差各異門物性一成難變化人情百試易寒暄問渠何苦分明甚石馬山頭石不言

澹井　在天甯寺南邑中水多鹹此獨澹故名海鹽徐志　尙胥橋北有澹井噴沸如珠其味獨澹海鹽仇志　明仇霦詩世味應嘗徧爭如此出塵中冷未須擬寒列爽吾神

平湖縣

雅山　山多怪石俗呼爲惹山地中得磚記云雅山至元志

俗名瓦山明史地理志在縣東南二十七里高五十丈周六里產鐵冶者以不當爐鞴費得免傷鑿山童無草木而遠望蒼翠意金氣使然有十景曰天馬峰梁石峽游仙洞頭陀石一脈泉南極峰望仙嶺萬歲巖龜石端石湖平程志 明孫璽游雅山記畧吾邑東南九山瀕海西偏則雅山也余嘗閱志知其名故少自家食及通籍陸沈簿領無虛歲奚暇於覽勝耶嘉靖庚寅春余家居適潘子溪南朱子東谷至遂命舟偕往距山二里許河盡舟不能前維時和煦景物明熙乃各服宜春服舍舟登陸逕南居人四五家皆棘樊荊扉前帶淺流平浮一小橋踰橋百武至山麓歷坡而上石磴巉絕躋扳卻步折而西盤磴東上東谷足弱不能從相與小憩盤石上天風蕭蕭涼爽襲人少焉復折而南維石齒齒縱橫變態有壁立類人者有盤互類木走長根者有突怒土中類迸筍者類獅象蹲者類虎豹踞者類波濤湧者他莫名狀沿山椒陟峻嶺羣峯蔽面秀拔森羅眞若游龍戢鱗翔

鸞振翮龍從翠巒縹緲天際盡東南之勝者茲山也余游興益濃東谷倦且止復偕溪南躡衣絕頂遠觀近眺景物環會東引陳山之雲北攬吳松之秀南眺滄海萬象浮載波濤吐吞朝曦夕照映彩流光憑高而望飄飄然瀟灑出塵殆有乘槎犯斗之興勝莫能窮日暮循山而下東北漸夷曠有佳僧闢地創小禪室出迓執禮甚恭延坐具茗飲飲訖各賦七言律授以識歲月馬文治夏日游雅山詩所向在巖壑遠游瀾自苦誰加廿里餘雅山亦滄古彝鼎石色焦傑者吏翔舞突起戴有鼇沈雄伏如虎數峯列陣排獨立麾旗鼓岸然三面開吸納千潋浦山情一何孤其胷含煙雨海外送青來一一入畫譜吾曹尋幽心豁達快進取披襟對涼風息足坐茂樹欣此清平時閒情學巢父陸璋林游仙洞詩陰洞蒼苔鎖仙人舊此游逃名同角里結伴有浮邱石髓終難遇靈苗近可求煙霞明滅裏笙鶴到山頭趙伊頭陀石詩潮音動處聚千僧南海普陀山幾層昔日點頭今面壁生公傳法爾堪應龜石詩石作龜形十勝寶乾坤不愛負書奇何人載筆開文字高起螭頭丈碑陸瑤天馬峰詞踏莎行駿氣排空行天無迹幻成危岫嶔嶔碧崢嶸矯首曉烟浮安閶仙丈當風立溟渤潮迴扶桑日出閶東賈客桅檣集遠空似控紫驊騮飛騰鼇背觀山色

苦竹山 在縣東南二十九里去乍浦鎮二里麓有盤石縣志名一片石當潮之衝水師戰艦泊其旁海鹽圖經每歲備兵使者登此閱武千帆飽風萬艫棹雪衝濤敵浪之士聲震空谷明一統志山高丈餘廣數畝產苦竹細而繁故名九山志 伊志案此山高七十丈周五里與今山形迥異前人疑之今攷天妃宮址乃湯山西南之稍𨺗起者圖經所云似卽以苦竹當湯山山上建天妃宮宮後有海口閘元時番船由此進又有竹林庵籌海堂天風海濤軒觀濤閣諸勝山後有竹道人墓平湖朱志 國朝沈季友詩久欲觀東海來登苦竹山仙山當海面新翠似螺鬟有客乘雙鶴憐予贈九還浮生無大藥何以駐朱顏 沈萊詩山頭遙見越潮勢直吞江繡陌花千片晴沙鷺一雙天妃橫嶺坐龍女捧珠降每是春秋汛旌旗耀海邦

湯山 在縣南三十里高七十丈周五里俗名龜山上有瑞祥寺宋李直養置叢冢於山平湖朱志首向城而尾入海有龜之形山有無欲泉吳僧無欲發地得之清冷不絕九山志 明嘉靖三十二年參將湯克寬率師禦倭至此問地名喜曰此我家山也我得地矣遂大勝海鹽仇志

國朝康熙戊辰僧戒律擬建塔湯山之巔啟土築基有珠細而肥頗多因名普珠塔會守備柴京澤阻之不果僅立塔基尋亦毀拆九山續志乾隆三十二年山巔建奎星閣平湖張志 明趙伊詩烟花山際傍孤城憶昨旌旗照眼明海氣似團魚鳥陣江潮猶帶鼓鼙聲幾家村落依荒戍

連歲艨艟集募兵此日登臨成感慨倚天長嘯暮雲橫
國朝朱彝尊詩乍浦遥遥孤城小於甕居民八
九家僅足道幾來弛海禁伐木運堂棟排空駕檣
巢近水壓菱葑陶旅器本窳橘柚包匪貢偶然資懋遷
是豈足民用因而佑船多僻地乃喧鬨增竈遂成郭葺
牆巧羅空闬隨郎罷載行歌雜囉嗊我行湯山椒比邸
治蔬供爲言宏正間紺塔翔鐵鳳苦海迷津人遠望得
毋恐顧乞長者文勝蹤復營綜我口雖不言我心有餘
痛昔者嘉靖中狡倭肆狂縱貫贍寶相輪一鐵亂帆送
幾曾弓仗放但操兵刃弄離亂凡幾年室家始同夢坐
起謝上人吾文未足重于時權舟還特爲令長諷此事
不果行吾機偶先洞　桑調元登湯山望海歌方輿四
際水四周乍浦一角居東陬客行到此望東海奮身飛
上湯山頭滄溟勢與天混一天東海東寒悠悠湯山之
腳插海底山巔往往噴龍湫檣竿成林巨艘轟波力所
到搖輕鷗隱隱黔點出洋面倏忽帆湧如奔牛秦駐一
峰綴萍葉海中春動鋪青油連朝沈冥壓霧積今日日
上紅錦球晴霞光纖燭萬道蛟龍宮室堪窮搜天容海
色徐淡滄未容蜃氣噓臺樓浮空島嶼依微見黃盤山
似黃盤浮瀨海小港潮吞吐艤艎新造塗形鬆訓練水
師鎮重鎮營房移駐千總猻時平有備慎封守廟
謨遠大存懷柔東南西洋開道路高麗大月雙琉球重
譯日來蘇祿國波平濤帖行田疇人間詩景略收拾光
怪還須入海求意行所向無空闊撤漩萬里騎螭蚪蓬
萊方丈亦小景淯盤咸池非遠游九點烟涵一泓水蒼
茫元氣吞齊州乘興不勞擇日出金芝之玉屑充糧餱同
顧親舍白雲下汗漫欲游且復休長
嘯天風捲海水有人驚起麟鳳洲

小湯山　湯山北舊有小湯山因塘工採石遺址僅存雍
正八年總督李衛從參將柳進忠言行文查勘禁止開
採立案平湖王志　伊志案李衛批文據詳湯山逼乍城南策汛砦西建閘口恃以抵禦潮流障蔽海
岸琢進不已則石盡山鬆難免海潮潰入內地之患與
本部院臨勘情形相同乍浦現駐滿營水師重兵又屬
各洋船出入要口若就採石相較輕重懸殊況別山各
處現在開採此地所出無多仰候移咨停止嗣後仍行
勒石永禁云云詳縣志　于東暴詩雷動千椎未肯休
湯山蒼翠是誰留就中若有能言石應解逢人說柳候

觀山　在縣東南二十八里高四十丈周四里一名官山
有兩頂故名內觀山外觀山九山志　康熙二十三年弛海
禁凡商舶由山西麓入石險觸舟爲患因卽山頂建普
照庵設竿懸燈以照夜行俗稱燈光廟因號爲燈光山平湖張志
山嶻突出三面距海左眺金山右睇秦駐日聞噌
吰鏜鞳聲觀濤勝地也滿洲水師海操在其下九山續補志
國朝宋景濂登觀山詩兩峯三面倚狂瀾獨上危崖
縱大觀千點檣烏來日本幾重山翠落鹽官蛟宮隱現
層臺幻雁背高低晚照寒最喜
昇平懷遠慮戈船銜尾出沙灘

西常山　又名鄂陽山吳志　在觀山東平湖張志

陳山一名龍湫山　高八十一丈周回一十五里至元志　山半有靈

湫是白龍所窟水旱不涸不溢又有龍母冢其旁有盤
陀石相傳白龍以三月十八日生於吳之陽山歸葬其
母於此故每歲是日兩山多有風霾雷雨之異山下有
龍祠宋崇寧中賜額顯濟明一統志　伊志案至元志謂顯濟龍王廟宋建炎初加
封龍穴深不數尺遇旱禱於穴必有異物見因取其水
祀之雨卽滂沱每歲七月多風雨人謂龍洗墓括異志
國朝姚湝熙龍湫歌陳山之巔有龍湫一泓高視萬頃流潮
汐來去如浮漚此湫終古清且瀏玉鱗銀甲龍子游三
月十八風颼颼赤縣大夫祀事脩炫服靚妝上山頭龍
身可攖不可求龍靈能躍亦能收噓霧沸雨天悠悠吁
嗟爲母尋其邱　山深廣頂平中多泉脈明置烽堠於上大清一統志
明沈琮陳山記畧成化乙酉九月抵山之興福寺在
山陰之平坡廢弛日久僧楚璣新建法堂後植稚松數

百寺左有徑由松間而上下有龍神祠道松徑躡而上東行僅二里折而南上至石壁下探龍湫湫瀦水一泓瀅潔澄渟大旱不涸掬飲之味極甘美去龍湫四十餘步大石危峙旁如仰盂形石眼泉出涓涓不絕由湫西南而上僅三百步許至絕頂始平曠東南則大海水天相涵一目無際直南則明越諸山如屏障隱隱羅列于百里之外東則金山西則秦駐峯如龍虎騰驤相輔弼然後則二大石高矗皆踰二尋又有所謂龍母冢飛來石仙人洞在別峯弗遂究尋乃取道西崗復至寺中計登山所得曰龍湫曰洗心泉曰瑞泉亭絕頂曰涵空臺臺上閣曰一覽閣法堂曰靈覺松徑曰翠微海山勝槪茲爲出色矣　又九日登陳山詩涼澳互遷易大化斯往還少壯能幾時華髮颯已班猗彼泉石人如脫紅塵寰佳節値良友邱壑同躋攀有酒相持飲有詩互評刪慮靜水不波心與雲俱閒炎炎憑勢徒棄德方崇奸所以五代子自題作痴頑何如侶松菊不爲世厚顏俛仰古今事一笑空秋山　魏驥游陳山詩清溪南面是陳山列障舒屏紫翠間幾度卷簾成晩對白雲時共鶴飛還　黃端登陳山詩羣峯不敢浪爭雄滿目烟雲雨腋風呼吸有靈通帝座徘徊何處問龍宮黃盤浪外孤帆遠秦駐山西落照紅便欲乘槎浮海去漫勞長劍倚崆峒

山巓十月朔見日月合璧 平湖王志　明李天植陳山觀合璧記十月朔觀合璧五鼓起飲酒數行循石磴上至巓天無纖雲海鮮昬霧上下一碧浩乎萬里久之見紅光映於海面則一丸躍起如盤初疑爲日也所升漸細始知是太白世人所稱曉星是也又久之見紅光瞳瞳然忽蒸如霞氣忽散爲波光方瀲灩蒼茫間則兩丸並升日南月北間不容髮斯時日輪未曜月魄微現儼若雙鏡之出於匣而海潮尚未平勢不無掀翻起伏之狀則兩丸亦時隱時現相摩相盪於銀濤碧浪間莫可方物也亡何而月合於日矣但日輪大月輪小月借日而白影存中日含月而晶輝四射鹽官志所稱雪裏丹邊者其斯之謂與少焉日輪洞明不可正視而月之上下東西無從復辨矣愚聞合璧每月皆然但春夏氣昬莫辨隆冬寒盛難登惟此時則天朗氣清傳所稱十月之朔會於龍豨者良有見於此也然則合於子丑過於早合於辰已嫌已遲惟卯末辰初正此朔日出之時乃見耳

山有飛星石 九山志魯應龍括異志陳山觀音殿曩年忽有雨石從半山對墜而下至今二石尚存留題者甚多余詩云錦石雙飛下翠微忽看移入小巖扉靈光夜靜歸山逕翠影秋寒上佛衣瀉海始知鯨欲動零陵不獨燕能飛只今五色曾何補自採奇峯築釣磯

黃山 在陳山東北下有黃山廟 平湖朱志 山有兩頂東南曰大黃山迤而西北稍卑者曰小黃山 平湖王志

暈頂山 在高公山南高三十丈相傳秦始皇試劍暈其頂於海故名 九山補志　明李天植詩千載令人笑祖龍巖前空有白雲封茲山頭角今何在飛作東瀛第一峯　案暈當作隕此暈字疑誤

東常山 在陳山東又名一字山 九山志 東西常山並遙迤而長因名 平湖朱志

高公山 一名高宮在陳山東北高八十丈周八里秀削

異於諸山有始皇試劍石 九山志　伊志案九山志謂試劍石在高公山補志則云在暈頂山二山相連故互書之 山南產沙虎味最美他處無之順治初有林翁隱此 平湖朱志　國朝李爲光高公山望海詩高公斗絕振鼇宮疊巘層岩翠不窮望去老沙渾接岸行來危石總排空吞山雪卷潮頭白射海雲穿日腳紅安得成連聯袂坐秋風影裏拂絲桐

龍尾山 在高公東馬鞍山北山不甚高而尾頗長諸山之結尾也明初盛姓者居山下平宅後高阜得一碑曰白馬將軍之墓 九山志 詳祠祀

馬鞍山 山有兩頂似馬鞍故名 平湖朱志 俗名馬腰山或稱大山 乍浦志 在龍尾山東南 平湖王志

尖山 與益山相連 九山志 瀕於海爲羣峯所蔽自內望之

不可猝見乍浦志

岔山　高二十丈周五里海鹽陳志在茱萸山東北一里秀出羣巃平湖程志下有俞天宅高三尺廣畝餘昔人於此掘得金佛意古寺址今爲樵牧地九山志明李天植秋日游岔山詩扶屐幽尋磴幾盤因過龍尾識青巒西連岡阜形偏秀東望滄溟眼始寬絕壁我甚題姓字荒林誰與問栴檀閒聽牧笛斜陽裏贏得松風雨袖寒

獨山　在縣南四十里高五十丈周六里亦曰獨有山孤峰峭崪不與諸山相接故名平湖程志上有防海烽堠舊置鹽場於此下有獨山塘大清一統志山麓有白沙泉色甚白每越一夕泉面有白沙一層九山志明王梅遊獨山詩何處宜長往言尋有獨

山浮雲將水逝幽鳥與人閒一徑通深谷經年掩舊關春風吹蕙帳高臥若爲攀

故邑山　在縣東北三十六里指海鹽縣高八十丈周迴二十里海鹽陳志作高一丈周三里輿地志云山下有城舊縣治漢順帝二年因縣淪陷爲湖移至此山下後爲故邑巡檢司至元志山久淪於海一名顧邑山平湖朱志伊志案此山至元志與海鹽陳志所載懸殊論者疑焉第元志既云周二十里則其地甚廣難以錐指近平湖王志云應是遷邑後名此處諸山爲故邑山乃統稱計諸山相連合得周二十里之數非指一山爲故邑山也斯言得之然則謂其淪海亦臆說耳至以故爲顧名見趙圖記云顧榮封此似屬附會李天植九山志曾辨之

茱萸山一作蔡岐山　在陳山東南海中平湖張志高二十五丈周四里平湖程志兩山如門中有茱萸港一名彩旗門海舟出入於此

最險乍浦三關此其一也明一統志俗呼其大者爲大莽山九山志

蒲山　在縣東南三十里有外裏二山明一統志裏蒲山高三十丈周五里瀕於海平湖程志外蒲山在海中九山續志伊志案乍浦志山根有礁船攖之立碎溺人無算乾隆十四年署同知葉齊建屋三楹於山巔額曰中普陀植木懸燈以照夜行賈舶葉自爲記王志乾隆四十六年六月颶風圮僧正心募貲重建

黃盤山　在海中平湖程志與獨山相對浙江通志舊與海岸相連後淪於海今又沙長閣舟矣海鹽圖經伊志案澉水志舊傳沿海有三十六沙岸九塗十八灘至此山上岸去紹興三十六里風清月白叫賣聲相聞秦始皇欲作橋渡海後海變洗蕩沙岸僅存其一此山邈在海中而橋柱猶存宋淳祐十年有於傍灘潮裏得古井及石橋樹根之類驗井磚上字知

是晉時屯兵處山巔有石砦今廢相傳昔人藏兵仗其下有發之者輒錚鎗有聲

鬭牛山　在海中平湖程志對獨山洋水甚深水族所聚漁舟捕魚日乘潮一往時見蜃氣多可怪狀海鹽圖經山有二以形似得名平湖王志伊志案茱萸以下諸山皆在海中不與海塘相接

案山　在縣東一里平湖朱志土阜如几案故名平湖王志湖心有地一方立塔以案風水土人因呼曰案山括異志明顧雲鳳詩重來柱國樓春光已過半湖水漾晴波海氣連霄漢枝頭黃鳥鳴野外斑鳩喚壺觴一盡歡登臨殊忘倦東吳指顧間甌越雲山畔遊人笑語多畫舫笙歌亂漁艇泊平沙征帆移遠岸飛輿欲成酣夕曛徙纏綣

祐山　在縣東南二十里明浙江通志高丈餘周六十步乍浦志舊有秦小娘祠小娘相傳晉人也明一統志

土山　在縣南二十四里平原稍突人謂諸山之迤麓云平湖程志 高三丈餘周一里乍浦志 案秦山祐山皆土阜非山也土山雖以土名多露石去雅山約三四里石山相似乃雅山餘脈平湖王志

海　縣東南至海三十里明一統志 乍浦城南二里九山續志 詳見海鹽縣胡觀春日海上觀潮詩海門青一點遙指午潮生拍岸春衫潑連雲遠黛平龍銜銀闕舞鼇戴雪山行香爐天妃殿還聞靜夜聲 國朝沈堯咨乍浦觀海詩一望天無際潮頭隱隱來忽翻千丈雪疑下六丁雷毛骨驚還聳胸襟曠欲開成連何處訪寂寞自崖回

宋元時凡東南澤國潮汐之候官榜於亭以便民乍浦濱大海賈船行泊皆候潮而東北境泖湖通潢浦舊有潮到東湖之說今潮已達漢塘河民舟往來皆以趁潮爲便因考省志所定潮候列於左平湖王志

春秋月				
初一	十六	午末	夜子正	大
初二	十七	未初	夜子末	大
初三	十八	未正	夜丑初	大
初四	十九	未末	夜丑末	大
初五	二十	申正	夜寅初	下岸
初六	二十一	寅末	晚申末	漸小
初七	二十二	卯初	晚酉初	漸小
初八	二十三	卯末	晚酉正	漸小
初九	二十四	辰初	晚酉末	小
初十	二十五	辰末	晚戌正	交澤
十一	二十六	巳初	夜戌末	起水
十二	二十七	巳正	夜亥初	漸大
十三	二十八	巳末	夜亥正	漸大
十四	二十九	午初	夜亥末	漸大
十五	三十	午正	夜子初	極大

夏月				
初一	十六	午末	夜子正	大
初二	十七	未初	夜子末	大
初三	十八	未正	夜丑初	大
初四	十九	未末	夜丑正	大
初五	二十	申初	夜丑末	下岸
初六	二十一	寅初	晚申正	小
初七	二十二	寅末	晚申末	小
初八	二十三	卯初	晚酉初	小
初九	二十四	卯末	晚酉正	小
初十	二十五	辰初	晚酉末	交澤
十一	二十六	辰末	夜戌初	起水
十二	二十七	巳初	夜戌末	漸大
十三	二十八	巳末	夜亥初	漸大
十四	二十九	午初	夜亥末	漸大
十五	三十	午末	夜子初	大

冬月				
初一	十六	午末	夜子初	大
初二	十七	未正	夜子末	大
初三	十八	未末	夜丑初	大
初四	十九	申初	夜丑末	大
初五	二十	申正	夜寅初	下岸
初六	二十一	寅末	晚申末	漸小
初七	二十二	卯初	晚酉初	小
初八	二十三	卯末	晚酉正	小
初九	二十四	辰初	晚酉末	小
初十	二十五	辰末	夜戌初	交澤
十一	二十六	巳初	夜戌正	起水
十二	二十七	巳正	夜戌末	漸大
十三	二十八	巳末	夜亥初	漸大
十四	二十九	午初	夜亥正	漸大
十五	三十	午正	夜亥末	大

當湖　縣東門外周四十餘里大清一統志 南北十二里東西六里東南通故邑西南近海鹽東界廣陳北接華亭舟楫便利地迴村遠括異志 武原縣陷爲當湖平湖王志案縣未嘗名武原一統志云卽後漢時海鹽縣陷處爲是 隆安五年改名東武湖或曰鸚鵡

湖吴地記又名東湖水自海鹽塘北入陶涇又自府城雙
溪橋東過漢塘五十里並會於兹分爲九派北派抵華
亭東北派抵廣陳抵新倉鎮東派抵全公亭抵獨山塘
東南抵乍浦南派抵海鹽西南派抵海鹽界抵嘉興界
合得九焉平湖朱志　明潘之恒當湖記當湖縣東陸地有番僧相日是當爲湖後果陷使君者不
知何許人一馬繞東北角而號馬跡盡爲壖今祀廟曰
白沃民思而報之者也此漢順帝時事我明宣德五年
始立縣曰平湖言與湖平也湖稱放生池自陸太宰與
繩之先公始詳弇州公記中悠然亭所由名也亭北曰
鸎鵡洲今建塔處而弄珠樓展其北塔當樓之南余以
仲冬閏月平旦登樓日出東方當九溪之南首白沃則
最北口也日初出吐半規與水中影今而成璧出水面
則爲連環而浮光萬點政如倒影多寶塔亦觀水之最
奇也樓雄傑特起週列步廊然湖水盪胸不若塔前亭
際爲曠悠然亭皆石柱挺立此中淵邃而澄泓下通海

眼有源湧出分東西流歲旱則禱於斯爲近龍之窟字
前案郎爲陳山龍母居之油然沛然其感召化神爾爾
既歷聖塘闕訪俞僧密於灌莽山居南出二十里可達
乍浦城向從秦駐山眺之以歲暮未眼一臨方朝食忽
聞萬馬奔馳聲僧密云此潮鳴也夫錢塘之有激而聲
也此非其聲聲者耶作當湖記　元金玉當湖秋饕詩
海風吹雨過船頭雲靜波光映素秋百里秦山當落日
十年霍廟立孤洲蒹葭霜後依漁屋鴻雁風高起棹謳
相送使君人載酒醉歌白紵不勝愁　明李東陽平湖
十詠爲過郎中太璞作鸎鵡春色曰春來鵡湖綠春去
鵡湖深清波帶碧草幽鳥啼芳林甯獨知春來與春去
長在鵡湖湖上住　案山晚翠日遠山青青玉案氣漫
漫開爽旦君不見樂游原上易黃昏夕陽雖好空魂斷
　三寺雨鐘日朝鐘晴昏鐘雨朝鐘滿空山昏鐘遙遙
不知處山僧報客客不來又逐溪風過溪去　六橋晴
市日六橋東西南北水橋爲村水爲市昨日雨多今日
晴高樓翠幔紛縱橫　東田社鼓曰搖湖船臥湖月歸
來夢作杭州客日之出東田東鼓塡塡走社翁封肥羊
擊壯豕舞復歌社神喜但願年年好風雨儂衣有桑食
有黍長迎社神擊社鼓　西浦漁唱曰儂家住西浦兒

童識曾呂岸闊秋水深湖上魚鰕賤如土待我他時歸
挂曾功成自買扁舟去　南村書堆曰南村書屋書滿
車南村書聲聲滿家讀書不作村學究身爲郎官印如
斗如今只合稱書鄉不獨書堆人姓張　北原牧唱曰
北原草青牛正肥牧兒唱歌牛載歸兒家在原牛在坂
歌聲漸低人更遠山蒼蒼水淸淺　霍氏行祠曰霍將
軍誰遣汝廟食吳山下揚靈旗燿靈馬神游四方適余
野霍將軍武且神驅逐厲鬼鞭風雲生能安邦死能福
吾民壯哉將軍死猶存　魯公古墓曰荒荒高原鬱鬱
古墓誰其葬之侯姓魯君看佩銅章繫青組有酒誰澆
墓旁土彼獨何人民亦何心嗟哉魯君名至今　　國
斬朱彝尊東湖曲弄珠樓外月輪明九派寒潮一夜生
怪道漁榔爭入市白鰕青鯽滿東城十里湖光一葉浮
五屓塔火浴中流曉來寺寺霜鐘急驚起啼烏掠渡頭
吳娃盪檠溼輕紈西浦漁歌聽未殘路入板橋舟去遠
游人尙擁赤闌干博陸祠東畫舫開兩頭簫管動交杯
城門綏鎖銅魚鑰坐待三更月出迴黃雀披綿出葦茗
花雞剖腹露紅椒不煩蘆應晶鹽滲米汁船娘手自調
鱸鄉蝌舍說豐年秔稻當湖熟最先一雨新晴纔幾日
家家門外送租船化城香利梟幡竿五髻如來石作壇

乍浦南風潮兩信新黃柚子滿堆盤夾岸笆籬麂眼廬
近船花草錦茵鋪湖邊漸少閒田地隄上宜添賣酒壚
　厲鶚東湖嬉春曲深鼂鵝黃淺潑醅出城便逐野鷗
來東湖小有銷金處老子嬉春第一回一片波明與泖
連水西亭館矮於船杏花淺破紅蘭笑似喚韋娘向酒
邊　沈宗禹竹枝詞鸎鵡湖平鏡面磨宵來絡角看銀
河儂家新學吳江調
唱得彎彎月子歌

東泖在縣東北三十里與江南華亭接界明一統志長泖即
谷泖在當湖東北爲三泖之長流名勝志　伊志案平湖王志云春渚紀聞
江左人目水之渟滀不滿者爲泖各地志皆以谷水爲
泖源引據糾轕惟柳志曰當湖乃泖之所自出語最分
明　宋林景熙詩泖口乘寒浪湖心散積愁菰蒲疑海
接鳧雁與天游澤國無三伏風驅又一州平生漫爲客
奇絕在兹游　元楊維楨詩天環泖東水如雪十里竹
西歌吹回蓮葉筒深香霧卷桃花扇小彩雲開九朶芙
蓉當面起一雙鸂鶒對人來老夫
於此與不淺玉笛橫吹鷓浪來

柘湖　縣舊治今屬華亭縣海鹽圖經海鹽本秦縣淪沒爲湖中有小山多生柘樹因名雲間志一作橐湖平湖王志秦時有女子入湖爲神湖周五千一百一十九頃其後湮塞皆爲蘆葦之場今爲湖者無幾吳地記載柘湖蓋伊志案舊志不疑柘湖卽當湖不知武原鄉治城陷於漢爲當湖而華亭鄉治城陷於秦爲柘湖也漢書地理志所載陷湖事乃當湖非柘湖也今柘湖已非縣境以其曾爲縣治特存而辨之

乍浦　在縣東南三十里舊有官湖匯諸水入海明一統志一名乍川歲久湮塞平湖朱志沿山諸水名曰乳溪亦稱乳水今周家堰卽浦之故跡九山續志元至正間番舶皆萃於此今爲海口重地大清一統志國朝陸棻乍浦春游詩買得魚鰕出水腥折來山卉自青歸舟共讀九山志卽是潛夫山海經愛坐沙頭瘦石稜山坳古佛界金繩何人直入驪龍窟擷取珊瑚下鐵罾沈季友乍浦竹枝詞三重碧殿兩層階小拜天妃蹴錦鞵曾向海塘塘上坐何人拾我雀頭釵女伴渾忘金釧落郎君回顧王鞭遲海東日出海西落道是來游無了期陸奎勳游乍浦詩雨過山容好春光刺眼明魚乘潮水下蜃散海雲平橫嶺松花滿浮天竹筏輕羣鷗飛不定宛轉似尋盟九月十日乍浦舟次詩登高餘興在重泊泛湖船黃菊已明日西風又一年寒雲迷古堞折葦亂秋煙向晚橫塘外菱歌幾處傳

蘆瀝浦　縣東北三十八里縣北境之水悉會於此明一統志伊志案宋熙寧六年土人傳肱欲導海鹽之蘆瀝浦以分吳淞入海卽此處宋元祐八年本路提刑羅適開地中得古尼寺碑移置松江白牛寺至元志伊志案宋鄭亶云自松江下口南連秀州界約一百餘里有大浦二十條今記其七曰三林浦杜浦周浦大臼浦郵瀝浦咸崇浦羅公浦郵瀝浦柳者卽羅瀝浦也昔稱大浦今渺乎微矣今浦有鹽場志

嘉興府志　卷十三　山川二　三十五

石亭浦　在縣東北十里通華亭東十五里入海至元志伊志案此浦至元志載海鹽縣下不載松江府下則析縣後宜隸平湖而今平湖志云不在邑境姑存以俟考

漢塘　在縣治西自府城東流五十里經此一名平湖塘明一統志受鴛湖鯱湖諸水東注邑界支分爲七平湖朱志

獨山塘　獨山一帶每歲鹹潮透入耕者苦之史宰亞卿移入數百步別築此塘括異志

鹽運河　在海塘東至蘆瀝場西界廣陳鎮

新開河　在鹽運河東

秦河　在縣東三十里新耕之蕩藉以灌溉以上浙江通志詳水利

金山渠　縣東二十里有黃姑塘又東五十四里經全公亭至金山匯舊有陸地一段順治初年開通平湖朱志伊志案此渠爲浙江鹽盜出入之所萬歷間曾有議開渠者知縣劉士瑗以去就爭乃寢朱志載奸商納賄橫弁擅開事蓋有之

石牌涇　在縣西北三十里承平湖東下之水由麪杖等港入於長泖袁志

鶴嘴涇　相傳機雲飼鶴處在二十四都

過家溪　在華二十二都過氏世居

戈家溪　在二十五都戈氏世居以上平湖王志

香草溪　在獨山塘側雲淸橋北每秋晚水上芳氣襲人平湖張志國朝沈岸登香草溪調寄簇水詞野草年年新涼逆鼻無尋處聞香乍遠但一片圓沙殘霞昏

嘉興府志　卷十三　山川二　三十六

雨生來未曉綠遍萋萋路料不憶王孫歸去爲寄語可還有秋塘過客東柳下停柔櫓江籬遠別悵楚屈空延竚甚日荀鞭桃葉吹葱溪風暮斜陽夢斷竹邑烟墅

七十二灣　舊傳乍浦沿海有七十二灣至黃盤山今可指者數灣而已九山志　伊志案續志唐家灣在陳山西金家灣棠船灣在陳山東大螃灣小螃灣在高公山外胡家灣在高公山西桃花灣姚家灣在高公山東

山月池　池上圍以石闌形如半月德藏寺志　明朱應龍詩池底看明月明月在山頭清光連上下分作兩輪秋

石門縣

含山　在縣西北三十六里大清一統志　山在保寧石門二鄉之界明一統志　一在陳山西北六里嘉湖兩府界中若含物然故名又四水涵之亦名涵山趙圖記　山上有寺寺前有七級浮圖遠可望吳興馬鞍大雷小雷諸山外有龍潭五河涇水出其下張元之山墟名曰震澤東望蒼然茭蘆烟蔚中高邱卓然者指此也崇德靳志　明徐鑛詩秋風來東南秋水自西北排蕩天地清浩浩在幽谷仰首傲白雲俯躬同麋鹿長吟葉亂飛天外雁聲獨暮山秋氣歸萬物亦同宿國朝陳世培詩浮圖直上與雲齊鐘磬遙聞隔水西山徑草深飛乳雀石橋人過轉黃鸝澤蒲自向空潭長湘竹依然落照低坐對五湖新漲後一僧伴我渡橫溪

陳山　在縣西北三十里高一十三丈周迴一里至元志　昔有陳氏居此積土爲之趙圖記

龜山　在治東沙渚塘南一里其形如龜山北有晉銀青光祿大夫李孟之宅趙圖記　相傳演教寺址是也崇德靳志　順治甲午里人建眞武宮於上石門鄺志　詳寺觀

文璧山　在泮池東正德中李尉滋運土成之嘉靖中呂納言希周建浮圖於右學役徐珊侵其地萬歷已亥陳令允堅釐正故址崇德靳志　明黃汝亨記略崇于構文藻之士學宮之東南不下數十步有魁父之邱曰文璧山㧞自國初迄於武廟載在邑乘嘉靖間納言呂公益廣崇之修竹佳木扶疎掩映鬱乎郁郁而增膠序之觀而役人徐珊者輒以狐鼠營窟其中日侵月削割東北之隅以爲層樓複屋未湮之迹僅存而已邑諸生無不蒿目扼腕者長洲陳侯下車興益除損與士民更始諸生發其事以聞侯慨然案故址而討之撤廬毀室纍土以封一邱之山巋然映於修竹嘉樹之間加舊觀而止諸生谷嗟歎息以爲幸甚不佞適以使過語溪博士陳君屬爲記　陳鈇文璧穿雲詩禦兒城西山照屋禦兒城東雲滿谷筆峯峭絕干紫霄瀉影寒潭映淸穀江南竹箭舊叙許髦士今來復楚楚長風吹動雁行高寫破靑天看霞舉

桂山　在明倫堂後高五丈餘上多植桂故名明浙江通志　萬歷已酉令靳一派建魁星亭於上崇德靳志　明靳一派詩采藻章縫集兹山夙有靈名高寶家樹瑞應月中馨堞抱吳雲白天開越嶂靑秋風正花發鵬翮起南溟國朝管鳳來詩何日淮南樹芳香俎豆間文峯回夕照金粟滿秋山月窟移堪近丹梯步欲攀由來成一贊吾道未爲艱

天中山　在福嚴禪院後高二丈許竹木蓊蔚有亭獨峙可恣遠覽石門鄺志　國朝沈昌垣詩翠微隱隱白雲封一點烟霞透碧空駕起神鼇瞻斗極飛來靈鷲落天中溪流宛轉千乘院地軸盤回五祖宮幾度登臨觀勝槪十三涇水下梧桐

斷塘　在十三都臧家涇地都平曠而俗名斷塘山山之

名莫測其由歲亢旱塘東西盡涸涇獨澄清可資灌溉同治癸酉旱甚一村農就浴於斯水僅及踝鐲一巨石俯瞰之見石之上下四旁數十穴大者合圍小徑尺穴中俱有泉溢出 新纂

運河 運河自湖州府德清縣界流經石門縣西北穿濠北出受左右諸涇之水經石門塘入桐鄉縣界北流二十里經阜林鎮又東二十里至斗門又東二十里至嘉興西水驛 大清一統志 自仁和德清東北流入縣界北流十八里經玉溪東流三十八里入秀水界文獻通考載崇德後晉時有運河即此嘉靖中築城亘運河東自小南門而東門而北門城外別開一河以通漕運 石門縣志互見秀水桐鄉及山水總并水利門

語溪 語兒中涇一名語溪自縣東五十里達嘉興南谷湖 至元志 禦兒之名尚矣左傳國語吳越春秋等書皆然史記中獨年表字作籞逮西漢則易為語而年表又作御後人疑之附會其說水經載萬善歷曰吳黃武六年正月獲彭綺是歲由拳西鄉有產兒便能語因詔為語兒鄉殆枝辭也宋元豐中樂圃朱長文續吳郡圖經又舉俚俗之言曰范蠡獻西子於吳道中生子至此而能語既辨其妄併以語字為訛然班孟堅諸君子豈徇俗以言者竊意漢人以其言之非順類墨子回車之嫌故取其音相近者易之耳若或籞或御亦此意也今俗多稱語溪 至元志考證 案吳越分境越國西北至禦兒與吳分為界通典注云在嘉興縣南有地名禦兒也國語吾禦兒臨之今俗作語字 太平寰宇記 在吳越時為棲兵之地 柳志 有語兒市近漕渠左二百步 趙圖記 又名沙渚塘 明一統志 唐徐凝語兒見月詩幾處天邊見新月經過草市憶西施娟娟水宿初三夜曾伴愁蛾到語兒 宋黃幹語溪閔雨詩二首橋頭五兩搖空飛船頭百丈牽何遲數篙塘水清可涉故鄉千里歸何時塘中龍骨高數層𪓟坼田中縱復橫青裙箬笠倚車臥但有空車無水聲 明王穉登語溪弔古詩扁舟已載西施去此地空留笑語名夜夜月從沙浦照年年花傍野塘生雲深笠澤人何處鹿走姑蘇恨未平惟有漁歌猶古調一蓑煙雨五湖晴

吳本泰語溪舟中詩禦兒城外泥人愁風雨桃花冷似秋無限春波無限恨送將舴艋到杭川 祝文彥語溪春泛詩南溪瀲灩多筬網載酒尋春徐盪槳鶯啼柳岸日初晴滿眼桃花不給賞水漲漁天拍小橋人在舟中如天上行行曲曲繞孤村茅屋三三或兩兩此游遠近莫計程但有芳林吾即往相呼且莫轉船歸斜日山頭還一丈 郭演語溪夜歸詩雲帆入靜夜水客整歸術沙浦暗不開天風一蕭瑟零露下秋裳方舟並載逕菰蒲遠岸回微火林中出札札弄機女鳴螢催一匹顧我塵坌子寢與不安室徂川忽已移深情託蓬華風梧片葉驚茫然付歎息 謝龍寓語溪詩溪上疎梅半吐香海天雲色遠蒼蒼卻憐塵世皆為客莫問并州非故鄉 國朝陳世培語溪春泛詩清和暢平晴嘉陰結啼鳥微風漪流湍方舟盪春曉紫彼川上路紆林翫回遠鳩羽拂柔桑浮陽漾沼麥秀挹露繁青畦滋新草黃鸝吟高柯停橈恣幽討抗塵企蘭亭流觴間行潦修褉貴乘時自髮豈不早

車溪 車溝在縣西七十三里二百步闊六丈深四丈連

接烏程縣入震澤（至元志伊志案志此條隸嘉興縣下蓋今秀水石門桐鄉三縣古悉隸嘉興縣也）石門縣車溪在治東北三十六里西南屬石門北屬秀水南接烏鎮北通震澤（吳志）自石門縣東北流經桐鄉縣北（大清一統志）

爛溪　自石門縣流經桐鄉縣（大清一統志）受車溪及湖州苕溪諸水西屬吳江東屬秀水（趙圖記互見秀水桐鄉縣）

石門灣　在縣北十八里運河水北流東折其形如帶叉名玉灣（崇德靳志詳市鎮）

塘左十八涇　塘之左自西南而北涇凡十八

楓樹涇　南暘涇　朱巷涇　吳陵涇　縣學涇　語兒涇　張家涇　茅家涇　排頭涇　石八涇　瓜塔涇　沙木涇　李莊涇　福嚴涇　徐家涇　黃降涇　游屯涇　毛家涇

塘右十五涇　塘之右自西南而北涇凡十五

南界涇　包角涇　周門涇　雙排涇　斗門涇　新橋涇　褚家涇　上莫涇　秋家涇　羔羊涇　同門涇　土林涇　邵家涇　陸家涇　施家涇

塘南五涇　塘之南自西而東涇凡五

陳家涇　西羅涇　錢林涇　曹師涇　車门涇

塘北三涇　塘之北自西而東涇凡三

嘉興府志　卷十三　山川二　四二

石門涇　長濠涇　五河涇（元虞集五河涇清氣庵詩野老無囂集臨流小結庵滄風三代上清氣五河南）

清池　在縣西二里昔有龍潛於此其水清冽旱潦如一（國朝沈甲秀清池月下對菊詩爲愛清暉好移尊坐月中光浮池畔樹香送席間風夜靜蛩消寂天高雁破空獨憐無靖節幽興與誰同）

桂山泉　在桂山西北隅向有水道通東城河久塞康熙壬子冬忽有清流涓涓自竇出挹之頗甘管學博鷟以石冬夏不竭（以上石門鄺志）

含山泉　在含山下（大清一統志）滃然以清絕似安平白沙諸水雖旱潦不盈涸取水者往來相屬云（石門鄺志）

桐鄉縣

殳山　在府西南五十七里山之西麓爲桐鄉縣境（方輿紀要）高二丈周迴七里昔道士殳基隱居學道於此後尸解焉因名（至元志）山在縣治東南三十五里（柳志）自硤石發脈高二十餘丈周三四里（伊志案殳山無二十餘丈之高然亦不僅二丈之卑縣志及至元志所載似均非實）上有潮音院昔殳道人仙蛻後宋元時有能詩者曾結殳山社佚其名明初貝清江朱以貞游詠於此而郭觀察舜舉與吳洪雅公治西林僧公朗輩復結社焉號邑中名勝（桐鄉徐志）山有殳仙石桐棺塚諸跡（伊志明貝瓊游殳山記禦兒地四平無山其東北六十里有小山曰殳山因殳道人得名殳山之東曰史山庚戌春清

嘉興府志　卷十三　山川二　四三

明陳君仲謀約予游殳山適余被召赴京師而仲謀亦
以雨止今年春三月丁酉天氣澄穆予與仲謀幸無一
事撓乃相謂曰不可以不償所願促治酒肉飲食以帥
陳熊陳魯兩生洎予子翺由大溪北折而東度陌越阡
至殳山之趾居人四五家皆棘樊荆扉雞犬相應彷彿
桃源中而里之巨宅卜氏有冢在山半冢後得支徑而
上高下稚松萬株環合無路俛首松下傴僂行而雲氣
相盪不啻魚泳波濤中山回路盡有石巋然壁立者即
殳道人尸解處其顚有小石突怒土中類迸筍者有盤
互類木走長根者方飲酒大醉昏然欲睡皆踞石而坐
松風謖謖吹人衣耳目爲醒欲過山北陸生來青堂而
生以事出其子聞之爲煮茶來獻乃啜二甌以沃燥吻
已而復東其途漸夷有公主墓云宋孝宗女葬於此又
行至而東山則所謂史山者山視殳山稍卑上建神官祠
人至而禱者前後相屬予亦倦而休焉兩山之中求其
奇峯之環拱瀠布之噴薄如赤城天姥無有也然予意
在於一適耳意之所適亦何異赤城天姥哉觀祠旁古
井井深二仞而泉瑩可鑑疑學仙者洗藥於此或云山
僧鑿石以濟三伏之暍者人獲汲以飲焉山之勝殆盡
於是矣日暮下山路益陗或有雜子石磊磊至不容足

而山陽王氏巨竹千梃參天似非好事者不得造其所
近山又有三湖青停黛蓄與天一色錦鳧往來可畫從
者艤舟以待翺與二生皆登舟仲謀從予徒行歸　又
晨與在殳山詩夜雨四檐絕坐待扶桑暾天高無餘滓
初景方晏温黃鸝萃霜木白雁來寒門所欣居處幽已
忘趨走煩時枉道人過或逢田父言傷哉亂離後衣冠
今幾存賦斂日已急何地爲桃源結茆向絕境收家學
公孫　又殳史二山吟神人夜劃蓬萊股蒼然尚作青
獅舞殳基得道此飛騰烟火千家自成塢前年盜起官
軍下存者如星纔四五我來欲置讀書牀出入未愁穿
猛虎山寒月黑無人聲夾道長松作風雨珮環何日歸
公主泉下銅棺閟千古石仆麒麟罷官守林宿鴟鴞聞
鬼語昔耽勝槪惜殘年共說當時悲老父錦繡池臺已
零落田翁八十鋤新土傷哉土俗尊巫覡伏臘荒祠沸
簫鼓祠旁鑿井深不枯雲氣隨龍有時吐試上崔巍望
沃洲直將培塿齊天姥春前野桃渾欲放雪盡黃精亦
堪煮興來起挾李長庚重載琵琶雙玉女　國朝舒
瞻詩伊余慕消散世慮久不關偶然竊寸祿束身薄領
聞放船千金圩曳屐殳基山疑踏鳳毛行松風鳴珮環
稍解塵土縛長吟開心顔仙翁不可見老屋餘榛菅當

時洗藥臼漫滅苔花斑夜半聞笙鶴雲
中不可攀明當載酒來臥聽春禽還

史山　殳山有二峯其東峯一名史山方輿紀要　高十餘丈山
前有貝瓊宅趙圖記　山有靈官祠祠旁洗藥井今俱存又
山前一土阜村人名曰獅嶼山伊志　明沈艾詩殳山
東畔小芙蓉秀拔諸山
數百重安得身閑陪老衲看雲終日倚孤筇　國朝
王庭詩言從山後路九折到禪扉過日汗流背近風沙
入衣蜨花來鳥獨採藥問人
稀零落存丹井尋仙意未違

甑山　在淸風鄉高五丈許周半里其形如甑車溪之水
出焉趙圖記　山麓有順慶寺桐鄉徐志　山有泉繰絲色甚鮮煮
繭時人爭汲之伊志　明沈周詩林麓蕭蕭寺門幽不
藉扃蒸雲山擬甑障日樹爲屏老衲不
下座對人還誦經閑來復開去空損石苔青　國朝
仲宏道詩誰家遺巨甑突兀作丹邱經歲無人到烟雲

自去
留

東山　在梧桐鄉去縣治二里許因在縣東故名柳志　高五
丈廣十餘畝無峯巒巖壑直高阜耳桐鄉徐志　明姚
文詩謝傳久云亡
東山在吾里雲松枝落落澗草光蕤蕤宋人徐提刑嚮
田訓厥子諸昆名成後老者樂於此願從一登臨景仰
何日
已

王家山　在慕化鄉去縣治南二十五里古傳有王姓者
居焉柳志　高十五丈周三百步王氏聚土成之趙圖記　一井
深十三丈山前臨水隔水有小邱俗呼環山桐鄉徐志

梅家山　在淸風鄉相傳梅處士累土爲山植梅於此

蝌山　在淸風鄉籬東村一阜形如蝌俗呼蝌山頭有橋

日石蝌以上伊志
松風墩 在保甯鄉高十丈廣半里許上有宋楊將軍昇墓越圖記
運河 桐鄉縣北有運河與崇德縣接界明史地理志 去桐鄉縣北八里自崇德石門塘東北流二十里經皁林鋪漸折而東二十里爲斗門又北二十里至嘉興方輿紀要互見秀水石門縣
玉灣 在玉溪鎮運河轉匯處桐鄉徐志 春秋吳越置石門限處在今桐鄉縣西北二十五里東北隸本縣西北隸崇德居民互市於此一名石門市越圖記互見石門縣及山水總 明朱逢吉詩前代兵戈後春來風雨多故家餘瓦礫新進復絃歌矮屋青衿聚歸人白髮過門前水如玉鐵硯正須磨 賀鱗秋日玉灣夜泊詩驛路迢迢送夕陽石門灣口泊連檣買魚人喚溪邊櫂乞米僧歸竹下房楓葉經霜多自落 羅衣臨水不勝涼閒沽濁酒澆離思明日看山認故鄉 姚鵬玉灣春曉詩一曲清江飲玉虹車塵馬跡往來通 笙歌斷續韶光裏樓閣參差煙雨中漁唱時聞楊柳月 酒旗斜挂杏花風泠泠金磬知何處路入雲山翠幾重 國朝萬光泰詩蘋風送客還夜宿石門灣細水如巴字 高帆過屋山鴉兒爭隊鬧釣伴互歌閒明日家林到歸心一夕闕

龍翔灣 在車溪堰北水勢直下至此曲流而西如龍翔桐鄉徐志
桐溪 在鳳鳴里柳志 卽濮川所通處一名梧桐涇古有梧桐甚大五代時有鳳凰嘗集其上故鄉以桐名邑人蔡孟頤嘗繪爲圖盧陵周文襄忱爲之記云嘉禾百咏考 明程本立詩梧桐蔭清溪溪水波粼粼上有五色鳥下有黃金鱗秋雨洗白石春風生綠蘋願學羊裘子時來垂釣緡
車溪 在甑山東南自皁林直抵青鎮南北二十里並溪之田利其灌漑南與車口河相值西南屬崇德北屬秀水南接烏程北通震澤越圖記
爛溪 爛溪有二東自青鎮以東橫亘十里而達吳江西自烏鎮下走潯川而連震澤二溪多支河兩省三府六邑交界處夾岸平疇可資灌漑烏青鎮志
橫湖 在縣治東南三里舊爲大陂有菱芡魚米之勝今僅澄波一道越圖記 明程本立詩橫湖如匹練風景此中稀日暖赤鱗躍天晴白鳥飛寒松蟠石岸春水沒苔磯幾度斜陽晚漁舟渡口歸 邱珊橫湖練淨詩湖自澄江一派分湖波如練淨無氛行行雁落秋空影書破羊家十幅裙

塘南五涇 漕渠受塘南之涇五越圖記 康涇南通河道凡十陸墅涇南通河道凡七永新南涇南通河道凡八南界涇南通河道凡六蔡墅涇通陸墅涇桐鄉徐志
塘北六涇 漕渠受塘北之涇六越圖記 石門涇北通河道凡六新涇北通河道凡六大姚涇北通河道凡六車溪涇北通河道凡九永新北港通澤罡廟橋北界涇桐鄉徐志 伊志案越圖記列北界涇爲塘北六涇之一今縣志所載涇港以百計無此涇名俟考
鮑涇 在殳山南鮑學士宅在涇上明浙江通志

妙智涇　在永新涇東柳志

車口涇一名車口河　在梧桐鄉受康涇及縣河之水西南界於

崇德趙圖記　南通河道凡八

横港　石門涇通南横港北横港明貝瓊詩南行入横港茅屋到林邱落日猶斜照寒潮忽倒流牛羊平野散鵝鴨小溪浮喜見平生友纜邊一繫舟

正家橋港　南通濮院市河

姜家灞港　南通屠甸鎮市河

洪濟橋港　北通青鎮市河

白龍潭　在永新鄉水闊十餘丈其深莫測以上桐鄉徐志

芙蓉洲　在桐鄉北二十五里檇李詩繫　在青鎮廣福院宋陳簡齋書閣在其上當秋芙蓉盛開風景襲人爲名僧詞客吟賞之所趙圖記宋陳與義詩白髮飄然一病翁暮年身世藥瓢中芙蓉牆外垂垂發九月凭欄未怯風又芙蓉洲詞南軒面對芙蓉浦宜風宜月還宜雨紅少綠多時簾前光景奇繩牀烏木几盡日繁香裏睡起一篇新與花爲主人

山水總

府境之山自臨安之天目分支海甯縣東北入海鹽縣境去縣西南並澉浦鎮四十五六里間曰麂山曰鷹山曰荆山曰廟山曰寶家山曰葛家山分列海濱爲郡隄障山下有湖曰永安湖諸山臨之又東北六里曰鳳凰山曰吳家山曰茶磨山曰邵灣山曰馬鞍山並在縣西南三十七八里曰若山曰楊山曰碧里山並在縣西南四十五里　東與澉浦城相直如屏戟東北一里曰青山東南一里曰葫蘆山西有西山寨並在鮑郎市周五六里　一支北行去縣治西南三十五里曰夾山在金粟金牛兩山之間故名金粟山周六里亦曰六里山金牛山東南一里曰紫雲山東北五里曰横山在縣西南　一支西北行三十五里逾長湖曰沈山在縣西六十里又北曰硤石伊志案沈山與紫薇山東西夾水故曰硤石今云又北曰硤石非是　當嘉興府正南六十里北入嘉興縣界舒爲平地其西桐鄉縣之父山東山甑山崇德縣之龜山皆其支云其東爲嘉興縣之胥山一支東行一十三里曰豐山又七里曰土山一自青山東行一十六里曰小步山曰大步山又二里曰泊櫓山曰長牆山横絶海濤如垣牆然南二里曰秦駐山亦曰秦逕山酈道元以爲秦望山云實一山而記者異名　相傳始皇繫舟於泊櫓登秦駐望滄海葬美人於秦逕陟降於大步小步放於會稽今諸山聯絡於數里間云秦駐東南二里曰白塔山浸於海中神仙所居又三里曰望虞山又自海東北行三十里入平湖縣境曰雅山俗呼葱山又十里曰顧邑山漢時海鹽縣淪陷爲湖移置此山壽徙馬嘷因名顧邑山云伊志案顧當作故　又二里曰湯山又一里曰苦竹山又一里曰觀山亦曰官山其南

一里曰高公山少北曰蒲山曰茱萸山皆瀕於海（並在縣東
南三十里許）又東北一里曰益山秀出羣巃（在縣東三十里）又東六
里曰陳山其北界華亭爲柘湖諸山（趙圖記）
海鹽西南諸山從海甯尖山自西過東迤邐而來最峻者
高陽山爲諸山之祖磴道十二盤其巔爲鷹窠頂高陽
之北爲譚仙嶺通海甯道頗險過嶺起硤爲木山頂邵
灣山之正峯也由木山而東爲大旗山過東而北爲二
郎山又北爲石屋山又西北斷而復起爲茶磨山總謂
之邵灣云二郎山陽爲金牛山以有觀音庵又呼爲觀
音山灣之中皆沃土可居木山之北迭起三峯中曰紫

雲山東卽大旗山西曰獅子巖皆秀立而中峯之下迤
北曰小紫雲山大旗山之下又北二小山曰蕭家山陳
墳總謂紫雲山也大紫雲山亞於高陽較諸山獨高焉
山巔夜氣騰上輒蒸熱山北有溪分中東西九曲者三
居人數百家爲紫雲村高陽當永安湖西南自木山而
東有二峯相累而下一飲溯一臨湖者麞山麂山也二
郎山左高硤爲野鴨嶺復起峯而南向者九杞山也又
硤復起爲大山而前蹲者伏獅山也稍折而東復硤而
南者雞籠山也諸山在湖之右起西南而迄東北又自
麂山伏脈過湖夾湖而峙者颺山如象峙其南荆山如

月峙其北也荆山發脈斷而復起者鳳凰山也諸山在
湖之左起東南而迄東北環湖之山旣斷過六里堰有
山拔地而起者名泊櫓山土人呼爲栲栳山以其形似
也其南麓有澤山有横山與隔水鳳凰山趾相錯自是
迤東爲羅漢山其陰曰翠屏山翠屏之東兩山對峙如
門名磡頭門山折而北其過硤處爲井亭頭遂起石馬
山山巔分支横如複壁横列而東有塢曰文溪塢北麓
有小山名石碍山又北復起東西分馳西爲惹山東爲
羊山羊山三峯伏而爲嶺名分金嶺又北而東行爲馬
鞍山又北東爲碧里山羊山馬鞍之北逾薛水港而復

起者爲葛山西爲管山東爲小步山又東爲大步山北
爲龜山又北爲豐山皆不相連屬山從高陽發足斷續
復至豐山而盡其山之沿海並行者自高陽發麞山麂
山過湖以東諸山在澉浦城而黄道山長牆山在澉浦
城東南長牆黄道兩山相連雄峙如列屏至是峯迴巒
轉復自西南趨東北旣平伏而突起者爲青山澉浦近
城當以長牆爲主山舊志以青山爲主山不然也青山
東北爲秦駐山五峯參差旣自南而北復由東而西有
火爐頂直插至西北其南北各有小山爲餘支雖有分
名而總可以秦駐概之沿海一脈至秦駐而盡恰與豐

山相照應始於高陽終於秦駐成一方之垣局而長牆之外大小巫子山石帆山及秦駐山之外白塔山九王門山俱在海中無從知其脈絡云秦駐山東南北三面臨海徐泰志云秦駐縣主山此言最得之至於不祖高陽而自海甯分派者有二焉其一在袁化東包家山渡水起三山曰中分曰金粟曰冉里而金粟有三峰其伏而右轉横列者名古衡山圖經不載古衡統於金粟故曰周六里也其一在硤石東沈山渡水起二山曰大横山自南而北斷而復起曰小横山此外雖有一二培塿瑣瑣不足道矣海鹽續圖經

府境之水其大者三曰漕渠俗呼運河曰長水塘曰海鹽塘而漕渠最大隋大業庚午煬帝發衆鑿渠擬通龍舟起餘杭盡京口廣十餘丈勝千斛之舟唐白居易詩平河七百里沃壤兩三州即是渠也本朝用爲孔道轉運通驛入府境歷崇德桐鄉秀水三縣凡一百二十七里以故給餉津候爲煩西南自湖之德清縣金鵝鄉界二十五里至崇德穿縣壕北出又二十里受塘左之涇十有八而龜山萱城語兒白社墩千乘鄉千步路游屯紀目坡在焉受塘右之涇十有三而何城白馬岡洲錢市陳山含山在焉至石門灣折而東彎環如帶曰玉灣入桐鄉境一十八里受塘南之涇五而車口河王家山東山晏城横河殳山南長營千人坡烽火樓范蠡塢濮院鎮及縣治在焉受塘北之涇六東遲皁林市而甑山松園墩車溪青鎮東皁園芙蓉洲走馬岡爛溪在焉由皁林東二十五里入秀水境又東三十里遶府城中經檇李亭學繡白龍潭南折而北經西麗橋遶府城經河内亭北轉爲月河抱城灣曲如月亦名月壕經北麗橋與橋東秀水合出杉青閘受穆溪水爲北漕渠俗呼北運河又二十三里爲王江涇亦名聞川東三里爲聞家湖東北界于吴江渠之東爲楸涇爲官蕩爲陳盛蕩爲天荒蕩與陳

盛相望南通許家蕩九斤潭西通毛頭菜花諸蕩渠之西爲西溪爲芝溪爲蘆墟塘爲雁蕩爲錢家浜爲和尚蕩是爲秀水縣北之水道圖記

府城以内水皆秀水縣所轄一自西南通越門外引運河水入城在蜆子匯即分一支稍南經興賢橋爲楊柳灣東流爲徐家埭河又近灣北分一支轉東爲屠家埭河其正河北流又分一支出老人橋東流爲報忠寺前河稍北經大悲橋又北分一支東流爲核桃橋河又北過楊公浜至穆家灣有萬安橋跨灣處東流過府學前爲鳳凰池又東經廣平橋至十字漾南一支爲寶帶河北分一支爲韭溪溪口有橋又東經火

德廟橋有南來一支爲錦帶河又東經驛橋爲州後河卽烈
女河又東與州東灣南來正河會而北流爲北門正河
其韭溪北流經紀橋俗名局橋迤北有西來一支自小西門
引水入南受爽溪今溪形僅如曲尺浜東過柳岸由秀水縣前東
出經孫師娘橋車闕橋與韭溪會今自縣橋以東不通舟韭溪北經精嚴寺橋又
北在天慶橋南分一支東流過秀水學前經鍾家橋焦家橋入北門
正河韭溪又北經天慶橋楞嚴寺東橋至傾脂河由楞嚴寺後浜
西來水會而東出臙脂橋又東過天甯寺前經鈕頭橋孩兒橋入
北門正河一自澄海門外南接鴛鴦湖下娛老橋之水
向由五福橋橋貼城門外引入城西有范蠡橋水入之又西

有范蠡湖瀦於城根舊連城外鴛湖築城後乃隔斷城下
舊有涵洞今湮又有范公浜西自金明寺前樵李橋起東流經炒
菱庵橋轉南入於湖今浜間淤其南門正河稍北左過南宮
浜口而北左有張公浜入之右有徐家埭河入之是河西來
經杜家橋徐婆橋西蓮花橋東蓮花橋又北左有毛家浜入之右有屠家
埭河入之是河西來所經亦有西蓮花橋東蓮花橋河東段今淤又北有報忠寺
前河西來經磚橋出醋坊橋與正河會自南門至此曰通濟河
伊志案南門通濟河本從南入爲府治丁水宜來不宜去自城河日淤日淺而城外五福橋之西近更築閘石
岸一帶遏水東流水勢不得進城以致通濟河合左右諸水皆返流南出澄海門計郡城惟西南一門來水其
南東北三門皆去水氣洩無餘所關城內地運興替匪輕當俟衆有力者相與改弦而更張之其水會

處城中市心爲市心河有小水北引卽寶帶河又北卽
核桃橋河西來入之此處壓水建關帝廟廟下有泉不涸又北抵韭溪橋
南之十字漾今河並阻淺不通舟其通濟河轉東經紙行橋斜橋而北至蹲
賓橋分一支北流卽錦帶河其正河轉東經馬鞍橋過府治前
府治南有瑞虹橋不知何時造其橋洞水底連石圓如環橋門闊于河三之二可知城河昔寬今隘其異形有
如此又東爲州東灣灣北經清軍館橋分水左出爲東門正河
稍北經小新橋自穆家灣與州後河之水會稍北經西縣橋過叛橋
分水左出經禪杖橋爲嘉興縣後河又北有秀水學前河西
來出藉袈橋入之經菩薩橋香花橋有天妃宮前河東來入之又北
有胭脂河西來入之又北經衆安橋倉橋出望吳門其東門

正河自小新橋南分水稍東經南縣橋過羅城浜口有蟹行橋又
東分水北出贊福橋經通濟橋出春波門其贊福橋北流
爲興聖河經薦橋舊有二支水東引並達天星河南一支由環秀
橋入今湮北一支由起鳳橋入今通湖水瀦於城根古通城濠東對春波
橋水甚寬至元志謂口闊五十四丈是也今隔於城既久乃漸隘薦橋
之北經騰蛟橋與西來嘉興縣後河會又北經芝橋爲項家港
過港西轉處有劉家浜自東入之西爲天妃宮前河經安
樂橋丁家橋入北門正河此郡城內水道之脈絡也
嘉興縣四境皆水約舉幹河凡十有一其從海甯州來自
南而北流者曰長水塘又東並長水塘自南而北者曰

練浦塘又東並練浦自南而北者曰海鹽塘又東並海鹽塘自南而北者曰麒麟塘卽王廟塘又東並王廟塘自南而北者曰空廟塘又東並空廟塘自南而北者曰衆歡塘又東並衆歡塘自南而北者曰三王子塘又東並三王子塘自南而北者曰沈莊塘諸水皆入平湖塘自郡城會龍山分水自西而東者曰平湖塘卽漢塘中分一支向東稍北流者曰鍾帶塘自會龍山分而東北流者曰嘉善塘卽魏塘其海鹽平湖嘉善三塘爲三縣漕運之道以上諸條乃衆水之綱領此外縱橫其間者則有羅漢塘伍子塘諸水停瀦其間者則有滮湖相家湖諸水凡皆脈絡所關又爲諸小水之綱領也以上伊志

長水塘之水正流至城南瀦爲鴛鴦湖其西流入通越門北流入澄海門又支流東北三里爲螺潭與鴛鴦湖水並匯於滮湖其一北經宣公橋循城而北與秀水合並會於北渠分流入相家湖又東北十五里其一北流入嘉善境之蘆墟塘又東北二十七里入吳江界其一東流爲茜溪十六里北流爲斜塘又北流二十里入吳江界其一東北流四十里合王宿涇北九里港諸水入祥符蕩東北流十里入吳江界一自熙春橋東行經角里街至鳳凰洲逆流中據分會龍橋以東之水南曰漢塘

北曰華亭塘漢塘東入平湖縣境行五十餘里爲市西河南受陶涇水東經縣治又東三百步入當湖卽漢武原縣陷爲湖者又東三十里入泖港歸於東泖接華亭界又自縣西慶源橋南分流經縣南土山雅山與南涇塘柳莊塘獨山塘乍浦塘諸水縱橫會合以入於海而乍浦引海水通於市河又自慶源橋北分流北行經縣社壇而東遶縣治後東出漢水橋又東遶儒學後出儒林橋與學前水合北與縣城北吳祺塘官莊塘方塘又東北與沈塘余塘蘆瀝浦諸水俱入華亭界趙圖記

嘉興縣運河在縣西南通崇德縣北接吳江伊志案析縣後盡入秀水

境隋大業六年開其運河塘在縣西南九十里通崇德縣三十里北接吳江縣界石門縣運河自仁和縣界大麻起至桐鄉縣界石門鎭接待寺止計程三十里桐鄉縣運河自接待寺起至秀水縣界正家橋止計程三十里秀水運河自正家橋起至吳江縣王江涇止計程六十里府城卽以運河爲壕河自通越門外卽西門轉入西麗橋循城北流過小西門外至城西北隅與柵堰橋西來之水會循城東流出北麗橋過望吳門外卽北門迤轉秀城橋與宣公橋南來水會又河水於西麗橋外循城稍迤南通鴛鴦湖湖水引尾流稍北出娛老橋抵澄海

海鹽塘之水發源於海鹽西南境澉浦諸山而淸通港長湖上谷湖鷄鶇湖橫湖宋坡湖秦溪及縣西官塘之水又西通常豐閘諸水合流東北二十五里為橫塘又三里入嘉興縣境為淀湖(伊志參橫塘里數詳見嘉興縣)又自烏邱塘與天仙湖水遶故歟城南合尙胥東合陶涇俱入漢塘港北流為橫塘入嘉興縣境而唐令李諤所濬古涇三百一及宋有魯公浦橫浦貯水陂皆淪沒矣(以上趙圖記)

東湖水自海鹽塘北入陶涇又自府城雙溪橋東過漢塘五十里並會於玆分為九派一自魚圻塘由新埭抵華亭(北派)一自北小港由白沃廟抵廣陳一自廟港由石柱

頭抵新倉鎭(東北派)一自倪莊港由蘖葭園抵全公亭一自運港塘由徐家埭抵獨山塘(東派)一自麪杖港由聖塘關抵乍浦(東南派)一自廣行塘由轉塘抵海鹽(南派)一自平家港由朱車橋抵海鹽界一自新橋港由漢塘抵嘉興界(西南派)合得九焉至西北一支為北城河西南一支為南城河中兩支一為大東水門一為小東水門(平湖朱志)

湖水自西來者四一自湯家浜來一自東水門來一自水洞口來皆貫城出一自北城腳來自南來者三一自南城腳來一自新橋來一自廣行塘來西來之水嘉興塘水也南來之水海鹽塘水也眾水皆匯於湖從東北而

門外(卽南門)又循城東流為濠股河(入嘉興縣境)過淀湖口在春波門外(卽東門)迤轉出宣公橋循城北流於柴場灣上下迎北來水經秀城橋在城東北隅與北麗橋西來之運河接此處三汊水匯而成漾卽稱秀水中有羅星臺稍迤東北出端平橋轉而北出杉靑閘此抱城水勢大略也又運河塘內有夾河循塘如帶相接此歷代所開濬以備節宣今莫考其開濬之始末(至元志參河防志)

華亭塘入嘉善縣境東北行三十里經縣治前登豐諸橋南合白水塘舊廟塘大雲塘又東二十四里入華亭界又自縣西南分華亭塘水遶縣治後而東十二里曰魏

塘河亦名武塘前與太平河會流南入華亭塘東入菖蒲塘又自縣西半里曰伍子塘南引胥山以北之水北經雙蒔港平山塘會西塘入祥符蕩稍東為菖蒲涇北經胡滕塘葉塘又東經張涇匯蓮花涇北會楓涇之白牛塘與查家蕩祥符葉蕩諸水俱會於章練塘楓涇之水又東為秀州塘折而北過泖橋與章練塘之水皆入於泖一自東郭湖西經鱗湖傍引松溪甓竈塘章家港許家蕩北流於夏墓蕩又北達於汾湖東曰石井塘長春塘皆北流合於蘆墟塘與汾湖北入華亭界之澱山湖

去一由普濟塘達全公亭金山縣一由倪莊港小港達大小圩一由廣陳塘達廣陳鎮新倉衙前其自廣陳東北行者達山塘松江一由魚圻塘達新埭泖涇亦至松江衆水皆入於黃浦故浦中潮直過縣治其曰九龍港據港脈大者言之也惟乍浦塘水先分入於普濟塘不入東湖當湖風俗紀略 伊志案平湖王志謂此所載水道微與朱志異朱志乃水故道今則稍有不同耳

嘉興府志卷十四

嘉興府知府善化許瑤光重輯

古蹟一

檇李紀於麟經而吳塘馬嗥柴辟亭女陽亭語兒鄉則見於越絕書且所謂檇李者謂之就李古冊相傳舊蹟難指矣前志采及園宅更附以近時遺築似不悉古矣然閱人成蹟閱時成古今日視昨曶然杳然存而書之供吟咏資考鏡有何不可志古蹟

嘉興縣

檇李城 嘉興縣古檇李地吳之南境春秋吳伐越越子陳於檇李卽此廣記與地在縣南四十五里高二丈厚一尺五寸後廢至元志 柳志云在府城西南四十五里史記載吳王傷指卒於此 案杜氏通典檇李城在唐時嘉興縣南三十七里今郡城經唐乾甯攻築葢已徙而之北故至元志柳志竝稱四十五里非與杜氏異也劉志謂古檇李城在今濮院之西去郡城西南四十五里地屬桐鄉者未的也又嘉興湯志載黃省曾檇李城序謂在郡治南三十里本覺寺考至元以後諸志本覺寺有檇李亭不言有檇李城其地今析屬秀水詳見後

由拳古城 嘉興縣本春秋時長水縣秦爲由拳縣元和郡縣志 案樂史太平寰宇記云故由拳城在今嘉興縣南五里秦始皇見其山有王氣使諸囚來鑿此山囚倦竝逃因號囚倦訛由拳 秦改長水縣曰由拳漢因之案前後漢志皆有由拳縣後孫權改曰禾興而由拳之名隱闞駰曰由拳故城在嘉

興縣南今謂之柴辟卽舊檇李也唐乾甯三年鎭將曹信改城嘉興故蹟益湮方輿紀要　案水經注敘谷水云吳記曰谷中有城故由拳縣治卽吳之柴辟亭故就李鄉檇李之地則由拳故城卽舊檇李城也特城經淪陷莫指其處寰宇記謂在嘉興縣南五里柳志引華亭志曰俗傳三泖中每風息雲開偶登井闌畢見蓋由拳古城二說互歧又至元志載在城五鄉其一曰由拳今訛爲油潭此又因鄉名而訛非謂由拳故城在此也

烟雨樓　鴛鴦湖東有烟雨樓五代時中吳節度使景陵王錢元璙築臺爲登眺之所建炎中廢嘉定閒吏部尚書王希呂因舊址建樓有司相繼拓治爲一方之勝元季楊苗之亂毀明嘉靖戊申知府趙瀛修浚內隍令民出土崇其故址趙圖記　案嘉禾百詠考云知府趙瀛濬內隍淤土移塡湖中構樓五楹邑人

范言有記隆慶辛未兵備沈奎築石臺於樓後萬歷壬午郡守龔勉復築層臺曰釣鼇磯彭輅有記　龔勉重修烟雨樓記嘉禾之有烟雨樓久矣樓在滮湖中其景最勝然爲風雨之所摧也最甚故有傾壞也亦最易余始令嘉迄今僅五年耳而樓之修也凡再萬歷九年復來守郡暇日偕僚友初庵方君輩往遊則樓已圮不可登而頹垣廢舍蕭然在荒荊中無睹所謂勝者余喟然曰此郡之大觀也豈宜久湮苦此時因初至未遑越明年秋七月始克圖新之而別駕華山張君念陶楊君少臺高君咸樂助役於是鳩工飭材而董其事於周丕遵詣樓仍其朴而易其材務令可久樓之後翼以軒軒之前臨流爲臺二層而名曰釣鼇磯蓋爲諸生期也不閱月工成而樓之勝益奇迺復從諸君觴其上左悪郊對諸圜亭榭近列檻前右俯城郭華屋萬家畢人望内其環湖以居者又相爲映帶而湖波浩渺一望烟雲杳靄恍然蓬瀛也諸君相顧樂甚因觴余而請記其事余惟樓之修不知其幾而又豈勝記哉獨念君子之登臨非徒暢幽懷適曠情而已貴在因感以發其遝思今之登斯樓也以覽勝誠可樂矣迴顧城郭而感民物邑居之盛能無思乎蓋茲地雖素稱富饒然邇來歲比不登而民俗日侈賦役日繁其室如懸磬者十之九邑屋之盛麗亦徒其外耳所以憫其窮而撫恤之者豈容已哉苟徒見其盛不恤其窮朘其膏脂以自豐殖則民不堪命而滋盜召亂雖欲覽勝而言其樂也不可得矣此則宦茲土者之所當知願與吾儕共勗焉諸君咸起而謝曰敬聞命遂書以爲記而因以告夫後之登斯樓者庚子郡守劉應鈳修葺以湖爲放生池立碑曰魚樂國袁志凝碧亭浮玉亭竝在樓側秀水李志

國朝順治十八年知府許煥重建尋廢康熙二十年同知李舜有重修又圮雍正八年總督李衛重建樓旁更創亭軒傑閣以復舊蹟浙江通志　李衛烟雨樓記從來樓觀之見於記載者如魏之麗譙越之飛翼漢之井幹晉之射雁唐宋之齊雲岳陽皆崇煥一時誇美後世然不過極規模之宏敞縱登眺之雄奇資

遝客騷人之流連而諷咏而於彼都之風土人物略不相關固可任其廢興若烟雨樓之於嘉郡則不然樓峙滮湖之渚四面潔回當緊流放海之要衝而又居郡治文曲之位龍光牛斗照耀空濛似雨疑烟天開圖畫昔人中流聳峙卽景名樓具有深意既以啟五德三葢之秀史官頻記嘉禾而傍湖以居萬家烟火人佔畢而戶巾箱華國文章甲於汀左斯樓葢實有造焉有其舉之曷可廢哉嘗攷郡志起自五代建樓以來興廢不一而張隅高峙俯納衆流闕合郡士風之隆替往歲採風至郡覩此傾頹慨然以整修爲已任不圖經營伊始荆莽初除嘉郡首占春風既弁南宫還誘及第有以是爲余賀而不敢信以爲果然旋得售閒兼蒐郡乘有明龔太守勉修此樓於萬歷辛巳閱月告竣而朱公國祚癸未卽登大魁本朝李郡丞舜有修此樓於康熙辛未四載告成而沈君廷文戊辰廷對第一方隔之獲驗若是其信而有徵可憑耶抑猶未可憑耶余不敢信以爲可憑而選材趨事樂觀厥成經始於首春鳩工於初夏至七月而役始竣烟雨之樓巍然以高也釣鼇之磯瀹然以深也浮玉凝碧左宜而右有樓前之閣與樓後之軒仍其舊而更以新也而又旁通梵院水上鳴鐘後得清泉

湖心有井披圖案志補苴亦略備矣既樂其成慨然興感於烟雨樓頭進郡之紳士而告之曰朝廷霖雨屬在儒生毋騁烟雲馳聲翰墨也進諸父老而告之曰戒爾子弟飭彼怠荒嘯歌昇平朝畊雲而夕鋤雨也又進我在位諸君子而告之曰傍湖烟火保此綿延膏雨秀苗冀將徧及登樓觸景毋縱覽觀也應者曰唯唯遂援筆而爲之記乾隆十六年以後

鑾輿六幸屢荷

宸題四十五年春

南巡駐蹕烟雨樓

御筆倣米芾意寫爲圖

頒刻湖樓永遠供奉又於熱河

山莊之青蓮島舊址仿式爲之遂合江邨烟景移入

上林澤國林亭益增勝概所有前後

御製詩敬謹裒敍恭載卷首以昭盛遇云伊志

宋楊萬里詩輕烟漠漠雨踈踈碧瓦朱甍照水隅幸有園林依燕第不妨蓑笠釣鴛湖漁歌款乃聲高下遠樹濱濛色有無徙倚闌干移袖冷合人歸興憶蓴鱸　方回詩樓壓重湖壯矣哉樓前圖畫若天開鷗從沙際銜烟去燕在花邊捲雨來傍柳一橋相掩映隔林雙塔共崔嵬闌干倚遍詩無盡晴日須來三四回　唐天麟詩百尺高樓足賞心我來猶記舊登臨四時天色有晴雨一片湖光無古今遠塔連陰知寺隱小舟穿柳覺春深憑欄多少斜陽景分付漁歌暮晚吟　明李攀龍詩南湖迢遞俯丹梯烟雨蕭條拂檻低越徼層陰千里合吳門春樹萬家迷江流欲動帆檣外山色遙分睥睨西一自官齋多暇日新詩還與醉時題　黃洪憲詩高閣憑湖畫棟浮蒼茫城郭望中收烟含樹色千家雨檻送濤聲六月秋雲壑有情開釣艇風塵無夢到眠鷗主恩泉石容吾老莫惜銜杯醉庾樓　國朝沈廉詩漁榔斷處點鷗鳧縹緲波光澹欲無若得飛來峯幾朶南湖更作小西湖　錢陳羣乾隆丁卯冬

日題烟雨樓詩昔遊容易感沈吟烏帽鬅鬙此重尋偏與客船留落日全收湖勢作秋陰壺觴偶寄閒雲跡遲暮空餘獨鳥心一到便教違十載百年還有幾登臨　錢受穀秋日同人泛舟南湖登烟雨樓看桂詩端居觀物候時節驚涼秋積雨三日晴湖漫猶未收出郭愛循水臨風思登樓拏船招近局契淡如膠投相將問巖桂更爲禪榻留浥爽坐寂寞無言寄深幽心空觸遠籟逸響誰能酬拈花對之笑一弊凌輕舟　按察使秦公瀛詩并序丁巳冬余之都門汪小海遨同潘德圍諸君置酒烟雨樓餞別賦此射襄城頭天欲雪鴛鴦湖邊人欲別欲別裴裏且復酩置酒高樓送行客樓上賓朋互歡酬樓前碧玉爽波流并刀能鄭湖水斷不斷萬古之離憂插鼓津亭喧鷁首開飄怕見津亭柳誰道清尊贈醸濃故人情更濃於酒　宋吳潛水調歌頭詞有客抱酌獨高立萬人頭東湖千頃烟雨占斷幾春秋自有茂林修竹不用買花沽酒此樂若爲酬秋到天空闊浩氣與雲浮嗟吾曹緣五斗尚邂酩練江亭下長憶聞了釣魚舟錫更驅搖身世又更奔騰歲月辛苦復何求咫尺桃源路他日擬重遊　案嘉禾百詠考云烟雨樓爲南湖之勝晃采清課云嘉禾環郡城皆水烟雨樓當高阜之

勝瑚朧綺閣四面臨湖其妙在輕烟拂渚山雨欲來時漁船酒舸微茫破霧但聞櫓聲伊軋此段狀湖樓之景特妙又案樓自王希呂重建以後嘗爲柳氏圓潘師旦得之爲會景亭吳仲圭云春波門外舊爲高氏圃中有烟雨樓後廢爲三殺堂元邑其地爲宣公書院兵後移書院入城又改爲三賢祠益樓初建在湖濱與春波門相近故嘉興八景有春波烟雨之目自元以後廢興咸豐不一嘉靖中太守趙公重建時則已在湖中央矣

十年兵燹同治年知府許瑤光陸續重建清暉堂亦方

壼八詠亭系以詩并序屬泰敏樹繪圖勒石包山鑑亭自爲銘勒石於樓址四

旁郡人公建觀音閣光緒元年知府許瑤光建寶梅亭

新纂宮保彭玉麐過南湖畫橫直梅花二石并詩杭嘉湖道何兆瀛烟雨樓詩勒石

八詠樓　東塔寺山門前蛋湖中宋宣和中令陸蒙老作

嘉禾八詠詩後人因建樓命名焉今廢案袁志云有柱聯云明月斅溪

水淸風入詠樓　案此聯乃嚴維詩句今人取以爲金華府聯其雙溪指永康之酥溪及蘭溪也與此似無涉

景龍樓　東塔寺鐘樓也一夕主僧夢金龍繞樓樓爲之震翼日宋孝宗登樓誤行墜地後因改曰景龍樓 嘉興何志 案王明淸揮麈錄云孝宗幼時登樓墜地左右失色孝宗屹然不動寺僧相傳先夕夢金龍挂於樓角翌日有此故名 詳寺觀

萬柳堂　春波門外宋守令游燕之所

列岫亭　在澂湖之南 以上袁志 案亭本在郡城內金魚池上後乃移建於此互詳秀水縣

水心亭　在澂湖之南 嘉禾百咏考

樂郊亭　在澂湖之南 袁志 宋張堯同詩竹下淸風好時來挂幅巾待逢田叟問知是樂郊人

古戰場　舊經云故戰場在縣南四十五里夾谷中卽秦長水縣古檇李城也 至元志 又名吳越戰場其大者曰東蕩界桐鄉海甯閒西蕩崇桐相半皆廣數十里土人耕地往往得敗甲朽鏃云 檇李詩繫國朝張觀瀾吳越戰場詩檇李城南荒草陂純鈎畫戟從空揮黃塵塞天將指落戰鼓渡江戎馬歸千年舊事空遺躅夜雨陰燐照殘鏃土蝕寒骸剝碎靑啾啾冤鬼來相哭居民畏祟不敢耕黃茅白葦皆精靈刲羊載酒日四五紙錢窸窣酬鯢鯨吁嗟封豕由天敗雪恥夫椒心志怠黑氣橫軍國是危誰言溺笑猶能再余過江南覓舊踪採香芳徑暗塵封胥濤夜夜號寒月似對瘡痍感故宮楊煒吳越戰場詩極望平原數十里茫茫春色爲誰綺烟迷野草綠無垠亂落桃花泛流水相傳吳越舊戰場當日靡旌且摩壘英雄氣奮厲夫差踴躍交鋒決檇李越兵夜宿千人坡造飯平明埋釜鍋走馬岡頭忽起塵太宰甲胄各暗祝鼓聲震炫駭奔雷一往桃弧共棘矢奕奕旗旄柱脚麾奔突三年不敢止此時殺氣正憑陵此時士卒盡爭死至今常過國界橋猶見愁雲半空起精魂飄蕩苦無依月白霜寒悲不已土人爲說耕鑿時敗甲朽鏃出泥滓往往陰霾火燭天霹靂聲聞徹遐邇不堪慘目弔興亡多付烏鳶并螻蟻吳王霸業易銷沉句踐甯忘會稽恥

馬塘堰　在縣南七里廣四丈高二丈五尺長七十步舊經云秦始皇三十七年東巡至此改長水鄉爲由拳鄉遏水爲堰以厭水市之謠其堤旣立斬馬祭之而去 至元志 別見山川

讀書堆　在府城東七里俗名顧節墩相傳陳顧野王讀書於此 柳志 顧野王讀書臺在縣甪里街屠論德園中 劉志 案譚貞默詩注吳涇橋畔有顧野王讀書臺朱彝尊詩注在白蓮寺隔水明陳詩教詩荏苒光陰歲月忙讀書堆上草偏長藏家卷帙供魚蠹却喜人稱顧野王高承埏詩一邱愁色帶寒蘿六代風流逐逝波何處香魂弔書客蒼苔滿地白雲多 案至元志及松江志野王讀書堆在華亭之顧亭林非嘉興之顧節墩也嘉興之顧節墩傳爲野王遺蹟始見於柳志後之爲志者或仍之或削究莫能定嘉禾百詠附考又云平湖縣東迺上有讀書堆亦野王讀書處然則野王讀書堆正不止一處矣

六萬軍塔　宣和二年方臘起爲亂三年臘將方七佛引軍六萬攻秀州統軍王子武乘城固守已而大軍合擊斬賊九千築京觀五 宋史童貫傳 六萬軍塔在縣長水塘二十里 嘉興湯志 國朝譚吉璁櫂歌七佛翻來寇秀州天教媼相得封侯江南多築五京觀回首空傳萬歲樓 案舊志相傳曹操斬叛軍六萬於此里人立塔鎮之說甚無稽吳志已辨其誤

望虎墩 在縣東南二十五里 柳志 國朝朱彝尊權歌 妾家城南望虎墩郎家
城北白牛村白牛不見郎騎至望虎何由過郭門
飲馬池 顧節墩南相傳顧野王讀書時飲馬於此 袁志
洗研池 顧逋翁況隱我里有洗馬池在小鹽倉橋委巷
既窮遂連阡陌有水一泓環以老樹水色沈黑不生萍
藻亦無涸溢或曰我里無馳驟當是洗研池非洗馬也
樹間相傳有石琭珞相映今為民居闤闠所侵已悉徙
去矣 六研齋筆記
瑤池 在里仁十一都去城四十餘里其名不知所自會
得殘碑有大宋殷澄數字殷故宋人好生止殺一境目

為殷佛子即郡志所載柳南浪翁也周圍數百尺 檇李古蹟
詩註 明高道渲瑤池長生記予里有瑤池其名已古
不知所自廣僅數畝左右通舠中有小洲瀠洄水族涵
濡託以得所焉池畔得殘碑有大宋號及殷澄二字
殷故宋遺民好生止殺元兵感其義一境獲全即郡志
所載卹南浪翁也天啟甲子秋予卜葬先贈君於池之
上弔古興懷因憶先贈君乎居宅前小池有魚有鰕顧
而樂之不忍施網罟於茲永宅可無念乎頃崔荷之徒
借漁肅聚居民深患計無所出予率丈老鳴邑侯湯公
公夙豈弟即給示禁之立長生石釆入邑志於是前徒
漸息人得安業雜犬不驚欣欣相慶屬予記焉夫天地
之大德曰生飛潛皆是也惟居民上者先有好生之心
然後斯民相率而化兂既消奸宄又合咸若我侯用心
深且遠矣唐宋之世所在有放生池蓋為人主祈福若
我侯則不待祈而實心行政與浪翁古跡並垂不杇茲
土之民其共遵之勿忘遺愛詩不云乎蔽芾
甘棠勿翦勿伐召伯所茇崇禎庚午春記
青白池 在府城東三里遇水溢則有青白二色之異 嘉興

何志
鳳凰洲 在縣東南七里宋隆興間有五色鳥飲啄其上
羣鳥隨集俄而飛去羣鳥以散人皆以為鳳凰故因以
名洲前有秀竹清流後有高岡兩水環夾二橋橫亘今
存其一 柳志
紅井 在鹽倉坊明萬歷間民人張國仁國義兄弟一門
之內水性特異能令染茜易受色倍鮮濃業染家日必
以錢市其水 嘉興湯志 明姚士粦詩 一水好顏色泛作桃花春薛濤溪紙上不及此鮮新
石馬 明太祖之收偽吳也遺華將軍雲龍徇嘉興城守
未拔將軍子某先登殪焉所乘馬躑躅悲鳴即化為石

蹟在毓秀道觀乙酉石馬燬於兵燹 漸川集 國朝 俞汝言石馬行自
昔天贊縱丕德旁星墮地人不識塗山少年騎何來駿
耳晶瞳志慓忽萬里霜飛碧玉蹄千山日射黃金勒龍
驃奉詔收西吳聳身蹀躞來南國城頭笳鼓入邊愁城
外雲梯向天窋躍馬先登誰最雄誰安公子百夫特螯
弘旗繞雉堞摧僕姑矢發將軍踣此馬長鳴嘶入天斯
須化石眞龍失鳳臆麟鬐宛如昨歷年三百無傾仄往
往天陰鬼火燹悲嘶仿佛馳南北何期運改滄海移橐
駝放牧由拳域綺閣琳宮劫火空灰飛烟散驛驪匿豈
誠上帝收天閑變化往來眞莫測不見三都十七陵駝
駛羽衛穹碑側國破家亡此一時銅仙泣漢駝埋棘霜
露祠官鉄灑掃金凫玉盌人間得何
兄欸傾蔓草纏石馬石馬誰人恤
圓通寺銀杏 銀杏二株歷唐宋至明永樂初有鸛鳥巢
其顛忽生一鶴寺僧搆亭其下曰來鶴蔣山人為之記 柳志參 于志

高士泉　在新行鎮西圩劉家濱泉隱水底又名隱泉[于志]

匪遠閣　在胥六都西來圩爲前明僉都御史平湖陸溶原讀書隱居處時與江南李延昰柏古王治皞嘉興盛遠諸逸士詩酒其間[于志]

雞鳴臺　在縣東薦橋東境方廣約五尺[案伊志雞鳴臺列秀水于志改列嘉興以其地攷之當從嘉興爲是]

起鳳軒　在圓通寺南院明吏科給事中葉鹿吳繼美與禮部侍郎曹義孪勳吟課處後相繼膺鄉會首選因以此名遂爲後人讀書之所[于志]

段墅塘　在鍾鎮西南世傳唐段成式流寓于此有別墅

爲塘以是名水中產鰻無腸骨俗稱段墅鰻[于志]

莊塘　在南署字圩北鍾溪之東其地本名伍莊伍氏子姓居此小築園圃宋末趙孟僴居此大搆林亭故時人號爲畫水有畫水浜明徐吏部石騏生長於此後遷於城石騏嗣子爾穀有畫水草堂藁見孫功燮自記[于志]

天馬峯石　在縣東一里宋尚書潘師旦宅有奇石號天馬峯今之天馬橋蓋取諸是[于志互詳園宅]

秀水縣

射襄城　在縣東北三十里今廢[至元志　案此縣指嘉興]吳王禦越之所[嘉禾百詠考]城址即今聞川[案趙圖記王江涇亦名聞川]今秀水縣東北麟瑞鄉舊管里曰射城[劉志]市東夾河有橋厥名猶存土人轉語曰壽香[蔣之翹懷古詩注]

主城　東顧西新南于北主四城嘉禾百詠注云吳越戰爭時築後廢[至元志]在治北吳王禦越之所[劉志　案朱彝尊櫂歌注城作渚城注云在今城北十五里]

檇李亭　在本覺寺越敗吳於檇李即此地[至元志]縣治西南二十七里本覺寺即吳越戰地後人立亭以識久而傾圮宣德七年寺僧志嵩重建[柳志]亭之巽隅有萬壽山北有空翠亭遺址[姚綬本覺禪院記　宋鄭獬詩閉抱琴書檇李遊仙壇古屋一笻留驛橋通市人沽酒湖水依城客放舟葵扇桃笙聊却暑蘋花楓葉已知秋披翁仙去詩聲在寂寞林塘卧白鷗

梅堯臣詩土化吳王甲骨朽越王兵五月菖蒲草千年檇李城蒲根蛙怒嚎城上烏夜鳴吳越滅已久客心空屏營落日孤亭問悠悠鍾磬聲　韓維寄題秀州檇李亭詩雲水浩無極茲亭安在哉亭名落人間足使塵抱開昔爲兵戈地今以遊觀來物變未始窮千年一浮埃何時江山秀曠然當酒杯　案檇李亭有二其一在金明寺北見國朝朱彝尊譚吉璁櫂歌有檇李橋今尚存]

女陽亭　學繡堰上有古塔塔東舊有女陽亭[嘉興湯志]亦名女兒亭[吳志]一名種玉亭[秀水李志　案浙江通志云越絕書女陽亭者句踐入吳夫人從道產女此亭養於就李鄉句踐勝吳更名女陽更就李爲語兒鄉其地大約在秀石桐交界之間然其定處已不可考矣]

羞墓亭　杉青閘北一里有死亭灣又北十五里運河西有羞墓即葬處又有羞墓亭羞墓橋[趙圖記　案太平寰宇記嘉興縣北

七里有死亭灣卽朱買臣爲內史衣錦還鄉其妻羞死於此故號曰死亭灣范成大吳郡志亦載有死亭灣明高啟有詩

河內亭 在府城西漢張武父護太守妻還河內爲盜所殺武哭於此後人立亭識之 趙圖記詳孝義傳武事詳具後漢書獨行傳 案張河內亭司隸所部亭名與嘉興無涉圖記所云在城西者當是後人嘉武孝行築亭以表之而目爲河內以著其事未可知也時武之哭父當在司隸所部河內亭圖記未免小誤吳志嘗辯之

列岫亭 在普濟院 方輿勝覽 案趙圖記云在馬場湖南或院廢之後移建滮湖之上

煮茶亭 在縣西景德寺之東禪堂宋蘇學士軾三過嘉禾汲水煮茶處後人建亭識之遺址尚存 嘉興湯志

國朝乾隆壬午恭遇

高宗純皇帝南巡

敕賜寺額曰茶禪有

御製詩恭載卷首 伊志 明駱雲程冬日過景德寺登蘇長公煮茶亭故址詩修篁古木尚元豐想像髯蘇與慧公殿角生陰翻隱鴿草根蝕土咽寒蟲箬封猶憶僊泉遞粉障重敎倩畫工莫歎陸沈遺斷碣還留吾黨膓生風 案郡境煮茶亭有四皆傳爲坡公遺跡是否既難追定先賢遺事又不敢沒也略依舊志分疏於後

本覺寺舊有煮茶亭爲東坡三過文長老茶話處 濮川殘志 國朝俞縣詩野烟荒草裏突兀一亭寒巴叟塔何在坡仙碑未殘溪山森欲老歲月浩無端瓦鼎當時火松風夜滿灘

南湖中蘇軾與文長老三過湖上汲水煮茶 名勝志

東坡三過嘉禾每於鴛湖汲水煮茶後人建亭湖心遺址尚存 秀水李志 一名三笑亭董少司馬有詩 嘉興何志 國朝朱彝尊櫂歌馬場漁溆幾沙汀宿雨初消樹更清最好南園藂桂發畫橈長泊煮茶亭注云南園別業有桂樹四本蘇子瞻煮茶亭在水北明項長孺古村詩稿亦云湖西佛屋卽煮茶亭故址據此則南湖煮茶亭不在湖心而在湖之濱矣

眞如教院內舊有清輝堂彩雲橋東坡煮茶亭 柳志

煮雪亭 眞如寺有雪峯祖師井長水肉身塔蘇東坡煮雪亭 名勝志

流虹亭 流虹坊在興聖寺西宋孝宗毓聖之地故取華渚流虹義今在嘉學儀門右遷學時建 嘉興湯志

國朝雍正元年學使何世堪重建乾隆八年知縣趙預再搆鮑鈐繼之十二年知縣閻公銑增葺 閻公銑記乾隆十年乙丑余自縉雲調茲邑下車謁 聖喜廟貌之新而廡下猶滋茂草爰易臺以石周廡甃以甎制其蕪雜庶乎境宇長清也殿東南一亭巍然曰流虹志載宋秀王爲丞於此實誕孝宗入纘大統迨甯宗時卽其地建寺曰興聖後理宗又賜御書流虹勝地四字或曰勝地亭之所由建也明嘉靖閒改寺爲學 本朝因之其亭但存遺址御書碑亦就湮沒雍正初學使何公世堪闢地重建尋又廢乾隆八年前尹趙公預以振興學校爲已任將百廢具舉遂搆斯亭會以憂去繼之者鮑公鈐爲立石以記其事惟是規模雖具而亭之中欄砌鈌如亭以外垣繚剝落亭與聚奎閣東西對峙相形不足以觀美此知謀始易而作成難事莫不然也夫治貴崇本而後可興復古苟有志於古則亦不至荒其本圖學者敎化之本也亭者聖蹟之存也聖蹟在學顧不爲之整飭奚事外求乎雖求之抑末也是用鳩工以成前此未竟之業并爲後之君子勸焉 雲中鮑鈐流虹亭詩丹蘺逢新構伽藍蹟久述碧漪華渚並勝地穆陵題泥馬摧豐芑冬青冷會稽泮池芹藻潔酹薦一含悽 閣公銑詩柳岸風光古寺雲此亭却得近斯文人傳倦市遲與聖天衍香營尚有君斷碣憶尋何水部新詩爭誦鮑參軍我來遊憩乘清

晏未厭諸生話舊聞咸豐間燬同治中重建案宋史孝宗本紀帝生于秀州杉青牐之官舍與此稍異

鏡香亭　在慈恩寺南二十步今爲營以上至元志

分流亭　喜雨亭　在府治東北嘉興湯志

落帆亭　府北杉青堰上嘉興圖備考杉青閘宋嘗置吏有廨宇及落帆亭記趙圖舊有宋秀王諸公送鄉人陳確持節江東畱題熙甯初尉呂溫卿重建明天啟丙寅侍御曹谷建亭祀關帝立古落帆亭碑嘉興湯志 明李肇亨詩柳枝沙岸夕陽邊依舊帆檣捲暮烟軒檻已隨魚市改登臨空見蘚碑傳雲生越甸連東海月上吳波浸遠天旅客莫愁無住泊草庵長有一燈懸 國朝朱昆田詩又攜書卷走風塵錄別誰行酒一巡惟有落帆亭畔柳尚將青眼送愁人

換衣亭　在天慶觀東三十步今爲軍鋪至元志宋建知州姚憲修嘉興湯志

碧月亭　在幽湖橋西濮鎮紀聞

先月亭　在鴛湖西口嘉興何志岳石梁中丞築園西郭先月亭故址延攬烟月滌除塵氛蕭然有遠寄也六硯齋筆記 明姚兖先月亭春酌詩虛亭晚景多閒棹數來過竹密徑池平不起波遊魚親杖履啼鳥換笙歌未盡餘尊興其如明月何

漱芳亭　在縣西靈光坊舊陸宣公書院明正德間太守徐盈建後爲兵巡道署明范言記貴溪徐公守嘉興之三年庶政畢舉猶懼無以表先賢風後學則既修陸宣公祠矣乃祠右有隙地焉剗蕪發穢構齋舍數楹爲講學所將俾諸生以密邇典刑尚友千古乃齋舍之前坎而爲池可半畝許突而爲山可二仞許植幽華列嘉樹泉泓而露滑石潤而雲浮乃亭以臨之曰漱芳亭云客有從公登斯亭者曰申椒蕙茝郁郁芬芬亦有蘋藻于水之濱于以采之有辭其馨于以佩之有沃其襟孰漱其芳優游斯亭公曰適哉而未廣也則又曰六經在笥諸史在匱羲軒伊始下逮公穀詞約而該言微而柀孰臨斯亭載申載復以咀其華以嚚其馥公曰博哉而未要也則又曰於唐中葉赫赫宣公賊洪稔亂薦茲鞠詾王室孔疚黽勉匪躬矢口仁義以啟帝聰亂式遄已萬譽攸同將安將樂胡天夢夢曰惟有命惟職靖其我登斯亭儼公在中飲厥芳只以拜下風公曰休哉其斯所謂漱芳者乎乃言歷階而進曰言聞之君子之爲學也崇以累功虛以受善匪累則解匪受則驕斯亭之構公殆敎我矣池虛法其受山崇法其累執斯二者邁往以前何遠不至豈直與宣公爭芳而已公闓而壯之曰勖哉子無忘於斯言可也命志之壁

舉趾亭　在澄海門外七里洪武三年建宏治間貳守鄭循新之以上嘉興湯志

聞喜亭　陶龍見書額聞川雜詠注　在王江涇伊志

西施粧臺　在府治西南范蠡湖中有遺址產異螺陰雨輒紓五采趙圖記一名西施冢嘉興湯志 國朝繆泳詩吳宮昔日綺筵開越女承恩上壽杯同首湖南歌舞地夜深明月照粧臺 濮啟元詩霧縠輕飄舞袖香翠翹初試內家粧一匳秋鏡螺紋現還憶金釵十二行

有斐亭　在仁文書院後明萬歷間建劉允繩有記并銘伊志

讀書臺　在春波門西南一里馬場湖之滸唐陸宣公讀書處今碑刻龜趺俱仆水中

三過堂　本覺寺卽古檇李舊號小長蘆東坡爲文長老賦詩處（周必大吳郡諸山錄）東坡與文長老游三過於此詩有曰三過門前老病死一彈指頃去來今因名其堂（至元志　案嘉興湯志在縣西二十七里熙甯間蜀文長老主禪席學士蘇軾三過訪而三賦詩慶元初僧本覺勒三詩於石有跋　蘇軾秀州報本禪院鄉僧文長老方丈詩萬里家山入夢中吳音漸已變兒童每逢蜀叟談終日便覺蛾眉翠掃空師已忘言眞有道我除搜句百無功明年採藥天台去更欲題詩滿浙東又夜至永樂文長老院文時臥病退院詩愁聞巴叟卧荒村來打三更月下門往事多年如昨日此身未死得重論老非懷土情相得病不開堂道益尊惟有孤棲舊時鶴舉頭見客似長言又過永樂文長老已化詩初驚鶴瘦不可識漸作雲歸無處尋三過門前老病死一彈指頃去來今存亡慣見渾無淚鄉曲難忘尚有心欲向錢塘弔圓澤葛翁川畔待秋深）嘉定甲申僧元澄建東坡三過堂（宋釋居簡三過堂記或謂東坡因鄉里道舊故若逃虛喜跫然爲文遊本覺是豈知公者耶公以熙甯五年攝開封府推官乞外通守杭州之明年有事於潤道過檇李尋訪焉而蛾眉翠掃形於聲詩抑見文固有以致公者後六年自徐移湖再過爲文病且老又十年自翰林學士累章請郡除龍圖閣學士知杭州又過焉文死矣所謂三過門前老病死於以見其致意於文甚深慶元初蜀僧本覺來住山得公第三詩於禮部尚書楊公汝明家遂集帖字同前二詩登諸貞石尚書西歸題字於賢頁鄧公諫從之左至今樵暨牧兒能指點詵行路人而言曰東坡三過此賦詩而去公負剛明勁正之氣與姦邪並進忌爽扳不可千若千崖高秋松柱精神草木凜栗助寡忌衆直行徑前危機直施命亦幾殆煙江瘴海至輒忘返鄉虎落縱退吟嘯不知死生患難爲何物然則頓頗鳴物莫我攖不足爲之榮羈窮窘局動與禍觸不足之辱訊乎水盈科浩乎雲無心至今望之邀在天上住山元澄作堂曰三過補山中關文而以致其思是記刻舟之迹而語人曰劍在此予又爲之記與尋劍何異哉澄行吾法中猶子也號古潭嘉定甲申潼川北磵居簡記）明宣德壬子僧志嵩重建成化庚寅僧宗璉重修嘉靖丙申知府鄭鋼重修（呂希周記）萬歷甲申知府龔勉重修堂後闢室肖像祀焉（鍾庚陽記龔自有詩）

國朝乾隆二十五年寺僧重修嘉慶三年杭嘉湖道今按察使秦公瀛知府伊湯安重建並塑東坡像彙次舊文刊石（伊志　按察使秦瀛碑記三過堂者在嘉興本覺寺內宋蘇文忠公訪蜀僧文長老處也寺距郡城二十七里卽古檇李亭地公以熙甯五年通守杭州其明年有事於潤道檇李訪文長老於寺後六年自徐移湖再過焉時長老既病且老又十年自龍圖閣學士出知杭州復過寺而長老死公前後凡三過皆有詩而所謂三過門前老病死者則公第三詩也慶元初有僧本覺者亦蜀人來住持得公第三詩於禮部尚書楊公汝明家遂集帖字同前二詩刻之嘉定甲申僧元澄始建三過堂後燬明萬歷中太守龔公重葺以祀公郡人彭輅屬其門人周履靖貌公像勒諸石烏虖跡公生平雖蠻荒炎微輒有遺跡何獨區區斯寺而後人思公不置爲之堂復爲之像過斯堂者可以興矣嘉慶三年夏四月余自京師還泊舟寺外問所爲三過堂者寺僧濟如導余入見所置石像之室頗庳陋非堂之舊爰與嘉興守長白伊君湯安議醵金別建屋爲堂中奉公像而以左古壁嵌三過詩及前人諸碑碣濟如既踴躍視事以是年冬十月三過堂成夫公故蜀人遠宦數千里外與蜀僧遇不勝其懷鄉去國之思今余以吳人官此絕無羈宦之感動乎其中蓋所遺之同不同如是龔公名勉無錫人歷官至浙江布政使蓋余鄉先進云浙江分巡杭嘉湖海防驛政兵備道無錫秦瀛撰　宋王希呂本覺三過堂詩門外驚風吹細沙入門水氣湛清華呼童試向林間看岩桂應開第二花　文及翁和東坡韻詩萬壽山藏不二中九峯峯下善財童敲門問竹機鋒觸倚檻看花色界空汝坐蕭團曾有夢我來芻牧媿無功吳天蜀地原相近月照莪眉日又東身滿華嚴法界中香厨底事感天童須知本覺從何覺纔悟眞空自不空若有相時還說夢到無言處却收功一鉤月上星三點汝向西來我面東　明張甯詩閑過檇李覓遺踪三過堂開法界中徑草尙餘含宿雨林花猶自笑香風雲埋木榻寒相迥月照蘭尊色映空鐘靜水南纔夜半隔江楓

樹幾村紅徐霖詩修竹俯長川幽境帶平野蕭蕭水竹村忽覩此蘭若秋香垣塹深采芝不盈把叢深衆鳥喧日永便幽雅尸居闃羣動天地自陶冶地水與火風四大形本假人生非金石誰是不朽者古人已云邈事業空土苴百年三過堂來看壁上寫楊循吉和前韻詩古寺近郭住不俗亦不野夾門皆長松秋色垂蘭若此宜靜者得乃入吾弄把一時獵娛戲獲覩東坡雅此翁雲霞人豈受天地冶意眞不在詩非詩意何假自翁三過來豈復無過者　課誦千百遍掃跡更士苴幸在堂門中更見徐公寫　王世貞詩五馬驂驔白髮中文在殊已老尚呼童由來萬劫俱成幻何必三過始悟空此日使君眞好事當時長老不言功若同圓澤論行遲只在錢塘東復東樹杪招提郭外村端明遺偈鎮山門高僧夏臘何煩計前輩風流可重論謁罷只知詞客貴覺來眞讓法王尊尚疑此話多人我何似倫然兩不言蓮社老僧隨幻去蓉城學士也難尋三毘尼地無生死一剎那間有古今不向空王拋世法却從初地寄鄉心法堂總自巍峩在還有茱萸採淺深屠應埈詩東坡居士曾三過懷柏山人偶一來黃菊夜寒凝細雨蒼苔晝靜絕浮埃時逢野衲開詩卷坐對山雲啜茗盃誰送蒲牢聲百入海門風約暮潮回　國朝梁澤次東坡原韻詩拜倒先生萬卷中焚香想像憶兒童交期生死都無負悟到文章總是空世路險從閒裏過天機深見靜來功眼前妙處同巴叟月轉西輪日又東　徐嘉炎次東坡原韻詩三首淒涼遺跡晚烟中行子追尋問牧童蜀地才人常作客峩眉開士本談空羈心自慰飄流恨禪悟端資寂靜功着屐苔根何處是橫塘春水任西東杜公秦棧返光邨蘇子吳吟憶蜀門詩案烏臺前代白文壇赤幟後人論自憑傲骨爲名士空說奇才動至尊方外交遊稱法侶許恂支遁久忘言翰墨流傳祇樹林揭來猶得更追尋雲山其爾流天地烟月依人自古今萬里錦江懸客夢三年瓊島破愁心相看剩有桐花路野鳥啼殘綠樹深　拔察使秦公瀛本覺寺訪三過堂遺跡詩南湖無恙柳絲絲柳外招提隔水湄偶卸吳帆尋檇李曾聞蜀叟話峩眉寺門寂寂歸雲在人代茫茫有鶴知七百年來彈指頃漫捫蘚壁讀殘碑今燬

三瑞堂　許恂如詩註洪忠宣皓宣和中司錄秀州年饑矯留綱米全活十萬子三适遵邁秀人建三瑞堂祀之俗謂一歲禾三穗及呼三教三家皆誤吳志在市心醋坊巷秀水任志　案任志又云萬歷己亥項內翰皋謨修葺請於當道題曰十萬人命公願易以一身三瑞堂祠民豫祝其三子蕃紀實也當時稱洪佛子秀軍叛相戒勿犯洪佛子家

東坡臺　在縣西本覺寺柳志　報本禪院有檇李亭東坡與文長老往還嘗遊於此有東坡館至元志

興賢館　在興賢坊貢院前取賓興賢能之義後鄭守定改立興賢館至元志　案括異志嘉興貢院原是州學今有宋芹橋泮水之舊規在焉後遷學於鳳池坊此地遂爲貢院至元志貢院在北門內衆安橋之西又云學舊有貢士莊經始於無情趙端明迄成於菊坡趙都運而退菴吳大參又撥沒官田爲之助凡貢士之上春官者分送各有差今科舉法廢而貢院亦壞貢士莊僅存

風光太子樓　爽溪之西相傳唐宣宗潛邸之所宣宗爲光王時避武宗害薙髮爲沙門更名瓊俊由鹽官安國師所掌書記來隱於茲案事詳唐遺事至元末之燹僅遺御容書額有御書閣爽溪樓大中亭迴龍橋爽溪橋柳志亭在縣西爽溪水西寺案一名資聖寺風光云者即用宣宗風光在水西句也樓跨水上有宣宗像天啟甲子燬於火嘉興湯志　案輿地碑目資聖院碑在嘉興縣唐宣宗書寺額宋釋克新題宣宗詩後唐遺事載宣宗爲光王時以避武宗之害因從香嚴閑禪師更名瓊俊祝髮爲沙門復從閑遊廬山問道諸老入吳謁鹽官安國師掌書記既而逝迹嘉興水西未幾武宗登遐乃爲詩曰殿閣連雲接爽溪鐘聲還與鼓聲齊長安若問江南事報道風光在水西書路歧人背使往長安示朝臣由是迎歸即位尋敕水西爲資聖禪寺寺至今有宣宗遺像暨親書字

額存焉予來領事訪得其詩而江浙左丞周公伯溫為書諸石以垂不朽或以為宣宗之隱乃宣州水西非此也然遺事云宣宗即位首建興唐資聖二刹資聖於今寺名為合鹽官令為海甯於嘉興為近由是觀之則此為宣宗之隱與建無疑矣宣宗與閑在廬山吟瀑布詩閑得前二句云穿雲透石不辭勞地遠方知出處高宜宗應聲續云溪澗豈能留得住終歸大海作波濤先後事也故并書之使後之覽者得詳焉 明張翼爽溪樓詩寺下幽溪小登樓亦爽神蒼虛多受月天近不生塵唐代風光遠宣城氣象新何時暫棲息瀟灑一吟身

月波樓 在郡治西北二里城上下瞰金魚池宋至和甲午知州令狐挺立越六十載知州毛滂修樓成置酒其上乃為之記 毛滂月波樓記甲午秋七月秀州修月波樓成假守毛滂置酒其上因語坐客曰 望而見月其大不過盤盂然無有遠近容光必照而秀澤國也水濱之人起居飲食與水波接此二者秀人咸得而有之昔令狐君挺為此樓以名月波意將取二者於斯樓之上謂守得籠為己物時分餘光以及賓客

顧不見笑於大方耶是雖繩樞甕牖漁樵之舍皆可以得二者之勝甯待登此樓而後得之然昔人升車褰帷褰意當高視遠眺或者登樓四顧使能明目洗心有如月與波者乎則其治民猶越人之治病豈不盡見五臟之癥結耶令狐君之名樓豈有意於此今樓之下池水纔尋丈間亦聊足鷗鷺爾極目野田無三數里遠鄭毅夫題詩其上乃云野色更無山隔斷天光直與水相通殺夫之喜誇也如此雖然天下孰大泰山或為小天下孰小秋毫或為大而大小之相去殆出吾方寸間蓋亦不可以語人矣故此樓目力所及雖不如毅夫言倘以為大則窮日月之出入極江海之泛濫要當一眼吞之是豈不近出日暘間者樓前翠激如縈帶而高柳橫塘遠入孤村野花水草徵見幽處闌干下瞰烟雨空濛朝霞暮雲凌亂衣袂徘徊徙倚心目舒衍盖可以散鬱滯而忘憂也故老翁言此樓建於至和之甲午規模甚陋亦吾幾圮而僅支今又當甲午一變而壯麗若此獨恨登覽者有時而老而此樓固突兀百尺與光景蟬連俱在也滂聞而歎曰樓雖壯且麗顧可恃哉壯當有時而傾撓麗當有時而漫滅蒼煙白霧而判棘之所叢頹垣斷塹而狐狸之所家祗使後人來發悲慨爾今邦

立廟子志達襲陞都指揮僉事次子志伊指揮僉事

滿朝字建臣黑山人世襲指揮同知有氣節嘉靖癸丑守梁莊寨倭酋八大王以賊四十二人由金山潛踰梁莊而南朝所統兵甚少奮勇率千戶王繼隆百戶楊臣康綬追及砂腰村賊據民家登屋揮旗朝射之殪復有賊從白馬廟突出朝力敵不支死繼隆等亦死祀英烈祠子子謙襲子謙幼育于繼母嘗擠之井不死而事之益恭壽一百一歲孫上林輪刀如飛弓挽二石後逐寇沒于硤石

康綬嵩縣籍乍浦所百戶嘉靖三十二年禦倭寇于白馬廟戰歿 以上海鹽圖經

采煉字叔鋼定遠人襲衛指揮少負氣有膽略管陸路圍操嘉靖三十二年倭犯新塘嘴馬呈圖先馳煉率澉浦所兵三百策應手斬二賊力屈與指揮陳善道俱死祀英烈祠子鳳翙襲 海鹽圖經參嘉禾徵獻錄

盧鏜處州衛指揮嘉靖三十二年攝參將分守海鹽追勦倭寇多所斬獲乍浦沈家莊等大捷皆由鏜統率兵船圍海口截寇歸路也歷官大都督 海鹽圖經

姜楫海甯所千戶嘉靖三十二年征海寇死海鹽城外事聞陞其子本所副千戶 浙江通志

不花莊　許恂如詩注秀水縣城北二十里元丞相不花莊今訛百花浙江通志

辟塞　吳故從由拳辟塞渡會稽湊山陰辟塞者吳備候塞也越絕書

場嘉靖中徙杉青閘北今稱其地爲武甯里俗稱舊教場嘉興湯志

五臺山　在精嚴寺西北晉寶安禪師住北嶽五臺親運土石卓庵居之因名至元志

陶家山　在陶侍御宅後築近二百年巒壑蓊蒼登眺足以取暢聞川雜詠

嘉禾墩　杉青閘後有嘉禾墩卽孫吳時產嘉禾處方輿紀要宋有嘉禾亭名勝志案三國志吳書孫權黃龍三年由拳野稻自生改爲禾興冬十二月丁卯大赦改明年元卽此

倭墩　在射襄橋夾河水中有石勒平倭大捷山字俗稱倭墩聞川雜詠注案聞川懷古詩注嘉靖年間戚繼光俞大猷勦倭於此立石紀功旋其地曰平倭涇

鶴渚　在縣南二里宣公舊宅放鶴之所柳志卽裴島是也構亭覆之

吳志

雋李池　嘉興縣北三十里有雋李池案雋卽檇是吳越戰敵處吳地志吳造戰艦處袁志案池今莫詳其處明蔣之翹以爲當卽雁蕩未知是否

陸瑁池　卽今之南湖秀水李志案祝穆方輿勝覽南湖作西湖至元志列於松江府江南通志亦載之瑁字子璋三國志吳書有傳

金魚池　普濟院在慈恩寺之西南原名金魚寺以刺史丁延贊得金魚於池而池在寺之前後爲放生池上有月波樓至元志參秀水李志宋梅堯臣金魚池詩誰得陶朱術修治一水寬皇恩浹魚鼈不復敢垂竿王安石詩野人非昔人亦復水上居紛紛水中游豈是昔時魚吹波浮還沒競食糠粃餘吞舟不可見守此歲月除案金魚池爲唐刺史丁延贊得金鯽魚於此故名祝穆方輿勝覽謂卽陸瑁養魚池者非是

放生池　在郡治東北一里舊放生池唐乾元元年置法空寺錢氏改輪王寺宋改兜率寺今爲北營至元志詳寺觀

清涼池　在郡厲壇後卽宋菩提寺址有池曰清涼中有

石塔現存嘉興湯志

荷花池　宋元祐間令狐挺種蓮於望吳門外城之北名荷花池俗訛爲荷花地許恂如秀州百詠注國朝馬壽穀詩荷花池隔藕花溪十里香風路欲迷東岸芳洲更何處鷺鷥飛過夕陽西

鳳凰池　在府學前本參政婁公機宅故有中書鳳池之稱嘉定中郡守鄭定表爲鳳池後廢柳志

飲馬川　端平橋北官塘內有飲馬川由吳越兵爭得名許恂如秀州百詠注案許說他無古據今其地尚稱飲馬湖

繅絲泉　能仁寺之東下通泉脈大旱不涸鄉人取以繅絲色倍光潔因名伊志

嚴將軍井　在天甯寺殿後世傳廼其故宅柳志、案嘉興湯志一在毘盧閣後一在大雄殿左水皆甘洌大旱不涸

靈光井　在精嚴寺寺本晉徐尚書別業因井夜發光遂捨宅爲寺成帝賜名靈光故井亦曰靈光至元志今在寺外東南隅供民汲取伊志

葛仙翁丹井　在天慶觀嘉禾百詠詩註觀有葛洪書額遭兵火不存世傳東偏一井歲有丹浮起因名焉考天慶觀本名同元觀雍熙三年改棲眞觀大中祥符五年置聖祖殿其一井銘軍事推官解九臯擬徐鉉茅山許長史井銘爲之銘曰粤彼靈泉涵□□白二處方開一時爲盛松檜影臨江湖脉應汲之不竭綿綿永永九臯鉉門下士也雍熙四年立至元志觀今已改爲城隍廟井在東北道房內嘉興湯志案井今在嘉邑城隍神寢殿之東有石刊識焉

楊將軍井　在子城西北二百步柳志將軍爲守將時城陷不屈赴井死地故有井歲旱不竭明張甯楊將軍廟記今府治西北鳳池坊有古井庵卽楊將軍廟伊志案柳志世傳將軍嘗入井斬妖蜃出而立化爲神與張甯所記不符辨見壇廟

吳公義井　在縣西北象賢鄉九里匯宋乾道丙戌邑進士吳伯凱慶元乙卯知勸農事浚井以便汲民沐其澤建祠祀焉萬歷中邑紳姚思仁吳一貫等重葺有碑記嘉興湯志

郡城百井　明嘉靖三十三年大旱水涸時有海寇警水不給用民困甚郡守劉愨捐俸甃百井民皆感之構碑亭記焉菁陽集　案郡百井范言有記

綠香井　一作綠香泉有吟香閣在錦帶湖浙江通志參鄒志　明薛應旂綠香泉詩井洌寒香地有靈品評且莫說中泠鏡空碧甃疑桐月雷轉銀牀瀉玉瓶擬合龜蒙依顧渚還從鴻漸入茶經杜陵老去詩腸渴餘滴分來睡已醒

舞蛟石　在縣東南府前坊范水部應賓家今爲鹽官朱洪業所居嘉興湯志先在清宛堂後在徐隨州宅隨州殉難以宅爲祠石在祠內浙江通志　案岳和聲舞蛟石歌序云石高三十尺廣六尺側眠之

若離而合者三怒目深爪若飢蛟舞壑相傳有牝牡二峯此故其牡盍李唐間物籀而字之者趙松雪也朱洪業作舞蛟石傳大略相同近朱彝尊據元黃玠弁山小隱吟錄欲更爲蛇蟠石作詩紀之似亦未確仍其故稱可也　國朝唐夢賚同吳海木看舞蛟石兼訪陳堯夫徵君海木作長歌余取其意和之詩踏秋投剌春被門沈子邀看舞蛟石其石嵌空侵霄漢老藤怒踞張赤斎舞蛟鑱字大於升云是承肙趙公之遺蹟嘉禾百里曠無山此石五丁或逶擲傳經艮獄黃帕封麗譙門啟不容尺以此流落向人間花石綱使難爲沒同行吳子發長歎摩挲千言不能釋我爲作歌答吳子世間萬事如薪積伯鸞傲屋臯伯通孝然土坐廬無席人生棄擲亦偶然拭君淸淚勿深惜君不見西馬橋邊徵君宅依舊喧雜魚鰕市何曾高門畫鼓棨雙戟與子且復嘯湖山人生能著幾兩屐　今祠燬惟石尚存

翔雲石　在元明觀天將雨有雲起石上後爲張士誠昇去濮川紀略石本濮氏園中物高二十餘尺玲瓏奇幻後失

所在濮鎮紀聞案郁雲石旁有石穴涓流味甚甘冽稱爲雲泉云明王文正詩雲氣渺何處仙壇空有名五花雲叢一朵石崢嶸劍合龍津杳旛招鶴舞輕苔深春不掃摹碣寫金莖

蛇蟠石　濮樂閒圍中物濮鎮紀聞元黃玠蛇蟠石歌爲濮樂閒司令作吾聞萬物之精上浮爲列星天星之精墮地或爲石此石似蛇蟠其故要非人所測我疑芒碭赤帝子拔劍斫地白蛇死老嫗夜哭天不聞羣小連蜷化爲此又疑愚公移山時此物欲與山俱飛蒼黃不及蛻皮骨操蛇之神手脫遺年多物變形質在豈有毒心猶未改之眠井蚺亦非巴雪色眞類蘄州花徂徠小松葉如髮一龍五蛇相紐結咫尺常疑雷雨來尋常頗耐冰霜冽醉李主人初得之舉杯彈琴詠新詩便能雅拜亦不俗未可遂笑元章癡

學繡塔　學秀堰在縣西南九里舊傳西施學繡於此故名今爲學秀訛也至元志在通越門外運河塘上柳志案江孟亭蘐殘小語嘉興西南九里有地名岳秀故老云岳某家婢也有某生公車道經其地遇病不能行秀爲進湯藥愈其疾又佽以資斧生德之後及第欲娶爲妻而秀已死生於埋骨處建塔爲報名岳秀盛百二續筆談亦載之據此則是學秀者岳秀之訛也但其說亦少古據姑附存之

銅棺塔　遺愛坊有普甯王廟古傳嘉興縣令有善政天降一銅棺蓋自開令入焉吏挽留之遂折臂故名遺愛至元志國朝桑調元秀州紀別詩開落藤花往事空轉蓬又度幾秋風虛齋倒影銅棺塔研席猶留塔影中

壕股塔　府南澄海門外隍池中有塔七級屹然獨立於烟波之中其水灣曲如股塔高十丈制極工巧面湖背城林木蓊翳昔賢名勝多構於此蘇東坡與文長老曾過此茶話輿圖備考參嘉興湯志案梅花道人嘉禾八景圖股作罟自題詞所云窣堵玲瓏揷壕罟是也國朝凌大田詩清流一派曲百仞湧城壕影蕩玻璃碎風鈴柳外高

義婦坡　在秀水縣後漢書列女傳呂氏字榮吳郡許升妻也居於此浙江通志案榮遇黃巾賊義不受辱而死事具後漢書列女傳柳志云麋府君聞榮高行遣主簿祭之又出錢助縣爲冢於嘉興郭里墟北太平廣記文樞鏡要皆云刺史名其里曰義婦坡又案後漢書桓帝永興二年麋豹爲吳郡太守是則柳志所稱麋府君正麋豹也

驛亭埭　府西唐乾甯四年楊行密將田頵攻嘉興屯於此爲吳越將顧全武所敗自湖州奔還宣州方輿紀要

荷塘　元明觀後五池相連元時濮氏徧種荷花八景所稱荷塘晚風是也濮鎮紀聞明宋濂荷塘晚風詩林塘日暮彩鴛飛涼動汀荷香滿衣落日半竿花未睡采蓮人逐釣船歸

七賢遺蹟　天慶觀在郡治西北一里本名同元觀嘉禾百詠注七賢遺蹟一巖陵陽錟二蹇子虔水三葛洪書額四吳道子貌眞五張僧繇鷹以致殿宇無燕雀巢六顧虎頭神二爲巢賊竊去七飛仙失名氏遭兵火並無存者外有唐開元鐘其聲洪今破矣梁朝檜枝柯偃蹇奇怪可觀有石刻梁朝檜三字在其下七寶上帝像至元志今觀址改建城隍廟劉志案柳志寥陽殿下引舊志云有葛洪所書牌蓋志作書寥陽殿額通志因之考寥陽殿在同元觀內觀立於唐武后文明元年則是稚川書額未可遽信

管夫人畫竹　在福善寺元建寺甫成趙子昂偕夫人管道昇來遊畫竹於殿壁遠近稱爲勝觀濮鎮紀聞

會心仙畫　在府治西北會心道院元順帝二年有雲水道人借榻投宿至五夜索筆於院主不與至曉視元帝殿兩壁揮灑六大霄神於上威武奮揚令人膽落題云雲陽譚氏大極子蒼巖作元統甲戌中秋日謹題至今墨汁淋漓光彩照耀其被屋漏痕處稍糢糊嘉興湯志

影僧柱　僧影在三塔寺左司憲牌坊石秀水任志　案吳志陳美訓有血影禪師傳略

龍墳　在復禮鄉小律原耕者時得龍骨相傳大禹治水至震澤瘞龍骨於此劉志　案史鑑西村集有龍墳志略稱大禹斬黑龍以祭天其說小異不備錄

眞如寺古松　葉燮古松歌序眞如寺有古松云是齊梁間物秀水任志

嘉善縣

高卧亭　在魏塘鎭宋宗室若誦建嘉興倪志

四香亭　在清風里仁濟道院周文襄忱治水時所建嘉善戈志　四香謂雨香露香月香雪香也嘉善千志　歲久亭圮里人戴容浦龍蔡維熊重建　明周忱四香亭詩臺鎖陰雲日正長枝枝朵朵媚春光花朝醉臉庭前徑撲席時聞散雨香　紅白蓮開鷗夢長錦雲重疊映波光高低影落歆風舞亂瀉明珠瀉玉香　簾捲星河夜漏長一林清氣沁秋光誰知天上黃金粟萬籟銷沉噴月香　鐵幹橫斜石徑長疎花點玉拂寒光北風蕭蕭清人骨天地無塵對雪香

得泉亭　在風涇致和橋東百城煙水　居民顧文昺墾地得錢見傍有湮井浚之以利鄉人作亭其上以便汲者其子友荆請名得泉葢取錢即泉之義周寅詩所謂凡今錢貨古曰泉一舉偶然成兩得是也嘉善楊志

留衣亭　汪令貴被誣去民送者數千人請以所遺爲念不得已解綠衣而去吳志　案續魏塘紀勝云明成化間歙人汪貴宰我邑多善政除奸革弊不便豪猾竟爲誣搆罷職瀕行泣送者數千人羅拜請曰侯去不能留願留所遺以爲念侯不得已解一綠衣而去因建亭名留衣

羅星臺　東城外嘉靖三十四年邑令王察言築墩以阻東流水勢名羅星臺神宗初年司業李自華建關帝殿

於上臺下大銀杏一樹築墩時所植樹頂生枝多少可預卜鄉闈獲雋之數魏塘紀勝　明曹勳羅星臺贍田記善邑澤國也天目諸山之水奔流直下東入於泖我邑苦當其委輸之衝故邑東郭悉高而望瀉若尾閭夫水勢徑而風氣隨之形家弗善也神宗初鄉先達因父老之請於郭東三里許鳩工築土爲羅星臺障下流南岸之半而稍迂屈之復建祠數楹崇事關壯繆葢以臺護水以祠護臺仗帝靈爽護邑之父老子弟數十年來保聚日固文教亦日蒸蒸不可謂非經始之功矣壬寅先舅氏顧海暘同鄉究形家言欲爲邑人永久其利而更昌大之謂有祠而無奉祠之僧祠將日荒有臺而無修臺之資臺將日圮乃倡議修築僧有舍岸有石神有香火規模式廓於舊越數年捐田三十畝以所入三之一贍僧甕粥仍貯其餘爲歲時葺臺費嗣後邑令謝侯鳳臯去任邑人戴之醵建去思堂於帝祠旁潘黙庵郡伯以國士之遇復捐贍田八畝自輸稅外例得免役殆三十年於兹矣記有云凡有功於民者則祀之若夫日月星辰民所瞻仰也山林川谷邱陵民所取材也非此族也不在祀典今帝之英爽在天

臺之保蓄在地侯之詠思在人三善備矣異時登斯臺者知人之未可以笑貌欺也與畏甯愛愛久則孚知地之未可以膏衍恃也與流甯嗇嗇久則固知天之未可以寒暑否也與幸天事甯務民事民事久而天心亦至矣然則斯田也雖無幾入而有備無患將百世實不賴之是不可以無記

國朝嘉慶二十四年邑人袁敦仁等重修于志

微笑堂 在陶莊東禪寺周文襄忱嘗駐節今廢嘉善于志明周忱詩來從東越住西湖鉼錫隨身道貌癯鶴慣聞經松下舞猿頻獻果月中呼坐來禪定諸緣息談到眞空百念無微笑堂前又相見明朝回首白雲孤

得月樓 在福源宮宋道籙唐隱梅建嘉善倪志元錢惟善詩明月未離海幽人先倚樓淸臨半江水高占一天秋太白偏能賦元規亦共遊何人夜吹笛柳下暫維舟

鳴鶴樓 在鶴湖書院內五雲閣上吳志八牕玲瓏一望桑

麻煙火頗爲鉅觀魏塘紀勝

鉼山 魏塘市南有鉼山宋時置酒務於此廢罌所棄積久成山山前古有洞虛觀柳志參武塘勝覽上有玉皇閣文昌殿銀杏一幹二枝最大黃魯得詩惟有鉼山銀杏樹至今猶廢斧斤餘李繫構詩明天啟間潘炳孚集四方名流結社於此書杏壇二字勒石於山顛魏塘紀勝詳山川

獻山 學宮明倫堂後明孝宗時知縣劉子厲以內視平曠疊土爲山高七丈廣一十五丈上有仰高亭嘉善楊志案嘉善章志正德七年知縣王德明壘土爲山嘉靖元年郭日增葺四年李調元復封而崇之吳志稱劉子厲誤也

劉公墩 明嘉靖間郡守劉慤因北城外伍子塘水勢衝突築臺障之魏塘紀勝神宗二十六年知縣余心純築土建眞武殿西建文閣三層沿堤植柳阻北流水勢閣東曰環碧堂嘉善楊志亦名柳洲亭

國朝乾隆癸未邑令梁徽補植柳樹以復舊觀一時文士多作詩紀之伊志明沈㷍劉公墩碑記嘉靖甲寅海寇突至而唐巖先生劉公實爲郡守丞城諸邑之無城者以吾邑密邇寇巢厥繫尤重往來行築亡慮數四間至河壖徘徊深念曰是其善邑之尾閭耶騰涌斯甚其亟塞之塞之必崇封焉與城堞等衆皆懽然承命乃堙其故道更東闢其口以利舟楫又即堙爲高如公指登城以望若嚴兵阨塞勇夫當關行旅錯愕而還同於是北流之水側轟循軼若帶之有絜也若玉之有玦也勢合形生而山水翕焉是隆然者負於城陰特渺小耳爲利於我邑其功則鉅非公博達神解烏能引五

流而東之以侔功造化耶明年城成山東王察言自曲周移令吾邑雅知慕公又知是役之始由公也胥學官弟子落之合言請名曰劉公墩著揚盛烈以方於安石之謝公墩云又明年賊平益經營之增壤列樹覆亭其巔而樹碑於亭

磨劍石 胥山右有吳王磨劍石長可三四尺直指西下劍痕在焉至元志詳山川

姥石 在斜塘福源宮東北田中石高丈餘掘下二丈石益多蓋胥山脉也相傳唐開元中有白髮嫗坐此問之不告姓名倏不見遂名姥石俗呼阿婆山嘉善楊志

鷗石 在萬蒲涇右岸孫氏田塍之畔蹲若沙鷗半隱半現章志所謂胥山之脉散入平疇者也其北珂帶河河

北有孫貽椒飛躍圖 嘉善戈志 互見山川

憂懼石 在縣福源宮前明永樂二年夏原吉治水時立石以測水石長七尺有奇横爲七道道爲一則最下一則爲平水之衡鄉人視水則之高下爲憂懼因名 大清一統志 別見水利 國朝沈湛詩 夏公曾駐節勝蹟在河干此地安溝洫當年怨暑寒溪痕移上下心事別憂懼舊石留官守沈吟仔細看 萬相賓詩 勞心此片石潮水東西流後樂貽來者先憂服有秋星言今日駕月得舊時樓父老傳聞久潭空宿雨收

種竹所 在魏塘鎮吳宏道修煉之處 嘉善志 卽今縣基 嘉善楊志 明陳約詩 種竹承母命母殁不敢違種竹且蕃殖子心如母時憶昔種竹初一人當一枝全活至千百厚德天所知鮮碧澹煙雨空青映軒墀亭亭冰雪容森森歲寒姿別來四五載竹茂而雲齊所植既蕃衍所括恒倍蓰維舟武川上望見青猗主人許徑造操瓠來賦詩

羅漢像 光德庵藏貫休畫羅漢像十六軸傳寶數百年近爲邑豪購去畫像十六軸有四番四漢四老四少之別筆端變化神妙不測 魏塘紀勝 案于志載有茜涇顧仲瑛別業曰玉山佳處查曹庭楝魏塘紀勝云崑山縣亦有茜涇元顧瑛營別業于彼曰玉山佳處玉山崑山也于志以茜涇名同誤收今刪之

海鹽縣

馬嘷城 在縣治東南三百步 名勝志 高一丈三尺周回二里 海鹽圖經 馬嘷者吳伐越道逢大雨車敗馬失騎士墮死疋馬啼皋 越絕外傳記地傳 谷水之右有馬嘷城 案皋嘷字通酈注作䍧又皋字之訛

故司鹽校尉城吳王濞煮海爲鹽於此縣 水經注 案越絕外傳記策考范蠡興師戰於就李闔廬見中於飛矢又曰昔者吳王夫差興師伐越敗兵就李大風發狂日夜不止車敗馬失騎士墮死此與外傳記地傳所言略同然考之春秋內外傳夫差無敗兵就李之事此必因闔廬檇李之敗而流傳失實也

東城 縣東南郭下里有東城 至元志 案越絕外傳記吳地傳居東城者闔廬之所遊也去由拳縣二十里疑此卽居東城故址

古城 在縣東南五十步 至元志 其址今平爲民居 袁志

望海城 縣南三十五里唐開元五年置今廢 海鹽徐志

甯海鎮 在縣東天寶十載太守趙居貞置湻化二年移置近縣一里 至元志 元陷入海又東一里爲橫浦東南五十里爲貯水陂以及望海鎮鎮海樓海月亭諸跡俱淪於海 海鹽圖經

國朝康熙己亥八月風潮退後近塘數里人有見海中街衢井竈礎柱甑磁之屬蓋唐鎮遺跡 吳志 互見廢署

烏夜邨 輿地志云海鹽縣南三里烏夜邨晉何準寓居焉一夕羣烏啼噪乃生女後選入宮他日復夜啼推之乃穆帝立后之日 晏公類要 案硤石山水志云烏夜邨在審山景轉橋之東溪此說無稽不足信 按察使秦公瀛詩 烏夜村邊烏夜啼垂楊蕭瑟女牆西欲尋驃騎前朝事風雨長秋夢已迷

紫雲邨 舊志云建中時有邨女以頭瘋爲兄嫂所惡嘗出耕紫雲覆其上後詔入宮備貫魚之選故山與村並

受其名吳志

宋亭郵　即舊志所云東亭也與秦駐山相近今有聚落乃宋時亭戶煎鹽之所續澉水志

孝隱郵　沈峒昌元季居豐山南性至孝洪武初令王文扁其廬曰孝隱今猶名其郵海鹽圖經　案朱西村詩序云孝隱郵沈元懋國初人夏榮作孝子傳程都憲巽隱為跋其後別詳孝義傳及冢墓

雙孝郵　澉城有繆姓者遭火兩媳棄子負姑以出鄉人號爲雙孝郵殷水遺聞

比肩里　三吳記云黃龍中吳郡海鹽陸東美妻朱氏有容止夫婦相重寸步不離時人號爲比肩人後妻卒東

美不食而死合葬後未一載冢上生梓樹同根二身相抱而合成一樹每有雙雁案林坤誠齋雜記作雙燕栖其上孫權聞之嗟嘆封其里曰比肩墓曰雙梓後子宏與妻張氏亦相愛慕吳人又呼爲小比肩天中記

教義里　在縣西一十八里歟城南海鹽圖經晉時里人李祥與內史袁山松案山松舊志作崧誤築壘扼瀆以禦孫恩山松爲賊所害祥突白刃收尸歸葬郡人義之因名其里吳地記

參駕亭　在南門外停駕橋始皇駕至此故名今爲里社香火海鹽仇志

施太尉賃作亭　在縣西北三十里半邏村劉長卿詩半邏鷺滿樹海鹽圖經　案施延事詳後書陳忠傳注半邏後書注及太平御覽俱作半路詳寓賢傳

望月亭　捍海塘凡十八條自縣去海九十五里有望海鎭歲久波濤衝嚙盡爲洋海紹興中知縣陳某案宋武原志名深嘗於海塘五里建望月亭今則亭基在水中不可復見十八條捍海岡岸無一存者縣治去海無三百步括異志

海月亭　縣東七里海邊觀月之所海鹽徐志今治去海不三百步舊跡不復存劉志

望湖亭　在永安湖西元時始立遺址猶存續澉水志

燮理亭　在東門外琴臺之後相傳宋時建殷水遺聞

法司亭　在北門郊外未詳何時建其地多僧廬土人多以種梅爲業殷水遺聞　國朝朱丕基詩僧寮鱗次布郊坰踈磬寒鐘隔水聽一夜梅花開數里春風吹過法司亭

去思亭　天甯寺左爲知縣王璽立姚禎記海鹽徐志　案海鹽仇志云縣治前去思碑亭三爲知縣鄭昊范梅王宗載立又海鹽徐志有解帶亭在天甯寺右爲知縣張璁立

伯牙臺　一名琴臺在東關外海鹽徐志臺基城陀猶在相傳伯牙鼓琴於此宋武原志臺側有聞琴村聞琴橋劉志　明胡顏詩瑤琴久寂寞古意向誰傳一自鍾期沒那能整絕絃李榮昌詩昔人有高臺適與滄洲邇縈迴一水紆西顧杭百雉東望杳冥中驚濤映山紫一彈再鼓閭宮商生子指流水咽潺湲高山鬱崠峙幽壑舞潛蛟海若翻蜃市聞道有子期當年曾洗耳子期去不還弗向絲桐理人世重知音感嘅應爾爾只今千載遙豔說聞琴里　國朝馬維翰詩

天風吟藤蘿夜月荒臺白丸十九高山今古送潮汐洞
案伯牙學琴於成連教令刺船居海中山見海水澒洞
林木杳冥大移其情琴遂入妙相傳此臺正其遺蹟然
考至元志云閩琴坊在縣東南取宓子賤單父鳴琴之
義則以琴臺附會伯牙恐屬流俗之誤但流傳伊古過而存之可也道光五年知縣楊國
翰修于志

唐顧逋翁讀書臺　顧況讀書臺在橫山頂朱彝尊櫂歌注相傳
在山東北隅今有巨石存焉土人指點是臺遺址橫山紀略
明李湝詩一自伊人去芳菲絶可哀寒蛟潛古穴殘
碣没荒臺檞葉連山暗烟帆極浦開昔遊曾點筆重拂
舊莓苔卓犖珂月同徐子奇登讀書臺詩三杯薄醉乘
風躡橫山咄哉文人已往名不刪我試呼君或出蒼厓
間爲問茲山當日何容顏傳聞劉生攜句叩禪關花中
小犬哰哰響重環搖風弄雨垂楊滿綠灣今日惟餘禾
黍雜茅菅山僧遙指一壑聲潺潺謂有千歲老龍逞雄
奸劈開峭壁數仞去不還果然此壁奇絶非等閒較之
巨靈不分強與孱同看獅子峯石居左班亦復蹄吻靈
動勝癡頑人言此物夜走文斒斕摧殘十里田稼驚市
闤想應曾受文人拭且攀故爾至今駿逸難防閑重瀉
村醪歌罷涕爲潸欲使舊跡無湮歎惟艱徐生徐生忼
慨輸金鏝此是後之責君無慳爲我葺臺補翠施朱
殷譬如美人病起梳朝鬢　國朝朱璿詩昔賢不可
見悒悵獨登臺一水雙峯合孤鴻萬里來波光搖落日
雲影落蒼苔不盡蕭條色臨風思轉哀崔學淇讀書
臺奉酬錢香樹尚書詩雙峯蘭若寄踈頑遺蹟高臺尚
可攀乞得鴻文鐫石壁一拳應擬作名山案朱嘉徵
遊東山記王新建嘗登硤石山題詩乃知顧況宅今爲
梵王土書臺空有名湮埋化烟莽蓋遠眺橫山故及之
況故宅在焉非東山也或曰在逋翁讀書臺一在東山況
詩云野人愛向山中宿況在葛翁丹井西其一棲隱處俗
稱斑竹圃者近是硤川志略
亦云顧況讀書臺一在沈山

文星臺　縣北九里萬歷十一年知縣蔡逢時築以象羅
星關鎖水口旁建石橋橋外復築土墩水流紆曲風氣

嘉興府志　卷十四　古蹟一　三六

含孕二十二年二十七年四十八年知縣王臨亨李當
泰樊維城先後建屋培基益加修治海鹽圖經
國朝康熙九年知縣張素仁開濬橋堰邑紳張惟赤查培繼
等助成之海鹽續圖經

彰慶館　縣西安仁橋宋樞密郭三益彰慶館基也樂郊私語
宋紹聖四年縣令閻建以樞密使郭三益父璩所居隘
陋令對門葢亭爲延賓之所名彰慶館宣和間縣令徐
盤立石國子司業朱登作記元末燬海鹽陳志

含暉堂　金粟山廣惠寺有含暉堂海鹽陳志多古人題詠海鹽
圖經

雙節樓　張甯沒二妾翦髮誓死樓居不下者四十年詔
旌爲雙節明史張甯傳樓在縣治之坤隅太守張甯卒二姬
寒香晚翠截髮誓死坐臥樓中鄉閭異之遂以名樓鄒志
一名桐臺殷水遺聞案留青日札寒香姓高氏晚翠姓李氏朱朴西村詩集有聯節坊詩

杏花樓　一名古杏樓資聖寺有杏花樓王陽明先生初從海日
公授徒於此殷水遺聞

明威樓　在縣南帥府東城上嘉靖庚申參將楊縉建爲
眺望海洋之所自有記海鹽仇志明狄從夏詩雲中
蓬島有人仙藥熟靈槎無使海門浮潮平夜永扶桑日
煙靄春生蜃氣樓自是祖龍鞭石後青山依舊水東流

天風海月樓　天甯寺舊有天風海月樓今廢明朱朴詩水竹西林

嘉興府志　卷十四　古蹟一　三七

臺殿隈平地湧出高崔嵬南山蒼翠可攬結丁方城郭
相縈回天風吹簾白雲散海月到枕寒潮來倚闌中夜
發清嘯聲入亂峯嵒谷摧陳詢詩孤城曉日闌干近
萬里春光煙霧開晴樹直疑雲外見亂山青自海門來
翩翩鶴鶴平原下杳杳帆檣極浦回
自惜平生幾圖畫不知曾有此林臺

湖天海月樓 澉浦鎮東舊有湖天海月樓 國朝楊崑詩傑閣橫
開此里偏登臨得要盡山川勝遊欣合人三郡再到追
思我七年倚檻東西憑翠嶂捲簾上下瞰青天湖頭讌
集今同昔只欠
當時地主賢

西湖水閣 在永安湖上宋淳熙間建 以上殿水遺閣

金牛洞 在黃巢衖南金牛山下 澉水志 吳地志云昔有牛
糞金村民皋伯通與弟隨之牛穴山而入二人鑿山山
崩兄弟俱死穴中故名金牛洞 至元志

案陸廣微吳地記云縣西五里會骸山是陸華兄弟尋
金牛之處又澉水志引郡志及海昌圖經云皋蘇二將
上有二大王廟高宗南渡後祭文云義氣同稟剛毅莫
儔胡爲來此緣逐金牛牛沒尾掉空回可羞拔劍自刎
曾無怨尤人亡廟存英氣橫秋至今父老能道所由天
子初郊典禮加優尊酒既設清酌庶羞說皆與吳地志
異又海甯志引寰宇記云昔吳楚間有金牛自毘陵奔
此而沒因名金牛洞其深不可測建炎初黃灣居民多
避兵於此
詳山川

穿山洞 在長牆山下外臨大海石岩如洞俗呼爲穿山
洞有神曰陳都監 澉水志 吳志 案橫山亦

仙人洞 在縣長牆山後 有仙人洞見紀略

望夫石 在永安湖仰天塢之右山顛有石磐磐側有立
石昔有海商失期不返其妻登磐望夫泣殞化而爲石

因名 澉水志

落星石 在茶磨山下臨水相傳星隕所化因名其水爲
落星浜 續澉水志

秦皇石橋 在秦駐山背舊傳沿海有二十六條沙岸九
塗十八灘至黃磐山上岸去紹興三十六里風清月白
叫賣聲相聞始皇欲作橋渡海後海變洗蕩沙岸僅存
其一黃盤山遂在海中橋柱猶存淳祐十年猶有於旁
灘潮裏得古井及小石樹根之類驗井礴上字知東晉
屯兵處 澉水志 舊有石柱十二今尚存一沒於沙中 續澉水志
山下長堤相傳爲始皇馳道 海鹽仇志 宋王安石秦駐山馳道詩穆王得八駿

萬事不期修茫茫千載間復此好遠遊車輪與馬跡此
地亦嘗留想到治道時勞苦如山邱遊韓維秦皇馳道
詩秦王騁奇觀不憚阻且修萬里走轍蹟八荒開圓遊
勞歌久已息遺築今尚留千載感靈盡驪山空古邱
案任昉述異記云秦始皇作石橋於海上欲過海觀日
出處有神人驅石去不速神人鞭之皆流血今石橋其
色猶赤然所云亦
未知即此處否耶

俱胝喝石嵓 在東山 硤川志略 深黑可坐三四人舊多合抱
木三伏時如淸秋嵓前土皆五色兒童拾之以爲玩 貝瓊遊山記

譚仙得道處 譚家嶺上有譚仙廟 澉水志 相傳譚峭煉藥
得道處仙鑑載峭詩有靸鞋拋向海東邊之句 海鹽圖經 案
峭字景昇著有化書百餘篇宋齊邱竊而署已名今載
鹽邑志林者是也山上有烏龍井井北一小潭渟泓見

庭冬夏不竭詳山川

錢王走馬塘　舊在硤石東山之東麓今不可考貝瓊清江集遊山記有曰東山審食其墓顧況讀書臺與錢鏐洗劍池走馬塘無一存者則廢已久矣橫山紀畧案越絕外傳吳地傳秦始皇造通陵南可通陵道到由拳塞同起馬塘湛以爲陂由拳山說者以爲即硤石山則錢王走馬塘或即秦皇起馬塘之誤未可知也

石屋　石屋山上有石疊成屋舊傳黃巢時民避兵處山下有黃巢衕夾道陰翳石壘壕塹猶存宋武原志在縣南三十六里相傳爲黃巢之穴袁志案石屋仙跡爲澉川後八景之一又趙圖記豐山有石屋秦始皇嘗駐兵又有東石屋山在澉浦鎮西北此殆以形似得名

音樂墩　小步山旁每陰雨夜靜時聞其中有音樂聲續澉水志

魯公浦　縣東南有港導海水至邑下歲久湮塞宗道發鄉丁疏治之人號魯公浦宋史魯宗道傳浦有藍田廟名藍田浦咸平六年知縣魯宗道重開民利之名魯公浦至元志在縣南三里長一十八里上有魯浦亭海鹽圖經宋黃鑑魯浦亭記昔史起決漳以溉遂富河內之民鄭莊引渭而漕益肥關中之地故仁人之言也其利溥循吏之愛也其恩深令譽綽乎無窮豐功流於可久慮事經始豈徒然哉茂苑之東偏禾興之近鄙邑居之盛海鹽在焉先是地非五達之郊物殊一都之會魚鹽攸產聚廛實繁城郭雖存居人無幾磽确之田弗藝富庶之教未孚民將曉依時思俾乂景德初今參政扶風魯公來涖是邦實綰銅章公琰社稷之器誠爲屈才子游弦歌之聲此焉靜怡一日詢耆舊之說探溝洫之制得白塔古港於縣之西南隅屑沙埋積灌叢紛翳翦爲鹹鹵之徑寖阻潮汐之地修利缺如因循孔甚惻然奮發潛復是圖相其方而有初諗其衆而胥悅先庚之令既下獻力之徒坌集量期令役書以授師曾未逾月洪波乃道自海口達邑中凡十有入里而遣其清可以流惡其潤可以蒙福析之可以導其氣瀦之可以種其美浸灌之益嘉禾惡種無不猥大也導涉之利浩商善賈無不騈集也向之編菅把秆之陋販脂貨聚之微率有廣厦之居問多阜財之積環邑之內變爲豐泰厥後二十年間公入奉論思及參衰政而負海之毗蒙賴乃利蔽棠之野風謠如新遂指其港謂之魯公浦焉天聖丙寅伍君佑由佐著局爲縣大夫且嘉其陸社之風愛芍陂之饒衍乘敏政之暇鳩儁功之材作爲新亭於浦之上因地而名識其始也覩夫華復鏤檻麗丹臒之奇茂林修竹蔚澄凝之趣雖爲造適之所賓有清幹之機將俾夫登豫章者想孺子之風遊魯山者懷紫芝之化斯亦凜凜庶幾仁智之用心矣乃落成之始監郡集仙李君昭詔書狀徵文刋記勤請之辱敘讓弗逌聊据梗概以附民謠之末時天聖六年正月吉旦

秦皇劍池　金粟山上有秦始皇劍池海鹽徐志相傳始皇東遊憩此礱劍或曰在角里山今俱不存金粟寺志

錢王洗劍池　在沈山吳志即今硤石東山伊志

艮澤池　在黃道山顯應廟後續澉水志宋時黃道山有水軍寨造船場山巔立烽燧統制官總領之山半有池曰艮澤海鹽圖經闞名艮澤記澉浦之陽黃道山之麓曠而平繞而曲潮汐所不及維天降澤掘地以積一勺之多可飲可汲負山而居航海而來咸所仰給淳祐十一年夏秋不雨坳堂之上涔蹄之微潢潦無根溝澮其涸居者行者罔不病渴路鈐邢子政適約同時仕於此者監鎮趙汝淵船門朱南杰鹽場俞損酒官李得基木官藏安節司警張思湛登山度地鑿池闊二丈深二丈有奇盡挈提之道以達者三十丈架屋四楹司啟閉處守護者委統領袁發主之經畫於秋半落成於秋杪其容廣其蓄深其惠博路鈐之功將與此山無窮矣

洗馬池 在礀頭門山下莫攷所以得名續澉水志意古豪貴家所鑿 海鹽圖經 案鄒志云半邏東南二里有洗馬池世傳冬有温泉夏有涼泉

孟姥泉 在南湖之西麃山之麓自鷹窠頂來山厚而源深故有瀑布如懸疋練四時不竭久旱稍微 續澉水志 明許相卿大雪攜鶴觀孟瀑詩初雪壓高帽羸驂揚遠鞭玉龍僵不起白鶴舞爭妍山僻地無主骨清吾欲仙長吟雜孤嘯歸路晚翩翩 崔鼎孟泉瀑布詩飛泉百尺度層雲一望清山白練分却憶高人棲隱處草堂風雨隔溪聞

鶴田 在九杞山書院之陽 閔元衢歐餘漫錄 案談遷海昌外志關中孫太初山人寓武林南屏山嘗畜一鶴自隨與許給諫杞泉子善許爲置田三畝歲輸粟於萬峯深處以充鶴糧而作券文日太白山人鶴田在九杞山書院之陽倚山面湖左林古涂廣縱百步歲計入粟三石有奇以其奇爲道里費

而歸其成數於杭之西湖南屏山歉歲則去其半以主人稍筆取金盈焉佃之者主人之鄰李仁輪之者主人之僕歸義歸之者主人之弟檣卿舟仲主人爲誰山人之友杞泉子許台仲甫也名鶴田券太初名一元秦人

重光井 普明院 案即今資聖寺 在縣治西東晉右將軍戴威宅也宅中井一日發五色光遂捨宅爲寺 宋武原志 井在寺東南隅案今已湮廢 明張岐詩石井荒涼古寺邊偶因鑿翠得甘泉波澄玉鏡涵秋月光射銀牀破曉烟只道山林多海眼豈知城市有龍淵斷碑剝落埋衰草猶記將軍捨宅年 國朝馬維翰詩習井留遺跡樓臺鎖夕曛六時聞粥鼓誰憶故將軍

葛仙翁井 東山與紫微山夾水峙仙人葛翁井汲者往往得丹砂或投石井中輒有聲如雷 貝瓊清江文集 案吳農祥流鉛集重建惠力寺大殿碑記云風前宋藥井驗葛洪霜後讀書臺嶺顧況

宋義井 井石刻字猶存驗之是宋人所鑿 續澉水志 在澉浦市中 海鹽圖經

花婆井 一作花婆 在羅漢山下康氏墓前水甚甘美 續澉水志

金粟寺獨桑鼓 金粟寺有獨桑鼓相傳孫權時所遺或日明太祖戰鄱陽湖所得蓋陳氏物也 澉水遺聞 金粟寺志 案鼓高三尺圍一丈一尺六寸獨木所成傳爲康僧會時造云 國朝馬維翰金粟寺觀三國時戰鼓詩遺蹟逐飛鴻夾道撫長松冷冷梵唄響殿春出花叢叢林下南浦以全粟山遂古往蹟赤烏年傳有獨桑鼓枯楊孫作椎冒以神鼉皮空堂但一振驚起林中羆緇惟炎劉替英雄起相繼紫髯會乘時一武昌自稱帝萬艫壓江中北軍皆風鼓聲應不歇壁赤滿江紅一時諸健將公瑾最雅量何人賦栯欄難入孫郎帳恒河一閱刧沙乃落優曇花輿亡兩寂滅且用演三車日夕風差勁寺下波如鏡樵歌山外來月出山僧定

青陽令崔公宅 陰陽樹 互見物產 青陽令崔公居硤鎮之東庭有二樹左開花則右結實右開花則左結實土人呼爲陰陽樹究亦不知何名 張元忭待軒遺集 案崔名培元前明萬歷孝廉其樹在所居橫山草堂前崔自有詩見所著橫山草堂集 國朝康熙初此樹尚在 明沈藩詩樹有雌雄相東西花實分每疑半夜雨常市一天雲名下知前輩行間見古文風流來往舊賢賞媿方殷

蔭山 在縣治北門外三百步 干志 明王文貞操琵琶記云蔭山者何所以蔭邑主宅也在北門外叢篁灌木獨存於兵燹之後叢楊奇峯先生偕沂陽兄艤舟登玩余亦與焉故知之

障海樓 在縣東敕海廟左其後爲晏思堂廟之右爲依山閣皆道光四年知縣汪仲洋建咸豐十一年悉毀於兵燹同治十三年候補知府蕭書於依山閣舊址改建

報功祠上爲望海樓新纂晏思堂於敕海廟側又以形家者言邑東曠蕩無屏蔽遂創立樓屋三楹於前榜之曰障海夫海積水無涯不知終始沐日浴月載地涵天其朝潮而夜汐也乃元氣之鼓盪更以蛟龍出沒變化鯤魚背若連山天吳象罔陽侯飛廉乘潮掀浪而來南則奏駐北則乍浦諸山錯峙角張勢不得逞乃迴流併怒而直衝敕海朝之前僅以一綫之隄與全海相持亦安見其能迴瀾倒流爲西浙東吳之屏障耶顧余論之治水如治兵然遇大敵者必厚集其陣我先立於不可敗雖使百萬之衆壓壘而撼之不能動也今敕海廟前當衝處石塘之後接築土塘有寬至十丈八丈者其勢亦不厚薄而前明以來屢有海患者則以土塘之勢雖厚而石塘最當衝者二千餘丈非一人一時之工故或稱爲樣塘歷劫不壞或則朝修暮圮爲害益大蓋石料整齊縱横如法必先有不惜財不餘力之意俾塘以內數郡生靈廬墓賴以無恙登斯樓而籌謀障海庶幾無愧色云

平湖縣

故邑城　在海鹽縣東北三十五里高一丈周回三里至元志海鹽縣城陷爲柘湖移於武原鄉後又陷爲當湖移置山旁元和郡縣志案此時海鹽縣移於乍浦故邑爲湖移置此山尋山名勝志云平湖有故邑山東漢時海鹽縣陷徙馬嘷因名故邑在乍浦故邑山下宋武帝追孫恩復築城於此平湖程志紀武帝小字寄奴故一名寄奴城案築城事詳宋書本案故邑一作顧視此邑固屬不典一作顧榮之先句踐支庶封此子孫遂以爲姓亦少古據新唐書地理志直云有故縣山語最分明矣

南薰亭　便民倉西有南薰亭趙圖記

悠然亭　在當湖中明刑部主事陸杲建上下作石屋狀煙霞之氣疑從龍井得來久廢平湖程志明嚴嵩詩終古自悠然空亭一酌眠能通三泖宅直接五湖天送客愁飛絮聞歌識采蓮倚闌人老矣長望好林泉

全公亭　在縣十九都錢武肅王廟左康熙閒重修亭下有井平湖王志國朝何曠重修全公亭紀略濱海近金山境有全公亭創始歲月及命名意均無考或曰亭距海近民苦鹵鹽井得泉以泉公衆汲亭因以名或曰俗崇氣節民相率議事於亭務全公道遂名全公二說疑皆屬附會康熙辛亥巡撫范公承謨清丈屯地嘗登亭周覽風土顧僧詢亭所以名僧不能置解乃賦全公亭詩而去云道光十六年里人陳士中等捐資重建于志汝霖有記柯

松風臺　在德藏寺後平湖程志宋僧可觀所築平湖朱志高十二尺廣五十六尺俯臨玉帶河甃以石明嘉靖癸丑築城臺石盡去隆慶戊辰知縣謝良弼立碑於左復植松以稱其名給事馮汝弼搆亭於旁題曰聽松處德藏寺志略

有山月池圍以石欄形如半月又有雨花亭浦花臺菊坡竹庵諸勝平湖王志明柯宏祚重栽松風臺樹詩登臨重弔此荒臺誰愛長松特地栽曲徑春陰風亦合半牆秋影月重來濤聲雜梵遥驚枕蘿帳停雲欲長苔此日興懷憐楚楚人間應有棟梁材高道素雨花亭詩曾說宜翁闢講筵雨花如雪暮春天孤亭高挿知何處人指荒池亂草邊

萬松臺　在陳山後有萬松擁護花史明王路著書處浙江通志

太虛一碧樓　在東湖右元萬戸賀傑建廢爲普濟庵吳志

鎮邊樓　在乍浦城中央憑高四望諸島在目平湖朱志俗呼四牌樓燬於火興廢年月無攷惟石址存焉乍浦志

弄珠樓　在當湖中以當湖九水匯流登眺如九龍弄珠

於滇渤間因名大清一統志明嘉靖間知縣陳一謙建亭其
上名曰戲珠明陸杲戲珠亭記鬱林陳公來宰吾邑彌心撫惠袪病興利治功日起越二歲戊午
登城樓東望嘅然曰美哉九水洋洋乎會而爲湖誠山
川靈淑之氣所鍾惜乎其滔滔東北而逝莫之停蓄也
設使作一洲屹於湖中合環而縈之若浮璧然則風氣
磅礴完固他日邑以多才顯當尤濟濟然甲於天下四
民之居是邑者其永永繁阜而休謐也會濬城河之淤
者命劉其上礫往塡於湖狹月而洲成湖亦通利一役
而兩美就焉洲之上搆亭三間前後又各爲屋三間洲
之廣圍而度之凡三十丈有奇周樹榆柳桃杏大小四
百株道士汪應潮守之爲置田二十畝搜隱糧以當其
稅之人俾盡食其田之出以專掃除工畢於已未四月
冬十月風日和霽公邀予與諸鄉大夫登亭以嬉極覽
偏眺水勢迂屈而來若遊龍之蜿蜒孤洲中央如置圓
珠於清鑑之上九水旋於洲之外宛然九龍弄珠於滇
渤瀛海間而出沒吞吐也公因名其亭曰戲珠夫吾邑
以湖得名洲與亭成而湖益勝風氣益聚自後邑之賢
士其將有拔茅而彙征邑之居民將益富康而長久如

公之所冀望者乎因記其始末歲久廢爲叢冢萬歷間知縣王義民蕭
鳴甲重建更名珠臺復作樓五楹華亭董文敏題曰弄
珠樓沈懋孝有湖上珠臺記　董文敏寄題蕭使君弄珠樓詩開將卿思倚層霄吳楚乾坤共浣滲鸚鵡夜驚
才子筆鳳凰春怨美人簫山連秦望三神近湖似潯陽九派消一自明珠還海曲採風應到弄珠謠茂宰能將
吏隱兼樓開山岳散江潭芷蘭一一分湘浦楊柳依依自漢南地有驪龍供照乘人如黃鶴解停驂欲知交甫
遺珠事歷亂星辰逗短簷　沈瑞鍾詩波光如鏡浣滲天鑑外湖風更渺然十里翠飛青嶂小九門寒鎖夜珠
圓紫裳神女遺花佩黃鶴仙人問酒錢我亦樓頭舊崔子題詩空擬白雲篇後圯
國朝康熙丁丑知縣王瑋改建國朝陸棻記邑以當湖勝前人言之詳矣湖北隅有圓
渚昔漢陽蕭侯建二樓相向繚以周垣顏曰弄珠損於
兵燹今邑侯王公鼎新經始屬記於余余惟侯之與是
役也豈僅占雲物備讌饗云爾哉地無大小皆封疆之
責職無高卑有民社之憂唐李衛公節度劍南創籌邊

樓圖山川險易羣蠻所出入及密邇吐蕃之道路於左
右日與賓客之習邊事者籌畫其中盡得其阨塞情僞
功名遂與韋皋並著我湖距海僅三十里洋禁既開增
設甯波捕使分務官於乍浦海船鶩集商貨充牣而姦
宄之徒竄伏其間不可窮詰侯登樓南望見煙雲之興
伏如潮汐之上下盼野鳥之變聲如異言之惑耳愁然
思之何以訊出入識往來何以禁止奸慎罪邪俾市無
狡猾民有蓋藏內蠹不生外戎不召弭患於其微而禦
侮於其豫謂於衛公之籌邊當侯之籌海甯有異乎沈
司業記云前令延陵王公若惺實創治之今侯姓同里
同以進士任同而續舉於五十餘年既廢之後又若事
之預定者己　國朝王式丹和王明府弄珠樓落成
詩矗雲欄檻憑清湖春風萬籟鳴笙竽山容遙繪螺子
黛海氣欲迸鮫人珠層層高挂塔鈴語幅幅細翦米顛
圖登臨饒有謝公興樓前煙景無時無　盛遠詩白練
平波烏榜船樓邊風色故依然晴煤雲氣橫遮塔青遍
峯痕遠抹天遊事快逢寒食後　裁詩貪倚晚風前憑欄
何限憐春思隄柳如煙已二眼　查慎行詩但令與到
便移船我得同遊亦偶然跡磬晚潮孤影塔暖雲濃樹
四垂天稱心圖畫憑欄外經限亭臺落照前却笑詩成

無傑句驪龍依舊抱珠眠　朱昆田秋日登弄珠樓詩
畫欄面面豁新愁水色山容四望收九派晴波爭入浦
一丸明月正當樓蛤蜊菰葉縈清夢螃蠏鱸魚作好秋
賴有詩人爲地主未妨十日且勾留　厲鶚集弄珠樓
詩爲選東湖勝相攜上野航層波圍酒地疎樹入漁鄉
舊雨前期在新晴客思忘十三同月子流照一樓霜
朱錫圭弄珠曲碧天如水小瀛洲吹入西風
玉笛秋湖上一輪明月好有人獨倚最高樓乾隆丙申
知縣劉雁題築隄爲池環植桃柳中栽荷花舊有董其
昌石刻詩久失知縣張力行購還重置樓壁間平湖朱志參張
志　按察使秦瀛薄暮過東湖月出繫舟弄珠樓下作
歌東湖日落烟滿湖漁庵蟹舍迷菰蒲水邊拍拍驚鷩
鳧採菱人在烟中呼烟中皓月忽飛起素練冉冉生須
臾浣滲倒影水紋淨一奩寒玉光平鋪神女乘潮出游
戲團團手捧鮫人珠金支翠旗杳何處馮夷夜舞驪龍
邊松杉四響鸛鶴叫天半一吹笙竽鸚鵡喚客且一
醉嘉禾三白緬酒可沽樓頭鐵笛再三弄闌干十二秋
雲孤隔渚漁燈隱沙市對岸墻火懸浮圖天明篙師解

纜去秦駐髮青糢糊一道光乙未里人募資重修有記于志咸豐庚申
兵燬光緒三年僧持願募資建樓三楹新纂
觀濤閣 在天妃宮右明天啟時邑人過庭訓建以祀文
昌華亭董其昌題曰跨鯉觀濤九山續志
一覽閣 陳山有瑞泉亭涵空臺一覽閣九山志閣在山顛
久廢伊志
籌海堂 苦竹山上有籌海堂平湖朱志在天妃宮東明萬歷
時參將董汝梅建春時秋汛祭海於此九山續志乾隆四十
九年邑人沈初改題曰澄海堂平湖張志東有天風海濤軒
久廢九山續志明李天植集籌海堂詩古殿城南路不遥天空雲淨夜寥寥孤懸海嶠三秋月寒落沙
汀萬里潮葉露垂垂繫客淚堦蟲嫋嫋羽人籟遊情詩思俱塵外不負清尊是此宵
鏡漪堂俗稱鷗洲 在弄珠樓東北水中央雍正十年知縣方
以恭建平屋三楹供大士方自有記乾隆二十七年知縣劉
國烜建閣三層祀文昌工未竣四十一年知縣劉雁題
重建顏其堂曰鏡漪亦稱瀛洲書院劉自有記五十一年知
縣王恒重修有記平湖王志案俗稱弄珠樓爲大湖墩文昌閣爲小湖墩至鷗洲乃報本塔院遺址俗以小湖墩當之誤矣故附論之道光八年里人程恩溥徐士蘭
等修于志咸豐間謝尗偉又修庚申兵燬
石都尉莊 在東𨚗宋江淮總管石都尉賜莊有石園祠
鶴有石亭有石總管廟有石氏壠跡沈氏世居於此平湖稗志

沈莊 明總督胡宗憲破賊徐海處海寇後編國朝郭世培詩千間廣廈委飛煙組練曾屯嘉靖年憲府牙旗山鳥避書生籌箸海鯨懸霧銷蜃市開晴色天遺龍珠戲錦川今日重經吹角地湖田漠漠草芊芊
鳳凰基 在縣東北二十七里
栽松坳 在小南門外諸生陸競烈逃禪地弄珠樓志
飛星石 陳山觀音殿曩年忽有兩石從半山鬬墜而下
一從殿後壁滾入大士座下一墜殿之西屋瓦無損不
知從何而入今二石尚存留題者甚多余乙卯歲到祠
下嘗賦詩云錦石雙飛下翠微忽看移入小巖扉靈光
夜靜歸山遥翠影秋寒上佛衣滇海始知鯨欲動零陵
不獨燕能飛只今五色曾何補自探奇峰築釣磯括異志

琴石 在佑聖宮殿傍長丈許闊二丈厚尺許拊之其聲
若琴因名明洪武間有道士來遊肅敬亭中以折足鐺
煮藥煮罷操琴石上居三載與兒童遊戲人無識者後
忽吟詩云暫離蓬闕下凡塵肅敬亭中寄此身三載有
緣誰得度岳陽依舊是歸眞遂去住持道士厭人來訪
移石作玉皇座臺平湖張志國朝馬壽穀詩仙院戒壇古昔爲魯公宅右列一間亭亭旁倚兩石仙人跨鶴來市藥於亭側乃居三載餘一朝化其跡留詩題壁間久矣漫滅沒惟茲一石存琅琅聲相徵傳云古石琴何必廣寒笛天地自然聲聞之俗腸滌返諸無聲初心與石俱寂

五老峰　在報本塔前萬歷癸酉刑部主事陸杲立平湖程志層巒挺秀苔翠欲滴東湖志案陸杲五老峰記云有狀似觀音善才者有似騶虞獅子靈芝瑞雲者因目之曰五老峰　明陸培詩奇峰自何來屹立老人五須眉具鬢髯形態極俯仰潘雨色蒼然當空互撐拄山門永作鎮過客時爲憮而我疎遊節覯面悵間阻池東昨折柬邀賞紅荷嫵挐舟勝侶偕結契招提古相論感興一衰檐瓦竄蒼鼠惟此丈人行對客自軒舉層層護苔蘚一一拱梵宇名從廬阜錫象協星躔聚想當月上時僧鐘度幾杵聽法群點頭肯與頑礦伍仙靈疑往來雲煙歛吞吐誰與整袍笏再拜磬傴僂投詩宰堵波風鈴如荅語　案萬歷己卯龍溪王畿曾講學於此詳見沈懋孝塔院會講記

梓樹圩　在德藏寺大殿後平湖張志圩可二十丈樹爲南宋故物崇禎戊辰大風拔者三順治初猶剩合抱二株今存白榆而已洛如詩鈔　宋趙子固步德藏寺梓樹圩下有感詩祇園梓樹植何年夾道陰陰綠可憐無奈霜風摧葉落高柯還拂舊時天　明李天植梓陰詩文梓森森夾道平高枝入夏碧陰成涼颸似弄一梧桐影落日惟聞鳥雀聲客到須眉無數綠僧歸杖履一時清還宜深夜行吟者露葉叢中見月明　國朝陳朗詩梓徑生香月在天霏霏紅雨滴階前林花開落自今古不見行吟趙孟堅

嘉興府志　卷十四　古蹟一　五一

山月池　在德藏寺藏經閣前新纂圍以石欄形如半月于志　明朱應龍詩池底看明月明月在山頭清光連上下分作兩輪秋

玉泉池　在大乘寺其泉汪洋澄澈煮茶無滓故名久塞柳志

連珠池　在學宮東北三池相連明教諭林光鑿上有靜觀亭林自有記久廢浙江通志　明莊杲靜觀亭詩睡起湖亭坐乾坤意自深青天無一滓明月在波心萬物無表裏斯亭亦偶然道人閒不過聊亦弄湖天微月此波寂遠峯何處青我來閒坐好不記是誰亭

鸚鵡洲　一名小瀛洲上建報本塔院東北隅有放漁磯又名釣鼇臺夷於水或曰其北有小渚近是平湖程志元末於金山海濱得一碑曰鸚鵡洲界檇李詩繫　明馮敏功詩鸚鵡飛來水上頭影搖新柳帶煙浮纖纖啄月輝南浦冉冉翔風映北流春暖浮圖招放鶴夜深同浪狎眠鷗曠看芳草能留客此是當湖第一洲

水月灣　在顧書渚東明陸莊簡於巨流中甃石爲磯題其前曰水月灣王彥滔記平湖王志　案顧書渚在東泖旁相傳顧野王讀書圖

香草溪　在獨山堂側雲清橋北每秋晚芳馥出水上平湖張志　國朝沈岸登調倚箴水詞野草年年新涼逆鼻無尋處聞香乍遠但一片圓沙冷霞昏雨生來未曉綠徧萋萋路料不憶王孫去爲寄語可還有秋塘過客竦棟下停柔櫓江蘺遠別悵楚屈空延竚甚日筍鞻挑菜吹惹溪風暮斜陽夢斷竹笆烟墅

嘉興府志　卷十四　古蹟一　五二

鶴唳涇　在二十四都相傳陸機陸雲飼鶴處于志

華光井　在德藏寺東廡華光如來閣下井素無汲者宋滔祐間建閣後飲其水病輒愈後因寺僧索錢遂無驗　國朝鄭之僑詩南渡華光著靈異居人倣自婺源地飛閣西向香墀前下有古井流寒泉石甃澄泓冰玉影深汲能容五丈綆一甌可起塵世痛曾洗瑜伽心垢無

東湖古井　庚子歲旱湖竭可通軌有漁舟夜艤水滸遙見有光燭天掘之得磚井一磚長可六七寸兩首各有方竅相入面有手掌紋極細兒童爭鬻之取以爲硯清潤可愛

380

永興橋井　永興橋西陸氏宅有天井大旱不涸其下可以轉篙時有浮蘋及破蒲帆浮起蓋下通大海云後爲富民得之居正堂之中以板覆蓋甚謹以上括異志

舒公井　舒公不知何代人在博陸祠西德藏寺東成化癸卯鋤地者偶於其旁得一巨井廣周丈餘濬之其深不測水泉洶湧迸出懼而塞之後爲社學基柳志

德藏寺鐘　異銅所鑄初鑄時匠曰俟我行至六十里乃擊甫至新豐聞鐘聲嘆曰止此矣後破餼改鑄本寺雙塔頂乍浦海塘陷一夕飛墮惜以爲錠石之需遂告成括異志參洛如詩鈔

案平湖古蹟見於劉昌詩蘆浦筆記者有通山閣見於袁志者有鎮遠樓今皆莫詳其處附識於此

石門縣

禦兒　句踐之地北至於禦兒吾用禦兒臨之明日徙舍至於禦兒國語　案會稽至禦兒凡三日語兒鄉故越界名曰就李吳彊越地以爲戰地至於柴辟亭越絕書元封元年樓船將軍卒錢唐轅終古斬徇北將軍爲禦兒侯史記　案漢書作語兒侯史記年表作蘱兒漢書功臣表作蘌兒史記正義云禦字今作語語兒鄉在蘇州嘉興縣南七十里臨官道也漢書注孟康曰越中地也今吳南亭是師古曰語字或作禦或作蘌其音同至元志云漢法十里一亭十亭一鄉凡封侯則視功大小亭鄉縣郡各有差或謂語兒在漢爲亭轅終古之封止是亭侯迺證以孟康吳南亭之注是蓋不然春秋戰國時檇李禦兒皆望地縱橫廣袤亦相等秦易檇李名由拳且以爲縣則禦兒爲鄉無疑武帝銳於賞功終恡於後故襲爵者少纔六年莊侯終古死而國除矣孟康魏人恐於吳地不能訂其詳吳南亭者特指語兒十亭之一耳

柴辟亭　柴辟亭到語兒就李吳侵以爲戰地越絕書今廢崇德新志　案浙江通志云柴辟亭當屬石門縣

何城　在縣西三里又萱城在縣東南二十里與海鹽縣界之管城桐鄉縣界之晏城皆春秋時吳所築以禦越者大清一統志即今一都有何律王廟柳志

萱城　在縣東南三十里二都柳志　案何萱管晏四城至元志柳志並云吳禦越時所築間有遺址

石門　在縣北一十八里至元志互見桐鄉

紀日坡　在縣東北十二里大清一統志在千乘鄉高十丈周回三百步環以水邑士朱天麟幼時見坡側鍾生家運土得舊碑斷缺漫滅大略謂吳王夫差募兵五千人教養於此由是築基置亭以候烽火名曰紀日者立綱紀而有條目也此非春秋之文殆後世營繕於是乃追述之也至元志西北七里有遊屯涇今訛爲牛屯亦以遊兵駐此得名也柳志

白馬岡　在縣西北六里宋康王南渡金兵追迫見一白馬在側遂乘之一夜幾六七百里至本縣十都天明視之乃泥馬也遂葬於此故名柳志

篁墩　俗呼黃泥墩在十八都高數丈沈廉訪宏家焉建祝聖臺其上旁有友于軒

清白池　在千乘鄉南蔡橋北相傳蔡漕臺開祭酒闢所濬

東湖　廣數畝與清白池相近遺跡存以上崇德靳志

龍壇　在縣東二百步昔爲祈雨之所今廢柳志

觀風亭　在縣治東宋建

義禾亭　宋建對縣治以上崇德靳志案至元志作義和

光華亭　在縣南一百步至元志在治東南宋建今廢柳志

春風樓　在縣東南三十步宋知縣奚士達以觀風亭改建知縣黃元直重修大清一統志參至元志宋陸埈和奚宰春風樓卽事詩恍然楹桷架虛空意匠經營九仞功三載笑談杯酒裏一時人物畫圖中金蘭契結從今始玉燭迎和與衆同郟笑楚臺雕篆客強生分別托雄風

承流亭　在縣北二百步至元志宋建崇德靳志

近麾亭　宋建在縣東南一百步

彰憲亭　在石門鎮玉溪庵左萬歷庚戌奉文建賀燦然碑記崇爲吾郡上游當孔道號劇難治而石門鎮爲甚鎮饒米蔌絲纊商賈輻輳浮於邑去邑治二十里許東北與桐鄉相錯而西南通若溪諸邑鎮油坊可二十家杵油須壯有力者夜作曉罷卽丁夫不能日操杵坊須數十人間日而作鎮民少輒募旁邑民爲傭其就募者類赤身亡賴或故髡鉗而匿名避罪者二十家合之八百餘人一夕作傭直二銖而贏番休之日挾其贏或羣而飲或羣而博或羣而宿娼家恃勇好鬬摯拳攘臂良民畏之稍與之角一呼響應鬨然而訌或白晝攫於市莫敢誰何干百爲羣卽坊主亦畏之既捍文網輒逸而去或訟之官爭相醵金鬬鼠牙之勝或各以其籍訟而勾致人甚且毆胥隸之追捕者更可虞傭直贏曾幾何安能恣所欲爲小則爲偷兒大且行劫蓋爲鎮民盡非一日矣斬侯來令崇由邑入郡必取道石門考風問俗廉其狀甚懼思一創之末有端也會渠魁周賢糾黨數十人劫楊晨家蹴其婦墮樓死一鎮爲驚羣起縛之斬侯躬蒞尸所案其辜寘之理餘各抵羿并逐諸不逞者百年積兇一朝翦而芟之於是向橫暴恣睢者類惴惴懼雞犬不驚石門可數干餘家舉得安枕卧矣蓋鎮民無不歌舞頌斬侯德者斬侯業奏績閱下鎮民虞侯旦暮內召去鎮不能廢油坊之業勢不得不募工作工作不能盡取之土著侯去而羣不逞復行滋蔓且奈何計獨彰明憲法以隄防之庶終有悛心以安此一方民乃請於梟臺使者令得樹豐碑孔道以伸瘴惡之戒梟臺檄其事於邑故悉其狀稱勒石垂永久便宜從民請於是報曰可名其亭曰彰憲是舉也蓋有三善焉武以戢暴仁以保民智以計逵語云蔓草不圖將尋斧柯强疲衆暴斯其風胡可長也民慢而糾之猛可謂曰武根莠不删嘉穀不蓄養奸宄禍如嘉師何暴戢而善良以甯可謂曰仁防之未然與戢之既著功相百也高揭憲令卽寘頑堊而懾矣此其爲鎮民慮甚遠可謂曰智夫一舉也而三善備焉則建亭而勒之石也固宜萬歷己丑年立

白社墩　在瓜宅村卽衛富益書院舊址

清樂亭　在錢林證聖院以上崇德靳志

桐鄉縣

檇李城　檇李吳郡嘉興縣南醉李城左傳注案檇李公羊傳作醉李在嘉興縣南四十五里夾谷中卽秦長水縣古檇李城至元志在濮院之西濮院卽古檇李墟也劉志以其地產佳李故名桐鄉徐志國朝繆泳詩空壁岩堯路不齊沙場南望故城西闔閭歸國諸軍盡風雨猶聞戰馬嘶案檇李今已無跡可考至元志謂在嘉興縣南四十五里則其地當在嘉興桐鄉之交或以爲盡屬

桐鄉亦未必然也故於嘉興首列之而此復附論之

晏城　在慕化鄉吳築四城以禦越此其一也柳志　越句踐拓地北至禦兒吳王夫差築四城拒之趙圖記

西子粧樓　在百丈河上今之粧橋石相傳范少伯挈西子僑居此地嘗臨水曉粧故名粧橋元濮允中因建粧樓於橋畔今燬僅存其名濮川志略

石門　縣北二十里春秋時壘石爲門爲吳越二國之限或謂之石夷門大清一統志　石門古有驛太平廣記載唐大歷中王垂處收乘舟至石門驛遇怪事即茲驛也柳志　宋置石門鎮趙圖記　案方輿記要云唐上元六年劉展作亂據江淮諸州遣將張景超攻杭州敗李藏用將李强於石夷門即今之石門鎮地　國朝陳潤石門故壘詩古寨千年尚有基斷横殘石草離離風烟不散英雄氣猶似吳兵百戰時

走馬岡　在永新鄉世傳吳越分疆走馬於此傍有洗馬池今皆漸夷爲平原矣柳志　舊經云永新清風二鄉接境有官窰父老傳正吳越分疆之地今有走馬岡洗馬池至元志　國朝周昇詩數里長岡似掌平將軍戰馬舊曾經至今原上青青草猶帶英雄汗血腥

吳越戰場　今張蕩天荒蕩皆是桐鄉徐志詳嘉興

范蠡鴟　崇德縣范蠡鴟舊經云鴟水陂也在顧村范蠡嘗遊於此因名案鴟有二一在千金鄉一在濮院鎮　傍有洗足灘至元志　明曹旅詩鳥喙深知不可親功成只合老江遺五湖勝有閒風月甘作鴟夷寄此身

胭脂匯　濮院鎮有胭脂匯趙圖記　胭脂匯洗足灘百丈河在粧橋之南伊志　案范蠡鴟胭脂匯皆傳爲少伯西施遺跡桐鄉徐志云范蠡鴟在濮院鎮相傳少伯泛湖同西施過此即今幽湖一帶俱是太平御覽引吳越春秋云吳亡後越浮西施於江令隨鴟夷以終今吳越春秋無此語馬氏繹史謂諸書不載西施所終惟墨子曰西施之沈其美也墨子去滅吳不遠所言當得其實世傳范蠡載西施出五湖皆謬說也郡縣志所載少伯西施諸跡大半出於附會但存而弗論可耳

南長營　在桐鄉縣東南二十五里其旁有千人坡范蠡鴟即越之北境時蠡屯營於此以備吳大清一統志

烽火樓　塘南有長營北有烽火樓千金鄉有千人坡古傳越王稿兵之所柳志

路成營　皂林市西有元將路成營趙圖記

鳳鳴市　今桐鄉縣治大清一統志　鳳鳴里世傳古有梧桐樹鳳鳴其上柳志

青瑣閣　在桐鄉青鎮梁太子蕭統讀書處大清一統志

昭明讀書臺　即今密印寺是也世傳梁昭明太子讀書於此柳志　青鎮有昭明太子讀書臺太子師事沈約約葬先人於烏鎮統就之築臺館焉趙圖記　案桐鄉徐志云昭明太子讀書館即今密印寺梁沈約有先人墓在烏鎮普靜寺每春歸掃昭明出迎送郊因築館字讀書其中後約遷葬金陵昭明捨館爲賢德寺後改密印　明周大綬梁昭明讀書園記史稱昭明好學多聞通知今古終日誦書不輟夜則使其官屬誦而卧聽之遇有脱誤悉識之以責誦者自古賢良主器其博文殆莫有過焉者也今地志所載江左千里之間凡爲昭明讀書遺跡不下十餘處而桐鄉青鎮密印寺讀書園爲其一焉是豈六代之季猶爲

近古萬乘儲君未嘗高居深宮以自尊貴車駕時遊郡國親近士大夫以周知民隱歟抑魏晉以後習尚浮華太子都通賓客好遊晏如鄴中故事昭明因之而稍進以儒術故所至以讀書名歟夫天子之學與經生章句有異昭明雖好學其所好工文章善談名理而已未必有當於帝王治世之道論者惜其年歲不永而不及嗣位然以彼所學卽令富於春秋克膺大寶爲守文之令主則有餘其果能幹父之蠱盡反武帝臺城之悔軼簡文而上之哉終梁之世不過再傳其父佞佛而其子綴文大業所以不競也獨昭明姿淑美孝友天植性無他嗜行無雜累其流徽未隕爲世所稱故其讀書之地後人都咨嗟傳說之特其地久入梵宇器鉢無聲風流雨絕恐世代遼遠忘其所自將使好古君子仰止闕如是亦尚論之大憾也爰爲之記 國朝汪文柏訪昭明太子讀書處詩地僻古禪扃曾聞鶴駕停簡編惟一過碑碣已千齡茗水如雲碧吳山入畫青至今長夏夜猶見照書螢

簡齋讀書處 參政陳與義舊肄業於廣福塔院既貴建

嘉興府志 卷十四 古蹟一 三十八

閣以讀書名之志至元 簡齋讀書閣在今壽聖塔院東宋參知陳與義自瑣闥請奉祠卜居青墩讀書塔院閣居林隝中有軒面芙蓉浦扁曰南軒與高僧洪智處士葉懋善後人建三友亭於閣旁元至正間天台法師繕治之吳興虛齋趙侯爲作古篆柳志崇德洪志皆作趙松雪以釋宏道記証之作虛齋趙侯爲確顏其內曰簡齋讀書處外曰南軒烏青鎮志釋宏道簡齋讀書閣記簡齋讀書處在青鎮芙蓉浦上以宋參知政事陳公與義嘗居於此高僧大圓洪智邑儒葉天經懋賓與方外交故簡齋集中多贈天經智老詩而所謂壽聖院者卽今廣福也公於紹興乙卯歲由禮部侍郎給事中除顯謨閣直學士方丐閒茲地扁所居日南軒日賦詩其中尤喜道出世語蔾杖綸巾逍遙徜徉自稱簡齋居士次年卽被召拜左中大夫參知政事不一年求免復來居南軒遂終焉昔人嘗作三友亭於芙蓉浦上後亭壞不復見而南軒亦泯焉無聞矣余受業密印乃梁昭明讀書圃廣福輔車也每過其處弔簡齋遺躅未嘗不發嘆而去天台法師來往是山予輒以告法師乃欣然命闢而加治之吳興虛齋趙侯爲古篆榜其室之內曰簡齋讀書處室之外曰南軒本其舊也今年夏余與友人滄海師喜其能復古而尚賢也由是丞往返無虛日有識者亦樂從之遊法師俾予記其事告來者予作而言曰簡齋生於元祐庚午政和中釋褐授文林郎又嘗入翰林然後來此春秋高矣乃以讀書處名舊居抑無謂耶法師歎而言曰余適待子而發也夫所謂讀者豈世間書耶簡齋少年在洛陽有詩聲南渡以後第一流人然動而見軌於執政者氣鬱抑不得申旣來南軒中盡所出世間書而讀之若有所悟其詩有云自得安心法悠然不賦詩遂不樂取進旣去而復來蓋不忘所得也故以名焉余旣喜其闢善樂從又能推其本而名之因併書以記云 宋陳與義小閣晨起詩紙帳不知曉鴉鳴吾當與老松相對寒崚嶒幸無公家責欲嬾還不能汲井開牎我面銅盆旋敲冰梳頭風入檻散髮霜滿膺四瞻郊澤間蒼煙慘朝凝欲望塔顛日光景舒層層乾坤有奇事變化忽相乘客來無可語語此

嘉興府志 卷十四 古蹟一 三十九

不見膺今晨胡牀冷媿我無毾㲪 明趙桓簡齋書閣詩祇陀園裏讀書場小閣清虛萬卷藏鸜鵒硯研朱流竹露象籤插架散芸香青藜夜吐牕前焰白雪寒分案上光欲覓遺壇何處是幾株松樹一僧房 豐坊遊青墩訪陳參政故蹟詩青溪清淺映溪橋精舍悠然隱相軺邪侯持衡三省闕老成削跡兩宮遂投閒散地留遺躅秉正當年想立朝故國沈淪荒浦在芙蓉零落老漁樵 宋陳與義廣福塔院僧閣調寄南柯子詞矯矯千年鶴茫茫萬里風闕千三面看秋空背插浮屠千尺冷烟中林隝村村暗溪流處處通此間何似玉霄峰遙望蓬萊依約曉雲東 明沈中棟南軒懷古調寄臺城路詞梵宮何處尋荒址當年草廬曾結門遠赤欄橋橫綠水爪徑依然幽絕浩歌天末且鶴氅綸巾怡情花月卜築攜家棲心書卷養其拙芙蓉暫留舊浦任河山破碎離鴻驚蝶北郭儒生西宗禪侶三友盟心無鈌風流頓轂但衰柳蕭疎暮蟬鳴咽古剎斜陽淒涼共誰說

宋濂讀書臺 在濮院鎮梅花涇上宋景濂有濮川八景詩又與鮑西溪友善或寄跡於是志大清一統志參吳

明沈機讀書臺

懷古詩當年宋夫子此地一曾來予也閒觀易空聞舊有臺音容流月露謦欬出風雷後起誰能繼千秋仰大才 國朝沈堯咨讀書臺懷古詩何處讀書臺潛溪不可作相傳未遇時避亂此村落朝瞻嶺頭雲暮看松際鶴汲古何深深百卷抽秘閣兼有千樹梅晴雪悉吞嚼故人來江鮑酬倡亦不惡至今花午詩邑乘載鑿鑿先生命世才屈蠖偶寄托誰知帝者師風雲此登腳我家十世居百年安以樂臺名空有聞老梅已索莫把柯憑弔間遙林煙漠漠 舒瞻梅逕訪宋景濂先生讀書址詩日午吏事散弄舟清興發涼風送白蘋蕭蕭滿巾礎遺跡問村童婆娑入林窟荒臺委荊榛一徑秋陰豁緬維宋夫子精廬坐兀兀讀書慕孫登文抱建安骨風雲與時會珥筆侍禁闥煌煌玉堂仙樹立何清達惜哉蕙苡疑遂遭天帝罰余也竊陳編異代得津筏幸茲托微官訪舊撫殘碣誰為祠栗主薦以南山蕨如聞絃誦聲閉戶待霜月

九里松　在甑山前一望喬林如同巨壑桐鄉徐志　國朝盧存心詩引路雲松九里長蒼蒼直到皁林塘行人三月桐溪過如雨松花撲面香

白馬塘　在運河洪濟堰北宋高宗獲馬南渡夜行七百里至禦兒鄉之石門方知神廟泥駒痓之於白馬岡敕祀焉因名其河為白馬塘詳明呂希周白馬廟碑記伊志兼詳石門白馬岡　案泥馬渡康王之說相傳在磁州其神姓崔名珏字子玉今杭州鳳山門內有白馬廟宋建炎中建詳見成化杭州志此云在石門又傳聞之異矣

白社　在千乘鄉　案今屬旬寺　宋末衛富益創名勝志　富益受金仁山許白雲之學宋亡隱居教授創白社書院於石人逕伊志互見石門縣

陋巷村　宋顏岐為門下侍郎靖康初扈駕南渡家於保甯鄉子孫自為村落故名

莊逕　在濮鎮渡船橋北相傳濮氏二十六莊此地獨多逕上有十錦塘春則桃李垂堤秋則芙蓉市岸近塘皆濮氏莊房故闢此路又有碾椒石洗碗池麫杖井皆濮氏遺蹟茲不錄

銅棺冢　在千金鄉殳山六朝時道士殳基有道術卒後風雨失柩夜聞有人喊聲鄉民往視則棺已成冢遊殳貝瓊山記云山回路盡有石嶄然壁立者即殳道人尸解處案今俗稱殳仙石尚有獅嵎山小赤壁一滴泉諸跡桐鄉徐志云山有洗藥井即殳仙煉丹所貝瓊記云井深二仞而泉瑩可鑑疑學仙者洗藥於此明山吕殳仙石詩羽客登仙去還留片石存只今丹火盡尚有白雲屯　國朝仲宏道洗藥井詩山色傍霞紅峰頭水氣融怪來能療疾遺藥在泉中

文峰塔　在南門內英濟祠前高七層形如文筆故名塔下有池水特清冽

阿育王塔　在密印寺山門前吳志作壽聖塔誤　唐廣明元年寺勾當僧募建以藏阿育王舍利

龍眼池一作泉　惠雲寺僧天集既造雙塔因鑿池於塔之左右以成蟠龍之形又有集公井水甘美不竭

寂照石佛　石人逕在屠甸鎮舊傳寂照寺二石佛溫潤如玉自海浮來其逕即以石人名

十六觀帖　在青鎮密印寺宋張刺史繪造十六觀經說淨土莊嚴境界內有七寶池湧石蓮臺極工巧以上桐鄉徐志

嘉興府志卷十四

嘉興府志

嘉興府志卷十五

古蹟二 園宅　　嘉興府知府善化許瑤光重輯

嘉興縣

漢

朱買臣宅　東塔講寺乃漢朱買臣故宅 案寺爲翁子墓地謂卽是宅古籍無徵始見柳志姑存之

陳

顧野王宅　在府城東七里俗名顧節墩 以上柳志

後唐

陸求宅 柳志作陸裘公宅　在縣東三十里後捨宅爲安福寺 至元志詳寺觀

宋

呂家府　在縣東天馬橋北宋有呂諤呂諭呂評兄弟三人相繼登進士建第於此鄉人呼爲呂家府至今稱之 案徐發嘉禾古蹟詩作呂家廳云是文懿公第者非也

陳舜俞宅　在縣東北一里崇寧三年舜俞孫捨宅基爲漏澤寺

柳氏園　在縣東南二里宋世科柳氏之園也紹定中通判陳塤建陸宣公祠于內後爲尚書潘師旦所得卽會

景亭以上嘉興湯志 案會景亭潘尚書所創志謂即柳氏圃者似誤

潘師旦宅 在縣東一里明爲屠康僖公勳宅嘉興湯志康僖之廳事曰泰和堂有奇石號天馬峯又有古銀杏二本宅廢後百餘年猶鬱茂過客多題詠伊志

會景亭 宋尚書潘師旦園在鴛湖濱中有南塢海棠亭白蓮沼桃花亭紅薇逕茶溪仙鶴亭芙蓉塘白苎橋漁溆構李詩繫 元趙孟頫記略宋尚書潘師旦初知秀州遂有卜居終老之志及通顯位歷尚書未及耄耋即解印歸治室于嘉禾郡城之東春波門外償初志也由南塢暨漁溆可以遊觀逸樂者凡十有餘所築土爲堂構木爲亭列樹花果松柏榆柳良辰美景載酒周游沿迴放浪歸則憩于亭上因名曰會景陸蒙老詩曰清入闌干酒易醒春風楊柳幾沙汀平波抵得瀟湘闊只欠螺峯數點青舊有扁記公歿後毀棄無存其二世孫

文顯求孟頫重書其扁而爲之記吾惟古之公卿宰輔得志當時皆有園池臺榭非徒以適晏休縱逸游而已將以散意息慮求其進退合乎道不言而信及乎豚魚不動而澤被乎草木遠邇之人舉欣欣然得其願是以居之而安遊之而適思之而得係其地可以傳之子孫而莫有過之者今尚書以深忠碩德光輔帝室天下之人已被其澤其爲亭也惡乎過哉然竊有告焉古人有言創業固難守成不易文顯其思而益勉之 宋冐怨和陸蒙老韻詩 亭上騷人一醉後醒行吟步盡白蘋汀水天千頃琉璃地遠有叜山一段青 張堯同會景亭詩 有景道不出須來此水濱十分花鳥色圖作一亭春 白蓮沼詩 滄波圍四面豔豔玉開花自可如簾幙清香不用遮 桃花亭詩 不待東風折池塘已自春試看原上客猶恐是秦人 紅薇逕詩 風漸放秋風曉花無爛漫香淺深紅似錦散影在滄浪 仙鶴亭詩 杳杳雲間路重重隔翠林數聲清夜後來伴月邊吟 芙蓉塘詩 一發連千丈紅雲出素波秋風吹欲老無柰落花何 白苎橋詩 徧壠敷青綠桑麻其幾家滿城羅綺子應笑不栽花 漁溆詩 野水連天闊滄波引釣緡寄言溪上叟莫學直鉤人 沈與求會景亭詩 柳株高下隔桃溪萬頃煙波似渼陂畫手無人貌平遠小亭風冷立移時

櫟齋 在嘉興縣宋衛湜建以藏書浙江通志 宋葉適櫟齋藏書記略余友衛君湜清整而裕淡泊而詳酷嗜書山聚林列起櫟齋以藏之與弟兄羣子習業於中夫其地有江湖曠逸之思圃有花石奇詭之觀居有臺觀溫涼之適皆略不道而獨以藏書言者志在於學而不求安也又其自以爲櫟者眞無用于世矣非退托而云也蓋君之力良難而任良重矣問學之要除之又除之至于不容除盡之又盡之至于不容盡故稱鈞石必以銖會億萬必以一讀雖廣不眩也記雖博不雜也日融月釋必形俱化聲色玩好如委灰焉然後退于櫟而進于道矣固宜漏衆美而以書言也

竹埜書堂 在春波門外宋龍圖閣學士葉時晚號竹埜愚叟居嘉興咸淳六年文及翁守嘉興時建嘉興易志

徐長者園 園在嘉興長者宋人學道術年八十治圃栽

花老於此嘉禾百咏考 張堯同詩丹砂猶未就白髮忽成翁却有憐春意栽花向此中

胥山書堂 隆興元年觀察使李某爲寺于胥山上後廢鄉人陳氏鑿石結廬讀書於此名胥山書堂

高氏圃 吳鎮嘉禾八景圖其一曰春波煙雨原題云在嘉禾東春波門外舊日高氏圃中煙雨樓也以上吳志 案高氏未詳何時人據仲圭題則當在宋元間也

嘉禾軒 郡人唐天麟之居朱彝尊嘉禾志跋云天麟寶祐四年進士自稱納軒叟居嘉禾軒伊志

元

春波草堂 在春波門外梅花道人吳鎮讀書于此因以

名堂嘉興湯志明有石夢飛氏就其址結廬名梅坡草堂後

歸李氏伊志國朝朱彝尊題李秀才琪枝墨竹詩小閣爐香洗研初數竿墨竹最清疎前身定是梅花衲仍占春波橋外居

茶屋　屠兼善建以爲游息之所貝瓊記略檇李屠生兼善顔其游息之所曰茶屋蓋兼善嗜茶尤善烹茶之法凡茶之産于名山若吳之陽羨越之日鑄閩之武夷者收而貯之屋中客至輒汲泉烹以奉客與之劇談終日不待郗莒之會焉

瓜所　朱元度于圃中結廬扁曰瓜所以上嘉興湯志明梁寅詩徵君種瓜樊圃中瓜畔茅屋前賢風離離不比黃臺下嗪嗪還似靑門東日高荷鋤紗帽落月出留客匏尊酌門外應無納履人靜對圖畫有眞樂

榾柮窩　陸學正景龍齋名伊志陸景龍詩安樂窩中興淡然靈根斫得自樵仙地爐伏火春如海雪屋團風夜似年香透玉酥和芋撥脂流琥珀帶松然絕勝沈水燒金鴨吹徹參差儘醉眠

明

沈徵士林亭　明初寓公沈鉉之居元楊維楨沈處士林亭詩楊花作絮撩行路荷葉流錢蓋野池黃鳥一聲啼晝寂不知春去幾多時　明高啟沈徵士林亭詩淸時猶在野獨臥見高情移艇聞煙唱鉤簾看雨耕江晴雙鸛下樹晚一牛鳴回首徒相憶柴車不出城

尙友堂　牛尙書諒元末寓居嘉興與鮑恂張翼諸名士友善學者多從之遊自顔其堂曰尙友徐一夔爲記以上檇李詩繫

獨柞軒　徐一夔居白苎里牖外有一大柞吳志徐一夔記余所僦屋在嘉興春波門外茆屋三四楹不喧不寂於居窮甚宜屋東向敞牖牖外大樹一挺然當牖中大五十圍高

四五十尋稍稍擢根入地不知幾百尺其材堅實可用蓋柞屬也日夕視之若貞臣介士高冠長劍端嚴自持而庸夫孺子凜然莫敢犯時方暑恒踞坐樹下陰下覆淸以潤風行葉間聲琤然若秋至私竊自慶有此獲也署之曰獨柞軒云

柳橋書館　在郡城東八里白蓮寺旁俗名常豐橋元季劉基嘗館于此作漁唱詩楊鐵厓題其卷檇李詩繫劉基柳橋漁唱春風淡淡兮湖水波柳垂橋兮靑煙滿莎扣子舷兮發長歌靡白蘋兮亂鴛鴦我前有蛟兮我後有鼉子往予還兮吁予柰何彼湖有波兮此橋有柳我維我舟兮聊以搔我首唱歌以遨兮哀莫予偶有薼在罶兮有沙在罶逝者滔滔兮羌不可久綠蘋兮菲菲落花兮點衣江無津兮海無涯嗚呼寂寥兮吾誰與歸

梅花莊　在梅會里孝廉王鏞宅伊志靜志居詩話梅會里在大彭嘉會二都之間市名王店乃洪武中孝廉王鏞及弟鈞之所居也梅會一作梅匯水曰梅溪鏞詩所云吾家舊在梅溪上是也梁孟敬石門集有題嘉興王氏梅花莊詩或卽是二王所居　明梁寅題嘉興王氏梅花莊詩瀟灑山莊對翠岑梅花潭似白雲深西湖處士臨流玩東郭先生踏雪尋晝暖山蜂喧隔屋夜淸霜鶴唳中林輞川舊日多松竹同是高人冰玉心

顔家園　嘉興白苎村顔氏有西府海棠四株極高大著名禾地花時士女游觀甚多檇李詩繫顔家園海棠花最盛曝書亭詩自注

南園草堂　明天順間許主事章築堂於藕溪之陽以奉養母氏吳志藕溪在縣東三十里鄒志村曰胡莊許氏宅居之地許蒙藕溪八詠記案鄒志又云正統初許職方父號松泉者植藕花于上名人墨客多游咏焉有八咏題記八詠者曰望山橋觀漁閣條桑圃折柳堤社飲堂留詠亭采芳艇尋梅逕是也　李東陽社飲堂詩

背屋蕭然蔭遠村碧榆青柳似雲屯仲春到日長爲社
野老來時不扣門杖履東風花下酒牛羊斜日路傍原
分明記憶前年事醉掃蒼苔臥竹根 張寗留詠亭詩
鷓詠蘭亭憶往時此亭風景更宜詩吟情欲動花催就
客意將還鳥喚遲自向松間尋舊作誰從竹下刻新詞
百年風雅歸名勝背倚闌干寫竹枝 程敏政尋梅逕
詩老圖南通一徑回天寒初放隴頭梅野人竹外扶筇
至地主花前載酒來短笛吹殘江郭裏暗香飛度石城
隈晚來記得歸時路海月昏昏照古苔

懷家亭館 在相家湖南明懷悅所築 伊志 靜志居詩話 其居曰柳莊亦
曰柳溪故自號柳溪小隱又號相湖漁隱姚允言詩云
風流絶勝輞川莊又云雨衣自織青蒲葉煙艇長維綠
柳枝蘇秉衡詩云簾卷夕陽吟對酒窗臨流水坐看鷗
皆題其草堂作也別有東莊曰釣魚所曰觀蓮亭曰清
風榻曰白雲窩曰載酒舫曰耕雲堂曰栽桑圃曰采菱
灘邱大祐賦八景詩贈焉又有北花園姚廷輔有懷氏
北花園宴集詩復有水亭名雪艇大祐詩醉倚闌干俯
春水是也有齋名鐵松岑公琬詩移得徂徠一蓋青是
也有軒名月波陳漢昭詩湖上華軒瞰碧瀾是也其自
題鐵松齋詩云青衣開尊傾翠濤詩成落紙飛霜毫圖
亭詩酒之會極一時之盛蓋
富而好事者濮樂閒之流也

春風草堂 明李含章司教淮藩一日讀五柳先生傳拂
衣歸築草堂于胥山隱居以終 吳志

培荆堂 在里仁鄉化治間里中著姓金氏三昆友愛同
居其仲鑄建斯堂又有蘭室鑄子蘭所建 許盛記 又有筠
谷有樂泉篔簹環繞水竹一碧爲一方勝槩 嘉興楊志 金鑄有
記

呂文懿公第 在居康僖公宅之東 趙圖記 明大學士秀水
呂原宅也 伊志

九柏山房 呂文懿子太常嵩宅也太常日對九柏吟詠
不輟即以名其集

包氏園 明包池州鼎之園在滮湖東有桂堂

瑞劍堂 正德中陶千戶炳有所佩劍夜常發光後屢從
戰有功因顏其堂曰瑞劍 以上吳志 案堂未詳在何地舊志列嘉興縣下今仍之

梅墟 周履靖萬歷中布衣築舍鴛湖之濱種梅百餘株
時咿唔其下人呼爲梅顛道人 檇李詩繫

山樓 明太學生朱茂昉宅在甪里街四方賓客至者必
集於此 伊志參曝書亭集注 明陸啓浤朱子葆留宿
山樓詩見祇不能去扶攜復上樓一尊風雨足
四幃晚山浮昔共姜肱被曾同元禮舟十年家國事淚
盡薊門邱 周貧宿朱子葆山樓同徐崧之詩主人開
竹徑野客過園屏棋酒交初得林泉與不違簾疎
池雨入燭暗草蟲飛宵下南州榻何須數問歸

巢端明山居 孝廉巢鳴盛宅近石佛寺 檇李詩繫 端明構屋數椽閉戶
不出隔溪築一小閣屋外
植短籬環栽橙橘百本

水西草堂 明初楊公輔宅見楊孟載眉庵集其地當近
甪里街 明楊基寄題水西草堂詩鴛鴦湖東武塘西桃
花滿川蒲葉齊春風二月微雨霽鵝鴨拍水黃
鶯啼推窗只見參差柳柳色波光淡于酒烏紗官帽半
籠頭紫竹漁竿長在手平生愛讀內景書往往適意追
禽魚閑門懶迎俗士駕拄杖欲叩高僧廬客來舉酒邀
明月細瀹松濤煮春雪但覺身無俯仰勞安知世有東
西別今年扈從來大梁錦袍白馬青絲韁信陵宅畔暮
鴉集朱亥門前秋草黃輪番夜直中書省霜華滿巾鬢
髮冷粉署香銷紫綺袍碧梧影落黃金井魂夢時時到
草堂幽欄花藥漫分行他年得遂歸田計多種牆陰十
畝桑

四老堂　趙庶常智之世居在白苧鄉明王直有記

南陔草堂　沈大夫堯中宅堯中啟隆五世孫也明王世貞南陔草堂記略郡大夫沈公執甫以陸士仁所繪圖進曰此苧村所搆南陔草堂圖也始祖南園公棲隱東皋搆有草亭己治圃于水南叔子靜庵公吟嘯泉石諸名公從之游晚得夏太常㬎圖其亭勝并顏東郭草亭四字鐫石以傳四傳至先大夫南野公日與里人飲酒于野爲樂後五遷乃傍南園遺址構數椽仍結草亭曰白苧山居近稍增葺二十餘楹南對淇園綠陰當戶折而西過釣磯踰小橋則草堂在焉堂四面植梅傍橋植柳橋西爲水屋中容小船南樓三楹扁曰苧村煙雨蓋嘉禾之最勝處西瞰澱湖與煙雨樓相望樹外湖光如練帆影出沒眞如華嚴兩浮圖摩空而獻秀又西爲望湖亭亭西爲渡口則主人遲客處也　管橋東郭草亭爲沈大夫賦幽偏冉里足逍遙小憩茅廬勝折腰十畝瓜田春樹合一灣萍水暮煙消亭如綠野堪供賦地似桃源可避囂不獨于今成吏隱也令千古讓風標又南陔草堂詩衡棲居寂似崆峒野老相傳舊閟宮曲徑春深麻苧雨小亭秋滿芰荷風吳岡越嶠微茫外沙鷺汀鷗隱見中須信世途無坦地只宜長日醉芳醆

頤寬堂　黃學士洪憲之第有碧山居學士歸田讀書處在西馬橋又有素園學士子按察副使承昊別業在春波橋之東明王衡檇李黃學士頤寬堂詩彼美北山下悠然天一隅春風來燕燕夜月問烏烏草閣殘書擁花塲半俸祖秋園蝴蝶老夢覺始爲吾小有足高隱偶然成臥遊少年勞貝錦老我已菟裘灌木城陰暮芙蓉塘上秋浮雲欄檻外別是一重愁張孝友黃葵陽學士舊居詩屋角峰雙峙園邊水四圍文章開軌範喬木見清暉花廡閒吟壁苔牆沒釣磯年年雙燕子猶遶碧潭飛　沈騏碧山居詩解組歸來好結廬相傳學士獨藏書一編遺在猶能讀堪笑多金賦子虛

怡園　居諭德應埈別業在顧節墩其臺曰仍臺堂曰蘭暉堂後譚司業貞默居之更名筊園亦曰研山書圖明唐順之登居翰林別業仍臺作詩二首太史仙臺多勝槩正臨檇李古城東五色雲深知海近四圍山遠覺天空閒居作賦青春後幾歲鳴絃明月中不是掖垣同宦侶閉關那許得相逢一上高臺興不孤望中總總入虛無煙雲春變陰晴氣草樹天輸海岳圖對酒笑將花作伴消憂誰問士非吾知君苦厭文園臥此地能令肺病蘇

崇禎壬午於臺左爲平林小築有書仙閣著作堂海紅軒諸勝

恬致堂　太僕李日華之第在春波門外螺螄浜日華嘗具疏乞歸時熹廟稱其孝思恬致可嘉因以名堂又有六研齋紫桃軒味水軒

寫山樓　李太僕子肇亨所築又有率圃圃中有五峯靜志居詩話吾鄉鮮巖壑之勝然園亭之參錯水木之明瑟舟楫之沿洄縱游覽所如而不倦萬歷以來士大夫留意圖書討論藏弆以文會友鶯社之集先後賦詩者三十三人玉杯錦席之地皆化爲宿草荒煙惟李氏寫山一樓尙未椒飛粉落宛然靈光之在魯也

西園　陳子吉築在西郭明姚克詩近郭逶迤一徑賒林居幽傍幾漁家江楓初落催詩葉巖桂仍開送酒花龍臥潭心雲不動烏啼城角月初斜良宵樂共星簷賞歸路休驚犯斗槎

經畬堂　孫簡肅子成倫宅在東門外小溪家橋趙宦光篆額後有可園又有響山閣褚廷琯書額孫氏自平湖分支遷于此

南園　高工部道素別業在白苧村明李日華留贈詩曲流初洗盞深柳又停舸各有招攜興何妨共嘯歌蘭亭羣從在輞水勝遊過月爲今宵好花仍此地多古圖開雪繭新築敵煙蘿未盡盤桓意重來踏遝莎

西園 高工部承埏別業 明孫一驪重過高工部寓公西園詩十畝閒園舊板橋道南重過黯魂銷秋花黃蝶猶成隊曉露紅蘭惜易凋事去英雄時坎坷年來車馬巷蕭條靈均一去何由返空對江潭賦大招

苎莊 沈上舍章所搆在角里街之水南莊鄒臣虎題額又有南山草堂鄭簠書牓 案靜志居詩話上舍所居苎莊略彴近相通環以水竹余嘗讀書其地章詩曰苎莊集盛遠序刊之有自撰苎莊十詠

綠雨莊 一名南園知縣朱茂暻所築 朱彝尊詩最好南園蘤桂發畫橈長泊煮茶亭自注南園余叔宜春令別業有桂樹四本高俱五丈蘇子瞻煮茶亭在水北楊瑄飲朱氏四桂園和曹倦圃韻詩麗句曾誇十樣箋遙知花下敞瓊筵酒卮未與高人共遊屐還容野徑偏客過小山清馥早香浮老屋碧陰圓秋郊無限尋芳興咫尺城隅隔遠天

峯在閣 褚孝廉延琯園中之閣在角里街 國朝孫自式夏日遊褚孝廉園中峯在閣詩高閣白雲裏相招共怡悅開襟受涼風不覺生冰雪孤塔當窗編平疇接林樾時時見山僧來往踏秋月竹密常晝陰花繁自夜發主人意無窮清歌時散髮

靈蘭館 范布衣路書屋在梅里靜志居詩話云路晚開靈蘭館賣藥長水市是也 以上伊志

國朝

朱太史第 在梅會里秀水朱檢討彝尊之居明文恪公國祚故第在府城碧漪坊以避兵屢徙家其曰靜志居曰茶煙閣者少壯僑寓時所題也順治十四年卜居里中荷花池之陽其廳曰潛采堂堂西有竹垞有甌舫堂後曰敬悅齋又有南垞北垞槐淅茭沚芧陂諸蹟堂南有桂之樹軒有煮茶聽雪之亭康熙三十五年于池南結曝書亭嚴繩孫書牓後以名其集四十四年

聖祖仁皇帝南巡蒙

賜研經博物額敬懸廳事最後葺娛老軒爲晚年著書處其欲築而未果者曰六峯閣孫稻孫以名其稿 楊謙梅里志 乾隆以來曝書亭圮嘉慶元年學政令巡撫阮公元試嘉興屬知府伊湯安因舊址重建次年亭成阮公偕守令率多士讌集賦詩以落之刻詩文於石柱並輯題詠爲二卷 伊志 朱彝尊戲題竹垞壁調寄風中柳有竹千竿寗使食時無肉也不須更移珍木北垞也竹南垞也

竹護吾廬幾藪寒玉晚來月上對影描他橫幅賦新詞竹山竹屋鄭筒一束筍鞵三伏竹夫人醉鄉同宿 又索次岳畫竹垞圖調寄百字令杜陵老矣其丹青曹霸白頭漂泊花柳春殘都未見底事燕南棲托略彴長堤嘔啞柔櫓只憶江鄉樂吾廬何處斜陽芳草村落況有蔗芋閒田竹梧舊徑客至堪杯酌試畫三楹茅屋矮隨意圖書簾幙峽石東西橫山近遠密樹遮雲壑明年歸去小樓添向牆角 沈岸登題竹垞圖和百字令主人歸也儘客來看竹短篷長泊雪色書齋堪吐壁老去閒情慵托塞柳騎驢江蘆聽雁轉覺垞中樂青錢憑買些村叟鄉落 竹外三兩枝頭桃花也放更好時吟酌春雨江南容易見消領年來簾幙二畝新秧六峯曉翠便是眞邱壑小樓添否斜陽先在籬角 巡撫阮公元追題竹垞圖次原詞韻先生歸矣記江南春雨扁舟初泊自種垞南千箇竹老讓懶雲閒托蘭綠魚弓今枝射鴨足伴塡詞樂畫圖長在肎教蹤跡零落 小曾水淺荷荒巖低桂蠹殘址難斟酌何處牆邊樓影展秋窗風幙儒老乾坤書懸日月莫漫悲亭壑重摹橫卷遠山還染三角 又曝書亭落成疊次原詞韻南垞荒矣問書船潞水何人停泊經卷詩篇零落後魂夢向

誰樓托把酒 能招披圖相慰畢竟歸來樂結成亭子我
今重為君落 才見五馬行春雙鳧漾水攜畫同斟酌
尚有孫枝桐葉在護爾秋風簾幙疊石栽花引牆圍竹
依舊分林塾者番題柱爾夕陽休礪牛角 知府伊湯安
重建曝書亭記梅會里曝書亭者秀水朱竹垞先生所
築而因以名其集者也先生舉康熙己未詞科入翰林
預修明史歸田後攡書八萬卷勤著述尤篤于經所輯
經義考三百卷 聖祖南巡賜額有研經博物之
褒乾隆四十二年 太上皇帝賜題長律海內翕
然宗之嘉慶元年學使閣學儀徵阮公按試禾郡以講
經術敦行誼為士子訓士風振起湯安承之郡守于士
之賢者亦皆識之試事畢公特訪曝書亭遺址則廢已
百年矣乃與大中丞玉公方伯謝公觀察秦公議修是
亭而湯安實任其事遂清復遺址官給直以贖之芟荒
鉏蘵繚以短垣亭柱易以貞石使可久且以為鑴字之
地仍懸巖蓀友中允所書扁過者不畜先生在時也且
蒔花貼石略還桐階蘭砌之舊牆陰有桑百十株則昇
其後人資修葺費而曩之茇池芋陂以及繡鴨灘落吼
步諸景供游觀之勝者姑俟諸郡人之續成焉可已是
役也邑令司何兩君為湯安分任其事而司諭車君專

董之落成之日乃進斯鄉之人而告之曰公之建是亭
也非徒借名迹之湮沒也非徒為檢討子孫復祖業也
將以使鄉之人知鄉之有賢士大夫雖沒世而猶當尊
且敬如此也使檢討之子孫知先人之遺書手澤存焉
常守且讀如此也且使四方之士聞之知通經博古述
作不朽德久而益光其興起當何如也知 聖天子
以政學教天下學使奉 命稱職必以經術深厚文
章爾雅之儒是崇是奉其奮發激厲又當何如也案
題竹垞圖者自沈岸登而外有李良年高士奇徐釚尤
侗顧湄戴錡葉舒穎郭徵葉舒璐繆泳凡十人調並寄
百字令特不步韻耳文繁不備載

秋錦山房 徵士李良年宅在梅會里朱彝尊撰行狀云
君築秋錦山房于漾葭灣其南曰觀槿東曰剩舫北曰
息游草堂坐臥其中弟子著錄者日衆君精心計其築
草堂也欂櫨柱枅瓴甓之屬一經鳩度立匠人圬者于
前分授之斧斤既施不爽尺寸 伊志

瓣香閣 宜山居士盛遠結庵隱泖湖濱郡守黃家遴為
建閣南湖千頃在几案間閣西築生壙題宜山居士之
塔人比之孤山處士云 吳志

秋水閣 木威道人張劭所居在馬場湖之涘 伊志案張劭朱竹
垞弟子三家詠物詩劭其一也木威詩鈔有題
云倦游卜宅結小樓湖邊與瓣香閣相望即此

藥山書圃 譚司業貞默晚年所搆在東塔寺後俗呼譚
園內有寄瓢亭乙酉盡燬僅存山石竹木 新纂

清儀閣 在新篁里張解元廷濟所居 新纂 閣兩間在八甎精舍上翁方
綱書額并跋 曹言純清儀閣雜詠序張君叔未所居
清儀閣其中之物自商秦漢魏晉唐以至近代自金石

象齒以至瓦甓甎墼版榦藝漆自碑碣賦詠簡牘銘識
以至工勒之名自篆隸圖畫刻削髹飾以至草木之品
皆以所好聚焉其亦六一七客寶晉平泉之等乎邢
澍詩名篇五十摭星娥閣號清儀積古多虹月滄江書
畫舫由來家
世說清河

秀水縣

周

范蠡宅 在縣西南即今金明寺舊傳范蠡去越曾隱于
此有塑像在佛閣下山門前碑刻陶朱公里 嘉興湯志 范蠡
故居本不可考後人因范蠡湖之名遂牓為陶朱公里
也 浙江通志案檇李為吳越往來所經之地是以流
傳古蹟有范蠡湖又有祠有橋有塢皆後人所被名
宋元記載固無卜宅是邦之說也陶朱公里四字為明
湞南郭斗書萬歷辛巳四明董渭立石尤不足為范蠡

宅之證

漢

嚴助宅　天寧寺殿後世傳助故宅柳志　案至元志祇載助墓不言助宅所在柳志不知何據詳寺觀

晉

徐熙宅　徐尚書別業案舊靈光寺實錄尚書名恬今土地記名熙　捨爲靈光寺至元志　秀州精嚴寺舊號靈光卽東晉選部尚書徐侯熙所施宋王希呂精嚴禪寺記　百丈溝在精嚴寺山門之前晉成帝時郡人徐熙尚書宅建此今溝石百丈溫然如玉光潤可愛鄒志

梁

蕭王宅　蕭王太祖廟在嘉興縣西北梁蕭氏興江左實有功在民故州縣多祠之惠安寺卽蕭王故宅也至元志

唐

陸齊望宅　陸贄祖宅在府治西南贄祖名齊望仕唐爲秘書監大歷中因女誦法華經感天墜花遂捨宅爲寺女爲尼名法輿有碑刻尚存今廢爲寶華倉秀水志任志　案嘉靖間緹帥陸炳于倉基造恩綸樓後廢爲民居見嘉興湯志又檇李詩繫云曹侍郎溶居之搆朱山亭

陸宣公宅　在城內甜瓜巷卽贄祖齊望宅伊志　陸游入蜀記抵秀州游寶華尼寺拜宣公祠堂有碑缺壞磨滅之餘時時可讀蘇州刺史于頔書大略言秘書監陸公齊望始作尼寺于此其後灞滻澧兄弟又新之後又有賢妹字新意者陸氏嘗有女子爲尼云諱灞者宣公之父也新城能仁院內有宣公祠或云寺故宣公宅今猶有像設吳志

裴休宅　在秀水縣南四里唐大中十年裴相休捨宅爲寺卽眞如寺　有裴丞相祠案浙江通志休未嘗宦禾地亦不言流寓檇李或父任浙東偶僑居于此　清暉堂亦裴相別業今爲伽藍殿柳志詳寺觀耳

徐家莊　徐岱蘇州嘉興人大歷中浙西觀察使李栖筠厚遇之表故所居爲復禮鄉舊唐書列傳　在縣西北二十里柳志

曹珪宅　珪仕吳越守嘉興後爲蘇州刺史光啟中捨宅爲羅漢院卽宋招提寺也今廢爲鹽運分司嘉興湯志　案柳志　宋嘉熙間鄧州人金鶴雲以琴書寓嘉興富家近招提寺夜聞女子歌曰記得一曲直千金如今寂寞古牆陰秋風芳草白雲深斷橋流水何處尋推戶至榻及別去以金贈之女子愴然曰妾曹刺史女也已得仙術但凡心未除遭此降謫君前程甚遠夾山之會君其慎之金後爲縣令卒于峽州考其寺卽珪宅後鑿土得石匣古琴有金繫焉

宋

沈氏千載樓　在東門內宋淳化中丞沈景樞構聚賓友命奕賦詩至今巋然存未嘗易姓御史郭紹儀進士汪挺顏之曰千載五十世孫太學沈中彥置堂於側多名人題咏袁志　案志所云淳化中丞沈景樞未詳何據又淳化至康熙其世次不應有五十志語蓋誤

趙老圃 在郡西十里景德院後乃宋致政殿丞趙究歸隱藏書萬卷之處賢良陳舜俞題曰趙公園柳志

陳賢良宅 宋陳賢良宅即今餘慶大佛庵嘉祐六年捨宋賢良陳舜俞宅其孫捨爲漏澤寺在嘉興縣境別業在白牛涇屬嘉善縣境史志所載並同不聞別有宅也惟鄒志云餘慶大佛庵在縣治西二十里宋嘉祐六年陳賢良捨基爲之但言捨基是陳捨地爲寺基耳縣志即以爲捨宅是誤

岳珂宅 在阜城門內珂嘉定中守嘉興後寓居金陀坊著金陀粹編以上秀水李志

王希呂宅 在府治西南二里西湖上希呂晚知紹興府歸無屋可廬寓於僧寺孝宗聞之賜錢造第後人所謂

聽履坊也柳志

讀書堂 宋朱敦儒字希眞高宗南渡初寓此有讀書堂在天慶觀之西秀水李志

景范廬 在報忠坊金明寺後宋淳熙戊戌狀元姚穎築圃范蠡湖側讀書粧臺之下顏其廬曰景范嘉興湯志宋朱子詩非棄清明樂隱居特因景范面鴛湖觀瀾興罷春風軟濯足歌殘夜月孤照貌不須臨玉鏡洗心常得近冰壺幾回魚躍鳶飛際識破中庸率性圖

婁機宅 鳳池坊婁機故宅今郡學之前朱彝尊櫂歌注後改爲嘉興府學嘉興湯志

樊氏園 秀州樊自強主管廣樊自牧教授抑皆茂實吏部子二樊居城外居地頗壯茂實晚歲所築隔水有小圃竹樹脩茂荷池渺瀰可喜池上有堂曰讀書堂

陳大光宅 大光字子充瑩中諫議孫居第雅潔以上陸游入蜀記

南湖草堂 鴛鴦湖上宋建嘉興何志宋聞人滋有記案聞人滋于志作聞人建案建卽聞人尚書侯玫

聞人安遠宅 在縣東北一里天星湖北安遠侍郎鼎次子也以子宏貴贈朝散大夫前後林泉映帶列子孫之舍十餘房聚族百口嘉興湯志

焦家園 阜成門內嘉興何志今楊公浜之前案在宋殿帥焦虎臣園

方輿勝覽園舊有三峯石高二丈餘奇花異卉稱是後孫炳炎中探花奐炎魁武舉元末裔孫熙七歲童科尋爲王同知所有後鞠爲茂草惟遺峯石宣德初爲內侍昇其石去柳志今存者惟流觴石趙圖記案此園康熙間錢學使江因遺址重建亭榭一新有綠溪三徑記既而割售于人祝舍人維誥得其西偏之綠溪莊其後併屬唐御史淮題曰合峯園仍學使之結搆加以葺治曲池喬木尚餘古意明許恂如焦虎臣園詩虎臣花園今何在逝水東流去不還誰似宜公枌社裏清風千古閟芸關國朝錢江綵溪漫咏歸來小有林泉趣近築茅堂在舍南樓外修梧初映碧橋邊流水晚拖藍愛延逋客開三徑許共名僧對一龕聽法談詩吾事了十年悔不早抽簪涌山樓畔梅如雪竹裏園欒覆地陰一日坐來如兩日短吟行罷復長吟風波不作花間舫山水疑調松下琴把卷開尊兩不厭放翁詩句醉翁心案莊內又有石芝亭亦錢學使所築懷應聘有記

孝友堂　在府城中宋紹定間翰林學士項相與其弟棟奉親而作嘉興湯志

國朝乾隆十六年

高宗純皇帝南巡

御製嘉禾道中雜吟有題孝友堂詩恭紀卷首伊志　宋眞德秀記孝友堂者翰林學士嘉禾項公兄弟二人奉親而作公以聰明之資簡重之器魁傑偉之材佐聖天子禮樂太和之治光昭四海格於上下而公之令聞令望日新月盛明良相逢千載一時天下之人莫不想望風裁仰慕公之爲人而不知公之所以致是者葢有其本矣公自居鄉里讀書養親罔有違越篤愛其弟恩意藹然及舉孝廉登顯榮歷中外雖身都富貴未嘗一念不在乎親也而公之弟服勤致養克盡子職亦未嘗不以公之心爲心也孝友之至通於神明故公之先尊及太夫人咸被推恩茂膺錫命者雖曰積善有自葢公兄弟孝友實有以

獲乎天者也間歲公奉命巡行淮東得便道省覲寵賚甚厚公遂乘傳過鄉里拜太夫人於堂上而太夫人壽考康寧備福之盛公奉觴上壽兄弟怡怡子孫繩繩當世鮮與比儁李之間瞻望咨嗟而山川草木亦與有榮焉公旣得以申孝友之情於親而當世之人又有以知聖天子孝治天下深仁厚德錫類無窮焉公世本洛陽自大理評事公晉隨駕南渡晉生煜煜生學士顯於開禧紹定今兄弟德行道義又爲當時所重則公世濟其美者其來遠矣嗟夫咏蓼蕭於小雅哦鳲鳩於曹風其爲父子兄弟足法而後可以敎國人者余於公之兄弟見之矣公以堂屬記於余余乃本公之實行取君陳之義以表彰之且爲之文以華諸堂非溢美將以爲天下後世勸也公名相字汝弼弟曰棟字汝用因倂記之俾子孫不忘焉　堂後有端本廳明成化間襄毅公冢子怡庵侍御建後圮道光三年裔孫琳重建于志

林衡宅　在迎薰門外衡仕宋爲秀州知州直敷文閣秀水

何志

趙大夫宅　報忠觀宋淯祐九年里人趙朝散汝俳捨宅爲觀詳寺觀

徐閶詩宅　靈濟廟舊在西門外卽故知惠州徐閶詩宅今故址尚存以上至元志

沈氏園　宋建炎初秀卒徐明之亂命張俊致討俊至秀州守趙叔近郊迎於郡北沈氏園吳志

劉漢傑宅　宋郡守劉漢傑夢觀音因得女生數歲不茹葷遂捨宅爲寺至元志

太初堂　至元丙子以宋相賈似道太初堂爲書院周伯琦宣公書院記

城南蔣莊　至元志云舊爲遊賞之地伊志　宋李長民詩四首　愁臥邸亭上闌時忽過中幽人倦賞物青帝謾施功柳眼依依碧桃梢冉冉紅直須千釀酒一醉百花叢　郊居人事絕倦暑每晨興蓮奉祠中佛筍供林下僧吟餘厭蟬噪望遠喜禾登朝市忘懷久何勞羨賜冰　今旦商飈起肅然雲氣秋稚蟲工促織老蔓擬牽牛莫賦潘安閣聊登王粲樓家園歸未得孤夢繞松楸　寒來惟喜睡忽忽又朝曛地迥霜逾白庭空雀倍喧甑塵煙半吐盞面酒微溫莫問烏銀價晴檐好負暄　案吳志李長民作正民葢因其兄弟而誤

元

濮元帥園　在幽湖上濮元帥銑所築至大中迪功郎泰定間起爲元帥北征歸田後築此雪廬和尚有詩濮鎭紀聞

釋克新詩海國元戎鬢未斑歸來拄笏看青山田園暮景煙塵外臺榭春風錦繡間桐影連溪鷗夢穩桂香吹月鶴笙還碧尊綠鮹黃花酒時向尊前一解顏

雪筠齋　元濮敬之建嘉興湯志　釋克新有題辭

稅暑亭　在閭家湖元至順閭里人朱張穹壽建秀水志　元何岑士貴記晷梅趣朱張君穹壽之五世祖武節將軍諱宜事宋扈蹕南遷定家湖之乾隅宣生詔詔生镠镠生弼皆蟬連不替弼爲進義校尉隨駕崖山殉國溺海君與其弟天任痛父不返昕夕哀思願以所居捨爲禪院以資君親冥福牒於官請額曰報恩復裝嚴像貌割田以贍于縣東百餘步奉其父衣冠藏之建亭以休憩寒暑勞勤之杖履自是由家道湖至墓所皆成坦途亡舟楫風波之苦孝思之與得以時展亭之成適當仲夏之月可以休涼遂名之曰稅暑亭梁東西有梅柳因名之曰問柳曰尋梅云

合溪別業　顧阿瑛所居當張士誠入吳避蹟隱嘉興之合溪營搆別業檇李詩繫　元釋來復寄題合溪別業次韻二首草堂合溪上雲石靜無氛春水鱸三尺秋風鶴一羣行廚依竹見吹笛隔花聞最喜逃禪好蒲團擬共分不食諸侯祿閒居避俗氛岸花紅作陣沙鳥白爲羣貝葉風前讀菱歌月下聞清游難再得愁絕一江分　陳基寄仲瑛寓嘉興詩每憶吳門顧辟彊舊開池館帶滄浪綠波芳草盟鷗鷺錦瑟玉笙悲鳳凰座客詩成誰最好故人酒後我多狂扁舟獨往鴛湖上老劇猶能賦草堂

環碧堂　在縣西南幽湖之畔元朱顯道建明貝瓊記

梓宇　在城中元舉人張翔南翼建堂前有一文梓高可十尋以上嘉興湯志　元梁寅有記

忠孝堂　鴈湖陶氏世居伊志　案陶氏家譜自菊隱翁宋德祐間以兵衛一方授將仕郎扁堂曰忠孝後堂燬曾孫長原復之時爲至正甲辰周伯琦篆額成化乙未又燬長原孫御史楷更新而廣之仍扁曰忠孝先後作記者徐永達楊復趙智周鼎朱應祥蔣誼姚綬張錫作賦者蕭子鵬作銘者錢璞朱祚

明

西溪隱居　漕渠之西爲西溪有鮑恂隱居趙圖記　明徐一夔記略西溪在嘉禾郡城之西三里緣溪上下長波平陸浸衍曲折若龍蛇馳騖樹木散出篁竹茂生隱如深林絕壑今鮑先生之居在焉先生之居逐溪而成屋數楹在竹樹中高亢軒豁有蔬可茹有桑可蠶有牲魚酒醴可以供祭祀賓客旁無雜鄰農家漁舍參差相映大官貴人非求謁者迹不相及白日悠永沙禽水鳥之泳翔村歌野唱之響應輕橈短楫之往來舉不出于顧盼之外誠類夫隱者之居焉初先生世居崇德州其門人有爲之卜築者徙此一十年矣郡人至比之武陵桃源云周棐詩溪上齋居好幽偏事不侵桑麻存晚計圖史樂初心岸幘幽窗曉移牀綠樹陰卜鄰何待老從此數相尋

屠氏桂林　屠允號桂林居士宣德間人檇李詩繫　園在城西

有桂二本垂蔭逾畝每歲兩樹迭開金蕊一枝曝書亭集注　屠允雙桂詩月中有雙桂本是同根生庭堦久移植冬夏常青青春風既滋浥秋風正敷榮碧玉琢爲本黃金綴爲英鄒林顧心友燕山非面朋高枝早攀擢遐邇揚令名　國朝朱彝尊擢歌去郭西南桂樹林五畝之園一半陰笑插枝頭最深蕊兩鬟如束碎寒金

綠疇軒　在穆谿明朱徹孟寬構伊志　檇李詩繫徹編戍山海放歸足跡不入城市日惟壘石列卉木構綠疇軒棲息其中興到則乘小艇攜尊罍之屬沿溪而溯之持竿垂綸徜徉鷺汀鷗渚間得魚貰酒醉則偃仰舟中扣舷而歌聲出林外望之若神仙自號穆溪漁隱

思紹堂　在縣西北雲泉鄉明聞人著建以爲祀祖享賓燕會族人之所嘉興湯志　明李進有銘

著書堂　尚書項襄毅公忠宅在鉼山右明姚克過項中卿園居詩瀟灑

棠莊宅幽棲仲蔚家來逢池畔奕斯試竹間茶曲徑滋瑤草芳屏散綺花還志在人境何必羨煙霞　國朝曹溶詩曲洞迷秋逕叢筠覆石斑滿城無尺阜此地即深山興到嵐光密幽多翠色還主人空鎖鑰輸我日窮攀

冰雪堂　此梅僉事江與項襄毅伍公矩結構李耆英會處也蕭子鵬作記以上吳志

野樂園　吳尚書鵬所建即楞嚴寺基靜志居詩話尚書居里門會有詔許佃浮屠廢寺為民居公子繼輸值于官請佃楞嚴寺隙地且酬價徙以白金四百因葺野樂園園有堂曰先瀛前為圃曰開閒曰猗猗曰忘機曰都春門曰吾如所堂後有樓曰雲月樓前亭二曰漱芳曰臨賦小沼環之左右齋各一曰悟眞曰守虛尚書自為記

半郭樓　沈少司馬思孝所建在鴛橋之東姚士粦見只編司馬乞身

嘉興府志　卷十五　古蹟二　三二

歸里敝廬湫隘與子姓共居因別搆數椽于郡城東偏有一樓半窺雉堞遠銜林水影蕩雲日命曰半郭自賦重九落成詩一時名流和篇成帙胡震亨有記　司馬又有別業曰綠蘿莊一名綠野莊在相湖濱其城居之廳事曰快雪堂以上伊志　明沈昭和半郭樓落成韻詩遙聞半郭樓成日正是重陽雨過時賀客風前誰落帽主人天上獨題詩當空明月臨窗近極浦寒雲到檻遲豈謂青門終屏蹟暫憐秋色在東籬

天籟閣　項元汴藏圖書之所在城內靈光坊伊志元汴號墨林山人嘗得鐵琴一上有天籟字下有孫登姓氏因以名其閣吳志　國朝朱彝尊懷鄉口號墨林遺宅道南存詞客留題尚在門天籟圖書今已盡紫茄白莧種諸孫

鶴石居　岳中丞和聲之園中丞築園西郭先月亭故址有茂林清池虛亭敞閣以延攬煙月滌除塵氛蕭然有遠寄也六研齋筆記　國朝曹溶岳氏園詩地得湖中勝晴生水竹香隔林看鶴碉移月近魚梁粉蝶聰問小鄰鐘雨後長最多瀟灑意景色待壺觴

閒敞軒　都察院照磨朱茂昭小圃在眞如寺右板橋之西伊志　靜志居詩話夾岸紫藤萬條寒玉當春梅放不減鄧尉西溪四方名彥爭過為文字之飲夫鶴洲不遠游者比之何家大小山

秋月庵　貢士馮延年書屋伊志延年字千秋夢禎孫寄籍錢塘歸隱秋月庵李構詩繫

鉏園　鉏用登字百穀秀水舉人李構詩繫園在西郭外伊志　鉏用登小圃初成陳仲醕過詩版築登罷圖書處處遷茅柴過橋酒燈火到門船竹徙上番雨荷開半兩錢醉

嘉興府志　卷十五　古蹟二　三三

吟無不可為我拂朋箋

卍齋　吳文學統持所居在秋涇橋又有明月樓在鴛湖濱　明陳素題明月樓詩一水隔人境長林遠近間溯光明似月樓迥靜于山叢桂懷賢古新荷製服閒不堪登眺處氛墉暗江關　國朝王崇簡寄題卍齋詩二首聞說幽濱際珠林居士家蕭條彭澤柳爛漫武陵花曲檻青松老長廊紫燕斜佛光開卍字月上淨窗紗欲傍冥鴻去秋涇逕自深翱翔無俗樂琴瑟有清音自得煙霞趣偏宜水月心一方天浩淼何田遂幽尋

水肥齋　高秀才松聲書屋以上伊志李構詩繫松聲字元雅與從弟淑民號雙隱

可經堂　徐尚書石麟第伊志冢宰歸田日築堂于郡牓曰可經人不解其故及乙酉城破自經于堂始信公之就義立志已久蓋與昔賢止水之意脗合焉靜志居詩話尚書

子爾穀有畫水草堂吳志 國朝朱彝尊櫂歌吳公殉節在京師冢宰家居城破時行客可經堂外過國殤風雨颯淒其

竹深處 明初董好問所築在烏橋港明貝瓊有記

深悅齋 明初徐益權所築在南湖濱明貝瓊有記

水竹居 在澄林其地多水竹包克恭購而居之貝瓊有記又馬盛記 明王鏞詩碧水澄潭自作洲瑱玗多種屋東頭旋繞新筍當茶竈時斫嘉魚上釣舟客至好從明月飲居閒何必五湖遊我家舊在梅溪上遙憶清風度早秋

春和堂 陶楷文式氏所築一時作記題詩甚富

同心樓 陶上敬有子鉦等三人築此以示友恭之誼鉦後以捐賑旌為義民又有書樓陶楷所受之世居也楷子儼為御史大夫陶氏科名始盛明周鼎有書樓記

東莊別業 在鴛湖之東陶存恕始築之其廳曰衍慶堂江陰卜榮記又有水竹居野嘯亭來秀軒閱耕處

聚奎堂 卜氏兄弟大同大有大順三進士之居在集慶

益泉別墅 卜太守大順築在集慶明周思謙詩故人自是悠悠者十年避地東山下蹟謝簪纓無是非心將魚鳥同閒暇松間竹裏對琴書路僻人稀閉齋舍花落堦前野鳥飛雨餘檐外風泉瀉感興長歌才子詩客來復與清樽話只今歸去未盡歡寄宿還期明月下

存石草堂 在思賢鄉明沈僉事啟原宅焦竑撰沈僉事行狀述其歸田後葺先人林園為偃息計為堂有與閒存石為閣有紫芝之閣風為齋有止觀徐于為臺有紫雲香雪為亭有蒼玉點易

狀元第 在南門毛家坊明贈少保朱儒宅以子國祚中萬歷癸未進士第一人表此額先是嘉靖間儒夢神人鼓吹迎一匾入門曰咸春堂時方起廳事落成遂以名之吳太宰鵬書牓又有熙朝元輔額巡撫傅某所題

朱文恪公第 太傅朱國祚宅在城內碧漪坊之塔衖宅之廳事曰有容堂其書屋曰介石齋明徐孚遠簡朱子若詩烏衣巷口舊勾留不過東齋兩度秋準擬天星湖水發藉袈橋下穩停舟 國朝朱彝尊懷鄉口號先人舊宅北門棲舍後斜陽塔影低門徑傷心難再問夢魂猶繞舊沙堤

修紀堂 方伯盛萬年宅在梅湖之中李圩董其昌書額又有滴露堂飲醋軒宛委齋四照閣其東有世德堂

姚尚書園 姚司空思仁別業在鴛湖濱中有水周堂其山石為張叔祥所壘國朝朱麟應姚尚書故園詩尚書遺別墅四望水汯汯帆影花間出鐘聲竹外聞徑荒侵蘚跡沙淺浴鷗羣緬想通門誼歙歔對夕曛 陳經業水周堂詩南郭饒竹樹寂歷尚書園藤穿敗壁隙蘚積空階痕舊堂日水周誰與開清尊波心峯幾朶一一飢蛟蹲岸柳半臥水絮夾藻蘋翻已荒鷗鷺宅但聞鵓鴣言林泉難久占吾弗營邱樊

石經草堂 陳無功著書處明李肇亨詩草堂開敞水西頭筆硯經年老未休桑翰傳家推破硯志和泊宅少扁舟一簾花雨供枯坐兩屐松雲試獨遊他日若修高士傳隱流端復是儒流

徐尚書第 徐司馬必達故居在城內徐家埭又有園在五龍橋西中有南州峩雪亭明李應徵花朝集徐德甫園亭詩一室成邱壑悠然會遠心餘寒春色淺過雨藥欄深蝶戲纔窺幔鶯啼稍出林緑尊留客醉隨意坐花陰

淸苑堂 范明泰長康宅後爲徐太僕祠堂前有舞蛟石詳古蹟一

放鶴洲 在鴛鴦湖畔貴陽知府朱茂時別業初茂時築此園以奉從祖文恪父尚書歲時讌賞逮歸田後樂志煙霞教羣從讀書結文社其間者四十年 靜志居詩話城南放鶴洲相傳爲唐相裴休別業名曰裴島然考新舊唐書俱不言休流寓吳下至元志柳志于鳳喈補志俱未之載或曰南渡初禮部郎中朱敦儒營之以爲墅洲名其所題也世父拓地百畝自湖之田有堂有亭有橋有船有岡有榭有庖有湢雜樹花果瓜疇芋區菜圃靡所不具陳少詹懿典爲作記董尚書書扁李少卿日華爲寫圖後先觴咏題壁淋漓今則大樹飄零高臺蕪沒止有臥柳斷橋而已 案寫鶴洲圖者自李少卿而外又有徐宏澤項聖謨戴晉卞久王時敏曾得之皆一時名筆又有張南垣壘石圖葢假山出張手也茂時與弟茂晥皆有放鶴洲記 國朝吳偉業詩別業堂成綠野邊養雞丹頂已千年仙人收箭雲歸浦道士開籠月滿天竹上

縞衣三徑石雪中淸唳五湖田裴公舊宅松陰在不數孤山夜放船 汪挺朱太守鶴洲草堂落成詩澗紆巖削徑初成雅稱歸來物外情近郭門無軍將打過橋龕有佛燈明雙樓煙島昂藏鶴獨囀風林斷續鶯敢謂幽踪希二仲深煩折簡費將迎 曹溶遊朱氏鶴洲詩司寇聲名大家風尚肅然圖書無畫棟蔬菜半秋田草綠湖光嫩廊空塔影圓裴休曾捨宅翻讓結茅賢 余懷秋日集鶴洲詩得拜元方藉季方疎林秋晚奏笙簧茶煙帶鶴過花徑展齒隨鶯到草堂洪澳淸風惟種竹成都薄產但栽桑十年再見悲霜鬢惆悵鴛湖認夕陽王庭詩放鶴何年去遺名在此洲栽成花徑曲綴得草堂幽澹有谿光夕涼多石氣秋客來頻取醉絕勝習池遊吳綺夏日過鶴洲詩放棹尋鴛水停橈過鶴洲荷高香入檻竹密翠遮樓有石皆能瘦無溪不占幽禽魚渾自得盡日爲淹留 朱彝尊櫂歌蟹舍漁村兩岸平菱花十里櫂歌聲儂家放鶴洲前水夜半眞如塔火明 譚吉璁櫂歌裴休島上最蕭疎傳是朱三十五居安得問身坐消夏插天翠柳滿牀書

吟厂 曹不困書屋 明常彝詩深居山與靜芳草綠堦染析義天破荒覓句鬼驚險盤蔬劚溪

毛琴絲韌山麋淸談坐日暝兩兩懷不厭石交起古人相期在無忝

東溪 文學朱茂晭別業在南湖旁有鏡雲亭 明朱茂晭東溪歌錦鳥迷沙日花飛一水香采蓮聲欲斷愁煞淥川長水色明晴畫江花憶去年前溪好風月未可即回船 徐貞木題鏡雲亭詩舊接裴家島紆回徑不分水流無限月客臥幾重雲麥氣迎秋近楓香隔岸聞空亭誰鼓瑟惆悵憶湘君

松厂 戴山人晉齋名晉隱精嚴寺之西偏結庵曰松厂賣藥爲業晚歲依放鶴洲以老主人爲別築三楹館之曰蝶華居項玉笋有戴山人傳

勺園 一名竹亭在滮湖濱吳吏部昌時別業峯石爲張南垣所壘當時歌舞甚盛吳既敗園漸荒今爲漁戶晒

網之場矣

涓石居 五經進士譚貞良齋名在碧漪坊 國朝譚吉璁櫂歌宅西涓石舊名亭曾侍先人說五經夢想故園猶在眼棕櫚一樹假山青

寶澤堂 錢侍御嘉徵故居在冉里街 案嘉徵元孫侍御載移居鳳池坊重懸是額于廳事自跋云先高祖侍御公之堂曰寶澤舊在冉里街今謹請 皇子書此二字以額于百福巷所居昜我後之人葢不忘先澤也

父子繡衣第 在王江涇南市明副使陶儼大理丞陶謨所居門前小浜舊產五色螺

三徑草堂 在王江涇故明遺老蔣之翹所居後有劍嘯堂黃汝亨有記 以上伊志

國朝

倦圃 在城西南隅曹侍郎溶别業本宋趙郡王府遺基

侍郎得而經營之以城爲屏幛有二十景叢筠遲積翠池浮嵐范湖草堂靜春庵圓谷芳樹亭谿山眞意軒容與橋潄研泉潛山錦淙洞采山樓狷溪金陀别館聽雨齋橋田留眞館澄懷閣春水宅多名流題咏臨清周之恒爲寫倦圃二十景

圖系以詩朱彝尊有記後歸汪氏又名鐵舟園園左水一曲

即范蠡湖也黃與堅記略禾之西南隅名范蠡湖者宋勸農使岳珂著書其所迄今金陀遺蹟猶可考少司農曹秋嶽先生於此濬流壘石圓遂以成珂號倦翁先生因之顏其圓曰倦圃禾之圓有山水可觀者遂以是爲甲 曹溶喜周青士沈山子朱錫鬯過我圃居詩古木秀林表蒸水棲城濱門庭靜無蹟乃欲還其洎有客造座隅雅度開沈淪芙蕖媚廣席涼露流冠巾夕照散閒緒拂石垂釣綸點筆曲池上微咏何彬彬

嘉興府志 卷十五 古蹟二 卅六

迷覺蓬蒿廬中得江南春自卜此宅來疏剔漸增新榮把日充餌種松長比人亭宇雖過儉高下皆如眞能使友朋洽不特魚鳥親茗飲命荒厨相顧忘其貧清飈泛瑤瑟時雨吹輕蘋惟當絕塵鞅篤與隱者鄰 杜濬倦圃詩爲秋岳賦此地推林壑朱家放鶴洲繡衣心更遠倦圃地偏幽萬竹千霄上雙橋信水流繞園無限好收拾在扁舟 戴鏷鐵舟園消夏即事詩納涼亭子綠陰稠水檻風櫺面面幽小倚胡牀成偶夢汀荷如雪冷香浮

同山堂 在倦圃旁亦曹侍郎溶所築蘐桂成林曹溶詩古道何人識秋亭盡日閒折花存素節扶病過青山家釀時堪續顛毛近益斑幸先搖落後 恩許二疏還

鴛湖别業 沈方舟所居梁佩蘭寄沈方舟鴛湖别業詩南湖三十畝君在鏡中居菱葉煙浮水梅花月照廬人閒湘簟冷風遠玉簫疎何地無佳興高吟出夜魚

經緯堂 杜尚書臻之第在城内斜橋堂内敬懸康熙三

十七年

御賜煙霞耆舊額又四十四年臻歿後

御賜眷懷舊德額宅後有園曰采山亭又有樹玉堂臻子知縣

庭珠所構案尚書故宅在嘉興縣之官灘地近梅故新城王士禎送尚書 予告詩有亦欲投簪東海去便從梅里問幽棲之句

雙松堂 在城内又有敦古堂在虹橋匏庵在南湖濱皆

盛明經大鏞所居姜宸英有記

惟小園 在秋涇橋北吳給諫源起奉親讀書之處中有

荷池南樓竹塢小閣桂蘐草堂水檻焦軒槿籬水曲諸

蹟給諫自爲記

嘉興府志 卷十五 古蹟二 卅七

壽萱堂 錢文端陳羣第在郡城南門内四隅有橋皆名

蓮花而宅居其中文端祖居海鹽半邏村成進士後始

奉母陳太夫人卜居于此堂西建

御書樓樓下曰頤和室乾隆初陳羣以刑部侍郎乞歸蒙

御詩有子告遂頤和還鄉諺如約之句因以名室堂東有小廳

曰樂順

春暉堂 諸宮詹錦所居在穆家灣錦念母夫人教自題

此額桐城張相國廷玉書

回谿草堂 在蟠行橋之南錢侍郎載之祖居朱太史彝

尊取元錢諷史韻以名之也以上伊志彝尊又題楹帖曰拔山傳諫草遵海重

清門蒞謂載曾祖嘉徵說見列傳錢載詩山屐茶瓢半有無老梅寒菜未疏蕪十年夢寐先人墓萬里歸來不肖軀北苍蟠行橋水縮南鄰銀杏樹霜枯賜書賜帖憑開展聽聽如何勉令圖

朱氏讀書樓　在洲東灣進士朱振建陸清獻題額于志

柚堂　乾隆時邑人盛百二隨父熙祚宦粵龍川縣署有紅瓤白瓤柚兩株𢹂核歸植香嚴濱舊宅庭前閱十七年始花結實一遺張徵君瓜田一呈錢太傅均繪圖題詩馮侍御浩為書柚堂額槜李詩繫續

易鶴軒　乾隆間秀水楊建築在王江涇海鹽張徵君燕昌以募鶴券疏與建易鶴因以名

怡園　地在北郭外香嚴濱桐邑沈鑾奉母焚香禮佛處也拓基搆精舍其中周以迴廊有亭有池有山石竹木名流觴詠冠蓋不絕鑾子德溥倩馮樂初繪圖以上新黃纂樊清題圖詩高樹翳層廊寒流界孤彴雲構鑿空翠窈窕起樓閣主人吾舊游早歲侶猿鶴別來三十年音顏頗約畧相逢由拳城語我幽居樂披圖見性情題詩感今昨嗟我役浮名半生苦落拓家有數畝園塵勞未能卻之子洵高曠泉石忻所託何當抱琴來登臨試芒屩娟娟芙蓉花渺渺鷗鷺約碧雲懷美人清夢墮林壑秦光第調寄清平樂詞百年喬木占斷鴛湖曲五畝種蔬三畝竹併入一壺幽綠　分明吾愛吾廬年年苦被飢驅試問主人歸未秋風又到蒓鱸

嘉善縣

唐

陸宣公故宅　張涇匯東唐宰相陸宣公故宅子孫世居于此宋迪功郎陸瑀剏祠以祀宣公土人名其地曰陸莊嘉善楊志

宋

陳賢良隱居　在清風涇析屬嘉善即宋史所載白牛村別業也嘉禾百詠考　案至元志白牛市嘉興縣東北六十里賢良陳舜俞居焉自號白牛居士故以名市

唐氏園　在西塘東宋唐介福介壽兄弟別墅山池亭榭冠絕一時嘉善章志

鮑氏池亭　在陶莊市宋鮑節制別業中有喬松怪石環翠池石屋今廢嘉善倪志

沈氏園　去郡二十里餘曰北山草堂初沈氏于此鑿池壘石手植九松今高百尺合數圍項玉筍北山草堂記園昉于宋明正德間有名棐者更為增築多蓄鶴拓地為東西舍壘石為山依山結屋題曰北山草堂魏塘紀勝山頂有舞袖峯聳立若美人側出可四五尺郎當如舞袖艮嶽起花石綱懼而髡其首得存魏塘詩陳國朝周篔記嘉興郡治東二十里有麟湖湖北有沈氏居自南宋迄今曰北山草堂者其始基也堂後有池池之北為園園有石山上有古松九遂以九松名其地余客魏里始往觀焉所謂北山草堂者結搆甚古規模宏壯其中可坐千人前後軒及左右翼室深檐四覆各占方面亦皆可坐百數十人又有堂曰小雅高廣不及北山三之一相傳小雅字為建文帝遜位南游時所書出堂後並池而轉度略彴登涵虛閣憑閣以望池光如鏡而峯巒倒影其中有若修蛾高髻之窺臨矣下

閣邐山麓攀緣而上山不甚峻而盤迴曲折高下之勢
遂若數仞者下飲池水入其中爲澗爲壑爲島爲嶼清
寒之氣凜人毛髮每入一洞一轉一峯向背位置體勢各
具其曰舞袖峯者尤爲一山之勝云朱彝尊櫂歌蘄
王戩艦已無踪叟相高墳起舊峯曾見朋游南渡日北
山堂外九株松邵廷章北山草堂詩西望麟湖墅園
林一過從高風三徑竹清蔭九株松曲磴疑
無際迴峯起別踪休文遺裔在邱壑白雲封

唐莊　在斜塘宋唐貞肅公介子孫居此嘉善楊志

丁氏園　在北八區丁氏祖以靖康時扈蹕南渡卜居沈香湖手植黃梅一株傳十一世歷四百餘年嘉善戈志案邵倅步騰曾題其居曰世守舊廬倪雲林楊鐵崖皆有題咏有石狻猊二石猊爲紅巾試劍劈傷半面亦宋時故物嘉善楊志

希賢齋　桐廬方誼爲朱文公門人乾道四年徙居於嘉興之北築希賢齋文公爲書扁至元志今屬嘉善

趙若誦宅　在熙寧橋西若誦宋宗室懃夫之孫所居有高臥亭燕樂堂俱廢今後巷猶以天水名嘉善于志

元

錢隱士水村　在汾湖之涯元隱士錢重鼎德鈞所搆趙孟頫爲繪水村圖名士題咏甚多嘉善戈志案朱彝尊題趙子昂水村圖
趙王孫畫山水用絹素設色者多獨水村圖橫幅以紙
寫之且用水墨洵神品也又王士禎居易錄云德鈞水
村有二圖趙承旨作之于前薊邱李息齋爲之于後
元錢重鼎水村隱居記略予遊淮水來吳會客于季道
陸翰林之宇下近十年知其有別墅在汾湖之東欲往
來未能每思寬閒寂寞之濱得與鱸鄉蟹舍鄰接庶城
市委苍偪仄之懷有所托以紓焉季道悉予志爲卜築
其別墅之旁至則聚書其中以自怡悅屋前流水清澈
鑒毛髮居人類汲以飲時有鷗鳥舞而下若相忘于江
湖可取以玩也異時子昂趙集賢爲作水村圖寫于大
德壬寅迄延祐甲寅十有四年景物處所宛然不異于
今所居事固有不相期而相符若是葉齊賢題水村
圖詩坐窗不遨呻囊竹兀兀那知髀生肉眼明見此水
邊村浣我胸中塵百斛荒山寂歷蒼煙斜驚風颭颭鳴
蒹葭平沙草寒羣鴈起垂柳掩映幽人家風流王孫摩
詰手妙處端如神所授等閒點綴皆精研怪底秋光生
戶牖我家本住松江濱恍然一見融心神他年卜築遂
君志留取青山客散人黃肖翁詩幽人一心地本無邊
此境相諳七十年茅屋數椽依約外雲山一抹有無邊
眼前生意今林屋筆底秋風古輞川勝景有餘描不盡
歸鴻幾點落寒煙吳延壽詩村南村北樹濛濛秋
水清煙野色空道外俗塵飛不到似移家住畫圖中

沙棠莊　在縣治西北二十四里里人馬氏宅有垂絲海棠一株百年物也柳志旁有海棠亭釣魚臺今廢嘉善倪志

戴氏園　在白牛鎮柳志元戴光遠別墅栽杏花甚多時人遊賞曰杏花莊今名尚存嘉善于志國朝顧莼杏花莊詩風颺青帘日未晡前村有鳥喚提壺杏花零亂春深處好抱瑤琴一醉沽

陳氏東西園　在魏塘嘉善倪志元萬戶陳景純所闢內有雪月樓一亭榭七十二王國器記之柳志花園衖即今梅花里西花園衖久廢嘉善章志至正間有星隕石景純取以爲山今縣治即其處趙圖記輟耕錄景純號愛山家甚富郡城顧氏舊假山移置家園一日邀顧淵白觀之指謂曰此公族中物也淵白笑曰東搬西倒陳默然元黃曾德愛山花圃詩剷除荊棘創高臺萬紫千紅二月開日日笙歌樓上醉不知寒雨鎖荒苔

吳氏園　在魏塘鎮後元時吳瓘所闢也案瓘倪志作瑩檇李詩繫瓘字瑩之未知孰是名曰竹莊舊有池數十畝天然若湖瓘後欲置

園偶得水殿圖因据圖搆亭水心瀟灑卓絶後懼譁訐易名三敎堂塑像于中洊遭兵燹遂廢嘉善于志

采芝室　風涇鎮王世昌所居楊廉夫記嘉善倪志

明

卓氏荔軒　在麟溪洪武中卓成大所居其先世閩人宋亡遯跡于此嘉善于志　案明徐一夔記荔軒者卓器之撫其先大父思鄉之言而作

芝林　在縣麟湖之陽曹氏居之林中曾產紫芝六莖故名里人沈棨詩曰重踏芝林苔芝生滿雲路不見採芝翁清風自來去鄉志

楊任故居　在魏塘鎮任死于國難時有妾方娠知縣徐

本縱之依兄沈廣生男宏五世孫淵有幸存圖藏于家吳志　後楊溍楊公任所居武塘耆舊傳　案任以匿黃子澄被累死詳見遜國諸臣傳

東作莊　在魏塘街東北孫詢別業嘉善章志　明李東陽詩知時好雨正當春黃犢犁邊綠水新林外不須催布穀農家自少晏眠人

綠溪　在王帶鎮明正統間翰林支五經立講學之處溪流湧翠喬木參雲有文瀛軒清旦閣諸勝子高孫祿曾孫大綸累世著書其中清芬世德邑推文獻之家嘉善戈志　明吳溍還綠溪訪古詩風月無邊草一庭森然妙蘊發新硎清芬贏得流傳久葉葉人呼小五經

桐村小隱　在斜塘鎮北周鼎讀書之所嘉善于志　鼎又有齋曰疑舫吳志　案桐村遺址久廢後人于四賢祠左葺數椽顏曰古桐村并植桐二本誌之其實非也　明周鼎桐村書屋詩得此水雲鄉幽棲百草堂官舫至多買吳書藏社飲宜鄰俗春園雜野芳籌燈每迎雪後窗月弄昏黃吳寬詩見說移居處江南第一村過檣桐樹直市屋杏花繁艇子將茶竈鄰翁送酒尊東偏近魚市更欲置柴門史鑑詩高年厭屋市小隱在煙村溪水到門綠野花經雨繁隔鄰呼酒伴對坐且開尊醉臥人來問兒童出應門

國朝道光十六年里人倪以埴桐萬源重修並新遺像于志

南桐書屋　桐村南有沈大政者慕周鼎之為人搆南桐書屋廳前植桐數本藝蘭于陰鑿池栽荷結籬種菊屋後梅竹遶之自號清修六友續魏塘紀勝

丹邱　雲東逸史姚綬所居大雲里饒水木作室曰丹邱橋李詩繫　家有振衣亭出乘滄江虹月之舟粉廳翠幕吹竹

彈絲望者以為水仙江陰卞榮贈詩云西崦新為墅東橋近在垌同郡呂棠贈詩云兩屐登山輕上下一橋分宅作東西烏程閔珪贈詩云松逕掃雲[illegible]鶴畫船搖月貫晴虹皆實錄也靜志居詩話　明卞榮書姚公綬雲東仙館詩兩遊檇李未逢君只見滿溪流出雲今日眠雲仍飲水赤欄橋下坐斜曛

芝邱　明周澤家八南區成化十八年後圃竹林土阜之上忽產芝三莖癸卯澤舉鄉薦第一因名其圃曰芝邱魏塘紀勝

藥圃　在城內東南隅明高士袁仁藝藥之所仁號參坡精于醫嘉善戈志　植藥草三十餘種有無窮活人意帶月自

耕犁之句後吏部錢棟讀書于此改名南園伊志

山隱堂　在八南區大張圩嘉善戈志孫奎隱居錢士升周宸藻王愼德皆有懷山隱堂詩吳志

梅花渡　在西郊外永七區寒字圩明刑部支如玉與子元素允堅著書處廣五十畝流水環之藝梅千樹略綴亭臺今廢爲壠畝訪古者每流連焉嘉善戈志

荻秋莽　吳志遠結茅水田曰荻秋吳志在祥符蕩與高攀龍歸子慕講學處時高有水居歸有陶庵吳有荻秋更相往來談道夕嘉善戈志　明高攀龍荻秋雪鷗閣詩日水煙起細雨漁舟出草閣生微寒主人方抱膝點瑟軒詩日狂我豈敢聊爾混樵牧閉門春色深相看柳條綠班荊館詩無客長閉門客來共心

賞去來亦何心春風芭蕉長歸子慕春日送吳子往荻秋莽詩迴絕幽棲處何當春日過花開亭午足蜂過短牆多清世義皇夢滄浪孺子歌同心吾輩在天壤樂如何

新溪墅　在東刺史涇左濱州司馬孫支艮績學課子處溪橋竹木幽曠絕塵嘉善戈志

綠雪軒　卞洪載從高忠憲游綠雪其軒名也忠憲壽卞母九十詩背郭清溪阿母家即指此吳志

瑞竹居　毛士俠居宅俠幼孤奉母極摯庭前木香一本架竹爲屏冬杪將翦伐枯條忽見綠葉潛滋春季新笋迸逗翠竹數竿觀者咤爲孝感乃葺屋三楹顏曰瑞竹居伊志毛蓄有記

客園　在東關外下塘與城僅隔一水內有東山畦山設山簣山叢桂坡擁髻峯鏡湖東澗迴清溪話雨池問水亭競秀亭遙雪亭呂仙祠晚對軒虹明閣翠巢岸舫諸勝錢中丞繼登搆以爲園是主人主人是客故額是名百城烟水鏡湖中一峯高數丈如美人堆髻鬟綴雜花鬖鬖有致上鐫巫髻二字范久臨書嘉善戈志　明錢繼章題家孟岸舫詩閣以臨流勝斜陽亦帶寒燕鶯人共語竹石水相安坐客惟蒲褥藏書恥畫欄靜參淳朴意山好不須觀

谿嘿園　在城外石暉橋北錢菊農名繼章繼登之弟別墅中有招鶴亭梅花逕綠涼坡天夢閣縫碧橋逸老亭稼軒魏塘紀勝繼章晚年築谿嘿園綴石蒔花垂老不倦有逸民遺風橋李詩繫　國朝孫琮詩曾向谿亭一問奇十年雲散苦離思今朝再過谿亭上愁說梅花似舊時

逝溪　在永七區北暑圩距城三里相國錢士升別業四方賢士輻輳延黃道周易講其中如賀逢聖倪元璐顏茂猷熊開元輩後先至止講學論文一時稱盛嘉善戈志中有鱗月堂取李文山玉鱗斜月之句又有招隱軒木石居桃花埂君子亭釋智潛有詩云鱗月堂前花事冷尚留殘雪在高枝魏塘紀勝　乾隆戊寅相國元孫浩充重修伊志　國朝李永祺詩老屋隱松間疎籬補斷闕尋源眞得水看竹忽登山行見游魚樂坐聞鳥語閒出門屢回首步步惜輕還

積翠園　在蔣村亦錢士升別業伊志

藏密齋　魏忠節公讀書之所在北城內忠節被逮子學伊隨父赴難捐軀以殉聞于朝表其廬曰一門忠孝魏塘紀勝

茅簷齋　孝子魏學洢齋額吳志學洢有茅簷賦伊志

只是齋　忠節被逮時訓子學洙有只是讀書數語因以名其齋世稱子敬爲孝子子闓爲小孝子吳志　案浙江通志學洙作學洢誤

靜影齋　在西南內獨圩明孝廉夏繕講學處繕與魏孝子學洢交最厚日聚處齋中討論經史具見茅簷集所載侶龐詩文序嘉善戈志

竹蘆圃　在夏墓蕩明計元勳爲大父營兆域于此築垣閣現蓮臺據梧軒桃花塢芙蓉徑弄丸齋舞鶴亭釣魚臺圃西有古墓曲溪喬木新堤風帆月棹印渚符灣八景

國朝

雩園　在西城外福星橋北柯岸初所築中爲雪滌草堂堂後三楹曰背山臨流旁有涵虛閣閣右有舞袖峯面峯有軒名對一取唐人戶對一峯青之句後園廢峯移入城中國朝錢澄之雩園即事詩匠心原擬畫寓目總堪詩是樹皆凌壑無嶁不面池曲房聽雪夜虛閣對花時遙憶梧垣客閒宵有夢思

涉園　魏子存別墅在香花里中築浩然齋西澗草堂清閟閣綠淨軒筠廬園之創始錢職方彥林也舊名彷村以上魏塘紀勝　國朝蔣廷棟詩峯巒盤窈窕咫尺閟風岑臺榭堪舒嘯林泉偶會心雨飛蘿徑翠雲護石牀陰夏日容過訪花源路恐深

東園　在城中和里向係錢氏息園今爲曹源郁別業有小飛來諸景嘉善戈志　案乾隆辛酉曹廷棟葺產鶴亭廷焜繼葺二六書堂曉翠樓觀妙軒諸景　曹廷棟詩舊業溪東五畝居板橋渡處樹垂廬閒開曲徑堪栽菊靜敞明窗好著書林壑總教古意在栖遲只覺故情疎不辭日涉眞成趣繞舍春風共讀如

魏氏水村　魏坤禹平別業在汾湖徐虹亭檢討李南溟上舍皆爲寫水村圖一時名人題咏最多伊志　魏坤詩君從詩裏能尋畫我向圖中又覓詩一片蒼葭數株柳分明秋色雁來時　徐釚爲魏禹平繪水村圖因題舍南舍北響魚叉垂柳陰濃靜不譁一曲鑑湖底用乞煙波是處有生涯　朱彝尊題禹平水村圖詩鷗波亭子趙王孫曾爲錢郎寫水村過眼煙雲難再睹披圖彷彿筆蹤存斜插魚標颺酒旗柳陰小犬吠色籬歸田最是汾湖好我亦相期作釣師

五柳村　沈湛字淵伯世居斜塘蓋桐村舊居也有五柳遂以名村檇李詩繫又搆屋數椽名曰畏築李煒詩所謂畏築兩間大如斗是也

柏學士茅屋　柏古字斯民搆一椽于清風涇黃九煙題曰柏學士茅屋用杜少陵舊題也柏古步杜韻詩涇水洋洋可釣魚使遲絕似碧山居詩交杜甫千秋上春老陶潛五柳餘學士清風遶拂拂野人茅屋豈渠渠年來已辦漁樵事徒有家

傳太史書
曹少宰鑑倫第　在縣東門內中和里康熙壬午鑑倫官
學士時
御書錫類堂三字襃之韓菼有錫類堂記
香林　在柳洲亭艮隅邑人朱之榮于錢杕柳樊舊圃廊
而新之具亭池竹石之勝以上伊志國朝章愷香林詩陰陰密柳萬條垂綠染聰紗碧染池愛煞午風清暑後曲欄干畔坐移時
山曉閣　在楓涇鎮孫琮著書處嘉善戈志
永宇溪莊　在北郊永宇圩乾隆庚辰曹廷棟自營壽藏
先築亭種梅復搆屋數椽于後中爲順寧居有石刻侶

鶴圖即廷棟小照也東曰雙巢西曰秋水夕陽亭折而
南曰幻不壬屋其北曰侯廬廷棟有溪莊前後四詠前
四詠爲築亭種樹編籬架橋後四詠則四面碑三折徑
嗅梅欄招鶴橋也曹廷棟自爲記
桂圃　在城東南隅本程氏舊築曹源郁得之名桂圃內
有藏輝閣雙槐書屋栩栩亭漁梁石梁諸勝後又歸盛
氏易名黃雪山居
二十五峯園　在環甃坊科甲埭海昌查開築有春風第
一軒八方亭清夢軒平遠樓園多湖石最勝者爲自在
仙掌鸚鵡諸峯杭州杭世駿記以上伊志後屬徽人汪姓今
爲本邑金安清都轉別墅新纂

海鹽縣

晉

石將軍戴威宅　在縣西一十七步恭帝時捨宅爲寺唐
昭宗時修碑尚存剝落不可讀至元志
何后宅　在縣南三里柳志何準寓居焉一夕羣烏啼噪乃
生女他日復夜啼推之乃穆帝立準女爲后之日晏公類要案范成大吳郡志何后宅在吳郡南未知孰是

唐

著作郎顧況宅　在縣西南五十七里橫山禪寂寺側宋武

原志　案自海鹽治至橫山止四十五里柳志亦作五十七里皆誤也　硤石山北至元志宅
中有橫山草堂橫山紀略山上有讀書臺曝書亭集注顧況橫山故宅詩家住雙峯蘭若邊數聲秋磬發孤煙山連極浦鳥飛盡月上青林人未眠劉長卿過顧山人橫山草堂詩祇見山相映誰言路尚通人來千嶂外犬吠百花中細草香含雨垂楊閒自風欲尋樵徑去惆悵綠溪東國朝彭孫貽顧逋翁橫山故居詩雲山窮寥閣精廬誰識山人舊隱居古樹尚巢松際鶴清流可數鏡中魚長溪水抱孤村遠硤石煙橫返照初遙憶當年文酒地落英僊案烏窺書按察使秦公瀛詩逋翁舊宅閉蒼苔雙硤雲峯護石臺疎磬數聲啼烏外夕陽閒殺讀書堆

宋

樞密郭三益第　縣西安仁橋宋樞密郭三益彰慶館基
也樂郊私語紹聖四年令閻建以郭居隘陋葢亭爲延賓之

所名彰慶館建炎三年兵燬紹興壬子縣令歐陽延世撤館以營縣治後五年建稅務元末燬于兵海鹽陳志海鹽圖經云宋樞密使彰慶館邑士人登第始郭氏郭氏子三益又仕至使相有司爲立館中衢禮賓客以榮之

常氏園　常氏邑世家多甲第園在城西南中有滇茶一樹丹葩照耀五里外盡見之海鹽圖經

日涉園　曾嵒知廣德歸大闢圜圃手自種植名曰日涉

隱士許棐梅屋　許棐隱居秦溪種梅數十株構屋讀書自號梅屋慕香山東坡畫二像事之以上殷水遺聞

都督徐應遜故宅　在縣西四十二里鶴塘橋之西北俗名徐塔村橫山紀略

元

舊時月色軒　縣治東隅故宋裔趙公範兵燹後軒其故居曰舊時月色海鹽圖經　明徐一夔有記　朱朴詩蝶老花殘燕不歸酒闌香盡客來稀多情只有黃昏月依舊清光照瑣闥

徐鑾故居　天仙湖在城西十里傳有徐鑾故居鑾仙去故以名湖樂郊私語　國朝彭孫貽詩仙家遺宅訪徐鑾伐木腰鐮去不還苔漬白龜浮水齧侵丹篆滿林間神沙古井潭前月羽化罡風海外山可有當時舊雞犬深林寂寂叩柴關

宣慰使楊梓宅　澉浦城西門內大街南元宣慰使楊梓居之建樓十楹以貯姬侍謂之梳粧樓明廢爲延真觀續澉水志　明朱朴詩羅綺香銷鏡匣收碧山空對晚粧樓樓前昨夜新秋月猶學蛾眉翠黛愁　國朝彭孫貽詩畫閣青山宣慰家曾將金屋貯名花朱樓吐月開粧鏡紅袖翻風駐彩霞樂府酒旗銀落索姬人宮粉玉鈎斜舞臺歌榭今何處澉水荒城只暮鴉

明

沈嗣昌廬　沈嗣昌居豐山之南洪武初令王文扁其廬曰孝隱海鹽圖經

蘇元吉宅　洗馬池半邏東南二里昔蘇元吉自城中徙居於此鄒志　案鄒志又云海月樓在西南三十步資聖寺旁昔蘇元吉故居因寺卑隘仍捨充廣宣德初徙居半邏洗馬池之陽故樓名雖存今廢

呂氏秀遠莊　在順甯橋南海鹽圖經　明朱祚有記

張黃門宅　在遷善橋巷海鹽圖經黃門張甯致仕歸築方洲

草堂于海鹽壘石爲山上有峯曰蒼玉曰拄頰曰小飛來巖曰宿雨曰滴露洞曰歸雲坡曰蘭雪岫曰茶煙嶠曰咏月磐曰卓筆泉曰洗硯池曰映山皆劖于石而逼目之曰一笑山靜志居詩話　後宅漸廢

國朝陳廷益得之重修修葺復還舊觀殷水遺聞　張甯記略方洲草堂壘石爲山周植小檜梅竹雜卉高曠未滿尋丈而欲擬諸大山可發一笑彼山之大者非己所有亦非草堂所能貯此山可貯而有以其能小也山雖小而氣象景色生意畢具則亦自有可喜而笑者在名之曰一笑山其北有舍南向深僅及尋而橫廣以倍其上環竹爲覆篷仰飾粉素通明虛白恍若一舟寄泊于湖山風雪間自念平生薄遊江海以衰病還家休臥篷室名曰雪夜歸舟所以著予之自得也　道光三年改建風神祠于志

餘春園（一名小瀛洲） 徐子正守襄陽歸築圍城闉名餘春中疊石爲小東山結小瀛洲十老社其後倭人入寇所在焚儲積遂舍園基爲倉（靜志居詩話 明朱朴餘春園夜宴詩何處春光好襄陽刺史家池香新漲雨林密暗藏花杖履通三徑圖書散幾車幽人美良夜河漢忽西斜）

太守錢琦宅 琦自臨江守告老築小樓數椽顏曰東白吟咏自樂（李構詩繫）沈蕩東漳水堰內有東畬草堂（伊志）

許黃門宅 許相卿棄官隱居茶磨山引泉藝茗山有高巖題曰天只峯曰星晶石曰弄月臺曰枕流巖後懸厓陡絕處曰豐崖時跨黃犢披簑帶笠行山覓句（明文徵明茶磨詩清風不可攀高人先我十年閒懶搖玉佩聊青瑣故擲銀魚臥碧山新水旋開田二頃紫雲深占屋三間若爲便置蒼生望見說青青鬢未斑）

嘉興府志　卷十五　古蹟二　四

九杞山雲濤莊 在永安湖子丑之位舊名杜家灣九杞翁許相卿買之置杜曲岡雲濤莊因以名其山（以上續澉水志 許相卿詩江村堪老我寒夜更宜詩縞嶼歸禽訝元機候蟄知冰潭清數石雪路漫多歧若箇孤山宅逋翁得擅奇）

白鶴園 在縣西九里管山馮皐謨別業中有生壙曰白雲阿（殷水遺聞 馮皐謨自爲記）

獨寤園 百可園 並在北城（海鹽圖經）兩園夾道西爲獨寤後垣東爲百可皆鄭端簡讀書處孫端允改百可爲祠堂姚士粦記（吳志）年久荒廢紿諫查培繼售葺以居顏曰如圃（海鹽續圖經 鄭曉園居詩吾生已如此抱病對朝暉梅老花偏密桑柔葉正肥隔溪聽鳥喚倚檻看魚飛幽意那不愜誰云心事違乾坤長變化日月共居諸海內誰知己山中此舊廬榮光皐二鳥憔悴憶三閭謝刦周公夢冥心混沌初）

灌木園（一作庵） 閭清劉少彝讀書園也（劉錫勇待廬集注） 在城大營巷（海鹽圖經）

芥子園 衡州通判吳文憲有園號芥子在楊橋南內有師陶閣文憲藏書處（殷水遺聞）

彭氏園 在南城下彭時穀紹賢園也（海鹽圖經）名水月居卽今所謂楊園（伊志 彭宗孟家園雜言詩幽棲竟日掩桐關疎懶長耽午夢還蕉葉總驕湘管禿竹林翻愛酒杯閒到窗綠樹爲家具入檻清池湛客顏占得人間邱壑長不妨巢許買青山薜荔深深覆短垣縱非壺嶺不塵樊久無踪跡煩開徑小有生涯到灌園聊采溪毛魚共躍偶抛菰米鳥爭喧由來海客機能息枉煞人間養拙尊）

嘉興府志　卷十五　古蹟二　罡

横山草堂 靑陽令崔培元宅舊在音潮港曰音潮草堂罷官後卜居鶴塘橋側曰横山草堂者蓋仍劉文房過顧山人之詩也（伊志）

友于堂 在澉浦城內大十字街北司寇吳中偉故宅歸田後與兄之英日往還觴詠其中堂名以此西南數武留耕堂卽之英所居也（吳文暉澉湖詩話）

黃雪園（一名蒼翠園） 在横山東二里留鶴村諸生崔鼎別業也有青玉齋鼎父子讀書處有假山曰韜雲巖俗稱觀

音兜瓏玲特妙老桂三十餘本開時如黃雪因以名園今皆廢惟韜雲巖尚存橫山紀略

一徑園　縣治西北半里爲陳山人梁別業池沼四圍在闤闠中其榜乃米南宮舊筆曰城市山林中有池名浣筆亭名借漱海鹽續圖經　明吳麟瑞借漱亭詩巢林不買山洗耳不買水太上忘物末俗貴知恥一勺亦云借明志有如此冷暖不因人古稱隱君子國朝彭孫遹上巳日過漢萁一徑園飲詩積雨園林禊事遲孟公投轄屬芳時舊傳鶴政依金谷新起山堂似習池彌戶泉聲寒戛玉藥欄花影細分枝尊前莫惜如泥醉勝會明年未可期

我日齋　在澉浦城內小十字街西吳中丞麟瑞太常麟徵兄弟幼時讀書處中丞取詩斯邁斯征語以相勉勗故名續澉水志

霞蔚軒　在東門內徐忠烈季子濟貞讀書處殷水遺聞

莘園　在澉浦西門內有藹窩浴鶴亭諸景吳中丞麟瑞之園也中丞自江西解組歸舟經彭蠡遇風載山石鎮舟以歸壘諸園中極瓌奇之勝續澉水志

安雅堂　在澉浦北門內吳貞肅麟徵宅卽從吾道人故居改築者澉湖詩話

半邏圃　在半邏村錢爾復仍始所築伊志

只欠庵　在澉浦北門內伊志吳蕃昌仲木於父忠節公殉難後自愧不得就死庵其所居曰只欠李檇詩繫

愼齋　秦溪馮彥中讀書之所貝瓊有記見歸田槀

通政朱佩宅　在北門外白苎橋西內有兆慶堂椿萱堂遺址尚存

杇石齋　在邑西門外法司橋西北朱西村朴讀書處

太守鍾梁宅　梁舊宅在邑西關內徐鄉橋有宜月樓期雲閣皆梁讀書處致仕後于西關外一里築西皐草堂其內曰西清堂其西有喻園續圖經喻園後歸外孫朱景肅益增其勝園內有野老堂長春亭諸名蹟孫祖保祖傑皆能世其家云鍾祖保有野老堂記

鄭尚書曉宅　端簡舊宅在北門內錦繡里祖父世居于此堂曰存誠內有長春軒植紫牡丹甚盛通籍後營宅大虹橋側前爲輝萼堂後樓西爲六府祠又後爲存政樓

錢太常薇宅　沈蕩西半邏村中泉港有承啟堂遺址今尚存有樓名南樓嗣孫陳䍐太夫人常居此作畫有南樓老人圖記

同春堂　劉御史東沙熠所居著有同春堂詩集

希園　沈參政允芳所築所著詩卽名希園集

福謙堂　在城中新橋衖副使徐鷁舊居額書前峯先生讀書處朱元弼所題也孫繼美重葺華亭陳繼儒書額

彭侍御宗孟宅　在縣治西思賢橋南彭氏自勝國初以世官卜宅于此至昭毅而門閭始盛宅中堂額曰章有土人呼為彭衕衕其西有聚順堂乃侍御所建有樓額曰重慶以上海令長宜與弟太僕期生同登賢書故名

華鄂樓　在宋亭徐應奎宅也應奎四子光祿丞光治贈兵部尚書從治別駕允治孝廉昌治同居樓上讀書樓之命名以此

瞿瞿齋　在思賢橋南明上海知縣彭長宜所構有瞿瞿齋詩集見檇李詩繫

彭太僕期生第　在思賢橋南有堂曰澹寧又有介石居

元覽齋茗齋諸書室其南一宅則昭毅第五子宗因讓官隱居于此額曰名高第五有堂近祖居額曰永思側有擘芳軒又有寤歌室為宗因蒔花煮藥之所以上伊志

邱參將宅　在治東邵灣山明武進士邱上儀別業于志

樸園　在縣治西門內明朱泰禎侍御宅今為李泰別業于志

國朝

遺安堂　濒海而西為彭城里嘉靖間錢奉常築室于茲為講學之所乙酉之亂嗣曾孫商隱葺治顏其堂曰遺安楊園先生集

涉園　在南門外烏夜邨張大白讀書處其子給諫惟赤創造山林邱壑儼若天成曲檻飛梁縈紆映帶巡撫范公承謨駐節于此有長歌勒石海鹽續圖經中有來青門擷翠閣樸巢玉玲瓏館杏臺流觴曲水篔谷柳幔荷香津五龍澗居然濠濮松坪蓮花鳴待月廊可漱亭寒香逕擷湖峯諸景伊志韓菼有記李良年張皜亭招集涉園詩六月林亭好避炎叩門纔過雨纖纖蓮東珠濺時翻鶴硯北風生盡捲簾正有故人燈影共何當良夜酒籌拈郎官雅意投車轄坐看清輝到畫檐馬維翰晚秋張比部舅招飲涉園詩木葉秋深鳥夜邨城南風景愛張園捲簾雲氣收秦駐抱閣潮聲落海門魚躍鏡中欣出網鶴飛天外薄乘軒追思前席持螯處眞比泉明松菊存按察使秦公瀛題涉園圖詩并序海鹽張螺浮先生於本朝初年官給事中以直節著既歸築園曰涉園名人投贈甚富其後人梓亭學

博刻范忠貞宿園中留贈詩及新城王文簡題咏彙為一冊示余因賦此卽書圖後余以行部屢過海鹽未得一過斯園而先生故先高祖鄉會試同年也披圖展讀有餘慕焉海國經行處曾聞十畝園却看摩詰畫疑入武陵源鶴立當時徑烏啼昨夜邨花溪兼竹港雅尚憶黄門諫牘傳青史歸來此卜居留詩聞節使感舊得尚書庾信爲園日陶潛解綬餘故山松桂好吾亦念吾廬

樹萱軒　在澉浦小十字街西徵士吳為龍暨兄曰夔奉母董居焉事母純孝為鄉黨所稱楊園見聞錄

拙宜園　海甯中允楊中訥別業編修許焞得之改名迂樂園海鹽續圖經中有苔徑擷芳軒得樹堂晚研齋宅中亭西樹晴雲閣剩舫竹漾巢經樓諸勝伊志陳訏拙宜園詩雲亭新構傍城闉小築幽棲寄此身遠俗園林聊假息帶經泉石伴紛綸邱雖偶陟非忘世門自常關少雜賓蔣徑悠然塵

境遠不須耕釣說皤華顧爾沒得樹堂詩綠陰曲沼書堂垂古樹虬柯塵外姿雨露漸濃春後葉風霜不老歲寒枝猶懷宮柳連青瑣似植庭槐蔭碧池岸幘胡牀聊寄傲林光遙漾爽襟期後歸黃樊清改葺晴雲閣爲倚晴樓新纂

樊圃　在東門外有梅花書屋爲陳昌懋讀書處有涌月臺可登以望海海鹽續圖經陸嘉淑同高旦中坐梅花書屋詩三間書屋畫常扃好客偏能淡夕停但數舊人如落葉卽論吾輩亦晨星藥罏煙覆花陰合竹牖雲銜海氣青虬幹亭亭雨梅老待留冰雪吐芳馨

困勉齋　在澉浦吳袁仲所築張楊園爲記

松桂堂　少宰彭孫遹第卽思賢橋祖宅也孫遹致仕家居

聖祖仁皇帝御書松桂堂三字區額以賜勒懸中堂之上堂之西有樾館卽孫遹讀書處又有靜居閣及香陘山舍徧植叢桂梧桐致有佳趣

廉讓堂　曹希文讀書處以上伊志葉樊有記吳之振題廉讓擁書圖詩圜扉截斷往來賓棐几縹湘亦可人却是少時鄉塾裏早完經課樂雙親

平湖縣

漢

陸閎宅　在平湖縣東北二十七里陸閎爲潁川守致鳳凰之瑞因名鳳凰基明浙江通志

陳

顧書堵　在縣東北三十六里東泖旁相傳陳顧野王讀書圃平湖朱志按至元志顧亭林在華亭賓雲寺顧野王讀書堆卽其處平湖王志誤引之以爲顧書堵之證辨見嘉興古蹟　明沈宏光顧書堵對月詩野王堆下暮潮平九點峯頭片月生今日思君君不見寒梅零落夜鐘聲

宋

曾簡肅園　自縣治迤東皆其遺址今遊橋尚存一云東皋園在博陸祠後今爲東林禪院西皋園在今楊梅園地今爲西林禪院平湖顧志案山亦簡肅南皋園當湖風土紀略　明戈定遠曾簡肅廢園詩我過東皋墅山村古木秋悽悽傷禹齒耿耿憶魚頭小月寒迷徑殘花晚照樓高風千古在吹淚到松楸

彝齋　趙孟堅居嘉禾之廣陳里有彝齋癸辛雜識案廣陳東西兩寺相傳卽子固故居　又張蓁詩往東湖東去數里有鶴舒灘爲子固放鶴處　國朝沈廷燦過趙子固故居詩涼颸走餘熱荻花弄柔雪小舟盪廣陳所憶在鬉哲緬懷簡文公和璧正無缺當其烹小鮮撫字歌切切何敬非播刑惟良獄可折飢必由己飢賑弗畏肘掣萬骨起肉之孔邇每洽悅若使奏剡擊功在禹皋列風景忽焉殊拳茅于此結嘯歌白日閒寒暖忽分轍一坐洗復洗謂可軒冕褻摩詰不捨宅鵲巢來鳩[illegible]刖寺東西分陳構悲斯滅縱眼但棘荊勝地誰指說頗怪役吏中爬羅及瑣屑曷爲五百年杳無弔高節應是知公希公之節彌烈冰壺未足潔爝火未足晰爲公發狂歌秋月下潭徹

元

南村書堆　去縣南百步元至正間里人張紘號南村多書因聚土成邱以爲誦讀之所號南村書堆平湖程志嘉靖

癸丑山陰王畿吉水羅洪先講學于此東湖志案沈懋孝有湖上讀書堆六先生會記六先生者羅念庵王龍溪及鄒東廓唐一庵唐荊川湛一方相與論格物之旨經數日而罷明李東陽南村書屋詩南村書屋書滿車南村書聲聲滿家讀書不作村學究身爲郎官印如斗如今祇令稱書鄉不讀書人誰姓張

聽雪齋 在東泖明孫固讀書處久廢平湖程志明胡儼有記元楊維楨聽雪齋詩老夫聽雪龍門寺淅瀝初聞飄雪多龍噴雨花天作瑞象占雲葉氣生和月明蟹過銀沙岸風細魚沈玉海波萬籟一空天地在誰憐聲色老婆娑虞集詩樓前宿鷺起星河近歲江南雪轉多投老鍾山寒不寐滿山松竹夜如何明胡儼詩茶竈煙沈鶴夢驚梅花香冷蝶魂清捲簾試看飛瓊舞隔竹俄聞裂帛聲黃葉秋乾緑砌響銀沙風急灑窗鳴絕勝聽雨巴山裏一夜鄉心白髮生

石莊小隱 在東泖石都尉莊沈氏世居于此有逸民堂

來青樓萬竹房小可軒諸蹟明沈瑞盤有家園記

明

東林別業 在柳莊塘沈昇築前對陳山東近釣雪汀北爲桂林久廢平湖張志

漁隱故居 御史沈瑋讀書處平湖王志沈瑋詩名落人間二十年一溪漁隱自悠然晚風楊柳堤邊笛秋雨蘆花渡口船沽酒肎邀漁父醉枕簑時伴白鷗眠只因回首成陳跡贏得人稱似輞川

紅蓼村莊 在當湖東青里御史陸愈別業太常陸志孝讀書處中有池臨池有翔後亭久廢平湖高志太常嘗改爲義學沈懋孝有記吳志

序芳園 在東湖濱嘉靖初參政趙漢致仕歸自搆園曰序芳又曰常足窩製一舟名平查優游林壑詩酒自娛王畿有常足窩說檇李詩繫明唐順之詩爲耽泉石謝塵纓散髮扁舟羨獨行數畝荒廬甚自老滿洲鳧鷺欲相迎已知野叟無機事不向漁翁說姓名余亦洞庭洲畔客因君轉切故鄉情徐階詩一竿東去意何如蘭芷鷗鳧共隱居晦跡已焚封事草遣閒聊注攝生書鶴歸世重林逋宅龍臥人方諸葛廬我病正牽泉石念從君端欲謝簪裾

三魚堂 在尚義坊豐城丞陸溥築陸光祖有記後子孫移家西泖口仍以三魚名堂平湖王志事詳列傳

四桂亭 贈光祿少卿陳泰來別業久廢平湖王志國朝陸濬睿四桂亭訪桂詩桂花今歲早泛艇叩雲庭秋水一溪緑艮苗千頃青飄香循曲徑憩蔭入疎屏鬱郁沾衣袂幽齋

任爾扃

沈園 在南門外布政沈萃禎別業周遭植松柏無雜卉牽子弟讀書其中久廢平湖張志

陸長卿書屋 水明樓之北岡爲竹塢南爲書屋即陸長卿著五經處陳際泰福源寺記

牧園 在東湖上主事馬維銘築檇李詩繫

也園 在小南門內明布政陸懷玉築懷玉好奇石能壘山又善種樹園林清勝久廢檇李詩繫陸懷玉詩自種雲根二十年也園十畝總悠然豈無幽徑通韋曲亦有奇峯學米顛半砌苔衣清似水一池花石小于錢歸來便是西疇長晚稻秋香滿社田

東皇園　在南門外六里給事馬嘉植歸田後築古桂數十株彌望成林名黃雪山莊後屬沈氏

國朝康熙中錢塘翁嵩年寓此後歸州同知黃瀛更名南莊疊石爲岡植梅花最盛 國朝高士奇東湖沈氏園詩莎徑春深碧蘚斑高亭斜枕亂松間雨添新漲半篙水雲擁青螺一抹山穿樹鳴鳩催布穀當堦密藥見傾鬟佳遊不問園林主飽趁歸來日月閒 張雲錦南莊探梅詩一棹荒寒路幾經殷勤梅信報園丁人來淺水綠邊汊花問夕陽紅處亭昔酒香仍消酩酊春懷淡欲入空冥試燈節後應全放待折橫枝向膽瓶

且園　在北門內御史郭紹儀別業庭前兩峯並峙一名舞袖峯一取雅山頭陀石爲之名頭陀峯亭臺映水花木盈庭城市中有山林景象 以上平湖張志

耘廬　在北門外七里孝廉馮洪業築 平湖張志 爲畝三百周遭浚濠內爲連山複嶺櫃梅三千築室其中名雪窖植海棠千名海棠巢植桂二千名桂香逕馴舞鶴三十餘一時文酒之盛比之玉山 李樵詩繫

國朝屬御史陸光旭題曰桂山堂其後侍郎高士奇得之改曰北墅有三十二景曰江村草堂雪香亭碧梧溪醒閣秋柯坪菊圃松盤山漁書樓酣春榭巖耕堂問花埠花南水北之亭逃禪閣泛綠亭覆甕泉蔬香圃耨水樓金粟徑蘭渚芙蓉灣修篁塢紅藥畦瀛山館蕈溪晚花軒鶴巢紅雨山房來禽坳漱晚磯抱甕陂香芹澗五老石

今廢 平湖王志 明張長生遊馮園詩夙愛耘廬好春晴繫纜初梅花高士宅溪水野人居度竹空馴鶴依蒲憶樂魚名山誰卒業惆悵覓遺書　國朝韓菼北墅詩達人無不可江村勝賞偏往者折瑤華貽我抱蠹篇上言百卉繁及時鬬芳妍採挹可命騷瑣細欲補箋疏言庭館幽頗愜靜者便振衣亦有岡巒足亦有泉我欲往從之御風渺因緣臥遊懷中字琴趣在無弦不到疑虛無即目非補假我來恣遊敎一一如昨者是時梓樹花花落餘猶韡此行後春風相待未相左一簾抗書眼願言結長夏光景不留人徘徊行復捨　徐乾學北墅梓花詩二首繁英過盡惜春殘老幹梢雲萬芸攢楸檟樹高爲別子棠榴花豔是巡宮干層紫障圍春夢一院紅霞破曉寒愁煞東風吹欲墮絳沙爇蠟夜深看雜山珍木氣氤氳花雨翻空蔽夕曛蜂抱殘須穿碧網燕銜墮蕊出紅雲頻拈繡毯芳筵換正點香茵暖日分留得貞柯千尺老好栽琴瑟和南薰　陸棻北墅看梅詩石徑中穿異昔時疎林不復掩平池眼前再易耘廬主幾樹梅花是舊枝

虹島　在南城外太學趙韓家園久廢 東湖志 國朝趙韓和安無咎寓虹島詩心遠非關剝啄稀梅花繞屋水環扉寒禽榻上窺紅子名酒牀頭問綠衣城柝不驚幽臥隱漁燈遙入夜窗微與君潦倒烽煙外總話江南春事肥

劉園　在東湖上尚書劉廷元築有四面樓結搆蕭爽湖山掩映如畫董文敏題額久廢 東湖勝槩

屺園　在乍浦城內西南隅孝廉李天植築 平湖王志 園中植竹木搆鄰鷗軒深省堂曲欄幽榭小徑疎籬頗稱佳勝今廢爲三山會館 九山續志

放鷴亭　在西門外飯籮浜高士李延是築久廢 平湖王志

北山草堂　在北門外主事倪長玗別墅 弄珠樓志

國朝屬景寧教諭陸光曜後歸州同知張永年題曰一壑松

風極園林花木之勝吏部王澍署其廊曰拈花掬月東湖
志國朝曹溶倪伯屏新園詩司馬非忘世安時志
自堅朧陰仍抱膝岸側且牽船繞座眠宮柳停杯叫蜀
鵑湘流通笠澤靜放白鷗天張永年一壑松風探梅
詩松風一壑起幽湍常伴梅花閱歲寒任爾寒香清到
骨隔籬也
許俗人看

尙書陸光祖宅 在清水浜舊名寓園堂曰寫蘭有泉石
之勝歲久亭榭皆圮後歸監生張誥置軒楹自題曰耜
洲山莊伊志

國朝

傳心堂 在顧書堵東爾安書院內陸清獻歸田著書所
平湖王志

十杉亭 在東湖西南閣學陸棻別業後歸通判張漢年
乾隆乙丑知府張逢年復闢地重建補栽杉樹錢塘杭
世駿題其門曰張園有凝香草堂得月亭漱軒水明樓
水西雲塢聽雨居芙蓉隄諸勝東湖志蘇瞻過張園
詩十杉亭子占湖濱重
過輕橈一問津別後星霜逾七載到時花柳怡三春渚
禽掠水先迎客語燕窺簾欲近人茶竈書牀容澹蕩者
番不是宦遊身周京詩山館玲瓏臥起便春波
倒影日光穿十杉亭子空明裏似向垂楊泊畫船道光
初年屬孝廉吳楷因以名其㞧戊申年歸侍郎徐士芬
爲別墅今廢新纂

茂脩書屋 在遊橋下平湖王志汝川知縣陸洽原宅極池亭
山石林竹花卉之勝又有眞曠樓李橋詩繫道光二十七年

歸徐應照爲別業新纂

陸堂 在三登橋明滁州通判王梅故居檢討陸奎勳著
書于此因名陸堂即以自號云沈岸登陸堂移居詩參
佐橋邊宅三間自昔聞
風流今未墜城市不妨君圖畫隨宜設
琴尊可樂羣只勞村叟夢相望一層雲

草庭 在南司東貢生鮑駿讀書處以上平湖王志汪
琬有說王士禎寄
題鮑聲來草庭詩愛君三徑好芳草滿南榮微雨過時
綠春風吹處生紛紜書帶色瑣細楚騷名不是江潭客
休悲鶗
鴂鳴

鮑莊 在朱車橋東州同鮑懿瑞築修竹萬竿顏曰筠溪
翠竹今廢平湖張志

紅樫田舍 在清溪布衣沈岸登宅有黑蝶齋春及堂沈岸
登歸紅樫田舍詩歲月一身惜江山三折深歸船惟載
夢寒日易驚心四壁蟀脾綴虛簷藤蔓侵紅樫門外見
漁火出
疎林

倚園 在十杉亭右舊爲陸氏別業名小桃源中有影三
閣項聖謨爲之圖今歸陶氏乾隆壬寅邑人沈初題曰
倚園以上伊志

卷勺園 在乍浦城南隅劉潮築梁同書題額有可琴室
桐蔭廊壺隱書屋映月亭綠雲檻冷香逕滌煩磯柏巖

蘭谷新纂

石門縣

五代

錢王舊館　在縣北三十里錢林邨吳越王錢鏐微時有舊館于此後改爲祖祠

徐頵故宅　在縣東南三里晉開運二年吳越陪臣徐頵捨宅爲崇聖院以上至元志

李益之故宅　在縣東十八里晉銀靑光祿大夫尚書李益之宅天福八年置爲保安院崇德洪志

宋

漁蓑堂　宣政間張公秀從葉石林遊後來丞崇德遂居邑郊築堂曰漁蓑崇德靳志

傳貽堂　輔潛庵自祠官報罷歸隱語溪題讀書之堂曰傳貽文及翁傳貽書院記邑大夫家之柄爲建傳貽書院至元志案舊址在學宮後見張瑱重立傳貽書院記

沈徽學晦舊居　狀元坊在崇福寺西趙家巷因狀元沈徽學舊居此故名至元志

趙申公舊居　洲錢市在縣西北二十七里宋南渡初士大夫來寓者殆二十家贈太師申國公不求父子寓踰一紀丞相福王實生于寺橋南之民舍至元志紹熙中邑合范機牓其里曰生賢忠定後舉進士第三復表其巷曰探花趙圖記

顏侍郎岐宅　靖康初岐以門下侍郎扈駕南渡定居石

門鎮北子孫遂成村落今猶名陋巷村石門鄺志

椿桂堂　建炎初莫琮避地是邑因家焉有子五人俱登儒科迎侍祿養縉紳榮之邑宰朱軧卽所居立五桂坊家有椿桂堂士大夫多賦詩至元志監臣周必正爲扁其堂柳志宋謝諤記略范文正敘燕山竇氏中有一椿五桂之句自後繼之者未易惟今秀崇德縣莫氏可儷其美蓋通直郎致仕累贈中大夫以儒行起家試集英殿名列官簿其嘉耦臨安縣袁氏累封太令人康甯在堂年方八十一親生五子俱登進士科長曰元忠字子直壬辰黃榜見待次池州通判次曰若晦字子明庚辰梁榜見知袁州次曰似之字子欽甲辰衞榜見任丹徒尉次曰若拙字子才辛丑上舍黃榜見任眞州教授次曰若沖字子謙乙未詹榜見待次湖州安吉知縣大抵爲人所不能爲賢罕見爲奇壽高爲福莫氏兄弟奉親力學光大其門非賢歟同氣聯榮至于五世所罕見矣先中大旣權輿于前俾在後者無忝而北堂慈顏椿幹日茂福爲何如頃子直貳令于舒舒之史君監丞周公必正爲之榜其堂曰椿桂且賦兩詩邑宰朱君軧又郎所居立五桂坊由是大篇短章鏗鏘滿編凡縉紳士大夫與燈窗諸生牽皆慕用相與磨琢不敢不力袁州史君迎侍安輿黃堂戲綵壯觀江右比以書來索詩因爲錄次庶以勸學　堂范成大題椿桂堂詩君不見衣冠盛事今猶昔前說燕山後崇德聯翩五組帶天香世上籯金賤如礫他年詩禮到門來日日高堂稱壽杯桂長孫枝椿不老御比賓家應更好意　葉適詩九官八士古之良靈椿丹桂後騰芳馮公詩雖短陋閭里傳誦終難忘君家同生五兄弟短檠件夜東方啟黃旗兩紀張慶闈絝袍五號趨文陛辯華標角人力能科名均齊天所興作堂不須棟梁好但種此木高千層透日垂陰香未歇滿庭車騎同時列更將磊落替團圞留與北風觀壯節

方公誠故宅　在縣南津鄉尚墅村建炎間公誠以秘書丞從高宗南渡因居于此石門鄺志

怡堂 在千乘鄉蔡氏閱關闕闡昆弟同居故名案至元志五桂坊以莫氏五子登第建又有蔡氏弟兄居是坊故又立桂華里以榮之

陸尚書德興故宅 在五桂坊西南以上吳志

東西張氏園 石門鎮有東西張氏園東張名子脩嘗監石門酒庫遂家以葬焉西張廸功郎名汝昌依子脩而居兩家並有池館園林之勝號東西園趙圖記子修孫琥復繕流杯亭遂初亭桐鄉徐志至今乳鴨池流觴曲水尚存居人稱花園里崇德靳志宋莫若沖詩爲米徒勞東帶難當時彭澤便休官高情曾賦歸來句畫入名圖扁署看戴復古詩乳鴨池塘水淺深熟梅天氣半晴陰東園載酒西園醉摘盡枇杷一樹金

足閒堂 莫寺丞若沖所居歷官歸以足閒名其軒後遂以顏其堂伊志宋陸埈詩吾心固有涯寸心與天寬萬境紛相求大智斯閒閒楞腹屬厭耳濁飲飢卽餐百年付歘忽炎涼自回環鳴珂響水東宴坐古道還爽塏得郊墅架棨謝家安觴豕日尋勝百金笑渠慳朝騶杳不聞春夢過天關下視蟻旋忙錙銖鬨闤闠襟期倘印可容我造其間

明

百歲堂 孝子周文忠年百有三孫塤建百歲堂奉之崇德靳志

許歸堂 呂相判南陽乞歸阮中丞鶚以善人里表其門其子熯倘南城郡主乞歸借養詔許之歸而築堂顏曰許歸吳志

友于軒 在篁墩俗呼黃泥墩沈廉訪宏家爲建祝聖臺其上旁有友于軒卒葬陳山子如封搆樓黃墩以眺陳山顏曰見山以寄風木之思崇德靳志沈宏自爲銘

友芳園 泰興令呂炯之園也又有別墅曰五柳莊在縣西門外饒竹樹廊房之勝黃汝亨寶函樓記沈懋學有五柳莊記郭子直友芳園詩城角芳園戶半開長林倚杖獨徘徊當年抱甕人何在此日看花客又來蔓草春深荒硯沼鄰雞日暮上香臺莫因今昔嗟興廢金谷平泉盡劫灰

客星齋 醉夢齋 吳郡作宰歸入殳山社有自題客星齋醉夢齋二銘吳志齋中聯云垂釣有深意望山多遠情社中人沈儞圭書

崑陽書屋 安仁令李華春讀書處也梁孜有爲李仲實題崑陽書屋詩吳志

息颿園 薊州知州鍾起鳳園也在學宮右文璧山後吳志鍾起鳳息颿園詩結廬少城隈種竹不盈畝茬列九頭松門栽五枝柳綠水浸橫塘紅蓮間白藕芙蓉環小橋有亭大于斗桃李紛南榮桂杏排北牖橘實散餘馨梅蔣羅塵垢羣卉遞芳妍鑒賞來鄰叟彼我各忘言時傾一杯酒頹然入醉鄉遊子無何有

貝瓊故宅 在語兒溪上瓊之舊業也元季隱居邨落從之遊者甚衆貝瓊懷語溪舊業詩不到溪南宅桃花又一春長貧疑造化已老厭風塵直道難容世虛名只誤人扁舟卽歸去吾豈戀秋蓴

國朝

大雅山居 呂泰興炯別墅初名有待軒後更今名明余寅有記

愛日堂　在語兒溪上姚仲聞所居張履祥爲作愛日堂記

黃葉村莊　吳孟舉學古著書之所也蘇子瞻詩家在江南黃葉村孟舉好之而名其所居之莊葉燮黃葉村莊集序項奎爲作圖吳之振郞事詩柳梢小市接城郭春動園林萬木敷壓雨鼠姑含凍藥闞晴鵓舅接新雛詩非易學從吾癖論不求高亦自娛舊業十年成棄置寒巖枯木有根株又次韻詩錦石青泥疊矮垣高梧翠竹護西園披衣自愛臨風檻散髮還來傍水軒奇孑嬾尋揚子宅交情重勘翟公門與君同作漁樵侶百市過從不厭煩

來燕居　在縣西門內新羅令曹遠思宅也始卜室元鳥適至遂以名其居邑令鄭世培爲之記

帶存堂　曹叔則所構當堂未成時横山葉星期爲之記以上伊志

鍾解元朗故宅　在玉溪鎮南皐橋畔見施鍾成玉溪雜咏前楹曰藤樓綠陰環繞朗讀書處也咸豐庚申燬於兵案玉溪八景其一爲南皐書聲指此新纂

長春樓　在玉溪鎮譚觀成孝廉歸養處孝廉官江蘇霍邱乞假歸養因建此樓咸豐庚申燬址存新纂

桐鄉縣

宋

陳與義宅　在青鎮廣福院後芙蓉浦上浙江通志與義卜居青墩鎮築簡齋居之遂號簡齋檇李詩繫陳與義題簡齋詩我窗三尺餘可以閱晦明北省雖巨麗無此風竹聲不著散花女而況使鬼兒世問多歧路居士繩牀平未知阮遙集幾屐了平生領軍一握韈千載笑絶纓槐陰自入戶如我喜新晴覓句方未了簡齋眞虛名

徐綱宅　淮東議幕徐綱宅在縣市後街一族蕃衍分處同里今儒學基其一也桐鄉徐志

張掄宅　張掄乾道間人世居開封扈蹕南渡以文墨際高孝二廟賜第青鎮烏青文獻

東皐園　在崇德青墩處士沈平所構至元志桐鄉徐志沈故宅在青鎮荷花池東所居宅後有東皐園園有東皐亭賽蓬萊堂迷仙境梅花關釣魚磯宰執鄭太師吳履齋趙觀相皆嘗遊歷圖名遂

勝又有綠荷池者亦園中一境每歲元宵張燈爲水戲縱人遊觀端平末始廢趙圖記元諸倆東皐園詩寒煙衰草一蕭蕭歌舞曾傳樂事饒古樹頹垣無繫馬夕陽深徑有歸樵樽空落月吟魂杳花老殘春蝶夢銷何事池蛙諳鼓吹惱人鳴向可憐宵

莫澤宅　莫尚書澤宅在朝宗門內烏青文獻

高僉判故居　黃勉齋監石門酒庫時嘗訪高僉判所居有詩云自慚公子貴未老賦歸與又有小艇寒蘆之句當亦知幾之士早賦遂初者也吳志

同壽堂　在崇德鳳鳴里萬春橋之東蔡氏自淵齋南渡扈蹕家焉子梅友竹友並以醫業顯弢隱集貝瓊有記

濮斗南宅 濮斗南仕宋爲吏部侍郎理宗賜其第曰濮院 濮川紀略 案儁李詩繫濮氏自著作郎雲翔從宋南渡占籍于此遂名濮院

元

張伯湻宅 侍講學士張伯湻宅在石門鎮玉谿橋西 桐鄉徐志 案徐志作宋人浙江通志仍之誤

濮氏宅 一曰舊宅在西寺後一曰大宅在洗硯池一曰市上宅在市中四面皆永樂市房內有松月寮宅旁設義塾以教養里中子弟一曰南新宅在南新街左一曰南河宅在陸家橋西一曰西街宅在定泉橋有吉藹堂知止堂百客橋桐香室此樂閒公晚年所構 濮川殘志 元楊維

楨有松月寮桐香室記 濮允中桐香室詩研經暇卽課子掃榻倦亦留賓莫歎秋風蕭瑟穿林片月如銀 陳約題松月寮詩遡源傳玉葉世外想高蹤道似山中豹人猶柱下龍後揭殊不改孤照若爲容只此披襟坐塵囂萬重隔

濮司令園 在西街宅後一名瓮桂園濮樂閒司令所築與魏塘顧阿瑛海棠園爭勝 濮川志略

吳琪宅 慕化鄉有元侍書吳琪宅基 趙圖記

石朝用宅 廉使石朝用宅在濮院鎮北今名顧家園是

柳莊 在張蕩程隱君克柔樂人境荒寂結廬其中旁植高柳鬱然成林 以上桐鄉徐志 明鮑恂有記

來青堂 陸容景遠居崇德殳山之北構來青堂于兩峯間吟諷自樂 檇李詩繫 明貝瓊有記 又過來青堂示勉中祖南二友詩淚跡依劉表忘形見陸生山中釀酒熟雪後具舟迎好學來諸子論詩過二更窮愁一披寫杯盡更須傾衣冠且從俗猶有晉風流我愛陶貞白人稱馬少游蜂房寒未割雞柵暖宜修不必論三仕何如號四休擾擾知何事人間卽夢間試從千佛轉能見幾人間水落元通月雲行不礙山長歌和樵者日暮抱薪還 陸容來青堂詩我來已過看花時剛到中秋未是遲縱使芙蓉零落盡此聰還有耐寒枝

明

鮑恂宅 鮑涇在殳山南鮑學士宅在涇之上 吳志

貝瓊宅 在殳山今作庵 桐鄉徐志 貝助教瓊鮑布衣恂家近殳山與張布衣翟姚教官桐壽周山長致堯倡和爲詩山上尚有題字 譚吉璁鴛鴦湖櫂歌注 貝瓊殳山隱居詩夏日作病客從教嬾出村兩山一

月雨昏昏野花作雪都辭樹溪水如雲忽到門無復元戎喧鼓吹試從田父牧雞豚來青處士時相過猶是平原舊子孫 貝翔閒居詩閒居不是爲逃名野性從來少宦情況有林泉供嘯咏且無冠蓋費逢迎夕陽山好樓中見春水船齊樹杪行何處飛來雙白鳥時時相近不相驚 國朝朱芳藹訪淸江先生故宅詩溪畔扁舟繫樹根柳陰小犬吠柴門前邨戴笠扶犂叟知是詩人幾葉孫

宋濂宅 在濮院鎮梅花涇上有讀書臺 浙江通志

竹深處 在芙蓉浦上明張宗儒所居 烏青鎮志 貝瓊有記

江漢宅 江翰林漢宅在濮院鎮西明初卜居此地

程本立宅 程都御史本立故宅在城東門內 以上桐鄉徐志

拳勺園 參議李樂宅在青鎮荷花池東宅後置園一區曰拳勺園中有餐英館木雞窩長嘯閒吟二亭眞隱樓

樓畔荷花最盛署曰青蓮居一作香蓬居其地本東皋故園云烏青鎮志　明李樂園居即事呈胡契泉詩習慣詩全廢耽幽事半休小圃風動竹曲沼雨驚鷗樹密堪逃暑荷香卻散愁先生素知己恕我不梳頭　釋方澤過李參藩園中詩春老郊園雨亦晴客來猶喜聽啼鶯亭開片石窺簷立花底香風拂席生寓目自饒林水致憑欄多識草蟲名移時款語將歸去回首溪頭夕照橫

牆東小隱　在拳勺園東李臨川弟光父居也吳志　明王叔承詩深溪幽駐艇小隱不離家兄餉新齋酒鄰開隔岸花軒窗侵水石書卷映桑麻市近饒鮭菜廚煙夕照斜

溪南草堂　徐秀才震亨築室青鎮芙蓉浦顏曰溪南草堂檇李詩繫

聽雪齋　錢塘戴艮徙家殳山之西築齋曰聽雪明貝瓊有記

春暉樓　處士張近溪築在青鎮李樂題曰春暉樓并贈一聯云奇情對旭日遠志問高雲其孫超方起俱讀書樓上成進士

日涉園　在縣治西馮布政孜置以奉母者構屋數楹顏曰樹藼草堂堂右迴廊曲徑有桃源洞秋水亭觀魚榭此君齋諸勝

國朝康熙初猶存老屋頹垣及殘梅數本今僅前後兩池　國朝汪森過馮園詩廢圃春誰過微風晝掩門曲池浮荇葉荒石臥苔痕客漫題詩句人無載酒尊爲遲寒食後重與問桃源

百可園　在甑山東里許序班錢允湋晚年構園亭于東皋顏曰百可內建高明樓敕書樓準提閣鑿池跨梁植梅種竹四時名花不絕

沈園　在爐鎮觀察沈思充歸田後築內有挹秀樓醉月軒諸勝以上伊志

國朝

楊園隱居　在甑山西南二里張考夫履祥隱居于此世稱楊園先生烏青文獻　周篔懷張楊園詩契濶張夫子平生實典型立言惟布穀爲政在家庭上下論千古東西有二銘開堦帶草色幾日又青青　沈堯咨甑山懷楊園隱居詩甑山遺舊宅大隱在人寰碧水自清淺白雲空往還高風一殊落落啼鳥尚關關不見楊園老憑誰一訂頑

沈機宅　沈處士機故居在雙賢橋有梅逕草堂即宋景濂讀書處濮川紀略

高節寒香圃　在青鎮蓮花巷內處士張園眞置以奉母者庭前有疎竹寒梅因名繪高節寒香圖一時名流題咏盈軸烏青鎮志

文史園　在縣治西日涉園北沈大令兆奎歸田後所構有遂初堂迎月軒四圍皆竹避暑尤宜今廢伊志　汪森詩仙侶舟初放名園路尚迷薔花當岸北修竹過橋西山鳥如相喚蘿軒只自題逢迎君更懶眞合此幽棲

華及堂　休寧汪晉賢徙居梧桐鄉營碧巢以當吟窩築華及之堂以讌兄弟賓客建裘杼樓以藏典籍曝書亭集內有竹軒蕉䆫石雲居浮溪館桐溪草堂金粟玉蘭山舍一時名士雲集觴咏無虛日朱彝尊額曰浮溪環谷

新篁俞南史華及堂坐雨書呈周士晉賢詩庭芳狠籍漸成茵忽憶家園草木春千樹梅花偏作客一溪風雨慣留人紅螺泛酒燈前醉青繭題詩硯北新不是主人深結好那能歡聚動經旬

陳處士梓故居　在定泉橋右有定泉書舍濮鎮紀聞李元纁有記

甌香圃　在濮鎮梅花涇上仲宏道別墅

鄭園　在爐鎮中書鄭蘊宏所構內有書帶草堂近薰閣

怡亭諸勝以上伊志

一經堂　汪繩煐家桐鄉於所居構一經堂有山林幽致畫徵錄吳銘道詩清景彌歲年緣淨寓平遠貯書連屋牀編籬隔庭院時有讀書聲林間出清婉晨與青山朝夕與白雲晚春來報花繁徐酌可忘返我欲具扁舟投君坐深穩

嘉興府志卷十五

嘉興府志卷十六

嘉興府知府善化許瑤光重輯

坊表

舊志謂唐書樹六闕綽楔之制始彰似矣不知表厥宅里見於成周時而晉書之旌表孝弟猶其後焉者唐標張志和居曰元眞坊宋榜郞簡居曰德壽坊而歸義之名已見北史則坊表之來遠矣嘉興名相忠輔前代為昭要之以德以功以名以節以孝以壽皆人望所繫也既特表之以示楷模自宜特書之以存懿範志坊表

府城　案城內皆屬秀水今以府統之首學校次衙署次以坊里分列仍依時代先後在城外者歸治轄其

貞節坊俱次於每縣之後名目同者併之仍分載於下

德配天地　刪述六經吳志府學聖廟東

道冠古今　垂憲萬世吳志府學聖廟西

首藩名郡吳志府治前明萬歷甲申知府龔勉立

承宣吳志府治東　撫字吳志府治西

金聲玉振吳志嘉興儒學東　江漢秋陽吳志嘉興儒學西

騰蛟起鳳嘉興何志儒學東北

奠安　作新吳志嘉興縣治南明正統間嘉興知縣王錦建坊曰忠愛歲久圮成化丁未知縣郭賓即其址為丙午舉人石瑛建坊曰賓興宏治庚戌瑛登進士庚申知縣何天衢改為進士坊萬歷癸未知縣顧雲程移建澄雲門外改標浙西首邑丙申知縣陳儒改樂只壬子知縣陸獻明改今名

聖域 成德 吳志秀水儒學東

賢關 達材 吳志秀水儒學西

保惠 親民 吳志秀水縣治前

名相 袁志爲唐陸贄立

忠輔 吳志府治西爲宋趙汝愚立

聯魁 吳志府治西

聚桂 吳志府治西北 以上二坊俱詳坊巷

名宦 吳志府前爲洪武中知府呂文燧謝節正統中黃懋成化中楊繼宗正德中李伸徐盈嘉靖中蕭世賢劉慤正德中同知伍文定萬歷中方楊立 以上府前坊

太保 尚書 袁志爲屠勳立

科甲傳芳 袁志爲黃盛黃琮黃洪憲黃正色黃承元黃承乾黃承昊立

繡衣 袁志爲金燦立 以上碧漪坊

司憲 袁志爲張徽立初在碧漪坊後移建西麗坊

天官冢宰 袁志爲陸光祖立

元愷重光 吳志爲仇俊卿顧萱王大猷胡憲俞乾姚樨戚元輔高策鍾欽徐文和陳言錢貞呂科卜大同陸杲陸光祖立

司成總憲 吳志爲范璋范諳范瑨范言范之箴范應賓立 以上府西坊

青宮太保 袁志爲項忠立

聖代國楨 清朝人瑞 袁志爲陳國是王家彥劉廷元胡士相過庭訓魏廷相金汝諧毛尚忠姚士愼立

龍錫中臺 袁志爲姚思仁立

進士 袁志爲顧際明陳九韶戈用泰立

登瀛洲 袁志爲沈孝徵吳志遠李在公顧際明徐天麟沈大德沈宏遇毛尚忠錢天眘金用明項艮枋張南耼陸錫恩徐文治張宏毅陶涵中屠大壯顧令德立 以上報忠坊

尚書 袁志凡二一爲鄭曉立一爲項忠立

柱史 袁志爲項經立

都憲 袁志爲項忠立

世進士第 袁志爲項忠項經項錫立

世科 袁志爲項綱立 以上靈光坊

玉堂重望 袁志爲沈懋孝黃洪憲馮夢楨沈自邠立

天官大夫 袁志爲陸光祖立

司空世美 袁志爲陸杰陸光祖陸夢韓陸基恕立

會元 袁志爲馮夢楨立

鳳池振羽 袁志爲沈懋孝王儒戴鳳翔萬邦彥包汴包檉芳張鳳來毛汝賢賀南儒馮敏功呂炯顏大化卜錫湯彬李樂項釗孫從龍姚體信祁鯨趙邦秩陸光裕毛棠立

科第聯魁 袁志爲顧可奇沈思充蕭繼芳鍾起鳳張國魁金汝礪吳來臣姚應鳳吳昌期吳邦俊鈕盛時錫應亨李兆芳項德楨姚士豸董志舜立

貞元際運 吳志爲王家棟費朝憲陸觀德徐學周屠蒙支大綸馬如麟李自華馮孜郁應元徐學曾沈伯龍陳九德屠叔芳錢與映丁賓項元深張大雅姚笈立

聯芳 吳志爲范言范之箴立

兄弟進士 袁志爲曹光曹煒立

三世同科 吳志爲父子同科陸杲陸光祖叔姪同科陸煒陸光祚叔姪同科陸鏊陸澄原立

四世元魁 吳志爲陸淞陸杲陸光祚陸鏊立

共步瀛洲 袁志爲周崑張文憲居應坤項錫吳綱錢术鄭曉立

龍飛際會 吳志爲鄭曉趙文華吳鵬金榜錢木王經賀簡錢芹馬淮葉環沈咸林相曹元朱應雲陸邦立

雙鳳 袁志爲戴經戴綸立

東宮太保尚書 吳志爲項忠立

太史 吳志爲姚宏謨立

魁元獨盛 袁志爲陳于王張應宿祖重光陸吉陸廷誥岳元聲俞廷讓史謨沈大元朱國祚黃承元沈應明包文熠立

龍飛翊運 吳志爲黃洪憲馬汝賢孫朝宗胡其久居謙趙煒孫成泰周子愚沈思孝曾一麟沈藻高文登鞏應麟張文羽曹煒立

都憲 袁志爲陸杰陸鏊立

賢書際盛 吳志爲毛鳳起鍾兆斗夏九鼎邱民貴馬明瑞高繼元樂和聲徐必達胡士相曹徵庸朱學忠李日華范應賓王允昌曹嘉謨立舊爲明時英俊

俊彥登庸 吳志爲沈堯中孫光啟周從龍俞重光沈自邠費洵姚思仁戈用武沈國頁沈一德陸鏊來陸楷夏日葵金枝張潘董成龍顧槃黃遵憲李衷宏李衷毅立

二十八宿 袁志爲朱用光王建中胡士奇吳一貫葉繼美陸階薛如玉項永芳陸應鐘沈烝盛懋相徐一鯨吳正儒姚汝欽曹懋官張國詔錢應晉金九成沈夢斗陳泰來施爾志項元濂劉世埏許應第韓子祁許聞造蔡惟忠薛彥卿立

元魁濟美 吳志爲陳懿典沈懋莊胡士章馬上錦俞夢暘盛萬年吳勳李萬春陳德元吳宏濟陸長庚懷所學張煒奚文崧陳光贊王愼德陳九韶馬維銘沈中虛錢夢得張思明孫成名孫詩立

天衢其步 袁志爲馬應圖常文烇朱廷益倪壯猷王應龍馮夢楨胡皋高應烇陳奇謀顧可耕夏建寅徐一儒顧所有夏久安錢吾德袁表錢學宏陸光宅郭子直潘鳳梧立

進士 吳志凡十有一一爲李自華鄒國儒屠元沐葉朝陽李芳朱學顏沈伯龍立一爲陸光祚吳紹沈啟原包汴陸相儒孫詔王儒嚴從簡張鳳岐王愛戴鳳翔立一爲馮皋謨胡憲仲余田湯日新呂焯曹光屠仲律劉忬許掄立一爲姚宏謨呂穆鍾一元呂成卜大順盛周沈繼志王三錫戚元輔錢同文立一爲陸萬垓許應逵屠謙馮孜沈藻一沈懋孝鍾庚陽沈思孝馬千乘孫從龍陸志孝李樂立一爲黃洪憲洪烝賀南儒丁賓張正鵠郭子直李華春立一爲沈堯中陸長庚王愼德馬維銘立一爲朱國祚盛萬年孫光啟沈烝項承芳葉繼美樂元聲姚思仁錢夢得立一爲馮夢楨沈自邠趙邦秩陳泰來黃正色金枝孫成泰曹煒劉世埏沈夢斗朱廷益屠

叔芳馬應國立一爲黃承元沈思充吳宏濟陳于王項德楨王建中袁黃李原中立一爲陳懿典范應賓李日華夏九鼎鍾兆斗李在公樂和聲徐必達施爾志立 以上鳳池坊

盛世休徵 沈起仁年九十歲五世同堂嘉慶二年具題奉旨賜額并賞緞疋銀兩 鳳池坊

司馬總曹 袁志爲吳鵬立

父子進士 袁志爲吳鵬吳紹立

天曹大夫 吳志爲卜大順立

天官 吳志爲吳鵬立

同胞三進士 袁志爲卜大同卜大有卜大順立 以上鍾秀坊

雙節 吳志爲生員高俸妻姜氏俸女常策妻高氏立在府前坊

貞女 吳志爲高岑未婚妻俞貞女立在毛家坊

旌表吳志爲錢子順妻某氏立在靈光坊

貞節吳志在城内者三一爲生員鄒浩妻程氏立在毛家坊一爲指揮千戶項綬妾張氏立在報忠坊一爲吳江縣丞贈都察院右都御史項景亮妾沈氏立在靈光坊

嘉興縣

裕國通商吳志在常豐坊批驗所署前

甲科濟美　世澤流芳袁志爲馬輿馬淮馬鑾馬如麟馬來遠立

文武名卿袁志爲譚昌言立

大司寇　青宮太保吳志爲屠勳立以上宣公坊

晝錦吳志爲姜諒立

天官少宰吳志爲陸淞陸杲陸光祖立

大司空袁志爲陸杰陸光祖立

慶流滇浙吳志爲嚴清嚴從簡先塋立

黃閣鉅儒　進士及第吳志爲呂原立

榜眼吳志爲呂原立

世榮袁志爲宋呂琁呂茂卿明呂嗣芳呂本呂原呂常呂言呂科呂程呂穆立

兄弟同科吳志爲呂程呂穆立

大魁天下吳志爲李日華立以上瓶塔坊

內臺總憲　太保吳志爲屠勳立

父子同科吳志爲包檉芳包汴立

世進士吳志爲包鼎包鼐包節包孝包汴包檉芳立

兩京侍御吳志爲包節包孝立

兄弟同科吳志爲包鼎包鼐立

內外憲臺吳志爲包汴包檉芳立以上常豐坊

褒秩忠良　鄉賢光裕吳志爲錢薇孫校立

別有洞天吳志爲朱綬立

進士吳志爲石瑮立舊在縣治前萬歷初知縣顧雲程改爲浙西首邑移澄瀞門外以上放生坊

蜚英袁志爲姜學夔立在感化六都張字圩

進士吳志凡二一爲伍芳立在新豐鎮一爲姜學夔立在感化六都張字圩

旌表吳志凡二一爲廣東雷州府知府常士昌妻隋氏立在瓶塔坊一爲生員金應元妻徐氏立在放生坊

節孝貽芳　壺儀風世吳志爲誥贈吏部侍郎仕薷妻曹氏立在東津亭

旌表節烈伊志爲金光奎妻徐氏立在永豐都金氏宗祠前

雙節伊志爲王心耘妻張氏王秉銓妻周氏立在王店鎮　貞節吳志爲生員嚴從裕妻蔡氏立在王家坊

盛世休徵侯選州判沈仁昌妻鮑氏年八十九歲五世同堂嘉慶五年具題奉旨給額賞緞疋銀兩

仁孝並嘉　性敦明發于志在新豐鎮爲沈茂功立

坤德維風　勁節超倫于志在新豐鎮南爲陸祚妻繆氏立

節孝流芳于志在新十二莊爲潘廷儴妻沈氏立

帝恤雙清于志在仁里鄉爲錢敷仁妻項氏錢國楨妻程氏立

潛德幽光　節孝流芳于志在呂華成橋東爲呂肇壽妻錢氏立

節孝于志一在胥六都宙字圩爲周杲妻陸氏立一在胥六都西來圩爲潘維新妻楊氏立

秀水縣城外

萬古精忠 秀水任志爲宋鄂國岳忠武王立伊志在岳祠前乾隆四十五年裔孫岳鑑重建詳祠祀門

三吳遺愛 秀水任志爲宋知嘉興軍寶謨閣學士岳珂立

兩朝元輔 四世寵綸 吳志爲施雷施燈施應塤施鳳來立

青宮碩輔 紫誥重褒 吳志爲陳一德陳懿典立

科甲繩芳 袁志爲徐學周徐學曾徐必達徐世滈立

翼世猶顯 吳志爲徐鐙徐學周徐學曾徐行遠徐必達立

狀元及第 吳志爲朱國祚立

忠著三朝 清師百世 吳志爲朱國祚立

天卿大夫 吳志爲朱國祚立

司憲 吳志爲張徽立舊在城內碧漪坊後重建於此

兄弟名臣 吳志爲孫光啟孫光裕立

寵賁三世 吳志爲孫仁孫志道立

連枝啟秀 聳鳳鳴陽 秀水任志爲岳元聲岳和聲岳駿聲立 以上西麗坊

青宮太保 吳志爲吳鵬立

義重賓莊 吳志爲義夫曹大田立

壬戌進士 袁志爲項錡宋宏暹沈樾孝張大忠馬敏功鄭履滈項篤壽鍾繼元王錫命卜相張應治沈元華俞南金錢貢李芳趙嚴戚于國王倖戚元佐立

漕河永賴 吳志爲知府吳國仕立以上北麗坊

進士 吳志爲梅江立在五龍坊

探花及第 吳志爲張天植立在北津亭

司空 吳志爲談相立在拱辰門外

孝義 吳志爲賓文照沈文銘項穆賓國元立在西麗坊

孝子 伊志爲屠世芳立在王江涇

有功名義 伊志爲孝子鄒世麒立在西門外永一都元字圩

聖世完人 伊志爲孝義何漢偉立在三塔塘地字圩

烈女 天地正氣 吳志爲周應祈未婚妻項氏立在西麗坊

旌表 袁志爲蔡士能妻趙氏立在西麗坊

節孝流芳 樹世壼範 吳志爲吳鯤妻徐氏立在西津亭

貞節 吳志爲金善鎔妻張氏立在西津亭

氷壺玉映 伊志爲周秀山妻黃氏立

松筠勁操 伊志爲州同沈廷佑妻徐氏立

節孝 伊志爲汪曜臨妻姚氏立

節烈 伊志爲張源洪妻葉氏立 以上王江涇

節孝 伊志爲金愷文妻潘氏立

一門三節 伊志爲朱彩生妻楊氏朱德聚妻倪氏朱振先妻許氏三世立在新城鎮

節孝慈惠 伊志爲附監生胡潢妻鄒氏立在西麗橋

潔操玉立 伊志爲楊愷如妻張氏立

霜筠懿範 伊志爲吳江貢生宋如綸妻沈氏立二坊俱在運河西夾河

孝子 于志一在西塘地字圩爲陳元朗立一在報忠坊爲岳鑑立

彤管遺徽 于志在西塘地字圩爲錢峯妻任氏立

節孝 于志一在三塔塘爲張衍麓妻鄒氏立一在昭二庄列字圩爲陶陳氏立一在西塘地字圩爲張鄒氏立一在君一庄五南柵爲盛胡氏立一在昭二庄爲沈盛氏立一在恩二庄長圩上爲國學生沈載華妻盛氏立一爲蔣履成妻陸氏立新纂一在三塔塘爲程作璜妻陸氏立

樂善好施 新纂在三塔塘爲陳振聲陳廷聲立

眞節流芳 新纂在三塔塘爲曹洪生妻張氏立

孝義維風 新纂在三塔塘爲鄒世麒立

節孝永思 新纂在三塔塘爲勞而智妻吳氏立

貞節 新纂在三塔塘爲程之遠妻周氏立

嘉善縣

嘉猷 伊志縣治左 善政 伊志縣治右嘉慶二年知縣萬相賓建即舊平政坊之左右

都憲 吳志縣治前爲陸埛立縣南舊有石坊曰平政孝宗十三年知縣劉子厲募民陸毗建嘉靖二十八年知縣于業以埛居高位不受坊銀遂改平政爲都憲以旌之埛即毗之孫也

司諫 吳志爲王琳立嘉善楊志縣治左舊有解元坊爲周澤建嘉靖已酉知縣于業改曰司諫爲王琳立而移解元坊于儒學之東萬歷戊子知縣蔡彭題其西曰司諫爲王琳東曰進士爲卞謐一坊兩表

杜史 吳志縣治右爲盛唐立

世進士 吳志察院前爲毛汝賢尙忠立

正卿 吳志近察院爲沈科立

解元 吳志舊在縣治左今移儒學東爲周澤陳山毓立

天卿 吳志在儒學西爲卞錫立

狀元 吳志一在儒學前天啟間爲錢士升立雍正間元孫佳重修于志一在西中區東出圩爲蔡以臺立

忠臣孝子坊 吳志在環整坊爲魏大中子魏學洢立

繡衣 吳志在黃王坊爲錢春立

百歲 吳志一在東門內萬歷間爲孫嵐立同治間十世孫錢泰重修于志一在四中區崑字圩嘉慶間爲程緒祖立

天香 吳志在遷南區爲張昱立

登雲 吳志在斜塘鎮爲沈銓立今廢

晝錦 吳志在縣治西爲劉佩立

雄飛 吳志在儒學西爲任泰立

文明 吳志在東關外爲於玨立

來鳳 吳志在武塘鎮爲閔謙立今廢

崇賢 吳志在風涇鎮爲王逵立

進士 吳志在斜塘鎮者三一爲周紀立一爲錢春立一爲於玨立在風涇鎮者一爲于璠立

司馬 吳志在縣治西爲薛孟立今廢

賓賢 吳志在東門外爲江吉立今廢

登俊 嘉善楊志在東關外爲劉佩立今廢

凝秀 吳志在斜塘鎮爲沈本立今廢

進士 吳志凡三一爲施奇立在縣治西一爲任泰立在儒學西嘉善楊志爲周澤立在東門外

都憲 嘉善楊志在斜塘鎮爲陸埛立有祠今俱廢

經魁 嘉善楊志在王帶市爲支立今廢

步雲 吳志在遷北區爲楊霖立今廢

進士吳志在永八南區爲王琳立

御醫吳志奉九南區爲吳照立

國寶吳志在下保四區爲湯滌立

登第吳志在永八中區爲趙純立

青雲吳志在奉九南區爲陸岳立

忠義孝弟嘉善戈志在儒學內雍正四年奉文立凡忠義孝弟已入專祠者不重報餘俱訪報

節孝嘉善戈志在思賢書院前雍正四年奉文立凡節烈貞孝俱訪報鐫名

旌節吳志在奉四中區爲郁震妻顧氏立

義民嘉善楊志有三爲陸垣曹憲陸某立今俱無考

雙節伊志在大勝坊乾隆九年爲中翰錢壽妻葉氏文學錢鈖妻柯氏立

節婦伊志在八北區乾隆五十四年爲卓顧氏立

貞節吳志一在柳洲亭爲吳志逵妻陸氏立一在奉禮南區爲李文遠妻張氏立嘉善楊志一在風涇鎮爲顧氏立伊志一在四中區爲吳扶來妻孫氏立一在麟七區爲潘魯菴妻錢氏立一在麟七區爲沈彝敘妻錢氏立一在永八南區爲鄒澄繼妻孫氏立一在永八南區爲錢南岡妻顧氏立于志一在四中區東出圩爲蔡學夔聘妻姚氏立

旌節吳志一在永七區爲沈勳妻毛氏立伊志一在八北區爲諸生江禹功妻陳氏立一在四南區爲張孔成妻朱氏立一在八北區爲生員李泰來妻沈氏立一在八北區爲文學李前欽妻周氏立一在八北區爲文學李思淑妻魏氏立一在麟七區爲誥封朝議大夫歲貢生程國祥妻錢氏立

節孝伊志一在麟七區爲殉孝生員魏學洢妻嚴氏立一在保四區爲太學生沈埭妻唐氏立一在永七區爲文學錢庭柯妻查氏立于志一在永七區北暑圩爲錢星陳妻沈氏立一在四中區東出圩爲蔡以臺妾袁氏立

表貞伊志一在遷北區爲楊熙揆聘妻貞女陸氏立一在玉字圩爲儒童許端揆聘妻貞女陳氏立

海鹽縣

聖域海鹽仇志在學左今改日儒林

賢關海鹽仇志在學右今改日興賢

宇民海鹽仇志縣治前嘉靖中知縣夏浚重建改日親民

三朝直諫　一代名臣吳志西門外爲張寧立

華省騰輝　名藩著績吳志西門外爲馮乾馮臯謨立

驄馬傳芳　柏臺晉錫吳志貢聖寺西百步爲彭紹賢彭宗孟彭長宜彭期生立

登雲吳志縣治東爲仲端立

世科吳志縣治西爲許珦立

齒德吳志弔橋西爲張寧立

顯親袁志名諫坊右爲張甯立

名諫袁志治西南爲張寧立萬歷間知縣何早重修

都諫海鹽仇志西門外爲張寧立

瑣闥聯芳　潁川世德吳志西門內爲陳言陳所學陳所見立

繡衣吳志貢聖寺左爲劉煒立

東海名宗　恩榮奕世吳志貢聖寺前爲劉泰劉瑁立

兩朝錫命　三世承恩吳志縣治東十步爲徐爟徐應奎徐從治立

兩朝刺史　奕世甲科吳志貢聖寺南五十步爲沈藻沈宏遇立

重桂　進士吳志縣治西爲倪顒立一

接武吳志縣治西爲倪璠立

登科吳志縣治西爲朱祚立

梯雲吳志西門外爲姚禎立

水衡錫命　荆楚憲臣吳志西門外爲徐煜徐鵠立

兄弟司寇　父子名卿吳志天寧寺前爲鄭曉鄭履淳鄭履準立

三朝錫命　六詔銘勳吳志天寧寺西爲朱正學立

西曹鳴鳳　左掖攀龍吳志治西爲鍾梁鍾韶鍾光斗立

尚書吳志新橋左爲鄭曉立

進士吳志一在縣治西爲劉泰立一在縣治西爲王輔立一在縣治西爲顧正立一在縣治東爲沈衡立一在天寧寺前爲沈孝徵吳中偉立

登科吳志十三都爲虞勳立

文元吳志西清里爲姚順立

奕葉登科吳志七都爲李景孟李滂立

進士吳志一在七都爲李景孟立一在十六都爲吳昂立一在三都爲錢琦立

天朝旌寵　柏舟媲美吳志紫雲村崇禎間爲生員虞志曾妻步氏立

榮節吳志一在縣治東南爲海寧衛百戶劉壐妻陸氏立一在十四都爲費逵妻向氏如蓮立

雙節吳志縣西南爲知府張寧妾高氏李氏立

貞節吳志凡四一在縣西爲胡繼海妻駱氏玉潤立一在南門外爲沈相國妻丁氏玉貞立一在西門內爲生員馬春暘妻陸氏立一在混堂衖西爲監生劉世坊妻項氏立

節婦吳志在十六都爲萬衡妻沈氏立

貞壽之門一在北門外乾隆間爲程文爵妻舒氏一百三歲立一澉浦北門爲程殿寧妻吳氏一百一歲立

盛世休徵監生任永治年八十九歲五世同堂乾隆五十五年具題奉旨賜額并賞緞疋銀兩

節孝于志一在豐山東嘉慶間爲馬行龍妻王氏立一在天仙河嘉慶間爲李紫條妻陳氏立

三節于志爲朱映壁妻葛氏宏坦妾胡氏鳴鑾妻張氏立

貞節貽徽新纂在南門外康熙間爲張芳縉聘妻俞氏立

平湖縣

牧愛一方吳志縣治後

平燹偉績吳志報功祠前爲都御史胡宗憲立

文明平湖程志嘉靖四十二年知縣顧廷對郎儒宮坊改建以石萬歷十六年圮

顯忠吳志顯忠祠前

尚義吳志石牌涇正統七年爲陸宗秀立

景賢　萬代瞻仰吳志景賢祠前

孝子吳志清水墓爲沈琮立

歷朝簪紱平湖張志爲沈昇沈潤沈樾沈光沈民範沈夢麟沈璇沈虹沈鋐吉沈承沛沈發沈廷樞沈琮沈瑋沈棨沈煉沈圻沈亜沈恒沈萃禎沈中柱沈崑沈初立　奕世元魁平湖張志爲沈琮沈瑋沈棨沈煉沈煦沈圻沈亜沈維鏞沈垣沈萃禎沈杞禎沈紹心沈問之沈君禎沈元琳沈中柱沈日昆沈崑沈虻沈之鉽沈初立在城隍廟前

豸繡重光　帝心特簡吳志在佑聖宮前平湖程志爲過璘過厚過庭訓立康熙丙子圮

太保 袁志爲屠勳立

正直立朝　清風範世 平湖程志爲馬昇馬暀立在蒹葭圍久圮

進士 平湖程志凡三一爲沈桀立一爲倪輔立並在清水墓一爲方幹立在縣治南

世科 平湖朱志爲陸鏡陸淞陸杰陸棐陸集陸杲陸光祖陸夢韓陸光祚陸煒陸光裕陸光宅陸錫恩陸鏊陸澄原陸之元陸錫明陸盤陸燦陸清原陸隴其陸霱立其陰爲進士陸淞陸杰陸杲陸煒陸光祖陸夢韓陸光祚陸錫恩陸錫明陸鏊陸澄原陸燦陸隴其陸霱立在縣東吳志爲馮俊馮汝弼馮敏功馮伯禮馮洪業馮洪孜立在佑聖宮前平湖朱志一爲吳佐吳軾立在毓秀門內

登雲 平湖程志景福橋南爲周衢立

世科 平湖程志爲趙漢趙伊趙邦泰趙邦秩趙杲趙琮立其陰　都諫 平湖程志爲趙壁趙漢立在儒學前

世尚書 平湖程志爲陸淞陸杰陸杲陸光祖立其陰　解元 縣前平湖王志乾隆五十二年知縣王恒重修

元魁繼武 吳志爲陸淞陸杲陸光祚立其陰　父子同科 平湖程志爲陸杲陸光祖立在儒學西

憲臺 平湖程志爲毛廣立在毛眞圩

三代名卿 平湖朱志爲陸淞陸杰陸光祖立毓秀門常平倉前

兄弟進士 平湖朱志爲曹光曹煒立慶元橋西

柱史 平湖程志爲曹光立永豐橋西

文武勳賢 吳志在佑聖宮爲陸炳陸煒立今廢

柱國 吳志案山前爲陸淞陸炳立今廢

宮保太宰　忠清鯁介 平湖程志爲陸光祖立德藏寺前今廢

科甲宗英 平湖朱志爲曹禾曹光曹一麟曹煒曹徵庸立永豐橋西久圮

奕世恩光 平湖程志爲曹涓曹禾曹一圖曹徵庸立其陰　都諫 爲曹禾立

丙辰亞魁 平湖程志爲陸夢韓立其陰　天綸褒寵 爲陸楷立

傳臚　文宗 平湖程志爲陸光祚立縣東

文苑持衡 平湖程志爲陸光祚陸錫恩立其陰　秋臺執法 爲陸基誠陸錫恩立啟元門外

三世方伯 平湖程志爲張夔張載道張大忠立

太史 平湖程志爲沈宏光沈懋孝立南司前廢

中外具瞻　世承天寵 平湖程志德藏寺前爲陸珂陸文典陸長庚立久圮

懷德 平湖王志懷德祠前

科貢世美 平湖朱志爲沈珪沈嚴寅沈鑨沈釬沈獻卿立其陰　皇親國戚 爲沈一卿立

會元榜眼 吳志爲施鳳來立其陰　玉殿詞臣 平湖程志爲施應塤施鳳來立

三世尚書　萬邦總憲 平湖朱志爲劉麟劉希聖劉廷元立毓秀門

天中藩伯　三世二品 平湖朱志爲陸傳教陸瑞陸銓陸之祺立南司前久圮

兄弟進士　忠廉重望 平湖程志爲金汝礪金汝諧立其陰爲金賜金汝諧立東司前久圮

綸章世膺 平湖程志爲金錫立其陰　殿中執法 爲金汝諧立

望重內臺　奕世柱史 平湖程志爲馬暀馬昆立青墩

世柱史 平湖程志爲劉希聖劉廷元立

澄清畿甸 平湖程志爲劉廷元立在東司前

山高水長 東湖志康熙五十三年署知縣金尚志爲巡撫范承謨立弄珠樓前今圮

三節 平湖程志爲諸生過泰妻俞氏貢生過橋妻陳氏贈御史過厚妻張氏立其陰　雙孝 爲過宗一過橋

立

貞節 平湖程志凡三一爲諸生張昊妻孫氏立在儒學前一爲儒士陸瀾妻宋氏立在城西南一爲儒士陳常道妻俞氏立在常平倉西吳志一爲趙氏立在常平倉西

貞烈 平湖程志爲諸生戴裕聘妻趙氏立常平倉

節孝 平湖王志雍正四年奉旨建節孝祠前凡闔邑具題旌表貞女節婦皆得列名其上

節孝 平湖張志一在邱墳塘爲鮑匡衡妻吳氏立一在乍浦陸家橋爲黃如楠妻高氏立于志一在牛橋一爲唐肆修妻顧氏立一在牛橋爲李唐侯妻高氏立一在北門外爲沈漢侯妻錢氏立一在北門外爲監生陳如琳妻張氏立一在北門外爲楊佑妻倪氏立一在東南城濠東岸爲錢飛青妻沈氏立新纂一在陸庵東爲姚金錫妻殷氏立一在報本菴西爲張國典妻黃氏立

貞垂彤史　烈振寒宮 平湖張志爲監生陸銘鐘妻屈氏立外永寍坊乾隆四十六年圮

貞女坊 平湖張志爲姚培善聘妻黃氏立許家衙西

循良 平湖于志在佑聖宮前爲名宦馮俊立

百歲 平湖于志在三十三都爲王澄立

陸淸獻墓 新纂在墓前乾隆五十二年知縣王恒建

簪笏提綱　江淮砥柱 新纂在徐埭坊爲朱善張立

錢氏世德 新纂在戈溪坊道光十二年錢祖亮重建

孝子 吳志淸水墓爲沈琮立新纂一在東湖第一觀前爲吳元凱立

祖孫孝子 新纂在化成庵前爲張世昌張慶成立

松柏盟心 新纂在雙廟橋煩圩爲方湛妻劉氏立

節孝流芳 新纂在石漁坊岫圩爲陶兼才妻馬氏立

貞烈 平湖程志一在常平倉爲諸生戴裕聘妻趙氏立新纂一在六里塘爲張日楣聘妻沈氏立

旌門盛典 新纂在北水關外爲徐鼎妻韓氏立

節烈 新纂在乍浦北門外長豐橋汎側凡九峰貞女節婦一百十八人列名其上道光二十八年建

石門縣

教化 崇德新志縣治東　撫字 崇德新志縣治西

狀元 至元志在崇福寺西趙家巷今廢柳志宋宣和間爲沈晦立

五桂 至元志以莫氏五子登第建吳志爲宋莫元忠莫若晦莫似之莫若拙莫若沖兄弟五人至元志又有蔡氏兄弟居此故又立桂華里

襲桂 至元志宋陸氏兄弟子姪聯登科第建

賓興 柳志在縣東南爲沈譓立

世美 柳志爲呂翺立

國賓 柳志爲屠容立

桂華里 吳志爲宋蔡開蔡闢立

榮桂 至元志在塘東岸今廢崇德新志宋建爲登科者衆

登雲 柳志縣治西爲呂珍立

登第 柳志縣西爲朱茂立

奎明 柳志爲吳璘立

童俊 吳志一爲宋嘉定童子陸德輿立在縣西北一爲宋咸淳童子科張伯淯立在石門市

尚書 吳志爲潘蕃立

經魁 吳志爲徐奇林輔立

飛騰 吳志石門鎮為錢貫立

凌雲 吳志為張玘立

鳴陽 吳志為姚鳳立

攀桂 吳志為朱昉立今廢

毓秀 吳志為勞軏立

登科 吳志為周霨立

恩榮 吳志為沈琚立

解元 吳志為俞鎮鮑恂楊逖朱用光立崇德靳志在縣治前

金榜同升 吳志為前後丙戌進士潘蕃呂希周立今廢

天曹共履 吳志為姚文呂希周立

進士 崇德靳志為郭楨張璵姚汝舟立者存為錢貴姚文金遜費敬呂聲勞玭潘蕃姚鵬立者廢

父子天官 崇德靳志為呂綸呂希周立

昭代崇賢 崇德靳志郎羣英坊為歷年科第立

三令 吳志為三任邑令周崑立

天官 吳志為張文憲立

大憲伯 崇德靳志為沈宏立

文武督學 崇德靳志為郭子直立

秋官 吳志為張璵立

都諫 吳志為周崑立

司空 崇德靳志為張文憲立

節推 吳志為郭鼎立

光祿 崇德靳志為王鋭立

文武奕美 吳志為呂淇呂槽呂爌呂煥呂炯立

錦衣 吳志為呂槽立

解元 吳志為朱用光立

應魁 吳志為張俊立在沙渚塘

郡伯 吳志為姚鵬立

世恩 石門鄺志為沈教立

百歲 吳志一為周文忠立于志一在玉溪鎮為陳壽母立一在西錦村為張壽母立

旌義 吳志為胡源立石門鄺志為義士方煉立

孝子 伊志在玉溪鎮為周鍾岳立

貞節 吳志為郭彥昭妻孫氏立伊志一為朱元凱妻費氏立

千秋雙節 吳志為吳玠妻張氏妹吳氏立

孝烈 伊志在北門內為曹乾妻湯氏立

同胞雙節 伊志在北門外一里為朱維熊妻鄭氏姚寶珍妻鄭氏立

節孝 伊志凡八一為張國英妻周氏立一為唐世楷妻許氏立俱在北門外一里一為胡國榮妻沈氏立一為姚士魁妻張氏立俱在北門外五里一為羅松妻費氏立在玉溪鎮一為沈啟明妻費氏立一為沈艮佐妻鍾氏立俱在玉溪鎮南一為費繼元妻崔氏立在羔羊堰

節孝祠坊 于志在節孝祠前乾隆四十八年立

質邁寒松 于志在養濟院街為曹乾妻湯氏立

桐鄉縣

司收 桐鄉徐志在縣治前

應魁 吳志新興街爲沈棨立

解元 吳志濮院鎮爲楊述立

飛騰 桐鄉徐志慕化鄉爲鍾鏞立

科第 吳志爲馬驥孫礽鍾鏞錢銘錢貢錢棨譚鎧譚汝慶沈子勉祁鯨立

進士 桐鄉徐志一在新興街爲楊青立一在皁林鎮爲趙讓立

父子聯芳 桐鄉徐志在濮院鎮爲楊述楊青立

祖孫父子進士 桐鄉徐志在北門内爲錢貢錢夢得錢允鯨立

澄清 桐鄉徐志在按察分司

三錫誥命 吳志在服德街爲馬倫立

登雲 吳志在服德街爲馬驥立

梯雲 桐鄉徐志在永新街爲趙讓立

文運中興 吳志爲邱鼇立

黃甲聯芳 桐鄉徐志爲楊青趙讓沈繼志錢貢鍾繼元李樂馮孜立

義民 吳志一在慕化鄉爲鍾明遠立一在保寧鄉爲王顯立一在永新鄉爲顔小童王全立

至性天成 伊志在玉溪鎮乾隆間爲孝子祁起元立

貞烈 吳志爲萬歷間鮑文化妻濮氏立乾隆癸亥年修一桐鄉徐志一在烏蕩鎮康熙間爲徐文彥妻嚴氏立一在竺林廟雍正間爲陳尚逵妻柏氏立伊志一在吳家浜爲潘紫綸妻毛氏立一在青鎮爲吳廷妻唐氏立一在崇福宮爲趙廣生妻茅氏立一在玉溪鎮爲曹文典妻沈氏立一在大王廟側爲陳君榮妻殳氏立一在錢店渡爲沈鳳儀妻盛氏立一在紫字圩爲李天英妻錢氏立一在居甸爲王夢芳妻戴氏立一在青鎮爲施洪仁妻趙氏立一在青鎮爲朱殿章妻周氏立一在永新橋爲蔣國祺妻張氏立一在秀溪橋爲周錦承妻沈氏立一在縣治東門外新橋爲黃聲威妻張氏黃宮聲妻楊氏立一在水店橋爲朱覲文妻沈氏立一在青鎮爲孔繼光聘妻張貞女立一在史家橋爲曹廷泰妻潘氏立一在王家山爲沈大倫妻莊氏立一在玉溪鎮爲金天祥妻魏氏立一在錢店渡爲曹廷瑀妻孫氏立一在錢店渡爲張自誠妻吳氏立一在錢店渡爲鍾文瞻妻費氏立一在鑪鎮爲沈秉珍妻錢氏立一在錢店渡爲曹廷瑞妻蔣氏立一在正家橋爲曹甸繼妻徐氏立以上乾隆年間建一在江家橋爲江國瑞妻孫氏立嘉慶年建于志一在秀溪橋爲施文尉妻沈氏立

節孝流芳 桐鄉徐志一天啟間爲方以規妻沈氏立一天啟間爲姚國柱妻沈氏立俱在青鎮伊志一在正家橋爲楊十發妻項氏立

雙節 伊志在便民倉雍正間爲祁嘉聲妻張氏祁天鈐妻朱氏立

南國女宗 伊志在玉溪塘乾隆間爲潘位天妻朱氏立

旌表 伊志在青鎮乾隆間爲茅樹檖妻徐氏立

霜姿冰性 伊志在青鎮乾隆間爲趙秉謙妻茅氏立

坤貞風世 伊志一在太平橋爲馬麟祥妻沈氏立一在彭家村爲彭汝璉妻沈氏立一在雙賢橋爲沈元雄妻嚴氏立一在錢店渡爲施伯龍妻倪氏立一在北斜橋爲李秉文妻許氏立以上乾隆間建

名垂彤史 伊志在青鎮乾隆間爲皇甫王雲繼妻張氏立

一門雙節 伊志一在皁林鎮爲程錫妻馮氏程鎮繼妻張氏立一在北門外爲周佩芳妻施氏周瑞珍妻吳氏立以上俱乾隆年間建

貞節流芳 伊志一在正家橋爲陳東萊妻濮氏立一在正家橋爲濮炎妻沈氏立一在青鎮爲張以貞妻畢氏立一在正家橋爲鍾塤妻阮氏立以上俱乾隆間建

苦節純孝 伊志一在玉溪鎮爲丁彥臣妻姚氏立一在青鎮爲黃楚來妻邱氏立以上俱乾隆間建

期頤人瑞 伊志在皁林鎮乾隆間爲黃用昭妻朱氏一百八歲立

百歲 伊志一在青鎮爲周禹垂妻錢氏立一在玉溪鎮爲陳禹時妻倪氏立一在北陳莊爲王魯臣妻孫氏立一在施家村爲章名山妻錢氏立俱乾隆間建

貞節 袁志一在縣治後洪武中爲朱原澤妻方氏立一在縣治後洪武中爲夏子昭妻顧氏立一在縣治西街萬歷中爲馮倫妻張氏立一在濮院鎮洪武中爲濮貴一妻劉氏立一在永新鄉成化中爲徐宗海妻趙氏立桐鄉徐志一在縣治南通雌街萬歷中爲沈臯妻大蘇氏沈稷妻小蘇氏立伊志一在皁林塘爲沈顯宗妻蔡氏立一在史家橋爲曹廷泰妻潘氏立一在王家橋爲曹瑾妻張氏立一在玉溪塘爲沈惠森妻章氏立一在北門外爲鄭爾嘉妻曹氏立一在北門外爲吳鴻振妻曹氏立一在皁林鎮爲潘之松妻朱氏立以上皆乾隆年間建

節孝 伊志一在皁林鎮雍正間爲鍾大鏞妻高氏立一在趙家兜爲沈瑞生妻趙氏立一在泰王廟爲王佩臣妻張氏立一在北門外爲陸鎮妻沈氏立一在北門外爲程君榮妻殳氏立一在皁林鎮爲陸費崟妻鍾氏立一在玉溪塘爲吳繼邦妻喬氏立一在青鎮爲沈廷章妻貝氏立一在北門外爲陸振宗妻沈氏立一在青鎮爲孔毓璞繼妻陸氏立一在北門外爲蔣晉奚妻黃氏立以上俱乾隆年間建于志一在北門外爲李名世妻費氏立一在秀溪橋爲沈大峰妻陳氏立一在秀溪橋爲沈孝祥繼妻沈氏立一在皁林爲錢錦章妻葛氏立一在皁林爲宋之城妻吳氏立一在皁林爲沈見陶妻魏氏立一在皁林爲錢又滄妻徐氏立一在皁林爲董翰公甯妻蔣氏立一在皁林爲金廣聲妻章氏立一在皁林爲東序妻蔣氏立一在濮鎮十錦塘爲劉鑑妻李氏立一在東門外爲陳芳洲妻姚氏立

娣姒聯芳 于志在北門外爲邱志賢妻俞氏邱志達妻張氏立道光十九年建

勁節匡宗 于志在秀溪橋爲孫錫祚妻程氏立

妯娌聯芳 于志在玉溪鎮爲曹聲宏妻王氏曹宗桓妻潘氏立

孝女 新纂在縣城內學宮對岸爲嚴七姑立同治十三年建

節孝 新纂在縣城內節孝祠前同治八年爲節婦馮蔡氏等九十九人立

奉恩 新纂在縣城內漕倉門前光緒四年建

嘉興府志卷十七

嘉興府知府善化許瑤光重輯

冢墓

偃王宏演疑似亙多舊志書之以存前記是矣夫尚書有封墓之文戴禮有九京隨會之感後世採樵之禁史不絕書矣至

國朝保護前代陵寢更隆往昔而名賢遺墓歲終率飭地方官造冊蓋一坏之土高山之景行繫之固未可忽諸也茲編所登雖稍寬乎然必其有列傳者志冢墓

嘉興縣

周

徐偃王墓 舊傳在縣西復禮鄉至元志 在府城西北明一統志 縣西北二十里嘉興湯志 伊志案浙江通志云韓愈偃王廟碑記偃王走彭城下民鑿石為室以祀偃王則墓當在彭城又曰王之走不之彭城而之越城之隅棄玉几硯會稽水中今龍游有祠象山有廟而墓在嘉興未知何據又黃巖志云墓在勝果寺後今復禮鄉屬秀水姑仍舊志書之

衛大夫宏演墓 在縣西南圖經云衛大夫宏演墓衛懿公為狄人所滅食其肉唯肝在地演割己腹而納焉至元志 伊志案志又云衛地今在魏郡黎陽未曉演墓在此何也浙江通志云黃濤賦檇李古蹟以為衛涇叔清之臺因和張堯同詩云衛姓宣和後直臣多水濱前賢何所據詩弔納肝人其辨良允

吳相國伍員墓 在胥山上柳志 縣東胥山上昔吳宰嚭讒

子胥吳王賜屬鏤之劍自剄死王取其屍盛以鴟夷革浮之江中流至山麓居民憐而葬之因以名山嘉興府志 嘉禾百咏考碑語有石棧自錢塘抵禦兒之胥口凡十一字惜不得其全文其顯相傳即子胥墓明徐春遊胥山詩伍員埋玉地千載閟煙霞草綠藏殘碣泉香漱落花海天歸老鶴林木怨啼鵑飛屬凌高頂愁雲入望賖

漢

朱買臣墓 在縣東三里至元志 縣東三里東塔寺後歲久湮廢明嘉靖間知縣盧櫰為題石碑曰漢朱買臣墓嘉興湯志案縣北一十八里有買臣妻墓亦名羞墓宋劉克莊詩翁子平生最苦貧晚將丹頸博朱輪老儒五十無章綬歸去何妨且負薪元闕名詩貧賤難看俗眼低區區何事便雲泥會稽乞得無他念只為歸來誑故妻明方孝孺詩五十年前只荷薪瘦妻渾不耐家貧會稽太守黃金印方信詩書不負人國朝吳偉業詩翁子窮經自不貧會稽連守拜為真是非難免三長史富貴徒誇一婦人小吏張湯看倨傲故交莊助歎沈論行年五十功名晚何似空山長負薪彭孫遹詩古寺孤城外當時太守墳疎松傳夕籟高柳挂斜曛石篆披榛出樵歌隔水聞千秋重知已誰使致青雲王又胥飲朱翁子墓下詩罷浴景初夕火雲殊未退散步水雲鄉負手儕幾輩高松冷作濤風力振其內微涼愜酒坐墓草肯吾貸歸樵隱煙唱聞犬過橋吹塔鈴譚無時頻勸一尊酹為問墓中人此酒飲可再伊志案秀水任志云劉餗隋唐嘉話東封之歲洛陽平鄉路北市東南得石銘漢丞相長史朱買臣墓又鳳陽府虹縣歸德府夏邑縣俱有買臣墓及考漢書列傳買臣吳人為會稽太守西漢之會稽由拳其屬縣也則墓在嘉興為是又案梁元帝時又有兩朱買臣一武昌太守一宜猛將軍邱墓傳疑或未之攷耳

呂氏榮墓 在由拳郭里墟北名吳義婦坂趙圖記 伊志案呂氏吳許升妻也事具後漢書列女傳又國朝朱彝尊以半邏南之呂冢謂即呂榮冢則墓當在海鹽然文樞鏡要

云糜府君歛錢葬之嘉興南則彝尊之辨似未足據

三國

會肅墓　在縣東三十六里新豐鄉 嘉興湯志

晉

劉伶墓　在縣西北二十七里劉伶晉人也錢氏諱鏐改呼劉爲金俗因呼爲金伶墓 至元志 宋蘇軾詩嘗笑劉伶死便埋豈伊忘死未忘骸烏鳶奪得與螻蟻誰信先生無此懷 林景熙詩碧落當年墮酒星醉中萬事一浮萍不知八世無窮事一醉松根不肯醒 明岳元聲詩鹿車一壺酒荷鍤以自隨云死即吾埋曠達不可羈如何此墟曲有冢高纍纍刻石記道旁無乃好事爲

齊

長沙王長史施修琳墓　在縣東二十里 至元志 華亭塘東十二里 趙圖記 宋張堯同詩蒼苔侵壞道晚雀散空林莫問人賢否浮生一古今

陳

顧野王墓　即顧節墩在縣東北十里 鄒志 明高啓詩南朝舊碑倒墓近樵蘇道應與讀書堆離離總荒草 伊志案浙江通志云吳地記顧野王墳在橫山東平陸地橫山又名據湖山在吳縣西南十六里則鄒志所載顧墓未知何據

相林墓　在縣東一十里 至元志

唐

陸宣公墓　縣東三十六里感化都 吳志 新豐鎮後墓前有橋俗呼陸贄墳橋 嘉興何志 伊志宣公謫居忠州歿即葬焉故忠州王虛觀南有宣公墓

初未聞遷葬故鄉則嘉興之墓縣志以爲衣冠識葬理或然也又吳郡城北有一大冢相傳爲宣公墓故其地名陸墓水名陸塘宋淯熙間有于墓旁得遺刻與所傳合郡人周虎張震發皆紀其事亦恐屬附會

刺史謝希圖墓　范文正公碑陳留謝濤五世祖希圖卒衢州時唐季喪亂葬江東嘉興郡子孫三世祿于吳越

宋

侍郎聞人鼎墓　在德化鄉朱涇村鼎建之弟以子安道貴贈刑部侍郎安道弟安遠以子宏貴贈朝散大夫皆祔葬侍郎兆域 以上嘉興何志 案志又云建孫推官業墓在永樂鄉通判宏墓在麟瑞鄉

參知政事婁機墓　縣南五十里里二都 嘉興湯志 縣東三十里一冢甚高傳是婁機墓中有石室爲盜所發 朱彝尊鴛湖櫂歌注 樓鑰撰神道碑 明一統志

處士嚴秋蟾墓　宋嚴處士賣藥秀州遂家焉墓在蒯塔坊 檇李詩繫 案縣志云處士先世居汴京南渡時適吳賣藥秀州遂居竹林巷卒葬于此明嘉靖間有孫居雲南名清者官冢宰居嘉興名從簡者官給諫萬曆初特爲建坊表其墓曰慶流滇浙

臨江知州鮑廉墓　廉任臨江恭帝時元兵徇臨江廉死之葬今嘉興縣東南里十六莊樂善庵前所謂鮑塔是其故址 伊志

元

學士王景墓　在王店市東 舊浙江通志

湯提舉墓　在城東南二里春波坊

居士項宏度墓　在胥山上伍王廟右明襄毅公忠八世祖以上袁志　案趙孟頫泉石散人墓表云公諱冠字儀甫別號泉石散人父八一先生諱宏度飄然物外不以功名富貴累其心志每誨公曰當今之世但宜讀書好禮崇尚清雅誓不許仕于是公托貿遷之術跡乎四方歲辟甯居卒以富稱既而深虞不散之戒好義樂善一時江浙間莫不稱項公長者至元二十年境內饑荒慨然輸粟一萬石以賑又作粥三月全活者無算世祖聞而嘉之授以將仕郎少府監令丞公力辭不拜隱于胥山建胥山草堂以自況日與騷人墨士吟咏歌嘯以終歲月卒葬本路之永安鄉南原

經歷吳傑墓　在縣東二十五里傑字景良仕至廣州路總管府經歷趙孟貫撰墓記柳志

州守八札墓　在三塔塘南八札元至順間爲嘉興州守建州學大成殿嘉興何志

處士董性存墓　在勸善鄉伊志

明

太常高遜一作巽志墓　在地字圩奚家橋劉志　縣東常豐坊德化一都嘉興何志　伊志案浙江通志朱彝尊高太常嗇庵遺稿序云靖難師入巽志走永嘉山中窮餓以死同里蔣薨歛而葬之芙蓉峯北野史所載盛庸兵敗自經者誤也則墓自在溫州永嘉縣其在嘉興者或是衣冠葬處耳

侍郎俞山墓　在縣永豐十四都西成字圩袁志　呂原撰墓誌

布政黃懋墓　在府城東北二里北板坊明一統志　案縣志云懋字子勉直隸元氏人永樂乙未進士正統初知嘉興府陞福建布政司使致仕居嘉興卒因葬焉詳呂原墓誌

知縣盛胥嶺墓　在縣東胥山五鄉胥嶺永樂中以人才薦知福建順昌縣歿于王事歸葬于此嘉興湯志

處士吳賢忠墓　在縣春波坊虹橋之東賢忠舊居于此卒葬焉爲興國吳國倫六世祖舊浙江通志　伊志案嘉興湯志云其六世孫居興國者名國倫居永昌者名崧同登嘉靖庚戌進士文震孟作虹橋吳氏祖墓碑記天啟二年長洲教諭雲南戊午舉人八代孫麟徵立石明吳國倫感祖墓在嘉興詩闕下仙班夢未同白頭相望遠登臺馬經芒部山煙過雁帶昆明瘴雨來萬里論心天咫尺百年懷土日徘徊離離高冢虹橋畔猶是延陵旺氣開

尚書戈瑄祖墓　在縣東感化七都南地字圩伊志　瑄曾祖惟善永樂中以事遷河間府景州遂世居焉葬此者惟善之父瑄之高祖也

御史姚綬墓　在縣東四十五里胥山之陽楊循吉撰墓誌

處士唐正四墓　在縣東北春波坊蘆池頭以上嘉興湯志　伊志處士之後徙居直隸通州八世孫仲寅萬歷庚辰進士以行人使楚返脩舊墓復侵地立碑紀之詳仲寅所作脩復先塋記仲寅孫嗣美亦舉甲辰進士

文淵閣學士謚文懿呂原賜墓　在縣東南長水都宇字圩嘉興何志　伊志案嘉興湯志父嗣芳贈侍講學士李賢撰墓誌子常楊一清撰墓誌祖孫父子五朝恩眷三世賜葬蓋異數也詳李賢神道碑銘

少保俞綱賜墓　在縣東南白苎都五鶴涇嘉興何志　成化戊戌卒賜葬于通濟門外禾山之陽正德初徙葬於此劉志

光祿卿陸淞賜墓　在胥山東諭祭葬吳志　伊志淞平湖人事具羅欽順所撰神道碑孫都事光弼曾孫刑部員外基忠俱祔葬又淞孫學博光岳葬胥山西麓

吏部尚書謚莊簡陸光祖賜墓　在胥六都東黃圩伊志

僉事戴祐墓　在縣南大彭十六都露字圩子泰安知州經祔葬（案志云同科進士主事戴用葬白苧一陽字圩嘉靖己未進士少卿戴鳳翔葬德化都律字圩）

吳檀吳模墓　在縣春波坊江家橋（案檀模兄弟皆休甯庠生正德間先後來禾講學居春波里人稱二吳先生薛應旂有傳　新纂）

董節婦王氏墓　王名桂芳夫卒自縊死邑令洪範葬于鹽倉橋北並撰墓表嘉靖中佃爲民居移窆清眞觀旁（吳志）在縣東南鹽倉坊小鹽倉橋明萬歷丁巳復自清眞道院徙置於此

尙書諡簡肅孫植賜墓　在永豐都麒麟壩嘉靖間賜祭葬（吳時來撰墓誌）

布政屠元沐墓　在縣東感化都原字圩（以上嘉興何志）

僉事姚俊墓　在德化鄉（伊志　俞誥撰墓誌）

尙書吳鵬墓　在縣東白苧十五都二陽字圩（徐階撰墓誌銘）

諭德屠應埈墓　在縣東德化三都調字圩橫山塘之原（長沙張治撰墓誌銘　以上嘉興湯志）

副使包檉芳墓　在縣東德化一都東原字圩（嘉興何志）

大理寺卿沈元華墓　在縣東胥六都列字圩子貢生文瓚生員文域祔（伊志）

光祿寺少卿賀燦然墓　在縣東南白苧十五都二陽字圩與父贈主事懋賢墓相望懋賢墓在南雲字圩

廉使許應逵墓　在縣東感化六都日字圩

知州高文登墓　在縣東南永豐十二都北日字圩

參政孫光啟墓　在縣東胥山六都北昃字圩（以上嘉興何志　黃承元撰誌銘）

贈少保朱儒墓　在長二十都昃二圩之倖祿港（伊志）

侍郎徐必達賜墓　在感化都石龍橋諭祭葬（吳默撰誌銘）

贈光祿寺卿王允昌賜墓　在新行鎭（以上劉志）

贈太僕寺卿譚昌言賜墓　在縣東白苧都一陽字圩（嘉興何志　明董其昌撰墓誌　國朝譚吉璁鴛湖擢歌市舶風檣五兩飄桑東太僕墓非遙黃腸華表千年石長映雙溪百尺橋）

按察使陳于王墓　在胥五都（伊志）

大學士錢士升墓　士升嘉善人墓在胥五都西稱圩龍口（嘉興楊志）

工部郎中高道素墓　在縣東白苧十五都崑字圩子工部主事承埏祔葬（伊志　國朝朱彝尊撰墓表畧云奉直大夫協正庶尹工部虞衡清吏司主事高公之葬歲久舊石崩剝其子佑釲乞其友朱彝尊復爲文揭于墓門之外彝尊以公晚遯于野賦詩有云惟將前進士慘憺表孤墳迺改書額曰前進士）

贈兵部郎中魏廷薦墓　在嘉興縣界（嘉善楊志）

憲副黃正色墓　在縣感化都秋字圩新豐鎭之北（嘉興湯志　賀燦然撰墓表）

布政施爾志墓　在胥四都闕字圩子博墓在其西

長汀令邱民貴墓　在縣東南永豐十四都西城字圩民貴嘉興貫華亭人子副使履嘉墓在白苎十五都暑字圩以上嘉興何志案民貴墓陳懿典撰誌銘履嘉墓趙志孟撰誌銘

巡撫岳和聲墓　在對風橋北古字圩弟通政駿聲墓在縣西南十二冊伊志

孝子楊時雍墓　在白苎都西宿字圩時雍字晴洲純孝救親奉旨旌奬推官文德翼立傳

廉使黃承昊墓　在胥山北德化三都號字圩以上嘉興何志

處士許實甫墓　在感六都建亭旌表吳志

贈太僕少卿徐世淯墓　在感化都東王橋袁志

徐隱居墓　在縣東里仁十一都日北字圩嘉興何志伊志墓有陳繼儒所撰誌銘子柏齡甲申後肥遁不出守義以終朱彝尊撰志銘

國子監博士李應徵墓　在王店鎮南三里蔣莊

運使李衷純墓　在圓通庵郁家浜

贈尚寶丞

國朝祀忠義祠李士標墓　在李應徵塋右

江西右布政賀萬祚墓　秀水人墓誌載曝書亭集以上伊志

陝西提學副使陸光祚墓　在胥山六都北元圩

贈刑部廣東司主事陸基誠墓　在胥山六都西來圩

僉都御史陸清原衣冠墓　在胥六都西來圩陸基誠孫丙戌殉難

國朝乾隆四十一年

賜謚忠節祔葬祖塋

贈中憲大夫包孝子珪墓　在常豐坊包家衖後珪曾孫鼎鼐兄弟同科進士後鼐官僉都御史賜祭葬鼎鼐俱祔珪墓

贈內閣中書孫宏來墓　在嘉興十八里橋東呂字圩子孝子中書鍾琦祔葬于旁王廷撰誌銘墓前建有誠孝性成石碑坊以上于志

國朝

贈侍郎杜蘅墓　在胥山南吳志案蘅尚書臻之祖臻父贈尚書杜堉字聞牧墓在大彭都今乙字圩

贈資政大夫李明馨墓　在甘里橋伊志

布政王庭墓　在王店鎮項家灣吳志

通政何元英墓　在德化二都小成字圩嘉興何志案元英秀水人伊志又載入海鹽茲并存之

尚書杜臻墓　在縣東馬涇康熙年間

賜祭葬浙江通志

諸生唐瑛墓　在感化鄉南沈浜新纂

內閣學士徐嘉炎墓 在新十二都荒字圩（袁志）

吏部袁定遠墓 在縣南稱字圩（吳志）

蒼梧道李我郊墓 在王店鎮南移寶塘橋（伊志）

汝甯同知錢貞墓 在胥四都正字圩閘浜

巡撫錢士晉墓 在里九都仁字圩（以上嘉善戈志）

文學沈進墓 在生字圩盛家橋（朱彝尊撰誌銘）

刑部侍郎馮景夏墓 在縣南六扇洞騰字圩

徵士李良年墓 在縣南馬王塘橋

編修查慎行墓 在縣東南新十三下十九莊羅漢塘南牛橋慎行海甯人子鳳翔知府克建監生克承舉人克

念並祔

處士周篔墓 在仙橋原（朱彝尊撰誌銘）

處士盛遠墓 在南湖濱三界堂

雲南迤東道陳作梅墓 在竹林廟

舒城知縣朱振墓 在縣北辰字圩（朱彝尊撰誌銘）

安徽巡撫馮鈐墓 在縣東暑字圩

贈巡撫錢汝鼎墓 在新十二中十一圩曹王廟汝鼎字東原性孝友好讀書尤工書法以孫楷 贈巡撫詳載巡撫阮公元墓誌

禮部侍郎錢載墓 在永豐鄉九曲裏有九豐堂（以上伊志）

長興縣教諭祀忠義孝悌祠曹洪然墓 在感化鄉章店橋附父恩貢生文昭墓旁子監生勗庠生晨並祔（曹氏家乘）

四川按察使石杰墓 在縣西南練浦塘（石氏家乘）

徐節婦墓 葬處無考（袁志）

吳節婦墓 在胥山六都南暑字圩（伊志）

岳孝子墓 在西南十三莊邑令趙瀫撰墓誌銘

沈孝子鼎墓 在白五下十二莊月露圩

山東武定州知州陸費熙墓 在桃花里

禮部侍郎陸費墀墓 在普光寺南陽和橋

工部侍郎沈維鐈墓 在日十八莊樅節村

徵士盛時霖墓 在永十三下十四莊天字圩

戶部侍郎徐士芬墓 在移九下十五莊東寒圩

河南巡撫吳昌壽墓 在長西北八莊方家浜（以上新纂）

秀水縣

漢

嚴忌墓 塚廟記云忌墓在治西北新城鎮世稱嚴夫子墓（名勝志 明許恂如詩留哀時命弔湘纍後代文章重楚辭今日我來尋馬鬣空山無主獨題詩）

嚴助墓 在天甯寺毘盧閣後俗名嚴墩（名勝志） 墓有古樹大數莽枝葉皆西北向天將風雨輒作劍佩聲（劉志 伊志案至元志云嚴夫子墓在郡治北報恩禪院法堂後考證云西漢助也報恩院即今天甯寺助忌之子志既誤合）

忌助爲一人遂併葬地亦誤 明章士雅詩言尋舊跡來山寺衰草離離識墓門太守樓船何日去將軍碣石到今存文章不共煙霞散劍佩猶隨風雨翻古木千年向西北牛車遺恨未須論 國朝朱彝尊鴛湖櫂歌天甯佛閣早春開烏語風鈴次第催怪道同船溼羅襪嚴將軍墓踏青來

宋

沈演之墓　舊傳在縣北望吳門外二十里至元志演之爲嘉興令卒葬此秀水李志按談鑰吳興志演之墓在德清縣演之武康人自當以談志所言爲確今以嘉興舊志相傳有此姑存之互見名宦

唐

中書朱巨川墓　在上蔡原之舊營北海李紓銘墓舊浙江通志唐李紓故中書舍人吳郡朱府君神道碑略巨川王父舉茂才先子舉孝廉君以文承祖以經傳代深居里巷鮮越戶庭考經義之箋訓撰策書之贊敘每立新評必度常均將欲含堅超長鍼肓起疾矣又著睢陽守城論一篇以爲義者忠之徒危者節之本苟志義以自重自強節而可移固以採二公之心垂萬古之訓使違難者銷聲以結舌苟生者寄愧而終身斯深於春秋而不義者遠矣終于上都勝業里私第

周都官墓　在秀水治西北水中旱不加高潦不加沒今尚存嘉禾百詠考　拱辰門外荷花池水中與月波樓相對秀水黃志伊志案許恂如周都官水葬墓詩序云周都官疑唐宋時人佚其名墓對月波樓址在荷花池西水中用古水葬法也

五代

御史中丞聞人珪墓　在阜城門外竹橋之西珪汴梁人同錢祖渡江累建奇勳賜鐵券居錢塘子新周顯德四年徙嘉興嘉興湯志

宋

尚書聞人建墓　在澄海門外五里柳志以子安壽貴贈工部尚書初葬德化鄉高豐雀墓村後改葬白苎鄉薛家兜桃花源嘉興湯志案事詳孫沔墓誌明鮑恂瑞芝頌嘉禾故家聞人尚書墓有芝生焉芝凡十二莖誠所罕見自非尚書公平生忠義之氣不與死俱泯而發揚于上則知聞人氏之子孫必有以孝感而致之矣頌曰芝何爲兮此儲祥積孝感兮神孔揚繪厥圖兮耀無極貽後昆兮俾不忘

施府君伯成墓　在思賢鄉地字圩靈顯廟中伯成九歲爲土地凡旱潦疾病有禱必應互見祠祀墓有靈丹樹取葉煎服可治百病秀水黃志

推官聞人璪墓　在縣西永樂鄉朱岡村之原璪建之孫也年九十卒于秀州之郊居時紹興辛亥也嘉興湯志

知州趙叔近墓　在眞如寺叔近榮良公克類子建炎中以龍圖閣待制知秀州王淵誣殺之殯于寺中秀水任志

宣義郎陶士達敎授陶大甄墓　在縣北思賢鄉柳澤之西二里嘉興湯志案士達字仲和遇恩積封至宣義郎二子大章擢進士科監行在車輅院門大甄字成之嘉定辛未進士安慶府學敎授皆詳漫塘劉宰墓誌

校尉朱張恂墓　在聞家湖宋武節將軍朱張宣扈蹕南遷遂家焉其元孫恂隨駕匡山殉國子穹壽痛父不返奉父衣冠葬之趙圖記穹壽卒亦祔葬伊志

元

同知李復墓　在縣南三里復爲嘉興路同知卒葬于此柳志

處士郭士元墓　在永樂鄉士元字元之力學通尚書教授奉母自號溪南處士貝瓊撰墓誌載雲間集

徐宜人墓　在復禮鄉伊志案國朝章鳴翼徐宜人古壙記乾隆四年三月傳聞發掘古墓爭取寶玩有元宜人徐氏壙志其文三百餘字不署作者姓名如今劵磚之式但云宜人徐氏諱妙慧嘉興路海鹽州判諱挺之之弟一女提舉司提舉張霆發之妻也徐生于至大元年歿于至正六年年三十九歲聰穎早世等語至至正十年瘞骨于嘉興縣復禮鄉生一子名應奎四女各有名據此則營壙至今三百九十年矣

銘以上伊志

明

迪功郎聞人昇墓　在象賢鄉先塋之次郡人施奎撰誌

孝子陳昺墓　在主城雙橋吳志

尚書諡襄毅項忠賜墓　在澄海門外五里鄒志象賢鄉諭祭葬秀水黃志李東陽撰神道碑案嘉興湯志忠曾孫錦衣衛指揮僉事九十三翁項元淳祔右葉向高撰誌銘　明沈遇詩名臣竹帛重于秋故國祠荒斷碣留襄鄞恩深猶說項平涼功著克安劉國殘四壁倭奴斜氣壯山河映斗牛石獸苔斑餘舊賜英風謖謖起松楸

光祿寺署正譚諫墓　在城內碧漪坊新纂吉璁詩光祿墓前啼早鴉一灣水轉石橋斜誰道犀牛能望月遙憐槵子尚開花國朝譚注云形家名爲犀牛望月南有槵子樹傳自西竺來者

侍郎姚宏謨墓　在白苎十五都馬當涇贈禮部尚書諭祭葬嘉興湯志

東昌知府盛周墓　在縣北三十餘里南露圩姚宏謨撰墓誌墓西爲周父贈承德郎雋墓又西爲周曾孫中書舍人士元墓士元孫桂陽知縣民譽墓亦祔焉盛氏家乘

副使項夢原墓　在襄毅公墓旁秀水任志

尚書諡清惠丁賓賜墓　在政收字圩萬歷間諭祭葬袁志明許敬詩長別歸何處春陰此獨尋六朝名世業三間老臣心入廟威儀在瞻碑涕淚深暮風號石獸松柏更森森

侍郎岳元聲賜墓　在穆河溪贈尚書諭祭葬嘉興何志

高士周履靖墓　在縣西學繡塘履靖樂隱不仕董其昌題曰明海內高士周履靖墓碑伊志

大學士諡文恪朱國祚賜墓　在百花莊村賜祭葬嘉興何志國朝朱彝尊鴛鴦湖櫂歌百花莊口水沄沄中是吾家太傅墳當暑黃鸝鳴灌木經冬紅葉映斜曛

在思賢鄉里二都中十五冊伊志

學士黃洪憲墓　在思二都藏字圩申時行撰誌銘王錫爵撰神道碑伊志

贈大中大夫盛惟謙墓　惟謙萬年父祀鄉賢墓在聞家河朱張氏墓東盛氏家乘

按察使盛萬年墓　在西門外三塔塘南北黃字圩伊志

宮詹陳懿典墓　在圓珠灘秀水李志子泰甯祔葬吳志

墨林居士項元汴墓　在陡門橋南寒字圩有黃承元墓表董其昌神道碑伊志

侍郎朱大啟賜墓　在縣西北范灘秀水任志治西十八里錢家浜秀水任志案大啟歿後贈尚書予祭葬見張有譽墓志在永十三都騰字圩之范灘

尚書姚思仁墓　在縣西永一都東荒字圩墓前有祠尚書杜臻記伊志

五經進士譚貞㫈墓　在二生圩吳志

諸生沈起墓　在穆溪東禪寺東南隅曾王孫題其墓曰墨庵沈公之塔并爲作誌伊志

運同吳淞墓　在咸四莊寒字圩金塘橋

同知吳熙亮墓　在咸四莊寒字圩尤家橋以上于志

烈婦楊氏墓　丁鳳鳴妻端平巷人嘉興何志墓在杉青閘秀水范志　明陳繼儒弔丁烈婦詩撮土雖新骨尚香行吟到此盡霑裳劍花血濺千年碧墓草陰扃六月霜正氣書能驅魍魎清魂春不化鴛鴦道旁古冢纍纍者誰采溪蘋薦一觴

國朝

檢討朱彝尊墓　在百花莊朱文恪公賜塋之西南陳廷敬撰墓誌浙江通志

修撰沈廷文墓　在主城吳志

贈中憲大夫屠有禧墓　在縣北南秋字圩案有禧貴州按察使屠嘉正之祖

孝子魏允枏墓　在秀水界以上伊志

安吉州學正盛楓墓　在聞家湖朱張氏墓西盛氏家乘

龍川縣知縣盛熙祚墓　在恩三莊南荣字圩盛氏家乘

山東淄川縣知縣盛百二墓　在恩三莊　圩盛氏家乘

嘉興知府何鼎墓　在三塔灣茶禪寺後河南巡撫諡恭惠何焆之祖案錢陳羣有一捨田記再捨田記皆何氏施以供僧兼資護墓者載香樹齋文集

孝子鄒世麒墓　在思二區二陽字圩乾隆間敕旌建坊墓側有祠香居以祀孝子秀水高樗記

太常少卿陸紹琦墓　在縣西北官蕩鉗稱字圩

孝子沈敫懋墓　在白龍涇侍郎沈德潛撰墓表

徵士張庚墓　在學繡村後張橋西予明經時敏祔

刑部侍郎錢汝誠墓　在縣東北一霜字圩棲眞寺北

吳烈婦墓　嘉興副將寔誠妾誠臨歿囑其妻更嫁之吳不從自縊死葬杉青閘丁烈婦墓左侍郎錢載立碑表之以上伊志

御史唐淮墓　在西南十六莊北辰字圩于志檢討谷際政撰誌銘

謝孝子觀瀾墓　在恩二莊巨字圩考妣墓側

府學訓導張詠暨施孺人合葬墓　在正秋圩新纂知府許瑤光撰誌銘

嘉善縣

漢趙王墓　在南宿字圩吴志

周丞相墓　在秋字圩吴志永北南區秋字圩

董將軍墓　與周墓東西相峙以上嘉善楊志

柴丞相墓　在南都中字圩

顔將軍墓　在奉九南都三荒字圩以上吴志

鮑尚書墓　在廣濟倉南吴志遷中廣濟倉基南

郁刺史墓　在香花坊元至順間墓道在北亭坊北郁衖中墓旁建郁孝子祠祟祀貞孝公裔孫大理寺丞之章重修舊有碑識

陸省元墓　在遷北鄔家村章邑侯有碑

蔡指揮彭安人墓　在縣治後垣以上嘉善楊志

國朝嘉慶四年知縣萬相賓立石表之伊志

伊志案以上吴志嘉善楊志所載十一墓時代無徵名號亦湮幸其邱壠尚存修志者尤當亟爲書之也吴志序次在宋墓前兹仍其舊以俟後日之考証焉

宋

餘杭主簿婁億墓　在胥山五都今名婁墳李楙詩繫億參知政事機曾祖也劉志宋陳舜俞詩彼何人之門兮雁行馬車老夫懷金兮童子紆朱其取萬兮鍾兮不差毫銖庖有粱肉兮腹無圖書天之生此兮何罪何辜句讀其話言兮節文其步趨抱筆而脅吟兮錢楮而畫塗天子招其以仕兮鄉人勉呼衆肩相煦摩兮疾驚争驅有司五上吾名兮吏部曾不一如退將羸其角兮進且跋其胡行年幾六十兮僅免爲白徒一俠不能勝兮朝强而暮殂考妣其謂我何兮追悼妻與孥高者我難諏兮厚者彼難語諸百恨寂默兮秋草之墟

通判聞人宏墓　在遷南都冥亭山劉志

陳氏墓　陳舜俞墓在烏程今奉九南區荒墩庵有陳氏墓蓋其子孫葬處也後人因立舜俞祠祀之嘉善楊志明陸道乾詩涇上何人跨白牛鷺飛鷗浴共優游春風短調梅花笛夜月高酣狐子謳一疏青苗天下計千年白簡史臣留笙墩舊跡存遺祀碧草黄雲古墓秋

節度使呂伯四墓　在永七區荒字圩今預備倉後墓草止一種俗呼爲一草墓嘉善章志

保義郎陶文幹墓　在妙員山陶莊市後近有盜發得志石云宋淯熙十四年新監鎮江府榷貨務都茶場門陶

達自爲志葬其父文幹於此鄒志達承直郎監鎮江場務

趙圖記

揚州正將趙懃夫墓　在永七都保義郎趙崇璽銘孫若誦祔嘉善倪志懃夫宋宗室三塚相連元末經盜發乃懃夫弟行夫墓也俗呼分水墩永八南區宿字圩及華亭塘北猶有數處俱名趙王墳嘉善楊志

迪功郎陸瑀墓　在奉四中區瑀唐宣公之後嘉熙丁酉葬嘉善倪志子鄉進士端仁墓在水字圩孫三司計正墓在大日字圩與瑀墓鼎足相望俗呼三角墳嘉善楊志

陳坎正墓　在永八北區坎正忠肅瓘之孫其子鑄爲魏

塘務副使遂占籍焉鑄歿亦祔葬於此嘉善倪志

元

義士吳森墓　在靈塔涇之北嘉善章志吳興趙孟頫銘永康胡長孺表義烏黃溍撰碑孫相幹瓘別葬西林庵側嘉善楊志　趙孟頫撰墓銘畧君諱森字君茂其先汝南人父澤宋承信郎樂武塘風土饒衍因定居焉至元辛巳征東省右丞范文虎舉爲管軍千戶隸高郵萬戶府移屯揚州告閒得請性雅素好禮尚義無聲色之娛唯嗜古名畫購之千金不惜延師教子捐腴田二頃建義塾以教鄉里子弟前後甃衢路數千百丈累橋鑿井死施棺病施藥凡周急之事不間親疎樂與無倦人以厚德稱之名聞于朝表其門曰義士

黃玠墓　玠字伯成金華人移家魏塘後卜築吳興弁山號弁山小隱仍歸魏塘卒葬陸浜橋李詩繫

隱士吳鎮墓　在縣治東二百五十步柳志花園衖之右有椽林今廢橋李詩繫鎮自題石曰梅花和尚之塔後吳令道昌修其墓築僧舍於旁以司香火董其昌榜曰梅花庵袁志　元黃晉德詩老子平生學薊邱晚年筆法似湖州畫圖自寫梅花號荒艸空存土一杯　明張甯詩荒山亭館客遊稀瀑布無聲野鳥飛愁絕梅花庵外路年來風景故應非曾將心事托寒酸種得梅花偏草庵驕鶴歸來城郭是西風殘月滿江南　沈周詩梅花空有塔千載莫欺人草證誓光妙山遺北苑眞短碑深刻字古椽未同春欲弔誰爲伴秋塘老白蘋　沈師昌悼梅詩勝國名流四大家迂癡樵客及梅花黃金不惜收殘墨白社何曾護半趾東築層臺北築亭紅塵還隕少微星題詩欲寄飛鳧客好傍梅庵再勒銘　國朝按察使秦公瀛梅花道人墓詩繫艇胥塘拜墓門道入遺蹟斷碑昏秋深橡樹煙中寺春落梅花雪後村一盞獨尋衰草路六陵曾酹杜鵑魂冢中欲喚先生起重寫瀟湘帝子痕

吳府君墓　在縣西二里許事詳王文獻公碑文劉志

教授顧深墓　在奉四中區古賢里人呼顧淵白墳淵白深字也劉志

孝廉費朝憲墓　在奉賢鄉西冬字圩吳志

盛懋墓　在嘉善城外東北里許橋李詩繫　明蔣垍詩墨跡相傳取次看滿堂風雨不勝寒那堪荒冢徘徊處踏破白雲紅日欹

淩貞女墓　在北亭坊嘉善于志元至正間有淩氏女名勝一娘許嫁陸氏子未行夫殀結廬清修守節死葬廬旁後有陸茂芝者感其義爲建蘭若祠之嘉善楊志

明

郁秀一墓　在北門外牛橋東秀一字子英洪武中杭嘉機戶累民秀一叩閽言事爲罷織造劉志

陶神童墓　在陶莊鎮西嘉善楊志　伊志案橋李詩繫陶振字子昌陶莊人自號釣鼇生學於楊廉夫天才超逸少有神童之目明洪武間薦授吳江訓導改安化教諭歸隱九峯後死於虎王達善輓詩云昔爲海上釣鼇客今作山中飼虎人朱彝尊曝書亭集謂振吳江人吳江與陶莊相去十里而近是墓郎振無疑楊志謂陶氏殤子未必然也

審理孟觀墓　亞聖五十四代孫墓在麟七區洪字圩伊志

徵士孫奎墓　在大張圩堰兜吳志

僉事薛宗永墓　在城東黃庵巷北通衢左其妻節婦沈氏合葬邑令于業立石表之嘉善章志

博士胡源海墓　在縣東二里源海爲欽天監博士卒於京賜棺給衣令馳驛同葬此鄒志　明孫詢詩讀書讀易在青年龜筮精通術最專象板幾隨仙仗立玉階常受聖恩宣能窮邵子先天理不用君平賣卜錢武水源頭遺俍在荒墳三尺草芊芊

太守劉侃經歷張彥倫隱士袁祥墓　宣德初築城凡民間家悉令遷出唯留侃彥倫祥三墓劉墓在梅花里半里張墓在學宮土山之右袁墓在東亭橋北西菖蒲涇後移葬姑蘇白楊山劉志

高士周鼎墓　永安鄉魏塘三高士墓之一吳志子孫微弱鄉人張紀封植之嘉善楊志

巡撫陸坻墓　在遷東區北成字圩

周寅墓　在遷東區北翠字圩以上嘉善楊志

博士孫峯百歲翁孫嵐墓　在一荒圩馬涇浜吳志

右都御史沈思孝墓　在四十二浜鄒元標撰誌銘伊志

參議沈謐墓　在熟字圩沈氏家乘

百戶賴恩墓　在北南區住字圩恩禦倭戰死葬此伊志

進士周澤墓　在永七區暑字圩

貞孝郁本宗墓　在暑字圩吳志子調元祔

贈尚書丁衮墓　在永八北區沈田圩以上嘉善楊志

贈給事中魏邦直墓　在遷北區東二歲圩高攀龍墓表公初名德成

學者稱爲繼川先生

贈尚寶卿袁黄墓　在胥五區大西收字圩以上伊志

副使贈副都御史黄綜墓　在下保西區體字圩以孫承元貴贈都察院副都御史嘉善楊志

御史盛唐墓　在九南區日字圩葉繼美誌其墓伊志

贈禮部侍郎曹穗墓　在遷中區嘉善楊志

御史魏廷相墓　在遷北區東二歲圩伊志

翰林院孔目支立墓　在奉四南區宙字圩嘉善楊志

禮部侍郎曹勳賜墓　在楓溪東吳志

推官支大綸主事支如玉墓　在胥五區嘉善楊志

刑部郎中曹懋官墓　在九南都露字圩伊志

都御史錢繼登墓　在奉九南區辰字圩自題其墓曰大自在處嘉善楊志

中書陳龍正墓　在閏字圩吳志

大常李奇珍墓　在保東區左字圩

汝甯知府李奇玉墓　在入中區大結圩以上伊志

贈太常卿吏科給事中謚忠節魏大中賜墓　在胥五區雲字圩孝子學洢幼子學洙俱祔葬袁志崇禎初敕諭祭葬嘉善楊志

光祿寺卿周宗文墓　在四中區東冬圩伊志

贈副使孫應文墓　在胥五區大雲寺東
推官柯元芳墓　在胥五區南調字圩以上嘉善楊志
庶吉士魏學濂墓　在遷北區東二歲圩伊志
解元陳山毓墓　在下保西區體字圩
舉人張介墓　在奉九南區騰字圩介論戍關東赦歸而
卒
文學毛士龍墓　在遷中區晚字圩
烈婦周阿香墓　在遷中區鉗把圩康熙十四年重修立
碑記以上嘉善楊志
徵君黃州別駕丁長如墓　在八北區珍玉圩
贈資德大夫太子少保工部尚書丁乾墓　在八北區中
字圩
孤貞墓　陸時顯妻陳節婦葬八北區小豐圩福源宮東
邑令李陳玉立石表墓曰孤貞曹勳撰誌銘魏學濂書冊王屋山人篆額
國朝乾隆間里人李思泳作亭
鄉賢丁寅墓　在北中區昃字圩以上于志
國朝
贈資政大夫錢煐墓　在胥五區東雲圩
吏部侍郎曹鑑倫墓　在遷八區大凋圩以上吳志
贈福建按察使錢楞墓　在八南區南原圩

禮部尚書謚恭恪錢以塏墓　在胥五區東雲圩以上嘉善戈志
孟孝子墓　名春和墓在亞聖祠右
長山知縣孫衍墓　在八南區小張字圩許宗伯汝霖題
曰古遺愛馬學使豫題曰風留社祭以上吳志
太僕顧際明墓　在保東區大陶圩
贈光祿大夫錢繼科墓　在胥五區西呂圩雲東
工部郎中蔣茂墓　在四中區西冬圩
雲南按察使毛尚忠墓　在遷西區干步圩
通政使參議柯聳墓　在保東區草字圩孫進士宜都知
縣煜遷葬南區錢陳羣撰誌
侍講學士曹爾堪墓　在遷中區北翠圩
大名知府顧耿臣墓　在四中區結字圩
侍講學士沈辰垣墓　在四北區稱字圩
教諭孫光祖舉人孫在鎬墓　在胥五區西律圩
通山知縣龔在升墓　在四中區結字圩
舉人魏坤墓　在遷八區東二歲圩
孝義毛正學墓　在遷西區易徐圩
給事中張正典墓　在永七區南水圩
滄州同知夏尚文舉人夏緒墓　在保西區體字圩以上嘉善戈志

舉人西安敎諭魏允枚墓　在縣東遷北區東早字圩葉燮撰誌銘伊志

石門知縣許湄墓　在遷東區北列字圩

文學夏黙舉人夏撻墓　在八中區致字圩

孝子孫肇薰墓　在九南區三荒圩有司表其墓

孫貞女墓　舉人孫衍女在九南區天字圩以上嘉善戈志

兵部員外孫棨墓　在永七區寒字圩子綿州知州雯鏡

祔

御史周宸藻墓　在遷南區大歡圩

內閣學士許王猷墓　在遷東區成北圩

給事中楊爾德墓　在四南區來字圩

嘉興府志　卷十七　冢墓　三

山西布政使朱一蜚墓　在胥五區東北雲圩

編修章愷墓　在天字圩東塘橋壩

編修周灃墓　在胥五區

侍郎謝墉墓　在四中區藏字圩荻家灣祖塋之旁

封中憲大夫錢家暨墓　在四中區張字圩

修撰蔡以臺墓　在四南區宙北圩

戶部員外郎曹焜墓　在麟七區北宙圩

江南糧道錢金殿墓　在四中區暑字圩

江南鹽巡道金汝珪墓　在永七區寒字圩

徵士曹廷棟墓　在永七區北宙圩以上伊志

內閣學士禮部侍郎錢樾墓　在九南區姜家浜

工部虞衡淸吏司郎中周爾墉墓　在四中區

廣西布政使周升桓墓　在九南區萬家浜

江南江甯府知府周以勳墓　在胥五區壘竹橋

直隸永定河南岸同知周震榮墓　在四中區

雲南甯州知州周以炘墓　在四中區唐子涇

江西泰和縣知縣郁鼎鐘墓　在八北區盈字圩曾家漊

副都御史錢寶靑墓　在四中區暑字圩以上新纂

海鹽縣

嘉興府志　卷十七　冢墓　三六

三國

孱陵侯呂蒙冢　在縣南三十里海鹽圖經吳孱陵侯呂蒙葬此海鹽仇志

國朝董尹志詩千古莓苔映夕暉荒原高冢是耶非河千一帶皆青草江上何人問白衣泉室燈明東海月梵林鐘動硤川機功名彈指成黃上淮有空林鳥雀歸譚吉聰㩳歌孱陵守冢幾村圍搖檣依稀是白衣祠外青沉春雨後年年只有燕雙歸按察使秦公瀛詩東吳人物幾英雄青草原頭弔呂蒙野火燒殘荒冢在馬嘷城上又東風伊志案呂肅高長沙府志呂蒙冢在蒲圻縣盛宏之荆州記冢有一髑髏極大形旣長偉知是蒙髑髏也則孱陵應不葬此朱翰林彝尊謂當是漢許昇妻呂榮之冢以相近之義婦坂爲証榮吳人事見後漢書列女傳似爲可信然府志於嘉興云呂榮冢在由拳郭里墟北又云義婦坂在秀水縣則朱之辨究亦未足深據又胡氏圖經云呂蒙永樂宏治志皆作李蒙以爲安知非元總管李衍近人李玉如援引文樞鏡要定以此冢爲郎義婦坂馬仲甫則云呂蒙祠南二里許俗名里堰橋橋下有石梛長二

丈廣七尺規制甚古所謂義婦冢意當在此眾說紛綸存之以俟博考

雙梓墓 吳陸東美夫婦同穴事詳古蹟國朝李王如武原城南尋雙梓墓有感詩花香草暖城南路干載風流傳古墓生前長作比肩人死後化為雙梓樹吁嗟乎我生飄蕩隨風蓬弧矢志欲矜豪雄行于經年復經歲居人愁水又愁風何如綠總呢呢相爾汝不省寒風與陰雨離恨天荒苦海平遙望銀河笑牛女客中感此重褒徊聯翩蛺蝶雙飛來

都尉千瑩墓 縣西南四十里瑩字明叔寶之父仕吳為立節都尉 海鹽徐志 案浙江通志引明浙江通志吳海鹽令考瑩未嘗令海鹽明浙江通志似誤

晉

何皇后冢 烏夜邨晉穆后葬此舊志近陵有喪靈浦后歸葬開浦通舟今塞 海鹽仇志 明朱朴詩玉貌曾沾帝子恩故鄉環珮葬歸魂于年廢

寢無尋處夜月啼烏尚有邨 伊志案浙江通志后祔葬穆帝永平陵則邑中所傳何后陵或即何準父子冢而沿訛失實也

天子女兒墓 在縣西南三十五里六里山村人侵犯之即有毒蟲出焉 案劉志云晉恭帝女封海鹽公主疑葬此 伊志宋少帝司馬皇曰晉恭帝女也初封海鹽公主見南史后妃傳趙倫之子伯符伯符子倩尚文帝第四女海鹽公主見趙倫之傳張希尚簡文帝第九女海鹽公主見張宏策傳當晉宋六朝時公主爵土多屬虛封歿後未必葬此況封海鹽公主者不止一人劉志以為疑甚屬有見矣志鑿指為晉恭帝女似太固矣

九母冢 未詳時代姑附此 在縣西十八里豐山石屋之東南昔有村人發之蜂蠆虺虺不可嚮邇 以上至元志

驃騎將軍蘇舉墓 海鹽圖經云名舉字子羽晉時人驃騎將軍封烏程侯葬金牛山北宋高祖夢其神因贈平南大將軍明帝加贈使持節都督征北大將軍墓今無考 續澉水志別詳祠祀

宋

臨海太守沈景墓 沈景宋人也 至元志 墓在沈山縣西南六十里 海鹽徐志 伊志案宋武原志劉宋臨海南陽二郡太守沈景葬此因名沈山即硤石鎮東山杭州志云上有寄食其墓故名審山蓋相傳之誤潘廷璋硤川圖志引沈藩詩云五馬舊香臨海骨千秋合署沈家林足以證矣

唐

隱君劉源墓 在縣南三里唐開成元年葬此 檇李詩繫唐故彭

城府君墓誌銘君諱源字文宗先帝王之苗裔也遠祖商漢上書侍郎祖一唐林泉不仕父興邱園放居君其孟子也周秦之世晉宋以來徙從吳郡海鹽勝邑樹德樹名不仕朝廷隱居邱壑嗚呼以開成元年十一月二十五日辛於私第乃以其年十二月庚寅朔十五日甲辰葬于海鹽縣南三里地號烏夜鄉名海鹽其塋也長松靄日青嶂運天其所也東流滄海西接甘泉南枕秦山之隅北底武原之地君壽逾七十有二娶河內司徒氏生三子少怦少通少平其子立也雖未聞闠之徙有抱皋魚之孝日月逝矣歲不我留勒石志之用存今古其詞曰野霧蒼蒼寒郊莅莅猗與芳馨俄遭夜霜潘圖撰

杜府君墓 太和元年杜府君墓誌云葬甘泉鄉烏夜原 海鹽圖經 案杜府君未詳其名太和唐文宗年號又圖經併載貞元陸府君會昌陳府君墓誌今析屬平湖

五代

靜海鎮遏使朱行先墓 縣南十五里 海鹽圖經 澉墅村之原

今無考 續澉水志謝鄂撰誌銘畧云義忠軍佐正匡國功臣故節度左押衙親衛第三都指揮使靖海鎭遏使銀青光祿大夫檢校尚書右僕射御史上柱國朱府君墓誌銘府君諱行先字藴之吳郡人也曾祖憑皇不仕祖眞皇不仕父敬瑞皇不仕妣陳留阮氏太夫人揚名立身光于宗祖者惟府君耳府君少親戎律長習武經有摧鋒破敵之堅藴戡難濟時之策所在征討累有功績以是聞於聖聽疊被寵嘉累歷八座益爲雪守所重府君之屯細柳也鉏耰判棘版築城壘不日而就不恃其寵不勞于民卒乘輯睦鎭縣和同商農工賈不改其業親載耒耜徧植桑麻以備祇奉使臣供承南北十五年內外無間言以寶大元年夏四月得疾弗興至秋七月二十三日終于靜海鎭之官舍亯年七十有二府君娶汝南周氏隴西彭氏淸河張氏三夫人

湖州刺史贈右僕射屠環智墓 澉州德政鄉 吳志吳越故忠義軍匡國功臣越州都指揮使前授常州刺史特贈武康節度使銀青光祿大夫檢校尚書右僕射開府儀同三司上柱國海鹽屠將軍墓誌銘將軍姓屠氏諱環智字寶光其先河東人晉將軍屠擊之後也大父某避地于吳家于澉川之青山遂世爲蘇州海鹽人太夫人吳郡顧氏夢抱璧有光生將軍遂以環智名焉將軍生而姿貌偉杰鷹揚虎視負勇畧更善屬文累舉不第歷遊名山見疆宇幅裂復還故鄉吳越國王初起鄉兵拒黃巢將軍從之時時以籌畫進遂與幕府謀議董昌僭號將軍首勸討賊昌誅以功授指揮使乾甯四年丁巳同顧全武王弟鎭自海道救嘉禾生擒賊驍將楊勝頓金等二十餘人計功將軍得中上遙領常州刺史職明年春再遷越州指揮使光化元年十一月衢州刺史陳岌叛將軍又同全武等討平之三年調守湖州授制與同郡高公彥天復二年壬戌武勇都指揮使徐綰許再思同于府城將及內城刺史高公聞之遣子渭與將軍同赴難渭曰今日不利彥曰急難何以吉辰爲將軍拔劍曰違主之命不忠畏縮不前無勇死忠死勇丈夫分也偕渭直抵靈隱山賊壘賊勢甚盛合圍數重二人自朝戰至于日晡身創百處奮力一呼力搏賊魁數人卽馬上手刃之矢盡援絕爲賊伏兵所害王念將軍徒步從式卒死國難以衣冠歸葬于開元府海鹽縣南三十六里澉川之青山德政鄉歸仁里德化村今天寶五年特贈忠義軍匡國功臣武康節度使銀青光祿大夫檢校尚書右僕射開府儀同三司上柱國將軍生于唐宣宗大中五年辛未死事于昭宗天復二年壬戌八月庚戌亯年五十有二娶錢氏子三長龍驤授澉川鎭遏使娶閩人氏次子昱節度使銀青光祿大夫娶都虞候鎭遏使鄭公艮女三日晟吳興刺史高公掌書記判官娶同里許氏諸孫皆幼公嘗有咏志詩曰輕身都是義徇主始爲忠至是竟符其讖云初未有誌至是龍驤屬余爲之而復系以銘銘曰河山毓瑞帶礪鍾英徒步奮跡赫聲濯靈么麿叛梗九首憑陵磨牙王國吮血蒼生公怒颷發樾伐擊膺矢屠猰㺄以身殉君功高盟府猷壯干城光啟前烈垂裕後昆忠孝纘襲勳土褒旌連岡重岊妥綏義魂桓赳世選煊燿貞珉丞相皮光業撰

宋

常家墳 常家墳不一處南橫山荆山雪溪呂冢各有之今在涇塘橋西者不知何人葬相傳元季嘗爲苗軍所發後子孫徙居郡城遂成荒坵 海鹽徐志續澉水志云常同七世孫所立碑

云常氏六世顯祖少師謚忠毅公同邛州人也建炎南渡子孫遂居海鹽本末載存家傳高祖令孫晦跡澉川曾大父口營葬先人于八都平陵曾叔祖上舍棠營葬先人于十三都鷃山之原本派乏嗣過口父宣教庶承繼恐後不知二塋創業之艱難故述各墳本末刻石以貽諸後云云餘皆破碎不可讀今覶山之墳華表石馬見存明蔡琳詩異代豪華事已非空餘石馬傍山蹊千年故物埋荆棘風雨時聞半夜嘶 案常同紹聖御史安民之子父子皆有傳見宋史趙圖記云橫山顧況宅旁有常家墳又云南橫山荆山雪溪皆有之橫山顧況宅旁之墳徐泰董穀胡震亨皆不見所載此或因南橫山而岐誤也海鹽圖經載魯氏墓魯故世爲海鹽人然自析縣後諸墳在平湖境另列于後

端明殿學士常楙墓 在五都常墳橋 伊志 伊志案常氏家譜云國學進士常世卿諱令孫墓在七都呂冢二墓因雷州公士昌卒官失之至成化中侍郎公麟知州公龍查復至嘉靖四十年又爲鄰人所據萬歷三年楚雄公公烇白郡太守李公始勘明給帖承管

陸尙書墓 豐山舊志未詳何人疑卽陸垓也 海鹽圖經 案垓高
郵人建炎初徙海鹽乾道五
年進士知和州官至尙書
太中大夫文德公陳公輔墓 在古衡山下公輔字國佐
中政和二年上舍第一歷官敷文閣待制轉徽猷閣贈
太中大夫謚文德從高宗南渡卜居茶院遂葬於此 海鹽
續圖經 案續圖經又云子世熙字光斗恩蔭生官工
部主事墓在鄧灣白杰山六世孫貴字松庵舉人墓在
大旗山世稱陳墳嶺十四世
孫修職郎顯墓在康思橋

元

隱居屠曾墓 曾以元至正三年浙江省元卒葬州東北
一里 伊志 案在
今演武場

邑令顧泳墓 縣尹顧泳至元中本縣未陞爲州以前任
海鹽
仇志 泳汴人卒葬海鹽尙胥橋 吳志 泳卒官貧不能還子
孫葬之尙胥橋南水際因家焉墓田五畝嘉靖間邑人
董穀請諸郡得復除 海鹽圖經

嘉興路總管同知李衎墓 縣西南三十里苞溪上 伊志 又
案衎汴人元大德中以賢良起家官嘉興路同知因家
苞溪歿卽葬于是地墓上有山茶花樹一株大可數十
圍交柯連理花葉繁茂歷久不改人稱爲茶花墳蓋
李氏合族數千人纍綏接武爲禾中之望實始于此

宣慰楊梓墓 宣慰墳有三所一在飈山一在荆山一在
吳家山其在吳家山者宏治間爲人所發夜入見柏梁
柏柱鐵索懸棺金果五盤以一大漁籠裝之出天明視
之皆土果也衆目夜視甚眞信變化矣止餘一硯甚佳
形如風字賣于天甯寺僧舍今歸嘉禾項氏 續水志

尙書貢師泰墓 在縣西南三十六里紫雲山下元禮部
尙書貢師泰葬此貢因兵亂游寓硤石山 海鹽仇志 朱嘉徵貢尙
書祠記明興先生恥事二姓有終焉之志宋文
憲濂銜命往强起之先生無言一夕仰藥卒

何先生墓 在金牛山 海鹽續圖經 伊志 碑稱何先生
墓其名不可考相傳其墓爲劉先生誠
意所定今墓前短垣猶誠意所命築云山有米芾書第
一山三字國朝吳夔何墓觀米書詩石刻伊誰筆
相聞是米顛山靈常見護墨妙自能傳洞識遺
蹤古碑欽處士賢髫年游戲地回首一悽然

孝子沈嗣昌墓 在豐山孝子字壽康墓久荒無知者明
正德末知府徐公盈考郡志嘉之移文邑宰張公廉訪
其墓已爲居民所佔求其後給還之仍進祀鄉賢 續水志

伊志 許相卿革朝志沈壽康事親孝喪祭執禮臺省
論薦力辭不仕人稱孝隱先生嘗謂桐鄉程本立曰世
皆競業舉以經學名而
無其實吾所不取

明

錢橋崔氏祖墳 宋季崔應龍爲都督徐應遐之壻居永
甯鄉卽今崔族所居處 張甯崔氏宗譜序 伊志 錢橋
在永甯鄉崔居舊在錢橋南應
龍墓已失考四世孫斌輔當元季爲萬石長在嘉興理州稅
值楊完者之亂賦入不時逮繫集慶獄明太祖取集慶
始釋歸卒葬錢橋北俗稱檀樹墳又錢陳羣崔氏宗譜
序云自應龍四世孫斌輔迄今歷五百餘年墓門松柏
依然春秋享祀不絕仕宦不必顯而子孫多儒流田園
不必豐而宗族相任卹亦近代所希覯橫山著姓有六
首稱崔
氏固宜

訓導沈盛墓　近有掘北門外冢得墓碑是宣德中訓導沈盛之墓有誌銘莫用行撰莫布衣能文爲張靖之所推奬侯罪發墓者爲改葬之 海鹽圖經　明鄭端允詩古木凋殘陌上墳哀猿聲慘不堪聞憐君今日知名姓好事爭傳竄石文

通政朱侃墓　社稷壇後 海鹽徐志

案海鹽徐志及圖經皆載葉侍郎春墓春海鹽人事見明史熊概傳其墓在三都大易鄉析屬平湖另列于後

給事張甯墓　在西關外順甯橋南 趙圖記　公墓荒蕪吳公昂爲諸生時建議修復萬歷間鄭治中心材復修之天啟三年邑令樊維城禁樵采捐俸重葺爲文以祭 海鹽圖經

國朝康熙十一年主事張晧監生張元熠以公無後捐貲於

墓旁築屋三楹以爲祠祭之所 袁志　案順甯橋在西門外俗稱葉家橋　甯自撰碑云甯與先孺人墓南向居祖墓右際側室附葬六穴皆循右東向北上以象生序頃見黃博士子婦有至節死無所歸甯亟求遺駭爲殯葬已失一臂故六穴皆未死而預爲壙宅所以虞不備皆未葬而先爲表著所以備不虞事難竟言勢難盡保甯豈耄僻至此亦自盡其心以聽乎天而已　樊維城祭文某嘗讀國史仰先生鳴鳳之高風栖鸞之善政而又慨先生之不容于時使大厦異材偏支于一隅數天霖雨但澤于一郡則宰相之過也當其時高位大祿者不知幾許人而至今唯稱給諫方洲張先生則信乎過眼之繁華不足據矣牛山同盡而向日之排先生者能與先王爭乎且將蕩爲冷風陰爲野土散爲蟲沙無知之物而先生在太虛之中靈光獨迸郎當時爲先生憐者同先生謪者亦有數人雖不能救而猶賴先生以傳其他唯喏囁噣之夫非不免一時之謗而至今誰復知之者某于崇祀既禮先生之主于修文又讀先生之書可以無憾今春有人稱先生墓垣頹廢且子孫皆零落無能存活者因召而問之慨然命駕循視碑碣雖無磷鑿而寢門果半圮其中亦鞠爲茂草矣因令守祀者掃而拜之惡夫溺之無從也遂具特牲兼助薄俸修葺其壞不知先生之來否也　國朝馬世榮詩緩步西郭西高橋夾廣津旁有黃門墓梅花落經旬清風薄暮動窅窅吹松筠

橫山張氏祖墓　在稱字圩張學官橋 海鹽續圖經　案明景泰時貢生張宗晟葬此嘉靖戊午解元張斝郎其孫也又鄉飲賓張天碧墓在闕字圩崇禎時工科源思其元孫

南昌知府鍾梁墓　開濟鄉大闕里 梁自撰西皋老人墓誌銘云昔傳奕杜牧自誌墓陶潛撰祭已文老人異之曰豪哉達矣夫今人子孫之爲者欲侈先行求顯盛者爲之恒見嗤于達者老人爲是懼敘生平事畧書諸石匪曰矯俗惟表其志爾矣

給事許相卿墓　澉浦觀音山東

處士朱朴墓　西關外大闕里 以上伊志

尚書謚端簡鄭曉賜墓　勾臕山 海鹽圖經　案山在澉城南大數十畝土色黃

中有小黃石後人取其土石存僅十二三隆慶元年諭祭文卿以端潔之行閎敏之才發解鄉闈擢秀甲第職兵曹則飭戒懋績任銓司則典選稱平官偶左遷名愈奕起久歇歷于中外茂宣樹乎聲猷總務漕臺國儲久資以充裕兼撫淮甸夷氛實賴以蕩除少宰貳天曹丕著公清之譽中丞理戎政益蓄捷伐之威特晉秋卿克協明允倚任方切勤勞足嘉乃謝事以退休猶一德之不懈何將召用忽報長終式念往勳之多用頒邺典顧彰老成之逝爰贈官階既節惠以易名仍賜葬而論祭爾靈不昧尚克歆承　又卿才能敏達學識宏深蹟著兩京官歷四紀尚冀謨猷之畢究忽聞耆彦之淪亡方切悼傷倏臨窀穸載申諭祭用示優恩英爽有知祗承寵
命

光祿少卿鄭履淳墓　在東淩港 案弟比部履準墓在吳家堰少卿子京兆心材墓在涇塘橋

太常卿錢薇墓　在沈蕩西北之西彭城 張時徹誄彤史記忠白簡表異

左臺右掖上聞丹扆帝曰嘉哉社稷之衛何以旌之奉常是貳何以邺之有司供祀顯忠遂良泉臺攸庇

舉人錢與映墓 在澉浦北湖 以上海鹽續圖經 案與映孫監生福徵墓在澉浦荊山之陰有張履祥墓誌見楊園集 國朝鄭壽平詩一臥千秋月青山繞白雲樓松開五粒羊石叱雙羣蛻冷埋仙骨珠藏誓墓文湖天無限好登眺倚斜曛

王海生墓 宏治甲子之歲前令王公璽葬子金粟山上輸俸于寺令內三畝爲官山 海鹽仇志 王璽碑記璽視篆之二載爲宏治己未六月四日生兒因名海生性頗慧璽甚愛望之壬戌冬十月十有五日病痘遽不起璽哭之痛厝于公署之東甲子璽陞知德慶州乃葬于金粟山西麓山之前故爲寺托寺僧守之又其北有訓術何旦南有部民陳源其兩家子弟皆愛戴璽者豈無推愛海生爲之禁護其損侵者耶於戲慧之蚤命之夭墓能永存亦方乎壽者老 國朝何兆辰詩棠梨花暗鷓鴣天漠漠雲封百廿年古碣摹殘苔蘚落一回憑弔一潸然四齡公子未成殤長共山靈伴夕陽半畝白楊期勿翦他時留取比甘棠 案王海生孩抱中物本不足記然胡赤城云王公于邑有惠政故備記之此亦公羊所謂善善欲其長之義也

小橫山顧氏墓 小橫山大不敷里率顧莊二族葬此 明陳與郊隅園集顧氏墓記畧顧氏墓在小橫山西故贈某官某公營之以葬其父某翁母某孺人而公之卒也子孫奉公遺命祔焉墓地百餘畝周遭繚垣廣若干丈而題其饗道曰湖村里阡其堂曰永甯堂左右有春輝風木二亭翼之而外施重門以入曰白雲深處又其外則引泉爲池池上有橋池之泉自墓東石澗中逶迤西注鳴聲汩汩公感而樹表池前曰感泉仍築臺澗旁以祠山靈碑曰震嵒神云

知縣崔培元墓 在縣西四十二里天增賢橋西北 以上橫山紀畧 案培元青陽小試甚著循聲所撰音潮艸堂橫山艸堂詩集沈氏槜李詩繫朱氏明詩綜皆多所甄錄足知一斑

贈光祿寺卿吳芸吳霽父子墓 芸墓在永安湖大成山季子贈兵部侍郎祔昭穴長孫蕭縣知縣祔穆穴霽墓在雞籠山 再續澉水志

尚胥里朱氏墓 在麻涇南合族數千人稱邑大姓

員外陸錫恩墓 在尚胥里錫恩平湖人贈刑部員外郎

贈公陳謙墓 謙吏部所學之祖葬開濟鄉社壇北 以上海鹽續圖經

御史彭宗孟墓 在翁東港 伊志 案墓誌宗孟先世自江右安福徙直隸全椒始祖勝以義旅從高皇開國積功世雲南平越指揮三傳王改海甯衛遂爲海鹽人又六傳爲公父昭毅將軍紹賢至公始以文職顯

太僕謚節愍彭期生墓 在馮將軍廟左 海鹽續圖經 案太僕留守嶺北殉流寇之難其死所在章貢臺既而臺焚尸亦燼焉有故吏杜鳳求其瘞所發視之惟心不毀殮以石函後曾堯景攜之來海鹽乃具衣冠葬之

尚書吳中偉墓 在澉浦北湖之北雞籠山有永思祠旁有寶綸閣 沈允芳撰神道碑 國朝吳熙詩寶綸閣外湧松雲中是前朝司寇墳落日憑欄秋水闊蘆花風起雁紛紛

陳則梁先生墓 則梁先生名在復社晚年卜壽藏于城北倉橋

處士徐文貴墓 在縣西南碧里山東 案文貴號近溪弟遜字自愚均有文行墓在碧里山南湖廣西兵備副使鵠號前峯墓在碧里山東

處士徐顯墓　在黃道湖烏金浜北以上伊志　案顯字德揚號耕樂有善士之目又鄉飲賓徐瑤墓在黃道廟東張家橋

舉人沈爚墓　雲岫山背有武塘孝廉沈爚墓雲岫庵志

鄉賢徐鼎墓　在縣西南角里山之西徐氏宗譜　案子諸生應奎亦崇祀鄉賢墓在縣西南大步山頂

尚書諡烈愍徐從治賜墓　在大步山崇禎六年賜葬地

孝廉昌治墓在大康橋海鹽續圖經　御賜祭葬文績著疆埸勞深海國當烽煙之旁午冒矢石以捐生城頭留化碧之丹祠下泣招魂之淚爲營若斧并錫偕藏寵隆司馬之阡名重睢陽之節載昭俎豆永賁泉臺　錢士升撰墓誌銘

贈兵部侍郎吳中任偏沅巡撫吳麟瑞墓　在泊檜山陰

再續澉水志　中任墓有張源思神道碑麟瑞墓有徐開禧墓表麟瑞弟兵部主事麟武墓在鳳凰山陳許廷撰誌瑞長子孝廉晉書墓在麟瑞墓西次子諸生謙牧墓在永安湖湖山嶺北張履祥撰誌

太常諡貞肅吳麟徵墓　在六里堰泊檜山陰長子諸生壯輿墓在其西次子蕃昌墓在雞籠山西張履祥撰誌　國朝順治十年十月　諭祭明原任太常寺少卿吳麟徵文褒忠揚美帝王勵世之權盡節捐軀臣子許國之誼惟爾學窺性理意篤忠貞官秩貳卿夙夜奉寅清之訓時當末造寢食懷杌棿之悲迨寇陷都城君銜社稷之莫乃能從容就義慷慨投繯旣大節之克終豈幽光之闡特遣官致奠賜諡表異代之英魂流芳青簡昭盡臣之懿矩賁寵黃壚爾靈有知尚其歆格

總兵諡忠烈崔文榮墓　在豐山案文榮初爲分守武漢黃三府參將加副總兵崇禎十六年賊陷武昌文榮出戰死

吏部郎中曹元方墓　在大河堰汪琬撰墓誌銘曰公諱元方姓曹氏字介皇世居海鹽之滄風里父侍郎公諱履泰舉天啟中進士踰十八年爲崇禎十六年公亦舉進士父子皆侃侃抗直不撓以才學並著聲譽中朝爭推爲士林正人

澉川朱氏祖墓　在澉川青山之麓以上伊志　朱氏明初自婺源遷澉浦族甚繁　國朝陳士璠遊青山過朱氏始祖墓有感詩知是江南派移家到海東可憐千里駿終老此山中但得延宗祀甘埋漏澤園孝思誰可訴付與後人論

舉人祝淵墓　在永安湖雞籠山淵字開美海甯人崇禎舉人曾疏救劉宗周乙酉南都亡自縊死澉浦詩話吳蕃昌再經雞籠山酹祝先生墓詩送子清溪月當時鴻雁歸卽今芳草綠長與故人還雲冷青蠅散林空白鶴飛山陰同首望同此一沾衣

姚節婦墓　在澉浦婦周氏澉浦姚璉妻年二十五夫死

父欲嫁之抱幼女溺死給事張甯爲之傳柳志

古節婦墓　在南城郊外古節婦墓也萬歷中詔旌沈節婦王玉貞氏之門樹坊郊外掘得古碑有沈節婦王氏墓銘姓氏適合多傳咏者姚士粦詩有姓名驕合璧冰雪老雙花之句海鹽圖經

伊志　案王文祿海甯衛志本衛墳塋都指揮王貴俊臣勳國賢葬開濟鄉西古蕩先公佐葬白芒待葑原指揮王信商允徐鑑劉清王憲彭玉千戸張雄封君徐昂義士仇必達必顯高逸胡寬胡宏葬西古蕩指揮王方馬文方正嚴政衛鎮撫張武千戸蔡暉黎勝陶炳封君張翥縣丞朱瑾子暕孫佐俱葬北古蕩指揮李安姚青來旺葬五里窰指揮尚鷹葬西停駕橋指揮崔英葬豐山陽不能備述存其大者以見側安得有司能行周官之法存澤及枯骨之心遇造冊年令各都具報纂錄以附縣志免侵掘之慘胡赤城所纂圖經具載此文于方

域篇今亦載之俾仁人君子得以覽焉

國朝

侍郎彭孫遹墓　在縣西南六里吳志　宋坡穀樹橋海鹽續圖經

州同知吳朝銓墓　在泊檜山陰許焞撰墓誌

給事張惟赤墓　在開濟鄉詹家橋大學士高賜李霨撰誌銘以上伊志

商隱先生錢汝霖墓　在紫雲山海鹽續圖經　案商隱墓在雞籠山續圖經誤見澉浦詩話

鄉賢何澄墓　澄字滄洲性最孝卒祀鄉賢伊志

贈尚書許日章墓　在金竺大橋子禮部尚書汝霖墓在

嘉興府志　卷十七　冢墓　四二

南海鹽續圖經　海甯州志日章字崑生性孝友崇禎之季邑大饑大出囷粟濟之死無殮者予之棺論者多之汝霖號時庵康熙壬戌進士歷官禮部尚書詳浙江通志

崖州知州何其仁墓　在半邏張墳橋南伊志

尚書諡清恪陳詵墓　在半潮山雍正二年

賜祭葬浙江通志

大學士諡文簡陳元龍墓同　贈公之閣墓在六步墩海鹽續圖經　海鹽續圖經云祔繼考　贈公之閣墓

通政何元英墓　在五河涇　案元英順治乙未進士歷官通政使參議最工書畫有名于時　案嘉興何志已載通政何元英墓在德化二都小成字圩與此稍異并存之

知縣毛之林墓　在縣東門外龍神廟後與楊廉使祠相近以上伊志　何兆晟詩秦塘一棹路通津弔古來瞻社稷臣荒塚青山常作蔭盈途赤子尚懷仁只憑老衲司香火恰與前賢作主賓身後餘靈猶報國年年渤海不揚塵

贈副憲陳訏墓　在北門外半塘

贈中憲錢標墓　在永安湖西北紫柏山以上海鹽續圖經

刑部郎中王廷獻墓　在道塘伊志　廷獻字幼拔海甯人康熙辛未進士有谷湖詩鈔

孝義張元熠墓　在蔣家橋西北卽其住屋後圃

大學士諡文勤陳世倌墓　在澉浦王家橋北

編修朱佩蓮墓　在縣西南山茶花港

知縣王紱墓　在東門外龍神廟後毛公墓旁子諸生世

嘉興府志　卷十七　冢墓　四三

魁及妻褚氏祔伊志　世魁寄籍海鹽補諸生試輒冠軍褚氏年二十亦以哭夫痛父以勞歿子官哀毀而卒無子其妻致殞邑人義而合葬之

生員崔京錄舉人學淇學泗墓　在縣西四十五里稱圃何家浜藤花埨之左

尚書諡文端錢陳羣墓　在縣西化成蕩乾隆庚子甲辰

翠華南幸遣官致祭

安慶同知錢汝恭墓　在沈蕩南若木里

大理知府汪上堉墓　在山茶花漾潘思榘撰誌銘　案上堉秀水人吏部主事汪孟鋗之父

孝子吳玉章墓　玉章海甯人乾隆六年題　旌墓在龜

山之陰閣學錢載撰墓誌

給事中朱㔻烈墓　在城北鳳凰堰東水灣橋

汪烈婦墓　邑令張九華之妾九華卒官汪自縊以殉墓在西門外關帝廟西以上伊志

副都御史陳世倕墓　在北門外吳家浜

羅浮縣知縣吳懋政墓　在徐灣

吏部員外郎朱蘭馨墓　在木山長水澗

內閣學士朱方增墓　在烏龍井

湖南巡撫陸費瑔墓　在呂坊呂家港

深州知州陳希敬墓　在北門外杏花莊

內閣學士沈炳垣墓　在虎嘯亭之東盖坊咸豐九年御賜碑文

吏科給事中朱昌頤墓　在邵灣唐家浜

侍講學士支清彥墓　在澉浦陳灣山

松滋縣知縣黃燮清墓　在九把山之陽

給事中錢儀吉墓　在沈蕩鎮西鄉青龍橋俗名朱家橋

海甯州訓導錢泰吉墓　在冬圖坊南石木港北以上新纂

平湖縣

龍母冢　陳山之巔有盤石爲龍母冢遇大旱祈禱以酒酹石輒有暴雨洗壇至元志　相傳龍君以三月十八日生歸藏其母于此平湖程志　嘉徵夢中龍據腹　國朝陸世揩詩誕降有自有崔嵬陳山巔有墓拱其木青峯繞佳城幽宮協天卜圻副卽飛騰於毛豈有屬猶念鞠我恩歲歲來洗沐一泓侍巾瓶孝思常在目安得瀉飛泉分流遍巖谷海濆多逸民策杖訪林麓咄咄駭異聞兩石自相觸石如雀鼠穿而不損墉屋昭昭龍之靈磊磊石之族動靜理固然幻態驚反復君子道其常龍潛而虎伏

天女墓　在乍浦人侵犯卽有土蜂黑氣逼人至元志

齊三士墓　海鹽縣東十五里海鹽圖經秦郎乍浦齊景鄉地九山志梁莊城西地名古冶場　有公孫捷田開疆古冶子三墳俱事齊景公勇烈有功于景公晏子以桃二顆令言功三人同日而死葬于此吳地志海鹽圖經案諸葛亮梁甫吟有齊城門蕩陰里之句則三士墓在齊地矣然搜神記載古冶子拔劍斬黿在蜀與長沙間水經注以爲並齊景所不至疑而存之則此地之有三士墓亦不必深辨

其員僞耳吳志案青州舊圖經臨淄縣塚墓門云三士冢在縣南一里三墳周囘一里高二丈六尺張朏齊紀云是烈士公孫捷田開疆古冶子冢

龍尾山古墓　龍尾山下盛姓宅後有一高阜欲治屋具畚鍤平之得一碑曰白馬將軍之墓棺已毀惟硃漆存髑之卽爲灰燼中惟髮一束鏡一枚純綠旁似新月形去城西二十里海鹽砂腰村　有白馬廟祀白沃使君或是其遺跡云九山補志

三國

皇象墓　在縣東南三十里明一統志　高一丈周圍四十五步至元志　輿地志象字林明廣陵江都人善隸書趙圖記青州刺史

雅山古墓　乾隆二十一年臘月雅山下居民營壙穿土得古墓取二磚以出仍掩之磚長尺餘色黄側有太康七年七月七日造九字太康晉武帝紀年也 乍浦志

青龍觀古墓　觀山西麓有青龍觀故址松江僧湛之欲拓地重建里中曾士完捨山開築畚鍤咸舉鏗然有聲窮之得一古墓方下圓上石磚甃頂磚徑長可尺有咫横三之一而斜甃其徑之一角使可規圓而合砌題其側徑曰咸和元年八月十五日作横曰宜侯王墓斜甃角殺可五之一鍥爲虎頭而虚其甃角之側徑無别識磚質堅細懸而下中多紫藤香甚有石板長數尺瓷鉢

一鉢中水甚清大鏡一純緑小鏡一又小似鉢者數枚俱無識墓南數步有隧道碑塞之碑有方孔二疑内即窆所惜無辨其字者知縣賴垓聞之禁勿令開所得鏡觸手輒碎及出墓道迎風漸堅小鏡與餘鉢俱歸之縣時崇禎壬申五月二十八日距晉已千三百餘年宜侯王者史莫可考 九山補志 乍浦志引洪适隸釋云永平八年甎一建初三年汝伯甯甎一七年曹叔文甎一元和三年謝君墓甎一永和元年景師甎一其文皆隸書也或云萬歲舍大秋善或云千萬歲著舍子孫貴昌未央大吉云大吉陽宜侯王虞荔鼎録云蜀章武二年先主作二鼎一與魯王文曰富貴昌宜侯王一與梁王文曰大吉祥宜公王並古隸書高二尺然則宜侯王者乃古人頌禱之辭非姓名之爵也咸和晉成帝年號　明李天植詩千載遺弓鎖碧阿新開日月見咸和蘭膏已盡燈何在緑玉猶存鏡可磨南渡衣冠無故物東來形勝只滄波荒坵好與重封誌爲爾還吟薤露歌

案龍母天女事涉誕妄然自宋元以來地志皆載之龍尾山等古墓彷彿謝惠連祭冥漠君古冢事因備錄舊文至三士墓不當在此前人辨之已詳存而不論可也

陳

鴻臚卿顧安饒墓　在陳山 名勝志　案安饒野王子至元志高一丈三尺周同七步

唐

唐陸府君墓　在當湖市 輿地碑目記

陳環墓　在齊景鄉雅山南二里有墓誌不著作者姓名 海鹽圖經　唐故陳府君墓誌銘府君諱環穎川人也祖與父道清並不求宦達君即清公之第二子也幼著才識長嫻規矩克言一理行鄉閭所欽何圖天不佑善以會昌二年正月二十一日終於私第享年六十有三以

當年八月十八日窆于蘇州海鹽縣東二十八里齊景鄉雅山南二里祖墳南舊塋禮也君娶吳郡顧氏有子三人長曰遂次曰師損三曰公甫並至謙至讓忠乎孝乎泣血圭喪絕漿逾制後恐日月久遷陵谷遷移刊石爲誌永傳不朽銘曰山作田兮田作海萬古存兮誰不改青松新壠曉無年千載維留名記在

案平湖王志云墓誌惟陳環全録其文其餘行事已見列傳者但節録銘詞若無傳諸人則畧附梗概于此

宋

參知政事簡肅魯宗道墓　在齊景鄉當湖里即今縣東南桑園衖墓前有碑 平湖朱志　李迪撰墓銘云直哉貫夫宦寓于湖土堅而秀室安而固其名不朽其嗣孔茂何以銘之千古如在　張士遜撰神道碑銘云魯以國氏世遠支蕃公參大政剛斷立朝天位以正社稷以安孰不事君乃惟勿欺孰居于相乃能無隱錫爵優隆敕謚彌榮當湖之里齊景之鄉銘昭于遠俾嗣其芳　明沈懋嘉詩家家寒食各紛紛留得輕風上綉裙滿地紙錢人不掃草花紅過魯家墳

案海鹽圖經及平湖程志皆不載宗道墓平湖朱志始增入考魯氏世譜所載誌內明云當湖里齊景鄉自屬可據

正議大夫魯壽甯墓　在縣東南二百五十步 魯氏族譜作湖口

壽甯字景修號東庵宋宣教郎致仕累贈正議大夫 柳志 開窗括異志正議之塋瀕湖占勝爲一方冠南皆杭湖遠峯列如筆架一塔屹于波心文峯挺立登名仕版者世有其人視他族爲盛淳祐間忽樹間出煙一道遠近莫不驚異有細視之者見其間有蠓蚋不可計從樹中出終日不絕蓋此煙卽此所成不知何異

宣義郎魯壽淵墓　在齊景鄉壽淵字景源號南林宣義郎 平湖程志 開窗括異志南林高祖塋嘗聞伯叔祖言初營地時高祖頗明地理將鑿池引水至墓西南夜夢一婦人曰妾有墓在正南所開池處君戒役夫勿傷我墓當有厚報次日果于其地得金數塊遂用以營寺 今其墓尙存自創建以來將踰百年林木塢竹視他處爲盛丙午夏忽生雙笋數株然不成竿亦無他應

司理魯文謚墓　在縣東五里 柳志 喬行簡高郵司理魯公墓銘爾積之厚而進匪驟盍究所存胡喬其壽詩書有傳科級維舊或柅於前尙昌爾後

陸通一墓　舊卽縣基宣德五年建縣治遷北城內 今趙家浜

通一象山六世孫明理學 案平湖縣給帖爲建置縣治事奉司府帖文崇戶部咨文奉旨設縣據吏部員外余相得縣治應建於當湖鎭之中係居民陸廣等基祖墳族居環其左右應擇地聽遷查得北邊公地二畝二分龍淸水秀政堪窆爲此帖仰陸廣等卽將祖墳移葬世守管辦勢豪毋得侵佔須至帖者

伊志案省志作巡司陸啟禎墓引海鹽文獻志爲據而舊志皆作通一考陸氏家乘墓圖主穴爲通一昭昌二穆墓次昭鯨次穆寬銓在今縣基儀門內所遷縣西北隅者乃通一墓碑尙存可考故仍舊志並証省志之誤

翰林學士趙孟堅墓　在廣陳葦字圩 海鹽圖經子固居廣陳晩徙居崇德

廣陳今析平湖宋時爲海鹽地平湖趙伊謂幼時見其地高阜纍纍居人皆指爲趙家王墳樵採有禁云張雲錦書平湖縣志輿地志後子四系出安定王家廣陳時建王祠既歿而葬祠西偏祠圯土人呼其墓爲趙王墓盍以祠故誤也見賀將軍傑所撰祠記而天啟邑志載云樵採有禁竟未知誰事比之漳河疑冢甚爲可笑康熙間所修邑志尙仍前說余故書之以俟後之記地志者正之

碩儒周貴一墓　距魯簡肅 原本作壽甯誤 墓西三十步貴一碩儒講道武原子務一仕元爲提舉葬昭次

靖獻先生陸正墓　在廣陳鎭 元王昭大撰墓碑銘云平章斂澤乃發先生遭此革運棲老藏名其名則藏其道孔明箕潁之節洙泗之經一卽掩魄千禩垂聲

石總管墓　在東泖口總管廟西有石氏壠跡 以上平湖程志

婁縣志考宋史石保吉尙太祖女延慶公主石端禮尙哲宗女陳國公主石氏爲駙馬都尉者惟此二人史稱保吉家多財所在有邸舍別墅則此所謂石都尉者疑當屬之保吉然保吉終于鎭安節度使而志云江淮總管亦與史不合未可臆定也

朱提舉夫人陸氏墓　在德藏寺後 吳志 樂郊私語楊璉眞伽率衆過德藏寺將發陸左丞女朱夫人墓寺僧眞諦忽現神力掣韋馱杵擊之楊以爲神竟去墓得全

元

徵君陸壽一墓　在安圩壽一至正間人屢聘不赴隱居祥里 平湖張志

殿中都尉張爕墓　在新倉南虬柏秀鬱代出賢良簪紱纍纍至今子孫蕃衍

處士陸應奇墓　在南陸應奇靖獻先生子元末避居華亭胥浦鄉其地因名南陸卒葬焉後爲姚氏宅惟存祭埽地今姚氏宅廢四隅立碑爲界稍復封樹以上平湖朱志

進士陸景雲墓　在鶴嘴涇景雲致和元年進士授提舉終不赴

恭靖侯賀傑墓　在縣後玉帶河旁有坊曰恭靖侯賀十萬公墓案程志氏族門載傑父億字十萬考坊額應是億墓舊志皆作傑姑仍之

處士趙友一墓　在新倉鹽運河南有木甚奇案木係古柏乾隆己卯風仆其七世孫趙漢題墓以上平湖程志

明

處士張迪墓　在蒹葭圍南寫字圩迪字靜庵忠獻十一世孫元末隱居好義自獨山遷蒹葭圍子孫聚族于斯卒葬焉墓有石羅城俗呼石穴子敕賜八品冠帶張瑜葬昭次平湖朱志

刑部侍郎葉春暘墓　在大易鄉宣德八年諭祭海鹽圖經春墓子孫失守天啟間知縣樊維城贖而修葺之給其後八名曉若憲者奉祀爲文告之其畧曰宣德去國初未遠俗尚質樸居官者得人情也一意取其足蓮于王事而已矣不相責望以體面獨行一嘗讀信史見先生自請而按浙一事此非處治朝遇明主必不能爲奉詔而行復命無距此固聖天子見萬里之明而先生之直氣勁節負不可泯也先生以仁故能行其剛我聞仁者必壽亦必祿及子孫聞之文貞公墓誌中道先生壽矣及某訪先生子孫僅有存者皆農功客作者耳昔李青蓮不過文士墓遺風者尚猶爲祿其女行其書何況先生功德在人高山可仰謖謖情風巖巖喬嶽而可無以表揚之乎二人來見云係先生七世孫家傳聖諭墓碑徵之而信猶是掩面稽顙嘆墓田已更于他姓石碣亦斷于樵人泫然久之方謀修復用布諸瑩次云

武畧將軍施雷墓　在北門內雷原秩千戸正德間以出貲助賑敕加都指揮使以上平湖程志　案嘉靖四十二年秋施武畧墓前水如潮諸港徹底奔赴繞墓水高數尺其裔中書施日升葬釣字圩踰時乃復是日施鳳來生

湖廣參政倪輔墓　在齊都古字圩胡觀橋古木陰翳嘉靖倭變居民爭匿以免以上平湖朱志薛剛撰墓誌銘

尚書諡康僖屠勳墓　在鄂陽山麓正德十二年諭祭平湖程志　楊一清撰墓銘云窮經學古士則宜然或滞于用匪才之全公少有志無書不讀視天下事皆在我腹既奮厥奇周旋曹司析紛舉劇無試不宜引經折獄以儒飭吏發爲詞章乃其餘事昔在孝宗賢俊彙征公名日起與位俱升建節東巡方畧圖上翼翼重闗屹成巨障億萬幾民賴公底綏問其疾苦卹其寒饑入掌邦禁刑暴詰慝何幽不宜何滞不服初服三事皇覽日俞致君堯舜惟爾嘉謨祈天我志祥刑爾職愼爾三尺長我王國大姦竊柄毒流九圍公有先見不蹈危機少行老歸公不待老其身雖隱其德彌卲彼進而顚公退而安絜短較長公何憾焉公惠在人無涘仲子參政屠應坤亦葬公名在史公擇在子其流無涘仲子參政屠應坤亦葬山之陰平湖張志

江西參議沈煉墓　在黃山下

殉難百戸徐榮墓　在暘山

殉難千戸王鏜墓　在觀山

殉難百戸裼臣墓　在苦竹山後案海鹽圖經名宦內有禦倭戰死之乍浦所百

戸楊恩臣疑卽是人

贈都督僉事殉難百戸康綬墓　在陳山寺東崇禎間其孫承爵以戰功如銜都督僉事追封先世就此焚黃告墓焉以上九山志

山西參政趙漢墓　在北門外福臻寺後字圩墓前有碑曰諫議名臣孫進士趙邦秩立其子廣西副使趙伊墓在華村坊勸字圩墓碑亦邦秩立伊志

孝子郭球墓　在北城內倉橋西平湖朱志

工科給事中馮汝弼墓　在東門外黄谷山蘙字圩伊志徐階撰墓銘

滁州判官王梅墓　在福臻寺東北沿盤匯平湖朱志

延平知府陸志孝墓　在冬青潭吳志案舊志誤列國朝今更正

贈翰林院修撰沈宏光國子監司業沈懋孝父子墓　在莊里平湖朱志

昌國備倭把總周翼明賜墓　在黄山程志萬歷四十七年賜祭葬九山志

贈雲南道御史過厚墓　在過家溪北致字圩其南洋濆廟前卽其子應天府丞過庭訓墓崇禎二年諭祭平湖朱志

山東左參政贈太僕寺卿馮敏功墓　在華二十二都三徐塘西伊志

禮部員外贈光　寺少卿陳泰來墓　在小南門外李字圩

兵部侍郎陸長庚賜墓　在東湖西崇禎九年諭祭其北卽贈江西布政使陸珂陸文典墓

湖廣布政沈萃楨墓　在齊都近字圩陶家浜

江西提學副使陸錫明墓　在二十三都岡字圩以上平湖朱志

處士王路墓　在黄山南麓九山補志

封中憲大夫陸鮮行人司陸志忠父子墓　在齊都敦字圩伊志

福建布政陸懷玉墓　在虹霓堰伏字圩平湖朱志

定州知州進兵部員外胡震亨墓　在高公山之陽

嘉定州判曹宏毅墓　在陳山東以上九山志伊志宏毅字叔完乍浦所人入南雍選授嘉定州判有能聲署威遠縣清理杻滯甦馬戸之困民德之以是觸贓之亂得免難歸貧甚授徒自給年七十卒

貴陽知府朱茂時墓　在十七都冬字圩之洪家港伊志

舉人李天植墓　在乍浦牛橋西北平湖張志國朝葉謙詩蓼蓼壘圓卓卓龍湫客何處弔孤墳青山瀉將夕

舉人馬嘉楨墓　在衛家浜案平湖張志作紿諫誤

副榜貢生過銘簠墓　在致字圩平湖朱志葉燮撰墓誌

濟南推官陸燦衣冠墓　在泖口晝字圩

高士李延昰墓　在東湖濱潔芳橋東北葬用浮屠法外周以牆其形方而虛其前作圭竇以上伊志朱彝尊撰塔銘于東景當湖雜詠混跡醫翁道士間半生鄉井不知還一抔黃土鴛湖曲剩與閑人說放鷴

贈尚書孫軒墓　在大易鄉之盛溪于志景暘撰志銘

山西按察僉事贈尚書孫璽墓　在父軒墓側唐順之撰誌銘文徵明書石

都督僉事康承爵之妻戴氏墓　在陳山寺東舊爲張氏墓未及葬售之承爵葬夫人戴氏乙酉承爵死于邑城西門外常平倉前惜無人收其遺骸者九山志于東景詩里人猶說康參將戰地殘骸不復還杞婦淒涼餘馬鬣夜臺空上望夫山

國朝

戶部侍郎曹溶墓　在十七都周思塘平湖朱志

戶部侍郎馬紹曾墓　在縣東三里白沃廟東北平湖張志

生員孫之琮墓　在亭子橋北義士圩平湖朱志

御史贈大學士華亭王廣心墓　在南陸王氏族譜廣心字伊人號農山順治己丑進士累官巡倉御史贈武英殿大學士著有蘭雪堂集

戶部尚書華亭王鴻緒墓　在新帶東北二里南蒼雍正元年

諭祭以上平湖張志別裁集鴻緒字季友康熙癸丑進士官至戶部尚書著有橫雲山人集查慎行大司農王公輓詩門生門下士時世溯淵源別有酬恩日深蒙知己言佳城瞻望近畫象典刑存酹酒陳詞意還應徹九原

案王廣心父子墓前志不載以江南人也然賜塋在境內烏可弗書若陸莊簡墓在嘉興境應列嘉興見前

思州知府陸世楷墓　在縣東六里五行涇伊志朱彝尊撰墓銘云嗚呼古之循吏久於其官政以不煩民以不冤公於黔於粵除惡必先濟之用寬客至張罏廬旅居船士也討論席研壺餐志其山川申畫土田有德有言謚於炎壓宜爾子孫克昌厥文美哉鮮原秀木丸丸罔有後艱

內閣學士陸棻墓　在南門外聽字圩平湖高志陸棻自題坊表予告通議大夫內閣學士兼禮部侍郎陸雅坪治生壙于湖西一角林竹之美山川之光心所樂也阡不擇吉葬可隨時祖壠相依游魂永託康熙戊寅仲冬二十六日時年六十有九勒諸坊表勿替成規高深不移歲月恒古毛奇齡撰神道碑

西平知縣沈蓀墓　在楊樹漊平湖朱志宋德宜撰墓銘　其子副貢生季友墓在普濟橋東伊志

御史諡清獻陸隴其墓　在泖上畫字圩吳志作餘字圩誤案本文東距陸燦衣冠墓一十五步乾隆二年

諭祭三年

御製碑文　贈官予諡樹碑神道左四十八年邑人張誠修墓立石墓前題曰先儒陸清獻公之墓平湖張志五十二年知縣王恒建墓坊並栽松柏平湖王志王恒重修墓記清獻公之歿也江南督學部公嗣美贈貲以葬越六年趙公申喬任浙江布政使購田一十畝有奇供其祀事雍正四年奉旨從祀文廟乾隆二年諭祭三年賜諡贈官樹碑于墓道之東南禮至隆也其墓在泖口祖塋旁歲久漸蕪子孫貧日甚不克以時修整馬鬣遺封榛莽轇轕宰木綿垣亦皆闕如夫公爲我朝首出醇儒力崇正學得孔孟之眞傳薄海內外莫不欽承聖天子敬禮儒先之意俎豆宮牆而宅兆所安之地顧乃聽其

荒蕪若此有守土責者於心安乎余忝宰是邦幸親賢
里既爲公新其祠宇丁未夏偶以公事至泖上拜公之
墓盡焉心傷乃倡捐錢二十四緡隨有公族孫錦聯捐
錢三十五緡邑中賢士張誠捐錢二十緡羅金鼎孫烜
各捐錢十五緡鳩工集事董其役者爲生員陸子鑛候
選州同馮錫貴周流督率閱數月而工竣又有貢生戈
宏坦捐田九畝有奇其田在公墓旁既得助其歲祀又
可固其界址皆徵敬仰先儒之意云 案戈宏坦所捐田知縣王恒詳府立案給匾旌獎茲令奉祠生陸宗源世守

武義訓導張友直墓 在蒹葭圍棲字圩 浙江通志張氏家乘友直之子益號壺山貢生授武義縣訓導

禮部侍郎諡文恪高士奇墓 在南門外二里康熙四十
三年
賜祭葬 吳志查慎行詩天上巢痕掃入間鶴夢同新松陰漸合宿草客諱來麼瑟餘三嘆題詩擬七哀自傷遲暮眼轉瞬閱興衰

翰林院檢討陸奎勳墓 在小南門外五里葛家橋 平湖王志

戶部尚書諡文恪沈初墓 在落木圍成字圩嘉慶四年
諭祭葬 伊志

副都御史陳嗣龍墓 在北門外楚字圩

贈光祿大夫刑部尚書禮部主客司主事吳之錡墓 在
北門外莫字圩松風港

吏部尚書協辦大學士吳璥墓 在東門外首字圩金家
橋璥子二品廕生元凱墓在東門外張字圩趙家廟 以上于志

山西大同參將葛元墓 在乍浦東門外牛橋東

孝子張世昌墓 在小西溪巾圩

貴州黎平府經歷陸光濂墓 在全眉坊沓圩賞賜葬銀

贈都察院右都御史江蘇淮徐揚海道朱善張墓 在徐
逮坊議字圩

直隸深州知州孝子張慶成墓 在官田坊禽字圩

雲南按察使沈蘭生墓 在福臻坊精字圩

內閣侍讀學士錢福昌墓 在戈溪坊池字圩

翰林院侍講張金鏞墓 在周圩坊弁字圩 以上新纂

石門縣

漢

廷尉吳公墓 在洲錢北道橋西治平爲天下第一 石門耿志

晉

尚書李益墓 在沙渚塘東二十里龜山之陰 石門靳志

五代

周妃墓 在錢林涇證聖院北五百步吳越王俶挈家屬
朝宋妃卒於阜林遂依祖祠葬焉 崇德洪志 後爲豪家所踞
裔孫德洪思孝等鳴于官得復 崇德靳志

金吾將軍錢元弼墓 在洲錢市 崇德洪志 文穆王奏陞嘉興
縣爲秀州仍命王弟元弼爲刺史 吳越備史 洲錢有金吾將

軍錢元弼墓俗呼將軍冢（趙圖記）冢高數丈歲久傾圮下瞰黝深甃壁廣若堂宇牕牖鐵爲之西數十步有侍郎昱墳紹興初使相錢忱來南訪葺諸塋命族孫鵠專主祭掃秦魯國大長公主以親屬奏鵠以官鵠卒儒林郎達道繼掌祀事（崇德陳志）

宋

工部侍郎錢昱墓　在洲錢市（崇德洪志）昱忠獻王佐之子任秀水刺史（宋史吳越世家）昱字就之仕宋至工部侍郎（柳志）

崇德令衛淇墓　在語兒鄉職官淇至和三年任以德化民野生瑞麥卒於官民仰之葬於語兒鄉表其墓曰宣

化（石門洪志）

陸氏懷墓　在縣北六里陸塤爲弟埈築室墓旁名之曰懷取孔懷之義（崇德洪志）陸塤陸埈同葬墓（吳志宋程珌懷墓記大陸君湑厚有賢稱于里黨教子以學卒收儒科小陸君英茂早登進士入仕蓬省出分州符有惠政及民今云亡而其兄愴之若是嘻若君之兄弟其不足爲薄俗式耶其不助大君扶持世教耶君之若子若孫若雲仍其可不知家法所傳耶推之一國達之天下詔之後世而以陸氏爲義門者君家子孫其勉之天下有兄弟者其則傚之觀風四方與夫載筆史宬其將必有以取之）

傳貽先生輔廣墓　在西門外一里（劉志）有遺像陳令允堅移奉傳貽書院（崇德靳志）

迪功郎張汝昌墓　在石門鎮北保甯鄉（石門鄺志）孫朝議大夫琥亦葬此（崇德靳志）

吏部尚書陸德輿墓　在縣西北六里華表石獸尚存（柳志）

莫氏五桂墓　在莫墓村（明浙江通志）莫琮子五人元忠若晦似之若拙若沖俱登科時比燕山五竇（柳志）

端平殿學士諡清毅陳塏墓　在伍社村（明浙江通志）十二都

秘書方誠墓　在南津鄉清化里（以上石門鄺志）

元

教授朱鵬飛墓　在九都瓜宅村（石門洪志按瓜宅村在九都舊志沿鄺志誤作十九都）

學士諡文穆張伯湑墓　在縣北十七里（明一統志案崇德靳志云十

一世孫國翹修整周銓部應秋爲記一派復其侵地而加封焉并爲記）

蕭王穆墓　在縣西北十八里穆拜尚書後封蕭王（柳志）

禹烈婦墓　在石門鎮表曰貞母阡（崇德陳志明徐一夔有記）

明

助教貝瓊墓　在語兒鄉（崇德洪志）

御史張緝墓　在石門鎮通市橋西（石門鄺志）

大理寺丞朱逢吉墓　在永豐里（崇德洪志）

御史金遜墓　在四都（石門鄺志）

知縣蔡新墓　在十二都萬魁橋東（崇德靳志）

知府姚文墓　在南津鄉官村文祀鄉賢（崇德洪志）

刑部尚書潘蕃賜墓　在石門鎮吳志有祠有劉修撰龍墓

表

主事張璵墓　在渡舜橋北

給事中周崑墓　在崇德鄉上莫村子通判幹亦葬此

典籍蔡天錫墓　在萬魁橋西

通政呂希周墓　在三都

總憲沈宏墓　在陳山

太僕呂煥墓　在南津鄉官村

僉憲趙岩墓　在語兒鄉演教寺東北

知縣呂炯州同呂燧墓　在十六都

知縣李華春墓　在南津鄉百歲橋西北

儀賓呂熯墓　在官村舊志作呂煥誤

舉人張國翹墓　在十一都張家匯以上崇德靳志

教授沈校墓　在南津鄉新橋西石門靳志

布政勞永嘉墓　在一都清地庵西

惠潮道副使陸典墓　在安邱口字圩

兵馬司正指揮沈大德墓　在南陽村羽字圩舊志作祭酒誤

學副吳尙倫墓　在洲錢陸寶村

巡撫吳之屏墓　在東楊家莊

庶常吳爾壎墓　以上石門鄺志　案四明葛編修世振以爾壎入昭忠錄并銘其墓見檇李詩繫鄺志不載葬處今未有考

待詔吳之經墓　在芝村石門耿志

文學吳爾虎墓　在馬頭村石門耿志

蔡烈婦墓　在石門鎮祠後崇德靳志　案崇德陳志云先是蔡烈婦葬于祠左隆慶三年朱令過祠謁之議遷葬于祠後啟窆則棺槨開裂竅見殮具皇遽掩土改治一棺以殯發而易之棺合如新無纖隙可指衆咸異之仍以舊棺葬焉說者謂烈婦自縊時周身密縫不欲人見其體故死後不忍以遺骸暴露也烈婦死節事詳在貞孝錄彰喬有祭文徐九皋有哀詞見鄺志

費烈女墓　在北門外蕪沒道旁靳令一派至爲搆祠一楹圍以土牆顏其門爲文祭之今祠屋廢石門鄺志

國朝

贈布政使司參議勞俶融墓　在馬頭村有王士正墓誌銘

陝西布政司參議鍾朗墓　在十八都九圖潘家橋

四川簡州知州朱輔墓　在東九都五圖福字圩長子汀州推官霞次子濟東道雯祔

刑部侍郎鍾鼎墓　在黃鶴村以上石門耿志　按鼎崇禎丁丑進士入國朝官至少司寇舊志列前明誤

副都御史勞之辨墓　在縣北五河涇石門鄺志

左都御史吳涵墓　案吳志不載葬處今未有考

內閣中書吳之振墓　在洲泉鎮學字圩

御史蔡履元墓　在陸家橋東田村

同知田尹衡墓　在東二都一圖

朱範貞墓　在甘露庵北

姚烈婦墓　在宇字圩清池庵東

蔡貞女墓　在東二都六圖以上伊志莊存與董潮曹培亨撰墓銘

廣西上思州知州勞啟詵墓　在西九都墨字圩

吏部主事鄭枏墓　在西都絲字圩

布衣吳克諧墓　在洲錢鎮永安橋

刑部郎中胡枚墓　在南陽村以上于志

禮部郎中鍾璜墓　在十八都四圖北造字圩石門耿志

桂林府推官吳輅墓　在十五都一圖大沐村石門耿志

分水訓導譚封墓　在玉溪鎮南洲浜新纂

贈通議大夫同安縣知縣陳鰲墓　在十三都永昌廟後

李爵相鴻章有墓表新纂

桐鄉縣

宋

永嘉郡主墓　在殳山下吳志紹興二十四年封碩人進永嘉郡主三十二年卒詔以醫官李師克等付吏訊治時孝宗尚在東宮奏女幼而多病不宜罪醫遂寢乾隆二年贈嘉國公主葬于此桐鄉徐志國朝仲宏道詩深宮常匿影遺冢任芻蕘花月年年在芳魂不可招

少師張掄墓　掄乾道間人世居開封扈蹕南渡以文墨際高孝二廟賜第於秀之青鎮官至慶遠軍節度使開府儀同三司太原公贈少師葬崇德縣清風鄉之原烏青文獻

將軍楊昇墓　松園墩保甯鄉上有楊將軍昇墓趙圖記

門下侍郎顏岐墓　在陋巷村吳志案浙江通志沿誤作禮部尚書顏復今改

刑部尚書莫澤墓　在永新鄉上塔廟北前有莫墳港劉志

浙東總管張子修墓　在石門鎮北袁志

知泰州輔逵墓　在永新鄉經堂橋明崇禎間有欲侵奪

者其裔孫訟於官至今得稱古墓烏青鎮志案桐鄉徐志烏青文獻皆載永新鄉有先儒輔慶源墓誤逵為廣矣廣墓詳見石門

吏部侍郎濮斗南墓　在梧桐鄉五都濮川紀畧

淮東議幕徐綱墓　在今東門外匯龍橋西北岸冢高丈許周四十餘步

防禦使蔡梅友墓　在來鳳橋

濮奉謚墓　在濮院石家墳橋村人稱為郡馬墳以上伊志

元

張庶墓　在清風鄉子屋衲葬烏青文獻

侍書學士吳淇墓　在慕化鄉趙圖記

國子祭酒榮公墓 在千金鄉屠甸村

宣義王疇墓 在梧桐鄉見喜村以上袁志案舊志以上二墓誤入宋今據浙江通志改

淮安路同提舉濮鑑墓 在福壽寺西濮川紀畧趙孟頫撰誌銘

廉使石朝用墓 在濮院石家墳橋梧桐鄉徐志

禹烈婦墓 亦名貞母阡趙圖 在王溪鎮側袁志徐一夔有記

明

徵士鮑恂墓 在千金鄉趙圖記

雙節冢 在濮院鎮唐夫人橋洪武初籍濮彥仁家官收其產彥仁妾唐氏龎氏俱濮院鎮人義不辱遂自經死合葬于此貝瓊有詩紀其事伊志

僉都御史程本立墓 在梧桐鄉張蕩

知府沈榮墓 在千金鄉靚谷村

南甯知府趙讓墓 在永新鄉前朱村以上桐鄉徐志

遼府長史楊迯墓 在濮院鎮北楊家橋秀水桐鄉接界 子河南按察司僉事楊青祔葬濮川紀畧景泰六年遼王遣祭文嗚呼爾拜上命來輔我國彈爾心思展爾才力我言爾聽爾行我悅孰云一旦遽逝如奪訃音爾歸道里遼長茲爾親屬來迎爾喪妥爾神靈返爾故鄉居行伊邇遣奠一觴尚饗

鈞州知州邱嶅墓 在保甯鄉北彭村

贈都督同知宗禮墓 在阜林秀溪橋禮死後一月餘始得其屍葬之面如生嘉禾徵獻錄

裨將霍宗道墓 在阜林秀溪橋東嘉靖中拒倭寇與將軍宗禮同戰歿葬此劉志

大理錢貢河南巡撫錢夢得賜墓 在永新鄉甑山吳志

江西布政施爾志墓 在濮院鎮西北

操江沈棻墓 在永新鄉以上桐鄉徐志

武岡州州判于恭墓 在慕化鄉王文成守仁題曰節判

尚寶卿李樂墓 在青鎮北伊志

湖廣左布政使馮孜墓 在千金鄉屠甸市南以上桐鄉徐志

石埭知縣陸階墓 在楊家橋西范家浜濮鎮紀聞

廣西宣化知縣錢夢祖墓 在南張村

河南布政陸懋元墓 在東門外新橋衕郎字圩

四州布政司理問邱嶽福建福州府通判邱珊福甯州州判邱思高墓 在保甯鄉白馬里俗名連三墳

贈保甯府推官錢夢傅墓 在永新鄉郡字圩

廣西左江道錢允鯨墓 在上塔廟西北郡字圩

舉人陸藎誼墓 在王家山南渡橋東昃字圩藎誼初名鈺字貞如後改藎誼字忠夫海甯洛塘里人萬歷戊午舉人乙酉南都亡絕食十二日死同時潘廷章沈亮采

吳太沖皆爲文紀之子嘉淑字冰修宏定字綸山詩擅
盛名有冰綸二陸之目先後祔葬昭穆穴以上伊志
靈壁縣丞金夢麒墓　在金家木橋濮川紀畧
直隷昌平州知州陸賚吉墓　在衆官橋新纂
國朝
楊園先生張履祥墓　在楊園村吳志西溪橋側乾隆十七
年督學雷鋐題其墓曰理學眞儒
贈刑部左侍郎馮一虬馮翊墓　在屠甸鎮南屠家板橋
兵馬司正指揮汪文栢墓　在蔡堡村
編修鈕汝騏墓　在陳莊村

吏科給事中汪繼熺墓　在白馬雙橋
饒州府同知程倘贇墓　在六都沈萬橋
贈中憲大夫屠永貞墓　在千金鄉白兔橋子貴州按察
使嘉正孫　封敎諭洪緒祔葬諸錦撰墓誌
贈編修　貤贈通政使參議馮錦墓　在千金鄉陸家壩
贈雲南趙州同知施昌墓　在郡字圩
吏部主事　贈山東督糧道汪孟鋗墓　在永新鄉紙字
圩
同知汪大鏞墓　在城東潘家兜侍郎錢載撰誌銘以上伊志
光祿寺署正胡緗墓　在白馬雙橋于志

山東平原縣知縣陸賚錫墓　在姜家壩
直隷天津縣知縣陸賚元璜墓　在邱婆橋柏家埭
雲南順甯府知府嚴廷珏墓　在清風鄉南高田
孝女嚴七姑墓　在靑鎭安濟巷以上新纂
廣西候補知縣署左州知州嚴鈖墓　在清風鄉秀才兜

嘉興府志卷十七

嘉興府志卷十八　　嘉興府知府善化許瑤光重輯

寺觀一

後世佛盛而道微故天下寺多而觀少舊志云晉唐名流捨宅爲寺吳越建國置刹尤多碑記詩歌粲焉可觀以是爲足徵風尚愚意以爲非禾人獨尚佛也象教初入合宙景從不獨凌轢老氏幾駸駸乎吳儒術之上今則儒崇儒而釋崇釋各寺興廢繫之住持雖

朝廷間有

賜勅不過爲民祈福而特建不聞焉搢紳鮮與焉識其顛末亦以見斯道之日明也志寺觀

嘉興縣（伊志案舊志以僧綱道紀兩司屬府故府城寺觀不入秀水而列爲府治今更正之）

東墖講寺　在縣東六里（至元志）漢朱買臣故宅（有買臣墓詳冢墓）梁天監中建寺（名勝志）隋仁壽辛酉建墖（隋書仁壽元年詔分舍利于江南等五十三州各建一墖）墖前二池（清涼國師所鑿）分青白色（劉志）大業間燬唐武德甲申重建廣德中大理寺丞朱自勉新墖宇奏請報國禪院額會昌間廢大中初重建後黃巢焚燬宋元豐己未重建賜名泗州大聖墖院崇甯癸未因在城壽聖教院改爲崇甯寺（案至元志作政和六年因在城壽聖教寺改爲天甯萬壽寺）以壽聖教院額就墖院立之政和丙申廢教院爲神霄玉清萬壽觀宣和中復額後燬壬子僧可觀重建于墖東（嘉興志）紹興三十二年改名東墖廣福教院（至元志）孝宗初榜鐘樓曰景龍樓（舊名景陽案揮麈錄載孝宗嘗登鐘樓誤行至中間竟墜于地旁觀失色孝宗屹然不動即東墖寺之景陽鐘樓王明清以爲真如寺之誤）淳熙戊申僧濤雅重建

鮑義叔記嘉禾郡之東偏距闤五里而遙有廣福賢首教院幽閴僻左居無囂塵僕記少時借伯仲氏肄業于斯北竹茨草之室不支風雨魚鼓罷響齋厨弗充至院西南相界之內僅有廢墖二級餘悉神林鬼冢蛇虺所孕育汚萊不食多歷年所僕既長立宦學飄零二十年間家居官居不足跡未始一踵焉遊也側聆里閭士女話謂是院甸蔵典利得人輪奐日新龍象雲集強僕往臨觀之至則寂照法師請而肅客而入外敞三門金篆高揭天魔鎮守萬法之要闢也門內即塔院露盤市地風鈴龍天羣迷之標指也塔院直北建大悲寶閣浮空百尺俯瞰日星清淨之目母陀之臂具足妙相普現神通正覺之道場也獻殿八楹枕閣前軒鑿池引流芙蕖自

然可以建齋行道燒香散花精于佛事之宇也閣後飛橋跨空過華嚴堂高廣宏曠金碧璀燦貌座巍峩荃廣周繞數演聖言之所也堂後葺土爲臺以建上方燕安身心瓶錫是寄東闢一軒軒外鉅竹千挺扶疎畫陰人天尊仰之居也廊廡臂伸齋房指列窗牖虛明巾單整潔諸教比邱體用雙脩之地也西則有大天龍背負蹐起輪藏在焉東則有香積妙供芯芻芬芳庫司在焉以至綱統之寮伊蒲之舍澡滌之室涸滄之軒莫不重深壯麗甲乙于諸山其他小物細故動欲垂示久遠未嘗苟且僕既周遊觀覽乃慨嘆而謂雅曰昔黃太史有毀中民百家之產而成一屋奪農夫十口之飯而飯一僧況受供于日中託宿于一林下續禪牀以斷薪續飢腹于三篋皆師宗門故事也向者敗屋數區不猶愈乎雅拄香合爪言曰毘盧遮那宮殿樓閣充遍十方無所分別一彈指頃三昧現前詎與夫人間世經紀究度規畫主辦然後成就者之比哉是刹故基墝埆庳陋狸鼠庭除蝸蚓几席誠不可與一朝夕雜處也況欲闡揚宗風安集徒侶其可耶茲地爽塏高明故命工撤取之凡棟楹楪桷蓋瓦級塼之具皆長者自爲布金舍已愛樂無所斷惜領徒以來檀信施入悉助其費不銖黍留故能奮

其憊于創殘摧敗之餘而無厲民驟衆之舉適歲旱澇此方貧弱不自存者厚以役直使食其力俱知心競不致告勞亦我大雄氏慈憫方便之一也居士以斯言為信其為證明之偈曰有是哉汝佛如來嘗示不誑語之戒偈倘未信而言于心有負故攄實以為之記師崑山人也純直簡古于華嚴宗旨川流電激學者坐夏無慮千指是豈特能繕弊支傾而已云慶元庚申二月

開講堂 趙圖記　宋婁機東 塔寺置田度僧記吾

鄉州近城有教院曰賢首住持僧曰清雅院久傾圮風披雨沐僅支數椽雅不堪陋捐施金一新之寶殿雕楹繡楣鏤窠次舍甲乙步欄周流蔵林規橅色色差備藉勤經始至矣又念歲入無銖粒寸產僧供不贍苦行相與精進佛事不祝髮受戒以繁其徒祖印不傳無以善後于是置常住田置度僧局吾鄉州人往來習聞其概不深孰何一旦書來乞記反覆顛末信其言尤詳曰清雅入院更十有八夏極力苦心辦緣為鐘魚主省帖舊以嫡枝差次住持不容異孤旁睨雖吾祖師浮雲太空受十方施無所執著吾去就非所計第院故貧陋屢屋苟全非如名山大禪林施厚力豐可易置如傳舍院一失主盟焚脩不虞苴漏不補私所有以自膏潤輕去遂來則日就淪落故往年尚書郎王使君慨念之復理前語丁甯申曉刻之堅珉以為表經先是有持僧牒一道不著姓氏欲以佐工役費清雅不敢私轉以授吾徒則施狹院固貧自若因出意合千人各持緡錢千焚香採籌以取之以其為求田根孳或相繼出力助施得租糧以斛計者四百就以先所有鮑氏諸家田米二百餘斛歸度僧局籍淨人氏名鱗以高下持帖為據知事僧掌之給先出局者披度禮本院為師有贏金勿擅支與以濟私用不幸有亡殁則以次繼承取米十斛為送終費院間有儉凶或公私百費勿得遺為名色耗用規隱不償設有是許持據與刊碑鳴之有司以請凡度僧局之贏金儲以增田足十年則盡歸公以給僧供惟所用此清雅所為規式示山門俾遵守者如此幸為清雅書之機無然日自金仙氏入中土老氏與吾儒之教鼎峙吾儒嘗貶釋氏謂其焉虛洗洋無所考詰引繩披提魔使不得近我于中常特衡為世變日久撓詭日滋吾聖人語不及怪不以幻異示人而後釋氏禍福之說行益為權以濟經之所不及指異而同歸要使人遷善遠罪而已見不必偏況人居天地間孰不嘉生惡死釋氏獨以寂滅為樂覺觀湛然不種愛根不淪慾海其事為甚難

世人重財纖嗇倍力為巧市賈則爭分銖飢丐在側靳一錢不與而精舍山立基置備極莊嚴朱碧煥爛牽借資于人以廣費傾郡邑有餘資者不命而獻力不祈而薦貨輸運輻集色無留難其致此必有道彼釋氏納輕皆其徒致之無一切世間苦樂愛欲繙歡喜緣宜無毫髮固慳心而或者蝸旋繭裹用財自嗇一鉢一衣之儲植豐矜隆甚至割衆施利以肥己是謂無達識者清雅刻以大慧自奮孤立一意視所居院如世之欲持其家者務使經久悠遠囊橐無遺餘不顧也豈為釋者難之世蓋亦鮮矣機與雅相習知自官中都譽言日聞每傾駭浮慕恨不即登瞻磬折龕僧燈一道故舊為笑樂因其有所請焉于是乎書歲次甲子仲夏初吉

甯宗召講華嚴經賜紫衣號寂照御書華嚴經閣雷音海印二堂名賜之嘉興何志　案趙圖記作理宗誤旋遭兵火元皇慶癸丑僧德虔大搆殿閣輪藏法堂至正已亥僧守良重建佛殿僧寮高巽志遊廣福寺記士之有志于斯文者蓽門蓬戶而弗陋穴衣襲食而弗恥晝誦暮繹服勤靡懈鑽研六藝以究其說蒐獵百氏以成其能孜孜矻矻刓精竭慮錙積而銖累之日儲而月盈之蓋亦勞且艱矣于是協之以動靜張弛之道和之以藏修遊息之宜凡嘉時令節春秋清明之際則必與良朋篤友相徜徉乎郊坰牧野間求幽遐奇絕之槃瑰偉宏廓之觀而肆其登覽臨眺之勝以見夫堪輿之無窮寒暑之相代洪纖之勞萃動植之屈伸所以開聽發明袪蔽抉滯疎淪其心宣通其氣擴其志而充其才也豈若藝人逸士遊目騁懷流連光景羣嬉屬好之比者哉甲辰歲之九月九日河東牛憲使伊甫諒武林陳編修彥博世昌天合徐教授大章一夔四明周教授致堯棐釋良琦元樸興聖住持暨巽志六人者同為廣福寺之遊廣福距城東三里許乃泛舟由春波門擊檝鼓棍沿流而東未移時已至其處咸連袂徐行遙睇旁矚涉荒蹊度危橋敗礎殘甓翳于蓁莽而豐堂廣宇穹存者數十檻而已獨浮屠巋然兵燹之餘飛金湧碧憩淩丹霄因竚立瞻仰而員頂方袍之衆屣履出迎延憩西序適倉賈以香貨薰而爇之網縕馥郁氣馨而韻遠披圖啜茗列坐以自休既而主僧玉田師導客登浮圖迺摳衣猗裳聚足連步傴僂縈紆磬屬函道逮其三級而止時元靈晝纛

厲風西來繼以霡霂皆循欄環楯徘徊四望洞庭羣峯
隱約微茫騰伏天末而畝畝町畦衡亘從合禾稼之植
芃芃幪幪連陽接畛莫窮其涯至于村墟野茇之遠近
風驅雨帆之往來農人行旅之斷續一舉皆而盡得之
已而層陰鮮駁陽景暫漏興有未及盤桓忘返因濡毫
書名氏及遊之歲月而降惟伊甫疾趾弗克登促覊久
之而莫敢强焉乃爲之設醴殺蔌雜陳獻酢有序雄談
放論出經入史歡乎其相得邈乎其相忘超乎若脫埃
氛而絶塵囂也巽志舉觴言曰諸君子咸以中州之英
炎虛之秀遺時釋騷適寄兹土其緝學厲行固非朝夕
之所致或輔法風紀或載書華清或職教庠序而文章
德業莫不流聞于時今迺伏閭隱陝視世之窮達而得
不少易其志而存養踐履之久學成行尊方將入仕而王
庭當大任發揮其所蘊于以端本而整勢于以興教而
崇化豈得一游一衍以自適而已乎元僕雖寄跡方外
而博通載籍善歌詩疎蕩超邁議論灑然故魁公碩儒
多與之遊若巽志之鄙陋讀聞歷學一歆然不知其不足
何足以厠于諸君子之間哉然邂逅一日之樂則不可
以不識也于是咸引觴滿酌就醉而歸因用杜少陵古詩
山高並兩峯寒之句各取其一言爲韻以賦之得玉
七首巽志復爲之記云 牛諒廣福寺分韻詩挐舟出
東城秋高氣肅雖無龍山境華林亦不俗雙池水青
白于以濯纓足飛觴坐苔石寒泉薦幽菊迺登梁朝塔
觀海望天目諸賢快先步嗟予苦蹠蹋不及終雅興徒
倚欄干曲分題紀游勝拋磚引羣玉 周棐廣福寺分
韻詩東往有高塔名與福城並九日陪諸賢登臨期絶
頂秋深木葉落不覺天地迴涼飆灑林霏咫尺衣裳冷
玉田好開懷何止供香茗幽軒賞佳菊竟夕忘酩酊昔
人晝遊此衣錦甯尚褧寥寥千載間視若空華等 清
境素情愜塵心未全屏感彼興我懷鈎詩記深省 明

洪武初殿燬壬子僧若允重建定爲東塔廣福華嚴
講寺永樂丁酉僧德祥經營普光明殿 曾棨記署普光明殿者佛說華
嚴經之地也以其殿衆寶所成光明徹又謂佛于此
說法普放光明故其得名以此宋慶元間雅法師主寺
事日與其徒講說華嚴妙義四方緇流從之學者川匯
雲集因刱普光明殿以爲講經之所宏壯鉅麗雄于一
方元季兵興寺亦蕪廢其後草創遺基誅茅結茇若融
室行師時庵允師性海澄師雖克承厥宗而營建之功
有所不逮洪武中併爲叢林住持舉岩力師與其師無
際潤師捐施營泉庵始克叶謀首創法堂懺室方丈以
次畢舉一夕塔頂現五色瑞光輝映林木永樂初滄海
深師以兹塔顯異撤而新之且欲重建普光明殿志弗
果遂後雲谷祥師發念募衆庀財鳩工建遑甯息已亥
祥師承召校讐藏典乃舉元中猷師補其席師至遂奮
然相繼其志始得完美高七十五尺廣八十二尺工計
一萬二千秊瑰奇閎偉金彩照耀東南諸剎莫有過焉

洪熙乙巳僧正猷修建殿堂門廡 王英記署元中猷法師別號復閣永樂庚
子主嘉禾東塔華嚴講寺曩因兵燹殿宇傾廢師至憮
然有感遂捐衣鉢之贏及募諸施者簡才鳩工薙荆棘
畚瓦礫鼎建山門題曰福城東塔且其地據鳳凰山之
勝一水環抱前通指南橋北峙天王殿殿後浮屠七級
達于普光明殿殿前有方池二所水分青白因名其軒
次築別室于殿東扁曰聽玉曰環碧皆舉其勝而名之
普光明殿成塑三聖調御暨諸十地菩薩師象蓮座經
藏旛幢棟接甍連深嚴宏邃髹彤黝堊金輝碧映儼若
竺乾鷲嶺之勢工興于是年秋訖于宣德戊申冬凡十載宗風大振 復建一室顏曰環碧 呂原有記

景泰壬申僧守倫重建華嚴經閣 呂原記署華嚴經閣在郡城東
五里內奉太宗所頒大華嚴經故額宋甯宗御宸翰
尚存天下華嚴五山東塔實居其一住持倫公嗣法元
中猷公首住硤川之崇惠再主秦溪之興善及來東塔
道價益隆乃復修塔架廡增飾五百聖僧鼎新方丈廚
庫惟閣之役甚鉅久乃克成奉華嚴大經毘盧聖像又
作千佛列供左右閣之崇八仞六尺其廣袤若千命之
建立者太守南昌舒公也重書
華嚴五山者鎮守番陽孫公也 萬歷丁亥僧芳蕖重修

清白池亭 龔勉有記 并舍利墖 袁黃有記 辛亥改置禪堂于員丘
墓後 朱國祚有記 知縣陸獻明給帖免役 董其昌東塔寺免役碑記署古者佛
法付國王大臣故唐有裴休之與黃蘗宋有蘇子瞻之
與了元辨才張無盡之與兜率悅其名位勛德皆以三昧
偉人獨好方外奇衲之遊擁護叢林如衛頭目以號稱
力摶萬取釋龍王之宮置于人天末法敎衰無復大總
持出而羽翼之而里胥狡獪者耽耽睨于其中踐更鉢
貲不繼則悉鬻常住物應之事江陸侯令嘉禾編審寺

中手出印帖蠲除徵賦舊禪堂西址可十丈許令議創屋三楹曰金湯別室祠侯侯乘慧力作宰官秉願力爲嘉禾福興又以餘力爲汝寺之金湯大護法此裴休蘇子瞻張無盡之流也 崇禎十年重新寶堦嘉興湯志

國朝乾隆間重修伊志道光間僧正方重修禪堂咸豐兵燬僅存寶堦同治僧正方重建山門禪堂伊志

東堦詩 元張憲題嘉禾名勝
地遊貲惜無山偶上東城堦全吳在此間 陸景龍詩
我愛福城東巍然堦指空燈光搖白雁潭影浸滄龍鈴梵和天樂經函閟地宮誰知賢守宅化作五山雄 明劉圻登東堦詩浮屠百尺壯天涯我特來登步月梯身在太虛紅日近手攀星漢白雲低城開水市鴛湖北樓揭風光秀水西回首北荒歸一覽令人從此小山溪 洪元基詩振衣高睨水雲東山海微茫牽堵雄擬向初禪明指月欲窺兜率趁罡風諸天總在虛無外萬象都收舍利中檇李點煙何處是吳亡越霸古今空 楊瑞枝登東堦寺佛閣詩飛閣侵霄佛火懸攬衣直上思俱

簷平蕪無眼底皆凝碧流水村前一放船去國人疑春雨外負薪歌在夕陽邊只今天半遙揮手頭上星辰若可攀 國朝王士祿晚過東堦寺詩藹若蕭梁古風流想六朝化城圍綠水孤堦上青霄珠閣浮林影金園絕市囂依幡看刹近緣響趁鐘遙樹偃時遮磵途紆屢過橋到門苔滑滑入寺竹脩脩古碣何年失塵襟此際消皴痕迴側柏暮色隱甘蕉長史遺墳在諸天法界標跨虹通石逕對砌敞松寮居士才還辨頭佗偈定超禪燈龍象黯佛日鼓魚銷洗鉢成微尚長齋況久要刧波巾擬解屈晌服思邀便好從初地相依結一瓢滄洲仍有役白社欲無聊怖鴿棲將穩檣烏待尚遙前期須歲月客意向風颺支許應非忝宗雷倘見招徘徊未能去仙梵晚蕭蕭 錢載獨遊東堦寺詩毘盧閣轉夕陽虛夜道平橋步正徐百五雨收翁子冢兩三松覆雪庵書綻衣僧老歎窺牖啄粒鳥輕紛躍除方丈十年前數叩花枝應訝面生疎

漏澤教寺 在縣東二里三十步宋崇甯三年置賢良陳舜俞孫捨宅爲之至元志 明洪武二十四年定爲教寺柳志

宏治癸丑僧道貞重建山門 徐琦記郡治之東北有名藍曰漏澤乃前賢山陰令舜俞陳公捨宅所建也歷年既久廢興不一天順八年天章彧公任本府都綱覩殿宇卑隘弗起觀瞻者之敬乃與其徒謀一新之遂中建大雄寶殿東則伽藍西則圓通各肖像設次建天王殿外山門廊廡甃砌之類罔不畢具金碧煇煌視昔百倍宏治壬子冬有隣不戒于火災及山門寺僧道貞能歷清苦力欲新之以壯乎寺聞者樂然響應經始于次年癸丑正月落成于四月 嘉靖甲寅寺廢萬歷壬寅里人馮夢禎等同僧廣誠恢復 鄭一先漏澤寺承佃管地歸寺記漏澤圓爲掩骼埋胔之所佛家謂之尸陀林亦曰逝多林其地稱至不淨而精藍在焉豈佛之徒類脩白骨等觀卽境注心三昧易就故耶世尊說華嚴七處九會逝多林其一也寺故爲舜俞宅非漏澤圓明甚自宋歷元佛法方隆龍象蕃出豈無名緇住持其地嘉靖倭變寺僧流亡其地半爲居民所得餘悉沒入官寺僅存正殿僧居惟西廡數椽湫隘不稱焚脩于是大司成馮公夢禎等願得官地如千畝以拓寺址官房五十餘間并基地歸之寺以爲常住永業 甲辰僧道梅建金湯室馮夢禎記 天啟丙寅僧大賢建接引彌陀殿于禪堂之左寺側有三賢祠嘉興湯志詳祠祀

國朝順治三年住持僧性琮重建天王殿大殿禪堂東西方丈浙江通志 咸豐兵燬同治重建三官殿新纂 明釋斯學漏澤寺詩一徑草蕭蕭山門歲月遙白雲非舊主黃葉自前朝有法空高座無燈掩破寮揭來生感慨暮雨作花飄 高承埏重建漏澤寺落成詩形勝依東閣山林紀宋年斷碑留日月古樹歷風煙鹿女攀花果天人繞法筵重開幽敞地長此奉金仙 蓮社中興日桑門自有人忽看初地復轉憶劫灰新妙法歸支遁淸言共許詢虎溪精舍近早晚得相親 國朝高佑釲重建漏澤寺詩幽棲兵革後偶步法堂前山磬疎秋色爐香接曉煙重開蓮社日得見雨花天我亦逃禪者悠悠忘歲年

白蓮講寺 在縣東八里舊名接待院後廢爲趙倅雋之

鍋莊宋紹興二年郡父老請于朝重建至元志案趙圖記元末誠意伯劉基嘗寓于此明洪武二十四年定為講寺建文中重修永樂成化間僧宗鏡等復修建姚綬有記正德年僧智果重修天啟癸亥邑令湯齊改名法蓮僧脩恒重葺并建三寶堂于殿後嘉興湯志有重建法蓮寺明岳駿聲禪堂記

國朝乾隆間重修伊志咸豐兵燬同治重建金剛地藏殿新纂明常繼璜遊白蓮寺詩淨界盤蒼檜澄波浸白雲齊梁遺古剎漢魏入溪分梅影沉龍窟鐘聲散鶴羣遠公無酒禁應許醉斜曛屠勛白蓮寺次韻詩不到東林今十載馳驅王事敢深嗟最佳菜竹此時景無數白雲何處家野逸祇須歌白石山林聊復醉流霞布金卓錫空塵眼寶模珠幡亂雨花呂嶯送僧住持白蓮寺詩東郭人湮到盡頭水分龍舌作雙流已稱勝地雄他寺新得高僧慰倦遊此後有尋詩料處我來先問酒沽不挂冠

所與聊方外三笑圖從世上流國朝朱彝尊鴛湖櫂歌秋晚東林落木疏白蓮僧寺水中居昏鐘不隔魚莊火古殿猶存日本書陳忱櫂歌東林禪宇白蓮開魚版饞停午復催坐久雙溪明夕照布帆一半鵲湖來

會龍山寺　在縣東五里漢魏二塘水中央相傳元末建屢遭兵燹明嘉靖間張太僕重建旋燬于倭寇萬歷乙酉郡守龔勉命僧宏棣重建觀音閣眞武殿暨文昌武安二殿天啟癸亥邑令湯齊捐俸贖田給帖作常住嘉興湯志湯齊有記

國朝雍正五年重修伊志咸豐兵燬同治重建山門新纂國朝高孝本有記明殷仲春泛湖至白蓮寺因登會龍山詩暮春恣幽尋尋遊興不輟停策憩遠岬亂流泛輕枻遙遙至叢林清磬傳寥泬灌木蔭石梁渚篁娟渟澈振衣叩禪關復值同心哲晤言析勝義蓮社欣復結泝洄登孤嶼迅湍分流決野日淡清暉林薄映巖臬幽禽響葱蒨狎鷗戲清冽景落判中流登臚望猶馭擬將學無生相隨味禪悅國朝徐昭會龍山櫂歌櫂歌唱破碧琉璃千頃澄波拍兩堤紺宇琳宫雲際出平分一水作雙溪

先福寺　在縣東一十八里唐乾元二年創會昌間廢咸通六年復建後為先福院長興三年錢文穆王重立宋治平元年賜名惠寂崇奉靈感觀音大士郡人遇歲旱祈之必應宋慶元丁巳郡守王補之寫相刊石王補之惠寂院觀音記補之猥以疎庸蒙恩假守到郡之初時適閔旱既視事德薄不能召和徧祈靡應于是恭詣惠寂行道觀音致禱焉未及城而雨至優渥霑足農不失時他郡雖接壤亦不及非大士之力而誰歸行殿闕典刱而新之以嚴將迎香火之所涓日奉安已訖厥事雖然祈而必報人事固不敢不盡若智慧無邊豈一物所能報哉

因命祥符主僧師源恭寫瑞相刊諸樂石以廣其傳丙子兵燬案嘉興湯志作德祐丙子僅存山門水陸院近寺僧了悟等重建殿宇至元志元末兵燬明正統二年僧道澄重建嘉興何志

國朝乾隆間重修伊志明徐宏澤先福寺題壁詩一徑殘陽接暝煙小橋斜對寺門前草深庭立騎孤泣樹老皆閒宿鶴旋古淡野情圍四水孤清僧味透三元若為寂寂趺禪夜月色昏黃冷暮田

圓通教寺　在縣東三十六里舊有廢址周顯德五年里民茅承翰申漢南王乞于舊基立甯國寺宋治平元年改名圓通劉志元燬明洪武己巳僧嗣昌重建辛未定為教寺歲久傾廢成化甲午僧景瑩等重建宏治間復修建徐春有記天啟中里人陸炳募建山門并地藏殿嘉興湯志寺

有銀杏二株歷唐宋至今柳志咸豐兵燬同治間重建山門大殿禪堂新纂明曹勛重過圓通寺贈松臺和尚詩獨向寒林問老松一龕曾憶舊相從寺于荒後惟存址禪到眞時不露鋒明月石梁他日夢秋風破衲昔時容十年虀粉空山鉢寂寞猶聞午後鐘

興善教寺　在縣東南三十里梁天監二年置周顯德五年改報恩院宋治平元年改興善院至元志舊有佛殿法堂暨舍利雙墖遭元兵火明洪武二十四年重建定爲教寺景泰辛未僧守倫創建佛閣天順丁丑僧文傑等重建呂原有記嘉靖間僧道洧募修佛閣嘉興湯志錢芹有記崇禎七年置常住田李日華禪堂齋僧田碑記畧善信盛肖野等陸續捐田五十九畝昇堂行人耕植刈穫以資香積

國朝順治三年重修大殿山門葉紹遠有記康熙中先後修建大殿天王殿毗盧閣朱彝尊記畧寺爲嘉海叢林之一其開山者爲坦法師而秋江天彝及一道洧圓鏡相繼成之迨國朝有馥生募衆重修法堂方丈更爲擴充惟毗盧漸成傾圮康熙辛酉壬戌間有濟爲同師可如經營修葺鳩工于甲子之春落成于丙寅之秋繼以雪介禪師整飭始稱大備雍正十三年重修伽藍堂三官殿禪堂乾隆二年重葺天王殿佛閣九年復修大殿興善寺志明李應徵過興善寺登閣眺望遂宿蘿軒詩歷覽周初地登臨出化城半空標法界一氣接金莖遙海浮天闊寒林拂檻平山川扶繡栱河漢插雕甍皮閣虛龍藏憑欄落雁聲九霄瞻浩蕩雙墖表崢嶸犖律淩空起巍然凝日撐時聞舍利影常繞法幢明蓮宇投僧社松寮載酒鐙還憐後池水猶借昔人名薜荔侵堦上煙霞引幔成綠陰晴覆屋蒼雪暝垂楹貝葉遙開帙醍醐藉解酲月沈秋墅白霜入夜鐘清院竹留雲臥園葵折露烹落英餐晚秀蒸菌悟朝榮愛網捐諸障迷津導寡營何時

超有漏九品證無生許詢題興善寺水竹居詩四面清泉竹一叢幽居有路小橋通半灣嫩綠分禪座數畝涼陰護梵宮徹底淨時方見性虛心透處始知空平生我亦耽佳興願得長來近遠公國朝姜㮣遊興善寺詩浮屠參碧漢梵宇志蕭梁古栢盤青葢殘碑有斷章鼓鐘羣籟寂猿鳥獻花香落日霞光爛雙橋帶水長彭孫貽同友人遊興善寺詩蕭梁遺跡鎖荒臺共叩山扉竹院開脫甲虬龍摧古柏殘鵰樓閣擁蒼苔名僧乞食齋鐘冷詞客乘春野棹來犖似禪機無一字空堂香雪墜紅梅

法華寺　在縣東三十里趙圖記宋天聖四年僧清朗建後遭兵燹明洪武間僧志明重建劉志後更名獅吼嘉興何志

登雲寺　在縣東三十里新豐鎮之東舊名正覺期堂元至正間建明嘉靖甲寅倭燬乙丑僧一元重建嘉興湯志明王俸記畧新豐爲梵宇者二登雲寺居左妙峯寺居右皆剏自至正間越今幾三百載而登雲雄鎮水口尤稱

要焉世廟時倭夷犯順登雲竟以燹墜主僧一元毅然以鼎建爲任時五臺陸公等捐貲鳩工規制未備者創而舉之秩有次第門之外有亭以憇征旅亭之中有井以資綆汲更始于嘉靖乙丑歲之仲冬歷三載而告成

妙峯寺　在縣東三十里新豐鎮元至正間創遭兵燹明吳元年寺僧重建後廢萬歷己未僧明預等復建嘉興湯志歲久殿圮

國朝乾隆五十年僧道山重建伊志咸豐兵燬同治間重建山門禪堂新纂

淨土教寺　在縣東三十六里邑人陸求宅案柳志作曾陸襄公宅得唐咸通十二年石幢清泰元年奏漢南王捨爲南福寺宋祥符元年賜今名內有亭名碧鮮多奇竹至元志宋聞

人安道碧鮮亭詩植竹敞虛亭淸幽滌襟滓盛暑生涼
陰窮冬見蒼翠我愛主人賢堅如雲箭美願師持此心
與境長無媿 陳舜俞詩瀟灑闌干碧玉叢頻來遊賞
是兒童縈迴修竹含淸影刻畫新詩繞翠筒十載雪霜
林色改幾番風月酒樽空子猷
老去心長在終擬爲隣作醉翁 明宏治中僧惠亮增建
觀音殿嘉靖重修 張大忠有記 萬歷間重葺碧鮮亭 嘉興湯志 沈
悊孝修復淨土禪院碧鮮亭坡公井記畧予水雲精舍
之西南有淨土寺暇日以小艇行遊其間曲澗環林頗
幽闃有致始至寺門行竹林中如有數里之遙四面古
木陰森前有三石梁景色淸曠寺僧爲指點碧鮮亭舊
址其南有坡公井公常游覽寺中有碧鮮亭詩今志稱
碧蘇亭或者合井與亭俗稱訛異耳寺僧欲先浚井甃
治環以石欄樹竹千个縈水爲帶乃始治亭
其上勒長公詩使如見碧鮮昔日之致焉爾 咸豐兵燬
僅存僧舍 新纂

淨相教寺 在縣東南三十六里 至元志 古名永福庵齊丞

相解景榮祈嗣靈應于梁天監中重建 嘉興湯志 武帝賜額
爲梁福寺後廢五代漢南王重立天福七年忠獻王重
修宋祥符戊申改今名 至元志 元中統初燬至元間僧大
隆等重建 牟巘爲記 明洪武十五年定爲教寺成化間遇火
殿燬而大士像獨存辛卯僧一淸重建 鄒幹有記 嘉靖間重
修 嘉興湯志

國朝康熙十七年僧超基重建大殿四十三年置常住田 伊志

僧超基有記 明陳萬錦重過淨相寺詩小橋曲水
尚依然坐看萍開又一天老去無如懷酒聖狂來常欲
挾飛仙花黃有恨含疇昔月白無情逝歲年寂寂禪關
僧不啟一庭松影臥寒煙 高道素淨相寺示虛山秋
月古風三上人詩寓居蕭寺僻漸與世相忘灑墨追詩
史焚香禮法王疎松過雨晴新竹掃雲長漫笑謀生拙

還期到石梁

石佛教寺 在縣東南二十七里唐至德初除基獲四石
佛因創石佛院宋天聖元年賜名保聖院 至元志 元燬明
洪武壬戌定爲石佛教寺正統中僧子敬重建嘉靖間
重修 姚宏謨爲記 萬歷間邑令張問達郡守龔勉准追復田
孫植有記 內有金御史爍讀書臺 嘉興湯志 明沈謐讀書臺和韻詩沙灣九曲向明
開天放山人特地來公斂經
綸參石佛春風時爲掃靈臺

國朝康熙五十年僧一班重建大士殿 石佛惟此一尊 乾隆間重修
正殿嘉慶十三年重建山門道光間重修天王殿咸豐
九年僧樨堂重建藏經室十年冬正殿燬同治八年里

人募修小山門先蠶廟齋堂十三年重葺大士殿 新纂 明
洪焘石佛寺詩萍鄉迴合罩煙林石立金身象自森
殿風旛吹柏子冰窗臥鉢下春禽綠蘿夜鎖巖頭月
碧遙傳定後音猶有重橋人隔斷可能容我碧雲深
洪元基詩人外言尋別洞天閒雲野鶴伴爐煙風清竹
樹鐘聲遠光透松蘿佛火懸僧出洞來參棒喝客投
處覓詩篇山深徑僻無人到月下池心石上禪岳元
聲詩十年淸夢到禪林移書下榻西溪岑有時自發鐘
磬響頹然一醉風雨心持鉢傳燈青竹杖汲水煮茗孤
桐琴臥聞靈籟不知處石佛樓頭著布衾 國朝彭
孫貽舟經石佛寺詩翔風搖晚色獨鳥下寒流山徑積
黃葉離人成白頭苔荒石佛古水折寺門幽徙倚林塘
暮觸懷不可留 朱彝尊鴛湖櫂歌伍胥山頭花滿林
石佛寺下水深深妾似胥山
常在眼郎如石佛本無心

永慶寺 在縣南二十五里唐太和元年僧淨簡開山元
燬明洪武初天界寺僧宗密重建 劉志 嘉靖甲寅倭變燬

萬歷庚申僧圓慧復建嘉興湯志咸豐兵燬僅存僧舍新纂

定隱禪寺在縣東南感化六都北荒字圩元泰定丁卯僧崇榮建二石碣今尚在山門左嘉興湯志咸豐兵燬同治間重修一殿新纂

高提寺在縣東南里仁十都宇字圩嘉興湯志

德雲寺縣東胥山都稱字圩舊傳爲宋時徐婆舍基建故又名徐婆寺後廢明萬歷重建

永興禪寺胥山上宋隆興李觀察創今廢以上嘉興何志 案嘉興湯志李觀察名春祁八

太慈寺在縣東里仁十都原名太乙

嘉興府志《卷十八 寺觀一 圭

國朝康熙間里人募修嘉興何志咸豐兵燬僅存僧舍新纂

普光寺在縣南二十里趙圖記晉天福元年僧道坦建明洪武初賜額嘉興湯志

普明寺在縣東南十五里趙圖記晉天福元年僧惠明建元遭兵火明正統丙辰僧宗琳重建嘉靖中倭燬嘉興湯志崇禎間里人嚴轅轅復基

國朝順治五年僧仁領重建吳志譚貞默爲記

永昌寺在縣西南三十里趙圖記本石塢庵基宋嘉定已巳有僧晳圓建永昌院于鹽官馬牧村額曰敕永昌院壬午海濤衝毀僧道欽徙建于此後殿堂傾圮紹定壬辰僧道一等重建許應龍爲記吳志紹興中僧道欽移此案明洪武初賜永昌寺額崇禎間僧德權募修嘉興湯志

智覺教寺在縣南二十三里案趙圖記作二十里誤舊爲營田都務宋開寶八年立爲梵刹咸平六年賜太平天壽院治平元年改智覺院至元志元延祐甲寅僧文彬有常住田肰明洪武初勅賜智覺教寺嘉興湯志二十四年併歸資聖禪寺永樂元年里人張福信重建柳志歲久傾圮萬歷僧如紀等重修嘉興湯志明袁黃有記

瑤寶寺在縣東南三十一里舊名智遠院吳志宋端平三年僧志翁開山案嘉興湯何二志俱作宋隆興四年普照禪師創建明洪武初寺

嘉興府志《卷十八 寺觀一 廿六

僧廣純等重建殿宇齋堂二十四年併歸天甯寺成化十二年僧宗智重修鄒志嘉靖間被倭燬僅存正殿崇禎九年里人曹谷倡議重建嘉興湯志山門大殿久圮殿西佛樓一座

國朝乾隆戊子燬于火梅里志 國朝蔣薰瑤寶寺詩竹院梅溪北龍宮鴛水西秋深聞木葉野色入簷題禪以淡無累津從問不迷此間可業白何必覓岩棲

靈源寺在縣東三十六里王店鎮即期堂寺元至正二年翰林學士王杲案舊作王昌王目源俱誤捨宅僧永煇開山鄒志寺前有天王寶殿左有觀音閣右有禪觀堂南有放生沼香花橋池東有鐘樓西有鼓樓規模最爲宏敞嘉興湯志元

末兵燬明洪武二年僧一眞重建七年里人萬存善復建殿宇兩廡鄒志嘉靖間邑令黃獻可拆毀鐘鼓樓僅存殿宇萬歷初燬湯志嘉興

國朝康熙七年里人王庭等重建乾隆八年鼎建山門梅里志國朝李符過櫻公分柿山房詩惜剩春三日招遊屐幾雙茗旗消午盌芋火映宵釭殘月遲侵袂深花恰亞窗鄉僧詩筆健好句壓淸江　許燦梅里詞靈源寺古饗鐘魚捨自元朝學士居今日伽藍誰作記里中三十六精廬

青林禪院　在德化都創自唐師虔宋紹興中邱妙秀結茅于此名邱庵明萬歷間修

國朝康熙十六年重修嘉興何志屠廷楫有記

古南禪院　在王店鎮西明崇禎二年僧依蓮募建名社庵長水法師時本鎮有南庵北庵下院今南庵稍存建社庵以補北庵故蹟湯志嘉興後密雲祖師過此更今名

國朝順治初牧雲禪師開堂遂成名刹王庭記明季有僧依蓮者傍橋爲亭日施茶餌久之闢數椽以居取里社之議呼社庵迨牧雲師從古虞來住持是方學徒雲集歷年載周得法者五人分其教居庵者十餘處歸而潛修者凡幾家從崇禎壬申迄癸未餘十年營建粗畢大殿兩廊兩樓前殿方丈關室禪房客堂雜務諸寮稱之置常住田乾隆四十六年僧際凡重建大殿五十七年增建天王殿伊志國朝李良年送懸崖主席古南禪院詩香林十二半東南花雨浮杯此地堪往日師曾留好句重來我不爲幽探娑羅有意栽鄉樹釵釧無聲到古庵欲問櫻翁舊消息竹風當戶月窺潭

太平禪院　在新行鎮宋建元燬明宏治甲寅僧惠郎重建嘉靖中吳鶴建沸雪軒吳鵬爲記

國朝乾隆間重建大殿關帝殿及山門齋堂嘉慶二年重修伊志

積善庵　在東門外春波坊係景德寺下院明洪武初幾廢萬歷二十四年僧海仁重建吳志明馮夢禎爲記

大雲庵　在北板坊萬歷初僧明興號大雲創建初名華嚴庵後改今名馮夢禎有興上人禪舍記庚戌詩僧寂觀闢一斗室名曰雲厂釋如奇有記翠椽知是支公厂周民題內樓雲厂詩層雲借窗護白疑紙衣沾溼于染夜齋理梵筴氤氳遽難撿因風作機鍵松關未嘗掩湛一于右偏搆半楹名曰舫

閣徐柏齡題舫閣詩竹樹頭坐久怕聞林葉戰恐隨風雨打蘋洲坳堂縱說芥爲舟不信移來

國朝乾隆間修伊志咸豐兵燬新纂國朝辥廷文過大雲庵詩巳公有茅屋深閉水雲鄉霜月印溪色露鐙開竹房談詩寒煮芋擁衲夜焚香不使同人在眞令與世忘

幻居庵　在東門外蒯墖坊舊爲中峯下院萬歷間僧文音重葺崇禎十年增建佛室嘉興湯志

國朝僧了蘊道沖純如相繼住持庵內藏華嚴經全部爲韓敬侯峒曾諸人所書吳志咸豐兵燬新纂國朝萬光泰幻居庵詩序庵藏華嚴經八十一卷明季靑鎭寶閣僧道琳乞蘇松嘉湖四府能書之士所書爲韓敬等六十六人釋子八人女弟子一以父命書者二倩人書者一不著名者一第七卷後有對者二人第三十六卷二人同書第四十九卷元缺國朝曹三才補寫合之共八十三人始于萬歷壬子迄于崇禎壬午書成函于閣顏曰華嚴墨海後

歸予幻居凡十六帙每帙首皆趙宧光篆書眞大觀也
高孝本集幻居庵詩彈指春將盡新桐綠滿簷亂飛
花落砌雙鷞燕窺簾勝友皆園綺深交比慶廉攜筇尋
白足顧影笑蒼髯箬笠風枝維芒鞵露草雲門從竹下
叩香對佛前拈蝦吸茶傾碧貓頭笋迸尖餅能賦束晳
酒不設陶濬坐喜兼緇素談無雜米鹽清齋參玉版名
蹟閱華嚴柳陌斜陽別松窗竟日淹俄看衣換袷漸覺
景逢炎筐暖蠶蛾出盤香豆莢甜再邀支許會何必雨
晴占徐昭詩項生東井文人畫盛叟宜山處士詩記
與素公談往日芙蓉初種幻居時沈亢秀詩一雨洗
煩暑生衣著體和禪林相與入池閣得秋多零落
遺經在風塵舊客過維摩有弟子瓶鉢近如何

初地庵　在鹽倉坊萬歷間僧如恒建嘉興湯志　明沈德先有記　咸
豐兵燬新纂

蓮社庵　在縣東鹽倉坊僧廣拭建拭本吳氏子性孝捨
宅爲禪院萬歷中改建崇禎間平湖陸基志重修廣拭
沒其徒大本明傑別構社老祠祀之嘉興湯志　咸豐兵燬新纂

降龍庵　在城東天津灣月中圩明盛氏捨爲眞如寺寮
隱房下院僧純白歸隱重修建吳志

福田庵　在感化都舊名積慶庵宋咸淳壬申馬文榮捨
基秀覺禪師建元至元間僧如元改建名善住曾天琪爲記
明萬歷間陸光祖重修改今名嘉興湯志

積慶庵　在縣東四十里宋咸淳間僧仁良建元末兵燬
因名荒庵明嘉靖癸丑僧守眞重建隆慶中里人王道
等募建觀音殿文昌閣萬歷間陸光祖重修并建禪堂
于殿左嘉興湯志　明孫植記庵創于宋咸淳間僧仁良梵行修潔享壽一百二十歲勝國末楊完作
亂殿毀止存咸淳石闌禪房蘭刹鞠爲草莽嘉靖癸丑
池中忽產白蓮數莖隆慶丁卯少槐王君道等倡義募
建萬歷己卯五臺陸公復修一殿左起禪堂三楹伯子基
忠前起三門二楹後起竹亭一座名曰綠雪亭仲子基
恕捐置田畝庵北有井寒冽異常用
之輒能療病或歸靈于觀音大士

法華庵　在白苎村宋古蘆庵基明萬歷甲戌里人曹東
捨地建名十老庵後掘地得殘碑有妙法蓮華寺因改
名法華買贍庵田甲辰僧如能重修嘉興湯志　明黃承昊有記　國
朝沈亢秀汎舟過法華庵詩新晴健春遊短棹破煙綠
樹色懸遙村禽聲亂叢竹湖南古招提石徑何紆曲法
華拈妙諦清磬敲佛屋僧隨岫雲歸客
候茶鼎熟尚早雪封梅再來花映玉

寶華庵　在白苎村萬歷間僧性益字寶華創建因名庵
性益天台國清寺僧先是駐錫嘉興重修福城東墖寶
殿故庵爲東墖下院嘉興湯志

慈竹庵　在白苎十五都明萬歷中僧道慧參方歸省建
庵奉母沈司馬思孝嘉其孝因名以表之吳志　明沈思孝有記
李日華慈竹庵詩結庵究無生不負生身處蕭蕭慈老
竹何異菩提樹半間彌勒龕讓與耶輸住聞公精茗旗
滴滴皆法乳何日買
舟過清霜木葉雨

樂善庵　在里仁十都舊名鮑墖庵宋臨江守鮑廉亦節
瘞骨處庵前有關帝廟明嘉靖間倭燬萬歷中太學胡
日華重建更今名高道素記略鮑墖庵宋恭帝時元兵
徇臨江知州鮑廉亦之此爲瘞骨處
也庵前有關帝廟並創自景炎間一亦漢室一亦宋時
雖名業殊異而忠魂義魄頡頏今古嘉靖乙卯倭冦犯
境肆劫里中一炬而鮑庵焦土帝廟則巍然獨存入夜
廟中赤光燭天空際有干戈戛擊聲倭始駭走抱村之

民得庇無恙嗣後雨暘豐歉每禱輒應迺靈宇卑鄙鄉
人思有以宏其圖而力未逮也神宗朝太學生胡公日
華捐橐金鳩工庀材不踰月而廟貌改觀 華女常節婦
再新鮑庵顏以樂善俾守僧焚修其中
十九而寡于庵後築孝慈堂以奉父母 嘉興湯志

芋香庵 在五環洞橋東里人沈美仲捨建竹木幽勝詩
人王蘭谷隱此今葬庵旁 吳志

錢勝庵 在郡城南里中錢氏建後姚元臣延僧一斑住
持修葺 吳志國朝徐嘉炎有記

智覺庵 在縣西二十二里宋開寶間立元至正中僧克
溫開山明洪武年修成化二十年僧宗珊改建佛樓 鄒志
國朝康熙中里人杜臻等重建 嘉興何志

慈義庵 在王店鎮原名武安王神祠明嘉靖四十一年
里人李芳建 嘉興何志 明王三錫記嘉靖庚戌島寇猝起大江以南無處不蹂躪尋抵王店鎮鎮故殷饒寇悉啖其資斧旋加之以火王從雲端大呼舞偃月刀指寇寇乃辟易羅拜酋長謂衆寇曰若輩適有所見否非關王也耶里中必有積善之家相戒勿犯李君敬承素敬禮王是夕親見我王飛舞退寇亦親聞衆寇相戒語于是焚香虔告于王鼎建耑祠以誌庇賴闔鎮生靈永矢勿忘之意 置常住田 李原中記 有庵旁舊有慈雲庵後併入廟中故名慈義後殿名
梵謨堂 里人杜臻題 殿西有雲巢
國朝康熙十五年重葺 梅里志 國朝李良年郡南關侯廟記祠始建于從高祖郡丞公今萬歷辛亥神廟加尊帝號曾王伯父助教公易塑冕旒再廣前殿募緇流敦素者築室于祠左朝夕奉侯之神自初建及今百有四年歲乙巳守僧鳩工治事凡昔圮墜罔勿釐葺焉 楊謙雨中過慈義菴詩晨興罕人事踢

雨叩禪關要領其間趣無如此處閑篋中探蝨粉碑背剔苔斑結夏容相伴句留未擬還

石佛庵 俗稱石廟在縣南王店鎮東北一里創自元後
漸湮廢明萬歷丁酉孝廉李應徵捐貲創復置常住田
嘉興湯志 內有護珠堂董其昌題殿前有池後有軒秋潭上
人題曰且看竹
國朝乾隆四十五年重葺 梅里志 國朝周篔石佛庵詩野外探梅返精廬到日斜迷津餘寶筏覺路有天花水定魚知樂林深鳥不譁重來許都講庭用演三車 李良年過石佛庵詩屋後清涼斷石凭古牆今有倒天藤每于消夏繙經處想見開山種竹僧緣字鈎摹先澤在青蓮搦揞劫灰曾他年作記君須共五十載來禮夜燈

玉樞道院 在治東北二里 劉志 俗名天尊閣元至正己酉

里人張道貞捨宅建明洪武辛未併歸元妙觀永樂癸
未道士宋棲雲重建嘉靖間藥火殿焚萬歷丙子道士
李宗源重建 湯日新記畧嘉靖甲寅春有司禦倭計出火藥于本院中修合執役者弗慎火殿災宗源竭力經營歷十二年廟貌如故 天啟辛酉道士俞逖建元帝前殿廊
廡 嘉興湯志 咸豐兵燬 新纂 明項道民過天尊閣詩茗椀薰爐幽事多虛窗窈窕碧雲阿踰靡新試端溪紫可許黃庭換白鵞一泓清碧抱琳宮境隔仙凡事不同忽踏青鞵塵市裏只疑雞犬在雲中

鬱秀道院 在縣東北二里宋咸淳三年道士劉一清建
元至正二十七年燬 柳志 明永樂乙酉重建洪熙初道士
沈野雲徙建于白苎里 嘉興湯志 復建眞武祠以厭水災 袁志
成化丁亥重修 張甯記毓秀觀宋咸淳三年道士劉一清樂同雲以居宅改創于由拳里元至

正二十六年燬于兵火地址沒入民業我朝洪熙初高
士沈野雲弟子顧正常仍舊額徙建于白苎里野雲遭
遇神廟嘗被召龍齎賜誥命圖書觀因益顯著殿像皆
名匠所造工制絕倫第以逼隘中水隘陋蒸溼日就崩
圮成化三年道士王應奎弟子劉惟貞盡撤朽餘易以
堅木石柱崇深宏敞視昔不侔又闢東西蕪地周以翼
室表裏明爽前後通百八十年此觀已三變孰
謂元虛之學當一守靜默而可以終無爲也　萬歷間
燬道士沈明德等募建之嘉興湯志
二水間合流春波之上周市闤闠嶽目來明沈懋孝記浙西
勝于湖之中鬱秀鎖其勝于城之隅泓凝碧煙匯于鴛湖馬場
北自海上來者咸凝結于此矣先有沈三吳諸水自西延其
十年得五龍眞人召龍術仁宗聞之道士甯者自雨自
液池頭試召諸海若空濛中似有頭角乘傳入閉西關
起掌握敕賜眞人道號寶軸牙章其徒世天日曾于太
既還山謂郡在浩海之隅必且世有蛟蜃颶母爲晦風雷
潮齧士析蕩爲斯民大患特祠北方元武像以吞噴道士
門殿皆東南向適綰分水墩鹽官塘之水口所以厭制之洪
鎮水物除民害也鄉賢先生張給諫載沈道士應召世世事

手蹟尚存往萬歷七年鹽官塘大決在事者開裏湖于
石塘南以便築運余曾見一異人過此言海山鹵壤國
初不召佃不開渠自有深意將留此大塊以障非常潮
患即噴吸之不可動若開裏河鹹潮必內入殺稼海波
如駛溢裏河必且大潰決而正南直嘉興治之十八里
橋決而又西直嘉興治之春波門矣一時迂之不信次
年潮果入殺稼郡城濱河旁皆生海錯然鹹水竟不沁
入春波門士人怪之以爲元眞元武之靈耶余總丱誦
讀于此頗聞道士范士芳述事陽明王先生言其避瑾
璫之難潛跡此殿後者三載後江右定逆藩之事還師
過此經宿乃去道士錢志善等誠心任事曉夜募
建者老夏鼇等協力助成蓋其成之之難如此
國朝順治五年道士沈三錫等重建有蔣薰記乾隆八年道士洪
振三重葺伊志周景濂爲記國朝咸豐兵燬新纂
崇眞道院　在縣東四里柳志宋宣和己亥道士沈洞雲建
元末燬于兵燹明洪武二年重建嘉靖甲寅倭燬庚申

元妙觀道士繆廷珂重建萬歷中募修改名聖帝觀嘉興
湯志
國朝順治十六年增葺吳志咸豐兵燬新纂
清眞道院　在縣東南二里春波門外柳志宋咸淳丁卯經
歷王仲堅捨地道士俞虛中建元末燬明洪武辛未併
入元妙觀永樂癸未重建洪熙間高士沈道甯重修後
御史姚綬讀書其中因建祠焉隆慶中三元殿燬萬歷
癸酉道士俞養正重建嘉興湯志增華光天醫二廟吳志
楝記縣舊有雙桂堂幽敞可憩名曰九霞丹室楹帖曰明王家
堂虛客座對雙桂松老鶴來棲九霞姚侍御讀書時所
篆隆慶壬申兵家治火藥具族居斯堂遭鬱攸之災今
道士俞養正志在重建凝土度木慮財鳩庸始于萬歷

癸酉三月落成于丁丑十月又東
葺文昌宮及華光廟西建天醫廟
國朝乾隆間重修伊志咸豐兵燬新纂
桃千樹花不用仙壇勤卜築孤雲野鶴總無家偶見碧
華次韻贈俞羽士詩江南春雨問桑麻明車大任過清眞觀
花鶴冢只今猶認識春來兩腳散如麻零落元都幾樹李日
碧雲多處是仙家
太古道院　在縣東北三里元至正間道士曾遠一建明
洪武二十四年并歸元妙觀柳志永樂元年道士張明中
重建歷成化正德間修吳志明朱綬記院去邑治之
東北幾三里邑之東闤闠之所
迤北里許林木蔚鬱水泉迴注城市山林居然一勝境
元至正庚寅道士曾遠一復捌洪武初有道士劉浩然
嗣業建百將壇行五雷法能致風雨符水療病民不言
功庭產碧荄翠艸四十四代天師遠慕元風親臨諮訪
爲書逸潤軒畀之而去洪武二十四年併歸元妙觀永
樂元年重建歷世藏有拜章圖玉皇幰蓋模寫天庭之

妙爲李唐名筆成化間致蒙朝廷取用歷年既久殿宇傾頽道士王本端募化諸檀越撤其舊而鼎新之經始于成化壬辰二月落成于乙未之十一月宏治間道士成金坦然復竭力殫財于正德丙寅八月建立山門豐兵燬 新纂徐允翊憩太古道院詩碧水縈紆院落清古苔春繡雨三楹欲尋賜印窺宸藻一劍淩空上玉京

淨因院 在縣東二里宋建炎兵火此院獨存天台海甯尉聞人偲紀其事 至元志宋聞人偲詩湖海浮家二十年重來春色尚依然杏花籬落噴紅霧楊柳林塘護綠煙草煖邦人出遊地鳩鳴刺史勸耕先覺場獨在三災外試問支郎第幾禪

賢溪禪院 在思賢橋里社壇天啟初客化結茅施茶名曰太平庵後僧息波暨其徒同塵重建殿堂改今名 嘉興何志國朝吳偉業爲記釋通復賢溪禪院詩能艋春流駛名藍記昔遊興穿沙後圃愛倚竹西樓定火僧寮肅香庖飯析幽有懷堪盡日把袂對閒鷗

崇元道院 在縣東一里 柳志 宋咸淳丁卯里人徐寔甫捨宅道士趙一休創建明洪武初地產靈芝建元瑞堂永樂癸未道士朱道眞修辛丑增建元帝殿成化間道士朱養中等重修 張甯記嘉興崇元道院宋咸淳三年里人徐寔甫施宅高士趙一休始創常住上清大眞人張公爲立名額是爲肇基之跡國朝洪武初地產芝平道原授業朱道眞作元瑞堂并記永樂辛丑唐峻峯作石柱山門宣德壬子增廣艮隅地構顯眞堂以延天下雲水高士重建元帝殿景泰甲戌時疫流行邑人多疾峻峯徒居永清以符水治效民樂其生施予者多因復增坤隅地天順戊寅縣令李君勉爲作中門癸未歲旱暵永清新禱屢感任都紀成化戊子顧復原改造澄心堂凝翠軒中號小洞天辛丑朱養中朱宗譽嗣業修繪石柱之門前後左右觀嘉靖甲寅倭變燬中外至是煥焉周治遂爲郡城偉觀

嘉興湯志

元眞道院 舊在靈光坊元至順辛未里人沈懷遠建明洪武間歸併元妙觀永樂癸未道士陳嗣源仍建成化丙午道士潘本澄搆室種竹名曰翠筠 項忠爲記姚綬題翠筠詩筠先有東坡句道院翠筠誰似之不見揚州騎鶴者諸君何用更題詩 嘉靖間爲宦室所得移城東北板坊 嘉興湯志 院東有旌烈廟 詳壇廟張甯有記 今廢 秀水任志

元眞觀 俗稱南聖堂 在王店鎮元至正壬辰里人徐善興捨宅建明嘉靖中道士戴廷雲等修 劉志明李芳有記 今分東西二房 梅里志

國朝康熙五十七年重修 李我郊爲記 雍正十二年重葺三元閣 伊志

竹林廟 在縣東南三十六里宋初建明嘉靖中知州高文登讀書處 吳志 萬歷間道士高九渻重修 嘉興何志明高道素爲記

國朝乾隆庚午殿燬壬申道士陸丹峰等重建 伊志明高承埏過竹林廟詩市居久隔竹林廟一倍新梢抽翠煙舟繫柳根蛙歌吹履穿松下鷗鷺眠石橋流水渾依舊苔碣題名細認年爲問白頭高道士紫函瓊笈更誰傳

祇堂寺 在新行鎮唐時建舊名騎塘

國朝康熙四十一年僧香懷等重建 伊志

秀水縣

敕賜覺海寺舊名報忠寺　在郡治西南一里半宋淳祐九年朝散大夫趙汝俳捨宅爲觀十二年賜名報忠至元志宋陸德輿記古之教者一後之教者三先王盛時人知有儒教而已有黨庠遂序而已自二氏以禍福之說從世浮屠老子之宮偏天下大抵資衆而成求其不命而獻力不祈而薦貨者益鮮道家者流以清淨去羨爲本而羽翼其教者亦斬斬然惟施利之爲得凡鳩工度宇其徒率苦心殫力弃走四方萬里外轉化勸募累歲年始就然而弗克就者亦多矣唐以來始有舍宅爲觀者鏡湖賀監尤表表焉雖其非經要亦達者所見彼其屣脫軒冕芥視名利當時詔旨之褒嘉羣公祖餞之歌詠清風高致負絕出塵視世之華一贊侈一室維封畛之自私毫釐鎦銖之必計切切爲子孫遺者爲何如孟子曰好名之人能遜千乘之國苟非其人簞食豆羹見於色度量相越妒此夫嘉禾趙君汝俳以公族之英承世澤之慶追惟先志圖報君恩願以所居舍作道觀公朝可其請敕以報忠名地在郡之五福鄉聽履坊西門廡殿堂各適其序像設器用咸備其物撥田十頃及長春庵隸之斯舉也其有得老氏去羨之旨歟　汝俳沒子崇烈加修黃夢炎爲記　元至正二十五年改觀爲寺戊申兵火惟存法堂方丈寺僧募化重修明永樂十五年僧克雋重建後圯僧德讚重修嘉興湯志

國朝雍正十一年奉

敕改名覺海寺發帑重建十二年十一月

御書覺海寺匾額浙江通志並

賜檀香大士一尊伊志咸豐兵燬同治間重建觀音殿新纂志案各舊伊志秀水寺觀皆先眞如教寺因城內諸寺觀列于府治且眞如創建最古也今考覺海諸寺並係有敕賜改列于首

敕賜茶禪寺　在縣西五里錢氏賜額爲保安院宋景德間每州各立景德院遂改名景德宣和間燬大觀間重建至元志　案嘉禾百詠詩註云昔有白毫光高數丈民以爲祥乃作寺有白龍潭在寺前東坡昔過此畫竹于壁題詩云聞說神仙郭恕先醉中狂筆勢瀾翻百年寥落何人在只有華亭李景元李亦畫竹于此以詩和之詩傳不全有一聯云野人不識天人面知是虞皇第幾元李華亭名士也　元至正間雲海寬公大構殿宇廊廡及諸佛像黃溍記署嘉興郡治西四里爲景德寺其初蓋曰龍潭深險莫測往往風雨壞帆檣雨晴則有白光三道起水上唐季異僧行雲者日運土石以實潭積久潭果塞遂建三墖以鎮之水至是迴抱灣環利其爲大道場乃構棟宇祠佛菩薩而以龍護法焉當五季吳越錢氏有國時賜名保安禪院宋景德中赦天下郡縣爲景德寺故易今額宣和三年燬建炎三年縣令陳少卿言于朝始復寺基業嘉定九年旱邑人禱于龍得雨爵龍爲靈澤而祠曰順濟符牒具在逮元至元中石湖美公增置腴田整飭渠蕿後古禪性公奉璽書褒護後至元五年雲海寬公來主是席既蒞事睹殿宇敝壞將圖更作遂議于衆給以寺租助以衆施得錢可萬緡乃大構焉經始于至正五年之十月落成于明年之九月殿之崇八十有六尺深廣稱之而殺十尺中嚴靈山像左右阿之應眞視舊有加殿後增造觀音像其東西翼廡則肖諸天神金珠間錯丹碧絢麗煌煌如也百廢具興施者至不可給師則捐橐贈之寺故有記漫滅不存衆謂是役不易非有記迹後嗣奚稽咸願書諸石以垂不朽　明洪武十五年定爲禪寺永樂初僧眞行建觀音殿于殿後嗣建山門方丈兩廊又建鐘樓藏殿宏治間郡守佟珍命修三墖二殿秀水志明黃周用有記萬歷辛卯僧眞講建大乘堂于殿右辛亥僧通理修觀音殿壘石高數丈鑿蓮千朶名千花臺陳懿典爲記天啟甲子重修天王殿秀水任志

國朝順治初僧恒修募葺鐘樓盛遠有記壇久圮康熙十六年里
人錢江捐資鑄鐵頂重建并修大乘堂方丈後有趙宋
袞園亭陳舜俞題蘇公煮茶亭址今廢嘉興何志乾隆十六年奉
頒
御製心經壇軸一幅二十七年
御書標示三乘匾湧壇同參法華品試茶分證趙州禪對聯
賜名茶禪寺伊志咸豐兵燬同治間重建山門光緒二年姚文柟
金涵捐資重建三壇及觀音殿新篆　宋張堯同三壇詩石匱埋神物靈光照
夜多龍歸天上後無復更風波　元牛諒西郭憩景德寺分韻詩靈湫閟馴龍古殿敞金粟僧歸林下定雲傍
檐端宿伊余陪雅集於此避炎酷息陰悟道性習靜外榮辱坐石飛濤觴堪歎白日速別去將何如留詩滿青

竹　徐一夔景德寺分韻詩野曠天愈豁川平路如斷不知何朝寺突兀古河岸潭埋白氣沒林密翠霏亂勝
地故蕭灑七月流將半合併信難得通塞奚足算廣文厥官舍亦此事蕭散風櫺餉屢行蘿磴席頻換但覺清
嘯發扃顧白日旰吾欲紀茲遊掃壁勞弱翰　顧瑛夜宿三壇寺詩水落南湖不露沙又牽舫子到僧家春浮
大斗娟娟酒寒漏盧櫺薄薄紗半夜檐鈴傳梵語一林江月照梅花坐來詩句生枯吻指點銀瓶索煮茶　明
王守仁送芳上人歸三壇寺詩秀水城西久閉關偶然飛錫出塵寰調心亦復聊同俗習定由來不在山秋晚
菱歌湖水闊月明清磬壇總閒毘盧好是嵩山笠天際仍隨日影還　莫如忠三壇詩三壇倚霄半淩競躡崇
煙分標依淨土列構指諸天一一呈金粟亭亭間白蓮光搖龍藏日劫數雁王年珠栱慈雲合雕楹法雨懸攀
危超上界眺迴鏡迷川舍利存仍幻浮屠起亦緣我心元不二證取一燈然

本覺寺　在縣西二十七里此正檇李之地舊有檇李亭
至元志詳古蹟唐大中間有僧冀自臨海來道宿亭下感夢結
庵以居事聞賜名報本咸通乾符中累賜田二千六百
畝嘉興湯志宋熙甯間東坡與文長老善常三過此輒留詩
宣和間改爲神霄玉清萬壽宮建炎元年復舊額嘉定
間僧元澄作三過堂樹石勒蘇詩淳祐間守臣趙與岩
請爲本覺禪院秀水黃志寶祐癸丑建長生庫廬及禪堂僧
室宋徐聞詩記畧本覺創自李唐迨今數百載中更兵火剎以古故尊我朝熙甯間命蜀僧文長老來主禪
席蘇文忠公三過門而三賦詩地以人故勝寺距城西南不一舍平疇迴野一水環抱層樓傑閣渺立于蒼煙
白葦之中亦檇李之奇觀也元至正中建大悲閣明洪武初定爲禪
寺宣德壬子僧志嵩建山門扁曰萬壽山立石壇二座
于左右成化庚寅僧宗璉重修姚綬爲記嘉靖丙申郡守鄭

鋼重修三過堂呂希周有記萬歷甲申郡守龔勉重修三過
堂以祀蘇公鍾庚陽有記
國朝乾隆二十七年
御賜本覺寺匾額四十七年僧濟如募重建大殿蠶神殿及齋
堂五福堂嘉慶二年增建觀音殿置常住田三年杭嘉
湖道秦瀛知府伊湯安捐俸重建三過堂并塑東坡及
文長老像并函石像詩碑於壁秦瀛有記詳古蹟寺有石幢二
刻佛頂尊勝陁羅尼經咒唐咸通十年三月立伊志詳金石
明蔡旅平本覺寺碑詩古碑剝落一荒亭野草芊芊人絕經欲把新詩弔坡老暮蟬鳴處不堪聽　顧猷清
明過本覺寺詩十里行春春水長偶依蘭若禮空王僧房幾見榆煙冷村舍誰聞杏粥香簷落青泥逢燕至樹

飛紅雨趁蜂忙滿湖畫舫爭歸渡高柳絲絲繫夕陽 伊志案坡公詩題有六年冬夜至永樂七年過永樂之語考至元志嘉興縣永樂鄉在縣西北一十五里永樂市在縣西南二十七里則寺在永樂鄉王十朋註蘇詩謬引圖經云永樂寺在富陽縣益誤認永樂爲寺也至寺名本覺乾道中已見陸游入蜀記非淯祐請額而沿慶元中住僧之名又蜀僧文長老非文及翁姚綬事蹟碑記亦誤

勅賜香嚴寺 在縣北五里舊名懶石庵 浙江通志 明建僧幻也號懶石開山

國朝康熙四十四年

聖祖仁皇帝四幸浙江住僧超述進恭頌

聖駕南巡詩軸

嘉興府志 卷十八 寺觀一 三

御書香嚴寺額以賜乾隆四十六年併歸精嚴寺僧時中等立石 伊志

勅賜香海寺 舊名福善寺 在治西三十五里濮院鎭元至大二年己酉濮鑑捨宅爲寺 殿梁有宇相傳爲趙孟頫書 僧志浩開山 劉志 寺有僧房七深隱崇遠南隱天香永照桂軒鄰清四面水環梵舍稠密 楊述爲記 明隆萬間僧文淵重建殿閣鐘樓 馮夢禎有記

國朝康熙三年增建大悲閣 仲宏道記畧濮州古檇李之墟吳越邊鄙爲嘉秀桐三邑之錯壤無名山大川湧池邱壑之娛其形勝所峙巍然甲于鎭中爲一方擁衛者惟福善寺寺昉于元有甯遠將軍濮鑑者獨力捐建因其初有崇福積善二庵遂額之爲福善云元末燬于兵明永樂成化時有僧前後募修得

闢今址歲壬子衆請鶴峯和尚主院師念正殿自雷六震壞門垣柱礎尚無整理乃募施鳩工不憚劬苦

十年寺西房僧湘南住天津海光寺隨

駕避暑熱河七月奉

旨賜香海禪寺額 伊志 咸豐兵燬 新纂

天甯禪寺 在治北里許漢嚴助宅也 名勝志 舊爲施水庵以井泉甘冽汲飲路人得名 唐咸通中改爲院 吳志 宋治平中郡人慕容殿丞請于朝更爲十方禪刹 嘉興湯志 熙甯元年賜名壽聖院崇甯二年賜名天甯寺政和六年改名天甯萬壽院 柳志 殿西池上建臨清軒 嘉興湯志 宋王懋通臨清軒詩方池疏鑿是何年舊是山中卓錫泉雲氣上浮虛白室波光倒浸蔚藍天凭欄只許陶元亮高枕應思謝惠連堂爲老夫分半榻不妨

嘉興府志 卷十八 寺觀一 三三

來日此逃禪 元楊勑詩池上幽軒半畝寬老禪長對碧波寒幾回窗外晴猶雨道是降龍深處蟠 紹興七年改名廣孝院十三年以孝宗誕毓是地改報恩光孝禪院賜田二千畝 趙圖記 元至元初爲天甯萬壽禪寺至正中僧艮念重修 黃溍爲記寺額在異時已屢改易人猶稱以天甯萬壽之故號者以祝聖都道場在是也至元間杇庵祥公被上旨住是山與者舊僧智源兼任本郡僧司長副崇護尤謹創千佛閣於山門之東明叟因公規恢基緒賴源之力爲多延祐中千瀨慶公卽方丈建圓通閣泰定間竺雲曇公重作僧堂衆寮其後月舟滿公窨於有司之征繇引避而去佛鑑空海禪師念公以至正四年嗣爲住持至則繕治僧堂斥大山門之舊址作門以間計者五其高七尋有半深殺其高尋有二尺左右設文武官僚之次且用陰陽家說築案阜於官河之南培主山於丈室之北樹以奇石名之曰秀玉峯 又建靜淥軒于殿左僧力金建深雪軒于殿右 陳基有深雪堂記 明洪武初增

建佛殿兩廡辛未定爲天甯禪寺僧宏宗復建天王殿法堂佛閣方丈諸室夏原吉記建文中建徹見樓一名漢風閣明趙友同記嘉禾宗指南上人清雅澹厚住天甯禪寺不數年間修廢舉墜翛然爲三吳名剎尋得隙地于寺東北隅作樓三間取佛書中昇正法樓徹見一切語名之永樂間建堅客軒朱叔服有記又建毘盧閣崇奉賢劫千佛及元板藏經胡槃爲記李應徵登毘盧閣詩高閣層霄上登臨意渺然慧風開白社法雨墮青蓮寒散千林色秋深萬井煙下方歸路晚霜月漸娟娟僧傳如登毘盧閣詩眞參何處是毘盧彈指重樓興不孤上界香雲連雉堞下方清梵徹鴛湖淡淡經半掩將臺明月猶懸帝釋珠聞道頻伽能說法却從祇樹聽啼鳥正統間前後建禪堂鐘樓齋堂輪藏殿及觀音靈官諸殿嘉靖中修輪藏殿釋方澤有記萬歷戊午重建禪堂天啟丁卯重建鐘樓嘉興湯志宋徽宗御書屏在僧舍趙圖記

國朝康熙八年僧指開募修毘盧閣奉大銅佛供閣下嘉興何志十九年毘盧閣災秀水任志內有直郡王貝闕霞飛書額伊志

咸豐兵燹同治間重建觀音殿新纂唐李謌過施水庵詩勝地開蘭若幽尋策短筇僧貧只施水客至但聞鐘講坐天花滿香臺翠靄重何當謝塵紱白社此相從宋曾鞏題聖壽禪院詩一峯瀟灑背城陰碧瓦新堂布地金花落禪衣松徑冷円琊經帙紙窗深幽棲鳥得林中樂燕坐人忘世外心應是白蓮香火社不妨鑑犨客追尋元周廉遊天甯寺詩南朝古寺遶流泉夾道長松翠插天長者布金來梵剎仙華散彩落經筵自慚朱紱干徽祿誰向金瀏問別傳他日一龕容我老看山東上鏡湖船明胡槃復遊天甯寺詩與來重過竹間軒軒底清風鶴正眠童子出迎相問訊老僧延坐話因緣臘梅冷涔鉶瓶水春茗濃烹石鼎煙擾擾時人莫相訝韓公自愛大顛禪戚元佐天甯寺禪堂詩卓錫幾年至松燈一草庵榻虛

雲共住定起鳥來參散衲人間相蓮文世外談平生元寂意長此對瞿曇

精嚴講寺 在郡治西北一百八十步晉咸帝時徐尚書別業案舊靈光寺實錄尚書名恬今土地記名熙因井夜發光奏請捨宅爲寺賜名靈光至元志唐龍朔間僧僧伽遊方至出龍救旱貞元中僧靈祐講經寂滅建墖中嘉興湯志唐沈亞之有塔銘錢文穆王時立山門掘地得一石龜遂改靈龜寺天福四年復名靈光宋祥符中賜今額元有沙門洪敏靈光寺碑記今石刻不存寺之西北有五臺山詳古蹟內石經屋一十二間刻法華維摩等經又有大藏殿東西墖廚混室淨土水陸諸院千佛羅漢大悲天王諸堂西南有木紋觀音殿咸通年間立像刻木屏上舊傳未鐫前其木在水濟人遇淨則浮遇穢即沈人知不凡取爲尊像鐫製纔畢面目手指皆有紋彩時人稱爲木紋觀音兵火後移于寺東廡紹興十一年重立凡遇水旱郡侯必請禱以爲常至元志先是吳越王得佛舍利內于金鐸以小銅墖緘之寘寺門側二墖各有宋時石刻御讚淳熙丁酉郡守韓彥質請于朝更爲十方禪剎僧景壽建殿宇廊廡置田二千餘畝嘉興湯志宋王希呂爲記明洪武二十四年定爲天台講寺今仍舊額吳志宣德間建輪藏殿僧方澤有記乙卯重修鐘樓萬歷間樓復傾郡守車大任捐俸重建秀水黃志馮夢禎有記明寺前有百丈溝左有靈光井吳志詳古蹟

國朝乾隆三十六年重建大殿廊廡四十二年復建禪堂方丈及大悲殿香巖大殿佛堂僧寮置常住田伊志咸豐兵燬同治間僧濟延重建規制如舊新纂唐劉長卿秋夜雨中過靈光寺詩晤語青蓮舍重門閉夕陰向人寒燭靜帶雨夜鐘深流水從他逝孤雲任此心不能捐斗粟終日愧瑤琴明湯三俊精嚴寺詩夜唄中坐寂小飲活枯讀月至了不疑宛過虛檽六履隨勝情發細歷幽廊曲殿影立高寒臺光展空肅草沒砌痕平倚膝藉柔綠涼風颯銀杏飄露響相續因循情歌生次以洞簫逐驚禽起不呼詹鈴靜詎索清輝久愈出骨冷耐亦熟誰能老蒲團燃燈對金粟項忠靈光寺詩荆棘蕭條梵宇寒藉君捐帑復巍然紺園雨過琪花爛碧殿雲閑寶樹妍高閣夜聞禪衲頌蠡湖時傍隱君船已知福慶原無盡留取餘光裕後賢

祥符禪寺在郡治西北二里東晉興甯間剡山法師竺潛講般若經于禁中還止檇李魏公家因捨宅爲精舍梁普通中盛行水陸法事遂號水陸院唐會昌五年廢大中元年復立宋大中祥符元年賜名大中祥符院柳志建炎間燬紹興五年僧法瑜重建舊爲律寺後改爲禪院寶慶間復建僧堂元後至元年間寺僧建雙梧堂于居室徐一夔記畧曰嘉興之祥符寺在學宮之偏至正十九年夏余遊學宮既聞弦誦之美間一過寺時東雲海師方主寺席而友人四明周致堯亦以文學之職僑東雲所延坐堂上窗牖虛敞几榻整潔其外碧梧二離立若拱交柯接葉覆蓋堂下地可二畝許蓊然緑雲也三人者危坐良久涼意颯至倩潤襲人一時神思殆若處乎塵囂之外有頃海師指二梧歎曰吾儕今日得蒙被其蔭夫豈偶然昔在仍改至元之歲前住山既建茲堂並植之垂二十年矣日者兵燹之烈比屋皆燬吾寺巋然獨存而二梧得無恙時時思之必有神物者

主爲不可得而度也否則曷有此哉致堯因命其堂曰雙梧至正間僧覺曇再修殿宇方道㪽有記又楊維楨有大中祥符禪寺重興碑記明洪武二十四年定今額東偏有靈應蔣相公祠嘉興湯志詳祠祀

國朝乾隆五十五年重修禪堂方丈內有文震孟古歸雲寮額伊志咸豐兵燬僅存大殿新纂宋蘇軾上元過祥符寺僧可久房詩門前歌鼓鬭分明一室清風冷欲冰不把琉璃閒照佛始知無盡本無燈張堯同水陸院詩白晝重門寂蒼苔古殿深老僧香火寂松柏夜森森

水西禪寺在郡治西北二里明一統志與祥符並在爽溪西故名水西唐會昌中黃檗禪師開山即廢武宗會昌五年八月大毀佛寺復僧尼爲民大中元年重建相傳宣宗潛邸于此因改爲資聖禪寺內有宣宗御書寺額嘉興湯志其院舊在城外乾甯三年移入城內至元志宋天聖間僧慶暹稍加修飾僧契嵩有記皇祐間復葺精廬以安僧衆建炎兵燹僅存御容書額紹興初僧元祖建大殿湻熙咸湻間增建山門廚庫僧舍法堂元至治中僧資瑞置田新佛像設長生修造局釋如芝有記至正庚子重建大殿釋克新有記明洪武辛未定今額萬歷丙辰僧達材重修舊有御書閣裴相祠大中亭俱廢嘉興湯志

國朝康熙十六年里人錢江捐修大殿嘉興何志歲久傾圮乾隆三十三年僧靜聞重建大殿嘉慶四年復建東廊接引

殿大悲地藏觀音諸殿伊志咸豐兵燹同治間重修正殿

新纂 國朝譚貞默記畧云據今秀水李志何志皆云爽溪在縣西北二里與寺跡不同或謂宣宗遁跡本宣城水西寺宣志辨之甚詳蓋因歲久蹟湮城移寺改嘉志無定論而宣志遂爲此紛紛也攷宣宗爲光王避武宗害祝髮爲沙門更名瓊俊先從香嚴黃葉兩禪師遊追武宗崩乃爲詩寄長安示朝臣云殿閣淩霄接爽溪鐘聲還與鼓聲齊長安若問江南事報道風光在水西由是迴歸即位敕水西爲貧聖禪寺至今有宣宗遺像及御書寺額在焉於宣城何涉獨爾時郡城尚在晉之而今日爽溪亦不在城內御像書特隨寺移耳常聞山故老參之逸志水西舊址在爽溪爽溪舊蹟即月河因寺移入城溪遂沒其名今俗呼月河一帶尚有殿基轡之號鄉音謌爲田鷄實殿基也又元人林輔和居內翰遊月河詩有露晃行春到月河僧房寂寂少人過之句則知爾時此地尚有廢寺遺址今之梵受接待禪院實爽溪水西之故剎也 元成廷珪題水西寺爽溪樓寄新仲銘長老詩新公邀作爽溪遊爲說前朝有此樓雲氣遣看天北極風光仍在水西頭虛詹古瓦緣蒼鼠曲潤輕波漾素鷗宸翰僅留飛白在煙塵漠漠使人愁 虞堪題水西寺詩宣城水西不可到秀州水西今獨遊太白才情眞放逸牧之人物更風流諸天問法原無相千載題詩在上頭人世古今同一夢劫灰煙暝五湖秋 明李季宣水西寺訪太白故址詩靑蓮居士昔留題題處靑蓮開滿溪問遍山僧都不記溪邊春鳥向人啼 李培水西寺與達觀禪師夜話詩幾年蹤跡水西東一點禪燈此夕同坐對空山天籟寂滿林風雨月明中

楞嚴講寺 在郡治西北二里三十步舊稱楞嚴院地勢爽塏林木蓊鬱石橋流水似不與人境接名勝志宋嘉祐八年百姓鈕咸有地在慈恩塢東因捨入本院熙甯間有旨一應寺院有屋及三十間者並以壽聖爲額僧無擇請聞於朝存之後僧永和在院講楞嚴經蔡丞相書楞嚴牌揭諸門遂以爲名至元志元末兵燹明洪武初僧

善修重建辛未定爲今額宣德間復建殿宇新佛像成化己丑僧淨惠建金剛殿搆雨花堂僧方澤有序癸卯僧智覺修佛殿建方丈項忠記畧楞嚴寺自宋迄今五百年根運興廢莫知其幾宣德甲寅住持道巽創建殿宇繼巽有淨惠惠所度弟子曰知覺補席以來慨然以興復爲已任罄捐已橐兼募衆施閱二寒暑克底于成嘉靖間倭燹萬歷甲申僧眞可等先建禪堂經室馮夢禎有記後郡守蔡承植命住持僧募建大殿規制宏敞範銅肖像案姚士粦云其像中範釋迦佛左右則二十五圓通也時沈司馬繼山方抽簪家食偶閱胡元瑞甲乙剩言有道者稱在朝同時公卿多仙聖星曜託化謂司馬是優波羅尊者政圓通之一也比鑪韛經始司馬欣然曰近世六尺畫付爍金倘借尊者託身金不易銷也敢冒淸修第一之云乎今優波銅像司馬獨鑄也十五年慈聖太后頒賜觀音大士畫像一軸紫衣袈裟一領于住持能宏傳光宅并藏經四十一函舊刻藏經六百三十七函秀水任志明神宗母后敕建禪堂及天王殿遣內臣齎賜藏經五千卷有護藏御敕后復敕刻大藏方冊臣庶協力付梓至國朝康熙六年告竣板藏徑山化成寂照二寺流通于楞嚴講寺考陳懿典記天王殿乃白法禪師所建王世貞汪道昆藏經序乃密藏師所刻並無敕建敕刻之文天啟間僧性琮募建天王殿陳懿典有記崇禎已巳復建笠院于殿後譚貞默有序置禪堂常住田嘉興湯志明李日華有記

國朝康熙四十四年

御賜藏海慈波額浙江通志咸豐兵燹同治間重建禪堂新纂明傳光宅贈楞嚴寺住持授紫衣詩鎭日空林掩竹扉蒲團深處水雲飛楞嚴寶地開華藏忉利天宮授紫衣禪眞可過楞嚴廢寺詩百花叢裏畫樓新玉女凭闌天上春明月一輪簾外合夜深曾照坐禪人曾見名園全盛時春遊

公子醉芳菲於今鹿苑花無主惟有杜鵑枝上飛
國朝譚吉璁鴛湖櫂歌迦文鏤竹竹光殘不讓生天靈
運前蕭寺楞嚴開貝葉書籤原是定林編 伊志宋熙
甯間建楞嚴寺以僧永和講楞嚴經得名見至元志宋至
明柳劉等志俱作永智此猶字畫之譌自僧方澤兩花
堂序妄謂長水子璿法師而馮司成初建禪堂碑記陳
學士重建大殿天王殿碑記因之不知子璿講楞嚴經
乃在精嚴寺卒于寶元初至熙甯後已越三十餘年矣
蔡丞相因永和講楞嚴經遂書楞嚴牌于門始以名
寺方澤謂璿公之名于焉不朽以譌傳譌均未考耳

金明寺 在郡治西南二里(至元志)相傳范蠡故宅(嘉興湯志)宋

乾道八年敕開禧元年賜額(趙記 圖)紹定辛卯僧祖壽建

千佛閣(明卜曰乂金明寺佛閣詩和風香閣一簾開城上湖光入酒杯震澤晚煙歸畫舫吳宮殘月照粧臺雲迷驛路春帆遠地盡南天越鳥來往事千秋何處是夕陽蹤影下蒼苔高閣淩空百雉分湖天晴靄散氤氳僧歸槜李城邊月鳥帶秦溪渡口雲春樹幾家依綠水海門千嶂送斜曛憑欄無限鄉關思日暮鐘聲兩岸聞)明洪武辛未定爲教寺燬於火正統中僧文琇建大

雄殿景泰天順間增建三大士殿祖師伽藍殿及天王

殿(林茂爲記)嘉靖戊子僧子正重修佛閣匾曰湖天海月(戴經爲記)萬歷六年僧眞性重修(鍾一元有記)十年郡守龔勉於閣

後復剏一軒曰憑虛攬勝二十八年僧智舷重修閣下有范蠡祠

(詳祠祀)祠前即范蠡湖(詳古蹟)諸寺皆南向此寺獨北向亦

一異也(嘉興湯志)

國朝康熙十六年里人錢江重修禪堂(嘉興何志)咸豐兵燬僅存

僧舍(新纂 明高道素訪秋潭舷公金明寺詩春城細水流古寺到門幽卧柳沙邊渡夕陽江上樓翻經雙樹暝放鶴五湖秋黃葉新吟好清音擬惠休 宋國祚金明寺訪秋潭上人詩不遠金明寺支公舊法堂鳩東范蠡宅程史岳珂坊過雨花盈砌抽稍竹過牆由來方外社主客意都忘 沈嗣選送香祖禪師歸金明寺詩昔賢曾此結茅庵法嗣重歸整佛龕幾載梵宮成馬廄今宵清磬到龍潭梅花窗外拈新句柏子庭前識舊參蓮社和風知不墜時時攜麈聽元談 國朝譚吉璁櫂歌斗門水勢到今平兩岸條桑鳩婦聲嶙峭春風帆滿腹微茫煙樹露金明)

興聖禪寺 在郡治東北二百步舊爲嘉興縣丞廳(至元志)

宋建炎丁未十月二十二日孝宗誕育於此嘉定戊辰

郡守趙希道請改爲興聖禪院(婁機爲記)淳祐辛亥賜額流

虹聖地興聖之寺理宗御書(程公許爲記)寶祐間燬景定庚

申嗣秀王與澤請原額立之命寺僧重建(周方有記)明洪武

二十四年定爲禪寺嘉靖乙未知縣王獻可上聞張御

史改爲嘉興縣儒學(嘉興湯志)遷其寺於北今俗稱地藏禪

院流虹興聖原額在焉(秀水任志)今流虹亭尚存(嘉興何志 詳古蹟)

(明范言西墅張侍御遷儒學興聖寺詩虹流帝子宅天闕素王宮日月丹梯上雲霞碧牖中孤城雄海岱節使重河嵩靄色含庭翠分明化雨功)

慈恩寺 在郡治西北一里楞嚴寺之西宋開寶六年漢

南王時攝刺史丁太尉在任買磚塔一所尋掘塔基得

石無量壽佛一石相輪一石香爐一舍利一龕一因立

爲無量壽塔院(至元志)宋治平中改爲慈恩塔院建炎兵

火嘉定丙子重建佛殿僧堂嘉熙庚子重建鐘樓庫院

後廢(嘉興湯志)宋趙孟堅有記

惠安禪寺　在郡治西二百五十步古傳蕭王捨宅爲之唐光化間名興善院宋祥符元年改今名至元志　明嘉靖中郡守蕭世賢改爲察院秀水何志宋劉阜民元楊維楨皆有記

招提講寺　在郡治西二里唐光啟四年曹刺史珪捨宅爲院始名羅漢院宋治平四年改招提寺至元志　元祐間僧本瑩號慧空住院建靜照堂一時名公卿皆有題詠

蘇軾題靜照堂詩鳥囚不忘飛馬縶常念馳靜中不自勝不若聽所之君看厭事人無事乃更悲貧賤苦形勞富貴嗟神疲作堂名靜照此語子謂誰江湖隱淪士豈無適時資老死不自惜扁舟自娛嬉從之恐莫是況宜從我爲　王安石詩任公蹲會稽海上得招提靜照堂新搆幽棲客屢攜飛簷出風雨灑翰落虹霓投老黃塵陌東風路恐迷　蘇轍詩有僧訪我攜詩卷自說初成靜照堂已得篇章書壁素不論塵土漬衣黃故山別後成新歲歸夢春來繞舊房看取盈編定何益客來無語但循牆　司馬光悼靜照堂僧詩賫閤灰寒靜照新馬蹄從此踏涼塵金門乞得詩千首薰寺歸時老一身弟子去來渾領袖交朋存殁半簪紳西風又翦梧桐葉不見蒲團舊主人

建炎年遭兵火紹定壬辰寺鄰吳供檢煥捐貲助僧懷敞重建嘉熙己亥僧懷禮募置常住田徐植爲記　明洪武辛未定爲華嚴講寺後復爲招提今廢爲鹽運分司嘉興志　今爲楊公祠新纂詳祠祀

眞如教寺　在縣南四里唐至德二年立大中十年裴相休捨宅爲至德院無著大師住持宋大中祥符元年改今名至元志　有蔡元長周開祖范德鎮留題小石刻　皇祐壬辰僧清辨等重拓講堂司馬光記壬辰歲夏四月有僧清辨踵門來告曰清辨秀州眞如草堂僧也眞如故有講堂庳

狹不足以麻學者清辨與同術惠宗治而新之今高顯矣願得子之文刻諸石以詔來者光固辭不獲乃言曰師之爲是堂也其志何如曰清辨之爲是堂也屬堂中之人而告之曰二三子苟能究明吾佛之書爲人講解者吾且南鄉坐而師之審或不能則將取於四方之能者皆伏謝不能然後相率抵精嚴寺迎沙門道歡而師之又屬其徒而告之曰凡我二三子肇自今以後相與協力同志堂圮則扶之師闕則補之以至於金石可磨山淵可平而講肄之聲不可絕也光曰師之志則美矣抑光雖不習佛書亦嘗剽聞佛之爲人矣夫佛蓋西域之賢者其爲人也清儉而寡慾慈惠而愛物故服敝補之衣食疏糲之食巖居野處斥妻屏子所以自奉甚約而憚于煩人也雖草木蟲魚不敢妄殺蓋欲與物並生而不相害也凡此之道皆以涓潔其身不爲物累蓋中國於陵仲子焦光之徒近之矣後世之爲佛書者日遠而日訛莫不侈大其師之言而附益之以淫怪誣罔之辭以駭俗人而取世資厚自豐殖不知厭極故一衣之費或百金不若綺紈之爲愈也一飲之直或萬錢不若膾炙之爲省也高堂巨室以自奉養佛之志豈如是哉天下事佛者莫不然而吳人爲甚師之爲是堂將以明佛之道也是必深思于本原而勿放蕩于末流　嘉祐壬寅僧自南募建仁王護國般若寶壇元祐戊辰高麗僧統重修長水壇亭章衡有記詳冢墓　宣和庚子兵燬僅存地宮

治銀壇像　案眞如壇起於嘉祐七年南法師者募緣興建燒造五色琉璃瓦以爲莊嚴宣和三年遭方臘之亂燬僅存故址五年寺僧整葺掘其下於地窖中得銀壇一座凡七層高五尺重千兩相輪欄楯無不周備刻畫佛像極爲精巧而無鐫記至淳熙十年主者智炬夢一僧紫衣暖帽宛若大聖之像指示壇基曰此地久廢可爲興復既寤啟心募化歷十五歲而成制範悉倣銀壇不少異相輪合尖以佛牙銀佛藏于地中爲鎮傍有一冢乃宗室子恭之祖塋也　後析爲三南則爲賢首十方教院淳熙乙未僧戒月建華嚴閣于其西商逸卿記略嘉興之南門外數里所有精舍曰眞如湖光塔影映帶蕩搖絕無俗塵合是佛境盤船其下登臨靜深傑閣在巔俯瞰荒忽至其棟宇精密

化樂天宮之幻成步履安平堅牢地神之孽戴金碧晃耀位置森然晨香夕燈霧横星爍信一方之殊勝也寺自紹興間有僧用智者草草重葺於兵火之餘號智華如嚴今戒月自淳熙二年爲主席建華嚴閣凡五間他十盧舍那殿十六觀堂及僧之居處一新之總爲屋四八間戒月謂未嘗持疏登八門特以講說所得䞋施不爲已有費約十萬四千餘緡寺無常產戒月又辦田歲可收米三百斛今之仰食其香積者已百五十餘人

慶元三年僧智炬又建寶塔于其北鮑義叔爲記元末兵燬明洪武二十四年修復定爲教寺萬歷丙戌僧眞謐建長水法堂龔勉有記丁酉僧海滄等重修史叔成有碑天啓乙丑僧道耕重建禪堂郡守詹應鵬扁曰水雲禪院嘉興湯志明岳和聲有記寺內有雪峯井絲雲橋東坡煮茶亭裴丞相清暉堂秀水黃志並詳古蹟

國朝順治乙酉塌燬己亥僧明句重建浙江通志張有譽記

國朝朱彝尊眞如寺塌重建詩舊湧仁王塌今開帝釋宮蜂臺重覽勝龍藏古稱雄歷歷時堪紀高高望未窮地猶丞相宅石是上軍功戰火臨城日飛塵浩劫中魚羊乘乙酉象馬失西東匠訝吳寛巧圖看郭恕工經營還故蹟髣髴像新豐點畢遺千界梯雲上半空燈前招怖鴿烏下數歸鴻不有危標建安知寶鏡崇火珠將月滿金治與天通盤峻宜承露幡欲定繞風留題存片碣高咏後羣公白髮愁韋誕炎飈靜祝融伽藍如可記應比洛陽同

乾隆六十年重建華嚴經閣伊志咸豐兵燬僅存寶塔新纂

元周棐遊眞如詩幽賞殊未窮揚舲濟南湖載瞻裴公宇蕭條乃禪居緬思太和年秩班百寮初晚懷超俗緣息心究空虛歲月既云邁世事亦已徂峩峩淸輝堂遺構委榛蕪斯人不可作慨傷獨在余

明戚元佐眞如擊竹山房詩松杉翳叢薄鳳刹臨蘭澳幽潛梵帝城法藏應天竺兩湖夾迴抱五龍前起伏高平散禾壠淸湧晴遠控黃牧化塔曉言躋日月手可掬慈雲冪虛囿香花陸林深時鳥懽砌繞羣芳馥四運肇陽韶容子改春服觀空理無主來遊慮有復永言依像數白業茲惟假超唔夙所短忍辱方自勗西土不在遙大覺吾本足

李日華獨遊眞如塔院詩秋來風日好散慮出林郊僧院房房竹沙村處處橋淸吟黃葉句雅坐白雲寮妙悟仍相許時煩遠社招

賀燦然夜遊眞如寺詩晚風野寺生微波溪煙水月交寒莎鐘聲出林山雨細塔影入閣秋雲多臺荒白石老僧卧徑偏淸夜幽人過茫茫世事何所底爭如此地披松蘿

磬泉寺　在郡治西南二里趙圖記宋景定元年建元末兵燬明洪武元年僧普潤重建嘉靖間倭燬崇禎癸酉僧性琮重建秀水任志明李日華高承埏各有記

能仁教寺　在縣西北二十七里新城市吳志舊名福業院唐會昌五年廢大中二年給原額五代開運二年改爲報國院宋大中祥符元年改承天院政和七年改能仁

院至元志明洪武二十四年定爲教寺內有陸宣公祠宣德中建嘉興湯志詳壇廟嘉靖間增建禪堂靜堂齋堂陸光祖有記

國朝順治四年重修蔡聯璧有記乾隆二年改爲禪寺嘉慶二年重修大殿鐘樓伊志同治二年里人集資重修新纂

保安寺　在縣西北五十里吳志舊爲通聖蘭若在北秋原東晉里人卜本常捨地僧雪巢創建唐至德間改爲保安禪院會昌五年廢大中元年重建宋乾道七年僧普誠重修請額爲講寺張浚有記元末遭兵燹僧性宗復建明洪武初仍舊額成宏間僧中悅重建秀水任志明呂甞有記咸豐兵燬同治間重建觀音殿新纂

東禪講寺　在治北三十里趙圖記宋元祐間建明洪武初重修宣德間奏請賜額隆慶年新建法雲堂於殿左以藏諸經板嘉興湯志明陸光祖記畧嘉靖隆慶間太師張文忠公與余暨大慈興禪師月亭得禪師共刻五燈會元華嚴合論妙宗鈔維摩經註金光明疏鈔顯密圓通釋迦成道記慈心功德錄淨土或問法寶壇經續原教論人論金剛心經註雪巖語錄十明論唯心訣諸書少師存齋徐先生又刻圓覺經疏鈔成廼贖得東禪寺殿左隙地建法雲堂以藏經板凡五楹門廡廚湢俱完遂請月亭禪師居之禪師因罄鉢資買田三十畝捨施本堂永為守堂僧香燈之費寺有修竹軒秀水任志宋蘇軾東禪寺修竹軒詩清風肅肅搖牕扉牕前修竹一尺圍紛紛蒼雪落夏簟冉冉綠霜沾人衣日高山蟬抱葉響人靜翠羽穿林飛道人絕粒對寒壁為問鶴骨何緣肥明孫植夏日過東禪寺詩空林僧夏永來過贊公房雙樹榭陰合諸天花雨香一燈明夕照孤磬發清涼白社千年在時聞說法長

壽生禪寺　在縣北王江涇鎮元至正間刱明嘉靖中當湖陸莊簡萬歷年吳中申文定先後倡捐重建沈珣有記朱文恪題古壽生庵額今不存

國朝乾隆年間增建梵音閣置常住田伊志咸豐兵燹同治間重建觀音殿新纂國朝彭孫遹宿壽生禪院詩風急天昏下夕曛上方一宿未離羣窗虛遠受鴛湖月閣迥長含雁蕩雲暝際漁燈搖滉瀁定中爐氣徧氤氳松陵明發應回首煙樹微茫杳不分

樓貞禪寺　在治東二十七里趙圖記宋開寶二年僧寶月開山元末兵燹明洪武三十一年鹽官慧律寺僧慧海募建隆慶二年僧法寅增建禪堂於殿右嘉興湯志明陸光祖為記天啟中僧如山募修大殿秀水任志

國朝乾隆九年僧大鑑重葺范長發有記四十三年再修伊志國朝曾廷棟有記

廣仁寺　在郡治東北二里舊名廬山庵久圮

國朝乾隆五十八年僧了根重建并建骨墖四座杭嘉湖道秦瀛改今名秦瀛碑記嘉興之為郡衢市闤溢民物輻輳又四面皆水溝涂川澮畊畝阡陌回互參錯是以民無隙土巨室富家之饒于貲者親歿不惜金銀購善地以廣堂斧而貧民力絀不克葬灌莽田野之間溪溝之側暴槥櫐櫐雨淋日炙遇水漲輒漂没乾隆乙卯余分巡浙西道嘉郡見而傷之越嘉慶元年丙辰春嘉山之人士僉名呈請于余曰嘉興郡城東北二里許有廬山庵者僧了根住持于是庵甚狹了根居之始建大殿五楹翼以廊廡基漸廣了根憫髑髂之多暴露也于殿之後拓地百弓取郡中暴槥之不克葬者將設墖四座聚而瘞諸郡人重其義敢請于公勸成之余聞而善焉閱數月墖成了根乞為文記其事余惟先王

之教於人為最重生則為衣食以贍之歿則棺槨以葬之所為養生送歿以求無憾于仁人孝子之心者甚詳且備若釋氏則外形骸一歿生解脫焚化身且不有又何有於他人之身然聖人言仁釋氏言慈悲目之所觸動於慈悲之念而亟為之所思所以安之而後已此則釋氏之教之無戾于聖人而未始不為功於世者也三代以降民既失其養生送歿之具往往王政之所不能及而佛之徒能及之如了根者可謂賢矣庵名不見於志乘舊傳宋南渡時扈蹕諸縉紳奉檀香大士像來此要亦無可考了根為悟修禪師嗣法弟子歷主覺海聖因法華諸方丈余既諾其請為易庵名曰廣仁寺而并記其掩埋事顛末如此俾鑱諸石寺內有悟修禪師墖敬刊

世宗憲皇帝敕書并祭文一道於石伊志咸豐兵燹同治間重建觀音殿新纂

碧光禪院　在縣南三里宋嘉祐七年敕建為崇慧華嚴

講寺下院明萬歴間秋水禪師開堂拓基接衆與梵受並稱接待名藍寺内有金魚池蓄魚甚衆秀水任志

國朝順治辛卯僧心傳建大殿山門雲水堂功德林王庭有記雍正壬子復建後殿伊志咸豐兵燬同治間重建觀音殿新纂

梵受禪院　在治北二里相傳爲爽溪資聖寺西水語詳寺譚貞默碑記後廢僅存爽溪殿基灣之名相沿爲天甯寺僧基

國朝順治初僧宜孟開堂後主席多名僧屢加修葺遂稱禾中名刹秀水任志咸豐兵燬同治間重建新纂

太平禪院　在縣北三里相傳唐陸宣公讀書處因名思賢鄉院即其地明萬歴中僧佘初建秀水任志

國朝順治中僧息波恢之吳志吳偉業有記國朝咸豐兵燬同治間重建新纂

炒麨庵　在報忠坊唐咸通間宰相裴休女名祖貞棄俗學道舍基創建祖貞持行清苦炒麨爲食故名明洪武壬申比邱尼道欽重建佛殿兩廡後廢移建于衆賢都西區今名崇福庵嘉興湯志明許恂如炒麨庵詩沽名不許齊眉案苦行甘爲辟穀人休笑於陵陳仲矯炒麨總非情

資福庵　在德化一都宋景定元年僧源開山明洪武二十四年僧文彥重修秀水任志

正福庵　在縣東北三里明洪武間建後廢

國朝乾隆二十一年僧淨心省源重建正殿二十七年復建前殿山門伊志國朝沈鑑有記

眞聖庵　在縣東北十里思賢鄉元至正六年僧圓偕剏建明洪武十六年僧如松重修嘉興湯志明呂原有記咸豐兵燬同治間重建新纂

觀音庵　在治東北五里南呂字圩元至正初僧志源建明宣德中修

國朝順治六年僧建一名圓通秀水任志

鏡寶庵　在縣南宋紹定間尚書聞人建女姪名如證學佛請于朝得度建庵元大德庚子鑿井得古鏡因改今名嘉興湯志元趙雍有記咸豐兵燬新纂

津梁庵　在縣南二里白苧都里人葉公茂捨基秀水任志

國朝順治十五年僧幻如創建其徒月生增置禪舍爲城南勝處吳志乾隆三十六年重建伊志

甯慶庵俗稱狂童庵　在永樂三十一都元至正壬午僧善友創建明洪武甲寅僧永盛修永樂間燬宣德中重建俞山有記崇禎間復燬壬申僧會心修建嘉興湯志

黃葉庵　在三墖後藏南圩明天啟中金明寺詩僧智舷結茅於此秀水任志庵側有智舷墓伊志明釋大持過黃葉庵詩未知有水可通船先問桑田細路偏門帶夕陽敲樹底人隨宿鳥到籬邊瘦瓢再食便終日禪榻初安已老年地不近山無怪

一石夜來留得斷雲眠釋文貞秋潭師黃葉庵落成詩
一瓢一笠挂西林不負生平有此心易補高低籬作障
難分新舊竹爲陰瓶添水滿澆松大杖撥雲開引步深
愧煞我儕諸弟子相依難學樹棲禽國朝朱彝尊
鴛湖櫂歌桑邊禾黍水重圍時有秋蟲上客衣三過堂
東開夕照滿村黃葉一僧歸王又曾舫公舊隱題壁
詩說法滿天下塊然公獨吟水空無住相灰亦得寒心
牕外老梅瘦門前黃葉深千秋詩兩卷正不要知音

西津庵 在縣西二里明萬歷間全營捨建朱文恪陳宮詹題額有鶴問橋魚樂渦

國朝康熙五十八年重修吳志咸豐兵燬新纂

餘慶大佛庵 在縣西二十里宋嘉祐辛丑陳舜俞捨基爲之僧文更建佛殿齋堂元至順間兵燬惟存孤松亭及大佛殿正統間復建世傳石像大佛從地湧出故名大佛嘉興湯志天啟二年建前殿供賜子觀音改今名秀水任志

香萃庵 在縣西北三里明嘉靖間天甯僧法舟掩關處後有金山僧妙用卓錫于此

國朝順治初僧慈生重修秀水任志

通濟庵 在復禮鄉二十九都精嚴寺下院宋慶元戊午創建明天順間燬宏治戊午僧道俊重建項經有記萬歷間重修嘉興湯志明曹谷有記

福全庵 在桃花里金家亭子橋明萬歷末建

國朝康熙四十一年僧心乘焚修其中吳志

水天庵 在北門外唐神龍二年創後燬明建

國朝乾隆九年僧林燈重修伊志國朝諸錦有記咸豐兵燬同治間重建新纂國朝吳光昭過水天庵詩問渡尋遊水
上洲蘆林閒寂好勾留竟忘白髮殘年叟同賞黃
花九月秋僧飯閒黎聊可給滿餐粗糲復
何求平生識得清涼趣未許塵埃翳遠眸

孝親庵 在縣北二十里范瀨宋湻熙三年剏元末兵燬明洪武間僧志宏重建秀水任志

元妙觀 在郡治東北三里舊址在碧漪坊宋大中祥符間建復改爲天福寺元大德五年楊道錄重建于天星湖秀水任志顧文琛有記元至正十八年兵燬明洪武元年道士趙雲軒首建三清祠永樂十年住持趙宗純重建柳志正德丁丑住持周景常修嘉興湯志明董穀有記後爲冷仙祠詳祠祀

國朝康熙十年殿圮復建聖帝殿文昌殿秀水任志乾隆間重修伊志咸豐兵燬同治間重建冷仙祠新纂

隱眞道院 在郡治東南六十步宋崇甯間造建炎兵火歸然獨存相傳紹興初純陽眞人到此故名案明正德間長洲唐寅繪有隱眞仙蹟圖并題詩云仙機變幻眞難測呂字分明現在哉何事世人皆不識尚留餘迹與人猜一時如屠勳姚綬朱朴張甯諸人俱有題詠後經散失近里人復購得之藏之院中仙人劉高尚夜宿院中晨起援筆題四十三字於柱間筆畫透柱如點漆郡人有疾者刮其字煎飲之即愈至元志宋關杖記畧紹興歲在丁卯之七月一道友戴青巾披青氅自言姓劉居濱州留數日而去雲堂柱間題四十有三字曰行方便坐方便諸聖察上天見得道安得身健但能晨朝洗面水不得浪淵起盜玉津能顯九霄雲事劉卞功來仙語隱微衆

亦莫曉信道不篤者爪刷水淪鈎畫透柱如點漆然方爭先快覩間若有六字可起沉痾開曚瞽試者輒效郡人余元輔幼入學館實鄰道院嘗言有一老嫗丐諸塗腹大若妊非杖不行止則仆地忽遇青衣人叱起予藥如芥子使吞之有水腹中出尋即平復問姓不答但云在隱眞道院其遁身濟人累如此眞人居濱之安平鎮徽廟朝屢詔不起守臣奉旨寫眞饗呈眞人即自讃曰韜光晦迹居環堵閉息凝神事事疎謾許丹青傳道貌難將塵筆寫眞如奏上降敕云朕高古人修眞勵行道興於世今乃見之爾趣操不凡蕭然一室招聘屢往辭避不回宜錫美名用彰清節雖云沖晉尚克欽承可特授高尚處士時政和六年八月十九也 明宏治丙辰道士盛道隆等重修 嘉興湯志

國朝雍正六年郡守闞堯熙於觀南倚城培址建閣三層中奉文昌神并祀魁星於其上 浙江通志 乾隆二十年里人陳經猷捐資重建山門并修殿宇 伊志 咸豐兵燬 新纂 國朝王庭題隱眞道院詩背於廛市即山林門對高城畫有陰小徑未教荒草沒閒房常見白雲深樓頭鶴過聞吹笛池畔魚遊聽鼓琴咫尺蓬萊眞福地他年劉呂幾相尋 譚吉璁鴛湖櫂歌隱眞古院一清池雲影松聲禮磬時鶴羽歸來人不識玉簫閒按步虛詞

崇道宮 在郡治西南二里 檇志 吳越武肅王時建在南城外後移入城古萬壽宮基舊名崇福宮宋治平初敕賜崇道宮額俗稱爲南宮內有一枝堂每大比邦人士取南宮一枝之讖多會此後廢明正統間張復 字復陽 爲朝天宮道士歸郡人爲新一枝堂建樓元樓以居之萬歷戊戌道士許廓無建斗閣于拱辰堂後 當閣未建時學士朱國祚過見紅燈七盞懸于中天以爲異語一府吏登譙樓望之亦如所見嗣是每夜望之無不然閣建後始隱 崇禎間增建兩廡十王太乙九天三官純陽伽藍六殿後建元帝殿塑三十二天像于兩旁里人岳元聲施道藏于斗閣因改名藏閣舊有繼秀堂來鶴亭慵齋拙齋 嘉興湯志

國朝順治十一年道士馬顯科等建鉢堂 秀水任志 咸豐兵燬 新纂

洞眞道院 在府治西南二里元至正癸卯道士趙雲軒創建明洪武庚戌禱雨有驗建聽雨軒 吳志 後并歸元妙觀永樂癸未道士趙宗純仍建嘉靖中道士徐志甯等重葺正殿崇禎間道士褚紹徽重建山門並修正殿及聽雨軒 嘉興湯志 國朝顏鼎受碑記畧觀之始建在宋大中祥符間詔立眞武祠于城西隅賜名洞眞越元至明五百餘載洊歷兵火永樂初有雩軒趙眞人結茅於此能捍災致祥遊京師時溽暑亢旱疾癘流行上問師師曰惟雪可解乃壇南郊祈雪登壇而雪下盈尺疾者皆起是歲大稔上嘉其有功於民厚禮之遂敕有司重建洞眞觀師既羽化賜祭葬御製碑碣以示寵榮歷歲久遠堂殿復圮至崇禎丁丑傳有神降於殿中時相國養滄朱公爲之鳩工度材合衆力而舉之 咸豐兵燬同治間改建忠義祠 新纂

三元閣 在郡治西南 吳志 宋開禧年創建水府以鎮寶帶湖遭宋季兵火元至正間道士殳以誠建閣三層奉三官大帝明永樂中修嘉靖乙酉道士鄒景雲復建萬歷辛巳重修 嘉興湯志 明邵陛記畧嘉郡治西南半里許爲南薰橋橋之趾爲三元閣其來舊矣考方輿氏午辛二水合流橋下折而北之寶帶湖周遭郡北薈此湖靈脈爲一方維奠故宋時建水府爲寶帶羅星鎮于瀰涯遭宋季兵火之厄昇眞福地一蕩焉燼焰中矣元至正間有羽客殳以誠者風巾雲衲一日遇純陽

師得鍼灸法試者咸以爲神仙通經始建閣三層明世廟四年閣復燬於火有鄒景雲輩嗣之迨今五十餘載而張敏學士詩聖虔修上清之教復剏層樓以後兵燹大帝之靈余友馬如麟等捐助之閱月而成

國朝順治五年重建秀水任志咸豐兵燹同治間重修新纂

成眞道院　在府治西北一里宋建吳志明成化間修天啟丁卯焚燬崇禎初道士錢復宗重建嘉興湯志今名天醫道院伊志咸豐兵燹新纂

長生道院　在縣東一里許舊在天星湖上郎楊婆施水庵也明洪武間移建于此柳志正統已未評事浦會川等同道士吳正常重建今廢嘉興湯志明項忠有記

元甯觀　在縣北楊舍溪元至正壬午簞瓢道人建明萬

歷間道士顧恂如重修秀水任志

國朝乾隆五年道士莫鳴山重建五十年增建關帝觀音二閣伊志咸豐兵燹同治間重建新纂

純眞道院　在王江涇鎮宋湻熙中建嘉興湯志陶菊隱捨基傍有陶祠吳志宅今爲羽客壇黃花零落後清磬一聲寒國朝朱國顯純眞觀詩舊是遺民咸豐間兵燹同治間重建一殿新纂

福德道院　在新城鎮咸湻二年里人馮案吳志百六捨地道士李嘯雲創建嘉興湯志元岳元聲有記　明作楊咸豐兵燹同治間重修新纂

翔雲觀　在縣西三十里濮院鎮秀水任志舊名元明觀元濮鑑捨宅建前殿供眞武像覆蓋皆琉璃瓦兩廡塑諸天像元統中濮允中又建三清閣于殿後閣後有翔雲石詳古蹟楊鐵崖扁其山門曰翔雲勝境明景泰時復葺尋燬萬歷辛巳馮孜重修崇禎六年再葺岳駿聲有記

國朝康熙二十九年程士樞修三清閣三清寶閣三元寶殿兩額並董文敏書乾隆四十一年重修伊志咸豐兵燹同治間重建新纂

南涇道院　在縣西南五十里之南元至元丙戌里人張全眞建嘉興湯志鮑仲孚題南涇漁艇是也伊志元趙孟頫有記

嘉興府志卷十八

　　嘉興府知府善化許瑤光重輯

寺觀二

嘉善縣

敕賜性覺寺 在縣東北二十里卽月明庵 案吳志云舊名圓明庵誤 係明顧備像家隆慶間孑州判誠心捨地建 伊志 萬歷間僧性本改建爲庵 嘉善戈志 國朝康熙四十四年聖祖仁皇帝南巡僧本沖迎駕雲間御賜今額 吳志 并賜淨域長齡匾額唐人詩對聯綠石硯五百羅漢卷心經一卷 伊志

慈雲禪寺 在縣西北數十步三國時刱唐名保安禪院宋治平元年改今額 嘉善倪志 元初兵燬止存甎墖二座延祐丙辰僧宗敬復益正殿修墖甃階至治辛酉重葺華嚴大殿泰定甲子重新大法輪藏 嘉興湯志周伯琦有重修慈雲禪寺記文泰定元年釋宗敬亦有記 明洪武初定爲敎寺二十四年併歸大聖寺永樂元年重建 劉志 嘉善章志殿後有千佛閣萬歷三年燬前月臺中甃甃方可丈許遇晴反濕雨則乾俗謂之龍牕 正德二年僧德海等重修二墖 周澤有記 萬歷中圮崇禎四年曹勛延僧海藏主持重建接引佛樓長生堂天王殿東禪堂齋堂國朝康熙十一年僧佷亭興建叢林改爲禪寺 國朝曹爾堪記畧慈雲寺建於吳赤烏間宋建炎元延祐明景泰正德因時建造寺僧最著者唐爲道安宋爲永寺主元爲宗敬明爲宗澤德海等秀峯其最後也 增建西禪堂葺馱文昌等殿 嘉善崔志 元黄晉德慈雲寺詩唐朝古寺已千年兵寇來時火欻然殿閣尚存遺跡在何期一夜逐風烟 明沈度宿慈雲恢上人房詩紺園春靜白雲深琪樹陰陰晝漏沈我亦清修林下客澹然無語契禪心 國朝錢澄登慈雲寺千佛閣詩武塘彌望盡平疇高閣憑欄指顧收殘暑已辭薄暮驚飈陡覺入新秋千家樹簇孤城靜百道溪穿滿邑流最是下方憂旱切雨壇鈴柝晚來愁 案秀水任志于保仁寺下載唐陸贄保安禪院記蓋好事者因宋張俊保安寺記有唐丞相陸公曾爲記之語而譌造者審其文義可見故已刪去而嘉善章志以慈雲寺唐名保安亦載宣公記則訛之訛矣考張俊記係秀水保安寺也 國初曹爾堪又謂慈雲初名通聖不知秀水保安舊爲通聖蘭若未聞慈雲亦名通聖至謂昔魏武窺江南駐蹕於此有五鳳鐘樓尚其遺跡梁武捨身同泰重興此利因有保安之號皆屬傳會

景德講寺 俗稱小寺 在縣東二里唐天寶元年 案浙江通志作天寶二年此承嘉興湯志之誤嘉善章志謂景德寺先一年建當作元年爲是 鑑禪師建 時有弟兄二人同業焚修各捨宅建寺兄昭創大勝弟鑑創本寺稱昭鑑二禪師 咸通間賜額 案柳志作宋雍熙五年昭禪師開山景德間賜額誤 明洪武二十四年定爲講寺 吳志 天順間僧宗瑁重建嘉靖中復圮僧世奇重修隆慶間逹觀可禪師閉關於此萬歷八年僧卽空募建禪堂 嘉善章志 崇禎間僧性賢增建藥師堂白衣大士堂 孫詢有記 寺有幽瀾泉

盛唐記署曰幽瀾泉有三異大旱不涸爚茗無滓盛夏經宿而味不變游覽者必叩欄汲水飲而甘之其上有
亭嘉靖甲寅倭刼邑亭因毀寇平城完居民復集適余謝政還浚之得泉而復亭其上大悲閣魏驥
有記翻經室性賢募請陳繼儒等三十二人書金剛經末附董其昌書心經刋石庋藏於內大悲
閣西偏為放下庵里人錢士升建內有錢相國手書法華經搆堂三楹日更
雨國朝康熙五十八年相國從孫以塏重修置常住田錢佳有記
國朝康熙八年僧寂定復建前佛堂韋馱堂大悲壇三元文
昌閣觀堂齋室嘉善崔志乾隆初三元文昌閣燬僧續甯改
建鐘樓伊志元黃魯德景德泉詩幽瀾遠引曹溪水此是人間第幾泉一吸清涼除熱惱不妨頻候
煮茶烟明龔勉贈僧東暉詩夫子道圓通上人見超絕一語各了心從此便相結行行東御濱幽瀾堪駐錫
因彼雨花臺建此翻經室長流抱危城古木出高墉閉關卽入定閒聰亦面赤夜靜明月來照見天地色此色

嘉興府志　卷十九　寺觀二　三

有眞空了悟三生畢無幻亦無眞不生亦不滅身同老
木枯心同寒潭澈孰設山河大總是天根闊孰設世界
多唯我空身一欲問忘所問不荅
如眞荅嗒然吾喪我默默坐苔石
大勝講寺俗稱大寺在縣東二里唐天寶二年昭禪師建咸
通間賜額宋熙甯乙卯重修嘉善章志案柳志作宋熙甯八年開山元豐二年
立課崇甯二年改大勝院柳志增建藏殿鐘樓僧寮靜室嘉善
章志湻熙十四年僧清梵起浮屠七級元燬于兵明洪武
十四年定為教寺正統間住持宗勝請為講寺柳志嘉靖
甲寅倭燬甲子僧方畛建陸光祖有記萬歷間僧法本重建
并創禪堂徙塏于堂後國朝康熙三十五年邑人陸士榮等修乾隆三十五年僧清
輝重脩天啟中邑人錢士升于殿西南隅建栽雲室錢佳有記

崇禎間錢士晉捐金建藏經閣請南藏全部貯其中嘉善
崔志明董其昌有記
國朝康熙五十五年錢燦重建禪堂伊志元黃魯德大勝寺塏詩高標千尺插晴
空俯仰人寰一氣中終日無風鈴自語不抑火起梵王宮明袁黃大勝禪房詩樹遶清溪溪遶門疎桐滴露
月黃昏蒲團昨夜開金鑰一寸春風編八垠綠楊冉冉草萋萋讀罷楞嚴日未西斗柄已隨黃葉轉玉繩今後
為誰低
大雲寺在縣東南一十八里舊名淨泉柳志宋乾德二年
李德榮捨宅為大聖寺治平二年改今名至元志元末兵
燬明洪武初歸併興聖寺永樂元年仍建嘉靖間雲谷
會禪師始建禪堂靜室嘉善崔志明姚綬記宣德間主僧道震號東洲者頗知文墨

嘉興府志　卷十九　寺觀二　四

來搆方丈與先子松雪公為方外交甚善其別館有竹
深處予尚童丱常侍先子往返其間吟嘯竟日僧宗彙
嗣之精於內典誠確澹泊天順間僧淨簡相繼亦涉獵
書史交士大夫頗衆其孫讓清代之持身不苟傳至宗
哲行業尤優崇禎九年禪堂燬
國朝康熙間僧獅幢等重建乾隆中重修大殿山門彌勒大
悲二殿并禪堂伊志明徐宏澤過大雲寺懷姚穀庵詩水靜天貌澄岸肅林容寂倦帆理遐
思野寺忩探歷念我雲東仙讀易露珠滴苦吟立松根
醉墨舞虺蜥紛紛百年遠遺迹掃如滌僧殘四五輩眼
漆頭半皙拱揖揆言詞羲皇覩非遜信哉文人勳高風
起沈溺移立愁無語朗月銜葦荻陳顯大雲寺詩日
暮尋幽到竹深竹烟晴鑰寺門陰苔荒路絕行人跡月
出禪空靜者心清供一盂香積飯問情半榻白雲衾留
詩已與青山約莫
厭頻來訪道林
定慧教寺在縣東北四十里清風涇卽白蓮寺伊志宋咸

494

湇二年有僧德趺坐三日地出白蓮三莖衆異之共建寺故名嘉善章志元末兵燬明洪武初僧大通重建辛未定爲教寺嘉靖甲寅倭燬萬歷間重修劉志

國朝雍正九年僧德恒募貲復建嘉善戈志乾隆二十六年僧慧力重修大殿三十七年募建禪堂十閣王殿嘉慶四年知縣萬相賓改今名伊志明姚綬白蓮寺詩琅玕滿院未全貧節下題詩意自新入社也知須我輩逃禪不識是何人東樓獨倚千山雪北郭空飛十丈塵倭嘵春風吹棹發瞢溪一派正無津

大聖寺　在縣西北一十二里又名北大聖寺宋熙甯間兜率寺僧智微建智微母張氏構庵奉泗州大聖菩薩數有靈異知州吳司文聞于朝曹太后賜粟帛造像及殿紹興三年智微弟奉珍聞於朝改今名吳志明洪武二十四年併修三塔寺永樂元年仍建柳志內有千佛閣久圮里人姚懋行倡修嘉善章志

國朝康熙二十年寺燬僧式玉募建國朝錢黯碑記寺創於唐貞觀十三年宋至道中始建佛閣繼此修整則元御史陳崇龍暨錢夫人也國初僧普慈等修之未幾靈巖山卑牧和尚法嗣古薪再修漸復舊觀厥功未竟殿閣盡燬獨韋馱尊者之像數十人輩之不動竟無恙嗣後大示靈應住持式玉募緣鳩工藏事嘉慶四年里人捐置常住田伊志案錢碑云寺創干唐貞觀十三年與至元志歷代舊志俱異

東林禪院　在東關外二里宋乾道時刱吳志後廢

國朝里人張德涵捐基重建伊志

西林禪院　在西關外二里宋建炎中將仕郎禹元愷爲西南坤水所衝因捐地刱院以鎮之嘉善章志元末兵燬明宣德五年邑人鄒士衡重建吳志明范之箴爲記

地藏禪院　在西關外二里許一名四名禪院丁彥有記宋時建嘉善崔志初在河之南岸明天啟間邑人莊氏捨宅移建百步外

國朝順治間增建正殿山門置常住田伊志周宸藻有記國朝

準提禪院　在西關外三里明萬歷間建嘉善崔志

國朝康熙五十五年僧慈舫重建正殿山門雍正七年復建後殿置常住田嘉善戈志

永裕禪院　在縣西北二十四里宋咸甯二年建僧性忍有戒德善士茅伯鑒井築埳以居之遂有院元延祐二年安山主闢田增舍山主乃杭州高麗寺僧至庵樂其清淨居焉駙馬王璋有疏記其事後兵燬觀音殿獨存明初僧繼善如玉相繼修復嘉善章志

雁埳禪院　在縣西北二十里斜塘鎮舊爲歸眞院元至正甲辰刱後圮明永樂間僧德宏復建嘉善章志此地相傳舊有案埳落成之日羣雁翔集因名崇禎間里人沈大政等復刱禪堂靜室山門前作放生河後僧濟裔增建大悲殿嘉善崔志明周鼎雁埳禪院詩古埳倚清灣行人指點間雁飛秋水闊僧定白雲閒望遠孤山碧憑高落照環幾回看不盡江上釣魚還

永壽禪院　在縣西北二十里斜塘鎮元季刱

國朝康熙五十三年僧慧雨重建（吴志）雍正三年鑄洪鐘一座（嘉善戈志）

寶積禪院　在縣西北三十六里舊名漏澤寺宋建炎四年僧德性建（范宗尹有記）明洪武四年歸併天甯寺後沈惠和重建改今名（嘉善崔志）

定慧禪院　在縣西北三十六里宋乾道五年僧廣濟自西來卓錫搆院聞於朝賜今額明洪武二十四年僧衍琬重建（嘉善章志　黃中有記）

水月禪院　在縣西北三十六里宋紹定間僧允諒建（碧漪圍環形如圓月因名）元末兵燬明洪武初僧蓮谿重建萬歷間僧法雷重修（嘉善章志　明盛周水月禪院詩光發千峯靄聲涵萬壑秋坐來無一事悟入虎溪頭　章士雅詩混瀁湖光遠接天坐來水月境疑仙一程蘆荻寒相映半壁松蘿靜可憐孤磬自懸開士榻浮雲不繫使君船西山遙望青如黛愁入鄉關倚惘然）

圓覺禪院　在縣西北三十六里陶莊鎮宋景定三年僧如照建有明賜璽冏文詩荷雨軒記（嘉善章志　元楊維楨圓覺禪院詩圓覺招提隔市喧潮音滿座自晨昏雨來寶地天花墜風動珠林貝葉翻供養奇方憑白鹿齋分珍果仗黃猿從今結卻淵明社淨上修持禮法門）

妙常庵　在縣東北二十里風涇鎮唐太和中搠（相傳為船子和尚說法處）後廢元大德間僧淨輝重建（嘉善章志）嘉靖間僧方遂始建禪堂萬歷中僧妙峯復建寂照堂（伊志　袁黃為記）

梅花庵　在縣東百步元隱士吴仲圭墓（詳冢墓）明萬歷間諸生袁士龘等請於官建庵守之董文敏題額曰梅花庵（嘉善章志）內有石刻梅道人竹入幅（吴志　明周鼎梅花庵詩梅花庵戲墨零落滿人間紙壞光逾潤雲空鶴未還野園荒冢在文碣古苔斑結伴尋幽去聊乘半日閒　國朝許遇題梅花庵壁詩道人別有胸襟在游戲逢場度歲華世上可憐矜墨妙知君心事只梅花）

甘露庵　在東關外三里明萬歷間孫朝寵等捐田建（嘉善崔志）

國朝康熙間孫衍景澤等移建北數十武（吴志）

香和庵　在縣東南一十五里元至正間搠明正德中燬嘉靖壬子僧顯忠募修（嘉善章志　明袁仁香和庵詩竹鎖茅庵野水邊松篁滿地護茶烟三千法界元非遠五百聲聞別有緣斷碣臥雲疎雨裏香臺橫艸落花前山人自證無生訣不學空門五味禪）

圓覺庵　在西關外百步俗稱羅張庵又名報本庵宋咸湻二年僧慧艮搠明成化六年僧宗紀重建嘉靖十三年倭燬萬歷五年僧性懽復建（嘉善章志）崇禎十一年增建圓覺殿彌勒殿及山門東西齋堂（伊志　明周宗文有記）

福星庵　在西關外三里明萬歷間里人錢象乾等募建（嘉善章志）

國朝康熙十四年僧三禪闢地增建（嘉善崔志　國朝周宸藻有記）

智證庵　在縣西關外東南二里明萬歷間獻縣尹周宗

武建嘉善崔志有靜室曰寶棲魏忠節在詔獄中書額後跋云有衆居士結茅于鎮大家團欒說無生話來日大難無負斯暇崇禎四年建藏經閣相

國錢士升捐置大藏經一藏

國朝康熙間里人周振瑗重修伊志國朝釋宗杲題智證庵壁詩柏子拈來香滿爐蒲團靜裏結跏趺三年遮眼千千卷此際分明一字無

慶壽庵　在縣西一十五里一名崇福庵元時建慈雲創殿主僧宗澤骨塔在焉明嘉靖戊子廢萬歷十六年重建舊有梓樹庵與復榮遊僧逃凡欲修庵之資忽鋤地獲金百餘兩有鐵鏞被盜賣桐鄉某家冶之不爍感夢復歸嘉善章志

靈墖庵　在西關外西北二里嘉善崔志元義士吳森墓詳家墓當時因涇水衝突作石墖鎮之明萬歷末邑人則孝等

國朝康熙間僧顯微紹宗相繼增葺乾隆四十五年僧道本

創建

重修伊志曹庭棟有記國朝

馬鳴庵　在縣西北二十四里唐開元中有一石馬沈水底夜聞馬鳴鄉人以爲馬鳴菩薩化現乃剏今庵嘉善章志

明嘉靖中廢萬歷八年通判陸敷錫建光緒二年重建伊志參新纂國朝將士宏馬鳴庵詩極浦憑初地貞如已離空禪棲翻鵁鶄僧定倚鮫宮晶浪射天白漁燈入殿紅瞻依向彼岸水月妙明中

洪澤庵　在縣西北三十六里卽圓照觀音堂宋景定三年建明洪武五年改今名有敕諭二章賜金身大士嘉興湯志

直指庵　在北關外明崇禎間舉人周丕顯建僧豁然焚修于此嘉善崔志

國朝乾隆十七年僧普達重置常住田伊志釋普達有記國朝

問心庵　在北關外

國朝康熙三十五年僧宗敬建吳志後徒恒輝增築淨業堂乾隆二十八年僧文瀾重建十笏山房護珠室伊志

神仙宮　在東關外二里許唐錢朗飛昇處開耀間剏垂拱間敕賜今額宋治平間兵燹元至正間重建明洪武初道士王宗元領劄住持永樂中水衝廢道士安里重

修嘉善章志

國朝康熙間邑人陸志等重建玉皇殿嘉慶二年置常住田伊志明袁仁神仙宮看竹詩仙家有地只種竹多少清風激懦夫滿院綠陰餘晚筍桃花應合笑元都

澄眞道院　在縣東一十三里舊名高眞聖堂漢時剏嘉善崔志作東漢時建元延祐間黃巾兵過院不焚鄉人以爲有靈請賜今額吳志

仁濟道院　在縣東北二十里風涇鎮梁天監初剏唐貞觀十九年道士許拱明建案明周鼎玉虛觀記有掌教道士許拱盟在洪熙宣德間此作拱明當卽其人而云唐貞觀十九年必有一誤宋建炎間賜額案柳志作淳祐八年建誤

明嘉靖三十六年寇亂院廢隆慶六年道士張大經募

資復建嘉善章志宣德五年建三清殿吳志倂顧際明重修殿壁萬歷間大畫諸天及十殿內有高王祠閣王傳爲仙蹟 國朝乾隆三十年重建四香亭嘉善崔志
明周文襄忱治水時建亭後爲古桂軒明顧備施藥處
國朝康熙三十五年改爲文昌閣閣西爲顧備祠舊有陟翠丹房傳爲唐道士許拱明修煉處今廢 乾隆二年
御賜住持妙正眞人婁近垣澡雪心神額千章樹影屏間綠百道泉聲雲外清對聯供奉三清殿七年婁近垣捐資重修伊志 國朝錢陳羣有記 案仁濟道院舊志皆云唐貞觀時建吳志作宋淳祐建考邑人戴賓谷重新殿宇恰當宋淳祐時葢誤以重建爲刱建今據虞伯生碑記正之

玉虛觀 在縣東北二十里風涇鎮舊爲眞武祠宋靖康間廢嘉熙間重建元末又圯明宣德初復建洪熙元年賜今額嘉善章志 明周鼎記洪熙初集京師羽流赴靈濟宮齋祠四十四代眞人奉詔虞右席從掌書許拱盟之請改風涇鎮眞武祠之額曰玉虛觀俞道宗爲住持備行在禮部下之本郡縣紀會二司俾遵守之一如眞人言

國朝乾隆四十二年重建山門伊志

甯和道院 在縣西一百步舊爲元壇廟宋建炎四年道士蔣曉山刱案柳吳二志俱作咸湻間建誤元季罹兵燹而廟獨存人以爲異改今名明宣德四年道士沈嗣昌重建案柳志作宣德五年道士李以甯重建五年設道會司嘉善章志嘉靖四十三年倭燬山門道士張仁恩募貲復建劉演爲記萬歷三十一年重修陳國是有記

國朝乾隆十五年道士呂琳書募建斗母閣置常住田伊志

玉虛道院 在縣西二百步元至正丙午里人劉守暘刱舊浙江通志明洪武間賜今額嘉善崔志二十四年倂歸崇道宮永樂元年道士戴福全仍建柳志明張益有記

國朝雍正四年里人倪友彭重建三清殿伊志

太平道院 在縣西一里元至正間道士陳福源刱明洪武間其徒張士元增葺嘉興湯志明高慶有記崇禎八年道士李養默重修

國朝康熙間道士顧元禮增建斗母閣文昌閣伊志國朝張五典爲記

缾山道院 在縣西南一里一名洞虛道院宋季爲官酒庫後棄缾盎積成土阜元至正癸卯里人章舜卿捨地道士張隱芝刱道院號缾山明宣德四年劉沖虛重建更名平山眞境嘉善章志明江古爲記山上有玉皇殿國朝乾隆三十七年重建及文昌閣乾隆三十八年重建左有銀杏一本二榦大數圍歲旱枝梢有氣絪緼如烟天啟間里人潘炳孚於此結社胡榮有記

國朝順治十五年邑人曹爾堪建關帝廟於院西嘉善崔志康熙中重修曹鑑倫有記雍正八年邑令郜煜倡修三清殿嘉善戈志

乾隆間道士顧沛霖張鼎等相繼增葺置常住田舊有樂眞堂乾隆五十四年道士鍾耀辰改建觀音呂祖殿 伊志

南隱道院 在縣西北二十里舊名眞武祠明永樂三年張志和建 吳志

福源宮 在縣西北二十五里斜塘鎮 嘉善章志 宋咸淳元年邑人唐介福捨宅刱建咸淳二年賜今額歲久頹損明洪武二十四年併歸元妙觀永樂元年道士徐道宗重建 柳志 明周鼎有記

國朝順治間重修舊有得月樓康熙中燬乾隆元年里人管

盈谷重建文昌閣 伊志 明月未離海幽人先倚樓淸臨半江水高占一天秋太白偏能賦元規亦共遊何人夜吹笛柳下暫維舟 元錢惟善福源宮得月樓詩 案嘉善章志福源宮宋咸淳間大姓唐介福捐宅建明成化間唐道錄重建賜額考名勝志唐介壽號隱梅咸淳中授道錄並非兩人

禮妙觀 在縣西北二十七里舊爲禮廟成化十六年道士吳用端因舊址葺之併修三清殿 嘉善章志 歲久就圮

國朝康熙初道士倪永超募資重建改今名後復建元武殿於左 伊志

淸甯道院 在縣西北三十六里卽土穀神祠宋熙甯九年道士張惟言建 嘉興湯志 院有石鼎龍頭豕腹卽刱院時所置 嘉善章志 明王貞淸甯道院石鼎歌老年落魄獨非昔破帽遮頭誰識得不問水郭與山村杖藜到處尋陳迹淸甯仙觀柳谿阿松屏書掩紫蘿元聖之前石爲鼎蘚痕雲色何其多蒼烟騰入蒼虬口神氣沖天貫牛斗奕傳鞏固不知年斷送幾人先白首歎余老眼空摩挲暈碧重重奈爾何古往今來成一夢不須悲歌見此與

海鹽縣

金粟寺 在縣西南三十六里金粟山下吳赤烏中建 劉志 明宋濂太平萬壽寺記吳時江以南尙無佛寺赤烏中康居沙門僧會爲吳大帝祈獲釋迦文佛眞身舍利始創三寺一爲金陵之保甯一爲海鹽之金粟宋開寶已巳錢武肅太平之萬壽其一卽海鹽之金粟 案吳任臣十國春秋吳越世家開寶二年王賜號施茶院 王幸海鹽金粟寺令寺僧設衆施茶澉水志亦作武肅海鹽圖經云當時忠懿王則以開寶爲宋太祖年號不當武肅時故也金粟寺志云僧會杖策遊茲時當盛夏搆亭施茶其說不同故柳志但云吳越有國時嘗因施茶賜名云 大中祥符初

始改爲廣惠 案浙江通志作廣福禪院 舊有含輝堂今廢 紹興二十五年降御書法帖一十軸于本院 奉安志 至元 明永樂元年僧道雍重改法堂七年住持僧宗尙建方丈宣德正統間相繼修葺 胡濙有記 萬歷中久圮邑人蔡聯璧重建大殿正殿大悲閣禪堂方丈祖師堂及僧寮延雲棲大蓮開堂說法 海鹽圖經 趙國琦有記 明天啟間密雲重葺禪堂丈室天王寢殿

國朝順治己亥

敕賜寺僧圓悟之徒道忞宏覺禪師號併

賜敬佛二字有道人款寶篆曰太和之印 金粟寺志 刊碑高六尺闊二尺五寸墨寶

供奉甯波太白山天童宏法禪寺康熙五年重修山門二十八年

賜金粟方丈僧天岸墨寶心經一卷三十三年

敕追諡圓悟慧空大師雍正十一年

頒賜金粟寺對聯曰不佛求不法求不僧伽求早已過去無我相無人相無衆生相刦是未來案浙江通志雍正五年欽命宏覺禪師賚奉御書對聯敬懸方丈年分似誤乾隆十六年

巡幸浙江天甯寺僧源瀚金粟寺僧源達在蘇州觀音山上恭

迎

聖駕

敕賜墨寶心經各一卷伊志咸豐兵燹今重建一椽新纂宋李正民有捨繼摩居士像記 唐司空曙送準上人歸金粟寺詩昨聞歸舊寺暫別欲成年樵客應同出隣僧寂伴禪後峯秋有雪遠澗夜鳴泉豈藉公卿論人間事共傳 宋周壽遊金粟寺詩淸池帶蒼巘結構俯林麓扶疎竹外山相向隔羅縠老禪謝人境歲晚收白足誰聆跫然音息影尙爭逐道場作十劫不媿桑下宿定中觀潮汐絕事心已熟 元郜亨貞海鹽道中詩聞道夾山金粟寺一如兜率淨居天雲藏衲子煎茶屋春著山翁載酒船打破斷碑何代始種來高樹百年前錢郎詩裏曾相約蠟展因循未了緣 明張甯金粟寺詩金粟名山碧海邊上方樓閣近諸天人推轉藏一聞淸梵自洗殘碑認往年南渡龍章千古在西來象法一燈懸登臨不見懷人處回首孤雲思悃然 王守仁詩獨上高峯縱遠觀山雲不動萬松寒飛崖溜碧雨初歇古澗流紅春欲闌佛地潛移龍窟小僧房高借鶴巢寬飄然便覺離塵世萬里長空振羽翰 董雲詩梵音滄海近年紀赤烏深山水人兼勝烟霞我獨尋藥欄留鳥語棊局轉花陰風景問邊好誰應共此心

資聖寺 在縣治西五十步晉右將軍戴威宅因井中五

色光現捨爲寺司徒王珣以威爲伽藍神名光興寺五代乾祐中改重光宋祥符中改普明院天禧二年賜今額至元志紹興十五年重修海鹽圖經李正民有記宋元末兵燬明洪武初定爲敎寺僧法亮重建佛殿山門鐘樓永樂九年又建方丈重修觀音殿海鹽縣志洪熙元年僧會法昶重建大雄殿方丈觀音殿正統七年燬於火宗玘等重建鐘樓輪藏及彌陀殿山門廊廡方丈僧寮凡百餘楹寺有寶塔塔極高峻層層用燈照東海行舟者望此爲標的舊有吳郡陸崧塔記大隱禪室元末寺僧壽量題其棲禪之室日宣城貢師泰作大隱之室記儀仗庫祝聖道場朝賀習儀之所萬歷四十二年知縣何早捐俸所成古杏樓海鹽圖經

國朝順治七年破顏和尚啟建禪堂乾隆二十四年重修正殿海鹽圖經續咸豐兵燹僅存僧舍新纂明王守仁寓資聖寺詩落日平堤海氣黃短亭衰柳攢孤航魚蝦入市乘潮晚鼓角收城返棹忙人世道緣逢郡博客途歸夢借僧房一年幾度頻留此他日重來是故鄉 張岐資聖寺重光井詩石井荒涼古寺邊偶因鑿翠得甘泉斷碑剝落埋衰草猶記將軍捨宅年

天甯永祚禪寺 在縣西三里初名禪悅院宋崇甯四年案至元志作宣和二年賜今額淳熙已酉僧長溪創建佛殿山門寶塔嘉定二年永模建圓通殿明洪武初梵琦重建佛閣法堂并塔七層二十五年正觀建方丈宣德間僧惟軾建僧堂正統七年僧宗琿建西方殿山門道彝文勝

建鐘樓輪藏殿廊廡成化九年德傑重建方丈（海鹽陳志）嘉靖三十年浩大修正殿易木柱以石（董穀記）三十九年守朴易塔中版臺以石置守塔僧舍萬歷三十七年思達修正殿轉藏殿鐘樓山門兩廊及建準提閣大殿後千佛閣相傳僞吳取爲宮殿遂廢（宋濂記梵琦創大寶閣範銅鑄賢劫千佛而毗盧遮那及曼殊師利普賢千手眼觀音諸像）寺中鎮海塔僧琦募建高二百四十尺（萬歷三十一年僧元性募修吳中偉有記國朝順治初僧源受重葺康熙十七年重修乾隆八年塔燬僧源瀚募建并修千佛閣 元僧梵琦鎮海浮屠頌敘梵琦九歲出家便間建塔功德最大往往默感于心天歷元年住持此寺時年三十四矣至元統二年夢龍王獻寶因募塔緣檀施日臻後至元二年春龍化蜿蜒之形於丈室五彩畢備四方來觀之凡兩月而去其夏塡築塔基三年丁丑九月二十三日起工建塔至辛巳歲塔成凡七層八面高二十四丈莊嚴綺麗見者無不頂禮瞻仰龍子復來隱現非一因祀爲應夢龍王越二十年兵興己亥秋失寶缾計白金爲兩者二百時謝事于郡城結庵衆請再領寺事而造鍮石寶缾以至正二十四年秋九月二十四日奉缾修塔天雨寶花明年乙巳七月泥葢方畢自丁丑至乙巳凡二十有九年矣 明陳善天甯雁塔詩永祚招提建海濱浮屠七級倚晴雲危梯曲繞龍蛇窟絕頂高樓鸛鵲羣金鐸遥聞鳴斷續天花曾見落繽紛題名未躡慈恩上閒凭闌下對夕曛）西有西齋（琦師念佛處後召入金陵示寂歸葬卽起塔于此宋濂立銘萬歷中僧廣化重建）東有古東林（雪浪恩公爲涵碧題所構念佛處海鹽圖經）國朝康熙八年重建鐘樓有獨柱盤梯最工巧（袁志）十八年邑人張元熠捐貲重建乾隆三十六年澂浦觀音山僧重建山門大殿（伊志）道光十八年僧無礙重修寶塔道可繼

之重修大殿咸豐兵燬僅存大殿同治間僧玉峯重建禪堂廊廡（新纂 明王世貞天甯寺詩東風依步屧受此禪房幽一雨忽秋色諸天來暝愁鳥隨飛鉢下僧逐鳴鐘求尚有三車喻能同信宿留 祝祺詩歸雲征路晚雲裏問僧家獨樹臨秋水孤城上暮霞山池芳草沒疎磬夕陽斜獨坐談經處天風送落花）

福業院（俗名南觀音堂）在縣西南二里本華嚴庵焚化院宋紹興五年改今額（至元志）僧善孚開山紹定元年僧智光重修（常棐有記）元末兵燬明洪武二年僧應善募建觀音殿（海鹽陳志）嘉靖三十八年僧法霦明通建經閣（王文祿有記）復建香花殿萬歷二十二年僧文穆等重修正殿兩廊邑人朱學忠鍾兆斗建禪堂（海鹽圖經）國朝乾隆三十七年住持聖韶募建大殿（伊志 案海鹽圖經大士殿俗稱爲接染殿）咸豐兵燬同治重建大殿廊廡禪堂山門（新纂）

淨業寺 在縣南一里舊名無礙浴院宋治平元年改今名（至元志）元延祐間僧元照重建殿宇廊廡洪武六年得珉又建山門方丈正統間如雍重建山門殿閣方丈天順間請額淨業寺萬歷四十三年里人呂鳴治請大藏寘經閣（海鹽圖經）俗名南寺（海鹽續圖經 宋葛蘩有記）道光間正殿燬於火僅存僧舍（新纂 明鍾夏遊南寺遇判上人詩孤城東望海漫漫五月空中帶雨寒幽榻草香詩就早古松風靜鶴眠安碑文剝落仍難讀廟貌崔巍亦壯觀邂逅高僧持鉢至向余親指看龍蟠）

慶壽寺 在縣治西北宋治平三年僧宏教開山元末兵

燬明洪武四年僧永福重建海鹽陳志萬歷四十六年僧恒憶募印大藏寘閣是年有芝產殿柱壘生五臺沈孝徵有歌見海鹽仇志

國朝嘉慶三年僧福巖等募建大殿伊志咸豐兵燬今稍葺僧舍新纂

慈會寺 在縣治西三十步思魯橋東海鹽圖經明陳善記邑治之西南有橋曰思魯宋魯簡肅公嘗宰斯邑遺愛在民故名其橋示不忘也橋之東有祠中塑眞武像旁列四將居民禱之其應不爽歲久祠宇將傾海甯衛左所正千戶王侯鎭歎曰得人而司其香火庶幾不墜時有陳善明者從幼持齋辭俗居天妃行宮王侯請主祠事明季傾圮康熙二十二年給諫張惟赤捐修海鹽仇志咸豐兵燬新纂

法喜寺 在縣西南三十里舊名通元寺吳大帝孫權吳夫人捨宅置晉建興二年郡東南滬瀆漁人夜見海上光明照水徹天明日睹二石神像浮水上衆入海迎之載入郡城像至通元寺前牽挽不動衆議元像應居此寺言畢數人舁試像乃輕舉便登寶殿梁簡文帝制石佛碑曰有迦葉佛維衛佛梵字刻于像背唐東宮長史陸柬之書碑唐載初元年則天皇后遣使送珊瑚鏡一面鉢一副宣賜供養改爲重雲寺開元五年賜金魚字額吳地記舊通元寺移縣東四十里鮑郎市官宋祥符元年賜額法喜寺紹興九年改禪寺內有準高僧塔李正民有記明洪武三十年處純重建山門方丈海鹽陳志嘉靖三十五年僧戒梅重修增建觀音堂達摩院許相卿有記萬歷二十九年邑人顧所有捐貲建閣請大藏儲其上徐紹曾有記又六年前殿火復捐貲新之海鹽圖經

國朝乾隆間僧衡峯募建後殿嘉慶時僧巨慧始竣事咸豐初僧鶴松重建經閣前後殿禪堂旋悉燬於兵同治五年僧松復建造山門新纂唐錢起題準上人蘭若詩向山看霽色步步豁幽性返照亂流明寒空千嶂淨石門有餘妍霞殘月欲映上詣遠公廬孤峯懸一徑雲裏隔窗火松下聞山磬客到兩忘言猿心與禪定 李端題準上人房詩高僧居處似天台錫杖銅缾對綠苔竹巷雨晴春鳥轉山房日午老僧來園中鹿過椒枝動潭底龍游水沫開獨夜焚香禮遺像空林月出始應回

寗海寺 在縣西南二十五里法喜寺東宋紹熙五年賜額爲寗海院明初定爲教寺海鹽陳志後住持玉峯秀重建吳志明陸深爲記

國朝乾隆間大殿火嘉慶間僧樸賢等重建新纂明馮皋謨寗海寺詩踏遍青山不問名夕天沙岸雨初晴停橈月向松間落借榻雲從臥裏生詩到上方俱入悟客逢高衲更多情獨余伏枕春風後薜荔空裁野服成 鍾夏詩遠山層疊石橋斜古樹參天集暮鴉落葉亂飛秋水闊不知何處是僧家

悟空寺 在縣西南四十五里荆山宋建隆二年僧德升開山爲永安寺治平元年賜今額澉水志案寺有靈官廟甚靈見宋武原志明初定爲教寺海鹽圖經

國朝乾隆四十九年僧九成重建天王殿伊志宋沈叔虞悟空寺詩碧梧低地一聲鵲白鳥浮空三四鷗澉墅湖邊松石底有人領略暮天秋 明馮皋謨悟空寺詩野客聊乘秋興餘白雲重訪舊禪廬溪邊路失衝泥後谷口寒生入夜初清供爇檀茶未熟幽篁帀徑葉全疎來遊悟得空門意一笑浮生萬事虛 國朝吳夔悟空寺訪梅詩松竹參差遶寺斜湖濱霽日盡雲沙最憐幽境人稀到寂寞空

山獨樹花

禪悅寺 在澉浦市中宋元祐二年僧惠林建名施水院建炎元年僧法奐請院額乃本鎮祝聖行香處澉水志 案續澉水志禪悅教院在北門內俗謂之大寺以其居天下十刹之數靖康元年賜額 明洪武三年僧善良建殿宇方丈庫堂海鹽圖經 案寺有神鐘元宣慰楊梓用海外銅五千四百八十觔範鑄建六丈樓懸之聲聞數十里明豐坊有神鐘記董雲有鐘樓圖跋

國朝康熙十七年僧道嵩募修佛殿鐘樓毘盧閣乾隆五十九年僧惺塵等重建鐘樓海鹽仇志 咸豐兵燹今重建一埭鐘樓尚存新纂

海門寺古祐福庵 在縣南三十六里澉浦城中宋延祐當作寶祐二年僧永固開山名祐福庵元大德六年中峯於此說法重建殿宇至正癸卯又建山門僧堂明樓廊廡明洪武十六年重建大悲閣方丈庫堂宣德十年宗福請今額海鹽朱志 明張甯有記

國朝康熙十四年雲間僧恒可募修案續澉水志內有雪堂春社僧明琇法聚集緇素修淨土之所古柏二株三百餘年物也 乾隆二十六年僧心如重修大殿以上伊志 同治間僧文秀建樓五間新纂 明胡虛白海門大悲閣詩寶閣凌空十丈高倚闌南望際鯨濤天花散處紛晴雪海月生時見玉毫夜氣澄清龍在窟秋深蕭爽鶴鳴皋丹梯咫尺諸天近香霧濛濛溼芒袍

惠泉寺 在金牛山之陰宋南渡初僧魯一建內供大士像屢著靈異禱雨尤驗

國朝乾隆二十七年山門燬于火正殿亦廢三十三年海甯吳東山邑人張彥遠捐貲重建澉水遺聞

覺林寺 在治南二十里豐山越圖記 元至正中梵琦結庵于此一名寶相庵明宣德戊申如性建大殿山門法堂輪藏殿佛閣劉志云洪武初僧敬中等增建殿閣法堂 天順二年請今額海鹽圖經 明呂原有記

國朝雍正五年邑人蔣逵庵重修大殿法堂山門樓閣乾隆二十年僧一清募修伊志 明陳善覺林夕照詩青山寂寂謝塵氛人世光陰易夕曛漁父短歌臨水聽牧童長笛隔林聞天邊淡影明鴉背松杪餘光認鶴羣記得尋幽遇支遁臥分禪榻半間雲

朱佐詩竹院春深長碧苔乾坤萬里獨登臺潮生絕地魚龍近雲掩諸峯筆畫開習靜喜逢僧共話看山兼得鳥飛來狂歌遙興忘歸去日暮詩成雨又催

靈祐寺 在縣西南一十二里宋咸平間僧道暹開山名圓明庵紹興二年僧行翁重建明洪武七年僧得寬建佛殿廊廡僧堂天順八年道琳請今額海鹽陳志 萬歷中慈會寺僧斯學重建佛殿寺旁有庵曰道林斯學僧弟斯道建 殿梁產芝海鹽圖經 今燬

鹿苑禪院 在縣西北三十六里舊名金明寺宋咸平元年改賜今額有一擊軒李長民詩我聽風篁是梵音如何俗耳等閒聞自來擊處無人會千古知心只有君 及應夢羅漢祠魯簡肅公初宰斯邑夢僧來迎參政及瞻羅漢係與所夢

符合施倖修寺因榜曰應夢尊者後竟參大政何清源公爲此立祠楊傑留題見海鹽圖經景德中
魯簡肅公請爲禪刹嘉祐八年仍改今名至元志後寺廢
額爲嘉興金明寺移立明天順間僧惠正復于故址葺
殿三楹餘址悉沒民間錢太常薇贖還之萬歷四十年
太常子端暵孫陛捨田十六畝移建于舊址西南以僧
正念住持鼎新佛殿及僧堂寮舍海鹽圖經宋聞人宇鹿苑寺詩郡邑相
望路半停屹然香刹聳林坰罷參釋子忘情久應供山僧入夢靈東去無情水繞西來有意柏葱青定知俗
駕經過少月上松扉不用扃

霑雲寺　在治西北三十里趙圖記元至正間僧妙用開山
名瞻雲庵明天順二年僧智清奏請今額海鹽圖經明僧斯學過

陳泰初讀書霑雲寺詩山中芳草欲生庭有客移舟江上停一水到門容問字千花擁帳過談經維摩對處開
禪月太史占來聚德星今日津梁疲臥者賴君物外眼雙青

普明寺　在縣西四十五里舊普明院也寺前有荷花池
俗因名荷花池寺
國朝乾隆元年重修橫山紀略國朝崔學洪曉過荷花池寺詩平疇交遠風蘭若初陽上坐愛
一池香兼挹雙峯爽白雲有閒意綠竹成清響得句聊自怡奚待知音賞

禪寂寺　在縣西南五十里橫山本興福院宋治平元年
改賜今額祠顧況爲伽藍神況舊居寺側故也至元志日
久頹落
國朝乾隆壬申後殿火住持僧募建癸未前殿復火古碑碣
皆不復存橫山記略

碧雲禪院　在治西五十里卽峽山寺趙圖記唐大歷三年
俱胝崇惠禪師開山元末兵燬明洪武二年僧懷忠建
殿宇齋堂萬歷四十四年重建佛殿僧寮雄壯修潔遂
擅一方蘭若之勝海鹽圖經崇禎八年僧雲泯建藏經閣于
俱胝巖下
國朝順治間僧漢文募修并禪堂僧寮新之峽川圖志乾隆四十
七年僧秉義重建大殿齋堂五十六年山門火燬嘉慶
六年僧月輪募建新纂明朱朴詩塔影蕭蕭夕照間碧雲黃葉滿秋山空堂夜冷無燈火
惟有貧僧乞米還

實相寺　在治南三十六里宋淳熙間僧禪悅開山劉本志
覺林庵　明洪武七年僧法鼎重建海鹽圖經
國朝嘉慶中僧宗源募修新纂
修隱庵　在縣治西一里舊名西焚化庵宋紹熙四年立
元至正中更今名海鹽圖經
雲岫庵一名雲鷲　在縣南三十里鷹窠頂最高處九曲而上
續澉水志宋建隆間創元至正二年僧本原開山海鹽陳志明天
順八年燬于兵隆慶辛未杭州百法寺僧明堅主此里
人許翺捨山重建沈友儒有記萬歷甲午募貲新之垂成燬
二梁海上浮異材至分寸不爽又請大藏庋閣中雲岫庵志

明李當泰有記

國朝康熙二十三年修松寮竹徑迴在雲表吴志 明彭宗孟雲岫庵詩深山林絕嶂古珠宮策杖幽探一徑通石竹迎人當戶綠花供佛上堦紅鐘回轉覺諸天靜月出眞看萬品空便欲皈依尋了義閒雲無著與心同春山石磴自紆斜一上蓮峯望不遮初地俯臨雲際樹香廚新試雨前茶微心不染觀澄水喻法無生破幻花向晚經聲瀰谷出懸知僧律禮袈裟 國朝吴文暉詩月出未出山烟蒼須臾流照十笏房滄溟龍吟聲應磬松樹鶴棲影在牀磨衲爲衾亦自好醍醐灌頂如此涼老僧徐從定中起笑指火堆爆芋香

玉芝庵 即湖海山居嘉靖初僧法聚貫荆山一畝築精舍修禪吴熙春星草堂詩注有碧梧翠竹頗極幽勝法芝產座下因名玉芝庵續澉水志 明王守仁題玉芝庵聚行腳武康庵遂廢詩塵途駿馬勞千里月樹鷦鷯寄一枝身既了時心亦了不須多羨碧霞池 董澐湖海山居詩山居星漢邊湖海望中連鶴立衝潮石僧看挂壁泉本非修福侶聊記種松年了了無文字惟應卦畫前

金牛庵 金牛山頂舊有金牛庵創自石晉基址具存明初遷于二浪山之麓改建殿宇偉麗年久傾圮

國朝乾隆三十八年里人張彥遠重建伊志

法雲庵 在秦駐山頂刀鎗庫之右明萬歷中僧靈修建海鹽圖經

半潮庵 在秦駐山麓初馮豐陽爲居士張峯捨山建名積善庵僧廣賢廣恬重修朱元弼改今名海鹽圖經

國朝康熙己巳燬於火僧允瞻重建伊志

茆庵 在秦駐山宋建中有泉後有黑龍潭禱雨輒應爲一山古刹吴志 國朝朱樸宿茅庵詩健步披榛上看窮萬仞梯穿雲拚屐碎近寺覺天低老衲松陰出新詩石壁題爲言歸路晚聊借一枝棲

梵潮庵 在縣南十六里初名萬壽庵不詳所始明永樂中僧慈照重建改今名海鹽圖經

國朝康熙己酉僧德峯重建後殿伊志

法華庵 在縣南十八里在豐山下元至正五年僧文敏開山明萬歷中善士鍾以穀重葺梵誦於此海鹽圖經

雲谷庵 在縣南二十里元大德二年僧可行開山明洪武九年僧思純建佛宇海鹽圖經

若山庵 舊名普明院縣南三十六里若山上周顯德六年僧實強建宋治平中賜額今移山麓明洪武間僧文序宗正重建海鹽圖經

國朝乾隆三十八年山門燬僧松霞重建伊志 宋常令孫若山庵詩薝蔔花中燕子飛旌旗小隊到招提客車陸續氈重席僧饌雍容藿閒藜文奕已先元墅奪詩壇漸壓魯山低歸來醉步誰扶杖月在牛欄東復西

玉庵 在北門外明季生員朱嘉鈖捌

國朝康熙中天台僧全彰建三殿兩廡袁志僧震威嗣新之吴志

咸豐兵燬同治嘉鈖六世孫元翰重建一棣新纂 國朝朱丕烈遊玉庵詩梵宇無塵垢西來此地偏鳥呼林影外門拚水聲邊曲折紆樊閫清冷沸氿泉迴頭城市遠少住

淨華庵　在沈蕩鎮

國朝順治初建吳志

福田庵　在縣西三十五里元至元二年僧得翁開山明洪武八年僧思祥重建正統間僧宗班文勝復建殿宇俗號柏婆亭內有關帝祠甚著靈赫憲副沈原萬募葺海鹽圖經

國朝乾隆六十年僧誠可重建大帝殿伊志

檀庵　在縣西四十五里一名甄照庵在錢橋崔氏宗祠之右建於明洪武三十年其後屢圮屢修皆崔氏為之倡乾隆初前殿燬僧宏章等修復之橫山記略

德雲庵　在縣西五十里又名仙居庵元至正間建海鹽圖經

崇福庵　在縣西北二里宋建炎二年僧得實開山明洪武七年克實重修海鹽圖經胡震亨有記　明咸豐兵燬同治間僧松泉重建新纂

永慶庵　在九都俗名劉家亭宋治平中僧月庵建元至正中重葺明隆慶中立社學萬歷中志奇修海鹽圖經

蓮社庵　在篁墅蕩東

國朝乾隆間里人任永治修建精廬頗具勝槩伊志

紫虛道院　在縣西南二百步海鹽徐志元至正間全真道士彭圓隱建明洪武十年增置元壇武安二祠十五年於

一悠然

放雲庵　在縣北關外明崇禎間嘯雲乾禪師結茅於此一夕雷雨忽長靈芝光燿映日形如祥雲初出遂顏放雲

國朝康熙辛酉重修伊志

包道亭庵　在北門外半里明宣德中里人王姓捨建供白衣大士延道士包姓者居之亭遂以名萬歷中當湖僧洪野達西挂錫憲副沈公孝徵倡買亭後地建大殿經閣三官樓山門黙印繼加修葺塑大士像及三十二應化身儼成雄刹海鹽圖經里人徐明祥捐貲重建顏為通濟禪院

鮑涇庵　在縣東北十八里宋熙甯間僧寂源募建明萬歷中重修易名乘庵以上海鹽仇志

味庵　在縣治西二里宋永祚寺晚方下院勝甲諸方僧孤峯坐化有楊鎬修味庵記異文吳志

環秀庵　在縣西一十八里元至正十一年僧海月開山明洪武四年僧法傳重修海鹽圖經

妙光庵　在縣西三十里宋坡湖上元至正二年建明嘉靖中燬于倭萬歷三十八年僧原朗重建俗名南化城庵海鹽圖經祠有雲衢觀如續建大殿佛堂海鹽仇志

院置道會司永樂十年增建眞武殿萬歷三十四年邑
人鍾兆斗建三官明樓塑諸天神像四十三年造兩廊
山門修葺大殿明樓建戟門及改造元壇耳殿海鹽圖經
國朝乾隆十八年道士何兆賢重建元壇殿五十二年再建
元帝殿天將堂嘉慶二年復募建山門儀門兩廊伊志咸
豐兵燬僅存元帝殿同治間里人馮肇會葺之新纂
文始道院俗稱元帝廟 在治西二百五十步趙圖記 元至正間
道士趙守直建海鹽圖經
國朝乾隆二十三年院圮僅存三元閣道士鍾巢雲重建伊志
棲眞觀 在治西北一百步趙圖記 舊本眞武廟宋乾道二

年道士郭宗諒請廣陳廢額爲之至元志 明萬歷壬辰道
士徐月汀盡撤而新之特爲宏麗時方伯劉炌憲副沈
孝徵大爲檀施而月汀宣力尤多海鹽圖經李當泰有記 明
國朝康熙十一年楊起震搆斗母壇袁志 給諫張惟赤造彌羅
閣十五年道士顧名思修大殿咸豐兵燬光緒元年重
建正殿新纂
醫靈道院 在澉浦鎮青山西南宋開禧三年里人孟毅
感夢吳眞君捨基搠殿祈療疾病甚驗澉水志 明萬歷丁
亥道士沈岐山重建沈友儒記嘉靖甲寅倭寇猝至澉城東門縱火焚祠火不能然遂駭去此神之賜也神蚤授邑人丁義符水療病大行於吳晉間嗣以授旌陽誅蛟斬蛇拯危祛害益衍厥澤其反
風濟舟籲天活慶畫水渡江於人爲奇於神爲細惟懼
蛟噬親甯不去已王敦稱兵一木破天之夢首以未字
爲解折其逆謀非篤忠孝者乎神名猛吳其姓字世雲
豫章武甯人宋政和二年封神烈眞人開禧三年澉人
孟毅感夢始于青山
王家畹西建殿崇奉 俗呼爲眞君堂廟前有井水能愈
疾人多汲之海鹽圖經 國朝釋戒言醫靈聖水詩古甃沈沈不計年傳聞仙吏浴丹泉一瓢
賸有刀圭妙不羨如船玉井蓮 嘉慶七年道士黃延年董瑞徵重建澉水
新志 咸豐兵燬存後房兩進新纂
延眞道院 在縣西南三十六里澉浦鎮卽宋淯祐中眞
武廟故址也元延祐三年里人王樞案海鹽仇志作楊樞重建明
萬歷丁未里人吳中偉募修海鹽圖經案澉水志眞武祠在澉市浦東淯祐五
年鎮守澉浦鎮統領水軍南京指揮尙景捨貲塑眞武像并龍虎君又續澉水志其地後爲元土官楊宣慰所
得建十間樓以處姬妾號爲梳粧樓明初革土官楊氏遠徙正統間遂爲延眞觀則院名延眞當始于此

國朝乾隆四十二年道士潘正中重修伊志 咸豐兵燬今重建
一埭新纂 明董澐詩蓬萊何處訪仙眞翠幙朱扉碧海濱僻地烟霞宮殿古淸朝香火歲時新星壇劍氣寒衝夜玉洞琪花暖媚春更愛栽梅仙客雅祇應原是種桃人
全眞道院 在縣西南四十五里元至正癸卯道士徐守
誠建劉志 內設眞武像俗名仙壇廟海鹽圖經
平湖縣
敕賜棲心寺 舊名化城庵在東湖弄珠樓東南明宏治間邑
令羅尙忠生祠後改爲寺旋圮僧是岸重建
國朝康熙四十二年

聖祖仁皇帝南巡召寺僧元璟至吳門 案舊志作金山誤今從平湖王志改正
行宮
賜書棲心寺額 浙江通志 僧元璟隨 駕紀恩詩 脫白當湖水一灣蒼松翠竹掩雙關 至尊恩
眷親題額祇要棲心不買山法王心印 帝王心
一字蓮花一字金本是靈山新付囑流通震旦到于今
又
賜砥石硯及
御製製硯說 恭紀卷首 元璟因恭勒
御書於寺門復築室寺中曰
賜硯齋雍正三年重修 平湖張志 國朝查慎行重宿化城精舍和紅椒上人初自嶺外歸詩化城
庵外水如天每到東湖愛泊船禪老龕償行腳債詩翁
重續對牀緣 張雲錦泛舟棲心寺示詩僧詩重陰如

作暝一望滿平蕪精舍不通市昏鐘時過湖雀喧知雪
近地冷種梅無贏得殘僧在清吟與客俱 張世昌題
棲心寺詩十年曾憶叩禪門此日相看景尚存旛彩低
縈經數卷爐烟高遶佛三尊風翻古柏餘新蔭露折空
花長舊痕只有紅椒肥
遯處廢鐘敗鼓自朝昏
德藏教寺 在當湖市唐會昌元年立 案松風臺舊碑唐會昌二年僧道宜
開山本名法界庵 光啟初廢後唐清泰中鄉民邱邵請即故基
新之名曰寶興宋大中祥符八年改今名景祐初復葺
之隆興二年重修殿宇 至元志 魯衢有記 宋元至正十六年燬
明洪武初重建定爲教寺宣德間立僧會司 柳志 寺有雙
塔 清泰中建名寶興塔宋元祐七年魯壽方兄弟重修紹興三年魯珙再新之 山門 宏治間重建
天王殿 萬歷丁未重建 鐘樓 久廢 華光閣 久廢 大殿 永樂三年重建萬歷癸卯重修

馬維銘有記東殿今亦改祠關帝 大悲閣二山門 趙孟堅題曰德藏講院 後殿 成化
二年重建萬歷辛丑重修陳萬錦有記 千手觀音殿 成化間重建 地藏殿禪堂
萬歷庚子重建楊府有記 雲水寮 鄭龍光有記 水陸齋壇 久廢 及松風臺山
月池梓樹坪雨花亭菊坡浦花堂竹庵支院一十有四
國朝乾隆五十二年知縣王恒重修後殿 德藏寺志 國朝彭孫貽宿當湖
德藏寺詩一榻掩雲臥藤花眠竹牀庭陰生古檜客夢
出山房枯磬身心寂孤梅寢食香幽沈數年事未忍對
空王
福源普慧禪寺 在縣東南一里元皇慶元年建明永樂
二十年重修 陳循有記 正統十二年僧本澄重建藏殿 柳志 嘉
靖間改爲兵備司署乃移建二十三都圓珠圩 今名圓通寺

有浮圖七級井名福源泉水旱不竭 平湖朱志 明徐階有記
福臻禪寺 在縣北四里宋紹興六年僧宏宣建名福臻
院元末兵燬明洪武初重建定爲禪寺 柳志 後復廢萬歷
二十三年陸基誠重建 平湖程志 陸錫恩有記 明
國朝乾隆五十三年知縣王恒重修 平湖王志
大乘禪寺 在縣東北二十七里元延祐二年僧頑石建
內有玉泉池 柳志
靑蓮教寺 在縣西南二十里本石佛寺唐咸亨中建宋
治平元年改今名明洪武初定爲教寺 柳志 國朝李天植遊靑蓮
寺詩香刹從來古春風客到稀溪光平入座竹色冷侵
衣地僻鳥無語林深花自飛相過逢勝侶並坐話清機

普照教寺　在廣陳鎮爲東寺平湖程志本僧伽院宋治平元年改今名至元志明洪武初定爲教寺有塔巍然嘉靖間慮倭寇登瞭燬之殿宇亦漸圮萬歷十八年知縣江環立石優免基糧平湖程志宋程珏有記

萬壽教寺　在廣陳鎮爲西寺平湖程志本保國勝利院宋大中祥符元年改今名至元志洪武初定爲教寺東西寺殿俱香楠樹壘斗成屋中虛無樑相傳得公輸之巧平湖程志康熙間圮乾隆四十一年重建平湖王志

西林寺　在西門外宋紹興五年建明洪武間圮後改爲倉復爲厲壇萬歷二十八年知縣王義民重建邑人過庭訓捨附寺東北偏田擬建華嚴樓平湖朱志案武原志舊爲西林院宋紹興五年賜額後分隸平湖歲久圮正統六年即其地盖造倉廒嘉靖三十二年改厲壇萬歷間復爲寺

國朝乾隆五十二年知縣王恒重修平湖王志

南禪寺　福源舊基爲陸莊簡宅後捨宅爲寺袁志乾隆四十一年重修平湖王志

長福寺　在城北二十四里泖浦塘東梁天監末建明嘉靖間倭寇踞爲巢一夕燬故址漸廢萬歷四十七年邑人林士奇捐田重建平湖朱志

圓證寺　在顧書堵明嘉靖間邑人沈宏光重建平湖朱志

瑞祥寺案平湖程志作祥瑞庵　舊在湯山巔火于倭移築稍下乍浦志

潮音寺　在雅山下塘口爲宋元古刹火于倭乍浦志明崇禎中僧海潮修建吳志

西林禪院　在西門外西南隅相傳魯簡肅西皋園舊址平湖程志明包世杰有記

東林禪院　在東門外相傳魯簡肅東皋園舊址明萬歷間重建平湖程志明馬維銘有記

國朝順治十八年重建吳志

國朝康熙十九年燬于火復葺一在新倉平湖朱志

紫青禪院　在石莊南舊名北聖堂平湖程志又有東聖堂即

蘭若庵爲俞氏香火俞錫齡復建茶亭吳志

通眞禪院　在鳳凰基西圩舊名南聖堂邑人陸懋學重建有斷碑吳志

報本塔院　在當湖沙盆圩有磚塔七層明嘉靖間邑人陸杲建劉志明孫植有報本塔記萬歷間侍郎陸長庚增建後樓七間範銅佛七尊大鐘磬各一

國朝順治十六年塔圮十七年諸生林喬舉人馮洪業重建歷久未竣康熙二十五年翰林陸棻勸輸經理改七層爲五置常住田陸世楷有記乾隆十八年知縣翟天翺葺之三十四年知縣周昭仔又葺平湖程志乾隆五十三年知縣

王恒重修平湖王志國朝董含遊當湖塔院眺乍浦諸山詩登臨還極目浩蕩踏金鼇近海濤
聲壯連山霧氣高岸腥魚集網霜冷雁投壕野渡歸來晚秋風繞桔槔沈初九日登報本寺浮圖詩岧嶤古
塔聳禪關百里西風眺望間樹影紅藏湖外寺天邊青出海門山荒田看盡饑烏噪小市相逢醉客還莫漫登
高悲舊侶芬然霜菊對人閒

興福院　在陳山俗呼陳山寺　宋紹興間建基最廣山門在牛橋殿凡十八相接至山頂田畝甚多明洪武二年以寺僧道遵不法事籍沒寺以有龍祠得不廢殿後爲積翠軒李天植築

國朝順治四年重修九山補志

湖隱庵　一名祈堂在梯雲橋南宋慶歴五年僧黃龍建明洪武間重修雄麗宏敞後居民侵削過半平湖程志

飛錫庵　在當湖東岸湖有潛龍以錫杖制之平湖程志住持心鑑旅亭置基田張明宇金繼山各捨田畝平湖朱志

萬峯庵　在飛錫庵北圩僧元洪募建平湖朱志湖中無山以庵當之當湖風土記略乾隆五十三年知縣王恒重修平湖王志

國朝盧生甫詩一僧斷指開金碧海國鄉園棄若漚湖上市收人寂後疎鐘來打夢回頭

普濟庵　在化城庵南昔曾設壇祈雨于此後有白衣觀音像禱之多男平湖程志國朝沈修齡詩亞字紅闌樓角東靈旗不滿一竿風鐘聲初靜潮聲打春雨祠堂碧草中　庵爲僧行堅自焚處其北爲湖濱香阜平湖王志東湖志俗呼三官堂神俱石像飾之以金祈禱靈應相傳明正嘉時湖稱白洋渡最險有客夜被盜投

水若有神扶之以行遂至東岸得不死乃捐金建廟

散花庵　在小南門外二里百步橋南平湖程志陸澄源有記　明

三聚庵　在城外西南隅當漢水東流之委形家謂其地宜隆起邑人李夢秦周應仁張廣裁建平湖程志

竹溪庵　在小南門外葛家橋

國朝康熙間建陸棻有記其旁爲香巖庵康熙十九年建平湖朱志

國朝過銘篮有記

柳溪庵　在柳莊塘南元至正間建平湖朱志

圓通庵　在虹霓堰東康熙間建右爲潘氏宗祠其南爲白龍潭有報本靜室平湖朱志

永福庵　在毛家匯橋西元至正間建其東爲聚福庵有檝田三十畝平湖朱志

會濟庵　在乍浦北門內俗名齊觀廟明洪武二年建又有梵音庵俗名茶亭古峯庵俗名草庵並康熙末建乍浦志

海會庵　在高公山南麓萬歴末遊僧攜一大士像結茅居此有草一枝土人病來卜者僧以草與之卽愈後草絕以大士前香爐灰丸與服亦無不愈者遠近施捨不日成庵知縣羅尚忠聞之疑其惑衆還像于德藏寺凡三十年

國朝順治十八年移歸香火復盛九山志

鎮海庵　在獨山東居民唐子耀子才捨基柯孫氏建嘉靖三十五年有滅倭異跡平湖朱志

般若庵　在縣東北二十五里新帶西　元皇慶間建劉志

復庵　在新帶明崇禎五年建康熙間重修置有常住田平湖朱志　國朝曹志周有記

衆秀庵　在二十二都南瑤池浜創自宋時蕩塌已久惟佛像猶存明萬歷四十七年僧果圓募葺平湖程志

觀音堂　在喜雨巷清水浜　明嘉靖四十年邑人陸杲建像係範銅爲之水旱祈禱頗著靈應

國朝乾隆五十三年知縣王恒重修一在當湖西南隅芙蓉堤北一名古福庵又名蓮光境　邑人陸長庚建今廢平湖王志

三元堂　在儲家灣明洪武十九年建隆慶間居民儲湘重建

國朝乾隆四十二年建文昌閣于殿左平湖張志

寶王林　在茱圩處士王端墓東端子王漣建以祠端有祠田十畝平湖張志

法慶林　在南門外順治間僧逵鑑募建吳志　案平湖張志作康熙五年僧壽瑩募建　嚴思位有記

佑聖宮　在縣治西一里梯雲橋北宋景定間魯璠捨基道士陳道正創建明洪武二十四年歸併佑聖道院宣德間立道會司重建殿宇山門平湖朱志　明周時樂有記

國朝乾隆二十八年重修其附于宮者東爲長生閣康熙間建閣前有聖母殿　瘟神殿康熙間建　財神殿舊名聽月房乾隆五十三年知縣王恒重修一在乍浦南門外　華陀廟藥王廟西爲眞武殿文昌殿平湖王志

壽康道院　在漢水橋東北自按察分司西至申明亭皆道院基明宣德間設縣廢附德藏寺西偏平湖程志

松麈道院　在北門外順治間邑人喻源捐別業馮洪業張翼成張有孚共捐資落成値張眞人過訪題曰松濤洞天康熙四年顧明傑倡建斗閣平湖朱志

崇眞道院　在乍浦南門內元至正十二年邑人馮秀一建洪武二十四年併入海鹽全眞道院柳志　俗名道觀乍浦志

元眞觀　在新倉元至正間建平湖朱志

石門縣

廣法寺　在縣東北三百步崇德洪志　唐咸通九年建名修證宋治平元年改今額李嵩叟有記　建炎邑市之艱茲寺巍然靈光也至元志　俗稱東寺建炎兵火縣治寄于此黃令暘創建縣治僧如琳以重屋五十間助之萬歷間燬僧圓神祖梅重建崇德靳志

國朝乾隆三十三年殿燬住僧募建咸豐兵燬新纂

南廣福寺　在縣東南二百步運河之東本梁朝天監古寺梁開平二年置名寶壽宋治平元年改壽聖案浙江通志作聖壽紹興三十二年改今名至元志俗稱南寺崇德靳志寺左有進龍港久淤明萬歷間重開石門鄭志咸豐兵燬新纂

崇福寺　在縣西八十步梁天監二年建名常樂寺唐會昌間廢大中十年重立宋大中祥符二年改爲悟空院天禧二年改今名建炎燬後重立至元志宋釋妙甯有記陸埈有崇福田記元延祐末僧本然建鐘樓于寺東南募銅冶鐘重萬勛聲聞十里趙志寺東北隅有九品觀堂案崇德靳志云今廢明洪武二十四年併歸普慈寺案趙圖記作慈惠寺永樂元年重建柳志前殿額爲趙子昂書東西列七級浮屠殿北有藏經閣嘉靖中建東南有鐘樓隆慶中移建關王廟前崇德靳志

國朝康熙五十七年大殿災乾隆五十八年邑人田尹衡等勸募重建伊志咸豐兵燬僅存山門同治五年知縣楊恩澍建前殿三楹新纂宋姚舜陟題常樂寺五雲堂詩虛堂本無雲一氣誰所主雲空兩無礙起滅自散聚吾聞心歸原空隕亦無所應知不空者物感自如雨君看賢首師自覷木與土與雲亦奚期況問色有五云何坐說法瑞應乃如許休疑諸天集天必崇龍吐雲空法如是我說無說故堂中嫡孫在客至當問取趙汝龍題崇福寺羅漢閣詩閣上殊因仔細看幻成羅漢幾多般休驚五百神通異自是三千世界寬粉壁龍蛇渾欲動石橋雲水亦生寒香消日晚僧歸去無限奇光發夜闌

演教寺　在縣東一十八里晉天福八年置爲保安院宋治平元年改今名至元志本晉銀青光祿大夫尚書李孟之宅有祠在千佛閣之前柳志

福嚴禪院　在縣東北一十二里唐乾符三年置爲千乘院宋大中祥符元年改今名先是眞覺禪師志添雲遊至京師徽宗時在潛邸陳太后病因眞覺咒水治療有功許其指占名山住持眞覺乞來此是爲本院第八祖所賜金環磨衲袈裟一條上題遂甯郡王陳美人願福壽延長施眞覺道者當來同成佛果二十三字師有草庵歌元祐己巳黃山谷爲之書皆藏在院眞覺再題草庵詩道人自結把茅新坐斷溪山秋復春夾竹日開梅數朵此中曾否著香塵又眞覺請到汀州定光佛專爲祈禱道場雨暘之愆請禱輒應舊有七級浮圖久廢後重建至元志宋陳舜俞有記元末燬於兵火柳志千佛閣嘉靖中廢崇德靳志

國朝順治丁酉重刱浙江通志鑄鐘一座康熙四十七年

御賜心經一卷伊志寺後有阜題曰天中山舊有留翠亭竹木陰翳爲邑中勝跡五十九年郡守吳永芳改葺爲止亭伐石勒詩以紀其事吳志宋楊萬里崇德道中望福嚴寺詩一徑青松露三門白水烟殿橫林外脊塔漏隙中天地曠迎先見村移眺更妍客程坐行役不得泊春船院中羅漢堂僧天行建尋圮嘉慶六年大殿燬道光二十五年僧悟善重

建并增羅漢堂地藏殿於西南隅鑿池架屋爲放生所
池中峙英石峰郎紉雲石東爲挂瓢亭勒費隱師像於
石光緒二年觀音殿燬新纂
崇勝寺　在縣東南三里晉開運二年吳越陪臣徐頵捨
宅爲之名法華宋治平元年賜今名至元志　俗稱三里庵
崇德新志
資福禪院　在西門外二百步宋嘉祐四年創建元至元
二年改普門庵明永樂間復今額崇德新志　西廡有軒瞰流
扁曰平緑至元志　宋蔡開平緑軒郎事詩瞰水地仍敞開窗望不迷良疇連遠近秀野混高低㙂
起烟千樹春耕雨一犂道人深樂此壞衲且幽棲陳炳乎緑軒詩水屋團春緑雲岑送曉青無心向朝市信

步到禪扃野意連天遠疎鐘隔岸聽杯行莫辭醉簷月笑人醒陸德輿詩帶市人烟遠連村野色幽山從天
際出水向檻前流茆屋無端凝松醪有意留因懷陵谷感無語對歸鷗曾撰詩終日勞勞雁鶩行偶然來訪
贊公房扶疎草木四圍合縈繞溪流一帶長倚檻豈能成傑句把杯多是説名方問師乞取安心法晏坐蒲團
對佛香張揆詩禪窗虛敞瞰西南野色溪光接畫簷雲去碧天無問斷一眉依約見山尖
國朝乾隆三十四年重修大殿伊志
演慶寺　在縣西北九里宋寶祐二年僧性澄開山柳志
國朝乾隆三十五年僧淨因重修伊志　今毀新纂
祇園寺　在縣西北三十五里洲錢村舊經云本梁朝天
監古寺周廣順三年修置爲大善寺宋大中祥符元年
改今名殿西南隅有梁朝檜皮剝殆盡堅踰鐵石虬枝

奮迅若爪距攫附根子幹倒偃蒼蓋奇偉特甚朱勔之
黨嘗加緘護會臘寇作而止丞相趙福王祠在廡東至元
志　明嘉靖中廢萬歷二十二年海曙廷璋重建石門鄭志　後
圮
國朝乾隆五十四年僧汝安募修咸豐兵燬同治四年重建
山門大士殿文昌閣新纂
接待寺　在玉溪鎮宋紹興中僧慧梵建建炎中燬重建
正德初燬復建萬歷間燬僧如梅文慶重建石門鄭志
國朝康熙間燬乾隆二十八年邑令夏文廣捐俸重建六十
年山門火嘉慶四年修葺咸豐兵燬同治七年重葺大

士殿新纂
靈安古寺　在千乘鄉南宋建明嘉靖間廢萬歷初復建
石門鄭志
靈濟院崇德新志作雲濟　在縣東北三里舊謂之馬嵴庵宋嘉
定間移請今額至元志
澄寂院　在縣西北一十二里羔羊村梁天監二年置爲
靜林寺開平二年改爲雙林院宋祥符元年改今名至元
志　咸豐兵燬新纂
崇慶院俗稱華光寺　在十四都宋開慶初建崇德新志　今廢新纂
順慶院　在縣北二十里宋淯祐間建崇德新志

澄聖院　在縣北三十里錢林村吳越錢王鏐微時有舊館於此後貴改爲祖祠已而道宏師結庵祠側王聞其道行孤高乾甯二年建寺居之曰寶林方丈後園有清樂亭前有池種千葉蓮園多語兒梨千葉無核棗歲獻錢王宋大中祥符元年改今名至元志　王有回翰存石碑向稱錢林寺崇德靳志　咸豐兵燬新纂　五代釋師悅清樂亭詩林亭虛敞依金地終待休官此結廬因共支公語空理人中清樂更無如

妙智院　在十五都一圖宋澄祐初建寺俗呼大洙　新纂

甘露庵　在城北五百餘步明邑令徐穆建靳一派定今額崇德靳志　旁有靳侯祠伊志　國朝陸典有記　咸豐兵燬新纂

法雲庵　在甘露庵東僧成信舊爲靜室獨居焚修國朝順治間捐資開拓創建流泉環繞竹木陰森頗有山林之致郡人尹司理從王題今額石門鄭志　咸豐兵燬新纂

匯秀庵　在城北分水墩俗稱虎嘯明邑令靳一派定今額石門鄭志　咸豐兵燬新纂

翠竹庵　在十八都宋咸淳間建崇德靳志　明萬歷間僧如松重修今圮新纂

智隱庵俗稱亭子庵　在十八都宋建大士像相傳沈香所塑前邑令王沭古周應秋以歲旱迎至崇福寺禱雨輒應爲重堂給匾崇德靳志　咸豐兵燬同治間張品三倡捐重建新纂

崇福庵　在南張村宋咸淳間建崇德靳志

蓮居庵　在玉溪鎮西宋紹興中僧慧梵縛茅奉母處石門鄭志　明萬歷間僧宗正建觀音堂崇德靳志　同治間僧默頑重修新纂　宋錢文題梵竺卿蓮居詩梅邊蓮居不計株水仙數畹闘芳腴竺卿白業二香妙世界紅塵一點無可比遠公蓮社勝應嗟陶令菊園蕪爐薰清鼻茗澆舌月浸松窗對結趺

天清宮　在縣西南一百步原東嶽行宮宋政和修廟舊碑磨滅猶可讀謂淹沒時久感夢興繕從知建立甚古又云廟屋百楹增修殿宇三所崇興亭臺連東西二所彩飾后嬪供帳與夫百司執事從祀之神靡不備具繹

騷之後再創郡志止稱聖帝廟後之規模壯麗有加於前至元志　紹定四年道士蘇大亨請額建爲天清宮元末兵火明洪武十五年設道會司柳志　永樂中重建嘉靖中廢崇禎辛未改建於崇義橋河東關帝廟左石門鄭志　宋陸宗學遊天清宮詩青鳥曾傳海外書瀛洲消息近何如燒丹既悟神仙訣避地何妨水竹居石子種來多化玉藥苗分出半登蔬天壇月冷秋如水夜夜瑤風起步虛

桐鄉縣

惠雲教寺　在縣西北一百五十步柳志　周廣順二年漢南王建名鳳鳴院宋治平間改今名至元志　元末兵燬明洪武十三年僧日賓重建雙塔　程本立惠雲塔詩老禪西來兜率宮金曇舍利開芙

磬平地起作寶光相七級上凌天九重摩尼頂珠現穹碧丹霞掩映雜是峯八窗玲瓏懸皎月層闌翠滑扶神龍我欲乘虛求帝釋雲梯高峻紅塵隔簷鈴停語寂籟冷白鶴飛下蒼烟夕沈輝雙塔禪院詩誰從寶塔結龍宮塔影亭亭勢入空曠有黃塵飛不到講經人在白雲中設僧會司又鑿池左右名龍眼池詳古蹟旁有雪佛堂程本立雪佛碑詩天花墮虛空平地忽三尺異哉西方神現此水精域胎非託摩耶意巨勞刻畫乃瞻白玉相安用黃金飾一洗熱惱心悉依清淨力紅日起扶桑終焉化無跡其無本非空其有亦非色君看東逝波滄海不可測我來鳳凰溪古寺久荆棘摩挲雪佛碑碑斷字莫識金石亦已壞况非金石質萬事等泡影感之三歎息萬曆二十九年再新前後兩殿崇禎間鼎修大士殿并禪堂集邑之能文者課文結社於此名鳳凰社桐鄉徐志

國朝康熙四十六年建華嚴藏經閣江文柏有記乾隆三十四年

僧際玉重興大殿鐘樓建方丈客堂嘉慶三年重建鷲香閣伊志　明劉湘登鷲香閣詩烟村背郭人家遠松蘿崖獨自登門外泊船秋水寺溪頭洗鉢夕陽僧買山有意逢支遁入社無詩繼薛能啼鳥催人歸去晚疎林落葉漏寒燈　國朝高孝本宿鳳鳴山房詩黃葉溪西一竹逕邊維摩丈室小於船繙經桐借半龕火洗硯池分一縷泉已許招尋廬嶽社未離文字石門禪松窗話到宵殘後莫怪三年客夢眠　案鳳鳴寺志稱歐陽五代史周廣順二年太祖得風痺疾僧天集以秘方進疾遂平特旨使擇形勝樹刹居之馳傳歷江左西抵鳳鳴里惠雲亭遂駐錫詔置殿堂顯德中敕為惠雲院考五代史並無其事邑人錢煌寺碑考云五代之際吳越地為南唐所隔周世宗顯德二年廢天下佛寺毀銅佛像豈有更詔外域建刹哉吳越崇佛事挪建寺刹至多茲寺當為吳越王所建然至元志云廣順二年漢南王建寺志固謬妄必謂為吳越王建者亦非也

龍翔教寺　在阜林北二里桐鄉徐志舊龍吟寺本淮海王祖祠置為龍翔寺宋祥符元年改為甯國院至元志　明洪武二十四年僧寶昌重建定今額桐鄉徐志嘉靖間廢

國朝康熙三十三年僧慶雲重建吳志乾隆間建前後殿重新山門伊志　案寺碑稱西晉永和淮海王捨宅為基考晉無淮海王永和晉穆帝年號非西晉錢煌以西晉為石晉永和為吳越自紀年號引通鑑吳越王錢俶曾封淮海捨基建寺即吳越王然謂石晉都汴在建康西故稱西晉殊屬附會永和為吳越國號亦無據至元志云本淮海王祖祠置為龍翔寺並不紀年代此碑記之謬也

廣福講寺　在縣西北青鎮宋慶歷二年建為多寶佛塔至和間改接待講院內建浮圖高一十七丈有奇明王濟壽聖文塔詩相陪小艇出溪橋誰使孤村有使軺荒圃一區春艸碧高峯千載白雲遙幽篁曲水尋遺蹟敗壁殘

編紀昔朝日落躊躇歸去晚長歌到處起漁樵熙甯元年改壽聖塔院紹興壬午以壽聖字同徽號改今名參政陳與義肄業于院既貴建閣以讀書名之詳古蹟　宋陳與義懷葉大經西庵智老詩今年二月凍初融睡起苕溪綠向東客子光陰詩卷裡杏花消息雨聲中西庵禪伯還多病北柵儒生只固窮忽憶扁舟尋二子綸巾鶴氅試春風　又廣福西庵夜坐詩幾年不復從他邦長與兩禪同夜釭坐到更深都寂寂雪花無數落天窗後燬不存至元志　明洪武二十四年定今額後圮

國朝康熙十年僧卓崖重修桐鄉徐志　國朝徐汝嶧為記

寂照教寺　在千金鄉層匍村晉天福八年建名報恩院宋治平間改寂照院明洪武二十四年定為教寺劉志寺有二石佛溫潤如玉頂冠冕披縵衣古傳自海浮來類

吳中開元迦葉維衛二如來像至元志 萬歷年重修桐鄉徐志

國朝嘉慶三年僧金山重修伊志

普慈教寺　在石門鎮北宋咸平四年僧憶愚建殿塔山門明洪武二十四年定爲教寺劉志 萬歷年重修桐鄉徐志

密印教寺　在縣西北青鎮梁朝置名賢德寺宋大中祥符元年改今名舊有梁昭明太子祠昭明讀書於此詳古蹟 有無名氏記內有華嚴浮圖高一十三丈古有聖僧入定遊華嚴世界寤筆諸圖妙入神品宋時宣入禁中兩經御覽復歸於寺南渡後始失之淳熙初有士子十人忽來願書經旣畢不告而去筆法皆一體至元志 元末兵燬明洪武三年僧可觀重建天啟初僧棲雲求董其昌陳繼儒等手書華嚴經藏之桐鄉徐志 國朝鈕汝騏有記

國朝康熙六十年僧超言建大士殿雍正十三年重修乾隆八年續置常住田伊志 宋范成大密印寺詩青堆溪上水平堤絳瓦參差半掩扉我與聖公俱客寓八傳帝子尙靈威勝緣觀麗三重障志士辛勤十載歸花木禪房都不見但餘蝙蝠晝羣飛 明凌震遊密印寺詩溪迴路僻石橋橫風色冷然竹院清劫火空餘塔影月華猶記書時名梅花小筆僧能畫竹杖狂歌客有情欲弔前修嗟日暮浮雲弄水一痕明 國朝厲鶚詩青墩[?]烏戍近比連蠶舍菱塘遶[?]一川病客愛來尋古寺生前或有打包緣霜葉蕭蕭下古廊人傳帝子讀書堂蕩舟去後生天早免使青絲發壽陽

妙智寺　在永新鄉妙智村吳志 宋嘉定間建至元志 元時圮明正德九年重建桐鄉徐志

國朝順治四年建茶亭伊志 明張貢宿妙智寺詩路邊餘古寺長日掩柴扉野岸荒烟斷疎鐘夜漏稀樹間帆影出簾外水光微渡口春流漲山僧帶月歸

馬琪寺　在東八都宋高宗敕賜重建

國朝順治間僧若來修伊志

覺苑寺　在西八都宋景定間僧普應建明洪武十九年僧德輔重建

國朝康熙間修伊志

福壽禪寺　在濮院鎮一名西寺元皇慶中有濮氏女出家爲古心禪師獨力建寺焚修請額于朝敕賜今額案寺有趙子昂書古心禪師塔銘現存 明改爲僧院崇禎末燬于火

國朝康熙間重建桐鄉徐志

潮音院　在殳山麓桐鄉徐志 國朝仲宏道潮音院詩若倚長林潮生一院音非關湖海近梵響夾鳴禽

順慶禪院　在保甯鄉蔣宣村明宣德七年建吳志

韋天庵　在黃麻橋宋武帝庚申年築亭明崇禎乙亥重建

國朝康熙十三年增置禪寮改亭爲庵桐鄉徐志 按志稱庚申築亭他無可据宋武帝必有誤

般若庵　在南門外

國朝順治間建桐鄉徐志 雍正中建大殿佛閣乾隆間改建山門

伊志 國朝朱桐川登般若禪院佛閣詩古木幽棲地憑高四望通人烟鐘磬外僧衲水田中宿雨添波緑斜陽上樹紅暮歸情未已沈想入蒙蘢

净土庵 即古化壇在濮院鎮 明宋濂詩所謂化壇楓冷即此 宋宣和間惠忠禪師創造 桐鄉徐志 或云宋元時經暴兵後枕屍偏野濮氏設壇瘞之故名 燬元至正間濮司令允中復建明正德丁卯僧宗裕智深先後重修 濮鎮紀聞釋廣源有記 明

法華庵 在三十都宋建

國朝康熙五年重建 桐鄉徐志

滮沱林 在南門外本鄉耆焚修之所名静室釋佛鼎創建題額

嘉興府志 卷十九 寺觀二 五十

國朝乾隆十年里人金宏烜重葺 伊志

海會禪林 在阜林鎮萬歷年建明季燬于兵

國朝順治七年移造康涇港置常住田 伊志 國朝曹谷有記

佑聖宫 在縣東門外元天歷中刱明宣德末重修設道會司 吳志

福清道院 在濮院鎮 一稱西觀 元至正丙午里人狄守眞建請額爲院 一作道士狄守眞 明洪武二十四年定爲全眞道士姚道安復建 柳志 崇禎年重修 吳志

奉眞道院 在青鎮 俗名北宫 宋建炎間建祀東平王元末兵燬明洪武二十四年併歸天清宫永樂元年重建 桐鄉徐志

國朝康熙二十四年建斗姥閣雍正二年重修乾隆十一年再建三元閣 伊志

崇福宫 在青鎮南柵 俗稱南宫 宋紹興二十九年建殿宇奏賜崇福宫額元末燬于兵明洪武二十四年併歸天清宫永樂元年仍建 柳志

國朝順治十七年建正殿乾隆二年增建三清文昌二閣 伊志

修眞道院 在青鎮宋咸平元年建 吳志 明成化三年重建

國朝乾隆十四年鼎建山門 伊志

圓凝觀 在青鎮北柵本永鎮庵明萬歷三年同知羅斗善因形家言築墩水中建廟于側崇禎間毁同知朱國

嘉興府志 卷十九 寺觀二 五十一

藩重建并後殿及三元閣 顔日奎光 改今名

國朝康熙六年復建前殿祀金龍神 桐鄉徐志

圓眞觀 在石門鎮東舊有眞武祠明正統間改建 吳志

寶閣寺 在密印寺西宋慶歷間密印寺僧如賓建元末兵燬明永樂元年僧智深重葺成化間僧隆祖庭重建天啟初僧棲雲乞名人手書華嚴經

國初重修普光明殿 周拱辰有記 康熙間僧古松募修雍正三年僧文然募修各殿 烏青鎮志 咸豐間兵燬同治十二年僧雲泉重建大雄殿 新纂

嘉興府志卷十九

嘉興府志卷二十　　嘉興府知府善化許瑶光重輯

戶口

右有戶調戶課半役全役故編戶算丁之政最密自兵民分而男免被甲自襍徭除而戶免助役矣然丁銀尚輸也逮

國朝以康熙五十年丁籍爲額雍正二年又均丁於田意美法良超越往古閭里亦無藏丁匿口之弊矣第周官鄉士遂士縣士有掌夫家衆寡之文鄉師稽之鄉大夫登之大司寇祀司民而獻之則知民爲邦本雖徭役無加而乾隆至今滋生之數尚按年一編也豈不重與志戶口

編審戶口　州縣官遍稽境內民數每百有十戶（會典則例云以百有十戶爲里）推丁多者十人爲長餘爲十甲甲繫以戶戶繫以口編爲一冊城中曰坊近城曰廂在鄉曰里民年十六始傳（則例云十六以上者增注六十以上除之照先次原冊攢造類冊解送本府該府依定式別造總冊一本書名畫字解送本布政使司）順治五年題準三年一次十一年覆準每編審之期察審均平詳載原額新增開除實在每名徵銀若干造冊報部隱匿揑報依律治罪十三年覆準五年一次十五年議準府州縣編審年分借名造冊科派者從重治罪康熙二十六年覆準編審缺額人丁令該撫陸續招徠於下次編審補足乾隆五年議定直省於每歲十一月將各府州縣戶口增減繕寫黃冊具奏又題準造報民數每歲舉行爲時既近戶口殷繁若每年皆照編審造報誠恐紛煩滋擾各州縣設立保甲門牌土著造報一切臚列原有冊籍可稽若除去流寓將土著造報卽可得其數且令於每年將戶口實數與穀數一并造報以免紛擾

丁口出銀　則例供徭役前代相沿載在版籍曰徭銀自昇平歲久生齒益繁康熙五十二年

恩詔以五十年編冊爲率永免增丁之賦（五十六年題準州縣將滋生人丁私行科派者卽行題參）雍正二年以冊存見數按州縣均入田賦代輸每五年編審丁有滋生徭無加額乾隆元年議準滋生戶口每逢五年務須據實造報實力奉行不得視爲具文脫戶漏口　浙江所屬人丁每口科銀及別科米各有差遇閏不加徵屯丁稅遇閏不加徵

丁銀攤徵　康熙十一年覆準浙江所屬食鹽鈔銀均攤地丁內徵收三十六年覆準浙江匠班銀均攤通省地丁下帶辦雍正四年覆準浙江所屬丁銀以通省田畝均攤每畝田賦一兩均攤丁銀一錢四厘零不等

保甲之法　戶給印單書其姓名習業出注所往入稽所來十戶爲牌立牌長十牌爲甲立甲長十甲爲保立保長自城市達於村鄉使相董率遵約法察姦宄勸㣲行善則相其舉則相及以安保息之政則例云至於寺觀亦分給印牌備書僧道口數姓名稽察出入乾隆十一年覆準將見行保甲門牌冊籍實力稽察有倡爲邪說斂錢作會以及往來無定行踪可疑之輩鄉保不得徇隱地方官立時察究

客戶人丁　順治十年題準凡外省人民附籍年久者與土著之民一例當差康熙四年覆準罷職官員寄居各省者勒令回籍若本身既沒子孫有田土丁糧已入版圖者聽其自便會典則例　以上大清

府屬總數

漢

會稽郡屬縣二十六戶二十二萬三千三十八口一百三萬二千六百四漢書地理志　案海鹽由拳二縣今屬府

吳郡屬十三城戶十六萬四千一百六十四口七十萬七百八十二後漢書郡國志　案海鹽由拳二城今屬府

晉

吳郡統縣十一戶二萬四千晉書地理志　案嘉興海鹽二縣今屬府

宋

吳郡領縣十二戶五萬四千八十八口四十二萬四千八百一十二宋書州郡志　案嘉興海鹽今屬府

隋

吳郡統縣五戶一萬八千三百七十七餘杭郡統縣六戶一萬五千三百八十隋書地理志　案隋罷嘉興屬吳縣廢海鹽屬鹽官

唐

蘇州舊領縣四戶一萬一千八百五十九口五萬四千四百七十一

吳郡領縣六戶七萬六千四百二十一口六十三萬二千六百五十五以上舊唐書地理志　案四縣復置嘉興六縣復置海鹽

開元間戶六萬八千九十三元和郡縣志　案太平寰宇記云秀州舊戶載蘇州籍唐開元戶一十萬九千五百

蘇州吳郡縣七戶七萬六千四百二十一口六十三萬二千六百五十唐書地理志　案原注天寶十載析嘉興置華亭

元和間戶十萬八百八元和郡縣志

五十七鄉二萬五千七百八十戶嘉禾記柳志引之

案舊志戶口皆自唐始凡列前史地理州郡志中者概未錄入盍以分領併省歷代不同也然就疆域之廣狹可稽丁男之登耗茲摭史乘所載並爲補葺俾鑒於民者得考古以驗今焉　伊志

宋

初戶五萬一千八百六十三三朝國史至元嘉禾志引之

秀州戶主客共二萬三千零五十二太平寰宇記

秀州軍戶主一十三萬九千一百三十七客無元豐九域志

崇甯中戶一十二萬二千八百一十三口二十二萬八千六百七十六宋史柳志引之 案至元志引舊經云主戶四萬九千八百五十九主丁九萬八千三百九十五舊圖云戶一十六萬三千四百一十五口三十萬二千八百八十五 伊志

元

戶四十二萬六千六百五十六口二百二十四萬五千七百四十二元史 案史松江府另載至順錢糧戶數與至元志總計不符又柳志引史失六百二字

嘉興路總計四十五萬九千三百七十七戶至元志分儒戶一千八十八戶僧四千二百二十八戶尼三百三十七戶道一百五十二戶民四十五萬三千四百二十九戶急遞鋪一百四十三戶 案總計內合松江府二十三萬四千四百七十戶實計錄事司及三縣應得二十二萬四千九百七戶 以上伊志

明

洪武初年戶三十二萬七千五百三十二口一百一十一萬二千一百二十一

永樂間戶二十九萬四千四百七十一口九十四萬五百五十七

宣德間戶二十四萬五千七百五十一口八十三萬三千一百五十

正統間戶二十三萬九千九百三口八十三萬一千三百七十六

景泰間戶二十四萬三百八十四口八十三萬八千一百八十六

天順間戶二十三萬七千七百二十二口七十二萬八千四百六十七

成化間戶二十三萬八千九百七十九口七十三萬五千一百九十四以上柳志

宏治間戶二十四萬七千六百五十九口七十四萬八千二百五十二

正德間戶二十五萬九千八百六十五口七十六萬八千三百四十三

嘉靖間戶二十七萬三千九百九十口七十九萬七千一百七十以上趙圖記 案舊浙江通志作府戶二十七萬五百口七十八萬二千九百七十九

萬歷間戶數不載口五十六萬三千七百六十五劉志

崇禎間戶數不載口五十六萬五千六百七十五崇禎郡紀

國朝

府原額人丁五十六萬六千一百九口舊浙江通志 案袁志原注順治十八年查新定賦役全書額編丁口係銀照均田均里事例攤入正糧徵輸

康熙四十年實該人丁五十六萬七千九百一十七口賦役

全書 案舊浙江通志亦引之此康熙六年清查各省案內清出人丁一千八百八丁日因有是數今編入地丁內案數攤徵歷奉減免依此爲額康熙九年奉文改女口爲食鹽課日刊載全書五十二年三月奉 盛旨遇編審之期察出增益人丁止將實數另造世滋生清冊其徵收錢糧續生人丁永不加賦餘詳田賦各縣科徵銀米不等

康熙六十年實在人丁五十五萬一千四百六丁口 浙江通志

案吳志於田賦人丁科徵後載有 盛世滋生人丁三萬四十九丁口外省寄居人丁二十三丁口欽奉恩詔永不加賦云志即刊於康熙六十年則實在人丁當有五十八萬一千四百餘又有客戶也

雍正四年實在人丁六十萬三千八百二十六丁口

雍正九年實在人丁六十萬七千二百七十五丁口 以上浙江通志

嘉興府志 卷二十 戶口 七

原額人丁共六十萬七千二百七十五又滋生人丁共二萬七千四十二 大清一統志

乾隆三十四年戶四十六萬三千二百一十一大小丁一百三十四萬二千六百八十二大小口九十七萬九百一

謹案乾隆三十七年六月奉 旨嗣後五年一次編審之例著行停止其戶口人數歸入煙戶冊籍造報

乾隆五十四年戶四十六萬七千一百五十九大小丁一百三十九萬四千三百六大小口一百二萬一千七百九十九

嘉慶四年戶四十七萬四千三百三十一大小丁一百四十五萬八千五百五十四大小口一百七萬四千九百七十六 以上伊志

道光十八年戶五十四萬一千三百八十六大小丁一百六十六萬五千九百四十八大小口一百二十六萬七千八百十六 十志

同治十二年戶二十五萬三千四百四十七大小丁五十四萬六千一百六十大小口四十萬六千八百九十三 以上滋生增益冊

軍戶 案秀水任志云順治三年革除軍竈戶一例入丁

前志均無考嘉興秀水二縣舊志亦失載餘詳各縣

嘉興府志 卷二十 戶口 八

案明制軍戶有三曰從征曰歸附曰謫發又凡充發者編注籍貫爲二冊具載丁口一進內府一付該管百戶遇有逃故按籍勾補浙江罪犯例發川滇屬衛明初法嚴縣以千計數傳之後有丁盡戶絕止存軍產者或併無軍產戶名未除者歲遣御史清軍有缺必補每當勾軍逮補料歛軍裝長途押解族屬里長延及他甲雞犬不寗見明史刑法志萬歷四十三年巡按李邦華檄行各屬條分六款刻冊銷除惟有軍在衛有丁在籍者給循環簿稽查以備勾補民甚便之見平湖王志 以上伊志

竈戶

場三曰海沙曰鮑郎曰蘆瀝竈丁凡二萬八百二十四戶零又橫浦西路二場亦係郡民派充其一萬二千七百六十三戶皆免本戶二丁差役 趙圖記 案明初優恤竈戶甚厚給草場以供樵採堪耕者許開墾仍免其雜役又給工本米引一石兼支錢鈔雜犯死罪以上止予杖計日煎鹽以續後設

總催多般創竈戶至正統時竈戶貧困逋逃者多見明史萬歷四十二年巡鹽楊鶴採諸生趙志奎等議以丁課歸入蕩地征輸絕不波及單丁 國朝因之見平湖王志

匠戶 明初籍諸工匠更番赴京工作原籍有月糧工所有直米成化末始有出銀代班之例嘉靖四十一年始定例每戶歲輸銀四錢五分見海鹽圖經又匠戶子孫有仕至卿貳陳情除豁者題準開豁見嘉興湯志

明匠戶之別有木匠竹匠鋸匠裁縫匠銀匠熟銅匠錫匠雙線匠鑄匠油漆匠五墨匠刊字匠熟皮匠船木匠瓦匠石匠土工匠搭材匠木桶匠斛斗匠裱褙匠彈花匠冠帽匠履鞋匠裁歷匠紙匠鐵匠剉磨匠砭匠鞔鼓匠洗白匠繡匠縣匠氊匠刷印匠粧鑾匠雕鑾匠櫓匠木梳匠弓匠箭匠穿甲匠琉璃坯匠合香匠蒸籠匠黑窰

坯匠染匠篾匠搥紙匠傘匠索匠筆匠刀鞘匠黑窰匠鏇匠蘆篷匠毯匠琉璃匠琉璃捏塑匠線匠艌匠挽花匠絡絲匠織匠腰機匠甕匠打線匠戧金匠捲胎匠鍍金匠鼓匠針工匠凡七十有二闔郡計五千二百七十七戶各以其技其役其役於京師有輪班者有存留者劉志 案趙圖記作匠戶六十六誤失琉璃匠戧金匠捲胎匠鍍金匠鼓匠針工匠六匠 其執役於本府織染局者曰織羅匠打線匠挽花匠染匠甕匠絡絲匠篾匠絡經匠凡八役闔府計二百四十七戶 趙圖記 案順治初槪徵匠班銀全書纂入地丁開銷順治十五年奉文均攤各里康熙六年仍歸匠籍完納見嘉興何志康熙三十七年布政司趙艮璧從知縣王瑋議疏請均於地丁攤徵下部允行詳平湖縣匠戶下今俱入田畝帶徵載賦役全書中各縣如之詳見田賦 以上伊志

嘉興縣 輿圖備考編戶三百八十里賦役全書今編順莊三百八十一

唐

管鄉五十戶一萬七千五十四 陸廣微吳地記

宋

戶六萬四千八百二十四口一十二萬二千七百四十二 舊圖經柳志引之

元

戶一十二萬七百二十二 至元志分儒一百五十戶僧九百九十一戶道一十六戶急遞鋪八十五戶民一十一萬九千四百八十戶 口一十八萬三千二百七十二 舊志柳志引之

明

洪武間戶一十六萬五百八十三口五十四萬七百八十三

永樂間戶一十四萬五千三百五十四口五十萬六千二百一

宣德間戶六萬二千五百三十二口一十七萬六千一百三十八 案宣德五年除析秀水嘉善外實數

景泰間戶五萬九千三百二十九口一十八萬五百一十三

天順間戶五萬七千四百四十九口一十七萬五千七百二十
一
成化間戶五萬七千二百八十二口一十二萬五千三百
八十二以上柳志
嘉靖間戶五萬七千三百口一十二萬五千二百三袁志
萬歷間戶六萬三千一百四十八口一十五萬三千七百
三十四劉志

國朝

原額戶六萬三千一百四十八口一十五萬三千七百三
十四袁志　案嘉興何志原注內男口十一萬一千八百七十五女口四萬一千八百五十九康熙二十

年造冊因未清審詳照原額申報
康熙六十年原報人丁一十六萬三千五百一十五丁口
雍正四年實在人丁一十六萬四千三百二丁口賦役全書原額田八千四十六頃六十三畝七分一釐四毫每田七畝一分九釐二毫五絲二忽四微八塵一渺七漠八埃七纖七沙派人丁一丁每田十九畝二分二釐三毫一絲九忽四微八塵六渺八漠四埃八纖七沙派課口一口
雍正九年編審實在人丁一十六萬四千五百一十七丁
口內實在人丁一十一萬八千八百一十七原額完賦人丁一十一萬一千八百七十五每丁征銀五分三釐四毫外實盛世滋生增益人丁內別省寄居人丁六十一土著人丁七千二十五共增益人丁七千八十六永不加賦實在食鹽課口四萬五千四百八十五口原額完賦課口四萬一千八百五十九每口徵銀二分二釐外實盛世滋生增益食鹽課口內別省寄居課口二十九土著課口三千六百六十八共增益食鹽課口三千六百九十七永不加賦以上浙江通志餘詳田賦各縣同
乾隆三十四年戶八萬九千二十二大小丁二十六萬三
千九百一十四大小口一十九萬九千八百四十六
乾隆五十四年戶八萬九千五百九十六大小丁二十六
萬九千三百二十一大小口二十萬四千八百五
嘉慶四年戶九萬一千六百七十一大小丁二十八萬七
百一十七大小口二十一萬一千二百六十三以上伊志
道光十八年戶一十萬七百四十一大小丁三十一萬六
千七百十三大小口三十萬二千八百六十四于志
同治十二年戶四萬二千一百二十二大小丁八萬四千

九百五十八大小口七萬三千七百五十六新纂

竈戶

原派四場竈丁共戶六百五袁志　案嘉興何志順治二年後一例入丁今賦役全書分水鄉竈丁入地丁科徵

匠戶

府織染局執役匠七戶一百二十六趙圖記
縣戶一千五百六十九袁志　以上伊志
秀水縣秀水李志宣德五年分縣輿圖備考編戶二百三十五里賦役全書今編順莊三百六十六

明

宣德間戶三萬九千一百六十四口一十六萬五千七百

景泰間戶三萬七千八百一十三口一十六萬五千七百
四十五
天順間戶三萬七千八百二十二口一十二萬五千九百
七十六
成化間戶三萬二千九百四十九口一十二萬八千四百
二十六 以上柳志
正德間戶三萬七千八百六十三口一十二萬七千二百
七十三
嘉靖間戶三萬七千八百六十五口一十二萬七千五百
四十八 秀水李志
萬歷間戶三萬七千八百一十一口一十萬一百九十 劉志

原額戶口人丁一十萬一百九十 袁志 案秀水任志人丁八萬一千九百一十二女口一萬八千二百七十八

國朝

康熙六十年原報人丁一十萬五千六百三十一丁口

雍正四年實在人丁一十萬五千八百七十九丁口 賦役全書 原額田地共六千一百九十七頃三十四畝三分三釐七毫五絲內除四鎮常平社倉兵營書院漏澤園其田一頃九十三畝七分六釐義塚地三畝例不科丁外實該田地六千一百九十五頃三十七畝五分七釐七毫五絲每田地七畝五分六釐三毫四絲五忽三微四塵八渺七漠五埃六纖七沙派人丁一丁每田地三十三畝八分九釐五毫二絲六忽八塵三渺二漠六埃九纖四沙派課口一口

雍正九年編審實在人丁一十萬六千一百八十二丁口 內實在人丁八萬七千六百一丁內除原額完賦人丁八萬一千九百一十二丁每丁徵銀五分三釐外實盛世滋生增益人丁內別省寄居人丁一百七十四丁土著人丁五千八百一十八丁共增益人丁五千九百九十二丁永不加賦實在食鹽課口一萬八千二百七十八口每口徵銀二分 以上浙江通志

乾隆三十四年戶六萬三千六十三大小丁一十六萬四千三百八大小口一十四萬二千五百九

乾隆五十四年戶六萬三千六百六十大小丁一十七萬七千三百三十六大小口一十五萬二百一十六

嘉慶四年戶六萬四千五百九十七大小丁二十萬一千二十三大小口一十七萬一千七百五十四 以上伊志

道光十八年戶七萬八千九百三十四大小丁二十七萬六千二百三十大小口二十二萬六千六百三十 于志

同治十二年戶一萬九千一百六十九大小丁七萬九千一百一十六大小口五萬四千八百五十七 新纂

竈戶

原派四場竈丁共一百七十八戶 袁志

匠戶

府織染局執役匠六戶一百六 趙圖記

縣戶一千九十一 袁志 以上伊志

嘉善縣 嘉善倪志宣德五年分縣七年造冊輿圖備考編戶二百四里賦役全書今編順莊六百五十

九

明

宣德間戶二萬七千五百三十四口一十萬五千五百一十八（案嘉善楊志男丁六萬二千六百五十四女口四萬二千八百六十四男丁準田三畝女口準田一畝五分）

景泰間戶二萬五千七百五十七口一十萬二千三百七十七（以上柳志）

成化間戶二萬九千七百四十二口七萬四千三百九十六

宏治間戶三萬三千八百四十二口七萬四千六百四

正德間戶三萬四千六百三口七萬四千七百四十七（以上嘉善倪志）

嘉靖間戶三萬八千四百六十七口一十一萬一千八百一十（嘉善于志）

隆慶間戶三萬八千四百八十七口一十一萬一千八十三

萬曆間戶三萬九千八百二十四口一十一萬八百七十八（以上嘉善章志　案劉志男丁六萬八千一十四女口四萬二千八百六十四）

國朝

原額戶口人丁一十一萬八百七十八（袁志）

康熙六十年原報人丁一十一萬七千九百七十七丁口

雍正四年實在人丁一十一萬八千三百三十四丁口（賦役全書原額田五千九百四頃七十八畝四分一釐七毫每田三畝六分八釐一毫七絲一忽八微七塵派人丁一丁每田十三畝七分七釐五毫六絲二忽五微六塵派課口一口）

雍正九年編審實在人丁一十一萬九千六百三十八丁口（內實在人丁七萬二千五百二十二丁內除原額完賦人丁六萬八千一十四丁每丁原徵銀四分二釐今加白糧經費丁字沽共銀四分二釐三絲九忽四微每丁原徵米二合三勺今加白糧經費食米共二合三勺一抄一撮一圭一粟外實盛世滋生增益人丁內別省寄居人丁六百四十七丁土著人丁四千六百五十五丁共增益人丁五千三百二丁永不加賦實在食鹽課口四萬五千八百一十二口內除原額完賦課口四萬二千八百六十四口每口原徵銀三分二釐今加白糧經費丁字沽共銀三分二釐三絲九忽四微每口原徵米二合三勺今加白糧經費食米共二合三勺一抄一撮一圭一粟外實盛世滋生增益課口內別省寄居課口二百五十口土著課口三千二百八口共增益課口三千四百五十八口永不加賦以上俱浙江通志）

乾隆三十四年戶五萬四千三百九十四大小丁一十五萬三千七百一十九大小口一十一萬八千九百五十

七

乾隆五十四年戶五萬五千九十六大小丁一十七萬九千七十五大小口一十四萬七千四百四十六

嘉慶四年戶五萬五千八百七十五大小丁一十九萬三千大小口一十六萬一千六十三（以上伊志）

道光十八年戶六萬八千四十九大小丁一十五萬七千四百八十三大小口一十一萬九千五百三十 于志

同治十二年戶一萬六千三百七十九大小丁五萬三千四百九十九大小口四萬二千九百七十九 新纂

軍戶

計二百三十戶 嘉善章志各注都區分列衞所

竈戶

原派四場竈丁共一百六十戶 袁志 案嘉善于志分濱海七水鄉一百五

匠戶

府織染局執役匠三戶六十一 趙圖記

縣戶七百六十六 袁志 案趙圖記注列七百六十四戶嘉善章志作八百七十五戶分住坐兩京九十六輪班七百三十二存亟四十七各注都區

海鹽縣 輿圖備考編戶一百六十一里賦役全書今編順莊一百五十九

唐

戶一萬三千二百 陸廣微吳地記

案唐書地里志吳郡縣七口六十三萬二千六百五十又雲間志松江志云舊經華亭戶五萬四千九百四十一口十一萬三千一百四十三則天寶十載以前海鹽戶口當不止是吳地記恐未實也 以上伊志

宋

戶一萬三百六十四口二萬五千八百六十六 宋嘉禾志海鹽仇志引之

紹熙間戶一十一萬七百零一主戶一十萬九千一百一十六客戶一千五百三十五 宋武原志 案袁志引此云口無考蓋紹興後盛時戶籍也又一十六作六十六與海鹽仇志異海鹽徐志列此作戶一十一萬七百

元

戶四萬二千二百五 至元志分儒一百五十三戶僧五百三十戶尼四十九戶道一十戶民四萬一千四百六十三戶 案元史元貞元年詔縣五萬以上升州海鹽戶滿六萬攺為海鹽州則相距僅五六年不應驟增至三之一也

明

洪武間戶八萬四千九百二十八口二十六萬六千四百七十九

永樂間戶七萬一千五百五十九口二十萬七百五十九 以上柳志

宣德間除分平湖縣外戶二萬七十三口八萬一千四百九十六 海甯衞志與劉志同

景泰間戶二萬六千六百五口八萬一千五百五十七

天順間戶二萬六千五百一十八口七萬五千七百七十一

成化間戶二萬六千六百五十四口七萬五千八百一十 以上柳志

嘉靖間戶二萬五千五百八十四口七萬七千一百九十

一海鹽倪志

萬歷間戶二萬一千三百二十五口四萬八千六百五十

九海鹽圖經

國朝

原額人丁四萬八千六百五十九袁志作六千誤今從通志改正

康熙六十年原報人丁五萬二千八丁口

雍正四年實在人丁五萬二千四百九十八丁口賦役全書原額田地加新陞實該田地六千七頃六十七畝一分二釐四忽每田地一十二畝二分四釐八毫五忽五微四塵五渺四漠四埃三纖四沙派人丁一丁口

雍正九年編審實在人丁五萬二千九百六十二丁口內原

額完賦人丁四萬九千五十丁口每丁原徵銀七分三釐七毫今加白糧經費丁字沽共銀七分三釐八毫六絲九忽一微九塵二渺九漠二埃四纖五沙每丁原徵米五合今加白糧經費食米共五合三抄九撮三圭四粟三粒三黍六稷九粃外實　盛世滋生增益土著人丁三千九百一十二丁口永不加賦以上浙江通志

乾隆三十四年戶八萬六千八百九十七大小丁二十三

萬五千七十九大小口一十五萬七千七十一

乾隆五十四年戶八萬七千四百九十七大小丁二十三

萬六千五百七十二大小口一十五萬七千三百三十

七

嘉慶四年戶八萬八千三百二十大小丁二十四萬二千

一百五十七大小口一十六萬六百三十六以上伊志

道光十八年戶九萬七千二百三十二大小丁三十一萬

九千六百七十八大小口二十萬三千七百八十三于志

同治十二年戶五萬一千九百六十七大小丁一十萬五

百八十七大小口八萬二百六十二新纂

軍戶

明洪武來充發者七千二百八十二戶萬歷間又三十三

戶海鹽圖經萬歷四十三年御史李邦華清查應勾軍戶合新舊僅二百有奇

竈戶

原派四場竈丁共一千九十三戶袁志　案海鹽圖經作一千三百九十三戶

匠戶

府織染局執役匠四戶三十趙圖記

縣額戶一千一百九十一故絕者多僅存四百零九袁志案海鹽圖經天啟間僅餘戶三百九十七以上伊志

平湖縣柳志宣德四年析壤置縣輿圖備考編戶一百二十一里賦役全書今編順莊七十三

明

宣德間戶一萬八千九百三十三口四萬四千二百七十

九

正統間戶二萬三百口七萬三千六百九十三劉志同

景泰間戶二萬四百六十七口七萬四千七百五十七

天順間戶二萬口五萬九千五百七十九

成化間戶一萬九千七百三十七口五萬九千一百二十
四 以上柳志
嘉靖間戶一萬九千三百五十八口五萬六千八百三十
五
萬歷間戶一萬五千九百三十一口三萬六千三百九 平湖程志 案劉志作戶一萬七千一百七十六
崇禎間戶一萬二千五百一十一口三萬六千九百一十
九 平湖朱志

國朝

原額人丁三萬六千九百一十九 袁志

康熙六十年報人丁四萬四百六十五丁口

雍正四年實在人丁四萬五百七十八丁口 賦役全書原額田地五千二百七十三頃九十六畝五釐八毫每田地一十三畝七分五釐七毫二絲九塵五渺九漠九埃三纖三沙派人丁一丁口

雍正九年編審實在人丁四萬六百八十九丁口 內原額完賦人丁三萬八千、三百三十六丁口每口原征銀七分一釐今加白糧經費丁字沽共銀七分一釐一毫九絲一忽九塵九渺五埃四纖七沙每口原徵米一升二合五勺今加白糧經費食米共一升二合五勺五抄五撮五圭五粟四粒五黍一粞一糠一粃外實 盛世滋生增益人丁內別省寄居人丁一百五十五丁口土著人丁二千一百九十八丁口共 增益人丁二千三百五十三丁口永不加賦 以上浙江通志

乾隆三十四年戶六萬七千八百七十大小丁一十七萬三千六百七十四大小口九萬二千七百四十七

乾隆五十四年戶六萬八千五百二十大小丁一十七萬六千六百八十二大小口九萬四千六百三十五

嘉慶四年戶六萬九千三百三十八大小丁一十八萬六千六百八十五大小口九萬六千九百七十八 以上伊志

道光十八年戶七萬三千八百三十九大小丁一十九萬四千四百二十二大小口一十萬九千八百八十四 于志

同治十二年戶三萬七百五十三大小丁六萬四千三百二十三大小口四萬五千六十七 新纂

軍戶

明洪武來充發者三千七百二十一戶歷有充發計共四千一百一十八戶 平湖程志 案萬歷四十三年清查應勾軍戶合新舊僅一百九十四

竈戶

原派五場竈丁共一千七百五十戶 袁志 案平湖朱志萬歷初核實八千七百八十四戶八千八百一十一丁

匠戶

府織染局執役匠二戶一十九 趙圖記

縣戶六百七 案趙圖記額設四十三役六百三十戶 後故絕僅存三百二十五戶 袁志 案平湖程志除詳豁及府局執役外餘匠二百九十五戶又平湖高志康熙三十七年知縣王瑋採邑人議詳請題準歸併地丁攤徵王瑋碑記曰聞之利不十不興害不十不革蓋法有所窮勢必更張

要其通變宜時嘉惠黎庶毋庸膠柱爲也浙省匠班自明成化年間將應解工匠每名折銀四錢五分以抵京都僱募之費案名定額相沿已久迄今代隔年遠或子孫徙業匠籍仍存或人戶逃亾鬼名空寄以致徵解無從累波宗黨怨咨之聲日聞歷來有司東於舊例莫可如何通省皆然非獨平湖一邑矣瑋自康熙乙亥承乏茲邦察訪閭閻休戚朗知此項之苦我父老非復一日擬將銀兩均於地丁攤徵計增每畝不過絲毫而逋一邑易舉窮民息累是或一道也適巡撫線公一信下咨民間利弊爰集紳衿糧里議之僉曰便時有陸清高陞楊林等合嗣愬詳幸邀布政使趙公良璧仿江右成例疏請而 皇仁浩蕩下部允行於三十七年爲始東西兩浙渥澤均沾皆我 皇上勤恤民隱及各憲釐剔弊政之恩瑋下邑小吏不過因民欲行者代爲轉籲而已至文移往還身任奔走則義民楊林勞苦居多云以上伊志

石門縣輿圖備考編戶三百十一里賦役全書今編順莊五百二十六

宋

淳熙間戶二萬八千九百二十口二萬九千六百二十一崇德洪志

淳祐間戶五萬一千二百二十一口一十七萬九千三百六十六語溪志柳志引之

元

至元間戶五萬五千四百嘉禾志分儒一百一十戶僧九百一戶尼一百六十六戶道六戶急遞鋪五十八戶民五萬四千一百五十九戶

元貞間戶五萬五千五百柳志

延祐間戶數未詳口三十五萬九千九百一元俞鎮修辭稿須州守盧公詩序

明

洪武間戶八萬二千二十一口三十萬四千八百五十九

永樂間戶七萬七千五百五十八口二十三萬三千五百九十七

宣德間戶六萬八千三百四十五口一十四萬五千八百六案宣德五年析置桐鄉戶有三萬三千餘則既析後不應仍有六萬餘戶也

正統間戶三萬六千六百四十九口一十三萬六千七百四

景泰間戶三萬六千六百五十五口一十三萬七千三百三十五

天順間戶三萬六千九百三十二口一十萬五千三百一十五

成化間戶三萬八千八百九十口一十萬七千五百二十二以上柳志

宏治間戶三萬九千一十三口一十萬二千八百八十九

正德間戶三萬九千四百八十九口一十萬二千九百三十一

嘉靖間戶三萬六千七百一十三口一十萬六千二百七十三

隆慶間戶三萬九千五百五十四口一十一萬二千九百

九十五以上崇德靳志

萬曆間戶三萬九千六百五十四口六萬六千四百四十七劉志

國朝

原額人丁六萬六千四百四十七丁口袁志

康熙六十年原報人丁七萬一百七十九丁口

雍正四年實在人丁七萬三百八十三丁口賦役全書原額田地除荒逋加歷科實徵銀四萬八千九百八十六兩三毫五絲八忽二微六塵四渺八漠七埃三纖二沙實徵米六萬二千八百九十一石一斗五升一合三勺一抄二撮五圭二粟五粒九黍八稛八糠四粃每銀七錢三分七釐二毫一絲九忽一微四塵二渺四漠四埃八纖三沙米九斗四升六合四勺八抄五撮九圭四粟八黍六稛三一糠派人丁一丁口

雍正九年編審實在人丁七萬八百二十二丁口內原額丁六萬六千四百四十七丁口每丁原徵銀五分六釐六毫今加白糧經費丁字沽共銀五分六釐六毫九絲一忽四微八塵七渺二漠二埃六纖二沙每丁原徵米三合八勺今加白糧經費食米共三合八勺二抄二撮九圭八粟九粒二黍八稛六糠四粃外實盛世滋生增益土著人丁四千三百七十五丁口永不加賦以上浙江通志

乾隆三十四年戶四萬八千九百五十四大小丁一十九萬五千一百十四大小口一十六萬三千二百九十七

乾隆五十四年戶四萬八千九百七十二大小丁一十九萬五千四百一十二大小口一十六萬三千四百九十

九十五以上崇德靳志

萬曆間戶三萬九千六百五十四口六萬六千四百四十七劉志

國朝

原額人丁六萬六千四百四十七丁口袁志

康熙六十年原報人丁七萬一百七十九丁口

雍正四年實在人丁七萬三百八十三丁口賦役全書原額田地除荒逋加歷科實徵銀四萬八千九百八十六兩三毫五絲八忽二微六塵四渺八漠七埃三纖二沙實徵米六萬二千八百九十一石一斗五升一合三勺一抄二撮五圭二粟五粒九黍八稛八糠四粃每銀七錢三分七釐二毫一絲九忽一微四塵二渺四漠四埃八纖三沙米九斗四升六合四勺八抄五撮九圭四粟八黍六稛三一糠派人丁一丁口

嘉興府志　卷二十　戶口　三五

雍正九年編審實在人丁七萬八百二十二丁口內原額丁六萬六千四百四十七丁口每丁原徵銀五分六釐六毫今加白糧經費丁字沽共銀五分六釐六毫九絲一忽四微八塵七渺二漠二埃六纖二沙每丁原徵米三合八勺今加白糧經費食米共三合八勺二抄二撮九圭八粟九粒二黍八稛六糠四粃外實盛世滋生增益土著人丁四千三百七十五丁口永不加賦以上浙江通志

乾隆三十四年戶四萬八千九百五十四大小丁一十九萬五千一百十四大小口一十六萬三千二百九十七

乾隆五十四年戶四萬八千九百七十二大小丁一十九萬五千四百一十二大小口一十六萬三千四百九十

八

成化間戶二萬九千八百三十七口四萬六千四百二十以上俱柳志　案桐鄉徐志載成化八年十八年戶俱三萬二千餘口俱八萬三千餘

宏治間戶三萬四千六百九十五口八萬三千一百二十九

正德間戶三萬三千二百四十五口八萬三千七百二十五

萬歷間戶二萬八千七百二十三口四萬七千五百四十八劉志　案桐鄉徐志萬歷四十八年後荒疫戶口大損

國朝

原額戶口人丁四萬九千二百八十二丁口袁志　案原額不符舊志無考

康熙六十年原報人丁五萬一千六百三十一丁口

雍正四年實在人丁五萬二千八百五十二丁口賦役全書原額田地五千一百九十一頃九十畝五分六釐三絲二忽每田地十畝五分三釐五毫九忽五微二塵五渺派人丁一丁

雍正九年編審實在人丁五萬二千四百六十五丁口內原額完賦人丁四萬九千二百八十二丁口每口原徵銀六分八釐令加白糧經費丁字沾共銀六分八釐五絲三忽三微六塵九渺一埃四纖五沙每口原徵米三合六勺令加白糧經費食米共三合六勺一抄三撮二圭二粒八黍一稊一糠六粃外實　盛世滋生增益人丁內別省寄居人丁二百七十六丁口土著人丁二千

九百七丁口其增益人丁三千一百八十三丁口永不加賦

乾隆三十四年戶五萬三千一十一大小丁一十五萬六千八百七十四大小口九萬六千四百七十四

乾隆五十四年戶五萬三千八百一十八大小丁一十五萬九千九百八大小口一十萬三千八百六十一

嘉慶四年戶五萬五千一百七十五大小丁一十六萬五千五百六十七大小口一十萬九千二百五十九以上伊志

道光十八年戶六萬八千一百五十一大小丁一十九萬四千五百二十九大小口一十三萬二千五百九十六于志

同治十二年戶五萬五百五十七大小丁六萬八千五百六十四大小口四萬五千七百九新纂

軍戶

分縣時戶四百三十五桐鄉徐志案後無考

竈戶

原派四場竈丁共九十一戶袁志　案桐鄉徐志作五十五戶

匠戶

府織染局執役匠七戶五十九

縣戶三百六十五以上趙圖記　案桐鄉徐志合府匠戶作一千一百五十戶　以上伊志

嘉興府志卷二十

光緒嘉興府志

貳

（清）許瑤光 修
（清）吳仰賢等 纂
嘉興市圖書館 整理

國家圖書館出版社

第二册目録

嘉興府志

嘉興府志卷二十一

嘉興府知府善化許瑤光重輯

田賦

嘉興古揚州域厥田下下厥賦下上上錯古賦葢輕甚也今者賦額之重羣謂始於南宋之官田第考文獻通考北宋熙甯十年兩浙路已有官田之目九百六十四頃四十一畝至南宋紹興二十三年秦檜爲相兩浙州縣別科米麥有一畝地納四五斗者而檜又根括隱田增添租米加重於舊則其由來久矣明嘉靖年扒平田則

聖朝雍正年減額銀同治年減額漕又免嘉善之賠虧眞千

載一時也能知舊弊始感　新恩其始末不可不詳也志田賦

明洪武至宣德五年

嘉興府原額官民田地山蕩等項共四萬五千六頃八十三畝八分三釐

嘉興縣田地山蕩等項除分秀水嘉善縣外共八千四百一十六頃九十七畝六分五釐八毫

秀水縣田地等項共七千六頃一十一畝九分七釐五毫

嘉善縣田地等項共六千二百六十二頃六十二畝七分三釐

海鹽縣田地山蕩等項除分平湖縣外共六千八百四十九頃三十二畝八分一釐一毫

平湖縣田地山蕩等項共六千五十頃五十六畝一釐六毫五絲

石門縣田地山蕩等項除分桐鄉縣外共五千三十五頃二十六畝三釐九毫

桐鄉縣田地山蕩等項共五千三百七十六頃三十四畝六分六毫

嘉靖二十六年郡守趙瀛扒平田則

隆慶二年奉布政司編定賦役成規額該本府派徵扒平田地山蕩等項共四萬四千四頃四十畝五分七釐五

毫二絲

嘉興縣田地合爲一則共八千六百四十四頃五十九畝一分九釐七毫

山蕩合爲一則共五十七頃六十五畝四釐六毫

蕩地一十四頃九十畝六分四釐一毫

秀水縣田地合爲一則共六千一百七頃二十三畝六分六釐五毫

蕩灘合爲一則共二百二十九頃九十九畝四分二釐一毫

嘉善縣田地合爲一則共六千二十四頃三十五畝三分六釐

蕩灘合爲一則共二百六十九頃七十六畝二分四釐

海鹽縣田地合爲一則五千九百六十五頃二十四畝二分七釐六毫二絲

山蕩灘濱合爲一則共三百五十四頃七十五畝一分一釐

平湖縣田五千三十六頃五十六畝一分五釐四毫

地東十九都二十都二東區高阜地六百六十四頃七十八畝六分八釐每地二畝折實地一畝共實地三百

三十二頃三十九畝三分四釐

東十九都二十都二西區高阜地二百四十九頃九畝每地三畝折實地二畝共折實地一百六十六頃六畝

山一百六頃二十二畝四分二釐九毫

石門縣田地合爲一則共五千二頃一十二畝一分五釐

蕩灘一十七頃二十一畝六分八釐

桐鄉縣田地合爲一則共五千一百三十七頃六十五畝九分六釐七毫

山蕩合爲一則共一十一頃六十六畝三分五釐三毫

萬歷八年丈量十三年奉文摘查改正十六年郡守龔勉

勒碑

嘉興縣丈實田地山蕩等項共八千七百六十一頃一十七畝二分二釐六毫內田八千二十五頃七十五畝五分地六百五十三頃九十四畝四分九釐六毫山八十二畝九分七釐二毫蕩地一十四頃九十畝六分四釐一毫蕩灘濱六十五頃七十二畝六分一釐七毫

秀水縣丈實田地蕩灘六千四百四十一頃八十一畝六釐六毫內除會計包補折免零東區十作九徵田三十三頃四十二畝七分三釐零西區十作八徵田七十七頃一十六畝三分二釐七毫以上二項止免稅糧其平徭兵壯照額科征除外折實田地蕩灘六千三百三十一頃二十二畝九毫內折實田地六千八十三頃三十八畝六分七釐四毫蕩灘二百四十七頃八十三畝三分三釐五毫

嘉善縣丈實田地蕩灘六千二百七十頃一十九畝九分五釐四毫內田五千九百四頃七十八畝四分一釐七毫地一百八頃八十四畝八分三釐五毫蕩灘二百五十六頃五十六畝七分二毫

海鹽縣丈實田地蕩灘濱六千二百九十三頃九畝一分一毫七絲內田五千二百一十八頃六十一畝六分八

釐九毫六絲二忽地七百五十六頃八十二畝七分五毫山一百七十五頃三十八畝一分三釐六毫五絲蕩灘一百四十二頃二十六畝五分七釐五絲六忽

平湖縣丈實田地山蕩五千二百五十四頃五十一畝五分一釐四毫內除會計包補折免東十九都二十都二東區二畝折田一畝地三百六頃三十六畝七分四釐四毫五絲二西區三畝折田二畝地四十七頃一十一畝二分六釐八毫概縣五畝折田一畝山蕩一百二十七頃二十三畝五分六釐六毫五絲以上三項止徵兵餉其稅糧馬壯平徭俱不起科除外共折實田四千七百七十三頃七十九畝九分三釐五毫

石門縣丈實田地蕩灘五千一十九頃三十三畝八分二釐內田四千三百七十九頃九畝五分八釐五毫地六百二十三頃二畝五分六釐五毫蕩灘一十七頃二十一畝六分八釐

桐鄉縣丈實田地蕩五千一百四十七頃九十一畝六分八釐內田四千二百九十七頃八十八畝七分五釐七毫九微地八百三十四頃九十一畝二釐一毫山三頃七十九畝三釐蕩一十一頃三十二畝一分七釐二毫

以上見袁吳二志

國朝

嘉興府原額田三萬七千二百四十七頃六十四畝七分五釐二毫八絲二忽案舊志田地銀米各數核與各縣散數結總不符今依縣數更正

實在田三萬六千六百一十一頃四十三畝八分五釐三毫八絲

實徵銀三十四萬二千三百七十二兩二分五釐三毫一絲三忽

實徵米三十九萬八百二十二石一斗五合六勺三抄四撮

原額地四千一百九十二頃六十六畝四分五釐四絲一忽

實在地五千五百四十頃一十八畝二分六釐一毫八絲六忽

實徵銀四萬四千七十二兩三錢二分三釐七忽

實徵米四萬九千八百一十七石五斗二升三合二勺七抄七撮

原額山三百三十二頃三十畝三分五絲

實在山二百三十四頃一十八畝五分三毫九絲三忽零

實徵銀一百三十七兩九錢六分六釐二毫七絲四忽

實徵米九百八十五石二升一合六勺八抄二撮零

原額蕩灘七百九十六頃七十九畝三分五釐七毫三絲九忽

實在蕩灘八百二十四頃二十三畝九分四釐八毫一絲三忽

實徵銀二百三十七兩八分八釐八毫二絲三忽

實徵米三千六百八十六石九斗三升六合四勺四抄八撮

帶徵嘉興所屯田一百一十頃六畝

實徵銀二千六十五兩六錢八分四釐二毫六絲六忽

原額人丁五十六萬六千四百九十一口零

實在人丁五十六萬七千八百七十八口零

實徵銀二萬六千三百七十五兩一錢五分九釐九毫四絲四忽

實徵米一千三百八十七石七斗一升六合一勺六抄九撮

盛世滋生人丁三萬四十九丁口 外省寄居人丁二十三口康熙五十二年欽奉

恩詔永不加賦

以上田地山蕩灘人丁等項除嘉善縣丈缺田地奉蠲豁銀外實徵銀四十一萬五千二百六十兩二錢四

分八釐零加蠟茶新加除免實徵銀一百一十五兩一分九釐零加蠟茶時價銀一十九兩七錢六分九釐零加藥材銀二十八兩一錢五分七釐零加匠班除免實徵銀一千四百九十兩八錢九分一釐零加收零積餘米折銀二百六十九兩一錢七分八釐零加孤貧口糧米折銀除免實徵三千七百五十一兩九錢二分加改折灰石銀一萬三千七百五十六兩三分一釐零加行月白糧改折銀七千九百五兩六錢七分三釐零加併徵漕截銀一十二萬二千七百二十一兩三分八釐零同治六年加增蠟茶藥材銀四十三兩六錢二分七釐零

共徵銀五十六萬五千三百六十一兩五錢五分四釐零

外賦入地丁科徵

水鄉竈丁鹽價不敷銀一萬一千七百七十四兩三錢五分四釐零

本府稅課司課鈔銀六十四兩

各縣課鈔銀七十八兩七錢四分七釐零

稅課局課鈔銀三十二兩

以上運車珠共實徵銀一萬二千一百四十九兩二錢六分六釐零 車珠銀二百兩一錢六分四釐零

外賦不入地科徵

本府天星馬場鴛鴦相家四湖河泊所課鈔銀七十七兩七錢一分一釐

本府天星河泊所漁課並路費銀一百六十八兩二錢五分九釐零

各縣課鈔銀一兩五錢九分零

各稅課局課鈔銀五百七十四兩五分零

各縣河泊所課鈔銀七十五兩三錢七分四釐零

各縣漁課并新加銀七十三兩二錢三釐零

以上共徵銀九百七十兩一錢九分零內除四湖課鈔并天星河漁課外實銀七百二十四兩二錢一分九釐零

通共地丁外賦實徵銀五十六萬六千八十五兩七錢七分四釐零

閏年加徵銀六千七十六兩五錢九分四釐

起運地丁

戶部折色銀十萬五千七百五十八兩六錢三分五釐

滴珠路費銀一千七百七十三兩一錢八分三釐

嘉興所屯折銀二千六十五兩六錢八分四釐零

禮部折色銀一千七百七十九兩九錢五分八釐

路費銀六十八兩九錢六分四釐

工部折色銀二萬五千五百五十六兩九錢八分

路費銀六十九兩二釐

裁改存留解部銀五萬一千一百五十九兩六錢九分一釐

路費銀五十四兩一錢一分三釐

留充兵餉改入起運銀五萬一十一兩二錢四分二釐

以上共原額徵銀二十三萬八千二百九十七兩四錢五分二釐零內除嘉善縣奉豁義塚銀四兩六錢二分四釐又奉豁丈缺田地案內攤扣銀一千七百二十一兩四錢五分二釐

實徵銀二十三萬六千五百七十一兩三錢七分六釐
閏年加徵銀三千七百十四兩四錢四釐
蠟茶藥材熟鐵
戸部本色蠟茶銀九百三十八兩九錢三分三釐
路費銀七兩八錢七分二釐
禮部本色藥材銀九十二兩二分二釐
路費銀十三兩九錢七分四釐
工部本色熟鐵銀十六兩三錢一釐
路費銀一兩六錢三分
加增蠟茶藥材熟鐵銀四十三兩六錢二分八釐
以上共徵銀一千一百一十四兩三錢六分
河工
永福倉原額銀四千二百兩內除嘉善縣奉豁缺額銀
三十五兩五錢一分七釐實解銀四千一百六十四

兩四錢八分三釐
修河米折原額銀二千四十五兩五錢五分四釐
過江米折原額銀三千五十兩以上兩欵內嘉善縣
奉豁缺額銀三十九兩九錢四分八釐實解銀五千
五十五兩六錢六釐
路費銀四十七兩六錢九分九釐
以上共徵銀九千二百六十七兩七錢八分八釐
鹽課
隨糧帶徵鹽課竈丁鹽價原額銀一萬一千七百七十
四兩三錢五分四釐內奉豁嘉善縣缺額銀一十兩
四錢八分一釐實解銀一萬一千七百六十三兩八
錢七分四釐車珠銀二百兩六錢六分四釐
以上共徵銀一萬一千九百六十四兩三分七釐
驛站
應差夫工銀一萬一千九百六十八兩二錢八分四釐
應差馬夫工食草料銀五百六十七兩二錢四分四釐
僱馬銀三百八十兩九錢四分三釐
以上共徵銀一萬二千九百一十六兩三錢七分一釐
閏年加徵銀八百七兩二錢七分三釐
解司存留
拜進表箋箱袱紙劄銀一十五兩八錢五分八釐
南關經費銀三十六兩
布政司轎傘扇夫工食銀四十二兩
布政司經歷俸銀六十兩
布政司理問所經費銀九十六兩
布政司照磨經費銀七十六兩
布政司廣濟庫大使經費銀四十三兩五錢二分
布政司解戸役銀七百五兩
戰船民六料銀二百七十九兩九錢
以上共解銀一千三百五十四兩二錢七分八釐

府縣存留
各縣拜賀習儀香燭銀二兩四錢
各縣致祭文昌帝君銀四百二十兩
各縣致祭武廟銀四百二十兩
各縣致祭厲壇米折銀三十一兩
平湖縣致祭天后祠銀一十四兩八錢
本府祭祀銀一百八十六兩七錢八分
縣祭祀銀八百二十九兩七錢九分二釐
文廟香燭府銀三兩六錢縣銀一十一兩二錢
迎春芒神土牛春酒府銀四兩縣銀一十三兩五錢
乍浦都統衙門心紅紙劄銀一十一兩二錢
杭嘉湖道經費銀三百三十九兩
糧道經費銀一百二十六兩
按察司經費銀三百四十八兩
學院經費銀六十六兩
按察司獄經費銀四十三兩五錢二分
鹽運司經費銀二百一兩
嘉興分司經費銀二百二十八兩
運司經歷俸銀四十五兩

本府知府經費銀四百五十九兩
同知經費銀二百五十四兩
同知捕役水手工食銀九十六兩
乍浦理事同知經費銀一百九十八兩
通判經費銀二百三十四兩
本府經歷經費銀七十六兩
照磨經費銀六十七兩五錢二分
司獄司經費銀四十三兩五錢二分
本府儒學經費銀二百九十七兩一錢二分
本府儒學加俸銀五十三兩四錢八分
嘉興批驗所經費銀四十三兩五錢二分
蘆瀝橫浦二場經費銀八十七兩四分
西水驛驛丞經費俸銀三十一兩五錢二分
嘉興等七縣知縣經費銀四千五百七十九兩八錢
縣丞六員經費銀四百五十六兩
主薄五員經費銀三百四十五兩五錢七分
典史七員經費銀四百七十二兩六錢四分
屬縣儒學教諭七員經費銀一千三百五十一兩八錢
四分
屬縣儒學教諭七員加俸銀三百三十九兩三錢六分

乍浦鎮白沙灣青鎮三巡司巡檢三員經費銀四百七
兩七錢六分
魏塘澉浦海口弓兵工食銀二百八十八兩
魏塘陶莊風涇巡攔七名工食銀二十八兩
海沙鮑郎二場經費銀八十七兩四分
鄉飲酒禮二次府銀一十五兩　縣銀三十七兩五錢
歲貢旗匾銀二十七兩
府縣鎮巡鹽應捕工食銀一千八兩
看守公署門子二十六名工食銀七十兩八錢
省城募夫弁損撞酒席撮辦家伙人夫工食銀三百八
十二兩八錢
衝要二十三鋪鋪司兵一百三十名銀九百二十五兩
偏僻一十七鋪司兵五十八名銀三百六十兩
孤貧一千二百八十八名布花木柴銀七百七十二兩
八錢
孤貧一千二百八十八名口糧銀四千六百三十六兩
八錢
重囚口糧府銀七十二兩　縣銀二百五十二兩
乍浦理事同知衙門四糧銀三十六兩

以上共徵銀二萬一千七百五十一兩二錢六釐外奉文撥
補銀四百八十六兩一分六釐
閏年加徵銀一千三百六十九兩六錢八分二釐
漕項原額銀二十七萬三千二百六十五兩三錢三釐內除
嘉善縣奉豁丈缺攤扣銀二千一百一十八兩九錢四分五釐實徵銀二十七萬一千
一百四十六兩三錢五分八釐詳漕運
閏年加徵月糧銀一百八十五兩二錢三分五釐
通共原額米四十四萬六千六百九十九石三斗三合二
勺案同治五年嘉善縣丈缺田地案內共豁米三千二百五十石九斗五升七合七勺業於田地實徵條內分別全數扣除惟內有南糧續定耗米項下奉豁米三十一石三斗八升九合二勺向不入賦役全書應行剔

出外實應豁米三千二百十九石五斗六升八合五勺實該米四十四萬六千七
百三十石六斗九升二合四勺加乾隆四十一年白糧改漕加三春耗米一百五十二石五斗九升九合五勺
共應徵米四十四萬六千八百八十三石二斗九升一
合九勺內除改米徵銀零積餘米孤貧米灰石行月食米共一萬九千六百九十四石七斗九升九合三勺實徵米四十二萬七千一百八十八石四斗九
升二合六勺
閏年加徵月糧米墩夫口糧米共二百七十九石四斗
一升二合
起運原額漕白行月食米三十四萬六千八百五十三石

六斗二升七合三勺內除奉豁嘉善縣鈌額米二千五百二十九石六斗六升七合五勺

實該米三十四萬四千三百二十三石九斗五升九合八勺詳漕運

存畱米

祭祀米五石

解運省倉南白粳糙米三千五百八十一石五斗七升九合九勺

加夫船貼役米二百七十七石八斗九升一合四勺

解運省倉南米七萬一千八百六十四石八斗四升三合一勺

加夫船貼役米四千四百四十三石一斗四升六合四勺

原給門軍今改墩夫口糧充餉米一百十五石二斗

巡防庫役瞭望海洋鐸夫改墩夫口糧充餉米三百七十四石四斗

歷年新陞充餉米二千八百九十二石三斗七升三合

以上共存畱米八萬三千五百五十四石四斗三升三合八勺內除奉豁嘉善縣鈌額米六百八十九石九斗一合實該米八萬二千八百六十四石五斗三升二合八勺案各縣田地自遭粵匪之擾荒蕪甚多疊奉恩綸蠲荒徵熟歷年設法招徠逐漸開墾至今尚未全復舊額焉

雜課

學租銀九百四十一兩七錢八分五釐

當稅每鋪徵銀五兩

牙稅銀六百二十二兩八錢

季鈔銀五百五十一兩七錢二分

契稅每兩徵銀三分

牛稅每兩徵銀三分

附釐金　咸豐間粵匪之亂各省軍興兵餉浩繁當事議權徵商賈以資接濟名曰百貨釐金同治三年開總局於郡城分設釐卡於七屬共二十四處嗣經裁併尙存十九處皆由行省委員經理按貨物之資本每千約抽五釐浙西杭嘉湖統以一捐爲度所產蠶絲另自按觔計捐均無定額雖屬權宜而事關濟餉附記於此

嘉興縣

原額田八千四百四十六頃二十八畝二分一釐四毫

實在田八千四十六頃一十八畝四分一釐四毫

每畝徵銀八分九釐四毫三絲一忽零該銀七萬一千九百五十八兩一錢三分五釐一毫三絲七忽零

每畝原徵米一斗四升六勺六抄四撮零同治四年減免米三升二合四勺九抄五撮零實徵米一斗八合一勺六抄八撮零該米八萬七千三十四石三斗七升九合三勺八抄六撮零

新陞田九十七畝四分二毫

每畝徵銀八分九釐四毫三絲一忽零該銀八兩七錢一分七毫九絲五忽零

每畝原徵米一斗四升一合一勺七抄七撮零同治四年減免米三升二合四勺九抄八撮零實徵米一斗八合六勺七抄八撮零該米一十石五斗八升五合五勺五抄一撮零

蕩地改辦徵田三十五畝五分
每畝徵銀八分九釐四毫三絲一忽零該銀三兩一錢
七分四釐八毫一絲三忽零
每畝原徵米一斗四升三合二勺三抄四撮同治四年
減免米三升二合四勺九抄八撮零實徵米一斗一
升七勺三抄五撮零該米三石九斗三升六合二勺
六撮零
四鎭倉基義等田六十一畝四分二釐九毫銀米俱不起科
原額地六百五十三頃九十四畝四分九釐六毫
實在地六百五十三頃九十三畝四分九釐六毫

每畝徵銀八分八釐五毫二絲四忽零該銀五千七百
八十八兩二錢七分五釐八毫七絲一忽零
每畝原徵米一斗三升九合八勺七抄六撮同治四年
減免米三升二合四勺九抄七撮零實徵米一斗七
合三勺七抄八撮零該米七千二十一石八斗二升
五合一勺四抄六撮零
新陞地一十四畝九分八毫
每畝徵銀八分八釐五毫一絲四忽零該銀一兩三錢
一分九釐五毫七絲四忽零
每畝原徵米一斗四升三勺八抄六撮零同治四年減
免米三升二合四勺九抄九撮零實徵米一斗七合
八勺八抄七撮零該米一石六斗八合三勺八抄零
原額蕩地一十五頃一十七畝三分一釐五毫
實在蕩地一十四頃八十一畝八分一釐五毫
每畝徵銀二釐四毫四絲零該銀三兩六錢一分六釐
八毫一絲四忽零
每畝原徵米一斗一升四合五勺四抄一撮零同治四
年減免米二升七合四勺九抄八撮零實徵米八升
七合四抄三撮零該米一百二十八石九斗八升一
合七勺一抄四撮零

新陞蕩地五分
每畝徵銀二釐四毫四絲零該銀一釐二毫二絲零
每畝原徵米一斗一升四合九勺五抄九撮零同治四
年減免米二升七合四勺實徵米八升七合五勺五
抄九撮零該米四升三合七勺七抄九撮零
山八十八畝四分三毫
每畝徵銀二釐二毫二絲二忽零該銀一錢九分六釐
四毫四絲零
每畝原徵米四升九合二勺五抄二撮零同治四年減
免米四合七勺九抄九撮零實徵米四升四合四勺

五抄二撮零該米三石九斗二升九合七勺五抄一
撮零
蕩灘七十頃七畝二分二釐七毫
每畝徵銀一釐五絲零該銀七兩三錢六分三釐五毫
一絲五忽零
每畝原徵米四升九合一勺八抄五撮零同治四年減
免米四合七勺九抄九撮零實徵米四升四合三勺
八抄五撮零該米三百一十一石一升九合三勺八
抄九撮零
新陞蕩灘五十一畝二分九釐八毫

每畝徵銀一釐五絲零該銀五分三釐九毫六忽零
每畝原徵米四升九合三勺六抄四撮零同治四年減
免米四合七勺九抄九撮零實徵米四升四合五勺
六抄五撮零該米二石二斗八升六合一勺一抄零
人丁一十一萬一千八百七十五丁
每丁徵銀四分八釐六絲該銀五千三百七十六兩七
錢一分二釐五毫
食鹽課口四萬一千八百五十九口
每口徵銀一分九釐八毫該銀八百二十八兩八錢八
釐二毫

康熙五十五年
盛世滋生人丁五千八百三十五丁外省寄居人丁一十八
丁欽奉
恩詔永不加賦
康熙五十五年
盛世益增食鹽課口三千二百四十二口欽奉
恩詔永不加賦
以上田地山蕩人丁等項共實徵銀八萬三千九百七
十六兩三錢六分八釐零加蠟茶新加銀除免實徵
二十九兩八分六釐零加蠟茶時價銀四兩九錢九

分八釐零加藥材時價銀四兩二分二釐零加匠班
銀除免實徵三百三十八兩二錢七分九釐零加收
零積餘米銀除免實徵五十七兩六錢七分三釐零
加孤貧口糧折銀除免實徵一千九百六十九兩九
錢二分加改折灰石銀二千七百七十八兩二分三
釐零加行月白糧改折銀一千五百六十八兩四錢
四分七釐零加併徵漕截銀二萬四千六百六十九
兩九錢二分四釐零同治六年加增蠟茶藥材銀十
兩三錢七分二釐
共徵銀一十一萬五千四百七兩一錢一分七釐零

外賦入地丁科徵

水鄉竈丁鹽價銀八百九十八兩七分六釐零

本縣課鈔銀一十七兩六錢八分六釐零

本府稅課局課鈔銀四十八兩

以上連路費共徵銀九百七十九兩三分零路費銀十五兩二錢六分七釐零

外賦不入地丁科徵

代徵風涇稅課局課鈔銀八十四兩三錢六分六釐零

通共地丁外賦實徵銀一十一萬五千四百九十一兩四錢八分四釐零

閏年加徵銀一千三百九十八兩四錢三分八釐

起運地丁

戶部折色銀二萬一千三十七兩五錢八分八釐

滴珠路費銀三百五十五兩四錢一分

禮部折色銀三百七十八兩五錢五分八釐

路費銀一十一兩九分五釐

工部折色銀五千九百一十七兩八錢二分一釐

路費銀一十六兩五錢六分四釐

舊編裁改存留解部銀一萬一千六百七十五兩八錢七釐

路費銀一十五兩二錢一分

留充兵餉改入起運銀七千八百二十八兩八錢二分五釐

以上共徵銀四萬七千三百三十六兩八錢七分八釐

閏年加徵銀七百四十兩七錢六分二釐零

蠟茶藥材

戶部本色蠟茶銀二百三十七兩四錢二分二釐

路費銀一兩九錢九分

禮部本色藥材銀一十三兩一錢四分六釐

路費銀一兩九錢九分六釐

加增蠟茶藥材銀一十兩三錢七分三釐

以上共徵銀二百六十四兩九錢二分七釐

河工

永福倉銀八百四十七兩八錢

路費銀五兩九錢三分四釐六毫 康熙十一年奉文改解糧道解部

修河米折銀四百一十三兩七分四釐五毫

過江腳米銀六百一十五兩九錢一分

路費銀三兩六錢九分五釐四毫 以上二欵解淮安府

以上共徵銀一千八百八十六兩四錢一分五釐

鹽課

水鄉竈丁鹽課銀八百九十八兩七分六釐零

車珠銀一十五兩二錢六分七釐

以上共徵銀九百一十三兩三錢四分三釐

驛站

本府各驛銀一千二百三十兩七分九釐

應差夫工銀一千五百四兩八錢

應差馬夫工食草料銀三百八兩

以上共徵銀三千四十二兩八錢七分九釐

閏年加徵銀一百九十八兩五錢四分七釐零

解司存留

布政司進表箱袱什物紙劄除裁半外該銀一十五兩八錢五分八釐

布政司解戶役銀七十五兩

戰船民六料銀八十四兩三分七釐

以上共徵銀一百七十四兩八錢九分五釐

府縣存留

本縣致祭文昌帝君銀六十兩
本縣致祭武廟銀六十兩
本縣致祭厲壇銀五錢
本府祭祀銀九十三兩三錢九分
府文廟香燭銀三兩六錢　縣香燭銀一兩六錢
迎春芒神上牛春酒府銀三兩　縣銀一兩五錢
本縣祭祀銀三十六兩五錢
督糧道經費銀一百二十六兩內皁隸銀七十二兩
轎傘扇夫銀四十二兩　聽事吏銀一十二兩
按察司經費銀一百九十二兩內門子銀二十四兩
快手銀七十二兩　禁卒銀九十六兩
學院經費銀六十六兩內　門子銀二十四兩　轎傘
扇夫銀四十二兩
杭嘉湖道俸銀一百五兩
嘉興分司經費俸銀一十二兩
按察司司獄經費銀四十三兩五錢二分內俸銀三十

一兩五錢二分　皁隸銀一十二兩
本府知府經費銀一百一十七兩內俸銀一百五兩
門子銀一十二兩
同知經費銀二百五十四兩內俸銀八十兩　門子銀
一十二兩　步快銀四十八兩　皁隸銀七十二兩
轎傘扇夫銀四十二兩
同知捕役水手工食銀九十六兩內　捕役銀四十八
兩巡船水手銀四十八兩
西水驛驛丞俸銀三十一兩五錢二分
本縣知縣經費銀六百一十一兩四錢內俸銀四十五
兩　門子銀一十二兩　皁隸銀九十六兩　馬快
銀四十八兩　船械銀八十六兩四錢　民壯銀一
百八十六兩　禁卒銀四十八兩　轎傘扇夫銀四
十二兩　庫子銀二十四兩　斗級銀二十四兩
縣丞經費銀七十六兩內俸銀四十兩　門子銀六兩
皁隸銀二十四兩　馬夫銀六兩
主簿經費銀六十九兩一錢一分四釐內俸銀三十三
兩一錢一分四釐　門子銀六兩　皁隸銀二十四
兩　馬夫銀六兩
典史經費銀六十七兩五錢二分內俸銀三十一兩五

錢二分　門子銀六兩　皁隸銀二十四兩　馬夫
銀六兩
本府儒學生員廩糧銀一百二十八兩
本縣儒學經費銀一百九十三兩一錢二分內教諭俸
銀三十一兩五錢二分　廩糧銀六十四兩　齋夫
銀三十六兩　廩膳銀四十兩　門子銀二十一兩
六錢
本縣儒學加俸銀四十八兩四錢八分
鄉飲酒禮銀七兩五錢　裁改解司
府縣歲貢花紅旗匾銀三兩八錢五分七釐
衝要二鋪司兵工食銀一百一十五兩二錢
僻五鋪司兵工食銀一百二十兩
看守公署門子工食銀一十九兩二錢
府縣巡鹽應捕工食銀一百七十二兩八錢
省城募役銀二百一十九兩二錢
孤貧六百八名柴布銀三百六十四兩八錢　口糧銀
二千一百八十八兩八錢
重四口糧府銀三十六兩　縣銀三十六兩
以上共徵銀五千五百五十一兩八錢六分七釐加撥補銀

二百二十八兩
二錢五分四釐
閏年加徵銀三百七十兩二錢三分三釐
漕項銀五萬六千四百二十兩二錢八分一釐詳漕運
遇閏加徵月糧銀八十八兩八錢九分六釐
通共原徵米一十二萬二千八百七十石七升八合八勺
加乾隆四十一年白糧改漕加三春
耗米三十石五斗三升五合五勺
實原徵米一十二萬二千九百石六斗一升四合三勺除改
米徵銀零積餘米六十四石八升一合九勺孤貧口
糧米二千一百八十八石八斗灰石米一千八百二
十三石五斗五升六合行糧米八百五十一石一斗
六升五合月糧米四十四石二斗七升四合八勺白
糧食米三百二十九石二斗八升同治四年奉文減
免米二萬八千三百五十一石四斗八升八合五勺

實徵漕南本色米八萬九千二百四十七石九斗六升八合一勺

閏年加徵月糧給軍本色米一百七十六石五斗一升四合六勺

起運漕白行月食米七萬二千九百九十二石五斗三升九合五勺 詳漕運

存留米

祭祀米五石
解運省倉白准糙米七百二十六石七升五合 加夫船貼役米五十六石三斗一升一合二勺
解運省倉南米一萬四千五百七十四石一斗一升三合五勺 加夫船貼役米八百七十四石五斗三升八合二勺

蕩地改陞田糧米九斗五升七合一勺
雍正七年新陞米二斗七合五勺
雍正九年新陞米一十七石四斗九升九合八勺
雍正十二年新陞米七斗二升六合二勺

以上共存留米一萬六千二百五十五石四斗二升八合六勺

地丁外賦共徵六分耗羨銀六千九百二十九兩四錢八分九釐

地漕項下五分隨正起解銀五千七百七十四兩五錢七分四釐內 漕截耗留縣給軍現奉提解作正銀九百五十七兩一錢九分三釐
地漕項下一分鰥饋銀一千一百五十四兩九錢一分五釐

閏年耗銀隨正遞加

雜課

學租銀三百四十五兩四錢四分九釐一毫七絲 府銀七十兩二錢四分七釐一毫七絲 縣銀二百七十五兩二錢二釐每年解司轉解學院賑給貧生膏火之用
牙稅銀九十二兩上則每戶徵銀八錢中則六錢下則四錢解司充餉同治二年部議加增經巡撫左改定繁盛上則每戶徵銀三兩偏僻上則繁盛中則各一兩五錢偏僻中則繁盛下則各七錢五分偏僻下則四錢五分
季鈔銀一百十四兩每戶徵正耗銀一錢七分六釐
當稅銀每鋪徵銀五兩解司充餉
契稅每兩徵銀三分
牛稅每兩徵銀三分以上二款無定額隨收解司充餉

秀水縣

原額田五千三十頃一畝八分二釐八毫五絲

實在田五千二百五十一頃六十畝六分四釐八毫三絲

見舊志及該縣報冊惟減賦全書載六十一畝四分二釐五毫六絲零

每畝徵銀一錢六釐一毫五忽零該銀五萬五千七百二十二兩四錢三分三釐一毫六絲八忽零

每畝原徵米一斗六升八合四抄九撮零同治四年減免米四升七合九勺二抄零實徵米一斗二升一勺二抄八撮零該米六萬三千八十七石六升九合五勺七抄七撮零

零東田三百三十四頃二十七畝三分

每畝徵銀九分八釐六絲二忽零該銀三千二百七十

七兩九錢五分四釐五毫七絲八忽零
每畝原徵米一斗五升九合一勺八抄同治四年減免
米三升七合四勺三抄七撮零實徵米一斗二升一
合七勺四抄二撮零該米四千六十九石五斗七合
三勺一抄四撮零
零西田三百七十六頃二十三畝五釐
每畝徵銀九分三釐四絲七忽零該銀三千五百兩七
錢一分三釐四毫三絲八忽零
每畝原徵米一斗三升七合七勺九抄零同治四年減
免米三升二合四勺四抄六撮零實徵米一斗五合
三勺四抄四撮零該米三千九百六十三石三斗七

升九合七勺九抄四撮零
雲五都草租田一頃三十五畝七分一釐
每畝徵銀四釐六毫三忽零該銀六錢二分四釐六毫
七絲九忽零
每畝原徵米一斗九升一合二勺九撮零同治四年減
免米五升三合九勺一抄零實徵米一斗三升七合
二勺九抄九撮零該米一十八石六斗三升二合九
勺八撮零
原額蕩田一十畝六分九釐

實在蕩田一十九畝二分九釐
每畝徵銀一釐四毫二絲三忽零該銀二分七釐四毫
六絲五忽零
每畝原徵米五升九合一勺三抄八撮零同治四年減
免米五合六勺八抄六撮零實徵米五升三合四勺
五抄一撮零該米一石三升一合七抄二撮零
伏三十等都蕩田三頃四十六畝七分七釐
每畝徵銀二釐六毫一絲該銀六錢四分四釐六絲九
忽零
每畝原徵米一斗八合四勺一抄八撮零同治四年減
免米二升四合九勺五抄八撮零實徵米八升三合
四勺六抄零該米二十石五斗九升五合五勺五抄

六撮零
四鎮常平社倉兵營書院漏澤園共田一頃九十三畝七
分六釐（銀米俱不起科）
原額地四百四十一頃三十三畝六分三釐九毫
實在地二百一十九頃六十三畝九分四釐九毫二絲
每畝徵銀一錢四釐七毫一絲零該銀二千二百九十
九兩八錢四分八釐一毫九絲五忽零
每畝原徵米一斗五升八合六勺八抄六撮零同治四

年減免米三升七合四勺三抄七撮零實徵米一斗二升一合二勺四抄八撮零該米二千六百六十三石八升七合六勺三抄九撮零

蕩地九頃五十八畝五分九釐

每畝徵銀九毫四絲九忽零該銀九錢九釐七毫四絲九忽零

每畝原徵米三升九合四勺二抄五撮零同治四年減免米三合七勺九抄三撮零實徵米三升五合六勺三抄一撮零該米三十四石一斗五升六合五撮零

義塚地三畝銀米俱不起科

原額蕩灘二百五十一頃六十畝四分三釐一毫六絲

每畝徵銀一釐一毫五絲二忽零該銀二十九兩六釐五毫六絲七忽零

每畝原徵米四升七合九勺一撮零同治四年減免米四合五勺九抄二撮零實徵米四升三合三勺八撮零該米一千八十九石六斗六升六合八勺九抄一撮零

告豁無徵虛蕩一頃六十七畝六分七毫銀米俱不起科

原額人丁八萬一千九百一十二丁

實徵人丁八萬一千九百一十丁零

每丁徵銀四分七釐七毫該銀三千九百七兩一錢三分三釐九毫五絲八忽零

食鹽課口一萬八千二百七十七口零

每口徵銀一分八釐該銀三百二十八兩九錢九分八釐二毫五絲六忽零

康熙五十二年新增滋生人丁四千九百一十五丁欽奉

恩詔永不加賦

以上田地蕩灘人丁等項實徵銀六萬九千六十八兩二錢九分四釐零加蠟茶新加銀除免實徵一十七兩二錢九分七釐零加蠟茶時價銀二兩九錢七分二釐零加藥材時價銀四兩二分二釐零加匠班銀

除免實徵二百五十兩八錢六分六釐零加徵零積餘米折銀除免實徵二十三兩七錢一釐零加孤貧口糧折銀除免實徵九百七十二兩加改折灰石銀二千四百二十四兩六分九釐零加行糧白糧改折銀一千五百七十六兩一錢八分三釐零加併徵漕截銀二萬一千七百二十九兩八錢三分五釐零同治六年加攤徵蠟茶銀六兩四錢一分八釐

共徵銀九萬六千七十五兩六錢六分一釐零

外賦入地丁科徵

鹽課銀三百三十七兩八錢三分五釐零
本縣課鈔銀五兩六錢三分二釐零
代徵本府稅課司課鈔銀一十六兩
以上連車珠共徵銀三百六十五兩二錢一分一釐車珠
銀五兩七錢四分三釐零
外賦不入地丁科徵
新城稅課局課鈔銀五十一兩四錢二分七釐零
通共地丁外賦實徵銀九萬六千一百二十七兩八分八
釐零
閏年加徵銀九百一十一兩五錢九分九釐
起運地丁

戶部折色銀一萬六千七百一兩九錢五分七釐
滴珠路費銀二百九十八兩三錢九分一釐
禮部折色銀二百八十三兩六錢三分八釐
路費銀一十兩一錢四分六釐
工部折色銀三千六百六十六兩八錢四分五釐
路費銀一十兩一錢四釐
舊編存留裁改解部銀九千九百五十一兩六分二釐
路費銀一十五兩七錢三分七釐
留充兵餉改入起運銀七千九百四兩二錢八分六釐
以上共徵銀三萬八千八百四十二兩一錢六分六釐
閏年加徵銀四百六十五兩八錢二分三釐
蠟茶藥材
戶部本色蠟茶銀一百四十一兩一錢九分二釐
路費銀一兩一錢八分四釐
禮部本色藥材銀一十三兩一錢四分六釐
路費銀一兩九錢九分六釐

加增蠟茶銀六兩四錢一分八釐
以上共徵銀一百六十三兩九錢三分六釐
河工
永福倉銀七百三十九兩八錢
路費銀五兩一錢七分九釐 康熙十一年奉文改
解糧道解部
修河米折銀三百六十兩四錢二分
過江腳米銀五百三十七兩四錢
路費銀三兩二錢二分四釐 以上兩款解淮安府
以上共徵銀一千六百四十六兩二分三釐
鹽課
水鄉竈丁鹽價銀三百三十七兩八錢三分五釐
車珠銀五兩七錢四分三釐
以上共徵銀三百四十三兩五錢七分八釐

驛站
存留銀一千八百九十六兩二錢 詳郵傳
解司銀七百五兩六錢八分四釐
以上共徵銀二千六百一兩八錢八分四釐
閏年加徵銀一百七十兩四分三釐
解司存留
南關巡欄銀三十六兩
布政司解戶役銀一百二十兩
戰船民六料銀五十一兩一錢八分七釐
以上共徵銀二百七兩一錢八分七釐
府縣存留
本縣致祭 文昌帝君銀六十兩
本縣致祭 武廟銀六十兩

本縣致祭厲壇米折銀五錢
本府祭祀銀九十三兩三錢九分
本縣祭祀銀三十六兩五錢
文廟香燭銀一兩六錢
迎春芒神土牛春酒府銀一兩　縣銀二兩
運司俸銀五十二兩五錢　門子工食銀一十八兩
庫子工食銀二十四兩　聽事吏工食銀一十二兩
轎傘扇夫工食銀四十二兩
嘉興分司門子工食銀一十二兩　快手工食銀二十
四兩　皁隸工食銀七十二兩　轎傘扇夫工食銀
四十二兩　聽事吏工食銀六兩　鋪兵工食銀一
十二兩
本府捕快工食銀七十二兩　皁隸工食銀九十六兩
轎傘扇夫工食銀四十二兩　禁卒工食銀七十二
兩　庫子工食銀二十四兩　斗級工食銀三十六
兩
照磨俸銀三十一兩五錢二分　門子工食銀六兩
皁隸工食銀二十四兩　馬夫工食銀六兩
嘉興鹽倉批驗所大使俸銀三十一兩五錢二分　皁
隸工食銀一十二兩

蘆瀝場大使俸銀三十一兩五錢二分　皁隸工食銀
一十二兩
橫浦場大使俸銀三十一兩五錢二分　皁隸工食銀
一十二兩
本縣知縣俸銀四十五兩　門子工食銀一十二兩
皁隸工食銀九十六兩　馬快工食弁置械共銀一
百三十四兩四錢　民壯工食銀二百二十八兩
禁卒工食銀四十八兩　轎傘扇夫工食銀四十二
兩　庫子工食銀二十四兩　斗級工食銀二十四
兩
縣丞俸銀四十兩　門子工食銀六兩　皁隸工食銀
二十四兩　馬夫工食銀六兩
主簿俸銀三十三兩一錢一分四釐　門子工食銀六
兩　皁隸工食銀二十四兩　馬夫工食銀六兩
典史俸銀三十一兩五錢二分　門子工食銀六兩
皁隸工食銀二十四兩　馬夫工食銀六兩
本縣儒學教諭俸銀三十一兩五錢二分　齋夫工食
銀三十六兩　門子工食銀二十一兩六錢
廩糧銀六十四兩　廩生膳銀四十兩
儒學加俸銀四十八兩四錢八分

鄉飲酒禮銀七兩五錢
本府歲貢生員旗匾花紅酒禮銀八錢五分七釐
本縣歲貢生員旗匾花紅酒禮銀三兩
府縣鎮巡鹽應捕工食銀二百一兩六錢
看守布政司兵巡道府館公署門子工食銀九兩六錢
衝要八鋪司兵工食銀三百四十五兩六錢
協濟省城仁錢二縣募役銀一百六十三兩六錢
孤貧三百名布花木柴銀一百八十兩
孤貧三百名歲支口糧銀一千八十兩
府四口糧銀三十六兩
縣四口糧銀三十六兩
以上共徵銀四千一百六十九兩二錢四分七釐外奉文撥
補銀一百一十三兩七錢一分四釐
閏年加徵銀二百七十五兩七錢三分三釐
漕項銀四萬八千一百五十三兩六分七釐詳漕運

通共原徵米一十萬三千五百四十石三斗七升三合九
勺六抄一撮零加乾隆四十一年白糧改漕加三春耗米二十七石一斗五升六合
實原徵米一十萬三千五百六十七石五斗二升九合九
勺六抄一撮零內除改米徵銀零積餘米及孤貧米一千一百六十石三斗三升四合八勺折徵灰石米一千五百九十一石二斗一升三合一勺行糧米九百五十三石三斗六升一合五勺經費食米二百八十八石九升九合八勺同治四年奉文減免米二萬八千五百九十三石二斗四升七合一勺
實徵漕南本色米七萬一千三十五石二斗七升三合六
勺
起運漕白行食米五萬七千三百二十九石一斗三升八
合八勺詳漕運

存畱米

解運省倉南白准糙米六百三十石　加夫船貼役米四十八石八斗六升

解運省倉南米一萬二千九十三石五斗九升四合一勺加夫船貼役米七百二十五石六斗一升六合

乾隆四十二年新陞米五斗八合五勺　又加陞米二百七石五斗五升六合二勺

以上共存畱米一萬三千七百六十石一斗三升四合八勺

地丁外賦共徵五分耗羨銀四千八百六兩三錢五分四釐內

地漕項下四分隨正起解銀三千八百四十五兩八分四釐內

漕截耗畱縣給軍現奉提解作正銀六百三十兩一錢六分五釐

地漕項下一分繳續銀九百六十一兩二錢七分

閏年耗銀隨正加徵

雜課

學租銀二百一十三兩八錢二分三釐　府銀六十三兩七錢九分五釐　縣銀一百五十兩二分八釐

每年解司轉解學院賑給貧生膏火之用

當稅銀每鋪徵銀五兩解司充餉

牙稅銀五十八兩二錢上則每戶徵銀八錢中則六錢下則四錢解司充餉同治二年部議加增經巡撫左改定繁盛上則每戶徵銀三兩偏僻上則繁盛中則各一兩五錢偏僻中則繁盛下則各七錢五分偏僻下則四錢五分

季鈔銀八十三兩八錢四分

契稅每兩徵銀三分　以上二欵無定額隨收解司充餉

牛稅每兩徵銀三分

嘉善縣　案該縣田地科徵各數俱見減賦全書及減賦續纂實徵冊並參咸豐年奉豁義冢田同治年奉豁丈缺田地銀米各案

原額田五千九百四頃三十二畝一釐二毫咸豐六年奉豁義冢田三十九畝五分三釐該田五千九百三頃九十二畝四分八釐二毫同治五年奉豁勻攤缺額田二百三十四頃六十六畝六分一釐實在田五千六百六十九頃二十五畝八分七釐二毫

每畝徵銀一錢一分五毫二絲七忽零以五千九百三頃九十二畝四分八釐二毫核計該原額銀六萬五千二百五十四兩八錢五分三釐零內奉豁丈缺田畝案內連人丁加徵各項共豁銀三千八百五十八兩四錢二分三釐九毫實徵銀六萬一千三百九十六兩四錢二分九釐一毫

每畝原額米一斗九升三合五勺七抄四撮零以五千九百三頃九十二畝四分八釐二毫核計該米一十一萬四千二百八十四石六斗七升三合八抄九撮零同治四年每畝減免米五升七合三撮零實徵米一斗三升六合五勺七抄零該米八萬六百三十石九升九合二勺內奉豁丈缺田畝案內連人丁加徵共豁米三千一百九十二石一斗一升該實米七萬七千四百三十七石九斗八升九合二勺

額徵地一百八頃八十四畝八分三釐五毫內同治五年奉豁丈缺地四頃三十三畝三分九釐實在地一百四頃五十一畝四分四釐五毫

每畝徵銀一錢九釐三毫二絲九忽零以一百八頃八十四畝八分三釐五毫核計該原額銀一千一百九十兩三分一釐三毫九絲一忽零內奉豁丈缺地畝案內連人丁加徵各項共應豁銀六十七兩九錢三分實徵銀一千一百二十二兩一錢一分一釐三毫九絲一忽零

每畝原額米一斗九升三合五勺二抄五撮零以一百八頃八十四畝八分三釐五毫核計該米二千一百六石四斗八升八合九勺同治四年每畝減免米五升六合九勺九抄九撮零實徵米一斗三升六合五勺二抄五撮零該米一千四百八十六石五升四合二勺內奉豁丈缺地畝案內連人丁

加徵共應豁米五十八石八斗四升七合七勺該實米一千四百二十七石二斗六合四勺九抄零

蕩灘涇濱二百五十六頃五十六畝七分二毫

每畝徵銀八毫四忽零該銀二十兩六錢四分八釐五毫三絲七忽零

每畝原徵米五升一合一勺五抄二撮零該米一千三百十二石三斗九升二合六勺零同治四年每畝減免米五合九抄九撮零實徵米四升六合五抄二撮零該米一千一百八十一石五斗四升三合六勺五抄二撮零

原額人丁六萬八千一十丁六分九釐一毫三絲八忽三微內奉豁義塚人丁四丁五分五釐二絲一忽五微七塵

實在人丁六萬八千六丁零

每丁徵銀三分七釐八毫三絲五忽零該銀二千五百七十三兩四分三釐六毫三絲四忽零

每丁徵米二合二勺六抄三撮零該米一百五十三石九斗八合七勺七抄八撮零

原額食鹽課口四萬二千八百五十九口四分四釐五毫五絲三微內奉豁義塚課口二口八分七釐二毫六絲四忽八微四塵

實在食鹽課口四萬二千八百五十六口零

每口徵銀二分八釐八毫三絲五忽零該銀一千二百三十五兩七錢八分八釐九毫九絲一忽零

每口徵米二合二勺六抄三撮零該米九十六石九斗九升一合二勺八抄一撮零

康熙五十二年新增滋生人丁三千五百三十一丁

康熙五十二年新增滋生食鹽課口二千四百九十口欽奉

恩詔永不加賦

以上田地蕩灘人丁等項原額共銀七萬二百七十四兩三錢六分五釐零加蠟茶新加銀除免實徵一十

六兩五錢二分六釐零加蠟茶時價銀二兩八錢四分加藥材時價銀四兩二分二釐零加匠班銀除免實徵三百一十一兩一錢一分一釐零加收零積餘米折銀除免實徵二十七兩六分三釐零加孤貧口糧折銀除免實徵一百二十九兩六錢加改折灰石銀二千七百一十四兩四錢五分八釐加行糧改折銀九百一十一兩二錢五分二釐月糧改折銀二十二兩二分九釐白糧食米改折銀四百三十一兩九錢四分二釐加併徵漕截銀二萬四千三百三十四兩五錢七分六釐同治六年加增顏蠟銀六兩一錢五分九釐

共原額銀九萬九千一百八十五兩九錢五分

外賦入地丁科徵

水鄉竈丁鹽價不敷銀二百六十兩三錢三分四釐零
本縣額徵課鈔銀三兩六分一釐零

以上連車珠共徵銀二百六十七兩八錢二分一釐零

車珠銀四兩四錢二分五釐零

外賦不入地丁科徵

魏塘稅課局額徵課鈔銀五十五兩五釐零
風涇稅課局額徵課鈔銀一十八兩五錢五分六釐零
陶莊稅課局額徵課鈔銀三十六兩一分二釐零

以上共徵銀一百九兩五錢七分四釐

通共地丁外賦原額銀九萬九千二百九十五兩五錢二分四釐內除奉豁丈缺田地銀三千九百二十六兩三錢四分三釐實徵銀九萬五千三百六十九兩一錢八分一釐

閏年原加徵銀八百九十八兩八分八釐內地丁項下奉豁缺額銀三十七兩三分一釐實徵銀八百六十一兩五分七釐

起運地丁除義塚豁銀四兩六錢二分四釐應於何款扣案尚未詳咨有案

戶部折色銀一萬八千二百二十四兩六錢五分五釐
滴珠路費銀三百三十五兩一錢六分五釐

禮部折色銀二百六十兩二分
路費銀九兩九錢九釐

工部折色銀三千七百九十七兩五錢六釐
路費銀九兩四分九釐

舊編存留裁改解部銀八千五百四十四兩一錢二分三釐
路費銀七兩五錢一分七釐

留充兵餉改入起運銀八千八百七十四兩一分三釐

以上各原額統除奉豁義塚銀四兩六錢二分四釐外共銀四萬五十七兩三錢三分五釐再除奉豁丈缺田地案內攤扣銀一千七百二十一兩四錢五分二釐實徵銀三萬八千三百三十五兩八錢八分三釐

閏年原加徵銀六百八十兩四分一釐內除奉豁缺額銀三十七兩三分一釐實加閏銀六百四十三兩一分

蠟茶藥材

戶部本色蠟茶銀一百三十四兩八錢九分三釐
路費銀一兩一錢三分一釐

禮部本色藥材銀一十三兩一錢四分六釐
路費銀一兩九錢九分六釐
加增顏料蠟茶藥材銀六兩一錢五分九釐
以上共徵銀一百五十七兩三錢二分五釐

河工

永福倉銀八百九十一兩內奉豁銀三十五兩五錢一
分七釐 路費銀六兩二錢三分七釐 康熙十一年奉文改
解糧道解部
修河米折銀四百三兩六錢七分一釐七毫
過江腳米銀六百一兩八錢九分
以上二款內奉豁銀三十九兩九錢四分八釐
路費銀三兩六錢一分一釐
以上原額徵銀一千九百六兩四錢一分內除奉豁丈
缺田地案內攤扣銀七十五兩四錢六分五釐實徵

銀一千八百三十兩九錢四分五釐

鹽課

鹽課銀二百六十兩三錢三分六釐
車珠銀四兩四錢二分五釐
以上原額徵銀二百六十四兩七錢六分一釐內除奉
豁丈缺田地案內攤扣銀一十兩四錢八分一釐實
徵銀二百五十四兩二錢八分

驛站

共徵本府各驛銀七百三十五兩五錢七分七釐裁改解司
閏年加徵銀一十九兩二錢六分一釐

解司存留

布政司解戶役銀一百五十兩
戰船民六料銀四十五兩九錢
以上共徵銀一百九十五兩九錢

府縣存留

本縣習儀香燭銀四錢八分
本縣致祭 文昌帝君銀六十兩
本縣致祭武廟銀六十兩
本縣致祭厲壇折銀六兩
本縣祭祀銀一百四十兩五錢
文廟香燭銀一兩六錢
迎春芒神土牛春酒銀二兩
杭嘉湖道快手銀七十二兩 皁隸銀七十二兩 舖兵
傘扇夫銀四十二兩 聽事吏銀一十二兩 轎
銀一十二兩
嘉松分司運判俸銀四十八兩
本府儒學教授俸銀三十一兩五錢二分 齋夫銀三
十六兩 廩膳銀八十兩 門子銀二十一兩六錢
府學加俸銀五十三兩四錢八分

本縣知縣俸銀四十五兩 門子銀一十二兩 皁隸
銀九十六兩 馬快工食幷船械共銀一百三十四
兩四錢 民壯銀七十二兩 禁卒銀四十八兩
轎傘扇夫銀四十二兩 庫子銀二十四兩 斗級
銀二十四兩
縣丞俸銀四十兩 門子銀六兩 皁隸銀二十四兩
馬夫銀六兩
主簿俸銀三十三兩一錢一分四釐 門子銀六兩
皁隸銀二十四兩 馬夫銀六兩
典史俸銀三十一兩五錢二分 門子銀六兩 皁隸
銀二十四兩 馬夫銀六兩
本縣儒學教諭俸銀三十一兩五錢二分 齋夫銀三
十六兩 廩膳銀四十兩 門子銀二十一兩六錢
廩生餼糧銀六十四兩
本縣儒學加俸銀四十八兩四錢八分
鄉飲酒禮銀七兩五錢裁改解司
本府歲貢生員旗匾花紅酒禮銀八錢五分七釐
本縣歲貢生員旗匾花紅酒禮銀三兩
巡攔銀二十八兩
魏塘巡檢司弓兵銀七十二兩

本縣巡鹽應捕銀一百兩八錢
偏僻二鋪司兵工食銀七十二兩
看守各衙門工食銀一十兩
孤貧八十名布花木柴銀四十八兩
孤貧八十名口糧銀二百八十八兩
重囚口糧銀三十六兩
以上共徵銀二千三百四十二兩三錢九分六釐外加奉文撥補銀二十六兩五錢七分五釐
閏年加徵銀一百三十三兩三分三釐
漕項
原額徵銀五萬三千六百三十五兩八錢二分內除奉豁丈缺田地案內攤扣銀二千一百一十八兩九錢四分五釐實徵銀五萬一千五百一十六兩八錢七

分五釐詳漕運
閏年加徵月糧銀六十五兩七錢五分三釐
通共原額米一十一萬七千九百五十四石四斗五升四合七勺加乾隆四十一年白糧改漕加三舂耗米二十四石六斗七合五勺
共原額米一十一萬七千九百七十九石六升二合二勺內除改米徵銀零積餘米三十石七升一合三勺孤貧米一百四十四石灰石米一千七百八十一石八斗四合一勺行糧米七百五十九石三斗七升六合七勺月糧米一十八石三斗五升七合八勺經費食米二百八十七石九斗六升一合四勺同治四年奉文減免米三萬四千四百五十五石八斗五升七合六勺
實徵漕南本色米八萬五百五十一石六斗三升三合三勺內同治五年奉豁丈缺田地原共米三千二百五十石九斗五升七合七勺除南糧續定耗米項下豁米三十一石三斗八升九合二勺不入賦役全書外實扣勻豁米三千二百一十九石五斗六升八合五勺該米七萬七千三百三十二石六升四合八勺
遇閏原加徵月糧米七十三石一斗八升八合九勺內勻扣缺額米一石四斗九升一合五勺實徵米七十一石六斗九升七合四勺
起運原額漕白行月食米六萬三千二百八十九石四斗一升一勺內除奉豁缺額米二千五百二十九石六斗六升七合五勺該米六萬七百五十九石七斗四升二合六勺詳漕運
存留
解運省倉原白改糙正米七百六十石七斗二升五合夫船貼役米五十八石九斗九升八合五勺

解運省倉原糙南米一萬五千四百八十三石七斗五升八合四勺夫船貼役米九百五十八石七斗四升一合三勺
以上原共存留米一萬七千二百六十二石二斗二升三合二勺內除奉豁缺額米六百八十九石九斗一合實徵米一萬六千五百七十二石三斗二升二合二勺
地丁外賦共徵五分耗羨銀四千七百六十八兩四錢五分九釐五絲內
地漕項下四分隨正起解銀三千八百十四兩七錢六分七釐二毫四絲內漕截耗留縣給軍現奉提解作正銀七百五兩七錢五分四釐
地漕項下一分繳贖銀九百五十三兩六錢九分一釐八毫一絲

閏年耗銀隨正遞加

雜課 學租銀九十三兩三錢九分二釐三毫每年解司轉解學院賑給貧生膏火之用 當稅每鋪徵銀五兩解司充餉 牙稅銀六十兩上則每戶徵銀八錢中則六錢下則四錢解司充餉同治二年部議加增經巡撫左改定繁盛上則每戶徵銀三兩偏僻上則繁盛中則各一兩五錢偏僻中則繁盛下則各七錢五分偏僻下則四錢五分 季鈔銀五十四兩六錢每戶徵正耗銀一錢七分六釐 契稅每兩徵銀三分 牛稅每兩徵銀三分以上二款無定額隨收解司充餉

海鹽縣

原額田五千二百二十一頃三十九畝四分九釐八毫三

絲二忽

實在田五千二百四十八頃一十六畝八分三釐七毫五

絲

每畝徵銀八分一釐三毫五絲四忽零該銀四萬二千

六百九十六兩四錢五釐五毫八絲八忽零

每畝原徵米一斗七合三勺一抄二撮零同治四年減

免米一升九合九勺九抄九撮零每畝實徵米八升

七合三勺一抄二撮零該米四萬五千八百二十二

石九斗五升五合七勺二抄五撮零

原額地七百五十八頃二十四畝五釐二毫九絲三忽

實在地七百五十九頃四十七畝四分五釐七毫五絲四

忽

每畝徵銀七分六釐一毫六絲三忽零該銀五千七百

八十四兩四錢四分三釐九毫二絲八忽零

每畝原徵米一斗七合三勺一抄二撮零同治四年減

免米一升九合九勺九抄九撮零實徵米八升七合

三勺一抄二撮零該米六千六百三十一石一斗四

升五合八勺三抄一撮零

原額山一百七十六頃三分六釐九毫五絲

實在山一百七十五頃九十三畝二釐九毫九絲三忽

每畝徵銀二釐六毫七絲八忽零該銀四十七兩一錢

一分九釐五毫八絲七忽零

每畝原徵米五升一合七勺九撮零同治四年減免米

五合九抄九撮零實徵米四升六合六勺九撮零該

米八百二十石三合九勺六抄一撮零

原額蕩灘濱地池漊水面一百四十六頃六十八畝八分

二釐八毫七絲九忽

實在蕩灘濱地池漊水面一百六十二頃一十畝三分一

釐八絲三忽

每畝徵銀一釐五毫九絲八忽零該銀二十五兩九錢

九釐一毫一忽零

每畝原徵米五升一合七勺九撮零同治四年減免米五合九抄九撮零實徵米四升六合六勺九撮零該米七百五十五石五斗五升五合九勺八抄七撮零

清出蕩二十四畝八分三釐

每畝徵銀一釐五毫九絲八忽零該銀三分九釐六毫八絲六忽零

每畝原徵米五升二合八勺二抄同治四年減免米五合二勺一抄一撮零實徵米四升七合六勺八撮零該米一石一斗八升二合一勺二抄零

實在人丁四萬九千五十口

每口徵銀六分六釐四毫八絲二忽零該銀三千二百六十兩九錢五分五釐五毫二絲一忽零

每口徵米四合九勺三抄二撮該米二百四十一石九斗四升六合七勺五抄零

康熙五十二年滋生人丁二千六百六十五丁欽奉

恩詔永不加賦

以上田地山蕩人丁等項共實徵銀五萬一千八百一十四兩八錢七分三釐零加蠟茶新加銀除免實徵一十三兩九錢九分六釐零加蠟茶時價銀二兩四錢五釐零加藥材時價銀四兩二分二釐零加匠班銀除免實徵一百六十八兩四分四釐零加收零積餘米折銀除免實徵四十五兩七錢二分六釐零加孤貧口糧折銀除免實徵三百八十八兩八錢加改折灰石銀一千五百三十四兩六錢三分七釐零加行糧米改折銀六百三十八兩八錢七分二釐加白糧食米改折銀三百八兩七錢加併徵漕截銀一萬三千五百兩三錢四分七釐零同治六年加攤增蠟茶銀五兩五錢五分三釐

共徵銀六萬八千四百二十五兩九錢七分八釐零

外賦入地丁科徵

水鄉銀二千三十八兩八錢五釐

草蕩銀一千八十七兩九分三釐零

包補鮑郎場折色銀四百六十八兩一錢五分三釐

包補本場本色銀一百二十二兩四錢八分七釐零

包補海沙場徭銀二百七十五兩五錢七分七釐零

包補蘆瀝場徭銀一兩三錢九分六釐零

包補商稅銀四十四兩三錢一分七釐零

本縣課鈔銀三兩六錢六分八釐

以上連車珠共徵銀四千一百一十兩一錢四分一釐零車珠銀六十八兩六錢四分三釐零

外賦不入地丁科徵

漁課幷新加銀二十六兩二錢五分六釐零漁戶出辦

本縣稅課局課鈔銀八十四兩七錢一分一釐零鋪戶出辦

代徵平湖縣乍浦河泊所課鈔銀六十兩三錢三釐零

以上共徵銀二百七十二兩二錢七分二釐零

通共地丁外賦實徵銀六萬八千五百九十七兩二錢五分零

閏年加徵銀六百一十兩二錢三分九釐

起運地丁

戶部折色銀一萬三千五百四十八兩八錢五分一釐

滴珠路費銀二百一十兩六錢九分二釐

禮部折色銀二百二十四兩一錢七分二釐

路費銀九兩五錢五分一釐

工部折色銀三千一百二十四兩三錢八分八釐

路費銀八兩九錢九分八釐

舊編存畱裁改解部銀五千八百八十七兩九錢二分七釐　路費銀六兩七錢四分八釐

畱充兵餉改入起運銀六千四百九十二兩四錢六分一釐

以上共徵銀二萬九千五百十三兩七錢八分八釐

閏年加徵銀四百三十七兩一錢九分

蠟茶藥材熟鐵

戶部本色蠟茶銀一百一十四兩二錢四分四釐

路費銀九錢五分八釐

禮部本色藥材銀一十三兩一錢四分六釐

路費銀一兩九錢九分六釐

工部本色熟鐵銀五兩四錢

路費銀五錢四分

加增蠟茶銀五兩五錢五分三釐

以上共徵銀二百四十一兩八錢三分八釐

河工

永福倉銀四百五十四兩八錢

路費銀三兩一錢八分四釐　康熙十一年奉文改解糧道解部

修河米折銀三百二十八兩一錢八分三釐

過江腳米銀三百四十兩二錢三分

路費銀二兩四分一釐　以上二款解淮安府

以上共徵銀一千二十八兩四錢三分八釐

鹽課

水鄉竈丁銀四千三十七兩八錢三分一釐

車珠銀六十八兩六錢四分三釐

以上共徵銀四千一百六兩四錢七分四釐

驛站

共徵本府各驛銀二百五十兩一錢八分一釐　裁改解司

閏年加徵銀一十一兩四錢四分九釐

解司存畱

布政司解戶役銀九十兩

戰船民六料銀三十六兩二錢二分五釐

以上共徵銀一百二十六兩二錢二分五釐

府縣存畱

本縣拜賀習儀銀四錢八分

本縣致祭文昌帝君銀六十兩

本縣致祭武廟銀六十兩

本縣致祭厲壇折銀六兩

本縣祭祀銀一百七十六兩三錢二分

本縣文廟香燭銀二兩六錢

迎春芒神土牛春酒銀二兩

杭嘉湖道門子工食銀二十四兩

運司經歷俸銀四十五兩

本縣知縣俸銀四十五兩　門子銀一十二兩　皁隸銀九十六兩　馬快銀四十八兩　馬快船械銀八十六兩四錢　民壯銀三百兩　禁卒銀四十八兩

轎傘扇夫銀四十二兩　庫子銀二十四兩　斗
級銀二十四兩
縣丞俸銀四十兩　門子銀六兩　皁隸銀二十四兩
馬夫銀六兩
典史俸銀三十一兩五錢二分　門子銀六兩　皁隸
銀二十四兩　馬夫銀六兩
儒學俸銀三十一兩五錢二分　齋夫銀三十六兩
膳夫銀四十兩　門子銀二十一兩六錢
廩糧銀六十四兩
儒學加俸銀四十八兩四錢八分
海沙場大使俸銀三十一兩五錢二分　皁隸銀一十
二兩
鮑郎場大使俸銀三十一兩五錢二分　皁隸銀一十
二兩
鄉飲酒禮銀七兩五錢裁改解司
本府歲貢生員旗匾花紅酒禮銀八錢五分七釐
本縣歲貢生員旗匾花紅酒禮銀三兩
本縣巡鹽應捕一十四名工食銀一百兩八錢
看守各衙門門子四名工食銀八兩
澉浦海口二巡司弓兵六十八名工食銀二百一十六

兩
衝要四鋪司兵十七名工食銀一百二十二兩四錢
偏僻五鋪司兵一十五名工食銀九十兩
孤貧一百二十名布花木柴銀七十二兩
孤貧一百二十名口糧銀四百三十二兩
縣重囚口糧銀三十六兩
以上共徵銀二千六百二兩二錢四釐　外加奉文撥補銀五十九兩三
錢一分三釐
閏年加徵銀一百六十一兩六錢
漕項銀三萬八百二十八兩一錢二釐　詳漕運
通共原徵米六萬六千四百六十石五斗七升三合一勺
七抄七撮零　加乾隆四十一年白糧改漕加三舂耗米一十八石九斗八升二合七勺
共原徵米六萬六千四百七十九石五斗五升五合八

勺七抄七撮零　內除改米折銀零積餘米五十石八斗七合五勺孤貧口糧米四百三十二石灰石米一千七石三斗七升行糧米五百三十二石三斗九升三合白糧經費米二百五石八斗同治四年奉文減免米一萬二千一百八十七石七斗八升二合七勺九抄九撮零
實徵漕南本色米五萬二千六十三石四斗二合六勺
閏年加徵墩夫口糧米三十一石二斗
起運漕白行食米四萬二千四百七十石一斗九升二合
一勺　詳漕運
存留米
解運省倉原白改糙南米三百八十五石八斗七升五
合
加夫船貼役米二十九石九斗二升六合八勺
解運省倉原糙南米七千八百四石七合四勺
加夫船貼役米四百九十四石三斗七升八合一勺

原給門軍今改給墩夫口糧充餉米一百一十五石二
斗
巡防庫獄瞭望海洋鐸夫改編墩夫口糧充餉米三百
七十四石四斗
歷年陞科米三百八十九石四斗二升三合二勺
以上共米九千五百九十三石二斗一升五勺
地丁外賦共徵七分耗羡銀四千八百一兩八錢七釐零
地漕項下六分隨正起解銀四千一百一十五兩八錢
三分五釐內
漕截耗留縣給軍現奉提解作正銀六百五十六兩
一錢一分七釐
地漕項下一分觧纘銀六百八十五兩九錢七分二釐
閏年耗銀隨正加徵
雜課
原額學租銀一百二十兩三錢六分三釐內同治五年
奉豁銀九十六兩四錢六分三釐

實額學租銀二十三兩九錢 每年解司轉解學院賑給貧生膏火之用

當稅每鋪徵銀五兩 解司充餉

牙稅銀四十三兩四錢上則每戶徵銀八錢中則六錢下則四錢解司充餉同治二年部議加增經巡撫左改定繁盛上則每戶徵銀三兩偏僻上則繁盛中則各一兩五錢偏僻中則繁盛下則各七錢五分偏僻下則四錢五分

季鈔銀三十八兩八分每戶徵正耗銀一錢七分六釐

契稅每兩徵銀三分

牛稅每兩徵銀三分以上兩款無定額隨收解司充餉

黃道關稅務 康熙二十三年臺灣旣入版圖乃弛海禁通貿易照閩廣例用五百石以下船隻出海於南門貫房收稅爲甯海關口址徵收稅課歸海關監督稽核

嘉興府志卷二十一

嘉興府志卷二十二

嘉興府知府善化許瑤光重輯

平湖縣

原額田四千三百四十八頃一十四畝五毫

實在田四千四百三十頃六十一畝三分二毫

每畝徵銀一錢五毫一絲七忽零該銀四萬四千五百三十五兩六錢九厘三毫七絲零

每畝原徵米一斗四升三勺七抄三撮零同治四年減免米三升五合一抄六撮零實徵米一斗五合三勺五抄六撮零該米四萬六千六百七十九石五斗三升七合三勺六抄四撮零

原額陸景賢田一十頃七十八畝三厘

實在陸景賢田一十頃七十畝五分一厘三毫

每畝徵銀三分八厘八毫五絲五忽零該銀四十一兩五錢九分五厘五絲零

每畝原徵米九升四合五勺三抄一撮同治四年減免米一升七合四勺九抄四撮零實徵米七升七合三抄六撮零該米八十二石四斗六升八合四勺六抄四撮零

清出田七畝八厘八毫

每畝徵銀一錢五毫一絲七忽零該銀七錢一分二厘四毫七絲一忽零

每畝原徵米一斗四升三合三勺四抄四撮零同治四年減免米三升五合七勺五抄零實徵米一斗七合五勺九抄三撮零該米七斗六升二合六勺二抄二撮零

原額地七百五十七頃二十四畝二分七毫四絲八忽內

東十九都二十都二東區原額高阜地六百六頃二十五畝六分二厘一毫七絲

實在東地六百六十八頃二十八畝四分七厘一毫九絲

每畝徵銀四分九厘二毫五絲三忽零該銀三千二百九十一兩五錢四分一厘四毫八絲七忽零

每畝原徵米七升二合三勺七抄同治四年減免米一升四勺九抄三撮零實徵米六升一合七勺七抄六撮零該米四千一百二十八石四斗三升三合二勺六抄四撮零

東十九都二十都二西區原額高阜地一百五十頃九十八畝五分八厘五毫七絲八忽

實在西地一百五十六頃四十七畝四分三厘一毫二絲

每畝徵銀六分三厘六毫三絲二忽零該銀九百九十五兩六錢九分一厘一毫一絲一忽零

每畝原徵米九升六合四勺九抄八撮同治四年減免米一升七合九勺八抄一撮零實徵米七升八合五勺二抄六撮零該米一千二百二十八石五斗八升一合九勺一抄五撮零

原額山蕩一百五十一頃六十一畝七分九厘八毫

實在山蕩五十三頃四畝六分六厘四毫

每畝徵銀一分六厘七毫八絲五忽零該銀八十九兩四分一厘一毫七絲二忽零

每畝原徵米二升八合九勺一抄九撮零同治四年減免米二合二勺八抄八撮零實徵米二升六合六勺三抄零該米一百四十一石二斗六升八合三勺二抄一撮零

清出山蕩五十二畝六分七厘七毫

每畝徵銀一分六厘七毫八絲五忽零該銀八錢八分四厘二毫七忽零

每畝原徵米二升九合五勺三抄二撮零同治四年減免米二合三勺三抄八撮零實徵米二升七合一勺九抄三撮零該米一石四斗三升二合四勺九抄四撮零

原額熟蕩四十六頃八十一畝五分

實在熟蕩四十六頃七十六畝三分四厘四毫

每畝徵銀二分五厘一毫七絲八忽零該銀一百七兩五錢六分九厘六毫三絲二忽零

每畝原徵米四升三合三勺八抄同治四年減免米三合四勺三抄三撮零實徵米三升九合九勺四抄六撮零該米一百七十石六斗六升六合一勺二抄四撮零

新陞熟蕩五畝五分一厘七毫

每畝徵銀二分五厘一毫七絲八忽零該銀一錢三分

八厘九毫七忽零

每畝原徵米四升三合三勺八抄同治四年減免米三合四勺三抄三撮零實徵米三升九合九勺四抄六撮零該米二斗二升三勺八抄六撮零

原額人丁三萬六千九百一十九丁口

實在人丁三萬八千三百一十六丁口

每口徵銀六分四厘七絲一忽零該銀二千四百五十五兩一分二厘四絲零

每口徵米一升二合三勺四撮零該米四百七十一石四斗四升九合五勺五抄九撮零

康熙五十二年新增滋生人丁一千九百二十四丁內別省寄居人丁五丁浙省土著人丁一千九百一十九丁欽奉

恩詔永不加賦

以上田地山蕩人丁等項共實徵銀五萬一千五百一十七兩七錢九分五厘零加蠟茶新加銀除免實徵一十一兩二錢一分九厘零加蠟茶時價銀一兩九錢二分九厘零加藥材時價銀四兩二分二厘零加匠班銀除免實徵一百二十五兩五錢八分八厘零加收零積餘米折銀除免實徵六十九兩七錢一分

一厘零加孤貧口糧折銀除免實徵一百二十九兩六錢加改折灰石銀一千五百九十七兩一錢五分九厘零加行糧白糧改折銀八百九兩九錢一分四厘零加併徵漕截銀一萬四千三百一十八兩四錢七分四厘零同治六年加攤增蠟茶等銀四兩五錢七分五厘零

共徵銀六萬八千五百八十九兩九錢八分九厘零

外賦入地丁科徵

水鄉銀三千二百六十四兩三錢二厘　草蕩銀一千五百一十九兩八錢九分九厘零

蘆瀝場折色銀二百六兩八錢八分五厘零　包補本場本色銀八百四十八兩九錢五分五厘零

海沙場折色銀一百三十五兩八錢五分八厘零
補徵商稅銀五十一兩三錢
本縣課鈔銀二兩四錢一分九厘零里甲徵辦
帶徵海鹽縣乍浦稅課局課鈔銀三十二兩巡攔編徵
抵裁冗兵餉
乍浦所課鈔銀四十四兩六錢六分九厘零里田徵辦
以上連車珠共徵地丁銀六千二百八兩七錢五分二厘零
車珠銀一百二兩四錢六分二厘零

外賦不入地丁科徵
漁課并新加銀一十八兩六錢七分二厘零
漁戶出辦
當湖局帶徵廣陳稅課局課鈔銀五十兩四錢六分四厘零市鎮鋪戶出辦
帶徵海鹽縣乍浦稅課局課鈔銀二十兩五錢九分三厘零市鎮鋪戶出辦
以上共銀八十九兩七錢三分零

通共地丁外賦實徵銀六萬八千六百七十九兩七錢一分九厘零
閏年通共加徵銀六百六十一兩二錢七分

起運地丁
戶部折色銀一萬三千一百六十二兩六錢五分一厘
滴珠路費銀二百三兩九分
禮部折色銀一百五十四兩五錢三分六厘
路費銀八兩八錢五分四厘
工部折色銀二千六百一十八兩三錢六分八厘
路費銀六兩三錢三分二厘
舊編存留裁改解部銀四千九百八十七兩六錢七分九厘
路費銀三兩五錢九分四厘
留充兵餉改入起運銀六千一百五十四兩九錢二分九厘

以上共徵銀二萬七千三百兩三分三厘
閏年加徵銀四百八十九兩九錢八分二厘

蠟茶藥材
戶部本色蠟茶銀九十一兩六錢二分二厘
路費銀七錢六分八厘
禮部本色藥材銀一十三兩一錢四分六厘
路費銀一兩九錢九分六厘
工部本色熟鐵銀四兩三錢二分二厘
路費銀四錢三分二厘
加增蠟茶等銀四兩五錢七分五厘
以上共徵銀一百一十六兩八錢六分二厘
閏年加徵銀五分五厘

河工

永福倉銀四百七十四兩
路費銀三兩三錢一分八厘康熙十一年奉文改解糧道解部
修河米折銀二百三十七兩六錢一分三厘
過江脚米銀三百五十四兩二錢九分
路費銀二兩一錢二分六厘以上二款解淮安府
以上共徵銀一千七十一兩三錢四分七厘

鹽課
鹽課水鄉等銀六千二十七兩二錢一厘
車珠銀一百二兩四錢六分二厘
以上共徵銀六千一百二十九兩六錢六分三厘

驛站
共徵銀二百六十兩九錢四分七厘裁改解司

解司存留

布政司解戶銀一百五兩
戰船民六料銀二十五兩六錢五分
以上共徵銀一百三十兩六錢五分

府縣存留

本縣致祭文昌帝君銀六十兩
本縣致祭武廟銀六十兩
本縣致祭厲壇米折銀六兩
本縣致祭天后祠銀一十四兩八錢
本縣拜賀習儀香燭銀四錢八分
本縣祭祀銀一百四十九兩四錢五分五厘
文廟香燭銀一兩六錢
迎春芒神土牛春酒銀二兩
運河俸銀五十二兩五錢
乍浦都統衙門心紅紙劄銀一十一兩二錢
乍浦理事同知門子銀一十二兩　步快銀四十八兩
皂隸銀七十二兩　轎傘扇夫銀四十二兩　禁卒
銀二十
四兩

本府通判俸銀六十兩　門子銀十二兩　步快銀四
十八兩　皂隸銀七十二兩　轎傘扇夫銀四十二
兩
本縣知縣俸銀四十五兩　門子銀一十二兩　皂隸
銀九十六兩　馬快并置備船械銀一百三十四兩
四錢　民壯銀三百兩　禁卒銀四十八兩　轎傘
扇夫銀四十二兩　庫子銀二十四兩　斗級銀二
十四
兩
縣丞俸銀四十兩　門子銀六兩　皂隸銀二十四兩
馬夫銀六兩
主簿俸銀三十三兩一錢一分四厘　門子銀六兩
皂隸銀二十四兩　馬夫銀六兩
典史俸銀三十一兩五錢二分　門子銀六兩　皂隸
銀二十四兩　馬夫銀六兩
儒學教職俸銀三十一兩五錢二分　齋夫銀三十六
兩　廩膳銀四十兩　門斗銀二十一兩六錢
廩糧銀六十四兩
儒學加俸銀四十八兩四錢八分

乍浦司巡檢俸銀三十一兩五錢二分　皂隸銀一十
二兩
白沙灣巡檢俸銀三十一兩五錢二分　皂隸銀一十
二兩
乍白二巡司弓兵銀二百一十六兩
鄉飲酒禮銀七兩五錢裁改解司
本府歲貢生員旗匾花紅酒禮銀八錢五分七厘
本縣歲貢生員旗匾花紅酒禮銀三兩
看守公署門子銀一十二兩
巡鹽應捕一十四名銀一百兩八錢
衝要鋪司兵五名銀三十六兩
偏僻四鋪司兵一十二名銀七十二兩
孤貧八十名柴布銀四十八兩　口糧銀二百八十八
兩
乍浦理事同知衙門囚糧銀三十六兩
縣重囚口糧銀三十六兩
以上共徵銀二千八百九十兩五錢七分一厘外加撥補銀二
十二兩二錢
九分五厘

閏年加徵銀一百七十一兩二錢三分三厘
漕項銀三萬七百七十九兩六錢四分七厘詳漕運
通共原徵米六萬九千四百四十七石八斗一升七合九
勺零加乾隆四十一年白糧改漕加三舂耗米二十一石七斗一升九合二勺
實原徵米六萬九千四百六十九石五斗三升七合一勺
零內除改米徵銀零積餘米七十七石四斗五升六合七勺孤貧米一百四十四石灰石米一千四十八石四斗一升七勺行糧米四百六十九石五斗六升九合八勺白糧食米一百六十四石二斗八升七合三勺同治四年奉文減免米一萬六千五百四十二石九斗九升七合四勺
實徵漕南本色米五萬一千二十二石八斗一升五合二
勺

起運漕白行食米四萬三百八十石一斗七升二合六勺

詳漕運

存留　解運省倉南白准糙米四百三石二斗　加夫船貼役米三十一石二斗七升四勺

解運省倉南米八千一十七石九斗六升三合六勺

加夫船貼役米五百六石七斗七升九勺

歷年陞科米一千六百八十三石四斗三升七合七勺

以上共存留米一萬六百四十二石六斗四升二合六勺

地丁外賦共徵五分耗羨銀三千四百三十三兩九錢八分六厘

地漕項下四分隨正起解銀二千七百四十七兩一錢八分九厘內

漕截耗留縣給軍現奉提解作正銀四百一十五兩二錢三分五厘

地漕項下一分辦費饋餘銀六百八十六兩七錢九分七厘

閏耗銀數隨正加徵

雜課

學租銀九十八兩七錢三分二厘　每年解司轉解學院賑給貧生膏火之用

當稅每鋪徵銀三兩解司充餉

牙稅銀二百一十一兩四錢上則牙戶每名八錢中則六錢下則四錢解司充餉同治二年部議加增經巡撫左改定繁盛上行徵銀三兩偏僻上行繁盛中行各一兩五錢偏僻中行繁盛下行各七錢五分偏僻下行四錢五分

季鈔銀三十八兩八分每戶徵正耗銀一錢七分六厘

契稅每兩稅銀三分

牛稅每兩稅銀三分　以上二款無定額隨收解司充餉

乍浦口關稅案浙江通志明嘉靖三十六年倭寇平乃設乍浦關　國朝康熙二十三年臺灣既入版圖弛海禁通貿易設海關于甯波府之鎮海縣凡口址一十五處乍浦口其一也徵收稅課由海關監督稽核

石門縣

原額田四千三百七十九頃九畝五分八厘五毫

實在田二千九百二十八頃八十七畝七分八厘九毫

每畝徵銀八分九厘三毫一絲一忽零該銀二萬六千一百五十八兩一錢五分九厘一毫二忽零

每畝原徵米一斗二升三合三勺八抄六撮零同治四年奉文減免米二升九合八勺二抄六撮零實徵米九升三合五勺五抄九撮零該米二萬七千四百二石四斗六升六合三勺六抄七撮零

清出田三十一畝八分四厘四毫

每畝徵銀八分八厘六毫一絲八忽零該銀二兩八錢二分一厘九毫五絲九忽零

每畝原徵米一斗二升六合五勺三抄四撮零同治四年奉文減免米三升五勺八抄六撮零實徵米九升五合九勺四抄八撮零該米三石五升五合三勺七抄九撮零

原額地六百二十三頃八畝五分七厘四毫

實在地二千七十頃八十六畝三分五厘二毫

每畝徵銀八分八釐一毫三絲五忽零該銀一萬八千二百五十一兩六錢六分一釐一毫六絲七忽零

每畝原徵米一斗二升三合二勺一抄四撮零同治四年奉文減免米二升九合七勺八抄五撮零實徵米九升三合四勺二抄九撮零該米一萬九千三百四十七石八斗九升七合二勺九抄八撮零

告陞地一十四畝六分一厘

每畝徵銀八分八厘一毫三絲二忽零該銀一兩二錢

八分七厘四毫七絲一忽零

每畝原徵米一斗二升七合四抄同治四年奉文減免米三升七勺一抄一撮零實徵米九升六合三勺二抄八撮零該米一石四斗七合三勺五抄四撮零

清出地二十二畝九厘九毫七絲

每畝徵銀八分四厘四毫九絲九忽零該銀一兩八錢六分七厘四毫二絲零

每畝原徵米一斗二升九合七勺二抄三撮零同治四年奉文減免米三升一合三勺五抄七撮零實徵米九升八合三勺六抄五撮零該米二石一斗七升三合八勺四抄一撮零

原額蕩灘一十七頃二十四畝四分八厘一毫

實在蕩灘二十三頃三十八畝八分八厘一毫

每畝徵銀一分六厘八毫三絲九忽零該銀三十九兩三錢八分五厘四毫一忽零

每畝原徵米五升三合五勺二抄六撮同治四年奉文減免米一升二合九勺三抄九撮零實徵米四升五勺八抄六撮零該米九十四石九斗二升八合五抄五撮零

清出蕩三頃五十四畝八厘

每畝徵銀一分六厘八毫六絲三忽零該銀五兩九錢七分八毫五絲四忽零

每畝原徵米五升四合六勺四抄零同治四年奉文減免米一升三合二勺八撮零實徵米四升一合四勺三抄二撮零該米一十四石六斗七升三勺七抄零

額徵人丁六萬六千四百四十七丁口

每口徵銀五分一厘二絲二忽零該銀三千三百九十兩二錢八分一厘三毫二絲六忽零

每口徵米三合七勺四抄五撮零該米二百四十八石八斗七升三勺五撮零

康熙五十二年滋生人丁三千四百一十二丁口欽奉
恩詔永不加賦
以上田地蕩灘人丁等項共徵銀四萬七千八百五十一兩四錢三分四厘零加蠟茶新加除免實徵銀七兩二錢三分二厘零加蠟茶時價銀一兩二錢四分三厘零加匠班銀除免實徵一百五十八兩八錢四分二厘零加收零積餘米折銀除免實徵三十五兩五錢一分四厘零加孤貧口糧折銀除免實徵八十一兩加改折灰石銀一千四百六十六兩七錢二分九厘零加行糧白糧改折銀九百五十六兩九錢六

分零加併徵漕截銀一萬三千一百四十八兩一錢一分五厘零同治六年續增蠟茶銀二兩五錢六分三厘
共徵銀六萬三千七百九兩六錢三分六厘二毫零
外賦入地丁科徵
鹽課水鄉竈丁鹽價不敷銀一百一十八兩四錢六分二厘零
本縣課鈔銀一兩六錢九厘零
以上連車珠共徵銀一百二十二兩八分五厘零車珠銀二兩一分三厘零
外賦不入地丁科徵
漁課并新加銀一十三兩二錢九厘零
本縣稅課局課鈔銀七十六兩一錢三分三厘零
河泊所課鈔銀八兩三錢四厘零
以上共徵銀九十七兩六錢四分八厘零
通共地丁外賦實徵銀六萬三千八百七兩二錢八分四厘零
閏年加徵銀九百二十五兩三厘
起運地丁
戶部折色銀一萬一千一百六十二兩三錢四分二厘
滴珠路費銀一百八十六兩八錢八分六厘
禮部折色銀四兩三錢七分四厘
路費銀四分四厘
工部折色銀三千三百一十二兩九錢八分七厘
路費銀九兩六錢七分一厘

舊編裁改存留解部銀五千四百三十七兩四錢三分二厘
留充兵餉改入起運銀六千九十四兩一錢五分三厘
以上共徵銀二萬六千二百七兩八錢九分
閏年加徵銀三百九十六兩七錢四分七厘
蠟茶熟鐵
戶部本色蠟茶銀五十九兩七分三厘
路費銀四錢九分五厘
工部本色熟鐵銀三兩三分一厘
路費銀三錢三厘
續增蠟茶銀二兩五錢六分三厘
以上共徵銀六十五兩四錢六分五厘
河工

永福倉銀四百二十四兩二錢 路費銀二兩九錢六分九厘 康熙十一年奉文改解糧道解部

修河米折銀二百一十八兩七分六厘

過江脚米折銀三百二十五兩一錢六分 路費銀一兩九錢五分一厘 以上二款解淮安府

以上共徵銀九百七十二兩三錢五分六厘

鹽課

鹽課銀一百一十八兩四錢六分二厘

車珠銀二兩一分四厘

以上共徵銀一百二十兩四錢七分六厘

驛站

本府各驛銀九百七十三兩五錢七分六厘

應差夫工銀四千二百九十兩八錢一分六厘

應差馬夫草料工食銀三百八十兩九錢四分三厘

以上共徵銀五千六百四十五兩三錢三分五厘

閏年加徵銀四百七兩九錢七分三厘

解司存留

共徵布政司解戶銀九十兩

府縣存留

本縣致祭文昌帝君銀六十兩

本縣致祭武廟銀六十兩

本縣致祭厲壇米折銀六兩

本縣拜賀習儀香燭銀四錢八分

本縣祭祀銀一百四十四兩二錢

文廟香燭銀一兩六錢

迎春芒神土牛春酒銀二兩

本府經歷俸銀四十兩 門子銀六兩 皂隸銀二十四兩 馬夫銀六兩

司獄司俸銀三十一兩五錢二分 皂隸銀一十二兩

本縣知縣俸銀四十五兩 門子銀一十二兩 皂隸銀九十六兩 馬快工食并置械銀一百三十四兩四錢 民壯銀二百五十二兩 禁卒銀四十八兩 轎傘扇夫銀四十二兩 庫子銀二十四兩 斗級銀二十四兩

主簿俸銀三十三兩一錢一分四厘 門子銀六兩

皂隸銀二十四兩 馬夫銀六兩

典史俸銀三十一兩五錢二分 門子銀六兩

皂隸銀二十四兩 馬夫銀六兩

儒學俸銀三十一兩五錢二分 齋夫銀三十六兩

廩膳銀四十兩 門子銀二十一兩六錢

廩糧銀六十四兩

儒學加俸銀四十八兩四錢八分

鄉飲酒禮銀七兩五錢

本府歲貢花紅旗匾酒禮銀八錢五分七厘

本縣歲貢旗匾花紅酒禮銀三兩

府縣各鎮巡鹽應捕銀二百一兩六錢

看守公署門子銀九兩

衝要四舖司兵銀一百七十二兩八錢

孤貧五十名花布木柴銀三十兩 口糧銀一百八十兩

縣重囚口糧銀三十六兩

以上共徵銀二千七十一兩八錢九厘 外奉文撥補銀一十八兩三錢八分二厘

閏年加徵銀一百二十兩二錢八分三厘

漕項銀二萬八千六百三十三兩九錢五分三厘 詳漕運

通共原徵米六萬二千五十六石六斗一升五合五勺零

外加乾隆四十一年白糧改漕加三春耗米一十六石七升八合六勺五抄

實原徵米六萬二千七十二石六斗九升四合二勺零

內除改米征銀零積餘米三十九石四斗六升四勺孤貧口糧米九十石灰石米九百六十二石七斗九升四合行糧米五百九十一石六斗六升七合經費食米一百六十四石六斗四升同治四年奉文減免米一萬四

千九百四十一石一斗四升六合六勺零

實徵漕南本色米四萬五千二百八十二石九斗八升六合二勺內

起運漕白行食米三萬六千八百一石六斗三升四合一勺詳漕運

存留米

解運省倉南白粳糙米三百六十石七斗四合九勺加夫船貼役米二十八石九升四合五勺

解運省倉南米七千五百三十五石二斗九升八合一勺加夫船貼役米四百八十六石五斗五升八勺

康熙六年丈出陞科米三十二石七斗九升一合六勺

告陞地米一石八斗八升三合二勺

康熙十六年陞科米二十六石二斗四升三合五勺

乾隆三十六年陞科米九石七斗八升五合五勺

以上共徵米八千四百八十一石三斗五升二合一勺

地丁外賦共徵五分耗羨銀三千一百九十兩三錢六分四厘遇閏耗銀隨正遞加

地漕項下四分隨正起解銀二千五百五十二兩二錢九分一厘內

漕截耗留縣給軍現奉提解作正銀三百八十一兩二錢九分五厘

地漕項下一分解饡銀六百三十八兩七分三厘

雜課

學租銀一十五兩三錢一分四厘零每年解司轉解學院賑給貧生膏火之用

當稅銀每鋪征銀五兩解司充餉

牙稅銀一百二十一兩六錢上則每戶征銀八錢中則六錢下則四錢解司充餉同治二年部議加增經巡撫左改定繁盛上則每戶征銀三兩偏僻上則繁盛中則各一兩五錢偏僻中則繁盛下則各七錢五分偏僻下則四錢五分

季鈔銀二百九兩六錢八分每戶徵正耗銀一錢七分六厘

契稅每兩征銀三分

牛稅每兩征銀三分以上二款無定額隨收解司充餉

桐鄉縣

原額田四千三百七頃五十畝八分九釐

實在田四千三百九頃七十八畝五分二釐四毫

每畝徵銀七分六釐七毫二絲七忽零該銀三萬三千六十七兩八錢七分四釐五毫三絲一忽零

每畝原徵米一斗一合六勺三抄七撮零同治四年減免米二升零實徵米八升一合六勺三抄六撮零該

米三萬五千一百八十三石七斗五升八合二勺四抄九撮零

原額徵地八百三十四頃七十九畝三分三釐一毫

實在地八百八十二頃七畝一分三釐六毫三絲二忽

每畝徵銀七分四釐二絲七忽零該銀六千五百二十九兩七錢四分七釐六絲九忽零

每畝原徵米一斗一合六勺三抄八撮同治四年減免米二升零實徵米八升一合六勺三抄七撮零該米七千二百石九斗七升四合六勺二抄一撮零

義塚地五十九畝八分五釐一毫銀米俱不起科

原額山三頃七十九畝七分三釐

每畝徵銀一釐九毫八忽零該銀七錢二分四釐八毫

六絲六忽零

每畝原徵米五升三合七勺二抄二撮同治四年減免

米五合三勺零實徵米四升八合四勺二抄一撮零

該米一十八石三斗八升七合一勺五抄五撮零

原額徵蕩一十一頃八十畝一分八釐七毫

實在蕩一十二頃一十四畝七分三釐七絲

每畝徵銀七毫四絲七忽該銀九錢七釐四毫三忽零

每畝原徵米五升四合一勺一抄五撮同治四年減免

米五合三勺零實徵米四升八合八勺一抄四撮零

該米五十九石二斗九升六合七勺五抄一撮零

每畝徵銀七毫四絲七忽該銀九分五釐三毫一絲四

忽零

康熙四十二年新陞蕩一頃二十七畝五分九釐六毫

每畝原徵米五升五合二勺四抄四撮同治四年減免

米八合九勺九抄九撮零實徵米四升六合二勺四

抄四撮零該米五石九斗六勺一抄三撮零

義塚草蕩四畝銀米俱不起科

額徵戶口四萬九千二百八十二丁口

每口徵銀六分一釐二毫四絲八忽零該銀三千一十

八兩四錢二分五釐五毫一絲八忽零

每口徵米三合五勺四抄一撮零該米一百七十四石

五斗四升九合四勺九抄六撮零

康熙五十二年滋生人丁二千四十丁欽奉

恩詔永不加賦

以上田地山蕩人丁等項共實徵銀四萬二千六百一

十七兩七錢七分五釐零加蠟茶新加銀除免實徵

一十九兩六錢六分一釐零加蠟茶時價銀三兩三

錢七分八釐零加藥材時價銀八兩四分五釐零加

匠班銀除免實徵一百三十八兩一錢五分七釐零

加收零積餘米折銀除免實徵九兩七錢八分七釐

零加孤貧口糧折銀除免實徵八十一兩加改折灰

石銀一千二百四十兩九錢五分四釐零加行糧白

糧改折銀六百八十一兩三錢七分二釐加併徵漕

截銀一萬一千一十九兩七錢六分六釐零同治六

年加增蠟茶藥材熟鐵銀七兩九錢八分七釐

共徵銀五萬五千八百二十七兩八錢八分四釐零

外賦入地丁科徵

水鄉竈丁鹽價不敷銀九十四兩六錢一分四釐零

以上連車珠共徵銀九十六兩二錢二分三釐零 車珠銀一兩六錢八釐零

外賦不入地丁科徵

漁戶并新加銀一十五兩六分五釐零

本縣額徵課鈔銀一兩五錢九分零

玉溪鎮稅課局并沙渚稅課局額徵課鈔銀九十六兩七錢七分九釐零

河泊所額徵課鈔銀六兩七錢六分六釐零

以上共徵銀一百二十兩二錢一釐零

通共地丁外賦實徵銀五萬五千九百四十八兩八分五釐零

閏年加徵銀七百八兩九錢八分八釐

起運地丁

戶部折色銀一萬一千九百二十兩五錢九分二釐

商珠路費銀一百八十三兩五錢四分九釐

禮部折色銀四百七十四兩六錢六分

路費銀一十九兩三錢六分五釐

工部折色銀三千一百一十九兩六分五釐

路費銀八兩二錢八分四釐

裁改存留解部銀四千六百七十五兩六錢六分一釐

路費銀五兩三錢七釐

留充兵餉改入起運銀六千六百六十二兩五錢七分五釐

以上共徵銀二萬七千六十九兩五分八釐

閏年加徵銀五百四十兩八錢三分五釐

蠟茶藥材熟鐵

戶部本色蠟茶銀一百六十兩四錢八分六釐

路費銀一兩三錢四分六釐

禮部本色藥材銀二十六兩二錢九分二釐

路費銀三兩九錢九分三釐

工部本色熟鐵銀三兩五錢四分八釐

路費銀三錢五分五釐

加增蠟茶藥材熟鐵銀七兩九錢八分七釐

以上共徵銀二百四兩七釐

河工

永福倉銀三百六十八兩四錢

路費銀二兩五錢七分八釐 康熙十一年奉文改解糧道解部

修河米折銀一百八十四兩五錢一分五釐

過江脚米銀二百七十五兩一錢二分

路費銀一兩六錢五分一釐 以上二款解淮安府

以上共徵銀八百三十二兩二錢六分五釐

鹽課

水鄉竈丁銀九十四兩六錢一分四釐

車珠銀一兩六錢八釐

以上共徵銀九十六兩二錢二分三釐

驛站

共徵裁改解部銀三百七十九兩五錢六分八釐

解司存留

布政司經費銀四十二兩

布政司理問所經費銀九十六兩

布政司經歷經費俸銀六十兩

布政司照磨經費銀七十六兩

布政司廣濟庫大使經費銀四十三兩五錢二分

布政司解戶銀七十五兩

戰船民六料銀三十六兩九錢

以上共徵銀四百二十九兩四錢二分

府縣存留

本縣致祭文昌帝君銀六十兩

本縣致祭武廟銀六十兩

本縣致祭厲壇米折銀六兩

本縣拜賀習儀香燭銀四錢八分

本縣祭祀銀一百四十六兩三錢一分七釐

文廟香燭銀一兩六錢

迎春芒神土牛春酒銀二兩

臬司皂隸銀七十二兩　快手銀七十二兩　鋪兵銀一十二兩

本縣知縣俸銀四十五兩　門子銀一十二兩　皂隸銀九十六兩　馬快工食船械共銀一百三十四兩四錢　民壯銀二百六十四兩　禁子銀四十八兩　斗級銀二十四兩　轎傘扇夫銀四十二兩　庫子銀二十四兩

縣丞俸銀四十兩　門子銀六兩　皂隸銀二十四兩　馬夫銀六兩

典史俸銀三十一兩五錢二分　門子銀六兩　皂隸銀二十四兩　馬夫銀六兩

儒學俸銀三十一兩五錢二分　齋夫銀三十六兩

廩膳銀四十兩　門子銀二十一兩六錢

廩糧銀六十四兩

本縣儒學加俸銀四十八兩四錢八分

青鎮巡檢俸銀三十一兩五錢二分　皂隸銀一十二兩　弓兵銀六十一兩二錢

鄉飲酒禮銀七兩五錢　裁改解司

本府歲貢旗匾花紅銀八錢五分七釐

本縣歲貢旗匾花紅銀三兩

本縣巡鹽應捕銀一百兩八錢

烏青鎮巡鹽哨兵銀二十八兩八錢

看守各衙門門子銀三兩

衙要四鋪司兵銀一百三十三兩

烏青鎮偏僻鋪兵銀六兩

孤貧五十名布花木柴銀三十兩　口糧銀一百八十兩

縣獄重囚口糧銀三十六兩

以上共徵銀二千一百二十三兩一錢一分二釐（外加撥補）

銀一十七兩四錢八分二釐

閏年加徵銀一百三十七兩五錢六分七釐

漕項銀二萬四千八百一十四兩四錢三分三釐（詳漕運）

遇閏加徵月糧七分給軍銀三十兩五錢八分六釐

通共原徵米五萬三千三十六石六斗四升七合七勺八抄七撮零（加乾隆四十一年白糧改漕加三舂耗米一十三石五斗一升九合九勺）

實原徵米五萬三千五十石一斗六升七合七勺（內除改米徵銀零積餘米一十石八斗七升四合七勺孤貧米九十石灰石米八百一十四石五斗九升行糧米四百一十三石四斗六升白糧食米一百二十三石四斗八升同治四年奉文減免米一萬三百九十三石七斗八升九勺）

實徵漕南本色米四萬一千二百三石九斗八升二合一勺

起運漕白行食米三萬三千五百九十石五斗四升一勺

詳漕運

存留米

解運省倉南白粳糙正米三百一十五石　加夫船貼役米二十四石四斗三升

解運省倉南糙正米六十三百五十六石一斗八合　加夫船貼役米三百九十六石五斗五升一合一勺

康熙六年壓剩米五百一十四石三斗三合九勺

康熙四十一年新壓米七石四升九合

以上共存留米七千六百一十三石四斗四升二合

地丁外賦共徵六分耗羨銀三千三百五十六兩八錢八分五釐（內）

地漕項下五分隨正起解銀二千七百九十七兩四錢四釐內漕截耗留縣給軍現奉提解作正銀四百二十七兩五錢六分六釐

地漕項下一分餉餘解費銀五百五十九兩四錢八分一釐

閏年耗銀隨正遞加

雜課

學租銀一百五十一兩一錢七分四釐每年解司轉解學院賑給貧生膏火之用

當稅每鋪徵銀五兩解司充餉

牙稅銀三十六兩二錢上則牙戶每名徵銀八錢中則六錢下則四錢解司充餉同治二年部議加增經巡撫左改定繁盛上行征銀三兩偏僻上行繁盛中行各一兩五錢偏僻中行繁盛下行各七錢五分偏僻下行四錢五分

季鈔銀一百一十三兩四錢四分每戶徵正耗銀一錢七分六釐

契稅每兩徵銀三分

牛稅每兩徵銀三分　以上二款無定額隨收解司充餉

嘉興衛

原海甯衛原額田一百二十二頃六十四畝二分九釐三毫七絲

實在田一百二十九頃七十一畝四分一毫

每畝徵銀一錢六分九毫五絲四忽零該銀二千八十七兩八錢三毫七忽零

原額地二十六頃八畝六分四釐七毫

實在地一十六頃九十二畝九分二釐三毫

每畝徵銀一錢六分九毫五絲四忽零該銀二百七十二兩四錢八分二釐九毫一絲五忽零

原額蕩三頃二十八畝四分一釐二毫

實在蕩二頃五十一畝五分九釐四毫

每畝徵銀一錢六分九毫五絲四忽零該銀四十兩四錢九分五釐八絲八忽零

額編完賦屯丁一千四百二十八丁

每丁徵銀七分八釐七毫零該銀一百一十二兩三錢八分三釐六毫　攤入本衛田地編徵

原嘉興所額編完賦屯丁一百八丁

每丁徵銀五分三釐四毫該銀五兩七錢六分七釐二毫　攤入嘉興所田地編徵

以上田地蕩丁銀共實徵銀二千五百一十八兩九錢二分九釐零

閏年加徵丁銀九兩八錢四分五釐零　以上各款解司歸屯餉題銷

起運

原屯餉充餉銀五百八十七兩三分六釐零

順治十七年裁官經費銀八百五十五兩三錢二分四釐

康熙七年裁扣銀九十三兩六錢

康熙七年裁百總廩貢銀二百一十六兩

康熙十四年裁扣銀一十二兩

康熙十六年陞科銀四兩五錢九分九釐零
康熙十七年清審屯丁至康熙五十年定額實徵銀一
百一十八兩一錢五分八釐
雍正四年裁官經費銀一百八兩七錢六釐
雍正十二年改扣充餉銀五十一兩三錢九分四釐
乾隆十五年裁官經費銀一百一十二兩七錢六釐
以上共銀二千一百五十九兩五錢一分七釐零
閏年加屯丁項下銀九兩八錢四分五釐零

存留

本衛徵屯守備俸銀一十八兩七錢六釐 薪銀四十
八兩 蔬菜燭炭銀八兩 心紅紙張銀四兩 門
子銀一十二兩 快手銀一十二兩 牢役銀三十
六兩 傘夫銀一十二兩 馬夫銀六兩
本衛右所領運千總俸銀一十四兩九錢六分四釐八
毫 薪銀三十三兩三分五釐二毫 門子銀六兩
牢役銀二十四兩 傘夫銀六兩 馬夫銀六兩
海甯所領運千總俸銀一十八兩七錢六釐 薪銀四

十八兩 心紅紙張銀四兩 門子銀六兩 牢役
銀二十四兩 傘夫銀六兩 馬夫銀六兩
以上共銀三百五十九兩四錢一分二釐

附嘉興所原額田一百一十頃六畝

嘉興縣田三十頃六十畝每畝原徵銀一錢七分七釐
二毫今徵銀一錢五分九釐四毫八絲
秀水縣田四十五頃三十二畝每畝原徵銀二錢八釐
五毫八絲今徵銀一錢八分七釐七毫二絲二忽
嘉善縣田三十四頃一十四畝每畝原徵銀二錢三分
六釐五毫八絲一忽零今徵銀二錢一分二釐九毫
三絲三忽零

共實徵銀二千六十五兩六錢八分四釐二毫六絲六
忽 解司歸地丁奏銷

田賦總論

官田賦重之由

顧炎武云官田自宋以來有之宋史建炎元年籍蔡京王
黼等莊以爲官田開禧三年誅韓侂胄明年置安邊所
凡侂胄與其他權倖沒入之田及圍田湖田之在官者
皆隸焉輸米七十二萬一千七百斛有奇錢一百三十
一萬五千緡有奇而已景定四年殿中侍御史陳堯道
右正言曹孝慶監察御史虞虙張晞顏等言乞依祖宗

限田議自兩浙江東西官民戶踰限之田抽三分之一
買充公田得一千萬畝之田則歲有六七百萬斛之入
丞相賈似道主其議行之始於浙西六郡凡田畝起租
滿石者予二百貫以次遞減有司以買田多爲功皆謬
以七八斗爲石其後田少與磽瘠虧租與佃人負租而
逃者卒取償田主六郡之民多破家矣 理宗紀言平江江陰安吉嘉興
常州鎮江六郡已買公田三百五十餘萬畝 而平江之田獨多 似道傳包恢知平江督買
田至以肉刑從事 元之有天下也此田皆別領於官松江府志
言元時苗稅公田外復有江淮財賦都總管府領故宋
后妃田以供太后江浙財賦府領籍沒朱清張瑄田以

供中宮元史天曆二年十月立平江等處田賦提舉司稻田提領所領籍沒朱國珍管明田以賜丞相脫脫撥賜莊在上海十九保元史至正四年六月己巳賜脫脫松江田爲立松江等處稻田提領所領宋親王及新籍明慶妙行二寺等田又有汪闊闊滿經歷田以賜影堂寺院諸王近臣又有括入白雲宗僧田元史成宗紀大德七年七月罷江南白雲宗總攝所其田令依例輸租仁宗紀至大四年二月御史臺言白雲宗總攝所統江南爲僧之有髮者不養父母避役損民乞追收所受璽書銀甲勒還民籍從之皆不係州縣元額而元史所記賜田大臣如拜住燕帖木兒等諸王如魯王琱阿不剌郯王徹徹禿等公主如魯國大長公主寺院如集慶萬壽二寺無不以平江田而平江之官田又多至張士誠據吳之日其

所署平章太尉等官皆出於負販小人無不志在良田美宅一時買獻之產偏於平江而一入版圖亦按其租簿沒入之已而富民沈萬三等又多以事被籍是故改平江曰蘇州而蘇州之官田多而益多故宣德七年六月戊子知府況鍾所奏之數長洲等七縣秋糧二百七十七萬九千餘石其中民糧止一十五萬三千一百七十餘石官糧二百六十二萬五千九百三十餘石是一府之地土無處皆官田而民田不過十五分之一也且夫民田僅以五升起科而官田之一石者奉詔減其什之三而猶爲七斗是則民間之田一入於官而一畝之糧化而爲十四畝矣實錄宣德七年七月己未行在戶部奏直隸松江府沒官田宜准民田例起科上從之命各處沒官田糧俱准此例此固其極重難返之勢始於景定訖於洪武而徵科之額十倍於紹熙以前者也於是巡撫周忱有均耗之法有改派金花官布之法以寬官田而租額之重則一定而不可改若夫官田之農具車牛其始皆給於官而歲輸其稅浸久不可問而其稅復派之於田然而官田官之田也國家之所有而耕者猶人家之佃戶也民田民自有之田也各爲一冊而徵之猶夫宋之所謂一曰官田之賦二曰民田之賦金史所謂官田曰租私田曰稅者而未嘗併也相沿日久版籍

訛脫疆界莫尋村鄙之氓未嘗見冊買賣過割之際往往以官作民而里胥之飛灑移換者又百出而不可究所謂官田者非昔之官田矣乃至訟端無窮而賦不理於是景泰二年從浙江布政司右布政使楊瓚之言將湖州府官田重租分派民田輕租之家承納及歸併則例四年五月庚申詔巡撫直隸侍郎李敏均定應天等府州縣官民田先是正統中戶部會官議令江南小戶官田改爲民田起科而量改大戶民田爲官田以備其數既又因御史徐郁奏令所司均配扣算務使民田量帶官田辦糧以甦貧困俱行巡撫侍郎周忱清理然民田多係官豪占據莫能究竟其弊仍舊至是郁復以爲言戶部請從其議命敏均定搭派敢有恃強阻滯者執治其罪從之嘉靖二十六年嘉興知府趙瀛刱議田

不分官民稅不分等則一切以三斗起徵蘇松常三府從而效之自官田之七斗六升下至民田之五升通爲一則而州縣之額各視其所有官田之多少輕重爲準多者長洲至畝科三斗七升少者太倉畝科二斗九升矣國家失累代之公田而小民乃代官田納無涯之租賦事之不平莫甚於此然而爲此說者亦窮於勢之無可奈何而當日之士大夫亦皆帖然而無異論亦以治如亂絲不得守二三百年紙上之虛科而使斯人之害如水益深而不可救也惟唐太常鶴徵作武進志極爲惋歎抑賞論之曰三代以下田得買賣而所謂業主者卽連陌跨阡不過本其錙銖之直而直之高下則又以時爲之地力之盈虛人事之贏絀率數十年而一變奈之何一入於官而遂如山河界域之不可動也且景定之君臣其買此田者不過予以告牒會子虛名不售之物逼而奪之以至蕢出民愁而自亡其國宋史買公田五千畝以上以銀半分官告五分度牒二分會子二分半五千畝以下以銀半分官告三分度牒三分會子三分半千畝以下度牒會子各半五百畝至三百畝全以會子及田事成每石官給止四十貫而半是告牒民持之而不得售六郡騷然四百餘年之後推本重賦之繇則猶其遺禍也宋史謂其弊極多其租尤重及宋亡遺患猶不息亮哉斯言而況於沒入之田本無其直者乎至於今日佃非昔日之佃而主亦非昔日之主則夫官田者亦將

與冊籍而俱銷其車牛而皆盡矣猶執官租之說以求之固已不可行而欲一切改從民田以復五升之額卽又駭於衆而損於國有王者作咸則三壤謂宜遣使案行吳中逐縣清丈定其肥瘠高下爲三等上田科二斗中田一斗五升下田一斗山塘塗蕩以升以合計者附於冊後而概謂之曰民田惟學田屯田乃謂之官田則民樂業而賦易完視之紹熙以前猶五六倍也豈非去累代之橫征而立萬年之永利者乎日知錄

朱彝尊云自宋景定四年春三月買公田於浙西六郡共田三百五十餘萬項所收者公租耳迨元有天下置江淮財賦都總管府又立江浙財賦府各領官田籍沒田皆不在州縣原額元史所紀大臣賜田咸在平江等路於時官田已多及張士誠據吳所署平章太尉等官皆負販小人無不志在田宅一時買獻之田徧於浙西明初旣入版圖按其租籍沒入之已而富民沈萬三等又以事被籍沒而浙西之官田愈多矣官田之租多者每畝輸倉米一石五斗少者七斗七升四合本依租以徵稅此租額非糧額也相沿既久混租爲糧於是官民之田租則相遠官田多者不勝其苦而蘇松嘉湖四府尤甚其後蘇州之田賦則巡撫都御史陳某均之湖州之

田賦則知府劉天和張鐸均之嘉興之田賦則知府趙瀛均之稽諸實錄孝陵獻陵景陵咸下減租之詔彼時倘分官民等則故然迨平賦之後官田之重賦得輕在當日民非不以爲利然民田之輕賦反重在今日欲顧恩求減則其籍已去無從依據此司國計者所當留意也至於嘉興原止三縣宣德中析嘉興添設秀水嘉善析海鹽添設平湖析崇德添設桐鄉嘉興民田多故田則輕嘉善官田多故田則重秀水則官民相等故在輕重之間趙氏圖記可證善邑不原其本爭訟者幾百年不知非附郭二縣之弊猶賈似道之貽害耳靜志居詩話

扒平田則議

嘉興府知府趙瀛議照得所屬嘉興等七縣官民田地糧自三斗起科至於七斗者總計五百五十則地蕩山灘等項輕者一升至一斗重者三斗至五斗總計二百七十六則通府歲徵正糧六十一萬八千六百一十一石有奇麥絲馬草戶口鹽糧總計一十二萬一千二百七十六石二項錢糧內坐派北京者內府有白糧京倉兌米金花草麥折銀絲緜絹疋坐派南京者有供用白糧各衛所倉米定倉草銀餘撥徐州幷附近府縣沿海各倉歲支官吏師生軍旗局匠孤老俸月軍儲等糧其額運京師者原議船夫市腳之需撥給邊儲者亦有腳耗修倉之費每年會計不分官民田驗畝起耗各縣多寡不等大約一斗上下之數以七縣計之共該耗米三十七萬七千五百石有奇以充前費似於七斗六斗官田甚爲繁重所以原議將金花折銀每兩准米四石儘派重則少甦民困其五升民田似覺輕省故以兩京白糧均派輕則以分其害此亦救偏補弊之意使能守而行之未爲不可奈緣田則太繁法久弊滋奸書派金花則輕田改爲重田糧里收白糧則一斗勒至數斗徵丁田則指一科十編徭役則賣富差貧賣田者以官作民存

虛糧而遺累於里甲造冊者收輕推重飛正米以灑派於細民間有不才有司派送金花折銀於勢要以爲希恩之地亦有姦貪下愚召認他人存糧爲告騙產戶之謀每每有力者置田無糧而追納之夫多無立錐之地至今逋負蝟積而國賦日虧訟獄煩興而卷案堆堵地方之害有不可勝言者再如民間田地每畝租米歲收約可八九斗者姑以六斗田額計之該納正耗七斗之數此外尚有糧長之私增則一年所獲盡輸於官矣雖免均徭丁田派以金花稗補其實原則本重弊孔潛移未見末減彼五升則田每畝該納正耗一斗五升所取

之租與重相若也雖有白糧之徵均徭之編而納官之糧甚爲輕省如三升等則麥糧地多係腴田住基其收租獲利與輕田重田相等也納官之糧視諸五升者尤爲簡易是田之利多者蒙薄賦之恩利少者盡錙銖之取故富豪多麥地民田益肆其貪併貧民皆重額官田日就於逃亡往時科則本意潰壞殆盡苦樂不均至此極矣求今之所以便民而濟時艱者無如不動版籍合官民田麥地一例牽攤耗米庶得裒益宜民之要蓋因其田之畝數定以耗之若干約彼此而平施無復科則之繁布方策而較然無可推移之處雖三尺童子可以

入官輸賦積算猾胥不能左右其手而積習之弊可清於一旦因時之政少裨於疲民矣嘉靖二十六年議上巡撫都御史歐陽必進及巡按御史裴紳咸謂本府推論懇惻計算精詳眞可謂刻意民瘼心誠求之者也雖豪右陰爲阻撓但法貴救弊政在便民苟通變之得宜何浮議之足恤皆如議行之袁志　又袁志論政有利於一時而不利於千百世者如扒平田則之類是也當日官民田糧自七斗以至五升或田肥而額輕或田瘠而額重不均甚矣故一扒平而富民失專利之謀官田免獨重之苦是爲善政孰如昔之糧額止重於官田而今則并民田而俱重矣獨重則王者恤民之依必有時而議減概重則大臣司國之計將何辭以請裁此　本朝順治間蘇松之人有欲分別官民之田昌言以求減額者而官田輸糧之數無所考付之無可如何而已且平田則者平一邑未嘗平一郡故嘉善之糧重於秀水秀水之糧重於嘉興致啓三縣爭田之釁蓋官田有多有寡不能比而同之耳扒平一議昔賢亦費苦心愚獨以爲未盡善也仁人君子軫念東南財賦之鄉利盡力竭慨然起而拯之將拭目俟之矣　吳志論明世廟時田分官民輕重不等趙公是以有扒平之議今則均田均役立法盡善裒多益寡無所用之矣袁志謂昔之糧額重於官田今則并民田而俱重欲分別官民之田以冀減額而數無可考付之無可如何其說誠是也至謂平田者平一邑未嘗平一郡故善重於秀秀重於嘉致啓三縣爭田之釁其說則不然夫七邑之田肥瘠不同地有高卑河有廣狹故租有輕重而賦額亦因之嵌田之爭並不以此是一邑之各則且不能盡平烏得概一郡而平之也

雍正五年額徵減數

雍正三年將蘇松二府額徵浮糧豁免五年復奉
上諭今見浙俗漸次轉移將來可望改行遷善朕心深慰特沛
恩膏查嘉興府額徵銀四十七萬二千九百餘兩著減十分之一計免銀四萬七千二百九十兩零湖州府額徵銀三十九萬九千九百餘兩著減十分之一計免銀三萬九千九百九十兩零二府共免銀八萬七千二百兩零永著爲例著該督撫董率有司敬謹奉行以副朕蠲賦恤民之至意欽此

朦蔽四弊疏

工科右給事中薛鼎臣題爲
宸衷之宵旰甚殷有司之朦蔽未改謹據事指陳俾祈
敕部察議以圖實政事我
皇上因亢旱爲災民生未遂特昭引咎之心並廣求言之諭郎

此一念至誠已足格天地而和陰陽以招致甘霖之沛
矣然近日陰雲時見殷雷間聞似有滂沱之望究無霡
霂之施臣乃竊測天道而察驗人事切謂天以生物爲
心未嘗靳其陰膏乃驕陽敢於制之而雨遂格於虹霓
猶之君以愛民爲心未嘗不行仁政乃貪吏敢於悖之
而恩未流於蔀屋卽上下朦蔽之端便召陰陽乖戾之
氣誠思
皇上親政以來凡所頒之
上諭所下之
俞旨卽六部所覆之本章所行之事例何一非懲貪剔蠹何一

非恤兵養民而究竟治效鮮臻災眚迭見則以直省諸
臣朦蔽公行違
旨虐民之過也今就見聞最確者指實爲
皇上陳之如去年兵部所題廠夫橫行一疏內稱浙省私派廠
夫作惡害民請令嚴查科派情弊仍將現在廠夫盡行
禁革并通行各省一體查禁已經奉
旨依議嚴行而不意嘉興縣之兵房蠹吏乘知縣高登雲丁艱
之後仍促縣丞王典私出牌票勒令每圖備夫一名以
供走差巧立名色謂曰備夫其所謂備夫者卽廠夫之
別名也此朦蔽之一也又去年兵部所題鄉兵增設一
疏內稱鄉兵名色原係鄉村保甲自爲團練何得借端
科派請將嘉興縣派銀情由嚴察等語亦經奉
旨依議嚴行而不意去年十二月間浙省屬縣勒令每圖報充
應捕其工食衣甲一如鄉兵鎗手之數是所爲應捕者
卽鎗手之別名也此又朦蔽之一也又去年戶部所題
草穀採辦一疏內稱豆穀草束責成藩司採辦不許私
派小民如有累州縣里長辦解者從重議處仍嚴飭各
省一體通行亦經奉
旨依議嚴行而不意浙藩胥吏仍復私派以遂其奸乃於去年
十一月間牌行嘉興檄取穀一萬草十萬有司無措不

得不轉而派民也此又朦蔽之一也又去年刑部所題
衙蠹吞噬一疏內稱各衙蠹役盤踞作奸責令刑廳廉
訪得實依律嚴究治罪等語已經奉
旨依議嚴速行乃近聞浙省奸蠹劉泮章劉美中機乘徐用章
人命重案設局騙銀蠹等二人仍逼姦章妻王氏及被
用章具呈告發經前任道臣史燧通申撫按發府審實
泮章得蕩價銀一千二百兩又得田價銀一百二十兩
而美中賄囑問官止供得銀百金仍巧稱係用章之父
久寓其家自用盤費止擬徒懲夫美中乃臬司經承吏
也以經承而留重犯之父在家營脫並留其家屬行姦

則其包攬打點淫惡恣肆爲何等事而承問者公然婪
賄薄擬今二犯又且䏿然在外犯法何在此又朦蔽之
一也由浙省推之而他省似此者何限由厰夫等事推
之而他事若此者又何限方今正直求言則諸臣之所
條奏各部之所准覆全賴地方官員著實遵行若仍蹈
前轍則
朝廷德意終不下逮而此番盛舉不幾仍爲具文乎臣請
敕部嚴議凡奉
旨事件如有貪官汚吏朦蔽不行貽害百姓者撫按立爲題參
從重議處如有徇隱事發一體治罪仍查浙省厰夫革

而備夫興開端者何吏鎗手除而應捕報遵奉者何文
草穀一事何爲妄派美中一案何爲徇縱一一重懲以
爲違
旨虐民者之戒庶懲一儆百而蔽竇漸除實效漸臻矣如果臣
言不謬伏乞
敕部議覆施行順治十七年六月二十九日奉
旨這所參有司朦蔽等情弊著嚴察議奏該部知道釐革見年諸弊全書

革見年十大弊示

巡按浙江監察御史加一級牟爲力革見年十大弊以
甦浙民重困事照得本院七載臺員兩膺 寵命
茲蒙 皇上特恩巡按兩浙畏此簡書夙夜冰兢
惟知有利必興有害必除以仰副 一人宵旰之
憂亦惟興利必先除害除害即所以興利以大慰兩浙
蒼生之望敬於　陛辭之後策蹇微服假道扁舟身
歷城鄉其間民生疾苦地方利弊備極諮諏風聞約略
猶恐耳目未周幽隱難悉至嘉興受事移駐省城兩月
嘔心多方詢問復驗之小民呈訴貲之紳士條陳彼此
一轍萬口同聲方信爾浙第一蠹積之弊禍國殃民
爲十餘年來牢不可破之習者莫如見役一項請爲我
官吏衿民一痛陳之夫見年之設起於明季非奉經制
全書所載原其設立之由盖以一圖里遞十名每名輪
當一年卽令催納一圖之官銀不過欲其里間催呼交
相輪納以免民間出差之擾今則不然凡值一民間輪當
見年而十名里役之官銀俱責成見年身上一種刁頑
子弟有抗不輸納者有司單比見年不比頑戶頑戶見
官府不比愈抗不完見年因頑戶不完日受敲撲長吏
之堂瞻膏塗地鞭笞之下皮肉皆穿以別人拖欠之錢
糧慘受無辜之痛苦則有代受血比之弊因而每圖設
立保人令其催管見年設立圖差令其拘比見年設立
截書或名區書令其經承見年方其初來應比也每人
各勒見面禮三四錢及其應比一二月也每人各工
食銀三四兩工食米三四石到得年終歲畢也每人各

勒抽豐銀三四兩抽豐米三四石相沿成習竟爲鐵版
之規而保人圖差截書區書等項遂買定圖分議定頂
首父盤子踞倚爲金穴則有蠹役需索之弊因而皁隸
乘見年三日一卯五日一輪遂勒每圖鋪堂分例銀三
四兩不等每手行杖銀一二錢不等少不遂意輕重高
下縮頭閃販生死皆出其手敢不唯命是從則有皁役
酷詐之弊因而官府之修衙鋪設亦要見年承當上司
之經臨供應亦要見年輪派時節生辰之錦屏餽獻亦
要見年支持徵收錢糧之滴補傾銷亦要見年賠贈每
項每圖各勒三四兩不等則有科斂公費之弊以至解
辦馬草履奉　明綸督令官買吏解今則仍發見
年解納方其徵草時並無現銀給發先勒民間自辦一
經出票出牌差人索分例錢吏胥索盤驗錢押差索起
解酒食錢待得起解到省收草官則索常例錢幸而遂
其欲天晴早收還是極好美事不幸而勒索逾時一逢
風雨飄淫遂嫌好嫌堪百般苛勒及至任其飽詐兵丁
先將幾百束鋪地名曰鋪襯草固已去十之一二矣繼
以加一二之大秤稱之又去十之三四矣後又將幾百
來蓋面名曰蓋頭草又去十之五六矣草數一虧魚肉
無底更有過壩錢掛號錢附收錢轉批錢差人回船錢

經承銷批錢小民每解一批馬草賠費不下百餘兩究
之官價分文不發但取逐年催徵不起頑戶錢糧空票
一紙給發搪塞小民實無分文收取則有簽解馬草之
弊至於起解錢糧久奉　　　嚴旨申飭官收官解今
則仍著見年代解有司輕兌交發先要賠補兌頭中途
起解更有僱募腳價藩司交納又要守候批迴以暨掛
號銷批押差經承等項傍見雜出每解銀一千賠費不
下百兩更可恨者見上司催呼緊急有司竟將該圖遠
年逃亡死絕徵收不起錢糧給發空批責令見年代收
代解夫以官長血比血追所不能完納之錢糧責令代見
年代收代解打從何處催納只見典妻鬻女代解代賠
剜肉醫瘡如同籍役少一遲緩上下經承即便提比批
迴乘機又勒寬限分例季比月規曆曆剋餉又加無算
則有簽解條餉之弊餘如各銜門人役工食額載全書
俱於正項錢糧支銷而今則濫設冗役責令見年給發
工食名曰外貼如經制外設立燈夫草夫看司看聽夫
茶夫肩擔夫擡禮夫挑運油燭柴炭夫以及仙船夫捐
牌夫火把夫印綬夫裁縫夫司廚夫皷吹夫水柵夫肩
毯夫譙樓香盤夫轎傘夫看櫃夫擡櫃夫擡飯夫排堂
夫擡朝箱夫大監守循夫喂馬夫小夫以及轎門民壯
報事健步抄案書吏聽事員役傍見雜出每縣不下四
五百名俱要見年貼派工食每名勒至十二兩甚有二
十兩者不怕見年不照里承值則有外貼工食之弊驛
站船隻全書自有站價今則勒令見年幫貼名曰站貼
其始也每圖勒貼數兩年增月加甚且加至十餘兩矣
究之濫撥差役裝送遊客乞恩徇情以百姓之脂膏恣
無窮之應付則有加派站貼之弊夫役一項全書自有
僱募今則濫派民夫俱要見年承值在嘉興名曰長夫
在金華名曰膳夫在衢州名曰里夫在台處名曰兜夫
在溫州名曰民夫卽杭湖甯紹嚴等府亦有雜夫更夫
等項名色每圖見年或派四五兩或一二十兩甚有至
三十六兩者究之大兵經臨仍售百姓照里承當未見
前項設立夫役前來代役者更不知日常派給之工食
作何支銷併全書額載之銀兩作何僱募則有濫派夫
役之弊徵收支給是縣官職掌令則各縣凡遇逃亡死
絕積逋拖欠錢糧俱於見年名下對支工食併一應無
額設派工食盡皆給票對支以致一班奸胥虎役及無
賴夫棍合夥成羣一人出注數十人跟隨彼此推班推
家打索大等酷勒水色加算少不遂意竟行兇毆辱見
年一遇對支魂聽俱消無不典衣揭債速行交納官府

見此項對支便捷一應公費私派贓贖使用等項俱借
對支名色混派硃簽分頭擾害則又有對支工食之弊
以上十大弊本院身在地方知之最真聞之最確各屬
積習相同大約嘉禾為最除本院已經特疏具題仰請
　　　嚴綸勒石永禁外合先禁約為此示仰官吏衿
民人等知悉以後凡催呼錢糧願行滾單摘頑戶辦納
馬草遞委佐貳起解錢糧遵　　　旨官解夫役照額
僱募站價依驛開銷其餘一切代比需索酷詐科斂解
草解銀外貼站貼濫役對支等弊併見年名色盡行革
除如負官汙吏不恤民瘼不遵憲令仍前陽奉陰違血
比見年簽點民解濫派工食酷勒公費及一切外貼對
支等項名色科贓藐法者許被害糧里不時指名赴院
呈告官以貪酷糾參役以婪贓處死本院上為　國計
下切民生此番蠹剔務期速出從前之湯火永登無盡
之春臺斷不能知而不行行而不力力行而不久遠嚴
禁仍令礪等瞞天作虐流毒萬姓者也戒之慎之特示
順治十六年
閏三月日

一條鞭議

浙江布政司袁輔宸議起解錢糧本司看得每年額載錢
糧應於年內全完本年不完流為遞年帶徵年復一年
拖欠無窮案奉工部行文有歲內全完紀錄之例又奉
戶部行文有六月全完之限在有司祗承功令誰不欲
完考成急功名者而拖欠不完其故安在蓋由於錢糧
之不清也按錢糧之弊有六一曰侵欺一曰那移一曰
透支一曰冒破一曰未獲批一曰未獲領總之皆侵欺
也夫那移一條以此項那作彼項以此年那作彼年並
非入己之贓按
大清律凡那移出納還充官用者並計贓以監守自盜論杖

一百流三千里免刺夫以還充官用之錢糧而痛懲之至此者蓋緣侵欺之原實由於那移也惟那移而後胥吏因緣作奸得以行其侵欺惟侵欺而後民脂民膏上不在官下不在民而盡歸於中飽此錢糧所以不完也然而兵餉急則解兵餉協餉急則解協餉漕項急則解漕項起運各部寺錢糧急則解起運各部寺抑或大兵經臨軍機緊急則解軍需此皆通融緩急萬不得已者也至於昏愚有司任意那移或存留甚緩反那起運以給存留或雜費無額反那正項以充雜費則額解錢糧滔滔乎成逝波矣於是經承胥役乘機作弊千變萬化

莫可究詰其朦混上司也希冀一銀兩銷其朦混本官也惟圖一銀兩支蓋一經那移彼此牽混簿書至猥雜也款項至繁瑣也况作令者皆甫入仕途之人雖有明敏長才尚多不諳會計况中材以下者乎此錢糧積弊所以無紀極也本司敬陳一議各州縣之徵于民也係一條鞭徵收合令一條鞭起解假如仁和一縣起運戶部折色若干禮部折色若干工部折色若干額編兵餉若干裁扣充餉若干里馬優免裁官經費等項各若干以及科舉歷日海塘等項幾及二百餘款統計歲額解司錢糧共若干除輕齎行月淺貢應解糧道站銀應解驛道鹽課應解運司採辦本色錢糧應解該府外凡係解司錢糧彙為一條又除鈌官柴馬契稅牙稅牛驢雜稅等項原無定額相應另案起解惟將全書刊載年額解司錢糧并全書既定以後里馬優免等項亦有定額每歲共該解司銀兩科算總額若干內撥留府給兵若干實該解司銀若干各縣隨徵隨解其解文內開列年額解司條銀若干第一次解條銀若干尚餘未解若干其第二次解文內仍列年額若干除第一次解過若干外今第二次解司條銀若干尚餘未解若干其第三次解文內仍列年額若干除第一次解過若干第二次解

過若干外今第三次解司條銀若干尚餘未解若干嗣後逐次起解俱倣此式則是通縣解司錢糧止有一條無第二條完欠瞭然無容纖毫掩飾并經承洗補解役逗遛匿批不投之弊皆可杜絕矣惟是奏銷歲參二冊各部錢糧應分款項本司查明該縣解過若干并解府兵餉若干完十分者將各部各款槩註十分全完完九分者將各部各款槩註一分未完蓋各款錢糧合之則為一條分之則數百條假如一條未完一分則數百條皆未完一分一條未完二分則數百條皆未完二分司書造冊既不能以欠作完亦不能以完作欠此最直捷

最簡明之法也且令爲有司者先因款項釐雜完欠難稽今止有一條於胸中則完欠瞭然如或自夏租秋完解倘少自必惕然警愼誰不欲十分全完以副考成者再有解糧道一條解驛道一條解運司一條解府一條歲額應解錢糧止有五條再有缺官柴馬契稅牙稅雜稅等項爲數無多另案考成亦甚易辨此法誠立雖有中材之吏可以鳴琴而理不費稽核而錢糧自淸吏胥無所容其奸矣至于奏銷歲參二冊本司仍照往例造報未嘗輕變舊章似屬可行伏祈憲臺俯賜裁奪如果可行特疏題明請以康熙二年爲始各州縣俱照一條鞭起解可也治安文獻

丁銀歸徵田賦

凡人丁計口出銀以代傜役前代相沿載在版籍者曰傜銀自昇平歲久生齒益繁康熙五十二年迺因

恩詔以五十年編冊爲率永免增丁之賦雍正二年以冊存見數按直省州縣均入田賦代輸其無田之戶悉免之間有不便均輸者仍依舊制丁地分徵以從土俗之宜大淸會典

今定催科法編立順莊規條永遵碑記

雍正九年嘉興府嘉興等縣奉署理浙江嘉興府正堂汪奉總督浙江等處地方軍務兼理糧餉管巡撫事李爲申嚴順莊滾催實革里書爲害錮弊之禁勒石永遵事照得浙省徵輸每圖設立糧長現年代催應比里書管冊苛派嚼民爲害已久從前歷有禁案無如各色變幻未嘗除根兼之詭立戶名瓜分散裝滾催阻礙逋賦纍纍本部院題明奉

旨特行順莊滾催永除糧長現年戶首單頭各種名色參官處役已費數年苦心漸見成效但利于官民者不便于蠹役入後阻撓變計良法不行除另候縷悉弊端刊書遍布外先須經久規條簡切勒石永禁俾官民交相遵守

條款列後一永定順莊之法各屬糧戶俱照本人住居用的實姓名挨戶順編不許參差跳越別圖田地盡行歸併戶下不許瓜分詭名祀田公產塡明族長値年的名俱于開徵時不論錢糧多寡照冊內住居挨戶塡單每月分定限期止發總保交給首戶以次傳知不許差役分發各戶單到案限完納將銀數日期自塡單內末戶完日卽交櫃書繳銷不許逐戶改滾差追如有匿單抗欠者一月限滿摘拿本戶究處不許列單總催總比其外縣人民各編某縣寄莊註明佃戶姓名另立限期發單交佃傳知秋收不完著佃扣租交納南米漕糧屯

衛以及各場竈課亦照此滚催至莊民如有遷移各總于月終報縣推轉發滚此法永行毋許變更一永革糧長現年差人下鄉之弊徵糧既發滚單不許輪卯應比從前一切糧長現年戶首遞年單頭總催等項名色盡行革除敢有仍前催糧比卯濫差下鄉滋擾者官參役處一永除圖甲之弊從前各圖限定田數立為十甲分派值役挨年輪甲鬮管今按住居順莊不拘田數多寡所有原圖十甲名色盡行革除以絕糧規弊根永不許借均田均役為名虛立都圖剪撥匀裝紛更成法一永革里書之弊歷年里書盡行革逐不許更名盤踞所管

冊籍追出交官僉點誠實縣書經管每年換充鬮分不許一人坐管凡糧戶查冊捐勒需索稟縣立拿詳究狥庇赴上司呈控并參一永禁吏蠹需索之弊糧現既革凡戶糧科房丁田科里書冊書圖書圖差圩長圩總管圖甲首歇家等項人役上卯開手銀錢酒席添兌冊費卯包飯錢差錢杖費到鄉酒飯船錢歇宿冬夏二季抽豐年規銀米以及科斂修倉經臨過往雜差等項勒索陋規盡行革除其地方命盜踏勘勾攝人犯等事一槩不許干涉鄉民承值供應敢有故違受害連人拿送處死一永定由單之法每年開徵前將各田地山蕩核明科則加減確數按戶頒給易知由單印官于備公銀內發給紙工不許分文苛派儻有飛洒浮加暗派單費及單不發者揭報參究一永定推收之法凡典賣產業于成交稅契時隨卽推收過戶不許賣主捐勒因順莊初行各縣多有止將田畝數目彼此開除未有田畝字號清付莊書借此捐勒橫索是以今屆大造之年暫令各圖有田花戶情願認充者一人管理冊籍推收完竣交冊歸農並不令其每年管冊并不許州縣抑勒承充差拿滋擾一切錢糧催比等事不得干涉致累并照程陞司議定凡推出收田一畝止取銀一分地山蕩一畝止

取銀五釐以為紙筆飯食費敢有縣蠹借名把持勒索殷戶包費多取推收分文者拿究處死嗣後民間典買產業卽將字號開付過戶則逐年推收既淸卽屆大造亦毋庸另點殷戶承管更為民便永有遵守一永革重耗之弊各州縣徵糧火耗俱照歷來數目通查奏明在案嘉屬之嘉興桐縣每兩各六分秀水嘉善石門平湖各五分海鹽七分以上仍于此內每銀一兩存縣一分以作傾鎔解費里民俱應止照歷來原定耗銀數目用部頒庫平加增自封投櫃足紋不拘錠塊完納每票止給串錢一文不許銀匠勾通捐勒包扣打截櫃書執戥

稱收如有青潮短少發出原銀認明補足敢有私用重
戥于定耗之外多加分釐及止標封袋濫捉短少告發
嚴參一永定紙張之費莊書發給滾單造冊紙張飯食
不能無費若不官爲酌定必至私勒横派難以經久嗣
後糧戶每年每田一畝者給銀二釐以爲紙筆之資敢
有多索釐毫告發處死雍正九年十一月日附載原案雍正五年
十二月二十三日署嘉興縣戈奉嘉興府正堂閻爲欲
革里書之積弊等事奉署布政司憲牌轉奉巡撫都察
院李批會看得浙省田賦混淆糧多積欠大弊皆出于
里書而實由于戶名不清圖分隔別始足以逞其奸而
致官民賠累爲害匪淺急宜剔釐澄清本司道伏查憲
檄飭議順莊一案逐條指示仰見憲臺愼慮周詳竊謂
錮弊可除滾催無阻誠一勞永逸之善政經前司轉飭
查議去後茲據各該府詳據各該縣議覆前來本署司

等備悉確查虛衷參酌雖云因地制宜各抒已見而大
同小異並未有越憲示而另置一議者總之理法所在
無地不可行也如憲檄順莊之法如何措施而始盡善
就保甲以查糧作何稽督而使無隱匿之奸據嘉興府
所議責坊圖保甲將本坊圩民開造保甲戶冊卽查其
本戶名下有田地若干坐落某圖某甲戶名辦如一名
而數戶分納卽令分晰如一人而詭立數名卽爲歸併
所納銀米一塡寫造一草冊送縣一面押舊里書將
所管圖額田地山蕩若干銀米若干下列戶名某人完
某某項銀米若干現住某處務寫的名實號核算總撤
相符亦造一草冊送縣設局擇吏書二十餘人較對如
有舛錯鬼名卽喚里書問明更正然後繕造保甲順莊
淸冊存貯分限塡單交總保面令單首傳催其有田在
本圖而居隔屬另造寄莊交佃齎催等情甚屬明悉至
所議二十餘人司冊之處查各屬田地糧額多寡不同
冊籍煩簡不一應照湖府所議大縣准其十二名中縣
八名小縣四名務選殷實老成畏法之人不得濫委匪
人仍令印官給與紙筆飯食毋許派累又蒙憲檄責經
承以管冊作何釐革而使無前轍之蹈亦如嘉興府所
議若一役而兼管兩冊則操縱自如應各點數役專管

年終愼選更換凡承管順莊冊書不許點充銀米經承
旣充錢糧經承不許管順莊糧冊等情則接手者不肯
代人受過有弊卽能敗露應如所請又奉憲檄順莊之
田額多寡不同如何而使通縣有均田均役之利查浙
省丁役各縣亦有照人起丁者亦有照糧產起丁者各
不相同若照糧產起丁則糧從產辦役照糧催卽係均
田均役之法自無苦累至于照人起丁之縣現奉憲檄
有產去糧存光丁賠累之苦飭議照糧起丁現在另詳
毋庸置議也又奉憲檄逃絕之糧稽額旣明如何而使
官民免賠代墊之難嘉興府所議如有隱佔悉令自首
首亡絕塡糧著圩保淸出除棺槨里數外餘地召佃便
隨栽植得息辦糧以補缺額等語查此議恐非通省所
宜應請俟各屬將順莊一冊告竣之日核出實在逃絕
之糧計其多寡飭縣因田地制宜酌議抵補以期實濟
又奉憲檄一買賣田產各縣有逐年推收者有十年一收
者似應畫一更便於民如嘉興府所議量圖酌點書役
每年閣挨凡民間一交易成業主親齎賣契推收立時
報稅各圖置印簿一本付管稅書役同業主面同登簿
將前件寫明田畝分數完糧戶名寫畢將印簿推收一
同繳縣核對印稅次日卽發本人親領次年徵糧冊籍

卽傳入內徧照稅簿查明推收毋庸糧戶齎契至有漕
各縣兩者兼而行之官民俱便等語則查隱稅寄戶之
弊可除矣應如所議并令印官出示曉諭務使咸知實
力遵行又奉憲檄限期應何時而責其成功勤惰用何
法以定其賞罰查各縣田地山蕩錢糧多寡不同冊籍
煩簡各別查杭嘉湖三府糧額冊籍頗多兼之有漕寬
以一年之限造竣甯紹台金衢嚴六府冊籍適中寬以
十個月爲期溫處二府限以八月完竣各屬如有已經
奉行應飭將作何舉行緣由據實通報如與此議未盡
之處仍令照議畫一舉行如果實心任事行之有益令
該管知府察核詳司轉請題達紀敘倘有奉行不力悠
忽從事亦卽詳參處再照此案惟杭嘉湖三府糧額戶
口頗多冊籍紛繁兼有兌漕要務及一切刑名錢穀案
件之責恐難兼顧應如杭嘉湖道徐所請酌請人員協
辦惟是請發人員少則不敷辦理多則又慮壅滯今本
司道詳委候補知縣之葛大梁及原任海鹽縣行取知
縣梁澤等二員先于嘉秀二縣試用外又有現奉發浙
江候補知縣沙漢鼇汪士璜二員現在空閒一併檄發
該道派委但葛大梁沙漢鼇汪士璜等三員如遇縣缺
卽應詳請委署非可久令辦理應請憲臺具題應遞補

知縣人員內揀選二十員來浙先交杭嘉湖道分發三府同各該縣協辦如果實力遵行著有成效卽開明事由功績遇缺詳請題補若怠玩偷安卽據實詳候劾參至甯紹金衢台嚴溫處八府戶口冊籍較少各該縣又無兌漕之煩似應止飭各該縣查造如誠必須委員協理應俟該道府詳請所發二十員酌撥前往協辦倘各員補用將完而通省順莊尚有未告竣或應再請人員容俟屆期續請並候憲裁以上所議各條是否允協擬合詳覆統候憲臺
鴻裁核奪具題

漕截銀及灰石食米等折銀統歸地漕徵收

乾隆四年三月布政使張若震檄文爲遵
旨察議事奉巡撫都察院盧倬准戶部咨開雲南司案呈戶科抄出浙督嵇曾筠題前事奉
旨該部議奏欽此欽遵該臣等查得浙督嵇疏稱浙省杭嘉湖

三府屬漕截銀兩前經布政使張具摺奏請并入地丁統徵分解接准部咨漕截一項折收紋銀照漕項輕齎之例并入地丁統徵分解原爲便民起見事屬可行但徵收九八色銀以及每兩耗羨二分之處從前並無咨題成案而耗羨銀兩俱係隨正交納地丁與漕截耗羨多寡不一既經并入徵收作何均攤勻扣必須斟酌盡善軍民兩便方可永遠遵行行令會同總漕確查定議具題到日再議等因查漕截銀兩係里民貼贈給丁濟運之項向收九八色銀舊例相沿原無咨題成案惟查隨徵耗羨二分係雍正八年正月內前督臣李於
聖恩溥被等事案內奏明抵給運弁養廉有案至於作何均攤均扣之處查杭嘉湖三府屬地漕耗羨每兩自四分以至九分不等而漕截銀兩色既九八耗羨又係通槩二分正耗共徵一兩截耗數少地耗數多應就各該州縣地漕耗羨之多寡將漕截正耗通扣攤算總以所徵正耗一兩內以九錢八分給軍濟運以二分解司爲運弁養廉之用所有減徵數目造冊送部察核此項漕截從前定於十月開徵勒限兩月全完今于隨同地丁一條鞭徵收限期寬展民間既免另款分納之繁旗丁又得隨領濟運實爲軍民兩便永遠可行惟是漕截銀兩係隨漕給運之項應於秋徵之後先儘漕截聽存縣庫至期各該縣照實徵九八折淨之數紋銀給發倘有額外加耗及缺悞扣尅情弊卽行嚴揭詳參如遇漕糧停運折徵之年卽照實徵九八折淨之數解部再漕截之外尚有灰石及白糧項下食米折二款向係解道同漕截並徵今漕截既與地漕統徵分給亦應同漕截一體派徵查灰石食米折係解部之項例徵足紋其耗羨向與地漕一例徵收毋庸折算至灰石一項應請歸察核通庫等事案內同漕截一併列冊造報奏銷食米折銀一款仍于白糧銷算事案內造報均於乾隆四年爲始除

冊送部外臣謹會同漕運總督臣托合詞具題等因前來查乾隆三年三月內據浙江布政使張奏稱漕糧項下有貼贈一項每石徵九八色銀三錢四分七釐每兩加耗二分名爲漕截例係十月開徵勒限兩月全完爲期甚迫民情多以爲累且此項銀兩止徵耗銀二分銀色又止九八各州縣亦有私照地丁收耗并收足紋者與其分徵未善不如統徵便民應自乾隆四年爲始照漕項輕齎等項之例并入地丁統徵分解其有按照原定每石三錢四分七釐以九八折算實徵紋銀三錢四分六絲倘遇停折之年亦照九八實徵之數起解將二

分耗羨攤入地丁耗羨內勻扣徵收等因臣部行令浙督會同總漕確查定議今該督疏稱漕截銀兩等語應如所題辦理再該督疏稱漕截之外等語亦應如所題可也等因于乾隆四年二月二十三日奉

旨依議欽此爲此合咨前去欽遵查照施行等因到本部院准此合就轉行備案行司遵照准咨事理卽將漕截銀兩隨同地丁一條鞭徵各緣由移行欽遵等因奉此合亟抄冊轉飭爲此仰縣官吏查照准咨事理卽便欽遵將漕截正耗銀兩于乾隆四年爲始并入地丁統徵分解其漕糧項下灰石白糧項下之食米折二項原係向同

地漕統徵分解之項仍照往例一併徵收分別造報奏銷從此有漕州縣並無另徵漕截名色至秋徵之後先儘漕截照實徵九八折淨之數紋銀給發倘有額外加耗及缺悮扣尅情弊立卽嚴行揭參如遇漕糧停運折徵之年卽照實徵之數起解毋庸仍前另易紋銀解部仍將通邑額徵漕截正耗銀兩照依抄發冊內原定每兩折實紋銀數目科算按照田地山蕩每畝應加徵漕截銀若干併入每畝全書額定地漕之內共徵銀若干造具細冊并算本年科則由單一並星馳送司以憑察核轉呈永定章程并照例發示曉諭俾民咸知遵守均

毋違玩混延致干未便須至案者計開該縣地漕耗羨原定每兩五分漕截銀兩係隨漕徵收銀色九八原定耗羨銀每兩二分正耗共該一兩但截耗數少地耗數多若將漕截正銀九八折實統徵將耗羨另攤則地漕與漕截正耗多寡不齊難以畫一徵收且耗有釐頭恐致捲尾徵零應將漕截正耗通扣攤算庶與地漕耗羨一例而漕截銀兩亦無盈縮計該縣漕截正耗共銀一兩應減作實徵銀九錢五分二釐三毫八絲九微五塵二渺三漠八埃一纖每兩加耗銀五分該耗四分七釐六毫一絲九忽四塵七渺六漠一埃九纖正耗仍合一

兩以正銀九錢八分作爲一兩給軍二分耗羨解司乾隆四年三月〔平湖朱志〕

南糧零星小戶准折

巡撫熊學鵬檄文爲遵

旨議奏事乾隆三十年正月准戶部咨開浙江淸吏司案呈戶科抄出浙撫熊題前事奉

旨該部議奏欽此欽遵于本日抄出到部該臣等查得浙撫熊疏稱浙省杭嘉湖三府額徵南米歷係十月隨漕啟徵民間完納之米先儘漕兑餘作南糧分別徵解無如內有屋基墳糧零星升合小戶本無產米若必令其完納

本色勢必購買交倉而以升合之糧來倉守候小民未免苦累經臣奏請折收准部議覆應如何酌照該地市值折中定價以垂久遠俾民無加徵價有定數行令妥議具題等因臣當卽行令布政使索署糧道事杭嘉湖道永德等查議去後茲據該司道詳覆前來臣覆加察核查年歲有豐歉不同米價有低昂不一其小民應完零星升合之米既經奏准折徵若價無一定民無遵守誠恐不肖官吏遂得高擡浮收難免滋累今據該司道議詳請照現在金台溫等府折徵南米之例每石定以一兩六錢每升折收制錢一十四文按照時值酌中定價使貴不加增賤不議減價有定數民知照數畫一完納不肖官吏無從高下其手實屬便民可垂久遠之法其每年折收錢文遵照部行抵裁減漢軍之餘米報撥充餉但查裁改漢軍停支省米僅止五千五百餘石該杭嘉湖三府屬零戶南米多寡不一且民間產業消長大小更改亦歲有不同應飭各屬於每年啟徵之先預造易知由單并額徵細冊送該司道查核將完糧至少之零戶分列莊名數目飭令按照定價折收其有愿完本色者仍聽民便毋許槩行勒折其折色花戶及折收數目按年造具細冊送臣衙門再加覆核分別奏咨至

折收之數如與裁減漢軍停支省米之數較有多餘卽將多收錢文買補還倉支放兵餉倘折收之數不及五千五百餘石則米有多餘除抵放兵糧外餘俱遵照原奏糶價報部一并撥充餉用再查南米零戶既有折收定價一俟正漕行月等米兑竣之後于次年正月間設櫃縣署另立流串日報等簿折徵依限奏銷在各該管上司亦得按冊隨時弔查以杜成斗大戶尾零花分影射之漸則因南及漕之弊不禁自絕矣再漕糧上供

天庾例應乾圓潔淨應飭各該府留心稽查徵收本色倘有于折南米之外多收顆粒情弊卽行嚴參治罪臣仍嚴

督該司道實力察查以仰副我
皇上惠愛元元之至意臣管見所及是否有當理合遵照部議具題前來查杭嘉湖三府屬應徵南米內零星升合小戶先據該撫熊奏稱多係市廛房屋基地山場本無米穀產收小民買米交倉不特守候量驗且市糶之米色不齊不肖胥吏或借端刁頓勒索又因零星升合為數甚少任意浮收種種滋弊小民不無累苦若令折交錢文既可以免守候量驗之煩亦可以杜胥吏勒索浮收之弊請徵收折色每年照時定價核實徵收等因經臣部以從前浙省金台等府及富陽等縣改徵折色原係

便民之意應如該撫所奏將該三府屬零星小戶准其折價徵收不得將成斗以上及大戶尾零作為零星影射勒折致滋弊混如小戶內有願交本色者仍聽其便將每年收過折色花戶錢文數目繕摺具奏造冊咨送臣部查核其每年徵收價值應如何酌照該地方市值情形量為折中定價可垂久遠之處行令該撫悉心妥議具題到日另議至浙省旗營滿漢官兵及織造匠役月糧俱係南米內動支給發于乾隆二十八年據原任閩浙總督楊等奏稱杭州漢軍出旗為民改補綠營每年停支糧米五萬三千一百石零除抵給金台等府并乍浦營應買兵米外尚餘本色米五千五百餘石存貯省倉其杭嘉湖三府零星小戶之米為數無多既有現存餘米儘可抵放所有該三府折徵米價提貯司庫報撥充餉但收漕之例久禁折價今該三府或因小戶南米折徵并及漕米不可不防其漸一并議令該撫不時查察如有不肖官吏從中乘機舞弊立即指參治罪今據該撫疏稱杭嘉湖三府屬小民應完零星升合之米請照現在金台溫等府折徵南米之例每石定以一兩六錢每升折收制錢一十四文完納貴不加增賤不議減各等語是就該三府屬實在情形酌中定價釐剔弊

端均應如該撫所題辦理至該撫疏稱漕糧等語亦應如所題辦理行令該撫不時查察如有不肖官吏乘機舞弊立即指參治罪可也乾隆二十九年十二月十二日奉
旨依議欽此為此合咨前去欽遵查照施行等因到本部院准此合就轉行備案行司遵照即便轉行欽遵實心辦理毋違布政司覺羅永德檄文為遵
旨議奏事案照浙省額徵南米自裁減漢軍之後除供放滿綠旗營兵糧外尚餘本色米五千五百餘石議請將杭嘉湖三府零戶折徵米價提貯司庫報撥充餉奉准部覆

在案今查杭嘉湖三府屬縣額徵南米除全數留兊兵
糧并數止百十石者毋庸議折外計海甯餘杭嘉秀善
鹽平石桐歸烏德等十二縣額徵米一十一萬八百餘
石以所餘之五千五百石勻攤計算每額米一千石應
折徵零戶米四十六石零第部定之價每石僅折徵銀
一兩六錢儻各縣邀譽多收折價全行解司題奏入冊
將來買補奏放兵糧原價不敷殊費周章合行酌派開
單飛飭仰縣查照單開應徵本折米石星飛趕徵全完
造冊題銷平湖朱志

嘉秀善三縣嵌田第九次會丈具題結案

康熙四十六年九月十六日督撫會題十月十三日奉
旨察議具奏十一月初三日戶部覆題該臣等查得浙撫王然
會同總督梁疏稱嘉興秀水嘉善三縣互嵌田地先經
委員清丈具題部覆各照疆界歸正坐縣完糧等因通
行在案今善民姜熊等復行叩
闇奏
旨察明具題并發奏摺到臣臣查此案雖經兩次丈勘但三邑
士民俱稱從前未經隨丈終難輸服其心令嘉興府知
府督同三縣率領里老并懇寬一年之限俾得逐次親
勘造冊報部庶互嵌得清而訟端永息等因前來查該
撫既稱善民姜熊等俱稱從前未經隨丈終難輸服其
心等語應如該撫所題勒一年之限交與嘉興府督同
興秀善三縣知縣并率領里老等確行丈明分別各縣
疆界照原額徵輸具題可也十一月初五日奉
旨依議

嘉興府知府臧憲祖會同三縣丈畢詳文

奉此隨經請頒畫一弓式下府隨即轉行嘉興秀水嘉
善三縣印官飭令帶同三邑里老圩長人等遵照部行
先丈嘉善次丈嘉興再丈秀水逐一互相丈竣訖今據
署嘉興縣事秀水縣知縣陳邦華嘉善縣知縣李夢昺
會詳開稱職等帶同里老圩長弓算遵照部行先丈嘉
善次丈嘉興再丈秀水業將三縣田地俱經逐細查丈
今據嘉興縣糧里士民吳案陳廷姚煐張文吳澗秀水
縣糧里士民沈英陳顯邸珙鍾鴻屠靖嘉善縣糧里士

民浦成朱恒支廷都賢金元等呈爲丈量工竣公籲申
覆結案三邑均戴天恩事竊惟嘉秀善三縣嵌田訟累
已久向會委員清丈因三邑士民未經隨丈彼此懷疑
恭懇撫憲具題覆丈奉部遴委臧府主督同三縣父母
并率領里老圩長親臨三邑按畝施弓按號造冊今已
丈竣細對覆丈田地與前丈數相符三縣各無遺漏業
已彼此允服互出甘結三縣俱有缺額共應徵銀米相
應各照自缺之數各自補額以足國課永息爭端爲此
公叩天臺俯電輿情迅賜申覆容部結案三色億萬生
靈永沾宏慈於無既矣等情出具甘結前來據此隨該
卑職等會看得三縣嵌田歷經查丈八次俱有無田之
虛糧而民情終未輸服案仍不結者祗緣從前各縣各
丈彼此不相知以致猜疑積訟今職等遵奉部文隨同
本府率領嘉秀紳士糧戶里老圩長人等先至善邑公
同嘉興縣紳士糧戶里老圩長人等將善邑田地阡定
疆界履畝清丈實在田地共六千三十七頃六十八畝
八分三釐六毫內嵌有嘉興縣完糧田地九千三百八
十六畝四分七釐九毫五絲秀水縣完糧田地一百七
十七頃四十五畝三分七釐九毫外有缺額田地二萬
三千九百八十四畝五分八釐二毫五絲丈畢又率領

秀善紳士糧戶里老圩長人等同至嘉興公同嘉興縣紳士糧戶里老圩長人等將嘉興縣田地阡定疆界履畝清丈實在田地八十五萬一千九百七畝八分五釐九毫七絲內嵌有秀水縣完糧一田三千二百七十五畝七分六釐五毫嘉善縣完糧田三百三十九畝九分九釐六毫外有缺額田地一萬八千五百一十六畝四分四釐六毫三絲丈畢復又率領嘉興嘉善紳士糧戶里老圩長人等同至秀邑公同秀水縣紳士糧戶里老圩長人等將秀邑田地阡定疆界履畝清丈實在田地其六千三十四頃九十八畝一釐七毫五絲內嵌有嘉興縣完糧田地三十頃三十九畝七分一釐一毫嘉善縣完糧田地五百六十八畝七分二釐五毫外有缺額田地一萬六千三百九畝五分六釐公同丈畢而三縣紳士糧戶里老圩長人等始信三縣各有缺額各有嵌田並無隱佔狥情等弊百年疑案一旦頓釋今據三縣紳士糧里圩長人等齊集郡廟公具各願各補各缺允服押結前來卑職等三縣印官隨當公眾加具印結現在相應詳請憲臺俯 念三縣邑各補各缺仍與國課原額無虧恩賜加結轉詳題覆伏候核轉等情出具印甘冊結前來據此隨嘉興府知府臧憲祖查看得三邑嵌田

一案爭訟歷逾百年查結已經八次乃善邑民人姜熊等仍復具狀叩 閽者總緣嘉秀二縣坐嵌善邑田地一項疑爲嘉秀詭推詭收獨致嘉善缺額而從前雖屢經清丈皆係各縣各丈並未令其互相稽察此所以積疑難釋終年刺刺不休也今卑府蒙委督同三縣印官徹底勘丈當即率領嘉秀善三縣知縣帶齊三縣里老圩長弓算人等先令嘉秀二縣里老弓算會丈嘉善隨令嘉善里老弓算會同嘉秀里老以次挨丈嘉秀田畝在嘉善除興秀二縣坐嵌田地二百七十一頃三十一畝零外於原額內丈缺田地二萬三千九百八十四畝五分零在嘉興除善秀二縣坐嵌田地三千六百十五畝七分零外於原額內丈缺田地一萬八千五百十六畝四分零在秀水除興善二縣坐嵌田地三十六頃八畝四分零外於原額內丈缺田地一萬六千三十九畝五分零俱係三邑紳士里老隨同各該印官會齊畫一弓口互相覔丈見三縣互有嵌田各有缺額始各安帖輸服自願各缺各補照依原定額數照舊納糧同具甘結由該三縣合加印結並造具清丈簡明總冊齎請轉詳結案似百年之疑竇全消即百年之爭端可息矣且既各照原額完糧則正與現奉照依原定額數納糧之部文相符即先奉部駁與原額不符之全書亦可不須更正全書既不須更正則亦不須各歸坐縣完糧無庸糧隨田轉仍聽各守三百年來不設縣之成規無事紛更滋擾而疆界原未嘗不正也至田地缺額乃自明及今相沿已久姜熊等叩閽之處事屬有因應蒙免之議理合加具印結詳請憲臺察核轉題達俾久懸之案得以完結則三邑士民均受無窮之福矣康熙四十七年十一月十九日知府臧憲祖布政司申批仰候據轉送到縣結已經另繳飭換矣

撫院王然題疏

浙撫王題爲叩謝

皇恩事該臣等看得嘉秀善三縣互嵌田地因嘉善民姜熊等以從前查丈之時未經親隨恐有隱佔復行叩

閽經臣具題部覆勒限一年交與嘉興府督同三縣知縣率

領里老確行丈明分別定立各縣疆界照原定額數納糧具題等因轉行今據署布政司事程詳稱據嘉興府知府臧督同署嘉興縣秀水縣陳嘉善縣李率領里老紳衿等將三縣田地查丈按冊合算丈實數目與從前相符並無欺佔隱漏三邑紳士俱已允服出具甘結情願各照自缺之數補額府縣加結總冊具題前來臣查三縣嵌田既據丈明士民允服各照定額部文相符至於三縣田地錢糧彼此既無增減無庸議改纂今姜熊等叩

閽之處事屬有因應予免議除冊送部外臣謹具奏

原行部文

戶部覆該臣等查得先經原任浙江巡撫王然疏稱查三
縣互嵌田地該撫既稱委嘉興府知府督同三縣率領
里老將三縣田地查丈並無多寡互異其缺額之數士
民情願照自缺之數補額完糧姜熊等叩
闔之處相應免議等語應如該撫所題照各正疆界清還嵌
田之後所有丈缺田地士民等各自均攤補足以符原
額既無增減不必更行纂造全書今三縣缺額之田該
撫既稱丈明俱已補足將姜熊等叩
闔之處免其議處可也

嘉秀二縣糧里公呈

嘉興秀水二縣紳衿糧里吳麟沈成姚全葛瑞陳元陳
必顯張元鑄俞文行邱德會達等呈為嵌田蒙丈已清
應照自認各補缺額以符原題永均賦役事竊惟土田
載諸志乘賦役須有全書上裕推正之供下息鼠雀之
爭雖遐陬僻壤莫不按畝輸將無增減者也不意興
秀善三縣自萬歷以來紛紛聚訟案經八結悉報並無
差誤各安其故一百三十年案牘碑文炳存赤據茲善
民姜熊等以從前未經隨丈終難輸服去年蒙府主遵
旨帶同三邑官紳士民里老糧戶圩長人等遍
歷村莊公同履畝清丈三縣均有缺額善邑士民疑竇
始釋隨據嘉善縣里老浦成等嘉興縣里老吳案等秀
水縣里老沈英等併同三縣紳士民戶人等齊集於郡
廟公同會議僉謂若要各正疆界歸正坐縣須糧隨田
辦改造全書不無更張既已三百餘年輸將無異自宜
照舊完糧各缺各補各皆允服出具書押甘結蒙三縣
主加具印結詳蒙本府太爺加結轉詳藩憲詳奉前撫
院大老爺具題今奉部覆應如該撫所題照各正疆界
清還嵌田之後所有丈缺田地士民等各自均攤補足
以符原額既無增減不必更行纂造全書等因麟等泣
思三縣田地雖有彼此互嵌然俱係實在完糧之田並
無欺佔隱漏業戶辦糧久有版籍總以全書定額為憑
原不計其坐落地方也若以嵌田清還坐縣則嘉善縣
額載完糧田地止該六十萬一千三百六十三畝二分
五釐二毫今據丈實六十萬三千七百六十八畝八分
三釐六毫此照全書已餘田三千四百餘畝其與自認
各補各缺之議大相矛盾顯係嵌田乃與秀實在完糧
之產奚堪捉墊抵補自缺況嘉善田浮額外必致興秀
虧上加虧錢糧從何著落若必清還則彼此均有增減
勢必糧隨田轉全書又當攺造矣況部文內開各正疆
界清還嵌田之後十字並非麟等三縣紳士里民原議
允服之輿情亦非前撫院原題之議併與部文既無增
減不必更行纂造全書之說前後互異以致嘉善縣糧
里乘機私具遵依謊呈新縣不由府主核明徑自越送
幸逢撫院大老爺洞燭奸欺有與秀善三縣嵌田一案
前院原題及部覆俱云該府知府督同三縣知縣率領
里老將田地查丈均有缺額士民情願照自缺之數補
額完糧該縣自應遵照部文補額詳報該府核明取具
三縣里老士民人等遵依府縣加具印結由司轉送庶

得永斷葛藤今嘉善縣率具遵依竟行詳送其中果否
無弊無憑查核仰布政司飭令該府遵照部文內開情
由取具三縣官民遵依印結該府查核明白加結由司
轉送以憑核存仍候督部院批示繳遵依並發之鈞批
此誠至正至公一勞永逸之舉詎意善邑糧里漫不前
來明係希圖上延
旨憲行查之案下累麟等守
候之苦況今久晴不雨正值車戽救苗之際不得不連
名哀懇合應遵照原疏及大部各自均攤補足之明文
併奉撫憲大老爺鈞批公具各補各缺之遵依到案伏
祈仁臺恩賜轉詳其嘉善縣自認補額田地亦令照議
攤補足額一併申送庶大案不致久稽而麟等亦免
守候之累則感激高厚之恩當生生世世不朽矣

嘉秀二縣會詳看語

會查得嘉秀善三縣田地上年蒙憲督同三縣官紳士
民圩長人等公同逐縣挨次清丈明白各有虧缺各有
田地互嵌其中各以嵌田四至界址查照版圖魚鱗冊
內俱與原數核正是疆界已清無庸更易互嵌之田既
無欺佔隱漏無所清還則免田糧增減改造全書之繁
各自照舊糧隨田辦所有概縣缺額各縣照數自補以

符原額不必改造全書始據善縣里老浦成等嘉縣里老吳案等秀縣里老沈英等併同三縣紳士民戶人等允服公同出結無異荷蒙前院具題今奉部文開載應如該撫所題所有丈鈌田地士民等各自均攤補足以符原額既無增減不必更行纂造全書是知丈量時疆界已經對冊核正糧隨田辦均有鈌額此內無可清還之處巳蒙燭照正協三縣士民原議允服輿情矣迺伏讀各正疆界清還嵌田之後二語若此二語又與既無增減不必更行纂造全書之　旨大相逕庭難以遵從正欲詳請咨明大部間不意善邑糧里士民並不會同議妥輒具遵依越送幸奉撫都院憲批與秀縣嵌田一案前院原題及部覆具云該府知府督同三縣知縣率領里老將田地查丈均有鈌額士民情願照自鈌之數補額完糧該縣自應遵照部文補額詳報該府核明取具三縣里老士民人等遵依府縣加具印結由司轉送庶得永斷葛藤今嘉善縣率具遵依竟行詳送其中果否無弊無憑查核仰布政司飭令該府遵照部文內開情由取具三縣官民遵依印結該府查核明白加結由司詳送以憑核存仍候督部堂批示繳此在撫憲明同日月洞燭隱微務使三縣官民糧里面同公議會出遵依不特可免偏枯之累更可以杜日後之爭端而體
國爲民盡善盡美在與秀紳士糧里無不歡聲雷動而職等惟有恪遵以待善令率領紳衿里老來郡查照原題公議具送早結大案詎意善邑糧里人等一味瞋視竟不前來上違憲批嚴檄而不遵下累官民守候於不問此等肺腸眞不可解今據各糧里公籲前情相應詳請伏祈俯念國計民生亟賜轉詳咨請大部示明原議俾三縣紳士得以遵守則善邑民人不致違混妄生異議嘉秀億萬蒼生感頌
皇恩於無既矣

撫院黃秉中咨部

爲叩謝
皇恩等事據浙江布政司呈稱康熙四十八年四月初三日奉本院案驗准戶部咨開云云查得嘉秀善三縣士民俱已允服詳請前院具題奉部議覆轉飭遵照在案并遵院批取具遵依去後今據該府賦詳據嘉秀二縣詳稱丈量田地已蒙本府督同三縣官紳士民圩長人等公同逐縣清丈明白已經對冊核正糧隨田辦均有鈌額無所清還三縣士民情願各鈌各補照舊完糧以符原額詳請題覆今部文內開所有

丈鈌田地士民等各自均攤補足以符原額既無增減不必更行纂造全書等因已蒙內部明鑒均有鈌額不須更纂全書自是無可清還以滋紛更正協各士民原議允服輿情矣乃部文內又有各正疆界清還嵌田之後二語此二語係原疏所無其中不惟無所清還勢必全書更造則與既無增減不必更纂全書之意似屬懸殊其如善邑士民藉此二語爲由竟不會同議詳率具遵依幸蒙燭照情弊奉批駁飭取具三縣遵依而善邑又獨抗不遵今據嘉秀二縣各糧里公籲具詳前來擬合據情轉請咨明大部照原議畫一示明俾三縣紳士里民悉遵原定額數各鈌各補照舊納糧無紛更纂造全書之累三縣億萬生民不致妄生異議矣等因到院據此相應據詳咨明爲此合咨貴部煩請查明示覆施行

康熙四十八年十一月初五日戶部回咨

爲叩謝　皇恩事先經原任浙撫王疏稱　嘉善縣民姜熊等爲嘉秀善三縣互嵌田地不清叩　閽一案今准浙撫黃咨稱三縣田奉部以均有鈌額不須更纂造全書自是無可清還正協各士民原議允服輿情乃部文內有各正疆界清還嵌田之後二語此二語係原疏所無其中不惟無所清還勢必全書更造則與既無增減不必更造全書之意似屬懸殊請部照原議畫一示明俾三縣紳士里民悉遵原定額數各鈌各補照舊納糧等因前來查先經原任浙撫王以三縣田地查丈查竣但均有鈌額今既丈明士民俱已允服各照自鈌之數補額完糧等因具題本部原題清字案內係應如該撫所題既已各正疆界清丈嵌田其鈌額田地士民等各自補足原額既無增減不必更行纂造全書等語漢字內行文時誤寫還字又多寫後字將誤寫書辦革責外相應咨照該撫仍照原任巡撫王原題將三縣鈌額之地各自補足原額完糧可也爲此合咨前去查照施行

附載王庭從前三縣嵌田聚訟之由

問嘉秀善三縣之分分界乎分糧乎曰分界卽分糧也從嘉興縣中畫分西北若干都之地爲秀水東北若干都

之地爲嘉善此分界也界內某圩之地隸于某都之里長當日照各界內都圖糧戶冊籍分派故曰分糧也

問既分縣矣又何有錯壤乎曰分後爲各縣其先卽嘉興一縣之各都也本都之田卽在本都完糧立戶者其常也此都之糧戶買田於彼都大造時收彼都田之糧於此都戶下而田實在彼都是此都之田嵌在彼都界矣先未分縣時只嵌田于本縣別都之界及分三縣便以爲嵌在別縣之界故曰錯壤也宣德分縣時去洪武初定版籍未遠故所錯尚少也

問他縣有嵌田乎曰嘉興界內有海鹽平湖桐鄉之嵌田

嘉善尙有平湖靑浦吳江嵌田皆相沿錯壤也至如石門分出桐鄉而嵌海鹽分出平湖而嵌錯壤尤多矣

問善糧何以獨重曰其本額也凡一縣中田有上中下之等各省槪然自嘉靖二十七年趙郡守行扒平之法然後嘉府七縣一縣均爲一則宣德未分縣時嘉興縣田誌載有百餘則大都嘉興地瘠租輕則居下故糧輕所分秀水地稍腴租稍厚則居中故糧稍重嘉善地最腴租最厚則居上故糧尤重此舊定之額無足疑也至官田一項租粒起科極重今嘉府誌嘉秀二縣界內官田止于十之一二嘉善界內官田十之四五此又糧重之一端也

問他縣糧重輕有之乎曰有之秀水之糧重于嘉興嘉興之糧重于海鹽平湖至蘇松之糧額又重於嘉善現在畫然無異議也

問嵌田在嘉善地圩之內同爲腴田何以照嘉秀輕額完糧曰此因扒平之故也當未扒平之先嘉秀嵌嘉善之田與善田之糧額同原比嘉秀田糧爲重至嘉靖年間各縣扒平則嘉秀嵌善之田仍於嘉秀通縣田糧內扒平定額所以從嘉秀而稍輕也各縣嵌田俱從本縣糧額完糧其例明矣

問嵌田有多寡不同何耶曰嘉秀二縣附郭嘉善舊是魏塘鄉鎭鄉鎭中鄉紳富戶少故買近城之田而收糧于鄉戶者少近城鄉紳富戶多故買遠鄉之田而收糧于近城者多此嵌田多寡不等事理易明也

問何爲有隔縣推收之說曰萬歷九年丈量凡各縣圩田通量入本縣數內後有錯壤應歸額者此縣據舊額關文收回彼縣卽照額推出嘉秀關文嘉善收嵌田三萬三千五百餘畝之多其原額多也嘉善移關嘉秀收嵌田三千三百三十九畝之少其原額少也既係公關決非私弊若非舊額何據關文此可破來往多少之疑矣

問各縣多有嵌田何以不争而嘉善獨訐訟何耶曰有故也萬歷九年丈量嘉興張知縣因恐田畝缺額先用五尺八寸小弓弓小田餘以後仍查舊管派還本戶因張知縣去速尚有未還民之田一千四百餘畝奸胥私授于富戶金圻當經首發究罪嘉善鄉紳借此爲由指稱嘉秀有欺隱餘田時適秀水闕收姚希聖田一千四百餘畝嘉善捐奪不發善紳因將巳田二三畝折一畝沒此奪田之數以後各紳紛欲折田計必先奪嘉秀之田相抵因見秀水縣天甯寺僧可欺天甯莊三千餘畝田在善界可奪遂于萬歷十三年起訟此無非爲折田之

利耳後嘉善爲割冊鼓噪問畀竟與嘉秀爲仇以此數十年搆禍始實爲利終又爲仇非關有他弊之可乘也

問旣爲嘉善鱗冊何以有嘉秀田曰魚鱗冊從地者也地之逐圩相比如魚之鱗嘉秀之田旣嵌善地胡能不入善冊當初嘉善舊魚鱗冊逐圩後開有總數計田若干內本縣田若干嘉秀嵌田若干相傳所謂有總魚鱗冊也後因爭訟割換幸嘉興縣會因訟田弔嘉善遷西有總冊一本存庫對勘而定其畀當時嘉善所刊嘉秀影射田圖逐圩開註嵌田共三萬三千五百餘畝之數卽有總魚鱗冊之案也特改錯壞之名爲影射耳此魚鱗冊所載嵌田不勞更辨

問嘉善縣誌稱逐圩被嘉秀佔去田若干信乎曰非也凡侵佔田地必于各縣交界地方今嵌田在嘉善腹裏各圩圩又數百十處旣非交界嘉秀之民何術而逐圩握佔之耶

問刻碑以萬歷八年糧額爲據何說耶曰嘉善起訟指萬歷九年丈量後闕收多少差悞爲詞者也果九年之後不足憑若九年之前八年之實徵糧冊此是宣德分縣之舊額豈不足憑乎所以道府會同七縣分勘憑照萬歷八年實徵糧冊定額立碑察院永杜爭端原有實據

非是苟且調停也

問嘉善田虧有之乎曰卽有之與嘉秀無涉也一則係善紳折田而田虧再則爲各圩窰口挖土燒磚土去田亡而田虧今嘉善新丈折田所隱或丈出矣或猶未盡若燒窰所去之田多旼蕩田竟未考也其新書云萬歷九年丈量奉監司命縮弓二寸較今部頒足弓爲虧審若此卽果虧田與嘉秀嵌田何涉乎果虧胡不于

朝廷請蠲而於鄰縣取償乎

問互換田糧非弊乎曰無弊也因三縣爭訟後各縣官會諭勸里民有彼此互嵌之田不妨對換要使錯嵌之田

少一畝可省一畝之爭端也民間因有一二互換但一畝田糧對換一畝數本無差額豈得虧若云互換而致虧誣也

問秀水有零東零西都折田豈非弊歟曰非折也當嘉靖扒平田糧之時秀水通縣本爲一則因零東西田極瘠民極貧所以派糧之則稍輕零東則十畝田之糧止及他田之九畝零西十畝之糧止及他田之八畝依算糧之法謂之九折八折其田之本數未嘗折也因將糧少之數計算零東折田爲二千餘畝零西折田爲七千餘畝而嘉善誤以三千七千爲零東零西之田數不可笑耶平湖全書載有折田亦卽此例可謂弊耶

問秀水原報部嵌田一萬四千三百餘畝誤耶否耶曰此誤嘉善與秀水兩任之也秀水嵌善田照善刻影射圖內原有二萬一百餘畝除兌換去二千一百餘畝尚該嵌田一萬八千餘畝當嘉善丈田時逐圩報出秀水完糧之數豈有遺漏乃移文秀水止稱一萬四千三百餘畝此嘉善之誤矣秀水不將嵌田原額查正而但據善移之數報部此秀水之誤也嘉善之誤實有心欺隱秀水之誤止無心疏失錢糧爲生民大事豈可因一官一時之誤而忍使之永累耶

問嘉秀有續查報嵌田以前未報非欺隱耶曰非也凡所謂欺隱者有田而不完糧之謂也如秀水續報嵌田三千五百餘畝使非糧戶有憑從何查出既在秀水額糧之內豈有欺隱其先報部時三千五百餘之糧已在通縣數中只未開明嵌田似遺漏耳遺漏者但宜改正無可割除割除一畝便缺一畝糧額矣嘉興續報之五百畝猶是也

問原報續報之外尚有未報之嵌田乎曰有之如秀水原報續報嵌田共一萬七千餘畝尚有數百餘畝未報此未報之田其糧現在秀水完糧所以歷年之糧無缺若因未報而不查因不查而致使奪去則糧額之缺恐不便使各圖認賠也方今圩造圩單里造歸單只照歸單內查各戶下坐落之田對明不在本縣圩單內者嵌田立見總數可明矣

問今之議丈量不大騷擾乎曰有之然不得已也方嘉善原詳指嘉秀嵌田二萬餘畝謂之影射完糧指爲欺隱今查嘉秀報部嵌田合之二萬二千有餘既係有糧之嵌田則隱射欺隱之誣已無所施矣因改其說誣秀水另有欺隱之田此與嵌田原詳本不相蒙但既被誣不丈何以自白惟是丈之而嘉秀二縣額田實多虧缺又

不知宜何取償耳

附載

乾隆五十九年署浙江布政使司謝　署按察使司秦禁止殷戶勒充地保告示　為禁止殷戶作地保庄長以除民累事照得地保一役乃係鄉中無業之民願充此役者准其充當與在縣之皂隸民壯等役無二從未有殷實力田之農民押令其充當此役者今本署司等訪得該府屬縣將地保一役不許鄉中無業之人充當每歲底擇圖中田多殷實之良民號曰殷戶押令充保如有躲避推辭非提本人究處即拿家屬夌辱令人有不得不當之勢凡殷戶一充此役則庫吏戶書以及皂快頭役先有百般勒索名曰上頭費視圖分之大小每保出錢三四十千至百餘千不等該州縣廳即差一役到圖令地保養膳號曰圖差每逢錢糧比期圖差帶地保到縣血比以致殷戶受責難堪只得將自己所有之田產先行變賣墊完錢糧僅有數十畝田產之家充當地保一年家業立盡至浙東甯溫等八府屬又于地保之外更設庄長一役均係勒點殷實生監充當凡差

役赴各戶守催錢糧南米官穀俱住歇庄長家內索擾酒飯如採買官穀亦著該庄長引領挨戶勒放有不肯收受穀價包封者總惟庄長是問甚至縣令親徵或委員坐都催糧以及相驗路斃命案踏勘地方公事並著該庄長備辦公館供應及書役飯食盤費該庄有尾欠錢糧即押比庄長代完如欲求免即勒出錢若干名曰吊庄錢充當之年日無甯晷而生監之有志舉業者每因此廢時失事阻其上進之路身為牧令者自必具有天良何忍行此虐政此必先因不肖有司作倆于前接任者惧聽庫吏戶書皁快頭役之言因循多載只知便已之私意不顧流毒于閭閻若不立為禁革小民受累無窮除出示曉諭外合飭禁止為此仰府該吏立即轉飭各屬遵照嗣後不許再令殷戶充當地保庄長更不許僉點圖差到圖滋擾勒派索詐等弊此行之後如敢陽奉陰違一經本司等訪聞或鄉民告發定即差拿書役從重嚴辦並將該縣揭參斷不寬貸毋貽後悔仍將發來告示一道實貼府前其各州縣告示業已徑發該府務須實力一體查禁留心密訪毋稍狥隱玩忽有干未便

特示

浙江減漕疏

同治四年總督左宗棠巡撫馬新貽會奏為遵

旨查明杭嘉湖三府額徵漕糧酌定應減分數籲懇

天恩准予減免以紓民力事案於同治二年六月初三日奉

上諭浙省壘遭兵燹小民流離失所殊堪軫念自應將該省漕糧量予減免以示公溥之仁著左宗棠通飭杭嘉湖三屬將實在應徵漕糧稅則詳細確查各按重輕分成量減奏明辦理欽此經　臣宗棠飭令司道設立清賦局悉心規畫妥為籌辦並將該三屬漕糧積弊及籌辦大概情形據實詳細具奏奉

旨戶部議奏欽此嗣准戶部議覆請將杭嘉湖三府漕糧仿照江蘇辦法統按原額於三十分中減去八分白糧粳糯准於漕糧項下註扣確查賦則各按重輕量為覈減開列奏報其南匠米石收支相埒並無贏餘毋庸議減嗣後非實在旱澇不得再報災歉即實在民欠亦不得再報墊完總期有弊必除有犯必懲庶於國計民生兩有裨益等因具奏奉

旨依議欽此欽遵行文到浙　臣宗棠先已入閩　臣新貽接奉後遵即督飭司道確覈妥辦茲據總辦清賦局布政司蔣益澧護糧道薛時雨詳稱查浙省額徵漕白改漕南匠

行月等米共一百一十四萬七千三百餘石內除南匠正耗米十三萬三千八百六十三石零白糧舂辦米一萬三千三十九石零均不議減又白糧粳糯爲天庾正供應照額辦運所減之數統於漕糧項下註扣外今按額徵漕白改漕正耗行月等米一百萬四百石零照部議三十分之八爲率覈計共應減米二十六萬六千七百六十五石零各按各州縣田地山蕩科則重輕以分多寡額重者減數宜多以蘇其積困額輕者減數遞少以示其均平仍於上中下三則之中再分五等如上則之一斗六升至一斗九升酌減十分中之三分上則之

一斗一升至一斗五升酌減十分中之二分五釐中則之九升至一斗酌減十分中之二分中則之六升至八升酌減十分中之一分五釐六升以下之下則統減十分中之一分均按整數覈減畸零細數不再瑣扣通籌合算適符前數科則殊而輕重有別分數定而多寡同需等情造冊詳請具奏前來 臣 等伏查杭嘉湖三府屬糧額之重起於前代我

朝三百年來業已減之又減而較之他郡糧數尚屬懸絕民以賦重爲苦官以費繁爲累在平時已有積重難返之勢當此大劫之餘戶口減少物力凋殘正窮極變通之會

仰蒙

特旨飭令按則覈減以昭公溥凡在臣民莫名欽感現經 臣 等督同司道確切覈計除南匠等米外該三府原額漕白行月等米一百萬四百石零按三十分之八分共應酌減米二十六萬六千七百六十五石有奇繕具清單恭

呈

御覽合無仰懇

天恩俯准如數減免以示溥仁紓數代相沿之民困實曠古未有鴻慈行見率土騰歡定必輸將恐後雖目前瘡痍未復尙難照減全徵而他日元氣漸充卽可概行起運嗣

後非實遇凶荒不准輕議蠲緩以實倉儲而重國用至 臣 宗棠 前議減浮收籌運費裁陋規均爲理漕要領容 臣 等督飭司道將兌運經費徵收章程通盤籌畫悉心覈議另行奏報總期上下交益歷久奉行以仰副

聖主惠愛黎元之至意

詔如議行 詳蠲卹

漕南核減浮收疏

同治四年巡撫馬新貽奏爲核減漕南浮收禁革陋規以肅漕政而蘇民困事竊照浙省正漕分成核減業奉

恩准嗣遵部議以漕項籌抵運費復經 臣 具奏奉准在案漕額

旣減運費亦籌軫恤民艱有加無已而額外浮收若不痛加裁汰核實酌留仍無以蘇民困查從前浮收之由始則河運之貼帮繼則海運之貼費浙省自改辦海運以來津貼之多寡卽視帮費之輕重爲定每運漕米一石自三錢至七錢不等統算約計五錢有奇以銀合米每石須加米三斗以上以全漕九十五萬石計之約計收米三十餘萬石方敷海運津貼之費加以州縣辦漕用款名目紛繁內有紳衿大戶正賦之外顆粒不加甚至有把持包攬等事勢不能不取盈於鄉曲之小戶以爲挹兹注彼之謀其中本折並收或以米加耗或以錢

合米大小戶長短不等最重之戶正漕一石竟有完米至一石七斗以上者此完漕之不均浮收之所自來也臣與藩司蔣益澧前護糧道薛時雨訪查各州縣徵收漕南舊規從嚴釐剔除酌留耗餘以爲辦公之用照現改新章徵收計杭州府屬共可減浮收米六萬四千六百五十三石嘉興府屬共可減浮收米二十八萬五千三百八十七石湖州府屬共可減浮收米一十三萬六千八百六十六石三府共計減去浮收米四十八萬六千餘石又漕南統徵分解米款向以徵剩漕米歸南多係疲玩小戶歷來折錢完納亦有浮收今一併核減杭嘉湖三府南米共可減浮收錢二十四萬七千餘串此從前漕南收數過多現擬核減之大概情形也所有州縣辦漕如修整倉厫書役辛工剝兌守候等費皆屬萬不可省之用並有漕倉剝船各處折耗爲數亦多現在酌留耗餘僅令勉敷辦公從前一切陋規浮費概行裁汰飭將留裁各款目造冊存案並明白曉示勒石永禁其有情願完折者按照市上米價隨時收納悉聽民便漕糧概完本色紳民一律徵收不得再有大小戶名目如敢仍蹈從前勒折浮收陋習一經發覺嚴參治罪惟大戶向完漕米並不加耗此次改定新章酌留漕用旣

云紳民一律不得再分軒輊恐各大戶仍以從前完數藉口不肯加耗起而與地方官爲難一縣之中大戶居其半若小戶有耗大戶無耗必至復事浮收否則不敷漕用於漕務新章大有妨礙嗣後倘有紳衿恃勢把持仍前包攬短交自應一併從嚴參辦茲據該司道具詳前來 臣復核無異應俟收漕時嚴督州縣正已爲先除酌留耗餘外不准顆粒浮收仍沿積習庶民心悅服照章樂輸至大小衙門一應陋規抽風等項概行禁革如敢違犯官參吏處以杜弊源而肅漕政伏乞

聖鑒訓示

詔如議行詳蠲郵

核減嘉屬浮收錢糧疏

同治四年護巡撫蔣益澧奏爲核減嘉興府屬浮收錢糧恭摺奏祈

聖鑒事竊照浙省各屬徵收地漕錢糧向有紳戶民戶之分故完納數目輕重懸殊必須明定章程始足袪除積弊本年八月浙西一律肅清前兼署撫臣左宗棠飭於省城設立清賦總局臣接護撫篆後會督總局司道飭令杭嘉湖三府將所屬州縣從前官徵民納錢糧實數及一切用款逐細清查分別開報去後茲據署嘉興府知府

許瑤光查明嘉興府屬嘉興秀水嘉善海鹽平湖石門桐鄉七縣額徵地漕等款銀五十六萬六千餘兩向來州縣徵收紳民完納之數輕重迥殊民困因之益甚現將歷年收納實數暨流攤支用各款清查分別裁汰除正耗仍照常徵解外嘉興縣實減去錢四萬二千七百二十八千秀水縣實減去錢三萬五千五百六十四千嘉善縣實減去錢五萬七千四百七十八千海鹽縣實減去錢一萬九千四百一十四千平湖縣實減去錢三萬九千七百七十九千石門縣實減去錢二萬九千三百四十九千桐鄉縣實減去錢三萬一千三百二十六千統計嘉興府所屬共減去浮收錢二十五萬五千六百三十八千永爲定章嗣後不准再有大戶小戶名目以致畸輕畸重之弊歷來一切攤捐陋規概行禁革并於正耗錢糧之外仍視各縣舊徵多寡每兩酌留平餘以爲各該縣辦公之用開送徵解留用數目清冊呈由清賦總局署藩司楊昌濬等逐加確核詳請具奏前來臣悉心詳核均屬妥協除由臣飭將減定新章頒示各屬一體勒石遵守外嗣後官吏固不准別添名目多取分文紳民亦不得稍違定章致形偏重務將積年錮弊概予掃除以期上無損於國課下有益於民生凡茲流

離轉徙之民一聞減收新章自應漸次復業踴躍輸將斷不至再有官墊民欠之事倘有不肖官吏格外需索或巨紳士棍藉端抗違一經訪查得實定行從嚴參辦以期法立必行伏乞

聖鑒訓示

詔如議行詳蠲郵

請豁嘉善縣丈缺田地攤賠銀米疏

同治五年巡撫馬新貽奏爲查明嘉善縣從前丈缺田地攤賠銀米額懇豁免以甦民困事據嘉興府屬之嘉善縣知縣傅斯懌轉據闔邑紳民呈稱竊於前明宣德五

年分嘉興縣之思賢等六鄉爲嘉善縣計區二十計額田六十萬一千三百一十六畝有奇因與嘉興秀水二縣壤地相連故善境嵌有興秀田畝區圖雖刪冊籍無稽萬歷十年善令於世延創互推之法康熙十年善令莫大勳有查丈之舉而疆界卒未能清賦額各仍其舊至康熙三十八年紹興府通判吳家瑜按畝清丈計虧缺田二百三十九頃所有丈缺田畝應徵糧銀經前任巡撫張志棟題請於丈實數內按畝加徵均攤補額四十一年奉部飭查四十二年又委杭州府同知陳忱旦復行丈量四十三年前任巡撫張泰交題明該縣地屬

水鄉波濤衝激河港日漸廣闊田地日漸坍削以致缺額再奉部駁四十七年飭令嘉興秀水二縣隨同丈量復經前任巡撫王然題明按冊合算丈實坐嵌并丈缺各數均與從前兩次丈量之數相符並無欺佔隱漏等弊經部定議均攤賠補以符原額乾隆五年前任巡撫盧焯以賠補艱難題請豁免未蒙覈准迄今百數十年歷久攤賠萬分苦累查全書額載善邑田六十萬一千三百一十六畝有奇每畝額徵米一斗九升三合五抄銀一錢六分三釐九毫七絲復因查虧衝缺按田每畝加徵米七合九勺九抄一撮每畝加徵銀六釐八毫六

絲七忽是以實田而計已暗增米至二斗一合一勺增銀至一錢七分二釐七毫不特較同府各屬爲數獨多卽較之通省各州縣亦所僅見當承平之日小民安居樂業雖輸將竭蹶敢不勉力支持自髮賊據擾三載於玆顚連困苦不能罄述克復以來商賈稍稍復業而農民無以爲生所持者惟此田畝虛村絕戶敗壘荒墳田之廢棄者無論矣卽有可耕之田苦無能耕之人兼之農具既不皆備耕牛盡被宰傷往往數家之中置器一分而彼此通用一村之內畜牛一頭而先後遞耕播種既不同時收成必多偏歉加以傭工有費壅田有費貸

牛賃具又有費竭終歲之勞所得不償所費身家不暇計而先籌夫維正之供衣食且不贍而更困以公攤之款民力幾何焉能不盡幸蒙

殊恩特沛漕糧統減三十分中之八分合郡士民同深感戴但減賦原所以恤民而恤民莫要於除累以嘉善而言賦雖減而缺田未除將來按畝起科仍須於減定新賦之外每畝加攤銀米方符減額查原丈缺田二百三十九頃應賠米四千六百一十三石八斗七升賠銀三千九百六十六兩七錢五分再以減額遞覈仍應賠米三千二百五十一石五斗七升無論兵燹之餘民力實有未

逮卽以衡坍而論康熙三十八年以前缺額已如此之多距今百有餘年坍削又不知凡幾而逆匪之掘港開濠通河決壩而毀缺者更不知凡幾若舉行丈量則勞民傷財曠時失業流弊不可勝言若仍前賠補則虧外尙有續虧累中復多暗累遺患更不堪設想民至於萬不得已則弱者逃而强者抗於官有礙考成於民不免追呼官至於無可如何則輕報歉而重報災在上仍須蠲緩在下未沾實惠是徒有補虧之名究無補虧之實旣無補虧之實則雖强符乎原額而要無濟於倉儲於國計民生兩無所益際此

皇仁渥沛豈宜再三瀆請惟念荒田墾種可待來年缺額攤賠迄無了局以重賦之區當大兵之後益以二萬餘畝之虛糧困以百數十年之積累此時救死不贍治生綦難實田猶是荒拋虛畝何堪科派減賦尙難羅掘加攤何以補苴籲懇將善邑從前丈缺額田二百三十九頃攤賠銀米並請豁除等情具詳到 臣當經批司覈議去後玆據陞任藩司蔣益澧會同淸賦局司道具詳請奏前來 臣查嘉興府屬之嘉善一縣本係嘉興縣之東北六鄉前於有明宣德年間畫分爲縣其間田地雖就畫分之界按畝蘿剔因奸民取巧隱匿有司隔縣推收遂致彼此互推竟成嵌田弊政嗣因賦多缺額轇轕難淸又復以攤徵補課勻額賠糧迨後議請淸丈共丈缺田地二百三十九頃有奇復將缺田應徵銀米按畝勻加改更科則以免有虧國課至乾隆年間屢請豁除攤賠無著銀米未經議准第查嘉善境內官田最多賦額本重加以攤賠之糧更屬累上加累在承平時民力尙紓或可竭力輸將今則亂離之後元氣過傷縱無水旱偏災額賦已形竭蹷賠糧實有難支況小民終歲勤動得不敷用抗欠疲玩勢所必至轉使每年錢漕不能全完徒有攤賠之名仍無輸納之實我

皇上軫念民依所有杭嘉湖三府屬應徵永定之漕額尙蒙

恩施逾格普予量減此項勻攤缺糧尤爲嘉善縣獨有之積累何忍置之膜視且統計歲入之數銀米兩項均不足四千卽使毫無蒂欠所補於國用者無幾而小民之苦累無所底止合無仰懇

天恩疊沛准將嘉善縣丈缺田二百三十九頃有零應攤徵銀三千九百六十餘兩米三千二百五十餘石一併豁免以紓積困伏乞

聖鑒訓示

詔如議行　詳蠲卹

海鹽縣田地均勻科徵詳咨立案

同治五年嘉興府知府許瑤光爲詳請立案詳咨事竊查海鹽田地山蕩向來科則本各不同田每畝應徵銀一錢一分四釐六毫七絲二忽五微米一斗六合四勺八抄五撮四圭二粟三粒二黍七粞九糠地每畝應徵銀一錢七釐三毫五絲六忽米一斗四合五勺二抄六撮五圭四粟八粒三黍九粞山每畝應徵銀三釐七毫七絲五忽一微五塵米五升一合一勺九抄一撮九圭五粟五粒一黍二粞九粃蕩每畝應徵銀二釐二毫五絲二忽八微七塵米五升一合一勺九抄一撮九圭五粟

五粒一黍二糠九粃溯自康熙初年清丈後扯齊併科田地每畝均徵銀一錢一分三釐七絲七忽米一斗六合二勺四抄九撮一圭又山每畝均徵銀一分五釐五毫米五升一合又蕩每畝均徵銀一分四釐四毫米五升一合均派徵收民間相沿稱便雍正年間曾奉行查該縣紳士公議呈復蓋緣地之窪者潴水卽可成田田之高者栽桑亦名爲地更有宅基墳墓並無田地形勢此扯齊併科之緣起也計自康熙初年距今二百餘載相沿既久其間無一異詞者當創定勻徵時自必審度適均且每畝銀止毫釐米止勺合本屬無甚懸殊現當百度維新乘此清糧減賦之際在小民既已稱便國課亦無短絀應請詳咨立案等情經巡撫馬批准並咨部立案

浙撫奏請豁免海鹽縣無著學租疏

同治六年巡撫馬新貽奏爲懇恩豁免無著學租動支耗羨撥補以符原額事竊查浙省年額應徵學租銀三千五十兩九錢九分六釐內以一千七百兩添補學臣養廉餘作賑給貧生之用兵燹後或因荒淤無著或因蠲免停徵收解遂難如額上年海鹽縣詳報該縣學田皆係前朝縉紳捐助所助之田俱屬沿海磽瘠更有助租而實未捐田者迨後原捐子孫窮苦將田輾轉售賣不知下落而納戶姓名仍載官冊已屬紙上空談曾於雍

正七年奉豁銀七十餘兩其餘租銀一百二十兩三錢六分三釐彼時官冊俱在尙有納戶可追今遭兵燹冊籍蕩然迭經博訪周諮僅得八戶應納租銀二十三兩九錢餘銀九十六兩四錢六分三釐無從根查詳請永遠豁免等情卽經批司查議詳辦去後茲據布政使楊昌濬詳稱海鹽縣學田租銀確係捐自前朝類皆有租無田兵燹之後冊案無稽現在無著租銀九十六兩四錢六分三釐應請永遠豁免所豁缺額銀兩溯查嘉慶

五年金華縣學田被水沖壓豁額無徵租銀奏准於該
縣耗羨款內動支奏解又道光十七年海甯州巴築城
圩用學田豁免租銀亦奉准于司庫耗羨內撥補所有
海鹽縣無著學田租銀請以同治五年爲始永遠豁免
並循案於司庫耗羨項下按數撥補用符原額詳請具
奏前來臣復核無異懇恩將海鹽縣無著學田租銀以
同治五年爲始永遠豁免並准於司庫耗羨項下撥補
歸額伏乞
聖鑒訓示
詔如議行詳蠲郵

嘉興府志

嘉興府志卷二十三

嘉興府知府善化許瑤光重輯

蠲卹一

慶典有蠲有卹災荒有蠲有卹深仁所被薄海同之若

夫

聖駕南巡入疆行慶禾中爲入浙門戶先被殊施淪肌洽髓

矣近復奉減額漕又免賠虧貽黎庶萬年無疆之庥蒙是

特恩尤不可不敬謹特書也舊澤宜存故兼及前代睦婣任

卹之風宜講故附以養育志蠲卹

宋

天聖六年秀州饑令漕粟以贍 宋史仁宗本紀

崇甯四年秀州水賜乏食者粟 宋史徽宗本紀

紹興十八年大旱詔復民租十之八 宋史高宗本紀

隆興二年二月蠲秀州貧民逋稅

湻熙五年六月蠲秀州民折帛錢

十一年三月罷秀州御馬院歸侵地于民五月蠲崇德等

十六縣民湻熙十年欠稅

十四年七月秀州饑有流徙者詔出粟二萬斛令郡賑卹

之 以上宋史孝宗本紀

嘉泰元年浙西饑嘉興爲甚皆令常平使者賑之 宋史甯宗本紀

咸湻六年嘉興縣水免田租 宋史度宗本紀

元

至元二十九年六月甲子嘉興等路水免至元二十八年

田租丁亥嘉興大水免田租 元史世祖本紀

大德二年浙西嘉興水旱並賑卹之

六年嘉湖等路饑以糧賑之 以上元史成宗本紀

至順元年嘉興等路水民饑詔賑之 元史文宗本紀

元統二年嘉興水旱疾疫敕有司發義倉賑饑 元史順帝本紀

明

洪武七年五月減嘉興極重田租之半

八年十一月遣使賑嘉興水災 以上明史太祖本紀

九年嘉湖大水免其田租 秀水任志十二月遣戶部主事趙乾等賑之

十年正月賜嘉湖等府民去歲被水者戶鈔一錠二月賑

嘉湖等府民去歲被水者戶米一石 以上浙江通志嘉興何志賜鈔四萬五千九百九十七戶賜米計一十三萬一千二百五十五戶先是以鈔賑濟繼聞米價翔踊民業未振故復命通以米賑之九月詔免浙西民嘗被水者今年田租敕曰去年浙西嘗被水災民人缺食朕嘗遣官驗戶賑濟今雖時和歲豐念去歲小民貸息必重旣償之後諒窘乏猶多今賴上天之眷田畝有收若不全免舊嘗被水之民今年田租不足以甦其困苦爾中書其奉行之 二月減嘉湖二郡重租糧

額十之二 明太祖實錄

十一年五月以嘉湖民屢被水災遣使存問仍濟饑民六

萬二千八百四十四戶命戶賜米一石免其逋稅六十
五萬二千八百二十八石十二月命悉罷河泊所免其
稅課以其利與民今歲漁課未入者亦免之嘉興何志
十三年三月命戶部減蘇松嘉湖四府重租糧額明太祖實錄
十七年七月命蘇杭嘉湖四府以黃金代輸今年田租
永樂元年以久雨念蘇松嘉湖水必泛溢命戶部侍郎李
文郁往佐尚書夏原吉相度被水田畝堪種者促民種
之後時者除今年稅以上嘉興湯志
二年六月嘉湖等郡水賑之十一月以嘉湖水蠲今年租
十二月除嘉興等府絕田租稅明成祖實錄　嘉興湯志戶部言直隸蘇松浙
江嘉湖等郡水民飢命監察御史高以正往督有司賑之嘉興何志免本年糧六十萬五千九百餘石絕戶
田逋六千九十九頃一百二十四畝租稅
三年命戶部尚書夏原吉都察院僉士吉左通政趙居任
大理寺袁復等賑濟蘇松嘉湖飢民八月命戶部覈實
嘉湖杭等府被水災民免今年田稅續文獻通考　嘉興湯志凡免三百
三十七萬九千七百石有奇
四年九月振蘇松常杭嘉湖流民復業者十二萬餘戶明史
成祖本紀
十年七月以水災免浙西糧嘉興何志　浙江按察司奏今年浙西水潦田畝無收通
政趙居任匿不以聞而逼民輸稅上以問戶部尚書夏原吉原吉對曰比趙居任奏民多以熟田作災傷按察
司之言未可悉信上曰水潦爲災人皆見之按察司敢妄言乎愚民間有爲欺謾者豈可以一二廢千百爾即
遣人復視但苗壞于水者蠲其稅被水甚者官發粟賑之七月以水災免浙江嘉興府糧四萬三千六百一十
五石
十一年八月賑仁和嘉興二縣饑明成祖實錄　嘉興何志飢民三萬三千七百
八十餘口給米稻六千七百三十石
十二年十一月蠲蘇松嘉湖杭五府水災田租四十七萬
九千七百餘石嘉興何志　初有司請減半征之上謂戶部尚書夏原吉曰民田被水無收未
有以賑之又可征稅耶于是悉蠲之
宣德元年命行在戶部遣官復視嘉湖被春夏雨災者蠲
其稅從左通政岳福奏請嘉興湯志

七年秋詔免嘉興湖州水災稅糧明史宣宗本紀
九年詔有司賑粟嘉興何志
正統五年十一月免嘉湖蘇松水災田糧明史英宗本紀
六年刑部員外郎劉廣衡奏敕偕藩臬協修備荒之政
七年巡撫周忱奏留官糧賑濟以上嘉善章志
八年詔免田租萬餘石嘉興何志
九年水災免征糧米十四府共四十九萬三千五百六十
三石零桐鄉徐志
十年八月免蘇松嘉湖水災秋糧明史英宗本紀　秀水李志命戶部蠲嘉興等
縣賦

十一年六月免湖州嘉興台州糧十一萬餘石浙江通志

十二年三月免杭州嘉興去歲被災稅糧明英宗實錄

十三年四月免秋糧明史英宗本紀

景泰三年十一月免徭役浙江通志

五年詔有司勸賑嘉興何志 嘉善章志先賑濟農倉積米賑盡又納粟補官繼之

六年奉例輸穀六百石以備賑濟者立石旌爲義民嘉善章志

天順元年四月免浙江被災稅糧明史英宗後紀

四年詔免田租三分之二嘉興何志

五年六月免杭湖甯波嘉興四府去年被災田糧明英宗實錄

八年詔賜民七十以上免一丁給與酒肉八十以上給與

木棉布九十以上給冠帶告身賜酺宴平湖程志

成化元年七月賑浙江饑

七年八月賑浙江水災

十三年十一月免被災稅糧以上明史憲宗本紀

十八年用廷臣議借南京倉米分賑嘉興湯志

二十三年詔賜民八十以上絹一疋綿一觔米一石肉十觔爲鄉里所敬服者加與冠帶九十倍給之嘉興何志

宏治四年十一月以水免嘉湖杭三府屬夏稅秋糧有差

秀水李志以浙西水災其織局緞疋俱令停止

五年二月以水災免嘉湖等府衞糧有差其非全災者停徵以上明孝宗實錄 秀水任志秋八月停止兩浙額外織造并撤督造官員

十七年二月免被災稅糧明史孝宗本紀

正德三年十二月杭嘉等府有旱災令無災處所免軍米并兩京俸銀共折五十萬石免軍米每石折銀五錢俸米每石折銀七錢省其耗費以補災傷秀水任志

五年十月減夏稅麥及絲綿以水災免稅糧仍命賑濟

七年免稅糧

十三年十一月以災免杭嘉湖州縣夏稅有差以上明武宗實錄

嘉善于志郡守徐盈便宜處補水災五分

嘉靖元年蠲舊逋仍免是歲田租之半續文獻通考 秀水任志詔免夏稅秋糧馬草農桑布錢等項

三年正月以災傷免嘉興等一十四縣糧稅有差從御史歐珠請也秀水任志

五年十月旱災免征浙江稅及衞所屯糧有差明世宗實錄

七年九月振嘉興湖州災明史世宗本紀

十三年九月免稅糧

二十三年九月免稅糧以上明世宗實錄

二十四年下令賑米秀水任志

二十八年九月以水災免秋糧加賑浙江通志

三十一年水災大饑有司賑粥秀水任志

三十二年十月災傷秋糧准折免仍賑之平湖朱志

三十三年七月兵荒免浙直田糧浙江通志

四十五年十二月詔免明年田賦之半

隆慶三年八月振浙江水災以上明史穆宗本紀

萬歷九年秋詔賑貧

十年大赦發內帑賑極貧五錢次三錢又次二錢病者賜湯藥

十三年五月詔改折浙江漕糧十之三并免行糧

十五年九月浙江民屯錢糧停免改折

十七年浙江賑飢案嘉興湯志斯時兩年荒旱米價騰踊餓殍盈途撫按題准欽差給事中楊文舉賫帑五千八百兩賑濟如前又嘉興何志萬歷十七年大旱民飢朝廷特出帑金遣科臣賑濟懸賞格勸各助賑邑監生沈文鏡應詔捐米麥三千石以佐有司又助學田三百畝義田三百畝一時全活甚眾科臣題薦特授光祿寺署丞建孝義以旌之又有中書項穆同知賓文照監生賓國元各出粟助賑

二十四年十月杭嘉湖三府水照被災分數全半改折有差以上浙江通志

二十六年命有司改折稅糧之半案續文獻通考九月浙江水災戶部覆巡按方元彥巡撫劉元霖奏准將被災十分桐鄉嘉善崇德准免七分被災八分秀水海鹽平湖准免五分被災六分嘉興准免三分二十一年以前未完米銀悉准蠲免

二十九年蠲二十年以前逋稅

三十四年詔蠲二十八年以前逋稅

三十六年水災命有司改折稅糧之半

四十八年詔大赦免三十八年以前逋稅

天啟元年詔蠲四十年前逋稅

三年大赦詔蠲四十年以前逋稅盡行蠲免四十五年以前量蠲其半

六年免泰昌以前逋稅

崇禎二年免天啟五年以前逋稅以上嘉興湯志

三年秋糧銀米各有恩赦

八年詔免五年以前逋稅以上秀水任志

十四年旱災饑殍無算有司設粥賑飢嘉興何志

明賀燦然救荒議往東南歲稍不登饑民常數千人嘯聚而攫奪者比比也今亢陽極矣彼無知小民能束腹待斃乎不可不亟爲慮也宜先計預備倉儲粟若干且口口賑計所積無幾則宜淸獄囚之有力而當贖者諒滅其十分之二贖錢稍輕則完納自速其情重即有力而必決配者亦以荒故許其收贖而特不在滅例其罪本可贖而無力者則滅其十分之五自非極貧亦必勉力出贖矣而極貧者聽然贖不必穀不必鏹而當以米夫穀取其可久貯也今且旦暮需之不若輸米便鏹將易米以賑饑者亦不若即以米之爲便也一議禁浙以西有富室狠跋而貧戶草靡者亦多有富室株守而貧戶鴟張者有士大夫往往漁獵其民而民率呑飲若不爲怪者亦多有士大夫往往自愛羽毛而民反羣嘯而侮之者彼狠跋漁獵者所宜懲而鳴張羣嘯所鬨亂萌匪細也最可慮者歲或小祲輒少者數百人多者千人指富家巨室以爲外府往往羣而索食稍不與則破垣屋抉倉廩攘而去之而莫敢誰何或入澤粱而捕魚蝦即有菱芡蹂食之無遺焉或見乘舟者輒以激水抗泥爲戲亦多有因而攘其舟之所有者夫羣小不已必爲嘯攘嘯攘不已必爲剽奪剽奪不已必爲戢煽其害有

不可勝言者民方苦旱又復苦盜是倒懸而擠之石也故救荒要在弭盜民而饑人爭憐之民而盜人爭惡之民而饑止於塡邱壑民而盜不能全首領民而饑互相保恤貧者猶或延其喘民而盜羣起攻剽富者不能保其生民而饑患猶在民民而盜患且在國此其害可勝道哉顧與其弭之於後不若禁之於前有犯者輒重懲一以警百而亂萌自戢矣一議恤夫所謂相恤者非必遂爲勸借之舉也且先以賑之事委之賑事往往屬之里甲胥吏弊孔百出於是貧者未必報報者未必貧給者未必貧貧者未必給至於尅減那移之弊百計除之而不可得宜卽於其里中之富者而委之夫環一里之內所稱富家巨室多者十餘家少者三四家所必有也同里而居則其人之面貌所素習也其丁之多寡與夫家之貧寠與否所可覆而覈也宜以最富者爲正而次者副之先賑濟之期各籍具里中之貧不聊生者若干家總若干人毋有冒也而監朝廷之賑毋有漏也而坐視老羸之人夫一里之內耳目所不能掩也其有冒也人所能許死其有漏也人所能自陳也冒則報者與所報者各有罰漏則卽令其家賑之富者頗自愛固知必不敢歃法而冒且漏也於是自秋穀不登之後以至夏麥未熟之前其所宜給粟及設糜者總計若干石并計賚糜薪水之費付之富者而轉給于里中仍書富者某報飢民某給與粟若干某日而給糜二餐懸於其門而總一邑姓名并賑給之數懸書于邑治之前曉然與民共知之盍有七利焉分良父母賑濟之勞利一吏胥不得侵漁爲好利二可披籍而得人民穀米之數易于查勘利三粟不至插以秕糜不至攙以水令民得沾實惠利四飢餒之民得免於匍匐奔走閧支濡滯之苦利五食糜各于其鄉不至羣聚喧雜穢惡蒸而成癘利六富者操給散之權得熟識其人必不敢固而攫奪可以弭盜利七夫不分富者之財而僅以賑事委之仍曲加體恤毋令吏胥得因而爲市如是卽少有領散之煩甯遂爲勞費乎且良父母不難捐俸以爲士大夫倡賢士大夫不難捐資以爲富民倡卽閭閈之中詎無慷慨節義之士輕財相恤者哉要在風之而已若夫驟強勸之吾恐人爭愛財而遂以爲擾也一議種夫東南之宜稻所穫爲最厚今厚者不可得矣無甯轉而思其次乎愚以爲莫若亟令民種菽非敢爲臆說也同一浙也浙以西先麥而後稻浙以東先稻而後菽浙以西冬十二月種麥夏四月穫五月種稻秋九月穫浙以東春三月種稻夏

六月穫秋七月種菽九月穫今旱固宜菽而七月正其所種時也請卽以浙東之法行之夫地未有曠半歲而不生一毛者也農未有曠半歲而不荷一鋤者也宜亟下令令民各種菽菽有三有黃有緣有赤則令民雜種之冀必有一穰焉第漫焉令民種菽恐民未必聽少緩卽菽不可種此其機不可失也一議贖卽淸獄囚決配之贖而所濟幾何於是不得不爲破格之議矣昔穆天子訓刑自墨而劓而剕而宮以至於大辟舉得贖焉非先王之舊矣毋乃令富者得逃法網之外乎而孔子奚取焉愚竊以周穆享國最久當耄耋之年值凶荒之歲卽周禮荒政弛刑之意而權度之五刑不以流宥而以金贖一時權宜之循孔子猶有取也至律令自徒杖而下令得入粟贖罪自流而髡鉗而城旦而絞而斬而磔舉不得贖毋令富者得逃法網之外法盡善已然往者東南倭寇內訌亟欲高其雉堞而軍興不給乃出大辟之囚雄於貲者吳夢覷輩數人籍其家以佐興築而赦之夫兵與荒一也似宜署倣往者軍興之例除十惡不救外其他自流而上令皆得入金贖罪然非人得爲贖也其當流者必籍其家十分之五多者可得數千金少者千金而後得免罪在大辟者必籍其家十分之入多者可得萬金少者數千金而後得免又定爲令今夏以前犯者得贖令夏以後犯者勿許卽以一郡論多者五六人少者三四人所必有也此亦救荒權宜之一策也夫虞廷之法流宥五刑則五刑雖疑罪固當流也乃不以流而以金贖是流固可贖也獨大辟罪在不疑而亦待以不死似爲不可然人情之愛家固不下於其身也古人之贖輕猶云罪懲非死人極于病令僅完其軀而遂已破其家則罰亦重矣誠爲檢勘獄中重囚諸不在不赦之條者特爲之題請沒入其產而赦其罪庶幾藉此以佐朝廷之賑而活東南之赤子亦今日救荒權宜之一策也一議糴竊惟穀價高翔則野多餓殍民生坐困則國有剽奸此其關係匪輕要之米價平不賑而所活眾米價踊卽賑而所及幾何救荒無奇策惟有平糴一法但當有權宜每一邑召十數善賈富商每一郡委一二廉勤幹吏通給關引分授官銀令於豐熟之鄉特爲轉賑之事分爲三番一在糴一在途一在糴約一月之內更番將數郡減價之穀日日在市則待哺之民在在蒙恩無粟而粟自饒不賑而賑最溥市價不減而自平盜風不戢而自息此唐宋已試之良籌而今日宜講之急務也

陳龍正救饑本論治天下之病猶一身然

有治其本者有治其標者有治其標可通于本者有必治其本而後可達于標者卽饑民論之豐年一二然民偶來行乞殘羹剩粒誰其吝之屬厭之餘不啻舍哺而嬉之適也小惠而補王道之偏所謂治其標卽可通于本者此類是也間有天灾流行朝廷業已普施小民循窘旦夕轉徙流離而其時有大人君子如汲長孺之矯制發粟富交忠之安泊勸誘原子英之設法安插但度一時之厄卽開永世之生俄而麥熟禾登向之死生莫必者今且室家無恙也所謂治其標而本治不外是者此又其一也若夫今日之饑民則異是其始起于天災之流行而其繼成于人事之失策庚辰歲梅雨數旬西吳一路田禾盡渰而催科維亟流離之禍自此起于時識者之言曰歲實無收倘公家能行寬恤則小民猶將忍死旦夕以需麥豆之登蠶桑之熟末忍流離也但得小民室廬婦子無恙今歲雖荒明秋可熟國家亦何斬數縣一歲之糧而不爲無窮計耶今雖勉支國賦而戸口盡亡且蝗蝻遺孽又得十數萬頃汙萊以滋殖之嗟乎偶歉者天之運而一荒再荒者人事實使之然也暨辛巳夏旱魃繼虐飛蝗佐災檇李以西苕溪以北弁未嘗有翻耕播種之勞焉然而監門無鄭俠之圖長吏避

陽城之拙本戸既逃則取償于親戚親戚又散則波及于鄉鄰其貧者業以逋負而傾家稍康者復以賠累而入罪于是小民敲骨無支始不得不以逃亡爲長策矣自冬入春流移滿道千里而內十室九空死者無地可容生者有天難問遠邇紳賢捐貲設法瘞死扶生亦既殫厥心力矣其如流亡之民日新月盛此救標之術將窮不得不反而亟商本治之何曰叩閽以爲斯民請蠲賦而已然而非一人之事亦非下吏之爲也必浙直撫按同心入告先自劾違旨陳論罪無可追然後舉年來小民困徼之狀流亡之慘繪圖陳說曲達于君父之前拜疏之日閉門席藁一疏不納則再再疏不納則三事理既明忠惻復摯明主可與忠言甯有爲國深謀而不蒙曲鑒者乎剖其間利害政復非小夫江南省國家之外府庫也始也因災傷而虧賦額繼也因徵賦而致流亡流亡既多田畝愈荒國賦益無從辦自非大聖人與民更始舉宿逋蕩然蠲除弁新增量與裁減且專重農桑一以墾田增戸爲長吏之殷最使悉心安集如張全義之鎮撫洛陽虞伯生之經營陜右則流民安得復業荒餘焉得再耕國賦何以如期饑源何自而永杜乎夫捐有限之賦保無窮之民在聖世固爲至算而況事機

所在更有不止于保災黎裕國額而已者流民死者已衆未死者亦終死其可幸無死者獨强悍無良之輩耳蘇湖各路白晝行劫嘯聚成羣可不寒心卽今究豫荆雍流血無虛日江南片土庶幾稍安而民膏已竭吏怒方深至于重災之所往往追呼更嚴不盡驅之流亡不止嗚呼事至今日尙得安常習故不謀善後乎憶昔流氣始萌亦不過飢民千百人耳止因撫綏失術使得合叛兵以滋蔓拔猖至今十餘年靡金錢無算殺官民無算早知今日費多而貽害若此何如昔日者稍行寬郵猶爲得算乎所謂饑民之始循良撫之而有餘及其既終干戈取之而不足者也成化正德之季流民亦嘗橫決矣賴王原諸公處分以安設當時無二公流氣早已乘于國運使十年前而有如二公者視國如家曲圖解散亦何至今日之蔓延遺敗不可收拾乎往事不諫來者可追後之視今猶今之視昔使今日更無有如二公者出爲朝廷斡旋消弭則我浙直之敗壞決裂又豈在究豫荆雍之後也吁是尙忍言哉某一介書生特以切念災黎仰承嚴命勉爲施粥之舉而見飢民之就死者日眾就食者日增轉展思維欲塞其流亡之源當開其衣食之路既以救目前之奇慘卽以消意外之殷憂此

區區救飢本論之所爲作也東莞陳氏有言徙戈不庸于前代而周文安流民一說獲用于本朝治亂之效較若蓍素假今日而有採愚言以上聞者乎原子英之推行周說不得專美乎先朝矣

國朝

順治二年六月二十八日欽奉

恩詔內開

一浙江等處人丁地畝錢糧及關津稅銀各運司鹽課自順治二年六月初一日起俱照前朝會計錄原額徵解凡加派遼餉練餉召買等項永行蠲免卽正額錢糧以前拖欠在民者亦盡蠲免

順治五年十一月十一日欽奉

恩詔內開

一派徵錢糧俱照萬歷年間則例天啟崇禎年加增盡行蠲免

一軍民七十以上者許一丁侍養免其雜泒差徭八十以上給與絹一疋綿一觔米一石肉十觔九十以上者倍之

一窮民鰥寡孤獨廢疾不能自存者聽該府州縣申文撫按動支預備倉粮給養

一各處養濟院收養鰥寡孤獨及殘疾無告之人有司留心舉行月糧依時發給無致失所

順治十年戶部覆准浙江各屬旱災八分九分十分者免十分之三五六七分者免十分之二四分者免十分之

一有漕糧州縣衛所准令改折

順治十二年六月二十二日欽奉

恩詔內開

一順治六七兩年地畝人丁本折錢糧拖欠在民者悉與豁免

順治十二年戶部覆准令各省地方官照京師例設廠煑粥以救飢民

順治十三年十二月二十五日欽奉

恩詔內開

一順治八九兩年地畝人丁本折錢糧該督撫確察果係拖欠在民者具奏豁免

順治十四年三月初十日欽奉

恩詔內開

一貧民失業流落各地方官有能賑卹全活五百人以上者核實紀錄千人以上者即與題請加級其有鄉宦富民尙義出粟全活貧民百人以上者該地方官核實具奏分別旌勸

順治十五年正月初三日欽奉

恩詔內開

一順治十十一兩年地畝人丁本折錢糧該撫按確察果係

拖欠在民者具奏豁免

順治十七年正月二十五日欽奉

恩詔內開

一順治十六年以前直省拖欠錢糧差廉幹滿官前往清查果係拖欠在民俱與蠲免

順治十八年正月初九日欽奉

恩詔內開

一軍民年七十以上者許一丁侍養免其雜泒差役八十以上者給與絹一疋綿一觔米一石肉十觔九十以上者倍之

康熙三年六月欽奉

恩詔內開
一直省順治十五年以前拖欠銀米等項錢糧槩行蠲免
康熙四年三月初五日欽奉
恩詔內開
一直省順治十六十七十八年各項舊欠錢糧著照蠲免十五年以前錢糧一體蠲免其鹽課積逋催徵不得者著察明亦准酌量蠲免
康熙八年十一月二十五日欽奉
恩詔內開
一康熙元二三年各直省地丁正項錢糧拖欠在民不能完

納者該督撫察明奏請豁免
一罰贖積穀原以備賑冬月嚴寒恐鰥寡孤獨無以爲生者著各省督撫奏令有司將積穀酌量賑濟
一各處養濟院所有鰥寡孤獨及殘疾無告之人有司留心以時養贍無致失所
康熙九年戶部覆准嘉湖被災漕白折徵耗米及贈貼錢糧俱行免徵
康熙十二年戶部覆准浙省被灾州縣許以秈米兌運
康熙二十年十二月二十日欽奉
恩詔內開
一康熙十七年以前民欠錢糧稅銀及帶徵該督撫查明保題到日豁免
康熙二十三年九月二十四日欽奉
恩詔內開
一江南浙江江西湖廣省分自用兵以來供應繁苦宜加恩恤康熙二十四年所運漕糧著免三分之一
一自康熙十三年起至二十二年拖欠漕項錢糧著自康熙二十三年每年帶徵一年以免小民一時並徵之累
康熙二十七年十月二十三日欽奉
恩詔內開
一浙江康熙二十八年應徵地丁各項錢糧俱著蠲免

一軍民七十以上者許一丁侍養免其雜派差役八十以上者給與絹一疋綿一觔米一石肉十觔九十以上者倍之
一各處養濟院所有鰥寡孤獨及殘疾無告之人有司留心以時養贍無致失所
康熙三十年十二月奉
上諭朕撫御寰區三十年以來早夜圖維惟以愛育蒼生俾咸臻安阜爲念比歲各省額徵錢糧業已次第蠲豁其歲運漕米向來未經議免應將起運漕糧逐省蠲免以紓民力除河南省明歲漕糧已頒諭免徵外湖廣江西浙江江蘇安徽山

東應輸漕米著自康熙三十一年始以次各蠲免一年

康熙三十二年九月奉

上諭江浙二省今年夏旱雖不成災秋收諒必有限若漕糧照常徵收恐民食將至匱乏其浙江漕糧改于今年蠲免

康熙三十八年三月二十六日戶部奉

上諭朕以省方問俗巡歷三吳比至浙省見緣路農桑固徧隴畝而地有肥磽時有豐歉歷年正供錢糧因輸納維艱致多逋負雖已准分年帶徵而新舊之賦取給于一時恐力作之民終難兼辦應通行蠲豁以宏庥澤除康熙三十三年以前恩詔赦免外其三十四五六年民欠地丁錢糧米豆麥雜稅

著一概免徵爾部行文該督撫責令有司悉心奉行務俾均霑實惠此諭

康熙四十二年三月十八日欽奉

恩詔內開

一軍民年七十以上者許一丁侍養免其雜泒差役八十以上者給與絹一疋綿一觔米一石肉十觔九十以上者倍之百歲者題明給與建坊銀兩

一各處養濟院所有鰥寡孤獨及殘疾無告之人有司留心以時養贍毋致失所

康熙四十三年十月初七日戶部奉

上諭朕昨歲南巡至浙江見其農桑徧野戶口蕃殖閭閻氣象較勝于三十八年巡幸之時甚爲心慰浙省錢糧雖前此屢經蠲貸而朕車駕經臨應更敷恩寬恤俾民生益加充裕所有康熙四十四年浙江通省應徵地丁銀米等項除漕糧外著俱行蠲免無負朝廷殷殷愛養賜租給復之至意特諭

康熙四十五年十月奉

上諭朕子育黎元日求所以休養利濟之道直隸各省錢糧次第全蠲一年者業經數舉獨是歷歲逋負積累加增舊稅新徵民力仍多拮据其江蘇浙江江西山西等省自康熙四十三年以前未完地丁銀糧著按數通行豁免特諭

康熙四十六年十一月初二日戶部奉

上諭江浙地方賦役殷繁倍於他省朕屢經巡歷時切軫懷比年以來業已節次敷恩頻行蠲貸頃因兩省偶被旱災隨命按數減征豁免漕欠並分截本年漕糧令該督撫親往散賑猶念民間素鮮儲蓄生計不充非更加格外滋培則荒歉之餘未能彌臻康阜茲特再施膏澤用宏休養康熙四十七年江南浙江通省人丁共額征銀六十九萬七千七百餘兩著悉與蠲免特諭

康熙四十七年十月十六日戶部奉

上諭朕屢次南巡見閭閻殷阜之象遠不逮於舊時雖不時蠲

免額賦停征積逋僅可支吾卒歲絕無餘積朕每念及此未嘗不爲惻然去年江南浙江二省俱被旱荒多方軫恤始蘇民困迨今歲復報潦傷旋經照例蠲賑並下詔書留漕康熙四十八年除漕米外江南通省地丁銀四百七十五萬四百兩有奇浙江通省地丁銀二百七十五萬七千兩有奇著全行蠲免所有舊欠帶徵銀米仍暫停追取此朕因江浙二省爲東南重地特於格外施行用宏休養之至意該督撫各飭有司張示遍諭務令窮鄉蔀屋咸知共悉特諭

康熙四十九年十月初三日戶部奉

上諭朕思民爲邦本勤卹爲先政在養民蠲租爲急數十年來

除水旱災傷例應豁免外其直省錢糧次第通蠲一年者屢經舉行更有一年蠲及數省連蠲數年者前後蠲除之數據戶部奏稱通共會計已逾萬萬明年爲康熙五十年思再沛大恩以及吾民原欲將天下錢糧一槩蠲免因大臣集議恐各處需用兵餉撥解之際兵民驛遞益致煩苦細加籌畫悉以奏聞故自明年始於三年以內通免一周俾遠近均霑德澤直隸奉天浙江福建廣東廣西四川雲南貴州各巡撫及府尹所屬除漕項錢糧外康熙五十年應徵地畝銀共七百廿二萬六千一百兩有奇應徵人丁銀共一百一十五萬一千兩有奇俱著察明全免并歷年舊欠共一百一十八萬五千四百兩有奇亦俱免徵地方大吏誠克體朕孳孳保赤之懷實心愛養閭閻咸得衣食滋殖無有失所豈非昇平樂利之盛事歟爾部移文各督撫諭旨到日即刊刻頒布徧示窮簷令咸知悉特諭

康熙五十二年三月十八日欽奉

恩詔內開

一海宇承平已久戶口日蘩地畝並未加增宜施寬大之恩共享恬熙之樂嗣後直隸及各省地方官遇編審之期察出增益人丁止將實數另造清冊奏聞其征收錢粮但據康熙五十年丁冊定爲常額續增人丁永不加賦用副朕休養生

息之至意

一天下地丁錢糧既沛恩澤於三年內悉予豁免其自京城及各省房地租稅多係貧民賃僦官地棲身營業宜併蠲恤以覃恩惠著察明京城內併各省每年地租額數於康熙五十三年豁免一年其歷年逋欠若干併察明免其追補

康熙五十八年十二月奉

上諭數十年來各省正賦屢經全免歷年積欠亦已蠲征倘有雨澤愆期或發倉廩散給或截漕糧賑救不惜億萬金錢米穀頻沛恩施近民力稍紓然念分年帶征則小民一歲所獲分納二年之賦斷難充裕宜更加殊恩通行豁免今將直隸

江蘇浙江江西等八處帶徵地丁屯衛銀二百三十餘萬兩槩免征收其漕項雖例不准免亦著格外施恩用稱朕撫恤羣黎至意

一康熙六十一年十一月二十日欽奉

恩詔内開

一各省民欠錢糧著該部查明具奏其年久應免者候旨豁免

一軍民年七十以上者許一丁侍養免其雜泒差使八十以上者給與絹一疋綿一觔肉十觔九十以上者倍之

雍正元年九月初五日欽奉

恩詔内開

一地方災傷已經查勘蠲免賦役者有司不遵仍行濫泒及但免有力之家致窮民不沾實惠者事發決不饒恕

一直隸各省婦女年七十以上者給與布一疋米五斗八十以上者給與絹一疋米一石九十以上者倍之百歲者題明給與建坊銀兩

一各處養濟院所有鰥寡孤獨及殘疾無告之人有司留心以時養贍毋致失所

是年十一月奉

上諭浙省偶値秋旱被災地方已經蠲免錢糧令有司加意撫綏查杭嘉湖所屬十四州縣應徵漕米三十二萬石今荒歉之歲民間納米爲難著令徵收一半改折一半既可以濟民之食又可以紓民之力其改折之價著照康熙九年例每石折銀一兩完交其應徵漕米十六萬米色或未能純一著令紅白兼收以示朕軫恤地方格外施仁之至意特諭

雍正二年九月奉

上諭浙江江南沿海地方七月十八九等日海潮泛溢近海田禾不無損壞朕軫念災黎惟恐失所業經嚴飭各省督撫發倉賑濟多方撫卹但蘇松杭嘉等府人稠地狹向來出米無多雖豐年亦仰給於湖廣江西及就近隣省今沿海被災恐

將來米價騰貴小民艱食著動湖廣司庫銀買米十萬石江西司庫銀買米六萬石運交浙江巡撫平糶動湖南司庫銀買米四萬石山東司庫銀買米六萬石安慶司庫銀買米五萬石運交蘇州巡撫平糶俱著速卽辦理遴委賢幹廉員陸續運送平糶銀兩仍移還補庫其米應於何地交卸湖廣江西督撫卽咨會浙江巡撫湖南山東安徽巡撫卽咨會蘇州巡撫酌議速行務於蘇松杭嘉四府民人有益毋得怠緩遲誤

雍正四年十月戶部爲彙報杭嘉湖府屬雨水情形等事覆准浙江仁和錢塘石門安吉歸安烏程長興武康等

九州縣被災田畝應蠲免銀三萬三千五十八兩零照例蠲免至被災地方新舊應徵錢糧俱緩至來年麥熟後徵收仍動存倉米穀按明戶口散賑

是年十一月戶部咨覆浙江巡撫李衛奏稱浙江杭嘉湖三府屬之仁錢等十州縣一所其中地勢窪下者於本年八月初七八等日陰雨連綿緣太湖等處水洩不及以致低田被淹今據各地方里民呈稱漕糧為數甚多今秋田禾正值開花結秀之時水浸已久低處稻既無收高處米色亦不能佳難輸正供若欲遠方買糴不但民力艱難且恐致悞冬開漕限懇為題請仍照雍正元

年改折一半每石交銀一兩并准紅白兼收之例庶得勉力措納臣細加確查此十州縣一所內除餘杭縣旋即水退勘不成災並湖州一所例無徵納漕糧外其餘九州縣高田尚可收成惟低窪被災傷重以通縣計之不過十分之一二三四分不等若將實在災田應納漕米改折為數無多但平地禾苗亦經水浸即高處有收之田其米亦皆青腰白臍濕潤細碎民間日用則可若以之完漕州縣不敢收倉旗丁不肯受兑倘責令買糴實有艱難可否仰邀

皇仁照雍正元年之例懇將成災低田漕糧每石仍舊折徵銀一兩其餘被水州縣今年漕米暫令紅白兼收尖圓並納則於漕糧無虧而小民感戴

天恩實同覆載矣奉

旨著照該撫所請行

是年是月奉

上諭浙江通省舊欠錢糧一百餘萬兩朕已加恩允撫臣李衛之請分作七年帶徵以紓民力該省民人自應感戴朕恩如期完納

雍正五年二月戶部為彙報杭嘉湖府屬雨水情形等事議覆浙江巡撫李衛疏稱仁和等九州縣一所田畝被

淹仰蒙

皇恩賑濟臣查現在被災里民近今猶有殘粒浥米可以餬口惟至來年二三月間青黃不接之際實屬艱難伏念發賑原以濟急當現在稍可自濟之時暫緩散給留至過歲二月前後求食艱難之日散賑使之實得藉以餬口一轉移間先後緩急似為得宜等因前來查仁和等州縣所被災里民該撫既稱現在稍可自濟暫緩散給應令該撫俟青黃不接之時出示曉諭照例按口散賑務使正實災民均沾實惠可也奉

旨依議

是年是月初九日奉
上諭浙江杭嘉湖三府上年秋冬之間雨水稍多收成畧覺歉薄今年青黄不接之時已令地方官商酌平糶以濟民食但念米價雖不至昂貴而無力窮苦之民本無糴米之資甚屬可憫著動用庫銀四萬兩令巡撫李衞會同將軍鄂彌達觀風整俗使王國棟悉心商酌於地方或開濬河道或修理城垣堤岸令小民就近傭工藉以餬口倘四萬金尚不敷用著李衞等再行具奏請

是年九月十二日奉
上諭朕聞浙江近水之地數處被水軫念窮民朕懷殷切著浙

江巡撫李衞動用庫銀一萬兩於應用之處散賑令窮民均沾實惠該部知道

是年十月二十七日奉
上諭朕御極以來愛養黎元勤求治理各省錢糧耗羨原非應有本欲悉行革除因廣爲諮詢留心體察知州縣官員實有必不得已之用度若將耗羨盡行禁止在廉謹之員實難支持而貪污不肖之徒勢必藉口無以養廉恣意苛索百姓轉受其累是以錢糧之有火耗由來已久各處皆有相沿之例其數亦多寡不同惟應于火耗過重之員重治其罪若有司官酌量收納不加重苛取於民小民亦覺相安此各省之大勢也查各省之中賦税最多者莫如江南之蘇松二府浙江之嘉湖兩府每府多至數十萬地方百姓未免艱於輸將其賦税加重之由始於明初洪武時四府之人爲張士誠固守故平定之後籍諸富民之田以爲官田按私租爲税額夫負固之罪在士誠一人而乃歸咎於百姓加其税賦此洪武之苛政也有明二百餘年減復不一我朝定鼎以來亦照明例徵收葢因陸續辦理軍需經費所在未便遽行裁減我
皇考聖祖仁皇帝常論及此雍正三年朕仰體
皇考多年寛賦之
聖心將蘇松二府額徵浮糧豁免彼時頒發諭旨甚明本欲一體加恩於嘉湖二府因浙江風俗澆漓正須化導不便啟其

望恩倖澤之心故爾暫止今見浙俗漸次轉移改而遷善朕心深慰用沛恩膏查嘉興府額徵銀四十七萬二千九百餘兩湖州府額徵銀三十九萬九千九百餘兩俱著減十分之一二府共免銀八萬七千二百兩有奇永著爲例

雍正六年十月奉
上諭向來江浙收兑漕糧俱用本地粳米擇其乾圓潔淨者方准交納遇收成稍薄之年該督撫每以紅白兼收爲請朕皆允行夫米粮乾潔皆可久貯原不在色之紅白江浙二省戶口繁多每年應納漕糧將及四百萬石若必拘定本地粳米

恐米價昂貴民間難於輸將嗣後江浙徵收漕米但擇乾圓潔淨不必較論米色准令紅白兼收秈粳並納著爲例欽此

雍正七年二月奉

上諭據欽差浙江清查錢糧之大臣性桂摺奏浙省雍正二年以前未完舊欠錢糧帶徵每年應完銀十五萬兩有零查雍正五年六年應完之項已於本年如數完納又雍正三年至五年未完之錢糧四十七萬餘兩於雍正六年之內已完二十餘萬兩其餘在奏銷以前大約可以全完民情感戴國恩踴躍輸納正賦等語浙江爲財賦重地民力輸將朕所軫念其所舊欠錢糧非不欲加恩豁免祗以屢年未完之項乃頑

戸之所拖欠若以抗正供而霑膏澤則頑民獲利而良善轉未邀恩非所以化導人心風俗也今浙省紳士庶民咸能知朕教養之殷懷感朕訓誨之至意卽此踴躍完糧一事可以見其感恩遷善之誠朕實爲浙省之士民風俗稱慶非重此數十萬之國帑也浙省因總督李衞正己率屬勸懲兼施實心任事故能令地方革薄從忠如此然其嚮善之速該省之人亦甚屬可嘉用是特沛鴻恩將雍正七年額徵地丁屯餉錢糧蠲免十分之二共計六十萬兩著李衞轉飭各屬恪遵奉行務使閭閻均沾實惠並將朕加恩獎善之意遍行宣諭俾遠鄉僻壤咸共知悉

雍正九年十一月十一日欽奉

上諭浙江嘉興府屬七縣並杭州府屬之海甯一縣小有蟲災本年應完漕米照雍正元年例每石折徵銀一兩

雍正十一年五月浙江總督管巡撫事臣程元章爲陳奏事查嘉興府屬之石門桐鄉湖州府屬之歸安烏程等縣於雍正十年九月初九日偶被冰雹打傷田禾查勘被災情形請動支備公銀兩賑恤蒙

聖恩俞允欽遵在案除石門一縣據該縣勘明被雹較輕小民尚可謀食毋庸賑恤外其桐鄉歸安烏程三縣被雹貧民委員會同地方官逐戸查明實在乏食名口飭令每

大口賑銀三錢小口賑銀一錢五分共賑過貧民大口一萬五千四百八十八名口小口三千五百八十五名口共賑銀五千一百八十四兩一錢五分俱於備公銀內動支給發相應取具冊結題銷奉

旨該部察核具奏

是年十月奉

上諭浙江杭嘉湖三府上年偶被水災兼以飛蝗傷稼朕特沛恩施將應完漕米分年帶徵發帑賑恤黎民不致失所惟是本地所產米石不敷食用現今年歲雖獲豐收而上年借糶倉穀恐一時未能買補足數明歲青黃不接時尚須米石酌

撥平糶以濟民食不可不預爲籌備著將杭嘉二府屬本年額徵漕米各截留五萬石存貯備用照部定折價改徵銀兩解部著該督嚴飭地方官實力奉行無得縱役需索以仰副朕加惠黎民至意

雍正十三年九月初三日欽奉

恩詔內開

一各省民欠錢糧係十年以上者著該部查明具奏候旨豁免

一軍民年七十以上者許一丁侍養免其雜派差役八十以上者給與絹一疋綿一觔米一石肉十觔九十以上者倍之

是年十月初七日欽奉

上諭豁免雍正十三年以前民欠漕項蘆課學租雜稅等銀並令嗣後遇有

恩詔俱將各項入於豁免之內永著爲令

是年十一月十二日欽奉

恩詔內開

一各處養濟院所有鰥寡孤獨殘疾無告之人有司留心養贍毋致失所

是年十一月二十一日欽奉

恩詔內開

一直隸各省婦女年七十以上者給與布一疋米五斗八十以上者給與絹一疋米一石九十以上者倍之百歲者題明給與建坊銀兩

是年十二月初八日戶部奉

上諭向來漕項銀兩不在蠲免之例朕前已降旨特行豁免以紓民力今查各省尚有帶徵漕米原應如期輸納但民間已完現年漕米又完先年留米民力未免艱難著該部傳諭辦漕各省督撫等將雍正十二年以前未完帶徵緩徵本色改折米銀逐一查明奏聞豁免欽此

乾隆七年八月十三日奉

上諭御極以來愛養黎元于蠲免正賦之外復將雍正十三年以前各省積欠陸續豁免以息民間追呼之擾今查雍正十三年正月起至十二月悉行豁免再查江浙兩省尚有雍正十三年未完漕項銀七萬一千二百七十兩零米二萬九百四十九石零麥四千三十七石零荳一百八十五石零向來漕項不在豁免之例今既蠲除各項著將漕項一體免徵欽此

乾隆十一年正月初四日奉

上諭朕愛育黎元格外加恩將各省錢糧普免一次以爲休養萬民之計經大臣等酌議國家每年一定之經費皆取資于

正賦應將各省分作三年蠲免則經費有賴而先後之間萬民均沾膏澤至於耗羨乃有司養廉及辦理公務之所必需應令照舊輸納朕已允行朕之逾格蠲免天下正賦者所以藏富于民且使閭閻之間終歲不聞催科之擾也今正賦既蠲而耗羨又令完納是官民仍有交關猶不免有追呼之擾若將蠲賦之年應徵耗羨一併緩至開徵之年按欵完納使小民于交官之便完此些須不必兩次伺候于公庭亦體恤民情之意著該部即遵諭行並將公用不敷之處作何撥抵酌議辦理各省督撫當董率有司善為之勿因此又別生弊端也欽此

乾隆十五年正月初二日奉

上諭各省耗羨銀兩以備地方一切公用向因漫無稽考是以係列章程該部歲杪察核朕思有正供而後有耗羨羨非正供可比其未完之項雖應一體催徵但輸將不無拮据朕巡幸所至地方應酌量加恩以紓民力直隸屢經巡歷今春暨秋清蹕五臺命駕河汴明歲即當南幸江浙山東亦所必經所有耗羨內直隸山西河南浙江四省未完銀兩全行蠲免江蘇安徽山東三省未完銀兩蠲免十分之六著該督撫確查實數毋令吏胥借端那抵正耗混淆暗行侵蝕倘有朦混滋弊即行糸奏從重治罪上司稍有徇隱一併嚴加議處務使閭閻均沾實惠以普恩膏欽此

乾隆十六年正月初二日奉

上諭朕巡幸江浙問俗省方廣沛恩膏聿昭慶典更念東南貢賦甲於他省其歷年積欠錢糧雖准地方大吏所請分別帶緩以紓民力而每年新舊並徵小民終未免拮据朕宵旰勤勞如傷在抱茲當翠華新涖倍深軫切用普均沾之澤以慰望幸之忱着將元年至乾隆十三年江蘇積欠地丁二百二十八萬餘兩安徽積欠地丁三十萬五千餘兩悉行蠲免其浙江省雖額賦畧少於江蘇而積年以來並無積欠豈犬牙相錯之地不齊乃至是歟此具見浙省官民敬事急公之義

而江蘇官民所宜懷慚而效法者也朕甚嘉焉著將本年應徵地丁錢粮蠲免三十萬兩以示鼓勵將此通行曉諭知之欽此

乾隆二十二年正月初二日內閣奉

上諭今春朕恭奉

皇太后鑾輿臨浙問俗省方行慶施惠而東南黎庶望幸惟殷茲當翠華發軔之初宜沛渥恩用昭盛典乾隆十六年肇舉南巡曾頒恩諭將江蘇安徽十三年以前積欠地丁悉行蠲免浙省因無積欠特免應徵地丁三十萬兩以示鼓勵亦欲恩闓澤覃敷官無里誤民免追呼共享昇平之福乃邇年來

江浙閒被偏災其積欠未完之數又復不少雖惟正之供歲
有常經不宜任其逋欠然天時之不齊亦非盡小民之過也
該二省去歲秋成豐稔糧價平賤據地方大吏陳奏並清問
所及民康物阜井里恬熙朕心實為忻慰但閭閻蓋藏時廑
宵旰若令新舊並輸于民力未免拮据著將江蘇安徽浙江
乾隆廿一年以前積欠未完地丁銀兩概予蠲免該督撫其
嚴飭所屬實力奉行毋令吏胥侵蝕務俾恩膏普逮實惠均
沾稱朕懷保黎元至意該部即遵諭欽此

是年二月初一日奉

上諭朕稽古省方載臨江浙將以勤求民隱廣沛恩膏是以啟

鑾之先即經降旨將該二省乾隆二十一年以前積欠悉行
豁免而時當春令東作方興水陸經行一切除道挽舟雖皆
按丁給直然終未免有需民力入疆伊始軫念方殷所有江
南浙江經過各州縣地方本年應徵地丁銀兩俱著加恩蠲
免十分之三此內或有去秋被水歉收者蠲免十分之五該
督撫等其飭屬查明實力奉行稱朕加惠黎元之意欽此

是年三月初一日內閣奉

上諭江浙二省積欠地丁銀兩前已有旨豁免而浙江所免獨
少足見黎庶素屬急公今巡省蒞止因命悉查各項尚有乾
隆十八十九二十等年各屬未完緩徵及蠲剩漕項銀十八
萬九千餘兩二十年分杭嘉湖紹四府屬縣場未完借欠籽
本銀三萬七千八百餘兩十八二十年分各衛所未完屯餉
銀六千四百餘兩並海寧縣未完沙地公租銀二千餘兩著
加恩概行豁免該督撫等其董率屬員實力奉行毋令胥役
里長侵蝕中飽副朕曲體惠鮮之至意欽此

乾隆二十七年正月初二日奉

上諭今春朕恭奉
皇太后鑾輿巡省江浙取道閱視河工海塘與封疆大臣講求
吏治民生諸要務念昨冬恭逢
慈恩覃被之餘正東南士民望幸情殷之候翠華所過宜沛隆

施益光
慶典著將江蘇安徽浙江三省自乾隆二十二年起至二十六
年止所有節年災田緩徵及未完地丁各欠項照二十二年
例概予蠲免該督撫等其嚴飭所屬悉心核實奉行俾閭閻
膏澤均沾毋致吏胥中飽副朕錫類推恩至意該部遵諭速
行欽此

是年二月初四日內閣奉

上諭朕恭奉
皇太后鑾輿巡省江浙前已特頒恩旨將該二省積欠地丁全
行豁免茲入疆伊始慶澤宜行所有江南浙江水陸經過地

方本年應徵額賦俱著加恩蠲免十分之三此內或有去秋被水歉收者蠲免十分之五該督撫等其董率屬員實力奉行稱朕子惠黎元至意該部遵諭速行欽此

乾隆二十九年九月二十五日內閣奉

上諭朕明春恭奉

皇太后聖駕南巡著照從前之例於江浙二省冬兌漕糧內各截留十萬石在水陸駐蹕地方分廠平糶即令漕運總督及該督撫妥協辦理該部遵諭速行欽此

乾隆三十年正月初二日內閣奉

上諭今春朕恭奉

皇太后安輿四省江浙東南黎庶望幸情殷宜布渥恩用光盛典前次三經臨幸恩旨疊頒所有江南省積欠地丁等項蠲免至二百餘萬維時地方大吏率多遵循舊例例所應蠲者不論災熟積欠並予豁除而於因災緩帶之項其中有例不准蠲者轉未獲一體邀恩於情理未爲允協因思成熟地畝當年出產本豐自不難踴躍輸將年清年款其陳積未完者實不免預覬恩膏有心觀望若因災停緩之糧勢由歲歉不齊致滋逋負初非玩戶抗延之比今翠華所過慶典聿修而此等薄海窮黎未嘗渥澤朕心深爲軫念著加恩將江蘇安徽乾隆二十五年以前節年因災未完蠲剩河驛俸工等款並二十六七八三年因災未完地丁河驛等款以及二十八年以前節年因災未完漕項暨因災出借籽種口糧民借備築堤堰等銀二百四十三萬餘兩又籽種口糧內米麥豆穀十一萬三千餘石概予蠲免至浙江一省額賦本較江南爲少其積欠亦屬無多著將乾隆二十六七八三年因災未完地丁銀兩並二十七年屯餉沙地公租二十六七兩年未完漕項等銀一十三萬二千五百餘兩又二十八年借給籽本穀一萬三千七百餘石加恩悉行蠲免以均惠愷該督撫等其董率所屬實力詳查妥協副朕嘉予元元至意倘有不肖胥吏從中舞弊影射侵漁察出即與嚴參從重治罪該部遵諭速行欽此

是年閏二月初三日內閣奉

上諭朕巡幸江浙啟鑾之初降旨將江浙二省累年積欠銀糧全數豁除而浙省所免之數較之江省尚少茲當入疆伊始疇咨民瘼該省尚有未完款項著再加恩將浙江省乾隆二十六七八等年積欠未完漕項及仁和袁浦等場未完竈課銀一萬八千六百餘兩二十四六七八等年因災緩帶積欠未完南米及借給各場竈戶倉米一萬八千九百餘石概行蠲免該督撫等其率屬實力奉行務俾恩膏下逮稱朕惠愛黎元至意該部遵諭速行欽此

是年是月初四日奉
上諭江浙水陸經過地方本年應徵額賦加恩蠲免十分之三杭州府屬附郭諸縣額徵地丁全行蠲免又浙省乾隆二十四六七八等年未完竈課漕項錢糧暨緩帶未完南米及借給竈戶倉米并借給農民倉穀緩徵租穀幷二十七年屯餉沙地公租概行蠲免欽此

同日奉
上諭朕翠華南幸始莅浙境念該省所免積欠較江省獨少且於未奉恩旨以前復有續完之項民情可謂急公因命悉查積年未完各項無論於例應蠲與否盡予豁除以紓民力至

清蹕所經前已降旨蠲本年正賦十分之三昨巡歷江省復念淮徐各屬地瘠民貧江淮以南人知愛戴凡水陸經行州縣加免十分之五浙省雖鄰頓無多而除道清塵亦足徵閭閻歡感兩省俱係赤子誠求懷保厥視惟均著加恩將浙江經過地方本年應徵錢糧概免十分之五俾羣黎普沾膏澤益慶阜恬副朕入疆施惠至意該部遵諭速行欽此

乾隆三十一年正月初二日內閣奉
上諭朕統御萬方孜孜求治惟以愛育黎元爲念自御極以來蠲賜所逮不下千億萬乾隆十年間恭依
皇祖普免直省錢粮恩例蠲免天下額徵正賦二千八百萬有奇期斯民家給人足咸臻樂利惟歲運漕米向以供給兵餉廪糈之用非水旱特蠲例不普免夫八政以食爲先閭閻蓋藏尤資饒裕恭閱
皇祖實錄康熙三十年
特頒恩旨將各省起運漕糧通行蠲免一週大澤均沾慶逾常格仰惟
皇祖沖齡踐阼臨御之三十年春秋未及四十朕年二十有五始登大寶膺祺受祉迄今亦閱三十年際重熙累洽之會必世昌期均符泰運其爲慶幸倍深茲荷蒙
上天眷佑

列聖鴻庥函夏謐寧疆宇式闢北庭西域二萬餘里咸隸版圖外有耕屯之穫內無餽餉之勞且連歲年穀順成庶物豐殖
京通倉貯儲有餘粟
天既誕貽樂歲惠洽昇平朕自當仰體
天心以推恩黎庶是用敬承嘉貺懋繼
前謨使薄海億兆並裕倉箱之慶所有湖廣江西浙江江蘇安徽河南山東應輸漕米著照康熙年間之例於乾隆三十一年爲始按年分省通行蠲免一次其江甯京口杭州荊州等處駐防地方該省漕米既蠲所有例需兵食如何預爲籌辦並各該省蠲免次第應行酌辦各事宜著該部速行定議具

奏欽此

是年正月初四日奉

上諭前經降旨將各省漕糧分年普免一次期使海宇黎元均霑闓澤但聞漕糧欵內尚有例徵折色及民戶等銀官爲辦漕者雖徵收銀米不同其爲按田起漕之例則一也若仍令其照漕項一例輸將不得與交納本色民戶并邀曠典未免獨切向隅著再申諭辦漕各省州縣內有徵收折色者一體概予蠲免督撫等務董率所屬實力經理再行明白曉諭毋使胥吏藉名滋弊副朕嘉惠閭閻普施膏渥至意該部遵諭速行欽此

乾隆三十五年正月元旦日內閣奉

上諭朕寅承丕緒撫有萬方宵旦求衣無日不以勤恤民依爲念是以勸農省歲減賦逭徵不靳多費帑金覃閭閻共臻康阜溯在乾隆十一年丙寅朕御宇周旬肇敷闓澤曾恭依

皇祖普免天下錢糧恩例蠲除直省額徵正賦二千八百萬兩有奇越在三十一年丙戌際當必世興仁益惟比戶饒裕是計復下詔將應徵漕米省分照康熙年例概蠲一次俾各倉箱盈衍倍積耕餘閱年以來寰宇乂寧民氣和樂惟

上天孚佑我邦家洊錫康年朕祗膺

昊蒼鴻眷其可不究澤推仁以與我海內元元荅茲

嘉貺我國家席全盛之模內外經費度支有盈無鈌府庫所貯月羨歲增因思天地止此生財之數不在上卽在下與其多聚左藏無甯使茅簷蔀屋自爲流通迺者仰紹

列祖貽庥化成熙洽爲民藏富欣際斯辰且今年爲朕六十誕辰明歲恭逢

聖母八旬萬壽普天忭祝慶洽頻年尤從來史冊未有是宜更沛非常之恩以協

天心而彰國慶茲因乘春頒令誕布陽和著自乾隆三十五年爲始將各省應徵錢糧通行蠲免一次其如何分年遞蠲之處著大學士會同該部郎速詳議具奏欽此

乾隆四十三年正月二十四日奉

上諭前因

聖母萬壽特宏錫類之仁普蠲各直省錢糧以昭慶惠朕本欲俟恭祝

聖母九旬萬壽之年再溥恩施一次茲者

仙馭升遐此後更無可推廣

慈仁之處現在部庫帑項又積至七千餘萬著再加恩自戊戌年爲始普蠲天下錢糧仍分三年輪免俾寰宇億兆人民仍得共被

慈恩永申感慕而朕終天罔極之忱雖不能仰副萬一庶幾藉

玆稍展其如何輪派年分著戶部即速悉心核奏遵行欽此

乾隆四十四年十月初一日內閣奉

上諭朕明春巡幸江浙所有供頓次皆出自帑項絲毫不以累民第扈從官兵以及外省接駕人等輻輳雲集經過地方米糧價值恐一時或致騰踊著照從前之例於江浙二省冬兌漕糧內各截留十萬石在水陸駐蹕地方分廠平糶即令漕運總督及該督撫妥協辦理該部即遵諭行欽此

乾隆四十五年二月初五日奉

上諭朕因東南黎庶望幸甚殷爰舉舊章五巡江浙茲當入疆伊始慶澤宜敷所有江南浙江水陸經過地方本年應徵地丁錢糧俱著加恩蠲免十分之三該部即遵諭行欽此

乾隆四十九年二月十六日奉

上諭朕因江南士庶籲幸情殷且河工海塘以次告竣一切善後機宜均須親臨指示爰循舊典六巡江浙茲當入疆伊始慶澤宜覃所有江南浙江水陸經過地方本年應徵地丁錢糧俱著加恩蠲免十分之三該部即遵諭行欽此

是年三月十二日奉

上諭朕翠華蒞浙愷澤覃敷前已降旨將經過地方本年額賦蠲免十分之三並省城駐蹕之仁和錢塘二縣本年應徵地丁概予豁免今入疆伊始周諮民隱再沛恩綸所有杭州嘉興湖州三府屬本年應徵地丁錢糧共一百九萬餘兩著再加恩溥免十分之三俾近光黎庶益享盈甯以副朕省方問俗施惠閭閻有加無已之至意欽此

乾隆五十年十月初十日奉

上諭福崧奏仁和等十七州縣並杭嚴嘉湖二衛田畝歉收請將應徵漕米錢糧等項分別緩徵等語本年浙西一帶雨澤愆期田禾間有被旱之處收成不無歉薄民力未免拮据所有仁和錢塘海寧餘杭臨安嘉興秀水海鹽於潛石門桐鄉烏程歸安長興德清武康安吉等十七州縣並杭嚴嘉湖二衛歉收田畝應徵地漕錢糧著加恩緩至五十一年麥熟後

徵收其漕米及新舊漕截等銀亦著緩至次年秋成後徵收帶運以紓民力該部即遵諭行欽此

乾隆五十一年正月初三日奉

上諭上年浙西杭嘉湖三府屬之仁和等十七州縣並杭嚴嘉湖二衛得雨較遲收成歉薄業經降旨將應徵地丁漕項銀米緩至次年分別帶徵以紓民力第念今春東作方興農民播種翻犁未免尚形拮据著再加恩將杭嘉湖三府屬之仁和錢塘海寧餘杭臨安於潛嘉興秀水海鹽石門桐鄉烏程歸安長興德清武康安吉等十七州縣並杭嚴嘉湖二衛再行緩至秋收後按例徵收並查明實在貧民酌借口糧籽種

以資接濟該撫務董飭所屬實力奉行使茅簷蔀屋均沾實惠以副朕軫念黎元普錫春祺之至意該部卽遵諭行欽此

乾隆五十五年正月初一日奉

上諭朕賴

昊蒼眷佑旣逾古稀欣開八袠幸得小康時懷大惕自乾隆十年以迄四十二年特沛恩綸普免天下錢糧業經三次矣今歲屆朕八旬壽辰仰荷

天祖昭庥率土稱慶以致梯航重譯祝嘏來廷從古史牒實所罕覯是宜廣宣湛闓敷錫兆民普叶祟禧以荅

嘉貺著將乾隆五十五年各直省應徵錢糧通行蠲免其如何按年輪蠲之處著大學士會同戶部卽速核奏遵行欽此

乾隆五十九年八月十五日內閣奉

上諭朕臨御天下五十九年仰蒙

昊蒼眷佑

列聖貽庥薄海昇平梯航向化重熙累洽惟日孜孜無時不以

敬

天勤民爲念行慶施惠錫祜延禧普免漕糧二次地丁錢粮四次而偶遇水旱偏祲隨時蠲租賜復賑貸兼施不惜帑項數千萬兩所以涵養生息子愛黎元至周且渥茲紹膺統緒明歲正屆六十年朕春秋二十五卽位誕膺大寶迄今八旬開四康強逢吉五代同堂景運增隆寰瀛寧謐享國之年幸邁甲子壽祚延洪實爲古今罕覯之盛事此皆上蒙

昊貺駢蕃克膺備福覃敷恩澤加惠閭閻俾海㝢子民共臻樂利所有六十年各省應徵漕糧著再加恩普免一次其應如何分年輪免之處仍著該部核議具奏欽此

是年十二月初三日奉

上諭前因六十年乙卯元旦日食上元月食雖薄蝕躔度可以預行推測但稽古史傳所載遇有日食月食等事往往下詔求言以示脩省朕思

上天垂象固宜戒愼而應天以實不以文與其託諸空言孰若施諸實政前已降旨普免天下應徵漕糧俾海宇子民共臻樂利今思各省尚有節年民欠及因災帶緩未完銀穀俱應按限徵輸者小民究因官欠未清未得遂其含哺之樂朕仰

邀

昊眷在位六十年寰宇寧謐景運增隆丙辰年卽屆歸政今若於朕臨御之年覃敷恩賚俾小民節年欠項廓然一淸得以戶慶盈寧共游化宇以副朕子惠黎元敷錫延禧俾普天羣黎無一負欠者莫大於是該部卽遵諭行欽此

乾隆六十年二月十五日內閣奉

上諭前經降旨普免天下積欠錢糧令各督撫查明具奏茲據

吉慶將浙江省節年民欠及因災緩帶地丁漕糧正耗并蠲
免補徵耗羨及漕截動墊補徵未完各數開單呈覽所有浙
江省節年民欠因災緩帶並蠲免補徵耗羨等銀二十五萬
二千一百九十五兩零南糧米二千一百十四石零因災緩
徵漕糧正耗米四千一百二十七石零又乾隆五十八年分
應補徵寧波台州衢州嚴州處州五府屬輪免地丁耗羨未
完銀四萬三千二百餘兩五十六七兩年分應徵還嘉興湖
州二府屬道庫動墊漕截未完銀八萬四百餘兩五十八年
分應徵還杭州嘉興湖州三府屬道庫動墊漕截未完銀十
八萬三千四百餘兩通共浙省未完銀五十五萬九千一百

九十五兩零未完米六千三百四十一石零俱著加恩豁免
以示朕普錫春祺恩施無已至意欽此

是年十月初八日內閣奉

上諭朕自臨御以來勤求民隱日有孜孜惟期藏富于民家給
人足仰荷
昊蒼眷佑
列祖貽庥寰宇昇平重熙累洽行慶施恩闓澤頻加節經普免
天下漕糧三次地丁錢糧四次其餘遇有偏災隨時蠲賑不
下千萬億兩近將各省積欠錢糧概行蠲免又復數千萬兩
所以子惠元元休養生息者至周且渥今朕紀年慶符週甲
丙辰元旦舉行歸政典禮爲嗣皇帝登極初元大廷授受篤
祜延慶實爲曠古吉祥盛事允宜廣沛恩綸俾薄海羣黎共
沾湛愷本欲于新正傳位後降旨但恐二月間卽當開徵之
期恐遠省接奉稍遲著卽將嘉慶元年各直省應徵地丁錢
糧通行蠲免以示朕與嗣皇帝愛育閭閻同錫恩施至意其
如何按年蠲免之處著交部查明照例核議具奏欽此

嘉慶四年十一月十九日內閣奉

上諭現屆長至
圜丘大祀
高宗純皇帝

升配禮成後自應仰推
皇考恩慈用敷惠闓因乾隆六十年以前各省積欠緩徵地丁
耗羨及民欠籽種口糧漕糧銀兩并積欠緩徵民借米穀草
束等項現在應徵者尚復不少著該部通行各省詳悉查明
將以上各欵自乾隆六十年以前普行豁免俾寰宇羣黎同
霑
遺澤於乾隆年間逋欠銀米等項永免追呼用仰副
皇考六十年子惠元元至意卽將此二條入於
升配恩詔欵內欽此

嘉慶十年五月十六日內閣奏

上諭浙西杭嘉湖三府屬因本年三四月間陰雨較多麥豆收成頓減蠶絲更爲歉薄糧價漸長民食維艱亟須妥爲撫卹除將上年捐備煮賑餘銀一萬四千餘兩接用外著於藩庫捐監款內動支銀十萬兩開廠賚賑所有杭屬之仁和錢塘海寧餘杭臨安嘉屬之嘉興秀水海鹽石門桐鄉湖屬之烏程歸安長興德清武康等十五州縣十年分新糧幷八九兩年未完地耗並著緩至秋成分別徵收用紓民力至該省額辦白絲絲綿二項著減半收買其添派絲綿五百觔緩至來年蠶絲收成後再行確核採辦以示體卹欽此

嘉慶十三年十月二十日内閣奉

上諭本年閏五月間雨水過多杭嘉湖紹四府屬低田多被淹浸前經降旨諭令阮元據實查辦茲據勘明仁和錢塘烏程歸安德清武康石門桐鄉長興嘉興秀水海鹽等十二縣地畝及蕭山縣牧馬最窪之處皆因積水未消不及補種或補種較遲收成歉薄民力不無拮据著加恩將各該縣應徵本年地丁漕項漕截等銀漕南等米暨蕭山縣牧地租課分別蠲緩並將舊欠銀米租課遞緩徵輸以紓民力欽此

嘉慶十九年十月十八日内閣奉

上諭顏檢奏查明杭嘉湖三屬田畝被旱及衢州府屬偏隅被水各情形一摺著照所請將衢州府屬之西安常山開化三縣淤積田地額賦照例豁除其已經墾復補種仍復歉收田地幷杭嘉湖三府屬之仁和錢塘海寧餘杭臨安於潛嘉興秀水石門桐鄉海鹽歸安烏程長興德清武康安吉孝豐各州縣地方被旱災歉田畝應完本年地丁屯餉漕項鹽課等款錢糧漕糧正耗米石照例分別蠲緩其各年舊欠幷原緩銀米准其遞緩以紓民力欽此

嘉慶二十三年十二月十二日内閣奉

上諭朕自丙辰元旦仰蒙

皇考高宗純皇帝大廷

授璽寅紹

丕基兢兢業業旰食宵衣以勤求郅治所願者四海羣黎家給人足同臻康樂敬維

皇考臨御六十年普免天下錢糧四次漕糧三次

湛恩汪濊淪浹民心朕嗣位以來亦思廣施闓惠大賚寰區始緣教匪不靖軍興孔棘繼以黃河泛溢屢舉大工十餘年間所費帑金數踰十千萬國家財賦歲有常經實有入不敷出之勢是以嘉慶十四年朕五旬正慶雖恩綸載錫而未能普惠閭閻比年仰荷

昊蒼垂佑根荄蕩除萬方寧謐河流順軌久慶安瀾以正供所入僅制國用尚可無虞匱乏朕子惠元元深念損上益下之

義侯將來府藏充盈仍欲覃敷渥澤明歲嘉慶二十四年爲朕六旬正壽宜先蠲除積逋俾民戶免追呼共享含哺之樂所有各省節年正耗民欠及因災緩徵帶徵銀穀著各督撫詳悉查明按照該省所屬之某州某縣實欠在民銀穀若干速行開單具奏以次降旨豁免並著先將此旨謄黃宣示城鄉村鎮咸使聞知俾官吏胥役無從影射侵欺以期膏澤下究用副朕惠鮮懷保仁壽斯民至意該部即遵諭行欽此

嘉慶二十四年十一月二十四日內閣奉

上諭陳　奏查明被旱各州縣懇請恩施一摺本年浙江省六七月間雨澤稀少杭嘉湖三府屬高田被旱歉收前經降旨

令將村庄頃畝及應蠲應緩各數目迅速分晰詳查茲據該撫查明具奏著加恩將成災田四千一百七十九頃零應徵地漕等銀三萬五千一十餘兩漕南等米二萬六千八百九十餘石全行蠲免蠲剩地丁屯餉漕項鹽課等銀南孤等米俱著緩至二十五年秋後起分作三年帶徵漕截銀兩漕糧等米緩至二十五年秋後起限一年徵完其歉收田八千五百五十一頃三十一畝應徵地漕等銀十萬七千八百七十餘兩漕南等米九萬九百餘石與上年未完銀米一并緩至二十五年秋後啟徵以紓民力其餘熟田照常徵收該部知道摺單并發欽此

道光三年十二月初十日內閣奉

上諭帥　奏酌留新漕備放滿洲綠旗二營來年官俸兵糈並請將被災較重之秀水等七縣應徵白糧一體緩徵一摺浙江滿洲綠旗二營官俸兵糈等項例應按月支放本年該省徵收南米各州縣大半因災蠲緩其餘交省倉之米統計不過二萬餘石支放實有不敷著照所請准其在於杭嘉二府屬現在開徵各州縣內截留新漕四萬二千石運交杭州省倉以備來年支放至白糧米石除被災尚輕之嘉興等五縣額徵一萬六千八百五十餘石仍令照數辦運外其秀水等七縣成灾田畝自五分以上至九分以上不等現在漕南等

米既不開徵若將應徵白糧仍行摘欵催徵農民實形拮据著加恩將秀水嘉善歸安烏程長興德清武康七縣額徵白糧正耗米二萬六千六百五石零一體緩至來年秋後徵辦搭運以紓民力該部知道欽此

道光四年十一月十一日內閣奉

上諭黃　奏請緩徵被災州縣緩帶漕南各項銀米一摺浙江省杭州等府屬各州縣因上年被水成災業經加恩將地漕等項分別蠲緩帶徵茲據該署撫奏稱本年該省雖屬豐收而民氣尚未能全復若責令隨同新漕一律輸將恐小民力有未逮自係實在情形著照所請將杭州嘉興湖州三府屬

之仁和錢塘海寧富陽餘杭嘉興秀水嘉善海鹽平湖石門桐鄉歸安烏程長興德清武康安吉等十八州縣應徵道光三年分蠲剩緩徵漕白等米三十一萬二千二百二十餘石並隨漕漕截米折等銀九萬九百餘兩又帶徵復緩二年分漕改行月米七千七百四十餘石並隨漕漕截米折等銀二千八百二十餘兩及三年分緩徵南米一萬七千二百八十餘石原定一年徵完者著准其分作兩年帶徵其原分兩限三限帶徵之三年分蠲剩南米一萬五千九百二十餘石著再加展一年分作三限四限帶徵全完至各州縣緩徵二年分舊欠南米著與富陽諸暨桐廬三縣緩帶南米仍照原定

年限于本年秋後徵收以備滿洲綠旗各營支放俸糈之用該部知道欽此

道光十一年十月二十八日內閣奉

上諭富　奏勘明被水及歉收各縣衛請分別蠲緩給賑一摺浙江省仁和等縣衛先因霉雨過多低田積水入秋以後陰雨連綿或受淹成災或因雨歉收經該撫勘明分數奏請蠲緩給賑加恩著照所請准將被災較重之仁和錢塘烏程歸安德清武康六縣乏食貧民查照災分定例按月給賑衛所屯丁及災地貧生兵丁俱照例辦理初賑四賑全放折色二三賑銀米兼放每大口日給米五合小口二合五勺每米一石折銀一兩二錢於十一月內放給初賑來年二月放竣四賑小建按月扣除所需折色米價銀兩准動道光十一年地丁其本色米石動碾各本縣常平倉穀如本縣倉穀不敷再行碾動水路可通鄰府鄰縣倉穀協撥所撥穀石歸於動碾之縣動支地丁買補還倉統於事竣核實題銷其長興安吉二縣被災較輕海寧富陽嘉善石門桐鄉五州縣僅止一隅歉收無須按月給賑著俟來春察看情形另行奏請辦理至仁和等十三州縣及嘉湖衛成災田地應徵本年地丁鹽課漕項漕截河工屯餉錢糧漕南軍孤等米著按照成災分數分別蠲免蠲剩銀米於道光十二年秋成後照例分年帶徵

內漕截銀兩漕糧米石仍限一年徵完其歉收田地應徵本年各項銀米概行緩至次年麥熟後起限一年徵完又烏程歸安德清武康四縣灾歉田地均在通縣額田五分以上所有成災鄉庄應徵本年銀米照例概緩至道光十二年秋成後起限一年徵完又災歉各戶未完舊欠及因災原緩銀米均著遞緩一年徵完耗羨銀兩各隨正項辦理所有蠲緩缺額銀米及應支各欵不敷支給之處另籌撥補該撫即刊發謄黃徧行曉諭責成該管道府督率各該地方官認眞經理務祈實惠及民用副朕軫念災區至意該部知道欽此

道光十二年十二月二十日內閣奉

上諭富　奏仁和等七縣應徵上年災案内緩帶漕南等項銀米懇恩分別展緩一摺浙江仁和等七縣上年被水成災應徵道光十一年分漕南等項及舊欠銀米奏請蠲緩聲明蠲剩銀米於十二年秋成後分年帶徵漕截銀兩漕糧米石暨因災原緩銀米槪限一年徵完茲據該撫查明仁和等七縣上年被災較重元氣未復本年夏雨愆期小民戽水灌田倍費工本若將本年應徵緩帶銀米隨同新漕一律輸將民力實有未逮懇請分別展緩著照所請加恩將仁和錢塘石門桐鄉歸安烏程德淸等七縣本年應徵道光十一年分緩帶漕白及隨漕米折南糧等項銀米槪行展分兩限帶徵於本

年先徵一半來年帶徵全完以紓民力所有仁和錢塘烏程歸安德淸五縣十一年分蠲剩原分二限三限應於道光十三十四兩年秋後起帶徵之漕南銀米仍照原定年限徵收又仁和錢塘二縣本年應徵十一年分蠲剩帶徵初限幷緩徵南米及復緩十年分緩帶南米暨烏程縣本年應徵復緩八九兩年南糧米石均著仍照原定年限徵收以上俱毋庸遞緩該撫卽刊刻謄黃徧行曉諭毋任吏胥舞弊務期實惠及民以示朕軫念民依至意該部知道欽此

道光十五年八月初九日奉

上諭朕寅承丕緒撫馭萬方旰食宵衣無日不以勤恤民依爲念十五年中勸農重穀減賦停徵迭沛恩綸覃敷闓澤所願四海蒸黎家給人足共享昇平之福因思各省民欠錢糧自嘉慶年間蠲免以後迄今又閱十餘年矣比歲以來仰蒙

慈祐慶協綏豐民氣和樂本年恭逢

聖母皇太后六旬萬壽欽維

慈禧光被歡洽敷天允宜申錫無疆普蠲逋賦所有各省節年正耗民欠錢糧及因災緩徵帶徵銀穀並借給籽種口糧牛具及漕項蘆課學租雜稅等項卽著該督撫將軍府尹等將道光十年以前實欠在民者詳悉查明按照該省所屬之某州某縣銀穀若干速行開單具奏候朕以次降旨全行豁免

普著先將此旨謄黃宣示城鄉村鎭咸使聞知俾官吏胥役無從影射侵欺以敷膏澤下究用副朕錫羨延釐普惠寰區至意該部卽遵諭行欽此

道光二十九年大水成災奉

旨賑濟並蠲免錢糧

咸豐元年正月初一日奉

上諭朕寅承丕緒撫馭萬方敬念

列聖御極之初蠲免積逋覃敷闓澤俾人安樂利戶免追呼共享昇平之福誠以民爲邦本厚民生正所以培元氣也當茲建元肇始之時宜行體元長人之政自道光十五年二十五

年兩次欽奉
皇考宣宗成皇帝恩旨將二十年以前各省民欠錢糧盡予豁
免後自二十一年迄今又屆十稔民間續有積欠允宜大沛
恩綸期與薄海羣黎同躋仁壽所有各省節年民欠正耗錢
糧及因災緩徵帶徵銀穀並借給籽種口糧牛具及漕項蘆
課學租籽稅等項即著各該督撫將軍府尹等將道光三十
年以前實欠在民者詳細查明按照該省所屬之某州某縣
銀穀若干速行開單具奏候朕以次降旨全行豁免並著先
將此旨刊刻謄黃徧行曉諭務使城市鄉村遐陬僻壤咸喻
朝廷德意毋使官吏胥役等延擱侵漁致滋弊竇庶吾民休

養生息慶洽綏豐用示朕元春布德以仰副
皇考三十年子惠元元申錫無疆至意該部即遵諭行欽此

咸豐十一年十二月二十一日奉
上諭近年江蘇安徽浙江地方被賊蹂躪小民流離失業慘不
忍言迭經降旨蠲免錢糧冀蘇民困現在該三省失陷城邑
多未攻克即令漸次規復而田廬半遭兵燹耕作未免失時
朕眷懷南服深用惻然所有江蘇安徽浙江失陷郡縣明年
錢糧漕米著一概蠲免以紓民力該督撫即刊刻謄黃徧行
曉諭務使實惠均霑毋任吏胥舞弊用副朕加惠窮黎至意
欽此

同治二年六月初三日奉
上諭浙省疊遭兵燹小民流離失所殊堪軫念自應將該省漕
糧量予減免以示公溥之仁著左宗棠通飭杭嘉湖三屬將
實在應徵漕粮稅則詳細確查各按重輕分成量減奏明辦
理欽此

同治四年二月初七日內閣奉
上諭前因蔣益澧奏核減浙江嘉興府屬浮收錢糧一摺當經
諭令戶部議奏茲據該部奏稱浙省甯波紹興等府浮收錢
糧均於上年經左宗棠奏明核減嘉興府屬各州縣歷年浮
收地漕等項銀兩實與甯紹各屬事同一律自應一體裁革

以昭公溥各等語加恩著照所請嘉興縣著減去錢四萬二
千七百二十八千秀水縣著減去錢三萬五千五百六十四
千嘉善縣著減去錢五萬七千四百七十八千海鹽縣著減
去錢一萬九千四百一十四千平湖縣著減去錢三萬九千
七百七十九千石門縣著減去錢二萬九千三百四十九千
桐鄉縣著減去錢三萬一千三百二十六千統計各屬共減
去浮收錢二十五萬五千六百三十八千即著永爲定章其
從前以錢收納者悉令統照銀數收納不准再有大戶小戶
之分倘地方官吏陽奉陰違仍或添設名目格外需索及大
戶不遵定章完納者即行查参懲辦並著該撫將各府屬平

餘一項破除情面再行認眞核減酌定數目詳細開造清冊
報部以憑査核餘著照所議辦理欽此

同治四年閏五月十一日內閣奉

上諭前因浙省叠遭兵燹小民流離失所諭令左宗棠將杭嘉湖三屬應徵漕糧稅則査明各按重輕分成奏請減免嗣據奏請將杭嘉湖三屬漕糧酌量覈減經戶部議覆統按原額於三十分中減去八分業經降旨允准茲據左宗棠馬新貽奏稱査明杭嘉湖三屬漕糧除南糧幷白糧舂耗兩欵毋庸議減外杭州府九州縣額徵米十七萬八千一百八十九石零擬減米二萬五千七百三十五石零嘉興府屬七縣額徵

米五十八萬七千四百七十五石零擬減米十四萬五千四百十六石零湖州府屬除孝豐一縣向不科米應免核減外其餘六縣額徵米三十八萬十四石零擬減米九萬五千六百十三石零通計杭嘉湖三屬共減米二十六萬六千七百六十五石零等語加恩著照所請各按科則重輕分別上中下三則一律永遠減免以抒民力自此次減免之後該督撫務當督飭各該州縣按照奏定新章覈實徵收斷不准有浮收抑勒等弊至大戶包攬及一切陋規槪行禁革以除積弊該督撫卽刊刻謄黃徧行曉諭務使實惠及民用副朝廷軫念民艱之至意餘著照所議辦理該部知道單併發欽此

同治四年十月初九日內閣奉

上諭馬新貽奏覈減漕南浮收禁革陋規以肅漕政一摺浙江正漕前經降旨分別覈減並准部議以漕項籌抵運費皆所以軫恤民艱茲據馬新貽奏稱請將額外浮收痛加裁汰覈實酌留耗餘辦公以蘇民困計杭州府屬共可減浮收米六萬四千六百餘石嘉興府屬共可減浮收米二十八萬五千餘石湖州府屬共可減浮收米一十三萬六千八百餘石杭嘉湖三府南米共可減浮收折色錢二十四萬七千餘串從前一切陋規槪行裁汰各等語卽著照所請將留裁各款目造冊存案並著該撫等明白曉示勒石永禁漕糧槪完本色

其有情願完折者按照時價收納悉聽民便至杭屬新城於潛昌化等縣漕糧向收折色官爲辦運仍著照舊辦理按照市價徵收倘有不肖州縣仍敢蹈從前勒折浮收陋習卽著該督撫嚴參治罪至所稱浙省大戶完漕並不加耗甚至把持包攬等弊經此次改定新章之後紳民一律徵收不准有大小戶名目再分軒輊倘有紳衿等恃勢把持仍前包攬短交著一併從嚴參辦餘著照所議辦理欽此

同治五年五月二十六日內閣奉

上諭戶部奏遵議豁免嘉善縣攤賠銀米一摺浙江嘉善縣丈缺田地銀米向在丈實田地內按畝勻攤補額百姓歷年攤

賠久形苦累現值兵燹之後閭閻元氣至今未復若將丈缺田畝攤賠銀米概行徵收民力恐益形拮据加恩著照所請所有嘉善縣丈缺田畝應攤徵銀三千九百六十餘兩米三千二百五十餘石著一併永遠豁免並著浙江巡撫卽行刊刻謄黃徧行曉諭務使實惠永沾用副朝廷軫念民瘼至意餘依議欽此

同治六年二月戶部咨開本部議浙江年例應辦白絲八千五百斤每年約用四千餘斤絲綿二百觔每年約用一百餘觔該省廹於時艱應令按一年應用數目設法採辦儘辦儘解毋庸按額解之數以紓商力等因於同

治五年十二月初十具奏本日奉

旨依議欽此

同治六年六月二十四日奉

上諭馬新貽奏懇請豁免無著學租一摺浙江海鹽縣學田租戶因兵燹之後冊籍無存多無下落該撫援案奏請豁免加

恩著照所請所有海鹽縣學田無著租戶應納租銀九十六兩零准其以同治五年爲始永行豁免餘著照所議辦理該

部知道欽此

同治十一年十一月十九日戶部奏

大婚禮成欽奉

恩詔蠲免各直省民欠錢糧擬請將同治六年以前民欠錢糧

請

旨飭下各督撫府尹查明已入奏銷實欠在民者若干並緩徵若干詳細查明應蠲銀兩數目據實開單具奏准予蠲免等因本日奉

旨依議欽此

光緒元年三月二十六日戶部奏三月初一日內閣奉

上諭朕寅承丕緒撫馭萬方敬念

列聖御極之初蠲免積逋覃敷闓澤誠以民爲邦本厚民生正所以培元氣也允宜祗遵

成憲特沛恩綸所有各直省民欠錢糧卽著戶部酌核奏請蠲免用示子惠元元至意欽此臣等恭酌歷屆成案擬請將同治十年以前民欠錢糧請

旨飭下各督撫府尹查明已入奏銷實欠在民應蠲銀數若干據實開單具奏准予蠲免等因本日奉

旨依議欽此

嘉興府志卷二十三

嘉興府志卷二十四

嘉興府知府善化許瑤光重輯

蠲卹二 養育附

嘉興府 嘉秀二縣善舉皆系於府

嘉興養濟院 在鹽倉坊小鹽倉橋東舊在春波坊嘉秀共之萬歷間知縣顧雲程以舊居讓秀水新建於此 明包檉芳新建嘉興養濟院記略吾郡養濟院在郭東天馬橋北向仍宋元之舊廬舍七十餘間嘉秀兩邑共之非但食指漸繁偪窄難容即事兩屬則權分而莫佐清查愛養之責法積弛則人玩難免影射冒破之奸故以嘉興一邑論籍其數八百餘人然多有名而實亡者有身居於外而寄名於內者有兒女滿前年力少壯而亦竄身其間者良由老奸積猾盤踞把持而又侵漁蒙蔽設欲清查指甲爲乙指東爲西何可致詰萬歷壬午秋顧

侯甫下車目擊其事遂嚴爲設法悉心清理得實在應衣食之者若干名餘皆倍其數侯一一爲釐正之而又慮無以要之久也訪有郭南鹽倉坊一民居頗閒曠欲市之另爲一院亟請於上允之檄縣尉劉君洗董其役侯經畫指授爲一門樓一楹爲大堂五楹周環爲舍者一百一十楹內有一百四十三楹其外甃石爲周垣者三百餘丈帮岸者一百餘丈視舊居深廣軒敞迥不侔矣工訖遷本邑孤貧若干聚而居之舊居悉以讓之秀水非惟兩邑之無告者相忘於寬適飽暖之地而事久論定綜覈奚難是舉也爲費五百八十餘金一不煩公帑即以所扣月糧銀充焉且役不踰時民無毫累舉二百年未有之曠典於俄頃之間侯之功顧不偉歟歲乙酉五月侯奉徵書行慮此不紀無以詔後遂命檉芳書之 咸豐十年燬于匪

額設 孤貧六百八名每名歲給銀三兩六錢布花木柴銀六錢乾隆二二年奉文遇小建扣除閏月加各縣同

秀水養濟院 在春波坊天馬橋直北宋爲廣惠院紹興間郡守岳珂儲緡錢會去官郡守吳潛經營剏建 宋吳潛廣惠院記槩國朝初在京置四福田院收養老疾孤幼無依者列聖相傳膏澤愈沛如曰鰥寡孤獨不能自存者州知通縣令佐驗實官爲養之此元符元年十月八日詔書也如曰自京師至外路皆行居養法猶慮雖非鰥寡孤獨而癃老疾廢貧乏之實不能自存可立條委當職審察詣實許與居養速著文行下此崇甯四年十二月二十八日詔書也如曰諸處有瘥老廢疾之人可依臨安府例令官司養濟此紹興十三年九月十五日詔旨也嘉興爲焉扶緊郡戶籍繁夥生齒眾多則夫鰥寡孤獨瘖聾跛躄顛連而無告者宜不能免焉而長民者不知養非所以宣上德也曩郡守相臺岳公珂嘗有志於斯矣會去官不克僅儲緡錢萬以屬來者悠悠一紀未有過而問焉而此錢因以轉移不復爲州家有自潛爲州郡別駕己慨然興惻洎領郡事經營卜度寸積尺累或墾閒田或市民田或括公田或民之化於善者咸樂助田歲餘得米二千七百石有奇乃治新材剏屋一區爲程六十有五凡門廡直舍倉室廚湢皆備繚以垣墻環以溝洫扁曰廣惠聚民之鰥寡孤獨瘖聾跛躄顛連而無告者俾居焉額以二百人老者病者月廩米五斗錢千少者月廩米三斗錢半之取米於倉取錢於米於

是烈日之書虐雪之夜風雨之朝凡哀號啼苦乞食道路者不接於耳目矣自念畎畝孤生幼被先人之教旣長蒙先帝大恩錫之上第擢頹剝落之餘又蒙主上大恩內登館殿外領麾牧當四郊多壘之時不能宣勞彊埸致命戎行徒有撫問閭閻除疾苦護養元氣共培國脈庶幾報稱之萬一云爾後之君子其與永久之時紹定辛卯七月旦日 元爲孤老院明改養濟院今燬

額設 孤貧三百名

棲流所 在郡城南宮祠傍同治十二年知府許瑤光倡捐建爲嘉秀兩邑孤貧棲息之所光緒三年二月燬于火今改建于東門外鹽倉坊 即嘉興養濟院舊基 前後四所所各六間額曰嘉秀養濟院

東育嬰堂 舊在西門外西麗橋康熙初建 張天植記略育嬰盛典倡

於輦轂漸被廣陵已而我浙武林有育嬰會轉相
勸導全活頗多余素負斯志限於綿力幸郡侯盧公祖
愷悌秉心凡濟人利物罔不盡瘁爲之至育嬰一事行
之尤摯意以窮民無告饑溺切爲已任若呱呱一息聽
其自生自滅又烏賴長民者乎故其設法甚詳燭弊至
悉曰此不可無收嬰之所以稽查也捐俸以置其室曰
此不可胥吏假也敦請三善士以襄其役曰此不可無
職官以總要也委經幕以贊其功至誠所感遠近風靡
紳衿載塗咸有更生之慶矣但規畫之初未必家喻戶
曉令所收源源不窮則所費驟驟難繼必須同人分任
共濟陰功惟仁人善友各發宏慈廣示導揚要知此舉
專爲救命而設與泛泛施捨不同救垂絕赤子於犬豕
之口挽一綫殺運於湯火之中悲憫號呼如救頭目轉
相激勸到處擴充不特多種福果且仰體仁政亦子求
終義之　分巡道劉復新建育嬰堂記略我
勝因也　雍正間修　皇上乘乾御宇　特諭各
省督撫轉飭有司勸募好善之人於通邑大都人烟稠
集之處若可以照京師育嬰堂例權酌行之其於字弱
郵孤之道似有裨益大哉王言誠天下爲公至
仁之盛心也余叨列侍從入直　禁廬癸丑夏五月荷

蒙　聖恩俾分巡浙西三郡下車之始即以嘉禾
戶口殷繁地當孔道棄嬰較他郡宜尤夥往視舊所構
育嬰堂者見堂屋湫隘嬰亦寥寥心戚然者久之先是
有杭民趙雲龍募造堂宇爲收嬰之所僅得城西地二
畝嗣鄉耆胡敏秉產先蓋堂廡三楹以經費無出而止
至是余進僚屬暨郡之好善者於庭而告之曰茲堂之
外遺嬰不知凡幾而長民者不亟圖之非所以布宣
上德也其盍設法創修以爲久大之計乎於是羣
相踴躍惟恐後時禾屬嘉秀諸邑歛其歷年罰贖并給
剩等項公用銀兩以濟而又勸助之乃撤其舊乃治其
新增置基地翦刈穢荒別奮新土充其虧窪堂之制前
建坊次建門中建正宇後建廳供大悲菩薩又後建房
左右各建舍各有長廊相通凡乳哺之室治事之齋收
納之厥庖湢溷廁之屋咸具繚以垣墻用衛室廬盤以
小沼用便澣濯附以隙地用造骨塔爲地其五畝八分
爲屋其三十八楹間通用白金九百三十四兩四錢有
奇經始於雍正十二年九月乙卯而訖功於十二月壬
戊四方來觀者莫不以爲前此所未有而眾嬰之育於
斯宇以長以養庶幾無阽危之患矣至於堂之僱覓乳
嫗周卹遺孤一切經費甚繁則蒙制府樂善公懷推撥

善邑罰田一百畝及募勸緣資若干以供費用並載所
設徵信錄中尚期銖積寸累置產生息以爲恒久之業
又堂之規條在於盡善經理存乎得人今酌定條約十
六則揭諸堂壁首舉一人曰司歲再選四人曰司季又
選十二人曰司月之數十人者或總理或專司惟矢公
矢慎殫以實心是賴而堂之大要亦於是乎畢舉矣
嘉慶三年知府伊湯安另舉紳士莊鳳苞等董其事移
建東門外甪里街計屋二十餘間有河埠嘉秀善桐四
縣鹽商捐輸經費按引繳銀五厘每年銀二百五十餘
兩各詳明立案 案鹽商項大成方瑞盛朱宏豐葉如椿朱翼豐吳與昌汪源遂於泰昌等聯名
稟辦 道光十一年紳士鮑廷琮捐貲重修堂屋嘉興縣知
縣黃錫祚倡捐經費紳士王蘭芝方璿陸德和等各捐
輸有差咸豐十年燬于匪

西育嬰堂　在西門外西麗橋即舊堂基址道光六年紳
士陳振聲延聲宗栢捐資改建並以道光三年捐賑餘
錢三千貫生息復加勸募以濟經費東育嬰堂撥歸田
三百畝秀水縣知縣呂延慶稟明立案 道光十七年吏部咨開職員
陳振聲捐貲改建育嬰堂經費銀一千二百五十五兩
零陳延聲捐銀一千九十三兩零該職等俱已身故應
請照例　旌表奉　旨依議
陳宗栢續捐銀七千有奇照例議敘 道光十九年陳宗
柏捐嘉邑胥感等莊水田五百四畝一分二厘咸豐十
年燬于匪
嘉秀育嬰堂　在郡城報忠埭嘉郡自遭匪擾東西育嬰
堂盡行燬廢同治五年知府許瑤光勸諭絲商集捐洋

三千三百元置買徐姓房屋一所作爲嘉秀育嬰堂計基地三畝四分七厘六毫七絲六忽自前門至後樓爲屋五進有大廳正廳廳各有樓庖湢之屬咸具六年復加修葺九年十月開堂收養由紳耆董其事並勸諭各鋪業每交易千文抽捐一文充經費舊時堂產查有田二千六百十一畝有奇內坐落嘉邑一千五百一十三畝零秀邑田九百六十一畝零善邑田一百三十七畝零見徵信錄十一年奉文勸辦保嬰各鄉鎮就地設會集資或暫爲留養或給資令產家自養以補嬰堂之不足建接嬰所于東門外甪里街計樓屋四間十二年嘉郡絲商集捐洋五千元置報忠埭王姓房屋

一所凡四進共屋四十間爲育嬰堂公產

秀邑新塍鎮留嬰堂　在政四庄有屋一所前後六進同治十二年紳董朱廷元等集資創建本鎮各鋪業每年認捐錢一千串充經費現有生息公欵錢二千餘串稟明立案

普濟堂　在嘉興東門外甪里街東津亭之東乾隆五十五年嘉秀邑人創建基地一十三畝二分所建堂宇自頭門至後樓計五層又收養房六十四間庖湢藥爐穀薪庫藏厠牏凡二百楹杭嘉湖道秦瀛嘉興普濟堂記國朝撫有四海百有六十年　列聖相承深仁渥澤躋斯民於仁壽之域而猶慮天患民病或有一夫不獲其所乃於京師首善之地建有普濟堂歲給米石以貲收䘏無告之費而列郡仰流慕義者亦聞倣而爲之嘉興大郡也自江蘇而抵浙江此爲界首其間廛里櫛比生齒阜庶與夫遊寓商販肩趾之所奏聚萃附麻列然地大則惡易覯人衆則情易匿物候所値保無有疾苦艱阨不能存濟者與夫天地以生物爲心人爲天地所生當以天地之心爲心故曰仁人心也我則爲人而視同類之介其側者呼號而莫之應抑何以爲心然其事非有力者不能爲有力矣而非心餘於力合衆力以成之亦不能濟也嘉興之有普濟堂經始於乾隆五十五年迄今行已十年生相救死相賙匱處周悉踵事益勸且夫博施濟衆堯舜猶病而一心所流通可使遐邇無間故充其不忍之心雖一端能兼舉也雖偏隅能廣被也而況體大物博仁義兼盡則人之欲善誰不如我豈無聞風而起者此其願力之宏於以推廣　皇仁而胥天下涵濡於大澤之汪濊者豈有既哉余分巡茲土既嘉其人物繁廡熙熙有樂生之意且嘗見所刻普濟堂條約事略益以知惻隱之心人所皆有而　盛朝化民成俗之效風動影從有如是之旋至而立應者會司事姚景涫沈潛吳泰唐秉義施靑照俞汝倫等呈請於余乞爲記其事爰書

此以勒諸石嘉慶間知府伊湯安募捐經費各捐戶獎敘有差嘉慶十六年九月初五日奉　旨議敘縣丞職銜吳泰唐秉義姚景涫三名議敘主簿職銜李萬選俞汝倫二名給予紀錄二次陳延聲頒給樂善好施匾額生監岳鑑施靑照徐濤沈潛金世珍潘學乾等六人道光八年郡人陸濂岳鴻逵等重整堂規知縣宋鑛記今使於一堂之中而欲盡合郡老疾煢獨無告之民各遂其生服食醫藥棺槥之物無不畢具生有以養沒有以安其惠甚普其費不貲非有樂善好施者爲之倡議與舉則基不立非踵事增華者爲之實力奉行設法捐助則經費窮而事且中廢是故剏始難繼起尤難嘉郡甪里之東向有普濟堂以棲居民之年老鰥獨而無依及商客之患病不歸者藥食棺殮之費皆取給焉始於乾隆五十五年紳耆姚金聲徐益安金朝佐翁粹中項念劬吳泰馬艮之姚耕平潘省槐等首先倡議范煥謝武權姚景涫俞晉俞汝倫馮思澄金天裕唐秉義等諸人合貲與舉而堂以成嗣岳忠武後裔名鑑者獨捐秀邑藏字圩祖遺地三十六畝自完賦稅以爲義塚掩骼

埋胔澤及枯骨歷年既遠經費愈繁捐資漸減嘉慶丁已有徐元啟朱耿連沈廷等倡募北板坊東西米市各商而捐厘之議以興甲子歲歉用復不敷堂務幾廢項學醕徐濤施青照陳延聲俞汝倌金聯璧徐如苞馬應球等出任其事岳鎮等又接踵而起修復舊規歷二十餘年日漸懈弛道光戊子陸濂岳鴻逵等重為整頓凡米商銷貨一石捐釐一文置貨自銷亦準此列至是而出入有稽月計歲會經存生息各有專責其司出入者有行首張聲遠李鑑周司月計者有謝丕勷莊憙方璿姚世鏵岳鎮陸濂沈汝嘉方本禮沈大椿郭紹儀陳鴻王人杰司歲會者有陶計楨經存生息者有顧王袁棟自已丑至辛卯甫三載積二千餘金分典生息壬辰迄今又積千金除支銷堂用外其盈餘及續收俟積有成數再作分存之舉捐厘雖微施惠甚廣一視同仁之術可拯窮黎亦可培厚澤也司事項景庾朱耿連徐楨唐廷桂等恐日久廢弛詳請立案蒙各憲論餙勒石以垂永久問記於余因思普濟一事莫為之前誰與創始岳鎮以前其功奚可沒也莫為之後誰與圖終陸濂以後其志更可嘉也即今董事諸生纘承先志勉行罔替咸諸客商躊躍從事歷久弗渝是余之厚望焉是為記

豐十年燬于匪同治四年知府許瑤光改建于城南隅郡人岳姓捐田二十一畝五分五厘九年歸併育嬰堂辦理共有田地五百十一畝零見徵信錄

嘉興同仁堂　在嘉邑鹽倉坊地宇圩道光三十年里人捐建為普濟分堂並募厘充經費辦理掩埋施棺恤嫠等事咸豐間燬同治四年重建

嘉興同善會公所　在東門外蒯塔坊奪甲橋東乾隆三十二年合邑士民建朱振飛記略同善會剏自有明嘉善幾亭陳氏行之已久若郡城之有是會康熙時蔣子和先生實始行之至於今乾隆癸未之歲諸同人又捐金築堂於角里街之後匾曰求仁俾施錢受賑者藉以駐足徃予家孝廉君升公會捨田瘞無主之骨歷今百數十年命僧經理不廢後張楊圓先生又有葬親之會吾郡中亦舉行之而同善會則又任卹之誼使煢獨得少資生焉是役也自門至堂凡若干楹計費白金若干兩倡其事者角里沈介岳與堂廷璉之力居多及捐助姓氏具列於後俾後之人觀焉

道光七年重葺堂宇廣募輸資每月捐錢六十文為一會自半會至百十會以卹煢獨又詩禮之家有子讀書酌助修金每屆二十日在蒯塔坊求仁堂分卹求仁堂記同善之舉始於康熙間蔣子和先生迨乾隆二十八年癸未沈氏樸堂雪園二公與諸同人捐金築堂於角里街嚴處士墓之西北顏其堂曰求仁并置田房生息別募捐資每會自三十至七百文月收月發以卹里中煢獨而無告者捐助姓氏刊入碑記而創成斯舉實惟沈氏之力居多其堂載入府志自乾隆癸未迄道光癸未甲子一週其間老成凋謝人事遷移經費漸絀最後之董理收發者沈君載揚即樸堂之嗣孫也以道光三年被災後入不敷出其事遂寢七年春載揚之伯鐵珊孝廉將任司鐸憫善舉之中替田房公業之徒存而又以載揚

餬口遠方租賦更乏人經理與兄茶巖姪鰲峯走商於邵君平泉擬將田屋歸併卹蘐集中俾公業仍歸實用其意叚厚邵君不忍同善之遽廢轉商於余余曰不可失茲堂垂六十年前人之締造經營不知悴幾何心力一旦弃歸他所使同善之舉泯沒無存非所以慰前哲於九原也記曰有其舉之莫敢廢也盍乘此有基勿壞與沈氏昆季謀復興乎邵君又就質於方伯錢公公大以為然慫恿之弃許贊成其事乃復邀同志暨沈氏昆季叔姪訂其章程葺其堂宇核其存產計嘉邑德感新等庄田二十四畝二分六厘放生府前兩坊賃房二所歲入租金二十餘千再擬廣為勸募俾小會之舊捐者復來新捐者踵至則斯會之將廢而復與也其昌大有不可限量者吁八生無過百年雖富貴耕奕撒手成空而惟善行之日積月累天鑒昭昭他日可攜之而長徃是天下實者皆虛而虛者皆實身後可貲諸明神子孫亦蒙其福蔭書云作善降祥易云積善餘慶皆大聖人不刊之論而豈僅浮屑因果之說哉斯集也諸君勿以善小而不為由此繼長增高規模曰擴經費愈充而周卹愈廣惟有志者事竟成也余以衰老不克追隨因邵君之囑敘其顛末如此道光八年十一月嘉興黃灝撰

錢唐高壇書弁載捐貲姓氏於後李紹祖沈昭與錢善膺錢寶甫謝丕勳朱嘉猷方璿黃沅沈光裕沈煊沈應彤邵嗣爵沈震繆大金方世然徐廷濟洪楷沈金墀陸鈺徐震邵言詩洪勳立李允升洪勳猷陳若蘭姚世麒邵讚詩朱仁堉方照鄭學源顧維嶽沈汝嘉馬鴻寶方惟祺王本仁汪聯奎沈銘吳厚生　咸豐十年燬

秀水同善會公所　在清涼庵給發康熙間合邑紳士捐置陸昌祖爲記　咸豐十年燬

卹嫠集　嘉慶八年紳士沈維鐈錢寶甫黃灝等募郡人佽助以卹窮嫠之守苦節者每屆二十日按人卹錢二百八十文在蒯塔坊化成菴分卹今廢

任卹集　咸豐七年嘉秀紳士捐設按月給貲以濟世家

舊族之孤寡無依者有田八十四畝八分現歸育嬰堂兼辦

仁濟堂　在嘉邑王店鎮同治十二年本鎮紳董以古南廢寺遺田一百餘畝屋基一處歸入堂內充經費益以勸募創辦恤嫠保嬰施棺掩骼諸事稟明立案

嘉興漏澤園　宋崇甯三年建凡五所一在縣南海鹽塘地宇圩地四十七畝一在縣東白蓮寺東東原圩盈字十三號地三十五畝三分五釐七毫一在德化一都地字圩一在胥山六都西來字圩一在長水二十二都張一字圩

廣孝阡　卽白蓮寺東漏澤園爲之順治九年刑部題爲推廣

皇仁事奉

旨暴骨遍野深可憫惻收埋等事速行各直省地方官遵行康熙十一年巡撫范承謨行縣建立廣孝阡各縣同嘉興何志

義塚　明萬歷已酉秀水居中孚置居中孚記略萬歷乙巳歲余竊慕掩骼之義市地秀邑西郊爲義塚顧嘉與秀均附檇李雉堞而東西相去數千武瘠民不能具槥春卒遘死亡隸於嘉者力不能與尸踰歷城郭葬秀之西郊至於襲敝仍訛投畀燔炙或且饜魚腹居恒俛首竊歎已復強勉營度得地六畝六分屬在嘉邑德化一都地字圩環圍廣狹稱是遂與秀邑塚相望而並峙嗚呼塚以義名意可知已義之所激項踵可捐髮膚何愛竭蹷奔赴不遺餘瞬邉卹其私余郎處詘窘埶乃若視暴骨遺胔情均一氣里閈接壤義難兩歧全彼漏此所不忍出也

包氏義塋　在永十三都列宇圩包汝楫有記

義塚一在思調宇圩一在收字圩　康熙二十年總捕清軍同知孫明忠初涖任見曠野荒郊無主屍棺白骨暴露搆民間空地立義塚任民阡厝康熙二十一年捐俸給價契買民人田畝置爲義塚陸漢史田一畝楊茂田一畝四分七釐　通詳守道徧行七縣一體施行

秀水漏澤園　舊設共二百二十一畝四分九釐一在象西區十四冊雲二字圩二十二畝一在零東都舊立義塚四十二畝坐落東區餘字圩一在雲五區北騰圩一十四畝二分六釐一在柹七區一十畝坐落上二冊收字圩一在柹八區八冊辰字圩一十畝六分三釐一在伏九區二十二畝坐落三冊收字圩一在伏三十區九畝八釐三毫坐落三冊錯字圩一在永一區義塚二十四畝四分坐落下四冊一在思西區一十畝一釐坐落六冊東潛圩一在象西區四畝四分五

釐　一在象東區二十二畝九分七毫坐落本區餘字圩　一在零西區九畝一分五釐五毫　一在零五區三十六畝四分一釐　一在伏九區二畝坐落十二冊四甲　一在思東區一十畝三釐坐落十二冊　一在思西區九畝五分　一在麟六區四畝六分五釐五毫續置共六十二畝六分二釐六毫　一在白六都六畝三分三釐坐落七冊收字圩　一在象西都三畝坐落十五冊五甲　一在象西都七畝六分一釐二毫坐落本區一冊三[illegible]　一在零東都三畝八分一釐坐落本區六冊秋字圩　一在柿八都新報徐楠地二畝五分徐椿地一畝五分陸清地四畝蕭二郎地一畝二分五釐共九畝二分五釐坐落十四冊陽字圩　一在又買九冊七甲姚一女地一畝六分沈阿小地九分二釐沈汀地二畝二分六釐六毫馮道地一畝三分共六畝八釐六毫俱並際相連　一在永十三都一畝二分坐落本區四冊　一在永一都二畝坐落上五冊四甲　一在思二都三畝一分坐落十四冊正陽字圩　一在林六都九畝六分三釐五毫坐落小露字圩　又四畝三分六釐五毫坐落本區八冊八甲　又三畝七分　又一畝五分七釐在城都九分七釐八毫坐落碧漪坊明萬歷中郡守曹代蕭立案道光二十九年大水成災無主屍棺漂泊可憫邑紳捐貲收埋凡八千餘具見徽信錄

廣孝阡　康熙十一年建立　一在北門外杉青閘右坐落永一都十三冊張字圩基地三畝三分　里民俞有慶捐　一在三塔東　一在王江涇

永安會　舊志王店鎮有義塚康熙壬子鎮紳李登范李上子李椒升共捐地三畝在天香庵後立廣孝阡乾隆三十一年紳士李菊房等立有葬會三十四年復立

義塚四處　一在觀蘭庵　一在樊家帶東　一在胡家村　一在蔣家浜

新安義園　在南堰白上十八莊露字圩土名落緯灣凡徽州人之客死於禾者停厝於此乾隆四十六年募

創基地計二十四畝嘉慶十一年職監吳玉其程均陳能華吳泰等創建棺棧屋兩進二十二年職監陳能華程宸元孫雨宜等重修道光三年職監黃韞玉添造厝屋姚世鑰捐足錢一千千文存典生息以為有籍可歸無力回櫬者助

新安翳蔭堂義塚　在長東北天一字圩地二十五畝八分　又義厝地四畝在禊四庄五龍坊

新安分設廣仁堂　在白五上十八庄露字圩厝屋葬地共四十一畝八分　又荒字圩下十四庄地三畝三分

朱義塋產　明萬歷三十七年秀水生員朱大猷剏建後嗣世舉勿替陸續捐田一百畝收埋暴露屍棺　一田五畝七分二釐五毫胥六都東寒字圩　一田七畝長二十都東二字圩　一地五畝七分零五毫大彭十八都秋收字圩　一田三畝善嵌九南區結字圩　一田九畝九分永十四都北宿字圩　一田三畝一分都圩同上　一田五畝實四畝六分長西北雲字圩　一田四畝二分白六都東字圩　一田四畝三分八釐白六都收字圩　一田五畝雲泉鄉二十五都月字圩　一田五畝都圩同上　一田六畝都同上辰字圩　一田三畝一分麟六都東昃字圩　一田二畝零五釐五毫白六都外東字圩　一田四畝七分麟六都列字圩　一田一畝八分象西二十二都辰字圩　一田三畝六分都同上昃字圩　一田一畝六分伏三十都乾元字圩　一田三畝地二畝林宿鄉二十三都東黃字圩　一田一畝五分永一都四生字圩　一地二畝一分五釐蕩二畝林宿鄉二十三都西寒字圩　一地二畝蕩二畝林西秋黃字圩　一地二畝六分在城碧漪坊　戶立朱義塋等戶辦賦

王江涇義塚　先于乾隆十七年募施棺木收暴露者

續置義塚張字圩田七畝六分并骨塔晉同塔兼建錫類亭

紹興繼善堂義園園為紹興寄居之人殯埋旅櫬之所紹屬舊有春波橋越濟庵義塚一區年久地窄不敷掩埋道光十年監生施維一周楚佩等邀集在禾行商各戶公同購買嘉邑蒯塔坊小黃字圩地五畝有奇造屋前後十楹停殯屋三十餘間即為繼善堂又置西門外秀邑下塘三庄北荒圩地五畝一分八釐零凡旅櫬無歸者先行寄殯繼善堂內俟三年後無人領歸乃遷埋於北荒圩義塚兵後重修廳事及厝屋有池一區為放生所由官出示禁捕捉

掩骼義舉道光初年紳士錢善賡等歛募經費廣為收掩每遇嚴冬呈請委員監辦紳士協力行之

新塍鎮同仁集道光八年里人金甫田等重整園屋九年里人金配豐金銷等勸捐增益其費

三界堂道光四年里人汪芝溪等捐資修建郎奉化園義塚同治八年重修

新置義塚十處　嘉郡自遭兵燹暴骨被野同治三年知府許瑤光會同紳董設局收埋五年又經候補知府潘紹詒雇工收拾零星枯骨裝罈掩埋共基地八畝九分九厘七毫八絲詳明立案內嘉興縣境三處一在東門外北大字圩青龍橋地一畝六分五厘八毫　一在石塔浜地一畝二分一毫　一在天帶橋地三分六厘四毫　秀水縣境七處　一在南門外冀四庄濠股街草庵浜地六分二厘五毫　五龍坊地五分五毫　君四庄青陽池地五分九厘六毫　普同塔地二分五毫　大西門外咸一庄南宙圩地四分一厘七毫　小西門對河大北宙圩地一畝八分六厘六毫二絲　北門外沐三庄日字圩地一畝五分六厘六絲

四明義園　在秀邑秋涇橋沐字圩園屋基地拾畝有奇又對河葬地拾畝同治九年鎮海陳日高陳明善募資重建

嘉善縣

養濟院　在治東梅花里北嘉慶四年知縣萬相賓重修今燬未建

額設孤貧八十名額外十名

育嬰堂　在神仙宮左雍正六年建郜煜育嬰堂記畧魏塘以僻壤之邑士民毅然倡舉育嬰經營緣起勸募維殷越二載卜地於日暉里神仙宮之左建堂築室收嬰僱乳規模已畧備矣余以丁未承乏茲土甫蒞官即思遵奉　皇仁喜其始基已定而恐其義舉中衰力為之整齊經畫捐助勸輸導揚而成就之而同志之士設法分條矢公矢慎井井乎不紊焉蓋其每月之中在監會一人司會一人總其綱也司堂司月及察嬰者各有分任襄其職也所得棄嬰男女均收三歲以內並為鞠育定有例也每嬰一嫗專司乳哺給籌一枝註籍符驗防侵扣也月之朔望攜孩審視驗臧否也給銀若干以資乳者日用恤貧乏也夏有帳簟冬有縕枲禦寒暑也襁褓必給藥餌必備視其羸瘠瘵其疾苦勤顧復也亦可謂周詳而盡善者矣　自開堂後至咸豐十年邑人陸續捐置田七百五十三畝蕩四十二畝航埠地基四畝充經費咸豐末堂燬同治二年重修四年因同善經費支絀議以育嬰同善統籌合辦顧福仁重修育嬰堂同善館及會辦緣由記云聞之仁者愛人非鶩好善之名也同居覆載之中乃獲衣食無缺與聞禮義幸矣外此有懷獨焉形影相弔有棄孩焉呱泣如聞猶是人耳何為至於此設身以處有不然不動於中者乎然必見之行事善乃不虛昔有陳幾亭先生聞高中憲公論為善之旨忻然仿行同善會闢館於治東用拯無告原定規則於助貧之中寓勸善之意仁莫大焉迨我　朝雍正年間李復夔丁祖植兩先生倡議育嬰爾時魯學會任王仁乃任勸募之責遂於東關外神仙宮之左拓地構堂好善

者聞風景從條具事宜請於張邑侯鏞侯亟贊成之先後相睽數十年好善之般如一乾隆乙亥歲大祲餓殍載道時會館已廢中翰錢鋆偕王仁山龔楷峯龔紹成慨然以興復自誓百計据摭閱二十餘年而新館落成同志者附益田畝更於其中設施棺局張南珍廣其意設痊局事繁費鉅肩其任者支絀之形如訴若育嬰堂公産較贏有舉無廢自道光癸未遭水溢之災房半租息歲入無幾而棄嬰益衆時許靜遠袁三省陳文安措注其間年復一年息肩無自司同善會者亦急呼將伯遂與合議呈請劉邑侯紹琦諭令花米豆麥菜子各業及絲行舉萬人緣闔邑翁然從之歷年合收分儲賴此扼往全活無算咸豐庚申粤冠至會館大門聽事毀於火育嬰堂後樓三楹屋數椽亦圮同治癸亥克復縣城傅侯斯憚知縣事延孫君鉦等董其事修舉廢墜屋宇毀者一一召匠規畫葺而新之惟是育嬰堂歲入敷出同善會計口授食岌岌難支同人知之稔矣乃謀於衆日産有偏絀會辦爲宜時有異議者爰請於傅邑侯奉批同善育嬰皆係地方善舉産亦前人公助司其事者不過總司出納眇域無分何容反覆等語會辦之議乃定向擇司年數人主其事今遵奉會辦事益繁恐有蹉失遇事集衆商榷期得當而後止逐月鈎稽周士恒許元杰孫鉦孫葆徵曹駿良夏曰清范宗文陸鑑吳炳許守信濮埜諸同事福仁與弟如璋厠其末次第分理之兢兢然惟恐名是而實非也且儆始勤而終怠也並懼夫異日以復舊爲辭劃然畫爲二而善舉且偏廢而中蹶也因屬福仁述顛末並詳會辦緣由福仁不敢辭遂爲記十三年奉文勸辦保嬰由堂兼理每年蠶絲按包捐洋五角以一半濟保嬰費一半歸育嬰同善之用各詳明立案

同善會公所　明崇禎十四年邑紳陳龍正建向無公所以思賢書院廢址改建錢士升記善邑之同善會自中翰陳公始其有會館亦自陳公始其法每季一會每會主者醵金以賑邑民之節孝而貧寠者暨鰥寡孤獨之無告者稽覈有籍斂散有紀照驗有單自辛未迄辛巳閱十年鼓舞不倦可謂得人心之同矣當肇舉時散給不滿百人後漸推廣至數倍金不給則主者捐槖佐之公曰是不可繼莫若置産便于是自捐莊田若干歲收其租入之贏以供會事凡在籍者養生送死皆取給焉會治東有思賢書院故基地爰集衆請于當事撤而新之構屋二曰仁方曰義和而顏其門曰同善館仍祠五賢餘址以建倉廩工竣公謂是舉不可無記而以碑屬余以文記之

國朝康熙五十二年合邑士民捐貲改建知縣梁徽有記又曹焜記畧同善有會創起於梁溪高忠憲公哀鰥寡恤孤獨行善於鄉所以推廣仁術也吾邑陳幾亭先生仿而行之築館於治東爲給發之所迨後不知廢自何年館基亦不可考乾隆乙亥歲大饑餓殍載道邑紳錢中翰鋆偕王仁山龔楷峯龔紹成諸君毅然以興復自任每月十六日權借各寺廟給發貧糧行之二十餘年全活無算於是邑中好義樂施聞風景從時有鄔君籍安吳君滄洲首捐建館基地經始於乾隆四十四年己亥落成於五十一年丙午庖湢堂皇規模大具王君淮南鮑君觀倘倡捐田畝陸續共得一百有奇核明寔數將聯單細號先行勒石俾共見共聞後有續捐即隨時補刊焉邑人陸續捐置田四百七十五畝

有奇地十四畝有奇充經費咸豐末毀同治二年重修公所循舊舉行邑人續捐田一百四十五畝一分濮陳兩姓捐田十六畝三分四年以經費支絀與育嬰堂統籌合辦另附掩埋經費田一百五十九畝二分由同善兼理

楓涇鎮同善會公所　乾隆二十年合鎮士民公立案四十年里人復舉千金會梁同書有記咸豐十年燬同治三年以鎮西市房改爲公所計屋三進有田七百八十三畝八分坐落嘉善境四百八十三畝一分江南婁縣境二百九十五畝二分青浦縣境五畝五分又善邑九南區上下辰圩水港一段同治十一年增置沈趙兩姓屋基五分紳董郁以瀚等十人司其事

斜塘鎭育嬰堂　同治九年邑紳胡雲程等創立十二年置屋一所計三十五楹基地一畝有奇置田一百六十畝零

漏澤園　在縣治東南永七圩西藏字圩俗呼白墳墩明正德中邑令王德明創基十一畝一分九厘

義塚　凡十七所胥五區東閭字圩十三畝九分二厘一毫　西律字圩三畝一分八厘七毫　又一畝五分八厘　遷東區昃字圩一畝四分七釐　奉九南區地字圩五畝七分八釐　又日字圩六分三釐　永七區冬字圩十一畝　又寒字圩一畝三分四釐六毫　又三畝七分一釐七毫　奉四南區黃字圩五畝一分八釐　永北八區月字圩四畝　遷西區河字圩二畝五分　又雲字圩二畝七分張邦豫捐　遷北區張家圩一畝八分　奉四中區結字圩三畝三分四釐二毫　又岡字圩十畝　永八中區小荒字于　又三所一在八北區月字圩第二號二畝二分一釐五百二十號三畝四釐六毫監生陳紹曾呈明捐設　一在遷北區東落圩二十五號三分五釐七毫三十號八分三釐五毫三十八號六分三釐八毫　一在麟七區北宙圩三百八十八號八分六釐一毫

普同塔　一在西門外督院李公衞設立知縣郜熤捐置麟七區出字圩五百六十八號民田四畝六分三釐造塔二坐男女各一面立同仁廣孝二碑乾隆二十五年訓導于柟邵公倡舉同仁會董事張永棠繆承麟黃孝熤等設簿勸捐收埋城內外敗棺朽骨以形家言出字圩居邑之上流不宜叢葬因請于當事立案永禁另擇南關外白墳圩為義塚　一在大勝寺後孝廉張介倡建捐遷北區田七十畝膳僧埋瘞　一在九南區天字圩邑人孫世遠建分別男女拾骨燼置塔中明何元英普同塔記武水孫穀庵憫暴骨無主買城東郊田數畝置義塚令貧無葬地者咸厝於此中建一塔分別男女歲久則效佛氏荼毘之拾其骨燼置塔中慮有大冢之患周以垣墻局其門使傍近甘露庵僧司啟閉又慮其為厲千茲土每歲中元延戒行高僧作瑜珈佛事以超度之時漢陽兵使李昌祚聞而嘉之乃下教勒石以志不朽余惟掩骼埋胔之政不行於今日白骨縱橫遺骸遍野飽饑鳶而殘韓盧者不可勝計蘇文忠日念茲暴骨無主仁人君子斯其主也此舉不特澤及枯骨且使生者無夭昏札厲之憂惠死善生均得之矣

廣仁祠　在瓶山之陽乾隆六年里人施宏道建凡里中之歿而無祀者設祭于此壬午歲復擇地移建于山下東隅今廢未舉

存仁堂義園　在北門外即面城園也嘉慶五年徽人汪曉堂等勸募捐貲買屋一區為公所旁建棺房寄停旅櫬詳明立案咸豐末燬現經徽人之商于善者重建

義塚　在麟七區東洪圩第三百六十三號田一畝三分一厘五毫第三百六十四號田二

畝八分九厘一毫嘉慶五年知縣萬相賓捐廉置立交同善會司事承管其糧官為輸納詳明各憲立案

義塚　在九北區上玉圩田三畝道光三年里人楊錦弟兄捐置

積骨塔　在思四區道光三年建

義塚　在保東區乃字圩道光三年被水後保西等區漂流無主棺凡三千四百餘具舉人沈文江糾夫撈集編號掩埋捐田設立義塚乃字圩第八號一畝三分六釐七毫第十號三畝一釐第十一號一分第十二號一畝八釐二毫第十三號一畝六分一釐七毫第十四號一畝二分六釐六毫第十五號三畝一分三釐二毫知縣惲敷詳請大憲豁糧並請議敘均邀恩准

義塚　在永七區東藏圩係不染菴基地道光七年知縣黃錫祚改為義塚東一畝八分九釐一毫中四分四釐七毫西二分九釐七毫共計二畝六分三釐五毫有界石

義塚 紳士沈文江魏行淏等捐資設立道光三年秋淫潦成災紳士查奕照鍾汪杰沈文江魏行淏首倡撈棺之議多雇工人分携索纜棹舟四出晝夜打撈揀擇高曠之地搭棚堆貯好善者紛紛樂施助成義舉除經親屬認領之外沈文江撈起屍棺三千四百餘具魏行淏撈起屍棺五千零四十餘具買地開壙分別男左女右立爲義塚以次掩埋並勒石以垂久遠邑令爲請於上憲題豁田糧案道光二十九年大水撈埋水渰屍骸成塚在遷南區南翠圩

義塚 在遷中區收字圩第八百廿四號九分八釐七毫第八百七十五號三畝四分八釐三毫第八百七十六號二畝二分五釐九毫第八百七十七號三畝七分七釐三毫第八百七十八號四畝八分五釐六毫第八百八十號四畝九分九釐五毫共丈實田二十畝三分五釐三毫邑人魏行淏捐置先是道光三年水災田中厝棺盡行漂流行淏倡勸同人撈取共計七千餘具除子孫認領外尚餘五千餘具適邑侯惲敷蒞任首先捐俸紳士亦陸續捐輸鳩集工作埋葬是區邑令通詳請豁糧賦撫臺題請奉旨准免弁

交部將魏行淏議敘在案事詳黃安濤所撰碑記及行淏所作義塚紀事詩序

義塚 同治間新置 一在遷西區外張圩四百二十九號田四畝七分六毫職員沈學淵等捐立 一在遷中區收字圩第九百六十八號田四畝七分五釐六毫職員趙敬儀捐立以上兩處均詳明有案 一在遷南區北南歡圩田九畝八分邑人鮑勸尚捐立 一在八中區收字圩同治三年收集被兵屍骸及無主露棺共成一塚

楓涇鎮義塚 一在四中區岡字圩 一在結字圩 一連婁邑始字圩嘉慶五年至十六年張身濤暨司事等收埋無主枯骸一千七百二十四罈十九年張修樂等收埋一百六十二罈道光元年王泰等收埋八百零七罈續刻瘞埋總錄三年大水厝棺漂泊邑生程應枚獨捐銀錢雇人撈取除承認外共埋棺二百九十二具於岡字圩呈縣立案十九年主簿李楨暨司事等重修關帝廟將所寄之棺諭令各後嗣遷葬尚存無主者一百一十三具共埋於結字圩自道光二十九年大水職監程熙雍捐千金撈取沉屍埋葬咸豐十年秋粵匪至涇居民赴水死者甚眾紳士陳鴻基張慶溶程雍熙捐金撈屍共二百四十名埋於岡字圩同治二年劉統領秉璋克復楓涇陣亡將弁埋於近地八年

新置四中區雲字圩田三畝六厘葉元元捐自八年起至光緒元年收埋涇南露骨共四千二百六十四具

海鹽縣

養濟院 在東關外明洪武元年知縣王文建後圮三年知縣劉朝英重修嘉靖中移建于東門外東北濠上 額設孤貧一百二十名

育嬰堂 在城中天坊混堂巷雍正十三年建乾隆間火燬復建錢陳羣記略余銜恤里居同年潘銘三孝廉子尺衡揣育嬰堂徵信錄一冊條規數十則銀自銖兩以上土田自盈畮以外悉於冊出入可稽所有之嬰孩圖其貌時其成以察乳媪之賢否量其功而授之食織微無不具焉鹽邑僻處海濱非若通都大國富商巨賈貿遷輻輳者之一呼百應也而樂善有人望風承澤所成就者如此不其難哉維時首議創建者有朱紫臨巴念安徐巽中等百餘人捐土田以助有徐魯源顏令瞻等十餘人出資財以佽者有潘銘三陳士常等若而人司事則有董年視月察嬰司醫陸嵩山等三十餘人後先官於此者則有制府彭城李公三韓郝公上蔡程公今相國錫山嵇公行省桐城姚公郎墨郭公邑侯劉公崔公王公潘公皆能奉上德意以實心行實政既允輿人所請撥官房五十餘間公田三百五十畝復布條約以垂永久 咸豐十一年燬于匪同治八年重建房屋三層十三年增建房十三間

漏澤園　宋紹熙二年縣令李直養以溺海之屍隨潮至沙磧間爲禽犬所齧置叢冢湯山收瘞案今析平湖陸峻湯山叢冢

記吾邑東陼鉅海每當濤風暴怒多有溺者之屍乘潮而上潮退暴露沙際須臾犬鳥豖齧以盡遺骸蕩析隨亦滅没久矣余聞而哀之昔歲六月人有以所見言于縣縣尹爲之惻然亟按官籍得縣治之東北三十六里曰湯山置冢塋焉收瘞之浮屠氏師俊實顧董斯役遂因山勢高下夷爲三級廣踰五畝周以垣牆深其竁穴俾安以固首以其事上屬部常平使者張公且請所爲瘞埋之費期久行之不以累縣計張公慨然從之帖縣之常平庫凡一屍給錢千置歷以稽其付受其他報發文移號集里伍等事悉據條令以行就命師俊專司之自經始逮今未期年凡瘞一百四十六人矣念無以告後來者屬余書而刻之石

南北郊各一

西郊三

廣孝阡　康熙十一年知縣張素仁捐俸買地二畝二分爲之邑庠生石楷捐地一十二畝里人儲廷璣捐田二畝九分

義冢　凡三所一在南門外　一在北門外白馬廟鹺商捐置　一在小墅網船匯東

澉浦義冢　凡二所一在青山之麓一在北門外秋仗墩荷花池

六里堰義冢　在泊櫓山俗名閣老山乾隆二年里人趙乾行祝淇等捐置

橫山仁孝園　硤川張莘皋捐橫山尤字圩山地五畝以給族人之貧不能葬者族人德之題曰仁孝園

同善堂　在西門外天凝寺嘉慶二十三年邑人集資生息施捨棺木以濟貧乏今公所已燬舊欵無存里人按年捐資舉辦

澉川同善堂　道光七年知縣楊國翰創捐里人集貲捐買灶山爲義冢並於武廟後軒爲同善公所置田以所入息備具逐年施材收埋之需立碑記事至今遵行

平湖縣

養濟院　舊在縣治西後移北旱門外咸豐間燬同治四年知縣明德重建

額設孤貧八十名額外孤貧十名

育嬰堂　在西門内佑聖宮康熙四十五年建周維翰記略平湖僻處海壖建置間有缺略若義學社倉之屬下而至於藥局茶寮苟利民生非茂宰爲之經營締造鄉里中善信帥先舉行獨育嬰之堂未有宏此願力者余與朱君彤一暨同里諸君子小試其端於佑聖宮之長生房收取

棄兒轉送吳閶堂内月償以雇乳之費李字圩有地一區將建堂而爲持久計會今少司空蓉湖周公繕疏入告　詔旨俞允州縣例得建堂以沐　天子慈幼之仁遼左董侯甫下車毅然首捐俸貲未足助以贖鍰巽亭高太史聞而喜捨二百金不數月堂已落成丹臒壯觀垣墉堅好慈惠而敏愼蓋即此一端侯之善政卓乎其可傳矣

六十一年邑令林緒光捐置田畝雍正間增建

陸奎勳記略平湖育嬰之堂創自康熙癸未時則遼左董侯紫來營繕斯堂兼爲置產既而三山林侯鳳溪續置田畝以給堂中公費始免寄乳姑蘇今嚴太史西武先生主持堂事倡議以爲堂止二進其半臨水恐不足以垂久遠東偏隙地一區力勸馮子枚占喜捨以作善緣嗣後可爲擴充計矣値堂沈君西苓輩將廣勸邑中善信增建一堂而張子炳文勇于爲善慨然獨肩其任鳩工于丁未之二月訖五月而落成其中建樓一所以供聖母行像於其上前廊後軒丹臒輝煌費約二百餘金又以其後偪窄規模未稱捐貲買屋一間復捐鳴儒圩樓房十一間平房四間租銀計十五兩五錢爲每歲修葺及堂中僱乳之資是堂既成凡我同志踵事

增華設立規條可永遵勿替矣嘉慶元年增置田畝十一年改建嬰房

路鋅碑記慈幼之政載於周官存孤之典著於月令古之時老有所養幼亦有所長子不獨子之天下所以稱大同也然艮法美意紀載不詳撫字之術書闕無徵故三代以下鮮克有舉而行之者惟我聖朝詔令直省郡縣皆得建立育嬰堂俾民間棄嬰資其乳哺皇仁蟬蟬超越前古矣嘉慶辛酉余自義安移治當湖攷邑中嬰堂之設歷有年所咸賴賢司事實心經理漸臻盡善第生齒日盛未免遺棄日多堂之地限於一隅增育於中則湫隘難容寄哺於外則稽察難偏余每懷擴充乳房之志而未逮也甲子冬邑紳士黃君菊坪吳君仁濟雜齋陸君拙軒郎堂中所隸對協之樓屋兩所公同捐貲改建以廣乳育之區就余商權余亟樂歡焉迺諏日庀材鳩工落成於丙寅之冬總費千金有奇奐然式廓矣繼自今拓其規模嬰免遠寄察諸咫尺弊易周知是何立心之誠而施惠之溥歟抑余更有進者尤望後之司事諸君子裒集贏貲載茨屋宇永刪外哺舊章咸萃本堂樂育其德澤甯有涯涘耶余於去冬己陞任西海防菊坪等以余悉司事之顛末也因郵書於余丐一言以勒石故不辭而爲之記咸豐十一年遭兵燹堂屋損壞里人葺而新之舉行如昔同治十二年增設保嬰會絲商捐貲與各縣同

普濟堂　在縣治東湖之濱嘉慶二十年邑紳吳德嘉袁渤黃鳳張人標陸錫麒張論沈上垣等以吳愼餘放生院餘地勸捐公建爲養老之所胡瑞徵倡捐錢一萬四千餘緡置產生息資經費通詳立案知縣王鳳生記盡吾力之所能可益人之不逮者仁人之事也而其施必自窮民無告者始蓋古聖王保息惠民既有養老之政矣而又矜其困乏使遺人掌所蓄以待施惠出門闕之委積以養老孤猶愼其澤之不廣而政有不及也於是申以司徒之教法令民各敦仁俗以厚鄉鄰在黨有相救之誼在州有相賙之美凡煢獨無歸皆不至失養所以推本王道宏茂施於無窮也平湖爲浙西巨邑風俗淳篤有書院以勸學也有育嬰堂以慈幼也有義塾同善會永安局及利濟諸務知皆倡而行之唯養老之事闕如君子憫焉而紳士袁渤等復請以東南第一觀內放生院之隙地餘室建立普濟堂以養衰年之困不自給者于是職員胡瑞徵樂輸重貲襄助經始所以籌畫之者甚厚乙亥之秋余承乏茲土嘉其風誼爲牒知大吏以勸其功今三年矣其堂之工役方竣輪奐粲然匪燥匪濕余又奉檄來此樂其事之克有成也美斯舉之足以風世也乃有感夫虞夏商周所貴不同而所尙惟齒老之垂於天下也久矣自後世學務速成仕多僥得後生新進厭親老成其有年力衰憊雖在士庶素封之家人皆憎而遠之矣況窮黎乎是四民之窘而無告者莫此若也諸君乃能加意及是以廣聖朝保息之仁豈惟人情醕美無澆薄之習抑亦古風之所繫也余既嘉諸君之誼而斯堂之建其始與卒余皆躬與其事而並願將來者之竭力不懈以隆其施于無窮也因記其略以從諸紳士請且以勸世之好善而有力者咸豐末兵燹今附育嬰堂兼辦

同善會公所　在城隍廟儀門左乾隆七年合邑士民倡建巡撫常安序略高令國楹能吏也宰平湖樂獎紳士倣前明錢啟新陳幾亭兩先生同善錄行之有效呈其書於修志葺祠之後其能振興民事於此可見益元者善之長也親親而仁民仁民而愛物未有不從善之一念始推暨其量而俾民之無不善曰同同之義大矣故君子窮而在下爲善於鄉達而在上兼善於一國推之天下盡其同仁之量能使萬物無一不在胞與之內此即古帝王上下同欲克臻一道同風之盛世者也十九年酌定會例三十九年復釐定規條立案遵守嘉慶道光中里人趙樂壽捐洪圩田八畝八分一釐七毫吳愼餘捐木此二圩田一十二畝一分三釐八毫徐肇明捐佳圩田四畝八分三釐四毫林家斌捐南員字圩田四畝五分四釐陸在源捐河字圩田一十畝零一分八釐九毫會內餘息續置辭塞陟善歲縩郎超西昃趙國庭寶十三圩共田九十七畝四分九釐七毫又置市屋二間半并基地咸豐末公所毀損同治中重修

漏澤園 田凡一百五十二畝九分六釐三毫 一在西門外舊倉基嘉靖三十三年知縣劉存義立 一在東十九都馬若肅立 一在二十三都野橋石人匯 一在環堰並給事中馮汝弼立 一在二十四都舉人陸光宅立 一在登青匯海門知縣趙邦秩立 一在郁家圩山東布政馮敏功立 一在乍浦教場西署知縣殷廷蘭立 一在淡水橋有碑二一萬歷四十五年立拱圩 一天啟三年知縣顧國寶立朝圩 一在飛錫庵北 一在東湖濱

廣孝阡 康熙十一年知縣陳孚宸勸捐立 一在縣南商人方聘立 一在縣西南郭君端立 一在思過橋 一在廣陳 一在青蓮寺 一在縣東門外康熙二十八年知縣朱維熊捐俸立自爲記 一在松風港莫圩諸生郭凌雲捐立 一在湯山下正圩雍正元年海防同知曹秉仁勸捐立 一在扶行坊晉圩 一在北莊橋北圩並雍正十年同知屆大成捐立 一在乍浦西門外流周圩乾隆十一年海防同知林緒光捐俸立 一在調圩坊三里庵西階圩湯德立

滿洲營公葬地 在乍浦西門外 流周圩三十二畝二分一厘六毫 流高圩一十三畝八分一厘八毫 流高圩四畝二分九厘四毫

新廣孝阡 凡二所乾隆五十三年置 一在乍西外流周圩田六畝八分知縣王恒捐俸立 一在卯口圩小西溪西北漕圩田三畝九分四厘三毫舉人張誠捐立

義塚 乾隆五十三年冬知縣王恒屬舉人張誠倡舉

瘞骼會 王恒瘞骼會記略大中丞瑯公巡行會城見山麓湖溪暴骨滋多惻焉傷之下令掩埋並命浙察盧公檄行各郡縣場一體遵行而臬憲歸公又痛乏人火化成俗申明 朝廷憲章宣示百姓下吏承之茲土其何敢不實力奉行以仰體德意也因飭各里甲查明暴露棺骸又虞其虛應故事乃謀于張孝廉誠舉瘞骼會並延請邑之好善士分董其役首捐廉俸並置義塚地而孝廉復倡捐田蕩二十餘畝親履各鄉勸諭同人於是相率樂輸捐貲捐地各若干孝廉亦出已貲佐之凡瘞暴骨一萬六千三百五十三口復促民之有力者自爲葬埋又一萬一千一百一十七口兩月而告竣而一時磚瓦之價夫役之値爲之騰貴事既畢將以聞於上憲當亦樂斯邦之好義而下吏子民之責亦藉以稍慰也夫

邑紳士續置 一在闕圩坊磻圩田七分五厘 一在馬沈圩坊南備界新耕蕩一十五畝 一在大小營坊西下界新耕蕩四畝並舉人張誠捐立 一在卯口坊妾圩田三畝五分三厘五毫封主事屆世楣捐立 一在關圩坊公坊田一畝九分八厘四毫張由義捐立 一在白沙坊洛三圩東地二畝八分四厘一毫監生凌泰捐立 一在新廟坊山西界新耕蕩二畝監生姚虞珍張蔚如捐立 一在褚涇坊組圩田一畝四分三釐監生邵澍捐立 一在斜勒坊中正界新耕蕩二畝貢生龔文焜捐立 一在新倉坊二小眾圩東地五畝監生徐球徐琰捐立 一在大小營圩蘗三圩東地三畝三分七厘三毫監生陳照臨捐立 一在趙涇坊陶圩田八分二厘監生施御懷捐立 一在舊衙坊邱四圩東地一畝六分七厘紀燕緒捐立 一在外城隍坊史圩田一畝二分七厘九毫朱仲彬捐立 一在新港坊江門界上則蕩一畝監生徐思誠捐立 一在青蓮坊小歲圩田一畝監生許昌誠捐立 一在新東坊飢圩田五分八厘四毫倪襄捐祖墳餘地 一在外西門坊李圩田一畝一分三厘潘氏捐祖墳餘地通計田地蕩凡六十畝一分一厘二毫詳准立案官辦糧課

積骨塔 凡六 一在養濟院西改圩義塚 一在薑圩義塚 一在解圩義塚 一在故圩義塚 一在飛錫庵後 一在湯山

永安局 在縣西嘉慶九年邑人黃鳳袁渤等捐資創建置田收息葬貧家停棺掩埋暴露棺骸施捨棺木收買字紙通詳立案 黃鳳捐抽條臨指四圩田五十畝零致得二圩田十六畝零韓恕等捐國葬得發魄左問七圩田九十八畝零何樹德等捐洛佳書祇洞五圩田五十五畝零沈步垣永安局記周禮族師以相葬埋墓大夫令國民族葬使皆有私地域意其時死無有葬不棺棺無有不葬者然蜡氏掌除骴凡死於道路者置楬書日月縣衣服任器以侍月令孟春掩骼埋胔是猶未盡棺之葬之非禮之訾也國家禁令有

司倡其事比閭族黨會其意以各盡其心而事乃備
國朝列聖相承重熙累洽尤加意嬛獨仁風
漸被掩骼埋胔諸善事四方行之顧葬必有其地有其
時有其具有其制而要必有恒心有恒產平湖黃君菊
坪於乾隆已酉歲創永安局仿嘉禾梅里之式而仍其
名偕同志十八歲各集貲襄事懼局之久而漸弛也復
捐金建公墅捐田作局產爲倡同人爭效之共得田若
干畝錢若干緡立規條庀材器專責任謹出入而事畢
舉於是屬余記之夫余遊四方見有興是舉者矣即或
三年或五六年問之曰費不支也曰力不給也即田數
百貲巨萬行之久而有視爲具文者矣行之又久而中
有侵蝕者矣惠勿克普善勿克終假樂善之名鮮陰行
之實隳同人之德浚死者之膏其咎安在今觀永安局
凡葬有其地無其財則就葬於其祖塋無其地無其財
則會而葬之義塚葬國得其地矣擇清明長至兩期葬
有其時矣棺二用石灰八石太湖沙四石乾泥八石朽
者加襯板不能舉者用小槥及磁罈拾骨其具備矣仿
宋儒灰隔法坎深四尺封之崇三尺位昭穆序尊卑堪
輿家點穴定向葬有制矣兼採杉木置棺凡嬛獨無告
死於道路者無不棺之即無不葬之周於一鄉一邑而

兼及四方棲流失所者自已酉迄今十餘年矣善日積
而心益誠產日增而用不竭蓄有恒心而有恒產也後
有繼者樹德務滋擴而充之正未可量而即現在者因
而承之百世行之也可取而法之一國行之天下行之
也可抑乎邑惜字局舉行已三十餘年今復共捐田若
于畝附永安局公墅置爐貯庫以期久遠夫創造之始
天雨粟鬼夜哭俗知敬天尚鬼於字獨親而不尊又從
而褻之可乎禮獻民數穀數祭司民司祿局中歲焚葬
數於城隍焚惜字數於文昌昭恒也又
以餘力暑施藥寒施衣善從其類也

廣仁堂　在乍浦鎮道光元年貢監生劉潮路守管盛
鳳鳴等集貲置共捐義塚田二十七畝零東地一十畝
零西地三十二畝零通詳立案四年奉准豁除糧額

新義塚　咸豐二年置慕圩地一畝五分八厘九毫九年置
慕圩地一畝八分三厘四毫積圩地二分零同治
十三年置此圩地一分零張中和捐嘉邑移九上五庄
地五畝　以上邑人沈寶篆等經辦名樂善堂咸豐

七年施作霖捐兒圩地三畝洪靜齋捐孔圩地二畝零
以上施作霖等經辦名飛雲堂同治七年俞文鴻
等捐近圩地一畝零八年吳鍾傑等捐翔圩地二分十
年程榮等捐辰圩地三分十二年張顯周等捐據圩地
三畝八分八厘八毫光緒元年孫蘭谷等捐泰圩
地二畝二分八厘五毫以上據平湖縣冊報

石門縣

養濟院　在縣治東北三百步宋曰安養院明洪武初知
縣梁宣剏建成化間知縣王輿拓增之咸豐末燬同治
五年知縣楊恩澍倡捐重建

額設孤貧五十名

附賑濟　道光三年浙西水災邑人馬國棠捐米一萬
七百石蔡載孚原名載坤馬鏡輝各捐米一百石均奉
旨議敘

知縣鄧廷彩卹災記土君子處里黨務敦古處以節義
相尚行成于一己而人心風俗之茂美有攸賴焉余自
雷山量移語溪時以敦風俗厚人心爲念顧未有以副
余望者乃今而得邑紳馬君馬君之積行余耳之久矣
而所行之善則必以卹災之舉爲最癸未之夏苦雨兼
旬湖田積潦農民不能種藝歲以大饑　朝廷勤卹
民隱蠲賑兼施長官自中丞以下各捐廉俸助賑邑紳
士有餘貲者官爲勸輸周卹鄉黨民恃以不困顧官賑
施於歲前而易歲以來麥秋尚遠米價踊貴貧民無以
自存馬君慨然請於余願輸粟以資接濟余嘉其義又
深幸民困之得蘇也爰於甲申正月二十八日始至三
月二十七日止派分廠所按戶散米其原報災戶冊內
有名者計口分給至鰥寡孤獨老幼疾苦所居不盡災
區而貧生無恃者亦爲補給凡全活貧民七萬餘口計
施米一萬七百餘石井里之人負囊槖而歸者咸嘖嘖
稱道馬君不置夫馬君家僅溫飽非多田足穀者比而
能力於善如此是蓋以己飢己溺爲懷憫卹閭里出於
情之所不容已而非以好行其德爲美談也馬君名國
棠以孝友稱於鄉鄉里有義舉靡不踴躍從事嘗於洲
錢玉溪二鎮各建接嬰堂以卹幼穉今諠篤桑梓以周

急濟困爲已任雖古之睦姻任卹曷以加此顧素性謙抑爲善而不欲居其名撫茲士者苟無以嘉獎之其何以表揚義行昭示來茲行當詳請旌表以爲樂施好善者勸用序其顛末勒諸貞珉俾後之過豐碑而興起者莫不嚮風慕義交相奮勉敦風俗以厚人心又豈僅卹災一事已哉

育嬰堂 在南門外嘉慶六年邑人捐貲公建計基地一畝五分一厘五毫十八年續置一畝六分 耿維祜留嬰堂記育嬰之制重於輦下而各直省遵行之所以推廣皇仁保全生命者至周且渥嘉郡各邑俱有其地惟語溪之建堂爲最後又僻在北郭地既湫隘貲復難繼旋創旋弛嘉慶庚申邑人費永明捐南塘地畝始議移置於是好義者羣相踴躍捐輸恐後庀材鳩工踰年而成凡乳哺之室治事之齋收納之廠庖湢溷廁之所自牖門正廳迴廊內房廂舍其屋二十餘間繚以垣牆通以河埠規模具備矣又約示周詳收發出入有條不紊一切補衣襦製褓帳驗赤子之肥瘠程乳媪之勤惰尤再三加意焉第居舍限於地經費限於貲乳婦居堂中者堇數

名餘則寄哺於外豈非宏願難酬而勝果尚有待歟余承乏斯邑視生齒殷繁地當孔道棄孩溺女之禁尤在所亟適司事勞讓木等進而言曰留嬰堂之田畝較增於昔乳婦亦漸益其人願樂石未刊無以昭示來許敢以爲請余惟國家休養涵濡百七十年戶口蕃滋超越前代在昔於 越之世生丈夫者與以犬生女子者與以豚語溪固越之北鄙也誠能體 聖主好生之德法前王生聚之庥益相勸助更就擴充將 呱呱者盡慶更生不特仁里之休徵抑亦福田之廣種矣維時創建司事則有周載明勞友芳葉星槎鍾承哉蔡莘間張佐福蔡爾梅王西峯田易門沈樹亭沈雲初吳奏雲其踵而爲之者則有勞讓木鍾峻斯鄭近坡陳李堂唐德宣周敘星呂篤六金聿新衛樂天蔡茗麓王凝一蔡紀唐曹宗燦皆樂善不倦之士也例得備書至其堂之基地并田畝 市房以及所捐之姓氏均鐫諸碑左俾繼起者有考焉道光二年邑令鄧每月捐錢十千文歷任不改本名留嬰堂道光六年海昌查元偁捐錢七千文改今名 咸豐末燬同治五年知縣楊恩澍倡捐重建八年五月知縣陳謨籌貲開辦十一年知縣余麗元詳請蠶絲每包捐洋五角與洲錢嬰堂均派又鹽商每引捐錢一百文知縣每年捐廉錢二百千文以增益之

接嬰堂二所 嘉慶二十五年邑人馬國棠捐建 耿維祜接嬰堂記聖人言志老安必及少懷大道爲公壯用爰暨幼長 聖天子化治保赤民不夭札自京師達郡邑靡不設育嬰堂以卹幼穉昭其仁也石邑留嬰堂在城南規模宏備約示詳明衆紳士經理循環余曾勒石以記其事矣邑人馬上舍國棠樂善好施孝弟著於閭閻慈惠周乎里黨恤孤濟貧救荒捐米余初宰斯邑耳其名心竊重之丙子秋以邑之西北鄉距城窵遠慮貧民生育子女送納維難恐仍有遺嬰患慨然捐金獨立嬰堂二處一在洲泉一在玉溪搆以堂宇實以乳媪俾鄉人就近送入撫育又捐錢四千緡生息支用以圖久遠可謂仁心爲質矣名曰接嬰示不敢鋪張其事侈然以善自伐而宰斯土者儻無以嘉獎之何以導迎善氣昭示來

茲因允衆紳士之請前曾手書題額載名邑乘復又詳請旌表上冬經撫軍具奏荷蒙 殊恩特沛錫爵以榮 體上帝好生之德保抱有方廣 聖王涵育之休叨榮非濫從此樂善者益相勸免再生者實繁有徒仁風翔洽豈僅福田廣種也哉 一在玉溪鎮咸豐十年燬同治八年知縣陳謨飭司事沈保壽沈琳俞汝霖就接待寺公所集貲開辦 一在洲錢鎮同治十一年知縣吳鈴創捐重修改爲育嬰每月捐廉十千詳明立案同治十二年知縣余麗元捐廉二百千存典生息

保嬰會 是會凡七以天地之大德曰生爲序同治十二年爲始分設各都以佐育嬰堂之所不及

老人堂 在小南門內道光十九年邑人馬國棠捐設 知縣

侯萬福序古者養老之典備矣第一博施濟衆堯舜猶以爲病無論省會郡城地廣人稠即一鄉一邑亦豈易言創舉也哉果使好善君子不以爲難盡其心之所能周行其力之所能赴苟無擘畫之善以經理之則事將盛而難繼費將竭而難舒其如之何能濟石門馬君國棠于設立孩嬰堂後復開老人堂于城南其嘉惠桑梓慷慨樂施誠出尋常萬萬矣余適宰斯邑承以堂中規冊問序于余余自維德薄力綿不克俾邑中老民咸臻溫飽行滋媿焉烏足以序是然得先生收養之且善養之不深幸與有榮施乎又何敢以不文辭因于披閱之下見其收數之不濫也日給之不苟也生有所養死有所殮疾病出入皆井井有條擴其量直欲使孤苦衰年均安衽席其好善之心又豈僅在石門一鄉一邑云乎哉　咸豐十一年燬未建

恤嫠集　在崇文書院內嘉慶十三年邑人公立　知縣耿維祜恤嫠會記三代上之爲治者皆欲使一夫婦之無不得所今人廣行善事多權輿于六經恤嫠會者即周官振窮之遺意古詠云惠于媰婦蓋青年矢志白髮無依茹荼飲蘖百憂熏心其境難堪其情可憫我朝子惠黎元無微不燭恭讀恩詔鰥寡孤獨以時養贍誠三代盛王之用心宣上德達下情守土之責也余自鮑村量移語兒手披案牘目治閭閻時時以厚風俗賑困窮爲念會邑之紳士樂于爲善凡留嬰堂廣仁葬會及施衣施藥施棺之事無不舉而恤嫠則創始于嘉慶戊辰閤邑之尚義者公捐朱提若千權其子母以分給嫠婦之無告者又冬則棉衣夏則蚊帳且爲預備柎之具出入有簿收領有條其籌畫可謂勤且至矣而或者以小惠爲疑此大不然昔人有云苟存心于愛物于人必有所濟又云勿以小善而不爲夫小善者大善之肇端也親親而仁民仁民而愛物由近而推之遠由狹而推之廣西銘胞與之旨不外是焉然則諸紳士之爲是會實能恪體聖天子惠鮮懷保之至意非仁心爲質而能然哉余既嘉其義篤桑梓爲詳述其事以告來者　道光二十五年邑人張聯芬鍾文升程如琛捐貲增置市屋改爲志仁堂在城隍廟儀門內咸豐間燬廢同治十二年知縣余麗元倡捐飭司事沈顧坤等籌款

重造市屋循舊舉行

漏澤園　凡四所　一在南門外吳橋西　一在北門外　一在福嚴渡　一在玉溪鎮

廣孝阡　凡四所康熙十一年知縣杜森建立　按袁志即漏澤園舊址爲之　嘉慶二年布政司謝嚴禁阻葬並出示曉諭

廣仁葬　嘉慶七年知縣謝士舉即廣孝阡址作爲葬所在包角堰橋新安義園北續置安邱沈家庄劍字圩田十五畝十二年置大關字圩田五畝五分同治十年邑人徐多鈐寶迎暉徐學全朱煥文集資循舊舉行

義塚　凡八十二所　一在壹都區地字圩三畝七分八釐　一在宙字圩六釐九毫　一在荒字圩六釐五毫　一在辰字圩六釐四毫　一在宿字圩一釐四毫　一在元字圩二分一釐　一在冬字圩四分一釐八毫　一在閏字圩四分九釐　一在呂字圩二分二釐九毫　一在雲字圩三分三釐　一在金字圩三分二釐五毫　一在水字圩三分二釐九毫　一在出字圩五分三釐六毫　一在麟字圩二分七釐二毫　一在廣孝阡八畝七分二釐五毫　一在潛字圩一分一釐三毫　一在龍字圩一分八釐　一在火字圩一分九釐二毫　一在人字圩一分六釐七毫　一在古子墳一畝三分六釐四毫　一在西貳都區菜字圩一分八釐七毫　一在重字圩二分五釐八毫　一在鹹字圩二分四釐　一在參都區文字圩二分三釐四毫　一在字西圩三分六釐六毫　一在字東圩三分三釐一毫　一在乃字圩二分七釐六毫　一在位字圩四分六釐五毫　一在衣字圩一分四毫　又四分三釐八毫　一在裳字圩六釐一毫　一在肆都區位字圩一分五釐　一在陶字圩一分七釐又三分九釐六毫　一在東玖都區信字圩可字圩九釐五毫又三十一畝二分七釐九毫　一在覆字圩二分八釐一毫　一在西玖都區器字圩四分六釐　一在拾都區作字圩陸倚書墓三畝九分六釐一毫　一在十二都區福字圩八畝六分六毫　一在十四都區履字

圩七釐二毫　一在溫字圩三分一釐六毫　一在如
字圩二分四釐八毫　一在松字圩五分　一在拾伍
都區言字圩一畝五分四釐八毫　一在安字圩二分
三釐一毫　一在定字圩三分七釐九毫　一在篤字
圩七釐五毫　一在終字圩三分六釐三毫　一在合
字圩一畝八釐九毫　一在業字圩一畝一分四釐三
毫　一在所字圩四釐六毫　一在甚字圩三分三釐
一在無字圩三分三釐　一在中止字圩八分六釐
九毫　一在若字圩八分六釐九毫　一在取字圩九
分六毫　一在十六都區職字圩五分八釐一毫　一
在政字圩六分一釐四毫　一在存字圩　一在甘字
圩三分二釐六毫　一在貴字圩六分三釐　一在列
字圩六分三釐　一在上字圩六分三釐　一在隨字
圩　傳字圩七釐四毫　一在十七都區伯字圩古墓
二畝二分　一在十八都區次字圩二分九厘七毫
一在弗字圩四分四釐九毫　一在離字圩三分二釐
一毫　一在虧字圩三分三釐　一在惻字圩八分八
釐三毫　一在心字圩三分三釐七毫　一在情字圩
三分三釐　一在十九都區神字圩二分三釐八毫
一在志字圩三分三釐　一在意字圩二分一釐二毫

一在罰字圩七分五釐二毫　一在麋字圩三分三
釐八毫　一在華字圩三分三釐　一在圖字圩一分
七釐五毫　一在獸字圩三分
一在彩字圩三分二釐四毫

新義塚　在包角堰橋北八十步嘉慶十二年知縣洪鍾傑買黃字圩地七畝八分五釐九毫創置　洪鍾傑義塚記長吏之職務廣仁恩君子之施不遺枯槁所以恤厄拯窮固當溥陽春之澤掩骼埋胔亦宜遵月令之文余泣任女陽届期一載深慨近郊之地頗多久暴之棺委遺骸于泥沙一坏誰覆泣孤魂于風雨長夜難安茲乃捐薄俸以搆荒墟斂衆棺而成義塚無主者當亟爲之代掩無力者亦不禁其自來創爲區畫之規用敢詳書于石後有賢明之宰尚其永體此心是爲記

義塚　在新義塚南道光三年知縣鄧廷彩置　鄧廷彩捐置義塚碑記月令孟春掩骼埋胔先王以不忍之心行不忍之政此其一也石邑地當孔道土狹民稠往往停棺寄柩纍然于荒烟蔓草間遲之又久無主者固任其狼藉矣有主者沿火葬惡習而付之一炬慘矣前任洪公創立義塚置有包角堰橋北黃字圩地七畝八分九毫而暴棄者始少予到任以來思擴而大之復得地于洪阡左側計十三畝四分三釐二毫捐廉買置歲以三七十月買棺遷葬其外繚以垣牆植以界址定章程立條款爲地方久遠計從此黃土一坏俾暴露之棺得免於焚如棄如又奚至白骨含悲青燐飲恨哉第不封不樹非勒諸片石不足以示來茲且有望于後之宰斯土者屢澤枯之念以繼余之所未逮俾其事可大而可久未必非吏治之小補云

義塚　在包角堰橋南道光十五年知縣齊雙進捐地添置

同仁施材集　在崇文書院道光十三年崇文司事馬鳳翔蔡應蓂等請縣追撥胡長青名下公款設咸豐末廢同治七年里人集資重設

施衣集　道光十六年崇文司事請撥公款捐設咸豐末廢同治十二年知縣余麗元創捐里人集資重設

清芬堂　在玉溪鎮同治十年知縣袁績慶詳撥接待寺佃基屋租散給孀嫠十一年知縣吳鈐十二年知縣余麗元先後捐廉增置市屋定額二十八名

賻葬局　在玉溪鎮同治七年里人譚逢仕等集貲創設呈請撫院李出示永禁火葬勒石縣署儀門外

桐鄉縣

養濟院　在城南門內明景泰間知縣張泰建

國朝乾隆八年增修咸豐末燬同治十三年重建

額設孤貧五十名

育嬰堂　在東門外新橋街西乾隆六年創建五十九年重修咸豐七年知縣載槃捐置田畝爲堂產十年燬于匪同治五年知縣富拉渾捐廉倡建邑紳沈寶樾助之堂以落成循舊舉辦現有田二百四十餘畝每年知縣捐洋二百元並絲米各業集貲以充經費

青鎮育嬰堂　在型字圩道光十九年邑紳徐之栴創建兼辦施棺掩骼各善舉咸豐末燬于匪同治中邑紳徐煥藻沈寶樾建復並按年出資循舊舉行

保嬰會　同治中知縣載枚邑紳嚴辰等勸辦凡二十五所在塘南者十六所由桐鄉育嬰堂兼理在塘北者九所青鎮立志書院內另設公所經理按年絲市每包捐洋五角充經費詳准立案

濮川同善會　在濮院鎮仲宏道記畧我里敬萱張翁與同心先出銀三十兩予數人各出數金以爲源本每施一棺則每人另出銀三分以補棺值予又約同志十餘人各出分貲若干助成勝事計施一棺不過八人出銀一分尤屬簡而易行可圖永久倘從此而善緣日廣或助貧或施藥或掩骼或放生他如惜字設粥次第舉舉即此一事爲萬善之權輿焉咸豐末廢同治十三年邑紳沈梓朱善祥等集貲興辦循舊舉行

漏澤園　明正德九年置凡七所一在附郭東南三十一都計三十一畝一分一釐　一在皂林鎮西二十二都一十畝六分五釐一在青鎮南柵龍舌觜二十四都明天順間知縣張泰置正德九年知縣任洛復置地一十三畝五分　一在慕化鄉二十四都計三畝五分　一在千金鄉獨圓港口六都計二畝六分　一在濮院鎮西南二十九都四畝五分　一在邑厲壇之側天順間縣令張泰置　危山記畧浙之桐鄉爲縣地環百里民蕃賦重高原樹桑麻下隰種禾稼尺寸無曠者至於墳壟惟巨族營之而閭閻小民半無葬域親死徃徃焚其骨棄於河聖人所謂卜其宅兆而安厝之之禮慒然不知也或有暴棺於埜客死於茲者皆無所歸縣尹樂亭張公見焉乃與其丞順昌鄭君四會陳君簿豐邑于君各捐俸資謀得邑人胡淵際地一區於縣之北隅前立坊牌中立石主其題曰義塚下令孤貧商旅之無依者聽歸於此屬予記其事後之爲縣者尚思有以繼其志云

義塚　道光十八年貢生潘藍田捐置計地二十二畝九分八釐

青鎮新義塚　在青鎮東柵二十四都十一圖約字圩買周錦秀地八畝五分五釐同治八年烏鎮同知汪景純募置詳明立案

嘉興府志卷二十四

嘉興府志卷二十五

嘉興府知府善化許瑤光重輯

倉儲

明嘉興漕賦甲於杭湖設漕倉白糧倉以便民以收兌此暫儲而非積儲也積儲之倉官有常平有永濟民有社紳有義沿邊沿海有營倉以備水旱兼備軍糧也嘉興無營倉而從前常平穀數甚鉅以民食礙充兵食者有之然必足民而後能足兵焉禾壤膏腴產穀頗多而澤國防水耕九餘三之法似不可緩志倉儲

唐元和六年制諸道州府有少糧種處委所在官長用常平義倉米借貸淮南浙西宣歙等道舊唐書食貨志

宋景德三年詔兩浙各置常平倉文獻通考

乾道七年提舉浙西常平李結乞以見管營田撥歸本司同常平田立官莊梁克家亦言戶部營田率爲有力者下價取之稅入甚微不如置官莊歲可得五十萬斛續資治通鑑

明正統五年正月令六部都察院推選屬官領勅分詣兩畿各省府州縣立預備倉發所在庫銀糴糧儲之軍民中有能出粟以佐官者授以散官旌其門續文獻通考案是年愼簡臣僚條畫事宜分詣各道經理命重臣廉敏者爲佐刑部郎中劉廣衡來浙偕右布政使方廷玉按察副使王豫按行嘉興郡邑勸導輸助各縣得穀自四萬餘至一萬數千石有差建倉分儲名亦不同並刊碑記詳各倉下 嘉靖初諭德顧鼎臣乞急復預備倉糧以裕民乃令有司設法多積米穀府積萬石州四五千石縣二三千石既又定十里以下萬五千石累而上之八百里以下至十九萬石明史食貨志案郡屬各縣明萬歷二十四五年均建四鎮常平倉二十六七年分建各社倉於鄉約所詳各倉下

國朝事例

康熙四十九年浙江巡撫黃秉中疏請照江南開例捐監積儲杭嘉湖各捐米十萬石或穀二十萬石客米來浙路遠價亦稍貴捐納數目應量爲酌減部議題準如例

不允減價 六十年十二月戶部覆準將浙江六十一年起運六十年分杭嘉湖三府屬應徵漕糧內均派截留二十萬石分發各府收儲 六十一年浙江巡撫屠沂疏稱浙省屢被災荒捐穀不敷賑濟截留漕米儘數動賑復動新漕請照河工捐例米石數目無論外省本省俱準於杭州永濟倉捐納補足後分別州縣於常平倉收儲備賑將杭嘉湖三府各收十萬石之數撥補滿足部議覆準 雍正四年覆準浙江杭嘉湖等府動司庫銀十萬兩買穀分儲 八年署浙江布政司糧道朱倫瀚詳定通省州縣現在存倉穀石案大中小三等計

算大縣三十縣查現儲穀自一萬餘石至一萬四千餘石中縣計三十四縣現儲穀自一萬至一萬一二千餘石小縣計十一縣現儲穀自七八千至一萬餘石均計存倉多寡不甚相懸積儲亦未爲足備應動支銀二十萬餘兩分別大中小三等均勻分派給領買儲大縣每縣添派儲穀八千石中州縣每縣添派儲穀五千三百石小縣每縣添派儲穀二千八百五十石至於各屬所需建造倉廒應照上年之例每間準動銀二十兩如杭嘉湖紹四府不產木植者每間儲穀五百石

雍正五年浙江巡撫李衛題稱杭嘉湖三府產米不敷民

食向藉外省之米接濟上年動銀十萬赴川買米運浙以備平糶三府屬冬春雨水過多米價稍昂川米到時分發杭嘉湖三府減價平糶城鄉市鎮偏僻地方無不周徧惟是浙省向食客米若官米充足則民米價高發出減糶如民米平賤卽行收儲以備不時糶賣今再請於糶米歸款銀內借動五萬兩仍赴購米以爲儲蓄之備部議覆準 十一年浙江道監察御史翁藻奏稱浙西杭嘉湖等府地狹人稠藉商販接濟偶遇客米稀少價值頓昂若得多儲官米備糶庶可平市價而裕民食請每年於秋成前視年歲之豐歉酌定米數多寡預行題明借動庫項遴員於湖廣等省採買分儲一值價昂卽減價平糶較之買價應有盈餘如遇年發糶積有盈餘銀兩遇歉歲減價糶賣卽以盈餘抵補所減價値部議覆準仍將採買及平糶價值每年於歲底分晰造冊報部

雍正十一年五月初九日欽奉

上諭各省州縣設立社倉原以便民濟用若遇應行借給之時該州縣官一面申詳上司一面卽速舉行方可以濟閭閻之緩急必待督撫咨請部示而後准行往返動經數月小民懸待維艱仍不免重利告貸之苦着該督李衛酌量定例變通辦理咨部存案嗣後遵照施行欽此 以上浙江通志

乾隆八年題準浙江各屬買儲倉穀如糶三糶四尙有存七存六又經糶三糶四尙有存四存二於年終盤察時照存儲一年二年例開報氣頭廒底三年全數出糶無庸開報第一年氣頭穀三合廒底一合開報四合第二年氣頭六合廒底二合開報八合共開報穀一升二合年終報部察覈 十一年覆準氣頭廒底穀浙省之例九成八成者每石減價銀七分七成六成者減一錢五成者減一錢四分委官勘明發賣造冊報部察覈

乾隆八年覆準浙江撥運倉糧陸路每石每里七毫險路

一釐五毫水運官塘大河每石每十里一釐小港淺窄
處每石每十里一釐五毫（以上會典則例）
嘉慶四年八月二十一日欽奉
上諭社倉原係本地殷實之戶好義捐輸以備借給貧民之用
近來官爲經理大半皆藉挪移日久並不歸款設有存餘管
理之首事與胥吏亦得從中盜賣倘遇歉歲顆粒全無以致
殷實之戶不樂捐輸老成之首事不願承辦是向來良法徒
爲官吏侵肥亦應一律查禁並着各該督撫等將各省社倉
仍聽本地殷實富戶擇其謹厚者自行辦理不必官吏經手
以杜弊竇而裕民食各該督撫務須董飭所屬實力奉行如
有前項弊端卽行據實叅奏倘仍視爲具文復蹈前轍一經
訪聞或被科道叅奏必將該督撫重治其罪將此通諭知之
欽此　五年七月二十二日准戸部咨行浙江司准陝西司
據陝西巡撫咨據布政司呈稱查社倉米石原係本地
殷實之戶好義捐輸以備借給貧民之用查乾隆三十
七年以前本係民間專司管鑰其每年出納則由地方
官經手凡遇新舊交代以及年底題報案內取結豁免
今因奉准部議欽奉
諭旨依議並通飭各省一體遵照辦理在案兹奉
上諭令將各省社倉仍聽本地殷實富戶擇其謹厚者自行辦

理不必官吏經手以杜弊竇而裕民食等因遵查各屬社倉
乾隆三十七年以前雖係民間自行管理惟查社長中
賢否不一倘有刁劣之徒藉此侵蝕地方官不能稽查
日積月累米石悉被侵虧勢必致徒有社倉之名與小
民仍無實濟應請嗣後令社長於每年歲底將出入儲
欠數目造冊結報一次地方官轉報上司查考毋庸造
冊報部以歸簡易並嚴飭地方官嗣後毋許差役催查
其出納一切聽民自便如此分別辦理則官吏不得侵
肥索擾而社長亦無虧挪之弊矣並請卽自嘉慶五年
爲始遵照辦理理合詳請察核咨部等情前來查與仍
聽民間自行辦理不必官吏經手以杜弊竇之
諭旨亦屬相符應如所咨辦理惟查此項社穀既令社長每年
歲底申報自應仍行造冊報部以便查核（伊志）
道光十一年十月十七日准戸部咨開奉
上諭御史卞士雲奏請飭直省嚴核常平倉儲以備緩急一摺
各直省州縣設立常平倉穀原以預籌民食果使倉儲充實
偶遇水旱偏災急需賑濟何難取之裕如乃近日存倉穀數
多不按時據實報部或因公動撥領價後仍未買補還倉或
交代有虧接任時祇憑虛賬報數迨至上司查辦則按照部
價將銀貯庫輾轉流抵謂之穀價又復不免侵用間有聲請

平糶名爲存七糶三而不肖州縣每至隱射格外多賣如遇
水患甚或揑報淹浸種種積弊相沿如該御史所奏自係實
有之事是以各直省遇有偏災鮮有以撥放常平倉賑給爲
請者大率動支藩庫銀兩易錢散給卽如本年江蘇安徽湖
廣等省被災現請免稅招商並齎銀至鄰省採買此後請辯
辦賑無非以銀易穀始敷災黎口食推原其故總由倉儲不
足所致雖此時急切救災不得不如此辦理然終非先事預
籌之道必應力加整頓着各直省督撫嚴核各州縣常平倉
實貯數目令其加具印結申送按時報部查核如遇緩急之
需卽由該督撫隨時聲請動用務將交代虛收存銀流抵等

弊永遠禁止所有舊鈌倉穀卽行賠補毋許再有新虧自此
次申諭之後倘仍有前項弊端卽着嚴叅懲辦以實倉儲而
裕民食將此通諭知之欽此于志

同治十二年浙江巡撫楊昌濬奏稱同治三年正月二十

九日奉

上諭爲政之要首在足食各直省州縣設立長平社倉國家承
平留以備凶荒之用一旦有事恃以爲緩急之需所以爲未
雨綢繆之計者洵至善也嗣後各省常平社倉責成督撫大
吏認眞整頓廢者復之鈌者補之隨時稽查官倉民倉未動
之穀不得變價提用至于倉穀已鈌紳民捐資彌補者尤應
加意保全務使倉穀豐盈以期有備無患欽此維時省城初
復事無就緒未及籌辦迨同治四年夏間升任藩司蔣
益澧以固本必先足食安居不敢忘危浙省自遭寇亂
公家之儲蓄廢百姓之蓋藏俱罄亟應預籌儲偫爲
固本足食之計議于每包絲捐洋十六元內提出一元
專爲買穀之需經前撫臣馬新貽批准照辦臣在藩司
任內亦照案採買並于省城倉廒故址建復存儲嗣因
省倉存穀已有成數復經升任撫臣李瀚章札飭外府
各買穀萬石存于郡城以備屬縣不時之需歷年以來
積少成多截至現在止省倉存穀二十萬五百餘石省

外各府嘉興湖州甯波紹興台州金華嚴州衢州處州
共存穀九萬八百二十七石零約計每府萬石皆存郡
城常平倉歸該管知府經理等因奉

硃批戶部知道欽此

嘉興縣

常平倉五所　一在接官亭一在王店鎭一在新豐一在
鍾帶一在新行明萬歷中知縣陳儒建嘉興湯志明朱廷益記略我
朝稽古定制各郡邑創立預備倉宛然常平遺法柰木
久而蠹法久而姦非吏胥之乾没卽典守之侵漁甚至
豪有力者乘機揑名以賤得之官而仍以重價售之民
窮民不沾顆粒之惠當事者仰屋歎之矣吾嘉令陳公
甫下車卽銳精吏事計爲嘉民永利會守道海州張公
巡道江州湯公下檄所司建常平倉以備非常吾郡侯

莒川曹公同心勸恤率作彌般公躍然曰救疲卹匱制
變禦災此一時也爰攷訊其臯相度其地涖於邑者濱
南則王店濱東則新豐濱東北則鍾帶濱東南則新行
茲四鎮者號水陸之孔道輻輳之通衢於茲鼎建倉廥
則遣邏可恃無恐又察其故址可仍者堊飾之民基
可易者平價易之不踰月而鳩飾大具規制聿新雖然
典守非人則侵盜莫詰而五合六聚之眾且據以爲資
經制無術非拘攣而積於無用即紛更而反以滋擾查
覈不精則收散之際易奸竇甚則豪猾借窮民囊橐
其間而嗷嗷待哺者毫不沾實惠故夫選擇廉智以嚴
其防守斟酌經權以時其散歛躬親覈實以革其借冒
乃所以平也　通志載張朝瑞常平倉議曰洪武初令
州縣各立預備四倉官爲糴穀收儲以備賑濟就責本
地篤實人民管理次災則賑糶其費小極災則賑濟其
費大賑糶則常平法也歲久法湮各州縣僅存城內預
備一倉其鄉社倉盡廢夫天災流行國家代有常平倉
斷乎當復者議令各屬一縣於四鄉水陸通達人煙輳集
高臯去處官爲各立倉一所每歲將贖鍰之半糴穀入
倉或查無碍官銀隨宜糴買大約每鄉一倉上縣糴五
千石中縣四千石小縣三千石但不許逼抑科擾平民

各擇近倉殷實居民二名掌管免其雜差其開耗凡
收糴俱該縣掌印官監督或遇歲饑管倉人役稟官監
糶中饑半糶大饑全糶俱照原糴價銀出糶或甯減之
大約減荒年市價三分之一庶不至騰踴或倉穀糶盡
而民饑未已令持所糶穀本赴有收地方循環糴糶四
鄉糶完即將穀價送官秋成委糴仍總計糴穀牙耗等
費每石銀若干報官儲冊以爲日後出糶張本蓋社倉
之法立則以時斂散富者不得取重息而貧民霑惠於
一歲之中常平之法行則減價糶賣富者不得騰高價
而貧民受賜於數十年後大饑之日昔蘇文忠公在浙
行荒政只用出糶常平米一事更無餘策夫城內之預
備倉以待賑濟然有出無收其費甚鉅四鄉之社倉以
待斂散然易散難斂其弊頗多惟常平倉者其法專
主糴糶而糴本常存蓋不費之惠誠救荒良策也　後

在縣治後碧漪坊

國朝乾隆二十一年知縣張元文請建厫房四十八間中爲
官廳前大門伊志嘉慶十二年知縣陸玉書道光三年知
縣王維堉十五年知縣江思濬先後添建于志今俱燬、

嘉興倉至元志載錄事司下　在故寶花寺府西南三百一十步明
吳元年設在織染局上爲宋元舊倉基洪武二年移此
知府謝節建皆呼爲寶花倉趙圖記　久廢

軍倉　舊名外三倉洪武初名大有倉三十年併入嘉興
倉浙江通志外三倉元時倉見至元志　案軍倉隸府見柳

子粒倉　在軍倉西乃元時安養院基永樂初併軍士屯
種而建柳志　久廢

濟眾倉　在郡城內西南一里舊名花園倉今併入預備
倉明正統中員外劉廣衡建趙圖記　明黃淮記畧成周之制遣人掌鄉里之委

積以恤民之艱阨縣都之委積以備凶荒漢置常平隋
唐宋又益之以社倉義倉立名雖殊而備荒之政則一
也我太祖遠倣周制立倉聚穀於各鄉命鄉老掌之以
時歛散惠及於民也大矣歷歲滋久姦弊迭出馴致廢
弛皇上重念民食之艱宵旰靡甯追惟祖宗成法慎簡
廷臣條畫事宜分詣各道以經理之仍命藩憲重臣往
廉敏者以爲之佐刑部署郎中事員外郎劉廣衡勅之
浙江偕右布政使方廷玉按察副使王豫協修預備之
政俾得便宜行事務使宿蠹剷除而民受實惠按行至
嘉興宜揚德意仍召區里之長及鄉之耆艾羣聚於庭
諄切訓飭益加詳焉邑中閭右之家懷榮等仰聆玉音
感激奮厲各願輸穀於官未兼旬得穀四萬七百餘石
勅使同藩憲重其民之効義也勞以酒果榮以絲繪翼
日具名以聞命有司鳩工庀材構倉總二十二楹以備
儲蓄欽遵勅旨選忠厚公正者民及殷富滑良之家嚴
扃鑰慎守護兼知出入之數府委推官王貞縣委縣丞
張璉總其散歛之政申明戒約委曲詳備大要以絕私
無擾爲本里社細民皆歡欣仰戴聖恩生成之賜也郡
縣樂事之有成太守黃懋遣儒生致書請辭勒石以勸
勵將來用圖永久其義民姓名具列碑陰庶使觀者視

做後日有繼也久廢

預備濟眾倉　在鍾秀坊天甯寺東通志中曰修備堂左右翼房額曰社學東倉額曰預備西倉額曰濟眾前大門榜曰嘉興縣預備濟眾倉萬歷二十六年知縣鄭振先建嘉興湯志明沈思孝記略嘉興故以一縣麗郡而舉郡百雉以內官寺林立層積如坻皆縣所自有洎宣德中析置秀水由是嘉興僅若僑署而二倉以名存置不問者幾二百年所丁酉秋毘陵鄭君來令嘉興以爲郡不七十里而濱海一旦烽舉則荷戈持餉出闘城下其或地財耗斁饑民蒙袂踵相就食乃曾不京囷之計其何以稱謹蓋藏挾其食而使民無不繫於上也方度可以倉而未得者頃之會有貴家故侵浮屠地方及里魁奸田誅其逆賦足以址而經費者上之中丞劉公直指方公下其議藩臬湯公兵憲劉公郡守張公咸以爲稽故實謀將然政無此最亟也君既得請遂量功命日乘民畢務而戒之曰縣無其倉而有之自今日始假令豐牆峭趾財散木而丹澤之

則等之無倉耳其必築不負防財不負榱棟瓴甓瓦墁不負堵而蔽也爲約因選良擇堅度司比藝眾技畢奏登登四間君復夙宵遄往勞勸勗惰不載旬五而積用告成凡爲廳事三楹左右翼爲社學夾階東向曰預備西向曰濟眾連欞而廒間各有八周墉環合門屏楬立右控佛寺前帶通莊約佔地四畝四分零揆費二百三十五兩有奇是豈惟風雨攸除不侵豆區之數有備存救而已哉將使覩是倉者士大夫當思既已樹業公家宜令一鄉之人陰將芘其所賴何至翦割桑門以遺口實閭右素封當思擅有地方莫非王土安可嫁其惟正之供爲奸觸大罪而使敗譽凶懲與此倉共垂不壞也雍正六年添建廒六間伊志久廢

預備倉　在通越門內鳳池坊明洪武初建儲粟備賑嘉靖五年知縣龍欽修明趙漢記略吾嘉爲附郡劇邑邑有倉在郡城西南去邑百步許創自洪武初久而敝歲輸於官者往往爲風雨侵剝蠹耗日滋茶陵龍侯以進士令嘉祥天子賢之改命來嘉下車視之歎曰倉以儲粟粟以賑貧倉敝粟朽民何賴焉遂鳩工聚財以時興作圮者起之壞者葺之缺者補之散者合之舊者新之堂曰廣儲堂之兩旁爲左右廒聯者六堅墉重扉規制周密經始於暮秋落成於仲冬

十年知縣黃訓重修黃訓記畧倉名預備備民無備者也曷取焉備取民之有罪者罰之也縣故有倉二至則敝矣乃申府次山公曰二之敝曷一之固曰可乃簡民之有行義者陳讓事事爲堂於西三間堂南爲室堂前爲道道中爲亭亭前爲門東向門北之東爲祠祠倉神間皆如堂爲倉於南北間各九席焉以板牆焉以磚年加之瓦可數百年費金十斤始予以紙薪錢倡七年以下斗級助焉成之工合季冬及仲夏而倉之制備

國朝屢爲葺治雍正五年添造倉廒二間每間儲穀五百石七年知縣戈鳴岐添建廒一十四間八年添建一十六間乾隆三年添建廒五間伊志今燬

社倉　在東津鄉約所明萬歷二十四年知縣陳儒建劉志後在春波門外東塔寺大殿傍

國朝乾隆三十三年知縣王士澣勸基率社長動支公捐倉費建廒十間官廳一間收儲社穀伊志今燬

便民倉　舊在澄海門外鴛鴦湖傍趙圖記嘉靖三十三年燬於倭遷西城內四十年知縣何源以鳳池坊預備濟眾二倉址改建嘉興縣便民倉浙江通志中曰經賦堂倉廒二十八聯計三百八十一間有利濟侯祠前儀門大門榜曰國儲嘉興湯志明錢邦彥新建便民倉碑記略政孰爲重國賦爲重政孰爲先足國賦爲先倉廩以儲國用而民有所歉亦於是乎取給也及其大弊倉廩之蓄遂藐然與民無復相關其遇凶荒水旱民

雖李相枕藉上無賑貸之令良有司亦不敢發升合以拯其下嗚呼倉廪之設豈固如是哉浙嘉邑便民倉昔建南關外五龍橋以近水次士民輸納亦便矣邇來倭寇焚燬有司遷入西城內暫爲積儲之地垣墉卑薄輒復坍頹每遇徵糧人自爲修飾不過爲目前計耳其雨溼地蒸浥爛敝壞者有不暇顧心泉何侯臨倉閱視體知民瘼心切改圖仍將預備濟衆二倉基址擇四十年七月十三日建立倉廒一百五十九間前有首門內轉爲儀門爲前堂爲腰堂爲後堂廒之分其列也有二十八宿之名其號之定編也有天地元黃之序整齊嚴肅無相紊亂其規制可謂盡善矣抑且不取民膏不傷民力工成不日而煥然一新若非應變之才兼收並濟曷克臻此蓋東南實財賦之區而嘉興係七邑之首幸遇侯經畫綜理斯民不苦於妄費而國賦賴以不缺侯眞有惠於民也 萬歷三十八年知縣陸獻明重修

國朝順治八年重修康熙二十年知縣何誌再修建官廳後房嘉興何志 乾隆三年添建廒一十三間七年添建十間伊志

咸豐十年燬于匪同治三年署縣事王晉玉闢舊基領欵重建漕倉廒二百間倉屋四十二間

秀水縣

常平倉四所 一在陡門一在濮院一在王江涇一在新城通志 萬歷二十三年知縣李培建秀水李志 明吳宏濟記略余嘗見嘉禾歲穰粟多則盡趨市糶糶者多則糴者少而價日卑而民不得不糶者苦於無錢也於是乎農病歲凶粟寡則盡趨市糴糴者多則糶者少而價日高而民不得不糴者苦於無粟也於是乎民病當此之時能使不傷農不害民豈非爲民父母之所當惻然動心者哉嘉靖辛酉陰霾肆虐萬歷戊子旱魃陸梁歲貢莫入道殣相望借有早計儲精之術給彼升斗何渠至是高皇帝建預備倉實倣常平遺意第患無良有司奉行自邑大夫李君奉檄各郡邑建立常平倉以備凶年主糴糶乃遍觀一邑之中設倉凡四循邑以北幾二十七里而遙爲王江涇於姑蘇當走集其人十農三賈十九苦澇十一苦旱其田宜禾少麥視高原所入差倍甚澇傷禾乃受之饑以其間設廒倉中市而立凡爲儀門爲一傍耳房各一夾道以東西廒十有四爲堂廡三夾堂廡爲社弟子學各一其東西鄰比邨尼氏莊氏南及畝滄北抵市河縱橫度可盈三百尋還至於邑西南行三十里而近爲新城於者溪當走集其人十農四賈中分苦旱澇其田宜麥禾多桑視衍沃所入差儉甚旱澇傷麥禾乃受之饑其廒倉中市臨官道而立前爲儀門傍耳房各一中爲堂廡三傍爲社弟子學各一其後帶爲廒十有三夾兩傍爲廒各度一其東西鄰及於北爲章氏呂氏陳氏南抵官道縱橫度可百八十餘尋循新城南行越陡門十里而遙爲濮院於桐鄉當走集其人十農三賈十九苦旱十一苦澇其田宜麥禾多樹桑兼菽視原沃所入其儉倍差中旱傷麥禾乃受之饑其廒倉中市而立凡爲儀門若耳房若堂廡若社弟子學若廒連廒房大抵皆如王江涇之數其東西鄰及於南爲吳氏殷氏沈氏北抵畝滄縱橫度可盈五百尋循濮院而還五六里爲陡門於虎林當走集其人十農一賈十七苦旱十三苦澇其田宜麥禾多樹桑兼菽視原沃所入其儉惟倍甚旱傷麥禾乃

受之饑其廒倉中市臨官塘而立門廡社廩視濮院其東鄰及於西北爲趙氏朱氏南抵官塘縱橫度可盈五百餘尋歲時旱澇中饑糴半廩大饑糴全廩民無蠹食官無追呼以寬流亡夭札之殃皆奉當事者指具有成藉若乃經營相度寢處不違則李大夫業受成於守道張公巡道湯公與郡大夫曹公早夜勞苦暴露集謀鄉三老而不日亟成之者也書曰惟事事乃其有備有備無患我大夫廣上德意引而推於市落阡陌間計每廒穀五千石於四鎮餘二萬石計平糴二萬石可令價無翔二十餘萬石以時灌輸甯有窮期使得如李大夫賢以修明其法邑無秕政野無懸耜於豐凶何有哉伊志

國朝乾隆二十七年知縣韓本晉重建新城鎮廒房五間道光四年知縣徐起渭十一年知縣姚肇仁先後添建于志

今俱廢

崇眞倉 在縣西北二十七里計廒六間秀水李志 久廢

花園倉　在報忠坊通志縣西南二百步計厫一十五間秀水李志乾隆二十三年添建厫二十間三十九年添建二十間伊志今燬

預備倉　在縣東北三百步天甯寺東偏舊在治西南三百步明刑部郎劉廣衡諭輸得穀米三萬七千四百餘石構四倉總二十五楹

國朝雍正七年添建倉厫一十八間八年添建一十六間伊志

案卽西倉以對橋東便民倉稱

義倉　在復禮鄉明陸光祖建浙江通志 明馮夢禎記秀水舊無義倉至隆慶年始有他都亦無義倉惟復禮鄉三十都獨有蓋始五臺陸公少時甥館於斯睹其地瀕湖蕩水比爲災民多貧徙賦復繁重慨然思所以恤之而仕版早登歷靡暇後以太常卿謝歸復游其地則民之困窮且增劇矣心益加惻焉輒命捐田三百餘畝幷米數百餘石儲之東禪寺建爲義倉春放冬收以給民耕種歲祲量蠲之餘而贍里役表賢逸蜡祭賽神餘而治徒杠葺祠宇以教民孝敬禮讓能自給者不得與科條纖悉定爲式以垂諸丞久嗣君比部員外郎基忠前府叅軍基恕同心繼武纘增田至五百餘畝米八百餘斛所貸始於都之內漸及於都之外鄉之民遂安居樂業孝弟力田曩時流離轉徙之苦如距斯脫而禮讓漸興盜訟稀息此所謂阜民善俗之明效大驗至章著矣竊惟天下事不難創始而難主守主計一不當彼且爲窟穴爲徑竇不者爲具文爲故事而苟簡應之法卽良且日呰窳民竟安所賴哉五臺始事時囑咨其鄉之父老耆俊得張君守約而掌之張君兢兢慎飭主之二十年法無害兩目忽眚方告於五臺而謝其事衆乃推太學陶君九文陶君重方命乃受訖君區以精勤起家而治倉事尤謹秉公持正以計出納而程贏縮諸所支留取予悉案故所條定行之又念惠生而遺於惠死乃復捐田出助爲亡者之需蓋澤及泉壤矣夫一鄉者四方之標也標建則人競趨斯時倉法豈僅僅行於復禮一鄉已哉將天下以爲標也余敢爲復禮鄉之民慶又庶幾行之於四方以爲四方之民慶是爲記久廢

社倉　在北營之南鄉約所明萬歷二十七年知縣鄧漢創建劉志今廢

便民倉　在縣東北望吳門內通志明宣德十年巡撫成均建宏治十三年知縣譚溥重修

國朝額設厫二百三十五楹康熙十年實額儲漕二百六楹其二十九楹修儲白糧伊志咸豐十年燬於匪同治三年署縣事王嘉瑞闢舊基領欵重建漕倉厫二百間倉屋四十二間

嘉善縣

常平倉四所　明萬歷二十四年知縣章士雅創建一在風涇鎮一在干家窰鎮一在王帶鎮一在斜塘鎮俱倉廳左右爲社學章士雅議預備倉穀每年僅九百石而吾邑丁口乃有十萬餘貧乏者多一遇凶歲穀何以支今設常平倉四實古社倉之遺規救荒之上策也但一時穀本難以充實擬將槩縣戶出每畝徵穀二合吾邑田六十萬畝履畝而稅可得穀一千二百畝出二合人必樂從仍著見年收管至次年春耕時里中有肯具領貸出者呈官准領取保結之至冬照數收入則歲有儲積不必復派於民而他日計本里之所入爲本里饑荒之資年愈久而穀愈多民不擾而惠易徧亦上下兼利之術也今在鄉四倉設有社學本縣逃田甚多宜各擇其相近者二十餘畝給社師爲束修之費在鎮七學亦依此例行之夫常平繼預備而兼行則黔黎蒙賑窮之惠社學次儒學而並列則譽髦沾樂育之恩矣又何教養之不隆而士習民生之不古若哉嘉善章志今廢

廣濟倉 在縣治西北浙江通志二十四里遷五中區趙圖記今廢

太平倉 在縣治西一里五十步華亭塘南正統中建趙圖記久廢

預備倉 在太平倉右明正統六年知縣李遜建門北向西鄰便民倉舊爲濟農倉案嘉善倪志云即太平倉亦沿俗呼也刑部郎劉廣衡諭輸得穀一萬四千七百三十石構四倉一百二十楹萬歷十九年知縣章士雅重修嘉善章志崇禎八年知縣李陳玉以積穀無多倡輸爲勸邑人陳龍正捐銀三百餘積米千石出入之籍紳士司之見聞偶記李陳玉儲糈記略武塘居三吳之僻其民無魚鹽商賈之利所事耕織亦無蠶桑畜牧之饒其圩田當嘉秀下流即不幸而

有水澇之慫有告饑云耳且當七邑之中賦獨重役獨繁余初至庭下訟者百人三之一鳩形鵠面問之皆往時北運斗級不終歲而家已破廚無煙也心甚惻之已而循行城郭或間晨起登光猶在市壁見諸老婦亦多稚子紗未成布攜來市易則竊歎此土之民謀生亦蹙已蓋四方徒知嘉邑不貧而不知舒徐容與止此衣冠之族城郭之間其餘疃叟鷗民固可長太息耳夫儲積者治之大命也無事可以養民力有事可以安民心民力養不但可以行仁且可以教仁民心安不但可以弭亂且可以禦亂故自王制通三十年外孰有善於常平社倉者哉今二麥不登三旬淋雨價翔鬧市煙絕寒村准南之波日警江東之雲易興此亦仁人端居深念時矣願自今始捐俸爲倡一令不能濟十人而十人可以及百百人可以及千層推迭轉億萬何窮但使有心人皆權其聚少成多之策推陳易新之方固當聽之賢士大夫而不當問之官也問之官則胥吏得以操縱乾沒雖有良法不十年而必敗惟一聽之賢士大夫則法之所窮意復通之意之所窮法復生焉此余所謂鄉約社倉相待而舉也固深有望於仁人代爲修明也

國朝雍正五年知縣部熤添建倉八間每間儲穀五百石七年添建一十八間八年添建一十六間通志乾隆三十二年知縣董鈞領帑改建廒房二十間官廳寢房五間案預備倉久改爲汛防公署今附便民倉中伊志

社倉 舊在思賢書院各鄉約所明萬歷二十七年知縣余心純建劉志後在慈雲寺

國朝乾隆三十二年奉文勸捐社穀隨輸建倉銀搆廒七間伊志道光四年知縣党金衡十四年知縣李東育先後詳修于志今燬

便民倉 在縣西南一里許通志明宣德間巡撫成均建府

城內正統中以德清教諭戴啍奏移於此成化二十一年知縣汪貴撤新之柳志嘉靖中倭燬三十五年知縣王察言重建四十一年知縣周宗令各里東西分建廒房萬歷二十一年知縣章士雅重建嘉善章志明盛唐記略國朝定稅法始於歲終百穀告成起運居期當道分遣戍守諸軍董以武員責以芻輓輸粟至京師犒羽林緣邊士卒百萬故往往韋弁之艇未齊而有司者乃積乃倉以待矣第邑舊有倉不分區圖民得雜儲之圮壞吏胥緣而爲奸豪橫緣而乾沒主計者憂之嘉靖間邑令周公設法吏造規制猶未備也且法日益玩輸納日益遲民間無粟或出金錢與軍軍亦樂受金錢爲侵漁計豪猾之子多出納於私家間有奉法輸粟舟載斗量以俟者亦緣官廩傾頹往往爲風雨鳥鼠所耗蝕而小民若不知有倉矣姑蘇陽東章侯甫下車仍邑饑饉後家嘆而人咻之稍稍帖席即痛懲前弊至倉周視見垣舍陵夷慨然計再造而費無所出欲請之監司則公無羨帑欲任之巨室

則野無餘財於是召諸父老問之僉曰噫是公私兩便軍民咸利者烏惜費請計里出銀建之侯曰善是不可繁繁民不堪也是不可偏偏民不樂也遂命相地定基計丈尺揣高低區分圖別編字號每區一帶每圖二間東西對峙井然有條惟均惟輕民樂趨事上不費公帑下不煩巨室朝下令而夕赴工不踰月竣事矣由是里各有倉倉各完固儲粟於斯可以待進親臨於斯可以防奸案驗於斯可以稽出納倣昔賢未備之制貽百世永賴之澤侯之功豈尠哉

國朝康熙十年知縣莫大勳重建吳志案魏塘政略共建三百四十間分左右翼各十七號每號十厫以磁聯一粒悉屬民膏覩千倉萬箱當惜辛勤物力五斗謾叨國俸念三農九府敢渝淸白臣心三十四字分厫其淸白臣心四十間專儲白糧又置碓房三十九間地臼二百七十副圍牆夾道規制內外咸宜民皆稱便雍正七年知縣郜煜重建碓坊置地臼中為官廳九年知縣楊純祖重建大倉廳設柵欄嘉善戈志咸豐

十年燬於匪同治三年知縣傅斯懌詳修倉厫二百間重建五十間並倉屋二十一間

海鹽縣

常平倉四所　一歟城一澉浦一茶院一白馬廟鎮萬歷二十四年知縣李當泰建天啟元年知縣樊維城重建

明胡震亨記略常平昉於漢其法時穀價為糴糶未聞有所謂假貸也假貸焉而受息以備賑自唐若宋之義社倉始夫糴於所有餘價不益平矣糶於所不足價不減平矣既平矣安所不得穀而藉假貸為有假貸且無論有勒保有追繳有賠償卽安然食土羸靡後苦也亦縣不過數家家不過數口止爾利之者狹不獲利者固甚奢矣何如以出納之權操物情之輕重用低昂之術調民生之縮盈者乎今天下郡邑所在有常平倉惜有司者以義社倉法雜施之夫不虞之蓄先冒於丐請之民則何以待市價和買之資并盡於倚閣之日更無以存糴本雀鼠未為耗卜吾廩之朽如矣此非古法不可行行常平者不純以常平行常平則有不可行也何幸得之我樊侯重軫夫歲之不行民之不易為余鹽倉工政計長久也眡倉之遺址頹構喟然興慨為捐月俸鳩工治之又為發贖鍰市粟儲之且盡準於常平之增價糴減價糶無輕假貸者之舊不敢以義社倉法雜焉蓋行之初年碩計千而羸期倍之又期三四倍之陳因積市易通農末裕穰穰浩浩穀價之平民固以食其利矣樊維城白馬廟常平倉記略常平之設以禦民災民散處而重遷至於災且菜色蛇形安能負米數千里外穀帶苦甲拆皺尤艱故至民需倉廩而發之者猶聽其自米必不得之數也每覩饑饉代有而哀矜全活者十不一二安可盡委天行與救荒無策哉某奉檄來鹽宦佰春潦驟降謠言歲歉米價踊貴民食不飽執事詔之發粟庚開而遠民不稱便由是益信祖制之不可更而亟次復之也詢乎故老更置多年以修葺不敷檢閱難遍移在近地合為一區其於防奸誠苦心也奈惠民之意何其三半毀惟白馬廟則已墟矣乃捐俸庀材鳩工而新之市月而告竣凡為費百二十兩為居再重為厫六間前門外屏中廳旁社一如其舊每至秋成糴遺秉以

賓之贖鍰之餘者亦以入焉民之樂輸者亦以入焉庶乎舊制之漸復矣

國朝嘉慶二十五年知縣饒芝詳修道光三年知縣汪仲洋四年知縣楊國翰十年知縣盧昆鑾先後詳請修葺今燬

廣儲倉　在縣西安仁橋南以儲海甯衛軍糧明洪武十九年指揮周鑑建案圖經宋常平庫在縣丞廳傍常平倉附於省倉省倉址卽廣儲倉地也又柳志作常盈倉正統元年改屬有司除授大使則改常盈為廣儲當在設官給記時也伊志今燬

常積一倉　在澉浦城西門內以儲澉浦所軍糧明洪武二十三年千戶孫信建於東門三十年千戶朱貞遷建海鹽圖經久廢

常積二倉　在乍浦城北門以儲乍浦所軍糧明洪武二

十九年千戸許貞建(海鹽仇志案圖經三倉初並衛職領之正統二年隸縣設大使各給以記曰海鹽縣廣儲倉記曰海鹽縣常積一倉記曰海鹽縣常積二倉記並有副使後汰)今廢

開濟倉　在縣西北(浙江通志)去治十里開濟鄉二都(海鹽圖經)今廢

預備倉　在縣治西百二十步明洪武二十三年建(圖經云在南水門內)為廒十有四楹

國朝雍正五年添建倉廒九間每間儲穀五百石七年添建一十六間八年添建一十六間(浙江通志)久廢

社倉　在鄉約所明萬歷二十七年知縣李當泰建

國朝乾隆二十四年知縣王寅設社長勸民出粟附儲常平

倉東廂(伊志)今廢

便民倉　在西關一里明正統六年設縣郊外嘉靖三十三年知縣鄭茂移建西門內虎尾浜民地并裁廣儲倉隙地為之(明鍾梁記略鄭侯度西關內廣福橋南空地一所計二十畝西向虎尾浜南北皆官河東接廣儲倉泉脉縈紆地勢豐厚前造一橋立大門三間二門三間左右倉廒各七十五間前後有堂息爨有所典核書算亦有處周遭疊石重垣足凌風雨旁各一小門俾輸納紛至者無稽留焉經始於甲寅八月落成於十一月財取於羨餘力役於糧里桀度氣勢視昔有加董其事者少尹朱君光裕也)萬歷三十七年知縣喬拱璧增修糧里為廒一百六十一楹廳事後堂門樓鄭令所建周垣夾道並始喬令(海鹽圖經鍾北斗記略正統中周文襄公忱以鹽民漕粟負載輸郡不便始奏建便民倉於西郊令各就縣輸納至嘉靖癸丑甲寅倭夷入寇郭郭廬井刦焚殆盡而倉卒巋然獨存時莆田鄭侯茂宰邑以終非便利度地於西城內其方偶向背營繕時日語在斗先大父南昌府君記中歷今五十餘禩積漸摧圮不堪塗塈屢議更新因難其事不果戊申春夏之交靂霖肆虐蕩瓦漂椽夷為平土當是時喬侯下車甫浹月遘茲異災蒿目焦心方虞單赤莘殣之不暇安問輸將且謀積儲也力請鐲郵於上報可鹽是以獲免漕兌明年大稔乃以里分百六十一為楹如千楹以里計十楹為停繚以修廊四停為列左右各南北向峙崇庳深廣丈尺齊一其門塾堂廡病皆竦者則以次第易㮣益棟周遭石垣延亘加完壯焉分地授工通力並作閱月事竣父老子弟摩肩輸納歎未曾覩是役也費中金千六百有奇然上不損縣官之帑下不罷百姓之力惟是因財於眾獻因力於眾趨下忘其庸上因其說夫是以不動聲色而建此利民之舉以垂永久)咸豐十一年燬於匪同治四年署縣事張蕙圃就舊基領欵重建倉廒八十間倉屋四十五間

平湖縣

常平倉四所　明萬歷中建一在徐婆橋一在廣陳鎮一在新帶一在乍浦二十四年知縣吳文英分建(劉志)(案平湖)(程志作)(黃焰)三廢止存西門外徐婆橋一所(平湖朱志案實在西倉橋西)

國朝康熙十八年知縣張鳴遠重修乾隆三年知縣王之琪添建廒一十間六年知縣董懿添建廒房一十間共廒三十三間儲穀六萬三百六十六石零(伊志)道光九年知縣胡述文詳修(今燬)

預備倉　在縣東半里明正統六年刑部員外郎劉廣衡等建(柳志)

國朝雍正五年添建倉廒九間每間儲穀五百石七年添建一十五間八年添建一十六間浙江通志今燬

廣陳預備倉　在縣東北二十七里武原鄉廣陳鎮元爲際留倉明洪武二十三年改名重建柳志久廢

常積二倉詳海鹽倉下　案析縣後倉大使隸海鹽地屬平邑今裁伊志

俸給倉　在縣內明宏治四年知縣林奇建柳志久廢

儒學倉　在明倫堂東南明成化間知縣郝文傑建柳志久廢

義米倉　在學宮儀門內左明嘉靖三十九年知縣陳一謙建平湖程志　伊志案儒學倉儲俸廪義米倉儲學田義租　今廢

永備倉　在乍浦東門內滿洲教場西乾隆六年知縣董懿建廒房三十二間倉廳重門平湖張志今燬

社倉　在德藏寺等鄉約所明萬歷二十八年知縣林夢琦建劉志

國朝乾隆二十二年巡撫楊廷璋檄知縣李納璧建凡五所一在治南南寺廒房一十一間一在乍浦西門內廒房一十間一在新倉鎮南廒房四間一在新帶西市廒房四間一在青蓮寺廒房三間平湖王志儲穀三千一百一十石零米四千九百八石零伊志今燬

便民倉　舊在縣西一里臨水次後改建於北城之內明宣德間巡撫成均初搆府城中正統間德清教諭戴哻奏移縣西西林寺故址卽　成化中縣丞梅淸田仁相繼營建柳志倉前有南薰亭趙圖記詳古蹟　嘉靖三十四年倭警知縣劉存義改置北城廒房八十七間袁志參平湖程志

國朝康熙十年知縣陳孚宸重建廒房一百八間平湖朱志　十八年署知縣朱祥麟重修陸棻爲記　雍正四年知縣楊克慧添建四十間乾隆三年知縣王之琪添建一十間七年知縣高國楹添建三十三間三十三年知縣周昭仔添建九間平湖高志參張志　五十年知縣王恒捐俸四千餘金重修大廒一百八間小廒一百二間白糧碓坊一十間出串

驗串所各一間伊志　王恒記略平邑便民倉自明嘉靖乙卯越戊午歲又爲增置迨我朝康熙己未若溪少尹朱祥麟來署是邑嘗重建倉廳閱今已九十餘年未有從而葺治之者余於乾隆乙巳自慶元量移茲土下車始閱視倉廒凡牆宇棟柱堂階廊廡之屬皆岌岌欲倒謀重修之計工非六七月可成非數千金不辦因漕期旣屆未便遽議新修乃稍加塈黝款側處以堅木支之幸告無恙得蔵事丙午夏余念貢賦重地工程雖鉅烏可聽其隳壞爰勉力籌畫罄所積俸廉鳩工庀材自頭門及左右倉房百有餘間幷廳事內屋土穀神祠概爲修理煥然一新始七月上澣迄九月下澣落成糜銀四千餘兩土木髹漆雜作等工凡六千三百有奇自茲以後可無傾圮之患蓋朝廷之所重在農而農之所尊在貢賦凡納總納秸必鄭重保護以俟衞所輸輓雖儲偫不過數十日若風雨漂搖紅朽有患豈所以重賦稅而尊朝廷哉　咸豐十年燬於兵同治四年知縣明德就舊基領欵重建倉廒一百三十八間繞以廊中廳五楹各有樓餘屋二十五

間

石門縣

廣盈倉　卽常平倉康熙十一年建一在縣儀門外雍正五年請建厫一十五間(在西北隅)七年請建厫一十四間(在西南隅)乾隆三年添建一十間五年添建一十間二十三年添建五十四間(俱西北隅)一在白糧倉廳後雍正七年請建四間一在縣汎防廳頭門內乾隆十八年請建一十六間一在崇福寺山門內乾隆三十二年奉文建二十間(伊志)嘉慶十七年知縣耿維祜詳修道光三年知縣鄧廷彩十二年知縣李世彬前後重修今燬

常平倉三所　明萬歷二十四年知縣辥近兖建一在官村鎭(稱南常平倉今廢)一在石門鎭(亦稱北常平倉今廢)一在環橋寺東(演教爲東常平倉石門鄺志今廢伊志案縣志云三倉係知縣周應秋建)

縣倉(至元志列崇德縣下案崇德靳志云宋元曰常平正統曰崇盈元史食貨志常平倉至元六年始立八年以和糴糧及諸路倉撥糧儲焉續文獻通考云至元元年立常平倉則是倉卽元之常平也)

崇盈倉　在縣薰仁門南明正統間創向東厫屋八間向南厫屋八間(柳志　案靳志在永豐倉倉側嘉靖後屢改今廢)

預備倉　在永豐倉側明嘉靖四十三年知縣陳憲改於崇義橋萬歷十七年知縣王逑古移就察院行臺基三十七年知縣靳一派重建於布政分司舊址厫房東西共一十間中爲官廳前儀門前倉門(靳一派爲記崇德靳志)國朝康熙十一年知縣杜森重建(吳志云在白糧倉前)雍正五年添建倉厫一十一間每間儲穀三百五十石七年添建一十八間八年添建一十六間(伊志)今燬

社倉　在城隍廟等鄉約所明萬歷二十八年知縣陳允堅建(劉志)今燬

便民倉　初建南門外後遷於城內學河之南宋曰永豐在縣治東明洪武六年知縣田慶元改建嘉靖三十二年倭警時知縣崔近思移於城萬歷二十六年知縣陳允堅修葺三十八年知縣靳一派增修(崇德靳志)

國朝康熙十一年知縣杜森重建(自爲記袁志)厫房一百六十四間配里儲糧(石門鄺志　佟康年建漕白二倉記略嘉之石門春秋時吳地也歲額漕米四萬四千五百餘石白糧六千四百餘石舊倉久已棟折榱崩湫隘不堪重儲相率沿襲弗遑修舉一旦杜侯能相其機宜奮然思所以改作之於是計所爲木土之費若何所爲工用之需若何進諸紳士耆老於庭互相商榷爰經始於壬子年之七月遂於九月望後告厥成功謂非百世之利與　明謫丞齊之鸞題便民倉壁詩計籍停披散客襟午風春茗小堂深霏煙近水添花潤乳鵲喧晴度柏陰歲稔有民輸自粲官清無吏索黃金折腰受事煙波地慚愧當年瑣闥心　伊志)咸豐十年燬於匪同治四年署縣事楊恩澍倡捐爲勸邑紳助之共得錢九千四百餘串就舊基重建漕倉六厫計一百五十四間厫前行路悉甃以石並建倉廳住屋六年署知縣史致煒請款添建備

厫東西各十間

白糧倉 在縣東南運河左七十步卽布政分司舊址石門鄺志預備倉之後

國朝康熙十一年知縣杜森建與漕倉並吳志厫房一十七間臼房五間伊志杜森記略月令孟冬命有司修囷倉謹蓋藏昭吏職也況白糧倉厫上供玉粒人臣罔敢屑越以從石邑歲賦白糧六千四百有奇舊無專倉寄儲邑令祠內且窄甚不能多容有船已艤集而零負升斗以交水次者屑越殊甚余初涖斯土亟謀所以新之會漕倉告圮邑之鄉大夫偕衿耆定爲捐畝助錢之議俾人人得好義急公白倉以是爲差斯卽莫不尊親之義也余因衆議僉同上狀當事報曰可迺卽祠基而規畫焉爰召工師爰選徒旅越兩月而告竣瞻視聯厫環顧垣牆規模遠大匪糾匪紓罔敢屑越矣伊志咸豐十年燬於匪尚未建復

桐鄉縣

清河義倉 在治西四十步濯清街南隅明正統六年刑部郎劉廣衡桐鄉徐志知縣田玉建袁志明劉廣衡諭輸得穀米一萬一千九百石構倉十楹久廢今存遺址乾隆四十年知縣潘安智改建常平倉厫房一十八間中爲官廳前大門儲穀五萬三千四百二十五石零伊志道光四年知縣王鼎銘詳修于志今燬

常平倉四所 一在東門外一在皂林鎮一在屠甸寺鎮一在密印寺明萬歷二十四年知縣陸枝建劉志今廢

俸給倉 在縣儀門西向北厫三桐鄉徐志今廢

俸廩倉 在儒學居仁齋後明宏治十年建厫三間桐鄉徐志今廢

預備倉 在煥文街明天順初知縣張泰建趙圖記案劉志云景泰六年泰同縣丞鄧玭建又桐鄉徐志云正統六年知縣田玉買地建後併清河義倉額曰清河預備倉桐鄉徐志

國朝雍正五年添建倉厫一十五間每間儲穀三百二十石七年改建小倉二十二間八年添建一十六間伊志今廢

社倉 在鄉約所明萬歷二十七年知縣謝諫建後改爲社穀倉凡三乾隆二十五年巡撫楊廷璋檄知縣陳虞盛建一在縣城北門便民倉內厫房七間一在青鎮壽聖寺一在屠甸鎮寂照寺內伊志今廢

便民倉 初在皂林鎮運河之南後移建於古接待院之址明宣德中就府城中造後亦以戴嘷奏改移景泰五年知縣張泰縣丞鄧玭建厫三十餘間宏治八年知縣王昊重建趙圖記參桐鄉徐志明王華記略桐鄉新造之邑百事草創征輸之日露積野聚風雨鬱蒸沾濕朽敗逐避遷移歲無常所蓋自有邑而然宏治乙卯衡陽王君吳汝欽來尹茲邑乃歎曰民之脂膏歛而委諸草莽又困以罷疲之其謂便民何遂稽隱籍得空餘之粟七十分事授役立程計績因民之隙均民之力十取一人歲取一日而已凡爲厫六十有四楹中列廳治厫周其旁闌以長垣守以重闔創前所無而民不知役不有紀續以垂來者能無毀敗於後哉於是礱石以記其事萬歷二十六年知縣謝諫改置北城內吳志設厫一百七十九間

國朝順治十年知縣張鳳羽重修又建坤德祠張鳳羽記畧予初蒞茲桐崔苻不靖陰陽愆序民病於供輸胥習以骫法張旗丁之勢以市中飽播包攬之術以鬻乾沒是以朝廷紀綱日壞而上天震怒水旱盜賊之來蓋有緐矣邇來夜犬不吠嘉禾纍纍毋乃奸人悔禍念時鄰而革心歟抑民知奸蠹之已除修職供上息其愁怨皦予聞有捍大患立大功則祀之今日之化暴爲良易歎爲豐民不避吏擾吏且樂民義非明神之奉天昭賜殆不及此便民倉左側建有祠宇乃土人之思伸祈報者不能辦所自余遂爲民倡鳩工庀材以落其成治器延涺以理其事捐俸置田以綿其祀俾桐人每歲冬輸春兒之日過祠生敬以終勵其鐲私守公之心郎有衛所旗丁亦知桐人之不改初謀莫或欺之更可禦外侮矣康熙十一年後併圖歸里漸存廒房一百二十間乾隆六十年知縣李廷輝請項修建伊志道光四年知縣王鼎銘詳請修理咸豐十年燬於匪同治四年知縣富拉渾就舊基

領款重建白糧廒八間漕糧廒八十間倉屋四十五間

六年續請添建漕糧廒五十間

道光十九年七縣常平永濟二倉實存穀二十九萬二千石零內嘉興縣存倉穀四萬三千七百五十四石零秀水縣存倉穀五萬三百九十五石零嘉善縣存倉穀三萬二千三百九十三石零海鹽縣存倉穀三萬五千三百四十石零平湖縣存倉穀四萬六千四百七十六石零石門縣存倉穀四萬六千四百四十四石零桐鄉縣存倉穀三萬七千六百七十七石零

道光二十八年浙省辦理清查嘉郡七縣共額儲穀三十七萬五千六百三十八石零內除動撥賑恤平糶及碾撥鐲免南糧等穀八萬三千九十五石零提儲司府折價未買穀六千四百十二石零各縣挪墊穀二十一萬三千九百一十五石零實儲穀七萬二千二百一十五石零咸豐十年粵匪之擾燬失無存同治七年浙江巡撫李瀚章飭建郡城常平倉歸知府經理

府常平倉

在府署東北之新橋旁同治七年知府許瑤光領款起建倉廒二十二間儲穀一萬石備七邑碾濟之需有頭門倉廳倉神祠爲屋八間繚以垣墻中置石曬場外設

河埠許瑤光建倉碑記家有餘糧子弟多賴國有餘糧旱潦無害周書云有十年之積者王言食宜足也同治七年當軸以兵後未有蓋藏留算緡餘錢建倉儲穀所謂征當商旅以救窮之也蓋取諸豫時東南髮逆初平西北回亂未靖協餉無虛日庫藏尚絀未能謀多乃郡各萬石蓋取諸小畜往者倉儲管鑰屬之縣令無救民飢徒濟官蝕茲改屬郡守舍舊圖新深防弊蠹蓋取諸革瑤承乏嘉郡五年矣每夏秋久雨久晴中心惕惕得謀積儲欣然心慰矣復以爲人事可以補天時之缺終不如天時之降康官府可以謀閭里之乏終不如閭里之自計值今萬邦告綏風雨玉燭彼小民者果勤以課耕儉以節用仁以相友睦禮義以相濯溉庶年豐足以持盈年儉足以彌缺年荒亦不至遽蹈匪僻而官府又時出所有以濟之是周於利更周於德也何畏乎凶年何有乎邪世倉建於府東偏新橋有祠有廳有門有埠臨河便運也東西二十二廒每五百石餘廒二有石曬塲便翻晾也穀皆江蘇早秋以禾中晚稻性柔易糜也倉費番銀三千有奇穀費萬有奇以八年四月事竣記之石

嘉興府志卷二十五

嘉興府志

嘉興府知府善化許瑤光重輯

漕運 海運附

三代以甸服之米供王畿有貢道而無漕運秦始以飛輓給軍儲漢漕關東山東而不及吳會隋大業間引河以通於江淮至唐而浙漕之數增矣宋運至汴元運至燕遂先河而後海明舍海而復河有民運軍運軍民交運之不同我

朝以河運以軍運近則以海運以商運亦因時制宜也嘉興漕數甲於杭湖白糧則居浙額十分之六供億既重而輸轉彌艱不可不究其本末也志漕運

唐貞元中增浙江東西歲運米七十五萬石此兩浙漕運之始宋太平興國初兩浙歲進米四百萬石至道元年江浙所運由淮泗輸京元至元十九年改海運明初仍之永樂間罷海運設倉於淮徐等處令浙江民運糧至淮安倉遣官軍輓運入京名曰支運（明史食貨志載自淮至徐以浙直軍自徐至德以京衛軍自德至通以山東河南軍以次遞運又支運之法支者不必出當年之民納者不必供當年之軍支通數年以爲裒益期不失常額而止）不數年官軍多所調遣遂令民運道遠數愆期宣德四年復支運法六年令民運至淮安兌與衛所官軍運載至北給與路費耗米是爲兌運成化間立改兌法令運軍赴水次交兌而官軍長運遂爲定制（北京白糧仍由民運終明之世大爲民累本朝順治二年始改官運）迨後旗丁橫索無厭民始重困

國朝順治初年定官收官兌法軍民兩不相見止令監兌官與運官公平交兌兌竣立即開行凡浙江糧船限一月內過淮六月初一日抵通

運軍 明永樂十三年嘉興所坐派運船四十隻又代駕金山衛一隻該歲駕旗軍四百十名海甯衛係備倭出海原無運糧之額宣德九年本衛千戶王震謀領杭州等衛船五十七隻正統間倭寇犯梁莊官軍路得等遇

害奏將運船退回杭州等衛繼有北京調任本衛指揮莊瑞圖便回籍仍冒代領疇至軍伍消乏嘉靖間倭寇屢犯百戶陳邦策軍人吳汝常等具奏批發都御史王抒巡按御史趙炳然勘議軍歸守邊船還各衛隆慶間指揮姚磐聽信湖州所妄呈本衛地居小洋派代領船一十二隻萬歷初衢州所比例又派十隻此海甯衛領運之始（案海鹽衛所爲一府藩籬與臨山觀海九衛專責備倭其腹裏杭州前有甯紹台溫等衛金衢嚴湖等所領責駕運淮安清江浦船廠漕碑並無海甯衛名色可考且湖衢並無倭患軍多般富本衛坐控天關孤懸洋島纖無阻蔽比諸金盤等沿海衛所尤極邊險食糧正軍不滿千數內選出征出海烽堠臺寨瞭撬巡哨窑局等差所存者惟疲弱老幼守城之數尚且不足若再抽運城守益孤相應申豁劉志）

國朝釐定兵制凡衛所軍丁一體僉運康熙二十五年改併
海甯所嘉興所二幫爲嘉海衛所幫乾隆十五年裁汰
一嘉興所改嘉興衛幫二十六年將湖州所併歸嘉興衛
設嘉湖衛守備一員嘉興幫千總二員嘉興白糧幫千
總二員湖州白糧幫千總二員湖州所幫千總二員咸
豐年間改海運裁各幫千總

一浙江漕運每正兌改兌米一石加耗四斗內二斗五升
一斗七升隨正起交一斗五升二斗三升隨船作耗白
糧一石加耗四斗五升以五升三升隨正起交交內倉通倉加耗五升交光祿寺加耗三升四斗四斗二升隨船作耗雍正元年奏准各幫運弁有在倉交剩三升八合餘米本軍如有舊欠照數全扣本幫有欠三七扣留節年皆有舊欠將扣留之米按年扣分交銷如願賣與別帮抵欠即於冊內開晰米數如抵賣之外再有餘剩秔米每石作價七錢梭米每石六錢粟米每石五錢動用茶菓銀給與運軍顆粒不許出倉如茶菓銀不敷即于通濟庫銀內動用給發所有餘米通行留倉作正支放四年題準運軍應得餘米或本帮有欠抵補本帮或別帮有欠賣補別帮賣抵之外仍有餘米準令經紀車戶買抵掣欠至尾帮有願赴坐糧廳領價者仍照例給發乾隆七年奏準漕船抵通起卸完日驗明飯米闕乏之帮將應得每石三升八合餘米三分交倉給銀七分給米以濟回空之用現行海運此項餘米隨正交倉作價抵解茶菓等款○案舊志載白糧耗米四斗誤今依賦役全書更正

一贈貼銀米各省漕糧舊係軍民交兌運軍需索多爲民
累後改爲官收官兌因酌定贈貼隨徵給發各省名目
不同多寡不一浙江謂之漕截每石徵銀三錢四分七
釐以九八折實紋銀三錢四分六絲按起運正兌米及二五交倉耗米之數每石核徵
一運丁漕費乾隆十六年奏准浙省杭嘉湖三府徵米漕
糧原定漕費每石收錢自八文至二十一文不等不敷
辦公之用應仿江省之例酌量加贈嗣後嘉興秀水嘉
善海鹽平湖石門桐鄉等七縣加收錢三十文均于原
定腳費錢之外分別加贈

一監兌押運官杭州府通判監兌該府屬幷嘉興府屬石
門縣漕糧嘉興府通判監兌該府屬漕糧漕運則例纂案浙江押運通判三員雍正六年奏準于通省同知通判內遴委三員分赴三府監兌漕糧兼司押運

雍正六年十月初三日欽奉

上諭向來江浙收兌漕糧俱用本地粳米擇其乾圓潔淨者方
准交納間遇收成稍薄之年該督撫每以紅白兼收爲請朕
皆允行夫米糧乾潔皆可久貯原不在色之紅白且江浙二
省戶口繁多其每年應納漕糧將及四百萬石若必拘定本
地粳米恐致米價昂貴民間難于輸將朕軫念閭閻凡有裨
益民生之計皆爲之周詳籌畫自雍正己酉年爲始江浙徵
收漕米但擇乾圓潔淨不必較論米色准令紅白兼收秈粳
竝納永著爲例特諭

乾隆五十四年十二月二十四日欽奉
上諭閔鶚元奏本年五六月內雨水稀疏禾苗間有受傷結實

之候復因天氣驟寒顆粒未能十分圓綻間有白臍紅斑篩扇不能淨盡又琅玕奏浙省杭嘉湖三府六月內得雨稍遲且係閏五月節氣較早晚稻含苞之際天氣驟寒以致米色間有白臍各等語南漕爲天庾正供米粒自應圓綻純淨方准驗收今既據該撫等聲明江浙二省本年因雨水稍遲又值閏月霜信較早天氣驟寒二禾結實未能圓綻米色間有紅斑白臍自屬實在情形著傳諭管幹珍等該二省漕船過淮盤驗時如驗明顆粒堅實並非攙雜細碎米色間有不能一律圓綻純淨之處不必過於駁飭及早盤驗儹行並著該倉塲等于江浙漕糧抵通交倉後另厫收貯俟支放兵米時

即行先儘開放毋庸拘泥進倉先後庶此項米石不致在倉久貯致有霉變也除就近傳知蘇淩阿劉秉恬外將此諭令知之欽此

嘉慶五年二月初四日欽奉

上諭鐵保奏調劑浙江旂丁運務與江南情形相同請將浙省春耗米三斗內酌撥六升給丁又各丁應領本色行月米石亦請令州縣照依市價變賣折給各丁所有該丁積欠庫項三萬九千四百餘兩酌分六年歸款即從本年冬運起扣並請回空船隻于例帶土宜六十石外照重運之例多帶土宜二十四石等語江蘇安徽兩省帮丁經鐵保會同費淳奏請將分給州縣銀米內畫出給丁並將行月米石按照市價交州縣折銀給丁已批依議速行所有浙江旂丁酌撥春耗米石及應領本色行月米令州縣照市價變賣折給均着照江安二省一體辦理以爲濟運之資至帮丁從前借撥行月食米亦着照該漕督所請酌分六年扣歸款項以紓丁力其回空丁船于例帶土宜外亦著加恩照重運之例准其多帶土宜二十四石俾丁力益增寬裕欽此

嘉興縣

原額兌本色漕白正耗并行月食米一十萬一千三百四十四石二升八合內同治四年奉文減免京倉兌運漕糧正米一萬七千九百二石三斗

八升七勺耗米七千一百六十石九斗五升二合三勺白糧改漕正米一千四百五十九石一斗八合四勺耗米五百八十三石六斗四升三合三勺行糧米五百二十七石七斗一升三合五勺月糧米七百一十七石六斗九升三勺

共免徵米二萬八千三百五十一石四斗八升八合五勺

額兌減定漕白正耗并行月食米七萬二千九百九十二石五斗三升九合五勺內

京倉兌運漕糧正米三萬九千四百二十石一斗五升九合三勺每石加耗四斗共正耗米五萬五千一百八十八石二斗二升三合

廣運倉改兌正米二千九百六十五石九斗二升每石加耗四斗共正耗米四千一百五十二石二斗八升八合

白糧正米三千八百五十一石四斗六升七合每石加耗四斗五升共正耗米五千五百八十四石六斗二升七合二勺

白糧改漕正米三千二百十石九斗一升四合二勺每石加耗四斗共正耗米四千四百九十五石二斗七升九合九勺

行糧本色米一千一百六十一石二斗八升六合五勺

月糧本色米一千四百二石八斗三升四合九勺

白糧經費食米一千八石

隨漕各項折色經費銀五萬六千四百二十兩二錢八分一厘

輕賫連路費銀一萬六百四兩二錢二分六厘（内路費銀六十三兩二錢四分六厘）

京倉蘆蓆連貼役銀二百九十四兩三分五釐（内貼役銀一兩二錢三分）

徐倉蘆蓆銀一十五兩一錢五分

徐州廣運倉易耗米折銀三十兩五錢四分五釐（内路費銀二錢四分五釐）

楞木松板銀一百三十四兩六錢九分

淺船料銀一千二百七十八兩六錢二分七釐

貢具銀三十四兩三錢二分

運官廪工銀一百二十九兩八錢六分七釐

行糧米折幷修船銀三千九百七十九兩一錢二分二釐

月糧七分給軍銀一千一百四十八兩三錢二分一釐

白糧夫船車脚銀八千二百四十六兩九錢九釐

加徵丁字沽解部銀一千一十九兩六錢六分一釐

白糧經費奉裁解部銀四百八十八兩四錢一分三釐

漕灰米折幷項下漕截及路費銀二千七百七十八兩

二分三釐

行糧改折銀一千二十一兩三錢九分八釐

月糧改折銀五十三兩一錢三分

白糧食米改折銀四百九十三兩九錢二分

漕截銀二萬四千六百六十九兩九錢二分四釐

秀水縣

原額兌本色漕白正耗幷行食米八萬五千九百二十二石三斗八升六合（内除同治四年奉文減免京倉兌運漕糧正米一萬八千六百三十石九斗五升八勺耗米七千四百五十二石三斗八升三勺白糧改漕正米一千四百五十六石六斗三合八勺）

耗米五百八十二石六斗四升一合六勺行糧米四百七十石六斗七升七勺

共免徵米二萬八千五百九十三石二斗四升七合二勺

額兌減定本色漕白正耗并行食米五萬七千三百二十九石一斗三升八合八勺內

京倉兌運漕糧正米三萬一千三百八十四石四斗三升四合二勺（每石加耗四斗）共正耗米四萬三千九百三十八石二斗七合九勺

廣運倉改兌正米二千五百八十七石一斗（每石加耗四斗）共正耗米三千六百二十一石九斗四升

白糧正米三千二百十五石二升五合（每石加耗四斗五升）共正耗米四千六百六十一石七斗八升六合三勺

白糧改漕正米二千四百五十二石五升三合八勺（每石加耗四斗）共正耗米三千四百三十二石八斗七升五合三勺

行糧本色米七百九十二石三斗二升九合三勺

白糧經費食米八百八十二石

隨漕各項折色經費銀四萬八千一百五十三兩六分七釐

輕賫連路費銀九千二百五十二兩六錢四分五釐（內路費銀五十五兩一錢八分五釐）

京倉蘆蓆銀二百五十六兩五錢五分八釐（內貼役銀一兩七分三釐）

徐州廣運倉蘆蓆銀一十三兩二錢一分五釐

徐州易耗米折銀二十六兩六錢四分四釐（內路費銀二錢一分四釐）

楞木松板銀一百一十七兩五錢二分三釐

淺船料銀七百七十八兩八錢一分六釐

貢具銀三十兩八分七釐

行糧米折并修船銀三千四百七十一兩九錢六分

白糧夫船車腳銀七千二百一十五兩六分一釐

加徵丁字沽解部銀八百五十二兩二錢四分八釐

白糧經費奉裁解部銀四百八兩二錢二分三釐

漕灰米折并項下漕截及路費銀二千四百二十四兩六分九釐

行糧改折銀一千一百四十四兩三分四釐

白糧食米改折銀四百三十二兩一錢四分九釐

漕截銀二萬一千七百二十九兩八錢三分五釐

嘉善縣

原額兌本色漕白正耗并行月食米九萬七千六百九十五石二斗六升七合七勺（內同治四年奉文減免京倉兌運漕糧正米二萬二千三

十九石九斗三升三合九勺耗米八千八百十五石九斗七升三合五勺白糧改漕正米一千七百八十三石三斗五升二合五勺耗米七百十三石三斗四升一合行糧米六百七十六石九斗三升三勺月糧米三百七十六石三斗二升六合四勺共免徵米三萬四千四百五十石八斗五
升七合六勺
額兌減定本色漕白正耗幷行月食米六萬三千二百八
十九石四斗一升一勺內除奉豁攤缺額米二千五百二十九石六斗六升七合五勺
實額兌本色米六萬七百五十九石七斗四升二合六
勺
京倉兌運漕糧正米三萬三千七百五十二石五斗八合
二勺每石加耗四斗共正耗米四萬七千二百五十三石五斗

一升一合五勺內除奉豁缺額米二千一百五石九斗三升四合九勺實米四萬
五千一百四十七石五斗七升六合六勺
廣運倉改兌正米三千一百一十五石六斗八升每石加耗四斗
共正耗米四千三百六十一石九斗五升二合內除奉豁勻攤缺額米一百七十四石二斗五升六合六勺實米四千一百八十七石六斗
九升五合四勺
白糧正米三千七百四十六石三斗六升二合四勺每石加耗四斗五升共正耗米五千四百三十二石二斗二升五合五
勺
白糧改漕正米二千七百二十九石一斗八升三合七勺

每石加耗四斗共正耗米三千八百二十石八斗五升七合二
勺內除奉豁缺額米一百五十二石七斗二升一合五勺實米三千六百六十八
石一斗三升五合七勺
行糧本色米一千三十六石六升九合七勺內除奉豁勻攤缺額米四十一石四斗七合五勺實米九百九十四石六斗六升二合二勺
月糧本色米五百二石七斗九升四合二勺內除奉豁缺額米二十石九升七合一勺實米四百八十二石六斗九升七合一勺
白糧經費食米八百八十二石內除奉豁勻攤缺額米三十五石二斗四升九合九勺實米八百四十六石七斗五升一勺
隨漕各項折色經費銀五萬三千六百三十五兩八錢二

分內除奉豁勻扣缺額銀二千一百十八兩九錢四分五釐實銀五萬一千五百十
六兩八錢七分五釐內
輕賚連路費銀一萬三百二十二兩六錢四分六釐內每兩准費六釐該銀六十一兩五錢六分六釐
京倉兌運蘆蓆米折連貼役銀二百八十六兩二錢二分
七釐內貼役銀一兩一錢九分七釐
徐州廣運倉蘆蓆米折銀一十五兩九錢一分五釐
徐倉易耗米折連路費銀三十二兩八分八釐內路費銀二錢五分八釐
楞木松板銀一百三十一兩一錢一分四釐

以上原共銀一萬七百八十七兩九錢九分（內奉豁缺額銀四百二十七兩四分七釐）實銀一萬三百六十兩九錢四分三釐

淺船料銀六百九十八兩三錢六分七釐

貢具銀五十七兩二錢四分三釐

以上原共銀七百五十五兩六錢一分（內奉豁缺額銀二十九兩九錢一分一釐）實銀七百二十五兩六錢九分九釐

運官廩貢銀一百二十五兩七錢三分四釐

月糧七分給軍銀九百九十七兩九錢二分

以上原共銀一千一百二十三兩六錢五分四釐（內奉豁缺額銀四十四兩四錢八分）實銀一千七十九兩一錢七分四釐

行糧米折竝修船銀三千八百七十三兩四錢六分六釐（內奉豁缺額銀一百五十三兩三錢二分六釐）實銀三千七百二十兩一錢四分

白糧夫船車腳銀七千二百十八兩四錢二分七釐（內奉豁缺額銀二百八十五兩七錢四分四釐）實銀六千九百三十二兩六錢八分三釐

加徵丁字沽解部銀九百八十八兩七錢九分（內奉豁缺額銀三十九兩一錢四分二釐）實銀九百四十九兩六錢四分八釐

白糧經費奉裁解部銀四百七十三兩六錢二分六釐（內奉豁缺額銀十八兩七錢四分九釐）實銀四百五十四兩八錢七分七釐

兌改折徵灰石并項下漕截及路費銀二千七百十四兩四錢五分八釐（內奉豁缺額銀一百七兩四錢五分九釐）實銀二千六百六兩九錢九分九釐

行糧改折銀九百十一兩二錢五分二釐（內奉豁缺額銀三十六兩八分）實銀八百七十五兩一錢七分二釐

月糧改折銀二十二兩二分九釐（內奉豁缺額銀八錢七分二釐）實銀二十一兩一錢五分七釐

白糧食米改折銀四百三十一兩九錢四分二釐（內奉豁缺額銀十七兩一錢三釐）實銀四百十四兩八錢三分九釐

漕截銀二萬四千三百三十四兩五錢七分六釐（內奉豁缺額銀九百五十九兩三分二釐）實銀二萬三千三百七十五兩五錢四分四釐

海鹽縣

原額兌本色漕白正耗并行食米五萬四千六百五十七石九斗七升四合九勺（內同治四年奉文減免京倉兌運漕糧正米七千九百十九石六斗一升一合九勺耗米三千一百六十七石八斗四升四合八勺白糧改漕正米六百三十石一斗六升七合四勺耗米二百五十二石六升六合九勺行糧米二百一十八石九升一合八勺）共免徵米一萬二千一百八十七石七斗八升二合八勺

額兌減定本色漕白正耗丼行食米四萬二千四百七十石一斗九升二合一勺

京倉兌運漕糧正米二萬三千七百九十五石一斗六升八合一勺每石加耗四斗共正耗米三萬三千三百十三石二斗三升五合三勺

廣運倉改兌正米一千五百八十八石六斗七升每石加耗四斗共正耗米二千二百二十四石一斗三升八合

白糧正米二千六十八石三升二合九勺每石加耗四斗五升共正耗米二千九百九十八石六斗四升七合七勺

白糧改漕正米一千八百九十二石三斗三升六勺每石加耗

四斗共正耗米二千六百四十九石二斗六升二合九勺

行糧本色米六百五十四石九斗八合二勺

白糧經費本色米六百三十石

隨漕各項折色經費銀三萬八百二十八兩一錢二釐

輕賫連路費銀五千八百六十六兩九錢九分二釐內路費銀三十四兩九錢九分二釐

京倉兌運蘆蓆米折連貼役銀一百六十二兩六錢八分內貼役銀六錢八分

徐州廣運倉蘆蓆米折銀八兩一錢一分五釐

徐倉易耗米折連路費銀十六兩三錢六分一釐內路費銀一錢三分一釐

楞木松板銀七十四兩五錢二分

淺船料銀五百五十一兩一錢六分二釐

行糧米折竝修船銀二千二百一兩五錢二分九釐

白糧夫船車腳銀五千一百五十二兩一錢四分四釐

加徵丁字沽解部銀五百四十九兩五分

白糧經費奉裁解部銀二百六十二兩九錢九分二釐

兌改折徵灰石竝項下漕截及路費銀一千五百三十四兩六錢三分七釐

行糧改折銀六百三十八兩八錢七分二釐

白糧食米改折銀三百八兩七錢

漕截銀一萬三千五百兩三錢四分八釐

平湖縣

原額本色漕白正耗丼行食米五萬六千九百二十三石一斗七升內同治四年奉文減免京倉兌運漕糧正米一萬七百一十八石八斗四升三合五勺耗米四千二百八十七石五斗三升七合四勺白糧改漕正米八百六十七石一斗三升一勺耗米三百四十六石八斗五升二合行糧米三百二十二石六斗三升四合四勺共免徵米一萬六千五百四十二石九斗九升七合四勺

額兌減定漕白正耗丼行食米四萬三百八十石一斗七升二合六勺內

京倉兌運漕糧正米二萬二千二百八十五石四斗二合四勺每石加耗四斗共正耗米三萬一千一百九十九石五斗六升三合三勺

廣運倉改兌正米一千六百五十七石一斗九升每石加耗四斗共正耗米二千三百二十石六升六合

白糧正米二千一百八十一石九斗一升八合四勺每石加耗四斗五升共正耗米三千一百六十三石七斗八升一合七勺

白糧改漕正米一千八百一石七斗一升一合四勺每石加耗四斗共正耗米二千五百二十二石三斗九升六合

行糧本色米六百七十石三斗六升五合六勺

白糧經費本色米五百四石

隨漕各項折色經費銀三萬七百七十九兩六錢四分七釐

輕賚連路費銀六千一百八十兩九錢一分五釐內路費銀三十六兩四錢三分五釐

京倉兌運蘆蓆米折連貼役銀一百六十九兩三錢八分八釐內貼役銀七錢八釐

徐州廣運倉蘆蓆米折銀八兩四錢六分五釐

徐倉易耗米折連路費銀一十七兩六分七釐內路費銀一錢三分七釐

楞木松板銀七十七兩五錢九分三釐

淺船料銀三百九十兩二錢六分三釐

貢具銀六兩六錢六分三釐

行糧米折幷修船銀二千二百九十二兩三錢七釐

白糧夫船車腳米折銀三千九百兩四錢八分四釐

加徵丁字沽解部銀五百八十兩二錢九分六釐

白糧經費奉裁解部銀五百二兩六錢五分七釐

兌改折徵灰石幷項下漕截及路費銀一千五百九十七兩一錢五分九釐

行糧改折銀五百六十三兩四錢八分四釐

白糧食米改折銀二百四十六兩四錢三分一釐

漕截銀一萬四千三百一十八兩四錢七分四釐

石門縣

原額兌本色漕白正耗幷行食米五萬一千七百四十二石七斗八升七勺內除同治四年奉文減免京倉兌運漕糧正米九千七百六十三石二斗六升八合四勺耗米三千九百五石三斗七合四勺白糧改漕正米七百三十五石八斗五升一合四勺耗米二百九十四石三斗四升五勺行糧米二百四十二石三斗七升八合九勺共免徵米一萬四千九百四十一石一斗四升六合六勺

額兌減定本色漕白正耗幷行食米三萬六千八百一石

六斗三升四合一勺〔內〕

京倉兌運漕糧正米二萬五百八十一石八升一合六勺〔每石加耗四斗〕共正耗米二萬八千八百一十三石五斗一升四合二勺

廣運倉改兌正米一千四百八十三石九斗四升〔每石加耗四斗〕

共正耗米二千七十七石五斗一升六合

白糧正米一千八百七十九石七斗七升三合〔每石加耗四斗五升〕

共正耗米二千七百二十五石六斗七升八勺

白糧改漕正米一千五百五十石二斗二升二合八勺〔每石加耗四斗〕共正耗米二千一百七十石三斗一升二合

行糧本色米五百一十石六斗二升一合一勺

白糧經費食米五百四石

隨漕各項折色經費銀二萬八千六百三十三兩九錢五分三釐

輕賫連路費銀五千六百十三兩四錢八分〔內路費銀三十三兩四錢八分〕

京倉兌運蘆蓆米折連貼役銀一百五十五兩六錢五分一釐〔內貼役銀六錢五分一釐〕

徐州廣運倉蘆蓆米折銀七兩五錢八分

徐倉易耗米折連路費銀一十五兩二錢八分三釐〔內路費銀一錢二分三釐〕

楞木松板銀七十一兩三錢

淺船料銀二百二十兩五錢七分六釐

貢具銀一十一兩六錢二分五釐

行糧米折并修船銀二千一百六兩四錢

白糧夫船車脚銀四千一百二十三兩一錢七分二釐

加徵丁字沽解部銀四百九十八兩三錢六分五釐

白糧經費奉裁解部銀二百三十八兩七錢一分五釐

兌改折徵灰石并項下漕截及路費銀一千四百六十六兩七錢三分

行糧改折銀七百十兩一釐

白糧經費食米改折銀二百四十六兩九錢六分

漕截銀一萬三千一百四十八兩一錢一分五釐

桐鄉縣

原額兌本色漕白正耗并行食米四萬三千九百八十四石三斗二升一合〔內同治四年奉文減免京倉兌運漕糧正米六千七百六十一石一斗六升八合六勺耗米二千七百四石四斗六升七合五勺白糧改漕正米五百二十六石七斗五升四合四勺耗米二百一十石七斗一合七勺行糧米一百九十石六斗八升八合七勺〕

共免徵米一萬三百九十三石七斗八升九勺

額兌減定漕白正耗并行食米三萬三千五百九十石五

斗四升一勺

京倉兌運漕糧正米一萬八千八百八十四石七斗三升一合四勺每石加耗四斗共正耗米二萬六千四百三十八石六斗二升三合九勺

廣運倉改兌正米一千二百八十四石二斗五升每石加耗四斗共正耗米一千七百九十七石九斗五升

白糧正米一千六百四十四石八斗四升九合七勺每石加耗四斗五升共正耗米二千三百八十五石三升二合

白糧改漕正米一千四百七十石四斗四升四合九勺每石加耗四斗共正耗米二千五十八石六斗二升二合九勺

行糧本色米五百三十二石三斗一升一合三勺

白糧經費本色米三百七十八石

隨漕各項折色經費銀二萬四千八百一十四兩四錢三分三釐

輕賫運路費銀四千七百四十四兩二錢九分六釐內路費銀二十八兩二錢九分六釐

京倉蘆蓆米折銀一百三十一兩五錢五分內貼役銀五錢五分

徐倉蘆蓆米折銀六兩五錢六分

徐倉易耗米折銀一十三兩二錢二分六釐內路費銀一錢六釐

楞木松板銀六十兩二錢六分

淺船料銀一千一十八兩六錢八分二釐

貢具銀一十二兩八分四釐

行糧米折并修船銀一千七百八十兩二錢四分七釐

月糧給軍銀三百六十七兩三分九釐

白糧夫船車腳銀三千九十三兩九錢七釐

加徵丁字沽解部銀四百三十五兩七錢五分四釐

漕灰米折并項下漕截及路費銀一千二百四十兩九錢五分四釐

白糧經費奉裁解部銀二百八兩七錢三分五釐

行糧改折銀四百九十六兩一錢五分二釐

白糧食米改折銀一百八十五兩二錢二分

漕截銀一萬一千一十九兩七錢六分七釐

衛帮船數

嘉興衛本帮原運船四十九隻內乾隆二十年輪減存次船五隻實運船四十四隻白糧本帮實運船七十六隻

漕運則例纂 案每船原裝正米四百石外多載一石給銀五分名負重耗米例不支給又每隻支本色行糧米一十五石折色行糧銀一十八兩本色月糧米四十八石遇閏加給米四石折色月糧銀三十三兩六錢遇閏加給銀二兩八錢三修銀七兩五錢爲修艌船隻之用又每漕截裝正米并交倉二五耗米一石給漕截銀

三錢四分七釐其沿途一五耗米不行支給白糧船每船照漕例支給外又支給食米三十一石三斗該折給銀四十一兩一錢六分又歲運漕船每隻給銀二百八兩七錢七分三釐十年滿號詳請再造又每船并許帶土宜一百二十六石浙江通志

甯波衛前帮實運船五十八隻後帮實運船五十四隻

處州衛前帮實運船五十隻

杭州三帮實運船五十四隻四帮實運船六十隻

紹興衛前帮實運船六十四隻後帮實運船六十三隻

嚴州所帮實運船五十一隻案以上各帮糧艘俱運嘉興府屬米石漕運則例纂

派兑水次

杭嚴衛三帮兑運秀水嘉善二縣水次

杭嚴衛四帮兑運富陽石門海甯三縣水次

甯波衛前帮兑運嘉興縣水次

甯波衛後帮兑運秀水嘉興二縣水次

紹興衛前帮兑運嘉善縣水次

紹興衛後帮兑運平湖嘉善二縣水次

處州衛前帮兑運桐鄉石門二縣水次

嘉興衛帮兑運嘉興秀水平湖海鹽四縣水次

嚴州所兑運海鹽平湖石門三縣水次

嘉興府白糧帮兑運嘉興秀水嘉善海鹽平湖石門桐鄉七縣水次漕運則例纂

衛帮員弁

嘉湖衛守備一員

嘉興帮千總二員

嘉興白糧帮千總二員

杭嚴衛守備一員

三帮千總二員

四帮千總二員

甯波衛守備一員

前帮千總一員

後帮千總一員

紹興衛守備一員

前帮千總一員

後帮千總二員

處州衛守備一員

前帮千總一員漕運則例纂

海運

浙江海運始于咸豐二年因其先河運既久帮費日增旗丁需索要挾冬漕不能如期開兑至咸豐元年運漕糧艘最後各帮至二年九月間方挽運出境新漕無船可用浙撫黄宗漢奏准試行海運招雇商船由江蘇之上

海出洋以達天津四年匪擾上海改道劉河口卽元時劉家港之故道也五年以後仍由上海起運十年粵匪之擾江浙相繼淪陷漕運暫停同治三年東南戡定欽

奉

恩綸減定漕額而江淮運河自咸豐五年河決銅瓦廂改道北流運河節節淤阻是以同治五年仍行海運每年杭州上海天津委員設局糧道督運北行總理其事

海運商船　浙省海船熟悉北洋沙線者祇有甯波之蜑船三不像船不敷運漕咸豐二年浙撫黃奏准由江省協雇上海沙船東省衛船在上海受兌赴津交卸同治

末年閩省輪船造成海運糧米兼用火輪船分運

商船銀米　咸豐二年浙撫黃奏准商船裝米一石給水脚銀四錢每漕糧一石給耗米八升白糧米質柔嫩全裝蔴袋先期起運每石給耗一斗通倉經紀漕糧每石給耗一升五合白糧每石給耗一升八合天津剝船食米不分漕白每石給一升一合五勺統在原給旗丁耗米內動支支剩丁耗米石留南糶變報部候撥同治四年浙撫馬新貽奏定支剩丁耗隨同正漕起運交倉至商船所領耗米抵津交兌後盈餘尚多一併給價收買隨運交倉另檔存記以備留抵正漕之不足不准水手人等私自變賣

海運經費　咸豐二年初行海運作正支銷之經費祇動漕截一款此外不敷將各屬向來河運給幫兌費每石自七錢至四錢不等提解濟用名曰津貼同治三年閩浙總督左宗棠浙撫馬新貽奏准永禁津貼名目另籌運費除漕截仍舊抵支外以行月糧白糧經費各本色米每石變價銀一兩五錢南月米每石變價銀二兩又行月糧及白糧經費食米折徵各銀兩甯紹等府本折月糧等款一併抵備海運經費每海運米一石南北用費約需銀八錢如有盈餘存候撥用同治十三年江浙

漕糧抵津改由糧道自運通倉浙撫楊昌濬奏准通倉經紀漕白耗米均以一升隨正交倉以八合五合留作南省運通折耗之用飭由各州縣照漕價折色解交道庫帶津抵買商船餘米

運滬剝船　咸豐二年初行海運各縣收漕滿厫由省局預雇剝船駛至水次運赴上海每石每百里給水脚銀一分六釐由局支銷同治四年改由各縣自行招雇民船運交海船受兌應給水脚及白糧蔴袋均在各縣酌留辦公餘耗米石變價項下分別動支

嘉興府志卷二十六

嘉興府知府善化許瑤光重輯

鹽法

鹽之在西北者有井有池而東南則府海以爲利嘉興鹽官始自西漢以壤地濱海也煎鹽有場竈有倉厫有團額行鹽有符信有眉配有課徵設鹽課大使掌場之政令而嘉興之場三設批驗大使稽商之出入而嘉興之所一以通商運以便民食以供
國用凡私販越販者文武官通治之其竈地水鄉之課分縣場以徵收之一事也而法與時爲變通則規制宜詳志

鹽法

漢吳王濞煑海爲鹽國用富饒兩浙煑鹽始此浙江通志武帝元狩四年置鹽鐵官通鑑

唐置嘉興鹽監唐書食貨志

宋鬻鹽之地曰亭場民曰亭戶亦曰竈戶戶有鹽丁入官受錢秀州場歲鬻二十萬八千餘石以給本州及越處衢婺州　天聖中杭秀温台明各置監一宋史食貨志張綸除江淮制置發運副使奏置鹽場於杭秀海三州歲入課百五十萬宋史張綸傳紹興元年詔秀州亭戶二稅依皇祐法輸鹽宋史食貨志三十二年秀州置鹽場十玉海

元至元十四年置兩浙鹽運司歲辦九萬二千一百四十八引每引二帒每帒折中統鈔九兩十八年增至二十一萬八千五百六十二引每引增鈔四貫元史食貨志大德三年兩浙產鹽之地杭州嘉興紹興温台設檢校四所鹽場三十四所元史百官志

明洪武初設嘉興分司轄西路鮑郎蘆瀝海沙橫浦五場設嘉興批驗所洪武三年立開中鹽法召商輸粮而與之鹽謂之開中其後各行省邊境多召商中鹽以爲軍儲鹽法邊計相輔而行明食貨志浙鹽每引四百斤給工本米一石兼支錢鈔竈丁給滷地草蕩明會典永樂十四年

始命御史巡鹽通鑑正統三年以去場三十里者爲水鄉竈戶不及三十里者爲濱海滷丁水鄉丁歲出米六石給濱海丁代煎四年復竈戶稅粮自此罷給工本鈔成化十二年覈水鄉蕩價解司此草蕩徵銀之始十九年令浙西場每正鹽一引折銀七錢二十年令濱海竈鹽輸半價浙西引三錢五分歲輸京師此濱海本折色之始二十一年松江知府樊瑩請以蕩價抵水鄉鹽課之半立蕩戶收之餘半於各縣秋粮帶徵而丁盡歸有司應民役此州縣包補水鄉額鹽之始嘉靖十六年題准兩浙官商不到之處立爲山商嘉興秀水嘉善崇德桐

鄉每程一張納銀四錢三分以上明會典舊浙江通志二十四年題
准鹽課全徵折色明鹺志云各場灶丁初俱上納本色邊商中引對竈支鹽成化間一半徵銀一半支鹽至是併徵折色焉
國朝定制商不邊納引從部頒康熙四十三年改嘉興分司
爲嘉松分司所屬西路場海甯州地方黃灣場西路分出乾隆五年設
鮑郎場海鹽縣地方海沙場海鹽縣地方蘆瀝場平湖縣地方橫浦場
松江婁縣地方浦東場金山縣地方袁浦場華亭縣地方青村場奉賢縣地方
下沙頭場南滙縣地方下砂二三場南滙縣地方乾隆五年併崇明場乾隆五年設
每場設大使一員設嘉興批驗所大使一員舊係未入流雍正八年改爲正八品統隸於鹽運司而以鹽政受其成案康熙因十九年改運司爲鹽道雍正間以巡撫兼鹽政乾隆五十八年以杭州織造兼鹽政改鹽道爲鹽運使司嘉慶間仍以巡撫兼鹽政

倉厫　正引鹽倉厫一百七十間雍正八年商人楊恒裕等奉憲捐建在吳涇橋

內票引鹽倉厫一百四十四間雍正八年商人楊恒裕等奉憲捐建在雙溪橋

外每引三百七十五斛兩浙大引原重三百斛順治三年改二引爲三引遂行小引以二百斛爲引康熙間每引行鹽二百五十斛雍正三年題准每引加鹽三十五斛乾隆五年又加五十斛每引三百三十五斛道光二十九年奏定嘉所每引加鹽四十斛以三百七十五斛爲定額每年額徵
府項籌稅銀四兩七錢二分五釐按年給發府快工食

引目

正引額派原額六十六萬七千一百五十三引一百斛嘉興所派行引目二
十六萬四千四百一十五引七分五釐浙江通志兩浙鹽法志原額二十四萬七百二十引七分五釐順治十六年兩浙巡鹽御史遲日巽因溫引難銷題改嘉善縣行銷五百二十引康熙元年兩浙巡鹽御史蕭震因台所場竈遷徙戶口凋殘不能銷引題改嘉所行銷六千引康熙七年巡鹽御史敖哈因紹所額引難銷題改嘉所行銷八千引康熙十八年奉文計丁加引加增九千一百七十五引共銷二十六萬四千四百一十五引七分五釐

票引額派原額七萬四千七百五十引嘉興秀水嘉善桐鄉四縣派
行引目二萬三千七百四十二引嘉所附掣浙江通志案票引鹽斛與正引同

正引分銷　嘉興縣年銷三百一十引嘉所掣銷秀水縣年銷
三百一十引嘉所掣銷嘉善縣年銷三百一十引又代銷溫

引五百二十引共銷八百三十引嘉所掣銷桐鄉縣年銷三
百一十引嘉所掣銷兩浙鹽法志案嘉秀善桐祇銷票引並無正引分銷惟代銷溫引仍照原
額

票引分銷　嘉興縣年銷一千二百五十五引又計丁加
引七千四十引共銷八千二百九十五引秀水縣年銷
五千九百七十五引又計丁加引一十六引共銷五千
九百九十一引嘉善縣年銷五千九百七十五引海鹽
縣年銷一千引又計丁加引一千四百五十二引共銷
二千四百五十二引平湖縣年銷二千引又計丁加引
九百四十九引共銷二千九百四十九引石門縣年銷

五千引又計丁加引一百一十一引共銷五千一百一十一引桐鄉縣年銷一千二百五十五引又計丁加引二千二百二十六引共銷三千四百八十一引案嘉秀善桐俱商銷海平石俱肩銷兩浙鹽法志明季兩浙正引之外有票鹽一十四萬九千五百張每張行鹽一百觔係仁和錢塘海甯海鹽平湖石門等十六縣行銷順治三年巡鹽御史王顯題請改票行引部覆將前票折引七萬四千七百五十道每引二百觔是時仁和等十六縣未能全銷遂將餘杭嘉興秀水嘉善桐鄉五縣代銷壅引迨順治八九年間仁和等縣居民復業請歸本額納銷而餘杭嘉興等五縣居民未可淡食是以續經題請以足原定之數　案伊志批驗所票引行銷嘉秀善桐四縣每年額掣共二萬七千六百六引正引行銷長洲元和吳縣吳江震澤無錫金匱武進陽湖宜興荊溪江陰金壇溧陽丹徒丹陽廣德建平烏程歸安孝豐安吉長興等二十三州縣每年額掣共二十六萬四千四百一十五引又案鹽法志部頒鹽引正填季分及正票之

別巡鹽御史復令店戶刷添引背限例及杭嘉紹松溫台六所弁二十三縣各正票數目打用木戳然後編单給商謂之生引嘉郡引鹽掣過運往各賣地即將鹽引弁水程按縣驗截四角名曰退引亦曰殘引浙江總督李衛奏請發額外引目十萬道以備餘鹽配掣名曰餘引嗣經巡撫富勒渾奏定餘引十五萬道

新票　嘉興嘉善二邑毗連場竈恐有肩鹽越界雍正六年設立新票於餘引中派出若干引減價行之但納課稅不派雜款　嘉慶二年鹽運使張奉鹽漕察院蘇批發銷正票一案查嘉秀各地鄰肩逼竈屢被私侵雍正六年奉督憲李奏明定立新票牌店免輸公引藉費減價便民從此小民樂食官鹽私梟斂跡官引疏通不獨票引賴以捍衛且為杭嘉正地藩籬銷數充盈使私販無由入境實屬衛正之良策是以向無限制例准通銷因令專配餘引俾無稽阻久經咨部在案若如歸運提銷之請不特運鹽盈絀不齊有妨民食且恐市價轉得藉以低昂啟梟販蔓延之漸應請仍循定案各自掣配行銷無稍缺悞並請嚴飭長安千總嚴密偵巡以期正票新票並獲疏通等因奉鹽憲批如詳分別飭遵弁合新票各商按照各店銷數掣配以期減價暢銷禦私衛正　伊志

課額

商課　台所改嘉松增課銀九百四十四兩三錢七分九釐　康熙元年台州引壅課絀將台所額引內改出六千引於嘉所行銷四千引於松所行銷隨照二所之則納課升額　紹所改杭嘉松三所陞課價銀八百六十一兩八錢九分九釐　康熙七年紹所大嵩等五場產鹽不敷題將紹額改於嘉所行銷八千引照上則陞課銀五百三十八兩六錢四分三釐零　康熙二十四年巡鹽御史李紹聞題新增滴珠銀一千三百八十八兩七錢七分三釐零內台改嘉松增課銀款滴珠銀九兩四錢四分四釐紹引改杭嘉松三所陞課價銀款滴珠銀八兩六錢一分九釐　兩浙鹽法志

分徵商課　嘉興所上則年徵正課引價加斤滴珠銀共一十一萬一千八百七十六兩九錢二分六釐　每引四錢二分三釐九毫四絲三忽六微四纖七沙八埃四渺五漠　案雍正八年總督李衛題准照額攤算杭嘉紹三所每引均納課銀三錢九分七釐零嘉所應徵正課滴珠銀一十萬四千九百七十三兩二錢三分四釐又乾隆五十七年鹽政全奏准各地代銷鹽價隨時增減毋須限制　下則溫引年徵正課引價加觔滴珠銀共三千五百三十三兩七錢八分一釐　每引三錢七分五釐四毫九絲零　案鹽法志溫引科則每引正珠銀一錢九分一毫一絲五忽零票引科則每引正珠銀一錢九分一毫一絲九忽零

府鹽課　明鹽課銀一萬八千六百七十一引五十六觔一十四兩八錢　吳志

國朝水鄉竈丁鹽價不敷銀一萬一千七百七十四兩三錢五分四釐內同治五年奉豁嘉善縣丈缺田地案內銀一十兩三錢六厘實徵銀一萬一千七百六十四兩四分八釐每兩車珠一分七厘該銀一百九十九兩九錢八分九釐附徵海沙鮑郎蘆瀝場課銀七千四百四十七兩八錢九分七釐每兩車珠一分七釐該銀一百二十六兩六錢一分五釐備荒銀三百九十八兩二錢四分每兩車珠一分七釐該銀六兩七錢七分

縣鹽課　明額徵水鄉竈丁鹽價不敷銀嘉興縣八百九十八兩六釐水鄉草蕩包補銀以三分之一解京二分給客秀水縣三百三十七兩八錢三分五釐嘉善縣二百六十兩二錢三分四釐海鹽縣三千五百九十四兩六分一釐平湖縣二百一十一兩石門縣一百一十八兩四錢六分二釐桐鄉縣九十四兩六錢一分四釐吳志

國朝水鄉竈丁鹽課嘉興縣銀八百九十八兩七分六釐車珠銀一十五兩二錢六分七釐秀水縣銀三百三十七兩八錢三分五釐車珠銀五兩七錢四分三釐嘉善縣銀二百六十兩三錢三分四釐內同治五年奉豁丈缺田地案內銀一十兩三錢六釐實徵銀二百五十兩二分八釐車珠銀四兩二錢五分一釐海鹽縣銀四千三百三十七兩八錢三分一釐車珠銀六十八兩六錢四分三釐平湖縣銀六千二百二十七兩二錢一釐車珠銀一百二兩四錢六分二釐石門縣銀一百一十八兩四錢六分二釐車珠銀二兩一分四釐桐鄉縣銀九十四兩六錢

一分五釐車珠銀一兩六錢九釐

功績銀　總巡廳年限銀一百八十兩嘉興縣年限銀一百八十兩秀水縣年限銀二百六十八兩八錢嘉善縣年限銀一百八十兩海鹽縣年限銀二百五十八兩平湖縣年限銀二百五十八兩石門縣年限銀一百九十八兩六錢四分桐鄉縣年限銀二百二十三兩八錢案鹽法志功績一項雍正八年總督李衛題定餘引租價款內撥抵銀六千九百一兩五錢七分五釐尚餘銀九百一十三兩四錢二分五釐歸入各縣地丁項下編徵不立年限

牙稅銀　嘉興縣額徵銀五兩五錢滴珠銀五分五釐秀水縣額徵銀八兩五錢滴珠銀八分五釐嘉善縣額徵銀五兩五錢滴珠銀五分五釐石門縣額徵銀一兩五錢滴珠銀一分五釐桐鄉縣額徵銀五兩五錢滴珠銀五分五釐兩浙鹽法志

嘉興批驗所

批驗所大使　舊在府治東春波門外五里專掣西路黃灣鮑郎海沙蘆瀝五場引鹽同治三年奉文移駐海鹽之榆城地方

場竈

鮑郎場　明竈丁原大丁四百一十丁七分零小丁二千七百四十一戶歲辦鹽一千五百六十九引七十八觔一十四兩有奇內本色鹽七百八十八引三百七十六觔零該銀四百七十三兩三錢折色七

百八十引一百二觔該銀四百六十八兩一錢零領團五草蕩八十二頃三十
六畝零納蕩價六十八兩三分趙圖記嘉興縣鮑郎場鹽
課司額鹽三百四十二引三百五十觔秀水縣鹽課司
額鹽一百五十九引二百觔海鹽縣歲辦折色鹽七百
八十引一百二觔銀四百六十八兩一錢零本色改折
鹽八十八引三百七十六觔銀四百七十三兩三錢萬
歷間訂正鹽規課額并本縣包補鹽課本折五千四百
五十一引後加三百一十二引本場每年產鹽一百七十三萬四千九百觔內除銷原額引鹽一百六十三萬五千三百觔餘鹽九萬九千三百觔加帶銷三百三十三引石門縣
鹽課司額鹽一百六十一引三十觔

國朝竈丁三千一百四十一丁年額產鹽五百一十萬七千
五百觔配銷嘉所正引二萬二千五百道吳志兩浙鹽法志圖說

案宋地理志海鹽止載沙腰蘆瀝二場而不載鮑郎元史三場俱載場東爲秦駐山相傳始皇駐此西有鹿山連譚山與西路場接團基原額五十五畝今視地勢之便移竈以少就多聚爲一十九團竈舍一百五十有九貯鹽倉廒二百五十四間運鹽有二道一道團在南者由角里堰過壩經通圍港黃道河至楡城餘俱過長川壩經黃油車海鹽塘至楡城巡鹽官遣役就楡城盤驗赴嘉所掣地名鮑郎者宋志云昔鹽場初開於此有鮑姓者鑿浦煑鹽故名

舊聚團額共一十九團煎竈一百五十九座東團正東團九竈東寨圩團四竈北團正北團十一竈北備團十竈新團六竈常川團六竈頭團六竈西團小海團五竈湯家團十三竈顧家團九竈周家團七竈軍團七竈南團長山團五竈總寨團六竈老舍團六竈中立團十竈金家塘鈌團十四竈南寨前團十一竈李家團十四竈兩浙鹽法志案場境西至黃沙塢東度葫蘆山東南至長牆山爲南團自小海團青山北達周家舍爲西團又北達東正團爲東團又北極於秦駐山爲北團折團內而聚落之列爲團圩者二十又案本場審定竈丁三千一百四十一丁自宋時官給滷地山蕩於明於國朝歷奉清查計丁均配南團七百八十五丁東團六百三十六丁西團七百三十九丁北團九百八十一丁

新聚團額共二十團百六十一竈頭團十竈西軍團六竈常川團六竈新團六竈北備團九竈北正團十一竈東正團九竈東寨團六竈周家團七竈顧家團七竈湯家團十六竈小海團五竈總寨團五竈老舍團四竈中立團十竈金塘團十一竈寨前團十一竈長山團四竈李

家團十一竈李備團七竈兩浙鹽法志

場地　本場海灘竈山草蕩向給竈戶樵煎計丁徵課雍
正三年奉文丁歸地徵將丁課勻攤於原額海灘竈山
草蕩之上計弓按畝完納其餘原額熟蕩及新墾蘆薪
等地畝陞稅仍照舊則徵輸本場課蕩一萬二百九十
畝三分四釐七毫五絲二忽又海灘四千三百五十弓
一尺二寸內竈山六千六百九十一畝一分九釐五毫二絲二忽草蕩三千五百九十九畝一分五釐二毫三絲海灘四千三百五十弓一尺二寸本場各則稅蕩稅地七千六百
二十七畝八分三釐一毫八絲六忽四微內原額稅蕩四千五百五十四畝九分蘆薪一百九十九畝二分亭塅二百二十畝團基五十五畝六分五釐四毫四絲九忽倉基一十

畝四分五釐父子山四十二畝丈報新墾及加陞熟蕩蘆薪亭𡑞倉基山共二千一十一畝七釐八毫九絲三忽四微備荒亭𡑞五百三十四畝五分四釐八毫四絲四忽 案各團墾陞熟蕩舊有一十三則曰北草在水鄉惹山曰𩕳頭門曰仗古墩曰張萬附近西團界曰前黃墩曰後黃墩曰東橫圩曰西橫圩附近東團界曰新路東曰西祝圩曰蜡蜂曰東祝圩曰大步門附近北團界分列東西南北四團續陞草蕩熟蕩亭𡑞蘆薪壇山等一千五百一十三畝一分七釐九毫六絲三忽六微八纖 案鹽法志前項續陞地畝卽在原額草蕩竈山等蕩內陞墾輸稅

場課 額徵課稅銀五百八十八兩一錢七分四釐內正課銀五百四十六兩七錢 車珠銀九兩二錢九分四釐 備荒銀三十一兩六錢四分二釐 車珠銀五錢三分八釐 兩浙鹽法志

鍋盤 一百六十一副 每竈鐵盤一鐵鍋二 兩浙鹽法志

鹽斤 每滷一擔成鹽二十五斤 兩浙鹽法志

海沙場 宋景祐間置海鹽沙腰二場元倂爲一團額二十有一煎舍一百九十九倉厫七十八鬮鹽運在嘉興所掣驗 兩浙鹽法志圖說 明竈丁原額大丁八百三戸小丁五千七百二十戸歲辦鹽二千七百七十八引九十六觔四兩有奇 內本色一千九百八十六引一百八十六觔四兩二錢該銀一千一百九十一兩八錢零 折色七百九十一引三百一十觔該銀四百七十五兩六分零 領團十三草蕩四百四十六頃納蕩價一千一十九兩六分零 趙圖記 嘉興縣海沙場鹽課司額鹽一千六十六引二十觔秀水縣鹽課司額鹽六十五引二十觔海鹽縣歲辦折色鹽七百九十一引三百一十觔銀四百七十五兩六分零本色改折鹽一千一百九十一兩八錢零石門縣鹽課司額鹽一百七十三引一百六十觔

國朝竈丁五千七百二十丁年額產鹽七百五萬觔配銷嘉所正引二萬一千三百餘道票引四千餘道 吳志

舊聚團額 共二十一團竈一百九十八座 南四團 五竈 南四團 五竈 北四團 四竈 北四中坊團 八竈 北四中北團 四竈 北四北方團 九竈 五團 七竈 轉塘團 五竈 九里團 十五竈 六團 九竈 八團 二十一竈 一團 十三竈 東一團 三竈 西七團 十三竈 二團 十三竈 東七團 五竈 西九團 十五竈 東九團 十一竈 西十團 十三竈 東十團 五竈 三團 十五竈 兩浙鹽法志

新聚團額 共二十三團一百四十一竈 一團 十竈 東一團 四竈 二團 七竈 三團 四竈 五團 十竈 六團 八竈 大七團 四竈 小七團 四竈 八團 二十竈 東九團 六竈 西九團 八竈 東十團 二竈 西十團 六竈 九里團 十竈 轉塘團 二竈 南四長川壩團 八竈 南四鄧衙橋團 五竈 南四楊爺廟團 二竈 北四臺頭團 五竈 北四唐家舍團 二竈 北四藍田廟團 四竈 北四湯家舖團 四竈 南九團 五竈 兩浙鹽法志

季引煎舍 年額產鹽二百六十六萬五千四百四十四觔配銷季引一萬一千七百四十引六十四觔 續圖經 一年兩掣捆配嘉所批驗所與鮑郎場同其鹽出於一二六八

西七南四南九九里轉塘等團煎舍共八十三竈伊志

肩引煎舍　海鹽於萬歷十三年間始行肩挑因地近場竈私鹽熾盛一行票引使良民充販領引給籌赴竈支鹽銷賣於是民食官鹽其鹽出於南四北四五團煎舍共三十二竈南四團七竈五竈在鄧衙橋二竈在場四翁廟配賣通茶二鎭北四團十五竈五竈在南臺坊二竈在唐家舍四竈在藍田廟四竈在湯家舖五團十竈配賣在城沈蕩鎭徐家橋等處外有東十西十東九西九等團三十一竈界近平湖向配平邑肩引伊志

場地　本場辦課地畝雍正三年奉文丁歸地徵除原額復墾加陞地畝外所有丁銀均攤於闔場課蕩弓柴存

荒草蕩海灘并內地成熟各則稅蕩之上按畝計弓完納嗣後遇有新漲新墾地畝即與抵除丁課內場基一十畝八分三釐二絲係場署基址例不徵稅本場代納西路場坍課一百二十五兩零乾隆五年豁免本場課蕩二萬四千二百七十五畝六分八釐五毫七忽又海灘一萬三百九十四弓四寸內原額課蕩一萬七千一百五十二畝八分八釐六毫六絲弓柴及存荒草蕩七千一百二十二畝七分九釐八毫四絲七忽長海三千七百二十弓四寸短海六千六百七十四弓上中下各則稅蕩三萬九千六百九十八畝八分八毫四絲七忽內原額各則稅蕩三萬五千七百八十一畝三分八毫四絲七忽備荒稅蕩三千九百一十七畝五分續陞草蕩灰場及改建屋基墳山等地四千

一百三十二畝五分三釐二毫四絲一忽案前項續陞地畝即在原額草蕩灰場各地內開墾加陞　兩浙鹽法志

場課　額徵課稅銀二千三百二十五兩五錢一分六釐內正課銀二千二百二十七兩八錢八分一釐車珠銀三十七兩八錢七分四釐　備荒銀五十八兩七錢六分二釐車珠銀九錢九分九釐　兩浙鹽法志

鍋盤　一百四十一副每竈鐵盤一口鐵鍋二口　鹽法志

鹽觔　每滷一擔成鹽一十五觔淡者約一十三觔兩浙鹽法志　天下郡國利病書海鹽鹽課明初場有團又有竈丁丁給滷地草蕩及工本鈔煎辦商中買者輸芻粟於邊赴場支鹽掣賣成化中分引目之半爲折銀嘉靖中復改本色爲折色鹽銀半解京濟邊半給商自赴場買

鹽運掣盡變納支本色之舊歲課日絀率又從有司責辦鹽銀不盡出鹽場出民田包補十七八矣一日帶徵水鄉鹽折銀竈分濱海水鄉自正統中巡撫周公忱始時鈔法不行工本無出因分附場爲濱竈令煎辦遠場爲水鄉竈令代出工本米後不能辦則納折色鹽銀銀又不能辦則改水鄉竈盡歸民役民役銀歸民粮帶徵成化末都御史彭公韶議也是爲民代水鄉竈輸鹽銀之始一日重徵水鄉蕩價民蕩認納銀水鄉蕩業歸濱竈蕩價民粮帶徵矣後夏公百年而運司以歷欠商價多奏院檄下縣問故時水鄉蕩屬縣否屬縣則宜增稅縣未稔鹽往牒也謾以民蕩畝若干對因暨加稅若干一蕩價也民代輸者一民蕩代輸者又一萬歷三十九年事也邑人侍郎彭公嘗請之竟未豁今鹽利盡入縣官益無幾而滷地與蕩價竈丁佃之海上民坐享其入歲不下三四千金有司欲問之則詭以竈困聳上聽不察其實曲護之不知民爲竈困竈故未嘗困始乎調停卒乎偏瘠弊不可反鹽政之失實不能無追憾於作法者已　知縣樊維城鹽場議明初竈戶辦鹽官給滷地草蕩及工本鈔米以爲之資草蕩薪採有限全賴鈔米每引一石者足充牢盆費故所收鹽利爲最多後鈔法

壞工本無出竈丁從業者以滷地草蕩佃之人取息抵課而工家於水鄉稱水鄉竈其仍居海濱稱濱竈者僅餘三之一焉昔之名臣如周文襄者來巡海上亦姑隨順人情免水鄉之煎辦而令其代出鈔米以給濱竈迺米實難辦法終不行迨彭公韶巡視直憐其困弛之爲本民水鄉盡得落籍而應辦鹽觔則帶民粮徵銀解運司本縣田畝始有二千三十金之加民代水鄉竈受累此時水鄉所遺草蕩若即併歸濱竈猶可計草價以定鹽觔少損民田帶徵之數乃官與徵銀一千八十兩解運司代之遺集至前任夏始議併給濱竈一失之已晚顧又與之蕩而貰之草價反將此一千八十金者帶徵於民粮復以兩場爲患不均更包補鮑郎四百六十金以均之合前其三千五百餘金而此外徭銀抵課本縣及嘉平二縣代解者復有五百五十金之多重疊包賠不一而足於是兩場課銀盡皆民爲竈出穀土爲鹽田出海沙所辦者猶有千金餘鮑郎直三百五十金而已更以官吏工脚之俸粮工食縣司所設之鹽課給賞計之所費又七百餘金取以相當實入之利益復無幾竊謂國家鹽筴之失算無如此邑兩場甚也總之一鈔法不行本紬無以生息遂行權宜苟且之術貽累於民而無益於

國至此今欲脩復之亦求之國初給竈之舊而可矣夫國初所用給竈者非前所云工本鈔及滷地草蕩三者耶工本鈔不易復滷地草蕩自在即滷地時有坍漲蕩之無虧損有墾闢者又在今兩場竈丁所受草蕩每丁多者三十餘畝少者亦不下二十畝每畝佃客納草價五六分三與竈丁其耕熟者分爲上中下三則增派稅銀自三分至一分五釐解運司大約竈丁所得草價多者每歲一兩餘少者亦不下八九錢而滷地之佃與人者又可得銀二三錢不止至問竈丁所納於運司者每丁歲額實不過二錢有奇而已向惟責其煎辦每年每丁須納鹽三千六百觔值銀七八兩之多故給之草蕩給之工本米優厚如此今因工本米不給鹽課俱帶徵於民粮止責其納銀二三錢矣此即滷地之入足以辦之有何所困而必須優厚之也乃空擲此草蕩與之令歲享草價之厚入豈非當事者失於籌及相沿冒濫未裁乎抑鹺司積胥猾吏欲留此以取分於竈戶故相隱而不發至今平夫民爲竈困田粮爲鹽課出辦亡論矣蕩固國家地土也草價固國家土地所產也不辦鹽而收息有此理否即辦鹽而以一二兩之入輸一二錢之稅十而納一又有此理否民之田可令代徵竈之蕩胡不可加徵也竈之蕩可自佃之而收價蕩之價胡不可改之爲稅如民田一例徵之以補鹽課以減本縣帶徵之課也計兩場耕熟之蕩海沙可得三四萬畝鮑郎可得數千畝今分三則起稅解運司者不過千金若以民田稅銀額論之尚可畝加銀五六分當得銀三千也其未墾者畝可徵銀二三分兩場爲畝九萬餘又可得銀二千餘也今莫若盡以其蕩歸之有司將佃客姓名籍之於冊一如編審里長之法荒熟各自爲里畝多者爲役頭畝少者爲甲戶立限徵銀解之運司除抵海沙課銀一千有奇鮑郎課銀三百有奇外尚多三千餘金則以一千金抵本縣代納之蕩價以二千金抵本縣帶徵水鄉之鹽銀綽然有餘民可甦而國計可裕其兩場滷地向有一萬六千餘弓減佃價之半而徵之尚可得銀一千六百則或歸場官收解或歸有司照前法徵銀亦無不可總之今日海上煎丁俱非眞竈編排直撻徵銀自易正不必合多人豫於其間恣其中飽而無益於國也

蘆瀝場　宋元皆以蘆瀝場隸海鹽縣明初裁併獨山場洪武元年復置又設嘉興轉運分司於場內宣德五年

始以蘆瀝屬平湖南爲捍海塘竈聚於塘外宋置榷場於廣陳明改置蘆瀝故有運鹽河一十二里場署在新倉鎭團額一十三竈舍一百十七廒房三十二間運鹽出場分二所候掣由運河至徐家帶赴嘉所由廣陳至橫浦赴松所昔因場在蘆瀝浦故名今仍之兩浙鹽法志圖說案乾隆三十二年起蘆瀝場專配松所掣驗明竈丁原額大丁二千一百三十九戶小丁八千六百一十一戶歲辦鹽七千六十六引一百六十二觔二十四兩三錢內本色四千二百五十一引二百九十八觔二兩零該銀二千五百五十一兩四分零折色二千八百一十四引二百六十四觔零該銀一千六百八十八兩七錢九分零領團十二草蕩一千七十四頃四十五畝零

納蕩價一千五百一十九兩八錢九分零趙圖記 嘉興縣
蘆瀝場鹽課司額鹽七百四十九引三百六十觔五兩
秀水縣鹽課司額鹽三引一百二十一觔七兩平湖縣
歲辦額鹽一萬五千五百一十引五十九觔二兩五錢
石門縣鹽課司額鹽七十五引五十五觔
國朝蘆瀝場竈丁八千八百一十一丁年額產鹽二百五十
五萬九百觔配銷嘉松二所正引八千五百三道票引
一千七百八十道吳志
舊聚團額共十三團煎竈一百一十七座 山西團六竈 山東團八竈 中正團十四竈 江門團八竈 南正團十四竈 西下團十一竈 南備團十三竈

南二團七竈 中上團七竈 沮二團八竈 沮三團六竈 沮一團十竈 東正團五竈兩浙鹽法志
新聚團額共十三團一百五竈 山西團三竈 中正正備團七竈 南備正團十六竈 沮二備團六竈 東正團六竈 山東團五竈 南正團九竈 南備備團九竈 沮二正團八竈 江門團六竈 西下團十六竈 中上團六竈 沮一團八竈兩浙鹽法志
場地 本場自明萬歷年間竈戶逃亡殆盡丁課已歸蕩地徵課本場代納西路場銀二百六十一兩零乾隆五年豁免
本場上中下各則課蕩九萬四千三百六十畝四分九釐四毫五絲三忽內原額各則課蕩四萬五百七十六畝二分六釐四毫新耕課蕩四萬七千五百五十二畝六分九釐六毫續耕課蕩六千一百七十七畝五分三釐四毫五絲三忽 本場上中下各則稅蕩五千二百三十八畝五分一釐九絲三忽七微又各則海灘灰場四千八百七十八弓內丈報加陞新墾稅蕩五百八十四畝三分二釐四絲六忽七微備荒稅蕩四千六百五十四畝一分九釐四絲七忽丈陞海灘六弓新墾海灘六弓灰場九十九弓備荒海灘四千七百六十七弓兩浙鹽法志 案平湖王志查實課蕩九萬四千三百六畝四分九釐四毫五絲三忽稅蕩四千六百五十四畝一分九釐四絲七忽海灘四千七百六十七弓康熙六年爲清丈各省之地等事丈陞稅蕩二百二十一畝九釐五毫海灘六弓十六年爲特參隱漏沙場等事丈陞稅蕩七十五畝三分一釐五毫九絲十八年爲題明新陞蕩稅等事報陞新漲稅蕩一畝十九年爲恭報新陞蕩稅等事報陞新墾稅蕩三百三十六畝一分九釐五絲海灘六弓五十二年爲恭報各場蕩地等事報陞新墾稅蕩四畝七分一釐九毫六忽七微五十九年又報陞稅蕩五畝六十年又報陞新墾稅蕩

四十一畝六十一年又報陞海灘九十九弓乾隆五十年爲奏明事又陞周家堰稅蕩九畝四分四釐四毫計本場上中下各則稅蕩凡五千二百四十七畝九分五釐四毫九絲三忽七微海灘凡四千八百七十八弓
場課 額徵課稅銀五千六十五兩八錢三分二釐內正課銀四千六百七十三兩三錢一分六釐車珠銀七十九兩四錢四分七釐備荒銀三百七兩八錢三分六釐車珠銀五兩二錢三分三釐兩浙鹽法志
鍋盤 一百五副每竈鐵鍋二口兩浙鹽法志
鹽觔 每滷一擔成鹽二十五觔兩浙鹽法志 趙圖記場竈總論國初海沙場領團十三鮑郎場領團五蘆瀝場領團十二凡竈丁俱發團煎鬻正統中侍郎周忱始議分附場爲濱竈遠場爲水鄉竈濱竈鬻鹽水鄉竈出工本米後濱竈逋課累水鄉改議水鄉自納折色鹽銀設百夫長集收百夫長

往往過徵竈爲之困成化末都御史彭韶改議水鄉竈盡歸民役其折色銀歸糧耗帶徵濱竈丁缺補以曠丁不足補以水鄉初海沙有草蕩四百四十六頃六十九畝零鮑郎有草蕩八十二頃三十六畝零蘆瀝有草蕩一千七十四頃四十五畝零竈戶既給滷地復給草蕩煎鬻易辦自鄉竈歸民原撥草蕩乃立蕩戶歲徵其入曰蕩價海沙蕩價一千一十九兩六分零鮑郎蕩價六十八兩三分蘆瀝蕩價一千五百一十九兩八錢九分零各設收頭收之欺弊視百夫長尤甚嘉靖中有司改議蕩價併歸秋糧而水鄉蕩盡給濱竈然於竈雖優而民則病矣昔商人中鹽一引才輸邊粟二斗五升恒操其贏竈戶辦鹽一引給工本鈔一千五百文可易米一石故課易辦鹽有餘積民戶口得於運司支口食鹽自給有司因徵其入曰鹽糧自鈔法不行竈戶日以耗散商人每引增至銀二兩口食鹽亦不復給商民蓋交病之然鹽口之稅官吏每口一十二觔市民六觔每觔納鈔一貫鄉民二觔二兩五錢每觔納米四升三合二抄五撮鹽雖不給而原額固在有司因併其額入稅糧內帶徵食鹽廢而私鹽日熾矣有司知其原復其舊制草蕩以歸竈不以稅民鹽口以惠民不復併稅則私鹽息而商利倍邊儲尚亦有賴哉　大清一統志鹽場在海鹽縣海濱曰鮑郎曰海沙在平湖曰蘆瀝曰橫浦俱設團竈有鹽大使　案橫浦場屬婁東西路場屬海甯因掣驗俱抵嘉所並錄於左

橫浦場　明初置鹽課司於橫浦隸嘉興分司而鹽場則在松江府華亭縣之六保

本朝析華亭置婁縣故場屬於婁東配運掣驗由全公亭廣陳鎮至平湖抵嘉所　兩浙鹽法志圖說　竈丁四千七百七十七丁年額產鹽九十六萬觔配銷嘉松二所正引四千道蕩地灰場海灘共三萬九千八百四十一畝四分六釐一毫　場境婁縣界內課附平湖縣徵解　吳志　雍正七年題准橫浦場仍歸江南金山縣完課　浙江通志

西路場　明洪武初設於海甯縣東六十里之黃灣寺萬曆間移置新倉今仍之貯鹽倉有黃灣廟灣新倉舊倉四所運鹽赴嘉所掣驗有二道自包家山經黃道河至楡城黃廟二倉之鹽也自東方橋由黃道河至楡城新舊二倉之鹽也　兩浙鹽法志圖說　竈丁五千三百七十三丁年額產鹽一千七十萬三百二十五觔配銷嘉所正引四萬三千四百七十三道票引四千八十四道沙渟四千八百六十五丈八尺倉基地二十二畝六分報陞地二畝丁課銀八百二十九兩五錢五分二釐倉基陞地共銀三兩一錢八分八釐零每兩隨徵車珠銀一分七釐　場境海甯州界內課附杭州府海甯州督催徵解該場官及煎辦鹽觔配掣事宜俱屬嘉興府　吳志

掣摯

季掣　順治三年杭嘉紹松等所四季委官掣驗孟起季竣迨後巡鹽御史奉停巡方鹽皆運司親掣一季不能遍歷四所遂定爲一歲兩掣首掣以孟冬月爲期次掣以仲夏月爲期乾隆年間浙撫奏定每歲夏六月一掣冬十二月一掣以符一年兩掣之限按掣時商鹽泊運河橋下封柵候掣畢船鹽俱出虹涇橋堆貯新創鹽倉內四縣票引分別另貯候商領程開運經蘇湖二府盤驗　浙江通志

掴運　嘉所商鹽於西路鮑郎海沙蘆瀝橫浦等場掴運石門縣肩引於許村場支鹽海鹽縣肩引於海沙場支鹽平湖縣肩引於蘆瀝海沙二場支鹽嘉秀善桐四縣商銷票引通在嘉屬五場買補各縣肩引止許本縣城鄉市鎮肩挑貨賣越境者治罪至貧難軍民亦止許附近場分地方肩挑背負易米度日違者以私鹽論罪　兩浙鹽法志　案嘉所季掣商鹽無論正引票引新票並在西路黃灣鮑郎海沙四場買補其蘆瀝橫浦道路較遠掴運維艱於乾隆三十二年起概運松所掣驗

截驗　嘉所商鹽除臨安武康德清三縣定泒杭所外其餘浙西縣分不經杭關悉照杭所之例俱由蘇湖二府分別盤驗兩浙鹽法志　案嘉秀善桐吳震六縣俱由嘉分司盤驗

例限附　單引入場各案季掣引目先期編定鹽運司印給單引各商賫領下場買補單引入場鮑郎場海沙場蘆瀝場橫浦場西路場各限五日出場到所各商在場買補既足運鹽聽掣並以號票實塡出場之日爲始海沙場鮑郎場各限九日蘆瀝場橫浦場各限十一日西路場限四日到縣住賣商鹽運到住賣州縣俱以領帖出司日爲始扣算到縣告投引程之日爲止宜興荆溪丹陽金壇限三十二日武進陽湖無錫金匱長興廣德江陰限三十日丹徒限三十三日建平溧陽限三十七日長州元和吳縣吳江震澤烏程歸安安吉孝豐限二十三日嘉興秀水嘉善桐鄉限十四日兩浙鹽法志

食鹽戶口　嘉興縣食鹽課口四萬一千八百五十九口每口徵銀一分九釐八毫秀水縣食鹽課口一萬八千二百七十七口零每口徵銀一分八釐嘉善縣課口四萬二千八百五十九口零每口徵銀二分八釐零海鹽縣課口四萬九千五十丁口每口徵銀六分丄釐零平湖縣課口三萬八千三百一十六丁口每口徵銀六分四釐零石門縣課口六萬六千四百四十七丁口每口徵銀五分一釐零桐鄉縣課口四萬九千二百八十二丁口每口徵銀六分一釐零　案現惟嘉興秀水嘉善三縣有食鹽課口名目另額徵銀

巡鹽

府巡鹽　總巡聽稽巡府捕二十名每名七兩二錢二分該銀一百四十四兩

縣巡鹽　嘉興縣額設鹽捕一十四名每名七兩二錢七縣每名給數相同該銀一百兩八錢遇閏加銀八兩四錢秀水縣額設鹽捕一十四名添設館哨兵四名該工食銀一百二十九兩遇閏每名加銀六錢杉青王江兩巡司各額設弓兵一十三名每名三兩六錢每司該銀四十六兩八錢杉青閘王江涇兩巡檢司俱奉裁鹽務歸併秀捕官兼轄嘉善縣額設鹽捕一十四名每名七兩二錢遇閏加銀六錢海鹽縣額設鹽捕一十四名該工食銀一百兩八錢遇閏每名加銀六錢裁留澉浦海口兩巡司弓兵六十八名歸併海捕官兼轄每名三兩六錢該銀二百四十四兩八錢於康熙三十九年奉文移弓兵

平湖縣額設鹽捕一十四名八名駐大嵐山巡防該工食銀一百兩八錢遇閏每名加銀六錢乍浦巡司額設弓兵二十一名白沙灣巡司額設弓兵二十六名每名工食銀三兩六錢康熙三十九年奉文移白沙弓兵二名駐大嵐山巡防石門縣額設鹽捕一十四名杭協巡鹽捕十名烏青鎮哨兵四名每名七兩二錢該銀二百一兩六錢桐鄉縣額設鹽捕一十四名哨兵四名該工食銀一百二十九兩六錢遇閏每名加銀六錢青鎮巡司額設弓兵一十三名每名三兩六錢該銀四十六兩八錢案乾隆五十九年部議人鹽並獲者全行充賞獲鹽不獲人者將鹽貨一半賞給　兩浙鹽法志又案嘉郡緝私向設長安營委千總一員及嘉協營弁在於水陸要隘梭巡

自咸豐庚申匪擾後長安營尚未議復現在商捐巡費募用砲船巡船由官鹽局派弁管帶督緝私販海平肩鹽亦有商巡其船隻之多寡時爲損益並無定數

票運　浙地自遭匪擾竈戶凋零舊商星散同治三年閩浙總督兼署鹽政左宗棠奏准暫停部引試行票運無論舊商新商一經納課卽行給票認地行運設局督銷飭令嘉興批驗所大使移駐海鹽之榆城地方隨時掣驗凡嘉所場鹽定爲每票五十引每引三百七十五觔酌加滷耗嘉湖蘇地四十觔常鎮廣德六十觔每正鹽一觔徵課錢八文惟嘉秀善桐向配票引係屬輕則減爲每觔六文各以其半收作釐金與鹽課並充軍餉而引地之在江蘇者分爲江釐浙課票運引鹽歲無定額肩鹽以八百觔爲引徵收課釐錢一千六百文給單捆配按日挑銷新纂

綱運　同治九年浙江鹽政李瀚章以票商漫無稽考奏准仿照淮鹽章程招集認商辦理整綱嘉地每年額定綱鹽一萬四千引每引正襍課銀一兩二分湖州連廣德共三萬四千引每引一兩二錢二分按春秋兩季掣運十一年部議革除耗觔勻加額引嘉地加額一千六百八十引湖屬四千八十引案蘇松常鎮太五地於同治八年改復引商每年認運六萬六千引先課後鹽革除耗觔共完正襍課銀九萬五千六百八十六兩四錢九分零暫行試辦　新纂

嘉興府志卷二十七

嘉興府志卷二十八　嘉興府知府善化許瑤光重輯

郵傳

風俗通云漢改郵爲置而韻書有馬傳曰置步傳曰郵之說至置郵傳命已見孟子周官訓方匡人撢人儻亦郵之類與

國朝於提塘兵承送本章部咨之外特設驛遞以通中外緊急之文報又設舖兵以達郡縣之往來是驛速而舖緩驛銜而舖偏驛綱而舖紀也嘉興爲入浙門戶上通八閩而旁達江右陸有馬水有舟憩息有亭有館而禁革

廠夫與唐書劉晏裁汰捉驛之事同其利弊不可不知也志郵傳

西水驛　在府城西門外設有驛丞大清一統志案明析屬秀水袁志云皁成門外西麗坊元初置至正末燬於兵明洪武元年四月除授站提領爲驛丞浙江通志有廨舍船坊柳志站船一十七座趙圖記明末燬

國朝康熙十一年守道李顯榮檄知府王師夔重建顯榮書額馲征咨度袁志乾隆五十二年秀水縣知縣紀有堂建迎暉亭元沈鉉西驛停橈詩帆收麗橋邊暝色已帶浦臨波據胡牀且聽官船鼓明徐霖西水驛詩西水鳴笳集要津滿城飛蓋入青旻雲連遠嶂明雙鳥潦盡寒潭見數鱗幾處肩楨晴刈稻何人頭白晚垂綸流亾未復官租急慚愧中朝衣紫身吳興弼被召舟次秀水要津詩程程客路問前蹤又繫城頭橋李蓬懷古心期何處寫一江煙浪雨溟濛朝鮮使臣崔溥過秀州西水驛詩南北東西予豈匏中原風景肯虛抛岳王廟下雲煙合伍相祠前草木交一望青天涵水面五更明月掛松稍今朝又過嘉興府人自繁華竹自苞伊志咸豐十年燬同治八年建驛房七間

嘉禾遞運所　在西麗橋西百步許吳志云西水驛西南元嘉禾馬驛址至元志馬驛馬九十匹馬戶八百三十水驛船八十隻船戶七百六十明洪武初改建宣德中知府齊政重修趙圖記萬歷七年裁併西水驛浙江通志

額設驛皁二名共工食銀十二兩嘉興縣徵給案驛冊遇閏加銀西水驛人夫驛冊稱陸路夫一百四十四名共工食銀一千

三十六兩八錢遇閏加銀八十六兩四錢內嘉興縣徵給銀四百五十三兩六錢加閏銀三十七兩八錢秀水縣徵給銀三百二兩四錢加閏銀二十五兩二錢嘉善縣徵給銀二百五兩二錢加閏銀一十七兩一錢海鹽縣徵給銀七十五兩六錢加閏銀六兩三錢案驛冊每名日給銀二分嘉興縣均平縴夫二百九名共工食銀一千五百四兩八錢遇閏加銀一百二十五兩四錢

站馬一十匹馬夫五名共工料銀二百七十兩嘉興縣額征應差馬馬夫共銀三百八兩尚餘銀三十八兩內應撥給秀水縣馬不敷工料銀一十兩七錢五分五釐

二絲四忽三微一塵二渺三漠九埃六纖二沙撥給石門縣馬不敷工料銀二十七兩二錢四分四釐九毫七絲五忽六微八塵七渺六漠三纖八沙遇閏應加銀二十二兩五錢本縣止額加閏銀九兩計不敷閏月工料銀一十三兩五錢在於仁和縣馬餘閏銀內撥給銀七兩二錢錢塘縣馬餘閏銀內撥給銀六兩三錢案馬每匹日給草乾銀六分夫每名日給銀三分又嘉興縣原額應差馬十五匹夫十五名雍正四年撥馬五匹夫十名協濟石門縣賦役全書驛站下仍編舊額以上浙江通志

添設買補馬二匹價銀二十八兩差馬倒斃奉文議增十分之二內扣皮臟共銀一兩又馬稅每兩三分每匹四錢二分共銀八錢四分移交

錢塘縣投稅造報

添設馬匹棚廠槽鍘銀一十四兩二錢以上嘉興題銷冊

秀水縣均平絳夫二百二十名共工食銀一千五百八十四兩遇閏加銀一百三十二兩

站馬一十匹馬夫五名共該工料銀二百七十兩本縣止額工料銀二百五十九兩二錢四分四釐九毫七絲五忽六微八塵七渺六漠三纖八沙計不敷銀一十兩七錢五分五釐二絲四忽三微一塵二渺三漠九埃六纖二沙在於嘉興縣馬餘銀內照數撥給遇閏應加銀二十二兩五錢本縣止額加閏銀七兩五錢該不敷閏月料銀一十五兩在於仁和縣馬餘閏銀內撥給案秀水縣原額應差馬十五匹夫十五名雍正四年撥馬五匹夫十名協濟石門縣編額如舊

添設買補馬二匹價銀二十八兩餘與嘉興縣同

添設馬匹棚廠槽鍘銀一十四兩二錢以上秀水題銷冊

支應銀八百四十一兩九錢二分內嘉興縣徵給銀三百四十三兩九錢七分六釐一毫秀水縣徵給銀二百七十四兩五錢八分九釐二毫嘉善縣徵給銀九十五兩六錢二分七釐八毫九絲五忽海鹽縣徵給銀六十一兩四錢八分八釐九毫五忽平湖縣徵給銀六十六兩二錢三分七釐九毫

座站仙船一十二隻船頭水手六十一名共工食銀四百五十兩遇閏加銀三十七兩五錢內嘉興縣徵給銀三十五兩三錢七分五絲加閏銀二兩九錢四分七釐五毫秀水縣徵給銀六十四兩一錢一分九釐六毫五絲加閏銀五兩三錢四分三釐三毫四忽一微六塵六渺六漠六埃六纖六沙嘉善縣徵給銀二十五兩九錢二分二釐五毫五絲加閏銀二兩一錢六分二毫二絲八微三塵三渺三漠三埃三纖四沙海鹽縣徵給銀六十一兩七錢八分七釐七毫五絲加閏銀五兩一錢四分八釐九毫七絲五忽桐鄉縣徵給銀二百六十二兩

八錢加閏銀二十一兩九錢
修造船料銀六百八十六兩四錢一分九釐九毫九絲七忽內秀水縣徵給銀一百一十三兩五錢三分二釐九毫九絲七忽嘉善縣徵給銀二百八兩四錢四分三釐三毫海鹽縣徵給銀五十一兩三錢四釐五毫平湖縣徵給銀一百九十四兩七錢八釐八毫石門縣徵給銀四十五兩二錢五分四毫桐鄉縣徵給銀七十三兩一錢八分案座站仙船原額二十隻嘉興四秀善海平各三石桐各二康熙二十五年調省應差雍正四年裁減八隻改歸郵政衙門管理今燬出江家伙銀二百兩三錢八分四釐嘉善縣徵給以上浙江通志

清軍館　在府治東偏宋紹興間爲城隍廟至元遷招提寺曹刺史更爲公館明洪武初又更爲內館驛以延往來使客鄒志補宣德間更爲清軍館宏治十六年同知鄭循重葺通志案康熙五十七年同知移駐乍浦署址改爲嘉興協都司衙署

急遞總舖　在府治撫字坊下袁志又云宋置舖兵元制每十里或十五里二十里設急遞舖每舖置舖兵五人案中統元年隨處設傳遞舖明洪武間定制凡十里設一舖每舖設舖長一名舖兵要路十名僻路五名或四名以上伊志

嘉興縣

安遠驛　在望吳門外案明析屬秀水宋秀州守曾紆重修改名爲禾興驛宋嘉禾志今裁

東津亭　在荊塔坊東馬橋東水次東道駐節之所浙江通志案柳志有臨津亭今燬

縣前急遞舖案至元志嘉興縣急遞舖一十七處明析秀水嘉善後止設八處袁志列龍華舖地屬嘉興司兵工食由秀水給領今從賦役全書改正實止七舖詳下

常豐舖　在縣東一十里

圍港舖　在縣東北二十里以上袁志案柳志東塘四舖有龍華舖在縣東三十里今歸秀水魏塘舖在縣東四十里今嘉善縣治

十八里舖　在縣東南二十里

新豐舖　在縣東南四十里以上吳志案至元志東塘六舖內馬橋舖半墩舖下滙舖高橋舖相距各九里皆今縣東境詳嘉善

落絳舖　在縣南一十里

鍾塘舖　在縣南二十里案柳志趙圖記作中塘舖

馬涇舖　在縣南三十里以上袁志案至元志南塘三舖高家灣許婆涇濟川舖相距各十里南接海鹽縣莫涇舖今司兵三十六名賦役全書常豐落絳衝要二舖各八名工食銀一百一十五兩二錢每名七兩二錢加閏銀九兩六錢每名六錢圍港十八里馬涇新豐鍾塘偏僻五舖各四名工食銀一百二十兩每名銀六兩加閏銀一十兩每名五錢以上伊志

秀水縣

禾興館　在縣北拱辰門外舊安遠驛旁宋宣和間秀州守曾紆既改驛題館曰將歸取楚辭登山臨水送將歸

之義陸經爲記後改禾興館頗宏壯嘉興湯志 今廢

宋楊萬里秀州嘉興館拜賜春幡勝詩中使傳宣下紫宸簇頭濃染御香雲綵幡耐夏宜春字寶勝連環曲水紋癡似土牛鞭不動老登金馬愧無聞强簪華髮知難勝只有新詩頌萬分 國朝朱彝尊權歌父老不與舊館前香杭熟後話豐年樓頭沽酒樓外泊半是江淮販米船 凌大田詩禾興猶記古吳名北郭煙波入望青一自登臨多送遠那堪重到俯雕甍 伊志

北津亭 在望吳門外北麗橋水次北道官船駐節之所

舊有官廳側房袁志 今燬

府前鋪 在縣東二里

三塔鋪 在縣西八里

分鄉鋪 在縣西一十八里

趙牆鋪 在縣西二十七里 以上袁志 案至元志西塘五鋪通越門鋪趙家鋪深葉鋪馬涇鋪楊梗鋪相距各十里西接崇德縣官窰鋪

杉青鋪 在縣北八里

金橋鋪 在縣北一十八里

聞店鋪 在縣北二十七里 秀水李志 案至元志北塘三鋪施家舍鋪秋茂鋪北界首鋪相距各十里北接平江路吳江縣界遞鋪

龍華鋪 在縣東北三十里 秀水李志

今司兵四十八名賦役全書衡要入鋪各六名工食銀三百四十五兩六錢每名七兩二錢加閏銀二十八兩八錢每名六錢

嘉善縣

大勝津亭 在縣治東三里 柳志稱東接官亭 明天順四年建久圮

太平津亭 在縣治西二里 柳志稱西接官亭 明天順間建

國朝雍正六年知縣部熤重修 以上嘉善戈志

縣前總鋪 在縣治東二十步明宣德五年建

張涇滙鋪 在縣治東一十里 以上柳志 案至元志嘉興縣東塘六鋪內高橋鋪東九里接魏塘鋪又東一十二里接張涇滙鋪東九里接松江府風涇鋪今魏塘郎縣治風涇析隸嘉善

今司兵十名賦役全書偏僻二鋪縣前鋪七名張涇三名工食銀七十二兩每名七兩二錢加閏銀六兩每名六錢 以上伊志

海鹽縣

秦駐館 唐圖經云古有秦駐館去縣西半里久而傾圮

長慶間縣令李鍔於縣南立館仍是名五代時廢 宋武原志

唐張祜秦駐山南館詩故人營此地臺館尚依依黑夜山魈語黃昏海燕歸舊陰楊葉在殘雨槿花稀無復南宮賞高檐紅燭輝

望城館 宋武原志云禪悅院西偏有望城館建炎兵火

此館僅存紹興壬子歐陽延世撤廢樊圖經云禪悅院

今天甯寺也 浙江通志

秦溪館 在縣南十五里秦駐山下舊志云古津亭也宋

紹興元年縣令陳祖永修後縣令李直養立是名 海鹽圖經

海塘公館 在龍王廟右明萬歷中知縣饒廷錫建 袁志

望洋堂　在縣東門外濱海康熙二年遊擊陳一安建吳志

縣前急遞舖　在治西三十步趙圖記　案至元志急遞舖九莫涇舖南一十五里錢墊舖一十八里天仙舖一十二里至本縣瀕海又錢墊舖東南十五里接澉浦鎮路芶城舖再南接蔣墊舖相村舖孫老橋舖大橋舖石灰橋舖至澉浦鎮市各六里瀕海

朱公亭舖　在縣西十里

周墩舖　在縣西北二十里

黃泥舖　在縣西北三十里以上袁志　案海鹽圖經西塘三舖北接嘉興縣界馬涇舖

藍田舖　在縣南十里

常川舖　在縣南二十里

澉浦東門舖　在縣西南三十里以上海鹽圖經西南接海甯州界談山舖　案趙圖記是爲南海塘三舖伊志

九里亭舖　在縣北十里

麥莊涇舖　在縣北二十里以上海鹽仇志又十里接平湖縣界惹山舖　案趙圖記是爲北海塘二舖又海鹽圖經云南北海塘舖明洪武二十一年知縣郎時翔增置每舖建郵亭一正屋三左右廂各三圍牆門道俱備

今司兵三十二名賦役全書縣前舖七名朱公亭四名周墩黃泥各三名衝要四舖工食銀一百二十二兩四錢每名銀七兩二錢加閏銀一十兩二錢每名銀六錢藍田常川九里舖麥莊涇澉浦東門各三名偏僻五舖工食銀九十兩每名銀六兩加閏銀七兩五錢每名銀五錢

平湖縣

當湖公館　在治西三百步卽宋當湖務基浙江通志　明洪武間爲稅課局嘉靖間改建袁志

縣前急遞舖　在縣右二百餘步劉志

轉塘舖　在縣南十里

惹山舖　在縣東南二十七里

乍浦東門舖　在縣東南三十七里以上柳志

梁莊舖　在縣東南三十里袁志　案柳志有獨山舖無梁莊

今司兵一十七名賦役全書縣前衝要舖五名工食銀三十六兩每名銀七兩二錢加閏銀三兩每名銀六錢轉塘惹山乍浦東門梁莊偏僻四舖各三名工食銀七十二兩每名銀六兩加閏銀六兩每名銀五錢以上伊志

石門縣

皁林驛　在石門縣南門外舊屬桐鄉縣明嘉靖中徙此舊有驛丞大清一統志　案賦役全書驛丞於乾隆二十一年裁　巡按御史張景奏改以驛去府治不一站長安驛偏迂乃度中置於縣浙江通志　初建永安橋東後知縣喻沖徙今地舊額曰吳越名津崇德靳志

國朝康熙十九年同知季舜有攝縣事重新袁志　季舜有重建皁林驛記略嘉郡水陸通津北接三吳南達八閩行李之往來絡驛於道故驛站之設嚴於他方皁林驛者舊屬桐鄉之皁林鎭明嘉靖間巡方御史奏置石門縣仍其名堂樓廚監載在府志蓋郵傳之大者而廢且數十年矣予攝邑篆會有親藩旋師之役供億浩繁吏民震恐予爲區勉接濟師行而後卽安用得以其間經營土木計邑之

重役大務未有甚於驛者乃卜日量工舉而新之公帑既不得羨又以累民爲難稍捐己貲以集事經始於庚申二月閏三月而落成規模丹堊差擬於舊庶幾停橈駐節得無暴露風日之患以重吾吏民過也 明貝瓊皁林驛詩朝發白水村夕次皁林驛水腥無飲馬林黑有歸翮昔時兵交地白骨如山積萬竈今已夷風亭煥新飾居人尚星散父老悲故迹園關山月夜逐南征客 明程敏政過桐鄉晚宿皁林驛詩東風吹日半晴陰不覺船窗水氣侵三里人家春淡淡一江煙樹晚沉沉 任洛皁林古驛詩碧樹雲林隱驛樓新題舊詠姓名留停舟莫向斜陽裏楊柳煙蕪綰客愁 咸豐十年燬同治三年建驛房十七間光緒元年重修

石門驛 在石門鎮唐有驛故市名石門後裁併浙江通志 案石門耿志唐石門驛在縣北二十里即今玉溪鎮宋改爲行幄殿别於皁林鎮置驛今桐鄉縣轄明巡按御史張景奏改設驛於縣仍其名曰皁林當時桐鄉未分皁林亦隸於崇德是先有石門驛後改爲皁林驛非兩驛同時竝設而有裁併也春秋時吳越交爭壘石爲門以分界故謂之石門非因唐有驛故市名石門也 案至元志載官驛屬馬驛崇德縣馬四十匹馬戶三百八十二戶又崇德縣馬一十二匹馬戶一百一十四戶則元時崇德亦尚有二驛也而耿志云元有馬驛水驛似非有二馬驛也至元志馬數兩款不同者或前後有增減耳

額設驛皁二名工食銀一十一兩六錢六分二釐六毫石門縣徵給 案石門耿志驛皁一款於乾隆二十一年奉文減汰

皁林驛人夫南北遞報夫六十四名共工食銀四百六十一兩七錢三分三釐二毫八絲遇閏加銀三十九兩六錢石門縣徵給

石門縣均平縴夫五百九十四名共工食銀四千二百

九十兩八錢一分六釐遇閏加銀三百四十五兩六錢八分八釐一毫五絲一忽八微四塵六渺五漠四埃七纖八沙

站馬二十匹馬夫一十名共該工料銀五百四十兩本縣止額工料銀三百八十兩九錢四分三釐一毫二絲計不敷銀一百五十九兩五分六釐八毫八絲在於嘉興縣馬餘銀內撥給銀二十七兩二錢四分四釐九毫七絲五忽六微八塵七渺六漠三纖八沙仁和縣馬餘銀內撥給銀八十六兩四錢錢塘縣馬餘銀內撥給銀四十五兩四錢一分一釐九毫四忽三微一塵二渺三漠九埃六纖二沙遇閏應加銀四十五兩本縣止額加閏銀二十二兩六錢八分四釐七毫五忽計不敷閏月工料銀二十二兩三錢一分五釐二毫九絲五忽在於仁和縣徵給吳山驛餘閏銀內撥給銀八兩三錢六分六釐六毫六絲六忽六微六塵六渺六漠六埃六纖六沙海甯州徵給浙江驛馬餘閏銀內撥給銀八兩三錢六分六釐六毫六絲六忽六微六塵六渺六漠六埃六纖六沙仁和縣徵給縣馬餘閏銀內撥給銀二兩八錢五分尚不敷銀二兩七錢三分一釐九毫六絲一忽六微六塵六渺六漠六埃六纖八沙在於各縣扣存小建

銀內撥湊（案賦役全書原額馬十匹夫十名雍正四年奉撥嘉秀二邑馬各五匹夫各十名協濟見郵政冊若賦役全書仍編原額也　以上浙江通志）

添設買補馬四匹價銀五十六兩內扣皮贓共銀二兩

又馬稅（每匹四錢二分）共銀一兩六錢八分（案乾隆六年覆準浙江驛馬十分之內準報倒斃二分動價買補見大清會典則例）

添設馬匹棚廠槽鍘銀二十八兩四錢（石門題銷冊）

支應銀五百一十兩四分九釐六毫六絲內石門縣徵

給銀四百六十六兩四錢六分一釐一毫六絲桐鄉縣

徵給銀四十三兩五錢八分八釐五毫（通志）

語溪館　在縣治南宋建後廢（柳志　宋錢達善新建行衙記曰語溪拱天闕百里而近使星次舍無弭節所頗失事上之禮臺府幕屬臨溢寢餘託諸僧舍令佐解軀徯代則或儆或假尤弗稱也市南臨衞頻河官有敗屋數間上漏下溼欲壓令黃君相地之宜差二月乙亥之穀興工改棨爲行衙揖客有廳燕息有堂主廊翼室庖湢悉備對門越街簝以短亘又有登艦之亭尉張君思正顧董其事不踰月而落成迺俾巖穴士爲之記君辭弗獲因郎而問之吾邦則計數匱號難治去年夏君始來郎修學校興建課會尋訪故實彙次圖志宅如春風一樓欲仆久矣向者疾趨而過頣指而雄壯猶昔皆非空券可致今玆役作而民不知輪奐而邑壯觀其道果何以君笑日吾以家事爲之則易以傳舍觀之則沮夫一縣之歲計仰苗入月計惟推酤通積不支豈可但誘之民醵薄不售尤當反之於已戴星倉庾幾數月槩平而樂輸是知其良心固存也麴秫泉齊有攸司任事則弊革是以酒政之易舉也竭心思以杜姦委僚友以其濟上供俱辦課息微衍不蓄不獻隨事力而爲之耳愚也聞之釁然而起曰命之矣君名元直字致君會稽人尚書宣獻公之孫也平易近民庭無留訟囹圄久虛是皆可書者抑閭之宜獻公昔崒嘉興以最聞遂蹟顯仕甘棠蔽芾猶在蓋其家有縣

譜云湻祐十一年三月九日）

駐節廳　在布政分司右（浙江通志）隆慶末廢（石門鄺志）

戴星別署　在北門外甘露菴左（浙江通志）明萬歷庚戌知縣靳一派建（崇德靳志　陳禹謨戴星別署記略禦兒當水陸要衝事煩民瘠最難治而清漳靳侯獨易之蓋侯爲政得大體彈琴而理穆如也乃郵舍在城南皇華駐節歸然偉觀城北則委巷盡而四面平疇靡可蔽風雨邇年暫息甘露菴僑憇而已侯亦忘其櫛沐之疲顧念百廢具興之日獨斯體統猶復缺然稍集鍰鏹度地鳩工經紀別署邑之士若民德侯深憐侯行役最苦爭出力以赴之署前堂後寢各三楹棟宇整且栗落成歌在靈臺之首章又爲之額其上曰戴星夫古人鳴琴亦治戴星亦治侯以穆之之勤敏行蓋公之清淨禦兒之治固宜與單父後先爭烈）

皇華館　康熙二十年建（石門鄺志）

迎薰館　在大南門外即驛丞舊署改建爲使節往來駐泊之所（伊志　案石門耿志皇華館即迎薰館）

縣前急遞鋪　在治東十步（柳志　案宋語溪志有石門錢店皁林官窯上窯五鋪至元嘉禾志六鋪無上窯有皁羊縣北二鋪縣北鋪西接鹽官縣長安七里鎭鋪餘與宋志同今皆裁易惟皁林析屬桐鄉　伊志）

南津鋪　在縣南四里（案崇德靳志南至海甯縣界駱家鋪　伊志）

上莫鋪　在縣北六里（以上趙圖記）

邵涇鋪　在縣北一十六里（柳志至桐鄉　案崇德靳志北縣界西蔣鋪）

今司兵二十四名賦役全書衙要四鋪各六名工食銀一百七十二兩八錢每名銀七兩二錢加閏銀一十四兩四錢每名銀六錢（以上伊志）

桐鄉縣

皁林腰站　在巡檢署址西古有石門驛後廢因置皁林至元志屬水驛皁林驛船三十隻船戶三百戶明設驛丞公廨夫馬船隻上接西水驛下接長安驛詳上石門宣德中析屬桐鄉嘉靖十三年改置石門縣南門外仍名皁林驛

國朝康熙十三年復置腰站於舊驛設官馬三十匹夫二十名知縣徐秉元創馬廐廨宇二十年仍撤石門鄺志

縣前總舖　在縣治東三十步趙圖記

皁林舖　在驛西距縣前永新西蔣三舖各一十里柳志

永新舖　在縣南二十里永新鄉運河塘北案柳志東至秀水縣趙牆

舖一十里

西蔣舖　在縣西二十里保甯鄉以上袁志　案柳志西至石門縣邵涇舖一十里

烏鎮舖　在縣西北三十里案烏青鎮志司兵烏程桐鄉各一名伊志

今司兵二十一名縣前皁林西蔣永新衛要四舖工食銀一百三十三兩縣前舖五名每名銀五兩餘每名銀七兩二錢加閏銀一十一兩八分三釐三毫縣前舖每名銀四錢一分六釐六毫六絲六忽餘每名銀六錢烏鎮偏僻舖兵一名工食銀六兩加閏銀五錢伊志

現在西水皁林二驛暫雇代馬快船馳遞文報同治六年十月准兵部咨覆據浙江巡撫咨稱仁和錢塘石門嘉秀等縣共額設馬一百匹兵燹後驛馬搶失站船被燬嘉興一驛帶驛路坍塌籌修規復尚需時日各該縣驛或雇夫代馬或雇船代馬馳遞文報請將應支夫馬工料銀兩准其抵給雇價之需等語應令按年抵給如有不敷卽飭各該縣自行籌補不准例外增添並將代馬快船遞送文報夫役名數造具細冊送部核銷仍俟驛路修齊卽將前項馬匹派員赴部換票出口買補足額以實驛站而歸定制　案各縣額徵驛站錢糧俱詳田賦門

附禁革廠夫等弊各條

禮科給事中張惟赤疏爲謹陳廠夫橫行之害事浙按牟雲龍巡歷臣鄉出示爲嚴究窮兇大惡之廠夫等事本院微服鴛水細察民難獨有廠夫一項萬戶同聲怨嗟載道或濫派工食或酷勒對支或淩虐紳衿或把持官府或串蠹縱蠹或殺人陷人皆因黨翼繁多爪牙密佈結連衙役爲腹心拴合武劣爲指臂小民半言觸怒

立刻粉碎身家官長一事阻撓隨便匿名陷害以致道路側目上下寒心父被殺而子不敢伸冤妻被佔而夫不敢控訴嗟爾士民疾首痛心已十餘年于茲矣本院爲爾密訪得爲首作惡廠夫劉敬山等十餘人已經嚴拿解究外凡我百姓負屈含冤者俱據實指名赴道府告發解院以憑執法究擬等語臣昔日鄉居備知廠夫之害今按臣訪拿萬衆快心但恐此輩交通衙役打點術工萬一承問各官不能直窮到底日後仍留地方挾讐報復禍反不測伏乞

勅下按臣將示內所開惡跡嚴爲追究其所串何蠹所縱何蠹

聯結衙役是何姓名聞已經告發有人務盡根株毋使呑舟漏網至厰夫之設獨臣鄉有之竊見
國家設有驛站水路各驛額設夫役供應過往有勘合火牌船隻拉船來去獨臣鄉除驛夫之外濫設此項厰夫亦名長夫額外私派各里給發工食每圖索銀至三十六兩今雖經按臣准秀水縣申詳嚴行革除但臣聞此輩歛金圖復盖厰夫之設原係蠹役巧立名色科派鄉民設立以後相仍十餘年每年安享三十六兩之工食又皆無賴棍徒倚恃蠹役爲腹心作惡嚼民誠有如按臣示內所稱者嘉秀兩縣多至六百名私立項首每名値

銀二百兩今一旦革除則項首盡行落空此輩公同謀議擬每名出銀五十兩賄囑撫按上房書吏希圖復設夫有錢十萬可以通神誠恐此輩衆擎易舉歛銀至二三萬兩之多以此行賄鑽營何求不得臣按嘉秀二縣僱夫銀兩全書中額載四千五百兩零遇閏加銀三百一十兩今别設厰夫累及各里則此項銀兩縣官作何開銷請乞
勅部嚴行該撫按將此項銀兩悉歸本驛該縣按季給發不許釐毫扣剋夫每月銀數至于三百六十餘兩聽該驛僱募應役充然有餘又何必別立厰夫派累各里縻二千餘金之膏血增五六百名之虎狼流毒百姓無有底止更祈
嚴綸申飭永不許議復庶臣鄉除一大害矣抑臣郡如此安知他郡他省無私立别項名號作惡害民者併乞
勅部通行各撫按留心細訪有則一例革除將見歌舞更生者當不獨臣郡已也伏候
睿鑒施行順治十六年七月二十九日題八月初八日奉
旨該部察議具奏
兵部覆題爲謹陳厰夫横行之害事車駕司案呈禮科張惟赤題前事奉

旨該部察議具奏欽此該臣等看得驛站夫役自有額設工食銀兩私派累民屢經
嚴飭今據科臣張惟赤疏稱嘉秀二縣除驛站夫之外濫設厰夫巧立名色科派鄉民爲害不一等語查私派厰夫作惡害民相應請
勅該撫按嚴查蠹役科派情弊併厰夫害民實跡按法從重究治凡所屬見有厰夫盡行禁革止用額設驛夫不許復設厰夫名色以除民害併通行各省撫按一體查禁可也奉
旨是依議嚴行順治十七年科臣薛鼎臣疏詳田賦

巡按浙江監察御史楊　爲查究事案查嘉秀里民陳
情等條陳利弊一事本院　念屬公呈事關興革批行該
府督同二縣傳集各里長從公酌議務協輿情以便地
方未嘗允與施行亦未見該府回報今訪聞嘉秀二邑
大張告示妄議立法給帖各項每畝年輸銀四分明屬
加派何物奸宄敢于聚衆横行其中必有積蠹巨憝合
謀把持希圖網利紳士有持正議輒以兇狠相加是眞
目無三尺矣除經密拿嚴究外合再申飭爲此示仰官
吏軍民人等知悉廠夫一項見奉　明旨究革至
于一切雜役加徵屢經當道條議盡行永禁敢有官役
妄思正賦之外巧立名色擅取分毫不拘何項人等赴
院呈告訪查得實官以違　旨飛參奸蠹立拿處
死決不輕貸特示

巡按浙江監察御史楊　爲嚴飭革廠歸驛以遵
明旨以除民害事照得嘉禾廠蠹之弊窮兇極惡前
院禁飭言之已悉迨後科疏部覆奉有　嚴綸凡
所屬現在廠夫盡行禁革止用額設驛夫不許復立廠
夫名色以除民害并通行各省一體查禁在案本院嚴
飭已久不謂奉行者竟不凜遵違蔑如故今訪得留縣
錢糧尚未歸驛經承抗捺仍給廠夫加派之害滕蔽未

除敢于違　旨藐憲奸蠹若此眞所謂膽可包天
者矣除一面密訪拿究外合行嚴飭爲此示仰官吏百
姓人等知悉廠夫名色奉　旨禁革凡勘合火牌
應付盡歸驛中承値全書額載募夫協濟銀兩儘足支
應敢有陽奉陰違仍前派索里民及廠夫對支逼取等
弊有一于此許被害人等指名赴院首告官以違
旨參拿役則遵例究贓處以必死民生利害所關本
院執持三尺以待愼勿泛視輕以身命自投法網特示

案順治間嘉秀二縣除驛站夫之外濫設廠夫秀水縣
前東西各造廠房名曰東廠西廠亦名長夫皆無賴棍
徒倚恃蠹役爲腹心額外私派各里給發工食爲害不
一經給事中張惟赤奏陳嚴禁後有嘉興縣胥串通縣
丞王典勒令每圖備夫一名以供走差名曰備夫郎廠
夫之別名並浙省屬縣勒令每圖報充應捕工食衣甲
一如鄉兵鎗手皆係巧立名色復經科臣薛鼎臣具奏
派索里民及對支逼取等弊盡行革除于是秀水縣之
兩廠房
始燬矣

嘉興府志卷二十九

嘉興府知府善化許瑶光重輯

水利

利莫大於農桑而山農之利不敵澤農者農之利莫美
於稻而稻於水宜也浙江杭湖甯紹及吾禾皆澤國然
四郡猶山與水分半禾郡則七邑皆水食水之利溥則
講水之利不可不詳源發于杭支衍于湖委出于蘇松
二郡此地利之不易者至濬之使暢浚之使深使廣堰
之閘之使蓄使緩圩之塘之使捍使分前哲貽我謀後
人宜知其故也志水利

案嘉郡水道源於武林漢書地理志武林山武林水所
出是也浙江通志云武林諸山水豬爲西湖湖水北流
合外沙河東過永昌壩合菜市門河西至會安壩合艮
山門河轉德勝橋武林門內大河自吳山水驛過淸湖
上中下三閘與之會分爲二一爲上塘河東過臨平山
北至長安壩一爲下塘河過北新橋北流爲運河歷謝
村塘棲穿石門城左受語兒桐樹十八涇右受柿林羔
羊十三涇之水逕石門塘東折彎環如帶曰玉灣也入
桐鄉界南受車口陸墅北受車溪爛溪龍翔灣諸水東
流逕皁林入秀水境逾白龍潭東流瀦爲鴛鴦湖一名
南湖其東南爲澁湖一名馬場湖長水海鹽二塘水之
所匯也長水塘自長安壩東流爲二十五里塘河過海
寗縣又東流入袁花塘妙果山之尾合姚塘茶湖麻涇
彭墩滓江塘諸水入洛塘河北經紫微山審山間爲硤
石河東經練浦海鹽塘亦合海寗諸水北經横塘俱匯
於澁湖東流經雙溪橋又東出會龍橋分二支一由漢
塘至平湖一由魏塘至嘉善其由澁湖入澄海門由灃
河入通越門者出望吳春波二門俱東趨會龍橋又一
支繞城北流過西麗北麗爲相家湖又東北爲麟溪亦
入嘉善境其由漢塘東流者合胥江附涇諸水匯爲當

湖海鹽鷗鷺上谷黃道諸湖之水合流而北過柳莊獨山乍浦諸塘之水入之東北流由三泖入黃浦自魏塘東流者一為華亭塘東為張涇匯為楓涇之白牛塘合祥符蕩蘗蕩之水會章練塘東入泖一為冬瓜湖塘北流入夏墓蕩又北入汾湖又北入澱山湖東至黃浦入海其天目派自湖州來者入運河東流為官塘河經昇山塘合烏鎮水入新城塘過石臼漾合穆溪水入嘉興之漕河此嘉郡水道之源委也

歷代建言水利大略

宋

景祐初范仲淹守蘇議導諸邑之水上書宰臣呂夷簡其略曰吳中之田非水不殖減之使淺則可播種非必決而涸之然後為功也昨開五湖洩去橫水今歲平和秋望七八積而未去猶有二三未能播種如總數道而開

之災必大減蘇秀有秋之半利已大矣但今之世有所興作橫議先至非朝廷主之守土之人恐無建事之意矣蘇湖常秀膏腴千里國之倉庾也浙漕之任數郡之守宜擇精心盡力之吏不可以尋常資格而授恐功利不至重為朝廷之憂且失東南之利也

熙寧初廣東安撫機宜崑山郟亶上言蘇州水利亶歿其子將仕郎僑又上書大略言浙西田昔有營田司自唐至錢氏時其來源去委悉有隄防堰閘之制旁分其支脈之流不使溢聚以為腹內畎畝之患是以錢氏百年間歲多豐稔惟長興中一遭水耳暨納土之後至於今日其患方劇蓋由端拱中轉運使喬惟岳不究堤岸堰閘之制與夫溝洫畎澮之利姑務便於轉運舟楫一切毀之初者故道猶存尚可尋繹今則去古既久莫知其利營田之局又謂閒局冗員既已罷廢則隄防之法疏決之理無以考據水害無已至乾興天禧之間朝廷轉遣使者興脩水利遠來之人不識三吳地勢高下與夫水源來歷及前人營田之利皆失舊聞受命而來恥於空還不過遽採愚農道路之言以為得計但以目前之見為長久之策指常熟崑山枕江之地為可導諸港而決之江開福山茜涇等十餘浦殊不知古人建立隄堰

所以防太湖泛濫渰沒腹內良田今若就東北諸港決水入江是導湖水經由腹內之田瀰漫盈溢然後入海所以浩渺之勢常逆行而瀦於蘇之長洲常熟崑山常之宜興武進湖之烏程歸安秀之華亭嘉禾民田悉已被害然後方及東海又以水勢之方出於港浦復為潮勢抑回所以皆聚於太湖四郡之境當歲歲積水而上源不絕瀰漫不可治也此足以驗開東北諸港為謬論矣（案此書載范成大吳郡志其意專重堰閘轉以開東諸港為謬實非通論因郟氏父子以水利著名故錄而辨之）

紹興五年二月寶文閣待制李光言明越之境皆有陂湖

大抵湖高于田田又高于江海旱則放湖水漑田潦則決田水入海故不爲災慶歷嘉祐間始有盜湖爲田者三司使切責漕臣甚嚴政和以來創爲應奉始廢湖爲田自是兩州之民歲被水患壬子歲嘗取會稽餘姚上虞兩邑利害自廢湖以來每縣所得租課不過數千斛而所失民田常賦動以萬計遂先罷兩邑湖田其會稽之鑑湖鄞之廣德湖蕭山之湘湖等處尚多望詔漕臣訪問應明越湖田盡行廢罷其江東西圩田蘇秀圍田併徧下諸路監司守令條上詔諸路漕臣躬親相度以聞

乾道六年三月監進奏院李結獻治田三議曰務本曰協力曰因時大略謂浙西低田恃隄爲固若隄岸高厚則水不能入乞于蘇湖常秀諸州水田塘浦要處官以錢米貸田主乘此農隙作堰增令高闊則隄成而水不爲患方此饑饉俾食其力因其所利而利之秋冬旱涸涇浜斷流車畎修築尤爲省力詔令胡堅常相度以聞其後戶部以三議切當但工力浩瀚欲曉有田之家各依鄉例出錢米與租佃之人更相修築庶官無所費民不告勞從之

淳熙二年監察御史傅淇奏近臣僚奏陳圍田湮塞水道之害陛下復令監司守令禁止圍裹此乃拔本塞源之要術然豪右之家未有無所憑依而肆意築圍者聞浙西諸縣江湖草蕩計畝納錢利其所入給據付與望條約諸縣無得給據上曰此乃侵占之田今絕其源後去無復此患可令漕司常平司察之

元

大德時臣僚奏太湖澱山湖昨嘗奏過先帝差撥民夫三十萬疏掘已畢今諸河日受兩潮漸至沙漲若不依舊宋例令軍屯守必致坐隳成功澱山湖圍田賦糧二萬石就以募民夫四千與同屯守立都水防田使司職掌收捕盜賊修治河渠圍田有旨從之

周文英三吳水利書略曰蘇湖常秀土田高下不等以十分爲率低田七分高田三分所謂天下之利莫大于水田水田之美無過于浙右五代末吳越錢王獨居東南專享此利宋范文正公嘗論于朝曰江南圍田每一圍方數十里中有河渠外有門閘旱則開閘引江水之利澇則閉閘拒江水之害旱澇不及爲農美利嘗詢訪高年云曩時兩浙未納土時蘇州有營田軍四部又有撩淺夫專爲田事導河築隄以減水患文英嘗經行太倉劉家港及吳淞江之左右隨流尋源劉家港之南有一

港名南石橋港近年天然深闊直通劉家港西南通橫塘以至夏駕浦入吳淞江其中間有迂迴窄狹處若使疏浚深闊則太湖洩水一大路也某今棄吳淞江而勿論專意于劉家港卽古婁江三江之一也水深港闊此三吳東北洩水之尾閭斯所謂順天之時隨地之宜也惟開浚之法照依撿糧賑濟例優以官祿宜定品級考其成功優以一官激功勉勵庶幾成此美績則可弭浙西數郡久遠之災甯不偉歟

任都水水利議議者曰錢氏有國百餘年止長興間一次水災宋南渡百五十餘年止景定間一次水災今或一

二年三四年水災頻仍其故何也答曰錢氏及宋南渡全藉蘇湖常秀數郡所產以爲國計常時盡心經理高田低田各有制水之法其間水利當興水害當除合役軍民不問繁難合用錢糧不吝浩大必然爲之又使名卿重臣專董其事豪富上戶簧言不能亂其耳珍貨不能動其心又復七里爲一縱浦十里爲一橫浦田連阡陌位位相接悉爲膏腴之產以故二三百年之間水災罕見國朝四海一統又居位者未知風土所宜視浙西水利與諸處無異任地之高下任時之水旱所以三二年間水旱頻仍也議者曰水旱天時非人力所可勝自來討究浙西治水之法終無寸成答曰浙西水利明白易曉何謂無成大抵治水之法有三浚河港必深闊築圍岸必高厚置閘竇必多廣設遇水旱就三者而乘除之自然不能爲害倘人力不盡而一切歸數于天甯有豐年耶東坡亦言浙西水旱乃人事不修之積正此謂也昔范文正公親開海浦議者沮之公力排浮議疏濬積潦數年大稔民受其賜載之方冊昭然可考謂之無成可乎議者曰河港圍岸閘竇三者俱備則水旱可無民食可足誠爲久遠之計朝廷何爲而廢之答曰范文正公宋之名臣盡心于水利嘗謂修圍開河置閘三者

備矣水旱豈足憂哉國家收附江南三十餘年浙西河港圍岸閘竇無官整治遂致廢壞一遇水旱年年荒蕪深可痛惜今朝廷廢而不治者蓋寡夫供役取辦于富戶部夫督役責成于有司二者皆非其所樂所以猾吏豪民搆煽必欲阻壞而後已朝廷未見日後之利但厭目前之擾是以成事則難壞事則易東坡亦云官吏憚其經營百姓畏其出力所以累行而終輟不能成久遠之利也

明

永樂元年八月以蘇松水患爲憂遣僉都御史俞士吉齎

水利集賜夏原吉使講究拯治之法至是原吉上奏曰浙西諸郡蘇松最居下流嘉湖常三郡土田下者少高者多環以太湖亘五百餘里納杭湖宣歙諸州之水散注澱山等湖以入三泖頃爲浦港湮塞匯流漲溢傷害苗稼拯治之法要在濬滌吳淞諸浦港洩其壅遏以入于海案吳淞江舊袤二百餘里廣百五十丈西接太湖東通大海前代屢疏導之然當潮汐之衝沙泥淤積屢濬屢塞不能經久自吳江長橋至夏駕浦約百二十餘里雖云疏通實多淺窄自夏駕浦抵上海縣南蹌浦口可百三十餘里沙草壅障已至平陸工費浩大難以成

功臣等相視得嘉定之劉家港即古婁江常熟之白茅港皆係大川水流峻急宜濬吳淞江南北兩岸安亭等浦港以引太湖諸水入劉家白茅二港使直注江海又淞江之大黃浦乃通吳淞要衝今下流壅塞難疏旁有范家浜至南蹌浦口可徑達海宜濬令深闊上接大黃浦以達泖湖之水此卽禹貢三江入海之蹟俟既開通相度地勢各置石閘以時啟閉每歲水涸之時修築圩岸以禦暴流如此則事功有成于民爲便上從其言命集民丁開濬

宣德七年九月蘇州府知府况鍾上言蘇松嘉湖之地其湖有六曰太湖曰龎山湖曰陽城湖曰昆承湖曰沙湖曰尙湖聯屬廣袤凡三千餘里其水東南出嘉定吳淞江東出崑山劉家港東北出常熟白茅港永樂初朝廷命尙書夏原吉疏濬水不爲患年久淤塞一遇久雨遂成巨浸田皆沒溺乞仍遣大臣督各官于農隙時發民疏濬一方永賴上命周忱與鍾計功力多寡難易以聞

正統五年正月令天下有司秋成時修築疏濬陂塘以便農作具數繳報俟考滿以憑黜陟是年巡按直隸監察御史蕭啟言蘇松嘉湖常五府賦稅太多而湖隄漸壞恐傷民田且往來舟楫不便請令巡按御史及按察司

罰五府囚徒輸作者送巡撫侍郎周忱處遣官督之修隄隄完令長橋平望二巡檢司巡邏庶東南無逋租上可其奏

正統十四年巡撫牟俸言直隸蘇松與浙西各府頻年旱澇緣周環太湖乃東南最窪地而蘇松尤最下之衢故每逢積雨衆水奔潰湖泖漲漫淹沒無際案太湖卽古震澤上納嘉湖宣歙諸州之水下通婁東吳淞三江之流東江今不復見婁淞入海故跡具存其地勢與常熟福山白茅二塘俱能導太湖入江海使民無墊溺而土可耕種歷代開濬具有成法本朝亦常命官修治不得

其要而濱湖豪家盡將淤灘栽蒔爲利治水官不悉利害率於泄處置石梁壅土爲道或慮盜船往來則釘木爲栅以致水道堙塞公私交病請擇大臣深知水利者專理之設提督水利分司一員隨時修理則水勢疏通東南厚利也帝卽令倖兼領水利聽所濬築功成乃專設分司

宏治五年七月南京戸科給事中楊廉等以災異言近年兩浙三吳水災相仍穀米踊貴說者謂蘇松嘉三府財賦所出當天下之半而其地極下禹貢所謂震澤者在今蘇之吳縣其水由吳淞江入海元時亦嘗疏濬民受

其利今淤塞不通豪右復築之稼穡其上遇雨水稍多則無所泄泛濫數郡良田無秋民非不欲疏濬也制于豪右卒不能成乞敕相度震澤入海之處設法疏濬仍令各處導渠修堰以備旱澇下所司知之

宏治十六年六月刑部主事劉喬言蘇州嘉興等府縣各設水利等官騷擾地方漁獵編戸乞量爲裁革府責同知縣責典史帶管直隸則管河郎中浙江則水利僉事巡視董治之下其奏于所司

嘉靖十年五月行人朱隆禧以齎詔南直隸各府還上所過利病四事一重水利謂蘇松嘉湖各有治農官然而溝洫淤涸圩堤圮散惰農蕪業所在而是則官不循行之故也宜敕令農隙之時循行阡陌勸課農桑修濬溝洫隄堰務使旱澇有備從之

嘉靖四十二年給事中張憲臣言蘇松常嘉湖五府水患疊見請濬支河通潮水築圩岸禦湍流其白茆港劉家港七浦楊林及凡河渠河蕩壅淤沮洳者悉宜疏導帝以江南久苦倭患民不宜重勞令酌濬支河而已

隆慶三年九月浙江撫臣谷中虛言浙江與蘇松之水其源皆出天目諸山本自聯絡今巡鹽御史兼理蘇松水利而不及浙江浙江水利僉事能行于浙江而不能行

于直隸非專官督理難責成功宜敕巡鹽御史兼理浙直水利在浙江督水利道在直隸督兵備道各隨宜修濬以防水潦之虞工部請從其議報可

萬歷四年巡撫宋儀望言三吳水勢杭嘉湖常鎭繞四隅蘇州居中松江爲諸水所受最居下乞專設水利僉事以裨國計部議遣御史董之

萬歷六年巡撫胡執禮請先濬吳淞江長橋黃浦先是御史林應訓言蘇松水利在開吳淞江中叚以通入海之勢又言宜開罷山湖口由長橋抵吳家港則湖有所洩江有所歸又言松大黃浦西南受杭嘉之水西北受澱

泖諸蕩之水總會於浦而秀州塘山涇港諸處實黃浦來源也澱山湖入黃浦道漸多淤淺宜爲疏瀹而自黃浦横潦洙涇經秀州塘入南泖至山涇港等處百四十餘丈待濬尤急八年又言蘇松諸郡幹河支港凡數百大則洩水入海次則通湖達江小則引流灌田今吳淞江白泖塘秀州塘蒲匯塘孟瀆河舜河青暘港俱已告成支河數百宜盡開濬

萬歷三十七八年間霪雨浸溢水患日熾越數年給事中歸子顧言宋時吳淞江闊九里元末淤塞正統間周忱立表江心疏而濬之崔恭徐貫李統嗣海瑞相繼濬者凡五迄今四十餘年廢而不講宜使江闊水駛塘浦支

河分流四達疏入留中

國朝

康熙十年五月秀水縣知縣李見龍條議看得秀水一邑澤國也水之來也有三吳江以太湖之水北至歸安以苕霅之水西至仁和德清海寧以天目之水南至其去也則一沿城而東經善平二邑入泖以入于海此其大較也無高山之限而有巨壑之通城北官塘中挽道正當西來諸水衝嚙之處立橋爲門自王江涇起有聞店橋六里橋金橋百步橋至城西偏爲柵堰橋皆所以洩水使出也官塘上下每區有圩每圩有港皆從東出諸爲大洋受水之歸而水傍田畝各築圩岸旱則車水使入潦則車水使出蓄洩以時人工丕作以是禾中最窪下之田畝收數鍾稱爲沃壤禹貢揚州所謂厥田惟下下厥貢下上上錯也鼎革之餘盜艘充斥前奉趙督臺檄塞各路港門而六里橋金橋大兵經臨帮闊隄道五馬並行橋因之塞嗣後水行既駛墓脈復傷地絶民貧風景蕭索矣庚戌夏洪水突來無路放洩瀰漫數旬禾黍盡淹此災百年僅見固天時弗若亦人事之不修築港塞橋爲弭盜計而合之河渠水利諸書竟有大謬不然者禹之行水行所無事蓋導之使行非遏之使不行

也今蒙憲行查議水利蓄洩之法相度地勢莫如疏通各水港使水之來也有門去也有路不致以障川爲潰川之舉實爲今日第一義或盜氛叵測則用水椿蓋以大石通水而不通舟亦可無慮也惟入海之地爲江南松屬所轄仰望憲咨移文俾彼處自行料理非卑職所能越俎而代庖者也

王庭曰禾地平衍水患之須隄堰者尚少所患乃在淤塞如城鎮則以民居旁填土而河日窄鄉村則以民田地旁填土而河亦日窄當事務爲姑息每議開河只言開

深不言開闊城中如此鎮與鄉更無有言及者矣是大可慮也袁志

曹溶曰禾中水法自兩天目來舊從東北流去經平湖嘉善入海乍下杉青閘入太湖至近歲北鄉居民因盜艘出沒將閘外南塘諸流築壩斷塞致水變爲南流阻絶西來生旺反令墓水到堂三十年來戶口蕭條皆由於此莫若將北門外塘灣起至平望五十里凡南塘土堰盡行挑去改用木柵既使水勢通流順趨入海又無盜艘出沒之患此郡復古第一急務也袁志

知縣何鋕曰嘉邑四境地勢北低南高溪流北駛南瀦自

分縣後盡屬高鄉較秀水旱多澇少一遇熯乾之歲水車或二三接始得溉田者若圩大浜淺車戽莫施則坐而待槁宜令南鄉各圩塘長務將近境河港浜漊歲加深濬庶使灌溉不竭茲邑無事隄堰政宜濬河此爲先務之急嘉興何志

縣北境大率水鄉皆通潮汐獨南境傍海一帶東起獨山西至雅山港汊絶少淤澱過甚一遇旱暵束手無策宜倣海寧備塘河一體開鑿則斥鹵之地可冀有秋利不僅在百年已平湖高志

伊志案以上五條其論皆深切著明實可施行者故附錄於建言各則之後

嘉郡水利僅海鹽塘之秦溪白洋河烏坵招寶塘水源於縣境東南諸山而郡之源遠流長亦不繫此其餘俱來自杭郡平衍縈紆無澎湃奔騰之勢且運河水有下游之吳江可洩長水塘及海鹽塘分注於漢魏二塘天目派之由石門秀水者均歸運河平湖係專洩海鹽兼通嘉興水道者也嘉善係統洩嘉興海鹽秀水平湖水道者也均由泖湖歸黃浦潦之爲患宜于湖郡有差然久雨霪霖上游盛漲滔滔而來以此爲壑計郡水之由秀水出平望者十之四由善平二邑歸泖湖者十之六今淞婁二江淤塞不通在江省尙難宣洩故秀邑之水無

所歸輸黃浦之流甚暢似於善平出泖爲宜然淞婁二江淺狹不能受水蘇松積潦并太湖洪流皆匯而橫趨澱泖惟黃浦是爭故浙西水口先爲江境所佔黃浦雖深通豈勝兩省下游同時並納將彼此抵觸不克暢流爲害一耳在平湖地阜且非水道之衝尙無水患嘉善地本低窪又爲衆水所注宜其爲巨浸矣秀邑之水不能瀉而石門桐鄉亦災害善邑之水不能瀉而嘉興海鹽亦災害卽一郡論之則以吳江與三泖爲歸墟合全局論之則以淞婁黃浦爲歸墟莫若浚通淞婁使太湖與蘇松水歸故道則運河可以順軌而黃浦惟承澱泖

之水以歸海則善平二邑出泖益無阻塞之虞治則均利是與江省相為表裏者也若嘉屬秀水之東北境嘉善之四境塘塍抵挫單薄者宜分別官民一律修築平湖之新埭新倉嘉善之楓涇一帶為泖口要隘有間段淺窄者宜相度高下以深廣之並撤除壩堰魚斷俾水勢急溜以刷渾潮之積淤斯潦可以防海鹽之東南地勢最高水易就下如永安湖澉城濠白洋河之淤澱者宜挑復之各邑浜港之溉流者宜勸農民以時疏掘為豬蓄計斯旱可以備是又嘉郡之當自為謀者也勤民者可不加軫念與見王鳳生浙西水利備考

歷代開濬大略

宋

元嘉二十二年揚州刺史始興王濬以松江滬瀆壅噎不利欲從武康紵溪直出海口穿渠港舊志作浛今更正功竟不立嘉興湯志 伊志案嘉善縣志云宋元嘉中西從武康紵溪導水東至黃浦即今華亭塘其說未知何據姑存之

隋

嘉興縣運河在縣西南通崇德縣北接吳江界隋大業六年敕開江南河自京口至餘杭八百里面闊一十餘丈擬通龍舟白樂天詩云平河七百里沃壤兩三州謂此水也至元志 案析縣後運河屬石門桐鄉秀水三縣境

唐

元和五年王仲舒治蘇隄松江為路即今石塘嘉興湯志

吳越

天寶八年置都水營田使募卒為撩淺軍亦謂之撩清於太湖旁置撩清卒四部凡七八千人治湖築隄一路入吳淞江一路自急水港下澱山湖入海居民遇旱則運水種田澇則引水出田十國春秋

宋

乾興元年詔蘇湖秀州積水害稼其發鄰郡兵疏導壅閼

仍令發運使董之遣尚書職方員外郎楊及往蘇湖秀州催督

嘉祐五年轉運使王純臣建議請令蘇湖常秀修作田塍位位相接以禦風濤令縣官教誘殖利之戶自作塍岸定其勸課為殿最當時推行之以上嘉興湯志

中書檢正沈括言浙西涇浜淺涸當濬浙東隄防川瀆堙沒當修請下司農貸緡募役從之仍命括相度兩浙水利

元符三年二月詔蘇湖秀州凡開治運河港浦溝瀆隄岸開置斗門水堰等許役開江兵卒

崇寧元年十二月置提舉淮浙澳牐司官一員凡常潤杭秀揚州新舊等牐通治之

政和元年十月詔蘇湖秀三州治水利立圩岸其工費許給越州鑑湖租賦

六年詔令守臣莊徽等講究水利於是發運副使應安道言凡港浦非要切者皆可徐議惟當先開崑山縣界茜涇塘等六所秀之華亭縣欲並循古法盡去諸堰各置小斗門

淳熙十一年冬臣僚言運河之浚自北關至秀水杉青各有牐堰自可瀦水惟沿河下岸涇港極多其水入長水

塘海鹽塘華亭塘由六里堰下私港散漫悉入江湖以私港深運河淺也若修固運河下岸一帶涇港自無走泄又自秀州杉青至平江府盤門在太湖之際與河水相連皆不必浚（以上宋史河渠志）

二年六月壬午浚浙西運河（宋史寧宗本紀）

澉浦鎮西六里有永安湖者瀦諸山之水以灌三村十六保之田周十有二里莫詳陂築所自宋志云舊本是田爲畝三千七百後隄之爲湖灌田八千三百餘而均稅於田故稅額雖重卒無旱乾患元時爲豪有力者決壞民以失業有寓公王濟始奏復之洪武初鎮民張小五

請於朝嘗遣官開濬至正統十年縣丞龔潮復請旨重濬竟以工大倚閣稍患淤淺矣湖舊深一丈五尺置牐引灌具有法雨久水多則東南洩於海所灌田產穀甚美租亦倍入爲海邑腴產（海鹽圖經）

（元大德十三年六月初一日結勘本湖責說德政鄉十三都澉浦澉墅石帆村住坐社長張千五等今蒙本都里正奉海鹽州指揮該爲照勘本都永安湖有無違礙公事今來千五等從實照勘責說得本里古有永安湖三千七百畝積諸山之水灌溉澉浦澉墅石帆三村官民田八千三百餘畝此湖原係民田爲湖其稅均於湖側田土輸納就湖東際石砌斗門水板爲閘以時啟閉每遇天旱閉閘放水下流灌救田苗或天雨連緜湖水漲溢卻有東南葛母山下古置渾水閘放洩入海是以三村農田稅雖繁重歲無水旱之憂百姓均受其利見存亡宋武原誌書詳載分曉至元十三年歸附初鎮守管軍官王招討分付駱百戶監督隅保塘長起差鄉夫將永安湖西南際湖面築捺圍裹成田三百

八十畝於官司投告文憑虛指湖面卻作天荒苲草地段卻非有主民產亦非係官地土自此作駱興名字抱佃送納官糧三十八石於後至元二十六年有王招討男王四萬戶將上項湖田過佃澉浦鎮楊招討召業之後卻於湖田南際掘開海塘掫造石閘連年每遇春水泛濫之時不顧此湖積蓄救田水澤以備天旱但恐掩損湖田菜麥卻將湖水貧夜放洩入海及至夏旱要得湖水灌田又被管佃戶朱六十二壩塞不容水源通流致有三年兩旱田禾不收百姓賠納官糧并老小口食不給典妻賣子流離死亡爲是豪勢畏懼不敢言告民受其害寃抑不能上聞若蒙官司將上項湖田仍舊開掘爲湖積水灌田實爲民便今蒙體問所責是實伏乞詳情備申年月日縣押司吏余志遠押　復永安湖碑記國以民食爲天而民食又以瀦水爲先務最重也皇元撫有人民興舉水利無遺亦盛矣哉海鹽本嘉興屬邑比陞爲州州南四十五里有湖曰永安周迴十二里瀦水灌溉澉墅澉浦石帆三村農田潦則東南注入於海旱則水澤仰給於湖遂變斥鹵爲膏腴時和歲豐家給人足茲有禩矣歸附初至元丁丑澉浦鎮守王招討熔假軍權而淫毒縱己欲而誅求力逼鄉夫圍湖成田

三頃八十畝令駱興立戶每秋輸糧三十八石至元已丑歸之楊招討恩諒未幾瀕湖居民效尤盡欲決而田之是以三村屢經旱患民食不給多流徙四方者大德已亥里人王仁狀具於州雖鞫治焉猶未削誅也幸賴澉浦寓居宣威將軍前南寓州安撫使王君濟勇於爲義聞之朝廷由是省臺委官公同莅政目擊斯害昭然孔彰大德乙巳秋七月浙江行省平章政事徹里榮祿偕都水監官及本路本州官親臨糾惡廉明公正遽令疏濬爲湖開除元立佃米一改而正之於是狠吞虎噬之徒爲之斂跡斯湖得以復舊噫不有廢也成之名不彰不有壞也立之功不著今廢而復立使斯民享悠久無窮之利得遂仰事俯育之願顧不偉歟茲刻於石庶來者知斯湖源流有自云爾至大四年辛亥二月日前權東坡書院山長趙若源撰從事鮑郎場鹽司令金坡礪書承務郎嘉興路同知海鹽州事趙泰篆奉政大夫嘉興路兼勸農事朱緒立石 天順三年海鹽縣委官主簿樊公佐估勘湖工申文略云勘得本湖通行三千七百四十二畝中有官塘行路一條古分南北二湖二湖周圍俱係山海北湖口原有古閘一座樽節水利遇旱起開放水閘下四散河港車蔭官民屯田八千三百

餘畝本湖并河港自洪武年間有老民張小五奏准起夫開挑各深五尺三時不旱田禾有收到今八十餘年其湖河港浜漊俱淤塞淺窄徧生野草遇旱俱如平地湖底與田彷彿高低無水車戽似此荒多熟少連前虧欠糧稅民食不給流移逃竄後於正統十年得蒙本縣縣丞龔潮達奏奉工部堂字三百七十一號勘合行仰委官踏勘起倩七縣人夫一萬八千五百餘名開挑至今未蒙起夫興工田禾愈加荒旱今蒙勘得本湖南北二處俱各平淺閘下通湖河港高如湖底如蒙查照原奏勘合事理起夫將閘下河港浜漊急當先濬通接六里堰下河港接開北湖開掘之際倘有雨水不常先將閘下河浜瀝去水漿庶不失悞工程以後方開南湖若得開完河湖田禾有收糧無拖欠人民利益逃者思歸又澉浦千戶所軍餘屯田俱得利便今勘得永安二湖古該三千七百餘畝今量計三千七百四十三畝南湖一千三百三十三畝每畝用夫五名共夫六千七百六十五名開深五尺北湖二千四百一十畝每畝用夫五名共夫一萬二千五十名開深五尺閘下河港浜漊量計五千九百七十九丈五尺闊狹不等每丈用夫一名共該夫五千九百七十九名開深五尺俱計工二箇月

可完

元

泰定元年江浙行省以平江松江通海河道壅塞軍民官勢侵占水面爲田遞年水旱相仍官民虧失大利委官同本處正官踏視講議到吳江舊江二道烏泥涇大盈浦二河合挑緣癸巳歲禁止動土請工部論報云上項河道江浙省已嘗講議修則官無虧糧民可足食難與其餘土木之工一體停罷奏命行省左丞朶兒只班知水利前都水少監任仁發董督常州湖州嘉興平江與本府不分是何人戶實有納苗田一頃五十畝差夫一

名計四萬有奇每名日支口糧三升中統鈔一兩賜仁發銀一錠襖子三領始于是年冬十二月次年正月訖功仍令講究久遠不致淤塞良法 嘉興湯志

明

洪武六年二月發松江嘉興民夫二萬開上海縣胡家港自海口至漕涇一千二百餘丈闊二十丈以通海船及濬海鹽縣澉浦河 明史河渠志

永樂元年四月命戶部尚書夏原吉往浙江諸郡治水時嘉興蘇松諸郡頻年水患屢敕有司督治迄無成功故有是命 嘉興湯志

永樂元年六月上以久雨謂戶部侍郎古朴曰蘇松嘉湖四郡水必泛溢宜速遣人視之遂命侍郎李文郁往佐夏原吉相度水田量免今年租稅以上嘉興湯志

永樂二年夏原吉復奉命治水疏通舊河港

永樂五年修長洲吳江崑山華亭錢塘仁和嘉興堤岸九年修長洲至嘉興石土塘橋路七十餘里洩水洞百三十一處

宣德五年巡撫侍郎成均言海鹽去海二里石嵌土岸二千四百餘丈水齧其石皆已刓敝議築新石於岸內而存其舊者以為外障乞如洪武中令嘉嚴紹三府協夫

舉工從之以上明史河渠志

宣德五年周尚書忱巡撫江南檄築塘岸通漕運自南津至塘棲達杭州橋道未接者開路設橋以濟不通崇德靳志

正統八年疏海鹽永安湖茶市院新涇陶涇塘諸河明史河渠志

景泰八年知縣郁綸濬運河湮淺時運河自石門至大漠多湮淺綸率衆縱橫繩度濬深四十里許崇德靳志

宏治七年七月命侍郎徐貫與都御史何鑑經理浙西水利明年四月告成又令浙江參政周季麟修嘉興舊隄三十餘里易之以石明史河渠志

郡圍田河涇縱橫為古井畫之遺莫可詳矣至唐廣德中屯田使朱自勉濬畎距溝濬溝距川後刺史于頔繕隄防疏鑿畎澮列樹表道傳記始載其制時郡為嘉興海鹽二縣嘉興地勢平衍旱澇易備海鹽面海並山南高北傾農時十日不雨田者無措故閘堰為急令海鹽者唐長慶中有李諤開古涇三百有一創長豐閘二宋咸平中曾宗道導藍田浦白塔港水一十八里嘉祐中李惟幾濬溝洫樹木閘置鄉底堰三十紹熙間李直養修鄉底堰八十餘及常豐二閘築支港堰二十四後趙善悉濬烏邱招寶等塘築堰八十一海鹽堰閘之功世見

紀載如此而嘉興境多濱湖水田原皋纔十之二省修築矣其圍田五代錢氏嘗置營田軍四部八百人專力田事宋罷營田軍端平中轉運使喬惟岳復鑿所運隄堰便漕而富民取盈田租輒不修圩又其俗以一易再易田為白塗田穫倍常而租如故佃民利淹沒遂鑿古堤捕魚壅之樹藝或傍圩敗圮波及於是田圍盡廢每春夏霖雨田輒瀰漫乾興元年詔發運使董諸郡兵疏導壅閼嘉祐三年轉運使王純臣上言詔縣令民作田塍位位相接因此爲縣官殿最四年詔置開江兵立吳江等四指揮興修熙甯條例司薙元直徧治浙西河渠

頒約束朝議諄諄田事然競持短長或民習苟便用輒不竟崑山郟亶亶子僑宜興單諤戶曹趙霖爲書最悉事連全吳今不具載自是蘇湖秀治田修堤乃許役開江兵原隰悉治南渡後多僑寓巨家聯土著至涸湖蕩爲田而兵卒輒復築濱湖堤爲壩田自利遇旱灌溉壩田足乃得他及澇則壩圩屹屹周遭港口輒不易泄民患苦之淳熙間諫議史才請約束之乃得盡去壩田及涸湖田後廷臣議復田裕邊卑鄉復病元大德間立浙西都監營田司定諸湖界禁民不得占然當事者多北人不習水利田益壞語在任都水答議中至正中建都

水庸田使司詔尚書禿魯平章只里瓦歹選知水人集議典役吳人陸行直希平章旨言歲在浙不利然朝議竟肇工而卒主導河圩岸閘竇俱敗決不治澇則不流反浚湖水奔駛田中其害滋甚明洪武永樂間數遣重臣董治夏忠宣公原吉鑿界浦鑿范家浜入海蹟在鄉郡其巡視上流嘗立石準于西塘鎮福源宮前督民飭田圩樹藝民懷思之曰憂懽石嘉善章志案樹石測水宋舊制也石長七尺有奇橫爲七道道爲一則最下一則爲平水之衡水在一則高低田俱熟過二則極低渰過三則稍低田渰過四則下中田渰過五則上中田渰過六則稍高田渰過七則極高田渰如水至於其則某鄉之田被災不待各鄉報到亦不待官府勘視已預知於日報水則之中矣今縣出高下分爲五則具在各區圖內則測水之石亦宜列爲五則移至本縣東門外擇人司之每旬以水之漲落報縣最爲良法通政趙居任濬河渠又自崇德北抵吳江植榆固堤周文襄公忱築運隄捌橋通道皆顯有功德於郡其他諸大僚治水以殺全吳水勢爲急然蘇禾雖皆澤國而禾實上游蘇爲委尾以故每興人徒浚青龍白茅安亭白蜆諸港令委尾深闊直走諸郡淫潦以入于海使不爲全吳害乃其得策顧末流尚盈而上游已涸禾地之高仰而閘堰不治者輒困旱災如平湖境及嘉善北鄉崇德千乘槧土乃彌望焉于是知嘉善劉克及郎中傅潮修圍岸創果字等圩鑿便民河二萬七千尺溉田萬餘畝云華亭錢福記略嘉興浙西

大府其屬縣嘉善最爲膏腴平壤宏治十二年新喻傅公曰會以正郎膺特簡來守視地圖所廢興而承之者弗力公竊慨焉又一年安福劉君克溫以進士來令是公遂謀之劉君及丞朱君暕乃遍歷原隰相視便宜於是因舊而修爲圍岸以丈計者三十六萬二千有奇爲驛路官塘以丈計者六千五百有奇創始而築者果字爲圩岸塍以丈計者三千六百有奇凡護田若干畝此其爲防之功也創開便民河者十以丈計者凡二千七百有奇淺澀艱阻疏而通之爲市河者三以丈計者一千四百有奇掘淤鑿塞爲支涇曲港者八以丈計者八百九十有奇豬洩灌溉以利田者若干畝其便往來者不可勝計此其爲浚之功也或修或創爲橋梁者十經始于宏治庚申正月望日訖工于辛酉十月朔

嘉善丞倪璣築思賢奉賢下保諸圩豬陂湖濬溝洫邵康僖公銳水利記略浙以西稱健吏曰倪嘉善嘉善始至問官問百姓疾苦首曰水利乃躬出按視縣治以南地勢高亢不有所蓄吾民其病旱乎迤北水所輸委不有所洩吾民其病澇乎於是計地程工計工程力計力程費召厥父老指授方略大都以澇爲尤急也首濬淤河及所支曲俾

圍壅塞自思賢鄉至奉賢鄉二十八所以丈計者三千八百六十有奇又築圩岸益卑創爲高堅自三十三都至四十都三百八十二所以丈計者一萬五千二百若圩之尤下者仍築圩岸其中俾有分守自下保東區至奉九八區亦一十五所以丈計者六千四百九十高亢之地並加疏闢又豬爲陂塘散爲溝洫具有脈絡自永七都至胥五都總二十九所又總計爲三百五十丈肇自正德十年十一月至十一年十二月厥功告成使瘠鹵化爲膏腴居者載寧逋者胥復而歌頤於是乎作矣侯名璣陝西咸寧人 倪璣水利議略案水利之說周鼎論之頗詳謂高鄉溝洫爲急而圩岸次之低鄉圩岸爲急而溝洫次之斯則審密之論嘉善自縣治以南皆高亢乏水連月不雨則苗向槁雖遇有年其收亦薄非地力有異田素渴水而瘠民積貧無以糞田故也必令土人多濬溝洫蓄水待灌溝中之土令下鄉人遇圩岸坍損時往載增築則土有所歸而高下漸趨於平旱澇皆利矣否則胥山等區不久當鞠爲茂草豈獨洪波巨浸能使民墊溺哉

崇德令洪異創天長十字河千乘蕪土化爲膏腴者三千畝崇德靳志正德十一年知

縣洪異開天長河在千乘鄉原有荒土一區古吳越屯兵之所俗稱天長路旱澇積荒稅累一縣賠納異詢得之開爲十字河通沙木等涇東西七八里南北五六里廣五丈餘灌田四千餘畝三年成就起科補納荒糧民感其惠稱爲洪河

分守何宜知縣譚秀相繼濬陶涇等河稍置堰閘海鹽圖經陶涇塘縣北一里自北關外北流至平湖縣界一十二里宋淳熙九年守臣趙善悉重濬成化六年參政何宜宏治元年僉事伍性知縣譚秀復濬之在平湖獨鮮治者以故頻有旱災民多轉徙矣司民命者誠相地爲制治堰閘愼節宣庶幾有備無患趙圖記

嘉靖二十六年知府趙瀛濬治運河築語見上塘浙江通志趙文華修運河塘記嘉興爲東南水陸之衝運河經其城隈延袤百餘里貢賦漕輓輶使皆出焉南極語兒境爲土塘北入聞川爲石塘皆障水便陸自聞川以南處杭嘉下流其水特大時水泛溢輒奔駛橫決傷沿河諸塘

而田者又依塘浚河行水溉田故塘益受傷其勢易敗敗則石淪于河椿木載立往往觸舟破之石去而土潰塘斷如櫛途而縴者危怖不能度度則時有墊溺風雨水雪之候其患尤甚使有司者時省而謹修之其敗雖易可以即完無患也顧令吏多視時令所須急堂陸趾步間忽浸不省誰復介意水陸之行旅耶夏令曰九月除道辰角見而雨畢也十月成梁天根見而水涸也其時儆曰火之初觀期于司里司空視塗陂澤梁川此先王之政所以廣施德于天下者也左山趙公守郡率用古道不隨時好爲上下人急或舒之弛或張之惟民利所在是力既濬城隍正經界易原隰塞圩導渠以郎田功乃丁未九月令屬邑司水者各修其塗而繕運河之塘石塘起杉青迄聞川袤凡二十七里廣凡若千尺石之淪于河者皆起而復之稍不足俾塘長出石官給其需工皆堅完可久土塘起語兒迄西水凡百又十里亦殘缺不治久矣併令新之凡再閱月而二塘告成皆坦然如砥患去而利存途者歌舟者和田者歲登嬉游以舞嗚呼覩今日之所喜則前此之患苦益又可知矣而世方忽民患而不省其知所省而急于興利已害者又輒來讒皆之口而公獨信不疑挽令師古而事皆用濟使

世之守令皆如公尙復遺利遺患有哉而於國家授時立政柔遠能邇之澤顧不旬宣傍達而益有光也哉公名瀛字文海關中三原人登已丑進士與予爲同年佐是役者德化陳節判守義贛榆閻節判大祥玉山姜節推文序董役者嘉興則丁丞盛時秀水則蔡丞玉成諸君咸屬予言樹石津上以紀仁政示來者使修其蹟勿壞

鹽運河在海塘內長十二里爲鹽運往來之所明嘉靖已西巡鹽御史董威重濬廣三丈有奇深六尺有奇康熙六十一年知縣林緒光重濬明陸杰鹽運河記略平湖東去海塘僅五十里塘以外斥鹵內則爲蕩荒茅無際業惟煮鹽在漢已然宋置榷場于廣陳我朝移置於蘆瀝故有鹽運河十二里瀕河之蕩漸治爲田河日以淤商農屢乞疏導卒莫肯任者郡守趙公瀛議舉而未就嘉靖戊申冬巡鹺監察御史近淮董公行部嘉禾曾有商言河淤狀公急命郡倅陳君守義縣令李君僑相度修復期以責成于是程工

計費秉心仰贊集丁夫一千三百五十八官為給餉郭丞亭出舍其間而日省之東自蘆瀝西屆廣陳計里分工以次具舉廣三丈有奇深六尺有奇東西所訖加闊為灣周可五十丈便旋舟也河壖積土亦盡遠徙防傾圮也肇仲春畢孟夏夫以工計者二萬九千三百五十費出監察公贖金守倅令咸以粟繼秋毫不擾於民厥惟善矣趙守立石俞塘橋左屬余紀略云

新開河在鹽運河東自新倉閘橋起至舊衙計十二里明嘉靖間知縣顧廷對濬河通地蕩以便灌溉又名顧公河康熙六十一年知縣林緒光重濬以上平湖王志

萬歷元年知縣蔡貴易濬運河自彭河橋至羔羊凡二十里孫植濬運河記崇德邑治嘉郡之西為吳越閩廣孔道貢賦漕輓輜使四出邑之漕渠歲久不治自松老橋至六里橋水道淤涸漕舟告阻於是督鹺馬公下之臬僉郡守檄水利郡判陸君會邑令蔡君躬歷周視計

地程工為丈者二千六百三十計工程力計力程費擇委邑主簿高橋典史雷楫桐鄉主簿黃觀民典史馬驥畫地分工經始於癸酉八月至十月凡六逾旬而畢向有包角堰故址茲量為節宣勒石樹之以固風氣其於人文亦有裨云十七年郡判方玘董治運河崇德靳志

白洋河在縣東沿海塘下南自澉浦北抵乍浦長七十里明萬歷五年巡撫徐栻築塘海上因有白洋河及澉浦上河之役白洋河北至閱武場而南屬常川鋪長三十里初鑿時以運塘石而海上荒土得灌為良田者萬餘畝上河起自常川鋪西南屬之澉浦城下二十里地形稍高於白洋河築為土壩以捺之所灌田視白洋河加倍浙江通志徐栻請開白洋河疏海鹽縣秦駐山南至澉浦所原有河一帶在土塘之內舊連縣治商旅

輻輳田畝歲收稱為沃土近皆淤塞坍塌舟楫不通赤地遍野原設澉浦稅課局因而裁廢旱乾無備糧運艱苦乙亥海溢之變澉浦軍民被災尤甚以石塘一帶外無捍護內無分洩故也臣時營度海塘親履其地見田廬荒廢目擊流離邇塘工告竣若將此河因其舊蹟再為開通即以濬河之土築塘則所至該縣內河土塘一體高厚深廣聯結鞏固縱有異潮之來不能衝突而田疇得灌溉之資一水相通運糧道達遺惠軍民實為無窮矣 海鹽圖經先嘉靖九年有議鑿此河者知縣夏公竣力持之其言曰海塘形厚者僅七八丈薄者至四五丈以此捍海勢亦甚危昔周文襄嘗增土五丈於裏以防衝決其慮甚遠蓋築塘之法石必大始堅土必廣始固也今藉數丈之土以為基賴河身素淺堤勢不傾若濬此河萬一基薄而決雖盡鞭秦山石為之亦何所附如謂取土運石良便成大事者豈惜津撥小費與海爭利未見其可至萬歷乙亥此河竟開云 又海鹽圖經載開上河原文云量得自石鼓橋新濬河東起至常川鋪官路止原有舊河形迹止應加闊濬深又自常川鋪起至黃泥寨迤南至澉浦東關外近城濠河止或自高阜新開或因民地濬通共長二千二百二十五丈七

尺再照此河一開不惟利於地方灌溉亦且便於衛所糧運議自石鼓橋至常川鋪計長一千三百二十三丈五尺每方丈該銀四錢計銀二千八十六兩零聽委官典史陳柯管理同知黃清知縣饒廷錫往來提調其常川鋪起至澉浦城河每方丈亦宜給價四錢但此河大有裨益軍兵而軍兵月有銀一錢止給三錢共計銀一千五百三十二兩零分委指揮馬繼武督同千戶呂繼忠百戶余騰蛟等管理聽把總王三錫提調通計用銀三千六百一十九兩零 吳徐開濬白洋北河議本縣與海寧衛同一城池南四十里有澉浦所設立鮑郎鹽場北四十里有乍浦所設立海沙鹽場衙門俱在海濱脈絡共相連貫所恃通行其間使防汎無虞鹽貨不阻者專藉沿海舊有白洋河一帶為之往來也祇因陵谷屢更以致涓流盡斷地方受病非止一端幸于萬歷初撫院徐栻修築海塘奏准水利道駐劄海鹽深燭利病將南路至澉浦鹽司四十里地開濬白洋上下河一帶南行水路盡得流通其北路白洋河正擬興工值水利道陞任而止愚謂前南路河道種種利便備載海塘錄中若今北路之河為便亦可枚舉土塘捍海在北最低每當潮溢之時鹽場竈蕩民田盡被其衝所損不少若

開河取土築塘令之高厚內河可以分洩其流外塘可以捍禦其患縱有非常民不受害此爲一便乍浦所至海寧衛城俱是陸路不但彼中糧餉器械轉運爲難抑且官兵分番調守往來不便今開此河則船隻通行聲息易達以之守望防汛更爲得策此爲二便海沙場司正處河之中途兩頭鹽運頗費撥移河開則舟載不難鹽逕河遞相灌注脚價既省商賈因而樂趨不藉招徠鹽課自益此爲三便土塘外爲鹽場內卽竈蕩今開河築塘攔阻潮頭則塘外零星灰埂盡可曲引鹹流開塍漉滷塘內荒蕪草蕩亦得蓄積淡水墾作田疇四十里之內所增鹽課又不知幾何此爲四便先此澉浦河道未通之時民病疷腫士鮮文學自開河後不但民無疾病亦且科甲連緜今乍浦一城何止萬家若得開濬河道將見人文日盛此爲五便惟茲五便邑之商竈軍民望此舉已久在大有爲者立斷以行之耳

萬歷八年嘉善知縣金和奉文修築圍岸令田主出本佃戶出力擇有行誼者董之岸身高八尺廣六尺九年本府同知方揚署縣竣其未就

呂字東北圩東根西根二圩皆極低窪遇水輒潦呂字圩先經縣丞倪璣開浜而未及築岸東西根參議喩艮築壩而未及開河萬歷間嘉善知縣章士雅修呂字圩之岸更爲築壩開東西根之河長一百七十丈廣一丈六尺更爲建閘民感其德稱壩曰章壩河曰章河又三圩之稅以二折一故昔所棄而累民賠糧者今皆爭佃爲業以上嘉善章志

萬歷三十九年崇德知縣靳一派開各區浜河因一都果字圩極窪三四都宇字唐字圩東九都信字圩十二都善字圩極亢積荒賠累一派度地募民開閘家漊等河計灌田數千畝崇德靳志

萬歷四十年知府吳國仕勘議郡城自杉青堰直抵王江涇一帶運河舊塘土石各半歲久傾圮每霖雨卽愁墊溺申請院司支海塘餘銀改修盡甃以石嘉興湯志郡人陳懿典記略吳公來莅郡慨然以築塘爲已任周容握算不遺餘力始於壬子七月迄十月告竣人但見公成之之易而未知公所以成之之難也夫舉大役者有三難曰議費曰議材曰議人初塘之估也擬八千金有奇而僅止秀水北塘其秀水之西塘及桐鄉崇德不與焉今公親度其緩急可仍可補者與必新建者估減其半而塘加倍此卽主人自程量其百堵之興不啻也故取足修河歲額不煩別措加以商民樂輸一一節省其間故大工興而民不知也此其所難者一築塘必用木用石故事用木多而小今議減十之三而增壯焉又檄准解之官

卽領鏹買木於瓜儀材皆中程而直甚平往者石工與藏吏相表裏價入手而石不時至稍急之聊以細石點綴數丈塞責今命官親詣石山頒式定值先給半價其方舟而來驗收如式卽時全給石戶無不欣然樂赴運石更番加織此其所難者二佐領幕僚幹局不同非其任與用違其才皆足敗事公於諸屬吏衡照有素檄某某主某區人各樂於用用各當其才此其所難者三塘之功跨歷三邑秀水北塘一千四百八十八丈五尺西塘九百五十一丈六尺桐鄉二百一十五丈四尺洩水洞五座崇德塘三百六十一丈二尺三縣共計修築新舊塘三千二十七丈七尺吳公名國仕甲辰進士直隸之歙縣人

國朝

康熙六年十月石門知縣劉允楷縣丞季芷奉檄開濬運河石門鄺志縣人夏方昊十議一南自松老橋北至玉溪鎮東高橋約三十里計六千一百七十丈零分爲六段每段分圖承挑其最淺處如迎恩橋起至司馬高橋止城灣一帶加工開深一作壩需用竹木悉照

民價買辦其圖皮應預計需用若干勸令各典鋪均助亦屬小費無不樂從一兩頭大壩釘樁用石匠挑泥用淘沙匠每工給米二升匠不足則佐以里夫中間各壩仍著各圖自行塡築一車水即照分段各圖派每圖糧見各出水車一具排列工所同時齊力戽水一每圖出夫若干以派定丈尺開完爲度各甲照里派夫或圖中照甲畫開段落各自施工以免推諉以便分別勤惰稽察　一照里出夫紳士概不免惟查本縣二百一十三里內有大荒圖四里熟中荒四里賦一逋人逃難以派工計實在圖二百零五里一體均派　就近撥圖以從民便但天寒晷短內有里夫路遠必須一歇息者許於附近菴堂容留不許拒絕亦不許作踐　一作壩宜有次序先於上游築一頭壩則去水自急瀉易涸然後以次築五壩然後於各段內塡塞旁口以施車戽則力省而功倍　一六段每段設一挂牌上書某處至某處止計長若干丈水面應開闊若干水底應開深若干將派撥里分開列計丈分圖各自挑濬仍逐圖立一長木標以便認識　一沿河查點挨圖唱名里夫在河中答應不許上岸擁擠餟已畫界一圖自爲一隊不得踰越稍離工次仍著催差具一到單不到者即行速催以免遲悞

康熙十二年水溢塘圮秀水知縣李見龍躬督修築幫闊隄岸至今便之（秀水任志）

秦河在平湖縣東三十里新耕之蕩藉以灌溉康熙十七年里民秦九一倡議開鑿請於縣府委蘆瀝蕩鹽大使周成勳董其役開河十里自新倉鎮以北至新廟橋荒蕩皆得栽禾後復稍淤二十二年春分守道王永祚檄行各屬疏通河道九一復呈縣委白沙巡檢姜一科及乍浦巡檢黃玧督同開濬闊五尺深數尺里人名曰秦河（浙江通志）

康熙四十六年十一月奉上諭江南省蘇州松江常州鎮江浙江省杭州嘉興湖州各府屬州縣或近太湖或通潮汐宜于河渠水口度地建閘隨時啟閉其支河港蕩淤淺者並加疏濬以資灌溉令督撫確察具奏知府臧憲祖奉檄查看得嘉郡七邑水勢無容建閘惟石門聖塘廟至玉溪橋三十六里秀水西麗橋北麗橋端平橋三處共一百二十步嘉善渡船頭一里張涇匯三里楓涇鎮南柵一里此七處應加深濬經巡撫王然具題動帑完工

康熙六十年春知府吳永芳興修運河南塘加石培土又北塘自城外至王江涇三十里於舊塘外間段增築石岸（以上吳志）

乾隆三十五年嘉興縣知縣王士濟開府城東門外市河起熙春橋訖東津亭里人馮浩記

海邑邵灣周圍計田二千餘畝其水道斷淤塞遇旱即荒乾隆四十一年里人張彥遠濬之未竣事而卒其子大經承父志復濬自南星橋玉獅子浜又繞東至邱家堰計三里有餘開深一丈六尺廣四五尺遂足灌溉二千餘畝之田遇亢旱亦無慮

嘉慶三年十二月知縣任澤和議濬永安湖修築堤閘之

年正月大雨水滿湖未果濬凡修築湖閘四座知縣任澤和議略勘得澉浦迤西環山負海中有屯田民產八千四百餘畝向賴永安湖灌溉且有隄閘以時蓄洩自乾隆三十五年鮑令鳴鳳挑濬以來湖身日就淤塞若再因循勢必漸成平陸中湖塘長五百餘丈茅塘長六百餘丈係經由海甯大路亦俱坍卸低陷不特天晴無以瀦蓄農民盡力無由若遇大雨堤沒水中卽行旅亦有病涉之苦該處湖隄允宜急爲濬築以上伊志

光緒二年知縣王彬議令得沾水利各處集資濬治計培高湖隄三尺闊二丈五尺工長一百六十三丈自大閘口至湖隄開引河一百二十三丈有奇拆脩大小閘各一座並于隄北築壩水以禦風浪新纂

道光四年嘉善知縣惲敷疏濬張涇大灣等處河道計五

百六十丈自爲記浙江濱海之區素稱澤國而嘉善居其東南東接三泖西通震澤尤水鄉也爲田陸拾肆萬畝灌溉之利惟水是資旱澇之災惟水是患其水發源于天目由臨安至嘉禾趨黃浦以入海而朝潮夕汐海水東來挾沙而至故河身易於淤墊滿溢之患堪虞自癸未歲霪雨爲災嘉湖兩郡邑之被淹者七入而嘉善西北數區皆成巨浸鴻嗸徧野大憲焦心推求其故則因河身淤塞入海之道不能暢行以致雨水壅積泛溢橫流癸未之秋余自宜平量移嘉善上憲命經理荒政茲令悉勘水道設法疏濬仍博採輿論咨訪鄉耆擇河身之最淺河道之最要者自張涇之大灣起至楓溪之南柵止計長五百六十丈勘明稟覆甲申秋上憲三次委員覆勘確切估計而南柵冒家圩一帶兩岸蘆雜突出阻礙河流皆估切去迨至冬季水落發帑興辦余恐假手胥役則其弊叢生乃請邑之家道素封辦事誠實者經理錢糧而擇會役河壖明白估計者一人集夫按工至督催夫役懲獎工匠朝夕巡查不辭勞瘁則賴諸同寅之力也余亦梭織往來諭令遵照原估毋許偷減而一切書役飯食費用器具皆出自余資不擾民間一錢也凡兩閱月而工竣杭嘉湖道憲陳來善收工闊深丈尺一律如式不數月而余又量移海昌一切善後事宜悉爲經理方釋余心恐日久事湮爰勒石以記之並書工段丈尺於左以告後之司民社者

道光四年嘉善知縣惲敷詳請借帑開濬華亭塘河道凡一百八十丈

道光八年嘉興知縣王維堉濬東門外橫塘長水塘以上于志

道光十六年巡撫烏爾恭額奏准借帑挑濬白洋河郎將所挑之土培築土塘借用帑銀五千九百七十二兩自道光十七年上忙地漕爲始每兩帶徵河費錢二十文作六年隨同正銀輸納歸款挑濬河道三千八百二十五丈深三尺署海鹽知縣王燕堂董其事

咸豐六年亢旱水涸石門知縣丁溥開濬運河自玉溪至羔羊堰十里北水南來溉田數萬頃塘東西賴之歲仍有秋

同治五年嘉善知縣范基棟請款開濬楓涇鎮市河益以勸募與江蘇婁邑分段計工同時告竣

同治六年平邑新倉鎮桐邑靑鎮九年秀邑新城鎮各請款開濬市河里人集資竟其役

同治十一年巡撫楊昌濬檄飭挑濬澉浦城河長河郎六里河新河卽明萬歷間所開上河奉撥錢八千串計工四千八百餘丈並修築堰閘四處里人張鼎記曰禾郡素稱澤國鹽邑居郡南地較高澉鎮又居邑南地尤

高獨苦旱前人於鎭西北築六里堰東北築長川壩過上河水使不洩下河又於堰壩旁置閘時啟閉以備潦漲立法甚悉自河身闊高堰閘圮漏水瀉如建瓴夏秋之交旬日不雨田禾立槁同治甲子東南底定四方年穀順成獨澉地頻阽荒旱民供賦稅不給則棄本逐末流散四方壬申春學師陸公來澉閱其災重而糧不能免也曰方今大憲軫念民生盍籲請開河於是里人王楨等議曰工役緩急僉謂濬鎭西永安湖以厚潴其源使波及諸河此探本之務策之上也挑深最淤之新河城河長河堅築堰閘以杜漏巵此救急之術策之次也今籌費維艱姑先事其急者遂籲請邑侯丁公自府尊許公籌開新城長三河修築堰閘許公檄下核工通稟十月中丞楊公閱塘過澉行二十餘里不見勺水田野蕭條盡焉傷之准撥經費六千串許公因工鉅請益又增二千串飭邑侯沈公督紳民經理其事於十一月興工次年八月畢工凡開濬三河四千八百餘丈修築六里堰一座轉水河上下閘兩座養安閘一座諸河支浜民間自行疏濬惟永安湖未能施工然三河疏通堰閘堅閉蓄水增多舊時稿壞漸成稻田民懷生矣攷澉浦水利明洪武正統萬歷間三次奏請開濬見明史河渠志及郡邑志厥後屢有陳請輒不果民間率錢爬抉無補灌溉今中丞削平大難噓枯嫗瘠雖僻壤不使抱向隅之痛其上體　朝廷休養生息之意者甚大官斯邦者又能仰承德意同心濟美摰焦原之民而登之衽席繼自今吾民服田力穡奉公上敦孝弟無輕去其鄉風俗將有厚者豈第貣生而已哉巡撫楊公名昌濬知府許公名璐光知縣丁公名紹德沈公名寶恒訓導陸公名同元同治十二年癸酉十二月記

附開河算法

一挑土均方法估算凡土建方一丈深一尺爲一方方以下爲分釐毫絲忽法以底闊面闊相併折半以深乘之又以長乘之得數假如挑河一段長十五丈面闊四丈底闊二丈五尺深三尺五寸計得一百七十方六分二釐五毫一凡河底有中央凹兩邊高者以弦矢法算除虛土曳繩兩頭貼兩邊高處爲弦繩中央距凹處爲矢弦矢相併折半以矢乘之又以河長乘之得數假如挑河一段長十五丈弦長四丈矢深二寸乘之應除虛土六方三釐一土方丈量倶遵工部營造尺較裁尺短一寸部尺一方當裁尺七分二釐九毫裁尺一方當部尺一寸方三分七釐一毫三絲三忽有奇部尺一方工價約二百文裁尺一方工價約二百八十文視土難易加減之一

農田車水大率以高三寸爲一率俗呼一架畝法方五尺爲步二百四十步爲畝步率二十五尺畝積六千尺以三寸乘畝積得十八方是每畝車水一架需十八方之水也此次計挑土三萬五千餘方澉地不通下㴩挑一方之土止增一方之水三河田畝難以徧給惟堰閘堅築水多停蓄天時苟不久旱田禾便可濟用嗣後每遇豐稔之年鄉民宜量力疏濬庶幾已開者永無淤塞未開者逐漸深通

同治十二年杭嘉湖道何兆瀛巡閱海塘邑紳以白洋河道淤淺請款疏濬詳奉巡撫楊昌濬撥錢六千串有奇南自秦山大堰橋漾起北至鮑家橋城河又東北至石堰橋止凡開濬河道三千四百五十二丈寬深不等

平湖黃姑塘綿亘三十里東鄉田地資以灌溉河形最高歲久湮塞同治十二年旱河涸蘆瀝場大使雷豐疇里人黃福增等倡捐爲率農民合力浚治計深四尺底闊一丈面倍之起土培岸一律深通

同治十二年石門知縣余麗元奉檄開濬運河主簿楊純禮董其役自玉溪至太公渡兼及支港一律工竣農民賴之以上新纂

歷代開濬城河紀略

城內河渠與外隍表裏相因通舟楫以利民用所宜時加宣導勿使壅淤者也自永樂乙酉左通政趙居任奉詔治水嘗疏之至成化初郡守楊繼宗議復浚不果至今百四十年不治瀕河而屋者日規月侵至或併故道塞

之而屋廬其上有司畏謗讟莫問也嘉靖丁未秋知府
趙瀛乃考索圖志咨訪故老悉加浚復於是水泉饒給
舟楫通利趙圖記
嘉靖二十六年知府趙瀛開濬市河凡故渠之湮廢者浚
之民居之侵隘者卸之橋境之垢滯者闢之復令里出
一舟運土至南湖中以培樓址殫力任勞大興水泉舟
楫之利其後歲久漸淤至崇禎間知府鄭瑄始復疏濬
流通吳志
康熙十四年冬知府盧崇興開濬城内外水道至十五年
春畢工有告諭條約載崇興所譔守禾日記伊志

康熙間知府劉瑆佟賦偉疊經開濬案劉於康熙二十二年任佟於康熙三十八年至四十一年任
康熙六十年夏知府吳永芳以城内河道淤塞鳩工大濬
并疏支港凡河中土礫運出填塘是年秋旱城河通行
汲漑便利舊時水閣實礙河道悉遣除去止架木橋著
爲令以上吳志
乾隆五十年知府方林開濬城内河道
嘉慶二年知府伊湯安開濬子城四圍水道及東門南門
北門各市河治西錦帶河可通舟行民尤便之以上伊志
咸豐末遭兵燹城内河道淤塞同治三年知府許瑶光鳩

工開濬以次疏通
同治十二年夏旱河涸里人集貲浚治自常平倉前新橋
迤西南至醋坊橋三叉港訖西馬頭計長七百丈各開
深二尺以上府城河新纂
康熙二十三年嘉善知縣崔維華督濬城河先因三冬水
涸糧戶運漕爲艱維華乘初春政暇令各坊預加開
康熙二十八年嘉善知縣李之藻令在城諸坊就所居廣
隘各自開挑河道
康熙五十二年春嘉善知縣梁文爔躬濬學宮文水河
康熙六十年嘉善知縣彭憲祖督濬城河

雍正八年春嘉善知縣部煜以城河淤塞徧加疏濬往來
利濟民甚便之以上嘉善戈志
道光九年嘉善知縣張如梧因河道淤塞勸募開濬深通
同治五年嘉善知縣范基棟詳請開濬城河若干丈新纂
海鹽城濠年久侵淤每遇漕米出兌有害短撥康熙元年
邑人張給諫惟赤捐貲開濬天甯寺西至城内便民倉
一帶河道共三百六十丈并四門城濠共計一千八百
六十二丈六年知縣湯其升開濬便漕城河若干丈續圖
經
同治八年海鹽知縣沈起鵾詳請開濬城河自北門外牛

卧潭進城訖東西兩門凡七百十六丈新纂

雍正二年平湖知縣林緒光開濬城內河道

平湖城內水道西自漢塘河來者逕西水門出東水門爲
市河其一支曰新開河久塞俗稱乾河乾隆乙丑重開

知縣高國盈濬復清水巷故河并築松風港東西兩堤
記略縣治東南清水巷舊有港由小滑橋北流達市河
自明季以來淤成陸地屋其上者三十餘戶歲乙丑邑
士張慎言等以濬復請進而叩之則已捐貲有人經理
有人於凡居民之屋計椽而授費余嘉之遂爲上請報
可慎言等又曰城北松風港爲北流之委舊嘗築堤堵
塞自勢家開通而吾邑以病請以浚河泥土畚而置諸
此復築舊堤余曰塞之使村農運載多阻是有利有不
利也今莫若創爲東西兩堤中隔尋丈如錯指如交齒
然堤之自東出者留西岸丈許勿築西亦如東制庶幾
北注之水紆曲不能直瀉而農舟仍得
便衆唯唯旬月而功俱成遂爲之記

乾隆二十六年平湖知縣劉純煒四十一年知縣劉雁題
先後勸捐重濬市河以上平湖王志

同治六年同知吳中傑開濬乍浦城內外河道新纂

宋紹定間崇德知縣樓演濬縣前河東達運河西陸家灣

明嘉靖三十九年崇德知縣劉宗武大濬城河

明萬歷三十八年崇德知縣靳一派大濬城河及石門灣
以上崇德靳志

同治十年石門知縣袁績慶請款開浚河道新纂

桐鄉城中之水自運河來溪流曲折進北水門經迴泮橋
折而西過來鳳橋鳳鳴市河上南經馮家河西集鳳橋
而出南水門至八字橋逶迤分流而達南鄉一由學橋
之下直出東水城門惟西水門歷久不開水滿則通水
淺則塞城內有祁家漾其水大旱不竭桐鄉徐志伊志案桐鄉城河
未載疏濬事宜至今深通以上各縣城河

各縣各鄉原隰高下形勢各河港數各圩數照錄趙圖記

嘉興地惟坦夷政宜濬河鮮堰閘其附城大河一支河四
圩九其德化之都大河一支河二十一圩三十二胥山
之都大河一支河十六圩三十一感化之都大河一支
河十九圩四十移風之都大河二支河十圩一十七里
仁之都大河一支河三十圩四十七新豐之都大河一

支河十圩二十二永豐之都大河二支河一十六圩四
十七白苎之都大河一支河十圩二十二大彭之都大
河二支河一圩二十一嘉會之都大河一支河一十七
圩三十六長水之都大河一支河一十五圩三十五

秀水原隰不齊政宜節宣宜脩圍置閘其城中坦夷大河
四支河一市河一十八圩一白苎之都坦夷支河六圩
二十五象賢之都東區坦夷支河七圩二十五象賢之
都西區高平大河一支河十圩十五靈宿之東區亢極
大河一支河十圩八靈宿之西區亢極大河一支河一
十九圩一十一雲泉之都或原或窪大河二支河一十

六圩二十八柹林之都曰二十七爲中窪大河一支河十圩三十一柹林之都曰二十八或原或窪支河一十五圩五十復禮之都曰二十九或原或窪大河一支河十圩三十六復禮之都曰三十爲中窪支河十六圩二十一永樂之都曰三十爲中窪大河一支河十圩二十永樂之都曰三十一或原或窪大河三支河十一圩四十五思賢之都曰三十二爲中窪大河二支河十八圩六十二思賢之都曰三十三其東區至窪大河三支河十圩七十一其西區至窪大河一支河十四圩七十六麟諟之都爲中窪大河二支河二十四圩七十九

嘉善原縣錯出政宜濬河節宜下保東區爲中窪大河二十支河四十圩四十下保西區爲中窪大河一十七支河二十一圩六十一思四區太河一十五支河三十圩二十四遷東區大河九支河三十圩二十四遷西區大河十三支河二十一圩二十九遷南區大河七支河五十一圩二十遷五中區大河一十三支河一十四圩一十二遷五北區大河二十二支河六十四圩四十六麟五區大河一十一支河一十三圩二十六麟七區大河六支河一十三圩八永七區大河九支河二十七圩一十八永八南區大河十支河二十六圩二十三永八中區大河一十二支河一十九圩二十八永八北區大河二十三支河四十三圩六十一奉九南區大河十一支河十五圩二十八奉九北區大河二十支河二十六圩六十六奉四南區大河一十三支河二十四圩二十一奉四中區大河二十四支河二十四圩三十二奉四北區大河一十九支河四十九圩八十二胥五區大河六支河二十二圩一十六

海鹽原縣不齊政宜節宜多堰閘一都東區大河二支河十圩八西區大河一支河八圩七三都區大河一支河九圩一十四都區大河一支河十圩七五都區大河一

支河一十六圩十六都區支河一十九圩一十一七都區大河三支河四圩一十四九都區大河一支河一十一圩一十六十三都西南區太河二支河八圩七東南區河湖五圩五西北區大河二支河一十二圩九東北區大河一支河九圩七十四都東南區大河一支河九圩六西南區大河一支河十圩六東北區大河一支河七圩一十三西北區大河二支河七圩七十六都東區大河一支河一十四圩九十六都西區大河一支河八圩九

平湖原縣不齊政宜節宜宜多堰閘原什之七縣十之三

其亢極爲東十九都河三港三圩六二十都河二港三塘一浜一圩一十三十七都河一港一十一圩一十二西十九都河一港七塘一圩九齊二十二都涇港九圩九二十三都塘一港二圩六二十四都港六圩六零二十四都河一港三圩三二十一都湖一港九洋一圩一十一華二十二都港六圩六二十五都塘六港二圩五

崇德原隰不齊政宜節宜宜堰閘宜爲小區高其圍其極窪爲一都區浜河一十七圩一十九十五都區浜河九圩一十八十六都區浜河一十五圩二十二十八都區浜河一十三圩二十十二都東區浜河十圩五十四都

區浜河二十二圩三十四十三都西區浜河一十三圩八西二都區港河三圩四四都區港河八圩八九都西區浜河一十七圩一十八十一都區浜河一十八圩二十三九都東區浜河十圩八十二都西區浜河十圩七十三都區浜河一十一圩九

桐鄉原隰等差政宜節宜宜堰閘其亢極爲八都西區浜港六圩十八都東區浜河四圩八八都西區浜港十圩四其高平爲六都南區浜港三圩三十六七都東區浜港三圩三七都西區浜港四圩七三十都中區浜港三圩三三十都西區浜港三圩三三十都東區浜港三圩三三十一都東區浜港三圩四三十一都西區浜港五圩四三十一都北區浜港四圩四其坦夷爲二十都一區浜港三圩五二十九都南區浜港四圩三二十八都東區浜港四圩四二十八都西區浜河五圩五二十九都東區浜港五圩四二十九都西南區浜港五圩四二十九都西北區浜港五圩四其原隰不齊二十都中區浜港五圩二二十三都中區浜港七圩四二十三都東區浜港二圩四十三都西區浜河四圩四二十五都南區浜河四圩四二十五都中區浜河二圩三二十五都北區浜河四圩四其中窪爲二十六七都東區浜港四

圩四其西區浜河四圩四其中區浜河四圩三二十四都東北區浜河六圩四其中區浜河四圩四其極窪爲二十都西區浜港四圩七二十四都北區浜河五圩四

案趙圖記論列各縣各鄉原隰形勢頗得要領惟郡境水道至繁自長川巨浸以及支浜曲汊不啻千萬計圖記所開爲數甚略或當日僅就里胥冊報書之難以憑準但袁志吳志相沿登載已久一時無從更正故仍照錄原文俟異日覆核者藉爲張本可耳

各堰閘壩

嘉興縣

白苎堰　在縣東南三里　案張堯同百詠題作白苎橋則在宋時此堰已開至元志時仍其舊稱耳其橋爲澱湖之咽喉最利通流昔人曲爲之防蓋失計也

馬塘堰　在縣南七里今久廢詳見山川門

六里堰　在縣東五里以上至元志今久廢

盛家堰　在新行鎮北吳志

鄭公堤　在會龍寺兩腋明崇禎間知府鄭瑄築歲久漸圮

國朝康熙六十年里人高孝本白于郡守率衆重築兩隄以節嘉善平湖之去水浙江通志

施洪港壩　施洪港在縣東二十六里東北接伍子塘正德間豪戶築壩阻塞里老施顯等呈縣委喬典史親臨起夫開濬嘉靖末年又塞耆民萬忠告縣捐貲復開嘉

靖四十四年十月知縣范嵩給帖執照嘉興湯志

鰻鱺堰　在六里街東津亭對岸舊有此堰不知名所起或稱萬里堰雍正間開河濟鹽運堰廢伊志互見山川門

麒麟壩　在縣東十數里漢塘之南岸土人所築時塞時通伊志互見山川門

秀水縣

杉青堰　在嘉興縣北四里至元志案時未置秀水縣故隸嘉興下同　熙甯元年十月詔杭之長安秀之杉青常之望亭三堰監護使臣並以管幹河塘繫銜同所屬令佐巡視修固以時啟閉從提舉兩浙開修河渠胡淮之請也宋史河渠志今堰久廢

冬瓜湖堰　在嘉興縣北三里至元志詳見山川及叢談今久廢

柵堰　在嘉興縣北三里至元志　今堰已開通柳志案堰處今改橋府城西北新城塘河遠承苕溪爛溪之水而來全賴此橋爲咽喉要地其水非惟濟運實形勝所關不知何時築堰遏來源而傷地脈貽害非淺今亦未詳何時所開當在明永樂間夏忠靖治水時也

學秀堰　在嘉興縣西南九里今久廢互見古蹟

杉青閘　在嘉興縣北四里以上至元志今久廢浙江通志秀水水利大略與嘉興相似境內少堰壩至元志所載今皆不存土人猶以堰名其地云

嘉善縣

伍子塘壩　康熙六十一年重築伍子塘壩壩在柳洲亭後闔邑風水攸關自明季知縣李陳玉刱建以來時築

時開至是里人錢以坊等倡捐重築嘉善戈志

彭家堰　在八中區宙字圩

萬家堰　在九南區三豐圩

孟家堰　在四南區小豐圩南婁縣界以上伊志

石井長春等三壩　嘉慶四年嘉善知縣萬相賓修復三壩伊志　知縣萬相賓記略嘉善嘉興析邑也水從郡城上下兩塘而來匯張涇而去生于申旺于子庫于辰惟蘆墟長春兩塘先走而北生氣洩矣於是設石井長春二壩以障之城北伍子塘水當子位又洩矣於是有柳洲亭以銜之猶耗也壩以截之蓋自前明劉公創爲美舉章公繼其事三壩之來久矣今惟長春壩尚在稍頹塌焉石井伍子塘壩曾有私請開通者前令管之而止乾隆三十年爲吏蠹所開鄉人不敢言伍子塘壩康熙九年大水爲漁人所毀壬寅前令彭公從紳士請築之乾隆二十八年梁公復脩而勒石焉旋以市民私

鬭而掘改議木柵卒未建嘉慶四年冬脩縣志士大夫紛紛以請予曰旨哉是誠余責也乃告耆老紳縉正均力作具畚插十日而石井伍子塘成又五日而伍子塘壩成乃以餘力及于長春壩壘石而增之于是三壩皆復

海鹽縣

張泥堰 新朱堰 錢涇堰 周大堰 許家堰 徐涇堰 落匯堰 右隸開濟鄉至元志 案浙江通志開濟鄉內又有周墩堰孟家堰

干涇堰 錢家堰 丁匯堰 朱涇堰 練浦堰 陶涇堰 白塔堰 孔家堰 右隸永寧鄉

徐涇堰 鐵城堰 黃泥堰 高峰堰 大王堰 小華家堰 大華家堰 東吳市堰 西吳市堰 右隸長水鄉以上至元志 案浙江通志長水鄉內又有板層堰董涇堰談家堰棠成堰

北橫涇堰 彭村湖堰 楞巷堰 馬家堰 滕家廟堰

倪家堰 麗家堰 楊家堰 衛港堰 六里堰別見後

三里堰 孫家堰別見後 湯家堰 右隸德政鄉至元志 案浙江通志德政鄉內又有沈家堰 案浙江通志宋嘉祐元年縣令李維幾置鄉底堰三十餘所後亦漸廢淳熙九年守臣趙善悉與脩水利增築鄉底堰八十一所 又云海鹽古堰圖經所載有一百四所自析平湖後本縣所存止四十有二後亦漸廢案今通志所開凡四十有四堰

六里堰 在鎮西六里高下相去數仞為澉浦灌田隄防之所明萬歷間知縣李當泰里人朱文才錢啓南許星石倡捐修築以固坊圍甃小溝于深底創設瀛洞蔽之以門遇旱則開引下河之水以灌上河之田吳中偉有碑記 國朝嘉慶二年里人重築年久圯漏同治十一年知縣沈寶恒領款脩築重甃瀛洞四旁堅築三和土河水始得多蓄 新纂

孫家堰 在鎮西南四里宋澉水志 乾隆二十四年海昌陳氏將堰水之孫家堰改閘洩水民甚病之三十四年知縣韓本晉知府李允升杭嘉湖道寧武立勘詳重復古堰吳懋政有永安湖水利碑記

新河堰 一名新河中壩在澉浦東門外續澉水志彭孫遹重復新河堰記予邑西南一舍曰澉城澉城踞山海之交地勢高亢土雜砂石瀉鹵水淺而狹旬月不雨即罹旱災歲十八九其循城而流者為濠河濠河西北流四里有堰曰冉里冉里堰之下即通河也出東門循濠河東北行百餘步有堰曰新河創濬於故明萬歷間其始濬也自澉城東北十里白洋河盡處起工迤邐西南去濠河不盈七尺即訖工留作新河堰越數十年新河土淤水盡注白洋河又於斶起工處築常川壩以阻之緣新河至常川壩草蕩十餘頃舊制分隸鹾戶取薪煮海官稅纖微邇年悉事畊稼所得倍蓰然水澤往往不給康熙十七年其鹾戶之黠者與非鹾戶而無頁者比黨畫計謂去新河堰則二水相通有麗澤之益以此告於張令君張令君不暇察也為請于上官遂壞新河堰其秋壞河之水盡輸新河蕩有收而田不稔次年春士民聚而請于張令君曰堰不復是有河而無河有田而無田也唯令君有以命之張令君復為黠者所惑謂澉人之故違其令也必不肯復新河堰於是新河堰不果復二十年侯令君下車次年春澉人請復堰令君瞿然曰前令上請而壞堰吾下徇而復之是以縣令抗上官也大不可士民懼而聚謀曰壞堰以來水竭歲祲吾澉之人亦病矣不及今上籲是遺令君以憂也遂合詞控於郡守袁侯袁侯拘黠者與士民庭訊焉下令曰新河堰載在邑乘不可壞也且吾聞濬壕以衛城木閘涸壕以危城也況澉地瀕海一旦烽燧有警何所藉以飭備禦乎以此請於參政某公某公是之即為轉請於方伯鹾憲巡撫方伯鹾憲巡撫是之于是新河堰得果復士民驩呼相慶曰堰之復澉民之大

卒也然非郡侯之明斷何以至此不可不勒石以垂永久相率謁某君貽書都門具述顛末求余文以爲記余惟政之大要在因革因所當因雖循常而不爲苟安革所當革雖創始而不爲喜事自朝廷下迨郡邑莫不皆然不知其道則拘諱者畏難而憚改作剛果者好動而多變更其不至於病民者幾希矣昔漢召信臣守南陽爲百姓開渠溉田數萬頃其民稱爲召父蓋水利之於人也用力省而就效速及物博而垂世遠非僅一時煦濡噢咻之恩澤所可同日而語者也信臣之利人也善于革袁侯之利人也善於因所爲雖異而惠民則同噫徹之人其尚世守勿失食力兹土以歌詠郡侯之功德於無窮而凡蒞吾邦者誠能有鑒于此諸所措置設施致詳因革之當卓然不爲黠者所惑則蚩蚩之氓庶有賴乎此則士民請文之意也是用書之以詔來者其郡侯諱語暨各憲詳允載在碑陰不具述

養安閘 在長川壩西備洩新河潦漲舊名鋪基閘同治十一年重修改今名 新纂

常豐閘 在縣北四十里閘口闊一丈二尺兩堍各高一丈六尺五寸 至元志 宋嘉祐元年縣令李維幾植木爲閘元祐四年何執中爲令易以石淳熙十五年縣令李直養葢閘屋易閘板自是農被閘堰之利頻年得稔後以舟楫通行不便閘竟廢今俗呼其地爲橫塘牐是也 浙江通志

永安湖閘 在北湖口 宋澉水志

張老人閘 在中河東 續澉水志 嘉慶四年知縣任澤和捐貲修築 伊志

轉水閘二座 在六里堰側成化年間本府通判張岫相視高下置閘二座至今民受其利 浙江通志 海鹽據禾城上游環山濱海水無蓄瀦惟藉官塘一帶以灌十鄉之田每十日不雨車戽一動則其水立涸農田龜坼是以堰閘之設較他邑尤爲急務古人多置堰閘以阻遏水勢每歲二月築塞九月始開誠善政也後人以舟楫阻滯毁諸堰閘以快目前之便不知水無所瀦一遇亢旱動輒告災此由堰閘之廢弛故耳 年久坍漏同治十一年重脩均築三和土設板啟閉 新纂

平湖縣

十八里堰 別見後 白馬堰 李家堰 孫堰 沈駝堰 孫三堰 馬廐堰 右隸武原鄉

玉山堰 小山涇堰 鍾鞶堰 溯口堰 小黄泥堰 代埄堰 清水墓堰 沈墓堰 東裴塔堰 西裴塔

堰 立沈堰 馬埰堰 楊瀆堰 東閘堰 墓埄堰 右隸齊景鄉 以上至元志 案浙江通志齊景鄉內又有曹婆堰王道堰紀家堰方家堰雌堰陳家堰瓦石堰金賣線堰周家堰俞家潭堰

西閘堰 祇園堰 俞家堰 大芒塘堰 麥塔堰 西黄泥堰 朱洞堰 楊蕩堰 余家堰 夏角堰 姚里堰 翁莊堰 沈福莊堰 志公堰 大孫堰 右隸華亭鄉 至元志 案浙江通志華亭鄉內又有顧施東柵堰顧施北柵堰新帶堰方塘堰羅漢堰

戴堰 馮奧堰 錢家堰 許洞堰 月河堰 別見後 右隸大易鄉 至元志 案浙江通志大易鄉內又有沈馳堰馮河堰

十八里堰 案括異志武原有十八都分上下村上村在

此堰下

月湖堰 案宋史河渠志云當湖自月湖浦入海考月湖在邑南境何以不北流而反趨于南且當時海口又烏能使鹹潮不入內地無損禾稼乎是不可解

橫橋堰 在縣東北四十五里東承三泖之流乾隆乙巳大旱知縣王恒決其堰泖水暢來歲得稔王恒爲記見平湖王志嘉慶己卯重開海鹽王純有記厥後土人又于直西三里之斜橋築堰一道同治十二年旱知府宗源瀚飭縣開掘深通案海甯奚鶱有論平湖虹橋堰書載皇朝經世文編又重開虹橋堰記見愚谷文集新纂

石門縣

包角堰 在縣南一里久廢知縣蔡貴易復之陳方伯善爲記陳善記役有妨于民者其利一其害一即舊迹所有吾罷議可也苟便于民其害一其利百即曠緒綿邈若舊所無焉自我創建可也矧害不及毛髮而利垂百世上不廢公帑下不竭民財修復故壤以弭隱憂是役可已乎君子持議如握璧興役如救焚遄發力舉不能旦夕謂害一利百者耳議定而役竣而紀功即一堰之細可述已語兒縣與海昌接境海昌地斥鹵故多鹽盜剽掠四出患首及石宋時以邑城之南有支河可達海上遂築堰塞河以過盜衝堰名包角今縣志可考也及元兵入浙決堰直薄城下石燬于兵而堰決不復者迄今垂三百年嘉靖乙卯島夷內訌突至浙西咸被其禍而石邑大酷總督大司馬新安胡公相視地形于故堰建敵臺二以相守望屹然金湯則是堰不特爲石邑外護誠一阨塞也迺年海上雖幸無事而飢饉洊臻鹽盜競起石迫醝鄰士民患苦之癸酉秋浚河通漕築隄障水堤當堰址士民望見喜曰此天相我也益務增築用圖恢復屬隣邑人有稱運道不便者陰阻成議然運道向由章婆堰橋出西安邨高橋至官塘初不由此特假此以伸其私耳于是閤邑士民謀自捐貲別濬新河亦可通漕仍伐石建聚秀橋以便水陸行者議已定乃請于督撫謝公暨守巡諸公咸報曰以一堰而可以弭全邑寇患亦何愛而不爲其如議事下有司隣邑人百計撼之郡大夫李公邑大夫蔡侯皆精練政理有幹局堅守成議不爲動既而守巡諸公以事過石邑親歷其地環視久之歎曰是固當塞彼紛紛之說何爲者自今役宜速舉敢異議者坐之已仍檄有司更高廣何家橋雖巨艱亦可直達無礙石民咸悅上德力舂築不踰時迄工始事于萬歷二年十月竣于三年正月役成鄉大夫運長郭君輩來徵予言記其事予淮包角一堰耳據得形便能爲輕重若是即建堡立障可知已顧其議久不決非三四鉅公獨斷于上李公蔡侯協贊于下石民奚享千百年之利哉夫堰以障水衆說之侵公議猶水之侵堰也能持碩畫以敵羣喙即千仞可立就詩所謂衆心成城是已奚獨一堰哉乃斯堰非上德弗成予故樂爲記之

羔羊堰 在縣北九里

石門堰 在縣北十八里以上崇德新志

桐鄉縣

車口堰 永新堰 俱在運河塘右浙江通志

妙智堰 莫家堰 羅家堰 洪家堰 高家堰 曹家堰 姜家壩桐鄉徐志載有妙智堰橋港莫家堰橋港羅家堰橋港洪家堰橋港高家堰橋港曹家堰橋港姜家壩港改堰爲橋年分無考以名尚存故備載之伊志浙江通志桐鄉之水利與秀水石門相等惟賴運河之水流入以引灌田畝清風永新保甯等鄉其患在澇宜高築圩岸以防浸溢梧桐慕化千金等鄉其患在暵宜時疏浜涇以資車戽四境之內水皆平行故無賴于堰壩所當急者惟濬河築塘而已

附修塘路

嘉興新豐市東至九里亭塘路攤塌牽挽者每有傾跌

沉溺之患嘉慶八年周瑞春舖築石路自鶴膝界起

至西香花橋止計五里東香花橋東西兩堰堤周瑞

春率子周泰鈞晉錫修築石堤三十餘丈蓄水捍塘

秀水塘路由塘橋至塘匯泥滑難行嘉慶二十三年里

人朱獻吉築石塘以便行人

桐鄉塘路自錢店渡起至正家橋止道光六年知縣王

鼎銘重修紳士曹濂曹炳文等捐貲修玉溪鎮至大

王廟止塘路

道光八年里人錢青選方璿謝丕勳施集義等捐修漢

魏兩塘以上于志

秀桐塘路兵後坍圮光緒二年知府許瑤光詳明暫培

土塘以便行旅新纂

嘉興府志

嘉興府知府善化許瑤光重輯

海塘

防河以隄秋汛爲重防海以塘則梅汛秋汛俱重紹設通判治南塘杭設同知治東防西防後又增以中防嘉興鹽平皆有塘設武弁而無文職斯守土之責倍重也唐書曰重築知塘不始於唐矣明洪武置墩堠知防寇不僅防潮矣易土而石累卑而高有築有修程式具在志海塘

海塘在海鹽縣東半里平湖縣東南三十四里東與江南

松江府金山縣西與杭州府海寧州接界長一百五十里唐時剏築曰捍海塘元至元間縣尹顧泳重修改名太平塘明初易土以石成化八年副使楊瑄改舊塘爲陂陀形凡二千三百丈宏治中縣令王璽繼修石皆縱橫相制後遵用其法萬曆五年及十六年皆再築

國朝屢加修葺至今鞏固大清一統志

海鹽捍海塘凡十八條自縣去海九十五里有望海鎮歲久波濤衝齧盡爲洋海紹興中知縣陳某嘗於海塘五里建望月亭今亭已淪水中不可復見十八條捍海塘岸無一存者縣治去海無三百步而獨山一帶歲歲蝕潮透入可以鹻鹵耕種者苦之前政史宰亞卿親督畚鍤移入數百步別築一塘閒牕括異志

太平塘舊名捍海塘在縣東二里西南至鹽官界東北接華亭縣界防海水漲溢故名捍海塘至元志

海塘去郡城百里而遠亘海鹽平湖二縣之境延袤百七十里南與會稽四明相望舊志載秦始皇於此嘗欲架橋跨海有石矣屹海中者今猶指爲橋柱云宋志海鹽東南五十里有儲水陂南三里有藍田浦東三里有橫浦東通顧邑南入海又有三十六沙九塗十八嶴及黃盤七峯布列海壖今縣治去海僅半里舊陂塘之迹悉

淪于海而金山相去益遠潮汐自龕赭上潬洄流激射海甯黃灣境至秦駐白塔間勢復湧撼游濤乘風壞民廬傷禾稼爲全吳憂提議始亟趙圖記

築塘之法竊有取于海鹽乙亥之決其修築也慮湍激之爲害有蕩浪木樁以砥之慮其直瀉隄岸爲斜階以順之其累石也下則五縱五橫上則一縱一橫石齒鉤連若組貫然修甯塘者一準海鹽新塘之式是則一勞永逸之計也陳善海塘議畧

捍海石塘一自朱公寨天字號至演武場外面大石塘頭羽字號止共六十八號計長一千三百六十五丈高十

一二層一接中條石塘尾羽字號起至定海觀音堂衣字號高塘止共十六號計長三百二十丈高七八層一觀音堂衣字號起至落水寨羌字號止共三十一號計長六百二十丈高十四層至十八層不等一落水寨羌字號起至三澗寨新建石塘頭空字號止共九十三號計長一千八百六十丈高十一層至十六層不等一接舊塘尾空字號新條石塘起至秦駐山腳下塊石矮塘壁字號止條石塘長四十丈高十五層塊石塘長七十丈高六七層至十二三層不等矮塘長一百八十丈高五六層不等共十五號計長二百九十丈內土備塘自

行素菴至劉王廟止計長三千八百四十四丈自劉王廟至落水寨止計長六百六十丈自落水寨至秦駐山止計長二千一百八十六丈此沿海之大畧情形也海鹽續圖經

自金山縣界至獨山石塘長五百二十二丈二尺極衝雍正七年以後至乾隆二年歷修一百三十丈自天后宮至海鹽縣界石塘長一千四百八十七丈六尺次衝自金山縣界至獨山附石土塘長五百二十二丈二尺自天后宮至乍關鎖鑰附石土塘長三百九十九丈四尺自乍關鎖鑰至海鹽縣界附石土塘長一千九十七丈三尺自獨山司城至益山土備塘長七百八十九丈自湯山至楊衙墳土備塘長十九丈自乍關鎖鑰至海鹽縣界土備塘長一千五十九丈俱雍正十一年添築乍浦九山續補志

海鹽縣境自西山腳至長牆山止靠海土塘一千五百三十丈自長牆山至青山腳止小塊石塘二百一十八丈五尺自青山腳至秦駐山止土塘二千二百二十二丈自秦駐山至湯家舖止石塘一千一十丈內三澗寨矮石塘一百八十丈接前工高矮石塘一百一十丈大石塘七百二十丈自湯家舖至劉王廟止大石塘二千八十丈自劉王廟至朱公寨止中條石塘一千三百六十五丈自朱公寨至行素菴止舊陳圩土塘

二千九百三十五丈又塘後土備塘共三千七百九十二丈五尺伊志

平湖縣境通計海塘石土塘隄凡長六千三百四十八丈九尺附石土塘長二千一十八丈九尺土備塘長一千五十九丈自江南金山縣界起至茅竹寨止土堤長三千五百二十二丈自茅竹寨起天字號至獨山東腳歲字號止石塘五百二十二丈二尺極衝附石土塘長五百二十二丈二尺自獨山腳至益山東腳土塘長七百八十九丈自湯山西腳至楊衙墳土塘長一十九丈自

天后宮前起律字號至乍關鎖鑰崗字號止石塘長三百九十九丈四尺自乍關鎖鑰起劍字號至海鹽縣界湯字號止矮石塘長一千九十七丈三尺附石土塘長一千九十九丈三尺又乍關鎖鑰至海鹽縣界土備塘長一千五十九丈平湖王志

平湖縣境自鹽邑交界至天后宮止條石塘一千四百八十六丈七尺又塘後土備塘長一千五十九丈自益山東起至獨山止土塘七百八十九丈自獨山東至茅竹寨止大石塘五百二十二丈二尺自茅竹寨至江南金山縣止土隄三千五百二十二丈二尺伊志 案以上鹽平二縣石塘其長二萬二千五百三十二丈一尺內石塘工長六千六百八十二丈四尺土塘工長一萬五千八百四十九丈七尺

唐

鹽官有捍海塘堤長二百二十四里開元元年重築新唐書地里志 王應麟引地里志云開元元年鹽官縣重築是年海鹽尚與鹽官并縣故稱鹽官海塘新志云史載重築而不詳始築之年 知開元以前卽有是塘

宋

紹定中知縣邱耒築塘凡二十里海鹽仇志

咸淳中風潮害稼轉運使常楙奏築新塘三千六百二十五丈大發金粟楙復捐私帑以充費名曰海晏塘是秋風潮大作塘不浸者尺許民率奠居歲復獲稔邑人德之宋史常楙傳 海鹽圖經考唐塘實並海通築宋塘之丈里減是或于近郭衝齧地岀力築之今傍東門武場迤南屬之山澗寨意郎其處惟甃築程製莫詳然據楙傳大發金粟靡悋財力濟事槩可知巳

元

至元甲申縣令顧泳築捍海塘四萬八千丈趙圖記 許相卿元尹顧泳贊汴流浹浹厥產惟亘來司民社惠澤無疆海若馮怒氣吞百里限防弗樹民其魚矣令建長提丈石三千聿空西山移峙海壖旱魃殃民蘊隆如焚四野龜坼民沸鼎鱗令瀝丹悃控籲于帝神龍降庭沛洽甘澍惟昔旱民誰續爾命維今有眾孰奠爾境禱應昊天目睫紓死隄屹海涯功存不世胥橋一坏累然蓬顆昔等泰華百萬憑妥遺愛不忘白藻召棠補此誦詩千秋播芳

明

洪武三年潮水泛溢圮毀故岸民人潘允濟言於朝遣宋署令監築石塘二千三百七十丈柳志

十四年海鹽捍海塘成浙江通志 海鹽圖經海鹽一帶海塘外以捍海潮之入循塘拒守墩堠相望可以禦海寇之登犯塘以裏皆良田富室煙火相望所恃以爲護者一塘而已石塘褸砌者用石方尺餘長八尺或六尺縱而磊之取海潮衝撼不動內厚築黃土以襯之高與之齊厚必五倍之若少工力石可衝撼潮必內浸石塘有隙土塘必壞土塘內潰石塘不能獨存

二十年石塘復爲潮水所圮浙江布政使司參議閻察監修

永樂三年塘又圮通政使司趙居任等按治發蘇松等九府夫增土修築七年修海鹽石隄十年修海鹽土石塘

宣德中巡撫侍郎周忱募郡民七百人部分更築時以石堤內虛始築土五丈實其裏海鹽圖經

正統元年海大溢塘悉潰知府黃懋以聞詔懋爲複堤凡糜銀三十九萬八千兩有奇

景泰五年塘潰僉事陳泳因舊址更爲新隄廣一百二十尺高什之二糜銀視舊損十之三以上趙圖記海鹽仇志是年建龍王祠寘武廟于塘龍王祠在縣東門外半里許今呼其塘曰龍王塘

成化五年知縣李翕比例海鹽縣境石塘牢固奏聞命下三司督同府同知楊冠通判張泳等相視經度計條石樁木等料價銀二萬五千九十三兩倩工甃砌案平湖王志海

鹽石塘築法有二其一爲陂陀塘改疊砌爲豎石斜砌磊碎石于內支之成化十三年楊瑄所定也一爲魚鱗塘縱橫疊石下闊上縮累十七層嘉靖二十一年黃光昇師宏治中王璽之法而變通也二法最善至今猶沿之柳志所云比例者蓋仿正統中陳泳雜用瓦礫塡中包以巨石之制爾

七年七月初三日颶風大作海潮泛溢自雅山東至楊樹林俱爲衝浸知縣郝文傑計量修築圮壞者五百一十丈九月初一日風濤復作內塘古岸修完者自周家涇東至獨山等塘皆爲衝圮其害視前尤甚縣簿陳善奉府檄重修八百一十九丈以上柳志

八年水大溢堤盡圮民溺死者無算時參政邢簡僉事趙銘因遺石修築之不甚堅自是毀敗數修民多困殆趙圖

記

十二年十三年海連溢浙江副使楊瑄督修倣鄞縣荆公塘陂陀豎砌以殺潮勢至今廟祠龍王祠右並海上海鹽仇志海鹽圖經楊公塘蓋倣荆公居鄞修築定海塘式每丈用浙中薄麻石六十餘塊礶法如斜坡用殺水勢石底之外俱用木樁以固其基初下石塊亦用一橫石爲枕循次豎砌裏用小石塡心外用厚土堅築工料之費甚少至乙亥歲風潮異常始盡圮壞云鄭曉名臣記豐城楊公任浙江按察副使定海城北捍海塘縣西走馬隄霸䨱所裏外海塘鍵跳所及海鹽塘皆公修築有功海鹽塘踰二千三百丈工尤巨禦患尤大陞按察司察吏奸斷訟明敏無留獄甫半載病病亟寮宷問候尚論築海塘法及濬西湖之利無半言及私張甯奇廷憲障海詩吾聞浙江濤湧撼勢莫比迴流趨鹽官一射數百里海鹽當其衝適際南北趾何年築長防去郭一數丈許疊石類懸崖壁立瞰其湪剝中實外障高岸湮入水表裏河海間相隔纔一指譬如潰瓜形皮好肉已毀

潮來石奮角潮縮石拔齒時平漸離鉄風迅遽披靡工役歲無涯漂蕩日常耳皇皇魚鼈民藐藐軒裳子剝牀不及膚解牛未得理豈無達務才遺我徒好語使君人中英萬物備一已咨詢度諮如顧盼心隱只發彼巉巖孤砌作盤屈峙軒然巨鰲側坦若長坡迤鏬隙互蔽蔚力勢相併倚盈不與石鬬縮不隨浪委肉厚骨不疎腹飽背復僂秦鞭竟空談漢縆無用此何期既倒瀾忽見急流砥但恐述者能不類創者美速成功易隳衆擧重力易弛安得百使君歷歲如大禹

宏治元年侍郎彭韶按視海邦令通判蹇霆知縣譚秀起藍田北抵丫义爲堤九千餘尺植樁叠石外縱內橫以漸坡陀畧如楊法下廣一十五丈上廣三之二高十有八尺內實土如其高糜銀四萬五千兩趙圖記海鹽朱志秀所修塘下施木樁上加以石縱叠于外橫叠于內外漸收縮以殺潮勢內則上下齊直厚築以土以防側倒石塘下闊

一丈五尺上闊一丈高一丈八尺土塘厚一丈八尺高
二丈二尺每一丈用木樁六十三株石一百九十五塊
十二年知縣王璽更築龍王廟塘二十丈樁石堅固形勢
隆起今稱樣塘海鹽圖經王公塘築于故龍王廟前砥方石縱橫交錯爲之其法有一縱一橫有二縱二橫者下闊上縮內齊而外陂陀形勢隆固屼立潮衝不壞
正德八年通判韓士賢知縣辛九齡修築
十三年提督水利郎中朱衮督修革修塘弊以上海鹽仇志
嘉靖二年秋潮大作泛濫百里舊堤悉圮督水郎中林文
沛究所圮處無慮數十處而王知縣所築獨存乃接王
所築法擇方石縱橫交錯補葺諸圮自丫义塘南抵宋
莊所築凡一千三百七十丈趙圖記林文沛記畧嘉靖壬午秋潮大作癸未繼

之海鹽縣海塘圮者視昔加倍爲潮所泛溢者百里許
文沛督工治之舊制石多縱少橫令使石縱橫交錯連
屬不可解又必擇其廉隅之石布置必穩樁計四千八
百株石計萬六千塊或拾於海壖之遺或運於數程之
外北自丫义南抵宋莊因其舊而增之計七百五十七
丈通舊隄爲一千三百七十丈是役也費銀蓋一千五
百兩
有奇
九年御史端廷赦行縣議修築知縣夏浚條八事竟弗克
施海鹽仇志參趙圖記夏浚原議一專委任以責成功海塘之役自永樂宣德間趙周二公專任之後歷正統景泰成化以來或風潮有壞必勤藩臬大僚以故人皆效力績用有成厥後官無特設事無成算今欲爲分地程工之法必臬司大僚職專水利綱紀于上然後府佐統各邑各邑擇賢佐有心計者一人以統各役官必廉能役必殷實日有日計月有月會歲有歲成臬司大僚乃大昭羣工之績以黜陟賞罰則責既有歸人心思奮而塘成有日矣一捐小費以成大計塘以捍海之北自敎場南至秦駐延十八里有奇闊五六尺有差勢之

最急者大小天闕高不過二丈厚不過數尺每秋風潮
大作往往泛溢衝决容土易潰石塘無護隨亦頃圮今
議者欲因舊增高從中塡實誠爲有見但費甚不貲合
無查勘各年拖欠塘夫銀兩益以司道堪動錢糧附以
各縣歲派然後興工庶幾一勞永逸潮患可捍而民力
可省矣一合衆力以防不測竊謂海塘非獨防一邑亦
緣治諸邑之防故永樂之役至合蘇松等九府之力爲
之自後嘉興府七縣歲派夫銀七千有奇自嘉靖年來
始減至四千今議者欲將各縣歲派塘夫銀兩歸併海
鹽將海鹽秋糧中水鄉居民等銀分派各縣蓋以節財
省事爲主但風潮巨測或有永樂等年之患則一縣之
力決不能支而四千之例又不容不增矣莫若姑仍其
舊一分地界以祛規避夫分工修築舊有成算故私無
冒避官有稽考議者欲計海鹽之數派海鹽之里量塘
勢煩易配里分大小事既均平人無覬愒然此法當以
本縣爲經各縣爲緯如若每里既選一人督工乃計其
所分塘數高廣橫直若干用樁木若干合用錢糧若
干幇貼以某縣總督以某官分督以某役定立標準使
人自爲力若三年內坍塌者造作督工之人皆問擬如
律法三年不壞可保無虞仍於工作成之後查照周文襄

宣德年例設立塘夫分方守候有盜竊樁石者一如運
河事例處治則綜理周密而可俾勿壞矣一革收頭以
杜包侵查得海塘夫銀舊立收頭然錢入民手良民不
免浪費既費而追破產不能盡償合無約令各縣令後
編僉夫銀須田二十畝以上人戶責該管塘長拘令自
納儲庫庶可以免逋欠包侵之弊矣一定規制以圖久
塈以前海塘之修各取辦一時未見經久惟宏治間王
知縣所築樣埤至今不壞合無依仿其制下用木樁打
腳闊五丈高二丈八尺務用大石一橫一監騎縫疊砌
平鋪放着勿令空隙以漸收縮勿令傾倒仍用小石塡
實堅築以土以固其基所費雖不貲可一勞永逸矣一
保裏河築以固塘基沿海舊有白洋河南通漱浦北通乍
浦中間或開或塞雖有舊跡可尋類多淤爲草蕩議者
因築塘取土之艱欲濬此河然海塘厚者僅七八丈薄
者僅四五丈以此捍海勢亦甚危故周文襄俾民于裏
塘增土五丈其慮甚遠今藉數丈之土爲基賴河身素
淺隄勢不傾若濬此河但可增高不可倍廣基薄易決
若取土運石須相塘基廣處稍傍河西開濬丈餘僅取
通舟而已舊成河者尺土不去若藍田迤南去塘勢遠
者不在此論一相地形以施塘工海塘二十里雖各要

害然海塘天闕迤南爲衝教場迤北爲緩今日之修築要當視此爲次第凡全坍者若干半坍者若干勢之最要功之最大者若干先後有序經畧得宜則民不病而功可成乃若宋莊則正當秦駐白塔二山之衝潮汐呑山爲急舊有雙塘故無潮患先年妄行廢毀其一故單塘勢危合無重作裏塘爲便　案正德以來天闕外隄毀撤而內隄獨當其衝勢甚單孑浚議作復堤蓋卽以今之內堤作外堤也

十年提督水利僉事蔡時督修及築修教場塘料費銀九千五百兩有奇教場塘一百七十丈

十四年海溢塘圮致仕布政吳昂奏行巡按張景僉事焦煜以通判賺文昌海鹽知縣董珆平湖知縣黎循典修築始建四陡門以滲潮水殺怒濤且便晒鹽費銀二千四百有奇徐階焦僉憲修塘記海鹽縣捍海塘直秦駐白塔二山之間間歲怒潮挾風至山下東不得肆而益怒西激而塘實當其衝故其勢特見圮嘉靖乙未冬十月侍御安陽張公按行海上觀視塘石岌焉下瞰大駭曰此塘不修且盡壞壞則民其魚乎遂以役謀諸分巡僉事焦君會有以費言者公曰有帑藏之積存焉夫成大事者不計費況取諸其贏乎又有以勞言者公曰有生之道存焉夫以生道殺民死猶不怨況役諸農之隙乎于是公主其議焦君贊其決伐石于山取材于林謹擇吏之良與民之好義者因能以授之事分地以程其工崇卑廣隘葺故益新疏爲陡門博爲三堰凡用白金二千四百用民之力前後閱六旬而修石塘三百餘丈土塘二千七百餘丈邑父老以爲神相率抱孫攜子觀之歸具酒食召賓客晝夜劇飲相賀曰今而後無憂于墊溢矣其明年公既得代又相率肖公像爲生祠而介鄉縉紳方伯吳公昂董謁階紀塘之成績碑諸廡下階每旦出諸父老者必在也乃仰而嘆曰嗚呼何得人之深若此哉蓋嘗稽諸往牒自洪武迄宏治之初百二十年塘凡八修築景泰甲戌之役爲金至三萬九千有奇爲工至再閱歲亦甚勞費矣然而不可已者何也其利害輕重之實有在也自宏治迄于今歲五十年地勢民隱非有異于昔而保障之謀塘弗及焉此又

何也古之君子以天下爲一身惻怛慈愛根于中而不能已是故憂未至而預爲之備患已迫而亟爲之防其又甚也排羣議冒怨謗毅然必爲而後世卒蒙其利今之君子以官爲傳舍憂民體國之志不能勝其自爲之私是故苟安無事則自托于無擾以幸旦夕之安而訏謨至計動以爲迂且拙維侍御公明敏英斷具高世之才而其心又不安于自爲蓋茲役也任事之決可以謂勇計慮之遠區畫之詳費薄力省而功鉅且速可以謂智若乃赴民之急如謀其身惻怛慈愛根于中而不能已則爲仁至矣然則其得人之深也宜哉階顓蒙寡學文非所長獨以父老之請不能拒也因僭論公如此公名景字光啟焦君名煜字伯昇其以吏之良獲受事者嘉興知府鄭鋼海鹽知縣董珆平湖知縣黎循典嗚呼後世頌公之績者其尚有以得公之心

十七年海溢塘圮十八年巡按御史傅鳳翔僉事張文藻以同知林鳴鑾修築全坍石塘七十七丈半坍石塘二百五十丈土塘二千四百三十四丈四陡門亦各增石計銀一萬三千三百有奇鎮海祠卽龍王祠堂也天闕爲海鹽要害之地故特重建以鎮壓之

二十一年僉事黃光昇以通判陳嘉猷監督又檄知縣魏廷璽始取千字文編塘號自天字起至木字二十里共一百四十號每號二十丈共二千八百丈卽塘石鐫之黃光昇築塘議予築海塘悉塘利病也塘根浮淺最病矣夫累石高之爲塘特下數樁撐承耳樁浮卽宣露宣露敗易矣亥病外疏中空舊塘石大者郛不必其合也小者腹不必其實也海水射之聲汩汩四通侵所附之土漱以入漈以出石如齒之疏豁終拔爾余修塘必內與外無異石先去沙塗之浮者四尺許見實土乃入樁入之必與土平仍傍築焉令實乃置石爲層者二是二層必縱橫各五使沙塗出其上令深皆以奠塘址也層之三若四則縱五之橫四之層之五若六縱四之橫五之層之七若八縱橫並四之層九十縱三之橫五之層

十一層十二縱橫又並三之層十三層十四縱三之橫二之層十五縱二橫三層十六縱橫並二層十七縱二橫一層十八是爲塘面以一縱二橫終焉石之長六尺廣厚以二尺琢之方砥之平俾緊貼也層表裏必互縱橫作丁字形彌直鋒之水也層中橫必稍低昂作幞頭形彌橫鋒之水也層加架必跨縫而置作品字形以自相制使無解散也層必漸縮而上作階級形使順潮勢無壁立之危也如是又堅築內土培之如肉之附骨然後可免崩潰矣　魏廷璽議海塘之役近年以來憲司提督于上府縣分埋于下非不欲成此大功但患有可懼弊有未革耳支給工銀易生侵尅之謗患一講議修築之法各持已見紛紜爭勝莫知適從患二拘于估計制于成命不得相機隨宜有所增損患三近海軍民多賴修塘以爲活計一身做工影射數名通同管工入役冒破工銀弊一又砌手志在常得修塘工食不肯砌築堅固弊二管工委官羈身海上颶風毒霧之中度日如年但欲速成了事孰肯盡心如幹家事弊三去此三患三弊塘不難成矣　海鹽圖經黃公五縱五橫塘每丈疊砌一十七層該用新石四百八塊底石四十塊每塊用樁八箇共樁三百二十箇每樁二箇用三丈木一株共樁木一百六十株砌第一層新底石四十塊每塊下樁砌第二層至十七層止共石三百六十八塊其四縱四橫者疊砌一十五層用新石二百九十塊腳樁二百五十六箇該三丈木一百二十八株砌底石三十二塊每塊下樁砌第二層至第五層止共石二百五十八塊

三十年海溢塘圮水利僉事胡堯臣修築錢薇記是役也胡公以憲司提其綱雖風雨必卯出申入又節騶從供應以身儉先故一時從官咸奮若林丞士儀楊簿繼蘭及劉經衛國學章知事林以至揮使在役者罔不勤恪云

四十五年塘圮知縣李薦佳申詳同縣丞何希周修築朝問二號全坍石塘凡一十六丈費銀六百五十九兩以上海鹽仇志

隆慶四年海溢水利僉事李文績督湖州府同知藍偉來築用黃公法縱橫稍殺之築塘九十餘丈費銀一萬五千兩海鹽圖經　李文績修築事宜自國朝以來修築頗簡有以石斜監貼土者有橫砌一縱者後來築法漸詳有二縱二橫者有三縱三橫者亦有五縱五橫者計築一丈用銀三百餘兩歷年風潮衝坍猶屹然如故今欲砌如五縱五橫之式勢必不能酌量現在錢糧將龍王塘天關要害處定爲三縱三橫其餘往秋等字號潮勢稍緩定爲二縱二橫

萬歷三年乙亥五月晦夜大風潮塘盡崩水出地二丈餘溺死三千餘人縣河皆成鹹流撫臣謝鵬舉按臣吳從憲具奏既得報鵬舉入任戶部撫臣徐栻集僉事陳詔張子仁同知黃淸議之仿黃光昇法改用大石凡用銀一十二萬有奇成塘七百五十丈土塘三倍之又開白

洋河三千丈餘塘圮且裂者悉理砌之役竣建海神祠及前憲使楊瑄祠鑄鐵象牛壓勝植木爲邊滬樁賜栻等金帛陞秩俸有差海鹽圖經　董份記鹽邑在海中若浮瓠然獨石塘號稱捍海而邑當秦駐白塔乍浦諸山南北夾峙激海鼓颸潮與塘直其衝撼特甚故數被患視瀕海諸郡縣尤劇而塘輒易敗明與數若之矣乙亥颶作濤溢入而塘敗十六七民漂不可勝計數十里家室爲墟而浙西數百里間水徽鹵有海魚遊焉識者皆寒心而大中丞謝公侍御吳公奏狀請治塘議費十六萬金有奇既戒期興役部署有緒矣而謝公又貳戶曹上簡少司馬徐公兼中丞來下車首問塘事或言議政甓往牒擧事占近世塘自正統間議築矣度費幾三十萬載在誌籍今事變過之而議費減半恐不可且創大者難卒復工鉅者難趣成勢非數年恐不可曷再請而徐圖之公乃歎曰夫人臣下當憂民上當體國今縣官屢乏而浙帑素虛何再請也且古稱拯溺救焚言其速赴不旋踵也民既漂溺吾有速拯之耳憯然不能須臾何徐圖也昔漢稱王遵以身塡

金堤吾其身許是塘矣乃亟親按行數撬泥涉塗蒙霧露冒寒暑勿懈因晉藩臬三道召郡縣諸屬引父老集士庶而訊患害審便宜究長策與侍御鮑公條上得報可而公銳意督之蓋每飯未嘗不與塘每費寐未嘗不慮塘事心兢兢嘗不遑而藩參朱侯舒侯前後相繼爲守道憲僉張侯爲巡道陳侯爲水道三道皆以才賢著名極一時之選與公同心日夜殫思畢知以效匡贊而公虛中盡下與相周旋然公擇善以人而任難自巳其志奮勵足以感動而身親勤勞尤足表率以是諸屬皆奔走爭先諸役亦幅湊並進罔後上下合爲一體以有成功皆公竭精致之非若世之授指而責成端居而論績者也工始于丙子春二月成于丁丑秋九月僅閱歲云初公于石塘内加築土塘問行塘曰夫築土塘所以爲石塘脣齒護也然潮過石塘而無河以洩之則勢悍而益漂今從二塘間爲河使潮過有所容宜足以殺其悍亦古斯渠之遺意也乃亟鑿河而石塘之難難於聚石公既令博采洞庭杭湖諸山會河濬舟行轉石益便而舊石墜塘下者匿土中悉募人出之得石益多矣蓋塘之速成者以此先是議費十六萬者徒以石塘耳今加築土塘又鑿河又樹盪泿椿無數以抵潮又鑄鐵獸十二以厭水又捌橋五以通道而壓費十萬有奇其存者五萬六千有奇焉余嘗適海上觀塘見石唇如珉其縫如繡外極精矣蒸秫如脂傅土如膠内極固矣工速費省而既固且精慮無不周事無不徧邑人言自有塘以來未有若此者因登秦駐望海無際潮怒如震雷瀉如建瓴獨石塘力抗之亘如金城屹如砥柱土塘如重關如疊嶂而河經其中如長虹余乃作曰嗟乎壯哉其東南之奇觀而永久無疆之茂業哉於是邑人出於波濤安於衽席息於弔問興於謠歌思欲得余言記功貽後世而三道遂以民情來懇余惟天下同患北有河南有海間者河嘗梗漕縣官不愛鉅費歲覃無已者固以四百萬粟關軍國至重也然漕者四百萬粟所過之地而浙西東吳者四百萬粟所產之地其本末甚易辨也頃濤一搖而浙西水徹鹵矣嚮使塘不修而益漂能無爲墊乎浙西墊而東吳能免乎故公匪獨一邑之功而實社稷之宏謨軍國之本計也余浙西人也故備著之公在浙靖夷氛擒大寇撫安黎元其功甚多而此著其塘事如此是役也侍御鮑公復行而王公至益核實考成云於是天子嘉公功晉俸賚金帛三道郡縣或遷或賚有差公名栻常熟人謝公名鵬舉蒲圻人吳公名從憲晉江人鮑公名希憲長子人王公名曉淄川人朱侯名炳如衡陽人舒侯名應龍全州人張侯名子仁無錫人陳侯名詔晉江人嘉興守黃君希憲前守李君橡同知黃清梁棟通判張繼芳伍希德胡嗣敬推官陳文炅海鹽知縣饒廷錫海甯知縣蘇湖皆竭力是塘者也宜并得書

陸光祖撰碑畧萬歷三年五月晦海溢盡破捍海塘石十九淪海無迹漂没屋廬禾稼死者不可勝數前督撫中丞謝公鵬舉以狀聞於朝既下議修築謝公察都同知黃君清才廉有心計肯任事命之董工會公遷去於是朝廷念海事至重特簡今兵部侍郎徐公兼御史中丞來撫治之公蒞事之明日率其屬親行海上齋祓潔牲虔祭海神以告肇工擇遣丞簿尉談繼先黃用中謝希周典史陳柯王金把總王三錫指揮馬繼武李嘉元等三十餘人畫地分工并力合作謂同知清汝總余塘工盡其能無避短長之言工大小咸責成於汝謂海鹽令饒廷錫此汝邑事汝其悉乃心廪餉諸吏士百工無或闕乏汝五日至塘省視謂按察水利陳君詔爾惟專職其出舍於塘晝夜巡董謂按察備兵張君子仁月一往察之稽其勤惰賞罰用命不用命已而太守黃君希憲至郡勉僚屬以同心一志調匠於浙東諸郡採石於武康梅溪鈺䆟而力皆募海上災饑之民使取傭直以贍孥寓救荒意凡樁木炭鐵麻竹灰應用之物悉平市之民間郡吏既受事俾作治如式用石長廣厚尺寸有度塘基下密樁皆二丈之木深入平之然後石層砌其上縱横有數一始運石募客舟舟不能過三巨石乃官造舟舟堅且安一舟所運再倍石運易集大省葦弇之費同知黃又言石塘之内宜更爲土塘疏爲内河備決濆湧溢之患按察張君力主其策公納之乃復行視自金家路至章堰得古白洋河舊跡皆已湮塞而内塘亦夷自章堰歷大小天闕至山澗寨舊無塘開新河即以其土築新塘河可行舟運石益便已復更濬深闊計長久石塘既成得土塘表裏相輔愈益堅完即有巨潮越塘内河足以受之可分殺汛勢不至壅激爲害河之上舊皆黃茅白壤名曰草蕩今可引溉以爲田工始於萬歷四年七月訖工於五年九月是役也按察備兵張君在事最久勣獨多水利陳君繼至劬勤率先人吏益奮太守黃敦道範物克相厥成邑令饒捐字供輸顏貌爲瘦別駕張君繼芳胡君嗣敬有購石造舟採石之勞分守前參知牛君炳如參知舒君應龍先後輸獻寅恭協力郡司理陳君文炅和衷默贊成人之美

前守李君櫞謀始度費收樺溺者海濱人德之而前撫院司徒謝公違衆拔用同知清卒賴其力人服其有大臣知人之鑒是皆有功於塘事者也自海鹽教場迤北至于乍浦一帶皆開河取土築塘以錢糧不給中止平湖程志自此歲徵塘夫銀六百一十五兩有奇以備工作時知縣黃焰議塘石外平內欹潮衝易壞合將欹石橫欄平石縱砌計可久遠然因仍補葺其議卒未行袁志

十五年丁亥秋七月海溢先所理砌塘盡圮巡撫滕伯輪行閱以理砌不堅徹新築之條上方畧十得報允行以副使夏艮心同知曾維倫視工伯輪勞程督殁于位傳孟春代之成塘全築者五百七十一丈半築者六百餘

丈土塘二千四百餘丈用銀六萬八千有奇奏聞如三年例賜金帛陞秩俸有差伯輪特予一子廕滕伯輪十議一議委官塘工大役總大綱者水利道臣之責移駐該縣督理其董率官役工匠收放錢糧本府同知一員專理之次則蘇湖二府採石合委府佐二員分管塘工應用官十六員分管採石應用官四員俱合委衞經縣丞簿等職于通省選取庶足充任使二議錢糧嘉興府屬原歲派塘夫銀七千積今十五年豈不綽然有餘而有司視爲緩圖任意挪借今除搜括本項外動支該府驛傳積餘銀七縣預備倉穀銀幷衞州府驛傳支餘銀金衢嚴温處五府現儲糴穀銀其足原估之數免合加派地方三議塘式舊塘惟典史吳允隆所築及三監生罰修者自嘉靖至今不壞堪以爲式蓋砌以魚鱗又三面收縮石堅工細故也今議以四縱六橫起腳二層闊二丈七尺五寸自第三層漸收而上每層內外各收七寸至第十八層結面闊九尺三寸石必六面方平砌必縱橫相制蓋面之石又必內外皆縱以順水勢仍于安砌之時每層必先鋪地驗過面面相同縱橫相合方許擡砌以祛

偏斜貼襯虛飾草率之弊四議採石舊議塘石長六尺闊厚二尺二寸不如數者亦爲折算以故虛冒生弊茲議蓋面用大石外其餘以長五寸闊厚一尺六寸者爲準每塊給價五錢出山麄料仍多二寸以備整削不許別開大小折補之端致生弊竇其驗石必取六面方平稍不合式卽行揀退運石船隻上灰杭嘉湖三府編派打造其三千五百六十九號費至三萬餘金及工完變賣所補無幾今莫若令採石宕戶包運諒亦樂從又或廣示招募宕戶有力者自載合式之石赴塘驗收照前給價採買招買並行事可兼濟五議木椿海塘之築全賴椿木入土之深則爲基孔固議用中三丈木徑四寸者截作二椿各長八尺或委官在本處廣招木商載至平買或于杭州南關聚木地方招商收買每塘一丈釘椿二百五十九箇又必先于塘基內去浮沙數尺見實土方如法密釘庶椿堅基固石塘賴以無虞六議工程海塘大役必有分任後可責成功今議全築石塘三百六十五丈每官分理三十丈以十二員管之修築補砌石塘七百九十九丈每官分理二百丈以四員管之每新塘一丈限十日修補者二日期事無推諉功可期就七議收支海塘錢糧支放頭緒甚多稽察密則弊無所

容放給時則人速霑惠舊議委嘉秀二縣司收海鹽縣司放管工官造冊送總理官總理官造冊送水利道道行府府行縣給發中間吏書展轉查核刁蹬躭延爲弊反滋夫匠銀難到手未免揭債豪門若不可訴今議銀俱解發海鹽縣儲庫聽縣官收掌總理同知備將各該採石買木管理塘工委官每官置簿二十扇送院印鈐發各收領採石官日開採運到石塊若干買木官日開買運到木椿若干應給銀若干註簿總理官驗收訖卽行該縣照數支銀封送總理官驗散應找給者找給應全給者全給毋令宕戶木商守候其管理塘工各官每日將領過木椿若干木匠削過釘過若干領過石塊若干石匠琢洗過擡砌過若干應給銀各若干開塡簿內每五日送總理官查閱無弊卽行該縣照簿依數將銀兌準封送總理官同各委官當面鑿鑿包封喚集夫匠逐名唱給隨造冊送水利道稽考仍同原發塡過簿送院查閱庶稽考有法支放及時夫匠旣得速霑實惠而衙門入役之弊亦清及查夫匠向有計日償工之說大爲冒破今惟計工定價如削椿釘椿琢石砌石拆洩扒沙等項俱照工給銀則老弱夫役不堪匠作雖欲浮食其間自不可得此又考工節財一法八議土塘石塘外

當風濤內必依于土岸此貼備土塘所不容緩往年土塘隨石塘並築故石塘工作麄疏無從詳驗今宜候石塘築完之日閱視內外如式委管工官督率人夫挑取實土緊貼石塘填築斜坡近塘者夯[illegible]塘等築令極實土始不散庶水過直瀉石塘登[illegible]凡議體卹塘工興作之際委官必須朝夕不離塘所乃可照管櫛風沐雨勞苦萬狀議每日給銀二錢每官除撥驛船住止外又各設篷廠一座仍撥夫二名聽其差用俾日給稍充而風雨有薇役使不乏乃得盡心所事匠作人夫多係各縣應募或係外府役充今議令于每官廠側各起搭草篷四五區使安歇炊爨庶物料得看守之便赴工無往返之勞而居停亦免苛索之苦十議稽查築塘工役非小惟恃賞罰以爲勸懲除在工各官有偷安誤事及侵剋不撿者即時分別發落外其塘工通完之後容令嚴行查閱如果經畫得宜修砌如法有禆保障者將各司道府佐以下大小委官據實薦請優錄勞苦功高者破格擢用庶賞罰嚴明人心自相戒勉大功之就可期矣

黃洪憲碑文鹽官故禖海而治距東門不數百武石塘橫亘壁立盤旋蜿蟺若飛虹遠天而下矙海秦駐九王門諸山屭贔東險衝激飛沫每疾風怒濤欲野歎山震撼颺蕩塘不克砥而善崩蓋自唐開元迄明興遞築遞圮費縣官金錢如塞漏卮而沃焦釜萬歷四年大司馬徐公新築見爲石砌乃丁亥之秋颶風駕海潮而上塘之衝圮者什四五漂沒田廬人畜無算前撫臣滕公亟上狀請修築惟時郡國倉廩或困於三服官而又大告大疫旱潦頻仍百姓凜然莫必其命即欲加賦簡役其道何繇故有謂始理砌以須後舉者滕公獵纓語曰海塘係三吳屏蔽蟻穴不完千里盡爲瀉鹵吾何計目前而重後費不使一勞永逸哉於是借水使者暨藩臬諸大夫蚤夜講畫利便復條爲十事以請簡材官計錢穀定式度採石料益楗木築土窣分訾程謹斂散厚餼稍覈功績議減報可中丞公乃以身總其凡而水利夏公出舍海壖經營盡瘁少府曾君專司督理部署諸役若丞若尉若幕若掾矢力錯事無不人人自奮者僉議既同百堵皆作今中丞傅公嗣事蒞之躬閱申飭以蕆成事工刱於戊子之二月越庚寅二月告成原估七萬餘緡其後續議增築費僅六萬八千奇而贏千有餘金總之全築而爲丈者五百有七十半築而爲丈者百稍築爲丈者五百有三十爲陡門者座有二爲天闕備塘者丈十有七爲土塘者丈一千三百有七十延袤幾二十

里其築塘基必去浮沙令見實土乃下楗木而內外甃石必取其堅厚光平者縱橫上下如魚鱗綺錯勢相聯繫俾潮無直射石無旁齧有金墉砥柱之固天子嘉諸大夫勞勩賜晉秩有差余嘗考按顛末茲一役也其多乃前功而可爲後法者便有五往歲海溢守土者憚於上聞至令士庶叩闕乃得報可而又部覆移咨動淹時月甚或有司齮齕言者不爲亟治此何異假越人以救溺哉今使者蒿目憂民朝聞夕奏而又以便宜從事役不逾時財不侈費使一往歲鳩工多履畝益稅事罷輒著爲率民甚患之今時詘舉贏而賦不加額惟括諸郡儲傳塘夫之羨者約四萬有奇而又出備賑倉穀令當傜役者赴工取庸抵原估二萬贏拯溺賑饑一舉兩得便二往歲塘石率取之洞庭武康比年饑疫宕戶邛壉採辦甚艱茲復於海鹽南境顧嶺葛山開鑿岑麓得石磊砢而又爬剔其沉且棄者石料四集工役易與便三往歲董役者咸宿官邸議察罔恒故工多呰窳訿訾程而糜廩餼茲分官董視人給一舟令芟舍海上朝夕行畚挶間程能計日勞其勤而抶其惰者又道旁蓋廠俾量時休息免風霜暴厲之侵故民日距躍以趨而不歌東門之晳便四往歲海塘夫銀率輸府庫以待堤繇其後島夷內訌有司徵調挪移不復爲備請專勅水利別駕駐海上其原額夫銀令儲邑庫以備歲修而又禁民之灌田者竊石者陰利災而覬乾沒者自是隨鋪隨築歲以爲常毋臨渴而後井便五之數者經營大備於前良法可垂於後役鉅而賦不增時艱而民不憊令國家根本之地百年安於覆盂非諸大夫明智體國竭心不二何能建必然之畫而成累世之功也哉先後董斯役者巡撫滕公名伯輪甌甯人傅公名孟春高安人水利副使夏公良心廣德人總理同知曾維倫樂安人海鹽令黃之俊清江人謝吉卿晉江人其餘諸執事爵里姓名具載碑陰云

三十九年塘圮知縣喬拱璧修築之費銀四千八百有奇

天啟二年塘圮裂者二十八丈知縣樊維城請於郡以縣丞李筦修築之費銀二千九百餘兩塘卒賴以不壞上以

海鹽圖經 圖經總論塘之云土塘者有二一附石之土塘塘成附土于裏以培之黃公光昇云若肉附骨者

即斯塘也然第以土附水終得潄之法先用碎石細帖
于內後附以土水隔于亂石即及土勢弱不能侵矣此
亦黃公法後有調灰漿彌灌者故善曾公維倫曰是太
㯼且浸土中鉤考未易滋侵冒不可一則內之備塘又
在附石土塘內相去稍遠有此塘始可撤外塘以築即
石塘圯潮不至闌入黃公慭所議複塘是也自了义塘
而南至秦駐石塘內盡鹽場從陡
門引水灌鹽田尤賴復塘隔之

六年署縣事楊希旦再築

崇禎元年七月颶風迅作石塘土塘並圯知縣田升年詳
憲修築之功始于二年四月報竣于三年十月築大坍
次坍塘二千餘丈

十年六月風潮石塘崩圯知縣朱應熊修築共八百三十
六丈以上袁志

朱衡修捍海塘疏題爲阜民生重國計以消弭災變事
臣等看得南京戶科給事中張應治題稱今歲雨澇風
潮異常海甯海鹽等處衝壞海塘先年欽依專差郎中
林文沛督修蘇松等府各有協濟合無查照前議量派
各府或多方措處趁冬修築如慮差官繁難就行巡鹽
衙門總理併水利道專督及原任南京國子監助教仇
俊卿等遣生員仇原奭奏稱海鹽縣石塘衝損要得查
照周忱事例選命才望之臣熟知海塘利病如黃光昇
者悉依樣塘創建併敕戶部多方計議或留銀賦或借
鹽課容令督役之臣便宜支用各一節爲照海甯海鹽
等海塘實三吳外蔽而海鹽石塘爲要害國家財賦之
區百萬生民之命須此爲係先該給事中戴鳳翔題稱
衝決已經本部覆奉欽依咨行修築去後今該前因欲
要請差官員照得水利現有巡鹽御史兼管及特設按
察司憲臣專督而撫按又一方利病攸賴同謀效力鮮
不濟事似難更議差官以滋煩擾但臣等竊慮海塘工
費浩大若當事者委諸錢糧空乏不及時設處修築延
至春汛水溢見塘盡衝將使蘇松杭嘉湖常諸郡膏腴
盡爲斥鹵國家鹽課田賦所損奚啻修築之費所據措
處錢糧及剋日鳩工一節相應題請恭候命下本部咨
催巡撫都御史谷中虛及都察院轉行巡鹽及巡按御
史作速會議勘估計日與工錢糧先儘本府歲派之銀
各府既利害相關果有前例相應查照往年修塘事規
量派協濟如或不敷必須多方設處查有何項銀兩堪
以挪借俱聽議擬停當奏下該部覆行支用一面嚴行
水利道憲臣親督管工官員照依先年典史吳允隆樣
塘如法修築期垂永久勤限春汛以前完報不得苟且
了事毋延歲月以貽大患中間勤惰各官聽巡鹽御史
分別題請以示懲處仍將各處用過錢糧及修築過海
塘數目一併奏繳自後歲徵塘銀務照本部先題事理
專儲聽候修築不得擅動如此則東南
之海防益固而國家之財賦永賴矣

國朝

順治五年署海鹽縣事張世榮修築調陽二字號大坍石
塘一十八丈

八年海鹽縣知縣郭尚信修築月字號石塘二十丈併小

修張成等號結面塘石陡門

十二年水利通判韓範海鹽縣知縣毛一駿修築化草木
字號大坍石塘共三十丈以上浙江通志毛一駿修塘議鹽邑公事累官不一海
塘爲甚蓋以二十里人力敵億萬頃颶風少不堅繳近
而本境皆魚遠則隣國爲壑攻之邑志每塘一丈計費
三百餘兩經始之人至今俎豆不替誠重之也職到任
以來波濤近在枕席何日敢忘徹桑查歷年請修舊案
約耗費數千餘兩無案不借修化被草木塘號爲名偏
不及致兩等號心竊怪之及親闖塘勢致兩逼處門庭
按費計工在人耳目無術躲閃化被草木帶凸披沙潄
醫難及距城少遠急修之無利緩築之亦無害蠹胥奸
匠便于侵牟所以曠日持久靡費金錢仍留未竟之功
爲請益之地一經查勘不過聚數游民點綴畚鍤事過
復停嚴究所冒工銀原不由縣給領石匠之死者死經
承之逃者逃止拘責見在承役空勒限狀申報憲臺何
益成毀之數哉此職撫膺浩歎請修之文日上不敢輕
請各邑協濟父老之議日集不敢輕徵本縣塘夫蓋不

欲以身合汚貽笑海若耳今欲爲國家財賦計爲萬民身家計先端發銀之本使分毫畢歸海塘次重專官之托使出入賴有成算次嚴經承之選使積猾不敢再生覬覦次嚴募匠之令使老弱不得濫冒廩餼次減承催之差使工匠不苦無名需索次審險易之使使緩急不仍紊其次第如此興工縣官不經手錢糧立破從前染指之嫌自可督率佐貳日省月試考厥成功雖鼛鼓時摠當工匠騰飽亦動子來之義而不怨其勞也

十六年嘉湖道史燧請修成歲等號大坍石塘邑人禮科給事中張惟赤具疏請及時修築是年築致兩二號大坍石塘二十一丈推官尹從王督修之吳志

張惟赤海塘疏題爲東南財賦所關捍海最要等事竊惟江浙二省杭嘉湖蘇松常鎮七郡皆瀕于海民之不爲魚鼈田土廬舍之不蕩于波臣者以海塘之捍其外也查此塘築自唐開元中至明始易以石編立字號葢因七郡地勢窪下易于湮沒故沿海郡縣皆有築塘至海鹽一處兩山夾峙潮勢尤爲洶湧昔之縣治已沒海中葢翳而進者已七十餘里明萬歷十七年崇禎元年屢次衝決七邑之廬舍人民屢遭湮沒不惟國課無資亦且生靈可念此時旋卽估修已費金錢十餘萬兩大約逐年修理則易爲力俟其大壞而後修則民受害而爲費滋大所以明朝特編海塘夫銀以事歲修他郡無論卽就海鹽一處之塘歲編銀六千九百九十九兩九錢一分內派嘉興縣一千七百五兩一錢零秀水縣一千二十五兩三錢三分零嘉善縣九百三十四兩一錢八分零海鹽縣九百二十三兩六錢三分零平湖縣九百二十三兩七錢二分零石門縣七百八十七兩一分零桐鄉縣七百兩一錢八分零徵儲府庫以爲協濟載在賦役全書及海塘錄內班班可考近來此銀不知消歸何地自明末至我朝十六年來並未修築此塘被水衝齧基址盡圮縣治百步外已有坍口倘一旦風濤大作徑從坍口深入則滔天之勢潰于蟻穴將見七郡煙火之墟財賦之地盡付之浩渺之鄉矣

十七年知海鹽縣事雷騰龍修築閏餘二號成歲二號大坍石塘六十丈

康熙四年巡撫蔣國柱委通判殷作霖修築海鹽縣露結盈等號大坍石塘五十三丈土塘六百四十丈

六年知縣湯其升修冬字木字號大坍石塘共一十八丈日字號小坍石塘四丈五尺又小修月盈等號結面石塘

十一年知縣張素仁修日字大坍石塘九丈月字大坍石塘六丈三尺盈字號大坍石塘一十二丈被字大坍石塘一十丈

二十四年巡撫趙士麟委海鹽縣知縣陳鈍修築石塘一十丈

五十年巡撫王度昭題准將杭嘉湖三府屬建閘濬河案內承備各官浮銷帑銀修築海塘委鹽驛道同海鹽縣知縣修築收字號大坍石塘一十九丈六尺冬字號九丈六尺藏字號七丈四尺餘字號一十五丈四尺歲字號一十三丈二尺呂字號一十四丈五尺調字號一十六丈四尺雲字號一十六丈露字號五丈一尺結字號三丈爲字號一十丈九尺張陽出玉等號小坍塘三丈共修築一百四十五丈用銀一萬六千八百有奇以上浙江通志

五十二年八月初三初四日颶風大作衝坍露陽二號石

塘二十四丈五尺又坍餘成歲律等號附石土塘署知縣莫夢生具詳題請發帑二千兩有奇修築

五十六年勅海廟左右石塘裂陷署縣事蕭山知縣趙善昌具詳請帑修築

五十七年遐邇等號石塘決裂半郤海中次年八月初一日風潮漫溢淹斃胡家墩民人知縣梁澤具詳督臣滿保撫臣朱軾會勘請帑四千一百兩有奇修築遐邇率歸場五號大坍石塘五十一丈張柰重芥等號小坍石塘九十九丈五尺

五十九年各字號石塘漸有傾圮知縣梁澤詳明重修嘉志

雍正二年七月十八日海大溢廬舍田禾被淹溺民無算風狂不已署縣事陳充禮虔禱潮神次日漸平塘決口八十三處大坍成騰等號石塘一百五十丈小坍天地等號石塘一千四百三十八丈五尺附石土塘坍陷一千五百四十五丈五尺充禮捐廉及紳士捐助先將八十三處決口計八百四十三丈搶堵又查勘演武場北土埂一條淤沙刷盡埂內官土塘曰塌請自劉王廟至白馬廟在白洋河舊道取土培高知府江承玠捐銀挑濬之

三年部臣朱軾會同督臣滿保撫臣法海會勘題請帑銀七千六百兩有奇修築衝激八處成騰爲霜金道愛食場等處大坍石塘七十丈三澗寨化被草木四號石塘八十丈移進二丈其附石土塘通行修築及小坍石塘一千四百三十八丈五尺撥藩庫閒欵銀辦理以上海鹽續圖經

四年原任兩淮運使何順等捐資修築海鹽縣石塘一百五十丈用銀七千三百兩零浙江通志又勅海廟北收冬藏餘歲五號石塘底樁朽爛知縣王仕正具詳撫臣李衞請帑七百兩夏四月修築八月浹旬雨閏字號石塘裂縫一十三丈撫臣李衞請帑四百五兩有奇次年閏三

月修築又署撫臣傅敏臨勘三澗寨木字號以南官土塘洗刷侵嚙議接小塘一條以資捍禦知府靳樹德同知曹秉仁知縣王仕正捐銀三百兩搜運舊石接建短塘一百丈海鹽續圖經

五年撫臣李衞題請歲修塘工臨勘海鹽短塘不足捍禦請帑一千二百兩有奇接建一百八十丈是役也邑人李新見有打斗空砌密蓋飾觀等弊呈控拆驗有司以其多事罪之及工竣未數月塘竟裂腳沙土洗蕩無存撫臣李衞疏畧查海塘捐監項下逐年歲修報銷外實存在庫留存海塘工用但浙省各縣瀕江濱海者自北而南則有平湖海鹽海甯會稽上虞餘姚等縣沿海一帶塘堤又海潮由尖山入江東迤西則有仁和錢塘蕭

山山陰等縣沿江沿海一帶塘堤其間潮汐衝陟不常若每年隨坍隨補則用費少而保固可久儻因循不修則圮壞漸多工費卽鉅從前因軍興裁減歲修錢糧之後皆坍損于平日而修築于一時以致屢費帑金此誠浙省民生利害之所係也然以每年難緩之工程而取給于一項之庫銀苟非别籌節省畱存正項恐致遝年動支久而易匱查原任淮徐道潘向智一案約値銀十萬兩有奇請將此項估計抵補海甯海鹽蕭山錢塘仁和各縣雍正四五兩年歲修銀兩外有餘者變價存爲將來歲修塘工之用其原撥捐監等項畱存歲修之銀仍行歸欵畱濟後工則庫銀可以節省而海塘亦得永固矣再查此項捐監銀兩從前諸臣因係海甯築塘所餘故以此銀題爲海甯歲修之用未將通省塘工聲説在內此外各縣之塘每年若有坍損又另于俸工公項等內動支遇有缺乏卽多因循苟且之弊今俸工已經停捐公項亦俱歸出而江海各塘均關緊要且海鹽石塘更係對面頂衝尤屬危險若不陳明將來各縣之塘無項歲修必致日漸圮損釀成巨工重費請帑後凡有江海塘工應行歲修者照例一體于此項內動給

七月十三日風潮附石土塘

刷陷一千六百六十二丈知縣王仕正具詳撫臣李衛請帑修築以上海鹽續圖經

六年總督管巡撫事李衛題修白馬廟等處加高土塘一千七百三十餘丈估需銀四百兩有奇浙江通志

八年六月初五日風潮三十日又大風演武場洪荒等號起至三澗寨草木等號止附石土塘坍陷二千五百餘丈三澗寨矮石塘坍三十丈知縣王仕正具詳督臣李衛請帑二千二百兩有奇修築謝家灣起至雪炎亭秦駐山腳止官土備塘加高二三尺不等幫闊一丈計長九百一十五丈請帑九百兩有奇海鹽續圖經　平湖縣獨山東西石土各塘茅竹寨等處衝坍三百五十餘丈隨飭隨修浙江通志

九年五月閏餘二號石塘矬裂一十三丈知縣王仕正具詳督臣李衛請帑七百兩有奇修築原塘一十六層以地處最險搜尋陷沙舊石加築一層六月十六日大風四日潮衝演武場外新築土埂嘉湖道王斂福臨勘以土埂無關利害宜于老土塘加築具詳督臣李衛請帑三百兩有奇自劉王廟至朱公寨加高二三尺幫寬三四尺計長一千三十丈七月初十月風潮刷坍落水寨南附石土塘知縣王仕正具詳督臣李衛請帑二百三

十三兩修築九月督臣李衛題請發帑一萬七千七百兩有奇改築化被草木舊石塘海鹽續圖經　案三澗寨一帶爲邑南石塘盡頭當九黃門對衝最稱險汛化被等號石塘向係紆曲凸外以殺水勢雍正三年移進改凸爲凹反受衝激沙土洗刷一空樁木盡露是年仍前移築在外改凹爲凸木字號塘尾再接新築大石塘四十丈又將雍正四年捐築矮塘一百丈改作七十丈一律完固　平湖縣獨山東西拆修石塘九十丈一尺加高幫闊培厚土塘共一千二百九十一丈八尺幷乍浦城西石街等處加高土塘一千一百四十丈浙江通志

十年督臣李衛題請發帑三萬九千一百兩有奇築朱公寨迤南條石塘八百七十丈案朱公寨至石骨圩一帶向無石塘惟有土埂爲障

歷久潮刷爲患特甚是年緊靠土堤幫築石塘一道又修築小陡門一座搶修閏餘二號舊石塘珠稱等號附石土塘若干丈及加高劉王廟等處老土塘若干丈六月杭嘉湖道王斂福同監督吳烱潘樾會勘場字號以北土塘低陷具詳督臣李衛請帑一千二百兩有奇用路平石鋪蓋土面修築土塘三百四十丈四尺七月遐邇二號石塘坍裂一十五丈署撫臣王國棟請帑一千三百兩有奇修築加高二層幫寬三尺海鹽續圖經

十一年內大臣海望直隸總督李衛查勘得海鹽南北土備塘附石土塘低窪窄狹請帑二萬二千八百兩有奇修築內土備塘北自平湖縣交界南至澉浦西山腳止加高幫闊一萬四百七十九丈五尺附石土塘北自赤家港南至三澗寨止加高幫闊二千八百十七丈五尺又題落水寨起至三澗寨止石塘樁木潮水刷露請帑一萬三千三百兩有奇建築坦水十二段三百六十六丈五尺拆修壹體字號石塘二十六丈海鹽續圖經三月修乍浦服字號石塘一十五丈有奇又自益山腳起至獨山司城加培土塘一十四段長七百八十餘丈六月二十等日風潮衝損獨山文乃位讓各號土塘二十餘段長三百餘丈估計修築浙江通志

十二年督臣李衛題請設海塘營弁李衛疏畧查仁和至乍浦一帶海塘不下三百里若無專官人員將來不無廢弛之患查河工定例專設文武官弁董其責今浙省塘亦甚緊要前經題委杭嘉湖道一員帶管工程非其專責所設杭嘉海防同知二員干把總各一員兵二百名亦恐照料難周應請專設道員一員添設同知一員守備二員千總三員把總七員兵八百名所設官兵不無歲需俸餉之費但查塘工歲修錢糧現今每年不下數萬兩此後如有粘補工程即以兵丁充工修築則歲修錢糧可以少減且設有官兵巡查照看隨時修補既可保固塘工而於工築之暇仍令勤加操演則海疆亦可藉茲防禦添設官弁每年約需俸餉等銀一萬三千七百九十八兩零米二千八百八十石工部議覆設立道員請加以海防兵備副使道職銜並請鑄給關防以昭信守凡海防文武官兵俱聽其調用至沿海地方州縣等官亦令兼轄遇有緊急工程需用佐雜看役庶幾呼應得靈管理海鹽乍浦塘工同知仍舊駐劄乍浦建造堡房八間每間約需銀六兩嗣後凡有經理海塘工程文武員弁儻有貽俁工程冒侵錢糧者令該督據實題叅到部照河工例分別議處如果辦理妥協工程鞏固三年無過令該督保題陞用塘汛兵丁該管官員分別功過量加賞罰以示勸懲

十三年六月初二日風潮連作演武場元黃等號起至三澗寨矮石塘止附石土塘坍二千五百六十六丈五尺案附石土塘由石縫滲水知縣劉起禧具詳請帑二千五百兩有奇用篾簞柴辮杆柯塞縫此最策之下者不可以經久又落水寨以北生結致騰藏等號大石塘欹裂四十六丈三尺五寸知縣劉起禧具詳宮傅臣嵇曾筠題請發帑銀四千四百兩有奇修築

乾隆二年六月十九日風潮七月初二日繼之演武場起至三澗寨止附石土塘坍一千三百二十八丈五尺女字號大石塘一丈堂習等號矮石塘一十六丈知縣王

楠具詳宮傅臣嵇曾筠請帑二千六百兩有奇修築案平湖張志復修獨山石塘

三年堂習等號衝刷塘脚椿露矮石塘傾欹九丈四尺知縣潘重庚具詳宮傅臣嵇曾筠請帑九百兩有奇修築并增坦水一道長五十四丈五尺

五年六月二十三日大風潮落水寨至三澗寨附石土塘坍卸知縣劉漢儒具詳撫臣盧焯請帑一千一百兩有奇加築土塘一千三百六十三丈五尺

六年七月十八九連日風潮演武場至三澗寨附石土塘坍陷二十餘丈又坍卸攔水面石九百一塊知縣周宣

猷捐銀修築并議購石料改土塘爲石戧以費大不果

九年七月初三日風潮坍卸南北一帶附石土塘知縣王如珪具詳撫臣常安請帑一千二百兩有奇修築及演武場至三澗寨攔水石七千九百二十五塊大坍石塘一百八十五丈

十年八月初四日風潮坍卸南北一帶石土塘工知縣王如珪具詳撫臣常安請帑三百兩有奇修築土塘及演武場至三澗寨攔水面石二千七百六十九塊巡撫常安閱視海塘記鹽官譚山而東百餘里面大海後無倚依所恃者以塘爲衛而已一旦風潮作砰激孛號決塘而去之曾不芥蔕然而宅斯土者耕於斯桑於斯鹽丁漁戶灑沙曝鹵網魚採蛤於斯其間村落相望雞犬之聲相聞

有衽席之樂而不知有波濤之憂者何哉蓋有憂之者有憂之者而民得以樂其樂也余每歲下勘塘工鄉中老幼遮道來觀欣欣然以得見余顏色爲喜以爲天下之樂者莫余若也夫仗節鉞撫巨鎮恩威長羣吏利澤及民人居則建高牙列儲胥出則陰羽旗衛弓弩騶者前呼車騎夾道驅使眾材尊榮顯貴得不謂之樂乎而不知余之來也方且駴然驚沭然懼復蹙然而憂既而夷然適幡然而後樂也夫元溟巨浸浴日稽天蕩八荒吞四維漭瀁浩淼窅乎不知其窮涯飄颻乎不知吾身之所託此吾之所以駴然驚也海風蓬蓬而至蕭颸吐吸響振坤維至於長波卷雪跳珠崩山令人目眩心悸歷數日而神不怡焉夷之威一烈於此此吾之所以怵然懼也鹽官之地北運震澤西距荊吳環涵灝瀚中如繡錯莫不津潤緜邈資其灌溉草木之所敷榮田禾之所興作品物之所含滋居民之所利賴咸取給於斯而或陽侯不順天吳矯蹇雷陰雨溢狂發颷舉潰堤塘漫鄉邑不終朝而居民已魚鼈矣此吾之所以蹙然憂也用是殫思勞神以冀障奠相天時度地勢諮人事計帑費圯者修缺者補外固石塘內崇土備屹如城墉互若蜿蜒而民得以一日安寢不厤被野擊壤歌呼此吾之

所以夷然適幡然而後樂也夫余一人之身忽焉憂又忽焉而樂樂豈在已哉亦第奉揚 上意樂民之樂而已聊記之以示
後之司是塘者

十三年巡撫方觀承令兵備道陳樹萻委守備王世昌至鹽量度確估如泰駐山起至三澗寨止及定海菴起至劉王廟對山止石塘低矮應行加高土塘潑刷無存應築石戧請帑若千兩修築以上海鹽續圖經

十七年七月十七日風潮潑損石土塘海鹽知縣舒瞻詳憲請帑二千八百兩有奇修築官人字號石塘拆修工一十九丈維鳳賢字號拆修工一十三丈五尺遐字號起聲字號止石塘中修工二百三十丈九尺翼翔等號

附石土塘四百七十四丈

二十年七月望汛潑坍海鹽石土塘知縣蔣祖培詳憲估勘翼翔字號拆修塘二十二丈八始及等號理砌工領帑二千四百兩零修築又龍師字號拆修石塘二十三丈人字號起字字號止附石土塘一百一十丈估銀二千一百兩有奇縣丞雷廷鉽領帑承辦又師火字號拆修石塘二十丈帝字號加石一層金生等號築坦水二十五丈估銀二千三百兩有奇石門縣主簿羅錦領帑承辦

二十六年七月十八日風潮海鹽坍羌字號石塘理砌工七十二丈九尺帝字號石塘拆修一十丈知縣沈全達具詳撫臣莊有恭請帑八百兩有奇修築以上伊志

二十七年巡撫熊學鵬奏由海鹽至平湖茅竹寨等處沙係鐵板設遇風狂浪驟直潑塘面較之尖山以西潮灊直刷塘根者情形各別本年七月風潮坍卸裏外攔石七百餘丈業已修復完工又平邑獨山石塘五百餘丈今年風潮坍卸二十餘丈現在修築十二月亦可完工

二十八年巡撫熊學鵬奏乍浦平湖所屬之獨山東腳至茅竹寨東首向有石塘五百二十二丈二尺係明季建築內有黃字號起至月字號止計工長七十丈塘根被

水汕齧樁木悉皆朽爛根石外浮塘面內殎應及時拆築以上南巡盛典

二十九年四月十六日風潮連作海鹽潑卸拱字號石塘拆築工七丈又章愛等塘理砌工二十丈五尺知縣沈全達具詳撫臣熊學鵬請帑一千一百兩有奇修築

三十五年七月二十三日大風潮東北風張甚繼轉南風塘多潑損海鹽知縣鮑鳴鳳具詳勘估銀四千三百餘兩旋經知府梁珏議詳秀水知縣張圖南署歸安知縣戰效曾桐鄉知縣潘安智及該縣鮑鳴鳳各捐銀一千餘兩修築

四十六年六月十八日潮溢海鹽塘坍經知府楊仁譽議詳該縣王泰曾嘉善知縣程開源秀水知縣安汛桐鄉知縣李銓共捐銀五千餘兩修築以上伊志是日夜潑損乍浦獨山石塘署知縣嵩福詳明捐廉興修嗣因工段綿長比照三十五年海鹽縣修塘成例請遴委鄰縣協同監督知府楊仁譽檄令嘉興知縣永慶石門知縣邵孔詔監修完竣平湖王志

五十五年六月十五日風潮塘裂七月初六日大風潮繼之海鹽塘坍經知府劉嘉會議原石修理該縣恒明嘉興知縣李見心秀水知縣戰效曾桐鄉知縣黃成共捐

銀五千餘兩修築

五十六年六月三十日七月二十四日風潮塘損知縣恆明及紳士共捐銀一千兩修築

嘉慶元年八月初一日風潮大作海鹽縣石塘坍損經知府伊湯安議該縣任澤和嘉興知縣李峯秀水知縣肇懿修嘉善知縣萬相賓石門知縣成履咸共捐銀四千餘兩修築

二年閏六月二十八日七月初一十八等日風潮交作石塘坍損知府伊湯安議該縣任澤和捐銀三千餘兩嘉興知縣司能任秀水知縣何際昌嘉善知縣萬相賓石

門知縣丁光劍桐鄉知縣李廷輝各捐銀一千餘兩修築

四年六月十七日七月初二日風潮海塘坍損署知縣葉世華捐俸修築以上伊志

陳訏海塘議竊以海甯海鹽地俱瀕海俱有海潮衝決之患築堤捍海利害相同然海甯之與海鹽潮有橫衝直衝之異沙有坍不坍之分塘有塘脚受潮與塘身受潮之別因而塘工之形勢各殊砌法之詳畧亦異今先以海甯言之甯邑當錢江之委名爲海口實係尾閭潮勢橫來不比海鹽直衝止恃潮頭以及急水奔衝激刷俱在沙岸之下又因離山頗遠沙土性軟易潰四五十里所漲之沙兩三月間即可坍盡無餘然潮來既在沙岸之下雖沙岸奔潰甚易若漸至潮平水在沙岸之上勢緩力弱塘身當之亦不甚難故若塘脚虛鬆即天塹之塘豈能安堵若塘脚不鬆則潮頭既過長水漸平即高與塘齊亦可無慮故海甯之塘重在塘脚以外不在塘之本身其法用木櫃數層中貯碎石束之以樁使化小爲大儼若巨石其層累則自下而上其排列則自近及遠層層釘樁以取其固斜坦鱗疊以取其深務使潮頭急水之橫過衝刷者先有櫃石抵當不及塘根而水之漸滿漸緩者雖至塘身若非大風駕浪異常衝激塘可無恙盜沙此當潮之來而塘身當潮之平故也海甯之塘所以百倍於海鹽之塘也至於海鹽則南有秦駐山北有乍浦山南北山趾角張鹽邑以居中東面正對大海直受朝夕兩潮之衝一浪衝來一浪退吸衝既亰禦吸亦力猛自潮起以至潮平無時甯息且又南北近山沙土性硬海鹽獨無坍沙而潮之直來俱沙面之上奔騰衝擊維以塘之全身受之勢可撼山城又低於海塘一但決海塘盈尺城市立可沉竈產蛙況以全海洪流若一旦潰堤建瓴數郡必至淪胥及溺故修築捍禦經歷前賢講究不遺餘力明初猶倣王安石甯波陂陀塘法水患稍減然不能竟無衝決嗣後創爲叠砌之法數百年來始獲安堵蓋潮水衝吸終日洶湧異常自非極大之石逐層壓制使橫亘如山不能與海相敵古人於頂衝之塘着底叠砌俱石之直頭對海用五縱五橫以漸而減至收頂二十二層止用一縱兩橫長方如式

衆石均齊鱗次層疊形如品字使屹然孤立之塘力與全海風濤相敵而又與水之無微不入者使之曲折紆徐則衝吸雖如拔山而其力亦因紆曲少減然使石之大小不一或有頭尾不等零石襯墊則空隙必寬衝吸亦仍有力一石動搖衆石俱無牽制故必取石之時先定麤坯款式不許裝載頭大尾小之石徒費工本及至匠工琢石又必須定長短方厚樣式務使縱橫相合面面相同至於按式查驗則不在既砌之後而在未砌之先平地擡驗驗其四面兩頭合式方準給照擡砌算工蓋石大陡陡若已經擡砌無從可驗故必驗其合式方砌其不合式者聽之舊時沿海多有廢石皆係驗不合式聽之不用者後來修塘混用徒取一時完工其實促之速圯今果修法合式則百千萬石併勢積力屹若生成不慮日久動搖百世永賴矣若論塘脚木樁必去生土二尺釘入丈餘方可承載塘外木櫃貯石排列數層以護樁木皆有成法可考其地如次衝與又次衝之塘甯可減其叠石縱橫之數不可異其四面兩頭合式之法以致草率不堅今舊塘石塊甚多除完整可用外竊恐碎砌歪斜甯可聽爲別用若暗砌塘腹而塘外完石飾觀必滋隱害不能經久是又在監督者之實心任事

也至於海塘之外相去十許丈舊有排樁名為擋浪今似不必蓋潮力甚大石塘尚恐難禦何有木樁況短則不及於浪而長則力不能禦竊意古人為此或慮捕魚舟筏適遭大風拍塘撞擊溺沈可虞故植此樁便於維繫後人訛為擋浪今捕魚者用竹筏各自置有繫樁此項木植誠為可省若石縫或錨鐵錠或灌灰漿古人雖用此法果疊砌精堅雖不用此似亦無損抑更有請者甯鹽二邑俱有石塘捍海而石塘之內俱有備水河一道相為表裏不宜湮廢蓋恐塘雖堅固大風沓潮前潮未退後潮復來潮挾風力漫過塘面海水性鹹若使溢入腹內田畝則鹹性深入污泥非二三年雨水浸潤不能拔去鹹性苗禾挹爛勢必秋成難望惟有貼塘之備水河則卽潮水浸過可從此河容納河水通流不過數番雨後鹹性盡減故此備水河實與海塘相表裏今在海鹽為白洋河在海甯為六十里塘河塘以捍潮之衛而此備水河防潮之溢均於水利有益且亦海塘善後之策也　案陳議載海塘續圖經頗有實際可見施行故附錄以備采焉

道光元年巡撫帥承瀛委杭嘉湖道林則徐查勘上年坍

卸石塘要工朝字號六丈垂字號十丈五尺章字號三丈愛字號七丈共二十六丈五尺巡撫司道嘉興府知府七邑知縣共捐廉銀一萬五千九百兩零知縣汪仲洋承辦是塘拆建堅固奏准部覆作為成式塘工成案載每魚鱗塘一丈計二十層拆底換樁牽計添石五成用長五尺寬一尺六寸厚一尺五寸六面方平羊山條石八十三丈零加用生鐵錠一百一十八個七分五釐每個重六觔新石縱砌相併處以錠聯之用熟鐵鋦一百十二個每個重二觔縱石與橫石相接處以鋦鉤之原工五縱五橫自外口從底至頂背係一縱一橫收裏鋪砌外口所砌縱石每被潮浪掣出今自底至頂逐層均用錠鋦使石聯為一氣樁木用徑五寸長一丈二三尺至一丈九尺杉木三百二十根釘雙皮馬牙樁八路幾於無隙至塘身砌築縱橫各石其相接石縫處所挨層內灌膠灰拌用烏樟糯米汁復因潮水潑激時灰漿由條石相接隙縫處隨水流出是以每條石縫用桐油石灰雜以

苎麻嵌擠拘据結實樁木外護以巨石斜砌坦水二層外週遭雙排擋浪樁其採運山陰羊山石由該宕運至宜橋壩日再由宜橋壩過海運至秦駐山北四爺廟地方過塘由白洋河達於工次海運船隻由撫飭司行南北各場派滷船均勻裝運是役知縣汪仲洋率委員署教諭褚運緄典史孫王潞署鹽平汛把總錢兆亨朝夕在工親督匠夫郎下一樁安一石亦不忽畧經始於道光元年十月至二年五月工竣　巡撫帥承瀛碑記浙江之有海塘所以為民捍水患也而海鹽石塘尤吳越七郡之保障初建於唐時為土塘至明乃易以石屢築屢圮蓋潮汐盛長逆流而入於江其不盡入者則激為洄波沿岸盪激而海鹽適當其衝更有秦駐白塔乍浦諸山南北夾峙浸巨而勢偪故其塘易潰宏治時縣令王璽始砥方石縱橫交錯為之下潤上縮內平外陂形勢隆固風潮不能衝撼後有築者皆師其法長樁深入巨石疊砌綜計塘長四千六百餘丈又築土塘以為唇齒其工乃堅且實焉我　朝以來屢有增卑培薄之舉其經費始則動支庫藏至乾隆二十年後則歸於嘉興府屬之七縣捐資公修嗣又令海鹽一縣獨任其事於是多因循苟且不能以時修築即有修築亦不如法歲

月既久頹廢漸多邑城距海半里許每東北風作怒濤泫泫與一綫幾微之堤塘相擊齧城中屋瓦皆動居人震恐日夜不敢康息　今　上御極之元年余受命來撫是邦旣數月周視仁和海甯境內東西兩塘犖犖屹如田廬安堵而海鹽之塘與海甯相接又當下游之衝迴聽其間段勢陷廢而不修緊誰之責歟爰檄行杭嘉湖道林君則徐先往履勘余復親至工所察其形勢之衝要有亟應拆建者九十九丈因工長費鉅不克同時茲舉又所用石料長寬寸尺異於他工一時亦難購辦用林君議分別最要次要以朝垂章愛四字號石塘二十八丈五尺先行拆建估需銀一萬五千餘兩余與各司道暨嘉興府縣循舊章而捐修之以海鹽令汪仲洋董其事經始於道光元年十月乘水落也其餘七十二丈五尺分為四年次第興辦而捐貲一事不足以計長久因請於　朝援東西兩塘歲修之例撥帑金一十萬兩發商行息以歲得子金充每年修理塘工之用二年夏經戶部覆議得　旨允行適所修二十六丈五尺之工告竣汪令來請余文記其事夫海鹽石塘四千餘丈今所捐修者二十餘丈耳固守土者分內事也何足記然是塘也沈浸於鹽潮之中三百有餘年木朽石泐日甚

月異雖目前所急者不過百丈而後日修補之工正層見而疊出也前給事張維赤之言曰逐年修理則易爲力俟其大壞而後修則民受其害而爲費滋大茲荷聖天子軫念民生俯准所請得有歲修之費數十年後險工備舉全塘晏然吳越七郡之民慶莫又而樂康居永永無極則此時所修二十餘丈之工其篤矣也其成絫也不可以不記余念夫爲民興利除害非成功之難得人而任之難也非任人之難實心而效之難也汪令之董是役能與二三僚屬雨雪不避晝夜弗輟其用材也順土之性其程工也爭潮之時既築石潭以護其根復用鐵鋦以鉗其面半載而蔵事視舊塘又加固焉可謂實心而致效矣後此歲有是舉汪令當益加奮厲有初克終因附書其勣卽以爲汪令勗並冀後汪令來者知思所以繼美云爾 汪仲洋塘工落成紀事詩我無廻瀾手掇取補天石危塘捍大海何由弭其隙昨夏捧檄來記作開山客一葉入太湖風濤蹈巨測諸峯七十二愿公移不得廻渡羅刹江羊山望前労父老認使君許鑿一萬尺源源隔海運助我要工亟要工厥有要覩察碩籌一畫兩度覽形勢緩急辨衡僻夫工及料物成算備稽核上以獻贊議下以馳飛檄羣言黃僉事後身續前積指授各了了循陔忽辭職公去吾何賴遵守備警惕有請指恆見許知遇撫軍特但飭工堅築毋虞經費劇規方而砥平層層要如式砌塘良艱苦拆塘更險仄潮來恆滿塘瀾退不露磧惟當兩大汛塡脚暫時覩搶險發樁木木長持太迫潮水日日來但持土塘隔脫有興風作豈止一郡厄惴惴堤海心似有至誠格發樁及砌石風常與潮逆石料雖平正石縫苦搜剔潮水一綫人激盪厥有力久則拔石出金堤遂坍裂沈思賴椽吏彌縫妙無迹石鏬雖彌縫石勢虞蕩析鐵鋦鉤其橫鐵錠聯其直融結成一氣屹立豎堅壁餘石不適用棄之殊可惜砌作坦水壩塘根不受擊壩外盪浪樁奮銳先挫敵土塘雖不實後勁培築去瓦礫孟冬徂仲夏甫得竣斯役工築雖不多要隘已持搤頗如秦駐山與海無終極 仲洋由大挑補官海鹽丁丑遇挑之前一夕夢人授水圖一幅若有工築狀及督辦塘工與夢中之境相合仲洋有一憶夢長句三十韻林則徐贈仲洋詩有偉哉君姓名喻水見意指成功在瀛壖豫識神福爾之句同時賦詩者百餘人有海壖倡和集

二年巡撫帥承瀛奏准藩庫新工經費原備范公塘接建

石塘項下借支銀十萬兩發鹽商生息歲得息銀一萬二千兩作爲歲修經費是年七月十二十三日風潮塘圮復奏准先行借支藩運二庫銀兩修築黎字號石塘二十丈首字號石塘十七丈用銀二萬八千二百兩有奇知縣汪仲洋承辦塘工成案載塘身十八層每層高一尺五寸共高二丈七尺面寬九尺五寸底寬二丈九尺五寸道光二年九月興工三年六月告竣悉依成式一律穩固

三年四月二十八日至五月初一日風潮大作潑損石塘二百五十餘丈巡撫帥承瀛奏准借支藩庫新工銀兩擇要修建伏字號石塘十六丈周字號石塘五丈用銀一萬六千餘兩並理砌賓白草木賴大可七號石塘二十四丈八尺用銀九百餘兩又理砌生麗水等號石塘二十四丈用銀三百餘兩知縣汪仲洋承辦道光三年八月開工四年六月告竣

十七年巡撫烏爾恭額奏准借支藩庫新工經費二萬兩發鹽商生息作平湖石土塘歲修之用是年修築盈宿號石塘十一丈用銀一千六百兩零平湖知縣朱煌承辦查原案載該處地勢甚低原砌十七層尚屬不足應一律建爲十八層所用新石厚一尺寬二尺二寸長六尺爲度

咸豐五年邑人以三澗寨一帶石塘久圮潮汐直逼內土塘幾潰給事中朱昌頤勸捐修築就內土塘上帮築石

塘八十三丈竝築隨塘坦水

同治三年署乍防同知范義駿詳准修築巨闕二號石塘三丈五尺竝西門外土塘三十四丈八尺

五年平湖知縣郭恩觀詳准修築歲字號坍卸石塘十丈

十二年巡撫楊昌濬勘明勅海廟南北要工位民商坐朝伏等號魚鱗石塘二十九丈遐邇壹體等號大石塘四十七丈奏撥塘工經費銀五萬四千五百餘兩委候補知府蕭書等修築　巡撫楊昌濬疏畧勘得該處舊建五縱五橫魚鱗大石塘內有位字號西一丈民字號中三丈商字號中五丈五尺坐字號東二丈西十一丈五尺朝字號東二丈伏字號西四丈均已坍卸至底又逼近南城之落水寨地方緊接鱗塘之尾為大石塘之首內遐字號西八丈邇字號西十八丈五尺壹字號東四丈中西七丈體字號中九丈五尺亦均坍卸至底兩工均恃內護一綫土塘前臨大海後靠白洋河實係情形險要必不可緩之工亟應一律拆底建修查得該處各號石塘各因地勢層數不一從前原用粗石安砌道光初年該前縣任仲洋承修垂章等號各工始於出海縱石鏨鑿合縫嵌廂錠鋦外口抿以油灰內裏縱橫條石灌用灰漿至今稱為完固此次拆修之高低層數循舊安砌其做法應照道光年間垂章等號成式辦理統共估需工料銀五萬四千五百餘兩動用塘工經費竝委候補知府蕭書會同嘉興府知府許瑤光趕緊興工至前項石塘本有塘外雙坦今亦坍沒無存以及塘後附土等項并此外未辦石上各工擬請隨時察看情形次第籌辦再該塘工有朝商發瑞四號及體字號魚鱗大石等工共計工長十七丈面石潑損竝請於前工內勻撥工料辦理不另開銷以節經費　案是役於同治十二年九月開工十三年十二月工竣

光緒二年巡撫楊昌濬奏准修建魚鱗石塘裳字號三丈一尺推字號十一丈位字號五丈五尺讓字號五丈國

字號十三丈四尺民字號十丈瑞字號八丈五尺坐字號五丈五尺拱字號六丈平字號二丈五尺戎字號二丈五尺羌字號東四丈又拆修大石塘羌字號西四丈遐字號二丈隨案理砌周平壹體四號石塘十五丈撥塘工經費銀五萬七千四百餘兩竝建復前今兩次護塘雙坦一百五十九丈撥銀七千四百餘兩委候補知府陳璚等修築

光緒三年巡撫楊昌濬奏明拆修戎字號中西魚鱗大石塘四丈五尺商字號東二丈周字號西三丈平字號西一丈堂字號中大石塘一丈五尺體字號東二丈重建露字等號斗砌中條石塘一百九十五丈八尺拆修水字等號中條石塘四十六丈修建戎兩等號護塘坦水石工生字等號土塘附土等工又隨案理砌發字號魚鱗石塘三丈五尺雨露出岡中條石塘十九丈一尺共撥塘工經費銀五萬一千四百餘兩委候補知府陳璚等修築

楊公竪砌坡陀塘式

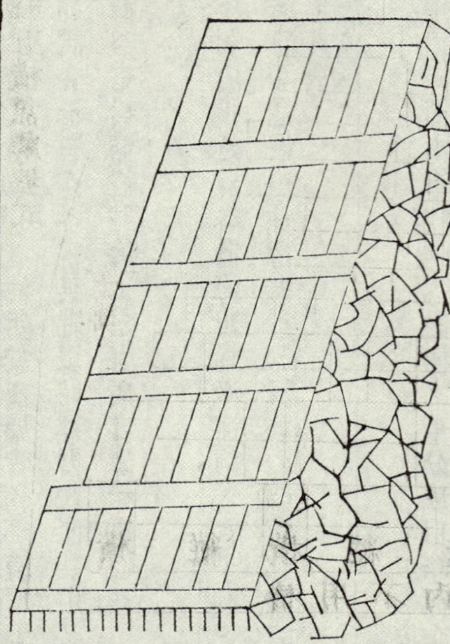

黃公五縱五橫魚鱗塘式

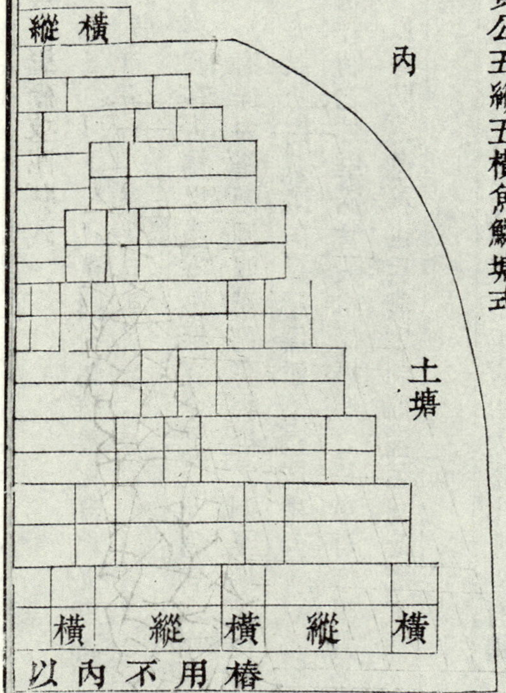

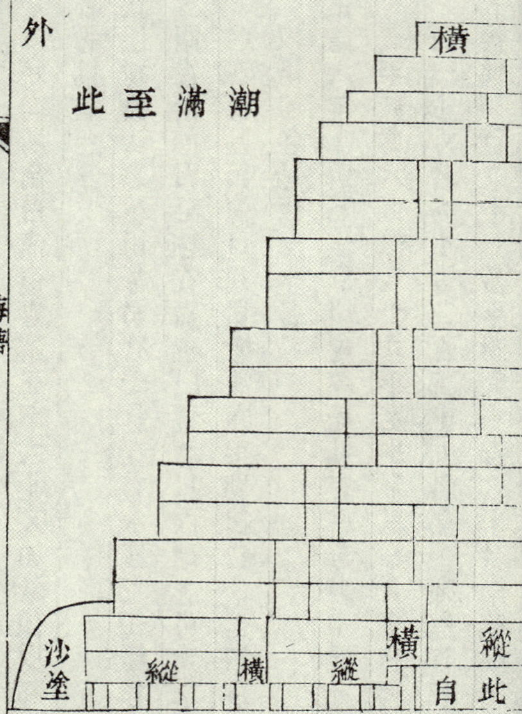

　嘉興府知府善化許瑤光重輯

武備 附海防　歷代兵事

嘉興在古爲吳越交戰區在今爲杭州省會之門戶外控海洋內錯湖泖西漢已有樓船之制至明都金陵沿海設防因城澉乍嘉靖備倭築臺置堡

國朝經制之外駐滿營設水師夷燹之後重有增損蓋始終以海防爲急務也兵無定制而備不可忘志武備

漢

高祖制材官於郡國武帝平百粵內增七校外有樓船皆歲時講肄修武備漢書刑法志 海鹽於漢屬會稽郡有樓船守尉都試令丞尉亦各統其縣以時肄習後陽嘉中又詔緣海益屯兵備盜賊海上之有戍自漢始也海鹽圖經

唐

開元五年刺史張廷珪奏置海鹽縣澉浦鎮天寶十載太守趙居貞奏置海鹽縣甯海鎮吳郡志 海鹽圖經 唐制上鎮防兵五百中下遞減各設將副一人

宋

開禧元年置澉浦水軍宋史甯宗紀 澉浦水軍分戍白塔潭乍浦亦置水軍皆設統制領之澉水志

元

元設嘉興路總管軍上萬戶府建兩翼千百戶鎮撫官又置兵馬司治城內兼巡徼之事舊浙江通志

明

正軍有二曰嘉興守禦千戶所曰海甯衛嘉興所設於郡城內隸蘇州衛正千戶四員副千戶一員所鎮撫一員百戶一員每百戶所總旗二名小旗十名軍人一百名通共旗軍一千一百二十名海甯衛設於海鹽隸浙江都指揮使司統左右中前後五千戶所遙統澉浦乍浦二千戶以海鹽爲防海要地故也正統間設把總一員以統衛所衛曰備倭嘉靖三十六年又加欽依以都指揮體統行事

宣德初設八巡檢司每司官一員在秀水曰王江涇杉青閘在崇德曰皁林在嘉善曰魏塘以內地各弓兵三十名在海鹽曰海口鎮曰澉浦在平湖曰白沙灣曰乍浦以沿海各弓兵七十名

正德六年江西寇作奉詔僉練民壯守禦每縣千餘人十三年減爲六百餘人十六年定爲每里一人嘉興縣三百一十六名秀水縣二百三十五名嘉善縣三百名海鹽縣一百六十一名平湖縣一百六十名崇德縣三百

二十名桐鄉縣二百七十名隨正軍操演保障城邑

嘉靖中倭寇猝發設參將一員駐劄乍浦兵備一員駐劄郡城召募土著民兵五千名分列水陸五營巡警以舊演武場地隘不便操練改建城北郊外百步橋南廣袤三倍於昔又謂禦賊於城下莫若遏之於遠郊俟其登陸而格鬬莫若拒之於水次復築秦臺於石塘灣魏漢二臺於會龍橋左右唐晉宋三臺於百步橋仍於嘉秀二縣每里僉取鄉兵一名共五百八十一名撥守六臺海石城外亦各置敵臺二座俱據險扼要至隆慶元年地方甯謐欽依裁革軍務事宜俱分巡僉事兼理仍駐

郡城三年因錢糧匱乏革民兵三營在於海甯衛并澉乍七所軍兵挑選足數左營防守海鹽右營防守澉浦前營防守乍浦後營防守嘉興遇汛月協守海濱汛畢退守嘉興各總以海甯衛指揮統領哨官以各所百戶統領哨軍工食於軍儲倉本所按月關支

水兵之制洪武中六縣無設惟海鹽備倭置船瞭望巡守永樂七年立水寨於沈家門盡攝軍船赴之倭寇縱掠以遠不及救援浙江布政周幹以聞請復洪武故事從之正統十四年革出海五百料金字號戰船七十二隻改立寨堡千戶所設備倭船十隻每一百戶船一隻每一衛五所共船五十隻每船旗軍一百名春夏出哨秋冬回守月支行糧四斗嘉靖中裁減末年倭入無船爲禦募蒼山福清等船哨守三十六年設海鹽澉乍三關水寨兵船七十八隻立把總三員哨官十員正副捕舵繚椗梢手散兵共二千餘名工食在於各縣田地山蕩起科解府發縣分給隆慶三年裁海澉二關留乍浦一關兵船五十餘隻各兵餉隸平湖縣散給郡城五營民兵守臺鄉兵以漸裁革止存召募兵三營抽選海甯衛所軍兵二營每營設隊什長俱屬兵備及參將統調內中營官兵專守府城春汛調發防海後復議兵巡道標

下額設中軍督陣把總官一員領健步二十名吹鼓手二十名隆慶六年內河鹽賊竊發又議造叭喇唬船一十四隻共募捕兵二百二十四名巡緝裏河鹽盜以上劉志

洪武三年李文忠奏置浙江七衛一曰海甯衛續文獻通考浙江通志沿海特設海甯衛領乍浦澉浦二所隸海甯備倭把總統轄洪武十七年建在海鹽縣治西去海半里乃嘉湖二郡之屏蔽南澉北乍各相去四十里指揮以下等官六十員旗軍一千四十九名轄寨二曰北鋪曰藍田藍田浦在海鹽縣南三里臺六曰南臺去衛六里曰麥莊涇曰朱公亭曰北臺曰九里亭曰三間亭烽堠一曰藍田巡檢司一曰海口鎮巡司弓兵七十名浙江通志原注在海鹽縣東北一十八里唐時於縣東一里置甯海鎮元置海沙巡司明初

因之在縣東門外洪武十九年徙此地名沙腰村海鹽縣圖經衞置指揮使一人同知二人僉事四人鎮撫二人左右中前後所各正千戶一人副千戶一人鎮撫一人管軍百戶二十人又轄總旗二人小旗十人軍百人衞隸浙江都指揮使司以內隸於左軍都督府凡官一百二十七人旗軍一萬三百二人

海甯衞屯所九處以八百戶零一小旗領之共官九員旗
軍九百六名派種到海鹽縣三等都田地一百七頃二十五畝五分歲收子粒不等澉浦
屯所一處在城外西北五里係十二等都以一百戶領
之計旗軍一百一十二名派種到海鹽縣田地一十三頃二十六畝歲收子粒不等
乍浦屯所二處並在城北一十六里今係平湖縣齊景
鄉二十二都以二百戶領之計旗軍二百二十四名派種到本縣田地二十六頃五十二畝歲收子粒不等嘉興所屯所一十處劉志案嘉興

縣長水鄉二十一都田一十頃八十八畝百戶康泰管領屯軍八十名白苎一十五都田一十一頃六畝百戶羅雄管領屯軍九十名長水鄉二十一都田一十一頃八畝百戶曾貴管領屯軍九十名秀水縣零宿鄉二十三都田一十頃八十六畝百戶王遷管領屯軍九十名復禮二十九都田一十一頃六畝百戶鄧春管領屯軍九十名象賢鄉二十二都田一十一頃一十畝百戶鄧禮管領屯軍九十名復禮鄉二十九都田一十一頃八畝百戶劉顯管領屯軍九十名嘉善縣遷善鄉三十四都田一十一頃百戶高安管領屯軍九十名遷善鄉三十四都田一十一頃百戶范信管領屯軍九十名麟瑞鄉三十五都田一頃九十三畝百戶劉保管領屯軍九十名

海甯衞烽堠六日麥莊涇日中寨日九里亭日教場日夾塘日藍塘山寨一十三曰東轉塘曰朱公亭曰第二寨曰頭寨曰南寨曰北寨曰三間寨曰開口曰龍王塘曰落塘大寨曰南小寨曰藍田大寨曰藍田小寨瞭望臺二曰南臺曰北臺澉浦烽堠五曰秦駐山曰青山曰牆山

曰西山曰廟山寨一十四曰南石山曰秦駐山曰東鹽圃曰西鹽圃曰青山曰牆山曰鹽場東中曰牆山平洋曰牆山東嘴曰牆山西嘴曰南門水閘曰混水閘曰葫蘆灣曰南湖塘乍浦烽堠三曰觀山曰陳山曰高公山寨一十三曰東山嘴曰高家灣曰西海口曰聖妃宮曰東山曰金家灣曰蒲山大寨曰蒲山外寨曰蒲山西寨曰鹽山曰獨樹東寨曰獨樹西寨曰周涇劉志

乍浦鎮在平湖縣東南三十里舊在縣西南二十七里吳
越設鎮遏使南宋置水軍設統制領之元置市舶司明
洪武十四年自故邑城徙巡司於此改乍浦所十九年
移於東南改建千戶二十六年增置水寨為海道三關
之一隆慶三年革海口澉浦二關止留乍浦一關轄白
塔港西海口許山羊山四哨大清一統志本所千戶等官二

十四員旗軍八百六十名轄寨七曰獨樹林曰梁莊大
寨曰梁莊舊寨曰長沙灣曰蒲山外寨蒲山在平湖縣東南三十里濱
海曰金家灣曰唐家灣臺七曰獨樹林曰益山曰西山
嘴曰蒲西山曰聖妃宮曰惹山惹山郎雅山平湖縣東南十七里曰東
山嘴烽堠三曰陳山平湖縣東三十里曰高公山在陳山南一里曰觀
山平湖縣東南二十八里巡檢司二曰乍浦巡司弓兵七十名在平
湖縣東南三十六里曰白沙灣巡司弓兵七十名浙江通志
澉浦鎮在海鹽縣東南一十八里宋置鎮在縣南三十六
里明初置巡司後改建澉浦守禦千戶大清一統志本所千
戶等官二十二員旗軍五百二十名轄寨四曰西山嘴

曰南海口在海鹽縣南離海半里與東海口俱爲衝要曰混水閘曰葫蘆灣葫蘆山浸海中臺一曰東園烽堠五曰青山在澉浦鎮東三里曰西山曰秦駐曰牆山長牆山在鎮東三里横截海濤若堵牆然曰廟山鎮北三里巡檢司一曰澉浦巡司弓兵七十名浙江通志原注在海鹽縣東北十八里秦駐山北初在澉鎮洪武中徙此海鹽圖經澉浦之禦千戶所在澉浦鎮縣德政縣鄉之海岸正千戶一人副二人鎮撫一人管軍百戶二十人又轄旗軍如衛制

嘉靖三十六年設海鹽澉浦乍浦三關水寨兵船七十八隻立把總三員哨官十員正副捕舵繚椗梢手散夫共二千餘名船有福蒼小哨叭喇烏入槳等項名色福船捕兵五十名蒼船捕兵三十名小哨捕兵二十名叭喇

烏八槳船捕兵各一十名在乍浦者船泊西演口在海鹽者泊白塔港在澉浦者泊黃道廟遇汛月輪番出哨羊許山等處浙東兵船會哨如遇有警合䑸截殺汛軍各守本關海鹽仇志

海甯把總統水兵三枝駐劄海甯衛隸分守杭嘉湖參將

羊山游哨本總督同總哨官一員部領大小戰船二十隻兵四百一十四名汛期泊南羊山聖姑礁東哨至徐公上下川馬蹟等洋馬蹟徐公上川下川四山並在羊山東與定海總兵官會哨南至大羊山沙塘𡶼衢山鼠狼湖等洋與定海總北哨官兵會哨西哨至灘許與游哨官兵會哨北哨至小羊山大小七山蘇州洋茅草洋與吳淞官兵會哨

許山哨總哨官一員部領大小戰船二十隻兵三百七十五名汛期泊許山東哨至大小七山蘇州茅草等洋大七山小七山並在羊山東北與直隸官兵會哨南哨至大羊山沙塘𡶼東嶽嘴與定海總北左哨官兵會哨西哨至北漁山與臨觀總後哨官兵會哨北哨至白塔港白塔山在海鹽縣東南二十里海中有港通浦名曰白塔潭海舟多泊焉與本關官兵會哨

乍浦守關總哨官一員部領大小戰船一十八隻兵四百八十八名泊守乍浦西海口外東哨至金山西哨至海鹽澉浦海甯等處海洋浙江通志

杭嘉湖參將嘉靖三十八年增設統陸兵四總前營後營左營右營水兵一枝游哨駐劄海鹽縣海甯一總屬其調度

前營名色把總一員部領哨官四員兵四百三十七名屯劄乍浦所城汛期劄守乍浦梁莊東哨至大營盤地方與南直隸金山參將標兵會哨西哨至乍浦牛橋地方與後營官兵會哨

後營官兵同前營屯劄海鹽汛期劄守乍浦海口東哨至牛橋地方與前營官兵會哨西哨至海鹽白馬廟地方在海鹽縣北一十八里沙腰村與左營官兵會哨

左營官兵同前營屯劄海鹽縣城汛期劄守東門一帶東哨至白馬廟地方與後營官兵會哨西哨至秦駐山地方與

右營官兵會哨　右營官兵同營屯劄澉浦所城汛期劄守南海口東哨至秦駐山地方與左營官兵會哨西哨至海甯黃灣與海甯所官兵會哨　游哨中軍名色把總一員部領大小戰船一十九隻兵二百[illegible]十九名汛期隨參將駐白塔山海港巡哨灘許羊山等洋策應督察各游哨兵船浙江通志海鹽陸兵五營分爲左右中前後五　左守海鹽前守澉浦中後守乍浦每營把總一員隊長一十五名什長四十五名正兵四百五十名火兵四十五名雜流五十五名柳志　明王樵檇李記浙江久不設巡撫自有倭寇始復設而溫台甯紹杭嘉邊海之郡各設兵備杭嘉湖兵備駐檇李參將駐海鹽備倭把總駐乍浦至汛期把總出

哨羊山海洋則兵備參將並駐乍浦陸兵一營兵備標下中軍官領之水兵船百五十艘分爲三枝各設水兵把總一員統之一泊澉浦黃道廟謂之上關一泊海鹽白塔港謂之中關一泊乍浦西海口謂之下關大小汛期輪撥兵船遠出羊山許山與浙東臨定直隸吳淞兵船會哨澉浦在海鹽之西宋元時通番舶之處城周九里有餘軍民雜居不及三之一人少不足以實城春汛時巡撫發標兵一枝以協守且備東西應援秦駐山距澉浦海鹽各十八里與浙東臨觀相對白塔山大步山左右環拱嶴內宛轉可避風濤海鹽居中兩浦爲左右翼乃檇李之屏蔽也自倭亂平三關改爲四哨白塔港爲一哨兵船九艘哨官一人領之乍浦爲一哨兵船八艘參將中軍把總領之許山爲第二層門戶立爲一哨用著船二艘沙船小哨船叭喇唬船共十六艘水兵把總一員領之以羊山爲第一層門戶立爲一哨用船如許山之數以備倭把總親督領之欲錢售無虞當守附海之三關欲三關有備先防大海之羊許但羊山去許山一潮許山去乍浦一潮緩急難相應援且著船二艘兵夫僅六十二人沙船四艘兵夫僅百人小哨等船兵夫共百九十人以孤鯨守此恐瞭望不及備禦不敷倘海賊有不由羊山徑入內洋者則首尾不相顧矣隆慶元年有胡參將者汛夜巡城忽見外洋大船無數此時守羊許者固不知也倭船入寇必至下八山分䑸若東北風猛則向馬蹟西南行過韭山以犯閩廣若東南風猛則向殿前羊山過淡水門以犯蘇松若正東風猛則向大衢西行過烏沙門以犯浙江而羊山正浙直交界之處兩處兵船會哨於此倭奴因糧於我每人止帶淡水數觔乾糧數升若絕其汲道堅壁清野無所掠其計自窮矣海東之國日本爲大五畿七道固彼侈言然漢史已云百餘國矣豈古分而後併輿然雖聞有王亦不能統一其衆貢者其名市者其實冠則無常視吾有間無間耳亦多吾人誘之無接濟不來也嘉興水兵叭喇唬船一十四艘民壯兵二百餘名於嘉興裏河巡緝鹽盜汛期調發西海口白塔港以備遏擊之用汛畢掣回仍舊巡緝鹽盜杭嘉湖三郡河港四通鹽盜不時出没前船徒有巡緝之名多分散各處虛應故事一遇賊勢重大便稱衆寡難敵予至則不許分散督令各䑸定與信地某日起某日止兵分一正一奇出哨還日面詢有無盜賊會否擒獲皆不能隱自此屢有擒獲乃知盜賊是惟不緝緝則無日不有緝惟不嚴嚴則何盜不靖問

閭被刼止因保伍不嚴保伍若嚴盜無著蹟之處彼欲刼一家謀非一旦探聽蹟踏潛伏脫退皆有處所此有可入故彼能來既不能察之於先及盜已入門而四鄰不知知亦不救使盜得以肆刼而去進退無虞若使一家有事比家皆聲鑼衆巷皆應之比門壯丁執械而俟盜敢近乎予在檇李申嚴此令境內頗靖沿海衛所專爲備倭例不運糧自指揮莊端謀領杭州衛運船四十八艘彼時猶承平無事嘉靖三十二年倭船四十二艘突犯海鹽龍王塘攻城幾破巡撫乃查復舊制至隆慶二年腹裏湖州所復撥與本衛一十二艘近日指揮姚磐以爲言巡按蕭公一時未察未及正也各處水陸要害之處設敵臺所費不貲誠以事關防守而事甯之後上下全不經心多就廢壞予嘗理會及之尋以遷官不及竟也以上伊志

國朝駐防兵制

乍浦滿洲營　順治十七年千戶所廢仍設巡司及守備雍正六年移杭州滿洲副都統一員駐劄乍浦領左右

兩營設協領五員內滿洲四員蒙古一員佐領一十一員內滿洲八員蒙古三員防禦八員內滿洲六員蒙古二員驍騎校一十六員內滿洲十二員蒙古四員理事同知一員筆帖式二員甲兵一千六百名杭州將軍鄂彌達浙江總督李衛等會題杭州滿營內派出官兵移駐爲左營八旗江甯滿營內派出官兵移駐爲右營八旗左右兩營經制兵丁額數共一千六百名爲十六旗每旗原額領催六名甲兵九十四名領催共九十六名甲兵共一千五百零四名八旗旗色係鑲黃正黃正白正紅鑲白鑲紅正藍鑲藍左右兩營同共爲十六旗旗左營鑲黃鑲白正藍三旗爲左翼正黃鑲紅鑲藍三旗爲右翼右營正白鑲白正藍三旗爲左翼正黃正紅鑲藍三旗爲右翼左營正白正紅右營鑲黃鑲紅四旗爲蒙古翼每翼協領一員五翼共五員每旗佐領一員十六旗共十六員內五翼協領各兼一缺佐領正缺十一員每二旗防禦一員共八員每旗驍騎校一員共十六員官共四十員又將軍鄂彌達等題浙省沿海之地惟嘉興府屬平湖縣之乍浦地方係江浙接壤

東與江南松江之提臣海道遙遠南隔甯波提臣海道四百餘里此地間於二處之中與省城海口之鼇子門甚近臣等相度地勢情形雖內港不甚寬廣然此地實爲江浙兩省海道咽喉通達外洋諸國最關緊要且離杭州止二百八十餘里水陸俱通往來甚便省城駐防滿兵聲勢聯絡首尾照應該處駐劄滿洲水師官兵實有裨益至乍浦城周圍九里三分距平湖縣僅三十里城垣新經修理堅固城內有民間菜園稻地可買甚是寬潤且尙有零碎官基堪以湊建衙署營房民情無不樂從查康熙五十八年駐杭滿洲蒙古兵內奉調往雲南進藏時杭州添補滿洲蒙古兵一千名曾準部咨遇有事故缺出汰除不補等因在案今尙存未汰兵四百八十名將滿洲蒙古八旗另戶通數兵丁內挑選少年精壯者四百八十名再將滿洲蒙古八旗另戶壯丁內少年精壯者挑選三百二十名合爲八百名之數俟乍浦地方營房建造完竣之日先令帶領前往學習水師之事水師營額兵內事故缺出若無隨帶子弟頂補將杭州閒散壯丁挑選少年精壯者頂補杭州額兵事故缺出郎將杭州壯丁選補如杭州乍浦兩處兵內或有老病退甲伊等父子願就養贍俱聽就養其新設立水

師營應添設官員兵丁或於江南調撥來浙之處臣等管見杭州已派兵八百名作爲一營抑或京城江南調撥八百名來浙共一千六百名分爲兩營演習時一營存城看守一營帶領操演輪流習學始能熟練至奉

諭旨設立二千名其所少四百名之數臣等查得乍浦綠旗水師兵五百名係雍正二年於請更閩浙等事案內部議特行添設自乍浦海口以及大小羊山令其永遠巡防該營海汛與提標右營分界直至江南洋面在營兵丁各有哨巡海洋把守汛地墩臺城寨之責難以移動其浙省沿海水師各營兵丁每年配船出海者水性船務自必諳練若全於一處抽調恐誤彼此洋汛巡防請於各營內接兵數多寡均勻派定挑選四百名改爲新設滿洲水師營之捕盜頭舵繚手阿版舢版椗手水手等項之用共合二千名之數其各營兵額仍令募充補足於沿海巡防仍可無誤此外如有尙不數用者暫著地方官另行雇募照例給與工食俟滿洲水師熟練之後將雇募之捕盜等仍行發回以節錢糧其乍浦水師營弁遇非哨巡在洋之時郎可令其帮同旗員敎習滿兵水務庶省隔汛另調之頻其杭州選撥水師共八百名共議編爲八個佐領內滿洲每旗七十五

名共六百名編爲六個佐領設協領二員郎著仍兼管佐領只須添設佐領四員防禦三員驍騎校六員每佐領下小撥什庫六名蒙古每旗二十五名共二百名編爲兩個佐領添設蒙古佐領二員防禦一員驍騎校二員每佐領下小撥什庫六名或京城或江南挑撥官員兵丁亦照依杭州先行派定之數其官員俸餉米石并撥什庫錢糧俱照天津水師營之例支給每兵每月給錢糧一兩五錢米三倉斗官兵俸餉米石郎於嘉興府屬之解司錢糧米石內就近撥解乍浦城按月支給至於官兵房屋應照天津水師官兵之例給副都統房二十間協領房一十五間佐領房一十二間防禦房八間驍騎校房六間筆帖式房三間兵丁房兩間所有水師營船隻照天津水師兵配駕之例大號趕艙船每船應用捕盜一名舵工二名繚手一名椗手二名阿版二名舢版二名水手二十名小號趕艙船每船應用捕盜一名舵工二名繚手一名椗手二名阿版二名舢版二名水手一十二名查天津水師營大號趕艙船每隻堪容八十餘人小號趕艙船堪容五十餘人每船需大磯五位小磯酌量備用海內水勢深淺風勢大小不一若兼造大小二號趕艙船隻不拘風之大小水之深淺俱可

撐駕共需用大號趕繒船十隻小號趕繒船十隻每船
應隨帶小舢版一隻以足二千名兵丁之用再查乍浦
洋面附近江南之處多係沙塗更與別處洋面不同若
盡用趕繒則駕駛不甚便利應於大小趕繒船數內各
減去一隻改造南艚船四隻則洋面可以適用其船隻
及船上所需桅木舵架櫓木棕椗繩纜索等項係屬緊
要應行地方官務須悉心料理堅固其官兵應用器械
仿照天津設立俱爲鳥鎗水師巡防出哨火箭藤牌挑
刀等項船上所用旗纛及演習所用藥彈俱照海洋趕
繒船內配用數目照例交地方官製造給發伏乞
皇上勅部議覆施行　奉
旨依議　官馬一百三十五匹甲兵馬三百
匹給營房三千二百間堆子房一十六所杭州兵駐左
營江甯兵駐右營教習舵水綠旗兵四百名（內定海鎮抽兵一百五十四名黃巖鎮抽兵六十六名溫州鎮抽兵五十名瑞安營抽兵二十八名鎮海營抽兵四十二名乍浦營抽兵六十名歸滿營教習）撥營房四百間置戰船二十二隻（分編甯謐字號）

內大趕繒船九隻小趕繒船九隻南艚船四隻分配大
礮一百一十位於西山嘴海洋操演平時收泊海口閘
水陸門設堆子房六所佐領等派兵值宿掌管鑰兼轄
西山嘴礮臺而兩汛會哨皆不與八年立演武場於東
門內十一年添設弓匠十六名箭匠十六名鐵匠十六
名（杭州將軍阿里袞乍浦副都統傳森會同奏準每旗添設弓匠一名鐵匠二名共四十八名嗣於雍正十二年八月奉準兵部行令三十二名鐵匠內將十六名改爲箭匠每旗弓鐵箭匠各一名共四十八名）乾
隆十五年乍浦副都統額爾登題裁南艚船四隻二十
年裁甲兵馬二百五十匹二十五年又裁大趕繒船四
隻小趕繒船四隻其綠旗教習四百名雍正九年添設

外委千總一員外委把總二員歸參將管轄乾隆十一
年巡撫常安題準酌留二百名其餘俟有缺出卽將滿
洲餘丁挑補部議止留六十名十二年將軍薩爾岱以
不敷戰船之用題留一百一十五名十五年副都統額
爾登又題留二名（浙江通志參乍浦志）三十六年準部咨水手四
百名裁汰一百五十名額留捕盜正副舵工繚椗斗手
二百五十名（平湖張志）三十四年八旗兵丁內裁兵一百名
（內裁領催六名）將名糧給贍本營孤寡名爲養育兵（平湖王志乍浦副都統舒景阿條奏八旗兵丁一千六百名內酌配八旗籠統共裁甲一百名遇有事故缺出陸續沙汰將所裁一百名之甲合五十名之缺數作爲一百名養育兵給與孤寡無依靠之幼丁以資養贍等因自文到起至乾隆三十五年八月陸續共沙汰甲兵一百名內裁領催六名改補養育兵一百名）滿洲餘丁頂

補綠旗共九十六名三十五年滿洲所頂補九十六名
之水手兵內酌留五十名其餘四十六名俱著裁汰四
十年總督鍾咨開滿營綠旗水手兵除留六十名之外
餘俱沙汰奉文後又頂補十二名五十四年挑取食餉
閑散一百名（杭州將軍寶林奏乍浦兵丁孳生衆多生計不無拮据請每月賞銀一百兩於貧苦閑散內擇其身材好者挑選一百名每名每月給銀一兩伊等挑拔甲兵後將所得銀一兩另行挑人給與等因卽於乾隆五十四年五月挑取食餉閑散一百名）實在八旗委署前鋒校一十
六名領催七十四名甲兵委署前鋒一百八十四名甲
兵一千二百二十六名水手兵五十名（十一年至四十四年餘丁內陸）

續挑補養育兵一百名匠兵四十八名綠旗舵水兵二百

名內捕盜十名舵工十名椗手十名繚手十名斗手十名什兵十名水手兵一百四十名食餉開

散一百名伊志道光二十三年裁綠旗舵水兵二百名趕

繒船十隻改滿水手兵五十名爲陸路旗兵兵部議覆浙江巡撫

劉韻珂奏稱旗兵素以騎射爲重於洋面情形不甚熟

悉飭令學習終屬隔膜所設趕繒船水手兵徒滋糜費

自應就其所長專習陸戰並練火器所有該營額設趕

繒船十隻滿漢水手兵二百五十名應全數裁汰所裁

之滿水手兵五十名即改爲陸路旗兵考選充補所裁

之漢水手兵二百名即抵補乍浦營等語應如所奏辦

理奉旨依議 咸豐十一年粵匪之亂閩營殉難現在僅存

兵丁四十六名尚待撥補

滿洲營軍餉 大建月前鋒校領催每名應支兵餉銀三

兩甲兵委署前鋒同每名應支銀二兩米折銀各一兩八錢

米各一石水手兵每名應支銀二兩米三斗養育兵匠

兵每名各應支銀一兩米五斗馬每匹春季應支馬乾

銀一兩四錢二分五釐夏季應支銀八錢五分八釐秋

季應支銀八錢四分冬季應支銀一兩三錢九分五釐

小建月前鋒校領催每名應支銀三兩甲兵每名應支

銀二兩米折銀各一兩七錢四分米各九斗六升六合

七勺水手兵每名應支銀二兩米二斗九升養育兵匠

兵每名應支銀一兩米四斗八升三合三勺馬每匹春

季應支銀一兩三錢七分七釐五毫夏季應支銀八錢

二分九釐四毫秋季應支銀八錢一分二釐冬季應支

銀一兩三錢四分八釐五毫平湖王志

滿洲教場 在乍浦東門內計七十一畝五分四釐六毫五絲 演武廳三

間耳房二間鼓亭二座後房三間旗桿一根照牆一座

雍正八年建浙江通志平湖張志參今燬

滿洲營房 在乍浦城東北隅共三千二百間雍正六年

建乾隆六年十六旗各設堆子房一所乍浦志 四十八年

知縣萬福請帑銀一萬八千六十三兩零修葺二千九

十二間重建二十三間及堆子房二十四間四十九年

知縣張福敏請帑銀一萬二千六兩零續修一千八十

五間平湖王志

教習舵水綠旗兵營房 在城東南隅共四百間雍正七

年建乍浦志

滿營火藥局 在乍浦西門內乾隆三十一年建確火藥

房在局前以上滿營各項房屋咸豐十一年燬於兵尚未建造

嘉興協兵制總

國朝順治七年經制嘉興府額設副將一員都司三員守備

三員千總六員把總十二員兵二千五百名馬二百五

十二匹船隻無六年奉調征兩廣兵五百名募補二百

五十名止裁兵二百五十名并裁都司一員千總一員

把總二員七年裁都司一員守備一員千總二員把總四員兵六百五十名九年調赴江西兵四百名十年又調兵五百名赴廣東十一年裁副將改設遊擊一員增千總一員把總二員仍募兵五百名十二年奉文遊擊移駐海鹽標下兩營守備二員左營駐防郡城右營駐防乍浦其餘千把各官分防七邑市鎮又巡撫題增兵丁一千二百名共額一千九百名戰馬八十四十四年奉文增兵七百名收道標快唬船十四隻康熙二年調入督標兵一百名三年題定額設船三十隻號爲快唬船交營巡緝五年調千總一員領兵一百七十名補入

太湖營八年改定遊擊駐劄海鹽統轄標下兩營守備一駐防郡城一分防乍浦管轄海口派定千把二員共領目兵六百三十名分汛防守十一年奉文裁兵一百六十一名十三年奉文增兵三十一名二十一年奉文裁戰兵二十五名守兵二十五名歸入撫標又奉裁十三年所增三十一名三十五年裁改戰兵三十名守兵十名五十年間總督范時崇題改遊擊爲副將駐劄郡城彈壓七邑移中軍守備於海鹽更定營制五十六年間總督滿保閱視沿海事宜請增築乍浦天妃宮西山嘴等處砲臺吳志雍正五年添設外委千總四員外委把

總七員又扣存公糧守餉二十七分爲公費之用七年奉裁嚴協右營都司一員添設本協中軍都司一員駐劄府城中軍守備改爲左營守備一應兵馬錢糧軍火甲械等項俱係中軍都司專管兩營守備協同辦理又奉裁浙省京撥兵丁嘉興協添撥八十名內除本協原設京撥兵九名外實添戰兵二十一名守兵五十名實共兵一千四百五十名十一年奉文將本協原設快唬船三十隻內留十隻外將二十隻改爲大巡船二十隻小巡船二十隻共大小巡船五十隻分防各汛巡緝乾隆八年奉文各官隨丁名糧改爲養廉本協副將三十

分都司十分守備八分千總五分把總各四分外委各一分共支養廉一百十四分內馬餉三十三分戰餉二十四分守餉五十七分十四年添建五河涇洲泉鎮楓德港石滙十字溪五口址并添設小巡船五隻分派五口巡防十六年奉文原扣公糧二十七分不敷公用續添公糧一十三分實共扣守餉四十分二十七年添設額外外委五員四十七年裁除各官養廉名糧改爲養廉銀兩裁除公糧改爲公費銀兩俱募補實兵裁除馬戰守養廉名糧一百十四分添設步戰兵一百名實共馬步戰守兵丁一千三百九十六名伊志嘉慶二十年奉

裁步戰兵四十名道光十二年奉裁馬兵二名步戰兵十名守兵二十八名于志二十三年巡撫劉韻珂會籌海疆善後案內奏築乍浦唐家灣金家灣等處砲臺並在海鹽與海甯交界之談仙嶺建築石寨砲臺將原駐澉浦之兵丁輪防其地裁把總一員兵丁九十名調補水師營續奉裁兵三十名同治六年總督英桂等會奏減兵增餉案內奉裁馬兵十六名戰兵一百二十八名守兵三百三十四名十二年巡撫楊昌濬奏裁左營把總一員以右營外委一員移駐濮院鎮現在實共馬步戰守兵丁七百十八名同治五年閩浙總督左宗棠奏閩之兵額六萬二千浙之兵額三萬

七千二百合計已近十萬豈不爲多如果一兵得一兵之用制賊自有餘力何以巨賊入境所至成墟不但不能收一戰之功並不能爲一日之守也然則　國家每歲所耗之餉不重可惜乎假令事前兩省有素練之兵五萬以之援鄰以之保境豈不綽然何至遠恃客軍多糜巨餉惟其兵多故餉不能厚惟其餉薄故兵不能精此固前效之可睹者臣惟兵之應亟汰者四老弱疲乏之兵吸食洋煙之兵虛名占伍之兵塘汛零星之兵此皆無所用亦不可練者此外各標協營聽差傳號書識各名邑不預操練之兵實爲軍政之蠹亦應酌量裁減以實行伍約計應汰之兵至少不下四成有餘兵既減其員弁亦可酌量裁併所裁之廉俸薪乾亦可留養練兵挑留可練之兵即以裁兵之餉加給之餉米併計馬戰守兵日用足敷無須別營生業自可聚居勤練而免散漫荒嬉之弊塘汛零星之兵有名無實甚或窩留娼賭擾害地方若併歸總汛聚居勤練分段輪派巡緝聲勢較完訪察易徧較之三五錯雜無人管束訓練者有別是減兵云者是祇減無用不可練之兵於兵制實無所損加餉云者即扣此項裁兵之銀於餉事亦無所加也漸江郡縣克復時臣即飭逃潰兵丁不準收伍此時

議復常制祇須少募新兵當與浙江撫臣熟商定議並檄藩司楊昌濬專主其事等因奉　旨妥爲籌議辦理欽此六年總督英桂等會同議奏將浙省水陸各營共裁兵一萬三千八百二十九名實存兵二萬二千五百七十六名奉　旨依議

嘉興協分防舊制　嘉興協副將一員中軍都司一員駐劄郡城左營守備一員駐劄海鹽縣千總一員把總四員右營守備一員駐劄乍浦千總二員把總四員大清會典額設馬步戰守兵丁一千三百九十六名內有馬戰兵一百九名左營五十六名右營五十三名無馬戰兵三百四十名左營一百七十名右營一百七十名守兵九百四十七名左營四百七十二名右營四百七十五名各官坐馬自備兵丁官給馬一百九匹左營五十六匹右營五十三匹

嘉協快唬船共三十隻雍正八年奉文將十隻仍照舊式修造其二十隻改造中樣巡船二十隻小樣巡船二十隻乾隆十四年添設小巡船五隻大小巡船共五十五隻內快唬船一十隻大巡船二十隻小巡船二十五隻巡船分設左右營派配巡緝伊志

駐守嘉興府城副將一員中軍都司一員舊設中營都司僉書等順治七年裁十一年又裁左右營都司僉書各一員雍正七年添設中軍都司一員係嚴協右營都司裁補把總二員馬步戰守兵丁共四百四十三名快唬船五隻

副將一員　都司一員　左營把總一員　右營把總一員

外委二員左營一右營一馬步戰守兵丁四百四十三名內

左營馬兵十名　戰兵七十三名　守兵七十八名　兵

丁官給馬十四匹　快號船二隻　中巡船四隻（右營馬兵二十八名　戰兵一百十一名　守兵一百三十八名　兵丁官給馬二十八匹　快號船三隻　中巡船四隻　小巡船五隻（三塔口）守兵五名

分防海鹽縣城左營守備一員（康熙五十年奉文移駐）馬步兵丁共一百五十八名快號船三隻臺寨九座

守備一員馬步戰守兵丁一百五十八名內（守城）馬兵二十名　戰兵四十五名　守兵二十三名　兵丁官給馬三十四　快號船二隻　中巡船一隻　小巡船一隻（守汛）落水寨守兵五名　大寨守兵五名　二寨守

兵五名　三澗寨守兵五名　秦山寨守兵五名　大步門寨守兵五名　姚官寨守兵五名　黃泥寨守兵五名　青山寨守兵五名　敕海廟馬兵十名戰兵七名守兵三名　半邏戰兵二名守兵三名

分防乍浦所城右營守備一員千總一員（康熙五十七年將斜塘汛千總一員兵丁二十名歸入乍浦營額內分防西山嘴汛其斜塘汛并餘兵分入嘉善王江涇二汛）馬步兵丁共一百三十一名快號船二隻（通志云向設臺寨一十九座康熙五十六年閩浙總督覺羅滿保閱視沿海事宜題請增築乍浦天妃宮西山嘴等處砲臺撥兵守禦）

守備一員（駐劄乍浦所城）馬步戰守兵丁一百三十一名內（守城）馬兵一十四名　戰兵二十四名　守兵一十九名

兵丁官給馬一十四匹　快號船一隻　中巡船一隻　小巡船一隻（守汛）九里墩守兵五名　朱公亭守兵五名　白馬廟守兵五名　麥莊涇守兵五名　惹山寨戰兵四名　湯山寨守兵三名　觀山寨守兵三名　唐家灣寨守兵三名　長山寨守兵三名　東山寨守兵三名　陳山寨守兵三名　金家灣戰兵四名守兵六名　暈頂山寨守兵三名　高公山寨守兵三名　澉浦寨守兵三名　珠冠寨守兵三名　益山寨守兵五名　梁莊寨守兵五名

分防澉浦所城把總一員馬步兵丁共八十九名快號船

一隻臺寨九座

把總一員（駐劄澉浦所城）外委一員（分防沈蕩鎮）馬步戰守兵丁八十九名內（守城）馬兵四名　戰兵六名　守兵二十名　兵丁官給馬六匹　大巡船一隻　小巡船一隻（守汛）東拱寨守兵四名　平陽寨守兵三名　西山角兼防黃道關馬兵二名戰兵八名守兵二十名　總寨守兵五名　渾山寨守兵三名　大葫蘆寨守兵三名　小葫蘆寨守兵三名　廟山寨守兵三名　沈蕩鎮戰兵一名守兵四名

分防石門縣城把總一員馬步兵丁共九十八名快號船

四隻
把總一員(駐劄石門縣城)外委一員(分防石門鎮)馬步戰守兵丁
九十八名內(守城)馬兵四名　戰兵四名　守兵五十四
名　兵丁官給馬四匹　快唬船一隻　中巡船一隻
小巡船五隻　(守汛)石門鎮戰兵二名守兵四名　南
高橋戰兵一名守兵四名　羔羊亭戰兵一名守兵四
名　何家橋戰兵三名守兵七名　松老橋守兵五名
洲泉鎮守兵五名
分防桐鄉縣城把總一員馬步兵丁共八十名快唬船二
隻

把總一員(駐劄桐鄉縣城)外委一員(分防青鎮)馬步戰守兵丁八十
名內(守城)馬兵一名　戰兵四名　守兵四十三名　兵
丁官給馬一匹　中巡船一隻　小巡船三隻　(守汛)妙
智守兵五名　毛家渡守兵五名　秀溪橋戰兵三名
守兵六名　錢店渡守兵五名　楓德港守兵四名
青鎮守兵四名
分防濮院汛把總一員馬步兵丁共六十九名快唬船三
隻
濮院汛轄嘉秀桐三縣把總一員(駐劄濮院鎮屬桐鄉境)外委一
員(分防王店鎮屬嘉興境)馬步戰守兵丁六十九名內(守汛)馬兵三

名　戰兵五名　守兵三十二名　兵丁官給馬四匹
中巡船一隻　小巡船二隻　莫家涇守兵五名
陡門馬兵一名守兵九名　正家橋守兵五名　王店
鎮戰兵二名守兵七名
分防新城鎮千總一員馬步兵丁共三十九名快唬船一
隻
千總一員(駐劄新城鎮)外委一員(駐劄九里滙)馬步戰守兵丁三
十九名內(守汛)馬兵一名　戰兵四名　守兵二十三名
兵丁官給馬一匹　中巡船一隻　小巡船一隻
石滙守兵四名　十字溪守兵四名　九里滙守兵三

名
分防平湖縣城千總一員馬步兵丁共八十九名快唬船
三隻臺寨二座(添築獨山寨砲臺一座撥兵守禦)
千總一員(駐劄平湖縣城)外委一員(分防新帶鎮)馬步戰守兵丁八
十九名內(守城)馬兵三名　戰兵十名　守兵五十六名
兵丁官給馬三匹　中巡船二隻　小巡船一隻
(守汛)獨山寨戰兵二名守兵八名　茅竹寨守兵五名
新帶鎮守兵五名
分防嘉善縣城把總一員馬步兵丁共六十六名快唬船
二隻

把總一員(駐劄嘉善縣城)外委一員(分防楓涇鎮)馬步戰守兵丁六十六名內(守城)馬兵四名　戰兵五名　守名二十七名　兵丁官給馬四匹　中巡船二隻　小巡船一隻　(守汛)楓涇鎮戰兵二名守兵七名　張涇滙守兵六名　羅星臺守兵五名　斜塘鎮守兵一十名

分防嘉興汛把總一員馬步兵丁共六十二名快唬船一隻

把總一員(駐劄東門外天尊閣)外委一員(分防新豐鎮)馬步戰守兵丁六十二名內(守汛)馬兵三名　戰兵五名　守兵三十名　兵丁官給馬三匹　東柵口守兵四名　十八里橋

守兵四名　新豐鎮守兵四名　白馬堰守兵四名　餘賢帶守兵四名　地藏菴守兵四名

分防王江涇汛千總一員馬步兵丁共六十名快唬船三隻

王江涇轄秀善二縣千總一員(駐劄王江涇屬秀水境)外委一員(分防天甯莊屬嘉善境)馬步戰守兵丁六十名內(守汛)馬兵一名　戰兵四名　守兵四十名　兵丁官給馬一匹　快唬船一隻　中巡船一隻　小巡船一隻　金橋守兵五名　長虹橋守兵五名　天甯莊守兵五名(以上伊志)

嘉興協分防現制　嘉興協副將一員(駐府城)中軍都司一員(駐府城)左營守備一員(駐海鹽縣)千總一員(駐新城鎮)把總三員　右營守備一員(駐乍浦)千總二員(一駐平湖城一駐王江涇)把總三員　額設馬步戰守兵丁七百十八名內有馬戰兵二十五名(左營十三名右營十二名)無馬戰兵一百九十三名(左營九十八名右營九十五名)守兵五百名(左營二百四十八名右營二百五十二名)　各官坐馬自備兵丁官給馬二十五匹(左營十三匹右營十二匹)

舊設快唬船及大小巡船咸豐十年粵匪之擾燬失無存同治六年總督英桂等奏請添設內河水師五百名歸嘉湖兩副將兼轄尚未舉行十年浙撫楊昌濬奏明俟留防勇丁將次裁撤時另行籌辦(總督英桂等奏嘉湖地同澤國支河

汊港無路不通盜匪鎗船著名爲害陸路各有汛地勢難於水面緝捕舊設之太湖水師專防湖面乍浦澉浦二營祇顧海洋內河水師缺焉未講城守各營惟有唬巡船各數十號而配以陸兵有名無實自遭兵燹併此而亦無之克復後楚湖兩軍砲船節節駐泊商民獲安砲船一撤盜匪勢必叢出必須添設內河水師約五百名歸嘉湖兩副將兼轄今之砲船卽可酌改爲經久之巡船今之水勇卽可酌留爲經久之水師所添之兵約每月需餉不及二千金擬均於節省餉米數內提支將來妥議章程以專責成奉旨覽)

駐守嘉興府城副將一員中軍都司一員把總一員馬步戰守兵丁二百十八名

副將一員　都司一員　(右營)把總一員　(左營)外委一員　馬步戰守兵丁二百十八名內(左營)馬兵三名　戰兵三十五名　守兵四十名　兵丁官給馬三匹　(右營)馬兵

五名　戰兵五十五名　守兵七十五名　三塔口守兵
五名　兵丁官給馬五匹
分防海鹽縣城左營守備一員馬步戰守兵丁共八十四
名
左營守備一員馬步戰守兵丁八十四名內守城馬兵二
名　戰兵十八名　守兵三十四名　兵丁官給馬四
匹　守汛大寨守兵五名　三澗寨守兵五名　黃泥寨
守兵五名　敕海廟馬兵二名戰兵十五名守兵三名
半邏戰兵二名守兵三名
分防澉浦所城把總一員馬步戰守兵丁共四十七名

左營把總一員駐澉浦所城外委一員駐沈蕩鎮馬步戰守兵丁
四十七名內守城馬兵一名　戰兵四名　守兵十名
兵丁官給馬二匹　守汛西山角兼防黃道關馬兵一名
戰兵五名守兵十名　總寨守兵五名　大葫蘆寨守
兵三名　小葫蘆寨守兵三名　沈蕩鎮戰兵一名守
兵四名
分防石門縣城把總一員馬步戰守兵丁共五十五名
左營把總一員駐石門城外委一員駐石門鎮馬步戰守兵丁五
十五名內守城馬兵一名　戰兵四名　守兵二十四名
兵丁官給馬一匹　守汛石門鎮戰兵二名守兵四名

羔羊亭戰兵一名守兵四名　何家橋守兵五名
松老橋守兵五名　洲泉鎮守兵五名
分防桐鄉縣城把總一員馬步戰守兵丁四十名
左營把總一員駐桐鄉城外委一員駐青鎮馬步戰守兵丁四
十名內守城馬兵一名　戰兵四名　守兵十六名　兵
丁官給馬一匹　守汛妙智守兵五名　秀溪橋守兵五
名　錢店渡守兵五名　青鎮守兵四名
分防濮院汛外委一員馬步戰守兵丁三十五名
右營外委一員調駐濮院兼防王店鎮馬步戰守兵丁三十五名
內守汛馬兵一名　戰兵三名　守名十二名　兵丁官

給馬一匹　莫家涇守兵五名　陡門守兵五名　王
店鎮外委一員戰兵二名守兵七名
分防新城鎮千總一員馬步戰守兵丁二十名
左營千總一員駐新城鎮外委一員駐九里滙馬步戰守兵丁二
十名內守汛馬兵一名　戰兵二名　守兵十一名　兵
丁官給馬一匹　十字溪守兵三名　九里滙守兵三
名
分防乍浦所城守備一員馬步戰守兵丁七十六名
右營守備一員駐乍浦城馬步戰守兵丁七十六名內守城馬
兵三名　戰兵十七名　守兵十名　兵丁官給馬三

四守汛九里墩守兵五名　白馬廟守兵五名　惹山
寨戰兵四名守兵六名　觀山寨守兵三名　唐家灣
寨守兵三名　東山寨守兵三名　陳山寨守兵三名
金家灣寨守兵三名　暈頂山寨守兵三名　益山
寨守兵三名　梁莊寨守兵五名

分防平湖縣城千總一員馬步戰守兵丁四十七名

右營千總一員駐平湖城外委一員駐新帶鎮馬步戰守兵丁四
十七名內守城馬兵一名　戰兵六名　守兵二十名
兵丁官給馬一匹　守汛獨山寨戰兵二名守兵八名
茅竹寨守兵五名　新帶鎮守兵五名

分防嘉善縣城把總一員馬步戰守兵丁三十三名

右營把總一員駐嘉善城外委一員駐楓涇鎮馬步戰守兵丁三
十三名內守城馬兵一名　戰兵三名　守兵十五名
兵丁官給馬一匹　守汛楓涇鎮戰兵二名守兵四名
張涇滙守兵三名　斜塘鎮守兵五名

分防王江涇汛千總一員馬步戰守兵丁三十一名

王江涇轄秀善二縣右營千總一員駐王江涇屬秀水縣外委一
員駐天甯莊屬嘉善縣馬步戰守兵丁三十一名內守汛馬兵一名
戰兵三名　守兵十二名　兵丁官給馬一匹　金
橋守兵五名　長虹橋守兵五名　天甯莊守兵五名

分防嘉興縣汛把總一員馬步戰守兵丁三十二名

右營把總一員駐東柵外外委一員駐新豐鎮馬步戰守兵丁三
十二名內守汛馬兵一名　戰兵三名　守兵十六名
兵丁官給馬一匹　東柵口守兵四名　新豐鎮守兵
四名　餘賢帶守兵四名

嘉協營軍餉　大建月馬兵每名除扣朋銀外實支兵餉
銀二兩八錢五分戰兵每名除扣朋銀外實支二兩四
錢三分守兵每名除扣朋銀外實支一兩四錢六分米
各三斗馬每匹支馬乾銀一兩五錢　小建月馬兵每
名除扣朋銀外實支兵餉銀二兩七錢五分戰兵每名

除扣朋銀外實支二兩三錢四分六釐七毫守兵每名
除扣朋銀外實支一兩四錢一分米各二斗九升馬每
匹支銀一兩四錢五分同治六年總督英桂等奏舊額馬兵月餉二兩馬乾一兩戰兵
月餉一兩五錢守兵月餉一兩今就減裁兵數每月所
省餉銀均匀攤派馬兵月加餉銀一兩馬乾舊額一兩
不敷喂養除官之坐馬不加外兵馬一月加乾銀五錢計
馬兵月可得銀四兩五錢戰兵月加一兩計可得銀二
兩五錢守兵月加五錢計可得銀一兩五錢月各支食
米三斗以所省之銀抵所加之餉尚有不敷即於各所省
兵米變價項下補足又各營經書占戰兵之額字識占
守兵之額現定新制務使人人皆兵應按兵百名每月
籌給書識辛工銀十二兩隨餉給發另雇書識不得再
占兵額又綠營積習役使兵丁伺奔走充親隨如差
傳號諸名目皆占兵糧擬備弁以下定以津貼公費約
有兵百名者每月津貼至多不逾八兩之數申明私役
兵丁例禁又各營操閱有賞項差弁有盤費領餉領軍
火有夫船修理軍械有料價春辦藥鉛有不敷之炭工

一切因公所需無非攤扣兵餉遇有提鎮等官看操到任又無不私行攤派向例公費每兵百名按月祗有四兩數錢擬於定額公費之外按每兵百名每月酌增公費不逾四兩之數嚴革攤派諸弊庶各兵無餉薄之患等因經兵部覆準

奉旨依議

嘉協營現存砲位

府城汛紅衣砲七位　平夷砲五位　鐵砲一位　海鹽汛鐵砲十一位　銅砲二位（此外各汛尚未安設砲位）

府城演武場　向在望吳門外二里逼近城隍遷於杉青閘之北以便操演（基地二頃三十七畝七分零坐永一都）　府治西北廣平橋右舊有廢察院行臺其左即副將衙署今營兵習戰於此名內教場雍正七年知府閻堯熙於杉青閘演武

場建廳三間捲軒三間退廳一間鼓亭二座旗臺一座照牆一座圍牆一帶側房三間（伊志）咸豐十年燬於兵同治九年重建

嘉善縣演武場　縣東門外三里演武場廳明正德七年知縣王德明建（今燬）

海鹽縣演武場　南門外周二百五十一丈海甯衛演武場在北城外周圍三百二十五丈將臺一座澉浦所演武場在城外東南周二百五十丈七尺將臺一座（海鹽圖經）今燬

平湖縣演武場　南門外明宣德間設東西周二十五丈南北深六十七丈嘉靖四十二年知縣顧廷對建演武廳三間（平湖程志久圮）

石門縣演武場　崇德寺後演武場廳明正德初建嘉靖中因置皁林驛移城內

桐鄉縣演武場　治東南二里（以上吳志）

伊志案杉青閘教場之建始於明嘉靖間築敵樓備倭即其下爲演武之所今基址如故歲時提鎮至禾每於杉青閘閱兵至平日操練在城南隅故有內教場外教場之目又各縣教場第依前志存其略云

嘉（乍）協營海防（案通志嘉興地處浙西惟平湖海鹽二縣之境東臨大海南澉北乍延袤百七十里相望甯紹諸山隱隱列拱白沙梁莊西海口秦駐山黃道港諸處皆爲郡境之衝而乍浦一關尤稱緊要控據海岸翼蔽金山羊許大洋實與江省相爲脣齒云）

舊設烽堠臺寨自西徂東則有惹山礮臺（陸營所轄撥兵十名）乍關鎖鑰（水師所轄撥兵六名）天后宮礮臺（水師所轄設外委一員撥兵二十四名在苦竹山麓安設大砲四位）西山嘴礮臺（水師所轄撥兵二十五名滿洲派防禦一員前鋒校及前鋒等二十名輪守臺高一丈七尺周八丈五尺安設大砲四位）湯山寨觀山寨（陸營所轄各撥兵三名）唐家灣寨（水陸各撥兵三名稽查船隻）陳山寨常山寨高公寨（陸營所轄各撥兵三名）金家灣寨（陸營所轄撥兵十名）東山嘴寨暈頂山寨蒲山寨澉浦寨珠冠寨（陸營所轄各撥兵三名）梁莊寨益山寨（陸營所轄各撥兵五名）獨山寨礮臺（平湖城守所轄撥兵十名）茅竹寨（平湖城守所轄撥兵五名）蔡岐港寨（水陸各撥兵三名稽查船隻以上伊志）

平湖王志前明沿海烽堠山寨合梁莊城凡二十座國朝裁去者七曰獨樹西寨獨樹東寨蒲山大寨東山

寨聖妃宮寨周涇寨西山口寨添設者八日乍關鎖鑰天妃宮砲臺西山嘴砲臺暈頂山寨湯山寨常山寨蔡岐港寨珠冠寨共二十一處西起海鹽縣界東至金山縣界止

現在水陸兩營沿海汛地 談仙嶺石寨礮臺海鹽與海甯交界道光二十三年辦理海疆善後築石寨一座砲臺一座同治十三年修治歸澉浦陸營所轄撥兵駐守大葫蘆山寨小葫蘆山寨澉浦陸營所轄撥兵駐守黃沙塢口汛葫蘆山口汛澉浦水師所轄撥兵巡防頭圍口汛即黃道關西山角汛地澉浦水師陸營撥兵分防長牆山嘴礮臺同治十三年因備倭設防築三門土面石心砲臺歸頭圍口汛水師兼轄青山口汛秦駐山口汛澉浦水師所轄撥兵巡防總寨口汛舊有砲臺今廢歸澉浦陸營所轄撥兵駐守黃泥寨大寨三澗寨海鹽陸營所轄撥兵駐守勅海廟汛舊有砲臺今廢歸海鹽陸營所轄撥兵駐守九里墩汛白馬廟汛乍浦陸營所轄撥兵駐守惹山寨舊有砲臺今廢歸乍浦陸營所轄撥兵駐守西行口汛乍浦水師撥兵三十名巡防並建兵房五間天后宮礮臺同治十三年修治並建復營房十間乍浦水師撥兵五十名巡防保安城礮臺舊名西山嘴即葫蘆城同治十三年修治並建復營房十間乍浦水師撥兵五十名巡防觀山寨在保安城側乍浦陸營所轄撥兵駐守唐家灣寨道光二十三年海疆善後會建砲臺今廢乍浦陸營撥兵防守金家灣寨海疆善後會建砲臺今廢乍浦陸營撥兵防守陳山寨東山嘴寨暈頂山寨盆山寨梁莊寨乍浦陸營所轄撥兵駐守獨山寨舊設砲臺今廢平湖城守所轄撥兵駐守茅竹寨舊設砲臺今廢平湖城守所轄撥兵駐守陳山嘴礮臺光緒元年因備倭設防築五門土面石心砲臺一座兵房七間該處緊扼彩旗門之衝乍浦水師撥兵五十名巡防

乍浦所海防陸營隸嘉興協順治十三年移嘉協右營守備一員駐防乍浦隸遊擊康熙五十年改遊擊爲副將馬步兵九百名康熙五年調兵八十五名赴太湖營五十六年爲會閱沿海等事題定乍浦目兵三百三十五名分防沿海臺寨二十一處九年裁兵九十名本營實存馬步兵七百二十五名內隨防乍浦一百八十三名五十七年撤調斜塘汛千總一員兵三十名兵歸乍浦防西山嘴砲臺未幾設水師千總及兵防仍撤去又陸續撥兵歸郡乍浦實存兵一百五十三名內養廉八名公糧五名乾隆四十七年奉文裁改公廉實在守備駐防乍浦帶兵一百四十名內馬兵九名戰兵四十八名守兵八十三名馬

九匹快唬船一隻平湖王志陸續奉裁兵十六名同治六年奉裁兵四十八名現在實兵七十六名內馬兵三名戰兵二十一名守兵五十二名馬三匹

嘉協右營教場 在乍浦南門內守備署東平湖張志

陸營砲房 五間在乍浦南門城上乾隆二十一年建今燬

澉浦所海防陸營嘉興協管轄澉浦所城兩營撥把總輪防駐兵一百名快唬船一隻浙江通志陸續奉裁兵二十二名以嘉協左營把總一員駐守同治六年奉裁兵三十一名現在左營把總駐守澉浦帶兵四十七名內馬兵二名戰兵十名守兵三十五名馬二匹

乍浦所外海水師營（隸提督管轄）雍正二年設乍浦水師營遊擊一員守備一員千總一員把總二員兵五百名官馬一十六匹營房五百間戰船一十隻內水艍船二隻（每船配兵六十名）南艚船四隻（每船配兵三十二名）唍船四隻（每船配兵二十名）分配紅衣砲八位百子砲四十位劈山砲二位分防乍浦口址按期酌配官兵編定專汛隨䑸扼守跟䑸更番出洋巡哨（遊擊守備在洋扼守千把總在洋專汛外委目兵在洋跟䑸俱兩月一輪）五年添設外委千總一員外委把總二員七年題準嘉協右營守備屬乍浦營遊擊就近兼轄仍聽嘉協節制九年改遊擊爲參將不受副將節制（雍正二年兵部議覆福浙總督覺羅滿保疏稱嘉興所屬之乍浦與江南洋面交界最爲緊要臣擬於乍浦營設兵五百名撥定海鎮標船十隻以副巡防此應設兵五百名於水陸各營內酌量改撥浙省瑞安營原設馬兵九十八名鎮海營原設馬兵一百二十八名今既設爲水師無庸安置馬兵查馬兵月餉二兩馬乾一兩共三兩戰兵月餉一兩五錢是馬兵一名每月餉乾可募補戰兵二名請將瑞安鎮海二營馬兵二百二十四名改爲水戰兵四百四十八名除歸還瑞安鎮海原額二百二十四名外其餘二百二十四名撥歸乍浦營令其招募配防止須加給月米毋庸另添兵餉再乍浦營所轄水汛原屬定鎮右營水汛今既設乍浦一營毋庸定鎮右營巡防乍浦應於定鎮右營撥水守兵一百名連人調赴乍浦巡防再於浙省陸路各營內撫標二營提標五營象協二營甯海二營太平營共十二營每營抽守兵十名大荊營抽守兵五十六名共抽守兵一百七十六名各原營遇有逃亡事故裁缺不補歸於乍浦營招募巡防合之乍浦營設水戰兵二百二十四名水守兵二百七十六名以足五百名之數等語應如該督所請准其改設抽撥可也奉旨依議七年怡親王等會同兵部議覆浙江總督李衛條奏水陸營制事宜一摺內一款奏稱乍浦當江浙之衝爲海洋要口向有嘉協右營守備駐劄分防陸汛而洋面水師則定海鎮右營汛地相隔遙遠巡防不及雍正二年添設水師營遊擊誠屬因地制宜但一城之中水陸兩營不相統屬呼應不靈以嘉協右營原防之西山嘴砲臺天妃宮汛地改歸乍浦水師營撥千總一員輪防陸路弁兵撤回另行派防將嘉協右營守備並聽乍浦遊擊管轄乍浦遊擊聽嘉協副將節制使彼此聯屬不致號令兩歧惟選拔員弁水陸技藝不同仍照舊例自行起送等語查乍浦原係嘉協所屬向派嘉協右營守備分防西山嘴砲臺天妃宮陸汛其水汛洋面俱係定鎮右營將備輪流配船巡哨嗣經乍浦添設水師遊擊將水汛責之乍浦遊擊陸汛令嘉協右營守備管轄水陸將備原不相統屬今該督請將嘉協右營守備原防陸汛改歸乍浦營撥派千把總輪防該守備並聽遊擊管轄遊擊聽嘉協副將節制彼此聯屬交相控制似屬得宜應如該督所請準其改撥管轄奉旨依議九年兵部爲請定武職陞選等事議得浙江總督李衛疏稱浙江參將專任水師者止有鎮海一缺而水師遊擊則有十員查乍浦界連江浙逼近洋面從前設兵僅五百名是以止用遊擊管轄今滿營水師舵水四百名俱係緑旗兵丁現屬乍浦遊擊管束操練兵數已多似應將乍浦水師遊擊改爲水師參將其陸路在乍之備弁兵丁并本城內外地方仍聽其兼轄遊擊既改參將毋庸聽嘉協副將節制等因應如所請準其改設應給傳敕關防行文禮部鑄造換給可也奉旨依議）

增馬二匹乾隆十九年總督喀爾吉善奏移海甯兵備道標下守備一員千總一員把總二員外委四員塘兵一百名隸乍浦水師營添建營房一百間營分左右以舊守備領左營新守備領右營兩營勻派各三百名（浙江通志參乍浦志）三十三年裁水艍船一隻三十五年參將王作賓因水陸汛務不同詳請裁去兼轄字樣專（[illegible]）水師四十七年裁改養廉公糧兵一百三名實兵四百九十七

名內水戰兵一百七十三名水守兵三百二十四名平湖王志續奏裁兵七名道光二十三年巡撫劉韻珂籌議海疆善後事宜奏請陞參將爲副將增兵五百一十名實共戰守兵一千名兵部議覆浙江巡撫劉韻珂奏稱浙西止乍浦一營額設外海水師四百九十名以參將統領查乍浦界居江浙兩省之中上爲江蘇藩籬下爲杭州保障且距定海不遠亦有犄角之勢原設兵丁甚少參將體制亦屬欠崇應添設外海水師五百十名與原設之兵共成一千名並將參將陞爲副將庶軍威壯盛戰守有備並稱巡撫每年冬間親赴乍浦澈浦將水師校閱一次俾有考核等語應如所奏辦理奉旨依議 同治六年總督英桂等奏浙省裁兵增餉一案奉裁左營把總一員右營外委一員兵丁四百名現在營制副將一員左營守備一員千總一員把總一員外委三名右營守備一員千總一員把總二員外委三名兵丁六百名內水戰兵二百五名水守兵三百九十五名以三百五十名出洋巡緝餘兵分撥各汛操防調換

乍浦原設巡洋兵船咸豐十一年粵匪之擾燬失無存現奉飭撥廣艇船一隻釣船二隻巡緝木洋分配大轉輪砲二位小轉輪砲二位邊砲四位銅砲二位鐵砲十位其不敷兵船尚待興造

乍浦所水汛 其海汛則有大羊山小羊山大小羊山相倚中隔一港三四里許江南交界東南屬定標北屬崇明鎮西南屬乍浦營距灘山一百二十里內有秀才礐巡檢插竹礐北有聖姊明礁灘山許山屬乍浦營灘山在羊山之西至許山六十里距彩旗門一百六十里許山西北距黃盤洋一百五十里魚腥腦南屬定標北屬乍浦營在羊山西南至灘山一百八十里距彩旗門三百里黃盤四嶼山東南屬定標西北屬乍浦營距彩旗門一百八十里野黃盤山屬乍浦營距金山五十里在四嶼山東北案以上外洋金山與江南交界西北屬乍浦營距彩旗門九十五里菜薺門乍浦境郎彩旗門距乍浦一十五里在金山之西白塔山巫子山並澉浦境與嘉協左營交界白塔山在彩旗門西巫子東巫子山距乍浦五十里在舜山東北白塔西南舜山南屬鎮海營西屬錢塘水師營東北屬乍浦營在餘姚縣境巫子南筊杯山過近塗面無停泊船隻在餘姚縣境距彩旗門三百四十里東北至舜山六十里西霍山七姊妹山並鎮海營界北屬乍浦營案以上內洋乍浦志凡乍浦海口一帶塘以上屬嘉協右營管轄塘以下海面屬乍浦水師營管轄官兵船隻兩月一輪更換出洋

乍浦水師營教場 凡二 一在惹山離乍浦城五里計二十一畝二分官廳三間圈柵旗臺照牆各一座雍正八年建今燬 一在乍浦南門外雍正二年建浙江通志平湖王志水師大教場在龍王堂側其在南門外者爲小教場即舊乍浦所教場乍浦志載周圍二百五十丈廣六十三畝八分嘉靖間署知縣殷廷蘭置義塚於此雍正間畫一隅爲教場餘建營房

乍浦水師軍器火藥二局 並在北門內舊倉基各六間雍正八年建又火藥房在南門內城下凡六間乍浦志火藥先在此房碾碎然後運貯局內咸豐十一年燬同治六年重建共五間

乍浦水師營房 雍正二年原建一百間在乍浦南門外教場官地一百間在城內兵備道舊署東十年將城內

營房亦改建南門外教場官地又增建三百間共五百間通志乾隆二十年添設一百間在陸家橋及塘口乍浦志今俱燬

軍工廠　在湯山西修造戰船器械處官廳三間耳房四間後房三間貯料草廠三座炊爨廠一座土地祠三間工作所九間平湖王志今燬

澉浦所外海水師營隸乍浦協管轄　道光二十三年浙江巡撫劉韻珂會籌海疆善後事宜奏請添設澉浦水師營駐劄都司一員千總一員把總一員兵丁三百名內水戰兵九十名水守兵二百一十名大小船十二隻輪班巡緝〔兵部議覆浙江巡撫劉韻珂奏稱海鹽地處海濱所轄之澉浦緊接乍浦勢同唇齒該處建有城垣一座惟汛兵寥寥海鹽有警待援於乍浦乍浦有警該處與海鹽無兵援應亦失輔車之勢且由乍浦至海甯之尖山必由該處經過該處既無專營設海寇由乍浦而犯尖山中間別無牽制可以揚帆直入於近省重地關係匪輕應於澉浦專設一營駐劄都司一員千總把總各一員兵丁三百名作為外海水師責令在海甯海鹽兩州縣洋面巡防仍歸乍浦協統轄並稱溫州大荊營裁都司一員湖州安吉營裁千總一員嘉興協裁把總一員移撥至澉浦安設分駐等語應如所奏辦理奉旨依議〕　同治六年總督英桂等奏浙省裁兵增餉一案奉裁兵丁一百二十名現在實兵一百八十名內水戰兵五十四名水守兵一百二十六名以一百三十二名出洋巡緝餘兵分撥各汛操防調換

澉浦營原設兵船咸豐十一年粵匪之擾燬失無存同治九年奉撥釣船二隻現在分配鐵砲各四位派兵巡緝其不敷兵船尚待造辦

澉浦水師營房演武廳及軍器火藥局向設澉城南門外咸豐十一年燬於匪現在尚待興建

乍澉水師營現定軍餉　大建月水戰兵每名除扣朋銀外實支兵餉銀二兩四錢三分水守兵每名除扣朋銀外實支一兩四錢六分米各三斗　小建月水戰兵每名除扣朋銀外實支兵餉銀二兩三錢四分六釐七毫水守兵每名除扣朋銀外實支一兩四錢一分米各二斗九升

乍澉兩營現設砲位

天后宮砲臺安設平夷砲二位　紅衣砲二位　洋砲二位　鐵砲三位　銅砲一位

保安城砲臺安設洋砲二位　紅衣砲二位　銅砲二位　鐵砲六位

陳山嘴砲臺安設洋砲四位　鐵砲一位

長牆山嘴砲臺安設鐵砲三位　銅砲二位

青山汛安設鐵砲一位　葫蘆山汛安設銅砲一位

敵樓附　嘉靖三十三年倭變巡撫胡宗憲僉事王詢侍郎趙文華議建知府劉慤劉志作宋治知縣張烈文董其成

於海鹽塘築一座白芒堰名鎮海於漢魏二塘築二座會龍
二橋於秀水杉青閘築三座名上青中青下青天啟二年
知縣湯齊范文若修築袁志案明嘉靖中以倭寇猝發築敵樓六座樓址石臺下通
大門內穴牆爲廚湢涸井具全其上樓三層四面皆磚
壘穿墉最上用堞如城總可容兵數百人每里僉取鄉
兵一名把守共五百八十一名海鹽石門城外亦置敵
樓各二座據險扼要以爲外捍至隆慶三年鄉兵以漸
裁革兵虛而樓亦廢矣
海塘防兵營隸杭屬海防營管轄　雍正十一年題設海防左營千
總一員駐海鹽外委把總駐白馬廟俱屬兵備道標下
經管海塘又題設海防左營澉浦汛把總一員專管海
塘工程南自澉浦汛交界湯家鋪起北至平湖縣交界

行素菴止共三十九里額設兵丁八十一名內外委一
員馬兵二名戰兵十名守兵六十八名字識二名海鹽續圖
經乾隆十九年裁改堡夫內海鹽平湖共一百一十七
名嗣後又改堡夫爲塘兵一十七名乾隆二十八年督
撫奏準鹽平海塘堡夫一百名一併改復守餉塘兵乾隆
二十七年總督楊廷璋巡撫熊學鵬奏浙省海防營官
兵自乾隆十九年裁後改設堡夫四百名分段修防內
海鹽平湖二縣改設堡夫一百一十七名迨至二十四
二十六等年兩次奏請復設海防營官兵於鹽平二縣
境內分撥把總外委各一員將該省堡夫改充守餉塘
兵一十七名又撥仁甯二汛內塘兵三名共二十名同
堡夫一百名分段在塘力作但查鹽平二縣境內石土
塘工共長一萬七千六百八十餘丈計程一百一十七
里工甚綿長地亦衝要是以初設官兵時設立澉鹽平
三汛駐劄千總一員把總二員帶兵二百一十四名責

成防守今所設兵堡共一百二十名較前僅止得半本
年七月內猝遇風潮潑卸鹽邑境內石塘七百八十六
丈二尺內除估修工長七百一十六丈二尺外經兵堡
修砌工長七十丈又二縣境內土塘及附土工長一千
九百八十五丈有零內除估修六百八十四丈外經兵
堡挑修一千三百一丈五尺節省經費甚多并因甯邑
老鹽倉鑲修柴塘及塡築尖山壩上石塊各汛塘兵不
敷力役將鹽平二汛內兵堡一併發往帮工是堡夫之
在塘力作與仁甯二汛復設之塘兵搶築鑲修理砌等
項初無二致再鹽平二縣石塘工程全藉附土高堅以
資後靠每遇風潮如附土完固者雖間有潑卸塘石尚
覺無多而附土低殘者石塘孤立一經潮衝浪激坍塌
倍多臣等於查海甯塘工後俱順途至鹽平二縣見沿
海石塘工戧間段雉陷殘缺一線危堤屹立殊少後靠
兼之逐日潮浪循石縫鏬隙晝夜抽掣更多坍卸非隨
時塡補難期石塘鞏固然若概行動項塡補工段長而
經費不貲帑項何堪糜費惟責令在塘兵丁日逐挑塡
俾塘身得有後靠石工庶不致過於坍卸實可省費固
工惟是從前裁兵改夫因工程平穩祇給工食以資防
守令則須日事工作其工食銀兩雖與守餉相等而無

糧米支領難勉其枵腹急工向隅堪憫似應一體改復
守餉塘兵使其專力修防別無顧慮將通塘附土隨掣
隨塡則工倍而省費石塘得有後靠可期永固金湯查
改設塘兵增給糧米事關 國家經費臣等何敢率議
更張但該二汛堡夫人數少而工段綿長且修防本汛
之外尚須撥赴仁甯工次協帮力作實爲繁重與塘兵
無分勞逸至所需糧米有原裁糧米可以給支毋庸額
外加增致滋糜費事屬易籌臣等與海防道永德再三
商酌應請將鹽平二汛堡夫一百名一併改復守餉塘
兵每月每名除工食餉銀原與守兵均係一兩外祇須
加給米三斗俾得資其飽騰勤加力作即令澉乍二汛
把總外委實力督率於搶修工段之外即將前項附土
隨時陸續加高培厚一律塡實不許稍有殘缺在平時
旣省歲修之費即遇風潮亦不致塌卸過多糜帑之患
設仁甯二汛有緊要工程即撥赴協帮修砌於帑項工
程實爲兩有裨益所有堡房作爲營房以資棲止毋庸
另建至看塘守兵一百名應需衣帽弓箭之類容俟奉
準改設之日在於收支公糧項下動支製給其現在堡
夫果否均係熟諳修防飭令海防道永
德確查詳議辦理奉 旨依議
嗣又陸續裁改

現在額設鹽平汎把總一員駐海鹽帶領外委一員額外一員兵丁七十名內戰兵二十五名守兵四十五名分防鹽平兩邑海塘南自談仙嶺起迤北至湯家鋪平湖行素菴東至江南金山縣交界止總共經管石塘六千六百八十二丈四尺土塘一萬九百九十八丈二尺案沿海築塘設兵雖以防水亦以防寇惟前項兵丁均歸兵備道轄不隸嘉協前志附嘉協海防似欠明晰玆另立一條

留防水師同治三年官軍收復西浙粵逆蕩平嘉湖地處澤國汊港紛歧酌留水師舢板四板各船統以營官每船八人六人不等在於城鄉各鎮節節駐泊常川防

守居民商賈賴以安集奏明俟內河水師定制後再行裁撤雖屬權宜而事關武備因記於此

歷代兵事 附

周敬王二十四年吳伐越越子句踐禦之陳於檇李 春秋左傳

敬王二十六年吳王夫差敗越於夫椒報檇李也 春秋左傳

顯王三十五年越王無疆伐楚楚人大敗之乘勝盡取吳故地東至於浙江越以此散 越初都會稽其境北至於禦兒不能全有漢會稽一郡地及其滅吳始并有吳地今楚取吳地至於浙江則禦兒亦入於楚矣 資治通鑑

漢元封元年漢兵入東越境東越素發兵距險使徇北將軍守武林樓船將軍卒錢塘轅終古斬徇北將軍故越衍侯吳陽以其邑七百人返攻越軍於漢陽越建成侯敖與繇王居股殺餘善以其眾降上封終古為禦兒侯 資治通鑑

東漢建安四年烏程鄒佗錢銅及嘉興王晟等各聚眾萬餘或數千人不附孫策策引兵撲討皆破之 資治通鑑

三國吳永安七年秋七月海賊破海鹽殺司鹽校尉駱秀 吳書

晉咸和三年蘇峻遣其黨管商進攻吳郡焚吳縣海鹽嘉興後賊平詔復縣租稅三年 晉書

隆安五年三月孫恩北出海鹽恩本琅琊人家會稽世奉

五斗米道叔父泰得祕術誑誘百姓被誅恩逃入海聚亾命作亂初自海攻上虞襲據會稽後復逃入海 晉書

宋高祖前將軍劉牢之以高祖參府軍事孫恩出海鹽高祖自句章追之築城海鹽故治賊攻城高祖慮兵寡不敵選敢死士脫甲自執短兵鼓譟出因其震懼奔之斬賊帥姚盛後一夕忽偃旗匿眾若已遁者明晨開門使羸疾數人登城賊遙問之曰夜已走矣因率眾大上乘其懈怠復奮擊大破之恩走高祖棄城追焉海鹽令鮑陋遣子嗣之帥吳兵一千請為前驅高祖曰賊兵甚精吳兵不習戰可且在後為聲援不從高祖多設伏兵兼

置旗鼓明日恩率衆萬餘迎戰前驅旣交諸伏舉旗鳴鼓皆出賊引退嗣之追奔爲所没高祖且戰且退死傷且盡至向伏兵處乃止令左右脫取死人衣賊疑猶有伏不敢逼而去高祖徐歸恩進向滬瀆殺内史袁山松高祖追破之於婁縣又破於丹徒恩狼狽還船浮海北走鬱洲高祖領水軍追破之鬱洲恩沿海還南高祖亦循海要截追於滬瀆及海鹽又破之三戰並大獲俘馘以萬計恩自是奔迸臨海後爲太守辛景所破沉海死宋書

泰始五年臨海賊帥田流自稱東海王剽掠海鹽資治通鑑

梁太清三年侯景寇東境没吳郡遣將宋子仙進攻錢塘會海鹽人陸黯舉義有衆數千人夜出襲郡殺僞太守蘇單于推吳人度支尚書陸襄行郡事時淮南太守文成侯蕭甯逃入吳襄迎甯爲盟主遣黯及兄子映公帥衆拒子仙子仙聞兵起乃退還與黯等戰於松江黯敗走吳下軍聞之亦各奔散梁書

承聖元年侯景敗走趙伯超據錢塘拒之侯景進至嘉興聞伯超叛之乃退據吳侯瑱追及景於松江資治通鑑

紹泰元年陳霸先使將軍黄他攻王僧智於吳郡不克霸先使甯遠將軍裴忌助之忌選所部精兵輕行倍道自錢塘直趣吳郡下至城下鼓譟薄之僧智以爲大軍至輕舟奔吳興忌入據吳郡因以忌爲太守資治通鑑

唐乾甯二年楊行密遣甯國節度使田頵潤州團練使安仁義攻杭州以救董昌昌使湖州將徐淑會淮南將魏約共圍嘉興錢鏐遣武勇都指揮使顧全武救嘉興破烏墩光福二寨四年全武將兵三千自海道救嘉興至城下擊淮南兵大破之資治通鑑

宋宣和中睦寇方臘作亂横行州邑來攻秀州去城南一舍而陣衆號十萬前統軍王子武白太守曰今日之政公職守子武職戰請背城借一以報國乃下令簡精鋭

選五百人長兵在前短兵在後弓矢分左右翼夾射遂啟門鼓譟而出太守復率百姓登陴擂鼓發喊以助之屋瓦皆震戰士勇氣百倍以一當百賊大駭奔潰追奔數十里斬首五千級築京觀以表其功賊遂退據臨安兩浙名賢錄

建炎初杭賊陳通作亂辛道宗奉詔討賊軍行至鎮江府守臣趙子崧犒賜甚厚道宗掩有之行次嘉興始給軍士人五百錢衆怒潰去者六百人道宗奔還鎮江衆擁高勝爲首勝舊爲太行山盜名高托天亂兵攻秀州守臣龍圖閣趙叔近城守人遺以綺四縑賊乃北趨平江

府叔近招降之資治通鑑

建炎二年五月巳酉秀州卒徐明等作亂執守臣朱芾迎前守臣趙叔近復領州事詔命御營中軍張俊討之乙丑張俊至秀州殺趙叔近執徐明斬之宋史紀事本末

建炎三年金兵南渡據臨安十二月遣騎二百自黃灣至海鹽諭降時朝議主和吏民遷避有賈機宜潰卒遇之於彰慶館前碎碑石爲礟以拒之明年金兵還攻破秀州邑尉朱良槩之境上力戰死海鹽圖經

建炎四年金人破秀州先是兩浙宣撫使周望在平江有言敵自越州還金陵者望素不嚴斥堠但以傳聞之語

爲信乃遣統制官陳思恭張俊統兵入杭以規收復之功思恭至秀州偵知傳言之妄聞道走湖州之烏墩鎭以觀變至是金宗弼過秀州通直郎權州事鄧根留武翼郎本部兵馬都監趙士醫乘城拒敵城破士醫爲流矢所中而死後贈武翼大夫望聞金師至崇德縣調太湖舟千艘赴吳江槩之續資治通鑑

元至元十二年伯顏分軍爲三取臨安其東一軍沿江循海趣許浦澉浦以至浙江董文炳率之十三年正月次乍浦進至海鹽澉浦統制及縣令皆降海鹽圖經

至元十四年盜發澉浦行省檄趙賁亨爲招討使率兵討平之元史

至元十八年正月命阿列罕等征日本以拔都張珪李庭留後十一月詔以征東留後軍分鎭慶元臨海澉浦三處海口元史　圖經云時方有事於倭恐倭來犯故海上設重防

至正十六年平江旣陷嘉興地當衝要有司告急驛使不絕於道江浙丞相達實特穆爾兵少策無所出檄苗軍帥楊鄂勒哲來守嘉興鄂勒哲取道自杭以兵刼達實特穆爾使陞已爲本省參知政事達實特穆爾遂塡募民入粟空名告身予之楊鄂勒哲以數萬衆屯嘉興先鋒呂才以七千衆屯王江涇商旅不行軍容甚盛張士

德遂不敢取道嘉興乃自平望烏墩直檇杭州江浙丞相達實特穆爾忌鄂勒哲兵强漫不爲備寇至城遂陷鄂勒哲乃以苗軍及官軍分爲三路蔣英從大麻塘樓董旺從硤石長安身率劉震朱誠從海鹽黃灣而進呂才呂昇屯守嘉興士德知鄂勒哲分路而來遂應接不暇一敗於皁亭再敗於謝村三敗於央城巷賊水從德清陞從海鹽遁去遂復杭州張士誠將史文炳以水師數萬攻嘉興楊鄂勒哲以大軍四伏使小舟數百十艘餌之賊檣艫蔽天排江而下追至杉青東西岸多積葦以待適南風大作岸上舉火賊舟焚燎至四十里不止

死者甚眾遂捨舟登陸進逼城下戰於冬瓜堰大破之斬首萬千級俘者數千張士信以伏水遁還然鄂勒哲凶肆掠人財貨婦女部曲驕橫民間謠曰死不怨泰州張生不謝寶慶楊續資治通鑑

至正十六年張士誠弟士德攻海鹽乍浦鍾氏拒之時苗兵過州境民大擾徐泰志

張士誠侵攻嘉興元兵力不能守江浙行中書省丞相達識貼睦爾以便宜調楊完者兵來禦鄂勒哲郎完者陰鷙酷烈多權詐有苗黨千餘皆趫捷拳勇能赴湯火號曰答刺罕屢敗張軍嘉興獲全因恃功脅丞相陞已本省參

知政事署官屬淫穢彰聞後敗還杭竟以酷自滅而嘉興郡邑亦陷於殷氏海鹽圖經

嘉興通守繆思恭當張氏來攻嘉興楊完者令與火攻遂大捷既而張氏歸命因大城武林檄繆統所屬工徒以赴其役張陰屬其弟士信乘此戮辱之眾皆爲寒心繆不介意繆治西北面數十百丈以松江路工徒屬之每事作則先人止則後人勞來督罰殊得眾心視他所作益堅好士信亦無可禁何一日巡功謂繆曰別駕好將息念及杉青火攻時猶使人肉跳不已樂郊私語

至正二十六年吳左丞華雲龍率兵攻嘉興張士誠將宋興以城降續資治通鑑

明正統八年倭夷始寇台州海甯乍浦諸處倭夷即日本歷朝入貢至嘉靖二十七年御史周亮上疏請改浙江巡撫爲巡視不置巡撫者四年海禁弛倭遂肆大奸若汪直徐海陳東麻葉輩悉逸入海島爲倭謀主誘之入寇倭患日劇於是廷議復設巡撫而勢已不可撲滅三十二年三月汪直勾諸倭大舉入寇海濱數千里同時告警破昌國衛四月破太倉上海攻海鹽至海甯衛把總馬呈圖指揮采煉百戶王相姜楫呂鳳姚岑千戶王繼隆百戶楊臣康緩皆歿於陣五月破乍浦所百戶陳

緩指揮陳善道冠帶哨旗張儒死之三十三年三月賊首蕭顯流突海鹽官兵敗於二十里亭九月攻嘉興官兵追之與戰於孟家堰指揮李元律千戶薛綱宋應瀾死焉既而賊走嘉善奔百家山走沈家河參將張欽百戶趙軒梁瑜都指揮周應楨等戰死十月攻乍浦所十一月賊入嘉善遂至湖州十二月賊復入嘉善百戶顏榮華中礮死賊還屯柘林縱橫來往若入無人之竟帝命兵部尚書張經總督軍務乃大徵兵四方協力進勦是時倭以川沙窪柘林為巢抄掠四出三十四年正月賊奪舟犯乍浦海甯陷崇德轉掠塘棲新市等處五月

朔突犯嘉興經遣參將盧鏜督保靖兵援以俞大猷督永順兵由泖湖趨平望以湯克寬引舟師由中路擊之合戰於王江涇斬賊首一千九百餘級焚溺死者甚衆自軍興來稱戰功第一時帝遣工部侍郎趙文華督察軍情文華貪婪顛倒功罪當倭寇嘉興巡按胡宗憲中以毒酒死數百人及經破王江涇宗憲與有力文華盡掩經功歸宗憲經遂得罪棄市即超擢宗憲代之賊尋犯平湖十一月賊登犯海鹽知縣鄭茂指揮徐行健郎日討平之三十五年宗憲見倭勢[illegible]文華定招撫計乃令客蔣洲陳可願諭日本國王遇汪直養子滶於

五島邀使見直宗憲與直同鄉里本欲招致之釋直母妻於金華獄給資甚厚洲等諭宗憲旨直心動令洲諭各島而遣滶護可願還宗憲厚遇滶令立功滶遂破倭舟山再破之列表以何徐海偕陳東麻葉引萬餘人攻乍浦過海鹽指揮徐行健死之四月攻嘉興指揮程禄死之時宗憲壁塘棲與巡撫阮鶚相犄角會海趨阜林鶚遣游擊宗禮擊海於崇德三里橋三戰三捷既而敗死鶚走桐鄉賊乘勝圍之宗憲遂還杭州遣指揮夏正等持滶書邀海降時海病創意頗動正曰陳東已他有約所慮獨公耳海遂遣使來謝索財物宗憲報如其請

海乃歸俘二百人解桐鄉圍復巢乍浦以弟洪來質宗憲厚遇洪諭海縛陳東麻葉許以世爵海果縛葉以獻宗憲解其縛令以書致東圖海而陰泄其書於海海怒海妾受宗憲賂亦說海於是海復以計縛東來獻帥其衆五百人去乍浦別營梁莊官軍焚乍浦巢海遂刻日請降先期猝至留甲士平湖城外率酋長百餘冑而入叩首伏罪宗憲摩海頂慰諭之海自擇沈莊屯其衆沈莊者東西各一以河爲塹宗憲居海東莊以西莊處東黨令東致書其黨曰督府檄海夕擒若屬矣東黨懼乘夜將攻海海挾兩妾走間道中稍明日官軍圍之海投

水死會盧鏜亦擒辛五郎至辛五郎者大隅島主弟也遂俘洪東葉五郎及海首獻京師餘黨奔舟山俞大猷雪夜焚其柵盡死浙倭遂平明史參籌海重編海國圖志

嘉靖三十二年倭入境百戶徐東瀛統軍至申號令明賞罰選屯之餘夫爲請兵甲倭畏撻乃令百人習棍曰打手三十四年夏倭復至衆議守東瀛曰倭未知地利且狃前役必小吾當乘其不備擊之薄暮秣馬飽士四鼓至石墩焚倭營倭死傷無算黎明伏兵葛嶺自殿而還無一人傷者既倭圍澉以木作舟形舁百餘衆載之掘城東瀛與典史李茂勠力捍禦以大石從堞下之斃倭

甚眾圍四旬乃解三十五年倭猝至東瀛以請糧他往東瀛子雨川集所部奪擊殺賊五六百人溺死猶眾次夕倭復至攻城雨川已預爲防禦發礮殪賊三千餘人時雨川方弱冠奉奬賞辭之特爲屯之餘夫殺賊有功請給口糧謂餘夫聚之無食散之可惜也總制胡宗憲允其請澉兵之設由雨川請也澉浦詩話

劉存義令平湖時倭急攻城城上懸燈患風雨吹爛且苦燭寡乃令作薄鐵版斲薪木以瀝青灌其上爲長鉤墜城腰上置木版遮覆瀝青遇風雨益熾不滲燭而火光亘長夜且城上望城下如晝城下望城上如漆平湖程志

國朝順治二年閏六月嘉興民揭竿起者數千人戕秀水知縣胡之臣遂踞城推前翰林屠象美主其事前都督僉事陳梧爲帥前吏部郎中錢棅助餉

大兵在杭聞報遣數百騎襲諸三塔灣大敗之象美出走爲亂民所殺棅集躡

大兵於震澤兵返戰眾潰被殺先是三塔灣之敗生員鄭宗彝袒背呼市上集者復千人城守十六日餉竭宗彝與弟宗琦俱死前吏部尚書徐石麒時出城召募扁舟宿水次城將破呼於城下曰吾大臣不可野死當與城俱縋之上老僕徐成欲先登少僕徐錦止之曰君老矣成怒曰童子何知謂我老邪俱縋入城陷石麒朝服自經死成與錦從死城外二僕祖敏李升聞之亦死同時死者前劃遼守備項嘉謨與二子一妾投天星河死諸生張翃錢應金俱死小腆紀年

順治二年六月嘉興李毓新等謀矯稱奉潞王監國起兵平湖海鹽皆應之水北盜王有虔率眾二千餘人來附橫行市中參將周一誠擒斬之嗣民薙髮歸命澉浦訛傳一誠請兵將屠澉八月澉人二千餘入海鹽城焚參將署一誠遇害續圖經

順治三年明魯攝餘姚縣事王正中率眾犯澉浦小腆紀年

順治四年海寇登掠白馬廟駐防副將黑光玉擊卻之九年海舟四十八艘犯龍王塘泊教場沙上游擊吳光斗自嘉興將兵赴援海舟引去十一年海寇泊白塔山登犯藍田浦海鹽知縣郭尚信輕騎赴之爲寇所圍馳射突圍出賊引去續圖經

道光十九年粵東海釁開二十年六月英夷陷定海踞之是月二十四日夷船犯乍浦駛至彩旂門礮擊葫蘆城傷滿兵二人碎天后宮石碑官兵回礮擊卻之節相伊里布來浙視師議歸所俘夷酋女易定海城以款之已而兩江總督裕謙來浙議戰二十一年二月誘護夷酋

喂啉咊喲磔而暴其皮於甯波城以其筋爲鞭夷遂揚言復仇八月陷鎭海及甯波十月揚威將軍奕經參贊大臣文蔚繼至浙二十二年四月初七日夷輪船二十四隻再入彩旂門官兵方扼天后宫葫蘆城觀山塞各要隘奸民導夷分兵乘商船舢板船由陳山左右海灘於初八日夜渡登岸初九日夷船礮擊天后宫葫蘆城而登陸之夷兵潛走金家灣繞唐家灣以撲乍城時陝甘援軍陣於唐家灣山北夷從龍湫山東偏徑掩至戰失利觀山官兵不支城遂陷乍浦副都統長喜海防同知韋逢甲等死之初十日犯平湖至虹霓汎河狹不得

進十一日由海塘犯海鹽至白馬廟夷酋墜馬死仍回乍浦土人謂廟中白沃使君顯靈所致後經巡撫劉韻珂奏入祀典十五日夷退復乍浦城二十三年籌辦海疆善後事宜於海平各要隘建築礮臺增設外海水師俱詳載各條

咸豐十年立春前一日嘉興官僚迎春方出東城土牛忽崩圻人以爲不祥至夏四月二十六日果失守是年正月江南賊由甯國直犯杭湖遂陷杭州復棄杭以回攻我金陵大營閏三月十四日大營潰二十八日江督何桂清棄常州城走四月初六日常州失守十三日蘇州陷二十六日賊撲嘉興提督江長貴之兵潰於平望知府張玉藻聞警走府訓導張詠題絕命詞於壁投泮池死教授蔡兆輅自經死城遂陷張玉良收集潰勇萬二千人編列成軍以圖嘉興扎營三塔灣白衣菴內薄城根七月十七日轟破南門垛口城賊半逃旋因阻水不能入二十四日潮勇通賊陣自亂各營目畫船繡幕攜眷舟居者護眷先奔河狹舟爭水軍亦亂參將張天祿引火藥自焚死張玉良至石門縣令李宗謨迎於河干請守石門張佯諾夜半走天明賊至李宗謨死之是時嘉善已於七月十二日失守平湖於十五日失桐鄉於

二十六日失至石門既失越日復之旋爲賊踞將城池折毁改作營壘平湖亦越日復之八月初五日又失又復之至十一年二月二十七日槍船土匪勾賊破海鹽二十九日復之三月八日復失明日破乍浦都統錫齡阿死之遂破平湖於是嘉興惟澉浦城孤存一角賊方結巢瑖城義民沈掌大集眾數萬持扁擔塗石灰爲號五月十三日與澉浦把總陳長瑞合兵進剿抵勾膛橋遇賊擊之勝援賊至遂敗長瑞陣亡兵民死者甚眾次日賊赴澉大掠掌大被執遇害當蘇州既失署撫薛煥駐滬上平湖三泖與滬通十年秋七月至十一年春二

月嘉興之正道雖梗而鹽澉平乍四城未失浙江之軍書猶可由海甯繞此以達於滬其守鹽平者有革提米興朝革將張威邦副將黃金友水師提督曾秉忠及其弟守忠以保此偏隅而乍浦滿營亦苦戰卻敵故嘉興由漢塘一路賊不能竟撲平湖至是土匪導從旁襲黃金友力戰陣亡而浙滬之路斷矣賊踞嘉興大造僞府費用不貲皆剝取之民間而爲之剝削者大抵槍船博徒居多槍船者以兩頭尖小輕船架槍其上作奸犯科無所不至海甯及鹽平乍浦四城之破皆此類所爲也節錄談浙

同治元年四月今節相合肥李鴻章以延建邵遺缺道署蘇撫率程學啟諸軍由輪船渡江至上海閩汰嬴卒會商外洋收復柘林奉賢五月復南滙川沙六月復金山衛七月復青浦九月復嘉定十月復常熟昭文二年三月復太倉州四月復崑山新陽六月復吳江震澤進攻蘇州幷分圖嘉興七月翰林院編修劉秉璋常鎮道潘鼎新攻克嘉善縣之楓涇西塘鎮總兵張遇春副將楊鼎勳會進水師曾守忠克茜涇二十一日破干窰嘉善城東之張涇滙爲平湖達嘉善之衝十月二十日劉秉璋由楓涇往攻不利參將王玉林死之十一月初四日復攻克之初六日進屯廣陳新埭鍾埭以圖平湖初七日水師偪城賊酋迎降初八日收復平湖乍浦賊酋亦乞降十二日收乍浦城十三日收降海鹽十四日收降澉浦十五日擊興城賊走之二十八日收降嘉善縣城潘鼎新之軍攻克沈蕩新豐鎮同治三年正月諸軍偪嘉興十九日程學啟壘於北門劉秉璋駐朝陽廟及七里店會龍橋二十三日潘鼎新率師來會時東北賊壘尤多議以學啟軍與淮揚太湖水師分攻城北杉青閘御花園端平橋李昭慶攻秋涇橋秉璋鼎新攻城東吳涇橋東塔寺吳毓芬攻合歡橋皆克湖州賊酋來援水

軍屢擊走之二十八日炸礮壞城垣十餘丈學啟令總兵何安泰劉士奇率千人踰河乘城自率陳忠德王永勝繼之賊燃火藥傾而下不克登何安泰中槍死之副將郭與發陣亡水師李助發周正林趙三德俱重創軍士死者數百城賊守禦甚力官軍多傷二月既望學啟夜督軍士於城下端平橋築月牆護礮分門擊之十七日部將劉玉龍教練洋人備雷發大炸礮毀城上礮臺二十餘座壞城垣百餘丈賊爭負土堵禦我軍夜成浮橋十八日學啟促將士梯北城而登死者相枕藉學啟憤躍踰浮橋內薄登城槍子中左腦昏絕舁歸營越二

日至蘇州傷亡其下益衷創冒死爭進炸礮中賊火藥倉聲驟沸潘鼎新劉秉璋李朝斌水陸咸登城城遂破擊斬五六千級賊由西門遁復截殺之靡遺礮斃賊酋劉得功獲廖發受於井斬之嘉興以復時兵部員外郎秀水張清泰江蘇知縣桐鄉陸費森等支應程學啟軍隨同進勦實著勤勞此蘇軍克復嘉善平湖乍浦海鹽澉浦進攻府城情形也同治二年冬浙軍圍杭州未下浙藩蔣益澧由蕭山之小泗渡渡江降海甯賊酋三年正月遂由海甯偪桐鄉前甯紹台道張景渠直隸州知州李邦達都司謝茂勝暨葉炳忠所部俱進賊降初八

日復桐鄉縣城二月湖州賊自烏鎮鑪頭三里街徙壘雙橋連營數十里復撲桐鄉我軍禦賊甚力十五日同知楊道洽分攻爐頭鎮三里街張景渠遣張其光陳紹助勦平其壘十八日力攻陡疊克之三月初五日我師進偪石門賊降收復石門縣城二城既降嘉屬全清浙軍遂與蘇軍合以圖湖州此浙軍收復石桐情形也

附錄外國交涉事務二則

同治五年四月英國商人怡和行以通事黃姓出名在嘉邑餘賢埭買地建造洋房開張繭行查條約外國人賃房開棧僅可在通商口岸嘉興係屬內地並非口岸由知府許瑤光知縣臧均之飭令折除停止奉　通商大臣札由地方官另示招本地華民買房屋覓烘繭之人承辦俾洋商投行收買據定海廳監生蔣荃呈請在餘賢埭買地造屋開行議准給帖完案現在所造棧房業已全毀自行折去

同治七年七月美國長老會惠志道派令教民華人來郡租賃薦橋直街房屋傳耶蘇教此屋係胡姓之産朱姓盜租與教民旋經胡姓查知報官經嘉興縣臧均之飭令遷讓乃駐滬美國總領事西華謂為驅逐教民有違和約疊次照會查辦並有布國斯米德自稱公使英

國姜闢理美國惠志道葛蓮來郡面論經府縣折之以理係房主令其遷讓幷未發差驅逐通稟上司嗣奉通商大臣馬新貽札飭上海道轉覆美領事以租屋傳教必先報明地方官酌辦且斯米德等四人未奉領事飭派逕至嘉興面見府縣妄稱公使甚屬悖謬應作罷論就此結案

案絲茶互市以羈外藩西域傳教屢興口實前二事均干涉通商和約之件處之不慎動啟爭端故附之兵事

嘉興府志卷三十一

嘉興府志

嘉興府志卷三十二　　嘉興府知府善化許瑤光重輯

農桑

生民之利莫大於農桑嘉興吳時野稻自生是自古有年農夫之慶也宋時濮院爲織錦地是匹婦蠶之五十可以衣帛也民用充而國用乃足吳粳以供白糧貢絲以實篚篚民事固可緩乎志農桑

嘉興之民終歲勤動者餉給於國而尺寸之土必耕衣被他邦而機軸之聲不絕柳志

秔秫皆謂之稻正月釀土窖糞二月治春岸三月選種立

夏蒔秧四月刈麻麥遂墾田或牛犂已而插青用桔槔灌田旱入潦出自四月至七月皆爲農忙月富農倩傭耕曰長工曰短工佃家通力耦犁曰伴工端陽前後插青畢釀金賽田畯濁醪瓦缶酣呼相勞苦謂之青苗會是後耘耔糞溉各以時處暑苗行根綻穗苦旱白露花開苦風秋分稻秀苦雨八月二十四日爲藁生日尤忌雨九月刈禾無敢過霜降亦有早稻先一月熟是月藝麥豆栽桑築場子婦竭作亦謂之忙月十月糶米富農高廩蓋藏稍貯穎賦供官佃農輸租田主貯其餘以備春作袁志參嘉興何志秀水任志

案嘉禾農事嘉興秀水大畧相同至嘉善平湖或用牛犁牛車海鹽亦間以牛戽水石門桐鄉二邑不甚相遠蓋土壤稍殊事力各異舊志所載特言其畧而已

海鹽地方高仰潮汐之至非有山谷隄防而人居以安其土黃壤其井泉甘溝澮之水不可瀦蓄故民皆服田力穡勤於農務利於早熟 宋李正民儒學碑記

凡種稻先擇種立夏糞秧田浸種浸五日始秧撒之秧田又五日秧始齊芒種後夏至前爲黴時多雨墾田平之又磔之且糞之乃拔秧栽之無雨則戽水爲之用桔槔其糞也以豬灰以豆餅或以草入之河泥爛而用之栽秧二十日乃盪盪以木板叢釘於上柄以長竹以疏苗之行令根易行也又五六日乃耘耘者去草也爬苗之肋置所去草於下助糞力也耘凡三再耘爲下農一之多茀矣耘之服曰馬曰盪曰臂篭曰指篭皆以竹爲之苗葉利櫂傷膚也跪而耘膝故無蔽多傷矣稻水種也天澤未易常黴桔槔力居多惟立秋前十日宜稍乾之令根固餘日水晝夜不得乏絕收穫多寡壹視戽水勤惰凡稻處暑而胎白露而秀秋分而秀齊寒露而盡實霜降而黃立冬盡刈矣刈稻有鉧形如鉤稍濶打稻有牀以竹爲櫺取其易落磨稻有礱用木或用土而齒之輕則不能去殼重則櫂傷米也凡田一畝用種七升或八升穎六爲肋肋八爲箇畝穫稻爲箇者三百六十上農豐歲箇可得米七合畝可得米二石五斗也近水者單車水稍遠者雙車悉用人力高阜者戽水間用牛車而耕仍用人云 海鹽圖經

國朝洪景晧農詩楝樹花開大麥黃村村犂耒墾斜陽桔槔聲間山歌響撿歷明朝好撒秧婦插青田男漉田勤偏居後嬾居前藍裾黑袴青衫襖不怕朝朝泥水濺月落雞鳴星漸稀趁涼芸草露沾衣指篭臂篭騎秧馬惱殺蚊蠅撲面飛西南風喝陣雲蒸掣電鞭雷勢欲崩雨腳未收斜日漏負鋤人徧歷溝塍

平湖田高不磽确卑不沮洳得沃瘠之中畝收以石米爲準其加勅雜斗麥者稱最上産農勤則倍收產戶不得過而問焉穀賤加徵農不任咎故務本者衆 平湖朱志

凡種田初春鍬溝春岸入夏刈麥遂墾田或以牛犁戽水亦多用牛浸穀蒔秧秧既齊乃拔而插之繼以盪又再三耘水常不斷暑旱生蟲灑油而掃之婦女饁餉亦拔秧戽水與男子均勞田時官罷追呼謂之停忙九月刈稻十月輸租既穫墾爲稜種豆麥 平湖張志

種田之法不在乎早本處土薄早種每患生蟲若其年有水種田則忙種前後插蒔爲上若旱年車水種田便到夏至也不妨只要倒平田底停當生活以候雨到雨不到則車種須要一日車水次日削平田底第三日插秧使土中熱氣散盡後無蟲蛀之患矣凡種田總不出糞

多力勤四字而墊底尤爲緊要墊底多則雖遇水大而苗肯參長浮面不至渰没遇旱年雖種遲易於發作其插種之法行欲稀須間七寸段欲密容盪足矣平底之時有草須去盡如削不能盡必拔去而後平底蓋插下須二十日方可下田拔草倘插時先有宿草得肥驟興秧未見活而草已滿拔甚費力此俗所謂畝三工若插時拔草先淨則草未出而苗已長不須二十日便可拔草草少工省此俗所謂工三畝只此兩語豈不較然況又有水旱不時車戽不暇須預喫月工多喫短工攙先做起頭番做得乾淨後番次次省力今日拔草明日即

要横鋤所謂頭番不要早二番不要遲當使草常無處著脚兩鋤須要將土翻箇轉身不徒移動塲屋計小暑後到立秋不過三十餘日鋤盪耘四番生活鋤二盪一耘一均匀排定總之不可免落得上前爲愈也立秋邊或盪乾或耘乾必要田乾縫裂方好古人云六月不乾田無米莫怨天惟此一乾則根派深遠苗幹蒼老結秀成實水旱不能爲患矣乾在立秋前便多乾幾日不妨乾在立秋後纔裂縫便要車水蓋處暑正做胎此時不可缺水古云處暑根頭白農夫喫一嚇下接力須在處暑後苗做胎時在苗色正黄之時如苗色不黄斷不可下接力

到底不黄到底不可下也若苗茂密度其力短俟抽穗之後每畝下餅三斗自足接其力切不可未黄先下致好苗而無好稻蓋田上生活百凡容易只有接力一壅須相其時候察其顏色爲農家最要緊機關無力之家既苦少壅薄收糞多之家每患過肥穀秕究其根源總爲壅嫩苗之故而扼要之法一在墾倒極深深則肥氣深入土中徐徐討力且根派深遠苗幹必壯實可耐水旱縱接力薄而原來壅力可以支持即再多壅譬如健人善飯量高多飲亦不害事此爲第一著一在多下墊底墊底多插下便興旺到了立秋苗已長足壅力已盡

幹必老色必黄接力愈多愈好一在六月内乾過一番則土實根牢苗身堅老堪勝壅力而無傾倒之患但自立秋以後斷斷不可缺水水少即車直至斫稻方止俗云稻如鶯色紅全得水來供若值天氣驟寒霜早凡田中有水霜不損稻無水之田稻即秕矣先農有言飽水足穀此之謂也沈氏農書

國朝王庭田家詩仲夏興農工主人戒僮僕連年有饑荒今秋願成熟墾畦莫若深灌水莫若沃及時不芟除稂莠纒嘉穀人生貴衣食勤勉豈云獨向夕倚柴門牛羊待歸牧

凡農器不可不完好不可不多備以防忙時意外之需糞桶尤甚諸項繩索及簑箬斧鋸竹木之類田家一闕廢

工失時往往因小害大崇禎庚辰五月十三日水没田疇十二以前種者水退無患十三以後則全荒矣有一人以簑箬未具不克種田以致饑困俗云爲了一錢餓倒一家簑衣箬帽一副價貴不過一錢書云唯事事乃其有備有備無患推此可戒其餘世人多金以備玩器而惜小費以洽田器豈非惑之甚乎張氏補農書

農器自耒耜外戽水有車宋蘇軾水車詩翻翻聯聯銜尾鴉犖犖确确脫骨蛇分疇翠浪走雲陣刺水綠鍼抽稻芽取泥有罱國朝錢載罱泥詩昨夜看天色共說今朝晴我船篷巳卸雖雨擔罱行兩竹手分握力與河底爭曲腰箝且拔泥草無聲并罱如蜆殼開張吐船隨盈小休柳陰飯烟氣船梢橫吳田要培壅賴此糞可成楊園補農書先事宜濤明芟草有搨築塲有軸刈稻有鋒曝稻有籩擊稻有牀翻穀有爬脫穀有礱去粃有篩扇粟有車擊屑有麴創薔有谿烏青文獻

正月宜墾田種桑秧敲菜麥溝倒地罱泥下地壅脩桑刮蟥倒芋艿田澆菜麥載壅撒蠶草秧界繩編蠶簾蠶簀窖垃圾磨路置鐵扒鋤頭桑翦買糞買柴炭鍬籥簑衣箬帽羅豆泥二月宜倒地刮蟥下菜壅倒田鍬溝澆菜秧罱泥刮溝倒秧田做塍脩埂脩汙岸搭地壢鋸車戽載壅綑桑繩架山繩撒柴接桑樹下瓜蔔子排韭沉麻子喚工翦桑雇忙月人工脩好筐簩換炭買糊簩紙三月宜刈地沉梅豆晚豆墾花草田澆桑秧罱泥倒田種

芋艿削豆坂窖花草做秧田刮二蟥鋸車戽載壅把桑繩雇匠做車戽鶴膝脩蠶具車伏絲車種瓜秧并豆蔔浸種穀買水桅四月宜刈地謝桑倒花草田壓桑秧種茄倒地翦桑澆桑秧沉晚豆看三蟥收菜麥種芋艿秧做秧田下種穀拆麥崙窖蠶沙梗甩麥下田窖蠶豆摒看秧水架瓜豆棚澆瓜茄并豆蔔秧沉赤豆雨後看地溝桑秧買牛壅磨路五月宜刈地澆桑秧澆瓜茄秧并豆蔔等椎夏至後半月不可澆灌拔地草挑草泥斫地壢并塍腳下田拔秧種田打菜油拔桑附枝并勻葉羅大麥買麻苎布六月宜刈地拔梅豆墾倒種菜地捏頭蟥鋤田刈晚豆斫黃麻梗收藏種子蠶豆梅豆大小穛麥定枯桑葉七月宜刈地盪田耘田捏二蟥脩桑把桑載壅下接力下麥秧并胡蘿蔔種葱下菜秧買羊草八月宜刈地做泥磚倒地下地壅挑河泥罱泥刪胡蘿蔔下白蘿蔔撒菜秧種菜斫地壢蘆草罱地梗泥絞篙簽押簾繩翻千年久去根捉蛀蟲抹車油押簾修船沉蠶豆地壢撒花草子下寒豆田塍線雞買稻鍬并鐮刀買篩籮合酒麴九月宜墾地斫旱稻沉蠶豆墾麥崙罱泥勒葉拔晚豆做稻場打稻巴載壅絞繩索捉蛀蟲鋤竹地挑稻稈泥做絮買牛壅買絮骨箍臼十月宜斫稻墾麥崙沉麥種菜澆菜麥及蘿蔔菜晒穀墾地甩稻做米斫蘆縛囤

絞繩索罱泥拔赤晚豆種芥菜靑菜起芋藏種買枯葉
買草柴買牛壅租窨做酒白十月十一月宜墾菜畣種菜提
菜麥溝種大小麥晒穀墾地罱泥做米打米絞繩索縛
囤截桑傀儡刮蟥提溝截壅斫芋茇截羊葉挑稻稈泥
藏種穀租窨十二月宜下地壅墾坂田刮頭蟥澆菜罱
泥截壅脩桑打米絞繩索了田菜麥田臢下者斫樹枝削地彞
膣腳編籬笆車池潭換灰糞買過地韭秧做好酒沈氏農書
正月凡春雷和而反寒必多雨諺云春寒多雨水初八日
夜觀參星占水旱又卜元夕之陰晴諺云初八夜不見
參星月半夜不見紅燈上元日晴春水少諺云上元無

雨多春旱淸明無雨少黃梅夏至晴三伏熱重陽無雨
一冬晴雨水後陰多主少水高下大熟諺云正罯坑好
種田案月令廣義正月上旬二日得辛禾蠶收三日四日主田蠶全收五日六日麻粟麥蠶全收七日八
日得辛絲貴二月二日有雨宜蠶桑柘賤十二日夜宜晴可
折十二夜夜雨二月最怕夜雨若此夜晴雖雨多亦無
所妨十夜以上雨水鄉人盡叫苦三月淸明午前晴早
蠶熟午後晴晚蠶熟諺云雨打紙錢頭麻麥不見收雨
打墓頭錢今年好種田若淸明前後有水而渾主高低
田禾大熟四時雨水調案檇李詩繫十一日麥生日宜晴此月無雨麥有秋諺云三月
溝底白莎草變成麥言無雨則有收穀雨前一兩朝霜主大旱是日雨則

魚生必主多雨二麥紅腐案雜五行書欲知蠶美惡常以三月三日天陰無日不見
雨蠶主大善四月必作寒數日謂之麥秀寒月中看魚散子
占水黃梅時水邊草上看散子高低以卜水增止立夏
日夜雨損麥諺云二麥不怕神與鬼只怕四月入夜雨
又云麥看四月四稻看八月八皆宜晴大抵立夏後夜雨多便損麥蓋麥
花夜吐雨多花損故麥粒浮粃案是月育蠶日蠶月諺云做天難做四月天蠶
要溫和麥要寒麻要日頭秧要雨看蠶娘又要無雨勿晴天五月諺云初一雨落井
泉浮初二雨落井泉枯初三雨落連太湖又云一日晴
一年豐一日雨一年歉重午日雨絲綿貴風土記云夏
至前芒種後雨爲黃梅雨田家初插秧謂之發黃梅芒

種後半月內西南風諺云梅裏西南時裏潭潭但此風
連吹兩日雨立至立梅日早雨謂之迎梅雨主旱諺云
雨打梅頭一去不回頭至後半月爲三時諺云時雨西
南老龍奔潭又云朝西暮東風正是旱天公夏至日雨
落謂淋時雨主久雨其年必豐二十日爲分龍無雨而有
雷謂之銷龍門諺云二十分龍廿一雨破車閣在衖堂
裏二十分龍廿一鱟拔起黃秧便種豆六月蓋夾被田
裏不生米諺云六月不熱五穀不結初三日雨難稿稻
諺云六月初三晴山篠盡枯零六月初三一陣雨上晝
芸苗下晝睡小暑日雷雨名倒黃梅諺云小暑一聲雷

翻轉做黃梅三伏中稿稻天氣又當下壅時最要晴熱夏秋之交稿稻還水後喜雨七月立秋日雷損晚稻諺云秋霹靂損晚穀案檇李詩繫又云秋孛鹿損萬斛大抵秋後雷多晚稻少收非但忌此日喜西南風主田禾倍收諺云三日三石四日四石八月早禾怕北風晚禾怕南風凡朔要晴唯此月要雨好種麥白露雨為苦雨稻禾霑之則白颯蔬菜霑之則味苦蓋稻花見日吐出陰雨則收正吐之時暴雨忽來卒不能收遂致白颯之患秋分要微雨或陰天最妙主來年高低田大熟喜雨諺云麥秀風搖稻秀雨澆畏旱諺云田怕秋旱人怕老窮案十二十三雨日為鹽鹵

日皆宜晴二十四日為稻藁生日雨則藁腐俗云是日上午雨則竈上荒言米貴也下午雨則竈下荒言薪貴也寒露忌西北風諺云寒露三朝西北風十個箬藍九個空九月九日及十三日晴主一冬無雨諺云重陽無雨一冬晴又云九月十三晴釘鞋掛斷繩十月立冬晴則一冬多晴雨則一冬多雨并陰寒立冬日西北風主來年旱天熱十六為寒婆生日晴主冬暖冬前霜多主來年旱冬後多晚禾好冬初和暖謂之小春又謂之晒糯穀天小雪日見雪主米賤十一月冬至古語云明正暗至諺云乾冬濕年坐了種田又云冬至雨年必晴冬至晴年必雨月內雪多主冬春米賤有雷主春米貴冬至前米價長後必賤落則反貴十二月立春主冬煖諺云雨春夾一冬無被煖烘烘至後第三戌為臘臘前三雨番雪謂之臘前三白大宜菜麥諺云若要麥見三白又主來年豐稔諺云一月見三白田翁笑嚇嚇又主殺蝗子冰結後水落主來年旱冰結後水漲名上水冰主水農政全書

稻種以早白稻為上只肥壅不易調停少壅不長多壅又損苗但喜其米粒粗硬而多飯所宜多種黃稻能耐水旱多壅不害只怕霜早米不圓滿其餘稻色好歹不同總無如黃白二種所宜對半均種以便次第收斫不致忙促先農嘗卜其吉者而多種之沈氏農書 稻種詳見物產

農叟有言禾歷三時故稈三節麥歷四時故稈四節種稻必使三時氣足種麥必使四時氣足則收成厚吾鄉種田多在夏至後秋盡而收所歷二時而已種麥多在立冬後至夏至而收所歷三時而已惟有下秧極早可補事力之不逮穀雨浸種立夏前下穀稍備春氣至插青之日秧老而苗易長且耐風日所謂秧好半年田也中秋前下麥子於高地穫稻畢移秧於田使備秋氣雖遇霖雨妨場功過小雪以種無傷也人但知夏前秧子好而不知所以好之故在得春氣備三時也知種麥之多收而不知所以得收之故在得秋氣備四時也湖州無

春熟種田早收穫遲即米多於吾鄉北方無水田麥即廣熟非獨地燥歷時多能盡其性也

天只一氣地氣百里之內即有不同吾鄉田宜黃稻早黃晚黃皆歲稔白稻惟早糯歲稔粳白稻遇水即死然自烏鎮北漣市西即不然蓋土性別也耕種之法惟當急於赴時同此工力肥壅而遲早相去數日其收成懸絕者及時不及時之別也俗曰早蠶卑田為第一下鄉田低無春花故利遲吾鄉春花之利居半若蠶豆小麥遲俱薄收也田家忌三小小滿蠶小暑田小雪麥其收較薄故皆宜早惟赤秈一種稻色尤為早熟今田家皆有或云江西秈或云泰州秈人皆欲芟去之終不能盡以上張氏補農書

秧田最忌稗子先將面泥刮去寸許掃淨去之然後壅倒臨時閣泥鋪面而後撒種舊規每秧一畝壅餅一片細舂與種同撒即以灰蓋之取其根鬆易拔今人密密布種日恐草從間生耳果能刮盡面泥草種已絕不妨少疎欲其粗壯若秧色太嫩不妨閣乾使其蒼老所謂秧好半年田謂其本壯易發生耳若亢旱之年又不可早將秧壅與恐插蒔遲而秧藁敗也凡人家種田十畝須下秧十三畝以防不足且備租田俗云二月清明多下種三月清明少撒秧屢試之亦驗國朝錢載插秧詩妾坐秧田拔郎立田中插沒腳濕到裙披簑溼到胛隨意千科分老勢兩指夾傴僂四角退徧滿中秧恰方方棊枰綠密密僧衣法鍼鍼水面出女手亦留掐斜日日兩竿白雨雨一霎田頭飛鷺鷥林際叫鵓鴣

水鄉每多水患嘗見沒後復種苗秧俱大收穫比前倍好皆淹沒之後天即久晴人得車戽苗肯長發今後不幸萬一遭此須設法早車買苗速種其買苗必到山中燥田內黃色老苗為上下船不令蒸壞入土易發生切不可買翠色微嫩之苗尤不可買東鄉水田之苗種下不易活生發既遲卒遇霜早終成秕穗耳立秋前可種若遇天氣老晴熱氣尚盛便過立秋幾日尚可種種下只要無草不可多做生活尤不可下壅下壅工多則苗貪肥長枝枝多穗晚有稻無穀戒之戒之故大水之年未種而水至則以車救為主不救則以復種為主大凡淹沒之時人情洶洶必有阻惑人言勿聽而斷為之可也以上沈氏農書

脩築圩岸增高界壠預防水患各自車戽此禦灾捍患之至計歲奉功令無容怠緩至於腳塍亦要年年做一番不惟便於挑泥挑壅挑稻一切損苗之蟲生子每在腳塍地壩之內冬間剗削草根另添新土亦殺蟲護苗之一法

農之時芒種後拔秧洗根去泥揀出稗草趁天陰時急忙蒔插約六莖爲一叢六棵爲一行棵行宜直以便耘搗淺插則易發稗與秧宜辨葉上光滑色微黑者爲稗葉有鋒芒色微黃者爲秧稻初發用搗耙于棵行中搜鬆稻根則易旺搗斷横根則根直生向下五六日後耘去稗草再停五六日又耘一次諺云一粥一飲餓不殺一耘一搗荒不殺糞不可太早太早而後力不接交秋多縮而不秀春初先罱河泥以草罨而腐之臨種擔以作底其力雖慢而長伏暑時稍下灰或豆餅亦有用菜餅麻餅者其力慢而不迅疾立秋後始下大肥壅則力倍而穗長矣

計値與蘗相當否則收必薄也以上烏青文獻

耘苗之法其凡有四第一次曰摄苗第二次曰布第三次曰擁第四次曰復一功不至則稂莠之害秕糠之雜入之矣種蒔直說

場功既竣遂於田中起稜蓺麥開溝以洩水打潭下子不時揪溝以泥覆根麥之名有大麥即麰麥早熟而粒大潰之可爲餳小麥磨爲麪亦名來有赤白二種穬麥即穬麥無芒色黃可作飯及餅餌蒸之成燒酒味最烈三者牟雜種之明年并菜豆俱收總呼爲春花諺云春花熟半年足國朝錢載春光好詩鄉農八郡喜云云菜豆先收已十分蠶熟底妨桑葉貴麥香行覺稻花聞種田戽水民恆業平糶寬租歲布 聖君叠詔恩蒼昊答愼司能不體憂勤自注 吳諺以蠶麥及菜豆子多收謂之春花好

歲既穫即播菜麥春中則摘菜薹以爲蔬仲夏春菜子以爲油刈菜萁以爲薪磨麥穗以爲麪雜以蠶豆并名曰春熟自是耕以蓺稻至秋乃登周而復始訖無暇日亦有不治春熟而種蓎草蕘草者其利倍於春熟其稻減於春田亦畧相當也以上烏青文獻 國朝錢載打麥詩火王割來麰江村周六月隨風稻牀響並舍絲車歇連枷亦敲擊颺籃五篷勃稈輕顆顆金芒淨纖纖核有雀四驅赫爾把再欣揭婦姑畢場功喚答在林樾彭彭復魄魄掃取麰與麴來朝便相曬莫叫雞頭鶻

墾麥畚惟乾田最好如爛田須墾過幾日待畚背乾燥方

可沉種倘時候已遲先浸種發芽以候畚乾切不可帶溼踏實菜麥不能行根春天必萎死即不死亦永不長旺沈麥蓋潭要滿撒子要勻不可惜工而令婦女小厮苟且生活麥要澆子菜要澆花麥沉下澆一次春天澆一次太肥反無收大麥穬麥則不厭肥又要肥在後半若八月初先下麥種候冬墾田移種每顆十五六根照式澆兩次又撒牛壅鍬溝蓋之則榦壯麥粗倍獲厚收菜比麥倍澆又或垃圾牛糞鍬溝再澆煞花即有滿石收成種田不須墊底凡菜麥鍬溝之後候乾再刭一番每畝不過半工而泥鬆碎易討力且不起草又可挨麥

不患風倒（沈氏農書）

種麥有幾善墾溝揪溝便於旱旱則脫水而畚燥力暇而溝深溝益深則土益厚旱則經霜雪而土疏麥根深而膝壅根益深則苗益肥收成必倍畚燥土疏根深又爲將來種稻之利凡事利必兼利害必兼害惰農苦種麥之勞耽撮于之逸甘心薄收甚至失時春花絕望愚矣哉

壅麥之法畧與梅豆相似但豆只需撒灰麥則灰糞兼用麥根直下而淺灰糞俱要著根而早壅方有益壅泥亦然墾溝揪溝亦宜早俗謂冬至墾爲金溝大寒前墾爲銀溝立春後墾爲水溝揪至兩遍更好溝深則畚土厚而脫水盡田底亦愈熟故也余至紹興見彼中俱壅菜餅每畝用餅末十觔俟麥出齊每科撮少許遇雨一次長一次吾鄉有壅豆餅屑者更有力每麥一升入餅屑二升法與麥子同撒但麥子須浸芽出者爲妙若乾麥則豆速腐而并腐麥子近年人工既貴偷惰復多澆糞不得法則不若用餅之工糞兩省但撮餅屑須要潭深而蓋土厚否則慮有烏雀之害惟田近民居則防雞損及種麥秧則不得已而用糞耳鄉居稻場及豬欄前空地歲加新泥而刮面上浮土以壅菜蓋麥最肥有力

秀水北區常於八九月罱泥壅田中菜此法最好日長而工閒土肥而糞省農人不勞而菜茂來年禾復易長油菜防盜取以牛糞入潭作爛燒之則菜臭而人不偷矣（以上張氏補農書）

種田地肥壅最爲要緊人糞力旺牛糞力長不可偏廢租窖乃根本之事但近來糞價貴人工貴載取費力偷竊弊多不能全靠租窖則養豬羊尤爲簡便古人云租田不養豬秀才不讀書必無成功則養豬羊乃作家第一著計羊一歲所食取足於羊毛小羊而足所費不過墊草晏然多得肥壅養豬舊規虧折豬本若兼養母豬卽以所賺者抵之原自無虧若羊必須僱人斫草則冬春工閒誠靡廩稍若豬必須買餅容有貴賤不時今羊耑喫枯葉枯草豬耑喫糟麥則燒酒又獲贏息有盈無虧白落肥壅又省載取人工何不爲也但養豬母苦生病病必在春夏以受暴寒盛熱鬱蒸而成欄前須空闊通風日夏不甚熱冬護其寒窠不厭穢槽須潔淨自然無害

羊壅宜於地豬壅宜於田灰忌壅地爲其剝肥灰宜壅田取其鬆泛若平望買豬灰及城鎮買坑灰於田未倒之前稜層之際每畝撒十餘担然後鋤倒徹底鬆泛極益

田脚又取撒於花草田中一取鬆田二取護草然積瘦之田泥土堅硬利用灰與牛壅若素肥之田又忌太鬆而不耐旱不結實壅須間雜而下如草泥豬壅墊底則以牛壅接之如牛壅墊底則以豆泥豆餅接之然墾田果能二層起深雖過深無害花草畝不過三升自已收子價不甚值一畝草可壅三畝田今時肥壅艱難此項最屬便利

覓壅則平望一路是其出產磨路豬灰最宜田壅在四月十月農忙之時糞多價賤當並工多買其人糞必往杭州切不可在壩上買滿載當在五道前買半載次早押到門外過壩也有五六成糞且新糞更肥

田地生活上前有功除種田要看時候其餘各色俱以早爲貴假如刬地未草先刬以後草不即起刬又省工假如拔草早則工三畝遲則畝三工又如捉蟥捉頭蟥一省捉二蟥百至於沉豆麥尤以早爲貴春三月內多喚短工預喚翦桑工種田工忙月工生活次第得法仍舊省工未嘗多費廩食也

墾地須在冬至之前取其冬月嚴寒風日凍晒必照墾田法二三層起深桑之細根斷亦無害只要稜層空做若倒地則春天雨水正多地面又要耙平使不滯水背後脚跡盡數揉平冬天墾地草根翻在上春天墾地草根翻在下先農所謂寒則混熱則藏也墾地倒地非天色極晴不可若倒下不晒一日即便逢雨不如不倒爲愈至於刬地尤要大晴尤要草未生而先刬夏天約二十日一刬未草先刬二十日尚未起草草多而刬不十日草已茂矣一樣用此工夫常在草頭做去熟若攙先做上頭番做得乾淨永不易起草一年計在春正此謂也西鄉只倒不刬本處只刬不倒也須刬深二三寸雖大陣雨不將浮泥衝淋入水若止於刮草簷面上浮下實一逢大雨盡將面泥淋刷計一年屬泥所增幾何堪此

沒倒論來只宜抹倒不必徇俗也況發葉時未必日日晴未免踏實此時決宜趁晴倒晒則黃霉不易起草黃霉久雨不能刬倒若草盛宜拔去之或鍬去之地溝必開濬卸水但刬倒一番未免有泥塊落溝壅滯遇大雨後必處處看療有水即開濬之雨一番看一番可也以上沈氏農書

往時穀既登富農供唯正外得高廩蓋藏以備凶荒佃農輸租大家稍贍以給春作近來佃農姦頑將田中稻穀先時糶春或趁時貴糶或投典賤質妄希貿易以博利甚且不安分以圖事又或於春夏時告貸富室謂之生

米得之則生不得則死故名還之最早又有他方商客投牙放米謂之行帳獨租米遷延日月藉口歲歉收薄冬盡以礱頭晒穀約畧半償官司催科甚急告追每置不問於是田主稱貸糶米上厫而田主病佃戶貸米以延須臾之死質糶以作不急之務其後貿易折閱息利倍加自此逋負益積逃亡隨之而佃丁又病諺云汁出頳頳强如做債頳頳淋漓貌言禾半熟而汁出淋漓者刈而食之猶勝舉債也兩者交病在當事者立法以導之也烏青

文獻

僨田以耕之佃戶向時人尚謹愿除實租外照田根立券者曰虛租有預議折實米數不論水旱者曰實租視豐歉為盈縮年來奸猾成風順成

之歲且圖短少小涉旱澇動輒連圩結甲私議納數或演劇以齊衆心或立券以為信約偵有溢額者黠者遂羣噪其家責其抗衆否則陰中以禍是

國家以旱潦為憂而奸佃反因以為利也懲薙此風則公私並受其福矣烏青鎮志

本府農桑八萬八千四百四十四株科絲七百五十六觔二兩六錢一分折絹六百三十三疋一丈七尺二分五釐官桑四萬五千一百八十四株科絲六百七十五觔四兩三錢九分折絹五百七十四疋一丈七尺八寸二分五釐民桑四萬二千八百六十株科絲八十觔一十四兩

一錢一分折絹六十八疋一丈二尺九寸嘉興縣宣德五年除分秀水嘉善不計外實在桑絲一百四十五觔一十兩一錢一分折絹一百二十九疋一丈五尺五寸七分秀水額桑五千二百一十二株科絲一百七觔二兩五錢七分每絲一十八兩折絹一疋共折絹九十五疋七尺七寸一分嘉善縣官桑三千一百六十三株科絲五十九觔八兩三錢四分民桑二百八十株科絲十觔二兩六錢九分海鹽縣額桑九百八十八株科絲四十七觔一十一兩三錢每絲二十兩折絹一疋共折絹三十八疋五尺三寸平湖縣抄没桑一千四百七十四

株科絲六十三觔二兩折絹五十疋一丈五尺崇德縣農桑四萬一千六百八十九株科絲五百二十五兩三錢三分折絹三十一疋八尺抄没桑二萬七千八百三十三株該絲四千五百三兩八錢七分折絹二百二十五疋三尺七寸五釐桐鄉縣農桑計三萬四百零二株該稅絲一千八百三十三兩三錢五分折絹九十疋二丈七尺四寸五釐官桑九千五十一株科絲一千五百三兩六錢七分折絹七十四疋五丈七尺八寸五釐民桑二萬一千三百五十一株科絲三百一十九兩六錢八分五釐折絹一十五疋二丈九尺六寸柳志

案烏青文獻明洪武初平江南卽命康茂才爲營田使勸督農桑三十七年奉旨天下百姓務要栽桑有司通報某州縣鄉栽過若干株宣德間巡撫周忱立農桑法則時報官桑若干株此勸農重本之意也

吾郡蠶絲之利亞於湖州就七邑中石門桐鄉育蠶最多次則海鹽又次嘉興秀州若嘉善平湖此事罕及案平湖張志西鄉青蓮等莊間有栽桑浴蠶者非關地利亦由人功之不習也至元嘉禾志云是郡絲綿絹帛視苕霅次之則俗尚蠶織舊矣橫山紀略

鹽邑素不習於蠶近三四十年中蠶利始興今則桑柘遍野無人不習蠶矣飼蠶法多學之吳興海鹽圖經

鹽邑地狹人眾力耕不足糊口比戶養蠶爲急務蠶出火一觔食葉百觔作繭十觔繅絲一觔此大略也牆隙田旁悉樹桑桑葉千觔養蠶十觔謂之本分蠶蠶多葉少爲空頭蠶必買葉飼之輕舠飛棹四出遠買雖百里外一晝夜必達遲則葉蒸而爛不堪餵蠶矣男不盥女不櫛間以𠜂泥割麥撒秧諸事是爲忙月蠶或不登者舉家聚哭蓋農家全恃蠶以爲耕耘之資蠶荒則田蕪揭債鬻子慘不免矣蠶有家種有客種向祇有家種十餘年來有自餘杭湖州帶歸者食葉甚猛每蠶一觔食葉較家種多十數觔繅絲亦重數兩愚民利其多絲竟棄家種而養客種究竟因人財運爲豐歉儘有一紙平剖而此成絲彼無繭者鄉人狡滑者往唐栖西溪諸處販之沿村放賣其利不貲販者益眾彼處苦無以應反向吾邑收取綿繭生子以畀販夫販夫以賤値持歸仍昂價以紿鄉愚其貽害非淺也海鹽續圖經

石邑六鄉官民及抄沒桑共計六萬九千四百餘株邇來四郊無警休養生息民皆力農重蠶闢治荒穢樹桑不可以株數計矣國朝朱彝尊櫂歌輕船三板過南亭蠶女提籠兩岸經曲罷殘陽人不見陰陰桑柘石門靑自注崇德古南亭

石邑田地相埒故田收僅足支民間八個月之食其餘月類易米以供公私仰給惟蠶息是賴故蠶務最重以上石門

鄭志明王稺登石門曲採桑復採桑蠶長桑葉齊妾住石門東郎住石門西蠶成桑葉空門前靑芒長一半織郎衣一半結魚網賣絲家復貧哭解紅羅襦將絲貰妾淚可得作明珠

桐鄉田地相匹蠶桑利厚東而嘉善平湖海鹽西而歸安烏程俱田多地少農事隨鄉地之利爲博多種田不如多治地蓋吾鄉田不宜牛耕用人力最難又田壅多工亦多地工省壅亦省田工俱忙地工俱閒田赴時急地赴時緩田憂水旱地不憂水旱俗云千日田頭一日地頭是已況田極熟米每畝三石春花一石有半然間有之大約共三石爲常耳下路湖田有畝收四五石田寬而土滋也吾鄉田溢土淺故止此收地得葉盛者一畝可養蠶十數筐少亦四五筐最下

二三筐（若二三筐者即有豆二熟）米賤絲貴時則蠶一筐即可當一畝之息矣（米甚貴絲甚賤尚足與田相準）雖久荒之地收梅豆一石晚豆一石近來豆貴亦抵田息而工費之省不啻倍之況又稍稍有葉乎但田荒一年熟地荒三年熟人情欲速治地多不盡力其或地遠者力有所不及耳俗云種桑三年採葉一世未嘗不一勞永逸也（張氏補農書）

壅地果能一年四壅罱泥兩番深墾刭淨不荒不蟥每畝採桑八九十箇（二十觔爲一箇）斷然必有比中地一畝採四五十者豈非一畝兼二畝之息而功力錢糧地本仍只一畝孰若以二畝之壅力合并於一畝者之事半功倍也

老農云三擔也是田兩擔也是田石五也是田多種不如少種好又省氣力又省田作農家第一要勤耕多壅少種多收第二要寬恤租戶不敢退佃不幸遇水旱之年度力量不能徧及者只須棄半救半不可眷戀兩廢也

春天壅地垃圾必得三四十擔在立春左右揀天色老晴土色乾燥方可倒入地而要平使不受水溝不要深則不走肥隨罱泥蓋土雖遇久雨亦無害惟未春先下壅令肥氣浸灌土中一行根便討力桑眼飽綻個個有頭葉必倍多清明邊再澆人糞謂之撮桑澆一錢多二錢之葉剪桑畢再澆人糞謂之謝桑澆一錢多一錢之葉毫不虧本落得葉好謝桑尤是要緊工夫切不可因循（謝桑於小滿邊蠶事忙迫之日只在近鎮買坐坑糞上午去買下午即澆更好）

古人云家不興少心齊桑不興少河泥罱泥第一要緊事不惟一歲雨淋土剝藉以補益正由罱泥之地土堅而又鬆雨過便乾桑惟喜燥易於茂旺若不罱泥之地經雨則土爛如腐嫩根不行老根必露縱有肥壅亦不全盛每年春間罱一番（或云罱泥固好挑稻稈泥亦可省工）八月罱一番每番須大工做溝之人也不可用搭頭恐溝扒泥不及罱手亦停候矣晴天罱在大地陰天罱在硬地雨大罱在

潭裏候乾挑在遠地泥乾趁晴倒到曬曝如菱殼樣敲碎如粉方肥（以上沈氏農書）

桑之類有密眼青白皮桑荷葉桑雞腳桑扯皮桑尖葉桑晚青桑火桑山桑紅頭桑槐頭青雞窠桑木竹青烏桑紫藤桑望海桑凡十有六其鬻之也於冬之杪春之初遠近負而至大者株以二釐其長八尺所謂大種桑也密眼青亞之（烏青文獻）

種桑以荷葉桑黃頭桑木竹青爲上取其枝幹堅實不易朽眼眼發頭有觔兩其五頭桑大葉密眼次之細葉密眼爲最下又有一種火桑較別種早五六日可養早蠶

凡過二月清明其年葉必發遲候桑下蠶蠶恐後期屋
前後種百餘株備用可也國朝沈翼種桑詩種法宜師郭橐駝齊民要術不須多
兔園冊子今刪盡抄得流郎地毋歌
種桑以希爲貴縱橫各七尺每畝約二百株株株茂盛葉
便滿百不須多也內地年前春初皆可種外地患盜者
清明前種年前種桑秧以大爲貴清明邊種桑秧以細
爲貴以大桑到清明頭眼已發根眼已育細桑則根眼
尚綻故也根不必多剔盡毛根止留線根數條四方排
穩漸漸下泥築實清水糞時澆灌引出新根黃霉尤宜
澆灌澆法不宜著幹當離尺許繞圍周市使新根向肥

遠去發葉之後不時要看若見損葉必有地蟲亟搜殺
之如遇大雨一止必逐株踏看如被泥水淤眼速宜挑
開否即死矣兩一番看一番不可忽也以上沈氏農書國朝錢載
種桑秧詩雨晴昏旦變土脈鬆何如後圃惜多曠深草久不鋤鄉人擔桑至剝啄適餉魚分將五十本高可三
尺餘惻惻呼短僮出我鴉觜鉏屋頭雲淰淰畦畔風徐徐我桑不求美貴在補厥初已成幸相保摧折甯當慮
鄰翁笑來助我術遂弗疏夕陽功告畢休立潛欷歔老桑念始種我髮母手梳養蠶作兒衣無年手拮据小桑
念即補母逝不倚閭蠶絲乃自討擢髮傷居諸小桑豈必大亦賴荒穢除老桑尤待糞僮力難償渠清明葉齊
白瘦地憐獨紓勤能償廢壞隙可容瓜蔬此身無遠大敢冀煩憂祛烹魚酌二傭簷溜方漸迦
畜蠶之家先在栽桑耨地而糞之截其枝謂之嫁留近本
之榦尺餘許深埋之出土也寸焉倍而高之以泄水墨

其瘢或覆以螺殼或塗以蠟而封之是防梅雨之所浸
糞其周圍使其根四達若直灌其本則聾而死矣不可
灌水灌以和水之糞二年盛又必月一鋤焉其起翻也
須尺許灌以純糞遍沃於桑之地使及其根之引者禁
損其枝之奮者桑之下厥草不留遇午日不可以鋤蠶
之時其摘也必潔淨遂翦焉必於交湊處空其榦焉則
來年條滋而葉厚禁原蠶之飼飼則來年枝纖而葉薄
其壅也以糞以蠶沙以稻草之灰以溝地之泥以肥土
初春修去其枝之枯者樹之[illegible]小者凡擇桑也皺皮者
葉必小而薄白皮節疏芽大者葉必大而厚又有撒子

而種者五月收桑椹水淘之少晒焉二月撒子留長尺
許糞壅冬月燒去其梢以草蓋之來春發出留旺者一
枝餘皆芟去明年鋤熟地寬栽之行不可正對其壓也
春初以長枝攀下壅土則條爛燥土壓之則根深其接
也春擇桑大如臂者約去地二三尺以刀剔起樹皮取
柔枝大如筯長一尺者削如馬耳插入皮中即以桑皮
纏定糞土包縛令不泄氣即活穀雨接桑也其葉肥大
勿用雞腳之桑其葉薄若葉生而黃皺者木將就槁名
曰金桑蠶則不食先椹而後葉者其葉必少有柘蠶是
食柘而早繭其青桑無子而葉不甚厚者是宜初蠶望

海之桑種之法與白桑同是皆臘月開塘而加糞卽壅以土泥紫藤桑其種高大其葉厚大宜邇於竈屋不必壅糞穉小時於臘月稍壅之爲桑之害有桑牛尋其穴桐油抹之卽死或以蒲母草草之狀如竹葉桑之癩也亦以草汁沃之桑之下可以蒔蔬不可以植楊楊多楊甲蟲食桑皮而子化其中則蟲之族滋生而爲蠹 蠶經參烏青文獻

桑條貴翦初種翦其榦獨賸根而糞之令其發生如是三年而後留其榦採葉後又翦其長條否則葉不暢茂故曰條桑其不翦者曰高桑翦而禿者曰鼓椎桑 烏青鎮志

桑法縱不能如西鄉樓子樣亦斷不可如東鄉拳頭樣試看拳頭桑桑釘眼多身如枯柴一年缺壅便不能發眼卽行悶死矣密眼桑留半寸許五頭黃頭留二寸許甯可有油瓶嘴另日修翦可也嫩桑不必多頭傀儡須盡截去古云孝順種竹忤逆翦桑乃一件正經事不甚費忙工夫約一年要修四糞二葉初勻時不可多打葉片致嫩條輭折此時須防損抑不免多留稚田畢細看一番但多留嫩條及新發叢葉盡情裁去到七月縛桑之際凡根下細條及丫襠陰枝又一切去之至冬春修截之時又看細小不堪及蔭下繁密者又一切去之到翦桑畢又看以前礙鋸而截不盡傀儡及老枝不成器者又一切去之其老油瓶嘴晴時堅硬難翦不論冬春凡遇久雨之後雨一止卽羣出修翦其餘淨盡設有瘽桑卽番去之不可愛惜使其纏染皆緣翦時刀上傳過一瘽再無醫法斷不可留者漢人頌刺史德政曰桑無附枝甚言修桑爲重事也 沈氏農書

桑必接而後大吾鄉所種之桑多接過謂之家桑未接者謂之野桑家桑子大而少野桑子多而小子名葚可啖飼蠶之家甚不樂乎有子也 烏青鎮志 國朝朱彝尊櫂歌 姑惡飛鳴觸曉煙紅蠶四月已三眠白花滿把蒸成露紫葚盈筐不取錢

桑鋸須買木匠生鐵鋸桑翦須在石門鎮買五分一把其刮蟥也須三番冬春看頭蟥清明前看二蟥翦桑畢看三蟥一株上百顆盡刮若遺剩一顆亦足蟥盡必如此三番四覆亦料不能淨盡又要六月內捏頭蟥七月內捏二蟥而頭蟥尤宜細看留頭蟥一則二蟥便有百此時田功甚忙人每忽畧不上緊不知葉一經蟥縱有肥壅有功力亦不易救決宜早早用心農家惟此項最辛苦功夫最難稽考不得不多下功力分地各任庶可責成耳其捉蛀也須三番春分邊捉出屑蛀秋分邊捉條丫蛀翦桑畢或九月細看細捉又有一等包捉之人故

留大蛀不捉以待冬間出痘之家規取厚利須時時照瞭隨見隨捉或自備線鑿為不時之需沈氏農書

治地必宜壓桑秧蓋桑秧出自已有則易選擇而根榦枝枝相似隨起隨種無不活者又省一項急銀買來種者百枝只可活四五十枝蓋百凡樹木根俱不耐凍風霜一觸生意卽傷也若天色或遇雨雪或人工不湊更不可知一枝不活卽又遲一年之葉且來年所種能保必活乎其法宜新墳地或近水地埂冬天挑稻稈泥一次採葉之時卽留所欲壓之條使近乎地俟葉頭向上而新條長卽埋入土中黃霉澆糞一次若以羊垃圾鋪上

更妙六月澆一次八月澆一次可以斷其母而新根自長每地一分可得桑秧數百枝葉復不少得利厚而力又不費歲壓三五分以供家用必不可少桑蟲捉不盡恐因捉損桑則用爆杖藥線入蛀穴以火燒之蟲悶卽死亦是一法張氏補農書

占葉之貴賤以正月之上旬木在一日則為蠶食一葉為甚貴木在九日則為蠶食九葉為甚賤按道腴堂初編清明時桑葉如省口其年蠶絲必盛又以三月三日有雨則貴四月尤貴諺云三日猶可四日殺我陰而不雨則蠶大善烏青文獻

蠶月陰雨見育蠶者乏乾鮮之葉男子勞於外婦女憂於內蓋晝夜皇皇也因思育蠶之家宜預作木架如松棚式廣一丈四尺深亦如之其高過於桑上織竹作蓋於蠶初收時卽張之茂桑之上若樹桑室中然或一日而移或兩日三日而移量飼蠶之多寡而斟酌焉朝暮可避露晴可避日陰可避雨葉時時乾鮮既省人工又不生蠶病至大眠後可輟大眠後葉老越宿經日猶鮮且又可以加水事易集而功用多一架可備數年之用予里蠶桑之利厚於稼穡公私賴焉蠶不稔則公私俱困為苦有倍然大約蠶之疾半在人半在天人之失恆於惰惰則失飼而蠶飢

飢則首亮惰則失替而蠶熱熱則體焦皆不稔之徵也天之患恆於風雨霧露卽烈日亦有不宜以乾鮮之葉難得也蠶食熱葉則繭浮鬆不可繅其害淺食溼葉則潰死食溼熱葉則僵死食霧露葉則痿死葉染風沙則不食葉宿則不食而仍飢其害深知戒人之失而不知備天之患未為全策也張氏補農書國朝朱昆田采桑女詩采桑女倩且妍盈盈纔十五鬢髮初覆肩生長村舍中不識黛與鉛新春買得流年圖把蠶最好惟小姑吳蠶三眠復三起紫山看火屋角呼采桑女采桑宜及時采多畏葉乾采少憂蠶飢蠶不飢齊上簇三日山頭繭如積小繭作絲光比銀大繭作緜輭勝茵城中美人學歌舞羅綺成堆視如土霜風颼颼十月寒采桑女兒衣仍單

畜蠶者或自家桑葉不足則預定別姓之桑俗曰梢葉凡

蠶一觔用葉八個梢者先期約用銀四錢謂之現梢既收繭而償者約用銀五錢雜費五分謂之賒梢葉價隨時高下倏忽懸絕諺云仙人難斷葉價其時必有小息連叫曰撒山看火蠶室用火育者倦極常有失火爲蓋警之也俗云三叫半把其聲清徹可聽或云叫葉之貴賤蠶畢即止餘地無之或云戴勝鳥即此故栽桑與梢葉最爲穩當不者謂之看空頭蠶葉貴極以白米粉糝上餌之絲更光白葉而細又一法先於隔年采青葉曬乾爲細末置燥處時遇雨葉溼則以乾末糝葉上均其水氣兼乾葉易飽難飢出烏程縣志未嘗試也湧幢小品參烏青文獻國朝譚吉璁櫂歌楝子花蔬過雨聲撒

山看火樹頭鳴鄰船兩槳買桑葉南抵餘城北渚城

葉賤之年餵蠶實少便四分五分一箇只該採賣斷不可嫌賤貪貴留養在桑嫩桑猶可老桑留一年頭葉根本衰壞後雖培壅終歸朽敗萬萬不宜留養餵蠶之家須早晚留心審時度勢多買出火蠶不拘一熟兩熟消磨桑葉雖薄薄收成亦勝養葉多矣如買蠶又不及賣葉又無人買不得已而留則採畢仍舊翦光清糞連澆兩番自然嫩枝長茂明春加厚壅之葉仍不少斷不可仍留老條致桑朽壞此屢試明驗斷在勿疑沈氏農書

鄉人不曰桑而直曰葉立夏三日采桑貿葉名葉市蠶有頭蠶二蠶即周禮原蠶故目葉曰頭葉二葉云二葉須老農善採者留其條爲來歲生葉之地若頭葉則盡採乃已育蠶必有其具蠶之初生用篩置之烏滿則用籧篨必紙糊其縫兩眠出薙盛之用筐或用籚器之大者可以容蠶之多也伊志案通俗編閣蠶筐有架今稱蠶柱即禮記所謂植也蠶室中必用簾薦以圍之簾以蘆編薦以草織皆取其蔽風寒也其采桑有桑翦有桑鈎伊志案齊民要術採桑須長梯國朝吳之振課蠶詞下路桑枝著地低杭城都用採桑梯箏來總是三吳地物土相宜已不齊飼小蠶而切葉也有草墩時或陰雨而寒則用火盆伊志案農書上蠶治蠶簇繅絲則用絲車國朝翟灝繅絲行老蠶老去辭筐筥寸腸宛轉絲千縷鼎湯初熟蟹珠繁繅絲車上烟如雨一縷未斷一

縷連一聲既往一聲還鎖星鼓動環繩轉幽窗軋軋吟新蟬綿延脆緒引未極佳人撒觔長太息吳儂一月廢佳眠養得蠶成幾金直臨晨剝繭赴繅盆身炙手烹勤作力下車收拴雪絲絢鳴機不待蟲催織可憐用盡細工夫紈絹何曾自光飾朱彝尊櫂歌五月新絲滿市壓繅車鳴徹斗門邊沿流直下羔羊堰雙櫓迎來販客船譚吉璁櫂歌湯盎漿繅車載女師繅絲繅得追水缸合羅絲最憐箱上同功繭看得飛蛾逐對兒鍋竈畢備而其具全矣以上烏青鎮志

切葉之刀宜闊而利方筐之制縱八尺廣六尺圓箔之造在盤門張公橋價十五文有火箱蠶之自蟻而三眠也用之蠶經

養蠶之法以清涼乾燥爲主以潮溼鬱蒸爲忌以西北風爲貴以南風爲忌蠶房固宜邃密尤宜疏爽晴天北風

切宜開闢牕牖以通風日以舒鬱氣下用地板者最佳否則用蘆蓆墊鋪使溼不上行四壁用草簣圍襯收潮溼大寒則重幃障之別用火缸取火氣以解寒冷此易易耳惟暴熱則外逼內蒸暑氣無所歸則蠶身受之或體換不時餵飼暑後久堆亂積遠擲高拋致病之源皆在乎此古云風以散之則蠶室固要避風尤不可不通風也俗忌生人者或帶酒男子或經行婦人濁氣衝之立能致變豈神爲祟乎若能調其寒熱時其飼哺一一如法自足豐收農家以耕織爲業自已育蠶雖亂絲薄繭均足入經緯而獲價值所宜多養若細細計之蠶一

筐火前喫葉一箇火後喫葉一箇大眠後喫葉六箇此外蠶炭一錢盤費一錢每筐收絲一觔纔足抵本所贏者止同功繭黃提起不㲉二錢之數若收成十分以下便不足償葉本矣況小民親身經歷不算工力盤費則可若假手下人採桑者鼠竊狗偷餵蠶者杯盤狼籍多費工力墮落農務此又當照自已力量不可一例論也　沈氏農書

育蠶須預擇靜室於穀雨前後取蠶連包而護之以衣衾覆之置腹背以煖之候蟻全生和蟻秤速計分兩多少是爲生蟻伊志案月令廣義蟻一名𧉅黑當愼其涼煖　蟻生足以薔薇葉焙燥碎糝之蟻上聞香而集於上乃以鵞毛拂之卻稱空速便知蠶分兩多少是爲攤烏其旣食也乃熾炭於筐下并其四周剉桑葉如縷者而謹飼之又上下抽翻晝夜巡視火不可烈葉不可缺如火烈葉缺則蠶飢而傷火致病之原也又不可太緩緩者有漫漶不齊之患勿食水葉食則放白水而死雨中所采必拭而乾之或風戾之編蘆曰蠶薦用以圍火恐其氣之散束秸曰葉墩用以承刀惡其聲之著也是爲看火食三四日而眠眠則擿眠一二日而起起則餧是爲初眠自初眠而之二之三其法盡同而用力益勞爲務益廣是爲出火蓋自

此蠶離於火而葉不資於刀矣又四五日爲大起大起則薙薙則分箔薙早則足傷而絲不光瑩薙遲則氣蒸而蠶多温疾又六七日爲熟巧爲登簇巧以葉蓋曰貼巧驗其猶食者也簇以藁覆曰目山屬其作繭之未成者也其在簇而有雷則以退紙覆之以護其畏風雨而寒則貯火其下曰炙山晴暖則否三日闢戶曰亮山五日而去藉曰除托七日而采繭爲落山矣湧幢小品參烏青文獻

國朝曹爾堪養蠶詞清明洗箔出蠶子細子如鍼黑如蟻綠鬢不理剪嫩桑半月辛苦一寸長二眠起後筠筐滿羅敷陌頭愁日短不寒不煥四月天薪炭何曾費一錢銀釵換魚衫換肉清還直待頭蠶熟頭蠶已熟蠶蛾早今年郭外繰車少聲鼓頻驚成亂絲養蠶那得如往時　吳之振課蠶詞孤虛旺相驗蠶符浴種還嫌風

色麗記取東南蠶室利算來把火是三姑三日淸和兩日陰初生蠶子細如鍼家家禁忌行人絕吠犬鳴雞亦斷音三起三眠日夜忙早蠶將熟恰晴涼爭傳葉價俄騰貴雨槳如飛去買桑香暖薔薇簇簇花沿村比戶響繅車辛勤一月離妝鏡也折斜枝插鬢鴉

蠶事始於淸明節此日雖男之遠適女之歸甯者亦必聚於家室越十餘日收上年所布紙上之子以帕裹之置熏籠一宿隱貼胸取煖謂之護種伊志案農政全書蠶火類也宜用火以養之則繁有率以穀雨爲期諺云穀雨勿藏蠶至脫卵而出以桃䕺火炙之蠕蠕微動謂之蠶烏烏有火種有晒種用鵞毛刷之於筐中能食則飼以絲條之葉稀即補之烏密處以細竹筯撥勻稍飢謂之斷絲腸如是三四日夜定而不

食謂之眠將眠時不勤食曰紅嬾思又有青嬾思亦曰攬絲言口中吐絲也朝見則晚眠矣初眠鄉人謂之頭眠仍以筯細細分開去其殘葉不致傷於溼熱再一日夜蠶口有脫殼者眠而起飼細葉如前又三四日而二眠飼如前又三四日而三眠謂之出火天香樓偶得俗以第三眠爲出火不列諸眠之中因以末眠并頭二眠爲三眠三起實則四眠四起也蠶自二眠後餧完葉過三眠餧連枝葉出火後不事竹筯用手一一取下秤定一一分攤筐中閱四五夜爲大眠復手取秤過分筐其曰食孃者言他蠶盡眠而此猶食葉也曰起孃者言旣眠而起也伊志案湖州胡志又有將熟而先欲作繭者爲䋽孃起而初食曰飼又有

復生小蠶爲長孃至是蠶益麤而筐不勝盛於是掃地藉以蘆䕺散葉其上如在筐中更歷三晝夜將蠶翻過謂之起薙每日一起薙迄五六晝夜不眠不食口中吐絲繚繞至脰節瑩徹則熟矣先以葦箔作架平鋪截禾稈如帚長尺有咫大可一握散而登蠶其上謂之上山遇天氣薄寒爇炭山棚下日爇火使熱上升則乘此縈絲作繭過三日徹火開戶去薇令風燥透繭易於繰絲否則纇多難繅而虧折寡觔兩矣烏青鎭志國朝洪景晧蠶詩淸明時節柳毿毿姊妹相逢訪浴蠶約去采花好撒綠喜神今日在東南穀雨蠶身細似絲家家門外插花枝禁他鄰里間來往還戒兒童簫管吹陰晴冷暖總天時底事吳娘皺著眉昨夜貪眠愁失曉蠶飢叵耐雨如絲花蠶立

夏恰三眠一月禁人聲寂然遮莫村兒也解事暫呼春筍作鑽天釆山須避鶴神方落繭盈箱復莫筐揀出乾圓留作種明年依舊十分强

近年以來吾鄉多養三眠蠶以其食葉麤猛而飼養較易爲力蓋以本山蠶種也然其絲則不如四眠蠶之圓緊而厚絲賈一見卽能辨之橫山紀畧

蠶畢擇繭之堅厚者爲種蠶越日蛾破繭而出視雌雄而聯之使交用桑皮紙每方廣尺許爲一幅引蛾布子其上收起透風防他蟲侵蝕與浥黦來春出曬屋瓦上七日取下俟淸明後乃護焉烏青鎭志

蛾之生也約半月交五月節梅風吹之則深取其同時者擇而對焉自辰

而亥乃拆厥氣乃全其放子也必覆而暗之見光則其子游散蛾之放子也一夜而止否則生蟻也不齊其爲連必桑皮紙或以布母蛾之覆四五日厥氣乃固沃以緜之湯則子不落貫以桑皮忌麻苎之綫懸於涼處忌煙熏日炙端午以蒲艾和井水浸少時焉去其尿也大約留種繭十觔可得三眠之蠶四十觔（擇繭之尖細堅厚者腰小者雄也腰大者雌也相兼而收）至臘月十二日浸之於鹽滷則利於繅絲或於是日用桑柴灰或草灰或石灰覆於連上而露於天以冒雨雪而後收之則耐養並至二十四日而出用河水滌去其灰二月十二日又浴焉以菜花韭花桃花

白豆花採其中而浴之留種之法於是全矣（蠶經參烏青文獻）（國朝吳之振課蠶詞出繭新蛾勝粉搓翩翻接翅門雙蛾小姑偷向旁人問贏得房櫳笑語多）

繭之細長瑩白者繅細絲二蛾三蛾者謂之同功繅麤絲或作綿皆撏去其蒙戎之衣不可日曬日曬者絲爛而難抽不可焚香焚香則蛆穴而難抽其繅之不及也壅而泥之（每大瓮用鹽四兩荷葉包之瓮口又塞實荷葉）至七日而蛾死有少罅則蛾生其爲綿也蛾口爲上上岸次之蠒衣者爲下蛾口者出蛾之蠒上岸者繅絲無緒撈而出者也蠒衣蠒外之蒙戎蠶初作蠒而經營者也（蠶經）

緜頭蠶爲上有經絲緯絲細絲肥光等名蠒之不中爲絲者剝爲綿綿以頭蠶同功繭者佳兩蠶共成一繭故名同功蛾口次之若繅絲未盡之繭曰轉繭綿之最下者也又有黃繭緒麤不織染別繅爲絲縛至繭衣合之成絮名小絮亦可納被中禦寒（烏青鎮志）（國朝吳之振課蠶詞並頭纖纖兩綢繆篩出同功各籠收雪白吳綿輕且煖禦寒不羨紫貂裘）

蠶時多禁忌雖比戶不相往來（西吳枝乘四月爲蠶月家家閉戶官府勾攝徵收及里閈往來慶弔俱罷不行謂之蠶禁）宋范成大詩云采桑時節暫相逢風俗由來久矣（湖州胡志）

蠶不可受油鑊氣煤氣不可焚香亦不可佩香否則焦黃而死不可入生人否則游走而不安箔蠶室不可食莧

暨蠶豆上簇無火繅必不淨蠶婦之手不可擷苦蕒否則令蠶青爛（蠶經）

蠶初生屋內忌掃塵忌煎煿魚肉忌煙火紙忌側近舂擣忌敲擊門窗槌箔及有聲之物忌哭泣叫喚未滿月產婦不宜作蠶母忌帶酒人切桑飼蠶忌煙熏不得放刀竈箔上忌產婦孝子入家忌燒皮毛亂髮忌酒醋五辛羶辛麝香等物（務本新書）

蠶之性喜溫和惡寒熱大寒則悶而加火太熱則疏而受風蠶房宜卑卑則溫蠶簇宜高高則爽又其收種時須在清明後穀雨前大起須在立夏前過此不宜也桑葉

宜乾而忌溫少則布挹之多則箔晞之能節其寒暖時其飢飽調其氣息常使先不踰時後不失期而舉無不宜一時任事諸女僕又相與起率厲咸精其能故所收常倍 湧幢小品

蠶性子宜寒成蟻後三眠皆宜溫又防先眠之蠶溼熱久蒸已食冷葉溼葉忌倉卒開門暗值賊風忌外來人衝不潔入其事甚於海鹽石門桐鄉而嘉秀次之古禁原蠶原再也俗稱晚蠶一日二蠶養者亦少 袁志參秀水任志

近年夏葉竟無稍主不得不少養幾筐二蠶以防二桑葉丟空但值插種之時疉恨忙工以小妨大斷斷不宜養

即養亦斷不宜多 沈氏農書

原蠶為二蠶所從出在頭蠶之前亦四眠 伊志案蠶經一種二蠶出子即為三蠶三蠶出子即為四蠶總為五蠶相續不絕 其成繭畧薄舊以繅絲多纇故稍輕之今則盛種幾於頭蠶矣 石門鄭志

夏蠶自蟻至老俱宜亮忌蠅蟲 伊志案二蠶三蠶總謂之夏蠶 秋蠶初宜涼漸漸宜暖 伊志案今俗謂之四蠶五蠶 與養春蠶正相反簇與繅絲法同春蠶 士農必用

國朝沈機五蠶歌濃霜已滿地落葉如飄蓬路逢摘桑嫗攜筐逐西風問渠摘何為餵取五蠶叢異哉春所育蠢蠢生秋冬雪戶鳴繅車冰山搜繭蟑十月勤杼柚村村辛苦同辛苦奚足惜瞥眼雙手空連年兒號寒聊以救荒凶況乃官斂繁追呼迫窮農乃知機上錦一絲一淚紅胡為市中人紈綺被僕僮爰作五蠶歌願言達 九重

蠶神俗呼曰蠶姑其占為一姑把蠶則葉賤二姑把蠶則葉貴三姑把蠶則倏賤倏貴矣與掌故所稱馬頭孃今佛寺中亦有塑像婦飾而乘馬稱馬鳴王菩薩鄉人多祀之 湖州胡志 國朝李兆鋐蠶婦詩村南少婦理新妝女伴相攜過上方要卜今年蠶事好來朝先祭馬頭孃

嘉興府志卷三十二

嘉興府志卷三十三

嘉興府知府善化許瑤光重輯

物產

周官司徒以土會之法辨五地之物生一曰川津其動物宜鱗物其植物宜膏物五曰原隰其動物宜贏物其植物宜叢物嘉興之地實川津原隰也其物固可知矣舊志或不疏出處或濫加箋釋至伊志始取有典要者錄之善矣茲仍其舊志物產

穀類

嘉禾　黃龍三年夏由拳野稻自生改禾興縣（三國吳志）成化九年秋八月嘉禾生（明楊繼宗嘉禾記成化九年秋八月秀水縣時淸北都暨象賢十二思賢三十二等都嘉禾盛生遠近咸有郡人范役等以盆植之馳獻於府每莖離根二節節間又生三莖秀三穗或生四莖五莖秀四五穗者亦有之但不如二穗三穗之夥竟畝計之一莖三穗者或一二百莖一莖二穗者或數千百莖本府經歷司蓮缸內栽稻二本亦如野外生莖秀穗考嘉禾志吳黃龍三年由拳南都野稻自生改名禾興志瑞也赤烏五年因立太子和改爲嘉興避諱也自黃龍三年距今癸巳歲千二百六十有七年而嘉禾復生乃氣運循環使然也用附於志以記歲月云）

秔　嘉興物產秔有香秔早花中秋晚花黃秈白芒赤芒香稻烏稻八月白鐵稈青蘆花白秀水物產秔有箭子稻香秔稻大秈小秈早白稻晚白稻赤芒白芒早稻烏稻大烏芒小烏芒烏鬚烏兔灰稻大黃稻小黃稻青頭光青芒稻馬鬃烏鴛脚黃犇山青麻子烏赤秈晚陳小白稻雪裏揀了青田雀不知紅稑黃稉秈閃西風百日赤三朝齊八月白中秋稻六十日稻再熟稻犇離望救公儀嘉善物產香秔烏稻香稻早白稻早中秋黃芒野稻黃秈黃穲中秋稻六月紅銀杏白寄子稻鐵稈青犇塘青晚白稻山白稻周家稻雀勿知平湖物產香稉稻（又名紅蓮稻）紫芒稻（紫殼白粒）雪裏揀（色白粒大稈軟而有芒）蘆花白（即晚白稻）早白稻揀選稻雀不知（秋初早熟）石門物產早稻廣稻晚稻黃稻早稻將軍稻秋分稻三穗千烏龍稻香稉稻雜骨黃木樨黃蠶磨子綿環稻（欽定授時通考）

赤米　江西種或云江北泰州種晚植早熟惟桐鄉有之（楊園集國朝張履祥赤米記吾邑四平無山陵川澤之間土滋田沃宜白稻民間所植秫一而稉十其大較也然每穫輒有米糠於其間雖歲去之來年復如故越境卽否竊嘗疑之以問農叟叟嘆曰此須公遺愛也予曰如何曰萬歷戊申夏五月大雨田疇淹且盡民以溢告公撫慰之勸以力救不得已則棄田之已種者而存秧浹日雨不止度其勢不遺種乃豫遣典史責庫金若干夙夜進告糴種於江西而已則行水勸諭且請於三臺御史乞疏免今年田租以安民心十餘日穀歸分四境糶之教民爲再植計月餘水落而秧已長民猶疑之將種黃赤豆以接食公曰無爲棄穀也益勸民樹穀其秋穀大熟賦復減十之七民以是得全其生者甚衆他郡邑勿及也是穀晚植早熟不刈則隨落後雖他植厥種恆在田間歲復歲不絕予聞而德之不可以無述因書其事而論之曰公既去民作祠祠公矣其官於朝也民之以役至京師者莫不謁公其歸華亭也民之過其里者亦莫不謁公公待以鄉人之禮歡然道舊父兄子弟至今述之以爲美予嘗拜公祠考其碑志凡公

之菹吾邑者期月而已乃其德之入人若此深哉豈非親上之誠本乎天性長民者苟以如保赤子之心臨之則雖聞其聲瞻其容貌猶將沒世不忘况乎公於我民不啻起道殣而樂利之也後之美田疇長子孫孰非公之賜宜其遺澤之長久而不息也不然三歲貫女莫我肯穀碩鼠之詩風人致怨豈徒然乎須公名之彥南直隸人萬歷間進士果官光祿卿卒於家

糯 嘉興物產糯有白殼烏䅉雞腳蝦鬚蟹爪香糯陳糯蘆花糯羊脂糯蒲子糯秀水物產糯有金釵糯珠子糯硃砂糯胭脂糯佛手糯黿王糯西洋糯麻筋糯羊脂糯烏鬚糯芝蔴糯榧子糯趕陳糯羊鬚糯鐵梗糯閃西風香糯晚糯嘉善物產趕陳糯羊鬚糯羊脂糯蒲子糯觀音糯榧子糯茄子糯蟹爪糯蘆花糯菊花糯平湖物產

金釵糯粒長鷺脂糯一名羊脂糯虎皮糯色斑十月熟馬鬉糯榧子糯西洋糯羊鬚糯蘆花糯

麥 平湖物產有赤剝麥無芒殼

豆 石門物產有梅豆含豆香珠豆裹帶豆一茶匙眉莢豆僧衣豆桐鄉物產有舜隆豆以上欽定授時通考 梅豆獨產於桐鄉下種於清明後成熟於大暑前相去百日耳得利亦最速豆葉豆其頭及泥入田俱極肥以梅豆壅田力最長而不損苗每畝三斗出米必倍但民食宜深愛惜不忍用耳補農書

粟 有彎粟穗莖如勾故名其實與高粱同藁秸亦可代

薪增訂教稼書

蔬類

菘 箭幹者色白味輕而脆扁者色青味重而腴四時可用而冬月旨蓄其用尤耑倦圃蒔植記

芥 芥多種以春不老爲第一 國朝譚吉璁鴛鴦湖櫂歌甕菜但攜春不老

蕓薹 各縣出冬種春生收子搗作油民利之大清一統志 國朝屠廷楫臺菜詩晚菘未著花早菘初作臺田家春雨餘盈筐更盈襪節取旨蓄計但勿撥根荄蹴踏非輕淩燥濕因時栽吳鹽什一之塞墐充瓶罌火食亦生茹山廚可常開吾歌伐檀章飲食必程材饔飧寄盆糲舍此孰與偕粱肉豈不甘君子審所來願言保歲寒相守無嫌猜

菾 甜菜至元志 菾與甜通因其味也本草綱目 葉青莖白狀類

白菜但差小耳陸放翁云吳地四時常足菜一番雨過一番生北墅抱甕錄

苦蕒 苦采卽苦蕒春初生苗有赤莖白莖二種莖中空而脆折之有白汁葉綠開黃花如初綻野菊本草綱目 案苦蕒一種至元志柳志有之劉志刪去後人亦鮮識所謂苦菜者矣伏讀高宗純皇帝御製月令苦菜秀詩注顏氏家訓苦菜生於寒秋更冬歷春得夏乃成今中原苦菜如此又江南別有苦采葉似酸漿子大如珠或赤或黑今河北謂之龍葵世以此當苦菜乃大誤也幾餘辨物以正千古訛傳可知苦菜以味得名南北正自相同許氏說文以爲吳人呼爲苦蕒是也不志舊有此名今恭錄御製詩注附訂於此

白苣 生菜至元志 白苣不可烹煮宜生挼去汁鹽醋拌食故稱生菜本草綱目

蔓菁 四時皆有又謂之諸葛菜 通雅 居芥菘之間而佳處在根爲多北方攜種吾土可植

蒿 輭美帶香與菠菜相上下 以上倦圃蒔植記

葱 平湖種香細過於太湖麤種又一種名龍爪葱 浙江通志 明彭孫貽龍爪葱詩青蒨傳奇種春尖笑不如雨工涇女掐草聖右軍書薤露探珠得胡荽攫電餘麻姑休狡獪指爪漫躑躅

薑 五月生苗如嫩蘆秋社前後新芽若指名紫芽薑采食無筋膜秋分後采者次之經霜乃老分湖稻蟹極肥擣薑薦之 北墅抱甕錄 案蒔薑法冬月窖藏其種以火烘之及春插種嘉興海鹽平湖三縣間人多業此秋後新薑頗堪致遠至元志柳志未載劉志始列於目殆明季而蒔者爲多歟

茭白 亦名雕胡性宜水河泥壅根逐年移之則心不黑

芋 紫梗者佳一種名波羅芋香甜益人

山藥 本地所產只當食品不堪入藥 以上倦圃蒔植記

百合 白花者味甘而有清香其色如玉服之極清肺 濮川紀畧 百合根既美花復芳潔 補農書

筍 燕來筍味甚鮮春社燕來乃出較他筍獨早故名繼此者名哺雞筍矣 濮川紀畧 古横山筍香號蘭花筍 澉浦詩話 明貝瓊遊山記殳山巨竹干挺醞筍而食肉雖美不能過也 國朝李良年咏筍尾犯詞竹風春尾聽捎簷剩有去年疏翠園官笑指輕雷後迸新泥斜碎籬邊乍見又穿過隣牆背記先嘗最是江南果然燕子來未猶憶曉垞煙際山童擔向水市正採桑時候除了蠶娘更無人諱花乳甌香朱櫻樹晚相逢長是待何日玉版閒尋靑鞵重訪蕭寺 吳龍輔憶古横山蘭花筍詩最愛古衡筍春來發嫩芽珍羞配松蕈香味逼蘭花一自離鄉久徒爲遠客夸瓦鐺和露煮羨殺近山家

蕈 松花蕈山之有松者皆產惟陳山東麓爲多三月間松花入土至四五月經雨後即生至八九月又生鮮肥滑嫩素品之上味也他如玉蕈松蕈雷蕈胭脂蕈味皆不及 九山志

馬蘭 氣香性涼嫩時可食 倦圃蒔植記 國朝屠廷楫馬蘭詩馬蘭不擇地叢生徧原麓碧葉綠紫莖二月春雨足呼兒競采擷盈祴更盈掬微湯涌蟹眼辛去甘自復吳鹽點輕膏異品共饗熟物儉人不爭因得騁所欲不聞膠西守飽餐賦杞菊洵美草木滋可以廢粱肉

匏 地蒲出嘉興又一種屋蒲可以爲匏

瓜 嘉興有甜瓜一名香瓜小者名金鶯蛋 以上浙江通志

南瓜 愈老愈佳少水緩火煮令極熟味甘膩且極香 北墅抱甕錄

絲瓜 香者最勝 倦圃蒔植記

茄 一名落蘇 本草拾遺 國朝屠廷楫蒸茄詩雨長新茄冠園蔬蒸來淡味稱雕胡吳鹽細點流匙滑合喚東坡爲甚酥自注吳人呼茄爲酪酥

枲類

苎 每歲可三刈取其皮治以爲縷擇最細者以爲苎衫 北墅抱甕錄

麻 東路田皆種無桑者亦種之 補農書

木棉　地產木棉花甚少而紡之爲紗織之爲布者家戶習爲恆業不止鄉落雖城中亦然往往商賈從旁郡販棉花列肆吾土小民以紡織所成或紗或布侵晨入市易棉花以歸仍治而紡織之明旦復持以易無頃刻閒紡者日可得紗四五兩織者日成布一疋爇脂夜作男婦或通宵不寐田家收穫輸官償債外卒歲室廬已空其衣食全賴此湧幢小品　案海鹽圖經引此以爲禾雪情形大抵相似故備錄其說

木類

桑詳農桑　白桑有花無實黑桑有實無花飼蠶須種白桑欲收紫葚爲藥明目延年則黑桑亦可種十分之二也倦圃蒔植記

柘　柘湖中小山生柘樹因以爲名閒窗括異志

梓　吳王好起宮室天生神本一雙陽爲文梓陰爲楩柟吳越春秋

烏臼　嘉興種者極多樹大或收子二三石可壓取油農政全書

楓　爛溪夾岸多楓亦名楓江新溪雜咏　案楓臼二物嘉善章志嘉興湯志誤合爲一今訂正之

梧桐　梧桐鄉因夾岸皆桐林故名嘉禾百咏注

松　殳山稚松萬株環合無路清江集

柏　檇李亭在西郭二十七里外亭背古柏皆十有八夾路擁腫如畫姚綬本覺寺記　橫山草堂中雙樹蓋二百年物也東一樹開花不實西一樹不花而實實如串珠著蔕一顆紅紫可食鳥亦爭之其上一顆靑碧色在樹便出根荄墮地抽長成樹婆娑虬曲蒼翠鬱盤湧幢小品以爲陰陽柏云崔培元橫山草堂集　互見古蹟

槐　城南眞如寺有老槐夭矯若龍陰覆一庭味水軒日記

楝　楝樹花開揠眼勿開禾諺

槵　城東北隅有槵子樹傳自西竺來者狷石居詩注

檉　一名西河柳嘉興產本草

果類

檇李　徐園李甘脃異常而核之半莢無仁園丁用石壓其根使旁出而分治之一樹結實止三十餘枚相傳卽檇李也紫桃軒雜綴　淨相寺產檇李每顆有西施爪痕鴛鴦湖櫂歌注　俗名潘園李大如羌桃至熟猶靑核最細味極佳春秋越敗吳於檇李在石門桐鄉之間遺種至今不絕烏靑文獻

國朝朱彝尊賦并序　嘉興古之檇李也檇遵爲切許愼說文解字從木有所擣賈思勰嫁李法臘中以杖微打歧間正月復打之足子殆擣之義歟府治西南二十里舊有檇李城今蕪沒李惟縣東二十里淨相寺有之近苦官吏需索寺僧多伐去將來慮無存矣考之圖經俱不載因體物成篇辭曰植物有李兮應玉衡之星精受命南國兮特以檇名產維揚吳會之交兮載於魯春秋之經既殊河沂之黃建兮亦不類房陵之

縹青夙傳九標之稱允宜五沃之土自空城之蕪役遷淨相之梵宇獲要術於齊民援靈方於老圃輒著樹以分歧犁不耕而用拊當其溫𠚍始至法苑徐開井上勿遺螬食林間恰有禽來價方高乎朱仲種不讓夫顏回果熟偏蕃枝低易拜漿均玉乳之梨品勝紅雲之柰相珍果之離核縣弱縷而虛中異懷仁之桃杏必待嫁而分叢宜登玉盤宜沉氷水雪素藕而並存配甘瓜而兩美傳諸故老一事矜奇過入吳之西子臙脂之匯舟移經纖指之一招量心賞之在斯何造物之工巧兮化千億於來茲雖彼美之云亡兮髣髴若或覩之人情重故鄉兮雖小物而增慕矧俊味之得嘗兮信土產之有素恨圖經未之及兮迺宜毫而作賦 宋張堯同淨相佳李詩 地重因名果如分沆瀣漿因思吳越戰未敢盡情嘗 國朝曹溶詩瀌水蟠根奕葉長筵前氷齒得仙漿上林嘉種休相借驗取夷光到甲香膚如柰子能加肥液較楊梅特去酸江北江南無此品傾城傾國借人看水晶簾敞絲成陰結子春回報好音徐納晚涼湘簟裏一杯氷雪試浮沉微物何堪鼎鼐陳公家宜索薦時新年來無復街頭賣愁殺文園病渴人青綃圓轉窨交枝遶蔕中縣玉一絲莫怪幾回停食指傷心吳越被兵

時宜公封事烈於霜 夏果流甘近密房臣諠自來羞進奉祇將苦口愛君王 朱彝尊詩佳果先秋熟來禽也不如瑤光珠斗散青簡素王書瘦地翻宜嫁柔條亦易舒最防黃霧塞務使綠雲疏暑暍漿偏潤風吹粉未除豐肌須小摘纖核乃中虛銷夏吾鄉好分甘佛寺初曾留西子招當日轉憐渠 諸錦詩檇李爾何始爾登素王書爾產仁王寺盧橘楊梅未足肩側生旁挺差堪擬火符一下不敢嘗違者鞭笞幾至死有時風雨抱樹號一物之尤珍至此嗚呼此物何足奇麋鹿臺上游稻蟹種不遺荒城古蕩遍秋草夕陽一片眠狐狸尚想吳王夫差西家施登盤鐍渴連理枝偶然留指招乃與楊家一捻之紅爭傳之嗚呼此物何足奇浮江何處尋鴟夷五湖茫茫沼范蠡至今餘波及僧彌

柰 嘉興錦帶河旁多栽李柰果子名巷取果珍李柰之義鄉志

梨 語兒梨初號斤梨其大者重至一斤陳振謂語兒當作禦兒蓋地名梨所從出也曲洧舊聞梨處處皆有而種類殊別如禦兒梨之類甚多圖經本草禦兒梨即玉乳梨之訛或云禦兒一作語兒地名也在蘇州嘉興縣見漢書注本草綱目 宋陸峻題醜梨詩并序醜梨出邑之東貌雖惡而風味絕勝聞嘗進御因賦五言灰貌凝清古霜津溢脆甜面嫌湯後白心慰邑中黔美實鍾寒谷珍嘗近御奩彼姝徒冠玉爭得似無鹽 國朝朱彝尊鴛鴦湖櫂歌木犀花落搗成泥霜後新橙配作韲猶恐夜深妨酒渴教添玉乳禦兒梨

棗 鹽官棗出海鹽紫色味佳打棗譜 正德間崇德民蔣覘素事鍾呂好植果木一日有老人過門曰我有棗枝可種也蔣受而植之明年即生佳棗肉且離核墜地即碎至今存焉人以爲仙種七脩類藁

桃 桃多佳實金桃墨桃水蜜桃悉名品也倦圃蒔植記 聞溪即王江涇多矮桃長不盈尺結實甚巨而佳有穀堂詩注

柹 自新塍至王江涇俱屬柹林鄉以產佳柹名新溪雜咏

香橼 周寅所居舍旁植橼樹極盛續魏唐紀勝

楊梅 惟黃沙隝邵灣植之再續澉水志

石榴子 五代吳越王錢鏐改石榴爲金罌本草綱目

銀杏 屠氏太和堂即南宋潘師旦故園堂極宏敞今蕪廢久矣猶存銀杏一樹垂蔭畝許陳與公詩敎戲作大樹請封表署云老幹參天敢曰武侯遺柏濃陰帀地竊分召伯甘棠雖春日催花難憑羯鼓而秋風課實堪佐

吳筐桐葉偶書

葡萄　東塔朱買臣墓有瑣瑣葡萄紫桃軒雜綴

栗　殳山僧舍北窗灌木一林葉未黃落寺僧摘新栗以進猶帶芒蝟取其實嘗之味若巖桂之始花曝書亭集

藕　花白者勝倦圃蒔植記　國朝譚吉璁鴛鴦湖櫂歌携李城南范蠡湖野桃花落點春蕪湖中種得楊池藕得似西施臂也無

菱　兩角而彎者爲菱四角而芒者爲芰吾地小青菱被水而生味甘美熟之可代飱飯其花鮮白幽香與蘋蓼同時正所謂芰也此物東不至魏塘西不踰斗門南不及半路北不過平望週遮止百里內耳紫桃軒雜綴　哥窰蕩

菱與水紅菱相似而大倍之味極鮮美中秋後始有烏青文獻　平湖菱出馬濆者爲上有大小二種北墅抱甕錄　南湖產小青菱別是一種漁洋先生曾以之入詩不入呼爲南蕩菱雪泥鴻爪錄　國朝李符咏菱夢橫塘詞鏡花畫合絲蔓秋肥角尖涼觸波底一道香繩早攔絕半塘秋水斷浦歌沉夕陽人遠采殘煙際喚雙橈並撥就賣湖邊船頭載蘋風起蟢蛛股疊晶盤付尊前素手輕擘紅碎嫩玉分嘗便雪藕也輸甜脆過重九吳娃都散蝶葉參差瞭寒翠更煮浮根鼎蛾傳送當園蔬銷醉時

芡　雞頭大而糯者佳杭州綠芡種傳於吾土也倦圃蒔植記

花類

嘉蓮　嘉定癸酉郡學池蓮並蒂至元志　康熙丁丑六月舍南池上紅蓮作並頭花時太守廣甯黃公治其廨彝尊以公嘉績之所召也遂以花奉公齊江淹蓮賦曰一爲道珍一爲世瑞因以道珍名堂爲文紀之云曝書亭集　宋潘友德嘉蓮圖記物之自形色於天地間者豈求知於人哉自連理之木合穎之禾人指爲瑞物亦以瑞應之天人相與之機果在是乎柳子厚賀嘉蓮有表蓮之瑞始著近世以來證爲休祥形諸贊咏蓋不一二數也歲在癸酉禾興鄉校池蓮並蒂子矜動色相慶且圖之以需其驗予謂此邦實唐宣公父母之國今天光密邇上德薰陶寺丞商公又以儒術治郡作成教養之餘士宜自奮安知無論諫仁義不負所學者繼踵而出乎賓興賢能適時也諸君勉之　國朝郡守黃家遴凝香亭瑞蓮詩序予治禾之二年有蓮並蒂開竹垞太史家余搆堂適成太史持以相贈爲作道珍堂記明年六月凝香亭蓮花大開有一花結子矣復從子間吐花子十月有六花如其數爛然蓮房之上賦詩者紛然遂爲一時盛事

千葉蓮　石門錢林村證聖院前有池種千葉蓮浙江通志

野蓮　永安湖中央有土方數畝高出如臺產紅白蓮蘋花芡實類皆野生續澉水志

牡丹　北地牡丹種無高大者余在嘉興所見乃有丈餘者開三五百朵他方未嘗有也五雜組　元吳逸谿名性誼所居城廬植牡丹一本久而未花是歲臘月忽作一花顏色鮮美無異春時士大夫來觀者其門如市來秋延祐丁巳吳領鄉薦邦人榮之以爲此花之徵在是廣客談

芍藥　雖無佳種惟培溉有方花亦頗大有紅白紫數色北墅抱甕錄

梅　嘉興江梅最多綠萼爲佳又有紅梅玉疊諸種浙江通志

黃梅　沉香湖之南丁氏世居有古黃梅一樹 魏塘紀勝 國朝曹庭棟詩寒林別釀一盤香四百年來飽雪霜老幹槎枒橫水畔花光與月共昏黃

玉蘭　五代時南湖中建煙雨樓樓前玉蘭花瑩潔清麗與翠柏相掩映挺出樓外 羣芳譜

山茶　沈銓部白生監稅荆州移滇茶一株植家園作高齋對之 六研齋筆記 東塔思林僧房山茶七幹交挺皆大如栱柱五百年以上物也每春時著花萬餘望如錦堆 味水軒日記

海棠　白苎村顏氏有西府海棠四株極高大著名禾郡花時士女游觀甚多 檇李詩繫 國朝王庭題顏氏海棠詩顏家主人有奇趣疏林小隱城之隅春風東來發芳樹其中海棠開數株顏家海棠實難得不獨天生好顏色千年老幹今作圍百屈繁枝下成黑花開照耀十畝紅滿前爛漫一望同紛紛開落了未歇一月二月春濛濛往來觀者行不斷留將佳句書題滿主人愛此無厭煩我亦欣然那辭嬾賦君之花爲君娛何須買醉一傾壺問奇我士愧蕪穢但看顏家海棠絕世無

桂　巖桂俗名木犀黃色者爲銀木犀赭黃色者爲金木犀四時有花者爲四季木犀其花層節生枝間者爲角犀聚生枝頭者爲毬犀節候至此重又暄和謂之木犀蒸 上聲 吾地桂之大者屠氏二桂今在西關外蔭映可畝許次者錢氏四本亦在西關外包氏四本在南湖上諸花止一放獨桂再放或有三放者故以先放者爲頭木犀續放者爲二木犀 桐葉偶書 吾郡東南莊曹圩有四桂相傳元時物今不存矣康熙辛酉淄川唐豹岩夢賚南游猶及見之有詞見志雅堂集 柚堂續筆談 國朝唐夢賚題四桂哨遍詞童背錦囊壺貯餘杯小艇無塵累問前村金粟正飄香道采菱和歌鄉是叩華門綠天釀成香國秦松離皆孩稚麟玉樹音停瓊花觀萎目中僅見如此似杏彩女冠閉雙扉又翠羽釵頭碎鶯飛占斷秋光約住名園差强客意從月姊奔來靈根親種遺凡世除作和玉鼎人間無此佳味曾舞羅霓裳搖殘兔魄通身玉露銀河水囑公等休去虹橋咫尺吾將自此仙矣有同遊抵掌話昔時道湖上輞川試訪之見槎枒歲年難計天風亂落金屑快飲稱豪事更探東郭柴家綠幄蹁地無緣共醉一秋好事盡看花謝鴛湖我已觀止

菊　其品最繁嘉善袁顥號菊泉繞池種菊凡八十餘種孫子奕所種至一百六十種今所見惟三十餘種耳 嘉善志 章濠殷塔院圭僧道吾所植菊皆秘種若玉甲西施披金紫絨者尤其所秘也 味水軒日記 甲辰閏九月在箕城有李汝耕者以手葺菊十餘本見貽爲立佳號歸藝家圃白者笑雪窩玉瑣瑣鷺頂黃者黃鶴仙金瑣瑣紫者步障嬌紅雲朵臙脂顆粉色者文君頰玉環醉赭者晴霞幔 紫桃軒雜綴

蘭　秦蘭出秦駐山其種絕貴 再續澉水志

蕙　一名九節蘭花有餘香實不足 倦圃蒔植記

樹蘭　葉類桃四月開花大如珠其口如瓶旁有四小葉色淺綠今海鹽有之 澉浦詩話

玫瑰 近得一種高二丈花作重臺大如芍藥倦圃蒔植記

紫藤 城南西板橋至項襄毅墓下紫藤花最盛伊志 國朝譚吉璁鴛鴦湖櫂歌板橋南畔更西去一路青林絡紫藤

凌霄 郡城城隍廟清逸房凌霄一本緣大梓而上扶疎蔭蓋花極繁茂相傳宋初時物醉里耳餘錄

錦帶 嘉興錦帶河民居有營錦帶軒者傍植錦帶花多名人題咏浙江通志

鷺鷥菊 一名露水菊實則野花也葉尖不似菊花小叢瓣色香並似菊秋初即開最久掃庵詩注

蜀葵 有單瓣千葉之別有深紅淺紅紫白色種種奇異

紫黑者名墨葵最貴

秋葵 黃花綠葉紫蔕檀心與芙蓉前後開放枝葉亦復相似以上北墅抱甕錄

萱 草花有金萱蜜萱六研齋二筆

石竹 千葉者名洛陽花花譜

雞冠 水墨色一種爲最奇張雍敬雞冠花譜

鸎粟 禾中產鸎粟相傳八月十五夜俾女郎解衣播種則花倍繁鴛鴦湖櫂歌注

伊志按草木種類甚多見於秀水李志者有夜落金錢水木犀漢宮秋老少年見於嘉興湯志者有金盞花翦春羅翦秋羅僧鞵菊見於六研齋二筆竹嬾草花帖者有迎春淡竹番菊線穿牡丹纏枝牡丹六月雪紫花地丁白花地丁金絲梅柳穿魚金絲荷見於嘉興何志者有萬壽菊西番蓮佛座蓮秋蝴蝶見於松桂堂詩集者有小青西施夢鳳毛龍膽雞嗉牡丹八仙烏絨見於北墅抱甕錄者有秋牡丹雙鸞菊紫鈴名目各殊形狀不一又遠方他卉而吾土可植者倦圃蒔植記有含笑龍頭紅蕉藤本紅繡球等類今總記於此

草類舊

藍 俗名青每年於二三月間下子佈種海鹽續圖經

茜 嘉善茜溪出茜草故名名勝志

荷花紫草 草生田中花開如茵可坐卧遊人藉此泥飲鴛鴦湖櫂歌注

淡巴菰 其性辣而驅寒向產於閩廣今嘉郡多知樹煙鄉城區圩佈種森立不惟供土著之需抑且比閩廣之

所產矣海鹽續圖經

茅 白茅春生芽布地如鍼俗謂之茅鍼

菅 一種長八九尺不等初生時牛喜食之葉甚快利傷人如鋒刃其幹如指大者可爲織壁編籬之用以上本草

粤蕉 有蕉而花者綠葉朱英元實始生若青荔本粤產張履祥粤蕉記

菖蒲 書室中小盆菖蒲忽見花五六穗如水蓼之狀而蒼碧色其花蒙茸應砌風俗通以爲菖蒲花難得見人得食之長年此亦奇矣味水軒日記

半枝蓮 產雲岫庵後可治蛇螫諺云識得半枝蓮可與

毒蛇眠 再續澉水志

蘆 蘆場二千餘畝歲得薪五萬餘束 王希呂精嚴寺記 以嘉興蘆地賜西安王 元史文宗紀

荻 邑中諸湖惟鸕鷀湖與貢湖爲大橫湖長湖差小岸曲彌望生荻葦深秋白花雪映水色蕭遠 海鹽圖經

竹

雙竹 宋政和甲午嘉興縣尉舍東有竹其幹合生 東堂集

筀竹 吾郡風物極佳者四村筀竹筍 紫桃軒雜綴

鳳尾竹 長不盈尺纖柯婀娜翠葉森發 北墅抱甕錄

方竹 遠來之種爲奇此土可植筍雖微苦而過熟仍甘

倦圃蒔植記

羽類

五色鳥 郡城東鳳凰洲隆興元年有五色鳥飲啄其上 嘉禾百咏注

鴛鴦 宋聞人滋南湖草堂記曰檇李東南皆陂湖而南湖尤大其禽多鴛鴦故名鴛鴦湖 名勝志

鶴 嘉善縣鶴湖中舊嘗產鶴 明一統志

鸛 似鶴有灰白二色 魏塘紀勝

錦鳧 殳山下有三湖靑渟黛蓄與天一色錦鳧往來可畫 檇江集

鴨 嘉興人養鴨兒因作阿子歌 樂府注

鵞 北蕩有南宋高尚書鵝鴨池 留素堂集

鷗 南湖百二十頃其禽則鷗鷺春鉏 聞人滋南湖草堂記

雉 八月綠雉九月伏雉 補農書

鴿 內府藏本鴿譜自鴿房錄出其名自嘉興花臂破玉至臥泥挾翅共九十四種 讀書敏求記

黃雀 海邊小魚所化 吳地記 雅山之北有紫蕩皆黃茅白葦秋間黃雀不知其何來飛集其間至夜深土人以網張四圍逐得之有二種一名蘆雀味少劣 乍浦九山補志 吾鄉稻熟時張羅以捕黃雀北則陶莊南則馬疃所產獨肥

腧物者比之披緜朵頤者侈爲珍饌 小丹邱客談

秋鳥 八月中乘西北風起迎風而來成羣飛下土人網取之一網可得兩隻者名畫鶥四隻者名花雞八隻者名鑽籬 乍浦九山補志 吾鄉居康僖墓在乍浦陳山山濱海山木蓊鬱每西風起有鳥自海外來集於樹土人張羅持竿捕之大者曰畫鶥中者曰花雞小者曰鑽籬剖其腹有靑椒其骨甚脆號爲秋鳥 靜志居詩話 明沈懋嘉秋鳥詩陳山西麓海東頭細網長竿帶綠韝買得山禽如粉肥居墳十里稻花秋 國朝宋犖高江邨餽乍浦秋鳥詩吳越食品風味饞當筵往往羅珍錯歲晏齋廚有餽遺園官菜把嫌淡泊江邨先生眞好事方物遠貽貧大嚼乍浦秋鳥信一奇瓦甒泥封驚創獲書言此鳥產海外朔風吹向居墳落黏竿巧取送飲流腹腴項臠皆可卻欲證注疏失羽

毛但憐背爪同鋒鍔輪囷不數㦸毛鷹肥澤殊勝拔綿雀深杯屢倒慰老饕燈下盤空膭糟粕新詩作始賦了
哥險句今還續鐵脚毋煩使者火急催此際枯腸幾回索

札山看火 鳴則桑葉貴 猗石居詩注

烏 元至正七年嘉禾城西有烏數千營巢於地圍八尺崇五尺吳僧本誠著烏城志五百餘言 宋學士全集

毛類

豬 正德中禁天下養豬一時埋棄俱盡嘉善縣民陳姓穴地養之遂傳其種 浙江通志

貓 蠶時畏鼠盜食家必畜貓 小化書 國朝沈岸登蠶貓詩桑柘陰陰泊網船買魚歸去柳條穿貍奴將子貪眠食又費先生糴米錢

獺 水居食魚他處獺祭魚則四方陳之惟嘉善近河多小廟獺必進魚於廟祭之 浙江通志

鱗類

金魚 秀水縣月波樓下爲金魚池唐刺史于延贊得金鯽於此後爲放生池 名勝志 隱眞院在城東南昔有方士於此脩煉化去中有一池生魚多異色 猗石居詩注

鰱 有花白二種白者佳 再續澉水志

河魨 正月貴河魨往時人罕食者今則珍爲名饌 見只編 國朝朱彝尊鴛鴦湖櫂歌聽說河魨新入市蔞蒿荻筍急須拈

斑魚 似河魨而小怒則腹脹如鼓色斑有點味亦美肺尤佳前人有詩云忽憶夏湖風味美斑魚黃雀寄來無 浙江通志 伊志 案夏湖在嘉善縣

銀魚 吾鄉風物極佳者相湖銀絲魚 紫桃軒雜綴

菜花魚 一名土附 伊志 國朝錢載菜花魚歌一湖南北兩湖長水網牽還岸網張燕子飛來山筍出菜花魚上菜花黃巨口細鱗香比鱸也名土步出西湖貓頭筍更松花蕈宋嫂羹湯定是輸王焯菜花魚詩吾鄉風味重水族菜花鱸魚味簇簇正當油菜花開時艇子瓜皮榜溪曲此魚引隊出花間一笑牽絲舉笤籭嵌珠如露高點眼孕子如萍肥滿腹重脣兩顋雪翻鱠纖鱗輭骨花映肉已勝越水垂腥涎眞例吳淞切香玉越水吳淞未足誇春江更比秋江綠花開花落釣船歸所喜年豐鮭菜熟日斜醉倒菜花涇醒來還泡一竿竹

鱭 亦作鰶春初肥美 猗石居詩注

鯔 鯔食土名曰蕩鯔并不必撈草池小則畜鯔魚 補農書

石首魚 海鹽出 大清一統志

鰣 海鰣最稱上品但一二見不能與江產爭多 見只編

鱘鰉 產海中重至一二百斤者可作鮓味極美然不多有 再續澉水志

鯊 犁頭燕尾有齒無鱗屑身裹沙齒鋒利又有虎頭鯊身黑尾尖得之惟堪煎油不中食

鰳 啖雄白殊勝腹子者 以上見只編

跳魚 蘆瀝巡檢范廉卿長騎射雖海塗上跳魚子蟹之細捷射之百不失一 樂郊私語

介類

龜 萬歷辛丑平湖金某於南門外獲白龜有角吳志

鼈 康熙辛巳嘉興人買鼈二枚一腹微紅斷其首尾間忽出蛇頭長尺餘蓋是蛇所化食者不可不慎述異記

蟹 分湖出大清一統志分湖產紫鬚蟹魏塘紀勝東西爛溪稻熟時蟹最肥美霜後者更佳烏青文獻

蝦 桃花里蠶時輒殼蝦極佳紫桃軒雜綴嘉善祥符蕩中產朱頂蝦檇李詩繫明宋嘉賓朱頂蝦詩月色平鋪映碧流孤村寂寞冷煙秋偏憐澤國長鬚侶也占朱衣一點頭

螺 范蠡湖有西施妝臺池產異螺陰雨輒舒五采鴛鴦湖櫂歌注

蜆 梅家蕩者佳新篡明朱國祚梅家蕩櫂歌梅家蕩口蜆子黃瓜皮晉船七尺長鶣取東園白頭韭蛤蜊風味勝橫塘

蛤 海有白蛤黃蛤

海蝦 白蝦以朱腦菊花心見稱蓋子在腹間如黃粟然青蝦隻有重三四兩者腊之曰對蝦

白蜆 生沙塗中殼如蛤而薄惟春月肉圓肥無沙

蝤蛑 即黃甲兩螯極大得即緊縛蒸食美緩縱則介裹腿水較勝明州殼中黃實也以上見只編

沙虎 小蟹也殼輭薄穴沙中掘深數尺始得產高公山南獨山塘側九山志沙虎惟秦駐鳲有之形小如錢而殼甚輭以鹽酒漬之鮮美可愛再續澉水志國朝吳龍輔憶秦駐鳲沙虎詩爾雅有遺品佳名補食經芳鮮能醒酒輒美乍開瓶已吸俗膏盡仍完郭索形家人憐癖好封寄載吳舲沈修齡咏沙虎玉人歌詞漁蠻集有海蠶行沙悄尋蹤跡篋筐攜郤瀸瑣最難得生來也抱無腸恨入甕休相逼笑何人與一作於菟悞驚沙隙慣惹酒邊憶撒蘆瀝晶鹽更和米汁一樣膏凝螯脃不須擘綺筵洗盞還重創俊味能留客記年時就買獨山塘側

土蛈 自八月至九月不復食泥吐白脂晶瑩塗上比他月稍佳見只編

蟲類

蠶詳農桑 禾呼天蠶謂成敗衣食憑之關乎天命因有以

天蟲作蠶字蚕音腆乃蚯蚓名不可以代蠶字小化書伊志案廣雅蠶地蠶注云世人作蠶字如蠒或蚕並失之廣雅音解係隋曹憲撰則隋世已以蚕字代蠶字

蠋 禾呼桑蟲大如指似蠶小化書桑蟲即桑蠹蟲別錄日華蜀本藏器時珍俱收載但未言其治痘痘疹諸書從未有用之者案桑蟲能驅風而走竄經絡故能發痘然起發不由根本原氣爲毒所傷令人治痘無不用之其爲害不知若干人矣本草從新

蜘蛛 長腳者俗呼爲喜子禾呼喜珠又有一種禾呼壁蟢亦呼壁蟹酷似小蟹又一種跳躍捕蠅尾長曳一絲捕得即以縛之禾呼蠅虎小化書

蟋蟀　嚴將軍墓每年產一促織爲冠里人爭往取之佳
者名紫金翅 猾石居詩注
莎雞　禾呼麻蚱亦呼紡績娘即所謂絡緯也其小而赤
者名織絹娘
蚱蜢　善跳不鳴視麻蚱殊小在田禾中往來翼小不飛
跳亦不遠者禾呼蚱蜢與麻蚱皆腹無多子不害稼非
北地之螽也
蝦蟆　禾呼蛤把亦呼嗄平聲嘛子名蝌斗
蟾蜍　大者禾呼癩師 以上小化書

藥類

蛇床子　蘇州貢蛇床子三升 元和郡縣圖志
枸杞　甘州者良而吾土可植 倦圃蒔植記 府治子城舊有枸
杞一本數百年物也人初不之異一日風雨晝暝子城
西北一隅疑若龍掛即而視之惟見此枸杞夭矯如龍
作鱗而欲舞狀人因以龍形枸杞目之 醉里耳餘錄
菝葀　今人藥用多以蘇州者爲勝故謂之吳菝葀 本草
紫蘇　海鹽者佳 至元志
茱萸　吳茱萸禾郡土產 鴛鴦湖櫂歌注
五加皮　籬用枳橘雜以五加皮枸杞三物有刺可禦暴
客又五加皮春橘其芽香美可食冬取其根入酒尤妙

補農書
秦椒　枝葉盡綠高一二尺開白花結子長二寸許深秋
色紅磊磊可喜味之辛烈過於薑桂 北墅抱甕錄
龍骨　秀水縣復禮鄉小律原距太湖可六七十里村民
耕田往往得龍骨而未識也永樂間一漁者始識之持
之售於蘇州藥肆中歲以爲常豈其地爲龍所窟而潛
蜕其中歟 湧幢小品

布帛類

棉布　龍潭布細密服久不裂 濮川紀畧
苎布　澉浦俗善積苎更以織苎布爲業 海鹽圖經

絲　吳郡貢絲 唐書 絲各縣出 大清一統志
絲紬　有素紬花紬綾地花紬輕光紬王店紬數種 大清一
統志 濮院所產紡紬練絲熟淨組織亦工 浙江通志
綾　秀州土貢綾一千匹 元豐九域志 綾各縣出唐宋俱土貢
大清一統志
克絲　語溪有克絲 崇德洪志伊志案宋克絲始見咸淳臨安志有花素二種淳祐語溪志
亦云有之至元志有其名然已久無能織者矣
綿　大環綿以頭繭造成白如雪如弓形甚韌他處所不
及 烏青文獻
綿紬　有斜紋木犀之名 石門鄭志 綿紬出青鎮 烏青鎮志

飲食類

茶　鷹窠山樹皆合抱產類武夷清江集　吾地無山鮮業茶者昔年白芒陳翁號五洲者其茅亭前籬腳下皆植茶每春晚手摘焙斤餘藏以自飲間出供客之淸勝者風韻良妙味水軒日記　湯山產茶僅數株烹點亦頗佳九山禾志　城北徐偃王祠後產茶地小不多得強恕齋詩鈔　海鹽木山產茶號雲霧茶春星草堂詩集

酒　月波秀州酒名天下名酒記　蘇秀道中有地名五木出佳酒嬾眞子　淸若空秀州酒名武林遺事　劉延仲寓居秀州見道人過門疑其異延坐良久曰今日適無酒可以爲樂奈

何道人笑曰牀頭眞珠泉一尊何吝也夷堅志

鹽　海濱廣斥鹽田相望卽海鹽與鹽官之地同也太平寰宇記　嘉屬產鹽最廣如西路鮑郎等場其色多白海沙蘆瀝等場其色多靑靑者粒麤且凝成冰塊其味最鹹吳郡造醬者多利此取其質重而味厚也浙江通志見只編凡煮鹽俗曰趁海一則謂趁潮可漉一則謂趁天晴可曬也趁海先佃海場場一丁其橫九弓長倍之開潭貯潮鑿溝築塍爲界分場爲上中下三節近海爲下場以潮水時浸不易乘日曬也其中爲中場以潮至卽退夏秋皆恒受日易成鹽也遠於海爲上場潮小至所不及必擔水灑灌方可曬也凡潮汛上半月以十三日爲起水至十八日止下半月以二十七日爲起水初二日止潮名以此六日大滿故當潮大三場皆沒自初二十八已後潮勢日減先曬上場次曬中場最後下場故上中每月得曬二場下場或僅得其一也凡曬鹽俗曰曬灰言其土之細如灰也侵曉先合力用削刀削灰使鬆隨以碌扒碌碎更用篠竿攪使極細極平方擔潭中海水以木瓢灑潑如雨使之勻透曬至晡時仍以削刀收邊用板推夾灰成一長埂以防夜雨明朝仍用翻扒推埂使平更用碌扒碌之篠竿潑水夾板推聚如前盛夏二日或三日秋冬四日曬力方足冬則西北風尤勝日曬也先此周築土圍如櫃長八九尺濶五六尺高二尺深三尺名曰溜溜旁卽開一井深八尺溜底用短木數段平鋪木上更鋪細竹數十根復覆之以柴貝以草灰然後取場灰塡實溜中用足踏實再以稻草覆灰仍挑潭中海水多潑草上使緩緩潛滲入井中成鹽滷可汲煎矣大約一溜之滷可得二十餘擔滷之上者視水百斤加重斤三十上滷沉下次漸在上以石蓮子最重者一粒次重一粒又次重一粒擲滷中驗之上滷則最重者浮否則最重者沉次重者浮也煎法用大鑊二具中鑊一具中鑊遠於火停頓冷滷使熱逐漸添入大鑊取惜薪也俗呼滷二大鑊爲一竈用滷六擔可得鹽百四十斤云大較鹽之盈縮繫乎雨晹貴賤視乎薪價晴久得鹽多雨久得鹽少薪貴鹽價貴薪賤鹽價賤必然之數矣削刀長一尺五寸濶三寸一面口薄如刀用方木一塊鑿口含

刀木上著六尺竹柄用以削泥碌扒頭長二尺著齒十四柄長六尺用以碌泥篠竿用細石竹爲之夾扒用杉木板長七尺濶七尺裝一木鏑子一人用力持鏑一人用繩捉夾使成灰埂木瓢用以挹滷弔子用竹爲柄以汲滷大鐵鏟用以鏟鹽鑊

半邏糕　臘月用四舂白糯米置大缸中以水結冰凍之至春暖冰泮取出磨粉炊糕異常鬆美六研齋三筆

春餅　食之品有春餅鄒志

鴨餛飩　方回竹枝詩挑上岸頭須記取秀州門外鴨餛飩癸辛雜識　國朝朱彝尊鴨餛飩詩禾俗養鴨兒樂府歌阿子一雄挾五雌累百唼長水方春殼將出生意不可止要術一咊抱宜市月雛定起淺夫計欲速火攻迭運徙半體形已呈忽焉混沌死他邦盡棄擲吾黨獨見喜鍘童眉椒桂竈妥洗毛髓色滑黃白斑候歛漿汁滓鴨簽哂東京鴨臑屏南史既免治刀砧兼勿齩牙

齒以之號餛飩莫審所自始得非飲食人桐江方萬里記取秀州門竹杖挑入市至今七十坊餅法傳伍氏物為愛惜殊留賓姑舍是二子下箸貪謂足勝羊豕作詩賞逸味虛谷同一撲不知天地間何者眞好美試問厨煙生曾否動食指

醃牛乳　澉浦民家能作淡牛乳 味水軒日記

魚鮓　合路居民繁夥賣鮓者尤衆 入蜀記

烘鰕　海鰕自四月至九月為盛人家烘貯以飣盤案

酒發鰕　白鰕用椒酒烹口咋肉脫 以上見只編

糟鵞蛋　府城有之 伊志 國朝鮑鉁詩陽羨籠中化香糟醞釀成鹽于魚作壓俊比蟹微生混沌含眞味胚胎享盛名不圖重下箸當食倍關情

器用類

金粟箋　金粟寺有藏經千軸用硬黃繭紙內外皆蠟磨光瑩以紅絲闌界之書法端楷而肥卷卷如出一手墨尤黝澤如髹漆可鑒紙背每幅有紅印曰金粟山藏經紙後好事者剝取為裝潢之用稱為宋箋徧行宇內所存無幾有言此紙當是唐藏蓋以其製測之然據董穀以為紙上間有元豐年號則其為宋藏無疑矣 見只編

由拳紙　嘉興故由拳縣其處出好紙 太平寰宇記 案寰宇記又云餘杭縣由拳村出藤紙米芾十紙說作油拳紙書史亦稱為杭油是油拳紙為杭產矣然寰宇記既云嘉興出好紙則宋時禾產亦有之特今不傳其造法耳 國朝朱彝尊詩穀皮素紙產油拳不數成都十樣箋題就相思八行字好憑蒼雁寄天邊

梅里箋　里中顧仲淸中村製 梅里志

畫絹　密機絹極勻淨厚密出嘉興趙松雪盛子昭多用此絹作畫 格古論

墨　嘉禾人沈珪往來黃山有教之為墨者以意用膠一出便有聲稱後又出意取古松煤雜用脂漆滓燒之得煙極精黑名為漆煙每云韋仲將法止用五兩之膠至李氏渡江始用對膠而秘不傳為可恨一日與張處厚於居彥實家造墨而出灰池失早墨皆斷裂彥實以所用墨料精佳惜不忍棄遂蒸浸以出故膠再以新膠和之墨成其堅如玉石因悟對膠法每視烟料而煎膠膠

成和墨無一滴多寡故其墨銘云沈珪對膠十年如石一點如漆此最佳者也滕令嘏監嘉禾酒時延致珪甚厚令盡其藝既成即取小丸磨試而忽失所在後二年濬池得之其堅緻如故因謂珪曰幸多自愛雖二李復生亦不能遠過也 春渚紀聞

筆　杭秀間有曹用筆見稱於世 嵩山集 宋晁說之贈筆處士曹忠詩葦管子何愛輕圓稱白毫固知今獨妙舊數浙西曹

香　合香帶梅花笑蘭衣香 鄒志

薔薇露　嘉興最多野薔薇開白花田家籬落間處處有之蒸成香露可以澤髮 鴛鴦湖櫂歌注

髹器　嘉興斜塘楊匯髹工鎗(去聲)金鎗銀法黑漆為地以
鍼刻畫山水樹石花竹翎毛亭臺屋宇人物故事鎗金
調雌黃鎗銀調鉛粉以金箔或銀箔傳之(輟耕錄)　剔犀器
皿元嘉興西塘楊匯作者雖重數多剔得深峻剔紅器
皿元時西塘張成楊茂最得名戧金器皿元時西塘有
彭君寶者甚得名戧山水人物亭觀花木鳥獸種種精
妙(格古要論)　古剔犀器以滑地紫屏為貴底如仰瓦光澤而
堅薄色如膠棗曰棗兒犀元時禾郡西塘楊滙所作(香祖
筆記)　嘉興烘漆以漆器名家(夢憶)

銀槎　朱碧山所製槎杯有古篆二十八字云欲度明河

隔上闌時人浪說貫銀灣如何不覔天孫錦只帶支機
片石還(妮古錄)　元朱碧山鍛銀器最有名孫侍郎承澤北
海宋按察琬荔裳皆藏銀槎一上有仙人欵曰朱碧山
製康熙辛亥壬子間予兄弟與荔裳在京師同施侍讀
閏章愚山沈文恪荃繹堂輩為詩社酒次嘗出此槎勸
醻因屬賦皆張騫事予亦云窮源通大夏鑿空取通侯
蓋本宗懍荆楚歲時記之說然其仙人羽衣幅巾似取
太乙仙人蓮葉舟之意又拾遺記堯時有巨槎浮四海
十二月周天名貫月槎掛星槎羽仙棲息其上當詠此
事為合(居易錄)　宋荔裳琬觀察藏元人所造銀槎最奇古
腹有文曰至正壬寅吳門朱華玉甫製華玉號碧山武
塘人(池北偶談)　元時虞揭二公各令碧山製槎為壽杯首有
岳壽無疆四字左朱華玉造右至正乙酉年杯底槎杯
二字杯尾詩云云(妮古錄與同)　二十八字圖書碧山二字皆
小篆也(苑西集)　國朝朱彝尊朱碧山銀槎歌孫少宰席上賦　高堂晏客客未醉主人愛客期開顏
羽觴玉爵詎足算勸我鑿落重三錣槎枒老樹幾千載
霜皮剝削枝柯刪陰崖自遺鬼斧劈積雨暗蝕苔紋斑
尋源之使出想像高踞兩膝頂禿髗觀其傲岸意獨得
髣髴歸自明河灣流傳河畔逢織女所恨尚少雙煙鬟
剡中鄉衡入其腹未解刀削何由彎傳之四座叫奇絕
有如白鳥飛翾翾細看欵識刻至正問誰為此朱碧山
良工名盛心益苦顧茲毋乃經營艱主人博搜金石文
向我更話天歷間丹邱先生愛奇古命製芝菌如初攀
當時虞揭相獻酢是物亦得留人寰自從闖賊躪燕市
大掠金帛仍西還紛紛入肆尋鍛冶否亦道半委榛菅

聞之不覺三歎息可憐雙鬢今成鰥吾鄉藝事稱絕倫
奇巧不數古輪班張銅黃錫近乃出未若此老技最嫺
殊方促坐但酩酊莫遣酒醒懷鄉關曹爾堪古銀槎
歌贈荔裳長安伏日赤如火曲檻虛亭門不鎖宋公召
我園林游河朔冰盤浸瓜果山雨忽收賓客至出示酒
鎗異恆製枯槎怪石坐神仙周彝漢卣應無二元季巧
匠朱碧山市隱皋橋稱絕藝倪黃山水吳興書幾與古
人爭位置羣賢驚詫手摩挲神刀鬼斧曾琢磨西鄸好
貯蒲萄酒南海空矜鸚鵡螺至正年間遭殺僇野火燒
天煙萬斛內府珍袠裂雞頭舊家寶瑟焚蛇腹獨此古
物在人間感慨乾坤同轉轂秘器偕藏埒球貝波斯問
價昂珠玉三百年來貴有徵請檢陶家輟耕錄亟呼從
者傾郫筒恢拓智勇開心胸為慶遭逢落公手蕘盌沉
出隗囂宮兩美相兼且觴月千將莫邪亦神物枕蛇騎
虎安足愁讀罷長歌歎奇絕宋公本是神仙才文筆
不從人間來何妨跳入銀槎裏御風萬里游蓬萊

匏樽　巢孝廉鳴盛端明繞屋種匏凡十餘種長如鶴脛
纖若蜂腰杯杓之外室中所需器皿莫非匏者遠邇爭

效之檇李匏樽不脛而走海內（靜志居詩話）邑人周五峰製匏杯近日鄉人多用之（秀水任志）國朝巢鳴盛題匏樽詩回也資瓢飲悠然見古風剖心香自發刮垢力須攻不識金銀氣何如陶冶工尼山疏水意樂亦在其中　曹溶匏杯歌郡中攻匏始王氏其後模倣紛然多各能推擇尚堅樸八月九月留霜柯宣武平生詡形似精微已往皆淆訛石佛羣僧稱妙手工惟急就虧揩磨流傳空復遍燕粵賤售祇辱幽人邁東郊周生最晚出家無尺帛顏常酡窮思莽蒼得其竅盡刷怪詭還中和終年黯慘與神遇款起奏刀如鄰梭不規而成妙天質因物纖鉅無偏頗斲礨滿眼總適用譬若聖教陳四科其間卓絕首觴器琴軒書榻光相摩捧之宜侯偓佺輩侍坐可斥妖泰娥愚也好古徹骨髓周生之室曾經過持贈不惜倒筐篋縞若片月來煙蘿南帶閩嶠北沙塞塵坋毫釐催沉痾糟邱已隤歡伯怨不飲奈此匏者何　李良年詠匏巵古傾杯詞徑惹風絲畦翻露葉誰種茅茨下吾家六様銷沉後留事猶傳僧舍平添一架花陰垂垂繭夏霜鎔旋剖酒巵紛把松子試剎淡著淺香微豬閒捥擋蔬筵堪亞念只有盆擕老瓦記秀水流傳碧山槎古從此雙論價輕銜最好飲伴何處但白帢宜尋朱門定訝歲歲共汝竹溪蓮社

黃錫　里中黃元吉治錫爲壺極精緻（鴛鴦湖櫂歌注）

沈錫　沈存周字鷺雝所製最雅馴有壺以給茶具有斗以飲酒有盂以貯水爲筆墨所相須其酒壺以僧伽帽爲上次蓮花又次桃核（范湖文鈔）

銅爐　里有張鳴岐製銅爲薰鑪聞於時（鴛鴦湖櫂歌注）

泥孩　曹王廟在縣東南三十里民居環廟爲市所出泥孩遠近貨之（醉里耳餘錄）國朝譚吉璁鴛鴦湖櫂歌碧瓦珠光火一丸綠楊絲挂采旛乾泥孩縱說鄜延好不及曹王廟上看

銅　吳東有海鹽章山之銅（漢書食貨志）

鐵　雅山本產鐵烹冶者以不當爐鞴費幸免傷鑿

石　豐山產色黃而堅土人採爲甃築用（以上浙江通志）殳史二山產浮石或云出史山者則浮出殳山者不然嶔崎磊落丹赭滿山山人採之以售村民牆垣之用大小不一而石之所蘊特多細竅若蜂房然以其質輕能浮於水上遂呼爲浮石（聽雪齋集）

陶　磚瓦出嘉善張涇窰者曰東窰出干家窑者曰北窰東窰土高窰大火足故堅完可用北窰地卑取土他所又窰小悶熟者故脆而易壞

冶　桐鄉縣鑪頭村居民以冶鑄爲業爐火不絕（以上浙江通志）

嘉興府志卷三十三

嘉興府知府善化許瑤光重輯

風俗

前人謂吳越古尚勇至永嘉衣冠南渡而文釆始盛是殆不然夫會稽有夏禹勤儉之風吳中循泰伯指讓之習知斯民猶三代也

國家一道同風家不殊俗矣第沿襲所致若或有方隅之限增其美釋其囘是在有主持風化之責者志風俗

嘉興府 嘉興秀水二縣附

楚越飯稻羹魚或火耕而水耨果隋蠃蛤不待賈而足地勢饒食無饑饉之患 史記

吳越之君尚勇故其民輕死易發漢興高祖王兄子濞於吳招致天下之娛游子弟枚乘鄒陽嚴夫子之徒顯於文景之際淮南王亦招賓客著書而嚴助朱買臣貴顯漢朝文辭竝發 漢書地理志

信鬼神多淫祀川澤沃衍有海陸之饒珍異所聚故商賈竝湊 隋書地理志

嘉禾一穰江淮爲之康嘉禾一歉江淮爲之儉 唐李翰嘉興屯田政績紀

永嘉以後衣冠之族多渡江而南藝文儒術於斯爲盛 杜氏通典

地有魚鹽布帛杭稻之產人性柔慧尚浮屠之教厚於滋味善進取急圖利而奇技之巧出焉 宋史地理志

土膏沃饒風俗澹秀文賢人物之盛前後相望百工技藝與蘇杭等 方輿勝覽

吳之風其俗操束太急廉隅失中 文獻通考

嘉禾今三輔郡奇才秀士輩出四方逢掖遠走是邦輻輳鱗集 宋張鎮增建府學記

敘禾郡志者曰有泰伯辭讓之遺風志會稽郡者曰有夏禹勤儉之餘習

罕習車旅尤慕文儒不憂凍餒頗勤農事 以上至元志

秀在宋爲人物之邦至今士多興於學處㕓者亦類皆鴻生碩彥 元楊維楨聚桂軒記

嘉興澤國也土膏沃饒風俗澹秀生齒繁而貨財阜爲浙右最 元金吾重修嘉興路總管府記

慕文儒勤農務風俗澹秀信巫鬼重淫祀素誘魚鹽之利

人性柔慧民俗殷富 明一統志

嘉禾之俗人士好文而崇學衣冠文物煥然可觀 柳志

地大而民物日以繁滋教之使禮展樂具豈非富庶之區耶 趙圖說

春秋時檇李當吳越之交自越王甲粢乙黍丙菽丁粟非夫人之織不衣而農桑重吳王鑄山煮海而鹽鐵重務本節用寖以富强顧富者田連阡陌貧者無立錐之地昏嫁死喪競爲侈麗此則霸國之餘習也

聲明文物冠裳濟濟逡巡揖讓無少惰容秉禮之家斤斤自好不越矩矱（以上劉志）

嘉興地獨坦衍饒水稻禾蠶桑組繡工作之技衣食海內（明王世貞檇李往哲列傳序）

城郭森羅市廛錯列高門納駟甲第連雲紅粟流衍禮樂孔殷（明李貞開煙雨樓賦）

嘉興據湖海之交平田曲澮饒稻粱有魚鹽蓏果之利士重廉節恥馳競齊民勤耕織務蓋藏故嘉興易治（明鄭曉嘉興府題名記）

富商大賈長桅巨舶夷蠙海錯魚鹽米布之屬輻湊成市居民富饒市邑繁盛（明蔣靜黃田港閘記）

邑人士多饒秀嫻文章接襳傳圭弁冕吳越（明黃洪憲秀水縣志序）

秀水始基民居若晨星城中多有隙地郡人士斤斤自好以孝弟力田爲本務閭巷編戶較織嗇治生椎而不自炫其後民物漸繁文明日啟鄉都風尚在處有異春波門其俗彬彬好文然競尚侈麗列肆者多江淮巨賈月有畫船花酒之費望吳門其俗鄙俚尚氣力通越門則京省巨津其俗椎魯少文好逐舟楫之利澄海門其俗褊急多戾喜居積云（秀水李志）

賦稅日增生齒日盛才傑輩出爲時名卿陸無險巇樹藝得食其膏水無衝激舲艘得以走集（明李日華秀水百詠序）

浙西近澤故文秀而失之靡其間婚葬之儀服飾之具採風以獻去奢示儉安見習尚不古（浙江通志）

五湖間其人輕心好游蕩郡介蘇杭間獨能秉禮義務耕織異物不貴此周禮所謂本俗也近頗即於浮狂瀾砥柱在乎率之而已（袁志）

郡號靡麗而能崇節儉勤力作每不能自給待食於轉輸者十之三（吳志）

陸有蠶桑麻麥秔稻之利水有菱藕魚蟹之租行者乘船戶外居者織機宵中鄉之士大夫好讀書雖三家之村必儲經籍恥爲胥吏罕習武事其俗少陰狡訟者始躁而終柔有辜恩而不滋怨毒故易與爲治（曝書亭集佟太守述德詩序）

俗境奢靡張筵設席務崇多品餽遺牲果餼蔬盈箱疊架近士大夫居古道者譏止五簋餽不靡物亦崇儉救奢之一端也（嘉興何志）

嘉善縣

士慕文儒沃土腴壤民不勤而耕樂從乎上視他邑固易易也然信巫鬼崇異教豈舊習未革歟 柳志

邑民無子多不立後而贅壻壻生子即隨其姓業文之士近多浮薄少前輩之風民質粗鄙好販私鹽近湖蕩者習漁業田肥瘠相半民亦易治 嘉善倪志

嘉善膏腴之壤平鋪如席無高山大澤賦稅戶口最為繁盛 明錢福水利成功碑記

邑之俊造皆師古好學其民湻樸易治 明胡潔表賢錄序

嘉善東近華亭婦女勤杼柚士夫好誇詐南近平湖海鹽

帶星囂嵯輕命骫法西鄉之習有二近嘉興者健近秀水者馴北近蘇其民不浮訟益鮮然知禮者近於固不知禮者近於靡 嘉善章志

魏塘忠孝節義甲於嘉禾理學科名聲高東國麟麟炳炳自昔攸聞謂非教育涵養者深歟 國朝莫大勳重修儒學碑記

樂田畝重興作 嘉善戈志

海鹽縣

魚鹽之利既溥民皆服田力穡市廛編戶家給人足喜教其子弟以詩書士大夫之裔亦各世守其業地既斗絕一隅舟楫人跡罕至無奇貨異產動其耳目故能安習

而不遷 宋李正民儒學碑記

海鹽素習魚鹽之利俗樸而好文儉而知義安土而不樂商賈士大夫喪葬率用古禮閭閻多化之 柳志

鹽邑僻臨大海斥鹵之民率多煮海為鹽田圃之間所產者禾麥麻枲而已其他多資之旁邑易之商旅 海鹽陳志

面山襟海古稱望縣漢以來顧陸風流未泯女子勤事辟富貴不務容飾士恥趨競故仕者尚勇退 海鹽徐志

士人學務宏博文擅典雅詞章書翰皆有師法田野小民生理頗裕皆知教子孫以讀書為事文物衣冠為東南之望 海鹽仇志

紡織不止鄉落雖城中亦然小民紡織所成或紗或布侵晨入市易木棉以歸明旦復持以易紡者日可得紗四五兩織者日成布一疋燃脂夜作或通宵不寐田家收穫輸官償息外其衣食全賴此 海鹽圖經

男勝耕悉課農圃女勝機悉課蠶織 許氏貽謀

不事生產無倉廩儲蓄好侈靡喜樓閣惟招接海南諸貨販運浙西諸邦網羅海內諸物以養生水鹹地溼俗偕敝 澉水志

自海禁築城不見異物亦無外慕男惟力穡耕漁女則緝纑井臼雖以貧見擯於諸方實以拙自成於樂土 董穀續澉

水志

平湖縣

平湖多秀民天性巧慧重文學而尙節氣其居田野者夫耕婦織最爲勤苦然信巫鬼重淫祠習奢侈挾智興訟者往往有之數年來文教漸盛而風俗亦漸移易矣 柳志

湖邑大海迴環生其地者多鍾九峯三泖之秀以故名臣輩出科名甲七邑 明朱維熊義學碑記

邑既僻處東偏工作無他技巧枲多於桑布浮於帛士大夫家勤女工猶什之七

士崇制舉業科名盛於旁邑素封家亦四壁圖史三味生

涯雅有先進風 以上平湖程志

邑閨範素稱嚴肅織絍井臼而外錦文絮詠曾不概見 平湖朱志

比戶勤紡織婦女鬻脂夜作成紗線及布積有羨餘挾纊賴此餬口亦賴此 平湖張志

石門縣

稻蟹之利轉徙數郡 宋沈括儒學記

士美民秀夙稱多賢 元朱德潤鄉賢祠記

俗質而尙文 明貝瓊郭生傳

邑境密邇於杭自宋南渡士大夫游處舊多文儒士習禮義自罹變故俗與習遷射利競華信鬼重巫雖未盡革然民以蠶桑爲恒業務稼穡勤織紡變而歸厚不難矣 柳志

崇故良邑以易治稱 崇德陳志

禦兒故稱饒庶 明陳允堅學田記

石邑接壤杭湖士大夫尙文學習禮義然射利競華信鬼重巫習未盡革也至重蠶桑務稼穡大約宿樸居多 石門鄭志

桐鄉縣

青鎮介湖秀之間水陸輻輳生齒日繁富家大姓甲於浙

右 宋莫光朝青鎮徙役記

俗務農而習樸高原樹桑廡下隰種禾稼勤身而樂業信巫鬼重淫祠 柳志

桐邑古吳越之疆泰伯辭讓夏禹勤儉兼而有之慕文儒尙農務然多售染豪家巨室往往殖貨相高 桐鄉徐志

桐鄉之地土沃人稠男服耕桑女尙蠶織易致富實 張楊園文集

冠婚喪祭

男子十六始冠亦有婚而冠者女子于歸乃笄 袁志

男子五尺以長始勝冠聚族張筵女將笄先期涓長年爲

鑷面彩曰開面亦聚族張筵如冠儀凡冠笄皆炊糕餽
遺姻好名上頭糕秀水李志
婚禮納采納徵委禽親迎多遵古道惟議姻時先通名曰
求吉旋致幣曰謝允女家答幣曰允吉既行納采禮將
婚請期曰准日將嫁以酒醮女曰待嫁先期致奩具曰
送裝及期壻親迎奠雁於婦家以綵輿迎婦至門鼓樂
導入行合巹禮司儀致語以果四投曰撒帳厥明婦拜
舅姑及諸姻婭必具贄曰上見越二日進服脩曰三朝
盤踰月歸甯曰對月吳志參秀水李志
或有父母病倉卒婚嫁曰見喜此變禮也近世有嫁索采

娶索奩者甚或以此生勃谿君子非之秀水李志
里俗嫁娶務以華靡相高有爲子聘婦嫁女治奩而鬻產
者嘉興湯志
議婚不純重門楣兼主命卜女家量力裝送無厚嫁之失
故俗不溺女嘉善章志
婚姻不論門第惟從目前富貴六禮之外有知節跨鞍牽
綵換寶坐牀喫糖等目特爲煩猥海鹽圖經
定婚用幣飾茗果納徵以紅箋大簡致書曰禮書合巹有
換寶參竈索絲交拜迎花燭坐牀撒帳等文新婦謁家
廟曰上幡逾月歸甯曰回門平湖王志

始卒以六輪經辨生肖所忌曰批書鄰里親友以纊帛襚
之曰上襄三日成服男免女髽遷尸於中堂殮用緜及
帛設木主銘旌帷幕始弔奠每七作佛事七終謝弔者
衰服拜其門將葬裂帛告殯期或請題者署其栗主曰
題主姻友咸送至墓所餞具方相明器梵音仙吹雜遝
道路葬後三日子姓至墓所祭曰覆墓袁志參吳志
有以古禮傳家者不採六輪經不作佛事吳志
初死然燈誦經曰伴靈將葬請顯者二人一題主一祠土
務極華冠焉嘉興湯志
三日成服設銘旌帷堂客始弔儀用香楮或以幣設奠拜

男答拜婦哭於帷中將葬姻友咸送或設路祭至用優
劇爲戲非禮也窶戶多火葬拾骨以瘞毫不知痛士大
夫泥青烏家言術士眩以禍福至數十年不葬者則惑
之甚矣秀水李志
有喪之家陰陽生以六輪經辨死者生肖所忌算其回煞
之日爲批書殯殮擇日辰辨生者生肖所忌使悉避回
煞之日避忌亦如之擇日受弔曰開喪延戚族陪賓曰
邀喪平湖王志
疾病專事祈禱至破產不悔海鹽圖經
初喪設位朝夕哭臨三年服除遷主於祠自士大夫逮庶

人皆祀高曾祖禰吉凶事告廟歲時伏臘忌辰皆家祭儀用三獻惟清明則墓祭挂紙錢灑麥飯以寄哀思亦有於十月朔再舉者袁志參嘉興湯志

祭先類用俗節然三獻諸儀通邑遵焉若麟溪之沈丁宅之丁則建祠備器時物必薦郁乎盛矣嘉善章志

僧寺自占人戶謂之門徒歲時印經疏書人祖先姓名其上與之焚化以資冥福海鹽圖經

清明十月朔掃墓用牲儀冥貲繫紙毬於穴謂之招魂石門鄭志

祭祀無家廟者逢節忌卽陳設於家庭望空遥拜但俗尙巫卜非其鬼而祭之者不少桐鄉徐志

四時俗尚

立春前一日官府迎春於東塔寺居人競以米豆撒春牛背曰打春立春日有司率諸執事祭芒神各執綵仗鞭土牛曰鞭春嘉興湯志

立春前一夜鄉人圍土作塍分東西塘縱横皆丈餘揷秧其中以占水旱豐嗇名種春田甚驗崇德靳志

立春日延客用春餅卽古辛盤遺意秀水李志

元旦夙興聲爆竹啟戶主人肅衣冠懸祖像於中堂羣子姓旅拜畢以次稱賀焚道路香禁掃地鄰里親知相過

賀歲曰拜節嘉興湯志參秀水李志

元旦不炊多食除夕預炊者曰隔年飯嘉善章志

三日爲小年朝四日設粉餌祀竈曰接竈劉志

八日鄉人蟻舟集徐王廟爲賽神之會其地爲北高豐朱彝尊詩不待上元燈火夜徐王廟下鼓鼕鼕是也曝書亭集 汪徐王廟在府城東北每歲穀日拏舟擊鼓士女往觀 十三日復集南偃王廟爲南高豐伊志

自元旦至十二日以瓶汲水日準其輕重定十二月之水旱重爲水輕爲旱海鹽仇志 汪孟鋗秤水詩歲事甯關水平心爲乙靈靜來常中準分處只爭星

元宵前後三日街市張燈放烟火合金鼓游行於市曰迎燈屑米爲丸食之曰燈圓嘉興湯志參秀水李志

上元前後里中年少合金鼓管絃爲樂曰鬧元宵初城北天妃祠有鼇山燈甚盛山前立一臺結錦綺爲行棚歌舞其上從西關外設祭禮花燈火樹導之赴祠下作鬧元宵樂名曰太平鼓游人往觀遠近畢集後廢海鹽仇志

元宵前鄉人束芻木末颺以緋帛夜擊金鼓焚之侑以祀詞曰燒田蠶益祈年也劉志

二月二日下瓜茄諸菜種嘉興湯志是日戴蓬草以辟頭風桐鄉徐志

十二日爲花朝俗稱百花生日嘉興湯志花朝日晴則百果多實伊志諺云有利無利但看二月十二見檇李詩繫

春分後戊日爲春社田家醵錢爲會牲醴賽神以祈豐稔平湖王志

是月婦女多出游曰踏青兒童競放紙鳶諺曰楊柳青放風箏嘉興湯志參桐鄉徐志

三月三日聞蛙鳴米賤劉志唐人詩云田家無五行水旱卜蛙聲是日競往小武當進香嘉興湯志鴛鴦湖櫂歌詩注城北十五里有眞武廟號小武當譚吉璁詩小武當山紅袖香

三日戴薺菜花入夏頭不暈平湖王志是日婦女出避於外曰

避青晚食螺螄曰挑青桐鄉徐志錢載詩巳過挑青節垂楊冷不飛

清明祭墓挂紙毯先塋曰標墓時王店市河及薦涇有搖快船之戲嘉興湯志是日奉城隍神詣厲壇七月十五日十

月朔日亦如之

清明夜各撒螺螄殻於屋上謂之除瓦刺以上伊志

清明各折柳枝插簷戶是日沈蕩有龍舟之戲海鹽圖經

立夏噉青梅朱櫻蠶豆以百草芽採粉爲餅相餽遺嘉興湯志明李日華雜記村民競採草木嫩荑採粉製餅時梅巳如彈朱櫻的皪可愛陰森中風來作百和香戴勝黃鸝伊啞遠近亦歲時佳候也庚午立夏日在白苎村莊喫筍飯書此

四月四日爲城隍誕辰各備牲醴廟獻有醵金迎賽舉城

隍會者嘉興湯志

八日浮屠作浴佛會男女茹素者咸集海鹽圖經

小滿動三車絲車油車水車也嘉興湯志

五月爲惡月家懸神符禁諸不祥事秀水李志

端午收藥草食角黍諺云未喫端午糉布襖不可送見陸游詩注飲雄黃菖蒲酒瓶插桃榴葵艾以禳毒氣婦女翦黃白繭爲花裂五色繒肖人形曰健人佩之幼者擊綵索於臂以雄黃抹其頂曰能免災疾嘉興湯志參吳志海鹽圖經

端午東湖陳龍舟水嬉平湖王志

芒種後逢壬曰立霉賽神蒔秧夏至後逢庚曰斷霉又三

日爲頭時或作黜又五日爲中時又七日爲末時禁土木浣濯等事劉志家貯梅水吳志王又旦点茶水功六天泉占其兩梅雨釀而白品爭雪水上五月簷霤蠶丁統幾旬響貧家無長物差喜足甕盎

六月六日曝衣食餛飩洗六畜嘉興湯志是月合醬蟲不爲蛀石門鄭志汪孟鋗合醬詩醬能主百味處內本非賤炒黃得醬方乃用豆合麵黴黰百物壞茲獨取色變多曝旱得醬密頻久可擅古稱百日成未若近今便

六月十九日福業院爲觀音大士會禱賽者咸集海鹽圖經

七夕婦女結綵縷穿鍼月下陳瓜果祀牛女星曰乞巧搗金鳳花染指甲嘉興湯志女子於月下穿鍼三穿而過者謂之得巧嘉興倪志

陳果於庭有蟢子網於瓜為得巧女尼鏤粉為花及茄餅餽遺曰送巧平湖王志

中元素食祀先曰鬼節僧舍作盂蘭盆會施水燈晦日為地藏王誕辰兒童競以香屑和油膏燃之地又甃瓦為塔燃燈羅拜之謂地藏開眼小盡謂不開眼嘉興湯志參平湖王志

秋分後戊日為秋社醵錢為會牲醴賽神以報豐稔平湖王志

中秋以百果作餅肖月形曰月餅相餽遺取團圓之義前後三日開燕賞月或設酒舟中集鴛湖歌吹絲竹之聲徹夜嘉興湯志女郎於是夜種罌粟花伊志朱彝尊詩怕解羅衣種罌粟月明如水浸中庭注見物產

是日田家祀先農醵錢為會曰青苗會海鹽圖經

重陽登高寺塔飲菊花酒家用栗糕標彩旗祀竈嘉興湯志

季秋九日里人以粉作糕共食曰重陽糕士人登塔賦詩嘉善章志

是日兒童鬭促織為戲曰秋興以嚴將軍墓產者佳伊志譚吉璁詩莎雞動股羽纖纖秋興毬場紅白粘宣德盆中茭米潔嚴將軍墓紫金尖

立冬日以菊花金銀花香草煎湯沐浴曰掃疥嘉興湯志

孟冬朔日食米團祀祖先間有墓祭者曰開爐節嘉善戈志

十月風信頻作謂之五風信日漸短必須夜作諺云十月無工祗有梳頭喫飯工農政全書

冬至祀先冠蓋相賀如元旦儀吳志

大寒逢戊為立臘凡伐木動土俱無禁秀水李志

十二月八日為臘八以果蔬諸物煑粥曰臘八粥平湖王志

臘月釀秫作酒煑而藏之曰煑酒先期用白麵作麴幷白米白水為之曰三白酒舂糧藏之倉廩或藁囤中經歲不蛀曰冬舂米劉志金華吳孺子每喜啖吾鄉冬米日此檀香粒也見李日華六研齋筆記

臘月乞兒以朱墨塗面跳舞於市行古儺禮劉志

二十四日為小年夜掃屋塵汪孟鋗掃塵詩素衣元自潔敝帚徑須供野馬空飛影伊威定絕蹤嚴風能滌蕩且與畢殘冬用花糖粉團祀竈曰送竈嘉興湯志

送竈用糖粉團以竈神朝天言人過失用糖取膠牙意海鹽圖經

除夕宜靜吳中諺云除夕犬不吠新年無疫癘槜李詩繫

除夕更桃符門神春帖插芝麻梗於簷端束炭立戶右曰將軍炭炒白豆分食之曰漏湊一作湊投且食且祝彼此交納曰漏湊漏湊井礎俱封入夜聲爆竹設歲讌長幼聚飲坐以待旦曰守歲劉志參各縣志

嘉興府志卷三十四

嘉興府志卷三十五

嘉興府知府善化許瑶光重輯

祥異

郡名禾興固以祥著也自漢而後其歷見於五行符瑞志者史不絕書蓋祥異之作以表吉凶此理昭昭不可誣也故裒而書之俾驗人事而迓天庥者知所感召焉志祥異

漢

文帝十二年吳地有馬生角干寶搜神記

建平二年二月彗星出牽牛七十餘日漢書天文志

永建六年十二月壬申客星芒長二尺餘色白在牽牛六度後漢書天文志

三國吳

黃龍三年夏由拳野稻自生冊府元龜

赤烏五年三月海鹽黃龍見井中二宋書符瑞志

晉

永興二年白烏見海鹽宋書符瑞志

永嘉五年嘉興張林狗人言曰天下人餓死後兵荒相尋舊浙江通志

大興三年三月海鹽雨雹晉書五行志

隆安五年三月甲寅流星赤色衆多西行經牽牛晉書天文志

太和六年六月吳郡大水稻稼蕩沒黎庶饑饉晉書五行志

宋

元嘉十一年六月海鹽獲白烏以獻宋書符瑞志

二十三年嘉興鹽官野稻自生三十許種冊府元龜

二十四年四月白雀產吳郡鹽官民家太守劉楨以獻宋書符瑞志

齊

永明元年鹽官內樂村木連理

七年六月鹽官縣獲白雀以上南齊書祥瑞志

九年石浦有海魚乘潮來水退不得去長三十餘丈聲如牛南齊書五行志

唐

武德二年七月戊寅月犯牽牛

永徽三年正月壬戌太白犯牽牛以上唐書天文志

景雲二年秋秀水新城鎮夜聞異香襲人有聲如冰雹及旦泥沙中多金里人翁嵐因建雨金嶽宮明呂憲有記劉志

天寶十四載天有聲於浙西唐書元宗本記

大歷二年秋浙西水

貞元六年浙西大旱井泉竭

寶歷元年秋浙西旱

太和七年秋浙西水害稼 以上唐書五行志

中和二年嘉興馬生角 文獻通考

三年三月浙西天鳴聲如轉磨 唐書五行志

天復三年浙西大雪平地二尺餘 唐書天文志

宋

天禧元年二月兩浙蝗蝻 宋史五行志

乾興元年二月湖秀州雨壞民田 文獻通考 六月秀州湖田生聖米居民取食 宋史五行志

皇祐二年十一月丁酉夜秀州地震有聲自西北起如雷

文獻通考

嘉祐六年兩淫雨爲災

八年三月鹽官縣地產物如珠可食水茶如菌可爲蒩饑民賴之 以上宋史五行志 伊志 案吳志作熙甯八年誤

熙甯元年秀州蝗 趙圖記

元豐六年正月大雨至六月太湖泛溢蘇湖秀等州城市並遭水浸田不佈種廬舍漂蕩民棄田賣牛散去乞食 宋范祖禹論浙西賑恤狀

八年秀州人家屋瓦上氷紋皆成花以紙搨之無異石刻

元祐五年秀州數千人訴風災吏以爲有訴水旱而無訴風災閉拒不納老幼相踐踏死者十一人 以上袁志

八年海溢壞民田

紹聖元年秋湖秀等州海溢壞田 以上宋史五行志

四年夏兩浙旱 文獻通考

元符二年六月久雨是歲兩浙湖秀等州尤罹水患 宋史五行志

崇甯四年九月壬辰日中有黑子是歲秀州水 袁志

政和五年八月蘇湖常秀諸郡水災 文獻通考

宣和二年秋九月 吳志作八月 戊午夜秀州語兒鄉雞數十里

同時鳴明年睦賊方獵來寇 趙圖記

四年鹽官海溢 方勺泊宅編

五年秀州春旱禱精嚴寺觀音有驗

六年秋秀州大水 以上袁志

建炎元年秋斗牛間有紫氣十月戊申嘉興縣丞趙子偁生子於官舍紅光燭天後爲孝宗 劉志

紹興二年春兩浙饑斗米千錢

四年四月霖雨至於五月浙東西郡縣壞圩田害蠶麥蔬種 以上文獻通考

五年閏月朔雨雹雪十月丁未夜秀州大風電雨雹 袁志

二十年十月丁未秀州華亭風雷雨雹激射如箭彈覆舟壞屋是日海鹽縣有巨鰍作聲羣鰕從之偃臥沙壖揚鬐撥刺高齊縣譙其長百丈民臠其肉轉鬻壓死十數人頷骨長二丈五尺十一月戊辰秀州大雨雹

二十四年浙東西旱宋史五行志大饑斗米千錢道殣相望以上趙圖記

二十八年浙東西沿江海郡縣大風水湖秀爲甚宋史五行志

二十九年秋旱袁志

三十年秋浙郡國旱十月浙郡國螟蝝宋史五行志

三十二年六月浙西大霖雨舊浙江通志

隆興元年浙東西郡國螟害穀八月大風水越蘇湖及崇縣爲甚文獻通考

二年湖秀州大水浸城郭壞廬舍圩田宋史五行志

乾道元年春紹興湖秀州大饑文獻通考

三年八月湖秀州水壞田廬積潦至九月禾稼皆腐

六年五月湖秀州大水冬太平湖秀皆饑

七年秀婺州皆旱

淳熙元年秀州民呂氏冰瓦有紋樓觀車馬人物芙蓉牡丹萱草藤蘿之屬經日不釋以上宋史五行志是年旱嘉興知縣李時習以太平廣記有攪龍事於景德禪院龍潭行之果得雨劉志

三年八月癸未大雨水壞德勝江漲北新三橋及錢塘仁和田流入湖秀州害稼宋史五行志

五年浙西旱文獻通考七月大風駕潮害稼西園雜記

六年秋溫台湖秀州等皆水壞圩田

七年秀州大旱袁志浙郡縣皆饑

十四年夏五月臨安嚴常湖秀皆旱以上宋史五行志七月秀州饑文獻通考

十五年崇德縣民張氏家麥化爲蝗崇德靳志

紹熙五年春浙東西郡縣自去冬不雨至於夏秋冬無麥苗浙東西皆饑宋史五行志

慶元二年十一月二十日夜半月出如望太史奏當大稔其冬無雪明春無雨詔祈禱中夏雨足趙圖記

三年秋婺州山陰蕭山富陽鹽官湻安縣嘉興府皆螟宋史五行志

嘉泰元年浙西郡國洊饑嘉興爲甚文獻通考

二年秀州蝗春旱至於夏秋袁志

開禧元年夏浙東西不雨百餘日宋史五行志

三年夏秋大旱穡稑絕種劉志

嘉定元年夏五月旱大蝗

二年夏四月旱至七月乃雨以上趙圖記

六年六月杭嘉嚴大水舊浙江通志

十二年鹽官海潮衝平野二十餘里

十六年五月浙江淮荆屬郡縣水平江府湖常秀池鄂楚太平州廣德軍爲甚漂民廬害稼圮城郭隄防溺死甚衆

十七年海溢壞堤以上宋史五行志

寶祐三年五月浙東西大水宋史理宗本紀

元

至元七年秀州饑袁志

二十五年三月浙西大水杭秀湖三州壞稼續文獻通考

二十九年嘉興湖州紹興等路水元史五行志

大德五年海鹽大饑人相食西園雜記

六年六月杭州嘉興湖州紹興慶元婺州等郡饑

九年八月東安海鹽等州蝗

十年五月嘉興水害稼以上元史五行志

廷祐元年鹽官州海溢壞民居陷地三十餘里袁志

四年崇德州學泮池產瑞蓮一莖二花是年俞鎮鄉舉第一人崇德靳志

泰定元年十二月鹽官州海溢隄壞侵城郭以石囤木櫃捍之不止

三年鹽官州大風海溢壞隄廣三十餘里袤三十里徙民居以避之

四年正月鹽官州潮水大溢壞隄二千餘步四月又壞隄十九里發丁夫二萬餘人以木柵竹落磚石塞不止

致和元年三月鹽官海隄復壞益發軍民塞之置石囤二十九里

天歷元年八月杭州嘉興湖州水淹沒民田數千頃

至順元年閏七月嘉興湖州二路大水壞田三萬六千六百餘頃以上元史五行志被災者四十萬五百餘戶袁志

二年二月嘉興郡饑元史五行志

至正四年郡境產苜蓿

七年冬郡城西有鳥數千營巢於地圍八尺崇五尺晝夜不休若有程督之者已而大盜蜂起江淮驛騷詔州郡築城自嘉興始以上趙圖記

十一年嘉興儒學閽人陶氏磨木肘發青條開白花舊浙江通志

十五年七月檇李城東馬橋有白龍挂盲風怪雨天昏黑如深夜大木盡拔壞民居百餘所續文獻通考龍過北麗橋入太湖去後值苗軍亂龍所過處悉爲蓁莽輟耕錄

十六年正月嘉興楓涇鎮戴君實門首柳樹若牛吼寒食日海鹽趙初心率子姓掃墓間柏樹作老鶴戛戛聲明年苗軍亂郡遭兵燹二家皆遇禍 劉志

十七年三月日晡時天昏黃若霾霧有兩日交鬬開且合者千百遍 海鹽圖經

十九年海鹽屠人張氏猪腸迸地蜿蜒如蛇走一里許遇海而止 趙圖記

明

洪武四年嘉興縣崇元道院產靈芝 趙圖記

六年五月嘉興雨雹

七年五月十九日嘉興縣民李甲妻一產三男 以上袁志

八年嘉興蘇湖松江杭州俱水 明史五行志

九年水

十三年嘉禾大疫 以上袁志

十九年四月乙亥熒惑留斗宿七月辛巳八月丙戌熒惑皆犯斗宿 明史

二十二年六月辛巳彗星現紫微俱在牛度九十分有白光長丈餘自東南指西北行 袁志

二十三年七月海溢松江海鹽溺死竈丁各二萬餘人 湧幢小品

永樂元年水 袁志

二年六月蘇松嘉湖俱水饑 明史五行志

三年水 袁志

四年夏水民饑 袁志 七月海鹽縣霖雨風潮決隄 明史

洪熙元年夏蘇松嘉湖積雨傷稼 明史五行志

宣德九年大水無秋 袁志

十年秋大風潮暴湧海岸盡崩 海鹽圖經

正統七年大水 明史五行志

八年八月大風雨害稼 袁志

九年嘉興湖州台州俱大水 明史五行志 嘉興湖州江湖泛溢

隄防衝決渰沒禾稼 明英宗實錄

十一年五月大水

十四年夏大水 以上袁志

景泰元年正月大雪二旬不止間有黑花凝積丈許民多饑死鳥雀殘盡夏霪雨傷稼大饑 趙圖記

二年夏旱道殣相望 袁志

五年杭嘉湖大雨傷苗六旬不止 明史五行志 二月大雪四十日覆壓民廬溪蕩皆氷

六年大疫死者相枕藉

天順元年大旱運河竭 以上趙圖記 七月杭州嘉興蝗 明史五行志

二年海鹽海溢溺死男女萬餘人趙圖記
四年杭州嘉興湖州寧波等郡四五月陰雨連緜江湖泛溢麥禾俱傷明史
成化二年海溢大水敗稼
三年海溢溺萬人以上吳志
六年正月大水無麥五月大水傷禾袁志
七年閏九月杭嘉湖紹四府俱海溢渰田宅人畜無算明史五行志
九年四月嘉興湖州水災明史秋八月嘉禾生趙圖記
十二年九月二十九日地震十二月氷凝踰月舟楫不通

袁志
十三年正月震雷大雪海鹽海溢溺居民
十四年八月二十日夜嘉興南方有聲如運磨達旦十二月龍現於南方以十數
十五年九月二十日地震自申至酉始定以上趙圖記
十七年夏旱秋大水害禾袁志
十八年春大水民饑趙圖記
二十一年嘉善民鄒亮妻初乳生三子再乳生四子三乳生六子明史五行志
二十二年春黑眚見月餘始熄

二十三年秋大旱禾盡槁
宏治元年十二月夜虹現大雷電雨氷四日
二年夏秀州儒學後圃產靈芝連莖並蔕玉尖紫色以上趙圖記
四年夏六月大水傷禾
五年五月大水民多流移大疫
七年五月大雨水漲秋水渰田禾以上袁志嘉禾橫塘有杭人李碩妻臨產腹欲裂生一鼈而手足則人七修類稿
八年蘇松嘉湖四府饑明史五行記
十一年郡境河港池井皆騰沸高二三尺有至丈許者至

暮始平
十二年六月旱十六日諸河小魚皆浮兩岸至暮方散
十四年十一月恆寒氷堅半月河蕩皆可徒行以上袁志
十八年九月十八日夜地大震久之屋瓦皆鳴次日地見白毛劉志
十九年蝗蔽天稻如剪續檇水志
正德二年十月十一日小雪節疾雷震天電火迅發二十八日有虹見雷大發聲是冬桃李花蜂蝶集
三年六月雨雹以上袁志
四年七月七日驟雨如注至十月不霽禾腐爛民大饑

五年五月大水害稼民饑流移者半冬十月梧桐鄉驀有虎入縣境居民驚怖縣令張紘爲文遣之虎不復見以上劉志

六年五月大疫死者相枕藉趙圖記

七年嘉興金華温州台甯紹六府乏食明史五行志 四月胥山鄉麥秀兩歧袁志

八年十二月五日崇德縣霜凝樹枝狀如垂露味甘如飴劉志

九年七月崇德縣蝗不害稼已而嘉禾生有一本數穗者

十年六月十八日夜暴雨水漲頃刻丈許淹民居害稼以上趙圖記

十一年秋冬旱袁志

十二年蘇松常鎮嘉湖大雨殺麥禾明史五行志 二月二十三日雷電雨雹小者如彈丸大者如馬首傷麥十一月雷震大雪至十二月乃止

十三年正月十六日天色昏晦十七日寅刻月食比旦天復昏暗至未申時日光相盪與月色皆如臙脂雨黄沙十八日大雪夏秋大水

十四年夏旱秋大水禾爛

十六年秋冬旱

嘉靖元年七月二十五日自辰至酉大風拔木壞廬舍太湖水溢丈餘沒田禾以上袁志

二年春夏大饑任山家產羊六角

三年二月十五日夜地震夏秋米騰貴九月十四日雷雨雹是年魏塘民家有母雞抱卵忽化爲雄毛羽爛然遂棄其卵

四年秋蟊蟲食禾根以上劉志

六年三月海鹽有大魚乘潮來潮退陷於沮洳長十七丈高二丈餘口廣半之膚綠無鱗有長鬣甚勁海民競割其肉聲如虎哮蓋海鰍也海鹽仇志

七月十一月十二日夜地震袁志 是年胥五都民家母彘產一豕身面如人惟四足類豕魏塘民家產一豕亦人足遷西區民家產一羔三足前二後一嘉善于志

八年秋蝗不傷禾大水傷稼袁志

十二年十月八日四更星隕唧唧有聲俄隕如雨

十三年夏旱秋大水傷稼

十六年夏大水民多饑死以上劉志

十八年夏飛蝗蔽日蟲蟊害稼有全畝不吐花而幹縮者鄉農謂之蹧稻嘉善于志 是年七月十日雷雨雹未旬有星晝見日旁九月八日西塘民家生子僅二月忽作言索

食尋死十五日大霧日高丈許黑日食之幾盡

十九年春大饑雜草芽木皮爲食婦女多鬻於外境六月八日晡時飛蝗蔽天所集處蘆葦竹葉無遺（以上劉志）

二十年五月大雨連日蝗赴水死（袁志）

二十一年七月朔日食既晝晦星見九月四日霜降是夕雷電交作如方春時

二十二年夏霪雨秋大水傷稼大饑（以上劉志）

二十三年熒惑犯南斗夏秋大旱禾稼不登（袁志）

二十四年杭嘉湖三府旱（明史五行志）十二月二十日日輪外有黑氣如盤與日往來摩盪者七日（袁志）

二十五年夏疫尸浮河者不可勝計（劉志）

二十六年秋冬旱自二十三年至是年春冬皆無雨雪（嘉善于志）

二十七年正月二十六日有虎入海鹽至劉家墳莫知所往（海鹽仇志）夏旱十一月十一日丑時雷電大雨虹見（袁志）

二十八年夏大水傷稼

二十九年三月二十一日午刻大風揚沙雨黑霾者三日李樹生王瓜諺云李樹生王瓜百姓無人家已而倭亂

三十一年二月晝望見秦駐山軍馬縱橫金戈閃爍迫而視之無有也至八月亦然海上見之尤明如是數次秋末日晡時西方有赤氣亘天至暝不散如是百餘日明年倭亂

三十三年九月八日未申時天有青紫黑色如日狀者數十與日相盪俄而數百千萬彌天者半逾時向西北散去（以上劉志）是歲有大魚浮海至乍浦身高於城數日不去巡按胡宗憲爲文祭之遂乘潮逝（平湖程志）

三十四年春嘉興縣白鵲生平湖縣地生白毛又有黑者形如亂髮（劉志）十月二十日天鼓鳴於西北（袁志）

三十九年四月嘉興湖州地震屋廬搖動如帆河水撞激魚皆躍起（續文獻通考）

四十年西門外王四家有血從地濺起井水俱赤四月七日雨水雹閏五月霪雨大水壞田禾至十一月水弗退民大饑

四十一年三月十二日有黃白二龍合股由太湖而來一青龍隨之自陡門至硤石東南入海屋宇傷者千數隨雨雹（以上劉志）

四十二年四月海鹽有海馬萬數沿海行二十餘里其一最巨高如樓（明史五行志）復入海響振非常（海鹽圖經）

四十三年七月十七十八日太白晝見十一月十一日戌時雷電大震龍見十二月朔雷鳴夜大風八日狂風終

日拔木揚沙舟楫不行袁志

四十四年嘉興縣羊產女劉志

四十五年十一月十五日四更有大星夜隕羣星數百隨之袁志

隆慶元年三月崇德鄉甘露降石門縣志

二年元旦大風飛沙白晝晦冥

三年五月大雨十一月二十日地震

六年嘉興縣嘉禾生以上袁志伊志衆省志作七年歉

萬歷元年海鹽縣有鳥自東來巨如舟翅如車輪翹首掉尾空中作風雨聲袁志海大溢死者數千人

三年六月杭嘉甯紹四府海溢數丈沒戰船廬舍人畜不計其數以上明史五行志是年五月三十日夜大風海潮湧入海鹽城平地水深三尺德政海鹽甘泉三鄉水丈餘人民廬舍漂沒數萬大饑海鹽圖經

五年九月二十七日彗星見西方光芒竟天月餘始滅袁志

六年正月六日夜有大星如日西移衆星隨之秋蝨害稼嘉興湯志

七年四月大水十二月冬至前一日大雷虹見袁志

九年嘉興湖州大水浙江通志

十年四月二十六日黑霓自坤至艮七月十三日十四日大風雨拔木湖水嘯湧嘉興湯志

十一年夏旱

十三年秋大水

十四年秋大水害稼以上袁志

十五年五月浙江大水杭嘉湖應天太平五府江湖泛溢平地水深丈餘七月中颶風大作環數百里一望成湖明史五行志秀水思賢鄉有大鳥人頭鳥身頷下有白鬚集於樹竟日是年水災秀水李志秋有龍起於城西河畔三塔寺塔上鐵頂各重數千觔一時吸去三十里外置之陡門嘉興湯志

十六年大水復大疫米石一兩八錢餓殍盈野七月地震平湖縣有白龍騰海上紅光半天修撰沈懋孝見龍首半垂兩角間有金冠紫衣之神仗劍而立長尺餘龍吐頷下珠光團圝大如斗袁志

十七年浙江海沸嘉屬縣孱字多圮明史五行志夏大旱民食樹皮疫死者無算八月己卯海鹽見紅光一道地震有聲海鹽圖經

十九年秋大水袁志

二十年正月十九日旱地震嘉興湯志

二十二年元旦雷雨六月十日崇德龍見是歲春夜平湖

遍野皆火人聲喧雜月餘乃息有大星隕於新倉化爲石聲聞數十里

二十三年元旦雷春大雪帀月鳥雀多死十二月地震（以上袁志）

二十四年杭嘉湖三府五月不雨至七月八日雨如注狂風交作經數日夜不息山洪暴發廬舍傾圮圩岸崩頽郊原皆成巨浸（續文獻通考）

二十五年二月二日雨黑水

二十六年冬大雷（以上袁志）

二十七年五月二十五日怪風拔木（嘉興湯志）

二十八年十二月運河氷（袁志）

二十九年春夏蘇松嘉湖霪雨傷麥（明史五行志）平湖南門人獲白龜有角又一鼈背紋成字（平湖程志）

三十一年秋瘧疫盛行腹腫則死

三十二年十一月九日地震

三十三年六月大旱

三十四年夏大旱傷稼（以上袁志）平湖學宮前平地湧出醴泉清芬不竭（平湖程志）

三十五年四月四日有黑光如日數十與日相盪六月十九日坤方大星飛至乾方墜是歲大有年（袁志）平湖有三

虎不知從何來居高宮山之坳（平湖朱志）

三十六年五月二十四日黑赤光與日鬬者數合二十七日黑赤日復鬬大雨浸淫累月不止

三十九年六月十三日夜東塔放金光若流星四散（以上袁志）

四十年夏大疫（嘉興湯志）

四十二年秋旱（袁志）

四十四年十二月七日天鼓鳴（以上袁志）嘉善慈雲寺殿產芝三本是科錢士升狀元及第（嘉善楊志）海鹽西郊起蜃從小楓橋出水涌丈餘（海鹽圖經）

四十六年十月夜東北方有白光一道直衝西南亘數十丈形如劒鋩天明方隱如是經月（袁志）

四十八年十一月十六日月食既昏黑踰時（嘉興湯志）

天啟元年夏熒惑直據南斗中光燄噴射

二年二月二十四日飛沙蔽天聚成堆其氣腥日出無色（以上袁志）

三年十二月二十二日申刻地大震生白毛數日宣公橋大火（嘉興湯志）

四年正月十一日雨色黑是年大水二月十六日夜戌時月食十分二秒凡三四刻方吐光三月各村夜半見空中火光若甲馬馳驟隱隱有戈戟聲（袁志）冬平湖南城彭

姓殺雞腹中有如人頭者口鼻宛然平湖程志

五年旱傷稼八月一日白晝星見日旁

六年七月一日大風拔木霪雨如注室廬俱害兩晝夜方息以上袁志八月海潮溢自海甯入一夕水漲三尺餘河流皆鹽汲井池以飲張楊園文集桐鄉災異記

七年彗星見十二月十四日大雪至二十七日止嘉興何志

崇禎元年七月壬午杭嘉紹三府海嘯壞民居數萬間溺數萬人明史五行志郡學前夜靜有甲馬聲嘉興何志

四年三月太微垣有星大如月磨盪不定又有飛星自南而北長一二丈若爆分爲東西長四五尺數時乃滅袁志

是冬有虎自平湖至營兵捕之傷數人至十八里橋獲之以獻嘉興湯志

五年杭嘉湖三府自八月至十月七旬不雨明史五行志十月二十七日埃霧四塞日赤無光十一月十四日酉刻有黑氣如虹自坤達艮長竟天數刻始盡袁志嘉善有虎入南鄉躪禾稼爲農人所斃嘉善楊志

六年六月二十五日龍見風大作發屋拔木石牌坊表飛去數武覆舟無數蟊傷稼

七年秋蟊作

八年二月朔日出無光秋蟊

九年大有年六月五日太白晝見以上袁志

十一年春每日將暮有火數萬大如瓜小如卵空行有聲如暴風雨去地丈餘着物不焦自邑西南境歷城郭越運河爐鎮而東北不知所止張楊園文集桐鄉災異記

十二年五月六日大雨連日夜十有三日平地水溢數尺舟行於陸張楊園文集夏六月飛蝗蔽天十二月九日午刻東方異雲如黛秀水任志

十三年大水七月旱蝗袁志海鹽有虎入藍田廟海鹽圖經

十四年春正月二十六日夜大雨城裂三月三日雨沙竟日六月二十九日飛蝗滿天食禾殆盡袁志

十五年大饑斗米四錢人食草木路殍相望袁志思賢鄉有異鳥集樹人頭鳥身竟日飛去嘉興何志

十六年十一月十四日夜城哭袁志

國朝

順治三年冬至前三日鳳凰自海鹽至海甯向西北去萬鳥隨之袁林雜俎

八年自春至夏大雨斗米四錢五分

九年夏大旱

十年七月大水以上袁志

十一年七月石門學泮池並頭蓮生是科鍾朗鄉薦第一

冬大雪十日不解石門鄺志

十二年六月大水以上袁志

康熙元年大旱七月二十九日二龍起海中赤龍在前青龍在後鱗甲火發自龍君祠北登岸過柴家埭倒屋百餘間海鹽續圖經

三年七月五日颶風作拔木飛瓦

四年冬十月十二日卯時星隕如雨

六年正月二十五日至二十八日夜長星竟天六月十七日戌時地震越三日地生白毛太白晝見

七年十月二十日雨氷

八年四月二十四日雨浹三旬田禾盡沒六月十一日烈風霾雨晝夜不息壞民舍

九年六月大旱饑

十年八月大雨蝝食稻以上袁志

十一年七月飛蝗自西北來食草根木葉殆盡獨不食稻農人歡呼目爲瑞蟲嘉興何志

十二年大有年斗米四分嘉興楊志

十八年十一月朔彗星起西方色蒼白漸長占吳越有碧袁志

十九年雅山裂石起蛟大雨水溢平湖朱志

二十一年秋七月秀水縣治沼中生並蒂蓮數莖是年大稔秀水任志

二十七年六月十八日未時日旁有五色雲環繞俄頃郎散遠近喧傳日華平湖朱志

二十九年秋八月十三日秀城北水天庵前水面現五色文自辰至午觀者甚衆吳志

三十一年正月二日嘉善縣甘露降嘉善戈志

三十二年自春至秋大旱禾盡槁

三十五年七月二十三日颶風作飛瓦拔木

四十六年夏六月大旱

四十七年五月大雨三日水溢田禾盡淹以上吳志

四十八年禾中洊饑多疫疾

五十四年八月秀水思賢鄉甘露降禾生雙穗歲大有桐鄉玉溪東北禾生雙穗

五十五年五月霪雨苗腐

六十一年旱疫大饑

雍正元年秋旱民饑以上伊志

二年夏旱七月十八十九日大風雨海鹽海溢塘圮浙江通志

平湖同時被水平湖王志

四年八月初旬杭嘉湖三府大雨浙江通志

五年大有年嘉禾生伊志穀有一莖兩穗三穗者平湖王志

七年正月二十二日嘉善甘露降嘉善戈志

八年雨水害稼伊志三月嘉善清水兜醴泉出嘉善戈志十一月

二十八日地震

九年秋蝨傷稼以上伊志

十年七月蝨復傷稼平湖王志

十一年雨雹傷麥伊志

乾隆元年冬有異鳥百數如鶩自平湖至海鹽平湖王志

二年九月二十六日平湖新倉監生徐士穀妻張氏一產

三男平湖王志

三年三月十二日秀水村民葛漢文妻徐氏一產三男伊志

九年大有年伊志

十年除夕嘉善縣甘露降伊志

十三年五月亢旱米價騰貴平湖王志

十六年秋九月二十七日雨雹

十七年四月初四日卯時地震

十九年八月十三日大風雨雷電交作水淹禾稼

二十年夏大旱河竭海鹽有虎自海上來至蓮社庵斃之

冬十二月初二日地震是歲禾將實蟲傷禾稼毘連數

郡

二十一年春夏大饑米價踴貴疫氣盛行

二十二年二月雹不爲災

二十三年六月秀水新塍鎭馮姓家手植盆荷開六花皆

紅白中分

二十四年秋螟傷稼

二十六年三月十一日地震有聲

二十七年七月十三日海鹽潮溢塘圮水入城三四尺漂

溺民居

二十八年元旦日月合璧

二十九年正月五日亥時地震屋瓦有聲

三十年秋蝨傷稼

三十二年海鹽有鼂鼊乘潮至漁戶獲以獻縣

三十三年夏旱嘉善四北區麥秀兩歧以上伊志

三十七年八月十一日大雨自辰至午水驟長丈餘

三十八年七月二十二日大風雨有物自空中東南來穿

城迤西北去所過發屋拔木以上平湖王志

三十九年大有年

四十三年春無麥夏大旱冬暖桃李俱華

四十六年正月八日嘉善甘露降以上伊志六月十八日颶風

陡作大雨竟夜海潮逾入湖漂蕩民居無算平湖王志

五十年大旱歉收伊志支河叉港皆涸

五十一年米價騰貴

五十二年大有年桐鄉縣治東南數里禾有一莖兩穗至四五穗者

五十四年春三月十七日地震自北而南夏四月大雨雹傷麥

五十六年夏霪雨四旬

五十八年正月至四月恆雨七月七日海鹽潮溢壞民居

五十九年正月海鹽甘露降嘉興生員錢清履家產芝三本

嘉慶元年正月九日大風雪寒甚氷凝不解秋大有年

二年夏闔郡麥大熟海鹽祿里山下產瑞麥一莖二穗山下趙氏至今有櫝藏之者

三年大有年海鹽通元里復產瑞麥里人胡氏藏之十月二十八日夜衆星交流如織以上伊志

四年秋大有年

五年春正月十六日大雪平地三尺餘

六年春正月十一日海潮一日三至

七年秋大有年嘉興里仁鄉產嘉禾一莖數穗冬十二月中旬平湖雅山有虎鄉民斃之

八年秋八月螟以上于志

九年夏五月霪雨苗壞大暑後種秋有年產嘉禾多三穗者乍浦備志

十年三月恆雨傷麥

十三年五月大雨水

十四年大有年

十六年秋七月長星見

十七年春霪雨傷麥秋有年

十九年夏大旱米貴斗米五百餘錢饑

二十年夏麥大熟秋大有年

二十四年夏四月十日戌時平湖雨雹麥無損傷六月天旱

二十五年冬時疫流行

道光元年夏四月朔日卯時日月合璧五星聯珠

二年夏旱六月十二日乍浦南門外木場火災延燒兩晝夜

三年大雨水災以上于志

七年六月二十八日夜有星隕平湖城中韓家帶李氏庭紅光閃爍當湖外志

十一年大雨水歉收

十二年旱
十八年大有年
十九年秋九月六日地微震以上于志
二十一年十月田禾未畢收有似野鴨者千萬成羣自北而南偶下一集田中子無遺穗當湖外志十一月大雪高積丈許壓圮屋宇傷人甚多冷廬雜識
二十六年三月二十三日平湖海濱來一大魚其聲如牛長六丈七尺徑一丈四尺高一丈六尺闊六尺七寸爲人臠割而盡夏平湖人家畜雞多被妖人翦羽且翦人辮八月朔平湖城來鶬鳥無數初四日城鳴如鳥啾啾

不已當湖外志
二十九年大水禾田淹沒無存新塍瑣志
咸豐元年元旦平湖河干有物蠕動自東而西形類馬蝗而狹腹旁足極多其行也頭下尾上
三年三月初七夜地震後屢震不已平湖南網船浜農家忽見赤點如灑血
五年十一月十九日平湖新倉黃姓一產四女一男以上當湖外志
六年夏大旱地生白毛新塍瑣志六月平湖金山門一魚死海濱取得一齒形如鈎重十三觔又廣陳民家彘產一豕八足當湖外志
八年秋地震雪門詩鈔嘉興縣學宮柏樹枝葉拳曲成毬是秋徐錦發解新纂
十年夏一大星自西北移入東南隆隆有聲光如匹練橫亘天際片時始滅九月桃李花
十一年秋平湖有鯉魚數十頭從空中飛過冬有驪龍與白龍鬬於海以上當湖外志
同治三年六月十二日大風拔木雪門詩鈔
四年秀水新塍陳姓婦產四鼠新塍瑣志秋田青蟲似蠶喙黑卷葉作網蓋塍屬也雪門詩鈔

六年二月平湖有鬼燐無數自東而西有刀槍旗幟人馬之影當湖外志
九年四月十三日大風毀屋雪門詩鈔黃山之東劚得一物形如小犬其聲似豬目尚未開述異記云此物名媪又名糟弗迷在地中食死人腦以柏葉鞭之立死當湖外志
十一年三月十一日大雨雹大者十七觔八月十九日地震由西而東雪門詩鈔十二月初五日狂風大作平湖新倉有米船三被風揭在田中又平湖亭子橋一龜兩頭乍浦一犬六足當湖外志
十二年九月田生蟲食根象黑蟻蜂腰六足有鬚蓋蟊類

也雪門詩鈔

光緒二年夏有妖人翦辮或翦衣角并訛言有妖魘人七月有星晝見於鶉火之次

三年五月二十三日大風後海鹽潮水不至者數日秋有蝗入境以上新纂

嘉興府志　卷三十五　祥異　三

卷三十六七

嘉興府志

嘉興府志卷三十六

官師一　嘉興府知府善化許瑤光重輯

前志無表至伊志始爲表且云秦漢置郡縣祇有由拳海鹽二令五代析置崇德令設秀州刺史始有專轄宋升州爲郡爲府爲軍元爲路境土無異而官制漸繁明以一府領七縣僚屬尤多我

國家參酌舊制稍有變易茲以旁行衺上之法各繫以年詳而明矣而于志删之何哉設官有制題名有碑胥此意也表官師

嘉興府

案五代時吳越國王奏置秀州刺史僚屬無考宋初爲秀州軍事置知州一員（宋史職官志宋初分命朝臣出守列郡號權知軍州事諸府置知府事一人州軍監亦如之）慶元元年升爲嘉興府稱知軍府事其僚佐則有通判推官其幕屬則有錄事參軍戶曹參軍司法參軍司理參軍其學職則有教授（俱見宋史職官志）元初升爲嘉興路總管府置達魯花赤一員總管一員其僚佐則有同知治中判官推官其幕職則有經歷知事照磨兼承發架閣提控案牘司獄其學職則有教授學正學錄（俱見元史百官志　案達魯花赤乃監郡掌印之官列銜在總管上其俱正三品舊志以達魯花赤歸入參軍經歷之間蓋未攷元史也又元之郡僚學職舊志所載僅數人今悉據碑刻采拾三十餘人稍見元人官制）明初仍爲嘉興府置知府同知通判推官經歷知事照磨檢校司獄驛丞稅課司大使倉大使河泊所大使遞運所大使其學職則教授一員訓導四員（俱見明史職官志）

國朝嘉興府知府一員海防總捕同知一員（康熙五十六年移駐乍浦五十九年加海防銜）乍浦理事同知一員（雍正六年設）總捕通判一員（雍正十三年題設總捕同知一員駐劄王江涇乾隆七年改爲通判）推官一員（康熙六年裁）儒學教授訓導各一員（舊有訓導二員康熙四年並裁十五年復設一員）經歷照磨司獄各一員西水驛丞一員稅課司大使一員（後裁舊有織染局使一員倉大使一員裁見浙江通志）

五代吳越	州刺史
天福年	錢元弼（三年任）
乾德年	錢郁（忠獻王子）
開寶年	丁延贊（吳志引至元志增）
太平興國年	元秀文（吳志引姓苑增吳越納土時任　案趙劉袁志刺史惟錢元弼一人吳志增錢郁元秀文又有

薛元在天寶中爲嘉興州刺史誤

宋	知州軍事判官	推官	參軍	學職
	知軍府事			
開寶年	王恕 饒陽人 按秀州時未入宋疑史誤			
太平興國年	晏德裕			
雍熙年	宋坦 從至元志	解九皋 袁英志誤入熙甯今從至元志改		
	增			
至道年	黃震			
	王炳中			
	柳植 眞州進士			
咸平年	元玘			
景德年	劉師道 東明進士	李餘慶 連江人		
	羅拯 祥符進士			
大中祥符年	耿肱 揚州人	錢藻 和州人劉志誤作知州		
	龐籍 武成進士			
	葛宮 江陰進士 劉志誤列紹熙			

天聖年	葉清臣 長洲進士			
	張幾聖 吳志姓強誤			
景祐年		卓祐之		
慶曆年	張德甫			
	錢 失名字集仙吳志引至元志重開顧會浦記增案此記作于慶歷二年壬午而文中稱禾興郡又稱府公集仙錢侯在政和七年賜郡名之前存疑			
皇祐年	令狐挺	謝郁		
	聶厚載	王世昌 許州人		
至和年	向宗良 字景弼	楊愭		
嘉祐年	葉道卿			
熙甯年	周邠 字開祖錢塘人		李定 劉志誤作判官	丁鈗 會稽人司戶參軍
	吳司文			王覿 如皋進士

元豐年　元祐年　崇甯年　大觀年

吳安世 從浙江通志增

林希 字子中福州人趙志誤作知州今據宋史本傳改

劉甯止 歸安進士

韓璡 開封人

張先 烏程人

沈括 錢塘進士

李常

張復

錢適 浦江人

章縡 浦城人

周壽 [illegible]

孫洙 廣陵人法曹參軍

[illegible]參軍

政和年　宣和年　靖康年

毛滂 江山人

姚憲 嵊縣人

樓异 奉化人

宋昭年

孫覿 晉陵人進士知秀州從萬姓統譜增

載通判軍府周壽題金粟寺詩知縣徐嘉言和韻乃大觀間人吳志列宣祐誤

章綡 縡弟見宋史章楶傳

劉子翼

洪皓 鄱陽進士司錄參軍

夏襄 吳志引至元志增

建炎年　紹興年

趙叔近 見趙志

朱芾

蔡[illegible]

程俱 衢州開化人宋史本傳俱以太常少卿知秀州吳志又增程少卿誤

鄧根 昭武進士

方滋 桐廬人

蕭[illegible]

史魏憲

林千之 平陽人

朱任

胡沂 餘姚進士

詹元鼎 任教授

曾統

王禔

趙霈

秦梓

劉阜民

王安道

李孟堅

林衡 吳志引至元志增

趙子書

趙師夔

程有功 浮梁人孫安齊子見渭南文集劉志列嘉祐誤

隆興年
張瑜 案舊志有林蕆恐是徐蕆之誤

乾道年
孫大雅 見宋史河渠志今從大清一統志增
鄭伯英 永嘉進士劉志誤作知州
趙彥肅 字子欽太祖之後居嚴州第進士由南國軍簽書記調授見經義考所載復齋行實
邱宗 字宗卿江陰進士
陳騤 字叔達臨海人
徐蕆 吳縣進士
汪義端 黟縣進士
黃大卿 吳志引元志崇德縣衛記增案至元志無此人

淳熙年
呂正己 陳州人
趙汝棨
案呂正己守郡見淳熙四年呂祖謙撰宣公祠記中趙劉志俱誤列紹熙袁志及吳
趙汝櫜
袁似道
趙汝談
吳秉勝 任教授

嘉興府志 卷三十六 官師一 七

志名宦傳俱誤列嘉定
韓彥質 人
張元成 毘陵人
趙善悫 一作善愨
趙彥適 一作彥瑜
孫夢觀 慈谿人
唐璘 古田進士
陳揚善 天台人

紹熙年
俞豐
洪秉哲
尚朴 教授四年

慶元年
張琯 見渭南文集袁志誤列隆興
喬行簡 東陽進士
趙不迹
糜
王介 金華進士
失名
俞烈
王補之 澶淵人
任劉志誤列咸淳

開禧年
程卓 吳志引樓攻媿集增

嘉興府志 卷三十六 官師一 八

嘉定年

趙希道 元年任 劉袁吳志俱誤列慶元

商逸卿 六年以寺丞任

岳珂 彰德人

鄭定 劉志誤作趙定

倪祖常

朱煥

潘師旦

寶慶年

劉漢弼 上虞進士

紹定年

莫叔益

吳潛

朱士麟

林艮

鄭顯

黃壯猷

俞淅

程 失名 通判嘉興軍府

史 失名 簽書嘉興軍節度判官廳公事

彭欽

李宗勉

陳塤 從周伯琦宣公祠記增

魏 失名 嘉興軍節度推官

趙 失名 嘉興府觀察推官 蔡模 史彌 趙四人俱見嘉定十二年景德禪院復寺方事劉志名俱未詳

趙與袞 崇與袞字 嘉定八年以司戶參軍權崇德縣事見刻漏圖銘劉袁吳志誤列太平興國中

陳光遠 從臨安府學由記增 時某係吳王益王府教授吳志以為府教授自作學田記者誤劉志以陳光遠列咸淳年亦誤

袁鎮 任直學

沈應時 任學諭

蕭杞 任教授

吳杜 任教授

[illegible] 任教授 有觀頤堂記

謝子強 永嘉人

趙孟善

潛說友 縉雲人

王鑄

端平年

趙與憲 二年任

何處久 三年任 從敕建城隍廟碑記增

嘉熙年

劉炳

史宅之 元年夏任 劉袁志誤列嘉定

吳昌裔 中江人 從浙江通志增

方岳

王起宗

淳祐年

趙與訔

寶祐年

王曄 二年任 從永昌院記增

謝堂 天台人 坐 郎堂字柳 志作瑩誤

張 失名 由寺丞任

林輝

陳造 從永昌院記增

陳周士

張助

周應 三山人

趙崇偕 崇張 偕二人俱見張鎮府學記劉志誤作判官

沈夢龍 從張鎮府學記增

石正杰 新昌人見台氏宗乘增

見趙志

景定年 皮龍榮 醴陵人

陳塤 鄞縣人

陳著 奉化人

謝奕[illegible] 見至元志

潘墀 見癸辛雜志

陳嘗 天台人從景定澉壺圖增

咸淳年 趙景緯 於潛人

陳肖孫 奉化人仝三

年任劉志誤列嘉定

王 失名字畜齋

文及翁 綿州人五年任劉袁吳志誤列德祐

余安裕 吳志姓金

德祐年 劉漢傑 案趙志唐璘傳云劾奏丞相李鳴復不報七疏丐外知嘉興府

邵約

王持垕 從[illegible]縣記增

向公明

陳斗孫

林靁 任教授

顧德龍 任直學

方恢 任教授

李文虎 任直學

沈 失名任學正

侯發 任司計 案林靁以下學職八人姓名俱見觀頤堂記劉袁志有脫誤趙吳志有竄脫亦誤餘皆舊志不載今補正

婁拱辰 任學錄

馬發 任學錄

吳春

管寅午 見崇隆禮進士題名碑袁志分為管寅管午兩人誤

江通志宋嘉興府末添李鳴復恐有誤又案至元志州城德祐元年守臣余安裕軍修諮議劉漢傑董其役則是時漢傑官諮議非州守也姑兩存之

元

總管

達魯花赤

同知

治中

判官

推官

學職

胡舜陟

俞舜茲 以上五人劉志俱列咸淳年教授

至元年 孟琪 符離人 案元史本傳江南平伯顏奏琪功授嘉興路總管首以興學為務舊志誤作萬戶八武秩今補正

趙若秀 二十年任總管兼府尹

劉傑 乘山人二十五年任總管見至

高仁 字壽之

袁似衢

翟汝弼 字直佐見至元志劉志列延祐袁吳志列泰定俱誤

陳紹在 案至元志云至元丙戌四明陳紹在分教是邦劉袁志皆作總管誤

吳雷發

劉龍友

翟俊發

孫 俱直學 案唐林以下十八人吳雷發以下四人俱從何覲正禮堂記增

徐碩

唐林

趙由晙

何覲 俱教授

張嗣震

范華國

元至 劉袁吳志俱誤列泰定

紹古兒 任達魯花赤見浙江通志

大德年

撒的兒 字仲文大中大夫達魯花赤二年任

李　衎 字仲賓朝議大夫同知嘉興路總管府事劉袁志作副總管誤

辛仲實 字仲和彰德人中志大夫總管

旦兒魯赤 承信校尉

燕允賢 承務郎

劉　鐸 承事郎

方惟賢

張　焴 俱學正

顧 失名

丁廉孫

吳端孫 俱學錄

傅光龍

婁蘭孫

孔　照 劉志誤作孔明

唐興能

馬天祺

沈天祐 俱教授

趙良盛 俱賓學

朱天珍

案沈天祐免役記金

二年任趙劉袁志作辛仲實誤

海答兒 達魯花赤八年任

石承慶 雒陽人總管八年任

高　睿 河西人總管

邢　果 俱學正

方午薦

承　勉 俱學錄

吳雷發

吳躍龍 俱賓序

馬文光

蕭漢傑 俱小學教諭

郁斗文

方應龍

周　囦 俱講書

王子正 俱直學

吾復明記所列學職以教授學正學錄賓序小學教諭講書直學爲次而吳志謂賓序在學錄學正上講書在小學教諭上蓋不解古人銜名自下而上也

至大年

杜　浦 總管

朱　緒 奉政大夫四年任從趙若源永安湖碑記增富堤同知吳志列總管

李祿兒

延祐年

徐傑之 東平人刑部侍郎四年任總管吳志缺名

忽訥模里 奉議四年任

孫文清 信武任

大都驢 承事郎四年任

梁　元 承直郎

陳應翔 教授

裴　堅 承直郎案陳良弼記有承直

陳良弼 教授劉志列至正誤

趙由儁 學正

沈德華 學錄

俞天民 教授

王伯常 總管

買師泰 宣城人見王　鑄趙志

裴堅兩見志列郡直程榮秀教授裴某一條余元第學錄蓋未細辨碑字以承直爲郡直耳

程榮秀 教授

余元第 學錄

祖周旰 教授

泰定年

至順年

八　札 中大夫達魯花赤二年任劉袁吳志俱誤作八札崇

李元白

別爾臺 中憲大夫二年任

李　新 武德將軍二年任

褚不華 字君實

董　童 奉直大夫二年任

王　勛 承務郎二年任

鄭大中

李　椿

金德潤 承務郎

朱　謙 教授

孟良貴 學正

董　珪 學錄

後至元年 和元升 字仲德東平人總管二年任 也列不花 中大夫達魯花赤 法忽魯丁 嘉議大夫總管五年任 至正年 禿堅同董長臣 總管五年任 劉貞 海倍人總管十四年任 陳宗義 字子方河南人見徐一夔路學記劉袁志誤列前至元 凌師德 趙志又作凌師節劉袁志作劉思節吳志作凌思德浙江通志作二人 葉德新 張士誠僞官

闊兒 中順大夫 繆思恭 二十年任 李復 南陽人舉秀水士六年與陳宗義劉張士誠之亂見 趙志劉志誤列延祐

馬合馬 朝列大夫 宋思明

小雲失海牙 承德郎 陳惟一 承德郎 陳春 方道叡 遂安人

劉好禮 承務郎 劉袁吳志俱誤作孝禮今依韓翊總管府記改

趙强可仕 字右之錫山人教授 劉袁吳志誤列前至元今從張采尊經閣記改 高璲孫 教授 申我同 學正 梅實 學錄 曹睿 孫文煥 朱 失名學正 應才 學正 卓成大 范子楚 洪欽 湯垕 方子京 潘著 字澤民俱教授

徐璋 直學 張惟仁 直學

明

知府 洪武年 呂文燧 永康人 謝節 字士毅劉志文載謝毅 祝亞中 謝森 蔡楫 李庸 薛祥 無爲州人 石 失名 呂仲名 涂節 進賢人 沈子敏 殷峻德 衛仲禮 何敏中 廣信人 夏璇 廖仁壽

同知 普仲淵 溧陽人 馮伯初 吳志增 楊以智 劉潛民 陞任 尚質 柳志作尚智 王思 吳志作監生 朱敬行 魏質夫 蘇忠 方仲容 劉志作方仲春 胡元輊 吳志作輕 王愼思 葛子和 孫通 陳廷傑

通判 劉潛民 江西人 趙視遠 馬植 劉貴 鄭允 馮景福 婁得春 麗安 熊思賢 史仲鉉 蔣廷瓚

推官 潘義 劉德茂 李士宗 熊誼 林文彬 莆鄉監生 王繼文 黃惟政 原智 胡原傑

教授 唐肅 山陰人學正 張翼 周瞰 鄱陽監生 金穎伯 孫作 江陰人

訓導 錢鈞 顧孟時 沈繼宗 楊公藝

陳□ 大名
劉尚志
潘 朱 著
李應瑞 著
沈仕明 宿松監生
楊希孟 同官監生
建文年
李 賜
李伯華 滁州人賢
良
劉 觀

劉 德
趙 豫
唐 魁

永樂年
楊得安 宜興監生
劉嗣宗
熊 瓚 趙志作熊讚
曾惟道
胡 勉
劉 熹 太和人
洪熙年
馬 載

曾 詠
武 全
王 政 劉志誤入通判
賈 義
姜 濤
董 翥
馬 勝
孟 迪

李 徽 曲周監生
陳原祐 建安進士
于 本 金壇人柳志作泰
舒 容 忠州舉人柳志誤入同知
湛 清 鄱都監生
宋 紋 江陰監生
秦 篚

何宏道
韓 佐
劉 清
張 璉
張 璉
趙 檜
包 訥

李 進
徐 軾 金谿舉人
張得義 海門人楷書貫
王彥文 華亭人

宣德年
齊 政 山陽進士
趙劉志俱誤列永樂中今從王直記改正
正統年
黃 懋 眞定進士
舒 敬 靖安進士
景泰年
秦 應
延 祥 大興監生

劉 緒 淮安人
張 本
王應清 江陵監生
侯康遠 弋陽人

魏 敏
劉 靖
畢 昂
李 興
張 瑢 趙志作潘誤
王 鼎
趙 壽
龐 端 吉水舉人
鄧 鏞 臨川監生

王 綸
潘 興
王 貞 南昌監生
方 潤
傅 恭

張 魁 新淦人
邱九思 延平舉人
張鵠選
陳 立 見胡宗文
向 明 永昌舉人
李 孜 沂陽人
章 璠 會稽人
康 鑑

戴 暉 鄱陽人劉志誤列永樂今從王直記改正
陳 琥 建寧監生
李大鏞 吉水人

天順年
成化年
楊繼宗 陽城人後再任
張 岫 河東進士
李 聰 順德進士
葉 贄 山陽進士
徐 源 巢縣進士

劉 玉 簡遵監生
楊 冠 欽州監生
趙 哲 鉛平監生
李 恂
程 鶴 邵陵監生
孫 程 泰和進士

韓 礪 夏邑監生
鄭 昇 山陽監生
張 永 祥符監生
陳 寶 武昌衛監生
生
鄭 宣 潮陽監生
易 海 巴陵監生
王 祺 婺源舉人

莫 暹 東陽監生
趙志作董暹
李 巽 延平監生
王 坤 將樂監生
宋 澄 嘉祥監生
曹 玉 江寧進士
陳 璟 居州監生

徐文昌 羅山舉人

張 琳
趙 箴 延平監生
朱 啟
蕭 箴 廬陵監生

宏治年
徐霖 金谿進士
柳琰 儀眞進士
林茂堅 懷安舉人
佟珍 遼東人
李性 陵縣舉人
周東 阜城進士
鄭循 歙縣舉人
楊奇 壽闕進士
周導 長洲進士
于鳳喈 萊陽進士

王珍 滑縣舉人
陳祺 高安舉人
張尚武 山陽舉人
鄒鑑 巴陵舉人
甘應奎 江甯監生
蹇庭 巴縣進士
李丞亨 句容舉人
萬子鵬 新淦人由懷才抱德任
王節 靖江監生
熊忠 南昌舉人
劉崇 南昌舉人
范佑 鄱陽舉人
宋錫
何鑑 湖廣舉人
賈稷 揚州監生
陳員
張貫 四川舉人
曹鐸 嘉祥舉人
王纘祖 德興舉人
李紳 高平舉人
鄭緯 江西舉人
車明理 從程修學記增

正德年
劉昭 廬陵人
陳琳
梁材 大城人
伍文定 嵩滋人

李守經 汝陽舉人
趙弼 湖廣舉人
朱文奎 莆田舉人
馬湘 徐州舉人
陳瓚 莆田舉人
邵有道 南昌舉人
張奇 商河人
王翺 寶坻舉人
賈昊 崞縣監生
傅汝舟 巢縣舉人
趙遷 湖廣舉人
趙思勉 滄德監生
楊和 安陸舉人
俞璋 太倉進士
張頌 蘄州舉人
章鑾 廣西舉人

陳琳 莆田人吳志作張琳誤
張龍 上海進士
劉守達 開州進士
羅玹 扶溝進士
孟津 信陽進士
王倫 扶風舉人
徐吉貞 蘄水舉人
李伸 三原進士
齊雲 新野舉人
徐盈 貴溪進士

梅霄 黃陂舉人
胡松 績溪進士
陳貴 桂林舉人
呂南 無錫監生
韓士賢 洪洞舉人
南金 洪洞舉人 趙志作南全
章蕃度 撫州舉人
夏理 南昌監生
任彬 陽曲舉人
周翺 嵩明州舉人
王繼昌 會同舉人
蒲輪 慶州舉人
閔鼒 鄱陽監生
林大昇 莆田舉人
李曉 建陽監生
賈秉直 南溪舉人
張璧 長葛監生
焦鵬 洛陽舉人
李泮 宜興監生
尹達 太和監生
戚瑤 滁州監生
馬暹 威縣舉人

嘉靖年
蕭世賢 泰和進士 吳志作桐城人
王大化 儀眞進士
王東儒 濟陽進士
鄭登高 莆田進士
趙珩 餘干進士
何祉 進賢人
高仲嗣 祥符進士
司馬泰 錦州衛進士
林鳴鸞 揭陽舉人
劉邦寀 安福舉人
鄭綱 懷安進士
張邦學 桂林舉人
王學孔 安福進士
任希祖
郭應奎 泰和進士
李棟
趙瀛 三原進士
張任 嘉定人

曹璽 黃岡舉人
余鈞 德興進士
邵良 滁州監生
王仁 閩縣監生
董琦 恩縣舉人
魏煥 長沙衛進士
聶義 新建舉人
王宗智 曲阜監生
李源 閩縣舉人
潘鈇 婺源舉人 吳志作潘欽
羅遜 廬陵監生
賈蘭 臨潁舉人
張遜 高郵進士
倪鑒 安仁監生
張佩 永州衛舉人
嚴光治 興國舉人
莫晦 宜興舉人
宋綱 南京留守衛監生
汪昺 南陵舉人
朱幸 長洲監生
田貢 蘄水舉人
錢文爵 無錫舉人
蔣鎧
鍾材 高安監生
海瑞 瓊山舉人
姜文序 玉山舉人
冉性
陳堪 南陵監生
馬大儒 河內舉人
殷廷闌 廣東人
喬璜
劉琚 永豐監生
王煥 長洲舉人
龔蕙
陳德純
鄭遷 潮陽監生

畢竟容 江西人　羅拱辰 松陽人

劉慤 萬安進士　范鵬 四川人

宋治 臨淮人　陳仕 陞

王有爲 湖廣人

侯東萊 掖縣人

張鳴瑞 瀘州人

蘇繼 壽光人

徐必進 六合人

晉憲 嵩山進士　黃鶴　曾遷　史銑 溧陽監生

王納言 信陽衛進士　張國謙　王球　吳國泰 章宜監生

蔡廷臣 江西人　任維賢　李邦範 增城監生

陳文昌 彰德監生　曹恬　謝明德 高安舉人

張欽 歙縣監生　黃良玉 婺源監生

張本潔 景陵舉人　廖楨 萬安監生

陳嘉猷 番禺舉人　葉升 長洲監生

辛紹佐 順德舉人　柯文炯 仙遊監生

董繼 麻城監生　陳翰詵

周仁 南城舉人　陸鼇

胡汝霖 綿州進士　盧新

趙鈺 武定監生　黃璋

郭顯文 泰和舉人　周嘉相

杜坤 郴州舉人　吳鳳岐

陳守義 德化舉人　文彭

毛汝清 瀏陽舉人　韓孟宣

閻大祥 贛州舉人　尹直之

汪伊 歙縣進士　湯道

侯賓　劉琛

賀謹端　游錡立

鄧遷　張秉學

林愛民　文應魯

陰鳳麟　周天爵

顧昊

劉亮

韓應嶽

張九畟

孟紹祖

萬木

沈東

陳仕

徐守

周遠

鄭佶　汪在前　李之睡　王一化

劉璣　張克家　李賓　李行可

劉守恒　蘇九成

陸穗　王廷桂

黃甲

李尚賢

劉汝教

隆慶年

嚴鎡 豐潤人　蔡民望

李橡 豐城人

萬歷年

黃希憲(金谿人才) 崔行可(四川人) 王以修 龔勉(無錫人) 王貽德(全州人) 吳撝謙(江西人) 傅國珍(建陽人) 曹代蕭(歸德進士) 張似良(富順進士) 劉應銅(安成進士)

賀爵 黃清 梁棟 方楊(歙縣人) 顧達璧 曾惟倫(樂安人) 張時脩 陳文焯 朱邦喜 熊秉衡

車大任(邵陽進士) 蔡承植(福建人) 宋師程 吳國仕(歙縣進士) 莊祖誨(成都進士)

關驥(南海人) 劉可訓

胡宗洵 張繼芳 楊守一 高殿 高珍 步希武 楊瀧 周植(長沙人) 曾之省(廣慶人) 劉應台(成都人)

張瑀 陳文炅(江西人) 李膺 俞呇禹(贛南人) 詹金覺 徐大紳 王養俊 曹光德(黃州人) 沈維昆 歐從雲(吉安進士)

范從義 官寅 耿慎勤 九仁策 周廷材 孟軺 趙子文 耿宇 劉在科 魏詔(蒲圻進士)

蔡誠 薛希唐 黃應會 徐安 丁良知 盛儼 胡敬 紀鴻 高尚賓 丁行可

王以莘 方玘 谷球 范鳴鳳 陳秉浩 楊繼韶 劉鹿鳴 張廷相 官希稷 宋大有

段璞(金壇進士) 習孔化(廬陵進士)

許光祚 魏浣初(常熟進士)

范德教 方禔德 盧元耕 吳三樂 彭官 文應辰 張仕 段達吉 應明德 甯國徵

陳應龍 曹維藩 傅之仕 林應奎 尹紹皋 陳陽和 孫光前 龔嘉善 方以直 劉慎

董應庚 鞠英儒 杜天祐 王宏 姚之臣

天啟年

顧起鳳(江寧進士) 高士塈 詹應鵬(宣城進士)

陳此心(光山進士) 晏日曙(臨江舉人)

張嘉允 方(失名) 談自省 余正發(貢生) 楊大名(廣貢舉人) 譚任道(四川貢生) 韓如玉(貴州貢生)

[illegible]鈿(長寧進士) 楊希旦(保寧進士)

吳道盛(宜興歲貢) 蔡璿(蘄水進士) 李霖(處州歲貢)

張助明(烏程歲貢) 趙嘉慶(廣平歲貢) 王修(平陽歲貢) 鄒廷鵾(南昌歲貢) 聞善信(仁和歲貢) 張啟勳(揚州歲貢) 朱嗣文(江西歲貢)

崇禎年

李仕亨 晉江進士
李化民 興化進士
鄭瑄 侯官進士
王𠮏臻 齊河進士
江元兆 婺源進士
唐士鑅 無錫進士
鍾鼎臣 新會進士

湯道衡 丹陽進士
楊起鳳 會稽舉人
顧允光 華亭舉人
聶允結 五河貢生
朱議淓 南昌藩府
舉人

鄭元偉 江甯貢生
張治統 涿州舉人
房楠 錦州衛進士
麥倫 廣東舉人
李國光 鄜州選貢
魏仕清 南昌官生
陶明刑 黎平人
連金 漳州官生
王士龍 曹縣選貢
林志道 江西選貢
孔問檀 曲阜舉人
呂休 [illegible]縣舉人
李位卿 平江拔貢

方士亮 歙縣進士
文德翼 德化進士
孫昌祖 侯官進士

皇甫廉 河南歲貢
陸奮飛 宿遷進士
周一松 新淦進士
趙雲龍 廣州歲貢
王應華 東莞進士
臧道範 長興歲貢
虞時雨 德清歲貢
程其惠 湖州歲貢
祝六生 西安歲貢
張得侍 諸暨歲貢
駱道遠 金華歲貢

溫忠訓 湖州歲貢
金鏡 吳江歲貢
陳守約 江西歲貢
王如春 杭州歲貢
王本甯 武進歲貢
禹貢 餘姚歲貢
邵承宗 桃源歲貢
劉登第 泰州歲貢
吳祖穆 興隆衛歲貢
梅鼎賢 雲和歲貢
張文明 雲南歲貢
閔聿修 湖州歲貢
李均

國朝知府 同知 理事同知通判 推官 教授 訓導

順治二年
鍾鼎臣 新會進士
洪秉銓 仁和官生
蔡國僑 河南官生
嚴正矩
龔則悅 錢塘歲貢
蔡璪 河南貢生

三年
汪爾翼 南樂舉人
張世臣 遼東貢生
張建高 廣甯貢生
胡貞開 杭州舉人
安國裕 廣甯貢生

四年
張世榮 華亭恩貢
白芬 武安舉人
韓充美 即墨進士
黃鶴隨 宿州恩貢

五年

六年
李國棟 錦州人
楊樹聲 侯官貢生
祝君祚 海鹽歲貢

七年

八年
朱家柱 沛縣貢生
韓範 宣府拔貢
彭舜齡 夏邑進士
沈洪瑞 仁和恩貢
葉仍華 慈溪歲貢
徐光時 永康歲貢

九年

十年
周一甲 蕭山歲貢
葉郁然 雲和歲貢

十一年
楊士美 蓋州人

十二年
史載 蘭陽進士
尹從王
王允穎 西安恩貢

十三年
楊日昇 陝西舉人
許文耀 [illegible] 城舉人
張文星 字煥辰柏 鄉貢生

十四年
許一煥 太倉進士

十五年
冀應熊 輝縣舉人
姜維新 陝西貢生
何滄如 義烏歲貢
潘可選 昌甯歲貢

十六年
歐陽世蓬 黃陂拔貢

十七年
劉啟復 遼陽人
吳奮庸 大興拔貢
丁昌時 臨潼拔貢
水有岳 鄞縣歲貢
汪之鯨 宿安歲貢

十八年
呂光燦 永甯貢生
葉衡 慈溪進士

康熙元年
張漢傑 海州貢生

二年
殷作霖 竹山恩貢

三年　王　鑛 溧陽拔貢
六年
九年　王師夔 南城舉人
十年
十一年
十二年　王　章 錦州廕生
十三年　周時盛 遼東貢生
十四年　盧崇興 廣寧廕生
十五年
十七年　袁國梓 字丹叔松江進士
十八年
二十年
二十二年　劉　瑆 大興歲貢
二十三年
二十五年　佟世俊 正藍旗廕生
二十六年
二十七年　張思齊 鑲藍旗監

朱士毅 遼東廕生
張作礪
孫明忠 正紅旗廕生
張起鵾 承德例監

文　鋐 山西拔貢
宋德深 婺源貢生
董天榮 鑲藍旗人
周　濂 江南全椒貢生
桑日知 榆次官監

湯學尹 興化舉人

孫先梅 餘姚舉人
姜廷樑 會稽舉人
潘廣福 歸安經魁
邵嗣英 慈溪舉人

范光燮 鄞縣恩貢
王欽楷 會稽歲貢
葉光耀 新城歲貢

生
二十八年　閻若琛 字沛仲太原進士
二十九年
三十一年　徐崇禮 鑲白旗人
三十四年
三十五年　黃家遴 鑲白旗舉人
三十七年
三十八年　佟賦偉 正藍旗人
四十一年
四十二年　張鳳翔 鑲紅旗恩監
四十五年　臧憲祖 正紅旗監生
四十七年
四十九年　秦邦英 宛平例監
五十一年

李先登 澤州例監
董興祚 正白旗監生
張含章 鑲紅旗歲貢

李淑沆 正藍旗廕生
項鍾巖 漢陽歲貢
黃肇南 奉天正紅旗監生

屠樹聲 仁和歲貢
盛振英 山陰歲貢
費　源 烏程進士

孟士模 會稽歲貢
明德裕 鄞縣歲貢
朱　澐 歸安歲貢

五十一年		楊丕輔 河南歲貢					
五十二年	何鼎 靖州舉人						
五十三年		王嵩 長山歲貢					
五十四年	吳永芳 正黃旗貢生						
五十五年						何景雲 仁和進士	
五十六年		王沛閭 睢州監生					
五十七年		李天植 山東監生					
		黃鑾南 紹興通判署					
五十九年							
六十年		王以和 奉天正白旗監生石門知縣署					
六十一年		曹秉仁 富平監生					
雍正元年	王以和 護理						
二年	江承炌 字訒庵歙縣人			王愼行			
	蘇稷 正紅旗漢軍處州知府署						
四年	靳樹德 衢州知府署			廖坤 江州監生		胡其凝 義烏舉人	

	喬世臣 字丹葵滋陽進士						
	曹秉仁 同知署						
五年	閻堯熙 字沫陽夏縣進士	廖坤 通判署				翁九孫 餘姚舉人	方引禕 淳安歲貢
六年		白環 平定監生					趙豐 安吉歲貢
七年		趙德望 大興貢生	鄂善 筆帖式	汪亮卿 歙縣監生			
		張若震 桐城副貢杭州通判署					
九年	汪亮卿 通判署	成貴 理事同知	成貴 鑲白旗舉人				
	閻堯熙 再任	兼署	入				
		盧承綸 奉天鑲黃旗監生					
十二年	盧承綸 同知署	張昌國 奉天鑲白旗監生通判署					
	姚淮 字維山桐城監生						
乾隆元年		富紳 理事同知兼署	富紳 正藍旗筆帖式				
二年	郭廷翥 即墨舉人					屠宸升 會稽舉人	
三年		何焆 監生東阪					

同知署

四年
楊昌雲 字織伯江都蔭生
林緒光 閩縣舉人

五年
閻沛年 嘉興知縣護理
蘇彰阿 正黃旗筆帖式
楊昌雲 回任
張景澍 溫州同知署
褚世燕

六年
德希壽 杭嘉湖道兼攝
郭廷壽 再任
史　炳 河南貢生

七年
宋雲會 膠州進士杭通判署
戴　鵬 候補運判署

八年
陳同善 三原舉人杭通判署
趙　預 嘉興知縣署
沈廷標 仁和進士

九年
張開第 秀水知縣署

十年
閻公銑 嘉興知縣
葉　祺 金華歲貢

十一年
高國楹 字襄臣奉天鑲紅旗監生
黃爲荃 儀徵監生署
陳　杜 大興監生候補運判署

十二年
鮑　鈐 字西岡奉天貢生署
胡天昇 大谷貢生署

十三年
張　鐸 字綸宣青縣人草塘通判署
葉　齊 馬平貢生署
同　德 正白旗人內閣中書
楊承綜 嘉興知縣署
馬淇理

十四年
項　喻 漢陽人草塘通判署
宋紹彝 漢陽進士
博　周 正黃旗筆帖式
鄭瑞鳳 宣平歲貢
李清時

十六年
德　文 兼攝
俞文漪
任元文 樂山進士

十七年
訥興安 杭府理事同知署
松　柏 鑲白旗署
湯　任

十八年
查廷掌 紹興同知署
李星曜 銅山貢生署
靈　保 正白旗筆帖式
范全秀 如皋監生候補運判署
張照乘 磁州生員

十九年	二十年	二十一年	二十二年	二十四年	二十五年
	傅靖 杭嘉湖道兼攝 保全 李星曜	湯任 再任 曾曰理 號栗巖南昌人			永德 杭嘉湖道兼攝 史尚廉
宮去客 高密貢生		傅棫 通判署 宮去客 回任		明祿 滿洲鑲藍旗筆帖式	
舒瞻 字雲亭滿洲鑲黃旗進士署		明祿 署	圖善 正白旗筆帖式		富鈿 滿洲鑲黃旗內閣中書
傅棫 奉天鑲黃旗生員 嚴正身 署			郭繼儀 候補運副署	李保 候補運副署	祖承佑 商邱監生 曾曰理 本府兼署 朱國華 候補通判署
			凌樹屏 烏程進士		
		韓修鳳 黃巖拔貢			

二十六年	二十七年	二十八年	二十九年	三十年	三十一年	三十二年
高象震 奉天鑲藍旗杭捕同知署	張鎮 海豐貢生 孫爾周 秀水知縣護理 甘士瑞 漢軍正藍旗人	張鎮 再任		鄒應元 金匱進士	凓章宿 代州人	
張誥 瀘洲貢生署	明祿 回任 富鈿 理事同知署 高象震 署	富鈿 再署	高象震 回任	陳虞盛 漢陽監生 蔣志鐸 奉天正紅旗舉人署	雙福納 理事同知署 圖倫 滿洲鑲白旗鳴贊生	雙福納 再署
					雙福納 正紅旗覺羅內閣中書	
王燧 如皋監生候補運判署	吳省三 候補通判署		朱琨 候補運判署	毛毓芳 山陽監生 趙堂 布照磨署	汪啟渭 歙縣監生候補運副署 江伍圖 按察司照磨署	商文超 河南舉人
		張洪圖 浦江例貢				

三十三年 瑪明阿
三十四年 李允升 長安進士

圖倫 回任
雙福納 再署
陳燮 盩厔監生 署
圖倫 回任
陳燮 再署
圖倫 回任
韓本晉 山西進士 海鹽知縣 署
陳燮 再署

試用知縣 署
劉鳳鳴 廣東舉人 試用知縣 署

三十五年 墨璟 署
滿泰 鑲紅旗人 杭同知署
梁珏 署
陳夢說 署
三十六年 李慶棻 奉天人
陳夢說

舒希忠 大興舉人
楊承志 盩厔舉人 署
于汝照 金壇舉人 署
舒希忠 回任
張圖南 安徽舉人 秀水知縣 署

王士濚 嘉興知縣 署
于汝照 天津舉人 試用知縣 署
梁珏 本府兼署
理
清泰 滿洲鑲黃旗人 內閣中書
陳夢說 本府兼署

沈梓 德清進士

三十七年 李慶棻
陳夢說
三十八年 張紹元
三十九年 王燧 署

舒希忠 回任
王士濚 嘉興知縣 兼署
王長棟 太原舉人 署
舒希忠 回任
張圖南
舒希忠 回任

伍林義 正白旗鳴贊生
璘亨 正黃旗筆帖式

邵孔照 試用知縣 署
董鈞 河南貢生 平湖知縣 署
張圖南 署

范永澄 鄞縣進士

四十年
四十一年
四十二年 高模 同知署

張廷相 順天監生 署
舒希忠 回任
高模 歷城貢生
梁森 順德監生 署
石朗 正白旗漢軍筆帖式 署
高模 回任
張圖南 再署

朱璋 大興貢生 候補通副 署

錢廷謨 仁和進士

	張紹元回任	高模回任；梁森再署				
四十三年	陳虞盛；王燧；陳虞盛回任	高模回任；梁森再署	吉靈阿正白旗筆帖式	張寅武進監生候補知縣署		
四十四年		高模回任				
四十五年	張登書大興貢生	梁森再署；高模回任；愛山滿洲鑲白旗義學生湖州通判		王如金華亭監生候補通判署		崔林雋歸安例貢
四十六年	楊成龍高武貢生署；楊仁賢江南貢生署	署；楊基嘉應州舉人署；陳河圖高明州舉人署		張力行湘潭監生海鹽知縣署；方求巽桐城人		
四十七年	方體泰正白旗筆帖式署；楊成龍再署；恒寬鑲黃旗[illegible]	佛永理事同知兼署；高模回任；高模回任；趙思恭[illegible]監生	佛永滿洲鑲黃旗筆帖式			

年						
	生					
四十九年	黃符綵大興進士署		阜柱蒙古監生			
五十年	方林字雲亭吳橋進士					
五十一年	陳鍾琛臨桂舉人；鄭交泰香山貢生	方受疇桐城監生；陶章溈南部監生	伍爾泰阿鑲藍旗生員	曹光黼按察司經歷；馬樫介休監生候補同知署		戴殿海浦江例貢
五十二年		方受疇回任；王恒平湖知縣署		鄧日治嘉興知縣署		葉炳璣太平歲貢
五十三年	陳鍾琛再署；鄭交泰回任	方受疇回任；王恒再署；馬樫署；方受疇回任		楊生芝咸陽舉人候補知縣署		
五十四年	陳鍾琛調任；孝順阿蒙古鑲白旗難蔭守備改補文秩陞任	王恒再署；葉世倬上元舉人；王恒再署；葉世倬回任				周陳璋松陽歲貢

年						
五十五年	鄧汝敏署；劉嘉會正黃旗貢生	王恒再署；葉世偵回任	本善正白旗筆帖式			
五十六年		本善理事同知兼署				
五十七年		舒慶雲靖安監生		查秀歙縣監生；候補布政司經歷署		方至淳安歲貢；林敷英永嘉拔貢
五十八年	李坦長壽貢生；署；邢璵涇陽貢生	本善兼署；舒慶雲回任；黃嵩齡江西進士		劉嘉會本府兼署		
五十九年		平湖知縣兼署；舒慶雲回任；任澤和息縣舉人；海鹽知縣兼署；邢璵本府兼署；任澤和兼署	特通阿蒙古鑲藍旗拔貢	張會太		倪紹岳餘姚例貢
六十年		盧又紳知縣舉人				
嘉慶元年	伊湯安字小尹滿洲正白旗舉人處州府調任	吳士英定遠貢生；署；郭文鋕閩縣舉人		盧又紳同知署；張子誠介休貢生；布政司經歷署		

年						
二年		署；劉大慧江陵貢生；署；鄧雲龍宮邑貢生；張震清泉舉人；署；張子誠署	寗泰鑲白旗繙譯筆帖式	陳世傑新津舉人南海知縣署		
三年		鄧雲龍回任		司能任嘉興知縣署；魏王官伊陽舉人署		
四年		陳萬吉商邱監生；署		伊湯安本府兼署		蔡廷弼德清貢生；署
五年	王績著武清舉人處州知府署	鄧雲龍回任		鄒曰瑞廣東人；譚大經新會進士		周墀仁和舉人
六年	伊湯安回任	楊兆鶴鄖縣人署	崇福鑲黃旗人			
七年	李賡芸同知署	李賡芸嘉定進士；楊兆鶴復署；李賡芸回任；楊兆鶴復署				包敬堂烏程廩貢

八年 九年 十年 十一年 十四年

姚鳴庭
李賡芸復署
定育署
任澤和河南進士

李賡芸回任
崇福署
李賡芸回任
崇福復署
李賡芸回任
路錞署任
劉星藻四川貢生

希昌阿正藍旗人

蔡河正白旗人

汪本杭州進士
陸宗嶽烏程舉人
湯棫杭州進士
倪紹岳餘姚廪貢
車宸英德清進士

十六年 十七年 十八年 十九年 二十一年

宋如林漢軍舉人
李昉任邱監生
周鎬同知署
鍾崇儼江西附貢

周鎬金匱舉人
希昌阿署
周鎬回任
希昌阿復署
周鎬回任

烏明阿正白旗人

瞿應謙署
蔡河回任
萬光龥
陳豐福建監生
吳某江西監生

童鳳翔蘭溪舉人
車雲鵬會稽舉人

二十二年 二十四年 二十五年 道光元年 二年

吳光悅署
袁渭鍾丹徒拔貢
王鳳生通判署
張存漢軍監生
李宗傳桐城舉人

楊魯生陽湖監生
署
周鎬回任
熊澮江南監生
周鎬回任
何太青廣東進士

常謙正紅旗人
德亮鑲黃旗人

蔡河回任
呂樹梅安徽監生
王鳳生安徽監生
吳秉中廣東監生

三年 四年 五年

羅尹孚歙縣進士
劉榮玠陽春進士
徐鏞桐城進士

常謙署
何太青回任
畢紹棠天津監生
署
劉榮玠廣東進士
王鳳生婺源監生
胡逊文湖北進士
愛昇阿鑲黃旗監
生署
劉榮玠再任

費源江蘇監生
蔣恩銘睢州監生

王應鍾烏程廪貢
鄭謙鎮海進士

嘉興府志 卷三十六 官師一 四三

六年 愛昇阿 復署
德亮 署
七年 方秉 桐城貢生
胡國英 吳縣進士
九年
十年
十一年 胡元熙 黟縣舉人

愛昇阿 復署
德豫
劉榮玠 再任
實榮昌 安徽監生
明楓

愛昇阿
德豫 正白旗舉人
吉泰 正藍旗監生
明楓 鑲白旗人

王授 絳州監生
林文敬 晉江廩生

葉樹勲 紹興舉人
黃際春 德清廩貢

十二年 克興額 鑲白旗進士
胡元熙 復署
敬文 鑲白旗人
十三年 瑞元 正黃旗舉人
十四年
十五年 伊克精額 滿洲筆帖

劉榮玠 回任
張恒堅 安徽附貢
署
劉榮玠 回任
公福
吳方文 山東進士

公福 鑲紅旗人
華耀宗 鑲藍旗人

李玉典 鹽山舉人
劉震 江西監生
丁廷鉦

童復纁 餘姚舉人
張光熹 仁和進士

程夢麟 代理
陳紹芸 義烏貢生
孫頤 仁和廩貢

嘉興府志 卷三十六 官師一 四四

式
瑞元 回任
十六年 張洵 海豐進士
王壽昌 江蘇廩生
十七年
十八年
十九年 于尚齡 金壇進士

周召棠 雲南監生

公福 回任
陳耀 正白旗人
德慶 正黃旗人
陳天瑞 正白旗人

湯世勳 寶應監生
志賀 漢軍筆帖
式
丁人慶 江蘇監生
李汝霖 嘉興兼理
毓秀 嘉興兼理
朱濤 安徽人署

孫頤 兼訓導
王慶瀾 定海舉人
周栻 諸暨進士

二十年 福克精額 正白旗人
署
二十一年 劉榮熙 貴筑進士
二十二年 楊鶴書 歐甯進士
署
王壽昌 再任
二十三年 陳遇隆 順德進士
署

韋逢甲 山東進士
[illegible]
胡培鋆 云湖縣代
桂林 滿洲人署
戴堅 江蘇人署
龍光甸 臨桂人

二十四年　徐敬 余谿人　楊裕深 平越進士　署

二十五年　陳遇隆 署

二十六年　龍光甸 回任　廣瑞

二十七年　陳之驥 上元進士　李枝青 福清舉人　署　署

二十八年　徐瀛 黃陂進士　達晉 滿洲人署　署

張印塘 豐潤舉人　顧貽綬 金匱人署

石麟瑞　署

二十九年　余士璪 鳳臺進士　廣瑞 理事同知　代理

三十年　方秉 再任　邢吉甫 上元監生　嚴家紹 江蘇人

覺羅常恩 正白旗人　平湖知縣兼署　署

咸豐元年　鍾裕 鑲黃旗進士　白讓卿 順天通州進士　士

四年

五年　李祥麟 監利舉人　吉靈阿 滿洲人

阮斯馨 於潛舉人

丁洪疇 山陰舉人

沈鳳藻 仁和優貢

以上三人任年無考

謝崧 上虞附貢

李鵬揚 遵化人代　潘紹詒 江蘇監生

六年　馬昂霄 吳縣舉人　邢吉甫 復署　署

七年　白讓卿 回任　福寬 滿洲人　欽陛良 長興人署

八年　何紹祺 道州舉人　署　蔡兆輅 建德進士 十年殉難　胡寶鑅 山陰舉人　署

九年　瑞秀 正白旗人

十年　張玉藻 光州舉人　馬桂林 江甯人署　毓 失名　張詠 錢塘附貢 殉難

邢吉甫 上元監生　楊炳 新城監生

署　署　蔣錦瀾 會稽舉人　謝寶樹 錢塘進士

同治三年　李甫田 濱州拔貢　范義駿 桂陽廩生　汪穀 黃岡監生　署

署　署　謝寶樹 署　盧正珩 東陽優貢　署

許瑤光 善化拔貢 先署旋實

四年　吳中傑 吳縣供事　慶隆 滿洲鑲藍旗人　方傑 上元附生　陶鈞 會稽舉人　謝寶樹

陶鈞 乘堽

胡姚 瑞安歲貢　署

五年　汪穀 復署

六年
鄭彤書 上元舉人
邵鎮山 甯波增貢 署

七年
莊振英 府訓導兼
徐炳 上虞恩貢 署
莊振英 鎮海附貢

八年
佟增榮 滿洲人
志文 滿洲正藍旗人
何汝枚 仁和舉人

九年
邢守道 平湖縣丞兼
徐皋 黔西州舉人
莊振英 兼理
姚樞 仁和舉人 署

十年
岳齡 杭理事兼
志文 回任
章夏謨 仁和舉人 署

十一年
嚴嘉榮 山陰舉人

十二年
宗源瀚 上元監生 嚴州調署
陶鴻翊 湖南人 署
徐皋 回任
宗山 杭理事兼
志文 回任

十三年
許瑤光 引見回任
宗山 署

光緒元年
褚調元 吳縣監生 代
佟增榮 署

二年
徐皋 回任
廷俊 滿洲人
唐勛 綿州監生

三年
蕭福溝 吳江監生 署

元 經歷 知事 照磨 提控案牘

至元年
單慶

大德年
趙昇 從仕郎
薛亭 將仕佐郎
白 失名 金吾總管府記增
韓昱
張良佐 從洗大佑 免役記增
邊汝翼 二人從金吾記增

延祐年
焦鈞 承事郎
葛元英 將仕郎
石珍

至順年
劉巨源 承事郎
邵元振 登仕郎 從張采路學記增
程茂

後至元年
項文質 承事郎 從韓璵總管府記增
馬皋 將仕佐郎 從韓璵記增
馬原道 將仕郎 兼照磨承發架閣 從韓璵記增

至正年
茅毅

明 經歷 知事 照磨 檢校 司獄 驛丞

洪武年
劉師中
李暘
淩雲

宣德年
張蓀 沂州人

天順年 尹道光 成化年 李炫 尹進 郝敏大城監生 宏治年 袁鼎 趙廷玉 閔軒 陳覲

劉綱昌邑人 盧明 李恂 鄭浩 劉綱案趙圖記有劉剛列宏治劉志于成化宏治兩見劉綱

張乾 劉禎海州監生 張桓

韓杲

正德年 王瑢 蘇淙 黎福 丁標 廖宣 嘉靖年 王正 王錦

熊飛 沈鯨劉志作經歷今從趙圖記 周慰劉志誤作 同知 徐傑 牛應辰 陳大經 程炫

薛魁 雷時 閻讓 李鑾

曹輔 陳艮謨 許儒後裁缺

徐祥霸州人 程宏滕縣人

廖仲義 張南儒 朱木孝 錢潮 萬曆年 樊天爵 侯康 王佩章 張思敬

張炯然 孫琮 江仲 康瑚 萬貞 朱浩 陳伯儀 胡僊 王家仕 李琮

欒滋 帥賓 潘士業 黃仕龍 楊其濬 梁脩梧

李忠

陳司江 趙應鳳 天啟年 貢澍平陸監生 崇禎年 陳愛民汀州貢生 顧來聘 戴華秀浮梁貢生 甯先覺青陽貢生 柯萬春青陽人 盧士迴永定貢生

惠連後裁缺

盧淳 成俊士 史世富 侯溫鳳衡陽吏員 汪起雲長洲監生 龍尚夔勃海監生 陳璸漳州進士 孫密爾海州衛貢 生 衛拱辰韓城人

潘萬章 李侑 李暢 謝以逵 歐興 趙惟容

李景 傅寗 吳琪 高容 惠生 程鏞 上官和 郭鏞 王鈌 李堂

李愈芳 高原貢生
戴文甯 建昌貢生
廖成美 以上七人見劉志年代無考
黃 永 以上十二人見吳志年代無考

國朝

經歷 照磨 司獄 驛丞

順治三年 黃 鏑 黃岡監生 張文灎 貴?監生 周 順 ?士
四年 參國泰 甯都吏員
五年 謝 恩 黃岡監生
八年 劉萬象 江西監生 范懋斌 大興吏員
九年
十一年 劉奇瑜 巴陵吏員
十二年 陳聖道 兗州吏員
十六年 周維新 三河吏員
十八年 馮 陞 遵化吏員 于汝賦 大興監生 魯頌功 定遠吏員
康熙四年
五年 劉斌德 巴陵吏員 鄭淑友 莆田吏員
六年 吳進金 滄州吏員 劉之鉉 瀋陽吏員
十四年
十五年
十八年 孫元宗 宛平吏員
十九年 曹逢吉 武進供事 王 煜 [illegible]供事
二十一年 吉大徵 曲沃吏員

二十九年
三十一年 嚴文炳 盧龍吏員 趙月時 邢臺吏員 李之梅 邢臺吏員
三十二年 吳廷標 保定吏員 路 義 陝州吏員
三十三年 程廷佑 亳州吏員 秦國祥 天津吏員
三十七年 向文教 鄢縣吏員 嚴國柱 延慶吏員
三十八年
四十三年 唐漢英 [illegible]吏員
三十?年 李耀元 [illegible]州吏員
四十四年 柴 暹 天津衛吏
四十七年 白 錦 延慶人
五十年 陳 珺 灤州監生
五十一年
五十二年 馬必達 宛平吏員
五十五年 俞 鑽 南陵吏員
雍正三年 徐治遠 大興增生 沈玉瑜 通州吏員 熊國璽 大興吏員
何濟世 涼州吏員
七年 蔣毓元
乾隆元年 王居仁 曹 宏 鄱陽吏員
三年 劉 純 武清吏員
七年 錢毓瑞 丹徒人 朱衣客 大興供事
八年

十五年 十六年 十七年 十八年 十九年 二十年 二十二年 二十三年 二十四年 二十五年 二十六年

安泰 代州舉人
鮑鳴鳳 青陽供事

陳晉琇 絳州人

傅如岳 洛陽吏員
沈欽夏 蕭縣人
曾自立 長甯吏員
劉元魁 江西人

呂青萃 興國吏員
葛鉉 大興吏員
薛濬 通州監生
周朝晃 桐城監生
張作朝 四川監生

二十七年 二十九年 三十年 三十一年 三十二年 三十五年 三十六年 三十七年 三十八年 四十年

歐煥棠 鬱曾監生
元兆長
王念典 睢州舉人

顧錫圭 吳縣人
段廷楷 城固吏員
李正立 石埭人
張和 大興人
江吉 滁州人
王性愷 臨汾監生

張文耀 成都監生
陳兆璠 安徽人

李寶善 滿洲人
牛士魁 濟源監生

四十一年 四十二年 四十三年 四十四年 四十五年 四十六年 四十七年 四十八年 四十九年 五十年

湯懋脩 睢州監生
劉大呂
范檀 介休監生

劉淑 甘泉供事
呂公烈 河南人
朱士 長洲監生
陳岱鴻 吳縣人
胡承煜 華陽人
項韶 福建人
魯澤 江西人
田承謨

張介祉 浮山貢生
張學紹 嘉應監生

吳鴻 滁州監生

五十一年 五十二年 五十三年 五十四年 五十六年 五十八年 六十年 嘉慶元年

鍾琪 宛平附監

黃憲度 長甯監生
黃學溫 黃梅監生
謝燦 宛平人 考職

邱開泰 福建監生
夏智遂 歷城監生
陳宗禮 大興人 議敘

牛士魁 再任
李其焜 大興監生

四年 劉世斌 署
五年 張颺 漢軍鑲紅旗人
七年
八年 金思元 太湖人
十一年
十二年
十三年
十四年 樓僊林 大興人
十七年 陳堯臣

王裕基 順天監生
王文燦 金匱監生

池文芳 綦江監生
張爲炯 山東監生

蔡觀瀾 金匱縣人

趙昌 南豐人
張颺 復任
十八年 陳墫 甯夏監生
十九年 陳從嘉 大興人
唐汝湞 廣東人
二十年 何茗深 候官人
陳從嘉 回任
二十一年
二十二年
二十三年

陳墫
黃文燦 回任
張爲炯 山東監生
陳浩 江西監生
謝廷鐸 江西監生
陶夢璜 江西監生

陳青選 海豐貢生
張文海 石埭人
李仙根 太和監生

李初白 大興人

二十四年
二十五年
道光元年 趙希曾
張文海
二年 宋允恭 大興人
四年

謝廷鐸 回任
高廷昌 陝西監生
叢步鼇 江蘇貢生

李焜 石埭人
李初白 驛丞兼署
臧宸棟 諸城監生
宋允恭 大興人
王重遠 安徽監生

武廷杰 大興人
李初白 回任
江楫 江甯人

五年 唐允模 當塗人
宋允恭 回任
六年
七年 王重遠 司獄兼
陳墫 甯夏監生
顧文永 元和人

羅應垣 廣東監生
唐允模 安徽監生
孫應昭 安徽監生
李治平 山東監生

徐墀 安徽人
王重遠 回任

王重遠 司獄兼
呂明修 貴池人

八年 李輝增 臨清人
九年 巫佐瓊 大興人
黃銓 通州人
十年 殷兆基 南鄭人
巫佐瓊
薛文西 泰州副貢
十一年 劉玉衡 大興人
十四年
十五年
十六年
十七年
十八年

李琪 山東監生
李九鼎 甘肅監生
袁士傑 湖北監生
姚廷樺 武進監生
宋昭綸 廣東監生
顧光照 直隸監生

蔣銓 吳縣人
張壽承 如皐貢生
于學泉 文登監生
王重遠 回任
李逢看 宛平人
張勤節 大興人經歷
劉玉衡 代
彭念祖 江蘇監生

巫佐瓊 大興人
胡庚吉 長洲人
唐應奎 大興人
張衍祚 景州監生
唐應奎 回任
石景潞 大興人
王重遠 復兼
馬桂林 大興人署
葛廷賢 滁州人

十九年
二十一年
二十二年
二十三年 顧湛 江蘇人代
祝銘模 署
二十四年 劉玉衡 回任
二十五年
二十六年 徐尌 吳縣監生
代
秦恒久 署
二十八年 張家縉 三河供事
二十九年 徐延勲 署
三十年 顧雲路 長洲監生
代
饒際隆 江西監生
署
咸豐元年 洪承棟 歙縣監生

鄔澍 漢陽人

尹嘉謨 四川監生

陳佩玉 秀水典史
兼理
萬建廷 江西人署
孫長齡 績溪議敘
王壽徵 山東監生
署
尹家謨 本府司獄
兼
徐漣 江西監生
署
高卿培 貴池監生
洪承棟 經歷兼理

二年 徐 對 代

洪承棟 回任

五年 余廷棻 興化人代

洪承棟 回任

七年 劉紹宗 貴州監生

九年

余廷棻 代

孫恩長 江蘇人

周其泉 鎮洋人代

賴其勳 廣東人署

沈元高 長洲監生

署

張 墉 長安議敘 十年殉難

署

同治三年 鄧壽仁 奉新監生

四年

五年

六年

周建封 桂東軍功

程龍光 長洲監生

署

俞志訓 金匱監生

俞 贊 陽湖監生

姚宜慶 桐城監生

署

陳裔德 郃陽軍功

朱桂楹 上元監生

署

黃廣颸 商城供事

鄧壽仁 兼理

范先綸 上元監生

署

李寵桂 古田監生

十年 胡 藻 [illegible]監生

代

徐宗翰 [illegible]夏監生

署

十一年 左兆薇 桐城監生

嘉興府志卷三十七

嘉興府知府善化許瑤光重輯

官師表二

嘉興縣

	令	丞	簿	尉
晉 永和年	王胡之 遷吳郡太守見陳與義法帖釋文			
宋 元嘉年	沈演之 字臺真武康人			
梁	陸皎之 吳人見陳書陸子隆傳			
唐 長安年	楊廷玉 見張鷟朝野僉載			
神龍年	唐嗣華 休璟從子			
開元年	陸棣 象先弟			
天寶年	李元玫 嶠從孫		李漸 嶠從孫壽王記室翰子	
寶應年	李湯 見贊甯高僧贊			

	令	丞	簿	尉
大歷年		李顏 宗室濟王五世孫舊志作海鹽縣丞	陸士倫 見妙喜寺碑與顏眞卿陸羽有石鼎聯句	
			薛珂 仁貴元孫嵩孫	
貞元年	李汾 絳諸父			
長慶年	許 失名桐廬人方干有贈嘉興許明府詩			
大中年	盧君襲 范陽人見釋貞幹傳			
咸通年	吳士季 見太平廣記錄異傳			

宋	令	丞	學職	簿	尉
景德年	鄭頡	周源深			
	蘇在				
慶歷年	劉黃中 河中人			王存 字正仲丹陽進士	解晉 慶歷中爲秀州嘉興尉管青龍鎮事見青瑣高議
	周沆 字子貞益都人著作郎				
皇祐年	蘇袞 武功人			韓晉卿 字伯循安	胡楚材 字公喬壽

嘉祐年 錢龢

邱人宋史循史有傳

熙甯年 陶象

元豐年

元祐年 高元常字復明符離恩生

紹聖年 陳顯仁字藏用仙游人古田尉除教授

高靚字會之宿州蘄人進士宋史有傳

呂溫卿

張統蘇舜卿有送張統尉嘉禾詩

胡簿修常州人

宣和年 陸元光字蒙老歸安人

趙子偁太祖六世孫生孝宗封秀王

建炎年

紹興年 陳昱

周源深吳縣人

充堯叟任學正

林乂字材臣姑蘇貢士特奏名

錢世昭吳越王裔見錢氏私志

隆興年 張琯秀王祠奉祠

乾道年 黃度字文叔新

昌進士

淳熙年 李時習毘陵人

李陟字允昇內黃進士

魏任紹興中縣尉陞

紹熙年

慶元年 奚士達

趙公逕鹽官進士

徐彥明餘姚人仕武原鹽倉官陞嘉興縣令

寶慶年 莫子文字武仲吳江進士

嘉熙年 黃逢時長溪人嘉熙二年特奏名

淳祐年 陳德元字元善福安進士

寶祐年 陸垕見永昌寺記

景定年 葉哲佐見宋三朝政要

施傳子迪功郎見施府君廟行移

咸淳年 潛說友字君高縉

林應申福清人己

張夢吉學主

易偉字戍大崑

舉人　丑進士　李　山人

段沒見張汴申狀又癸辛雜志
吳思齊字子善麗水舉人
唐天麟義塾師

高墅[?]潛見湯志誤
張抃劉志作丞
鄭保咸淳間知嘉興州見元王磐撰董文炳碑疑有誤

元
達魯花赤　丞　學職　主簿　尉
縣尹

至元年
藏吉達魯花赤　饒峪　徐碩學正陞本路教授　徐碩宣公書院山長　邢海
王伯敬尹　趙汝弼　謝天錫字純甫吳興人
劉伯泉尹　汪首教諭　胡安普藍山人教諭　陳允

大德年
趙曾宣公書院山長
王玭本縣人宣公書院山長
黃正孫義塾師

至大年
董阿揭里迷失　馬速忽　潘明之
達魯花赤
阿敦達實同上

延祐年
顧士良尹　寅午辰教授　趙良弼字君卿東平人

至治年
白失名尹見輟耕錄　沈允信

天歷年
沈謙字伯讓教諭

至順年
愛納沙見張雨跋

元統年
厲一鶚教授東陽人

後至元年
相家世禮達魯花赤　愛納沙簿陞　王昌言名綸以字行本縣人學正
暢森德尹

至正年
陳伯顏尹字大有唯州人　善慶　蕭遠四川人　張維仁　鹿元麟
朱文郁　朱玉存　陸光祖俱直學　常文同
王恕尹劉陽人壬午鄉貢　徐天錫字士良　唐肅字處敬山陰人俱學正　周棐四明人　李大英
蔣元昌　常貞本縣人　王逢時
石光普尹字仲明　善慶再任　潘庭堅字叔聞太　周致堯本縣人桼[?]　張嚴

海鹽人

咬住 達魯花赤
張綱 尹
尹性 尹
雅山 達魯花赤 一作鴉山
張也先不花 尹
香山 達魯花赤
段友八 尹

平人
卓成大 本縣人 俱任教諭

周彝 字致堯四明人徙崇德見高巽志廣福寺遊記湯志分為二人誤
汪逢辰 字廣卿歙縣人案黃庾復書目作姓江任崇德教授
劉昂泰
黃玠 字伯成義塾師
韓元道

明

知縣
洪武年
傅霖 貴溪人
趙緯
張雲 人材
王友
袁茂
宋文
劉楨
徐節 進賢人 人材

縣丞
魏誠 河東人
馬驥 磁州人
張進 字公迪金壇人

教諭
沈鉉 字鼎臣號曲江錢塘人
鄭深道 字元文龍溪巢人

訓導

主簿
張士銘
謝天錫 吳江人
楊彥聰 貴溪人
李伯沖 吉水人乙丑進士
馬駿 山陽歲貢

典史
張克溫 見陳彥博陸宣公祠堂記
楊貞 南靖歲貢

譚義存
張允 山東人
周璧
汪善
徐本 字復初江西人
喻曉政
梁克隱
夏綜 澤州人
趙本
吳禮 德化監生金華縣調
孫敏
龍昇 東安歲貢
趙世昌 內黃貢生
王彬 晉江人
趙良 永州人
蔡楷 字汝儕沔縣人舉孝廉
建文年
蔡禪

蕭禍 閩縣儒士

永樂年

張輝　廖永　林森字廷茂，連江舉人　王彥文華亭人　張暉鄞縣舉人　鄭瑛侯官人

薛繼祖　胡雋　李孟璿字南莊，海鹽明經　趙文祿　趙緯字大經，以浙江按察副使謫

李鑑見實錄　張璉字宗器，襄城舉人　王潮用

袁溥　張觀桃源歲貢

李縉　夏英

楊榮永川進士

李哲

郭三觀

洪熙年

陳亮

宣德年

厲肅見實錄　林傑徐聞貢生　龍壽望江歲貢　黃香

趙良字良夫　潘敏性　楊瓛吳縣舉人　劉珌桃源監生

楊森海門貢生　傅霖貴溪吏材　陳和太湖歲貢　何崇永州貢生

正統年

陳還遠石首舉人　陳子純海康吏員　歐陽克常郴州舉人　顧儼字廷望，吳縣人

龔譽海昌舉人　蔡茂陝西監生

費銑　趙恭見實錄　周秩字公甹，安鄉人

李鑑安化進士　湯雷瑞金進士

張聰　張整

張惠吉州進士

陳眞材長泰貢生

王錦

景泰年

闞忠　蘇茂泰安州歲貢　杜倫淮安歲貢

張晟貢　劉洪曲江監生

天順年

楊文貴　沈讓江都監生　雍熙清水舉人　沈存字元謨，崑山舉人　張敏趙州貢生

李勉東平州監生　林敏惠安貢生　鄭繼興化舉人

楊觀字景順，監生　杜思信景州人

張雲字從龍　昌貢生

成化年

蒙逕龍南歲貢　吳秉用銅陵人　朱啟

王崇之字守節，滑縣進士　彭瀚莆田人　傅綬南京豹韜衛舉人

李器萍鄉貢生

陳璧字瑞卿，太原衛籍，高郵州進士　謝盈海門歲貢

郭資字逢源，上杭進士

宏治年

張鏞字洪鳴，麻城舉人　張宏魏縣監生　蕭珦泰和舉人　殷溥宿松舉人　羅全常化人　鄭甯濟陽吏員

孫拱辰六安州歲貢，袁志作張拱辰　張叔厚永福舉人　秦珍桂林舉人　顧瀾秦劉志列嘉靖四年，袁志在宏治十五年，縣志兩載，恐必有誤　喬睿棱邑人

黃澤字文㪍，泰和舉人　陳宏述莆田吏員　魯敏懷甯舉人　甘應奎江甯貢生　吉廷相

何天衢字道亨，道州進士　許福棲霞人　井顯建德歲貢　薛誼

李器袁州府人　郭貞

洪範 字邦正金谿進士
正德年
于範 字覺甫鄆城進士
杜淓 京山舉人 劉志作莆田誤
蔣達 字文孚寄

謝盛
黃鉞 字用威萬全都司貢生
進宇 萍鄉人
劉淇
陳憲 河南人
張謹紳
劉濤
吳聰 字克敏休甯歲貢

張材 內江舉人
張魁 字萬選新淦舉人
錢文 上元舉人

朱子方 字若矩莆田舉人
耿光 丹徒貢生
莫文 臨桂舉人
劉資 膠州貢生
楊儀 貴溪貢生
吳大本 莆田舉人
鄭復 字一陽龍

唐洪 朔州監生
李銘 故城監生
陳策
黃銘
黃鉞 字肅之開

江都籍進士
王瑄 江淮衛舉人
韓坤 字德原蒲城進士 劉志作莆田
林茂竹 字仲脩莆田進士
蔡經 字廷彝侯官進士
嘉靖年
龍欽 字則敬荼

周鸞
曹綸
秦潮 桐城人
孔繼宗 字述之舒城歲貢
凌霄 潁上歲貢
楊壽 成步人
陳世珍 長樂人

溪舉人
鄭豸 莆田舉人

梁文重 東莞貢生

平衛貢生
段眞 貴州監生
顧瀾 通州監生

梁珍

陵州進士
喬祺 字景福涿州進士
黃訓 字學古歙縣進士
黃獻可 字堯俞莆田進士
盧梗 字木伯常熟進士
李時行 字少偕番

韓德清 新城人
朱世臣 九溪衛貢生
張雲翔 莒州人
安邦直
胡子亞 廬陵人
張霑 石樓人
顏重禮 字向儀號東隅曲阜歲貢
程輿 永豐人一

王頤 華亭貢生
徐九皋 景陵舉人
胡來賓 儀封貢生
周鑛 青州宣尉
司舉人
葛覃 常熟貢生
鄭錀 閩縣舉人
李士龍 字應明嘉定貢生
許道 金壇貢生

李樹 番禺貢生
李驄 東鄉貢生
鍾材 肇慶貢生
傅華 金溪貢生
張鉞 潮州貢生
蕭蘊 嘉魚貢生
鄭繼 江都貢生
王遜賢 固始貢生
李祖 壽甯貢生
黃疇 華亭歲貢

見前
李進 元城監生
毛鳳 上饒人
王家相 天長監生
李永立 安定人
林保民 延平選貢
蔣苞鳳
周全
殷炯
王復 臨川吏員

田得時
王崑
童愼 貴溪吏員
陳治
蔣世鑑 劉志作世亨袁志作世鑑
張應璧
喬 失名

禺進士
張嵐 字雲少歷城進士
金槃 字于儀婺源舉人劉志作槃
張師載 字以道潛江進士
張烈文 字元煥蒙化衛進士
郭東 字仁府高

作嶼
黃文卓 休甯監生
楊綬 進賢人
靳崇儒 獲嘉人
宮卿 冠縣人
胡得化 祁州人
朱明善 高安人
黃美 上高監生
丁盛時 興化監生
楊邦徵

周鶴年 南海舉人
曹存 句容舉人
劉魁 更名毅萬
安舉人
黎恕 番禺舉人
吳樾 仙遊舉人
許善 浮梁歲貢

吳漢 武進歲貢
陸之袠 太倉歲貢
梁任 高要歲貢
陳文禮 安福歲貢
陳延 吳縣歲貢
鄭全 閩縣歲貢

係綬 一作系綬

平進士
翟　光

何　源 字仲深廣昌進士
李逢春 字仁卿巢縣歲貢

李實賓 字子暘婺源進士
劉　壇

范　崙 字子大丹徒進士
劉　鑑 字廷光蕭縣監生

鄧　祿
馮時元
于　濂 字象泉金壇監生劉志作俞憲

隆慶年
龔　勉 字子勤無錫進士
羅　星 字拱北劍川州籍太和進士
萬歷年
張問達 字德孚內江進士

金　輝 廬江貢生
李逢春
劉　談 吳縣人
趙　諧
柯一鵬
顧守愛
蔣自淑 全州吏員
陰惟翰
吳　銳 夷陵州監生

王　泮 常熟歲貢
溫　良 鍾祥舉人
劉宗周 永新歲貢
劉　芳 南豐歲貢
劉汝大 高安舉人

錢惟馨 靖江歲貢
陳獻可 漳平歲貢
陶　逵
姚　浦 柳州歲貢
楊　烈 當塗恩貢

曲從繩
潘　昂
王　法 池州人
熊一鶚 湖廣人

東　偲 劉志作東
思蕪
許若金 華亭吏員
趙　柏
陳月積
劉　洗 清河人

顧雲程 字務遠常熟進士
陳汝麟 字仁夫徐州進士
何汝岱 字宗卿普安衛籍當塗進士
蔡肇慶 字以祥詔安進士
何　豸 字平甫番禺進士

胡一鶚
胡士產
高尚德 靈璧人
顧希顏 南通州人
陳文炳
周遵誼 恭城人
朱　[illegible]
陳　詔
王天民
鄒東魯 兗州貢生

陳　楝 昌化歲貢
司馬曄 會稽舉人
周　官 甯鄉人
張　勳 字成湖常熟歲貢
高　座 臨安歲貢
周以敬 本姓胡字問仁新建舉人
王恩從 臨淮歲貢
管象韶 安福選貢

王顯光 崇甯選貢
俞　楠 餘姚歲貢
章　喬 宣平歲貢
孫一桂 定海歲貢
沈如松
林祥鳳 龍川人
王希貢 涇陽人
湯夢鯉 永豐人
王汝賢 太倉歲貢
王之屏 安吉州歲

朱世臣 澧川監生
鄭文樞 閩縣人
趙　令 應天府人
李思文 高淳監生
徐子成 銅陵人
周孔昭 吳縣監生
郭日疆 晉江監生
王而組 安福歲貢
田舜耕 汾州貢生
虞廷賓 安湻人

林克亮 福清人
余　偕 豐城人
陳相龍
董　梅 天長人
蔡　漢 壽州人
胡文宇 歙縣人
宋文宋 弋陽人
吳應時
李繼美
王和中

宋道相 字佐卿萬安進士
陳　儒 字子明高安進士
管　橘 字彥懷南陵進士
鄭振先 字太初武進進士
顏欲章 字伯闇安福進士

光文和 祁門監生
裴延賓 貴溪監生
胡楚嵋
滿朝翰 麻陽貢生
嵇士仁 金壇選貢
金士丰 上海監生
楊　禎 華亭監生
葛師夔 蕪湖貢生
熊　銳 金溪吏員
程懋卿 歙縣監生

湯欽止 蘇州選貢
諸元道 餘姚舉人
徐有德 繁昌歲貢
周　健 西安恩貢
張大受 字鴻所常熟舉人
李一貫 永壽舉人
孫天祥 海甯舉人

貢
郭養心 沁水歲貢
何希夔 東流歲貢
陳羽達 長興恩貢
吳宗魯 南靖歲貢
王文英 永嘉歲貢
祝子陞 應州歲貢
王大綬 瑞安歲貢
睦　定 上虞歲貢
章希舉 蘭溪歲貢

郭達材 莆田人
杜　俊 六安州人
洪　泓 涇縣吏員
莊光祖 吳縣吏員
羅鳳鳴 宣城人

顏日超

天啓年

譚世講 字學市 汭陽州進士
陸獻明 字君謨 太倉州進士
劉餘祐 字申徵 濱州籍宛平進士
蔣允儀 字紹賓 宜興進士
湯齊 字齊賢 武進進士 創修縣志

葉一樹 祁門監生
翁伯光 永豐吏員
吳廷植 南昌監生
王一奇 蕭山選貢
汪夢尹 弋陽歲貢
滕九長 徐州吏員
何憲章 六安州吏

李向璜 義烏舉人

諸萬傑 上陸歲貢
胡其禎 建德歲貢
張永年 青田歲貢

吳佐和 莆田人
程自和 歙縣監生

林士藩
尚耀宗 宜陽吏員

顧國寶 字元普 通州進士
康元穗 安福進士

崇禎年

駱天閑 字仲翰 南平進士
王驥 字翼超 丹徒進士
張鳳翥 字儀明 宿

員
王俊英 朝邑恩貢
賴大受 永安歲貢
王朝綱 晉江人
俞亡 無湖人
一人
陳體豫 南直通州
熊文輝 益陽人
何天衢 字雲軒矜
連歲貢

黃二宏 字念之 湖州舉人
徐公燧 字壽朋 江陰舉人
趙景和 杭州舉人

徐鳴珊 號澥泮 嚴州歲貢
孫肇元 字叔原 武康歲貢
羅之廷 字升父 新

黃永清 上思州歲貢
梁煌 僊遷人
江萬里 南昌人
陳士鑾 南昌人
徐錫鼎 字定千 常熟監生
黃起麒 莆田人

賴文瑞 定南吏員
游英才 字樂吾 當
陽吏員
沈國賢 字明宇 長州人
劉志夔 字賓虞 崇仁人
陳士禎 字恒宇 大

松進士
羅炌 字然明 欽縣進士 修志 川行
杜渭陽 汭陽進士
林之蕃 字涵齋 閩縣進士

陳道化 蒼梧貢生
房有芝 蒲城貢生
陳嗣泰 蘇州人

龔用圓 嘉定舉人

城歲貢
徐懋官 嚴州貢生
俞孟春 甯波人
史長春

董政 濟甯人
許延 上元人

興吏員
周允升 江西吏員
艾同芳 江西吏員
梁克勤 蒼梧吏員
林傳 三水人

國朝

順治二年

林楚 福建生員
李熙鶚 杭州生員

三年

組如蘭 字含馥 武

史畢新 仁和生員
施濟眾 孝感監生

曹宏度 錢塘歲貢
楊華玉 武進選貢

魏一介 錢塘拔貢

何化 錢塘人

定進士

四年

王允陟 遂東貢生
師若璋 安肅進士

六年

八年

潘必鏡 字湛明 延慶衛進士

九年

劉道子 大興拔貢

陶秉禮 會稽舉人

潘汝奇 武康拔貢

尚九重 封邱貢生 案四年裁缺是年復設

黃振先 金溪吏員

年						
十年	張厥修 字樂天 任邱進士					
十一年				毛之覲 遂安歲貢		
十二年						李翰[illegible] 清豐吏員
十三年					曹宗周 榆林衛人	
十四年	高登雲 黃岡副貢	廖綦文 奉新貢生	梁國成 仁和舉人			
十五年						張解 行唐吏員
十六年		王典 通州貢生			孫紹祚 池州人	
十七年	金式玉 正白旗進士 案袁志作玉式	李楫 富順生員				
十八年	齊象錫 字珍如 蒙陰歲貢			盧爕蘊 東陽歲貢 此缺於乙巳年裁去		田繼元 饒陽吏員
康熙二年					陳明梓 龍溪人	
三年	林遠 莆田舉人					
四年	金鏞 滁州官監		王維新 歙縣歲貢			
五年		劉士俊				
七年					朱鼎 江陵監生	黃元禧 東昌衛吏員
十年	梁沖霄 龍安舉人					
十一年		金朝選 奉天官監	蔡新佑 德清舉人			

年						
十二年						王耀祖 延安吏員
十三年		劉方直 保定貢監				
十四年			金葭 紹興舉人		趙尭美 樂昌廩監	
十五年					俞允悌 彭城衛吏員	
十六年			陳捷 字穎侯 蕭山拔貢 同修縣志			滕師顏 固安吏員
十八年	何鋕 字子昭 鞏昌府鎮番衛拔貢 重修縣志					
十九年			王六鼇 字子魚 分水舉人 同修縣志			王之傑 昌平州吏員
二十一年		李侗 興國州大冶附監				
二十四年			沈九如 字初由 錢塘歲貢 同修縣志			
二十五年					王國相 順天例貢	
二十七年	樊咸修 字子章 三原進士	馬御仟 字起田 蓬萊縣貢監				
二十九年	莫大勳 宜興人			郭之偉 西安歲貢		

三十年　許肇起 山陽進士
三十一年
三十二年
三十四年
三十六年　張　璧 平遠衛監生
三十七年
三十八年　陳大安 新城監生
三十九年

張呈祥 江陵監生

吳若成 德清舉人

魏廷樞 東河監生
潘希賢 大興監生
劉　瑞 安陽監生

嚴世彰 固城例監 吳志作國彰
袁德名 宛平吏員
劉昌運 氏黃吏員
胡　珍 肥城吏員

四十一年
四十三年
四十七年　惠　博 鶴陽舉人
四十八年　張起隆 鑲白旗監生
四十九年
五十一年　唐時雍 漢陽貢生
五十二年
五十四年　徐　岱 晉定舉人
五十五年

趙嘉茂 山陰歲貢
潘舜江 會稽舉人
商洵美 嵊縣舉人

沈紹法 山陰歲貢
戴　謨 錢塘歲貢

欒逢泰 宛平吏員
潘希賢 見前

任廷樞 孝城吏員
趙爾偕 鄞縣吏員

五十六年
五十七年　白　豐
五十八年　卞咸和 江都進士
五十九年
六十年
雍正元年　王以和 署
李夏盛
三年　陳克禮
四年　劉德寰
五年　戈鳴岐 景州人

王　琰 漳浦監生

王　毅 烏程舉人

韓名溥

潘　魯 石埭吏員
湯之棟
沈　銓

錢國棟 鄞縣吏員
莫國泰 順天吏員

七年
九年　連　茹
張　珽
十年　湯友信
十一年　方以恭
十二年
十三年
乾隆元年　閻沛年
六年　張　鐸

郭承錫
李士秀
蔣　溥
譚世選

孫　龍 歸安舉人

李綬枋 縉雲歲貢

章光大
林永青 鄞縣典史

七年	趙　預				金　鼇	
八年	査延掌				李　憙	
九年	鮑　珍字安之奉天人		馮士宏	諸葛秀		
十年	閻公銑昌黎進士	周定方	王立鰲鄞縣舉人			
十二年	伍　鉞大興監生					
十三年	楊承綜廣濟拔貢		沈莫尚餘姚舉人			
十六年	石　山鹽通判署				瞿敬賢	呂育孝
	張　愉曲陽舉人					
十七年	魯克恭秀令兼署					
十八年	張元文甯陵副榜					
	胡天昇通判署					
二十年				董玉錫歸安廩生		許文煥
二十一年		陳虞盛		方　鋆淳安廩貢		
二十二年	陳行義署					
二十四年	孫交元漢軍舉人	熊　泗	許曰聰德清舉人			章廷倫
	署	馬廷楸				
	吳振域甘泉進士					

二十五年		馮武臣				
二十六年	李　化永城副貢	張亮熊		黃家許太平歲貢		
二十七年					李繼學	
二十八年		王啟建署				劉元魁署
二十九年	王士澣咸甯貢生			王錫纓仙居歲貢		葉萬根
	署					
三十年			陳　宣錢塘舉人			
			朱奕曾錢塘舉人			
三十二年		李國楷	張　楷諸暨舉人			
三十五年	徐尚文署	歐煥棠樂昌人			俞翰香平遠人	
三十七年	王士澣					牛士魁
三十八年	王　燧如皋監生					李大成
	署					
三十九年	梁　森順德監生			阮培元黃巖舉人		張成臬
四十年		沈積純署			龔先堯	
四十一年	劉　佑錫山吏員	歐煥棠	潘　瑛仁和舉人			
	署					
四十二年			汪大賓錢塘貢生			
			署			
四十三年			繆景僑錢塘舉人		蕭文鉅	

四十四年　金　仁　迪州廪貢

四十六年　張敦本　浮山附貢　署

永　慶　覺羅舉人　署

四十七年　劉　田　諸城舉人　署

四十八年　嵩　福　鑲白旗筆帖式

四十九年

董文僞

五十年　程嘉禶　績溪監生　署

鄧曰治　英德拔貢

李千霄

五十一年　范　櫺

宋　藩

郭　璸　江西人

五十二年　黃敬修

謝肇澍　山陰舉人

齊泰年

孫元淵　署

五十三年　車向榮　仁和舉人　署

伍士鵬

五十四年　張維衡

宋　喆

五十五年　陳　昶　宛平舉人　桐鄉知縣調署

盧光璐

王文德

李見心　臨川舉人　永康知縣署

五十六年　王士鑑　楚雄拔貢　教習

王　鋑　鄞縣廪貢　肄業議敘　署

趙　成

張邦偉　浦江歲貢

謝用澄

五十七年　王　炳　金華舉人　署

姜　岱　金華拔貢

五十八年　伍士備　新興舉人　署

韓勝祿

洪鼎煊　臨海拔貢　署

伍士鵬　見前

鄭裕國　正白旗漢軍舉人　署

李簡德　朝邑拔貢

龔大銳　西安歲貢

徐雙桂　正藍旗漢軍舉人

五十九年

八十九　鑲黃旗漢軍舉人　考職

六十年　李　峯　德慶州舉

曾　鏞　泰順拔貢

桂兆熊　署

年	一	二	三	四	五	六
	入署		署			
嘉慶元年	司能任汾陽拔貢		東向榮回任			葉承澍署
二年					陳士驗署	劉仁方署
三年	劉雲秀水知縣兼署			吳鴻遷仁和舉人	陳思朝	楊毓麟懷甯監生
				署	高颺	
四年	楊時翔雲南舉人	張鵬程		李承烈鄞縣廩貢		
	署	高敏英				
	司能任回任	曹鎬新建監生				
六年	鄧雲龍山東拔貢			金孝枚仁和廩貢		
七年	趙黻滿城舉人			李承烈回任		
十一年	彭志傑湖北舉人					孔廣文長樂人
十二年	陸玉書六合舉人			朱綱鄞縣舉人		
十三年		路泰直隸增生		柴崇高錢塘舉人	陳宗禮大興人	
十五年	趙黻回任					
十六年					姚綖安泰和監生	
十七年			孫啟震武康廩貢		陳宗禮回任	
			任日炎錢塘舉人			

年	一	二	三	四	五	六
十八年		黃鈞湖南附貢				陳克安宛平人
十九年	宣麟吉林恩貢					
二十年	趙黻回任					
二十一年	鄧必玉奉新監生					
	趙黻回任					
二十二年						猶以樞貴州附貢
二十三年	朱點周武進人				程光俊安徽監生	
二十四年	趙黻回任					王如璪廬陵監生
二十五年		王霦宛平監生				
道光元年	王維堉章邱監生	陸嶋廣西舉人				
		程光俊安徽監生				程光俊主簿兼署
二年		陳若森江蘇廩生				蔣銓吳縣人
		張壽承如皋附監				馬蘊璐東光監生
三年		徐墀靈璧附監	葉道春錢塘廩貢			
			楊承烈錢塘舉人			
四年	張邦棟武昌進士					
	王維堉回任					
五年	畢紹棠天津監生			金士魁定海廩貢		

六年　王維堉 同任
七年
八年　蔣　銓 吳縣人署　張壽承 復署　徐　墀 同任
九年　黃錫祚 閩縣進士

程夢麟 德清廩貢

蔣　銓 吳縣人　孫應翔 上元監生　段懷忠 大興人　伍鳳儀 四川監生

金　勇 順天議叙　王昌燕 大興監生　謝紹光 湖南監生

十年　王世棠 宛平進士　熊象伊 四川監生　薛維清 會稽廩貢
十一年　黃錫祚 同任　巫佐瓊 大興監生　胡元杲 錢塘舉人　徐　墀 同任
十二年　宋　璜 溧陽廩貢
十三年　朱　浩 安徽議叙
十四年
十五年　江思濬 四川拔貢
十七年　劉體章 秀令兼署　劉榮勳 安徽監生

洪鼎元 錢塘舉人

劉　秩 長安人　李　琪 山東監生

十八年　李汝霖 聊城進士　祝謨明 江西附貢
十九年　銳　秀 鑲黃旗人　王協卜　徐　榮 廣東駐防漢軍進士　龔慶五 長洲監生
二十年　楊裕深 貴筑進士　溫應棠 大興監生
二十一年　趙　洙 太平附貢
二十二年　李汝霖 同任　王朝佐 黟縣監生　署
二十三年　胡德璐 秀水縣丞　劉李湆 奉新監生

錢　栻 上虞舉人

馮光周 湖北監生　張衍祚 景州監生　魏應南 沐陽貢生　戴春年 江蘇人

仲　來 代
二十四年
二十五年　楊　炳 新城議叙　賀崇渠 歷城供事
二十六年　張銘鼎 山東人署　謝榮光 華陽監生
二十七年　德　成 漢軍人署
二十八年　葉　堃 閩縣監生
二十九年　朱緒曾 上元進士

徐國楨

張潤祚 四川人　孫蕙洪 江蘇人署　惲　壇 武進監生　吳慎輝 安徽人署　賀仲衡 河南人署　戴　琦 常州人署

三十年　咸豐二年　三年　四年　五年　六年　七年　九年　同治三年　四年

楊炳再署　李枝青福甯舉人　楊炳再署　薛時雨全椒進士　顧錕蘇州監生　顧準常州監生　余祚馨武陵舉人　彭祖壽蘇州人署　王晉玉溧陽附生　署

李家煒長沙監生署十年殉難　朱旭照迪化吏員　瞿紱章婁縣監生十年殉難　湯慶沺安陽監生　署　莫嶷江浦監生　署

胡九定建德舉人　陳日章慈溪人　阮斯馨於潛舉人　沈有潤定海人　以上二人任年無考　以上三人任年無考　何鎮揚山陰舉人　蔡欽嘉諸暨附貢　署

孫失名歸安廩貢　汪繩武錢塘附貢　沈廉　陳烈新諸暨貢生　署

顧雲路江蘇人署　朱旭照迪化吏員　張桂芳含山監生　署

王嘉瑞懷甯監生　署　劉秉鈞大興監生　陳世彥山東人　畢永濂鎮洋監生　李世埏大興監生　署　王澍歙縣監生　署　汪履吉懷甯軍功

五年　七年　八年　九年　十年　十一年

臧均之諸城廩貢　陳謨江西安仁進士署

王嘉章建昌軍功　署　李家瑞侯官監生　署　周建封桂東軍功　祝壽頤元和監生　代　王錫昌江都監生

范樾鄞縣舉人　鄭顯標兼署　蔡鼎昌錢塘廩貢　署　查耀乘海甯舉人

汪繩武錢塘附貢　范樾兼理　洪炳煒淳安歲貢　署　鄭顯標慈溪增生

秦炳宿無錫監生　署　馬玉麟成都監生　汪履吉兼理　馬玉麟回任　徐宗翰江夏監生　署　黃紹奎吳縣監生

十二年
黃兆槐 秀令兼理
史致馴 陽湖監生 署
沈桐 震澤監生
署

十三年
羅子森 南海舉人
署

光緒二年
張堯 仁壽舉人
署

查耀乘 兼理
蔡召棠 歸安附生
署
王震元 仁和附貢

三年
臧均之 再任

秀水縣

明

	知縣	縣丞	教諭	訓導	主簿	典史
宣德年	趙忠	張僉 泰和進士	徐哲			
	喻義	御史謫	周轅 泰和明經			
正統年	關忠 無為州人	陳先 延平貢生	黃維絅 福州人	韓啟 嵊縣人薦	姚本深 漢川人薦	
	黃憲 萍鄉人	高謨	李伯瑛 上海舉人	辟	辟	
					高謹	
					薛宗鑄 南京貢生	
景泰年	宣暉	王 失名	楊浩 無錫舉人		夏璠 太平人	李 失名

	知縣	縣丞	教諭	訓導	主簿	典史
天順年	莊澈 江甯進士	林 失名	周 失名	林憲 興化舉人	申 失名	
成化年	汪奎 婺源進士	陶忠 全椒監生	方繹 興化舉人	張宏道	劉玉 豐城人	藍容 即墨貢士
	李瞻 閩縣進士	劉俊 建德監生		侯顯		
	郭珙 閩縣人	邵敏 郯城監生				
	李賢 安定舉人					
宏治年	梁偉 柘縣進士	馬驥 宣州監生	王成憲 昆山人	張時泰 上海監生	戴珣 無錫吏員	王旦 吉水吏員
	韓旭 長安舉人	王和 元陵監生	鄒璣 雲夢舉人	楊渤 莆田監生	景昭 遷安貢士	李敬甫 莆田舉人 教職左遷
	譚溥 銅梁進士	方全 都司衛監		伍常 順德舉人		
	賈傑 大興舉人	生				
		王灝 解州監生				
		陳敏 信陽州監				
		生				
		劉景 甯國貢生				
		程紳 句容監生				
		孫源 安邑監生				
		周維善 合肥人				
正德年	孫樂 福山人	李倫 大甯監生	楊鏊 臨桂進士	陳貴 歸善監生	邢鵬 汴人監生	陳德 閩縣人
	蘇恩 華亭人	嚴倫 高郵貢士	鄒希賢 華容舉人	劉傑 全州舉人	許瑛 當塗人	鄭瑤 莆田人
	周懋文 昆山進士	高賢 定遠監生	陳涫 呈貢舉人	許溥 江陰監生	趙文博 討嵐監生	彭珊 黃岡吏員

劉夢陽 臨清人
陳世用 淮安舉人

嘉靖年

趙章 合州人
陳价 汝陽進士
周顯宗 濮州進士
林應亮 侯官進士
阮復初 華陽舉人
徐亮 江陰進士

劉璟 宣城監生
潘廣 舒城吏員
史臣 鳳陽監生
丁龍 彭澤監生
王槐 延津監生
張鉞 魚臺監生
蔡玉成 吉水貢生
倪清 大興序班
外補
賈文奎 京山人序

李元素 安甯舉人
翁泳 莆田舉人
蔡廷春 福建舉人
呂翊 江西貢生
嚴仁 分宜貢生
何星 南陵貢士
邱雲霄 崇安貢士

許祖武 海陽監生
陳紀 進賢貢士
丁鳳 泰州貢生
廖倫 尤溪貢士
劉璧 萬安舉人
鄧驥 新會貢生
吳昇 福建貢士
吳尚仁 河南人

馮經 米脂監生
張文 歙縣人
張秉彝 汲縣監生
李和 吉水吏員
張奇 監生
李瓊 監生

李玉 雲南人
周木 汀州人
陳文 蒲圻人
許昌 高密人
張守信 歙縣人
朱玉用 吳縣人

班外補
吳大賈 南昌監生
蕭儒 吳縣貢士
劉滄 大同人
丁隆 蒲圻吏員
孫椿 臨安衛貢士

洪遇 歷城人
方祥 浮梁進士
王應顯 漳浦人
陳松 青州人
張學古 南宮進士
張翰翔 溧陽進士
潘民談 蒲圻進士
程賓 甌甯進士

劉翊 如皋監生
應鑄 山陽貢士
梁機 濰縣貢士

沈臺 蕪湖貢士
王諷 祁門解元
張來鳳 南京府京衛舉人
李廷輔 趙州貢士

金鏜 應天貢士
廖魁 茶陵州貢士
錢鏜 松江貢士
段錦 洛陽貢士
姜性 南昌貢士
吳渭 高安貢士
容文科 陽江貢士
丁汶 彭澤貢士
王駱 句容貢士

王用中 泉州監生
徐漸 監生
許泰 吉安監生
李時脩 漢中府監生
呂相 合肥監生
陳鎰 清濱貢士
高紀 貴池監生
程仲軾 婺源監生
楊準 鎮奉貢士

歐學 平陽人
鍾和 南雄人
錢泰 歸化人
屠可教 漳亭人
韓鍌 鳳陽人
田相 泉州人
夏楠 廬江人
彭英 鳳陽人
周誠 餘干人

張濟世 平陽監生
許遜 監生
謝逵 監生
盧文德 南昌監生
柯楫 池州監生
劉基 漳浦監生
馬仲興 漳浦監生
馮詔 潼州監生
朱龍 山陽吏員
張基 寶坻貢生

俞山 華亭貢士
錢良臣 江都貢士

朱榮 高郵監生
周季 吉安監生

隆慶年

唐裔 無錫進士
張道 湖口人
由禮門 杞縣進士

萬曆年

朱來遠 臨江人
陳九德 漳浦人劉

宗伊 江都貢士
蕭儀 六合貢士
饒承徵 蒲圻舉人
沈宗範 石埭監生
鄭以昌 永興監生
陳廷策 歸化監生
馬懋 樂安貢士
周讜 江都貢士

吳炫 邵武貢士
謝成賢 宣化舉人
謝孟之 巴陵貢士
張嘉熙 桂林舉人
閔德廣 烏程貢士

張綸 汶上貢士
曾介 句容貢士
楊晏 盧溪貢士
舒勛 黟縣貢士
柳東作 武陵貢士

周宏迪 福清貢士
丁楫 上海監生
楊尚文 宿州貢士
袁廷瑞 武昌監生

王大玉 豐城人
鄔英 麻城人
王金 倉山人
唐時化 揚州人

志作鎮海人 郭如川 富順人 李培 利津進士 始纂縣志 鄧漢 新城進士 陳于廷 宜興進士 明史有傳 史樹德 金壇進士 吳其貴 進士 林聞詔 長樂進士

何嶺 東莞舉人 張愛 泰州貢士 封嘉誥 重慶貢士 孔輔 泰和監生 張詞 淅川貢士 劉志作炯 黃如桂 龍里衛貢士 士 熊濂 南昌人知印

葉于敘 閩縣舉人 高宏越 龍泉貢士 伍表世 全州舉人 周允 山陰舉人 汪文璧 休甯舉人 譚奇 黃琚 孫森 汪文明 周允 山陰舉人

徐萬松 李為 姚璧 石首貢士 秦懋台 臨海貢士 陸一德 太倉貢士 陳嘉謨 縉雲貢士 張嘉祥 均州貢士 許桂 翁源貢士 徐一鳳 李曉

易象 衢陽貢士 孫應溪 郭興人 方文質 婺源監生 任一濟 鳳陽吏員 熊孚吉 沂水儒士 楊乾 甯國監生 柯之蔭 貴池監生 許梗 福清吏員

江夢熊 歙縣人 王悌 霍邱人 李文邦 高僖人 戴君寵 臨州人 姚一揚 江都人 劉志作一陽 仇音 蕪湖吏員 陳 失名陽羨人

天啟年

楊齊 武進進士 范文若 上海進士

鄧承孟 利津貢士 張可大 太和監生 殷嘉謨 宿松貢士 戴宗伊 黃光相 周一貫 惲華卿 李倣 程夢麟 彭澤人 戴朝薦

青 失名山東人

楊維綱 陸希宣 融縣人

崇禎年

莊尹長 晉江進士 張叔鏜 新淦進士 田見龍 隨州進士 王養正 泗州進士 張治統 通判署 傅汝為 江陵進士 羅心樸 營山進士 張士楚 績溪進士 李向中 鍾祥進士

周大志 滿應泰 荔坡貢生 陳勳泰 天長監生

沈 失名 李葵 舉人 蔣 失名貴州舉人 林有揚 閩縣歲貢 沈勳 北直舉人 姚啟明 董用圓 一作童嘉定人乙酉赴水死

吳君鳳 鄭至和 邵志登 象山歲貢 嚴爾行 安吉州貢 生 何君鳳 舊志均載與吳君鳳同名疑有訛

國朝

順治二年 四年 五年 七年 八年 九年

方學聖 貴池進士 周之桂 咸甯進士 黃繼儒 遼東人 劉尚智 廣甯貢生

鄧起鯤 貴池監生

馮來章 仁和貢生 曹洪度 仁和人 何爾紀 分水貢生 謝重暉 上虞舉人

郝垣 汪四宗 烏程歲貢

楊楨 案四年裁缺是年復設

杜應 茂名舉人 仇憲仲 新安人

十年 十一年 十二年 十四年 十五年 十七年 十八年 康熙二年 四年 五年 六年 七年 九年 十一年 十四年 十六年 十七年

孫 節 大興 拔貢
賈 曾 無錫 進士
王廷機 岐山 進士
李見龍 象陰 進士
于 珽 奉天 廕生

丁仁定 新建 貢生
王梅和 任邱 人
俞文宰 臨湘 恩貢 縣志作之宰
張 振 通許 貢生
范國棟 大谷 貢生
錢 緝 直隸 監生
鄭廷俊 奉天 恩蔭
夏祝聖 定遠 生員

方繼卿 涪安 歲貢
傅希哲 浦江 貢士
周 旬 新城 舉人
管文華 海甯 拔貢
范正輅 鄞縣 舉人

王庭鳴 孝豐 歲貢
姜應珪 天台 歲貢
袁日華 天台 歲貢 案三年裁缺是年復

羅萬象 豐城 吏員
解春魁 寶坻 吏員
張光恩 閩縣 儒士
陳正和 大興 監生

周維屏 富平 吏員
井自瑞 華州 吏員
温國輔 華州 吏員
薛明禮 吳縣 吏員

二十年 二十一年 二十二年 二十五年 二十六年 二十七年 二十八年 三十二年 三十四年 三十五年 三十七年 三十九年 四十五年 四十六年 四十八年 四十九年 五十一年 五十五年

任之鼎 石棲 貢生 重修縣志
陳 綍 猗氏 進士
蔡祖煐 休縣 舉人
于 勛 吳江 監生
陳邦華 江都 吏員
吳階之 儀眞 舉人
王大業 澧縣 舉人

王在豐 順天 人
張光祖 滿洲 監生
王 裁 順天 貢生
林 沛 澄州 貢生
陳繼祖 滿洲 監生

王克遵 仁和 恩貢
周盛雍 山陰 舉人
管宏諄 海甯 舉人
支瑤甸 仁和 舉人

設
汪洪裔 仁和 歲貢
程隆基 錢塘 歲貢
查 晟 錢塘 歲貢

傅 斌 順天 監生
杜連捷 順天 監生
霍成珍 順天 監生
姚孔鑒 安慶 貢生

喻鳳業 順天 人

五十六年 丁兆啟海康舉人 龔汝賓山陰歲貢
五十八年 張鳴皋順德舉人
五十九年 安定校滿洲監生 張 珠仁和舉人 孫 麟順天監生 王秉信
六十年 閔 汶鄱陽舉人
雍正二年 程世恂順昌舉人
三年 葉 煒天台歲貢
五年 沈希忠
六年 魏大德 何玉機杭州舉人
八年 王定鼎 李 模
九年 董 懿祿勸恩貢 張士正 陳宏訓山陰進士 郎棨泓
潘 鑰署
十年 張士正回任
十一年 戴玉祥浦江廩貢
乾隆元年 吳方將
二年 劉 掞山陰舉人 梅雲景
四年 丁如松署
張元善
七年 華麟趾宿州監生
金華府通判署
八年 張開第

九年 戴紹奎
十年 羅守仁 張裕熿
朱輝璘平陰生員
十二年 陳 柱大興監生
伍 鉽大興監生
十三年 魯克恭豐潤舉人 王光啟
十四年 郭蓮辰署 張超英平陽舉人
十五年 王光啟回任
十七年 朱 濬 錢毓秾
符大紀涇陽進士
十八年 崔 錫海鹽縣丞署 乜應武
十九年 李肯文番禺進士 盧 炯漢軍考職 張 縉分水舉人 方卓然淳安拔貢
何元鼎候補運判署 議敘
方觀本桐城附監
二十年 吳 鏞錢塘舉人 佟 紫漢軍監生 趙良臣
二十一年 舒 瞻滿洲進士 盧 炯署 郭瑞麟安平吏員
李化楠羅江進士
二十二年 楊國華固安舉人

年						
二十四年	署		王湄 山陰舉人			
二十五年	雷士銓			陸勸棻 烏程廪貢		
二十六年	孫爾周					盧烱 楊璧鍾
二十七年	韓本晉 太原進士		陶世鳳 會稽舉人		蕭思鳳 泰和附貢	歐陽琦
二十八年			陳全治 烏程舉人			高洪 江甯貢生
二十九年		梁森 順德監生				
三十年	馮玲				張炳照 膠州監生	
三十一年						張梗
三十二年	徐朝亮		酈組綬 山陰舉人			
三十三年	劉佑 銅山人					
三十四年	鮑鳴鳳 平湖縣丞 署				羅奇俊	鮑文烈 貴池供事
三十五年	張圖南 婺源舉人	牛士魁 署				
三十六年		張炳照		潘敏 舉人		
三十七年		白久潤 謝鉉			余翰香	
三十八年		程兆璠		葉庠福 杭州府人		龔長發

年						
三十九年	潘安智 江西新城貢生署	田邦甯		何愷 仁和舉人		
四十年	張圖南 同任				胡映棠 署	
四十一年	汪廷樞 武進貢生	張大綸 署			鄧悅仁	
四十二年	潘安智 復任	劉能權			張大綸 署	
四十三年			潘廷燾 山陰廪貢		趙世藻 署	
四十四年					孫天錦 署	王彥林
四十五年	安汎 江夏監生					顧學元
四十六年		葉萬根 署 曾自槐 署			吳治安	
四十七年	汪甫 旌德附貢 謝昕 華陽舉人	劉奇 署	王日桂 仁和舉人			
四十八年	王希曾 天津舉人					
四十九年	紀有堂 膠州舉人	楊兆鼎				
五十年		郭瑣			郭琳 署	
五十一年					田灝 署	
五十二年	張鍾麒 永甯州進				齊泰年 署	田灝

五十三年 張學紹 王銓
五十五年 戰效曾 濟津舉人 黃璵 署 毛林鴻
五十六年 鄒日瑞
五十七年 王士鑑 起雄拔貢 署 成履觀 朱大年 牛士魁 署 黃學温
五十八年 戰效曾 回任 劉其凝 何元涓 署
五十九年 鄭喬年 署 張椿 戚文魁 署 陳士驗 署

六十年 李見心 臨川舉人 吳元涵 署 查秀 署 王濤 署 陳士驗
台州同知 署
嘉慶元年 姚鳴庭 鉅野附生 議叙通判 署 龔懿修 定襄進士 鄭喬年 回任
二年 何際昌 南鄭舉人 胡舉 餘姚舉人 鄭喬年 署 劉暉 署
三年 劉雲 長沙吏員 李其焜 署 高文炳 署 謝燦 署

四年 游朝佐 樂安舉人 慈溪縣丞 署 李鍾 武康歲貢 署 侯定光 廬陵監生 王思敬 署
五年 林鳴岡 侯官舉人 署 鄭喬年 回任 丁元禾 歸安舉人 閔思瑞 烏程舉人 董宗海 歸安廩貢 張世泰 天津吏員 署 鄭鈺 署
六年 嚴昕 江蘇舉人 張友柏 宛平舉人 何美濬 鄞縣舉人
七年 嚴昕 回任
八年 趙潵 嘉興兼理 鄒必玉 江西監生
九年 鄒洊齊 四川舉人 張友柏 回任 王應鍾 烏程廩貢 朱瑞金 署 龔繩正 仁和廩貢 秋學禮 山陰舉人 尚之溥 江蘇監生
十一年
十三年 吳觀樂 閩縣舉人
十四年 張友柏 回任 李品鎬 江西舉人
十六年 曹堃 新建人 李長清 溧陽人 楊逵 貴州監生
十七年 楊兆璟 江西附生 謝永福 甘泉議叙

十八年 十九年 二十年 二十一年 二十二年 二十三年

陳銘四川進士
黃兆台江夏舉人
陳銘同任
陳從嘉大興監生
李品鎬同任

魏正名錢塘舉人
周錦烏程廩貢
章煒紹興舉人

李景瀚大興人
孫應昭安徽監生

葛湘舟宛平議叙
謝永福同任
劉宗雲江西監生
謝永福同任
曾庭江西貢生
萬杰湖南監生

二十四年 二十五年 道光元年 二年 三年

鄭鴻文廣東舉人
李品鎬同任
劉炳然安徽舉人
徐起渭貴州拔貢

潘國徵永康舉人

段懷忠大興人
熊家伊四川監生

曹佩蘭安徽監生
劉宗雲署
曹佩蘭同任
張文海安徽監生
謝楨江西監生
楊兆清江西監生

四年 五年 六年 七年 八年

呂延慶山東進士
蔣祥墀湖北廩貢

張文海安徽監生
焦延魁安徽監生
巫佐瓊大興人

張謙洛大興監生
李錫恩山東監生

庾樓安徽監生
楊兆清同任
巫佐瓊大興監生
楊兆清同任
唐允模安徽監生
王希孟安徽監生
楊兆清同任
巫佐瓊署

九年 十年 十一年 十二年 十三年 十四年

呂延慶同任
姚學仁旌德進士
陸模鎮洋舉人
陳徵芝閩縣進士
沈皐宛平監生
陳徵芝同任
劉秩陝西議叙

石景濬大興人
孫應昭大興人
陳華直隸訓導

陳遇春永嘉廩貢
孫光照烏程廩貢
陳掄英山陰舉人

汪裕光安徽監生
陳嗣衡四川監生

王靜波安徽監生
楊兆清同任
劉春臺直隸監生
楊兆清同任
巫佐瓊署
胡兆麟上元人
陳錫元大興議叙

年						
十五年	劉禮章廬江進士	方銘正大興人				
十六年					胡德璐婺源貢生	
十七年	李汝霖聊城進士 熊兆麟江西舉人					
十八年	毓秀鑲黃旗人 劉紹錡萬安舉人					林俊順天監生
十九年	王丕顯五臺進士	胡德璐婺源貢生			陳殷邦侯官監生	邱家炘宛平監生 陳佩玉石埭附貢
二十年					萬方溝南昌監生	
二十一年	殷焯達貴州附生		董光湄紹興舉人			
二十二年	余士瑮鳳臺進士					
二十三年	劉灼山東舉人 音德布滿洲進士					
二十四年	翟維本 傅廷濤廣東舉人					徐對江蘇人代
二十五年		李文彪代 胡德璐回任				徐桂銑吳縣人
二十六年	張銘志湖北廩貢 賈椿麟					
二十七年	王承楷江蘇舉人			林廷翰鄞縣廩貢		

年						
二十八年	戴嵩年昆明監生			陳康吉義烏增貢 湯煦金華拔貢		駱雲璐代 盧學海三河人署
二十九年	朱緒曾嘉令兼理 江忠源新甯舉人			高文祿湖州拔貢 章丙湖州廩貢		
三十年	丁溥江蘇監生			周林一紹興廩貢 以上六人任年無考		曾傳保江夏人署
咸豐元年	劉潤山東進士 龔振麟福建監生				方準大興吏員	
二年	楊炳新城議叙				郭昌頤署	張積善寸蕭人
三年		方僖南昌人署		孫仁淵杭州廩貢署		鄭國均江蘇人代
四年	劉書田河南舉人	傅汝梅高安人	張應奎紹興廩貢	潘華海甯廩貢十年殉難		張映川江西人
五年	馬桂林江蘇監生				卜詢長洲監生	
六年	卜詢主簿代理 楊炳再署					
七年	張致高太和舉人		吳鑑瀛山陰舉人署		秦宗武江甯附生	
八年	顏煃連平州附生		朱斤義烏舉人署			
九年			孫道復紹興廩貢		王家起天津監生	

年	一	二	三	四	五	六
十年			署			熊士龍清河人署　殉難
同治三年	王嘉榆懷甯監生　署	汪兆圻崑山監生　署	俞時學慈溪廩貢　署	許家清天台廩貢　署	周淸獻上元監生　署	徐　漣金谿監生　署
四年			蔡欽堯　代 汪繩武錢塘附貢　署		韋餘慶高郵監生　署	武　瑞長興監生 周　煥金匱監生　署
五年	翁以巽上元監生	錢家謨元和監生	許家清兼理 蔡欽堯諸暨附生　署	蔡盛傳龍泉廩貢　署 湯炳奎仁和舉人　任		張世泰無錫監生　署
六年	廖安之桂臨監生　代 張致高太和舉人　署		方炯林桐廬歲貢　署		劉念祖崇陽附生 龐恭壽吳縣監生　代	孔文光涿州監生
七年	郭恩觀濰縣舉人		譚廷獻仁和舉人		蔡忠溥監利監生　署 汪承書鎮洋監生	

年	一	二	三	四	五	六
八年			署		署 惠　芬元和監生	錢錫庚吳縣監生　代 儲鴻勳荊溪監生　署
九年	貢繼慶陽湖附貢　代 丁紹德丹徒廩貢　署		蔡　釗臨海附生　署			沈步雲石埭監生　署
十年	黃兆槐新城進士		方彩星鎮海廩貢　署			朱立勳江甯監生
十一年			戴景麟遂安廩貢　署			汪　鑄武進監生　代
十二年	潘　駿武進附貢　代		洪　誥建德歲貢　署	莊振英府訓導兼理		曾繼賢江夏監生　署
十三年	黃兆槐回任		魏焜棟錢塘舉人	孫信莊奉化廩貢　署		高炳墊貴池監生　代

光緒元年 徐傳冕豐城進士 署

沈寶恆元和貢生 署

三年 黃兆棿同任 署

魏焜棟兼理

湯𪔂燾蕭山舉人 署

張書訓歸安增貢

徐桂生典史代

徐桂生長洲監生

卷三十八 九

嘉興府志

嘉興府知府善化許瑤光重輯

官師表三

嘉善縣

明 知縣 縣丞 教諭 訓導 主簿 典史

宣德年 鄭時沂江歲貢

陳源潛江人 王益太平舉人 林勤莆田舉人 劉崇 楊謙廣平人

蘇長友晉江人 楊甯江都舉人 蔣智餘干舉人 劉朝節江西人

詹茂亮玉山人 宋斌光山人 趙恭昌黎人掾 聶如斌豐城人

考

正統年 李遜南豐進士

楊材桐城歲貢 邊甯臨川舉人 陳勛宜興舉人 鍾昇 朱克昭

胡春涇縣歲貢 彭正奇麻城人掾 考 吳信晉江人掾

考 何順宣城人掾 趙陞蓬萊歲貢

考

景泰年 林宏龍溪監生

趙璀沙河人 徐牧崑山人 沈律崑山舉人 洪深茂名人掾 張昂南昌人

石瑛甘泉人 曾勛 曾瓊泰和舉人 考

天順年 盧雲字從龍潁

傅鎰南昌人掾 王紱句容舉人 吳自周南昌舉人 蔡思宗泗水人掾 李彪濟甯人

州歲貢

考

梁觀東平舉人御史左遷 曾師孔惠安舉人 彭高泰和貢生 考

郝滋商河人

秦端河內人

成化年 畢紳高平舉人

汪貴字艮貴歙縣進士

王瑀閬中歲貢 謝俊高安舉人 楊益永新貢生 雷失名澄邁歲貢 劉浩濟甯人

周郁安福歲貢 蕭時泰和舉人 陸鑾興化舉人 成性泰安人掾 楊瑩合肥人

郝璉安平歲貢 薛宗鑄南平歲貢 考 葉琪江西人

李政歲貢 李鏞豐城舉人 陰鍾肥城歲貢

荀伯剛簡縣歲貢 李宏璉龍溪人

孫璉安東歲貢 張維禹城歲貢

張緯歲貢

英孜鄆城歲貢

吳秉用銅陵歲貢

何永馥道州人掾

考

趙祥遷安歲貢

弘治年 吳傑滁州舉人

黃泰龍溪歲貢 吳濟蘄水舉人 張鎧軍衛監生 張昱遂平歲貢 劉銘孟縣人

劉子厲字克溫安福進士

楊存經巴縣歲貢 詹祥靈川舉人 陶勝閬縣貢生 甄希翰麟遊人掾 林長淵莆田人

王明樂安歲貢 王雄樂平貢生 王緒樂平舉人 紋 陳華甫莆田人

藍郁字國馨鹽城進士

耿亮昌樂歲貢 梅甯歸德衛舉 劉汝瞻宣平貢生 吳木常熟人廩

魏偉廣昌歲貢

人

紋

正德年

區越 字文廣新

宋琪 乾州歲貢　徐循 修武歲貢　潘瑜 隆慶衛籍龍溪監生　朱暕 高郵監生　葉秀 睢州人掾　考　朱厚 洛陽歲貢　李源 臨漳歲貢　李隆 石州監生

徐濟 華容舉人

牛良 潞安舉人

李錫 字天佑登

張咸 華亭人

會進士　胡潔 字汝清曲靖進士　王德明 字宗周清苑進士　張煥 字奎光振武衛籍葭州舉人　郭田 字汝耕長安進士

朱袞 永州進士　張允 夏邑監生　鄒馭 麻城歲貢　董威 潁榆歲貢　王錫 興縣歲貢　倪璣 字公在咸甯進士由諫垣謫　楊瑞 南城監生　莫逸 貴縣歲貢　王紀 字理卿泰

劉伯善 莆田舉人　王化 襄陽貢生

余洛 莆田舉人　沈霆 華亭貢生　郝達 英山貢生　呂屏 太倉貢生

封監生以討賊死　閻輔 撫甯歲貢　王濬 濟甯歲貢

朱珣 茌平人　楊文 襄陽人

嘉靖年

李調元 字化卿息縣進士　戴梧 字鳳卿襄陽進士　徐榮 字仁卿晉江進士　何天啟 字羲占貴溪進士　谷汝喬 字伯遷衡

州人由吉事中左遷　蔡元吉 金谿監生　劉公泰 鄠縣歲貢　蔣偉 丹陽監生　單朝陽 神木監生　唐有春 麻城人掾　考　梁國器 桂平歲貢　章彥 臨川人掾　考

陳釗 侯官舉人　盧金潤 東莞舉人　楊袗 武陵舉人　葉纓 萬年貢生　蔡煥 同安舉人　郭麟 德化貢生　曾綽 番禺貢生　張綸 弋陽貢生　蔡懋昭 上海舉人

淩雲 歸善貢生　陳大夏 郴州貢生　閔與 宜興貢生　陳大韶 嵩明貢生　張廷 荊門貢生　胡岳 南城貢生　吳槐 丹徒貢生　林文坡 侯官貢生　朱廷弼 江都貢生

徐環 鄢城歲貢　丁司 丹徒監生　王珍 廣德州監　生　周懋憲 莆田監生　董鎧 北除州歲　貢　李紀 沁州歲貢　王臣忠 青州歲貢

余暉 鉛山人　喬世隆 襄陽人　陳達 莆田人　李廷秀 貴溪人　仇文學 江都人　辜明 莆田人　曹三山 雲夢人　汪陸 當塗人　王文晃 饒州人

陽舉人　朱熙載 字懋勳平山衛進士　于業 字建公金壇進士　陳道基 字以忠同安進士　鄧植 字立齊金壇舉人　王察言 字師舜馬

李時正 新安歲貢　何楫 貴池歲貢　董邦甯 南唐州選　貢　湯池 灌縣選貢　張儀鳳 大同監生　孫善繼 惠安監生　戴萬春 深州監生　李祖光 吳縣監生

吳鳳昇 宜春貢生　吳佐 長洲舉人

吳一揚 華亭貢生　王朝 華亭貢生　藍鉦 萬載貢生　盧守約 滁州貢生　葉麟 壽甯貢生　謝顧 江甯貢生　張傑 江都貢生　盛于唐 華亭貢生　傅汝肖 進賢貢生

胡鵬 當塗人　魏世鎣 宣城監生　楊恩 三原人知　印　金鐸 崇安人　謝亨 廬陵人掾　考　劉夔 綿竹監生

邑進士
左　鈞唐縣進士
黃　樞字茐卿南
昌進士
周　宗字濟甫安
福進士
許　磁字國器石
屏進士
隆慶年
史朝鉉字貫之晉　李廷臣新泰歲貢　陳文彬陸川舉人　黃利見漳浦貢生　孫光啟當塗監生　李　佀豐城人
江進士　倪以和樂平貢生　淩廷錫遂安貢生　高　善貴池貢生　于士鯉恩縣監生　唐　瑋侯官人

萬曆年
李仕華字邦憲宜　李　藹蘄縣監生　梅調鼎宣城貢生　胡士安南昌貢生　居　學北徐州監　徐仲倚南陵人
賓進士　甯永和建甯選貢　黎來王順德舉人　金　鯤太醫院籍　生　周守信永豐人
金　和字元節長　李樹敏江都監生　徐廷接慈谿恩貢　貢生　胡仲仁星子選貢　鮑應祖當塗人
洲進士　羅　塤巴陵選貢　張　勳常熟貢生　王　鉞吳縣貢生　周文奎四川行都　周守信補任
王三陽字乾甫晉　黃　鰲荆門歲貢　葉茂元西安貢生　趙世顯侯官舉人　貢　司軍籍選　陳儒林泰和人
江進士　劉順甫安福監生　薛　藩順德舉人　吳士遇宜興恩貢　胡彝簡會昌選貢　黃茂懷莆田人
蔡　彭字敦賢晉　王承惠泰安選貢　己丑進士　李必蓁龍泉選貢　張邦靖羅田歲貢　葉仕朝新建人
江進士　李思莊永定選貢　祝　彥會稽舉人　沈　樑仁和貢生　吳汝賢北通州監　黃　敬巴陵人
章士雅字循之吳　黃應鐘高安選貢　李白春平陽選貢　何九功新昌貢生　生　力章甫晉江人
縣進士　朱與立信豐選貢　王　芮　房　棟興化貢生　趙克念冠縣選貢　張希賢直隸人

余心純字純明黃　胡　恂　薛三台定海舉人　鄭希古東陽貢生　徐　潢安慶監生　章　瀚簡州人
岡進士　登已未進　朱　煥北直大河　方一宗黃岡監生
謝應祥字鳳皋安　士　牛大治鄞縣舉人　衛貢生　陸　經宣城監生
福進士　登已未會　魁　趙　繼　李自厚清平選貢
詹爾達字起鵬樂　呂建中涇縣貢生　吳仲儒
安進士　王養蒙　趙鶴年
徐儀世字韶階宜　謝景員雲南歲貢
興人
吳道昌字旭如江
陵進士

天啟年
康元穗字味澹安　陳允陞長洲人掾　嵇相琦德清舉人　朱國杞建德人　吳廷鋐　邵朝元泉州人
福進士　考　許聯樞仁和舉人
林先春字猬庵閩
縣進士
崇禎年
蔡鵬霄字培自晉　黃道泰掾考　徐肇律武康舉人　陳鶴鳴慈谿歲貢　蔣　彥選貢　陳應祿福建人
江進士　吳之謨湖廣選貢　李盛世會稽舉人　周鳴岐富陽歲貢　焦守充太平府人　張文耀福建人
馬成名字駿如溧　張重任騰越副貢　張聖運山陰舉人　趙士元掖縣貢生　掾考　傅士彥江西人
陽進士　羅連第肇慶選貢　秦世銓無錫舉人　蘭永芳山西歲貢
李陳玉字謙庵吉　瞿河斗東莞歲貢
水進士　徐良儒湖廣恩貢

劉大啟字徽庵新會進士
詹承志字確菴璫連進士
馮時雨杭州歲貢
林嘉志永嘉歲貢
徐觀治湖州歲貢
錢一選臨海歲貢

國朝

順治元年
羅聯第
皇甫禧錢塘副貢
郭外城仁和生員
焦守充
韓邦祿廣德人

二年

三年
劉肅之安陽舉人

四年

五年
曾以省京山人掾
李文萃遼陽貢生
王士宏句容歲貢

六年

八年
劉天爵廣甯人
錢金生麗水舉人

九年
賈錫男黃縣拔貢
孫鏕山陰歲貢

十年
傅皇猷新樂歲貢
裴問禮富陽恩貢
張銘閣息縣人

十二年
方舟蘄州拔貢
董崇嗣長清拔貢
姚夢熊上虞歲貢
趙韞瑜封邱人
沈禴戌蒲州人

十三年

十四年
張垣大興人
楊大佐台州歲貢
盧吉雲縉雲歲貢

十五年
郭眞儒洛陽拔貢
張以光開化歲貢
胡之翰義烏歲貢
康熙四年裁缺十七
章文標大興人

十七年
張于廷沈邱貢
趙完璧陝西貢生
韓鍾秀湖廣人

康熙元年
鄭廷玹新建歲貢
年復設

二年
薛三德延安人掾考

三年
葉蘊信陽拔貢
李金枝丹徒拔貢
任雲蛟蕭山舉人
周經才大興人掾考
蔣世卿南通州人

五年
闕振字翼公永定舉人

八年
莫大勳宜興進士
盧燦字孟輝海州監生
王應舉天津衛人掾考

十一年

十三年

十四年
楊康遼陽籍永平人正白旗廕生
吳渠懷來歲貢
邵廷章建德舉人

十五年
郭爾賡字方憲南陽拔貢

十七年
沈虬平江貢生
鄭觀光臨安貢生

十八年
壽廷標清平人掾考
張維本鹽山人

十九年

年	一	二	三	四	五	六
二十一年	崔維華 奉天監生					
二十二年		張玉齡 廣安籍范縣監生	盧宜 定海經魁			黃璘 即墨人
二十五年	嚴宏祖 正定貢生		閔元賞 烏程舉人			
二十六年	李之藻 武定監生					孫瑞聘 吳縣人
二十八年						
二十九年	徐現麟 奉天監生					
三十一年				趙汝旭 新城廩貢		
三十二年						秦得璽 晉甯人
三十三年					楊鴻 大興監生	
三十七年	范宏毅 奉天貢生			趙天吉 黃巖廩貢		
三十八年		康珪 滎澤廩生				張志榮 考城人
四十年					許易 常熟貢生	
四十一年	毛兆夢 滎澤舉人					
四十二年	于舜枚 金壇副貢					
四十三年			錢廷範 諸暨舉人			
四十四年	李夢鳧 大同籍江都庶吉士				周宗逵 大興貢生 嘉善戈志作山西山陰人	陸咸 宛平人
四十八年	佟鎔 奉天監生					

年	一	二	三	四	五	六
四十九年						朱懋煌 民鄉人
五十一年	梁文彪 奉天監生					
五十二年			金瑺 瑞安經魁			
五十四年			沈雲鴻 海甯籍仁和經魁			
五十五年		王璟 陽城監生				
五十六年	孫錦 奉天監生					
五十八年	雷滋 蒲城監生					
五十九年	彭憲祖 曲周舉人					周定栗 順義人
六十年				沈紹曾 歸安附貢		
六十一年					胡文燈 永清籍紹興監生	
雍正元年	張鏞 無錫進士					
四年	李天桂 大興貢生				高經世 歷城貢生	
五年	周嘉梓 武進監生		周楷 定海籍鄞縣舉人	許振麟 孝豐歲貢		
	楊世祿					
六年	郜煜 登封舉人	閻紹祖 滋陽貢生			曹廷基 上元監生	
七年				陳廷栻 德清歲貢		
九年	楊繩祖 山陽舉人	鄭艮彩 祥符附監				鄧宗吉 永定人

十年 戈鳴岐 景州舉人 嘉興縣知縣卓興趙管本縣事
十一年 羅緒 閬中舉人
十二年 丁聲讚 建甯進士
十三年
乾隆元年 張聖訓 奉天鑲白旗庶吉士
三年 張士正 大興人
陳以剛 天長進士

黃道中 萊陽貢生
李方恒 通許歲貢
姬永澤 幸州拔貢

邵祥雲 鄞縣舉人
邵家馭 永嘉舉人

沈廷機 孝豐歲貢

劉純 武清人

六年 倪琯 成都人
七年 張鐸 清苑監生 州判署
八年 陳以剛
九年
十年
十一年 饒萬鑑 長沙廩貢
十二年
十三年 汪化龍 安東監生

馬起鼇 漢軍正白旗生員

阮趨 德清舉人

汪家駒 昌化歲貢

熊安 清江拔貢 縣丞借補
張鼎新 泰興人
呂明 應城拔貢 截取州判借補
孫奇 三河人

陶學楠 南城人
蕭正國 貴州人
蔣惟熙 宛平人

吳繼元 如臯舉人 署
十五年 黃正學 儀徵舉人
十六年
十七年 崔錫 漢軍拔貢 候選直隸州判署
張瑚 三原進士
二十年 舒瞻 正白旗進士

李俟 香山人
高大澤 漢軍鑲黃旗監生

趙驥 諸暨舉人

姚廷珩 雲和歲貢

袁爾成 大興人
楊三錫 浮山人

二十一年 羅鳴鑾 揭陽監生
楊國華 滿洲舉人
二十二年 梁徽 介休舉人
二十三年
二十四年
二十六年
二十八年 劉臻 諸城舉人 署
二十九年

張璞 武清人 鴻臚寺序班選授

孫際期 慈谿舉人
郭瑞齡 蘭谿舉人
陳宣 錢塘舉人

邵于枏 富陽歲貢

廖相瑋 崇義增生
何士錫 漢軍監生
崔治 定州吏員考職

徐士治 大興人

三十年

三十一年 李粵李 三原舉人 吳 超 休寧監生

孫 震 正紅漢軍旗舉人署

劉 佑 銅山人縣丞署

三十二年 倪維客 萊陽舉人 諸克任 錢塘舉人 劉廷榆 蒲城人 丁觀美 宛平監生

黃宗伊 大興舉人 署

董 鈞 武陟監生

三十三年

三十四年

三十五年 徐朝亮 文登舉人 署 黃 璋 餘姚舉人 陳邦仁 長樂監生

戰效曾 衛津舉人 署

三十六年 周 樽 昆明舉人

三十七年 王 燧 如皋人運判攝理 溫 頎 德慶人

三十八年 周 樽 回任

三十九年 李際亨 聊城舉人 江 吉 歙縣監生

四十年

四十一年 周 塤 仁和舉人 亢鳳鳴 嶧縣貢生

四十二年 劉 鏲 捐復主簿題補

四十四年

四十五年

四十六年 程開源 歙縣監生 鹽大使署 葉世華 宛平監生 姜宗發 元和人署 丁發琦 仁和舉人 周 鼎 諸暨歲貢 溫 頎 李際華 嘉應州人 郭 琳 介休監生

四十七年 恒 明 滿洲舉人

四十八年 王用霖 富平人

五十年

五十二年 方維翰 大興監生 議敘布經歷借補 洪 杯 臨海舉人 徐瑞元 西安歲貢 張 椿 如皋貢生 鄔 鏞 大興附監

五十三年 李秉綸 漢軍舉人

五十四年 何元瀋 大興監生 議敘布經歷借補 查 秀 休甯人

五十五年 王士鑑 楚雄拔貢 署 倪家占 象山優貢

五十六年 舒泰然 宣化舉人 方維翰 回任 靳光朝 大興人

任
路泰 曲周增生

熊言孔 大興進士
著

五十七年
舒泰然 回任
鄭裔年 淮安人掾
考署
成履觀 文水人掾
考

路泰 回任

五十八年
任澤和 息縣進士
王炳 金華舉人
鄭裔年

宋如林 漢軍舉人

五十九年
王蘊渠 靈璧生員
署
金琯 宛平人掾
考

岱毓 漢軍鑲黃旗舉人鹽大使陞補

嘉慶元年
萬相賓 德化舉人大挑一等題補

四年
李承烈 嘉興訓導兼署

五年
莫景瑞 廣東舉人
署
費文燾 武康廩貢
署
楊毓蓮 桐梓貢生縣丞借補

六年
王爽武 貴州舉人
林敷英 永嘉解元

七年
姚樟 山陰舉人
胡熙績 淳安舉人
黃浩 長洲議敘

八年
張青選 廣東舉人
覃光斗 武陵貢生

九年

十一年
張鋐 蘭溪舉人
陳豈 錢塘舉人

十三年
喬淮 山西貢生
詹蘭棟 江西監生

十五年
周楷 東臺舉人
蕭尉源 天門進士

吳觀樂 閩縣舉人

十六年
王維堉 章邱人

十九年
趙球 江陰人署
李國柄 桐城人
孫熙祖 善化人
郭維翰 湘潭監生
顏承勳 江蘇議敘

二十年
殷思尹 江陰人

二十一年
陶如淵 黃巖舉人

二十二年
叢步蘧 如皋附貢
柯希侗 甘肅監生

二十三年
胡遠之 廣東廩貢

二十四年
王維堉 回任
汪光誥 蕭山舉人

二十五年

道光元年
張邦棟 武昌進士
謝元鎮 南昌人

二年
鄧鳴謙 湖南舉人

三年
惲敷 陽湖舉人
張樹棠 銅山監生
沈金淮 錢塘舉人
齊光裕 陝西議敘

四年
龔金衡 武功舉人
徐培 仁和舉人

五年	李錫恩 惠民人					
六年	張久照 長洲監生					
七年	黃錫祚 閩縣進士		胡元杲 錢塘廩貢			
八年	劉邦彥 漢陽監生					
九年	張如梧 江西舉人		陳 柟 蕭山舉人		唐允模 當塗人	
			汪能肅 山陰舉人			
十一年	李東育 湖南拔貢					
十五年						錢榮第 大興議敘
十六年	劉紹錡 萬安舉人				李 楨 甯遠州人	
十七年	舒恭受 江西進士			朱錫元 餘姚廩貢		
				徐仁本 德清舉人		
十八年	賴 晉 四川貢生					
十九年	劉 秋 陝西議敘					
二十一年	張化南			王良洪 署		
二十二年	李培基 雲南拔貢			陳熊占	徐廣緒 沭陽人	
	劉 旭					
二十三年	李 盤 洋縣舉人					
二十四年	范 鏞			莫元勳 山陰廩貢		
二十五年	陳元謙 滿氏優貢	單發桂	邱 登 仁和舉人			

二十六年	汪文煥	端木耆照				沈繼高 大興人
	劉秀鈺	陸世煊				謝元鎮
二十七年	張樹棠 縣丞代理	瑞 麟				徐 緒
	繆步瀛 舉人	陳人傑				周 濂
二十八年	馮 翊 江蘇監生	歐陽治			徐士珪 吳縣監生	唐 楷
二十九年		以上六人藉貫出身任年均無考	張錫戊 蕭山舉人			
三十年	顧 準 無錫監生					
咸豐元年	林 鈞 松江監生					以上四人籍貫出身任年均無考
三年	顧 準 復任				劉達揆 武進監生	
四年	馬桂林 江蘇監生				張學廣 大興供事	
五年	湯成烈 陽湖舉人					華殿臣 代
						沈繼高 復任 十年殉難
六年	王祖望 金壇監生			胡寶鍱 山陰舉人		
				王 淦 山陰附貢		

七年 八年 九年 十年 同治二年

曹以燿 山東舉人
薛時雨 全淑進士
傅斯懌 聊城進士
張樹松 崇慶州監生
湯成烈 復署
傅斯懌 復任

丁維庚 廬江監生

湯昇 歸安廩貢
署
徐士駿 仁和舉人

周承謨 仁和舉人
章朱紱 仁和附貢
章朱紱 仁和附貢

秦宗武 江甯附生

三年 四年 五年 六年

王晉玉 溧陽附生
署
范基棟 和州舉人
梁匡國 臨桂舉人
代

羅艮佐 溧陽監生
署
楊炳焜 浦城供事
署
徐漣 典史代理
陳懋紱 建昌監生
署
章元煦 績溪附監

周和 鎮海舉人
署
朱寶慈 山陰廩生
署

張廷萱 平定州附貢

徐漣 金谿監生
署
王直養 江甯監生
署
劉謨 如皋監生

七年 八年

淩卿雲 光州進士
陶雲升 天津進士
署

胡鉚椿 西安恩貢
署
汪繩武 錢塘附貢

徐嘉楨 吳縣監生
代
廖宇慶 華亭監生
署
彭光藻 溧陽監生
代
李鋼 宛平監生
代
周學濂 丹陽供事

九年 十年 十一年 十二年

王昌燾 江夏舉人
陳鍾英 衡山舉人
署
丁紹德 丹徒廩貢
署

葉維燾 吳縣監生
代
高元鑑 武進監生

汪繩武 教諭兼理
何炳榮 山陰廩生
署
來之杰 蕭山舉人
陳鈞 景甯附生
署
張鼎元 仁和附貢

徐縉 金匱監生
署
劉謨 回任

十三年 史致馴 陽湖監生 署
胡玉琨 博平附貢
沈銘 常熟監生 署
光緒元年 戴燨 休甯監生 署
二年 梁琛 河內進士
周學濂 回任
鄭彭齡 代理
三年 朱杲 吳江監生 署
孫曾祜 宣城監生 署

馬潤生 吳縣監生

海鹽縣

	令	丞	尉
漢	白沃 史君 順帝永建三年任見括異志		
三國吳	陸禕 樂安人		
	褚盛 河南陽翟人		
	步騭 淮陰人		

	令
晉	孫誼 吳人
	葛公 失名丹陽人
	鮑昞 東安人前任
	祖撫 見隋書經籍志
宋	王孚 臨沂人大明中任
齊	王思規 長沙人或作王規
梁	王靈慶
	孔僉 山陰人
	周顒 汝南安城人
	孔滔 山陰人
	蕭特 齊高帝曾孫子雲之子
	劉霽 平原人
	顧野王 海鹽人梁末監本縣事

陳
徐份 陵之子

唐
劉長卿 河間人至德中任
陸翺 象先四世孫見史傳乾元中任
姚南仲 下邽人大歷中任
李顔 長慶中任
李諤 長慶中任
徐芳 見李直養題名壁記

五代
任煥 龍德中任卒葬海鹽

尉
韋濟 乾元中任
孫公輔 乾元中任見海鹽仇志

宋

知縣 以前稱縣令宋始稱知縣

太平興國年 黃郎中 失名或云名道宋初任
咸平年 魯宗道 亳州進士官至參政
景德年 翁緯 有修學碑
祥符年 吳舜
田濟川
張顔

丞

學職

主簿
石知一 明經任攝縣事
張李愷 見吳志

尉
張丞丕
劉如愚 見吳志

雜僚

彌楚
解沖 見仇志
天禧年 王文正
薛坦
楊儀
天聖年 張元迪
伍佑
趙時
趙襄
張堤
景祐年 陳淑 圖經作陳淑景今依海鹽仇志及劉志
蔡希顔
康定年 李緘
王愈
慶曆年 程廊
趙慎微 仇志劉志俱作趙慎徵
翁頂

皇祐年 劉勳
任浩
嘉祐年 李惟幾 河內人
楊諷
褚珪
治平年 陳伯倫
熙甯年 范世京 吳人
童倚
王震
富翹

元豐年 錢伯熊
張元忠
元祐年 何執中 龍泉進士 王仲升 見河渠傳
吳充
方師顏
紹聖年 謝徽
閻建
元符年 胡忠甯
建中靖國年 沈彥升
崇甯年 王本

大觀年 劉知至
王懋
徐嘉言 西安人
政和年 衛大臨
徐浩
宣和年 方鐸
徐盤
陳能千
靖康年
建炎年 吳孝立

趙昌宗 管勾學事
吳遷 管勾學事
黃唐傑
朱良 吳郡人 四

歐陽延世
紹興年 李憲　王襃
施玘　董旻
祝師龍 伊志作沈 今從仇志　王良約 趙圖記作良珣
向子昌　張轔
陳深　章靖
兗堯臾 伊志作袁 今從仇志　李益
周桌

毛 失名 任澉浦巡檢 年殉難

徐光實 會江進士　錢南
余衍　姚憲 鄞人
祝閔　丁安義 以上二人見吳志
黃昱
林仰　龐溫孺 從海鹽圖經仇志及吳志增
陳璘
徐玉老　錢載
馬希言
陳敏行
竇顏曾

隆興年　劉銓 樂清進士
乾道年　魏汝功　李壽松
黃綸　巫明允
李大卞　詹宗堯
邢銖　趙汝謙
淳熙年　蔣行簡 永嘉進士　俞直方　陳雲之
石若樸　陳襄
趙汝愚 與趙沂公同姓名見圖經　王邁　趙善沛　方瑜 從吳志增
張澤
林槐　陳祖求 是年九月

史滴迴 從吳志增　改知縣事
周宗文　李直養 紹熙元年改知縣事
魏沖
鄭緯
陳祖求
紹熙年　李直養　聞近　施棐 見小學記　吳天民
汪稽中 見圖經仇志伊志作任稽中誤　朱沆 見小學記　攷題名碑係李直養聘主小學伊志列太平興國年誤今更正

嘉泰年　陳仲微 高安人嘉泰中進士
嘉定年　趙希 姚江人　李仁表 吳興人
紹定年　邱耒 常熟人元年任見福業院碑　汪元圭 婺源人
李仁端
李謐 以上四人並見法喜寺碑
何三壽

淳祐年

寶祐年

德祐年 王興賢 圖經作王與賢

張思滉 澉浦巡檢

朱澂炎 [illegible]

元 知州 元貞升州改設 同知 判官 吏目

達魯花赤 縣尹 丞 主簿 學職 巡檢 尉

至元年 王潔 縣尹以下

梅徽 宣城人

顧泳 汴人

大德年

邱世長 以下教授

皇慶年 朱維禎 知州

延祐年

至治年 孛蘭奚 達魯花赤

李仲彬 以下知州

泰定年 王協中 張進 同知 陳徵 判官

趙泰 同知 趙士元 判官

至元年 趙孟賁 黃巖人

賈禧 宛邱人

至正年 陳失名

藥彥中 松陽人

徐思敬

鄧文翁

呂德裕 單父人

陳錫翁 一作陽翁 見海鹽學宮題名碑

范廉卿 蘆瀝巡檢

也花不花 達魯花赤

陸德中 知州

楊維楨 調知州未任

及圖經 潘人

劉恂 陳留人 學正

明 知縣 縣丞 教諭 訓導 主簿 巡檢 典史

縣丞 永樂三年設治農縣丞 嘉靖二十三年增設三倉縣丞 隆慶元年始復治農縣丞

洪武年 劉朝英 郭亘 濟南人 孫復初 山陽人 潘原 嘉興人 羅先源 進賢人 見郡倂伽奴蒲任乍 秦貞 以教諭左遷

王文 胡龍臣 山陰人 劉貞 眞定人 仇志作貞 吳志及圖經伊志作張觀音奴蒲任乍 教諭誤 辛克明 沙白任 郭亘 升縣丞

張篪 王德遜 澉浦巡檢

趙公著 愛顏 澉浦巡檢

祝用宏 一作周宏 葵人如 海口巡檢

鄭時祥

淡成

建文年 龐嵩 博興進士

永樂年 瞿肅 袁維善 贛州人 李惠 融寧人 邢貴 璵山人 吳復 閩縣人 張佑 金壇人

畢璞 楊謙 長洲舉人

上官廉南豐舉人
陳謨番禺舉人
宋義方膠州人
洪熙年　葉壽鄱陽監生
宣德年　會艮閩縣監生
正統年　左璇安福舉人
史昱唐縣監生
會昌新化監生

李芳潁上進士
安然邯鄲人
翁裕志見仇
曾顯龍陽吏員

袁讓長洲舉人
黃楚章豐城歲貢
王恭吳江舉人

鄭理劇閩縣舉人
海鹽圖經列正統中今依仇志
孫芳沭陽舉人
王崇武進舉人

玄智
姚本

郭禮莆州人

王端河間監生
景泰年　莫震吳江進士
天順年　盧潤安陸監生
江傑江寧舉人

林雍福建舉人
魯誠新建吏員
張懋
馬驥
韓瓚
封圭莒州監生
周晉旌縣監生
郭爵萬安人
黃忠厚新喻吏員

蔡嵩潼川監生
陳銓鳳陽監生
彭失名安福儒士

范琮沭陽監生
邢靖汝州舉人

樊公佐進賢人
謝鑑
陳重安仁人

徐能
李貴霸邱吏員
田寬徐州人

嘉興府志　卷三十八　官師三　圭

成化年　周灝邵武舉人
楊克敬眞定監生
孫昊南林人
朱贊進賢進士
李雲分宜進士
謝萬賢華容舉人
徐模羅田舉人
譚秀龍泉舉人

袁綬信豐監生
王璇崇仁人
湯安衡陽人
吳譽武陵人
李瓊雞澤監生
王昇冠縣監生
張宗載東平監生
鄺觀政任邱監生
何暹遂甯監生
胡鏡高安人

林棠閩縣舉人
陳艮莆田舉人
歐澄彬州舉人
陳暹莆田舉人

詹鎔邵武監生
蘇曉安溪監生
劉顯長汀監生
邱淍莆田監生
伍復將樂監生

李永宣道州吏員
張理信陽監生
苟濬營山監生

孟紀河南人
柳訓肥鄉人
孫通鳳陽吏員
劉肇封邱吏員

弘治年　王璽廬陵進士
李頎考城舉人
正德年　稽鋼安東舉人
吳尚志祥符舉人

陳紳長汀監生
徐謹江陰人
段文彤安仁監生
濮讓當塗人
崔鐸同州人
王相萬全都司
人
姜樸南昌人
洪顯金溪人
王裕旌德人

蕭韶晉江監生
葉棻浮梁舉人
龔澤聞縣舉人
俞徽應天舉人
鄭元吉懷安人

傅克寬廬陵舉人
劉瑤安福監生
佘崇鳳柳州舉人
陳塤固安監生
李倬進賢吏員
洪紹儒宿松監生

郭文解州人
藍讓眞定人
周璇眞定人
黃顯盤山衞人

劉綸泰州人
周濯潁州人
羅元泰和人
趙靖歷城人
趙宏江都人從
仇志增

辛九齡蔚州舉人　鄭　寅金溪人　李時蕃蒼梧監生　李　祥南丹舉人　王　華鉛山人
朱賓昌高安進士　馮　勤徐州人　廖　軏崇仁舉人　王文郁豐城監生　劉　爵德化人
李　學沙縣舉人　蕭　源泰和人
張　濂薊州進士　汪　玉涇縣人
路　平汶上人
張時中眞定人
呂湯民河東人

嘉靖年

劉　桂黃岡進士　鄭允珪閩縣人　連　桂連江監生　李　清武平監生　陸　德無錫人
會　用攸縣舉人　詹　岳貴溪人　童　崇歐甯監生　陳　琦莆田人　李應昌章邱人
張　聽泰興進士　許　勳蕪湖人　龔以文富順舉人　黃嘉績莆田監生　金　玥

陳文高南海人
胡時亮舒城人
胡　山進賢人

夏　浚玉山進士　劉　敵德安監生　劉　賓進賢歲貢　林安器永福監生　杜汝松
董　玠涇縣進士　劉　邑懷遠監生　孫　瑤南京水軍　陳　棠泗洲歲貢　張　濩貴州人
魏廷璽成都舉人　沈繼美四川進士　衛歲貢　楊　佶安義歲貢　羅廷儒崇義歲貢
李華曾祥符進士　給事左遷　吳應徵莆田舉人　陸　麟武進歲貢　張　瀛溧水監生
張載陽浮梁舉人　陳九德五河監生　黃　儲廬陵歲貢　張　鑑江都歲貢　楊繼蘭瀘溪歲貢
鄭　茂莆田進士　劉大用浮梁吏員　鄭天瑞浮梁舉人　姜　琳巢縣歲貢　陳　鍊五河歲貢
楊進道曲周進士　見仇志增　陳啓樂進城歲貢　周　魁豐城歲貢　裴陳猷豐縣歲貢
何思進莒州進士　黃　謙休甯監生　姚廷鳳句容歲貢　歐陽延泰和歲貢　陳　鳳永豐吏員
王宗載京山進士　戚　瓷宣城選貢　劉守謙安福舉人　許　道金壇歲貢　李　棟合肥歲貢
李薦佳穎川進士　鄒　庶無錫監生　龐　增增城歲貢

吳允隆江西人
田世威清豐吏員
曹　作句容吏員
李　茂南昌吏員
傅　烈進賢吏員
漆　偉彭山吏員
朱　昱盱眙吏員

任　寶江甯監生　林　鳳賓州歲貢
楊　瓛壽城監生　潘　溥廣德州歲
施　漸無錫選貢　貢
張　矜江陵歲貢　劉　瀹清江歲貢
林士儀瓊山歲貢　葉世羅華亭歲貢
楊　鑑廉山歲貢　栢鳴鳳句容歲貢
朱光裕蕭縣歲貢　以上教諭訓導攷學宮
黃　鶴清流歲貢　題名碑所載與仇志同
劉　錀廬施選貢
李　玫遂甯吏員

尹　鶴太和歲貢
卓　立茂名歲貢
梅說良宿州衛歲
貢
黃　敘莆田人
丁應時廬州監生
鄧　佑宜山歲貢
陳　表上海歲貢
何希周新甯監生

隆慶年

鄭　昊順德進士　吳維金宜興監生　周廷詔安義歲貢　吳慶餘長汀歲貢　王　奐新都歲貢

陳　柯當塗吏員

萬歷年

范　梅 豐城進士
饒廷錫 進賢進士
蔡逢時 甯國進士
黃之俊 淸江進士
謝吉卿 晉江進士
于天經 冠縣進士
王臨亨 崑山進士

陳　化 碭山監生
舊志列萬歷中今依海鹽仇志更正
陳　闓 高安歲貢
江鴻漸 黟縣人
李一夔 泗洲衞人
談繼先
謝希周 歙縣人
黃用中 歙縣人
黃文明 懷甯選貢

盛　德 丹徒歲貢
吳純德 新城歲貢
涂元中 斯昌舉人
周思文 餘姚舉人
許宗仁 黟縣歲貢
吳自修 南海舉人
張應元 餘姚歲貢

高　梓 貴池歲貢
王如鼎 泰和歲貢
詹梅芳 桂林衞歲貢
黃仁儉 福淸人案圖經誤作仁俊今依題名碑更正
蘇必達 泰和舉人

胡愼言 太和監生
彭　潘 廬陵人
何士渲 太和人
湯希言 四川人
姜伯禮 休甯人
劉朝恩 山東人
蒯　喬 安陸人

舊志列萬歷中今從海鹽仇志
胡世用 德興人
蔡　會 莆田人
蔡道勉 福淸人
陳潤潔
解安祿 大足人
劉鵬霖 廣安人

李當泰 泗洲進士
杜士全 上海進士
濮陽春 宣城進士
喬拱璧 上海進士
何　杲 懷甯進士 縣志作何早
樊維城 黃岡進士

曾一鳴 進賢人
魏　漢 宣城人
余　時 崇仁人
張汝翼 泉州歲貢
吳　堡 登州衞人
程應忠 歙縣人
周之光 湘潭歲貢
查　檟 涇縣人
于化鵬 昌樂人
成斐然 海門選貢

葉　楩 慈谿舉人
陳九級 新昌舉人
胡光祖 長洲舉人
潘復化 新昌舉人
裴紹中 海甯舉人
吳尚文 武康舉人

吳從周 歐甯人
吳　式 餘姚人
姚喬齡 桐廬人
林集鳳 莆田人
樊經德 縉雲人
姚　惠 永豐人
屠俊初 鄞縣人
翁恒吉 壽昌人
吳志仁 安吉州人
仲言序 寶應人

汪　沛 六安州人
徐可度 興化人
曹應元 蕪湖人
方　麟 桐城人
李　楧 邑州人
陳汝升 華亭人
白應麒 威縣人
王應張 玉山人
羅宗耀 沙縣人
羅周彥 歙縣人

陳日新 英德人
黃時聘 龍溪人
鄭應星 莆田人
陳其學
賴良士 甌甯人
陳爾祖 新昌人
陳夢垣 上元人

龍希夔 永新監生
楊德愛 都昌人
朱大桐 靜江人
錢可賢 桐城選貢
龔三台 進賢人
郭　倫 黃岡人
林萬瀾 尤溪人
蔡　煥 程鄉人
蔡　伸 瓊山人
陶化龍 綏甯人

劉汝勷 無爲州人
俞世推 蕭山人
趙國瀋 仁和人
駱從寶 武康人
苗　新 宜山人
徐清源 黟縣人
楊承憲 仁和人
羅　材 新城人
齊士英 博平人
章　時 新昌人

呂　容 宣城人
林實卿 德化人
謝瑞卿 古田人
陳汝泰 龍泉人

泰昌年
天啟年

羅兆魁 進賢舉人
田升年 昌樂進士

張邦吉 阜平人
李世德 隆安人
趙允中 南城人
李徽問 南海人
沈嘉謨 涇縣人
李宗惠 洪洞人
楊四知 安邑人

周　鎮 沭陽貢生
謝國柱 會稽舉人

周日新 西安歲貢
游仕進 懷甯歲貢
謝九德 於潛貢生

謝　堯 通州人
黃汝璉
李時用 豐城人

周秉忠 長洲人
口巡檢
柯　芬 大田人
澉浦巡檢

周晉階 常熟吏員
趙　相 南昌人

崇禎年　李希揆南甯進士　史可旌沅陵貢生　何其暉義烏貢生　阮振中富順貢生　趙澄
朱應熊浮梁進士　尹天民宜興監生　三年任見題名碑增　沈朝梓廬陵州貢　許應魁
謝錫賢新甯進士　柴世埏仁和舉人　生
劉堯珍鎮雄進士　邊維甯諸暨舉人　何其暉義烏人
張岳莆田進士　李大英本學訓導升任　孫世須滁州貢生
陳若志吳江貢生
李大英錢塘貢生
馬士偉錢塘貢生

國朝　知縣　縣丞　教諭　訓導　主簿　典史

順治元年　陳之烝　朱運隆宿松吏員　鄭壽昌錢塘歲貢　潘濱烏林貢生　包鼎新甯國人　李省啟仁和吏員

三年　白芬本府通判署　朱之梓海甯貢生　劉文祥渭南吏員
馬調江甯舉人
四年　俞應試松山生員
五年　張世縈本府同知署　張大器蒲圻拔貢　高五鳳宿遷貢生
六年　程進　安國裕廣甯貢生
七年　鄭尚信遼東貢生　章國貞孝豐舉人

九年　陸文俊同安人　程昌期休甯貢生
十年　李夢龍宣平歲貢　呂希申安定恩貢
十一年　何孔學按察司經歷署　黃道運上陵歲貢　李焴東陽恩貢　林應文南豐吏員
孫奕煥鹽運司□署
李焴本縣教諭署
十二年　毛一駿湖廣舉人　潘宏仁歸安舉人　陳世勳龍溪吏員
十三年

十六年　丁自時本府通判署　何呈瑞陝西歲貢　鄔鳳彩奉化貢生一作鄞縣　王自康大同吏員
十七年　潘宏仁本縣教諭署
馮陛本府經歷署
雷騰龍三原拔貢
康熙元年　吳震龍平湖縣丞署　池芳錦州吏員
二年　王守唐邵陽舉人　楊宏仁永安歲貢

三年 廖調元 程鄉歲貢

五年 殷作霖 本府通判 張文鴻 錢塘舉人

署

六年 湯其升 南豐進士

七年

八年 田毓滋 本縣縣丞 田毓滋 臨潼貢生

署

九年 張素仁 遂陽廕生

黃學孝 大興吏員

彭士成 儀眞吏員

十三年

十四年

十五年 徐侯來 池州吏員

十六年 陳俊英 西安恩貢 胡宏銘 錢塘貢生

十七年 張 經 景州例監

十八年 樓可觀 大興吏員

十九年 李齊有 本府同知 潘爾安 歸安舉人

署

二十年 侯文燦 無錫貢生 何鳳歧 大興拔貢 御史降補

二十一年

二十二年 李 侗 嘉興縣丞

署

陳 鈍 修武舉人 呂鉅烈 餘姚歲貢 章以泰 樂亭吏員 趙 怡 安塞吏員

二十五年 何鳳歧 本縣縣丞

署

蔡 珣 正白旗監生 陳大捷 通州吏員

二十六年 賈 滐 蒲州廩貢 署布政司理問

二十七年 朱維熊 保州舉人 署平湖知縣

毛之林 臨桂舉人

二十八年 李之藻 武定貢生 署嘉善知縣 金 燾 山陰舉人

傅以履 聊城歲貢 署石門知縣

連 璧 穎州貢生 署台州府同知

二十九年 蘆佩笈 武進進士
三十年 李鍵 正黃旗監生
三十三年
三十四年 徐現麟 正白旗監生 嘉善知縣署
三十六年 李淑沆 正藍旗監生 本府通判署
三十七年 張玉齡 范縣監生
三十八年 關國俊 南海歲貢 嘉善縣丞署
四十年
四十一年 劉鎧 江津進士 桐鄉知縣署
四十二年 尹之遴 東莞舉人
四十三年 陳悅旦 高淯進士 杭州府同知署

林夢鰲 福清監生
楊文運 蒲州吏員
姜應麟 安陽貢生

呂鉅烈 府學訓導 升
李日焜 蕭山舉人

朱錫聰 仙居歲貢
徐士璋 蘭溪貢生

李珍 館陶例監 按三十九年裁缺

洪基 順天吏員
聶時發 天津吏員

四十四年 趙世祿 鑲紅旗歲貢
四十五年 莫文煥 平樂舉人
劉鎧 是年復署
四十六年 張含章 鑲紅旗貢生 本府同知署
四十八年 王瀛彥 南陵歲貢
四十九年
五十二年 莫夢生 本縣縣丞署
五十三年
五十四年 韓麒趾 沁水舉人 石門知縣署
張若霈 桐城人 嚴州府同知署
楊天裕 正白旗監生
五十六年 趙善昌 蒲城進士 蕭山知縣署

莫夢生 上海監生
屈世昌 甯州貢生

朱尙德 仁和貢生
吏義高 海甯貢生

龔逢年 大興吏員
李讓 承德吏員
蔣國相 大興吏員

五十七年 梁澤 順德舉人
五十九年
六十年 王以和 正白旗監生石門知縣署
六十一年 李儀 太康舉人
屈世昌 本縣縣丞署
雍正元年 介孝瑺 解州舉人
余山 江都歲貢
二年 陳充禮 富平監生
富陽縣丞署 王仕正 鑲黃旗監生
三年
四年
九年
十一年 許蓋臣 侯官舉人 署
十二年 張如鐸 鄭州監生平湖縣丞署

李憑 渭南監生

沈純智 歸安舉人
金兆瓏 山陰舉人

邵士鳳 湻安貢生
何昌 遂安貢生

王致和 江夏供事

方以恭 祥符吏員 署
十三年 劉起禧 咸甯監生
乾隆元年 崔龍雲 太平增生諸暨知縣署
王楠 黃平廩生 署
二年 潘重康 湻甯監生
三年
四年 王紱 河南舉人
劉漢儒 大興監生海防同知署
五年 李秀 鑲白旗監生杭州府通判署
方以恭 是年復署
六年 周宣猷 長沙進士
七年 殷翥 正白旗監生湖州府同知署

張克勤 武陵監生 署
翁晟 江陰監生
署 朱騰龍
翁晟

馮孫龍 歸安舉人

余廷英 湻安貢生
俞起蛟 甯波歲貢

濮標
羅遂 大興吏員
任鋕海 署

八年 王如珪 宛平歲貢 周元禮 署

十年 王 翋 三水監生

十二年 駱志适 諸暨舉人 吳志剛 李元茹 合水吏員

十三年 胡天昇 太谷貢生 侯補通判 署

十四年 熊 安 清江拔貢 朱衣客 孫侯奇

十六年 舒 瞻 正白旗進士 署 崔 錫 趙 模 署

十七年 陳 滋 武進監生 署

十八年 張元文 甯陵副貢 黃本中 署 季漢鼎

署

十九年 蔣祖培 雲南進士 翰林改官

二十一年 張燮洙 三原舉人 雷廷鉽 穀城監生 李恭寬 鄞縣舉人 楊 誥

署

方 璇 封邱舉人

署

舒 瞻 回任

二十二年 朱 綬 貴州進士 章 瑚 湖州廩貢

署

傅 棫 鑲黃旗筆帖式 署

二十四年 王 寅 武陽舉人

魏 治 江南監生

署

陳 諠 融縣舉人

二十五年 李青廷 桂東監生 陳士珖 仁和舉人

署

二十六年 沈全達 如皋貢生

王 燧 如皋監生

署

三十年 雷廷鉽 本縣縣丞 石雲鵬 署 徐 猷 龍游歲貢 尹貴唐

署

三十一年 韓本晉 太原進士 劉三善 紹興舉人

三十四年 陳 燮 陝西貢生 雷廷鉽 回任

署

三十五年 鮑鳴鳳 青陽供事 吳錦章 湖州廩生 張燦文

三十七年 舒 鵬 山陽人 署

三十八年 何肇灝 歐寧拔貢
署
四十年 張力行 湘潭監生
四十四年 吳鉞 長沙監生
署
張九華 新安舉人
四十五年 張敦本 山西貢生

李粲 何肇灝學記張力行蔚文書院記碑尾均有李粲之名伊志列乾隆十年誤

張淇圖 浦江廩生

江琛 仁和舉人

署
四十六年 王奉曾 宛平監生
署
四十七年 程開源 歙縣監生
署
趙應鈞 吉水廩生
五十年 羅君祚 漢軍署
五十一年 楊聯榜 長江進士
署
五十二年 金仁 通州廩貢

高家駿 仁和舉人

蔡琉坤 黃巖廩貢
署
姚墀 臨安廩貢

涂佩蘭
陳士驗

署
王士鑑 楚雄拔貢
署
五十三年 恒明 鑲白旗舉人
五十七年 趙域 順天舉人
署
五十八年 任澤和 息縣進士

李麟運 山陽監生
署
李華 江西人放 李華於五十九年署知縣其任縣丞當必不遠伊志列在乾隆十年誤也今姑附此

署
包慶長 會稽舉人

金澐 仁和舉人

李麟運 本縣縣丞兼署

五十九年 李華 本縣縣丞
署
六十年 張震 湖南舉人
署
嘉慶元年
三年 李永觀 本縣縣丞
署

伍士鵬 大興監生
李永觀 新安增生

黃學溫 黃梅監生
路泰 署

四年 嚴昕 清河舉人 署
葉世華 宛平監生 桐廬縣丞 署
五年
七年 趙鍾酳 四川舉人
八年 張宗軾 湖北舉人
十一年 路錧 署
十二年 賈超 署
十三年 馬蘊愷 直隸舉人
十六年
十七年
十八年 瑞麟 正白旗人
十九年 吳鼎輔 光州人 署
楊德恒 鑲黃旗人
吳裕中 福建舉人
二十年 朱點周 武進人

徐墀 靈璧附貢
王湝
張世輔 鑲黃旗人
王崇禮 江西監生
方士傑 四川人
張鳳翙 陝西監生

何承燕 錢塘副貢 署
翟元 仁和舉人

馮至 諸暨舉人
吳克用 武康歲貢
孫虔 山陰廩貢
周璠 浦江歲貢
諸葛㦤 蘭谿廩貢
章光曾 烏程舉人

王湝 大興人
單正水 山東監生

二十一年
二十四年 饒芝 廣東進士
二十五年
道光元年 汪仲洋 成都舉人
二年
三年
四年 劉榮玠 廣東進士
楊國翰 雲南進士
五年
六年
七年 孫巖 上元進士
八年 王重遠 潛山監生
鄧鳴謙 湖南舉人
十年 段懷忠 大興人
盧昆鑾 萬載進士
十一年
十二年

叢步瀛 如皋附貢
王丹璧 直隸監生
汪慶階 湖北監生
牛晟 順天監生
王丹璧 同任
張文海 安徽監生
沙心培 江蘇監生
程光俊 安徽監生
汪慶階 復署
郭帶汾 山西監生
柯自壽 廣東監生

褚運鯤 餘姚廩貢
張燮 鄞縣舉人
褚運鯤 同任
任一桂 永嘉舉人
褚運鯤 復署
徐品三 山陰舉人
顧均 仁和廩貢
包樹棠 錢塘舉人
吳淵 安吉舉人

顧均 仁和廩貢
陳昌齡 開化舉人
章均 餘姚廩貢
來清曙 蕭山舉人

韓鍾驥 順天監生
劉春臺 直隸監生
孫王璐 江蘇附監
汪慶階 署
賴受圖 福建監生
高燦 貴池人
汪毓堃 黟縣人
陳佩玉 安徽附貢

十三年 江思濬 四川拔貢 劉梅開 福建監生
祝謨明 江西附貢
十四年 李東青 鄭州拔貢 劉 秩 長安人
十五年 侯承誥 四川進士 吳汝杰 清苑人署
十六年 王燕堂 山西進士 彭念祖 江蘇監生
十七年 陳文治 雲南舉人 張夢齡 陝西監生 王應鏞 烏程廩貢
十八年 楊鶴鳴 侯官舉人 柯光裕 署 王 瑩 鄞縣舉人
劉 秩 回任
十九年 李玉典 鄮山舉人 楊因增

宋 鈐 江蘇監生
王德潤 任邱吏員

二十一年 何煦綸 山西監生
二十二年 陳祥熾 諸暨舉人
二十三年 王清照 江蘇監生
李仙根 雲南監生
二十四年 李道融 河南進士
二十五年 吳春棠 大興舉人
二十六年 史致瀛 江蘇廩貢 汪慶階
吳春棠 回任
二十七年 鄧輝珍 江西供事
二十八年 段光清 安徽舉人

三十年 陳文範 江西舉人
咸豐元年 趙景銘 常熟監生
二年 洪承棟 歙縣監生 彭芝田
三年 張致高 太和舉人 張勤節 直隸監生
四年 吳榮楷 湘鄉進士
五年 何汝枚 仁和舉人
六年 李鵬揚 奉天優貢
七年 張勤節 縣丞署
八年 顏 燧 連平州附貢 蔣春棠

洪樹椿 杭州人
孫仁淵 杭州廩貢
潘坤厚 烏程附貢 十一年殉難

龔[illegible]
瞿曉會
丁文炳

九年 黃 檝 廣東監生 蔣 霖 常州監生
十年 吳兆祥 安徽監生 朱 失名 上元人
黃 檝 回任
同治二年 趙濟川 合肥人署
三年 申 祜 正白旗漢軍監生署 黃廷智 長沙監生 署 楊蔭華 青田貢生 署 秦恩溥 錢塘附貢 署
四年 張蘊圃 高苑進士 毛金和 奉化恩貢 署 李傳薪 新陽附貢 署 許文琳 臨海恩貢 署

王同澤 山東新城監生
朱家灝 華亭監生 署
周振華 寧鄉監生

五年
- 朱家灝 典史兼理
- 錢鴻謨 元和監生 署
- 姚宜慶 桐城監生 署
- 毛金和 復署

六年
- 虞慶瀾 陽湖供事 署
- 王熙 荊溪監生 署
- 杜濂 訓導兼理
- 杜濂 青田恩貢 署
- 許銘恩 江陰監生 署

七年
- 沈起鵬 石埭供事
- 查貢珍 山陽吏員
- 何汝枚 仁和舉人
- 陸同元 歸安廩貢
- 林洪鈞 太平監生 署

八年
- 管勳 烏程增貢 署
- 朱有光 武進監生

九年
- 汪榮棠 無錫監生 署
- 傅賓予 蕭山舉人
- 陳鍾沂 新會監生 署

十年
- 陳文彬 長樂附生 代
- 陸同元 訓導兼理
- 丁紹德 丹徒廩貢 署
- 陳鈞 景甯附生 署

十一年
- 沈寶恒 元和貢生
- 傅賓予 回任
- 韓謨 望江供事

十二年
- 申祜 復署

十三年
- 王彬 閩縣舉人 署
- 傅賓予 教諭兼理
- 王世杰 餘姚舉人 署
- 周聽鈞 江甯附貢 署

光緒二年
- 周潤東 嵊縣廩貢 署

三年
- 司開先 長葛舉人
- 陳書 浦江附貢
- 陳鴻鼎 吳縣監生

嘉興府志卷三十八

嘉興府志卷三十九

嘉興府知府善化許瑶光重輯

官師表四

平湖縣

明

年號	知縣	縣丞	教諭	訓導	主簿	巡檢	典史
宣德年	王簡慶雲監生	周濂旌德人		章儀常熟舉人	溫和		
	羅榮鄱陽監生	徐義		胡永通銅陵人			
		孫華		戈善弋陽舉人			
正統年	繆庸星子監生	周亭柳志作亭					
	高翔龍溪監生	趙圖記於宏治朝作					

年號	知縣	縣丞	教諭	訓導	主簿	巡檢	典史
	李義高郵舉人	周亭誤					
	徐詔豐城監生						
景泰年	郭欽江西龍泉監生		李永常海門舉人				
	王失名巴陵監生						
天順年	馮誠浮梁進士						李璒南鄭人吏員
	張寗歐寗舉人						
成化年	李蕎東光監生	李縉壽光監生	周時樂吉水舉人	夏瑜樂平舉人	陳善彬州監生		
	鄒文傑陽曲舉人	梅清大足監生	詹穆上杭人	萬溥丹徒歲貢	石昆趙州監生		袁復武岡監生
	李智柏鄉進士	郭禎魏縣人	方繹莆田舉人	周澤太倉舉人	程志作昆誤		董誠武寧吏員

年號	知縣	縣丞	教諭	訓導	主簿	巡檢	典史
	朱德豐城舉人	湯清高安監生	黃森莆田歲貢	鄭琨閩縣舉人	王業裕州監生		程志作成
	楊冠欽州人本府同知署	汪渊衡陽監生	林光東莞舉人		孫廉貴州宣慰司監生		
		田仁程志作文南直通州監生					
		夏忠餘干監生					
		張輔商河監生					
		陶傑應天監生					
		柳潤潞城監生					
宏治年	林奇浦城舉人	王景長山監生	王寗宛平儒士	李璟江陵監生	朱瓛六合監生		
	胡雍臨縣進士	傅茂長垣監生	辛銘無錫舉人	程志作景	翟麟臨淄監生		

年號	知縣	縣丞	教諭	訓導	主簿	巡檢	典史
	熊卓豐城進士	李春齊東監生	莊科晉江舉人	成天章無錫歲貢			
	甯浦陝西山陽進士	林伯濬閩縣吏員		黃夢行武進舉人			
		苗滋海州監生柳志作鎡		謝瑞蘇州衛歲貢			
		夏宣全椒監生					
		張振樂亭監生					
		傅松南昌吏員					
		王聚陝西乾州吏員					
		翟賢開封監生					

正德年

陳珅 銅梁進士
王璽 江西安福進士
進士
王龍山 三原舉人
郭天錫 登州舉人

范禮 平陽監生
王琳 昌邑監生
石宗 德州監生
何用賢 隴西監生
金綸 崑山舉人
陳榮 閬縣吏員
何璡 南寧舉人
王欽 山西平陽
監生
喻坤 程志作俞
坤信豐監生
甘惟仁 桂平監生

劉鏊 縉山舉人
王岫 陳州監生
張玠 南充舉人
鄒榮 柳志作鄒
余義 晉江舉人
榮合州監生
戴倫 長汀歲貢
冀才 曲阜監生
吳騰 歙縣歲貢
吳滄 石城監生
洪熊 南安舉人

何順
邵恭

嘉靖年

鄭瑚 潁州進士
陶珪 黃岡進士
林承訓 長樂進士
周仕 廬陵進士 程志作舉人

鄒文 邵武監生
姜謚 文登監生
金橋 懷遠吏員
王杲 泰州監生
楊綱 瀘溪監生
徐朝陽 巴陵吏員
劉謙 弋陽舉人
孫鳳 貴州監生
梁時通 順德歲貢
石成 亳州監生
戴鍊 婺源舉人
王相 丹徒監生
陳朝紀 南海歲貢
楊銘 亳州吏員
任寶 江寧監生

費龍 鉛山歲貢
劉子忠 樂亭監生
楊達 濮州歲貢
胡魏 歙縣監生
江鏊 南城歲貢
于禎 永平監生
程批 歙縣歲貢
陳鄭 宣城監生
范奇蕙 太倉歲貢
鄒庶 無錫監生

謝美
齊璋
魏虪
李文泮
蔣仁

黎循典 華容舉人
張煒 南安進士
曾曙 全州舉人
李僑 山東長清
進士
楊搢高 金鄉進士
殷廷蘭 廣東進士
本府推官署
胡松 績溪進士
本府推官署

賈宗華 延安監生
章鑾 德化歲貢
謝憲 無為監生
陳綸 永豐歲貢
曹忠 鎮江監生
馮琯 平湖宋志
作官南充
羅廷相 吉水監生
歲貢
王琨 玉山監生
曾士彥 桂林舉人
程志作崑
法巑 丹徒舉人
于躍淵 禹城監生
丁玉川 訓導陞
盧儒
韓俁
王文治 河南監生

石銓 華亭歲貢
周傑 六安歲貢
朱恩 泰和歲貢
陸憲 溧陽監生
葉蓁 麻城歲貢
以上簿職俱從趙圖記校正
劉寅 九江歲貢
葛傅 桂林歲貢
孫棨
程伯達 徽州歲貢
張拱
劉文耀 歲貢
劉文煥
蔡倜 澧州歲貢
楊拱
丁玉川 靖州歲貢
龔浩
李德明 廣西歲貢

李堅
喬登 延津吏員
鄭表
蘇有秋

劉存義 襄陽進士
陳一謙 鬱林進士
顧廷對 泰州進士
丁應賓 龍陽進士

葛茳 泰州監生
蔡鳳 南昌吏員
黎璉
徐瓚 江都人
孫昆 德興吏員
閻鋭 五臺監生
舒鵬 安慶監生
以上丞職俱從趙圖記校正
郭亨

趙書 桐城歲貢

湯檠
楊希富
鄧景武
陳儒相
李承烈
吳瀾
陳龍
曾貴
詹麥
陳善

隆慶年
謝良弼 泗州進士
高詔
廖亨
沈宏恩 平湖程志作思
羅文煒 盧陵舉人
李哲 臨江歲貢
郭崙 承天歲貢 案舊志作四川誤
俞玠 應天歲貢

萬歷年
李實 瀘州進士
劉士瑗 江西安福進士
朱星曜 貴溪進士
江環 漳浦進士
陳宣
湯滌 宣城人
何昇 河源人
茅溉
于世延
邢世塋
曾學孔 建昌舉人
余淵 江陵歲貢
洪璥文 臨桂解元
顧汝紳 上海歲貢
秦國儒 大同歲貢
顏子學 廣西歲貢
李岵 歸德歲貢
王九棘 重慶歲貢
梁遇 肇慶歲貢
張大本 湖廣歲貢
徐純極
孫廷佐 高郵人
田稷耕
蔣怡然
徐閎

章大順 涇縣人
林一諤
黃汝賢
黃源
黃以魁

黃焰 商城進士
吳文英 進賢進士
朱邦喜 臨川人本府同知署 平湖程志作建昌人誤
林夢琦 晉江進士
王羲民 江陰進士
曹光德 黃州人本府推官署
蕭鳴甲 漢陽進士
儲一敬
陸翹枝
連有孚 大田吏員
梁建侯 廣東靈山吏員
黎民敏 樂至選貢
汪修齡 休寧監生 平湖朱志作江修齡
趙文炳 德化吏員
何繼讓 北直南陵
毛鳳鳴 餘姚舉人
吳迪甫 仙居舉人
王之璽 蕪湖歲貢
林維遷 晉江舉人
葉滋 蘭溪歲貢
李奇逢 海門舉人
裴紹中 海寧舉人
張蔚然 仁和舉人
張廣 晉江舉人
平湖程志傳內作溜
案舊志作安吉考明 王三俊
史地理志止有安仁 萬民服
安化疑誤 洪一鵬 南直建德
王啟疆 金壇歲貢 選貢
周冠 吳縣歲貢
濮陽業 廣德監生
史明良 山陰歲貢
邵部 滁州監生
徐樞 江都歲貢
朱邦卿 仙遊吏員
李禮 清樂衛歲貢
黃之鉞 休寧吏員
貢 平湖張志作愷
張汝明
陳時熙 盧江歲貢
黃元亨

高桂芳 永寧衛吏員
張尚邦 瑞金吏員
李世攀 石埭吏員
黃元泰 臨川吏員
李珍
羅麒 仙遊吏員
曾祥卿 莆田吏員
胡士泰 袁志作世泰
繁昌吏員

有傳
喬 失名署
朱欽相 邦喜子進士
羅尚忠 青陽進士
沈鳴韶 通判署
陳熙昌 南海進士
監生
陳鴻烈 六合歲貢
汪柏
孫紹宗
茅鍾秀
范來誠 豐城人
姜邦賢 武進監生
羅日佩 南昌監生
陳仕傑 臨川監生 平湖張志作士傑
陵人誤
張行中 高郵歲貢
吳維翰 青田歲貢
毛一鶚 遂安歲貢
戚良允 金華歲貢
許汝達 崑山歲貢
嵇汝淇 德清歲貢
朱國英 錢塘歲貢
史鏞 泰州歲貢
張元愷 通江歲貢
聞人 武康歲貢
周崇文 金谿吏員
張嵐 南城吏員
陳嘉誼 海鹽吏員
方郭敬 歙縣吏員
田旣濬 江陵吏員

褚貞
李紀

單九高 江西泰和吏員
沈自修 崇明吏員

劉士懋 枝江監生　吳夢闓 英德吏員　李日茂 江西永新監生　趙育 涇縣吏員　章美中 隨州歲貢　葉茂軻 同安歲貢　郁允復 武進吏員　甘佩 豐城選貢　任達 澤州吏員

晉騰　吳鐘　張良　王之民　陸泰　高紳　吳繼曾　李金　劉文燿　宋樞 一作朱誤

泰昌年

天啟年

進士

顧國寶 南直通州

程楷 合肥進士

魏俊 麟游選貢 平湖程志傳內作洪洞人

謝國寶 海陽歲貢

李文選 龍游歲貢　施大夏 烏程舉人　孫啟文 九江舉人　署　楊儁卿 烏程舉人　署

韓烱 奉化歲貢　劉應魁 松陽人　趙廷柱 江山歲貢　徐行健 歲貢　胡士端 仁和歲貢 平湖朱志作士瑞誤

殷之銘

以上十二人俱任年補年代無考

黃鼎　沈宜　陳校　吳繼芳　劉用　劉棨　彭翱　湯溪

呂國泰

崇禎年

賴垓 德化進士　陶嘉祉 武進進士　黃士藻 晉江進士　李懷玉 一作李陳玉 吉水進士 嘉善知縣署　吳春枝 宜興進士　陳台孫 山陽進士　龐霦 吳江進士

沈鳴遠 臨湘監生　張應冬 德州吏員　楊鳳林 通道選貢　張秉謙 旌德選貢　林道昌 晉江貢生　劉文舉 北直貢生　何兆復 彭澤吏員

方允昌 諸暨舉人　柴世杲 仁和舉人　陳琛 武進舉人　葉杲 黃巖舉人

任默然 仁和歲貢　張問善 玉河歲貢　錢兆騰 烏程歲貢　吳用賢 武康歲貢　夏元駪 德清歲貢　呂曾蟠 新昌歲貢

陳應魁 江浦吏員　方來貢 永新吏員　項學易 太平吏員　省分無考　周泰穎 貴州永豐　歲貢　張元貞 歙縣吏員

高 失名　鮑福貴　尹思佑　寧文理　李熊　錢閎 一作閔誤　以上十四人俱任自沙年代無考並附見於此

謝啟謨 高明吏員　郝一貫 平度吏員　黎光德 山東新城　吏員　葉朝永 福建寧德　吏員　戴應光 廬陵人　余復性 涇縣吏員

國朝

順治二年 朱國龍 仁和舉人　劉文舉 以獻印題　吳大珍 錢塘貢生　鄒德沛 錢塘生員

署　授　署　署

馮麒 錢塘生員　署　袁建高 章邱舉人

四年 李時蓁 滄州進士

六年 劉秉鈞 奉天正紅旗人 平湖朱志作北直大興人

八年 楊春芳 福建貢生

饒有章 潁上歲貢

九年 十年 十一年 十三年 十四年 十五年 十六年 十八年 康熙元年 二年 四年 五年 六年 七年 九年

陳顯 無錫拔貢
朱之翰 上元進士
金鍛 奉天人平湖朱志作錦州人
倪迺 懷寧進士
陳孚宸 涇縣進士

王家彥 山東貢生
吳震龍 環縣恩貢
童養心 太原恩貢
張效錬 蘄州歲貢

陳光前 永嘉歲貢
張應麟 鄞縣舉人
董奇齡 餘姚舉人
陳泰來 富陽歲貢
陶鑄 烏程舉人
王召 烏程舉人

陳文高 金華歲貢
凌可賢 新城歲貢

周文 蘄水監生
余司韜 宛平吏員

蒙光生 宛平吏員 任白沙
陳景星 宛平吏員 任乍浦
姜一科 郟縣吏員 任白沙

藍奇易 吏員
文愈賢 河南貢生
黎文開 吏員
王日智 陝西吏員
閻中謐 陝西吏員
毋重華 華州吏員
查德培 貴池吏員

十二年 十三年 十四年 十五年 十六年 十七年 十八年 十九年 二十年 二十一年 二十二年 二十三年 二十四年 二十五年 二十七年

景貞運 大興舉人
朱祥麟 烏程縣丞署
張鳴遠 黃岡例監
陳時夏 富平貢生
王遇 富平監生 石門丞署
徐維熊 從平湖朱

樊明儒 陝西拔貢
顧乃西 贛州例監
張維紀 直隸鄗縣人
李太初 太原貢生
高雲星 奉天官生

任雨蛟 蕭山歲貢
趙嘉運 會稽舉人
姚湆熙 歸安舉人

王凝遠 蕭山副貢
王邦濟 會稽恩貢
謝師昌 鎮海歲貢

劉芳學 寧津貢生
高樞 鳳陽例監
李曜龍 天津監生

何俊公 閩縣吏員 任乍浦
張萬里 華州吏員 任乍浦
黃阮 省志作阮 眞定吏員 任乍浦
程瑞鼎 邠州吏員 任白沙

鄭九鼎 滑縣吏員
韓泰 黎城吏員
任一得 直隸通州 吏目

志增

三十年　陳允錫　晉江例監

三十一年　呂猶龍　奉天正紅旗監生

三十三年　徐現麟　正白旗例監嘉善知縣署

三十四年　王瑋　武進進士

張玉麟　范縣監生嘉善縣丞署

三十八年

三十九年　王國英　奉天生員

四十年

陳鍈　鑲黃旗歲貢

四十二年

徐勉　桐城監生

四十四年

四十五年　李夢鳥　大同進士嘉善知縣署

陳允侃　晉江例監

四十六年

四十七年　董天眷　奉天歲貢

李日曜　蕭山舉人

宋景祁　建德教習

劉敦吉　慈谿拔貢

方元亮　淳安舉人

趙世成　山陰歲貢

婁賦會　山陰廩貢

劉鼎　富平吏員

項惟善　平谷吏員

董義　南皮吏員任白沙

張茂先　饒陽吏員任白沙

劉雲路　泰州吏員

四十九年

五十年

五十一年　袁孟淵　曹縣拔貢

五十二年

李心衡　青城監生

五十三年　金尙志　大興監生杭州同知署

五十四年　朱文龍　陽信進士

王成巳　封邱歲貢

台州同知署

五十五年　于文奎　鑲黃旗官監金華通判署

繆廷奏　大興監生

五十七年　劉汝梅　鑲黃旗人金華同知署

韓騏趾　沁水舉人石門知縣署

繆之翔　崇仁舉人

彭銘　莆田舉人

顧之翰　太倉監生

鄭熙采　江寧監生

陳耀祖　宛平吏員任白沙

胡文博　宛平人任乍浦

李玫　大興供事任乍浦

茹廷棨　直隸梁城所吏員

處州同知署

五十八年 李斯恂 長山歲貢　李玫 乍浦巡檢　程雲遠 大興吏員

五十九年 潘兆夔 歙縣歲貢 署

六十年 林緒光 閩縣舉人　張萬銓 鑲紅旗例監

六十一年 蔡毓秀 年分無考　陶鑄 烏程舉人 年分無考 縣志作康熙初任　余汝霖 山陰廩貢　朱桂馨 新建監生

雍正元年 陳獻德 鑲紅旗貢

二年 楊克慧 沂州進士 生烏程知縣署　張昌言 仁和歲貢　范國鑑 宛平吏員 任乍浦　湯之棟 長洲吏員 任白沙

三年 張倬 臨汾貢生　趙瀚 仁和舉人　王之璉 宛平吏員 任乍浦　施約 宛平吏員

五年 萬際清 晉江貢生　賈培 大興供事

任白沙

六年 白瓌 平定監生 本府同知署　張如鐸 鄭州例監

七年 趙德望 大興歲貢 杭州通判署　葉郃 臨海拔貢

八年 方以燾 大同前衛吏員署　龐掄 曲阜吏員　杜宏信 絳州供事

九年 關靜世 太平供事 任乍浦

十年 郜煜 登封舉人　嚴瑞隆 奉化舉人　劉錫 洪洞吏員 任白沙

十一年 沈時發 德清廩貢

十三年 王之琪 儀真監生　王愷 大興吏員　任鋐海 大興吏員 任乍浦

乾隆二年 柳衣 天台廩生　趙國正 寶坻吏員　陳朝達 宛平供事 任白沙

三年

五年 方以燾 復任　汪之崧 歙縣監生

六年 董懿 祿勸恩貢 秀水知縣署 孫象治 休寧監生

七年 高國楹 奉天監生

八年

九年

十一年 舒瞻 滿洲進士

十二年 閻公銑 昌黎進士

十三年

沈世隆 蕭山歲貢

張鼎新 泰新監生

徐垣 天長吏員 任乍浦

于良臣 玉田吏員 任白沙

十五年

十六年 翟天翺 饒陽進士 縣丞署

十七年 孫象治 署

十八年 楊兆槐 金匱監生 仁和縣丞署 羅鳴鑾 揚陽監生

二十一年 陸廷鉽 盧遷場大使署

二十二年 李化楠 緜竹進士 秀水知縣署

李納璧 蔚州舉人

鄭嘉禹 開化歲貢

李芑 縉雲歲貢

孫右翼 鉅野吏員

李煥文 蔚州監生

二十三年 高永 太興吏員 鍾鼇 海寧舉人

二十四年 高永 縣丞署

二十五年 劉純煒 諸城進士 王士澣 咸寧貢生 吳錦章 歸安廩貢

二十六年

二十七年 劉國炬 奉天正白旗監生 周大樞 山陰舉人

譚秀華 衡山監生 任乍浦 許文煥 大興吏員

江盤 永新吏員 任白沙 周澤 江寧吏員

胥瀚 射洪監生 任白沙 徐鯨標 大興監生

許光宗 直隸通州倉書任白沙

二十八年 張承積 桐城監生 沈揚 武康歲貢

二十九年 劉開猷 上猶貢生 署 孫惠 豐城貢生 署

三十年

三十一年 鮑鳴鳳 青陽供事

三十二年 陳聯拔 峽江進士 景寧知縣署

周元龍 宛平監生 任白沙

王汝安 大興監生 任乍浦

孫右翼 本縣主簿 署乍浦

三十三年 三十四年 三十五年

周昭仔 湘潭舉人
梁森 廣東順德人秀水縣丞署
鮑鳴鳳 海鹽知縣署

黃正義 安徽人大興監生署張志作王正義誤
吳焆 宛平供事署
孫嘉楝 大興監生署

詹國璘 山陰舉人
陳孔揮 義烏拔貢

黃國珳 潛江武生任乍浦

三十六年 三十七年 三十八年 三十九年

胡師亮 湘潭舉人署
董鈞 武陟監生
陳虞盛 漢陽監生東防同知署

梁安永 高安貢生

時吳華 仁和舉人署
程兆鑑 永康舉人

張泉 大興監生本府照磨署
姚興滋 桐城貢生

孫右翼 署乍浦
江盤 復任白沙

張炳照 膠州監生秀水主簿署
潘贊 南海吏員

四十年 四十一年 四十二年

劉雁題 光山進士

徐志升 武康廪貢署
周玉器 上虞舉人
方元 錢塘舉人

梁文永 縣丞署
王元弼 宛平監生署
朱元椿 儀徵監生

韓日煜 齊東監生署白沙
楊玉書 武安監生署白沙
郭履祥 廬陵貢生任白沙

周士堅 大興監生署
鄔鏞 大興監生

四十三年 四十四年 四十五年 四十六年 四十八年

張力行 湘潭監生海鹽知縣署
葛福 滿洲筆帖式武康知縣署
張福敏 常熟監生富陽知縣署

程成謙 吳縣貢生署

陸卿雲 吳縣監生署
汪際會 六安監生署

桑俠 榆次吏員署乍浦

四十九年　蔡廷弼 德清 歲貢
署
五十年　王　恒 遵義 舉人　何　蕙 山陰 舉人
五十一年　李　㮚 濟陽 貢生
署
五十二年　陳　焯 烏程 廩貢
署
蔣大經 署白沙　王用霑 富平 吏員
五十三年　歐煥棠 廣東 樂昌　陳　海 慈溪 歲貢　張大成 榆林 舊書
任白沙
五十四年　監生 嘉興 縣丞 署　姚鳴庭 鉅野 監生
署
王國儀 仁和 歲貢
署
泰 曲周 監生　邱開泰 上杭 監生
任乍浦
五十五年　劉　雲 長沙 吏員
署
孫宗潞 仁和 舉人　管　濤 金壇 供事　張　治 長沙 監生
任白沙
五十六年　黃高齡 江西 新城 進士
五十七年　郭　賓 江西 新城 貢生 署
五十八年　曠大平 衡山 監生　王　鏊 鄞縣 廩貢　夏凌雲 宣城 吏員

五十九年　方維翰 大興 監生
凌象山 烏程 優貢
署
王　濤 宛平 附生　邱永安 通化 州吏
任乍浦
六十年　鄭錫川 溫縣 舉人 布政司經 歷借補
署
李簡德 嘉興 縣丞
署
鮑士彬 青陽 供事
嘉慶元年　岱　毓 漢軍 舉人　方維翰 回任　項愼植 大興 供事
楊　鍒 全州 舉人
署
李庚芸 嘉定 進士
二年　劉　雲 慈溪 縣丞
署
王　濤 上海 兼署　朱　喆
朱　喆 襄安 拔貢
署
三年　李賡芸 回任　項愼植 典史 兼署
項愼植 典史 兼署
王　濤 回任　張大成 坐補 白沙
張鵬程 昭化 拔貢　陳士驗 石埭 供事
歸安縣丞 署 代
陳士驗 署
復任
四年　金　瑄 大興 吏員
五年　譚大經 本府 通判
署
張楙孫 資陽 入署
白沙

六年 路鐔 溧陽監生
七年
八年 八十九 鑲黃旗人
路鐔 回任
十年

陳聖沼 署
謝燦 宛平人
龔球 貴溪監生
謝燦 回任

王世纓 湄安廩貢

諱增 上元人
陳聖沼 順德監生
譚增 回任

仇文魁 歙縣監生任白沙
陳士驗 署
張爲炯 山東人署
白沙
張恕 懷甯人任
白沙
郭光紳 萬載人回
乍浦
邱永安 回乍浦任

金珀 署縣丞
項愼植 回任

十一年 劉炳 大興舉人
十二年 張世輔 漢軍筆帖式
劉炳 回任
十三年 崔之煒 太平舉人
劉炳 回任
十四年 崔之煒 再署
易鳳庭 靈川進士
十五年 劉炳 回任
十六年 周楷 東臺舉人

金梁 仁和舉人
毛元坤 江山舉人

徐元贊 常山舉人

涂拱福 署
譚增 回任
楊兆璟 湖口附貢

蔣步鰲 如皋附貢
署白沙
張恕 回白沙任
周省 祥符人任

張恕 署
項愼植 回任
江楫 江甯人

十七年 陳徵芝 閩縣進士
十八年 李宗傳 桐城舉人
陳徵芝 回任
十九年 鄧必玉 奉新監生
王鳳生 婺源監生
二十年
二十一年 趙球 江陰監生

萬珍 安義人
曾庭 長甯附貢
萬珍 回任

余鍔 仁和廩貢

周之翰
程夢麟 德清歲貢

李長清 溧陽監生

乍浦
李枝蔭 蔚州人任
乍浦

項愼植 回任
萬珍 署縣丞
王重遠 潜山監生
錢書成 武進人

李宗傳 回任
二十二年 劉肇紳 洪洞監生
二十三年 王鳳生 回任
萬珍
王鳳生 回任
劉肇紳 再任
二十四年

張文海 署
萬珍 回任

章鈞沐 歸安舉人

丁一咸 歸安廩貢

王祖望 金壇人署
李長清 回任

李傳烇 臨川人署
白沙
李揚清 江陵人署
乍浦
李枝蔭 回乍浦任
方熾 武進人任
白沙

方熾 白沙巡檢

二十五年
蔣傳志 吳縣監生
方 球 昌化廩貢

道光元年
畢紹宗 天津監生
祁 鎬 清苑監生
胡述文 江夏進士
李長清 署
錢書成 回任

二年
蕭方杞 宿遷附監
祁 鎬 縣丞署
祁 鎬 署乍浦

三年
祁 鎬 回任
陳基泰 吳縣附監
胡汝眪 宜賓人署乍浦

四年
林樹錫 大興監生
陳錫光 石泉附監任乍浦
林樹錦 主簿署回任

五年
王 霦 宛平監生
李 楨 寧遠監生
王重遠 署乍浦
于 晟 署
錢書成 回任
陳錫光 回乍浦任
李 楨 署乍浦
萬 杰 桃源人署乍浦

六年
胡述文 回任
林樹錦 回任
伊定湘 寧化人任

七年
吳 嵘 常熟廩生
胡述文 回任
張 慧 鄞縣副貢
張迎煦 仁和議敘
方 箴 復署
乍浦

八年
王 霦 再署
胡述文 回任
陳春華 錢塘舉人
巫佐瓊 署乍浦
伊定湘 回任乍浦
錢書成 回任
祁 鎬 縣丞署
錢書成 回任

九年

十年

十一年
楊遇升 平越進士
徐 濱 寶寧人署乍浦
伊定湘 回任乍浦
方埜毓 大興人署白沙

十二年
汪士瀾 旌德監生
楊遇升 回任
王樹棠 山陰廩貢
方 箴 回白沙任
程培元 漢陽人署乍浦

十三年
沈逢熙 [illegible]縣進士
趙 泰 錢塘舉人
李志銘 聊城人任乍浦

十四年　十五年　十六年　十七年　十八年　十九年　二十年　二十一年　二十二年　二十三年　二十四年　二十五年

鄭錦聲 閩縣舉人
王錫周 盱眙監生
鄭錦聲 回任
侯承誥 營山進士
朱煌 青縣舉人
王鼎勳 江寧人
陶春元 新建進士
胡培塋 光州監生
宋琛 直隸舉人
翟綵 固原舉人

林樹錦 主簿署
劉榮勳 懷甯監生
張淑亭 壽州監生
韓錞 汾陽監生
喻克勤 南昌監生
韓錞 回任
陳鳳桐 正任

孫有元 仁和舉人
許乃裕 仁和舉人

沈丹書 歸安舉人
邱聖祥 龍游廩貢
周煒 東陽廩貢
洪時濟 署
吳汝霖 建德舉人

吳汝杰 清苑人
丁溥 丹陽監生
王重遠 潛山監生
李文彪

王希璧 懷甯附貢 署乍浦
李志銘 回乍浦任
王重遠 主簿署任
浦
謝稜 崇慶人署 乍浦
袁脩瑾 華亭人任 白沙
吉鳳 山西人任 白沙
顧雲路 吳縣人署 白沙

祁鎬 復署
劉汝榧 嘉應州人
張衍祚 景州人
汪寶瑞 大興人

二十六年　二十七年　二十八年　二十九年　三十年　咸豐元年　二年　四年　五年　六年　七年　八年

楊炳奎 陝西舉人
龔埴 閩縣吏員
高樑材 順德監生
邢吉甫 上元監生
署
達晉 滿洲人
李澍 直隸監生
楊炳 新城監生
明德 鑲紅滿洲

余廷芬 署
李傅 署
李廷樑 署
趙廷詔 正任
蔣兆駱 正任
以上六人籍貫出身任年均無考
龔炳麟

謝采 上虞舉人
樊芝生 仁和廩貢

張琪 直隸供事
方澧 安徽監生
張瓚 署
戴椿年 江蘇監生

丁壽宸 武進人署 白沙
張偉 陝西人
佛智 四川人代
朱朝式
端木奎照 上元附生
以上五人均乍浦任年無考
何顯 靈石人署 白沙
吉鳳 回任
馬國興 歷城人任 乍浦
周其泉 嘉定人署 白沙
喬傳保 江夏人署 白沙
王道明 任白沙
秦炳彪 署
華秉鉞 代乍浦
高維琳 江西人任
沈榮恩 涇縣供事

旗舉人

九年 汪元祥 樂平優貢

十年

同治三年 明德 再任

程發 奉賢監生 署

嚴嘉榮 山陰舉人

楊慶華 陽湖監生 署

乍浦

熊培元 乍白沙

周維楨 安福人任溫以烜 廣東人

乍浦十一年殉難 余瑄起

李瑩 署白沙

黃敬忠 嘉應州人

黃培賡 連平監生 署乍浦

劉承恩 上元監生 署

牛桂芬 大興監生

葉信中 桐城監生

四年

五年 郭惇典 濰縣舉人

鄒士傑 無錫監生

署夏名恩觀 署

盧正珩 署

汪儒玉 海寧增貢

阮祥藻 奉賢附貢 署

姚慶鏞 昭文附監

姚錫恩 嘉興監生

程日炳 婺源監生 署白沙

蔡墀 吳縣監生 署

署乍浦

龔鳳衢 江陰監生 署

余紹堃 陽湖監生 署白沙

署乍浦

六年 趙祖賢 陽湖監生 署

七年 潘玉璿 順德舉人 署

金振聲 大興監生 署

八年 邢守道 封邱進士 署

張沛 吳縣監生

九年

李昌泰 湘潭監生

龔鳳衢 典史兼理

唐欽明 南滙監生 署

費文郁 吳縣監生

鄧爾琛 江寧監生

黎樹幹 平南監生 任白沙

蔣有淦 歙縣供事 署乍浦

周濟源 上元監生 署乍浦

勇知方 江陰監生 署乍浦

十年

戴晉芳 崑山監生 署

任乍浦

十一年

錢應晉 華亭監生 署

何增榮 蕭山舉人

十二年

汪儒玉 訓導兼理

姚濬常 山陰廩貢

費文郁 主簿兼理 白沙

黎樹幹 回任

十三年 姚光宇 溧陽附監 署

周學濂 丹陽供事 署

傅商霖 西安舉人 署

光緒二年 許嘉德 華亭監生

阮宗沅 上元軍功

傅商霖 兼理

沈承敬 吳江監生

署
署

三年 彭潤玉 黃平進士
楊壽煜 吳江附生
署

代白沙
高　祥 貴池監生
署白沙
葉維藩 吳縣監生
代白沙
姜紹高 元和監生
署白沙
蔣廷弼 上元軍功

石門縣

宋　令　丞　學職　主簿　尉　雜僚

景祐年 李高叟
至和年 衛　洪 華亭人實志作華州人
嘉祐年 楊　約
治平年 劉獻臣 趙圖記作憲臣
陸長愈
熙寧年 周　邠 錢塘人吳志作周鄰誤
王延年

元豐年 尹　宏
褚　籍 入……與六
章　術
吳伯舉
紹聖年 周之祥 袁志作紹興誤
建炎年 鄧　根
胡　禧
紹興年 趙煥之
張公秀 劉志註令
木　楹 袁志列建炎年誤
時　撒 劉志註令字誤
泠世脩 宋世脩與知州張瑜同時當在
李　球
王　石
左惟溫 劉志誤入嘉定間攷名宦傳仍在元豐間
張子修 監石門酒庫劉志作嘉定任誤

周廣譽
褚　亮 趙圖記於褚亮下有褚禧重見
吳道夫
呂議中
黃　揚
隆興年 趙上之 劉志作山之案趙圖記以下六人入隆興間吳志改
潘觀國 紹興隆興之間
朱　鼎
周大椿 案劉志以周大椿商份入隆興間今從崇德新志
商　份

入紹興間益隆興止二年不應有此六七人也

林善章　趙圖記作善同

趙師正

范彤　袁志作彤

吳翼夫

何僑

呂耆閭

乾道年

葛郯　趙圖記作琰袁志作邢

趙偉之　案趙圖記以下五人入淳熙間劉志改入乾道間袁吳二志同

汪璽

章紘　劉志姓童

韋濟心

黃庠

路祥

蔣若

林玹

淳熙年

應袤

朱柢

王藝

王迪簡

湯涓

范機

紹熙年

李江　袁志列慶元間誤

陳炳

莫柯

唐棐

秦垍

程德友　劉志入慶元間袁志作慶元任姓陳

楊商老

曹觀

李甲　石門鄭志作申

陳珙

俞應符　錢塘人

蔡師仲　劉志入淳熙間袁志作師中又入紹興誤

白仲陽　劉志作仲

賜

慶元年

奚士達　宣城人

李耆明

李玘　趙圖記作祀

嘉泰年

李梗　柳志作便

傅嵒　劉志作巖

王墀

開禧年

黃泰

木曇　任主學

曾樵

張元亨

黃榦　石門監酒庫劉志列嘉定誤

趙希表

趙善視

唐士表

吳檜

王焞　劉志列嘉泰間

嘉定年
趙與俊 柳志作典俊誤
李伯壽 柳志列秦鎰後
秦鎰 柳志作鑑
劉景雲
林應龍
徐起宗

輔廣 任主學

張衡 劉志列嘉定間在茹或後
趙汝痕 袁志作辰
茹或
趙師恷
丁璹
錢孝溥 趙圖記作孝浦

黃正邦 趙圖記作正卯誤劉志入開禧間
徐鳳 劉志作夙
林嗣老 吳人
趙希札
曾燠 贛州人袁志作煥誤

侯垚 袁志作羲
周顧行
寶慶年
樓演
紹定年
徐茗 趙圖記作茗
施秉
方澄
林夢齡
端平年
趙宗誼

郭舜元 武林人
趙必鼎
閻士貴
錢適

趙汝燧
朱槼
盧宗顯
趙希怡
周儒文

李謚
丁時昭
徐元長
俞廸
趙希諮 趙圖記作希辂
徐瀾
楊定

趙師規 劉志作現柳志以劉景雲列師規後
嘉熙年
錢釋之
吳潔
淳祐年
趙希曾
臧元士
葛文龍
汪屋
蔣昺

邊用訓
袁桌
萬樞
潘駿 作宗嵘誤
時元中
許必達
張千之

呂彬年
柳補之 浦江人
趙崇嵘
趙必渲 劉志作必宣
屠雷發

趙宗皦
沈松
葉直之
顏如玉
張思正
湯應發

黃元直 柳志作姓夏
景定年
張端本
咸淳年
家之柄
元
達魯花赤 縣尹
大德年
知州 元貞升州改設

丞
同知

主簿
判官

張華
張得之
學職
勞原誠 本州人任學錄趙圖記作原誠入宋時
鄭文原 綿州人任

尉
吏目

延祐年 楊伯要兀歹（任知州） 羅毅 姚燮

趙丞宣 高亨

至順年 盧禮（任知州，明一統志作祥）

至正年 王雍（任知州） 曾彥魯

夏（失名，周致堯有送夏同知詩）

蔣（失名，號將山，見俞鎮詩，袁志作判官，誤）

教授

秦約（崇明人，任學正）

朱志道（本州儒士，辟任傳貽書院山長）

徐夢吉（於潛人，任傳貽書院山長）

俞鈞（本州人，任主學。以上三人年代無考）

明

知縣　縣丞　教諭　訓導　主簿　典史　雜僚

吳元年 伍祥（任知州，改知縣）

謝大本（長沙人，州同知改縣丞，袁志作知縣，誤）

張釗（以下七人道圖記俱無年次，從劉志補）

夏鏞（以下二十二人道圖記俱無年次，從劉志補）

洪武年 梁宣 武亮 陸宗學（字熙之，本縣儒士，辟任） 黃彝（本縣明經，辟任。以下五人道圖記俱無年次，從劉志補） 周佐 朱思道（以下至王德成，崇德靳志無年次，從劉志補）

徐仲溫（任稅庫局大使）

溫伯恭 張誠 周守敬

田慶原（劉志作慶原，崇德靳志作慶元） 程鵬進 高素

崔汝霖 晁方正 張淵 朱英

賈宏義（劉志作宏） 范禮 王添孫

涂節 毅

陳士桂（本縣儒士，辟任，袁志作明經）

蔡鈞 李隆

趙觀 祝得生

朱羲晦（本縣明經，辟任，袁志作儒士） 譚如德

何谷才 齊搏 趙庸

周丁治 陳妙相（以下十九人道圖記無年次，從劉志補）

顧元凱（本縣儒士，辟任）

李旭

畢輝 高岳（本縣儒士）

黃仲彬 鄭顯

萬方彥 孫有常

姚子英

宮志宏（道圖記在蔣仁後，袁志姓宮，今從劉志）

蔣仁

蔣伯熙（桑柳志在）

蔣仁在李存名後趙圖記在姚子英後崇德新志有蔣伯温在姚子英後袁志在萬方彥後又有蔣仁在宮志宏後未審是一人是二人

李存名
胡伯愚
王禮

永樂年

劉貞 趙圖記作王志剛
貞
余生 劉志姓俞
時貴
陳遲 柳志作進
余順 建昌人
宣德年
王盤 劉志作槃
霍泰 陝州人
史進
辛耀 萊州人

喬誠
馬善
李安
汪順
韓敏
鄭謙

李敬 華亭舉人

錢浩 華亭解元

劉巨濟
鄧青 一作清
馬頁
楊諒 一作源
其福

趙琰
羅觀
國用
李員
龔讓
華誠

正統年
董禮
趙中
鍾興
焦寬 萊縣人
孫強
景泰年
盛怡
劉羽 吉水舉人
郁綸 德州人
天順年
祁禎 監生

熊以文
劉志道 一作志通
左禮
危福 趙圖記列成化間

張 失名鎮江人
李昌 吳縣舉人
嚴倫 泰和舉人

桂 失名
王正 安福薦舉
林敦 閩縣舉人
李盛

崔懋
張郁
徐昱
徐旭

陳亮
苗春 吏員
黃進
李儀
張能

成化年
王輿 巢縣人
陰璽 舉人
劉仲輢 麻城舉人 劉志作中琦
張超
趙希賢 高邑舉人

蕭本茂
高浚
張忞
沈讓 江都監生
史朴
郭銘
陳觀 福建人
彭禧 崇安人

鄒儀 鄒縣舉人
鄭紀 莆田舉人
劉存德 東莞舉人

陳載宏 江西監生
吳寧 應天監生
陳孟稠 莆田舉人
李英 松陰監生
許純雅 莆田舉人
吳紳 鎮江監生
袁端 新淦舉人

賈元 昌平監生 案劉志賈元後出夏鏞崇德新志亦列夏鏞於賈元後
陳鋼
黃元吉

孫善
張福

王輔 遷安監生 稅課司大使
董貴 通州吏員 河泊所大使

周彬 案陳彬觀及周彬以下八人趙圖記無年次從劉志補
李義
楊憲
楊榮
張頤
王鑾
張本溫
周福 趙圖記列

宏治年
吳浚 德興進士
李學 沙縣舉人
湯沐 江陰進士
梅珂 蕪湖進士 劉志作柯
李瑋 劉志作偉 南縣縣人

宏治間許貴後
許貴 通州監生
施易 監生
吳賓 高郵監生
韓君夢 湖廣監生
文澤 安陸監生
劉鐘 監生
楊敎 新鄉監生
趙理 臨城監生

李禎 應天舉人
李馳 威遠監生 劉志作承誤
陳世顯 莆田舉人
謝時億 安慶監生
陸冕 鎮江監生 劉志姓逵
周全 玉山監生
李栄 番禺監生

林岳
游理
孫賓 高郵吏員
陳伸 杞縣監生

許旺
王德成

正德年
歐陽瓊 鉛山進士
秦饕浩 廬州恩生
錢廷綵 東莞舉人
董承秀 劉志作承
朱大用 仁壽吏員
許大德
蔡溥 汝陽監生

以主事左遷
黃鳳 鳳陽吏員
崔冕 蘇州舉人
丁森 趙州監生
陳伯良 劉志作伯亮
吳淮 臨湘監生
劉漢 麻城舉人
張浤 延津監生 知縣降
洪異 龍溪舉人
伍鳳 寧化監生
陳相 洛陽進士
齊之鸞 趙圖記作姓徐桐城進士吏科給事中謫
廖雄 南海監生

蔣軏 山陽監生

方高郵監生
于昇 壽州監生
吳嶧 臨川監生
賴吉 南都監生
陳世美 侯官舉人
張槩 閩縣舉人

楊經 廬州監生
紀勛 沙河監生

李滋

河泊所大使
詹遠 莆田吏員 河泊所大使

嘉靖年
葉瑞 瑞安進士
崇德靳志作臨安人
程洪政 樂平舉人
許繹 閩縣進士
張守約 華容進士
俞沖 麻城舉人
彭喬 廬陵舉人
劉巍 任邱舉人 劉志作魏
阮高 天甯都司

許粲 貴池監生
周顧 永福監生
韓盛 陽曲吏員
丁欽 南城監生
甯時用 黃陂監生
徐正倫 銅陵監生
喬時敘 宜府監生
周熊 壽州監生
湯佐 丹陽監生
銀金 原武監生

吳禋 莆田舉人
鄭泰 長洲監生
鄧楷 訓導陞任
張澄 晉州監生
雷震 濟甯舉人
董承祐 河陽監生
石門鄭志姓董
李綦 綿州監生 劉志作綦
趙頤吉 內江舉人

林珖 龍巖人
李璁 南城人
鄧楷 南城監生
甘杲 崇仁監生
盧如閎 莆田監生
周瓛 應天監生
林仕 福清監生
邱山 連江監生
藍堯則 萍鄉監生
張承恩 六合監生

閻宗臯 臨清監生
謝珩 弋陽監生
宋聚奎 泗水監生
魏鳳 京山監生
李紀 天成監生
米慈 河南監生
劉志作以慈
梁崇 茶陵監生 卒於王事
王表 青城監生

王䄡 豐城監生 吳志作禳
寇湘 廣濟人
馮善 順德人
王道 六合人
饒尚樂 進賢人
高松 仙遊人
吳旻 歷城人
趙鉞 華亭人
吳欽 當塗人

刁恒第
王載
張棐
葉經
曹元吉
滕寶
張仁
魏仲然
杲恭
郭汝楠

進士員外郎降補 周應祿貴溪舉人 邱岳綿州舉人 蔡端本開縣進士 崔近思濱州進士 劉宗武貴縣舉人 陳憲萊縣進士 朱潤

湯珍長洲監生 李璋盱眙監生劉志姓李 馮世賢英山監生 張昇休寧人知印劉志作弁 劉鈞儀真人 劉大綬黃岡吏員 易頤南昌吏員 董繼賢上海監生

孫芹清江人 金鸞應天舉人劉志作鑾 徐經順德人 方惟一桂林舉人劉志列入隆慶誤

呂吉星子人 夏若水豐城人 王嘉會浦城人 張釗臨桂人 周尚賓雞山人 樊桓南昌人 陳仕武昌人 葛文獻績溪人

彭應祥河間歲貢 王府鄆城監生

胡鏞懷遠人 劉琨龍溪人 侯濳直隸舉人劉志作治 程冠合肥人 龐世賢黃陂人 甘本泰豐城人

徐繼賢 黃鸞 以上十二人俱阜林驛驛丞 案舊志有弋共卿任嘉興遞運所大使不應入此今刪去

隆慶年

文鼇新建舉人 蔡貴易同安進士

陳文舉宣城監生

時化成吳縣監生

蔡循周泗水人 楊士基晉寧人劉志姓陽 劉焯興國州人

王綸宜興監生 高橋貴池歲貢

佘正莆田人 覃邦武緣舉人

陶玳劉志作岱 邵登劉志作恩 以上二人俱隆慶間阜林驛驛丞 崇德斷志入萬歷間疑誤

萬歷年

張源邢州舉人 陳履廣東進士 李上馨番禺進士 朱維京萬安進士 孫承謨侯官進士

鄧仕瑞金歲貢 王篚臨淮恩貢 因解銀中途卒於途 王聘巳江夏恩貢 朱邦儁吳縣監生

石鐘湖口監生 王時輔臨川舉人 姚栢武康人 劉良春晉江舉人 熊文華

洪霽龍巖人 何如賓通州人 郭忠貞宣城人 陳應禮宣化恩貢 白珩錢塘人

徐士亨長洲監生 施宏珍惠安歲貢 廖廷萬安監生 紀澄鄱陽選貢 何其旋易州選貢

雷楫楚城人 趙寵上高人 劉香德化人 章繼學當塗人 鄧一鑑邵武人

李條以下十五人俱任阜林驛丞入劉志缺六人 王忠賢劉志作忠賢

黃全初歙縣進士 王述古禹州進士 周應秋 薛近兗武進進士 陳允堅長洲進士 徐穆臨川進士 唐汝脩興業舉人 張廷相 韓嘉善例貢 蔡廷臣

朱邦奇句容恩貢 馬承科潁上歲貢 黃澍邵武人 夏烈六合監生 翟柱涇縣監生 秦茂臨淮吏員 劉志作成 譚尚思仁化監生 朱祚永蘄州監生 謝宗文興國選貢

武瀛海州人 鄧柔石門人 陳繼祖 李養重錢塘舉人 温子傳烏程人 汪元齡鄞縣人 趙賢左東陽舉人 張鯨震鄞縣舉人

朱應元烏程人 張學書修仁人 葉夢龍蘭溪人 王大觀鄱陽人 姚希賢武康人 賴君錫婺源人 佘鼎仙居人 紀三策膠州人 劉章印江人 張鍔烏程人

陳應雷溧陽監生 袁學詩簡縣選貢 嚴有敬宣城監生 王夢龍華亭監生 黃守正隆安選貢 周可錄太平人 湯來舉零陵監生 鮑應聘徽州人

鍾玘泰和人劉志作杞 程世良歙縣人 林鐸龍溪人 李志孝仙遊人 王禹斗萬安人 沈承思吳縣人 楊茂榮宣城人石門鄭志姓湯 俞崇禮桐城人

謝表劉志作謝文進 耿登 王鷹 周繼芳 湯允中吳縣人 金天爵會稽人 王子連臨海人 李時行 周愼衡水人

汪在前 方玘 以上五人據新志增 靳一派海鹽舉人 程道章休寧舉人 汪文偉宿松舉人石門鄭志作文煒 陳心得永定衛舉人

顧起明監生 宋家棟新淦吏員 揭淇卿吉水監生

姚之臣太倉人 陳鉽全椒人 趙汝審常山人

黃家棨 吳世儁 汪康允徽州人

衛明杜常熟人 章世恩錢塘人 徐善揚海寧人 李國銑南昌人

天啟年

陳宗湯漳浦舉人

孫彥登青陽選貢

陸元徵山陰舉人

施承芳貢士

汪在賢江南人

李士陶通州監生

年	知縣	縣丞	教諭	訓導	主簿	典史	
	鄧漢臣 麻城舉人		王之詔 舉人石門鄭志作貢生	翁振宗 龍游貢士	陶春芳 合肥人	官星顯 江西人	
	高士選 長樂舉人			石門鄭志列崇禎間	鮑善章 休寧人	林泉 福建人	
	王一凱 黃陂舉人			方承訓 貢士			
崇禎年	龔本立 常熟舉人	何與賢	王日臏 貢士選授	馬夢夔 貢士	曾應玉 福建人	高申 金壇人	華如錦 任阜林驛丞
	鄭滂	李瑄	黃有年 福建貢士	馮端仕 貢士	張士元 婺源人	林尙馨 福建人	
	林翀霄	嚴思學	王騰程 太倉舉人	來紹會 蕭山貢士	姚光祚 長洲人		
	呂孝升 新會舉人石門鄭志作孝昇	王愼行	吳世用 歸安舉人	蒲祚慶 寧國貢士	汪國濱 寧國人		
		郭之翰 四川貢士	張陸秀 仁和舉人	胡問策 貢士			
	趙夔 涇縣舉人	徐逢時 歙縣廩監	沈選 烏程舉人	徐中度 仁和貢士			
	劉國會		廖繼淵 貢士	王國瑞 歸安貢士			
	舒宏憲 全州舉人		孫肇元	黃儼若 福建貢士			
	解學周 興化貢生			楊嘉廸 鳳陽人			
	謝時揚 湖廣舉人						

國朝	知縣	縣丞	教諭	訓導	主簿	典史	
順治三年	程佺 蘭陽進士		鮑之高 長興舉人	楊禎 陝西貢士			
四年	鄧國棟 大興人		周有亮 嵊縣恩貢	盛夢龍 於潛貢士			
			劉邦遇 松江貢士				
六年		熊士沐 黃岡貢生					
七年				崇勳 江山恩貢			

年	知縣	縣丞	教諭	訓導	主簿	典史	
九年	陳邦奇 完縣廩生						
十年		馮焜 陽和衛恩貢		金德俊 義烏歲貢			
十一年							
十二年	易象兌 海門進士				馬鈺 陽城吏員吳志云四年奉裁缺		
十四年	李震 泃陽籍吉水官監生		陳祖法 餘姚舉人			黃三省 富平吏員一作河間人	
十五年		徐恂如 新城恩貢				李逢時 柏鄉吏員一作太平人	
十六年				葉光曾 青田歲貢案康熙四年裁訓導缺十五年復設		紀文達 涇陽吏員	宋文翰 豐潤人案以下俱任阜林驛丞
十八年	張鉞 陳留拔貢	李芷 江陰進士由主事降					
康熙元年	韓文鋒 長安進士						
二年	謝元灝 儀封進士					喬陞 良鄉吏員一作大興人	張調鼎 三原吏員
四年	劉允楷 清豐廩生						
五年						潘科 大興吏員	

六 八年 十一年 十二年 十三年 十六年 十八年

杜森 懷柔拔貢　李灼 文安進士　鄭世培 臨武恩貢教習修縣志　劉志勛 棗陽拔貢

徐兆齡 大興監生

管鳳來 蕭山歲貢　徐元薦 錢塘舉人

沈謨顯 錢塘貢士

王識 宛平生員

潘匯潤 陽曲吏員吳志作匯瀾　紀憲 西安吏員

張文英 大興吏員　王永錫 富平吏員

十九年 二十年 二十一年 二十二年 二十三年 二十五年 二十六年 二十七年 二十八年 三十一年

徐原 歙縣例監　劉正輔 湖廣恩貢　俱以履 鄒城歲貢　金輝 江都監生

王遇 富平例監　張鳳翥 西華貢生　樊士奇 鑲白旗監生是年裁缺

沈龍垣 仁和舉人

高日乾 臨安歲貢　蔡詔來 德清歲貢

杭文秀 江都吏員　藍飛鶴 閩縣例監

何斗炤 東鄉吏員　馮祿 膚施吏員　謝起鵬 河內吏員　王鉞 天津衛吏員

趙士謙 撫寧吏員

三十一年 三十二年 三十三年 三十四年 三十五年 三十六年 三十七年 三十八年 三十九年 四十一年 四十二年 四十四年

張廷棨 滿洲監生

章敬脩 會稽教習　馬浩持 錢塘舉人　周雲杼 烏程歲貢

吳世良 錢塘廩貢　沈楷 仁和歲貢

史詠 宛平吏員　丁應槃 大興吏員

唐景鳴 富平吏員

任以時 邱縣吏員　李長祚 綏德州吏員

四十八年 五十一年 五十二年 五十四年 五十五年 五十八年 五十九年 六十年 雍正元年 二年

韓麟趾 沁水舉人　王以和 滿洲監生　艾理民 鄞縣丞署　楊世照

汪麒孫 錢塘舉人　張孝友 山陰舉人　史賡颺 歸安舉人

邵匡時 餘杭廩貢

杜天鑑 華亭監生　周紹文　賈文斗 典史署

賈文斗 華州吏員

四年 七年 八年 十年 十一年 十二年 十三年 乾隆元年

呂廷鑄
盧承綸 署
劉漢儒 清查通判 署
謝國棟
黃圖珌 同知署
孫翼
倪琯 成都舉人 餘杭縣調補

戴一鴻 山陰舉人

王兆坤
臧吉甫 長興歲貢

任起侯
俞承祖 東安吏員

諸謙
張駱雄 鍾祥吏員

陳之炘 故城吏員

五年 六年 七年 八年 九年

臧吉甫 兼署
沈廷桂 錢塘舉人 由中書改授
臧吉甫 兼署

俞承祖 向任
李灝 清鎮巡檢 署

倪琯 兼署
俞承祖 兼署
張駱雄 兼署
王廷詔 韓城吏員

劉士義 普定吏員

十年 十一年 十三年 十五年 十六年

張愉 曲陽舉人 鹽大使題補
劉廷本 奉化縣丞 署
張愉 回任
倪琯 候補知縣 署

吳迪琛 會稽舉人

呂宏佑 兼署
王廷詔 回任
呂宏佑 兼署
黃純熙 上元監生 安吉吏目任

劉士義 兼署
呂宏佑 大興供事
黃純熙 兼署
熊象賢 青鎮巡檢 署

羅鳴鑾 桐鄉縣丞 署
趙良臣 白沙巡檢 署
朱衣客 本府照磨

十七年 十八年

倪萬仭 鹽經歷署理
倪琯 回任
謝琯 即倪琯復本姓
羅鳴鑾 平湖縣丞 署
謝琯 回任

吳迪琛 兼署

朱進賢 阜林驛丞 署
李世藝 敘永廳優貢 歸安主簿調

段西鳳 武進吏員 驛丞陞

朱進賢 大興吏員 署
李世藝 兼署

十九年　景　禕署
王彥槺合山舉人　教習
二十年　汪　昊杭州通判　署
二十一年　李納璧府州舉人　教習
二十二年　黃　紹署
梁　徽署
劉光汾署
二十三年　周　鼎金溪進士
二十四年　雷廷鉞海鹽縣丞　署
周　鼎回任

任文元本府教授　署
吳廸琛回任
張　繡兼署
吳　鏞秀水教諭　署
韓修鳳本府訓導　署
邢　灝永嘉舉人

鄭　灝桐鄉教諭　署
張　繡浦江歲貢
吳　鏞兼署
韓修鳳署

段西鳳兼署
羅　錦桂東吏員　錢塘主簿　調
田維崑兼署
羅　錦回任
王兆熊署
汪廷梅署
李世藝再任

陳晉琇本府照磨　署
汪鉉監長洲吏員
李世藝兼署
孫　超署

田維崑富平吏員　二十一年三月奉文裁缺

二十五年　王以式上元舉人
二十六年　夏文廣思安舉人
二十七年　李世藝署
夏文廣回任
二十八年　鮑祖幹江寧貢生　通判借補
二十九年
三十年
三十一年
三十二年
三十三年
三十四年　吳廷藩署
黃　楷漢軍進士
三十五年　梁文承平湖丞署
黃　楷回任
三十六年　歐煥棠嘉興縣丞　署
三十七年　黃　楷回任

程士瑛兼署
陳應觀山陰舉人
杜正諤兼署
陳存矩海寧舉人　方略館議敘

程士瑛金華廩貢
陳應觀兼署
杜正諤東陽優貢
金利川舉人　署

石雲鵬宿松監生　歸安主簿　調
歐煥棠兼署
吳鍾靈署
應廷瑞寧都監生
夏智遠署

淩　瀅平遠監生
朱從龍上元吏員
李世藝兼署
石雲鵬兼署
朱從龍回任

三十八年
三十九年 裘述文 奉化縣丞 署
鄧中美 上杭舉人 候補運副
四十年 程易 署
張會敘 桐城舉人 教習
徐朝亮 東陽知縣

張守愚 烏程舉人
應廷瑞 回任
吳鴻 署
應廷瑞 回任
張慎修 署
周振宗 揀發主簿
鹿宗文 瀘關廳監生
董敦禮

四十一年 張會敘 回任 署
四十二年 紀有堂 膠州舉人 安吉縣調
四十三年 安汎 署
席維世 鎮海縣丞 署
四十四年

應廷瑞 回任
劉祝三 上元監生
陳曾賴 易州監生 鎮海典史 調
藍景濤 署
劉烱 漢軍監生 德清主簿 調
顧大勛 署

四十五年 邵孔韶 都昌舉人 壽昌知縣 調
顏光照 常山縣丞 署
邵孔韶 回任
四十六年 宋麟徵 宜興舉人 浦江知縣 調
四十七年
四十八年 吳鴻 署

徐志升 署
陸時茂 兼署
費震 仁和舉人
陸時茂 鎮海歲貢

劉烱 回任
劉醕 署
劉烱 回任
戴文選 署
羅昭 漢陽監生 吏目借補
饒甸萬 署

金仁 署
四十九年 宋麟徵 回任
繆紺 錢塘縣丞 署
五十年 俞上運 鄞縣丞署
五十一年 王元嗣 宛平監生 麗水縣丞 署
五十三年 宋麟徵 回任

許椿 署

于士英 署
李麟運 署
劉烱 回任
黃兆隆 署
劉烱 回任
八十九 署

羅永佩 署
顧鑾 署
凌滏 再任

五十四年　五十五年　五十六年

王元弼再署　彭澤濂平湖縣丞署　王元弼再署　鄭德莊東江場大使署　張怡熊山陰知縣署　王元弼由縣丞陞授

堵蘭署　黃合漢山陰舉人

吳運焜烏程廩貢

劉烱回任　鍾拔元署　劉烱回任

五十八年　五十九年　六十年　嘉慶元年

王蘊渠桐鄉縣丞署　孫鳳鳴會稽知縣　鄧雲龍署　王蘊渠再署　葉世華桐廬縣丞署　戚履戚文水副貢松陽知縣調

翁照署　柳超山陰舉人

胡如澄署　方堃湻安廩貢　孫鵬翮署

劉烱兼署　吳鑑泉石埭供事

二年　三年　四年　六年

師象璜永嘉場大使署　丁光劍寧化舉人建德知縣調　方維翰大興監生布政司經歷借補平湖縣丞署　葉世華再署　方維翰卓異陞授　鄒世槩署

章光謙歸安歲貢

陳士驗秀水典史署　金宗夏上元供事按察司司獄陞　吳鑑泉兼署

八年　九年　十年　十一年　十二年　十三年

謝世學　李庭輝署　嵇承烈　曹鎬署　德豫署　宋誥　洪鍾傑　羅德馨署　洪鍾傑回任　張颺鑲紅旗人

毛鳳五遂安拔貢　孫鴻飛會稽廩生

萬珍安義人　姚履端輝縣人

王椿年署
殷起瀛江陰副榜
十四年 張㒟候署
十五年 耿維祜新城進士
十八年 榮錫鵬署
耿維祜回任
十九年
二十年
二十二年 劉鎔署
耿維祜回任
張今燊廣西舉人
二十三年 耿維祜回任
二十四年 行映輝署
耿維祜
道光元年 鄧廷彩崇慶監生
二年

關樹棻仁和舉人
褚運鯤餘杭廪生
周之翰海寧廪貢
王逢舜錢塘廪生

孫禎錢塘廪貢
董普之孝豐舉人
孫有元署
褚運鯤署
鮑上觀

孫人伸安邱人
余登四川人

梁登禧嘉應州人
葛湘舟順天人
余登署

三年
四年 羅升培廣東進士
五年 宋允恭大興人
羅升培回任
七年 盧昆鑾萬載進士
八年 段湛恩四川監生
九年 盧昆鑾回任
十年 王鼎銘黃陂進士
王暉吉署
十一年 李世彬安徽進士
吳方文文登進士
十二年
十三年 齊雙進樂平舉人
十四年 賀萬年署
十五年 齊雙進回任
十六年

范元煒錢塘舉人

王世勳常山舉人

梁恩鴻嘉應州人
沈皋順天監生
潘度歙縣人
沈皋回任
汪慶階江夏人
齊光裕陝西監生
方柑桐城人
何自蕃香山人

楊禮衡順天人
牛晟順天人
李鉞鄒平人
楊曙渠四川人
張濬武巴縣人

嘉興府志　卷三十九　官師四　三十七

十七年 余士瑮 署
齊雙進 回任
十八年 王重遠 浙江人
黃爵綬 宜黃舉人
侯萬福 漢軍進士
十九年 阮鷹奎 武原舉人
二十一年 于鳳韶
二十三年
二十四年 李芬 四川進士
二十五年 戴瑞松
胡德璐 秀縣丞代
劉旭 署
二十六年 楊恩澂 代
劉玉衡 府經歷代
徐嘉禾 宛平副貢
二十七年 熊光煦 署
二十八年 陸之棟 江蘇人署
二十九年 胡德璐 代
李樂 洋縣舉人

宋成勳 仁和舉人

邱 失名衢州廪貢
曹嗣融 錢塘舉人

徐知鏡 順天人
熊應華 蓬溪人
張安邦 署
楊尚煥 江華人署
張方涇 福山人
王德潤 任邱吏員

猶以椎 貴州人
張安邦 順天人
顧光照 交河人署
王宗銓 青陽人
高廷燧 安徽人
金居敬
龔開翰
張浩
蘇有昆
葉德生

嘉興府志　卷三十九　官師四　三十八

三十年 張家縉 三河監生
周冕 代
咸豐元年 謝榮光 代
二年 胡德璐 代
王錫周 江蘇人署
三年 胡德璐 代
馬桂林 江蘇監生
四年 丁昌穀 江蘇監生
五年 丁溥 江蘇監生
六年 丁昌穀 回任
七年 洪承棟 府經歷代
葉瓌 署
八年 李宗謨 安化舉人 十年殉難
十年 王德潤 主簿代
馮翊 代
張家縉 復署
同治三年 張家縉 署
劉焴 上元監生
署

許檢身 仁和廪貢
單春潮 山陰舉人
韓鳳岐 蕭山廪貢
署

鄭 失名嚴州廪貢
張應奎 上虞廪貢
葉 失名寧波廪貢
董枚 慈谿歲貢

王貽慶 金山監生
署

以上六人籍貫出身任年均無考
翟雄飛 □縣監生
署
潘承德 江寧監生

楊恩澍 湘潭監生
四年 署
五年
六年 史致煒 溧陽廩貢
七年 陳讃 江西安仁進士
八年

董文堉 鄞縣附貢
署
閔希濂 歸安舉人
宋斤 義烏舉人
署
葉之藩 慈谿恩貢
署
高學治 仁和附貢

董文堉 兼理
閔希濂 兼理
葉大芳 松陽廩貢
署
曹水郎 縉雲歲貢
閔希濂 兼理
曹水郎 回任
張侃 仁和廩生
署
駱金藻 諸暨附生
署

楊純禮 大名附生

王貽慶 主簿兼理
楊方勛 陽湖議敘
署
金枚 吳江監生
代
柳啟燦 長沙供事
署
程惟仁 懷甯供事
楊馥 上元監生
署
裘雲章 新建監生
署
蕭昌塀 懷甯監生

九年 袁績慶 陽湖附貢
署
十年 吳鈴 南通州優貢
貢署
十一年 余麗元 婺源舉人
十二年
十三年
光緒元年
三年

趙仕楨 金華廩貢
署
徐汝銓 永康歲貢
署
陳書 浦江附貢
署
范多福 鎮海恩貢
高學治 教諭兼理
黃林宴 浦江附貢
署
馬捷先 餘姚副貢
孫葆樅 震澤監生
代
許玉書 泰州監生
署

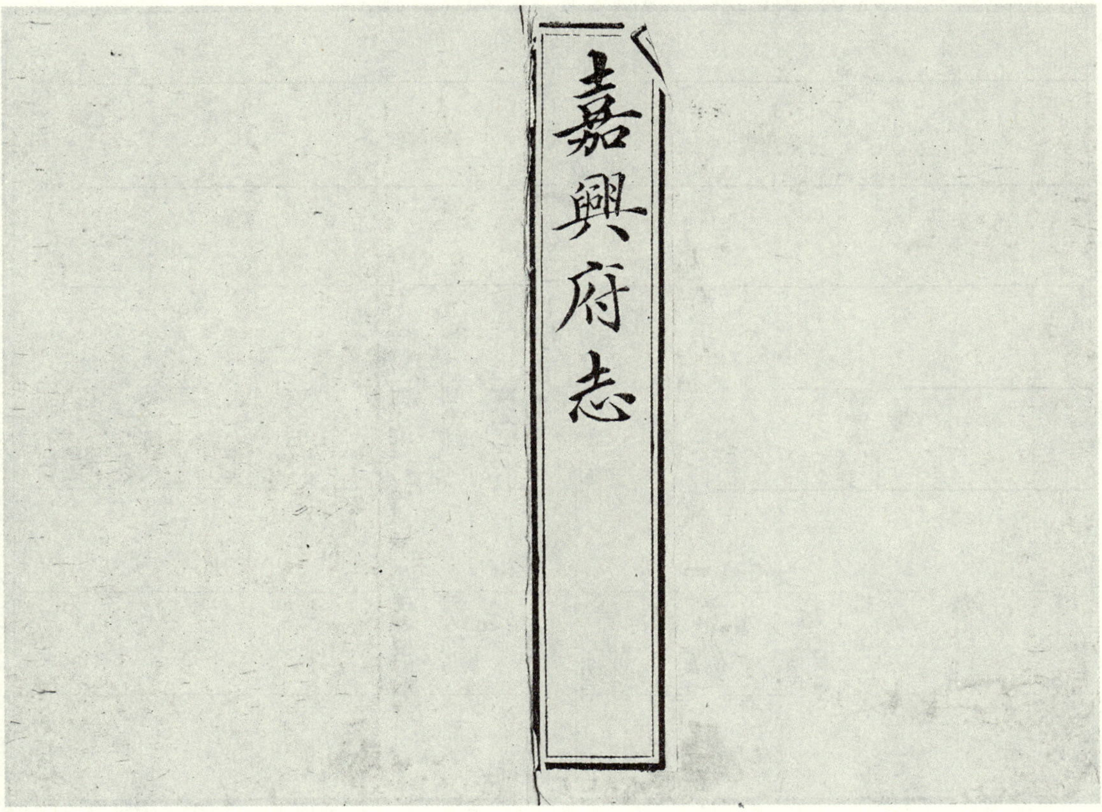

官師五

嘉興府知府善化許瑤光重輯

桐鄉縣

明 知縣 縣丞 教諭 訓導 主簿 巡檢 典史

宣德年

知縣：生用和 蓬萊監生；趙中 代州監生

縣丞：戴孟楨 華亭監生；官子孚 光澤監生

教諭：翁瑛 字玉脩莆田舉人

訓導：徐浩 蒲圻舉人

主簿：賈斌 丹徒監生；張善 清河監生；曹良能 蕪湖人材

典史：邵福 昌邑人由人材；方祖 閩縣吏員；王敬 高郵州吏員

正統年

知縣：范宣 大冶監生；田玉 字德潤內江監生；林瞳 晉江監生；田玉 復任

縣丞：王安 葉縣吏員；夏時 洋縣監生；周全 泰興監生；伍林 字林新江西昌監生

教諭：倪 字拙安江西豐城舉人；范敏 丹徒舉人

訓導：周敬 永豐監生

主簿：王輔 德化監生；李昉 南直通州監生

典史：王琳 東平州吏員；彭悅 光山吏員；朱貴 鹽城吏員；武振 輝縣吏員

景泰年

知縣：張泰 字見爲樂亭監生

縣丞：龔遂 慈利監生；徐志 南昌監生；黃中美 閩縣監生；鄒浩 雲夢監生；馬昌 瑯琊監生；鄧玭 順昌監生

教諭：王紱 句容舉人

訓導：蔡紳 武進舉人；吕良貴 攸縣舉人；林域 福清舉人

主簿：余富 英山吏員

典史：王禮 丹徒吏員；馬旺 內鄉吏員

天順年

知縣：王哲 金鄉舉人

縣丞：陳昭 四會人

教諭：危山 字立峯南

主簿：于瑾 豐縣監生

成化年

左源 汲縣進士由御史左遷
孟俊 字世傑咸甯舉人
張翼 雲南中衛進士
梁敬 字杏園高要進士

李經 廬陵人
傅殷 靖江吏員
楊福 建水監生
王安 江西南城監生
崔讓 商縣監生
馬振 鳳陽監生
朱鐸 禹城監生
齊克寬 廣陵監生
辥良 代州監生

直懷甯舉人
歐陽宗 廬陵貢生
黃璘 巴陵舉人
劉武 侯官舉人
黃淵 河間監生
朱璠 字國用莆田舉人

姜琦 廣西永安監生
舒廷貴 黟縣監生
黃尚禮 舊志作王 祁門舉人
饒恕 晉江監生

陳璧 賀縣監生
梁楫 嵐縣監生
胡憲 鄒城監生
李欽 汝上監生
曹正 大同監生

王瑜 沂水吏員

宏治年

王昊 字汝欽衡陽進士
李廷梧 字仲陽莆田進士
陸節 字亭南武進進士

王瑛 臨川吏員
熊灌 建昌監生
孔公潤 曲阜監生
馬驤 宣城監生
陳詔 安仁貢生
秦銘 北直趙州
監生
徐珪 應城吏員
戴讓 上饒監生
吳晟 任縣監生

鄭元吉 淮安舉人

譚濟 武昌監生
袁義 鳳陽監生
林潤 樂清監生
范秀夫 弋陽監生

李珣 慶陽衛監生
高傑 靈璧吏員
李智 靖江監生
孫鑾 衛水監生

朱雲 高唐吏員
鄭璜 南直山陽吏員
甘玉環 麻城吏員
孟順 霸州吏員

正德年

張紘 字文儀上海進士
楊璨 字仲玉華亭進士
任洛 字仲伊鈞州進士
陳汝翊 昆山人卒於官
蔣珙 字信國深

陳斌 茌平監生
劉贊 字朝重四川會州衛進士行人司行人降任
王秀 深州監生
宋泰 光化監生
李才 建水監生
黃亮 字克明遂溪監生
管文舉 字時英宣

田琳 江甯監生
陳良猷 字廷謨晉江舉人

陳潤 字以清嘉定歲貢
羅友義 高平舉人
林秀 晉江歲貢
丁信 西平監生

鄒順 廣安州人
李昭 字孔明漢中衛監生

張韶 廣東順德吏員
林瑞 莆田貢生

陽進士
城貢生

嘉靖年

董鉉 涇縣進士
王宸 璧山舉人
范來賢 字國常昌熟進士
方克 字維力桐城進士
溫學舜 字憲統晉江進士
朱尚賓 字宗商句

楊鴻漸 南京留守衛監生
李廷英 平定州監生
譚紹堯
李大方 茌平監生
閻繼祖 武定州監生
崔棠 沛縣監生

閔鼐
錢淵 建平舉人 袁志作廣德人
陳翼
謝明德
張四維 高郵州監生
朱朴 桐城舉人
楊昌

王瞻 洛陽監生
朱健 江西安義監生
楊世芳
楊緣 貴州監生
虞宗舜
楊際會
張蘭
張贇 一作張藹

鄧時修 南溪監生
程煜 深州監生
顧準 太倉監生
林福生
樂有律
倪鎮
謝文安

張九奎
孫珣
劉汝霖
高琪
高鳴陽
舒得用
趙廷玉
孫脩業
張秀

陳貫 南海吏員
王馨
鄭文海
郭昊
戴星
蔡梓宏
彭由周
郭尚和
汲春

容進士
張　偉休陽監生
孫宏軾資縣人
袁　位
李長緩字宗裕莆田進士
吳子高
陳日昭
徐行可江陵進士
郭東嘉
徐　麒字應文泰州舉人
曾國榮
程廷楷績溪吏員
周　槐華容人
仇　誥歙縣監生
金　燕字尚賓潛山進士
張振朝
楊　顯

方　懋
王國賓
林士杲
李德望

伍世儒
周國正
朱　瓚
韓　鋭
張　鏡鉛山監生
許　珏句容貢生

黃　崇
郭學堯
陳　相
陳　貫南海吏員

陳應詔泰州人
張　賓
萬　禾嘉興通判署
高宗顯
戴　澤
曾士彥字環山桂林舉人
李　羔建甯貢生
隆慶年
賴　治廣昌貢生
石徐麒南直清河
江萬和黟縣舉人
貢生
濮陽桼廣德州貢
姜　宋
顧　顯

文應魁
陳　延吳縣歲貢
李德望

曹　魯
鄧　敦
李　詩字志齋常熟人

江以同貴溪人
李思敬
黃觀民

孫　官
徐元會
秦　邦
張　齡

林　熊
馬　驤

萬曆年
蔡時鼎字和甫漳浦進士
高　梅內江進士
薛務登晉江貢生
李學曾廣東順德人
陸　枝字培吾常熟人
謝　諫字聖俞歙縣進士

曹鳳來
戴元緯
羅　敷
向世學
舒吾素
吳元周
朱一鳳
龍子麟
陰陽謝

方義壯
李九標江西舉人
吳　鉞宜黃恩貢生
吳　省
楊鳳鳴
章俊傑
蔣本盛監國子監博士
韓士元號奕山松

陳　焜
趙　璲一作燧
李　倫吳江人
金　階
應　韶
方天霖
王承訪
金　殿江甯貢生
鄭　栻臨海貢生
盛　適

張治教
商　顏
佘　倧
周　恩
林世華
陳　梧
鄭仕京
劉大本
陳一柱
李　容

王　稷
壽一鳳
張　裔
阮大選
卓子成
傅　錢餘干人
金麟角淮安人
袁三級合肥人
張鳳翼
錢大耀吳江人

賀國材
李嘉楨
秦　林
周德京
高　邁
秦　遴

楊日森貴池進士
須之彥字君美嘉定進士
藍應汁景陵舉人
胡舜允餘干進士
蔣允儀字淶賓宜興進士
譚承詔東莞舉人
天啟年
王應期六合舉人
張定志字石臾宜

江貢生
潘　鑾
周敬元會稽舉人
袁顯卿江陰舉人
范　遇
俞叔晟湖州歲貢
湯孫說湖廣歲貢

鍾天元歸安歲貢
郭萬綬
張汝誥烏程歲貢
盧嘉賓
趙士朝
詹志謙江山歲貢
盧學周
李宜春山東歲貢
方可正字端甫歲

朱天祿
曾威偉汀州人
徐鴻功南昌人
李元甫丹徒人
溫聖言廣東人
蔡　廉
俞之華莆田人

舉人

楊兆升字升之常州進士
朱應昇字巖孔江西舉人
王士鑠字元治金壇進士
馬之騶雲南舉人
盧國柱江陵舉人
黃徽允字吉臣晉江進士
劉廷憲字秋岳同安舉人

貢

吳邦仁徽州吏員
潘廷猷福建選貢
伊堯稷福建吏員
署本縣印
田春芳
廖應禎南直監生
孫維義徽州吏員
韋懋德兗州吏員
葉正英安慶生員
龔應雷陝西吏員
周之昌湖廣貢生
李之美南直山陽監生

陳英歸安舉人
嵇之楚字倉梧德清舉人
李碩錢塘舉人
應信遇嵊縣歲貢
程其惠錢塘歲貢
胡其驥無錫舉人
沈延慶遼東貢生
甲辰三月都城失守不食而死

史諫貴池歲貢
張爾陞太原恩貢
程啟祚南直華亭歲貢
葛士奇海甯歲貢
湯洗心江陰歲貢
王志召孝豐歲貢
謝廷訓天台歲貢
沈之瀾歸安歲貢
羊世昌海甯歲貢
祝汝樽山陰歲貢
許先甲杭州人

林守充福建吏員
熊文焰江西吏員
吳以致廬陵監生
陳良駒福建監生
鍾士遲南昌監生
江之廣旌德吏員
黎夔武宜貢生
周元輔臨川吏員
胡順龍建昌吏員
郭貽賢湖廣吏員
陳鳳雛四川貢生
許應期四川貢生

盧敬曜
鄧諸言江西人
舒敬江西人
黃以標福建人
王學謨嘉定人
萬國春南昌人
林士登福建人
陳一經南靖人
連應星莆田人
王允昇晉江人
夏文焕西安人
陳文魁福安人
鄧洪功廣東人
吳名鑑莆田人
周光祚廣東人
袁受聘松江人
以上前志任年俱無

國朝

順治二年　張如戴字項石閭中舉人
三年　楊晙字守冬可曲周舉人
五年
六年　張鳳羽字瑞寰撫
八年　順天正紅旗貢生
十一年　劉永吉字帽雪光山拔貢
十二年　谷萬方真定貢生
十三年　王好仁字玉樞蓋州進士
十六年

伍履吉長洲例監
崔斗望平陽恩貢
馬秉震固安恩貢
俞思德順天監生

汪章錢塘選貢
王仲字子駿會稽舉人
郭宗儀字仲星海甯舉人

鮑坤順麗水歲貢
徐化時永康歲貢　康熙五年裁缺去任十六年復設

黃錡黃岡吏員
孫明位徽州吏員
史永鯤歸德貢生　是年裁缺九年復設
康文禮兗州吏員
李承銓江甯吏員

考

白啟秀大興吏員
王道華大興人
張國祚江都人
益毓隆富平人
周經才大興人
以上任年俱無考

康熙元年 候萁極 韓城人

王忠 字丹一 渭南吏員

三年 李向旭 鐵嶺蔭生

向明相 大冶歲貢

黃軫儁 大同拔貢

吳霖 大興吏員

王業儒 吳縣吏員

四年 閔圻申 烏程舉人

五年

七年 余芝 字眉仙 績溪拔貢

八年 許風 字德遠 仁和舉人

十年 路一鼇 澄城歲貢

馮勷 字屏山 諸暨舉人

路印開 濬縣吏員

十一年 季德璘 宛平貢生

吳尊越 韓城人

方錫 懷甯吏員

十二年 孫郁 字雪崖 元城人

張宗遺 涇陽吏員

十三年 徐秉元 字子一 遼東蔭生

徐欽爵 保定人

十四年 李春芳 陝西歲貢

何士寵 萊州增監

十五年 丁元樞 字瑞鳴 宛平吏員

吳 廣靈吏員

十六年 呂夢禎 字靖江 溧陽例監

十七年 吳賓文 字禹敷 仁和例貢

十八年 杜汝綸 字維常 鑲白旗貢生

盛履昇 字子聚 定遠拔貢

任候薛 曲陽人

朱承德 大興人

二十年 何金蘭 字相如 丹徒人 傅臚由中書改

楊威亨 山西人

二十一年 授

鄭吉士 字有章 仁和舉人

馬炳 字郎坤 安邱貢生

王明進 順天吏員

二十二年 趙嘉茂 字滋園 山陰歲貢

張孟芳 壽陽人

二十五年 張承位 蘄州舉人

張熙瑞 長洲吏員

饒光祖 大興吏員

二十八年 李濂 任邱舉人

劉玉樹 桐城例監

田茂春 岐山監生

三十一年 林謙光 字芝眉 長樂副貢

胡綸 桐城監生

任道民 良鄉吏員

郭金湯 鑲藍旗人

三十四年
三十五年
三十六年
三十七年　劉鋐字屏山江津進士
三十八年　吳枚臣字卜功籍貫年月無攷

錢大德孟縣貢生

方運昌字鳴五滙安歲貢

朱濬歸安歲貢
沈禔字範九烏程歲貢

孫禮榮滁州吏員

淩岳濟南衛人三十年移駐青鎮

四十年
四十一年
四十二年
四十四年
四十六年
四十九年
五十年
五十一年
五十三年

魯城大興歲貢

趙謨合江歲貢

毛文山陰舉人
程懋昭永康歲貢
稽承顯德清舉人

張焯歸安歲貢

案二十九年裁缺

吳壙望江人

劉永祥正定吏員
林脩霄贅縣吏員
薛自祿安定吏員

五十四年　姚述虞字無山大興舉人
五十六年
五十七年
五十八年　徐必泰字峙東當塗舉人
五十九年　金泰漢軍正白旗監生
黃召南正紅旗監生木府通判署

鮮大生蘆川歲貢

高日時新城舉人

姜公鎬會稽歲貢

童克倫桐城人
趙元佐大興人

六十一年　陳大慶字頤伯黃岡進士
雍正二年
三年　王輅生字滈山廬陵人
五年　蔡可遠字致甫漳浦舉人
六年　王以和署
九年
十年

劉璧
黃錫蒲

汪楷錢塘人

朱振基會稽歲貢

馬洎新直隸新安人
胡明德

十一年 王兆坤 石門訓導署

十二年 佟濬儒 字二州 正黃旗副貢 張廷機 寧波人 吳昌祺 字載揚 海寧廩貢 李 灝 字漢先 宛平人 楊時泰 字廣生 三原吏員

乾隆二年

四年 余必夔 思南副榜 沈廷桂 湖州舉人

五年 傅士號 字鶴亭 山陰舉人

六年 孔繼洙 西安廩貢

七年 華麟趾 宿州監生 金華通判署 李華松 慶符進士署

八年 倪 琯 成都舉人 錢毓松 本府經歷署 魏 儀 雲南甯州舉人 李乾元 商水廩貢 管鳴盛 武進吏員

十年 吳士鶴 滄州監生 鄞縣縣丞署 張鼎新 泰興監生 平湖主簿署 王廷昭 韓城人 石門主簿署 舒 瞻 字雲亭 滿 羅鳴鑾 字鳳村偈 尤昭理 曲阜人

二十 鑲黃旗 進士 陽人 呂祚競 字維三 旌德吏員

十一年 張 治 開化縣丞署

十二年 趙 選 安化舉人

十四年 劉玉樹 字南郵 桐城例監

十五年 李輔德 夏邑舉人 卒於官

十六年 胡 綸 桐城例監 張熙瑞 字詩宜 長洲吏員 熊象賢 武平人

十七年 左繼宸 貴州舉人 范全孝 如皋例監 王 瑄 字荆玉 華陽拔貢 孟衍泗 亳州拔貢 雷士佺 沔陽州監生 邵 瀚 餘杭舉人

十八年

二十年 舒 瞻 嘉善知縣署 沈世隆 字遠邨 蕭山廩貢 曹 慊 字其慎 貴池人 徐 坦 天長吏員 葉浩德 旌城吏員

二十一年 謝光鐘 字震嶠 監 李永泰 字東侯 繁

利進士
時拔貢

施仁義 崇明貢生 署

二十二年
陳慶盛 字際唐漢川監生嘉興縣丞署

二十三年
韓本晉 字桐翳太原進士

二十四年
孫霈 正紅旗舉人德清知縣署
李青廷 桂東監生

朱瑞麟 字兆生盧龍人

李化 永城副榜試用知縣署

梁璧校 平陸進士

二十五年
陳慶盛
蕭應鏜 平遠貢生

二十六年
梅可遴 黄梅監生

二十七年
葉萬根 大興監生試用吏目署

二十八年
王士瀚 咸甯貢生平湖縣丞署
劉廷榆 浦城監生試用主簿署

二十九年
李燦 吉水監生
張洪圖 浦江人本

王錫纓 仙居歲貢嘉興縣訓導署

朱世錫 江夏監生

府訓導署

三十一年
雷士佺 字全人沔陽州監生

張良柱 字石臣鄞縣舉人婁縣知縣改授
馮夢蘭 字香谷會稽歲貢

三十二年
李天錫 東安舉人
董留緒 萬全舉人

三十三年
鮑超幹 歙縣人石門知縣任

陳步月 南靖舉人
潘安智 字曉窗江西新城貢生

吳興麟 興甯監生試用州同署
于世浩 商河監生試用從九品署
吳安楨 長洲監生

三十四年
王宏道 分水舉人
姜寶善 奉天鑲白旗監生
繆之澧 如皋監生署

三十五年
三十六年
王華 大興監生
時吳華 仁和舉人
耿昭 絳州供事

三十七年
三十九年
李季亨 聊城舉人署
劉遇榮 宜春監生署

四十年
李奉珽 奉天正藍
于馨宜 大興生員
方貽德 貴池儒士

旗人試用從九品署

四十一年 劉鳳鳴 廣東順德舉人富陽知縣署

湯懋脩 睢州監生試用經歷署

王泰曾 宛平附監

山榮烝 三臺監生

四十二年 柏本大 江夏監生

四十三年 楊先儀 字文溪湘陰舉人

戚文魁 安徽太湖監生試用未入流

四十四年 李銓 丹徒舉人

馮國璋 華陽監生

四十五年 汪甫 旌德附貢試用知州署

焜 正白旗監生署

許椿 錢塘廩貢署

四十六年 劉三梧 什邡監生

四十七年 李元位 大興舉人遂昌縣知縣署

王友信 甯海歲貢

李成璠 臨桂舉人

四十八年 鍾德溥 舒城監生甯海知縣署

徐瑤 江蘇廩貢

葉驥 歸安舉人篠豐知縣改授

周人英 字孟巖海甯廩貢

徐延翰 和平拔貢

試用從九品署

韓椴 武城生員署

謝仲奎 漢陽監生試用吏目署

羅新敏 湘潭人

藍景清 彭縣監生試用吏目署

張文璨 汾陽監生試用吏目署

劉醇 正定附生

藍景清 彭縣監生

唐對 陽田監生

仙居知縣署

四十九年 唐文照 字敬安犍爲舉人

于世第 金壇附監署

宋騰飛 旌德儒士署

五十年 裴述文 曲沃貢生

劉雲 宛平吏員署

五十一年 喬瑩榮 平定州舉人泰順縣知縣署

張申祐 分宜監生署

朱鍾麒 貴州安順府進士署

鄧必玉 奉新監生署

郭清 字澤寓天津人是年奉按察司檄駐青鎮

五十二年 彭起鵬 昆明舉人遂昌縣知縣署

韋協恭 蕪湖附監署

陳昶 字春瀘宛

試用主簿署

常成裔 甘泉監生署

葉承澍 樂縣監生署

田星謨 江甯監生

平舉人

五十三年　王士鑑字鏡湖楚雄拔貢

五十四年　郭文鉽字書屏閩縣舉人署　陸　濳錢塘舉人署

王士鑑同任

五十五年　黄　成益陽舉人　王繼曾字魯齋仁和舉人

五十六年　呂爾僖字皆武進舉人　查　秀字芝三休甯監生試用布經歷

王　濤宛平附監生署　孫元淵許州監生署　田正開永甯監生署　易元曜字曉山湘鄉監生

署

五十七年　鄭裕國正白旗舉人蘭溪縣知縣署　程英來安東監生　殷立梧字東夫錢塘舉人

呂爾僖同任　王蘊湶靈璧附監

五十八年　戴廷沐元和吏員衢州府經歷署　賀毓芑江夏吏員署

李廷輝字立合肥南元

五十九年　路　泰曲周增生嘉善縣丞署

黄孝將休甯監生　章駿業嘉定監生

李廷輝同任

六十年　許　恂字松巖臨桂舉人署　蔡應霖東莞舉人試用知縣署

六十年　李廷輝同任　欒鍾敵漢軍鑲白旗人

嘉慶二年　王湛序字五峰金溪進士壽昌縣知縣署

王蘊湶字含香靈璧附監生鄞縣縣丞

署

三年　李廷輝同任　金　琯宛平吏員嘉善主簿署

五年　李廷輝同任

六年　李星耀江西監生

八年　張　颺鑲紅旗人　許大勳江都人署

鍾　琪字耳甫大興附監生署　鄧　儲字約齋甯都人供事　謝用澄平遠監生　周　菘字伊田南海貢生署　鄭棠芬字化南温縣監生

欒鍾敵署　吳復禮如臯監生　薛載東江蘇人　韓文淮四川監生　汪　嚽安徽監生

九年 十年 十一年 十二年 十三年

王大全 寶應舉人
張颺 復署
王大全 回任

鄭鴻文 直隸附監
劉嵩齡 安徽貢生

余翯 龍游廩貢
施邦太 歸安

盛延 錢塘廩貢
周灋 富陽舉人

宋梃申 安徽監生
李景瀚 大興人
陳治安 福建貢生

邱家隆 江西監生
嚴遴 江蘇監生
孫人伸 安邱人
覃九齡 廣西監生
楊兆濤 江西監生

十四年 十五年 十六年 十七年 十八年 十九年 二十年 二十一年

徐雲發 署
殷思尹 江陰監生
黎恂 貴州進士

章存基 天津人署
張爲炳 山東監生
林維鶴 四川監生

章蘋 歸安廩貢
宋咸熙 仁和舉人

袁南金 錢塘廩貢

白應魁 四川監生
汪泰階 湖北監生
張文海 安徽監生

李景瀚 署
艾宗驥 四川監生
華煥 江蘇附監
陳璞 大興人署
李華年 貴州監生

二十三年 二十四年 二十五年 道光元年

劉桂源 署
黎恂 回任
趙瑞璧 署
黎恂 回任
陳從嘉 署
徐起渭
王鼎銘 黃陂進士

曾庭 江西附貢
孫志道 河南監生

夏皇圖 青田拔貢
邵鎮 餘杭廩貢

猶以椲 貴州附貢
李儁 直隸監生
張延榮 瀋陽人

李際虞 直隸監生

二年 三年 四年 五年 六年 七年

畢紹棠 天津監生
沈逢恩 閩縣進士
王鼎銘 回任

費駪 清苑人署
許繼柏 無錫人

張棻泉 仁和廩貢
程希濂 會稽舉人

趙煜 錢塘舉人
閔思端 烏程舉人
褚運鯤 餘杭廩貢

張文海 復署
馬縕琚 直隸監生
黃宗鈞 安徽監生

謝楨 江西監生
張森 桐城人署

八年 蔣 璵 署
王鼎銘 回任
十五 王書城 湖南拔貢　熊第垣 湖北監生
王鼎銘 回任
王書城 復署
十一年 黃攀桂 江西舉人　湯遇恩 廣東監生
丁廷鈺 固始監生　陳文衡 江西監生
十二年 黃攀桂 回任

葉道春 錢塘歲貢
陳 柟 蕭山舉人

江秉南 順天議敘
徐 濱 安徽監生
劉克類 昌邑人署
王世森 順天監生
黃宗鈞 回任

亢 澄 吳縣人
鄧 酯 大竹人

十四年 周書選 嵩縣附生
十五年 黃攀桂 回任
十六年 盧 琳 泰安進士　柏 書 漢軍生員　張承福 海甯舉人
十七年 榮 第 滿州進士　徐 鏞 餘杭廩貢
盧 琳 回任　陳 玢 海甯舉人
十八年 高奇峯 山西舉人
十九年 王運舒 溫縣廩貢
二十年 盧 琳 回任
二十一年 張銘鼎 順天舉人

呂賓三 餘杭舉人
閔鋡金 烏程舉人
瞿董元 蕭山舉人

姚恩書 順天附監
二十二年 高振宛 河南進士　張銘志
二十三年 顧光照 府照署代
楊茂滄 江西舉人
劉玉衡 府經歷代
鄭 鏞 福建舉人
華 理 天津拔貢
二十四年 高毓岱 吳縣舉人
華 理 回任
二十五年 李 㶉 山西舉人　曹濬源 溧陽監生

陳敬之 江夏監生

邱家炘 直隸人署
朱宗衢 涇縣監生
陳廷弼 懷甯供事

二十六年
二十七年 楊茂滄 復署
二十八年 尹嘉謨 府司獄代　顧兆龍
佘以增 興國舉人
曹濬源 本縣縣丞
署
粲 元 廣東舉人
李 㶉 回任
二十九年 張家縉 三河監生　李 榮

陳鵬搏 侯官監生
張 琭 冀縣監生
孫鳴岐 直隸吏員
周信洞 吳縣議敘

年						
三十年	徐嘉棨 宛平副貢					
咸豐元年	馬昂霄 吳縣舉人	沈掄元 溧陽人				
二年	崔夢梧 江西人				田馨阜 四川監生	劉文田
三年	李溶 沅陵監生				姚紹煦 江夏吏員	
五年	戴槃 丹徒舉人	汪德裕 吳縣監生			曾孝傳 蒲田監生	游運泰
六年			黃永修 慈谿廩貢			
七年	陳謨 江西監生		鍾廷贊 蕭山舉人		王士英 山東監生	姚權
八年	方銓 常州供事	鄭志仁 吳縣監生			方謙 江西監生	
九年		劉焙 上元監生			楊恩培 無錫監生	方謙 蘇州監生
十年	宰鳳翼 上元監生	卜詢 江蘇人			汪如松 婺源監生	
同治三年	王聯元 江都監生 署	蕭江 宜賓軍功 署 章元煦 績溪附監 署	鍾廷贊 復任 王啟忠 鄞縣附貢	錢榮光 上虞附貢	史鳳池 溧陽附監 署 楊繼曾 陽湖監生 署	楊霖 長沙監生 署 錢大昌 大興監生 署 文麟 滿洲鑲黃旗附生署
四年	富拉渾 滿洲鑲白旗繙譯生	尤炳章 萬縣監生			金和節 婁縣監生 署	
五年			鍾廷贊 回任		孫兆齡 臯蘭監生	高長松 貴池吏員 署

年						
六年			李懷堯 餘杭副貢 署			楊光熙 宜興監生 署
七年			孫佩蘭 天台增貢 署 錢榮光 兼理			夏家鋭 署 姚權 通州監生
八年			鍾廷贊 回任 吳光鎬 長興附生 署 石綸藻 錢塘舉人		程宗灝 武進監生 代 葛存愿 嘉定監生 署	汪長庚 崑山附生 代 周榮庚 丹徒監生 署
九年	戴枚 丹徒附貢 署				曹鏞 甘泉監生	李逢春 吳縣監生 署
十年		屈懋功 裕州監生 署	黃藻 黃巖歲貢 署 石綸藻 回任			趙之綱 婁縣監生
十一年	華學烈 金匱廩監 盛宇懷 武進附貢 代 李春和 貴筑舉人 署	王春澤 丹徒監生	汪運昇 常州拔貢 署			

十二年　胡日宣 修文進士　署
十三年　袁績應 陽湖附貢　署
光緒元年　龔鳳岐 義甯州舉　八
李炳厚 昆山副貢　代
三年　龔鳳岐 回任
魏熙元 仁和舉人
魏熙元 兼理
陳錦藻 慈谿附生　署
査光華 海甯舉人
任位竣 永嘉廪生
査光華 回任　署

鹽職

嘉興監　司鹽校尉　鮑郎場　砂腰場　蘆瀝場　監澉浦鎮稅

遙領鹽職

吳 永安年　駱秀 烏傷人七年海賊破海鹽被害
唐 大歷年　高日倫 渤海人乾元時有張滂王緯十

年六監課百萬至三百萬
貞元年　李伯禽 五年爲嘉興監徐浦下場糴官
長慶年　盧攸
裴宏慶
宋 景祐年　何邈
康定年　聞人建 本縣人
元祐年　章粢 字質夫
以上三人吳志列都
鹽倉官
宋李昌宗鮑郎場題名記畧鮑郎場寖就弛弊言路上疏謂宰于兼二之元庚辰詔典鹽注額官冊與鎮稅事癸未又詔今後鎮官免以鹽場繫銜
大觀年
紹興年　晏述 庚寅任監海鹽管砂腰海鹽場煎買鹽見東嶽廟碑
陳南美 以下鮑郎鹽場兼澉浦鎮稅煙火公事
李格

乾道年
淳熙年

林極
袁藻
姚廷襄
沈大卿
蔡興世
魏衡
林楠
趙師名
吳仁表
高文慶

紹熙年
慶元年
嘉泰年
開禧年
嘉定年

朱俯 乾鮑郎場

施棐 癸丑任監海鹽縣砂腰催煎場

陸桂 催煎場

王子洪
葉樾
周焯
吳華國
王顯世
曾旻
胡從龍 嘉定戊辰刻澉浦鎮題名記
詹驌

寶慶年

題名記以下監鮑郎催煎場案鹽場不兼鎮職自俯始
史彌炳
應彌明

劉三長
葛挺之
徐之紀
賈岳
朱俊之 以下監澉浦鎮稅兼煙火公事案鎮職不兼鹽務自朱俊之始
史瓚
趙潛夫

紹定年
端平年
嘉熙年
淳祐年

薛師仁
顧用卿
周應旂
趙希櫬
厲夢龍
施穣
詹元善
俞塤

張廣年
羅叔韶
張思齊
趙汯夫
曾羣
傅明壽
宋嗣立
趙汝洞
張焯 寶祐甲寅

寶祐年
開慶年
景定年
咸淳年

元 至大元年
皇慶年
至正年

王九齡
金汝礪

江正 鹽司丞元為海砂場
抹速忽

刻澉浦鎮題名記
周之綱
趙之著
胡洙
徐行祖
李興宗

明 批驗所大使 鮑郎場大使 海砂場大使 蘆瀝場大使 遞運所大使 稅課司大使附 河泊所大使附

蕭士賢 洪武中任
張眉高 洪武中任
康逢遠 洪武中任
戈其卿 洪武中任
鄭三秀 福建人薦辟洪武中任
王輔 遷安歲貢

馬出萃 天啟中任
梅賓國 天啟中任
錢伯珍

蕭日鼎
盧昭 惠安歲貢天順中任
徐鳳
劉景鳳
張宣
周秉彝
盧璧
趙榮
楊緒
王仲
鄒濂
李迎春
吳建平
袁洲

王相
朱軏
楊禧
黃湘
周應龍
易四陽
朱觀
任文魁
余希湯
劉克全
劉憲
羅賢桂
楊紹
紀裕鼎 日新以下十五人俱見劉志 崇禎裁缺見吳志
周夢熊
趙仕達
郁廷蘭

謝恩 張宣以下十六年俱見劉志

國朝 批驗所大使 鮑郎場大使 海砂場大使 蘆瀝場大使 稅課司大使附

順治二年
三年 章萬瑞 石埭吏員
五年 李子睿 錢塘吏員
六年 何之瀛 固原吏員
七年 趙廷模 江都吏員
八年 陳明材 蘄水吏員
九年 陳達 清苑吏員

王嘉枝

孫如鳳 吏員
杜國用 宛平吏員

余德遠 奉新吏員
姚繼儒 上元吏員

康熙二年
四年 王大亨 博野吏員
五年
七年 徐應科 大興吏員
十三年 劉愼德 安定吏員 劉啟湘 滑縣吏員
十四年 徐應科 順天人 周成勳 涿州吏員
十六年 劉德高 旌德吏員
十七年 李定本 韓城吏員
十八年 王士鏻 大興吏員 王繼舜 密雲吏員
王文煥 西安吏員

十年 蔣兆雲 諸暨吏員
十一年 童邦憲 宛平吏員 俞化淵 吏員
十二年 朱麟生 萬安監生 范士英 翼城吏員 姚啟祚 東明吏員
顧啟元 大興吏員
王廷獻 鳳翔吏員
十五年 趙月壁 宛平吏員 段遇時 大興吏員
金永儀 武進吏員
十七年 孫杲 大興吏員 李[illegible]章 閬縣吏員
十八年 宋之傑 [illegible]甯吏員
王汝嵩 信陽吏員

十九年 陳國鼎 宛平吏員
二十年 于德亨 長清吏員
二十二年
二十四年 李遇春 三河吏員
二十五年 李明良 山海衞吏員 紀宗 河間吏員
二十八年
三十年 陳元化 直隸人
三十一年 石明俊 温縣吏員 彭三泰 澄城吏員 李一愼 東明吏員
三十二年 祝延齡 醴泉吏員
三十三年 安珍 江夏監生

三十六年 周煥 獲鹿吏員
三十九年 葉有桂 宛平吏員
四十年 朱豐德 霸州吏員
四十一年 申執中 垣曲吏員
四十五年 趙茂 膚施吏員
四十九年 林顯耀 通州吏員
五十年 馮起銓 順天人 陳尚賓 大興吏員
五十一年 張安世 大興吏員 唐宏勳 陝西吏員
楊自俊 宜君吏員
五十二年 呂賢臣 晉州吏員

五十四年 五十五年 五十八年 六十年 六十一年 雍正元年 二年 三年 四年 六年 七年

劉聖培 直隸人

葉顯臣 順天人
王一元 宛平人
劉志仁 饒陽舉人
倪志本 桐城人協

方時騰 旌德吏員
程國魁 金谿吏員
張振先 吏員
程國魁
唐治 麻城舉人

宋璽 宛平供事
向上 巴縣舉人
劉斌 汶上人

呂于海 貴池吏員

八年 十年 十一年

陳鴻斌

理
汪天來 協理
陳式 協理
陳光裕 錢塘監生 協理
楊遇時 協理

彭義英 常甯舉人
周碩勳 湖南舉人
崔宏毅 天津歲貢
孔傳派 曲阜監生
楊維和 山西廩貢

魏紀 蔚州人
徐鳳 金谿舉人

十二年 十三年 乾隆元年

張霦 宛平監生
陳芊 協理
李溶 金壇監生
署
俞維墉 協理
李溶 協理
莊楚寶 武進監生

陳誥章 休甯供事
張仕秀 漢陽監生

王昆 寶縣人協
理
顧棟禮 長洲人協
理
盧燮 奉天鑲黃旗人
俞維墉 錢塘舉人
張銘渭 長洲人協
理
張瑄 長洲人

二年 三年 四年 五年

石山 宿松監生
協理
李世球 協理
鄧曰漣 荊門貢生
翁晟 協理
胡僖 鎮海舉人
署
朱昱襄 協理
蔣蟾樂 協理
張宗善 汾陽吏員

侯日曜 南皮拔貢
田開 德州拔貢

田勳 昌平人
沈昂 海甯拔貢

六年 | 九年 | 十一年 | 十三年 | 十四年 | 十五年 | 十八年 | 十九年

方超然　王世仁　王紹統　王述裕　白志圖

章堯仁會稽監生　署　田　開署　成師灝署　王起龍署　王述裕署　李興讓雲南舉人　王文郁兼署

王嘉俊興縣拔貢　王文郁

胡　儹鎮海舉人　王　坡武安監生　陸廷鉽元和副貢　方　從封邱舉人

二十年 | 二十一年 | 二十二年 | 二十三年 | 二十四年 | 二十五年 | 二十六年 | 二十七年

萬象昭仁和優貢

方　璁署　王錫位貴州舉人　王紹統署　蔣　照常熟監生　署　楊　泌署　朱成綬長洲監生

王錫位署　高其昌署　李文奎署　俞亦臨

王世仁上元監生　王　睿貴筑舉人

二十八年 | 三十一年 | 三十二年 | 三十三年

署　湯　埈江西舉人　署　王序端奉天正紅旗舉人　佟士苞署　曹世顯舉人署　吳士英上海舉人　署

荆　培澉浦舉人　戴文熾金匱人

梁文蓮廣東舉人　廖逢泰龍門舉人

三十四年 | 三十五年 | 三十六年 | 三十六年 | 三十九年 | 四十年

王　璐諸城監生

盧紹麟漢軍舉人　查　涉嘉善監生　沈成元青陽貢生　夏朝楨吳縣人署　滕洛美新昌監生　四　德奉天鑲黃旗舉人署　金德厚吳縣監生

史松濤　繆逢泰一作達泰　華瑞璜無錫人　詹紹輔　雙　德滿洲鑲白

許　振仁和附生　張元愷正白旗舉

		署	旗舉人	人
四十一年	田中原 署；閻錫履 徐溝附貢			雙德 署
四十二年				田邦甯 奉天正黃旗監生署
四十三年		司馬騆 江甯監生	詹紹輔	
四十四年		陸京鎬 昭文附監；李名世 江西監生 署	于紹曾	
四十五年		路錞 漢陽監生 署		羅洋 上杭監生 署
四十六年		張永銓 吳縣監生 署	于天澤；王蘊球；歐陽蟠	朗永德 奉天舉人；常成裔 揚州監生 署
四十七年		李浩 奉天鑲白旗舉人署	陸費鑾	
四十八年	康傑 臨桂監生 署	路錞 復署；四德 復署	歐陽蟠	馬星燕 介休監生 署

四十九年	沈錫爵 德清監生 四庫館議敘	吳焯 江陰監生 署		徐綬 奉天正藍旗監生署
五十年		陳德純 姚州舉人 署		
五十一年		徐綬		于飛熊 永甯貢生 署
五十二年				丁名敬 上元監生；徐綬 再署
五十三年	李棟 天津附生 署	張增 桐城人署	蕭超羣；歐陽蟠 安福監生	李堯文 奉天舉人；歐陽蟠 署
五十四年	程元豸 如臯監生		帥象贇	李堯文 回任
五十五年		孫永祺 吳縣監生	劉武傑	
五十六年	何勳 宛平吏員 署	金堉 宛平吏員 署	歐陽蟠	巴哈布 奉天正黃旗監生署
				李堯文 回任；方春澍 桐城監生 署

年				
五十七年	范光復 介休監生		明 安	
五十八年			沙遵祖	李堯文 回任
			四達塞	張友柏 宛平舉人
				方春澍 再署
五十九年	謝鴻謀 遵平貢生			
	署			
六十年	陸 儆 吳縣監生	張 珩 通州貢生	周 澄 昭騰監生	周 澄 調任
	謝鴻謀 復署	署	蔣大鎔	
	托 雲 奉天監生			
嘉慶元年	巴哈布 奉天監生			李一元 天津監生
	任紹濂 宛平附生			周 澄 回任
二年		沈成均 元附附監	沈 彬	
		署		
三年	德 豫 姓姚氏奉天正白旗舉人	任紹濂 署		張麟經 景州監生
		張麟經 署		周 澄 回任
		董和培 奉天鑲白旗舉人署		
四年			周 澄 署	
六年				黃官本
七年	王殊渥 順天舉人			
十年		王 愉 固始監生		

年				
十三年				黃賀錫 溧陽監生
十五年	程汝熾 山東附監	楊 棠 江西監生	張翰臣 陝西貢生	
十六年	姚 柯		蔣大鎔	
	范樹栢 鑲黃旗人			
十七年	觀 文 正黃旗人	闞光朝 河南舉人		
十八年	范樹柏 回任			李質英 署
				黃賀錫 回任
十九年	韓延楷 署	李 蕙 丹徒附貢	張綺春 漢軍監生	鞏泰昌 直隸監生
	范樹栢 回任			黃賀錫 回任
二十年		明 安 正黃旗人		
二十一年		董 荃 桐城監生	舒庭慶 黟縣人	
			舒 恆 任邱附貢	
二十二年		陳尙詔 江西監生	趙 新 江西廩生	章道基 績溪附貢
			張 瑲 順天廩生	
二十三年			劉 誥 大興監生	黃賀錫 回任
二十四年	范廷祉 鑲黃旗人		吳 燕 福建監生	紀 鈺 晉州人署
二十五年	范樹栢 回任		周 蒔 宜興監生	黃賀錫 回任
道光元年			三 福 漢軍舉人	
二年		趙 新 江西優貢		

		汪　燧安徽監生		
三年			安　保漢軍監生	
五年	姚　鼎山東監生	姚　昀江西增貢	李逢甡湖南增生	余繼桂大興監生
				黃霄錫回任
六年	范樹栢回任			
七年		黃道豫福建監生		
八年	趙　新江西優貢	章道基安徽附貢	紀　鈺直隸監生	丁廷楷署
				黃霄錫回任
				張汝燮署
九年	范樹栢回任		春　齡正紅旗人	黃霄錫回任

	張貽謀鑲黃旗人			
十年	范樹栢回任			
十一年	仰朝丙署			
十二年	侯鍾閶	周日堅太倉監生		
	孫管勳安徽貢生			
十三年	石　麟		宣國炯含山人署	
			安　保回任	
十四年	孫溥川署	金宗塤吳江人		
	孫管勳回任			
十五年	孫利賓署		張承紳河南監生	吳毓華吳縣監生

	孫管勳回任			
十六年	金宗塤署	劉克壯安徽監生	段國奎湖北附生	宋繼輝正黃旗人
	孫管勳回任	陳廷禎臨桂監生		
		金宗塤回任		
十七年			施燮三大興監生	
十八年			朱秉漢山東監生	龔慶五江蘇監生
				吳毓華回任
二十年	龔　恩大興監生		段國奎回任	周日堅
二十一年			蔡　祺湖南人	施恩溥江蘇人署
二十二年				呂　溥宛平監生

二十三年			馮　格山東人	
二十六年	沈裕桂江蘇監生		沈錦洙安徽人	
二十七年			陳　曜江西人	
二十八年				王邵定陝西人
二十九年		胡樹鏞丹徒人	田沛霖順天人	呂　溥回任
咸豐元年	崇　華順天監生	徐鍾桂吳縣人	鍾光煥福建貢生	
			高彥升順天人	
二年			徐振甲	
四年			張聰縉安徽人	
五年			宋　亨江西人	

六年　七年　八年　九年　十年　同治三年

吳毓錦吳縣監生　署十一年殉難　蔣霖大興監生　署

申祜漢軍監生　沈裕桂如皋監生　署

王紹沂署　彭啟星安徽人　阮祥藻秦賢附貢　署　傅授訓大興監生

陶紹輝代　張祖培署　姜日華　孫克脩代　吳廷政署　阮祥藻兼理　葉其奎太湖廳監生

四年　五年　六年

孫慶恩大興監生　增穎滿洲義學生署　黃兆蟾新淦附貢　署

雷鳳曦宣化監生　署　申祜回任　謝錫門武進監生　署　劉鳴盛臨湘軍功　署

七年　八年　九年　十年

劉鳴盛鮑郎兼理　劉冕南江都舉人署　王毓蘭大興監生　葉釗吳縣監生　署　張兆熙如皋監生　署　朱有鈞武進舉人

陸沅常熟監生署　張士錦遷安附貢

黃鈐休甯附貢　署　程欽年婺源監生

徐福辰儀徵舉人　葉其奎回任

十一年　十二年　十三年　光緒元年

程欽年海沙兼理　張來川元和附貢　署　陳詩頌江夏監生　署　胡樹屏宜賓供事

喻秉爨武進監生　代　顏成夫連平監生　署　黃文枚松滋增貢

雷豐疇宣化監生　署　沈福祉華亭附監

嘉興府志卷四十一

嘉興府知府善化許瑤光重輯

官師六

武秩 案歷代武職官及國朝設立滿漢水陸等營員數俱詳武備茲不重敘

鎮遏使都將　統軍　鎮將　鎮守　鎮撫

唐長慶年　王逸平望戍副天寶中任　曹圭

吳越　吳公約　吳重裕公約子襲拜西佳鎮遏使兼義和鎮

王遠之嘉興鎮　屠龍驤吳越功臣越州都指揮使環智子漢川鎮

宋宣和年　朱勝非秀州控抓使

開禧年

淳祐年

德祐年

王子武秀州統軍有平寇功　王復古　尙景　邢子政　胡全以上四人

元至元年　楊思諒澉浦招討使見永安湖碑記　王熔澉浦鎮守招討使見永安湖碑記

至大年

劉英作浦統制　俱澉浦鎮　李

陳世昌棲霞人以安撫使鎮澉浦有獲海寇功進階安遠大將軍

張士特海鹽千戶　劉昌登州人　錢國馮臨安人兼酒稅河泊課

朱勉之嘉興千戶

陳景純以上三人俱嘉興萬戶

明正統年

浙西參將

備倭把總 案舊志有海甯衛所澉浦所乍浦所各職皆詳于縣志中今不備載

崔源　陳文　劉清　崔端　劉瑄　葛寬海志作葛　李

黎端
劉澤
嚴齡
李瑄
王奐
刑相
嚴明
陳傑
張鯤
白泰
楊和
顧邦重
黎秀
崔鼎
陳鳳
劉臣
李忱
金濂
張鈇
王應麟

嘉靖年

丁僅
湯克寬 樂損是年加欽
盧鏜 依
王元伯 楊憲
丁僅 祈雲龍以都指揮體統行事
趙龍
楊縉 章廷麋
王棟 潘吉
張四維
盧綺

隆慶年

胡守仁 季金
王尚文
狄從夏

萬曆年

季金陞 王三錫
董汝梅 陳良玭
李應麒 文棟
張應遴 陳洪範
王接武 梁文元
金秉鉞 戴敏忠
王柱 張景房

王元周　陳祿
黃嘉謨　郭大忠
李遇文　陳夢斗
萬邦孚　趙文憲
曾璋　王逢源
馬如錦　崔天賜
董永遠　范涵
李裕徵　胡廷相
杜璧
張景房陞

天啟年
江之清　湯鉞
焦續後桑浙西參將備倭把總姓名俱見海鹽圖經餘無考　趙應科

崇禎年
邱上儀武進人武進士從續圖經補　增　翁偉從平湖志
周一誠應天進士見題名碑

國朝副都統協領　佐領　防禦　驍騎校筆帖式

雍正七年
傅森鑲黃旗人　阿爾法鑲黃旗人　阿爾法兼管左營　常保正白旗人　富德鑲黃旗人

左營左翼　鑲黃旗　左營蒙古正白旗　左營鑲黃

拴柱正藍旗人左營左翼　蘇巴里正黃旗人左營正黃旗　黑子正白旗人左營鑲白旗　虎什泰正黃旗人左營正黃旗
拉什泰鑲紅旗人左營右翼　甯柱正白旗人左營蒙古正白旗　薩爾泰鑲紅旗人左營鑲紅旗　雅柱正白旗人左營蒙古正白旗
明亮正紅旗人左營蒙古正紅旗　鄂林阿正紅旗人左營鑲藍旗　拜思呼溷正紅旗人左營蒙古正紅旗
巒色鑲白旗人左營鑲白旗　佛紹鑲白旗人左營鑲白旗
拉什泰兼管左營

八年

鑲紅旗
拴柱兼管左營正藍旗　富爾賽正紅旗人左營鑲紅旗
伊勒圖鑲藍旗人左營鑲藍旗　色楞泰正白旗人左營正藍旗
西楞泰鑲藍旗人左營鑲藍旗
也楞泰正白旗人右營左翼旗　黑子左營鑲黃旗　色楞泰左營鑲白旗　彭務鑲黃旗人右營蒙古鑲黃旗　色滿圖滿州鑲藍旗
白京作浦志作北京正黃旗人右營　妞妞鑲黃旗人右營蒙古鑲黃旗　富山泰鑲藍旗人右營正白旗　巴圖正黃旗人右營正黃旗　永泰滿州正黃旗人

九年
十年
十一年

右翼

白京 兼管右營正黃旗
石壽 正紅旗人右營正紅旗
黑達色 正白旗人右營正白旗
也楞泰 兼管右營正白旗
査楞泰 鑲白旗人右營鑲白旗
巴金泰 正紅旗人右營正紅旗
彧什保 正紅旗人右營正紅旗
石保柱 鑲藍旗人右營蒙古鑲紅旗
普廉 鑲黃旗人右營鑲白旗
色克圖 鑲白旗人右營鑲白旗
納里渾 正黃旗人右營蒙古鑲紅旗
常奎 鑲紅旗人右營蒙古鑲紅旗
鄔楞泰 正紅旗人右營正藍旗

明亮 蒙古

薩爾哈岱 正藍旗人右營正藍旗
有舒 鑲藍旗人右營鑲藍旗
塔岱 鑲黃旗人右營鑲黃旗
普泰 鑲黃旗人右營正藍旗
石壽 右營正紅旗
鄔林阿 左營正黃旗
巴金泰 右營正紅旗
石保柱 右營蒙古

鑲黃旗

十二年
十三年
乾隆元年

薩爾哈岱 陞杭州將軍
薩爾哈岱 右翼
薩爾哈岱 兼管右營正黃旗
富德 左營鑲白旗
哈楞泰 正白旗人右營正黃旗
査楞泰 右營正藍旗
虎什泰 左營鑲藍旗
鄔林阿 左營左翼
鄔林阿 兼管左營正藍旗
納里渾 左營蒙古正白旗
賚堪 正藍旗人左營鑲黃旗
色克圖 右營右翼
色克圖 兼管右營正黃旗
富爾賚 左營鑲紅旗
常林 正紅旗人左營正黃旗
巴金泰 右營鑲白旗
普廉 右營鑲白旗
納黑圖 鑲黃旗人

左營蒙古正白旗
雅柱 右營蒙古鑲紅旗
賚蘭泰 正黃旗人左營鑲紅旗
伊什泰 鑲黃旗人右營正黃旗
徵渾泰 鑲黃旗人右營鑲白旗
成楊 正黃旗人右營蒙古鑲紅旗
虎什泰 左營正黃
普泰 左營鑲藍
三保 正黃旗人

旗

旗

左營蒙古正紅旗

二年

富善泰鑲黃旗人右營正紅旗

有舒右營正紅旗

富龍正白旗人左營正藍旗

三年

善泰右營正黃旗

黑達色右營正白旗

赫苾黑鑲藍旗人右營鑲藍旗

富德左營鑲白旗

常林左營鑲白旗

達爾泰鑲黃旗人右營蒙古鑲黃旗

佛紹左營鑲藍旗

佈爾納鑲黃旗人右營正白旗

成楊右營蒙古鑲紅旗

四年

寶堪左營鑲白旗

鄔蘭泰鑲紅旗人左營正黃旗

張頊正白旗人左營鑲白旗

伊哈納鑲黃旗人左營鑲紅旗

有慶正黃旗人左營鑲藍旗

敦成阿正藍旗人

五年

右營蒙古鑲紅旗

六年

塔岱右營左翼

佛紹左營鑲黃旗

富龍左營鑲藍旗

海霖阿正黃旗人左營鑲黃旗

來寶滿洲正黃旗人

七年

塔岱兼管右營正白旗

普廉右營鑲藍旗

查蘭泰左營鑲藍旗

媽善鑲紅旗人左營正藍旗

齊斌蒙古鑲白旗人

鄔楞泰右營鑲白旗

八年

額爾登正紅旗人

富爾賽左營鑲白旗

張瑨左營鑲紅旗

額爾忒正藍旗人右營正藍旗

九年

普泰左營右翼

寶堪左營鑲紅旗

常明鑲紅旗人左營鑲白旗

巴棱泰正藍旗人右營正紅旗

十年

鄔蘭泰左營鑲白旗

三格正黃旗人左營正黃旗

哈善正藍旗人

十一年

佛紹（左營白翼）

查蘭泰（左營鑲黃旗）

海森阿（左營鑲白旗）

左營鑲藍旗

六什八（滿州正白旗人）

十二年

佛紹（兼管左營正黃旗）

海森阿（左營鑲白旗）

媽善（左營鑲白旗）

寗齡（鑲藍旗人　左營鑲黃旗）

瑪森泰（鑲黃旗人　左營正藍旗）

查勒哈有浦（作　志作查爾哈布　滿州正黃旗人）

十三年

媽善（左營鑲白旗）

常明（左營鑲白旗）

闗福（鑲白旗人　左營鑲白旗）

張瑣（左營鑲藍旗）

哈善（左營鑲紅旗）

三格（左營鑲藍旗）

十四年

有舒（右營正紅旗）

戳溫泰（右營正白旗）

納黑圖（右營蒙古鑲紅旗）

薩本泰（鑲黃旗人　左營正黃旗）

保住（蒙古正白旗人）

伊什泰（右營鑲白旗）

圖稜泰（正藍旗人　左營蒙古正白旗）

黑色（鑲藍旗人　左營鑲藍旗）

大蘭泰（鑲黃旗人　左營鑲藍旗）

大拉塔（鑲白旗人　右營鑲白旗）

十五年

哈善（左營鑲紅旗）

赫武黑（右營正紅旗）

隆魁（正黃旗人　左營鑲紅旗）

十六年

卓鼐（正藍旗人）

戳渾泰（右營鑲白旗）

霍齡（左營鑲紅旗）

佈爾納（右營正白旗）

德桂（正黃旗人　右營正黃旗）

伊成額（正紅旗人　右營鑲白旗）

八什（鑲藍旗人　右營鑲藍旗）

和爾德納（正白旗人　左營鑲黃旗）

敦達利（正紅旗人　右營正白旗）

十七年

鄂金 正藍旗人 左營左翼在京副參領外補
嫣善 左營右翼
查楞泰 右營右翼
滿色 鑲黃旗人
右營右翼在京副參領外補
常奎 蒙古

嫣善 兼管左營 正黃旗
納黑圖 左營蒙古 正白旗
納里渾 左營蒙古 正紅旗
三格 左營鑲白旗
鄂金 兼管左營 正藍旗
滿色 兼管右營 正黃旗
查楞泰 兼管右營 正白旗
伊什泰 右營正藍旗

德柱 右營正白旗
達蘭泰 左營蒙古 正白旗
關福 右營鑲紅旗
三保 右營蒙古 鑲紅旗

蘇楞額 鑲紅旗人 右營正紅旗
彭格 正白旗人 右營正藍旗
蘇翎泰 鑲白旗人 左營鑲白旗
圖耶阿 正紅旗人 右營正黃旗

十八年

八什 右營鑲白旗
巴格 鑲藍旗人 左營蒙古正紅旗
薩斌阿 鑲白旗人 右營蒙古鑲黃旗
紀杜 鑲藍旗人 右營鑲藍旗

十九年

彭格 右營鑲白旗

二十年

德馨 鑲黃旗人
石保柱 右蒙古
佈爾訥 右營正紅旗
瑪森泰 左營鑲紅旗
色勝 正黃旗人 左營鑲黃旗
德柱 右營鑲白旗
伊成額 右營正白旗
蘇巴爾罕 正白旗人 左營蒙古正白旗
哈蘭泰 鑲黃旗人 左營正藍旗
黑楞厄 正黃旗人 右營鑲白旗
納生泰 鑲白旗人 右營正藍旗
夫明阿 正紅旗人

二十一年

三保 右營蒙古
蘇楞額 右營正紅

二十二年

圖克善 鑲紅旗人

鑲紅旗

旗

左營鑲黃旗

敷成阿 右營蒙古鑲紅旗

色廉 鑲白旗人 右營正紅旗

須達爾西 鑲紅旗人 右營蒙古鑲紅旗

瑪森泰 左營鑲藍旗

隆魁 左營鑲白旗

百森泰 鑲紅旗人 左營正黃旗

蘇楞泰 右營正藍旗

薩本泰 左營鑲藍旗

明玉 正紅旗人 左營蒙古正紅旗

紀桂 右營正白旗

碩明阿 正紅旗人 左營鑲白旗

齊三泰 鑲藍旗人 左營鑲紅旗

六什八 右營鑲紅旗

二十三年

紀桂 右營正紅旗

夫蘭泰 左營鑲紅旗

八十一 正藍旗人 左營鑲藍旗

常清 滿州正白旗人

納生泰 右營正白旗

喜桂 鑲白旗人 右營蒙古鑲黃旗

二十四年

英泰 正黃旗人 奉義侯

圖郎阿 右營正紅旗

富永 鑲白旗人 右營正黃旗

蘇斌阿 右營蒙古鑲紅旗

法哈力 鑲藍旗人 右營正白旗

四雅圖 正紅旗人 右營正藍旗

薩本泰 左營鑲紅旗

碩明阿 左營鑲白旗

綿明泰 鑲紅旗人 左營鑲黃旗

色克 滿州鑲藍旗人

隆魁 左營鑲藍旗

哈蘭泰 左營鑲藍旗

阿隆阿 正藍旗人 左營鑲白旗

二十五年

納里渾 蒙古

達蘭泰 右營蒙古鑲紅旗

色廉 右營鑲白旗

五齊哈 鑲紅旗人 右營鑲白旗

夫成泰 鑲白旗人 左營正藍旗

彭格 右營鑲藍旗

非雅柱 正白旗人 右營正白旗

富昌 鑲紅旗人 右營正紅旗

二十六年

滿色

明福 鑲藍旗人

海霖阿 左營右翼

彭格 右營右翼

夫蘭泰 左營鑲黃旗

須達爾西 左營蒙古正白旗

僧額 正紅旗人 左營正黃旗

二十七年

佛林保鑲黃旗人 右營右翼 在京副參 傾外補

舒景阿正黃旗人

海森阿兼管左營正黃旗

哈蘭泰左營鑲白旗

碩明阿左營鑲紅旗

薩斌阿右營蒙古鑲黃旗

佛林保兼管右營正黃旗

彭格兼管右營正白旗

圖郎阿右營鑲藍旗

領達爾西左營蒙古正白旗

明玉右營蒙古鑲黃旗

百森泰左營鑲紅旗

六什八左營正紅旗

蘇巴爾罕左營蒙古正白旗

八十一左營鑲白旗

齊三泰左營鑲藍旗

哈捧阿正藍旗人 左營蒙古正紅旗

敦柱正黃旗人 左營蒙古鑲紅旗

百稜泰鑲黃旗人 左營鑲紅旗

大通阿鑲藍旗人 左營鑲藍旗

伊靑額正白旗人 右營鑲藍旗

二十八年

隆魁左營右翼

隆魁兼管左營正黃旗

納生泰右營鑲白旗

六什八右營正藍旗

明玉右營蒙古鑲紅旗

富昌右營正白旗

富永右營正紅旗

富柱右營蒙古鑲紅旗

特通阿鑲紅旗人 左營蒙古正白旗

圖捊強阿正白旗人 左營鑲藍旗

百齡平湖張志作栢齡 正紅旗人 右營蒙古鑲黃旗

舒明阿鑲黃旗人 右營正紅旗

二十九年

碩明阿左營右翼

碩明阿兼管左營正藍旗

百森泰左營鑲藍旗

僧額左營鑲紅旗

五十一鑲黃旗人 左營鑲黃旗

倍敏鑲藍旗人 左營正黃旗

富僧阿正藍旗人 左營正藍旗

喜成正藍旗人 右營正藍旗

三十年

八十一左營鑲黃旗

百稜泰右營鑲白旗

張恰佈正白旗人

三十一年

觀音保 鑲黃旗人 右營左翼 在京副參 領外補

舒楞額 正白旗人 右營右翼 在京副參 領外補

旗

僧額 左營鑲紅旗

富永 左營正藍旗

舒楞額 兼管右營正黃旗

觀音保 兼管右營正白旗

伊青額 右營正紅旗

色廉 右營鑲白旗

旗

圖挖強阿 左營鑲紅旗

五齊哈 左營正白旗

伊青額 右營正紅旗

非雅柱 右營鑲白旗

旗

左營蒙古正白旗

常清 左營鑲白旗

靈格 鑲藍旗人 左營鑲紅旗

穆克登額 正藍旗人 左營鑲藍旗

白泰 鑲白旗人 右營正黃旗

倭克金泰 鑲黃旗人 右營正白旗

達崧阿 鑲黃旗人 右營鑲白旗

英登額 鑲藍旗人 右營鑲藍旗

三十二年

齊三泰 左營鑲藍

富僧阿 左營鑲藍

豐伸 鑲紅旗人

三十三年

三十四年

旗

蘇巴爾罕 右營蒙古鑲紅旗

五齊哈 左營鑲藍旗

百稜泰 左營鑲黃旗

旗

舒明阿 右營正紅旗

敦柱 左營蒙古正白旗

四雅圖 右營正白旗

白泰 右營鑲白旗

左營正藍旗

丑格 正白旗人 右營正紅旗

福資 鑲白旗人 右營蒙古鑲紅旗

巴什齊 正黃旗人 右營鑲藍旗

明山 鑲紅旗人 右營正黃旗

福志 滿洲正黃旗

準保 正黃旗人 右營正白旗

景明 鑲藍旗人 右營正藍旗

三十五年

常復 正白旗人

舒明阿 右營鑲白旗

五十一 右營鑲白旗

丑格 右營正紅旗

哈捧阿 右營蒙古鑲紅旗

貴保 正黃旗人 左營鑲黃旗

敷稜泰 鑲黃旗人 左營蒙古正紅旗

三十六年

岱敏 左營鑲黃

色布星額 鑲紅

三十七年

伊青額 右營左翼

富僧阿 左營鑲黃旗

岱敏 左營鑲白旗

伊青額 兼管左營正藍旗

旗

常清 左營鑲白旗

穆克登額 左營鑲藍旗

達松阿 右營正白旗

旗人左營鑲紅旗

阿倫泰 鑲藍旗人右營正紅旗

常松保 鑲黃旗人左營正黃旗

清泰 正紅旗人左營鑲藍旗

六什五 平湖張志作留什五 鑲白旗人右營鑲白旗

三十八年

勒克 正黃旗人 奉恩將軍

頒達爾西 蒙古

頒達爾西 兼管左營正黃旗

哈捧阿 蒙古左營正紅旗

經明 鑲藍旗人右營正紅旗

達松阿 右營鑲藍旗

百齡 蒙古左營正白旗

豐伸 左營鑲紅旗

準保 右營鑲白旗

棱炳阿 正黃旗人右營正藍旗

雙永 鑲藍旗人左營鑲白旗

查勒杭阿 鑲藍旗人左營正藍旗

占泰 正白旗人右營蒙古鑲黃旗

色靈額 鑲黃旗人右營正白旗

三十九年

準保 右營正紅旗

巴什齊 右營正白旗

明山 右營鑲白旗

雍怡伂 蒙古右營鑲紅旗

和啰伍 鑲黃旗人左營蒙古正白旗

烏爾卿額 正藍旗人右營鑲藍旗

四十年

僧額 左營左翼

穆克登額 左營鑲紅旗

百齡 蒙古右營鑲黃旗

福賚 蒙古左營正白旗

志永 正白旗人右營正黃旗

呵津泰 鑲紅旗人右營蒙古鑲紅旗

四十一年

僧額 兼管右營正黃旗

清泰 左營鑲藍旗

常亨保 鑲黃旗人左營鑲藍旗

四十二年

岱敏 左營右翼

豐伸 左營鑲白旗

常清 左營鑲紅旗

岱敏 兼管右營正白旗 平湖張志作

貴保 左營鑲白旗

常松保 左營鑲紅旗

富昌 正黃旗人左營鑲黃旗

四十三年

左營正黃旗
貴保 左營鑲藍旗
阿倫泰 右營鑲白旗
烏運佈 正藍旗人 左營正黃旗
明山 右營鑲白旗
六什五 右營鑲白旗
明保 正白旗人 右營正紅旗
福志 右營鑲白旗

四十四年

永慶 正白旗人 一等昭毅伯陞江甯將軍
豐伸 左營左翼
達松阿 右營右翼
達松阿 兼管左營正白旗
色布星額 左營鑲白旗
齊親圖 左營蒙古正白旗
福昇 滿洲正白旗人
清泰 左營鑲白旗
雙永 左營鑲藍旗
常伸保 正黃旗人 左營鑲白旗
武爾公阿 正白旗人 左營鑲紅旗
雍怡佈 右營蒙古鑲黃旗
志永 右營正白旗
安圖 正藍旗人 左營正藍旗
豐伸 兼管右營正黃旗
烏爾卿額 右營正紅旗
色克精額 鑲藍旗人 右營蒙古鑲黃旗
阿倫泰 右營鑲藍旗
色克通阿 鑲藍旗人 右營正紅旗

四十五年

貴保 左營右翼
法永 鑲白旗人
法永 兼管左營正黃旗
阿津泰 左營蒙古正白旗
塔青阿 正藍旗人 左營蒙古正紅旗
色布星額 左營鑲藍旗
敦稜泰 右營蒙古鑲紅旗
泰安保 正紅旗人 右營正黃旗
貴保 兼管右營正白旗
齊南保 正黃旗人 右營蒙古鑲紅旗
福賚 右營蒙古鑲紅旗
敦松阿 鑲白旗人 右營鑲藍旗
常松保 左營鑲藍旗
常亭保 左營鑲白旗
諾敏 鑲藍旗人 左營鑲藍旗

四十六年

六什五 右營正藍旗
富昌 左營鑲紅旗
强都 正紅旗人 左營鑲藍旗
恩特赫 正黃旗人 右營鑲白旗
圖式謙佈 正白旗人 右營正藍旗
伊昌阿 正紅旗人 左營蒙古正白旗

四十七年

清泰 左營右翼
敦稜泰 左營蒙古正紅旗
齊鶴圖 左營蒙古正白旗
伊克談佈 正紅旗人 右營正白旗
貴保 左營鑲白旗
僧額 左營鑲白旗

四十八年 四十九年

明山 右營 左翼
常松保 左營 右翼

烏爾卿額 右營 正紅旗
清泰 兼管 右營 正白旗
明山 兼管 右營 正藍旗
志永 右營 鑲白 旗
雙永 左營 鑲黃

敷松阿 右營 正紅 旗
色靈阿 左營 鑲白 旗
塔青阿 右營
色克精額 左營 蒙古正白 旗
色克通阿 右營 正紅旗
烏運佈 左營 鑲藍

海柱 鑲藍旗人
右營鑲藍 旗
穆騰阿 鑲紅旗人
左營蒙古 正紅旗
公額訥 鑲黃旗人
右營蒙古 鑲紅旗
福允 正黃旗人
玉麟 滿洲鑲黃

五十年

雍恰佈 蒙古 旗

雍恰佈 兼管 左營 正黃旗
常松保 兼管 右營 正黃旗
富昌 左營 鑲白

旗
恩特赫 右營 正白 旗
泰安保 右營 正白 旗
伊昌阿 左營 蒙古

右營正黃 旗人
阿津泰 右營 蒙古 鑲黃旗
佛保柱 蒙古 鑲紅 旗人
全保住 正白旗人
右營正黃 旗人
福昇 右營 正紅 旗
祿泰 鑲白旗人
右營鑲白 旗
訥蘇肯 正藍旗人

五十一年 舒楞額 正白旗人 署
五十二年 科淩阿 正紅旗人

旗
色克精額 右營 蒙古鑲黃 旗
色克通阿 左營 鑲藍旗
常伸保 左營 鑲紅

正白旗
武爾公阿 左營 鑲紅旗
伊克談佈 左營 正紅旗
常伸保 左營 鑲白 旗
穆騰阿 右營 蒙古 鑲紅旗
安圖 左營 鑲白

左營蒙古 正白旗
台費音 正黃旗人
左營鑲紅 旗
穆克登佈 鑲藍 旗人
永全保 鑲黃旗人

五十三年

烏爾卿額 正藍 旗人

旗
色靈額 鑲黃旗人
伊克談佈 正紅 旗人

旗
公額訥 鑲黃旗人

左營蒙古 正紅旗
經恒 鑲藍旗人
左營鑲白 旗
常亨保 左營 正藍 旗
純泰 鑲黃旗人
左營正藍 旗
棲星阿 正白旗人
鹽格 正白旗人

五十四年
公額訥 蒙古鑲黃旗人　圖瓦謙佈 正白旗人
岳明 正黃旗人　明興 正白旗人　愛隆阿 正藍旗人　德坤 正黃旗人

五十五年
安圖 正藍旗人　岳明 正黃旗人　格捧額 鑲藍旗人　左營鑲黃旗
穆騰阿 蒙古鑲紅旗人　福昇 正白旗人　靈昌 鑲黃旗人

五十六年
雅爾泰 正藍旗人　福賚 蒙古鑲白旗人
烏運佈 左營鑲黃旗　福雲 右營鑲白旗　玉麟 鑲黃旗人　左營鑲黃旗

五十七年
富昌 左營右翼　更名富青　福雲 左營鑲白旗
台費音 正黃旗人　圖勒斌阿 鑲藍　海貴 鑲黃旗人
強都 正紅旗人　福雲 正黃旗人　永全保 蒙古鑲黃旗人　聽福 鑲紅旗人　鳴爾杭阿 鑲白旗人　善親圖 蒙古鑲白旗人
永全保 蒙古鑲黃旗人　訥蘇肯 蒙古正藍旗人　阿津泰 蒙古鑲紅　強謙佈 蒙古正紅旗人

五十八年
富昌 兼管右營正白旗　圖敏保 蒙古鑲藍旗人
常伸保 正黃旗人　左營右翼　強都 正紅旗人　更名阿勒金圖　經恆 鑲白旗人　左營鑲白旗　江阿 正黃旗人　左營鑲白旗
永志 正白旗人　台費音 正黃旗人　鳴爾杭阿 左營鑲白旗　阿林 鑲黃旗人　左營鑲白旗
福雲　岳明 正黃旗人
江阿 正黃旗人　穆魯訥 正藍旗人　聽福 鑲紅旗人　杳勒哈岱 鑲紅旗人　格捧額 鑲藍旗人　靈格 正白旗人　連福 蒙古正藍

五十九年
鳴爾杭阿 左營左翼　公額納 蒙古鑲黃旗
鳴爾杭阿 左營鑲白旗二　江阿 正黃旗人　左營鑲白旗　格捧額 鑲藍旗人
圖勒斌阿 左營鑲白旗　常亭保 鑲黃旗人　左營鑲紅旗　改名恆保　靈昌 鑲黃旗人　愛隆阿 正藍旗人　善親圖 蒙古鑲藍旗人
舒林佈 鑲黃旗人　百明 正紅旗人　噶勒爾岱 鑲紅旗人　雅哈圖 蒙古正白旗人

六十年
本志蒙古鑲白旗世襲三等輕車都尉
格棟額鑲藍旗人
聰
霖鑲紅旗人
普親圖蒙古鑲白旗人
圖敏保蒙古鑲藍旗
圖明阿鑲藍旗人左營正藍
額勒基音圖鑲黃旗人
定
柱正藍旗人
觀
山蒙古鑲藍
阿爾佈禪蒙古旗人
鑲紅旗人

嘉慶元年
福
雲右營右翼
格棟額左營正藍旗
百
明正紅旗人左營鑲藍旗
托恩多正白旗人左營鑲紅旗
海
貴復任左翼
佛保柱復任右翼
靈
格正白旗人右營正藍旗
明
興正白旗人右營正紅旗
烏
珍鑲紅旗人左營鑲白旗
百
明左營鑲黃
玉
麟鑲黃旗人
海拉遜正藍旗人

旗
阿
林鑲黃旗人左營鑲紅旗
左營鑲藍旗
六達色鑲白旗人左營鑲黃旗
左營鑲白旗
海靈阿鑲黃旗人
旗
佐營正黃旗
安
全鑲黃旗人右營正紅旗
齊青阿正白旗人
右營鑲藍旗

五年
江
阿正黃旗人
圖勒斌阿鑲藍
舒林佈左營鑲黃
全
福左營正黃
額勒基音圖

左營右翼
旗人左營鑲黃旗
旗
復任右翼
阿
林左營鑲白旗
穆魯納正藍旗人左營鑲藍旗

六年
江
阿右營正白旗

七年
愛隆阿正藍旗人右營正紅旗
噶爾弼岱右營鑲白旗
海
貴右營鑲藍
德
鏘右營正白
兵
貝左翼
志
成右營鑲紅
旗

八年
玉
麟左營鑲黃
圖明阿左營鑲紅
旗
薩勒杭阿營左
正藍旗
旗
穆魯納左營鑲黃旗
托恩多左營鑲紅旗
法
桂右營正紅
旗
圖敏保鑲藍旗人右營鑲紅旗
安
全右營正白
靈
昌鑲黃旗人右營鑲藍旗

九年
壽卜產鑲藍旗人
穆魯納左營左翼
靈
格左營正白
阿爾佈禪左營
春
阿左營正黃

靈　昌右營左翼旗
靈　格右營右翼
訥蘇肯左營正紅旗
噶爾杭阿左營鑲白旗
靈　昌左營正藍旗
穆魯納右營正黃旗
福　雲右營正藍
正白旗
雅哈圖正白旗人右營鑲紅旗
旗
常　興右營正紅旗
壽　蒼左營鑲紅旗
葉佈充額右營鑲黃旗
尼克托昂阿右營鑲紅旗

十年
西淩阿
穆騰阿蒙古
旗
格捧額右營鑲藍旗
穆騰阿左營正黃旗
雅哈圖右營鑲藍旗
噶勒弼岱右營鑲白旗
齊肯阿右營鑲白旗
常　興右營鑲紅旗
圖塔佈右營鑲藍旗

十一年
揆　祿左營正紅

十二年
旗
強謙佈右營鑲紅旗
蘇楚納左營正白旗
觀　山復任右翼

十三年
額勒基音圖左營鑲藍旗
阿爾佈禪左營正紅旗
海靈阿右營正紅旗
烏　新左營正紅旗
清　安右營正黃旗

十四年
葉佈充額左營正白旗
穆隴阿左營鑲白旗

十五年
舒林佈左營鑲黃旗
岳　良右營鑲白旗
經　林左翼
賚蘭泰右營鑲藍旗

十六年
愛隆阿右營右翼
愛隆阿左營正白旗
尼克托昂阿左營正白旗
福　廣左營鑲紅旗
齊青阿右營正紅旗
喜　蒼左營鑲白旗
定　保左營鑲紅旗
葉佈充額右營

鑲紅旗

十七年
聰福右營左翼
安全左營鑲紅旗
德錫右營正紅旗
嵩山右營正白旗
伍林佈右翼
聰福左營正藍旗
法桂右營鑲白旗
伍勒登佈右營正紅旗
清安右營正白旗
志通右營鑲紅旗

十八年
阿爾佈禪蒙左阿爾佈禪左營正黃旗
克猛額右營正黃旗
圖明阿
哈郎阿右營正藍

旗

十五年
西格
噶勒彌岱右營左翼
強謙佈左營正紅旗
春阿左營鑲紅旗
珠爾杭阿左營正黃旗
噶勒彌岱左營正黃旗
查蘭泰右營鑲白旗
春相左營正紅旗
法桂右營鑲白旗
烏新右營鑲紅旗
強格左營鑲藍旗
特明阿右營正藍旗
經林右營鑲藍

旗
巴圖嚨阿右營
固瑚吞左翼
鑲紅旗

[illegible]十二年

三十二年
黑爾格訥
舒林佈左營左翼
托恩多改名都忠左營鑲黃旗
穆嚨阿左營鑲白旗
福元左營鑲黃
清靈右翼
圖明阿左營右翼
春阿左營鑲白旗
定保左營鑲紅旗
敷倫左營鑲白
喜蒼左營鑲藍旗
福廣左營鑲藍旗
伍林佈右營正黃
舒林佈右營正黃旗
克猛額右營鑲白旗
金玉右營正白

旗
圖明阿右營正白旗
岳真右營正白旗
強謙右營鑲白
尼克托昂阿右營鑲紅旗
清安右營正藍旗

二十二年
安全右營右翼
查蘭泰左營鑲黃旗
蘇楚納左營正白旗
圖敏圖左營正白
安全左營正白
強格左營鑲白
招保左營鑲紅

二十四年

旗
穆嚨阿左營鑲紅旗
克猛額右營鑲藍旗

旗
伍勒登佈右營正紅旗
經林右營鑲白旗

旗
祥麟左營正藍旗
揆玉左營鑲藍旗
穆唧阿右營正紅旗
岳克清阿右營鑲藍旗
固瑚吞左營鑲紅旗

二十五年

查蘭泰右營左翼
雅哈圖蒙古

福廣左營鑲黃旗
雅哈圖左營正黃旗
查蘭泰左營正藍旗
烏新右營鑲黃旗
伍勒登佈右營

敦倫左營鑲藍旗
春格右營鑲紅旗

清靈左營正紅旗
克星額左營鑲白旗
觀全右營鑲紅旗

德克濟布鑲黃旗人左翼
穆克登阿鑲白旗人右翼

道光元年

克猛額左營左翼

正藍旗
強格左營鑲紅旗
岳良左營鑲藍旗
克猛額改名格猛額右營正黃旗
定保右營鑲藍旗

經祿左營正白旗
珠爾杭阿左營鑲白旗
福元左營鑲紅旗
伍林佈右營正紅旗
岳克清阿右營

經明左營正黃旗
豐伸額左營鑲紅旗
巴杭阿左營鑲藍旗
百全右營鑲黃旗
經固納右營正黃

二年

福廣左營右翼

珠爾杭阿左營鑲黃旗
福元左營鑲白旗
福廣右營正白旗
經林右營鑲白

正白旗
圖敏圖左營正白旗
祥麟左營鑲白旗
克星額左營鑲紅旗

旗
訥勒亨額右鑲藍旗
清瑞左營鑲黃旗
該哈蘇左營正白旗
東明左營正紅旗
色奇音圖左營

三年

黃文煜

旗

經祿 右營鑲紅旗

伍林佈 左營鑲藍旗

春格 右營鑲紅旗

觀全 左營正白旗

強謙 右營正紅旗

特明阿 右營鑲白旗

清靈 右營鑲紅旗

鑲白旗

敷克精阿 左營正藍旗

明恒 左營正白旗

強謙圖 右營鑲紅旗

常恒 右營正藍旗

四年

哈興阿 鑲紅旗人

勒爾經阿 鑲藍旗人 左翼

特明阿 鑲黃旗人 右營正紅旗

經圖訥 鑲白旗人 右營正紅旗

常玉 正白旗人 右營正紅旗

穆鄉阿 正白旗人 右營鑲白旗

德克濟佈 鑲黃旗人 右營鑲白旗

五年

烏新 蒙古

烏新 左營正黃旗

觀全 右營鑲黃旗

百全 正白旗人 左營正白旗

多慶 鑲紅旗人 右營鑲黃旗

敷青阿 鑲白旗人 右營正黃旗

蘇縉圖 正白旗人 右營鑲藍旗

六年

敷倫 正黃旗人 右營鑲白旗

明恒 正白旗人 右營正白旗

明安 鑲白旗人 右營正白旗

七年

經圖訥 左營鑲白旗

清瑞 正白旗人 左營鑲紅旗

定興 鑲黃旗人 左營鑲黃旗

巴杭阿 鑲黃旗人 右營鑲藍旗

鏘桂 正白旗人 左營鑲藍旗

八年

強格 鑲藍旗人 左營右翼

德克濟佈 左營鑲紅旗

德克濟佈 右營正紅旗

慶玉 鑲藍旗人 右營鑲白旗

該哈蘇 正白旗人 左營正白旗

額特赫 正藍旗人 左營正白旗

清靈 鑲紅旗人 右營鑲黃旗

蘇縉圖 右營正紅旗

忠興 鑲紅旗人 左營正紅旗

強格 右營正白旗

常玉 右營正白旗

明恒 正白旗人 右營正藍旗

東明 正藍旗人 右營鑲紅旗

九年

強謙佈 蒙古

強謙圖 左營正黃旗

多慶 左營正白旗

齊車訥 鑲紅旗人 右營鑲黃旗

該哈蘇 左營正紅旗

強謙圖 鑲白旗人

安明 正白旗人

旗

右營鑲紅旗

右營正紅旗

十年

珠爾杭阿正白旗人右營右翼

東明右營鑲紅旗

穆唧阿左營鑲黃旗

敷青阿右營鑲白旗

珠赫訥鑲紅旗人右營鑲紅旗

懷塔佈正藍旗人右營鑲藍旗

貴順正白旗人右營正黃旗

十一年

珠爾杭阿左營正白旗

蘇緌圖右營正紅旗

明安右營正紅旗

穆青阿正黃旗人左營鑲黃旗

英登佈正黃旗人左營正黃旗

勒爾經阿左營鑲紅旗

果仁佈鑲紅旗人右營正白旗

詳純正白旗人左營正藍旗

恒奎正紅旗人左翼

十二年

十三年

成順鑲黃旗人

定興左營鑲紅

穆克登阿鑲白

納勒黑泰鑲藍

旗

旗人左營鑲藍旗

旗蒙古人右翼

十四年

英登佈左營鑲白旗

十五年

覺羅善英鑲紅旗人

敷青阿左營鑲藍旗

果仁佈右營鑲白旗

聰喜鑲藍旗人左營正黃旗

常玉右營正紅旗

安明右營正白旗

德順鑲藍旗人左營鑲藍旗

英登阿鑲紅旗人右營鑲紅旗

十六年

敷倫右營左翼

濤靈蒙古

濤靈左營正黃旗

忠興右營正白旗

多仁圖正藍旗人左營正紅旗

敷倫左營正藍旗

慶玉右營正紅旗

存明鑲黃旗人右營正白旗

多慶右營鑲黃旗

龍福正藍旗人右營正紅旗

明安右營鑲白旗

雙春正白旗人右營鑲白旗

該杭阿正白旗人右營正藍旗

十七年

定保 正紅旗人 左營右翼

定保 右營正白 旗

勒爾經阿 左營鑲白旗

特克星佈 正黃旗人 左營鑲黃旗

星額特依 鑲藍旗人 右營鑲藍旗

英登佈 右營鑲藍 旗

穆精額 正黃旗人

靈奎 鑲藍旗人 左營鑲白 旗

十八年

長喜 鑲黃旗人 二十二年禦寇陣亡

敷靑阿 右營右翼

果仁佈 左營鑲黃 旗

存明 右營正紅 旗

賞安 鑲藍旗人 左營鑲紅 旗

敷靑阿 左營正白 旗

貴順 右營鑲白 旗

常明 正白旗人 右營正黃 旗

十九年

安明 左營鑲白 旗

龍福 右營正白 旗

穆精額 左營鑲藍 旗

祥純 左營鑲藍 旗

依勒哈春 鑲藍旗人 左營正藍旗

祥英 鑲黃旗人 左翼

波勒忠武 正白旗人 右營正白旗

恒奎 右營正紅 旗

二十年

忠興 右營鑲紅 旗

多任圖 正藍旗人 左營正白 旗

恒奎 左營正黃

祥瑞 鑲紅旗人 右營鑲白 旗

額特赫 右營鑲紅 旗

喜慶

二十一年

伊里佈 滿州鑲黃旗人

吳必淸 漢軍正紅旗人

二十三年　二十四年　二十六年　二十七年　二十八年

祿鏘

吉慶

倭仁布

祥英

喜鏘

德順

恒太

多仁圖

穆精額

忠貢

二十九年

咸豐元年

穆克德納 滿州鑲白旗人

二年

穆克德克

英登阿

德克登額

繼福

喜祿

三年 順興 保山
四年 吉慶 松壽 文秀
吉興
忠安泰
五年 繼福
六年 來存滿洲鑲黃旗人 桂祿 伊里布 恒升 圖瓦布納
佛爾國春 波多坤 竟成
慶玉
七年 隆慶 阿林圖 有恒
喜祿

德瑞
九年 錫齡阿蒙古正白旗人十一年三月禦賊陣亡 巴達𡁠佈 祥福 坤山
十年 巴達𡁠佈 波多坤 忠安泰 榮陞 繼祿
伊車布以上二員俱陣亡 德克登額陣亡 圖瓦布納陣亡 溙祿
阿林圖陣亡 有恒陣亡 經存
慶玉陣亡 竟成陣亡 慶瀛
祥福 文秀陣亡 經福
祥英 吉興 榮祥

十一年 傑純蒙古鑲白旗人十二月在杭州禦賊陣亡 保山 喀吞以上俱陣亡
嵩壽 亡
喜祿 繼奎
同治二年 明興 祥英 喜祿 文秀
八年 富爾孫 文秀 德楞額 坤山 元能 吉煊

右係鎮守乍浦滿營武職其綠營協標水師各員另列於左

副將 水師游擊參將 中軍都司守備 左營守備 右營都司 水師守備衛守備
游擊 水師副將水師都司 右營守備 千總把總員弁兹不備載

順治二年 李棲鳳甘肅人官少師左都督開府郡中
李遇春中元朴榆林衛人左都督鎮守郡中
馮源淮涿州武舉以下副將駐府城
六年 馬騰蛟陝西將材
劉維澤大興武進士

七年

九年 張國勳 宣城人

十年

十一年 吳光斗 鑲藍旗人 是年改游擊移駐海鹽以下均游擊

十三年

十五年 郭光斗 正黃旗人

十七年 陳一安 江甯武舉

王家棟 榆林人 是年以中軍都司裁缺去任

鄭鈺 大興人 勦寇戰歿以下守備

雷鳴國 陝西人

鄭鈺 中軍兼任

王三讓 江甯武舉 右營都司

張時雨 陝西人 右營都司 駐乍浦 歿于寇

甯可敬 遼東人 右營都司

劉英 天津人 以下守備

李奉雲 固原行伍

張應貴 順天人

談宗道 武進武進士

蘇重晉 武進武進士

張遇留 寶雞武解元

十八年

康熙元年

二年

三年 楊倫 遼東將材

六年

七年

十年

十一年 高汧 清苑進士

十二年

十五年

十六年 張文明 南陽人

十七年

十八年

十九年 許一卿 紹興効用

二十五年

二十八年

秦鑑 山西人

陶士葵 鳳陽人

洪應祖 湖廣人

齊允祥 宛平人

晉大忠 趙城人

薛受益 高密人

張文福 黃縣人 游擊

俞京 新建武進士

李奉雲 復任

孫篤允 韓城武舉

林一奉 樂亭將材

朱秉正 京衛武進士

柴京澤 太平武進士

劉國佐 濱州武舉

俞成都 順天武舉

葉蓁 精遣衛人 將材

李世榮 京衛武舉

張鳳儀 直隸武進

二十九年
三十年　呂之麟 永城行伍
三十一年　蔡錦 晉江將材 海志作蔡綿
三十五年
三十六年　張應福 晉江行伍
三十七年
三十九年

嚴勝 泰和行伍
徐斌 祥符行伍

李應祥 順天人
黃謙 濟陽武舉

士
王章 信陽武進士

四十年　蔡廷弼 德化武舉
四十三年
四十八年
五十年　何肇彩 福建行伍 是年仍設副將駐府城以下皆副將
五十二年
五十三年

張又良 晉江行伍 兼左營
王祿 甯夏衛人 兼左營

張又良 中軍兼任 移駐海鹽

王珍 漳浦行伍
孫世雄 錢塘行伍
馬天喜 襄陽行伍

張友心 上元廕生
謝廷德 大興議叙

五十七年　袁國琮 江南進士
五十九年
六十年　申文星 曲陽武舉
六十一年　任尚禮 署
雍正元年
二年　顧宏亮 鑲黃旗人

黃天寅 溧海進士 任游擊是年始設

倪齊賢 金華行伍 兼左營從續圖經增
張文英 江夏行伍 兼左營以上二人從續圖經增

姜光祖 建德行伍
祝陞 同安人是年始設

閻璥 山西左衛人議叙

三年
六年
七年
八年　施廷尊 鑲黃旗人
九年

柳進忠 晉江行伍 任游擊
王緒級 固原人署
柳進忠 是年始改參將

呂上襟 南都人是年中軍都司復設駐府城以下都司

吳輝祖 衛守備調

林正遠 鑲藍旗漢軍 平湖王志廣東人
孫宏士 漢軍鑲黃旗
王祿 兼任
張文英 武進行伍
王廷祥 建德行伍

李敬 鎮海行伍
涂彬 建甯人

袁佑明 榆林行伍
吳耀祖 高郵進士 海志作吳輝祖
張文英 江夏行伍

十年 裘鉞 武陵行伍 韓國榮 同安行伍

十三年 陳君兆 榆林衛行伍 章勇 江西新城人

乾隆元年 張鎬成 成都進士 署

二年 裘鉞 參將陞 姜方 同安行伍 王瑄 濟甯行伍 黃耀 正白旗人 魏川 連江人

三年 倪鴻範 晉江武舉

四年 徐照 銅山武舉

五年 鄭有德 閩縣行伍 右營千總 署 海志漏

六年 黃壽 饒平行伍 郭騰蛟 甯夏行伍

七年 陳文英 臨安行伍 鄭宇 河間行伍

八年 楊泰 襄陽行伍

九年 陳文英 都司署 張燦 惠來人

靳光瀚 山東行伍 署

十一年 靳維楓 中牟進士 江起蛟 鎮海行伍

十二年 洪龍 同安人

十三年 董正剛 羅源廕生 魏宗聖 永嘉行伍 楊泰 守備署

十四年 巴哈那 正白旗人 署 魏甯 滿洲鑲紅旗人 董世昌 鄞縣行伍

十五年 魏甯 都司兼署 張泰 本營千總 馬乾純 甯夏廕生

王達先 仙居行伍

十六年 魏宗聖 參將兼署

納昇額 鑲黃旗人

十七年 和均 正白旗漢軍佐領 改名立柱 顧金簾 崇明行伍 師漢章 榆林行伍 陸鯨 鎮海人

十八年 董世昌 右營兼署

十九年 郁士貴 鎮海行伍 左營 是年增爲兩營

鮑睿 山陽行伍 右營

二十年 江起蛟 守備陞 和督 滿洲筆帖式 薛奪魁 閩縣武舉

二十二年 金彪 金華行伍 左營

二十三年 常齡 正白旗人

二十四年 和督 都司署 龔一宣 通州進士 薛奪魁 守備陞 戴君恩 天台行伍

二十五年 二十六年 二十七年 二十八年 二十九年

福勒和滿洲人
李杰龍汶上進士 署
趙 凱河南行伍 署

黃天球晉江行伍
湯雲龍泰州行伍
陳朝瑗晉江廕襲

劉永昌金堂進士

楊 城宛平行伍
趙一斌太平行伍

張國鎮連城武舉

余啟賢定海行伍 右營
陳大魁平和行伍 右營

游繼種莆田廕生

三十年 三十一年 三十二年 三十三年 三十四年

張世英南龍行伍
福 祿滿洲人署
和 督復署
孟大儺河南行伍 署
阿克東阿滿洲

劉尚義通州行伍
王作賓南漳廕監生

胡 斌玉山武舉

劉體治杭州駐防漢軍裁改綠營
董必貴漢軍人

馬 蛟蓬萊行伍 右營

李 星永州武舉
洪哲燕漢軍鑲黃

三十五年 三十六年 三十七年 三十八年

鑲黃旗人
俞化龍都司署
富隆阿滿洲侍衛 署
豐伸泰正紅旗人
巴 楞蒙古鑲白旗人

馬 蛟守備陞

薩炳阿滿洲人
俞化龍元和行伍

王成名華亭行伍

鄭朝佐順德監生 左營
羅英發右營
吳國龍黃巖行伍 左營
周玉駒臨海武舉 右營

旗人
楊有聲銅山武舉

四十年 四十一年 四十三年 四十五年 四十六年

李安邦崇明行伍 署
索費英阿滿洲鑲黃旗人軍功
羅名世都司署

徐國貴崇明行伍
楊 紀丹徒行伍

王成名守備署
徐兆吉巴縣行伍
金世名守備署
羅名世上元武舉

金世明杭州漢軍

陳隆耀太平行伍
陳 耀湖州協千總署

馮 颺鄞縣武舉 右營
俞世盛鎮海武舉 左營

柳俊賢雲南進士
蘇蘭亭徐溝武舉

四十七年 花尚阿 蒙古人署

四十九年 哈攀鳳 肅甯進士 署 李定國 華亭武舉 彭元勇 湖口武舉

五十年 實誠 滿洲佐領 金世明 守備復任

五十一年 劉大勲 甘泉行伍

五十二年 楊光 仁和行伍 署

五十三年 董步雲 署 羅世斌 鳳陽武舉 袁日榛 左營 龐彌嫻 汶上武舉

五十四年 馬勇 河南進士 署 侯振 清江武舉 黃承恩 右營

五十五年 孫岳齡 山東進士 署 沈廣 錢塘武舉 本營千總 署

五十六年 劉大勲 都司署 陳標 署 陳鐸 滋陽行伍 林大彪 永嘉武舉 李逢春 烏程行伍

邊羽若 諸暨武舉 署 劉世豪 甘泉行伍 本營千總 署 周雄 錢塘行伍

五十七年 愛新泰 滿洲軍功 詹殿擢 署 王連元 左營

五十八年 劉大勲 復署 周雄 守備署 林大彪 守備署 黃膺爵 蔡起發

岳璽 滿洲人軍功署 楊進才 靈州行伍

五十九年 闞保 滿洲軍功 楊光 署 嚴日新 左營 孫大剛 右營 佛保 漢軍武舉

嘉慶元年 王艮駿 嚴日新 守備署 毛源河 江山人署 左營

二年 詹殿擢 李鋐 署 孫大魁 定海人署 董人鸞 豐潤武生

三年 楊光 署 吳奇貴 署 陳國棟 次年沒於海洋 左營 陳天佑 臨海人署 左營 朱天奇 署右營

四年 陳文瑞 晉江行伍 周雄 署 林大彪 守備復署 倪定得 馬殿榜 鄞縣武舉 珠保柱 鑲黃旗人 署 劉成業 鎮海人署 右營 周國泰 鎮海人署

署
左營

五年　劉國慶泰州武狀元
余金標寧海人署　王國麟署
王國麟懷寧行伍
周振鎮海人署　右營
方雲龍定海人署　右營
艾仲舉漢軍人署
吳楚英漢川人署

六年
許松年瑞安人署
魏成德閩縣人
黃飛鵬連江人署
錢萬選署
徐廷豹定海人署　右營
祖鳳藻漢軍人署
朱天奇黃巖人左營
王世仲漢軍人

七年　黃士瑞署
八年　劉國慶回任
九年
魏成德復任
許松年復署
王詔乾川進士
方雲龍復署
沈烜鄞縣人署　左營
藍玉田定海人署　右營
陳連泰西安人署　左營
鄭祥瑞定海人左營

十年
黃象新詔安人
陳寶貴黃巖人左營

十一年
十二年　侯璸順天武榜
眼署
陳三沅
朱謙仁和人
馬殿魁鄞縣人
周之翰永嘉人右營

十三年　劉國慶回任
邱章龍巖州進士
朱謙署
熊廷楊黃巖人左營

十四年
王詔回任
李增階同安人右營

十五年
陳琴閩同安人
營

十六年　鄧士洪署
王朝清黃巖人署
程尙蛟永康人左營
周天樞霸州人署
張夢熊鳳陽進士署

十七年　侯璸
王宗灂鄞縣人左營
董成榮六安人

十八年　查杞署
武定大定海人右

十九年 侼保正白旗人

二十年 曾大觀黃陂武榜眼

吳定邦慈谿進士

袁元志西安人

何峻挺江山人

營

二十二年

陳運泰西安人署

方啟華樂清人右營

二十四年 二十五年

程尚蛟永康人

張萬椿大興人署 周天樞復署

道光元年 德昌署、

錢夢虎甯海人左營

營

二年 博勒恭武正白旗人署

劉剛兆成人

四年 慶康正白旗人

邵永福江陰人

朱祖望山陰人

夏沛霖定海人左營 馮克容慶雲人署

營

何毓俊定海世襲雲騎尉右營

五年 佛保正白旗人 葉長春署

王蔭晴仁和人

金文榮湯溪人

滕景龍武邑進士

六年 果善正黃旗人

七年

王忠元象山人署 經文岱鑲紅旗人

左營 孫鼎鼇鎮海人署

夏沛霖復任

八年 李萬清署

孫鼎鼇復署

蔡得祥定海人署

右營

九年 魏朝臣甘肅進士

王國華黃巖人署

蔡得祥任左營

朱昌熾鎮海人署

十年

丁鍾傑南滙人署

蔣德潮

右營

陸昌言鎮海人署 孫文注銅仁人署

林鎮江黃巖人署

左營

十一年 奎善正黃旗人

張紹恩永嘉人

蔡得祥復任 陳元斌長甯人署

朱麟標鎮海人右營

十二年 博勒恭武

王國華復署

葉炳南西安人

程尚蛟署左營 彭國瑞江西人署

陸昌言復署

十三年 十四年

葛雲飛山陰人署

朱昌熾復署 陳大本濰縣進士

童載瑜鄞縣廩生

年						
十五年		張君昌定海人署			蔣德潮復任	署左營 劉鵬飛鎮海人右營
十六年		姜希琛上海世襲雲騎尉	張衍魯署	蔣德潮署	李繩淦鄞縣人	朱昌熾復署
十七年	文惠鑲白旗人 費宗棨江蘇人			蔡長謀定海人		
十八年		邵永福署	趙旺赤城人			李光弼寶應人署 侯世光武清人署
十九年		鄭宗凱黃巖人署		許萬壽署		張紹廷黃巖人左營 袁來宣遵化人署
二十年	李漸磬署	符國華秀水人署 王國渠黃巖人署 鄭宗凱				周德洪署左營
二十一年		池建功署				朱昌熾左營 宋永清 周德洪署右營
二十二年	福禧滿洲人	林亮光 朱昌熾署 李漸磬署		顏長春甘肅西甯鎮千總署	王清揚署 李繩淦回任 朱振麟署	林飛熊署左營 楊芸生 董大鵬鄞縣人署右營
二十三年	張廣信署	林亮光回任 孫鼎鼇鎮海人		許萬壽署	金文著甘肅皋蘭人	

年						
二十四年	吉祥署 福禧回任	李昌元署 孫鼎鼇回任	陳夔彪黃巖武舉 舒林署	邵占魁署 卓大林署 應萬邦仙居武舉	蔣勝發署	林台三黃巖人左營 劉正銘
二十五年		池建功署副將是年改為副將	陳夔彪補授 葉舞墀鎮海千總署水師是年始設澉浦水師營都司 王廷鼇署水師	馬錦彪署	金文著回任 邵英豪署 陳夔彪兼署 李錫嶹署	王大魁署左營 李同庚 林台三回任 史致瀛代 李同庚回任
二十六年	吉祥復署	孫鼎鼇	王廷豹代水師		邵占魁署 何隆恩署	董大鵬補右營 陳燃煥署右營
二十七年	百勝滿洲人	葉萬清署 孫鼎鼇回任	郭林一洛陽進士	應萬邦回任	全森永嘉人	方天彪署右營 陳燃煥署左營 董大鵬回任 謝顯茂
二十八年		葉舞墀署	董大鵬署水師			
二十九年		羅建猷署	羅朝輔黃巖人騎都尉任水師	余照暘署		陳廸怡
三十年		湯倫鎮海武舉		邵英豪署 沈兆堂署	余照暘署 俞日初署	方天彪復署右營 龔逢吉 鄒朝元四川武舉

咸豐元年 毛亮署 林正陽玉環廳人署 王維墉署水師 邵英豪復署 林奎鄞縣人署 何堯宗黃巖人右營 廖壽彭

二年 田大武平利人 池建功黃巖雲騎尉 藍新浩署 葉邦勳署 龔逢吉
魁齡蒙古人署 郭林一回任 王榮春天台武舉
陳朝安黃巖人任 水師

三年 田大武回任 林正陽復署 何堯宗署水師 林台三回任 于國樑
魁齡欒清調任 張清標署 蔡鑑署右營
十年二月在杭州禦賊陣亡

四年 林奎署 邵英豪復署 鄧鳳翔署 朱祥麟署左營

五年

六年 林正陽 章飛熊署 邵英豪署 曹廷標嘉興武舉 何堯宗回任
王鳳標黃巖人任 署
水師

七年 葉長青署 郭林一回任 邵英豪復署 林奎回任 武慶偉署右營 吳文鈞

八年 林奎復署 鄧鳳翔復署
翁源署

九年 邵英豪復署 鄧鳳翔署 侯秉誠仁和武舉 張步階署左營 瑞興
馬錦賢署 林丙南署 蔡鑑署左營

十一年 邵英豪護理 尹殿祥仁和武舉署水師 林丙南署 張宗乾署 王輔清署右營
張守元署 曹廷標復任殉難 何堯宗回任

同治二年 余藎臣永嘉人署 裴關保會稽人 蔡鑑署左營 任顯章黃巖人右營

三年 劉樹元善化人署 黃席珍湘陰人署 傅宏禧湖南人代 侯秉誠回任 鄭映玉署左營

四年 鄭映玉臨海人署 水師 巢譬揚湘陰人署左營
張其光新會人署 張順標秀水人署 洪際會定海廳人 水師 凌長齡署

五年 鄧玉林善化人署 侯秉誠署 翁源仁和人署 王殿鼇漢軍舉人

六年 瞿先仲乾州廳人署 胡憲章鎮海人署 侯秉誠回任

七年 陳紹吳川人署 周萬友甯鄉人署 張順標署 陶錦華臨海人署 葉榮慶臨海人左營兼代右營
葉榮慶代 應炳南黃巖人護

水師
尹殿祥 署右營

岑衡 南海人署
水師

陳華亮 臨湘人署
水師

八年
侯定貴 永綏廳人
楊春和 甯鄉人署
胡憲章 回任
侯秉誠 回任
任顯章 回任

蕭佑飛 湘潭人署
尹殿祥 復署右營

九年
侯定貴 回任
周善初 奉化武舉
署
陶錦堂 復署
朱文炳 淮安人署

楊春和 復署

十年
貢勝龍 鄞縣人
張琴 鄞縣人左營
孫悅恭 新野進士

營
朱寶雄 海鹽雲騎尉署右營

十一年
黃坤剛 揭陽人署
水師
焦榮春 太平人
營
潘兆龍 黃巖人右

沈鎮蕃 黃巖人任
水師
方德寶 錢塘人署
焦榮春 回任

十二年
丁雲友 湘鄉人署

十三年
盧成金 同安人
羅品莊 平江人署
林鳴鑑 黃巖人右中
祏 海鹽知縣

胡憲章 回任
營
兼理
王廷杰 江蘇人代
吳世相 安徽人署
孫悅恭 回任

嘉興府志卷四十一終

嘉興府志

嘉興府志卷四十二

嘉興府知府善化許瑤光重輯

名宦一

鄉賢之傳或疑有私名宦之傳則罔非公道非真有功有德有大節足以垂後不朽則當其至也擁旄張蓋勢赫赫然及其去也風流雲散聲寂寂然矣舊志首著節鎮監司次及守令紀載嚴謹矣茲者先夷燬後粵匪凡死事文武均詳考其事蹟焉餘亦采輿論以綴入所謂有斐君子終不可諠兮也志名宦

統轄 武職附

晉

高使君（碑作史君古使字借）佚其名建武中出為嘉興監屯校尉領兵三千屯田于此久而鎮靜歲遇豐稔公儲有餘累遷侍中征虜將軍授北海信都二郡守未之鎮終于此梁大通年立廟祀之（至元志另詳祠祀）

唐

張廷珪字溫玉濟源人初海鹽縣省入嘉興百姓應奉苦塗遠開元五年廷珪為蘇州刺史奏於舊海鹽縣吳禦越城西北復立縣治又奏置澉浦鎮卒謚貞穆（新纂）

朱自勉廣德中為嘉禾屯田使脩水利畎畝之政民始殷

富邦人立石頌美（柳志參舊浙江通志）

吳公約黃巢之亂公約隨董昌禦巢于西鄙奏置都額于硤石兼授義和鎮遏使後其子重裕襲拜西佳鎮遏使兼義和鎮事見羅隱撰吳公約碑（趙圖記）

五代

曹信仁和人唐末兵興信保臨平鎮後移鎮嘉興慈惠愛民始城其地（詳城池）子珪嗣嘉興都將乾甯中淮人圍之珪登樓張樂縱酒矢石交至晏如也寇不敢逼吳越王壯其功授蘇州刺史及卒嘉興民思之立祠祀焉（柳志參劉志）

宋

段少連字希逸開封人爲兩浙轉運副使秀州獄死無罪人時少連在杭吏畏恐聚謀僞爲死者服罪欵未及綴屬少連已拏舟入城訊獄吏俱服請罪以爲神明（宋史本傳）

章綡浦城人宣和初提刑浙西時嘉興民高安與陳某有怨乘方臘起誣爲盜聚黨闔門殪之安以捕盜邀賞綡廉得其情寘諸法稱爲神明（趙圖記　案宋史章楶傳綡通判秀州遷倉部員外郎出提點兩浙刑獄趙圖記云官終戶部員外郎者誤）

王士言武舉進士累立戰功宣和初方臘爲寇詔擇材畧之士馮熙載薦爲東南第二將首解嘉興之圍

楊存中本名沂中字正甫崞縣人爲閤門祗候建炎二年討賊徐明於嘉興先登主帥將屠城存中力諫止之戮其渠魁而已郡賴以全（以上宋史本傳）

張宗顏字希賢延安人張俊選爲統領從俊討浙西寇秀州軍校徐明以城叛宗顏夜襲其城明遁後擢龍神衛四廂都指揮使（以上宋史本傳）

趙士醫宗子任秀州兵馬都監建炎四年烏珠入州士醫乘城拒戰城陷死之（宋史附見趙士崖傳）

黃灝字商伯都昌人進士歷太府寺丞出知常州提舉本路常平秀州海鹽民伐桑柘毀廬屋殍殣盈野或食其子持一臂行乞而州縣方督促逋欠灝見慼慼然時有

旨停閣夏稅遂奏乞倂閣秋苗不俟報行之言者罪其專移居筠州已而寢謫命止削兩秩而從其蠲閣之請（宋史本傳　案宋史灝知常州兼提舉常平在光宗時趙志以爲知秀州一作常州劉志以爲建炎知州並誤）

趙善悉淳熙九年知秀州奉孝宗親札開濬海鹽官塘增置鄉底堰（新纂）

羅叔韶字儀甫四明人以胄子登太常第紹定三年任澉浦監鎮廉平多善績始剏官廨鑿廨旁河數里屬鎮人常棠爲澉水志樞尹袁韶憲使吳淵倉使袁肅太守黃壯猷交薦之於朝去後民立德政碑（新纂）

邢子政淳祐七年鎭守澉浦鎭統領水軍嘗鑿泉黃道山架屋以資汲者（海鹽圖經）

汪立信臨卭人淳祐進士景定初官浙西提點刑獄卽嘉興治所講行荒政咸淳十年爲端明殿學士沿江制置使江淮招討使建康兵潰扼吭而死贈太傅（宋史本傳）

元

隋世昌棲霞人善騎射累戰功至宣武將軍至元十四年進安撫使佩金虎符鎭澉浦十七年以獲海賊有功進安遠大將軍卒封定海郡侯

趙賁亨字文甫冠氏人由行軍千戸晉宣武將軍至元十四年盜發澉浦朝廷檄賁亨討平之後終處州路管軍萬戸（以上海鹽圖經）

徹里燕只吉台氏大德元年拜江浙行省平章政事江浙稅糧甲天下平江嘉興湖州三郡當江浙什六七其地極下水鍾爲震澤震澤之注由吳淞江入海歲久江淤塞豪民利之封土爲田由是浸淫泛溢敗諸郡禾稼朝廷命行省疏導發卒數萬人徹里董其役凡閱四月畢工召入爲中書平章政事（元史本傳）

張廷玉廣陵人以江浙省掾督漕于嘉興郡自兵興後公私之舟皆爲戰艦一有漕輓則有司責舟于上農上農

僦之于舟民舟民乘急而昂其直上農告病廷玉命有司如故法具舟舟民要利愈甚計費米六萬廷玉不忍農之蒙害乃減舟數之半使往來轉載省費三萬石一時官民稱便（嘉興湯志）

贍思字得之其先大食國人至元三年除僉浙西肅政廉訪司事卽按問都轉鹽運使海道都萬戸行宣政院等官贓罪復以浙右諸僧寺私蔽猾民有所謂道人道民行童者類皆瀆常倫隱徭役使民力日耗契勘嘉興一路爲數已二千七百乃建議請勒歸本族俾供王賦朝廷是之著爲令改浙東以病免歸卒封恒山郡侯（元史本傳）

明

費進洪武初澉浦所千戸奉安慶侯命度地築澉浦城千戸孫信建澉浦倉廒千戸朱貞建澉浦新倉

王福仁和人洪武二十八年以海運陞瀋陽中屯衛百戸子眞襲右所百戸孫輔龍韜相嘉靖三十二年禦倭寇于新塘嘴戰沒

許卣乍浦所千戸洪武三十四年陞本衛指揮僉事永樂四年從張勝征交阯屢戰有功五年從羅文攻廣原州天峯寨歿于陣卣在衛廉恕人感之不忘（以上海鹽圖經）

王貴本姓脫其先康里國人祖忠洪武中入金山衛歸附

穎國公傅友德隸永平衛靖難初累功授遵化衛指揮使賜姓王氏父得洪熙中征迤北沒于陣貴承襲宣德十年調海甯衛指揮僉事貴卒子俊嗣俊卒子軏嗣軏性至孝精占卜術其孫勳字世榮正德已卯武科有膽力善射乍浦有悍卒七人時號七虎上官令捕之夜出詣境悉得之無遺嘉禾徵獻錄

余騰蛟通州人永樂時襲澉浦所百戶建議開澉浦上河軍民咸享其利海鹽圖經

崔信冀州棗強縣人永樂三年以軍功陞大甯前衛中所正千戶子世襲宣德二年調蘇州衛守禦嘉興中左千

戶所正千戶其裔承襲者曰勝曰陞曰恩曰廷潤曰宣曰經奎曰紹斌曰嘉林世守其職並著勞績吳志參崔氏族譜

案吳志誤以永樂中得軍功者爲崔拾貳不知拾貳乃信父也又其裔無陞而有甫祥今並据崔譜正之

夏原吉字維喆湘陰人爲戶部尚書浙西大水有司治不效永樂元年命原吉治之原吉請循禹三江入海故蹟濬吳淞江下流上接太湖而度地爲閘以時蓄洩從之役十餘萬人明年復行浚白茆塘劉家河大黃浦三年夏浙西大饑原吉率俞士吉袁復及左通政趙居任往賑之發粟三十萬石給牛種有請召民佃水退淤田益賦者原吉馳疏止之姚廣孝還自浙西稱原吉曰古之遺愛也尋召還理部事明史本傳

趙居任永樂三年海溢塘圮居任以右通政督浙西蘇松等九府水政躬行海上指授布置併工修築堅厚完固至今賴之劉志

喻良字顯忠敘州人爲御史永樂初治嘉興農政往來阡陌館西塘之福源宮爲人溫厚愷悌多惠政東根古壩其所築也後遷苑馬卿去祠在嘉善袁志

羅亨信字用賓東莞人永樂進士授工部給事中視浙水災奏蠲嘉興海鹽崇德稅糧五十餘萬石仕至左副都御史廣東通志

熊槩字元節豐城人幼孤隨母適胡氏冒其姓永樂進士擢大理寺卿與葉春同往巡撫南畿浙江設巡撫自此始浙西豪持郡邑短長爲不法海鹽民平康暴橫甚御史捕之遁去會赦還益聚黨八百餘人槩捕誅之已悉捕惡數十輩械至京論如法于是奸宄帖息諸衛所糧運不繼軍乏食槩以便宜發諸府贖罪米四萬二千餘石贍軍乃聞于朝帝悅諭戶部勿以專擅罪槩還朝始復姓還右都御史明史本傳 案槩任巡撫時尚未復姓故舊志俱作胡槩

李能先世由甯波衛百戶升授千戶能于永樂二十一年征長興受賞傳至嘉元舉武科納級指揮僉事督造捍

海石塘征倭戰船轉漕治兵俱有聲績海鹽圖經

周忱字恂如吉水人永樂進士宣德五年巡撫江南諸府總督稅糧正統六年兼巡撫嘉湖二府時海鹽築捍海塘一郡七縣合役萬夫費萬計皆出忱度支海不能爲患浙江當造海船五十艘須米千石忱以成大事不惜小費第奏減二十石報可忱素樂易先是胡槩爲巡撫用法嚴忱一切治以簡易告訐者輒不省或面訐周公不及胡公忱笑曰胡卿勑旨在驅除民害朝廷命我但云安撫軍民委寄正不同耳後進工部尚書明史本傳參世法錄

崔源甯波衛指揮同知正統七年任備倭把總潔已奉公

退食端坐無惰容後征處州賊葉宗留累功陞都指揮守武義賊復來攻戰死

陳文字彥章溫州衛指揮同知天資仁厚慕古好讀書時延儒者講論經史後以平處州寇功陞都指揮移鎮金華以上海鹽圖經案景泰續衛志云正統七年設把總備倭海甯總崔源其初蒞也陳文繼之而王文祿衛志以陳文居首崔原次之未知孰是王文祿曰浙東西四總自正統間倭夷數犯始設備倭把總嘉靖三十六年因倭夷內擾加欽依自樂塡始加以都指揮體統行事自祁雲龍始聞諸獻老云崔端之英邁忠勇劉瑄之威重有謀王英之沉雅剛介卓乎不可及矣黎端之嚴重邢相之儒雅嚴明之廉威豈易得哉予所及見者顧邢重之才能有守楊和之材識崔鼎之淸介亦表表云承平日久力加振作而海甸肅如者其張寵之乎又聞張鯤者正德間征開化守寮西寨路

逢漈客巴元宗縛之爲俘捴馬壯士侯左叩而諫曰曹彬不妄殺子孫永昌請釋之不聽送都指揮李隆竟斬焉嗚呼用兵當以此爲戒可也此文可備掌故附錄之

徐榮巢縣籍世襲乍浦所百戶正統八年倭寇登岸戰歿子政銳襲吳志參海鹽圖經

楊瑄字廷獻豐城人景泰進士任浙江副使按行海道禁將校私縱戍卒修捍海塘築海鹽堤岸二千三百丈民得奠居海鹽人祠祀之明史本傳

洪遠字克毅歙縣人成化進士任浙江按察僉事鋤豪强撫孤煢歲饑分賑嘉湖倣朱子浙東舊法行之二部獨無流殍尋轉副使巡海道仕至南京工部尚書分省人物考

劉甯字時泰襲衛指揮性孝友涉獵經史署衛指揮二十五年殫心撫恤兵餉罔有滯缺歲饑移檄請賑且捐俸助之戎伍全活甚衆每大比設宴餞衛士之試者于西郊或曠學廢職貽戎冑以愧之傳子銳字蓄之識政體能詩詳海鹽文苑傳吳志參海鹽圖經

黃光昇晉江人爲浙江水利僉事嘉靖壬寅海溢塘圮光昇以典守之官塘不大壞不以聞故往往後時而倍費乃取千字文鐫于塘石分令塘長各典其號稍壞即舉不舉者罰至今稱黃公塘後官刑部尚書劉志參道南源委

林文沛長樂人爲工部郎中嘉靖中海溢塘圮奉勑督修

文沛講求違計修築天闕等塘寅出酉入廉靜不擾暇進諸生講授經義宛如師友百姓歌咏之劉志

彭雲全椒人衞指揮同知撫士卒以仁性至孝父疾割股療之傳子大年字鑫湖有勇畧嘉靖丙午倭犯唐家灣散家財募死士四十人率之破倭斬七級倭遁去卒傳子紹賢兼文武材性寛大所至多厚德嘉禾徵獻錄參海鹽圖經

王忬字民應太倉人嘉靖進士三十一年以浙江倭寇命忬提督軍務巡視浙江先後上方畧十二事任參將俞大猷湯克寛又奏釋參將尹鳳盧鏜擊賊首汪直及漳泉羣盜連巨艦百餘蔽海至濱海數千里同告警上海

及南滙吳淞乍浦蓁嶼諸所皆陷蘇松甯紹諸衞所州縣被焚掠者二十餘留內地三月飽而去忬遣將士逐燬其船五十餘艘于是先所奪文武將吏俸皆得復尋以給事王國禎言改巡撫忬方視師閩中賊大至犯浙江盧鏜等頻失利御史趙炳然劾其罪帝特宥忬忬因請築嘉善崇德桐鄉德清慈谿奉化象山城而恤被寇諸府時已遣尚書張經總督諸軍進忬右副都御史巡撫大同明史本傳

湯克寛鳳陽人邳州衞指揮嘉靖三十一年任浙江參將克寛器宇雄壯臨敵果毅先爲福建參將會倭寇海上巡撫王忬奏調守海鹽至則簡卒伍嚴號令休兵養士以待方經營間倭數百突入乍浦即帥衆往剿賊遁據高公山克寛鼓噪而登殺賊四十餘人未幾倭大至以三十七艘泊東關龍王塘直抵城下四面亟攻城中震駭克寛獎率官軍百計捍禦所部邳兵劉黑虎黑煞神等三百餘人並驍勇絕倫分門督守克寛親自繞城巡察衣不解甲者五晝夜賊知有備去調守金山邑人議欲建祠祀之未果劉志參海鹽圖經

馬呈圖字兆先襲衞指揮僉事嘉靖三十一年倭犯海鹽呈圖奮勇攻擊生擒眞倭二十四名次年倭首八大王

等自青村登岸官軍摧敗呈圖提兵出城與戰軍潰直入賊圍身被三十餘創殞絕祀英烈祠子繼武襲浙江通志參嘉禾徵獻錄

徐行健合肥人父玠守禦乍浦鋤强植善汰革弊規兵民帖服幼時父訓之甚嚴行健即以忠義自許有膽畧勇決過人承襲海甯衞指揮嘉靖癸丑倭犯海上行健統兵守澉浦訓練有法倭攻之輒敗不敢近臨陣必書姓名於衣以死自誓横經河鳳凰山諸處屢戰提獲倭級百餘丙辰四月倭犯海鹽行健率兵五百當之倭分其衆一由乍浦一由北王橋腹背夾攻行健力戰死贈官

立廟子志達襲陞都指揮僉事次子志伊指揮僉事

滿朝字建臣黑山人世襲指揮同知有氣節嘉靖癸丑守梁莊寨倭酋八大王以賊四十二人由金山潛踰梁莊而南朝所統兵甚少奮勇率千戶王繼隆百戶楊臣康綬追及砂腰村賊據民家登屋揮旗朝射之殪復有賊從白馬廟突出朝力敵不支死繼隆等亦死祀英烈祠子子謙襲子謙幼育于繼母嘗擠之井不死而事之益恭壽一百一歲孫上林輪刀如飛弓挽二石後逐寇沒于硤石

康綬嵩縣籍乍浦所百戶嘉靖三十二年禦倭寇于白馬廟戰歿以上海鹽圖經

釆煉字叔鋼定遠人襲衛指揮少負氣有膽畧管陸路圍操嘉靖三十二年倭犯新塘嘴馬呈圖先馳煉率澉浦所兵三百策應手斬二賊力屈與指揮陳善道俱死祀英烈祠子鳳翔襲海鹽圖經參嘉禾徵獻錄

盧鏜處州衛指揮嘉靖三十二年攝參將分守海鹽追勦倭寇多所斬獲乍浦沈家莊等大捷皆由鏜統率兵船圍海口截寇歸路也歷官大都督海鹽圖經

姜榏海甯所千戶嘉靖三十二年征海寇死海鹽城外事聞陞其子本所副千戶浙江通志

王鏜吳志作鐺字海山密雲人世襲乍浦所正千戶持身剛介好讀書馭下有法嘉靖三十二年倭犯乍浦城鏜率其子邦振分軍巷戰力盡被執不屈罵賊死與鏜同日死者百戶陳綬冠帶總旗張儒海鹽圖經參平湖張志

滿繼隆乍浦所千戶嘉靖三十二年追倭寇於白馬廟戰歿子國昌陞正千戶

楊臣世襲乍浦所百戶嘉靖三十二年禦倭寇於白馬廟力戰死後絕

呂鳳零陵人襲澉浦所百戶嘉靖三十二年率其子爵禦倭於新塘嘴並戰歿孫繼忠襲以上海鹽圖經

張經榜姓蔡字廷彝侯官人正德進士除嘉興知縣上下文移自爲區畫宿胥巨猾咸斂迹無敢吐語僉審糧役皆訪其貧富臨期去取悉愜人心值歲凶賑給無算召爲吏科給事中歷兵部尚書以倭寇命經總督江南江北浙江山東福建湖廣諸軍便宜行事經徵兩廣狼土兵聽用倭二萬餘據柘林川沙窪其黨方踵至經日選將練兵爲搗巢計以江浙山東兵屢敗欲俟狼土兵至用之及田州瓦氏兵至欲速戰經不可東蘭諸兵繼至經以瓦氏兵隸總兵官俞大猷東蘭那地南丹兵隸游擊鄒繼芳歸順及思恩東莞兵隸參將湯克寬分屯金

由衢閔港乍浦犄賊三面以待永順保靖兵之集會侍郎趙文華以祭海至與浙江巡按胡宗憲比屢趣經進兵經曰賊狡且衆待永保兵至夾攻庶萬全文華再三言經守便宜不聽文華密疏經縻餉殃民畏賊失機欲俟倭飽颺勦餘寇報功帝怒下詔逮經方文華拜疏永保兵已至其日即有石塘灣之捷至倭突嘉興經遣參將盧鏜督保靖兵援以大猷督永順兵由泖湖趨平望以克寬引舟師中路擊之合戰於王江涇斬賊首一千九百餘級焚溺死者甚衆自軍興來稱戰功第一給事中李用敬聞望雲等言王師大捷倭奪氣不宜易帥帝

大怒曰經欺誕不忠聞文華劾方一戰用敬等黨奸杖於廷斥爲民經既至備言進兵始末且言任總督半載前後俘斬五千乞賜原宥帝終不納論斬天下寃之隆慶初復官謚襄愍（明史本傳參嘉興湯志）

胡宗憲字汝貞績溪人嘉靖進士三十三年出按浙江時歙人汪直據五島煽諸倭入寇而徐海陳東麻葉等巢柘林乍浦川沙窪日擾郡邑帝命張經爲總督李天寵撫浙江又命侍郎趙文華督察軍務倭寇嘉興宗憲中以毒酒死數百人及經破王江涇宗憲與有力文華盡掩經功歸宗憲經遂得罪超擢宗憲總督兵部右侍郎

初宗憲令客蔣洲陳可願諭日本國遇汪直養子滶於五島邀使見直宗憲與直同鄉里欲招致之釋直母妻於金華獄資給甚厚洲等諭宗憲指直大喜因留洲而遣滶等護可願歸宗憲厚遇滶令立功滶遂破倭舟山宗憲請於朝賜滶等金幣縱之歸滶大喜以徐海入犯來告亡何海果引大隅薩摩二島倭分掠瓜州上海慈谿自引萬餘人攻乍浦陳東麻葉與俱宗憲壁塘棲與巡撫阮鶚相犄角會海趨阜林鶚遣游擊宗禮擊海於崇德三里橋三捷既而敗死鶚走桐鄉賊乘勝圍之宗憲計與鶚俱陷無益遂還杭州遣指揮夏正等持

滶書要海降時海病創意頗動因曰兵三路進不由我一人也正曰陳東已他有約所慮獨公耳海遂疑東而東知海營有宗憲使者大驚由是有隙正乘間說下海海遣使來謝解桐鄉圍復巢乍浦初海入犯焚其舟示士卒無還心至是宗憲使人語海曰若已內附而吳淞江方有賊何不擊之以立功且掠其舸爲緩急計海以爲然逆擊之朱涇斬三十餘級宗憲令大猷潛焚其舟海心怖以弟洪來質宗憲因厚遇洪諭海縛陳東麻葉許以世爵海果縛葉以獻宗憲解其縛令以書致東圖海而陰泄其書於海海怒海妾受宗憲賂亦說海於是

海復以計縛東來獻率所部降宗憲摩海項慰諭之海自擇沈莊屯其衆沈莊者東西各一以河爲塹宗憲居海東莊以西莊處東黨令東致書其黨曰督府檄海夕禽若屬矣東黨懼乘夜將攻海海挾兩妾走間道中稍明日官軍圍之海投水死遂俘洪東葉五郎及海首獻京師加宗憲右都御史（明史本傳）

阮鶚號函峯桐城人嘉靖進士官浙江提學副使浙方苦倭寇鶚下令諸生操弓矢習射作忠義之氣擢右僉都御史巡撫浙江賊攻乍浦追斬之皁林賊奔桐鄉鶚冒重圍入桐鄉賊多方攻擊隨機應之計窮遁去後設伏

擒巨魁陳東麻葉辛五郎滅徐海勦餘黨于舟山擒斬殆盡兩浙始得休息士民思鶚德相與立祠（明史胡宗憲傳參獻徵錄）

案禦倭之有戰功方畧者尚有戚繼光俞大猷諸人前志既不載攷其勲績亦不盡屬嘉興不備列

宗禮字周道其先常熟人隸籍於燕中嘉靖武舉由祖職署指揮僉事任參將奉命禦倭於浙禮提兵掩擊敗賊於新城堡乘勝攻破新塲賊遁去總督胡宗憲檄禮隨賊所向追勦之連有吳江嘉興之勝至崇德縣探倭至皁林勢且犯杭率兵往皁林迤西石橋止營禦之倭萬餘夾河來戰禮統兵不滿九百人殺傷甚多賊敗去番休來攻三戰三北死傷無算軍大振會石橋前鋒中賊砲橋失守禮被重傷猶裹創奮臂戰以衆寡不敵兼乏食軍無後救力竭仰天呼曰死當滅賊以報國遂遇害事聞贈都督同知謚忠壯建褒忠祠於皁林以時饗焉（分省人物考）

霍宗道（宗一作貫）湮其籍貫時爲裨將與宗禮並奉命討賊賊至適遇宗道張左右翼於城下鏖兵鏖戰斬首數萬因無援力竭見禮死亦自刎時同死者副將侯槐何翺本宋應灝楊巨王相賴恩李錫（新纂）

彭應時山陰人中武科爲鎭撫以亢被黜都御史王忬鎭

浙檄使練士會參將盧鏜自松江擊走蕭顯時有千總劉大仲率黨胡大少仲吳蠻牛力戰死應時截諸乍浦海塘爲賊所掩乃奮鬬被鎗墮馬死性聰敏能詩文材力武技葢鄉里中尤妙馳射善撫士卒（徐文長集）

劉燾天津人嘉靖間倭警起爲浙西兵備道燾精奇門風角之術至郡按圖視險遝將募兵有乍浦王江涇諸捷著浙西海防稿行世（舊浙江通志）

朱輔字翼公公安人成化進士初任南陽同知擢御史轉嘉湖道禦倭失援爲所獲弗屈死倭首憐其忠以屍還嘉興民戴其德衆爲營斂賜祭贈官祀鄉賢（廣東通志）

潘恩字子仁上海人嘉靖進士浙江參政分守杭嘉湖道方按部海鹽而島寇猝至圍之數十帀時城無見兵恩皷舞吏人晝夜睥睨閒不少懈賊知不可破乃解累遷右副都御史巡撫河南徵獻錄

陳宗夔湖廣人先巡按福建勦倭有功改浙西兵巡道嘉靖甲寅兵寇蝟集宗夔外禦內撫確有碩畫以不隨俛仰去

姜廷頤巴陵人嘉靖癸丑分巡浙西時倭寇犯海鹽廷頤衛圍入城閱實埤守皷勵士卒與鄉士大夫講畫捍禦之方不少懈城賴以全

李元律字師吉滋陽人世襲衛指揮祖振力能拔樹性至孝親疾衣冠不解父煥熟于春秋能左右射嘉靖甲寅元律從參將盧鏜追倭寇於孟家堰遇伏力戰死元律初爲諸生有文名應武舉中第一人

劉大仲處州人以把總守海鹽孟家堰之戰與指揮李元律處州千戶薛綱俱死之以上吳志

于守爵襲澉浦所千戶嘉靖三十三年勦倭寇累功陞澉浦衛署指揮同知子時保襲

方泰字吉甫儀眞人儒雅善書法及詩嘉靖丁酉武舉署海甯衛指揮同知以廉介恭勤著稱嘉靖甲寅倭寇來犯帥兵追勦屢有功隆慶中錄其勤事并其麾下方昇等一百二十九人陞賞有差著詩稿三卷海鹽圖經參嘉禾獻徵錄

姚宏梁海甯衛指揮嘉靖乙卯九月征倭寇於金山進攻陶宅同指揮邵鼎生員于岳乘勝擣賊巢皆戰歿吳志參倭變志

丁僅處州衛指揮嘉靖三十四年任參將有勇畧子堯時亦知兵同僅追倭廣陳獲輜重三艘倭據小營盤巡司堅壘自守攻破之部下有得倭賄者斬以狥又與指揮徐行健追倭石墩海岸獲級尤多王江涇之戰僅父子先登衆倭披靡官兵大捷以上海鹽圖經

張鈇字寵之台州衛指揮嘉靖丙辰攝參將事築海鹽縣澉浦乍浦海甯三所外墉防禦有賴其禦箭牌火器諸攻守具至今用之

徐玠合肥籍世襲海甯衛指揮使守禦乍浦時鋤強植善弊規革汰一新玠子行健素以忠義自許嘉靖丙辰大艘倭寇登乍浦進犯海鹽行健率兵當之腹背受攻身被重創死贈官立廟海鹽圖經

姚岑潛山人襲澉浦所千戶嘉靖三十五年禦倭寇于新塘嘴戰歿子思舜襲海鹽圖經參嘉禾徵獻錄

陳文治字國章秀水人衛指揮僉事坐事戍新河所嘉靖

三十九年參將戚繼光選入幕府以斬倭級功授海甯衛前所百戶稍遷指揮同知以總兵昌平上首功不賞繫獄十餘年死

莊國禎晉江人嘉靖時爲兵備道駐郡城廉肅清愼時倭警初平民苦兵革國禎持以鎮靜務與民休息修戰守備方畧未嘗以戎事擾民按獄平反不務深文及去官人思頌之以上劉志

王樵金壇人萬歷甲戌治兵浙西待下寬簡不事聲色生平志行醇白民沐其惠著有尙書日記及詩文集士人多誦法之袁志

崔成俊字朝彥初爲諸生受餼廩中乙榜者再後襲廕衛指揮登萬歷癸酉丙子已卯三科武舉以忤上官遂罷成俊深於經術善屬文著祭書祭劍等集以見志卒時遺命必用儒者服以葬生平事父母孝先世產悉讓二幼弟傳子天賜字靑支中萬歷三十二年武會試陞指揮使歷官廣東總兵吳志參海鹽圖經嘉禾徵獻錄

王啟予中萬歷已卯壬午乙酉三科武舉乙未成進士以軍門中軍領水兵防旅順調征釜山加守備職銜賞銀鈔子明翼以武舉陞備倭把總海鹽圖經

馬如錦臨山衛指揮萬歷三十年任參將邑有三虎搏人率壯士射得之邑中失火夜半傳令撲滅詰朝計功賞士數十金民醵錢以償辭曰吾自行吾令毋煩爾也卻之遷漳湖副總兵

張景房常熟人武進士萬歷四十六年任參將時東南穀暴貴邑中掠劫羣起景房部署將士畫城爲四令民各守其界有作暴者縛之民遂定遷狼山副總兵海鹽圖經

詹應鵬宣城人萬歷進士歷員外郎出知嘉興府旋陞本郡兵巡道勤于吏治擿發如神時海氛未靖例有春秋二汛應鵬巡視沿海諸衛要籌備多方袁志

焦續後天啟三年任參將翰林竑諸孫也嘗平江南巨寇

殲山東妖賊降其眾二萬餘治兵海上人素懾其威望咸爲肅然若溪盜起卽率所部戍守之海鹽圖經

蔡懋德字雲怡崑山人萬歷進士授杭州推官以清廉稱崇禎庚午備兵嘉湖時劇盜屠阿丑聚黨劫掠懋德以計擒之著勸民詞四十條訓兵三十六篇擢山西巡撫殉流寇之難

朱繼登字先之萊陽人萬歷進士崇禎庚辰任嘉湖巡道歲饑貧民棄子女于路者日千計四郊劫掠有殺孤弱以爲食者繼登立殲數人檄郡縣設法賑糶民賴以安袁志

侯峒曾字豫瞻嘉定人天啟進士分守嘉湖道政務繁劇不資幕客治官書達旦不寐嚴行保甲匪類潛踪定漕卒之亂軍民畏服後內擢通政使殉難嘉定志

吳克孝號魯崗太倉人崇禎進士分巡嘉湖甲申三月抵任甫及旬聞流寇陷京城境內盜賊羣起克孝練技勇首捕靑腰黨魁黃文姚二等立斃之又劫鞘積盜葉六聚衆實繁斗張三者負驍勇皆次第擒梟于是餘黨數千焚其籍不問德威並布民心始安土弁屠某挾直指勢藐視監司假名召募售其奸克孝令健卒縛致正其罪乙酉解組將去民倚以爲命强留之哭聲載道至夜潛逸浙江通志參袁志

國朝

佟國器奉天人順治二年任嘉湖兵備道禾郡西連太湖東亘三泖萑苻多匿奸國器悉心勦禦巨寇悉平再任浙江按察使陞江西巡撫復調任浙江熟悉瀕海情形抵任即招降僞都督廖明旗勦滅海逆阮六等海疆甯謐浙民賴之浙江通志

洪秉銓字玉衡仁和人順治初任嘉興府同知時大兵南下鹽民已歸順澉人惑於浮言聚衆戕參將周一誠於是諸臺發兵剿澉秉銓監諸軍之後戒軍士勿入縣城居民始獲安堵邑人爲文頌其德立碑學宮新纂

霍達號魯齋陝西人進士順治間分巡嘉湖長於聽斷吏胥不得上下其手嘗夜出擒盜盜畏之終其任不敢入境開濬城河建眞如塔皆捐俸首倡躬自經理官至都御史袁志

李兆乾階州人順治十四年以參政分守杭嘉湖道太湖連接蘇常素稱盜藪官兵捕則遁去退則剽掠居民兆乾設立水柵簡練兵卒隄防要害躬率屬員設伏搜捕盜賊駭散三郡以安舊浙江通志

郭光斗漢軍正黃旗人順治十五年任遊擊築城濬濠增

兵益械著有勞績陞龍泉關參將兵民立石紀善政

王棵山海關人以殺賊功授把總順治十七年七月陣亡含山馬奔歸對其妻垂淚長嘶題詩給銀一百三十兩葬秦駐山以上海鹽續圖經

鄭鈺大興人任嘉興守備順治十七年會勦石門賊力戰陣亡

賜恤廕大淸一統志案鈺字崑岡由河南千總陞任海鹽中軍守備尋陞湖廣鎭筸都司部劄已到時順治十六年天下初定盜賊尙多有土寇陳棵者聚衆數千在含山等處勢甚猖獗奉憲檄調會勦或勸以陞任辭鈺毅然不可遂率本部兵前往奮勇擊賊斬級甚多終以力屈而死上官嘉其忠勇具題廕一子世昌入籍海鹽縣

史燧號曉嶠溧陽人進士順治間任嘉湖兵備道和易持

大體值海寇侵境地方震動燧鎮靜不請兵城門聽民出入而暗伏兵于城外以備不虞晝夜躬自偵緝不憚勞苦奸宄屏息民賴以安

上官鑑字金鑑山西人進士順治庚子任分巡道持躬清正安靜不擾以秩滿陞任去（以上袁志）

楊倫遼東人康熙三年任遊擊為人樸誠恭謹好與賢士大夫交訓練戎伍地方安輯

張國臣以把總分汛沈蕩康熙十三年五月十九日賊犯搶劫被眾圍困國臣冒鋒刃遇害

善泰字仲憲滿洲鑲黃旗人康熙五十九年隨征西藏屢

著勞績雍正七年自杭州移駐乍浦歷官左營右翼協領入　朝陛見疊荷白金蟒服之賜性淡泊好吟咏公退之暇葛衣綳履乘欵段出遊臞然如山翁澤叟也著有草竹軒詩及詩餘雜著若干卷（乍浦備志）

吳輝祖高郵州人雍正武進士由海甯衛守備調任奉憲調赴海甯監築尖山開疏引河並督瀲浦土塘暨象山都司

黃天寅澄海人武進士雍正二年任乍浦水師遊擊治兵嚴肅有犯法痛懲之不輕革其糧謂若輩本無賴子利餉來吾營吾蒞以刑威冀其革面若革其糧而縱遣之彼衣食無資其不至於作奸犯科者幾希矣遇良善輒勉以功名屬弁有仕至提鎮者居五載以疾歸（以上平湖王志）

柳進忠晉江人雍正六年任乍浦水師遊擊時奸民奉檄鑿湯山勢張甚進忠密揭總督李衛請勒石永禁乍浦以甯九年改參將（乍浦志）

傅森滿洲鑲黃旗人雍正七年任乍浦水師副都統時新立駐防營調劑兵民甚有法兵有恃勢虐民者輒痛懲之後陞杭州將軍去民焚香遮道送者以千計（九山續補志）

薩哈爾岱滿洲正黃旗人雍正八年由京營防禦出為乍浦佐領十三年陞協領擢副都統勤訓練嚴約束與將

士諳諳勖以廉恥或麗於法懲治無稍貸性能飲始服官即自為節制及受閫寄曰吾兵之或至鬬很者酒也其技擊不精良身家不給者亦酒也欲嚴禁之不可不身先遂絕酒先是為卒伍時隨征西藏有功生平長軍中未嘗通曉漢文凡筆帖式及屬弁有知書史者時引與揖讓俾講論古名臣大畧居官九年遷浙江將軍去之日滿漢兵民及閩廣商旅餞送多有泣下者（平湖王志）

甯武泰滿洲正藍旗人繙譯進士由部郎陞甯紹台道署杭嘉湖道事海鹽有永安湖旁有民田八千餘畝賴張老人閘以減水孫家堰以蓄水乾隆二十年間海昌陳

氏惑於風水將閘堰互易改築以致頻年患旱民訟之官案久不結武立自往踏勘地勢情形瞭如指掌遂得復舊制焉詳見水利志伊

圖克善滿洲鑲紅旗人乾隆二十二年爲乍浦副都統甫至官適將軍來視師參將助供億貲圖愕然曰何與若事旣而俯首爲沉吟狀留數金餘卻之參將喜越明日將軍去以衣物付質庫還所留金參將驚爲同官道之羣以爲帥臣中之軒輗海瑞也好讀書旦夕誦經史不輟惟屏詩詞弗觀曰是無益於身心政事者持身嚴肅在內署盛暑必冠帶衣多疏布任二年以罣誤回京僚

屬知其貧醵金爲贈堅持弗受鬻衣服器具以行平湖王志

劉元陝西人以軍功任澉浦守備乾隆二十六年居民失火元親率兵目衝煙上屋救熄之市中廬舍多賴以全至今人猶道之伊志

帥承瀛字仙舟黃梅人道光初年巡撫浙江知汪仲洋之能拔補海鹽知縣委辦塘工又奏撥帑金十萬兩發商生息逐年修理民獲安居新纂

程學啟字方中安徽桐城人隸蘇撫李鴻章麾下隨同帶領楚軍入滬克復蘇松所向有功嗣因恢復吳江乘勝以水軍入澉自平望進薄長虹橋杉青閘旌幟所至賊沿塘營壘刳削殆盡先是賊懼學啟鋒鋩以南塡土壘石斷木塞水道及師至兩岸觀軍容者如堵役善泅者通之民憤寇夙刺骨俄頃疏濬成戰艦遂直逼城下學啟用兵尙攻堅法令兩兵肩砟砲洋鎗間之測量遠近靡堅不摧同治二年正月命先鋒何安泰踏冰進攻冒死擁上中槍陣亡學啟憤失良將遂收隊蓄養士氣未踰月會同劉秉璋潘鼎新李昭慶各帥作犄角勢分攻東西南三門學啟獨北攻踞坐近城秋涇橋最高頂冒煙燄中指揮部伍鎗丸掠額勿顧也於二月二十八日克復報捷者至創痛甚舁歸營養痾蘇州旋卒事聞

賜諡忠烈建專祠新纂參忠義錄

何安泰字階平安徽舒城人爲偏裨時躬爨汲一日戰士接仗歸腹枵甚羣詈其炊遲安泰慰且破釜謝不能領隊者陽責之而陰壯之拔爲前鋒每摧堅陷陣能入能出程學啟奇其才恢復蘇松洊擢至參將尋加提督銜規取嘉興礮轟城圯乘間登陴中鎗死

詔依提督例 賜䘏死事地方建祠新纂參忠義錄

黃金友字益亭湖南人初從軍廣西轉戰湖北江西安徽積功至直隸遊擊補用副將 賜勇號咸豐十年與提督米興朝軍浙江之平湖十一年春賊間道破乍

浦遂據之四月東略姚廊將窺金山金友時營張堰馳援大破之遂平新倉賊壘賊氣奪以前功升總兵會知縣汪元祥乞師規復平湖金友壯之請提督曾秉忠撥水師四十艘曾遣弟遊擊守忠迎援并檄華亭奉賢團軍以五月朔誓師進駐縣之廣陳元祥率民兵迎勞請爲鄉導一鼓破之賊計窮傾巢與嘉興援賊會分道襲我軍出四里橋間道見有備不戰退金友迎戰於十字街戰方酣發火箭賊披靡金友右脇忽被創猶誓死戰士皆奮呼無不一當百然創發不能騎從子海樓舁登舟至明珠庵卒聞於 朝以提督例 賜卹謚武

烈浙江忠義錄

覃聯陞字輔堂四川雲陽人隸鮑超軍同治二年正月統領浦東防務時賊踞平湖乍浦突至新倉勢張甚開濠築東西營功將半矣聯陞整部至金絲娘橋分兵截乍浦之賊北趨新倉圍賊營先攻西營破之旋折而東聯陞拔戟當先躍馬至秦橋下忽中火銃部下請退厲聲曰今解圍去賊明日復來民無噍類矣不翦滅吾死不瞑言訖遂絕衆感出死力然巨礮轟破東營焚賊船斬首無算賊自是不敢復東聯陞積功至副將大吏上其死事於 朝以總兵例 賜卹浙江忠義錄

陳長瑞鄞縣人咸豐十一年五月間澉浦義民沈掌大起兵攻賊長瑞率營兵爲前鋒十三日進攻賊堡焚城鄉僞官房屋十餘處所向披靡將抵澉城薄暮驟雨礮裂船沉賊乘勢迎拒力竭陣亡事聞得
旨賜卹入祀本籍府城及陣亡地方昭忠祠 國史館立傳新纂

陳國棟福建龍溪人由行伍歷乍浦營參將秉性果毅膂力兼人嘉慶三年八月出洋攻盜身自捩舵鼓勇直前猝中飛礮死柯介錫鎮海人乍浦營把總以八年三月緝匪被戕事皆先後上 聞得邀 恩卹祀昭忠祠于志

韋逢甲山東人以進士攝篆乍浦海防同知時海疆久靖道光壬寅倏警報至衆驚竄率義勇沿海防堵出禦敵中礮洞左脇不絕其下舁至六度庵卒 賜祭葬卹襲 敕建五忠祠於省垣逢甲與焉新纂

長喜字怡亭鑲黃旗人乍浦水師副都統道光壬寅四月海氛熾禦敵葫蘆城受傷投水前鋒校賞呵佈挽之出瞋目叱止之卒死於郡城三塔灣壬寅乍浦殉難錄

韓大榮字耀峰邑人乍浦水師右營把總道光壬寅夷犯乍浦大榮守觀山牛角尖寨地當極衝被刃去指猶戀戰中火槍死 卹襲如例壬寅乍浦殉難錄

該杭阿乍浦右營正藍旗驍騎校壬寅夷陷浦城值司北門管鑰夷挾刃脅褫其衣冠乃兩手捧帽加首據案坐罵被牽至城隍廟見酋首酋廟廡與之食不食遇人輒揮拳夷伺稍疎取神前爐灰塞喉哽咽死當湖外志

史雲皋湖州人以澉浦把總分駐沈蕩汛勤於緝捕里民咸安應調紳耆請留至今稱之于志

錫齡阿 旗人咸豐年由荆湘都統移家乍浦時寇猖餉絀恐軍士解體妻胡扎爾氏出私蓄銀二千兩分給旗兵曉以大義同治壬戌三月九日與寇相持惹山東寨正轉戰間鄰營米軍導賊登城錫齡阿中火銃死胡

扎爾氏知事不濟先縊死長子榮祿伏劍死次子榮耀巷戰死邑人擇地珠山建祠祀錫齡阿夫婦與難者祔事聞 賜謚武烈參乍浦忠節祠纂錄序

魁齡字與九蒙古鑲白旗人嘉協副將充咸豐庚申補行己未武闈監射官試事未竣粵匪蹂躪杭城巡撫羅遵殿派守清波門魁齡晝夜梭巡聞福勝勇與賊通城上下交語即手刃勇以徇二月城潰死之賊退跡其尸從叢骸中搜得之面如生櫬至禾未蓋棺家人視含殮舉顏色始變事聞 賜卹 予謚恭介新纂

傑純蒙古鑲白旗人以駐防協領守杭州滿營功擢甯夏副都統改官乍浦副都統仍留佐將軍瑞昌軍結水營省城湧金錢塘兩門外咸豐辛酉冬戰死於西湖六橋得 旨褒卹 予謚果毅節忠義錄駐防傳

王玉林四川人以兩江補用參將隸江蘇巡撫李麾下同治癸亥隨克風涇駐兵鎮南十月進攻張涇滙中槍猶手刃數賊歿於陣玉林果敢善戰每臨陣身先士卒馭軍嚴明風涇士民愛戴設位請祔祀李主簿錫賴百戶恩彰義祠新纂

曹廷標鮑泉皆嘉興武舉人廷標以署嘉左營守備庚申夏死郡城泉以嘉善汛把總調省派守清波門辛酉冬

死省城俱 賜卹忠義錄有傳

嘉興府郡佐敎職首領附

唐

趙居正彭城人天寶九載爲吳郡太守以嘉興海鹽地廣奏割華亭縣又海鹽多盜置海甯鎮節東之趙圖記

後晉

錢元弼崇德人天福三年始置秀州元弼爲刺史經營新治以惠愛稱終金吾上將軍劉志

宋

王恕饒陽人後唐時童子及第開寶中知秀州盜起城陷恕死之其子濟方丱角賊刃脇之濟伏尸號痛指賊曰

父死吾安用生恨不能殺汝報讎耳賊義釋之官軍至濟謁帥陳討賊計帥賜束帛聞于朝假驛以歸後以死事孤試學士院補官趙圖記　案此附見宋史王濟傳云恕開寶時知秀州疑有悞

柳植字子春眞州人舉進士甲科爲大理評事遷著作郎知秀州擢知制誥累遷吏部侍郎植平居畏慎寡言笑所至官舍蔬果不輒採家無長物時稱其廉宋史本傳

李餘慶字昌宗家于福之連江徙家應天府法曹參軍後通判秀州州近鹽場餘慶作華亭海鹽二監以業盜販之民歲入緡錢八十萬又爲石堤自平望至吳江五十里以除水患王安石李餘慶墓誌

劉師道字損之一字宗聖開封人舉進士歷知秀州師道敏于吏事所至有聲吏民畏愛加樞密院直學士宋史本傳

羅拯字道濟祥符人第進士歷知秀州諸所興革民便之加天章閣待制宋史新編

耿肱字天來揚州人祥符時知秀州值郡治傾圮肱創新之又移建郡學日偕諸儒談論經義在官六載清愼不擾吳志

錢藻字純老和州人進士大中祥符間判秀州善持法擊奸仆彊郡中大治終翰林學士趙圖記

龐籍字醕之武成人及進士第知秀州累進天章閣待制

同中書門下平章事以太子太保致仕謚莊敏籍曉律令長于吏事持法深峭治民有惠愛

葛宮字公雅江陰人舉進士知秀州秀介江湖間吏爲閼涇瀆上以徼往來間有昏葬趨期者多不克宮命悉毀之積官工部侍郎以上宋史本傳

葉清臣字道卿長洲人天聖進士知秀州累遷兩浙轉運副使太湖有民田豪右據上游水不得洩而民不敢訴嘗建議疏盤龍滙滬瀆港入于海民賴其利劉志

聶厚載皇祐中知秀州剔奸弊蘇窮困以循政聞趙圖記

劉甯止字無虞歸安人進士知秀州有文名臨事慷慨終

吏部侍郎徽猷閣學士

丁銳會稽人熙甯中爲秀州司戶在官著仁政活民書二卷行世以上劉志

李定以孫覺薦爲秀州軍事推官歷太子中允監察御史裏行由選入爲御史自定始柳志

孫洙字巨卿廣陵人進士補秀州法曹初至人以書生易之洙政理精練素官無以過之以艱去吏民見思趙圖記

張先字子野烏程人進士元豐中判秀州有俊才尤工詩嘗建花月亭有雲破月來花弄影之句終都官郎中劉志

王覿如皋人進士爲秀州司戶參軍沈厚精敏具文武才

州有嚴綜者謀爲不軌事覺逮捕千餘人綜竄跡不能得覿至以計獲綜止坐預謀者七人餘悉釋之累官御史中丞龍圖學士趙圖記參吳志

韓璹字德全開封人參政億之曾孫元豐間知秀州蒞官明敏事無壅滯吏不敢欺人稱有忠獻家法劉志

沈括字存中錢塘人進士累官龍圖學士元祐初謫知秀州博物洽聞政事明敏稱名守趙圖記

姚憲字令則紹興中以父舜明任補海鹽丞後知秀州土豪錢安國匿亡命爲盜州縣莫敢詰憲擒之并其支黨悉置于法焚其巢穴州里遂安浙西大水民饑憲請輸

粟萬斛以賑累官參知政事劉志

洪皓字光弼鄱陽人進士宣和中爲秀州司錄大水民饑發官廩平糶不能自食者賚粥食之立屋于東南兩廢寺男女異處令嚴而惠徧會浙東綱米四萬斛過城下皓白守邀留以濟守不可皓曰願以一身易十萬命竟留之全活萬五千餘戶州人呼爲洪佛子後秀軍縱掠過皓所治相戒不犯丁父憂還里留家于秀建炎三年奉使金羈留十五年不屈得歸秦檜惡之以謫死諡忠宣至元志參劉志

樓异字試可奉化人宣和初知秀州以善理聞值大旱异

案囚釋冤者七十二人不數日大雨累遷徽猷閣待制劉志參吳志

宋昭年宣和間知秀州會方臘起陷郡縣昭年謂吾州次當受敵繕修城隍爲備已而賊將方七佛引眾六萬攻城昭年與統軍王子武死守後大軍至合擊之斬首九千朝廷嘉其功進秩柳志參趙圖記

章緈字伯成浦城人建炎時爲秀州判官時水旱相繼緈上疏請緩賦稅又奏置義倉以忤時宰報罷尋復原官先後在郡凡十八年趙圖記參吳志　案建甯府志緈知秀州非判官在崇甯間非建炎

趙叔近魏悼王五世孫建炎元年爲秀州守杭卒陳通反

詔辛道宗將西兵討之兵潰爲亂抵秀州城下叔近乘城諭以禍福亂兵乃去未幾差權兩浙提刑叔近以素隊數十人入城賊眾不解甲叔近置酒推誠待之遂皆感服城中稍定叔近奏通初無叛心正緣賞不時給遂至紛爭請赦其徒二百餘人帝許之叔近還秀州已而王淵兵至杭詐傳呼云趙秀州來通郊迎淵遂誅之秀卒徐明爲亂叔近撫定之淵與叔近有隙朝廷命張俊討徐明俊淵部曲誣殺叔近徐明等見叔近死遂反俊誅之紹興九年御史言叔近之寃贈集英殿修撰以上宋史本傳參柳志　案史又云王淵誣叔近通賊奪職拘于州以朱芾代之芾肆殘虐軍民怨憤小卒徐明率眾囚芾迎叔近領郡事叔近不得辭因撫定之請擇守于朝奏未達朝廷命張俊致討領兵至郡叔近出迎俊叱令致對方操筆羣刀遽前斷其右臂叔近呼曰我宗室也俊曰汝既從賊何云宗室語未竟已折首于地徐明等見叔近死遂反戈嬰城縱火驅掠翌日俊斬關入捕明等誅之王明清揮麈三錄所載亦與史相同

程俱字致道衢州開化人建炎中爲太常少卿知秀州會車駕臨幸賜對俱言陛下德日新政日舉賞罰施置仰當天意俯合人心則趙氏安而社稷固不然則宗稷危而天下亂其間蓋不容髮高宗嘉納之金兵南渡據臨安遣兵破崇德海鹽馳檄諭降俱率官屬保華亭點兵馬都監守城時朝議主和令俱遷避促使管押錢弊航海至永嘉既朝見以病丐歸官終徽猷閣待制宋史本傳參趙圖記

鄧根字深伯昭武人進士建炎初知崇德縣有風力高宗南渡陳通叛于杭根部槍杖手鮑貽遜與戰辛道宗軍潰賊勢益張根善射有勇畧卒誅通次年五月秀卒徐明叛根討平之後代程俱爲知州兵燼後經理有方秀民賴之明一統志參柳志

方滋字務德桐廬人紹興初守嘉興急吏寬民百廢具舉徙建州學以興教化士咸其德趙圖記

胡沂字周伯餘姚人進士紹興間爲秀州軍事推官時遷播之餘民窮盜起獄訟繁興沂務忠厚不廢摘發郡賴以安終禮部尚書劉志參袁志

徐蕆字子禮吳人乾道間知秀州以文章飾吏事無苛猛之政吏民舉安

汪義端字充之黟人知秀州有勢戸數千畝不輸賦義端責其輸而以田歸之民以上劉志

呂正已字穆叔東平人嘉定時守嘉興民好訟正已教以善言諭之由是感悟吳志按正已守郡在淳熙四年吳志誤作嘉定今改正詳見官師表

邱崈字宗卿江陰軍人隆興進士遷太常博士出知秀州時華亭縣捍海堰廢且百年鹹潮歲大入壞並海田蘇湖皆被其害崈至海口訪遺趾已淪沒乃奏椒築三月

堰成三州瀉鹵復爲良田累陞寶文閣學士刑部尚書同知樞密院事宋史本傳 案趙圖記宗子壽邁爲司農卿郎移家崇德之保甯鄉

鄭伯英字景元永嘉人進士乾道間判秀州儁健果决論事慷慨志欲盡洗紹聖以來弊政復祖宗之舊不苟爲祿仕以親老歸趙圖記

張琯字子律甯州人知嘉興府中貴人藍氏殖產于崇德縣名田過制而役不及有鍾湄者糾之藍迫期去產以規免官吏欲許之琯判曰兩家物力相去遠甚而藍又白脚必如法乃可一郡稱快民張瑨得臨安營妓與之歸欲棄妻出子其兄止之復悖兄兄以告琯爲逐妓以

大義開諭之于是瑨兄弟夫婦父子如初陸游張琯墓志

韓彥質淳熙中知嘉興府遇事精敏無阿私姦猾畏憚未一年政成優游撫馭郡以無事趙圖記

孫夢觀字守叔慈谿人進士歷知嘉興府蠲租稅省刑罰有古循吏風布衣蔬食行節儉之化歷官吏部侍郎柳志參趙圖記

張元成字純一淳熙中知嘉興府善屬文創撰嘉禾志五卷累遷禮部侍郎吳志

唐璘字伯玉古田人紹興間爲監察御史出知嘉興府政通人和及去父老出涕遮送數十里不絕官至太常卿

明浙江通志

吳柔勝字勝之宣州人淳熙進士爲伊洛持敬之學丞相趙汝愚知其賢將寘之館閣乃權差嘉興府教授柔勝日切磨諸生講學不怠浙右大水常平使委以荒政竭力推行多所全活會汝愚去國御史湯碩劾柔勝擅放田租爲汝愚收拾人心且主朱熹學罷之終知太平州加祕閣修撰劉志

喬行簡字壽朋婺川人學于呂祖謙之門紹熙進士歷官淮西轉運判官知嘉興府歷練老成識量宏遠居官知無不爲好薦士多至顯達歷官少師封魯國公柳志參趙圖記

王介字元石金華人趙圖記作平江人紹熙進士對策有直名歷宗正少卿中書舍人出知嘉興府歲餘去民不忍舍終知慶元府趙圖記

岳珂彰德人甯宗朝權發遣嘉興軍府兼管內勸農事有惠政痛其祖武穆王爲秦檜所陷政暇輒屏居郡治西北偏金佗坊著籲天辨誣天定錄等書題曰金佗粹編又延里人關械表卿績修嘉禾志十六卷後家于郡自號倦翁柳志參袁志吳志

吳潛字毅夫甯國人嘉定進士通判嘉興權發遣嘉興府事前守岳珂嘗欲營室養孤老不果行潛累括田得米

二千七百石衆無告者居焉宋史本傳參吳志

彭欽字仲恭清江人嘉定間以父廕授軍器監主簿調嘉興通判監司表其廉平劉志

劉漢弼字正甫上虞人嘉定進士歷官著作郎知嘉興府嚴氣正性終戶部侍郎趙圖記

趙與訔字中父憲靖王伯圭曾孫家歸安以父廕歷監海鹽場浙右茶鹽司主管文字浙西提刑司幹辦公事咸有政績淳祐未知嘉興府治爲諸郡最累官浙西安撫使趙圖記參趙孟頫先侍郎阡表

謝堂柳志作瑩天台人寶祐間來守是邦以學廟混出一門於

是闢大門于西偏更造廟門增創講堂又置公田若干畝以羨廪人士後以選召爲大司農柳志

皮龍榮字起霖醴陵人淳祐進士遷著作郎入對因及眞德秀崔與之廉龍榮曰今天下豈無廉者願陛下崇獎之以風天下帝以爲然兼兵部郎官差知嘉興府有智畧景定二年拜參知政事宋史本傳參趙圖記案舊浙江通志稱龍榮知嘉興德政著聞史傳畧焉附見于此

陳塤字和仲鄞人試省部皆第一爲太常博士娶史彌鞏女而不附彌遠出爲郡守政因人情民以休息公庭虛閒日進衿佩與之問難傍郡之士皆借屨來歸彌遠死召爲樞密院編修官民涕泣請留不報終國子司業劉志參袁志

陳著景定中著作郎上疏論賈似道害民出知嘉興府時徐經孫亦論似道致仕去經孫所舉陳茂廉時爲公田官分司嘉興曰我不可以負徐公亦致仕去時稱爲三烈劉志

趙景緯字德夫於潛人咸淳間知府事以護根本正風俗爲務三乞辭不許終禮部侍郎柳志參袁志

陳肖孫奉化人咸淳初以善政事由大理丞戶曹郎出知嘉興府趙圖記

案吳志宋代府職名宦共五十二人内林希錢顗毛滂未詳政績顗滂入嘉興流寓希見官師表

元

高仁字壽之世居無棣縣少以材推擇爲吏歷嘉興路總管府治中時列郡方祠奉帝師凡庀材用召匠傭一出於民力仁獨諭浮屠氏之籍於白雲中者俾任其役官無一粟之耗民無半餉之勞而祠事以儲部使者以最聞黃溍高仁墓志

畢慶至元中爲郡經歷延郡博士徐碩纂輯至元嘉禾志三十二卷前此舊章悉賴以考證云吳志

辛仲實案舊志俱作仲寶誤字仲和彰德人大德初守郡政事修明

興利舉廢悉中民情（趙圖記）
高睿河西人大德間歷官侍郎出爲嘉興總管盜晝掠民
久捕不得睿下令生擒之遷廉訪使（劉志）
沈天祐號一齋杭州人大德間爲本府教授招經士制古
樂歸疆復稅給榜免役三事有功學校（柳志）
和元昇字仲德東平人泰定間爲守有和平寬厚之稱（劉志）
李衎字仲賓汴人大德中賢良方正授嘉興路同知時勢
豪多涸湖爲田民病旱潦衎請設澉西都監營田司劃
去湖壖諸田陞平江路水軍副都萬戸嗣見元政日非
隱居海鹽之苞溪歿卽葬焉子孫占籍多聞人（于志）

褚不華字君實（案前志俱作褚君實攷元史卽褚不華君實其字也今改正）石樓人泰
定中授海道副千戸轉嘉興路治中政事精明奸猾屛
息他郡冤滯者多赴訴之後爲淮東廉訪副使守危城
城陷死節追封衞國公（元史本傳參趙圖記）
鄭大中（吳志作忠誤）字義甫延祐時爲嘉興路推官嘉興浙西
大郡獄尤夥大中決遣之數月乃至無事（虞集鄭大中墓碣）
貢師泰字泰甫宣城人舉茂才延祐中官編修會修宋遼
金史忤當事意出爲府治中上下憚其廉明久不調尋
卒
程榮秀字孟敷休甯人延祐末路學教授新陸宣公祠訂

正遺書風厲學者擢江浙儒學副提舉（以上趙圖記）
八札（案劉袁吳志作八札崇誤）至順時爲州守建州學大成殿卒于官
士子思之（吳志）
杜浦（柳志作溥）至正中爲嘉興路總管廉正仁厚勸農桑除疾
苦尤以興學爲務教化大行（柳志）
陳春至正中爲路推官時私鹽獄興繫千餘人不決春一
訊釋被誣者數百人時方久旱大雨驟至人號爲陳公
雨
方道叡字以愚湻安人進士至正中由編修任推官凡聽
讞必解囚桎梏賜之飲食溫辭反覆務得其情民爲之
語曰方公一斷死而無怨官至員外郎

陳良弼字公甫甯國人至正間路學教授律身教人皆存
古道一錢斗粟不入私室修葺學宮經費鉅萬以屬良
弼辭非儒官所預守益賢之（以上劉志）
劉貞至正中爲嘉興路總管時四方多難貞政務寬仁存
問鰥寡撫循貧乏大興學校及去任人皆遮道涕泣攀
挽（柳志）
林邦福字彥夫瑞安人爲陶莊務副使時境大祲民嘯聚
奪饑糧至殺人邦福承檄掩捕盡得之議法者悉置重
典邦福走告部使曰饑民瀕于死爲亂其情有可原者

使者然之減死數百人趙圖記

禿堅董阿艮臣以至正五年守嘉興鮑恂學記謂其正已勤事尤以學校爲先務延名士爲訓導以教諸子弟倣科舉式以會諸郡能文之士期年而文化翕然易犒星門以石建文昌祠柳志

李復元末爲路同知嘗立寨于王江涇拒張氏又路通守繆思恭當張士信來攻思恭拒于杉青閘以火攻之師大捷吳志

案吳志另列宦跡類傳元時載有王總管至元初高田賊作殉難民立廟祀之又徐總管延祐末重修路學二人皆失名又陳宗義至正末總管張士誠圍嘉興兵燹後民廬爲墟宗義拓基建明倫堂并四齋學始大備其

他別無宦蹟前志皆不立傳附存于此

明

呂文燧字仲明永康人洪武元年守嘉興松寇錢鶴皐來襲城文燧告急于行省李文忠討擒之諸將欲屠城文燧爭曰據城者賊民則何辜乃釋不屠尋詔文燧持節諭闍婆國道死郡民苍哭之已而私鹽獄與有司以文燧常署牘奏籍其家上知其誠信不圖奸利且没于使事特詔還之趙圖記

謝節案舊志作謝士毅失其名字士毅洪武初知府時干戈甫定節與民休息勤于撫字時出游讌使民知太平氣象柳志

薛祥字彦祥無爲州人洪武初爲工部尚書丞相胡惟庸惡之左遷北平布政使謫守嘉興愛民節用稱爲循良惟庸誅復爲工部尚書趙圖記

何敏中廣信人以才行卓異舉爲令洪武中守嘉興政聲茂著劉志

麗安洪武中通判是時鹽政殊嚴安獲鹽徒械送京師而以鹽賞捕獲者戶部以安違例取罪狀安上書曰律者萬世之常例者一時之旨今欲准例而行則與給賞應捕之律相違而使陛下失大信于天下也上是其言詔如律趙圖記

趙豫洪武末爲嘉興府推官讞獄平恕郡有貧民搆訟繫獄久之餽餉屢絕豫審其情使就食民亦感服不忍逸去明一統志參趙圖記　案明史循吏傳有趙豫字定素安肅人永樂間爲員外郎任松江府有善政未言其爲嘉興推官存以俟考

劉觀洪武末知府修舉學校尊禮賢士興利除害境內肅然劉志

蔣廷瓚洪武時通判在郡九載廉潔自矢遷去時止敝衣數篋郡人鄒濟銘其墓稱其在官時布衣蔬食不媿古之循吏吳志

楊得安宜興人監生永樂初知府政事和易與物無競寮

宋咸推服之擢僉都御史劉志

齊政山陽人進士永樂中知嘉興府爲政勤慎時徵役鑄錢苦妨農事政編之爲三番以期代更迄役而民不知勞柳志

戴啤字士儀浮梁人永樂中舉禮部乙科訓導嘉興啤病文勝先行檢重經術故士多實才而啤亦以績最進德清教諭父喪服闋改慈谿升教授再涖嘉興學者益衆有富民數輩遣養子入學啤不可民賂按察官彊啤啤執愈確坐是忤意竟以他事去徵獻錄

劉熹字尙載太和人監生永樂中自柳州移守嘉興慈祥

愷悌不任刑威郡人愛之詩調甯波歷守七郡皆有惠政劉志

劉縉字縉紳淮安人宣德初由監生任嘉興府同知剛決有爲視事九年以致仕去柳志

張恭忻州人宣德初任嘉興府經歷性剛直廉介不攜家累不宿衙舍麤糲食如寒士不妄取予人多稱之先是有尹道充者安福人任是職亦有廉能之譽柳志參吳志

張魁字萬選新淦人性寬厚和易邃于春秋工文詞宣德初以漢州敎諭陞本府學教授嚴條約以身爲教數年間諸生奮起于學第進士捷鄉闈者視前爲盛後以薦陞御史柳志

黃懋字子勉眞定人永樂進士任嘉興知府抑强扶弱吏民畏懷府中舊有持官吏短長覓祿爲姦者嚴禁絕之稅銀有爲典守侵漁者士貢有爲無賴子攬括者懋一切繩之以法大造學宮課試諸生月有勸懲正統九年海塘爲風潮激壞懋奏築裏石塘秩滿陞福建左布政使後卒葬嘉興子孫遂卜居焉柳志參分省人物考案袁志懋墓在嘉興之北板坊懋子中舉浙江辛卯鄉試孫璣成都府教授瑾茶陵州同知八世孫掄舉順治辛丑武進士九鼎禮部儒士有德望給帖獨徭其子金章以孝聞附見于此

王應清江陵人正統初由監生擢嘉興同知性寬易言動

安詳持身清謹得上下心陞池州府知府柳志

舒敬字守中靖安人進士歷守嘉興能燭吏民情僞篤意教化督郡縣學課諸生以道術肄習四禮燕語從容咨訪得失以忤中貴坐免趙圖記

楊繼宗字承芳陽城人天順進士授刑部主事用王翺薦擢嘉興知府以一僕自隨署齋蕭然性剛廉孤峭人莫敢犯而時時集父老問疾苦爲袪除之大興社學民間子弟八歲不就學者罰其父兄遇學官以賓禮師儒競勸文教大興御史孔儒淸軍里老多撻死繼宗榜曰御史杖人至死者詣府報名儒怒繼宗入見曰爲治有體

公但剔姦弊勸懲官吏若比戶稽核則有司事非憲體也儒不能難而心甚銜之瀕行突入府署發篋視之敝衣數襲而已儒慙而去中官過者繼宗遺以菱芡歷書中官索錢繼宗即發牒取庫金曰金具在與我印劵中官咋舌不敢受入覲汪直欲見之不可憲宗問直朝覲官孰廉直對曰天下不愛錢者惟楊繼宗一人耳九載秩滿超遷浙江按察使繼宗力持風節而居心慈厚自處必以禮爲知府謁上官必衣繡服朝覲謁吏部亦然或言不可笑曰此朝廷法服也此而不服將安用之嘗監鄉試得二卷具朝服再拜曰二子當大魁天下吾爲朝廷得人賀耳及拆卷王華李旻也後果相繼爲狀元人服其鑑（明史本傳案趙圖記劉志及明李樂見聞雜記繼宗守嘉興居常積粟三年得數百斛值歲饑郡人賴是全活無算後又饑繼宗復發廩不及闗白督儲督儲怒行郡案其事方展牘旋風揭牘空中鷹數十爪之去督儲駭異遂行先後守郡凡九年嘉禾生野滿秩去涕泣挽留者萬餘人爲史傳所不載附存于此）

楊冠字尙文欽州人監生成化改元爲同知佐郡最久稱良吏遷知平樂府

徐霖字用濟金谿人進士知嘉興府器宇沖雅政事敦厖成化二十三年夏旱霖欲具題減賦中有齟齬之者霖再三申請卒得蠲免民永戴之（以上劉志）

柳琰字邦用儀眞人進士宏治初守嘉興廉慎涫確政有條理卒于官士民惋惜之方琰病劇時僚友傷其廉悉索琰在郡所積羨贖銀若干兩請以歸之琰曰吾豈以垂盡易所守哉言畢而逝郡故無誌琰始輯之

梁材字大用大城人進士正德初守郡精悍廉介布衣蔬食善摘發奸伏左右莫敢近吏牘章程皆有限刻一郡稱神明終戶部尙書（以上趙圖記）

陳琳字玉柔莆田人進士爲御史督南畿學政忤劉瑾謫同知嘉興代材爲守專務以德化民請託不行延獎諸生興起道藝士民愛之終南京兵部侍郎（劉志）

伍文定字時泰松滋人進士正德中嘉興同知時江西姚源賊王浩八等流劫開化都御史俞諫檄文定率兵進討軍華埠賊突至文定擊敗之追破其巢諫上文定忠勇狀詔所司獎勞後佐王守仁擒宸濠官終兵部尙書（大淸一統志參趙圖記）

李仲字道甫三原人進士守嘉興以道自重言笑不苟對吏民不怒而威有大豪侵官錢事覺在繫奸利益甚仲廉得之并收其子有殺兄謀奪其官者不具輸狀仲一訊遂服於是奸惡束手貴勢無敢以私撓之每從博士弟子講學相詰難至忘箒威及遇事無假毛髮舉措因

民不干聲譽去郡三十餘年士民頌思如一日（趙圖記）
孟津字有涯信陽人進士正德中以御史左遷府同知莅官清白不事矯飾文名重于時終南京大理卿（劉志）
徐盈字子謙貴溪人正德末守嘉興值宸濠變武宗南征所過供億繁重吏緣爲奸盈鎮靜不擾視他郡獨晏然時常熟濬白茅港當事者檄發郡丁數萬盈曰白茅水患干吾郡差緩驅我民遠役何忍移文助費不就徵發巡鹽御史行郡鞭撾亭竈勒報鹽丁里胥乘機虐民盈爭之御史曰此有例盈曰例自公作亦自公止豈國憲耶獲止加意學校士皆興行吏民守法風俗一變居六

載以讒免郡人立石紀績（柳志本傳）
蕭世賢桐城人知嘉興府歲旱羨金千餘減織造樣絹三百匹立三館以造士治行第一擢去（大清一統志）
海瑞字汝賢瓊山人舉人署南平教諭遷湻安知縣都御史鄢懋卿行部過供具甚薄懋卿恚甚屬巡鹽御史袁湻論瑞時瑞已擢嘉興通判坐謫興國州判久之擢戶部主事歷南右都御史卒謚忠介（明史本傳）
何祉字德徵進賢人嘉靖時爲郡守有萬參政廷彩者欲加賦什之一名以溼潤嘉興賦六十萬其溼潤亦六萬餘例自湖州參政謂嘉湖一也自巡撫欲如湖例用代浙東災傷之輸運艘渡江之費檄下祉曰惡可言嘉興固無溼潤非湖比也乃自治文書陳不可狀參政怒以爲抗已督責愈嚴間以言侵祉祉弗爲動卒加議報罷祉于利害興革未嘗有所輕議而潛運默成民受其賜者多矣非直以清白也（貧齋雜着）
王學孔安福人嘉靖初守嘉興時旱蝗相仍齋戒步禱甘雨應時歲復疫癘乃大洗狴犴又爲發粟賑饑全活甚衆聽訟未嘗妄笞一人至豪右有權力者毫不假借遷湖廣副使（劉志）
劉邦采字君亮南昌人王守仁弟子舉人嘉靖癸卯由教

諭陞嘉興府同知清慎端恪待民煦若慈母然不可干以私弭盜禁奸發隱摘伏地方賴之（分省人物考參劉志）
趙瀛三原人嘉靖乙巳知嘉興府政尚剛毅嚴禁賭博及婦女入市肆疏濬城河以其土運之南湖煙雨樓時田糧多則胥吏緣而爲奸乃分田地山蕩二則賦額均平百世賴之又修輯郡志有史斷紺珠經諸書
劉慤字致卿萬安人進士嘉靖辛亥守嘉興值夏旱慤率僚屬拜禱月餘不懈卒得澍雨歲以大稔癸丑倭寇侵境慤率軍民晝夜防守每寇至洞啟四門納郊關男女多所全活時撫按交集視師添設督察大臣經畧嘉善

平湖崇德桐鄉諸縣供億百出懿殫力承事不擾于民有挾權姦之者懿不爲屈舊額瀕海歲貢黃魚懿以兵興特疏奏請得停免廉介之守始終不渝

張任字希尹嘉定人進士歷吏部郎中謫嘉興同知時倭寇侵境軍費不貲任與郡守劉懿協心撫字民得安堵後擢巡撫都御史

范鵬字翼卿四川人舉人嘉靖二十五年除府同知歷任八載政尚寬和以地遠告歸劉志以上

殷廷蘭廣東人嘉靖進士授嘉興推官廉介端嚴聽訟未常輕爲出入不可干以私互見平湖縣名宦

羅拱辰松陽人嘉靖間參將湯克寬移守金山因以拱辰代攝與倭戰多斬馘功擢本府同知晉浙僉事吳志

侯東萊掖縣人進士知嘉興府問疾苦重學校時倭寇甫平沿城增建敵樓以備不虞又學宮侵壞捐帑新之官至刑部侍郎劉志參吳志

蔡廷臣江西人嘉靖進士任嘉興推官抗直不阿斷獄詳允爰書悉出其手吏胥莫敢爲奸時有豪右骫法必置諸理不少貸召爲御史分守嘉湖隨轉觀察使民受其惠最久

文彭字壽承長洲人待詔徵明子隆慶戊辰以歲貢司訓府學𨽻率和易瀟灑出塵精書畫一時名公俱從之游

李椽豐城人嘉靖進士隆慶壬申守嘉興加意學校集諸生論文講道諄諄如家人父子于民之窮獨者撫摩尤摯常令屬吏各捐羨餘置義田以惠貧民又濬漕河築海塘至今稱便蒞任四載調守梧州民懷之立石三塔寺東

蔡民望舉人隆慶庚午爲同知謹厚篤實人稱長者署嘉善刑清政簡深得民心

陳文炅江西人萬歷進士丙子任推官寬平有度讞獄之暇進諸生講論經義品題科目不爽尺寸陞南刑部主事劉志以上

黃希憲金溪人進士萬歷丁亥知嘉興府以清白自盟置天監簿登記贖鍰毫不自私聽訟必情理相參人情帖服尤勤課士躬親校藝時爲諭俗文以諷戒之民知所向今所傳資仕編是其在官時所著也劉志參吳志

黃清豫吏也先任台州府倅有幹材萬歷初以薦擢嘉興府同知時海塘傾圮題請修築清專理海塘經營盡善又開濬裏河鑄鐵獸以鎮潮一時稱能吏云劉志參袁志

魏浣初常熟人進士萬歷時教授勤于講論從游盡知名士屢爲考試官得人最盛擢吏部郎中吳志

王以修達州人進士萬歷庚辰守嘉興爲政先德化而後刑罰每聽訟片言立決人稱神明守郡甫十月以艱去父老攀轅臥轍至不得行

方揚歙縣人嘉靖進士萬歷時以戸部郎謫嘉興同知志行端方兢兢以古人自律時有胥吏父死欲火化者揚給棺以葬因禁民火化歲饑疫興捐俸施藥署嘉善篆值丈田善邑故多積弊揚躬親覈刷豪右不敢爲奸公餘與諸生講論經學有餽遺者面斥之尋擢杭州守卒囊無餘貲

耿慎動眞定人以鄉薦初爲令萬歷巳丑任嘉興府學教授倜儻侃直勤于課士貧者更賙恤之陞藩府去以上劉志

曹代蕭歸德人萬歷甲午知嘉興府宅心平恕禁胥吏擾民省罰鍰剔奸蠹甦鋪戸清驛傳設社學義塚仁政纍纍既去民祠祀之

曹光德黃州人進士萬歷甲午任推官在郡三載纖毫不染于民立政清簡臨事坦白憂去惟圖書數篋而巳

朱邦喜江西人萬歷戊戌任同知才優煩劇而性仁慈羨餘不入一錢署平湖有惠政清查尺籍以除蠧折疑獄片言立解佐郡十載解組去囊橐蕭然

吳國仕歙縣人萬歷中知嘉興府均平徭役以甦民困尤加意學校每進諸生講論經義海塘傾圮實心修築遇旱步禱輒獲甘雨以上袁志

鄭瑄字鴻遠福建人崇禎進士知嘉興府清操惠政聞于時明敏無留牘聽斷善晰民情遇有干請者必折以理不少借革除吏弊興起文教修府學建宏文館濬城河築官塘以便往來遷甯紹副使士民刻像于石累擢大理寺卿袁志參吳志

李仕亨晉江人進士崇禎初知府立政寛大民樂其和時疫癘盛行仕亨選醫官設局施藥民銜其德袁志

文德翼號燈巖九江人崇禎進士任推官有屬吏粤東人

餽端石發之白金也封函如故謝之曰汝硯不可磨墨却之其介而近人如此隱居三十餘年著書數十種嘗刪定宋史皇華紀聞

鍾鼎臣廣東新會人進士崇禎十七年知嘉興府乙酉城破自縊于後堂

國朝乾隆四十一年

賜謚節愍案鼎臣袁吳二志皆失載欽定勝朝殉節諸臣錄參盛禾稼村筆記稼村筆記又有嘉興同知朱議滂與鼎臣同時自縊于儀門附見于此

國朝

史載字筆公蘭陽人進士順治十二年知嘉興府剛明正

直不畏强禦每鞫盗得實立斃杖下由是盗靖民安性廉介饋遺一切屏却時郡學久圮載發帑修葺殿廡一新祀名宦大清一統志參浙江通志

嚴正矩字方公孝感人進士順治間授嘉興推官判決明允案無滯牘捐俸糴粟以活饑民陞杭州知府歷戶部左侍郎祀名宦湖廣通志參杭州府志

尹從王字含美山東人進士順治乙未任推官執法清嚴一時豪右避跡立漕糧官兌法軍民不相見至今遵行之大清一統志參袁志

葉蘅慈谿人進士順治庚子爲嘉興教授端謹善誘來學

者衆遇貧士輒資給之著有東西銘注

王師虁南城人舉人康熙庚戌知嘉興府服官清慎而時濟以威俗多賭博者廉訪一二寘之法風漸息漕糧故多積弊師虁屢爲禁革胥吏不敢私派民德之

姜廷欅字尚父會稽人康熙庚戌爲嘉興教授學問該洽勤于課士工詩陞肥城知縣以上吳志

張作礪字石齋玉田人康熙壬子任嘉興同知廉介自守政寬大不務矯刻遇豪右執法不少貸凡四載人畏而懷之嘗攝石門縣事却餽遺革差擾時值軍興邑當衝道作礪籌畫有方于是兵守紀律民皆安堵祀名宦袁志參石門縣志

盧崇興字鼎卿廣甯人康熙十四年知嘉興府值閩藩初剏郡當孔道儲糗糧備供頓督造戰艦區畫有方絲毫不以累民捐俸修郡學及育嬰養濟諸院設義倉置田若干畝人稱之曰盧義田著守禾日記六卷祀名宦名宦冊參公舉事實

袁國梓號丹叔江南華亭人順治六年進士一時文名與劉子壯熊伯龍王廣心王庭相頡頏以刑部郎出知山西平陽府多惠政康熙戊午補衢州移嘉興首建併田併戶設板串禁優免卹賠荒諸議以均田賦悉可行之

久遠議見藝文志公餘之暇惟以吟咏自娛撰嘉興府志二十卷綜攬前志成于一手其持論動切民生非徒捃摭遺聞而已外所著有齊政錄四卷求是堂制藝一卷

范光燮鄞縣人康熙丙辰爲嘉興府訓導性剛正諸生有過輒召而面責之生平好善不倦聞有至行可嘉者必請于學使獎勵焉祀名宦

李舜有揚州人監生康熙戊午任同知發奸摘伏積弊盡革所決多疑獄人奉爲神明祀名宦

閻若琛字沛仲太原人進士康熙壬子知嘉興府居官嚴

謹門無私謁治郡四載百廢具興以上吳志

徐崇禮字秩庵漢軍鑲白旗人康熙三十二年知嘉興府明敏善折獄嚴保甲設巷柵以弭盜賊歲旱步行數十里竭誠祈禱親歷原野勸民播種又請于上官緩租設賑民賴以全以罣誤去將出境號泣攀留者數千人挽其舟而還越宿潛去民思慕不置塑像城隍廟祀之

黃家遴漢軍鑲白旗人舉人康熙三十五年知嘉興府勤敏有爲以發奸摘伏爲已任多善政民懷其德嘗輯前太守楊貞肅繼宗政績記其設施多所取法暇與里中檢討朱彝尊處士盛遠賦詩贈答一時士風爲之興起

祀名宦以上伊志

佟賦偉奉天人康熙三十八年知嘉興府遇事仁恕而奸猾自嚴憚之城河湮塞捐俸開濬郡庠樂器一一增修釐訂之

臧憲祖康熙丁亥知嘉興府時委丈嵌田履畝清釐俾無隱佔嵌田百年之爭至是始息濬溝渠通漕利祀名宦

項鍾巖字睦州漢陽人貢士康熙壬午任通判操守耿介纖屑不取于民督運巡鹽並有惠績

張含章字豐村漢軍鑲紅旗人貢士康熙丁亥任同知屢攝郡邑篆斷事精敏人不敢干以私丁亥戊子歲饑奸民聚衆剽掠含章捕首倡者重懲之民賴以安

費源字星來湖州人進士康熙辛卯爲嘉興教授操履端方士樂從之著古文詩藝重于時以上吳志

何鼎字夏九號晴山舉人世爲山陰人寄籍于楚康熙五十二年知嘉興府蒞任日告友戚曰予今日越人也明日嘉興守矣治嚴肅絕苞苴人不敢干以私任一載鐫秩年七十餘貧無以歸僑寓禾中卒葬三塔寺後伊志

孟士模字周木會稽人由烏程滬安補嘉興府訓導振興多士務砥名節居十載遷德清教諭吳志

吳永芳字椒堂漢軍正藍旗官生康熙五十四年知嘉興府嘗以平湖陸隴其議從祀孔廟詳請未行雍正三年增祀請獻于東廡卒如其請剏建鴛湖書院置膳田以資膏火葺學校濬城河重修嘉興府志十六卷

江承玠字揩五號訒莽歙縣人以司曹出爲郡守雍正二年知嘉興府嚴懲唆訟者訟以息徵收無浮額常積穀備荒葺海塘以捍患民利賴之

閻堯熙字涑陽夏邑人康熙進士雍正五年知嘉興府未蒞任易服察民情訪郡中無賴者痛懲之又於嘉善獲淫僧立斃杖下在任五年屬吏非其時不接見廉介有爲民敬憚以其姓稱之曰閻羅嘗植梅于庭人以甘棠

比之

趙澧安吉人歲貢生雍正六年任嘉興府訓導時文廟祭器多散失澧捐俸增補之典章文物賴以不墜以上伊志

富紳滿洲正藍旗人筆帖式乾隆元年任乍浦理事同知二年春海甯築塘需石移文採乍浦觀陳諸山民情洶懼紳指陳利害密揭總督嵇曾筠得奉檄永禁歷嚴州知府乍浦志

郭廷翥即墨人舉人總督郭琇子乾隆二年知嘉興府蒞任日惟挈二子自隨性廉介布衣蔬食不名一錢明于斷獄多善政嘉善奸民富大等誘孩提殘損之廷翥密

訪寘之法人稱之曰郭青天民有貧緣呈控者邑令與上官皆准其狀廷翥獨不許忤上官檄委權他郡事去後邑令及上官皆褫職廷翥復蒞郡先後凡六載勤于造士每月試諸生以詩古文各就所長甄錄之政簡刑清訟庭草長冬無裘大吏知其貧予之金堅不受府堂多植梅有盛生者偃立中道適太守至頭踏擁仆之詢其故以吟詩對有放衙靜似呵蘭若官與梅花一樣清之句至今傳誦其清德槩可想見云

附錄諸檢討錦詩三水行美太守也郭使君奪赤子於豺虎之口寒暑聽訟武林公館者二年士民戴之醜厲猖狂誰式遏取彼兇殘赤子活人孰無情忘召茇使君淡欲如水清使君截岸如水明使君持衡如水平頭鈍不才邀上計簠簋不飭希脫係撫字勞勞拄吏議清風行悒然耆老何不樂今年奪我使君郭使君袖裏只清風承家節操制府公一錢不受過劉寵宦橐蕭蕭兩肩聳津頭不聞打鼓船祇憑鶴唳聲聞天

沈廷標號賡堂進士仁和人乾隆八年任嘉興府教授性直率不苟言笑訓士子以言行兼修人欽其教升萍鄉知縣以上伊志

林緒光字鳳溪閩縣人舉人歷知平湖縣以清釐宿蠹爲己任邑有育嬰堂所費不給收嬰多轉送蘇州緒光捐俸置田五十餘畝諸嬰始留育堂中在任數載有循聲擢員外郎以平湖錢糧詿誤被逮總督李衛辨釋之後任乍浦同知建九峯書院延師訓課士風日上工書喜爲詩暇與諸生講學不倦著有獄中吟稿餘齋存稿歷雲南知府平湖張志

項喻字藏恕漢陽人乾隆十四年署嘉興府事抑豪強懲蠹役誠求民瘼以興利除弊爲己任歷署郡守補湖州府所至多惠政

李清時字授侯號惠團安溪人文貞公光地從孫乾隆庚午由翰林出知嘉興府辛未

南巡時議自郡至杭開副河清時以有妨于民議從平望抵杭州舟甚便力言于上官事得寢蒞禾二載絕請託興禮教廣書院規條士子多所造就歲旱步禱霖雨立降以

憂去累官山東巡撫

保全滿洲人乾隆二十年署嘉興府事值歲饑爲民請賑上官不允力爭之遂以調任去

李星曜銅山人貢生乾隆二十年知嘉興府歲饑米價騰貴星曜捐俸倡賑獎勵富民輸粟以助率七邑仿行之嗣復請詔開倉平糶設法以濟全活者甚衆

曾曰理字栗岩南昌人乾隆二十一年知嘉興府勤慎自矢不名一錢以清廉稱調杭州守去囊橐蕭然歷浙江按察使

淩樹屏字保釐烏程人進士乾隆二十二年任嘉興府教授學問該博能文善課士月旦之評不爽尺寸禾中好學者多請業焉著有瓠息齋集二十四卷以上伊志

張鎮字東侯海豐人以保舉入仕乾隆辛巳癸未兩知嘉興府强幹有爲讞獄無遁情其有罔識輕重自蹈重罪者必平反之曰吾敢紬法減之耶民愚如盲者墮溝中一拯之耳以故言能吏者推焉杭州府志

鄒應元字清源金匱人進士乾隆三十年由紹興調知嘉興府清理庶獄案牘一空郡中有知名士皆延訪致之一時士類爲之興起居官有大疑獄大利病請于上官不得力爭之卒如其議而止民安其政調杭州府紹興府志

馮章宿代州人乾隆三十一年知嘉興府以仁慈爲本恤刑罰勤撫字重修郡學士民皆愛戴之

李允升長安人進士乾隆三十四年知嘉興府性和易而遇事侃侃不少假借澉浦有孫家堰蓄永安湖水以灌田自改堰爲閘水洩田多荒訟數年不決允升相度水利力請上官復之民至今利賴焉

陳夢說號曉巖絳縣人以御史任浙江糧道乾隆辛卯署嘉興府有精嚴寺在秀水文廟南僧重建越舊制殿高于文廟夢說裁抑之限以制士民頌之

范永澄號半村鄞縣人進士乾隆三十七年任嘉興府教授性和易積學能文循循善誘弟子從游者衆歷知山西石樓徐溝二縣升朔州知府

王念典字徽五睢州人舉人乾隆三十七年以挑發署孝豐縣次年補嘉興府經歷恪慎自矢公餘輒訪寒素杯酒論文終日不倦性至孝以母老不克迎養乞改教歸作詩留别邑人士多歌咏以贈其行

朱璋號思齋長洲人乾隆四十年以運副借補嘉興通判明敏善折獄民多赴訴之每聽訟許盡言燭其情僞片言立決卽予杖者亦心折無怨夜每易服出偵諸不法者重懲之于是宵小屏息民畏而愛焉判郡僅二載調

雲南鹽井提舉以上伊志

案吳志後郡守立傳者凡十有四同知一通判一教職五經歷一皆公舉事實僅得其畧尚有郡守湯仁以勤敏稱楊成龍以鯁直稱通判吳貞開吳天界照磨張琢及副將張世英詢之父老皆有足稱者然傳聞異辭特識姓氏于此

伊湯安號小尹滿洲正白旗舉人出守處州嘉慶元年調任嘉興治尚寬簡潔已愛民於士林尤加培植時郡志闕八十年未修公修輯詳備後擢貴州觀察子鍾昌進士官至刑部侍郎次子繼昌舉人官至浙江布政使于志

李賡芸字生甫江南嘉定人進士歷宰孝豐德清嘉慶元年調平湖潔已愛民盡心撫字居官一以陸清獻為法

釐革漕弊殆盡民懷其惠而吏稟其操邑有同善會司事者縛一人送縣賡芸廉知其無罪謂諸司事曰君輩既名同善會詎宜枉誣良善衆皆駭服一生逋糧甚多限十日完納不數日繳送疑之密詢其錢所自來則對以不忍負公于今晨賣女作妾矣賡芸惻然亟邀買妾者至則頹然老翁也與之坐而諭之曰功令不得以士人女作妾今當就汝家為此女擇一佳耦耳其人感愧即指一幼孫之未締姻者令婚娶焉此尤其政績之可紀者尋以治行第一膺卓薦擢同知涖陞嘉興府同知政如其初以憂去服闋再起益勵清廉官終福建布政使閩人為立遺愛祠平湖東門外慈雲閣亦設主供奉焉賡芸事繼母孝湛深經術詩文亦別開一徑著有稻香吟館集七卷于志

路錧字墨莊湖北漢陽人監生由諸暨調平湖縣性仁厚民有薄譴不忍施以蒲撻亦不至廢法前令王恒輯邑志迄于乾隆己酉錧重修之自庚戌後十五年事賴以無缺凡蒞任六載陞任同知而去于志

周鎬字懷西江南金匱人舉人由知縣擢嘉興海防同知值海氛未靖羽書絡繹外輯商旅內安士庶民人德之鎬生平宦蹟多在海疆故于防海要務最明與提督李

長庚善時長庚勦海匪蔡牽尚未奏功鎬言欲平海寇必先翦其羽翼如李祐降而元濟擒黃佐降而楊太滅此為上計長庚深然之尤善治農政嘗諭鄉民曰吾家世業農凡耕耘收穫之事無一不知汝輩必不能欺我也詩有才力古文宗法韓歐著有犢山類稿官至福建汀漳龍道于志

王鳳生字竹嶼安徽婺源人監生父友亮官至通政使以詩文名公卿間鳳生克承家學才復沛然有餘嘉慶十九年以嘉興通判攝平湖縣事吏治勤敏終日坐堂皇投牒者立為剖決不稍淹留鄉民咸便之乙亥春大饑

海上無業之徒乘勢欲行劫鳳生恩威並用境賴以安邑中飲射讀法保甲諸典廢弛已久鳳生一一行之尤能嚴禁教門優待士子其去也人咸思之官至兩淮鹽運使于志

何太青字蓉閣廣東順德人由翰林改知縣歷宰餘杭德清仁和擢嘉興府海防同知所至有能聲愛才若命與士子討論詩文晝夜不倦性慷慨好施戚友有求必應雖一日揮霍千金不惜也癸未大水皇然爲斯民晝生計旋丁外艱貧不能支嚴冬風雪身無敝裘賣書籍以易薪米客至不能具茶茗而處之宴然書法得柳意詩

亦清新拔俗著有遵路亭等集于志

張光熹號梅峴仁和進士由知縣改補府教授性端厚廉謹勤學不倦身後一室蕭然任禾中猶有紹郡生徒摳衣來謁者于志

龍光甸廣西臨桂人由舉人出宰湖南黔陽旋升乍浦同知遇事敢爲黜華崇實濱海豪民痛懲尤不遺餘力乍浦故有九峰書院光甸鼎新之又捐廉修龍湫山祠蒞任三載多善舉焉所刊書籍皆有關於世道人心者後調玉環同知新纂

瑞元字容堂正白旗人兩江制軍鐵保子風流儒雅提倡文教邑有鴛湖書院月設小課朔望命題嘉善黃安濤主講署有梅花廳爲補植數百本列庭前若排衙然每遂政暇召諸生詢風俗評材藝道光十五年倡捐修府學宮增建騰蛟起鳳兩橋跨南北俾肩摩轂擊者繞宮墻後免塵囂後洊擢至湖北按察使粵寇初次陷省城手刃姬妾幼子以殉事聞　賜卹　予謚端節新纂

于尚齡字磻溪江蘇金壇人以同知權府篆郡志自嘉慶庚申修纂後閱四十年搜求掌故手自丹鉛雖分類太繁然咸豐以前數十年文獻足徵亦資編纂之力新纂

徐敬字信軒江西臨川人善擘窠書畫墨竹自嫌不由科

目進公餘銳意講求檇李文物每作儒家言與教授周杖相切劘郡城屢經水患有圯壞者廣延紳耆分段捐修雖暑雨冠蓋憩郊外板幹畚揭恒親督焉新纂

馬昂霄字雨峯江蘇吳縣人長身鶴立才鋒峻監大挑分發浙江由桐鄉令洊擢至郡守下車甄頓士習開月課甄優劣訪知書院田畝有移易侵蝕弊飭監院釐剔佃晰租增膏火無缺額戊午科揭曉徐生錦發解乃決科冠軍者士林咸稱之咸豐庚申春攝杭州府視事甫五日城破賊竊至昂霄衣冠投井死得　旨優卹新纂

何紹祺字子敬湖南道州人由孝廉官滇移浙尚書何文

安公仲子家世清華與伯兄紹基俱善書法居官以扶弱抑强推誠寡過爲本其守郡也開濬城河民不病汲廣籌經費培養士子使寒畯無仰屋嗟所著滇浙牘存皆有關風教之言擢署督糧道辭官去參滇浙牘存

邢吉甫字子伊江甯人守禾時禾郡已被賊踞自庚申夏至辛酉防堵屬邑桐鄉縣撫輯災黎咸稱幹濟後赴省被圍殉難杭城時有署通判沈裕申江蘇如皐人下缺亦在郡城陷後留省贊畫軍務同死於杭見忠義錄職官表

蔡兆輅字樸庵建德人咸豐壬子以即用知縣改就教職教授嘉興府學請業者屨恒滿戸外金陵警至嘗語張詠共誓刎頸俄聞詠殉國哭之慟恨自死晚投水卒忠義

錄有傳

張詠字梅臣錢塘人由諸生保舉選授府學訓導貌岓偉愼言動弟子進謁者恒勸勉以忠義事咸豐庚申春羽書絡繹與同寅論時事每曰吾輩冷官不能挽强殺賊一死報國四月二十六日賊至僕從欲掖之行叱之踉蹌而走自題廡壁曰城存與存城亡與亡君臣之義千古維彰今也不然目擊心傷以扶名教以振綱常身不可辱投水中央投頻池死藁葬學之後圃時賊括金銀徧發地其門人恐掘棄之覓書斗入危城負骨出其室人先以病卒新塍義士鄭石甫復覓其棺合葬於蒲鞋浜閱四年學燬幾盡詠題壁仍屹立榛莽閒學使吳存義摹其跡壁隨圮知府許瑤光爲立碑表墓新塍文士歲時有祭奠之者忠義錄有傳

張墉陝西長安人咸豐年官西水驛丞庚申文報壅塞知事不可爲閉署不出均殉難忠義錄有傳

嘉興縣教職佐貳附

晉

王胡之字修齡琅邪臨沂人少有風尚善屬文辭永和中爲嘉興令歷侍中丹陽令晉書王廙傳參嘉興湯志案史不言胡之爲嘉興令柳志趙圖記名宦亦未列入惟嘉興湯志據陳與義閣帖釋文云胡之於永和中曾爲嘉興令今仍之

南北朝

沈演之字臺眞武康人舉秀才元嘉中爲嘉興令有能名歷吏部尚書太子右衛率南史本傳案柳志演之爲嘉興令召入爲司徒祭酒與史傳異今據南史改正又柳志趙志演之墓在郡城北二十里劉志以下皆因之今考談鑰吳興志演之墓在德清縣則此郡縣舊志誤也

唐

陸士修字里未詳大歷間爲嘉興尉與顏眞卿善顏守湖州士修往來霅間多聯句詩峴山窪樽之咏士修與焉檇李詩繫

高日倫渤海人監嘉興鹽十年課特優從百萬至三百萬監人賈人各得其所貞元十七年著作郎顧況爲嘉興監記美使臣之得人唐文粹參嘉興湯志

許某佚其名桐廬人長慶中任嘉興令方千贈以詩有檇李傳聞風俗好重門夜不上重關及辛苦字人酬帝力從容對客問家山之句至元志參趙圖記

宋

周沆字子眞益都人進士慶歷中知嘉興縣當官謹嚴鉏姦衛良丞相富弼舉沆通判鳳翔府去嘉興二十年民猶思咏之以爲前後無儷仕至戸部侍郎司馬溫公集參劉志案宋史本傳不言沆知嘉興然司馬溫公撰沆神道碑則云監青州稅尋以憂去職服除知嘉興縣較本傳爲詳今從之

王存字正仲丹陽人慶歷進士嘉興主簿修潔自重爲歐陽修呂公著趙槩所知擢上虞令去累遷尚書左丞宋史本傳

胡楚材字公喬壽昌人明敏好學慶歷六年進士歷廣德

儀眞判官調嘉興尉轉州幕以剛直忤權貴官止校書郎遂隱居以琴書自適嘉興湯志

蘇袞武功人皇祐間知嘉興縣以文章政事稱柳志

韓晉卿字伯修安邱人以五經中第歷嘉興主簿奏課第一歷官大理卿宋史循吏傳

高覿字會之宿州人進士熙甯間爲嘉興縣主簿有循吏風累官集賢院學士宋史本傳

錢鰷嘉祐中知嘉興縣決獄如神有邨叟告牛爲盜所殺錢曰若亟歸勿言報吾但密召同邨解之徧以肉餽所知或有怨仇即倍與叟如其言翌日果有人懷肉告叟

私屠牛者𫝊詰之果告內者所殺嘉興湯志

高元常字復明宿州人祖覿前嘉興主簿元常幼開敏試將作監主簿後徙嘉興丞嘉興劇縣令不任事嘗持檄出旁郡訟牒如山元常暫領其事一朝剖遣立盡先是佃戶靳輸主租緜此多訟元常揭而書曰田入田當其入杖且奪田民競往償訟於是息華亭戶欺詐田已穫而撥其茭引水沒之歲比訴當吏不能察元常行田爲十等號參相驗欺者輒得民不能欺晁无咎集參嘉興湯志

陸元光字蒙老歸安人博學善吟咏宣和初爲嘉興令後改晉陵時州幕官有好讒謗同列者一日聞蟬陸即席

賦云緑陰深處汝行藏風露從來是稻粱莫倚高枝縱繁響也須囬首顧螳螂其人聞而少戢庚溪詩話參嘉興湯志

志縣令陸蒙老有嘉禾八詠詳古蹟俱作蒙老名元光字今據宋詩紀事改正

陳昰紹興間知嘉興以政事稱柳志

黃度字文叔新昌人隆興元年進士乾道中知嘉興縣訟牒紛紜隨事裁決畧無凝滯後歷官禮部尚書宋史本傳參柳志

李時習毘陵人進士湻熙元年爲嘉興令佐郡守張元成延邑進士聞人綱撰嘉禾志五卷嘉興湯志

李陟字𢌿升內黃人進士湻熙中令嘉興强果辦治以愛民爲人所思歷殿中丞趙圖記

徐彥明字哲夫餘姚人進士慶元時爲嘉興令勤于政事時流寇四起率鄉勇晝夜巡視民得安堵頻歲旱蝗濬河道以通水利民甚賴之吳志

莫子文字武仲吳江縣志作仲武吳江人寶慶二年進士知嘉興縣考滿候代會王疇奉使括田法甚苛細子文不從疇譖之田使劾其拒命降宣義郎制詞云勤撫字拙催科賢者之常也爾爲令切切愛民乃不能汲汲赴功坐是爲使所劾降爾一秩非朕得已然亦因是以知爾之爲人仁矣田使見之怒持不與後五年始復其官制詞又

曰君子之仕利鈍亦何常之有彼迎合希進之儒乃欲常利而無鈍然至於時論卒亦不能有其有也頃奉行田令者倚法而逞爾制邑且受代乃能力抗其鋒期以不擾雖主計之臣請黜爾朕不爾忘也五年之蹟於今而復士所當爲者不止此其益勵所守以副朕意後吏部尚書趙以夫言其能拒括田之令甘心受譴不以病民遷道州通判累官至廣德軍兼管內勸農營田事嘉興湯志參松陵文獻

陳德元字元善福安人湻祐七年進士任嘉興縣尉以賢能稱

葉愆佐景定初令嘉興賈似道行公田之法提領劉良貴劾愆佐以不即奉行罷官

易偉字成大父斗南廬陵人咸淳初爲常熟尉因家崑山偉負氣積學能自卓立試吏平江調嘉興尉擢浙省幕官率職無怠後以吉水州判官致仕以上嘉興湯志

張抃咸淳五年知嘉興縣因主學張夢吉請興學校以狀上之判府知軍文及翁乃以西城舊驛爲學兼置學田四十六頃抃文學政事著名一時後文天祥辟爲參謀永豐空坑之敗同天祥子女闔門死焉宋史文天祥傳參嘉興湯志

吳思齊字子善麗水人由任子入官咸淳中任嘉興縣丞

會令以言去攝縣事獄多留繫思齊坐獄戶讞問凡株連疑罪悉簡出之死刑多所平反遇事不以勢移不以貧屈自號全歸子袁志

案嘉興湯志宋縣令有孫復以長水縣而誤也宋史秀州有嘉興縣無長水縣歐陽修撰復墓志銘固云徙知河南府長水縣志失考也又湯志潛說友令嘉興以惠愛及民爲宰輔所賞柳志稱咸淳間潛說友知是邑有惠政考宋史說友爲賈似道陳宜中黨知平江府時元兵至以城降乃貶南安軍籍其家然則說友爲令嘉興雖有惠政亦不足道況志所言初無實據今刪去又湯志採夷堅志林乂爲嘉興簿無政績可紀姓名已具於表不贅

元

謝天錫字純父吳興人至元間授嘉興縣主簿嘉興當孔道地狹而民瘠方歸附初使者乘驛往來日無慮以十數科調繁與天錫佐邑宰一以寬恤爲事民歡然供給無敢後者尉缺天錫兼攝尉事設方畧治盜盜是用弭縣有疑獄久不決天錫廉得其實一日命取網罟羅積水中得枯骸冤乃得白民驚爲神因瘓者衆天錫具湯藥饘粥以給之多所全活民以佛子稱之考滿上官咸薦其能而天錫浩然有歸休之志矣嘉興湯志案趙孟頫所撰天錫墓誌至元間爲嘉興簿劉志作明初者誤

潘明之至大間爲嘉興尉與金華許謙友善嘗稱明之英資挺特德性剛明傳朱呂之學能折節下士在縣時嘗

聘謙教縣之子弟謙未赴明之亦旋解官嘉興湯志

趙艮弼字君卿東平人延祐中爲嘉興路吏遷嘉興縣尉屢著善政袁志

楊森德至元間知嘉興縣興學校柳志

陳伯顏字大有睢州人至正間尹嘉興時兵興徵調繁苛伯顏寬假貧弱細大無擾而事亦辦給禁暴戢奸邑賴以安趙圖記

潘庭堅字叔聞太平人至正庚寅任嘉興教諭見學宮傾圮白於縣令陳伯顏捐俸修之更稽學田租逋爲興學公費四閱月而成規制與郡學等陳逵有重建大成殿

記嘉興湯志

石光著字仲明海陵人至正間由長洲尹調嘉興清潔有執持興學勸禮嚴制猾豪細弱得所柳志

沈秉忠至正間以江浙行中書省宣使來管嘉興驛事嘉興介錢唐姑蘇爲衝要地使舟驛騎往來如織餽膳稍遲則抽刀擊之長吏不能禁秉忠至諭以利害咸讋伏相戒勿犯民賴以安調三公府宣使

錸穆而溥化字宏道至正二十三年以江浙行省宣使管嘉興驛驛本煩劇且壞于兵溥化始置舟楫以待往來舟爲藩部官所據過者輒鞭扑郵吏譁于府縣莫敢誰何溥化痛懲其無賴者自是帖然以上嘉興湯志

賀傑元末嘉興萬戶值革命解所佩金牌投幽蘭井遁居當湖以終吳志

明

張雲字從龍洪武三年令嘉興居六載巡按御史袁某以清慎有爲特異之升山東濮州知州柳志

魏誠河東人洪武六年嘉興丞撫新附之民興學校以善政聞趙圖記

徐本字復初江西人洪武十年知嘉興爲政嚴明長於撫字值東作方興躬親勸督自爲勸農文使民傳誦鄉老至今稱其善政柳志

吳禮德化人監生洪武中由金華令調嘉興以廉能著官至雲南大理同知吳志

蔡楫字汝濟沛縣人由人才擢監察御史洪武三十一年知嘉興出滯囚二百餘人勸率富民納逋糧四十八萬有奇縣多亡賴楫於縣廳置善惡二牌民有善則誌之有過惡弗率教亦誌之由是民感愧皆趨善去惡柳志參徵獻錄　案吳志以蔡楫誤作嘉興知府今訂正

張進字公迪金壇人洪武末任嘉興丞爲政勤勵雅好文學吏民愛之擢監察御史嘉興湯志

鄭深道字文元龍溪人洪武舉人被旨視兩浙鹽運使司獄深道廉得數人非其罪出之比還其人各懷白金尾舟後以謝深道却之既復命授程鄉縣教諭改海豐又改嘉興秩滿遷甯波府教授嘉興湯志

蕭福閩縣人洪武末以儒士任嘉興典史在公清勤雖處卑職理劇務而讀書講學不輟擢監察御史劉志

李孟璿字南莊海鹽人祖元白元時爲嘉興總管孟璿永樂初以經明行修薦歷嘉興汝甯訓導教養有法士風蔚起所著有南莊集嘉興湯志

趙緯字大經洪熙初浙江按察副使謫嘉興典史吏部侍

郎黃宗載以清軍行部至嘉興苦籍伍漏匿軍民訐訟分委有司皆不能理以屬緯緯綜核搜剔不旬月弊去籍清宗載大異之檄諸縣視以爲法趙圖記

傅霖字良佐貴溪人宣德中任嘉興管糧丞督徵有法賦完嘗爲諸邑先且勤於幹辦邑無墮事升東平知府柳志

顧儼字廷望其先吳縣人正統戊辰巡按御史齊某以經明行修薦授嘉興訓導造士有方多所成就後擢監察御史天台縣志

蒙遜字牧甫龍南人成化時爲嘉興令值官塘傾圮捐俸修築獰賊郭阿謙嘯聚新豐以計擒戮之吳志

陳璧字瑞卿高郵人成化進士知嘉興縣性抗直不折節權貴凡上司以事臨者與辨析民情利病侃侃不撓能以氣節服人歷都察院右副都御史嘉興湯志

郭資字逢源福建人進士成化時除嘉興令持身廉潔人不敢干以私有兄弟訐訟十餘年不能決感資解勸和好如初擢御史

張鏞字析懷麻城人宏治初爲嘉興令甫入境聞居民哀號聲詢之乃逋賦不能輸者鏞惻然曰是皆長民者之不能均役故也力請于上官緩徵輸釐正戶籍田三百畝以上者先役之貧民賴以無困擢戶部郎以上吳志

甘應奎江甯人貢生歷嘉興訓導陞龍南教諭勤于敎士雖隆寒盛暑必冠服危坐以督課業

何天衢字道亨道州人宏治進士授嘉興令縣多豪右天衢至誅悖逆戒嚚訟治圮族卹煢尫緩逋役六載績用丕彰擢監察御史晉工部右侍郎以上嘉興湯志

洪範字邦正金谿人進士宏治末知嘉興有治畧初至三月如不事事者吏卒頗侮慢之不加箠笞太守以爲庸及編差糧長太守語範推曰糧長邑之重役洪令不任事君爲代之推曰此令長事也代之彼不堪姑諭之意因召與語範從容應曰某非不能爲但無事不欲擾耳

今既相責某當爲之還呼里書集庭中焚香約明日審糧長官與吏書有欺謾者明神殛之吏卒前侮慢者復笑之杖而懸諸門復申令曰聞審此役多集人廢時日致多嚇取人財今我每區只用里老二人敢有妄舉毋貸庭中肅然皆以實舉盡日而畢上諸府守驚曰此重事須日月乃辦何草草乃爾範應曰知縣但爲之盡日足矣及守覆核里老皆曰自耳目所聞見此役不擾而辦者獨此令耳守歎曰賢哉令乎吾不足以知之自後治縣平易倘當皆如此縣以無事其鋤強右弱廉靜寡欲大類楊太守繼宗士民爲之語曰洪令楊守承前啟

後召爲監察御史終提舉副使趙圖記

蔣達字文孚僑居江都軍籍正德進士任嘉興知縣擢御史值宸濠叛出兵江上以勞遣疾卒贈光祿寺少卿嘉興湯志

鄭復字一陽龍溪人舉人正德間爲嘉興訓導師範端嚴歷樂清樂昌瀧水三縣令告歸林居二十年四壁授徒躬耕自給嘉興湯志

黃訓字學古歙縣人嘉靖進士爲嘉興令爲政溫良不干聲譽升兵部主事所著有皇明經濟錄黃潭文集讀書一得諸書吳志

黃獻可字堯俞莆田人嘉靖進士知武陵縣調嘉興愛民好士儒學僻處城西風氣不萃獻可擇治東興聖寺址徙置之自此人文蔚起劉志

盧楩字木伯崑山人嘉靖進士令嘉興加意黌序延名孝廉爲生儒師日講月課寒暑無間捐俸置田二百七十畝給贍又以田賦多則建議均平爲豪右所阻未及行劉志參嘉興湯志

張師載字以道潛江人嘉靖進士知嘉興縣會編里甲委曲調停使貧富適均先是以海寇殺掠人情洶洶思逼師載曉以去止禍福寇退民安如堵廉介自持召去行

橐蕭然官終巡撫都御史

童慣貴溪人繇吏曹任嘉興縣典史清苦執法以誣黜公論惜之以上嘉興湯志

張烈文字元煥雲南籍巢縣人嘉興進士令嘉興誠慤謹愿遇事兢兢不苟言笑始終一節升南京戶部主事葺有文海流奇等編劉志

劉鑑字廷光蕭縣人嘉靖丙辰以尤溪簿陞嘉興丞持身廉潔蔬食布衣教民禮義有貧民負馬丁錢鬻子而貸郎鐲免以贖其子陞山西太原前衛經歷

郭東字仁府高平人嘉靖進士令嘉興溫良慈愛凡遇訐訟每爲和解不事鞭扑催徵尚寬恕亦無逋負丁外艱去

李時行字少偕番禺人嘉靖進士宰嘉興晉南京兵部主事以事去官不復有歸志徧遊吳越齊魯諸名山所至寄情詩酒超然物外若無所攖于中者以上嘉興湯志

何源字仲深廣昌人嘉靖進士爲嘉興令凡聽訟曲直已判徐復委曲開諭皆得其情而去公庭寂然郭杰以鍛獄誣服沉冤十年廉知行奸謀殺者郭明也釋杰而罪明邑人稱神歲當攢造鄉官以受寄爲常一日五鼓遣吏取圖籍數郎集胥吏於衙局鑰之一時不得高下

其手詭寄之弊十去七八當道有總理鹽法者欲增課額源謂民方苦倭萬一鹽徒朋引禍且不測止之年饑申請緩徵通查五年銀米之餘抵所請之數額不虧而民自便在任二年官舍蕭然民有喫水還錢之謠內召歷太常少卿徵獻錄

李寅賓字于暘婺源人嘉靖進士令嘉興三年政平訟理嚴而弗苛節而有文能而不矜儉而有制陞南京工部主事

曹存句容人嘉靖壬戌以鄉薦掌教嘉興倜儻有大節諸生初食廩舊有贈金悉却不受月課鎖門如闈人稱爲嚴師

陳延吳縣人嘉靖中歲貢丙寅任嘉興訓導以甄陶士類爲已任持已恬淡處世和易未嘗有疾言遽色循循善誘被其延接者如坐春風中陞桐鄉教諭嘉之士負笈從者甚眾

李士龍字應明嘉定人歲貢任嘉興教諭修治廟廡整理祭器廟貌肅然以上嘉興湯志

龔勉號毅所無錫人隆慶進士知嘉興縣宅心仁恕莅政寬平以憂去後爲嘉興守尤著善政歷浙江布政

羅星字拱北南直太和人隆慶進士知嘉興縣覈圖田省坊役申保甲諸所興革盡便于民尤慎刑獄囹圄屢空村落間經年無胥吏迹擢大理評事以上吳志

張問達字德孚內江人萬歷進士知嘉興縣編審里甲不寄耳目於胥吏富民不得規避貧窶甦息他若興學校清義倉厝注皆法度擢御史嘉興湯志

顧雲程號襟宇常熟人萬歷進士初任洎安令調嘉興歲大稔穀賤不售舊例徵賦以十月始雲程至歲盡不徵部使者怪之正月朔雲程集耆老問曰穀價視冬時幾何曰益一鏹矣曰若是趣完賦者老曰諾五日入四萬金且日上之部使者異之擢治行第一嘉興何志

鄒東魯兖州人萬歷間以貢任嘉興縣丞賦長歲有常饋纖毫不受又捐俸賞早畢賦者清操益厲鬻衣以供饘粥居官六年終始一轍升魯府紀善貧不能行邑縉紳捐金助之

鄭振先字太初武進人萬歷進士宰嘉興年甚少令下歲胥徒市魁惴惴守功令經理賦法酌北運之宜條上四款一曰議改派二曰議抵給三曰議供應四曰議捐解無不曲中事竅民困以蘇建常平二倉以供存捄時有豪民匿賦者廉得其實戍其人而沒其田以實倉贍學會大祲駕小舫歷村落問民疾苦發帑穀萬斛民得更

生設仁文書院置義田以興起斯文爲已任以上嘉興湯志

湯齊號麗河武進人萬歷進士知嘉興縣清儉自砥寬贖鍰蠲羨耗平繇役釐積弊民戴其德縣向無專志齊纂修之仕至太僕卿嘉興何志

康元穗字日穎安福人萬歷進士爲嘉興令不能葬者多棄棺郊外元穗置漏澤園瘞之汰運糧浮額報最升南禮部主事西江志

諸元道字禹方餘姚人萬歷舉人任嘉興教諭談析名理揚扢藝文弟子執贄請謁不問贄而問業有貧病不能支者輒請之邑而賙助之屬鄭令創仁文書院設義田

以垂永久元道躬歷荒野覈定肥瘠條議徵收井井有法自是公費有賴遷湖廣醴陵令

高座字文峯臨安人萬歷歲貢任嘉興教諭課士有程不廢寒暑學宮傾圮諷有司修葺覈學田之隱匿者以食貧士後以諸生與范通判相角學使者右范諸生盡納章服求退士論譁甚高亦左遷縉紳惜之以上嘉興湯志

張鳳翥字濟存宿松人崇禎進士知嘉興縣初莅事簡靜無爲或易視之不一月發弊懲奸吏皆畏慴民苦役久值編審始行均田法至今倣行興學校勤月課造就諸生以憂去後爲荆西道嘉興何志

羅炌字然明歙縣人進士崇禎間知嘉興縣徵糧有法清操不苟民有一杯羅炌之謠興文學修縣志皆其實績升任去袁志

林之蕃字孔碩閩縣人崇禎進士嘉興令喜畫山水落筆蒼潤其爲吏清廉有聲不善逢迎上官遂爲鹺使者所劾拂衣歸無聲詩史

國朝

林逵莆田人舉人康熙癸卯知嘉興縣禮賢好士徵輸釐革夙弊士民均愛戴之

樊咸修字慈東三原人進士康熙戊辰知嘉興縣寬猛得

宜民情帖服邑有豪惡翦除不遺遇窮民則加意撫恤之擢給事中以上吳志

莫大勳宜興人康熙初知嘉興縣立官解白糧法至今便之大清一統志

鮑鈴字安之奉天人自康熙丁亥至乾隆壬戌間凡三任長興令有廉名遷鹽運分司乾隆八年以鐫級改令嘉興儉約彌甚官廚至燃糠代薪與邑人接恂恂有儒者風顧性亢直於上官無所唯阿踰年調任海甯諸翰林錦賦雲中君一篇贈之并序其于役詩謂有魯山次山風格所著道腴堂詩正續二十六卷中有載興集三卷

在禾作也

閻公銑字惺甫昌黎人進士乾隆十年自縉雲令調嘉興操守方正人不敢干以私民訟立判其曲直尤勤於課士其後遷黔中牧數年解組歸復來遊禾禾人欲請爲書院長以年老不果酉

沈莫尚字禹聲餘姚人康熙舉人乾隆十三年爲嘉興教諭品行端潔課士嚴而有法嘗捐俸倡建尊經閣邑人士樂從經訓者皆助成之於是學制始大備

楊承綜字亮采廣濟人雍正拔貢歷繁昌藺溪浦江令乾隆十三年調任嘉興釋誣盜白冤獄十六年以

南巡御舫所經議改作宣公橋橋通闤闠行者日往來如織承綜謂拆之非便議遂寢次年以竊案被劾未幾歿于禾人咸惜之

阮培元號篤庵黃巖人舉人乾隆三十九年爲嘉興縣訓導學問該洽爲文根柢經史品端謹蕭然一室與諸生講學論文孳孳不倦

鄧日治字勷齋英德人由拔貢于乾隆五十年調知嘉興縣居官以儉約風世敝衣蔬食性慈愛不妄笞一人民亦感而知勸殷勤撫字以良吏稱莅任六載吏議去去之日老幼走送者數千人牽衣泣別肩輿不能行以上俱志

趙獻號岂堂直隸灤城舉人由仙居縣于嘉慶七年調嘉興在任二十年潔己愛民多惠政升紹興同知卒于官貧弗克成禮歸櫬過禾士民哭奠以萬計懸公遺像于郡廟之守一堂歲祀勿替有紳耆公舉署公任嘉興二十年虛堂懸鏡庭無雀角之爭比戶編氓人絕鴟張之習敞宏文之館捐廉籌及歲修施普濟之堂分俸並佽月米煮賑則活人無算除兇則安堵不驚凡績之卓然可傳皆事之顯而有據所以滇左差歸之日僉云還我使君每當歲終伏臘之辰人盡拜公遺像允宜載之志乘永作官型仰祈采入輶軒以孚輿論于志

徐榮字鐵孫漢軍正黃旗人進士起家博學能詩精金石書畫署嘉興縣時會修郡志充分纂儒行文苑屬稾居多涛升閩汀漳龍道率師援徽州軍次漁亭遇賊戰死奉旨入祀昭忠名宦兩祠忠義錄有傳

楊裕深字曉東貴州貴筑縣人以進士宰嘉興道光時乍浦海氛方熾潰勇退入郡飢攫渴奔城內外皆罷市亟出錢緡令易器械爲冊籍資其未去者仍事剽掠居民縛獻縣署則糾眾鼓噪遮奪去官不得伸其法裕深令

民廣樹巷柵家自爲守有竄入横行者格殺勿論勇不得逞遂散去經畧駐禁北教場遊騎四出至奪縣令自乘馬裕深憤撲之待罪軍門經畧直之賜赤捧二植署前軍士相戒勿犯支應亦稍紓後擢至兩浙鹽運使新纂

德成字竹樓漢軍伉爽鋒厲聽斷無積牘調任鄞縣會山石街土匪滋事死於難新纂

朱緒曾字述之江蘇上元縣舉人學問賅洽重刊棠陰比事一書爲鞫疑讞者法道光已酉水災籌賑苦口勸導人咸樂輸梅里爲人文淵藪重修竹垞醧舫曝書亭校刊梅里正續詩輯尤嗜古書公餘屏騶從走書肆見宋

元板本必購歸解篆後行囊惟書簏而已新纂

程夢麟字聽溪德清舉人訓導嘉興整頓堂課闢署中月泉精舍扃試諸生獎勵優等道光十五年修理府學宮隨知府瑞元督理工程不憚勞瘁捐俸修本學宮墻與廢舉墜列續學碑夙精琴理晚年以病乞歸築貯雲樓于溪上遠眺吳山旁其楹曰可談風月不礙雲山高風遠被禾人士猶深景仰焉新纂

瞿綬章字潤甫江蘇婁縣人分防梅里性寛厚喜施醫藥咸豐庚申四月郡城陷在鎮稟請巡撫王有齡札發鎗礮火藥會同鄰近硤石鎮集團聯絡五月提督張玉良飛書約期會勦張師攻西北門鎮團攻東南門賊閉城死拒時驅老弱出爲招撫之獲諜者解張營不戮於市村鎮賴以晏如七月張師潰賊傾巢至綬章頸被三創遽仆他賊度已死舍去團勇舁歸署乃大呼曰我心猶未死也固守四旬三閱月迄無濟匍匐至漾葭灣自沈死事聞 賜卹梅里殉難錄 浙江忠義錄

秀水縣

明

趙忠盧龍人由貢士授監察御史秀水初析縣出忠知縣事勤敏才辨有聲於時

喻義餘干人宣德進士知秀水縣寬簡適宜民安其業以上柳志

黃憲萍鄉人貢士正統末知秀水善撫字決獄稱平朞年告治時處州寇葉宗留爲亂幕府廉其才命部民兵往勦陣殁邑人痛惜之

韓啟字景明嵊縣人正統中學士呂原薦授秀水訓導造士有方升德府紀善

李伯璵字君美上海人舉人正統六年秀水教諭監司薦其文學升淮府右長史以上趙圖記

莊溦江甯人進士天順四年任秀水知縣修葺學校九年考滿遷薊州知州劉志參柳志

郭珙字元圭閩縣人進士成化己亥以會稽令調秀水暮夜有投金者亟捕之不獲暴其金於市終珙任人不敢干以私劉志

李睢字應旦閩縣人初爲給事中成化中以言事出知秀水下車時值秋旱力請緩徵是歲歉甚上官追民逋賦民不能償具狀於督儲言民困難以奉公請以已死易之督儲亦歎服擢監察御史吴志

孫樂字夔卿福山人進士正德元年知秀水縣卓犖有幹局猾胥僂行無敢舞文爲姦者召拜御史劉志

蘇恩字從仁江南華亭人進士正德中知秀水年少機警涖事縝密抑強扶弱號爲賢令召拜監察御史趙圖記

許瑛當塗人正德四年由功曹任秀水簿潔已愛民士大夫爲詠壺秋月歌以美之歷官縣令秀水李志

劉夢陽臨清人進士正德己巳知秀水廉靜不擾尤博學能文章簿書有暇卽披典籍時或歌咏于堂皇擢戶部

主事

趙章合州人進士嘉靖乙酉知秀水性剛敏執法不撓所治卽豪强不少貸下戶羸弱必委曲訊鞫之勿輕出入敬禮賢哲興學造士士論歸之以上劉志

洪遇歷城人進士嘉靖甲辰知秀水先是民覬輕役多析戶寄產遇令民自疏歸併賦均而不擾歲大饑不待上聞發廩賑之全活者無算以艱去明浙江通志

王應顯漳浦人嘉靖進士庚戌知秀水攻苦茹淡時倭寇患亟應顯與郡守劉慤合謀守禦日給糧餉治器械撫循士卒夜巡行城壘無頃刻息肩士女避寇從田間來

以萬計監司令由女牆縋入毋啟門應顯泣曰民眾縋者寡賊猝至盡捐鋒鏑矣令啟之皆得入甫畢而倭薄城鮮遇害者歷官太常卿

陳松青州人進士官御史時嚴嵩柄國同臺有非禮諂事者邀松偕行松大詈嵩聞而憾焉嘉靖甲寅左遷秀水令刻意為民鋤強扶弱邑有柄臣子弟奴隸橫甚松裁抑不少貸遷平涼同知

王諷祁門人舉嘉靖丁酉鄉試第一三十八年司邑教鋭意作人立君親師三篇揭大學中庸訓于明倫堂能詩文有石龍集

張道字以中湖口人進士隆慶己巳由餘姚改秀水令治獄不煩敲扑里中徭役輒絮語慰勞之婦孺以時入籲雖牽裾引案無慍容士民懷德毋敢撓法者三載召為監察御史

張綸字宣甫汶上人性醇樸少以聖賢自期隆慶丁卯以貢士來司訓日進諸生講道於尋樂軒常布裘芷履飯苜蓿一室蕭然諸生饋遺峻卻之雖蔬果弗受擢三河令

由禮門字中夫杞縣人進士隆慶六年知縣事軒豁明敏凡所厝注多革靡文一本諸誠意尤好汲引士類時有議均里甲槩及士夫者禮門曰仕民有等民子孫豈無登仕者此不均之均也及編審民帖然稱平後升兵部主事

朱來遠字文臣廬江人進士萬歷五年知縣事明敏識大體事無纖巨立辦嘗定踐更甚當一人獨前爭來遠謂之曰爾某所腴田某所廣廈非爾誰任者其人皇恐謝服邑稱神明報最歷升太常少卿（以上劉志）

孫應溪郭興人（郭興疑有誤）監生萬歷九年授秀水主簿廉潔自好每夜易服出宵小遁去民得安枕巡鹽緝捕禁從者妄索有幹才聽訟無枉滯輒立判郡邑遺牘皆願孫

簿理歷官通判（秀水志）

陳九德字懋夫鎮海人（鎮海一作漳浦）進士萬歷十一年知縣事樸茂澹泊抵任時韋布蕭然縫袍不具與人恂恂誠篤喜進諸生譚藝每聽訟不加鞭扑詳審畢情上下敬信之他郡邑有牘不解者輒移秀水會署月兼試兩邑士積勞成疾貧不能斂邑人為賻櫬以歸

郭如川字元至富順人進士萬歷十四年知縣事歲荐饑加意賑恤全活以萬計其治多尚清靜雅抱羸疾一日行閭巷三日臥齋閤中豪猾舞文者亦頗衰止非大獄輒移鄉三老諭之息問遺無所受請託不行升禮部主

事以上劉志

羅心樸鷟山人進士崇禎間令秀水清愼敏達勤于課士遷湖州同知謝政後往來禾中士林翕然依之

李向中字立齋鍾祥人崇禎末以進士知長興縣調秀水潔已愛民執法不撓漕兌時運弁多橫索向中下令一切禁革運弁蔣某率旗丁刼向中至漕艘捶搒幾斃闔郡奔救以其事聞于巡撫旗弁正法初邑屆編審每僉報殷實戶吏胥上下其手向中倡均里均田之議後遵其法民以不擾以上秀水任志

董用圓一作童嘉定人秀水敎諭乙酉六月守城城破赴水

死

國朝乾隆四十一年奉

旨入忠義祠欽定勝朝殉節諸臣錄　案袁志吳志僅見職官表中作嘉興敎諭龔用圓俟攷

國朝

周之桂字二峯咸甯人進士順治丙戌知秀水縣兵燹甫定招徠撫字民賴以甯召爲給事中

賈曾字湛渠無錫人順治進士知秀水縣時海氛未靖

大兵南征供應立辦初不派擾閭閻修學校緩催科暇卽集諸生課藝面爲評閱以漕兌詿誤罷官去士民思之

王廷機字定一岐山人進士順治庚子以丹陽令調知秀水節儉平恕遇事明敏涖任九載吏民安之擢南通州以上秀水任志

丁仁定新建人貢生順治甲午秀水丞收兌漕白二糧奉公守法旗丁橫索雜耗仁定力持不與運弁加以橫逆含憤自縊邑人爲之訟寃事聞正運弁法仁定祀名宦袁志

李見龍字德中蒙陰人進士康熙七年知秀水縣布衣蔬食刻苦自勵賦役驛遞皆有條理絕不累民行取給事中浙江通志

蔡祖熉湖廣人康熙舉人知秀水縣廉介有幹才時供應

大差人夫馬匹絕不科派及民官船往來議毀民居以通纖路祖熉力持不可乃已後卒于官貧不能還邑人輸賻歸其喪袁志

董懿字千里祿勸人康熙恩貢雍正九年以縣丞擢知秀水縣居官坦白治尙清簡操守廉介每視事小民有陳愬雖婦女薄案前無所阻解任後寄止僧舍積逋盈千民醵金以償始得歸就道日數十里攀輿泣下繪像尸祝有送至滇中者

會克恭字伯敬豐潤人乾隆十三年知秀水縣才識明敏吏事裁決如流其詩古文辭並爲時所推重好獎引士

類以文字請業者無不詳細指授開小西門水道以通出入民便之爲令五載積勞成疾卒於官身後蕭然賴同官贈賻得歸櫬

李化楠字廷節羅江人乾隆進士初令餘姚二十一年調秀水大小案牘皆親自詳斷嘗言居官有六字訣曰眼到身到心到兼攝平湖訟牘山積化楠計日定程飲食皆坐堂上剖決一清縱民觀聽民歌曰雲霧七年三月見天以治行薦會憂去歷官北路同知以上伊志

劉炳然號藜閣安徽懷甯舉人由縉雲調任秀水潔已奉公愛民如子凡聽訟必愷切曉諭無不帖服卸篆日送者遮道至今民猶思之于志

余士璟號菊農山西鳳臺縣進士道光壬寅知縣事西鄉無賴子虞阿男者聚衆抗租號召鄰圩戽水於田釘欄於浜攔截催租進路漕政幾誤士璟單舸泊鎮不假營兵購線計擒不旬日縛而戮諸市新塍鎮秋毫無擾新纂

江忠源字岷樵湖南新甯人由拔萃科舉於鄉以鄉團擒猺匪功得知縣來浙道光己酉委帮辦郡城荒政遂秀水戴令暴卒時賑務方殷代匱難其人上游趣令攝篆忠源亦以事權在手得行其志遂毅然受任向來放賑者分編貧戶丁口冊成則官爲抽查具文而已忠源擕一僕微服走窮鄉數日而徧遇村翁田嫗絮絮相勞苦詰問盡得其里正染指狀歸擒數輩械以徇餘皆股慄終其事無敢舞弊者旋以憂去後建功楚粵仕至皖撫殉難廬州

賜諡忠烈事具國史新纂

楊炳字子萱江西新城人議敘官於浙先任嘉興移秀水爲政持平恕而除暴不畏彊禦三店鎮有演習花鼓淫劇者協營弁撲滅之幾罹禍卒搗其穴四境肅然有惜味軒詩四卷後以王環同知殉難省城忠義錄有傳

龔振麟江甯人有能名後擢知台州府殉難馬桂林金陵人亦有能名後任乍浦同知殉難省城忠義錄有傳

傅汝梅湖北人縣丞居官赤貧庚申城陷前一夕擕僕費福張燈登陴望火光偵虛實困闔城中闔門死甘科衙寓舍新纂

熊士龍江蘇清河人庚申警報疊至慮褚衣越獄時查囹圄四月二十六日賊至先縱囚囚識士龍面言於賊被戕於古井庵前忠義錄有傳

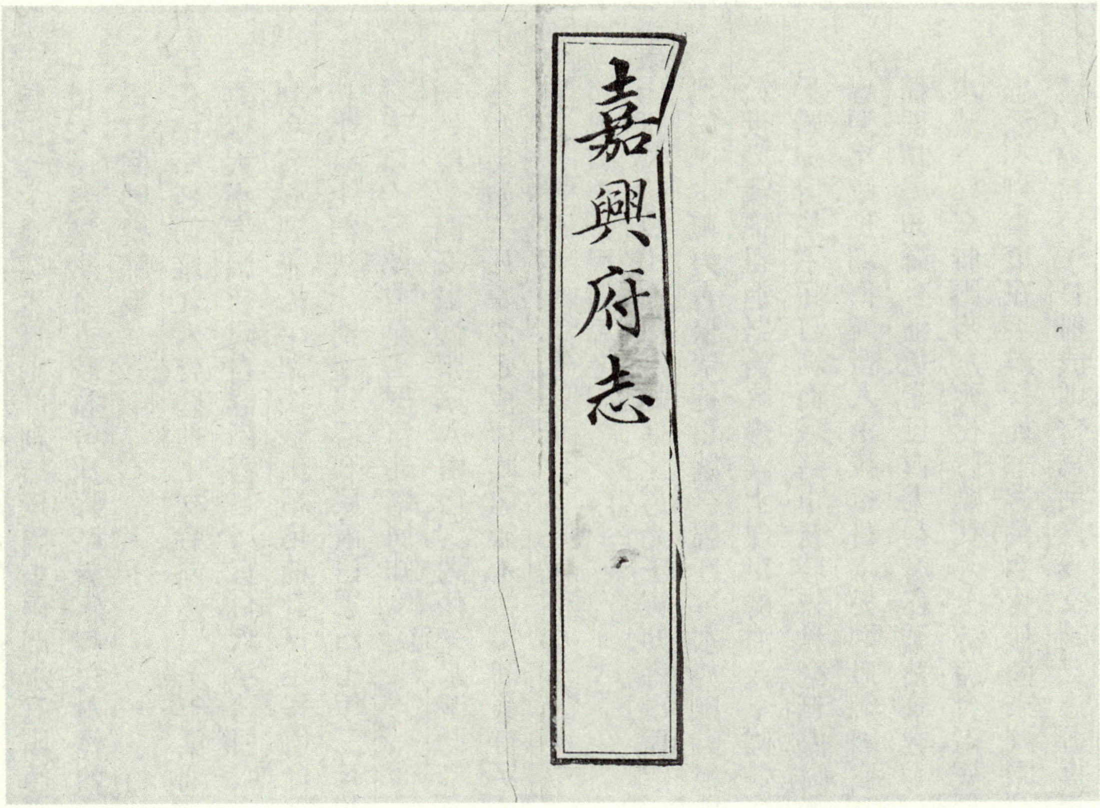

嘉興府志卷四十三　　嘉興府知府善化許瑤光重輯

名宦二

嘉善縣

明

鄭時字習之沂州人歲貢生宣德初知玉田縣改嘉善性坦易不尚刑罰時縣治初建百事未舉與僚佐夙夜經營勞民動衆而下無怨言九載乞休吳志

楊懋四川永寧人宣德三年任魏塘巡檢地當松秀要衝有中使夜過舟重命懋括民舟挽之懋怒將檢閱其行

嘉興府志　卷四十三　名宦二　一

裝中使恐夜易小舟去有鹽徒行劫懋率兵追捕格鬬數十合孑身賊手官兵稍御懋氣益奮卒縛渠魁下獄梟市臺府上其功加主簿俸時初分縣治委懋經營不逾年而官廨學舍皆告成焉嘉善于志浙江通志參

聶如斌豐城人宣德十年任典史職董水利令民廣築隄防常潛乘小舸察民勤惰以行勸懲境內大水憲臣驗荒者意有齟齬如斌即自投田間水深沒頂憲臣動容民得免稅又以北鄉田久荒民苦賠輸督民高其圩塍以備水患民皆賴之浙江通志參吳志

李遜字時敏南豐人正統進士知縣事機警有吏才下不

能撫性寬易民有過笞之未嘗褫衣九載將行民詣上官乞留事聞進秩本府通判後以征閩寇督餉有功陞知廉州府（吳志參嘉善于志）

陳昺字勉之宜興人任訓導學問宏博訓士子悉根義理夜輒躬巡學舍察諸勤惰秩滿拜監察御史

沈律字應和崑山人由舉人中禮部乙榜授訓導性坦易作起士類兩典福建河南同考官監生李薨有母妻喪不克葬律首助之陞昌黎教諭

曾師孔惠安人由舉人任敎諭勤于講授諸生貧而無書者購畀之或有饋遺拒不納（以上嘉善于志）

汪貴字艮貴歙縣人成化進士知縣事廉潔狷介愛民如子歲汰無名之費數十萬錢倉庾學校多其構葺然性伉直短于應對不爲當道所容又爲政不便豪猾以是坐調瀕行蓑笠蕭然攀留者數千人時華亭張莊簡公悅素知貴名白其賢冢宰王端毅公恕疏令復任（吳志參嘉善于志）

王緒字紹夫樂平人應天鄉試舉人授訓導立教尚嚴時學宮就圮緒不請有司勸鄉之尚義者助建學門溝庫舍甃石闢新聖賢之像飾祭祀之器皆有程式同時訓導劉汝瞻字民望宣城人歲貢生爲人清約講論斷斷與緒寬嚴相濟緒秩滿擢知忠州汝瞻在任六年致仕（嘉善于志參浙江通志）

潘瑜龍溪人隆慶衛籍監生任邑丞剛果有爲不惕于勢嘗謁臬司隸卒二人至瑜館有所索瑜留之密往白于臬司李廷壽壯之卽令推訊二人伏辜瑜剔刷百弊奸豪屏跡嘗廣學舍置義田陞長安知縣（嘉善于志）

劉子厲字克温江西人宏治進士知縣事性廉敏精悍斷獄律比銖兩重輕皆自出其手胥吏奉成案而已政雖嚴明中實慈惠操履清白或以權勢臨之屹然不[illegible]三載徵爲監察御史（浙江通志參嘉善于志）

藍郁字國馨鹽城人宏治進士初知蘄陽改任嘉善操守廉潔愛民好士尤以厚風俗袪民患爲亟有訟者輒以至誠動之不任刑而民自服甫一載卒于官（嘉善于志）

區越字文廣新會人宏治進士正德元年知縣事少遊陳獻章之門慈祥簡靜得親民體平居無疾言遽色民甚懷之擢戶部主事

李錫字天祐登封人監生正德三年任主簿性侃直有大節八年江西姚源洞盜起犯衢州開化等縣錫應選率民兵往禦至開化之馬金街斬獲賊首三顆力屈被擒死于安仁之花橋贈本縣知縣後知縣張奐建尚節祠

祀之

王德明字宗周清苑人正德進士知封邱縣改嘉善持法平允吏不能欺當道文移有不便者默寢之尤加意學校禮貌諸生累官山西巡撫僉都御史（以上嘉善于志參吳志）

倪璣字公在咸寧人正德進士由諫垣謫邑丞素簡伉痛抑豪猾詢求民隱于財賦水利之法靡不究心創脩縣志建思賢書院毀淫祠嚴保甲置義塚及社學三載擢任邱知縣（嘉善章志參吳志）

郭田字汝耕長安人正德進士知長子縣改任嘉善性簡直政令畫一堅持冰糵操人有饋遺輒峻拒之嘗指白

鏹謂左右曰此能亡身敗家爾等毋為所污時有生員朱愚上書陳其過郎榜其書于縣門引以自責歷官布政司參議

陳大韶字舜舉嵩明人童時嘗道拾美珠飾俟其主還之侍父謁選京師父歿萬里歸櫬廬墓三年母喪廬墓如初事聞詔旌其門尋以選貢授訓導性倨篤言若不出口動以禮信自持人稱為毋欺先生在任七年致仕（以上嘉善章志）

何天啟字羲（吳志浙江通志俱作義）占貴溪人嘉靖進士由諫垣謫丞遷令嘉善前此訟多停滯天啟至三日剖決無留勾攝不遺隸卒民無騷擾值歲潦力請蠲免竟為當道所阻乃以贖鍰抵賦由是益得廉譽逾年陞南雄府同知

于業字建公金壇人嘉靖進士知縣事性精敏猾吏不能為奸歲祲申請蠲貸邑無饑民為政敦大體延邑人陸郲都天民重脩邑乘置學田旌節孝尤勤考課以振後學三載拜監察御史官至北畿督學使者（以上吳志參嘉善章志）

蔡煥同安人由選貢任崑山訓導嘉靖癸卯應天解元署嘉善教諭操履廉靖嘗捐俸課士士非公服莫敢燕見所談惟經義史學諸生咸畏慕之後以賢聞召為都察院司務歷官臨安知府（嘉善章志）

陳道基字以忠晉江人同安籍嘉靖進士知縣事性簡易御下以寬凡訊囚期于開釋三年未嘗入一重辟遇豪猾重懲之不少貸故事日輪里長一人供役所費不貲道基酌一年公用之數計派有逋負鬻妻孥以償者輒為代補間有窮民困迫請借公用餘銀以自活道基隨數給之民亦無一負者又擇士聯文會躬為校閱三載擢御史歷官南京刑部尚書（嘉善章志參吳志）

賴恩字英華汀州人官百戶嘉靖甲寅倭寇猖獗總戎調兵于閩恩奉檄禦賊賊突至枵腹出戰斬獲甚多時他將各觀望自保恩以孤軍血戰為伏炮所中墮水死知

縣鄧植聞賊先遁餉絕衆兵入寺造飯賊縱火襲擊兵大潰嘉善章志

黄樞字翊卿南昌人嘉靖進士知縣事外嚴內明發奸摘伏法紀稟然邑大潦樞謁大吏免冠頓首請帑金以償賦尤留意里甲役法稱平猾書斂手秩滿陞南京刑部主事遷湖州知府卒于官吳志

周宋字濟甫安福人嘉靖進士知縣事年少英敏剖決如流常以餘閒進諸生講藝又延名師啟書院擇士有志者漸摩之厚給廩餼朞年更任華亭歷官吏部侍郎嘉善章志參吳志

許鎡字國器石屏人嘉靖進士知縣事務崇節儉公出不擕廚役私衙不然官燭署中隙地課僮僕種蔬自給時訪民間疾苦有耆老薦申洞悉徵糧利弊條陳均徭均賦數事鎡奇之請于巡按龐尚鵬奏行其議立條鞭法著爲令甲龐素嚴峻羣屬莫敢仰視鎡獨慷慨論議不激不阿審錄時見笞囚太重顧謂羣隸曰吾民窘無以賂若若無重傷吾民淚且霪霪下龐目之嘆曰是眞民之父母也考績北行不能具舟車之費至京拜御史轉僉事嘉善章志

蔡懋昭上海縣舉人嘉靖年來任教諭時前令以貪敗訐之監司歸咎諸生欲嚴繩以法士亦切切不平懋昭至開諭約束之詳立規條俾有遵守凡事涉學校者與邑令婉商處以公平於是上下相安又增學田購書籍脩祭器學校之中彬彬有禮稱極盛焉去思碑新補纂

陳文彬字仲則以舉人隆慶年任邑教諭訓士有則愛卹寒畯爲政尤先大體性廉潔與蔡謝相先後一時稱良師焉以擢知和平縣去去思碑新補纂

謝顧字伯已別號暘谿江甯人嘉靖年以貢生任訓導初受學於呂涇野柟呂作四書因問載謝說居多通春秋以道自任講學訓士多有程式去官之日行李蕭然去思

碑新補纂

史朝鉉字貫之晉江人隆慶進士知縣事吏治明察胥吏屏息性方介莫敢干以私擢南科給事中遷湖州知府

金和字元節長洲人萬歷進士知縣事性嚴峻持政縝密吏莫敢欺監司令下築圩和每鄉擇巨姓有行者董其事民不擾而功成至今賴之擢南兵部主事遷員外郎以上吳志參嘉善章志

胡堯鼎會昌人由拔貢授主簿恂恂儒雅遵佐貳法惟謹且榜誓言於門以自鑒上官批發據理曉諭不事敲扑職司巡捕慮夜半邏卒倦臥每秉燭鳴鼓角發號以警

之時鄰府脫囚輒設法捕獲御史上其廉能擢長樂知縣官至僉事

趙世顯字仁甫侯官人舉人署訓導手不釋卷好與諸生講論書法得晉人風骨尤工于詩所著有楚遊蜀遊武塘諸稿登萬歷癸未進士以上嘉善章志

章士雅字循之吳縣人萬歷進士知縣事涖任後吏無骫法延邑人盛唐袁黃重脩邑乘營葺學校公署不勞民力六載陞禮部主事

謝應祥字鳳皋安福人萬歷進士知縣事嚴正有威邑向無定役貧富不均應祥乃立照田起役法豪右不能漏

稅民德之考試童子拔魏大中冠軍秩滿召拜御史歷都察院左都御史

林先春字狷庵閩縣吳志作侯官人天啟進士知縣事恬澹無欲風采凝然時民間投獻成習先春痛懲之弊始衰息魏忠節𥸤詔獄追餽先春力爲斡旋恤死庇生靡所不至愛士尤篤有嶰山課業丁外艱歸教授生徒四十餘年

蔡鵬霄字培自晉江人崇禎進士知縣事詢求民隱以興利除弊爲己任憫糧役繁苦博采衆議設法均之學宫傾圮以時脩葺丁艱去服闋擢御史官至太僕寺少卿

李陳玉字謙菴吉水人崇禎進士知縣事甫下車漕兌紛呶旗弁勒索加橫陳玉執持甚力得復舊規覽邑形勢購地築鶴湖書院建鳴鶴樓于縣治後請增科舉入學額接見諸生以經義治事相勉且勸讀史漢大學衍義聘己卯分校得士七人俱有才名所著退思堂集離騷箋註易書詩經解行世秩滿陞禮部主事以上嘉善楊志

國朝

劉肅之字欽中安陽人舉人知縣事順治二年邑初定餘寇未殄撫綏安集以慈惠稱陞刑部主事歷官溫州知府嘉善楊志參吳志

莫大勳字詹巖宜興人順治進士康熙八年知縣事涖任初縣丞李㚟橫大勳以嚴正待之懾不敢動御下不假顏色胥隸皆股慄退聽撫民寬和待士有禮居清丈平役均賦實行官收官兌法上官嘉之頒行通省以爲例在任七載清介之守始終不易舉卓異不能治裝士民感恩輸助父老扶筇攀卧三十里臨別灑泣猶惓惓以虛糧未盡去蕩糧未盡清三歎息焉考選擢給事中浙江通志參吳志

闕振字翼公永定人舉人康熙丙午知縣事清剔逋賦識拔名流以讒昭免官

楊廉字澹庵遼陽人以恩廕授知縣性剛果不畏強禦脩築北鄉塍岸農人賴之邑志自章令士雅纂脩後八十餘年散佚無稽前莫令大勳甫事整輯即內陞去廉敦聘紳士重脩刊刻燦然有章在任三載餘以詿誤去

任雲蛟字澹庵蕭山人順治舉人康熙丙午任教諭每月課文品題甲乙不稍假借黌序傾圮課于紳士鳩工脩葺堂廡聿新在任十年卒

盧燦字孟輝奉天海州人康熙壬子授邑丞遇事敏幹而持以鎮靜擢龍游令

邵廷章字于會建德人康熙舉人授教諭課士一歲數舉

加意敎育刻有魏塘課義三集遇歲科案發其新生之貧者槩不受贄兩次增葺黌宮後陞四川珙縣知縣

崔維華字西巖奉天人知縣事服官勤慎詳革塘長重築圩岸均有利於民續脩丁巳以後七年邑志維華父原任湖廣藩司錢糧未楚奉檄核算解任去

盧宜字公弼定海人康熙舉人由蕭山教諭調補學問淵深勤于著述教士寬嚴有法陞貴州鎮遠令

李之藻字辰銘武定州人兄文襄公之芳總制兩浙值耿逆之變之藻隨任行間効力有能名後知縣事嚴明剛介喜訟者俱斂跡之藻念民力惟艱三月開徵農忙畢後始摘催一二革除漕糧私派飭束旗丁肆橫督濬城河淺隘禮士崇文政教悉舉三載丁內艱去

閔元賞字紫階烏程人康熙舉人任教諭性和厚教士誠懇勤于課試刻有鶴湖會藝四集倡脩學校在任十八年與司訓趙汝旭趙天吉寅恭盡職卒于官

于舜枚字叶虞金壇人以副貢知縣事仁恕明敏精于剖斷省差不擾澄剔舊逋分十限以紓民力脩復思賢書院與士子虛懷講學刻有會課文二集詩賦一集一時文風斐然以詿誤去

李夢昺字震爲江都人康熙進士遷庶常改授知縣性端

凝操守清潔念嵌糧攤賠貽累力持正疆歸額之議丁內艱去後官至貴州鎮遠守

康珪字輯瑞滎澤人由廕生爲邑丞循謹自飭不輕受民一詞每委理民訟必勸令解釋康熙乙酉
御舟由松入浙道經嘉善當事議毀三官堂橋以待珪謂橋高無碍力持獲免在任十七年卒貧無以歸知縣梁文⿰火彪捐助百金返葬

沈雲鴻字又京杭州人康熙舉人任教諭課士甚嚴與人交敦古道以學宮傾圮商之邑長紳士重爲脩葺并更新署舍議重建文昌閣未果陞嚴州教授所刻山石堂

會業暨司訓沈紹曾評選武水月課文並行於世
郜煜字夢暘登封人康熙舉人知縣事勤慎明敏革浮糧清漕弊嚴緝盜賊昭雪寃誣期年獄訟鮮少以其餘力興利脩廢若城垣樓櫓壇壝祠宇倉厫官廨及義學義塚河渠圩岸橋梁之屬公私賴焉性孝友且嗜學公暇輒研究周易性理孝經每校士親加評隲列前茅者多獲售一時稱盛陞中書科中書

周宗達字重章山西山陰人任主簿居官勤慎聽斷明允尤篤于寅誼助康丞之喪恤王丞之孤人咸稱之後陞任黔中紳士餞別賦詩有留惠集

楊繩祖字景西山西籍江南山陽人康熙舉人由冀州牧改任嘉善銳精圖治寬猛得宜重構倉廳擴脩忠義孝弟祠殷懷禮士常捐俸賫其膏火逋租佃種者分別蠲徵議歸復欽田續脩邑乘葺梅花道人墓復建亞聖祠俱未果期年病卒 以上嘉善戈志

張鏞字東序無錫人康熙進士雍正元年知縣事爲人寧靜恂恂儒雅以振興文教爲已任脩思賢書院厚給膏火集邑中俊秀肄業其中以左遷去士民懷之

李天柱字馥山大興人貢生知縣事有惠政縣收漕會久雨米色腐爛坐罷職行治罪矣天柱詣城隍廟仰天呼曰嘉善十萬漕我自問無顆粒入已乃令死于此乎士民觀者皆爲感動有某氏子前曰公勿憂我等當復完耳一夕遍傳郡市三日復得米三千餘石輸未畢啟前厫貯視之則數寸以下皆精粒也旋以課完予復職

戈鳴岐字桐園景州人以舉人任嘉興令卓異候陞旋補嘉善令續修縣志時稱循吏焉

羅緒字天根閩中人舉人雍正十一年由昌化令署嘉善縣事操守清慎聽獄明允民有搆訟者緒呼兩造至案前委曲開諭民咸悅服數月之後案牘日稀嘗刱義塾以教民學先時楊廉戈鳴岐纂志未竟緒延邑中紳士續成之以註誤去邑人作詩送之名慈航集

張聖訓字杏傳奉天鑲白旗人雍正進士乾隆元年以翰林改授知縣聽訟明決庭無留獄嘉善賦額視六邑較重而旗丁積蠹更抑勒爲奸聖訓廉知其弊因令各厫削竹編字號民自探籌得某厫即持而從之槩而溢累黍者立加之罰胥吏皆懾息莫敢恣肆建魏塘書院集士之秀者課以文藝親定甲乙凡勞農弭盜皆實力奉行其循聲遺愛至今邑人猶傳誦之

陳以剛字燭門天長人康熙進士乾隆三年涖任爲人強毅愛民重士尤長于斷獄有以奴倍主者勢張甚以剛

執而鞫之伏其辜隣邑有殺人者獄久不具大吏檄以剛往一訊即得又較正市斛使歸畫一懋遷者咸賴其利因號曰天長斛工詩善書文學政事兼而有之

陶學楠南城人乾隆九年由儒士授邑尉緝盜安民勤于職守時捞黨肆毒有受其重賂者力護之學楠盡法嚴懲搜拔根株當時有陶青天之名至今稱幹吏必推陶尉云

饒萬鑑長沙人貢生乾隆十一年知縣事性廉介政尚簡靜不事鞭扑時嘉禾六邑皆患螟災獨嘉善有秋民咸德之在任一年以引年去士民賦詩餞別名其集曰武

水清音

梁徽字慎五介休人舉人乾隆二十二年知縣事召邑中父老詢以利弊武塘東連松泖西接秀水鄰郡寥闊時有剽竊徽嚴飭捕保力行保甲法捐俸招募技勇協同巡緝萑苻戢影民得安居又以西北二鄉地形窪下每遇秋霖傷稼徽令于農隙時高築圩岸以禦水患他若崇學校釐漕弊置義塚以及育嬰堂同善會凡有益于民者莫不盡心籌畫調錢塘終杭州東海防同知

孫震奉天正紅旗人舉人乾隆三十一年知縣事居心仁厚愛民如子有孫佛子之稱涖任半載以越獄去官士民咸惜之

周樽字眉亭昆明人乾隆舉人知縣事性剛直不畏彊禦有蠹吏稔惡不悛樽婉諭之曰若所為吾盡知之今貸爾罪後有犯無赦吏涕泣悔悟終樽之任皆奉法惟謹以卓異擢本郡通判歷官安徽布政使

諸克任字伊人號虛白錢塘人乾隆丙辰舉人壬戌明通博聞強記處事明練歷佐大府幕丁亥補教諭兼掌魏塘書院悉心講貫為人和厚所作詩文清麗有骨後陞寧波府教授

孫奇字國珍三河人以吏員授主簿分駐風涇鎮鎮與松江婁縣接壤作奸者每藉鄰境為逋藪奇擒治不少貸

操守廉介卒于官

邵于栴字學庵富陽人以歲貢選訓導學問淵雅尤長于詩時邑多火葬者于栴作詩勸之俗為之變在任六年引疾去以上伊志

倪象占號九山象山優貢任嘉善訓導以善教稱于志

黃浩字晝峯江蘇人嘉慶道光間任楓涇主簿凡遇家有老親貧不能餬口而以索詐訴者則勸被告稍周之不聽則出己錢千文使為小貿易以養親因而感激從善者甚衆以老病乞歸民有追送不舍者于志

萬相賓字觀亭江西德化縣舉人乾隆乙卯大挑以知縣服官浙省嘉慶元年任嘉善縣修學校浚台沙堵三壩設義園輯志乘在任五年屢辦清漕一塵不染安民息訟案牘無留猶其餘事同治九年十二年邑紳周士鏜等先後稟請入告祀名宦祠光緒元年奉部議以胞姪萬青藜現任禮部尚書例應迴避存記 新纂

惲敷江蘇陽和縣舉人道光二年任嘉善縣時當災賑設立粥廠撈救屍棺所定賑濟章程盡善無弊是年冬別縣有以晚稻布種尚可開倉減征者惟公堅請停止以蘇民困災黎感激尤甚又與修水利濬華亭塘捐俸建

張涇涯大橋他如平聽訟絕苞苴禁鬧喪重考課惠政尤多光緒元年入祀嘉善縣名宦祠 新纂

孫步康會稽人廩貢生博通經史尤邃於易性廉潔愛士道光癸未冬攝篆訓導甫受事以育材興教為己任遂傳柬招諸生勗以士先器識而後文藝值歲饑分俸以贍貧士月課見有才堪造就時賜酒食勤施講解感動士林邑人陳言有送歸序 新纂

汪能肅山陰人嘉慶戊辰以廣西籍領解改歸原籍道光九年任教諭居官清介善鑒金石訓士務在德化博學好古著有魏塘人物攷休休壺山魏塘詩古文等集二十一年卒於官貧不能歸遂葬嘉善多士思其遺教俾其孫入籍應試 新纂

張錫戊蕭山縣舉人道光二十九年任教諭課士以嚴優卹備至學中季考月課久為具文錫戊力整飭之又捐俸獎賞並置田若干畝見學田額數條內為季考膏火多士始知向學尊師考課無曠咸豐八年以母病去職

李楨號碩亭奉天甯遠州人道光年任楓涇主簿南有金帝廟僧文海以浮屠射利年久屍皆暴露楨延紳瘞埋涇有同善會經理吳姓因貲絀幾廢弛楨延郁道銘董其事酌定條規事垂久遠 新纂

徐廣緒字子容海州沭陽人道光年任主簿廉平簡易人心悅服有大姓控佃欠租佃年甫十五號泣不已廣緒憐之予錢使償業主歲丁未鄉里譌訞言奉芙蓉灣石人為大仙祈禱雲集奸民因以為利嚴禁之并撻其石鄉愚始悟而散工詩善畫平時以筆墨自娛 新纂

張學廣號麓田直隸人咸豐間任主簿廉靜狷介好士愛民工繪花果為時珍重咸豐辛酉以俸滿赴省驗看杭城陷不屈自縊死 新纂

海鹽縣

漢

案海鹽圖經謂海鹽令長秦先漢無考以東漢爲始又謂前志載漢令蘇章葢據後漢書蘇章傳嘗爲武原長也不知武原是鄉未嘗爲縣惟彭城有武原縣豈得謂是茲土乎舊志名宦蘇章傳今刪

白沃史君順帝永建二年令也初縣治在武原鄉陷爲當湖君乘馬走指得湖東北一角遂不没民建廟祀之海鹽圖經

吳

步隲字子山臨淮淮陰人孫權召爲主記除海鹽長性寬雅博研道藝訓齊風俗後代陸遜爲丞相三國志本傳參吳志

葛公失其名丹陽人有經國才仕吳歷宰海鹽及臨安山陰後封吳壽縣侯抱朴子

晉

鮑陋隆安中爲縣令會稽賊孫恩攻縣陋禦之恩走復遣子嗣之以兵一千爲劉裕前鋒追恩裕慮吳人不習戰命居後嗣之竟前戰死陋終益州刺史劉志

虞潭吳國內史軍荒之後脩滬瀆壘以備海沙百姓賴之

袁山松吳國內史孫恩作亂山松築滬瀆壘緣海備之從爲恩所攻陷被害以上海鹽圖經　案滬瀆在今松江東北六十里舊海鹽東北境

祖撫海鹽令有集三卷隋書經籍志　按海鹽圖經誤作梁人有集三十卷吳志又誤乍

南北朝

虞邱進字豫之郯人從宋武帝征孫恩破賊張驃追至海鹽故治頻戰有功海鹽圖經

王孚瑯琊臨沂人爲縣令泰始初天下叛亂孚以兵從巴陵王休若討顧琛琛欲泛海走會稽孚邀擊之不得渡官至司徒記室參軍吳志

孔僉會稽人少師事何允三爲五經博士遷尚書祠部郎出爲海鹽令袁志

周顒字彥倫汝南安城人隱居鍾山應詔出爲海鹽令孔德璋作北山移文嘲之終國子博士吳志　案本傳建元初顒爲山陰令

呂向文選注作應詔出爲海鹽令

蕭特字世達齊高帝曾孫子雲之子官太子舍人出爲海鹽令海鹽圖經

劉霽字士湮平原人天監中爲海鹽令以和理著稱冊府元龜

徐份陵之子有父風解褐爲秘書郎累遷太子洗馬出爲海鹽令甚有治績陳書徐儉傳

唐

劉長卿字文房河間人開元進士至德二年攝海鹽令終隨州刺史長卿有攝令上節度李公詩云昔忝登龍首能傷困驥鳴遂令辭短褐仍欲請長纓罷攝後還舊居

詩云累辱羣公薦頻霑一尉微去緣荻玉石來爲宋葑
菲州縣名何在漁樵事亦違讀此知長卿登第爲尉後
以事貶廢復應李公浙西幕府辟爲監察御史始承攝
縣之道也
姚南仲下邽人乾元初擢制科授太子校書右補闕出爲
海鹽令觀察使韓滉辟爲推官歷尚書右僕射以上海鹽圖經
李諤字士恢長慶中令海鹽察俗利病引河流資灌溉開
古涇三百以禦水旱民至今利之嘗于西郊立望城館
張祜題之以詩唐書地理志參海鹽圖經
宋
黃郎中失其名海鹽圖經或云名道宋初賢令民立廟于州前祀之
何執中有重脩碑記吳志
魯宗道字貫之亳州人舉進士爲海鹽令疏治東南舊港
口導海水至邑下人以爲利號魯公浦官至參知政事
謚簡肅東都事略
石知一太平興國中以主簿攝縣始建儒學縣東翁緯爲
之碑記蓋有功于文教者也
翁緯海鹽令初縣學建于烏夜逼近農田景德四年緯移
建于縣東自爲記以上吳志
褚理嘉祐七年以屯田員外郎知縣事兼管勾鹽場騎都

尉遷廟學于縣南堂齋小學並新之吳志參海鹽圖經
李惟幾字幾道河內人嘉祐中爲海鹽令時荐饑漕使元
絳行郡惟幾上書乞啟郡帑假官錢貸民糴種濬治溝
洫以備水旱又植木爲閘及置鄉底堰三十餘所民賴
以稔柳志
范世京字延祖吳人文正公孫進士熙甯間令海鹽勸民
孝友力田治聲冠浙右趙圖記
何執中字伯通處州龍泉人進士高第判台亳二州元祐
二年知海鹽政識先務興學校築捍海隄置瀦水閘邑
人紀其十異五年遷太學博士官太宰吳志
喬大臨政和三年爲縣令時朱勔以花石得幸浙江之西
一花一石不問何人家朱氏蒼頭排闥而入以黃紙封
之戒主人曰善護御前物蒼頭至海鹽入僧房將盡封
其花石僧徒少拂其意卽箠之訴于縣大臨命追逮杖
十餘人朱勔誣劾之坐是罷免柳志
朱㫒字㫒伯吳郡人仕海鹽尉時金人分兵入境㫒集射
士百餘奮而前力不敵竟死事聞官其子續文獻通考
丁安義紹興時爲海鹽丞值歲旱詔復民租十之八而和
糴尚未罷安義語令曰歲饑常賦且減不應復有和糴
卽上官怒安義請以身當之檄屢下抗論反覆卒賴以

免浙江通志

徐光實字德充晉江人進士淳熙十三年爲海鹽令好獎善類聞民行孝友即加褒異性慈愛歲旦縱囚歸省吏恐亡去囚輒如期至無敢脫者

蔣行簡字仲可永嘉人進士淳熙中知海鹽有聲後知處州以上袁志

邱耒字少潛常熟人紹興中知海鹽治學宮築海堤二十里民有宿逋檢縣藏得羡餘悉爲代輸縣有疑獄一時平反嘉靖浙江通志 案題名記紹興中並無邱耒今考福業院常棐碑云紹定元年大夫邱公來涖事法喜寺碑亦同則是紹定而非紹興也當以金石刻爲據

劉銓字全之樂清人進士隆興二年知縣事値水災請停秋苗法勸富人助賑全活甚衆學舍久廢以圭租二百斛倡修之王龜齡誌墓稱其政務循良惜在官不久云吳志

李大卞乾道中爲令縣境有常豐二閘歲久僅存其一日就隳壞大卞重修以復其舊且置堰以通往來民便之海鹽朱志

趙師石澉水志作師右淳熙中澉浦監鎮知秀州趙善悉嘗薦之於朝時黃洽爲中丞以所親屬善悉善悉聞師石材而未識面薦而後報曰宜以中丞所親爲後洽大恚

趙善悉淳熙九年知秀州開濬海鹽官塘增置鄉底堰以上海鹽圖經

李直養字無害維揚人初爲海鹽丞紹熙吳志作定元年薦知縣事興修水利增置鄉底堰八十餘所葺蓋閘屋易閘板自是農被其利又修大成殿置書籍祭服兼設小學廨舍亭館無不葺繕爲叢冢湯山撈溺海屍葬之歲以數百計先是縣未有志自直養創成之浙江通志參吳志海鹽圖經

施棐字徽晉紹熙四年爲海鹽教諭植品修潔著有小學記吳志

陳仲微字致廣高安人嘉泰二年舉進士遷海鹽丞鄰邑

有疑獄十年不決郡首命仲微按之一問立決後拜殿中侍御史宋史本傳

厲夢龍東陽人淳祐二年任鮑郎場司鹽歲大歉清苦檢飭竭力奉公三年鹽課以足吳志

朱寱炎字叔明朱良曾孫寶祐初尉海鹽持論廉恕決獄平允郡帥多屬以事劉志

汪元圭婺源人宋末嘗獻軍國十策特補承信郎茶院監酒海鹽朱志 案澉水志酒庫昔在輿城後遷茶院去輿城一十二里後漕司庫官兼之是知茶院酒官即澉浦監酒也

元

顧泳汴人世祖至元二十一年知海鹽州值大旱禱祀陳山雨立至築塘禦潮患名捍海塘卒于官貧不能還子孫葬泳倚胥橋南遂家焉

邱世良字子正大德中教授海鹽嘗復學田楊載集有贈邱子正之海鹽詩

呂德裕字文饒（袁志作僥）單父人延祐中爲海鹽教授初學田萬畝餘俱被侵蠹德裕搜剔之以所入興修廟學德裕處己以嚴行事有節時知州事趙孟貫賈禧先後有志作興德裕亦卓然有成翰林陳旅書其績以爲才可大用云（以上海鹽圖經）

李仲彬至治三年知海鹽州甫下車時雨若禾黍成歌謠載途又知州宇蘭奚察邇見遠奸宄僉得其情又海砂場鹽司丞抹速忽廉幹寡欲能潔其操亭民不煩（三賢堂碑記）

趙孟貫字子唯黄巖人泰定時爲海鹽知州有惠政民思之

賈禧字吉甫宛邱人泰定時爲海鹽知州能行之以正限之以信羣佐若卑弟子老胥肅然奉之（以上樂郊私語）

葉彥中字大中松陽人至正時知州事才敏有風操累官御史

陸德中失其名行省參知政事陳秀民有送德中赴海鹽知州詩

陳某並其名字亦佚之正至二年任知州興學校作大成樂範金爲鐘及造琴瑟笙磬之屬集諸生三十二人肄習之

范廉卿欒城人至正十八年以蔭補蘆瀝巡檢爲人恂恂儒者善騎射州瀕海亡命販私鹽擅利飛棹往來莫之敢攖至是皆心懼廉卿境內毋敢私販者時推官陳春以平反鹽獄百人見稱大僚以爲使巡官人人如范何必陳司理平反也

明

郭貞濟南人以吏員爲典史奉職公勤有幹才洪武二十三年知縣淡成奏保陞縣丞（以上海鹽圖經）

龎暠博興人進士建文二年知縣事袪剔吏弊深得民心永樂元年應求賢舉陞工部郎中（吳志）

張佑金壇人建文四年任典史佐理公勤吏民畏服永樂二年應求賢舉陞長樂縣丞（海鹽圖經）

畢瑗永樂五年知縣事築田圍一千六百四十民利之

吳復閩縣人永樂時以知印除海鹽簿聲績大著累官工部侍郎（以上吳志）

袁惟善贛州人吏員爲海鹽丞勤撫字平徭役民悅服之永樂十二年坐事謫徙民具績訴于郡郡轉聞之朝下所司覆實得復職海鹽圖經

上官廉南豐人舉人永樂十三年知海鹽縣公平正直和易近民歿于官歸葬之日民有執紼號泣者海鹽朱志

陳諤字克忠番禺人舉人永樂初官給事中歷陞順天府尹謫知海鹽著有政績後遷長史吳志

王端字宗正河間人監生正統十四年爲海鹽令勤慎廉平苞苴不行刑罰不濫景泰五年朝覲還卒于途聞者莫不歎息浙江通志

郭禮蒲州人正統間任典史清儉介直蒞下有威民信服之

黄楚章豐城人歲貢生正統間授教諭設學規甚嚴與訓導鄭理劇協心誘迪士習一振

鄭理劇閩縣人舉人正統中授訓導以經義德行教諸生爲體用之學士知嚮方焉

孫芳沭陽人正統中授訓導以興起斯文爲己任增置學舍與諸生日夜講授俱有程度絃誦之聲至曉不輟

莫震字霆威吳江人進士景泰七年補海鹽令任七月有威嚴吏民敬畏不敢干以私終延平府同知以上海鹽圖經

周灝字秉純邵武人舉人成化三年知縣事往例里甲派馬價百金灝遣還之有積吏劉淵者以弄法致千金灝案其奸徵收例有羨餘灝悉貯庫以充正數縣苦徭稅灝議捐賦之法遂減其徭之半在任三年清介如一日擢松江府同知未赴卒邵武府志

楊克敬字宗禮眞定人監生成化六年爲海鹽令端重耿介懲豪右後以執法爲奸者所誣民聲其冤卒不白

李雲字載章分宜人進士成化十年任濬澉川水道葺繕邑城稱能吏以上吳志

譚秀字聳秀江西龍泉人舉人成化中知海鹽縣先是海塘修築役七邑民夫爲陂陀形易圮秀僱役改築植樁疊石稍殺其外以禦潮水自此無患嘉靖浙江通志

陳暹字序進莆田人舉人成化中教諭有儀範工詞翰修葺縣志袁志

林榮字希袁志吳志作尚仁閩縣人舉人成化中授教諭待諸生以恩義有脫其妻簪珥爲贄者固辭不受卒于官貧無以殮張給諫甯謂榮貌與心同言與行皆君子也

陳艮字秉善莆田人舉人成化中授教諭以蔡氏書教諸生多所成就以上海鹽圖經

王璽字仲信廬陵人進士宏治十二年知海鹽新縣治輿

廟學築塘捍海砥方石縱橫相制尤爲得法人呼爲龍
王廟前樣塘擢知德慶州浙江通志
李頎字文嘉考城人舉人宏治末知海鹽縣篤厚廉謹士
大夫號爲長者
嵇鋼字汝堅安東人舉人正德時自於潛令調海鹽蒞政
二年案無留事獄無繫囚吏民懷服擢知湖州守以上吳志
辛九齡字希章袁志吳志作章蔚州人舉人正德時知縣事剛方
自負不私一錢海鹽圖經
朱實昌字士光高安人進士正德時知海鹽縣時官河堙
塞捐俸疏濬之在任三載召拜御史實昌長于吟咏其

試士詩有神駿留奇骨千將有異光之句時傳誦之吳志
張濂字景周薊州人進士正德中知海鹽縣涖政三年民
歌之曰前堂無吏人後堂無優人堂下無犯人擢監察
御史浙江通志
呂湯民河東人案海鹽圖經浙江通志作南河人監生正德中爲海鹽丞
事母至孝爲政清平卒于官歸無行貲
劉桂字子芳黃岡人進士嘉靖初知海鹽縣洞察民隱不
妄施刑工古文校訂郡中先達遺集終台州知州以上吳志
張穗字鵠舉泰興人進士以諫武廟南巡廷杖罷官嘉靖
四年起補海鹽令爲政得大體民困徵役穗至減十之

五陞湖州同知官至戸部侍郎民懷其德立解帶亭浙江通志參海鹽圖經
夏浚字惟明玉山人進士嘉靖九年知海鹽縣英敏有學
識賦役多所調劑水鄉竈歸民後所授之蕩歲徵草價
納鹺司賠累不一浚乃改議蕩給濵竈價并歸民糧其
濵竈舊所免民田之耗悉徵之選雋茂講授經義正名
宦鄉賢祀典續修縣志人服其簡嚴海鹽圖經
董玠涇縣人進士嘉靖十二年知海鹽時海塘傾圮捐俸
修築又葺澉浦城上官奬勵之
張載暘字子春浮梁人舉人嘉靖二十九年知海鹽時多

流寇令鄉鎮植柵又選民之壯者晝夜巡禦邑遂無患以上吳志
童宗字德崇甌甯人嘉靖中授教諭性抗直善振作士氣
徐咸贈之詩有靜廉不作肥家計諄切期收造士功之
句
吳允隆江西人嘉靖間爲典史奉檄築捍海塘縱橫互制
有法屢經風潮不圮名曰典史樣塘
鄭茂字士元莆田人進士嘉靖三十二年知海鹽值倭亂
茂築城建敵臺集鄉勇晝夜守禦倭凡再薄邑城茂悉
力死守得無患時寇南穴石墩北穴栢林海鹽介其中

村落焚劫幾空茂弔死扶傷日不暇給而軍糧驛馬諸費咸備無失後以秦駐塢之捷賜白金文綺擢兵科給事中著有靖海紀畧

李茂南昌人吏員爲巡檢勤慎明敏尤精於射嘉靖癸丑倭犯海鹽茂即有牛橋之斬獲甲寅四月倭又猝至茂佐鄭令備城守器具賊知有備去復守澉浦城悉力捍禦城賴以全靖海紀畧稱其屢隨征剿氣壯而不懾（以上海鹽圖經）

何希周新甯人監生嘉靖時爲丞持身謹愿海塘圮壞希周涖請當道修築陞許州判官

王宗載字仲勉（袁志吳志作時厚）京山人嘉靖進士知縣事問民疾苦省刑薄稅僉審徭役親自檢括里胥不能爲奸濬水利農不苦旱他如修海塘禁私鹽清覈軍匠查革虛名兵餉精心悉慮暇與士子講藝多所成就云（劉志）

李薦佳字伯受潁州人進士嘉靖四十五年知縣事氣度寬洪政尚簡易擢戶部郎（吳志）

鄭昊字祖欽順德人進士隆慶三年知縣事時築海塘親往釆石爲文諭俗惻怛感人擢南戶部主事（吳志參海鹽圖經）

范梅字元春豐城人進士隆慶六年知縣事年甫十七明察如老吏修築角里堤蓄水以憂去

盛德丹徒人歲貢生隆慶中授教諭端嚴寬恕士有冤抑求達有司者必面拒而潛爲之地終不使之知也（以上海鹽圖經）

高梓字植修貴池人隆慶時訓導清學田徵逋租四百餘石增置田一百畝時値土人周香聚黨爲亂梓白于縣捕獲之薦擢通判（吳志）

饒廷錫字文命進賢人進士萬歷三年知縣事政尚嚴肅犯者罔貸時興役築塘身先百執程事以勞瘁卒祠海上（海鹽圖經）

蔡逢時字應期甯國人進士萬歷中知縣事廉潔自持行均田法以三百二十畝管一役又革坊廂丁田役立門攤僱夫法邑咸稱平（浙江通志）

張汝翼景州人歲貢生萬歷時爲丞性魯直一塵不染日惟餔糜而已陞廣甯衞經歷

周之光湘潭人歲貢生萬歷中爲丞管糧卻例金人頌之陞漢陰知縣（以上海鹽圖經）

黃之俊字君顯清江人進士萬歷十五年知縣事溫雅循謹好恤窮民以劾去清貧自苦民多寃之（海鹽圖經參吳志）

謝吉卿字修之晉江人進士萬歷十七年知縣事時大饑民多攘奪吉卿以鎭靜持之再築海塘有勞績（海鹽圖經）

王臨亨字止之（袁志吴志作止元）崑山人進士萬歷二十年由西安縣改知海鹽事精敏察獄不越宿縣城久圮加築高廣海警無恐升杭州知府未任卒（浙江通志）

李當泰字元祉本姓俞泗州人進士萬歷二十二年知縣事值編役限士紳免額謝鄰邑詭寄所徵賦稅悉以原封發解耗羨無染歷官工部郎（吴志）

杜士全字道執上海人進士萬歷三十年自大冶縣調海鹽性坦白嘗自謂吾作令于前官無一事更張于上官無一事條陳獨服膺平易近民四字以爲箴警然遇大利害毅然不少動官至太常卿

漆元中新昌人舉人萬歷中以湘鄉令改教諭嚴取予敦氣節士有何有司謁廟請事者元中聞之先揭其人于廟門使其自愧後署崇德以長揖漕使者遷教授勒致仕去

翁愼吉壽昌人萬歷中授訓導端方嚴毅有不屈之節

陳柯當塗人萬歷中爲典史歲乙亥開白洋新河築土塘督砌捍海石塘勞績甚多陞高安主簿

濮陽春字生府宣城人進士萬歷三十三年自上高縣調海鹽性貞率與人無忤擢南刑部主事

喬拱璧字轂侯上海人進士萬歷三十六年知縣事時衛卒餉多冒濫嚴絶其弊清田額行貼役法築捍海塘增設漕糧倉厫吏廨及甃街葺堰民多賴之擢兵部郎（以上海鹽圖經）

何杲（吴志海鹽圖經俱作早）字白夫懷甯人進士萬歷四十一年知縣事初政尙嚴後濟以寬故民畏而見德市肆有門攤商稅報派不均杲核而差等之困大蘇行鹽票多至六千滯正引且累肩挑賠貱杲令減票二千鹽課以足擢監察御史（浙江通志）

樊維城字亢宗黃岡人萬歷進士知縣事徵賦令民自行投櫃省漕兌贈耗數千百石爲孝子沈壽康立俎豆修

葺張給諫葉侍郎廬墓纂述縣圖經天啟中遷禮部主事

朱應熊字渭叟浮梁人進士崇禎五年知海鹽縣爲政和平而吏民畏服陞兵部主事

國朝

郭倘信字誠之遼東人順治七年知海鹽縣治術詳明漕兌嚴禁旗軍額外科索以白糧詿誤人皆惜之（以上海鹽續圖經）

毛一駿字槐眉竟陵人舉人順治十二年知縣事性仁厚愛民好士尤邃於經學修築城垣監築海塘有殊功（吴志）

潘宏仁歸安人舉人順治十三年授教諭學問純粹持已接士皆出于至誠署縣篆清慎著聲陞紹興教授

雷騰龍字化明三原人拔貢生順治十七年知海鹽縣十八年奏銷抗糧一案先期清算紳衿無錙銖欠各縣罣累甚多人咸服其先見

湯其升字日峯南豐人進士康熙五年知縣事建縣治大門及更鼓樓盡復舊觀

楊宏仁字耆霞永安人歲貢生康熙初授海鹽主簿爲人質直不撓以南糧負債自戕民多哀之

黃學孝字衷赤大興人吏員康熙間授海鹽主簿頗著勞

績卒于官見漕兌碑記以上海鹽續圖經

張素仁字靜公遼東人廕生康熙九年知海鹽縣催科力行滚單不事敲扑漕糧盡革陋規實心造士以興文教修築海塘發粟賑饑士民尸祝之浙江通志

董佩笈字時瀛武進人進士康熙二十八年知縣事居心仁厚歷官川東觀察使子伸傳以先人遺愛所在遂家於海鹽

李鍵字梅墅漢軍正黃旗人監生康熙二十九年知縣事吏才明敏搏擊頑梗不遺餘力陞綏德州知州

梁澤字釆山順德人舉人康熙五十七年知海鹽縣力革諸役當官自給屝値莊田用順莊法民稱其便喜談藝創觀成書院於西門外

王仕正字亦淸漢軍監生雍正二年知海鹽縣政尚嚴明獄訟衰息在任十年士民懷之

王紱字子文河南人舉人乾隆四年知縣事未及一載卒于官遺孤世林世樾生母汪誓守撫之邑人感公多善政請于上官撥育嬰堂東北隅以居兼助饔飧資世樾以寄籍爲諸生

周宣猷字雪舫長沙人進士乾隆六年由桐廬令調海鹽操守廉潔才具明敏不畏强禦作興文教捐資創修邑

志人尤以爲功之偉者

王如珪字桐叔宛平人歲貢生乾隆八年由仙居令調海鹽蒞前令周續成邑志俾六十年來文獻有徵如珪力也以上海鹽續圖經

王錫位貴州人舉人乾隆二十年任鮑郎場大使居官務以德化濱海竈戶相戒勿爲私販歲旱禱雨錫位徒步三里許不以爲勞民居失火叩頭祈禱頭額俱腫解組日囊橐蕭然商民醵金贐以歸

陳愷字藹堂融縣人舉人乾隆二十四年知海鹽縣明于折獄不妄責一人善堪輿治南有高阜愷以爲百里內

秀氣所鍾捐廉建奎文閣以鎮之縣之科第綿延亦愷之澤也

王序端字可堂漢軍舉人乾隆癸未任鮑郎場大使奉委撥商捐公銀開濬沿塘新河頗著勞績工詩詞楷法時集士人爲詩文會秩滿擢廣西知縣

陳士琬字月巖仁和人舉人乾隆二十六年授教諭崇尚氣節見有司無諛色月課諸生每卷必爲芟改時有結文社課藝者就士琬正之士琬集諸明倫堂左側課以文一詩一約本日交卷不許攜歸私齋在任六載致仕去

韓本晉字望川暘曲人進士由秀水調知海鹽爲人厚重政尚甯靜海甯陳氏改毀澉浦孫家堰張老人閘與澉浦士民糾訟不已本晉請於大吏得復舊制嘗奉檄委勘孝豐疑獄泉山之中肩輿不能達乃徒步至其處集諸犯于庭虛衷研鞫冤者咸得雪嗜讀書所在多惠政有古循吏風民至今思之

張九華字蓮洲號雨亭直隸人舉人乾隆四十四年由景甯縣調海鹽性長厚操守廉潔邑多徭役派及編戶九華捐俸任之不以一錢累民歲遇秋試擇一邑能文之士贈之金以助行貲在任二載深得士民心後以疾卒于官妾汪氏殉節詳列女傳

吳焯乾隆四十九年署鮑郎場大使時東團場及西海場俱開濬築修焯與澉浦紳士親督工程不辭勞瘁奉檄調任復留澉浦以俟工竣至今利賴之以上伊志

鮑鳴鳳安徽人令海鹽甫下車相度水利鳩工開濬永安湖并修築湖堤閘座疏理中河支浜戴星出入經畫詳明去之後澉人戴其德爲立鮑公亭于志

張宗軾字柳溪湖北嘉魚舉人令海鹽愛民如子任鹽十三年杳訪利病興革得宜未嘗獵取能聲卒於官邑人思其德不衰于志

楊國翰字丹山滇南進士爲海鹽令創修明倫堂蔚文書院育嬰堂百廢具舉爲政寬嚴並濟以實心行實事禁火葬捐義塚嘗慕魯參政風爲葺其祠于志

張力行字顧堂湘潭監生乾隆四十年任知縣加意人材創立蔚文書院酌經費定章程克垂久遠四十四年調任平湖邑人朱丕烈爲撰德政碑新纂

汪仲洋字少海成都舉人道光元年任知縣時議修築海塘悉心經畫築塘八十餘丈工程堅固稱爲汪公塘刻有塘工成案築法甚詳公餘賦詩有海壖唱和詩六卷新纂

來清曙字新齋蕭山舉人道光八年任訓導儉約自持秉鐸二十載悉心教導邑中能文士登科第者皆出門牆新纂

楊鶴鳴字琴友侯官舉人道光十八年署知縣政尚寬平民初犯法剴諭使自新再犯乃嚴懲甄拔書院肄業生按月集署中督課捐廉給奬文風一振新纂

王瑩字瑟園鄞縣舉人道光十八年任海鹽教諭積學淵博時太守于尚齡修郡志瑩任分纂收訪遺書採擇確當新纂

陳祥燨字椒堂諸暨人舉人道光二十二年任教諭整頓

士習按月課藝歷年不替助祭諸生有衣冠不整者嚴飭之採訪節孝二千餘人詳請旌表己酉襄辦賑務能得人心新纂

段光清字鏡湖宿松人舉人道光二十九年署知縣勤吏事日坐堂皇有控訴者立訊或循行巷陌訪察民情訟棍蠹役訪獲重懲人呼為段青天時值水災廣勸助賑重治乘災搶奪者境內帖然歷官浙江按察使新纂

趙濟川字小溪合肥人同治二年冬蘇軍援浙收復縣城濟川奉委暫署縣篆時降衆頗桀驁馴馭無敢梗令匪類或壞民居捕治不稍貸地方賴以安謐新纂

王彬號叔雅福建閩縣人解元同治十三年任海鹽請濬白洋河並修澉浦永安湖堤閘倡修縣志整飭書院士民感之新纂

平湖縣

明

徐韶豐城人監生正統甲子知縣事工部尚書石璞奏韶罷軟不能任事去官景泰庚午部民保韶廉勤有爲鎮守副都御史軒輗以聞遂復任

李翥東光人監生成化間知縣事時周家涇并獨山海塘衝塌鹹水浸入民田翥奏乞將在官折贖納米銀計工修築從之以上平湖程志

梅淸字本潔大足人監生成化間任管糧丞衣粗食糲一介不苟催徵餘日佐其長以廣敎化大吏知其廉毅檄

按他邑疑獄多明允檄董海塘勤勞有方工速而固樂近文士不廢吟咏九載考滿乞歸祀名宦柳志參平湖朱志

郝文傑字士英陽曲人舉人成化中知縣事爲政勤激勸擇三老子弟中孝弟篤行者奬勵之里閈有不軌及胥吏骫法咸裁以律遷知高郵州

林光字緝熙東莞人成化舉人以會試乙榜授敎諭光生而淸癯好學不倦師事陳獻章築室欖山往來問學者二十年巡按朱英勸之仕光以書報之尋以母强之出上敦敎化養廉恥疏言甚懇切巡視彭韶廉其賢待以賓師禮丙午主考福建宏治己酉又主湖廣試是年總修浙藩憲廟貢錄辛亥修嘉興府志壬子同考順天凡三校文多得名士陞兗州府敎授祀名宦以上劉志參平湖程志

熊卓字士吳志作志誤選豐城人宏治進士知縣事剛毅明敏權貴無敢撓之尤廉潔自守爲時良吏擢御史祀名宦趙圖記

郭天錫字福山登州人舉人正德末知縣事淸謹有惠愛不阿上官風力甚著遷知徐州趙圖記參平湖程志

周仕字用賓廬陵人嘉靖進士知縣事剛正嚴明介然有守詞無妄受以是少訟尤重學校毋終於署徒步哀號觀者咸爲墮淚後令句容陞工部主事祀名宦劉志參平湖朱志

黎循典字成五華容人嘉靖甲午由舉人知縣事興學校省刑罰均徭稅催科不擾和易近民擢御史劉志

戴鍊字成之婺源人舉人嘉靖中任敎諭有文學聲以古道率人崇尚志節生徒貧而好學者分俸賙之捐貲以葺學廨陞知甯州趙圖記

蔡鳳字九苞南昌人吏員嘉靖中爲縣丞任事果敢篤實絕無矯激近名之私秩滿乞休趙圖記參平湖程志

張煌字用韜福建南安人進士嘉靖己亥知縣事爲政務篤實不用矯激邑中刁黠嗤不敢動訟者得一言輒解

去陞工部主事平湖程志

陳朝紀號石亭南海人貢生嘉靖中由歙縣訓導遷教諭直已守道終始一節工詩嘗有天下可人惟雪色客中知已只梅花之句歲祿捐俸周諸生急老而致仕門人爲刻冷香留稿以志去思劉志參平湖程志

曾曙字暘谷全州人舉人嘉靖甲辰知縣事性介不妄取與剔蠹除奸與民休息是歲秋大饑殍殣相望曙力請大吏出粟賑之廣設粥廠以食飢者會催科甚急毅然曰吾官可罷民不可毒有逋稅者咸使歸業弗之繫民免轉徙竟以緩徵罷去泣送者數千人祀名宦

李僑字仙臺長淸人嘉靖進士知縣事立法尙嚴明先是田不均輕重失實僑始爲均之民稅得紓以上平湖程志

楊挺高字叔謙金鄉人進士嘉靖二十九年知縣事性狷介袍履皆布素署中機杼聲達宵晝入覲時贄儀惟粗布兩疋家人紡織物也署後有隙地種蔬自給以餘蔬餽士大夫曰不可一日不知此味排里供費一切裁省在任三年冰檗之聲聞於遠近祀名宦劉志參平湖程志

喬登字子高延津人吏員任典史嘉靖癸丑倭寇至登奉檄巢於邑東南之曹家橋所將民兵猝見敵皆望風逃竄登奮身不顧率其子戰歿於陣祀報功及名宦平湖程志

殷廷蘭廣東人嘉靖進士授嘉興推官署縣事倭猝至僅隔一水時未有城令民無走當爲疑兵以御賊於是晝則揚兵夜則列炬舟側市人聲應若十萬師賊駭遁百姓歡呼相賀廷蘭曰是倖也不可以再亟申請築城以守經畫措置盡得其宜祀報功祠劉志互見府名宦

胡松字茂卿績溪人正德進士嘉興推官繼殷廷蘭後署縣事時議築城詣幕府曰民難與慮始請縛松置軍前民愛松必相急乃可舉事從之不閱月城成累官工部尙書吳志

劉存義字質夫襄陽人嘉靖進士三十三年知縣事時邑

受倭患尤劇始議城守存義至負土築埤埤成而倭至雉堞屹然倭不能上悉力來攻存義申號令明賞罰擐甲援枹立矢石下倭見堅守遣酋至城下祼衣跳罵欲激戰手弓射之應弦而倒倭解圍去總督胡宗憲率師數萬屯城中士漢交雜供費億計存義盡心調護卒以用間殲賊沈莊倭旣平亂兵慘甚於倭存義百方撫戢邑賴以全民爲立報功祠并祀名宦平湖程志

顧廷對字子俞泰州人嘉靖進士知縣事遇事敢爲辨疑獄洞得其情先是較田多寡以役民民以田爲仇廷對創條鞭均徭法總計而年徵之貯於官以貼役者力均

而不病上官初弗之許廷對反覆陳利害十數條始得如請令下民若更生逾年南海龐尚鵬按浙須其制行之各郡邑所在稱便擢御史祀名宦一統志參平湖程志

法曈字雙嶼丹徒人縣自建治後百餘年未有志嘉靖癸亥曈任教諭慨然以文獻爲己責博採省志府志摭拾稗官家乘閱三月書成時稱詳核吳志參平湖朱志

丁應賓龍陽人嘉靖進士知縣事務簡靜恤民養士前知縣顧廷對立條鞭法法行浙中各郡邑他邑或稍更張弊復滋應賓一遵約束邑人賴之劉志參平湖朱志

趙書字同文桐城人歲貢生嘉靖末任訓導案劉志作勤教諭誤

課士諸生餽遺卻弗受其甚貧乏者至典衣以周之嘗作明倫十二事以訓士士有篤行誼者輒稱舉以爲儀表學道聞而褒賚之即以所賚鑄鼎學宮爲銘以見志陞遂昌教諭劉志參平湖程志

李實字若虛瀘州人隆慶進士知縣事究心民隱搜剔吏蠹獄訟日減諸役無所事事多散去乙亥夏海溢害稼實周視賑恤安集數千人邑有把持稅牘積蠹其中者洞燭之毫不敢隱僉徭煩簡各以力任民咸便之祀名宦劉志

劉士瑗字允玉安福人萬歷進士知縣事性穎絶凡訟牒文移一覽不忘學宮災捐俸爲倡不旬日告成監司議開金山渠士瑗慮海潮延入內地爲民患以去就爭之乃寢陞刑部主事祀名宦平湖程志參袁志

洪敷文號質所臨桂人解元萬歷己卯署教諭容貌修偉爲人寬綽大度待諸生有體陞黟縣知縣祀名宦程志

江環字晉雲漳浦人進士萬歷丁亥知縣事是年大水秋無收越戊子己丑歲頻旱大疫殭屍載道環盡心賑恤平糶設粥市棺瘞死者又力請上官緩本年催科至以額虧受詘處之泰然在任不輕動官庫一錢自奉尤淡泊即鮮食亦不恆設云

黃焰字明寰商城人萬歷進士知縣事性愷悌不事箠楚奸蠹自戢恐差役擾民削木爲隸以代追呼民便之案無留牘非大獄一聽自息以勞瘁卒于官以上平湖程志

王義案浙江通志作義民字若惺江陰人萬歷進士知縣事聰敏洞察民有犯至庭一見不忘每晨視事輒言昨日某人行某事今在某地跡之不爽胥吏敬憚之徵糧僉役由畫規畫以竹籤註姓名糧額遞催完賦猾吏無所容奸以憂歸袁志參平湖朱志

林維暹字用顯晉江人舉人萬歷辛丑署教諭事林本閩中大族諸父兄多居顯要維暹清風挺節淡泊自甘簡

諸生十八旦夕論文先後登第者六人知縣王義民雅敬之爲建鳳翥軒 平湖程志

蕭鳴甲字象林 案浙江通志作爾先 漢陽人萬歷進士知縣事廉明不煩苛雨造盈庭片言折之各唯唯去歲戊申霪雨淡旬旁邑預訪富室待賑中人之產無甯居鳴甲歎曰荒未及民先瘠矣下令云賑在官毋需民也一邑安堵竟亦有秋每造士大夫問民疾苦坦衷洞達至於事所不可卽上官無以易也政暇葺弄珠樓形家言大魁兆此遷戶部主事 平湖朱志

朱欽相字懋忠臨川人萬歷進士知縣事值編審剔釐飛

灑虛糧花分詭寄之弊設官圖立頑甲御公費永著爲例修城之費舊設里甲吏得緣以爲奸欽相請派入條鞭凡所興除皆務便民癸丑以毋憂去初欽相父邦喜爲府同知再署縣事有善政欽相繼之邑人爲立世德祠後擢吏科給事中祀名宦 舊浙江通志參平湖朱志

張蔚然字維誠 一作成 仁和人舉人 考碑記核正 萬歷間教諭博極羣書與士子講學不輟邑令縉紳咸就教又清學基廣科額增置書籍勸學職題名碑 案碑今無考 積缺任俸百兩議建尊經閣著有湖譽政槩

羅倚忠字孝可青陽人萬歷進士知縣事爲政清簡執法不撓北白南糧陋規洗刷殆盡禁火葬廣置義塚又捐俸立義田慮民舟苦於供役爲置官船代之在任不滿三載以憂去後擢戶科給事中祀名宦

張賡晉江人舉人萬歷間署教諭樸茂肫懇不事矯飾卻修脯絶餽遺同寅貧不能給者分俸周之以憂去弔賻悉謝不受歸槖蕭然 以上平湖程志

陳鴻烈六合人歲貢生萬歷末任督糧丞仁厚清介卻常例不受私謁令有事檄下必力持公道好文博學溫然有儒者風 平湖朱志

陳熙昌字杲庵 案浙江通志作景庵 南海人萬歷進士知縣事蒞任

六年未嘗妄撻一人士民干法輒霽顏諭之捐羨金貸贖鍰寬徭賦減貼役編審最稱弊藪熙昌先清官戶實田照例優免以溢額者充役不及額而取寄莊以漁利者盡數還民役田遂溢四萬二千有奇歲歉穀貴平糶賑恤境內帖然擢吏科給事中祀名宦

魏俊麟遊人選貢生萬歷間任督糧丞清謹慈祥重道義好文學任未期目炎督兌中暑而歿署槖蕭然邑令與鄉先生懇大吏給勘合始得以骸骨歸民號踊執紼者千計 以上平湖程志

韓烱號宇定奉化人歲貢生天啟初任訓導沖淡自適好

興志士交諸生貧不能贄者反惠之力卻童子贄蔬食飲水陶然也陞分水教諭平湖朱志

顧國寶字珠巖南直通州人天啟進士知縣事性剛介政主愛民而務必行其法漕規久弛國寶力裁額外加耗又酌立收兌永制軍民帖然有奸商請於鹽使者議設批驗所於縣之西門外國寶力持不可事得寢捐俸置義田三年調嘉興秩滿擢吏科給事中平湖程志參袁志

趙廷桂字肩莪江山人歲貢生天啟中任訓導性樸率與士子講論循循如家人父子任數月卒及門哀之平湖程志

程楷字公式合肥人天啟進士知縣事折獄平允催科不

迫搆三式館與敎諭楊儁卿講學其間得法暟縣志稿增修之文獻賴以有稽祀名宦平湖張志

賴垓字肩德化人崇禎進士知縣事性貞介人不敢干以私政務平易爰書讞語飾以經術善藻鑑士習文風翕然丕變學宮災亩羨金以佐修葺擢翰林院檢討平湖朱志

柴世皐字式穀仁和人舉人崇禎七年任教諭博通經術勤課士嘗率邑人修葺學宮祀名宦伊志

陶嘉祉號盟冰武進人崇禎進士知縣事一月卒有異政民思之爲立陶公墮淚碑浙江通志參袁志

吳春枝字元蕚宜興人崇禎進士知縣事才敏而機警徵輸有法歲饑加意賑恤全活無算浙江通志

國朝

劉秉鈞字參宇奉天正紅旗人順治八年知縣事禮士愛民而性嚴毅江上有警漕兌囂然秉鈞率家丁彈壓之旗軍不敢額外苛索以世職改武歷任山東登萊總兵平湖朱志

朱之翰字鶴門上元人順治進士知縣事潔己愛民不妄用官庫一錢故事徵糧用櫃收每勒火耗之翰首行自封自兌法臨倉供應槩行罷免秩滿去任行李蕭然歷官河南提學平湖朱志參吳志

張應麟號振仲鄞縣人舉人順治十三年署教諭性貞介不苟取與而和易近人時學宮久圮僦舍而居蕭然布蔬不問餽遺士子貧者時捐俸周之陞直隸平鄉知縣平湖朱志

陶鑄字子固烏程人舉人康熙初任教諭爲人和煦不苟訾笑論學宗程朱以孝友訓士祀名宦伊志

王召字徵先烏程人康熙六年署教諭以興教率化爲己任重名流恤寒士待下嚴整學宮之體始肅以憂去平湖朱志

謝師昌字維賢鎮海人歲貢生康熙二十二年任訓導爲學有本勤課諸生凡貧而有志者尤加意獎勸以詩文就質者戸外之屨常滿雖修脯不具不計也秩滿得江西布政司經歷自言作吏非所願乃告歸受中編

呂猶龍字爾霖奉天正紅旗人監生康熙三十一年知縣事值饑饉後一意撫綏夏旱步禱甚虔時出郊野勸農詢民疾苦給酒米以慰勞禁絶請託遏抑强暴兇猾不逞者相率屏迹先是徵解南糧有貼解浮面諸耗猶龍悉裁去之創橋梁緩催科葺城垣一切興革百姓盡蒙其福在任四載以憂去邑人樹坊通衢顏曰召伯所茇案坊今無考後爲運使行經平湖父老遮道迎之累擢福建

浙江巡撫祀名宦

王國英字俊侯奉天正白旗人康熙三十九年知縣事以撫字爲主不事催科清操自矢在任五年終始如一去官一邑如失慈母以上吳志

董天眷字紫來奉天正黃旗人歲貢生康熙四十五年知縣事以崇儒重道爲己任集諸生學舍給膏火延純儒與講說爲政寬平不尙嚴酷遇奸宄蠹胥必盡法懲之邑向無育嬰堂天眷始建堂六楹捐俸置田爲乳哺費活嬰無算後調錢塘平湖張志

顧之翰太倉州人監生康熙五十一年任主簿讀書勵節不取民間一錢出入坐一破肩輿自僱腳夫二名舁之屏去儀從遇事無所忌諱人稱爲顧青天西野筆談

孫右翼字衞如鉅野人吏員乾隆二十一年任主簿潔己自好縣有委理訟事必先理論而後裁之以法居平鍵戸課子讀書爲詩亦灑然有致知縣劉純煒知其貧歲分祿米爲助任滿歸平湖王志

劉純煒字仰仲諸城人進士乾隆二十五年由海甯調知縣事聽訟勤敏凡前任累年未結案牘讞斷一空邑奸猾侵漁里閈廉得其名榜治前罪大者按法流配之徼人許姓者負富家金繫獄數年搒掠無完膚純煒出諸

囹圄脫赭衣釋歸曰吾豈承富家指重苦貧民耶擢杭州府東海防同知歷官順天府尹平湖張志

周大樞字元木山陰人舉人乾隆二十六年任教諭爲人樸懋研窮經學自漢唐以來注疏家言皆能條舉縷析尤邃於易諸生中有篤學好古者口之不置多所造就居九年卒於官著有存吾春軒詩集

周昭仔字湘岸湘潭人舉人乾隆三十二年知縣事性寬厚不嚴責扑不急催科訟簡刑清公餘讀書不輟月課諸生恆親加甲乙與教諭周大樞最相得過從講論無

閒任四年卒於官以上平湖王志

王恆字久也遵義人舉人乾隆五十年由慶元令調平湖潔己奉公善斷獄摘奸發伏胥小屏迹重文教增建當湖書院屋五楹修陸清獻墓道清釐其地之被佔者丙午夏旱開橫橋堰以通泖之上流潮汐大至民利賴之重修縣志十二卷伊志

易鳳庭字梧岡廣西桂林人以進士授知縣嘉慶十四年由永康攝平湖剛明知大體敬禮紳士而不可以私干日坐堂皇凡疑難之獄無不片言立決先是邑中無賴子所在成羣日以鬬毆爲事人患苦之密擒得其魁痛

繩以法其黨始散民以安靖莅任甫及六月令行禁止比去時雖下至販夫走卒莫不太息有泣下者于志

邱永安字靜齋甘肅綏來縣人官乍浦巡檢司遇有訟事必先理諭而後裁之以法工詩善寫蘭竹得顧定之吳仲圭遺意于志

李宗傳字海帆安徽桐城舉人狀貌豐腴有大度嘉慶年前後兩署縣事廉潔自守痛懲豪强尤愛培植士子榜眼錢福昌爲邑試時所得士勉以讀書當成大器其知人鑒類如此新纂

朱煌字勿軒直隸靑縣舉人道光十七年知縣事邑故有豪門子弟愚弄良民利其財遇事輒令興訟煌洞悉其情聽訟必根究作俑者至是都爲斂攝焉居官二載胥吏不敢因緣爲奸善弭盜賊四境肅清後官杭州知府新纂

葉堃字靑原福建閩縣人河道總督觀潮子履任數月報最移錢塘後升任杭嘉湖分巡道省城初陷從容作書入廨井死忠義錄有傳

毛元坤字補南江山人乾隆甲寅舉人任教諭直己守道訓諸生務崇實黜華邑人受業者戶外屨恆滿新纂

趙泰字心蓮仁和人嘉慶癸酉舉人任訓導文章一宗理

法邑中卜蓀紛何紹瑾屈欽鄰輩親受薰陶先後登甲乙榜爲人剛正不阿遇諸生有委曲事力周旋之縣署紀綱僦居戈嫠婦屋恃勢侮虐戈邀族諸生某控諸縣幾不得直泰毅然向縣令剖之謂事關同族分所應爲且內丁家居於外如關防何居恆廉潔卒無餘資諸生經理喪事歸櫬里門新纂

許乃裕字敬齋仁和舉人道光癸卯任教諭學中故有羅侯義田乃裕創爲月朔課士膏火寒士感焉邑中素無賓興盛舉胡艮佐艮俊昆季相繼捐田九百餘畝爲登瀛局由乃裕贊成之士林至今稱道弗衰新纂

吳汝霖字時蕃建德拔貢生順天鄉試舉人道光二十三年任訓導性淡泊虛懷下士訓迪有方邑人陸錫智曾任嚴郡教授汝霖親受業焉錫智沒家無儋石招其孫至署中飲食教誨之善繪事尤工墨松然不輕下筆後卒於官 新纂

林樹錦順天大興人任主簿清廉自矢不妄取民間一錢值委理公事時開誠善導之莫不情吐其實旋卒於任邑人助資以歸其櫬 新纂

項順植順天大興人任典史數十年清愼有聲嘗典朝衣以供朝夕上官知其廉恒分俸濟之工書得鍾王筆意

新纂

周維楨字庁玉江西福安人咸豐十一年任乍浦巡檢三月賊犯乍浦駐防殲焉維楨猶招集民團力刃數賊創甚大呼殺賊而死得

旨優卹 浙江忠義錄

石門縣

宋

吳伯舉括蒼人元豐八年知崇德縣先是廟學皆廢慶歷中始議州縣立學伯舉經始爲諸邑先豐約稱事聚學者擇經師教以義理文章務中有司之程四方聞令賢皆來學恐後舊繪像于邑庠今祀名宦 劉志參崇德靳志

左惟温字正一元豐間崇德尉有捕擊盗賊功擢漣水軍錄事參軍

張公秀字仲實吳人美詞翰紹興初爲崇德丞升臨海令皆有善政後就崇德家焉 以上趙圖記

黃揚紹興間知崇德縣縣治自罹建炎兵火鞠爲茂草寄治廣法院者二十餘年揚至始建縣治區處有方民不知擾 明一統志

冷世修字艮器常熟人進士紹興間崇德簿知州張瑜異其才移攝理掾郡獄屢空終知建康軍 趙圖記

葛鄰字楚輔江陰人進士乾道初知崇德縣以樂易處心以儒術飾吏事治舉大綱鎮以至靜綽然有循良之稱 明一統志　案葛鄰崇德靳志作葛邲字用光青陽人

黃幹字直卿閩縣人受業朱熹授迪功郎監台州酒務調監嘉興府石門酒庫前此庫官多武夫子弟爲之旣律

身不廉而吏恣爲姦官醨本薄私醸横行故積負上司錢以萬計幹既至以官錢自往市米于產米之地凡纖悉必躬親雖隆冬烈暑不憚也歲入霈然或謂瑣瑣者何足以煩君子幹笑曰孰非公家事耶在官申酒庫利弊侍郎辛棄疾枉車騎見之歎曰是爲乘田委吏者也歷知安慶州學者稱爲勉齋先生宋史本傳參崇德靳志

樓寅字仲甫東陽人寶慶中知崇德有吏能始至即究極源流疏剔弊蠹發爲教條俱有準繩明一統志參柳志

黃元直字致君會稽人淳祐間知崇德修學校興農課尋訪故實平易近民庭無留訟囹圄久虛以最績聞劉志參吳志按明一統志及柳趙志俱作夏元直崇德靳志作黃元直劉志分夏元直黃元直爲二人誤

元

鄧文原字善之綿州人大德二年崇德教授博學工文家貧行潔學者尊事之終集賢直學士柳志參趙圖記

盧禮明一統志作盧祥字仲敬太平人至順初知崇德州值旱澇相仍民多流離召富民勸令出粟減糶價之半以賑乃計口更番以糶三日而盈四千民賴全活上議於府合商賈富僧均買引鹽省民鹽鈔三萬八千餘錠興學修社均賦恤刑民感之如父母柳志參趙圖記崇德靳志

王雍字元肅至正二十年任崇德州律己公廉臨事明敏遷改儒學建明倫堂陞蘇州府同知崇德洪志

秦約字文仲崇明人至正間司教崇德以學行聞洪武初應詔試愼獨箴拜禮部侍郎母老辭歸趙圖記

按石門鄭志職官表載至正時有州同知夏蔣二丞具失其名周致堯俞鎮皆贈詩事蹟無考附錄于此

明

畢輝洪武中知崇德縣與縣丞齊摶同心執法有旗軍來自京師公幹恣橫輝械繫以聞上嘉之遣行人齎勅勞之大清一統志

涂順建昌人進士永樂中知崇德廉勤自持滿去諸所用器封歸莞庫一物不攜

辛耀萊州人前陝西按察使謫戍宣德中起知崇德貴使乘傳過邑求索無厭耀以禮接之不徇其求省民財視昔倍蓰云以上趙圖記

焦寬字仲容葉縣人進士正統中知崇德明敏善撫字教育生徒修學舍館給之親爲離析經義多所造就六載擢監察御史崇德靳志

郁綸字理之德州人進士景泰六年任崇德時縣署廢久自學校壇壝祠宇悉規畫繕理大盜章正等爲患設方略擒之民賴以安性剛直忤當道罷崇德洪志

王興巢縣人舉人成化初知崇德愛民教士修舉廢墜三

載召爲御史（趙圖記參劉志）

彭禧字樂善崇安人國子生成化中任崇德丞縣當要衝疲敝禧隨事區畫具有綱領惠安貧弱百姓大和六載乞休縣人不忍其去送錢塘涕泣爲別

張超字能達安福人進士成化中知崇德自奉儉約政尚寬厚遷刑部郎中

袁端新淦人舉人嘗主白鹿書院成化中爲崇德訓導舉白鹿規約束生徒遷教諭

湯沐字新之江陰人進士宏治中知崇德時徽人相與殖貲縣中取民倍稱之息民不能堪沐下令捕之皆散去

省裁夫廩之費歲至萬緡增置縣市里甲以均供應禁治喪用浮屠及觀美相誇者躬課生徒館穀獎勸之抑強惠弱興利已害服食器用悉自家攜來六載召爲監察御史官至大理卿（以上趙圖記）

陳伯諒字執之福清人進士正德中知崇德嚴制豪強尤痛繩黠胥獄訟衰少凡學校公署多其修建在任三載境內肅然擢監察御史（崇德靳志）

洪異字大同龍溪人舉人正德中知崇德開天長河以灌邑之干乘鄉蕪地盡成沃壤新學校置義塚修建橋梁皆久遠之績居五年政成擢御史時典史李滋字子潤宜興人亦廉能稱任使異舉善政輒佐之尤篤於學校每得閒地皆搆屋取賃錢給學徒膏火至今利之濬市河運土爲文璧山桂山（趙圖記參崇德靳志）

徐之鸞（趙圖記作齊之鸞）字瑞卿桐城人進士吏科給事中正德中言事忤旨左遷崇德丞勤政愛民擢知長興官終副都御史（崇德靳志）

陳相字君輔洛陽人進士正德中知崇德縣爲人剛果時中貴用事其黨至邑者賂遺之相獨不爲禮一切裁抑巡按廉得其狀有不畏彊圉之稱擢御史（嘉靖浙江通志參劉志）

張守約字彥博華容人進士嘉靖中知縣事爲政務舉大

綱不責苛細崇學校端習尚摧強撫疲豪右惕息自奉清約客過者出蔬飯對餉進生徒講課激勸興復傳貽書院樹先達諸坊表於前爲多士思齊之勸張侍御按崇歎曰張令能作此好事耶薦陞大理評事去之日圖書數篋士民思之

艾鼇新建人隆慶五年由舉人知縣事廉潔好修性甘澹泊接士大夫以禮譚藝懇懇不倦所食蔬魚不取民尤勤撫字時秋霖當道督課亟鼇曰青黃不給吾甯以官博民乎調知長樂陞建水知州

蔡貴易同安人進士隆慶六年知縣事居官明敏力除奸

弊過目不忘釐所遺漏歲卻羨餘申減驛費時含山盜楊雷輩橫里中當道議發兵賞易徐以方略縛致一境晏然尤善廸士類拓學宮建尊經閣復包角堰莅任五年終始如一擢去士民相與搆四知亭立碑以識思焉

石鐘湖口人監生萬歷元年任教諭性温厚中有涇渭以禮自律遇事抗論不回公祖出入不染指力鮮餽遺諸生貧者捐資以助去之日皆揮涕不忍別 以上劉志

陳履字德基廣東人嘉靖進士初令下雋再令海陽最後令崇德一切務從長厚鎮躁以靜養威以寬不爲鷹擊而政平訟理 浙江通志

朱維京字可大萬安人大司空衡之子進士清介自持剛正寡諧不附江陵謫判汝州調崇德政務寬大先是丈量田畝屬之平湖令截弓三寸致浮舊額五千餘畝維京悉復舊額民大感悅踰年陞工部主事士民思之入三賢祠 劉志

孫承謨字含沖侯官人進士萬歷十二年知縣事治多惠政往年漕糧皆由糧長收發謂之九收一發此甲值糧長彼九甲漠然不顧逋欠欺賴糧長賠累無不破家承謨創立各收各發例一時便之 石門鄺志

陳允堅字貞甫長洲人進士令諸暨調崇德其興除盡中窾會凡學校郵傳廟壇倉厫吏廨犁然修舉至今賴焉卒于官 崇德靳志

案崇德靳志又有張廷相韓嘉善蔡廷臣汪在前方玘俱知崇德縣其政績卓卓有大過人者韓以例貢通籍豈弟廉介尤繫人思未詳履任年代已附載于表

靳一派字宗源海澄人萬歷間由舉人知縣事捐助學田纂修邑志鋤孽豪強奸民斂迹值歲大水賑飢卹患士民懷惠遷潁州知州 袁志

陳心得湖廣丞定衛舉人萬歷庚申令崇德愛民多惠政司藥局失火奮身捍患以砲傷立斃縣人傳其爲神云 石門鄺志

余鼎字匡九仙居人萬歷間爲崇德訓導明經講學亹亹不倦著有孝經訂正行世

孫繼祖字繩武武義人萬歷間爲崇德教諭一介不苟以道義約束諸生有不率輒懲之升平山知縣

高士選字毅農長樂人舉人天啟時爲崇德令有陸符虎金象精者挾其貲橫行鄉里士選執法翦除之又禁革蠹吏私派重繩里胥之需索虐民者以不得志挂冠去 以上吳志

何奬賢廣東人明經任邑丞敬士愛民協恭盡職

鄭滂字甘澍湯陰人由進士初任山東魚臺令調浙江運

司知事甲戌署縣事洞察積弊豪强斂迹待紳士謙恭有禮然不可干以私溢政九月潔己秉公如一日遷延平推官（以上石門鄭志）

林沖霄字雲客霍邱人進士崇禎時爲崇德令値編審嚴釐花分詭托諸弊賦役得均性慈祥刑不妄施累官給事中

劉國會字恆岳武陵人舉人崇禎時爲崇德令修葺學宮鼓勵士子一時人文蔚起爲政寬厚不苛於法士庶呼爲長者（以上吳志）

孫肇元字若木武康人明經任教諭持守清介倡修學宮

（石門鄭志）

國朝

鄧國棟字上舘大興人順治初以杭丞來署邑事時境內多盜焚刼肆起國棟下車擒其渠魁殲之略盡追糧不事鞭扑而完解如期南征大兵經臨承應合宜鄉城無擾（石門鄭志）

陳邦寄字震軒完縣人順治九年以廩生知縣事時海氛方熾匪黨嘯聚村落邦寄多設法撲滅之歲大旱齋戒步禱漕務杜絕陋規撫卹糧里以詿誤去人咸惜之

韓文鋒字二水長安人進士康熙元年知石門縣潔己愛民謙恭接士邑催征往往頑戸逋賦官責見年文鋒設飛票止追欠戸在任八月去

謝元瀛字定夫饒平人進士康熙三年知縣事爲政寬平燭奸釐弊不遺餘力縣當孔道供億煩費牒請隣邑協濟民困稍蘇詿誤去（以上石門鄭志）

杜森懷柔拔貢康熙八年知縣事縣向以吳越戰場棄地照課均攤徵解無着官民交困歷任者莫可誰何森至即籲請蠲荒剴切千數百餘言上流韙之爲之題免先時里多而田錯襍乃減里均田一清積弊凡學宮書院便民倉白糧倉及永安橋漏澤園諸工作皆次第修之

（于志）

管鳳來蕭山人康熙十一年爲石門教諭以六經訓士子始宗實學（吳志）

張作礪字石齋玉田人由郡貳守攝縣事德望素著胥役畏服若神明豪猾屏跡不敢犯法善政具舉涖治四月去士民立碑頌之（于志）

鄭世培字時嵐湖廣臨武貢生康熙十三年知縣事政尚寬和蒲鞭示辱前令杜森輯邑志未竣而歿世培捐俸續成值積疲之餘能修舉廢墜十四年夏五月縣堂圮時方坐廳事胥吏死傷甚衆世培出崩榱積瓦之中神

色不變人皆異之于志

傳以履聊城歲貢康熙二十八年知縣事潔己愛民嘗步行村落間有婦姑篝燈夜紡聞相謂曰天寒甚盍以酒禦之婦熱酒進姑笑曰此酒可比傅公蓋以家釀清洌比公之風操耳時貧家子女多年長不婚者諭耆老以儉率俗恒捐俸爲嫁娶之資在任三載惠政甚多擢刑部主事于志

李灼文安人進士康熙甲寅知石門縣耿藩之變境内屢有兵擾土寇陳彪富二等乘間横行玉溪鎮灼故嫺武藝偵知中秋夜羣盜會飲于某所促裝持械單騎潛行

命兵役尾後直入盜所盜方飲不知爲令也羣起搏之灼擊仆數賊兵役繼至獲匪黨數十人分首從置之法由是餘寇奔散民賴以安

倪埈成都人乾隆元年以舉人知石門縣愷惻慈祥民爲觀感有兄弟爭產者埈命擇一小室止設一榻置二人于中明午召至未及問兄曰罪在我弟曰我不遜罪在我埈曰然則產究誰歸兄弟相讓愿公合族作祀產案遂結前後宰邑凡十三年政簡刑清訟庭草長有白鶴來集獄樹卓異擢刑部主事

吳廸琛號梧岡山陰人舉人乾隆十年司訓士風翕然丕變嘗曰藥無美惡入吾籠者皆堪充用在治方者得其宜耳以詩法授後進邑諸生之嫺韻語者皆其敎也六十辭官寓邑之東河塍時邑令王善橚亦以謝職僦居東寺與邑之名士日相過從爲眞率會卒寓舍歸葬著有梧岡詩文鈔

王善橚字令梴含山人乾隆十九年以舉人知石門縣孤介絶俗榜於堂曰不貪以爲寶有慾焉得剛擊强暴扶孤弱積案未結者日理數事不三月而畢境有積匪吳二章二羅三錢六設法捕之翦其黨翼訟師蠹役整治一清葺傳貽書院爲講習之所按季試士品題確當隣

邑諸生多携硯就試者修城垣橋梁舉無累于民乙亥春澇禱城隍廟曰邑政缺失罰當在令百姓何罪遭此淫潦言訖涕泗横流拜伏不能起禱畢雨卽止歲仍有秋爲忌者所中被劾去瀕行民扳輿號泣塡塞不能行夜潛去著有禦兒集以上伊志

鮑祖幹字晉貞蕪湖貢生乾隆二十八年知縣事勵精有爲善于折獄凡前任累年未結案悉爲判決夏旱步行虔禱立致甘霖罷歸時士民泣送者千餘人

杜正藹東陽優貢乾隆間任訓導博通經史多所成就如陳萬青萬全吳震起鄭稱皆出其門生平尤致力于詩

著有書畫舫榜人稾語溪偶吟秋興詩各一卷

程易揚州人乾隆四十年由鹽分司署縣事寬仁愛民不事苛細在任六月吏民誦德不衰

朱麟徵宜興舉人乾隆四十六年知縣事甫下車即訪拏訟師嚴懲匪類政紀肅然捐俸創修文廟事所當為無不具舉

費震仁和舉人乾隆四十八年任教諭性情蕭爽樂于誨人士類深受益焉俸滿保薦知縣所至有賢聲

俞上運徽州人乾隆五十年由鄞丞署縣事值亢旱冒暑步禱不辭勞瘁復至諸鄉親勘災田詳請緩徵出倉穀平糶勸諭富民捐粟救濟饑民均沾實惠竟積勞成疾

卒可謂以死勤事者矣

鄧雲龍山東拔貢乾隆五十九年署縣事性慈祥催科不事敲朴至竊匪棍徒必盡法懲治後陞南安知府

方維翰大興監生嘉慶四年知縣事潔己愛民以德化導創立崇文書院集諸生會課捐俸以資膏火歷久不懈喜吟咏尤工書翰後署嚴州同知卒于官

曹鎬江西人嘉慶九年由嘉興丞署縣事仁心為質不事煩苛辦理水災勸殷戶賑濟活饑民無算

洪鍾傑樂平貢生嘉慶十一年知縣事居心仁恕不以察

察為能興葺學宮置立義塚凡有益于民之事次第舉行創議捐廉修城未竣旋丁內艱去

周雲杼字湘雯桐鄉人寄籍烏程官石門縣教諭兼署縣篆訓士不倦結文社於語溪學舍一時知名之士咸樂與之遊性慷慨仗義諸生有力學家貧者無不極意栽培工詩著有蘋洲小詠古今體詩採入桐溪詩述中

耿維祜新城進士嘉慶十五年知縣事寬厚慈惠不事刑朴有爭訟者力為勸諭氣平率相解以去遇事體察周知民隱歷任去

闞樹棻仁和舉人嘉慶十八年任教諭品學端邃文章行

誼不染時趨己卯修學宮與邑紳士親為經理極勞瘁焉卒于官 以上于志

鄧廷彩四川崇慶人道光初以軍功知縣事甫下車盜賊斂戢片言折獄吏不能欺盛夏下鄉察民隱見勤於耘耔者給巾扇或勞豚酒會包角堰橋圮捐廉倡建民呼為鄧父橋 新纂

盧昆鑾江西萬載人道光間由進士知縣事以傳貽書院舊址湫隘購地青陽門建屋宏敞聚諸生絃誦其中為政尚平恕不以苛細擾民民咸德之 新纂

李宗謨湖南善化人道光辛巳舉人咸豐二年截取來浙

由太平縣調補石門八年到官十年四月嘉興旣陷賊去石門九十里時出擾宗誤激厲兵勇守禦屢卻賊鋒七月張玉良師潰外援絶賊益橫悉力攻石門三晝夜城陷死之浙江忠義錄

閔希濂字逸雲烏程舉人同治乙丑任石門教諭勗士砥礪名節有進質文字者援筆改惬出入經史所造皆知名捐俸置文廟祭器歿後士林思之新纂

楊純禮字卓峰順天大名附監生任石門主簿佐治勤慎邑令倶倚重之同治五年兼玉溪洲錢算緡事上不誤公下不病商清俸所入置書數萬卷日夕諷誦于洲錢

開生賢文社培植士林邑有善舉靡不慷慨倡捐玉成其事以積勞卒新纂

桐鄉縣

明

生用和蓬萊人國子生宣德五年桐鄉始分縣用和爲令經營草昧凡城郭衙署一切所爲俱得其領要民皆樂從以憂去繼用和者趙中代州人亦以太學上舍宰是邑能因用和之緒去苛去擾民歌思之桐鄉徐志案見聞雜記聞令初選者牛姓用和名宣宗覽之曰民之父母何以姓牛御筆改牛字爲生字

田玉字德潤内江人國子生正統中知縣事勤卹民隱時閩浙盜起軍需繁重玉寛假獎率貧富適宜民用不匱以艱歸父老上疏乞留服闋又上疏力請復任與民益親内外整飭六載陞知瑞州府桐鄉徐志參柳志

張泰字見爲樂亭人國子生景泰初知桐鄉視民疾苦去兼併招商賈爲邑大利又繕完公署學校壇壝土木屢興而民不病九載多成績

鄧玭順昌人國子生景泰中授桐鄉丞佐理廉能多所建立有公清勤慎之操九年任滿如一日

王哲金鄉人舉人天順中知桐鄉德器溫粹政尚寛平以外艱歸民立碑紀德

孟俊字世傑咸甯人舉人成化中知桐鄉廉明有膽略理棼剔弊敬老卹孤威惠並著尤加意學校居七年召爲

監察御史歷官布政司參政以上劉志

胡憲鄖城人國子生成化中爲邑主簿性端嚴吏民不敢易之頗著勞績袁志

孔公潤字澤文曲阜人至聖五十八世孫國子生宏治中爲桐鄉丞儒雅有惠愛三年以老乞休劉志

王昊字汝欽衡陽人進士宏治中知桐鄉除田糧詭欺之弊修舉廢墜以廉介有爲稱五年召爲監察御史趙圖記

徐珪應城人吏員宏治中上封事除桐鄉丞慷慨重節義有幹局縣事多賴以辦三年陞高唐州判官歷贛州府同知劉志

陳詒湖廣安仁人貢生宏治間任邑丞民病疫俗尚禱祀詒力禁之捐俸購醫藥民賴以活因有佑我鬼神藥我陳丞之謠擢知鹿邑以疾乞休仲志新補纂

李廷梧字仲陽莆田人進士宏治十三年知縣事有才識遇事迎刃立解吏不能爲奸修學校平賦役正祀典平聽斷文章政事一時稱美四年召爲監察御史桐鄉徐志

張紘字文儀上海人進士正德初知桐鄉篤厚慈惠有循吏風遷知高唐州袁志

楊璨字仲玉江南華亭人進士正德初知桐鄉令飾吏事以儒術不爲阿曲居半載監司薦其才改知開化去棍之日民攀轅載路後陞刑部主事

任洛字仲伊鈞州人進士正德初知桐鄉明敏公廉修舉廢墜桐鄉志書皆其手定三年以憂去行李蕭然累官都御史以上袁志參桐鄉徐志

蔣琪字信國溧陽人進士正德中知桐鄉治尚寬恕然能繩束吏卒不敢爲奸工詩畫畫尤珍重於時遷工部主事桐鄉徐志

范來賢字昌國常熟人進士嘉靖時爲桐鄉令英察果斷決獄如流三年陞刑部主事袁志

方克字惟力桐城人進士知桐鄉縣寬厚簡重有循良長者風擢監察御史劉志

金燕字尚賓號芝川潛山人進士嘉靖三十三年知桐鄉性廉介才猷過人始蒞任値倭寇圍城城幾不保燕百計禦之城以得全召補禮科給事中民感慕立生祠分省人物考

錢淵廣德人嘉靖時以舉人爲桐鄉教諭廉敏有學日偕諸生談論經史評隲文藝不少寬假勖人以六德六行有浮薄者輒遣之廩生金某貧不能葬親淵捐俸瘞之見婦人泣于道詢知其夫負富民錢將鬻身以償淵召富民至好語勸之且云若如吾言吾當請于令以旌汝

義富民卒感動免其夫償更與之金袁志

江萬和字一中黟縣人舉人隆慶己巳知桐鄉縣秉性耿介興學校清賦稅逋逃者悉招撫之昭雪張樽等冤獄後陞膠州知州桐鄉徐志

蔡時鼎字和甫漳浦人進士萬歷甲戌知縣事年甫弱冠初至不露圭角吏人欺之一日坐堂皇顧吏曰今日新官上任矣將平日所欺事一一摘發合邑驚爲神精敏剛斷事無巨細莫能隱居官約素有製裘贈者堅卻之以艱歸跣足扶柩出邑門百姓男婦皆爲流涕後擢御史袁志參桐鄉徐志

須之彥字君美號日華嘉定人進士萬歷丁未知桐鄉事次年五月大水田疇盡淹之彥親循阡陌請於上官乞疏免本年田租水落勸民播種是秋大熟賦復減十之七民賴以全去官之日行李蕭然邑人周拱宸作萊釜生魚賦以美之

藍應斗景陵人舉人萬歷庚戌知桐鄉爲政首懲貪風厲胥吏剔弊均徭興文教俗卒於官以上桐鄉徐志

胡舜元江西餘干人進士萬歷間知縣事素有風骨遇事敢爲桐地倍收於臣而田賦轉重於地有力者占地日多貧民陰受加賦之累舜元爲陳請憲司田地均爲一則賦平弊絕民甚德之又毀淫祠禁左道嚴保甲正婚姻戒燬屍諸善政並見於所著理桐拙操集仲志及楊園新補纂

沈延慶遼東人崇禎壬午任教諭慷慨有志節甲申三月聞都城失守痛哭不食而死新補纂

王士鑅號勉齋金壇人進士崇禎壬申知縣事御民以慈待士以禮悉鏟文網而吏不敢爲奸五年內召士民攀轅不獲肖像立祠袁志

盧國柱江陵人舉人崇禎丙子知桐鄉縣三載將入覲校官應信遇風曰公律己廉爲民惠竊聞郡邑入都皆有餽遺公不能獨無國柱曰降調不失苜蓿齋以百姓難

得之財經營一官吾不爲也應退語人曰與公周旋久今日乃見其心

嵇之楚字蒼梧德清人舉人崇禎辛未教諭桐鄉令諸生各舉所知獨行者書講堂察諸生甘貧有守者告於邑令發學租周之宮牆久圮廟廡堂廂射圃靡不頹廢悉加修治釐訂禮器祀名宦以上吳志

黃徽允號慎庵晉江人進士知桐鄉縣崇禎十三年水傷禾稼米驟貴民無以供庸調設法轉移至次年償補課不虧而民不病十五年歲大旱米益騰湧道路殍殣復煮粥賑飢陞任去入

國朝歷官兵部侍郎

國朝

張如戴號琨石閩中人舉人知縣事蒞政以寬數月間政理刑清時

王師南伐路出桐鄉民情驚懼如戴撫馭有方秋毫無犯地方以安立祠城隍廟左

王好仁字玉樞荅州人順治間知桐鄉縣寬厚愛人值大旱偕士民步禱晝夜不倦即雨民賴不饑復以民困上請得蠲正賦十之三為治不務深刻政聲籍籍丁艱歸民歌思之歷官淮安府同知

黃輅雋大同人以貢生考授通判降授縣丞康熙三年任桐鄉丞潔操飲冰奉公夙夜修城堞築官塘民賴以安督造戰艦於海濱留滯經年典衣鬻器以資糧糗居官十載處膏不脂而推己與人齋廚屢空晏如也後卒於官貧乏不能歸里

徐秉元字子一遼東人廕生康熙十三年知桐鄉縣自十年來無久任之官諸務冗積秉元以次處決安靜不擾凡陋規征收火耗槩行杜絕清苦自甘刁訟之風亦以感息康熙己未左遷去民追送者數千人泣別徒步百里立祠東街以上桐鄉徐志

何金蘭字相如丹徒人進士康熙二十年以中書改知桐鄉縣禁無藝之征絕苞苴之入寬猛得中常講鄉約以誘艮除倉蠹以遏暴一時政教肅然至於修理學宮重建雲龍閣開濬城河重啟西水門建羈所以便囚民建普同以收遺骨百廢俱興蒞任五年入為戶部給事中桐民追慕之祀名宦祠

郭金湯字犖庵漢軍鑲黃旗人康熙壬申知桐鄉縣潔己愛民不妄用官庫一錢割己俸葺城垣士民安枕重刊黃石公素書序以梓行

劉鎧字屏山江津人進士康熙庚辰知桐鄉縣歲祲發粟

賑饑建倘義書塾以整飭士習時黃泥洞盜某糾聚無賴白晝殺人鎧廉訪得實率健卒易服微行直入巢穴擒其頭目餘黨悉捕滅之民感其德肖像立祠祀名宦

陳大慶字頤伯黃岡人進士康熙六十一年知桐鄉縣才敏機警徵輸有法不敲扑而輸將恐後勞心撫字始終如一

蔡可遠字致甫漳浦人雍正戊申知桐鄉縣外和內嚴折獄平允編審一事最稱弊藪可遠改舊編圖里爲順莊一清飛灑詭寄之弊重建明倫堂名宦祠以勞瘁卒於官

余必夔恩南人副榜乾隆己未知桐鄉縣居官儉約愛民息訟著日省錄公事畢輒與諸生講學論文民生子不能哺乳者捐俸勸建育嬰堂至今賴之罷官歸行李蕭然

舒瞻字雲亭滿洲鑲黃旗人進士乾隆乙丑知桐鄉縣治尚簡靜以文學飾吏治嘗曰鷹鸇不如鸞鳳民安之工吟咏與四方名士唱和無虛日每季考鄰邑與試者數百人拔其尤者獎激之刊桐溪課士錄調知海鹽署平湖著有蘭藻堂詩集栖桐小草柘湖詩存

趙遐安化人舉人乾隆丁卯知桐鄉縣判事明決牘無留

滯廉得市井間斗斛大小不一秤輕重不齊易起爭端親臨查驗禁其奸僞民感其德

李輔德夏邑人舉人乾隆庚午知桐鄉縣聽訟勤敏凡累年未結案牘讞斷一空民無覊訟每考試勤於論文口講指畫終日不倦以勞疾卒於官

謝光鐘字震嶠監利人進士乾隆丙子知桐鄉縣聽訟明决雖事當叢集經理裕如簿書錢穀諸務必親裁决不假手他人丁丑冬卒於官士民咸哭之

李永泰字東侯繁峙人拔貢生乾隆丙子爲桐鄉丞性剛介甘淡泊蒞任止一僕隨遇事精敏矯矯不阿詩壓四川知縣

朱世錫江夏人監生乾隆庚辰任典史廉潔自矢安于淡泊凡有委審案件經其開導勸息者無不感泣諭民以孝悌力田暇則與士人分韻賦詩工書人珍藏之

耿昭字扶瞻絳州人供事乾隆壬辰任典史隣邑嘉匯兜有巨寇某盤踞一方擾害閭閻昭獲其魁盜遂息落職去士庶徵詩送行勒石頌德以上伊志

程希濂號憺人舉人任教諭持躬誠恪優䘏士子有以貧苦告輒典質助之積俸餘獨建泮橋而奉己淡泊冬無綿夏無葛布被繩牀晏如也卒于官于志

呂爾禧字滌圃江蘇武進舉人乾隆間知邑事才幹英敏嚴緝奸宄邑文廟久不治首倡捐俸修葺之以勞瘁卒於官先是民戴其德爲立長生祿位至是有哭於庭者新纂

李廷輝字立山安徽合肥舉人乾隆間來知縣事多惠政尤善培植士類政暇即延見諸生勖以砥行讀書嘗以邑志失修已久延邑人士拾遺補闕手訂成書一邑文獻賴以不墜新纂

宋咸熙字小茗仁和舉人來任教諭少讀等身書邃於學少詹事錢大昕侍郎王昶皆極賞之早登乙科屢試春

闈不第乃就教職蒞桐後提唱風雅引掖後進日以徵文考獻爲事裒集桐邑先哲遺詩自宋元以迄　本朝名曰桐溪詩述復各敘小傳紀其梗概俾後來修志者藉資考證又自著有思若齋詩文集耐冷談詩話惜陰日記皆極博雅精核新纂

許繼柏字寶巖無錫人道光初官桐鄉丞三年大水縣令王鼎銘病不任事凡勘災勸分彈壓飢民等務悉以委之事賴以濟薦保知縣丁內艱歸服闋授蕭山縣丞委辦海塘工竣攝湻安縣篆三十年推升直隸新樂縣知縣以年老乞休咸豐十年四月無錫戒嚴家人請遠避

繼柏曰人患不得死所耳我年已九十當以一死報國及賊至促子孫去留一赤足婢侍左右十二日賊突入其門繼柏踞坐大罵遂遇害繼柏爲人仁恕里黨有緩急無不應者與人言必依忠孝居官耿介歸田後足跡不入城市江蘇昭忠錄

李春龢字煦齋貴州貴筑縣舉人以知州揀發來浙歷宰劇縣並著政聲同治丙寅權遂安縣事適齋匪煽亂剋期襲衢嚴二郡春龢單騎至各邨諭以大義縛魁散黨不折一矢而亂定壬申冬來權邑事甫下車三日卽親祭張履祥墓捐廉五百金建祠墓旁祀楊園先代因語邑人士曰自幼讀楊園書卽慕其爲人今官先生故里以得自效惘忱爲幸在任甫十閱月而政績釐然可舉邑中捕務久弛特捐歷任所取青鎭船稅錢以養捕役一時宵小斂迹鄉約久廢因選諸生使各充城鎭講生朔望宣講　聖諭並捐廉給以月俸後遂沿爲故事聽斷虛心不執已見邑民有訟士人盜葬祖墓者已斷歸士人矣復親至其地履勘得實遂翻前斷人心愈加敬服癸酉夏大旱步禱於神竟不雨因思遇災省刑載在令甲遂盡釋獄中株連被繫者並察知奸胥有禁錮案中女子三年不得歸者立出之是夕卽大雨如注田野

霑足去桐後復權昌化縣事積勞成疾卒於官身後蕭然以遠道不能歸葬遂窆於西湖山麓新纂

光緒嘉興府志

（清）許瑤光 修　（清）吴仰賢等 纂　嘉興市圖書館 整理

叁

國家圖書館出版社

第三册目録

嘉興府志

嘉興府志卷四十四　嘉興府知府善化許瑤光重輯

選舉一

漢晉以薦辟舉嚴陸朱顧戠戠史冊唐設明經進士博學鴻詞各科而內相勳名照耀千古自玆以降代選英賢

國朝鴻博禾中與選已未四人丙辰二人盛矣伊志立表科目瞭然于志廢之誤矣玆仍伊例但將特科特試褒然舉首隆曠典也例貢例監擇載於後出才路博也志選舉

宋葉隆禮嘉興府學進士題名序

進士題名何始乎始於唐之鴈塔而後碑禮闈以紀同年碑郡縣學以紀同鄉彬彬惟本朝爲盛嘉禾行都扶風郡獨欲乎以闕事告郡博士㕦君春管君寅午相與謀曰國家自開基以來列聖以道統授受諸大儒金聲玉振至乾道淳熙而大備乾淳天子實毓聖是邦千古英靈剛大之氣天發地育典章文物之懿溥華夏而施蠻貊是邦有闕事可乎迺屬前廡士纂輯書載稽諏散逸臚列而刻之石首歲年次氏名次邑里粲然秩然可挹典刑而追步武也渡江之前與宗胄之貫玉牒者或未詳則存位置以竢續

補吁是舉也昭先登厲後來斯文非小補矣前進士葉隆禮諗諸友作而言曰祖宗以儒立國以科舉得儒吾鄉舉不乏人冠制科者冠廷對者冠禮部試者奕奕相望繇是爲宰執大臣爲侍從顯官無慮數十固有清風峻節一奮不顧攻新法如仇甘貧賤如飴蘇玉局公嘗愢愢閔惜之然遜芳流泝千載下凛有生氣蓋未可窮達計也其他才品之高下學識之醇駁事業之偉劣權衡而取則之方寸中有靈龜在毋徒曰工程文以拾青紫云乃作題名序咸湻改元九月吉日書

宋兌解壁甲記

皇帝嗣登大寶之三載命臣肖孫出守嘉禾懼亡以稱上旨郡文學盧恢間有請曰郡爲阜陵震夙之邦士生是地沐浴皇澤與河南南陽等寵甚腆也願勒珉以敭景鑠恭惟孝宗皇帝衍豐水泳羣材翹薪刈楚公卿皆此途選秀是邦者出而柄招搖躡紫微履文石氏名彪炳於乾湻盛時視他郡爲夐有開厥兆或者王氣扶輿所暨爾理考篤昭祖烈嘉淑輔藩溥惠賚而洽多士爲腆請及紀者兌如監再則不以年第進士超一級雖奏名亦與陞等湛恩汪濊士何幸歟鍾鼎簪珂憲憲相望用敷遺於後人者無疆惟休然以阜陵惠士之志待穆陵而始廣則廣穆陵之志蓋又於今日有所待於皇聖治柄用元勳作成爾多士者尤至風化涵梓恩紀物潏英實日蕃以碩非獨禾郡之幸亦阜陵之所深望也抑士之自待者蓋亦不負所學思以仰答累朝天涵地育之造此則教養之初意若但曰希恩寵徼利達則非所敢知謹拜手稽首而記其實于以對揚王休云咸湻三年六月望日朝散郎權發遣嘉興軍府兼管內勸農事節制澉浦金山水軍陳肖孫記

明王直嘉興府儒學鄉貢題名記

科舉之設隋唐以來皆重之未之有改也士之賢者必出是以進於用而天下之治成矣蓋聖人之道載諸經前世

之事備諸史爲士者必窮經以明道讀史以究事道旣明而身不由者鮮矣事旣習而行不達者亦鮮矣故科舉取士必本之經史觀其言之不謬可以知其人於是舉而用之則必能有所立其行之失者蓋有矣未必勝於得者之多也國家設科取士二十舉矣名卿大夫與百執事之賢者多出於此其長養成就本於列朝之仁而太平之治實君明臣良所致也孰謂科舉不足以得士哉嘉興浙之大郡其人秀而文其先以科目顯者蓋多矣繇洪武來相繼而奮者比比也而皆自學校成之其師之善教弟子之善學其賢於人可知矣今年郡庠訓導番易戴昪來京師過

予告曰郡庠諸生幸多名薦書今欲刻諸石以示久遠且
表其已能以歆動其未能者敢請記於先生予謂朝廷建
學立師以養士以治天下之本付之其任重矣然善於其
職者葢無幾戴君今與同列既能成其人矣而又思以勸
來者不謂之賢師可乎雖然士之由科舉奮者不在其名
之刻與否也葢其行無愧則名之存固善矣不然人將指
而議之曰科舉乃得人如是耶則名之存乃所以為累也
而有志之君子因其名之存益思充其實以求無愧於科
舉後之人又因是而勸沮焉則紀載之石亦砥名立行之
具也是不可少也乃為之記葢自甲子至今中者已若干

人其繼而奮者將益多則次第録於後云宣德十年乙卯
冬十月吉
案此碑題名自洪武甲子科起至成化丙午科止專指府學鄉貢而言也

明沈伯咸嘉興府儒學進士題名記 碑存

維明王嗣服歷九葉屢制登俊登弗進士科弗重懼弗進
夫道也或曰勢之趨也乎勢之趨考之隋唐斐乎遐矣嗚
呼勢之趨者治之懸道之進者機之至故治之懸夫俊棟
也棟橈則大厦微俊之必進夫道鼎食也鼎有食无不利
利則吉微則凶吉凶之道存乎標是故長人材者務標其
往以激之也嘉為浙西大郡浙士之進甲天下而嘉彪如
也則烏賴於激之者嗚呼孔道如砥而蹊介之君子有大
興之憂憂曰奚弗砥也迺江東司馬大夫魯瞻氏以前御
史守嘉之明年政純民宜渢渢乎絃誦大興也且曰先民
弗章曷以樹標乃核進士自洪武及嘉靖者碑焉碑弗文
猶弗標也迺命儒學官陳堪維萘奉幣謬及伯咸而伯咸
非其人矣無已碑若曰嗚呼士以進名者進夫道也進夫
聖人也聖心學也凡外心而學者皆非也吾懼夫今之士
者操觚煥文詞學進君子曰蜘蛛之務不如蠶之綸其失
則虛褒金炫肥利學進君子曰負且乘致寇至其失則誣
探奇入幻禪學進君子曰行偽而堅言偽而辨其失則叛

故曰出之幽谷登乎茂木慎乎趨也彼豪傑者云何進夫
聖人而已矣是故其存辟然定者志也其運儼然欽者宗
也其學淵然深者古也故阜聖之基也以志端聖之模也
以宗浚聖之資也以古志確故崇宗楷故化古畜故宏三
者會而機神機神則道進而何滀於弁輅金玉之華重也
聖人曰吾欲仁斯仁至矣言機至也而我或堯焉或舜焉
而或皋焉夔焉箕奴比諫時措之也否則卷而懷焉正身
範俗弗進猶夫進也苟徒恃乎王公之貴曰我進矣可以
生殺人侈然自晝夫是之謂倚物為進一於進則由由也
反是而拂逆焉則戚矣進也猶夫弗進也嗚呼茲標夫嘉

之往進者二三子立其下議之曰某盧若進某誣若進某叛若進某折鼎爲小人某隆棟爲聖人賢人而弗晝於宦人也故曰出之幽谷登之茂木愼乎趨也嗚呼彼豪傑者尙有激哉嘉靖甲午二月吉旦

明戴經嘉興府鄉貢進士題名記碑存

我郡守金陵西虹司馬公自內臺出守懷慶懷慶事簡不盡公之才臺論當任壯郡上聞特轉嘉興嘉興繁劇公下車甫數月剔弊舉墜百務聿清庭無留訟案無疑牘不啻庖丁解牛恢恢有餘刃矣首崇學校考覈德藝士類淬厲縫掖奉化朔望視學每事諮詢爰謂嘉興浙右巨邦也人

才迭興科目倍於他郡當官服職聲華著稱登名試錄歷若干科雖家藏戶閱而散漫莫稽嘗按進士之有題名記也實出朝廷崇重人材之意將以垂示天下所以昭往而勸來天下則而傚之凡一郡一邑亦有科貢題名良以奉行德意激勸後學則倂其各科之錄萃爲一石之碑前登後續使横經講業之士朝而覩焉以動其心暮而覽焉以作其志將曰彼何人也而立名不朽予何人也而有爲亦若是是則育賢之藥石而士子立身之砭鞶不亦有益於人家國天下也乎嘉靖歲甲午春二月日碑成公命經爲鄉貢進士題名記經曷敢承然而不可辭也竊聞公凡爲碑

者三一曰進士二曰鄉貢三曰歲貢夫進士者會試於禮部拔天下貢士之尤鄉貢者郡試於藩臬拔一方士子之尤而歲貢者則古人舍選究試稍次升進若非二途之敵也然五色之迷一第之涸容有不盡收者豈可自以遺才而甘立下風也哉今聖天子用賢三途並進其待天下以公而不輕天下以賾即古人立賢無方之遺意也公於此均視而同勸其無棄人絕物之私可謂不以一己之長廢人之短公名進士也於此可以知量矣又合郡學與七邑科貢之士羣萃於一堂之上舉前人之未行示後人之未發不以上下内外異其心不以高下低昂貳其德公之待

人以厚也如此夫待諸人者其厚如此而人之所以自待者奚容薄乎夫貢士之視進士已落第二義而歲貢之視鄉貢又非其倫是一時遭遇之機遂爲終身等第之路不可以躋攀同日而語矣然立身之道初無品類巖穴之老可爲將相之英掾吏之流亦建公卿之業且若我朝黃忠宣之文章事業魏文敏之學問履歷是亦貢士耳遡而上之若韓昌黎爲一代山斗吳草廬爲一時儒宗是亦貢士耳要在於人之自奮而已矣勿謂歲貢不如鄉貢也亦勿謂鄉貢不如進士也顧人之所以自待何如耳甯知公碑題名之意不有在於斯乎夫碑以題其名記以紀其事圖

爲世道計也知而不以告後人安在其爲文哉特筆著之於篇庶幾後人鑒之以勗夫後人也一時賢郡佐若河上高公貳守姑蘇晉公通守維揚張公推守皆能輔相盛美以成泮林之化郡貳教碧亭宋君綱實能承公意以督文事皆不可不書是爲記

明吳鵬嘉興府儒學歲貢題名記

士以年貢制也曷爲題其名侈後觀昭士鑒也洪惟我明受天景命混一海宇誕敷文教以隆郅治建學設科登庸俊髦士類勃焉以興恐取士之途勿廣也迺令諸府州縣學各歲貢生員如制優廩餼積時月養之久試可焉而後用之列聖相承以迄於今布恩命則有開貢之例振淹滯則有限年之例懲濫縱則有超選之例皆責成於督學憲臣焉比其進與科目者並用所以作新人材崇治化者至矣我嘉興郡邑自建學以來百六十年餘士由科目進者得人爲盛至歲貢所取雖迴有顯晦職有崇下亦有卓然樹立其德業於科目士有光焉者然載籍頗闕卒欲指數其姓氏有不可得而況其詳乎舊各學爲題名榜揭之明倫堂楣則有榜制亦隘甚要不足以侈觀昭鑒也惟時郡侯司馬公至甫閱月敷政宣教修文考學百廢俱舉迺惟題名缺焉是慮於是既刻科目者碑爰命教授聶君義

等稽故牘攷姓氏始洪武初年至正德十六年止合各學凡得貢士計六百三十人著履歷備錄刻諸石以昭永久而命鵬爲記夫名者實之符也君子爲善無盡名尤疾乎無名者是故君子服其服則文以君子之容有其容則文以君子之辭遂其辭則實以君子之德是故君子恥服其服而無其容恥有其容而無其辭恥有其辭而無其德恥有其德而無其行是故蚤夜圖之培其根將食其實浚其源而導其所趨德業樹立無忝前聞則由名以激之請名爲治世修身之具亦自不可得而誣也吾黨士嗣是以後始服官事矣鑒觀前後以圖勿負於國家俾斯人指而稱之曰某德某業是弗落科目者後顧弗盛乎不然澌滅無聞與草木同腐將以爲恥又奚貴於名之題也哉此郡侯所望余因著之斯舉也文獻於是乎徵風化於是乎本侯蓋知先務矣侯名泰字啓瞻先爲侍御史侃侃有直聲籍在嘉靖癸未進士錄可攷云甲午春三月吉旦

明沈謐嘉興府儒學歲貢續題名記

嘉靖癸巳冬甫臺司馬公來守嘉也去奸除蠹政乂民安盡心矣慨然興思曰可乎非所重也欲先其重其敦士風乎士風敦政庶幾焉爾上宜知所倡也下宜知所應也倡而弗應難乎上矣欲應而弗倡難乎下矣明年甲午迺進

分教宋子命之宋子北來謀諸謚曰方今聖明御極勵精圖治新制創法豈無堯舜之心哉奉宣德意其惟良守乎是役也知所重矣吾聞公之初議也進士有碑矣鄉貢歲貢有碑矣全矣奚庸再舉況謚不敏奚以文爲請辤宋子固申其義不可辤也嘗攷諸貢制厥惟舊哉自洪武以來未之改也超貢例起嘉靖行至於今英才漸得是上之所重也乎起洪武而碑樹之學宮碑隘數多釐嘉靖而續碑之意者超貢始於嘉靖而碑自嘉靖始也非有深長思者能如是乎上重之守重之倡矣士不自重奚以應之士之自重莫若辨志辨志莫若知學學聖學也民生而不可缺

焉者若後儒雕章繪句專事沽名是欺人也而非自重之學也矜智炫能委曲徇利是欺己也而非自重之學也志聖賢者當知所趨矣將曰上重乎我非與名也爲國也守重乎我亦非與利也爲君也我不自重則我心未盡我力未竭無乃不可乎故事君思忠忠有弗至弗措也事父思孝孝有弗至弗措也事兄思弟弟有弗至弗措也交友思信信有弗至弗措也惟茲四者命於天根於性堯舜之聖亦率是而已外此入利出名出利入名上者粉飾回護矣掩其不善而著其善下之則無所忌憚無所不至也聖學從茲晦矣名是碑者從違盍慎之哉後之按碑而稱者曰

某某爲聖人某某爲賢人自重在一時令名在天下萬世風斯遠矣倡者記者亦與有光焉國家無窮之福也不然石之災也倡與記者之意荒矣國家焉賴宋子曰綱也聞其詳矣請以告諸西虹公公曰是固泰之意也可以記矣

明吳寬嘉興縣儒學科目題名記

今之應進士貢者皆郡邑之秀學校之良始而憲臣校其文貢於省試之謂之鄉試其法嚴甚皆視其地人材之多寡而定之解額已乃貢於禮部試之謂之會試其法如前有司得其人畧具名數請於上裁已乃貢於廷試之選舉至此則不復去留而皆得預進士之賜然又爲之差等焉

其精審如此凡前二試既書其名榜中猶以不能垂於久也復立石太學傳之其愼重又如此然彼士之題名於石者固本郡邑而升學校而出者也於是守令有倣其制而爲之者以鄉邦之盛事而他日文獻之可徵者在此也今天下布政司十有三而浙江其首曰嘉興爲屬郡郡有屬邑亦曰嘉興邑令太原陳君璧嘗委其學之師生取國初以來凡貢士於省於部於廷者悉刻之石使來請余爲記蓋題名之舉其初亦惟欲不沒其人而已孰知人有賢否則視其名者必有美刺既有美刺則反於身者可無勸沮所係有甚大者嘉興浙西之大邑也自李唐時有大賢君

子生於其鄉遂啟後代斯文之盛然往者吾不可知今之仕者莫不出科第見其事之愼重不反而爲吾身之愼重乎且夫古之仕者必考其德行而賓興之後世此法已廢然君子將因其廢而遂廢其所以修身乎出者吾不可知今之游學者將皆由科第而出見其事之愼重不反而爲吾身之愼重乎若然則斯石也豈徒不沒其人而已信乎所係有甚大者陳君以名進士來爲茲邑明名廉敏克舉其職可謂能愼重其身有光於科第矣其又爲此舉豈將視此以自勸沮而益資其宦學也乎

明柯潛秀水縣儒學題名記

秀水舊爲嘉興縣之西境宣德初始分爲縣設學建官以教士士因教而興者駸駸乎有聞正統間呂先生原以雄才奧學魁鄉試又得儁南宮進奉廷對擢爲進士第二拜翰林編修累官至學士遇知先皇參預機務恩寵日隆秀之人材於是爲兩浙最矣天順間敎諭方繹暨其僚佐設敎勤而明於士多所造就歲庚辰金陵莊澈由進士來令是邑提督考課之暇又相與圖所以勸勵之冀復有若呂先生者出焉乃命工伐石刻其舉鄉試及登進士者名氏置於堂廡俾朝夕觀焉且垂示於永遠也壬午訓導林憲以京尹聘爲文衡既撤棘過予言曰秀學題名之石未有記願記之於時未暇屬筆邇者繹走書復申前請弗獲辭仰惟聖朝設科目以取天下豪俊而得與廷對者題名於太學及其有大勳伐有大聞望者又勒名於鍾鼎是欲傳聞於人使有所感焉而興起也然遠而有聞不若近而瞻視之爲勸也此天下之學校所以必有題名而諸君於此復有舉焉嗚呼高山仰止景行行止秀之士將顒顒興起於方來哉姑記之以俟

宋海鹽縣進士題名記

吾邑雖介處海壖士雅知力學宋興纔二十載固已肇立學舍講貫薰染非一日矣時未有以決科聞者當慶歷中

天下承詔畢立學校士咸觀感奮發以不預俊造之選爲恥而獨吾邑建學已素肄業有所士益自勵推移二紀椎輪於郭公球擢名第者相接也郭氏有子躡世科躋位通顯造兩地爲中興樞機臣厥後吾邑之士觀感速効蟬聯桂籍者不可枚舉蓋郭氏父子昆仲亦鄉校友黨豈氣類脉絡然歟有倡之者蓋必有繼之者鄉里實榮之常取以詔告其子弟今維揚李侯直養以佐邑最郎選爲令政通人和思所以爲化道之先亦既修治學宮有廢輒舉一日顧謂諸生曰邑之先達以儒科進者幾何人第而知之亦足爲士之勸諸生受教曰宜擇所屬乃以屬濬孫辭不獲

輒采摭詢考由郭公而下得三十有九人焉其有不知者葢闕如也後乎此者繼自今不絕書之嗟夫三代盛時興賢者能者獻其書於王實昉乎鄉大夫然則風勵而陶成之則大夫任其事固宜若李侯加惠於吾邑之士無窮已則士之揭名於此者得特書屢書不一書亦無窮而後可也紹熙三年二月朔從政郎新監行在右藏西庫常濬孫記

明海鹽縣儒學鄉試題名記

學校以得人材爲本人材治天下之具也必養於學而後舉於鄉貢於禮部試於廷皆登名有錄以紀出身之次第

釋菜先師又刻石於碑以貽榮於永久然則鄉學題名非謹其出身之始乎謹其始則重所往以達諸用也大矣海鹽爲嘉興屬邑距郡遠而密邇於海學舍滋久將入於弊成化改元山西楊公繼宗自秋官知府事廉明簡亮政教修舉兩至邑學慨其游居弗稱乃奉巡按監察御史劉珂分守參政甯良僉事周正方命有司庀材興工不踰年而廟堂齋舍煥然一新復謂方今設科自洪武甲子抵今成化辛卯二十有七科矣而海鹽之士懷牒起者前煇後耀號不乏人然不鑱諸石登載其名氏何示勸於方來於是命邑令楊君克敬具書幣託教諭陳艮率諸生夏昺沈慶藹釗來請記予謂成周論造於鄉務選賢以臻至治蓋有賓興之禮焉士由賓興而起亦豈以是媒利祿哉蓋有德行道藝明諸心措諸行以與斯世斯民同底至善之歸其後科目雖始於隋盛於唐而極於今然皆不失賓興之遺意士可不以賢自重乎唐稱得賢必曰陸宣公宣公郡人也蔚然一代人物固未易跂及然近景泰間有劉泰爲監察御史遇大臣巡撫有弗職者抗疏斥之風裁凜凜可嘉而竟以疾卒天順間有張甯爲禮科都給事中數奏封駁允合時議英宗方屬意大用弗果遂爲權奸沮抑僅守汀以病免予昔與之同朝喜其有聲於臺諫無忝於科目使

皆昌於其時則業必大有可觀矣豈止於是耶雖然顯於前者有限而擬諸後者無窮後此而進當思賢者與齊而以不賢者爲戒是崇忠義之是求無負上之所任使學之所當盡雖勒鼎彝銘旂常而昭汗簡亦自茲始奚啻鄉學題名之足榮哉罔俾宣公專美有唐敬以是爲勸成化八年某月日賜進士出身翰林侍讀學士奉訓大夫鶴城錢溥撰

明戴鍊平湖科第貢例題名碑

後平湖科第貢例題名昉於是乎曰否前此矣舊用木楔闕久而敝易以石始於是也曰石久不有泐乎曰瘞名之

在人傳必以愛愛必以美顧傳有永有勿永愛有公有勿公斯名與美而實勿美矣世有不求盡其心不責備諸已上無嘉於國家下無稗於黎民祿位日崇聲譽日播君子勿由焉君子恥之也士必以忠信主之以篤敬達之實勝而善明是可悅親也是可信友也是可獲上治民也然君子勿專美也愛勿愛傳勿傳有勿恤也非勿專也勿期也善亦勿終釋也夫積厚而修慎亮物而濟務經國而格難舉大而施溥苟志以時達立朝正色敷訓修德若道與世忤策遯逸退黨禁勿錄如吾考亭朱夫子者可也黃勉齋曰百年論定後必有知之者人泯天勝奚待百年顧紹興

登第之錄獨至今猶存焉是可爲愛而公且永矣茲邦紀姓名於石者昔故多賢繼自今駸駸未艾甯無儁偉拔出非常之業曷以外爲恃也哉敢敬以是爲囑

明吳昂桐鄉縣學科目題名記

知桐鄉縣事鈞陽任侯洛以廉明集百事獨懼人材之出不能爲他縣先乃考縣先達之士其由於科目者石刻之章示學宮則庶幾興起者衆而嗣者不絕其所刻由楊公青而下凡八人繇其縣宣德五年始分崇德縣而有前不出其學者不刻故其人滋少予同年友譚君鎧居其一乃來屬予記予以爲三代以後之法循習卑近無踰於科目然士得以名置其中者又甚難居此何哉盡科名剏於隋唐雖其法卑近矣若夫我朝所定經義論策其義理易書詩禮記春秋學庸論孟其議論濂洛關閩諸大儒書其故實遷固而下諸史其時務凡君臣民物皆爲國家天下之至賾斯豈可類於三代以後之法視之哉故其爲業務在尚志專心博學多識使其聞見周材藝備則其文章皆根柢五經四書出於諸大儒酌於古通於今而後可以置名科目中而桐鄉自有縣以迄於今垂八十有五年纔得八人宜矣雖然迹夫八人觀之則考其文章於譚君以前雖多不存然其人或陟憲臣或躋郡守盍惟其聞見周材藝

備見於行事以及此則視文章又加難矣則其始豈亦謂科目不易得哉吾意其如拾地芥耳審如是其孰非今之師歟然予嘗困於場屋久而幸一得焉因思難圖易惟欲不愧於先達自我朝上至於隋唐凡擢科目又産邑里者如陸宣公則予每讀其書論其行事求抑其人固又不待於刻石以章示之焉者故願桐鄉之士相與勉焉予以師今之所刻矣又及於所不刻友一邑之善士矣又馴至於古人與夫所爲功業者加之意焉則人材之盛其亦將十倍於今日而豈非所以慰夫任侯者耶遂書之爲記

薦辟

漢

嚴助 舉賢良擢中大夫由拳人　朱買臣 嚴助薦爲中大夫由拳人

張武 第五倫舉孝廉由拳人　施延 徵拜侍中海鹽人

陸康 舉孝廉茂才徵拜廬江太守海鹽人　陸績 康子辟奏曹掾鬱林守

三國吳

陸遜 康從孫丞相　陸抗 遜子大司馬

陸凱 遜族子丞相封嘉興侯　陸允 凱弟中書丞

陸禕 凱子大將軍　陸瑁 遜弟尚書

晉

陸喜 瑁子散騎常侍　陸機 抗子大都督

陸雲 機弟右司馬　陸曄 機從弟衛將軍

陸玩 曄弟司空　陸納 抗族子尚書

顧榮 散騎常侍封嘉興伯嘉興人　干寶 散騎常侍海鹽人

陳

顧野王 黃門侍郎海鹽人　顧越 黃門侍郎海鹽人

唐

陸元朗 明經辟爲文學館學士封吳縣男嘉興人　陸敦信 元朗子左相封嘉興縣子

褚無量 舉明經左散騎常侍海鹽人　案元朗父子二唐書均吳郡吳人舊府志皆入選舉有傳考復置嘉興縣在貞觀八年今仍之

案趙志入鄉賢傳嘉興何志入選舉今從蕪類

神道碑

進士

麟德 陸齊望 敦信子祕書少監以下嘉興　陸灞 吏部郎中

陸偘 溧陽尉

至德 顧況 著作郎海鹽人

大歷 徐岱 修撰 以下嘉興

建中 陸贄 又舉博學宏詞科書判拔萃科翰林學士同中書門下平章事

元和 殷堯藩 監察御史　陸元感 黃州司馬海鹽人 以下海

長慶 顧非熊 盱眙尉

光啟 邱爲 太子右庶子以下嘉興人　陸扆 贄族孫尚書左丞封嘉興縣男

五代 進士

後梁開平 高彥 貴州刺史海鹽人 以下　朱行先 尚書右僕射

宋制科　進士　特奏名 附右榜進士童科

端拱二年己丑　謝炎 主簿以下嘉興人　聞人偲 兼經

大中祥符五年壬子　聞人偘　聞人湜 三請

天禧三年己未　聞人建 工部尚書　朱季質

呂諤　呂元亮 二人並以布衣被召

天聖二年甲子　呂詢 諤弟給事中　賜第

景祐元年甲戌　呂評 詢弟　章棿

年	制科	進士	特奏名
慶曆六年丙戌		聞人安道知南康軍	朱伯龍
		陳舜俞屯田員外郎	詹奕
		韓洞	朱彥直
皇祐元年己丑		沈中復	衛仲達
		王照	衛積
		錢長卿	陳聖任
嘉祐二年丁酉		胡間	鄭滙第二人
		呂全貫開封	吳正邦
嘉祐四年己亥	陳舜俞舉材識茂異賢良方正能直言極諫科		朱端禮
			陳世德
嘉祐六年辛丑		朱伯虎輦從子貫開封江東運判累贈太子少師	朱滸
		周郊	朱宗卿
		婁億同學究出身餘杭主簿	葉簡
			王鼎
			姚端方
		葉仲	錢九韶
嘉祐八年癸卯		戴顯甫	葉晒
		朱華	朱振
治平二年乙巳		潘景純	張伯起
		朱伯熊伯虎弟淮東提舉	章移忠

嘉興府志　卷四十四選舉一　二十

年	制科	進士	特奏名
		郭琢海鹽人	鄭丙
		案是科通志誤入梅灝又舊志誤以癸丑己未二科併今從至元志改正	林一飛
			曾元鼎
熙寧三年庚戌			柳梗
		張仲元以下嘉興人	柳大韶
		淩皋	戚簡
		聞人璪建孫朝奉郎賜五品服	黃裳
			朱聞
		聞人琳昌化知縣	朱端復
		吳公美貫開封	朱允
熙寧六年癸丑		梅灝子海鹽人	以上三十五人特奏名俱嘉興人舊府縣志科年無攷
		呂奎貫開封	
		梅灝圖經作顥	
		陸周一作元祐戊辰海鹽人	
元豐二年己未		錢著以下嘉興人	
		徐之純	
		廖漢章	
		柳廷俊工部侍郎	
		章粹貫建甯	

嘉興府志　卷四十四選舉一　二十一

元豐八年乙丑
聞人益
倪直侯 探花
杜直 榜眼
崔友直

元祐三年戊辰
呂益柔 榜眼貫開封刑部侍郎
張徽言

元祐六年辛未
郭三益 掾子同知樞密院事
朱諤 原名紱伯虎從子榜眼哲宗改名謝恩詩有云起家白屋連三榜平地青雲第二名
富開
朱之純 貫開封

紹聖元年甲戌
柳廷傑 廷俊弟
呂桓 一作佶

紹聖四年丁丑
張天材 更名卿材

元符三年庚辰
錢隨 以下嘉興人

崇寧二年癸未
朱紘 紘弟三甲第一人
吳錞

崇寧五年丙戌
王篪

張甸
呂少㠓
陳斐忱
魯詹 提舉兩浙路市舶海鹽人

大觀三年己丑
柳約 廷俊弟以下嘉興人
聞人宏 通州司法
張昭
董之邵
陳之元
姚轂 更名焯
周公彥
衛上達 改名仲達館職
黃子服
周綱
陸友諒 海鹽人

政和二年壬辰
莫儔 狀元
范遜

政和五年乙未
陳與義 嘉興人

嘉興府志　卷四十四　選舉一

衛開 八行科宣教郎以下俱崇德人
黃鎮
黃瑗 鎮弟
謝處道 以上四人嘉興湯志並入選舉今從浙江通志

重和元年戊戌
張康朝
董埒 至元志作將
陳確
羅彬
趙士坦
衛閎 開弟通判紹興贈太師魏國公
衛膚敏 閎從子採花又舉八行

宣和元年己亥
李長民 舉博學宏詞科祕書省正字嘉興人
朱炎 崇德人

宣和二年庚子
聞人穎立 上舍

宣和三年辛丑
富說

宣和六年甲辰
范闓
沈晦 狀元崇德人

嘉興府志　卷四十四　選舉一

建炎二年戊申
黃銓 甲科
黃操
蔡宿 海鹽人
張睿 崇德人

紹興二年壬子
孫彥朝 貫開封以下嘉興人

紹興五年乙卯
任盡言 質言弟甲科淮東提舉以下二人貫眉州
任質言
樊光遠 省元貫錢塘
朱冠卿 以下二人貫開封
葛溫卿
魯訔 太府卿以下海鹽人
魯詧 俱訔弟
錢宏祖 崇德人至元志云政姪萬中
陳璹 以下嘉興人
董天民

紹興八年戊午
陸之淵 海鹽人

紹興十二年壬戌

周三徵 以下嘉興人

潘旦

曾藝 以下海鹽人

陸之望 之淵弟

紹興十五年乙丑

潘瑋 甲科安慶軍教授

陳伯達

張圖南

趙師煥

太史洵武 貫鹽官

葉利用 以下海鹽人

曾可簡 晉子

張康

徐琪

紹興十八年戊辰

林公望 福建提舉

張偉

俞光凝

柳仲永 貫鎮江

王允功 以下崇德人

張然

紹興二十一年辛未

丁三畏

鄭聞 省元參知政事貫開封

張廷筠 昭子

陳驥

曾璵 僖從子以下海鹽

趙師夙 人

趙彥深

錢萬中 宏從子崇德人參知政事

紹興二十四年甲戌

錢良臣 知鎮江府

陳禹錫 以下嘉興人

唐鐸

徐銳

衛稷 仲達子處州教授

陳閎

曾文謚 海鹽人

杜申 以下崇德人

徐浚 珙從弟烏程令

張潛

紹興二十七年丁丑

聞人符 穎立子

林宋顯 舊志作宋顯誤

周謹思

朱份

閆人阜民 符弟上舍通判

婺州

陳師正 舊志作思正誤

樊抑 光遠子

趙汝能 知全州海鹽人

紹興三十年庚辰

許克昌 貫洪州以有官充榜眼

盖經 甲科貫開封戶部侍郎

沈揆 侍從

張謙

王明弼

錢聞禮 聞詩弟

張伯垓 吏部尚書

呂篆 貫平江

衛博 稷從弟樞密院編修

侯持國

柳大雅 貫臨安

陳之方 貫建州

樊廣 光遠子

陳夢鵬 貫湖州

趙希仁 中大夫廣東運判以下海鹽人

趙不愚 士坦子

劉處仁

曾可封 詹子烏程令

莫若晦 崇德人

紹興三十二年壬午

隆興元年癸未

錢聞詩 以下嘉興人

張序

趙善洙

邵袁然

張子淶 一作朱子淶

呂旦

趙汝明 汝能兄以下海鹽人

趙希仰 希倧弟晉陵丞一作己丑

乾道二年丙戌　曾可宗 又舉博學宏詞科官至太常卿

曾可宗 旹子

莫抃

朱繹之 貫湖州兵部郎中知常州

吳伯凱 以下嘉興人

徐玠

趙善調

孔彰

王靜

婁機 參政

周益

陳登

陳師堯

柳梓

徐元莫 以下崇德人

趙汝愚

趙學憲 汝愚子知靖江府

陳炳 上虞令

王觀國 貫開封以下嘉興人

乾道五年己丑

陳舜舉 右榜進士科嘉興人年各異劉志作隆興年袁志作

乾道五年

林廷瑞 貫平江

郭堯

葉昉

趙彥琇

陸峻 刑部尚書以下海鹽人

曾璠 瑑弟

常濬孫 福州教授一作壬辰

錢文

陳允 師正子

陳伯揆

張橐

任巖叟

趙善愐 以下海鹽人

趙伯璝 一作乙未

徐綱 通判湖州以下崇德人

莫元忠 若晦弟通判德安

衛藻 仲達從孫知武岡軍

趙彥珖 彥琇弟

乾道八年壬辰　常濬孫 又舉博學宏詞科

淳熙二年乙未

淳熙五年戊戌

丁大舉
丁大聲
曾玕 可簡子知烏程縣
以下海鹽人
趙彥清 彥深弟一作戊戌
莫若沖 若忠弟大理丞以
下崇德人
徐晟 珙子
趙師懔
張之德

淳熙八年辛丑

沈明遠
趙彥濟 彥清弟海鹽人
柳說 貫臨安
聞人綱
朱端常 繹子貫湖州戶部尚書
陳之綱 辛海陵修捍海隄
以下崇德人
陳之純 之綱弟
蔡開 知岳州

淳熙十一年甲辰

莫若拙
王用亨 襄陽教授一作戊辰
衛涇 狀元殿學士資政
俞建 光凝子遠弟甲科
俞遠 建兄
葉時
石辰之
衛漢 涇弟
莫似之 若晦弟崇德人

淳熙十四年丁未

胡林卿
王正綱 貫泰州
沈倫
周雲
趙彥倫 尚之孫
趙希悰 希仁弟侍郎諡文清一作紹熙庚戌以下海鹽人
許興裔 舊志作趙興裔從今海鹽圖經仇志更正
趙彥澮 彥深弟
趙崇堯 汝明子以上三人
錢師文 石門鄭志作盛姓
部員外郎以下崇德人
莫象
錢鶚
王櫆
李九篪
張一清 縣志有郡志無

一作紹熙庚戌

淳熙十六年己酉

常楷 宗正丞

徐逢 浚子以下崇德人

莫及

莫光朝 及從子以下二人

一作己酉

徐龜年 知嶽州

林至 字秘書省正

錢孜

紹熙元年庚戌

林大章

趙彥伸

趙彥璑 彥珖弟

趙善毅 不愚子

趙汝璒

李昌宗 以朝奉郎下海鹽人

魯珏 可簡子玕弟以下

徐昂 晟弟崇德人

徐邁 逢弟

陸坡 祕書郎通判知州

王炎

錢秀發

郁俊民

紹熙四年癸丑

趙師娩 伯瓚子嘉興人以下崇德

陳舜舉 案乾道間有右榜進士陳舜舉通志注嘉興人此貫崇德爲令守列政事傳恐是二人

莫澤 刑部尚書

慶元元年乙卯

姜輝 甲科上舍以下嘉興人

錢撫

侯允

孔掄

周日嚴 雲子

陳保中 內舍

陶大璋

鮑章 內舍

趙汝詒 內舍嘉興人

慶元二年丙辰

凌次英 貫錢塘以下嘉興人

蔡源

慶元五年己未

魯秀穎

嘉泰二年壬戌

徐倬德
沈棐
蔡闢 開弟崇德人
張淡 俊子以下嘉興人
張漢臣
徐遠 浚子崇德人
陶洪 以下嘉興人
趙汜夫
唐夢符
徐逢年 綱弟

趙勤夫 右榜進士揚州正將科分無考嘉興人袁志作嘉泰二年王牒所勤作懃
陳思 第一
朱表臣
查雲 趙圖記作木曇
沈曾卿 子龜年以下

開禧元年乙丑

嘉定元年戊辰

陳之經 之綱弟崇德人
衛洙 徑弟以下嘉興人
曾鐸
衛玠 仲達曾孫軍器監丞
曾策 貫鎮江
婁體仁 省元
潘振
劉元晉

柳佑祖
張林

嘉定四年辛未

計朋龜
陸鑣 坡從子以下崇德人
輔大章 廣子武岡令
陶大甄
常衎孫 濟孫弟句容丞海鹽人
沈木 以下崇德人
張珪
趙汝鄘

嘉定七年甲戌

江表祖

嘉定十年丁丑

王尚輔
趙崇璋
曾文若 海鹽人
趙汝琎
陳暀 金部郎官守南劍
趙時椅 汜夫子
趙崇穡 汝琎子
楊元勛
曾文伯 文若弟海鹽人
陸德輿 吏部尚書以下崇

馬暀
陸德輿 童科年分無攷

嘉定十三年庚辰

錢昰

陳燧 嘉興人 甠弟宗學博士以下

趙與生 希仈子與理弟

孫一飛

林華 壬子

潘忠恕 振子省試經魁

趙汝訓

胡琚 林卿子

嘉定十五年壬午

趙汝擢

張琥

嘉定十六年癸未

王熙載 以下嘉興人

沈應元　張楚材

沈旣濟　徐協 元莫子

趙汝弼 汝訓弟

趙希膺

魯之大 海鹽人

平東 崇德人

寶慶二年丙戌

沈炎 資政殿學士以下　徐聞詩 八歲通九經童科年

趙與陞 嘉興人

趙與翊 常熟令奉議郎

趙時勇

趙與椽

趙坨夫

趙漪夫

趙彥祕

趙瀜夫

趙汴夫

趙與機

趙孟敏

趙希檜

趙與時

趙崇治

趙善蘚 不愚子

趙宗愜

趙崇愈

趙崇昔

趙汝堂

分無攷

趙與曾
趙崇誐
趙汝熠
趙與言
趙崇侑
趙寘夫 坨夫弟
趙與善
趙悫夫 以下海鹽人
趙孟堅
胡宗儒 以下崇德人
陳鑄
時任 以下嘉興人
沈元
黃英發
余任禮
趙孟握
徐聞詩 惠州守
趙汝衡
趙汝槶 以下崇德人
趙必棣 一作癸丑

莫伋 以下崇德人
莫何 俱若沖子
時伸 任兄
徐炎 元莫孫
徐箕
沈廸
張碧

紹定二年己丑

紹定四年辛卯

李景勉 太常丞守臨江 嘉興人
聞人宇 海鹽人

紹定五年壬辰

莫之槼 上舍抃從子 以下崇德人
趙汝檑 槶弟
莫季謙 若拙子

周廷傑
莫環
莫璞
徐士豪 協子

端平二年乙未

趙若炳
趙時梓
趙若煇 若炳弟
趙時櫾 時梓弟
趙汝穖
杜從龍
蔡直方
宋正禮
呂重庚 大理正
趙時柷
趙與理 與生兄
平章 東從子 崇德人
趙與積 與理弟 以下嘉興

俞夢得
樂公明
張璞

嘉熙二年戊戌

淳祐元年辛丑

聞人仲脩 皋民孫

趙必高

沈應高 渠子

錢宜之

錢廙之

周光龍 一作海鹽人 以下崇德人

趙時哲

焦炳炎 探花右文殿修撰

沈斗祥

淳祐四年甲辰

趙孟議 上舍

趙時棐 上舍

蔡廣 上舍

唐震龍

趙孟圭

常賢孫 海鹽人

莫仲通 崇德人

焦煥炎 炳炎弟特奏名端明殿學士

陳愷

淳祐七年丁未

葉隆禮

林子善 淮西參制

魯鼎卿 以下海鹽人

徐灼 以下崇德人

莫梓

張益之

淳祐十年庚戌

常棣 同留孫別院賦魁

陸夢正 以下嘉興人

洪應辰

婁應元

郭晦

朱宗强

吳君閎

曾森

陸淡 以下崇德人

張能

莫如之 明從子

焦煥炎 淳祐間右榜進士通志注嘉興人科年無攷案趙圖記炳炎弟煥炎傳僅稱亦舉進士不言右榜又仕至鎮江守恐非一人又劉志作紹熙年袁志作殿帥虎臣子淳祐四年

寶祐元年癸丑

錢拱之 以下嘉興人

趙孟逮

趙必燧

趙崇穆

婁應新 省試經魁

呂翊龍

婁應庚

潘應大

郭圭

平昌

趙崇籌 從子汝棡汝檣

寶祐二年甲寅

朱鵬飛 崇德人

李曾伯 觀文殿大學士崇德人眞臨安

寶祐四年丙辰

沈達 字元志作達可以下嘉興人

吳英發 下四人列石門志誤

趙若詿

沈夢龍

唐天麟 太學嘉興學正

馮夢桂 崇德人

開慶元年己未

王允之 以下嘉興人

葉汝舟

柳正孫

鄭搢冀

金龕

景定三年壬戌

錢夢炎 甲科以下嘉興人

張漢輔 太學

聞人珏

魯天麟 一作海鹽人

咸淳元年乙丑

趙與鼎

唐堯臣 以下童科俱嘉興人

趙必穗

趙由璋 孟安子

趙孟安

宋安國 宗强子

沈應子 應發弟

趙崇睢

趙必弱

趙孟林

趙崇僊

趙時抗

年分無攷

包時習

包時中

包時飛

唐夢龍

唐天龍

張伯湄

趙若埱

趙崇嘏

沈起巖

趙汝愨

趙孟褋 希悰孫以下海鹽人

趙孟珣 與曾子

趙孟華 孟褋弟

咸淳四年戊辰

徐碩

沈應發 應子兄

咸淳七年辛未

趙孟佪 孟林兄一作坰

張伯淯 琥子一作辛未崇德

張應明 嘉興人

翁自道 王元志作自衢

曹應符

趙艮汝

趙與熂

徐寯得 案以上五人通志俱入嘉興

咸淳十年甲戌

元進士

延祐年

鄉舉

俞鎮 鄉舉第一通志以下俱嘉興人

俞銳 鎮弟

吳琪 鄉舉第一以上三人崇德志入選舉

王景

鮑恂 鄉舉第一崇德新志入選舉

吳惺[illegible]

童科附武科

延祐年

俞鎮 建德路知事

俞銳 龍游主簿

吳琪

王景 侍書學士

黃玭 案通志六人均列延祐四年丁巳前四人又列延祐二年乙卯張起巖榜進士恐誤

至治三年癸亥

屠曾 省試第十一臺試二十七備榜建康學正又作至正乙巳

至順年

陸景能 趙圖記嘉興湯志作景龍

聞人樞

至元四年戊寅

焦熙

至正十三年癸巳

趙俶 省試第七至正四年省試備榜第九

沈廷珪 俱海鹽人

至正二十二年壬寅

許徵 省試詞草詔十六海

焦熙 七歲中童科年分無考

至正二十三年癸卯	沈廷珪
至正二十五年乙巳	張翼 嘉興人 貝瓊 崇德人科年無考 國子助教
	朱勉之 至正間武科嘉興人年分無考鎮守千戶袁志作志洽元年任嘉興鎮守千戶

嘉興府志卷四十五

嘉興府知府善化許瑤光重輯

選舉二

明薦舉

	嘉興縣	海鹽縣	崇德縣
洪武	呂五秀 副史	丁豫 僉事	程本立
	張恂 行人	金大節 耆老知府	沈兼善
	謝文昌 御史	曹孚 容貌端方給事中	鄭楚瞻
	馬璥 許州知州	黃文杰 賢良知縣	劉本中 知府
	浦宗琦 工部主事	常士昌 賢良知府	呂復初 通判
	湯斌 大理寺副	周德成 秀才主簿	李正一 學錄
	俞忠 潁上縣丞	戴仲肅 聰明正直知縣	富好禮
	劉倫 御史	胡恆性 文學縣丞	張緝 御史
	陳俊民 貴州布政	沈繼宗 明經國子學正	樂九成 僉事
	倪宗 中書	詹仲益 孝弟縣丞	沈宣 僉事
	高英 應天通判	梅士進 儒士知縣	楊志行 知府
	沈潤 御史	梅士輝 儒士通判	吳元肅 知府
	王子實 漳州同知	費德昭 儒士通判	吳景庸 知府
	尹文龍 刑部主事	桑慎 明經編修	張孟春 知縣
	董可賢 通江知縣	王端 楷書經歷衛	楊眞益 知州

黃忠 行人
潘原 南海縣學訓導
錢思濟 知皋城縣
張九疇 知武陵縣
茅謙 南陽通判
王衡 工部主事
包宗 吉安知府
金章 湖廣參議
沈子端 南安同知
沈景衡 衞輝同知

楊經 楷書
戴瓊 楷書通判
王彥貞 人材主簿
朱彥華 人材知府
呂文忠 人材序班
金谷用 人材主簿
鄒文通 人材巡檢
張忠 人材主簿
陶眞 人材主簿
王眞 人材主簿

劉景福 知州
陸彥平 郎中
金彥祥 主事
貝瓊
貝翽 經歷
貝翱 知縣
貝翔 學錄
魏谷 知縣
姚珽 教諭
許德章 知縣

陳約 布政
俞宗大 郎中
潘元凱 知縣
顧節 知縣
劉彥倫 御史
沈鋐 知縣
夏祥鳳 知縣
錢得彰 典史
張昊 明經僉事
沈景文 賢良運同

李孟璿 經明行修訓導
何亨 書算千戶所吏目
沈章 知縣
范澄 經歷
殷景 御史
陳宣 運使
張翊 評事
顧琛 郎中 以上六人俱部掾
張禧 博士

楊公藝 訓導

尤薿 御史
薛宗永 孝廉御史
陸貞 知府
王嘉會 國子監司業
徐中 鄱陽河泊所
錢鈞 本府訓導
姚粵 州同
杭福肆 州同
丁長如 黃州通判
唐正德 陝西參政

施允文 僉事
戈定遠 副使
顧宗元 通判
俞彥進 郎中
曹梭 知縣
沈逵 驛丞
張振 知府
陸象 巡檢
顧昇 巡檢
儲子儀 州同

楊嗣宗 工部主事
鄔彥英 工部主事
周德行 工部營繕所丞
於德 番禺主部
張景賢 涇縣知縣
宋士元 趙王府庫大使
金灝 諭戍雄州薦入侍皇長孫讀書
於禮 德弟從征交趾
岳高 知縣

葉春 邑掾侍郎

吳繼善 給事中
孫 詢 檢校
宋 堯 大使
余 綱 生員由順天府學歷官太子少傅南京禮部侍郎

洪武三年庚戌
進士
舉人
俞志文 以下嘉興人
許信孚 知縣
馬思明
貢生
殷仲寬 承敕郎以下府學
張 鑑 訓導
唐以德 王 鼎 訓導

王 鏞 編修
毛永昇
潘椿年 同知
朱 禎 知縣
王 貞
盛 潛 海鹽人縣丞 案舊志俱入甲子科

李文榮 參議 孫 詢 知府
錢文斌 主簿 許 潤 學政
顧 穎 主事 陸 庸
陸文玉 御史 李 英 都事
曹 智 金 善
施 忠 林 森
沈 仁 黃文德 斷事
盛希賢 金 鏞 典史
高尚志 顧文俊 郎中
周 誥 夏尚忠

洪武六年癸丑
案洪武六年諭中書省科舉暫停別令有司察舉賢才見續文

獻通考罷進士科者十有二年至洪武十六年復開科見浙江登科考又是年頒行科舉成式凡三年大比見明會典

顧 謨 知府 沈 誼 照磨
邵文興
倪 敬 衛經歷
陸 鎮 侍郎 以下嘉興人
陳 潤 侍郎 俞 綸 通政
路文元 給事中

洪武十七年甲子
曹 仁 以下海鹽人
丁 麟 豫子

洪武十八年乙丑
曹 仁 工部主事有傳
丁 麟 御史
顧 恂 知府 曹宗達 主事
范 敏 知縣 李 林 學錄

洪武二十年丁卯
左 昇 嘉興人同知
李 恭 海鹽人
邱 岳 鄭文明 知府
徐德芳 楊 名 御史

洪武二十三年庚午
姚 宣 嘉興人
蘇 忠 海鹽人知縣
謝 英 王文顯
張文忠 金文貫

洪武二十六年癸酉
賈 敏 崇德人
俞 璣 嘉興人
王 琛 海鹽人訓導
馬繼祖 崇德人知縣
陳 興
邱 瑛 縣丞以下十八人例貢
金 愼 典史 胡俊德
張 鑑 張 英
陸繼義 沈 權

洪武二十七年甲戌
俞 璣 刑部主事

洪武二十九年丙子
周 潤 治中以下嘉興人
祝思誠 教諭
王文昭 長史
胡 章 謝文茂
鍾文昇 聞人宗
曹 仁 以下海鹽人

洪武三十年丁丑

王 禮 國子監助教

賈 敏 郎中

王 禮 海鹽人應天中式

姚文通 屯留典史 以下崇德人

金 聲 典史

鄭思宗 主事　曹 旭

李 恭 教授　張 巽

胡 讓 通判　于 汶 同知

戴 復 知州　朱 名 知縣

徐 倫 知州　周汝翼

王 禮　錢大亨 通判

詹 文 郎中　王 政 知縣

錢 玉 知縣

唐 禎 縣丞 以下九人例貢

張 信 主事　姜 艮 案牘

鍾德華 縣丞　劉 昌 訓導

曹 樞　吳 昱

丁 麟　曹 孚 給事中

孔 建 御史 以下崇德人

孫敬叔 州同　强文英 給事中

顧 言　沈本初 知縣

徐 文 縣丞　申居祺

楊 雍 御史　陸文進 知縣

卜允昇 訓導　葉 永 照磨

張彥通 典史　史 質

建文元年己卯

案是科所舉有以富戶充庫吏者見浙士登科考

沈艮一 應天中式 以下嘉興人

錢 勗

黃允宗 海鹽人

陳 禮 給事中 以下崇德人

葉 芳 知縣

趙 鼎 御史 以下六人例貢

趙 珪 同知　顧思敬 知縣

勞 績　費 謨

孫 毅 承務郎

張彥英

建文二年庚辰

沈艮一

黃允宗 檢討

永樂元年癸未

案壬午鄉試值成祖登極未暇舉行故移於癸未而以甲申會試見浙士登科考

徐 奇 副使

平 正

閻 眞 一作嚴貞 以下嘉興人

郁 珪 訓導

陸 淵 主事 海鹽人

張志學 教諭 以下崇德人

朱 昭 通志作酉 教諭

錢 貫

施文振 知府 以下府學

徐子艮

張敬宗 州判 一作振

祝圭善 行人　管 玫

葛得名 衛經歷

曹 睿 知縣　周 轅 御史

嘉興府志　卷四十五　選舉二　八

永樂二年甲申　閻　眞知縣　錢　貴

永樂三年乙酉

郭　城教諭以下嘉興人　汪　泳參議　趙　琮推官　范以穆　盛　安經歷　黃　彥以下海鹽人　沈　欽應天中式

案趙圖記後舊志皆有沈欽丙戌進士爲海鹽人而海鹽仇志樊圖經皆無之題名碑刻作光欽今從通志

姚　文崇德人

包文肅知縣　呂　顯州判　張子華　羅明德　邱文通　張　鑑　石　桓訓導　周　郁郎中　歐　軏府工正　王　琳　王　俊推官　陳志道同州　羅仲友衛經歷　錢　昇主事　劉　緒推官　沈子義主簿　張餘慶衛經歷　夏　敬縣丞　歸　仁主事以下嘉興人　倪宗善　錢德榮　顧　斌御史　朱　玉　夏　時推官　黃　鍾　盛　貴　趙　璧縣丞　王　倨典簿　王　信　孫文進　卓　興　周宗賢　蔡　禎經歷　錢　穀　張壽昌知縣以下海鹽人

永樂四年丙戌　沈　欽運副

永樂六年戊子

楊景春嘉興人　閭人晟貢餘姚　張　麗縣丞海鹽人

永樂九年辛卯會試　楊景春會魁評事　閭人晟給事中

嘉興府志　卷四十五　選舉二　九

辛卯鄉科

袁志己丑會試移辛卯年

懷　信訓導以下嘉興人　馬　騏知縣　朱　禎主簿　孫　達巡檢　張　翼縣丞　江　敬教諭以下海鹽人　仲　端知州　金　遜崇德人

戈定遠副使　蘇　忠知縣　平　安主簿　朱　倨御史　張　彬通判　張　鳳同知　費　昭縣丞　馮　昭知州　陸　貴　趙　敬　胡　順主簿　唐子忠　李　銘　計　庸知縣　李　勉知縣　沈　政　支　茂縣丞　薛　安典儀　周　通以下崇德人

永樂十年壬辰　黃　彥

永樂十二年甲午

呂嗣芳教諭以下嘉興人　江　中主事　孫　琪伴讀　王　達經歷　楊　經應天中式郎中海鹽人

陳文珪典史　孫　泰知縣　朱　敬州判　党　政同州　平　坦通判　鄭　謙　曹　煥　金　鼎　孫　顯知縣　丁　顯　李　永知縣　濮　敬

永樂十三年乙未　姚　文知府

永樂十五年丁酉

胡　璉以下嘉興人　周　澄治中　鮑　民助教

朱　益　蔡　貞　鍾　鏞參議以下四人皆書貢　沈　讓同州　沈　震主簿　沈　義同知

王士賢 訓導
施俊 學正
楊顯 外省中式從通志增
許伯全 教諭以下海鹽人
王鎬 通判
張鶚 御史
沈理
沈欽 教諭 案趙圖記是科無沈欽而海鹽仇志樊圖經皆有之云為都昌教諭今從通志
朱夢得 陝西中式
卜禎 訓導崇德人
朱晃 教諭以下嘉興人
卓遠 縣丞
徐英

永樂十六年戊戌
胡連 知縣
沈理
朱夢德 興寧知縣
金遜 御史

永樂十八年庚子

沈澄 知縣
吳珪 教諭
呂本 嗣方子山西中式知州訓導
沈貴 以下崇德人
費敬 郎中
沈章 郎中
俞山 吏部侍郎太子少傅以下嘉興人
翁宗義
麗敬 知縣
趙昱 經歷
俞基
孔衍 通判以下海鹽人
周鑑 教諭
李政 教諭
蔡新 知縣以下崇德人
錢實 知縣
王彥 解元
楊述 長史

永樂二十一年癸卯

永樂二十二年甲辰
費敬 大理寺副

宣德元年丙午　劉稽 彥倫孫教授嘉興人　朱思敬 以下府學

宣德四年己酉　案是年始析嘉興爲七縣　林漢川 以下嘉興人　金同文 郎中　袁昇

沈湄　何忠 縣丞　沈鎰 參議

宋璉 以下秀水人　張顯 通判　高必貴 同州

林茂　張信

趙智　許順 以下嘉興人

張俊 王府伴讀崇德人　談經 同知　趙瑗 知縣

宣德五年庚戌　宋璉 南雄知府　高文遠 縣丞　屠顯 教諭

宣德七年壬子　戴瑺 原籍浮梁嘉興人　倪思忠 訓導

宣德八年癸丑　趙智　金鼎 工部員外秀水人扈駕沒於邊

宣德十年乙卯　林茂　蕭勗 教諭嘉興人　董威 通判海鹽人 以下

夏倘 嘉善人應天中式更名時正貫仁和　王亮 衛經歷

沈盛 訓導　章麟

孫芳 以下例貢

李玉 驛丞　呂愷 知縣

吳鸞 通判平湖人 以下

宋盛 同知　錢隆

正統元年丙辰　沈湄 吏部員外　陸文富 以下府學

朱漟　沈艮 斷事

正統三年戊午　戴瑺　張澄 訓導嘉興人　俞英 主事　顧恂 教諭

正統六年辛酉　朱敬德 王府審理以下海鹽人　諸忠 知府　周亨 衛經歷

倪政 訓導　金鼎 員外郎　鄒寶 員外

陳謙 秀水人見題名碑　淩臯 同知　計宗 知事

沈淙 平湖人　姚銘 部主事　陳亮 教授

徐輔 王府審理正崇德人　倪春 州判　浦洪 知縣

呂原 元嗣芳子解元秀水人　戴成 知縣　楊盛 經歷

項忠 居秀水以下嘉善人　薛斌　陳珪 縣丞

于璠 順天中式　沈浦 州判　王洪 知縣

朱茂 教授崇德人　崔茂　沈繼 學錄

正統七年壬戌　呂原 榜眼大學士諡文懿　浦洪 大理寺丞以下秀水人

項忠 兵部尚書諡襄毅　張秀 應天中式教諭嘉興人　葛文明 參政　毛晟 知州

干璠 給事中　文立 人孔目嘉善　張昌 知縣　潘用 學正

沈琮 知府　劉泰 海鹽人　吳睿 知縣　周澄 治中

案是科奏準在京吏典承差人等聽本衙門保勘禮部官嚴考通經無犯者送試仍行原籍勘實見浙士登科者

正統九年甲子　沈瑮 琮弟解元平湖人　徐瑜 兵馬司以下嘉善人知縣應天府

呂珍 應天中式訓導崇德人　張勗 學　唐瑛 知縣　張璟 知縣

沈榮 順天中式桐鄉人　萬寶 斷事　石玉 主簿

吳佚 檢討海鹽人 以下

正統十年乙丑　夏時正 原名倘大理卿　蔣庸 經歷　王紀 吏目

葉文顯 訓導　徐德勇 知縣

正統十二年丁卯

案袁志吳科有金鼎註監生吏部員外郎而舊志及通志皆無之又未列鄉科僅見宦德貢生中殉土木之難恐誤

伍方 嘉興人
施奎 同知以下秀水人
常纓 助教
張甯 武生以下海鹽人
許珣 伯全子訓導

唐禮 知縣以下八人例貢
張祚 知縣
黃慶 知縣
張銘 推官
陳謨 監
主善
步澤 主簿
周政 以下平湖人
朱耀 教諭
沈禮 知縣
馮奎 州同
唐璋
王浩 主簿
陸榮
王泰 知縣以下崇德人
郁麟 知縣
姚信 典簿

景泰元年庚午

姜諒 嘉興人

沈忠 知縣
王禮 知縣
沈溶 經歷
陳謨 知縣以下四人例貢
金晃 經歷
姚聰
呂珍
潘褚 州判
王謙 以下桐鄉人
許琳 知縣
沈政
姚端
潘澄 知縣
楊璘 運判
徐禎 州同
張文 以下嘉興人

景泰二年辛未

劉泰 御史
沈肆 御史

林皋 以下秀水人
張昺
施奇 邦彥子以下嘉善人
劉侃
周衢 學正平湖人
沈聲 崇德人
楊青 述子桐鄉人題名碑作正統甲子

宋升 教授
王昭 訓導
陳憲
沈澄
周吉 主簿
徐昂 主簿以下四人楷書貢
楊斌 大理寺副
趙瓊 知縣
王濬
曹綱 知縣以下秀水人
范宣 州同
呂文 知縣
鈕瓊 經歷
宋昌 訓導
郁讓 通判

景泰四年癸酉

楊青 會魁給事中歷僉事

姚綬 以下嘉興人
聞恭 同知原籍鄢縣學正
孫綱
周琮 以下秀水人
羅麟 應天中式從通志增
金禮
趙純 王府教授以下嘉善人
于玭 瑤弟太僕寺丞順天中式
李景孟 以下海鹽人

蔣琮 縣丞以下嘉善人
李蕚 縣丞
李昱
戴桓 學正
周晟 縣丞
許學 主簿
聞穎 知縣以下海鹽人
王晟 主簿
王用 知縣
徐忠 經歷
王錫 水興巡檢
高宏 縣丞
陸鳳 知縣以下平湖人

景泰五年甲戌
伍方 知州
金禮 參議
施奇 知府
李景孟 知縣

倪顒 政子
馬曦 以下平湖人
石凱 教授
朱昉 以下崇德人
呂翱 珍子
馬驥 繼祖子 訓導 桐鄉人

何清 一作胡
顧通 吏目 楊鵬 縣丞
沈琚 通判 以下崇德人
章贊 教諭 朱顯 審理
曹斌 秋昊
方霖 縣丞
孫敬 州判 以下桐鄉人
范庸 邱敬
于恭 州判 朱衡 縣丞

張寗 會魁 給事中 知府
沈聲 復姓呂 太僕寺丞

景泰六年乙亥
懷海 以下嘉興人
唐綸 知縣
邱賛 作案邱賛題名碑
姚俊 秀水人
沈銓 教諭 嘉善人
陳佩 教諭 以下海鹽人
張正 雲南解元
沈棨 肆從子 以下平湖人

天順元年丁丑
倪顒 運使

天順三年己卯
是科奏準天文生陰陽人及官生子弟許就在京鄉試見浙士登科考

許盛 以下崇德人
勞玭 復姓潘
鍾蕃 順天中式
孫礽 教諭 桐鄉人

王祐 同知 以下嘉興人
許章
徐輝 順天中式
陸廣
湯滌 嘉善人

姚成 州判 府學 以下
郁讓 通判 姚茂 訓導
方琮 經歷 季春 訓導
姚輔 縣丞
富寗 通判 以下五人例貢
莫魯 州同 姚榮 教授

天順六年壬午
虞勳 海鹽人
倪輔 平湖人
張玘 同知 崇德人
沈復 知縣 以下嘉興人
包鼎
袁釗 通判
楊霖 知縣 順天中式
孫偉 經魁 雲南中式 秀水人
朱俊 知縣 海鹽人

沈綱 部事 姜洹 經歷
楊瓛 知事 汪清 知縣
王玉 縣丞 姚讓 知縣
高源 訓導 陸評 訓導
胡祿 經歷 胡徵 知縣
潘良 主簿 湯篪 通判
周賢 以下嘉興人
王黼 知縣 朱宗 照磨
陳章 訓導
劉玉 主簿 以下七人例貢

天順八年甲申
姜　諒　知府
許　章　主事
陸　廣　知府
姚　綬　御史
姚　俊　僉事
馬　瓏　御史
沈　棨　參政
許　盛　副使
倪　輔　參議
案癸未會場火移試於八月甲申三月殿試見通志

陸　愈　知縣以下平湖人
方　輅
趙　讓　桐鄉人

倪　宗　主簿　姚　嵩　縣丞
柴永齡　訓導　浦　澤　典史
洗　鑑　元　春
吳　珪　教諭以下秀水人
陳　榮　沈　華　經歷
姚　廣　訓導　顧　晟　訓導
嚴允昌　知縣以下十三人例貢
徐　昌　縣丞　沈　容　訓導
顧　望　教諭　陳　禧
詹　圭　伴讀或作侯姓
周朝宗　沈　漢　訓導
徐　璋　知府　徐　元　州同
戚　榮　周　明　知縣
徐　玫　訓導　高　瑣　知州
盛　億　知縣以下嘉善人
繩　服　楊　霖
高　第　知縣　夏　勳　知縣
王　本　徐景南　經歷
張　熙　主簿　沈　澄　經歷
屠珙勛　以下十七人例貢

仲　順　訓導以下海鹽人
孫　琮　縣丞　李尚謙　州判
張　寬　經歷　陳　善　訓導
歐　海　主簿　沃　顯　知縣
鄭　延　提舉　張　彝　州判
潘　瑜　推官　劉　琮　縣丞
馮　紳　州判　姜　顯
周　淵　周　鶚　訓導
施　榮　或作宗知縣以下平湖人
俞　迪　斷事　潘　津　州同
毛　珍　知縣　沈　梅　縣丞
陸　珩　經歷　孫　瑛　經歷
顧　濂　經歷　張　昶　縣丞
鄒宗任　縣丞　周宗淮　審理
顧　祐　以下崇德人
費　恭　王　輔
褚　禎　知縣
王　貴　吏目以下八人例貢
陳　紀　鍾　璘
沈　壽　通判　輔　成　推官

嘉興府志　卷四十五　選舉二　二十

李洪 知縣　鍾安 經歷
蔡銘 教諭以下
卜吉 桐鄉人
孔埕　朱本 都事
錢琛 推官　李著 照磨
朱萱 縣丞以下十九人例貢三
夏禧 主簿　張忠 縣丞
沈溥 典儀　鄭文 理問
陳紀 吏目　何剛雲 經歷
錢禮 都事　周倫 吏目

成化元年乙酉

戴用 江西中式以下嘉興人
陸遠 廣弟經魁
徐瓚 順天中式
戴祐 順天中式以下秀水人
梅江
任泰 以下嘉善人
沈藻 四川中式
王輔 山東經魁海鹽人
吳佐 通判以下平湖人

李雅 推官　朱安 以下
朱襄 縣丞府學
徐珪 訓導　徐恭 司馬
吳芳 訓導　倪忠 州判
顧萱 衛經歷　徐端 知縣
錢琛 推官　趙雲 教授
曾春　沈鎰 訓導
管昌 訓導　張經 教諭
潘敏 知縣　張綱 訓導
李貟 訓導　顧鼐 斷事

嘉興府志　卷四十五　選舉二　二十一

成化二年丙戌

徐輝 僉事
戴用 參議
戴祐 僉事
孫偉
湯滌 清豐知縣

過璘
陳紀 應天中式
屠勳
吳璘 通判崇德人
鍾鏞 訓導桐鄉人

朱貴 訓導　施紀 教諭
楊楨　楊濬 訓導
章源 訓導　陸和 訓導
周泰 訓導　章侃
徐春 通判　劉玉 主簿
張鑑 知縣　高嵩 訓導
蒯正 推官　于璿
邱襄　金義
顧節
沈彥祥 以下秀水人

成化四年戊子

張正 建寧知府
王輔 主事
過璘 副使
方軏 御史
勞琎 給事中
潘蕃 鄉榜姓鍾刑部尚書

包鼐 以下嘉興人
婁慶 貴州中式
徐賢 順天中式以下秀水人
尚絅 河南中式

朱廉 訓導　沈昺 教諭
金宗衍 訓導　卓昌
計春 訓導　沈廉
王鑑 以下十一人例貢
談輔　高項 知州
張璐 州判　沈紀 都事
沈瑤 經歷　諸敏 教授
顧英 知縣　吳椿年 知縣
沈儀 州同　周昌 監寺
王洪 照磨　常金 訓導

濮清 貴州中式推官海鹽人
馬昆 平湖人

錢源 訓導　黃瑾 州司
金公綬 知縣　王朴 知縣

成化五年己丑

徐瓚 評事
尚絅 參議
梅江 僉事
屠勳 尚書太保諡康僖

周琮 教諭
江吉 以下嘉善人
毛儒 教諭　唐哲 教諭
王瑩 州判　沈木

成化七年辛卯

李楠 以下嘉興人
陳艮
婁紀 貴州中式
施德 同知以下秀水人

王相　孫璧 訓導
周紀　懷儉
黃瓛 南京兵馬司
許容

黃中
林資 茂孫
呂憲 原子順天中式太常卿
胡英
項經 忠子順天中式題名碑作成化癸卯
項綱 忠從子以下嘉善人
王琳
張秉忠 訓導海鹽人
沈源 州同以下平湖人

費琦 知縣海鹽人以下
朱瑾 縣丞　向照 兵馬司
許玉　呂祚
朱祚　沈郁 縣丞
胡昱 教諭　沈慶 主簿
萬釗　唐源 主簿
沈源 以下平湖人
朱黼　陸綸 知縣
張魁　沈綬
朱琇　陸鋹

陸鏡 知縣
沈珪 推官
屠容 知縣崇德人

費宗善　蕭紀 知縣
馬秉信　秦璧
潘讓 以下崇德人

成化十年甲午

張律 訓導以下嘉興人
姜學夔
林鳳 應天中式
張綬 同知秀水人
於理 嘉善人
姚禎 通判以下海鹽人
倪璠

沈綸 訓導　姚珪 教授
張翯 教授　林穆 訓導
周玉　蔡麟
胡綱　楊明 訓導
朱鑑 典寶　俞福 教諭
董惠 州判桐鄉人以下
仲剛　張軫 教諭

富麟 舊志作麒以下平湖人
沈綬 應天中式惠州推官
張魁 應天中式同知
過鶴 應天中式
屠熙 勳弟

章祐 知縣　褚奇
莊珍 主簿　沈雍 縣丞
曹鏞 縣丞　張暟
鍾錡 主簿　譚淵 檢校
燕弼 例貢

成化十一年乙未

陸遠 僉事
林資 知縣
胡英 知縣
任泰 知縣
陸愈 御史

成化十三年丁酉

馬　昆　副使

趙　讓　知府

王　演　嘉興人

黄　盛　外省中式

陳　濟　同知秀水人

江　吉　應天中式知縣嘉興人

莊　肅　知縣以下海鹽人

張　渭　陝西中式

俞　雄　應天中式

勞　軏　同知以下崇德人

沈　禋　通判

成化十四年戊戌

包　鼎　知府

包　鼒　知縣

過　鶴　太僕丞

成化十六年庚子

婁　睿　以下嘉興人

婁　繡　俱貴州中式

范　璋　秀水人

尚　縉　河南中式以下嘉善人

閭　謙　知縣

常　麟

沈　木　應天中式

徐　寬　以下海鹽人

劉　璋　泰從子

毛　廣　主事平湖人

錢　銘　順天中式知府桐鄉人

成化十七年辛丑

陳　艮　推官

姜學夔　僉事

徐　寬　主事貫海寧

王　琳　參政

常　麟　侍郎

成化十九年癸卯

尚　縉　知府

王　術　知縣以下嘉興人

沈　嵩

徐　瑶

湯　珍　順天中式以下秀水人

范　瑨

周　澤　解元以下嘉善人

張　昱　榜姓梁知縣

錢　春

沈　暗　應天中式以下海鹽人

成化二十年甲辰
林鳳 行人
湯珍 參政
於理 知府
劉瑋 御史
俞雄 學政
毛廣 副使

張敏 雲南中式
吳軾 同知 以下平湖人
馮俊

朱綬 以下嘉興人
戴經 禧子 知州
戴綸 經弟 河南中式
張禧
張佐
石璁 順天中式
馬興
周紀 應天中式 嘉善人 以下海鹽人
沈衡
李滂 景孟子 知縣
朱祚 知縣

成化二十三年丁未
徐瑤 主事
朱綬 檢討長史
馬興 御史知府
周紀 知縣
項經 御史參政

劉演 孟榮弟
張斅 正子 經魁 雲南
秦璧 同知 以下平湖人
曹瓊
施震

弘治二年己酉
錢春 御史

呂浩 博弟 嘉興人
陶照 以下秀水人
陶煦 照兄
陸淞 鋹子 解元 以下平湖人
吳紳
沈煉 粲從子
姚鳳 崇德人

吳元 府學訓導 以下
楊巽 訓導 王永芳 經歷
盛廷輔 經歷 夏雄 訓導
賀榮 訓導 汪頤 訓導
毛政 陸顒 訓導
翁冕 主簿 伍鉞 訓導
呂溥 訓導 鄒寧 訓導
高鵷 訓導 胡鏞 州判
馮冕 以下嘉興人

弘治三年庚戌
石璁 知縣
范瑨 知縣

嘉興府志 卷四十五 選舉二 三八

宏治五年壬子

陶煦 副使
陶照 布政
周澤 同知
沈衡 主事
陸淞 光祿寺卿

尚繻 綱弟以下嘉興人
婁睿 俱河南中式
常龍 麟弟知州
屠奎 勳子平湖人
郭楫 崇德人

陳楫 崔剛
趙佩 知縣 許剛
柴綬 訓導 朱玉 訓導
嚴萃 知縣 張儼
陳篪 王篪 教諭
郭綱 經歷秀水人以下
宋瓊 教諭 項銳 縣丞
劉琛 知縣 湯秩 通判
張玭 訓導 沈良 學正
姚忠 訓導 周滂

宏治六年癸丑

尚繻 御史
張敦 主事
劉演 郎中
曹瓊 御史
施震 知府

趙壹 以下桐鄉人
錢榮 知州

宏治八年乙卯

閭與 恭子嘉興人教授
陳諮 禧子以下秀水人
陶儼 煦弟

姚和 訓導
張翼 嘉善人吏目以下
朱耀 知縣 徐愷 訓導
張益 知縣 郁瑞 衞經歷
張吉 袁傚
陸岳 屠忠 訓導
高泰 沈萊
王紳 教授
楊信 訓導海鹽人以下
張維翰 童煇 衞經歷

嘉興府志 卷四十五 選舉二 三九

宏治九年丙辰

陳諮 給事中

宏治十一年戊午

顧璽 以下嘉興人
屠京 訓導
卞謙 以下嘉善人
陸嶽 知縣中式應天
顧正 海鹽人
孫迪 以下平湖人
魯奎 知縣
張奎 應天中式復姓姚

許晉 訓導 吳塤 經歷
張振 姚宗禮 州判
徐謨 訓導 吳山 訓導
莫綱 訓導 張璿 訓導
錢瑤 經歷
朱珨 衞經歷以下平湖人
謝豫 訓導 葛賢 經歷
過源 訓導 過儀 訓導
李英 訓導 馬瑞 教諭
方鑑 馬弁

宏治十二年己未

張禧 知府
沈煉 參議
屠奎 參議
孫迪 員外

宏治十四年辛酉

黃鍾 順天中式通判以下嘉興人
高泰 應天中式
彭晟 通判廣西中式
陶熙 推官煦弟以下秀水人
羅興 麟子應天中式
錢琦 海鹽人
陸悅 以下平湖人

孫贊 吳縉 縣丞
勞鑑 以下崇德人
周淞 秋祈 主簿
俞善 章驪 訓導
徐經 陳琦 教諭
俞章 教諭 俞江 州判
鍾福 同州 李勇 訓導
朱綬 以下桐鄉人
錢慶 教諭 費瑋 檢校
嚴明 教諭 董序 教諭

宏治十五年壬戌

呂浩（主事）

顧臺（庶吉士）

顧正（參議）

卞諶（推官）

姚鵬（布政）

孫璽

屠堯（熙子）

姚鵬（鳳弟崇德人）

吳瓊（訓導）　施惠（知縣）

張昻　鍾雲（縣丞）

褚鑑　夏時中（縣丞）

馬連（訓導）

宏治十七年甲子

案明初應試止取廩生後漸及增廣是科詔廩增廣附生一體掄

張璐（嘉興人）

吳昻（以下海鹽人）

宏治十八年乙丑

吳昻（布政）

屠堯（副使）

顧瑄（知縣）

郭楫（給事中）

選見浙士登科考

徐泰（知縣）

顧瑄（順天中式以下平湖人）

沈煦（推官）

沈圻（煉子）

譚鎧（以下桐鄉人）

范仁（雲南中式）

正德二年丁卯

郭正（嘉興人）

胡洧（鏞子以下秀水人）

羅軫（麟子應天中式）

許相卿（以下海鹽人）

徐咸（泰弟）

趙漢（以下平湖人）

潘鵾（通判）

張參（應天中式後改姓姚主事）

屠應埈（勳子順天中式）

錢際時（銘子順天中式桐鄉人）

趙濟（府學訓導以下）

葉高（訓導）　章和（縣丞）

譚諫（署正）　居炯（判官）

姚玉（訓導）　范瓛

梅郊　朱寅（教諭）

錢傅（縣丞）　徐鼎（主簿）

胡貫　徐昭

朱表（訓導）　張宗義（吏目）

朱子輝（教諭）　王瑞（州同）

孫璧　孫詹（訓導）

正德三年戊辰

羅軫（府丞）

錢琦（臨江知府）

孫璽（僉事）

正德五年庚午

章綸（嘉興人順天中式）

華淯（奐子以下秀水人）

沈芹（通判）

張昌（知縣）

陸文明（知縣）

鄒學（知縣嘉善人）

鍾梁（海鹽人）

伍商卿（訓導嘉興人以下）

姜壎　支高

顧楷（教諭）　柴文元（教諭）

宗仁　李世科（知縣）

曹瓘（教諭）　高格

諸寵（訓導秀水人以下）

朱紳　馮讚（訓導）

陶俸　朱輝（學正）

王篪（教諭）　山泰（教授）

張綱（訓導）　吳方（訓導）

嘉興府志　卷四十五　選舉二　三一

正德六年辛未

章　綸副使

徐　咸知府

沈　圻參政

方泰和以下平湖人

林　椎

陸　琳御史知府

陸　府推官

勞　樟同知以下崇德人

魏　楷從通志增

周　昆

夏　雍訓導以下嘉善人

陸　鏞訓導　王　藩

吳　益訓導　曹　嵩

毛　鵠教諭　沈曹暘訓導

趙　恩訓導　李　山教諭

張　山經歷

沃　饒訓導以下海鹽人

顧　直訓導　朱　諫訓導

鄭儒泰訓導　陳　簡訓導

葉　榮訓導　劉　模教諭

正德八年癸酉

屠應塤副使

趙　漢參政

葛　禬以下嘉興人俱順天中式

施　鏞

張　薇以下秀水人

諸　儞

陸　杰以下平湖人

賀　表知縣

張　輿嵩子以下崇德人順天中式

袁　鶴

賀　宷教諭

屠　爚以下平湖人

沈　楷經歷　富　釗

趙　璧　周　愉訓導

沈　光　馬　炤

趙　彰　沈　燨訓導

朱　經以下崇德人

陸　清教諭　魏　楷

姚　表　施　廉

鍾　椿　范　槤訓導

嘉興府志　卷四十五　選舉二　三二

正德九年甲戌

葛　禬通政

華　湝

陶　儼御史副使

鍾　梁知府

林　桂員外

陸　杰工部侍郎

正德十一年丙子

王　儒知縣

湯　霽

范　誥璿從子以下秀水人

高　璧

盛　經訓導　姚　楷

錢　齡以下桐鄉人

曹　旒　邱　珊

錢　楠　施　恩

趙　董　邱　嶽

錢孔禧　趙　芹

錢　澤通判　沈　榮州判

沈　輝　朱文卿

費治興教諭　祈　隆縣丞

正德十二年丁丑

諸　儞副使

高　璧

胡　汭給事中

戴繼先參議

項　錫順天中式嘉善人

董　穀澐子知縣以下海鹽人

戴繼先順天中式

劉　玘應天中式主事以下平湖人

屠應坤勳子順天中式

邱　華崇德人

正德十四年己卯

許相卿 給事中

張 璵 主事

賈名儒 嘉興人

馮 鮫 雲南中式 海鹽人

陸 槐 順天中式知州 平湖人

張文憲 順天中式 崇德人題名碑作嘉靖壬午

正德十六年辛巳

張 嶽 知府

陸 槐

錢際時

嘉興府志 卷四十五 選舉二

嘉靖元年壬午 袁志庚辰會試車駕南巡明年辛巳世宗登極五月殿試

王 經 知府以下嘉興人　朱 臣 以下府學

歐 纂 貴州中式知縣　姚 漢

周 宗

馬 淮 知州　高 鏜 訓導

金 榜 知縣以下秀水人　李世嵩 訓導

沈 成 後改伯咸　張 臣　宗 泰

吳 鵬 方子　馮 節　夏 震

陸 埰 應天中式嘉善人　湯 秩 通判　潘 經

鄭 曉 儀泰子解元以下海鹽人　劉 梲 教諭

錢 芹 琦子　錢 恩　曾 丙 教諭

錢 芃　韓 恩 通判　顧 基

葉 環　楊應麟　周 鸞

賀 簡　卜 乾　許 梧 訓導

林 相 知縣　張 星 訓導　包 洪

朱 雲 改應雲 順天中式　沈 震 教諭　王 組

毛鳳來 湖廣中式　施 乾 學正　劉用章

曹 元 平湖人　江 楫 通判　戴 晃

陳日章　朱 撫

劉 鏜　張 誠 通判

嘉靖二年癸未

吳 鵬 吏部尚書

項 錫 光祿寺卿

嘉興府志 卷四十五 選舉二

屠應坤 御史參政　陳九疇 教諭

鄭 曉 刑部尚書 諡端簡　沈大禮 教諭　王應錦 訓導

錢 芃 主事　包 汴 登第　宋後覺

周 崑 給事中　伊儒傑 訓導　姜 徵

張文憲 工部尚書　張 鎮　李 星

嘉靖四年乙酉

沈 銓 長史 以下嘉興人　陳 錦 訓導

金 燦　王 照　宋 穆

胡 逢 順天中式　徐文光 訓導　居 鉅

沈 勳 以下秀水人　周 祿　劉 恆 知縣

曾 雨 助教　吳 會 訓導　葉向春

嘉興府志　卷四十五　選舉二　三六

范　言　璋子
吳　超　順天中式通判
沈　爚　嘉善人
錢　薇　芹從子以下海鹽人
葉　祺　寄籍杭州
蔡　潮　改其潮
孫　校　以下平湖人
沈　垔　棨子
屠應埈　勳子應天中式
呂希周　崇德人

徐　遂
陸　澍　嘉興人縣丞以下
唐　儒　訓導
邵　秀　訓導
徐文和　推官
徐元春
陳　性
朱　寵　訓導
顧文綬　訓導
宗　和　訓導
許　鳳　訓導
包　鶯　訓導
夏雲鵬　訓導
朱　賢　訓導
王　珣
戈　正
濮　淮
王　組

嘉靖五年丙戌
金　燦　御史副使
賈名儒　副使
范　言　同知
陸　埛　都御史
沈　垔　知縣
屠應埈　勳子諭德
方泰和　行人
呂希周　通政

嘉靖七年戊子
包　節　鼎孫以下嘉興人
唐　魯　順天中式

周　乾
周朝傑
王　鵠
支　祿
呂　渭
李含章
賀道亨
吳純叟　增
周　恩　教諭秀水人以下
吳　龍　訓導
郭　柟　訓導
嚴　振
鍾　秀
陳　瀚
姚　熙　教諭
胡　濱　訓導
姜　鑄
呂　程　貢選
錢　鑑　訓導

嘉興府志　卷四十五　選舉二　三七

沈　鎜　銓弟以下秀水人
陶　模　儼子
沈　謐
張嘉秀　寧孫以下海鹽人
費　滂
徐　楩　應天中式通判
錢　萱　琦子順天中式
曹　金　同知以下平湖人
陸　鰲　同知
沈維鏞　煉孫

張　夔
顏　邃　訓導
沈　東
俞　耀
朱　袞　訓導
葉　苗　訓導
顏　震
張　洲
蕭　言　學正
范承恩　教諭
尹　埛　教諭
謝　誥　訓導
凌應龍
張德儀
卜　鎬　訓導
顧　檠　訓導
楊　高　州判
馮　科　教諭
張一鸞　知縣
呂維城

嘉靖八年己丑
沈　謐　僉事
張嘉秀　同知

嘉靖十年辛卯
案貢生得附京鄉試由是科始見浙江登科考

楊應鸞　順天中式知縣
陳　憲　以下嘉興人
包　孝　鼎孫應天中式
盛　唐　嘉善人
顧　霑　以下海鹽人
沈　奎
王文祿
姚　熊　參子僉事以下平湖人

沈　璧　教諭嘉善人以下
朱　楷　知縣
周　岷　知縣
顧　儀　教授
卞　玉　教授
夏光宇　訓導
任　蘗　教授
卞　瑞　縣丞
薛　宇
錢　貞　應天中式
張　倬　訓導
李　哲　訓導
姜　雲　訓導
蔣　岳　訓導
沈　槩　都事
陳　謨
顧　奎
葉　植

嘉靖十一年壬辰

包節 御史 贈光祿寺

沈伯咸 原名咸 給事中

陶謨 寺丞

馬汝弼 俊子

沈垣 埕弟

王梅

趙伊

俞咨伯

陸斐 順天中式

周霆 崇德人 順天中式

陸謙 教諭 陳子情 教諭

柯子成 訓導 浦宏載 教諭

朱愚 教授 任芹 訓導

張旦 卞鎧

顧元定 教諭 曹德修 訓導

吳儒 訓導 張光祖

仇宗 訓導 以下海鹽人

周臣 訓導 任暉 訓導

鍾梓 訓導 吳宗祐 訓導

祖晟 訓導 陳言 選貢

嘉興府志 卷四十五 選舉二 三十八

嘉靖十三年甲午

錢薇 給事中

孫校 副使

馬汝弼 給事中

俞咨伯 提學副使

王梅 庶吉士

趙伊 副使

彭輅 嘉興人

范之咸 以下秀水人 主事

郁蘭

陳瀚 咨子 順天中式 同知

仇彝 教諭 朱觀 訓導

仇霦 訓導 孫肯堂 訓導

滕鳳 訓導 鍾楳 訓導

趙漢 徐縉 訓導

楊威 張滂 訓導

徐忱 訓導 鍾道 教授

姚飆 訓導 湯彬

吳木 教諭 劉良材 教諭

李儒然 訓導 以上二人伊志漏 增列今從圖經仇志

嘉興府志 卷四十五 選舉二 三十九

薛孟 嘉善人 順天中式

朱文質 雲南中式 以下海鹽人

朱佐 陳子 知縣

李儒烈

孫植 璽子 以下平湖人

陸集 淞子

姚汝舟

吳一儒

沈宏 崇德人

邱嶅 知州 以下桐鄉人

金蘭 順天中式

陳亮采 訓導 徐蘭 訓導

沈遷 訓導 王鑰 教諭

過輪 教授 平湖人 以下

孫璧 教授 陸彝 訓導

孫紱 訓導 倪濯 訓導

沈堂 教諭 孫四維 教諭

陳珊 丁文華 訓導

沈琊 訓導 屠鉦

劉棿 教諭 陳謨 訓導

曹琦 訓導 馬珂 訓導

嘉靖十四年乙未

包孝 御史

沈盤 副使

范之箴 廉使

薛孟 主事

沈桓 知府

孫植 刑部尚書 謚簡肅

錢萱 員外

顧霑 參政

蔡其潮 原名潮 官推

馮皐 訓導 沈震 訓導

沈獻卿 訓導 陳謨 訓導

陶淵 訓導 王訇

毛棠 馬如援 訓導

曹燧 趙傅

林雨 訓導 過橋

陸萬垓 曾烈 訓導

曾田 馮煦 知縣

于觀瀾 秦繼孝

周鳳來 訓導 費麟

朱文質 僉事
沈宏 廉使

嘉靖十六年丁酉

臧元輔 以下嘉興人
沈如麒 順天中式
高策 同知以下秀水人
鍾欽
徐文和 應天中式 通判
卜大同 順天中式
呂科 憲孫 順天中式
錢貞 應天中式 嘉善人

金鉄　沈憲
鍾楠　沈昌齡
胡鑰　張堯
陳孫穀　姚汝吉
胡鏜　蔡天錫
勞富　俞樟
譚瑞　郭熧
王鑄　范栻
沈曦　杜憲 教諭
姚汝器 訓導　朱甫 教諭

嘉興府志　卷四十五　選舉二　四

顧蕡 正從子以下海鹽人
胡憲 後改憲仲
仇俊卿 國子博士
王大猷
陳言 應天中式
黃扆 陝西中式
姚楫 同知以下平湖人
俞乾
陸杲 忪子 順天中式經魁
陸光祖 杲子 順天中式

魏坤　沈鼇 教諭
胡應祺 教諭　姚汝爲
郭繼學 訓導　鍾儀 知縣
鄭廷綬 桐鄉人縣丞 以下
戴鸞 縣丞　錢濟 訓導
金淮　姚震 訓導
陳景 訓導　趙淮 訓導
宋臣　曹大節
沈祐　曹教
沈崑　戴章甫

嘉靖十七年戊戌

陳憲 副使
卜大同 副使
盛唐 御史副使
朱應雲 初名雲 主事
錢芹 知府
沈奎 副使
姚汝舟 知府

嘉靖十九年庚子

潘靜深 貴州中式 桐鄉人
葛麟 同知 以下嘉興人
倪雰
陸相儒
沈科 以下嘉善人
姜圻 知縣
楊春芳 一作世芳 知縣 以下海鹽人
劉熠 御史
虞志高 勳元孫
趙黃金 通判
韓相 同知 以下平湖人
陳善道 同知
曹文鐸 同知

沈應龍　趙滂
鍾愛　章瑞
曹嶽 縣丞　夏校 訓導
費奇 教諭　沈洲
鍾德 訓導　卜雲
于鏷 訓導　沈繼經
周禮 訓導　李沂
顏科 訓導　顏節 訓導

嘉興府志　卷四十五　選舉二　四

嘉靖二十年辛丑

費　滂

陸　杲刑部主事

鍾　振應天中式

陸夢韓杰從子順天中式

屠仲律順天中式

錢　貢桐鄉人

嘉靖二十二年癸卯

張鳳岐以下嘉興人

王三錫

嚴　清雲南中式

張　橋雲南中式

馬　鑾與弟順天中式

呂　穆原曾孫以下秀水人

呂　程穆兄應天中式

卜大有

王　愛

楊應麟應天中式

俞　耀應天中式

薛　厚改名夢李順天中式知縣嘉善人

劉　灴木子以下海鹽人

嘉靖二十三年甲辰

嚴　清吏部尚書

沈　科苑馬寺卿

俞　乾主事

陳　鯉通判

姜周用雲南中式

曹　禾以下平湖人

韓　弼

陸光祚杲子順天中式

陸　煒經魁順天中式

余　田崇德人

屠仲律未廷試

陸　煒尚寶寺卿

嘉靖二十五年丙午

許　熻以下嘉興人

黃　綜應天中式

吳　崧雲南中式

湯日新以下秀水人

蕭維翰

周洵懋

吳　淞貫永昌

沈啓源謚子

錢于鱗嘉善人
徐鴻海鹽人
毛程廣子平湖人
朱曉以下崇德人
徐騰應天中式知縣

嘉靖二十六年丁未
彭輅刑部主事
周洵懋兵部主事
卜大有知府
陸光祖尚書謚莊簡
韓弼提學

曹禾給事中知府
李儒烈僉事
王大猷僉事
徐鴻副使
黃扆

嘉靖二十八年己酉
嚴從簡以下嘉興人
錢同文
戚元佐
吳國倫湖廣解元
戚于國以下秀水人

王邦泰雲南中式從通志增
于時保同知
卜大順大有弟
郁從周改名泰
呂焯
馮皋謨海鹽人
曹光以下平湖人
俞南金
譚汝慶
鍾繼元

顏守顏順天中式

嘉靖二十九年庚戌
許綸同知
吳國倫參政
吳淞知府
呂焯知縣
湯日新通政
馮皋謨參政
劉焓布政
胡憲仲原名憲主事
屠仲律御史知府

嘉靖三十一年壬子

曹光 鹽運使
余田 參政
吳儒 知府

屠元沐 以下嘉興人
屠鏞 會魁
項元淙 改名治元
孫詔
卜相 原籍秀水
李芳 順天中式
鍾一元 以下秀水人
姚宏謨
盛周
葉朝陽
楊道亨 原籍華亭順天中式
陶萬鈞 更名廷錦通判
薛煥 以下嘉善人
薛杲 應天中式
陳所學 言子以下海鹽人
董鯤
朱朝芴 應天中式

嘉靖三十二年癸丑

戚元輔 教授
錢同文 知府
王三錫 推官
卜大順 吏部侍郎
鍾一元 副使
呂穆 工部員外
呂程 推官
姚宏謨 吏部侍郎
盛周 知府
董鯤 副使
沈繼志 主事

楊府 知縣平湖人
趙巖 崇德人
沈子勉 知縣以下桐鄉人
陶銳 應天中式
沈繼志

嘉靖三十四年乙卯

包汴 鼎孫順天中式
王儒 俱嘉興人
包檉芳 汴子
戴鳳翔

唐仲寅 順天中式

金液 貴州中式

吳岐 雲南中式

張鳳來 以下秀水人

萬邦彥

毛汝賢 以下嘉善人

卞錫

項鈳 忠孫

賀南儒 以下海鹽人

湯彬 順天中式

馮敏功 汝弼子以下平湖人

沈懋孝

姚體信

趙邦楨 伊子

陸光裕 杲子

孫從龍 應天中式

毛棠 應天中式

呂炯 順天中式知縣崇德人

李樂 以下桐鄉人

顏大化 應天中式知縣

嘉靖三十五年丙辰

包檉芳 提學

黃錝 副使

孫詔 未廷試

居鐮 知縣

項治元 初名元汴 吏部

楊亭道

蕭維翰

張鳳來 參政

卞錫 主事

錢子鄰 僉事

毛汝賢 副使

陸夢韓 僉事

姚體信 參政

陳所學 知府

湯彬 僉事

嘉靖三十七年戊午

鄒大鯨

張耀南 貴州中式

錢文進 以下嘉興人

吳紹 鵬子順天中式

宗大經 宏暹從子

宗宏還
張　巽 解元通判 以下秀水人
馬伯驄 知州
錢　穀 同知
呂　燦 順天中式 知縣
楊于廾 應天中式
陶九韶 應天中式 知縣
曹　銑 應天中式 以下嘉善人
項篤周 改名爲壽
鄭履湻 順天中式 海鹽人

嘉靖三十八年己未
嚴從簡 給事
包　汴 參政
戴鳳翔 太僕卿
張　橋
王　儒 知縣
孫　詔 工部郎中

陸志孝 以下平湖人
馬千乘
趙邦柔 應天中式
胡　岳 應天中式通判 崇德人

嘉靖四十年辛酉
張鳳岐
吳　紹 參議
沈如麒 知縣
陸相儒 副使
沈啓原 副使
王　愛 刑部主事
陸光祚

許應逵 以下嘉興人
顧乃猷 知縣
鄒國儒
王國道
顧汝志 通判 以下秀水人
張應治
張正鵠
鍾庚陽
張大忠 原籍平湖
沈元華 銓子
王錫命
王　俸 以下嘉善人
顧　鈐 貫仁和 御史

陸宗淵 貴州中式
朱學顏 以下海鹽人
李　星 順天中式 知縣
洪　丞 以下平湖人
陳九疇 順天中式 通判
陸萬垓 應天中式
姚　贊 應天中式
吳　郡 知縣 以下崇德人
譚公佐 知縣
李華春 經魁
卜　相 參議

嘉靖四十一年壬戌
李　芳 未廷試
戚元佐 尚寶司少卿
宏宗運 禮科都給事中
卜　相 參議
張應治 副使
張大宗 布政使
沈元華 大理寺卿
戚于國 御史
王錫命 參議

項篤壽 初名篤周 參議
王　倖 參政
項　錡 主事
鄭履湆 光祿少卿
沈懋孝 未廷試
馮敏功 參政
俞南金 知府
趙　巖 僉事
鍾繼元 僉事
錢　貢 郎中

嘉靖四十三年甲子
王家棟 解元 以下嘉興人
沈伯龍
費朝憲
項元深 錫子 順天中式
徐學周 同知
徐學曾 知州
段公袞 貴州中式
陳九德 順天經魁 知縣 以下秀水人
陸觀德 同知 長史
屠叔方 應埈子 順天中式

屠　蒙
馬如麟 知府
李日華 順天中式 以下嘉善人
郁應元 知縣
丁　賓 順天中式
支大綸
錢與暎 順天中式 海鹽人
張大雅 知縣 以下平湖人
姚　笓 參子應天中式
馮　玟 桐鄉人
曹元方 吳志有他志無

嘉靖四十四年乙丑
鄒國儒 吏部郎中
沈伯龍 僉使
屠元沐 布政
李　芳 同知
葉朝顔 參政
李自華 榜眼 同知
朱學顔 同知

沈思孝 以下嘉興人
王元愷 選貢知縣 以下府學
高文登 知州
李逢春 選貢知縣

隆慶元年丁卯

鞏應麒
張文羽 教諭
趙　煒 改名賡吉 以下秀水人
黃洪憲 餘子 解元
屠　謙 應塽孫
孫朝宗 知縣 嘉善人
沈　藻 海鹽人
馬汝賢 以下平湖人
曹　煒 順天中式
曹一麟

葉　薇 知縣　曹德修 教諭
項元滄 教諭　朱建侯 教諭
李朝縉
王雲漢 知縣 嘉興人 以下
許應地　周武成 訓導 增
鍾宏造 訓導　吳介圭 以下
周　祿 訓導 秀水人
陸俊儒 選貢　曾子孝 縣丞
顧鶴翀
鍾　泰 訓導 嘉善人 以下

隆慶二年戊辰
沈思孝 兵部侍郎
許應逵 參政
鍾膺陽 知府
屠　謙 提學
沈　藻 運副
陸萬垓 巡撫
沈懋孝 修撰 巡撫

孫成泰 梅子
胡其久 知縣 崇德人
周子愚 桐鄉人

顧思明 選貢　曹　津 教授
朱晃臣 訓導　曹　鑾
蔣　璠 教諭 海鹽人 以下
張希良 選貢 縣丞
劉　在 經歷　馬如龍 訓導
顧　渠 教授
韓子祈 以下平湖人
懷　勳 訓導　鍾繼善 訓導
金　章 訓導
趙應暘 訓導 崇德人 以下

馬千乘 副使
陸志孝 知府
孫從龍 副使
李樂 參議
馮孜 布政
曹銳 吳志有他志無

胡皋 以下嘉興人
高應烇 博士
徐一儒 通判
嚴思恭 雲南中式

夏讓 朱沐
周幹 姚䃃
張霧 教諭以下桐鄉人 沈喬
朱棟
虞臣 縣丞

隆慶四年庚午

馮夢禎 以下秀水人
常文烇 知府
陳奇謀
夏久安 通判
夏建寅 知縣
錢吾德 知縣以下嘉善人改名寅應天中式
袁表
朱廷益
錢學宏 應天中式
王應龍 通判

顧可耕 知縣以下海鹽人
顧所有 知縣
倪狀猷 知縣以下平湖人
馬應圖 經魁
陸光宅 杲子
郭子直 以下崇德人
張汝賢 順天中式
潘鳳梧 貴州中式桐鄉人

隆慶五年辛未

黃洪憲 少詹
張正鵠 郎中
丁賓 工部尚書諡清惠
賀南儒 知縣
洪烝 郎中
郭子直 參政
李華春 知縣

萬曆元年癸酉

沈堯中 以下嘉興人
孫光啓
周從龍 評事
沈國良 知州
李東宏 改名原中順天中式

陳用 以下府學
錢采 高夢說 教諭
鍾一清 知縣 陸承勳
鍾繼善 高志 訓導
李熯 朱箬 以下

沈自邠 會魁以下秀水人　賀重明 教諭　鍾應元 訓導

黃遵憲 綜子改名正色順天中式　唐伯禹　吳 會

姚思仁　劉元襃 訓導

夏日葵 知州　金洪相 教授遷知縣

李秉毅 改名應徵應天中式博士　穆希文 訓導

沈一德 人知縣嘉善　劉 壆 教諭

陸鰲來 人以下海鹽　黃龍化 學正　陳廷訓 教諭

董成龍　徐大行 訓導　賀燦然 進士

顧 檠 箕子順天經魁　朱萬里 訓導　張應明

戈用武 改名用荼以下平湖人　陶彥瀛　鄒邦憲

俞重光　錢士升 選貢進士

張 潘 以下崇德人　陸光嶽　黃秉中

陸 楷 同知　董用威　盛 洪

費 洵 推官　朱 綵 歲貢進士

金 枝　劉世基 恩貢　馮效成 教諭

沈 錫 歲貢　黃守正 歲貢

張世元　陸德霖

張世楠 教諭　呂世延

呂可延

項承芳 忠元孫以下嘉興人　陳 賓 訓導以下嘉興人

萬曆二年甲戌

王家棟 主事

陳奇謀 知府

支大綸 推官

張汝賢 知府

萬曆四年丙子

施爾志　許 燿 訓導　陳廷謨 知縣

許應地 順天中式　鳳惟義 訓導　金應秋 訓導

吳一貫 淞子以下秀水人　竇應山 訓導　沈英華

金九成 原名九韶　陸相卿　李 輝

吳正儒 知縣　呂性祖 教諭　徐太元

錢應晉 知州　王 仁 同州　高宏燮 選貢增

項元濂　孫顯祖　吳銘宰

曹懋官 員外　王蘭芳 更名維新選貢順天中式

蔡維忠 應天中式　費思周 教授　李 堦 知縣

徐一鯨 改名一驥以下嘉善人　祝守謨 選貢　戴道洪 教諭

沈夢斗 堯中從子　吳 經　胡 嵘

薛如玉　徐宏源　戴元鎔

薛彥卿 貴州中式　高登第 知縣　屠明弼 知縣

盛茂相 知縣改名治徵　仲大勳

葉繼美　徐 潘 丁卯中式

劉世埏 炌子順天中式以下海鹽人　巢祖義　朱萬國 訓導

許聞造 相鄉子應天中式巡按　黃士第 教諭　陸卿允

胡士奇 司務以下平湖人　郭應詔 以下秀水人

陸應鍾 知縣　趙應元 知縣　唐 儒 訓導

陳泰來　諸 [illegible] 教諭　夏 霆 教諭

嘉興府志 卷四十五 選舉二 卆

韓子祈 中式知州
王建中 經魁
朱用光 解元 崇德人 以下
姚汝欽 知縣
張國詔 知州
陸階 知縣 桐鄉人 以下
婁九成 貴州中式
沈烝

王國賓 訓導 姚舜聰 教諭
褚鍱 訓導 王汝翼 教諭
趙子祿 訓導 沈應麟 選貢
鄒宗唐
錢賀 訓導 嘉善人 以下
倪劝忠 選貢知縣
陳楝 教諭 呂沫 訓導
浦照 曹標
張燦 沈大奎 教授

萬曆辛丑
馮夢禎 會元 祭酒
沈自邠 修撰
屠叔方 副使
黃正色 御史副使
朱廷益 通政司參議
沈夢斗 知州
劉世埏 主事
趙邦秩 知縣
孫成泰 知府
馬應圖 主事
曹煒 知縣
陳泰來 禮部員外

許登瀛 訓導 項承勳 訓導
許道原 選貢 陸烜
于大猷 任永欽 選貢
孫光祖 拔貢教諭
孫養宏 教授 陳五禮
馮盛時 胡邦化
龔應科 浦元華
葉宜春 許應試
褚附鳳 張士堯 恩貢
褚應張 訓導 海鹽人 以下

嘉興府志 卷四十五 選舉二 卆

萬曆辛卯
金枝 主事

李萬春 嘉興人 以下
張煒 改名祚萬 推官
沈中虛 伯龍從子
陳懿典 九從從子解元 以下秀水人
吳勳 知縣
吳宏濟
馬上錦
盛萬年
陳光贊

采九德 教授 朱簏 訓導
陸陌 教授 鍾韶 教諭
張侃 知縣 張宏化 教諭
許徵 訓導 錢蕤 訓導
馬成 訓導 吳中偉 選貢
朱維 歲貢
鍾勺 歲貢提舉 以上二人見圖經備考及海鹽學宮
鍾以賢 歲貢 董紹賢 歲貢
鍾繼儒 知縣 顧尚賓 訓導

陳德元 以下嘉善人
王慎德 應天中式
張思明 知縣
胡士章 以下平湖人
譚所學
奚文嵩
馬維銘
陳九韶
孫成名 植子 應天中式
陸長庚

王元佐 賀自省
曹憲來 恩貢肇慶府通判 見圖經
朱文元 劉世維 教授
陸鳳來 訓導 顧可漁 教授
王體國 訓導 朱正學
張炳如 通判
曹孔榮 知縣 平湖人 以下
王臣 縣丞 居鋒 學正
姚應埈 訓導 曹大有
馮默 訓導 趙邦臣 教諭

萬曆八年庚辰

沈堯中 郎中

唐仲寅 行人

王愼德 御史

馬維銘 主事

萬曆十年壬午

陸長庚 參政

孫詩 應天中式

沈懋莊 懋孝弟

俞夢暘 崇德人

錢夢得 貢子順天中式桐鄉人

岳元聲 以下嘉興人

曹志道 楊台背 貢選

沈維鑾 訓導 韓猛

趙維寰 中式 馬維鋐

朱燦 教諭 姚舜宣

趙琛 舉人 沈瑞鋐 知縣

劉文元 通判 俞耿光

劉希夔 知縣 鍾鳴朝 教諭

俞文溢 俞喬桂 進士

顧鳳來 姚士龍

周幹 以下崇德人

楊可陶 四川中式

沈應明 應天中式知州以下秀水人

包文熠 改名世杰應天中式

俞廷讓 改名楊鐸

黃承元 洪憲子順天中式

朱國祚 貫太醫院順天中式

史謨

陳于王 嘉善人

祖重光 以下海鹽人

陸廷詰

金可教 教諭 沈相 教授

沈棟 訓導 沈梭 教授

盛采 訓導 朱道亨 訓導

孫芝冕 教諭 李中孚 教授

范光宙 訓導 姚炳 訓導

朱有光 順天中式

陸官 教授 沈夢龍 貢選

衛回 教授 張四德 教諭

姚汝宣 訓導 褚大經 訓導

姚湘 徐然

萬曆十一年癸未

孫光啓 副使

岳元聲 兵部侍郎

項承芳 主事

姚思仁 工部尚書

盛萬年 參政

朱國祚 狀元少傅大學士謚文恪

葉繼美 給事中

萬曆十三年乙酉

錢夢得 御史

沈烝 御史

張應宿 知州以下平湖人

沈大元

陸吉 知縣桐鄉人

蘇太升 蔡胄徵 訓導

姚元桂

呂元學 順天中式

吳尚倫 州判 許炳

嚴尚簡 姚子恭 訓導

沈國禎 李太坤

吳天贈 學正 吳中姬 訓導

張洪儒 教諭

姚象賢 恩貢州同

吳尚德 教諭

吳昌期 副使以下嘉興人

李兆芳

顧可奇 經魁以下秀水人

蕭繼芳 改名維翰從子

吳邦俊

鈕盛時

項得禎 篤壽子順天經魁

許成名 山東中式以下海鹽人

陳用 訓導以下桐鄉人

莊安甫 州判 俞成 訓導

朱希誠 潘汝松 訓導

錢炌 董名儒 訓導

沈材 訓導 倪甫

沈可教 訓導 張禎

周一同 姚繼舜

莊芳林 沈奇默 貢選

沈維藩 吳隆德

施仁政 錢嘉猷 教諭

姚應鳳 知縣
邱汝墳 教諭 徐希曾 訓導
董志舜
朱一鯨 訓導
金汝礪 以下平湖人
姚士豸 應天中式
張國翅 以下崇德人
鍾起鳳 知州
吳來臣
楊應亨 知縣
沈思充 以下桐鄉人
夏勳

萬曆四十四年丙辰
吳宏濟 御史
項德禎 副使
黃承元 巡撫
王建中 僉事
袁黃 原名表 主事
陳于王 廉使
沈思充 提學
夏勳 郎中
李原中 原名衷宏 未廷試

萬曆四十六年戊午
張宏毅 知縣 以下嘉興人

陶涵中 廷錦子 同知
金用明 以下秀水人
項良枋
張南翀
屠大莊 順天中式
顧令德 應天中式
顧際明 以下嘉善人
毛尚忠
錢天允
吳志遠

陸錫恩 光祚孫 以下平湖人
李在公
徐文治 新城知縣
沈宏遇 知州
沈孝徵 海鹽人
沈大德 指揮 崇德人
徐天麒 知州 海鹽人

萬曆四十七年己未
戈用泰 原名用武 郎中
陳九韶 參政
顧際明 光祿少卿

李原中 博士

萬曆十九年辛卯

邱民貴 教諭以下嘉興人
李日華
岳和聲 元聲弟
徐必達 學周子
王允昌 順天中式
毛鳳起 解元以下秀水人
高繼元
范應賓 順天中式
夏九鼎 嘉善人
朱學忠 以下海鹽人
曹嘉謨 羅山知縣
鍾兆斗 經魁
馮鼇 寄籍雲南順天中式從圖經增
馬明瑞 員外以下平湖人
胡士相
曹徵庸
蔡斗 四川中式石門人

萬曆二十年壬辰

范應賓 主事

李日華 太僕少卿
岳和聲 巡撫
徐必達 兵部侍郎
施爾志 布政
陳懿典 宮詹
鍾兆斗 給事中
夏九鼎 知縣
李在公 知縣

萬曆二十二年甲午

譚昌言 解元以下嘉興人
劉允繩 同知
戴一元
褚繼良
張本嘉 貫華亭應天中式
婁拱北 貴州中式知縣
萬壽國 以下秀水人
陳繼徵
姚世華 應天中式
項季松 忠元孫
卜五典 改名萬運郎中
張庭薦 順天中式

沈道原 順天中式 以下嘉善人
李奇珍
王廷俊 海鹽人
徐調元 以下平湖人
陸從諭
施鳳來
馬德澧
毛應銓 司務
孫履恆 從龍子應天中式知縣
賀燦然 順天中式
朱有光 順天中式知縣 以下崇德人
尤拔俊 貴州中式 知縣
沈孚先 思述子 以下嘉興人
嚴官
吳德光 貴州中式

萬曆二十九年辛丑
諸繼良 主事
張本嘉 知縣
沈道原 吏部稽勳司
賀燦然 吏部員外
陸錫恩 知縣

萬曆二十五年丁酉

嚴賓 雲南中式
沈士龍 思孝子 以下秀水人
項鼎鉉 德禎子 順天中式
馮盛典 以下嘉善人
莊則孝
沈萬銁
莫士元
吳震亨 知州 以下海鹽人
謝錫敎 順天中式
吳中偉 順天中式
劉廷元 以下平湖人
施時堯 同知
勞永嘉 以下崇德人
陸典 楷子
魏士傑 知縣 以下桐鄉人
錢夢禎

萬曆二十六年戊戌
沈孚先 吏部郎中
高繼元 推官
陳德元 巡撫
金汝礪 知府

沈孝徵 副使
吳中偉 尚書
李奇珍 以下俱未廷試
莊則孝
曹徵庸

萬曆二十八年庚子

項利賓 知縣以下嘉興人
孫光裕 光啟弟
馮元鑑 知州
婁光遠 知縣
沈中英 伯龍從子
屠存仁
沈應華
邱履嘉 民貴子
王家彥
吳伯銘
馬來遠 以下秀水人
丁仕明
洪世基 烝子
鍾世芳
黃承乾 正色子順天中式

錢士晉 以下嘉善人
周宗文
魏廷相
支如玉 大綸子順天中式監丞
薛師魯
薛紹魯 俱彥卿子貴州中式
鍾繼祖 以下海鹽人
許士奇
彭宗孟
劉世教 順天中式知縣
俞志高 以下平湖人
趙昺 邦黍孫更名宗儒通判
趙維寰 順天解元
馬培 寄籍杭州
呂元學 順天中式知縣崇德人
夏煒 順天中式

萬曆二十九年辛丑

孫光裕 光祿少卿
譚昌言 參政
張[illegible]緯 知府
項鼎鉉 庶吉士

張廷薦 刑部主事

莊則孝 郎中

李奇珍 太常少卿

馮盛典 布政使

錢天允 主事

彭宗孟 御史

曹徵庸 知府

陸　典 副使

勞永嘉 布政使

萬曆三十一年癸卯

顧民岩 推官以下嘉興人

高斗光 文登孫改名道素

李士嵩 原中子

陶　鎔

王蘭芳 改名維新順天中式知府

唐嗣美 仲寅孫順天中式

婁九德 貴州中式

陳萬言 繼徵子解元

賀萬祚 貫海鹽

沈元昌 應明從子教諭以下秀水人

沈振龍

卜之南 大有孫應天中式

陳國是 以下嘉善人

孫兆昌

蔣　英

李奇玉

莊世權 應天中式

項隆先 孔目

葉日新 應天中式知縣

孫世芳 知縣

張奇齡 以下海鹽人

王家相

吳之英 知縣

徐從治

馬鳴霆 以下平湖人

俞向癸 知縣

沈萃禎

過庭訓

姚士慎

沈杞楨

金汝諧

萬曆三十二年甲辰

王家彥 推官

唐嗣美 布政使

陳國是 副使

毛尙忠 僉事

魏廷相 知縣

胡士相 參政

過庭訓 府丞

費彥芳 洵從子知縣崇德人

錢允鯨 應天中式以下桐鄉人

姚繼舜 應天中式運司

劉廷元 兵部尙書

姚士愼 尙書

金汝諧 僉事

萬曆三十四年丙午

吳士良 教諭以下嘉興人

戴灝

岳金聲 改名駿聲順天中式

陶朗先 以下秀水人

馮登瀛

計元勳 以下嘉善人

潘永澄

李士謙 知縣

陳甲 應天中式

任永欽 知縣

黃守正 順天中式推官以下海鹽人

曹履泰

劉渾

陸鏡 順天中式以下平湖人

馮伯禮 應天中式

王陞德 順天中式以下桐鄉人

沈萬言 知縣

萬曆三十五年丁未

婁九德 布政使

陳繼徵 知縣

陶朗先 巡撫

計元勳 參議

徐從治 巡撫

俞志皋

施鳳來 榜眼大學士

陸鏡 給事中

徐調元 知府

馬德澧 太常少卿

萬曆三十七年己酉

王隆德 參政

夏 煒 參政

包汝楫 知州以下嘉興人

胡維忠

王廷獻 改姓馬

高欽舜

董夢桂

王體元 儒從子順天中式

包鴻逵 世杰子順天解元以下秀水人

沈德先 思述子順天中式

朱大啟 順天中式

黃承昊 洪憲子應天中式

張汝開 本嘉子貫華亭應天中式

仲景亨 改名嘉

沈德滋 以下嘉善人

魏大中

陳元暉 順天中式以下海鹽人

陳祖苞

陸 鏊 以下平湖人

郭紹儀

萬曆三十八年庚戌

岳駿聲 原名金聲通政

馬廷獻 初姓王知府

邱履嘉 參政

姚士同

陸澄原

趙 琮 順天中式

呂純良 知縣崇德人

朱士雅 評事以下桐鄉人

沈之龍 更名雲從

邱道傳

包鴻逵 知縣

楊 鐸 即俞廷讓推官

陶 鎔 同知

朱大啟 侍郎

鍾世芳 主事

蔣 英 蘇松道

王家相 主事

賀萬祚 布政使

姚士同 行人

萬曆四十年壬子

宋鳳翔 順天解元以下嘉興人

陸鼎鏞 貫海寧
張應台 貫昆明
李夷純 順天中式以下秀水人
金麗兼
朱大猷
曹谷
項夢原 順天中式
陸康稷 應天中式從通志增
朱國華 解元主事以下海鹽人
張季文

仇祚熙
俞之泰
馮振宗 應天中式
沈瑞錫 順天中式以下平湖人
陸之元
倪望逵
沈紹心
朱得祚 以下崇德人
郭士亨
周宏典

萬歷四十一年癸丑

沈中英 知府
馮登瀛 知府
沈振龍 知府
曹谷 御史提學
黃承乾 兵科給事中
錢士晉 巡撫
陳甲 主事

吳中台 知縣
王昌期
沈國

許士奇 布政使
陳祖苞 巡撫
陳元暉 參政
沈萃禎 參政
馬鳴霆 參政

萬歷四十三年乙卯

虞廷陛 貫海鹽以下嘉興人
屠彪 明弼子
王朝節
屠襄孫 叔方孫主事以下秀水人
朱治貞

沈士哲 應天中式
朱國望 以下嘉善人
錢繼登
錢明寓 應天中式
錢士升
朱道行 以下海鹽人
劉泓
彭期生
彭長宜
朱泰禎
崔培元 知縣
馮洪業
陸懷玉 應天中式 以下平湖人
徐在中
陸懋功
沈問之
孫裔蕃
呂濬 順天中式
毛湛 順天中式
吳應民 桐鄉人

萬曆四十四年丙辰

虞廷陛 兵科給事
黃承昊 按察使
金麗兼 吏部文選司
錢繼登 副使
周宗文 光祿少卿
潘泳澄 知府
錢士升 狀元大學士
彭期生 副使
呂濬 太僕寺少卿
魏大中 吏科贈太常卿
朱泰禎 御史

[illegible]戊午

張文琅 以下嘉興人
鄭士奇 知縣
濮元華 知州 應天中式
徐世濬 必達子 贈太僕
金之俊 貫吳江
吳鑄 以下秀水人
沈純祉
沈德符 順天中式
姚遲 知縣

嘉興府志　卷四十五　選舉二

陳山毓 知縣以下嘉善人以
葉培恕 順天中式
徐石麒 順天中式
夏允彝
吳麟瑞 以下海鹽人
錢歴
吳麟徵
祖重熤
沈允芳
薛振猷 以下平湖人
陸之祺
陸錫明
姚世儀
周士伯
陸府修
俞喬桂 順天中式
倪鍾瑞
姚士恆 應天中式
吳之屏 崇德人
陸懋元 以下桐鄉人

全

嘉興府志　卷四十五　選舉二

萬曆四十七年己未

高道素 原名斗光郎中
金之俊 大學士謚文通
陳萬言 庶吉士
項夢原 副使
仲嘉 原名景亨僉事
劉泓 參政
祖重曄 給事中
吳麟瑞 僉都御史巡撫
陸之祺 布政使

天啟元年辛酉

陸懷玉 布政使
陸從諭 郎中
徐在中 知府

朱邦祈

趙君鄰 貫吳江以下嘉興人
朱治憪
譚貞碩 昌言子
卜萬祺 順天經魁知府以下秀水人
仲閏韶 知縣
潘履泰
婁僎 貴州中式司務

莊嚴 訓導以下嘉興人
徐洪祚 恩貢
張士亮 恩貢嘉善人
朱浩然 恩貢訓導海鹽人
以上泰昌年
李禎開 知縣以下嘉興人
呂孚交 教諭
濮瑞升 歲貢教授
張萬壽 恩貢知府
王廷宰 府學 姜原周
王應芳 以下秀水人
石騰霄　吳士冠

全

周丕顯　程于古 常鎮道
施有恒 應天中式 從通志增　支廷諫 選貢知縣 以下嘉善人
顧朝樞 順天中式 以下嘉善人　孫茂芝 副榜 州同
葉時芳 應天中式 知縣　毛尙文 歲貢 訓導
曹勳　沈鴻造 歲貢 教諭
陳龍正 榜名龍子于王子 順天經魁　戴叔遠 訓導
支琳
柯元芳　劉鎬 選貢 海鹽人 以下
趙敏學 以下海鹽人　湯裔昌 選貢 從圖經增
張調元　陳昌懋 副榜　陳昌明 副使
許令瑜　戴宏祉 通判　許敦倬

嘉興府志 卷四十五 選舉二 全

錢千秋　湯令名　徐道禎 歲貢
屠象美 以下平湖人　徐可聘 歲貢 以上二人從圖經增
見海鹽學宮備考
陸從諧　陳昌圖　趙賢允
王廷耀　徐同貞 例監 指揮同知
葉芳宸　朱豐禎 州判　朱之禎
郁起麟 以下崇德人　王秉鑑 經歷　陳于王 同知
胡明遠 其久從子 仙居教諭　許丕顯 例貢　徐昌治 中式
朱萬欽 知州 桐鄉人　徐元星　舒自新
陳天敘　鄭端充 元貢

天啟二年壬戌
趙君鄰 行人
高欽舜 副使

天啟四年甲子
屠存仁 郎中
徐石麒 吏部尚書
吳麟徵 太常少卿
俞喬桂 知縣
姚士恆 知縣
吳之屏 都御史
錢允鯨 參政

譚貞默 昌言子 順天中式 以下嘉興人
婁銹 湖廣中式

張瞻韓 選貢
嚴毅 以下平湖人
陸又機　顧繼元
楊邦慶　朱朝俊
沈全袞 以下崇德人
吳紹良 訓導　徐允襄
陳之烈 恩貢 知縣
吳之翰 拔貢 同知
屠約章 訓導　沈光允 副榜
沈應龍

嘉興府志 卷四十五 選舉二 全

金軾 改名肇明 以下秀水人　周宗旦 恩貢 桐鄉人 以下
陶廷煜　祈元兆 歲貢 知縣
鈕用登 順天中式　陸時成 歲貢　王瑛 歲貢
夏禧 以下嘉善人　陳其德 教授
袁儼 黃子
陳之遴 祖苞子 以下海鹽人
鍾鴻穎 知州
馮洪孜 以下平湖人
沈元琳
陸鏊 應天中式

沈君禎 知縣
林中芳 學正
姚世勳
范金輅 知縣以下崇德人
吳公弼
錢道明 知縣
沈元錫 以下桐鄉人
沈宏度 應天中式推官

天啟五年乙丑

沈德滋 推官
袁儼 知縣
曹履泰 給事
孫喬壽 主事
薛振猷 推官
陸鏊 廉使
陸澄原 郎中
陸錫明 提學
郭紹儀 御史
朱邦祈 榜姓周推官
陸懋元 廣西道

天啟七年丁卯

胡振芳 皋子知縣以下嘉興人

謝岳鍈 榜名岳讓
徐潘 順天中式知州
許元釗 貫德清
嚴端 貫海寧
施維城 貫杭州
屠肇芳 知縣以下秀水人
項堯麐
沈繼祐 應天中式
張所見 改名介以下嘉善人
朱顏復 士望子
姚潛
湯喬昌 順天中式以下海鹽人
許全吉
陸燦 以下平湖人
馬嘉楨
曹穎洙
張明昌
顏俊彥 順天中式以下桐鄉人
莊國英 教諭

崇禎元年戊辰

譚貞默 司業
岳淙 副榜以下嘉興人

嘉興府志　卷四十五　選舉二

崇禎三年庚午

曹　勳 會元禮部侍郎
沈允芳 主事
李奇玉 知府
顏俊彥 推官

沈耀辰 副榜知府
葛宗亮 選貢中式
葉祺允 訓導　吳伯伊
錢士昌　葉　燦

徐伯齡 以下嘉興人　王化翔　王廷爵
胡繼宗 維忠弟教諭　朱廷策　唐堯夫
倪先春　伍應侯　孫謀福
吳汝甯 貫嶶州　沈　掄 副榜　莊日恩 副榜
汪　挺　金嗣麟 副榜
周文衡 以下秀水人　沈應箕 以下秀水人
錢　琳 貫吳江　沈瑞光　方成位
史爾鉉　許　宸 恩貢副榜州判
張晉徵　姚啟昌　曾慶蕃
吳昌時 貫吳江應天中式　錢　昌 選貢　濮萬鎔
項聲國 順天中式　胡以甯　毛養正
錢　格 士升子改名棫以下嘉善人　曹禎麟 選貢　金鳳毛
張天樞 拔貢中式
王　佐 河南中式　沈　泓 府選貢進士以下嘉善人
梁州杰 山西中式　成王佐 歲貢
張源思 以下海鹽人　孫文峯 歲貢教諭

六八

嘉興府志　卷四十五　選舉二

嚴　建　支元素 恩貢
馬上選 貫平湖　魏學濂 選貢進士
徐名琦　任五常 歲貢訓導
費　廉　蔣鑑中 歲貢　王　啓 同知
查大韶 從仇志增　戈用忠 歲貢知州
鄭之僑 以下平湖人　王鶚薦 府歲貢
倪秉元　許士龍 歲貢訓導
吳　玉 以下崇德人　莫繼盛 歲貢　沈夢薦 恩貢
郭　濬　吳　國 歲貢教諭
劉　鍃 歲貢以下海鹽人

崇禎四年辛未

陳肇焕 副使
王　佐 知州
張源思 知縣
屠象美 檢討

劉洪鑛　顧夢鞠
錢應晋 拔貢訓導
黃耀如 選貢中式

李士晉 以下嘉興人　徐鵬幹 訓導　趙登明 歲貢
褚廷琯　沈延卿 貢元　彭孫貽 選貢
高文煜 知縣　馬鳴雷 以下平湖人
莊世榮 改名履旋以下秀水人　沈紹閎　陸濬源
吳瑞徵 貫永昌　過銘盤　倪聖生
陳　舒 以下嘉善人　毛漸儀　秦宏忠
李公柱 奇玉子原名松　曹　陞

崇禎六年癸酉

六九

嘉興府志　卷四十五　選舉二　卆

錢　梅　士晉子郎中順天中式
沈　泓　順天中式
史　遇　以下海鹽人
徐　巽　原名必達
朱廷謨
徐昌治
顧文煒
賀侃修
陸清源　以下平湖人
金　和

陸士灝　拔貢中式
嚴　寅　陸士鉉
譚　翼　選貢
吳爾埏　以下崇德人
朱斗祥　勞俶朗　教諭
呂茂良　刑部司務
呂願良　保舉推官
吳之經　翰林待詔
勞永譽　中書　沈士闇
楊光宸　俞毓德

李天植
馮瑞麟
屠壽徵
鍾　鼎　崇德人
陳　素　以下桐鄉人
錢汝邁

范道南　沈國士
錢士璋　俱例貢
錢蘭禎　知縣　以下桐鄉人
莊　重　縣丞　鄭禹銘　同知
陸時雍　貢元　張爾鯨　知縣
李道學　教諭　李　進　歲貢
鍾元英　歲貢　夏允翀　判
錢嘉徵　副榜　陸欽明　運
于志案崇禎郡紀載天啟四年歲貢萬重明七年吳允昌南京副貢陸易吉平湖人

崇禎七年甲戌
吳昌時　吏部郎中
陶廷睦　主事
項聲國　知州
張晉徵　按察使

嘉興府志　卷四十五　選舉二　卆一

葉培恕　知縣
陳龍正　中書
陸　燦　推官
陸清源　御史
馬嘉植　吏科給事中
陳　素　知州

蔣　勳　以下嘉興人
巢鳴盛
孫鍾琦　植曾孫
俞　都

沈燿辰秀水人崇禎元年至十七年歲貢濮瑞升嚴錫命陳元焜許宗淮陳治策宋國彥徐可選徐昌祚王化翔曹函光唐從悌夏祖訓呂黃華陶昌之顧令猷崇禎元年恩副貢石鵬霄八年恩選貢李毓新十年舉薦貢楊六府十二年副貢陸之涞應天副貢黃卯錫十七年恩貢姚深查旦黃子錫查舊志濮瑞升石鵬霄載入天啟間沈燿辰王化翔載入崇禎間時代與郡紀互異其餘多人未載存此備攷

崇禎九年丙子

董士昌
王　庭
徐郴臣
錢　泮　貫仁和
曹　溶　以下秀水人
朱茂曙　國祚孫
包爾庚　貫華亭應天中式
張　垣　雲南中式
朱曾省　士望子以下嘉善人
蔣　汧　本姓毛原籍餘姚

錢繼章
孫在鎬光祖孫知縣
錢棅士升子
朱國禎
李毓新順天中式以下海鹽人
吳晉書
陳之遴祖已子應天中式
朱廷章
倪長玗解元以下平湖人
俞煜

李長芭經魁
陸上瀾應天中式
嚴寅順天中式
吳夢白崇德人
朱萬錡順天中式知縣桐鄉人

崇禎十年丁丑
曹溶侍郎
吳鑄禮部主事
張垣
包爾庚知州
夏允彝吏部主事

錢棅僉事
柯元芳推官
陳之遴士榜眼大學
李毓新兵科給事
倪長玗主事
朱得祚員外
鍾鼎侍郎

崇禎十二年己卯

朱之佐以下嘉興人
許宗渾應遴弟
徐開熙

王先甲儒子應天中式
葛宗亮順天中式
周允章
戴長治
卜年
高承埏道素子
陶學瞻順天中式
卜長生
郁之章以下嘉善人
沈嘉

孫聖蘭
孫允亭 外更名棨員
吳亮中 志遠子
柯　聳 元芳子
錢潤徵 海鹽人
沈中柱 以下平湖人
楊兆梧
馬嘉禎
沈日昆 萃禎子
陸廷皐 榜姓王見吳志

崇禎癸未
高承埏 主事
朱茂曉 知縣
李公柱 原名松知縣
徐名琦 知縣

吳　輅 以下崇德
曹　廣
金　濴 貫德清
吳爾壎
吳志章 知縣以下桐鄉人
岳　瀚

崇禎壬午
馮洪孜 知縣
金　濴 知縣
金　和 知縣
沈中柱 知縣
曹　廣 主事
王先甲 知縣

黃　濤 承元孫解元知縣以下嘉興人
屠宏允
莊　鏻
高駿發 長樂知縣
李新枝 日華孫教諭
陸　鈴
婁聯奎
虞相堯 廷陞子
譚貞良 昌言子順天中式
高以正 教諭
李丹衷
邵　黃 以下秀水人
鈕應斗

姚澄 思仁孫應天中式
錢斐 以下嘉善人
呂譜
徐遠 貫海甯
丁彥
錢默 士晉孫
陸翔華
魏學濂 大中子天中式
葉維修 順天中式
錢棻 士晉子順天中式

陳恂 本姓曹以下海鹽人
徐炳雲
虞贊堯
曹燕懷
黃耀如 應天中式
朱升 貫海甯
湯芬 貫海甯
曹穎泗 以下平湖人
陸之湅 應天中式
郭演 以下崇德人

顧朱
金澥 貫德清
盛治 以下桐鄉人
莊洪彝 後改未彝
曹元方 海鹽人

崇禎十五年壬午 高文甡 嘉興人
特賜進士 唐從悌 秀水人
戈用忠 嘉善人

崇禎十六年癸未 汪挺
陸鈴 工部主事
李丹衷 知縣
譚貞良 行人
鈕應斗 知縣
戴長治
沈泓
孫聖蘭
魏學濂 庶吉士
錢默 知縣
徐遠 中書
虞贊堯

曹元方 知縣
許令瑜 知縣
彭長宜 知縣
湯　芬 知縣
吳麐白 知縣
顧　朱 行人
吳爾壎 庶吉士
沈元錫 參政

嘉興府志卷四十五

嘉興府志

嘉興府志卷四十六

嘉興府知府善化許瑤光重輯

選舉

國朝康熙十八年己未

詔開博學鴻儒科

彭孫遹 海鹽人進士主事一等一名授編修

徐家炎 秀水監生一等授檢討官內閣學士

朱彝尊 秀水人布衣一等授檢討

陸棻 平湖人進士典籍一等授編修

曹溶 秀水人進士以下俱未與試

陸隴其 平湖人進士

柯崇樸 嘉善人副貢中書

柯維楨 嘉善人舉人

葉舒崇 平湖人進士中書

李良年 嘉興人生員以下俱試而未用

葉封 嘉興人進士

譚吉璁 嘉興人監生同知

陳菼 秀水人生員

孫棨 原名允亭嘉善人舉人知州

魏學渠 嘉善人進士提學僉事

張英 海鹽人進士

戴茂隆 平湖人監生

乾隆元年丙辰

詔開博學鴻詞科

諸錦 秀水人進士金華府教授一等授編修

朱荃 桐鄉人生員二等一名授庶吉士

褚𥫗書 嘉興人舉人上海知縣以下俱未與試

祝維誥 秀水人增廣生

柯煜 嘉善人兩中進士知縣改教

聞元晟 嘉善人舉人

李宗潮 嘉興人拔貢副榜以下皆試而未用

朱稻孫 秀水人貢生州判

錢載 秀水人副榜

萬光泰 秀水人生員

張庚 秀水人布衣

曹廷樞 嘉善人副榜

俞鴻德 海鹽人舉人

陸祖錫 平湖人拔貢

康熙四十四年乙酉

南巡召試

鄭韻 秀水人生員是年四月十四日在江蘇行在應試欽取一等入內廷纂修特賞帑金進京給俸賜宅五十年協纂各書成選授廣甯知縣

乾隆十六年辛未

南巡召試

王又曾 秀水人貢生一等

謝墉 嘉善人優貢生一等一名

李集 嘉興人廩生以下二等

謝垣 嘉善人廩生特賜舉人授為內閣中書與候補人員一體補用二等各賞緞二疋後皆同

朱玫 海鹽人廩生二等

乾隆二十二年丁丑

南巡召試

錢受穀 秀水人廩生一等

陳泰初 海鹽人廩生從縣志增

李旦華 嘉興人優貢以下二等

沈初 平湖人廩生

乾隆二十七年壬午

南巡召試

乾隆三十年乙酉

南巡召試

汪孟鋗 秀水人舉人一等　沈 初 平湖人優貢一等

李旦華 嘉興人以下二等　馮應榴 桐鄉人進士

朱芳藹 桐鄉人監生

乾隆四十一年丙申

南巡召試

馮應榴 以下一等　陸費墀 桐鄉人廩貢

汪彝銘 秀水人生員以下二等　沈啟震 桐鄉人舉人

乾隆四十五年庚子

東巡召試

施福元 桐鄉人舉人以下二等　汪彝銘 是年二等人員奉旨在四庫館効力

乾隆四十九年甲辰

南巡召試

沈叔埏 秀水人優貢一等　錢 楷 嘉興人拔貢二等

乾隆五十五年庚戌

南巡召試

沈 濤 嘉興人廩生以下俱二等　張廷桂 秀水人廩生

麥 鉞 秀水人監生　沈 珏 秀水人增生

朱孫垣 海鹽人監生　陸以諴 海鹽人拔貢

東巡召試

程拱字 桐鄉人廩生一等一名改名同文　張湘任 平湖人二等從于志增

薦舉經學

乾隆十六年辛未

錢 載 秀水人吏部侍郎介福戶部侍郎嵇璜舉　張仁浹 秀水人刑部侍郎錢陳羣舉

國朝進士　舉人　貢生 副貢拔貢優貢恩貢歲貢

順治二年乙酉

順治三年丙戌

施宏烈 平湖人松江同知　副貢 以下府學

沈之漣 伯龍曾孫己丑進士以下嘉興　徐 棻 以下府學

錢 江 己丑進士　劉于京　曹堯珂

陸 禾　余 趯

沈閎劭 元華曾孫己丑進士　陳 畫　顧介中

姚任賢 松陽教諭以下秀水　王紹隆　張 晃

張天植 己丑進士　虞紹淇　王岳奇

高駿升 石埭知縣　屠 英 以下秀水

孫 籀 己丑進士以下嘉善　陳 枕

曹爾堪 勳子壬辰進士　朱張銘 以下嘉善

陳嗣華 以下海鹽　王 會　毛 蕃

許士璜 己丑進士　蔣玉立　郁 褒

徐孚貞 貫錢塘　蔣玉宣　郁 喬

湯自梁 以下平湖　柯崇樸 同州　陳 昌

陸濬睿 長庚孫宣 | 徐益貞 以下海鹽
殷 森 長興教諭 | 沈純禔 知州見吳志
鄭龍光 己丑進士 | 胡季瀛
倪諭元 己丑進士 | 楊殿銓 見續圖經
范 楷 新城教諭以下石門 | 拔 貢
朱 霞 乙未進士 | 蔣雲章 以下府學
張 搣 戊戌進士以下桐鄉 | 鍾元超 陳國麒
曹日勉 安州知州 | 盛際斯 楊廷瓘
陸費錫 吉曾孫辛丑進士 | 陸世楷 知府嘉興以下
孔自洙 己丑進士 | 張三省 知縣 仲宏道 知縣
張茂華 餘姚教諭 | 錢 遇 沈廷勷 知州
尤師錫 乙未進士 | 計 東 中式
鍾元圭 改名彝推官 | 張天柱 以下秀水
徐 騰 壬辰進士 | 濮 棻 陶 耀 同知
汪繼昌 己丑進士以下嘉興 | 汪禾士 嚴 臨 中書
李 熊 本姓徐必達孫辛丑進士 | 張 旻 中式
朱 旂 乙未進士 | 張廷杰 乙酉奉豫王令旨安民有功拔
呂應鍾 壬辰進士 | 貢
屠 肅 存仁孫 | 郁 鈞 訓導嘉善以下
江 浦 海澄知縣 | 支揆英 知縣 陸贊奇 知縣

順治五年戊子

高基重 | 葉 翹 夏長泰 進士
徐鴻章 | 沈 煌 郁 廣
范 周 江南中式己丑進士 | 金 英 知縣海鹽以下
王 勰 壬辰進士以下秀水 | 張 恒 改名維赤進士
張 疑 | 查 雍 朱掞鏃 中式
何元英 乙未進士 | 徐升貞 郎中見吳志
黃自起 己丑進士 | 徐儲元 見續圖經
姚 深 思仁孫 | 陳遇宸 知縣
傅感丁 貫錢塘壬辰進士 | 周 宷 知縣桐鄉以下
孫 錄 辛丑進士以下嘉善 | 鍾 超 張 超 進士
葉 封 湖廣中式己亥進士 | 錢蘭譪 知縣改教諭
陳增新 安仁知縣 | 恩 貢
魏學渠 湖廣提學 | 卓 巘 以下府學
魏允枚 大中孫學濂子教諭 | 胡士廉 知縣 沈廷彥
張我樸 介子壬辰進士 | 曹文昭 從曹氏家乘增嘉興人
周宸藻 宗文子乙未進士 | 徐浚湘 以下嘉善
周振瑗 甲辰進士 | 孫瓚祖
徐友貞 知縣以下海鹽 | 馬維騆 訓導海鹽
祝文震 壬辰進士 | 陶 襄 知縣 繆集義 知縣以下
祝翼亮 雷州推官 | 蔡士奎 徐鍾元

朱宗文 教諭
朱掞鋐 順天中式 己丑進士
錢君銓 己丑進士 以下平湖
馬紹曾 德禮孫 己丑進士
姚世曙 順天中式
郭裒采 宜春知縣 以下石門
顧名俊 貫仁和
勞俶衍 潁上知縣
唐彥衮 己丑進士 以下桐鄉
張以曜

陸費鋐 知縣 桐鄉 以下
錢爾枚 知縣 周延鄂
蔵 貢
金世農 以下府學
沈 宏 卜允昌
顧佐明 朱世英
郭起鳳 顧鳳翥
孫楚如 程定國
陸鑰原 俞喬木
張鳳翔 周心岊

順治六年己丑
蘆士昌 平利知縣
沈閎劭 常德同知
沈之漣 白河知縣
王 庭 江西布政使
錢 江 山東提學
汪繼昌 廣西僉事
張天植 探花 兵部侍郎

鄒 黃 仁和訓導
湯 棨 澄川知縣
鍾 超 盛京中式 濮州知州

許宗治 曹馥先
孔尚遂 包載錫
沈嗣選 以下嘉興
姚祖毓 沈中楫
盛時元
吳 瀓 醇縣縣丞
方 邁 張賡奏
董 璋 李光垓
徐德恂 教諭 李生佳
吳中龍 以下秀水

黃自起 河南提學
范 周 參議
沈 奭 徽甯道
孫 籀 福建副使
陳 舒 廣西驛傳道
郁之章 大理寺丞
丁 彥 工部主事
柯 聳 通政使參議
朱掞鋐 臨湘知縣
許士璜 武陵知縣

屠高崧 吳奕俊
沈大詹 訓導 虞輔堯
柴 雍 吳賓素
沈永令 蔡允隆
吳 棻 馮鎮鼎 教諭
黃鳳藻 中式 包鴻陞
朱一臣
戴 恒 以下嘉善
卞 爆 訓導 呂三錫 教諭
陳 奇 張 鈁 訓導

順治八年辛卯
馬紹曾 戶部侍郎
鄭龍光 西甯道
倪篤元 蘄水知縣
錢君銓 蓮城知縣
孔自洙 福建提學
唐彥衮 安化知縣

盛九鼎 以下嘉興
俞 煒 順天中式
楊應標 乙未進士
周 煒

錢繼禧 顧 喦
陳增遠 林子卿
朱孟俶 夏允懷
孫大受 以下海鹽
任宏達 訓導 劉王才
蔣兆奎 費 度 知縣
金敏鎮 朱觀賓
顧爾澄 徐 彪
以上四人從縣志增
陸 韜 何其仁 知州

金嗣麟 改名石麟　張學古 從續圖經增
嚴效勳 辛丑進士以下秀水　張尹諸 訓導
項景襄 錢塘籍壬辰進士從于志增　張孫序 本姓孫
顧岸登 教習知縣
張茁 壬辰進士以下嘉善　孫受宜
龔在升 己亥進士　施洪烈 以下平湖
馮運隆 盛曲孫　曹穎瀧　施鉉
沈珣 戊戌進士　施夢祺　朱綸
陳秉 龍正孫　殷世芳　何天衢
顧向 蘆山知縣　陸敦澤　金式玉 進士

陶㦖 天台教諭　過澤遠 碭山知縣
郁謙 本姓趙　馮文麟　馬瀛選
周瓚　張耿中　何履楷
楊其芳　王陛鉉　陸瑤林 進士
吳甫及 丁未進士以下海鹽　陸棅 知縣　陳國政
費萬程 嵊縣教諭　于琳　陸治原
俞雲來 庚戌進士　沈曇
查培繼 貫海甯壬辰進士　宋一沂 以下石門
金式玉 辛丑進士以下平湖　姚納葵 教授　勞圖麟 教授
王明福 改名渫戊戌進士　沈道先 知縣　勞世選 知縣

張樞 戊戌進士　張行生 知府　姚垻 知府
陸光旭 壬辰進士　項玉筍 知縣　宋爾祁 知縣
沈棻 壬辰進士　譚觀成 中式　朱輔 知州
鄭重　沈汝瓚 縣丞　吳之相
郭雍圖 紹儀子　吳之昺　朱昌 訓導
陸瑤林 盛京中式戊戌進士　勞俶高　方履吉 訓導
楊鼎鉉 癸丑進士以下石門　沈璜 訓導　嚴和
徐鑛　吳公權
勞大與 永嘉教諭　周拱辰 以下桐鄉
施鉉 己亥進士以下桐鄉　錢九式 訓導　錢澄 訓導

順治九年壬辰　莊璘 汝南道
呂應鍾 貫餘姚兵部主事
傅感丁 左副都御史
王韶 提學
錢棻 未殿試
曹爾堪 侍讀學士
吳克中 補殿試漢中糧儲道

朱一柱　沈宗美 訓導　盛方涵 縣丞
鄭蘊宏 壬辰進士　錢允康 訓導　陸天錫
張超 順天中式乙未進士　徐基 訓導　張文蔚
錢本一　馮貞秀

順治十一年甲午

張茁 安慶知府
張我樸 評事
祝文震 淮海僉事
查培繼 江西巡道
陸光旭 江安糧道
陸之洓 大理寺觀政
郭濬 貫海甯行人
鄭蘊宏 中書
徐騰 高邑知縣

吳源起 鑄子辛丑進士以下嘉興
倪大受 湖南籍兵馬司
吳澄
盛旦
姚原溈 辛丑進士
繆鼎
曾王孫 本姓孫戊戌進士以下秀水
金大起
張瑋 德清籍本姓許元鋆

子己亥進士
姚曾槩 貫海甯思仁曾孫
黃鳳藻 承元孫盛
李會貞 京中式本姓蔣名雲翼改縣知縣以下嘉善
沈鱄 辛丑進士
李振宗 甲辰進士
顧耿臣 戊戌進士
李嘉生 考授知縣
蔣琦

錢黯 乙未進士
丁俶 貫仁和
翁世庸 錢塘籍戊戌進士從于志增
馮明升 順天中式
朱張銘 乙未進士順天中式
夏長泰 乙未進士
彭孫遹 宗孟孫己亥進士以下海鹽
許全臨
張協

查詩繼 貫海甯從續圖經增

朱彤

楊雍建 貫海甯順天中式乙未進士

曹林韻 貫海甯辛丑進士

張維赤 奇齡子順天中式乙未進士

王啟允 順天中式

沈宏

陸之溶 以下平湖

沈彪 徽於孫貫歸安乙未進士

馬耀曾 順天中式

鍾朗 解元己亥進士以下石門

徐昌國 金華教諭

董艮槓 戊戌進士從于志增

俞之炎 貫仁和昌言子戊戌進士以下桐鄉

沈允泫 改名北奎己亥進士

張方起 辛丑進士

邱璉

唐彥暉 烏程籍世濟孫乙未進士從于志增

順治十二年乙未

朱旂 知府

許宗暉 推官

楊應標 劍州知州

何元英 通政司參議

項景襄 兵部侍郎

周宸藻 兩淮巡鹽御史

朱張銘 戶部主事

陸翔華 廣德知府

夏長泰 員外

錢黯 池州推官

張維赤 都給

楊雍建 兵部侍郎貴州巡撫

沈棻 壬辰中式補殿試西平知縣

朱霞 汀州推官

沈彪 文昌知縣

順治十四年丁酉

尤師錫 建甯推官
張　超 華亭知縣
唐彥暉 禮部主事

吳三錫 辛丑進士以下嘉興
盛　濟
曹禎驌
朱　介 戊戌進士
計　東 順天中式
顧　鵬 解元戊戌進士以下秀水
張　旻 天植子順天中式
朱亮采 貫海鹽岳陽知縣
張陳鼎 貫華亭
杜　臻 戊戌進士
毛延芳 庚戌進士
潘見龍 戊戌進士
黃士傑 改名季瀛
項　嘉 復姓顧改名高嘉戊戌進士
馮瀛秀 以下嘉善

張黃嗣
徐廷楨 以下海鹽
俞宣琅 己亥進士
鄭　宣 甲辰進士
俞　霈
李　璋 癸丑進士
吳開彥 知縣以下石門
朱　雯 用光曾孫甲辰進士
鍾　蘋 原名蘋丙辰進士
胡　樞 榜姓郭戊戌進士
譚覲成 順天中式霍邱知縣
朱懿愨 桐鄉人順天中式

順治十五年戊戌

朱　介 安化知縣
曾王孫 四川提學
杜　臻 榜姓徐禮部尚書
顧　鵬 安福知縣
顧高嘉 本姓項庶吉士郎中
顧耿臣 大名知府
沈　珣 刑部主事
張　樞 推官

翁世庸 廣南知縣 從于志增

王渫 潮陽知縣

陸瑶林 金谿知縣

胡樞 萬安知縣

俞之炎 廣西參議

張猴 改名貞侯 安定知縣

董艮櫝 松溪知縣

順治十六年己亥恩科

張瑋 案袁志是年再會試又見通志 給事中

葉封 主事

順治十七年庚子

龔在升 蘇州推官

彭孫遹 吏部侍郎

朱昇 東昌推官

俞宣瑔 大竹知縣

鍾朗 提學

吳軫 桂林推官

施鉉 蘇州推官

沈兆奎 德興知縣

王士麟 辛丑進士 以下嘉興

呂黃鼎

盛民譽 萬年曾孫 順天中式 辛丑進士

顧琯 以下秀水

陳之儀 本姓卜 甲辰進士

支隆求 大綸孫 沂水知縣 以下嘉善

丁大亨

王辰 保定經歷

于珏 以下平湖

邵延齡 辛丑進士

陳昌言 貫錢塘石門人 新甯知縣

張嘉琜 辛丑進士 以下桐鄉

沈允演 甯波教授

順治十八年辛丑

姚原溈 任邱知縣

李熊 本姓徐知縣

盛民譽 桂陽知縣

吳三錫 棗強知縣

吳源起 給事中

王士麟 青浦知縣

嚴　勳知縣
潘見龍知府
孫　鉌傳臚潮州通判
沈　鏄建安知縣
曹林韻知縣
許全臨昌邑知縣
金式玉壽昌教諭
邵延齡江西提學
陸費錫平原知縣
張嘉琛推官

張方起江川知縣
朱　彝原名莊洪彝知縣

大清會典康熙二年停止八股文章鄉會試以策論表判取士分二場九年仍以八股文章取士

康熙三年甲辰

馬壽穀壬辰進士以下嘉興
趙　隨丁未進士
盛　藻萬年曾孫
屠又良貫仁和解元庚戌進士以下秀水
施鑒范爾志孫知縣
范繼施仁和教諭
朱　袞丙辰進士

副　貢
馬佐堯以下府學
金介復　楊　鐙
湯士奇　陳克鎬
莊　嘉
諸嗣燮以下嘉興
曹洪然長興教諭
吳汝翼　陳　立

錢　霞嘉善人庚戌進士
蕭　啟以下海鹽
周　啟
錢瑞徵薇曾孫西安教諭
蕭　垂伏羌知縣
駱　雲丁未進士
錢之燾貫海甯癸丑進士
楊廷棟寶應知縣
虞文彪貫海甯丁未進士
俞　均以下平湖

張賚源　卜永清
馬　湘鄭縣知縣雅州同知
戴　煜　沈　翼
李維均直隸總督
夏　鞏
徐掄元甯海訓導
陳方琛以下秀水
莫世洪樂亭知縣
汝學智
王　澐　黃　石

康熙三年甲辰

陳之儀改卜陳彝吏部員外
李振宗平涼同知
周振瑗安邑知縣
鄭　宣淮安同知

楊　爆甲辰進士
張重華
拳之辨永嘉孫甲辰進士以下石門
郭彝采演從子
沈　煌海甯籍從于志增

陳睿臣昌化教諭以下嘉善
郁世琳盱眙知縣
曹源郁
沈　渡本姓魏
許　登以下海鹽
高　和　朱宏栻
費　源　俞鴻勳
湯秉均　錢元昌
查光德　楊存裕
張宗栻瑞安教諭

嘉興府志　卷四十六　選舉三　三十一

楊　㷆 御史
勞之辨 左副都御史
朱　雯 濟南道

康熙五年丙午

張爾高 內閣中書 以下嘉興
濮　鏊
王　燮 癸丑進士
葉　燮 嘉善人貫吳江庚戌進士
戚令晼 丁未進士 以下海鹽
鄭日復
陸龍其 庚戌進士 以下平湖

周輔奏
戴　記 見士林錄
富　裕
丁亮工 重慶知府 以下平湖
張家漢　鍾　彝
王翼坦
金　標 知府 石門 以下
金漸雖
姚　濤 奉化教諭
孫　瑚　呂懿兼

康熙六年丁未

趙　隨 福建提學

韓士淇
顧天挺 庚戌進士
趙蓋臣
陸　棻 長庚曾孫 順天中式 丁未進士
黃士塤 癸丑進士 以下石門
沈　甯 庚戌進士
虞黃昊 貫錢唐 臨安教諭
何　楷 順天中式 從于志增

顧　湧　許自俊
魏　旭 以下桐鄉
郭北駿　王見麟
孫士傑 海甯訓導
王　澐 本姓皇甫 江山教諭
朱甯成 建昌知縣
沈德榮 遂昌教諭
陳鵬升　徐　玫
拔　貢
王　燚 以下府學

嘉興府志　卷四十六　選舉三　三十二

虞文彪
駱　雲 中書
吳甫及 郎中
戚令晼 中書
陸　棻 內閣學士

康熙八年己酉

沈際昌 以下嘉興
袁定遠 庚戌進士
譚　瑗 昌言孫 順天中式 以下秀水
曹　褒
王日來 本姓吳 教諭

楊中訥 進士　陸　攀
沈德亮　朱載璜
夏　慥
程　鉌 以下嘉興
王　倜 陝西甯州同知
儲福海
周輔奏 成都知縣
金協庠 刑部員外
虞景堯 杭州教諭
李昂枝 膠萊運判

朱鳴吉 經魁 教諭
陸榮登 嘉善人 庚戌進士
張　英 海甯籍 癸丑進士 以下海鹽
陸士清
李方焯 以下平湖
潘之泓
沈雲龍 順天中式
董　杲 分水教諭 以下石門
李廷章 知縣

江　法 義烏訓導
金協廣 南昌通判
陸　錦 吉安知府
馬　璉 巢縣知縣
吳讓木 溫州教授
張賡奏 湖廣布政司經歷
王　沆 萊陽縣丞
徐金壽 泰順訓導
沈牧功 任邱知縣
沈　敏 東陽訓導

吳震方 爾壎子貫仁和丙辰進士

許宗清 史館特貢

康熙九年庚戌

袁定遠 順慶知府
屠又良 同知
毛延芳 新淦知縣
陸龍其 改名隴其御史
顧天挺 中書
錢霞 承德知縣
陸榮登 四川提學
葉燮 寶應知縣

戴彥鎔 會稽教諭
朱琪 江都知縣
沈節 海甯教諭
楊汝霖 臨海訓導
盧元標 嚴州訓導
朱禾 永嘉訓導
盛禾 天台訓導
汪龍元 泰順教諭
錢熊 於潛訓導

俞雲來 江西知縣
曹燕懷 行人
沈甯 知府

高以永 癸丑進士以下嘉興
李御 貴州知縣
王師吉
吳黃流 貫秀水
沈允城 貫秀水烏程人癸丑進士改名上墉
鍾之枚 義烏教諭以下嘉善

周疇昔
許穗 松陽教諭以下秀水
朱元
張晟 太原知縣
沈嘉 以下嘉善
曹元郜 刑部郎中
張芳湄 以下海鹽
聞人藩 黃守倫
沈師湜
屠肇臨 以下平湖

康熙十一年壬子

曹鑑平 爾堪子順天中式中書
錢紹隆 以下癸丑進士海鹽
徐邁 癸丑進士
湯駿 駿一作朱湯
鄭亮 丙辰進士
張允皓 維赤子順天中式主事
沈光珏 貫餘姚
陳遇麒 湖州教授
張世琦 姓王貫海甯榜
陳霆萬 貫嘉善甲戌進士

陸允蕃 中式
張若夔
程光輔 金南鍈
曹揆文 以下石門
吳樹
恩貢
俞朝倫 以下府學
胡應宸 陳祖銘
張纘 嘉興人
張德堪 秀水人
李炯 以下嘉善

康熙十二年癸丑

高以永 戶部員外
王燮 吏部主事
沈允城 侍讀學士
錢紹隆 給事中

以下平湖
曹志周 己未進士
陸允蕃 改名祚蕃順天中式癸丑進士
屠允誠 癸丑進士
吳震翙 爾壎從子石門人

張鵬萬
嚴心可 以下海鹽
朱宏浚 張朊
顧宏 以上四人從縣志增
洪勳 平湖人
吳嗣爵 以下石門
勞鳴謙
沈森 桐鄉人
歲貢
楊景時 以下府學

康熙十四年乙卯

錢之熹 中書
李 璋 知縣
徐 邁
張 英 廣東提學
陸祚蕃 貴州道
屠允誠 改姓譚 鎮江知府
楊鼎炫 長汀知縣
黃士塤 編脩

韓 能 朱 鎣
盧聖瞻 高 楨
嚴 觀 屠世墀
金 煌 葉 箾
陳祖錫 楊傳壁
羅開驎 盛 澥
沈 玹 祝文彬
喻自任 陳 昭

朱 振 己未進士 以下嘉興 周 彪 姜 誤
郁之潤 周振璜 樂清訓導

嘉興府志 卷四十六 選舉三 三五

孫 泳 臨湘知縣 以下嘉善 朱樹遠 陸 泓
柯維楨 聳季子 金 湯 孟蓀光
曹鑑倫 勳孫順天中式己未進士 馬㸌會 開化訓導
張周鼎 教諭 以下平湖 金用濂 沈振芬
沈 岐 鎮海教諭 周 情 陸 濤
葉舒崇 貫吳江順天中式丙辰進士 蕭 壎 陳 鐘
張 麒 朱 英
吳 涵 壬戌進士 以下石門 蕭 鋐 俞長庚
許用光 貫仁和 錢 纘
何 煒 海鹽人 鍾元昶 縉雲訓導

康熙十五年丙辰

鄭 亮
朱 袞 中書
鍾 璜 禮部郎中
吳震方 補殿試傳臚御史
葉舒崇 中書

陳佐袞 周蘭森
孫 鑣 孫 鉽
屠若金 陸大成
沈葉煥 陸世璣
鍾 呂 徐宏鎮

康熙十六年丁巳 是年以任用需才特科鄉試

項嘉祚 嘉興人 金景漶 嚴觀光
沈龍驤 本姓張聊城知縣 以下秀水 顧 鼎 陸若程
沈宗良 陶文振
張聯箕 天植孫新城籍餘姚教諭 周宗璞 鍾漢傑
虞兆清 相堯子己未進士 周見田

嘉興府志 卷四十六 選舉三 三六

丁棠發 戊辰進士 以下嘉善 胡日佐 鄆城知縣
陳 培 高明知縣 藏 賓 典簿 陸其勳
查 澔 以下海鹽 婁金煜 孫愼機 訓導
張 檄 陳 濟 彭堯齡
曹三德 庚辰進士 袁 珂 顧 協
楊中訥 雍建子順天中式辛未進士 楊萬基 徐宗泰
陸煥元 平湖人廣東昌化知縣 沈起孟 尙長裕
金之植 貫德清尉氏知縣 馮學琦 周復錫
以下石門 周麟錫 蔡 煒 臨安訓導
王之翰 何廷芾 蔡廷植

嘉興府志 卷四十六 選舉三 三十七

胡光大 榜姓徐
金 鉽
陳飛聲 桐鄉人
高孝本 嘉興人以永子辛未進士
沈廷文 戊辰進士以下秀水
朱象鼎 順天中式
葉汝銑 解元以下嘉善
沈鐘遠
王錦雯

范長髙 王宏澤
陳 慶 彭 鍹
朱稻孫 陳 元
陳景湤 汪上埏
曹相儀 蔣 銓
顧均邦 李宗仁
王殿奎 張眞觀
汪 棠 蔣兆昌
范紹滂 徐大士
顧祖存 方學廉

康熙十七年戊午

李 琬 知縣以下海鹽
蕭廷掄
金 綸 順天中式
汪兆瑺 貫錢塘壬戌進士
陸 炯 己未進士以下平湖
屠 浩
馮啟蕊
吳之錡 貫仁和庚辰進士從科名錄及于志增
顧 鐔 朱子己未進士石門人

程攀龍 濮 楨
朱洺濄 陳 泓
楊 鎬 程光輔
項一諤 以下嘉興
費 廣 朱永翼
戴 履
黃午錫 天台訓導
浦雲翥 倪我端
鍾瑞麟 吳 暹
孔 彰 金 松

嘉興府志 卷四十六 選舉三 三十八

康熙十八年己未

朱 振 舒城知縣
虞兆淸 御史
曹鑑倫 吏部侍郎
曹志周 主事
陸 炯 御史
顧 鐔 大理寺丞

莊際盛 桐鄉人壬戌進士

鄭超宗 許林暉
朱 璉 張宏鈞
姚 經
朱士濂 湣安訓導
程繼善 劉有慶
李成大 慈谿訓導遷池陽縣丞
孫 傅 陳王臣
吳宏坤 金志聖
周道生 戴 鍈
祝翼稷 以下秀水

康熙二十年辛酉

盛 楓 安吉學正以下嘉興
董 威
范 景 庚辰進士以下秀水

鈕景琦
王 份 以下嘉善
王 鋐 內閣中書
金臯謝 戊辰進士
沈辰垣 乙丑進士
張映璧 本姓朱貫錢塘
曹辰容 甲戌進士以下海鹽
徐士麒
俞兆曾 順天中式乙丑進士
沈 崐 貫烏程乙丑進士

孫紹基 張龍彩
顧 爍 馬浩義
尹延英 沈 驊
沈 涗 陶兆琦
沈南珍 卜玠宣 中式
陸 洄 李含澤
高 愷 李 賓
錢 霑 李兆昌
查人斌 李奇生
駱 琦 吳光寅

康熙二十一年壬戌

馬壽穀 知縣
汪兆堪
吳　涵 榜眼左都御史
莊際盛 吏部郎中

以下平湖　陳　墉　范長旭
陸　勳 鹽城知縣　孫士棠　卜　休
陸　鈞 貫錢塘鍵孫乙丑進士　懷紹中 昌化訓導
胡　觀 順天中式　錢　枋 德清訓導
徐宗淮 鎮子石門人　姚宗豫 奉化訓導
邵鳳起 增城知縣桐鄉人　計天植 瑞安訓導
沈起孟
曾安世 浦江訓導
曹　曾 永康訓導
沈拱日 扶風縣丞

嘉興府志　卷四十六 選舉三　三十九

康熙二十三年甲子

陸士玫 解元以下嘉興　婁金煜　胡日佐 知縣
黃相如 濤子　周　珂 以下嘉善
周光斗 庚辰進士　王晟齡　郁虞尹
金世顯 順天中式　徐　榕　倪　晉
曹彥栻 溶子甲戌進士以下秀水　吳周瑾　魏　墉
丁樞臣　卞　庚
陸　霨 貫平湖乙丑進士　陸　鵬　張　泓
徐鳳池 順天中式甲戌進士　沈廷楨　顧之琦
朱彝政 貫錢塘內閣中書　馮　眺　陳廷珪
朱元佑 國子丞以下嘉善　孫　玠　周載錫

康熙二十四年乙丑

陸　霨 榮昌知縣
沈辰垣 侍讀學士
丁　策 昌黎知縣
俞兆曾 元城知縣
陸　鈞 上猶知縣
俞長城 檢討
沈　崐 員外郎

丁　策 乙丑進士　張心培　卓　璜
孫　衍 在鎬子知縣　沈德昌 以下海鹽
王廷鑾　朱士容 安吉學正
金作軺 平遙知縣以下平湖　王　溥 江山訓導
沈之鉽 屹子羅次知縣　浦國柱　陳使新
吳　治 本姓徐以下石門　祝壽祉 從續圖經增
張奇英 榜名寅　童申祉　劉王寅
俞長城 乙丑進士以下桐鄉　馬漢颺　沈天錫
盛　棨　胡　頎 從續圖經增
唐彥龍 順天中式　金廷寶　倪高發

嘉興府志　卷四十六 選舉三　四十

康熙二十六年丁卯

朱廷迪 順天中式　徐曾湧 見士林錄
張肇棨 貫仁和　楊家珍
祝廷璜 嚴州教授
沈　瑆　陳奕震
祝壽祊　朱宏棫
李　琇 處州訓導
馮昌臨 桐廬訓導
方國光 景寧訓導
蔡鳴鹿　祖　樾
沈　登 以下嘉興　金　章　朱董師

項維聰主事　鄷宮　朱勳
項維貞江浦知縣俱嘉祚子　石廷猷　褚祚
譚有年江甯知縣以下秀水　董履和　李時夏
梅成樞　徐音
顧秉堅會稽教諭以下嘉善　沈斯南見續圖經及士林錄
袁蘅儼孫　趙貞　馮鳳威
錢以塏士晉曾孫順天中式戊辰進士　周光曾　黃金鉉
顧錫掄　沈培元
沈澄遠　張金蘭　徐來復
湯敘吉水知縣以下海鹽　程宜馭　王晉

張程揚　楊履元　沈文嶽
朱永嘉榜名芾新鄉知縣　顧夢楨　陳涵
沈宏勳辛未進士以下平湖　俞震以下十五人俱從縣志增
潘之昌　查荃　朱鳴珂
徐進　劉熚　沈名世
邵昌齡　曹旭　朱鳴謙
金銓以下石門　曹三才　陳葛
顧鴻雯　朱烈　錢大業
胡開泰　何祖望　徐始亨
陳學海遂陽知縣以下桐鄉　劉孝翼　陳宏

康熙二十七年戊辰
沈廷文脩撰
錢以塏禮部尚書太子少保
丁棠發御史
金皐謝莆田知縣

康熙三十年辛未

陸費濂　顧人龍太平訓導以下平湖
傅允諧　郭襄圖
馬煥曾雲南南安知州
周宏起　居士奇
金璞玉　曹偉謨
胡介　沈崍
金肇禎甲戌進士以下嘉興　翁元發　朱維翰
張時雍甲戌進士　褚王庭　馬定枚
范長發甲戌進士以下秀水　劉椿　方鼎銓
朱金魁　施溥　楊紹裘

錢以垍以下嘉善　陸奇勳　錢之棟
張王典丁丑進士　徐聖昌　徐森
朱秉哲癸未進士　張昭　陸大業
袁允　吳尚履以下石門
沈曾懋庚辰進士以下海鹽　沈紹升　曹序
顧鳴陽辛未進士　范道岸　倪爾雅
金廷石蘅弟　張越　徐甘來
吳叔獻　吳之吉　祝文彥
徐景穆麗水教諭順天中式　麥颺　沈昱
趙光緒辛未進士以下平湖　范汝璜

鮑介玉
馬焻 順天中式庚辰進士
李思 以下桐鄉
沈允聞 貫歸安

康熙三十年辛未
高孝本 績溪知縣
楊中訥 傳臚中允
顧鳴陽 山陽知縣
沈鴻勳 知縣
趙光緒 寶雞知縣

胡直方 蘭溪教諭
吳瀚 吳在寬
吳維楷 吳自新
勞福謙 吳守眞
吳東 陳廷蘭
許瀧 徐王泳
范雲邁 姚大業
曹嵋 仁和訓導
沈允洸 以下桐鄉
賀聖武 沈雲

康熙三十二年癸酉
陳廷煒 丙戌進士以下秀水
賀方來 癸未進士
蔣鶴鳴 榜作鳳鳴江都知縣
李允符 史振宗子御史以下嘉善
凌振世
馮千英 丁丑進士以下海鹽
徐士鷺 己丑進士
徐容 丁丑進士
徐殿揚 海甯籍教諭
李登 以下平湖

錢夢楨 張明鼎
周允陛 沈霑
李琮 朱權芳
沈肇弈 錢賓王
王彥陞 孔毓瓚
盛梁 沈受恒
沈銑 張淇彥
沈師振 邵鴻遠
盛爌 沈肇榮
莊兆熊 王日章

曹與枚 李逢春 李生新
盧生甫 順天中式丙戌進士 錢樞 盛澥
許觀光 以下石門 沈悌 沈儒宗
吳師栻 沈之泓
顧濂 順天中式己丑進士
鍾鳴盛 以下桐鄉
馮景夏 孜元孫刑部左侍郎
李楷 復姓沈光珏子庚辰進士
沈家鵾 演子庚辰進士

康熙三十三年甲戌
張時雍 漢陽知縣
金肇禎 眞定知縣
范長發 御史
曹彥栻 大興知縣
徐鳳池 御史
曹辰容 甯鄉知縣
陳霆萬 臨朐知縣
康熙三十五年丙子

錢攀元 丙戌進士
韓章 以下嘉興
計燾

吳廷案 丙戌進士
馬登岱
范長裕 黃巖教諭
許翼衡 貫仁和
卜玠宣 以下秀水
李陳常 明楘子 癸未進士
孫浚 以下嘉善 舞陽知縣
沈育 永甯知縣
朱岸登 順天中式
王顯一 丙戌進士 以下海鹽

陳嵩 癸未進士
楊守和 貫海甯 庚辰進士
嚴思位 己丑進士 以下平湖
胡紹安 庚辰進士
趙宣 己丑進士
姚宏源 以下桐鄉
施德涵 丙戌進士
夏燦 庚辰進士

康熙三十六年丁丑

張王典 給事中
徐容 西安知府

康熙三十八年己卯

馮千英 太康知縣

屠先庚 己丑進士 以下嘉興
高式玉
徐三旂
朱一諤
陸紹琦 己丑進士
虞兆濬
錢以煐 丙戌進士
徐天秩 以下秀水
屠永齡

趙成章
李永祺 解元 以下嘉善
許湄 庚辰進士
魏坤
支汝靖
陸張烈 庚辰進士 以下海鹽
吳正心 煒孫 常州同知
曹三才 鎮海教諭
曹陳藻 榜名作曹藻
朱大齡 西安教諭

蕭陳宏 貫仁和從于志增

高輿 平湖人貫錢塘庚辰進士

沈之晉 以下石門

楊光文

吳關杰 順天中式丙戌進士

吳樹 順天中式丙戌進士

沈嵩士 丙子癸未進士以下桐鄉

金樟 庚辰進士

康熙三十九年庚辰

范景 輝縣知縣

許湄 湖南石門知縣

周光斗 豐城知縣

沈曾懋 員外郎

陸張烈 廣東運使

曹三德 中書

楊守知 平原知府

胡紹安 武清知縣

馬焻 貫烏程邱縣知縣

高輿 編修

沈李楷 饒州知府

夏燦 知縣

金樟 主事

沈家鶚 雲夢知縣

吳之錡 主事

康熙四十一年壬午

大清會典四十一年題准鄉會試作五經者額外取中不得過三名

謝廷諤 以下嘉興

蕭士鑑 己丑進士

沈時 安吉州學正

郁文煌

吳琮

董樹馥 秀水人

柯煜 癸卯進士以下嘉善

錢觀 貫錢塘

浦文焯 順天中式丙戌進士

陳祖德 以下海鹽

趙炳

俞兆晟 雲來子丙戌進士

楊仕進

楊朱標 丙戌進士

陳見龍 復姓倪壬辰進士

顧周 己丑進士

康熙四十二年癸未

賀方來 望江知縣

李陳常 兩淮鹽政

朱秉哲 知縣

陳　嵩 郎中

顧　泓 以下石門

沈漢生 蕭山教諭

盛　杲 以下桐鄉

茅　烘 貫歸安 滋陽知縣

俞長策 順天中式 丙戌欽賜進士

康熙四十四年乙酉

沈嵩士 寶城知縣

許炳元 永甯州知州 以下嘉興

虞元枋 永嘉教諭

張起文 五經中式 宜春知縣 以下秀水

馬　傑

孫觀塏 永豐知縣 以下嘉善

丁祖植 餘杭教諭

曹元郊 順天中式 戊戌進士

汪國祚 本姓王 順天中式

吳方大 以下海鹽

繆天章 刑部主事

陳　岣

何沈栻

陳世侹 順天中式 己丑進士

郁世燮 中書 順天中式

陸光曾 以下平湖

鄭于鑑

胡廷對 以下石門

吳　涫

康熙四十五年丙戌

錢以烘 御史

吳廷棻 知縣

陳廷煒 建平知縣

鍾　彝 以下桐鄉

歸　倫

孔傳忠 己丑進士

沈　圻 龍游教諭

曹　樞 丙戌進士

唐如柏 知州

吳家騏 戊戌進士

浦文焯 直隸按察使
俞兆晟 侍郎
楊朱標 庶吉士
王顯一 西甯知縣
盧生甫 遵義知府
俞長策 中式欽賜編修
吳闗杰 鴻臚寺卿
吳　樹 知縣
曹　樞 如皋知縣
錢攀元 知縣

康熙四十七年戊子

施德海 鉛山知縣

黃　華 癸巳進士以下嘉興
趙學昌
查　祥 戊戌進士以下秀水
卜雲從
徐文麒
沈遇黃 庚戌進士以下嘉善
夏　慥
錢大業 貫平湖本姓魏瑞安教諭
朱宏謨 以下海鹽

祖[illegible]炯
王廷傑
管式龍 癸巳進士
胡　懋
陳　玫 順天中式嵊縣教諭
王　玠
王　珍 改名師旦壬辰進士
胡紹高 己丑進士以下平湖
陳　炳 解元
馮兆鼇 湋安教諭

淩　霄 壬辰進士以下石門
蔡嵩年 知縣
朱　椙
吳用楫 涵子知縣
吳　葵
徐　煥
吳永權
朱向中 五經中式癸巳進士以下桐鄉
汪繼爆 鄉貫秀水吏科給事中

康熙四十八年己丑 陸紹琦 太常少卿
蕭士鑑
屠先庚
徐士鷺 庶吉士
顧周 陽山知縣
陳世倕 副都御史
嚴思位 檢討
趙宣 濟源知縣

徐聿新
唐廷芝

胡紹高 貴筑知縣
顧瀛 庶吉士
孔傳忠 解州知州
康熙五十年辛卯 大清會典五十年議准習五經者原額取中三名外酌增二名五十六年停止

周麒錫 榜姓胡 當塗知縣 以下嘉興
徐鳳鳴
沈鈞 本姓金
朱丕彧 乙未進士 以下秀水
成琯
程位

戴樹喬
沈孔誕 義烏教諭
周載恒
顧心銡 光州知州 以下嘉善
孫霖 在鎬孫衍子 五經中式
金鴻祚 本姓陸
施昭庭 乙未進士
陳世儆 中書 以下海鹽
曹璡 遂安教諭
沈曾發 壬辰進士

倪上容
朱銓
徐肇遴
楊中吉 主事
俞鴻圖 壬辰進士
俞鴻聲 兆曾子 順天中式 辛丑進士
曹國樞
胡紹甯 以下平湖
胡馬琪 五經中式

談紹芳 允城子
勞斯淸 以下石門
吳煥辰
范炘如 榜姓沈允汯孫
唐祖武 桐鄉人番禺知縣

康熙五十一年壬辰
倪見龍 知縣
沈曾發
王師旦 知縣
凌　霄 教授
俞鴻圖 侍講學政

康熙五十二年癸巳二月恩科鄉試
王　猷 本姓許癸巳進士以下嘉興
戴廷堅 戊戌進士
沈福英
俞廷祿
盛　嵩 會稽教諭
蔡萬均 順天中式
陳孝標 貫錢塘
李宗渭 明賚孫順天中式永昌知府

陳天源 以下秀水
陸趙泰 癸巳進士
姚　璨 復姓范甲辰進士
褚蒳書 順天中式上海知縣
沈培穜 戊戌進士以下嘉善
錢家堅 隨州知州乾隆甲午重赴鹿鳴
陳宗標 乙未進士以下海鹽
陳世佶 貫海甯
鄭松英
郁運復 順天中式
陳躍龍 順天中式
徐元偉 貫德淸以下平湖
施宗遠
鍾　彝 順天中式黃安知縣
陸　翼 江南中式癸巳進士
顧　湛 以下石門
陳世修 原籍海甯遂昌教諭從子志增
陳世佺 大興知縣
沈梁序

秋八月恩科會試
黃　華　湖州教諭
王　猷　侍郎
管式龍　學政
朱向中
陸　翼

陳學沆　以下桐鄉
鄭景洛　長興教諭
葉祥光
陸宗宣
石　杰　乙未進士

康熙五十三年甲午
陸趙泰　光州知州

曹　會　以下嘉興
懷淵中　乙未進士
錢陳羣　瑞徵孫順天中式辛丑進士
金作楫　癸卯進士以下秀水
陳元齡
魏祖泰　以下嘉善
許王模　宜賓知縣
曹源邦　鑑倫子雲陽知縣

徐文炯　癸丑進士
楊爾德　戊戌進士順天中式
張時中　解元以下海鹽
陳世鵬　從兩浙鹽科名錄增
陳世倕　貫海甯從縣志增
王　中
徐克俊
潘兆新　貫錢塘從縣志增
姚尹臣　以下平湖
朱　華

康熙五十四年乙未
懷淵中　編修
朱丕戭　知縣
施昭庭　知縣
陳宗標　知縣

康熙五十六年丁酉
石　杰　按察使

楊大翀
田朝鼎　遂甯知縣以下石門
胡廷揚
張孚觀　桐鄉人
林昌言　解元以下嘉興

陸樹本 紹琦子丁巳進士

杜文光 從兩浙科名錄增

周士 以下秀水

毛汝懿

陸綸 梧州知州

顧文魚 鵬孫

周麟士 以下嘉善

朱掞

嚴崇禮 思位子

李復夔

蔣世奎 本姓陳順天中式

鄭德 知縣以下海鹽

王錫

范大中

陸鶴 知縣

王華 歸安教諭

許惟枚 工部主事

吳基 以下平湖

馮壇

王泰順

康熙二十七年戊辰

楊爾德 會元廣東學政

戴廷堅

查祥 編修

曹源郯 編修

沈培種

吳家騏 侍郎

康熙三十年辛未

勞泓 以下石門

曹載甯

顧溶

沈懋官 以下桐鄉

周瑗 中書

顏之麟 本姓吳中書

朱蓁 榜名永蓁

姚永蓁 本姓婁嘉興人

諸錦 甲辰進士以下秀水

曹華

陳佑

蔣闓奇 嘉善人

吳方平 癸丑進士以下海鹽

馬維翰 辛丑進士

嘉興府志　卷四十六　選舉三　五二

康熙六十年辛丑

錢陳羣 刑部尚書太子太傅
陸奎勳 檢討
馬維翰 副使
俞鴻馨 庶吉士知州

雍正元年癸卯四月恩科鄉試

俞鴻德 兆曾子
朱嵩齡 太平教諭
徐士元
陸奎勳 世楷子辛丑進士以下平湖
陸季琬
張超英 從兩浙科名錄增
沈允升 以下石門
顧 洊 鐔子
吳日熤 用楫子甲辰進士
王應綵 庚戌進士以下桐鄉
張仁浹
徐繩甲 貫烏程惠民知縣
閻元晟 以下嘉興
糜成晉
陳 登 榜姓俞

副　貢

屠學本 以下府學
李宗潮 中式
陶又侃

嘉興府志　卷四十六　選舉三　五三

湯懋仁 通州鹽場大使
屠紹先
陳克鏜 貫海鹽改名部泗州知縣
朱謨烈
高 志
曾 都 以下秀水
盛支焯 葉縣知縣
徐天麒 甲辰進士
沈青崖 順天中式開歸道從于志增
丁應松 知縣以下嘉善
金震來
盛鳴球
楊 恒 應標子柳城知縣
孫膺徵
楊方岳 應標孫
許 球 以下海鹽
徐煥然 貫海甯甲辰進士從于志增
查昌朝 貫仁和大足知縣從

莊 嘉 中書科中書
沈宗道
陶鴻錦
陳向中
姚祖愈 以下秀水
蕭 鳳
范光寅
葛 湄 中式
錢 載 中式
徐遵義 中式
方枝升
夏復森 開化教諭
曹廷樞 嘉善人
許 炯 以下海鹽
吳正樂
朱以誠
劉尚德
陸 培 以下平湖
顧佩芳
顧朝掄
吳芳齡
周學山 石門人
沈 敬 以下桐鄉
馬 鈐

拔　貢

縣志增

俞鴻度
張鍾秀 甲辰進士
俞鴻儀
查克乾
陳克鎬 順天中式 甘肅知縣 從千志增 重赴鹿鳴
袁　安 庚戌進士 以下平湖
徐上法
鄭廷颺 知縣石門人

陳元朗 以下府學
陸祖錫
褚肯堂
沈天基
曾　郇 教習應山知縣 以下嘉興
朱　源
張元隆
汪上麟
陸憲光 以下嘉善
袁　瓚 政和知縣
金邦瑞 峨嵋知縣
朱佩蓮 以下海鹽

秋九月恩科會試
金作楫 員外
桐　煜 補應殿試
大學士王項齡薦舉山林積學引見爲明史纂修官

雍正二年甲辰二月補癸卯鄉試
大清會典是年五月議准浙江中額九十九名應加五經中額五名加額不能盡者酌加副榜三

屠嘉正 甲辰進士 以下桐鄉
王丹宸
朱肇開 復姓李 癸丑進士
錢高愚 以下嘉興
金維炳
朱　林

董昭立
張元龍
許　炯 以上二人從續圖經并士林錄增
屠應麟 以下平湖
倪覲光 教諭
馮　璣
許時杰
黃　鑾 於潛教諭
沈天璣 以下石門
吳蘭岡
曹仔任 讞貢 開化教諭

四名准其作貢

萬光謙 壬戌進士
馬　程 順天中式 從千志增
盛支炳 以下秀水
蔡　英
沈　安
沈昌宇 庚戌進士
陳　鑑
嚴源燾 民法子 甲辰進士 以下嘉善
陸偉然 丁巳進士

屠嘉正 以下桐鄉
徐廷棟 惠來知縣
朱履端

優貢
關震宗 嘉善人

恩貢
馮　幾 府學
毛世渼 秀水人
陸又吉 以下嘉善
胡　椿

蔣振鷺 順天中式 甲辰進士
陳　鋙 知縣 以下海鹽
張松赤 知縣
查克念 慎行子
馬　登 以下平湖
楊翊時 四會知縣
屠應麟 甲辰進士
陸汝欽 甲辰進士
馮　鉀 順天中式
陸　培 順天中式 甲辰進士

鍾德成 海鹽人
張在霄 平湖人

歲貢
張　堪 以下府學
郭尚文
錢永鈞
祝　荃
李　僎
沈　棟
沈之泓
錢青選
褚文栻
顧　震
周用錫 以下嘉興

嘉興府志　卷四十六選舉三　五十五

馬宣錫
沈大觀 以下石門
吳　恒
沈煜如 知縣 以下桐鄉
管汝錫
李長祚 本姓顧陝西咸甯知縣
朱元豐 金壇知縣

陳元穎 景甯訓導
陳元龍 以下秀水
湯日宣　蔣鳳起
鄭國僑　孫嘉祉
陶　韓
馮　京 以下嘉善
吳燮臣　沈儀勳
潘宸樞
周申錫 臨海訓導
吳　範　顧　祁

八月補行會試
諸　錦 左贊善
徐煥然 編修從子志增
徐天麒 庶吉士知縣
范　璨 侍郎
蔣振鷺 編修
張鍾秀 孝感知縣
屠應麟 知縣
陸　培 東流知縣
陸汝欽 湘潭知縣
吳日曝 治中
屠嘉正 按察使
嚴源燾 改歸烏程編修

沈　典　沈秉禮
陸　鴻 以下海鹽
劉　沖　徐大曾
朱廷勳　陸　育
朱鼎鉉
顧天健 以下平湖
陳起龍　倪　煥
周宗樸　吳　瑆
程存道　顧廷燮
陸鳴岡　錢榮史

嘉興府志　卷四十六選舉三　五十六

雍正四年丙午案是歲五經副榜及兩次副榜者准作舉人

張　鈞 以下嘉興庚戌進士　俞永祺　馬　鋆
錢　壘 以垍子庚戌進士　陳士恂 遂昌訓導
張煥曾　以下石門 吳惟格 樂清訓導
沈廷熊　田長發　沈謙華
許開基 貫海鹽庚戌進士　徐用夔 湯溪訓導
朱之甫 潛山知縣　朱　芾　周元龍
屠顯曾　李　敏
方學流　黃敏中 臨海訓導以下桐鄉
范　溥　張師范　陸賁椿
姚祖愈 欽賜舉人　錢肇王　張亭淵
以下秀水 盛志堅 遂昌訓導
金　悅 中書舍人
錢廷陞
沈楙德 知縣改臨海教諭
江　桂
程鍾彥 嘉善人順天中式癸丑進士
李耀曾 以下海鹽
陸　灯
沈燮文 庚戌進士

顧陳祺 榜名陳祺，貫錢塘，從縣志增

胡宗袞 以下石門

范逢堯

陳鑣 雲南知府

賀光烈 中書，以下桐鄉

徐貽蕃 平越知州

錢忠

姚卓

雍正五年丁未 是科停浙江舉人會試

爰大田 臨海教諭，以下嘉興

方濂

沈兆文

沈昌寅 庚戌進士

沈沛然 榜姓朱，丙辰進士

陳時彥 以下秀水

倪士宏 榜姓楊，東陽教諭，由海鹽改歸

孫觀茫 改名憲宋，武城知縣，以下嘉善

雍正七年己酉

陳興祚 順天中式，己未進士，從于志增

錢遜 中書，欽賜舉人

沈炎文 海鹽人

徐珏 以下平湖

林鑣 海澄知縣

方來 榜名陸來

沈天璣 臨漳知縣，以下石門

田朝晉

曹續曾

吳雲從 庚戌進士

吳嗣爵 錢塘籍，庚戌進士，以下桐鄉

張德固

程尚賢

俞鴻慶 丙辰進士

雍正八年庚戌

沈昌寅 刑部主事

沈昌宇 會元，榜眼，編修

錢鑒 沭陽知縣

沈遇黃

許開基 工部主事

沈變文　河南知縣
袁　安　興化知縣
張　鈞　清河知縣
吳雲從　河東鹽運使
吳嗣爵　吏部侍郎從于志增
王應綵　給事中

雍正十年壬子

戴源亭　丙辰進士以下嘉興
沈宗宇
沈　誌
張敬業　中書
嚴　森　順天中式以下秀水
萬宏基
呂　璋
葛　湆　己未進士
范　濬
范光寅
陸　坪　知縣以下海鹽
陳　鑾
俞鴻萬
俞　藻　永新知縣

許時杰　癸丑進士以下平湖
馬　鎧
倪　湆
張　璜
牟江歷　癸丑進士
田我師　以下石門
陳　錕　世修子横州知縣
何在新　榜姓吳
沈煇如　以下桐鄉
金　燾　樟子刑部員外

雍正十一年癸丑

程鍾彥　翰林太常少卿
徐文炯
吳方平　知縣
牟江歷
許時杰　邵武知縣
李肇開　主事

卜義明
戴源永　文水知縣以下嘉興
金希曾
沈渭士　以下秀水

雍正十三年乙卯

蔣　德　鳳鳴知縣
于世杰　丁巳進士以下嘉善
沈廷光　丙辰進士從科名錄增
崔學泗　以下海鹽
陸銘一　以下平湖
朱以誠　順天中式丁巳進士
倪藻垣
蔣錫祚　貫嘉善
陸紹曾　乙丑進士
葉　棠　辛未進士以下石門
吳興宗　丙辰進士
范紱文　順天中式
錢耀軫　以下桐鄉
馮　鈐　景夏子丁巳進士

嘉興府志卷四十七

嘉興府知府善化許瑤光重輯

選舉四

乾隆元年丙辰秋舉行恩科鄉試

戴源亨　天門知縣
沈廷光
俞鴻慶
吳興宗　工部主事
沈沛然　高安知縣
崔宏曙　以下嘉興
黃大本　己未進士
汪　越　巢縣知縣
張　篃　國子監學正
高士敦　黃縣知縣
鄭虎變　改名虎文壬戌進士以下秀水
汪　堡　五經中式內閣中書候補中書
何　炌
唐起鳳
范　湘
李宗潮　順天中式灌縣知縣

副　貢
蔡以封　以下府學
楊樹本　鶴峯知州
李　沺　改名鴻
倪大宗　邵士錢
柴垂鉉
陸衣曾　順天榜
朱邦經　許世封
陳斯衡　胡昌基
曹仁章
仲之雯　以下嘉興
沈　鵬　梅　瑛
鍾　瑛
李　模　兩中順天榜
張震乾　州判　陳　松
陸　燾　又中順天榜
陸　鍛　翰林院孔目

萬光泰 順天中式

陳作梅 嘉善人 壬戌進士

沈　暐 以下海鹽

孫廷權 咸豐知縣

姚元模

徐　裔 乙丑進士

陳　鵠 壬戌進士

韓光德 壬戌進士

朱維巍

許　炯 順天中式 己未進士

姚壽曾　褚維均

陳兆熊 於潛教諭 以下秀水

錢世培 桐廬教諭

陳經國 兩中　吳蔣源 中式

王　璠　計　朝

姚應麟　徐　琮

陶　觀　陳峻德

蔣元龍　陳　澧

汪彝銘　吳光觀

夏　鼎　杜時薰

李　青 丁丑進士 以下平湖

徐鴻昇 己未進士

沈奏熙

朱錦章 榮昌知縣

吳徵麟 貫仁和 息縣知縣

吳鴻振 以下桐鄉

馮　浩 景夏孫 戊辰進士 乙卯重赴鹿鳴

褚曾禹　崔念珍

葛星垣 中式　沈述曾

許廷燦 以下嘉善

楊　瑛　蔡以臺 撰修 中式

支　江　陳藹徵

唐應焰 三中副榜

曹　焜

馮宗城 湯溪教諭

葉夢麟 黟陽知縣

乾隆二年丁巳恩科會試

陸樹本 編修

于世杰 垣曲知縣

夏　鏞　周　鎬

乾隆三年戊午

陸偉然 將樂知縣

朱以誠 漳浦知縣

李　青 欒城知縣

馮　鈐 安徽巡撫

吳育行 以下海鹽

鄭炳衡

楊志梁 日照知縣

陳克讓 州判

金兆奇 丁丑進士 以下嘉興

曹培亨

李本仁 青田教諭

朱以綸 富陽教諭 以下秀水

鄭尙麟 中書

朱　坤 馮鏡曾孫 博平知縣

顧嗣愷 從縣志增

朱灝永 陝西州判

馬鴻猷

殷木誠 兩中副榜

徐紹陵

李　鴻 癸酉副榜 乙 欽

祝維誥 順天中式 內閣中書

孫王綸 乙丑進士 以下嘉善

朱景成

蔡　魁 平遠知縣

支浩然

黃士台 貫錢塘

朱光亨 以下海鹽

吳正樂

劉尙德 順天中式 戊辰進士

陸天錫 以下平湖

賜舉人

陳　濂 分水教諭

張宗本 丙子順天副榜 鑾儀衛經歷

周天榆　黃運亨

尤　鸞　黃仙根

陳敬勝　蔡永椿

陳　熙

陳　新 湖南州判

朱昇佑

王世超 乙卯欽賜舉人

朱　和明通榜
方景潮以下石門
曹學涵
鈕汝騏己未進士以下桐鄉
朱履端壬戌進士

馬　錢以下平湖
沈　榮　馮　本
張咏莪就職州判
邵士鋑　倪佐勳
龔文焜　顧兆颺
周祈進　賈朝琮州判
沈廷爝州判　方樹業
周用錫
倪大宗以下石門
吳沖霄順天副榜州判

乾隆四年己未
黃大本知縣
葛　涫南康知縣
陳興祚仙遊知縣
許　烱蒲圻知縣
徐鴻昇甯鄉知縣

乾隆六年辛酉
鈕汝騏編修

朱　炎壬戌進士以下嘉興
吳高埈桃源知縣
盛世佐乙丑進士以下秀水
陳一鳴邱縣知縣
周虞藥
孫兆嘉明通榜教諭以下嘉善
許　椿内江知縣殉難贈中憲大夫
王士升合肥知縣

蔡具森　范宸勳
夏大齡以下桐鄉
施曾錫
馮萬年鎮江通判
屠　亮兩中副榜龍泉教諭
柴垂鉉　張親載
濮　璜案浙省副榜向額二十一名乾隆十八年癸酉科改定一十八名
拔　貢

朱　月
朱佩蓮戊戌進士以下海鹽
朱丕烈戊辰進士
陳克鍵
陸鍾英以下平湖
馮廣譽戊辰進士
胡家瑞以下石門
皇甫樞順天中式乙丑進士
孔繼元桐鄉人襄陽知縣順天中式

朱　芳以下府學
李　集進士　劉　貢
宋　貴　顧之奕
李　淦中式　錢　楷進士
黃尚文
吳　坤改名遇坤中式以下
金學超中式嘉興
王　焯中式
張大德中式涪安教諭
朱　邑中式

乾隆七年壬戌
萬光謙陽山知縣
朱　炎
鄭虎文贊善廣東學政
陳作梅遂西道
朱佩蓮編修廣西學政
陳　鵷壽光知縣
韓光德濰縣知縣
朱履端主事

乾隆九年甲子
褚　選原名肯堂以下嘉興
王元啓辛丑進士

朱　乾以下秀水
張敬勝　汪又辰
汪如洋進士　朱　鴻中式
周翼洙以下嘉善
錢伯壎中式　浦　銑
蔡學敏分水教諭
曹應穀中式
夏　鑾以下海鹽
查其昌
朱中理溫縣知縣

沈　瑫 乙丑明通榜 崇信知縣　朱大勳
馮　渠 乙丑進士　陸以謙 見士林錄
陶乂謙 甲戌進士　陸以誠 新昌教諭
許宏士　李　泉 訓導
錢汝誠 陳羣子順天中式戊戌進士　張景陽 以下平湖
馮　錕 仙居教諭
陳于上 戊辰進士 以下秀水　陳嗣龍 進士
葛　涵 授國子監學正銜　李　浩 常山訓導
曹海蛟　屈何煥
徐　昭　鍾　城 澧州州判 以下石門

章　愷 乙丑進士 以下嘉善　陳萬甯
錢　掞　許　瀚 暘山知縣
王　銓　陳萬青 進士　胡　枚 進士
錢　惠 鄞縣教諭　孔繼元 以下桐鄉
錢　埰 改名芬桂 鎮海教諭 以下海鹽　劉　貢 知縣　孔廣平
馮集梧 進士　楊　澐 中式
吳宗玠 煒曾孫 錢塘訓導　優　貢
查其昌 順天中式 中書　蔡以封 以下府學
錢大經 丁丑進士 以下平湖　吳　昄　張燕昌 薦舉
胡象暘　李旦華 嘉興人

乾隆十年乙丑
馮　渠 靖安知縣
章　愷 編修
徐　寯 天門知縣

翁光遠 榜名揚光麟 順天中式　陶汪鈺 以下秀水
朱象賢 建德教諭 石門人　王乂曾 進士　朱麟應 中式
徐　錦 乙丑進士 以下桐鄉　沈叔埏 進士
姚　椿 更名伏伽 雲南黑鹽井大使　張廷桂 分發江南河工主簿
孫念疇 以下嘉善
沈　霖　謝　墉 進士　查　激
沈　初 進士 平湖人
陳宗達　吳震起 進士 石門人
姚　城 以下桐鄉
王士端 高唐州吏目

孫王綸 嚴州府教授　屠本仁 中式　沈　倫
陸紹曾　恩　貢
徐　錦 蒙陰知縣　張耀龍 以下府學
皇甫樞 竹山知縣　周世堯

乾隆十二年丁卯
是年定浙省鄉試中額九十四名
馮光熊 左都御史 以下嘉興　曹秉鈞 山陰訓導
錢汝恭 陳羣子順天中式安慶同知　蔣廷均　范安國
盛　溶
周元禮 以下秀水　居　攀 以下嘉興
朱　炤　徐士升　嚴宗孟
陶汪鈺 八旗教習 順天中式　馮兆基　俞　球

朱丕基以下海鹽 張大猷 褚栻
吳文陣煒孫改名文暐 劉文庚以下秀水
崔學淇 鍾郭熹 沈琅
胡涵廣平同知以下平湖 陳猷嘉
沈紹孝豐教諭 金純山盱通判
沈闕敏以下石門 吳光昭乾隆三十年南巡獻頌入選
莊學濂
李枝昌戊辰進士以下桐鄉 褚貽勤 徐學增
曹鋐福山知縣 徐維城以下嘉善
唐雲書 錢肇豐

乾隆十三年戊辰 錢汝誠刑部侍郎
盛世佐乙丑進士補殿試湄潭知縣 王志熙 劉大綸
陳于上涪州知州 陸燦
朱丕烈兵科給事中廣西學政 陳芳以下海鹽
劉尚德 蔡文 徐樹本
馮廣譽處州教授 朱英 陳坤元
李枝昌贛州知府 朱景杭 褚玉粱
馮浩御史 錢懋曾
乾隆十五年庚午 陸嘉孚以下平湖
沈芳潤長興教諭以下嘉興 朱煥 沈如松
姚晉錫辛未進士 胡世棠 江爲霖

朱麟應以下秀水 陸超曾孝豐教諭
汪孟鋗戊辰進士繼熯孫丙 王映樞 陳謨
戴王祥從科名錄增 屈橋如
汪仲鈖繼熯孫御史 王之粱澧州州判以下石門
賀基肇甲戌進士 陸之雲 史圻
周灃辛未進士以下嘉善 吳宗元 張維賢
周翼洙甲戌進士 羅尚禮 沈東粱
蔡以臺順天中式丁丑進士 顧鋐以下桐鄉
王曾厚劍州知州以下海鹽 曹錫光 盛志達
吳懋政煒孫壬申進士 周世塤 周世堯

張夢星平湖人 姚承熙 孔廣易
陸世埰貴州鳥程密縣知縣 沈廷相 朱鴻鈞
以下桐鄉 孔廣南
乾隆十六年辛未 姚晉錫御史
濮啟元癸未進士 歲貢
王元啟將樂知縣 賀廷麟以下府學
周灃探花編修 王廷佐 沈高適
葉棠袞州知府 吳光西 郭兆奎
懷軨 施張書
乾隆十七年壬申恩科
沈祖惠榜姓李解元壬申進士以下嘉興 周士升
王重潤永嘉訓導

恩科鄉試

夏　桓 屏山知縣　俞元龍　張宏範

唐　淮 庚辰進士 以下秀水　張仙源　盛志達

鄭　煜 德清教諭　何　璿 永康訓導

張慶源 辛巳進士　王元烈　吳高增 知縣

沈疇初 辛巳進士　汪師曾 餘姚訓導

錢　載 順天中式 壬申進士　戴源仁 衢州訓導

周震榮 永定河南岸同知　施日新　許　清

以下嘉善　王　湘　徐　浚

沈坤厚　張繼栻 湻安訓導

李常吉 庚辰進士 以下海鹽　顧有綸 考授景山教習

朱　篆 太平教諭　朱振圖 甯府訓導

馮重華 以下平湖　沈瑞符　沈　崧

周錫龍 襄陽知縣　周學江　鍾　紳

施　峻 合肥知縣　姚　熙　徐　藻

吳履綏 石門人 武康教諭　戴禹梅　高　醇

蔡　封 辛巳進士 以下桐鄉　查　本

周讓之　沈翼豐 西安訓導

繆汝梅　陸士鑑

許如金　蔡　均

夏德音

秋月舉行 恩科會試

沈祖惠 高安知縣

錢　載 傳臚 禮部侍郎

謝　墉 欽賜舉人 吏部侍郎降授編修

乾隆十八年癸酉

吳懋政 知縣改處州教授

許玉綸 教諭 以下嘉興　陸懋學　孫枝發 武義訓導

金　蓉 己丑進士　吳廷燮 永康訓導　王　寅　馮　溶

楊　春 庚辰進士　沈　球　張敬基

李　集 癸未進士　馮士譔　邵　義

董　源 黃平知州　葛爲煥　楊廷爃

朱休承 彝尊元孫 城固知縣　金汝駿　宋爾鍠

以下秀水　陸許湝 杭府訓導

計南棠 浦江教諭　孫　論　黃鵬南

陳經禮 丁丑進士　董承英　羅紹倫

朱休度 廣靈知縣　陳　寅 以下嘉興

莊肇基 順天中式 廣東布政使　蔣元錡　支　飛

葛　煐 德清教諭　金士昌　孟賓中

謝　垣 丙戌進士 以下嘉善　許　坤

周升桓 甲戌進士　許望曾 常山訓導

周旣濟 甲戌明通榜 慈谿教諭　沈光德　孫應奎

沈恒垣 泰順教諭　朱　燮　倪大升

周鼎樞 武功知縣　周　震 定海訓導

陳廷輔 順天中式　王　鋐

汪　墉順天中式漢陽知縣　屠傳梅雲和訓導
陸登選會稽教諭以下海鹽　俞　鈞　吳金蕙
孫景燧辛巳進士　陸青選　沈雄飛
朱　煐萊蕪知縣　王　鏞　張大經
殷　輅丙戌進士　張錦標　戴賢林
林　曜以下平湖　徐寶璠　吳嘉李
吳湘齡海甯學正　鍾駕鼇　周　禮
錢大登淳安教諭　施鳳臺
田尹衡石門人福州知府　卜廷榮以下秀水
程尚質貴錢塘河埰場大使　沈逢元蘭溪訓導

乾隆十九年甲戌
陶又謙
王又曾欽賜舉人刑部主事
賀基肇新鄭知縣
周翼洙金華教授
周升桓蒼梧道

乾隆二十一年丙子
案此後停止五經中式伊志

以下桐鄉
張長均臨海教諭
張長垿甯波教授
沈　洪以下嘉興

沈運宏嚴州訓導
陳廷光　杜　澐
沈　疇　淩登庸
沈　珣　楊　柱
徐　硯　仲廷麟
杜　淵泰順訓導
王道徵　江諸溥
朱維親
徐源長湖府訓導
曹泰鸞　沈敬中

許世墉王猷孫癸未進士　張時敏
孫　瀅　孟孔傳奉化訓導
陸昌祖樹本子丁丑進士　蔣　英　戚維梅
許玉衡天柱知縣　葛之材　張曰堅
彭昌年江山教諭　陳時中　胡　點
魏攀龍進賢知縣　朱　章　周曾馨
沈　琳辛巳進士以下秀水　姚　鏌　史取義
盛百二淄川知縣　馬清熙原名炎
何孫貽授國子監學正銜　孟　彬
浦　霖丙戌進士以下嘉善　李　鼇以下嘉善

沈剛中　周光勝
朱維雋以下海鹽　蔣文明萊蕪知縣
董　潮癸未進士　蔣　元長興訓導
殷瑞梅　王廷荃　淩元京
陸錫周以下平湖　李宗銘　葉景濂
胡德炘　許　經　吳廷璜
蔡履元癸未進士以下石門　吳　昇　夏　葛
吳體乾海澄知縣　蔣　瀍　胡秉謙
勞　堪平越知縣　呂鳴鶴
許紹乾金華訓導　張雲威義烏訓導

乾隆二十二年丁丑

金兆奇 紹興教授

陸昌祖 順天糧馬通判

陳經禮 辰州同知

蔡以臺 會元修撰

錢大經 編修

葉艮璣 桐鄉人

乾隆二十四年己卯

吳鑛 嘉興人乾州同知以下秀水

陳詩

汪如藻 繼燦曾孫孟鋗子乙未進士

錢文炳　高秉鈞

陸鎬　沈翼

張芳楷　龔元登

沈鴻典　孫樹洙

朱廷楷　孫元耀

施鋆　張遐青

葉濬發　葉大威

汪伯英　陶之金

沈世烈

楊廷楷 以下海鹽

嘉興府志　卷四十七　選舉四　古

徐臨 順天中式

陸應元 嘉善人

孫淩 石門人

吳襄 內閣侍讀以下桐鄉

鄭邦柱 瑞州同知

戴秉均

崔貴 江山訓導

彭浩曾　許汝元

楊鳳藻　金銓

褚文栻　戴廷錦

吳思陶

蔡升庸 衢州訓導

姚棠發　吳元音

王光曙　殷溥

朱琰 進士　楊鑣

陳世亮　顧之楷

乾隆二十五年庚辰

楊春 萊陽知縣

唐淮 御史

錢受穀 欽賜舉人雲南迤西道

秋八月恩科鄉試

李常吉 天柱知縣

汪鉌英 諸暨教諭以下嘉興

顧璿 改名沈璇建陽知縣

黃本誠 新鄭知縣

何振裘 壽昌訓導以下秀水

祝嘉 維詒子

顧曰爔 儀徵知縣以下嘉善

錢澎

陳蘭徵 順天中式邠州知州

朱鑾昌 以下海鹽

朱以發　朱瀛求

陳泰初　顧璉

俞我同　畢星海

朱光暄　劉載岳

何配金　王維梅

胡文蔚　周一鳴

孫桓

翁維正 長興訓導以下平湖

張雷　顧霆

俞錫齡

嘉興府志　卷四十七　選舉四　圭

朱大勳 壽昌教諭

陳朗 解元己丑進士平湖人

馬俊良 辛巳進士石門人

皇甫俠 以下桐鄉

馮應榴 浩子辛巳進士

沈啟震 山東運河道

朱乘 吉水知縣

王用錫 新城訓導

周夔　周世章

王錫嘏　史兆鵬

吐載紀　江顧煒

施沈漢　吳丹榴

沈墉　朱廷綸

萬應槐　沈棠

朱穆　毛鳳

林泰來　俞埜

沈淞　張師英

乾隆二十六年辛巳恩科會試

張慶源 知縣

沈嶹初 潁上知縣

沈琳 光祿少卿

沈景燧 臺灣知府
馬俊良 內閣中書
蔡封 正定知府
馮應榴 鴻臚寺卿

宋景關 王廷樞
葉蓁 沈鴻達
張敬基 沈龍奇
陸鍾蕙 王景模

陸邁祖 樹本子鉅鹿知縣以下嘉興
劉璨 馬汝駘
勞幼溥 以下石門
金學起 甯水教諭
范道東
吳承潮 平和知縣
吳時雍 宣平訓導
周東鼎
沈廷溶
張灝 同安知縣
胡炳 嚴府訓導

何振權 南鄭知縣以下秀水
顧朝楠 胡家修
趙起鯤 象山訓導
張繼昌 張宏照
曹雲銘
沈天墀 史節亮
沈榮柟
勞禧 田朝恒
錢伯壎 辛卯進士以下嘉善
顧廷樞 周鶴
曹焜 癸未進士
孫衍枝
沈鍾岳 以下海鹽
鍾堪 安吉訓導
陸廷珍 教諭
王巽 陳廷儁
沈麟振
黃贊鳳 金鑾
朱濬發 平和知縣平湖人
沈楠 蔡作楫

乾隆二十七年壬午

乾隆二十八年癸未

李集 鄭縣知縣
曹焜 戶部員外
董潮 編修
沈初 欽賜舉人榜眼戶部尚書
蔡履元 御史
濮啟元 灤陽知縣

陸[illegible]震 德平知縣以下桐鄉
姚世駿 胡家琪
祁觀成
勞珍 沈瀛標
鄭熙 順義知縣
范紫綬
周球 以下桐鄉
沈正 鍾光儀
沈有涵
顏祥 仙居訓導
鄭榛 安吉訓導
吳振鵬 朱敦書
項元槐 邱之良

許世墉 候選知縣
葉良壁 臨海訓導

乾隆三十年乙酉

錢汝器 嘉興人監生陳羣子是歲接駕奉旨與沈德潛之孫並賜舉人四十三年四庫館總裁戶部尚書王際華奏請校錄議叙授武功知縣以下嘉興
吳錫麟 西匯場鹽大使
戴世杰
章鳴翼 以下秀水

王景泗 張士汪
李廷鈞 曹鳳熹
劉廷鏊 張親栻
嚴光祿 于文懋
沈謂頵 錢豐城
陳錫 潘鏞
蔡涵輝 陳汝琇
項廷貴 陳汝璜
朱陳逑

吳蔣源 貴應知縣
朱本 知縣
鄭師雍 虎文子 順天中式 忻州知州
孫銘彝 以下嘉善
張履旋
孫銀槎 丙戌進士
費秉衡
沈璐
朱錦昌 順天中式 蒙化同知
沈尚忠 以下海鹽
陳樽 丙戌進士
殷本誠 常山訓導
祝櫓艮 天柱知縣
朱玫 順天中式 丙戌進士
胡奕勳 以下平湖
鄭咫尺
沈德棻 桐鄉人

乾隆三十一年丙戌

汪孟鋗 吏部主事
謝垣 刑部員外郎
孫銀槎 知縣

朱玫 阜平知縣
殷輅 博白知縣
陳樽
陸費墀 賜舉人欽傳臚禮部侍郎福建巡撫
浦霖

乾隆三十三年戊子

金藻 天台教諭 以下嘉興
胡兆奇
何德士 順天中式
錢世錫 載子 戊戌進士 以下秀水
盛世綸 蕭山教諭
陳光鑑 詩子 壬辰進士
婁廷錫 臨安教諭
金汝珪 壬辰進士 以下嘉善
張芳桂 己丑進士
程維岳 庚子進士
郁秉壎 改名秉純 昆陽知縣
朱企封 枝江知縣
顧之荃

吾祖望 戊戌進士以下海鹽
朱文蔚 丕烈子
張應奎
夏建寅 會稽訓導
沈潛修 清平知縣
朱讀泗
俞一飛 以下平湖
錢德尊
陳嗣龍 順天中式己丑進士
吳震起 石門人辛卯進士
高宏耀 以下桐鄉
張親殿

乾隆三十四年己丑
金蓉 編修
張芳桂 公安知縣
陳嗣龍 探花副都御史
陳朗 撫州知府

乾隆三十五年庚寅恩科鄉試
倪錫瑚 以下嘉興
陳元桂 臨安教諭
姚金聲
李學志

吳士鏡
吳學韓
呂丹桂 以下秀水 上虞教諭
吳奕傳 知縣
王蟠 順天中式清水知縣
謝昌鑒 墉子內閣中書以下嘉善
錢樾 榜姓陳順天中式壬辰進士
萬肇培 以下海鹽
劉石鈞 會稽教諭
蔣泰來 辛卯進士
陸元愷 新城訓導
顧一清 常山教諭
胡以謙 鄞縣教諭
朱正蒙 順天中式平陰知縣
鄭栴 石門人辛卯進士
于廷鎬 桐鄉人縉雲教諭

乾隆三十六年辛卯恩科會試
錢伯壎
蔣泰來 主事

嘉興府志　卷四十七　選舉四　三十三

秋八月鄉試

吳震起　郎中

鄭　柟　國子監丞　通判

徐寶璵　以下嘉興

孫　鉞　兩當知縣

沈可培　壬辰進士

金譪曾　縉雲教諭

沈家基　以下秀水

忻　溥　教諭

陳徵餘　遂安教諭

項　焜

鄭　煥

張慶浩

蔣奕新　分水教諭　以下嘉善

沈　堪

沈鳳輝　中書

孫塵談　榜名燕昌

李其瀾　黃巖教諭

王際昌　以下海鹽

陳廷獻　國子監典籍

朱鍾赤

嘉興府志　卷四十七　選舉四　三十二

陳玉垣　順天中式

徐　超　知縣　以下平湖

嚴步曾

周　京　以下桐鄉

歸　敦

孔廣平　陸川知縣

鈕應嘉　順天中式　浦江教諭

乾隆三十七年壬辰

沈可培　安肅知縣

陳光鑑　平和知縣

錢　樾　貫清苑侍郎　江南學政

乾隆三十九年甲午

金汝珪　鹽道

胡世塏　乙未進士　以下嘉興

沈振鵬　庚子進士

王　埴　知縣

屠　峻

吳廷錫　龍泉訓導

李念祖　貴州中式

陳　熷　庚子進士　以下秀水

唐作楫　進士

孫貢金　改名範金　丁未進士

乾隆四十年乙未

胡世墳　禮部主事
汪如藻　督糧道
朱鴻緒　台州教授
徐志鼎　南溪知縣

乾隆四十二年丁酉

以下嘉善
徐　韶　樂亭知縣
顧之荻　順天中式　當塗知縣
朱鴻緒　乙未進士　以下海鹽
馬緯雲　番禺知縣
韓泰來　以下平湖
施天苞　教諭
徐志鼎　順天中式　乙未進士
陳萬全　石門人　甲辰進士
施福元　德涵孫　福安知縣
胡　琢　以下桐鄉　平陽訓導
王　焯　鎮海教諭　以下嘉興
錢豫章　汝恭子　丁未進士
汪如洋　孟錩子　庚子進士　秀水人
張　鉞　順天中式　從子志增

乾隆四十三年戊戌

錢世錫　檢討

范寶琛　庚子進士　以下嘉善
許世培　石樓知縣
吳　熙　煒元孫　以下海鹽
胡光龍　甯海教諭
馮桂芬　宣化同知
任昌運　餘杭教諭
陳元城
陸鼎金
屈宗到　以下平湖
陳循古　以下順天中式
袁　淳
吳　璥　戊戌進士
張　誠
胡　綺　改名辰告　石門人　順天中式　會稽教諭
陸元鋐　樹珠曾孫　丁未進士
皇甫檟　以下桐鄉　孝豐教諭
葉家琬

吾祖望 戶部郎中

吳 璥 協辦大學士 南河總督

乾隆四十四年己亥恩科鄉試

李 蘭 以下嘉興

徐念祖

朱邦經 杭州訓導

虞 衡 辛丑進士 以下秀水 湖州知府

懷 沅

盛 堂 甲辰進士 以下嘉善

徐 鍵 黃梅知縣

錢 珏

費秉禮 順天中式 福鼎知縣 升通判

徐 準 貴州中式 遵義 庚子進士 南海訓導

任宗延 以下海鹽 辛丑進士

朱蘭馨

王鳳鳴 平湖人

陳 渼 甲辰進士 以下石門

陳萬青 順天中式

鄒士貴 辛丑進士 桐鄉人

乾隆四十五年庚子

沈振鵬 直隸密雲知縣

恩科會試

汪如洋 會狀 學政

陳 熠 知縣 改教授

程維岳 山東道監察御史

范寶琛 樂山知縣

徐 準 御史

秋八月鄉試

俞汝鼇 以下嘉興

錢開仕 汝恭子 己酉進士

姚應泰 秀水人

謝恭銘 嘉善人 墉子 丁未進士

陸以謙 以下海鹽 遂昌教諭

陳 寬

陳基善 同知

屈爲鼎 辛丑進士 以下平湖

陸錫嘉

吳 誠

馮集梧 浩子 辛丑進士 以下桐鄉

沈潤芳 猗氏知縣

朱 筠

乾隆四十六年辛丑

虞 衡 富民知縣

嘉興府志　卷四十七　選舉四　三八

乾隆四十八年癸卯

朱蘭馨 員外
屈爲鼎 主事
陳萬青 榜眼侍讀
馮集梧 編修

李淦 以下嘉興
錢楷 順天中式己酉進士
蔡壿 以下秀水
金汝潮 澤州同知
周大同
徐墱 安福知縣
羅錫祚 錢塘教諭以下嘉善
陸銓
陳石麟 克鍵孫山陰教諭以下海鹽
吳韻鏗 中牟知縣
張縈 宣平訓導
董德潤 賜舉人 欽
吳咸德 平湖人貫錢塘丁未進士
吳于宣 丁未進士以下石門
沈鳳煇

嘉興府志　卷四十七　選舉四　三九

乾隆四十九年甲辰

陳萬全 兵部侍郎
陳渼 鞏昌知府
盛堂 長甯知縣

乾隆五十一年丙午

張桓 桐鄉人庚戌進士
錢福胙 汝恭子庚戌進士以下嘉興
錢王俊 汝誠子常鎮道
倪鴻
張大德 湻安教諭
項熊 秀水人
周以勳 順天中式壽張知縣以下嘉善
謝揚鎮 賜舉人天台訓導 欽
姚玉墀 以下海鹽
朱瑞椿 癸丑進士
屈宗建 以下平湖
孫元 貫嘉興
楊廷采 孝豐教諭以下石門
蔡德湻 壬戌進士
朱垠 桐鄉人

乾隆五十二年丁未 錢豫章 戸部郎中

沈叔埏 欽賜舉人吏部主事

謝恭銘 庶吉士內閣中書

孫範金 知縣

吳咸德 主事

吳于宣 知府

陸元鋐 雅州知府

乾隆五十三年戊申預舉正科

郁景洙 以下嘉興

沈品蓮 處州府訓導

陸開棨 乙卯進士

沈濬

陸懷曾 樹本孫

胡浩然 以下秀水

唐祝

汪大紳

陸天麟

陳枏 內閣中書

陳光鑾 詩子丙辰進士

趙蕙芬 順天中式

乾隆五十四年己酉 恩科鄉試 秋八月

錢楷 會元傳臚安徽巡撫

錢開仕 檢討雲南學政

吳堅 嘉善人

張嘉瑆 以下海鹽

陳石英 克鍵子太常博士

何馨治

朱鳴鳳 順天中式來鳳知縣

劉璇 以下平湖

徐一麟 壬戌進士

吳烘 石門人改名文照碣石同知

高陳謨 會稽訓導以下桐鄉

曹三選 池州通判

皇甫惠

陸模曾 昌祖子以下嘉興

徐國鑑

朱淞 改名廣川慈谿訓導

沈燾 順天中式

朱鴻 壬戌進士以下秀水

錢枧 安吉訓導

卜仲生
王 茨 改名家瑞知縣
曹應穀 經魁定海教諭以下嘉善
查 澂 順天中式
王尙質 以下海鹽
顧文曜 順天中式內江知縣 欽
張 諤 賜舉人
胡之垣 平湖人
蔡衡元 以下石門
朱 璣 改名椿齡
胡 枚 乙卯進士
楊 澐 以下桐鄉
屠本仁 臨海教諭

乾隆五十五年庚戌恩科會試
錢福胙 侍讀學士福建學政 欽
張 諤 賜檢討
張 桓 郎中

乾隆五十七年壬子
黃 灝 溧水知縣以下嘉興
莊錫禮 趙州知州
周汝珍 遂昌訓導

殷立栢 以下秀水
馬 炎 改名清熙
葛仁基
柯 鍔 改名汝鍔龍泉訓導以下嘉善
吳烜之
陸 銘
錢說曾 湖州訓導海鹽人
朱昂青 平湖人
范成模 以下石門
葉同封 賜舉人 欽
徐升馨 孝豐訓導以下桐鄉
馮俊焯 浩孫電茂場大使

乾隆五十八年癸丑
朱瑞椿 霞浦知縣

乾隆五十九年甲寅恩科鄉試
倪巨源 改名墨莊德清教諭以下嘉興
金孝槐
張時暘 順天中式太平訓導
王 曇 以下秀水
錢昌齡 載孫榜名寶甫己未進士

許鎬　嚴州府教授

胡紹錦　龍游教諭

閔光㷊　以下嘉善

程廷溶

陳治鴻　改名鴻墀　乙丑進士　以下順天中式

錢清履　白河同知

吾點　以下海鹽　知縣

徐昴霄　山陰教諭

顧俊　改名叔俊

吾德純

王錫圭　以下平湖

蔣濟　改名殿

徐光照　以下桐鄉　甯鄉知縣

沈鴻逵　巫山知縣

莊有恭　順天中式　從于志增

蔣思棟　以下嘉興

包金堦

乾隆六年　乙卯會試

胡枚　郎中學政

陸開榮　貴州學政

秋八月　恩科鄉試

李超孫　會稽教諭

諸汝卿　丙辰進士　以下秀水

楊汝瑆　建德訓導

汪如淵　孟銷子　桐鄉籍　己未進士

陸炎　改名丙

葛星垣　嵊縣教諭

張元勳

陳孝恭　國子監學正

孟晟　己未進士

盛棫

孫駕鼇　以下海鹽　處州教諭

朱瑞榕　江山教諭

陸用滋

孫逵　以下平湖

張躍鱗

吳廷鏞　以下石門

王家楨　臨海教諭

王發　桐鄉人

乾隆元年　丙辰

諸汝卿　知縣

陳光鑾　紹興府教授

副貢

朱宗城　以下府學

嘉慶三年戊午恩科廣額三名

張廷濟 解元以下嘉興　陸嗣淵　袁路先
錢 棫 武義教諭　陸 梧　王維翰
朱 皀 西安教諭　張 璜
馮光熙 改名元爔　胡祥金 以下秀水
沈寶麟 順天中式湯溪教諭　吳 英　范 奎
沈文江 以下嘉善　王映垣 以下嘉興
周以炘 偃師知縣　朱履謙
吳遇坤 乙丑進士以下俱順天中式　周爾圻 順天榜　孫黃鐘
錢 枚 仁和籍己未進士　李德潤 欽賜

吳書城 遵義知府　李應焜
陳敬五 辛酉進士以下海鹽　張純熙 原名兆煌欽賜以下海鹽
朱孫垣 榜名文佩餘杭教諭
周藹枝 考取教習　徐鑾渭 原名豫修欽賜
陳基昌 東陽教諭　陳 鶴 昌化教諭
陸廷模 改名堯松乙丑進士以下平湖　何翰翔　朱葵之 景甯訓導
張慶盛 深州知州　蕭樹芳
袁步先　張承煒 以下欽賜
陳夢桂 順天中式石門人　吳凝瑞

嘉慶四年己未

汪如淵 庶常廣東布政司
孟 晟 御史
錢昌齡 改名寶甫山西布政司
蔡鑾揚 福建知府
程同文 欽賜舉人順天府丞

沈德相 以下桐鄉　許 河 以下平湖
葉之藩 開化訓導　蔣 澐　奚 澄
蔡鑾揚 己未進士　沈 衡　何金鐘 壽榜
馬宮音　張汝彭 壽榜
吳 增
沈人驥 河南州判
陸費瑔 原名恩洪湖南巡撫以下桐鄉
沈 鎔　張 枚
徐 瑩

嘉慶五年庚申恩科鄉試

錢人杰 乙丑進士以下嘉興　張應鉅 欽賜
朱世濬 改名階吉丁丑進士　拔 貢
褚長春 義烏教諭　盛善持 順天中式以下府學
沈 潮 改名應彤邵陽知縣　繆 鵬　馮高椿 教諭
呂光鋆 淳安訓導以下秀水　朱昌頤 修撰
金衍宗 溫州教授　李富孫 以下嘉興
王應桂 山東中式從子志增　張 霖 直隸樂亭知縣
吳 堂 以下嘉善　吳 瀛 以下秀水
沈觀圖 鳳輝子長興訓導　錢聚仁 順天中式
王陳培 以下海鹽　陳徐源 以下嘉善

朱方增辛酉進士　鍾　湛山西知州
陳　咸榜名咸慶睢甯知縣　吾德沛以下海鹽
吳本佺煒元孫　朱葵之
朱志雲以下平湖　韓維鏞以下平湖
朱爲弼乙丑進士　張金照
朱　霞改名壬林辛未進士　陳德基以下石門
楊于高己巳進士　姚體仁
沈家彪石門人　金錫鬯以下桐鄉
周　材常山教諭桐鄉人　程元霖原名元浩
戴南榮以下欽賜俱　優　貢

陳　珣秀水人　李遇孫處州訓導嘉興人
陳昌穀中式以下秀水
沈　濂中式　莊梧鳴中式
孫　鈖改名成彥南雄知州嘉善人
錢儀吉福胙子戊辰進士以下嘉興　陸錫祺平湖人
方廷瑚以下石門
陸許椿常山訓導　吳曾貫
沈維鐈原名鈖壬戌進士　吳陳勳台府訓導桐鄉人
楊志鶱湖南知縣以下秀水　恩　貢
汪世炳如藻子改名霖順天　汪　鼎以下府學

嘉慶六年辛酉恩科會試　陳敬五
朱方增內閣學士

秋八月鄉試

浦曰楷中式鳳陽知府丁丑進士以下嘉善　章　煜　王　勤
陳方駿順天中式教習知縣　董承度　范嗣昌
朱宗城直隸州判以下海鹽　周　楷以下嘉興
顧錫慶考取教習　石爲幹中式　張允元
吾德凝改名德涵丁丑進士　俞汝庚改名上翔
曹維岳泰順教諭　沈德鵬以下秀水
吳　春熙子　章　震　吳純燕
倪樹德改名永弼東安知縣以下平湖　戚純浩
錢　梓以下嘉善
許漢殳

陸肇源德清訓導　周以燮　張景鏢
陸　沅庚辰進士　陸　瑯以下海鹽
奚　澄壬午進士　張孝思
孫　堂典簿順天中式　朱履中福建知縣
吳寶裕順天中式乙丑進士石門人　方　溶
張　枋己卯進士桐鄉人　辜典韶以下平湖
鍾　晉　趙秉元
徐懋義以下石門
姚　瑛　沈慶增
費　宮

嘉慶七年壬戌　沈維鐈工部左侍郎
朱　鴻湖南糧道
徐一麟廣東同知

嘉慶九年甲子

蔡德涫 齊東知縣

石爲幹 杰孫原籍桐鄉以下嘉興
朱世鴻 改名逵吉甲戌進士
徐 鏞
沈 琪
沈夏枚 欽賜以下秀水
汪世栓 如藻子光化知縣
金孝枚 仁和商籍訓導
王 楨 知縣

朱錦標 以下桐鄉
姚 泰　王 華
曹 坤　鄒際盛
歲貢
吳嗣敏 以下府學
郁青第　孫 漣
錢廷望　倪錫麒
張 翀　支育馨
戴長亨　陸 鴻
董喆熊　范怡曾

虞光祖 臨海教諭
徐 建 鄞縣教諭嘉善人
張天驥 浦江教諭海鹽人
潘廷錫 以下平湖
馬德音
吳 楷 仙居訓導
高登奎 龍游教諭
陸 炯 庚辰進士
陸 瀚 樹珠元孫花縣知縣桐鄉人

胡三堯　丁 櫆
施天驥　袁泰椿
陸鴻漸　董 維
陳汝藻　朱承陛
徐養惠　馬 汾
胡正基　金 俞
吳東發　李鵬飛
高大坤 以下嘉興
姚純錫　沈桂銑
沈 澍　史 藹

嘉慶十年乙丑

錢人杰 庶吉士改海陽知縣
陳鴻墀 原名治鴻編修中書
吳遇坤 庶常知縣
陸堯松 兵科給事中
朱爲弼 漕運總督
吳寶裕 龍門知縣

嘉慶十二年丁卯

汪世樟 如藻子武進知縣以下秀水
王應檢
汪玉海 順天中式繼爆曾孫
邢臺知縣
盛善持 順天中式
陳傳均 解元甲戌進士以下嘉善
金尚銓
沈棐然 歸安教諭
龔建寅
唐成棟 鎮雄知州臨安同知
朱國涫 己卯進士
朱深度 江蘇知縣

曹言純　程鳳儀
闕 洪　戴光曾
徐正源　高蔭郊
吳文溥　沈 琪
戚純嘏 以下秀水
胡大奎　王 浩
沈鼒柱　趙桂芳
章 全　曹 均
彭祖元　周 蓮
陳學詩　卜守讓
盛世逢　沈世祿
徐 建 以下嘉善
許隆照　丁維垚
沈圖萊　張 鍈
程文瑛　孫臺豹
奚星衡　孫元琦
孫鳳起　韓滀湦
袁 青 蘅五世孫
張思忠 以下海鹽
賀念祖

嘉興府志　卷四十七　選舉四

黃安濤 己巳進士　賀光祚 順天中式
孫圻 順天中式知縣以下海鹽　馮鈞　蔣起
許耀　陸錫經
吳凝瑞 賜戊辰進士欽　顏振　賀汝璋
丁泰 丁丑進士以下平湖　陶宗侃　朱模
林吉樸 烏程教諭　陸鴻　孫映煜
李泰墉 江西知縣　鄭炯然　朱玉蓮
王宗濂 改名椿照遂昌教諭　陸肇錫
韓維鏞 順天中式甲戌進士　徐惟政 以下平湖
吳曾貫 丁丑進士以下石門　陸源　陸樹八

史復心 仁和教諭　胡雅塡
程廷選 以下桐鄉　張龍鼎 改名蘅
孔廣川 改名廣覃臨海訓導　沈步蟾
何金鐘 壽榜　朱以修 原名雁
張若齡 順天中式靈州知州　陸汝暢　沈汝鳳
施國樑　張敦第
孫熊
高世雄 以下嘉興　陸朝典 以下石門
查世瑛 餘杭教諭　鍾錦　郭枚
沈澍　陸衡

嘉慶十三年戊辰　錢儀吉 中　刑科給事
吳凝瑞 賜檢討　欽
秋八月恩科鄉試

嘉興府志　卷四十七　選舉四

周謙　譚封 分水訓導
懷周溥 泰順教諭以下秀水甲戌進士　周際華　周金
葉維庚 甲戌進士　馬佩思　馬佩愉
沈之璵　孫世栻　沈汝金
錢錫瑞 紹府訓導以下嘉善　顧煒　朱芬
章雷 壬午進士　沈浚都 嵊縣訓導以下桐鄉
張壽昌 知縣　都青第　商日理
金濤 山東知縣　錢熙　于廷鑾
顧德成 改名宗伊甲午重中以下海鹽　沈維賢　徐辰
沈渭興　皇甫焯

陳履亨 臨安教諭　朱昌基　都蓉第
徐應照 癸未進士以下平湖　沈瀚　金文度
金鏞 鄞縣訓導　姚均　朱錦標
范德鏞 天台教諭　陳汝玉
何世棨 富陽教諭
陸坊 永康訓導
陳日勳
陸錫智 甲戌進士
沈衡
蔣澐 順天中式湖北知縣

嘉慶十六年 辛未 朱壬林 會元直隸清河道

嘉慶十八年 癸酉

陸樹才

錢慎 改名祖亮 知縣

鄭瑛 餘姚教諭

朱金漢 石門人 漢陽知縣

張學治 以下桐鄉

沈潮 改名炳垣 江蘇同知

沈如潮 滄州知州 咸豐四年殉難

朱宏栻 武義教諭

徐景穆 麗水教諭

吳枚 以下嘉興

丁大椿 象山訓導

陳昌穀 光鑑子 以下秀水

胡祥麟

婁泰

沈樸 桐廬訓導

趙樽

王錫祺 新昌教諭 嘉善人

郁景清 以下海鹽

嘉慶二十四年 己卯 黃安濤 傳臚 潮州知府

恩科會試 楊于高 四川知縣

嘉慶二十五年 庚辰

方廷瑚 順天中式 平谷知縣 石門人

張棻 以下桐鄉

張大衍 順天中式 甘肅知州

金錫鬯 焯孫 順天中式 嘉應知州

沈濤 原名爾政 正定知府 以下嘉興

沈煊 臨安訓導

汪如藩 繼燦曾孫 以下秀水 改名辰吉

金甌鞏

王維垣

莊仲芳 順天中式 中書

潘棟 以下嘉善

金韻鈴 青田教諭

張心淵 邳州知州

全盛時 以下海鹽

賀光祚 順天中式

吳步青 以下平湖

陳敬祉 順天中式
陳日煊 以下平湖
沈正楷 廣西知縣
陸嗣淵 順天中式 癸未進士 樹珠元孫
陸松盛 原籍烏程 改名以淵 順天中式 內閣中書

嘉慶十九年甲戌

朱逵吉 廣東糧道
葉維庚 庶常 寶應知縣
陳傳均 戶部員外郎
韓維鏞 武昌通判
陸錫智 嚴州教授

嘉慶二十一年丙子

成與 滿洲駐作浦 內閣中書
陸應熾 以下嘉興 祿勸知縣
張昌衢 大德子
孫仙槎 安吉教諭
沈洛 樂清教諭 以下秀水
朱聲豫
汪世樽 如洋子 癸未進士
魏行淏 大業孫 烏教諭

鍾汪杰 以下嘉善 丁丑進士
陸康勳
呂榮華 慶元教諭
吳文鼎 丙戌進士
陳希敬 以下海鹽 癸未進士 鎮海教諭
鄭伯勳
方炯 以下平湖 錢塘訓導
張泰勳
張廷桂

嘉慶二十二年丁丑

朱階吉 廣東學政
浦日楷 庶常 恭陽知縣
鍾汪杰 朔州知州
吾德涵 主事 改知縣
丁泰 內閣中書
吳曾貫 渭南知縣

嘉慶二十三年戊寅恩科鄉試

張汝舟
高一諤
連山 滿洲駐作浦 助教
觀成 滿洲駐作浦 知縣

嘉興府志　卷四十七　選舉四

李貽德 明督元孫 以下嘉興
馮登府 順天中式
陳愛卓 庚辰進士 改名阜言
錢塘訓導
以下秀水
汪世棻 如藻子 教諭
錢聚仁 順天中式 彭山知縣
丁　釗 上虞訓導
沈清泰 嘉善人 福建知縣
徐士芬 海鹽人 解元己卯進士
馮　爔 平湖人
以下桐鄉人

皇甫璩 鎮海訓導
許　樸 原名景淶 知縣 嘉興人
汪元炘 如藻孫 以下秀水
莊梧鳴
周玉龍 江西布庫大使
孫鳳起 以下嘉善
程文杞 揀選知縣

嘉慶二十四年己卯恩科會試
朱國湞 刑部主事
徐士芬 工部右侍郎
張　枋

秋八月鄉試

四十八

嘉興府志　卷四十七　選舉四

唐　潮 癸巳進士
顧　漢 奉化教諭
朱敏文 原名忻 庚辰進士 海鹽人
張湘任 誠子 平湖人
皇甫逵 桐鄉人

嘉慶二十五年庚辰
馮登府 庶常 將樂知縣
朱敏文 仁懷知縣
陸　烱 庶常 太谷知縣
陸　沅 庶常 甯陵知縣

道光元年辛巳恩科鄉試
朱其鎮 原名鎮 己丑進士 以下嘉興 副貢
高世俊
沈亭惠 順天中式 以下府學
朱　深 改名廷珍 世濬子
黃際清
曹鎮定
錢青選
沈　槐 以下嘉興
鄭宗源
夏昌祚
周錫齡
褚作模 改名熙昌
陳昌武 以下秀水
包　均 知縣 秀水人
金　芬
沈丹槐 壬午進士 嘉善人
朱　崙 改名澄瀾 中式
柯汝霖 以下平湖
陳其炯 中式
金　均
邵　桂

四十九

129

程恩溥 江蘇知縣　周爾墉 順天榜郎中以下嘉善
田方宣 湻安教諭石門人　朱時晉　徐景枚
曹泰 以下桐鄉　張廷選
陸喜曾 原籍烏程　李福基 順天榜　石門
鍾慶槐
吳世培 福建鹽場以下海鹽
馬玉堂　繆有本
訥勒亨額 滿洲駐乍浦　朱惟堃　張鳳墀
沈濂 癸未進士以下秀水　孫維鏊
陳喬 從科名錄增　朱元燮 順天榜荊州同知河南候

道光二年壬午恩科會試

沈丹槐 庶吉士
章雷 雞澤知縣
奚澄 直隸新城知縣

秋八月鄉試

朱應元 鴻子丙戌進士　補道
盛鐔 項城知縣以下嘉善　徐用儀 中式
孫正錯 原名錯順天中式成都同知　陳栻 以下平湖
趙玉鏘 以下海鹽　王錫勇　王肇熙
彭世鑑 改名世洙戊戌進士　施汝懋　劉桂
顧德馨　卞葆鈖 進士　方釗
錢步曾 以下平湖　鍾鼎勳
賈漢 朝琮子　魏承禧 知縣 石門人
鮑錫年 庚子進士　周桂 以下桐鄉
馮淮 從科名錄增　嚴繼光

道光三年癸未

汪世樽 湖南學政
沈濂 淮徐道
陳希敬 深州知州
徐應照 佛山同知
陸嗣淵 福建知縣

道光五年乙酉

俞嗣烈　姚學蘇 順天榜中式
鄭錕
拔貢
金應桓 常山教諭以下府學
莊炳 改名丙烈中式
陳景高 中式
呂震名 本姓王直州同知錢塘籍嘉興人見科名錄于志列壬午誤　沈照 平陽教諭殉難
汪葆炟　徐鳴世 中式
杜槐 壽昌教諭以下嘉興
郁鼎鍾 丙戌進士以下嘉善　吳昌壽 進士

道光六年丙戌

朱應元 庶常蘭州知府
吳文鼎 湖南直隸州知州
郁鼎鍾 知縣

謝漢 上虞教諭　錢應溥 吏部主事
潘緯 江南中式　汪燾 以下秀水
楊逢時 以下海鹽　朱榮 金華訓導
錢葆墀　錢官埈 翼城知縣
朱昌頤 順天中式丙戌進士　謝沂 以下嘉善
徐錫齡 平湖人　李東圩 改名福基順天副榜
鍾世耀 仁和籍石門人辛丑進士　孫福清 中式
徐葆甫 鄞州知州以下海鹽
朱泰修 中式
朱元慶 鳳翔知府

嘉興府志　卷四十七選舉四　卅一

道光八年戊子

朱昌頤修撰給事中

闞鳴珂以下嘉興　金衍照順天中式壬辰進士　李貞木乙未進士以下秀水　姚吉祥　倪錕以下嘉善　陸浚　曹銜達順天南元癸巳進士　周鵬海教習以下海鹽　吳鳳前富陽訓導

張敦瞿改名金鏞中式以下平湖　何慶熙　謝棨照廣西右江道　勞宗煥孝感知縣以下石門　趙秉金改名昌祺新城教諭　沈承烈　沈准臨邑知縣以下桐鄉　沈榮光　沈寶梁知縣　優貢　萬潮入旗教習以下秀水

敖右賢復姓朱四川中式丙申進士　朱有源蘭馨孫大挑教職　錢福昌原名攀龍己丑進士以下平湖　張敦瞿誠孫改名金鏞順天中式辛丑進士　吳玉森雲和教諭石門人　吳陳勳璞子台州訓導以下桐鄉　金安瀾樟元孫己丑進士

鍾杰　王大經中式平湖人　陳汝楨石門人　金鶴清進士桐鄉人　恩貢　蔣浩以下府學　金軺　鍾邦慶　陳錦　馮源植以下嘉興　吳德洋　董承本

道光九年己丑

朱其鎮按察使

嘉興府志　卷四十七選舉四　卅二

錢福昌榜眼侍讀學士學政　金安瀾庶常松江知府

朱寶誠　錢爾琳以下秀水

道光十一年辛卯恩科鄉試

朱珊元壬辰進士以下嘉興　程蓴　許佐湯順天中式　顧桐以下嘉善　周士鏜順天中式河南布政使　楊堯杰榜名懋慶以下平湖　韓潮維鏞子戊戌進士　徐志堅

翁履綏　卜沈鑑　徐榴生　浦浩如　顧瀛以下嘉善　費洙　許王勳　黃蕃　袁蔭槐　蕭應槐以下海鹽　朱雲翰　馬華鼎　馬麟書　吳銘新

朱善旂爲弼子順天中式國子監學正　吳若準儆孫錢塘籍順天中式辛丑進士　馬誦芬石門人　蕭國祥改名儀斌山陰教諭以下桐鄉　張維

胡德煥以下平湖　馮申垚　屈爲彝　李錕　張泰熙　馮志熙　蔡應冀以下石門　鄭桂　楊傳霖　沈方增　陸全　曹焜　徐鈺　孫溥以下桐鄉　高維均　沈升墀

道光十二年壬辰恩科會試

金衍照刑部主事

朱珊元望江知縣

秋八月鄉試

倪蔭卿 巨源子以錢塘籍下嘉興　張士彬　張中潛

歲貢

費元鼎 原籍烏程　高天杜 以下府學

沈養和 品蓮孫　周分寶　褚潤

朱奎 林孫順天中式武康訓導殉難　奚宗範　莫如德

張八鼎 武義訓導

謝曦 江南中式婁縣籍　沈瑞　張汝植

朱濂 解元以下秀水世樟子　趙其銘　孫正墀

汪燾　沈中行　賀賡皋

朱金階　呂炳華　朱鈞

錢承陛 壘元孫以下嘉善　金衍緒　徐同栢

鍾正均 順天中式　李汝虎　于綏丞

俞維墉 平湖人　沈慶長　范新

陳汝楨 萬全孫欽賜　朱嘉金　杜聿臻

石門人廬陵知縣　鄔翊祚　林壽椿

陸以恬 世琛孫丙申進士以下桐鄉　鄔臻　董世慶

朱德本　陳錦

楊慶凱 順天中式　楊濟亨 以下嘉興

潘貽棠 順天中式　朱寶銜　朱奎

道光十三年癸巳

唐潮 庶常戶部主事　孫慶治　趙棨

道光十四年甲午

曹衘達 邵武知縣　吳雲翰　徐錫可

沈承勳 嘉興人　曹作霖

盛鈁 改名時霖善持子秀水人　金溶 青田訓導

高錦 解元以下嘉善　王應標　陶榮昌

章裕善 吉水知縣殉難　郁棨　謝煐

支作煐　沈傳洙

顧宗伊 原名德咸榜名禺奎以下海鹽　吳穀 以下秀水

金汝楫　孟晃

周燮宇 蘭枝子考取教習榜名丙豐　周丙爔　沈陳夏

王庚晉 椿照子　鍾登瀛　楊三槐

以下平湖　汪世檀　陳昌裘

黃鵬飛 揀選知縣殉難　鍾學熙　沈祥鍾

鄭鳳鏘 熙孫原名鎔開化教諭桐鄉人　莊鳳鳴　卜孫貽

張式湆　陳宗器

夏際昌 以下嘉善

道光十五年乙未

李貞木 高平知縣

秋八月恩科鄉試

俞燏 以下嘉興　金兆鍾　沈嘉槐

章溥　丁洵　孫方金

吳鈴　孫辰龍　袁營

鮑清植　鄭艮　王鎔

戴炳章　張爾源　丁承祖

李文賁 貽德子　張玉佐　孫鏜
錢聚朝 載曾孫淳安教諭秀水人　顧經 以下海鹽　錢旭　任沛霖 進士
陳三璋 殉難以下嘉善　徐廷璣　朱深
莊心鑑 武義教諭　徐振族　陸元模
吳景煜　徐人傑
黃憲清 改名燮清宜都知縣以下海鹽　方家振 教習知縣　徐學周　巴之麟
支元琛 改名清彥戊戌進士　朱運和　任文化
徐槐庭 原名竹親潮州同知　湯陳鏞　高亮功

何紹瑾 辛丑進士以下平湖　謝宗海 以下平湖
錢熙咸　姚焜　陸儒珍
朱善蹤 爲弼子順天中式福建同知　鮑智　俞嗣勳
畢槐 以下桐鄉　毛猷　顧燮臣
沈寶禾 潮子同知　戈茂承　錢駿曾
李日爔 衢府教授　黃金臺　劉東藩
鄭元鈁 榜名鑾錢塘教諭　王均　施鍔
馬琨美 以下石門
費德風　徐光佐

道光十六年丙申恩科會試
陸以湉 杭府教授
朱右賢 安邱知縣

道光十七年丁酉
張清泰 庚子進士以下秀水　吳浴　薛文豪
張大紳　沈渙　鍾浩
陶賛元　范采成　劉宸簡
顧宏謨 以下嘉善　葉鍾恒　呂愷典
朱時晉　閔受和　盛駉華
袁修謙 順天南元華亭籍　岳洙傳 以下桐鄉
屈欽隣 以下平湖　張鸞　周嘉燦
高振鋋　朱銓　鍾賢祿
周鴻漢　鍾賢禧　岳沂春
薛文豪 於潛教諭石門人　蔣煜　沈松

沈汾 桐鄉人　皇甫凝　朱繡
朱立誠　汪壽祺

道光十八年戊戌
支清彥 編修侍讀學士
韓潮 河南知縣
彭世洙 山西知縣

道光十九年己亥預行正科
相燮堃 仁和籍壬子進士以下嘉興
查銑 元偁子海甯籍內閣中書
孫璿 烏程籍內閣中書
計昌
鍾源 秀水人

李茂材以下嘉善
許錫蕃
陳其泰訓導以下海鹽
顧德齡
朱源慶原名綬
顧元宋宗伊子原名繼召陝西知縣
唐庭愷以下平湖內閣中書
奚景松澄子
伊佐圻
卜葆鈖庚子進士

道光二十年庚子預行正科會試
張清泰兵部員外
鮑錫年知縣
卜葆鈖大邑知縣

秋八月恩科鄉試
吳昌壽乙巳進士以下嘉興
沈亨惠順天中式南雄州知州
曹定搽
毛鴻逵以下桐鄉
施汝懋天奄孫
馬承昭
姚讐均

錢寶惠儀吉子順天中式
錢寶宣原名旣酯順天中式
屠稼豐以下秀水
殷潤霖無為州同
鄭觀壽署甯德知縣
姚鴻熹
顧應榴以下嘉善
錢寶青辛丑進士
孫塈
郁岷江
楊以炬以下海鹽
朱元勳
楊潤之武康教諭
張炳堃丁未進士以下平湖
陸敦倫
沈塈石門人教習知縣
周士炳乙巳進士以下桐鄉
周士烱內閣中書

道光二十一年辛丑恩科會試
錢寶青左副都御史
吳若準太僕寺卿

道光二十三年癸卯

張金鏞 侍講

何紹瑾 主事

鍾世耀 兵部主事

吳仰賢 壬子進士 以下嘉興

范焸

王景

沈紹洙 以下秀水

陳茂垣 內閣中書

嚴炳 殉難

朱崙 鴻孫更名澄瀾 順天中式 撫州知府

丁廷鸞 江蘇知縣 以下嘉善 改名寶廉

錢鋑 庚戌進士 改名咸弼

戴步瀛 溫府教授

許汝璜 甯府教授

袁嵩齡 庚戌進士

鮑鈞

郁如桂 改名鉉 癸丑進士 以下海鹽

陳景高

道光二十四年甲辰 恩科鄉試

任沛霖 高陽知縣 是科停止駐防鄉試始行覆試

任沛霖 甲辰進士

沈炳垣 乙巳進士

陸熙恬 以下平湖

高三視

張光福

王大經 湖北按察使

韓韻海 順天中式

徐振墉 丁未進士 石門八

金鶴清 乙巳進士 以下桐鄉

陸秉樞 丁未進士

嚴辰 貴州中式 己未進士

張世棅 壬子進士 以下嘉興

錢炳森 儀吉孫 順天中式丙

錢棓 辰進士

殷熹

陳右曾 愛卓子 以下秀水

莊丙烈 順天中式 江西知縣 殉難

陳家鏘 改名雲瑞 順天中式

昌化訓導　以下嘉善

陳廷華　改名翰芬　順天中式　江蘇候補道

馬光燮　以下海鹽

朱泰脩　署寶應知縣

徐金泰　以下平湖

葉廉鍔

顧廣倫

葉　蓁　石門人

商之棟　以下桐鄉

沈寶相　癸亥進士

姚學蘇　順天中式　殉難

道光二十五年乙巳恩科會試

吳昌壽　河南巡撫

沈炳垣　中允　廣西學政　殉難　贈內閣學士　諡文節

金鶴清　榜眼　編修

周士炳　編修

道光二十六年丙午

張慶榮　廷濟子　解元　嘉興人

王夢祥　以下秀水

莊　敔　順天中式　兵部主事

道光二十七年丁未

徐申錫　贊善

張炳堃　編修　署湖北糧道

徐振墉　紹府教授

鍾文烝　以下嘉善

張祖陸

戴陳常　海鹽人

黃晉馠　以下平湖

陳士麟

徐申錫　士芬子　順天中式　丁未進士

周士燮　桐鄉人

陸秉樞　編修　戶科給事中　軍營病故　贈光祿寺卿

道光二十九年己酉

姚丙禧　嘉興人　刑部郎中

金福清　秀水人　江蘇知縣

程步雲　以下嘉善

周　禮　樂清教諭

陳　垣

周士鍵　順天中式　署陝西糧道

江麟瑞　以下平湖

陳汝芳

道光三十年庚戌　錢寶廉　刑部侍郎
咸豐元年辛亥恩科鄉試　袁嵩齡　庶常改知縣

沈寅清　順天中式
徐瀛錫　順天中式
孫蘭谷　戶部主事
倪寶璜　順天中式江蘇候補道
周善升　桐鄉人
秦光第　嘉興人江蘇同知
陳令儀　光鑑孫以下秀水
陳誦曾　愛卓子江蘇同知
陳丙曾　愛卓子壬子進士
鄭慶莊　華陰知縣
陳令瑜　光鑑孫
徐鳴世　順天中式內閣中書
孫福清　廣東知縣以下嘉善
袁召齡
袁雲楣
夏大鐘
朱慶松　考取教習以下海鹽
張鼎

副貢
倪承杰　府學
相恩祚　嘉興人
周榮椿　慶元教諭以下秀水
錢慶鏞　江蘇同知
曹能光　嘉善人
陳驥德　江蘇同知以下海鹽
徐用福　候選訓導
沈欽文　以下平湖
朱鼎鎬
張光錫　桐鄉人

拔貢
沈梓　內閣中書以下府學

咸豐二年壬子恩科會試　吳仰賢　庶常雲南迤東道
相燮堃　工部主事
張世樑　直隸知縣
陳丙曾　庶常
秋八月鄉試
咸豐三年癸丑　顏宗儀　侍讀學士
郁鋐　刑部主事

張大樽
沈炳勳
方釗　戶部主事以下平湖
方鈞
徐錦華　江蘇直州同
孫錦　天台教諭
徐寶奎　刑部員外郎以下石門
鄭蘭　寄籍大興順天中式
鄭兆同　嘉興人直隸知縣
吳鹿鳴　秀水人
張寶仁　嘉善人順天中式慈谿教諭
蕭世鄭　奉化訓導以下海鹽
朱慶時　考取教習
顏宗儀　癸丑進士

張鳴珂　江西知縣
吳國賢　泰順訓導嘉興人
沈景修　秀水人署甯府訓導
孫與壽　嘉善人
朱福詵　黃巖訓導海鹽人
蔣照　常山教諭平湖人
吳學浚　石門教習
嚴鈖　左州知州桐鄉人

優貢
朱承軾　府學署遂昌訓導
俞功懋　署恩平知縣海鹽人
顧廣譽　平湖人

恩貢
倪斯桂　以下府學
梅汝元　郁洪疇
嚴大魁
鄭伯溶　以下嘉興
鄭景炘　許溎錦
朱崇坫　以下秀水
吳鴻鑾　章經來

嘉興府志　卷四十七　選舉四　六六

咸豐五年乙卯	張清華陽湖知縣以下秀水　計飴孫 張大勳順天中式寄籍灤平　顧省機以下嘉善 沈濟以下嘉善　程光熊富陽訓導 胡雲程　袁熙齡 郁洪謨仙居教諭　張青選以下海鹽 蕭炳麟海鹽人　徐克熊　許嗣衡 陸廷琛桐鄉人　趙衡銓
咸豐六年丙辰	錢桰山西知縣
咸豐八年戊午	劉愔福以下平湖 徐錦解元以下嘉興　顧棨　周敦源 程瑞生萼子象山教諭　徐方增 石中玉杰元孫富陽教諭　胡汝龍以下石門 沈穀成順天中式　徐德謙　顧璇雯 蔣珍改名人彥國子監學正以下秀水　蔡錫榮 蕭儒珍以下桐鄉 錢卿錸聚朝子署常州知府　張燮　程伊瀚 陳元驥宣平教諭　范慶恩 孫頌清嘉善人庚申進士　臧貢 朱丙壽乙丑進士以下海鹽　盛朝輔以下府學 陳基懋署甘肅華亭知縣　張葆華　周鎔 陸世勳　朱嘉穀　姚世英

嘉興府志　卷四十七　選舉四　六七

咸豐八年戊午	陳德大同知　卜金題　陸文海 屈傳銜丙子進士以下平湖　金汝鎔　鄭慶增 葉宗漢內閣中書　顧仁杰　李用光分水訓導 鍾駿聲仁和籍石門人庚申進士　朱光以下嘉興 孔憲祖　曹樹森永康訓導
咸豐九年己未秋八月恩科鄉試	嚴辰庶常改刑部主事 褚榮槐龍游教諭以下嘉興　曹申錫　康玉墀 張燕祥　陳熊　許榮奎 鮑昌照　鄭福鈞 王寶善順天中式癸亥進士　葛登鑾以下秀水 陳其炯以下秀水　龔承祜十年殉難 楊象濟　顧寶田　錢清炤中式 顧福仁嘉善人　戴泰安 徐用儀廷槐子海鹽人順天中式太僕寺少卿　許沈階以下嘉善 王學源　羅應基 張憲和河南知縣以下平湖　陳宗溥 徐彤錫　張維城以下海鹽 沈元祺　陶元甫 嚴廷楨　陳以莊 周家溱以下平湖 錢祖蔭　高賜孝中式
咸豐十年庚申恩科會試	孫頌清山東知縣 鍾駿聲修撰

同治二年癸亥恩科會試

王寶善 處州府教授
王景賢 戶部主事
沈寶柟 庶常咸甯知縣

俞長垣 王戭瑞
沈榮 以下石門
吳恩壽 徐柄謙
沈震來 胡慶煊
殳墉 以下桐鄉
管元英 仲濂
盧景昌 中式
副貢
葛金烺 以下府學
陸紹勳 朱廷元

同治四年乙丑

朱丙壽 戶部員外

戊辰補行辛酉壬戌恩科鄉試

毛鴻飛 以下嘉興
金鼎升
張清安 以下秀水
吳世晉
尤廷華
陳善揚
王景賢 辛酉順天中式癸亥進士
錢榮增 壬戌順天中式戶部主事
錢慶祺 以下嘉善

高寶鑾
錢宜福 秀水人
汪鍾基 以下嘉善
胡趨仁
徐師謙 教諭 海鹽
何福同 平湖人
徐多鈐 順天榜 石門人
嚴錦 桐鄉人
拔貢
高掄元 以下府學

王保泰
孫葆澂 鎮海教諭
李鍾俊
張大任 以下海鹽
黃緒昌 永康訓導
王學蘇
顧仁榮 考取教習
朱升吉 平湖人甲戌進士
葉廷掄 以下石門
譚逢仕

王藻墀 中式
湯丙燮 嘉興人
朱善祥 進士 秀水人
吳繡虎 中式 嘉善人
朱泉徵 海鹽人
蔣珪 知縣 平湖人
屈元炘 中式 石門人
孫慶棠 四川知縣 桐鄉人
優貢
胡燏祖 以下府學

同治六年丁卯並補甲子科

周善咸 以下桐鄉
勞乃宣 辛未進士
黃元圻
管鴻儒
陸芝祥 辛酉廣東中式戊辰進士
勞乃寬 辛酉順天中式國子監學正
許景澄 榜名癸身 戊辰進士 以下嘉興
徐蒸鎮
朱保禾 珊元子

錢貽元
朱桑 以下嘉興
李宗庚 署宣化知縣
王鼎華 秀水人
謝嘉樹 嘉善人
徐多鈐 廣東知縣 石門人
金星桂 進士 桐鄉 以下
周善華 中式
恩貢
徐步瀛 府學

陳其榮　張惟寅以下嘉興

王朝輔　張樹森壽昌教諭

汪熙敬以下秀水　戴　燾

張王熙　盛慶瑞以下秀水

錢清炤　張程典　吳辛綬

馬寶田　顧慶模以下嘉善

王景曾郎中　陸　澧　沈永年

陶　謨戊辰進士　陸汝衡中江知縣以下海鹽

李傳宗　張清濟淳安訓導

王朝瀚榜名朝清內閣中書　任端艮

謝公桓以下嘉善　魏　燾以下平湖

錢鴻業　呂宗沂

沈星標辛未進士　楊龍濟

丁家駿內閣中書　鍾金章石門人

倪雲楷　皇甫福星以下桐鄉

朱昌泰候選教諭以下海鹽　夏彥釗

蔣漢章　歲　貢

朱壽熊壬林子丁丑進士以下平湖　錢啟鋥以下府學

胡庚照　邵錫辰

張天翔　沈文淵　陶本艮

同治七年戊辰　許景澄編修記名御史

陶　謨庶吉士秦州知州

沈善登庶吉士

同治九年庚午　陸芝祥編修

高賜孝　汪希倫　朱國經

徐志澄　蔣既濟　徐　厚

錢炳奎　嚴大經　陸　鋆

徐同壎　岳昭垲以下嘉興

鍾兆熊石門人　沈申錫

馮錫綬以下桐鄉　陸元壽原名元鈖

陳中元　李元澤　謝昌言

沈善登炳垣子戊辰進士　陸丙文

沈善經炳垣子　沈文瀾以下秀水

汪　均主事　王　濤　龔　福

馮金鑑丁卯順天中式丙子進士　盛邦瑞原名辛桂

吳驤才　盛傳均

程張拱

沈福衡以下嘉善

張義瑨　徐燧森

徐　鑾署黃陂知縣以下嘉興　孫爾榛

鄭寶鏞　顧元宬以下海鹽

沈瑜寶濂子麗水教諭以下秀水　鄭槐炘　陸　鋆

趙　銘直隸候補知府　鄭文濬　徐清濟

朱宗祥　吳　堅　徐燮勳

同治十年辛未 沈星標 主事改知縣
同治十二年癸酉 勞乃宣 知縣

褚[illegible]仁
沈璋寶 濂子
鍾鸞藻 仁和籍石門人
王徐庠 以下桐鄉
金星桂 鶴清子順天中式丙子進士
程經式 順天中式

顧鴻昇 以下平湖
吳廷襄
鄒嘉林
錢祖培
朱良存
夏清泰 以下桐鄉
周善溥
程如洋
鄭文升

胡贏 以下嘉興

程宗伊 蒡孫內閣中書
曹咸熙 培亨元孫廣西知縣
沈曾植 維鐈孫順天中式
曹鶴年 以下秀水
王藻墀
許大鈞
王希曾
孫興壽 以下嘉善
張義增
吳繡虎

同治十三年甲戌 朱升吉 知縣
光緒元年乙亥恩科鄉試

潘陛棨

盧景昌
馮鋒 以下桐鄉
屈元炘
曹寶駿 以下石門
鍾張堃
徐奎藻
張清瀚
何紹琛
崔嘉勳
許文勳 以下平湖

張炳 順天中式嘉興人
虞申嘉 以下秀水
盛愷華
高福疇
沈宗潮
吳汝棨
朱善祥 順天南元丙子進士
郁宗蓍 以下嘉善

副貢
沈進忠 秀水人
郁德榕 嘉善人
陳文煥 以下桐鄉
夏恩綸
優貢
盛元均 知縣秀水人
恩貢

光緒二年丙子恩科會試

朱善祥 編修

屈傳衔 陝西知縣

馮金鑑 編修

金星桂 編修

秋八月鄉試

吳兆基 以下秀水

吳清蓀 兆基子

周文炳 嘉善人

戈桂馨 解元 以下平湖

奚曾培 景松孫

柯培鼎 汝霖子

沈懷芬

何之鼎

吳仁均

梅其權 秀水

朱培仁 嘉興

沈士升 以下平湖

曹葆辰 平湖人

江錫爵

歲貢

馬辰琯 承昭子

吳長慶 秀水人

陸師郊

鍾金聲 平湖人

錢鼎賢

張丕謨 以下嘉興人

鄭文同 元鈁子 以下桐鄉

張奎勲

周善承

王保榮

石芳采

王寶衔 秀水人

光緒三年丁丑

朱壽熊 主事

鄭文謙 鳳鏘子 桐鄉人

嘉興府志卷四十七

嘉興府志

嘉興府志卷四十八

嘉興府知府善化許瑤光重輯

選舉五

明武進士

天順年

陶　炳　嘉興人海甯衛左所正千戶

賀　昑　宋子

王　勳　秀水人海甯衛指揮使袁志作己卯

沈　昇　劉志作辛巳進士袁志作己卯辛巳

以上劉志云俱進士

武舉

陶　堂　炳子千戶應襲中壬午乙酉戊子甲午科

沈　昇　進士以下二人海邑志俱作十四年己卯武舉伊志漏列今補入

王　勳　指揮使

嘉靖年乙酉

商　霖　興　指揮僉事　以下嘉

姚定遠

劉　湘　指揮使

七年戊子

十一年壬辰

十三年甲午

陸　炳　平湖人左都督謚武惠

王國賢　秀水人勳子解元襲指揮使

王應麟　嘉善人指揮同知中甲午癸卯丙午科

嚴守中　崇德人

十四年乙未

王國賢　襲指揮使

十六年丁酉

方　泰　興　指揮同知　以下嘉

馬呈圖　指揮僉事

二十三年癸卯

嘉靖年

嘉靖三十五年丙辰　童尚斌 指揮僉事

三十七年戊午

四十三年甲子

隆慶年

萬曆年

劉　汗 湘弟

崔致遠 指揮僉事 以下嘉興

陶思保 堂弟

王國治 國賢弟中丙午壬子乙卯科

劉　洞 汗弟中己酉科

童尚斌 中己酉壬子乙卯科 以下嘉興

祖　述 一作迷中己酉科

李元律 壬子解元指揮使

王一初 國賢子指揮應襲中壬子乙卯戊午科

申大卿 嘉善人百戶應襲中乙卯科

王　驤 通州衛舉曹漢守備

王應奎 應麟弟中甲子科

嚴守敬 守中弟中辛酉庚午科

楊學詩 威子中甲子丁卯癸酉科

劉名相 右所副千戶中甲子庚午科

王思春 應麟子中丁卯庚午科

仇千城 俊卿子中丁卯科

崔成俊 致遠子中癸酉丙子己卯科指揮僉事

王思問 秀水人中丙子己卯科指揮舍人

萬曆七年己卯

萬曆年

萬曆年壬午

十一年癸未　任　重

十三年乙酉

十九年辛卯

二十年壬辰　郭大忠

二十三年乙未　王啟宇

二十五年丁酉

二十六年戊戌　方應聘

二十九年辛丑

三十一年癸卯

張效良 嘉興人一作希良中丙子科指揮舍人

周文叙 平湖人中丙子壬午科

彭紹賢 指揮同知 以下嘉興

汪　橋 案海邑志列崇禎十二年己卯科

王啟宇 桐鄉人中己卯壬午乙酉科中所百戶

郭大忠 嘉興人中壬午乙酉戊子科左所百戶

李嘉光 海鹽人指揮僉事伊志作嘉先嘉興人誤

任　重 崇德人

王學詩 海鹽人澉浦千戶

崔天錫 一作天賜崇德人中戊子辛卯甲午科

潘漢龍 秀水人中所百戶

方應聘 左所舍人 以下嘉善

王明翼 中丁酉庚子癸卯科

郭　輔 一作輔明秀水人解元又中癸卯科

陶堯仁 平湖人乍浦所百戶中庚子癸卯丙午科温區把總

項俊卿 嘉興人

三十二年甲辰 崔天錫 指揮僉事

王明翼

三十五年乙巳 項俊卿

三十七年己酉

三十八年庚戌 周翼明 昌國衛備倭把總贈都督僉事

康承爵 廣東惠潮參將後府都督僉事

四十年壬子

四十三年乙卯

四十六年戊午

四十七年己未 沈 瀚 廣西都司

天啓元年辛酉

二年壬戌 許岳允 福建小埕備倭把總

周憲明 乍浦所人中癸卯己酉壬子科嘉區後營把總

周翼明 乍浦所人中丙午己酉科

康承爵 乍浦所百戶中丙午己酉科

許岳允 乍浦所武生

白于廷 一作于廷乍浦所人中壬子乙卯辛酉科任欽依把總　案海邑志列三十七年己酉科

盛躬際 以下平湖

王景儀 武生

張邦遠 武生

沈 瀚 生員入國學例納指揮使

方象坤 海鹽人左所百戶

崔文榮 嘉興人指揮僉事

郭啟襄 澉浦所百戶應襲

四年甲子

七年丁卯

崇禎元年戊辰

四年辛未 郭啟襄

崔來庭 欽依把總指揮僉事

十五年壬午

曹世烝 平湖人

崔來庭 海鹽人

項鼎鏞 秀水人中萬歷乙卯天啟甲子及是三科授應天撫標守備勦流寇戰歿贈參將賜祭廕祀鄉忠祠

閔士英 嘉興人

王有虔 以下海鹽

崔景瑗

國朝武進士

順治四年丁亥

順治五年戊子

武舉

盛 治 以下海鹽

沈 斐

張 琛

曹大千 以下桐鄉

於天祿 江南徐州衛千總

李兆芳 江南甯右衛守備

沈 繁 嘉興人甯夏衛左所千總

王 雲 秀水人

楊 植 石門人

順治六年己丑

王雲

張琛 福建左所千總

吳汝瑜 桐鄉福州右衛守備

順治十一年甲午

順治十二年乙未

程雲高 福建中路左營中軍守備

曹斌 浦口營中軍守備

順治十四年丁酉

順治十七年庚子

曹斌 以下嘉興

程雲高

沈斌 嘉善人更名岡泉州衛千總

姜璜 海鹽人

繆全吉 嘉善人

周錫祚 本姓唐石門人

楊奇 桐鄉人

黃掄 以下嘉興

周錫符

高人亮 秀水人

張本 以下海鹽

周謀

俞鼎爵

潘飛熊

朱玉崑

順治十八年辛丑

黃掄

陸燦 守備

夏雲

沈弘 京衛守備以下二人嘉善戈志有之

科年無考

康熙二年癸卯

陳匡 金山衛守備

夏雲

陸燦 平湖人

沈斌 石門人

沈濤 本姓王 以下嘉興

高百揆

潘大器 貫湖州

唐宏彰

張銘 鎮海衛守備

魏廷樞

朱帛 秀水人

吳璉 嘉善人湖廣提塘

沈懋學 以下海鹽

吳嘉言 貫錢塘

王夏

康熙五年丙午

張家賢
繆會治 桐鄉人
康崧 以下嘉興
卜龍韜
許堯章 秀水人
吳肇嘉 以下嘉善
胡允滋
賀世雄 平湖人
繆會濟 桐鄉人

康熙六年丁未 張家賢
賀世雄 守備
唐宏彰
吳嘉言

康熙八年己酉

徐愷 以下嘉興
張淮 本姓陸
呂鍈 三錫孫
周宗武 以下秀水
屠士雋
吳化龍
王紹羲 嘉善人

曹榮 以下海鹽
朱銓達 左都督
沈定穎
沈德鴻 平湖人
呂琦 石門人

康熙九年庚戌 沈濤 福建游擊
高百揆 守備

康熙十一年壬子

吳自道 以下嘉興
沈應樞
周岳英 以下嘉善

馮斌
金斌 以上二人舊府縣志作辛酉科今從通志改正
王泳
韓成宏 以下海鹽吳志作辛酉科今從通志改正
陸霞 貫錢塘
王宏
龔廷進 平湖人
姚永年 石門人

康熙十二年癸丑 王泳 陝西犁園堡守備
張繼善 嘉興人

康熙十四年乙卯

康熙十五年丙辰 沈德鴻 廣海衛守備
屠士雋
康熙十七年戊午 葉昌鼎 杭州前衛守備

沈　煌 秀水人
葉昌鼎 嘉善人榜姓沈貫餘杭
劉世雄 海鹽人
費師獻 石門人
王應鼇 嘉興人
王　洽 以下秀水
周時撫

康熙十八年己未 周維城 會元
劉世雄 從縣志增
王　洽
康熙二十年辛酉

李國昌
陳侗初 以下海鹽
沈周份
朱　馨
周維城 貫海甯
以上從通志袁志参各縣舊志
陳　熊 以下嘉善
王　泳

康熙二十一年壬戌
康熙二十三年甲子 吳自道
康熙二十六年丁卯

張宗榮 海鹽人
陸永思 平湖人
陸　愷 淮弟嘉興人
周邦翰 以下嘉善
程道晃
徐兼才 平湖人
陳世昌 桐鄉人
孫　江 以下秀水
石天錫

康熙二十九年庚午

張大壯 嘉善人
徐嘉祉 桐鄉人
黃桓如 以下嘉興
過豐澤
顧　桂
呂玉振 山西井坪所千總
尤　毅 以下秀水
張國翰
楊　琦 嘉善人
鄭　堪 以下海鹽

康熙三十年辛未	戴枏
康熙三十二年癸酉	
康熙三十三年甲戌	尤毅 蕭麒 殷紹選
康熙三十五年丙子	

褱人驊
戴 枏 石門人
沈兆熊 本姓馮桐鄉人
蕭 麒 以下秀水
陸 艮
朱彝琁
陳 鑑 嘉善人
殷紹選 以下海鹽
張星燦
張 鵬 平湖人
王陳典 桐鄉人
鄭 麟 以下嘉興
周躬楨
徐 裰
方廷標
羅敬宗

康熙三十六年丁丑	錢廷璋
康熙三十八年己卯	
康熙三十九年庚辰	羅敬宗
康熙四十一年壬午	

王廷楨
王 泓 以下秀水
王 棟
徐大經 以下嘉善
陳元佐
錢廷璋 續圖經姓葉 以下海鹽
浦 超
張佐隆 桐鄉人
沈元標 以下嘉興
周朝生
曹 端 以下秀水
馮 鳳
黃 泓 海鹽人
陸秉禮 平湖人
葉從龍 以下嘉興
韓天縱
馮 啟
馮 鸞 以下秀水

朱光國
姚廣㓨桐鄉人
王兆哲
周大武
王　瀾以下海鹽
吳起辰
徐願愚以下石門
夏天祚
孫起亨
闞　鼇

康熙四十二年癸未　孫　江
康熙四十四年乙酉
張　韜嘉興人
徐　標以下秀水
楊　玠
仲世球
李嗣忠以下海鹽
陸　霈
吳兆森
徐願拙桐鄉人
康熙四十五年丙戌　馮　鳳陝西榆林衛守備

陳元佐南昌衛守備
徐願愚
徐願拙
康熙四十七年戊子
陳國柱以下嘉興
周國楨石門人
孫光緒
張天柱
辥　曹貫嘉善
陳　斐
沈士烈以下海鹽

王配京
康熙四十八年己丑　馮　鸞雲南廣羅協副將
石天錫未殿試
康熙五十年辛卯
汪　潽以下海鹽
李肇臨
沈允祺石門人
康熙五十一年壬辰　張天柱
康熙五十二年癸巳恩科鄉試
于　磬以下嘉興
屠　彪
富大威

周于春
楊雲會
錢　桂以下秀水
傅廷選
吳飛熊
于　奇
胡　珩以下海鹽
周　英
王　鼎
陳廷棟桐鄉人

康熙五十三年甲午

八月會試　陳廷棟侍衛

沈　城以下嘉興
王　縱
姚本道
楊　勳
周天生
陳　昭
王元燮
仲羅英以下秀水
馮　㝢

王　淵
沈一曜本姓夏嘉善人
郁　嵩以下海鹽
李　素
俞馬泓以下平湖
沈　邁守備
周　瑛以下桐鄉
孫兆祚

康熙五十四年乙未

徐　綬會元
馮　㝢

姚本道

康熙五十六年丁酉

蔣元鋼以下嘉興
吳隆業
王　珷貫嘉善
張日近以下海鹽
殷大凱
徐　彪
李　錦

康熙五十九年庚子

楊　鼎以下嘉興
葉　發

周炎武
王綸
康熙六十年辛丑 王斌
沈巖石門人
雍正元年癸卯恩科 蔣元鏞嘉興人
雍正元年癸卯春正科鄉試 沈敔
朱世燮
徐世道以下嘉興
雍正二年甲辰補行恩科鄉試 趙揚
楊官平湖人

周呂桐以下桐鄉
鍾光烈
雍正四年丙午八月鄉試 蔣元錫侍衛江西南贛鎮參將
鈕沈甯嘉興人
周開本姓張嘉善人
顧椿海鹽人
葛元以下平湖
黃大乾
雍正五年丁未 葛元侍衛山西大同參將
雍正七年己酉 陳鵬以下嘉興

沈虬
朱璇
顧彪
吳庭
王廷樞以下秀水
鈕國斌
葛豐平湖人
沈融嘉興人
雍正十年壬子 孫體仁嘉善人南滙營千總
葛琪以下平湖

曹三奇
許元
雍正十一年癸丑 沈虬水師都司
張士宏更名功桐鄉人
許元江西龍泉都司
雍正十三年乙卯 王廷樹秀水人
孫泰海鹽人
乾隆元年丙辰 王廷桂秀水人
江照以下平湖
楊廷獻

乾隆三年戊午　潘大昭以下秀水
張起鵬以下平湖
萬邦和守備
馬文備守備

乾隆七年壬戌　張士功

乾隆九年甲子　周應龍嘉善人邦翰孫祖孫俱甲子科中十三名
王子超平湖人漕運千總

乾隆十二年丁卯　高永祺秀水人衛守備
鍾萬青嘉善人

乾隆十五年庚午　張相嘉善人解元江南前衛領運千總
黃本孝以下平湖

乾隆十七年壬申恩科鄉試　方鉦
孫照千總
夏桐嘉興人

乾隆十八年癸酉　仇璉海鹽人
李雄萬平湖人
葉魁海鹽人温州都司
顧永錫嘉善人江南提標左營千總
方燦平湖人

乾隆二十一年丙子　王湘嘉興人山東臨青衛守備
李豐年嘉善人
胡登海鹽人
孫斌以下平湖
唐鋒

乾隆二十四年己卯　金昊嘉興人江西廣信所領運千總
翁照平湖人興武衛領運千總
林中豹平湖人

乾隆二十五年庚辰恩科鄉試　楊元彪秀水人
汪星五海鹽人

乾隆二十七年壬午　劉楠齡平湖人福建守備
陳淮平湖人福建彭湖右營千總征臺匪陣亡給廕襲

乾隆三十年乙酉　顧雷嘉興人
王宗柱平湖人千總
黃鴻嘉興人

乾隆三十三年戊子　施恒秀水人
閔應郜嘉善人
胡鼇平湖人

乾隆三十六年辛卯　高如松秀水人
金陳策嘉善人

乾隆四十二年丁酉　劉大勇平湖人

乾隆四十四年己亥恩科鄉試		葉萬青以下石門
		姚鐘
乾隆四十五年庚子		陳珮璵嘉善人
		黃元吉海鹽人
		姚純錫石門人
乾隆五十一年丙午		蕭麟秀水人
乾隆五十三年戊申恩科鄉試		徐凱嘉興人廣東羅定協右營守備
		李炎嘉善人
		韓國樑桐鄉人
乾隆五十四年己酉		馬奎嘉興人
乾隆五十七年壬子		吳攀龍以下海鹽
		馮應辰
		沈榮嘉興人江蘇撫標千總
		計文炳嘉善人
		葛成平湖人
乾隆五十八年癸丑		顧魁秀水人
乾隆五十九年甲寅恩科鄉試		吳蟾桂以下秀水
		陳祖勳
乾隆六十年乙卯		殷雷秀水人
嘉慶三年戊午		唐勳嘉興人

嘉慶五年庚申恩科鄉試		王家瑞秀水人
		俞超海鹽人
嘉慶六年辛酉		徐攀桂解元　以下海鹽
		張攀龍
		符國華玉環營參將　以下秀水
		孫國慶
嘉慶九年甲子		柴國慶海鹽人
		陳化龍解元　以下秀水
		林國桂
		錢開甲平湖人辛未進士
嘉慶十二年丁卯		黃國泰海鹽人
		馬治平桐鄉人
嘉慶十三年戊辰恩科鄉試		徐殿揚嘉興人
		富廷榮海鹽人
		高亮桐鄉人
嘉慶十六年辛未	錢開甲、都司	
嘉慶十八年癸酉		吳文龍嘉善人
		仇應奎以下海鹽
		張國瑞
嘉慶二十一年丙子		查麟海鹽人

嘉慶二十三年戊寅恩科鄉試	葉萬春 解元衛守備 以下嘉興
	葉遇春 江南衛千總
嘉慶二十四年己卯	潘翼清 海鹽人
	韓雲龍 石門人
道光元年辛巳恩科鄉試	張　瀛 衛千總 以下嘉興
	鮑天柱
	楊起龍 嘉善人
道光二年壬午	吳萬清
	蔣　彪 嘉興人
	曹治國 桐鄉人
道光五年乙酉	葉　圻 嘉興人
道光十一年辛卯恩科鄉試	徐朝源 以下嘉興
	葉常春
	葉　彪
	劉耀清 海鹽人
道光十二年壬辰	楊　鴻 嘉興人
	張鴻勳 以下海鹽
	周金榜
	姚文煥
	葉恩詔 石門人韶州營守備

道光十四年甲午	張國英 以下海鹽
	張國安
	鍾　蕙 石門人
道光十五年乙未恩科鄉試	王寶三 以下嘉興
	周廷鑣 湖州協右營把總咸豐十年在武康陣亡
	金國慶 以下秀水
	胡應彪
道光十七年丁酉	金國華 秀水人
	計熊飛 海鹽人
	史　鏞 平湖人
道光十九年己亥	陳步雲 以下秀水
	符安邦
道光二十年庚子恩科鄉試	張昌勳 嘉興人
	趙雲龍 秀水人
	張成龍 海鹽人
	陸攀桂 以下平湖
	殷殿傳
道光二十三年癸卯	楊國慶 秀水人
	王海潮 嘉善人
道光二十四年甲辰	王寶仁 以下嘉興

恩科鄉試

曹廷標 署嘉興協左營守備咸豐十年陣亡

鮑　泉 嘉興協右營把總咸豐十一年在杭州陣亡

陸雲龍 嘉善人

錢大鵬 平湖人

道光二十六年丙午

王寶六 嘉興人

道光二十九年己酉

唐經邦 嘉興人

許經邦 保舉都司　以下嘉善

咸豐二年壬子

王世錡

咸豐五年乙卯

閔龍鏕 嘉善人

咸豐八年戊午

李國治 以下秀水

金國均

馮寶三 十年在籍殉難

葛蓉清 海鹽人

毛殿颺 平湖人

同治四年補行己未辛酉

張岳青 嘉善人

同治六年丁卯補行壬戌

沈雲龍 嘉善人

金國麟 秀水人

同治九年庚午補行甲子

顧鵬飛 以下嘉善

顧元鏕

張國柱

同治十二年癸酉

趙鳳飛 嘉興人

陸榮邦 嘉善人

光緒元年乙亥恩科鄉試

王大鑑 嘉興人

光緒二年丙子

馮冠英 平湖人

薦舉人材

屠洪基 秀水人順治二年由禮部儒士薦授錢塘縣主簿新昌縣丞上虞知縣調署廣東陽山知縣殉難乾隆五十七年奉諭追卹賞給恩騎尉世襲

錢楞 嘉善人順治四年薦舉隨征入閩授將樂知縣殉寇難雍正四年奉旨卹廕贈按察司僉事祀功臣廟乾隆五十七年並給世襲

保舉

杜庭珠 秀水人尚書臻子康熙五十一年大學士王頊齡薦入武英殿纂修賜宅內城書成授臨縣知縣調醴泉知縣

雍正年 內外保舉

莊年 秀水人考授州同保舉任福建知縣歷甘肅平慶道

盛熙祚 秀水人例貢廬州府知府馮景夏保舉歷任廣東靈山吳川龍川知縣

沈光曾 秀水人監生由幕才保舉歷任長洲山陽知縣陞高郵州

楊時敏 秀水人州同江南巡撫高其倬保舉

徐宋爔 嘉興人監生戶部員外郎閔祖保舉授河南溫縣知縣

繆啟武 嘉興人貢生刑部主事陸錦文保舉授山東汶上知縣

莊嘉 嘉興人禮部員外郎嚴民法保舉戶部學習遷中書科中書

朱文灝 嘉興人監生詹事府少詹事許王猷保舉分往陝西軍前効力題陞行人司行人

錢界 嘉興人生員通政司左通政錢陳羣保舉分發陝西軍前効力授賓雞知縣陞施南同知

陶銘恩 秀水人生員翰林院侍講陸紹琦保舉授山西東場鹽大使

曹大文 秀水人生員常德府同知翟照庭保舉分往陝西軍前効力授保縣知縣遷茂州知州

胡振組 秀水人貫大興貢生廬州府通判何經文保舉刑部學習遷員外郎歷河南開歸陳許道

莊渭 秀水人監生蘇松道馮景夏保舉授連城知縣

錢樾 嘉善人候選州同山東武城知縣錢觀保舉授寶應知縣

顧心銘 嘉善人舉人湖南衡永郴道汪楠保舉授河南光州知州

朱一蜚 嘉善人附貢生宗人府府丞蔡嵩保舉授臨潼知縣

蔣文明 嘉善人生員奉天泰甯知縣戴肇名保舉授萊蕪知縣

陳世遵 海鹽人生員翰林院編修徐煥保舉授府谷知縣

陳銛 海鹽人舉人雲南建水州知州祁宏保舉授新都知縣

陳克鎬 海鹽人舉人刑部員外郎屠嘉正保舉授陝西華亭知縣

張宗栻 海鹽人副榜紹興府教授浙江鹽法道顧濟美保舉授徐聞知縣

吳棅 海鹽人貢生雲南昆明知縣吳柄保舉授泰安知縣

吳瑗 海鹽人生員陝西固原州知州陳恭保舉授泰安知縣

朱培 平湖人監生浙江會稽知縣張觀保舉授高安知縣

何廷鏞 平湖人例貢生安徽東流知縣陸培保舉分發陝西試用

沈永肩 石門人廩生山東臨清州知州顧濂保舉分刑部學習陞員外郎

顧士琪 石門人職員江西吉水知縣黃雲保舉分發江西題補

金宏勳 桐鄉人貢生刑部左侍郎繆沅保舉授巴縣知縣歷汀州知府

陸費熙 桐鄉人監生山東萊陽知縣莊錕保舉授長山知縣陞武定直隸州知州

以上均見陝西碑洞石刻齒錄

乾隆年 四庫館議敘

錢汝器 總裁戶部尚書王際華奏請核錄授武功知縣 以下嘉興人
錢　臻 監生授兵馬司副指揮陞吉安知府
陸光曾 附監生江甯通判
錢　楷 舉人 召試二等議授知縣
王尚鈺 生員揀發廣西西林知縣
馮克葦 監生議敘州同分發四川陞麗江知府
馮　韡 監生議敘補授德州州同
任兆鯨 監生議敘州同
馮光熙 監生議敘授江甯縣丞
汪彝銘 生員兩應 召試二等奉旨効力議敘光州州判 以下秀水人

曹淦階 監生平度州州同
汪如海 生員任侯官縣丞
盛世綺 供事彭縣典史陞隆昌知縣
查　機 監生山西永甯州吏目 以下嘉善人
周以壽 監生富國場鹽大使
顧文曜 監生順天中式舉人 以下海鹽人
趙　寅 監生雲南鹽井巡檢
張百魁 監生平番縣丞
王　鑑 耒陽縣典史勦辰州苗疊營勞瘁卒 恩賜祭葬 以下平湖人
陸潮愈 監生福建崇安縣丞

楊馥孫 監生湖北建始縣丞
何永溱 附貢甘肅州同署甯夏通判
陸光洙 監生山西州同
陸光濂 監生署貴州黃平州知州苗變禦賊死䘏廕襲職
洪　燮 石門人監生河南州同補永城縣丞
施福元 舉人 召試二等江西知縣 以下桐鄉人
陸賀盤 監生亳州州同
陸費鑾 監生石碑場鹽大使

孝廉方正

雍正年 陸　煒 生員桐鄉人廣西灌陽知縣歷陞思恩府

乾隆年 沈運宏 秀水縣貢生給六品頂帶官嚴州府訓導
嘉慶年 莊鳳苞 監生嘉興人
李　鼗 廩生嘉興人
張燕昌 優貢生海鹽人俱六品頂帶
道光年 盛　錞 嘉善人壬午舉人河南項城知縣
李應占 海鹽人監生給六品頂帶
咸豐年 盛時霖 秀水人舉人永康教諭給六品頂帶
陳官烇 候選刑部司獄給六品頂帶
顧廣譽 平湖縣學優貢生
光緒年 孫爾榛 嘉善人歲貢候選訓導給六品頂帶

張毓達平湖縣學附生給六品頂帶

舍選

嘉興縣

明

徐子畏參政 謝文昌御史 項序知州

張翼縣丞 呂志縣丞 呂思按察司都事

嚴亡主簿 金燿通判 陸輔縣丞

薛方炳序班 黃鈁縣丞 陳性州同

王黼知縣 朱鳳教諭 嚴慶

王化文淵閣直理制敕侍經筵預脩國史玉牒會典 趙文倉大使

常淵經歷 周惠通判 黃裳經歷

徐學孔鴻臚寺丞 張梓典史 包杞序班

屠鉅兵馬 屠鑰通判 包鴻林中書加太僕少卿

屠鎰州判 屠燧州判 王三顧州判

沈英華通判 袁煦經歷 屠繼科主簿

黃榜署鴻臚寺丞 倪文京中書 黃檄長史

顧九章經歷 鄭思湯主簿 屠元霈吏目

包有魚州同 費煥主簿 孫應科儒官

徐迪縣丞 包林芳布政司都事 胡宗義縣丞

陳邦治光祿監寺 賀徹主簿 陶博縣丞

周于邠縣丞 胡如純縣丞 陳所蘊主簿

陸相才 典實　夏　時 經歷　倪有觀 州判
沈　欽 主簿　孫允奇 大理寺正　張邦正 紀善贈署丞
張邦憲 縣丞　辥華鳳 檢校　顧九經 主簿
鄭大賓 主簿　周命新 長史　戴章甫 兵馬司
陳邦教 縣丞　吳　桓 中書　徐尚志 縣丞
陸鳴霄 縣丞　倪大經 通判　馬甘雨 主簿
包文炯 大理寺正　呂懌祖 縣丞　包文煐 布政司都事
沈中彥 光祿署丞　徐行遠 署丞　彭鳳楨 經歷
孫叔文 署丞　錢　昺 中書舍人　戴道洙 改名經主簿
馬行遠 署丞　屠隨裕 成都通判　沈廷珪 序班

沈日省 中書舍人加評事　陳可元 經歷　李　晉 經歷
湛奕文 通判　項鳳梧 通判　李肇隆 序班
姚　兆 照磨　支廷訓 京衛經歷　王舜卿 照磨
李震東 經歷　李元英 州判　李士標 上林監丞
項桂芳 光祿署正轉韶州倅歷郡丞　周天軸 光祿丞
高道涫 光祿署丞

國朝

俞　瑛 布政司經歷　李昂枝 運判　徐　發 國子監教習謄錄
沈　溥 泉州通判　錢　杜 高密知縣　徐金嵩
屠鳳毛　吳　澐　何元夔

何　岱　金昭鑑　吳　淑
莊　濾　姚詢岳　許林喬
懷應聘 以上俱州同　徐宏炯 長洲知縣　陸如砥 縣丞
莊　澐 官生縣丞　沈　濤 滎陽縣丞　莊　彪 縣丞
程應鳳 州同　沈瀛選 州判　沈淞遐 州同
吳　煐 州同　徐　煌 永清知縣　沈鴻翔 州同
計　旻 州同　聞玉書 吏目　何　宗 永安知縣
錢　桓 知縣　吳宏模 州同　李　潛
曹應鼎 州判　沈宗洙 縣丞　胡　瑛 合肥縣丞
黃錫元　錢　植 太常寺典簿　沈拱日 州同

朱　搢 州同　朱　拔　沈　熙
沈梧陽 州同　張　昇 南昌稅課司　姚元爔
徐燮元　徐　煜　嚴　倜
錢　栻 州同　錢　炳 州同　徐王鋼 知縣
徐嘉霖 內江知縣盧州同知　錢　棨　戴　焯
錢　槃　張　昌 州同　辥之屏 州同
王　炎 州同　仲碧先 州同　姚白瑜 州同
徐　澐 縣丞　姚宗豫 教職　姚嗣煐
吳天木 昭化知縣理問　孫　燦　孫　沆
蔣　瀚　姚虞璜　吳　甯

柯樹滋　卜鏞　高振麟
屠徵吉以上俱州同　俞兆昌州判　丁世濟州判
吳維垣縣丞　楊廷理問　何嵒州同
高天佑縣丞　金協廣魏縣知縣　姚李芳州同
卜長春太倉州同　胡濤清苑縣丞　葛金聲州同
葛天麟州同　沈樽縣丞　金世隆
周展勳州同　徐培基　吳聖木州同
吳源達州同　曹彥楨知縣　郭陶陞縣丞
沈以栻舒城知縣　高佑鉅道素孫承埏子州判　沈以格
葉鳳儀　杜緒　徐瀚州同

王彩　王之騏　馬濤東強縣丞
朱修永振子州同　徐朱直北城副指揮　居墉河南布政司理問
嚴焜原武知縣　陸錦文祁門知縣　徐廷垣新昌縣丞
沈文煥　錢汝隨環縣知縣　錢汝豐雲南糧道
江壎沙耶巡檢　程棟鎮元府經歷　陶又振竹溪典史
金獻文惠來典史　何世忠遂平典史　馮炎富平典史
孫爝臨邑典史　馮光聚江甯縣丞　金瓌泰興岸口巡檢
馮芍坡從九　蕭廷棟定南廳照磨　陶又令州吏目
姚世棟　錢汝鄘長蘆鹽知事　錢端山陽知縣
姜文驥濰縣縣丞　張廷榮曲阜典史　顧墉安縣典史

徐埏敘永巡檢　錢有序盧州知府　沈振鷚甯德縣周墩縣丞
馮棣濟甯閘官

秀水縣

明

周翔　施元州同知　張餘慶衛經歷
項銓　陶托　項鎮
周讓知縣　陳崧州判　金鳳
陶德州判　項元淇　張組縣丞
周有終　夏寅府經歷　嚴寅
嚴賓主簿　施秀　施采序班

沈子惠　盛鎔主簿　陳源
李儒通判　仲驤　周孚先經歷
沈公銓　陳應奎序班　王舜典儀
郭旃　呂遜知事　張淮知縣
仲春龍中書　張松　高科知縣
郭九成　張承芳光祿署丞　盛志知縣
俞同縣丞　張洲　高位縣丞
卜宗洛　馬鑾　張千之經歷
陶陞　李承芳同知　張如篪理問
項元汝忠曾孫中書舍人　濮天輝序班　吳鶴奉祀

馬負圖主簿　郭　杜序班　陳廷檄主簿
項　鐈　姚時俊上林苑署丞　賓承烈上林苑典簿
屠　佃同知　楊應鱣王府主簿　朱紫雲序班
沈文銳光祿署丞　沈啟南光祿署丞　賓文照通判
范之卞指揮　吳　紳主簿　鍾　銳縣丞
黃　鏓主簿　范　寅序班　程可達州判
范之立吏目　施仁化主簿　夏　本中書
高　坊淮府典寶　吳　萃主簿　卜大觀典寶
范應龍縣丞　盛時賓州判　項瑞芳指揮
陶雲鳳州同　張夢傳主簿　項時亨歷衛經

鄒　壽序班　沈自郃布政司都事　鍾鳴鶴光祿署丞
鈕慶登光祿署丞　沈際昇中書　姚時彥光祿寺丞
范淇臨署丞　項聖謨

國朝

沈瑜懷布政司理問　曹　晉以下州同　陶　璠
卜長春　王有四　姚敬明
丁　彩　吳天木　張兆鼎
吳　浩以下縣丞　郭陶陞　王　騆知縣
吳　揚武鄉知縣　吳　宏以下州同　姚宏貴祀鄉賢祠
翟周翰　張顧浤以下縣丞　程　斌

洪沐日　程　進　葉鳳儀
庾兆潞　錢　栻　曹堯珙
羅越洪　徐源愈　王紹曾
王　忱　何　嵡　曹彥恒
屠　堦　陳德垓　李　潛
項觀國　沈梧暘　曹元聯
朱象壯　馮　鈺　吳顧琳
程　鏊　朱　元　周士傑
于　炌　程祺實　張金城
卜　釗　沈國昌　葛天鵬

葛天驥　張汝霖　朱　棫
姚思宸　施　逵　嚴士岐
嚴臣遠　鈕拱辰　鈕拱樞
吳兆麟　曹大成　項　瑜
曹　治　于　潞　邵嘉祥
張金鼎　陸名世　鍾　灝
楊文瑩　程祺求　姚宗晉
沈樹聲　曹峻章長沙知縣　姚　崧州同
翟堯佐單縣知縣　杜致遠平武知縣署龍安府　崔上煥甯陽知縣祀鄉賢祠
崔王封盆將巡檢　申其德南鄭典史　胡　泰彰德知府

胡炯背江巡檢　張繼齡軍功議敘知州銜　王璋興化同知
莊錕長山知縣　吳嗣元商邱知縣　汪上璣平涼同知
汪筠長沙知府　翟枚吉隨州知州署常德府　翟照庭甯國知府
李應龍高安祿步巡檢　李璜南韶連道　陶正倫甯都知州
陳熊海豐大沽巡檢　崔鑾刑部司獄　張渲六品御醫
王釗鳳陽縣蘆橋主簿　崔九錫葭州知州　汪璉鹽經歷
陳兆璁從九品　虞雲鵬甘肅縣丞　葛滋州同
葛溶州判　何登恒陸豐典史　葛友楠吏目
沈昭誠內江典史　葛友楝州判　朱邦憲普定典史
范璵靜海典史　沈源武陟縣丞　李大翰刑部郎中漢陽知府

莊綱明莒州州同　莊棨七品銜　朱照當塗典史
李大恒刑部主事　汪大鏞東路同知　汪朝鑾丹塗縣丞
唐作梅武進知縣　沈桐直隸縣丞　汪應鈴武清縣丞
李大晉布政司經歷石碣通判　盛世繹景東廳經歷　汪應鏊昌黎典史
崔鳳山永北廳經歷　忻潮大定府照磨　汪如潮臨清知州
吳大猷平和典史　沈九皋吏目　沈方大桐城知縣
周逢吉知事　王璣江蘇巡撫給鴻臚寺卿銜
沈瀛芳合浦縣仰高司巡檢　陶琛湖北知州　范玉琨南河道
沈昭興四川瀘州知州　汪世楠直隸行唐知縣　王復河南偃師知縣
錢善言四川夔州府經歷　朱朝珍廣西全州吏目　汪栻甘肅靈州州同

唐誥廣東道韋大使　崔鳳三雲南知縣　崔湘七貴州知州
張樹勳陝西商州知州　汪如瀾兵部員外郎　汪洞直隸保定同知
汪世杓山東青州府經歷　賞恒南河縣丞　賞綬福建知縣
汪榕河南陳留縣丞　汪世槐江蘇宜興縣丞　朱聲言陝西同州府經歷
朱槐貴州都勻知縣　朱照安徽當塗縣丞　朱壇江西新建縣丞
盛世綺順天涿州知州　沈桐直隸青縣知縣　盛濂湖北公安知縣
盛善沆四川按察司經歷　祝恂直隸布政司經歷

嘉善縣

明

朱鑑　賀紱　袁億縣丞

許霖淮府奉祀　龔濟衛經歷　蔡璘衛經歷
呂宣　沈綬　沈澐主簿
金章王府典儀副　呂寰復姓倪吏目　莫鑑縣丞
朱璘　陸奎吏目　周賜光祿監寺
張熙　屠拱　史昂
沈徵　朱軾　張奎縣丞
王緯訓導　曹以山中書　朱鳳
顧僎舊作衛縣丞　錢光文衛經歷　沈棐布政司都事
顧傳衛經歷　曹坴主簿　徐鵾主簿
陸申　陸濂判官　吳瀚主簿

陸一鵬主簿　陸律衛經歷　朱邦衛經歷
王造縣丞　董梁主簿　陸垠經歷
顧道心主簿　顧性光祿監　褚宇都事
顧誠心判官　陸莊主簿　錢南王主簿
陸堯主簿　薛案州判　陸敷錫通判
薛集縣丞　呂𤠔檢校　顧心吏目
沈貴主簿　支大烈主簿　薛孝主簿
陸呂判官　陸道乾蜀府紀善　董文照兵馬司吏目
郁本宗主簿　沈受音中書舍人　沈爍縣丞
丁宗光祿署丞　沈其端照磨　陸正心縣丞

顧梧芳上林苑署丞　沈士鵬主簿　夏宣化主簿
陸正宗主簿　錢珠貴詹事府錄事　顧桐芳上林苑錄事
陸道東益府典儀　沈大化鴻臚序班　顧汝芳署丞
陸正懋主簿　陸三錫主簿　陶雲鵬縣丞
郁大元主簿　薛懋志吏目　吳承宗縣丞
尹繼文經歷　陸南金吏目　盛懋時署丞
錢吾義主簿　夏宣元縣丞　沈存德廪例
顧珊奉詔　萬國奉詔　孫引奉詔
孫顒奉詔　孫忠奉詔　孫麒奉詔
徐一龍奉詔　袁袞　葉仲叔以上皆儒官

王道行縣丞　王廷謨署丞　丁鉉光祿寺丞
沈豫昌中書　姜岐徵經歷　孫朝亡經歷
卞洪章縣丞　蔣茂中書　孫耀祖布政司經歷
孫奎博士　孫峰博士　孫朝龍孔目
孫枝良知州同　孫裔昌知州同

國朝

胡華生運判　許世俊海陽縣丞　胡華元武陵縣丞
柯崇本州同　顧勤墉東安知縣　顧乃西貫江西平湖縣丞
龔彥州同　淩如恒州同　孫雯錦綿州知州
顧琦芳東鹿縣丞　曹鑑章萬載知縣　孫葉州同

龔銘臬淑浦縣丞　孫復煒長甯知縣陞主事　朱昌謨行人司
黃鍾梧州知府　萬光世奉議州判　葉之蓁行人司副
孫峰博士　錢金甡原武知縣　葉允文大理寺司務
陳裔振絳縣知縣　卜鼎錦縣知縣　葉允學保甯通判
錢泰洳河通判　葉允信開封通判　蔣文明萊蕪知縣
朱文灝澄城知縣陞主事　徐階平泰州吏目　陳九鼎德慶吏目
朱之蘭行人司　錢金殿江蘇縣丞歷江安糧道　孫榮台懷柔縣慈樂巡檢
王啟焜大竹縣丞歷茶鹽道　朱錦昌蒙化廳　葉夢齡黔陽知縣
朱承祖蒲城縣丞陞知縣　黃灝朱岡巡檢　顧起雷丹陽縣丞
孫錫惠欽州吏目　徐錞通州吏目　顧惟勛州同

顧書容州判　顧人文主簿　王錫旦州同
葉永成州同　張正鑑州同　倪景賢布政司理問
曹煥州同　王松喬永順典史　陳秉浩陝西巡檢
朱潮宣化知縣　顧人鳳金鄉典史　盛應德太原倉大使
錢以篯成都典史　查涉鮑郎場鹽大使　倪景點永甯知州
浦震通州判官　王汝娟平彝知縣　張觀芸平原典史
周以炳永甯吏目　王埜建甯府經歷　王煥萬縣縣丞
王烈華容典史　王龘永善典史　王熠江村巡檢
王輝清泉典史　朱鎬昌池州通判　陳秉第龍山巡檢
程廷弼湘潭典史　沈璜會甯典史　陳祈商州知州

嘉興府志　卷四十八　選舉五

錢清豫河庫大使　陳景藩掘港場大使　謝純鈺安徽州同
陳鶚普安縣丞　曹炳仁福建巡檢　查桐遼陽州吏目
金長鎮鹽大使　謝應鏘州同　蔡以靖刑部司獄
張覲微河泊大使　曹顯忠部主事　周以焯縣丞
李堪經歷　錢清恒直隸縣丞　周以輝主簿
王秉樞清河典史　曹培忠吏目　王登墀州同
謝連鍔壽光知縣

海鹽縣

明

沈愚營膳所正　張昕典簿　王輔主簿

蔣寬照磨　王玫同知　沈福知事
徐世雄　陳瀛知事　朱珊經歷
孫浩縣丞　朱漢布政司都事　唐本檢校
沈棠縣丞　吳元主簿　姚紱府經歷
陳金知縣　顧蘭衛經歷　黃日章審理正
黃德甫縣丞　陳棟州判　王朝縉府經歷
祖鶴年主簿　馬遷衛經歷　呂鎬縣丞
吳棣縣丞　張嵋衛經歷　賀陞主簿
倪佶吏目　徐樟宿州判官　錢暉光祿寺監寺
陸應暘州判　張明復上林苑錄事　賀陞縣丞

嘉興府志　卷四十八　選舉五

呂相周指揮　曹續吏目　倪元夫縣丞
沈騰蛟縣丞　朱有光主簿　馮春復署丞
湯承寵州同　顧綸經歷　鍾夏縣丞
陳所見序班　張大縉奉祀正　徐時朝州同
朱煒主簿　馮嘉議經歷　朱元烝序班
朱學憲縣丞　錢周中書舍人　賀萬春序班
呂元美布政司經歷　何羽　呂元善理問
王廷傑鹽運司經歷　吳士翹州同　吳淑會縣丞
朱銓謙照磨　吳協曾署丞　王景賢提舉
王秉鑑署丞　馮維恒　彭受昌

吳兆祥　馮鼎　陳于王

徐秉謙

國朝

趙基 吏目　梅標 吏目　陸楷宣 吏目

湯千里 向武吏目　胡日佑 三水縣丞　董海 博羅知縣

查浦 荔浦知縣　陳亮采 慶符知縣　陳謨 鴻臚寺丞

朱瑛 西隆知州　沈永錫 安樂知縣　錢士瑜 奉議知州

查嗣欽 保定知縣　彭景曾 濮州州同　彭迪曾 州同

吳朝銓 州同　彭兆巵 曲沃知縣　徐德龍 滎縣知縣

陳億 安南同知　陳鼎 寧化知縣　陳克鋐 山西河東運同

唐鳳彩 武功典史　吳玉鉉 烏槎巡檢　王鶴年 徐溝典史

陳夢鑣 騰越州判　王之枚 莊浪衛同知　曹瑗 臺懷鎮巡檢

吳元錦 開封同知　彭載英 淇縣縣丞　陳康錫 歸德府經歷

陳師錫 江陵縣丞　陳貽穀 鹽場大使　李泰交 遵義經歷

吳秉仁 武城知縣　吳瀚 宜君知縣　陳志緯 涿州州判

陳躍淵 富安鹽場大使　畢紹 官臺鹽場大使　吳源 河洲知州

陳黃中 羅城知縣　陳時行 山東通判　郁秉樞 銅山知縣

錢廷鵬 郴州吏目　朱履亨 湖北巡檢　陳忠釗 揭陽典史

徐蘭 福建巡檢　翁祥 江西巡檢　顧璠 馬平知縣

陳濤 江西布政司經歷　陳玉墀 會同知縣　陳孝眮 矩峒場大使

陳孝喧 石橋場大使　查建珮 兩淮鹽運司經歷　潘華 石阡州吏目

張誠 按察使經歷　陳孝昇 雲南布政司　陳遂 重慶同知

馬之玹 山西典史　趙寅 雲南鹽井大使　張伯魁 平番縣丞

陸光宗 揵爲場大使　查世泰 富安場大使　徐華豐 融縣巡檢

吳春臺 刑部司獄　李廷揚 鎮安典史　俞光豫 德化知縣

吳方水 江蘇縣丞　張逢泰 兩淮鹽知事　陳錫光 山東末入流

馬遜 廣東從九品　湯翁嗣 江蘇末入流　陳錦緯 長蘆鹽大使

朱雲鶴 河南末入流　龐本 湖南末入流　查世勳 福建縣丞

陳錦納 江西從九品　王家福 從九品　王立 從九品

張師善 末入流　陳錦銘 從九品　吳菽水 縣丞

朱鳴雷 署寧國知府　朱廷鏞 湖北遠安知縣　陳敬祚 湖北竹溪典史

陳開 雲南鹽井渡巡檢　陳錫綸 直隸青縣典史　陳錫蕃 阜陽巡檢

郁允中 從九品　張廷燕 溧陽典史　查世熊 兩廣鹽知事

陳烜 兩淮鹽大使　沈慶和 獲鹿典史　張志齡 末入流

顧炳章 廣東候補道　張仲崔 廣東陽山典史　陳錫金 香山巡檢

蕭書勳 兩淮鹽知事　陳嘉生 福建詔安典史　陳嘉 廣東鹽知事

張振鈞 西陽吏目　陳敬祺 廣西龍州同知　陸朝宗 江西永豐知縣

趙遜之 廣西從九品　俞時義 從九品　陸保 江蘇通判

顧德基 陝西縣丞　陸用治 訓導　黃錫蕃 福建末入流

陳瑞 鄂州知府　陳錦綬 江蘇府經歷　麗立 山東聊城主簿

顧世棠江西巡檢　沈世奇福建末入流　沈起鯨華亭知縣
朱希賢直隷鹽山知縣　陳　耀河南通判
平湖縣
明
沈　璋　馮　璠　陶　琳訓導
陸　隆訓導　鍾　慶　沈　鑾
陸　浦　袁　琦　賀　津
潘　璠　楊　環主簿　陸　相經歷
楊　璠　胡　侃　賀　澤縣丞
陸　鑾序班　顧元豫經歷　曹　瀚縣丞

陸　楷序班　陸　瀛序班　陸　洲
張　檠　張　燮　施　照州吏目
沈　耿　陸　山寺正　屠應坤詹事府錄事
袁　照　俞　金　陸　采典膳
沈　東　孫　槃　陸　臬
顧　恩　趙　瑣縣丞　沈維鍔
黃　錦　曹　校　楊應元運司經歷
孫　牧　俞　鏜　黃　鍾
屠應玹　姚　籥光祿署丞　沈　渭主簿
姚　唐　張載道　李　爟

曹繼周照磨　顧　亨　沈宏光
顧　心　陸萬垓吏目　馬　璽
姚　篇　張一魯　李　熺
賀大有州判　姚　籌　陸　照
張逵道　陸光華光祿署正　沈　澍
李　濂　顧　鏞　王　臣經歷
沈　星　張朝柱　顧　鯨
陸萬源光祿寺署丞　陸　棨　萬尚賢
顧　鼇　趙邦穆吏目　趙　仕
王　汀　陸傳贇　曹敏學

陸欽止州同　陸克封　毛文炯
趙體國檢校　陸光儒　陸堯咨
陳王道　屠耿光主簿　陳大道
陸傳吉　陸傳瑩　姚舜官縣丞
李愼思縣丞　沈宏輝縣丞　孫文英縣丞
曹致充　陸光任通判　陸萬鍾州同
馮敏效　顧　棐　鍾善言
沈顯宗巡檢　沈　釪典膳　陳志道縣丞
馮伯元州判　鄭貴京經歷　陸志忠序班
張行釆運副　陸錫命中書　張同吉中書

陸琳璋 沈榮 劉永齡

吳敬勝 王瑞麟 姚之傑

馬廣旂 馬曾煥南安知州 沈皡日辰州同知

陸世璟 孫秉忠澧州吏目 吳觀象州吏目

殳雯昭榆次知縣 陸南英同知 陸其煥同知

陶傑同知 唐文芮州同 金南鎮陝西鹽驛道

陸鼎揆戶部員外 程本毓宣化同知 程本綸密雲縣丞

程光輔隴州知州 袁珂工部郎中 袁璣蘭陽主簿

袁頊裕州知州 高衡福建糧驛道 屈學洙大理通判

屈學海大理寺左評事 金昌緒福建布政司都事 黃法開封同知

嘉興府志　卷四十八　選舉五　五十三

徐維垣福州知府 徐欽潛山知縣 陸黃鍾江西按察司知事

辛文元新平知縣 袁鑄衡陽知府 陸韜玉崇慶吏目

陸黃鉞兩淮鹽運司判官 張昊培霍州知州 賈繼安成都典史

程光弼亳州同知 方淮石港場大使 高嵩山陽縣丞

高澍靖邊知縣 潘壇洪子店巡檢 金樹屏保定通判

范大勳典史 沈廷灯寧國照磨 潘廷鑑防城巡檢

陸鋕銕石磯巡檢 劉龍池光州吏目 屈樹棨刑部員外

劉琮平番主簿 蔣鎬曹娥場大使 吳煥高郵知州

屈振甲江陵知縣 屈爲經工部員外 徐元燮邵伯鎮巡檢

張人楔吏目 張楹雲南鹽驛道庫大使 劉濟平遠典史

陸基善 洪元基經歷 陸基志詹事府主簿

丁懋忠州同 沈瑞鑕 孫夢聖

陸大鏌衛經歷 陸啟潆通判 顧允恭

錢廷選京縣丞 姚體倫 馬文治

馮敏求 曹汝忠州同 洪邦基州同

陸基遠 張邦政 曹伯昌

曹仲華 趙邦科 陸士良

國朝

陸瑋林龍溪知縣 沈鉉吉魚臺知縣 陸光允

陸世栻 倪思愼 沈炳孚

嘉興府志　卷四十八　選舉五　五十四

倪思恂金溪縣丞 陸大勳 沈棟

錢士俊 陳垓 陶亮采

王旦錫 王曾錫 楊際亨

孫培嘉州同 吳堯煥 徐青選

鮑駿 江日潮於潛訓導 孫培高

陸光皡 陸世森 曹元宋

陸志秋 陸斌 陸賓

錢源 劉廣野 陸嘉楨

張重芳州同 陸森立 張景良

屠宏基 沈植 沈楘

郭　鼎臨安推官　呂　棟吏目　陸思顏
徐　棟　周　楨縣丞　呂端甫中書舍人
呂　煥太僕丞陞保定縣築城陞潯州府判有靖苗功晉山西行太僕丞
俞　恕州判　鍾若愚雲南都事　周　霄判官
申　岳縣丞　呂　翀　費文鴆
沈　懋布政司都事　范　鴻主簿　呂　炌都司斷事
呂　燦靖州倅　沈　銅經歷　顧　鷴
俞　梁　沈　鉉主簿　朱　衣檢校
俞　畿　陸師閔判官　沈　鎮經歷
沈艮政　呂　熠　俞日望照磨
曹文鳳　胡　璠主簿　周汝元縣丞

陸　梯吏目　陳　鴻主簿　馬文煥
葉敷榮衛經歷　呂子堂判官　衛　同縣丞
姚子濤　葉敷華衛經歷　鍾學禮主簿
張　桐　張　梓　金　鍾
沈子鉞理問　呂曾亮鴻臚署丞　沈汝封
王懋學吏目　余　疆經歷　杜　襄檢校
張四勿同知　王金軻　陸師雍主簿
呂　煒　趙　對衛經歷　姚　陳主簿
欒繼元　胡其敘饒州照磨轉主簿　呂衡甫

周士珍汝甯經歷　孫元禮鎮甯吏目　程培源武陵典史
周聖瑞憑祥州判　錢義棱長蘆運判　王　臺碭山知縣
朱為霖長興巡檢　沈蓮生蒙城知縣　張儀盛興化通判
屈榮祖三水知縣　徐文蔚縣丞　孫　墀馬龍州吏目
沈學詩奉天治中　屈俞賡夏陽巡檢　楊念慈四川簡州州判
馮　錦宿遷主簿　黃世恩南河高堰通判　徐士蘭福建布政司理問
韓印海施南同知　黃守堅蘆溝橋巡檢　吳恩祺從九品
時　蘭福建將樂場大使　楊以松江蘇小鎮巡檢　楊山鼎府經歷
朱善雝江西八疊巡檢　沈希祖詹事府主簿　徐　麟從九品

石門縣

明

朱　綱　沈　祖主簿　陳　樫本姓胡檢校
胡　深縣丞　葉　珍主簿　朱　繪主簿
祝繼泉經歷　錢　鈇主簿　余　禧主簿
呂　相州同　沈　雷主簿　王文卿江夏知縣
朱　煦知縣　姚　嶽主簿　張　鈇
胡應台知縣　林　儒經歷　姚汝良
沈伯鯨　俞　嶽通判　鍾　棟金壇縣丞
徐　良主簿　胡應奎縣丞　張武臣引禮舍人
王　銳知州　張　潮州判　范　鵬經歷

宋德龍主簿　嚴心　嚴尚易序班
朱周賓　郭欽華判官　陸龍同知
陸卿　宋師程　吳人傑州判
吳人賢　呂元啟　沈國仕
林啟蕚　錢士鼎　王祚昌
宋繼元　葉繼芳　錢萬山
沈如璋　吳人望　郭欽明
呂元肇　徐國萃　葉繼蓁
張方盛　勞永譽中書舍人　吳茂良兵部主事
鍾起鵬廩例　王祚逵　王祚振

陸吾　邱之龍　勞永存衛經歷
何永義衛經歷　勞似融　孫光復
葉昭太醫院御醫　徐繼孝上林苑署丞　施維岳檢校
田國本經歷

國朝

馬廷槐縣丞　張昶　鍾宏謨縣丞
姚溥莆田縣丞　沈淶生州同　沈洹生
何楨州同　勞之莊州同　方周士崇信知縣
姚溥　徐鎬　陳時夏
陳希曾縣丞　勞于銓　張韡

胡鈖　勞之裕　周偉
朱霆州同　金之植　呂至中
許全學　袁尊　姚樞
吳景辰　沈周　朱沭
楊文鑑　勞之達　徐光大
許遷木　葉士惠　衛淇
周之琳　勞鏞　周彪
方國圻　蔡彬　徐行浦
王自脩　許膺善　費琨
徐鈞　吳元瑛　程陳錫

莫璋　閻起麟　胡極
史正　俞長麟　史楷
李兆忠　陳志高　吳文銓
胡權　嚴師聖　李文祥州同
田錫祚州同　方承德　田熙
史標　張奇逢泰安州同　閆玉相
曹顯庚邵武同知　張泰光濬縣縣丞　陳世佺大興知縣
莊銘大理司獄　陳鏞雲南知州　陳錕橫州知州
吳大成戶部大西倉監督　吳蘭成盧陵知縣　吳為鍾蘭山知縣
陳澐樂平縣丞　陳善繼長蘆鹽庫大使　田朝泰永順巡檢

蔡萬程 汧陽典史　平觀瀛 興安典史　沈國昌 鹽運司知事
王綸熙 青神典史　周石民 馬平典史　吳華國 錦田寨巡檢
張肇基 壽陽典史　沈瑞凝 甯化典史　張恒光 托克托城巡檢
陳 棨 河間經歷　洪 燮 永城縣丞　史大醇 泰州巡檢
吳爲鼎 灤州吏目　吳光斗 南城典史　謝應麟 嵊興司巡檢
吳拱宸 祥河同知　沈紹仁 州同　陳 斌 主簿
姚建中 府經歷　胡 緗 光祿寺署丞　鍾金溶 靈山巡檢
陳萬森 太平通判　吳承愷 延安典史　吳承悌 通山典史
葉 潮 玉村巡檢　范玉琳 湖口知縣　吳壽松 清河主簿
陳銘壽 縣丞　吳貽穀 未入流　胡向榮 未入流

蓋宗禮 未入流　吳承慈 未入流　葉鍾泰 昭化典史
吳 [illegible] 從九品　葉恩榮 未入流　顧乾培 從九品
吳 朗 按察司知事　鍾懋齡 江西九品　吳承怡 從九品
趙恩楷 鹽運司經歷　方祥慶 未入流　胡光第 鹽運司知事
馬國棠 兩淮運判　馬健煇 鹽運司知事　葉 淮 平利知縣
許祖望 巡檢　吳德驊 從九品　吳 暎 從九品
方有慶 州吏目　葉本立 從九品　陳 澐 江西樂平知縣
陳懋德 知縣　陳 杲 廣東鹽知事　陳 龕 同安知縣

桐鄉縣

明

朱 萱 縣丞　夏 禧 主簿　沈 浦 典儀
錢孔禧 主簿　莊文綬 州同　王 檀 通判
張 雲 州判　錢夢明 經歷　錢夢麟 州判
錢光祖 衛經歷　錢 貫 州同　錢夢龍 衛經歷
徐華嶽 縣丞　盛國楨 序班　沈尚賓 主簿
顏學詩 署正　顏學易 署正　曹應科 州判
莊有威 兵馬司　王文炳 主簿　王 化 布政司經歷
張 忠 縣丞　鄭 文 理問　陳 紀 吏目
何 剛 經歷　錢 禮 都事　周 倫 吏目
李 雅 判官　朱 安　燕 弼

曹 旒　邱 珊　錢 楠
趙 藻　邱 嶽　勞有功
羅 賢　趙 萃　李天祥
沈 炅　王 錦　周 權
沈汝方　莊持已 經歷　莊 冕 州同
顏 祺　顏俊英 縣丞　鍾 焌 忠州同知

國朝

施 鈊 趙州同　施 曾 太倉州同　夏 煜 永甯知州
方逢月 臺灣府經歷　馮 錦 宜川縣丞　金宏烜 江陰主簿
馮 欽 芒稻閘官　唐 煜 輝縣主簿　孔繼美 河內縣丞

趙　珮永昌知府　金　烈廣東糧道　李念昔板閘巡檢
姚廷柱大埔典史　朱勇均井研典史　金　垣刑部員外
金　鏞路安知府　金　瑾象州知州　金　垍新定知州
金　埰薊運通判　金　壑中城副指揮　金上鏞會澤縣丞補巡檢
陳肇基平海巡檢　陸　寅嵩明吏目　程拱寓鹽知事
程拱宗順天北路司獄　程世業鹽大使　金德輿刑部奉天司主事
馮　泳平泉吏目　馮　律劍川知州　俞傳聲蒲圻縣港口巡檢
張元任浮梁縣丞　程　度祿勸典史　馮思棟上饒典史
馮照楠宣城縣黃池巡檢　馮端揆石盈吏目　馮爲霖元江州因遠巡檢
蔡鑾坡開封通判　黃　梧縣丞　蔡鉅蘭浮梁縣丞

鄭心一袁州知府　沈旺生磁州知州　陳元彩順德同知
陳鼎治九江同知　馮召棠珈河同知　馮爲杠汶上縣丞
馮爲霖龍陵巡檢　馮思棟溫水寨巡檢　馮爾熾德州州同
陳　錫青田訓導　周　桂歸安訓導　汪安楨原名淦知縣
陳桂森杭州訓導　朱　莘黃巖訓導　陸元鏸原名元鎮介休知縣
程　榮定遠知縣　陸費元東光知縣　程　槱州判
程世樾定遠主簿　鄭兆鼎高陽典史　錢大文泗水寨巡檢
勞勳成大黃江口巡檢　汪　桂原名杰杜林巡檢　朱　然原名培新泰典史
馮受煦都寧巡檢　彭立勛授安慶前衛千總
以上伊志于志今自道光庚子起俱與例貢併列一條爲例貢監

例貢

順治年　金日鼐嘉興人　柯維楨嘉善以下州同　龔　彥州同
顧琦坊　張廷建　張廷遷
徐善建　沈　槎桐鄉人　朱來光
康熙年　李登瀛桐鄉以下秀水梓潼知縣　李振麟　顧士楫
顧乃西海甯訓導　沈京文知縣　屠　堂
汪繼燝中式　卜耆蘭　蔡于道分水訓導
蔡于德烏程訓導　高孝治　吳寅正
蔣名世鎮海訓導　朱彝爵杭州訓導　陶宏禧
陶聿遴　陳　堎　鄒天嘉

陳宗美　程　沅　胡　泰彰德知府
周之翰　吳　雲　潘攀麟
周紹濂　村開銓宛平知縣　李在莘
戴宏熹　李大智　張士膺
朱　溥教諭　朱　渲　葛　源
婁金鏞　陳宗泗　胡樹業
胡樹徽永康教諭任縣知縣　沈鴻文　周源辛
王生槐　曹士瑛　沈全熹
杜雲鵠　曹彥樞常山訓導　杜元鎮知縣
徐祚會內邱知縣　陳士鑛鎮江知府　葛天鵬麗水教諭

于　潢處州教授　李　傑雲和教諭　陸名世金華訓導
葉允學保甯通判以下嘉善　葉允文大理寺司務　葉允信開封通判
柯鄧枚南康同知　魏哲嗣昌化教諭　孫復煒主事
朱昌謨行人　沈銘孝知縣　高星遠衢州教授
沈銘愼陳留知縣　陳鵬森　張鵬萬
毛　璐　蔣兆增　朱宸枚嵊縣教諭以下海鹽
查　浦荔波知縣　顧東眉　戴堯章
朱念高雲和教諭　金南鍈工部員外以下平湖　江日潮於潛教諭
程本毓梧州通判　陸祖元縉雲訓導　陸鼎揆戶部員外
錢　潮仙居訓導　劉象坤慶元訓導　戴爰發於潛訓導

陸光曜景甯訓導　陸𤒹昌松陽訓導　張友直武義訓導
馬熻曾開化訓導　曹蓼莪饒州同知以下石門　許自期甯鄉知縣
顧　偉　鍾晟晉　鍾桓端
吳景辰　顧　鈿　鄭之高
姚　楓　朱　霦台州訓導　陸　泓
朱　霆　朱　濂餘杭訓導　吳景台
朱　沐　吳實之　方　浩
鍾處厚　曹廷孚　許自任
楊文鑑　謝元啟　曹仔任
徐偉然諸暨訓導　朱　纕　吳雲程

沈燮錫　勞啟鑑旌德知縣　吳之振中書
吳震衛行人司正　勞啟銑上思州知州　李我郊蒼梧道參議
許全學商城知縣　方周士潮州同知　勞之成富陽訓導
曹理暢　沈　粹　吳寶林奉天治中
方殷士武義教諭　曹肩吾杭州訓導　徐行溥江山訓導
王　皞　曹坤柄武康訓導　方景濂台州訓導
汪　森戶部郎中以下桐鄉　汪文炳大理寺丞　王者香安邱知縣
任元撰金谿知縣　金　栻象山教諭　錢　彩永嘉訓導
郁珍簣諸暨訓導　馮嗣京長興訓導　金　瑞慈谿訓導
孫起翿仁和訓導　錢爾枚無極知縣　金　梓府同知

奚自恂軍功沁水縣丞　錢士式訓導　李登瀛
錢　琰訓導　唐大鏞
乾隆年
吳　基教諭以下嘉興　汪秉鈞　陳經猷
張慶璉訓導縣丞　莊鳳翥武義訓導　陶　翊臨安訓導
陸　銘訓導　王　坦　陸　楙增于志
戴堯垣原名經嘉慶三年臨雍獻頌欽取入選
陸許湋杭府訓導　陳　錦台州訓導以下秀水　何振新慈谿訓導
蔡以堂遂安訓導以下嘉善　張身浩義烏教諭　張元叔蕭山訓導以下平湖
陳　溥訓導　陸𤒹昌松陽訓導　陸光耀景甯教諭
張友直武義訓導　陸邦燮訓導　褚玉庭孝豐訓導

翁于泰 德清訓導　翁光遠 歸安訓導　劉象坤 慶元訓導
陸秉衡 訓導　陳溥 訓導　陸祖元 縉雲訓導
陸世璣 德清訓導　史善煌 以下石門　徐學謙
莊鈴 象山教諭　費成雲 海甯訓導　陳掄元 臨安訓導
田琦紳 金華訓導　馮省槐 錢塘訓導以下桐鄉　朱鴻愷 麗水訓導
程拱宸 處州訓導　曹焯 訓導　陳天鏞
張紹曾 以下捐賑議敘俱平湖人　陸繹鈴
徐有光　顧時庸
嘉慶年 朱桂 訓導以下府學　沈銘彝 訓導　蔡籙 訓導
顧履仁 訓導　倪璐　錢希憲 訓導

謝江　沈光春　張炳照 安吉訓導
趙華恩　沈楷 訓導　時樞 餘杭訓導
楊樹立　錢泰吉 海甯訓導以下嘉興　褚志鴻
謝宇澄 甯晉知縣以下嘉善　吳駿 訓導　查有慶 以下海鹽
沈三祝 訓導　陸用治 訓導　王聖輿 訓導
陸丙章 原名棨平湖人　錢慶福　計楠 訓導以下秀水
道光年 錢崙源 以下府學
懷渲　虞光祖 訓導　陳鑌 訓導
沈福昌 訓導　張樹勳 武功知縣　趙雲鵬
汪世棻　周大豫 訓導　龔璜 溫州訓導

殷樹柏　陳廷炳　項珉
錢善膺　楊映奎　陳愛蓮
浦頌如　陸治　楊寶安 以下嘉善
李應照　張甸　朱美鏐 漳浦知縣以下海鹽
干立 烏程訓導以下平湖　徐光濟 原名慶元紹府訓導　朱輪 訓導以下石門
竇祝齡 會稽訓導　張敬業　蔡載升 訓導
勞宗保 溫府訓導　蔡載樾 安吉訓導　胡元熙 訓導
徐廷鑾 訓導　蔡載鼎 餘杭訓導　馬福椿 訓導
吳玉森 訓導　馬鳳翔 訓導　吳清載
蔡載孚 訓導　蔡載臨 訓導　朱華 黃巖訓導

張堃　汪嘉穀 江山訓導　戴文藻
曹濂 景甯訓導　鄭心耕　周桂 歸安訓導
倪彪　陸元錞 會稽訓導　馮嶧桐
周森 訓導　嚴繼光 浦江教諭　陳桂森 杭府訓導
周楚 訓導　錢同謨 鹽大使　張千里 紹府教授
仲鏡 訓導　朱鉠 訓導　嚴廷珏 順甯知府
錢鳳輝 鹽經歷　周楨　葛櫰
李允本　沈韶　嚴澍
曹椿 中書　沈時熙　沈禟
周守義　嚴廷璐 山東通判　仲鋸

潘藍田　周士照訓導　陳田
陳桐鳳　周士熊景甯訓導　孫壽祺
陳埜　葉應培　鄭鏞
唐焯

以上伊志干志今自道光庚子起俱與舍選併列一條爲例貢監

例貢監　案舊志分爲例貢舍選二條自道光庚子後捐例頻開貢監之多幾至載不勝載郎廪增附之捐貢監者兵燹之餘册籍蕩然亦屬漫無稽考今擇其曾登仕版京官自主事外官自知縣教職以上各員合爲例貢監一條其餘分見邑志兹不備錄

嘉興縣

褚蘭生署蘇松太道　李文杏直隸候補知府　姚文柟天津運同

嘉興府志　卷四十八　選舉五

姚寶勳戶部郎中　唐翰題江蘇太湖同知　沈宗濟廣東候補同知
李忠清署越嶲知州　錢發榮兵部主事　謝世城署福建石碼通判
張吉熊福建候補通判　姚文榮兩淮補運判　沈曾棨兩淮運判
張振陛署寶山知縣　褚璣江蘇候補知縣　錢志澄江蘇候補知縣
沈廷颺黄巖訓導　姚夢澐署鎮海訓導　董曦署景甯訓導
丁恭壽署仙居訓導　王福祥署於潛訓導　金吳瀾崑山知縣

秀水縣

杜文瀾江蘇候補道署布政使　杜文浩湖北知縣咸豐三年殉難贈知府
沈瑋寶署蘇州知府　王恩壽刑部郎中旌表孝子　沈兆珩刑部郎中
唐世永澎湖同知　葉樹晉廣東候補同知　沈蕃福建候補同知

杜文溥江蘇候補知州　錢國均刑部主事　沈兆坤石碼通判
唐均上杭知縣　董槐諸城知縣　錢慶培獲鹿知縣
盛錫齡署中江知縣　金鴻保署溧陽知縣　詹作周署維縣知縣
周閑署新陽知縣　金福曾署吳江知縣　周振均湖北候補知縣殉難
汪世梅上猶知縣　莊祖基江西候補知縣　錢朝塤直隸候補知縣
張豫立江蘇候補知縣　唐壎富陽訓導　陳端治署武康教諭
沈琮寶署太平訓導　王景祁署德清教諭　盛堯春署太平訓導
蔡瑞桐署新昌教諭　金鼎燮署臨安訓導

嘉善縣

金以誠江蘇候補道軍營病故贈內閣學士　金安清湖北糧道記名按察使

嘉興府志　卷四十八　選舉五

李慶琛江蘇候補知府殉難　錢寶傳江蘇候補知府　金濤臨邑知縣殉難贈知府
錢維福淮北監掣同知　錢寶常河南候補同知　戴文佐江蘇候補同知
金吳瀾嘉興知縣　錢葆延懷來知縣　周士衡山東知縣
李鵬青江蘇候補知縣殉難　陳鶴翔署常山訓導

海鹽縣

陳方瀛川沙同知　朱秉衡江蘇督糧通判　徐維鑑署江蘇督糧通判
朱安民江蘇候補同知　張森玉廣東候補通判　平世昌崇義知縣
朱元釗榮昌知縣　朱安國汾陽知縣　查侃署豐潤知縣
黄華鎬署墊江知縣　陸爾發江蘇候補知縣　陸德喆江蘇候補知縣
吳光清江蘇候補知縣　沈棋樞山陰訓導

平湖縣

朱善張淮徐揚海道軍營病故贈右都御史　沈應奎陝西陝安道

陳鍔署延平知府　伊紹洙威遠同知　朱善寶署江甯督糧同知

徐元錫署上海同知　吳兆麒江蘇候補同知　徐光署永春知州

徐福貽戶部主事　吳濂兵部主事　黃銘仁江蘇豐北通判

孫和鳴署松江管糧通判　朱之枏兩淮候補運判　徐慶咸惠安知縣

吳若灝單縣知縣　張金瀾京山知縣　陳葆清署東安知縣

吳若烺署中牟知縣　沈慶艮署吳江知縣　倪寶琨署清河知縣

朱之瀫署連江知縣　陳鉞署沭陽知縣　錢崙源署台府教授

周耕經署嚴府訓導　周庭桂臨海訓導　沈慶慈仁和訓導

石門縣

朱善鳳署遂昌訓導

陳其元江蘇候補知府　徐多綬戶部郎中　李嘉福江蘇候補同知

徐著謙光祿寺署正　蔡錫琪江蘇候補通判　馬鳳梧兩淮候補運判殉難

程祁都察院都事　范玉琳河口知縣　勞慶蕃襄陽知縣

吳康壽陽湖知縣　任爲金署花縣知縣　趙宗楷江蘇候補知縣

朱淵江西候補知縣　田福亨湖南候補知縣　華德森江蘇候補知縣

蔡錫昆台府訓導　徐福謙海甯訓導　徐鳴鑾署富陽訓導

桐鄉縣

嚴謹石阡知府殉難贈太僕寺卿

沈康保泗城知府　金星榆署郧陽知府　嚴鼎金貴州候補知府

嚴錫康江蘇候補知府　陸費森江蘇候補知府　徐煥藻刑部員外

孔憲采分水教諭　李攀鱗署山陰教諭　陸費煦瑞安教諭

嚴銓新城訓導

嘉興府志卷四十九

嘉興府知府善化許瑤光重輯

選舉六

掾敘

漢由拳縣

徐栩 少爲獄吏遷小黃令後爲長沙守　張業 武父郡掾

嘉興縣

宋

陸儀 秀州吏充左院推司

元

林鏞 江浙行省　李思讓 嘉興吏　鮑德 恂父縣丞崇德人

明

沈章 郡掾知南康縣廉明悉利病　殷景 御史　陳宣 運使

胡奎 州同　宋旻 驛丞　周麟 主簿

沈榮 主簿　陳龍 稅課大使　孟鍾 主簿

張翊 評事　顧琛 郎中　陶萉 倉副使

許敬 驛丞　談相 以楷書授中書歷工部侍郎

范澄 經歷　屠玉 通判　戈文一 典史

褚景祥 典史　陳璠 主簿　徐霦 典史

徐瓚 巡檢　朱麒 典史　朱朝卿 衛經歷

張來鳳 吏目　張敏 典史　沈東 驛典史

陸瓊 典史　朱麟　王希堯 衛經歷

陳鳴鳳 吏目　郭文聰 典史　周晟 倉大使

盛憲章 典史　徐坤 照磨　何喬 典史

沈光祖 典史　李僊 主簿　孫應儒 吏目

施禮 主簿　居雲 知事　張楠 知事

徐謐 典史　馬觀吉 主簿　費懋光 典史

許茂卿 巡檢　金積 縣丞　軺文科 典史

李品 典史　姜應壎 縣丞　錢伯 都事

錢績 吏目　俞正觀 縣丞　沈大射 衛知事

朱燧 州判　朱旻 驛丞　郭鈳 經歷

王元聘 典史　周道亨 州判　屠鍊 知事

許堂 典史　黃閣 巡檢　朱堯 驛丞

張化龍 倉大使　屠應詔 衛經歷　沈思恭 衛經歷

沈自新 驛丞　褚承祀 州吏目　陳國政 倉大使

張元彰 主簿　鄒懋德 倉大使　范翔鳳 巡檢

毛維憲 巡檢　高必進 巡檢　陳其政 典史

施宏策 倉大使　俞慶元 主簿　姚之哲 驛丞

沈國元 府經歷　徐汝彬 衛經歷　夏尚忠 典史

王紀善 主簿　陳懋政 主簿　朱秉文 典史

朱正色典史　吳石珍場大使　朱　懋巡檢
周大綱經歷　倪　成驛丞　陸企雲主簿
胡士靖典史　陸　輔驛丞　王大憲衛經歷
張效賢倉大使　吳承恭巡檢　莊大敬巡檢
孫之肅縣丞　巢有功鹽大使　倪士英縣丞
王房敬典史　高宏陽知事　姚士錡理問
陳可元衛經歷　沈文進衛經歷舉賓飲　潘元春主簿
王正懋州吏目　陳　軾知事　宋　諒縣丞
張鳳征主簿　柯應掄典史　朱明俊州判
徐　如主簿　張　謨庫大使　嚴則孝主簿

錢萬里巡檢　錢萬鎰縣丞　吳中美巡檢
錢萬鍾經歷　姚元相當塗縣丞歷衛經歷舉賓飲
吳中謙吏目　朱瀛朝主簿　汪　裕南宮縣丞歷衛經歷舉賓飲
陳懋仁府經歷　王崇善瑞昌主簿　湯執中縣丞
徐王孫典史　周之瀚典史　董士龍衛經歷
褚應祚　潘應奎經歷　黃佺期
周茂才典史　錢壽國　張其耀衛經歷
黃建章驛丞　顧九華經歷　馮有義典史
屠思忠典史　徐聯如旌德典史舉賓飲　張拱元省察
吳廷瑚大使　徐錫榮桃源典史祀名宦　朱正朔衛經歷

項　秉雞澤典史

國朝

仲之孟貴池典史　項炳純雞澤典史　陳化白浮山典史
王之名蘭陽縣丞　胡乃宿桃源典史　陸　龍莆田典史
史　鏡龍泉典史　何耀龍廣平典史　王雲龍華亭典史
文　俊鳳翔典史縣志姓史　仲宏達文登典史　沈振先衛經歷
呂　璜南豐龍池巡檢　朱王路典史　吳文龍典史
史　統龍泉典史　崔　廣墊江驛丞　富有禮經歷
王　蕃主簿　鄭之棟經歷　倪國昌州吏目
徐斯宏巡檢　吳文元吏目　湯廷翰典史

唐文炳山東鹽經歷　馮　馨宿遷知縣　王　鎔典史

秀水縣

明

姚　昌州判　祝　楨司獄　劉　岳州判
范　瓊縣丞　何　翌巡檢　陸　俊監事
姚　森巡檢　皇甫昂　王　組縣丞
張　瑞局大使　沈　亨倉官　楊　倫典史
王　潞縣丞　仲　甫倉官　潘　玘
陸　英典史　孫　盛　徐　海倉官
吳　璠　戴　巘局大使　袁　昊

顧　清桑廣　馮　儀　孟　謙典史
陳　廸典史　閆人節　蔣　昭巡檢
蔣　昂　周　軒巡檢　費　盛
鄒　鑑　楊　桂倉官　顧景賢倉官
沈　和巡檢　嚴　頤　曹　昌倉官
張　鏖巡檢　謝　盛　陳　琛
俞　棟遞運　張　淞吏目　童　璋
談　哲倉官　陳　璠遞運　施　恩
徐　英遞運　馮　富倉官　張　椿吏目
施　德典史　孫　俊　陶　諮

王　鼐　鄭　祥　沈　桂
吳　懋　顧文湧廠大使　盛　元
沈　瓊　莫　萱　王　璧
陳　組倉官　顧　夔　趙　璋巡檢
施　憲巡檢　沈　璧典史　錢　經
張　恕倉官　施　澤衞經歷　楊　枏倉官
竇　相　陸　珪　俞　炳
袁　遜　沈　松　徐　方
錢　庶州判　張　周　于　喬
朱　燧判官　張　鏁　高繼科典史

胡從禮縣丞　姚　彩主簿　周承元主簿
鄒汝儒承天府大使　鍾思孝典史　張正鳳司獄
王　欽典史　馮應第衞經歷　金文奎巡檢
鍾一陽衞經歷　王學儒典史　沈文炳縣丞
范之才經歷　蔣之成典史　張秉之知事
呂　照經歷　夏獻臣典史　徐來庭典史
鍾大才典史　房　亮州判　張　騰典史
沈思聰主簿　吳　英吏目　徐之行

國朝

鈕承德南平典史　潘　勲山陰籍思平典史　陳遇宏靈山典史

陳嘉猷虞城典史　施可行崇信典史　馮元祚河池吏目
崔兆昇衞州經歷　孟宗孔崇信典史　姬　鼎典史
沈　瑜經歷　計六奇潁州巡檢　姚文炳同官典史
翟永齡經歷　周澧基漳平典史　何　灝廣州府司獄
沈福元永安典史　張廷桂桃源主簿　汪世樾歷城巡檢
朱聲廉通州吏目　唐　杰桃源主簿　汪世楷虞城主簿
汪玉沛山陽主簿　倪羹調懷甯典史　倪朗懷長樂典史
汪嘉棟廣東巡檢　汪玉潤宿遷巡檢　盛世紋宜城巡檢
于　橚績溪典史　汪家棟開平巡檢　汪德熙元城主簿
李德純江都典史　朱聿封萬年巡檢　汪　仁宜興縣丞

汪世繆 潛江主簿 汪成烈 應山巡檢 懷 湘 莆田巡檢

項貫生 吳江巡檢

嘉善縣

明

周 餘 市舶提舉 李 敏 縣丞 高 原 縣丞

萬 夔 州判 夏彥理 錦衣衛知事 夏 時 斷事

趙 倫 主簿 朱 稷 州判 徐 言 監庫提舉

王 縉 主簿 李 晟 縣丞 李 讓 縣丞

紀 宗 主簿 吳 完 縣丞 王 暹 縣丞

張 元 同知 宋 昂 蜀府工正 錢 繼 宣府經歷

徐 肅 同知 王 綱 主簿 張 霞 倉官

張 公 驛丞 錢 岑 同知 陳 山 都司斷事

戚 隆 以下衛經歷 馬 斌 陳 坤

顧 備 王府審理 戴 明 典史 沈 璠 縣丞

沈 雷 河泊所大使 於 僎 衛知事 戚 韺 主簿

呂 鼇 典史 陳 訓 驛丞 曹 嶠 宣府司知事

夏 皞 倉副使 孫 穀 典史 陸 隆 驛丞

陸 鼇 驛丞 呂 濂 典史 呂 儒 驛丞

孫 恩 衛經歷 胡宗仁 縣丞 顧 賓 典史

郁 鉞 典史 浦 鯉 巡檢 孫 榴 倉大使

錢 曦 巡檢 殳 鉞 典史 顧 梗 倉大使

夏 隆 巡檢 余 士 衛經歷 呂 秀 驛丞

張 适 驛丞 夏尚忠 典史 夏 葛 巡檢

陸大中 驛丞 沈 旬 宣課司副使 徐 鴗 倉大使

呂 沂 衛倉官 呂 泮 倉官 李兆禎 縣丞

吳 環 李永年 主簿 許宗訓 典史

唐 立 巡檢 倪可傳 經歷 王之士 典史

顧 寵 庫大使 孫志閔 主簿 姚禹臣 典史

路 曉 典史 季良佐 劉家莊巡檢 沈大本 衛經歷

陳 表 巡檢 浦茂才 衛經歷 倪效良 典史

姚廷輔 巡檢 韓道亨 典史 許繼周 典史

蔣文衛

國朝

王 竑 興甯典史 浦 龍 臨潼縣丞 金 鏞 清縣主簿

朱來遇 崑山巡檢 王漢光 歸善驛丞 朱 炳 經歷

朱之榮 經歷 曹兆元 吏目 于鳴珍 吏目

葉萬昶 典史 徐 焜 吏目 沈萬齡 新甯縣丞

吳德賢 居平吏目 張宗復 成都府經歷 姚世俊 甯津典史

李奇朱 小貞司巡檢 金元德 太醫院吏目 唐陛宣 永定衛巡檢

姚日升 錦州衛倉官 沈之機 巡檢 孫元炳 經歷

王安國典史　趙文達松江府司獄　高曹坤經歷

王　棻武定州吏目

海鹽縣

明

葉　春洪武中起邑掾永樂初禮部尚書李至剛薦授主事累官福建布政司參政宣德中以浙西蘇松諸路多贓吏奸豪爲民害者敕大理卿胡槩及春巡視尋擢刑部右侍郎

全　宗禮部員外郎　張　振重慶知府　張天與部司斷事

陸　斌鹽運司知事　張　禮縣丞　陸子明經歷

蕭　斌主簿　陸　亮主簿　唐　誠縣丞

費　恭巡檢　李　朴主簿　王　綱典史

周　密典史　朱　瑊縣丞　張　琏巡檢

陸　璘典史　鄭　恂以下巡檢　倪可宗

周宗顯　富　全　顧　昂典史

袁　鑑典史　王　瓊場大使　卜　敏巡檢

趙原正縣丞　鍾　海縣丞　趙　麟主簿

馬　潽州同　張　羽　蔣　誠主簿

沈　亨吏目　張　理縣丞　吳　巘衛知事

吳　珪驛丞　吳　濡典史　湯復初大使

曹　敬典史　褚　璠府司獄　宣　黻大使

沈　雲典史　葉　英　吳中漢

宣　綬　張雲翔　許　棟

鄭　讃　張　俸典史　陸鳳翱大使

張　鐔千戶所吏目　徐　煜驛丞　曹　綺知事

張　曇所吏目　俞　滂縣丞　張奉祖金城寨巡檢

張奉先縣丞　凌　曙吏目　張　京巡檢

吳　鯤大使　鍾思包倉大使　葉汝卿巡檢

錢應文巡檢　蔣　洲驛丞　朱　龍衛知事

俞　臬衛經歷　王家賢判官　鍾應亭典史

姚思舜主簿　倪　鉞縣丞　孫　洲衛經歷

盧　曉典史　何可久典史　呂觀光縣丞

朱萬里驛丞　董　員典史　謝子貞斷事

吳國賓大使　富　縉縣丞　徐待賢大使

陳元瑞吏目　吳廷傑縣丞　湯　榮

俞九齡典史　滿上達典史　褚名儒大使

張承錫驛丞　陳　津司獄　顧維方縣丞

王明時經歷　謝　京典史　張鳴鳳縣丞

吳兆楨縣丞　費　和典史　郁　儒縣丞

徐廷傑縣丞　吳希賢縣丞　陶聖寵經歷

黃中理典史　何澄源照磨　朱　紀典史

倪　薦典史　潜孔嘉典史　王體坤典史

陸萬鍾吏目　倪　思鹽庫大使　周思忠巡檢
周兆殷倉大使　陸從台衛經歷　周道昌所吏目
徐魯卿巡檢　周文昌巡檢　韓守貞吏目
張正純巡檢　任杏芳衛經歷　何奇英典史
沈文棟經歷　張汝聽衛經歷　周奇遇大使
沈文相經歷　張希閔驛丞　倪履亨倉大使
徐待選巡檢　顧元象驛丞　錢鳳翔大使
王廷相典史　王廷化驛丞　顧廷俊縣丞
周元相大使　徐　勳大使　王立顯典史
張效順巡檢　董相卿驛丞　張文桂司獄

張士魁典史　吳尚義主簿　邱與傳大使
陳其道庫大使　倪善道巡檢　徐名佐吏目
呂鳴治經歷　王允臧主簿

國朝

陸世瑞東光典史　張行健巡檢殉難　韓昌祚松江同知
陸楷宣下雷州吏目　梅　標澧州吏目　趙　燧瑞州經歷
趙　基睢州吏目　葉如錦唐縣典史　楊枝春建甯照磨
王紹俊　朱時昌　張廷鑑
朱仲光　朱文鑑　張文選
張舜臣　陸光裕　張　琳

陸光祚　朱召棠　葉長春未入流
紀德峻未入流　趙維翰雲南典史　黃南金王門知縣
張伯魁平涼知府　朱美鑾府經歷　查　新保定倉大使
朱錦琮江西瑞州知府殉難　陳孝懿江西從九品　羅萬清河南府經歷

平湖縣

明

馬　文典史　馬　堂倉副使　蔣　質京庫官
韓　文　鍾　煉衛經歷　李學思巡檢
胡日省大使　俞　金州同　蘇　節巡檢
胡　桂典史　蔣　武巡檢　潘　惠縣丞

陸　鵾倉官　屠　珉典史　陸萬周縣丞
魯　耀驛丞　朱　文倉大使　全大德典史
陸用賓典史　陳時龍典史　徐子方巡檢
衞武甯主簿　賀應龍巡檢　沈復東倉大使
費學聖大使　王　源驛丞　沈爲東典簿
施鳳村巡檢　吳　經大使　金汝聲驛丞
陸士鯤衛經歷　鄔啟元吏目　洪明教主簿
陸士賢檢校　張國經巡檢　吳禮先吏目
張元軫主簿　潘宗里吏目　華起龍衛經歷
何有元巡檢　范國楨典史　吳有光巡檢

陸文耀大使 曹孟科驛丞 曹孟棨大使
顧充卿典史 陳應亨典史 毛應坤大使
鄔育元巡檢 馮元璋典史 鄭子洪主簿
馮應魁巡檢 姚士鏊大使 呂開泰縣丞
陸應選稅課大使 富大可司獄 湯學禮大使
趙 經驛丞 陳繼宗巡檢 吳大光驛丞
姚舜華巡檢 姚體信典史 陸世垣大使
徐時雍吏目 周成文主簿 徐昌化大使
王道源典史 韓 會吏目 陸合清巡檢
華繼宗衛經歷 陳時來大使 陸樹奇衛經歷

沈肇基典史

國朝

劉時春平樂典史嘉興籍 倪三俊宜君典史嘉興籍 洪 杲新樂典史
賈三登涇江司巡檢 顧方標典史 周聖瑞馮祥州判
全 璠招甯巡檢 金廷勳建陽巡檢禦敎匪陣亡嘉慶三年給雲騎尉世職
許 仕安肅典史 張大耀鳳嶺巡檢 孫大欽分宜典史

石門縣

明

朱逢吉大理寺丞 何 瑄刑部主事 范思敬
朱 昇縣丞 陳 慶經歷 朱孟光主簿

沈 義同知 唐 賢主簿 費 軒典史
鍾 溟典史 周 昌主簿 俞鳳華典史
平 春倉官 嚴 信倉官 沈 熊主簿
錢 綱倉官 方 珏典史 姚 璣
熊孟華 范 琦俱倉官 沈 鳳巡檢
顧 源典史 徐景雲場官 謝一恩
吳 瓊 姚 貴俱倉官 陸 楠照磨
徐 方光祿寺監 吳長齡照磨 呂希謙主簿
葉 銓文思院副使 葉 鋹序班 朱 珮州吏目
馬 柱經歷 徐 埛以下所吏目 費文鷺

宋 楙 朱 珂巡檢 葉敷英縣丞
張文龍司獄 張邦治徐州判官 呂 珊縣丞
呂 熂倉官 張 縉主簿 鍾 鉞驛丞
姚良輔經歷 徐 卿典史 王金鐸
徐宗廉典史 呂 璠歷州判官 呂 官典史
康 燧典史 趙 洽泰州衛經歷 莊 楷龍溪典史
蔣士朝典史 郭宗岐典史 吳天祚典史
曹 濱 李文元 吳 詔俱驛丞
王 綱巡檢 范 鷗倉官 沈 頎
孫 位俱倉官 宋希誠典史 孫承志典史

國朝

陳汝定典史 沈荃經歷 沈文芷經歷

沈濟生 何思澄吏部都吏 湯聘之黃圖巡檢

朱崚榮 聞譽彥 沈日洽經歷

桐鄉縣

明

孔昪倉大使 沈宗顯倉副使 輔弼典史

陳慶州同 沈本立典史 蔣端典史

張倜典史 許哲巡檢 錢宏巡檢

陳軏主簿 康謙驛丞 沈海驛丞

沈沂典史 朱彥文司獄 黃忠司獄

錢玭典膳 許諒巡檢 周仁驛丞

時瑤典史 李玭司獄 趙謙司獄

陳巽喬經歷 高祥巡檢 錢守之州同

沈繼科縣丞 張鳳局大使 徐綸主簿

沈珪倉大使 王原庫副使 羅綺典史

王英倉大使 高亮省察 沈尚質主簿

謝瑞省察 沈侃縣丞 楊佐省察

朱銘經歷 錢明省察 倪有倫典史

陳容省察 徐孝典史 沈蘭省察

陸謷經歷 沈英省察 朱洪典史

沈儒知印聽選 徐軒 朱施

沈銓 王椿 王瀚倉大使

江濂稅課大使 沈尚賢倉大使 于昇巡檢

濮繼學巡檢 王徵照磨 錢國泰典史

俞汝祺典史 沈萬年驛丞 李學元巡檢

朱龍典史 金夢麒縣丞 倪維屏典史

朱定志倉大使 張問志倉大使 徐以行主簿

潘玉顏 施萬春鉅野典史

國朝

施萬春鉅野典史歸安籍 張炳山西按司獄 錢時景鹽大使

徐觀黎城典史 輔聖元東安縣盧洪寺巡檢 柴德坤廬州嘉明鎮巡檢

金兆龍城步縣江頭巡檢 顧祥高郵州時堡巡檢 沈昌範平鄉典史

張國祚天門典史 徐夢麟泉州知府 李有常永甯州柳林巡檢

金熊桂平典史 張治臨縣典史 蔡鉅蘭浮梁典史

蔡如錦內黃縣丞 程世樽宿遷主簿 黃梧清和縣丞署宿遷縣

金錫軺南陵典史 顧澣南平縣丞陞臺灣縣 蔡鴻燮富國場大使

曹昌金鄉典史 蔡鴻翥安陽縣丞陞榮澤知縣

封贈

唐

陸偘 贊父贈禮部尚書

宋

聞人泰 建父贈大理評事　聞人鼎 安道父贈刑部侍郎　聞人安易 璪父贈大中大夫

聞人安遠 宏父贈朝散大夫　婁璹 璣父贈太子太師　陶士達 大章父封宣義郎

項煜 相父贈翰林學士

元

吳森 漢傑父追封嘉興縣男

嘉興縣

明

俞富益 綱祖　俞天祥 綱父俱贈太子少保兵部左侍郎

鄒福建 幹祖贈太子少保禮部尚書　戴宗 祐父封山西道御史

戈本 瑄父贈南京刑部尚書　婁慶 睿父封中順大夫　許中昇 紳曾祖

許忠 紳祖　許觀 紳父俱贈太子太保禮部尚書

呂嗣芳 原父贈翰林院侍讀學士憼祖贈太常寺卿　俞伯綱 山祖

俞仲玉 山父俱贈侍郎　陸明善 廣父贈兵部主事　尚福 綱父封員外郎

包俊 鼎父封南京禮部尚書　賈露 名儒父封汝寧知府　包志 節父贈中書舍人

沈璧 銓父封知縣　沈銓 元華父進階奉政大夫

沈嵩 鑾父封主事　戴冠 鳳翔父贈太僕卿　錢立 同文父封主事

呂鑑 浩父贈南刑部主事　張用 應治父封給事中　金桂 燦父贈知縣

包憑 汴父贈郎中　陸濡 相儒父贈知府　包孝 漸林父贈太僕少卿

孫能 詔父封主事　屠章 玉父封兵馬　談經 相祖贈光祿卿

沈大禮 伯龍父封知縣　談豫 相父贈光祿卿　屠鵬 元沐祖贈參政

彭諫 輅父贈刑部主事　吳顏 國倫父贈知府　屠鐈 元沐父封主事贈參政

嚴嵩 清祖贈尚書　嚴鏌 清父贈尚書　唐軒 仲寅父贈行人司正

屠孟元 謙父封兵部郎中　戚珊 元祖父贈郎中　許梧 應逵祖贈參政

譚本 諫父封南光祿署丞　鄒浩 國儒父贈郎中　宗穆 宏暹父贈刑科左給事中

王滔 家棟父贈兵部主事　李湘 芳父封文林郎　沈武 堯中父累贈奉政大夫

許燦 應逵父贈參政　孫志道 光啟光裕父封副使贈參政

徐鏜 學周父贈知州必達祖贈府尹　沈欽 國良父贈知州

周惟義 從龍父贈推官　陶廷錦 涵中父贈長史　許燿 應地父封刑部郎中

岳商 元聲祖贈侍郎　岳九德 元聲父贈侍郎　黃鎬 承元祖贈副都御史

李應鈞 日華父贈太僕少卿　姜渭 學夔父贈都事　施容 爾志祖贈布政

施乾 爾志父贈布政　徐學周 必達父贈府尹　吳槐 邦俊父贈知縣

岳九皋 和聲父贈副都御史　沈思述 学先父封主事　譚守範 昌言父贈參議

顧雲鵬 民咢父封郎中　王司敬 惟新父贈郎中　馬中龍 廷獻父贈郎中

黃澤 守正父贈推官　包洽 汝楫父贈知縣　邱民貴 履嘉父贈副史

陶富 鎔父贈知縣　沈伯鵬 中英父封主事　李敷 袁純父贈員外郎

屠元洽 存仁父贈主事　高遠 欽舜父贈御史　虞紹唐 廷陛父封工科給事中

金志孝之後父贈太傅兼太子太師中和殿大學士　居仲行隋裕父贈上林院監丞
高　森道素父贈工部郎中　吳　翼昌期父贈工部郎中　高　枝道渲父贈光祿寺署丞
呂協祖世延父封通判　嚴其漁孟忠父贈京衛經歷　沈　思自省父封武英殿中書
朱　機秀徵父封都指揮僉事　張邦政應世父贈光祿寺署丞
卜曰時萬祺父贈主事

國朝

莊日思錫父封郎中　沈廷騏之連父封知縣　王　炳庭祖贈布政使
王　堦庭父贈布政使　吳輔明三錫父贈知縣　江　皐浦父贈知縣
曹　峻斌父封守備　金文琦協廣父封知縣　孫宏來鍾琦父贈中書
徐世涫嘉炎祖　徐肇森嘉炎父俱贈內閣學士　徐　斌煌父贈知縣

高翼光基重父贈知縣　高道涫以永父贈知州　高　淶百泰父贈守備
朱昌來振父封知縣　曾元艮王孫嗣父贈員外　徐肇槼宏炳父贈知縣
徐　嬪祚曾嗣父贈知縣　李衷奇陳常祖　李明嵡陳常父俱贈直隷總督
徐宏達王騧父封知縣　居昌世墉父贈布政司理問　沈開泰以栻父贈知縣
張嘉謨時雍父贈知州　虞相堯兆清父贈知縣　朱麟世象鼎父加贈中憲大夫
蔣國傑元錫祖贈中憲大夫　蔣　成元錫父贈明威將軍　錢　壁陳羣曾祖
錢瑞徵陳羣祖　錢綸光陳羣父俱贈光祿大夫刑部侍郎
許宗渾炳元祖　許林喬炳元父俱贈江寧同知　李艮年集曾祖
李潮偕集祖　李蒴房集父俱贈郎縣知縣　莊　麅鋸父贈棲霞知縣
吳　楠高增祖贈行唐知縣　黃沈奎本誠生父　黃沈福本誠父俱贈新鄭知縣

胡端凝世塏祖　胡炯文世塏父　胡爆文世塏叔俱贈禮部主事
戴啟堂彥鎔父贈會稽教諭　戴啟墒源亨祖　戴公鎮源亨父俱贈嘉魚知縣
戴公鉞源仁父贈衢州訓導　王夢珠焯父贈鎮海教諭　沈宗遠瑨祖
沈近仁瑨父俱贈崇信知縣　錢汝鼎楷祖贈儒林郎　張兆璲慶連父封衢州訓導
沈　瑨振鵬父贈豐潤知縣　金士炳墳父贈奉直大夫　馮　鈺光熊曾祖貤贈布政使
馮　銓光熊本生曾祖　馮崑源光熊祖　馮　樽光熊父俱贈貴州巡撫
馮光燕克輩伯　馮光勳克輩叔俱貤贈開州知州　錢　豐馮光熊外祖貤封汀漳道
張時夏慶源祖　張兆瓚慶源父俱封武陟知縣　于　漣梢棠父封山東布庫大使
沈　暉維鐈曾　沈廷煌維鐈祖　沈學堦維鐈父俱贈工部侍郎
吳文煒高增父贈行唐知縣鎮祖贈乾州同知　吳高增鎮父贈乾州同知

吳高埈昌壽曾　吳廷欽昌壽祖　吳德涫昌壽父俱贈河南巡撫
吳如漢仰賢祖　吳榮椿仰賢父俱贈翰林院庶吉士
徐錫可吳昌壽外舅　沈　泳吳昌壽外祖俱貤贈通奉大夫
石爲翰中玉祖　石紹曾中玉父俱贈富陽教諭
程　輝瑞生祖　程　蕚瑞生父俱贈象山教諭
錢　治人杰祖　錢天植人杰父俱贈翰林院庶吉士
沈翼鵬張金鏞外祖貤贈奉政大夫　沈　艮張炳堃外舅貤贈奉政大夫
許　溶景澄曾　許國楨景澄祖　許廷梧景澄本生祖
許丙熺景澄父俱贈翰林院編修　唐元祥翰題曾祖
唐大瑛翰題祖　唐允恭翰題父俱贈中議大夫　錢泰吉應溥父贈吏部文選司主事加三級累封通議大夫

錢炳森 應溥兄貤贈奉直大夫　胡斌 應溥外祖貤贈儒林郎

姚光坤 文柟高祖　姚播 文柟曾祖　姚世綸 文柟祖

姚丙禧 文柟父俱贈布政司銜長蘆運同　姚濟恩 文柟叔貤贈布政司銜長蘆運同

沈范孫 濂祖　沈述曾 濂父俱贈江寧知府

秀水縣

明

林德潤 茂父封主事　馬驤 興父封山西道御史　陶松 煦父封主事

陶楷 儼父贈御史　張經 徽父贈大理寺丞　陶儼 讃父加贈中憲大夫

陳禧 諮父封吏科給事中　沈復 謐父封給事中　沈謐 啓源父加贈朝議大夫

胡鏞 涍父晉封給事中　呂原 憲父加贈通議大夫　吳昭 鵬祖

吳方 鵬父俱贈尙書　卜宗洛 大同父封郎中　諸敷 偁父贈僉事

鍾靈 一元父封郎中　沈潮 伯咸父封給事中　黃鶴年 琮父贈中憲大夫

湯誥 曰新父封兵科給事中　姚漢 宏謨祖

姚應科 宏謨父俱贈侍郎兼侍讀學士　楊應元 道亨父贈郎中

項銓 篤壽父贈郎中　葉憲 朝陽父封郎中　張燮 大忠祖贈布政

盛嵩 周父封主事　張載道 大忠父贈布政　鍾天才 庚陽父封大理寺左評事

洪梁 蒸父封主事　郁枚 蘭父封知縣　沈英華 思孝父封尙寶司司丞

朱建侯 廷益父封文林郎　姚緯 思仁曾祖　姚烈 思仁祖俱贈光祿大夫

姚履道 思仁父贈工部尙書　張桐 正鵠父贈太常博士　王鸞 錫命父封僉事

馬鑾 如麟父封知縣　陳一德 懿典父贈編修　馮第 夢禎父贈編修

沈元佐 振龍父贈兵部郎中　盛惟謙 萬年父封主事　范詔 之箴父封行人司司正

張寅 鳳來父贈主事　吳杰 宏濟父封知縣　項篤壽 德禎父加贈朝議大夫

朱儒 國祚父封少保　范之京 應賓父贈知縣　常禾 文佺父贈大理寺丞

曹銓 懋官父贈大理司務　吳槐 勳父贈通判　吳洪珍 鑄父封禮部主事

曹遵何溶父封御史　卜　鎬相父封參政　陳　嵍奇謀父封知縣

國朝

杜　衡琛祖　杜　嵋琛父俱贈尚書　錢龍珍江父贈郎中

張萬壽天植父贈侍郎　何其仁元英父贈行人　黃志堅自起父封員外

嚴錫命臨父封中書　屠蘭蓀英父封知縣　朱茂曙彝尊本生父贈檢討

毛麟瑞延芳父贈知縣　顧毓鼎高嘉父封知縣　沈嚐日廷文父封修撰

卜兆龍陳燮父贈主事　袁　朗定遠父贈知州　陶晉楧耀父封文林郎

翟懋郎堯佐父封知縣　葛兆魁天麟父贈儒林郎　范彥彪長發父封知縣贈御史

葛天鳳灝父贈裕州州判　石　孫杰祖　石天錫杰父俱贈徐州知府

范千古長發祖贈廣西道御史　徐時泰遵義曾祖

徐之彥遵義祖　徐鳴玉遵義父俱贈盧州直隸州知州

陳堯勳陳羣外祖貤封翰林院侍講學士　范必才璨祖

范能彥璨父俱贈工部侍郎　錢　泮載曾祖　錢標初載祖

錢　玠載父俱贈禮部侍郎　鄭　典虎文祖　鄭世元虎文父俱贈春坊贊善

胡　湄樹徵父贈通判　錢　治受穀曾祖　錢　檠受穀祖

錢　烱受穀父俱贈迤東道　褚　萃菊書祖　褚孔鶱菊書父俱贈徐州知州

李嘉茂璜祖　李嘉英璜本生祖　李文表璜父俱贈南韶連道

李天表璜生父贈南雄通判　汪紹昌堡父贈中書　張　瀚敬業父贈內閣典籍

莊　鉞棨祖　莊　渭棨父俱贈文林郎　虞兆漁士煌祖

虞元杲士煌父俱贈合水縣　俞元龍鈞父鄉飲介賓贈岢嵐州吏目

汪上琦如藻祖　汪孟鋗如藻父俱贈山東糧道　汪上埏大鏞父贈東路同知

汪仲鈖如洋父贈翰林院修撰　唐之際淮祖

唐大鋏淮父俱贈廣西道御史　朱茂暉彝尊父贈翰林院檢討

朱彝爵嵩齡父贈太平教諭　朱稻孫休承祖　朱賜書休承父俱贈城固知縣

朱德辦源父贈如皋縣主簿　朱　源振圖父贈甯波府訓導

朱丕戭休度祖　朱振㩁休度父俱贈廣靈知縣　朱彝瑄本祖

朱德協本父俱贈慈溪教諭　沈登萊琳曾祖贈江南道御史

沈光祖林祖　沈雍嘉琳父俱贈光祿寺少卿　沈　英叔埏祖

沈兆熊叔埏父俱贈吏部主事　沈懋德疇初父贈潁上知縣　盛百里世綸父贈平陽訓導

盛之基世綺父贈龍巖府經歷　董瑞昌源祖

董元英源父俱贈知縣　陳元宗光鑑祖　陳　詩光鑑父俱贈平和知縣

汪先甲師曾父贈餘姚訓導　張　宏渲祖　張元鈞渲父俱贈六品御醫

王乘遇重潤父贈永嘉訓導　崔王坒九錫父贈葭州知州　淩登庸大田父贈臨海教諭

陳元穎經禮父贈沅陵知縣　李　珩大晉叔贈布政司照磨

楊元龍志麟祖　楊　建志麟父俱贈奉直大夫　曹奕裕淦階祖

曹　埴淦階父俱贈平度州州同　莊祖望肇奎曾祖

莊　歆肇奎祖　莊　年肇奎父俱贈布政司　趙紘鼎起鯤父贈象山訓導

顧錦忠墉父贈臨安教諭　沈光鉦李楷父贈翰林院庶吉士饒州府知府

沈祖榮源父贈輝縣主簿　朱　震坤祖　朱士馨坤父俱贈博平知縣

虞　衡祖　虞士希衡父俱贈富民知縣　陶　山正倫祖

陶文端正倫父俱贈尚昌知縣以上舊志 張純熙清泰曾祖

張　增清泰祖 張允通清泰父俱贈兵部武選司員外郎

杜士虬文瀾曾祖 杜元相文瀾祖 杜德坤文瀾父俱贈光祿大夫

錢文炳榮增父贈戶部雲南司主事 錢　焯官俊父贈山西太平知縣

褚　榮杜文瀾舅父贈鹽運司銜江蘇候補道 金衍宗鴻保父累贈通奉大夫

金鼎燮福曾父贈通奉大夫 陶　忠模祖

陶　源模父 陶　淵模兼祧父俱贈中議大夫

嘉善縣

明

錢伯珍昇父封施郎中 俊奇父封工部主事 項永原忠曾祖贈都御史

項　邦忠祖贈都御史 項　衡忠父贈都察院左副都御史

常　紹麟父封兵部員外 王景明琳父贈兵科給事中 張彥倫元父封裕陵衛經歷

陸　鵾坤父封刑部主事加贈郎中 薛　寅孟父封兵部主事

盛　奎唐父封湖廣道御史 顧　態際明父贈光祿寺寺丞

沈　揚科父封行人司副 卞　玉錫父封中書舍人 毛　儀汝賢父封吏部主事

錢天秩于麟父封四川按察司僉事 李學益自華父封翰林院編修

丁　袞賓父封句容知縣 王　周俸父封兵部主事加贈廬州知府

王　訪慎德父封萬安知縣 袁　仁黃父封賓坻知縣 葉　秈繼善繼父封蕪湖知縣

陳　鄉于王父贈句容知縣 許尚文元勳父封龍溪知縣加封文選司郎中

國朝

沈文標鼎父封廣東布政司參議 孫應文箎父贈南汝道副使

郁調元之章父贈大理寺丞 曹　勳爾堪父謚倫祖加贈內閣學士兼禮部侍郎

張觀道茁父贈禮部郎中 吳志遠亮中父贈戶部員外 魏廷薦學渠父封湖廣督學道

周宗文宸藻父贈湖廣道監察御史 顧朝樞耿臣父贈刑部郎中 陳山毓舒父贈神木道副使

盛國炙際斯父贈僉事 丁啟德彥父贈工部主事 朱國望張銘父贈行人

陸守敬翔華父封知州 孫繩祖棨父贈知州 張　介我僕父封大理寺左評事

王時杰睿父贈同知 錢　棻黯父贈池州推官 顧尚禮鵾父贈廬州推官

龔　靖在升父贈知縣　楊之煥應標父贈知縣　孫世遠鈇父贈湖州通判

沈應震鏄父封知縣　錢象儀震父贈承德知縣　葉紹袁燮父贈知縣

周宗宜振瑗父贈知縣　李　焵振宗父贈同知　陸敷樹榮登父贈中書

柯元芳登父贈通政司參議　曹爾坊鑑倫父贈內閣學士兼禮部侍郎

沈志高辰垣父贈翰林院侍讀學士　浦之純文焯父贈河間知府

錢　楞以塏祖　錢　煐以塏父俱贈禮部尚書

孫在鎬衍父贈常山知縣　孫　蘗壽父贈廉州府同知　丁楨诠棠發父贈監察御史

楊　豫爾德父贈翰林編修　金　麒皋謝父贈莆田知縣　陳　奇霆萬父贈臨朐知縣

黃鳳翔鍾父封南安同知　張承祖王典父贈平順知縣　曹鑑章元部父贈嵊縣知縣

王　素沐父封明遠將軍　蔣廷楝振鷺父贈編修　錢士彪觀祖

錢光祖觀父俱贈武城知縣　錢以咱壘嗣父　錢以垌壘父俱贈沭陽知縣

丁士彥應松祖　丁　浩應松父俱贈襄城知縣

朱紹周鑒昌父贈通道知縣　蔡廷正以臺祖　蔡維熊以臺父俱贈翰林修撰

蔡　城學敏父贈分水教諭　錢家暨金殿本生父封江安糧道

錢　垌洙祖　錢　銘洙父俱贈漳州府同知

張行法芳桂父贈公安知縣　曹源郁焜祖　曹廷樞焜父俱贈戶部員外

金驊法汝珪祖　金　犖汝珪父俱贈吏部郎中

魏爲階金汝珪外祖贈吏部主事　魏儒魚朱錦章外祖贈順甯知州

沈　杠鳳輝祖　沈元本鳳輝父俱贈內閣中書

許纘芳王猷祖　許　滔王猷父俱贈侍讀學士

孫　灼王綸父贈嚴州府教授　孫　炌銀槎祖

孫念疇銀槎父俱贈忻州知州　陳國裕作梅祖

陳涵德作梅父俱贈道東道　徐階平準祖贈福建道御史　周全錫澧父封文林郎

周翼洙升桓父贈廣西驛鹽道　周　澧震榮父贈同知

陳時經孝沫曾祖　陳華育孝沫祖　陳泰來孝沫父俱贈通政司副使

陳廷玉蘭徵父贈永甯知州　陳啟昂初父贈商州知州　程士聖雄飛父贈戶部員外

程雄飛鍾彥祖贈翰林編修　程緒祖鍾彥父封給事中　謝元一墉曾祖

謝春芳墉祖　謝永輝墉父俱贈吏部侍郎　謝　均垣兄貤贈刑部員外

王錫旦啟焜祖　王宏澤啟焜本生祖　王　桓啟焜本生父

王象昇啟焜父俱贈川東道　金聲皋邦瑞父贈峨嵋知縣　錢商佐樾祖

錢　潮樾父俱贈禮部侍郎以上舊志　王任相辰父贈文林郎

顧炌中心鍇祖　顧秉堅心鍇父俱贈光州知州

程鍾萬廷泰父贈刑部陝西司郎中　吳祥禮書城祖贈朝議大夫

吳　煜書城伯父貤封內閣中書　曹奕雲復元父贈溧陽知縣

程國珍維岳本生父贈奉直大夫　程國祥維岳父贈中憲大夫

陳方琦鴻墀父贈編修　王文照錫祺父封新昌教諭　郁伯城岷江祖

郁道銘岷江父俱贈儒林郎　謝應鏘宇澄父贈甯晉知縣　葉永德夢林父贈文林郎

陳世珍陸芝祥外祖貤贈編修　孫人熙頌清曾祖

孫正塀頌清祖　孫　鍠頌清父俱贈商河知縣

孫　鏻福清叔父　孫　鏘福清叔父俱贈奉政大夫

孫　鉞 葆徵父贈奉直大夫　孫　鏞 葆徵叔父貤贈奉直大夫

戴鴻勳 咸弼祖贈奉直大夫　錢　樾 寶廉曾祖　錢　熠 寶廉祖

錢　堉 寶廉父俱贈刑部右侍郎　錢寶選

錢寶青 寶廉兄俱貤贈刑部右侍郎　許王勛 汝璜父贈內閣中書

許汝鈺 汝璜兄貤贈內閣中書　周既濟 以焯祖

周咸榮 以焯父俱贈文林郎　周震榮 以勳父贈朝議大夫　周以炘 士鏜祖

周爾墉 士鏜父俱贈通奉大夫　張有成 寶仁祖

張震雷 寶仁父　張坤安 寶仁本生父俱贈慈谿教諭

金　燠 安清曾祖　金　均 安清祖　金　銓 安清父俱贈榮祿大夫記名按察使

海鹽縣

明

錢　木 炘父晉階承德郎　錢　琦 萱芹父晉階中憲奉直大夫

王　勇 大猷父晉階昭毅將軍　劉　炌 世埏父晉階通議大夫

許相卿 闓造父封文林郎　沈　藻 宏遇父封奉直大夫　鄭　延 曉祖

鄭儒泰 曉父俱贈刑部尚書　鄭履淳 心材父封奉政大夫　彭紹賢 宗孟父晉昭毅將軍

朱顯宗 侃父封通政司參議廣西巡撫　葉德祥 春父封郎中

楊　信 經父封郎中　詹公壽 文父封郎中　戈　定遠父封御史

劉　鳳 泰父封御史　呂文遜 塏父封衛經歷　王伯惠 亮父封錦衣衛經歷

張　翥 甯父封禮科給事中　倪　政 容父封主事　馮子安 璿父封衛經歷

劉　顯 璋父封御史　劉　玨 演父封主事　顧　璋 正父封主事

沈　剛 愚父封營膳所所正　沈文郁 衡父封主事　王　鎮 政父封衛經歷

錢　逵 琦父累贈郎中　吳　寬 昇父封刑部主事　徐　昂 咸父封南兵部員外郎

鍾　海 梁父贈主事　吳　芸 中偉祖　吳　霽 中偉父俱贈廣東按察使

徐　爌 從治祖　徐應奎 從治父俱贈右副都御史兵部尚書

錢　滂 木父封知縣　張　琪 嘉秀父封員外郎　錢　珍 薇父封給事中

沈　軒 奎父封主事　徐　煜 鵠父贈主事　馮　乾 皋謨父封主事

湯　誥 彬父贈員外郎　陳　言 所學父贈中書舍人　鄭　曉 履淳履準父贈尚書

顧爾洪 所有父贈宜黃知縣　沈　泳 孝徵父贈工部郎中　鍾　韶 兆斗父封工科給事中

陸應麟 廷誥父封英德知縣　賀南㫐 萬祚父贈兵部郎中　徐應登 文治父贈新城知縣

許敦復上奇父贈刑部郎中 朱符學中父贈耒陽知縣 胡彭述震亨父贈合肥知縣
錢龠應晉父贈長甯知縣 王嘉村廷俊父贈高郵知州 朱正學泰禎父封御史
劉仲鎮泓父封工部主事 彭祖年重華父封行人 黃澤守正父贈瓊州知府
謝子貞錫敎父贈德州知州 謝宰子貞父贈上元縣丞 王達家賢父贈袁州衛經歷
吳霎麟徵祖 吳中任麟徵父俱贈侍郎

國朝

張奇齡惟赤父贈副使 查大焜培繼父贈給事中 胡震亨季瀛父贈知府
楊斌雍建父贈給事中 許丕顯全臨父贈知府 朱爾鄰與蘭父贈儒林郎
朱學古銓達曾祖 朱載黃銓達祖 朱亮勣銓達父俱贈左都督
朱昌璘瑛父贈通判 陳訏世倕父封主事 彭宗孟孫遹祖

彭原廣孫遹父俱贈吏部右侍郎 陳之問論父贈禮部尚書
彭孫繩贈儒林郎 沈善徵廷鑑父贈甯夏衛經歷
鄭應生宣父封中書舍人 駱駿奇雲父贈江都知縣 沈德湇曾懋父贈吏部主事
張維赤瞎父芳湄祖累贈中憲大夫 徐光治升貞父贈奉直大夫
徐昌治升貞本生父贈承德郎 李仙枝肇開父 李時夏肇開本生父俱贈戶部主事
張瞎芳湄父贈刑部郎中 顧之琦宏父贈聊城知縣 俞之泰兆晟祖
俞雲來兆晟父俱贈內閣學士 錢標元昌父贈壘驛副使 朱士容念高父贈修職郎
陳世僖韶父贈通判 張宗栻由瑞安教諭官徐聞知縣其子請贈
蕭蕃士鑑祖貤贈紹興府教授 蕭啟陛士鑑父贈紹興府教授
俞兆曾鴻馨父贈奉直大夫 俞鴻勳授文林郎 吳廉貽正心父贈江安知縣

馬世榮維翰祖 馬洪熹維翰父俱贈中憲大夫
朱保赤中理祖 朱光啟中理父俱贈溫縣知縣
顧惟賢長祚祖 顧錫綸長祚父俱贈咸甯知縣
朱鋌炎父贈阜平知縣 朱實秀正蒙祖
朱起元正蒙父俱贈平陰知縣 陸之楨坪父贈臨川知縣
朱元標大勳父贈壽昌教諭 朱流光丕烈祖
朱天樂丕烈父俱贈監察御史 張芳溪柯父贈定海訓導
徐輔元貽藩祖 徐濬亭貽藩父俱贈和平知縣
徐用亨德龍父贈榮縣知縣 顧夢禧世棠父贈江西洮牛巡檢
王士銘曾厚祖 王光曙曾厚父俱贈劒州知州

朱永琦烘祖 朱棟烘父俱贈萊蕪知縣
朱鼎鋐佩蓮父贈翰林編修 馮必大桂芬祖 馮天麟桂芬父俱贈宣化同知
陳世佶新祖 陳克鑄新父俱贈綏甯知縣 陳鑾敬基祖
陳馨敬基父俱贈鹽提舉 張芳溶誠祖 張宗松誠父俱贈直隸按察司經歷
張蕭元伯魁祖 張兆熊伯魁父俱贈平涼知府
李祥麟泉父贈昌化教諭 任復禮宗延父贈甯海教諭 任登泰昌運父贈餘杭教諭
吾軾德凝祖 吾祖苞德凝父俱贈刑部主事 朱履湇鳴鳳祖
朱本中鳴鳳父俱贈來鳳知縣 朱開成瑞椿父贈嚴州教授
朱鴻緒瑞椿父贈嚴州教授 朱王泰蘭馨祖 朱履亨蘭馨父俱贈吏部員外郎
朱星煒昌頤祖贈戶部廣西司七品官晉贈奉直大夫 朱程奎昌頤父贈翰林院修撰

朱文佩 昌頤叔貤贈戶部主事　朱昌壽 昌頤兄貤贈修撰　胡夌雲 以謙父贈鄞縣教諭
陸戚元 光宗嗣祖　陸登選 光宗祖　陸肇文 光宗父俱贈龍安知府
朱拱乾 方增曾祖　朱廷掄 方增祖　朱彬 方增父
朱春烜 方增生父俱累贈光祿大夫　朱鑨 鴻緒祖
朱禮 鴻緒父俱贈台州教授　徐超 葆甫父贈盩厔知縣
王拱翼 維梅父贈鎮海訓導　朱蘭枝 錦琮叔贈瑞州知府
俞光豫 克振父贈靖州知州　龎敦 立父贈濟甯閘官 以上舊志
張宗橚 陸光宗外祖貤贈龍安知府　吳敦瑞 鳳前父贈富陽訓導
沈三祝 炳垣祖　沈奎中 炳垣父俱贈翰林院編修
顏青錢 宗儀祖　顏新桂 宗儀父俱封侍讀學士

朱葵之 丙壽祖　朱賡元 丙壽父俱贈戶部員外郎
朱逹雙 丙壽從叔貤贈戶部主事　徐養惠 用儀祖
徐槐廷 用儀父俱贈通奉大夫　徐丙輝 用儀胞伯貤封刑部主事
陳巖 方瀛祖　陳景高 方瀛父俱贈川沙同知
富如蘭 世鄭祖　富慶增 世鄭父　富慶豐 世鄭本生父俱贈奉化訓導
黃仙根 華鎬祖　黃振堃 華鎬父俱贈四川雷波通判

平湖縣

明

屠湘 勳祖　屠機 勳父俱贈尚書　沈昇 琮父封主事
陸鋠 杰祖加贈都御史　沈渭 棨父封主事　馬昇 封御史
馬龍 昆父贈御史　施澤 震父封知縣　屠楨 熙父贈知縣
沈樾 煉父贈主事　趙璧 漢父封給事中　屠熙 奎父加贈朝議大夫
陸墀 淞父贈都督　陸淞 杰父光祖贈尚書　孫軒 植祖贈尚書
孫冠 璽父封宗人府經歷　孫璽 植父贈尚書　孫紱 校父封郎中
陸琇 琳父贈中憲大夫　姚璋 參父贈主事　陸序 槐父贈文林郎
俞金 咨伯父封員外郎　沈宏光 懋孝父封編修　陸鼇 萬垓父贈右僉都御史

陸楷 夢韓父贈主事　馮俊 敏公祖贈參政　俞懷 南金父贈員外郎
馮汝弼 敏公父贈參政　韓文 相父贈通判　沈光 垣父封評事
曹渭 禾父封給事中　陸杲 光祖父贈刑部郎中　陸槩 光祚父贈兵部員外郎
陸鮮 志孝父封主事　姚籌 體信父贈主事　馬瑪 千乘父贈參議
馬師程 應圖父封主事　陳二典 泰來父封國子監博士
倪爌 壯猷父累贈南刑部郎中　陸珂 長庚祖累贈江西左布政
馬千里 維銘父封知縣　陸文典 長庚父贈布政　王言 建中父封知縣
金錫 汝礪父封工部郎中　戈思齊 用泰父封知縣　陸基誠 錫恩父知縣贈刑部主事
陳治道 九韶父封主事　馬汝賢 明端父贈工部員外　賀懋賢 燦然父贈行人
施紹芳 時堯父贈知縣　陸集 光任父贈承德郎　曹一圖 徵庸父封刑部員外

姚體勤士慎父贈南太常卿 胡友忠士相父封知縣贈工部郎中
過厚庭訓父累贈御史 劉麟廷元祖累贈都察院右都御史
劉希聖廷元父累贈都御史 施應塤鳳來父贈禮部左侍郎兼侍讀學士
馬維鉉德澧父贈郎中 徐望賢調元父封刑部主事 沈明範萃禎父封福建按察副使
馬香鳴鑾父贈刑部主事 呂銘瀘父累贈工部營膳司主事
陸瑞銓之期父封工部郎中 陸廷勳懷玉父贈工部員外 徐子方在中父贈工部員外
徐子章在中本生父贈員外 陸光從諭父贈工部員外 高林道素父贈工部郎中
陸在前鏊父封刑部主事 陸基厚錫明父封工部主事 陳鼎謨父贈文林郎兵馬指揮
張思孝行采父贈儒林郎

國朝

馬德澧紹曾祖 馬嘉標紹曾父俱贈工部侍郎 鄭國才龍光父贈陝西西甯副使
陸本光旭父封陝西道御史 陸錫命洽厚父贈汶川知縣
陸啟鏻棻祖 陸瀘膚棻父俱贈內閣學士兼禮部侍郎
邵朗延齡父封中書舍人 陸標錫隴其父封嘉定知縣 沈夢祺鉉吉父贈魚臺知縣
沈原浹棻父封西平知縣 陸懷玉祚蕃父贈登萊參議 過銘楹澤遠父封碭山知縣
倪承裕籥元父贈蘄水知縣 楊國訓際亭父贈南雄通判 沈原瀾德鴻父封廣海衛守備
馬嘉植煥曾父贈南安知州 馬嘉楝焻父贈邱縣知縣 沈暶崑父贈戶部主事
譚永春允誠父封瑞州同知 金煜作輅父贈平遙知縣 盧開顯生甫父贈知州
張桓鈞祖 張東觀鈞父俱贈清河知縣 陸崑年黃鍾父封按察司知事
馮聖齡千英父封荔浦知縣 程浦本毓父贈梧州通判 徐凝維垣祖

徐上法維垣父贈戶部員外 陸廣培汝欽父封溫州教授 袁勳珂父封兵部員外
屈宏堅樹榮祖贈刑部員外 屈大成學洙父封大理通判 殳文選雯昭父贈榆次知縣
徐之垣鴻昇祖 徐鈺鴻昇父俱贈甯鄉知縣 馬兆黃文備祖贈昭信守備
許鳴謙元父贈徐州衛守備 張嶸昊培父贈霍州知州 馮元白廣譽祖
馮幾廣譽父俱贈容縣知縣 李文茂青祖 李之翰青父俱贈陽江知縣
高軒衛父贈福建糧驛道 金龍光樹屏父贈衛輝知府 錢榮史大經祖
錢許湋大經父俱贈翰林院編修 屈天成樹榮父贈刑部員外 沈嘉梅廷灯父贈甯國照磨
劉灯楠齡父贈泉州千總 沈鉉吉初曾祖 沈承沛初祖
沈發初父 沈廷樞初嗣父俱贈禮部侍郎 陸文元初外祖貤贈侍郎
陳榮樟嗣龍曾祖 陳統元嗣龍祖 陳錫祚嗣龍父俱贈翰林院侍讀

陳永祺朗祖 陳世俊朗父俱贈刑部郎中 屈學洙爲經祖
屈世楣爲經父俱封主事 施廷楨峻祖 施光宿峻父俱贈肥鄉知縣
朱墉潛發祖 朱錦章潛發父俱封知縣 李建元浩父贈常山訓導
金再起璠父封招甯司巡檢 朱明儀荃父贈翰林院編修爲弼曾祖晉贈漕運總督
朱英爲弼祖 朱鴻猷爲弼父俱贈兵部左侍郎漕運總督
朱履端爲弼叔祖貤贈兵部左侍郎漕運總督 陸象銑堯松祖贈兵科給事中
陸學瀾堯松父贈刑部主事 徐鼎士芬曾祖 徐廷柱士芬祖
徐夢熊士芬父俱贈戶部右侍郎 張世昌慶成祖贈萬全知縣炳堃曾祖累贈湖北糧道
張誥慶成父贈萬全知縣 張世仁儀盛祖贈興化通判 張誠儀盛父贈興化通判金鏞祖贈侍講湖南學政炳堃祖贈湖北糧道
張謙儀盛叔贈通判 陸煥錫智祖 陸廷瑚錫智父俱贈嚴州教授

張　棨 耀曾父贈湖南鳳凰巡檢　馮　垣 燮父贈宿遷主簿以上舊志　楊兆梧 煤父贈清豐知縣

顧祖履 天挺父贈榮陽知縣　倪彰采 見龍父贈上饒知縣　邵　琮 鳳起父贈增城知縣

陸大柱 炯父贈太谷知縣　陸稱昇 筠父贈上猶知縣　沈　屹 之鉞父贈羅次知縣

徐　錦 吳治父贈靈川知縣　金　燈 南鍈祖　金京望 南鍈父俱贈陝西鹽驛道

楊聲佩 翊時父贈鎮海教諭　翁式玉 維正父贈長興訓導　嚴　旹 思位父贈檢討

葛贊皇 元祖　葛洪範 元父俱贈大同參將　吳之錡 嗣爵祖

吳岱齡 嗣爵父俱贈吏部右侍郎　胡世柱 德炘父贈上虞教諭　陸匡時 超曾父贈孝豐教諭

王紹湄 鳳鳴父贈景甯教諭　何廷鑛 永泰父贈靈州州同　孫大塄 元父贈壽昌教諭

葉之溶 鑾父贈於潛教諭　胡光銓 紹衡父贈臨安教諭　陸如璋 沅祖

陸錫麒 沅父俱贈庶吉士　時德潛 樞父贈餘杭訓導　朱鳴虞 壬林祖

朱邦瑾 壬林父俱贈直隸清河道　錢德輝 福昌祖　錢租亮 福昌父俱贈侍讀學士

奚文謨 澄祖　奚錫戊 澄父俱贈直隸新城知縣　何　棨 紹瑾祖

何　棠 紹瑾本生祖　何文煥 紹瑾父俱贈朝議大夫　朱為霖 善張父贈淮揚海道

沈履中 徐士棻外祖贈光祿大夫　陸秉鈞 徐申錫外祖贈文林郎　謝景明 榮照曾祖

謝雲超 榮照祖　謝　普 榮照父俱贈廣西右江道　倪丞釗 承弼祖

倪廷藩 承弼父俱贈西甯知縣寶璜曾祖累贈榮祿大夫

倪承弼 寶璜祖贈榮祿大夫　倪福昂 寶琨父贈朝議大夫　倪炳南 寶璜父贈榮祿大夫

沈宗漢 應奎曾祖　沈　霖 應奎祖　沈學詩 應奎父俱贈陝西陝安道

張湘任 金鏞父贈侍講湖南學政炳堃父贈湖北糧道　王震偉 大經曾祖

王樹德 大經祖　王思高 大經父俱贈湖北按察使　沈愛源 正楷父贈奉直大夫

孫　熊 蘭谷祖　孫　增 蘭谷父俱贈中憲大夫

石門縣

明

程德剛 本立父贈僉都御史 楊 述 青父贈奉政大夫 潘 興 蕃祖

潘 盛 蕃父俱贈左都御史 呂 綸 希周父封吏部郎中 呂 淇 槱父封錦衣衛副千戶

周 塤 崑父贈吏科給事中 姚 璘 鵬父贈工部主事 張 善 文憲祖贈太常寺卿

沈 鼎 宏父贈武選司郎中 姚 敏 汝冉父贈刑部郎中 張 溥 文憲父贈太常寺卿

勞 勉 璋父贈新淦知縣 郭 鎬 鼎父封推官 王武卿 銳父贈光祿署丞

俞懷思 田父贈禮部員外郎 趙 聰 嚴父封河南道御史 沈 彧 榮父贈左軍都督經歷

徐思敬 植父封光祿署丞 李文達 雅父贈彭城衛經歷 趙 珪 讓父累封刑部郎中

陸 鑾 楷父封豐澤知縣 金可久 枝父封刑部主事 勞王事 承嘉父封中憲大夫

沈曰諾 大德父贈知縣 竇 卿 文照父封通判 吳沛然 之屏祖贈提舉副使

吳尚倫 贈之屏父副使 顧文昌 朱父封行人 金鏡廉 濛父封知縣

國朝

鍾 煥 鼎父封知府 張雅音 行生父封淮安同知 鍾景音 朗父封工部員外郎

勞似融 之鏻父封戶部主事 姚 斌 朗父贈禮部主事 朱繼芳 輔父贈知縣

勞永存 似父贈知縣 范居信 汝璜父 范居元 汝璜本生父俱贈儒林郎

郭欽華 演父封奉直大夫 朱元凱 雯父 朱 輔 雯本生父俱贈提學副使

吳中允 涵祖 吳夢寅 涵父俱贈吏部侍郎 沈思忠 甯父贈知府

鍾天奇 冀父贈中書 方國圻 周士父封同知 張行興 奇逢父贈泰安州同

張奇琳 泰光父贈濬縣縣丞 田方生 朝鼎祖 田埜治 朝鼎父俱贈冕甯知縣

吳寶庚 藺同父贈膠州州同 鄭之高 廷臣父贈桐柏知縣 陳聖言 止怡父贈遂昌訓導

陳世修 纘父封雲南知府 莊 士 鉛父贈象山教諭 吳用楫 雲從父贈河東鹽運使

莊士培 銘父贈大理府司獄 朱 茀 象賢父贈建德教諭 葉 鑌 棠祖贈工部都水司主事

葉汝聯 棠父贈兗州知府 吳起麟 履綏父贈武康教諭 田錫祚 尹衡祖

田朝泰 尹衡父俱封同知 蔡起鯤 履元祖 蔡裕光 履元父俱贈山東道御史

吳 墉 體乾祖 吳宗璉 體乾父俱贈知縣 勞可道 璂祖

勞觀孚 璂父俱封平越知縣 許自道 紹乾父贈金華訓導 馬 紳 俊良祖

馬時浦 俊良父俱贈教授 陳瞻嵩 掄元父贈德清訓導 費爾蘐 成雲父贈海甯訓導

沈大觀 成連父贈內閣中書 吳祚垣 震起祖贈吏部郎中 吳日旛 震起父贈庶吉士

鄭元芳 枘祖 鄭廷柱 枘父俱贈吏部主事 朱維熊 贈鄭枘姑夫吏部主事

陳 錕 渼父 陳 治 渼兄俱贈登昌知府 許紹鵾 瀚祖

許自英 瀚父俱贈山陽知縣 洪 溥 燮祖 洪世柟 燮父俱贈河南州同

徐世熙 學謙父贈蕭山教諭 胡鳴鑾 辰告父贈會稽教諭 吳啟東 光斗兄贈登仕佐郎

吳樹本 于宣祖 吳紹曾 于宣父俱贈順天南路同知

陳啟祚 萬全曾祖 陳廷武 萬全祖 陳德星 萬全父俱封詹事府詹事

胡以永 枚祖 胡以陶 枚本生祖 胡 瑩 枚父俱贈承德郎

胡夢蘭 緗祖 胡鳴求 緗父俱贈光祿寺典簿

姚開基 純錫父贈武畧佐尉 顧 朱 鐔父贈山道監察御史

吳廷翼 興宗父贈工部主事 吳 汶 惟格父贈樂清訓導 吳尚思 之振父贈內閣中書

吳之振 寶林父封明州知州 蔡起麟 嵩年祖

蔡　賓嵩年父俱贈知縣　鍾　愉金溶父贈靈山巡檢　鍾光紘基父贈安吉訓導
謝士俊應麟父贈閩安巡檢　陳萬青萬全兄貤贈兵部左侍郎
吳時用文照祖贈新興知縣　吳宗元文照父贈朝議大夫　胡　榛枚兄貤贈內閣中書
朱　紱芬父贈臨安訓導　葉　樹萬青祖　葉大縉萬青父俱贈武畧佐騎尉
吳震逵寶裕父贈龍門知縣　吳宸元文照叔貤贈碣石同知　吳　鈞曾貫父贈渭南知縣
蔡守正德滈祖贈齊東知縣　蔡其英德滈父封齊東知縣　吳爲鼎獅霄父贈州判
王近彬家楨父贈臨海教諭　葉行恕淮祖　葉　鈞淮父俱贈平利知縣
吳心鑄寶裕兄貤贈龍門知縣　敦廷懷枚父贈諸暨訓導以上舊志
陸鏡澄勳父贈定海訓導　徐獻堯寶謙祖贈刑部貴州司主事
徐克祥寶謙父多綬祖累贈刑部主事戶部雲南司郎中

徐克順寶謙叔貤贈刑部主事　徐福謙多綬父贈戶部雲南司郎中
蔡載臨錫崑父贈台州府訓導　陳善繼其元曾祖
陳萬森其元祖　陳　鼇其元父俱贈通奉大夫　勞德本慶蕃祖
勞宗煥慶蕃父俱贈襄陽知縣

桐鄉縣

明

李　昊樂父贈禮科給事中　馮　倫孜父歷贈刑部郎中　沈　葩烝父贈濟南知縣
沈　佳思充父贈工部主事　夏　儒勳父贈冀州知州　盛　蘭國禎父贈鴻臚寺序班
施　乾爾志父贈太平推官　錢夢傳允鯨父贈給事中　錢　泰貢父封工部主事晉贈郎中
沈　照元錫父贈州守　姚應張繼舜父封郎中　鍾　德繼元父贈刑部員外郎
陸費明吉父贈昌平知州

國朝

孔尚通自洙父贈提學僉事　唐元毅彥袠父封當陽知縣　張王謨超父贈華亭知縣
鄭昌世蘊宏父贈中書舍人　施　昌鈊父封州同　周家楨同暉父贈同知

汪文淇森父贈郎中　金士瑜璋祖　金學汾樟父俱贈主事
汪文桂繼景父封中憲大夫　仲應鶴宏道父贈嶧縣知縣　孔興儼傳忠祖
孔毓瓚傳忠父俱贈知州　唐　頎如柏祖　唐獻來如柏父俱贈泰州知州
陸樹珠煒父封天河知縣　陸樹駿炘父贈興化知縣　茅允修煐祖
茅丕承煐父俱贈滋陽知縣　金學洙栻父封樂清教諭
馮一虬景夏祖贈刑部侍郎鈴曾祖贈河南巡撫
馮　翃景夏父贈刑部侍郎鈴祖贈河南巡撫　朱來鳳元豐父封金壇知縣
屠有禧嘉正祖　屠永貞嘉正父俱贈判宜道　程朝輔尚賢祖
程之琨尚賢父俱贈營膳司主事　汪繼爆筠父贈永北知府
王世德應綵祖　王宗仕應綵父俱贈京畿道御史

朱明儀 銓父封編修 鈕龍光 汝騏祖 鈕興周 汝騏父俱贈編修

金樟 烈父贈廣東糧儲道 金烈 鏞父贈潞安知府 金熹 垣父贈刑部員外郎

汪兆龍 杲父贈無爲州知州 汪純烘 斌父贈滁州知州 程琳 尚質父贈饒州同知

馮景夏 鈐父贈河南巡撫 馮錦 浩父贈翰林院編修應榴祖贈通政司參議

馮浩 應榴父封鴻臚寺卿 陸費淮 墀曾祖 陸費椿 墀祖

陸費熙 墀父俱贈禮部侍郎 趙龍光 陸費墀外祖贈少詹 陸費垣 監父贈石碑場鹽大使

張天文 元任父贈浮梁縣丞 汪肯堂 廷鈃父贈歷城知縣 趙正大 珮祖

趙國祥 珮父俱贈永昌知府 朱棠 乘祖 朱宗洛 乘父俱封吉水知縣

吳玉潤 襄父封內閣侍讀 沈之潢 德榮父贈遂昌教諭 孔傳志 繼元父贈襄陽知縣

孔繼美 廣平父贈陸川知縣 葉天馹 艮璧父贈臨海訓導 沈志神 啟震祖

沈廷光 啟震父俱贈山東運河道 于文懋 廷鎬父贈景甯訓導

皇甫洸 樞父贈竹山知縣 屠洪緒 本仁父封臨海教諭

陸炘 元鉉本生祖 陸世垛 元鉉父俱贈雅州知府 陸烇 元鉉祖

蔡墀 如錦父封聊城主簿 蔡垛 鉅蘭父封浮梁縣丞 李國用 有常父封柳林巡檢

張鏜 桓祖 張景潮 桓父俱贈文安知縣 金伸迺 兆龍父贈安江巡檢

鄭景渭 熙祖 鄭樹聲 熙父俱贈甯晉知縣 金宏烜 栻父封江陰主簿

陳大謨 元彩本生祖貤贈大理寺右寺丞 陳世亮 桂生父贈杭州訓導

陳詩 元彩兄貤封同知 葉文高 之藩父贈開化訓導 沈紹昌 德相父贈奉化教諭

程朝輔 同文曾祖 程琳 同文祖 程尚質 同文父俱贈兵部郎中

陸世叔 元鏸父贈介休知縣 陸元鏸 以潤父贈內閣中書兼樞祖累贈監察御史

程拱宇 模本生父貤贈清苑縣丞 孔繼奎 廣覃父贈臨海訓導

沈錫祚 如湖父贈平鄉知縣 鄭淦 心一父贈袁州知府 蔡壎 鑾揚叔貤贈郎中

周向湖 桂父贈長興訓導 周湧潛 桂叔貤贈歸安訓導 周以淸 材叔贈常山訓導 以上舊志

陸費坤 鑾父贈亳州州同 陸費勳 瑔曾祖 陸費培 瑔祖

陸費鑒 瑔父 陸費元鑌 瑔本生父俱贈湖南巡撫

陸費時成 廷璠父贈鹽山知縣 鄭鈴 景洛父贈長興教諭 鄭以封 鳳鏘父贈開化教諭

鄭以廉 元鈁父贈錢塘教諭 陸淸瑞 秉樞父贈山東道監察御史

嚴寶傳 辰祖 嚴廷珏 辰父俱贈員外郎刑部主事翰林院庶吉士加一級

嚴廷琛 辰叔貤贈員外郎銜刑部主事翰林院庶吉士加一級

蕭南金 儀祇祖 蕭謙 儀祇父俱贈山陰教諭 蕭麒 夏同善外祖貤贈兵部右侍郎

郵旍

唐

陸偘 濁子溧陽令

宋

聞人安壽 建子太子中舍國子博士

聞人祖憲 阜民子儒林郎

聞人完 安道子宣德郎

聞人永 宏子迪功郎

聞人安世 建子主簿

聞人滋 璪子敕令刪定官

聞人宋 安道子從政迪德郎

聞人松 符子通直郎

元

黃中玉 平山子縣尉

明

俞寬義 綱子承事郎以下嘉興

許長齡 紳子國子生

鄒幹 濟子應天府學生中式

鄒煥 幹子國子生

黃寅錫 洪憲子國子生

黃庭蓀 父申錫卒補廕

岳沖 和聲子國子生

徐宏耀 肇樑子廕入國子監

徐宏熿 必達孫國子生

俞誥 綱子知府

談文明 相子國子生

鄒煜 幹子大理卿

沈士皋 思孝子國子生

黃中錫 承元子國子生

岳潰 元聲子詹事府主簿

徐肇樑 世涫子抱父屍殉難贈國子助教

徐肇森 必達孫國子生

譚貞和 昌言子國子生

王世駿 允昌子錦衣衛千戶

李士標 甯海州殉洽口兵難贈尚寶丞

呂言 嵩子通判

項鏞 忠孫世襲指揮僉事

項世芳 元洊子錦衣衛千戶

朱大競 國祚子知府

朱大觀 國祚子知府

朱大定 國祚子同知

姚以亨 思仁子知府

姚澣 父以高卒補廕

王永隆 父世駿卒襲錦衣衛經歷

呂嵩 原子中書以下秀水

吳繼 鵬子知府

項元洊 鏞子錦衣衛千戶

居鉰 勳孫國子生

朱大烈 國祚子主事

朱大治 國祚子

姚以亮 思仁子知府

姚以高 思仁子

朱茂時 大啟子知府

俞文煥 綱孫知州以下嘉善

丁鑛 賓子

丁濬已 賓孫

錢熹 士升子

鄭心材 曉孫

錦衣衛百戶

陸光譏 杰子

陸繹 炳子錦衣衛指揮

陸基恕 光祖子郎中

孫成憲 植子郎中

項鎧 鍾孫序班

丁淑已 賓孫治中

魏允枏 大中孫

鄭履準 曉子郎中以下海鹽

徐同貞 從治子崇禎六年敕萊州死難世襲

陸光弼 杰子前府都事以下平湖

陸煒 松子中書

陸基忠 光祖子郎中

陸在廷 父光繼卒補廕太僕寺丞

施宸鉉 鳳來孫

馬嘉桂 德灃子

潘 儒 蕃孫同知 以下石門

張汝正 文憲子同知

國朝

莊 澐 錢國子生 以下嘉興

王 援 庭子

錢汝鼎 陳羣從子乾隆元年覃恩廕七品例授州同

馮建蓀 巡撫光熊孫嘉慶元年覃恩廕

屠廷佐 洪基元孫順治九年洪基殉象賊難乾隆五十七年追卹給恩騎尉世襲 以下秀水

莊仲芳 布政前廣東按察使肇奎子嘉慶元年覃恩廕

高燕昌 如松子廕文職未赴補

汪善樞 如淵子大理寺評事

郁世畿 之章孫國學生

郁 喬 之章子入官監順天副榜 以下嘉善

錢 鍫 塏姪雍正元年以覃恩入官監

錢 洙 榜元孫雍正年廕鳳山縣歷臺灣府

許廷煥 父王謨宜賓知縣作雷波城殁於王事乾隆元年廕監

許世墉 王猷孫乾隆元年恩廕八品職監

錢樹德 榜五世孫乾隆五十七年追卹給恩騎尉世襲

錢燕翼 樹德子

錢恩培 樹德孫

許 煌 椿子以椿殉難廕安邑知縣

許 基 椿孫乾隆五十七年追卹給恩騎尉世襲

錢文訓 刑部右侍郎寶廉子光緒元年覃恩廕

鄭世昌 大興人海鹽籍嘉協中軍守備鈺長子鈺征霞球村土寇陣亡順治十七年廕子拖沙喇哈番入海甯衛左所 以下海鹽

王承儁 陝西城固知縣王顯一長子顯一運餉軍前卒嘉峪關外第死事功廕子入監

嘉興府志 卷四十九 選舉六 四七

陳敎衍 都察院左副都御史世倕長孫乾隆元年覃恩得廕

張 璉 安徽巡檢張行健孫行健遇耿逆叛不屈死乾隆五十七年追卹給恩騎尉世襲

陳 騏 布政司孝昇子嘉慶元年覃恩廕

沈守廉 廣西學政炳垣長子咸豐七年炳垣殉粵匪難廕騎都尉 特賞主事授工部屯田司主事

沈守誠 炳垣次子 特賞光祿寺署正

沈守謙 炳垣三子 特賞中書科中書

沈蘭生 侍郎初子嘉慶元年覃恩廕戶部主事官至雲南按察使 以下平湖

陸 桓 光濂子狆苗滋擾殉難嘉慶二年給雲騎尉世襲罔替

陸文炳 光濂孫

吳元凱 協辦大學士璥子嘉慶元年覃恩廕員外郎

吳公謹 璥子道光元年覃恩廕通判官至平度州知州

朱之榛 淮徐揚海道善張子同治三年善張因剿匪在軍營病故廕知州授蘇州總捕同知

王銘貴 湖北按察使大經子光緒元年廕知縣

案咸豐同治間粵匪之亂七邑殉難紳士各姓名俱見忠義門其應得卹廕尚未襲職茲不備錄

嘉興府志 卷四十九 選舉六 四八

嘉興府志

嘉興府志卷五十　　嘉興府知府善化許瑤光重輯

史列傳光邦家志列傳榮閭里上下異垂後同也不中人物淵藪兩廡典最鉅而

國朝雍正入清獻道光入宣公同治入楊園盛哉入志因崇祀冠列傳人或非之然似亦倣孔子世家體茲循其舊餘均彙而次之人傑也而地靈發之前範也而後進模之矣志列傳

兩廡先儒

嘉興縣

唐

陸贄字敬輿嘉興縣人舊唐書蘇州嘉興人唐書同至元志寶花寺在郡治西南二百步陸宣公宅湯志宣公居城中甜瓜巷曾祖齊望秘書監祖灞兵部郎中父侃溧陽令贄年十八第進士中博學宏辭調鄭尉罷歸壽州刺史張鎰有重名贄往見語三日奇之請爲忘年交既行餉錢百萬曰請爲母夫人一日費贄不納止受茶一串曰敢不承公之賜是歲以書判拔萃調渭南簿遷監察御史德宗在東宮時素知贄名乃召爲翰林學士由祠部員外轉考功郎中朱泚之亂從幸奉天時車駕播遷詔書旁午贄灑翰卽成不復起草初若不經思

及成而奏無不曲盡事情中於機會嘗從容奏曰此時詔書陛下宜痛自引過以感人心俾臣草辭無諱庶幾羣盜革心德宗從之故行在詔書始下雖武人悍卒無不揮涕感激唐書本傳李抱眞入朝爲帝言陛下在奉天山南時赦令至山東士卒皆感泣思奮臣是時知賊不足平議者謂興元戡難功雖爪牙宣力蓋贄有助焉是時賊未平德宗欲明年遂改元乃議更益大號贄曰今乘輿播越大憝未去陛下宜痛自貶勵不宜益美名以累謙德德宗從之但改興元年號而已行在夾廡署瓊林大盈二庫別貯貢物贄請悉出以賜有功德宗悟即撤其署李懷光有異志李晟密言其變請移屯德宗遣贄見懷光議事贄

還奏懷光必反勸帝許晟移軍遣李建徽楊惠元與晟併屯東渭橋唐書本傳德宗曰卿所料極善然李晟移軍懷光心已惆悵若更遣建徽惠元就東則使得爲詞且俟旬時晟至東渭橋不旬日懷光果奪兩節度兵建徽遁而獲免惠元被執害之報至行在人情大恐移幸梁州轉諫議大夫依前充翰林學士德宗還京轉中書舍人學士如故初劉從一姜公輔等材不逮贄由下位建台宰而贄孤立一意爲左右權倖沮短又言事無所回諱久之不得宰相毋喪解官服除以權知兵部侍郎復召爲學士天下屬以爲相而竇參素忌之贄亦數言參罪

失貞元七年罷學士以兵部侍郎知貢舉明年參黜乃以中書侍郎同中書門下平章事舊唐書竇參傳參貶郴州別駕劉士甯遺參絹五千匹李巽與參有隙遂具以聞德宗大怒欲殺參陸贄曰竇參與臣無分因事怨望人之常情臣忝宰衡合存公體以參罪犯置之於死恐用刑太過於是且止乃再貶爲驩州司馬參特爲左右中官深怒謗沮不已未至驩州賜死　案舊唐書本傳云姜公輔于上前聞奏稱竇參嘗語臣云陛下怒臣未已德宗怒再貶參竟殺之時議云公輔奏竇參語得之於贄參之死贄有力焉此與參傳賜死之語既有舛異且如參傳則贄實爲之力救本傳所云與之相背矣今取參傳而附辨于此贄悉心報國以天下事爲已任政不便于時者多所條奏德宗雖不能皆可而心頗重之戶部侍郎判度支裴延齡姦宄用事天下嫉之如讎以得幸于天子無敢言者贄獨以身當之屢於延

英面陳其不可累上疏極言其弊延齡日加譖毀十年除太子賓客罷知政事唐書本傳班宏判度支卒官贄薦李巽帝許之而自用裴延齡贄言延齡僻戾躁妄不可用不聽俄而延齡姦佞得君天下仇惡無敢言贄上書苦諫帝不懌竟以太子賓客罷贄十一年春旱邊軍芻粟不給具事論訴延齡言贄與張滂李充等搖動軍情德宗怒將誅贄等四人會諫議大夫陽城等極言論奏乃貶贄爲忠州別駕裴延齡傳延齡領度支時陸贄秉政每於延英極論其誕妄不可令掌財賦德宗以爲排擯待延齡益厚贄上書疏其失德宗不悅時鹽鐵轉運使張滂京兆尹李充司農卿李銛以事相關皆證延齡矯妄德宗罷贄知政事滂充銛悉罷職左遷十一年春久旱人情憂惴延齡遽上疏曰陸贄李充等失權心懷怨望言度支多欠闕諸軍糧草以激怒軍情後數日神策軍人訴度支欠廐馬芻草上思延齡言即下詔斥逐贄充滂銛等延齡方謀害在朝正直

之士會諫議大夫陽城等伏閤切諫事遂且止贄充等雖已貶斥延齡之末已乃掩捕李充腹心吏張忠捶掠楚痛令爲之詞云前後隱沒官錢五十萬貫米麥是其錢物多結託權勢充妻常於犢車中將金寶繒遺陸贄贄妻忠不勝楚毒並依延齡敎抑之辭具款母于陸光順門投匭訴冤詔御史臺推問事皆虛乃釋忠妻 唐書陽城傳德宗召拜諫議大夫居位八年人不能窺其際及裴延齡誣逐陸贄等帝怒甚無敢言城聞曰吾諫官不可令天子殺無罪大臣乃約拾遺王仲舒守延英閤上疏極論延齡罪慷慨引誼申直贄等累日不止帝大怒召宰相抵城罪順宗方爲皇太子爲開救良久得免敕宰相諭遣城 張萬福傳以列校征遼東有功累拜右金吾將軍陽城等詣延英門論裴延齡事伏閤不去帝震怒左右懼不測萬福大言曰國有直臣天下無慮矣吾年八十與見盛事徧揖城等勞之後稍思之會辟延爲刺史諭旨慰

勞韋皋數上表請贄代領劍南德宗猶銜之不肯與順

宗立召還詔未至卒年五十二贈兵部尚書謚曰宣始

贄入翰林年尚少以材幸天子常以輩行呼而不名翰苑集序扈從行在特所親信有時讌語不以公卿指名但呼陸九而已及出居艱阻之中雖

有宰臣而謀猷參決多出於贄故當時目爲內相從幸

山南道途艱險與相失一夕不至德宗喻軍士曰得贄

者賞千金及輔政所言皆懇到深切或規其太過者對

曰吾上不負天子下不負所學遑宅卹乎既放荒遠常

闔戶人不識其面又避謗不著書地苦瘴癘祇爲今古

集驗方五十篇示鄉人云子簡禮登進士第累辟使府

兵部郎中唐會要貞元八年春中書侍郎平章事陸贄始復令吏部每年集選人舊事吏部每年集人其後遂三數年一置選選人併至文書多不可尋勘眞僞紛雜吏因得大爲姦巧選人一蹉跌或十年不得官而官之闕者或累歲無人贄命吏部分內外官員爲三分計闕集人歲以爲常其弊十去七八天下稱之 舊唐書本傳初贄秉政貶駕部員外郎李吉甫爲明州長史量移忠州刺史贄在忠州與吉甫相遇昆弟門咸爲贄憂而吉甫忻然厚禮都不衘前事以宰相禮之贄初猶慙懼後乃深交時論以吉甫爲長者 韓與祠部陸員外書往者陸相公司貢士考文章甚詳時亦幸在得中而未知陸之得人也其後一二年所及第者皆赫然有聲原其所以亦由梁補闕肅王郎中礎佐之梁舉八人無有失者其餘則王皆與謀焉陸相之考文章甚詳也待梁與王如此不疑也梁與王舉人如此之當也至今以爲美談 獨異志崔羣知貢舉夫人李氏常勸樹莊田羣曰予有三十所美莊前歲放春榜三十人豈非良田耶夫人曰君非陸贄相門生乎往年君掌文柄使人約其子簡禮不令就試如以君爲良田即陸氏一莊荒矣

國朝道光六年奉

旨從祀孔子廟庭位列東廡先儒王通之次本傳

附

范新宣公故宅考或問曰史稱宣公蘇州嘉興人子生

賢者之里亦知其故居之所在乎曰舊志稱陸齊望宅

舍爲寶花寺是也或又曰記志所稱宣公宅亦多矣子

何以定其在是也東萊宣公書院記謂秀州城東橋以

宣公名者先老相傳公所生之地也林光氏志謂鶴渚

在縣南二里宣公舊宅放鶴之所也又云仁壽寺西一

里百福坊宣公故里也辥文清書院記謂城北有公遺

廟世傳以爲公之故宅也許恂如百咏詩注今秀水治

北甜瓜巷是宣公舊宅也嘉善志張涇匯之陸莊宣公

故居也又劉德夫思賢書院記謂縣實宣公故里也歷代言公宅者如此不一子將何所適從與曰吾以唐人之碑爲據耳放翁入蜀記云抵秀州遊寶花尼寺拜宣公祠祠有碑闕壞磨滅之餘時時可讀蘇州刺史于頔書大畧言秘書監陸公齊望始作尼寺於此其後灞滻澧兄弟又新之後又有賢妹字意者陸氏嘗有女爲尼云諱灞者宣公之父也夫于襄陽去宣公時近所書之記必可據至放翁以灞爲宣公之父則沿歐陽子宰相世系表之譌耳劉昫宣公傳云父侃溧陽令是也且寶花爲宣公之宅可據者不獨于頔碑也宋滔祐間陸尙書德輿報忠觀記曰昔余之上世有仕唐爲秘書少監者嘗以宅爲寺郡之寶華是也然則徐碩嘉禾志以府西南寶花爲宣公宅者其言信有徵矣 案此宅考應坿古蹟宣公宅後因甜瓜巷屬秀水張涇匯屬嘉善而此宅考斷爲嘉興舊志坿傳後亦見宣公列嘉傳之確也

列傳

嘉興縣

漢

嚴忌吳人本姓莊避明帝諱稱嚴由拳人好詞賦吳王濞招致四方游士忌與鄒陽枚乘等俱仕吳以文辨著名久之吳王以太子事怨望陰有邪謀忌知不可說去之梁從孝王游號嚴夫子 漢書鄒陽枚乘傳參趙圖記

嚴助會稽吳人嚴夫子子或言族家子也郡舉賢良對策百餘人武帝善助對獨擢助爲中大夫是時朝廷多事上令助等與大臣辨論中外相應以義理之文大臣數詘其尤親幸者東方朔枚皋嚴助吾邱壽王司馬相如而助最先進閩越圍東甌帝遣助以節發兵會稽浮海救東越未至閩越引兵罷後閩越復興兵擊南越南越守天子約不敢擅發兵上書以聞上多其義遣兩將軍將兵誅閩越閩越王弟餘善殺王以降漢兵罷乃令助諭意風指於南越南越即遣太子隨助入侍助與淮南王相結而還上大悅助侍燕從容上問助居鄉里時助對曰家貧爲友壻富人所辱上問所欲對願爲會稽太守於是拜爲會稽太守上書願奉三年最詔許因留侍中有奇異輒使爲文作賦頌數十篇後淮南王反事與

助相連上薦其罪欲匆誅廷尉張湯爭以爲不可助竟棄市

朱買臣字翁子吳人家貧好讀書常艾薪樵賣以給食擔束薪行且誦書其妻負戴相隨數止毋歌謳道中買臣愈益疾歌妻羞之求去後數歲買臣詣闕上書會邑子嚴助貴幸薦買臣召見說春秋楚辭帝悅之拜爲中大夫與助俱侍中是時方築朔方公孫宏諫止使買臣難詘宏後坐事免久之召待詔時東越數反覆買臣言發兵浮海席卷南行可破滅也上拜會稽太守會稽聞太守且至發民除道縣令並送迎車百餘乘入吳界見其

故妻妻夫治道買臣駐車呼令後車載其夫妻到太守舍置園中給食之居一月妻自經死買臣乞其夫錢令葬悉召故人與飲食諸嘗有恩者皆報復焉居歲餘受詔將兵與横海將軍韓說等擊破東越有功入爲主爵都尉列於九卿數年坐法免復爲丞相長史與御史大夫張湯有怨告湯陰事湯自殺上亦誅買臣子山拊官至右扶風以上漢書本傳

徐栩字敬卿由拳人少爲獄吏執法詳允遷小黄令時陳留蝗野無青草過小黄飛逝不集刺史行部奏栩他事栩棄官蝗大至刺史媿謝令還舍蝗卽遁去後爲長沙太守嘗食乾飯不發煙爨吳中人物志參栩志

三國吳

朱桓字休穆吳郡人也孫權爲將軍桓給事幕府除餘姚長繼遷盪寇校尉丹陽鄱陽山賊蜂起桓督領諸將討平之遷裨將軍封新城亭侯後代周泰爲濡須督魏使曹仁將步騎數萬向濡須時桓部兵五千人桓偃旗鼓外示虛弱以誘致仁仁遣其子泰攻濡須城分遣將軍常雕督諸葛虔王雙等乘油船別襲中洲桓力拒之泰燒營而退遂梟雕生擒雙封嘉興侯桓輕財貴義愛養吏士贍護六親俸祿産業皆與共分卒子異嗣吳志本傳

朱異字季文以父任除郎後拜騎都尉代桓領兵隨朱然攻魏樊城建計破其外圍拜偏將軍遷揚武將軍孫權與論攻戰辭對稱意權謂異從父驃騎將軍據曰素知季文名見之復過所聞文欽詐降密書與異欲令自迎異表呈欽書因陳其僞不可信遷鎭南將軍魏遣胡遵諸葛誕等出東興異督水軍攻浮梁壞之魏軍大破假節爲大都督救壽春圍不解還軍爲孫綝所枉害吳志本傳

唐

陸元朗字德明以字行善言名理陳後主爲太子集名儒入講承光殿祭酒徐孝克倚貴縱辨衆多下之德明始

冠于下坐申答屢奪其說釋褐始興國左常侍隋煬帝擢秘書學士遷國子助教王世充僭號封子元恕爲漢王以德明爲師卽其廬行束脩禮德明恥之遂移病去世充平秦王辟爲文學館學士補太學博士高祖已釋奠召博士徐文遠等各講經德明隨方立義徧析其要帝大喜曰三人者誠辨然德明一舉輒蔽可謂賢矣賜帛五十匹遷國子博士封吳縣男卒論撰甚多傳於世子敦信檢校右相累封嘉興縣子敦信子齊望秘書少監齊望子灞吏部郎中灞子偘溧陽尉 唐書本傳參越圖記

陸元方字希仲陳給事黃門侍郎琛之曾孫明經後舉八

科皆中累轉監察御史武后時除殿中侍御史擢鳳閣舍人遷鸞臺侍郎坐尉會李昭德貶綏州刺史擢天官侍郎兼司衛卿或言其薦引皆親黨后怒免官令白衣領職元方薦人如初后召讓之對曰舉臣所知不暇問仇黨又薦其友崔元暐有宰相才后知無他復拜鸞臺侍郎同平章事后嘗問外事對曰臣備位宰相大事當白奏民間碎務不敢以聞忤旨下除太子右庶子進文昌左丞卒贈越州都督元方素清慎再執政每進退羣臣后必先訪問外秘莫知臨終取奏稾焚之曰吾陰德在人後當有興者諸子皆美才象先景倩景融尤知名

陸象先字崇賢舉制科高第爲揚州參軍事擢洛陽尉遷監察御史累授中書侍郎進同中書門下平章事初太平公主謀引崔湜爲宰相湜曰象先人望宜幹樞近湜敢辭主不得已爲言之遂並知政事公主旣擅權宰相爭附之象先未嘗往謁及謀逆召宰相議曰甯王長不當廢嫡立庶象先曰帝得立何也主曰帝有一時功今失德安可不廢對曰立以功者廢必以罪今不聞天子過失安得廢主怒更與竇懷貞等謀卒誅死以保護功封兗國公初難作睿宗御承天樓羣臣稍集帝麾曰助朕者留不助者去于是有投名自驗者事平元宗得所

投名詔象先收案象先悉焚之帝大怒頓首謝曰赴君之難忠也陛下方以德化天下奈何殺行義之人故臣違命安反側者其敢逃死帝悟善之罷爲益州大都督府長史劍南按察使累徙蒲州刺史兼河東按察使入爲太子詹事歷遷太子少保卒年七十二贈尚書左丞謚文貞

陸景倩象先弟爲扶溝丞時河南按察使畢構覆州縣殿最欲必得實有吏言狀曰某彊清某詐清惟景倩曰眞清終監察御史

陸景融長七尺美姿質寬中而厚外博學工筆札以蔭補

千牛轉新鄭令政有風績累遷工部尚書東京留守卒贈廣陵郡都督景融于象先先後母弟也象先被笞景融諫不入則自楚毋爲損威人多其友愛以上唐書本傳

徐岱字處仁蘇州嘉興人農家子岱好學六籍諸子悉所探究問無不通難莫能詘轉運使劉晏表薦爲校書郎浙西觀察使李栖筠欽其賢署所居爲復禮鄉擢河南偃師尉禮儀使蔣鎮薦爲太常博士改膳部員外郎遷水部郎中充皇太子侍讀尋改司封郎中擢給事中兼史館修撰並仍侍讀兩宮恩遇無比而謹慎過甚未嘗洩禁中語亦不談人之短甥姪遺孤者婚嫁之卒贈禮

部尚書參新舊唐書

朱巨川字德元嘉興人年二十明經擢第尋以賢能舉授左衛率府兵曹參軍改睦州錄事參軍授監察殿中等御史薦左補闕內供奉擢起居舍人知制誥拜中書舍人凡載書之傳信者贊書之加命者詔策之封崇者愍策之褒厚者其辭必溫其道必直洪而不放纖而不繁以建中四年遘疾終年五十九文苑英華李紓墓銘

殷堯藩元和九年進士從李翺長沙幕府後爲長樂令有治績擢侍御史官江南甚著風采有詩集一卷趙圖記

陸扆字祥文贄族孫客於陝遂爲陝人光啟二年進士第累進翰林學士中書舍人扆屬辭敏速一時書命同僚自以爲不及昭宗嘗作賦詔學士皆和獨扆最先就帝覽之嘆曰貞元時陸贄吳通元兄弟善內廷文書後無繼者今朕得之累爲尚書左丞封嘉興縣男從戶部侍郎同中書門下平章事韋王以兵伐鳳翔扆極諫帝責扆沮撓貶峽州刺史師果敗授工部尚書封吳郡公從遷洛柳璨附朱全忠謀去朝廷衣冠有望者貶扆濮州司戶參軍殺之白馬驛新唐書本傳

陸明允字信夫贄從子元和三年以集賢校理出爲奉化令歲大旱鄰境人相食明允輯和其民振廩食以賑餓

者全活數萬人治行爲天下第一復於龍潭涇疊石障水鑿渠引流下通廣平湖達于江溉田數千頃後名其堰曰賁國渠曰新河至今賴之在邑五年卒民祠之嘉興湯志

宋

聞人建字端木曾祖珪字廷輝仕吳越爲新定從事累官御史中丞兼國子監祭酒自珪以上居錢塘三世矣珪子新周顯德四年始遷嘉禾遂葬於城外竹橋之西新不仕好藏古書嘗戒諸子曰吾家以儒業奮汝曹當服勤以善守之新子泰大理寺評事二子長即建也舉進

士歷道婺兩州推官遷著作郎騎都尉監秀州都鹽倉轉秘書丞以子貴加贈尚書有熙甯三年四月敕藏於家載家譜秀州自錢氏歸國未有顯於朝者惟大中祥符五年有聞人侃登徐奭榜甲科至天禧三年建復登王整榜甲科始爲鄉里倡而聞人氏奕世簪纓不絕江左稱望族今秀水縣北聞家湖蓋因姓得名也墓在桃花原孫沔撰銘子安壽字景仁安世字漢卿越州主簿安易以子璪貴贈大中大夫宋聞人氏家譜及徐一夔所撰聞人氏譜序參至元志趙圖記并嘉興湯志

聞人安道字夔庚寶元元年進士博覽羣書言行爲鄉里師法嘗監睦州酒稅趙清獻爲守知其賢與定交後清獻移漕梓益安道從之官於蜀之新津清獻特遷之成都及罷蜀唯取石經數本以歸通判歙州時方行青苗錢散及萬緡則月加俸錢十千安道散至九千緡而止曰吾不能去官然亦不願加俸歷官職方郎中知南康軍有僧了元交結權貴安道斥之了元憤日伺安道所爲時州郡少事安道暇日嘗領官屬游寺飲酒賦詩乃以不事事謗之遂罷歸與司馬溫公同榜相知最深又與東坡詩筒往來見於紀錄至元志參聞人家譜

陳舜俞字令舉博學彊記應材識茂異賢良方正直言極

諫制科擢第一是時舜俞已登進士乙科復中是選文章聲名赫然在人上始授光祿丞簽書壽州判官以屯田員外郎宰山陰秩未滿召試館職不就青苗法行不奉令上疏自劾責監南康軍鹽酒稅在貶所與太傅劉凝之跨雙犢窮泉石之勝後歸嘗乘白牛往來溪上自號白牛居士鄉人名其居曰清風涇及卒蘇軾稱其學術才能兼百人之器慨然將以身任天下之事而一斥不復士大夫識與不識皆深悲之著有都官集三十卷廬山記五卷行世宋史本傳參至元志

案舜俞史稱湖州烏程人居秀之白牛村攷文獻通考方輿勝覽至元志諸書俱作嘉興人嘉興治東北一里爲舜俞宅崇甯三年孫某捨之爲漏澤寺其隱居在清風涇有陳賢良祠後析屬嘉善則舜俞本籍嘉興鑿鑿可據又攷章居安梅磵詩話亦稱嘉禾人章宋末吳興人足證史傳之誤

聞人璪字君儀以詞學擅名登熙甯三年甲科初任鎭江金壇簿歷官忠正軍節推致仕所得祿盡與子姪生平不具緘鑰不畜一物讀書爲文至老不衰有家集二十卷嘉興湯志

聞人宏字君度朝散大夫安遠子大觀己丑進士授通州司法陳瓘貶台州宏願從游乞改天台兵曹後知宣城有善政卒判常州所著文集十卷中興要覽十卷周官通解十卷經史旁闡十六卷柳志

王子武初爲統軍睦寇方臘作亂來攻秀州去城一舍而陣衆號十萬子武白太守曰今日之政公職守子武職戰請背城借一以報國乃簡精鋭五百人長兵在前短兵在後弓矢分左右翼夾射啟門鼓譟而出太守率百姓登陴擂鼓發喊以助之戰士勇氣百倍以一當百賊大駭奔潰數十里斬首五千級築京觀以表其功賊遂退不敢北向以窺江淮者由子武以孤軍遏之之力也兩浙名賢錄

董將紹興間以左朝請大夫守眞州初廟學燬於兵火權寓城南將至始遷還舊址文廟齋舍乃克備嘉興湯志

魯竑紹興間任鹽官令諸司列薦任滿除主官誥院宰海昌遇水旱竑力轉上聞得太倉粟二萬斛賓行荒政明年春疫作竑命醫徧藥且施以粥全活甚衆其疫死者作叢塚瘞之鐫其姓名於石使其家得訪而識焉袁志

章元振紹興中進士知肇慶府改廣東提舉與秦檜同登第甘於遠宦未嘗以私干檜萬歷廣東通志

婁機字彥發乾道二年進士授鹽官尉調含山主簿遷太常博士秘書郎請續編中興館閣書目又請寬恤淮浙被旱州縣擢監察御史韓侂胄議開邊機謂恢復之名非不美今士卒驕逸財力未裕萬一兵連禍結奈何侂胄不悅詔遣宣諭荆襄機昌言曰使往慰安人情則可必欲開邊啟釁有死不能從遂以言去侂胄誅召爲吏部侍郎禮部尙書擢同知樞密院事進參知政事彌縫裨贊尤惜名器守法度進退人物直言可否數上章告老以資政殿學士知福州力辭提舉洞霄宮以歸年七十九卒贈金紫光祿大夫加贈特進所著班馬字類廣干祿字編尤深書學流傳尺牘人多藏弆云宋史本傳

衛涇字叔清其先齊人唐末居秀州淳熙間孝宗親擢進士第一歷起居舍人直煥章閣知慶元府時權姦用事十年不調開禧初召官吏部尙書拜御史中丞請誅韓

侂胄論罷右相陳自强拜參知政事侂胄伏誅又患史彌遠欲去之彌遠乃諷御史劾罷涇知揚州除資政殿學士致仕卒贈太師追封秦國公謚文節侂胄嘗指朱子爲僞學及誅請召熹還朝已卒涇乃取諸經四書傳注刊布之所著文章奏議五十卷曰後樂集

衛湜字正叔涇弟好古博學集禮記諸家傳注爲集說凡一百六十卷上之朝官至寶謨閣知袁州學者稱櫟齋先生以上趙圖記

陳洙少貢上庠屢魁多士道君皇帝覽其試卷歎曰陳洙試卷首尾俱新育才既久今見偉人令鉛山隆興七年

上遣御史劉大中仗節宣諭察吏賢否至鉛山廉得洙戢吏撫民清廉果斷上其狀下詔褒之袁志

王希呂字仲行本宿州人南渡後居嘉興乾道五年登進士科召試授秘書省正字除右正言時張說以攀援戚屬擢用再除簽書樞密院事希呂與侍御史李衡交章劾之上疑其合黨邀名責遠小監當既而悔之改授宮觀方說之見用氣勢顯赫後省不書黃學士院不草詔皆相繼斥逐而希呂復以身任怨去國之日屏徒御躡履以行由是直聲聞於遠邇雖以此黜亦以此見知出知廬州除吏部員外郎尋除起居郎兼中書舍人淮右

擇帥上以希呂已試有功令知廬州兼安撫使修葺城守安集流散兵民賴之加直寶文閣江西轉運副使召爲起居郎除中書舍人給事中轉兵部尚書改吏部尚書求去乃除端明殿大學士知紹興府尋以言者落職天性剛勁遇利害無回護意惟是之從嘗論近習用事語極切至上變色欲起希呂挽御衣曰非但臣能言之侍從臺諫皆有文字來矣佐漕江西嘗作奉石記以示僚屬一幕官舉筆塗數字舉坐駭愕希呂覽之喜其不阿薦之居官廉潔至無屋可廬由紹興歸猶寓僧寺上聞賜錢造第時人名其所居里曰聽履坊宋史本傳參至元志

沈揆字虞卿進士淳熙六年守台郡人號儒者之政累擢祕書監祕閣修撰江東運副光宗即位以國子祭酒召尋被命使金還守吳郡紹熙四年除司農卿權吏部侍郎周必大稱其殫見洽聞與尤袤齊名台州府志參曝書亭集

錢孜淳熙中爲昌化令興學勸農政績茂著與故令錢冰卞圜齊名百姓皆愛戴之

林至淳熙間進士師事朱文公仕爲建甯教授以上圖記

莫澤字潤卿嘉定九年爲旌德令新淯源橋上流築二軟陂甃石成岸以殺水勢李延中爲之記嘉興湯志

沈炎字若晦寶慶丙戌進士累官端明殿學士同知樞密

院事兼權參知政事提舉洞霄宮進大學士致仕卒贈少保炎居言路嘗按劾福建轉運使高斯得觀文殿學士李曾伯等又論罷左丞相吳潛右丞相丁大全及其黨與柳志

李景勉字楙之理宗紹定間由上庠解褐立朝靖共于邊事尤曉暢以太常丞守臨汀卒至元志

焦炳炎字濟甫先世宣州人祖虎臣寓居嘉興炳炎於理宗朝擢右科淳祐辛丑舉進士第三人爲諫官論奏累數百上時宰主括田議炳炎痛疏其害面奏懇惻上爲動容然未有寢命炳炎論愈力時宰語人曰渠非攻田

實攻我也尋除太常少卿疏辭以右文殿修撰致仕弟
煥炎字晦父紹定間進士慷慨有大志仕至鎮江守兄
弟稱二焦云兩浙名賢錄參趙圖記
案炳炎中淳祐元年徐儼夫榜見至元志又方輿勝覽秀州有宋殿帥焦虎臣園遺址在郡城趙圖記載炳炎兄弟爲虎臣孫則焦氏居是邦累世矣其云本宣州人者特追敘先世之本貫耳舊志列入流寓今改正
林子善字常甫淳祐間登進士第鄉里稱純儒守永州改
淮西制參卒至元志
朱張恂字宗厚七歲讀經史成誦十五能屬文試入上選
爲省元有聲以征廣蠻功遷信義校尉時車駕避元兵
於匡山恂率舟師勤王力戰多所斬獲會風雨大作與
樞密陸秀夫同日溺海死子穹壽天任奉父衣冠葬之袁志

元
姜復昌任崑山州判官時津助法行與省官覈產程役寬
免單寠州人愛戴之秩滿將行閭民欲致餞抵夜潛出
州境吳中人物志參趙圖記
俞庸字子中爲平江路推官年饑穀貴憲府檄庸董倉廩
賑給全活數萬淮兵壓境庸募勇士守盤門郡僚高安
等謂庸盍俱竄庸厲聲曰公等以世臣守大城一旦臨
利害先民以逃不顧義與恩耶安恃鐵簡擊庸仆地遂

開門兵至庸未甦被擒尋以計脫去微服間道歸久之
太守知其事將授之爵庸謝曰吳門之役吾有死所今
日之生出不幸耳尚負面受他命見天日耶發憤病卒
子俊工詩負氣淩轢不可一世儁李詩繫參趙圖記
項衢字伯道冠子仕元淮西廉訪副使曾孫邦字景亮爲
明弟子員升太學授孝感縣丞多惠政以才堪治劇調
吳江俸贖友人子于妓籍歸囊無長物以孫忠貴贈官
嘉興湯志
潘澤民名著以字行本大梁人宋南渡占籍嘉興幼失父
鞠於伯兄俾習吏事澤民曰家世業儒吏非吾習也中

鄉試備榜補吳郡甫里書院直學游京師以薦爲中書
省從事後辟吳興郡幕辭乃留主郡學其講道設教悉
取法胡安定再辟浙東元帥府史使海甯行御史臺留
爲掾卒有晏集詩心性論行世袁志
楊樞字伯機大德五年至西洋遇親王合贊遣使臣那懷
等如京師遂載以來朝貢畢仍以樞護送西還授忠顯
校尉海運副千戶乃至其登陸處曰忽魯謨斯往來歷
五年凡舟楫糗糧物器之類一出於己致疾歸泰定四
年起爲昭信校尉常熟江陰等處海運副千戶給慶紹
温台漕輓之直力剗宿蠹掊剋之弊陞松江嘉定等處

海運千戶卒黄溍楊樞墓志

陸文英至正間尹邵武政浹民和嘗重新廟學袁志

黄中玉以父蔭授江山縣尉時海内鼎沸詔徙行臺於紹興以控制閩越至正丁酉擢玉爲參謀統鄉兵守衢越二年城陷遇害一門十三人皆没長子孟輔出而僅免貝瓊黄中玉哀辭序

明

金絅字子尙元至正間與張翼俱以龍門賦舉鄉試洪武初以薦舉歷知蘇州時百姓苦官民田則輕重不齊里胥易爲姦絅上疏請減重額先是張士誠據吳太祖屢

攻之不下怒其民爲之守故張氏滅獨加三吳賦稅絅疏入逢上怒得罪賜死至宣德朝知府況鍾始爲奏減人追思之子潁伯從武林俞紫芝游邃于經學袁志參蘇州府志盛楓嘉禾徵獻錄

陳俊民有才行洪武中求人才徵至京授山東布政司理問永樂初擢刑部員外郎歷陞貴州參政終右布政撫綏軍民邊鄙賴之趙圖記

顧光遠本嘉定人遭亂居嘉興元末以材辟爲京口掾太祖下江南授江西行省理問遷知龍陽州改知泰和時亂久甫定民好訟前守禁之光遠至集訟者出榜誨諭之民來觀不訟而去者十之一使訟者居譙樓靜思三日然後訴有不欲終訟者自罷去又過半干是擇吏置簿受訟詞而勾稽之兩月而訟清諸吏畏服毋敢舞文者境有虎光遠草檄告神虎遁去歷廣東行省郎中召入拜吳王府副相坐累逮繫卒嘉興何志參嘉禾徵獻錄

王貞字貞德洪武開科鄉舉授合水知縣治有聲調茌平邑當衝要疲於供應節省諸費以蘇民困坐詿誤左遷尋召拜監察御史趙圖記

王嘉會字原禮洪武初詔舉明經之士嘉會應聘賦詩稱旨試其文復賞異之除翰林院檢討陞國子監右司業

時太學方新肄業者常數千人宋訥爲祭酒與嘉會嚴立規範月旦程課井井有法至今仰其師表趙圖記參分省人物考

徐中字伯庸洪武初應明經薦授鄱陽河泊所大使晚歸里以尙書教授鄉人性質直言行不苟有詩文集袁志

沈章字叔昂洪武初以部掾知南康縣廉勤有爲憫民病涉爲建通濟橋區畫有方民爭趨之卒以成功南康府志

夏鳳祥洪武中以薦辟知邵武縣嘗曰廉爲士之大節居官而不能廉大節虧矣雖有政事何足尙及代去囊槖蕭然福建通志

沈鎰字孟鈞洪武中以鄉貢入國學授北平按察司僉事左遷閩縣尉勤慎愛民宣德初復遷福建僉事歷轉福建右參政持守如一日袁志參嘉禾徵獻錄

王軫一作填本德清人居嘉興父升元末以遺逸應詔授德興尉不赴軫中洪武開科鄉試授平涼崇信縣升嘗寓書於軫勖其清心潔己以廉自守會太祖得升書下詔褒美擢軫爲刑部員外郎特賜升銀絹稱爲老賢人云嘉禾徵獻錄

錢鈞字志衡洪武中以明經授本府學訓導廣東參議喻良奉命治水按郡輿鈞講求水利籌畫頗多後以疾辭

扁舟放浪自號小西湖漁者有半隱集李檣詩繫

鄒濟字汝舟事母以孝聞博學强記尤長春秋爲餘杭訓導遂寄籍焉累遷國子學錄助教以薦知平度州除禮部郎中征安南從幕府司奏記還爲廣東右參政再遷左春坊庶子授皇孫經進少詹事當時宮僚多得罪徐善述王汝玉馬京梁潛輩被讒相繼下獄死濟積憂得疾皇太子以書慰曰卿善自攝卿有不諱當提攜卿恩不使墜蓬蒿也卒年六十八洪熙元年贈太子少保謚文敏命有司立祠墓側春秋祀之明史有傳

案吳志有以本貫寄籍他省者別立僑籍一門如宋魯筐明鄒濟俞綱嚴清吳國倫諸人考吳志以前無其例況惟嘉興一縣有之今刪去此門寄籍者即于本傳著之

暘任洪武間由人才擢知袁州黃子澄一見以國士許之靖難兵起引疾歸子澄出徵兵往約蘇守姚善航海善不可子澄乃至任家共謀大事事泄任與子澄俱被執至京磔于市子禮亦坐死時有袁杞山亦謀匡復事敗至吳江自沈于水有吳貴三出之復免分省人物考參吳志

姚瑄洪武丁卯鄉舉華除中爲御史靖難師入死之吳志

李文榮洪武末以貢授萬安知縣入爲太僕寺丞因事謫戍京衛太宗欲察人情向背時出巡文榮上言以京城空虛恐生不測守禦宜嚴監國是之悉錄京城壯丁防

守命文榮統之太宗回鑾大喜詢知計出文榮擢福建布政司參議賜奉天征討鐵牌一面部內寇發隨宜誅勦引年歸嘉禾徵獻錄

案同時江西亦有參議李文榮犯大辟太宗以同名姓疑之特命原赦法官執其非竟免死見袁志及嘉禾徵獻錄

尤夔字堯卿洪武中孝廉永樂初授睢陽丞攝縣事蝗移傍邑傍邑以其縱入也移文讓之夔反牘曰蝗蝻非家畜敝邑豈能縱之夔若不德蝗當復至敢讓鄰耶傍邑媿服趙圖記

朱冕字日章永樂間鄉貢崑山教諭經學舉業皆有師承

課子弟勤而嚴多所成就至今稱善教者必曰冕尋遷鎭海衛學教授劉志

鈕正以從靖難功歷官留守衛指揮袁志

嚴貞一作眞字養正以進士知景陵縣廉介有爲孜孜惠愛百姓爲立生祠趙圖記 案題名碑作閻貞永樂甲申進士

麗敬正統中知盧田嚴明廉介壇壝舖舍祠廟皆其建置一時賢令稱敬爲最袁志

俞山字積之以乙榜爲崑山訓導改郕府伴讀景泰初以藩邸舊臣進鴻臚少卿陞吏部侍郎時議迎復同列頗

有難者山奮然曰變輿復然後人心悅而天下安況天倫所係至重力贊之朝廷知山清愼作歲寒圖題詩賜之懷獻太子立加太子少傅入閣預機務固辭守本官命同尙書王直每日經筵更番侍直進太子太傅初易儲時山密諫不聽退而憂曰禍基自此始矣至是益不安累疏乞骸骨給官舟以歸囊橐蕭然里居假貸以自給山爲人質直而遇事善諷諫在郕邸日書大學衍義尙書毛詩及聖學心法等書進說其佐銓衡薦擢不求人知請謁必峻拒臺諫有以持正忤權倖者必曲爲調護爲文據經史詩歌淸麗善大篆牓書及畫梅著有梅

莊集子誥字汝欽以蔭爲工科給事中出判沂州遷南康知府明史參鄒志嘉禾徵獻錄

諸忠永樂間判饒州府事以才能擅名於時被薦入爲郎中嘉興湯志

沈滈字惟厚以進士授刑部主事陞吏部員外郎致仕滈少讀書精舍有鄰女夜奔堅拒不亂其外和內介類此著有拙庵集柳志

鄒幹字宗盛濟子成祖得異夢問諸臣有舉子者乎濟奏生子成祖喜遣充應天府學生賜鈔二千貫月給米二石景帝初以進士由兵部郎中超擢本部右侍郎以才

爲于謙所倚也先入寇九門皆閉百姓求入幹開門納之詩改禮部兼巡視河南鳳陽水災與王竑請賑又請令諸生輸粟入監讀書納粟入監自此始再遷禮部尙書乞休馳驛歸仍命有司月給米浙江歲饑具疏奏聞孝宗嘉其憂民敕有司備羊酒勞之比至而幹已卒贈太子太保諡康靖明史本傳參嘉禾徵獻錄

姚綬字公綬少工古文詞以進士官廣東道監察御史巡按兩淮鉤剔積弊歲饑畫策賑濟流民賴以全活璽書褒美後謫知永甯縣以母老辭歸居大雲里饒水竹作室曰丹邱又作滄江虹月舟游泛吳越間書畫妙絕一

時詩文暢逸著有天人合旨十卷姚侍御詩文三十卷

趙圖記參鄒志
分省人物考

支立字中夫事母以孝聞以鄉舉爲常州府教授充順天同考官時大璫汪直於途次投千金欲薦其姪立以狀白當事入闈檢其卷抹去名大震遷翰林院孔目與羅倫姚綬相友善敦務本爲己之學博通諸經妙于講解時號支五經子高亦知名 檇李詩繫參嘉禾徵獻錄

伍方字公矩以進士知武岡州州爲苗賊殘破國賦無出上臺督徵甚急方疏請蠲貸竟得旨民始復業學蠻寇擾防禦有功以詿誤戍柳州遇赦歸創西圃草堂以詩

史自娛著有梆庵集 袁志

戈瑄字良玉祖其卿洪武間舉賢良授嘉禾遞運使因占籍瑄以進士知嵩縣邑多逋賦礦徒竊發瑄寬徭役緩追呼數年逋盡償礦患亦息擢御史疏論萬貴妃怙寵不法廷杖尋巡按南畿歷浙江江西布政使陞副都御史立法嚴明不奪權勢時劉瑾專政怒不附己追論浙藩事罰米乞休不允改大理卿以南刑部尚書致仕歸 嘉禾徵獻錄

包鼎字汝調與弟鼐同舉進士授兵部主事歷陞郎中乞改南部出知池州性恬退未老乞休孫節孝自有傳沂以進士歷刑部郎中出爲四川參議均賦戢亂頗著茂績 袁志參嘉禾徵獻錄

陳良字明遇以進士授推官操履廉潔在任五年始終一致卒於官家無餘貲 嘉興湯志

尙縉字美儀本嘉興人戍於睢遂爲睢人與兄絅俱以進士爲兵部主事縉調刑部有明決贊孝宗立命錄畿內囚平反甚衆擢知臨江府會與五府爭樟樹鎭稅課鎭稅雖歸臨江而諸郡目屬縉抗疏解綬去著有江西通志水南藁睢州志諸書 袁志

顧節宏治中以歲貢知翁源值歲饑聞於上官民獲賑給

邑之羊逕山高路隘盜所伏大爲民害節治爲坦途民便之 袁志

李儒字宗文其先嘉興人徙華亭正德辛未中會試引疾歸甲戌第進士又謝疾去嘉靖改元詔起恬退之士始就選爲建甯推官擢南主事轉刑部郎中請老歸生平淡泊寡營自建甯歸惟殘書數卷而已 嘉禾徵獻錄

陶柄字明德世襲海甯衛左所百戶工騎射所佩劍時有光怪人異之正德初以將才舉陞本衛正千戶顏其堂曰瑞劍 袁志參徵獻錄

譚諫博學篤志正德間以明經謁選司選者諫門下士也

欲授以泉州判力辭授南京光祿署正四方從游之士甚衆卒於官貧無以殮門人襄其事孫昌言別有傳袁志

王經字伯常以舉人知四川漢州州當孔道舊飭厨傳候之三十里外經至罷不復設蜀中民糧折輸什九則額繁多經請均其則而斂之他如建舫渡成輿梁勸民植蠶樹以興利忤時左調不赴歸嘉禾徵獻錄

包節字元達先世嘉興人其父始遷華亭節以進士授東昌推官入爲御史劾兵部尚書張瓚貪穢出按雲南時仕者以荒徼憚不欲往因設告就遠方之法節言此曹志甘投荒非年迫衰遲則家貧急祿志在爲己豈在恤

民請自今以附近選人充之而州縣佐貳始用此曹吏部請以節言概行於雲貴兩廣制可以疾歸起故官再按湖廣顯陵守備中官廖斌擅威福節欲繩之語先洩斌侯節謁陵時故獻膳羞遲使撤去詭稱節麾出之鍾祥民王憲告斌黨庇姦豪周章等節捕章斃之杖下斌益怒遂奏節不以正旦謁陵次日始謁時當進膳不旁立褻慢大不敬奏已入節始奏斌前事帝大怒以節抵罪逮詣詔獄永戍莊浪衛莊浪極邊敗屋頹垣節處之甚安獨念其母自傷不克終養日飲泣母訃至晝夜哭又聞弟孝卒撫膺曰誰代吾奉祀者哭益悲病死遺言以衰絰殮明史本傳

包孝字元愛後節三年成進士由中書舍人爲南京御史疏論禮部尚書溫仁和主辛丑會試有姦弊且劾庶子童承敘贊善郭希賢編修袁煒帝皆不問未幾又劾巡撫孫襘哭瀚瀚罷去孝兄弟分居南北臺並著風采又皆有至情節官北不得養母孝遂以侍養歸母亡哀毀骨立未終喪卒節亦繼殞時並稱其孝明史本傳

案嘉禾徵獻錄載孝又疏劾嚴嵩不法事將得罪適上禱元夢中似聞有愛惜人才之語明日疏上帝手批云包孝是人才免究舉朝皆莫測其意史傳不載坿錄於此

周惠字世仁嘉靖初仕兵馬指揮有李欒者殺人潛逸民

挾怨誣證成獄惠疑之卒抵欒罪以才遷辰州判地當黔衢驛政骫骳惠整飭逾月積弊頓革以勞卒於官吳志參徵獻錄

陳所蘊字道行嚴嵩未第時旅行厄盜所蘊父倫爲具貲裝送歸後分宜柄國欲修先德議以內閣典籤酬所蘊所蘊固御之分宜敗乃謁選主詔安簿能聲最著恬致堂集

嚴清字公直其先嘉興人正德間徙雲南嘉靖二十三年進士除富順知縣入爲工部主事歷郎中連丁內外艱服除補兵部擢保定知府故事歲籍民充京師庫役清罷之歷遷易州副使陝西參政四川按察使右布政使並以清望薦

以右僉都御史巡撫貴州未上改四川清久官川中僚吏憚其來相率厲名行少壘敗者陝西賊流入境巡按御史王廷瞻劾清縱寇大學士趙貞吉言賊起鄖陝沿害川儌郎有罪當罪守土臣不宜專責巡撫臣蜀人深知清約己愛人省事任怨今方倚清如父母奈何棄之疏奏不允命解官聽調起撫山西未赴改貴州歷南京大理卿三遷刑部尚書張居正當國尚書不附麗者獨清居正卒籍馮保家得廷臣餽遺籍獨無清名神宗深重焉會吏部尚書梁夢龍罷即以清代日討故實辨官材自丞佐下皆親署無倖進者甫半歲得疾疏帝數問閣臣嚴尚書病愈否十五年兵部缺尚書用楊博故事特詔起補而清疾益甚不能赴卒贈太子太保謚恭肅明史本傳

案清先世名秋蟾者宋涫咸間居郡之竹林庵善醫見藝術父鏌亦知醫正德間徙雲南遂以雲南籍中嘉靖癸卯鄉試故史傳作雲南後衛人其祖墓在甪里街官爲建坊表曰慶流滇浙今士人所謂嚴家墳是也清族子從簡嘉靖己未進士仍嘉興籍

許掄字文叔以進士知莆田莆濱海倭艘突至掄率民兵督戰生獲賊魁值亢旱徒步請禱即雨調鄱陽改灘縣遷主事歷員外郎出爲順慶府同知解組歸嘉興湯志參嘉禾徵獻錄

吳國倫字明卿以祖成湖廣興國州遂家焉生而穎異善屬文嘉靖己酉舉鄉試第一旋成進士除中書舍人陞兵科給事中與王世貞李攀龍謝榛宗臣徐中行梁有譽爲七才子以忤嚴嵩左遷南康府推官歷湖南參政有甔甀洞正續稾五十四卷嘉禾徵獻錄參靜志居詩話

案嘉興何志國倫祖墓在虹橋東畔有感舊詩

包檉芳字子柳與父汴同舉於鄉旋成進士知魏縣遷刑部主事徙儀制員外郎轉郎中時高拱爲禮部屬所厚某越次充歲貢檉芳不可拱怒遂不下階檉芳正色曰尚書送屬官自有故事毋令他日言壞例自檉芳始拱銜之左遷南直隸通州分司判官州舊有范隄歲久傾圯人多溺死檉芳築外隄以衛之名包公隄以比范隄云移邵武同知致仕歸嘉禾徵獻錄參揚州府志

嚴從簡字仲可以進士爲行人使樂安王府卻金幣不受轉工科給事中管盔甲廠綜覈嚴密奄豎銜之令人密訐其牙牌從簡疏請另置代藩與縣官告訐奉旨行勘從簡不直代藩藩遂發其失牌事謫揚州同知解綬歸生平嗜書不釋卷郡守請修郡志稾就未梓有殊域周咨錄二十卷袁志

戴鳳翔字點叔以進士授行人擢吏科給事中時海鹽潮

溢壞田廬無算議修者以費鉅難之鳳翔抗疏以海鹽爲三吳屏障無海鹽是無諸郡也遂得請條議宣劉戰守六事又弭盜六事皆聞報時高拱當國出知鳳翔府甫至官左遷鄠縣丞起金壇令入爲刑曹會處楚四張居正柄國有所屬翔不爲徇出之守九江調鳳翔府尚書陸光祖戲之曰鳳翔合得鳳翔府遷苑馬卿引病歸袁志參嘉禾徵獻錄

王儒字汝珍篤學力行鄉邦稱循儒正德丙子舉於鄉初令星子再令崇陽以艱歸服闋改順天府學教授北地鮮學加意造就弟子嚴鎡初居塞外徙置學旁敎之後

成進士任本府太守儒益自重未嘗以尺一干之轉興山令致仕歸兩浙名賢錄

王儒字修卿嘉靖己未進士知杞縣致仕歸先是分嘉興縣設秀水嘉善二縣地犬牙相入嘉善民駕言田虧而額浮欲更二邑田益之事聞下督撫勘議儒乃爲七辨以證之後卒如其議嘉禾徵獻錄

案嘉興何志載王儒字修卿不載汝珍浙江通志載汝珍不及修卿吳志以兩王儒合傳未詳事實今採兩浙名賢錄嘉禾徵獻錄各爲列傳區別之

孫詔字朝宣以進士授工部主事榷稅湖廣遼藩恣橫每篩制使者詔至耿介自守不能奪入爲員外郎陞郎中卒子叔文光祿丞工詩文著書曰我鑑袁志參嘉禾徵獻錄

陸相儒字大行以進士授工部主事出知延平府首行條鞭法爲八閩倡閩人稱便又創義倉行鄉約興學右文郡大治擢貴州副使土寇拒命時議撫議勦無定畫相儒獨許其自新卒歸順以憂去服闋復補閩中會島寇入犯遣材官逆於海斬獲有功以疾卒兩浙名賢錄

宗宏暹字進甫以進士知豐城縣陞刑部主事調兵部改擢兵科歷禮垣時黃河衝決徐呂二洪嶮峻寶應湖有風波之患宏暹議開徑道于徐築腹河於寶應至今永賴値天變陳言疏請進王守仁從祀孔廟萬曆改元銜

命往祭禹廟請神抱病歸袁志

卜相字夢良以進士歷官雲南參議猺獞之亂招集流亡儂賊寇臨安相開宥脅從因賊爲用襲擒渠帥阿齋等時制府謀出海勦薦甸相抗論百言爲民請命罷歸累薦不起著有二氏奇事田糧議觀感錄袁志

徐學周字尚文祖瓚爲廣東巡檢矢志淸白民爲立卻金碑學周與弟學曾同舉於鄉三舉會試副榜謁選知嘉定州丈量令下學周首定區法全蜀倣之會建慈甯宮命採木學周條上採木議有五難三易以不擾民爲主嘉定故行茶地商人歲以金餽守學周峻拒曰若不聞

我祖御僉事耶卬部土司嶺柏死族人阿祭與華暨應
昇相讎殺以叛閩臺檄治之斬阿祭立其族之賢者嶺
起鳳與應昇分治土司以甯還雷州府同知歸學曾歷
知潮陽永清縣終高唐州袁志參嘉禾徵獻錄

馬如麟字昭父以舉人知巢縣救荒多策活飢民萬計巢
素苦潦築圩障湖號馬公圩調穀城晉鄖陽同知時蜀
有播之役徵餉于鄖軍興獨不乏播平推知雲南尋甸
致政歸著有正訛編乘稽錄巢陽十議穀陽八議諸書袁志

沈伯龍字雲卿父大禮有高行以鄉貢司訓勤合課習祀

名宦伯龍以進士爲內江令有惠政時直指貪悍因伯
龍內召發其行橐止俸數金直指赧顏退補禮科給事
中出守川南會九絲亂有司不敢問伯龍奮然語諸從
事曰人臣委身事君正在今日諸君更何待耶諸將皆
奮遂自督陣親冒矢石捷聞陞俸一級時番猓作亂督
撫以兵五萬專屬之伯龍謂解甲未久不堪復戰遂呼
猓衆諭以國威猓歡呼動地縛三渠魁以獻仕至山東
按察使分省人物考參嘉禾徵獻錄

屠元沐字沂春以進士授工部主事歷郎中督儀真及張
秋河道陞山東布政參政赴任未幾從人不知爲憲使

也轉廣西按察使益勵清節進本省布政使乞休加太
僕寺卿歸杜門謝客不異寒素上聞其清特詔有司具
禮存問卒年九十嘉禾徵獻錄

高夢說以貢入京申時行嘗延爲子弟師選華亭學諭後
申爲首揆門下士多通顯未嘗通尺一著有蕉鹿言希
白吟草嘉興湯志

李芳字叔承以進士令曲周縣多曠瀕教民用桔槔溉田
高者使種木棉盡成沃壤時江陰逋賦多盜移芳治之
定賦役浚桃花港白糧積欠數萬議以錢布償米題請
報可各郡皆如江陰例以高等徵入簿中蜚語遷饒州

同知世居梅里有花癖蒔牡丹百餘種爲譜以續歐陽
善山水花卉子原中以進士知溧陽爲政慈和改大名
府教授遷國子助教以親老歸袁志參李氏家譜

賀道亨賦性滄樸司訓將樂待士以莊人稱嚴師致仕歸
苦節自守閉戶讀書至老彌篤年九十七卒嘉興湯志

金燿字樂泉以貢入太學授柳州通判值猺獞反側威德
並著民安其業六載奏最竿牘不入都門久之不報遂
歸卒祀鄉賢袁志

濮淮字大川以貢任仙游學官值倭亂日夜與其令擘畫
城守賴以不潰歸爲鄉飲賓年八十五卒劉志

王允昌字永叔三錫子世居桐鄉後徙梅里遂入籍中順天府授思州推官陞貴陽同知天啟初川兵援遼調募失策遂據永甯以叛衛官盡降允昌自誓必死乃以印遣吏間道歸上官賊至允昌縊死一門十三人悉受屠戮子世駿以事聞給祭葬贈光祿寺卿世襲錦衣千戶大清一統志 參浙江通志

朱先當戚繼光時爲薊鎮參將遷副總兵後數爲廣東福建總兵官初起家武舉募海濱鹽徒爲一軍自胡宗憲爲御史至總督皆倚任先大小數十戰殺倭甚衆以功授都司宗憲被逮先解官護行宗憲釋還先乃歸御史

按福建巡撫王詢侵軍費檄先證之先曰先王公部將也不敢誣府主御史怒坐先萬金論死繫獄閱八年始白萬歷初用薦起歷登閫帥以年老謝事歸先爲將有膽智砥節守公其處宗憲詢二事時論以爲有國士風同時有王憲嘉靖二十五年倭寇入境憲以捍城勦寇功官鎮撫亦爲戚繼光所重 明史戚繼光傳 參嘉興湯志

徐軫有膂力嘉靖中有倭寇至當事募勇力士能擒一倭者與官軫同朱先往先獲倭三軫獲二授百戶遷把總管火器三十四年戰平湖無援被殺祀邑厲壇又有沈應仕劉大道亦以禦倭戰死 袁志

金丹少爲諸生坐事被褫倭寇嘉興主帥令將鹽兵五百禦之遇賊先登戚繼光以爲才上之制府爲裨將授千戶平妖賊李松於烏鎮受上賞時胡宗憲遣蔣洲入海游說未歸募能再往者丹遂往說徐海陳東等降成約而還授本省都司從繼光勦閩廣諸寇累遷副總兵 袁志 參嘉禾徵獻錄

王司敬諸生少問業於唐順之多膂力能以齒張弓倭至據浮圖瞰城中司敬射之應弦墜賊氣奪凡建敵樓以禦寇皆其議也 嘉興何志

高文登字伯升 平湖籍居嘉興 有至性年十三以父銘誤官糧請

代繫郡守憐之臨試俾出獄成博士弟子復請繫舉于鄉謁選得葉令値大祲委曲營賑活饑民萬餘爲政務德化置學田葉大治擢知膠州膠魚鹽藪多姦宄出沒登一切治之以法 嘉興湯志

高應烇幼穎異以詩經領鄉薦四方爭延爲師掌教湖州有胡瑗之風晉南國子監助教陞博士轉常德同知以疾不赴 嘉興湯志

許應逵字伯漸以進士知東平州時郡守欲開水田應逵言其難行不聽後諸邑水田不効應逵教民藝麥乃大穰守恚中以蜚語調遼州尋晉刑部員外郎調工部司

權清江時王公堤潰守臣議開刖河避之逵不可堤以石竟無患寳應河險應逵議于老堤外開越河朝議難之應逵言越河成則水性順侵嚙不足患得報可逵身歷籌布四越月而河成延袤四十里費僅十二萬金又於瓜洲創屯船塢使艘自江入得避險覽康濟舊堤免歲修費范家口裂應逵以法塞之擢太僕少卿出爲參政道治兵井陘未幾改蘇松水利發留都帑金十萬治水應逵開吳淞七十里及諸州縣支河費減半以病歸袁志參嘉禾徵獻錄

沈思孝字純父以進士授番禺知縣入爲刑部主事張居

嘉興府志　卷五十　嘉興列傳

正父喪奪情與艾穆合疏諫廷杖戍神電衛居正死召復官進光祿少卿尋遷順天府尹忤時相被劾出爲南太僕卿未幾歸復起爲南京光祿卿進右僉都御史巡撫陝西召爲大理卿中官郝金詐傳懿旨下獄刑部薄其罪思孝駁誅之帝悅進工部侍郎陝西織羊絨爲民患思孝奏減十之四進右都御史協理戎政思孝屢乞罷内閣擬旨慰留有才猷素著之語上親改爲忠猷懋著思孝直聲高天下然尚氣好勝動輒多忤以爭察典與冢宰有隙會乾清宮災思孝請行皇長子冠禮以回天心又以日本封事大壞請亟修戰守備并論趙志皋石星誤國與當事左遂引疾歸家居十五年卒贈太子少保所著有吾美堂集溪山堂稾明史參嘉禾徵獻錄

李應徵初名衷毅字伯遠幼喪母事後母及後母弟盡孝友讀書尙氣節工詩間及時事爲悒者文致於罪神宗原其無他得免舉於鄉時廷議察孝廉之實行著聞者浙江得七人應徵首列屢上春官不第與友羅元甫同謁選得壽春學正念羅貧困請以已職先授羅冢宰嘉其讓許之後授臨安教諭擢南京國子監博士卒著有澄遠堂稾子士標自有傳袁志參嘉禾徵獻錄

周從龍字彥雲父惟義爲教官從龍以鄉舉選肇慶推官

嘉興府志　卷五十　嘉興列傳

擢南京大理評事不赴歸性孝友閉戶著書精研理學有大學遵古編中庸發覆編論語蠡談孟子支言六委繹聖等稾學者稱麟潛先生袁志

沈堯中字執甫以進士知南陵墾荒築堰濬川豬陂以千百計遷蘇州同知戚友不可干以私擢南刑部員外郎左遷開州知州不赴歸堯中博學嗜古明於典故搆城南白苧村居閉戶著書輯本郡志十年三易稾知府劉應鈳聞之造請數四考訂成書又以嘉興縣未有志書編燕居備覽六卷出示李少卿日華後知縣湯齊徵取前書屬日華續成之著有沈司寇全集其他著述甚富

詳見經籍從子應斗（袁志參嘉禾徵獻錄）

沈夢斗字應宿以進士知盱眙調常熟政務寬簡士民戴之再轉知無爲州恤災清稅以勞瘁卒貧不能殮寮友醵金以襯歸（劉志）

孫光啟字子貽以進士授刑部典銓某欲薦光啟自代托同舍郎致意光啟辭曰薦人而使人知我不能作感恩吏部出知惠州以忤制府引疾歸兵垣上疏白其事補濟南直指謁廟光啟以繡衣往藩臬共訝之光啟曰謁廟禮也方面體等耳夫何嫌直指重其氣節辭謝之尋以異等遷秩治兵沂州轉參閩藩卒於官（袁志參嘉禾徵獻錄）

包世杰字羽明以舉人教諭永康俗有溺女錮婢習世杰多方開導風遂息陞泗州知州盜殺縉紳左某世杰禱於城隍神夢以蓮花相遺乃拘其婢名夏蓮者一訊得實以勞卒（嘉禾徵獻錄）

岳元聲字之初以進士知旌德縣改大名府教授遷國子博士轉監丞有詔選良家女入宮上言皇長子冊立未舉而先盛女謁非所以教弁諫用銅具鞭撻宮侍又論李長春詹子奈監規一時有鐵監丞之稱轉工部主事時詔起舊輔王錫爵甫至遂奉三王並封詔元聲憤然具疏爭之復偕顧允成張納陛等面詰首輔於朝退復上書錫爵乃上疏自劾事遂寢晉郎中極論闗白稱亂始於大司馬石星倚沈惟敬朝鮮封貢之議輔臣趙志臯墮其術中趙深銜之借刑部主事朱長春疏勒爲民里居後究心理學建天心書院熟悉鄉井利弊嘉興析縣時嘉善民倡爲正疆界之說欲割嘉興秀水田爲隱匿地元聲力持之著田糧沿革年譜三邑分縣圖籍考天啟改元起補南主事歷擢南兵部侍郎署部事會都司陸超剎軍激衆元聲杖繫以聞時魏忠賢竊政與同官陳道亨具疏劾之御史曹應瑞徐復陽阿璫意先後連劾之遂以軍變削籍崇禎初復原官卒贈南京兵部尚書著有潛初子集等書（袁志參項王筍檇李往哲續編）

張宏毅字慧林以舉人知廣東臨高縣居官清潔邑大疫施藥濟之所活無算（嘉興湯志）

邱民貴字仲鄂以鄉舉知長汀正里甲清倉庾多惠政子履嘉爲禮部主事晉督儲去額外徵十七萬以乞養歸母沒卒於喪（吳志）

顧祚萬字完三由崇德徙居甪里以舉人授象山教諭擢南甯府推官攝知府事適洞猺拒命單騎諭欵一境安全以戇直忤時歸（袁志）

徐必達字德夫學周子萬歷壬辰進士知太湖縣鑄鐵斛

以杜漕弊調渠水奏免齊泰子孫嫡黨軍籍二十六家所至興水利築石曰湖隄民户祝之先是溧邑改闢爲壩湖水泛濫艱於漕運疏請折漕以便民事未允行後任操江復委曲奏之始得旨溧民誦之不忘陞考功與給事儲純臣同領察事純臣受賕吏賄值大計日必達進狀請黜歷陞太僕卿兼光祿事條陳白糧利弊十一事悉允行巡漕御史孫居相以漕船壞不治請僱民船濟運爭止之遷應天府尹進南右僉都御史提督操江軍時四川有奢崇明山東有白蓮賊之亂必達簡練防禦悉中機要遷兵部侍郎初爲考功時以典察招忌遂以蜚語中之自劾歸卒贈兵部尚書著有南州集明史本傳參袁志嘉禾徵獻録

岳和聲字之律元聲弟以進士授汝陽令築汝隄以防橫決號岳公隄歷禮部員外會本生父沒疏請終喪爲人後者得爲本生給假終喪自此始出守慶遠訪趙清獻公講學故址建書院尋擢惠潮道參政改補九江累陞僉都巡撫薊遼天啟間起補延綏乞歸著有餐微子集驂鸞録弟駿聲自刑曹歷太常寺卿通政使時張差獄起駿聲力持風顛之説不欲窮治以故見忤於東林李檮詩繫參嘉興何志

李日華字君實以進士授九江推官攝郡邑篆會監司以墨敗怒日華不爲援以蜚語挂議倅海州遷西華令轉南京禮部主事疏乞終養里居二十餘年孝養備至父沒仍補禮部晉尚寶司丞莊烈帝登極陳言佐新政旋乞歸晉太僕少卿日華恬澹和易與物無忤能書畫善賞鑒一時士大夫好古博物祥符王惟儉雲間董其昌爲最日華書畫亞於董博雅亞於王而兼二人之長知縣湯齊請修縣志垂成而卒著書甚富有恬致堂集味水軒日記諸書餘詳經籍明史王惟儉傳參袁志

賀燦然字伯闇平湖人世居嘉興雙溪里以進士授行人

行人考滿貤封不貤贈燦然具疏乞貤贈得諭旨行人貤贈自此始一再奉使嚴絶饋遺上疏極言礦稅之弊晉吏曹轉員外郎以忤時宰削籍歸自號六欲居士嘉興湯志

沈孚先字白生以工部主事分司濟甯協理泇河工務聞父病棄官歸尋起分理殿工榷關荆州蕭然如寒素擢吏曹歷四司門無私謁庚戌佐察曰一清不足以盡天下之材一濁足以概天下之不肖時以爲名言著有人材録南白齋詩文稾袁志參嘉興湯志

孫光裕字子長與兄光啟皆負才名以進士知建昌縣補

固始時稅璫額派固始歲輸千金民坐困光裕搜覈二千石以抵稅額秩滿擢南御史時東宮講筵未啟而桂瑞兩王婚禮及枚卜起廢楚獄諸務俱寢閣不行光裕具疏言之南都素苦齊庶人暴橫光裕彈治之復陳區處宗庶事宜皆鑿鑿可行擢光祿少卿卒於官著有留臺奏疏廉善堂集 嘉興湯志

譚昌言字聖俞以進士知常熟有惠政邑人於虞山之崖鋟去思二字以志德調婺源邑有金竺坦徑久廢行者遠出芙蓉嶺險甚昌言闢新嶺號譚公嶺歷陞南車駕郎中改北兵部典廣西試督學福建不發私函試竣題

數行并原書復之閩人有來一封去兩封以為不信視郵筒之謠等轉參政督餉登萊濰令與遼將李信忠有隙兵民阻鬩東撫以屬昌言身入遼營諭以禍福傳箭而定朝鮮李忠弒其主島帥毛文龍為介請封號使舟舸從登州上昌言曰弒賊不討而封之損國威拒不及岸乃假天津道入島帥銜之會陪推東撫魏璫方陷清流島帥造蜚欵中其所屬司餉同知翟楝緹騎械楝昌言以不能救為恨遂嘔血致疾卒莊烈帝即位贈太僕寺卿子貞默貞良進士貞和承廕貞碩舉人 袁志參靜志居詩話

鄭士奇字平子以舉人歷新城靖江教諭遷知興國縣邑多浮額逋賦者眾士奇悉蠲除之視事八十日以耳聾告歸民赴府懇留復給印三日納賦者如市著有松廳老人稾 槜李詩繫參靜志居詩話

王維新字季常以舉人令光化邑居襄郧間盜賊出沒維新練鄉勇禦捕之溫水河溢疏之入漢水患始息擢南主事織造中官車天祥以兩罽餽發之白金也立麾去鉤考其乾沒諸弊不少貸出守延平坐蜚語去官 袁志

李培字培之少從唐樞王畿陸光祖游以歲貢教諭上虞新城遷知龍南縣闡發鶯湖鹿洞之旨士民愛慕之又曳光遠以鄉舉教諭烏程後遷縣令亦多善政 袁志參吳志

包鴻逵字振端世杰子以進士知湘潭縣歲饑悉力賑濟全活甚眾邑困馬政及解運之役力為振刷有治潭紀事錄重修湘潭縣志行取給事中未赴卒 嘉禾徵獻錄

包汝楫字公剡以舉人教諭海甯擢知綏甯民獠錯處汝楫至修理城堡嚴約束苗不敢為民害遷知高唐州著有牂牁草閩言游紀南中紀聞諸書 袁志

李衷純字元白以舉人知如皋縣瀕江沙壅為洲多豪家占業貧民不敢爭乃獻田武弁以戈船收禾稼勢暴橫衷純陳說利害事得解盜辟良金倚洲為窟追捕殲之入為工部主事調兵部出知邵武府擢兩淮鹽運使註

誤歸喪純深沈有幹畧素游東林講學之門魏大中死經紀其喪鄉黨稱其高誼卒祀鄉賢著有澂楚齋集子光基能詩有澹園草袁志參嘉禾徵獻錄

姚以誠字喪一以副榜授蒙城縣丞流寇剽掠知縣託故去以誠攝縣事嬰城固守流民被害奔城者悉納之門甫閉賊大至圍城十日募壯士出奇擊之賊去未幾檄解通州急餉至通兵部復檄令解部戶部尚書侯恂左都御史唐世濟交薦之授南京兵馬司指揮引疾歸嘉禾徵獻錄

高登第字任野以貢生知鄖縣請蠲額外之徵不報乞歸

等補汶上以疾免孫陽諸生與妻歸淑芬皆能詩袁志

沈中英字霞城以進士授刑曹擢守安慶剔病弊勤撫字及去官地方繪攀轅圖以誌愛戴嘉興何志

胡振芳字來子以舉人授慈谿敎諭遷知嶧縣移蘄水流寇聚英霍間距蘄水不百里振芳早夜防禦凡九十日寇至與戰不能支爲賊所執迫降不從拔刀斫其肩氣絕復甦舊役負以趨有門生遇之將還家未幾卒嘉禾徵獻錄

張汝開字伯元以鄉舉歷懷慶同知修武陟修武温縣三城以禦流寇又王紀善以掾史授三原縣丞濬復秦時水道成沃壤歷攝三水白水武功三縣民繪圖俎豆之子芝封孫燮吳志參嘉興何志

屠存仁字念慈以進士知黟縣遷甯國府教授旋陞國子助教補工部主事陞員外郎督理徐淮中河迄有成績卒祀鄉賢孫肅

徐潛號兼之以鄉舉任學官知江西萍鄉邑有大僚倚藩府勢甚張其子攘萲婦產上官曲爲之狥潛竟斷歸于萲郡守曰獨不爲功名計乎潛曰功名止於一身心術留於子孫洞蠻焚掠近境潛單騎諭以大義蠻抒誠款服薦陞六安州値張獻忠亂民無完膚力加撫字授安

盧兵備道以亂歸以上嘉禾徵獻錄

高道淯號采菽少從魏大中游得其傳輯古人言行可師法者爲最樂編以恩例授南京光祿寺署丞母老請養歸嘗箋註感應編并補刻所不及共二十卷袁志

高道素字明水原名光斗字元期文登孫道素以進士授虞衡司主事調營繕偕太監黃用監造桂邸分界督造邸成遷郎中未幾衡州大風雷用所督寢殿震圯詞連道素俱逮繫衡紳劉亨甲怨道素建邸時按圖徙其宅嗾閭者文致於法後子承埏上書訟冤復原官道素孝友好義爲諸生時倡建仁文書院并置義田善詩文工

書畫著有景元堂集明水軒筆記嘉禾徵獻錄

虞相堯字在欽父廷陛忠讜敢言著有雲岫山人集十卷奏議二卷另有傳見海鹽相堯崇禎壬午舉人性至孝母老陳情不赴公車孝廉終養自相堯始檇李詩繫參吳志秀水任志

湯執中以吏員選江西廬陵丞崇禎壬申粤寇入吉安逼府城巡道蕭應坤遣執中率民勇至富田更募鄉兵禦賊賊突至殺巡檢龍德新執中與賊遇於木湖洲奮勇直前手殺賊藍旗手氣甚壯馬蹶墮地遂被害撫按題敘褒卹

國朝乾隆四十一年

諡節愍欽定勝朝殉節諸臣錄參嘉興湯志

徐世淳字中明必達子萬歷戊午舉人會試副榜以教諭擢重慶府推官崇禎十三年改知隨州張獻忠奔突襄鄧間州嘗被陷世淳知賊必復至濬濠塹拓羊馬牆為外郛明年賊陷襄陽悉眾壓境世淳登陴固守三使告急於郢巡道趙某趙不顧巡撫宋一鶴發兵來援趙又留勿遣相持七晝夜食盡援絕城陷世淳勒馬巷戰賊脅之下罵曰有死城州官無下馬州官飛矢貫其頤眼鼻橫斷墜馬罵不絕口死仲子肇梁抱父屍且哭且罵賊併殺之世淳先命肇梁埋印州廨後臨死呼州人告以處後掘地得之世淳妾趙氏王氏暨家屬十八人皆死賊驅趙不出殺所抱幼女申姑斷其八指罵益厲死之三日哭人石琳求得世淳尸殮之趙與申姑抱不解遂并棺殮肇梁尸卒不得長子肇森詣闕以聞贈太僕少卿賜祭葬恩蔭建祠致祭肇梁縣學生贈國子助教祔祠肇森歲貢生以弟殉難讓其蔭於遺孤宏耀初世淳罷公車在京忽心動七晝夜馳歸適父病革侍湯藥浹旬沒遺產悉讓弟姪孝悌忠烈萃於一門著有易說春秋會編

國朝乾隆四十一年

賜諡烈愍欽定勝朝殉節諸臣錄參明史本傳湖廣通志嘉禾徵獻錄案嘉禾徵獻錄載世淳又有妾倪氏城破匿免寇去求世淳遺骸得歸葬時年二十七苦節至六十餘卒與傳中石琳得尸互異存以俟考

徐石麒字寶摩以進士授工部營繕主事管節愼庫魏忠賢兼領惜薪司所需悉從庫發石麒輒持故事格之其黨譟於庭不為動御史黃尊素坐忤忠賢下詔獄石麒為盡力忠賢怒坐削籍崇禎初起南禮部主事遷考功郎中佐尚書鄭三俊京察澄汰至公歷應天府丞時三俊為刑部尚書議侯恂獄不中得罪石麒疏救釋之入為左通政累擢刑部侍郎石麒奉命清獄推明律意校

正斷獄之不合於律者十餘章因多寬減然廉公無敢倖免者尋擢本部尚書會劉宗周以救姜埰熊開元獲嚴譴僉都御史金光辰救之奪職石麒再疏留不納埰開元卽下詔獄移刑部定罪石麒據原詞擬開元贖徒埰謫戍帝責對狀石麒援故事對帝大怒除司官三人名石麒落職閒住福王監國召拜吏部尚書馬士英挾定策功將圖封石麒議格之中官田成輩納賄請囑石麒拒不應由是中外皆怨搆之去遂稱疾乞休士英擬嚴旨福王不許令馳驛歸加太子太保明年南都亡

大清兵臨杭州徵石麒不至六月嘉興城將破石麒時居城

外知事急曰吾大臣也城亡與亡由東城縋而入僕祖敏李昇從及城陷石麒朝服再拜自縊於可經堂之南榮可經者石麒先所題也至是其名驗二僕縊而侍有僧眞實負石麒尸置大櫃中石麒本無子恩撫族子爾穀爲後又繼柱臣爲子爾穀三日後變服入城潟署經五日啟櫃儼如生握手沒爪鬚怒張焉潛舁櫃從水門出以禮殮於嘉善縣南之楊林村年六十八著有可經堂集爾穀字以之著有畫水草堂稾丁亥執赴金陵死妻孫聞訃赴水死

國朝乾隆四十一年

予諡勝朝殉節諸臣

賜石麒專諡曰忠懿墓在海甯龍山餘姚黃宗羲梨洲集有神道碑銘未立按察使司秦公瀛別爲文立碑於墓遵

欽定勝朝殉節諸臣錄 參明史家乘各文集 坿錄孫功燮自紀云公本貫係嘉興縣胥山六都人世居鍾帶鎮之畫水鄉原配顧夫人贅於武塘因有謂爲嘉善人者初爲嘉善諸生復寄籍青浦繼娶馮夫人并營封公墓道於松江因又有謂爲松江人者殉國後卜葬衣冠於海甯縣園花鎮之龍山因又有謂爲海甯人者死難名臣不無借爲光寵其實嘉興人也

李毓新字高之自河南徙居嘉興其先世有字元白者人籍嘉興見河南名宦孫孟璿又入海鹽籍故縣志亦有毓新傳以進士爲潮州推官政尚嚴明數決重獄上官廉其才令攝四篆時惠潮流寇作亂制府屬毓新監紀條上十二事用其議以平又建議城豐順

屹爲重鎮潮俗多蠱魅有妖火毓新爲文禱之火遂滅攝擘慶事藩兵與民格鬭寇乘間竊發毓新步行勸諭民賴以安閩寇姜世英等犯饒平大埔後先十餘戰奏捷毓新首功行取未赴南都擢兵科給事中歸乙酉城破與徐石麒同日死子禎先抱父屍亦死

國朝乾隆四十一年

賜諡節愍 欽定勝朝殉節諸臣錄參袁志及家乘

高承埏字澤外以進士知遷安縣縣數被兵歲饑逋賦承埏請減運緩徵流民歸者千七百戶調寶坻邊警縣被

圖承埏登陴固守多方防禦城賴以全改知直隸涇縣數月政成民歌曰琴溪泉潔而淸邑山阜高入雲誰其比高使君遷工部主事白父寃卽乞養歸涇人奉祀於王文成書院承埏博學强記雖簿書鞅掌不廢涉覽著有稽古堂集（吳志參嘉禾徵獻錄）

李士標字霞舉入國學以積分試上等授上林苑丞遷山東甯海州州同崇禎壬午冷口兵入圍州城甚迫歷三月城中食盡士標疾篤臥起城上督守益力卒於雉堞間城遂陷妻沈率其妾婢僮僕凡二十三人同日死子寅著名復社有視彼亭草

國朝乾隆四十一年

詔入祀忠義祠（欽定勝朝殉節諸臣錄參嘉禾徵獻錄）

譚貞良字元孩昌言子少有才名崇禎癸未以五經中式及殿試莊烈帝御書名次於卷賜進士出身第一逾年明亡赴南都除禮部主事出典廣東試未竣南都破復由台州浮海至福州轉徙流離力疾死友人朱森朱英經紀其喪得歸櫬著有儀禮名物考涓石居遺稾子吉瑰瑄自有傳（朱彝尊譚貞良墓表參家乘）

徐肇棨字拙民必達孫諸生爲文奇古崇禎丙子同考官李淸得其卷力薦元主司以過奇抑置副車詩學漢魏有建安風格乙酉城破死之子宏炯長洲令（吳志）

李自明字先修居梅會里以歲貢除揚州訓導南都監國時淮上失守城陷自明衣朝衣遙望孝陵再拜自縊於學舍瀕死時揮季子鳳侶去鳳侶曰父死忠子獨不可死孝乎亦自經家人從死者十餘人自明性傲兀好飮酒詩文有奇氣著有謫仙居稾仲子麟友匍匐往揚州求父骨不得慟哭返終身飯蔬啜水以布衣終從子可願性恬退工詩著有竹坪吟稾（沈進李小白傳參李氏家乘）

國朝

王庭字言遠順治己丑進士從平粵東授東川府陞廣西

副使提學四川歷任江西布政補山西屬吏進謁者輒諄諄勖以牧養百姓後乞歸庭制藝堅凝陗刻自成一家古詩出入陶韋律得杜法晚乃汎濫唐宋諸家著有三邑嵌田續說秋閒集三仕二西諸草（山西通志參四川名宦冊）

沈閎劭字子將以進士除知甯遠時湖南遭寇亂播遷殆盡閎劭多方招集流者復歸

王師進取粵西甯遠爲孔道閎劭與民約遇掠者卽縛之詣經略立斬以徇歲旱請捐租得報可最聞應內擢經略知其才請授常德同知時初設四大鎭於常德屯重兵閎劭調集芻豆日夜治簿書諸帥憚其威名戢衆不擾

以匱餉罷歸卒袁志

沈子漣字來赫以進士知白河縣時餘寇未平子漣晝夜防禦以勞瘁卒於官嘉興何志

莊璘字玉侯官平陽教諭後以進士爲都水主事督河張秋治沙灣決口著有沙工紀署安平患澇賑活饑民無算分巡汝南時量田令下璘止釐其匿稅者民不病吳志

李明嶅字山顏梅里人少著名復社流寓閩嶠遂以福建籍中舉授古田教諭以興復禮教爲己任時遼陽佟國鼎巡撫八閩延掌書記有流民數千入福州境佟疑其寇也將悉寘諸法明嶅白其冤得釋歸里以著述終身

嘗入蘇門山與容城孫奇逢辨析理學宗傳頗相推重著有樂志堂詩集吳志參檇李詩繫李氏族譜

譚吉璁字舟石幼隨父貞良入閩遇寇以身衛父寇擊之不去曰孝子也遂舍之康熙初以上舍考第一授中書出爲榆林同知會滇蜀用兵上官檄吉璁轉餉入蜀至甯羌州遇亂巡撫撤饟還棧道路絕吉璁間道從黑水峪七晝夜達盩厔定邊副將朱龍反直逼波羅堡堡距榆林百里監司高光祉問計安出吉璁具畫利害狀光祉是之聚士民誓神死守募壯士立忠義大會編什伍明號令晝障而守吉璁出私財以享士卒城上晝夜防禦民賴以安綏德周繼明聚衆數千入神木與叛將孫崇雅合攻陷延安榆兵迎戰不利城中偶語籍籍欲出降光祉夜呼吉璁曰事急矣鎮兵疲不足仗奈何吉璁奮髯大呼曰死譚吉璁職也出諭士民曰忠臣我與高公爲之豈責若輩死然所以死守者正爲若輩計耳賊一入子女玉帛皆賊有且若輩今日降明日大軍至無噍類矣衆泣且拜曰公言是光祉出千金吉璁益以數百金間道渡河買粟於保德河曲以兵突圍衞之入人心始堅

王師至圍始解而響水淸平鎮羅諸堡猶爲賊保聚吉璁單騎諭降之馳至神木檄崇雅繼明曉以禍福遂以衆降事平上功加一級久之調知登州遘疾卒吉璁好學工文章在榆林修延綏志又著肅松錄爾雅綱目一百二十卷嘉樹堂集二十卷鴛鴦湖櫂歌一卷浙江通志參吳志

譚瑄字左羽吉璁弟康熙己酉舉順天鄉試歷禮垣楚省兵亂上官皆新除道遠未至瑄疏請以在京官速赴任董之又六計弊吏年老者多以廣文充數瑄疏言貢士需銓時年老甫得官而復以老去請勿劾著有涵萬樓疏稾嘗祖阡爲世墓圖說子有年丁卯舉人歷知靈寶江甯縣吳志

高以永字子修以進士知内鄉縣崇學校招流亡均賦則免私派陞安州知州歲發常平倉粟以賑州西有白洋淀水涸民種麥於沮洳中旗弁誣以侵牧地訐土官以永曰淀偶涸爲地指以爲牧他日水溢必移指他地是害民無已也因議請大會雨後復浸事得寢擢戶部員外郎以勞勩卒於官 吳志參檇李詩繫河南通志

王燮字子和以進士知阜城縣縣劇瘳不以供億病民擢吏部主事弟焚山陰訓導亦知名又姚原潙以進士知任邱邑患盜計擒其魁徵賦不入署盜至惟帛數束而已 吳志

朱振字千仞以進士知舒城縣邑遭寇躪振均賦役嚴保甲勸農桑興學校師征武昌道經舒城振令悉陳市物於庭平價鬻之兵不擾舒有七門堰溉田二千頃壅塞已久下流苦旱振考舊志排眾議卒興其利淮南諸郡種雜糜芑新令紅白分貯民病撿納力請得如故夏旱請減賦蝗不入境後攝六安裁革耗羨民咸德之以旱步禱致病卒著有龍舒治暑 吳志參伊志

虞兆清字鑒斯康熙己未進士知四川綦江縣當兵火後邑民彫敝兆清招徠勸墾戶口日增攝忠州修陞宜公墓又以公及劉祖庸李鄴侯白太傅並吏南賓建四賢祠明楊應龍之亂綦江守將死者房嘉麗張良賢亦祠焉以廉能薦授湖廣道御史著有素業堂文集蜀行草 吳志參檇李詩繫

弟兆澄字虹升有詩名著有軒渠集天香樓偶得

張時雍字問樵康熙甲戌進士爲漢陽令歲大饑捐米百石爲倡設粥廠賑之男女異處率僚屬親自檢閱其在遠鄉者擇紳士監之又設官渡四艘以濟飢民全活無算 柚堂續筆談

李我郊字約山明藝子由廩貢起家歷肇昌同知時王師征準夷委辦軍需自陝抵口外期甚迫我郊獨任之不

旬日而事集擢工部員外郎遷兵部分巡永甯值土番跳梁剽掠內地我郊捐資贖回良民以萬計轉廣西蒼梧道卒於官 伊志

李陳常字嶧山亦明藝子以進士授刑部主事轉員外郎時借帑獄起積案累累大司寇知陳常有幹畧委與高安朱軾同心勘覆開釋甚眾遷郎中出知鳳陽擢兩淮轉運時鹽多積滯商力漸絀陳常華陋費示節儉課額無虧巡視兩淮鹽政與張鵬翮趙申喬張伯行諸人稱十廉云 吳志

高孝本字大立以永子三歲時指氣字曰此即浩然之氣

也長而研經酌史發爲古今文妙合軌範以進士選知
涇縣再補績溪兼委歙篆以廉直聞罷官時士民攀輪
留之孝本作詩甚富由登岱以迄游台蕩諸山凡十七
集游而益進晚歲自訂固哉叟未刪稾外存古三都賦
雜賦二卷愚夫論二卷游記二卷家傳一卷 浙江通志
陸紹琦字景韓少能文約己和物粹然若成人少孤貧課
讀以養母康熙己丑成進士入詞館由檢討累晉侍讀
終太常少卿凡與文字之任者六以忠勤奉職在位無
赫赫譽而尤悔益寡其爲廣西學使也御田州土司餽
金遠遁敬憚有從來第一學政之頌嘗憫粤西去中土
遠夷獠雜處不能徧悉功令擐罪至死迷不得悟既遷
太常乃具奏請生宜講習律令意爲粤士發也得
旨通行著爲令尋致仕歸手書遺訓付子言平生不妄交一人
不妄爲一事不妄取一錢聞者信之 吞松閣文集
錢陳羣字主敬號香樹世居海鹽陳羣始占嘉興籍少貧
苦父綸光嘗游學母陳教誨之事詳賢母傳年十八游
京師結交皆老蒼名籍甚康熙辛丑成進士雍正中以
編修典河南試爲陝西宣諭化導使歷侍讀學士充
日講起居注官督學順天入直
內廷乾隆初擢右通政母喪服除仍視學順天累官刑部侍

郎充
經筵講官會試副總裁兩典江西試以疾歸
高宗純皇帝南巡加刑部尚書太子太傅
特予在家食俸赴京兩祝
慈釐與香山九老會年八十九卒於家
賜金
諭祭葬贈太傅謚文端入祀賢良祠陳羣外和內厚每以汲引
人材爲己任立朝持大體而遇事侃侃不少借在刑部
每事必虛衷詳鞫有大臣某觸法下獄
上怒甚吏欲從重擬陳羣持不可卒如律請自起家以文章受
知遇致仕後
上巡幸所至及秋獮行圍凡有
御製輒寄令陳羣和手錄以進賡颺之盛無與比而生平忠悃
自矢尤邀
天鑒屢荷
賜詩褒奬稱以頌不忘規蓋其敷陳多在密勿之地卽家人不
知也他如推原律例條陳耗羨事宜請頒從祀先賢先
儒兩廡位次停科試舉報優劣旌受封節婦修明思陵
等疏皆其表白者也著有香樹齋集行世 伊志
汪爲熹字若木以歲貢補桐廬訓導縣之學宮面江水溢

將圯爲熹捐俸葺新之桐君山下分水處往來病涉設
渡以濟歲祲出貲助賑并置學田給諸生之貧者秩滿
知鄖陵縣行保甲法姦匪斂跡訾延同里戴源瑞蒐輯
故實同纂鄖陵雜志若干卷補前志所未備伊志

錢界字圭恆陳羣弟以陳羣保舉發陝西歷知醴泉寶雞
吉水廬陵等縣擢知歸州攝蒲圻以施南府同知卒於
官界所至有惠政不名一錢卒後囊橐蕭然歸櫬過江
西人皆號泣以送蒲圻之民至今立祠祀之界工繪事
得母陳之傳與同郡張庚竝稱伊志

戴源亨字通也以進士知湖北嘉魚縣境有堤工水勢衝
決源亨日夜堵禦堤以鞏固調天門以廉能稱致仕歸

購宅素園著有稼邨集兄源永以舉人知文水縣改永
嘉教諭伊志

陸樹本字豫立紹琦子乾隆丁巳進士以編修歷充經史
宗學等館記名御史致仕歸樹本少承家訓績學砥行
爲士林表率主鴛湖書院講席二十年書院舊祀陸清
獻公樹本奉爲依歸每接弟子必舉淸獻立身行已以
勖勵之盡心校課士論翕然院舊有田不足供膏火樹
本首捐貲當事者各分俸以助先後益田若干畝沒後
卽從祀淸獻於書院生平善氣迎人表裏如一周卹宗
黨不倦鄉里稱之伊志

沈璿字琢英登會試明通榜以知縣發往甘肅歷署伏羌
鎭番鎭番民與武威爭紅水河利武威地高築壩而下
流涸鎭番田不治璿作武鎭紅水河辨詳著之調補崇
信邑倚山臨水水齧城根歲久將陷璿相度形勢悉心
修築制府明山以城功第一稱之伊志

馮渠字暎淸以進士知靖安縣値歲祲不待報發倉穀以
賑被劾罷官貧不能歸留主濂溪書院卒於章貢渠文
學賅洽工詞賦著有文選臞蓼園詩梅里詩輯

錢汝誠字立之陳羣子乾隆戊辰進士以編修典河南試

直
內廷充
日講起居注官屢擢侍讀學士旋陞內閣學士時閣學未有
缺汝誠以待補得食俸尋轉兵部侍郎故事新入部者
居右奉
旨着補左皆異數也復改刑部初陳羣任刑部令汝誠侍左右
案有疑相與推原律意必得當而後止故汝誠居是職
有裁制持法明允稱
上意已兼順天府尹改戶部仍兼刑部凡
車駕所至皆參扈從備顧問兩典江南試以乞養歸服闋後補

原官充四庫三通館副總裁未幾卒志伊
錢汝恭字雨時陳羣次子乾隆丁卯舉順天試挑發江南補沭陽令沭有六塘河每暴漲城之西門當其衝屢搭屢圮汝恭審地勢開支河以殺其流又闢柴米河以通舟楫縣東有窪下土田不治民多逋賦具牒極言其累得減額又縣民輸漕無水路艱於運請改民折官辦沭人便之既去入名宦祠調興化清積案百餘邑多盜爲嚴立賞罰使互相訐發得免罪未幾擒其魁餘黨悉散等調丹徒以艱歸補新鄉縣縣瀕河自康熙間河決有壓廢田三百餘頃責虛糧於富戶爲民病者六十餘年

汝恭勘得實力請上官奏豁之民立祠縣之趙村以祀擢安慶同知以父喪哀毀致疾卒志伊
姚晉錫字安伯以庶常散館授部主事官刑部十餘年決讞平允擢御史陳奏直省佐貳官不得歴本地州牧教官不得閲本地郡邑試卷部議允行以母老乞養歸生平甘淡泊杜門課子祖遺田悉推以贍族人戚黨賴以存活者甚衆及卒告其子曰盡其道而死者吾得正而斃焉著有閑家述要蘆涇集志伊
王元啟字宋賢以進士知福建將樂縣甫下車即濬溝渠清訟獄嚴保甲端士習諸政畢舉視事僅三月被議歸歴主講席三十年弟子經其造就以學行科名顯者甚衆生平根柢之學以宋五子爲宗古文原本昌黎說經尤精於易著有周易講義史漢正譌韓歐記疑校正經傳沿革例祗平居士集諸書志伊
沈祖惠字屺望世居吳江入籍嘉興寄姓李乾隆壬申鄉試第一禮部試列第二選知江西高安縣慮囚鄰邑昭雪死罪數人有循聲以詿誤改教歸生平敦孝友勤苦積學講學姚江修餘姚志三入秦著秦游草西征賦爲文原本經史至今傳誦刊有虹舟詩文集若干卷四書講義二十卷子榮河能文早卒著有龍山遺文志伊

陸昌祖字駿聲樹本子乾隆丁丑進士知大埔縣縣有大小姓之別小姓苦徭役每詭附其田於大姓有某乙田在某甲戶下甲執其糧冊姓名欲奪之昌祖得其實斷歸乙因令民各正其籍弊遂革歲饑先發倉平糶乃上請鄰邑仿行之所濟者衆揭揭陽揭陽輸賦多折色其價輕重不齊昌祖平其價令民概從輕者納民德之以艱歸服除補通海地當孔道向用夫馬派之民吏緣爲姦昌祖捐俸供應不以累民陞順天府通判攝治中乞養歸晚主鴛湖講席孜孜以勤學植品爲教一如其父著有栁塘詩槀志伊

李集字繹初以進士知鄖縣少潛心儒先之書學使者雷鋐謂之曰當爲正學中不朽人物在鄖多惠政築陂池焚妖木邑人頌之有風烈何殊陸清獻神明已逼鄭山公之句晚精經學著有周易願學編尙書信古錄毛詩無邪訓孝經玉律六忍居詩文集子旦華字憲吉優貢生弱齡應童子試亦見重於學使取其經解卷冠一郡曰秀才中無是人也後學使竇公光鼐稱其學問第一貢成均年僅二十九卒著有周易象義十六國世系表青蓮館稾志伊

金蓉字衡一梅里人少穎悟工詩乾隆己丑成進士入翰

林充三通四庫全書纂修官先後分校書二百四十餘種晚歲家居築聽雨軒林泉自樂著有青岳詩稾澹莊詞鈔紅香館詞選志伊

錢開仕字補之汝恭子年十二賦游金焦詩出語蒼老爲族兄載所賞乾隆己酉成進士以檢討典貴州陝西試充會試同考官視學雲南以勞致疾卒於官著有靜讀齋詩集志伊

錢汝豐字後之陳羣第五子由縣丞升滎澤縣築高家堰壩工與衆同甘苦官至雲南儲糧道署按察使讞決多平允嘉慶十四年改工部郎中年七十乞假歸弟汝弼官江西巡檢晚歲家居以詩酒自娛著有瀟園詩草八卷弟汝器乾隆乙酉

欽賜舉人官陝西武功縣知縣倜儻好義有丹巘居士詩鈔一卷詩餘一卷志于

董源字星來乾隆癸酉舉人黃平州知州自守廉多善政江南有第一清官之名年老歸田所著詩文集俱佚志于

錢楷字宗範乾隆己酉會元傳臚改部曹官至安徽巡撫廉淸自守每多德政惠及黎庶卒於任所兼善分隸工畫山水得麓臺石谷神髓著有綠天書舍存草志于

孫鉞號次鶴乾隆辛卯舉人補甘肅兩當知縣政蹟徧輿

頌堵禦賊匪不辭勞瘁因病回籍年七十卒志于

錢復號蓉裳由府經歷分發福建歷署建安羅源等知縣後擢升畿輔首邑居官三十年多惠政聽訟決曲直兩造具服卽判牘尾所至無留獄洊任吳橋縣學圮卽捐俸修葺有范姓逋賦者拘之至以文忠公後裔代爲輸納治事精勤吏胥備數無所事勘水災驅蝗不辭勞苦以此得疾告歸治所之民有甘棠遺慕焉志于

錢臻號潤齋陳羣孫汝誠子由議敘揀發副指揮陞至江西山東等處巡撫當秉臬時比較重輕一字不苟下闕官書往往至漏盡未息尤嗜呂新吾呻吟語以爲有體

有用之學其生平得力在此卒年八十有六于志

馮馨字凝之光態兄子自少倜儻有才畧弱冠後隨侍叔巡撫任諳習治術由南河主簿陞署清河知縣值淫雨連旬淮水驟漲邑故無城以隄爲保障水將平隄居民驚竄遂募夫冒雨搶築凡三晝夜增高隄五尺廣二千餘丈水勢稍平得賴以安歴署溧陽清河以減壩大工告竣陞署高郵知州遇洪澤湖盛漲溢入高寶奉檄開放三壩獨議祇開一壩以資宣洩下湖州縣民田廬舍得免淹浸保全不少陞通州直隸知州重學校興文教濬溝洫凡涉疑獄悉心推鞫平反使無寃抑民皆悅服

著徐州知府旋以年老歸于志

馬璉字東亭康熙年拔貢生由處州府松陽縣學教諭保舉知縣令安徽巢縣在任汰減民夫修理浮橋革除銀匠均有德政記勒石監立解任時有巢湖輿頌一册相國張公英序于志

魏攀龍號松濤少好學肆力於詩古文詞乾隆丙子舉人已丑科中書歴官江西進賢信豐知縣署南昌九江府同知代理通省督糧道事務精明渾厚所至多政聲于志

沈可培字養原號向齋竹里人乾隆壬辰進士令安肅有惠政遇水災實力辦賑民有無米不到百姓口無錢不到百姓手之謠宦歸主山東灤源書院學問淵博著灤源問答爲有用之書子銘夔字竹岑文名藉甚生平勇於爲善于志

錢豫章字培生汝恭長子乾隆丁未進士補戶部主事升郎中官部曹十年兼辦軍需遇事細核分別準駁宦歸行善置田十畝爲掩埋貲嗣子希憲至今遵行不怠于志

錢福胙號雲岩汝恭子乾隆庚戌進士由編修官至侍讀學士充同考官二主試二督學一持躬嚴毅多所成就著有延澤堂詩鈔文鈔覆瓿集各一卷芸館集四卷奏御存稾一卷貝珠船二卷于志

朱階吉字慶長嘉慶丁丑進士弟達吉先捷春明報者至帖泥金命虛左以待樓居讀書去其梯閱三年獲雋先後均以第二人登榜邾人豔稱之由編修提督廣東學政以勞瘁卒於官著有覺世眞經訓解圖說晨葩書屋詩賦行世于志

朱達吉字春衢嘉慶甲戌進士由庶吉士改江西東鄉縣知縣陞內閣中書補軍機章京時值回疆張逆不靖軍書旁午勤瘁尤著因克復四城元兇生獲照軍功例議敘由部郎授御史放廣東督糧道歴充方畧館協修纂修戊寅江西鄉試同考官戊子辛卯順天鄉試同考官

癸巳會試同考官前後四佐文衡所得多宿儒名士年六十卒於任（于志）

沈品蓮字根玉以選拔授處州府訓導脩廟廡浚泮水俸錢不足家取給之聚生徒講學舄行以疾歸（于志）

沈維鐈字鼎甫少蓁貧從父叔垣經訓堂藏書富招就塾早積學登嘉慶辛酉賢書聯捷入詞垣授編修充　文穎館　國史館協修乙亥入直　懋勤殿補國子監司業升侍講轉侍讀丙子督學湖北刊程氏讀書分年日程式多士壬午典試八閩旋視學時值拔萃科先期擇尤調省月三試所取皆知名士經濟如林文忠伉直如

陳給諫慶鏞均出秋試門下戊子順天學政壬辰安徽學政甲午仍留皖任提倡正學校刊張履祥年譜陸世儀思辨錄培植士林人人絜清自矢戊戌因重聽乞假
成廟垂詢是兩耳俱鳴還是一耳後湯金釗入值猶蒙垂問維鐈回里與否丙午以工部侍郎致仕歸三十餘年居清要掌文衡內行謹嚴外觀和霽分校典試絕苞苴禁請託宦橐蕭然歸惟書籍主講杭州敷文松江敬業書院脩脯度支仍若寒素居鄉望重後進來謁必肅衣冠見之己酉目覩水災恫瘝民隱寓書巡撫吳文鎔奏撥賑項追國帑下頒已於六月棄世不及親見矣卒年七十二入祀鄉賢祠（年譜）

錢儀吉字藹人文端公曾孫父福胙官侍讀隨京邸十二歲效選體作山賦千言前輩張問陶擊節稱賞登嘉慶辛酉鄉榜戊辰成進士庶常散館授戶部主事升刑科給事中遇事無徇庇人憚其丰采遷改官御史科吏拊掌曰錢公去此吾屬無患矣性耿介稽察戶部捐納房會堂吏郭坦舞文補監照事覺懼賚諸法請託百至峻拒之迄庚寅因公累鐫級絕意仕進竝焚入臺時彈章諫草謂人臣以封事入告不宜流播人間主講粵東學海堂河南大梁書院定季課章程治經講求故訓著經

典證文說文雅厭流覽乙部以章武偏安暨大業末造典禮缺如撰三國晉南北朝會要讀史尤詳地理甄錄魏吳都城金墉城圖之類無慮數十百篇仿焦氏茲徵獻錄裒集　國朝文集千餘家節錄名人事狀輯先正事畧病徐乾學通志堂經解采摭未備搜羅宋元來說經家彙經苑一編皋比數十寒暑有仙蝶齋藏書所自謂吾之長技但可鍼灸文字耳從弟泰吉親得師承故乾嘉後論文章家數咸推嘉興二錢云所著文曰颺山樓集衎石齋記事稾詩曰攷詩閩游澄觀定廬刻楮旅逸各集（節汴士蘇源生撰文遺事及錢氏行狀）

錢泰吉字警石父復令直隸大興縣決獄慈敏有隱德泰吉由廩膳生援例授海昌訓導卽棄舉業就冷官益喜得遂讀書樂公餘輒假人善本校勘數過著曝書雜記自道所得成一家言肆力古文詞與從兄儀吉咨詢學術動輒千言輯海昌備志學識禾人考有功文獻秉鐸二十餘年嚴身教甓士習臨去爲州人攀畱主講安瀾書院感化海壖樂親晨夕以宗族代有聞人纂清芬世守錄追述祖德條舉件繫逮庚申粵事起仲子應溥時佐湘鄉節相戎幕迎養安慶念切鄉關疾革時猶以不克歸省先塋爲憾著甘泉鄉人稾二十四卷長子炳森

原名銘恕道光甲辰舉人景山官學教習前卒有邠農偶吟稾 湘鄉曾國藩撰墓表 馬平王拯撰傳

李超孫字奉壎乾隆乙卯舉於鄉剖析經義尤深於詩著詩氏族考授會稽學教諭訓課諸生仿雷氏鋐學規條約七十後告歸伊守湯安聘修郡志兼任校讎之役 愛 蓮詩話見梅里詩續輯

李遇孫號金瀾嘉慶辛酉優貢生淹貫經術撰尚書隸古定釋文晚年官處州府訓導著括蒼金石志金石學錄天香錄芝省齋詩文集武康徐熊飛稱其詩風懷澄淡 梅里詩續輯

李富孫號薌沚嘉慶辛酉拔貢與伯兄超孫從弟遇孫有後三李之目湛深經術所著七經異文釋周易校異集解賸義漢魏六朝墓誌纂例鶴徵前後錄曝書亭詞注說文辨字正俗均膾炙藝林詩古文詞刊有校經廎集蒐輯長水掌故續纂梅里志附楊謙原書後尤有裨文獻云 梅里詩續輯

沈寶麟字紱齋嘉慶戊午舉京兆試道光丙戌大挑知縣改就教職選湯溪教諭學有武生葉某被豪富訟葉直而豪枉上官七檄令褫衿卒持正論不過枉人罪廩生某病狂其父得錢於侍廩者爲請給衣頂勸以父子天

性毋爲利昏疾瘳均感悔兩楹之間皆躬親洒掃雨則省視漏痕繕完乃卽安駉以衰頹恐拜跪失儀爲大不敬乞歸主講泰州書院州牧議增院租以裕膏火力阻之謂敎士以學道愛人爲他日臨民用可先示以剝民自裕乎乃罷議居恆辨別義利躬行實踐著祠倉議南汝光水利志苟爽易圖說入祀湯溪名宦祠 甘泉鄉人稾

馮登府字柳東嘉慶戊寅順天舉人庚辰進士以庶常改授江西將樂縣知縣不兩月因親病解綬去服闋敎授甯波大吏復重其才將薦舉力辭之生平劬書媢學著述等身阮宮保元徐侍郎士芬李宮贊泰交皆文字至

交爲刻補考三家詩異文釋金石綜例論語異文疏證其自謝詩有新書難得故人刊之句詩宗金風亭長坐詠勺圜寒釭暑簟或吟轡所至兼喜倚聲尤熟掌故中年游閩修鹽法志福建通志名震海嶠間所著玉堂分韻南劍種花勺圜海嶠學易庵等分十集孫名栁孫諸生庚申遇賊投水死梅里南王家兕圖家殉難集拜竹龕詩存

各序

吳雲翰號彥冲歲貢生專精註疏有叩疑義者令自標章句若射策帖經然翌日乃條舉件繫答無賸義每酒酣議論風發否則覃精研思竟日吶吶然山陽汪廷珍視

學至禾試河源考以宿學器之晚益貧出手輯經解本易米猶鈔纂勿輟禾中記誦淵博若馬應潮九經古義注王廷桂儀禮義疏酌要錢棫摘錄註疏皆皓首窮經而融貫漢唐說經家者推雲翰爲首錢泰吉曝書雜記

李彀字介石嘉慶初元以廩生保舉孝廉方正兩封肱毋金愈父淦疾不瘳呼號擗踊後有道者輒蹙然曰子勿言我未讀鄞人對耳境極窶不易介餘姚令聘閱文峻御重金請託者客授歸恒舉嘉言懿行與家人言閨門感化多貞烈事性愛竹畫師竹圖以勵志書法褚河南晚眚一目猶伏案作細楷纂成人海韻編錢泰吉撰行狀

張廷濟字叔未父鎮力學不仕手輯唐宋名人爲天爵周行錄入義行傳廷濟少親炙海鹽吳懋政學有根柢領嘉慶戊午省解屢躓禮闈遂結廬高隱以圖書金石自娛書法米南宮草隸獨出冠時所著桂馨堂詩樸勁典核建清儀閣藏庋古器古香溢翰墨間居近竹林耆舊書畫搜輯成編故老零落各賦感逝晚年創長徑寸與阮元合摹創壽圖泐石平生德潛行芳科名若傳家物子慶榮領道光丙午鄉薦後謁儀徵相國鑿稱小解元有稻香樓稾孫晉燮廩膳生踐履篤實遭亂後入趙景賢軍派督水隊歿於舟次事載忠義錄長白瑞元順安詩集序

吳昌壽字少邨儀狀魁偉飲啖過人徹時通曉畫科算學詞章訓詁亦冠絕時流通籍後斥爲末務咸棄去留心兵事講究方畧道光丁酉拔萃貢成均庚子登賢書乙巳成進士以知縣分發粤東其初至也治劇盜郎著威名由陽山令署連平州以治英德土匪功陞直牧擒高州淩匪功保知府在韶州府任剿辦帽子峯會匪調廣州府先是州被夷擾檄昌壽守外城洋酋秋毫無敢犯至是益讋慄晉攝糧儲道繼署南韶兵備道甫任事韶屬仁化樂昌等縣爲賊陷將趨韶會總督勞撫軍耆各籌進兵路意齟齬以昌壽主督議忤意指者故尅期五

日以相難乃急視師捷聞裁四日者始神之保授本省
按察使旋擢布政使未匝年奉
命撫鄂鄂乃豫捻粵髮蹂躪地警報踵至趨隨棗鍾京部署犄
定　朝命趣出省督兵直抵豫境旋郎移節汴梁會僧
邸捐軀曹州卒潰沈幾應變近守遠攻旋以甄別保舉
罣吏議卒荷
王知鐫一級以去　賞假回籍修墓即家拜授粵藩促裝啟行
又奉
旨署撫粵西履任兩月以憂勞卒性方介居官不樹黨援雖以
文學進身而屢膺閫寄數著戰功論者尤偉其韜畧云

同治年奉　旨入廣東名宦暨本籍鄉賢祠行述
沈壽原名爾政字西雍幼有神童稱未冠領嘉慶庚午科
鄉薦知江南如皋縣事擢守燕北各郡有政聲顧軀幹
短小報最入覲坐久不調援例以觀察指發江西歷署
鹽法糧儲會粵事棘隨巡撫張芾嬰城拒守四十九日
解圍後授福建興泉永道未到官改發江蘇病歿泰州
生平學尚考訂兼嗜金石與歸安吳雲最結契賞鑒所
獲輒繪圖徵詩倡和成帙著作已梓行者曰匏盧等集
新纂
朱其鎮號九山父萬均號漁珊庠生精楷法嫻吟詠與配

孔氏家門倡和吳文溥南野草堂詩語謂有對寫烏絲
同吟黃絹之樂其鎮稟慈訓早食餼中道光辛巳舉人
己丑進士由編修轉諫垣授甘肅鞏秦階道權甘肅按
察使查辦番案因公罣悞逮入京獄未竟而卒先是道
光乙未典試滇南搜閱遺卷多所甄拔丙申會試同考
官得士如林鴻年張亮基莊受祺段大章陳壇伍輔祥
崇保皆夙著聲譽書法出入晉唐晚年尤嗜顏柳著有
木天楷則滇南紀程錄新纂
沈攀桂字蟾客品蓮子以諸生力行善事道光初鄰邑震
澤縣野貓洞口風險擇要築三墩以捍行舟因有費姓

委員督辦遂讓功焉至今名費公墩募修石門至平望
百餘里斷岸先是永新一帶十二年中淹斃六十餘人
修築後遂成坦途民不病涉焉郡守欲詳請優奬固辭
乃止好誦格言著有拱翠室詩文集新纂參耐冷談
許樸字蕙塍父鎬乾隆甲寅舉人嚴州府教授樸嘉慶己
卯登賢書大挑掣授河南沈邱縣知縣丁憂服闋改選
貴州天柱縣升定番州知州咸豐庚申在永甯州督帶
團防每臨陣佩劍攜鴆示以死志至重午日城陷被執
受戕由貴州撫臣奏請優卹加贈道銜新纂
程夢字梅巖道光辛卯科舉人與人無疾言忤色睦親族

時死喪賑偏災凡邑中善舉捐貲倡率所居鄰春波坊米市裒多益寡悉心經畫羣推有道長者新纂

錢繼文候選國子監典籍寓居江甯督辦團練城陷闔門殉節

賜卹祔祀江甯嘉興昭忠祠浙江忠義錄

褚熙昌字九衢道光辛巳舉人甲辰挑授四川知縣署雲陽理鹽井興書院創團練嚴緝捕嘓匪不敢入境任鹽井教民蠶桑召農婦入署示以飼葉繅絲之法報最補定遠未履任卒平時講求學術經濟有詩春秋集解讀易偶得海防得失考西域雜說快綠軒詩文稾新纂

褚長春字菘𦓖高士廷琯五世孫幼失恃父鵬飛增廣生誓不再娶挈子就館教以義方長春登嘉慶庚申鄉榜戊辰大挑授武義教諭不就叩以故曰教官職在訓士邇不率教者緣事入官縣令或徑拘攝不關白爭則傷寅情徇則虧師道不如守拙爲愈道光癸未經理水災賑弊絕惠孚巡撫帥承瀛考覈稱最將請敘力辭之仍頒額旌其門好排解里黨不平事懲漕蠹苛斂挺身爲難不避憎怨邑人賴之子志鴻歲貢生亦以文雄於時黃安濤撰墓表

沈亨惠號慕琴道光辛卯副貢庚子舉人均北榜由教習知縣籤掣廣東咸豐二年攝三水縣事四年粵匪東竄省垣被圍三水適當其衝亨惠聯絡紳團守禦甚力手編三水守城紀畧擢州牧七年佐廣州府吳昌壽督剿北江大灣藍山等處賊巢歷著勞績補南雄州官至知府新纂

嘉興府志

嘉興府志卷五十一　嘉興府知府善化許瑤光重輯

列傳

嘉興縣

孝義

漢

張武吳郡由拳人父業郡門下掾送太守妻子還鄉里至河內亭盜夜劫之業與賊戰遂亡失屍骸武時年幼不及識父後至太學受業每節常持父遺劍至亡處祭醊泣而還太守第五倫嘉其行舉孝廉遭母喪過毀傷父魂靈不返因哀慟絶命後漢書本傳

陳

張種字士苗仕梁爲宣城王府主簿家貧求爲始豐令武陵王紀爲益州刺史以種爲征西東曹掾種辭母老坐免侯景之亂奉母東奔鄉里母卒種時年五十而毀瘠過甚又迫以凶荒未獲時葬服制雖畢居處飲食恒若在喪景平王僧辯以狀聞起爲貞威將軍治中從事并爲具葬禮葬訖方卽吉陳武帝受禪爲太府卿歷位侍中中書令金紫光祿大夫種沈深虛靜識量宏博時以爲宰相之器僕射徐陵嘗抗表讓位以爲宜居左執其

爲時所推如此太建初女爲始興王妃以居處僻陋特賜宅一區又累賜無錫嘉興侯秩南史本傳

唐

邱爲文學名世應進士科晚乃得第事繼母以孝聞官至太子右庶子時年八十餘而母無恙給以俸祿之半及居憂觀察使韓滉以致仕官給祿所以惠養老臣不可以在喪爲異惟罷春秋羊酒初還鄉縣令謁之爲候門磬折令坐乃拜里胥立庭下旣出乃敢坐經縣治降馬而趨年九十六卒至元志參趙圖記

五代

薛仁德吳中戎府右職倜儻好施過崇德堰見牽船入多荷校會令佐來謁因問之對以路當衝要所逋秋稅甚多堰役夫皆是物也仁德問實欠幾何令具籍呈之計九千七百餘緡仁德出橐中金如數償之遂解纜去劉志

宋

戴顯甫嘉祐癸卯進士選亳州永城尉與母舅杭州陶叔獻同舉進士陶登第纔旬月卒于京師顯甫扶舅喪歸葬迎養其家以終身嘉興湯志

陳四四嘉定十一年剖心治親疾表其坊曰褒孝即今聯魁坊也柳志

項相字汝弼宋甯宗時舉孝廉歷官翰林學士與弟棟汝用處於奉親兄弟友愛買西山爲作孝友堂記嘉興湯志

聞人倣字彥則安易曾孫輕財好施行閭里具知貧乏者輒囊金夜叩貧者戶隙投入不使知其家得之以爲天賜也中年未有子相者謂倣頷後有黑子十一必有子後得子如黑子之數嘉興湯志

張仲滄秀州人居鄉教授好周人急務行陰德有商疾篤投仲滄問其姓名鄉里言訖而斃裝有十金仲滄具棺殮召其子護喪持金歸復捐貲經紀其葬一夕夢死者來謝曰公今生貴子矣已而生子師中舉進士爲館職終京西曹使尙書工部郎中兩浙名賢錄

聞人穎立字秀城宣和間爲江都簿有寓居何簿者謂穎立曰某之所生亦公之所生實異姓弟兄也疑未敢信穎立事嫡母朱氏孝一日朱語穎立曰汝所生視汝三歲而適人吾視汝如已子穎立感泣述何簿言朱令物色所生張氏張語穎立小字及髫齔事皆歷歷朱遂令奉所生以歸秩滿何簿欲迎之官而張氏不願偕往遂依穎立以終先是穎立父沒未殯火作穎立仰天疾呼覆身於匶將與俱化火忽回燎後以子符貴贈朝議大夫嘉興開國公嘉興湯志

陶菊隱名造圖伊于兩志皆佚其名今從陶氏家譜查補德祐末元兵南下菊隱聞勤王詔散家財招集義兵以拒元一境獲安授將仕郎謁文丞相于軍宋亡流寓者多以爲依戒子孫勿仕元時同邑趙孟僩華亭殷澄稱秀州三義陶四世孫鉦正統七年歲祲出穀二千餘石以賑鉦子澤景泰七年江淮饑捐粟五百石助賑天順五年復運米七百斛至通州應詔助邊賜七品散官劉志參李詩繫

元

潘應定博覽典籍母喪廬墓哀號無間有桂花變色白鶴來翔之瑞左丞相周伯琦嘉其孝榜其墓曰雙禎明一統志

戚敬字秉肅秀之白苧里人母疾救勿效刲股肉以進時母已不能啖而死敬勺水不入口者三日絕而復甦將葬掘地尺餘泉水湓浸敬負土爲墳旣葬傍徨不忍去或勸之返敬曰吾舍母何之乃結庵墓側三月生白芝五本人以爲孝徵又欲像母事之告工以狀工未悉一日工夢姥曰吾戚母也汝爲識之翌日工刻木惟肖敬奉如生時張士誠昭吳將遍秀境里中皆遁敬曰吾忍去父母墳墓耶乃散財集子弟保鄉里他所焚掠幾盡敬所居白苧里完好如故公府將賞之謝曰吾爲墳墓耳不願賞後部使者薦爲文學掾人以其孝不斥其名直曰孝子云徐一夔戚孝子記

吳森字君茂其先汝南人後徙居嘉興魏塘任管軍千戶家饒于貲悉推產以歸二兄鞠其弟妹逮有家室推是志也達之鄉鄰饑有米粟寒有纊絮病有藥餌死有棺櫬舟梁道路修除惟時闢田四百畝闢書塾聚閭巷子弟延師儒以教之由是人知有學有司上其狀署其門曰義士黃溍吳森墓誌

項冠字儀甫以富稱散財助婚喪鄰逋負江浙稱長者至元二十年境內饑輸粟數萬賑之全活無算元世祖聞而旌之授以將仕郎少府丞力辭隱胥山築胥山草堂子衢授淮西廉訪副使嘉興湯志

戴光遠白牛鎮人鎮遠郡縣學校不立光遠辟地三十畝爲殿于學舍四十餘楹聚生徒百五十輩延名儒黃玠主之自是鎮人始學趙圖記

顧德玉字潤之從甯國教授俞觀光游觀光無子嘗語人曰吾昔寢疾潤之侍湯藥情若父子醫爲感動勿受謝今吾老必託之以死旣而訪醫吳中病革趣舟歸德玉家進次尹山卒明日至檇李德玉奉其屍歛於家衰絰就位邦人士爲德玉來弔者德玉答拜葬於海鹽近顧氏之先塋歲時祭享惟謹輟耕錄

范國寶字谷保數世同居惇友義趙文敏薦諸朝累官安撫使家居設義倉建義塾著有最樂堂稿嘉興何志

樂善字爲之岳忠武後時有所諱變姓樂爲江浙行中書省架閣庫管勾受知於平章政事徹里帖木耳因哭其父嘔血卒嘉興湯志

吳宜字泰然森子有俠氣兄弟析居並以義讓元季苗兵將屠邑境宜獨叩軍門乞貸辭義嚴正主帥壯之乃釋不屠著有道德經註子午流註通論等書趙圖記

李明巒字石友明藝弟縣諸生善古文詩詞與桐鄉錢本一張履祥交以道義相切磋履祥稱爲直諒之友海昌

祝淵抗疏論救山陰劉宗周被逮明巒經營奔走不遠千里明亡自梅會里赴義同舉人周宗彝募兵守硤石鎮兵敗還家痛哭嘔血死參高佑釲自靖錄李富孫梅里志補　案是傳應改列明末

范重雯字松厦爲承事郎出守漳州總管張士誠寇湖州犯檇李時雯避地嘉興率鄉兵禦寇保障閭閻里人德之今俞匯地方有范家橋白鶴橋皆其破賊處嘉興何志

姚福二至正間傾家財輸築羅城妻郭氏亦傾篋以佐急公吳志

明

殷近仁博學能文與其弟原善原誠友愛無間家貧親老協力以供甘旨洪武初以孝弟授山西平遙縣親喪葬祭盡禮服終以所著蒞政戒銘四十二篇獻于朝擢廣西參政明一統志

殷原善兄近仁歿於官其妻亦逝所遺三男一女原善撫之如已出提攜噢咻無不至鰥居不娶其友諷之原善泣曰兄子猶吾子使吾娶而不賢諸孤將何託且娶爲後耳諸孤在豈無爲吾後者終不娶沈繼宗殷原善傳參今省人物考

朱煦父季用洪武初以賢良薦累官福州知府値詔天下盡革積歲官吏爲民害者季用逮赴京師輸作城役病

不能堪時在役親屬告枉者戍三人刑四人煦曰吾不能脫父于此訴不訴等死萬一緣訴而免可無恨乃自縛闕下具告枉狀上悲其意赦季用復官同時得復官者十四人嘉禾徵獻錄

張瑤字朝貢舉鄉薦性孝其妻以疾不悅於姑姑欲出之瑤心知無罪令歸依母氏終身不娶與兄同孝養內外無間言屢上春官不第杜門隱居郡守徐盈高其誼時枉過咨論未嘗干以私卒無以斂徐爲具禮葬之趙圖記

李進字孟昭力學明五經工篆隸行草母喪哀毀眇一目不復求仕永樂初郡守齊政請爲郡訓導不久謝歸著

有西園集（李構繫詩）

包珪包玒（通志作包江誤）兄弟也父愉洪武中詔求人才郡邑交薦辭不受永樂詔取富戶實京師有司疏愉名以進時年七十九長子珪願代父行幼子玒號泣又請身代兄弟爭赴有司旌之（袁志）

洪梁少孤事大母及母以孝聞子蒸進士知陳州迎養朝夕規勵云當失出毋失入願家爲好人仕爲好官有族弟貧爲之析產授室表弟趙某以詿誤遣戍梁憐其老而無子代控得免勾補（嘉興湯志）

淩孝子失其名永樂中甫冠父以典稅被誣逮繫京師孝

子號慟上書得釋水陸風雨備嘗艱苦竟以是殞人共哀之（懿行編）

許章字廷冕與姚綬爲中表兄弟天順甲申與綬同舉進士綬拜廣東道御史章兵部主事奉命安插夷人乘傳歸築南圃草堂以娛母母喪哀毀致疾卒綬銘其墓章同年進士姚俊主刑部執法詳平僉事廣東平寇著績亦以父喪過哀卒（嘉興吳志參湯志）

章傳普少孤事母孝母患心疾醫藥不能療傳普走普陀禱觀音大士每三步一稽顙匍匐造之母病傷寒危殆封股肉以進皆得痊及卒哀毀過瘠刻木爲像終身事之如生（趙圖記）

許嘉謨字性初業鍥氏母吳疾作嘉謨度不可救斷小指半和藥以進母啜而愈里人欲爲上狀嘉謨不可曰此舉也吾母未之聞奈何以爲名耶子聯登亦封股起父病（嘉興何志）

岳商字成卿兄夏多子商讓田宅與之別治子舍奉母以孝謹稱兄弟皆素封及兄卒凡役必肩其難且重者孫元聲和聲駿聲皆鼎貴咸謂孝友之報（嘉興湯志）

褚元卿事親孝父病籲天請代及歿淚枯流血母喪哀痛幾絕水漿不入口者七日廬墓三年屢奉旌獎（嘉興湯志）

常繼瓚字宋河性孝親沒廬墓三年有友胡皓合門病疫通門俱絕瓚獨往周旋湯藥里人錢三者密寄金於瓚往燕身沒瓚召其家人還之著有端愼堂詩集（嘉興湯志）

沈鋐字大威少穎敏通經傳父命受辟藩司嘗丞七家嶺非其好也至官僅閱月得父書歎曰古稱愛日又云以道養親老矣吾甯戀斗粟遂解官歸平生重然諾愼取與與人交恂恂相愛鄉里稱長者子光華英華皆有聲孫思孝自有傳（劉志）

陸灼白馬鎭人性孝義好賑施建立宗祠出資佐讀歲祲出布粟以賑不給者與商人程漸等捐資建萬程橋又

有吳朝陽品行醇潔夙敦孝友郡邑高其義皆為之表
閭焉 嘉興湯志
王昇字廷旭正統壬戌歲饑昇出粟六百石發賑年九十
卒其族人彝字叔倫景泰乙亥歲饑出粟二千六百石
丙子饑又出粟三百石成化乙酉又出粟四百石丙戌
出粟五百斛皆賜冠帶又有金昇字彥昇正統辛酉歲
饑昇捐粟三千斛項忠為作墓志二子盛茂景泰癸酉
饑茂捐米四百五十石乙亥又饑盛出粟一千八百石
俱賜旌其卒也忠亦銘其墓 鄒志參嘉禾徵獻錄
沈希沖字方壺鄉有貧無子者買妾贈之及年而其人亡
有遺腹子更撫以成立餼廩貢委進賢簿同官陳某繫
獄罄囊輸納贖其罪鄒元標為之傳著有尚書印宗又
包林芳字泉石嘗受叔氏寄鏹數百人無知者及叔沒
幾十年俟其子長歸之 嘉興湯志
嚴震字宗遠父疾震割股肉為羹進之父立愈同時有吳
槐甯冠者各封股療母及祖母疾人並稱之 劉志參嘉興何志
陳源 一作陸源 字本深性孝友好施父所遺盡讓之兄弟成化
壬辰歲大祲為粥以食饑者好納四方游士戶屨恒滿
詔賜壽官粟帛 劉志
許梧字來鳳事父母孝父病痘籲天以身代遂獲甦著志

博學以鄉貢司訓通州子𤔡嘉靖庚戌成進士遂乞歸
歲賓鄉飲
陸光岳字與喬光祿卿淞之孫嘗扶父櫬江行大風斷桅
岳呼天叩禱得安督學李同芳以惇儒慕義旌之 以上嘉興湯志
包世熙太學生副憲檉芳子萬歷庚辰父遘病幾死世熙
露禱哀號嘗糞以辨甘苦病獲痊五十餘日未嘗解帶
卧久之夢神謂曰爾父壽止六十覺而懼曰吾聞古人
有減算延親者遂書疏禱佛前願捐已算以續父餘抗
詞宣懇淚隨聲注不一月暴下卒 馮夢禎包孝子傳
許生佚其名刻工也性至孝萬歷壬子嘗斷一指療母病
同時士大夫詠歌其事李太僕日華詩有欲調穎叔羹
忽斷般輸指今日怡白頭他日鏤青史 李日華味水軒日記
許錫璋字如季廉憲應逵子父病封左股以進弟病封右
股以救錫璋早世弟錫瓚撫姪輩如已出俱以孝友名
時有許錫珍張應椿楊時雍亦以母病封股人咸稱之 嘉興湯志
施諡字安甫思賢里人幼穎異終日危坐一似有所悟者
父母歿哀毀骨立盡以其產讓諸兄飄然物外偏走燕
粤還抵虎林于勝果寺遇異人張野翁授瞿曇宗旨年

九十無病而逝 劉志

聞人彬字涵虛力學行義事父孝繼母生數子彬皆教養勿以煩老親及諸弟長以已產悉讓之天啟初里中以善聞于官屢獎不受 嘉興湯志

聞人昇爲肇慶經歷同郡有解軍道病迎致之卒殯于館歸其喪又有諸生劉用章者見人以貧迫將自溺急止而周之是秋其人舉於鄉即同邑尚書吳鵬也後用章貢入京亦授肇慶通判 吳志參嘉禾徵獻錄

費有本號心齋敦倫祗行奉庶母如母撫庶弟有恩中年喪妻不復娶里中爭延爲塾師稱費夫子又鄉民黃守

義事親有至性敦友愛兄沒事嫂如母撫姪如子閭里稱之 袁志參嘉興湯志

呂嘉祐吳賓素朱治恒俱諸生以好義稱崇禎乙亥三縣嵌田之訟議未決直指左袒嘉善會七縣諸紳集郡廟議平湖某紳亦袒嘉善時方謁直指郡人乘其出噪而逐之直指大索噪者人人自危司李方士亮曰吾不忍網羅多士也遂以三生解按院有張翃者亦諸生也營救得不死當會訊時嘉祐已創甚昂首言噪鄉紳之挾私罔上者非噪長官比也噪于途非噪衙門比也亡可殺法可桼乎詰之曰必有豪民倡亂者賓素曰攘田劫糧人病切膚豈必豪民鼓倡今闔城鶩寘生等捐軀代民爲弭亂計可蔓延無辜乎杭司李黃端伯曰此義士也勿深求乃免入獄擬戍嗣嵌田訟息各赦歸有司歲以粟帛周三生稱三義士焉姚安爲之傳 吳志參嘉禾徵獻錄

周之仁字長春幼孤奉母色養備至念未識父面請畫師追眞肖之事如生母歿躬負土成冢善說書著有翼朱翼蔡等編又妻拱極亦幼喪父病失父像欲見其儀容不可得以思父卒子先遠萬歷庚子鄉魁一夕夢父喜謂曰汝祖像不失第訪之後得於繪師稿中咸謂孝思所感 嘉興湯志參何志

吳熙亮令鉛山縣以廉平稱天性孝友撫姪如子同時宋鳳翔天啟丁卯舉人令文水縣亦多善行

王應中字鍾甫性至孝痛父祖相繼歿哀毀成疾幾不起生平慷慨好義嘗條陳條鞭等法當時採行之所著有獨省要言卜筮參同古今氏族考畧等集 以上嘉興何志

項肇昌字彥卿諸生孝父母敦同氣獨力婚娶弟妹捐產以周合族慷慨好施舉鄉飲賓子嘉祚康熙丁巳舉人倡義平糶出粟賑饑亦多善行 吳志參嘉興何志

盛泰交字成宇時值旱蝗傾囷橐以賑遠近就食者如市又施元章號廣生亦好施尚義嘗焚券以厚貧者著有

桃花溪詩二卷嘉興何志

戴華字君實家貧父病力辦藥餌卒不起華痛哭垂絕以有母在勉自抑以奉母又十餘年母病華晝夜哭甚哀聲達於巷是日忽無聲戶不啟鄰人排闥入視見其母已死華伏母旁面覆著牀已絕矣急救蘇責以大義勉進粥水里中皆稱曰戴孝子嘉興湯志

高林字宇培膠州守文登子諸生萬歷戊子歲饑出粟賑濟時母戴大母趙相繼沒朝夕號泣致病遇家忌强起設奠一慟而絕以子道素貴贈工部郎中

巢祖義字太初以諸生橫經授徒成就者眾錢閣學士升

徐孝廉郴臣其最著也家貧以束脯奉菽水必誠必敬幼弟屢傾其業割產界之應貢不仕生平學以誠意為宗篤行為務疾革索筆大書孝弟勤儉四字以垂訓孫鳴韶鳴和鳴盛一門友愛廬墓三十年以上袁志

屠宏允字琴山舉人早孤事母孝安貧力學族有以無妄陷重辟者力為解不令知也丁母艱哀毀成疾卒袁志參張楊園文集

羅斗章字仲昊天啟辛酉舉人歷宰衡陽早孤事母孝母病刲股療之與兄共甘苦兄卒撫孤如己子吳志

王永謨字公榮父紀善任三水縣有循績家本饒萬歷末盜寇充斥利其貲夜劫之眾皆避永謨母鄭年老不能出盜執鄭將殺之永謨從門外哭入橫臥鄭背曰甯殺我無傷我母也鄭遂得脫盜砍永謨右臂斷之數日死其僕王成亦以救鄭死邑人哀之為請旌又有孫鍾琦崇禎丁丑乙榜盜夜劫亦以衛父傷臂嘉興何志

包麟趾字仁甫泗州刺史世杰子性孝友父卒於官麟趾方弱冠扶櫬歸哀毀骨立入太學稱能文工吟咏與妻沈偕隱著有浮峯閣唱和稿吳志

姜非熊字碩年與兄方泰惇友愛方泰沒非熊號泣不已隨成疾卒又其族有之裔者母疾割股以孝聞有司各

旌之嘉興何志

章吉士居母喪蔬食三載乙酉間有同里吳姓者以金杯數件託之吉士挈妻子避亂每出負破絮一器不少離後歸及病革吳適至吉士亟指牀頭絮不能言吳啟之故物也仍歸吳乃卒張楊園文集案吉士名可貞諸生著禮記纂註

姚某字光虞貧而好義有從母矢節族黨欲奪而嫁之為養於家三十年不少怠其族感而迎歸焉吳志

江皋字雲含諸生工詩文崇禎間浹歲旱饑皋鬻粟賑濟鄉里賴之幼喪父如成人母病籲天請代遂得愈丙戌避亂為盜所傷昏暈中若有神曰江孝子無恙天將佑

汝後得痊子溥舉人袁志參李詩繫槁

徐彬字忠可貢生世淯第三子世淯殉難詔立祠時務倥偬官未及也彬推所居爲父建祠至今守焉絕意進取尙論古今理亂著原治編兼學醫著金匱要畧事繼母孝撫兄子如己子捐祭田建義塾鄉黨稱其行子熤國學生熤上海縣丞以廉能課最補新興縣秀水任志

徐廷臣天啟五年母朱病刲股以進撫按表其閭子應佳以母張氏病亦刲股兩世俱以刲股療母有司以世孝格天額旌之伊志

朱賢字汝賢父鳳邵武教授毀淫祠有聲賢以貢授太平

訓導歷轉沔陽學正歸戶部郎蕭某嘗從賢授經以讞獄至浙有大姓坐法行數百金乞賢從蕭求末減力卻之蕭欲因事以報終不得問也子建候有孝行袁志參嘉禾徵獻錄

史亶字亦元鼎革後自號籜冠道人精于元理年七十七忽示微疾作書與親友別三日後當脫去至期沐浴易衣端坐而逝

徐宏本歲澇家貧無以供甘旨宏本貿蕢妻賣櫛易米以奉父母已食糠粃勿使親知也同時有沈恩張漁者皆以孝稱以上嘉興何志

王士達隱于醫樂善好施夏施帳冬施衣貧而無殮者施棺槥又巧者王龍山勇于爲義里中項氏火龍山蹈火入遷櫬之陷火者他若倪存德貿米賑饑王文憲沈景哲推財昆弟許聯登刲股療親錢可大完嫠子與棄婚救逋縲及溺子莊聖之嫠妻以養親其孝義皆有足稱者吳志

徐趾生字朱草縣學生以嗣父石麒恩廕改名桂臣石麒殉節圍城冒險求遺骸歸左臂以求父尸受箭傷出血過多觸風輒奇痛連遭水火獄訟屢瀕於死後閉戶讀書博覽典籍與同里施博俞汝言爲道義交柚堂文集

國朝

陳良德字爾嘉順治初饑民走掠遍野良德年未冠負母姚踉蹌奔走菽水無缺稍長棄舉子業行商數百里間負米養親父卒廬墓三載歲時祭祀必哭終身不怠浙江通志

沈士先早失怙事母朱盡孝朱病刲股煎湯以進病尋愈及母卒居喪哀毀骨立學使者旌其門又王爍戴長洓姚詢岳亦以刲股療親疾袁志參吳志

金昭鑑字子乾祖九成父應秋家饒於貲明季以里役傾家入

國朝條議賦役萬餘言如均田役清漕政官收官兌革廠夫站價諸欵入京求言路代題經撫按題允著爲例東南之民咸賴之兄殿鼎亦尙義好施

戴鉉字文生諸生避亂徙新豐里杜門教授疊遭祖父喪方歛畢寇至里中盡竄鉉獨護柩不去賊加箠楚以實情告卒保無恙以上嘉興何志

黃季瀚字晉生廩生父爲縣吏以錢糧罣累司檄嚴提季瀚代解受責創極失聲憲司問之直言代父并訴父冤憲司重其孝得釋順治丁酉舉於鄉令滑縣有能聲吳志參嘉興何志

黃齊賢字霽聞生子名華登進士訓以義方平生研精性道博通經史著有孝史詩臆千頃堂稿于志

沈璜字若水諸生見義必爲有薛姓者亦諸生鬻其子以給衣食璜惻然傷之卽爲贖歸又諸生陳姓其父充里書逋糧數十金爲運弁所辱璜捐貲周之不收其劵戚黃姓雙棺在室貧無以殯勉助其葬葬三日其家被回祿鄉里稱之買婢諱言其父越日其父來問何業曰業儒卽歸其女又葺學宮施藥石掩露胔著有均田平賦議兩赴賓筵屢舉優行浙江通志

張德型少孤克自淬厲士林語曰張君學行完瑜澈鏡竭

力奉甘旨母疾刲股母沒廬墓以哀毀卒通志

朱昌來善事父及後母養生送死不遺餘力葬其叔而讓產於姪又朱廷輔賀聖銘能周人急亦以孝義稱並舉鄉飲

徐朱直朱氏子襁褓時嗣于徐曾刲股療母病及母卒徐之族以直嗣母側室本無子溝其穴於墓東直哀懇不許忿不欲生投五龍橋下舟過挽出得不死後始知朱出尋得本生骸滴血試之驗乃哭而掩之後官副指揮以才幹著仍爲徐氏請封焉著有青門集

曹潁濂字濂生績學授經著錄者百人尤敦孝友嘗竭束脩所入以贍寡姊終老愛敬不衰以上吳志

褚廷璘字遴侯諸生好爲地方興利除弊嘗與金昭鑑屠延禧力陳官收官兌之法又因歉歲設糜以救饑者順治間學使以德行旌之子蔚綸亦舉德行嘉興何志

嚴誾綸康熙癸卯副榜六歲喪母哀泣如成人事父孝養備至家貧遠館間日必趨省雖風雨不阻遇饑疫廣製方藥幷約同志設糜捨棺掩骼行數十年如一日

莊堯諸生嘗買陳氏宅陳乏嗣其祖先神宇朔望供香火俟其有主然後歸之嘗需買柏木議價定已交其半及往取乃陳氏祖塋也急止之不追其價以上浙江通志

曹洪然康熙壬子副榜歷任教諭居恒不離父側侍母疾衣不解帶夜輒露禱淚漬衣襟及居喪廬墓側哀感行道每逢忌辰哭泣如嬰兒嘗曰吾沒後當葬于墓傍庶魂魄長依二親也雍正五年具題奉旌浙江通志參吳志

蔣澄八歲隨父至松陵遇盜澄匿枕側盜擠父將入水澄躍出大呼盜驚詫舍去又有譚有陟亦隨父自白門歸父沒舟中未具斂至滸墅關懼詰阻乃佯病抱屍寢及抵家亦卒同時馬璲金班江日乾高式玉吳宏昇俱以親沒哀毀致疾卒

江士琇母喪隣居失火士琇伏棺願與俱焚忽迴風返火以上吳志

嘉興府志 卷五十一 嘉興孝義 二十

李應魁字坤賜常豐里人家世業農應魁讀書明大義至性孺慕動合古人年十八母徐病劇不可救應魁夜則禱天請代晝則奔走醫藥不解帶不櫛沐者旬日已潛刲其左股投湯藥進之母病遂愈父母先後卒居喪哭泣備禮哀毀骨立廬於墓早夜悲號有芝草生於塚年九十卒雍正五年具題奉旌包爾庚李孝子傳

吳煥諸生五歲喪父哀毀如成人事母徐曲意承順四十餘年母卒廬墓三年雍正五年具題奉旌浙江通志

王人吉字丹崖諸生性至孝父病籲天請代事母色養備至母年八十餘卒人吉哀毀成疾杜門十餘年姊妹早寡婚嫁其子女族黨有貧者時加周恤焉吳志參伊志

胡鼎錡字珩玉事母孝讓宅從兄葬族之不能葬者十餘喪生平重然諾敦任恤以田三頃置祭產充春秋上冢及修墓費餘以贍族子泰以例貢任景州知州歷彰德知府孫樹薇知任縣俱有廉聲吳志參曾曰理胡氏祭田碑記

朱永年姚元徵馬羲禎徐之璣胡守仁並以讓產稱倪我端盛朝宗陳家慶沈元瑛沈璇沈鳴揚沈開泰沈陳包錘沈棐陸壽吳光漢並以尚義稱屠肅薛珩曹繼章高百揆徐耿震張年卜雲從或著孝行或敦古處皆有足稱者案朱永年以下諸人姓氏俱載吳志今無實事可述以舊志所有故並存之

嘉興府志 卷五十一 嘉興孝義 二十一

姚潢字水心諸生父病醫藥不效潢禱天割股母于氏病復割股宗黨稱其孝潢諱而不言

陸夢蛟字華雲有至性曾封雙股愈親疾每好懲勸鄉里皆嚴憚之以上嘉興何志

沈茂功年十三嫡母朱病奉湯藥衣不解帶日夜籲天求代卒不起伏母屍一痛而絕逾時始甦事繼母徐又事謝亦如之父沒哀毀幾滅性既葬廬墓三年哀感行路雍正十年具題奉旌伊志

楊汝霖字璀文以貢除臨海訓導實學課士康熙戊子巳

丑水旱相仍檢討朱彝尊爲倡各率私錢爲粥食餓者汝霦踊躍勸募與有力焉子爲裘字治亘庠生有孝行著石齋詩稿伊志

吳文煒字旭超以諸生貢太學康熙壬寅旱文煒首捐賑勸同志各輸粟共議賑法曰施粥不若施米貧民男女各有業若枵腹奔走以待一餐則一日之業廢令先計其家若干口需若干米登籍而給以票至日一賑賑之日驗票給米如是則民不廢業吏胥不得藉手眾然之文煒寢食賑所實心任事全活甚眾雍正壬子又饑復行之當事表其閭子高堦爲邯鄲令高墱爲桃源令皆

以才幹稱伊志

顧尙文字逸周性孝友多義行年七十餘樂善好施孳孳不倦康熙六十一年學使旌其閭曰風高月旦伊志

沈英字甸偉襁而失恃父鴻起辛勤鞠育甫成童即訓蒙以給朝夕家貧父子孑處其從祖璜時周卹之旣長念授徒不足以供甘毳遂精六法方駕古人康熙乙酉游京師以諸生薦充

暢春園畫院供奉父病卒訃聞英悲哀擗踊病不欲生星奔南下以毀卒于山東之聊城距父沒纔四閱月以孫叔埏仕贈吏部稽勳司主事伊志

劉孝子失其名住新塍鎭少孤母王撫之成立家貧賣粉餌度日母病刲股和藥進病尋愈及母卒哭泣宿柩傍三年如一日雍正間邑令董懿詣其廬送黃鵠慈烏額以表之伊志

吳士基少喪父哀毀如成人家故貧母沈苦節士基能竭其力凡所以孝養者無不至母卒居喪廬墓皆盡禮弟妹俱幼友愛備摯每念父母哀號欲絕終身如一日乾隆元年具題奉

旌伊志

范進生字振公承順親意處昆弟篤友愛尙義好施首倡賑濟以博親之歡事之數十年惟謹父母年皆八十餘

卒哀毀盡禮隣有不遜于親者聞范名皆感悟恐不齒于孝子也乾隆二年具題奉

旌伊志

沈俊傑字位三少有至性每遇父母疾衣不解帶籲天請代病皆愈及母卒俊傑一痛幾絕甦而嘔血吐袖中不使父知恐傷父心也父後卒俊傑哭愈痛呼號曰二年中父母皆沒吾何獨生也哀毀半載卒卒之日重服在身屬以衰絰殮葬父母塋側乾隆二年具題奉

旌伊志

李志鍠字濟宇事親孝兩居喪哀毀過禮嘗于客邸遇逋官稅者哀其急代之輸及志鍠沒其人來哭語其故始知之其陰德類如此伊志

戴公鎮字殿邦年十五父病劇焚香籲天刲股和藥以進病尋愈父沒哀毀骨立中年喪偶不復娶伊志

李庭凱孝事父母嘗刲股療親疾其族有李期者母邱病篤亦刲股和藥進得復甦伊志

王燮字力行父病篤刲左股以進病遂愈後精于醫寓硤石鎮著有四氣撮要卒葬紫薇山側硤人立碣表其墓梅里志

倪德臣字振公有至性年十三父病篤呼天露禱卒不起痛哭不欲生母孫患背疽時方溽暑腥穢不可近德臣朝夕以口吮之病尋愈母年九十八卒德臣年亦老哀

毀之誠初不異喪父時也乾隆五年具題奉
旌伊志

周仁母患疾嘗兩刲其股以療疾得瘳臬司陳道基特旌之塑像土穀祠祀焉梅里志

鍾顯名號升庵少喪父如成人事母嚴孝母病刺血書疏禱于天夢神授以方病尋愈母後卒顯名哀毀不欲生死而甦者再既葬廬墓三年哀號如一日顯名嘗遺囘祿兒女不一顧奔赴煙欲中抱祖先父母栗主出遍體糜爛數年始得痊乾隆十二年具題奉
旌伊志

朱昌辰性好義姑寡而貧欲度其二女為尼為嫁之故人子欲為僧力為資助返其初服僕諱其姓後知為舊族焚券善遣之能詩有梅花閣殘稿伊志

徐琳字荊山居梅里究心理學與同志倣唐灝儒張考夫為尤安會以葬不能殯者又舉廣慈會以施棺櫝伊志

王楚仁居梅里舍傍有宋時梅釀酒具蔬供客游取貲以奉母早年得奇疾遇異人與藥貼患處及去藥一白色蜈蚣隨之出病遂愈人以為孝感云繆綬武雪堂瑣錄

王三寶乞食以養母母病三寶輒不食母死不復行乞數月以毀卒同時某孝子者本農家子母患瘡臭穢不可近孝子以舌舐之數月愈母沒廬墓四年二人皆王姓一嘉興梅里人一秀水聞川人伊志

莊嘉字昇曕雍正丙午副榜己酉以保舉授戶部主事外艱服除改補中書舍人乞養歸生平尚義好施乾隆乙亥歲祲嘉首捐二千金設法賑濟並勸好義者各出貲以助全活甚眾事聞奉
旨晉級伊志

俞元龍字約園有至性父喪於風雪中躬負土成墳家居南湖濱讀書不入城市生平多義行稱長者乾隆甲戌舉鄉飲賓伊志

吳廷薦弱冠時嫡母孫遘危疾百藥勿痊廷薦念世有割股以療親者夜靜屏人割一臠和飲以進母病果瘥祝維

誥吳孝子傳

李宗仁字乾三明啓孫性至孝父陳常任揚州鹽政病亟宗仁刲左股和藥以進母陳病復刲右股居喪哀毀欲絕著有養恬山房詩文集伊志

金陳登字禾籍父兆篁嘗讓產於弟居喪哀毀損一目以孝友稱陳登積學砥行雍正癸卯舉人淡於仕進性友愛與弟斯箱同爨精醫濟世著燕餘集子學超立品敦行由拔貢任昌化訓導壬午鄉薦任麗水教諭伊志

董廷魁字殿傳性好義乾隆丙子歲饑出粟數百石全活無算郡守李公星曜表其閭曰春生黍谷又陳瑞龍字

祥雲乙亥丙子間捐貲助賑里人德之知縣張元文旌之曰梓里稱仁伊志

金廷炎字質威少孤事母孝母病與弟廷琛籲天請代且刲股以進廷琛夫婦早世遺三男二女廷炎撫之皆成立伊志

杜嗣宗字紹先母患癘醫勿效嗣宗禱於城隍郎神前出袖中刀刲股和藥以進母病愈又有鄭天榮者母病篤天榮剖胸取血調藥進病亦愈伊志

袁昆祖母患背瘡昆以舌舐之日凡數十次瘡尋愈父死于吳瘞叢冢間棺朽骨露欲扶櫬歸不可辨乃嚙指滴血驗之得歸葬伊志

張桓及弟信皆有至性母病篤兄弟同時割股以進各不相謀也後爲人所知因繪棣萼聯暉卷歌詠之伊志

朱天佩字覲揚諸生父目眚天佩每晨以舌舐之遂復明嗣患病刲肱和藥進病亦愈及父母卒哀毀盡禮生平敦友愛無間言讀書教授鄉里重之伊志

盛洪例貢生好施予乾隆乙巳歲祲與弟潮源捐粟以賑每日計口給米閱兩月甲寅秋復與弟設糜以救饑者巡撫吉慶給尚義可風額表之又有周永春者丙戌輸粟助賑郡守以志存任卹額表其閭伊志

車宗沂字聖昭性孝友父病篤刲股以療父沒幼弟四人撫之皆成立天性之篤有人所不能及者伊志

謝觀瀾幼秉至性年十二隨母汲水母失足落河觀瀾即躍救賴隣里赴援母子得免父客粵東病困旅次觀瀾時年十六聞信前往過鄱陽湖舟覆獲免隻身抵粵傭書以供湯藥逾二年父病痊偕歸止宿玉山縣旅店鄰火焚及卧房觀瀾負父出火又常吮母目疾復明卒年六十嘉慶間旌于志

李懷英秉性孝友四歲失恃哀毀若成人父茂松喪偶不再娶然性嚴厲懷英年五十餘稍不如志猶被鞭笞懷

英益加歡愉人問之英曰年過五十猶有父責人生樂
事無過於此懷英終鮮兄弟視再從弟乾三友愛無間
教育其子無異已子後父故廬墓數年有終身之慕焉
卒年六十七道光五年 旌于志

鮑晉父文謨母吳氏晉生未晬而孤母以孀居艱苦成疾晉事之盡孝乾隆辛巳鄰火發及母樓晉上樓負母出前窗躍下晉傷足而母無恙樓後壁燬反風火息舉家獲全母常病劇諸醫不效晉日禱于神一夕夢神告曰汝母病惟謝敬孚能療次日即延謝胗視得漸次就痊晉自弱冠侍母疾無故不去側蓋數十年如一日云年

嘉興府志 卷五十一 嘉興孝義 三八

八十一卒道光五年 旌于志

張灝號逢原年十一喪父哀毀如成人母治家嚴色養備至母壽施材數十具捐貲鋪路人稱爲壽母街有孀婦張趙氏無依遵母命養之終身母故哀痛幾滅性力疾營葬廬墓九月竟以毀卒道光八年 旌于志

沈學詩字志和廩貢生母年老視膳問安無少忽疾則奉湯藥靡倦居喪哀禮兼盡有弟二人次早卒遺孤三齡拊鞠倍勤周濟里黨貧無以斂者嘉慶甲子浙西潦里之古南寺分設粥廠立木柵分別男女獨任董率並出已貲造浮橋渡人已卯旱率同里渡河引水以廣灌溉

餘若恤嫠助葬諸善舉無不踴躍從事于志

沈鼎父世德母顧氏俱登耄耋鼎承歡終身靡有遺缺初家貧不給父母憂戚鼎怡顏解慰竭力奉養遇有不足恒自受餒父母不知嘗尋父金陵途中獨夜落水旋援浮木得免人謂孝感之應道光十一年 旌于志

朱文本事親盡孝繼母疾篤因割股煇湯以進病遂愈于志

秦廷桓字匡周事繼母以孝聞母病劇割股以進母沒自痛禱祠不虔卒得危疾死于志

岳廷枋字仲瑜性情伉爽好讀史工韻語善書畫精篆刻知琴理少有至性嘗刲左股以療母病後父病劇又割

嘉興府志 卷五十一 嘉興孝義 三九

右股以進病即瘳及父母歿居喪哀毀廬墓三年乃止著有醉六居詩草載入濮川詩鈔于志

周疇錫字書洪歲貢生早孤事母曲體其意并事寡嫂如母撫幼弟成立友愛無間冬夏施襦葛以寒燠相更代至老無倦意焉于志

王元皐事母盡孝母因汲水墜河救起踰時始蘇鄰王姓失火時病瘧未瘳聞火力疾而起從煙燄中負母出後母雙目瞽爲䑛數月竟復明于志

沈鳳翬字梧亭性仁厚敦尚孝友奉母九十外能先意承志好善不勦戚鄰有不克葬者力爲襄助于志

邱光華號旦齋補弟子員食餼有聲性純孝母祝疾醫藥罔效時年尚幼禱於密室刲股和藥以進遂愈卒年四十二著有三畝草堂詩鈔于志

王宗桓字思正號澹庵新篁里人乾隆丙午歲祲倡議分米偕張芑野製水龍築丁溪橋閩人稱便捐祭田五十畝以贍族從姪女歸洪佩玉貧而寡衣食終其年精醫學工書畫著肄雅樓詩鈔儀徵阮文達採入兩浙輶軒錄葬永十三庄嘉定錢大昕撰墓志同邑錢楷書墓志銘後嘉定李賡芸題表墓石于志

王宗槐字景希桓弟兩執親喪毀幾滅性乾隆乙卯橋李南鄉饑倡議平糶性恬澹不慕榮進好學古大家詩文富藏碑刻書畫嘉定錢宫詹大昕撰墓誌銘于志

蔣翰字慶昇事親孝撫幼弟慈好施與遇水旱偏災輒先出粟米以贍餓者戚鄰中有貧不克殮葬不能婚嫁者一力佽助不欲人知于志

周定淮字桐源友愛性成有善舉率先倡首如浚市河修市橋以及賑饑恤貧施給帳襦皆樂爲之于志

唐元祥新豐人生平好施與嘗倡建瘞骨塔以收暴露枯骨捐田畝以爲經費又倡建眾歡橋行人德之于志

周世琳字客槎立身醇樸歲饑家有餘粟減値以糶鄉人賴之暇時鼓琴自娛兼工書法能詩著有雲怡集妻姜氏亦能詩著有隔塵小詠于志

沈鉉號卉堂鄰族有稱貸者概不取息歲祲倡捐平糶設單置簿釐然有法其餘周貧恤嫠諸善舉不可枚數于志

周以燦號又新國學生積學精醫遇貧病者不取酧無藥貲囑向某舖取藥歲終無歸輒代爲償冬無襦者授之以衣卧夏簟者則與之席親友稱貸無吝意逋負不還者約數千金臨終囑燬其劵于志

張鎮字起也監生家里仁鄉幼孤秉母節孝王氏教刻苦敦學行撫兄子三俱成立精醫學不受人酬自乾隆乙亥至嘉慶戊辰五遇歉歲率先饘里人粟里有太平南星兩巨橋易瓴爲石並率先更建階州邢澍撰傳

徐澍字瀛洲國學生明初虹橋處士十三世孫家新行里少孤好善嘗焚貸劵數紙減所自奉贍親族之生不能養死不能葬者遇歉歲賑助尤力著谿南老屋詩卒年七十有五于志

何文奎字秀章嘉慶十九年災助賑銀孫德隆克承祖志建石梁張家兜里人便之于志

周鳴盛字桐北諸生父槐卿以七月卒鳴盛號泣達旦者數旬鄰里感歎俗以七月晦爲地藏誕均地燃燭至是

爲之罷時八方之王脩罷社平時與馮登府史大勳居
雲堯結梅溪四友立誓書砥礪學行月必互課所業有
曠者令出陌錢歸大勳處歲終計數多寡爲恤貧費梅里志參新纂
史大勳號竹南庠生能以至孝幹蠱父卒蔬食三年侍母
扶持抑搔曲盡微至歿尤哀毀逾恒梅里志
王家幹字東皐遺腹生少服賈年四十餘復讀書入庠事
母能養志近支無後者喪葬數十次均獨任之助友人
棺暘拒而陰致不肯道所從來梅里志
及鳳儀字邦清府庠生早失怙母歿哀毀骨立繼遭祖父
嘉興府志 卷五十一 嘉興孝義 三
母喪獨力經營不責助於兩叔後一叔客死温州郎赴
海濱負骨歸葬年三十二喪偶不再娶梅里志
粤東瑞光書院客死潮州賣卜遠行並攜幼子培成偕
戴光辠字庚辛諸生年十一刲股療母何氏病父桐主講
走八千餘里覓父櫬歸錢塘戴文節熙爲繪負骨歸葬
圖著有抱璞齋集同治七年旌梅里詩輯續補
陸焯字庚明晚號味菜翁國子生力學好善慨舊家子弟
因貧廢學集募餐資於邑東化成菴設義塾顏曰潤珍
先是角里街舊有塾尋廢弛復修整之焯朝課于于家
午至晡課塾攜徒回偕子夜讀並并日課程塾徒多所

成就子坦中亦以廩餼名於時著蓬華吟困學録新纂
張湘字槐塘幼時輒喜言善果長營業充裕益好施與給
錢濟餒曰扶老製衣卹寒曰熙春歲丙寅江以北滛霖
爲患道殣相望湘適過東臺興化老幼哀乞遂傾囊錢
千緡徧給之里中値偏災亦率先輸粟以賑嘉慶丙子
得請旌建坊表梅里志
譚君芳字香谷邑庠生貞默五世孫教授餬口盡孝友重
然諾吳縣潘文恭未第時耳貞默名聘入塾時以貞默見
聖編著作堂遺稿講授文恭顯絶不與通書乾隆癸丑
卒正文恭廷試之年逮嘉慶甲子文恭視學來浙訪後
嘉興府志 卷五十一 嘉興孝義 三
裔知無嗣乃選地葬之潘世恩撰傳見譚氏家乘
朱天衣字峕齋廩生邑父行誼端慤侍父西林病劇刲股
和藥以進與人交無疾言遽色至干以非義則凜不可
犯盛暑不袒裼律已極嚴檇李詩繫續
陳壽齡字介眉業賈奉事嫡母鄭生母沈盡孝鄭患傷寒
醫藥罔效爰刲左股煮湯進患漸瘳以庶子療嫡母病
人咸以爲難云梅里志
周鎭山本姓李隨母嫁於常豐里周氏及長欲尋父骨於
母前立誓不覓骨回當投水死遍訪李氏遺墓幸土人
指點血滴其骨而還隣人田枌詩以記其事檇李詩繫續

徐本豪字蓼庭六齡失怙母病篤跪竈觚前刲股悟暈倒於地爲婢所覺傾爐灰按之移時乃甦遂和劑進母尋卒創痕潰爛輾轉苫由累月始痊友愛兩弟每食必偕子二東煌南薫長幼數十人同居無間言立愛敬堂以寓友于之意亦克承家法云新纂

姚丙禧字遂秋軀體豐偉嗜學成癖家饒貲財不問生産手圖書勿輟也結麗澤文社名流麕至輒與抗衡早虞於庠中道光已酉科舉人由員外郎銓發江蘇候補道培養心田尤仁厚已酉水災首捐貲錢萬串同城兩日紳富如郭椿周文炁陳錫𢒰吳錦章等相繼各出鉅萬

夾氓得沾實惠皆丙禧首先倡導食其德焉新纂

吳家駒字能千家驥字雲驤均國學生幼失恃事繼母及祖母極孝道光已酉咸豐丙辰旱澇頻仍籌辦賑飢卒爲鄉里倡庚申郡城陷有避地石佛寺者特設施粥廠與同里俞璋勸募全活無算璋家有藏書尤通曉六書著有說文辨字新纂

吳培穀農家子住鳳喈橋性退讓奉父無惰容嘉慶十年父歿哀毀得咯血疾病篤顧謂子曰吾兹獲侍父於地下吾志少伸言訖而逝徐錫可小蓬壺詩集

周晉錫字楚江邑庠生住新豐鎮樂善好施凡修治橋梁道路恒身任其勞工堅費省衆取則焉生平服膺張楊園文集寒暑不釋手又熟形家言學精邵氏皇極數時有超悟于咸豐時知亂將作思擇善地以避最後得于高家埭築數椽攜家徙焉粵匪至鎮被蹂躪而新居無恙新纂

張震字養源號蘭谷國學生有至性事母蒯氏盡孝母病篤默禱於竈神願以身代母病尋愈而震卒新纂

高金鑾國子生讀書樂善咸豐辛亥舉鄉飲介賓子百齡縣學生庚申四月聞蘇門警報勸父行父云恪守先祠效死爲潔遣細弱散僮僕越宿郡城陷焚掠及居廬父

子偕死於火隔河三豐道院羽士親見百齡屍糜爛未盡爲掩覆殘骸云新纂

陳鎬字配京少孤每言及父母或遇家祭忌日拜跪必淚被其面至老猶然兄弟三人共貲臨財推贏受絀終身無怨言鄉里有陳好人之目年八十七終新纂

文苑

唐

邱丹官諸暨令歴員外郎隱居臨平山與韋應物鮑防呂渭諸牧守往還倡和錢起李端亦多贈言丹有詩十一首弁聯句諸作及江南長安十二月景詞行世全唐詩參檇李詩繫 案檇李詩繫邱丹嘉興人郡邑志皆失載攷杭州府志貞元時尚書戶部員外郎邱丹退居臨平山墅唐時嘉興屬蘇州臨平爲嘉興南境故蘇州刺史韋應物贈丹詩云終當署里門一表高陽族丹荅詩云還同褚伯玉入館忝州人又崔峒送丹詩云春水與寒煙嘉禾路幾千據此則丹之爲嘉興人無疑今增入

宋

謝炎字化南蘇州嘉興人爲文慕韓柳與盧稹齊名時謂之盧謝稹巽懦炎勁急反相友善端拱初舉進士補昭應主簿徙伊闕連知華容公安二縣卒年三十四集二十卷宋史本傳

呂渭老字聖求有文行以詩名宣和末爲朝士歸老於家所存詞二卷詩百三十餘首同邑有錢諷字正初所撰回谿史韻附韻類事若干卷趙圖記參嘉興湯志

康與之字伯可建炎中駕駐維揚上中興十策聲名大振時不能用其後擢爲臺郎值慈甯歸養兩宮燕樂與之專應制爲歌詞䏢艷粉飾世以柳耆卿比之著有樂府五卷鶴林玉露參嘉興湯志

聞人滋字茂德璪子喜留客食然不過蔬豆郡人求館客者多就謀之蓄書喜借人自言作門客牙充書籍行開豆腐羮店曾爲敕局刪定官談經義滚滚遂于小學陸游老學庵筆記

呂重庚字申伯博學能文端平間登進士第官至大理正自號九山著有九山集至元志

徐聞詩字子言資性穎悟八歲通九經理宗朝由童科擢紹定第仕至惠州守柳志

陳壽博通經史紹興乙卯授慶元路州學政遷院林建炎三年由汴京扈蹕南渡卜居楓涇著有周易附傳諸史辨疑四卷居易集六卷行世後裔元季避兵安徽至國初時復遷歸楓涇郎台州知府大溶五世祖曹相駿楓溪小志參新纂

元

孫固字以貞性恬淡好讀書辟署華亭縣學事與楊維楨陶宗儀詩筒往來酬倡成帙嘗自題其齋曰聽雪著有聽雪齋稿兩浙名賢錄參袁志

陳堯道字宗遠自號竹林居士通五經元亂不仕與楊維楨輩相倡和所著有竹林集子約字博文絅簡文繹思聞文緝熙文皆以家學切磨善言名理爲歌詩自相師友

而約尤貫綜百氏仕明爲大理卿終山西布政使有一
默居士集（趙圖記參袁吳兩志）
衛培字甯深涇之曾孫也涇自有傳性端恪博通經史明
於典故延祐七年郡守以培充貢龍虎榜賦文不起草
雖被黜識者推之知州王安貞聘訓導州學號月山先
生所著文十卷曰過耳集（吳中人物志參劉志）
黃玠字伯成與趙孟頫黃溍善不喜儲蓄有輒貸人晚值
兵亂益貧困處之泰然爲詩沖淡夷曠後家弁山著弁
山小隱吟錄知非舊稿唐詩選纂韻錄行世（劉志）
陸景龍字德陽至順己巳舉賢書官明州學正著有溯峯

稿工於咏物
龔端禮字仁夫祖頤正宋時宣教郎充樞密院編修官嘗
著服圖端禮淵源有自又復精勤參攷越十載而成五
服圖解至順年間以布衣上書闕下尤爲有心當世之
士（參錢曾讀書敏求記阮元揅經室外集）
顧深字淵白（一作文琛）元季入京獻燕都賦不得志歸晚年領
教岳陽同時錢大有字明遠發憤工詩楊鐵崖稱其善
學（以上檇李詩繫）
葉廣居字居仲與鄉人張翥鏐堪爲文字交仕至浙江儒
學提舉晚年築室西泠橋陶情詩酒著有自得齋集鏐

堪工文詞善古隸隱居魏塘以易授徒有芝林集又同
時有黃晉德亦魏塘人有詩才邑景多其題咏（吳志參檇李詩
繫）
聞人樞字德機郡之望族也嘗從鮑仲孚受業又登江西
夏日孜之門遂通易學至正癸卯中進士授承事郎易
州同知未及上官以疾終（柳志）
黃晉德諸生有詩名兼善鍼灸無子門人徐中傳其學邑
中古蹟題詠大半出其手筆邵復孺有柬黃晉德秀才
詩如蘭舟夢繞清溪曲杜若花開白晝遲清溪即指清
風涇云（魏塘詩陳）

明
張翥（一作翼）字翔南先世建德人徙嘉興博極羣書作文敏
捷好爲奇語至正乙巳薦于鄉與金絅俱以龍門賦中
高等舉甬東書院山長不就明初徵入禮局事竣賜白
金歸家近陸宣公祠庭有巨梓因名所著曰梓宇集（靜志
居詩話參檇李詩繫）
陶振字子昌自號釣鼇生學於楊廉夫治詩書春秋三經
洪武間薦授吳江訓導嘗坐佃官房逮至京進紫金山
金水河二賦得釋改安化教諭隱于九峯有釣鼇海客
雲間清嘯二集（檇李詩繫）

郭秉心字公葵以善詩見推于徐一夔唐肅永樂間有姚學字文政亦以詩名與夏原吉相友善以明經授武康訓導有七香詩稿吳志參袁志

王鏞梅會里人洪武庚戌舉人官翰林院編修弟鈞字天全有合刻詩稿失傳吳志參靜志居詩話

姚黼字廷章宣德間布衣御史綬之父也擅隱居之樂能寫山水宗岳雪樵工詩日與陳顥韓永倡和優游自得人以可閒先生稱之顥字漢昭雲間錢博稱其詩開雅典厚力追唐人有竹鄉予稿檇李詩繫

懷悅字用和居相湖南園亭詩酒之會極一時之盛輯有

士林詩十卷後有沈章字宗玉居苧莊略彴相通環以水竹詩頗崛奇著有苧村集靜志居詩話參檇李詩繫

王逵字公路永樂甲午舉人會試不第卒業太學謁選得襄陽衛經歷不就歸授徒自給長于詩賦著有南溪吟卷管窺集雲溪遺稿嘉興湯志參檇李詩繫

包鼐字汝和鼎弟登成化戊戌進士授無錫令與項忠金禮諸公爲耆英會彙詩文爲一集從子黨字循之以貢任湖廣訓導陞山東教諭人以君子稱之吳志參嘉興湯志

徐文和嘉靖丁酉舉人任揚州通判罷歸究心理學臨終語其子曰皇極經世之學不傳矣親操算子與諸子講論講畢而逝著有蛋湖詩稿嘉興湯志參檇李詩繫

彭輅字子殷幼穎異才名籍甚登嘉靖丁未進士知新淦縣刑部郎罷歸時秀水有范言以文辭與輅相頡頏言宗韓歐有體裁輅閎肆綺麗出入史漢各負氣不相下然輅不宜於人官亦不顯著有比部集袁志參靜志居詩話

金九成字伯韶父應秋以貢諭六合清學田贍貧士以文行課諸生九成幼警敏善屬文九歲題詩郡齋爲郡守龔勉所重年十二補弟子員萬歷丙子舉于鄉再上春官不第歸卧武原望虎山著史論史辨各三十卷又明爲元史考誤四十卷詩格在高季迪袁景文之間五言

今體尤爲遒上子壽明敦行好施孫善鎔以藝事稱王世貞金九成傳參吳志

馮元鑑字鑑之萬歷庚子舉人授廬州教諭陞涪州知州乞歸結廬雙溪之濱高雅善文尤工書法行草及署扁皆擅絕一時閉戶讀書人罕覯其面同時載灝字升之丙午舉人亦工書法與元鑑齊名檇李詩繫參嘉興何志

鄒衡字汝平憲廟末諸生郡守槲玹延諸生曾春平湖教諭林光修府志既成衡惜其缺略復作嘉興府志補嘉禾徵獻錄

陳泰交字稺孚性豪舉慷慨慕義同里黃宮詹洪憲見而

奇之爲文高古奇嶋膚學讀之不能句項進士鼎鉉好奇文與爲莫逆交早卒著有同倩先生集嘉興湯志

徐宏澤字春門居春波里少曾封股療親疾有孝行家貧逐什一之利市聲紛呶宏澤下簾靜坐泊如也工詩類元白畫出入子久叔明仲圭三家書法吳興尤愛張伯雨時稱春門三絕晚登峩眉窮巖壑之勝及歸詩畫益工自號竹滬老人子柏齡崇禎庚午舉人任永嘉教諭爲黃道周所重後自甌至閩流離困頓歸亦善詩畫嘉禾徵獻錄參李日華徐隱君傳

陳懋仁字無功性嗜古節俠自喜參軍泉州不以簿書廢

鉛槧記泉南事多故牒所未備足跡遍海內晚歸著述凡二十餘種李維禎嘗曰予周覽天下五十餘年僅得檇李陳無功一人著有石經堂集子蓋謨字獻可篤行博學精考天文地理象數聲韻皆有師法著有皇極圖韻諸書舊浙江通志參嘉禾徵獻錄

屠中孚字德允康僖公勳曾孫攻苦好學賦性孝友撫孤姪郵貧交慕義好施知無不爲邑令湯齊聘修邑志李少卿日華總其成一切網羅編輯中孚及陳邦俊爲政未卒業卒子用明復出所存故實以相佐著有重暉堂聯合軒醉茗齋鄰虛閣愚菴館諸集及嘉興文獻志等書嘉興湯志參吳志

閔人樾字孟晉攻苦下帷數奇不售設帳授生徒四方從游者衆其談道得旨知一派于姚江爲功臣爲文片紙落案人爭取之著述甚富嘉興何志

莊嚴字銘五嗜讀書纂錄甚富以歲貢除山陰訓導轉靖州學正士風丕變卒祀鄉賢著有古今詩選山陰倡和集子日思字汝立貢成均攻苦績學遠近問業者多所成就鄉里稱其孝友三舉大賓祀鄉賢著有四書尙書說準白苧草袁志

唐文選字儒章績學砥行言動有法事父母多孝行築室

白苧墓傍讀書教子著有飛虹館尙書稿叢桂軒等草子堯夫堯岳堯夫以歲薦爲臨江訓導堯岳博綜羣籍十二補諸生治詩古文詞工書法好施予著有剝廬集白苧吟堯岳子珏亦有文譽嘉興湯志參袁志

嚴錫命字九華歲貢任衢州訓導遷教諭舉鄉飲賓窮居講幄弟子以次受業著天然子集子覲勳臨崙知名袁志

李貞開字泰卿少攻苦嗜學以貢司訓太平啟誘後學津津不倦兼長詩古文詞膺薦擢江西會昌令年逾七十罷歸卒著有北征焚餘涉江燕游姑熟銷夏烟雨樓詩賦七種嘉興湯志

許應培字伯厚少孤有至性精心舉子業淹貫經史擅古
文詞游臨川湯顯祖之門湯重之遣其子來禾就學名
流造請無虛日同郡黃洪憲陳懿典並以國士遇之黃
其昌黃汝亨輩尤以翰墨爲莫逆交歷試南北二雍兩
中副車齎志没子鍊諸生狷介如其父袁志
沈嗣選字仁舉好學能文爲諸生有盛名需次歲薦以親
老不赴天性孝友乙酉奉母避兵葭川盜知爲老孝子
戒勿犯生平破產聚書嘗謂自昭明後代各有選而南
宋缺焉乃輯南宋文選百卷未梓著有儉娛堂集尙書
論語傳等書明人私謚曰孝貞仲子椒衍亦知名袁志參檇

李詩繫
朱治憪字子暇天啟辛酉舉人選授肇慶通判宜勞戎務
卒于官其詩磊落嶔崎不沿時習靜志居詩話
顧猷字若昔隱居教授工詩得中唐法俯視流輩烏程相
欽其名引爲布衣交不之許著有桃花里集袁志
顧玘徵字文玉居梅會里諸生履操方潔鄉里畏服之有
十五國風疏讀書臺吟稿禾郡集紀參梅里詩輯
錢應金字而介縣學生以詩詞名城破走村居游兵掠郊
野見殺有古處堂集靜志居詩話
陳恪字子肅善事母與兄恂齊名兵後隱居著癯庵詩稾

子與權蔺荃孫廷光並有文行吳志參靜志居詩話
包爾湙字長明御史節曾孫崇禎丁丑進士知羅定州後
棄官爲僧終身不入城市爾庚少有文名爲制義精深
簡當字刻入一時攻帖括者皆步趨之著有直木居
詩文集嘉禾徵獻錄
李肇亨字會嘉太僕日華子留意圖書討論藏弆嘗與譚
貞默同主鴛社先後賦詩者三十三人工詩善繪事著
有寫山樓率圃夢餘諸草子新枝琪枝皆以詩繪聞于
時靜志居詩話參檇李詩繫
鍾代英字幼芝嘗游九邊諸大帥幕如李甯武杜嶔武皆
尊爲上客有傳舍稿質硯草其詩致深而思苦本之工

力澤于性情檇李詩繫
褚廷琯字研耘博涉經史寓目不忘崇禎癸酉舉于鄉甲
申後杜門不仕居角里築學圃讀書課子以善書名于
時生平著述頗多皆散佚同時何其仁善寫蘭任知州
歸甘居貧約禾中以褚草何蘭爲二絕吳志參檇李詩繫
史遇字于巷崇禎癸酉舉人任江山教諭與諸生屠明簡
布衣李麟友俱以詩名麟友有醒齋吟草于志
案吳志文苑門所載明人尙有牽連書姓名附見於各
傳中者如聞人麟郁遵朱克恭馮伯初金愼姚翼陳廷
齡賀麟薛文炳沈木張志遠徐淮錢熙戴長沨沈章范
風仁褚連時蔣人朱復諸家並見明詩綜又朱琳周德

行沈文輝諸家並見檇李詩繫攷諸人本無事實可紀附存於此

國朝

譚貞默字梁生昌言子崇禎戊辰年進士授工部主事假歸杜門著書有見聖編其間集埽庵詩存雕蟲賦韻史諸書創立鴛社集里中諸名士相切劘吾鄉稱文學者自李太僕日華外推貞默云檇李詩繫

黃儛字觀只侍讀學士洪憲曾孫崇禎壬午解元出陳子龍之門早歲即知名四方名士皆願與交入

國朝爲龍游縣教諭秩滿擢滋陽令未赴卒生平著述甚富長于吟咏有檇李古蹟詩行世

王翃字介人居梅會里少棄舉子工詩古文辭慨然以起衰爲已任與里中諸子相倡和因有梅里派之稱詩名著吳會間陳推官子龍謂其有盛唐之風序其詩詞著有春槐秋槐堂等集惜散佚傳者什一詩餘三千餘首諸體畢備亦多遺軼翃本狂者而操行高潔張冢宰愼言嚴司李正規先後欲官之竟不顧以上嘉興何志

徐善字敬可世滔季子太僕死難仲子肇梁殉長子肇森重趼燕楚白死事狀叔子彬置祠田供祭祀善最穉年十一値國變避兵失恃奔竄呼號長挾書策游棄科舉不治從學施博精求致知格物之學晚作易論及徐氏四易一天易關圖書也二羲易敘八卦也三商易辨十辟也四周易明四正八交之旨也又爲春秋地名考家傳藹谷集流寇紀年莊子注周髀密法會通弧矢六宗疏容圓寶珠網璇室洞詮等書晚作洽然子傳以見志歿後門人私諡孝靖子觀能詩從子發官運判亦精象數著天元歷理清類亭稿吳志參檇李詩繫補採丁子復撰傳

蔣薰字聞大崇禎丙子舉人順治初授縉雲教諭知伏羌縣嘗申請革除濫徵夙弊民有抗不輸者作詩勸之被彈落職歸以著述自娛合少壯所作詩至萬篇手自刪汰有留素堂集同時羅開驎烏程訓導並善文辭朱彝尊蔣

君墓志參吳志

潘廷璋字梅巖庠生與俞右吉齊名有褚山樓稿行世鼎革後棄諸生隱居教授不與諸大老通檇李續詩繫褚鳳翔禾事雜詠詩注

程泰京字紫縉博學能文兼工書畫壯游京師歸老清輝堂自號湖東嬾民見同上

袁祩字丹六以貢生除青田學博引疾不赴刻有綺里居詩稿子撰樊有淩滄閣集見同上

許宗渾字岱雲順治壬辰進士授松江推官値漕運官收官兌之初弁丁勒耗執法惠民以詿誤調用拂衣歸士

民摯畱有薦引者以七不堪辭之著有敬直堂草 嘉興何志

李鏡字無塵少肆力於詩古文詞晚歲潛心學易于列史多發明嘗與長洲汪琬論文契合琬爲序其集著有周易參義史論襲紫樓集 李貞年行畧

周篔初名筠字青士素性嚴厲慷慨有戴丙𡡾女巨室長將配傭從亟解囊贖而嫁之采石佑寄千金而溺死爲具棺手書招其子傾筒還之歲饑出錢散米食餓者客京邸時貴人小妻周買自楚詭言禾人認篔爲叔將出拜峻辭之有劊三緘贈行者曰挾此可得百金却不受少時喜讀書自遭兵亂即棄舉子業就市廛貰米有括

故家遺書連舳載以鬻者篔買得一船積樓下每日中交易筭筩斗斛權衡滿肆撥亂書糠粃中吟誦不輟與同里王沩王復旦褚標李麟友金時敏藺谿范路輩相倡和著有詞緯令詞綜析律日記投壺譜采山堂詩文集 朱彝尊周青士傳參吳志

周篁字林於餘字弇山俱篔從弟林於嗜吟咏與竹垞藍村演溪諸君爲詩侶李大令集稱其詩和平衍裕不入俗諦與篔谷不媿埍篪之和生平仗氣好奇每讀黨錮傳輒拍案而起年八十餘神明不衰猶能鐙下作小楷著有寒玉樓鷗塘等集弇山性亦喜歌詩與林於同其才氣奔軼或過之著有弇山詩鈔

沈進字山子諸生工詩與同里朱彝尊周篔酬和人目之曰朱沈又曰周沈以梅花高館落春草斷垣生句得名一生貧而介讀書自樂彝尊銘其墓謂可入作者之林獨行之傳嘗游京師歸自號知退叟著有文言會粹行國錄東園藍村半巢等稿退叟行吟力圃蕭閒詞袁溪文稿子翼字寅中歲貢生幼承家學爲彝尊高弟隸書得漢人法性孝居喪盡哀甘露降于堊廬者三 朱彝尊沈山子墓志參吳志

李繩遠字斯年縣學生例入國學考授州同知本忠孝之

族世重儒林又早爲昆明牂牁百粤之游六年而返所爲詩風騷漢魏下逮齊梁著有獺祭錄正字通補正尋壑外言弟符字分虎少穎悟讀書一過成誦肆力於古仗氣好奇爲萬里之游詩清空一氣詞則盡埽科臼獨露本色尤工駢體著香草居集 高兆屬雲閣稿序參高層雲李符墓表

李良年字武曾九齡能作文十齡解賦詩與兄繩遠弟符稱三李于詩格律甚嚴嘗抄得詩中禁字一卷授學者所作奄有唐宋別出機杼于詞近姜堯章吳君特以博學鴻詞薦

召試灑灑千言賦詩皆極瑰麗卷被落同時無不惋惜旣倦游

歸築秋錦山房弟子著錄甚眾有秋錦山房集子潮偕與朱昆田史先震錢是式徐燿然張賁源李陳常李成大爲漁社八子有觀槿件鶴等集朱彝尊行畧參梅會詩選

沈駪字鶴山有懿行與程定鼎扶野尹延英樹百以文相友善又陳堯勳明易學徐之福敏文辭徐無能于東暹並長樂府曹三秀吳人寶顧清並能詩葉紹泰應元美沈廷彥錢沛皆耆儒吳志

徐無爲字初鄰以好客致貧爲時所稱查容贈以詩有療貧無藥病無資嚼蠟生涯死不辭句蓋實錄也吳志參檇李詩繫

鄭玥字隨始縣學生少治春秋既而嫉胡安國傳義之非投牒更治詩間擬樂府音節出入漢魏間一及諸經疑義講說紛綸闡前賢所未發以是問業者眾遺稿失傳朱彝尊壙志

徐梗字庚清梅里自二王之後梗稱詩最早在杜淯周篔之前著有西溪詩草杜淯字晼寶其詩清潔高秀有王孟遺音王翃稱其得風人之旨有桱草堂廢圃燕臺諸集靜志居詩話參檇李詩繫

繆永謀字天自更名泳字于野諸生無意進取遂棄舉子業學問該博象緯律呂醫巫諸學咸究其精嘗輯嘉禾文獻錄未就詩尚風格與雲間相近有若谿集弟其器有遙山堂集子啟武以明經薦知汶上縣有崖署草堂集李繩遠行畧參梅里詩輯

曹山秀字中峽諸生能詩通經史治舉子業老而不遇與里中吳菖朱彝尊同學相友善多酬倡之作著有散懷錄朱彝尊曹君墓志

高佑釲字念祖父承埏嘗輯自靖錄記死節諸臣佑釲續成之博聞強記尤諳隆萬以來舊事著有懷寓堂詩膾炙藝林弟佑鈵子淇謨並能文吳志

盛遠字鶴江少穎異棄諸生遨游荆楚三至京師嘗客芝

陽刺史黃家遴欽其名與訂交及家遴移守禾郡遠未嘗干以私家遴乃建瓣香閣于南湖濱爲遠講學之所弟子從游者眾遠無後祀高士之無後者自林逋以下若而人與同里屠廷楫項奎結三友庵晚築生壙自題詩諸名流皆銘其墓及卒郡人沈時等請于學使即祀于瓣香閣書法董其昌詩尤膾炙人口著有散花錄瓣香閣詩集吳志參宜山外紀

張矽字博山布衣工詩善考核游歷四方諸巨公皆引重之其聲價與遠等有木威道人集吳志

屠廷楫字爾濟補諸生棄去詩酒自娛以農桑課諸子其

於行也不疾時其于詞也必振俗與同里盛遠項奎稱檇李三高士有鹿干草堂集十二卷又同時蔣屽字僧果襟懷曠遠廷楫贈以詩有作詩淩陶謝學道尊張程句亦有名于時曝書亭集參檇李詩繫

郭京采字龍威順治戊子舉于鄉知宜春縣熟于史事好議論古人成敗得失喜爲詩詩輒工雄渾明秀同里王翃論詩頗嚴獨於京采賛歎不置有西翠樓集

顧仲清字咸三諸生少穎悟工詩凡書畫篆刻靡不精究工畫蜨題詠至五百餘首時稱顧蝴蜨著有讀左說莊記韻急就篇悉數録名畫姓氏考輿圖韻編扶青閣稿以上梅會詩選

戴鈇字淑章貢生工詩古文檢討朱彝尊深器重之與昆田多倡和之作四方名流如毛奇齡潘耒諸人皆與交築暖翠浮煙閣一時文酒之會稱盛焉著有六書明辨笑峰詩文集

徐懷仁字元仲梅里人與同里王浤字上濤鄭邁字序周皆從檢討朱彝尊游俱能肆力于古懷仁著有柘南集浤有岫雲藝蘿等集以上梅里詩輯

朱琪字珣叔貢生授衢州訓導擢江南通判知江都縣以廉能稱旋罷歸事母以孝聞樂善不倦耽于吟咏少從檢討朱彝尊游彝尊稱其人志潔行芳質美好學爲作芷閣記以表其讀書之室著有東谿詩草梅會詩選

徐貫木字士白卓犖負奇留心博雅典籍靡不窺覽詩宗唐音尤善書法鐵筆世推三絕沒後片紙隻字人爭寶之著有懷古堂集李良年徐士白傳

案貫木風雅之士當日諸名流皆推重之吳志列入技藝則人以技掩矣

趙香營字餘村工詩老不得志往往以詩自娛同時有周福柱字白門何元夔字郅音皆以詩鳴與香營相倡和吳志

陳昂字書厓官同知家梅里與朱彝尊父子居鄰並曝書

亭集有同登瀫山寺謁秦女祠分韻詩笛漁小槀有題其納涼圖詩云杜甫南鄰也姓朱柴門月夜每招呼新來歸作詩人伴消暑牆頭過酒壺其風致可想見矣伊志

李光瑛字子中家富藏書尤嗜金石文字搜羅不遺餘力嘗裒集諸家辨論撰觀妙齋金石文字畧十六卷子知敬能承家學孫三才著有茹古閣詩集伊志

郁之潤字霖汝康熙乙卯鄉舉以母老不會試著靜惕堂集又陸廷模孝友能詩嘗編竹林詩社集

鄭春字玉書七歲能文著學庸要旨毛詩釋義彙雅游草紀游諸書又儲福海屠旭吳元洲張宏械皆以詩知名

張鳳巽孫昭亦並能文

許雲龍少能文棄學武康熙庚辰武進士選侍衛奏對詩詞稱旨出歷參將撫恤兵民多惠政（以上吳志）（案吳志武科未載許雲龍姓名存以俟考）

李琇字補山明譽子歲貢生授蕭山訓導陞處州教諭抱負慨奇詩多傑構海甯查侍講昇稱其窮而益工著有道南堂詩集子宣庠生有燕石草從子之棫貢生有崖溪集（梅會詩選）

曾安世字濟蒼以貢授浦江訓導手書六則課士浦少科目至是多獲雋地爲朱呂講學處因集諸賢說爲浦陽文紀生平敦孝友多義行爲詩長於古風朱檢討稱爲不中作手著有西隨集子郁字嗣祖有寶松慚稿次子郕字如孟乙卯拔貢授湖北應山令有秋原集（伊志）

金介復字晉民康熙戊子副榜嘗從朱李諸前輩游著述頗富有讀鑑玉合子一簣編子祖端令泰興有惠政（梅里詩輯）

戴錡字坤釜國學生少耽吟咏朱檢討序其詞謂兼南北宋之長嘗入都一時巨公制作多出其手晚主麗正書院著麗正詩文集魚計莊集二十六卷詞二卷錦繡段十六卷畫史十卷漢隸字原訂譌說十二卷兄彥鎔字貢九以貢任會稽學博有聽鶯樓稿燕游草越州詩存（晦堂詩話參毛奇齡越州詩存序）

李宗渭字秦川康熙癸巳舉人知永昌府工詩歌擬古務以漢魏六朝爲宗海甯查編修慎行推爲畏友著有瓦缶集弟宗潮字坤四乾隆丙辰舉人徵試鴻詞放歸授廣西灌陽令文采風流並相推重有二守齋詩鈔（梅里詩輯）

葛宗信字行之工詩尤長於史吳給事源起重其學爭相延致一時章奏多出其手著有安素堂詩鈔子洪業庠生精楷法有無隅館集（伊志）

閻元晟字茗厓雍正癸卯舉人攻苦力學及門多知名士乙卯舉鴻詞科執政欲薦之方固辭而闇學吳家騏已特疏薦終不赴後銓選縣令又以衰老辭著有竹洲詩鈔（伊志）

李振鷺字雲客㫜年曾孫志行高潔工書似歐陽率更詩尤和雅著有剩舫行稿從弟雋有樸谿剩草（梅里詩輯）

徐廷楝字枚士雍正己酉拔貢考授教習銓發廣東歷任縣令補惠來所至愛民勸學治績蔚然著有易義微言廿一史纂言四六精華諸書（伊志）

丁錦字觀文孝友力學嘗纂錄諸經疑義及史鑑政治得

失丹黃標注昕夕無間著有經義日鈔救荒書勸有軒文鈔伊志

許燦字衡紫諸生少工吟詠專力于古自漢魏六代至唐宋諸家皆能窮源竟委有晦堂詩鈔梅里詩輯同時選梅里詩者有李稻塍字耕麓詩極流轉有寸碧山堂集梅會詩選鈕孝思晦堂詩序參續檇李詩輯

王鴻字字澄之篤志好學詩嗜温李上溯騷選與朱惟鑑陳其源及從兄湘族弟澄並以詩名有蕉園詩稿檇李詩輯

戴源仁字守純授徒梅里之北從弟源潮授徒里南及門皆盛里中語曰南北學堂戴氏染坊言及門無白丁也

源仁以歲貢任衢州司訓源潮廩貢生伊志

任繩祖字萬斯由縣丞陞臨川縣以清慎稱歲祲捐俸倡民輸粟以賑全活者眾能詩尤擅書法行楷皆入妙求者屨滿戸外著有半椽詩草伊志

曹培亭字汝咸乾隆戊午舉人積學砥行聚書於松風草堂日事鉛槧以著述自娛工詩精篆隸有松風堂集伊志

楊文渻字一齋諸生善吟咏及隸書往來南北所至皆推重之築室曰鶴巢著有涵山堂集二女素中素書並工詩有煮石軒茗香樓詠物詩等集伊志

王燮字禮齋縣學生攻詩古文詞雅慕東坡摹著屐圖寄意弟焯字少愷乾隆丁酉舉人鎮海教諭兄弟並有聲燮有香林詩文稿焯有兩部鼓吹兹器維則白華堂集

楊謙字子讓廩生好讀陸清獻張楊園之書居梅會里嘗注曝書亭集刋既成謂門弟子曰昔放翁謂作詩難注詩尤難吾注朱檢討詩正多遺缺汝曹有志宜搜補之

吳文溥號澹川歲貢生性孝友詩格高澹有淵明右丞風足跡半天下名公卿咸折節下交晚客今中丞儀眞阮公幕極推重之著有南野堂詩集筆記行世伊志

錢人杰號蓺庵嘉慶乙丑進士由翰林改知山東海陽縣不二年艱歸不復出家平湖招友賦詩徜徉山水自號東湖釣漁師博覽羣籍工漢隸著有六朝金粉編華陔吟館詩文集新纂

李岱字迂仙諸生詩學放翁善言愁苦尤工五言如老豈能忘酒貧無可賣書眞貧士詩也間工畫亦淡遠在倪黃之間著有遺安堂詩草時工詩者周璐字俶載有澄江雲間等集李岃字名揚有耕雨草周秋光字擷華有莘野賸草屠雲堯字望之有薇古吟草于志

郭麐徵字景升有西莘草堂詩稿周昶字永日有聽雨山房漁莊等草郭維城號雲田有雲田詩存郭維垣號耕隱有耕隱草郭鵬字宏中有杏園詩稿郭鶴字一鳴有

弟錄集均處士嘯歌自適不染塵氛于志

李佳生字天穀歲貢生補新昌訓導少有神童之目與郭龍威齊名人稱李郭又甯海訓導徐掄元歲貢沈翼太學生周旼布衣涂允陵徐焞徐寅俱能詩惜稿佚不傳人皆惜之于志

王俠字天友永康訓導著有晩香亭稿同里諸生屠焯字昭仲有漁莊集顧仲清字咸三有扶青閣詩草史宣綸字王言有苕游草史翼經號頤菴有吹篪集史克泰字左銘有飲綠齋遺稿史先震字卯君有萍園詩草于志

錢淇字欣兹增生著有容膝居詩鈔子棫號雲壽嘉慶戊

午舉人武義縣教諭一生孝友慈仁著有詩集二卷謙福堂雜著四卷于志

岳鏞字東宣庠生方嚴自矢動必以禮遇有爭必爲排解以故里中鮮訟者著有菊譜四卷省齋詩文集八卷伊志

朱振祖字繩武上舍昆田孫桐孫子善書法小楷尤精詩書皆得其家學著有醧舫吟草同時以詩稱者太學生鄭聯字鶴樓有竹磵詩草李宗淮字桐源有小崆峒詩稾許煐字牧堂有牧堂集于志

沈允坤號竹村潛於榮進惟以事親承志爲樂著有隱嘯閣詩文集八卷于志

汪鉉號慕園廩膳生侍御孫性端重通經藝書法學晉唐手鈔三通十國春秋不苟一字家藏古帖皆希世珍于志

蔣浩字充之庠生性恬淡詩宗唐賢樂府尤駸駸入古撰思無邪齋詩鈔畫工山水人物尤擅松石巨障前太守伊修志以繪圖著于志

曹言純字絲贊號古香貢生刻苦勵學十七史暨各種叢書名人詩文集摘擷菁英饜飫之家故貧妻女篝燈夜紡手一編分光硯北掌錄口哦無虛夕勤鈔纂有刪節水經注本前後貫串最有法工詩畫善倚聲倣江文通雜體詠唐宋各大家品藻藝林胸有積軸著微賢堂詩

種水詞吳仰賢小匏菴詩話

沈潛邑庠生邃易理宗宋儒自程朱外昕夕耽玩者邵子書也爰推闡義例旁通象數著周易思通圖說于志

馮高椿號春木幼穎悟稱神童十二齡游庠書法秀挺嘉慶癸酉以拔萃　廷試先得一等覆試報罷歸尋悒鬱卒新纂

龔昌衢字步康嘉慶丙子舉人勵行媚學至性肫摯長於考證著有禮記地理考經義咫聞又擅塡詞李生德郊曾刊其春陰閣體物詞一卷同時諸生周槐卿朱賢太學生金稼田亦俱以詩詞著名

李貽德字天彝我郊曾孫戊寅舉於鄉入京邸與桐鄉程同文善習聞天下山川阨塞形勝以逮治河興屯諸利弊羅列若指掌陽湖孫星衍纂十三經佚註貽德實分任之著述甚富有三家詩異文釋詩經名物考十七史攷異夢春廬詞攬春閣集續梅里詩輯

馮時桂字林友性嗜學才藻自喜兼工篆刻遊歷西江南粵閩與名公卿相倡和著有歷朝閨媛詩選未刊行晚寓吳江之平望詩有粵游簇錦等集于志

薛廷文字曾哉年三十五始學爲詩一以唐人爲宗寓吳興徑山最久善繪荷以畫自給著有聽雪齋詩鈔于志

鍾鼎號月橋少好遊久客廣陵晚結詩社於里中有月橋吟稿金蓀字蘭友有香谷詩鈔徐蓮字潔芳有一枝巢詩鈔于志

褚鳳翔號大愚諸生躭吟詠隨帶古錦囊盛楮墨乾隆初與里中汪弋高張瓜田簦園諸名宿作耆老會蔣布衣儀正爲繪圖自爲記著有大愚詩稿檇李詩繫續

陳向中字書緑副貢生父廷煒字昭遠以進士知建平縣有二觀齋詩稾風雅傳家向中著桐乳巢詩十卷桐鄉

朱沛然結偶圃於鴛湖之濱文讌極盛與祝維誥王又曾錢載及偶圃五人倡和世稱南郭五子同上

江浩然字孟亭庠生有北田詩臆如詠宋徽宗白鷹圖云毛羽何須誇白雪官家曾爲着青衣寓意深刻少喜竹垞詩記覽日博註曝書亭集稱該洽又著韻府羣玉補杜詩注補鴛湖櫂歌箋註江湖客詞同上

陳廷採字石泉錢文端母舅不事舉子業著執柯錄爲牧民者炅箴詩名思儼齋多考證故實瓶山詩注曰宋韓世忠歸隱西湖三軍撫甑懷德壘而成山有峴山墮淚思焉今指爲秀州稅廢酒殘甑缺亦習焉不察爾鬱秀詩注曰元時有金氏女鬱秀者及笄死葬湖濱親哀之建浮屠於其上俗傳夷光入吳刺繡於此謬矣同上

盛宗楷字紹堂布衣高士遠曾姪孫著鍾溪竹枝詞自序云乾隆戊子春下帷糜氏垂露齋續大父畊山鍾溪竹枝詞備記古蹟人物風土旁稽野史碑碣兼及故老傳聞取確而有徵焉詠宜山翁詩云繹帷講學菴三里爭誦旗亭百詠詩蓋遠設席里中三里菴著有旗亭百咏同上

朱廣川原名淞字松溪乾隆已酉舉人大挑知縣署福建甌甯縣邵武府同知有循聲親老改就儒官秉鐸菰城姚江培養人才訓弟子立條諭其治經也寢饋其中行年八十猶丹黃校勘至三四易藁著有周易繹義毛詩

廣訓春秋三傳異同考孫吳子輯註樂章律呂編禹貢輿圖志政和堂詩文集子嘉金恩貢生著有韻學闡奥耀仙吟館詩詞稿 朱緒曾撰文集序

丁子復號小鶴貢生古文得歸震川家法兼工詩平居肆力於古學有本源跋徐氏二十四家文鈔持論精當海昌查氏重脩新舊唐書時沈氏炳震原撰安祿山傳已佚撫仿補之兼任校勘尤多駁正著有見堂文鈔詩鈔 沈愛蓮詩話

徐同柏原名大椿字壽臧歲貢生澍子世居履仁鄉性純孝居父澍喪哀毀幾滅性舅氏張廷濟指授六書通篆

籀始輯履仁鄉金石文字記古器物銘與海鹽張開福契交游屐所至凡殘碑零碣下至井欄橋柱瓦當甓磚摩挲攷證有從古堂款識釋文晚輯竹里詩存 新纂

劉與權字壽廬邑庠生介節自持閉戶課徒不干預塵俗工大小篆畫梅花宗金冬心同時孫慶治號嘯秋歲貢生亦善書 新纂

徐錫可字可叔歲貢生先所居邑東郊曰碧螺灣有讀書終焉之志已卜宅城居寫景八詠內譚墳寒雪項漾晴漪雖闤闠有山林氣精篆刻分書瘦硬通神平生枕經葄史學有本源所為詩皆古健無時態最受知于郡守瑞元魏塘黃山長安濤引為忘年交唱和講舍閒詩分小蓬壺小青籐館得酒趣齋三集雜著十卷未梓歿後以其壻吳中丞昌壽貴貤贈二品秩 新纂

褚全德字集齋補弟子員入上舍祖大恩父稜峄均善吟詠全德韻語承家學丱角即成羣玉小草飢驅游楚有驛路行吟信芳草錢塘張孝廉雲璈雄於詩同人酬倡簡松草堂少許可適偕客三湘七澤間以篇什為羔雁稱莫逆中年歸閉門授徒著耕硯餘事教法嚴重謂坐作應對進退須從小學入門弟子稍失儀夏楚毋稍恕師嚴道尊咸推角里褚先生焉 徐錫可撰褚上舍詩集序

王逢辰字芑亭貢生宗桓孫居竹里父福田字心耕嗜金石與張廷濟最契逢辰承家學以徵文考獻為事前哲高承埏刻自靖錄因禁嚴板燬同里沈銘彝覓得稿於福邨橋趙氏逢辰集貲續刊之發微闡幽有裨名教著有槜李譜槐花吟館詩 自靖錄考略

王鏞字鹿場貢生工唫詠與蔣浩邱光華倡和春波里所梓詩名小鹿柴詩 新纂

曹秉鈞字仲謀號種梅又號水雲明經司鐸山陰工書畫尤擅長韻語著水雲老人詩鈔 兩浙名畫記

張慶壽字裕之諸生居張山之麓因號張山樵夫童時即

躭書凡九流百家靡不心游目覽工詩古文爲人倜儻有奇氣善水墨花卉兼通六書專參文氏一燈雅尙秀勁少游方樸山諸草廬門爲文孤高峻拔著茗雲詩鈔北征楚游草暨玉楮文集羣仙繪幅樓詩餘拙餘印譜行世飛鴻堂印人傳

陸開誠字漱石諸生喜吟詠授徒餬口晚境益窘居東郭外荷花池祖遺僅存閈閎宿廳旁壁穿椽掛雖風雪夜覓句恬如也爲車廣文荔浦入室詩弟子吟情軒舉綺語中有極清眞處仁和宋咸熙摘錄警聯入詩話謂風調不減杜樊川著有花南老屋詩鈔耐冷談

江棫原名承柏諸生書法董華亭兼擅水墨畫蕭疎淡遠豪於酒興酣落筆行草靈動純是化機庚申被賊擄不爲屈死之同時有郭承勳者布衣工書亦歿於難新纂

張以煊字吉盦畫名重於時性嗜酒列丹青於杯箸間灑落自喜庚申避亂梅里無立錐地猶提壺解憂醉輒自恨曰設早習兵家言誓隨里團殺賊奈毛錐子安用何七月賊犯里兀坐斗室中握卷持盃佯爲不見賊也者然賊知爲讀書士也拉與行始怒擲以硯賊揮刀砍之傷痕遍體越日潰死事聞　賜卹梅里殉難錄

秦光第原名廷標自山陽移籍來登咸豐紀元榜以勞績得同知未調選歿書法米蘇參以飛白尤善倚聲王壯愍守吳興時愛其才磨盾草檄下筆千言著有行軍法戒錄寶山蔣敦復序之新纂

平鏗字慶橋廩監生姿禀高超文宗先正授徒終其身而崖岸自立不隨流俗庚申殉難名載忠義錄新纂

朱大紳字幼泉廩膳生素無恒產藉筆耕養親晨餐夕膳家庭怡如也文尙性靈詞賦尤嚴格律南海羅文俊視浙學稱巨眼每按郡甄高才生肄業詁經精舍大紳與焉選刻詠漢史律詩允推傑作舉優行以艱不赴試中年遽卒新纂

徐錦字蘭史咸豐戊午解元才華煥發駢散文學徐青藤王仲瞿一派杜門讀書世事不顧也生計勿問也平時弱不勝衣刼後風餐露宿以憂鬱卒著有靈素堂駢文詩詞稿新纂

隱逸

晉

韓績字興齊其先廣陵人避亂居嘉興父建仕吳爲大鴻臚績少好文學以潛退爲操布衣蔬食不交當世士司徒王導辟爲掾不就會稽內史孔愉疏薦詔徵之不起

宋

謝國光字觀夫咸淳間對策春官言時事剴切主司畏賈似道不使登第補太學生入元不仕御史程鉅夫奉詔搜賢或薦國光輒杜門稱疾以經史自娛及卒遺命題其墓曰安節謝國光之墓（以上趙圖記）

張葆光市居讀易一目睛突出乃用蕉葉熨眼且熨且讀遂超然有得往見黃晃仲晃仲曰如師卦六爻長子師師弟子輿師在師中吉易之理極分曉易讀葆光曰作如此說宜其易也請布算於前敷衍其義晃仲許之乃削簡盈箱布算縱橫所謂八陣圖五花陣諸法無一不出六爻之數晃仲駭服葆光隱居樂道不求聞達世但以葆光稱之

元

顧謙字自修舉明經三禮二科拜宗城令尋棄官歸隱名流高其才咸就見焉

姚清讀書通達時務爲郡書佐廉平愼飭儕伍憚之以不能矯阿取容攜妻子處濮溪耕田釣水爲終焉計暇與田夫野老倡酬嬉遊以自適著有樂章一卷行世（以上嘉興湯志）

顧實字仲二家楓涇性樸厚美丰髯當元中葉郡縣迫之仕自跛其足以辟生一子命名希逸克承先志自號眞隱（曹相駿楓溪小志）

項宏度號胥山居士以貲甲里中志行高潔宋末隱居不仕督教子孫讀書好禮作家規二十條元元貞間卒（袁志參嘉興湯志）

吳鎭字仲圭性高介隱居不仕工辭翰善畫山水竹石每題詩其上時號三絕有勢力者求之多不得惟贈貧士使取値焉作字用畫筆如寫竹狀饒有天趣以愛梅自稱梅花道人沒時自題其墓曰梅花和尙之塔兒瑱字元璋常從毘陵柳天驥講天人性命之學以易數推人休咎多警世有嚴君平之風（吳志參兩浙名賢錄檇李詩繫）

錢應庚字南金孝廉元末避亂徙居涇邵復孺贈詩云美人只在含雲外破屋依然谷水西具見高致（曹相駿楓溪小志）

明

沈啓隆字昌甫其父居吳興元季棄妻子游五湖啓隆從

嘉興郡城之東水南有園自號南園居士後徙思賢鄉谿逹好施叔子禮仍處舊廬構草亭夏太常㬌圖其勝弁顏東郭草堂四字鐫石以傳（劉志）

吳萬六思賢鄉人義不仕元隱居博學以名德重于時孫秉新洪武初以人才徵卒于京元孫宗生宣正間有隱德陶副憲照銘其墓（嘉興湯志）

范昌字延碩建文初由太學生考授文華殿中書進元宵賦稱旨御書聖主得賢臣頌以賜之告病歸里靖難兵起遂絕意仕進同里吏部侍郎俞山書忠隱二字貽之里中稱爲忠隱先生著有古檜堂諸集行世（嘉興何志）

包馮隱居不仕父鼎爲池州知府欲棄官歸意未决馮奉書無他言惟左太沖招隱詩而已鼎遂歸（袁志）

屠孟元字伯玉父應竣自有傳孟元勵志讀書旋棄去角巾短笻日徜徉山水間出入乘小舟一編自適公府慕其高誼有欲見者輒謝之

李衷元字澹然少好學不樂仕進高隱梅溪以吟咏自適游戲蘭竹落楮人爭購之友人以功名勸者笑而不荅著有蘆中吟草（以上嘉興湯志）

李含章字貞齋以貢除雲夢敎諭遷淮藩司敎一日讀五柳先生傳遂拂衣歸卜居胥山築春風草堂隱居以終捐田爲漏澤園里人誦之（袁志）

戴晉字康侯居牆頭村幼孤慕陸羽爲人終身不娶從其叔灝至同里項氏窺天籟閣所藏名蹟遂工畫後寓精嚴寺與方外秋潭高士殷方叔高元雅輩交常游金焦北固間所至必圖其景以贈人曾居郡城之東構別業築土爲邱植松其上曰松山又書鶴洲樹石置小屋於湖濱名蝶華居沒遂葬其間一生高潔不蓄童僕有聞名訪之者輒閉戶不納（吳志參嘉禾徵獻錄）

盛龍升字德潛事母以孝聞曾爲郡吏棄去精賞鑑著存古錄劄記凡彝鼎奇物書繪眞蹟如周公謹雲煙過眼錄之例多與賢士大夫游同邑太僕李日華爲作盛莩汀小傳晚築室于城中編籬植杞菊更號杞菊老人（嘉禾徵獻錄參紫桃軒又綴秦省志採紫桃軒又綴作盛德潛）

屠墉字闇伯縣學生少孤善事母中歲棄舉子業隱居敎授尤邃經學詩亦雅正不以風華見長弟子從游者衆脩脯之入輒以賑宗黨家貧屢空晏如也著有大經堂集從弟焯字昭仲諸生以能詩通經著有周易大義與地考子逵有誠齋詩存（袁志參王庭屠闇伯行畧）

汪挺字無上一字爾陶崇禎癸未進士未授官而國亡南都稱制授工部主事挺知事不可支遂棄去隱居城東

不復出書法規摹兩晉名流爭賞晚歲以此自給杜門四十年靜志居詩話參嘉禾徵獻錄

吳志開字丹成諸生甲申後入閩流離困頓數年始歸僦廛而居屏跡教授故都御史郭都賢雅重之每過從話舊年八十寄居蕭寺歲饑不得食僵卧卒嘉禾徵獻錄

徐白字介白徙居吳江以諸生久次當貢甲申後棄去隱靈巖山之下沙有園數畝手一鎌種蔬果以給閒作畫亦遠俗詩幽泠刻深不肯襲前人一字曾以太湖落日賦見賞于陳卧子不出山者三十餘年有竹嘯庵詩鈔嘉禾徵獻錄參靜志居詩話

巢鳴盛字端明年二十始就塾不歲餘盡通其義崇禎丙子舉于鄉乙酉渡錢塘江寓蕭寺以覲時事見江東守拒失律遂歸即墓側構數椽絕迹城市隣里罕見其面築闕可望先壟栽橘百本遶屋種匏制匏尊作五言律以自喻妻錢氏篝燈紡績泊如也持論勉忠孝敦廉恥倣司馬程朱爲家訓著有永思堂集靜志居詩話參嘉禾徵獻錄案吳志巢鳴盛列入人物舊志皆入隱逸今仍其舊傳中附載沈麗日襄日兄弟皆鳴盛弟子又孫鍾瑞少志于學長敦六行著易學心符可入集諸書詳見秀水

丁元公字原躬性孤潔與俗多齟齬畫兼山水人物老而秀工而不纖能書精繆篆詩有奇氣不屑作庸熟語後髡髮爲僧號願庵其胸中有不可一世者靜志居詩話參畫徵錄案嘉興何志作詩僧淨洲即原躬也

繆詩伋字孟思時當多故屏跡不入城市勤學工詩著有學圃吟稿同時褚醇字㵂爲縣學生亦隱居不仕其詩沈鬱頓挫言不足而意甚長梅里詩輯

藝術

五代

陸晃嘉禾人性疎逸好交尙氣沈湎於酒善畫道像神仙村野人物遇筆揮灑出於臨時畧不預構南唐李璟聞晃名欲召之侍者謂晃好縱酒歌舞無人臣禮璟由是疎遠之（五代名畫補遺參書畫譜）

宋

唐希雅妙於畫竹作翎毛亦工始學李後主金錯刀書有一筆三過之法雖若甚瘦而風神有餘晚年變而爲畫故顫掣三過處書法存焉（宣和畫譜）

沈珪嘉禾人初因販繒往來黃山有教之爲墨者以意用膠一出便有聲稱後又用對膠法墨成堅如玉石墨工名手自潘谷陳贍張谷之後珪與金華潘衡製作精緻不媿古人珪爲人有信義何薳避地嘉禾與珪連牆而居觀其手製還自謂已得大槪至微妙處雖其子晏亦不能傳也珪年七十餘終晏先珪卒其法遂絕（春渚紀聞參墨莊漫錄）

李甲字景元工畫作翎毛生動有奇趣東坡嘗題其畫曰郭恕先後一人（劉志）

林鏞字叔大正書宗虞永興而近之（嘉興湯志）

元

張成楊茂嘉興府西塘楊匯人剔紅最得名其鎗金鎗銀之法凡器用什物先用黑漆爲地以針刻畫或山水樹石花竹翎毛亭臺屋宇人物故事一一完整然後用新羅漆若鎗金則調雄黃鎗銀則調鉛粉日曬後角挑挑嵌所刻縫罅以金薄或銀薄依銀匠所用紙糊籠罩置金銀薄在內遂旋細切取鋪已施漆上新綿揩拭牢實但著漆者自然黏住其餘金銀都在綿上於熨斗中燒灰鍋內鎔鍛渾不走失（尊生八箋參輟耕錄）

東谷子居春波門用五星躔度遲留伏逆法推人生年月

日時貴賤禍福毫釐縷析無有不驗（徐一夔推命解）

嚴子成字伯玉其先汴人宋咸淳間始祖名秋蟾者來秀州賣藥於竹林巷遂家焉元大德間京師開御藥局徵子成不就時趙文敏遘疾醫不能治子成診之翼日即瘳文敏喜爲作杏林圖並繪孫思邈像贈之以子成貌相類也自是稱藥師性好施予筍不留資年八十九忽語人曰我將往五岳遊仙府也無疾而逝子孫傳其術稱世醫（劉志）

薛如鑑挾相術遊江湖一時名士多與之交楊廉夫高季迪皆有詩贈之子月鑑孫鐺能世其術（李橋詩繫）

彭君實工戧金山水人物亭觀花木鳥獸種種臻妙（格古要論）

盛懋字子昭魏塘人父洪甫善畫懋世其業而尤過之山水人物花鳥種種臻妙始學陳仲美人謂精緻有餘特過於巧時以吳仲圭墨竹岳彥高草書章文茂筆及懋山水稱武塘四絕其姪著字叔章能全譜圖畫洪武中供事內府有御製盛叔彰全畫記（趙圖記參書畫譜）

張觀字可觀（一作可鳳）武塘人善畫師夏圭馬遠尤長模倣後與同邑盛懋丁野夫吳鎮遊筆力益古勁善鑒古器書畫（嘉興湯志參嘉不徵獻錄）

朱華玉字碧山武塘人與吳鎮盛懋生同時居同里不欲

以畫藝與二人爭勝乃獨製銀器隱於姑蘇皐橋爲一時絕技天歷間始見賞於柯九思虞集揭奚斯各令製槎杯爲壽世所傳至正乙酉壬寅各槎杯是也（輟耕錄參曝書亭集）

明

吳宏道森子（見孝義）精醫術每療疾愈則令種竹一竿尋至鉅萬人稱其地曰竹所洪武初召至京師擢御醫子繼善仕至黃門給事（嘉興湯志）

嚴貴和字大用修子成之業洪武中任太醫院官時禾中大疫貴和白郡守捐貲施藥全活甚眾

嚴樂善永樂間人精醫理有弟欲毒兄賂樂善下鴆于藥者出金飾進之樂善擲金詈之曰我姑不發汝隱汝若更求他醫以殺同氣我必訟汝于官踰年其人感悟來謝是夜燈花放光發蓮花一朶結爲金人形類菩薩趺坐蓮中長二寸許震澤王太史作燈花記稱爲盛德所感善能運氣及子午按摩法年七十五卒殮已五日隣人有遇之於西湖者（以上嘉興湯志）

陳以誠字處夢工詩畫尤精于醫永樂間爲太醫院判累從中使鄭和往西洋諸國臨終作辭世詩有九重每進千金劑四海曾乘萬里船之句（吳志參畫史會要）

嚴萃字薈之初業儒貢太學爲廣陽江令有惠政居官八月歸習覽方書曰此吾祖業可盡忘乎遂精醫理撰藥性四篇分寒熱溫平之異（案嚴氏自子成後有嚴允芳嚴世美嚴鎮皆明中葉人能世其術茲不備列）

張德剛西塘人父成善髹漆剔紅器永樂中日本琉球購得以獻於朝成祖聞而召之時已沒德剛能繼父業至京面試稱旨授營繕所副賜宅復其家時有包亮與德剛爭巧宣德時亦召爲營繕所副（以上嘉興湯志）

范暮字行式涉獵經史善詩歌多藝能凡金石款識篆刻書畫之類皆能著其時代辨其眞贋工畫山水人物意

趣幽遠劉志參書畫譜
王立本工畫山水人物師盛懋臨摹逼眞子繼宗能世其
業柳志
吳瓘字瑩之多藏法書名畫能作窠石墨梅學楊補之畫
寒雀爪喙生動不下錢玉潭珊瑚網參圖繪寶鑑
高松聲字傅谷諸生構水肥齋于西郊焚香賦詩淡如也
書法直入二王臨摹䑛眞高故王姓有從弟淑民字子
逸筆法子昂與松聲頡頏
駱文衡字季銓筆法宗王與周天球王穉登結社論書著
有字學原委以上嘉興湯志

董仲敬善觀天文諳推步之法任欽天監挈壺正柳志
胡斎初名浚字元海永樂間陶莊人徙居魏塘賣卜于市
受君平術於袁杞山同游金陵提點姚一山奇其術以
二人薦杞山稱疾不行斎赴召授欽天監刻漏博士時
上新作殿命之卜斎曰某月某日午時當燬上怒囚之
以待至期倩獄卒覘視返報曰午過矣服毒有頃殿災
焚上急召斎死矣先是召命初下袁爲胡卜得乾之五
爻袁曰五爲君升陽在四子命又午矣其錫名之慶乎
四爲淵而五居淵上淵而大者乎以草莽之臣踐五位
終非吉兆五爲火丁者壬之合也遇火則危矣後嬰賜

名斎袁曰驗矣死不遠矣果因殿焚而卒子昊昊昱昂
皆精占筮嘉興湯志
許敬字孟寅感化鄉人世以醫名治口齒者許爲之最宣
德間院使蔣主善薦入內院英宗患喉風更數醫勿效
敬進絳雪噙之遂愈拜御醫賜敕獎諭著有經驗方三
卷袁志
殳珪字廷肅魏塘人精于醫一婦姙及八月臥不語珪曰
此內經所謂瘖也不藥當自愈有男子請診珪曰此疾
不至死然脉無生理過三日當投劑期內忽溺死人咸
異之珪壻袁祥博洽高曠不屑爲醫珪以秘經授之祥

曰建文御極四年不修實錄忠臣死事泯沒無傳嗜經
特屑屑耳祥有女遂擇錢蕚爲壻使授殳術而已薄游
南都徧蕁博採作革除私記四卷建文編年四卷蕚精
殳術輯醫林驗海一編凡四十卷兩浙名賢錄參嘉興湯志
陶治字大治幼孤事母孝能詩尤工畫山水花卉瀟灑脫
俗好畫大士像慈嚴兼具結茆武林靈鷲山自號樵隱
季如泰字大來鹽官人徙居嘉興畫山水人物最工細游
都門畫卷傳入青宮貞皇帝潛龍時一見稱賞諭繪西
湖景及牡丹數種以上嘉興湯志
談時雍號繼巖世嬰兒術冠一時晨興遠近抱嬰兒就視

者每三五十人酬以金十受二三也子孫世其術復巖瑞巖宏巖皆有名（續見聞雜記參嘉興何志）

希遁道人嘉興僧也深於繕身之術又擇用日辰可代藥餌嘗過海州司馬韋敷見敷羼白日貧道爲公擇日更之越五六日僧請鑷其半及生色若黳凡三鑷之髩不復變意其術出於遁甲故自稱希遁云

張渙字文甫號雲心畫師趙千里趙松雪種種逼眞（以上嘉興湯志）

朱倖字廉夫工字學精篆籀古文及漢唐隸法倣管夫人書七十二篆金剛經人珍重之（袁志）

董常工畫道釋像筆力細而勁拔同時有唐別鳳號岐山寫照得神擅一時絕技（劉志參嘉興湯志）

王有禮休甯人爲嘉興諸生本姓沈精軒岐術善治傷寒有尊生內編十卷葉向高序尊生外編八卷岳元聲序皆行世（袁志）

徐名世號觀海諸生其先臨清人宋南渡來禾累世以醫術著尤長兒科里人呼爲徐小兒名世以醫起家遇貧者更加意療治著述甚富子謙字仲光亦諸生世其術著有仁端錄專言治痘疹法能補前人所未備（嘉禾徵獻錄）

常效先號瀛泉少補諸生後棄去攻岐黃家言尤精痘疹其門如市性簡僻賦詩娛老自號無繫居士著有金鏡篇行慶錄（袁志）

朱寶號肖海工書凡古人法書名畫臨摹逼肖雲間董其昌亦時爲所惑（嘉興湯志參圖繪寶鑑）

王復元字雅賓幼爲黃冠得事文徵仲因精鑒古書學米漫士畫山水類陳道復寫生類陸平亦能詩有天寒花信少地僻草痕齊之句（李日華紫桃軒又綴）

吳秋林歙人寓春波里昆季皆好修不以貲著秋林尤高尙門無雜賓時時襆被就羽人釋子假榻焚香烹茗意蕭如也書法趙吳興繪事宗周東村而兼擅蘭竹（紫桃軒又

綴）

許紳字大紳其先嘉興人祖昇占籍江甯由名醫入爲太醫院判永樂時扈駕至京遂家焉紳性敏慧究心醫術嘉靖時屢承召對有奇效遷轉不次至通政司掌本院事診療皇太子有功時冊立禮成游陞工部尚書卒遣官諭祭謚曰恭僖嘗輯經驗方又刻鍼灸書幷銅人圖像于公所（嘉興湯志）

駱驤字子龍長水鄉駱家橋人事後母孝工吟咏時與金豐村燦范菁山言項少嶽元淇游尤究心岐黃之術察脈檢方倖於神巧自號嬾翁作嬾翁歌兼擅水墨白描

在黃癡倪迂間有言志集行世 嘉興湯志參袁志

陳遵字汝循嘗寓吳居城西寫花鳥如生賞鑑家不惜重金購之然非其人勿屑也暇輒皷琴自娛陶然忘世 嘉興何志

曾得之字孔孫號干巖錢唐人僑居嘉興善書工墨竹由仲圭追踪文湖州李太僕日華最重之晚年右臂不仁以左手畫風竹尤有致 書畫譜參杭州府志

沈雪坡林伯英俱魏塘人雪坡善梅竹伯英工花鳥皆師樓觀 趙圖記

吳愛蕉布衣宏正間人畫法吳仲圭筆意 紫桃軒雜綴

周續之字臞鶴能琴得徐南山之傳嘗將騷選諸什譜入絲桐聽之音調奇古著有黃鐘律呂音四卷

褚勛字叔銘工書善畫臨摹亂眞嘗治畫縑極纖細非市中所有因名褚絹爲莫雲卿李繼泉所重王元佐爲之傳

蔣汝成同同種也凡珍玩如古銅古窑古琴之類或有破損經汝成手即完好如初稱一時絕技 以上嘉興湯志

洪縣善造漆器精巧絕倫積久不敗名擅一時 袁志

國朝

毛鳳祥字貞所善按脉識病源立起危症尤精傷寒年二十郎知名九十九卒八十年中活人無算 嘉興何志

李琪枝字雲連諸生太僕日華孫珂雪子畫傳家學尤工蘭竹竹垞朱檢討題其畫云前身定是梅花衲仍占春波門外居是也從子含渼字南溟山水濃郁豐潤兼長花草壯游南北最知名 曝書亭集參畫徵錄

朱賓占字仲立客游江南不歸性恬淡與物無忤工人物嘗畫淩烟閣功臣圖兼關榷使見之遂攘其名以付雕 畫徵錄

張鳴岐住謝洞內善製銅爲爐無不精絕項墨林見而異之招居城中名大著竹垞朱檢討嘗咏之 池北偶談參張燡祖新溪雜詠小序

黃元吉錫工也所造茶具種種精巧其色與銀無辨海內咸珍異之 嘉興湯志

張南垣名漣以字行少學畫得山水趣因以其意壘石成山有黃大癡梅道人筆意挾術游江南一時名園邱壑皆出其手董其昌陳繼儒亟稱之吳祭酒偉業爲立傳子然熊及孫淑傳南垣之術康熙間先後應

召供奉

內廷凡經營位置悉合然等董其役屢邀

恩賚及淑沒其術遂不傳 吳梅村集參吳志

沈存周字鷺雝嘗從盛處士遠學詩書亦有致其所自見則在於鍛以錫製壺多雅馴其形以僧伽帽爲上次蓮花次桃核凡雕鏤詩句姓氏圖印即世工書篆者不能過（汪上埔范湖文鈔沈存周傳）

談允明字景巖幼喪父哀毀如成人事母孝二十年如一日讀書精醫理有起死功著有醫旨心傳（吳志）

戴泓字秋水生於康熙乙亥年居駟馬橋南少應童子試不利棄去爲蒙師以老嗜酒善畫墨竹多自題詩字仿曺娥婢有自題一小幅云日暮瀟湘烟雨濛亂枝横榦鬭新叢迸流羸得澄江瀨祗恐山陰阻社翁風韻悠然

嘉興府志　卷五十一　嘉興藝術　全

可賞（新篁）

李无垢錢唐人曾爲太醫院醫士順治中至梅會里榜其門曰太醫院李无垢總理內外大小十三科方脈云云其所注本草經多發新義朱彝尊之妻病熱諸醫皆云不可治要之診視无垢笑曰君夫人所居閣四面俱木圍之木生火觸暑脈伏無他恙也亟以甘瓜井水投之不藥愈既而无垢客死所著書無存（朱彝尊李无垢傳）

顧銘字仲書能詩善畫瀟灑不羈檢討朱彝尊嘗贈之序康熙辛亥

聖祖仁皇帝召寫

御容

賜金褒榮之時同郡沈行濮璜鮑嘉張琦俱以寫眞名（吳志參畫徵錄）

金陶能琴康熙間直

養心殿授鴻臚寺序班乞養歸康熙丁亥

聖祖仁皇帝五次南巡陶進古琴并太平奏萬國來朝琴譜一冊

召對良久奏平沙太平等曲

賜金褒美（太平奏琴譜）

姚節字竹友工詩文爲人脫略嗜酒醉後畫竹石小品有逸致醒時不及也（圖繪寶鑑續纂）

嘉興府志　卷五十一　嘉興藝術　全

薛珩字楚玉邑庠生隱于醫有醫案諸書刊而未竟（李構詩繫）

鮑楷字端人號棠村僑居維揚工花草師法南田山水亦疎朗秀潤得古人意（畫徵續錄）

釋永徹字環照俗姓吳幼爲僧于精嚴寺之清隱房遇一僧秘授金針能開瞽目兼善蘭竹其徒孫聽竹亦工畫世其術

陳恕字子如精醫術著有幼科述古子斯皇銘常世其業（以上吳志）

尤錫九字亦夔楷法董華亭山水淡雅復精醫理遠近延請無虛日製小舟榜之曰吟舫置茗椀書卷嘯咏其中

著有潛軒詩草梅里詩輯
倪鼎字丹成號竹村善人物其鈎染衣摺變化于古獨出
心裁烏程呂學見之推爲近時第一圖繪寶鑑續纂
謝登號南屏有至性父沒于京登年未冠匍匐赴京扶櫬
歸生平精于醫延治者日以百計試之無不驗凡醫所
入輒備藥餌以濟貧病者常集諸家疑似之說及歷試
等症著有醫驗二冊醫宗彙解女科要畧等書
談東巖允明孫世業醫其先有繼巖者以保嬰術稱神手
東巖繼之時以藥濟人不受値子宇康世其傳以上新纂
周笙字古聲精於醫著有靈素寶要六治秘書嘗以墨寫
嘉興府志《卷五十一 嘉興藝術》 㕣
罌粟花不輕畀人梅里詩輯
錢臨字準可國學生因甓棄舉子業終身不娶精醫術專
以濟人爲急遠近稱良醫纂有立齋醫案疏續梅里詩輯
馬行素字介如讀書好古精于篆刻陳巽介石印譜序
周嫩予性迂僻善奕推國手著有奕譜行世周篔嫩予傳
薛廷文字訾哉性樸率耽詩苦吟擅繪事尤工荷花鮮妍
得生趣人以薛荷稱之著有聽雪齋詩稿續梅里詩輯
郭鳳號友桐工詩善畫宗郭熙居梅會里茅屋數椽栽桑
種竹日與同里許煐金標楊漢籌相倡和著有茶譜雪
樵詩草衡門等集伊志

田枌字頡雲居常豐里鏈戶讀書精岐黃術著醫門八法
六十四卷與方薰薛廷文爲布衣交詩善狀村野景物
有忍冬書屋稿南野草堂筆記
盛如柏字新甫精醫術博究素問難經諸書兼擅書畫篆
刻于志
項暎薇字朱樹樵李故事自沈氏德符著野獲編人物風
土詳已至賓祭婚喪衣飾飲食時尚好惡之習未及也
暎薇續編之曰古禾雜識貢生王壽更增補梓新纂
陸允治字虞傳元景春處士之後世居里仁鄉東圩數百
年儒素家風齏鹽寒洽賣畫自給工畫蒲桃香生色活
嘉興府志《卷五十一 嘉興藝術》 仝
康熙時年已篤老松江王儼齋司農延至家欲久欵之
辭曰山澤癯不能厠公卿末坐也酬以金不受于志
洪棨字天樹住篁里西圩丁字谿西洪家舍自明時起至
棨補學官弟子者凡十二世家饒裕有亭館之勝康熙
時人物皁安與其弟棠招邀勝侶文讌無虛日畫花卉
極工麗于志
唐岳字東巖住西圩南星橋北畫人物奕奕如生家貧屋
窄常安筆硯于六如庵其後人賣卜爲活于志
胡大年字亭山號薌邨又號玉峯住東圩大中橋北賣煙
草葉爲生涯讀書鼓琴蕭然意遠楷行書法歐陽寫蘭

蘭老梅修竹奇石得王元章楊補之勝趣于志
王志和字體乾住東圩谿南家本士族多聞好古積書數千卷積名人所鐫刻石印數百鈕畫牡丹花水墨設色長卷巨幅工麗中有生趣于志
程崑字玉山先世休甯人來竹里住西圩劉家濱茅屋一椽授經終老寫花卉清迴瀟灑無塵坌染其筆端于志
王應奎字彙樞號裕堂住西圩劉家濱性嚴整嗜讀書作客江右攬山川奇勝詩情益豪邁書學顏平原作山水濃郁深湛不落近時窠臼于志
査馨字庭蘭號秋佩先世自海昌遷竹里少多病因作書

有東山孝廉梅壑老人家法于志
張錫字百朋號復哉國學生世居新篁里幼端穎就傳時聽塾師講禮記親有疾飲藥子先嘗之哭失聲蓋痛其父母早世也比長力學醫著素問傷寒論質疑二書乾隆辛卯夏武原當湖滯下病延染沿活無算海鹽吳進士懋政撰墓志銘于志
祝明揚名萬壽居梅里入武庠短小便捷精拳技又工詩畫時海疆不靖縣宰司薦往金山署中入見其貌俱藐之主人設酒相款飲方半有長大漢請與角祝拂袖起一擊而踣其拳法有名滿地雅飛者可敵百餘人阮宮保眥欲拔其才亦卒不果至今化城庵壁梅花遺跡尚在詩稿已不可得惜夫于志
戴光曾字松門歲貢生家赤貧與弟光緒同精八法緒貧不能支賣字蘇閶渡僧橋有達官憐才招入署始鈔胥卒以筆墨保擢至河工同知光曾耿介不事干謁以明經終書法出入歐虞腕力清勁遠族子弟行世煐號少逵學問老宿工書精醫字推家學新纂
俞廷槐字拱三居角里街弱歲食餼中年因人詿誤夙躭六書凡古文鐘鼎篆岐陽石鼓手自規橅工摹印白文宗程穆倩朱文宗朱修能旁通星學推算屢中著有璧

山印略無嗣惟一女亦工篆刻飛鴻堂印人傳
陳元祚字師李號西麓新豐鎮入補博士弟子員舉業暇馳情篆刻從崑臺徐廣文遊得其指授與同里曹種梅江山毛天巖昕夕討論求刻者履恒滿因裒集爲西麓印譜後復鄙棄之殫力註疏賦自述詩三十韻以見志同上
沈仁昌字醴原天性肫摯築環碧草堂觴詠其中奉親游憩山水倜毛花鳥皆臻妙品兩浙名畫記
翟大坤字子垕後病耳自號無聞子寄居吳門善山水兼綜各家於倪沈尤合度意致蕭散寫生得古法子繼昌

號琴峯山水蒼古兼善花卉孫成基能繼家學墨香居畫識參畫林新詠

陳俞字古虞從張庚游山水清朗尤長寫眞子效文能繼父業墨香居畫識

巢敬字林可或云釋氏寫眞得僧性潔之傳山水師辭宣畫徵錄

姚霽與弟雲俱善人物花鳥兼寫照圖繪寶鑑續纂

曹助字輔南善人物耕硯田齋筆記

張琦字王奇曾鯨弟子寫眞推獨步畫徵錄

李鏞字山濤善山水畫蘭法何其仁能取其長而滌其習兼精金石篆刻畫徵錄

沈韶字爾調寓金山曾鯨弟子工寫眞人物士女秀媚絕俗曝書亭集

沈行字行嘉工寫眞沈嵩善人物山水得石田風味沈炳字勉齋善山水花卉畫史彙傳

夏大貞字吉庵善翎毛巨幅屏障不假籌思花卉稱能品圖繪寶鑑續纂

郁榕字蔭城號葯農蘭竹有揮灑自得之趣族弟維垣號鵠汀亦擅蘭竹書法蘇長公墨香居畫識

金步商號湘波諸生澹泊寡營善書畫父永昌自號醉墨與錢籜石曹慈山諸詩老唱和有凝雪書屋吟稿寫蘭竹高潔無俗氛步商繼踵以墨蘭名行草亦瘦勁新纂

仲泰字濟川太學生父世俊外科泰博覽方書尤深於素問難經能洞澈癥結同里某病瘧轉痢切脈曰病入厥陰仲景無治法卒如所言楊某觸暑倒地視之曰脫症也與以回陽飲家人疑以問其戚徐敬齋徐亦精醫批方後云非仲公不能書非敬齋不能知急服之應手愈姑蘇某宦婦冬月患奇症耳仲名相迎仲謂症係伏暑因曝衣餘熱未盡驟被絨之御裘時由毛孔吸入耳投一劑即瘥竹里朱某鋪生徒賭飯甲過飽悶絕六脈均伏仲令進參湯半時許腹雷鳴俟脈復再投消導劑即

愈一日風阻乍川聞哭聲詢係難產死仲謂產無死症出已蕿煎灌以導其氣逾時兒下母甦賦性豪邁喜購書講有用之學撰老醫一得痘疹仁端錄未刊新纂

胡金城字德凝棄儒業醫嘗謂貧者求方勢必萬不獲已延請必立往製肺露治嗽上氣疾名於時子春田承父業精治疫求方者晨而窮不索酬反贈以藥鄉里稱有隱德德凝自撰楹聯云言易招尤得意時少談幾句書能益智會心處多讀數行見道語可醫心性非僅以術名家撰醫要便讀八卷朱觀訾其鎮序之新纂

懷振熙孰壬遁善占候賃居古張沙里俞富安家晨必占

課每晴行忽帶雨具果無慾期某年臘爲富安米舖水閣前築水椿按方位正值年煞同邑地師梅長鈐聞匠邪許聲怪詢其故曰日干與富安年庚均氣旺能剋制決無恙厥後隆興橋市集興旺閱二十年著作皆談象緯惜未成書 新纂

沙木字青巖精小學考訂源流著藝文倫覽子沛芝字笠甫號鷗爽性蕭洽工篆隸行草下筆中鋒不以險僻取勢鄧完白書出時尚一變然不以鄧書廢也客居盛湖久多結翰墨緣 新纂

徐用錫號晉齋居常豐里畫山水宗麓臺能爲巨幅嗜酒飲少輒醉醉輒索紙與人塗抹興盡乃止亦能作五七言詩時有天籟同里陳翔鳳字來儀號丹霞山水宗法王圓照鑑下筆不苟晚年筆意時近沈石田啟唯目短視又常服賈往來舟楫間故所作不多 新纂參墨林今話

方惟寅字蘭陔援例得議敘席祖業甚豐好結客嫻六法得錢塘高塏指授晚歲有書名 新纂

流寓

周

范蠡字少伯楚人常寓檇李倜儻有深謀越王句踐用其計遂報彊吳觀兵中國號稱五霸范蠡旣雪會稽之恥以大名不可久居乃乘扁舟浮於江湖變易名姓適齊爲鴟夷子皮之陶爲朱公今城南范蠡湖其所游息處也 史記貨殖傳參袁志嘉興湯志 案少伯寓禾越絕書史記未有明文第古蹟流傳名湖名宅名橋名鴟載在圖經往往而有幽湖有范蠡泛舟處相傳扁舟浮海始於此舊志列流寓今仍之

唐

裴休字公美濟源人擢進士第舉賢良方正異等歷監察御史兵部侍郎領諸道鹽鐵轉運使進同中書門下平章事休爲人醞藉進止雍閒宣宗嘗曰休眞儒者然嗜浮屠居常不御酒日習歌唄以爲樂當世嘲薄之 唐書本傳參吳志

宋

錢顗字安道無錫人以金部員外爲殿中侍御史王安石行新法顗極論其弊貶監衢州稅徙秀州遂卜居焉家貧母老匄貸親舊以給怡然無謫官色蘇軾遺以詩有烏府先生鐵作肝之句 宋史本傳參至元志

毛滂字澤民江山人政和間守是邦因家焉先是東坡守杭滂爲法曹坡宴客有妓歌惜分飛詞坡問誰作妓以毛法曹對東坡語坐客曰郡寮有詞人不及知某之罪也滂因此得名著有東堂集至元志

李曾伯字長孺覃懷人丞相邦彥之孫徙居嘉興第進士持繡斧督餉運兩分漕節七開大閫官轍幾徧天下旋起旋罷官至觀文殿學士卒贈少保曾伯初與賈似道俱爲閫帥邊境之事知無不言似道嫉之不竟其用著有可齋類稾宋史本傳參至元志

朱敦儒字希眞洛陽人以詞章擅名能書兼繪事三召皆

嘉興府志　卷五十一　嘉興流寓　卅二

固辭後復以薦起賜進士出身爲祕書省正字遷浙東提刑罷歸僑居嘉禾構讀書堂于南湖濱陸放翁嘗詣之聞笛聲自煙波間出行者曰此朱先生吹笛聲也宋史本傳參宋詩紀事

葉時字秀發杭州人登進士甲科歷事四朝累官至龍圖閣學士明性命道德之學尤邃周禮晚居嘉興著禮經會元及竹埜詩集卒謚文康柳志

方誼字賓王桐廬人乾道四年侍父務德侍郎徙居郡城爲朱文公門人文公集中多相與問答語家有希賢齋扁亦文公書至元志

姜處恭字安禮長山人遷居嘉興九歲而孤大母父母皆散死他州不能葬乃營衣食治墳墓收拾諸櫬得聚葬旣而買田置屋賙卹窮乏雖不以科目自達而微渡江凋落之後奮寒士單薄之習教二子煇郜皆成進士葉適姜處恭墓誌

洪芹适之曾孫以祖蔭入官登進士第歷官將作少監屬詞臣無當上意丞相程元鳳言當今地望無踰洪芹者進兼翰林直祕書少監權禮部侍郎中書舍人兵興詔書所至聞者奮激蓋芹所草也遷禮部侍郎帝銳意嚮用竟以論罷寓居嘉興怡然自適咸淳初起知甯國府分省人物考

嘉興府志　卷五十一　嘉興流寓　卅三

王明清字仲言汝陰人甫十歲朱希眞徐敦立過其父所詢以國史中事應之無遺慶元間居甥館于嘉禾官至朝散郎與父雪溪兄仲信俱有史才嘗剴切上封事是時南渡以來老成凋謝明清裒集軼事編爲揮麈錄及投轄錄清林詩話玉照新志至元志參李詩繫

李鳴復字成叔瀘州人嘉定二年進士寓居嘉興理宗朝參知政事後爲福建安撫使予祠卒於嘉興子公夬公晉皆典郡宋史本傳參柳志

趙孟僴字月麓宋宗室其先家黃巖文天祥見之曰瑚璉

器也後天祥開閫江東浙西俱辟以行及召赴闕孟僩畱吳僅五十日宋亡元兵執孟僩欲官之固辭以疾遂去依親友以居絕口不談宋事號三教遺逸居嘉禾天祥卒爲文祭之臨終口占曰王室之懿文山之客持此寸心千古忠赤所著詩文名湖山汗漫集趙圖記參檇李詩繫

殷澄字公源華亭人家富好施人目爲殷佛子元兵歷境澄保聚未下元將楊埽地命屠其境澄巾軍門曰民猶水也水順則流逆則激今將軍不廣好生之德顧欲盡勦斯民乎楊怒欲斬之澄厲聲曰殺一人活千萬人死安足惜楊感悟一境獲全丞相伯顏聞而義之授澄軍

民都總管澄曰大宋之亡吾以親故不與俱亡乃獨不能逸乎遂去放浪九峯三泖間號泖南浪翁與陶菊隱莛孟僩稱秀州三義趙圖記參吳志

黃正孫字長孺慈谿人宋宗正少卿震之孫宋亡絕意仕進魏塘義士吳森聞其名迎致之遂徙居焉正孫履行端粹爲學者領袖晚自號尙絅翁子玠另傳黃溍黃君墓誌參趙圖記

元

顧阿瑛名德輝字仲瑛崑山人幼警敏善記誦喜購古書名畫鑒賞無虛日元季舉茂才辟會稽教諭不就張士誠入吳遂遁跡嘉興之合溪營別業居之漁釣五湖三泖間自稱金粟道人所著詩曰玉山璞稿在合溪有碁雲集諸書殷奎墓志參檇李詩繫

明

陳世昌字彥博錢塘人力學工文不慕祿仕至正間由布衣徵授翰林編修奉敕代祀海上値道梗遂畱嘉興作南湖賦傳誦於時授徒養母張士誠據平江屢致不屈洪武初徵修禮書授太常博士尋以母老辭歸卒著有希言集劉志參檇李詩繫　案世昌所著希言集各志俱作希賢檇李詩繫注云作希賢誤今改正

沈鉉字鼎臣錢塘人元末道梗與同邑陳世昌俱畱於禾

鉉博學邃於春秋洪武初知石首縣檇李詩繫　案鉉與陳世昌傳天啟嘉興縣志康熙袁志俱云洪武初召修禮書以母老辭歸鉉著希賢集世昌著希言集攷檇李詩繫及嘉禾徵獻錄鉉並未徵修禮書亦未載有專集兩志之誤或以同作寓公彼此舛錯致傳語亦相彷彿耳

牛諒字士良東平州人元末寓嘉興與鮑恂張翼諸人善自顏其堂曰尙友明初應詔除翰林院典簿同學士張以甯使安南御製歌詩賜之歷陞禮部尙書著述甚富静志居詩話

徐一夔字大章天台人博學善屬文危素薦爲建甯路教授元末自天台避兵徙嘉興寓居白苧里有屋三四楹

牗外有一大柞因作獨柞軒記以見志與義烏王褘善洪武二年詔纂修禮書一夔與焉明年書成將續修元史褘方爲總裁官以一夔薦一夔遺書不至未幾用薦署杭州教授召修大明日歷書成將授翰林院官以足疾辭賜文綺遣還著有始豐稿行世〔明史本傳參曝書亭集〕

高巽〔一作遜〕志字士敏元末僑居禾郡爲文深醕典茂成一家言以薦爲鄮山書院山長洪武二年徵修元史爲翰林編修累遷侍讀學士未幾引退又召爲吏部侍郎以事去官謫居朐山建文間召爲太常少卿壬午靖難兵渡江巽志遯去入永嘉雁宕山其門人文淵閣侍書蔣兢亦潛踪于此巽志病卒兢經紀其喪葬芙蓉峯北後謚文忠著有嗇庵集〔趙圖記參靜志居詩話〕

蔣兢字惟敬宜興人寓嘉興建文時詔舉人才考授文淵閣侍書授密旨從黃子澄走姑蘇至楊任所子澄遣兢往甯波會合知府王璡發兵守錢塘逾海抵閩粵未至成祖正位子澄與任被誅兢亡匿山澤稱東海波臣游楚蜀二十餘年歸著有瑣尾日記友陶軒稿〔檇李詩繫〕

高岳字彥高本畏吾氏高昌裔也博洽有才華儀容秀整人望而敬之工草書丹藥卜筮之術咸究識之洪武間薦知雲陽縣免官家郡城又嘗寓魏塘云〔趙圖記案趙圖記劉志俱作高岳袁志吳志誤作邱高今改正〕

嘉興府志 卷五十一 嘉興流寓 卆六

邱民字克莊揚州人州被兵攜妻子奔浙西僑居郡中入郡庠訓生徒自給至正壬寅用流寓籍以毛詩就試與選洪武初爲松江學官歷至禮部侍郎〔檇李詩繫〕

孫作字大雅以字行江陰人至正末挈家避兵於吳張士誠聞而廩祿之謝去後爲嘉興府學教授遂寓居南湖洪武六年召修日歷書成授翰林編修以老病乞外除太平府教授八年選天下學官內任作與焉廷對第一授國子助教歷司業爲文醕正謹嚴勿尚異同著書十二篇號東家子有滄螺集十卷〔曝書亭集參檇李詩繫〕

孟觀亞聖五十四代孫祖忠厚扈宋南渡封信安郡王賜第姑蘇子孫遂爲吳人明初觀應人才詔授永甯知縣有治行陞吳府審理副避兵寓嘉興之清風涇〔浙江通志〕

桑愼字仲修世居常州遷嘉興性孝友苦行力學洪武初爲監察御史見事廷諍朋友有過輒面折之以行部海南奏誅衛使張榮坐不避入議罪謫瓊州已而召還〔兩浙名賢錄〕

唐肅字處敬山陰人至正十九年舉于鄉爲嘉興學正遂家焉明初以薦擢爲編修罷歸肅文章稱大家與上虞謝肅齊名時號二肅著有丹厓集〔曝書亭集參檇李詩繫案肅輓郭秉心詩〕

嘉興府志 卷五十一 嘉興流寓 卆七

詩有吾昔居秀州友有徐一夔句又高啟有送唐博士移居檇李詩故增入

吳阿眞字無椶台州諸生方孝孺之甥孝孺赤族株及姻戚阿眞避難卜居檇李之梅溪師模道範咸謂得正學一脈娶婦生二子永樂九年御史陳瑛密奏逋臣結死黨下令捕之眞被逮託次子于外家挈長子往戍開平 嘉興湯志

戴瓊字子玉休甯人嘉靖間以博士弟子入太學試禮部儒士第一時分宜竊柄引疾南還與禾中項承芳李衷毅衷純輩訂交購宅梅會里顏曰百順堂肆情詩酒洎如也卒于梅里子孫遂占籍焉著有燕臺草 休甯縣志

沈應禎其先常熟人以武功封家于春波里爲諸生日往來煙水間觴咏松下稱隱松子文悌神宗朝以孝謹聞 袁志

吳懷賢休甯人僑居嘉興以中書舍人辦事誥敕房楊漣奏劾魏忠賢二十四大罪懷賢擊節稱快加圈評旁注工部員外吳昌期督理惠王府第糾劾侈昌忤璫撤回懷賢遺書稱之有事極必反之語其僕得罪於懷賢竊其所評楊疏及遺昌期劄密首廠衛忠賢怒令校尉縛懷賢及其妻邱氏子道昇送鎮撫司懷賢斃杖下昌期坐削奪崇禎初道昇上書訟寃贈工部主事 嘉興湯志

汪砢玉字玉水徽州人僑居嘉興崇禎中官山東鹽運使判官留心著述輯珊瑚網鴛水月社篇等書 靜志居詩話

朱一是字近修海甯人徙居梅里崇禎壬午舉人早年名重復社入都欲上書言事遭亂絕意仕進披緇授徒詩文膾炙人口與同里居爌范路稱三友著有爲可堂集子願爲字求侯放情詩酒有紫薇軒存草 嘉興何志參曝書亭集

范路字遵甫蘭谿布衣流寓嘉興潛心性命之學博通今古晚開靈蘭館賣藥長水市乍愚乍智人莫測其所詣門人私謚貞簡先生有靈蘭館集 靜志居詩話

周宗彝字五重本海甯人居硤石山幼有至性嘗從倪元

璐游崇禎己卯中順天鄉試不第歸時盜賊充斥捐貲設關廂水柵爲一鄉保禦甲申自盡死妻卜氏抱三歲子與妾俱躍池中弟啟琦等闔門死者四十八人弟瑋光侚死守硤石破被數創死

邱岳字梁父徽州人諸生崇禎末流寓嘉興素任俠與刑部譚貞良善貞良入閩偕之行見事不可爲棄走山中至潮州死 以上嘉禾徵獻錄

錢敬忠字孝直鄞縣人自甯國守罷歸寓居嘉興歿後殯于硤石之審山查職方繼佐嘗爲之銘後歸葬于鄞初敬忠于萬歷四十七年會試中式以父若賡前爲臨江

知府得罪論死繫江西獄三十七年乃不奉廷對跪闕下三疏訟父冤若賡始得釋敬忠旋成進士以刑部郎出守事具全祖望所爲玉壓錢公神道表伊志

胡山字天岫宜興縣學生僑居梅里先世蘭谿人父沆有才畧嘗客項城以奇計破流賊有全城功山負才兀傲著書賣藥舌耕以養母詩格超邁俯視一切著有蓻汀寓廬東武諸稿明詩綜參梅里詩輯

國朝

朱昇字子旦海甯人徙居梅里順治已亥進士除東昌府推官時有于七之獄案連數郡累歲不決昇悉心研鞫矜釋甚衆改襄眉令務去煩苛與民休息旋引疾歸著

有蜀中草梅里詩輯

蔣平階初名雯階字斧山華亭人爲嘉善諸生游陳子龍之門後避地居嘉興久之徙越中卒詩宗盛唐常與同郡計子山陽羨陳其年蕭山毛大可錢塘丁澎互相酬倡檇李詩繫

陳繼新字濬持錢唐人諸生少客維揚慷慨任俠嘗從史閣部軍南都陷避地禾中時項子毗被禍論死陳匿其幼子爲已子攜之遊京師隱於醫久之事定仍歸寓禾三十餘年後項子天朱竹垞檢討有詩贈之云誰肯艱難全李燮未容名姓亂韓康一日有所感憤買小舟至郡西龍淵寺自沈於河年已七十矣槜村筆記

戴爲穀字季環休甯人因贅禾中吳氏遂寓居焉性孝友念父母不逮養終身不茹葷祖墓在新安地卑溼隆冬卻絮不御曰先人體魄未安敢戀輕煖乎後遷葬烏程羅山偕叔兄爲秩至菱湖舟覆漁者援之爲穀呼曰吾兄未有後亟援之漁者如言拯爲秩爲穀漂淺渚竟得兩全湖州府志

蔡耀字遠士德清人移居嘉興之梅里國學生天資穎悟讀書覩大意詩歌書法皆有名性疏懶時同里朱願爲以狂自喜人稱狂朱懶蔡著有山草堂詩集

浦越喬字副工國子監生甯波人移居梅里經學湛深尤精史傳刊古文曰聊宣稾具見根柢生平南游滇黔北歷燕代所爲詩得江山之助著有啾發稿

許箕字巢友海甯人移居梅里品行孤高不求聞達行楷書瘦硬通神人以卷冊乞書者多寫已詩應之曹侍郎溶稱其詩格清邁書法秀拔論其人品直比之嵇阮云著有捫膝軒詩草以上梅里詩輯

徐斐然字鳳輝歸安縣學生僑居梅里多聚本朝人古文見節手抄年及八十兀兀鈔訂不輟其言曰傳

青主雅不喜歐公以後之文曰是所謂江南之文也黃梨洲論文以為唐以前句短唐以後句長唐以前字華唐以後字質唐以前如高山深谷唐以後如平原曠野故自唐以後為一大變而文之美惡不與焉然予觀自宋以後有學為唐以前之文者率禿吃不可讀故知江南之文其足為今之圭臬也審矣著有敬齋存稿及二十四家文選今文偶見諸書伊志

宗昰字懼聞山陰諸生舉鴻博不赴晚寓禾中其子為松江倅迎養官舍壽卒著有大學古本解弆餘草于志

李紹祖字迹軒錢塘人由縣丞官至綿州直隸州知州廉潔勤慎興利除弊西川人稱頌不衰年老致仕僑寓嘉興十有餘年治家儉約敦孝友凡同善恤嫠禦寒歲米無不竭力佽助其行誼洵足風焉于志

戚芸字修潔德清貢生候選訓導性介而和處事詳慎篤入任緩急不受報工詩五言尤擅場卜宅嘉興大奚家橋積書數萬卷題其室曰寶硯且以名其集謂寶其大父侍講學士瓶谷公 賜硯也子嗣曾字以矩增貢生服膺朱子近思錄起居儉約書箴銘滿置座隅省試屢薦不售嘉慶丁卯揭曉後首藝梓入闈墨隻字不更易咸謂事宜申訴嗣曾恐與大獄卒置不校著錢法

嘉興府志 卷五十一 嘉興流寓 亖

志德清經籍志蟫味軒隨筆孫士廉士元士昂先後貢成均文詞淵懿學有本原士彥入詞垣曾孫行亦科甲蟬聯家聲丕振于志兼採戚氏行述補纂

邢澍字雨民甘肅階州人乾隆庚戌進士官長興縣升南安知府以病歸寓居郡城丁家橋十餘年行端學邃著有全秦藝文志兩漢希姓錄金石文字辨異寰宇訪碑錄舊雨詩譚守雅堂詩文集于志

查元偁海昌籍世治鹺業父刑部郎中世倓始遷嘉禾元偁登嘉慶庚申京兆榜戊辰成進士仕至江南福建貴州各道監察御史權戶禮兵刑四科給事中論事侃直以漕章劾江督暨漕河兩督又進籌海運疏解組仍席故業居東郭外奚家橋子紹籛號玉彭道光丙午舉人援例候選郎中以親老不仕晨昏定省外朔望必具衣冠拜累世篤友愛元偁以同產祇一妹鰥贅壻於家邸舍財帛均分之籛亦友愛仲弟弟受鹺務累售已產償所負不濟則躬馳北直沽親為經紀貲雖中落門祚仍蕃昌焉其族人名開名虞昌已入嘉善籍錢泰吉海昌備志暨查氏家乘

馬洵字伯梟號小眉海昌籍家梅會里豪於貲以報効授道銜性耽風雅多藏書籍騷人墨客接引無虛日詩筒

嘉興府志 卷五十一 嘉興流寓 亖

往返與吳榕園郭頻伽葉改吟倡和爲多其游韜光有竹影綠僧衣句新麗不減晚唐暮年詩境冲淡一歸自然黃安濤爲校定遺稿六卷曰五千卷室詩詞集今其曾孫已占籍嘉興入學新纂參孫瀜選鴛盟集引語

李華清號補禾原籍江蘇嘉定縣父賡芸守吾郡惠政清風口碑猶在嗣擢福建汀漳龍道以朱履中獄被誣自盡建平反寃雪眷屬歸嘐城又爲族衆所淩無以自存遂棄舊居卜宅郡城報忠坊楹有傳書家無儋石以諸生援例授鹽經歷著菩補過齋文鈔子用光籍秀水由歲貢選授分水訓導新纂 新案是傳已列秀水此重見

相變堃原名清字寅甫仁和縣人與從兄槐全寓嘉郡並噪文名變堃尤與平鏗朱光輩有文中龍虎馬之譽詞賦藻麗富有才華道光己亥膺鄉薦旋改籍嘉興咸豐壬子以進士銓部曹假歸不逾時卒新纂

車伯雅字少芸錢塘學生父宸英秉鐸吾郡後遂賃居學左善文辭雖詼諧信口成章駢語秀琢逼近六朝郡守瑞端飭激賞之子某入嘉興籍新纂

嘉興府志卷五十一

嘉興府志卷五十二

嘉興府知府善化許瑤光重輯

列傳

秀水縣

明

呂原字逢原父嗣芳萬泉教諭兄本景州訓導嗣芳老就養景州與本相繼卒貧不能歸葬原奉母南旋家益貧知府黃懋奇其才是時知府得輒補生員懋卽遣原入學正統六年舉鄉試第一明年會試第二編修累進左春坊大學士旋命入內閣預機務石亨曹吉祥用事貴

倨獨敬原原朝會衣青袍亨笑曰行爲先生易緋原不答有投匿名書指曹石奸者上募能捕賞官令岳正擬榜原與正諫曰爲政有體盜賊責兵部姦宄責法司豈有天子出榜購募之理事得寢尋與正列曹石罪狀疏會承天門災正草罪己詔曹石乃摘其語謂謗訕上大怒厲聲曰正大膽敢爾原素恭謹阿正何也衆爲原懼原曰忠愛分也死生天也何懼爲已而罷正留原與李賢同入內閣賢通達遇事立斷原濟以持重庶政稱理遭母喪水漿不入口三日詔葬畢卽起視事乞終制不允乃之景州啟父兄殯以歸哀毀羸瘠抵家甫葬而卒

贈禮部左侍郎謚文懿原內剛外和與物無競性儉約
身無紈綺分祿恤宗姻歸裝惟賜衣數襲而已有介庵
集十二卷明史本傳參徵獻錄程敏政遺事記
項忠字藎臣正統七年進士由刑部郎中選廣東副使按
行高州諜報賊擄男女數百剽村落忠曰賊無擄家理
必掠良民也戒諸將毋妄殺已訊所俘獲果然盡釋之
天順初任陝西按察使時連歲災傷忠發廩賑且請輕
罪納米民賴以濟陞巡撫洮岷羌叛忠言羌志在刼掠
盡誅則傷仁遷撫則不威乃發兵據險揚聲進討衆盡
降西安水泉鹵不可飲爲開龍首渠及皁河引水入城

又疏鄭白二渠溉涇陽三原醴泉高陵臨潼五縣田七
萬餘頃成化四年千戶滿俊反俊素藏匿姦盜出邊抄
掠會有獄連俊有司跡逋至其家多要求俊怒遂激衆
亂守臣遣俊姪指揮璹往捕俊刼璹叛入據石城卽唐
吐番石堡城山上有城砦四面峭壁中鑿五石井以貯
水惟一徑可緣而上有衆二萬關中震動乃命忠總督
軍務與監軍太監劉祥總兵劉玉率兵討之忠與巡撫
馬文升分軍七道抵石城下與戰斬獲多伏羌伯毛忠
乘勝奪其西北忽中流矢死玉亦被圍諸軍欲退忠斬
一千戶以徇衆力戰玉得出乃列圍困之日薄城下焚

芻草絕汲道賊窘欲降邀忠與文升相見忠偕劉玉單
騎赴之文升亦從數十騎至呼俊璹諭以速降賊遙望
羅拜忠直前挾璹以歸俊氣阻猶豫不出賊將楊虎貍
夜出汲被擒忠貰其死諭以購賊賞格示之金且賜金
帶鉤縱歸使誘俊出戰伏兵擒焉急擊下石城盡獲餘
寇毀其城增一衞於固原西北西安廢城留兵戍之而
還論功進右都御史巡視順天河間永平水災賑活饑
民二十七萬白圭旣平劉通荆襄間流民屯結如故通
黨李原掠南漳房內鄉渭南諸縣流民附者百萬詔忠
總督軍務忠先遣人招諭流民歸者四十餘萬調土兵

分入道逼之流民歸者又數萬賊潛伏山砦伺間出刼
遇於竹山乘溪漲半渡截擊賊多溺死復招流民五十
萬斬首六百四十俘八百有奇家口三萬餘人戶選一
丁戍湖廣邊衞餘令歸籍給田疏陳善後十事悉允行
忠令下民有驅逼不前者卽殺之有自洪武中占籍亦
在遣中給事中梁璟劾忠妄殺白圭亦言流民旣成業
者宜隨在著籍帝皆不聽進忠左都御史忠上疏言賊
黨罪固當死正因不忍濫誅故令壯丁謫發遣戍其久
附籍者乃占山四十餘里招聚無賴千人爭鬬刼殺可
以久居故不遣乎臣揭榜曉賊謂已殺千人蓋張虛勢

非實事也帝溫詔答之八年召還掌院事尋拜刑部尚書轉兵部內閣汪直黨吳綬誣忠罪斥爲民直敗復官家居二十六年與里人梅江戴祐姜諒伍芳包鼐湯篪陳蒙福教授蕭子鵬爲檇李耆英會有倡和詩一集卒贈太子太保謚襄毅有藏史居集 明史本傳參徵獻錄

金鼎字宗器正統乙丑進士歷陞工部虞衡司員外郎扈駕北征死土木之難 徵獻錄參柳志案舊府縣志選舉門正統乙丑秀水無登進士者鼎傳作監生與徵獻錄不符俟考

施奎字淡章正統丁卯舉人任六安州學正遷選府右長史王府以殊禮荊州故大都姦宄百出本府軍校不法

嚴號令誅首惡一郡帖然坐累降南安府同知歸南安士民數百人乞本郡牒至浙問安否稱其持身廉謹莅政公勤革弊除奸愛民如子俟間文述起居以慰百姓卒項忠志其墓有竹坡稿十二卷 徵獻錄參吳志

金禮字敬之幼有神童之目景泰甲戌進士授南吏部主事歷刑部郎中出爲雲南參議征鐵索橋苦竹箐諸蠻冒瘴癘深入踰月賊平病乞歸家居儉約不事矜飾郡守楊繼宗每造廬咨政事 袁志參徵獻錄

姜諒字用貞天順甲申進士歷南刑部郎中出知漳州大旱多盜發廩賑貸悉歸化捕不率者盜遂絕龍溪漳浦田瀕海築長隄障之又濬塘渠置社倉作義冢立鄉約及田賦爲里胥飛射詭寄者悉勘復其舊按戶計丁分三等遇徭役酌量輕重授之民咸悅服建宋儒高登陳淳祠以講學親老歸漳民祀焉 浙江通志參徵獻錄

姚俊字用章祖謙有隱德俊天順甲申進士歷刑部郎中出爲廣東僉事時苗寇不靖御史韓雍鎮兩廣委以軍事協平蠻寇方論功而奔父喪素羸哀毀卒 徵獻錄

梅汀字文淵本宣城人聖俞之後成化己丑進士授盧江令擢南京貴州道御史時儲位未定首疏力請上嘉納奉命按兩廣寬恤部伍招撫流移遷四川僉事決疑獄

數十案蜀人以梅鏡稱之 兩浙名賢錄參徵獻錄

陸遠字德毅成化乙未進士知海州一日行部有旋風三帀馬首疑有冤令吏卒邏察之有人死樹下折擔尺許貫喉乃土人殺買牛者移尸於此密擒之一訊而服擢廣東按察司僉事 趙圖記參浙江通志

項經字誠之忠子成化丁未進士由御史出知太平府値歲祲役繁撫恤流亡來歸者萬計移治臨江與袁筠諸郡接壤土寇出沒其間前有司率玩愒慮變弗敢動經置諸豪賊於法一郡大治踰年飢有司方請賑經曰民飢甚矣必請而賑是懸口以待斃也賑而勿請罪在太

守於是發府庫金建和糴法民賴以濟時鹽司督賦方急經不奉命司怒繼而歲大稔民入賦恐後爲諸郡最時劉瑾用事經獨多予賂瑾授意吏部檄休致經弟綬爲錦衣衛指揮征苗有功瑾怒經矯詔逮綬獄戍邊瑾誅諸賂者皆敗臺諫薦經抗直可大用上疏辭以江南右參政致仕子錫字秉仁號餅山嘉靖癸未進士知建陽縣恭儉愛人遇訟者必從容開諭建宋賢祠集諸生講學擢刑部主事歷南光祿正卿寺費爲羣璫乾沒錫一意釐剔璫嫉外臺劾之論降後爲南鴻臚卿綬子鈳壬戌進士官刑部郎錫子治元丙辰進士官吏部郎（檇李志往哲傳參徵獻錄）

施德字克明成化辛卯舉人性剛直居鄉即以鋤強扶弱爲己任知濮州興學勸課洗冤滯賑貧乏豪右懾服士民述其善政二十餘條梓行之遷岳州府同知政如治濮引疾歸寓情詩酒以壽終（吳志參徵獻錄）

呂崇字秉之原子蔭補國子生供事翰林授中書舍人成化辛卯乞應順天鄉試所司執故事不許上特許之遂中式舍人得赴試自崇始遷禮部主客司郎中典屬國事崇好學能文諳掌故琉球請歲一入貢回回貢使乞道廣東歸國皆以非制格之進南京太僕寺少卿故事太僕馬數不令他官知以是文籍磨滅無稽崇曰他官不與聞是也當職者可瞢瞢耶議請三年一較勘著爲例遷太常卿輯典故因革若干卷劉瑾用事再疏乞歸有九柏山房稿（明史參徵獻錄明詩綜）

戴祐（選舉表作佑）字元吉成化丙戌進士試御史稱敢諫僉事福建浦城逋稅多令督之急民變臺鎮檄兵剿之祐謂民愚激則生事開誠撫諭卽貼然（吳志）

戴經字孟常祐子成化丙午舉人歷延平九江二府推官居官執法甘淡泊六年獨處不以家累自隨遷泰安知州致仕杜門著書有潯陽餘稿雙湖集行世秀水前志有志自經始（秀水李志）

朱綬字文佩成化丁未進士授庶吉士國史檢討侍岐王講讀遷楚府長史尋改晉府時王年耄世子世孫薨有欲竊柄者幽王曾孫於別宮而自請權國綬密疏以聞得救止以憂去楚王請復相優詔進階先後藩府二十餘年方正不阿（秀水任志參徵獻錄）

王朴字德純性孝友日記行事以自檢成化中以貢授廣東徐聞知縣有珠池課中官爲民患請罷又有檳榔稅佐縣官廚傳朴首革之著爲令創設社學教民鑿渠溉田去之日獄無淹滯民肖像以祀（浙江通志參徵獻錄）

范璿字朝珍宏治庚戌進士授德平知縣潔己愛人治行
第一內召去任僅餘俸二金尋以病卒歷官十五年不
克葬關中彭澤分巡嘉湖重其清德爲治兆域要郡中
士大夫會葬舟車塞途人以爲廉吏之報 劉志參秀水任志
陶煦字時和弟照字時明曾祖鉦見孝義傳煦照皆受業
於伯兄熙宏治己酉同舉鄉試明年亦同登進士煦知
永豐調溧水入爲湖廣道御史出知安慶府性寬靜喜
怒不形守禦流賊民賴以安遷廣西副使改福建卒照
授刑部主事錄囚蘇松抛掖故鄉或援姻婭賓客照一
執以法以南刑部員外出爲廣東僉事時大盜時大容

唐大髯起惠潮梁閏琛起清遠察土兵陳蒔亮有才識
授以進止逮捕悉定遷四川參議又值藍鄢作亂全蜀
驚擾新都故無城促築之甫畢寇不克攻而去調威茂
兵備副使爲鎮臣所擠引疾歸起河南參政監小灘漕
兌調劑出納公私兼裕遷雲南右布政使平嶍峨大盜
調左四川丁憂歸
陳諮字汝謀父禧天順中以鄉貢授常德府教授歷瑞州
府同知諮宏治丙辰進士選庶吉士改吏科給事中上
言國家承平日久民不知兵請敕兩京并天下諸司廣
詢博訪或世胄官兵或草澤民庶有諳曉韜略通識戰

陣便習弓馬膂力過人堪爲將領者上之兵部考其技
能籌策可用者奏留京營操練其次分送邊方効用從
之有東溪稿子澣嘉靖甲午舉人授廉州府同知改延
平再改吉安有言言草求志齋詩集 以上徵獻錄
陶儼字時莊正德甲戌進士授陽信知縣遭流賊焚劫請
上官以羨金償民逋貧民賴存活擢雲南道御史武廟
南巡同舒芬林大輅等一百七十七人上書極諫下獄
已復官世廟立議大禮不合黜知太平府調揚州所至
有聲遷河南副使致仕卒之日屬其子置義田贍族 徵獻錄參秀水任志

張徽字德卿正德辛巳進士授大理評事時有妻搤夫吭
垂絕者妾救之得不死妻憤自盡坐妾死徽曰妾救夫
非殺妻也出之一少年亂隣婦母切責絕不與通婦恚
恨死抵少年罪徽曰致死不以奸法安得死亦釋之以
議大禮予廷杖尋復官累進寺正擢知南雄府墾荒田
釋流民開商市清軍屯多著惠政以不能浮沉取容罷
免沒祀鄉賢祠 劉志參徵獻錄
諸偁字揚伯祖忠爲梧州守父敬隱居教授偁幼失學羈
丱猶逐羣兒嬉於市有僧明欽勸敬曰我相郎君必貴
顯可讀書敬乃授之業偁天資穎異爲文鉤深抉奧不

輕下筆正德丁丑進士授黃梅縣縣素號難治一意撫綏抑豪猾使不妨民民大悅丁憂起補大名縣興學勸農脩舉廢墜孜孜不倦兩爲令不攜家淸約如寒素轉刑部主事歷陞貴州按察副使侢坦夷不設城府角巾絺衣人無不可近而性嚴一介有請謁必拂然見于色歷官二十年垂橐而歸同年夏言頗愛重侢當柄政未嘗通一札也子夏甘貧樂道嫺詩文書宗褚氏法孫鎰博士克傳淸白檇李往哲傳 參徵獻錄

金榜字文華父粟諸生榜少孤哀毀如成人嘉靖壬午舉人知甯都縣歲大旱疫虎白晝食人榜禱境內諸山得

澍雨病者起虎亦遯去邑有隱糧榜欲淸其額下令丈田豪家以爲不便上官尼之調知連城與甯都接壤田畝糾錯亦如之欲遂前事奸民譁然榜憤乞歸遂不復出後有梁以衡者來知連城取榜所議田役者讀之曰不如此不足以定此邑之賦乃力行之民爲樹金梁德政碑徵獻錄

吳鵬字萬里嘉靖癸未進士由工部主事歷官雲南副使遷福建參議洞民陳日暉叛親冒矢石擒之尋以右副都御史巡撫江西訛言起居民逃竄廉其人磔諸市民悉定塞上多警部議欲捐江西兵食充邊餉力持得寢

再遷兵部侍郎督理漕河値師尙詔反陷歸德擒梟將王千舫等賊宵遁斬獲無算晉工部尙書轉吏部時嚴相柄國侵部權廢置多出其手鵬不能無牽制然瑕瑜自不相掩云浙江通志 參徵獻錄

曾雨字文霖父春以文學稱兄丙南靖教諭攝縣事士民戴之雨嘉靖乙酉舉人知滕縣縣當孔道值流賊殘破旱蝗相仍縣西南瀕河沙漲數十頃給貧民墾闢以課償逋稅民得甦息流移歸業者數千奉檄濬三泉灣疏昭陽湖及溝渠以通運道疾乞閒改汀州教授學使以瀕海甯化乏科目才選王希旦等就雨學永定患盜令

攝縣事遣秀才劉榮說降之薦國子監助教徵獻錄

沈銓字大衡嘉靖乙酉舉人授永年縣遷磁州政尙體要不事煩苛終德王府右長史從弟鑾字大新乙未進士授興化府推官廉平不苛巡按行部有疑獄輒以屬鑾援据刑書不妄附會攝莆田知縣海決爲田患堅築石堤以禦陞南工部虞衡司主事榷稅蕪湖令商自籍其稅即以其籍上之胥吏不能爲奸知興化延平兩府省坊里供應積其餘以贍驛傳軍餉必親給之又革舟梁之稅陞江西按察副使備兵饒州卒于官秀水李志 參徵獻錄

賈名儒字實齋嘉靖丙戌進士歷刑部郎中時吏部尙書

汪鋐黷貨考功吏受賕事發訊之附重比忤鋐出知姚安府補汝甯會世廟躬謁顯陵道南陽吏斂民貲供應名儒爲裦還給民遷密雲兵備副使年四十乞休又四十而卒徵獻錄參寶山集

屠應埈字文升父勳官尙書謚康僖詳平湖列傳應埈始徙居郡城嘉靖丙戌進士授庶吉士以不附張孚敬改刑部主事值秋決已三覆審復上疏請緩死如所請典試江西閣臣有屬其二子者應埈惡之旣行夢人以酖進覆之地地墳覺而嘆曰神告我矣受私如受酖也是科稱得士調禮部歷郎中與同僚田汝成王愼中李義

壯各負儁名以古文詞相砥礪改脩撰進諭德移病歸其爲文善比事屬辭陳義類情漁獵經史詩汎濫諸家無定格有蘭暉堂集徵獻錄參劉志

沈謐字靖夫父復有厚德謐爲諸生卽慨然慕道一日讀陽明傳習錄有悟卽擬渡江從之游會陽明征思田不果聞湛甘泉薛中離講學京師遂就正之相與闡性命旨嘉靖巳丑成進士授行人遷刑科給事中條上四事一重輔臣之選二表理學之臣三重風紀之任四均東南之賦表理學者請以吳與弼胡居仁陳獻章王守仁下禮部議謐從祀也劾罷自宮男子二千餘人又專疏糾輔臣張孚敬怙勢不法出爲山東僉事乞養歸母憂服闋起江西僉事備兵大庾平李文彪之亂假歸進湖廣參議未赴而卒謐內行醇篤晝地而蹈不失尺寸嘗建書院於文湖祀陽明湖在秀水縣北四十里與錢德洪王畿唐樞諸人往復切磋學者翕然嚮風稱石山先生入鄉賢祠有石雲家藏集分省人物考參徵獻錄

陶謨字宗顯儆子嘉靖壬辰進士授建德縣調莆田盛暑郊行吏卒進瓜果不食曰吾性頗耐暑按部宿村家村民爭治供帳召里胥曰民暴露處田間乃令具幃幔我臥能安乎終謨任無追呼之患擢四川道御史與給事

中王繼宗蘇應文條上備邊十二事引疾歸起廣西御史巡按江西贛州盜起設方略擒之遷大理左丞歸遵父命廣置義田贍族子九韶字舜卿號葵石嘉靖戊午舉人巢縣知縣不樂吏治挂冠歸

郁蘭字文芳嘉靖甲午舉人屢蹶公車姻家吳太宰鵬謂曰貂裘敝矣盍及我而謁選蘭謝不從及鵬罷歸始就選得績溪令裁諸供億持法公平不肯媕阿上官某宜希執政旨將籍沒胡宗憲家郡守以屬蘭蘭曰司馬有功東南奈何欲文致之吾官可去法不可枉也遷南刑部主事尋乞終養家居絕跡公府以澹泊終以上秀水李志參徵

獻錄

范之箴字從教瑨孫嘉靖乙未進士授行人歷工部郎中出知永州府時猺賊內訌官軍屢潰之箴計擒之兵備潘某欲張大其事以爲己功株連無辜上其名將戮之之箴謁潘紿之曰土寇跳梁律無貸但人言洶洶不開釋一二恐爲頑梗藉口曷付之箴核實始寘法許之遂盡釋焉潘大怒以爲賣己疏劾之箴上察知狀罷潘調之箴知漢陽永州父老立祠祀進雲南按察使致仕

卜大同字吉夫其先獲嘉人元至正間有官三者贅嘉興楊壽六家居嘉陳湖明宣德間分縣遂爲秀水人自官

三至大同凡八世頗爲德于鄉里大同性孝居親喪三年不入閫嘉靖戊戌進士授刑部主事歷湖廣按察使僉事按行猺俗去民疾苦飭封守愼保甲期年羣盜屛息會海寇挾倭作難而閩爲禍首推大同才擢福建巡海副使諸所興革咸與民宜賊知有備終其任三年弗敢犯著有征苗圖記備倭圖記 以上浙江通志參徵獻錄

吳淞字秀東嘉靖丙午舉人知靖州撫戢苗獠使同編戶輸稅會山水驟漲民多溺死亟懸賞格拯一人者與十緡又置筏濟未渡者州人德之佐郡九江時湖口關値水衝商舶多壞曰甯算錐刀而傷民命乎請觀風使者議除之遷福建鹽運使同知乞歸子熙亮字欽吾由明經授鉛山令擢梧州同知廉靜不苛撫孤姪甚摯陸欽明志墓稱其孝友出處無間 浙江通志參吳志秀水任志

卜大有字謙夫嘉靖丁未進士知無錫縣剔蠹搜奸執法不撓中時忌調簡潛山嚴明益著宿奸畏服入爲南工部主事歷禮部精膳司郎中知尋甸州有監泉詩稿經史集要弟大順字達夫癸丑進士知當塗縣縣富商大賈多規免役籍病細民爲釐革之擢刑部主事凡歷四司進吏部稽勳郎中勾稽故籍吏弗敢罔有籗泉集大觀字中夫號盟泉大同弟大有大順兄也伯叔季皆第

進士而仲獨不偶入貲爲蜀藩典寶四人友恭無間言大有子曰謀字子嘉以貢生授淸流縣居官廉介緩催科邑人安之忤上官歸孫兆龍諸生有才名 徵獻錄參潛山當塗縣志

周恂懋字季實嘉靖丁未進士知樂平縣苞苴屛絕訟簡刑淸俗好鬬至是遵約束無敢肆去官父老餽金不受進職方主事監督朝門工勞瘁卒囊篋蕭然士大夫助金以殮女不能嫁郡守資之奩具後有御史龎尙鵬按郡脩其墓 徵獻錄參浙江通志

屠仲律字宗豫應埈子嘉靖甲辰進士授弋陽知縣寬賦

省役脊士之民賴之擢南京湖廣道御史時倭寇大訌上言禦倭五事一絕亂源二防海口三責守令四議調發五作勇敢又言禦倭諸將不善用兵之弊有九又論倭寇充斥軍餉不足其耗破之端有六皆下部議行出知廬州府軍興浩繁更値景府之國郡邑騷然仲律一意節省費減他郡十五歲大祲民多逋稅出贖鍰代償平糶積穀十萬全活甚衆以勞卒於官葛麟字後川與仲律同領庚子鄉薦知含山縣築城經畫有方而民不擾終吉安府同知秀水李志 參徵獻錄

湯日新字懋昭嘉靖庚戌進士髫年銳志於學文章爾雅

所至執經問業戶屨常滿知分宜縣有惠政民立祠祀之累陞兵科都給事中多所建畫以通政致仕秀水任志

姚宏謨字繼文祖漢襄城訓導遷葉縣教諭父應科宏謨嘉靖癸丑進士授編脩左遷六安州判越二年進揚州府推官在六安直指使者有所恃待宏謨倨甚及宏謨爲推官而直指譎處屬下宏謨接之彌恭累遷湖南副使提督學政所拔皆鴻儁士重脩南嶽志楚南士子卽嶽麓祠祀焉進國子祭酒未赴而母李沒先是漢在襄城爲應科娶於李生宏謨甫二月而應科卒漢乃遣李歸母家宏謨自襁褓育於祖母會縣志作徐稍長每念母輒躃地狂叫如不欲生旣仕乃解官溯淮步訪襄城之李母在相持慟哭迎以歸至是乃請假歸廬於墓者三年歷陞吏部左侍郎兼侍讀學士以疾乞休卒贈禮部尚書著有寶綸閣集徵獻錄 參袁志

呂程字宗洛呂穆字宗文從兄弟也並原曾孫同中嘉靖癸卯舉人復同中癸丑進士程授懷慶府推官不樂親簿書棄官歸授徒以老時稱南川先生穆知邳州丁憂起補壽州有蕭姓者虧國儲欲賣女以納穆憫焉爲代輸之擢工部員外郎督建三殿工出監琉璃廠工竣賜金進階嚴嵩用事引退穆少學於武進唐順之悉得其

傳晚歲著書講學士多遠來師之子懌祖彭山縣丞徵獻錄參吳志

盛周字文郁元提舉蘀八世孫所居梅湖有朱張氏税暑亭遺址給事沈謐構書院講學其中周相與提倡從游者日衆周年四十三中嘉靖壬子舉人連捷進士知浦城縣請託餽遺一無所受時以暇課士闡性命之旨坑場寇起築柵守禦以奇兵擣其穴悉就擒嘗懲富豪某甲不法建甯守某潛爲入賄求解弗聽乃以危言挾持之卒不動論戍上官以周强直不汙交章薦入都尙書趙文華諷周曰東樓虛臺省以待盍往過之謝曰士所

以望臺省者上思匡君下思利民耳今先以身乞憐相
府異日何以自立補南刑部主事歷郎中出知東昌府
郡故南北要津軺漕乘傳疲於支給請撥濟兗協辦著
爲令以勞卒于官著滴露堂稿南曹唱和集袁志
錢同文字大行嘉靖癸丑進士弱不勝衣而志氣矯然特
立初聘婁人女鄉薦後其家願易婚同文怫然不允知
祁門縣每聽訟了無聲色藹然數語剖決無不當者褒
節行禁博徒事事詳覈倭寇傍邑偵知守禦嚴不敢犯
累遷知萊州府
鍾一元字太初嘉靖癸丑進士性介直有吏才知福甯州
鹽賈專利病民却餽力扼之州界山海間値倭警預拓
外城爲保障甫竣工而寇至丁内艱州人涕泣挽留曁
禦敵民爲立石紀績像而祠焉調池州移守甯國嚴
明有惠政轉四川副使乞養祖母歸結廬郭外有泉石
之勝以上秀水任志參徵獻錄
張鳳來字禹山嘉靖丙辰進士歷刑部郎中出知德安府
歲饑値景府之國多方調劑民以不擾尋遷九江兵備
改福建巡海副使駐漳南時月港寇張維等初授首瘡
痍未平加意休息廣寇洋盜並起夙夜籌方略踰年得
平吏卒不輕遣月下郡縣牒不過二三里甲供應幃帳

器用七箸細物悉簿籍之臨去給還改江西右參政進
按察使忤撫臣歸袁志參徵獻錄
黄鍒字崇文祖盛成化丁酉舉人官禮部司務鍒少孤母
張撫而教之嘉靖丙辰進士歷兵部武選郎中出知安
慶府歲祲旣發廩復請蠲被災田租之半得允皖故腴
沃大豪多詭寄稅以累貧氓鍒令各邑悉按國初故籍
復之遷湖廣按察副使以安慶事詿誤左調貴州歸杜
門不與人事性節儉嘗誡子曰人不大節者不大廉不
薄亨者不厚餘人以爲名言劉志袁志參徵獻錄
王愛字體仁樸子嘗從唐一庵遊相與印證務求實踐動
有規矩尺寸不敢踰越年踰五十登嘉靖己未進士就
教順天與諸生日夕講究嘗曰學以自檢檢人則隘學
以容人自容則忌遷國子丞擢刑部主事有藉時相庇
諱飲禁中逮治不少貸尋歸絶意仕進性無城府遇之
如坐春風中角巾散步疎髯廣額望之如神仙病劇神
色不亂咏黄鶴詩而逝分省人物志參儒林錄
沈啟原字道初謚子嘉靖己未進士素以貲雄鄉里甲寅
乙卯間倭警日迫公費不給出千金佐之又簡販徒有
力者給重食使不爲盜造飛舸于蕩教之習水戰以保
鄉村倭不敢犯啟原登第名在二甲十七故事第十七

名爲選首得北部前一人挾分宜勢奪之選司持不可
卒並授南曹仕至陝西關南道副使林居嘗手一編雖
醫藥卜筮之書靡不探討著麟經考鷃園近草四卷巢
雲館詩紀星卦論等書藏經籍甚富有存石草堂書目
十卷 徵獻錄參劉志
張應治字體徵嘉靖壬戌進士授行人擢南戶科給事請
正宮闈劾遺臣瑺邪保疏革南司禮監神帛出知九江
府明初重地各存額糧萬石後撤去應治請還其半詔
許焉江右大祲流民相攜入境以便宜發廩賑之全活
無算陞臨清副使有奏議四卷 浙江通志參徵獻錄

王錫命字天宇嘉靖壬戌進士歷兵部員外福建河南僉
事改江西右參議年三十六乞養歸性恬淡不樂仕進
杜門觀書三十餘年太倉王錫爵爲志墓稱其賢 徵獻錄
項篤壽字子長幼警敏鄭曉見而奇之妻以女嘉靖壬戌
進士授主事以母老改南歷考功郎中丁母憂起北車
駕調職方張居正建馬市之議篤壽論不協又數裁抑
權帥邊餉益拂其意出爲廣東參議引疾歸居正歿客
有論江陵者不置一辭人服其量篤壽友於兄弟其學
以曉爲始博綜今古通達國體惜未究其用著有今獻
備遺等編二子德楨夢原裒其章疏名曰小司馬奏草
以別裏教 徵獻錄參劉志
沈元華字瑞伯嘉靖壬戌進士仕至大理卿先是爲禮曹
時使朝鮮贈以金絲帳却之穆廟遣使市紅玉上疏極
諫永順土司彭某與保靖大司某疏請開礦駁回得寢
以乞養歸嗜學不治生產凡天文地理靡弗綜究考古
今方輿形勝要害製圖系說爲人謙厚口不作雌黃著
有竹葉軒稿 浙江通志參徵獻錄檇李詩繫
戚元佐字希仲兄元輔字希周嘉靖癸丑進士官撫州教
授以春秋名家元佐自少與兄齊名壬戌進士歷禮部
郎中明制宗室優祿秩而不令入仕籍藩府子孫自宗

尉以下不得出城郭不許輒越關津行賈其後支派繁
衍廩祿不贍而格於祖制束手坐困流弊至不可言元
佐上疏議變其制各藩不必盡授封爵士農工商各從
其便弛出城赴關之禁使人人得力業謀生庶皇上親
親之誼亦可以善其後議格不行陞尚寶少卿改太常
寺乞歸著青蘗閣集檇李往哲編馮祭酒夢禎謂宗藩
一疏深憂碩畫不減賈洛陽 秀水李志參徵獻錄
葉朝陽字文榮嘉靖乙丑進士清謹若書生遇事執法雖
豪貴弗能奪知信陽州晉工部虞衡司郎中司鑄錢中
貴人索例弗與治鐵冶歲有羨金毫不染指出知常德

府有劇盜張金者嘯聚洞庭乃以計殲其巨魁餘黨悉散陞廣東參政致仕劉志參浙江通志

范希雲府學生好習武騎射冠儕偶嘉靖甲寅倭入寇郡守遴材士以將兵希雲獨請往敗倭於當湖追及白馬堰接戰三晝夜力盡陷陣死年二十有六同時死事者又有沈應仕多膂力素以膽勇稱率鄉團兵數十人出北關與倭角手刃兩三人倭憤短兵斫其左臂猶力戰殺四人爲支解死秀水任志參徵獻錄

沈本深桃花里人高祖履善洪武中徵入史館不就本深沉毅任俠嘉靖中上平倭策倭寇桐鄉以兵截之戰沒

于新塍鎮之間松橋子文秀廬墓陽灣里後嗣遂居新塍秀水任志

鍾庚陽字長卿隆慶戊戌進士授太平府推官定當塗縣賤更法條安慶便宜事民甚賴之遷大理寺左評事歷工部郎中出知鎮江府開渠溉田以廉謹聞忤江陵相謫丹陽縣補知廣德州復陞刑部郎中著有書傳經意笑餘稿等書子明鶴光祿寺署丞明麟貢士徵獻錄參吳志

夏久安字靖原隆慶庚午舉人由教諭歷遷興化府同知民感其德乞爲守上從之官二十六年橐無餘錢僦村舍以居有北征南遊諸草徵獻錄

夏建寅隆慶庚午舉人知安溪縣廉明果斷不受私書强之則曰僞耳終不發封公事行村落蔬食自隨不費民間一錢浙江通志參福建通志

黃洪憲字懋中錄子嘉靖末文體猥濫洪憲爲諸生獨刊落枝葉根極名理隆慶元年有詔崇雅黜浮遂舉鄉試第一辛未會試第二士風翕然一變爲翰林應詔上言欲正文體必先端士習因陳六條一曰去浮靡二曰止奔競三曰明是非四曰禁佞諛五曰禁黨錮六曰禁請謁奉使朝鮮歸述其國都形勝曰輶軒錄上之主順天鄉試拔首輔王錫爵子衡爲解首羣議沸騰郎中高桂

首疏劾洪憲指斥鄭國望李鴻居大壯等八人并及衡乃覆試衡才果優得白而大壯竟黜遷少詹事兼侍讀掌院事初洪憲以制藝受知江陵江陵敗或誣以逆洪憲喟然曰江陵誠驁顧其輔幼主功不當末滅分宜耶因貽趙用賢書反覆馮河包荒之義遂與衆齟齬攻者四起不自安乞休歸洪憲爲文章宗匠在朝日四方奇士以文字贄者必樂爲獎借終以此被議後子承昊上書辨父寃贈禮部右侍郎著有碧山學士集等十餘種詳撰述門弟正憲字懋客有才不第著易象管窺十五卷徵獻錄

曹懋育字濬川萬歷丙子舉人授肥城教諭歷國子監助教陞刑部主事恤刑三晉多所平反擢郎中出爲潯州知府以病歸嘉興何志

朱儒字宗魯精醫藥萬歷初爲太醫院使上覽方書中奇藥及左右所進秘方問儒儒言諸藥多燥非至尊所宜懇懇陳不可狀乃止又嘗召儒切脉儒言病在肝腎宜寬平以養氣安靜以益精上首肯命記其語沈思孝廷杖下獄儒微服牽羊入視之氣垂絶儒坐地手刳潰肉盡割羊股貼其股而敷之進藥二丸沈得起張江陵察知之面詰儒儒直承不隱張亦莫能難也儒多隱德遇

貧病者潛置金藥中周其急後子國祚登進士第一臚唱日儒在朝班上指儒顧左右曰此老積德所致儒學術靡不旁通申時行誌其墓曰余與君言每竟日不厭色溫而氣和恂恂如也視其息深深如也時或稱引典故衡事當否揚扢當世事婉而曲中益知君蘊抱蓄古有道者贈少保武英殿大學士劉志吳志參家傳墓誌銘

馮夢禎字開之一字具區萬歷丁丑舉南宮第一官編脩與沈懋學屠隆以文章氣節相勖張江陵奪情諷以不可忤之外謫廣德州判遷南司業歷祭酒頗以聖賢之道激礪諸生會部郎市攫成均生疏論罰之諸曹側目誣劾免歸遂不復出夢禎落落世外少仕態嘗與布衣野衲嘯傲湖山稽討典籍丹黃滿几好奬引後學凡以藝質者片語有合輒推許恐後一時秀雋風靡後之升沈得失曠然不繫於懷也詩文疎勁通脫不事刻鏤有快雪堂集分省人物考參徵獻錄秀水任志

黃正色初名遵憲字懋端鋐子萬歷丁丑進士授中書考選南山東道御史出按廣東時妖人王子龍已誅粵有同姓名者監司欲得以媚上官謂前所獲非是而以其人傳會之正色與知府孫光啟力爭得寢陞漳南道副使論調歸長子承乾字履謐癸丑進士官鳳陽推官除土豪劉澤遠三擧兩淮鹽課以廉最擢兵科給事中徵獻

錄參秀水李志

屠叔方字宗直應埈子萬歷丁丑進士知宿松縣調繁鄱陽行取補廣東道御史巡按甘肅應天江西皆有能聲先是革除時遜國諸臣所屬一丁一坵分戍劇邊一遇絶丁輒行勾補鄱陽胡閏爲大理寺少卿殉難全家被慘戮叔方知鄱適有符勾胡閏絶丁憤然曰彼死忠何罪其親屬又何罪使我有言責必爭之擢御史即上疏言革除諸臣凡被戮永戍及親屬連逮謫充軍衛者乞一體赦宥矜錄子孫脩祠祀以慰忠魂從之一時蒙宥

者千六百餘人京師張赦榜時大風忽起榜飛半天轉輾久之仍墮故所鄱陽張榜亦然無錫顧憲成爲作英風紀異錄外轉山東副使論降歸著建文朝野彙編載革除事甚詳（徵獻錄參檇李詩繫）

沈自邠字茂仁啟原子萬歷丁丑進士官檢討與修大明會典成遷修撰省親歸卒年三十有六自邠性孝友恬靜雖素封早達退然不異寒畯無疾言遽色與人交和而不隨爲文辭援筆立就不事搜討而精意亹亹深中尺度不克永年士論惜之（秀水李志參馮夢禎具區集）

張應宿字經野萬歷壬午舉人授欽州知州時交阯莫登

嘉興府志　卷五十二　秀水列傳　三六

庸叛服不常扶祿富甯者握國柄窺伺而欽之江水通交阯揚帆瞬息可至應宿爲城隍樓櫓之備甚嚴又條防禦計上撫按同知某以應宿虛張賊勢妄希冒功劾罷未踰年寇至州城失守巡按御史李應魁劾某阻應宿之策致僨事應宿始得起用祀于欽著守欽蠡見樗里子集（徵獻錄參吳志）

朱國祚字兆隆儒子萬歷癸未廷試第一授修撰因災異請罷開礦撤稅使不報湖廣稅監陳奉橫甚貽書巡撫曹楷發其狀上怒幾逮楷奉亦因此罷去累擢禮部侍郎攝部事時皇長子儲位未定冠昏逾期國祚屢疏諫戚臣鄭國泰希賢妃旨先冠昏後冊立國祚抗言本朝外戚不得與政冊立大典非國泰所宜言請先冊立後冠昏因名制分因分制禮不失其序也又言冊立初謂小臣激聒故遲之後羣臣勿言則曰待嫡及中宮久無所出則曰皇長子體弱須其強今又待兩宮落成矣自三殿災朝廷大政令率御文華殿三禮之行在殿不在宮又言太祖仁宗即位初即建儲武宗英宗冊爲皇太子止二歲憲宗孝宗止六歲陛下亦以六歲未聞年十九而不冊立者國祚攝部事二年爭國本疏至數十上一夕遣中使召國祚急至則傳諭冊立時倉卒得旨

嘉興府志　卷五十二　秀水列傳　三七

廷臣猶恐稽典需時或致中變國祚預定儀注以待翼日即上之儲位卒定改吏部侍郎引疾歸光宗即位起南禮部尚書命入東閣加太子太保進文淵閣時與劉一燝葉向高同心輔政先是鄒元標侍經筵而躓及廷推都御史上疑其衰老國祚曰元標在先朝直言受杖故不勝久立其人老成端恪堪大任上爲動容允之給事朱欽相倪思輝御史王心一劾客氏逮治幾不測以國祚言得免充會試總裁倪元璐盧象昇黃道周吳麟徵徐石麒張國維等皆其所得士改戶部兼武英殿大學士魏忠賢漸干政嘗導上內操國祚密陳其害忠賢

深憚之刑部尚書王紀爲忠賢所逐國祚嘆曰去一大
臣如小吏國事不可爲矣遂請告十三疏始允明年卒
贈太傅謚文恪有介石齋集同縣陸觀德字紹泉嘉靖
甲子舉人歷遷饒州知府曾充壬午順天鄉試同考官
國祚出其門人謂有知人鑒明史本傳參徵獻錄
姚思仁字善長萬歷癸未進士授行人遷江西道御史出
視長蘆鹽課有吳天賞者領南兵三千人防禦天津倭
蝕兵糧衆揭天賞于竿將叢射之思仁亟諭止借鹽課
以給遂帖然世宗朝薊州人李昇嵩縣人刁騰言開礦
之利乃分遣中璫崔閔等相視而衛東軍李賢復言遼

東之礦卽命賢爲礦長至神宗朝中人四出害民甚酷
河南開採民死者相枕籍思仁巡按其地上疏力爭陳
八大可慮不報乃復繪開礦圖二十四幅圖著一說極
言其害上爲動容輟役入掌河南道畿南大祲上疏請
米三十萬賑飢陞工部尚書加太子太保致仕年九十
一卒著有律例解京兆政略救荒全書五經疏註醫方
考等書子以亮字漢臣知貴州都勻府事以亭有傳徵獻錄
盛萬年字伯恭周孫萬歷癸未進士授刑部主事歷遷廣
東參政分守嶺西倭寇吳川邑故濱海奸徒勾倭登陸

焚劫萬年購義勇配狼兵出戰賊遁倭大舉寇雷州萬
年在高州聞報曰高雷相去六百里陸往賊必知之非
拒則遁從海道一日至出其不意必成擒矣乃料戰艦
六十揚帆抵雷倭方踞民廬轟飲官軍從市口撤屋而
焚之賊奔突不得出殲焉倭復寇廉州又命遊擊拒之
俘馘五十沈其船倭不敢復至時增設右江監司萬年
署賓州柳賓苦賊寇暴召士司黃文輝授方略搗其巢
賓州平遷江賊桀驁難制萬年請調廣東兵二千東會
於賓佐以本營分路深入俘斬二百餘悉招降柳州賊
謂官軍急賓未暇及已萬年別檄土司各以計擒其渠

魁衆潰散遷江柳州俱平諜報賊衆數千將夜半渡江
乃令移舟載火具夜往伺半渡擊之賊大潰自是遂無
賊患遷江西按察使致仕子士元以蔭授中書舍人有
議邊一疏莊烈帝稱之曾孫民譽進士徵獻錄
吳宏濟字汝楫萬歷丙戌進士由蒲圻知縣擢湖廣道御
史連劾福建巡撫司汝濟大理卿吳定戎政侍郎郝杰
薊遼總督顧養謙不納詔三王並封與同官抗疏爭御
史吳之彥之子鎮訐趙用賢悔姻事戶部郎鄭材楊應
宿陰主鎮行人高攀龍爲用賢訟於朝且語侵政府奉
嚴旨廷訊宏濟與李世達安希范孫繼有譚一召等上

言攀龍爲君子其論正應宿爲小人其說邪不宜令小人得志君子引身上怒貶二秩調外臺省交章訟之上益怒皆奪俸宏濟竟坐削籍歸天啟改元都御史鄒元標追論國本功贈光祿寺少卿 明史安希范傳參徵獻錄

黃承元字履常洪憲子萬歷丙戌進士授工部都水司主事出理張秋河道時議濬泇河以濟運承元實經始焉歷湖廣山東江西湖南道參政脩梅林玉峽諸道均永新縣屯田徵額整萬安營軍規轉河南右布政使裁監兌官以息紛擾轉陝西左布政陝屬歲增稅額積至十萬緡大爲民病承元請減額蠲逋以紓之入爲應天府

尹歲旱米騰貴奏發京儲以救荒巡撫福建歸卒於家贈工部左侍郎著盟鷗堂集北河紀略十四卷安平鎮志十一卷河漕通考四十五卷 徵獻錄參秀水任志

項德楨字廷堅萬歷丙戌進士授工部屯田主事疏爭三王並封又與顧允成張納陛岳元聲等廷詰王錫爵有直聲尋督易州山廠辛卯歲星現民間訛言司天奏易州有王氣官兵來誅屠紛紛逃匿不可止長吏懼德楨曰民方驚疑未易法繩乃治具張樂召客讌飲州人偵知稍稍復業倭擾朝鮮且逼遼德楨撰北境禦倭議未施用陞山東僉事備兵薊州石星惑沈惟敬言議封貢倭長小西飛自山海關闌入德楨具疏力言其詐朝廷始遣將禦倭皆德楨計也陞四川參議改補密雲德楨長於兵法功在邊圉時謂其有襄毅風進河南副使兵民詣闕乞留詔如所請武弁安本立恃政府私交恣橫痛裁抑之爲政府所銜尋轉山西參議引疾歸著續名臣紀等編凡十有八種子鼎鋌字孟璜選庶吉士有呼桓日紀等編並詳撰述門 徵獻錄參沈忠孝墓誌

陶涵中字虛來父廷錦見孝義傳涵中萬歷戊子舉人知安化縣調平江遷岳州府同知㦗迎謁不愜于上官改吉王府長史後改布政司參議著清酣集丁仕明庚子

舉人蘭溪無錫教諭遷知英德營造學宮捐俸數百緡一以興教作人爲事卜二南字南仲癸卯舉人臨邑黃陂教諭遷知臨桂兩舉鄉飲大賓工篆隸著雞肋集 秀水任志參徵獻錄

項亘枋字初輿五世祖序字克循績學砥行入太學歷均陝沂三州守有政聲亘枋萬歷戊子舉人知上高縣工詩文有幽湖居士集永和集敖陽集芝水集 徵獻錄

丁仕明庚子舉人蘭溪無錫教諭知英德營造學宮捐俸數百緡一以興教作人爲事 千重志出

卜二南字南仲癸卯舉人臨邑黃陂教諭遷知臨桂兩舉

鄉飲大賓工篆隸著雞肋集（于志重出）

陳懿典字孟常萬歷丙子以儒士應試擬元司臬以未入黌序疑之直指艴然曰此卷豈當後人甯遲下科應不失第一也旋補博士弟子已而己卯果領解壬辰成進士官編修時神宗皇儲未建諭封三王抗疏祖訓無元子並封之例又論宰臣依違遷就無匡救輔弼之策朝論韙之尋轉中允諭德冊封魯藩餽遺悉卻以目眚假歸葉向高薦懿典負經世之才宜大用詔起掌院學士不就採輯肅顯兩朝有關脩齊之要者成聖政聖學四卷上之書中指切宦官不得干政以寓規諫魏忠賢銜

嘉興府志　卷五十二　秀水列傳

之忠賢敗得免崇禎初晉少詹益遂初志里居三十餘年品誼清介書無所不觀著東隱集論孟貫義就李往哲傳左陛紀略諸書嗣子泰甯諸生著尙書講義（浙江通志）（參吳志）

范應賓字光父曾祖璋見文苑傳父之京貢生講學得洛閩之傳策賑濟繕輿梁鄉里德之應賓萬歷壬辰進士知商城縣救荒有法又置學田以贍貧士以才調南宮懲惡撫良治爲畿輔第一遷工部屯田司主事歷吏部郎中卒著有尙書璧業（袁志）

陳德元字秭初萬歷戊戌進士授濟南推官擢禮部郎代藩謀奪嫡部議兩可德元力持大義卒定冊立畀擢廣西巡撫卒予祭葬子孟龍負文望（吳志）

張南翀字海玥萬歷辛丑進士由縣令歷任福建知府居官廉謹歸田敝廬數椽無異寒素狷介之性至老彌篤終歲杜門惟元旦出拜鄉里而已（秀水任志）

陳繼徵字允遠萬歷丁未進士授昌邑知縣值議開膠河役甚重力持不可調益都寬厚清靜約已愛民以勞卒於官子萬言義不受賻邑人哀送者塞於途（徵獻錄）

陶朗先字元暉副使儼元孫萬歷丁未進士授南京都水司主事出知登州府時登萊青連歲饑而遼東大稔請

嘉興府志　卷五十二　秀水列傳

權弛海禁渡遼告糴三郡得濟在郡設書院厲人材置贍士贍軍田各千畝募民開島田七千畝積穀本三十餘萬石擢本省按察副使值遼左需餉急議開海運以朗先備兵登萊從三犋牛陸運五百里抵遼甚艱乃募人窮海島得水路直抵蓋州套凡三年饋遼一百八十餘萬省陸運費二百餘萬少府錢五百餘萬會遼鎭乞援靑兵懼而譁劫郡守爲變朗先單騎往諭即止遼陽失守遼人渡海者數萬鎭臣欲拒之朗先不可令分屬邑給曠土使耕其無家而獷悍者募爲兵時朝議三方進取三方者廣甯爲正兵天津登萊爲奇兵熊經略廷

弼策也於時登萊設巡撫以朗先爲之朗先鋭意規畫三月得水陸師三萬馬萬匹戰艘二千餘火器甲仗二百萬餘龔與廷弼勠力爲三方策應而遼撫王化貞故異廷弼議互相訐奏化貞將毛文龍鎭江之捷實僨機也中朝以爲奇功廷弼以爲奇禍適朗先亦疏劾文龍因目爲熊黨李春燁者魏忠賢假子也與朗先舊有隙高攀龍實與朗先善高劾崔呈秀罷職李因說崔日高之劾公陶陰使之也呈秀遂劾其忌文龍袒廷弼會廷議有登萊水師無所用之語朗先於是疏乞散兵裁撫節餉待時請退詔已許璫遂授意應撫王象恒究劾朗

先侵餉遂懸坐贓銀四十餘萬兩逮獄三日一比籍其家不及千金朗先欲置辨而廷弼亦在獄謂曰公休矣公事璫甯不知耶即辨減贓贓均耳公甯能輸耶均不能輸何多乎四十八萬也遂誣服璫又勒使嚂楊左韓劉諸人受考掠股肉糜爛一夕被逼死入獄時登之人赴內外各衙門號呼營救者不知凡幾登兵願捐三月餉存其家璫既誅子學瞻抱軍需各印冊叩閽始得免追學瞻崇禎已卯舉人次子學易未冠朗先死逮家屬奮然曰兄留報父讐弟拚此身殉此案也在獄十八年甫出墮江死季子學琦亦能文有節槩朗先康熙二十

六年祀鄉賢明史袁志吳志登州府志參方震孺朱一是陶中丞傳

朱大啟字君輿國祚從子父國禎諸生事親孝博涉羣書爲文千百言立就大啟少國祚六歲幼同學並受國禎教萬歷庚戌進士授南昌推官縣役周正猷法橫於鄉重按之周益傭通益妻殺益夜遁遺犬於室大啟出犬銜隸衣驅不去命隨犬往于室中掘地得尸捕罪人至楚獲焉入爲吏部主事歷考功員外時吏垣與銓司比昵枉法大啟輒持不可進文選郎中逆璫方用事崔呈秀藉璫勢屢請託悉謝却求賢科吏列二十四人求鈌云內十六人東廠命也叱不顧魏忠賢奏遣內臣分鎭

九邊吏部尚書王永光率九卿公疏廷爭大啟實具草忤璫意又以封忠賢弟姪魏良卿等議世襲大啟力爭之璫益恚幾陷不測遂因國祚葬事假歸忠賢遣緹騎偵之尾至淮安無稍隙乃去莊烈帝即位擢太僕寺少卿督餉江右有旨額外搜括大啟言江右貧瘠正額不充安問額外得罷進大理卿歷刑部侍郎尚書馮英被斥自赴獄上命攝部事大啟上疏救英且辭署篆上不允辭令英歸私邸待罪旋以病告大啟自爲刑官清獄愼刑所全甚衆辯纍臣王三重曹履泰之枉論釋都御史唐世濟巡撫錢士晉郎中劉廷諫等于獄三遇熱審

悉意平反每次釋三四十人臨去請以熱審法通行直省著爲令至今仍之性孝旣老語及祿不逮親嗚咽流涕歸里後惓惓國事卒贈刑部尚書祀鄉賢祠著有曼寄軒集浙江通志參袁志秀水任志

賀萬祚字孝延萬歷庚戌進士歷廣西布政司參政分守左江道獲土寇胡扶記招降莫敬龍所部千人置之內地別部帥扶黎三以兵出掠敬龍生擒以獻羣蠻懾服鎭安土司岑繼祥與歸順土司岑大倫爲仇潛通安南莫敬寬密以騎衆掩殺大倫刼官男州印去當時欲徼功謀討安南萬祚曰鎭安世受冠帶一旦敢爲禍首舍

此不問問安南非計也宜治鎭安以漢法詰責安南聽其服罪當時從其言敬寬果輸服送還官男州印轉江西布政使分守嶺北道流賊方肆焚刼圍定安破安遠聞萬祚至悉引去萬祚所至輒以軍事顯盡瘁以死著大業齋文集以兄子侃脩爲嗣侃脩舉人卒亦無後朱彝尊祠堂碑參秀水李志

沈振龍字翼乾萬歷癸丑進士授泉州推官歷守贛州適闖寇流患虔撫議焚郭外民居閉城守振龍不可部里甲申斥堠寇聞有備不敢至時避難者雲集軍士輒縛上幕府指爲賊振龍按驗開釋以此忤上官意刻歸家居睦族濟貧倡脩府學値歲饑募粟煮賑救死掩骸不遺餘力鄉人德之沒祀鄉賢祠吳志參秀水任志

金麗兼字雙南萬歷丙辰進士授行人累陞吏部郎中與同榜魏給事大中黃御史尊素以名節相砥礪避璫燄乞假歸閉戶十載著焚香錄召補文選郎時溫體仁當國給事中李世祺疏刻之觸帝怒欲追譴世祺考選時掌選郎中孫必顯麗兼白尚書李長庚曰考選貪懦不職則堂司官均應連坐若能彈刻政府乃不負言職司官宜賞追處非祖宗法當執奏長庚曰如批鱗何能獨任其責則可麗兼遂自上言帝意解必顯得輕譴時科

貢監生入貲者得越次授職具疏革之帝御下嚴於銓曹吏甚山東按察使李天經以資深題加光祿少卿帝以不合驟陞詰問且密令廠臣駱養性訪其有無餽遺無所得仍貶三秩視事麗兼畏罪請養歸起南助教復改文選移考功郎中卒於官尚書史可法請卹其淸節得旨優錄

黃承昊字履素萬歷丙辰進士官大理評事著律例析微讀律參疑律例互考三書閱中外章奏遇烈婦悉作傳贊曰闡幽錄進吏科給事中轉刑科魏大中被逮拷掠追贓身無完膚承昊爲助納忠賢矯旨奪職崇禎初起

戶科右給事中首請用廢籍諸臣次請清覈經年增餉又言西北多曠土請責有司開荒以足軍餉又言萬歷間加派田糧瘠土偏受其害如桃源海州郯城尤甚請減其額遷工科左給事中出爲河南鹽驛副使累遷湖南參政分守南瑞病乞休著折肱漫錄梓薛已醫案薦補九江道有安插蘄州梅廣間諸賊爲江南奸民勾引將渡江承旲知賊黨多瑞昌人與瑞昌令趙三薦協擒首惡張羽王信古等千餘人賊遂遁陞福建海防按察司副使有平海寇功調廣東按察使開釋濫獄闔囚牘雖病不輟卜築吳興之杼山自號樂白道人因以名其集脩縣志及家乘又有閬齋吟稿若干卷 以上徵獻錄

姚暹字士夫萬歷戊午舉人爲德化令均屯租除胥蠹弭盜清獄庭有槁木復生枝人以爲惠政所感作瑞樹錄紀之 秀水任志

項夢原字希憲萬歷已未進士授刑部主事歷遷山西副使備兵懷隆鎮鎮宻邇京師又爲陵寢肩背時方用武而兵不滿三千夢原誓死就職至居庸關聞有鼓譟者令探之答曰宣大援遼兵不肯行非我汛地夢原曰等王事耳何分汛地爲單騎往撫衆訴衣食不給夢原三日措給之帖然就道插漢與敖目七慶毛乞炭兄弟合衆數萬攻永甯且及延慶夢原率將士拒戰復召懷來龍門各營兵與賊合戰數日賊大敗與七慶尸遁事聞以捷多傷亦多論降議者欲夢原陳辨夢原默然歸所著詳撰述門 徵獻錄

陸康稷字袁涵寄籍吳江萬歷已未進士知貴溪縣調廬陵廉明善決疑獄有富民曾某毆丐者羣丐取死人舁至曾所康稷察屍不類丐訊之乃斮新棺誣曾者置丐於法以報最將去當編審爲留三月悉心審定然後行民甚戴之授武選主事忤璫勒罷起稽勳主事轉驗封考功文選陞員外歸 徵獻錄參江西通志

陸卿允字階卿父光岳以歲貢選廣信府教授卒於京卿允奔喪扶櫬歸舟子欲棄同載十餘櫬爲理論且厚遺之均得歸事母郭備孝養以貢歷四川烏蒙軍民府通判值流寇焚掠解餉八千餘里無闕失招難民緝巨盜斷疑獄督撫交章薦以病歸有雲起堂詩集子鎮鼎鴻臚右丞

項桂芳號楚東忠四世孫貢生選韶州通判捕盜減榷稅招輯猺獞以清肅聞歸里後寄興詩酒與名流相酬唱有歸來草諸集子玉筍貢生有文才著檇李往哲續編爲景陵令清操惠政三楚稱循吏焉 以上吳志參秀水任志

姚以亨字用嘉恩仁子以蔭入太學授南中府都事轉太
僕丞遷南刑部主事歷郎中素熟法家言至是大獄委
臺者悉取決焉出知曲靖府雪論辟囚婦鄧氏寃平彝
白水二衞大水設法賑貸多所濟富紳繆某死二子爭
財進賂以亨置金於庭詰而導之兄弟愧悔遂息歸築
別業南野焚香誦禪以老所著詳撰述門子淸字承伯
諸生性孝爲祖父上疏訟寃得追䘏甲申後隱於頭陀
朱大競字君籲國祚子以任官太僕遷工部營繕司主事
魏黨梁夢環誣劾大競丞太僕時虧馬價方逮問莊烈
帝郎位訟寃補原官出知楚雄府絕供應民有獻菜果
嘉興府志　卷五十二　秀水列傳　四十
者槩勿許時武弁倖功每掠蠻童孌婦之迷道者指爲
閒諜鍛鍊上之郡廉其枉嚴禁之聞母訃貧不能歸巡
撫姜思睿督學邱名世爲治裝乃行百姓謠曰淸貧太
守一世難百鳥有鳳凰有鸞弟大觀亦以任官南虞衡
司郎中出知思恩府太平推官某治獄好株連勾思恩
數十八大觀曰若輩皆貧民踉蹌行數百里是驅之穽
耳拒不遣卒於官 以上徵獻錄
沈希仲字方壺國學生任江西推官以勤敏稱解宗室之
難出同官於獄撫字寬恤士民咸沐之喜汲引問業者
戶屨常滿性孝友澤及宗黨人稱長者有尚書印宗歸

與詠諸集
唐從悌字玉汝貢生以特用知翁源縣縣處萬山中地瘠
民頑從悌勤撫字革陋規擒妖黨釋疑獄民甚賴之陞
貴陽知州致仕 以上秀水任志
邵德昭字明江歲貢生任朝陽令巡海禦寇邊境獲安天
啟初告歸士民勒碑紀績祀名宦同時金陽華字孟南
亦以貢生授含山令流寇犯境阻其道捕戮之擢兵部
主事子惟忠任廬州通判 吳志
卜萬祺字戩甫天啟辛酉順天經魁舉人歷韶州守爲政
廉平稱治行第一初任刑部主事恤獄緩刑囹圄中靡
嘉興府志　卷五十二　秀水列傳　四二
不頌其德事親以至孝聞 秀水任志
仲聞韶天啟辛酉舉人授六合令歲旱力請上官移粟賑
濟又捐俸脩城圭黍不擾於民民感之內擢致仕卒於
家 吳志
沈纒芳字龔余天啟辛酉副榜選池州通判時沿江多盗
設法勦捕盜遂息歷署建德東流縣事以德化民淸靜
不擾兩地立碑祠焉 秀水任志
張龍德字覲化應宿子天啟辛酉副榜爲溧陽縣丞陞和
州同知值歲饑賑活萬人地濱大江盜歲劫往來船舶
算設伏擒之殲其黨境以甯謐復條江防十二事上之

不報轉湖廣都司經歷罷歸乙酉城破死金佗坊項氏池亭僕從死者數人仲子鋅負父尸殉於金明僧舍妻侯氏投河死女適徐肇樑者亦自縊著有玉樹堂集

國朝乾隆四十一年奉

旨入忠義祠 欽定勝朝殉節諸臣錄參浙江通志嘉禾徵獻錄

沈耀辰字君房振龍子天啟丁卯副榜知巨水縣首除冒衿趙承勛等四境肅然催科立自限法革耗除弊不半載歲額全完凡供應私稅陋習悉罷去海寇掠西南薄城下拒走之又設法擒獲劇賊郭加正等賊黨戒不敢犯擢廣州知府休官後道路梗塞不能行子瞻日冒險赴粵奉親歸人稱其孝 吳志參秀水任志

項鼎鏞字于廷忠六世孫萬歷乙卯天啟甲子崇禎庚午三科武舉充南都撫標守備乙亥流寇逼陵寢應天巡撫張國維檄守安慶屢衄之追至宿松縣遇寇力戰死年三十八同時死事者蘇州衞指揮同知包文達吳淞守備朱士允把總張其威石霞陳瑛等事聞贈鼎鏞參將賜祭蔭子勳錦衣衞小旗餘皆贈官有差建䘏忠祠于吳縣演武場祀鼎鏞等一十五人又項禹揆字子昆縣學生明亡與如皋李之椿同遇害 徵獻錄參明詩綜

項聲國字枚公篤壽孫崇禎辛未進士授雅州知州烟厲風化州人作四清歌誦之旱步禱得雨歲大熟禾有生六穗者 徵獻錄

濮有容 一作有宏 字德遠號居元分水籍秀水濮院鎮人崇禎癸酉舉人知安陸縣流賊攻陷之一門十九人皆死難

國朝乾隆四十一年

賜諡節愍 欽定勝朝殉節諸臣錄參伊志

張晉徵字恭錫應治從孫受知於黃道周崇禎甲戌進士知閩縣勤撫字忤上官歸起補婺源遷刑部主事道周廷杖下獄力為調護無所諱歷員外出知建昌府流寇掠袁震鄰郡益藩徙樵川晉徵堅守擒賊首曾斗墟等論功擢劍南道副使明亡歸 秀水任志參徵獻錄

朱大定字君永國祚子蔭授中書舍人改判成都府張獻忠犯蜀以計斬其豪帥圍得解崇禎十三年冬聞賊渡昭河人洶洶奔入城薪米驟貴蜀王及各司出錢易米粥難民大定夜歷諸廠周諮勞拊而察其蹤跡可疑者別羈之俄而賊至大定與布政使侯安國守北門見城下一酋衣朱衣跨馬巡軍大定操強弩射之落其胄衆擁去謂安國曰賊多而未整可擊走也即偕參將率壯士八十人出戰殺五人俘三人奪馬十四入見巡按御史陳良謨提賊頭血縷漉堂上陳驚離席曰刖駕貴公

子乃能手殺賊耶是夜賊退屯柳溝浦大定請乘勢擊之不朝食提兵奮往斬三十餘級生擒七人賊捲營遁明年以功上擢重慶州民苦征斂下令曰我甯失官以去不忍困爾民也皆感激爭輸生母病假歸福王監國起尙寶卿上書督輔史可法請正君心收人望鋤姦佞愼名器足兵食通民情凡六事史動容歎曰救時才也將引用而馬士英阮大鋮輩驟柄政拂衣歸明年南都亡死於錢塘 徵獻錄

朱茂暻字子莊國祚孫崇禎庚辰進士知宜春縣請除酒亭供應開釋矜疑罪四十餘人時軍需徵積逋急上官令以新抵舊茂暻曰民一年止辦一年之糧官一任止

盡一任之職力疏疾苦狀得緩徵獻賊陷長沙逼宜春軍將謀應賊茂暻邏得奸細宋子鳳斬之又誅大盜蔡全六等嬰城固守飛揭請援不得賊勢充斥不可支倉猝間天井窩盜復起遂失守茂暻冒矢石赴天津窩親擒盜首平其黨旣被論罷總督袁繼咸力請棄瑕錄用不報明亡卒年二十九 秀水任志參袁州府志

吳鑄字鼎吾崇禎丁丑進士授廣信推官廣信界浙閩深林邃谷盤亘八百里爲羣盜藪時盜已蹂躪五郡方會勦撫按知鑄才檄監軍事會陳子龍以紹興推官監浙軍與鑄謀合攻破之又平鉛山峒寇撫按敘功上不報善折獄有夏言後裔及艾南英受誣事皆爲之昭雪福王監國將擢諫垣馬士英尼之改禮部祠祭司主事南都亾累徵不起壽八十有五 吳志參朱辰應吳禮部傳

戴長治字季脩少孤力學年十三試冠其曹崇禎癸未進士授稽鄉令値流寇臨城親冒矢石捍禦招撫縣境以全論功進兵科給事中未赴歸家居二十年預知易簀期沒之日長子諸生樹聲慟哭嘔血三日卒 吳志參秀水任志

朱茂時字子葵大啟子以蔭補順天通判攝宛平縣民有興璫爭田者直在民上官畏璫焰久不決茂時片言斷歸民莫敢抗歷工部員外提督張秋河道自魚臺縣至

天津衞凡一千六百餘里挑濬堵禦往來稽察不辭勞瘁通濟閘以南五湖號水櫃舊制蓄水濟運而民盜種湖田決湖隄積弊滋甚茂時履勘清查悉復舊大旱禱龍神祠請神對坐烈日中自辰及酉得大雨漕渠水盈五六尺人謂至誠所感時值用兵撥挑河夫爲張秋脩城濬濠置義田義倉造鎗砲練民爲兵籌之三年孤城賴以保出知貴陽府安酋餘黨未靖阿烏謎煽動諸夷爲亂討平之定番州十六土司難繩以法知州趙德璋入洞徵銀爲番司洪阿銀阿夜等所劫總督檄兵進勦

茂時止之遺一僧持手諭往陳利害且示以保全意阿
銀等感泣送趙出願歲納銀於府事遂寢茂時旣撫輯
流亡民漸復業乃以邊士少文學厚其廩給月課而季
試之拔十數人先後登科第以憂去黔人祀之歸田後
四舉鄉飲大賓壽至八十有九 徵獻錄

范奕文字正宜貢生授南都兵馬司居官清廉能平反疑
獄米脂盜寇長安奕文有討賊議當亡不能用遂拂衣
歸著有墨兵堂集 秀水任志

張萬壽字來範少年卓犖負奇氣作文洞抉奧旨爲宣城
湯賓尹所稱三中副榜選涿州知州捐俸爲民償逋糧

嘉興府志 卷五十二 秀水列傳 四六

不足則廢家產補之又設法賑濟全活無數暇卽集諸
生講課文藝不倦擢甯州未赴遇變卒以次子天植貴
贈少司馬入鄉賢祠所著見撰述門 吳志

夏祖訓字仲有歲貢生薦除雲南呈貢令地瘠薄民資水
利爲業沐藩莊兵雜處久恣侵奪立法禁之兵始不擾
士人吾必奎叛據楚雄土司沙定洲陰蓄異志沐藩檄
徵不赴祖訓撫馭多方德威並著沙感愧遣裨將詣謝
後復勦兵要請加銜不許襲破沐沐走楚雄相持年餘
呈貢要地祖訓勢孤力盡赴水死僕陸史二人殉
國朝乾隆四十一年
賜諡節愍 欽定勝朝殉節諸臣錄參浙江通志

項嘉謨字君禹初名定謨號祖洲高祖元汴見文苑傳嘉
謨國子生時流寇猖獗嘉謨以韜略薦歷薊遼守備尋
棄職歸乙酉城陷東其生平所著詩文於懷率二子翼
心及妾張氏投天星湖死著聽月樓詠史詩笏庵諸辨
有清居詩話木石居雜錄等書
國朝乾隆四十一年
賜諡節愍 欽定勝朝殉節諸臣錄參徵獻錄吳志

張翃字叔翰國子生素伉直乙酉城破戴巾衣襴衫端坐
觀書於廳遊兵入輒勸毋妄殺笑以去有悍卒至與語

嘉興府志 卷五十二 秀水列傳 四七

忤以刃睨之不屈遂見殺一門二十七人俱死其鄰秦
如泉等倉猝殮之殮畢皆自縊 自靖錄

葉森字公榮諸生事親孝課諸弟能盡其力乙酉
大兵下江南徽州武弁黃伯脩引兵追拒至嘉興民苦其擾
衆以森任事敢言推往諭之遂被害 吳志

高顯琦字章甫縣學生授徒講學乙酉城破或促之出走
顯琦曰讀聖賢書所學何事城亡與亡固其所也欲刃
而死妻徐氏呼三女前曰不可留以辱汝父手推之連
墮於井遂自投有僕周龍不忍去被殺一門死者十二
人 吳志參明史

張次柳字幼緒府學生子玉立縣學生乙酉城陷奮力巷戰以死同時有湯成先字明甫與子一德並諸生王象賢字懷和子諸生鯤字伯秀有文兩家父子各慷慨相隨死湯之同學有吳業昌朱治烙相約死又有陳宮詹懿典之嗣孫曰惆字不困曰慓字素心兄弟國子生皆有文亦相隨死而次柳妻以縊死惆妻蔡赴水死鯤妻張抱幼子蓮官投井死僕王茂從鯤死凡皆志節可愍者吳志參自靖錄

周敬濂號慕椿武生當明末兵亂時隨都督陳梧舉義守城敬濂分守西門城破戰死妻張氏匿眢井抱幼子忍

飢數日至螞蝗纏體而不知痛幼子在井啼哭恐人聽聞掩其口致氣塞而斃兵退始出郎有諷張氏改適者矢志不從以哭夫左目失明長子允達年十三遍覓父屍不得遂赴水以救得不死乃以衣冠葬父終身哀慟不已鄉人相傳周氏一門三義云于志

黄子錫字復仲幼穎悟張溥陳子龍咸器之乙酉充選貢第二當事將授以要職卒不及旣家居習弓矢劍戟以自勞子龍有所建白恒屬起草每中機宜壬寅益不自聊乃挈家入杼山課子及僮僕種瓜瓜實大如斗味甘遂以爲業更以餘暇作畫人爭購之魏僖撰傳

邵璜字魯重崇禎壬午舉人知雲南大姚縣値寇亂闔門殉難著有尚書說統新溪詩鈔小序

國朝

曹溶字潔躬號秋岳明進士爲御史嘗劾輔臣謝陞又熊開元參周延儒廷杖疏白其寃入

本朝以御史視學畿內歷戶部侍郎出爲廣東布政使左遷山西陽和道撫綏邊徼賑恤流亡民咸德之三藩叛從征福建丁母憂歸已未以博學鴻詞徵復薦脩明史因疾不赴以所輯崇禎疏抄五十輔臣傳上史館溶文章沈思湛鬱諸體雄駿尺牘小簡尤精詩原本漢魏有氣

骨與新城王士禎齊名晚號鉏菜翁築室金佗里曰倦圃蒔花種竹與知交置酒唱和其中嘗以明季門戶紛爭是非失實著續獻徵錄六十卷輯學海類編至四百餘種其他著作别見吳志參檇李詩繫

張天植字次先萬壽子兄天柱貢生著進善寶書天植順治己丑進士授編脩是科第一甲第一人黄岡劉子壯第二人鍾陵熊伯龍第三人卽天植也文章聲價頡頏兩鉅公出爲河南學政歷大理卿兵部右侍郎天植宅心溫厚居家値歲歉倡捐以賑濟爲法司核議庶獄必求可生之路全活多人視學力挽頽風釐積弊所著别

見藝文吳志參伊志

黄自起字隣直順治己丑進士授翰林改刑部主事念母老歲一歸省擢郎中典山西試督湖南學政時長沙盜賊初平自起曰治平之始當以禮樂爲先宣揚文化勿可緩也五月按部冒暑入山谷間受霾瘴得疾卒貧不能殮經略洪承疇賻之得歸櫬著有鶴渚堂詩集吳志參秀水任志

錢江字珥信順治己丑進士知瑞金縣有劇盜陳其綸許勝可僧超忠據銅鉢山聚僧兵千餘江廉得超忠仇爲盜者檄營將勒兵討之佯諭超忠使助官兵擊賊信之

以百餘騎來赴復遣人說超忠使偕數騎間道疾行來謁條畫賊情因伏兵中路縛之餘黨駭散閩賊劉方羅承俊等率衆附勝可嘯聚羅漢巖江請於虞撫大發兵勦之江誡其帥曰賊據絕險攻未易拔當長圍以困之帥如誡賊窘江察軍中與勝可有舊者遣往諭降勝可欲就撫而餘黨不服江語帥曰當乘其懈疾擊之遂潛師夜進擒勝可及閩賊十三人斬馘以千計師旋江豫策來歲師期密陳幕府乙未春虞撫出師聲言援漳實圖其綸遺別將將兵直趨縣境江會之進兵大柏山親部勒鄉勇攻其北赴漳之師轉而繞其南俘斬無算其綸潰圍走獲於烏橋峽三盜悉平歷官山東提學道改陝西岷洮道贛州府志參新纂

項景襄字眉山秀水籍居錢塘順治壬辰進士由庶常歷官兵部右侍郎遇事持正敢言時比部欲改三流例減死者一家皆戍烏喇景襄謂大辟止其身若驅二家無罪置窮徼非法不可行力爭乃止先是海禁未開許濱海民以二百石船沿海捕魚東撫欲禁其篷桅景襄以二百石船非篷桅不行許其捕魚而禁其篷桅是餌而阱之也議得寢溫台有來京贖被掠子女者主者難之景襄曰此皆良民第驗有司文結宜即遣卒

賜祭葬景襄淹通羣籍工書法吳志

沈廷勷字子相拔貢知新甯縣兵燹後人民逃避城中僅十數家廷勷招來安集教以樹藝民漸歸附其後新甯裁併入梁山遂名其故縣爲沈公村云補欒城縣遷商州以疾告撰身易實義一編歿祀鄉賢祠浙江通志

屠洪基字濬之祖俊自浙東徙杭又徙秀水順治二年
王師南下洪基挾策干大帥帥奇之試署錢塘簿檄知上虞縣時浙東土寇充斥上官發巨盜五禁縣獄賊黨數千謀夜穴城劫之洪基諜知不待申報立梟五首懸樓櫓大書榜列炬火燭之賊駭遁八年知陽山賊馬寶擁數

萬衆至力拒守賊不克攻去次年復來攻堅守如前賊黨高必正率步騎萬餘乘城城陷被執不屈死乾隆五十七年

上諭追錄殉節後裔授恩騎尉世襲吳志參廣東通志陽山縣志新纂

沈爅號星崖邑庠生遊幕貴州南籠府會逆苗滋事攻城太守邵廷銓適捐館民心悚懼爅具詞遣役縋城夜出乞援於撫軍并捐金募鄉勇爲固守計身親登陴爲飛礟傷額踣而復起經數月圍始解遂以創深而歿事聞

賜六品職銜于志

李令聞字平叔順治四年隨征楚粵單騎降龍虎關歷任

嘉興府志　卷五十二　秀水列傳　卅三

零陵甯遠知縣値

大兵進剿令聞審釋俘獲無辜者數千人改知全州招徠西延猺峒賑饑脩學宮卒于官吳志參秀水任志

王雲字定遠順治己丑武進士初任廣東守備病痊投浙江軍門進攻耿逆于仙霞嶺敘功補楓嶺營參將子浤字景汾康熙丙子武舉由守備歷江西銅鼓營游擊銅鼓爲盜藪浤募敢死士伏莽待其來聚而殲旃盜以靖軍民建祠祀焉伊志

何元英字鞂音順治乙未進士授行人典試粵西遷督捕主事時窩盜令嚴開宥甚衆進戶部郎中督理大通橋糧務尋擢雲南道御史巡視河東鹽政先後多所建白有南臺奏疏一編如請脩省論考察籌撤藩之事寬報災之期除榷關之弊陳里甲之累至於鹽法錢法剔蠹釐奸凡有敷陳輒蒙

俞允通政參議以疾歸吳志參南臺疏序

曾王孫字道扶父本姓孫氏贅於曾曾無後遂以王孫爲嗣王孫順治戊戌進士授漢中司理治獄多平反督脩棧道二萬八千丈不辭勞勩改知都昌縣都昌民貲新建縣湖洲之草越境爭取搆訟二百年王孫移文新建先定草價令都昌民輸銀於縣解給之聽採草不禁訟遂息歷陞部曹視學四川兵燹後加意恤士著有清風

嘉興府志　卷五十二　秀水列傳　卅三

堂詩文集漢中都昌等錄

吳源起字準庵禮部鑄子順治辛丑進士授洛陽知縣時滇南告急豫有奸民乘機爲亂源起密擒其首餘黨悉散洛陽賦重力請巡撫疏減之行取歷給事中値奉

詔舉博學宏詞源起慨然曰行誼本也辭章末也特疏以平湖陸隴其薦疏言隴其理學入程朱之室文章兼韓柳之長會隴其丁憂未與試論者謂源起得以人事君之道尋告養歸年踰七十尚壯遊著五嶽遊記以上吳志

杜臻字肇余以進士選庶常歷內閣學士

國初遷沿海民于內地畫界而設之禁故界外多棄地而閩
海流民壓聚臺灣迨
王師收閩金門廈門以次列戍海濱竄匿餘黨相率來降安
插未有計督臣姚啟聖請以界外地按籍給還并弛海
禁收魚鹽之利給軍食疏下廷臣議持不可康熙二十
二年臺灣平
上諭海壖弗靖權畫地以民遷茲反側永清界外田畝宜給還
招徠開墾於是別遣二臣往江浙而臻及內閣學士石
柱往閩粵相度展界進臻工部尚書臻巡行自欽州之
防城始遵海以東歷府七州三縣二十九衛六所一十
七巡檢司一十六臺城堡砦二十一給還民地二萬八
千一百九十二頃復業丁口三萬一千三百定懸軍之
營二十八而廣東之疆理以復又自福甯州西分水關
始遵海以東歷府四州一縣二十四衛四所五巡檢司
三關城鎮砦五十五給還民地二萬一千一十八頃復
業丁口四萬八百定懸軍之營三十三而福建之疆理
以復是役也臻往還嶺海跋涉三萬里勞來安集宣布
皇仁諮諏民隱海澨山陬各得其所論者謂功蓋於南國云丁
母憂起刑部尚書尋改兵部時議裁各省駐防及督撫

提鎮標兵額臻謂兵冗可裁而不可驟裁請自今有老
弱病故出闕者槩弗補數歲額自減從之轉禮部尚書
以疾告歸
上賜煙霞耆舊額以寵其行臻既卒康熙乙酉
南巡迨
賜額曰眷懷舊德臻少貧力學奉祖母暨父母盡孝好宏奬人
材詩文剴切中條理所著詳撰述門 通志參朱彝尊杜公疆理記

曹晉字受明拔貢任東平州同知詳革漕鹽陋規戴村大
壩圯剋期鳩工築七十餘丈因上割地禦水之策廣植
柳以護壩基至今賴之梁山盜為患上官委晉招復之
不戮一人引年歸樂善好施壽至九十有五 吳志

張起文字卓人號緘齋少穎異年十三入泮即食餼康熙
乙酉以五經舉孝廉補中書出知江西宜春縣以清慎
稱歸橐蕭然沒後遺稿散佚 新溪詩鈔小序

卜陳彝字聲咳康熙甲辰進士知洛川縣值滇黔之變脩
堡砦練鄉勇有叛將李師膺朱龍以衆薄城下陳彝嬰
城守飛檄請鎮將楊某提兵至內外策應賊敗而遁尋
補武昌免派歸巴腳價及協濟大兵草束內陞歷吏禮
二部卒于官 伊志

袁定遠字靜公康熙庚戌進士授新野縣累陞平度州歷

吏部文選郎陳家宰延敬深器重之係舉第一終順慶

知府伊志

李登瀛號叔遠歲貢知梓潼縣先是大司馬靳輔治河延致幕府時河流横決靳持開中河以避三百里波濤之險爲永遠利登瀛實贊成之伊志

沈救功字獻民父孚端方好義救功能承先志以歲貢授分水教諭陞任邱知縣興建義學闢治水田歲凶賑貸全活甚衆民德之建感恩坊洎卒復祠祀焉伊志

張龍驤字標年康熙丁巳舉人知聊城縣縣有丈量舊尺奸胥陰截短而誣民欺隱龍驤較舊尺正之歲饑民有鬻妻女者給資令贖還之伊志

朱象鼎字禹州父麟世從征川幕署知夔州府再參浙幕時獲山賊黨讞上議屬族皆死麟世曰律稱謀反族誅者爲期以上言也大功以下濫入非律意因奏得末減象鼎康熙戊午舉人知酆都縣川東饑禁私糶于是川楚各屬皆遏糶民大困力請弛其禁遷通政經歷伊志

朱彝尊字錫鬯國祚曾孫康熙己未以布衣舉博學鴻詞授檢討充明史纂脩官典江南試渡大江爲文告於神矢拔眞才還都魏尚書象樞朝衣造彝尊再拜曰吾非拜君也慶朝使之得人也

召入南書房供奉

賜禁中騎馬旋

賜居禁垣出入侍從而歲間與數頻仍旋被劾吏議當落職

天子宥之鐫一級尋復原官歸里後

聖祖南巡進經義考易書二種

特賜研經博物額卒年八十一

高宗御製詩題經義考首

欽定四庫全書提要爲核其著作實不愧一代詞宗所撰諸書詳撰述門子昆田字文盎國學生少承家學又克自奮發力追古作者京師呼爲小朱十嘉定張雲章謂昆田

詩上窺韓杜下汲蘇黄又稱其睥睨流俗踔躒古今幾于父子之間各欲自成其不朽惜困于試年四十二先彝尊卒所著笛漁小稿附父集以傳摭韻未梓伊志

徐嘉炎字勝力贈太僕世湆孫一目十行下誦三遍終身不忘與松江夏存固嘉善錢不識讐敏相頡頏有三神童之目與從父善同庚同席研人稱大小阮康熙壬子副榜戊午舉博學鴻詞授檢討充明史纂脩官典貴州試歷侍讀學士與學士張廷瓚曹鑑倫史夔同直南書房

召嘉炎至榻前問爾五經通鑑皆能成誦否嘉炎奏五經或可

背誦通鑑恐未能悉舉其詞隨問尚書咸有一德嘉炎
奏明書旨則誦終篇後更端問宋元祐三黨諸人是非
嘉炎數對諸人姓名始末及先儒論斷優劣語
特賜御書臨蘇軾詩一卷是時詞臣未有
賜御書者拜
賜自嘉炎始尋陞內閣學士兼禮部侍郎充
三朝國史及會典一統志副總裁以疾告歸
賜御書直西清額及對聯詩幅嘉炎居家事母孝待昆弟羣從
以誠貧不自給典朝衣冬夏相易歲以爲常 伊志
沈廷文字原衡贍日子京文弟京文學有根柢廷文師事
之康熙戊辰以進士第一人授修撰著有廣居文鈔北

征南歸等集 吳志
蔣鶴鳴字聲御出陸清獻公之門康熙癸酉舉人知舒城
縣舒自明以來水利弗講故道淤塞田多旱乾鶴鳴相
度原委部署經費方有成規適歲歉遂下令大興工使
貧者受直以執役不三月濬河七十餘里人不勞而事
速濟調江都救災恤貧慈惠一如舒鑄學宮樂器祭器
件繫其觔兩著之籍越歲以勞卒 浙江通志參江都縣志
徐鳳池字梧岡康熙甲戌進士初任維容縣調永滈清隱
糧除私派脩城葺學舍以鋤强恤弱爲治署象州一如

在永陞戶部主事遷刑部郎中擢浙江道御史巡視西
城時差務需車輛有乘間橫索車戶者車戶皆逃散特
疏發其奸因公事例止罰俸有傾之者竟落職歸及没
貧無以爲葬其子大士在蘇州布政司鄂爾泰幕中以
母病歸省中途聞母歿大士遽躍入水藉救得不死鄂
公旣賓大士葬又重慕鳳池廉節爲之立傳 鄂文端公傳
杜庭珠字詒穀尚書臻子康熙乙酉
南巡以太學生獻詩
命用心讀書日後進京効用益感激刻志厲學六年入都
召見入武英殿纂修書館庭珠詩清雅書法遒秀累試不得舉

纂脩期滿授臨縣知縣歲饑鄰境訛言有操陰符秘書
者聚衆木壺臺山中將爲亂時議發兵剿庭珠曰此必
饑民蟻附耳力陳於大吏止之及遣人往偵則數百人
相聚拾山果野蔬以爲食訊秘書乃丐者歌詞耳調葛
泉縣攝臨晉事時積逋重庭珠請分年帶徵觸上官怒
委員督之急以民譁被劾歸 伊志
張時泰字昇望號平山官廣西上林知縣有惠政著賓孏
齋集 于志
范長發字廷舒以進士謁選南城縣縣經兵燹後民氣凋
敝長發一意撫循免徵耗除派累歲借倉穀應時簡發

使民受實惠而以平糶收之考最行取補禮部主事晉
廣西道監察御史康熙六十年偕同官陶彝等以上疏
獲罪蒙
恩以額外主事銜軍前効力隨都統圖臘赴征西將軍營歷天
山涉推河還駐歸化城後
命赴察漢新營賦詩云書生慣戎服許國敢遲留又云餘孽期
朝滅全師計日還可以見其忠悃矣尋以原職休致歸
卒 伊志
石杰字裕昆以進士知清江縣繕廢堤以護城縣有淫祀
曰天巫神火其像而弊俗革以才望內擢未赴丁父憂

尋以承審事詿連久始雪
世宗憲皇帝特召見以江南緊要缺用
賜璺刻貂皮香珠等物杰感奮歸而跪陳母前涕交下補泰州
攝徐州丁母憂總督尹繼善以徐州河防値秋汛奏留
在任守制杰泣辭不得踰歲乃得歸終喪起邳州擢徐
州府宿遷災舊例次貧不加賑杰破格請加不待報而
發米二萬石竟得請擢建昌道檄勘松茂道屬頑番罪
魁而釋其黨進勦占對逆酋總理軍需移駐打箭爐又
移駐章谷及仁達地方衝突烟瘴三千餘里以勞致疾
擢四川按察司

命下而卒 伊志
汪繼燝字倬雲先世自徽州遷桐鄉至繼燝注秀水籍以
舉人爲中書陞兵部員外授山西道御史巡視西城西
城奸宄雜處有游手數輩藉端滋事噬陷平人繼燝悉
繩以法不少貸豪强斂跡轉河南道巡視臺灣値漳泉
米貴設法添運臺米萬石運內地米價頓平未滿任以
憂去 伊志
陳士鑛字山貢由貢生授中書歷工部郎中出守萊州捐
俸賑饑改知鎭江府府當南北孔道往來乘傳絡繹士
鑛調度悉宜與民無擾以疾卒於官 吳志

沈李楷字元禮康熙壬子舉人由慈谿遷秀水楷以庚辰
進士選庶常改廣元縣行取歷郎中出知饒州府十年
以儒術治郡苞苴請謁不至於庭其去也饒人祠之著
有詩文稿瑣譚景行錄似奕編子祖蔭祖脩並以詩鳴
祖蔭有古音齋集祖脩有古樵詩稿 伊志
項維聰字穎叔舉人知江都縣事丈坍江地以贏補絀豁
枯丁令隨出運辦核三汊河疏淺費商減金千餘民減
夫五萬歲著爲令三年行取百姓以水一器鏡一圓送
之 江都縣志
張仁浹字觀旂天植從孫以桐鄉籍中康熙庚子舉人姓

同里沈青崖移居河南輝縣之百門泉淩大田集

范燦字電文秀水籍寓居烏程之南潯雍正甲辰進士授庶常改知大興縣歷萊州安慶知府擢江南廬鳳道轉河南布政使調直隸有實倉儲理溝洫等事疏並
允行尋擢湖北巡撫調安徽入爲副都御史時同官奏以命案盜案之多寡爲督撫殿最部議已准燦謂啟諱命諱盜之漸不可行
上皆是之晉工部侍郎告歸
高宗南巡
賜御書松巖樂志及耆英介景額以壽終伊志

王霱字介庵博極羣書居官能行實政初知祁陽縣事祁陽本三語鈷鉧地甫經燹招集拊循民樂歸業調靈邱地薄雲中雁門塞外俗號難治以治祁陽治之累擢淮安船政同知山淸外河同知有能稱仕至東牟知府東牟人士請祀名宦祠著有倫閒集子璋璣另有傳璋字予璺隨霱任究心服官利弊以貲丞福建興化郡存升同知所至有聲嗣以母老歸養著有安流舫存稿孫元鑑字寅亮號抑齋蚤歲有才名乾隆辛未迎
鑾獻詩賦荷
恩遇以明經終所著鷺溪草堂詩賦諸宮詹錦亟稱之曾孫澄字清宇號橘堂克紹家學朏篤務爲義理根柢之學乾隆庚午
詔舉經學錢侍郎陳羣以仁浹薦年老未赴郡舉鄉飲酒禮推仁浹爲賓致仕郎中金作楫爲儐禮成之日觀者皆動容輿感所輯周易集解增釋八十卷精採漢後迄今約二百餘家以已所釋附焉精言奧論往往闡前人所未發云伊志

諸錦字襄七號草廬家寒微父有隱德錦生數歲孤母氏爲擇師日攜以就塾力鍼黹以供脯脩錦亦自發憤刻厲甫冠以舉人考授內閣中書成進士由庶常改知縣再改金華府教授乾隆丙辰以博學鴻詞授翰林編修

典福建山西貴州試歷左贊善假歸不復出錦於書無所不窺於箋疏考核尤精詩學韓蘇書法瘦硬如其人著有毛詩說饗禮補亡夏小正詁及絳跗閣詩文集伊志

徐天麟字上符雍正甲辰進士由庶常改部郎以憂歸保舉授建昌府十年爲政清肅拔士之秀者親爲講授嘗言人而圖不可以爲人文而圖不可以爲文人以藝謁必延之有假此進訟牒者立召學官予夏楚士氣益振決獄平允富家有命案賄天麟不得百計嘗上游翻其案遂被揭公論咈然
召見以原官用擢慶陽府旋內補刑部貴州司員外引疾歸約

後秉鐸台嚴諸郡有橘香堂稿王氏家乘

王璣字象天康熙末以例授眞定縣丞陞歷戶部郎中出爲常鎮道調延建邵道擢光祿寺卿時臨晉村堡有製器械備盜者吏抹以罪匿弗敢出捕之急益懼更以屠戮煽惑之鄉愚皇皇各執器械以俟當事謂民變脅以兵數月矣璣奉

命至撤兵召諭不三日而解縲七人法餘盡釋轉通政司晉戶部左侍郎攝江南巡撫罷歸乾隆辛未

南巡給鴻臚寺卿銜著有復初集燕山雜詠等種志伊

褚蒴書字榮九以舉人効力江南河工授寶山縣會大風雨害稼海潮入城傷民廬蒴書力請於上官得普賑委

勘通州災濱海民籍與竈相半蒴書議民捐賑民竈捐賑竈民捐不足發社倉竈捐不足發義倉調濟得宜全活甚衆以擢知滁州政暇與滁人講學賦詩脩前賢故事引疾歸著易經象數臆解讀杜臆說投筆齋集胎產須知痘疹集要等書

盛支焯字貢園以舉人出爲知縣年六十矣試融縣橫州補貴縣以憂去補葉縣鞫獄不刑求必宛曲以得其情王濰陽有寶死于水而謂丁二妮毒之者裕州有黃得都致李王氏縊死而狡不承者支焯並爲覆勘得雪年七十歸以父所撰徵獻錄有闕漏爲補綴之而著所自出又輯家乘若干卷志伊

盛熙祚字晴谷支焯弟以監生保舉發廣東署靈川縣縣界交趾深山密箐易藏奸熙祚爲申嚴保甲請添設巡檢分防之補龍川創尊經閣聚經史諸書以造就學者成進士四人蓋縣無甲榜百年矣郡守某以熙祚無所獻納陰列條件送上官排之布政甘恭恪公廉其誣得白未幾守卒家被累熙祚爲周恤其孥連平州有疑獄守委和平令某具讞上臬司辭不服委熙祚覆勘擬改凌遲予杖寃始白熙祚廉俸所入輒分以助宗黨卒之日無餘資志伊

沈青崖字艮思雍正癸卯舉人官至開歸道青崖先以監司任軍儲有掎摭之者繫獄幾數年子敦慤訟於部

上知其寃釋之仍官監司終以議論梗直爲大吏劾罷在獄時著有五經明辨錄綱目尙論編志伊

金作楫字濟庵以進士選淸溪縣未抵黔而題補有人攝天柱縣縣有黃花銅廠廠開米輒貴作楫封之而逐諸匪類價頓平攝鎮遠縣時經略張廣泗駐鎮遠治苗頗用重典而作楫承審苗案未嘗失入擢永豐州內陞歷驗封司員外引疾歸志伊

沈光曾字士行以幕友保舉知長洲縣鞫獄曲盡人情吳人號沈青天調山陽縣擢高郵州於河工漕務利害得失廣稽曲詢後以酌添三壩一議為河使者所劾改發福建頃之河防大決臺臣以光曾先見露章直之有詔詰責使者而光曾已以足疾告家貧如洗所著有安瀾文獻夢游錄內分治獄條議啟牘書問雜著閒吟凡六種伊志

楊時敏字遜峰雍正十三年以州同投効江蘇巡撫派令清查常熟縣積欠錢糧銀米八萬有奇時敏一一清釐不事敲扑而民樂輸將一年竣事巡撫欲特題保用時敏以母老且病謝歸伊志

陳學沆字山堯原籍桐鄉改秀水康熙癸巳舉人知湖北蘄水縣攝蘄州以廉能稱時有三疑案積不能剖學沆悉取決焉吳志

翟堯佐字亮工知單縣均徭役除羨稅治董家口水患與築廢堤以禦之人號翟公堤子枚吉知隨州能詩有鑑洲詩鈔伊志

馬湘字芷鄉知郫縣歷署宜賓富順內江及打箭爐同知在郫捐俸開嶺路行者歌於途有范姓兄弟訐案上官欲駢戮之湘以罪疑力爭不得遂被劾郫人歎息送者萬計湘好吟著有就園詩艸伊志

沈昌寅字升伯七世祖思孝明神宗朝以直諫聞詳嘉興列傳祖德亮拔貢生昌寅與弟昌宇少受業於同里賀光烈昌宇先舉雍正甲辰鄉榜以師及兄未售仍共下帷讀書不赴禮部試丙午己酉以次捷乃就計偕明年昌寅與弟同登進士昌寅授刑部主事補盛京工部主事未久終於任昌宇字泰叔會試第一廷試第二授編修典廣西河南山西試提督廣東肇高學政粵中前有惠學使士奇士林尸祝之昌宇復條列規則使之易循人翕然悅服稱復得惠夫子云昌宇兄弟素友愛自兄之歿抑鬱不自勝歸不數年亦卒伊志

張敬業字日乾性謹厚敦行誼講析儒先理義以教授學者輒成名雍正壬子舉於鄉考選中書監督通州南倉清慎自矢除典籍記名以部曹用告歸著有篁園吟草拙存居文集伊志

鄭虎文字炳也乾隆壬戌進士授編修典河南鄉試督湖南廣東學政歷左贊善歸主徽杭書院十數年卒虎文於學靡不通衡文兼攬衆長無遺美少孤竭力養母母病禱於神請減算昇母竟如所禱事兄如父撫諸姪諸甥如子分衣共爨五十年如一日素以經濟自負嘗願為知縣謂縣令切近民易知民間疾苦一令賢則一縣

治天下之令賢則天下治人以爲名言著有吞松閣詩
文集季子師雍讀書過目了了而其意邈然視文字若
糟粕者十五舉於鄉十七夭伊志
錢載字坤一父炌性閒曠貧至不舉炊不知也載自少不
耐爲舉業文爲之輒崛奇不合時樣故不售載不顧益
肆力於古漁獵百家尤以詩爲命獨窺古人與絕鑿不
已既以副榜薦博學鴻詞薦經學皆不獲壬申始聯捷
年四十五矣由翰詹累擢禮部左侍郎充會試同考官
者三典江南江西廣西鄉試凡五又視山東學

命往秦蜀祭告
上書房行走癸卯致仕癸丑卒於家載詩凌紙怪發險入復
入橫出復出於古不名一家更歷萬里游壯觀獄瀆吸
靈奇之氣而張之故老益肆益硬載名自未第時已達
天聽受知遇立朝三十年秉正不阿終其身食貧不知貧有父
風性直常折人過而周人急如不及晝其餘事世珍之
著有蘀石齋詩文集伊志
王又曾字受銘少與錢載以詩鳴里中有錢王之目乾隆
辛未
南巡召試一等授內閣中書甲戌成進士授刑部主事未久以
疾歸越歲卒嘗語錢世錫我詩適與而已詩家精深華

妙森嚴容栗之境未能也然天眞爛漫隨手拈得類唐
中見風致古人佳處往往在是必以苦嚴爲森森之正
味執半山山谷法苛以相繩亦刻舟矣其自道如此詩
日丁辛老屋集有前後二刻子復字秋塍國子生五試
北雍不售考職歷知偃師縣著晚晴軒稿畢沅序伊志
萬光泰字循初乾隆丙辰舉博學鴻詞試罷旋舉鄉闈後
以梁相國詩正續脩通考延光泰董其事卒於京寓年
三十九述作甚富全太史祖望盛推之爲誌其墓語見
經籍志光泰與同里錢載汪孟鋗爲文章性命之交汪
刻其詩集傳於世兄光謙字敬懷以進士知陽山縣撰

陽山志有條理痛弟之亡因公假省母母歿遂不出伊志
盛世佐字庸三以進士發貴州署湄潭縣訟牒過目不忘
授龍里縣未任丁憂補發雲南攝麗江井務以運銅勞
瘁卒於途年三十八生平邃於經尤熟精三禮撰有儀
禮集編積二千翻依經分十七卷不欲於一篇中橫隔
也謂士冠禮自不醴則醮用酒以下即記士相見禮自
士見於大夫以下即記凡註或連傳經爲傳隔之類悉
爲更定至於鄭賈及楊氏之圖有失者胥正之刻綱領
二卷附勘正監本石本補顧炎武張爾岐之闕宋元來
說禮家未有若此之精粹者伊志

汪孟鋗字康古弟仲鈖字豐玉家故饒至孟鋗時漸落又兄弟不事生產遂貧而先世裘杼樓萬卷之藏書故在孟鋗兄弟蒐討其間銳意攻詩詞又與錢侍郎載王刑部又曾萬孝廉光泰及祝舍人維誥陳明經向中朱孝廉麟應陳明經經業往復講習爭相濯磨極一時應求之盛乾隆庚午孟鋗兄弟舉於鄉癸酉仲鈖卒年未及壯孟鋗於壬午

南巡召試授中書丙戌進士仍官中書轉典籍擢吏部主事嘗預脩

御批通鑑輯略充方略館一統志館纂脩所著古文辭及經術

金石雜錄稿甚夥已刻者有厚石齋詩集仲鈖有桐石齋詩集而孟鋗詩尤精簡刊落枝葉卒年五十子如藻如洋自有傳（伊志）

朱坤字中黃以舉人補蕭山教諭倸舉授博平縣以疾歸爲學不務詞章服習有宋諸儒之言私淑鄉先輩張履祥氏校勘其遺書稱弟子於甯化雷公鋐常以書往復講論不巳在蕭山上書言縣之西江塘宜改築石塘以資捍禦長山閘龍口閘諸處宜脩濬以利導下流反復數百言洞悉機宜未允行後十三年而西塘潰在博平植

南巡縣官當治道坤騎匹馬從四五人往相視而縣人已爭荷畚鍤掃灑之具先坤所行處道悉平治其民易使如此大興朱筠誌坤墓謂古之學者而當世之循吏也著有靈泉筆記等種（筍河文鈔）

賀基鞏字裕垂以進士授新鄭縣治尙清淨不爭紛擾而凡有關利害者必竭力爲之舊例每年買穀數百石納府倉民苦之鞏基力請于上官得永免期年大治未幾遘疾士民爲泣禱者踵相接及卒縣人賻之乃克舉喪（新鄭縣志）

唐淮字晴川少貧苦學庚辰成進士由翰林轉御史時翰林倸舉御史有甫除官而列名者疏請以三年爲限得

允行典雲南試以疾歸（伊志）

錢受穀字黃與乾隆丁丑

南巡召試授中書庚辰進士由庶常改部歷郎中軍機處行走出爲漢興道値緬匪跳梁毅勇公明將軍瑞兼總制督師討之奏請受穀從事由漢中馳抵永昌授迤東道調迤西從明公軍發永昌出宛頂破柵十六踰天生橋入象孔迷失道鏖戰蠻化賊益衆明公令護案牘先行而自殿後明公歿於軍受穀入關復從經略傳公恒進兵駐蠻達策理糧務旋復攝迤東道治軍需以勞卒於官

所著詩文未梓伊志
盛百二字相舒熙祚子舉人讀書穎悟詩文外博求天文勾股律呂河渠之學必研其故撰尚書釋天一編五易稿而成所論說於陰陽之理性命之旨治亂得失之故無不洞若觀火嘗爲淄川令一年以憂去遂不仕蓋本無宦情也然其爲政靜而不擾簡而有要聽訟不多言而人自服查覈歷城齊陽災戶了了無遺雖能吏莫之及晚居齊魯間主書院十數年多所成就著有柚堂筆談等十數種伊志
沈琳字潤輝少受業於杭太史世駿父雍嘉詳孝義傳琳

乾隆辛巳進士授武選司主事洊擢員外郎中琳久任選司熟成例吏不能奸論事于上官直言無隱以故皆委重焉改職方郎中陞御史轉吏科給事以光祿寺少卿終琳孝親如其父事叔謹與從弟同爨數十年無間言兼通醫求診視者雖臧獲無不應伊志
汪如藻字念孫舉人考授國子監學正值四庫館開獻家藏書一百三十七種得
褒旨充甲午順天鄉試同考官以乙榜與選異數也乙未成進士入翰林出知撫州府終山東糧道伊志
汪如洋字潤民孟鋗子爲仲鈖後乾隆庚子會試
廷試皆第一授修撰入直
上書房典山東試視雲南學政年四十卒如洋少侍所後母不獲親孟鋗教而能自勵學詩文雄駿無前通籍後學益進益沖然不自矜在滇弊絕風清文無不經目者諸生或臾倣裾袖文以謁必爲之口講手批反覆開導不倦滇人士謂父師之教子弟弗及也著有葆沖書屋詩詞集伊志
錢世錫字慈伯侍郎載子方數歲冬夜溫經母張夫人蒸飯以待無侑飯物謂世錫曰白飯如棗花香無用魚肉也世錫欣然食已仍攤書坐破氈一燈如豆滿樓讀書聲及冠踔厲風發文壓儕輩而運不偶九試乃得舉又

十年成進士改庶常授檢討丁母憂補官尋以父致仕家居乞養十年父歿踰年世錫亦歿世錫性眞摯父官貧常館於外以佐養遍歷燕趙齊魯雲朔得山川之助其詩豁達清快無一字剽竊而神理似東坡與蘀石齋集性情同而面目異也游京師雖未第名噪公卿間既館選值父教習庶吉士英文肅公廉語曰汝入翰林而
上命汝父教其子瓌頤文章世濟厥美惟汝勉之世錫終養後問業者履常滿因材誘掖必盡其忱著有錢檢討集及雜著若干卷伊志

莊肇奎字星堂祖籍常州遷秀水以舉人授教諭俸滿除施秉縣陞雲南永北同知署開化府補廣南府陞迤南道以制府案牽坐得罪發伊犂數年補巴里坤撫民同知擢惠州府移肇慶陞惠潮嘉道潮大水米騰貴發倉平糶且請督撫以下各捐俸賑濟而親理之尋陞按察使再陞布政使卒於官伊志

朱休承字伯承稻孫之孫以舉人挑發攝三水武功及西安府清軍同知事治案有聲補城固偵獲鄰省巨盜數人例得薦力辭之已而署郃陽再署富平白水白水瘠而貧方請緩徵事未允而城固民數百人赴御史臺乞還休承從之會攝篆者審邪教案株連無辜數十人休承至白其寃後將以疾告爲父老攀阻者一年比去有步送至興安者著有居官隨筆二卷伊志

吳奕傳字紹虞舉人授樂至縣不攜家以二僕從居官有慈惠聲甫十月卒貧無以斂制府李恭勤公世傑察其賢屬守以下助之始克舉喪歸之日民送數十里肖像文昌閣下祀之伊志

朱乾字贊文乾隆辛酉拔貢館大興朱氏故學士筠尚書珪皆嘗受業焉性孝飲食必思親暮年主講鴛湖書院七十一齡丁承重祖母于氏艱猶哀毀骨立著四書集成春秋纂傳闗中雜記奏議選管子訂譌文選訂譌周禮正譌楚詞古音蓮嶽臥遊水經注箋揚雄年譜考定三略樂府正義等書朱氏家乘

陳于上字霽園少力學夏畏蚊身披重葛足置瓦缶中讀不輟舉乾隆戊辰進士宰江西新昌縣邑溺女爲創建保嬰堂刊示條約俗以丕變巨竊許某久漏網訪得之讞法懲治攝四川涪州牧離地二十里險灘名鬼龍闗開鑿絳路郎以鑿石修鼓兒城稱爲陳公路終長壽知縣著有眠遲集詩拙青堂文稿新塍瑣志

吳春濼初名蔣源字朗陵先世杭人後遷新塍鎮少嗜學讀書廣陵僧舍秦磵泉學士索閱詩文詫爲異才以名

孝廉參贊幕府出宰寶應縣聽斷如神一時奸暴號五虎十三鷹咸爲斂迹寶應地窪下疏通溝洫修築牐洞農田漕運均利賴焉新塍瑣志

陳經禮字慶施元朗從子乾隆丁丑進士知沅陵縣縣置郵凡五站軍輿旁午士馬芻糧支應費絀輒鬻產補之不以累民大吏廉得其實保陞永綏同知于志

張慶源字崑白乾隆壬申舉人辛巳進士歷任山東河南知縣多治績主講江西鴛湖書院著四書隨課題解于志

楊志鶩號拙庵由舉人挑選補湖南益陽知縣政事明決

平反冤獄培植士林委赴滇省辦銅歿於差次滇藩王公楚堂爲作行狀著有金石釋文及詩賦若干卷于志

何振權乾隆壬午舉人由教職歷陝西南鄭知縣時川楚教匪滋事軍書旁午四鄉已遭蹂躪振權招募鄉勇千餘人嚴密堵禦保障之功關中稱最調署渭南華陰鄠邑及鳳翔通判皆著勞績以疾乞歸宦槖蕭然因素精醫術藉贍餘年于志

盛世綺號對扆由縣佐軍功擢知縣晉涿州知州所至皆有善政明於折獄省會疑難案必奉委審多所平反性伉直不援上任涿州八年不調卒於官素工篆隸多藏名人手蹟碑帖撰所見碑銘時地考四卷于志

朱休度號梓廬明朱文恪裔孫淵源家學該洽宏通詩文並造上乘著有壺山自吟稿梓廬舊稿六卷由舉人官山西廣靈知縣政事可傳者甚多有循良之譽嘉慶十二年經山西巡撫奏入祀名宦祠于志

汪如淵號筆山由翰林改御史陳奏事件多准施行嗣以卿貳擢山西按察使順天府尹嘉慶初畿輔水旱頻仍辦理賑務民沾實惠旋擢廣東布政使

上諭以素稔汝辦事勤慎操守甚好須始終盡心任事察吏安民爲主如淵至粵東益加奮勵未久卒於官于志

錢寶甫原名昌齡後以字行載孫由翰林出守雲南澂江府地苦滂築高堤植柳萬株水患以息調雲南府審斷平允振興學校賑卹災黎郡中百廢具舉洊擢至山西布政使所至皆著善政以疾乞歸而卒于志

唐作梅號北枝由江蘇縣佐旋擢縣令壬子歲祲寶山飢民聚衆刼掠大府檄權縣事皆云須帶兵往作梅單騎抵任不動聲色但執爲首五人置之法衆悉解散卽發廩以賑饑築塘以防水民情悅服實授武進縣興利除弊政以化導爲先有巨紳告子不肖爲誦王中書勸孝歌感悟涕泣而去毘陵人至今稱述之于志

葉維庚號雨垞由進士改庶吉士散館出膺民社初任江西新喻又任江蘇寶應江陰所至皆有仁廉稱境內水道尤勤心治理雖逼近淮黃居民不至流離失所大府薦牧泰州已疾亟矣平生酷好學問文章居官稍暇猶手執一編所著有紀元通考十二卷鍾秀山房詩文集若干卷三國地理考若干卷雜著十數種于志

馮事硯字遠操喜讀史鑑古書嫺琴棋能書畫初爲府掾吏以文藝受知郡守袁公後任松江府庫捕檢校一攝海防篆兩署華亭事俱有政績新塍瑣志引馮浩橫塘紀聞

金衍宗號岱峰嘉慶庚申科舉人謁選得縣令改就學博

任臨安敎諭勸學變通全祖望尊經閣祀典捐俸脩閣倡祀宇祖經師於已配兩廡諸儒外增王氏弼至陸氏德明二十一人洎敎授溫州見 文武廟不祭後殿議增如制復奉祀許鄭二儒栗主於倉聖祠與錢泰吉議論孺悲不得從祀往復千言考核典禮實事求是甌地濱海咸豐癸丑夏颶風淫雨奸民乘機刼米穀民斷炊商罷市勸建義倉積穀至數萬石逮壬癸年髮逆圍城賴有倉穀濟餉郡人德之咸豐甲寅重游泮宮後遂乞歸己未重赴鹿鳴弱歲噪詩名以銀河篇見賞阮學使元晚自裒輯思貽堂詩文稿甌隱芻言尊經閣祀典錄子鼎燮號小岱由增廣生保舉訓導辛酉署臨安學督團力竭殉難郵祀昭忠祠 沈維鐈思貽堂文序附新纂

沈樸字敦齋嘉慶癸酉科舉人嚴州府桐廬敎諭持身狷介熟精三角八弧術推步占驗綜貫中西星學恒登奎星閣攜筆硯食榼袖算器梯居之每星輝月朗輒至夜分不下樓道光庚戌休沐歸戒所親曰熒惑入南斗分野應揚州域不十年江浙將焦土矣後卒如其言手鈔天官書不下十餘篋因兵燹燬士林惜之新纂

胡祥麟字仁圃嘉慶癸酉舉人先世以武秩顯自崑山改籍秀水少游陸中丞耀幕喜切問齋文鈔講求實學治經好深湛之思得張惠言虞氏易義消息衍其說有專書詩學揚鐵崖李西涯派詠史諸樂府尤奇崛性鯁直與締交深規過不稍恕錢泰吉目爲諍友著有省過齋詩鈔易消息圖說 錢氏縣書雜記

錢聚仁字味根嘉慶癸酉拔貢戊寅順天舉人充 武英殿校錄期滿議敘知縣選授四川彭山縣修李冰六堰門六水門疏張公渠故址灌溉郡田有功水利出庫存社倉穀價銀買田三百餘畝爲濟倉田積歲輸穀做常平法收斂備水旱整飭江源書院課士溫經朔望躬敎督之平時服膺漳浦黃忠端學行繫年爲譜隨時觀省師法遠且大故淡於仕進早告歸主講鴛湖書院道光己酉籌辦荒賑尤多實惠焉錢泰吉撰墓表

沈濂字景周早失怙大父范孫著有詩學汝爲經明行修造就濂學舉道光壬午孝廉癸未聯捷籤分刑部主事補雲南司升安徽司員外郎歷轉山東廣東司郎中出守江蘇鎭江府時讞局案牘山積判結靡遺巡撫李星沅廉其能奏調江甯府典郡五年報最陞署淮徐道豐蕭邳宿間剽掠素豪橫濂至鋤奸擊暴著有威名咸豐紀元因豐北決口削職自念身任河務莫挽狂瀾深自引責留工効力役竣遂陳假歸少嗛文譽尤精考訂隨

筆紀錄有懷小編雖掇拾瑣屑而網羅淵博亦深甯夾
潾之支流弟洛嘉慶丙子舉人溫州樂清教諭因迎養
慈親崎嶇路遠未期告歸先漉卒 行述
朱鴻字雲陸乾孫乾隆己酉充選拔領鄉薦嘉慶壬戌入
翰林授編修纂樂志天文志時憲志又撰會典圖說欽
天監典例於句股割圜弧三角推步諸法融貫中西擢
御史給事中請修大清通禮定史館章程在吏科偕
部臣奏展選員赴任程限皆關政體之大者巡西城時
毀夾道居巫覡私廟所遺旗杆數百根變價施悅生堂
贍老民道光丙戌選授湖南糧儲道以忤巡撫康求退

不許乃改為候補道權掌長沙城南書院造就生徒講
求根柢著有考工記車制參解圖說聲音譜聲字蓄錄
名物偶拈舉數並各種算學書宦游不攜眷屬繼妻俞
氏與鴻舉案踰月茹香茹素終其身罷官後就養子舍
端坐而逝 朱氏家傳
朱應元號慎庵鴻子道光壬午舉人丙戌入詞曹散館改
部時樞密曹文正素無私謁知應元靜默寡交考授軍
機章京旋擢御史辛丑充禮闈同考官得士邊葆誠張
桐梁國瑚顧文彬皆知名咸豐辛亥選授甘肅慶陽府
護平慶涇道遇事機警獲刀匪馬建品及口外巨匪號

白虎者殲渠散脅同治壬戌任西甯府值逆回馬朵三
等滋事親冒矢石守城積勞繼調蘭州府病卒秉性恬
淡不趨炎熱故雖樞垣十載臺省七年奭素如故外用
後守西甯辭保舉頗有聲於甘涼 朱氏家傳
盛時霖字方仲父善持嘉慶丁卯捷京兆試後客直隸遷
安縣病歿凶耗至時霖天性肫篤泣血目為之眚聽母
氏褚教弟鏷讀學業得不輟弱冠歷幕燕魯吳楚恪守
母訓游不廢學寡能律身八字箴登道光甲午鄉榜甲
辰大挑二等署理於潛教諭監理杭州崇文書院兼掌
文瀾閣書籍奉母娛六橋三竺間深以湖上校官為

樂艱去服闋選金華永康縣教諭咸豐辛亥以孝廉方
正徵召年老辭廷試並乞歸庚申家破慮先世文集
散佚編存總目以延緒餘比聞顯廟上賓雖避寇流
離著髮守制言輒嗚咽遭際時艱悒鬱至壬戌秋卒所
著詩名清芬閣稿 盛氏宗譜傳
莊仲方字芝階肇奎子嘉慶庚午科順天舉人官中書舍
人澹於榮利愛西湖山水以搢紳奉委管理封田水利
瀟灑出塵晚歲歸居角里街築映雪樓藏書五萬餘卷
嘗論總集自文選以後唐北宋元明選家均有成書惟
南宋與金缺如鄉前輩沈嗣選果堂著有南宋文鑑又

復僅存門目乃裒集成之名曰文範又輯金文雅碧血錄古文練要均稱收羅宏富新纂

錢爾琳字犄齋恩貢生平居恂恂持躬廉儉乾嘉間錢氏多顯秩爾琳授徒自給不肯通尺書干求館硤石蔣氏垂二十年坐榻幾有趺痕熟精涑水通鑑歲七十門弟子欲爲壽堅卻之曰我讀溫公書歲數周千載若旦暮耳我年何足道楷法端嚴不屑欹側亦肖其介節也節錢泰吉撰墓表

錢聚朝字曉廷善揚子幼孤貧恒煮糜供母自啖麥餅度一日無寒乞相綺歲能文中道光乙未鄉榜大挑選授

嚴州府淳安縣教諭初秉鐸值皴寇逼隣境同官有捧下鄉募團儆邀與俱者辭曰導我生路意良厚也卒笑置之遂移榻縣廨與縣令陶雲升議堅守抱疴督團閱三年防稍綏乃乞假歸又值浙西疆事棘奔走滬淞譽畫餬口然素性耿介要人俗子有以財餌者雖寸縑不屑落筆崇尚氣誼境窶恒佽助人房薦畢令華珍僑寓郡城每至斷炊重師生義時作畫售金以供著有養眞齋詩集梅邊吹笛詞稿行述

嚴炳字星巖道光癸卯舉人六歲孤經書皆母氏指授成名後肆力於古文宗桐城派有手錄姚惜抱古文辭類纂評本兼精書畫爲人和而介杜門授徒隻字不入官署庚申賊氛戒嚴炳屢勸母氏徙避弗從及城陷炳急覓刃將自剄忽聞母嗽聲心暴痛刃遽墜地比賊至脅母去炳以孝養故隨老母所至洎常州母病歿危城中殯殮畢遂以身殉賊雅重炳名不強加僞命即埋棺坏土然齎志以歿可哀也已子寶森庠生同死於難浙江忠義錄有傳

沈照字燭門父陳夏歲貢生窮經皓首造就多人照稟庭訓登道光丁酉拔萃科授平陽教諭丁艱歸家無宿儲館於海甯蔣氏仍鬻文以自給庚申陷危城中賊將脅

之去堅不從平居詞氣溫溫至是忽瞋目詈曰我亦職官顧從賊乎殉節未踰時旋選授新城縣教諭事聞乃蒙　卹襲子應鏘庠生丱角時文采飛揚決爲遠到器亦死於難忠義錄有傳

沈昭興字硯怡以諸生游福康安戎幕軍功銓發四川時讞局有爭墓疑獄相持百數十年昭興謂蜀自獻忠擾後靡有孑遺嗣後皆客戶奚爭焉片言折之兩造詞窮獄遂息以才洊擢屢躓屢起仕至瀘州知州告歸咸豐壬子金陵告警不中者老以協防疲鈌爲憂昭興慰之曰兵主乎氣賊氛雖張刼運主之吾西戎閱歷久矣氣

衰賊立潰也果符所言精書法晚年猶能行楷壽至九
秩新纂

馬景禹字訒庵增貢生壯游楚越授經課嚴爭賓之爲人師晚歸里咸豐庚申寇至趣細弱出避自恃高年無他慮堅守蹟賓橋老屋賊覘知爲僞置刃於頸而礪之脅使司書記不屈與妻莊氏同遇害景禹績學不得志論及場屋事骯髒不平比聞賊熾尤慷慨裂眥卒殉之事聞 賜卹襲長白卯山撰墓誌

高均儒字伯平廩貢生先世閩人均儒始占籍秀水幼奉車氏慈訓念母劬勞終身布衣治經精聲音訓詁確守

段懋堂王懷祖六書之義文章師法桐城服膺葉采注近思錄校刊以勸後學咸豐間客游兩淮河帥楊以增漕帥吳棠爭幣聘屬勘書籍請碑銘墓誌者屨恆滿戶外同治時掌教杭州東城講舍恥鶩講學虛名在塾疾終貧不能斂郡守陳魯率肄業諸生經紀其喪焉著有可亭文稿新纂

杜文浩字少牧江蘇候補道文瀾仲弟幼入鄂習法家言以議敘典史洊保知縣賞帶藍翎始釋褐署湖北孝感縣丞駐小河地夙椎魯倡脩雙峰書院培植士林署襄陽縣雙溝巡檢講求捕務弋獲巨憝實諸法移任沔陽州判民猶攀留在沔陽集團仙桃鎭事蕆隨大府防堵蘄黃調知廣濟奸民方四象應賊援星夜計擒單騎入村落解脅從觀感者爭以綵紬繫馬前遂密參軍議留蘄州營咸豐三年殉難田家鎭其死也職司文案非有城社之責乃沙場喋血骸骨無存 卹贈知府銜入祀湖北昭忠祠吳雲撰墓表

朱榮恩字少廉廩生父瀌舉道光壬辰鄉試第一榮恩少孤力學耐貧授徒庚申賊踞郡士流在圍城困乏者賊以財餌檄令應試聞榮恩名將招之懼汙僞命丐服出城匿避國界橋糧盡採桑葉嚼之軀體素偉善飲啖至

是餒不能自存鄉有散賑米者勸其婦高氏往取婦卻之翌日與夫閉門同餓死浙江忠義錄 梅里殉難錄

鄭觀壽字星蓮父士喬幕游閩廣著雪樵山人詩稿觀壽登道光庚子 恩榜同治癸亥以知縣揀發福建左恪靖伯才之調營務文案委讞局獲土匪研鞫再三解脫免死者數十人乙丑權甯德篆值旱荒請帑賑不足捐米五百石補仙游縣未赴任喀血卒歸槖蕭然著滌生詩文稿新纂

嘉興府志卷五十二

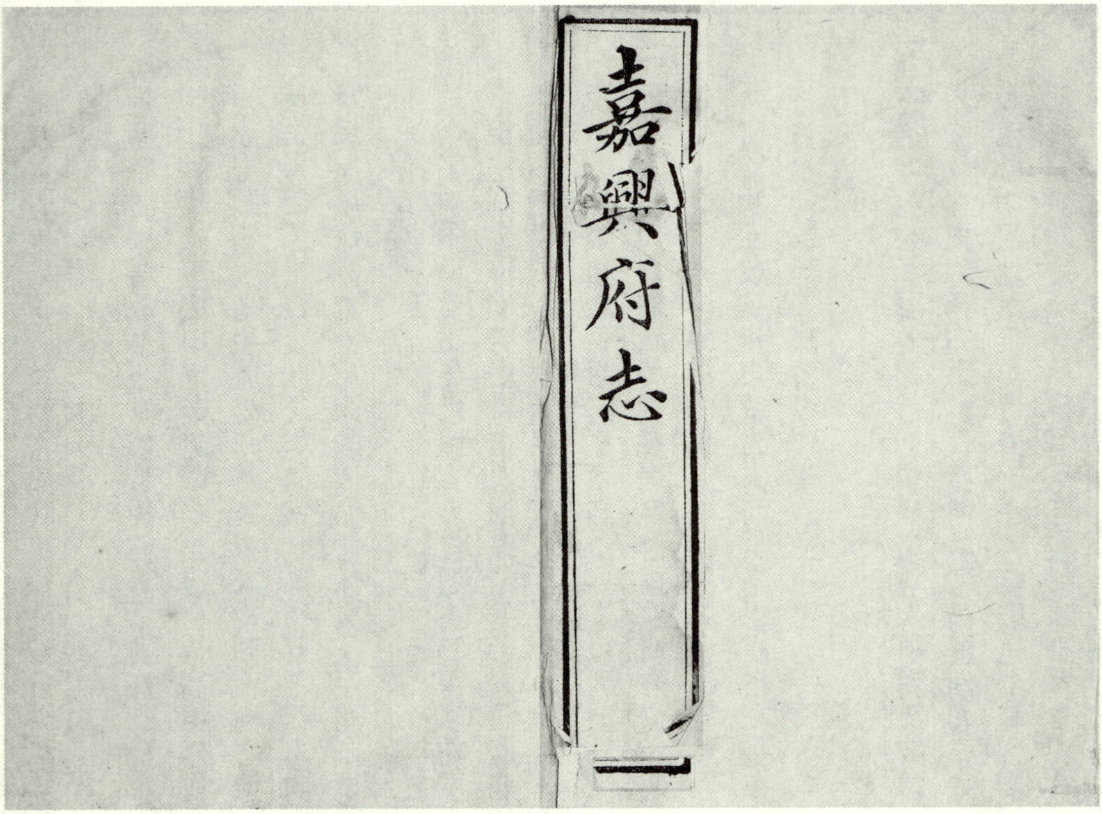

嘉興府知府善化許瑤光重輯

列傳

秀水縣

孝義

明

趙智宣德癸丑進士授庶吉士以省親乞歸世居白苧鄉之秀水橋鄉之好善務本者徐存正朱謙光盛德材與智爻四人稱莫逆交年皆七十餘智建四老堂以娛其親內閣王直爲之記 吳志參徵獻錄

陳昺事母沈盡孝母遘危疾晨夕奉藥裹侍牀褥母忽思食鯉乃循溪岸行聞魚躍聲解衣入水得巨魚爲羹奉母居喪廬墓三年諱日祀有一鶴從空下馴擾於庭里人繪二異圖詠歌之子孫多馴行孝謹六世孫懿典官詹事 劉志參袁志

沈本世居永樂里積織起家郡邑舉爲萬石長正統辛酉歲饑有詔勸富民賑貸本輸粟五千斛旌爲義民未幾閩寇猖獗郡守率民兵往禦本毅然隨行景泰癸酉募富民納粟實邊本偕白粲數百斛將上道疾作遣子滔代往同時陶鉦菊隱四世孫亦輸穀麥二千石授七品

散官浙江通志
范麟字桂巖鄉貢選粤東教諭親老不起景泰成化間應
詔捐粟賜六品官辭以子瓚贈御史秀水任志
項綱字立之尚書忠弟質之子也忠昆弟三仲曰質季曰
文質字素臣不仕綱成化辛卯舉人知昌邑縣調長葛
買陸氏宅將徙居破垣得藏金急召陸謂曰子有先人
遺貲何賣宅爲乃於中取宅價悉所藏併宅還之夜夢
人搢笏拜於庭曰僕陸氏祖也已得請於帝矣授一僕
啟之三紙皆署參議字後果驗徵獻錄
夏雷集慶里人客吳門三十年垂橐而歸病不起爲治

喪葬故人樂松爲怨家所搆往來居間費數百緡鄰婦
竊雷獨寢擲餘桃以啖之急起脫身走後以義旌賜章
服兩浙名賢錄
項穆字德純元汴子國學生以子皋謨贈中書舍人嘗置
義田以資族人贍府學及嘉興秀水嘉善三縣學之貧
士凡千餘畝詳學校門能詩工書著貞元子集書法雅
言雙美帖行世季弟德明字鑑臺諸生族子私售襄毅
墓田獨捐貲贖之從孫俊卿償其直弗受姊二貧寡推
解不絕能鑒別書畫旁通術家言著演禽玉鏡等篇皋
謨亦能文著學易堂五記襄毅實記吳志

卜宗洛思賢里人國學生性孝友輕財喜施不給者叩之
即應子四孝友如其父大同大有大順皆成進士袁志
周允文號衎溪襁褓時其父賈於燕允文侍母喪葬畢偕
姊壻訪父京師見人輒哭詢一翁語以在塞外允文遂
出關冰霜踣頓逾數千里一日遇諸途父子抱持慟哭
牽裾趣歸色養數十年並以壽終子鼎隆字道從亦以
孝聞事兩兄友愛補諸生與同郡朱鳳翔文譽相埒秀水李志
屠隨裕字君修應埈孫恩貢授上林苑監丞出爲成都府
通判鎮松潘安苗搆亂督餉支應不匱隨總督朱燮元
平之與宴賞歸事生母扶病嘗藥歷十年不倦年七十

母歿執喪盡哀徵獻錄參秀水任志
沈璧字東隱正德間應詔輸粟助邊授千戶弟兄五人最
友善析產推腴受瘠代兄徭役季弟屋燬於火出貲營
之比沒撫其孤如已子
曾丙與弟兩天性友愛奉母孝詳兩傳丙之子子唯諸生
內行淳備兄食貧悉以田宅讓之又償嫠妹逋三百餘
緡早卒以上劉志
項元淇字子瞻綱孫性孝友善視異母弟篤壽元汴讓財
於季倭入寇嘉善議拓城以禦城外列肆僦人素獲利

拓城當撤去以故縉紳多不欲元淇獨首撤之閱月築城成邑得保性落拓不事生產工詩詞草書以貲拜上林丞丁艱歸食貧親知遺贈卻弗受時與騷人衲子往來唱和談名理著少岳山人集 徵獻錄參浙江通志

項元淳字子南忠曾孫早孤遺貲萬餘金母命寄府藏嘉靖甲辰歲大祲元淳悉觸以賑飢太守欲上其事辭以蔭為衛千戶西司房理刑值分宜柄國屢興大獄而子婦又太宰吳鵬女也避勢挂冠歸子承芳萬歷癸未進士為漕運理刑官中官在淮者通賄作奸列狀糾之得旨逮閹并罷中官督漕 秀水李志參徵獻錄

陶廷錦字公重家貧有隱行友人坐事逮捕暮夜持數百金授之且告無還期立為緘封授婦後友事雪舉囊歸之封緘宛然族兄鑰家富厚無嗣戚黨議立其子力辭復議割腴田四百畝助之亦不受任饒州司理陞鎮江府通判俱以廉能稱子涵中領鄉薦 劉志

黃承蒼正色子友人胡振芳令蘄水全家罹寇胡獨歸依承蒼終其身胡歿鬻田葬之子齊賢嘗典質完人婚著孝史廣刑戒詩臆 吳志

萬邦彥字濱虹嘉靖乙卯舉人從子壽國字蓋卿萬歷甲午舉人並志行高潔不樂仕進閉門著書以立身行已率後進壽國事母孝子孫孝友姻睦數世同居禾中家法推之 吳志

沈東字啟明以貢授博士母喪哀毀不爐不扇不踰外閫者數年 袁志

鍾壁字良玉宸濠變三丁籍一勤王壁年十八三兄秀鼎鼐俱隸學宮官報父端名壁曰家有四子不能免父從軍縲紲何人哉遂代父行宸濠平得歸孫庚陽進士官刑部郎 吳志

劉鎧字大聲舉明經貧廩餼以供甘旨弟程未娶積束脩為締姻人勸之仕曰我不能及親而仕今親死為五斗

折腰耶杜門教子子宗亦以孝聞 袁志

吳槐少失怙母病革焚香籲天割股肉為羹以進不以告人 袁志

徐瓚以功曹任廣東海陽巡檢會開礦聞父喪賈人餽百金冀緩須臾行可亟發倍獲利瓚卻之曰父死之謂何而以利為哉遂奔喪歸濱海人高其義為立卻金碑 吳志

案徐氏世居秀水而瓚孫學周曾孫必達元孫世淯吳志載在嘉興列傳以其曾寄嘉興籍也今仍之

沈文銳國學生萬歷十七年大旱民饑捐米麥三千石佐賑濟後復捐田三百畝分贍嘉興秀水嘉善學又以三百畝為秀水縣義田議授光祿寺署丞同時同知竇文

照國學生賫國元賑饑施棺埋骼俱題旌建坊嘉興何志

沈元昌字鴻生幼穎悟年十二補弟子員以孝聞居喪哀毀致疾有弟四人食同案出同衣先人遺產悉讓之舉於鄉兩任司教五子九孫耕讀孝友不替袁志

邵宗舜字瑤光諸生工詩賦善草書父母亡哀毀骨立時有押運重役罄鬻私產爲兄弟償逋瘁心力不悔鄉黨重之

葛學孔字碩溪性至孝親歿廬墓十餘年讀書敦行不求聞達舉鄉飲賓子兆魁字孟侯諸生端重不苟笑好尙論古人遇忠孝事輒流連不已甲申後杜門郤埽號完吾以志節稱孫天麟亦有文行後人登科甲不絕鄉里以爲世德之報以上吳志

朱茂曜字子蕃太傅國祚孫國學生崇禎辛巳饑殍滿野茂曜鬻田葬之不下數千又收棄孩於路爲粥僧院活千餘人日走赤日中不自恤謂人世大夢錄古今史傳及所見聞凡夢兆之可徵者爲徵夢錄二百卷生平和易接物語及綱常臨大節赴大難毅然有不可犯之色明詩綜參家傳

姚兗字叔信喜吟咏父悅爲仇家所陷兗代父繫獄年餘別駕陳守義夜聞獄中讀書聲覆勘得昭雪著尙元草

秀水任志

吳天泰字謐生少負異才以作者自命性孝友母病籲城隍神請減算代母夜夢神許延母一紀教其弟成立子周瑾諸生日來舉人俱能文天泰著有星帶文集舊浙江通志參吳志

姚世華字孟實父嚴有所譙讓輒引咎跪請居喪毀瘠脫田推幼弟當就試南畿以母病目不肯行督之往得雋歸母病疽衣不解帶日夜悲泣祈以身代母尋瘳世華四十無嗣卒後五日妾舉一子柳志

高尙志性至孝母歿以少子死悲哀咯血幾絕尙志奉湯藥昕夕不交睫籲天刲股和藥以進母壽愈郡縣及學使者旌其廬袁志

范明泰字長廣登萬歷庚子應天鄉榜事親至孝父歿任所扶柩遠歸哀毀如不欲生母病徒步千里求醫夜席藁牀下聞聲即起請減算以禱讓宅從弟婚嫁戚族數人秀水任志

王道立號雲洲道人性醇恪父疾調治湯藥自浣廁牏卒婦子籲天請代父卒廬墓傍哀至殞絕母病篤口度藥以舌引痰泣盡繼以血既葬廬墓如父喪且終身焉臺臬聞之檄府旌其閭李日華王孝子傳

姚堯允字雲卿諸生博通五經諸子肆力詩詞時苦漕兌多費力請直指除其弊年饑倡捐賑人沾實惠子徵邑孫建侯諸生谻舉人曾孫祖愈廪生以忠厚世其家吳志

曹大田幼孤母苦節撫之及長娶婦蚤卒大田年三十母勸更娶大田曰娶婦爲後計耳兒有子矣遂不復娶教子谷成進士官御史贈如其官

吳鉞字節侯諸生性至孝父有痰疾終夜扶侍不少倦與兄鑄鍔同居友愛以上秀水任志

俞振紀性至孝母卒年甫舞勺負土成墳慈烏巢焉里人稱孝烏冢父壽逾耄耋生養死葬皆盡禮四旬鰥嗣續

妻李氏夢竈神告曰念某盡孝已達司命自此多男矣果連舉五子仲子昱篤學好古著有茗柯堂集秀水任志參檇李詩繫

徐世濬字思于必達子幼負異才孝友眞篤輕財好施嘗以千金濟人急食餼當貢稱疾讓需次者與弟沿共營千金之宅後讓沿勿較也子格究心理學亦以孝友著孫燮元有學行早世吳志

吳兆華字孟戣淞孫崇禎時明經爲同里陳懿典馮夢禎所推許性耿介不妄取與有孫主事贈以金而無名固卻之弟奕華字仲戣好義遇歲飢首倡平糶收育童稚全活無算兆華子元湝字友玉有文名吳志參秀水任志

朱應祥貧而有操旅舍得遺囊三百五十金候其人還之其人感泣願酬其半應祥謝不顧子三季曰承武盡弟道長兄性嚴急事之曲謹孝友敦睦里黨重之子瑾有傳吳志

陶經字協嘉隱居復禮鄉父病割股以療乞滅已年益父算及親歿茹素終身言方行矩里黨稱之吳志

殳邦清字鳳儀七歲居父喪如成人奉母竭盡子職母卒擗踊廬墓動遵古禮年二十妻亡不再娶二子亦盡孝妯娌化之一門雍肅郡守監司旌其廬舉鄉飲賓王庭爲立傳袁志

徐郴臣字亦于好奇負志節崇禎丙子舉于鄉有司重之欲見不可得庚辰公車罷歸已抵宿遷聞友郁起麟病于費縣旅舍策蹇往視之起麟死經紀其喪遂染疾卒兩櫬同歸人稱死生交請祀鄉賢祠仲子齋方總角張溥奇其才以姪女妻之季子維以依聞浙江通志參吳志

卜年字翁洲崇禎己卯舉人時當鼎革閉門不與人事父通年遺備極孝養自奉節儉賙卹親黨不少吝著有言志集吳志參秀水任志

劉謙齋績學砥行負時名四方爭延爲師以母病璧不往

終日一室母子相依人稱劉孝子李日華有傳

姚勉字仲堅博覽羣書兼習岐黃家言好周人急有貧約炁焚其券鄉里德之子敬明州守孫宗豫教諭宏賁州佐俱能世其家學以上吳志

張泰徵字萍止諸生崇禎末兄晉徵棄官歸泰徵亦不復與試兄弟偕隱極友于之誼其後數世同居里人方之義門鄭氏秀水任志

沈瞻日字仲臨諸生父耀辰官粤東值鼎革烽煙阻絕冒險往尋數濱於死卒奉父攜弟以歸子京友字彥博品高行潔工制藝及古文辭以明經終有藏笥稾吳志

朱茂晥字子芾國祚孫崇禎初諸生甲申後棄去授徒以老著錄者百人從子彝尊與焉故人邱岳以子託浮海入粵轉徙閩南而死茂晥視若已子爲娶婦教之成立詩文質而古如其人有顧領集檇李詩繫

杜蘅字芳洲諸生友于兄兄偶病思烏梅餅假寐間見一人乘小舸雅似蘅俄聞剝啄聲而覺啟扉蘅果入袖出餅奉兄詫喜病遂愈時蘅客武塘適思兄心動而歸不知兄病也蘅嘗念母老禱於神願減算獲一第庶盡祿養竟齎志早卒子嵋三歲而孤亦有至性遭母喪哀毀備至周貧急難樂善好施終其身著有金臺集草堂雜著後並以嵋子臻貴贈尚書秀水任志

戚敬字秉肅白苎里人其先有名同文五代時號正素先生孝友傳家至敬母疾刲股進母已不能咽痛絕復甦將葬掘穴尺卽湧泉親負土累若高陵結茇廬側極望墓頓踊吳門之陷前鋒無敢犯者敬瞪目起曰吾忍離親墓耶集豪右子弟卒保里中稱無恙後公府聞將賞之不顧終身爲文學掾未徙官徐一夔記

國朝

吳三錫順治辛丑進士中書舍人讓田宅與叔及弟捐置祭田義田以贍族爲東强知縣有昆弟爭產訐訟七載三錫以至情反覆開導二人相對大慟和好如初耆勸孝錄行世入鄉賢祠浙江通志

董士昌字甯庵順治進士砥行好學然諾不苟姻戚中孤寡貧乏者爲之婚娶朋友有急解贈無恡色歲歉倡捐以賑民間婦女爲亂兵所掠出金贖還之知陝西平利縣卒於官浙江通志參袁志

張灝國子生好施與康熙九年水災米騰貴倡行平糶之舉全活無算施茶四十年濬河築橋路皆盡力爲之祀鄉賢祠浙江通志

孫鍾瑞字子麟幼以友讓稱甲申後精探濂洛淵源以主

靜為宗律身嚴擇交慎誘迪後進娓娓不倦歲饑賑活甚衆生平周困恤喪不勝殫述著有聖學大成可人集易學心符等書秀水任志

朱彝敘字範臣茂時子拔貢生少負雋才為張天如陳子龍諸人推重奉父孝先意承志至老不離左右父病醫莫效有方外踵門療之旋不見人以為孝感父歿時彝敘年已七十里人王庭題贈有云七十而慕純孝何疑子建子貢生著闕里記儀禮喪服考孫丕或進士有文名吳志參伊志

沈綰縣學生父廷勷為欒城縣時平清河之亂有婦女被

繫者勸父請於主將咸得釋祖遺祭田倡立條議凡讀書膏火及貧老鰥寡孤獨者給之以親疏為差入鄉賢祠浙江通志

何漢偉字君階幼遭亂被掠得釋偕兄尋父骨以葬嫡母曹病刲股肉以小鑑就牀側煮之曹於昏迷中聞肉香而甦索食一啖而愈事生母一如事嫡嘗病自恐不起呼子檢諸佃逋劵焚之又有陶宗恒居父母喪哀號不欲生既葬先後各廬墓三年嘗有羣鳥數百啾鳴松柏間若助其悲哀二子嵩崑為兩兄後子處終其身雍正十一年何與陶並題旌浙江通志參伊志

崔上煥字建章父千戶某為同僚所陷擬戍邊上煥年十八走京師五擊登聞鼓刺指血書寃陳當事天寒血凝不得書痛哭引佩刀斫指指幾斷書上竟從輕議事嫡母張生母朱皆孝謹由吏員授思明經歷終甯洋縣祀鄉賢祠伊志

鄒世麟字魯傳考授修職郎弱齡喪母徐號不止父宗仁諭以大義始節哀父坐臥一小樓日夕侍奉有乳燕數百羣巢樓下人異之名百燕樓父病衣不解帶籲天願以身代及卒擗踊泣血絶而復甦事繼母屠亦孝迨葬有白鶴一雙飛遶墓上人咸謂孝感慕義好施終身不

倦卒時猶以捐修崇聖祠屬其子成之著有西村詩草浙江通志

婁光曜字君政好讀書樂道人善而隱其過少時嘗有寇數百人突入其村驅婦女錮置古溪庵光曜與同村沈某募鄉勇逐之出婦女護還家康熙乙酉舉鄉飲賓伊志

婁承康字安生康熙間歲祲屢捐粟設粥以食餓者旱疫則手丸藥以療之鄉人某將鬻其先世之墓地於人承康憫之以金購其地而誡子孫永保其墓夜夢老人來謝曰我子孫不肖賴君保骸骨陰德甚大君當大壽年九十無疾卒伊志

吳天俊諸生家貧力學性孝弟乙酉被兵時母姚病道路梗塞無從覓醫乃泣禱於天割股以進一日盜至奪其父臥具俊哀求不已盜怒擬以刃刃忽墜僅持一裲盜驚愕去兒病廢養之如父終其身吳志

錢國元字瑞芝母楊病篤醫不效籲天割股療之旣痊復病又割如初華德禮越人遷禾年十六母患心疾藥罔效割股煮糜以進乃痊郡縣並旌之袁志參秀水任志

沈惠纕字馨聞諸生少喪母哀毀如成人鞠于祖母馮馮病割臂以療馮竟瘥盜發其母殯惠纕號呼于當事頓顙出血匍匐上下三年而盜獲當事從末減不寘盜重

典惠纕憤恚欲死屬異母弟善事父而已棄家遁子修誠長乃尋惠纕歸遭父喪年逾艾哭聲人不忍聞惠纕自母殯被發後終身哀痛不處內不飲酒食肉乾隆八年具題　旌其孝詩文沉鬱有三實居士集伊志參吳志及桑調元傳

吳國楨字君益父敬源以落拓罄其家足成痿疾國楨服賈積漸饒凡可以娛親者靡弗至父愛博日置錢牀頭以供其戲又愛友人過談日具酒食款留使客不去父乘興意博而博意談而談恒嬉嬉忘其足之痿也以是臻上壽戚黨貧而死或無後者國楨曰於我養於我葬無倦容父沒乃遨遊名山曰吾向者辛勤數十年徒以慰父耳今老矣安能疲精神於阿堵中爲子孫計哉後亦以壽終伊志

張作霖諸生割股治母病創未合越一日遇道者曰我知汝臂痛有藥在方拜受忽不見敷之立愈吳志

朱亘字恒夫早孤事母孝家貧甘旨必具母喪哀毀骨立與兄不析箸婦亡不再娶讀書潛心理學有醕儒之目知縣王廷機旌其廬秀水任志

屠英康熙戊子副榜知井陘縣遷知灤州居官勤敏歸田後敦本睦族捐貲修康僖公書院吳志

陳王愉字怡靖知府史載重修學宮王愉首輸數百金以襄其役族兄某負客三百餘金代償之助友人婚喪必盡力巡按王元曦具疏題　旌同時杜允陞字道周亦好義里有沈某將鬻妻以養親允陞傾橐濟之得不鬻吳志參秀水任志

鄒模字景巖五世同居寬厚好善延名師訓戚黨子弟多成名歲凶出粟賑濟其孫垜以孝行稱

卜玠宣字電章四歲遭回祿失父所在號呼赴烟焰中攀其父捧祖像以出人嗟異之長工詩文擧於鄉著有冷溪杏軒諸集

戴樹屏字集宣國學生事父母曲意承志有疾衣不解帶嘗刲股以救父母疾操行端謹族黨有急必賙著有望杏軒文集子宏濤孫露俱有文曹德望字渭公母疾亦嘗刲股進諸昆弟困乏者輒助之

沈選文字聞瑤國學生善承父志讓財與叔偕弟同爨白首無閒言而持躬凜凜不苟諧世金士龍字雲生年七十時事九十老母彌謹不怠撫弟姪多成立鄉黨稱之

朱元字子肩諸生七齡喪母以失遺像每夕冀形夢寐積想五十年一夕夢神謂曰當使汝見母有姪湻倘幼不知繪事忽言夢大母遂援筆成像宗黨詫為神肖事繼

母孝撫諸弟友愛分產推腴取瘠諸善事力行不倦

盛烈字載揚號竹坡稟邑庠貢成均父孝廉藻早歿悲不逮養事寡母陶氏有孝聲勤儉起家修宗乘增祭產賙族姻康熙丁亥戊子間歲常歉開困貸鄉里不責其償居聞湖濱課農暇扃戶喜聽讀書聲故有子七人名多登士籍 桑調元撰傳

盛支燧字恂如幼孤母陸苦鞠之貧不能從師乃助母晝夜紡績以易米母子依倚二十餘年雖困甚不受人周恤湯之旭為立傳 以上吳志

葛天麟字雯倬歲貢生性好義嘗以府城水道淤塞請於郡守佟公倡捐開濬民便之生平急公類此弟天鳳貢生天鵬麗水教諭子湋字懷古進士授南康縣有惠聲洆字容度舉人以年老

特恩授國子監學正銜 伊志參吳志

陶德信字季彝父歿終喪不離殯所事母一如事父知府閻堯熙嘉其行舉鄉飲賓 吳志

王孝子失其名字子勃號又陶襁褓失母垂四十年子勃使身走萬里歷諸艱訪至陝之華亭詢父老得母骸骨負之歸任價作王孝子入秦記查昇陳奕禧皆有詩紀其事 伊志

沈修誠字辭立父蕙纕避家難遠遊母高口授以經書語及父修誠輒欲泣發憤力學時母居城祖依叔居郊外隔十數里往來定省無間嘗除夕大雪自郊外歸陷泥淖中不能起忽有攜燈掖之者審視無所覩人以為孝感補諸生聞父在燕徒步三千里勸父歸母病篤籲天請代父歿哭至昏絕乃甦修誠善詩古文慷慨有經世才終不遇乾隆九年題旌 伊志

婁東字載陽父患疽醫云毒已陷東卽以口吮膿盡見血而疽愈母瘋醫示方必得天目山海風藤乃可救藤在山巔至難取東卽奮然往足繭萬山竟得藤療其母父

復病軟腳東侍湯藥十餘年父卒母又病時家失火東從烟焰中負病母出竟無恙逮母故廬墓不肯歸或勸之東曰吾舍親何適也既而病革欣然曰今而後始得長依父母矣方東葬父母時天雨東呼天哭天爲霽及廬墓有鵲數千來巢墓木人皆以爲孝感乾隆五十年請旌入忠孝祠伊志

陳紹賓字茂章父洪銓患腳疾危甚刲股以療得痊雍正十三年九月事伊志

屠世芳字英發三齡失恃事繼母張孝父嬰疾衣不解帶者半年籲天願以身代父夢道人授以服貝母法乃得痊繼母歿撫幼弟弱妹體恤備至乾隆九年題旌伊志

朱嘉謨字聖言國學生縣之濮川人嘗設義塾置義田結放生社施棺施棉衣拾人之骸埋之留人之嬰育之於行旅則夏蓋涼亭冬給薑飲孜孜如不及每舉爲善最樂訓其子沈尙書德潛陳布衣梓各爲之立傳伊志

沈斆懿字禮存順天諸生父青崖以官事下獄斆懿詣部訟寃事得白母卒創痛幾瀕死家人奭褚延燒幃幔將及棺斆懿奮身撲救旋撲旋熾燎及衰絰股體焦爛甚九日死乾隆十二年題旌伊志

王鳴鳳王朝陽皆幼孤皆農家子鳴鳳母患乳癰膿潰不可近以口吮之竟愈後送母殯露處殯旁不肯歸村人爲結屋覆焉朝陽喪母哀毀不欲生將葬命妻守家自蓋草舍於墓旁出耕入息積數十年未嘗離於是遠近稱者此曰王孝子彼曰王孝子云伊志

王鏗字鳴和邑庠生住恩三庄翔字圩少孤母黃氏患寒疾侍榻前恍惚聞神語曰汝母病非人肉不能療治頓悟焚禱潛刲左股進母飲三日愈新纂

胡樹柟字藹谷諸生少孤事母鄭孝鄭沒寢食繐帷者三年雖疾病不飲酒肉有某售以屋歲入賃錢若干後某貧且老樹柟還其券戚族中有倚以衣食者十餘年如一日撫人遺孤至成立未嘗有德色所著有經疑性理心解等種伊志

李璜字方玉以南河効力得通判銜歷惠州府建社倉權本息數年間谷穀逾萬水旱有備守惠八年進南部連道造河橋以通行役家故饒璜爲置義田五頃屬子孫善守之刊有祠莊規條伊志

楊元龍字愷若性慷慨尙義少貧兄丞世遺孤廷甫晬元龍撫如子既自以賈致富遂以其財與廷平分之與人交然諾不欺有以急難告必曲爲之籌乾隆丙子出粟賑饑給州同銜廷字陛遴亦孝友工書法元龍子建字

朱立三能承父志與廷相友愛無間言歲大疫倡同人爲掩骼之會收瘞無數與元龍同時捐賑者有張邦琪王維新並貢生志伊

陳國祥字禹銓輕財好施有鄭道衡者代人貿易主某姓虧折本三百餘金情急將自盡國祥約某姓分任代償之某諾而食其言國祥慨然曰我雖貧何忍爲德不卒也盡括其貲本授之子焕字明上有父風讓產於弟含田作祭產捐粟施衣造橋修路當事表之以子徵餘贈六品銜志伊

沈雍嘉字維章少習儒業念無以爲養乃去而服賈藉所

入供甘旨父患溺不下醫罔効或云此非藥力可治若以人氣吸之當愈雍嘉即以口吸吸至再三溺果下病霍然父後又病痢雍嘉年五十餘矣親自滌拭累月不懈事繼母孝謹友于兩弟無間言市米貴傾廩米千餘斛貸鄉人不促其償後償及半念餘皆無力者併取計簿焚之子琳自有傳志伊

曹願學事繼母魏孝魏病篤刲股和藥進魏愈而願學以傷重不起臨歿屬妻汪氏曰善事舅姑弗負我志也聞者悼之年二十五志伊

朱克綏字慰蒼諸生父毋歿哀毀幾滅性授徒京師有同里某父死邸舍克綏以數歲所積賻其喪某得扶櫬歸撫弟姪修祠宇鄉里稱長者官給額旌焉志伊

王嘉魁字士超附貢生濮院人能詩兼工隸乾隆乙亥鬻田助賑又募人粟得千石全活者衆兄景瀾亦好施志伊

陶讓德字遜庵善治生乾隆戊辰出米六百石減價平糶庚午又出糶如前數乙亥助賑米六百石當官旌之又嘗承修 文廟費白金一千五百兩一椽一瓦皆親理之諸宮贊錦有記王江涇之聞店橋水湍駛讓德獨力重建工甚固性儉雖積贏萬畝自奉粗糲終其身同時顧應隆與讓德皆思賢鄉人家亦饒遇平糶捐賑亦出

米食其鄉人以自保太守旌額曰志存任恤學宮之役隨讓德襄其事志伊

沈子章世業農而好善嘗歲疫施棺櫬而尤以修橋爲已任竭歷寒暑經理匠料告募不足輒鬻產以畢其工遠近鄉村凡修橋大小二百餘處人呼爲沈佛子志伊

汪大紳字縉年舉人少嘗刲臂肉療父疾有責其非者謝曰固知身體髮膚不敢毀傷但見父病篤冀全生我之身不暇顧我身耳聞者歎服志伊

張嘉猷字振緯太學生好任恤歲饑則收養所棄之男女於道凡里中同善同仁會及修賢良節孝祠等舉每任

其事不辭勞伊志

莫世洪字對揚本姓施歸安人寄籍秀水以副榜任樂亭知縣世洪早喪父母無期服之親與再從叔同居事之如父家事一稟于叔終其身無私蓄人以爲視古人大功同財之義而又過之伊志

陸起鳳字宏勳柿林人母梁氏早世父景宣懷才落魄游歷都中關外十餘年起鳳事祖孝嘗聚徒於鄉距祖父母居七里無間寒暑每日五更奔往問安執爨浣衣衾滌厠牏事畢復之館教讀夜攻醫書館穀所入悉養祖父母喪葬盡禮父倦游歸善怒起鳳勉承色笑必冀父

喜而後已新塍瑣志引馮沽槜塘紀聞

沈元龍字在田紅墩村人母愛少子來鳳析爨時祖遺良田悉讓之守瘠產不及頃以力耕起家弟歿時恤其孤鄉里有詬詈至門者閉戶不與較壽九十終子繼賢生子七最幼曰德璋字樹銘繼賢歿奉養生母李晨餐夕膳未嘗委諸同母兄嫂輕財好施道光三年水妻兄王居法五莊正宿圩地尤低窪田廬淹沒德璋時家已中落猶復月饋薪米親串感之新塍瑣志

李淦號春浦乾隆癸卯科舉人天姿穎粹事親以孝聞父嘗嚴冬痢下懼中寒蹲身舒兩臂於圊器用資柔暖與

同里楊未孩王碧山結愛吾廬文社有師竹齋稿參梅里志槜李詩繫續

陳徵餘號香圃以舉人挑選授遂安教諭生平績學砥行事父母以孝聞友于之誼至篤里黨稱之于志

吳耀本任南呂字圩年十七父故哀毀幾至滅性撫弟妹婚嫁母患寒症垂危籲天求禱願減已算益母壽跪拜七晝夜不已卒至刲股以進母病獲瘳有堂嫂方氏撫週歲兒守寡不時周其薪水方氏得以終守母歿哀痛一如父喪年五十三無病而終于志

唐桂森庠生事父鳳池克盡孝道父沒京師聞訃哀毀逾

恒母病痢桂森刲左右兩股和藥以進母病獲愈于志

岳鑑諸生經五子宋岳鄂王裔孫至性孝友沈毅有爲郡西郭外舊有岳王祠久燬兵燹鑑父觸目愴懷嘗以力艱興復爲憾臨終囑鑑必復祠祀鑑涕泣受命一木一石銖積寸累歷三十餘年而祠成又殿後建啟忠祠傍建支祠復官祭置祀田具祭器規畫周詳纖屑靡遺著金佗祠事錄八卷乾隆五十五年將祖遺地三十六畝坐落秀邑藏字圩捐入普濟堂作爲義塚賦稅仍歸岳氏完納嘉慶十五年奉

部議敘道光三年具題奉　旌于志

薛灝祖君華嗣祖君德父體純灝承兩支咸得歡心凡服勞侍疾養生送死俱竭心力父歿後隨祖客江西祖病遊旅灝拜禱七晝夜有道士詣門予以藥丸曰病可療數不可逃服此當速歸服之疾良瘉偕歸逾月祖病復發而卒人謂孝感所致道光十年旌于志

高桂諸生弱歲即爲祖母沈氏舐盲目復明父上達性嚴訓諸子不稍假借桂婉辭解慰屢獲霽顏門內稱順父欲建宗祠齎志而歿桂竭力營辦卒成父志兄松早亡事寡嫂撫遺姪無間道光十一年旌于志

沈廷傑性孝友遵父母遺命自嗣曾祖父母以下一身營

葬兩支凡戚黨及幼姑弟妹奄穸婚嫁之事皆獨力仔肩克慰先志母病籲天跪禮經月庭蓮結實並蔕剖房得丸如桐子服之而瘉卒年七十道光十四年旌于志

田政號摻伯事親曲意承志有疾衣不解帶母年七十時病劇刲股和藥以進遂得愈母年過九十歿嘗繪二親遺像供臥室中朝夕焚香時食必薦孺慕至老弗衰有弟分析後貧不能給時解衣推食每云薄待我弟即欺我親鄉黨宗族皆稱其孝弟焉于志

卜昌增生幼有至性祖母老而失明出入扶持不離左右父有疾禱於神願減已算以延父壽父歿哀毀骨立事

奉邁母敬事寡嫂姊歿撫甥成立里黨賢之父欲修祠墓未果積館修所入以完父志族有力不能葬者出貲助之歿後沈侍郎維鐈爲銘其墓于志

楊伯塤號古漁性慷慨尚義母病篤割股以救得愈奉養數十餘年曲意承志里黨稱之于志

沈連幼失怙母以祭墓墮水連躍入水救母出得無恙與兄某先經分析後兄歿家貧敎養兄子成立並爲經營婚喪諸費著有綱鑑撮要若干卷于志

顧綺字雲高父秉良疾日侍湯藥父歿數日水漿不入口母俞患瘍以口吮得愈母沒晝夜哀哭越五月卒于志

顧連奎家貧不給饕餅餌於市以養母負擔出外雖遇風

雨必歸侍母側無一日離左右穢器必親自滌滌母病輒憂惶焚臂香以籲天病愈輒喜晚沽酒進食則執板歌俚曲以娛母有老萊子風母歿哀慟不釋葬後終歲不樂鬱鬱以終于志

陳世楨邑庠生性至孝假館於外越數日必歸省母疾刲股進時大暑不去衣恐人知也次年母復病復刲又獲愈事嗣父母亦以孝稱于志

吳大中務農誠實寡言父疾寢室狹隘臥地以伴長年不怠病甚割股入藥父病頓瘳父歿哀毀盡禮妹適入家

貧乏恒佽給之于志

戴永智幼業儒賦性敏穎比長以親老家貧輟讀就賈供旨甘罔缺父世臻患足疾延名醫胗治不惜厚貲半載父足愈母馬氏驟膺目疾虔往天目天竺諸山禱求獲劑而歸母目復明逾年兩親相繼歿永智哀毁盡禮並承先志建立二戴夫子祠於北麗坊復捐地添設新安義所房屋又買市廛以備歲時修葺之需卒年五十六道光十七年　旌于志

倪棟庭事親先意承志母病失血甚危日夕侍奉湯藥衣不解帶者彌月深夜焚香籲天願減已筭以益母壽逾

時未愈乃潛刲左股和藥以進母飲之疾遂瘳人咸以爲孝感所致云于志

陳振聲字集齋庠生偕其弟太學生延聲能承其祖元朗志樂善不倦凡郡有興建及恤嫠普濟掩骼等事莫不踴躍奮義其大者爲義莊爲育嬰堂堂舊在郡西門外嘉慶三年移建於城東常豐坊振聲等卽舊堂置接嬰堂收遺孩而送育於常豐坊道光六年振聲子宗栢復建爲育嬰堂歲收嬰孩約三百口爲人抱養爲子女者歲嘗百口于志

沈芳性好施與事母以孝聞同里陳戴烘陳兆麟陳錦楊應宗沈方愼顧渭珍皆能爲善於鄉凡遇地方善舉無不踴躍贊助由族親以推於鄉里閭鎭皆稱爲善士于志

楊汝鎏沈維鑑並住王江涇道光三年捐貲助賑奉部議敘于志

于楷號蘭林邑庠生住王江涇樂善好施遇疫眚爲掩骼之舉著有地理錄要三卷于志

王承勳監生住新塍鎭凡修建橋廟必捌首募捐無難色又同鎭監生許汝賢捐賑五百兩亦邀議敘于志

岳傳經號半農濮院監生力行善事每遇恤嫠接嬰同仁惜字諸義舉皆竭力贊成偶值偏災倡捐施濟又建立宗祠捐置祀田七百畝藉賙戚族于志

陳枏內閣中書與同里陳棵周燮俱歷次董辦賑務並天寧寺造修工程棵官江蘇布理問燮官泉州通判于志

江天錫監生住新塍鎭好行善事曾獨力建二橋曰汲水曰南橋冬令製棉衣施捨歲以爲常于志

華觀光號如陵住王江涇州同職銜年百有一歲百歲時里人斂金爲壽辭不受云吾衣食無缺多金無用不若以此辦地方公事里人卽以金修治街道至今稱其里爲百歲街于志

王元相字佩臣自江蘇移籍來少游九華山途次拾包裹

發之白鏹與記籍坐待頁久有踉蹌來索者問數符歸之晚歲勤劬如少年未明卽起人定始息遇水旱凶札爲衆倡先施與延師教子弟歲時伏臘有受代者故無曠課爲善讀書後人相繼登第子恩壽官部曹有孝行已請

旌表吳江沈曰富略序

盛蕘春號墨莊以諸生保授教識歷署新城太平縣訓導善撥奏浙撫梁寶常王植吳文鎔辟佐幕府同治癸亥羣盜如毛仗義乞師微服渡錢江懷檄謁左帥左允所請乃航海歸以勞瘁旋卒新纂

陳端治號念農縣學生援例署武康縣教諭濟困扶危臨

事勤懇道光丁未河南饑卽輦金前往開封府設局散賑有遺金就祥符縣治崎嶇山路成街道二行旅便之其權學官也捐俸修尊經閣又於己酉水災辦賑出力累膺保擢至鹽提舉新纂

陳茂垣字壽卿柟孫道光癸卯科舉人內閣中書己酉水災散賑邑令江忠源器重之凡粟發乳嬰梁涉枵露諸善舉輒解囊仍復隱託歲未暮踵門至者絮凍哺饑動以千計丁未河南患旱戊申湖北患水均糾合萬緡邀陳廣文端治俞茂才汝銘前往不欲人知戊午己未間郡城至嘉善平湖諸水路花柳歌吹傷風敗俗赴省會稟大吏禁絕尤爲除苛解撓在京供職漢票籤額外中書舍人踰年卽歿旅邸節陳氏家乘傳

沈槃字寓谷庠生中年後患橐駝疾無志功名孳孳爲善向有同善會濟士族孤寡後窮發日增隨同陳中書茂垣趙明經華恩推廣其事擇冷仙亭創行惜字會朔望親自焚化又舉敦化玉成兩集凡無力從師者每月赴集課之幼稚溫經成人講藝造就者甚多新纂

陳功安郡庠生原名功吉孝子陳元翮元孫宗祠失火隨父往救火勢將及急負父出又侍父從譚仙嶺歸中途遇風折檣舟將覆奮身入水緊拽船舷擱淺岸得無恙

父病露禱致疾父歿痛不欲生越六日卒咸豐八年請

旌 題節奏稿

周城字一成號金浦誠樸寡言不近時趨集先正格言曰範身錄刊行耘庵詩話

屈有成號愼齋先自吳江遷王江涇家赤貧挈幼弟貿易荆楚妹適沈早寡舅姑欲奪其志乃迎歸持門戶沈時來詬詈至遁入尼庵爲置產贍養後謀歸娶會所親負逋三百金不得償傾囊貸之爰至三十七始娶婦劉生子佩璋亦篤行善再傳至慶墉茂垣異母出友愛無間庚申避亂猶賃屋前後以居墉歿垣悲哀盡禮同治紀

元當事以懿行　聞　詔旌悌弟著有招鶴山房詩稿新纂

沈德麐字書徵號秋圃刲股愈母疾居萬安橋咸以孝稱新纂

姜承烈字緑堤諸生家世寒微宅心和厚苦志力學雖暑夜不忍撲蚊嚙甚一拂而已規行矩步出入不平視不嚬笑母卒不脫衰麻茹素無言葬即歿年未及壯咸豐八年請　旌新纂

楊之鐈字怡村少失學為人主租庸性孝弟不娶兄弟死贍其寡嫂弟婦既又力葬祖父四喪心力盆瘁庚申賊至被六矛創甸以免扶至祖祠死得　旨賜䘏浙江忠義錄

沈德鴻住王江涇吳江糟字圩咸豐庚申賊至鴻僅十四齡自書塾逸出聞父維錕被擄因佯裝賣餳果狀出入賊中幾瀕於厄卒訪得實迎歸奉養同治年奉江蘇巡撫奏　旌新纂

張淮字錦華粗識字為人收田租父邁心疾性嗜羊市刲者不食必特殺以進思出游則賃肩輿隨以侍窮日而歸及疾篤冀刲肱療之父卒死錢泰吉作傳

張廷標百福巷衣工節傭所入為弟納婦終身不娶母年耄常效市中兒嬉戲狀以娛母一日隣家火負母出急遷祀先之具不及他器用羣歎為合禮同上

嚴焯字心甫例貢先世長洲趙姓嘉興嚴順吾貿易至焯監墅攜其名文龍者為繼子居北麗坊月湄南數傳至焯樸誠謙謹雖負販廝僕與婉言無忤色邑北鄉梅家蕩巨浸也風恒覆舟醵金築堤冬代貧民贖棉衣服膺李塨建章願體集閱歷所及附刻新增并刊力行彙編見聞錄等書勸世節張清泰撰行述

褚棨字芸門國學生習申韓幕游鄂客居麻城縣周家岡咸豐三年粵匪躪鄉間棨匿草屋中賊瞥見曳之走忿甚持鋤擊賊仆地忽門外賊麕至白刃交下遂被害事聞　詔許祔祀鄂浙昭忠祠甥江蘇候補道杜文瀾受教育恩貤封三品新纂

陳其耀字笛樓署江蘇丹陽縣典史卸事寓蘇賊氛至奉母避川沙城陷時裸負母匿蘆葦間荆棘傷膚如刻畫旋為賊得不屈赴水死浙江忠義錄

溫瑞綸諸生援例以巡檢候補江蘇粵逆擾時派查揚州府天甯門城陷殉難事載揚州府志新纂

周邦鎮字海樓議敘布政司經歷閬川鎮人庚申夏遇賊不屈瘐死郡城時其家傭朱同被擄為棄葬於北門官

倉旁地樹木識之克復未得脫以語其嗣作明訪遼處
則地已爲官屋樹亦無存走告於官立石以志 楊象濟撰周君
葉葬記
馮寶三字子仙祖岱以文庠生精拳勇再傳至寶三幼習
鎗法結游俠咸豐己未薦膺揚宴庚申郡城陷投三塔
灣張總統玉良營張師徒翫寇潰退石門寶三泅而免
往見石門守將吳再陞復舉團練扼賊羔羊堰天花蕩
迨再陞師奔而石門潰寶三乃潛歸鄉仍棲浜而守保
護新塍鎮不數月爲鄉官誘縛送賊賊愛其材武釋而
遣諸許以金幣官爵寶三歸而殺賊如故賊銜之甚一

日微服過陡門爲賊覺執而殺之 鄭鳳鏘新塍瑣志
聞人塤武生咸豐庚申春補試武闈試未已留撥操練局
二月二十八日省城陷陣亡 新纂
張松元宿字圩農民庚申郡城陷分踞聞川鎮賊日抄掠
松元率衆拒於謝河橋櫌鋤鉤戟集田器爲武庫相持
旬餘五月初三日賊廱至被縛磔而死 新纂

文苑

明

陳濟成化丁酉舉人授應天府學訓導遷鄭州學正再補
萬安敎諭博學有達識談經史元元本本條舉靡遺弟
子聽者忘倦終蘄州知州 徵獻錄
范璋字朝秉成化庚子經魁甲辰會試副榜學問淹博天
文地理著龜占候靡不通曉著有靜遠堂集 秀水任志
范言字孔嘉嘉靖丙戌進士自蒲圻令改學博轉國子監
丞遷大理府同知致仕言博涉經史善屬文與里中彭
輅以文詞相頡頏范宗韓歐有體裁彭宏麗出入史漢

各負氣不相下說者謂彭橫肆而范馴謹著有菁陽集
劉志
鄒國儒字醕甫嘉靖乙丑進士愿恪有至行喜折節下人
不談人短以宿學授徒二十年始獲雋敎弟子甚嚴肅
終日講席無倦容 秀水任志
仲春龍字原仁以國學生授文淵閣中書舍人善楷書能
詩文與李先芳莫如忠善王弇州稱其詩在襄陽右丞
間有九山樵子集 檇李詩繫
張正鵠字德中祖淮性忠實國子生考授嵋峨知縣父桐
號鳳岡少好讀書外祖藏經無子鍾愛桐藏書千餘卷

授之晝夜攻苦益淹貫年二十七以瘵卒正鵠毋諸同里副使侮女也正鵠生而警敏侮教以經史爲剖析疑義靡不悟稍長能文中隆慶辛未進士授太常博士遷南兵部主事乞終養補刑部主事歷郎中 徵獻錄

陳萬言字居一繼徵子萬歷癸卯領解已未成進士授檢討爲文深思掀闔力還正始兼通篆籀奇壬數學著有鈃園集 分省人物考參徵獻錄

宋鳳翔字羽皇萬歷壬子順天鄉試第一洞明經書理奥文有根柢一秉先正四方以文投閲者不遠數千里而至操選政與艾南英齊名 徵獻錄

李培字培之從唐樞王畿遊究性命之學以歲貢任上虞海甯新城學博所至講學課士多所造就終龍南令著有水西集項元淯休甯訓導遷英山教諭敦學行誨人諄切得善誘方歸里後弟子不遠數百里就學其家 秀水志

沈德符字虎臣自邠子萬歷戊午舉人生稟異質日讀一寸書自兩宋以來史乘別集以及國家掌故往往能敷陳其本末網羅放失勒成一家言頗資考證事母孝撫姪如子不附黨援孜孜以汲引後進爲任著有清權堂詩文集弟鳳字超宗負儁才早卒董其昌謂自鳳亡余書法無可傳子克家亦善讀書 明詩綜檇李詩繫參史志

屠肇芳字培之性敦樸文本經術兼工書初家貧服賈事親天啟丁卯舉於鄉年踰四十矣司教蕭山與諸生約三條曰根本曰風節曰學問一時士敦實行薦擢文水令甫四月告歸著有四書孝弟編正文體說員寄亭臆言太極圖說周易大旨 秀水志

項元汴字子京博雅好古不習舉業萬歷間被徵不起席豪貲天下法書名畫鼎彝玉石諸珍祕不脛而至獲古琴有天籟字遂以顏其儲藏之閣辨別眞贋析及苗髮通八法六法書出入智永趙吳興畫山水學黃公望倪

瓚尤醉心於倪得其勝趣兼善墨竹梅蘭同時婁東王世貞蒐羅名品亦不遺餘力然不逮遠甚嘉隆以還宇內稱鑒賞家第一每以私印鈐書畫纍纍滿幅或識其價若干於尾又精心計嘗選匠授意造器其凡几榻架櫝奩盒之屬鐫以銘款皆緻巧絕人二百年來天籟閣所藏流散人間往往採入

內廷屢荷

天章題其遺蹟實異代稀覯之榮也子德新字復初亦工繪事得荊關法兼善寫生流傳少人得其片紙如拱璧 姜二酉韻石齋筆談參徵獻錄及新纂

項道民字民逸元淇子幼韶慧能詩長益駿發時馮開之李伯遠皆負盛名道民鼎足其間風華掩映人方以遠到期之忽一日盡焚制藝逃於禪石磴繩牀終朝諷唄不輟著有春暉堂集檇李詩繫

項聖謨字孔彰元汴孫薰習風雅尤長畫董其昌謂聖謨樹石屋宇花卉人物皆與宋人血戰山水兼元人氣韻所謂士氣作家俱備者嘗自寫行看子自少至老題曰九十九變相圖布景各極其妙又作長江萬里圖最雄俊朱彝尊稱之至今流傳者短幀長卷上呈

乙覽飄荷

宸題兒子奎字子聚號東井亦能學元人山水兼擅蘭竹好用禿筆水墨有晚盥堂詩學書畫譜參張庚畫徵錄及新纂

卜不矜字竽公大有曾孫諸生性恬雅隱居嘯傲以詩文自娛尤工曲律著有復瓠集八卷併杖頭錢鴛鴦扇南北諸劇

姚瀞字公滌一字北若思仁孫廕太學生質直有至行好施急友難千金無吝色崇禎丙子就試南都大會東南名士東其文以歸有國門廣業之選一時稱月旦三試不第遂隱居著述積書四十櫝部分類聚廣荊川左編集漢至隋文爲八代文統

吳元震諸生有品望爲生徒模楷舉鄉飲賓季子治縣學生負文譽貧無寸椽寄跡蕭寺積束脩所入以經營父葬不以累其兄著有表章聖學四卷筆記六卷又諸生唐文選字掄章有文而孝友知縣湯齊嘗表其廬子堯岳年十二補弟子員博綜羣籍工詩古文辭及書法著有劍廬集白毬吟孫珏亦以文學稱以上秀水任志

姚繼華字鳳亭諸生性坦直博學強記著書經詳解禹貢纂要九州圖說災祥占驗考諸歷纂要等書吳志

卜世臣字藍水磊落不諧俗日扃戶著書有挂瓢言玉樹清商多識編樂府指南卮言及山水合譜孫休有傳袁志

沈麐字天鹿少孤母胡授之讀及長博通羣籍值明末棄舉業無進取志戚屬皆開府貴盛欲表薦之不就時與陳繼儒李日華諸名宿以詩酒相還往當事聞名造其廬謝不見家本饒初伯氏欲規佔之麐泣請於母盡讓其膏腴願以薄田奉母守約終其身後伯氏窘且老無後麐仍爲收瘞曲盡其敬尤長於填詞康熙四十五年命詞臣選歷朝詩餘錄麐數闋香樹齋文集

朱茂暉字子若諸生以祖廕授中書好博覽經史諸子百家靡不兼綜古文詞元本六藝韻語不屑蹈襲前人尺牘日可百函華亭周立勳嘗云讀書能化臭腐爲神奇

惟禾中朱子有之所輯禹貢補注徐孚遠謂當與程泰之傳同叔並垂著悔在先生集靜志居詩話

朱茂曙字子蘅國祚孫大競子為人恂恂儒雅篤於孝友取予進退介而有節國祚當廕一孫以子茂曙不受叔某富無子以次當嗣又辭之悉以推諸弟浙江巡撫董象恒友壻也勸往不應少善屬文工行楷書能畫山水竹石為董其昌所稱明季棄諸生經史外旁及天文醫卜諸書盡通其術浙江通志

錢龍珍字松溪生而穎悟沉酣六籍著毛詩正義八卷解歌二卷臆易三萬餘言倣呂東萊大事紀邱瓊山世史

正綱撰史編史綱又著家鄉禮節四卷黜浮崇古鄉里取法焉不事生產好施予生平無怒色即非意相干怡然也以子江貴贈奉政大夫秀水任志

萬祚亨字元嘉諸生壽國子博學勵行中歲棄舉業耽情山水工于筆墨杜門二十年著有臥隱閣集子人望孫必大並善畫而必大子宏道字正思山水摹董巨筆意人尤重之秀水任志參畫徵錄

吳洪珍字沖霄諸生性孝友與人交以誠工古文辭後以子鑄登第遂不應試博考史鑑古今人姓氏分類成編年臻上壽三舉鄉飲賓秀水任志

陳泰甯字坤益學士懿典子少博學遇異書輒手自鈔寫積數十冊先懿典卒著有尚書講義十卷吳志

項真字不損縣學生兼綜古今文為李長蘅聞子將所激賞書法絕倫有御史巡按至浙試士子文經書法題外俾作一詩真詩就以行草縱筆寫之御史拔第一益自負儻蕩不羈坐事瘐死于獄

朱茂晭字子蓉縣學生擅詩文古風豪俊專師太白評者比之出水芙蓉兼工書法著有鏡雲亭集及雜著若干種以上明詩綜

戚中岳楷法與文徵仲頡頏畫宗巨然筆力蒼老較之吳

仲圭略減清潤耳又朱素臣字去塵諸生善寫竹築室幽篁間與名流觴詠其中曹侍郎勳贈句云道人癯似竹遂自號竹癯秀水任志

國朝

施博字易修爾志子明季諸生少篤學不事進取讀易至家人卦悟聖道不離倫常日用乃一以務本為學教人躬行為重不尚空談遠近有志斯道者聞聲踵至聽其講論罔不感發平生遠標榜未嘗入社著姚江淵源語錄講義若干卷吳志參秀水任志案通志作施靜誤

俞汝言字右吉少孤貧力學具經世才乙酉後棄諸生嘗

館鶴洲朱氏甯都魏禧來寓倦圃曹氏曹朱戚也禧因訪汝言與論古今人物治亂得失窮十晝夜禧爲傾倒族父某富而無子汝言次當後族人或覬之遂謝去出遊燕趙韓宋衛閩粵及雲中鴈門胸次益廣歸而益著書至兩目盲猶令人日誦書有所見口授使記之至老不衰既沒禧表其墓著春秋平義十二卷漸川集十卷京房易圖先儒語要明世臣考寇變略凡十數種弟子吳之機字達可好學著述亦甚富周人急雖屢空勿顧吳志參盛百二文棄

蔣之翹字楚穉少工詩採禾中先正諸詠爲檇李詩乘家貧好藏書明末避盗村居收羅名人遺集數十種選有甲申前後集又嘗重纂晉書校注昌黎河東集吳志

曹之璉字仲玉諸生博古力學敦品誼舉德行授徒數十年及門之士多所成就纂有格言諸書行世秀水任志

蕭瑛字荆玉崇禎庚午副榜教授生徒多名士子墉字賡六訓導敦行嗜古兼通醫理

施永圖字明臺由貢生仕至鳳泗道歸里後著五經四書慧解歷代紀異及醫方本草諸書以上吳志

鍾嶽立字宣遠前貢生弟子宮字恕雯諸生並長于文學有聲望嶽立有信志堂稾子淵映字廣漢負奇才年三十餘囊所著書數十冊入都與長洲汪琬辨論大經諸史之源流詩歌古文辭之利病與自唐以來諸大家之門庭曲折口眵目張洋洋纚纚數晝夜不休琬欲倣以所不知而廣漢性甚敏識甚高卒莫能難越數日廣漢暴歿琬爲作哀辭嘗欲注五代史稾未成遺著尚夥吳志參堯峯文鈔

陳忱字用亶順治甲午副榜少孤力學爲詩文質于曹侍郎溶朱檢討彝尊得有指歸著誠齋詩集不出戶庭錄讀史隨筆同姓名錄諸書子建熚諸生醞藉能文廷煒有傳

毛廷芳字石墨康熙庚戌進士善書法知新淦縣有惠政歸里後恬淡自得寄情詩酒以終

陸泗字秋芳九歲能文十歲善詩歌聲譽出老生上子霨字文端康熙乙丑進士知榮昌縣歲旱捐俸以賑

吳讓木字交樹樂清教諭耿逆亂後學宮鞠爲茂草讓木興復黌舍一新遷溫州府教授著有石堂詩集以上吳志

沈雖字無期少有雋才從婁東吳偉業華亭李雯遊文譽馳遠近以諸生教授三十年門下皆知名士

徐世淂字中粹尙書必達仲子性孝謹事尙書得歡心訓子姪必以禮讀書多手鈔所著有易參及明季本末諸

書以上秀水任志

陳彭齡字耆庚德元曾孫工文章與卜彭年相砥礪貧而好學逢華蕭然不改其樂陳鍾字西音貢生博於經史尤篤倫紀友愛諸弟鄉黨嘉其行吳志

嚴勳字扆臣與兄覲弟臨有三嚴之目順治辛丑進士留心經濟議論古今得失如指掌著有讀易堂文集覲字質人以貢授訓導性孝友績學能文著有禹貢輯要臨字覽民以貢授中書五經三史能暗誦著醒齋集吳志參秀水任志

張雍敬字簡庵初名珩縣之新塍人多學尤長推算所著定歷玉衡朱彝尊序之盛有推許語見經籍志詩豪俊曰環愁艸又善塡曲兼工畫伊志

朱瑾字崑友諸生研覃濂洛之書與陸清獻公隴其爲友序其四書大全授徒講學著有習是編教學圖又有養正編識小集禮記集註治略芻言思位錄嘗遊闕里見三教堂駭甚遂啟衍聖公毀之著闕里紀言後掌紫陽書院敎闡明理學有會講問答方正學年譜

沈大詹字伯遠修撰自邠孫與弟大遇字仲謀並有聲望時三吳文社競起雲間婁上爭相延召大詹幾爲黨累晚年除遂昌訓導値耿逆亂變服匿深山爲邏兵所得

叛將强以冠帶佯病不食卒以上吳志

馬上驌字雪儕諸生父呈龔習靑烏家言著有平洋元解上驌敦行通經善說春秋兼工詩著有詩法火傳左右編及詩文集二十卷祀鄉賢祠子壽穀字佺其康熙壬戌進士授武昌縣著有經書闡旨及瓶山唱和詩孫湘有傳任志參伊志

沈善世字爲九詩有儁才尤工於集杜藝林傳誦之同時有孫昭字方回與善世相唱和亦以詞賦擅名吳志

姚東明原名節字竹友頤下有癭晩自號贅翁任俠嗜酒善畫能詩爲朱彝尊門下士壯遊兩川三晉秦楚燕趙南及百粵交益廣詩益豪邁著有弄酒餘閒集十四卷吳江鈕琇令粵東以廉吏稱卒後幾不克歸櫬東明傾橐助之弟元貞字梅友亦工詩有無可亭橐伊志

王槩字安節寓居金陵畫山水學龔半千善作大幅雄快取勢過於蒼健而沖和不足也善詩文有澄心堂紙賦稱於時槩兄名著字宓草以花鳥擅名得黃荃法香祖筆記參畫徵錄

屠友良字伊和洪基子康熙癸卯鄉試第一庚戌進士知扶溝縣政務寬簡以德化民解組歸四壁蕭然舉瓶山詩會以風雅為倡酬士林宗之吳志

周蘭森字馥佩歲貢生工舉業兼古文辭駱琦字允文恩貢生敦孝友讀書寒暑不輟琦與蘭森教授生徒並和易善誘人人樂從之又卜垣字僧坦居秋涇里有學行授徒皆知名士富於文爲時傳誦吳志

卜休字人木少孤十歲能賦詩經史過目不忘既長博極羣書雖稗官野紀及方外藏典靡不研究善談論與人辨古今治亂得失皆獨抒已見不少阿附家極貧晚喪子每隆冬風雪洒窗擁敗絮從容展卷恬如也詩宗唐音弟子李元黼收其槀陳梓文集

盛大鏞字匏仲歲貢需次訓導好風雅有別業在南湖旁曰匏菴集里中人爲竹林詩社其詩初沿七子派後學皮陸晚乃似放翁常識錢太傅陳羣于總角時年八十三卒伊志

盛楓字黼宸明觀察萬年元孫未十歲以意爲詩文不屬草頃刻盈數紙弱冠舉於鄉出睢陽湯文正公之門游京師諸名宿皆折節與交屢不第歸而閉戶著述念故鄉文獻無徵搜討有明一代人文自公卿以逮山林隱逸各爲之傳題曰嘉禾徵獻錄本末犁然楹楓少師桐鄉顏鼎受長而習聞舅氏朱檢討彝尊之論說故學有淵源性孝友尙風義補安吉州學正嘗一攝州事州民樂稱其德所著尙有文集三十卷安吉耳目一卷觀瀾錄十卷子支焯等有傳李穆堂集參伊志

盛禾字旣同天台訓導楓弟少游四方足跡所至凡川原景物碑碣陵墓搜奇抉奧不厭詳考嘗述其見聞事迹條分件繫積十數冊頗資掌故從子支炳字虎文以保舉授知縣改淳安教諭能文尤工畫得北宋遺意伊志

朱丕戭字愷仲候選訓導年十四補學官弟子勵學能詩從祖檢討彝尊最賞之檢討選明詩綜開局吳之慧慶寺丕戭襄其役詩婉秀不爲鉤章棘句隸書學曹全碑可亂檢討眞有亞鳳巢詩槀藕花居詞從子朗考字一峯諸生少穎悟年甫壯卒著有椒園詩草伊志參彊恕齋文鈔

朱稻孫字稼翁昆田子能以詩文翰墨世其家太倉王相國掞爲春秋館總裁引稻孫助稻孫挾其家藏二百七十餘家之書以備纂修同館有意見不合者辨詰紛起相國輒令稻孫平其可否又預修子史菁華書成例得議敘稻孫赴友人李宗渭之難于關中比還期已過或云銓曹吏可商也稻孫不肯遂不得選乾隆元年相國子詹事奕淸舉稻孫博學鴻詞復不得及纂修三禮臨川李紱欲薦之有阻之者事遂寢性剛介不容物一言非禮雖公卿滿坐輒慷慨義形于色遇故家子弟零落

不偶則涕淚不自持晚家居好以詩文會友齋厨蕭然不介意書法自成一家所著六峯閣詩稾已刻者皆少作又有續稾十卷擬古樂府三卷紀行絶句二卷羅浮蝴蝶倡和詩二卷烟雨樓志四卷盛百二柚堂文存

陶越字艾村幼穎悟力學喜排纂遊曹侍郎溶朱檢討彝尊之門侍郎有學海類編一書越因爲續編若干卷又嘗搜輯遺文撰嘉興人物考五十卷所著尚有錦帶書月令摘華吟苑編珠過庭記餘錄數種詩文多散佚伊志

鄭世元字亦亭先世自越遷禾雍正癸卯舉人博學肆力爲詩宗少陵與俗寡合然朋儕子弟以業請者輒開譬

不倦陳梓謂其燭理如照犀處事如斷金使其得遇當不僅以詩文見著有耕餘詩草子虎文自有傳從子炎貧而豪于詩才敏贍千言立就而琢鍊精警時出新奇著有雪杖山人詩集行世伊志

吳振武字威中有文名善寫生間作山水得王麓臺傳授又嘗用指頭作畫花竹翎毛草蟲畢肖舅氏朱檢討作長歌記之曾知寶坻縣罷歸賣畫以自給伊志

朱德滋字樹華諸生行已有繩墨涉獵史籍掌故勤筆不休著聽和軒文稾又錢侍郎載之藝師曹檟字元棋先世自上虞遷秀水少孤力學舌耕自給泊然與世寡營詩學唐調有竹鄉小草餘及繪事篆刻兼通醫載爲誌其墓伊志

賀光烈字經三雍正丙午舉人考授中書卒于官性端重爲諸生時閱張氏履祥遺書慨然曰爲學不當如是乎乃與弟光焻相砥礪酷暑不釋衣冠發憤窮經史尤研三禮恥託空言自天文河洛律呂宗廟溝洫賦役算術醫理靡不殫究著書十數種爲文洞達理奧辨析古今折衷貴當是時俗學以三代兩漢文字馬鄭賈孔註疏不近科第屏弗視光烈獨奮志于古人初非笑之既而生徒漸衆經指授成名者同里沈刑部昌寅編修昌宇

錢塘沈臬使廷芳其選也子基輩有傳伊志

張庚字浦山棄舉業學詩古文尤精繪事晚益研求元四家山水氣韻深厚幾及麓臺間涉獵史書加以考核客睢陽十餘年中州人重其學以湖北學使蔣蔚保舉應博學鴻詞放歸生平遊歷公卿間多與賢豪長者交嘗主吳興李守庚旣去李署其室曰浦來軒望浦山之常常來也其爲時所推若此著綱目釋地糾繆畫徵錄强恕齋詩文集若干卷伊志

祝維誥字宣城翼權孫性質約詩沖和有風度所居綠雨莊錢載王又曾朱麟應暨其甥汪孟鋗兄弟輒聚其中

為詩會丙辰被徵不及試戊午舉於鄉考授中書既終養補官升典籍著有綠谿詩稾子嘉字明甫舉人弱不勝衣而好苦吟製小律鏤句琢字一語不輕下著有西澗集伊志

嚴仔字肩吾弟任字季重並諸生書法肖董其昌爲查宮詹昇所許後有譚孚先字作周貢生有學行工撥鐙結體近元祕塔碑里人多從受教有逑書絕句百篇同時朱源字原長諸生入太學議敘授如皋縣掘港場主簿精摹晉唐帖善倣書嘗縮臨蘭亭聖教序如繩頭樣丰神逼肖從子振飛字南九亦以書名徑寸以下楷字尤

精潔能鑒別古帖辨入毫芒嘗以奉更法寫李葂庵八十四法刻石以示學者又諸生錢德棻字眉客法在振飛伯仲間行押學李北海正書出醴泉銘而善變性瀟灑雖甔無儲粟吟嘯自若也夏之璉字宗彝諸生少後於錢亦工書學小歐道因碑無一懈筆伊志

沈進宏字蒼育以歲貢生舉孝廉方正爲嚴州府訓導不隳師範有退翁詩稾息詹詞鈔同時沈懋德字民滌舉人研覃四子書以制藝教弟子有渠度除臨海教諭子晴初字掄元有青谷雜著行世伊志

凌大田字康伯六齡日誦千字雍正己酉舉鄉試第二人以教習選臨海教諭丁父憂補富陽母老乞養歸大田敏於文能一日成十藝在教習館有求者立使者於庭削稾與之著有豐屢齋詩文集四十餘卷伊志

王德普字長民好吟詩善寫生尤長墨竹得洋川法詩甚富有竹堂詩略百卷不盡經意往往見佳句題朱買臣墓云可憐無計留貧婦誰料他時是貴人洵乎老嫗都解也伊志

鄭尙麟字悅山家貧能自振拔以舉人考授中書有詩問八卷雜著數種子煜字曦如舉人德清教諭有紅泉稾及他雜纂若干卷伊志

朱麟應字梧巢舉人品端而學優以博學鴻詞舉未赴里中諸詩人自錢萬王三家外求其安章宅句足爲後生楷式者必推麟應擬張王樂府尤神似詞亦工隸書完整而秀得漢法有耦業齋詩稾詞稾伊志

蔣德字敬持鶴鳴曾孫乙卯舉人性疏逸不問生產詩麗以則無虛僑氣刻有秋涇詩稾二冊門人故學士朱筠序今尙書珪爲之傳伊志

卜兆熊字周望事孀母極孝嗜爲詩有藕村詩鈔伊志

吳光昭字翼心恩貢生源起孫少孤貧受母教肆力於學爲名諸生嘗賦銅鼓歌一千四百言學使李因培極賞

之顧卒不遇以老著述散佚惟賦彚錄要箋略行世伊志
吳紹曾字魯也朱振咸又名辰應字載坤均諸生以古文名紹曾文法歸有光計東一出以繩墨準尺年幼游楚豫即爲童子師養母數嫁文於人取其酬振咸每過之尋積金葬親後有請者輒勿應振咸聞而歎曰吾固疑魯也非肯攫諛墓金者振咸少孤貧負狂名睥睨一切特推服紹曾文亦追步韓歐著亦訓堂文集程同文密齋文集
朱芸字正蕃諸生博學健于詩有雋氣乾隆乙亥以饑餓不能出門戶卒有雁聲小草伊志

陳元朗字星瀾雍正己酉拔貢入成均聞父病馳歸旋遭喪以毀卒學使帥公念祖有詩紀之嘉慶六年入忠孝祠並建坊郡城徐家埭子姓繁盛代有聞人得金佗園爲別業從子經禮字慶旋進士知沅陵縣縣置郵凡五站值軍興旁午士馬芻糧支應費絀輒鬻產補之不以重累民大吏廉得實保陞永綏同知伊志
汪師曾字省三歲貢生餘姚訓導少孤力學爲人謹頻笑慎取與家貧授徒爲食就試長安雖屢躓未嘗詭以求遇伊志
張星字九野諸生詩清新脫俗越其儕輩中歲卒有玉李詩草張敬勝字呂揚拔貢生少以詩賦稱年逾八十猶國學生張楷字端如聞川人服賈養母耽詩五律有清標近唐人格沒後友人爲錄雪泉詩存四卷伊志
陳詩字韻清舉人爲文根据經史授徒京師金部郎雲槐暨弟修撰榜皆經其指授晚主徽州書院著時藝曰飾眉草韻語曰亦鳴草雜藝曰覆瓿偶存伊志
汪大鏞字鳴盛援例選曲靖府同知調景東以銅廠事被逮起攝通州歷順天府東路同知愛風雅雖歷處繁劇輒吟詩作畫以自怡刊有綠雪齋詩稿伊志
吳芳字若愚號方谷郡諸生幼失怙貧而力學思顯揚其親値母壽七十哀刻祝詞爲愛日居壽詩又仿朱子白雲葬法倡舉義集爲仁親會行之數十年工詩文著鳴

春集詩稿印月樓文鈔伊志
吳光酉字豐在甫成童即食餼乾隆丁巳貢成均爲倪貢士淑則贅婿因家平湖生平誦法陸清獻公食貧砥行訂刊清獻年譜新纂
鈕景琦字玉海康熙辛酉舉人詩才鮮艷漁艇出桃花五字春日舟行句也可作桃源圖又八月早寒一聯小院苔乾蟲語咽空階葉落鳥聲愁亦逼眞晚唐檇李詩繫續
馬學乾字行天貢生遨游荆襄掌教書院張太史問陶初

學韻語一見卽許以他日成名著懷玉山人草（檇李詩繫續）

李元纁字裳吉郡諸生父敏芬喜藏書不能購者借錄勿輟吳江姚蟄庵爲楊園張氏高第延以訓子元纁幼卽端恪講書義輒穎悟一日問餓死事小作何解答曰不餓死卽失節矣蟄庵深器之長益肆力於詩古文所著簡古沖淡有法度尤潛心宋儒諸書游其門者氣質自化故成名者多殁後私謚貞恪有澹凝堂集（沈莘士撰墓誌見鄭鳳鏘新塍瑣志引）

嚴文灝字芳湄幼孤力學屢躓名場乃閉門課子手纂宋元以來易詩諸經解著有易詩異同折衷論詩以澹雅

爲宗子珠璿璣皆聲雋蠻序有三珠之目（瑣志引婁亭詩話）

張輝祖字似千嗣伯父雍敬爲後諸生性耿介嘗苦新塍事蹟廢墜旁搜博採著雜咏百餘首有方山詩草（瑣志）

沈叔埏號帶湖乾隆庚子召試授內閣中書丁未成進士授吏部主事以母老告歸沉潛經史工詩古文請業者戶外屨滿撫猶子維鐈成進士官至少司空弟珏號雲泉增廣生亦富著述（此傳應歸嘉興）

陳埛號梅軒學問淵博由進士授湖北長陽知縣制軍畢沅委修湖廣通志沅刻書籍多與商榷署德安府同知以瘋病改教回籍著有梅軒初續二集（于志）

陳經業字毓恬元朗子工吟咏與錢王諸詩人遊著有匏村集

陳經國字泰揆乾隆己卯戊子二科副貢候選教諭潛心經學著有讀易傳義會通三禮證訓春秋四傳糾正間齋思辨錄子孝恭號鹿苹乾隆乙卯舉人能文精醫識沈灝於未達時操知人鑒積有遺澤子姓相繼登科第（新纂）

李汝章字沁碧性高潔邁俗讀書不屑屑章句家貧服賈以養爲醫能活人同里錢載不輕交接少許可獨稱其人與詩著有易解谿隱稿灌園餘事草子貞木號訥庵

以進士授山西高平縣澹榮利倖未滿卽解組改嚴州府教授（新纂）

王曇號仲瞿乾隆甲寅舉人博通經史旁及百家負奇才善道家掌中雷法左都御史某以曇薦會川楚匪起方禁邪術薦曇者夙與和珅有連珅敗方引避曇亦被牽不復振乃落拓江湖佯狂玩世著有昭明閣煙霞萬古樓等集（新纂）

唐梲號蕉圃乾隆戊申舉人主講上海書院誘掖獎勸人文蔚起登科目者倍盛於前肄業諸生爲之設主於朱子之側著有周易實義六卷詩文若干卷子瑩邑庠生

兼通醫理著有五運六氣指掌煮花軒詩集于志

蔣元龍號春雨明經口吃心斂足不出里閈借觀郡城藏書家搜覽幾徧詩格雅正得后山之神爲錢籜石侍郎所推賞善鑑別字畫以楊梅紫液畫牡丹用草汁作葉題曰天然富貴圖爲繪事中最風韻著有春雨樓詩十六卷桃花亭詞一卷西齋過眼錄若干卷于志

張絅字晴鶴嘉慶甲子歲貢生讀書過目不忘博通經籍兼擅古今文詞行廉志潔著曰湖草堂文集十卷詩集四卷所見偶錄八卷于志

錢善揚號几山郡庠生載孫長於金石考據善鑒別工書

書書法神似董文敏畫竹石花卉淵源家學得寫生趣至今人多珍其筆墨著有几山吟稿于志

汪世樽號寅禾如洋季子道光三年進士授編修操行清潔惟以詩古文詞自娛與伯仲兩兄式好最篤九年視學楚南十二年典試粵西十三年分校禮闈未撤棘而卒年壽不永士論惜之著有閱史偶鈔玉杯餘瀝于志

計楠號壽橋廩貢生就職訓導署嚴州教授安吉訓導事工詩初學王孟雅淡中年變而學蘇陸有自得之趣著一隅草堂集十六卷雜著十卷道光三年歲祲捐貲助賑奉部優獎于志

夏儼號守白邑庠生人品高潔詩亦如之論者謂其富於文詞飽於道義絕去摩擬剽竊之習近日之言詩者未能或之先也著有清琅室詩鈔三集弟汝爲工繪事精篆刻于志

沈莘士號約安邑庠生少與兄渭士講學文法大家中年客游四方足跡半天下與諸名彥相切劘吟咏甚富諸體皆擅長五古尤勝著有新溪詩文集雜著十四種于志

朱溥號德涵孝子元子讀書穎悟有神童之目未冠遊庠性孝友篤實與兩弟浤夏閉戶攻書不問俗事著有書經蒙引句解十卷弟浤號禹門夏號晴川皆有文名于志

朱聲希號吉雨庠生早歲食貧力學侍父疾以孝聞受教於叔休度詩詞皆駸駸入古歷游燕趙得山川之助以抒寫性靈業益進卒年六十一著有山礬山房詩鈔吉雨詞稿俱付梓于志

姚東升號曉珊世業儒祖應龍郡庠生品端學粹著有四書五經旁訓父儼諸生著有儀禮旁註東升補郡庠弟子員孝友篤恭資性穎異讀書過目成誦著有恒象紀聞等書惜陰居文稿吟稿日鈔等集三十餘年鍵戶著書寒暑不輟儒林望重旌德方維翰傳記嘉興沈維鐈為讚道光十五年卒于志

俞文行字力芟貢生力學著書有續貂性言十六章行世并太平事宜一書俞沅字芷岸著有紹德堂詩鈔于志

朱鼎鉉字楚正性孝友輯經補註私淑陸清獻嘗成理學淵源錄詩亦近唐風格著有豐巖詩鈔同上

黃如霦字奕山庠生本吳江北麻人遷居新塍之柿林遂占籍焉生平精衡鑑書學坡公文宗熙甫詩有高逵夫之目同上

徐昭字古愚乾隆甲子舉人著有古愚詩鈔嘗手錄五經三傳周秦漢唐宋大家文數十冊晚年病痱二十餘載臥一木榻得詩尤多同上

楊景雲字芸客父柱字東林以優貢訓導宣平有柳村詩藁景雲詩學溯源漢魏初涉筆蕭選後與王又曾祝維誥游始變今體殁無嗣友人顧列星爲選其遺詩耐冷譚

顧烈星字退飛豪邁忘其貧寒甚友人贈以一裘過書肆見有漁洋全集卽脫裘換之家人笑其迂攤書朗誦勿顧也著苦雨堂集夏僎爲校刊耐冷譚

盛子靜諸生耿介性成嘗集友人結詩文社一日適不能舉火有弟子素好擕蒲偵知之持錢至卻勿受砥行立名文酒讌中亦徵品誼新塍瑣志

朱杰字倫表居葭溪七歲居父喪哀毀如成人家故藏書

復得卜人木手鈔本數百卷肆力研索弱冠爲詩文卓然可觀嘗作座右銘有篤實沉潛居敬持志語蓋不欲以詞章自域者惜不永年陳梓傳略

沈游號葭士貢生爲錢文端器重妻以女孫性情恬退嗜吟詠與計秀才漁溪結蘭言社所居耆英堂饒圖書花木之勝嘗仿永和舊事偕戴秀才樹滋作耆英堂雅集圖凡二十二人錢塘吳蔚圃重爲作記撰有耆英堂集續檇李詩繫

汪大經號西村廩生僑居泖上爲贅茸城從沈沃田學詩清新俊逸裒杍樓之後勁輯有江湖故人集爾味集及詞雅諸選所著詩曰借秋山居同上

汪雲字雪谷布衣終身不娶寄居蕭寺詩筆操縱自如於殳山人梅溪叟外獨標一幟有借春閣稿同上

金汝潮號西樓由孝廉官山西澤州同知時方伯謝好華飾見汝潮衣敝裘緶下安如梳諷以改造爰歸就燈下爇去蒙戎者翌日晉謁鞠躬曰今竟何如同官以其顚手撼止之謝不罪也嗣出使旁邑題詩野廟中有軫恤民艱語中丞初公見之曰此好官道途猶不忘民隱屬監司善視之著有西樓詩鈔石瀨山房詩話

王家英庠生績學能文所著冰壑寒林館集錢塘陳文述

稱賞之工鐵筆善寫蘭竹刊有鴛湖漁唱詞四卷風調
不減杜樊川耐吟談
曹大經號海槎布衣隱於梅花涇詩筆蒼老尤工隸書詠
落葉有早識榮枯憑造化更誰茵溷判仙凡允推見道
之言所著曰吟秋館集上同
章全字益齋歲貢生訓導天台縣學汲古勤劬影鈔宋本
樂書全部總千有二百餘葉閱兩載告成以潛說友臨
安志缺碑目一門偶經市肆得天下碑目鈔本亟錄臨
安金石自周迄宋以補潛志之缺吾禾老宿勤鈔纂者
夙推陸狐尊錢以全繼之可稱雙絕錢泰吉曝書雜記

虞光祖號角山嘉慶甲子舉人臨海教諭熟精舉業所居
鄰賣餅家將揭曉與隣預約置粉餌隣佯諾不爲意迄
報者至猝無以應里人傳爲故事謂命中若操券可以
勵後學綈袍方履嚴於跬步善擘窠書畫本探入墨香
居畫識新纂
殷樹栢號雲樓附貢生書法遠師柳誠懸近綦汪退谷書
尤高潔凡瓶罍樽壺之屬位置寸縑尺幅中別具雅致
家西郭外自號西疇桑者同時王湘字秋帆諸生錢采
字禮園均畫山水隱居城市間不染塵俗新纂
文鼎字後山布衣咸豐初徵舉孝廉方正力辭不就富於

收藏如商仲彝周象觶漢元延銅稧帖五字不損本原
搨婁壽碑眼學精絕畫青綠山水宗文待詔派著有五
字不損本室詩稿諸暨周栻撰墓誌
董棨字樂間自號梅涇老農畫受石門方薰指授山水人
物花鳥草蟲各稱精妙尤喜寫蔬果點染生新書法顏
稽兼愛祝允明行草暮年搆嘉會堂濡毫吮墨著有畫
學鉤元得其傳者諸生陳銑號蓮汀蒼勁秀逸著名瀧
川新纂
唐壎字益庵綠谿山莊後人由增貢生保授富陽縣學訓
導赴任因病卸篆熟游閩省掌教臺灣崇文書院刻有

通俗字林辨證著蘇庵詩餘五種新纂
周錫蕃字椒邱由江西南豐改隸秀水幼稱神童以書生
熟金穀林文忠撫吳時參贊奏議林器重恒呼先生而
不名性友讓豐邑田産悉數歸弟俾奉祭祀遷浙無恒
産七旬餘猶掌度支應當道聘著有佐治續編新纂
包鞏號午橋道光辛巳科舉人由教習選江西德興縣知
縣宦囊蕭然主講嚴州壽昌書院服習語錄兼通釋老
新纂
沈之璵字寶之號寶樹先世自滮溪遷禾隸籍秀水弱冠
應童試詠各簪一花題有句云一朵當頭分綠鬢兩邊

齊帽插烏紗張霽山縣令大加歎賞嘉慶戊辰舉于鄉屢上春官不第歸與二三知已月夕花晨飛觴拈韻有旗亭畫壁風善墨繪於梅蘭竹尤精絕客居邗江者十載藉舌耕養母詩益工哀然得六巨冊生平梗概具見集中晚年刪定爲二十二卷題曰雲暢樓詩草海鹽朱方增序之未梓新纂

朱榮字欣甫道光丁酉登拔萃科選金華縣學教諭束身繩墨婺郡士風本尙理學榮躬行倡導受業者變化氣質允推人師新纂

龔璜字宜園小試三冠曹偶由廩貢任溫州永嘉教諭歸

闢幽居於北郭外殿基灣藜杖清游好施與鄉里間精行楷雖暮年腕顫屏幛扇幀不吝人求詩本性靈有蠟屐亭懷古八詠樓晚眺諸作傳播藝林新纂

鍾櫟號山橋增生終身不娶取與極介有女弟名惠珠能繪事適張熊畫家老宿居郡城斜橋櫟或歲暮信宿亦不時至搢紳爭延之一入館如家焉工駢儷新纂

姚仁瑛號子白狀魁偉學行純篤壯歲有聲黌序長白瑞元守禾時目仁瑛爲高才生居郡庠西偏擅園林小築有懷芬堂額猶存竹垞手蹟家中落槖筆遨游庚申避滬歿有懷芬草堂詩稿節楊象濟撰懷芬草堂詩序

計光炘字曦伯性高尙厭舉業孝事二母雖擕蒱迷藏之戲亦舉以娛親親疾卽戚容稱水量藥必手檢嘉石田南田品高志潔自署其齋曰二田藏書六千餘卷校刊族祖蘀村遺集爲里人錢彥曜刊脉法一書風雅主持又喜搜藏畫帙退方文士造訪者輩集小滄浪重結詩社有守甓齋詩詞集子飴孫力學貢成均有辛畬書屋詩稿見計氏家傳

周閑字存伯居范蠡湖先世皆武秩閑援例知江蘇新陽縣事性簡傲罷官後賣畫餬口不干要人壯歲留心掌故府廳州縣志書搜羅過半諮詢遺獻爭造其門垂老

無聊託詩見志著范湖草堂詩文稿新纂

鄭瑞清原名熊光號霽山廩貢生藏書宏富目睇手纂留心象緯兼參西學中年目擊時艱講求經世撰平賊略長篇惜無上之當道者有求是齋易說雜文詩集松風閣詞各若干卷北窗雜誌天星一覽諸稿新纂

王相號雨卿祖鋅字鋏邪性恬濟巡檢歸仁遽拂衣退父某幕江南北晚設質肆於桃源遂家宿遷相少棄舉業爲詩古文辭以經濟客諸侯倦游歸營百花萬卷草堂閉戶嘯歌有無止境存槀新纂

隱逸

明

郁從周字泰初幼神骨清爽吟詩鼓琴登嘉靖巳酉鄉榜再上春官不第即棄去嘗遊南嶽遇異人有所指授後張紫陽授大丹訣乃還武林賣藥市中人無識者浙江通志

周履靖字逸之萬歷中布衣築舍鴛湖之濱種梅百餘株伊唔其下人呼為梅顛與妻桑偕隱倡酬劉鳳為作貧士傳訂金石篆隸及所著詩文皆有根柢嶲李詩繫袁志吳志參

戴鳳儀字次泉諸生兄鳳翔官吏垣未嘗以寸牘諷當事隱居白芒村杜門絕俗研究理學著詩經纂義秀水任志

朱崇儒初愛老莊已而潛心程朱為博士弟子尋棄去遊戲筆墨間入神品為人豪宕有簡兮玩世風吳志

殷仲春字方叔隱居教授兼岐黃蕿牆不蔽風雨與禾中高士高谷傳姚叔祥郁伯承王子逸釋秋潭為詩酒之侶遇顯者輒引避所著有醫藏目錄樓老堂集子志伊亦有學識袁志

陳邦俊號白石子諸生負才好客多與名流往還晚遁跡西郊茅屋數椽孤松片石擁書自娛聘修縣志有懷金求作傳者峻拒之著有見聞紀異雨窗雜錄廣諧史明代異人傳歲時記惜多散佚秀水任志

陳堯德字安甫卜舜年字孟碩皆負異才相友善為人豪宕不羈隱居放言世以狂生目之堯德有安甫小草舜年兼善書畫有雲芝集秀水任志

吳麟玉字稚貞少負才名放浪詩酒家有小圃栽竹萬竿搆數椽隱居其中題為瑱玕社與陳繼儒釋智舷倡和晚喜種梅調鶴自號澹雪翁有醉月軒閒吟草浙江通志

鍾晉英字麗璠博通經史以泉石自娛喜汲引後進吳中名士多以詩藝就正秀水任志

吳統持字巨手弱冠篠于庠文名藉甚崇禎中與妻項偕隱鴛湖焚香讀易饘粥不繼嘗賣卜徧遊齊魯燕趙稱

胥山樵子著典林十卷明月樓集項名佩淑且才有藕花樓集浙江通志

朱之佐字子襄九歲應試少孤苦事母以孝聞歲饑出力勸賑閭里德之崇禎癸未進士例得選不赴日藝竹栽花陶情詩酒有和陶硤遊諸集秀水任志

顧鳳正字聖徵副貢生孺行績學天啟中辟賢良方正不就聞國變失聲痛哭病遂不起有濟荒書榮樹堂集仲子瑛繼其志以詩畫隱詩出入陶韋畫山水宗北苑花草翎毛有黃荃徐熙筆意吳志參秀水任志

高澈字公鑑諸生性好積書几案間雜陳法書名畫尊彝

古硯摩挲玩賞幾忘寢食乙酉後貧甚犨冠菤服屢斷炊煙與長子履日染翰臨摹怡然自得有藝苑雕雲松繞廬諸集 秀水任志

國朝

陳恂字子木明季舉人名注復社鼎革後杜門奉母薦舉不出爲浙西四孝廉之一著餘庵雜鈔子荚字堯夫諸生康熙已未薦博學鴻詞未赴試著有秋雪集

鄭光祚字四維原籍餘姚遷秀水善天文明末時隱居梅花涇友人招赴省試作老女辭見志授徒教學不履塵市自號碩果山人年八十卒子典字子韶孝友工詩著

廡下吟幽湖集嘗有廣陵古跡詩爲王尚書士禎所賞

項覲國字子賓潛心理學鍵戶著述造就弟子多成器項以淳字長孺棄舉業避地以詩自娛號古村老圃有郁居集蠹餘草洗硯篇秋水倡和詩

張鴻字遵渚隱居九里村教授生徒皆知名士姪槙字端士亦力學敦行 以上吳志

沈起字仲方明末諸生說經不沿傳註每自出意解闢者解頤後入東禪寺爲僧名銘起嘗擬譔明書謂明不亡于流寇而亡于廠衛自成化十二年秋始至設西廠止又著有大易測詩選春秋經傳引四書愼思錄及學園集 靜志居詩話參吳志

吳從龍字九生素精韜略從總督張存仁征閩授參軍爲水路先鋒攻仙霞破建甯有功張旣移節去從龍辭歸躬耕田間不復出著有蕉香稾 吳志

錢應梅字玉崖市隱賣漿晚年窂肉韭溪橋或賣卜七星橋人與談詩輒閉肆下簾竟日不倦有同在郡城能詩者郁心哉字秋堂時往乍浦以沽菽乳爲業自稱粗糲腐儒 徐熊飛錦囊集又見檇李續詩繫

張岳鎭號晴麓布衣家貧愛栽花室中釜鐺外無長物常語人曰少殊自負今老且無子花而風焉將逍遥於是

鄉矣因號風然居士風然者仙花名也著有二欲齋詩鈔 同上

陶琯字梅石菊隱裔居長虹橋東旬上出門不數武爛波萬頃遠樹遥村盡供詩情繪境嘗攜友櫂舟小滄浪觴咏爲樂握管寫生步武南田秀韻獨絕著綠蕉山館詩集 李王猷聞湖詩續鈔

藝術

明

滕雲鶴號道軒沈懋孝有贈滕醫士序云歲辛卯夏余女弟忽患寒熱日沉瞑雜投不效七日幾絕急迎道軒至木强已三日矣察之曰此乃風入太陽痰迷心竅病名曰痓靈樞論之詳矣其症當角弓反張其初必于產中受風邪入血脉數年始發必曾微見顛眴狀詢之乃知自產後閱月事者七年今歲三月忽仆地而遽醒越宿果反張舌强齒噤藥不下咽則以牛黃硃砂等微從鼻孔進拒不入再三進乃入僅涓滴三日目始瞬七日口

微開手足始蠕動旬日外微出聲知疴癢漸進藥液竟得活於是一時傳以爲神浙江通志

陳詩字鳴唐世精岐黃每投藥輒與主人約某甲某日愈某乙某日愈皆不爽以術活人不望報雖寠人下隸未嘗靳往也

石涵玉字啟秦治痘有奇效一小兒痘不起面青腹痛涵玉憂之夜夢大士曰何不用白芍乃悟白芍能于土中瀉木面青腹痛木乘土也如法治之效一女痘陷眼白色紅面如灑脂涵玉曰內潰不治取紙燉一令其父燃耳畔驚之痘盡起衆問之曰內潰以通竅爲主驚則心竅開痘不伏矣平居長齋放生施棺買地置廣孝阡以葬無力者子楷諸生益精舊業名動公卿間

黃鼎字雲公性穎異博涉羣書遇道人與講義經祕旨遂精錢卜多奇中羽衣簪冠翛然自適著有占驗錄五行總裁以上秀水任志

王應芳字蝸禾隱居種梅善治匏器每語人曰破匏爲尊太古制也自號太朴山人後有周五峯治匏器亦工每歲種匏霜落後摘置几案間樽爐缾椀相其質制之色瑩香清天然可愛同里陳處士莢作匏器歌曹侍郎溶和之袁志

國朝

馮蘊古生明季穎悟絕倫順治初忽習醫卜術每出游歲終而退咸未之奇也康熙壬戌春徧詣戚屬拜別云當以八月八日辭世遂自營窀穸及棺槨衣衾衰麻之類並與僧道雜役訂期先予之値羣疑其癲至七月果病如期而逝瑣志引馮浩橫塘紀聞

施濟字汝舟恬雅以畫名杜宗伯臻巡視閩粵海疆屬濟繪圖以進名益重子蘭字楚求得其傳同邑姚敏修字遜公亦善山水亞于濟秀水何志參畫徵錄

許慧字念因業醫善花草用意在山泉舜舉間而自成一

家每寫長草葉好作一轉若結者頗有別致

周銓字巨衡工花鳥尤長荷鷺人號周荷弟況字叔黨覽字元覽皆工畫覽天資穎異童時與仲兄況伺伯兄出潛取其所臨古圖稾本焚之曰畫須自出手眼何蹈襲前人爲每畫必對花寫生曲盡娟妍之致以上畫徵錄

周囦字廷三銓子亦工繪事宗南宋畫院派性耿介家雖貧非知交購其畫不易得也伊志

劉尊光善岐黃相傳遠祖業醫故俗有火藥劉之號自南宋時因御呼得名言用藥如火之神速也尊光孫堯字祝三克世其業能治奇症乾隆間有司屢旌之年八十

六無病卒伊志

沈江字岷源官太醫院以毋疾告歸貧者延之輒徒步往遇疑難症每中夜不寐設法治之善自修養晚號抱元子預知死期與親友訣別沐浴逝著有奇症匯等書伊志

朱英武名德昌以字行年十六不知所往數載歸精太乙王遁之術嘗授徒陳氏盜夕至英武以術禦之盜自相殺而退後夜遇盜於荒塚間突出戳以鎗傷鼻人因呼爲朱爛鼻居新塍鎮不娶不茹葷灌圃終其身英武與人談必勸以孝友求其術不答年八十無病卒卒之頃出白金三十兩付其鄰曰待我嗣子來與之翼日未殮嗣子至鄰出所付金而匿其三之一忽張目曰何不盡與之及舉棺棺若空人以爲尸解云伊志

章曾璠字上珍隨父往西鄉診視遇農老與言知精醫者叩授數秘方且誠曰醫養親濟人非牟利若利令智昏能洞澈人癥結乎詢姓名不答後技精療實學使光鼐疾爲書額志恆堂踵門以贈著保幼心法愼疾要略兩書孫廷楷字維楨少孤患痘母懼觸忌飲井水成血臌長知之禱神求方神賜咒誦百日孝感愈母疾且世其業

錢經綸號彥臞住王江涇性狷介精醫理深得古人醫奧㫖多著奇效遇貧乏不能具禮輒造之數往無倦容倘非其人雖多金不能致也歿後里人立小祠祀之著有

脈法須知三卷于志

姚掞號書城父敏修工繪事掞能世其學善人物花木父子俱載畫徵錄于志

周之璜號西範廩膳生工岐黃術治疾多奇效延診者不計値遇貧者每卻其貲兼賙以藥事親孝父沒事母益謹兄弟友愛弟珩多逋負皆爲代償不使親知著有壺隱詩鈔六卷于志

周以濟號魯安國學生由嘉善遷籍秀邑住王江涇精岐黃術凡劇病他醫束手獨能奏效於時戚尤能應手速

愈有半仙之稱 于志

錢善繼號成甫邑庠生精醫工詩著有卓齋詩詞稿 于志

陳球字蘊齋諸生家貧以賣畫自給工駢儷喜傳奇嘗取明馮祭酒夢禎敘賣生事演成燕山外史事屬野稗才華淹博墨香居畫識稱其善山水 新纂

徐世綱字鈍庵諸生人物得陳洪綬逸致亦擅山水花卉書法篆隸兼能 蜨隱園書畫雜綴

吳球字禹錫畫師藍瑛摹子久小景頗云入室吳鈞號墨隱山水得井西老人法通醫理善靜養 畫史彙傳

吳履字竹虛號瓦山少不甚知書壯游山左歸能詩多奇

句字學鄭燮精篆刻工繪事涉筆蕭遠尤長於竹嘗作背立圖謂我看不得人人亦看不得我其玩世傲物如此在山左與黃楙穀齊名著有苦楙庵詩 新塍瑣志

朱彝鑑字千里彝尊弟善畫精篆刻朱振祖字繩武彝鑑曾孫指墨花卉生動可觀楷書宗歐陽度曲自譜音律 畊硯田齋筆記

周封字于郇廪生博學工文善丹青墨香居畫識稱其秋山聽瀑圖筆墨蒼秀阮文達視學兩浙文藝外間試六法封輒冠曹偶晩力雄厚最以巨幅見長 石瀨山房詩話

范安國字治堂祖籍廣陵僑居郡城韭溪橋旋補博士弟子員即食餼名儁一黌凡琴棋八法方診堪輿悉能心領神會鐵筆尤勳與古合晚遇親串委代理財持籌歲久不欺一錢其親感激至願分潤乃富購書籍有坐擁百城之樂 飛鴻堂印人傳

曹均字大同號平階先由上虞籍遷來幼孤露母吳通經籍能詩文以十指供家給教之成立餼於庠復舉優行嗜金石工八法見舊石刻及前賢墨蹟雖無貲必質衣易歸昕夕臨摹篆刻宗秦漢無時俗纖媚習 同上

金學堅字成峰山水宗元參宋私淑王翬貧而能守不為豪勢所屈 畫徵錄

許慧字念因號笑仙寫意花卉合山泉舜泉而成家疎老可嘉每寫長草葉作一轉若結者頗別致 畫徵續錄重見

夏穎字稼民布衣蘭竹天趣橫生筆勢超逸兼善花卉工吟詠能鼓琴 蜨隱園書畫雜綴

陶淇原名紹原號錐庵畫法二王字宗文輝遨游漢陽滬瀆間得江山之助詩境蒼莽有忠孝堂集題跋尤得蘇黃神髓傳弟溶號鏡庵善翎毛草蟲同時王坤號瘦石性傲兀畫法王翬得淇指授益進 新纂

朱熊字夢泉晩號墨禪居士精篆刻善花卉性孝志潔庚申避地苴城舟居鬻畫以自給 墨林今話

計芬字儋石善六法人物師金農花卉出入白陽南田奇
横處神似青藤其里人沈玉垣師之玉垣尤工山水雄
厚絶倫字夢仙著白紵山人稿新纂
楊九牧字蓮峯江蘇南匯縣人本姓龔少孤受撫於楊楊
乏嗣遂承龔楊雙姓得異人秘授以岐黄濟世有瞽者
求治取鍼開之撥轉瞳神光明如故尤擅長瘋痨臌膈
雜症故汾湖以東老幼婦孺就醫者踵相接焉雍正間
設同善堂藥肆於禾城北郭外時錢太傅陳羣足患疾
投藥酒瘳贈聯云功深九轉丹成鼎病卻千人藥在囊
乾隆年龍虎山天師張存義身患偏枯療之贈人世天

醫額天師精堪輿命立石佛墖前以鎮宅嗣後遠鄉就
診者遂以石佛爲記識嘉慶年入籍秀水今其曾孫增
貢生奎克繼其業新纂
黄石字秋浦居謝洞里山水仿陳白陽家綦貧以筆墨自
給故所畫皆佛像藏僧道家爲多新塍瑣志引新溪雜詠
陳其殷字拜璜居福德坊之祥里善畫蘆雁金石文亦蒼
古館蘇范氏歿後篆刻墨蹟吳門極有珍藏之者同上
王斌字師周寫眞筆意瀟遠子肇基字鏡香花卉禽鳥秀
韻天成兼工寫眞畫徵續錄
沈紀字聿修從曾鯨學寫眞子松年字季申寫眞兼山水

篆刻圖章皆自鐫古紐畫徵錄
朱廣陽住園田掞富貲膂力絶人延計彥如爲師計得少
林派無嗣老於朱氏故廣陽盡得其傳嘗以一掌劈牌
坊柱石立斷人呼爲朱石柱云瑣志引屠汾新溪備考
朱孟堅字兼白府庠生精醫理與同里陳孝廉鹿苹合註
天士臨診指南瘧科尤擅名所用藥物非果蓏葉即珍
饈吐棄本草恒品以時流治瘵疾多誤用北沙參涼味
辨論指迷治痘貴察色自中年省閣被黜飲泣目盲用
手摩抄即決吉凶無爽壽至九旬有三痘科醫案及詩
集均燬於兵燹新纂

俞浩明字超英紹人住甘科衕父病痞頂積逋窘甚卜諸
日者勸習岐黄苦乏脩脯從師乃涉獵方書急售術輒
驗蓋天生也生平遇二祟症市心衕朱姓昏迷七晝夜
室鐙晴如豆俞至病魔若遠避投清心劑即愈春波坊
業酒嫗譫狂擲器衆莫敢前俞切脈佯退借鄰家書虎
威吸鐵石羚羊角淘鵝油作餅餡食之頓下塊血二暨
患遂息北鄉李姓頭骨嶄然起如角肢體漸倦係腎氣
外洩用鹿茸爲君藥骨遂平鄉婦兩乳忽長尺許症名
乳卸陽明虛法用歸芎乳縮如故先是鄞人吳浩然醫
集衆長住北郭外聲名噪甚在城出遨者每導令赴俞

曰吾與若技均於是有城裏吳浩然之目新纂

張彪字翰如少結游俠精拳勇能騰身貼壁或頭足着兩几中空而鼾睡設酒肆塘灣街糧艘水手使酒踞櫃坐張佯以巾作拭櫃狀坐者已摽出門外去他人治傷尚藥力張純以巧勝一婦弓鞋滑足從梯初桃墮傷環跳穴避嫌難用手乃令端坐狹木凳背以栲栳仰承之拍肩使翻身團坐髀已合笋少年被毆傷腎囊膚全脫幸雞取黃以冷水澆病者頂噤則丸縮伺縮半急以黃裹之藥敷口卽膠合若折脛斷脅尤見本領有陸禹門者跛脚坐旁有囊荳疾趨者脫肩壓其股膝骨下垂又有

肋骨受傷十二年捫之痛徹心漸彎向內均以生平運鍊柔克以治之性慷慨且存救世心不受酬故較城中嚴氏接骨尤陰行善云新纂

郁文普號正飛布衣住南張浜聞村學究訓蒙字音不分陰陽清濁乃舉五經字依三十六字毋分別部居作字毋字彙字毋証新纂

姚鑑字鏡侯王江涇人學醫於妻父朱聲雷朱多蓄宋元以來諸家書鑑盡發而讀之故治病能據經典依古法多有爲時人所不知者卒年六十餘著有傷寒台壁二卷集方一卷

流寓

明

施懋字以德應天人能詩文書法學東坡以鄉貢授龍泉教諭改北畿武學訓導陞孝豐縣致仕官無餘貲挈妻子寓秀水之酤坊橋懋嘗從侍郎戴簡庵學乃與其子經爲忘年交往來益密遂相依而居秀水李志參浙江通志

康太和字原中莆田人少負才名嘉慶乙未進士官翰林三十年歷南京少宗伯及大司空致政歸避倭僑寓禾郡與吳太宰諸公遊有禾城集浙江通志

國朝

王益朋號鶴山仁和人卜居秀水之秋涇乙未二甲進士第一人授庶常改給事中時鎭臣潛通海外爲心腹莫發其奸益朋密疏請檻致以正軍法直聲震於時擢掌吏科值大計嚴絕餽遺陞太僕少卿卒于官著有詩文集黃門奏議秀水任志

陳祚昌字奕大由仁和遷秀水乙未進士歷任刑部郎䘏刑識輔申雪寃滯調知揚州有惠政

宋昰字懼聞紹興山陰布衣康熙戊午舉博學鴻詞不赴還居秀水極貧有故人爲制府勸之仕謝曰是只願讀書耳徒步謁孔林歸作詩十章年八十卒以上吳志

陳潢字天一錢塘人寓郡城有經濟才參總河靳輔幕議改築清水潭隄議移南北運口以防淮決黃淤又議鑿中河俾往來舟楫去險就安凡數大舉皆潢策也會
上巡幸江南閱河以得人爲問輔奏潢名敘其功
特授贊理河務僉事道藍猝而歿 秀水任志

潘澣字起濤越人寓于禾少工篆刻長嗜書窮日夜流覽又善吟咏嘗手選楊誠齋詩序之出入懷袖不置蓋其專好也年三十餘卒友人陳梓爲作傳又潘佳晴字快雪松江人寓金明寺三十年卒于僧舍詩學義山書蒼秀得蘇米法 伊志

沈用濟字方舟國子生自錢塘徙禾南海梁佩蘭爲賦鴛湖別業詩用濟足跡半天下詩多邊塞之作一時名流莫與抗行將老還去長洲沈德潛序其遺詩凡十卷 伊志

陳梓字俯恭餘姚人遷濮院不習舉業嘗私淑張氏履祥之論說撰四書質疑以教授學者通六書作草字學懷素小楷用意處乃絕古雅詩與北地李隱君鍇齊名有南陳北李之號 伊志

金德瑛字汝白號檜門祖籍休甯遷杭州入仁和邑庠爲秀水汪氏壻讀書金佗園遂家焉雍正丙午舉於鄉旋舉鴻博乾隆丙辰
廷試第一授修撰入直
南書房分校北闈者一典試江閩者四視學江西山東順天者五充
殿試讀卷會試總裁者各一初任江西時奏
旨金德瑛操守甚好取士公明著再留任三年嘗奏請加賑鄒滕飢民徐兗水災宜復黃河故道
上曰德瑛不欺皆奉
旨允行德瑛性孝友置義田建宗祠創立休甯會館于京師鄉人至今德之官至左都御史卒祀鄉賢著有檜門詩存 伊志

陸燿字朗夫原籍吳江遷秀水乾隆壬申舉人考授中書歷郎中出知大理府母老陳情調登州陞西甯道又請奉母入京供職
特調山東運河道講求行水成法輯運河備考六卷創蒿庵書院以祀張爾岐壽張王倫作亂河督率兵助勦燿守濟甯募鄉兵及義勇千餘擇里人統之授以方略或議閉城守燿曰鄉村皆赤子何忍棄之城外乃洞開重闉使入而身坐門閘稽察之賊偵知有備不敢近擢按察使盡心斷獄著濟南信讞四卷及急救方洗寃錄節要甘薯錄諸書攝藩司事奏停加捐分發之例尋乞養歸服

除
命監辦運河隄工補山東布政使旋擢湖南巡撫請定各官終
養例以杜規避而廣孝治又請廣嶽麓城南兩書院肄
業名數又湖南有社倉未納穀者三十餘處民僻阻山
水力不能輸請停收免民累並
允行時方倚重遽以疾卒少厲學中年棄詩弗爲政暇博涉經
史百家言廣採
本朝各家文取議論深切有補人心世務者爲切問齋文鈔
三十卷大學合鈔切問齋集十六卷傳於世伊志
陳鍮字揚對號鐵巖又號養素居士海甯人年十一善屬

文筆意端重乾隆辛酉舉於鄉史文靖薦授國子監助
教京察當以直隸州用不就戊辰成進士改庶吉士授
編修充武英殿提調國史館纂修通考館纂修官陞右
中允轉左晉侍讀左遷復保舉御史引見記名以繼母
能春秋高引退母病篤時公年七十卒諸弟姪侍奉中
夜必數起居喪哀毀倍常庚子
南巡駐蹕安瀾園
賜陳氏子姓各緞疋公獲
加賜雙端以父闇齋所輯賦彙題註進呈蒙
恩嘉奬性溫厚少受業顧侍講小崖之門理學專家深相契洽
因盡發其祕卜居郡治與二三至好蒔花種竹官吏絕
不往來年七十五卒所著有淸餘堂詩文集孜子慤字
高翼太學生績學工文爲曹劍亭副憲婿當曹參劾和
珅時奉
旨赴熱河面訊親友無一人肯往慤隨行往還跋涉曹卒於京
子幼爲經紀其喪歸里所受分田產爲伯兄耗盡無幾
微怨色課徒度日丹黃不倦年八十二卒于志
方潔號治庵台州黃巖人僑居禾中折節讀書工詩善畫
尤精竹刻見者歎賞以爲必傳之技張孝廉廷濟爲作
傳于志

江涵墩原名秋號筆花歸安人僑居禾中嘉慶戊辰進士
官廣東會同知縣以疾歸貧乏不能自存素工岐黃術
仍以醫道餬口著有醫鏡奉時旨要于志
肅瀚號潛齋江蘇丹徒人徙居秀邑銓發廣東鹽知事親
老不赴性仁厚喜施與郡城有善舉皆與焉周困乏惟
恐不及耽黃老之學深通元理著語錄數千言于志
徐懋學號竹聰德清庠生援例就鹽運司通判嘉慶元年
僑居禾郡平生敦族誼愼交遊事精史學郡中諸善舉
皆與其列子彝承號石琴詹事府主簿稟承庭訓讀書
儲經濟道光壬寅海氛熾郡城騷動上防夷策五條尤

嗜讎校史記前後漢文選及蘇詩均有評本於許氏説
文多所心得段註未安處補正若干條他若書畫金石
文房古玩賞鑒款跋稱精當餘事工圍棊度曲時或引
商刻羽放浪湖山以爲樂癸卯修築郡城并濬浦𤃬臺
捐緡錢親畚挶利濟鄉里交口賢之孫傳經傳政亦能
世其業 于志兼補纂
孫世灃號月航杭州人寄居秀邑工行楷善古文由河工
議敘官河南孟縣知縣以軍功擢陳州府通判頗著循
譽人以爲無忝簪纓世胄云 于志
陳崇禮字敦厚號梅亭海甯州人嘉慶元年以州同投効

湖南軍營委解軍餉往來辰沅間不避艱險事平奏請
議敘以原銜簽發四川試用敎匪事起調赴達州軍需
總局時相國托津以副都統總理粮餉延入幕府勷辦
諸務借補甯遠府經歷仍留達州升珙縣知縣甫下車
廉知有生員廖某爲姪誣陷沈獄中十二年訪確卽予
出獄并爲請復衣頂一時有青天之目調署安岳縣事
有武生廖洪以軍功恃符滋事詳請斥革書院久經廢
圮基址狹隘捐俸添置旁地重爲修葺調任鄰水旋署
眉州直隸州重修三蘇祠宇清理老泉墓界令其後裔
世守陞石砫直隸同知向爲明土司秦艮玉地被教匪

滋擾爲脩祠宇清祭產署江北同知丁父憂服闋補雜
砫同州卽古維州地甫蒞任而阿蘇拉野番滋衅奉調
赴甯遠督辦旋陞甯遠知府地鄰滇省五方雜處凡滇
省銅鉛皆由此採辦廠丁人衆多偷漏嚴督廠員銅額
無虧會果洽克夷匪蠢動調辦總理軍需事平奏
聞 賞加道銜調成都府不一年
特擢建昌兵備道旋授長蘆鹽運使司裕課恤商授直隸按察
使矜愼庶獄陞直隸布政使
特調福建布政使抵任未兩月以足疾復發乞病回里道光十

八年八月卜居郡治姚家埭 于志
李華清號補未原籍江蘇嘉定縣父賡芸守吾郡惠政清
風口碑猶在嗣擢福建汀漳龍道以朱履中獄被誣自
盡逮平反冤雪眷屬歸㬌城又爲族衆所凌無以自存
遂棄舊居卜宅郡城報忠坊楹有傳書家無儋石以諸
生援例授鹽經歷著善補過齋文鈔子用光籍秀水由
歲貢選授分水訓導 新纂
張建謨字嘉言吳江庠生砥行勅學喪偶不再娶造就弟
子舉業外兼論古體文及門沈日富尤以古文辭名世
始寓金陀園昭文蔣霞竹爲繪倦圃讀書圖喜爲詩有

鴻閣聖雨齋問花樓各著經燹燬惟仲湘刋留爪集存

其詞子書紳字孟彬持躬樸實授徒教以誠敬爲宗詩

附梓留爪集道光年占籍秀水入邑庠新纂

馬承惠字麟洲江南吳縣籍寓聞川父病刲股得延父壽

十年咸豐八年　題旌徵信錄

嘉興府志卷五十四　嘉興府知府善化許瑤光重輯

列傳

嘉善縣

明

孫詢字廷言博學多才宣德初應賢良詔爲廣西布政司

檢校時峒蠻竊發無甯歲安遠侯柳溥擬詢往諭之詢

毅然冒險入宣上威德事以定陞分宜縣丞歲祲平量

衡去冗費設法賑濟全活甚衆尋以疾致仕所著有忠

孝廉節武塘覽勝諸書孫璧字拱樞官景州訓導亦善

詩文嘉善倪志參于志

俞綱字宗正寓籍上元爲諸生改隸順天舉修宣廟實錄

歷中書郕王受封簡輔導詔綱侍講歷陞太子少保兼

兵部侍郎改南京禮部成化二年致仕十四年卒賜祭

葬綱和厚縝密謹身奉職稱爲長厚君子王世貞言綱

入內閣不由翰林且係乙科亦本朝異數然考綱當日

被命即辭實未嘗入閣也嘉禾徵獻錄

施奇字廷偉少好學寒暑不輟登景泰甲戌進士授工部

主事奉使山後諸鎮閱視兵砦邊將餽遺悉卻之尋復

清匠江西至建德鄉人有官縣幕者以白金餽奇駭曰

是安得此若執汝是賣廉矣亟去鄉人慙而退擢知太平府改知萊州卒分省人物考

劉侃字克剛景泰初領鄉薦選知涇州政尚寬簡朔方歲事征討涇當要衝大將提兵必道涇侃措置有方雖供億百出民不擾都御史馬文升嘉其績與御史劉廷高交章論薦擢守延平同知某恃才淩轢侃置弗較未幾歿撫恤其家時稱長者侃素廉約兩赴官皆鬻產以行及歸囊篋蕭然授徒自給足不入城市號樂閑翁工楷書詩文亦清麗卒年七十

楊霖字時望祖嗣宗洪武中以人才徵試工部主事霖自少以氣節自負聞四明楊守陳邃易學負笈從之遊天順中貢領應天鄉薦知玉田改任寶坻抑强扶弱清白自守有古循吏風以上嘉禾徵獻錄

夏勛字汝建知內邱縣歲飢蠲民租仍出粟賑之全活甚衆勛爲人疎簡持大體不屑屑細故逮居官持法不撓除奸去蠹境內肅然

高第字士元以貢授永福知縣先是縣被兵荒民多流亡第至廣招撫給田開墾民復故業

周紀字廷理以進士授豐城令縣多淫祀有曰官將軍者尤惑人紀下車立毀之人服其正以上袁志參嘉善倪志于志

任泰字亨伯成化乙未進士授上饒令時婁諒稱名儒屈體事之爲政知大體增置學舍親爲講授立法清丈田畝以杜爭訟作浮梁增社倉凡有利于民者行之不遺餘力孫蘩字公職爲新野王府教授王年少蘩以輔導自任進講輒以前代賢王事條析陳之蘩事母孝父遺產悉讓諸弟弟芹爲蕪湖訓導醕厚簡默不苟言笑里人稱任氏世德云嘉禾徵獻錄

王琳字廷佩登進士爲兵科給事中彈劾不避權豪尋陞福建右參議招撫永安頑民八百戶清廢稅千餘石轉貴州參政卒嘉善倪志

王相字廷輔以貢拜蘄水丞邑田無經界多爲巨室兼幷相至首正之濬畝澮以興水利御史上其事特加旌異尋移疾歸嘉善于志

於珇字文瑞以進士知南皮縣遷吳橋丁外艱服闋改知無極皆有能聲擢建甯府同知革清軍紙價黜貪令衛有屯田久侵于民軍多逃亡凡五奏不得白珇按籍悉還之軍乃歸伍正德初擢知慶遠府土酋缺貢賦例出金啗守珇以其物充逋夷大感悅郡人不知學立程式以課文教大興嘉禾徵獻錄

卞謐字信之父翮家貧客同里有女窺之辭去爲諸生不

仕諶宏治壬戌進士授廣信府推官決獄精允雖老吏不逮嘗經鉛山嶺道有臥屍忽夜夢一人曰我傭者爲主所殺密訪其人得之竟抵罪郡有巨室殺人匿屍燕室中諶廉其處發屍驗之遂伏辜其發奸擿伏類如此嘗謂姑息所以養盜乃嚴鉤捕得窩盜重治之盜乃止三載行取道卒兒子玉有至性母病籲天願代爲廣東海陽教諭子錫負異才篤學登嘉靖丙辰進士官司勳時嚴嵩柄政不爲屈又嘗卻鹺賈賂時論重之嘉禾徵獻錄參嘉善楊志

王倅字廉父嘉靖壬戌進士授職方從尚書劉燾征曾一本燾欲誅老帥王詔倅力爲解釋後竟用詔擒酋首以獻歷武選郎以議馬市忤高拱張居正而拱又秉銓遂出爲永州守庭無滯獄乞終養歸服除拱居正先後敗起廬州知府累陞湖廣道御史以疾乞休居家好施予宗黨賴之

沈科字子進嘉靖甲辰進士授工部營繕司主事庚戌邊烽直薄都下軍務久弛猝不能辦車牛科旦夕支給數日而畢飛輓旁午賴以濟知臨江府遷江贛兵備副使平劇賊李文標等時官江右者皆嚴嵩私人聞科才陰令人諷之科正色曰科即不才柰何以天子臣爲相公

奴隸嵩銜之未幾轉苑馬寺卿左遷河南副使有欲爲科諜解於嵩者科聞而謝之卒不聽甫之官嵩嗾言官劾罷之科事親孝撫其弟友愛生平磊落多大節嗜學能文著有史抄二十卷以上嘉禾徵獻錄

盛唐字元陶嘉靖戊戌進士初授江西吉安府推官每讞獄擿發幽隱爰書成己手吏胥不能爲奸入爲湖廣道御史時重建太廟有希上意者奏當倣周制七廟以憲宗爲祖興獻帝爲考唐極言其非疏入世宗震怒覽其疏擲地者三浹旬後得旨罰俸邪議遂寢巡按陝西以劾仇鸞降湖廣布政司照磨陞國子監博士累陞湖廣副使分省人物考參嘉禾徵獻錄

錢貞字子元博學積行嘉靖丁酉順天鄉薦授福建尤溪令操守峻潔愛民好士陞汝甯府同知悉心佐政保民如赤子代去百姓攀援不忍舍夾轂焚香追送數十里而後返以入覲卒于京師汝人聞之爲之巷哭著有實政錄其在信陽捐俸薪以完逋賦西平則均馬政以省夫役確山則修庠校祀呂先生于鄉賢皆政之卓卓者嘗修尤溪志詳于土田戶口賦役尤人德之立碑祀名宧兩浙名賢錄參嘉善楊志

陸埏字秀卿嘉靖丙戌進士初任南刑部嚴嵩方爲翰林

求訂交拒不納嚴令人私詢其意琊曰此人雖有時名實奸雄也嵩銜之歷任兵部武庫出知武昌徙岳州在任崇節儉寬逋息訟措牛種開荒蕪歲飢竭倉以賑活飢民數百萬時嵩已柄政銜前事十年不調御史伊鋭生巡歷至岳琊供奉甚薄伊怒直入其署惟老蒼頭二人微笸無鎖檢之殘書百帙布衣數事而已特疏薦陞京堂琊至都不謁嵩嵩遣人諷之琊曰受職天朝拜恩私第賢者不爲況未受官而先謁權貴乎卒不往陞太僕少卿轉光祿正卿以僉都御史撫河南乞歸

錢于鄰字德卿嘉靖丙辰進士授邵武知縣歷官四川按察司僉事性儉樸絕無宦情孤立行意而已以上嘉禾徵獻錄

丁賓字禮原隆慶五年進士授句容知縣徵授御史大學士張居正賓座主也誣劉臺以贓屬賓往遼東按之賓力辭忤居正意去官萬歷十九年用薦起故官累遷南京右僉都御史兼督操江江防多懈賓率將校乘一舟往來周視增守兵戍要害部內晏然南衛世職率赴京師請襲留滯不得官賓請就南勘襲妖民劉天緒左道事覺兵部尚書孫鑛欲窮治之詔下法司訊鞫賓兼攝刑部大理事力平反論七人死餘皆獲釋召拜工部侍郎尋擢南京工部尚書自上元至丹陽道路盡易以石行旅頌之數引年乞罷光宗立始予致仕賓官南都三十年每遇旱潦輒請賑貸時出家財佐之初以御史家居及丁憂歸連三年大飢咸捐貲以賑至天啟五年復捐粟三千石賑貧民以資三千金代下戶之不能輸賦者撫按錄上其先後事時已加太子少保詔進太子太保旌其門以年高三被存問卒年九十一謚清惠明史

朱鳳字文瑞貢生爲邵武教授郡有淫祠賽祭無虛日鳳往以杖擊之像自塌壞二子賢愚賢字汝賢以貢官沔陽學正戶部蕭某從賢受經讞獄至浙有大姓坐法論死用賄乞求末減賢卻之愚字汝明負氣節嘗上書規郭縣令郭謝過表其書于門以示悔任松江府訓導嘉禾徵獻錄

孫朝宗字賓江至孝事父百歲翁嵐及母鍾依依孺慕寢食未嘗不在側伯兄朝宰病瘵早世哭之慟啟其衾同臥曰今而後不復與兄同此被也隆慶丁卯鄉薦授福建順昌令歲大祲捐俸易家產佐賑全活數萬邑設關舊有私稅請除之沒祀名宦錢士升爲立傳嘉善縣志

錢吾德字湛如食貧力學萬歷初禾郡推三名家一爲袁了凡一爲馮具區一卽吾德時人咸以公輔期之庚午舉于鄉秉鐸莒上擢遷安令多惠政邑爲闢藪槩不與

通補泰甯令益砥清白有置黃金于茗器以餽者密封還之民苦逋賦爲核產分戶均役平輸邑產斷腸草民有憤鬬輒輕生食之吾德令犯法者拾草多寡以贖罪重輕期年根荄盡絕移守甯州大水矯檄發賑居官不潤脂膏居家不問生產凡焚券裂責助婚助葬皆歡喜爲之子繼登有傳叒子繼振鄉貢不仕以孝友聞繼章崇禎丙午舉人嘉禾徵獻錄

毛汝賢字見吾嘉靖丙辰進士授鳳陽府推官累陞郎中降南禮部員外遷大名兵備副使汝賢性坦夷不留宿忿其調禮部以御史周宏祖劾之故論降及在大名宏祖適爲屬吏于公事無纖介嫌宏祖亦詳其行事大愧服焉嘉禾徵獻錄

朱廷益字汝虞萬歷丁丑進士爲漳浦令歲比不登捐俸賑飢全活甚衆補令嘉定時苦漕兌請于大司農改折二十萬石歲省民財以五萬計奏最得南儀部遷考功擢僉事督江西學政屏絕干謁益王餽古琴受而檄諸學宮曰此琴貯文廟以彰賢王崇儒雅意翌日王以妃弟囑廷益謝曰校閱時何由私識執法所以敬王也發卷置劣等擢南通政司參議馮夢禎行略

支大綸字心易萬歷甲戌進士試政西曹時江陵秉政進白燕紅蓮以爲瑞綸言於朝曰大臣不宜稱祥瑞啟倖心遷泉州司理時侍郎洪朝選失江陵意欲中以法乃爲書具陳天道人事不宜枉殺大臣以媚人江陵益嗛之遂罷官又七年推補江西藩幕遷奉新令復與上官不協掉首而還卒門人私謚文介先生著有嘉隆編年史華平集行于世子如玉有傳李橋詩繫

王愼德字允明萬歷庚辰進士知萬安縣力鋤豪強有能聲行取廣東道御史出按廣東復按四川與討平楊應龍之亂上功將遷值疏封事起疏請建儲甚力忤旨罷光廟立追贈光祿寺少卿

葉繼美字含章萬歷癸未進士知金溪縣清宪滯丁憂補蕪湖擢刑科給事中彈劾不避當路請建儲停礦稅及疏救王錫爵高攀龍甚力出典湖廣鄉試累遷吏科都給事中以疏阻東事餉籍後東事敗一如繼美言終不得申理子培恕字行可崇禎甲戌進士知崑山縣考察降福建按察司照磨不赴歸以上嘉禾徵獻錄

袁黃初名表字坤儀仁子黃少負異才于三乘四部星緯諸書無不研究萬歷丁丑會試擬第一以策忤主試被落後改名黃至丙戌始第授寶坻知縣邑諸役倍于田賦車運皇木爲甚黃請由會通河運入移皇木廠於三

賢祠北使濱水受木便臺使爲奏報可因盡革重夫重
馬採石及箭手諸役邑田窪下比歲大潦黃浚治三全
河築隄捍之海水時溢入爲患令海岸多植柳高數尺
潮退沙遇柳即淤漸成隄因于隄內地開溝塍課耕種
曠士大闢遷兵部職方司主事適倭侵朝鮮朝廷大舉
東征經略薊遼宋應昌請黃贊畫與劉黃裳浮海渡鴨
綠江調護諸師提督李如松桀驁自恣黃數其罪大恨
與黃裳比而搆之未發如松大敗于碧蹄館兵部尙書
石星意主款黃亦以將驕兵罷上書于星未幾而如松
以十罪列黃黃遂以京察免歸熹宗立吏部尙書趙南

星追敘東征功贈尙寶司少卿子儼字若思天啟乙丑
進士授高要知縣悉心籌畫與革甚多雨潦縣漲城中
水深三尺儼走暑雨中竭力拯援治苫蓋作粥糜僦工
撈溺斂瘞浮骸入秋淫霖不止米價騰踴細查貧戶而
親給之以勞瘁嘔血猶親民事遂不起士民市哈巷哭
如喪所生 吴江志參嘉禾徵獻錄

錢承統字道光少孤事兄以禮從杜偉講學松陵獲聞羅
念庵主靜之旨製一木榻晝夜危坐其中刻苦提撕役
漸進平實 嘉善章志

丁寅字直原幼敏嗜學入北雍無所遇遂屏舉子業遊王
畿唐樞之門講身心實學事母盡孝敝衣蔬食人稱爲
篤行云 袁志

曹津字元會諸生以貢歷南安府教授課士有程賙貧生
卹贈賄秋毫無所苟著周禮集傳 嘉善楊志

陳于王字用賓萬歷丙戌進士授魏縣父憂服闋補句容
甫下車申飭保甲法奸宄屏息凡徵收節縮必殫思斟
酌據道理遠近立爲限嚴胥吏出入防其侵擾聽訟多
以理諭令兩造自釋遷刑部主事士民擁道遮留若失
慈父母于王以祖母年九十告改南兵部督龍江關稅
中官在南者亦設科稅于儀眞撓于王權于王曰該監

不得侵本部職重困商民有假中旨橫索者以法從事
遂止不復稅調吏部陞湖廣按察司副使兵備武昌值
淫雨漢水暴溢穀騰貴羣盜並起山谷深僻有數大姓
實爲盜首于王練兵按甲弗動檄諭何陳徐譚等十二
姓反覆開導于是縛其渠魁以獻盜悉平尋陞四川按
察使未涖事歸逾年改推福建命下以疾卒子山毓龍
正有傳

沈道原號淮槎科子萬歷乙未進士授樂安令以病歸樂
安士民挽留甚切改松江教授陞國學尋轉工部主事
歷改吏部道原在松江知青浦知縣某貪墨無狀及司

察遂斥之青浦民咸以爲快調文選司以病告歸道原業可自給入官後中落人稱其清操（以上嘉禾徵獻錄）

馮盛典字桂海萬歷辛丑進士授刑曹出守歸德遷兩淮運使與巡鹽爭禮至上聞詔令抗禮累遷河南布政使謝政歸莊則孝字翼庵戊戌會試辛丑廷試授福建興化推官平反無疑獄陞禮部主客郎乞歸行李蕭然沒祀鄉賢沈萬鈳字玉臺鄉薦後力學著書有詩經類考傳世（嘉善楊志）

曹穗字泰宇家貧事父極孝養撫幼弟以恩婚喪之儀必式於古祭必齋器物必夙戒覃思性理河洛之言期月

間鬚髮爲白執經者甚衆魏忠節大中出其門生平無疾行無惰容無譁語無違心之言無欺人之事子勳有傳（嘉善章志）

夏九鼎字台卿少從顧憲成學萬歷間鄉薦北上憲成屬其請益於李材時材官兵部侍郎誣下獄九鼎從獄中受講登進士即抗疏白其冤釋褐疏爭三王並封事艱歸補新喻令調安福皆清操自勵多政績上計卒於道貧不能殮生平秉禮蹈義晝所爲夕必書之任安福時莫敢干以私人稱爲夏鐵耳（袁志參西江志）

錢天允字延之萬歷辛丑進士知攸縣勤愼樸素革除羡餘贖鍰豪猾斂風束手毀諸淫祠尤詳愼刑獄民無冤濫入爲工部都水司主事進兵部郎中卒祀鄉賢（嘉禾徵獻錄）

毛尙忠字誠庵萬歷甲辰進士歷海澄棗强令皆有治績陞工部主事杜絕中貴人請託光宗在東宮異之書承恩堂額以賜遷雲南僉事弟尙質尙文尙質字素庵狷介重然諾尙忠卒子幼尙質撫育遺孤辛勤備至尙文字郁庵以鄉貢爲新昌訓導（一作餘姚）巡按以其才檄令査盤一郡庫藏積弊釐剔殆盡遷紹興府教授（嘉禾徵獻錄參吳志）

許元勳號明葵萬歷丁未進士由南銓部郎出爲山東參政分巡濟南東省謀建逆璫生祠遂挂冠歸爲人敦慤

有古風宦轍所至咸著清節居家杜跡城市鄉黨推爲祭酒（嘉禾徵獻錄）

蔣英號虯瞻萬歷庚戌進士初令松溪調漳浦服闋補宜興爲江南劇邑賦煩民困英愛民執法薪米之需咸取給於家歷遷南刑禮二部主事旋改南驗封司郎中轉福建副使未之官時璫逆勢焰已極英與周宗建爲姻家因于推升疏內批蔣英依傍門戶著革職忠賢敗以故官分巡蘇松坐事貶秩未行而宜興民變上官以英先治宜興得民心檄之撫治單騎往諭法豪家僮客數

人令亂民自獻其首惡亂遂定宜興故多豪家修撰陳于泰編修陳于鼎兄弟尤橫遂激民變執兵鼓譟勢洶洶賴英事旋定而周延儒方枋國與陳氏有連銜英再貶兩秩遂歸嘉禾徵獻錄參明史

錢士升字抑之萬歷四十四年殿試第一授修撰天啟初以養母乞歸進左中允不赴高邑趙南星同里魏大中受璫禍及萬爆杖死追贓皆力爲營護破產助之起少詹事掌南京翰林院即謝病歸後起南京禮部右侍郎署尚書事祭告鳳陽陵寢疏陳戶口流亡之狀甚悉拜禮部尚書兼東閣大學士入朝請停事例罷鼓鑄嚴贓

嘉興府志　卷五十四　嘉善列傳　十四

吏之誅止遣官督催新舊餉第責成於撫按帝悉從之帝操切溫體仁以刻薄佐之士升因撰四箴以獻大指謂寬以御衆簡以臨下虛以宅心平以出政其言深中時病帝雖優旨報聞意殊不懌也無何武生李璡請括江南富戶報名輸官行首實籍沒之法士升擬旨下刑部提問帝不許體仁遂改輕擬士升曰此亂本也當以去就爭之乃疏言自陳啟新言事擢置省闥比來借端倖進者實繁有徒然未有誕肆如璡者也郡邑有富家固貧民衣食之源也地方水旱有司令出錢粟均糶濟飢一遇寇警令助城堡守禦富家未嘗無益於國周禮荒政十二保富居一今以兵荒歸罪於富家朘削議括其財而籍沒之此秦皇不行於巴清漢武不行於卜式者而欲行於聖明之世乎今秦晉楚豫已無寧宇獨江南數郡稍安此議一倡無賴亡命相率而與富家爲難不驅天下之民胥爲流寇不止或疑此輩乃流寇心腹倡横議以搖人心豈直借端倖進已哉疏入而璡已下法司提問帝報曰即欲沽名前疏已足致之毋庸汲汲前疏謂四箴也士升惶懼引罪乞休帝即許之弟士晉由進士除刑部主事崇禎時以山東右布政擢雲南巡撫築師宗新化六城濬金釘白沙等河平土官岑儂兩姓之亂頗著勞績已而經歷吳鯤化訐其營賄體仁即擬嚴旨欲因弟以逐其兄命下而士晉已卒事乃已明史

嘉興府志　卷五十四　嘉善列傳　十五

錢栻字去非原名格士升子少從婦翁吳兵部志遠講求性命之旨崇禎庚午漳浦黃道周典浙試得其牘謂必老師宿儒置第八及謁見年僅弱冠黃益嘆賞爲人厚重寡言不妄交與鄉舉後益刻厲學問道周以言事下獄栻納橐饘不避險難後講學杭之大滌山栻病起裹裳往從竟中風露卒年三十三道周呼其名而慟之曰吾道無傳矣姜採撰墓志

錢棟字仲馭士升仲子崇禎丁丑進士授南職方轉郎中

察軍政剔夙弊中涓欲有所撓糾之不少枉南都稱健決郎遷廣東僉事請終養棟伉爽豪邁其天性而言吶吶如不出口至於處大事決大疑臨大節雖古剛介大臣不是過甲申都城陷棟方病嘔血聞北耗糾兵勤王慷慨誓師聞者感激泣下一切糧餉皆破產爲之乙酉八月殉節震澤生平博綜正史兼採漢魏六朝諸名家皆有成編尤好爲詩戛戛去陳論者方之李長吉所著有少司馬新艸儒園文部 余懷撰傳參檇李詩繫

錢栴字彥林士晉子崇禎癸酉舉人兵部職方司郎中國破死栴子默字不識崇禎癸未進士知嘉定縣鼎革後

不知所終或言其爲僧名成回卒於越之顯聖寺有吹簫草 嘉禾徵獻錄

錢繼登字龍門萬歷丙辰進士授刑部主事有珠商與大璫乾沒答金鞫訊不少貸轉郎中摘猾胥奸弊守饒州修復芝山書院與諸生講學陞蘇松副使謫歸崇禎末起江防都御史未赴淮揚失守歸卒年八十餘著壑專堂集東皋問耕錄易窺南華拈笑孫武子繹等書弟繼振繼章有傳 吳志參嘉禾徵獻錄

周宗文號開鴻萬歷丙辰進士令淸江築隄以捍章貢諸水邑多盜廉得爲首者捕斬之黨悉散行取貴州道御史時廣甯失守疏糾兵部尚書張鶴鳴經師玩寇請明正國典以儆後人京師大雨雹疏請扶陽抑陰時宦寺專寵惓惓以君子小人消長爲言不報值三案會議宗文持論侃侃大璫銜之幾及禍以艱歸起尙寶卿請卹死節諸臣糾李承祚等附璫之罪引疾歸再起光祿推京尹爲柄國者所抑解綬歸弟丕顯字知微天啟辛酉舉人時若有朗悟甲申三月忽呼同年曹勳陳龍正及兄宗文謂之曰國家有大故期且不遠余死不及見諸君好爲之有頃捉鼻而逝後十餘日國破如其言 嘉禾徵獻錄

魏大中字孔時自爲諸生讀書砥行從高攀龍受業家酷貧意豁如也舉於鄉家人易新衣冠怒而毀之萬歷四十四年進士官行人天啟元年擢工科給事中楊鎬李如楨旣論大辟以僉都御史王德完言大學士韓爌遽擬旨減死大中憤抗疏力爭詆德完語并侵爌帝爲詰責大中御史周宗建徐揚先張捷徐景濂溫皋謨給事中朱欽相右德完交章論大中久而後定明年偕同官周朝瑞等兩疏劾大學士沈㴶語侵魏進忠客氏及議紅丸事力請誅方從哲崔文昇李可灼且追論鄭國泰傾害東宮罪持議峻切大爲邪黨所仄目太常少卿王

紹徽素與東林爲難嘗求巡撫大中惡其人特疏請斥
紹徽紹徽卒自引去再遷禮科給事中是時恤典冒濫
每大臣卒其子弟夤緣要路以請無不如志大中一切
裁以典制遷吏科都給事中大中居官不以家自隨二
蒼頭給爨而已入朝則鍵其戶寂無一人有外吏以苞
苴至舉發之自是無敢及大中門者吏部尚書趙南星
知其賢事多咨訪朝士不能得南星意率怨大中而是
時甒排東林者多屏廢方恨南星輩次骨給事中章允
儒江西人也性尤忮嫉其同官傅櫆假汪文言發難文
言者歙人初爲縣吏智巧任術負俠氣入京輸貲爲監

生用計破齊楚浙三黨察東宮伴讀王安賢而知書傾
心結納與談當世流品光熹之際外廷倚劉一燝而安
居中以次行諸善政文言交關力爲多魏忠賢既殺安
府丞邵輔忠遂劾文言褫其監生復逮下吏得末減益
游公卿間大學士葉向高用爲內閣中書大中及韓爌
趙南星楊漣左光斗與往來頗有迹會給事中阮大鋮
與光斗大中有隙遂與允儒定計囑櫆劾文言并劾大
中與光斗等交通文言肆爲奸利疏入下文言詔獄大
中時方遷吏科上疏力辨詔許履任御史袁化中給事
中甄淑等相繼爲大中光斗辨大學士葉向高以舉用

文言亦引罪求罷獄方急御史黃尊素語鎮撫劉僑曰
文言無足惜不可使搢紳禍由此起僑領之獄辭無所
連文言廷杖褫職牽及者獲免大中乃遵旨履任視事
楊漣疏劾忠賢大中亦率同官上言忠賢得疏大怒矯
旨切讓尚未有以罪也大學士魏廣微結納忠賢表裏
爲奸大中每欲糾之會孟冬時享廣微偃蹇後至大中
遂抗疏劾之廣微慍益與忠賢合吏部推謝應祥巡撫
山西廣微遂嗾所親陳九疇劾大中出應祥門推舉不
公貶三秩出之外盡逐諸正人吏部尚書趙南星等明
年逆黨梁夢環復劾文言再下詔獄鎮撫許顯純自削

牘以上南星漣光斗大中及袁化之繆昌期周朝瑞顧
大章李三才輩無所不牽引而以漣光斗大中化中朝
瑞大章爲受楊鎬熊廷弼賄矯旨俱逮下詔獄鄉人聞
大中逮去號泣送者數千人比入鎮撫司顯純酷刑拷
訊血肉狼籍其年七月獄卒受指與漣光斗同夕斃之
莊烈帝嗣位贈大中太常卿謚忠節錄其一子 明史
魏廷相字翊卿大中從弟萬歷甲辰進士授汝陽令始至
即開河以便漕輓居官淸約人不敢干以私嚴持吏胥
令不得骩法邑中春耕無桔槔取水爲艱廷相乃令倣
吳農作車戽水于是濱河之地皆可種稻墾荒數萬畝

民號魏公車服闕補棗强行取四川道御史未受事卒嘉禾徵獻錄

曹烈字允和更字鴻甫幼不好嬉動作有度通曉圖書天文地理已謂無益身心性命遂矢志濂洛之學卒年二十八語弟子魏學洢曰吾肢體日就銷脫而靈覺不滅於舊卒之日從容言別神色不亂著蒙養錄果行編新纂

魏學洢字子敬少隨父大中讀書破寺中刻苦厲志大中以璫禍被逮學洢號呼泣血欲隨侍入都大中厲聲曰若智出孔文舉八歲兒下耶奈何以完卵狥覆巢學洢易姓名密隨檻車行不令父知入都潛匿邸舍暮夜叩

當途乞執無能發公憤者欲上書代父不得痛不欲生大中旣斃獄中遑遽扶櫬歸里見母痛絕仆地跡不入中閒日夜伏草啼號家人閒進粥糜輒揮去曰詔獄中安得有此淚盡繼之以血遂死死二年弟學濂伏闕訟大中寃幷白學洢死孝狀又瀝血上疏劾阮大鋮傳櫆交通逆奄實殺諸臣制詔褒美曰以爾臣忠彰爲子孝洢濂之義生死同揆學洢詐配父祠癸未學濂成進士入翰林時賊陷太原濂請東宮或二王往鎮南服又言當糾合畿輔義士爲勤王師城陷作絕命詞自縊死濂豁達多大略痛父詔獄之慘終身布衣無重味母病割

臂肉和藥進乃瘳檇李往哲編

李奇珍字四可萬歷進士知長樂縣定役緩徵興利剔弊任九載召入兵戶二科有爭國本止開礦議營田陳星變諸疏陞太常寺卿家居十五年無一字入長安卒祀鄉賢長樂有雙淸特祠袁志

李奇玉字元美幼擅文名與兄奇珍有二李之稱萬歷癸卯舉於鄉研思易學時高攀龍講道東林奇玉北面就正忠憲歎之曰發吾蘊者子也天啟壬戌魁南宮歷還兵工兩曹再守汝甯數月引疾歸發篋中所箋註研晰疑義不停筆者十年雪園易義成大旨與師說相發明

甲申聞變悲憤卒學者稱荆陽先生子松崇禎庚辰進士官歙縣令儒林傳參嘉善楊志

吳志遠號蘧庵舉孝廉二十年未嘗謁官府就教烏程擢翰林孔目改禮部司務時尚書孫愼行爭紅丸事託志遠詮次章奏屬意用之志遠力請就閒轉南兵部郎璫禍發嘆曰吾不能如皇甫規自附黨人尙思懷綬乎卽告歸年八十終子亮中順治壬辰進士戶部員外郎袁志參嘉善楊志

卞洪載字子厚從高攀龍遊獲聞性命之旨崇禎閒兩舉徵辟不就晚舉鄉飲賓亦不赴著有辨邪說持敬省察

約言綠雪軒詩行世嘉禾徵獻錄

郁調元字涵眞性孝鄰失火從烈焰中負母出踰垣涉河兩踝皆裂父母歿廬于墓側饗祀必哭終其身如一日以廩例入國學謁選得儀封丞司河務秋水衝溢濬築盡瘁河賴以平遷遼陽參軍單車赴遼區畫邊備嚴汛守募勇敢儲糗糧廣芻牧放古金城方略召丁壯給牛種耕具于山之右墾田萬畝鄉人有戍遼失所者厚給之致政歸以子之章贈如其官袁志

顧際明字艮甫曾祖謹有義行父態見孝義際明萬歷己丑進士選庶吉士爲雲南道御史請告養母丁憂起河南道上言播酋應龍必叛宜早爲之備未幾應龍叛隨奉命按廣西事竣歸上方以言官交爭國本遷怒臺省遣斥三十餘人際明與焉天啟踐阼求言陞太僕寺少卿先是際明在臺巡視太僕洞悉馬政之弊至是益甚乃刻意節省減費不貲以黨禍將起引疾歸嘉禾徵獻錄

陳龍正字惕龍父于王福建按察使龍正遊高攀龍門崇禎七年成進士授中書舍人時政尚綜覈中外爭爲深文以避罪東廠緝事尤冤濫十一年五月熒惑守心下詔修省有哀懇上帝語龍正讀之泣上養和好生二疏略曰回天在好生無過減死皋陶贊舜曰罪疑惟輕是

聖人於折獄不能無失也蓋獄情至隱人命至重故不貴專信而取兼疑不務必得而甘或失臣居家所見聞四方罪犯無甚窮凶奇謀者及來京師此等乃無虛月且罪案一成立就誅磔亦宜有所懲戒何犯者若此纍纍臣願陛下懷帝舜之疑甯使聖主有過仁之舉臣下獲不經之愆蓋陰指東廠事也其冬京師戒嚴詔舉堪任督撫者御史葉紹顒舉龍正久之刑部主事趙奕昌請訪求天下眞賢才帝令奕昌自舉亦以龍正對帝皆不用龍正居冷曹好言事十二年十月彗星見是歲冬至大雷電雨雹十三年二月京師大風天黃日眚浹旬不解龍正皆應詔條奏大指在聽言省刑時議欲用龍正爲吏部御史黃澍以僞學詆之十七年正月左遷南京國子監丞甫抵家而京師陷福王立於南京用爲祠祭員外郎不就南京不守龍正已得疾遂卒明史

孫朝岦號賓瀾諸生入成均爲廣東藩司首領官有兄弟搆訟經年不息者朝岦取具詞裂之諭以一體至愛二人恚悔各謝過獄地卑溼瘐死狼藉別營高敞徙居之遇大水立捐贖鍰佐以薪俸扁舟風浪中且拯且賑他若平治道塗庀葺黌序立義倉以備荒禮皆長治久遠之計晉階奉直大夫三舉鄉飲賓粵中祀名宦邑祀鄉

禾郡賢雜記

陸敷錫字德承光祿丞遷柳州通判署象州事安仁土司何公思等聲言花蘆古陳諸賊倡亂請爲朝廷除之其實欲藉此剽掠爲奸邊地居民騷然聚衆數萬與土司相攻殺上官遣吏往慰諭之不解賊曰卽欲撫我須陸通判來敷錫單騎往撫遂帖然散去尋署賓州事時斷藤峽雖平然道險民少間爲山賊竊踞敷錫乃相要害移置衛所一十九處由是山賊遠遁以母老乞歸 浙江通志

柯元芳字月傳崇禎進士授建甯府推官署甌甯浦城接壤甌甯江山麻靛賊盤互剽掠元芳募壯勇設關諜擒賊首五大王餘黨竄伏元芳還郡而監司儹師以遺寇許元芳坐鐫級已而賊嘯柘浦約日取浦城元芳詗知之午夜勒郡邑兵分道掩捕質明七十餘酋反手就縛諸大吏驚相告曰是果能辦賊非縮朒縱賊者當元芳鐫級時屬邑令夏允彝與直指抗辨而閩人亦相率訟言之卒用得直解官歸居十五年而卒元芳天性至孝初釋褐得父平安信忽心動急馳歸而父病劇侍母終身如孺子歡居鄉多行陰德著述自娛子聳有傳 浙江通志參嘉善楊志

曹勳字允大崇禎戊辰會元授庶吉士官至禮部侍郎時

門戶角立勳負時望在講筵每隱護正類魏大中被逮周旋患難吏垣章正宸言事下獄請救得釋乞養十年留都召起見時事日非規切相臣尋以母喪歸勳精於易著易說三卷祀鄉賢 檇李詩繫參嘉善楊志

沈鴻起歲貢就教累轉太湖教諭左良玉以師東下人勸其去鴻起毅然曰吾木鐸明倫而苟免君父之難乎卒死于寇闔門一十三人俱遇害 明史

徐遠字道招少孤力學崇禎癸未進士任中書國變堅臥不出長吏至門輒辭以疾葛巾野服三十八年不改 吳志參嘉善戈志

陳揆字子衆平居節儉自謹好周人急遇歲旱設法救荒少善病絶意進取專心學古于經史多發明晚歲研悅性理所著有省心日記十卷弟修字子近專攻三禮貫穿六經有經緯書分九部藏于家 袁志參嘉善楊志

沈崗字若英本姓蔡性沉毅端謹究心濂閩受業百餘人一時稱爲安定弟子兄弟五人友愛無間言皆諸生 嘉善楊志

丁鑛字九貢賓子恩廕當得官不就中辛酉副榜研究宋元諸儒宗旨身體力行化畛域忘喜慍與人語嘔煦惟恐傷之然外和中嚴不苟同雖燕處必整飭盛暑未嘗

脫帽露頂邑令以望重造請見率婉辭以謝不問戶外者四十餘年日手一編凡論人物臧否政事得失皆窮極源委若鬻產償族孫逋賦歲饑發粟賑濟其爲善多類此卒年八十七 嘉善戈志

沈龍翼崇禎十七年以府試第一入庠年已五十順治二年王師臨境是日戴儒冠登東亭橋赴水死時有訓導錢一選陳鶴鳴在城亦死於兵 嘉善萬志外紀

國朝

錢楞字芃生士晉子順治三年隨征入閩署將樂令會山寇吳長文等竊發建甯失守將樂被圍城中無兵楞與

丞方抗督鄉勇登陴拒之堅守九月城碎率家丁夏允中沈貴等巷戰手刃二賊馬蹶被殺家丁死者數人雍正五年楞孫禮部侍郎以塏陳奏 贈按察司僉事祀功臣廟 福建名宦冊

柯聳字素培己丑進士授秦陽令邑當楚豫關陝之衝流寇穴西山數出爲患聳厲衆登陴寇旋散舊帥孟應學歸誠返蜀道由襄有利其資者誣爲奸宄下獄死聳廉其枉盡釋其家以卓異授禮科前後歷五垣凡十九年奏疏凡五十七上如請卹楚省凋敝蠲吳江歲租及建言春秋宜四傳並重不得專主胡傳又請以理學名臣方孝孺從祀皆卓卓可傳轉通政使參議乞養歸著有存古堂文藁霽園詩集子崇樸維禎有傳鄧枚陝西甯夏兵備道 嘉善崔志

郁之章字東恒順治己丑進士歷官分巡道駐上杭時海寇入漳聲言來攻人情驚恐之章以靜持之密約城守張國棟整飭營伍趣士民集演武廳手草檄以忠義激發士民咸願効死賊知有備而退陞大理寺丞以讜歸杜門課孫獎掖後進執經問者甚衆纂修邑乘若干卷 福建名宦冊 參嘉善戈志

沈鱄字木門順治辛丑進士知建安縣事兵燹後土田荒

蕪蠹胥巧爲影射鱄廉得實窮治不少貸先是藩厮以錢貸窮民勒息數私禁榜掠有鬻妻孥以償者官莫能制鱄曰愛一官而脅於輿隸使民無告吾恥焉捕置之法民大悅 浙江通志

張茁字文葮順治壬辰進士家貧四世不異爨兒茁早亡撫其子如己子歷部郎出爲安慶守開荒田二千餘頃其請蠲請賑諸書民頌之有流涕者以詿誤歸 袁志

吳亮中字寅仲與錢繼振郁之章魏學濂學洙學渠曹爾堪蔣玉立稱柳洲八子搆來問堂鍵戶力學順治己丑登進士授戶部主事督理漢中糧儲有頌聲轉員外郎 檇李

詩繫

孫籀字潔初順治己丑進士任山西學道稱得人大學士陳廷敬吳琠侍郎田逢吉皆其所拔士尋補福建糧道值厦門用兵先時籌餉刻期奏捷移鎮靈武開屯治河在安廬撫凋瘵鋤豪猾修學校善政畢舉轉南汝因辦公馳驅墮馬傷足告歸每去任士民鐫碑建祠卒祀鄉賢子復煒由縣丞陞主政復煇有傳嘉善戈志

沈熏字止岳順治己丑進士隨征入粵授肇高道適蒼梧陷獨守孤城二載又平洞荷諸寨山賊陞福建海道築隄防通水利廢墜悉舉轉徽甯道吳志

丁彥字文博順治己丑進士授工部都水司主事督理江南蘆政有政聲著有暇日堂集行世于志

丁旭字子葵父洪夏夢歸子慕入其廬是夕生旭及長號慕庵砥志礪行講身心實學其慮周憂世有類西山胸中灑落有類濂溪我
朝徵修明史學使李文襄公薦之於朝書成議敘當得官念親老不仕父母沒哀毀盡禮廬墓以居卒年七十八著有寶晉齋初刻再刻二集明史稿于志

曹爾堪字子顧勳子順治壬辰進士選庶吉士性强記博覽能舉原委輿圖要害山川形勢指畫纖悉聽者神聳歷陞侍講學士屢蒙
聖祖嘉寵有曹爾堪學問最優之語罷歸偕二三老友選勝賦詩與宋琬施閏章沈荃王士禛王士祿汪琬程可則稱海內八家有南溪集行世子鑑平鑑章有傳檇李詩繫參嘉善戈志

魏學渠號青城順治戊子舉人授成都府推官時蜀中初定戶口尙少民疲于差役學渠招撫綏輯定嘉眉邛雅四州賦額公私稱便舉博學鴻詞陞刑部主事歷官江西分守湖西道加意撫綏務從寬簡其俗生女多溺死嚴爲之禁生全者甚衆生平輕財好施親友緩急立應

從祀名宦鄉賢浙江通志參吳志

周宸藻號質庵宗文子順治乙未進士由庶常改御史屢陳時務禁旗丁勒索請淸查倉穀皆切中窾要巡兩淮鹽課罷歸擅書工詩有柿葉齋詩集吳志

夏長泰字季保原籍華亭父嘉遇官考功郎著淸望長泰順治乙未進士授文水令輕刑緩徵得士民心擢刑部主事請假歸布素蕭然會蘇松撫臣議築隄捍海推長泰廉幹請視工事勞瘁卒嘉善楊志

陸翔華順治進士任鬱林州知州時李定國餘黨未散侵擾諸州縣鬱林參將提兵遠出賊乘虛猝至圍城翔華

卒衆登陴固守賊攻不克引去後補廣德州著有惠政崇祀鬱林名宦廣西通志參嘉善崔志

錢駱字長孺士晉孫弱冠成順治乙未進士授池州府推官以敏練受知臺使所至輒以自隨以詿誤罷職年甫三十家居事親盡孝暇益肆力經史百家書法追二王兼擅潑墨自設科來登第踰七十年者史冊罕見年九十五卒嘉善戈志

楊應標字勝林順治乙未進士授甯國府推官歷溧陽鄢陵令牧劍川所至俱有惠政可紀能詩著永思堂集子栢孫方岳舉人爾德會元有傳吳志參檇李詩繫

朱張銘字西渠順治乙未進士授行人司奉使者三屏絕請謁典試雲南陞戶部主事會長子兆渭能文早世傷痛卒於京邸嘉善崔志

顧儀字可桂歲貢生授金山衛教授沿海邊邑無庠額儀請于上創膳堂分經課士文風聿起始登解額曹相駿檇溪小志

顧耿臣字奕聞際明孫順治戊戌進士知鄜州兵燹後加意撫綏勦賊投誠約束得宜不爲州患陞戶曹典貴州試尋督榷蕪湖秩滿知大名府釐正豪右隱糧有愚民倡亂止罪渠魁脅從者盡爲寬釋民戴其德吳志參嘉善戈志

孫槩字曙東性穎異究心天文河渠由舉人授亳州牧兵後民多逃亡槩勞來安集墾田萬餘建巨橋十一以當濵蕩渠之衝轉開州築城濬河建倉修學積穀三千以備荒歉墾田七十頃舉博學宏詞尋陞兵部郎子雯鏡由縣尹陞綿州牧詩文俊逸著鶯嘯軒稿

顧向字羊舌辛卯舉人授四川蘆山令蘆地荒遠離城三里即爲天全董北諸土司生熟蠻雜處向竭力撫綏蠻既帖然民亦安輯時逆孽未靖協辦軍餉具有成績後清田賦豁賠累集流亡葺城郭勸農宣教一以實心舉行比歸囊橐蕭然子鼎升鼎恒至性肫篤鼎恒有傳以上嘉善戈志

沈湛字淵伯前明諸生踐履篤實當湖陸清獻極推重稱先生而不名慨世人浮薄殘刻無非涉險蹈危因集倫常日用語訓二子瑠璿署名詒安清獻前後兩序之並摘三教合一一條謂偶涉獵於神仙力勸改正立言垂誡衛道綦嚴居名五柳村著有閒游草響雪堂古文參三魚堂文集

王睿字聖若副貢授興化通判旋陞同知時海禁甚嚴出界捕漁者論死睿原情平反全活者衆著有曠期堂集

龔在升字聞園順治乙亥進士爲蘇州推官督漕決獄摘

發奸惡請蠲販荒停修土城爲三吳永利改湖廣通山令嚴禁耗羨停薦新茶事事爲民請命卒于官民皆哽咽流涕城外山中刻有思公石以上嘉善崔志

李振宗字欲仙康熙甲辰進士初令陝西禮縣後補湖廣蘄水政寛訟簡士民樂業以卓異内陞歷任郎中轉平涼府同知以勞瘁卒于官子允符舉人授什邡令有惠政陞御史吳志參嘉善戈志

錢霞字赤城四歲而孤事母盡孝庚戌成進士授山東冠縣令諮訪利弊嚴保甲勤開墾均賦稅又修葺學宮興文教改承德令兼署治中通判有守將欲徙民分戍上

陽堡百姓大噪單騎曉諭民乃帖然内陞主事

曹鑑倫字彝士勳孫已未進士選庶常典試山左所拔士如何世基李永紹王沛壇顔光斅王懿輩皆著清望再主北闈試歷陞内閣學士預修

統志副總裁　國史典訓方略膺一

賜錫類堂匾額以示優寵歷陞吏部侍郎卒年六十三

賜祭葬子源祁貢生源郁源郊有傳源邦舉人雲陽知縣以上嘉善戈志

沈辰垣字紫翰乙丑進士授翰林與纂修明史及續唐類函羣芳譜諸書又奉

敕繙閱等韻標摘差誤謂吳興識四聲而不識七音失三韻之原四聲爲經七音爲緯辨甚詳悉洊陞侍讀學士尤喜汲引後輩乞歸卒祀鄉賢

丁策字嘉猷康熙乙丑進士爲諸生時遊粵西同里蔣孝修任奉議州判適病亡策經紀其喪并爲申理錢穀之未清者事竣護其柩歸後任昌黎令慈惠得士民心以上吳志參嘉善戈志

錢以塏字闓行士晉曾孫戊辰進士授茂名令以才能調東莞遷隰州牧内陞員外歷通政特轉少詹事躋清華之列奉

命至雞林哌喇甯古塔白都納地方相度形勢設立州縣繪圖入告擢副憲陞禮部侍郎祖楞殉難閩中瀝情叩籲得

贈䘏簡本部尚書以疾乞休奉

旨褒嘉加宫保致仕卒七十一

賜謚恭恪予祭葬嘉善戈志

王濤字見平武進士康熙十三年隨征福建授遊擊以勞歿於行間能詩工書不苟然諾子醰業諸生力學修行于志

丁棠發字卓峰賓曾孫戊辰進士授新安令減耗革積弊恤民訓俗建義學課士月給廩餼特舉鄉飲酒禮繪圖

陳培字用楫丁巳舉人授廣東高明令發粟賑濟以恩信招撫盜魁俾巡緝地方民得安枕粵有毒草民遇忿爭輒服以陷人培以德化之此風遂革任十三載卒于官著鳳覽堂文稿粵遊吟行世嘉善戈志

孫衍字宰工康熙甲子舉人授長山知縣在任五年減秏羨賑貧乏以病乞休邑人攀轅臥轍者相望于道有廣川去思錄建專祠祀之所著長山邑乘孫氏宗譜等書

許湄字臨洲康熙庚辰進士知湖廣石門縣苗蠻雜處湄開誠撫諭諸土司咸格心向化巡撫趙申喬保奏內召卒于途居官十五年家無寸椽尺土沒後人益信其廉

嘉興府志　卷五十四　嘉善列傳　五二

子王謨王猷有傳以上浙江通志參嘉善戈志

楊爾德字質爲戊戌會試第一選庶常歷陞掌垣條陳學政事宜深中竅要視廣東學政歲試甫周以校文勞瘁卒于官

詔卹其家

曹源郊字東牧戊戌進士以編修入直南書房充實錄纂修官甲辰典試貴州丙午典試廣東冒暑馳驛入闈力疾校文榜未發而歿著有桂園詩集

許王謨字端操由舉人分發四川委署宜賓令邑稱繁劇又值承辦軍需籌畫無失上官重其才簡往稽察雷波

定儀注士民始知禮讓以才能陞御史潔已率屬綱紀肅然歸奉八十老父貧無餘貲承懽菽水自號一餐居士吳志參嘉善戈志

金皋謝字應台髫年喪母哀毀如成人戊辰進士授莆田令莆邑濱海之田常被水災捐俸築隄以捍之延紳士重輯邑乘以親老力請終養歸卒祀鄉賢嘉善戈志

陳霆萬字子敦康熙甲戌進士授臨朐縣邑正供四萬餘兩向有胥蠹私收包納之弊甚至挐家遠遁累民重完霆萬至一變其法散歸業戶使各自輸糧其弊遂革卓薦行取病卒祀名宦鄉賢鍾之枚亦甲戌進士任義烏

嘉興府志　卷五十四　嘉善列傳　五三

教諭師範端莊儒林推重子承烈字武傳亦有文名浙江通志參嘉善戈志

孫洙字魯淵康熙乙卯舉人授臨湘令崇尚教化不事鞭扑荒歲設法賑濟建啟聖祠設義塾以勞卒于官貧無以殮衆爲賵賻得扶柩歸嘉善戈志

張王典字堯若康熙丁丑進士授山西平順縣下車減秏費絕苞苴省差徭值歲當編審秉公釐剔從前隱漏之弊重役之苦一時頓清陞吏部主事旋擢吏科給事中官京七載賃屋數間僅可容膝公餘焚香玩易及卒惟圖書數束而已浙江通志

城工在萬山中王謨伐山開道觸犯嵐瘴而卒 以上嘉善文志

孫鉌字古喤順治辛丑科

廷試二甲第一故事二甲第一稱傳臚多得館選時更令以推官用及謁選而推官又奉裁授福建南靖縣知縣靖故巖邑奸民率恃險抗糧鉌躬歷窮鄉勸諭民感動始樂輸將又嚴私稅之禁新學宮集諸生講經制府范承謨知其才値大計欲薦之而拘於格因先行風示爲循吏勸會捧檄以事往鄰省逆藩變作不得歸

大兵入粵鉌夜行晝伏至軍門將軍見制府檄且素知鉌有經濟才遂題補潮州府通判丁外艱歸著有廉靜堂集

浦文焯字元量康熙丙戌進士選蠡縣知縣地居畿輔習俗强悍難治文焯之官法令一新任九載有奇慈祥愷悌士民稱爲浦菩薩陞正定府同知甫涖任即擢河間府知府雍正三年直隸巡道改設按察使司即以文焯陞授尋鐫職歸乾隆初起廢員授福建糧驛道而卒著有鵠貽堂集平恕齋文稿

孫燾字叔荀貢生善詩文倜儻負異才遊川陝賓某觀察所撫軍察公見其詩甚嘆賞延至幕使掌箋奏會山賊竊發

上諭察往勦燾請從倥傯戎馬間羽書旁午措辦悉中機宜賊閒察語邊事皆窟伏謀欲出降而懼誅燾探知之請往宣諭單身入賊巢愷切曉諭賊感泣羅拜事平以軍功議敘選廣東廉州府同知調肇慶署廉州府知府興利剔弊所在多惠政後以耳聾致政歸

許王猷字賓穆康熙癸巳進士以翰林累擢少詹事主試江南如沈德潛楊大琛史虎炳倪承茂皆其所得士書法力追北海片楮寸牘人爭寶之歸後與里中耆舊仿白香山故事爲尊德會居鄉謙厚與人交外和內介累官內閣學士兼禮部侍郎年八十卒

孫浚字殿揚康熙丙子舉人選舞陽縣知縣遇疑獄擿伏

如神制府調留省垣使清理積案浚斟酌情理多所平反保陞知州薦剡已發矣時制府威重某官素所嗔者因公詿議欲吹求以重其罪使浚雜治之浚竟白其寃制府怒人咸爲之咋舌浚拂衣曰吾不能殺人以媚人也遂引疾歸

顧心錯字嘉集康熙辛卯舉人父秉堅以孝廉敎諭會稽修學校置祭器歿後門人私謚端毅心錯博學能文通刑名家術湖廣衡永道汪樽以茂材薦授河南温縣知縣調河內邑有戩田渠二偷注越濆爭鬬有死者爲設夫司啟閉挨日遞洩民無旱溢之患右族以義男爭繼

速訟幾破家心錯使就讞於邑廟片言而兩造悅服擢
光州直隸知州光城中貫大渠北城根逼水城中地高
等女牆民環堞而居圮則盡爲魚鼈心錯捐俸修築密
排以石下張上斂永無坍決患年老乞歸卒年八十四

錢家壁字惟若康熙癸巳舉人補湖北鄖西令調南漳漳
地邊闗奸宄竊發家壁力行編甲互保法盜賊不得發
又捐俸修千工堰以利菑洩民名其堰曰嘉善曰水壺
曰彭城誌勿諼也秩滿陞中書制府奏留題授隨州牧
丁內艱服闋補直隸保安州歲大祲盡心撫賑災黎皆
得所後因公降補寶坻令寶坻爲鄉先輩袁黃舊治家

壁顏其堂曰景袁民有嘉善兩名宦之譽以迴避改補
山東博山令告歸乾隆甲午重赴鹿鳴宴壽八十一卒
所著有般居吟稿

朱一蜚字健沖以貢入成均時值準夷草竊
詔命舉茂材異等一蜚以宗人府丞蔡嵩薦
命往陝西軍前岳大將軍鍾琪檄令馳赴鄂爾多斯查點軍旅
糧儲器械一蜚以書生從事行間約束嚴明指揮如意
岳深器之歷署高陵麟遊令補韓城調臨潼所在多惠
政歷陞清河道擢山西布政使既又移江蘇復調畿輔
仍轉晉藩一蜚起家縣令二十年中開藩者六護督篆
者再卒以用非其人被議家中貲產祖遺田屋外無長
物也羈滯潞安當事延主起文書院講席卒

程鍾彥字驥超雍正癸丑進士入翰林改御史甫視事即
條陳水利他如請寬摃照限期添築石道以便行旅等
疏皆准行擢禮垣充河南鄉試正考官歷陞太常寺少
卿巡視西城奏請禁止附近香山一帶毋許開煤窑巡
察東漕相度運河緊要奏請添夫挑浚以收利濟實效
凡所疏奏皆見施行著有經義日纂皇華紀程南村堂
詩文集

孫惠宗榜名觀茫雍正己酉舉人選授山西廣靈縣知縣

廣靈地素瘠民欠丁糧多流亡惠宗力請上官仿浙西
例將丁糧移派田地起科十年帶徵得准行以妻弟朱
一蜚任山西布政迴避補山東武城知縣有民婦年六
十餘獨居被焚死往驗屋已燼屍自項以下皆焦灼惠
宗密語幹役曰此縊而後焚者也急緝勿失後廉得眞
犯寘之法蓋婦有姪夜盜姑財爲所識以結襪帶絞死
焚之以滅其迹遠近稱神明惠宗以愛民爲心故所在
多實政比去民懷其德不忘

陸偉然字季容乾隆丁巳進士選新樂縣知縣潔己愛民
上官皆善視之獨失方伯意請掣回調簡治新樂未及

期人士有清廉敏惠之頌制軍知其剛介委署雞澤縣事偉然坐理裕如改補高陽旋以濫應驛馬鐫級偉然篤行力學爲文章根柢經史闡發精奥有稼墨軒詩賦行世

陳興祚字緒三乾隆己未進士選福建仙遊縣知縣時有泉人俞得海越獄拒捕通緝未獲仙邑林姓等七人以疑似羅織陷獄興祚廉得其情力請開釋屢觸上官怒堅持不撓卒如所請内艱服闋補河南洧川知縣洧故瘠土興祚撫字得宜民有起色政尚慈惠而摘發如神所至豪强皆斂跡他若賑窮黎新學校毁淫祠均徭剔

蠹閭閻至今頌之

陳作梅字燮原乾隆壬戌進士官刑曹由主事遷陞郎中歷掌給事中多建白棱棱有風望其任御史時條陳綠旗營務及江浙一帶海塘事宜均得議行又有分別原衙門注上考之奏遂著爲令巡視津漕奏運弁宜鑄給印信及帮船更調之法俱關體要膺外擢分巡雲南迤東道旋調迤西後以公罣議事白以疾卒著有雪園小稿

許椿字董園乾隆辛酉舉人以知縣發四川試用歷署雙流儀隴等縣有政聲會

大兵征緬甸蜀省協供驛馬委官督解灌令沈鵬以母老病俾行椿慨然請代上官義之調度得宜未半載事竣在途不廢吟咏著有南征旅草二卷旣補内江令值金川蠢動定邊將軍溫福進討檄椿司正林口臺站飛芻挽粟軍用以饒又調登春臺站六月師潰賊突至椿率站夫力戰以救援不至被執罵賊死事聞

賜卹贈道銜賜祭葬配享雙忠祠廕世襲恩騎尉

錢金殿字鵠雲以增嗣子髫齡能詩文及長援例選合肥丞補江甯知縣陞海州牧擢鎮江守治有寶晉書院幾廢矣延師集生徒資其膏火暇與諸生講論經史旋擢

江安糧道本生外艱服闋補江西饒九道署臬篆尋奉

旨署理巡視南漕御史外吏得此任異數也後以事左遷徐州守歷太平廬州以勞卒著有自信紀言靜甯室詩鈔

朱錦昌字晝圃一蜚子乙酉順天鄉試舉人謁選大理府雲南知縣尋陞雲州知州制府以錦昌熟諳邊事奏調騰越州州轄五關七土司土司來謁例佩刀拜跪雖品高不稍假錦昌霽顔溫諭得悉其地方土俗并其族姓賢否其後隴川因承襲失序擾及内地于千崖盞達戶撒拉撒各處搶掠錦昌與總鎮許世亨隨地鎮壓并誡其子姓毋妄動因得無事擢蒙化同知丁內艱服闋補

大關廳同知歷署大理順甯知府所至多惠政以勞瘁
卒于官著有產芝室詩集
周翼洙字迪文全錫子以選貢入成均受經義於宛平黃
叔琳受詩法於長洲沈德潛學日以進甲戌成進士選
衢州府教授弟灃字芑東兄弟互相師友以科名非不
朽事沉潛於馬鄭賈孔諸書旁通天文輿地兵農經世
之務晚尤究心通典通考二書拾遺糾繆不下萬餘條
爲諸生二十餘年庚午同兄翼洙舉於鄉辛未會試第
一以及第第三入翰林旋以親老乞歸卒
蔡以臺字季實甲子順天鄉試副榜考補景山教習以知

縣用不就庚午舉順天鄉試丁丑冠南宮
廷試第一授翰林院修撰尋補
日講起居注官以親老乞養歸以臺自幼穎拔好古博通羣
籍鐘鼎圖書金石之品寓目即辨眞贋生平著述多不
屬草僅存姓氏輯略六卷
朱鑑昌字宗盛四歲而孤性聰慧及長益倜儻不樂爲經
生業援例選縣丞分發楚南尋補通道令改發四川値
金川肆逆軍需旁午上官委鑑昌督役修日耳拉山路
兼總兩臺甫題補漢州牧以積勞成疾卒
金汝珪字同侯父舉文行重一邑乾隆壬辰成進士授吏

部文選兼考功司主事尋丁母憂扶櫬歸葬時南陽夏
鎭閘河水驟溢狂飈陡起船欲覆家人掖汝珪將呼他
舟載汝珪抱棺痛哭不肯去服闋由郎中擢江南鹽巡
道在江南五年累署藩臬儉約自持未嘗一召優伶演
劇被議歸卒年五十一
謝墉字崑城乾隆辛未
召試一等一名授內閣中書壬申成進士入翰林歷官工部侍
郎三充鄉會試同考官兩主鄉試兩任學政兩知貢舉
一充會試正總裁墉以文章受
知遇甫入詞館即

命上書房行走出入三十餘年其歷掌文衡積學之士多出其
門辛丑狀元錢棨鄉會榜首皆墉所取爲
熙朝盛事後被議降編修仍
上書房行走以疾卒京邸嘉慶五年
上以師傅舊臣追
贈三品卿銜并祭葬著有詩文集書學正說等書
曹焜字素爲乾隆癸未進士選四川新都令疏堤堰以溉
田疇均驛站以安夫役民咸便之制府阿爾泰奏調成
都兼署華陽以卓異薦歷署嘉定雅州潼川諸府事兩
金川逆酋蠢動隨制府桂林專治文書嗣被吏議革職

留任調赴定邊將軍明亮軍前奏開復改授員外郎金
川方略館纂修官以繼母年老乞歸養里居十餘載卒
王啟焜字東白以新江例選四川大竹丞擢成都令時
大兵進勦金川羽書旁午擘畫悉中窾要陞簡州牧尋遷瀘
州牧權守夔州大吏咸倚以為重旋擢成都守晉川東
道廓爾喀軍興檄辦打箭爐軍需轉輸迅速大功告成
賞戴花翎值川匪滋擾總籌軍務以勞卒 以上伊志
朱潮字學瀾以貲郎為府經歷洊升長沙府知府攝靈壽
縣時遇水災典質以賑母錢亦脫簪珥助迨官福建署
福甯府值海寇蔡牽於三沙為巢潮乃察地勢練民勇

購獲賊黨悉牽蹤跡出奇擣巢未幾殄滅補淡水同知
治民番械鬥率勇直前宣布威信經年而平 新纂
程廷泰字西泉乾隆甲寅舉人就江西布庫大使嚴禁牙
行私秤校準印烙商民稱便尋擢刑部郎中有婦被火
死同官將嚴治其子廷泰諦覗形迹研詢親戚供稱母
子本無間因坑火延燒睡酣不知逃避子在別房聞聲
奔救已遍體焦灼哀號莫及案定子得免 見魏塘人物志
程廷濟字悅舟廩貢生由方略館議敘得江西臨川縣丞
升浮梁知縣訪獲鄱陽湖盜鄭萬年洪四保等置之法
景德鎮兩大姓聚眾械鬥單車往諭即時解散丁艱吉
補直隸曲周增堤防廣書院士民沾惠調署艮鄉擢雲
南鄧州知州引疾歸 見魏塘人物志
陳孝泳字賡言號松崖以婁籍補博士弟子員後歸原籍
精篆隸金石乾隆丙寅詔修西清古鑑冢宰汪文端薦
參預討論壬申中順天舉人修書成供奉　懋勤殿授
國子助教累遷至陝西道監察御史晉授光祿寺正卿
參曹文植撰墓誌
陳祁字如京號紅圃由謄錄議敘得郃陽縣丞升臨潼令
值教匪不靖生擒首逆李貴誠歷陞甘肅布政陝甘總
督 賞戴花翎積勞成疾制軍那彥成為繕墓誌深致

慨焉著有從戎草南國雜詠新豐吟稿商於吟稿尤敢
本誼叔祖孝泳欲創義庄不果祁與堂叔曝贊成其事
楓溪小志
孫銀槎字晧青乾隆丙戌進士歸班選山東濰縣引 見
改安徽績溪其為治以端士習為先分校所得皆名士
請加學額邑人有澤留鬢序之頌 見魏塘人物考
范寶琛字六泉乾隆庚子進士部選山西山陰縣引 見
特改四川嘉定縣弁 賞給紗袍褂時教匪方熾檄督
兵餉稱職歷署石砫同知嘉定府知府調赴西藏管理
錢局藏俗親死不葬敎之殯瘞又畏出痘有患者輒委

棄致死爲設痘局居病者醫治之仕至湖北蘄州知州
著有古品節錄行軍須知駐藏識略新纂
錢樾字撫棠少時器宇端重讀書過目成誦喜作擘窠大
字乾隆壬辰翰林累遷吏部左侍郎坐失察銓吏降編
修復累遷內閣學士兼禮部侍郎嘗主試陝西江西又
督學四川廣西
召入
尚書房行走于役江西之歲
睿皇帝方在藩邸製詩寵行有冰心玉衡句嘉慶元年督學江
蘇先是蘇有獄連諸生櫂羅織樾會鞫得雪所全多知
名士會徐州壩工火又瓜儀鹽梟盤據爲閭閻害

上命密訪二事樾指陳利害本末甚悉歲辛酉畿輔大水疏請
以工代賑又請禁南漕折色諸弊乙丑督學山左戊辰
丁艱回籍服闋患病屢蒙
溫諭問疾無虛歲甲戌力疾覲
闕以江南番錢盛行奏請嚴禁其所歷半天下熟悉民間利病
知無不言里居未嘗有干謁地方官事年七十有三卒
於家于志
陳蘭徵字香王乾隆庚辰舉人銓廣西永淳令署橫州時
山水驟漲民多登城避溺蘭徵立發倉按丁口分給民

賴以安水退爲脩城垣三百餘丈署懷集縣邑素健訟
莅治甫三月刁風頓息時値邊西荒歉上官知其恤民
瘼仍調橫州蘭徵立請出倉穀五萬石官爲平糶全活
數千餘人後官至山東濱州知州引疾歸卒壽七十有
九著有粵遊吟二卷樹香齋詩集六卷丁志
吳書城字擁萬嘉慶戊午舉人由中書入軍機陞戶部郎
中補貴州遵義府知府値大旱米價騰貴飭各屬開倉
平糶並諭殷富量力捐賑治無飢黎擢貴東道兩署臬
篆凡遇重獄必反覆再三以勞卒年五十六生平事親
孝自以祿不逮養爲終身恨與諸弟歡好無間有詩古

文稾各二卷筆記八卷撫苗事略一卷于志
周以勳字次立性倜儻有幹濟才乾隆丙午舉人補山東
嘉祥令萊陽勢豪因爭麥場嗾羣奴斃其人正兇不得
檄以勳會鞫廉得之將定案而勢豪內控
欽使來按獄以勳反覆辯論卒抵勢豪罪後以姻親迴避改江
蘇委辦丹徒賑務周歷城鄉勸捐二十四萬餘兩活人
數十萬計任寶山時捐廉堵築海隄悉臻鞏固陞海門
同知旋署江甯知府以勞瘁卒於官于志
錢淸履字慶徵以塏孫乾隆甲寅舉人官蘄水縣時嚴斥
蠹淸戶糧進邑中子弟教之如家兒而發奸摘伏不稍

姑息膺卓薦陞白河口同知年踰六十告歸居家十有
餘年邑中官紳重之每有疑難得其一言以決平生喜
爲詩有松風老屋詩稿十六卷詞二卷于志

倪景點字檢之由安徽府經歷陞至順天府治中服官四
十年所在皆實心任事而於西隆煙瘴要地尤多德政
州人至今思之于志

周升桓字稚圭乾隆癸酉同兄鼎樞舉於鄉甲戌同父翼
洙成進士入翰林擢侍講外補廣西蒼梧驛鹽道粤產
斷腸草獠民遇忿毒人死歲常數百計升桓令犯笞杖
者納草以贖罪不數年根荄絶慘毒之獄遂除叉獠民

自煽禍大吏疑土司勾結欲坐之罪升桓白其寃調土
司征之戮其魁釋餘黨其他鋤奸釐弊雪枉決疑類如
此旋署臬篆以事罣議謫戍在臺供應臺站外惟課通
鑑摹古帖凡六年如一日歸里後長鍾山書院卒年六
十有九書法宗彥詩淸婉有皖遊詩存子以輝由通判
籤發南河官至河南開歸陳許道旋署臬篆所至辦理
河務有政績以疾乞歸廉俸所贏並助親黨喪葬于志

盛堂字素園少端重乾隆甲辰成進士選四川長甯令邑
故有健訟風甫莅任卽嚴訪訟棍每訊案隨判隨結由
是四境肅淸後因公罣吏議生平褐衣蔬食課子弟極

嚴家居未嘗有干謁地方官事年八十六卒于志

周以炘字亦次嘉慶戊午舉人宰河南偃師課農桑興文
教有令名陞雲南甯州引疾歸居家孝友工書翰于志

王煥字中照少有膽略官四川萬縣丞嘉慶初川楚教匪
滋事經略勒公調赴營理軍務煥擘畫悉中窾要子堦
字陞升四川百丈司巡檢時亦隨營數帶兵戰殺賊魁
升雲陽縣知縣加知州銜以丁母艱服闋任貴州普安
直隸同知卒官于志

陳鵬字翼雲官貴州州判從征逆苗署定番州事會鎭戎
統援兵到州鵬獻奇計敗賊於盧山凡殺苗一千二百

餘人官兵死傷者二人鄉勇七人而已時制帥抵貞豐
設軍需總局於安順府飛檄購備軍糧接濟貞豐一路
鵬不惜重貲分路購辦又於沿途各站分佈丁役陸續
起運先後四月餘凡運米六千餘石又署普安州時有
巨猾陽黨中者本州民久於滇結黨羽至十餘萬欲謀
不軌嘉慶十五年潛回州境將取老幼赴滇尅期舉事
鵬方抵任闞之遣偵其家則已束裝秣馬待且行矣遂
選集兵役乘夜直入擒之明日制府差官帶兵至卽以
授之後升興義縣知縣官至廣東連平州知州罣吏議
褫級歸著有萬里蠻吟一卷卒年七十于志

黃安濤字霽青父凱鈞入孝義傳嘉慶丁卯舉人己巳傳臚授編修丙子出典貴州試差旋充文淵閣校理與修一統志文苑傳尋除江西廣信府艱歸服闋補廣東高州府調劇改潮州初涖高州俗好訟多積獄乃檄屬州縣書兩造兩辭揭通衢約以期自至朞獄平以千計潮人好械鬬殺傷事發市人代抵名曰宰白鴨前守利易了率不復窮治安濤思移俗獄上輒語囚曰若但勿承毋他慮我養若衙中獲犯而後釋以故終其任未戮一代抵者屬吏成案讞失入多駁詰怨望所積浸潤達上官卒坐督捕疏懈被議改簡罷歸與諸文士詩酒往還

有眞有益齋文集詩娛室息耕草堂詩集又著說經中義一百卷權濟錄綠箋詞鈔昭代詞選嶺南從政錄吳江沈曰富撰墓志

鍾汪杰字元甫嘉慶丙子舉人丁丑進士分發山西授壽陽縣歲値水旱蝗蝻後籌積儲勸墾荒作歌剴切民感化馴復繫庶杰天資高妙學易頓悟故言性宗新建之說然博覽經史洽聞彊見不爲心學空言所著遺書有二十一種詩集名小網川書屋新纂

浦曰楷字端培號又垞母沈氏嫻禮教善吟詠有身時恰情蕭選生曰楷讀書過目成誦漢魏六朝文若夙習然

嘉慶辛酉舉人丁丑成進士館庶常散授山東萊陽縣清積案嚴保甲創設書院與國寺爲祀釐之所捐廉重葺並脩宋琬安雅堂會大旱禱雨輒應冒雨捕蝗卒有雙歧之麥道光戊子保舉卓異旋調滕縣聞治萊陽有威名猾吏斂迹地素產煤掘者率亡命挖過深一壓斃數百人嚴禁之祗存一窑供日用修上宮館肖孟子像其中吏治儒雅政聲方著以肝疾告歸著有自怡齋文集晴蘭書屋詩稿浦氏行述

孫成彥原名鈖號廉甫嘉慶癸酉優貢考取八旗教習以知縣分發廣東署龍川有江西定南民人與龍邑人爭

婚埋滅七命之案盡心究辦不兩月屍犯盡獲各補博羅籌賑水災有政聲權南雄州仁化巨盜蒙吽化等出肆焚掠成彥故弛捕限密伺不備掩捕之盜駭戒毋入境再任博羅平反盧某械殺命案旋獲正犯前議抵死者十餘人得雪英德匪首鄺亞清等嘯聚拒官兵宰英者孫福謙求退大府命成彥往匪聞旋解散嗣西匪竄入躬冒矢石馳往黃茅峽百花巖千段石等處追剿將密保擢陞遽卒新纂

查奕照字丙唐講求經濟年少館京師侍郎項玗宅項赴浙聘掌章奏時値英吉利入貢與當道渡海觀蓮花橫

首諸洋卽欲有所設施偕海甯牧張玉田轉餉甘肅遇張漢潮匪警居圍城匝月策守禦阿林保督閩浙專弁來迎適海寇蔡牽朱濆勢方熾策以絶接濟援擕剿徼剿躡擊諸法寇得撲滅百齡督兩江威望嚴重權令鞫獄有刦庫戕官案捕者以難民三人當之具白其無辜百督始詰責之繼器重之歎謂渺小丈夫乃能以氣節抗上官後隨慶保撫黔條奏運銅虧帑之苦部格於成議再駁再奏並請　欽使會勘遂邀　特允慶陞督兩湖楚省例食淮鹽而永州逆流挽運寶慶郞陽施南在萬山中道險難至爲稿奏請改引界議雖寢民感之通山鹽梟拒捕戕官梟遁彊獲二民人背有刺字者實之獄上疑有冤力勸慶率司道會鞫卒得雪修脯所入援例官通判淮權淮安同知値河南潰決工緊帑絀部議按田派夫預征雜税爲條陳不可狀請借提淮商引費卒如議行既歸里與嘉興張廷濟同邑黄安濤相友善往來倡和尤超然塵𡒊云所著東望閣詩鈔及隨筆行世其未刻者南北史小識敬業堂集註藏於家子世璜善畫工詩 參汪能肅撰傳

陳傳均字衡甫號臯蘭祖作梅宦歿雲南襁褓自滇歸貧不能延師稍長知苦讀母鍾呼使罷始就寢年十三補

博士弟子員娶妻十八日殂終身不復娶中嘉慶丁卯鄉試第一甲戌入翰林散館授戶部主事陞郞中道光初西陲用兵指撥餉需司農耆績京察列保一等尋以失察降官遂南游楚爲制軍琦掌牋奏巡撫吳榮光器重之遂主講蓮池書院啟迪多人氣度和平雖御臧獲亦無疾言遽色以耆壽終

郁鼎鍾字彝齋道光丙戌成進士入詞林散館授江西泰和縣知縣甫下車卽懲蠹吏骫法者有宿盜案廉知退役某能召之跡緝卒獲寘諸法聽訟以誠感兩造各愜意而去邑有萃和儲英兩書院捐俸獎勵文望翕然時粵東有兵事邑當孔道供億頻仍紳民喜其廉而無擾集貲相助差畢悉以廉俸償鼎鍾性沖澹苦案牘勞形遂乞休貧不能歸贛州守王藩重建陽明書院適落成聘主講席在贛五年教有程式士風丕振歸鄉後足不入城鍵戶著書遠近從學者踵至著有平川舊聞心香閣詩鈔彝齋文集平川詩徵舊聞識餘核補袁氏紀年顥編注釋王脩竹論畫詩 上海賈履上撰傳

錢寶青字萍矼內閣學士樾曾孫幼岐嶷能文章道光辛丑成進士由戶部主事荐擢至宗人府府丞仍在軍機章京行走一典湖北鄉試一充朝考閱卷咸豐七年京

城鐵錢壅滯條陳疏通八年俄嗼欲派員駐京桂良花沙納先與照會允准然後奏聞寶靑疏摘原摺有駐京是否另有詭謀實不敢信等奏則是姑爲是請以貽朝廷憂他日准行之害君相任其咎而彼已先事聲明其立足不爲不穩應請宸衷獨斷應剿應撫悉歸僧格林沁督辦桂良等立與罷斥九年奉諭湖北軍情歷陳官文胡林翼和衷濟事規畫四路進兵誘堅守之賊使之野戰復沿江躡擊俾疲奔命楚軍成敗視林翼去留爲轉移毋任撫臣以奪情爲不安許離署任言中機宜悉嘉納之仕至戶部右侍郎都察院左副都御史節錄國史館

傳

謝宇澄字石雲由廩貢議敘任甯晉縣滹沱河水溢設筏救民無算西陲用兵轉餉有功保陞知州後因盜案被劾歸工詩畫著有傳雅堂集新纂

曹銜達字子安善記誦丱角讀時憲書三遍覆不遺一字年十二九經三史已畢酷好三蘇文謂老泉峭潔東坡橫厲欒城容與我欲合而一之初入試文無破承某邑宰大駭黜之繼同學示以式笑曰易耳逾年再試遂冠童子軍旋食餼道光戊子北闈南元癸巳進士以知縣用簽發福建時閩中方苦旱大吏屬僚屬撰禱龍王文佛紙濡墨詞成典博懇切某中丞才之遂檄飭知邵武縣事決獄引經準律翕然有聲旋署知府卒任所新纂

盛錞字瘦金廩膳生道光登極詔舉孝廉方正邑人舉瘦金應後中壬午鄉榜大挑分發河南知項城縣事有鄉民以開堰細故惑堪輿家言訟案久懸錞履勘諭曰地理六經首郭璞及身不善終且無後其難憑可知况今開堰灌農田普獲利遂呼民壯畚鍤之民理屈不復辨有同族爭繼殤者執曰殤不立後產宜瓜分折以禮經爲殤者以其服服之衆議阻決案坐堂皇戒役勿辟人將定讞問衆曰合理乎否則言毋隱聽訟悅服稱賢父母歸田後質樸率鄉里婚嫁勸勿從奢後進衣冠不

正不敢侍其側新纂

孫正鍇字雲浦中道光壬午舉人以知縣分發四川歷署清溪新津榮縣射洪夾江補鹽源升成都府同知貞幹廉明所至有政聲尤善讞獄疑不決者皆平反無枉不事刑求民以情告罷官家居足迹不入公門孫氏誌狀

孫爾榛字酉山歲貢生幼不好弄祖兼金病足淹牀蓐父汝蕃咯血均侍奉寢室竭誠事湯藥甫入小學習楷法兢兢點畫程子所謂卽此是敬之意已能領略長敦內行家庭間片語怡然中理便消嫌隙交友偶訂言誓不

更易艱窘忍饑一二餐緘口不稱貸授徒督幼以少儀範長以文律敝衣蔬食躬行示儉經造就者知爲西山門弟子也光緒紀元邑人公舉孝廉方正蹙然曰名實之間克稱爲難卒時太息猶以無裨名教爲憾云新纂

章裕善字竹虛性孝友方介道光甲午舉人大挑以知縣分發江西咸豐三年署吉水縣值粵逆竄金陵江右戒嚴裕善練勇守禦五年賊圍郡城分援吉水登陴固守自然礮擊賊賊已緣城而上十二月朔城陷裕善章服坐大堂濡硃筆書案上曰勿傷吾民遂遇害事聞

旨優卹予雲騎尉世職新纂

馬世鑑字衡齋邑庠生授徒自給庚申粵寇至城陷趨詣明倫堂正冠巾自經於齋房新纂

嘉興府志卷五十五　嘉興府知府善化許瑤光重輯

列傳

嘉善縣

孝義

明

丁長如字海鶴其先從宋南渡居嘉興永安鄉郎令丁澤析縣隸嘉善長如生元季明洪武初徵授黃州府倅告歸宣德時析縣興築長如年逾八十率子弟爲衆倡撤廳事改搆明倫堂撤岸石爲麗譙址縣令李遜以其賢祀于鄉郡丞曾維倫爲記勒石賓其六世孫也嘉善戈志

王仁本字樂山元末寇亂避居清風涇慷慨好義嘗於洪武初獨建圓明橋曹相駿楓溪小志

陸琦字文璐汾湖人宣德中父坦將建學宮不果而沒琦承父命捐地復建義塾於汾湖之陰學士曾鶴齡爲記浙江通志

顧琮字宗玉號樵雲好善樂施詔旌義民子文昱字怡松天性孝友父年高與弟同搆怡養堂奉之景泰間輸粟五百石佐河防費賜冠帶文昺字怡鈞郡庠生歲饑賑粟施棺焚券捐逋晚年治地得錢鑿井作亭覆之以便

行汲楓溪小志

支茂字宗衍幼孤弟榮甫三歲遵命不析居貢吏部授樂安丞奉府督租有王某者貧欲鬻女以償茂爲代輸女繪像祀之嘉善楊志浙江通志參

趙純字希文以舉人授階州學正初學於項襄毅忠正統已巳傳忠死日夕泣奠後忠還柄用純適遷襄王府教授有將校坐法當刑謁純求解卒不以私撓法忠益重之嘉善楊志

周玭景泰中兄當戍五開玭年十七慨然請代父兄不許有司亦難之玭曰家貧役重非兄無以養親請益力官

不能奪浙江通志

江吉字季正以舉人令萍鄉有政績告歸事親色養備至

徐鵠由掾敘官倉大使父久病竭力侍湯藥以勤瘁卒吳志參褒祀編

王倘賓字肖峯貢生趙府教授動無越禮嘉靖間捐田一百二十畝後學使者于學租內每年奏銷扣給銀十兩以助其子孫爲祀讀資

孫顯字顯一明洪熙時以儒官奉詔親早沒終身蔬食祭必哀遇人急質貸以濟子麒孝友有父風以上嘉善戈志

魏邦直字君賢少喪母懷慕不置事舅氏如事母居家友愛慈和終身無疾言遽色鄉里化其德行卒私謚康惠子大中嘉禾徵獻錄

葉守德字小江與弟守禮友愛自置田八十畝與均分且時以財給之子翹拔貢爲昌樂令吳志

倪津字雲橋萬歷中遇水旱散粟施糜建午莊橋撫膳煢獨官給冠帶旌之壽九十浙江通志

章普音肇工也事母以孝聞母歿刻像以祀顧昌鑷工也母年八十餘患痢且革昌日往里中眞武祠稽顙祈以身代度不可爲卽於神前剜心探之不得割旁膜煮羹進母已數日不食聞其氣香甚食之頓愈每陰雨瘡痕

痛楚不令母知昌年亦九十餘嘉善戈志參浙江通志

鄒昊字孟昭母年七十因夫祖故慟喪明昊延醫治之不愈朝夕禱祀俄而母兩目中各重生一瞳復明如故劉志

錢春字應仁以進士爲行人和粹孝友人以非禮加之置弗較拜監察御史卒祀鄉賢曾孫天允以進士官兵部郎裔孫永善母病刲臂以療邑令旌其門曰純孝重光以春亦嘗割股云劉志參嘉善楊志

孫奎字山隱幼孤事母篤孝營三世墳塋積學好義以博士徵不赴年九十三舉鄉飲賓吳志

沈槩字一之居憂蔬食三年卧起不離喪次考定四禮尤

嚴于喪祭兄槃性嚴毅承順得其歡心師事張東溟福
友魏莊渠校邵端峯鋭學益淬厲島夷寇三吳槃抱宗
祏祭器避之郡城著布菜翁傳以見志著有鄉約釋義
筆思記時務議詩文集 兩浙名賢錄參嘉禾徵獻錄
陳謨字昌言父吉應貢卒于京謨扶櫬歸哀毁骨立繼母
悍數欲致謨死謨事之益謹以已所居產讓弟母卒感
動晚應貢不仕卒 浙江通志
沈稱字子德科弟諸生奉父母不違左右有事必長跪請
科謝政歸寢食必共家有二貍各育而共乳人以爲孝
感 袁志

顧態字汝美少喪母父納一婢挾父勢淩態事之益虔積
館穀置田百餘畝與婢所出弟均析之父死婢就養二
子態曰父之所愛亦吾母也豈以存亡易心乃舉父遺
物委諸弟留婢養之終身貢授涇縣訓導崇祀名宦鄉
賢祠 浙江通志參嘉善楊志
郁本宗字和川有至性父病割股進未痊再割以進以貢
授吉水丞署邑令修葺文信國祠歲饑賑恤人稱慈母
歿祀鄉賢 袁黃傳參嘉善楊志
周寅字汝欽奉母至孝安貧守義嘗有盜其桔槹者已而
復還曰吾有慚于周君寅博覽强記嘗纂修郡志集註

小學校正四書音考有百櫞堂稿 李詩繫參嘉善于志
陸申字天厚父忤劉瑾下獄刺血上書冤得釋以貢授楚
府典儀世子英燿弑逆官僚受賄不言申獨踰垣告變
英燿伏誅獄竟致仕歸 嘉禾徵獻錄
陸道乾字子勉歲饑以私積散宗人兩兄早世割產恤其
孤困宣公墓在忠州乞官蜀府紀善著吳山漫稿孫煒
錫集其遺文行世 李詩繫
吳儒字汝爲積學工文貢授儀眞訓導與鹺使陳有舊商
人持金求援固卻之歸田十餘年吟誦自適 嘉善章志
孫嵐字汝瞻孝友終身爲孺子歡代兄任劇役好施舍飢

者予粟暴露者掩埋子朝宗以舉人令順昌嵐就養行
事必請命有異政三年將報最促之歸曰爾樹德于民
旋養志於親兩得之矣遂奉父歸嵐百歲建坊旌表有
司歲虞之設耆英社推嵐爲祭酒 嘉善楊志
顧條字可蔡由吏部掾歷官曹州同知解任歸里留心元
學製藥濟病弟傳號九槐進賢縣丞母病乞歸破格予
告冢宰萬鼎元紓撰歸養序贈之補上海縣丞陞九溪
衛經歷以母老不赴嘉靖甲寅倭寇風涇條與傳衣冠
往見諭以大義同遇害 楓溪小志
錢繼科字忠所父病踰年一夜數十起父搆新居讓于弟

居鄉寒予纊飢予糈病予藥道殣予櫬贖故人之子助疫死之喪子士升士晉皆爲名臣弟繼美字成所諸生遊南雍謁選授江甯丞念母年老棄官歸蒙師李某死子幼推解衣食委曲安置之族妹適沈寡挈之歸好善如兒（袁志參浙江通志）

丁鉉字九玉光祿寺丞以父病不之官歲祲傾囊以濟衣食醫藥日不暇給鬻田五十餘畝備春秋學宮之祀邑令上其事朝議旌之（袁志）

孫光祖字豹韋孝友力學少遊王守仁門以明經授湖州訓導遷開化教諭所著有龍賓堂稿祀鄉賢孫在鎬崇

禎丙子舉人（袁志參嘉善楊志）

褚附鳳字梧崗貢生性耿介教授里中授吳江教諭師範嚴肅陞縣令不就

孫宏祖字致虛諸生讀書過目成誦淡仕進常以敦行教子弟次子世芳字蘭林日誦數千言弱冠同從弟兆昌登賢書令瀘溪清慎有聲改靑浦令未巿月解組歸子世芬字子庸諸生年十五父病籲天請代及歿事祖母以色養世遠字子毅亦以孝友稱（以上嘉善楊志）

朱國望字士觐舉人崇禎中舉賢良方正不赴幼失怙篝燈夜讀輒泣數行下及長師事高攀龍所居嘗苦澇國望倡義鳩工築堤千丈鑿渠二里許民患以蘇歲饑發粟賑濟子顏復曾省舉人孟淑程渻選貢張銘進士官行人（嘉善楊志參槜李詩繫）

沈春山字愛梅孝友好施鄉人欲鬻女償債山爲代償又捐貲築斜塘環秀橋高泰字以蘘安貧嗜學弟升廢疾撫之極友愛處人和易鄉黨重之（吳志參嘉善楊志）

王任相字爾玉日積籌記善行里黨稱貸歲歉弗責償更應之有鬻子者焚券給以資（袁祀編）

孫峯字仰山貢生所居東郊外衆水交匯處名堰兜不通舟楫自子官疏通水道建石梁行旅便之子朝寵字賓

湖廓父志易方梁爲環洞其他好義亦如父

浦廉字若虛葬親擇穴旁有二絕冢地師謂宜移去廉曰久埋之骨何可毀隣人爲債家所逼將溢死弱女陷索逋者廉聞遺金償所負女賴活夫婦壽俱九十六（以上嘉善戈志）

錢吾仁字廓如父貞官汝甯府同知以代覲卒京師吾仁聞訃哀號徒步入都扶櫬行數十晝夜兩足俱裂幾不能支苦塊三年如一日奉繼母吳若所生吳待之甚嚴吾仁事之益謹後感動無閒言（浙江通志）

陸維祺字九如國子生孝友敦行歲饑死亡載道維祺與

質買棺殯殮買米賑濟全活數千人卒祀鄉賢浙江通志參嘉善楊志

顧朝樞字仲執際明次子舉人性嗜學好義戚友緩急無不應負亦弗較兄朝衡失父歡樞周旋曲至嘉善楊志

周丕顯字知微舉人敦孝弟重氣節天文地理兵農禮樂諸書洞悉原委邑中有大興革皆折衷之弟丕承字君烈重然諾邑蝗倡義勸糶施槥掩骼傾資無吝色袁志參嘉善楊志

沈懋德字雲高幼失怙恃歲時致祭輒飲泣兄性豪邁廢祖產勿較隱居查溪課子孫誦讀歲饑倡議平糶有負

逋者以女償卻之焚其券綽有五倫坊表錄

丁洪夏字養凝父病擇醫進藥口不甘味者累月及卒廬墓哭泣洒樹樹為之枯以副貢授官母老不赴魏忠節被逮竭產稱貸以贈歲饑出粟賑濟崇禎辛未詔訪地方人材撫按疏薦授常州府通判辭不就以上嘉善楊志

夏緒字季脩舉人倜儻負奇耽經史與魏學洢討論無遺義不事生產事父尚文典鬻承歡與夏彝仲交契不逋諸牒嘗同陳幾亭周知微究心實學知微沒輯其遺文行世懿行編

張所見字蕘生更名介號吉先崇禎戊辰會試副榜授司理不就性孝友累世積善歲大祲飢者賑粟寒者給木絲設鄉塾建塔瘗暴骸戚黨婚葬必賙修築津梁輯古今格言以訓子弟嘉善楊志

魏廷薦字無咎忠節從弟諸生潛心河洛之學箋經註史為後學宗法敦洽姻黨有大事傾資濟之所著有息踵居集以子學渠貴　贈官

蔣蘄字若子貢生所居遭火從烈焰中負父出母喪茹素三年有友負千金後因事陷獄復捐金以救弟卒贍養遺孳立繼析產讓以膏腴買婢詢為士人女亟遺歸以上檇李詩繫

孫應文字懷川母病劇割股進負財不償者撿券焚之至家貧壁立無悔以子搢貴　贈南汝道副使吳志

王道隆字爾愚性至孝姊適郁早世撫孤甥授以田宅如己出妹壻沈逋賦二百石代為輸納親族待以舉火者數十家歲旱蝗捐賑三百石復倡議平糶全活甚眾出私錢募人捕蝗縣令劉大啟旌其門浙江通志

孫忠字忠一父嘗溺水為風浪擁去忠投水拯父抵蘆渚獲免母病侍牀褥數載無倦容季弟達早世母以哭子失明忠刺血書金光明經竭誠籲禱瞽障復開二親相繼亡廬于墓側旦暮號慟孺慕至老不替嘉善志

錢湝性至孝父遇盜將殺之湝哀求代死得釋妻曹氏遭兵投河死悼之終身不娶褒祀編

張念省字覺源廉靜剛介年未三十喪偶不更娶撫姪芷爲嗣旋夭芷兄茁又卒撫茁子可賓教育備至賓力學好善篤行誼嘉善崔志

孫叔呂號士喆國子生考授光祿寺署丞戊午中副榜居鄉倡舉利濟事邑人賞其惠父朝宗純孝叔呂亦曲盡孝道嘉善戈志

王周官字存樸幼有孝童之目母疾中夜起祝願以身代事後母盡歡心隣有以室售者價既倍而復據之周官出私錢俾滿欲而止袁志

孫枝貞字遇明遊雍有聲親亡哀毁垂絶父妾無子養葬以禮待前母兄友愛彌篤歲祲多方賙恤嘉善戈志

陸敷樹字暎蕚母感心疾調護十餘年弗怠待異母弟二人不別籍異財嘉善崔志

郁期字幾先郁際字兆先兄弟敦倫尚義族黨有三十未娶者婚之三喪未舉者葬之歲饑出米百石以濟蝗灾復施糜三月全活甚衆吳志

毛士龍字伯乘諸生坦易不事矯飾出爲伯父尚忠後尚忠舉子力請歸宗分授辭不受母病籲天求代父母歿哀毁不欲生撫幼妹遣嫁盡禮友愛弟士麟事祖父母備極悃摯兄弟終身無間言袁志

弋用忠字藎臣以歲貢授隰州知州性敦厚決獄平允用杖輒流涕丁內艱攀轅載道歸家杜門著書嘉善楊志參檇李詩繫

蔣鑑字永徹歲貢事母菽水盡歡有友寄金而歿其子不知立擕還之嘉善楊志

孫養灝字浴凡貢生恬靜不求榮利授江西安仁訓導不赴父歿毁幾滅性兄養源遘外難悉力捍之從兄養佐貧其第不戒于火折券勿問袁志

朱顏復字克非國望子天啟丁卯舉於鄉布衣素履不妄交接嘗道過武進其令爲同門生疑有所謁屏人曰子有欲言乎顏復正色曰無所欲言也即促棹去年三十七終病革弟曾省涕泣曰兄幸勿怖張目答曰死生有命何怖爲言迄逝顏復文章夷雅詩參韋孟著鹿柴琢藏于家曾省字曾參崇禎丙子舉人甲申之變痛不欲生作自祭文以卒弟程湝才名與兄頡頏順治甲午選貢痛父殞于賊手懷匕刃執仇者再嘔血而亡高士傳參新纂

案舊志朱國望傳不載被賊事此言痛父殞賊手未詳

毛尚質字素庵性狷介重然諾兄尚忠令清漳困疾千里

扶掖兄卒撫字窮孤辛勤備至季弟新居遭火代爲繕葺析產推肥居瘠鄉里稱其友于（嘉善楊志）

錢棻字仲方士晉子崇禎壬午舉人少失恃事繼母盡子職流寇披猖閣部史可法招至幕下辭不就溫凊如所生暮年著書大滌山有熹宗邑乘讀易緒言莊子緒言諸書子黯有傳（檇李詩繫參嘉善楊志）

孫紹祖字君裘遊北雍爲倪元璐器重母病目刺血書光明經忽復明繼得危疾禱北辰祈代凡四十九日甦（袁志）

陸奇字平侯諸生慷慨好義蝗災減價平糶冬夏施蚊幬絮衣暴骨構瘞所交皆寒士歲時餽遺勿絶

支允堅字子固如玉子性篤孝父病疽吮之嘔血幾斃及卒哀慟欲死明季民解白糧繁重應者破家允堅上書陳北解十弊直指左光先用其言勒石禁革（以上嘉善楊志）

郁性善字承泉天性至孝父京病疽吮之立愈嗣父觸怒豪貴遭冤獄善走千里白父冤跋涉成痼疾謂其子曰父母全而生我我以父故致疾當復愈疾果瘳（袁志）

毛士麟字文石母卒勺飲不進事兄溫克內外事悉諮而行弟士望病篤哀號籲天醫藥必親歲饑減價平糶湖寇焚掠出粟贍族人四方知交攜詩文來者解榻盡歡乃去

李棁字聯河生數月倭寇至母抱之奔避度不得脫泣而置之橋下越宿寇退母往撥草視之酣睡如懷中父母歿兩兄以棁出贅錢氏仲兄亡悉以家產讓遺孤子二然字元寶剡字元晦然諸生博覽治聞剡援例入雍拮据恢父業嘗曰智勇仁強缺一不可否則田舍翁耳然子嘉生順治甲午舉人剡子振宗康熙甲辰進士（以上嘉善楊志）

孫世蕙字仲畹諸生篤倫嗜學有以酖餌世蕙父世蕙覺之急取嘗嘔血數升暈仆逾日始甦是秋讀書樓下隱几聞神呼曰孝子速起蕙趨出樓柱遭霹靂矣著有畱耕堂集（懿行編）

孫世選字在公諸生家貧授徒束修必奉父與兄甚友愛出處必偕父母俱年七十一日同逝世選一慟而絶（袁志）

徐汝璠字孔望諸生祖知禮字敬渠有千金貸程某歲饑不能償璠遵遺命焚其券善事繼母新溪萬安橋圮捐貲創建里人誦之

沈之治字修能兄之浩字天如皆諸生友愛寢食必偕之浩慷慨好施予遇貧交曲加周恤之治每先意承之之治卒妻守節三十餘年當事表其閭（以上嘉善楊志）

錢天相字輔之春曾孫文行推重士林與陳山毓龍正丁

洪春洪夏訂道義交著有豫遊草晚而好學兄天錫字法嚴持身清介長子汝元事親孝著聽松軒稿嘉善崔志

李標字子建精於戎機戰略軍律營陣壬遁諸書史可法辟爲記室後可法死揚州渡江會葬其衣冠于梅花嶺歸而繞屋皆種梅賦詩三十首葢自託于西臺謝參軍云著有東山遺稿靜志居詩話

周宗宜字敬生父成禮折節好施歲大水禾稼漂沒寬量貸粟不責償宗宜居父喪哀毁逾禮仲兄宗榮早世遺孤振豐甫四歲撫育教訓體恤備至他若周貧乏置祭田建橋梁爲德于鄉甚多

蔣芬字去華父小江隨兄英宦遊悉以家業付長子分產不問肥磽偕魏學洢講濂閩之學璫禍作魏璫誣贓數千金捐貲代納吳門張溥倡復社推爲領袖遊北雍會流寇充斥上命卿部各舉經術一人侍郎姚思仁以芬應詔念母年高辭不就啟聖宮圮獨任修葺歲洊饑貴糴賤出著有孝經疏義

柯茂林字秀崗父得仁累世忠厚茂林侍奉甘旨溫凊維謹兄成林字萃崗歿于王事遺孤三人以已所置田產分授曰我不欲使我子獨豐也

陸靈海字若生父輝錫早失怙叔遭无妄白其冤令惕以刑不屈試以文奇之遂得釋兩中副榜撫異母弟友愛肫摯遇人急難必多方拯救舉鄉飲賓以上嘉善楊志

魏愷字嘉虞大中從子性恬靜不矜崖岸詩文有逸氣侍大中二十載服膺遺訓終身勿踰尺寸兩舉鄉飲不赴易簀時屬其子曰勿忸化勿奏樂勿作佛事嘉善楊志

魏學洙字子聞諸生大中少子兄學洢死學濂走闕下學洙侍母錢患難中能得歡心里人有踐更之役諷洙緩頰致百金洙曰此輕則誰重且干澤非分寵賂非德麾之去侍母疾心力瘁竭母愈洙竟以是殞年僅二十七浙江通志參嘉善楊志

沈大政字爲吾事親孝待庶弟有恩戚族子女無依者撫養得所修宗譜創祭田晚舉鄉飲賓嘉善楊志

錢燾字子壽士升孫恩蔭中書舍人不仕鍵戶著書嘗論晉陶潛多彭澤一出生平志尚可想見所著石語草堂集八卷史論二卷伊志

蔣士宏字耦萬諸生疎財好施嘗代族人輸漕七百石又以千金之居贈一貧孝廉後孝廉宦成不責報好讀書無所不覽漳浦黃道周深器重之復社陳子龍夏允彝輩皆爲忘年交壬午陳入浰闈出歎曰吾分校而失蔣耦萬彭仲謀當不復論文矣老手一編不釋著甿農集

嘉善戈志

王衔之字甯野父歿茹素終身家貧遺田數畝讓兄嚳之精岐黃術治疾輒愈不受人酬從子憬字一庵嘗遇異人授金丹秘旨善療人疾對坐俙烝沈疴立起嘉善崔志

龔黃字孟循少工制義因母疾潛心岐黃濟人甚衆敦友愛讓其宅於兩弟弟潔字楚仙敦倫好善壽九十三嘉善戈志

曹㷀字舒光諸生父以入火救親柩病廢㷀日侍左右扶持無少懈售己分產償弟負著有鈍留齋集浙江通志參嘉善戈志

龔在明字幼霞諸生恬淡不矜榮利絕意進取撫育諸孤姪捍禦外侮誨養幼弟在璿辛勤備至弟亦事兄如父嘉善崔志

蔣睿字正言憲副英子諸生力學嗜古邃于理學奉母盡色養及歿泣血三年居常恤孤寡葬露櫬賙乏繼匱三黨德之著有聽鴻樓集

錢森字秋聲諸生親歿廬墓三年以敦倫立品訓子弟舉鄉飲賓壽八十二以上

李策字獻之性剛直仗義里有不孝者策至其家痛杖之後其人以盜陷策冤轉得雪生平篤於愛敬兄屢棄產捐資代贖敎子多義方子孫克世守焉楓溪小志

李學孟字醇卿號慕雲唐元和中有眞靜者避亂至吳家華亭之楓涇鄉世有顯人學孟贅郁寵家郁翁無子學孟從容諷使納姬姬有子遂謝去不持郁氏一錢後郁貧輒出資收葬郁翁夫婦子自華舉進士及第爲史官不色喜及身自有封猶衣故衣至京師得大官珍膳輒歎曰吾故虀藜飯糗時有此耶以誠自華無忘上恩申時行撰墓誌

潘師正字斐伯家貧親在淺土以麻束髮者三十餘年師事劉念臺黃石齋與陳獻可魏子一交善精醫學濟人奇中子遵字康先養庶母弟姪終其身著有脈緯等書

以上嘉善戈志

蔡浩字宗孟幼失怙嗣于從叔尋又亡明末寇盜充斥浩扶母及弟潛匿鄉曲屢攖鋒刃以孝感獲全授徒奉養曲盡孝道繼母失明求醫露禱踰年復明懿行編

劉啟先魏忠節公鄰忠節搆閹禍被逮劉更姓名爲僮僕從入獄忠節拷掠之慘皆親見之輒痛哭爲整額帕覆背衣驅羣蠅之嘬膚者忠節獄事劉實始終之視王鳳洲應養虛之周旋楊忠愍者蓋無不及焉眞有益齋文集

呂元聲字惕黼諸生父被誣羈閩奉母盡孝綜理家政父

還盡色養刻意厲行尤敦友愛舉鄉飲徐公石麒爲立傳子逢申諸生性孝友（嘉善崔志）

國朝

錢棐字子輔繼美孫八歲賦白燕詩傳誦一時登順治壬辰進士痛從兄栴慘亡撫其孤再世無間築託園于東郊扁舟往還足不入城市（吳志）

魏允枘字交讓忠節孫廕入南雍事節母嚴盡孝病篤禱神刺血書孝經及歿哀毀骨立茹齋十五年博極羣書著有維風備忘鈔詩玉詩轂（嘉善戈志）

李西涇任俠好義 本朝初定鼎尚踵明舊政庫以有產

士民值宿順治三年西涇女之子范廷桂與是役適値寇入城庫儲劫去因獲重累西涇破產助之廷桂得脫

新纂

許巢字爾雍四中區許家埭人父鼎宰遊南雍聞母變倉皇奔喪以孝聞一友人入書齋匿多金反誣僮侍或白之宰曰毋指發以傷友誼友感愧密投金還更有友曾厚貸歲餘死子幼來償逋宰偶出紀綱踰額收彼不覺也宰立召還叔氏幼失明艱薪水暨族貧不能婚嫁自存者佽濟之至巢尤純孝叔父仲升無子捐館哀毀骨立父中風痰寢臥牀笫視湯藥目不交睫歿痛哭幾絕辛巳夏蝗道殣相望施粥活人無算 國朝順治丙戌徵辟遺賢準作貢官固辭不受（見顧陞撰行狀參許巢行述）

孟重德字尊素號治宇亞聖六十一代孫高祖艮居孟家堰重德幼喪父內外交侮賴中表韓伯淵力持得存田三十畝供膳讀以歲貢就試見魏忠節被逮絕意仕進卒贈儒林郎子春先嘉府廩生入貢授司訓不就居城西南隅衡木爲門學者稱衡門先生（楓溪小志引孟氏南支譜）

孟春和字韻儒諸生母徐早卒以亂故不知厝所稍長涕泣不已有老嫗自遠歸謂曰吾子曾言汝母殯椿樹下顧從軍去十年矣春和詢其狀貌歷四方求之數載遇于泉州偕歸指殯所恐傷遺骸以手代鍤十指流血撿

一齒不獲哀號籲天以泥中得之獲全葬廬墓三年隆冬不忍去染疾卒（浙江通志）

李雲鵬字松庵母范氏患目幾瞽舌舐五旬得愈迨母歿喪葬獨任樂行善事還遺金無德色

程士文字煥然太學生讀書明大義 國初藩變近郡採辦大木督造戰艦賠費千金遇里黨雀角事輒破囊排解貧者施鍼藥死者助棺槨道路遺觜買地於白牛蕩側建塔收瘞當事嘉之給扁額曰德及重泉（以上楓溪小志）

鍾仁字振寰性謙和敦實行故交藍縷者解衣衣之父子

祖孫相對怡怡壯者勸力善少者勸力學年八十餘舉

鄉大賓

呂三錫字命予精繁露法言諸書與錢棻徐彬臣劉芳以文章名入闈置副榜益篤學著書家貧授徒以給授永嘉教諭以行誼勖諸生風教一振

盛國友字賓王諸生好獎掖後進處族黨婣睦文行有過人者以子際斯 贈如其官

王珣字子璘諸生弟璋字啟明友愛篤至性母病璋籲天割股事珣甚恭珣好施于親友匱乏無不恤歲凶鬻產賑濟盜起劫掠村里過珣門相戒無犯當事旌其門曰

一鄉善士 以上嘉善楊志

錢象儀字瞻虛沈潛力學遊南雍一試不售棄去事親勤恪父喪哀毀成疾而沒以子霞貴 贈官 嘉善崔志

丁頡詮字茲勉諸生年十三母錢卒哭絕復甦事父鑛竭盡色養父病刺血上神疏願減已算叩顙流血父沒廬于墓側與弟嗣瀓裔沆孝友相勖年九十卒嗣瀓字集虛諸生事父能養志父歿寢苫膺痼疾比葬沍寒斷流匍匐冰雪中病益劇臨歿痛不終喪囑用衰絰殮嗣瀓與裔沆元旦學生甫免母殯終身哀慕令家人勿視歲裔沆字函巨舞勺入泮工詩文爲陳維崧盧元昌推重康熙戊午當事欲薦舉博學宏詞以親老辭不赴事兩兄甚恭倡葺黌序年饑施粥又舉廣仁會備賑他若恤貧周乏資葬助婚竭力無倦嗣瀓著雪庵文存詩存裔沆著香湖草堂集 浙江通志參嘉善戈志

沈琳字玉衡諸生負異才淹博經史踐更之役獨任其勞不分任昆季析產推腴居瘠親族里黨多所周卹晚年好作詩著述甚富

浦之純字夔侯少工文長習經世之學交遊遍海內事父天球盡孝父沒後舉所受分房產讓弟以敦本立學訓子孫有豫章吟粵遊草以子文焯貴 贈官

陳華允字克讓少孤奉母程曲盡孝道與弟友愛甚篤從兄華育少失怙恃允事之如同懷生平樂善不倦教子孫嚴而有法

蔣德塈字子亢諸生值歲試聞母病馳歸例當除名不顧父大彰好施竭蹶供命父歿廬墓十餘年妹字葉景滎幼孤而貧招致教養爲諸生後卒養妹嫁三甥女子閨奇舉人力學敦行 以上嘉善戈志

孫世遠字子穀少失怙事母色養周貧乏解爭競捐田置義塚邑人頌德以子録貴 贈官

陳五達字星瑤少孤與妻沈奉母得歡心有弟不治生產

三析已資與之弟歿贍寡撫孤久而彌篤子聖奇字伯
珍重然諾好施予友夏諸生鄉飲賓
劉孝字君升與弟伯玉敦倫樂善遇親族乖和者輒爲解
勸人以橫逆加怡然順受歲大祲設糜食餓者所活甚
衆舉鄉飲賓子苹藻有傳（以上嘉善崔志）
盛濟英字于士事親孝養代納宗黨逋賦以恩例入成均
侍郎王度欲援薦辟例堅辭歸襲在選字達可幼入泮
博通經史資脩脯奉親盡孝養勵名節爲詩古文辭立
就（嘉善戈志參崔志）
張邦豫字立生築九里灣塘二百五十丈建橋十三周急

賑荒施帷絮置義冢重修郡邑學及縣倉厫皆有成績
魏文焜字孟明與弟文熿同居三十年晚始分析推肥居
瘠舉鄉飲
孫景鉉字玉珂國子生亦助修黌序
蔣鳴西字聞九痛父明經鑑宗卒於京語及輒垂涕授徒
養母撫弱弟友愛致及門勤懇無倦容（以上嘉善崔志）
陳華育少失怙母殉節死忌日必素服茹齋閉門悲泣自
少至老如一日迎養寡姊撫諸甥誨養婚娶同已子負
郭止數頃節縮贏餘以贍三黨冬授衣夏給帳施粥施
棺疾疫施藥建育嬰堂橋梁道路應修者無不捐資修

葺（浙江通志）
吳勳字日放諸生好學立品居家敦孝友見義必爲舉鄉
飲賓顧以恭字公安事親色養兼至弟不善治生屢周
之又割產分授從子宗黨有急傾囊勿倦顧氏向有義
莊恭復捐田二十畝暮年修族譜未就子維祚繼成焉
（吳志參懿行編）
朱之榮字廉臣少孤事母孝兄炳好施與業中落推宅讓
產及卒代償所負置祖塋祭田延師課子戚黨乏膏火
者招之來學會賓興必傾槖賙貧士董率葺學宮貸錢
某居某資入粵二人卒于外更出資扶其櫬歸築石岸

便行人舉鄉飲賓（嘉善戈志）
周隆字履綏幼失怙事父盡孝慕范文正公義莊率二弟
陶陛置田二頃奉先之外以贍族姓友人金某葉某負
累百金焚券更周之歲饑賑粟冬夏施襦帳以爲常著
有訓家恒言郡三舉鄉飲（浙江通志參嘉善戈志）
葉允升字萬山事父母家貧必極甘旨與人交然諾不欺
龔在公字約茵宗黨貧乏者賙卹不倦年未四十卒妻
錢養親訓子克守先業
郁輝字闇卿與弟五十餘年不析產課子弟以孝友張湖
字九逸幼失怙恃喪葬盡禮又獨任伯兄窀穸事舉鄉

飲賓以上嘉善崔志

孫藥字芳巖孝事嫡母待寡姊妹恩義備至辛酉議漕事持公論旗丁肆毒致疾不起子燾擧慶同知熙縣丞張履綏字紫襄州同知事親孝慷慨好義鄉黨稱之嘉善崔志參褒祀編

陸應賢字耀莊少失怙恃有兩兄獨任殯葬爲從子婚娶析已產與之子觀政三歲喪母善事繼母庶弟

趙秉智字啟明昆弟六人獨侍養兄病割股投劑諸弟貧輒代償其逋嘉善崔志

金全璧字禹九諸生授徒以養親撫兩從子如子嘗館嘉

興有屠氏二子貧而好學其父欲令服賈全璧捐館穀周之使卒業俱補諸生年五十餘遭父喪哀慟失明卒

毛植字子建諸生少失怙母嗜橘每出必市以歸庭栽一樹母沒攀條哀號逾年樹亦萎撫弟訓從子恩情曲摯以上嘉善戈志

程文字天章值明季負母避亂遇盜欲加刃抱母哀求盜釋之父宏遠目失明朝夕以舌舐復明次兄世字百芳諸生博學工書法子孫讀書砥行

朱紫字宸黼四齡失怙母多病每夜籲天願減算益親壽以上嘉善崔志

孫彧字荀若諸生父爾祥與李令陳玉善令欲于北郭艮隅建書院鑿河院東以利通邑風水就爾祥商之彧踴躍贊爾祥捐田十畝今柳洲亭東河道是也歲饑勸募賑濟莫令大勳官收官兌法彧贊畫居多懿行編

蔣廷棟字蒼符童時父僑寓吳閶往來問視無虛月事母曲盡愛敬家中落藉館穀以給非道義一介不取晚年與同志唱酬門無雜交著有盟鷗集及家言百則吳志

丁璜字夏玉諸生工文善引誘後進經其指授輒登科第去敦行嚴師範人咸欽重同學王景齡字以介諸生孝事繼母嚴取與愼交遊與璜契嘉善戈志

陸樹本字子道國子生成童代父當糧役有與父同名罹法者以疑似幾陷獄本挺身赴辨得免事兄愛敬撫從子如子舉鄉飲賓從兄樹奇字正子諸生品行方正張元默字識庵待宗黨以和睦皆舉鄉飲賓子垓字宇涵以孝友稱懿行編

孫世綸字子佩諸生七齡喪父哀痛逾成人孝事節母昆弟極友愛償族子逋賦修學宮嘉善戈志

龔廷鈞字肇權國子生父在明沒析居讓宅於弟母病屏息伺起居五年不怠周人急甚多博學能詩文著嶺雲賦草穀貽堂詩集吳志參嘉善戈志

夏照字昭遠十歲喪母慟絕復蘇後以哭父致重疾弟默
字謐臣諸生髫齡執親喪盡禮待昆弟暨諸從子恩義
曲至葬親時貧甚父執魏學渠致助默與兄照堅辭不
受默子慥有傳懿行編

支宏化字寅臣遊粵東嵯使知其才延之幕壁畫悉中窾
要居粵久凡浙西之來客者居贈斧資沒營扶櫬授縣
尹歸恤三黨匱乏葬三世墳墓生平義舉多類此嘉善戈志

戴家理字爾齊國子生年十五侍父舟行遇盜奮身捍禦
得脫赴水亦赴水掖父溯游里許獲救免性喜施濟待
昆弟及諸從子尤友愛

曹爾墫字古卣少負儁才因母病精究醫理待弟六八極
友愛一妹寡居留養終身中表兩弟爲其兄所不容養
諸家悉爲婚娶與弟奕雲輩俱工詩著東千小草

孫復輝字含石父籥病篤復輝療治百方憂勞成疾猶强
起侍湯藥事嫡母生母皆得歡心平生敦友誼舉廣仁
會以濟貧乏工詩文書畫以貢遊成均以上懿行編

汪文源字聖傳父士俊病篤偕弟文瀾勤侍湯藥父沒遵
遺命同居數十年一門雍睦妻亡不再娶歲祲施糜粥
子楷字端書弱冠爲諸生讀書砥行早卒褒祀編

孟世奇字曾唯亞聖六十四代孫諸生家貧授徒奉甘旨
弟早殁存恤其孤寡嘗鬻田代償外祖逋賦兩還遺金
嘉善崔志

費道成字永修州同知事繼母汪待幼弟道登曲盡心力
施予親族不倦孫銓字文衡幼失怙母病危籲天虔禱
得愈製丹藥療人冬衣夏帷捐施不倦嘉善崔志

曹春字涵生父疾割臂以療從子幼孤失所族人貧無以
娶皆撫恤之歲祲捐粟施糜粥代宗黨納逋賦懿行編

朱秉義字咸中諸生事親終身孺慕親友有急輒周卹兄
秉仁歿撫其遺孤張元杰字秀英父喪慟絕復蘇者再
事母孝養三十餘年母歿哀毀盡禮爲人廉謹篤同氣
嘉善戈志參懿行編

金文逵字鳳山有友人負千金以其貧竟焚券歲祲施糜
同里諸生江南秀字令則敦學力行亦號長者嘉善戈志

陳仁字元愷考授縣丞父華育病劇割股和劑孝事嫡母
諸母待昆弟友愛周恤三黨倡育嬰堂遇善事竭力行
之懿行編

張埴字夔典貢生父諸生元熙字淡明曾代幼弟踐更不
辭艱瘁埴事父盡孝遺妾無子事之謹戚黨匱乏者多
方佽助築陶圃於南郊隱居課子不與戶外事嘉善戈志

胡允滋字來修康熙丙午武舉父愛客招戚友置酒肴以

娛之撫幼弟膳寡妹恩誼周摯著詩輿及竹亭存稿子
然諸生能詩文李濤字符九父中風臥牀扶持不離左
右者十餘年母九十四終時濤已踰六十晝夜號慟哀
動旁人歲歉貸租晚年究心醫學嘉善戈志 參懿行編

徐善建字孝標貢生幼喪父哀毀若成人事母葉色養兼
至母沒號慟嘔血數升從陸隴其學教人讀小學字義
諸書謂先識體段方可下手與馮巽字漢良交最契延
課子若孫馮篤信謹守士也同里王乂維字覲光貢生
授徒養親闡發性理諸書鄉黨奉爲人師嘉善戈志 參褒祀編

孫廷鑾字御安諸生父世偉博學嚴毅足跛不良于行鑾

出入扶持惟謹痛兄鉞早世言輒淚下子浚舉人汪士
俊字纖美少失怙母守節負病十餘年奉事不少怠夜
扶母榻前有毒虺蟠其足久之竟無恙濟貧周乏樂善
不倦嘉善崔志 參褒祀編

費宣字紀龍本姓符出嗣外王父改今姓事母孝與人交
始終不渝雍正初 朝廷慎重牢獄令州縣擇良吏典
獄事時縣令鄔熤察宣才委之嚴鍵鑰清桎梏故事重
辟囚仰食官廩他囚否飢斃相踵宣傷之出家財給饘
粥不足則走告鄉里募濟錢粟絲是多全活五載當代
復留之計十年隨事救濟鉗赭嘉賴章愷撰傳

劉苹字可佩諸生篤孝友撫教異母弟藻妹適夏振璜早
寡常周卹之誨幼孫成立藻字映淵諸生八齡生母病
且死抱屍哭絕母忽甦曰恍見一老人救母子皆獲全
事兄嫂如父母苹子傳彪有傳懿行編

程雄飛字雲翼考授州同知敦孝友推誠接物壯遊四方
當事折節與交居鄉力培後進惠逮媰黨子輝祖緒祖
並授州佐靖祖崖州吏目多善政黎人不靖入洞善撫
之州賴以安嘉善崔志

戴大用字聖萃事親色養親沒廬墓三年風晨雨夕嘔血
哀號墓傍產靈芝數本終身不御葷酒族兄患中風臥

牀三年大用代謀薪水措藥餌及沒經紀其喪姊適李
寡無子迎養于家浙江通志

張鴻隱字柯山精岐黃父文光爲毒蛇傷足成廢疾隱晨
負至堂洗瘡敷藥晚負安寢而後退數十年如一日吳志

陳泰字堯階州同知事親孝待諸母及弟和而有禮施及
三黨育嬰建橋毎偕諸昆季協力從事子廷聰有傳施
逵字儀吉州同知孝友好施

潘士龍字華林兄弟不析產還遺金友死出貲以殮以行
善訓子郁如彥徵孫翔九雲九好施不倦置義田贍族

顧鼎恆字輔華至性篤實父向令蘆山歸宦囊蕭然僅以

偹脯奉養甘旨必備兄弟雍睦處鄉黨樂行善事子洪
憲貢生孫樹本入成均俱敦氣誼有祖父風
程錫玹字天玉母朱病劇割股作糜進敎兩弟成立嘗還
遺金子法稷輩皆孝友另承立字君植親沒哀毀泣血
每祭悲號不止
王誕錫字覲上諸生少孤事節母盡孝歲洊饑減價平糶
百餘石嘗遵母命夏施帳冬施襖累年不倦獨建太原
橋行人頌德子學洙國子生以孝謹聞以上嘉善志
夏慥字非遠舉人八歲失恃盡哀如成人父沒哀毀嘔血
數升幾不起歲時必廬墓事繼母孝養母病典鬻奉參

餌衣不解帶婦陳日夕進乳於姑後慥沒子鎔尚幼從
兄學遜撫成立人多重之浙江通志參嘉善志
陳禮字天敘國子生父及生母皆早卒育于嫡母張禮先
意承志曲盡孝謹母沒後念輒流涕兄振諸生早卒以
子廷王嗣撫仲兄孤孫二撫育敎誨竭盡心力生平好
施予樂善不倦子廷瓚廷玉俱克家敦行
蔣兆增字甯遠憲副英孫貢生少孤力學奉母不違左右
友愛弟妹三黨中貧不能養死不能葬者盡力賙卹之
敦實行無倦容妄語陸隴其稱其有儒者氣象以上嘉善志
夏惠疇字訪陳國子生幼孤讀父書輒慟哭母歿哀毀盡

禮歲時哭諸墓年饑減糶子敘倫敘典敘九皆孝友懿行
編
錢揆字文揆少孤事母以色養有鬻子償租即捐所負令
贖之子鼎諸生高標字懋郁父病剜臂肉和藥家貧好
施不倦子星遠諸生孫埏廪生圻國子生皆以孝友稱
錢遴字君林母病劇割股以進侍奉祖父尤誠摯懿行編參褒祀編
沈芳字升文養親喪葬獨任事兄嫂盡恩義族之無依者
力為婚娶課諸子世濬輩以孝弟施棺賑饑利濟甚衆
錢嘉遇字懋錫國子生父贅于朱嘉遇事外祖父母養葬

盡禮有親黨以爭產結訟捐己田解其紛貧戚鬻女贖
而嫁之施櫬賑饑平治道路皆竭力行之子脩祺州佐
孫景澤字斐公諸生置五世祖嵐祭田改築臥龍石橋有
貧友鬻妻輸稅出資贖還
許澄原字清遠父病剜肉作糜進獲痊復患瞽朝夕以舌
舐年餘復明訓諸弟極誠懇戚黨有急必周濟
徐雲字凌霄幼失恃事父孝待昆弟友愛弟亡撫其孤膳
兩寡姊鞠孤甥葉如珪事節母呂養葬盡禮事兄如父
兄亡撫孤三人以已產讓之著有嶽樵閒唱以上嘉善志
張廷璋字殿輝國子生父嚴毅委曲承歡長兄同眉早世

遺孤六產薄無以給率諸弟讓田二頃贍恤之親戚老
而無依者竭力以養錢永懋字茂公父早世孝奉母四
十年逢父忌辰杜門以泣母病祈代及歿哀痛成疾踵
浙嘉善戈志參襃祀編
孫肇勳字乃賡父赴公車母染病危篤肇勳以髫齡奉侍
觸暑求醫夜則露禱北辰母愈而已病日深猶强起供
子職竟以勞瘁死浙江通志
陳寶硯字大爲國子生龍正孫父病危百計以療後沒喪
葬獨任妻母淩苦節敬事勿怠產不及中人周恤弟姪
勿懈錢象坤字孝陔士升曾孫貢太學母病累年跬步

不離晨夕禱神獲痊性好學著有楚江雜咏
周陛字御掄廩貢選訓導幼孤事母孝與兩兄隆陶友愛
偕置墓田戚有貧乏者慨然賙之遇事侃侃無回互工
文善行楷書
陸在選字子銓父歿哀毀骨立七世祖埛長房子姓貧乏
祭祀墳糧在選爲代任每歲製蚊帳絮衣周閭里子鈺
鍾授州佐陸宏倫字聖爲伯父遺無妄宏力爲辯釋賑
貧恤孤子廷魁字聚拱捐貲脩學助建育嬰堂歲饑倡
捐賑
閔國琦字仲韓先賢子騫裔事親孝祖遺房產悉讓諸弟
代族人完逋糧百餘金次子殿勳亦好善
李天機字宸樞國子生母疾奉侍百日嘔血成疾不數月
亡顧惟祚字裕伯諸生幼喪母哭泣盡禮父以恭欲輯
家乘未果祚承父志編纂捐刻戚黨有貸無償者折券
不索
林昇字紫蒡諸生母歿幾不勝喪家好施濟子光早歲食
餼陸鳳章字棨錫諸生父文韜有疾籲天求代歿極哀
毀臨試聞庶母疾篤亟歸後以慈母報艱一如所生
李天植字坤儀諸生歲祲濟貧賑饑全活甚衆子文煥諸
生陳涵德字方延幼喪父事節母純孝外兄任某貧甚

招至家生養十餘年卒爲營葬買金姓女詒爲舊家還
之不索價建南星橋人便之子作霖作楫作梅俱克承
父學
陳志字爾士國子生十齡失怙事母得歡心遇忌辰流涕
祖塋爲人侵削捐金復故壞建宗祠撫兄遺孤置產擇
配蔣闇範字言如弟闇正早卒撫其四子成立復割產
與之事兄闇奇事必禀命建康濟南星橋及掩骼育嬰
皆竭力爲之
曹烇字抒煌考授州同知幼喪父母哀毀如成人稍長營
葬三代捐產建祠兄子早世一孫出繼他姓烇使歸宗

授以產有穿窬入室鄰人也贈以脫粟曲爲化導感泣
去孫鐔字漢堅五齡而孤母讀父書哀慟欲絶母蔣病
割股療焉子澧邦泰能承家學
錢以坊字禮存貢生長兄以塏宦遊仲叔相繼逝以坊獨
勸色養依依孺慕究心理學持躬端謹脩學築堤諸善
舉殫力從事疾革之日邑中無論識與不識咸歎息悲
悼
黄鳳翔字子羽里中捐賑修學皆爭先倡子鍾太平知府
孫治安候補知府曾孫輿仁刑部郎中俱克守先訓龔
銘益字襄夏大令在升子授州吏目父終通山官署聞

訃哀毀幾絶母病呼天割腕
張王錫字季勇國子生七齡時父患疽吮吸而愈年十四
母病拜禱北辰歿後哀毀骨立依母柩三載不離受兄
王典訓事如父王錫早世妻吳氏守節盡孝敦婦道上以
嘉善戈志
張駦字篤六父恆施年八十有八隆冬露頂遊市駦力供
甘旨外日奉百錢以資奕戲仲弟爲翁鍾愛生給日用
沒則厚殮以慰親心袁祀編
陸自誠字西上力耕養親具酒食邀賓娛父母病瞽舐之
復明親相繼沒築墳舍傍朝夕省視除喪猶飯蔬茹菜

以積哀致疾卒李雲鵬字松庵母病目幾瞽舐五旬而
愈懿行編參戈志
任王仁字博含少孤母吳撫教成立好施予倡建育嬰堂
全活甚衆臨沒時惟以育嬰事囑同人無一語及家事
張塤字彤九國子生十齡後兩親踵逝哀毀如成人事繼
母曲意承歡姊早寡撫其孤歲饑減價賤糶富者從之
市價立平
陳廷聰字臨先考授州判母喪哀毀致疾卒好爲善修橋
施粲樺尤敦族誼子啟昂授州佐貳許昌字文侯諸生
父病割臂和藥以進家貧積館穀爲弟娶婦終身不析
爨

張翼字翥仲諸生八歲喪母哭踊如禮事繼母盡子職父
病篤同妻陸奉湯藥寒暑無間祈產以腴讓兄著嶺雲
集禹貢刪略子增生泰安校刻行世
郁璿字象中國子生父之藭病篤籲天祈代得瘳李令天
桂漕米浥爛首捐金助舅氏曹貧不克葬爲擇地安厝
他若賑恤親族歲饑賑濟皆力行之
汪文瀾字聖容國子生遵父遺命與兄文源終身同爨妹
適吳貧屢周恤歿爲營葬鄉黨搆訟殫力勸解洊饑賑
粟七百餘家

薛靖字四其國子生遭父喪偕弟奇哀毁盡禮歲歉煮粥以濟侍母疾酷暑終夜不寢蚊蟲嘬體無倦怠奇字四表亦仁慈好善與兄刻勸善書行世

王濤字見平武進士康熙十三年隨征福建授遊擊以勞歿於行間能詩工書不苟然諾子醇業諸生力學修行

朱紫佩字懷玉事母盡子職有諸某負銀願以女爲婢佩念其母久病賴女扶持義不納即焚券王朝佐字大瀛髫齡割股療母疾及長言動不苟嘗拒奔女于客邸撫育弟妹雖貧好周䘏

馮肇元字漢英國子生事繼母孝二姊俱貧兒女婚嫁力任之鄰里告急無不應課次子玫爲諸生項逢熾字映南父病竭力以事棄產助育嬰遇善事爲之如不及以上嘉善戈志

魏儒熹字荀仲大中曾孫諸生性孝幼喪母哀痛如成人長從陸隴其遊講求性命之學得其傳父病衣不解帶者累月及卒哀毁嘔血幾滅性廬墓三年及卒門人私謚正孝著有詩文集柳洲詩義選

沈應霞字旭青諸生事親終身孺慕妹寡周卹備至歲與同志貯米年饑出以賑濟子鎛成進士由邑令遷州牧時以清廉慈厚爲勛卒祀鄉賢

蔣兆昌字靜遠幼孤孝事母與兄兆增不析箸兄沒殮兒子三兆昌子一四分之朱檢討彝尊祝其母壽文有曰目不覩嬉戲之具耳不聞嚭咾之音長而學成士林稱領袖指兆昌兄弟也子學原克承家教

錢佳字平衡士升元孫諸生父歿哀毁事後母得歡心娶曹氏爲陸清獻女甥佳親炙清獻言論身體而力行之邑有義舉罔不殫力贊襄晚刻相國遺集輯嘉善形勢說又與丁廷烺輯魏塘詩陳著臨谷詩鈔子二源來有傳浩充貢生有才工詩文

徐育和字靜初國子生性眞率周卹艱厄雖家落未嘗責報晚尤嗜學手鈔書盈數尺著有心友齋稿子熹字熙天諸生少遊桑弢甫門務根柢之學著有夢花軒草

孫曰檉字蘭皋國子生髫齡失恃事父孝父卒極哀葬有日矣日者謂支干不利于己曰檉泣曰世安有求利己而遲親之葬者如期卒無恙

姚廷訓字殿倫國子生邑有義舉無不與尤敦族誼貧不能婚嫁者必量助之生養死葬皆有所䘏年踰耄耋五世一堂乾隆四十九年

恩給聖世瑞徵額表其閭

黃漢字學海諸生嘗慕高宗憲陳幾亭同善會義舉與其

弟泳倡舉于楓涇之鎮北後置館于鎮南之務前坊泳
牒請兩省當事不避寒暑苦口勸諭會事克成濟者甚
衆
張身浩字史傳由明經歷任義烏教諭善事父母友愛昆
弟所至以正文教端士習爲己任時值邪教婁得星等
滋事民惶急欲遁身浩曉以大義勉爲守禦著有松鱗
書屋學吟草
孫燦本名煌字象三幼失恃事繼母如嫡繼母病目不交
睫藥不嘗不進及卒如居父喪嘗舉陸清獻與族姪書
誡子弟敝衣糲食安之晏如戚友有急輒傾身赴之著

書數千卷披誦不倦著有尚書要義學古彙編自省編
朱承勳字書常性樂施與邑有育嬰堂需用日繁承勳前
後捐貲五百金至若敦族睦姻賑窮恤寡罔不竭力其
祖廷策號彝庵負奇才值明季不遇著苹遊草及家訓
一編勳終身服膺不失
程國珍字方貢秀監生幼孤力學能文章事母先意承志
思以祿養援例授縣丞未及服官而卒性好施與人以
緩急告百計以應工繪事錢觀察元昌張徵士庚極口
嘆賞以子維岳貴　贈官
周旣濟字協均乾隆癸酉與從子鼎樞升祖同舉鄉試甲

戌登明通榜當得官以兩兄皆仕親老奉養二十年選
慈溪教諭以經術行誼教士子卻饋遺捐俸建文昌閣
及廊廡齋舍在任五年卒
孫業字廣勤諸生生有至性早喪父善事母母卒慟幾絶
因己爲叔後格于制乃服衰期月飯疏食衣墨終三年
著有周易集粹十二卷
吳本禮字禹門孝友樂善建宗祠置祭產友戚困乏者周
之買一女後知爲良家子視若己女爲擇士族嫁之
孫澧字遜穆國子生事父母盡孝與弟友愛嘗兩次疏濬
城河澧董其事子樹珠貢生敦倫力學有祖父風

吳燦字錦川少有至性父梓禮中暑疾革思瓜及橄欖醫
禁弗與及卒唇齒焦灼燦終身見二物輒愴然淚下撫
甥成立擇配授產有衣冠後將鬻女卹其家鎮有同善
會幾廢設法經理二十餘年
魏爲墫字虛受家貧不爲利動姊壻朱一蜚爲山西布政
郵書招之往旅次有客以事干囊白金爲壽怒卻之後
一蜚被議法當籍直隸制府方觀承馳書浙大吏曰無
累廉士魏某蓋方知爲墫卻金事也
王國鼎字安九國子生少孤事母孝從子廷相字端書誠
樸有古風歲饑其設粥食餓者至半月餘里有迎秀橋

歲久傾圮捐貲改建不煩閭里因呼爲王家橋

沈韶字師夔貢生性肫篤工詩文父挂爲讐誣陷罪且不
測韶歷控莫伸康熙四十五年
聖祖南巡韶具表叩
闕願以身代父抵罪
聖祖嘉其孝飭撫臣竟赦不問韶工詩長洲殷銘選入魏里詩
存

徐正誼字方子諸生天性渟固執親喪寢苫不脫衰絰卒
哭乃啜疏食三年不進蔬果免喪後不衣裘帛者十年
乾隆初州郡舉孝廉方正邑人以正誼應辭不就

黃士章一生好善五世同堂壽至九十二歲乾隆壬午
恩賚東帛八品頂帶

程緒祖字纘三諸生性敏嗜學家中落父命投筆覓衣食
依依不忍去時其子鍾彥已長父慰諭再四乃行服賈
盡孝養有弟沒于崖州間關萬里扶櫬歸後鍾彥歷清
要緒祖杜門陳故策課幼子及孫不問家事壽至一百
又三歲乾隆三十六年
欽旌昇平人瑞給帑建坊

錢鋈字茂泰以墱嗣子性端謹雍正己酉
欽賜舉人授中書家不中貲人有緩急輒解囊助赴補內閣中
書旋因本生母年老乞歸著有息廬詩文鈔

蔣銓字山衡諸生敦孝悌母病篤割股以愈父卒哀毀嘔
血幾絕弟析產後家落銓以己產讓之學政劉公鐶之
旌其堂曰重品彝倫 以上伊志

夏鏞字古喤己亥副榜選太平教諭勤月課生平孝友性
成睦婣任卹 于志

袁瓊字暢三黃六世孫年十二補縣學生家素貧念學者
當先治生遂爲賈積貲買田汾湖上課子勞力耕農隙
課讀其不耕者仍遣服賈賈還復讀不數年而賈者耕
者接踵入泮晚設家塾以教羣子姓與戚屬之貧者且

贍戚族無養之婦歲荒出粟以糶鄉里斗減百錢 嘉善萬志

查涉字濟之性純篤官鮑郎場鹽大使聞母訃以不獲視
含殮服除遂不出居恒手一卷杜門靜坐如老衲然 于志

吳堂字宸扆性至孝八歲失怙哭泣不食者累日母錢氏
督課甚嚴嘉慶庚申舉於鄉辛酉入都旋聞母病星夜
馳回母已先旬日逝擗踊號泣幾不欲生茹蔬骨立淚
無乾睫未幾哀毀卒 于志

曹應青字選之八歲喪繼母擗踊哭泣如成人長愛吟咏
著有烏榜閒吟草花陰不繫舟吟艸韻味軒詞三種客
山東卒猶子裕鈞時年十九請於父應圻往扶柩以歸

後遊閩聞母訃哀毀骨立得咯血症遂卒于志
郁昌齡字魯良性至孝少孤食貧母沈紡績以養長業賈奉菽水無闕沈疾侍湯藥脅不帖席疾篤刲股進越日而病若失昌齡無胞兄弟故視同堂不啻同胞生周其急没任其喪至若餔餧絮凍棺死梁涉濬市河製水龍諸善舉無不倡衆捐資而身任其勞年九十四卒于志
黃大佐字贊侯少喪母嘔血不欲生事父能色養待兄弟極友愛于志
黃凱鈞字南薰秉性孝友母高氏得水腫疾甚殆日侍湯藥夜輒露禱百計療治得痊咸以爲孝感所致爲父母

嘉興府志　卷五十五　嘉善孝義

卜葬躬親負土建丙舍數椽廬墓終身名其地曰馴鹿莊處事寬厚而耿介嘗以屋旁隙地假人後仍不還矣置不問又買鄰人之屋而其屋先已賃人爲店慮其他徙失利垂立券而毀之嘉慶甲子縣被水倡率平糶大暑烈日持蓋戸行罔有漏失貧民賴以舉火幾半載夙工醫以濟人爲急療治頗夥并合善藥以施閱五十年弗懈著有友漁齋詩正續集及醫話庸言錄遺睡雜言悅目益心等書行於世于志
沈融字岫青號北海進士泓曾孫六歲遭母夏孺人喪哀慟已如成人事繼母許孺人極孝待諸父昆弟必盡其

誠同里許閣學爲立孝子傳楓溪小志
陳暻字二癡布政司理問孝泳子善事寡母族中物故者多浮厝暻於公田中擇一隙地叢葬得安又以故父光祿廩祿所贏節縮經營置田五頃建立義莊以贍貧族楓溪小志
朝廷旌之楓溪小志
程廷璵字理孚倡建宗祠置義田一千餘畝以贍貧族
袁青字雪持璉孫歲貢生爲人端慤無飾鄉黨推爲儒者弟茂荆蚤亡撫姪昌齡成立茂荆字範韓文法古人屢試不售某公視浙學有戚爲其幕友密貽書餽以關節

嘉興府志　卷五十五　嘉善孝義

卻得書遂不赴試所親爭勸之以死自誓未幾卒分湖小識
程大卓字伯高曾力贊堂叔廷璵等捐田千畝置義莊族人贍焉又嘗遍貸親友義贖徐姓婦使夫妻完聚其平生好義多類此于志
顧照字新德年十一失恃哀慕不已父邦楨遊粵久無耗有傳謂已死者欲往尋以祖父母命止孝養重闈相繼歿諸妹亦遣嫁道光甲辰照乃拜墓隻身行數千里卒負父骨歸新纂
閔旌字寓生性孝友父愛書畫購求以悅之家貧恐貽親累乃爲弟娶婦曰弟有子即吾子也已以鰥終新纂

居存基字秀嶺居張涇滙性誠慤尤勇於行義道光甲申邑宰惲敷開古華亭塘修普濟橋以存基督工實力奉行事竣給績懋河渠額以寵之次年勸募巨資修張涇滙街弟玉墀字松圃咸豐四年復捐修街費錢八百緡居民賴之邑宰馬給爲善最樂額新纂

袁嵩齡字翰生道光庚戌進士散館授知縣不謁選歸賙卹宗族旁及里黨先是己酉歲大水悉力捐賑拯活無算新纂

袁瑞字巨明篤於行誼喪偶不再娶同治五年江蘇巡撫郭題旌義夫新纂

顧愼薇字恊華國子生秉性和厚祖遺田纔足自給佃有疲頑不忍赴縣下狀被受敲榜曰佃以手足養我堪坐此毒楚耶有偷兒入室已胠篋裹束矣會廚有餕餘悄然竊食臥此曉覺家人謂縛之官意不可翻謂偷曰視汝身手或可作勞乃爲此苟且今周汝作活勿蹈故轍卒悛改務正業焉衣服飲食務從儉約惟義舉則慨任之嘉慶二十二年冬趺坐逝貢有益齋文集

唐潮號秋濤道光癸巳進士由翰林改戸部員外郎秉性篤誠居京時有陝邑舉人勞丙坤病旅邸貲艱援絕慨然招與寓卒棺殮送其櫬歸在官十餘年即告歸里捐賑平糶施粥捨衣活人無算著有祝三堂集兄漣號晴江世業布僅中貲慮荒生產急棄舉業獨任家政使弟潮專心力學析產時推多取寡毫不蓄私逮潮登內翰以五品貤封受惠報德人兩美之新纂

金韻鈴字適庵少擅文譽尤以孝聞其繼母數摧辱之承順無間迨異母弟逆其親繼母將控官韻鈴涕泣跪請遂完好如初人多敬之中嘉慶庚午鄉試年齒已踰强仕無志進取爲靑田教諭十餘年士心翕服新纂

許經邦號友漁咸豐壬子科武舉人以軍功保至叅將賞花翎癸丑劉麗川踞上海鄰境悚惶練勇有功

閭同治癸亥倡義丁家柵隨大兵進攻西塘楓涇支應淮軍能顧桑梓辦理善後亦中機宜惜積勞成疾卒新纂

袁蔭槐字晉廬性孝友同治五年江蘇巡撫郭題旌孝子新纂

程文杞字楚卿號又韋生而聰穎九歲十三經傳文選畢讀十歲能文十九舉於鄉嗣以瘵疾廢書居心仁厚道光己酉大水倡捐濟貧困邑寒士應舉向無登雲會悉力成其事堂嫂陸氏苦節無後力請同爨以子熙恬爲嗣卒家人敬事之同里顧秋士能詩時與倡和並周卹之性嗜菊尤好植蘭著有蘭蕙論畧楓溪小志

王濤字雲庵仁濟里人授徒養母咸豐辛酉三月被賊擄出門母追奪相持哭賊傷母手呼號愈甚賊怒殺之並戕母寇退鄰里醵金以殮事聞奉　旨入忠義祠楓溪小志

汪光孝號雲閣幼孤母氏程撫養成立賊犯楓涇扶母逃避教化濱遇賊不屈斫之喉未斷猶嗚咽呼母而死賊焚其屍事聞賜卹入忠義祠楓溪小志

張鎬字湘舟秉性剛直咸豐庚申九月初六日被擄至南城隍廟不屈反縛戲臺柱抵死罵不絕口面如生事聞奉　旨入本邑忠義祠楓溪小志

吳汝侗字寅生庠生性孝父復晚年好遊玩出入潛隨遇

橋危路險輒扶持行家訓黨朝夕趨父館定省咸豐辛酉被擄至縣城不屈死事聞得卹廕楓溪小志

程文榮號蘭川官江甯北捕通判善書兼工金石文字凡所到處輒訪求湮薶古刻斷甎片瓦摩挲審視不忍去著有嘉興府金石志若干卷江甯金石志補四卷鍾鼎欵識校誤一卷漢隸續補一卷南村帖攷若干卷咸豐癸丑正月粵匪攻江甯榮奉委巡城城陷死事聞卹道銜入祀昭忠祠楓溪小志

蔡潤琛號佛華官湖北廣濟知縣咸豐癸丑春粵匪犯縣境率兵堵禦經旬賊退方擬查辦撫卹因抗糧滋事褫職經吳制軍文鎔留營効力隨同防堵黃州賊悍兵單同時陣亡事聞加贈知府銜楓溪小志

謝仁溥字湘屏號芝齡庠生河南試用縣丞咸豐初隨袁帥甲三勦捻匪功署宜陽縣知縣督練堵勦巷戰遇害豫撫鄭元善奏聞加贈太僕寺卿銜入祀昭忠祠楓溪小志

陳二璋字鑑源號又莪道光乙未舉人居邑茜溪生平窮經考史諸子百家靡不流覽時人以遠大奇之尋爲險者所搆致罫吏議家居授徒寇至人勸他徙二璋曰至則死耳因率鄉里爲拒寇計卒以衆寡不敵死事聞得旨優卹新纂

徐廷楨字星白監生遊滄州知州沈如潮幕咸豐三年粵匪陷城與如潮同殉難新纂

孫汝鼎字梅若附生性嚴正教人敦本弟子多嚴憚之咸豐十年館鳳喈橋聞縣城告警憂忿不食死新纂

金雲錦字冠山幼孤貧入泮後課徒終其身庚申賊至率團練守禦城陷巷戰遂被害身受十數刃支體幾不全朱御史澄瀾爲奏請恤入昭忠錄新纂

謝調梅字鼎人任吉林伊通河巡檢代權理事同知時土寇倡亂親率弓兵團勇剿擒之以親老告歸書晝自娛同治元年十二月團勇保鄉里爲賊獲罵不屈與妻周

氏同被害事平得卹新纂

蔡祖存兩淮候補鹽知事咸豐十一年奉委至海州總巡捻匪至板浦禦賊殉難新纂

陳珠樹號漱泉孤介自高咸豐辛酉八月粵匪犯風涇樹忍饑不出獨居小樓絕粒以死年七十有一寇退堂嫂徐氏收殮之事聞　詔旌忠義楓溪小志

范兆景字若谷議敘從九品咸豐十一年正月集團扼粵匪於白茅河中槍尋卒他若唐大林錢惠均孫文鳳項德嘉李均俱死於難新纂

朱容照陳徐河顧鴻吉均議敘從九品咸豐十年七月團邑戒嚴容照遇賊西塘募勇潰散遂奮矛陷陣徐河接戰西門外陣亡鴻吉被賊脅抵死罵不絕口亦遇害新纂

程葯孫字淡如御史維岳孫議敘從九品工詩畫精技擊嘗客遊燕晉賦詠古詩驚其長老年二十後寄居郡城隱於醫存心拯濟出必步行博覽方書集要編次爲四診便讀咸豐庚申知世變將作手寫所著書分遺親友自以世受　國恩義不受辱約妻孥堅守故廬至四月郡城陷驅妻暨二子投水死持刀出門奮力擊賊賊蜂至攢刺之死并毁其尸僕周貴匿旁舍親見慘狀逸出述之

文苑

明

周鼎字伯器博極經史正統中征閩寇沐陽伯金忠辟置幕下議進取方略嘗與千戸龔遂奇從數騎入尤溪山寨降其衆而還授沭陽典史罷官遨遊三吳賣文爲活吳中墓誌譜牒皆出其手年十九修杭州府志燈下書蠅頭字界畫信手不折紙爲範門人最有名者松陵史鑑用柳文例志其墓曰桐村薾室

姚綸字允言本姓卞才思高邁爲詩精麗書法規摹晉人隱居教授有夢草集孫翼亦以詩名有桂巖集元孫璐裒綸及翼集合刻之爲雙璧曾孫譔復姓卞有傳以上嘉禾徵獻錄

湯滌字新之以進士爲清豐尹恥干謁臺使聞其能詩命賦有半明半晦雲間月如有如無夢裏官之句臺使疑其隱諷湯謝曰此滌自輕其官也取印綬置案揖而出著有思庵雜稿嘉善楊志浙江通志參

周澤字天雨博學有才爲文清婉詩亦工不多作每一言出人膾炙之成化癸卯鄉薦第一登進士臬官福建同知轉贛州卒兩浙名賢錄

郁袞字九章改名天民博學善詩文纂靖難盡心錄子敦

易自號斗野山人有言志稿（檇李詩繫）

沈綸字士明弱冠舉于鄉閉戶手一編與弟炤相師友詩文根本理學佐以韓蘇不事雕繪書法遒勁似米南宮著石聯遺稿（兩浙名賢錄）

郁應元字槐泉學子從父袞嘉靖甲子舉于鄉計偕遇歸有光遂訂交知黟縣令砥厲清節邑健于訟温言勸諭訟日簡公餘吟咏不輟未幾歸與歸子慕吳志遠講學荻秋著有北征草南遊雜編

馮盛世字念羅選貢工詩文歲祲作救荒書致邑宰用其議民大有濟授福建鎮海衛訓導著有桑榆館集（以上嘉善楊志）

許明字子遠與高攀龍吳志遠歸子慕遊文章行誼為一時推重家貧嘗絕糧處之泰然惟以著述為樂于術數書靡不研究有地理傳心集行世（嘉善崔志）

王周號質齋嘉靖諸生有別業於鴈湖之側稱鴈湖釣叟著自在吟二卷顧珊字子聲諸生馮科教諭與周同時皆能詩

沈大奎字子聚萬歷初明經官教授有滄滄集盛時龍字雲將諸生有天選篇北游雜咏二刻（以上檇李詩繫）

沈萬鈳字玉臺郡薦後力學著書有詩經類考傳世（于志）

卞洪動字泰華稽勳錫子性嗜學早歲入成均官東鄉主簿歸以道誼自持著有漱石居集同時有周珍沈璋沈棨姚懋勳沈嘉賓顧忱皆能詩（靜志居詩話參檇李詩繫）

孫茂芝字若英幼失怙事母極孝天啟辛酉以副榜入太學晚謁選為沔陽同知有循聲見時事日非即請解職曰我不能以塵案易硯枰也所著有讀經疑離騷繹硯枰齋遺稿（伊志）

朱廷旦字爾兼以貢入成均遇幸學上書不報中應天副榜有警枕集擣堅錄廣友論數花軒雜俎

陳山毓字賁聞于王子戊午鄉試第一為文長于騷賦精思苦吟寒暑無間中歲有嘔血疾讀書不輟作自祭文極曠達之槩卒年三十八弟龍正集其文以傳私謚靖質（以上嘉禾徵獻錄）

郁泰徵字參吾父耀宗泰徵為諸生性孝友父歿擗踊廢書亭薦必哭從子之章少孤有家難竭力護持平生沈酣經史多著述有松筠堂詩文稿（袁志）

孫文鋅字韞玉戴叔遠字元邇同結文社皆以貢為學博文鋅選昌化以病歸卒叔遠為象山訓導聞文鋅死歸憑棺痛哭嘔血以殞（嘉善楊志）

支如玉字甯瑕大綸子萬歷庚子舉人官監丞有半衲集

弟如增與京山李維禎華亭陳繼儒無錫鄒之麟爲文
學交嘗上書岳元聲陳朝政五條勉以格君乂貽書賀
燦然謂駁永陵之非且詰其毁父中崇禎庚午副榜作
謝棘闈賦著有硯亭小品濡削叢箋槜李詩繫參袁志
倪煌字令倩國子生有小宛集弟點亦以詩著名邱遂字
叔遂初爲僧後反儒服爲諸生有邱叔遂詩草靜志居詩話參槜李詩繫
凌斗垣字麗天屢試棘闈不售閉戶著書著有樹杪閣集
孫如升如恆皆能文王時杰字百凡少遊魏大中門詩
文在大歷元和間蔣睿字正言副憲英子雅慕高蹈遇

佳山水流連不忍去有聽鴻樓集嘉善楊志參槜李詩繫
夏緇字雪子初字幼青天啓間諸生有西洽維摩孤望三
集其詩早務織豔晚趨空淡南中夢遊諸作奥削蒼涼
點染特妙絶句尤多風調有竹枝縹緲之音王佐字佐
之崇禎辛未進士休寗令工詩
錢繼振字爾玉繼登仲弟兄遭誣就訊徒步數千里周旋
北寺嘗與郁之章輩結柳洲詩社晚歲築室曰鷗旋以
老有蕭齋集西園日箋弟繼章字爾斐崇禎丙子舉人
孝友力學鉤纂甚富晚築谿默園綴石蒔花垂老不倦
著有逸民遺風詩雪堂自刪集

孫聖蘭字子操崇禎癸未進士遭亂不仕隱居三十年有
曉傳堂集長溪詩話以上槜李詩繫
陳奇字達可貢生嘗受學于徐石麒嚴介抗俗爲文力宗
大雅處姻黨媚卹備至閉戶課子授學博不就著有淡
思集槜李詩繫參嘉善楊志
錢熙字澂廣栴子諸生少負儁才詩學漢魏初唐栴性豪
逸絲竹滿堂熙焚香披誦如無覩聞有思存集弟點字
鑿濤早殀有百可堂詩槜李詩繫
曹谿字湀仙原籍華亭弱冠補諸生後棄去坐臥一小樓
貯法書名畫中設陶靖節像日朝夕與此老對如置身

桃源中矣著有花嘯谷音二集嘉善楊志
劉芳字墨仙有清嗅齋集倪撫字曼倩與錢棅唱和崇禎
間諸生
李樾字子方奇珍子恬淡不樂仕進殫心經史至老彌篤
著雨花齋集樂律解以上槜李詩繫
呂諧字皆言從子洪聲字公亮俱負奇博學一時稱爲二
呂諧登崇禎壬午鄉書洪聲早卒有詩文遺稿嘉善戈志
盛于焌字犀然諸生好古博覽性恬淡閉戶隱居悠然古
處有孤嘯集吳志
吳祖錫字稽田諸生敦氣誼廣交遊中年淡泊寡營幅巾

野服作向平五嶽遊卒于濟南子濩字于東有先友詩一卷胥朱臣字淸遠諸生絶意進取遊四方垂二十餘年所著遊草及讀史鏡蕉牕隨筆數十卷（吳志參嘉善崔志）

支紹昌字克齋如玉孫諸生高尚不慕仕進老屋數椽面文水顏曰竹所讀書處禁足不出垂四十年性篤孝友膳寡姊撫孤姪式圉與兄紹熹白首相愛（嘉善戈志）

戴孝字子華工詩喜讀史與人言忠孝廉節娓娓不倦錢華字芊露諸生授徒講學尤邃于易郁素字繪先諸生力學能文善談論風致不減晉人

駱雲程字天遊放浪詩酒山水有素券堂集卒年九十餘

陸龍光字貫揚顧之鑑字念亭俱工詩善書法（以上吳志參嘉善戈志）

沈煌字大文明季文弊競獵六朝浮豔煌昌明程朱之學負笈者三百餘人順治甲午選貢不仕有宏益堂稿（李構詩繫）

葉宜春字明台歲貢生安貧樂道子元美善庠生克承父志放情詩卷外著有格言雜語理學洞豁接踵南明同里顧際明作記表之（楓溪小志）

許應試字元甫號宇懷宋進士克昌後世居奉賢里少游庠文筆縱橫高古督學紫溪蘇公首拔試牘達部丙辰中副車廷對擢第四選諸暨訓導著有家箴八議八訓八歎諸篇子鼎宰鼎相皆孝友篤學時人比三蘇焉（楓溪小志）

夏允懷字季思貢生早歲能文與允彝爲鴈行稱二夏行己方正嘗館一巨室坐擁鬻幾殆允懷悉力捍衛全其幼孤著有尙書句解歷代史斷（吳志）

國朝

曹爾坊字子閑勳仲子髫年應試宿儒不能及工詩並善繪事子鑑倫有傳（李構詩繫參嘉善楊志）

王辰字天市號餘庵順治庚子舉人授江西吉水知縣戊

午同考官旋調保定府經歷少工詩文敦品行與當湖陸淸獻交最契有魏塘名宿沈大文者博通經史淸獻聞其講書之精偕天市往聽之淸獻語天市云吾悟其講書法以從容爲主以文雅爲貴傾動後輩有以也（楓溪小志）

陳舒號道山順治己丑進士官布政司參議工花鳥草蟲長畫荷搆小圃雨花臺下善詩詞凡畫必自題信手疾書不出思索而有韻致（畫徵錄）

蔣玉立字辛彥少從張溥遊順治甲午拔貢父有疾夜不解帶廁牏必躬浣詩文峭厲力追正始有泰茹堂集弟

椽一名玉章字禹書九歲能詩順治辛卯副貢不得志
卒著有三徑草靈威集槜李詩繫參嘉善楊志
孫在鎬字西自與從弟鑣同受業于徐遠遠歎曰老生避
三舍矣弱冠登賢書下帷蕭寺讖緯星官奇門周髀之
學靡不殫究薛昌字光尊諸生詩古文有江鮑淹通之
目
孫鑣字長淸貫穿經史豪飲能盡一石與人交無面訣背
毀錄先儒座右銘自警家庭雍睦著有鄂韡樓稿
陳增新字子更順治戊子舉人工詩古文搖筆若吟得句
輒欣然喜謁選授安仁令革火耗寬刑罰邑人德之祀
名宦以上嘉善楊志

魏允枚字卜臣學濂子順治戊子舉人授西安敎諭未仕
卒著有詩集六卷弟允札字州來允植字虎臣允札諸
生博覽典籍詩文直逼兩宋著東齋集允植事兄如嚴
父侍母湯藥至于嘔血百家之書無不瀏覽爲文風發
泉湧時稱其兄弟文章行誼不愧名父之子槜李詩繫參吳志嘉
善楊志
計善字廉伯元勳孫潛心理學事母極孝家貧竭力奉甘
旨撫幼弟體卹無不到博極羣書有古文雜著百餘卷
弟五人能敬正法辨才名與兄埒時稱爲六計嘉善楊志

陳秉字夏臣龍正孫順治辛卯舉人父歿以哀毀寢疾夭
馮運隆字昌言盛典孫弱冠與秉同舉鄉榜馮母山毓
女秉從姑三黨中同學同榜同深于詩古文詞而同夭
折人惜之槜李詩繫參嘉善楊志
陳舜薦字羽榕諸生卜居郭外種梅百本搆小軒曰亭玉
著書其中以老沈湛字淵伯諸生善古文辭傍舍有五
柳因以名其所居爲五柳村著有易仲及貽安錄嘉善楊志
參崔志
支隆求字武侯與兄景良字酉侯皆工詩隆求舉順治庚
子第二授遂安敎諭以文行勖士擢山東沂水令多惠
績致政歸著書講學有泊庵集嘉善戈志

毛蕃字稺賓少與弟正學字羲上楠字讓木博學工文稱
毛氏三俊蕃副貢正學楠諸生高才困場屋以經術授
徒蕃子澐正學子璐楠子永圖皆以能文世其家吳志
葉翹字楚若少擅才名選貢授昌樂令潔己愛民捐俸倡
修學宮歸里後閉戶著書支撲英字會侯任乳源知縣
支孔願字功禹選桐廬敎諭陶愕字冰修辛卯舉人天
台學博皆卓然文行之儒與翹交契
沈受祺字獻吉諸生通敏有經濟才與楊廷樞錢禧輩同
學知縣莫大勳欲行均田役官收官兌法祺條議贊成

爲清賦平役新書上之臺省頒爲定例所居北山草堂九松皆宋元遺植徜徉嘯咏爲樂著有五韻便覽詩餘圖譜

李煒字赤茂諸生研窮經史爲時輩折服晚益肆力于古陰符握奇無不研究子光堯應機皆師陸隴其稱高弟人號二難光堯有吳梅村詩集註（以上吳志參嘉善戈志）

毛正學字羲上諸生研精理學與陸隴其張履祥友善事親盡孝父疾籲天求代值歲饑鬻產以賑尤好汲引後進（懿行編參嘉善戈志）

周振璜字渭陽貢生弟振瑗字蘧玉甲辰進士山西安邑令季弟珂字越石貢生文章行誼一家自相師友門多負笈兄弟俱工詩振璜尤工書法（吳志）

馮瀛秀字青掄丁酉舉人爲文整飭兼工書畫淡進取杜門課子清介越俗有散仙子稿（嘉善戈志）

顧鉷字聖修諸生事親孝撫兩弟恩義兼盡著四書辨疑禹貢廣註及百穀堂詩文集以子衍貴　贈官（吳志）

錢熯字蔚宗楞次子少孤力學爲名諸生與兄爛稱二難泛覽百家纂輯古人嘉言懿行母毛有心疾事之謹嘗修學宮置墓田著續最樂編息深齋集爛字尚子諸生博學性耿介授經自給非其力不食（吳志參嘉善戈志）

陸淮字秀壑諸生爲文根柢至性盡削浮華又育孫薔字天毓諸生勵志攻苦詩古文以作者自命（嘉善崔志）

郁褒字子弁以貢官江西永豐令有詩偶一卷蔣雲翼本名會貞字鳴大順治甲午舉人任江南涇縣知縣王辰字天市順治庚子舉人任直隸保定府經歷皆能詩顧艾字病已周宏藻字丙仲徐之陵字子京陳學謙字庭益皆長於詩張逸字泰庵精岐黃術善琴工詩畫有日休堂詩陸淮字秀整諸生少孤事母以孝聞曹禎驥字覲機有握蘭軒詩曹爾垣字彥師勳第四子戈元穎字長鳴兩人工古文皆早世陳昌字漢彬龍正孫以貢授雲和訓導克守家業

柯崇樸字寓匏副貢工詩古文辭弟宏本字聿修十歲通五經入太學試不遇早卒有鼓應初編維楨字翰周舉人有澄煙閣詩與樸同舉博學鴻辭丁外艱不與試季弟用楫亦博贍工詩宏本子炳字煒昭長洲汪琬謂其沈靜爽拔兼而有之早卒有蘭唐集（以上檇李詩繫）

曹鑑平字掌公舉人汎濫六籍入古人閫奧詩文流播人口弟鑑章字達夫善承家學令萬載有惠績子源郃拔貢兩任縣令（吳志參嘉善戈志）

曹鑑徵字徵之貌寢偏眇不修飾所交必奇士與南粵朱

斐北平韓畕善門有椽樹中庭有紅杏客至多咏其側偶移石廢二指遂病狂不幘不履行於市數年死其集曰紅藥園白石樓

李炳字令文煒弟諸生沈志高字幼升吳大震字子濤任星客字右宸皆工詩星客兼工畫蘭蔣禹錫字尙㡳少罹患難而有沖愉之色隱居著書以樂其志有榆村集以上檇李詩繫

王國珍字席之諸生九歲能文與潘炳孚顧巖沈志高結詩社名流畢集極一時之盛著有南雅堂詩文集弟份字季隆舉人攻苦力學爲時輩推重吳志參嘉善崔志

張芷字佩方茁弟性嗜學讀書常達旦母愛之甚不令攻苦芷匿火甕中候母熟寢始出火以讀竟以勞卒嘉善崔志

褚偉字駿如勤苦嗜學從子茂章字昭質力學如偉張鶴書字隴士諸生詩文折服流輩弟辰字北是與鶴書齊名邑中目爲二張嘉善崔志參檇李詩繫

葉鈐字潛夫繼美孫諸生事親盡色養親沒廬墓日誦孝經數千過著有孝經註疏大全小學衍義續小學人譜大全諸書子汝謨校刻行世

孫淓字膺公少受業張溥博覽羣書每歲手錄一編積成卷帙題曰類考卒無子及門醵金以葬以上嘉善戈志

王之圻字肇城熟先秦兩漢諸書詩宗漢魏初盛唐性坦易不作欺人語年未强仕卒妻郁氏撫三歲孤成立邑人重之

葉簡字夢在弱冠食餼通經史百家孝友不事私蓄疾革取五經朗誦一過而逝以上嘉善崔志

丁樞臣字子衡貢生理學一本朱子爲人愼言謹行繩檢秩然善屬文兼工書法著有恆齋遺集嘉善戈志

陳謀道字心微龍正孫諸生工小令得南宋風致王尙書士禎選入倚聲集稱其數枝紅杏斜陽句勝于宋子京人稱爲紅杏秀才著有百尺樓稿從弟哲詢字懷季工

近體詩書得二王法同學魏世基字野臣朱得琬字宛玉皆博學能文早卒嘉善戈志參崔志

孫琮字執升諸生性孝友兄因累毀家琮授徒養親親亡獨營喪葬仍養其兄所居山曉閣喬木皆數百年物藏書萬卷丹黃點勘每評選一書出輒爲紙貴晩歲放跡名山笠屐所到悉見于詩著有山曉閣詩文集嘉善戈志

葉汝謊字廣基早孤事母孝康熙戊午發解淡仕進日以著述爲事晩得痼疾欹枕手一編季子廷棫字季樵諸生工文沈潛經學侍父疾十餘年無少怠吳志參嘉善戈志

顧秉堅字雲一際明曾孫嗜學無書不讀爲文刻深力追

古作者中丁卯鄉舉授會稽教諭修黌序補祭器有居民十八家佔學基請于郡守復故址教士子以正心術立人品爲本歿祀名宦著有詩文八卷

徐鵬字培青以諸生入太學少孤事母得歡心撫育兩弟遺產悉授之詩文縱橫排宕迥異恆徑著有修廬草露蟬吟二集以上嘉善戈志

魏坤字禹平父文煌能文稱隱君子坤弱冠善詩古文辭遊京師就試國學撰石鼓賦國子師擊賞以爲絕倫晚舉于鄉不仕卒坤持已正臨財廉其學叩之不窮著有倚晴閣詩鈔水邨琴趣吳志參嘉善戈志

孫序皇字子黃甫成童父謀以誣下獄請身代冤乃得白長工文沈酣典册夜讀燈不爐不止感疾卒同學王廷標字史名撫諸弟極懇摯行文豪邁有俯視一切之槩嘉善崔志

李葵生字西雯弱冠通經史百家作古今文下筆立就與同學胡應宸字殿陳顧璟芳字宋梅同選蘭皋詞葵生又著四書存是編嘉善戈志

錢士壯字大輿繼登嗣子貢生事兄士賚極敬愛讓產分宅兼恤其孤爲文高雅秀潔詩詞亦有家法有佩璐軒詞行世士賚字燭巖怡情詩酒有晉人風致懿行編參檇李詩繫

孫之湛字又尙諸生家貧授徒修脯悉以奉親母蔡臥疾侍牀褥五載無倦色長史學論說古今成敗得失洞悉元本懿行編

李文祺字鶴君幼從舅氏陳鉽學鉽字雲銘文行爲魏徵士禧朱檢討彝尊所重後又從丁進士棠發遊何焯愛其文嘗曰浙西名士當以鶴君爲第一己卯舉省元不仕卒著有河干詩草

沈育字沛蒼受庭訓不由師傳事父盡孝養待弟盈科友愛時周其匱乏舉丙子鄉試授河南永甯令惠民造士風流令行歸田後杜門著述詩文益進有槃邨集數十

卷

曹源郁字錦含弱冠中副榜所居東園有亭池竹石之勝聚書遊息其中薦舉孝廉方正以親老辭選慶元學博邑界山僻無藏書家郵載家所蓄書親爲指授踰年卒著有宸翰堂稿東園叟雜纂子廷棟廷樞有傳以上嘉善戈志

劉傳彪字炳千諸生好學通經傳事親孝居喪哀毀逾禮叔歿撫從弟成立著近思堂文稿子學謙諸生能文敦行懿行編

陸光斗字樞升諸生少穎異博綜掌故兵農禮樂無不研晰原委嘉善崔志

朱岸登字蹈勇父之榮仗義好施岸登八歲能屬文舉丙子順天鄉試通經史百家言所著詩文詞傳誦人口有獲古堂文稿以子一翥貴　贈官吳志參嘉善戈志

孟學中字心匋諸生家貧授徒自給有餘輒分以濟人秀水曹侍郎溶延課諸孫得讀其藏書教人有法度嘗言庸醫殺人止一身庸師悞人及數世著有易解大義嘉善戈志

沈廷禎字端揆貢生勤學工文性孝不離親側事兄雖異居必晨夕視候子望熊元勳俱諸生陳原字遠岑諸生家貧以脩脯奉親待兄弟友愛甚篤兄早世撫孤成立以已產讓之懿行編參嘉善戈志

錢諒臣字逸宣諸生工詩文通岐黃術尤精六壬著有靑堂詩草子元登傳父學同時蔡鴻逵字去聞潔己力學工行楷馮眺字抒奇貢生詩文書法皆得古人意著有蟬嘶諸集從子煒字丹霞諸生能詩及駢體尤精于醫吳志參嘉善戈志

蔣光祖字岵民蒔子以諸生遊北雍爲馮大司成元濟沈文恪荃推重歸不得志惟以著述自娛刻有周易翼義杜陵綺語工書法子如壎承家學亦以能書名

蔡煒字亦袁歲貢選臨海訓導邑有明季司李鑿後山塞南門士風不振煒請復舊制設齋督課文教復興以勞勩卒于官平居孝謹善屬文著有易憲霞城偶草

陳喆倫字安讓龍正孫諸生性狷介授徒自給晚退處先祠老屋數椽吟咏不輟有慎微堂詩稿吳江葉燮謂其筆意在林逋魏野閒

蔣向皋字迪思諸生精于春秋四傳遊齊晉楚豫閩蜀足跡半天下題咏甚富著無是園稿

沈嘉字善長拔貢入太學有文名郁世颺字廷皋之章孫諸生文豪邁有奇氣與李永祺齊名稱郁李遊太學卒于旅邸陸紹先字歐亭善屬文兼工詩餘癸卯舉人貧不能赴禮部試齎志歿

孫旂字奎章貢生著有華黍莊集秋水集柳洲詩錢甠字子明明相國士升孫諸生詩出入錢劉王孟間著有柳樊遺草

唐虞字協聞諸生力學敦品檕受其教者皆優于文行性孝友色養六十餘年晚喜作詩著有苹谿集以上嘉善戈志

徐之麟又名本澗字白皋骨格清雅爲名流折節少工畫及遊粵西歸覩湘南山水奇勝筆法益進詩尤瀟灑絕俗徐岳字季方博綜經史好遊褐衣芒履歷嵩岱武夷嶽眉諸名勝足跡半海內晚年結廬斜塘著有見聞錄

吳志參嘉善戈志

曹奕霞字晢庭究心經史百氏弱冠遊京師以雙劍歌著名康熙乙酉

召試賦白杜鵑花詩稱

旨雍正甲寅舉博學宏詞以老疾辭不就伊志

丁桂芳字筠溪清惠賓孫貢生肆力於古所居素園有林泉之勝構讀書樓圖書碑板積累充棟著有方谷詩鈔二十卷晚號知白居士曾孫秉銓字掌卿諸生負才工詩著有帝王名臣世系考伊志

錢元祐字星階康熙甲子舉人任富陽教諭歲大饑上官

捐俸買米佐賑邑書役通同乾沒元祐發其事吐所蝕米散給災黎全活甚衆後遷金華府教諭秩滿歷國子監監丞有起雲堂詩春江詩鈔伊志

章愷字悖虞讀書五行俱下與青芝山人陳唐善山人多著書愷就觀之手披筆書汗雨下蠅蚋交集不暇一拂拭乙丑以二甲第一入翰林乞假歸所著有北堂集詩賦雜文瑣語伊志

曹廷棟字六圖貢生舉孝廉方正不就絕意仕進杜門著述四十餘年成書十餘種奉

詔廣搜書籍浙之大吏採訪進呈如宋百家詩存產鶴亭集俱入四庫館登之著錄工草隸善寫蘭竹以風雅引掖後進晚年詩業益衆壽八十七卒弟廷樞字古謙副貢與廷棟分纂經義異同辨會舉鴻博報罷補宗學教習卒京邸著有謙齋詩稿伊志

支期立七世孫字品山貢生幼敏里黨稱爲小五經著有巘東吟稿伊志

顏綸字御飛諸生好理學家言於明儒服膺胡居仁重刻居業錄行世著碧巢詩稿伊志

錢夢齡字祚賢士晉元孫諸生讀書砥行爲文根柢經義詩亦和平溫厚無噍殺鬱結之音晚以哭子喪明或持

詩文就正朗誦一過點竄罔不精當著補巢書屋集伊志

柯煜字南陔於書無所不讀文筆勁健詩則淡雅高潔直逼王孟又長於駢體雍正癸卯成進士尋以山林積學薦充明史纂修官謁選得宜都縣改衢州教授薦舉鴻博不及試卒于家著有石庵樵唱伊志

朱紹周字麟修貢生弱冠偕其兄一葦以能文名嘗以詩謁錢文端陳群與論源流派別紹周洞悉正變舌如翻水遂訂忘年交一蜚官陝西紹周匹馬往省秦中多古蹟題咏殆遍詩益蒼秀著有默軒詩鈔伊志

謝垣號東君博學工詩文兼精書畫乾隆丙戌進士官刑

部員外郎性耿介絶去依附不汲汲富貴晝不苟作酒酣握筆灑灑淋漓題小詩其上古雅可愛著有鐵網齋壺領山房詩集伊志

孫霖字頌年警敏有才幹康熙辛卯舉人事親孝撫兩弟友愛著有五經堂文編從子無懷諸生少師霖著有菖溪子詩草伊志

錢源來字清許諸生幼稱聖童父佳極鍾愛而訓讀極嚴家有藏書數千卷鍵戶使盡讀爲文下筆千言立就長洲沈德潛嘗序其詩選入別裁集著有攬雲軒詩鈔伊志

浦鏜字金堂貢生少承家學弱冠即從事十三經註疏正

字一書廣購諸經善本校正疑譌得八十一卷鏜著述工且富有小學紺珠補文選音義雙聲疊韻錄孫曾原名煒字浩如諸生拓落工詩文今尚書紀昀大學士王杰俱以國士遇之遊豫章與王侍郎昶倡和成編昶爲之序著作多散佚僅存遯吉詩草

唐應焻字新周博涉羣集工詩古文兼長駢體兩中順天副榜教習景山歸即閉戶授徒不與世事著有棠溪集

葉潽發字養生貢生詩文力追古雅杜門著述垂二十年著有文獻通考擬正一書

周震榮字青在受經於父灃壬申舉於鄉授青陽縣調合肥左遷直隸清苑丞補永清令擢永定河南岸同知居官不廢學讐校周禮鄭註坊刻之譌外者別刊善本又以讀書當先識字撰刻說文字原一帙作養蒙術分年程課之法皆有次第云

柯鴻逵字可儀諸生善書工詩賦引掖後進有請業者諄復不厭著有稻香閣集

丁伯長字孟勤諸生質敏學博工古文詩賦屢試不遇益發憤以勞瘁卒著有謙湖詩鈔

魏圯字丹石諸生與兄坤有二陸之目性高潔不樂仕進詩文有古趣兼工畫著有北郭山人集以上伊志

程維岳字申伯號受廬僑寓洙涇乾隆庚子進士官山東道監察御史軍機行走少以詩文負異儕輩服官後珥筆承明纂排典籍後丁內艱歸主東林書院著有淞笠齋詩鈔一卷兩浙輶軒錄

柯汝鍔字清士乾隆壬子舉人選龍泉訓導著有褒天錄眠琴居詩鈔劍川集于志

張芳桂字補袞少穎異善屬文戊子己丑鄉會連捷授湖北公安令修書院延名師月課有程文風丕變癸卯分校得人皆名士尋乞休歸凡遇公舉如學宮書院修建事皆樂輸贊成著有清麗齋詩文集未梓于志

顧之炎字葭隣號桐圃由拔貢舉甲午順天鄉試適教習期滿以知縣分發安徽補當塗縣七次秋闈分校得士最盛儒雅如崔錫華經學如譚泰詞章如陳春華侯雲松皆見稱海內之炎雖任煩劇意存閒退顏室曰聃柯軒黃鉞時登第回籍以門生禮見爲畫軒圖善書求者坌集于詩尤喜蘇文忠著有聃柯軒雲僑寒蛩等集後被吏議繫獄卒子超邕幼慧著紫松館稿孫溶亦能詩著瓶齋課餘魏塘人物志

陳鴻墀號範川蘭徵孫嘉慶乙丑進士入翰林充武英殿會典館纂修官嘉慶十年　聖駕謁陵回蹕獻詩擢選

旋以罣誤歸道光初起廢員授內閣中書戊子順天同考官著全唐文紀事全唐文年表賜研齋詩文集抱簫山道人遺稿楓溪小志

吳遇坤號禹入嘉慶乙丑進士以庶常改知廣西貴縣因事遣戍赦歸貧無立錐生平著作甚富七經各有辨證尤長於碑版序記等文有偶齋自訂文稾二卷于志

沛銑字光卿拔貢穎慧絕人博通今古尤長於詩古文詞賦足跡半天下所至名流傾倒卒年八十有五著有歷代賦話二十八卷復小齋賦話二卷唐宋律賦箋註四卷百一集正續二卷又有柳愚詩存羊城西征等集于志

孫鳳起字振雲性行沈篤學有根柢湖州姚文僖過魏塘相與辨論經史旁及星度輿圖無不溯源窮委因歎曰浙西經學莫如振雲年七十五始中已卯舉人無疾而卒族弟圻字瑞五亦深於漢學著有鴻泥錄于志

高稽字古輿邑廩生性謙謹不茍言笑著鶴湖漁莊詩集于志

丁維時字馭青邑庠生性恬靜家藏書萬卷能遍讀之著有拙漁詩存兼工書畫篆刻于志

張身濤字翔鷺能詩善隸著有娛志居詩草于志

錢階泰字六符諸生性疎曠授徒自給亦以隸書擅名於

時刻有讀書樂歌帖行世好吟咏著有靜憩草堂稾于志

曹煥字乃文貢生少孤力學後考授州佐性誠慤事繼母色養備至嘉慶初當事薦舉孝廉方正以老病辭工寫蘭竹兼精醫術晚年猶多製丹藥以濟世壽八十有一著有硯香齋詩集于志

沈大成字集元工詩古文詞爲名諸生與邑中黃退庵吳江郭頻伽友善年未四十齎志以沒郭頻伽爲作墓誌銘載在靈芬館集中黃退庵爲裒輯其遺詩稾八卷其門弟子黃安濤因取釋溆冰汪芝亭諸人遺稾合以刊之爲慰託集于志

錢濤字雪山錫陛子生五十日失母祖母撫之十歲祖母沒濤以父哀毁嘔血恐重傷父心恆向壁飲泣不令父見時已能詩有神童之目登岱云絕頂巒崔嵬登臨氣壯哉老松千榦鐵響瀑半峯雷但覺雲生腳眞看海似杯仙居應咫尺羽翼上瑤臺暮春書事云小院靜如許苔痕一徑通人歸花落後春盡客愁中鳥語深叢綠簾窺夕照紅高樓誰擫笛倦月上牆東西湖懷韓忠武云滿湖秋水碧灣環相見當年此閉關戰伐餘生驚白骨英雄末路有青山魂消雪窖天仍遠夢繞龍沙月自寒老驥由來悲伏櫪郴禁閑客淚潸潸諸詩風格不減夏

存古其佳句尤多郭頻伽采入靈芬館詩話年十六投繯死蓋逢祟也有雪山手蹟一卷未刻于志

徐建字雲臺嘉慶甲子舉人官鄞縣教諭與諸生講學論文處事公正曾與修善邑志著有菽香齋詩文集卒年八十于志

顧之芳字芬圃號蔚衡學問湛深晚年居鄉里約同人補種四香亭梅花名流題詠與白下侯雲松鄞簡倡和尤彩著有聞未草堂稿楓水詩存

顧煥號孝若廩生讀書自勵才名蜚郡邑粵匪犯境被擄不屈死所著壽花館詩稿并輯楓水詩存楓溪小志

戴兆芬字誦清號臥雲工篆隸善竹梅雜品舒位瓶水齋詩有題其仿陸復紅梅卷極稱賞之子公望字又黃亦工寫生渠章鉅開藩吳郡收名蹟必昇品評嘗得惲壽平小像一幀以神似公望遂贈之公望摹弁所刻寶惲帖首錢塘陳文述著畫林新咏中一絕云畫派甌香有盛名煙霞持贈亦怡情壁間一幅廬山瀑深夜疑聞漱玉聲指公望也詩名近遊草夜航歸棹集楓溪小志

倪以埴號默卿性孝友居喪三年不御酒肉鄉薦不售遂棄帖括矢志經學考據精淹著有四書諸說異同考易說異同考斜塘竹枝詞銀簾館集新纂

柯萬源號小坡諸生四歲能辨四聲稱神童詩賦秀麗驚人以投醪賦受知山陽汪文端病小學廢置授經宗陸氏經典釋文匡謬正俗學者翕從駢語矩矱唐賢於王輔文爲近著有杏花春雨館詞墨磨人齋集陳迦陵四六注周易名物類考禮記鄭陳異同考新纂

孫元琦字白軒幼穎悟塾師授以唐律一再誦卽能規彷及長名噪黌序厄於科名老以教授終詩近香山劍南有清芬館詩十卷黃太守安濤爲刊行新纂

顧乃德字砦堂未弱冠受寶學使知入學善治經總諸儒說舉大義文有本原黃安濤贈詩云時流只作尋常看

誰信千秋史筆傳卒後郭麐誌墓新纂

朱殷字穆卿善畫工刻石勤學强記有穆卿詩集新纂

沈丹培號黻堂庠生弱歲工綴文嗜韻語隱居邑北鄉名南沈課耕把卷養親教子其師黃安濤序其詩羨厥幽居爲寫野趣蕩瞬夏墓蓮花鬪紅村接陶莊柳陰環碧食舊德服先疇非塵壒所能濁云請業詩娛室幾三十年著青箱館詩眞有益齋文集

奚大綬字印維府學廩生九歲誦三都賦三日成誦詩文頃刻千言屢薦不售卒年僅二十七著有紅豆山莊集湘江吟楚遊記畧楚遊雜記魏塘人物志

孫黃鐘字萬元副貢生博覽羣書臨事尤勇於義魏塘人物志

柯復銓字掄英讀書過目成誦性孤冷不妄言詩見師竹社稿魏塘人物志

孫坫字六研國學生乾隆甲辰恭逢　臨雍盛典呈獻詩册　恩賜金帛阮文達公撫浙延司關榷有嗤以金者御勿納客至瀹茗色甚黝客笑過儉曰物力不可不惜也性嗜古游秦晉輒於山谷訪搨碑碣藏行筒書法香光新纂

黃愷鏞字楠蔭愷鈞同懷弟讀書日百行愛讀少陵歌行吟諷中節嘗與友人論詩書云太白謂寄興深遠五言不如四言七言又其靡也四言自三百篇外如韋孟諷諫等作味同嚼蠟後人模擬幾如優孟衣冠若欲超然復古非學五古不可近日言詩戸有唷珠然大率喜爲七言小律詩限以四聲倡和雷同試叩以風雅源流如墮雲霧此詩教所以愈晦也僕欲矯此弊非曹劉陶謝陳正字張曲江李杜王孟韋柳之詩不讀非古詩不作非謂近體可廢蓋欲存古學於萬一也持論足以鍼浮砭薄著有書耕堂集三卷慰託集

汪繼熊字芝亭世服賈年弱冠學詩黃退庵多識江浙知名士凡左顧魏塘者繼熊必爲申欵洽焉晚年養痾虎邱山館已灝綿惙猶事吟哦著有聽香館詩五卷新纂

黃若濟字子未愷鈞次子由國子監生入貲注布政司經歷銜年十三五經成誦不樂爲制舉文專嗜韻語別有會心嘗讀唐宋人詩於白香山諷諭中毋別子句云但願將軍重立功更有新人勝於汝評曰願字若易恐字似較溫厚又於張乖厓聞鵓鴣句云北客南來心未穩數聲相望在前村評曰宋不如唐病在說盡此詩落句若易雨昏花落又前村覺有餘韻矣其細心率類此嘉興鴛湖吟社以木棉四詠命題汪布衣澍所作同人折服及就品隲則置乙等汪疑之復質子未曰詠物詩宜

體物情狀細意爬梳出以風人口角方爲合作若專以寓情綿渺爲長則彼此厮賴得去矣汪乃服又精岐黄術自以濟世多活人故以百藥山房名子二稻孫杞孫俱邑庠生杞孫字丹秋從人辟佐爲書記行楷逼近松雪詩有家法並能於十八顆松子刻多心經儼然率更筆意尤爲絶技云眞有益齋文集

錢維斡字琛卿廩生嗜學有逸才爲文豪邁試輒高等萬學使青藜首稱之薛莘時雨觀風試以郭子儀李光弼合論謂得蘇家父子神髓平湖黄金臺震澤蔡召棠耆儒宿學至呼爲小友爭器重之著愛日吟詩草四卷湖

濱雜詠百首庚申遭亂以太素脈爲餬口計卒鬱死新纂

許王勳字秋沙恩貢生汝璜父早歲工制藝派宗雲間疊試優等然躓省闈喟然曰項羽敗嘗言非戰之罪余適類之喜爲詩近北宋名家與華亭袁雲畸同里黄丹秋輩相唱和優遊桑梓推爲祭酒新纂

鍾淮字澹齋慶槐父選拔貢生指分山西直隸州州判早歲與黄霽青東莊讀書晝夜攻苦於五經箋疏能通大畧駢體文宗南北宋清利婉轉如其意所欲出新纂

周爾墉字容齋道光乙酉科順天副榜官至工部虞衡司郎中居官廉靜娛情翰墨尤長於書出入歐虞官京師時與昆明趙光齊名凡執贄門下得其筆意者無不以八法噪都下零章片紙咸珍惜之新纂

丁大椿字頤庵善詩文工書法又精岐黄年十九舉嘉慶癸酉鄉榜大挑授象山教諭勗諸生以文行後倅滿將去象山都人士上化育兼施額頌之長子廷鸞癸卯經魁大挑爲江蘇知縣卒新陽任書學率更令與季弟家駿俱以楷法紹父名家駿丁卯舉於鄉考取內閣中書踰年歿新纂

鍾文烝字殿才少負異稟卽通小學年十二應邑試冠其軍道光丙午鄉薦再上春官以知縣注選歸絶意仕進

日事著述同治年入江蘇忠義局與長洲陳奐平湖顧廣譽同任編纂主講敬業書院十二年崇尚經學尤究心春秋謂穀梁子獨得麟經遺意楊注范疏於本傳無所發明網羅折衷成穀梁傳補註一書若禘祫祖禰諡法數大端實事求是共成二十四卷沈潛反覆二十餘年始出問世少年撰述有論語序說詳正鄉黨集說備考河圖洛書說各一卷均以婺源江氏爲宗甲子後手自讐勘存者有乙閏録四卷新定魯論語二十篇新纂

金銓字秉三幼孤而敏下筆成誦厭棄舉業師事查丙唐入閩阿制軍幕時林文忠在撫廨相訂爲莫逆交互證

於經世之務洎黎襄勤督南河宣防事棘聘之司章奏凡所策畫當　上意黎爲納粟入官司筦鑰畀帑數萬任塞決家雖斷炊不染絲粟黎倚重之年六十餘以子得官棄職就封居禾中數年與陸費中丞瑔沈觀詧濂朱修撰昌頤爲九老會文酒從容杖履養望平生善書得趙董神韻詩宗香山劍南有重九短古云應門老隸耽風雅種菊披籬足千朶不是人同花性情何能冷寄荒籬下張芥航河帥見之曰我國有顔子而不知此吾過也其爲名公激賞如此新纂

莊心鑑字其淵由舉人大挑選武義縣教諭未赴任卒早失怙稟母王氏訓安貧勖學舉道光乙未孝廉時漕無定章紳士挾持致釀巨案褫革多人心鑑受母誡獨不被株連晚年精醫暑月就診鄉人恆駕無篷舟來即持傘蔽日乘之去無難色貧者更酬藥資存心濟困時摘醫要手錄之曰祕旨真傳新纂

羅燦然字廣齋廩生熟精註疏衆推經師學使者歲科試經解不攙隻字輒冠曹偶授徒課嚴每講書設高座聽事令環立竦聽塾規肅然故遊其門者學皆務實新纂

汪蔡字香木廩生授徒終身捕頭巾氣考究文字條分部類立一丨二三亅中木禾丫入火八丿乀乂十丶く乙乚㠯丁又人大厂刂乚亅心凵冂匚コ厶口爲部推廣編排以形爲主以音義註釋之名曰文字源流新纂

程光熊字蓮壽　恩貢生富陽訓導訓士厲學工篆隸旁通醫著有篆隸指掌知足知不足齋詩草新纂

隱逸

明

袁仁字良貴父祥祖顥皆有經濟學仁於天文地理歷律書數兵法水利之屬靡不諳習謂醫雖小技可以藏身濟人遂寓意於醫崑山魏校疾召仁使者三至弗往謝曰君以心疾召當咬咀仁義炮治禮樂以暢君之精神不然十至無益也校疾愈訪仁與語三日大驚遂定交顥有春秋傳三十卷祥有春秋或問八卷以發其旨仁復作鍼胡編以闡之兩浙名賢録

譚稷字舜臣幼有慧性讀書窺大旨不尋行數墨汎濫百家史傳尤精於字學聲韻點畫細析牛毛身居市廛超然遠覽自號西窗居士著金鈴子一卷一螺集譚處士傳

郁鈇字民威父瑾手植四槐於門稱槐里鈇性伉直以詩文自豪晚築小圃郊外植梅數株駕小艇遊泛其間陸篔齋埛過之曰徛蘭水仙請爲先生鼓之年八十二終袁志參嘉善楊志

陸繼鉉字默如方頤廣額目光如寒星少遊黌序有文譽或勸之投謁有司鉉引袂起曰富貴易令名難也嘗登燕子磯眺覽江山風物有愴然遺俗之意歸未幾而歿女夫錢繼章負土治窆祟馬鬣而封之嘉善楊志

王屋字孝時初名畹少傭書過目成誦作詩多奇句邑諸生顧艾邀與居艾字病已博學善詩文以行誼重介屋於魏大中魏讀其詩特起揖推重魏羅難兩人各作長歌哭送隨護千里屋雖布衣慷慨有氣節明季賊陷燕晉首倡助餉其詩類劉改之詞學辛幼安同時有沈蔚字仲涵諸生刻苦潛修著兵法歷法等書魏學濂痛父兄慘死立衣食禁自繩并授三人令規其失蔚尤切直年未壯即棄舉子借屋隱先屋卒檇李詩繫參靜志居詩話嘉善楊志

毛士俠字和仲少入場屋一試不售輒棄去放情詩酒奉老母課幼弟脫去俗累以樂其志堂右枯竹生枝期年而成林謂人曰稱阮復生樂此不疲矣

陸守敬字心明少孤自立不苟言笑讀書至老不衰同時孫應文字懷用沈文標字元嘉丁嚴德字韶石俱志節高尚不求聞達

朱元鼎字珍兮幼受知於陳赤石補諸生後從遊南嶽沅湘歸即屏跡園居詩筒茶竈別無長物侍郎曹勳每稱其清泉白石支頤高詠得塵外逸致從弟楚翹字赤城栽花百餘種委棄世故人亦稱其高簡云以上嘉善楊志

何浩然字希孟諸生國變後高臥郵野留意星卜之學所居一室帷著草瓷爐酒瓢詩簏而已戴季華字元樸性

嗜學永夜爇薪苦吟婦農家女機杼佐讀季華自題栽
貧散人書於墓碣著有戴氏詩譜昭往錄張翼字羽升
熟韜鈐技勇絕世與浩然友知天下將亂崇禎初遊三
山不知所終檇李詩繫參嘉善楊志

孫點字公撰祖母黃一百四歲奉事極孝性嗜奇究心元
理遊豫章諸名山訪旌陽遺跡走新安探朱子講學處
徜徉白嶽黃山間閱數載徧歷會稽禹廟天台鴈蕩以
歸杜門不出嘉善楊志

沈德孚字逸真名隱於農衣敝履穿不爲困少嗜老莊乾竺
書後棄去一意探索朱程施約庵張考夫極相引重足

不入城市惟講學一出會畢竟去嘉善戈志

沈濡字子雨九歲喪父事母孝屏跡林泉以讀書教本課
子孫足不履城市者四十年李應文字鏡溪倜儻多才
會明季不樂仕隱居白牛邨敦名節不入城市子友桃
讀書能承父志嘉善崔志

國朝

唐嶼字子玉庠生崇禎年土寇竊發由嘉善遷善鄉移居
新豐鎮姚家觶漏貰田舍三椽市隱終身巢端明褚廷
琯兩孝廉稱莫逆交時褚居褚家埭巢居黃墻里距新
豐僅一舍許投贈翰墨畫蒼潤沈着神似李太僕胥山
樵叟華亭董其昌與嶼三世結契題其小像有少負儁
譽天機鏗宏時爲元岳之游飽茹煙嵐之致語其秀逸
可想見唐氏家譜

曹鑑微字念劬魏忠節外孫不慕榮利順治癸巳遊邑庠
旋棄舉業與魏允札魏坤爲世外交結夕陽吟社好事
者繪柳洲三老圖以傳嘗詠懷云縱有奇窮當固守莫
因饑餓懈操存著有南村丈人集于志

錢泠字西江黯曾孫性清介不慕榮利詩酒外無他好布
衣潘佳晴詩人也謂泠詩清真儁逸有元白風致泠亦
自負舊居梅花里以城市爲囂攜家白水塘依祖墓以

屋茆居數椽琴書自適日與村翁野老遊或有顯者過
訪輒踰垣去生平著述多散佚董柴如蘭集所選亦非
其得意者伊志

藝術

明

顧孝淵昆弟三人仲恂季愷皆以孝友稱孝淵善草書居武塘號雪樵從事潘府以詿誤遷文安卒恂奉其骸骨歸葬鄉人哀之滕杲字宏甫山水花木妙絕一時晚居禪舍絕酒茹素臨終曠然若有所得周振藻字肅陶諸生工詩書法入晉唐人之室鮑嘉字公受善寫照聞人曾鯨授沈韶韶授嘉能傳人性情意態著有傳神祕旨 嘉善章志參楊志戈志

錢安字以甯精究脈理治病如脫子雲字時望精於傷寒

御史春父也後有潘元與雲齊名馮喆字克順長傷寒帶下二症人呼多吉先生子愷博覽醫籍孫科亦工醫兼善詩字 嘉善于志參章志

袁澤字世霑精痘疹當痘時每至一村集羣童閱之曰某何日出生某何日出死無不驗子樸柏咸繼其術有馬菊南與澤齊名郁光始字涵春痘證察色一見而決子國英亦以痘症行張逸字泰庵通素問脈訣綱目痘症方脈皆精後有張世顯字寰泉治痘應手立效子文光字幼泉文衡字觀泉能傳家學父子皆年踰八袠 嘉善章志參楊志戈志

孫復吉字見心與王肎堂往復參究精其術高隱字果齋從王肎堂遊得其祕奧肎堂醫書六種皆參酌采輯療疾多奇效年九十餘如少壯同時卞模字儀皇亦能起危疾

劉覽字月梧父性良號仰松精外科授太醫院吏目覽事親孝益精其業雲間陸慶紹母奇疾治之神效饋五百金卻之董其昌陳繼儒延譽授太醫院御醫金元德字鍾梧善醫授太醫院吏目張萬春字復泉治嬰孩神效里中有孺子啼張入室濯藥卽歡笑壽九十六授冠帶醫官丁鳳梧字敬山精治無名腫毒壽七十二授太醫

院吏目張丁子孫皆得其傳 以上嘉善楊志

朱績字君永治病決生死百不失一遇疫症績至輒愈活人無算性至孝割股救母親族貧乏者自周給不可勝數子煒太學生世其業沈篁字叔璉業岐黃貫通醫術事親孝兄弟雍睦凡診治遇窮乏者濟以藥餌且推食解衣焉舉鄉飲賓子廷楨有傳

顧朝陞字贊勿善揲蓍決馬世奇入翰林周宗建罹璫禍不爽金文遴字五雲精堪輿多奇驗 以上嘉善楊志參戈志

國朝

金鈞字上陶少孤遇異人以醫術授精其業性孝事母以

色養親族貧乏者時周給之著有素靈廣註醫案日鈔
年八十乾隆元年
賜八品頂帶壽至九十而卒伊志
沈又彭字堯峯少習舉子業以國子生三躓鄉闈遂習醫治輒效不計利有鄰人子瀕危憫其母老無他子會維揚鹺賈以多金聘乃惻然曰此子非我不活忍以嗜利而令人死且絶乎卒不應所著有醫經讀傷寒論讀女科讀治哮證讀治雜病讀諸書識者謂多入理深談能發前人所未發者子潞字鏡塘乾隆乙酉舉人亦精醫學活人無算著有敦仁堂醫案孫圖棻字素忱歲貢生亦善醫能世其學伊志參于志
鄭嵩字玉蟾諸生醫喉立愈子春回繼業歲大疫食油菜者患咽喉多不治春回療之皆驗著有喉科源遠集伊志
沈泰字安洲諸生精醫療人疾頗效工詩有晚香吟草伊志
張昂字方暉諸生萬春六世孫精脈理決人生死多奇中有一少年貌甚肥就昂醫昂切脈曰汝速歸是夜竟以暴疾亡又治一婦昂曰復發不治如期果驗伊志
張應誕字讓齡諸生精醫有官家女病殆危延應誕治之甫至而氣已絶應誕切其太谿之脈曰疾可爲也即以熱水貯盆中熨其胸取所煉丸灌之隨嘔六七枚狀如

鴿卵應誕曰此唾絨未盡爲痰所裹也復藥之立愈伊志
閔如愚字眉卿諸生精天文地理有奇驗名振一時著有地理盤鍼圖說地理元空說干支卦爻說于志
黄世樞字則含工繪事性廉潔非至交不與寫照畫神佛勃勃有生氣嘗於羅星臺畫關帝一幅人以爲能鎮邪祟病家恆請懸之室晚工青緑山水人咸珍之年八十一卒其徒陸春堂寫照亦極神肖有名於時于志
孫友金字傳慶邑增生嗜學工詩文兼習岐黄以濟世善書宗董文敏一時罕有其匹于志
戴公望字又黄官江蘇理問工詩兼善山水非佳紙不肯渲染著有近游草夜航歸棹等詩集三卷于志
曹壇字容照幼從族祖文指授丹青遂臻精詣乾隆丁丑
壬午兩次
聖駕南巡供奉畫繪壇亦與焉橐筆所至爭相延致性醇謹不競時名以是坎壈終其身于志
魏正鎧字震來忠節五世孫生有夙慧未弱冠補博士弟子員後棄舉業徜徉山水間寄托高遠善畫山水尤長於梅兼工古篆鐵筆著有冬木詩存等集于志
全福謙字受伯庠生家藏唐宋元人未刻遺書數種時時抄錄分贈後進篆刻絶精識者珍惜比於金冬心云于志

魏正錡字子湘庠生正鎧弟博通今古書畫篆刻無不精妙著有鴛水輯聞水檻叢談壺中故事淸涼庵詩鈔石如詩荃等集于志

張源字中照通岐黃尤精痘疹決生死無不驗所著有痘科正宗續集藏於家未付梓子汝桂克繼其業早世于志

姚愼樞字敦行仁安子世習醫求治者闐門雖遇危症投劑輒愈暇即以丹青自娛翛然獨寄著有脈按三卷于志

王坦字履安得閩中曾氏之傳於寫照尤擅場神情逼肖一時士大夫影神盡出其手于志

蔡廉字思韓遇異人授神仙術以符水刀圭療疾有橘井

嘉興府志　卷五十五　嘉善藝術　仝

風人呼爲七仙新纂

魏兼精篆刻性尤孤介新纂

唐汾字松舟太學生善仿名人手跡逼眞隸書方勁追漢

錢杜人字此生後改名棻邑增生天材奇特詩法山谷東坡畫兼寫生山水書法亦佳魏塘人物志

孫友金字傳慶增生書宗董文敏錢侍郎樾亟稱之

奚廷瑜號竹厂諸生山水秀潤與杭州奚鐵生齊名時號二奚

施家懋字曷齋工山水善於用墨

蔣山字仁如號姑射庠生工琴與杭州李玉峯郡城夏鷗舫往來詣益神著有琴譜易知五卷其初習琴也以父有足疾爲此博親歡是技而進於道也弟州以善書名以上均見魏塘人物志

黃壽湄字菊泉善花卉師錢塘蔣敬出入新羅白陽之間新纂

沈潮號蘆舟善山水師奚竹厂并善鼓琴新纂

張仁錫字希白初爲江南靑浦人後居嘉善以儒術爲醫精於診切著有痢症彙參四言藥性奪錦瑣言醫案醫說等書羅粤寇之燹弟子吳炳存其稿待梓新纂

高隱字果哉精於醫受業王宦堂治病多奇效有醫論廣

嘉興府志　卷五十五　嘉善藝術　仝九

見及雜症等書行世俞東扶古今醫案按

錢嘉鍾號雲庵由庠生報捐州同爲人誠篤謙和精軒岐甘石家言習靑烏術者多從之游尤熟悉水道源委同治三年命圖禾郡沿海洋面開方計里撰有圖說計所著有七縣海塘圖六壬兵占奇經八脈考奇門彙考六卷繙譯名義摘要四卷藥性分經農閒摭筆新纂

陶之金號東圃諸生長山水花卉竹石楷書臨張照尤爲遒肖墨香居畫識

王燦號野亭僑居楓鎮喜仿袁倘統間作人物樹石雅有卷軸氣墨香居畫識

許從龍字佐王居常熟官通判山水花鳥得宋元法釋道不資粉本有所繪五百羅漢像藏虞山 畫史彙傳引常熟縣志

曹佳應號子瑞習堪輿家言著有地理入門二卷傳子錫瓏號聲和錫疇號佐虞均宗元法兼參三合瓏著徵驗圖攷一卷殉粵匪難疇著地學摘錦地理枕祕選擇簡要並精算術 新纂

金淦字仿山諸生善書旁通隸篆工鐫印得秦漢人法 新纂

流寓

明

夏尚字秀爵世家慈谿至其父始遷仁和宣德間縣學新設缺弟子員尚自仁和諸生來補正統乙丑登進士授刑部主事進郎中陞南京大理寺卿尚博學强記詩文書法冠一時晚營巢居閣于西湖所著有瀛嶼稿家禮若干卷 王鏊撰墓志

陳國是字與同南直華亭人入籍嘉善萬歷甲戌進士歷官郎中出知寶慶府有紳某羅眾怨揭竿而起者千人國是諭以威信卽解散有諸生蕭某聘而未娶江川王

怙勢欲奪之生陳冤王以書來國是立呼鼓吹爲生成禮配焉時久旱禱之立應轉廣西副使歸子元壽字鑑先崇禎丙子舉人從子甲字九先萬歷癸丑進士歷官南禮部郎中 嘉禾獻徵錄

國朝

朱道聖字文石休甯籍僑居魏塘薦饑捐貲設賑贖鬮越虜婦冬夏施絮帷金士維字君範徽州人嘉興府學頽圯士維潛往捐金不登姓氏當事廉其名勒之貞珉又有陳應孫字明彜亦徽州籍爲人愿慤敦孝友首捐五十金倡修郡學 嘉善志

程光祖字宏先休甯人五歲而孤事母孝晨昏溫凊不失時刻母病目不交睫母沒哀慟屢絕歲除臥墓傍天明拜謁乃返生平急難重義尤篤宗誼周濟無吝色卒徐元文銘其墓何業成號建三原籍徽州寓清風涇自幼敏慧好學不屑屑習章句欲作五嶽遊以母老歸侍親沒廬墓終身嘉善崔志參戈志

張光曙字湛園雲間人祖父仕宦有政績光曙幼孤寓斜塘鎮徙居梅花庵工書善詩詞與李煒毛蕃魏坤蔣廷棟往來倡和刻有硯北齋詞三卷行世

葛道明字元亮自績溪遷杭養親贍族不私所有以嘉善

風醇俗美遂留居焉子寅字畏庵中癸未武進士點侍衛授江南提標遊擊引退後囊橐蕭然工書畫以自給凡邑中公舉皆殫力從事著有書畫苑以上吳志

錢士清字耕山蘇郡諸生博覽羣書精岐黃術留心內養自號耕道人僑居魏里嘗寫蘭竹自娛年七十七無疾終及門錢以坊等建塔于旌陽道院旁著有傷寒合璧松窗雜咏等書嘉善戈志

施椅字楚望諸生華亭人祖大經父沛俱清白吏載松江誌名臣傳椅年十三遭父喪有盜入室家人盡逃椅獨撫棺哭盜稱小孝子而去鼎革後徙居莘川文水漾側一室圖書寢食坐臥其中自號書龕所著有尙志集書龕集又有勸孝曲三十二闋伊志

陶爾燧字頴儒青浦人康熙進士官上虞令擢葭州知州以病乞歸卜居邑之四十區著有遵渚集鈔青浦縣志

程孫濟字元楫上海諸生僑居邑之環整坊博洽工詩詞與李永祺輩結社倡和著有春雲集寶善堂詞長嘯吟諸刻伊志

沈廷芳字畹叔仁和人父宰文昌被累戍甯夏母查居邑之西城圍廷芳每歲南北省覲極行路之苦乾隆丙辰舉宏博授編修改御史出爲山東按察使矜愼庶獄人

自不寃尤好獎掖後進爲風雅宗著有理學淵源十三經注疏正字經義攷隱拙齋詩集行世族姪維材字楚望海甯諸生稽文恭曾筠建節兩河聘入幕一切箋奏多出其手後來魏塘卒于寓有棲莊詩文稿十卷伊志

查開字宣門海甯人贅于魏塘即家焉著有吾匏亭詩集晚年取其伯愼行補註蘇詩及施王兩註正譌芟複爲蘇詩三家合註未刻卒繼配錢氏亦工詩有桐花閣詩稿伊志

查虞昌字鳳喈海甯人父祥翰林虞昌乾隆甲戌進士授戶部主事告養歸掌教魏塘後以郎中出爲江南池州

知府歲祲辦賑全活甚衆以疾去官居嘉善城熙甯橋構數楹顔曰息廬著廿三史攬實不若圜雜俎伊志

章輅字秉殷世居富陽少遊邳睢間習河務能隨地隨時相機應變由從九品歷升至山東運河兵備道有自著年譜一卷備載其治河方畧可爲後法後以積勞囘籍調理卜居嘉善庚子

翠華南幸

特遣太醫往視蓋異數也卒年八十有五今子孫入籍嘉善子志

袁秉鈞號竹田世華亭人與弟秉直遷居嘉善由考職主簿分發河南宣力河壖以勤慎稱擢中河通判迴避調

山東上河通判歷著勞績引疾歸倣廬數椽僅足容膝時弟秉直方觀察嘉湖秉鈞恬淡自若門無私謁與人交謙厚自持絕不以貴介上人也平生愛臨池索書者常滿戶外至老神明不衰里黨皆稱爲篤實君子云子志

郭麐字祥伯吳江附生遷居嘉善著有靈芬館詩文共五集詩話雜錄金石例補等俱已梓行又輯唐文粹補遺二十六卷弟鳳字丹叔時與兄聯牀嘯詠不慕榮利子志

袁秉直松江人由縣丞分發浙江以功能擢至江西布政使密禁州縣浮勒吏胥苛索而刁劣衿棍亦不能藉端挾制其平生馭下明而能恕務使各盡其長人樂爲用以通政司參議歸老嘉善子斯鳳官河南黃沁同知子志

談承坤字厚載號榕亭德清人僑居嘉善倜儻有才畧屢任丞倅奉職循謹尤熟悉宣房擢黃沁通判兩辦大工因革利弊北岸無漫塹患以病乞歸鍵戶不問外事蒔蘭種竹詩酒自娛卒年七十四歲子志

嘉興府志卷五十五

嘉興府志

嘉興府志卷五十六

嘉興府知府善化許瑤光重輯

列傳

海鹽縣

漢

陸康字季甯祖父續父褒有志操康少仕郡以義烈稱舉茂才除高成令舊令戶一人具弓弩以備不虞長吏新到輒發民繕修城郭康至皆罷遣以恩信爲治寇盜亦息遷武林太守轉桂陽樂安二郡時靈帝欲鑄銅人國用不足乃調民田畝斂十錢而比水旱傷稼百姓貧苦康上疏諫免歸田里復徵拜議郎會廬江賊黃穰等攻沒四縣拜廬江太守康申明賞罰擊破穰黨獻帝即位天下大亂康蒙遣孝廉計吏奉貢朝廷詔書策勞加忠義將軍時袁術屯兵壽春遣使求委輸兵甲康以其叛逆閉門不通術遣孫策攻康圍城數重康固守受敵二年城陷發病卒朝廷愍其守節拜子儁爲郎中後漢書傳 案海鹽圖經用姚士粦陸顧世譜載康以下譜系甚詳盖陸氏世居長谷即華亭谷在海鹽縣東北二百里見吳地記及寰宇記天寶十載始割海鹽北境立華亭縣則當未割之前陸氏應歸鹽邑無疑第其敘次兩家以宗派類聚今一以時代爲次序云

三國吳

顧雍字元歎從蔡伯喈學琴書州郡表薦爲合肥長後轉任婁曲阿上虞皆有治跡孫權領會稽郡以雍爲丞行太守事入爲左司馬權爲吳王累大理奉常領尙書令封陽遂鄉侯進封醴陵侯代孫邵爲丞相平尙書事其所選用文武將吏各隨能所任時訪逮民間及政職所宜輒密以聞卒諡肅侯長子邵早卒次子裕有篤疾少子濟嗣無後以裕襲

顧徽字子歎雍母弟孫權聞徽有才辨召署主簿轉東曹掾或傳曹公欲東拜徽輔義都尉到北與曹公相見公具問境内消息厚待遣還拜巴東太守卒子裕字季則少知名位至鎭東將軍（案顧雍次子裕而徽子亦名裕此係同祖弟兄必非同名裴松之注引吳錄云雍子裕一名穆）

顧悌字子通雍族人以孝悌廉正聞於鄉黨年十五爲郡吏除郎中稍遷偏將軍權末年嫡庶不分悌數陳禍福言辭切直朝廷憚之待妻有禮常夜入晨出希見其面嘗病篤妻出省之悌命左右扶起冠幘加襲起對趣令妻還其貞潔不凟如此悌父向歷四縣令年老致仕悌每得父書常灑掃整衣服更設几筵舒書其上拜跪讀之父終飲漿不入口者五日服未闋而卒四子彥禮謙秘秘晉交州刺史秘子衆尙書僕射

陸績字公紀父康績博學多識星歷算數無不該覽孫權辟爲奏曹掾出爲鬱林太守加偏將軍績雖有軍事著述不廢作渾天圖註易釋元皆傳於世年三十二卒長子宏會稽南部都尉次子叡長水校尉

陸遜字伯言康從孫仕孫權幕府歷東西曹令史海昌屯田都尉領縣事縣連年亢旱遜開倉賑貧勸督農桑百姓蒙賴會稽山賊歷年不禽遜討治深險所向皆服爲右都督呂蒙稱疾詣建業權問誰可代者蒙對遜可大任乃拜撫邊將軍封華亭侯進封婁侯以破張南馮習功拜輔國將軍領荊州牧改封江陵侯拜上大將軍右

都護代顧雍爲丞相年六十三卒長子延早夭次子抗襲孫休時追諡遜曰昭侯

顧邵字孝則與舅陸績齊名權妻以策女起家爲豫章太守下車祀先賢徐孺子墓優待其後禁淫祀非禮之祭小吏資質佳者令就學擇其先進擢置右職風化大行在郡五年卒官子譚承譚字子默弱冠與諸葛恪等爲太子四友從中庶子轉輔正都尉赤烏中代恪爲左節度每省簿書未嘗下籌屈指心計盡發疑謬祖父雍卒數月拜太常代雍平尙書事是時魯王霸有盛寵與太子和齊衡譚上疏諫霸與全琮子寄搆譚坐徙交州著

新言二十篇卒于交阯承字子直嘉禾中與舅陸瑁俱以禮徵芍陂之役拜奮威將軍與譚俱徙交州卒（以上三國吳志）

陸抗字幼節年二十拜建武校尉遷立節中郎將與諸葛恪換屯柴桑拜奮威將軍爲柴桑督破魏軍歷遷征北將軍鎭軍將軍都督信陵西陵夷道樂鄉公安諸軍事時都下政令多闕疏陳時宜十七條西陵督步闡據城以叛抗討誅之加拜都護晉大司馬荆州牧疾病上疏曰西陵國之西門雖云易守亦復易失若有不守非但失一郡荆州非吳有也乞以西方爲屬遂卒子晏嗣晏及弟景元機雲分領抗兵晏爲裨將軍景以尚公主拜騎都尉封毗陵侯旣領抗兵拜偏將軍中夏督晏爲王濬別軍所殺景亦遇害元早夭謚貞獻處士（三國志參海鹽徐志）

陸凱字敬風遜族子由縣長歷除儋耳太守討朱厓有功遷建武校尉累遷征北將軍假節領豫州牧封嘉興侯遷左丞相孫皓時徙都武昌政事多謬黎元窮匱上疏極論君暴臣諂政謬民窮之故表疏皆指事不飾忠懇內發疾病皓遣中書令董朝問所欲言凱陳何定不宜委國事奚熙小吏建起浦里田欲復嚴密故跡亦不可聽姚信樓玄賀邵張悌郭逴薛瑩滕修族弟喜及抗皆

社稷楨幹國家良輔願重留神遂卒弟允子禕（三國志參海鹽仇志）

陸允字敬宗爲御史尚書選曹郎太子和聞其名待以殊禮會全寄楊竺等阿附魯王陰相譖搆允坐收下獄後爲衡陽督軍都尉交阯九眞夷攻沒城邑以允爲交州刺史安南校尉允喻以恩信高涼渠帥黄吳等皆出降加安南將軍復討蒼梧建陵賊破之徵爲西陵督封都亭侯卒子式嗣爲柴桑督揚武將軍與從兄禕俱徙建安召還建業復將軍侯

陸瑁字子璋遜弟好學篤義同郡徐原爰居會稽素不相識臨死遺書託孤瑁爲起立墳墓收導其子從父績早亡一男一女皆數歲瑁攝養至長州郡辟舉皆不就徵拜議郎選曹尚書子喜亦涉文籍好人倫爲選曹尚書（以上三國吳志）

陸禕字元容初爲黄門侍郎出領部曲拜偏將軍封海鹽侯凱亡後入爲太子中庶子右國史華覈表薦禕體質方剛器幹强固董率之才魯肅不過夏口賊之衝要宜選名將以鎭戍之臣以爲莫善於禕初皓嘗銜凱忤旨後竟徙凱家于建安（吳書參海鹽圖經）

晉

陸機字士衡少有異才領父兵爲衙門將年二十而吳滅
退居勤學太康末與弟雲入洛張華曰伐吳之役利獲
二俊太傅楊駿辟爲祭酒累遷太子洗馬趙王倫輔政
引爲相國參軍預誅賈謐功賜爵關中侯成都王穎起
兵討長沙王乂假機後將軍河北大都督被宦者孟玖
等所譖穎使孫秀收機機神色自若機死非其罪刑時
昏霧大風平地尺雪人以爲陸氏之冤機天才俊逸辭
藻宏嚴所著文三百餘篇晉書參趙圖記

陸雲字士龍六歲能文與兄機齊名號二陸年十六入洛
刺史周浚召爲從事曰陸士龍今之顏子也補浚儀令

有異政成都王穎表爲清河內史轉大將軍右司馬與
機同遇害所著文三百四十九篇新書十篇雲弟耽爲
東平祭酒有清譽亦同遇害

顧榮字彥先祖雍吳丞相父穆張勃吳錄曰宜都太守榮裕一名穆
與陸機兄弟同入洛號爲三俊歷尚書郎廷尉正以討
葛旟功封嘉興伯世亂還吳屬廣陵相陳敏反周玘與
榮及甘卓紀瞻起兵攻敏發橋斂舟于南岸敏不獲濟
榮麾以羽扇其衆潰散事平還吳元帝鎮江東以榮爲
散騎常侍時上牋諫皆納之卒贈侍中驃騎將軍開府
儀同三司謚曰元追封公子毗嗣官至散騎侍郎以上晉書

陸曄字士光瑁孫父英散騎常侍曄少有雅望居喪以孝
聞後察孝廉除縣令不就元帝初鎮江左辟爲祭酒預
討華軼功封平望亭侯拜侍中爲領軍將軍以平錢鳳
功進爵江陵伯與王導卞壺庾亮溫嶠郗鑒並受顧命
成帝踐阼拜左光祿大夫開府儀同三司蘇峻之難隨
帝在石頭峻以曄吳士之望不敢加害峻平進爵爲公
卒贈侍中車騎大將軍謚穆子諶散騎常侍嘏新康子
晉書參海鹽徐志

陸玩字士瑤器量淹雅弱冠有美名郡檄紀綱東海王越
辟爲掾皆不就元帝引爲丞相參軍蘇峻反遣玩與兄
曄俱守宮城玩潛說匡術歸順以功封興平伯遷侍中

司空玩翼亮累世常以宏重爲人主所貴誘納後進謙
若布衣搢紳之徒莫不廕其德宇薨謚曰康子始嗣歷
侍中尚書晉書

陸納字祖言清操絶俗爲吳興太守徵拜左民尚書領州
大中正將應召外白宜裝幾船納曰私奴裝糧食來無
所復須臨發止襆被而已其餘並封以還官俄拜尚書
令納恪勤貞固始終不渝除開府儀同三司未拜而卒
郎以爲贈子長生先卒無子以弟子道隆嗣元熙中爲
廷尉晉書參海鹽圖經

顧和字君孝侍中眾族子曾祖容吳荆州刺史祖相臨海太守和總角有清操王導爲揚州辟從事導遣八部從事之部和爲下傳還諸從事各言二千石官長得失和獨無言導問之答曰明公作輔甯使網漏吞舟何緣采聽風聞以察察爲政導善之歷拜御史中丞劾奏尚書左丞戴抗贓汚付法議罪幷免尚書傅玩郎劉傭官百僚憚之居母喪以孝聞和居任多所獻納不苟阿撓卒贈侍中司空謚曰穆子淯歷左衛將軍 晉書

干寶字令升少勤學博覽召爲著作郎平杜弢有功賜爵關中侯中興草創未置史官中書監王導上疏以寶領國史著晉紀二十卷直而能婉稱良史焉歷始安太守散騎常侍所著別見寶兄慶長甯縣令梁有干朴干元顥茲寶之裔朴散騎常侍元顥中書舍人 晉書參海鹽徐志

齊

陸慧曉字叔明曾祖納祖萬載侍中父子眞元嘉中爲海陵太守慧曉初應州郡辟舉秀才衛尉史歷諸府行參軍歷遷吏部郎尚書令吏曹都令史歷政以來諮執選事慧曉任已獨行未嘗與語帝遣左右單景儁以事詣問慧曉曰六十之年不復能諮都令史爲吏部郎也出爲南兗州刺史卒贈太常 齊書參南史

梁

陸倕字佐公父慧曉倕少勤學善屬文於宅內起兩間茅屋晝夜讀書嘗借人漢書失五行志四卷乃暗寫還之舉秀才竟陵王子良開西邸延英俊倕亦與焉天監初爲右軍安成王外兵參軍遷驃騎臨川王東曹掾是時禮樂制度多所創革高祖雅愛倕才選太子中舍人管東宮書記歷太常卿卒文集二十卷行於世第四子纘早慧十歲通經爲童子奉車郎卒 梁書

陳

顧野王字希馮祖子喬梁東中郎武陵王府參軍事父烜臨賀王記室兼五官掾野王幼好學嘗製日賦領軍朱異見而奇之年十二隨父之建安撰建安地記二篇長而偏觀經史天文地理蓍龜占候蟲篆奇字無所不通梁大同中爲臨賀王記室宣城王爲揚州刺史侯景之亂野王丁父憂歸本郡乃召募鄉黨數百人隨義軍援京邑野王體素清羸居喪過毀殆不勝衣及杖戈被甲陳君臣之義順逆之理抗辭作色見者壯之侯景平太尉王僧辯深嘉之使監海鹽縣天嘉初補撰史學士除太子率更令尋掌國史知梁史事遷黃門侍郎光祿卿知五禮事卒贈右衛將軍野王篤學至性厲精力行皆

人所莫及第三弟充國早卒野王撫養孤幼恩義甚厚所撰著別見陳書參南史海鹽文獻志

隋

陸士季凱之後也父慶通直散騎侍郎士季初從同郡顧野王學仕陳桂陽王府左常侍入隋爲越王侗記室侗稱制擢著作郎王世充將簒逆侗謂士季曰隋有天下三十年朝果無忠臣乎士季對曰見危授命臣宿志也請因啟事爲陛下殺之謀洩不克貞觀初爲太學博士兼宏文館學士南史參隋書新唐書

唐

陸元感字達禮父粲學士謀道善班固漢書元感傳其學歷遷安歷陽縣令咸有善政加朝散大夫護軍行黃州司馬卒葬臯山子南金趙璧開元初少卿盧崇道抵罪徙嶺南逃還稱南金弔客突入其室金匿之事覺詔御史捕按金當坐法璧言匿崇道者我也請死金固言弟自誣不實御史上狀並宥之南金操履謹飭令鄞築堤爲湖田千頃民爲立祠官至太子洗馬新唐書參海鹽徐志

顧愔況從兄大歷初新羅王憲英死詔倉部郎中歸崇敬往弔監察御史陸珽顧愔爲副愔采其國之人物風土作新羅國記一卷又顧蒙亦況從兄況集有哭從兄蒙

詩云共居雲陽里輾轉多別離是也皇甫冉有送顧蒙往新安詩新唐書藝文志新羅傳參全唐詩錄

顧況字逋翁至德二載進士志尚疎逸好詠諧素與柳渾李泌善德宗時渾居政府以秘書郎召及泌爲相稍遷著作郎後坐語調詼貶饒州司戶參軍起屋茅山自號華陽眞逸年九十卒有集二十卷皇甫湜爲序湜嘗言自吾爲顧況集序未嘗許人也又有畫評一卷載通志藝文略子非熊性通敏好辨說氣欲凌轢爲衆所抑久不第然名在朝野長慶中諫大夫陳商放榜復下第上怪無非熊名詔進所試卷覽之追榜敕賜及第累佐使府大中間爲盱眙尉慕父風流亦棄官隱茅山唐書李泌柳渾傳參劉大彬茅山志海鹽徐志

褚无量字宏度其先邑河南之陽翟十一代祖盛後漢海鹽長子孫因居遂爲海鹽人刻意墳典尤精理司馬史記擢明經第累除國子博士遷司業兼修文館學士中宗將南郊皇后爲亞獻无量固爭以爲周禮后不得與元宗即位遷左散騎常侍兼國子祭酒封舒國公母喪廬墓鹿犯所植松柏无量號訴羣鹿馴擾不復振觸喪除以耆老隨杖設腰輿許乘入殿中內府舊書甲乙叢倒請繕錄補第以廣秘籍不數年四庫完治太子齒胄

於學詔无量升坐講百官觀禮厚賚賜卒年七十五詔曰无量朕師今宜用優典贈禮部尚書諡曰文沒後有於書殿得講史記至言十二篇上之帝歎息以絹五百匹賜其家蘇頲褚公神道碑參唐書本傳

五代

高彥仕吳越武肅王初與同縣沈夏受武肅王意密謀誅都將徐及會湖州刺史李繼徽棄郡奔淮南彥隨王親巡其地王雅屬意彥及去語彥曰我以此州授汝矣宜善撫之奏遷湖州制置使旋升本州刺史加檢校司空渤海公彥居湖政尚寬簡民頗便之子渭從彥湖州武

肅王巡衣錦城有徐許之亂焚掠郛郭彥聞變亟遣渭赴難渭言今日不利彥曰赴難之急何待吉辰亟促渭行遂率所部徑趨靈隱山伏發遇害後淮人檻送徐綰歸王命剖心祭渭十國春秋

屠瓌智海鹽圖經作瓌智字寶光世居澉浦青山母顧夢抱璧有光而生故名瓌智少負勇略更善屬文唐時累舉不第武肅王起鄉兵拒黃巢與幕府籌畫以謀誅董昌功授指揮使乾甯四年同顧全武自海道救嘉興生擒南唐將楊勝等二十人又討平衢州刺史陳岌積功領常州刺史越州都指揮使三年調守潮州徐綰內叛刺史高彥遣子渭與瓌智赴援直抵靈隱山賊圍數重兩人搏戰身被百創瓌智奮力一呼手搏數賊以援絕與渭同遇害武肅王閔其忠命以衣冠招魂而葬天寶五年贈武康節度使銀青光祿大夫檢校尚書右僕射開府儀同三司子龍驤澉水鎮遏使昱節度使晟湖州判官

朱行先字蘊之燕領虎頭猿臂善射時人稱曰小由基起家建甯都將事高彥屢立戰功武肅王擢爲節度左押牙親衞都指揮使及彥子澧敗率眾自歸賜協力翊王功臣再加佐正匡國功臣晉秩檢校尚書右僕射尋爲靜海鎮遏使在鎮恩威並行甚著聲譽凡十有五年寶

大元年七月卒於官贈銀青光祿大夫上柱國弟行存行勤行忠子從訓智紹不仕元晟元杲俱節度正散將元昇節度下將元寶元勝元賁凡八人以上十國春秋參海鹽圖經袁志

宋

郭三益字慎求父琢治平初進士三益登元祐三年進士爲常熟丞時常平使者調蘇湖常秀四州人濬青龍江分地程役三益所部前期告辦使者留其人使助他邑三益竟引歸使者怒檄追甚急其母周曰役連數郡其分地程役廩食皆已上聞今吾先畢何名復役之使者

行且悔矣然汝不可無倉第無以所部從三舀如教使
者果楙止丞勿來累官刑部尚書同知樞密院事（海鹽徐志參圖經）

史㵾字洵美第進士累遷太常博士時享太廟以宦官押
祭㵾建議罷之知青田明敏果斷教民陶瓦覆屋以免
火患建炎初爲司農卿扈駕至平江遇害贈右文殿修
撰

沈清臣字正卿爲國子學錄宰相惡沈介乃以清臣奔競
下大理風使引介不許謫封州晚始召用勸孝宗力行
三年喪爲嘉邸翊善以直諒稱初從張無垢學以聖賢

自命與其徒問答語下不契輒使再參或譏爲禪學云
著有晦巖集十二卷（以上袁志）

魯訔字季欽兄詹崇甯五年進士朝散郎提舉兩浙市舶
訔同弟訾舉紹興五年進士官太府卿言支移折變事
甚悉利弊詔可其奏訔嘗取杜工部集考其年編次而
箋釋之爲十八卷詹子可封進士烏程令訔子可宗進
士中博學宏詞科大常卿訾子可簡可簡子玕珏及從
子藝瑑璠竝舉進士世其家（海鹽圖經）

魯文諡字子順甲戌策第調丹徒尉薦陞司理文諡性閎
爽嗜書史任事必究端緒不爲矯伉不事投合在高郵
理獄梳剔淹滯犴獄空虛及攝丞幕府適山陽流民蟻
聚文諡贊其長極意撫安使得所卒於官平生好義樂
施置義莊義塾弟文博姪鏵皆能以其教顯焉

常濬孫其先蜀人曾祖安民祖同竝見宋史同紹興末寓
海鹽遂世爲海鹽人濬孫乾道中登進士又舉博學宏
詞科爲福州教授教養有法閩士祠祀之（以上海鹽仇志）

陸峻乾道五年進士初授江甯縣令累官至刑部尚書峻
守衡楊萬里以書屬其孫爲名流倚重如此（海鹽圖經）

趙孟堅字子固號彝齋居士系出安定郡王以父朝奉郎
與宋蔭登寶慶二年進士歷官集英殿修撰知嚴州平

反張均平報父讎獄郡歲饑發廩賑贍全活民五萬餘
戶遷翰林學士隱居廣陳乘一舟東西游適縣令宣城
梅黻造船謁之竟飛棹去梅佇立曰昔人所謂名可聞
身不可見殆謂先生歟孟堅善書畫工詩文著有梅譜
書法論傳於世（海鹽圖經參宋書紀事）

常楙字長孺淳祐七年進士調常熟尉婺州推官疏決滯
訟以剸繁裁劇稱拜監察御史尋爲兩浙轉運使禁戢
吏奸不以急符督常賦海鹽歲爲鹹潮害稼楙請捐金
發粟輒以俗修築新塘三千六百二十五丈名曰海晏
塘遷戶部侍郎兼刑部論雷雪非時之變帝意不悅丐

祠不許以集英殿修撰知平江節浮費修府庫既代有事例餘金萬楮悉不受吏驚曰人言常侍郎不愛錢果然改浙東安撫使值水災捐萬楮以賑之復請糴於朝得米萬石蠲新苗三萬八千又以諸暨被水尤甚給二萬楮付縣折運民食尋以浙部侍郎召平反甚衆兼給事中封還隆國夫人從子黃進觀察使錄黃賈似道以御書令委曲書行梂迄不奉命以寶章閣待制提舉太平興國宮德祐元年拜吏部尚書參知政事宋史

陸之望紹興五年進士知會稽縣有惠政時山陰缺令公舉之望攝之王十朋有代王尚書辟陸宰狀有曰前會

稽知縣左奉議郎陸之望爲治寬平持己廉靜長于撫字蔚有政聲會稽士民前後屢請本府及司監舉留狀牘具存陸某今方罷官適山陰缺宰臣遂令暫攝職事邑人咸喜臣欲依條令辟舉陸之望充山陰知縣以慰一邑之心之望事績不見於史覽龜齡剡牘可見一斑會稽縣志

元

楊發先世居浦城以軍功土著海鹽之澉浦父春宋武經大夫發仕宋歷官樞密院副都統元初改授明威將軍福建安撫使領浙東西市舶總司事卒贈懷遠大將軍封宏農郡侯子梓嘉義大夫杭州路總管節俠風流尤善音律與貫酸齋友善卒封宏農郡侯謚康惠梓子耐翁横耐翁見孝義傳横敦武校尉贛州路同知知甯都州事横子友直字元坦倜儻多才官常州通守袁志參輟耕錄

景曾字體乾母樂夢王曾而生故名受書於吳草廬延祐中薦爲學教諭至治癸亥中浙江東榜第一授建康學正不就隱于家康僖公勳其裔也海鹽圖經參檇李詩繫

鄭元璠元珓兄弟有學行以知兵顯官至總管刖駕時方國珍張士誠往來海中爲寇二人率鄉兵守禦鄉人德之明鄭端簡公曉其後也袁志

明

丁豫字叔寬洪武初被聘入京召見問天下治否對曰盜賊已息但恐復生願以安民爲本稱旨授江西按察僉事詳慎刑法澤被於民民頌之不衰子麒麟皆工詩麒字彥禎官至濟南知府麟字彥祥洪武乙丑進士除給事中改御史彈劾不避權要無辜見法臨刑有哀親訓子詩海鹽仇志參靜志居詩話檇李詩繫

金志剛字大節洪武中爲縣三老入都旅見太祖問今盜賊平未衆莫對志剛曰捕獲已盡惟恐復生上善之拜知府海鹽仇志

胡恆性（一作嘗性）洪武中以文學被徵授醴陵縣丞清理軍政以善績著聽前有松數十株公餘偃息其下因顏曰哦松堂自爲記去官醴人思之立祠祀焉（嘉禾徵獻錄）

常士昌棣裔孫洪武中以賢良辟爲雷州守有古循吏風卒官妻文登隋氏攜三子歸里伯子縉紳麟成化辛丑進士選兵部主事轉郎中時火篩內侵畿甸恐大司馬條畫皆出麟手參知河南有党雄之亂次第削平不煩朝廷一旅擢福建布政使入覲劉瑾索賄不得逮繫錦衣衞釋爲應天府尹轉禮部侍郎弟龍任壽州知州亦有賢聲（劉志）

曹仁字天爵宋太尉勛裔洪武乙丑進士授工部主事數月即乞休杜門著述自號知止生四世孫鎮通三禮之學隱居澉風村輯仁遺集宏治壬子輸粟五千斛賑饑授七品散官辭不受時稱曹介士（海鹽圖經參劉志）

葉春字景暘本姓林幼鞠于葉從其姓洪武中自邑吏歷事吏部永樂初尚書李志剛知其通練薦授主客司主事歷郎中擢兩淮鹽使改參政福建仁廟嗣位入朝命與廣西布政使周幹巡視應天鎭常蘇松杭嘉湖八郡訪民利害建革之改參政四川宣德初朝廷以八郡奸吏土豪仍肆貪虐毒細民復命春偕大理卿熊槪巡歷訪察浙江豪持郡邑短長爲不法者海鹽民平康暴橫甚聚黨八百餘人捕誅之已悉捕豪惡數十輩械至京論如法姦宄帖息後又偕錦衣指揮任啟御史顧英太監劉甯巡視所至秉公推明行之以果無所屈撓春凡三涖浙治事于鄉人無議其私者（明史熊槪傳參海鹽圖經）

陸定字能舒洪武中以牛諒薦授博士累擢監察御史上封事六條稱旨以疾免官永樂初詔起不赴（吳志）

戈定遠字尙武工古文詞永樂丙戌貢入成均選湖南道監察御史彈劾封駁無少避忌歷交阯按察使副使莅官清勤綏柔有方得夷獠心致仕卒（嘉禾徵獻錄）

仲端字惟正永樂辛卯舉人知隨州歲旱民苦饑移兵餉濟之逋寇丁朝龍聚眾流劫至是詣庭待罪調知廣德州擢戶部郎致仕

詹文字好問永樂入成均爲刑部郎中時有田靑厓者以殺俞一坐死律文疑其獄按之知俞少鬻身于孫扶則孫以貲自豪欲購田墓地不可得陰殺俞移其尸置田室將以陷之文得其狀即釋田坐孫死律時同官有論主僕宜輕減者文曰使田就戮此命不當償之耶文居官明峻類如此（以上吳志）

朱侃字志剛少爲諸生學宮有魅闖呼侃名即滅永樂癸

未舉應天鄉試尋授監察御史出僉憲廣東入爲通參
救巡撫廣西執法嚴肅贓吏屏跡當暑有置毒于瓜以
獻者毒發瓜裂試罪犯即斃刑獻瓜人不窮治主者
許珣字士章父伯全以鄉舉諭樂安珣舉正統丁卯鄉試
訓導安溪未期以老乞歸養教授于家張給諫甯劉侍
御泰鄭提舉延皆及其門嘗典應天試稱得士云 以上嘉禾徵獻錄
李孟璿祖衎河南人元末官嘉興路副總管因家苕溪孟
璿以薦官嘉興縣訓導著南莊集弟仲璣季衡皆工詩
季衡有西溪集季衡子景孟登景泰甲戌進士知莆田

修潔有聲亦能詩編皇明正音若干卷
朱祚字天錫以歲貢入國學成化丙子舉人以母老乞祿
知龍溪縣調靜安爲政務以德化不事櫝楚卒于官所
著有拙齋漫稿雲谷集海鹽縣志
鄭廷宇世昌以選貢官廣東市舶副提舉諸番無敢以方
物及門者陳獻章贈詩曰溪魚海舶各歸去明月自照
芙蓉峯著有東谷存笥集
鍾海字巨川性剛直能詩以掾吏爲懷遠丞令梅侍甲科
陵人海積不能平奏與之辨與梅竝落職事白海獨起
丞萬安不數月復飄然賦詩歸歸數年而貧益甚卒以

子梁貴贈刑部主事 海鹽圖經
張甯字靖之景泰五年進士授禮科給事中言京衞帶俸
武職一衞至二千餘人通計三萬餘員歲需銀四十八
萬米三十六萬幷他折俸物動經百萬耗損國儲其間
多老弱不嫻騎射之人莫若簡可者補都司衞所缺官
而悉汰其餘議格不行帝得疾適遇星變罷明年元會
甯言四方來覲不得一睹天顏疑似之際必至訛言相
警願勉循舊典用慰人心帝疾不能從而奪門之變作
曹石竊柄事關禮科者甯輒裁損英宗以是知甯朝鮮
與鄰部毛憐衞讎殺詔甯同都指揮武忠往解甯辭義
慷慨而忠驍健兩人竟解其讎而還中官覃包邀與相

見不往尋擢都給事中憲宗初御經筵請日以大學衍
義進講皇太后生辰禮部尚書姚夔仍故事設齋建醮
會百官赴壇行香甯言傷大體乞禁止帝嘉納之給事
中王徽以牛玉事劾大學士李賢得罪甯率六科論救
由是寖與內閣忤會王竑等薦甯堪僉都御史清軍職
與岳正竝舉得旨會舉多私皆予外任甯出爲汀州知
府以簡靜爲治善政具舉甯才高負志節善章奏聲稱
籍甚英宗欲重用之不果久居諫垣不爲大臣所喜既
出守益鬱鬱不得志以病免歸家居三十年言者屢薦

終不得召無子有二妾甯殁樓居不下者四十年詔旌爲雙節明史

劉泰字世亨性耿介不屈于物能詩文工行草書尤精于法律以庶吉士授河南道監察御史出按遼東及南畿諸郡嘗疏劾内閣大臣江淵不法事卒移其官天順初復與同官楊瑄等極論石亨擅權下詔獄幾不免後以疾卒海鹽徐志參圖經

倪顒字廷瞻父政字拱德以鄉舉爲松溪教諭顒天順丁丑進士授工部主事改兵部遷懷慶知府境内多盜賊財賦累年逋負顒以廉愼爲治積弊一清藩府人素横

至此斂戢中蜚語下西厰無驗復官擢河東陜西鹽運使嘉禾徵獻録

張敏字時勉曾祖景福官大理遂籍雲南父正領解第進士終建甯知府敏以鄉貢知蘭州改知馬湖府夔州鄢藍諸賊起敏帥玀玀兵拒戰敗之陞綿州兵備副使鄢藍餘黨廖陳輩復亂敏入賊營計擒其魁降凡三萬人調山西參政以太僕卿致仕嘉禾徵獻録

劉瑋字公奇成化甲辰進士歷官御史督兩淮鹽運兼治河道瑋執法嚴所司有阻壞鹽法者奏擬戍邊遂著爲令時兩浙山東水旱疏請賑以鹽羨餘銀全活甚衆高郵湖風濤不測時壞漕艘築堤四十里别爲裏湖通漕名康濟河擢廣東副使海鹽徐志

朱瑾字孟瑜以國子生授莆田丞嘗攝令每躬視獄令掃除惡穢不使囚致病豪右彭姓爲尚書韶弟姪以巨舶商通島夷犯時禁瑾毀其舶加之罪海島帖然不敢犯海鹽仇志

顧正字尚誠宏治壬戌進士由兵部擢刑部郎中時劉瑾擅政用法者稍持平輒被窘辱正苦心平反出爲四川參議撫定白水蠻變未幾卒正立身恥爲依附而崖岸不立居官廉潔卒之日幾無以爲家

劉演字文敷宏治癸丑進士授南職方主事歷刑部郎中值閹瑾亂政謝病不出日與客縱飲爲樂瑾誅薦補四川參議未赴卒

沈衡字平甫祖孟賢以里中良善受成祖敕奬衡登宏治庚戌進士授刑部郎欽恤南圻多所全活子奎以神童召見爲翰林秀才早卒以上嘉禾徵獻録

董淞字子王孝子謙子宏治中應薦陳十策命下禮部試罷以著述爲事衢州孔彦繩至聖五十九世孫淪於布衣淞力言於衢守沈燾奏襲五經博士著有聖學全書直儒蓋語紫陽正脈若干卷海鹽續圖經

彭程襲指揮僉事正統十三年寇鄧茂七據延平程率兵往征十四年正月哨延平下營遇某帥招飲程移營不赴夜賊偷營不值明發帥問故程曰下營時有怪風占必有偷營者以故移營軍中服其神明是時都闆帥大兵屯一山程兵寡傍溪下營寇首朱必森率衆隔溪呼曰我先殺盡大營回盡殺此營程謂衆兵曰賊回我等虀粉矣須奮勇盡死力一戰或得生寇乘勝回下溪水挑戰程兵跣足迎之寇半渡擊大敗之攻後洋前洋等寨累斬首數百級擒首寇三招撫一千二百餘已而寇葉宗留復叛率兵往征屢戰屢捷陞指揮同知浙江通志

吳昂字德翼海甯祝萃家居教授昂裋褐草屩負書往從祝奇其人欲試之居之牛屋昂欣然掃除受書坐牛屋中日夜誦不輟後昂既貴聞祝喪奔赴哭踊執心喪三年昂起家進士令宜城改新建新建人困甯濠索租匿丁家山以拒濠言民反宜速兵昂身入山諭民民立散歲大饑賑贍全活幾萬人華林盜起日夜調兵餉以勞眚左目陞南京刑部主事出爲福建按察僉事有訟妻殺夫妻坐死昂閱獄疑之禱于神夢一小兒據人腹昂曰殺此夫者必杜福子也捕訊服陞山東按察副使旋陞福建參政古田礦盜起發兵躡捕渠魁散其黨去進右布政使致仕昂幼孤事母孝家居遇鄉曲利害抗言有司不得則請于朝精于周禮參訂諸說附以己見凡四易稾而成鄭曉嘗曰明有兩方伯天台陳公華亭夏公皆人傑也吳先生學行純固如天台先幾明哲如華亭而安貞履順斂華就實尤不可及云檇李往哲傳參海鹽圖經

錢琦字公良正德戊辰進士授盱眙知縣流賊橫行江淮邑無城郭琦括民爲兵嚴戰守之具賊知有備不敢犯以才薦遷刑部主事進郎中武廟南巡與同官周任疏諫不報引疾歸世廟初年起南祠祭郎中出知臨江府屬邑新淦自華林賊亂之後山民梗化者不悛奏析其

地爲峽江縣置城郭枹鼓屛息又奏免三年額稅以寬新邑凡舉事必擇民所便故雖有建置輿情安之後調思南乞歸置義田以贍族六子蓼芹葵薪蓑萱芹萱有傳嘉禾徵獻錄

徐泰字子元髫齔舉于鄉讀書手不釋卷初爲光澤令未幾告歸林居四十年日偕同志飲酒賦詩著有玉池稾談屑春秋鄙見皇明風雅等書海鹽仇志

徐咸字子正泰弟正德辛未進士與人交不詭于俗居官不事皦察守沔陽屬兵燹後咸務在撫輯多全活沔地宜黍鮮植穀咸仿吳地播種法與民習之民享其利陞

南兵部郎民思之肖像爲生祠尙書喬宇雅知咸擢守襄陽歲旱恪修雩祀甘澍立應有妖民惑衆咸討磔其渠脅從悉解散著有近代名臣言行錄澤山野錄四朝聞見錄西園雜記東濱三稾傳維麟明書傳參廖道南楚記

鍾梁字彥材正德甲戌進士授刑部郎諫止南巡廷杖幾死世宗嗣位擢知濟南平萊蕪反寇邵志賜金綺乞歸養母以薦起補南昌裁正湖地賦役權貴斂手丁艱歸年僅四十旣疏請致仕築室郊西與林居諸賢及布衣衲子結文酒社又四十年卒有西皋集嘉禾徵獻錄

鄭曉字窒甫舉鄉試第一成進士授職方主事日披故牘

盡知天下阨塞士馬虛實强弱之數尙書金獻民屬撰九邊圖志人爭傳寫之以爭大禮廷杖張孚敬柄政器之欲改寘翰林及言路曉皆不應父憂歸久之不起許讚爲吏部尙書調之吏部歷考功郎中夏言罷相帝惡言官不糾劾詔考察去留大學士嚴嵩因欲去所不悅者而曉去喬佑等十三人多嵩所厚嵩大憾嵩欲以子世蕃爲尙寶丞曉曰治中遷尙寶丞無故事嵩益怒以推謫降官周鈇等貶曉和州同知稍遷太僕丞歷刑部右侍郎俄改兵部兼副都御史總督漕運大江南北皆患倭通州人顧表者桀黠爲倭導以故營砦皆據要害盡知官兵虛實曉懸重賞捕戮之募鹽徒驍勇者爲兵增設泰州海防副使築瓜洲城廟灣麻洋雲梯諸海口皆增兵設堠遂破倭于通州連敗之如皋海門襲其軍呂泗圍之狼山前後斬首九百餘賊潰去錄功再增秩尋召爲吏部侍郎遷南京吏部尙書俺答圍大同右衛急帝命兵部尙書楊博往督師曉攝兵部曉言今兵事方棘而所簡聽征京軍三萬五千人乃令執役赴工何以備戰守乞歸之營伍帝立從之尋還視刑部事故事在京軍民訟俱投牒通政司送法司問斷諸司有應鞫者亦參送法司無自決遣者後諸司不復遵守曉奏循故事帝報許於是刑部間捕囚畿輔而巡按御史鄭存

仁訶訟當自下而上檄州縣法司有追取毋輒發曉聞率侍郎趙大祐傅頤守故事爭存仁亦據律執奏章俱下都察院會刑科平議議未上曉疏辨嵩激帝怒切讓遂落曉職兩侍郎亦貶二秩曉通經術習國家典故時望蔚然爲權貴所扼志不盡行旣歸角巾布衣與鄉里父老游處見者不知其貴人也旣卒子履淳等訟曉禦倭功於朝詔復職隆慶初贈太子少保謚端簡履淳自有傳明史

案海鹽圖經曉所著有吾學編徵吾錄古言今言奏議文集史論策學禹貢圖說等書其他居鄉善事尤多見

于王文祿文獻志見只編劉志端人譜諸書者概不復贅云

劉朮字汝冲父演先世贅錢氏朮因冒外姓嘉靖癸未進士授威縣令威地素瘠疲民無宿聚遇水旱不能救朮募積穀萬石以爲荒備倣社倉法轉借貧民歲息十一積數年得穀萬餘石未幾河北無麥威賴以全流民來占籍者三千人又均丁田之役行一年畿輔郡邑父老皆請于上官願得錢知縣均役乃歷旁邑惟內黃南和弊尤甚經理三月民至今尸祝之丁艱歸擢工部主事未赴卒卒之日棺衾不能備其父以歲製者殮之著有威縣志威縣志參嘉禾徵獻錄

錢芹字懋文琦子嘉靖戊戌進士歷官永州知府每涖事庭無鞭扑之聲人謂其太寬芹曰牧民猶牧羊去其敗羣者足矣論調引年歸芹宅心坦易一以至誠待人即爲所賣終不忍逆億居家值穆廟新政上言正始當懋聖學次及本郡海防事宜又言海鹽每歲例貢黃魚宜罷優詔許之嘉禾徵獻錄

錢萓字懋孝芹弟嘉靖己未進士由刑部郎改儀制司以提調試事落級爲德慶州同知地近猺獞大兵數徵調氏力罷萓至署守事除編徭濫役改運米爲折納審戶籍令丁役相埒貧富得均方下量移之命染瘴卒海鹽圖經

參黃懋官墓志

錢薇字懋垣嘉靖十一年進士擢禮科給事中請令將帥家丁得自耕塞下田毋徵其賦總督大臣假便宜專制閫外格不行又疏劾大學士李時禮部尚書夏言工部尚書溫仁和外戚蔣輪進右給事中郭勛請復鎭守內官擅易置衛將校薇讀疏其不法七事帝眷勛然素知其橫兩不問已因星變極言主德之失帝深銜之未發疏諫南巡坐奪俸內閣夏言輩所選官僚多以循私劾罷薇偕同官呂應祥任萬里乞如會推故事集內閣九卿公舉帝特命並斥爲民累薦皆報寢集鄉里晚進

與講學足跡不及公府倭患起請於巡撫王忬集兵爲備鄉人德之卒年五十三隆慶初贈太常少卿明史

案薇爲臨江守琦兄珍子歸田後如罷運艘均田則清里甲諸事區處贊畫爲利于鄉邑者甚夥隆慶之初既贈太常當事者復爲建特祠于縣署之西額曰顯忠薇所著有國朝名臣錄承啟堂稿海石問草學錄樂律諸書詳見褒忠錄及湛若水撰傳

王輔字時佐宣德中隨父戍廣甯中山東鄉試登成化丙戌進士授刑部主事輔端愨有至性臨終語其子䉫曰我死必返葬我海鹽無忘首邱也䉫因復爲海鹽人䉫孫家棟舉浙江鄉試第一海鹽仇志

陳言字獻可生而穎異讀書數行俱下博綜經傳作五經

疑義若干卷出入傳註發先儒所未發領順天鄉薦不
第卒于邸言至性誠篤孝養繼母事其叔如父撫諸弟
以恩里有嫠婦守節甚烈白有司得旌以子所學貴贈
如官袁志參兩浙名賢錄

仇霦字彥光以貢爲硤江訓導嘗書座右云五倫之間甯
過于厚七情所發惟怒難忍以自警丁母卹憂不復出
與徐東濱鍾西皋爲詩酒之會子俊卿字舜徵舉鄉試
知惠安縣終國子助教性好讀書至老未嘗釋卷感慨
時事雖家居未嘗不言倭寇時策戰守機宜上幕府多
中窾要死之歲聞平秀吉將入寇猶憤發貽書浙撫請

如漢橫海樓船故事張中國威識者壯之壽九十有二
所著瀛仙集通史宅石海鹽縣志子雲鳳原叟雲鳳博
學通禪理屢舉不第卒原叟慷慨負大志隆慶間海鹽
塘圮先是霦有請修築海塘疏至是原叟抱其疏請于
朝興工修築初啟行囊產爲貲斧歸途病卒邑人傷之
海鹽圖經參王文祿文獻志

沈奎字文明嘉靖戊戌進士歷官刑部郎中江西按察副
使奎體弱不勝衣而操持介特爲郎時宗室詔獄眾依
違奎直舉大義斷之在江右與臺臣執論無所巽避居
家卻埽與人言恆挹損自下子騰蛟極孝友奎晚生子
騰龍析產不及蛟之半使父事蛟奎卒蛟割產半予蛟
曰此吾先君不言意也

李儒烈字見川嘉靖丁未進士由盧陵令擢工部員外郎
忤權貴出爲雲南理問稍遷至福建按察使僉事以母
老乞歸著述甚富其尚書啟蒙一書已採入
欽定書經傳說彙纂于志

徐鵠字鳴川號前峯嘉靖丁未進士初任常州府教授已
酉充江西考官升南京工部主事監稅儀眞所立規條
商民稱便轉刑部郎時巨閹毀孝陵封木屬鵠勘治行
千金祈緩二日援者至鵠即日具獄詞當大辟其持正

類此出守肇慶府創一條鞭法遷湖廣兵備副使解組
後築室曰清溪小隱歌詠其中謝絕塵事卒年七十有
七祀鄉賢少子九牧善繪事吳志

王大猷字伯甫性耿介遇凶歲饘粥不具縣令魏公遺之
金不受嘉靖丁酉舉人丁未進士授官中書舍人僦邸
委巷蹐一欵段了公事歸輒閉門謝一切裘馬游郎同
里膴要謁籍終無其名晉工部員外郎出僉廣東按察
尋改備兵雲南又改廣西方陛辭中人言罷家居埽軌
避俗蕭然終窶海鹽縣志

劉熠字元麗父楧英山學諭熠受業鄭曉舉嘉靖庚子鄉

魁署休甯敎諭徵爲南御史尋卒著同春堂稾以上海鹽圖經

胡憲仲字文徵嘉靖庚戌進士俺答犯京師至白河憲仲上議請濬都城外地亟垣之護關民廬舍招勇敢士令貴戚大閹出蒼頭私屬助軍設伏天壇貴人大莊諸處犄角制勝兵部大臣宜躬擐甲胄出視師毋堅閉國門自弱通州關外及張家灣壯丁皆招集爲兵自衞若敵犯都城躡其後去卽邀擊之爲欵凡十且請自當一面禦敵得報以憲仲協巡九門督追戰守器具時當事倉皇版築之役不及興寇退關廂殘築外垣保護壹如憲仲策授南刑部主事値倭又擾浙中南都戒嚴南樞部

謂憲仲曩在北策備敵是知兵因使守太平門憲仲貽書浙帥言備倭策三一籍沿海船責令盡歸毋出海以絕其源一禁內地姦民無賫糧漏師以困其進一遣間諜懸重購令各鯮自相擒併以翦其黨帥臣用之又大驗在官二年卒有胡比部詩文集行世馮皋謨傳

馮皋謨字禹卿嘉靖庚戌進士授主事擢御史時嚴嵩私人柄用者謂必詣彼謝不往嵩怒出爲江西按察司僉事詣嵩第皋謨竟南面坐嵩愈怒會其舍人橫行里中捕笞之枷示通衢改廣東參議分守惠潮賊張璉擄饒平西﨑大埔蕭雪峯程鄉林朝曦流劫閩廣與倭及海寇互相犄角皋謨與督府張臬商畧制禦張盡以兵屬之于是海寇林道乾許朝光王伯宣等聞風來降時倭與官兵相持三河久皋謨令伯宣將精兵所至招海上賊益之至三河從山後登高處吹蘆發哨倭入舟擊之殲焉明年復集水陸師一萬于廣州皋謨用賊問襲蕭雪峯擒之璉窘乞撫急攻遂擒璉悉降其餘黨時朝曦以官軍非有意卽攻不設備密使諜致賊酋曰能擒朝曦獻他勿問酋縛朝曦獻賊盡平上功嵩益怒追論王伯宣賊首不宜以功宥卒斬之皋謨不得優敘遷福建參政嵩又嗾御史摭廣事劾之奪職歸嘉禾獻徵錄

馮嘉謨字猷卿皋謨弟由上舍選授銅仁府幕郡在萬山中與苗雜處民與苗互市得窳物賡價而利歸市魁嘉謨設法平之苗感激後黔帥以事襲殺苗苗憤羣擁侵境嘉謨馳單騎諭之退海鹽縣志

劉炌字元白朮子嘉靖庚戌進士歷官撫州守値鄰寇初退簡兵保穀拊循瘡痍築崇仁樂安宜黃三城修千金堤禦水佐俞大猷戚繼光等擒大盜曾一本多勞績炌至孝痛父不逮養事母曲意承歡居喪毁幾滅性忌日衰絰坐冢旁泣守至暮始歸門閫之內肅若朝典海鹽圖經參兩浙名賢錄

湯彬字子宜父誥博學能詩文彬少孤事後母居曲盡孝敬嘉靖丙辰進士令盧江進職方郎僉河南按察判隨巨寇桂六等流劫蔓延擐甲視師俘斬二百餘河洛以安方上功而中忌者言歸（嘉禾徵獻錄 參海鹽圖經）

陳所學字行父嘉靖丙辰進士授給事中出爲河間知府罷歸浙撫欲薦之不起子昌明字季勉以選貢任忻州同知監甯武關值山寇擾亂昌明單車入賊巢諭以大義悉投戈乞降（海鹽圖經 參吳志）

朱學顏字桀峯祖琟以茂才入成均好施予敦內行學顏稟家法登嘉靖辛酉鄉榜乙丑進士授潛山令崩剔郵

傳宿弊條陳宜興革者十二事旋以事忤上官量移雷州府同知遂歸隱（朱氏先婺人也元晦家建陽次子野婺十二傳名順者嘉定間任海鹽簿遂居閩琴橋因占籍子銘教授潮陽孫懋卿學正遷尚胥里又四傳曰銳生三子溥瀚洪各負才行舉孫十曾孫二十族始日蕃朱氏之登進士自學顏始其後科第連綿甲於一邑）

鄭履湻字叔初曉子嘉靖壬戌進士除刑部主事遷尚寶丞隆慶三年疏言最急莫如用賢陛下御極三禩矣曾召問一大臣面質一講官賞納一諫士以共晝思患豫防之策乎高亢睽孤乾坤否隔忠言重折檻之罰儒臣盧納牖之功宮闈違脫珥之規朝陛拂同舟之義司奏棠譴補牘奚從內批徑出封還何自紀綱因循風俗玩愒功罪罔核文案徒繁閹寺潛爲厲階善類漸以短氣言涉宮府肆擿多端梗在私門堅持不破伏願奮英斷以決大計勿爲小故之所淆宏濬哲以任君子勿爲嬖昵之所惑移美色珍奇之玩而保瘡痍分昭陽細務之勤而和庶政以鑾輿爲關門勁敵以錢穀爲黎庶脂膏經史講筵日親無倦臣民章奏與所司面相可否萬幾之裁理漸熟人才之邪正自知疏入帝大怒杖之百繫刑部獄數月刑科舒化等以爲言乃釋爲民神宗立起光祿少卿卒（明史）

顧霑字少雨少孤嗜學母莊紡織以資鐙帷嘉靖中成進

士知禹城調閩縣有閹使暴橫力抗之歷南兵禮二部郎知撫州調郴州進領閩都轉運方擬參廣藩前卒（海鹽縣志）

嚴守中字一之由武魁歷任昌國備倭欽總昌衛地逼海洋守中素負才畧精陣法訓練士卒水陸防禦威望遠播涖任五載海氛肅然尋陞山東都司僉事書（于志）

毛儲元字伯善其先海鹽人坐累謫常德衛軍父鳳岐以衛籍中正德丙子湖廣舉人知贛縣儲元舉湖廣嘉靖乙卯鄉試知延川縣建城禦敵關中有鐵延川之名遷揚州府同知乞休歸（嘉禾徵獻錄）

楊學詩字可言精騎射通音律書畫嘉靖甲寅倭警有司聘以禦守多所贊畫三試武科咸舉於鄉至老持弓矢躍馬輕捷如少年時所著有兵法通鑑策論諸書海鹽縣志

顧所有字謙叔隆慶庚午舉人署休甯學官擢宜黃令奏捐雜賦又置社倉十三儲穀八千有奇以防水旱祀名宦海鹽圖經參吳志

鄭履準字叔平曉次子以蔭歷順天治中擢南刑部郎中有僕盜主財捕急而刎者坐其主逼死律立出之一惡少姦孀婦而室之逐其前子不得自經死所司抵子重辟爲駁曰同居者有繼父姦合卽非繼父也與末減豪

弁盧受賄獄諸公力爲請卒論輸城且執法不撓又如此海鹽圖經

劉世埏字敬修炌子萬歷丁丑進士授刑部郎中時以波累繫獄者至數百人世埏悉釋之又著酷吏論爲同曹警弟世教字少彝由舉人爲閩清令決疑獄數十署尤溪卒于官著有研寶齋稾吳志參靜志居詩話

許聞造字長孺父相卿自海甯家海鹽聞造以萬歷丙子舉南闈歷河間東昌推官選授貴州道監察御史在職敢言糾彈無所避初以東封事論劾石星欺罔誤國論止礦稅上書責趙用賢依違不能引救出按甘肅劾罰西甯諸帥賓酋違逈議築山寨以固莊浪以北還以轉餉事劾諸大臣忤魏廣微判嵩嵐州告歸嘉禾徵獻錄

鍾兆斗字秉文韶子萬歷壬辰進士仕中書出典黔試擢給事中多所建白諫止礦稅一疏備言民役之苦剴切無諱轉外予告歸海鹽圖經

謝子貞字吉甫起家掾吏丞嘉定察獄著能聲有馬某者家六人盡被殺令捕其仇周某者子貞曰安知非仇于馬亦仇于周者爲之廉得有沈某考有血衣左驗竟伓服自是吳中疑案上官悉下鞫訊晉丞京邑致仕性好讀書給事掾曹時披覽史漢攻苦如諸生子錫教字洪

伯萬歷丁酉舉人歷官德州知州歲饑代民償逋賦數千願大年以白蓮倡教聚衆爲亂錫教討平之擢長沙同知海鹽圖經參吳志

楊春芳字子含邃於經學善屬文由舉人授巴東令有廉聲時集士子講論詩文竟日不倦號爲儒吏吳志

沈孝徵字元萬萬歷戊戌進士歷官汝南道副使錄囚信陽有周某者奇其才釋使就試是年中式誅境內巨盜坐忤上官歸著有元暢閣集弟誼徵以諸生入國學授山東按察司經歷歷鳳陽府通判流寇充斥鳳督朱大典愛其才檄爲軍前贊畫以勞歿有香雲庵稾閒閒集

嘉禾徵獻錄

王永相字維樞萬歷戊戌進士任刑部郎時有閹縛人馬足馳曳至死者力請于上誅之壬子典黔試以勞瘁卒于官 吳志

徐天麒字仁卿萬歷壬子舉人授三河教諭後知邛州民有生埋其妻者天麟夢來訴寃往瘞所發視尸猶含淚曹如夢中見地接蠻笮前守不能戢傳檄諭之皆就撫論罷歸 嘉禾徵獻錄

鄭心材字敬中履滈子以祖廕拜督府都事歷應天治中劉天緒之獄訛言謀反訊者欲借爲功心材止按坐渠首取天緒所募名姓籍悉焚之全活甚多修家規立宗法置義田贍學及族人嘗自序行不求人知之善讀有益世用之書 海鹽圖經

曹嘉謨字廷謨萬歷辛卯舉人授羅山令俗好訟嘉謨從容語之曰忿可忍綱不可觸也人多感悟以忤上官意左謫羅人祠祀之 嘉禾徵獻錄參吳志

崔培元字孟辰萬歷乙卯舉人知青陽縣青陽劇邑姦猾其中田畝不均培元設法釐正下戶賴之勒石誌德薦紳豪强多不便其所爲搆蜚語中之罷歸著有横山草堂等集子長錄諸生力學好義歲饑貰貧民田租貸粟數百石竝招其人來倒篋出券焚之 池州府志參彭孫遹墓表

陸龍來字亘元登癸酉鄉薦判泉州晉思恩同知歸無贋倖 海鹽圖經

吳中偉字生白系出天台胡氏洪武初城石帆村曰澉浦始遷祖忠因家焉易姓吳中偉萬歷戊戌進士授刑部員外郎督貴州學政攝貴陽兵備戚凊毛口土司相仇殺檄召數責之進廣東按察使香山島夷築清城窺內地中偉馳檄諭諸番毀其城遷布政入爲光祿卿魏忠賢從子良卿爲丞入謁中偉坐受之大慚恨會甯遠告急以副都御史治兵薊北忠賢尋得偵騎告圍解者忠

賢益怒宰相畫名掌中密諾忠賢曰是落落士也殺之無名忠賢良久曰不如爲好語錮之遂詔褒清恬可嘉加刑部尙書致仕去上設朝問白鬚侍郎何在左右對以實帝爽然移時 嘉禾徵獻錄參海鹽續圖經

彭宗孟字孟公紹賢子萬歷辛丑進士選朝城縣有訟鬬毆將斃者宗孟鞫之知與宦室蒼頭鬬其兄重繫之利弟死挾詐治兄如律調滕縣福建貢茶入都倚大璫勢夫馬逾額裁之棄茶走愬璫禮部移書東撫必坐罪邑尉宗孟不可考選入都滕民爲之祠後白蓮賊陷滕榜祠下戒毋犯好官祠旋巡按湖廣膳田多派楚省額數

不足部檄括廢藩產宗孟疏爭括地非祖制奉旨切責再上疏奪俸司道懼欲加楚賦以充額宗孟曰異日就封者以爲例楚賦將日重使者甯以身任責三上疏爭之神宗稍悟終不加譴乙卯楚增解額藩司請加徵宗孟力阻是年各省俱加賦楚以宗孟故獨否以親老乞歸子四厚廣以德行文章著祕兵卒長宜期生有傳海鹽圖經參吳志

徐從治字仲華萬歷三十五年進士除桐城知縣累官濟南知府遷兗東副使駐沂州徐鴻儒反鄆城連陷鄒滕嶧縣從治請起故總兵楊肇基主兵事獻擣賊中堅之策遂滅鴻儒錄功進右布政使督漕江南妖賊再起巡撫王惟儉奏留從治仍守沂以議不合歸崇禎初以故秩飭薊州兵備薊軍久缺餉圍巡撫王應豸於遵化從治單騎馳呼曰給三月糧趣歸守汛地否將擊汝衆應聲散進秩左布政使再請告歸起飭武德兵備孔有德反巡撫余大成檄從治監軍馳赴萊州而登州已陷大成削籍遂擢從治右副都御史代之與登萊巡撫謝璉竝命與璉同受事于萊而有德已傳城下環攻不舍晝夜從治激厲將士多方守禦殺賊無算是時兵部尚書熊明遇惑大成撫議命主事張國臣與從治及璉爲賊

求撫抗疏極言和講之害於是廷議更設總督一人以兵部右侍郎劉宇烈任之宇烈無籌畧日議撫從治堅守待救相拒凡三月中飛礮死萊人皆哭從治既死而宇烈亦以兵潰被逮詔贈從治兵部尚書賜祭葬廕子建祠曰忠烈我

朝嘉慶二年追謚烈愍明史傳參吳志海鹽續圖經

徐同貞字伯圖從治長子諸生從治殉難萊城因襲錦衣衞中所戈戟司尋陞都指揮僉事時大獄屢興北司案牘力爲平反積勞成疾乞歸甲申留都起錦衣衞堂上僉書都指揮同知是時馬士英嚴刑峻法同貞秉正不阿遂以病乞休順治年巡按王應昌舉地方人才巡撫秦世禎推賢良方正俱以老病不赴康熙初舉郡邑鄉賢海鹽縣志

許士奇字雅正萬歷癸丑進士授黃州推官陞成都知府奢崇明亂後百里稀人煙士奇拊任弔死扶傷與民休息凡四年生聚如故陞下川南道副使駐瀘州奢巢雖覆尚走險自保倚水爲犄角制府檄士奇擣藺以援黔斬賊首數千搆離其黨與遂殄滅之陞湖廣按察使已巳都城被圍將楚師入衞條上兵事陞布政使備兵松潘同事忌之中以考功法罷歸嘉禾徵獻錄參海鹽續圖經

胡震亨字孝轅爲諸生即以經濟自負萬歴丁丑舉于鄉知合肥縣吏治之餘留意韜鈐嘗與劉綎論兵綎心折時議舉邊才不果崇禎季年薦補定州知州擢員外郎乞歸藏書萬卷日夕搜討凡祕冊僻本魯魚漫漶者無不補綴揚榷所著有續文選唐詩統籤靖康咨鑒錄諸書浙江通志

沈宏遇字際可萬歴戊午舉人知湖廣石門縣縣故民猺雜處風俗頑悍宏遇悉心撫綏緩徵息訟百姓安之丁未行取會母喪聞訃歸服闋除信宜令興學校均徭役歲饑設法賑濟全活甚眾陞邳州牧引疾歸卒祀鄉賢

朱士容字汪千歲貢生授鄞縣學訓導遷安吉州學正州故僻在山隅無與鄉薦者士容至勗士敦行嚮學使各自矜奮于是州士徐炳文始登賢書焉于志

陳謙字廷益貢生由部曹出守萊州釐姦剔弊綱舉目張防海則設團練之法治河則仿竹落之制以及建倉貯穀搆廠校士重修府志皆捐重貲引疾歸田得張甯故居經營布置俾一笑山復舊觀又購莊於西湖段橋東乃董文敏別墅因懸文敏所書浣雲館於閣而以就莊顏其門著有詩古文若干卷海鹽縣志

彭宗周字于德紹賢子兄宗孟起家文吏讓宗周襲海甯衛指揮同知掌衛印管屯田事免扣軍條城銀以屯糧餘耗充之歴溫處北洋遊擊陞廣西潯梧副總兵致仕宗周起橐鞬工書札有儒將風袁志

彭期生字觀我宗孟子萬歴四十四年進士崇禎初爲濟南知府坐失囚謫布政使照磨量移應天推官轉南京兵部主事進郎中張獻忠亂江西遷湖西兵備僉事駐吉安吉安不守走贛州加太常寺卿仍視兵備事城破冠帶自縊死

國朝乾隆四十年

賜諡節愍欽定勝朝殉節諸臣錄參明史楊廷麟傳

彭長宜字德符崇禎癸未進士授上海令値歲荒豪奴肆劫吳中撫道發兵屯海上長宜至申臺司請徹兵其以黨亂相訐告者皆下縣審保全甚眾民間逋賦數十萬次第清其乾沒盡卻耗羨無錙銖溢俸入不敷截米家中以自給南都失守解印歸悲痛不食扼吭而卒于志

劉渾字爾濛熠曾孫家貧與從弟泓寒餓讀書夏常無帷帳解單裙連接障之咿唔不輟萬歴丙午舉于鄉知永明縣時張獻忠寇掠充斥邑控西粵阻險林箐中多蠻獠善格鬬渾以財物賂其酋使爲我用寇逼舉烽羣蠻

絡繹山谷跳刀爲前行渾率鄉勇乘城鼓之又募士夜溝其地作塹寇多陷其中終渾任不敢犯

劉泓字止澄熠曾孫萬歷己未進士授營繕司主事出督夏鎮察覈河工錢糧不下數十萬封貯官庫以艱去服闋詣京疏暴崔文昇督兩淮鹽漕驕横之害起兵部郎中出爲淮徐副使徐當河決之後盜賊蜂起泓禽其渠散脅從者開濬馬陵山駱馬湖口等處漕艘銜尾輓輸無淤淺之患致仕歸 以上嘉禾徵獻錄

俞之策字坤名萬歷壬子舉人授福甯州守值寇亂後極意撫綏嘗捐俸賑饑民賴以活陞刑部郎中著有海樹堂集 吳志

朱國華萬歷壬子解元歷官刑部郎中時吏治嚴急封疆諸案大吏多坐辟國華初讞坐失出逮繫死獄中 海鹽續圖經

虞廷陛字乾陽先世有名勳者自杭遷鹽天順乙卯舉於鄉母喪摧毀商文毅有哀輓詩父紹唐字憶蘭事節母至孝崇祀鄉賢廷陛於萬歷乙卯丙辰聯捷爲徽州府推官攝郡及縣贖鍰一無所入修城積穀賑貧飯囚咸給於此分較南闈得侯峒曾夏嘉遇皆名著當代以卓異被徵丁母憂服闋補工科給事中巡視皇城京營巡省節慎庫孜孜公務無不毖飭風裁自持中璫不悦黄山之獄株連者衆廷陛駁正不撓挽救良多璫禍益烈廷陛昌言申論諫削奪請獎黜將錄天鑒錄一時服其忠讜京營請爲魏忠賢建祠嚴拒之不聽遂不署名忠賢積怒部疏題典試山東矯旨廷陛久倚門戶削職追奪誥命崇禎初錄黨錮諸臣復職陞吏科右給事中轉兵科右給事中冊封徽藩聞父喪歸南都再起廷陛爲吏科左給事中奉命典試江西未行江甯不守歸里遁跡村居年七十卒 海鹽縣志

朱泰禎字道子萬歷丙辰進士授福建龍巖令淫雨山水暴崩發官粟賑饑民築城民無流亡擢福建道御史巡

按雲南水西東川烏撒三大寇數十萬犯霑益守兵僅六千人泰禎董率道將擊走之斬首數千未幾水藺烏復入滇泰禎迎擊之先設伏以待賊且行伏起中斷之賊殊死鬬諸軍驅象横擊之賊潰遂擒童戈資俘斬之築石壘於城旁炎方立銘紀功焉父喪歸服闋補御史遷南兵部主事 袁志參海鹽續圖經

顧可漁字泰蛟歲貢任德清訓導陞南雄府教授振興文教庠序之士翕然敬從晚居鄉人推者碩既卒門人私謚貞靖

祖重熀字函三萬歷己未進士官行人天啟丁卯分校北闈崔呈秀子鐸卷在重熀房塗乙之崇禎初考選工科給事中請卹被璫禍御史周宗建中官嫉之厰員刺其問餽者與主事王抃俱下獄論戍遂坐廢崇禎十年命復重熀官旋卒干志

吳麟瑞字思王萬歷己未進士授常州府推官妖人葉朗生馬道人煽亂吳越郡豪陳鼎陰結亡命以應麟瑞計禽亂首誅之反側始安累遷九江參政因流寇擾江楚駐節袁州謂流寇皆吾民有司不能拊循激之爲賊擢布政使作瞽論萬言極陳時政之弊告歸薦起偏沅巡

撫時三楚已陷麟瑞破家募勇士千餘人促裝就道至沅兵已幷鄖撫矣遂回籍聞弟麟徵殉國難痛哭作自祭文卒以上海鹽續圖經

吳麟徵字聖生天啟二年進士除建昌推官父憂歸補興化府崇禎五年擢吏科給事中章數上直聲甚著乞假葬父歸久之還朝劾吏部尚書田唯嘉贓污罷去十七年春推太常少卿賊薄京師麟徵守西直門以土石堅塞其門募死士縋城襲擊之賊攻益急麟徵趨入朝欲見帝白事至午門魏藻德引之出遂還明日城陷乃入道旁祠作書訣家人曰祖宗二百七十餘年宗社一旦至此雖上有亢龍之悔下有魚爛之殃而身居諫垣無所匡救法當褫服殮用角巾青衫覆單衾以志吾哀解帶自經家人救之甦請待祝孝廉至一訣許之孝廉名淵嘗救劉宗周下獄與麟徵善者也明日淵至麟徵慷慨曰登第時夢隱士劉宗周吟文信國零丁洋詩今山河破碎矣不死何爲酌酒與淵別遂自經淵爲視含殮去贈兵部右侍郎謚忠節

國朝

賜謚貞肅方賊之陷山西也薊遼總督王永吉請撤甯遠吳三桂兵守關門選士卒西行遏寇卹京師警旦夕可援天子下其議麟徵深然之輔臣陳演魏藻德不可謂無故

棄地二百里臣不敢任其咎麟徵復爲議獨疏昌言弗省及烽煙徹大內帝始悔不用麟徵言旨下永吉永吉徙甯遠五十萬衆抵豐潤而京師已陷矣城破八門齊啟惟西直門堅塞不通集民夫發掘乃開明史

曹履泰字大來嘉諒子天啟乙丑進士授同安令海寇紅夷交訌邑無兵乃編漁民爲伍團結村落相應援賊不敢犯督撫熊文燦受李魁奇鄭芝龍降城中震恐履泰開城門出入如平時芝龍部下卒橫行履泰輒以法繩之未幾李魁奇挾鍾斌叛去履泰搆斌使叛魁奇令芝

龍招斌合兵圍魁奇擒斬之擢吏科給事中海寇既平疏陳閩事請選將練兵勿獨倚鄭芝龍爲長城舉朝駭愕又疏糾吏部李希揆躐等典銓希揆嗾大璫王永祚誣以事罷官子元方進士嘉禾徵獻錄參海鹽續圖經

方戩之字耆定以世官擢南京都司歷陞金山參將備禦有方參議范允臨爲文立碑紀其功遷臨沅副總兵安耆二酋梗滇黔戩之合副將袁善兵直衝之賊大潰斬首四千級遷漳泉副總兵將舟師逐鍾斌合鄭芝龍烏尾船剿之斌沈海死尋以老病乞歸嘉禾徵獻錄

趙敏學字太元天啟辛酉舉人四川儀隴令陞辰州府同

知官貧不能治裝僑居邑流賊入省城楚蜀路斷儀隴之民爭匿敏學深山中久乃得歸布幘敝袍炊煙時斷年九十卒海鹽續圖經

馬孟驊字同伯以世官歷淮徐副總兵南京前軍都督僉事海寇劉香流突浙閩以原官改浙江鎮守督兵出海劉香敗死於閩其父鳳以餘眾詣孟驊降進都督同知鎮浙六年以老歸嘉禾徵獻錄參袁志

吳文憲字萬爲副貢授衢州府通判彊直不撓單車解散廣場礦賊四五千人以輕兵授桂陽御寇二萬餘眾董桂殿工與內官抗禮爲所中逮刑部獄事終得白平生博綜掌故里居均役救荒白糧修塘諸條畫皆有裨地方著有師陶集袁志

許令瑜字鍾叔聞造孫崇禎癸未進士知仙遊縣國變棄官歸子齋有志節晦蹟著書有鐵函子集嘉禾徵獻錄參袁志

曹憲來字九眞丙子充貢憲來敦氣誼賀吏部燦然建言幾廷杖燦然母招憲來以後事爲托就職爲肇慶府通判留妻子侍養子身之官清屯釐蠹軍民悅服旋丁父憂捐俸補稅虧額徒跣登舟終喪不復出卒祀鄉賢子四從外祖陳懿典姓爲陳悰悃愊恪愊子葵康熙中舉博學宏詞不赴袁志參海鹽續圖經

湯雲章字耀之諸生忼慨有大節莊烈帝崩金陵失守嘉興人起事奉陳梧爲主帥海鹽參將周一誠遣兵五百人至雲章協守西門相拒三十九日城陷不屈死子芬崇禎癸未進士分守福興泉三府布政司參政興化破緋衣坐堂上被殺子麟字千里匍匐抵閩扶櫬歸葬麟於康熙間以例貢授廣西向武州吏目爲土司害無嗣有女九歲聞父變卽面縛奔控撫軍卒復父仇扶柩歸雍正間雲章入忠義祠有司致祭芬於嘉慶二年追謚烈愍袁志參海鹽續圖經勝朝殉節錄

徐一源字宙孟以國子生授歸德衛經歷著考城縣陞歸

德府通判崇禎十三年闖賊攻歸德甚急一源分守城
北多所斬獲城破猶巷戰力屈罵賊死詔褒䘏郎死所
立祠子元松字木公以賢才徵不出嘉慶二年追謚一
源烈愍嘉禾徵獻錄參海鹽續圖經勝朝殉節錄
崔文榮海甯衛人世指揮僉事舉武會試授南安守備崇
禎中臨藍盜起逼桂陽桂王告急文榮督所部會勦卻
賊四萬人以功擢武昌參將張獻忠犯漢陽文榮渡江
襲斬六百級已而城陷武昌震懼巡撫宋一鶴既死承
天新任巡撫王聚奎未至武昌素不宿重兵城空虛或
議撤江上兵以守文榮曰守城不如守江團風煤炭鴨

蛋諸洲淺不及馬腹縱之飛渡而坐守孤城非策也當
時不從賊果從團風渡江營樊口文榮軍洪山寺扼之
既斂兵入城以他將代守賊全軍由鴨蛋洲畢渡抵洪
山守將亦退入城文榮以武勝門當賊衝偕故相賀逢
聖協守賊攻之不能下監軍參政王揚基時已擢巡撫
承天德安二郡未聞命向駐武昌與推官傅上瑞詭言
有事漢陽開門遁去先是楚王出資募兵應募者率蘄
黃潰卒及賊間諜至是開文昌保安二門納賊文榮方
出闔還鬬城扉不及躍馬大呼殺三人賊攢槊刺之洞
胷死

國朝乾隆四十年
賜謚忠烈明史參新纂案文榮死妾郭氏攜一子兩女赴河死僕婢從者六人楚人于鳳凰山石誌曰崔將軍盡節處

沈允芳字隆生崇禎戊辰進士授工部屯田司主事督修
桂府將告成聞父喪桂藩欲奪情奏留允芳慟哭殿下
聲徹宮中寢其奏起補營繕司主事出為淮海兵備副
使鳳陽殘破後淮泗白骨徧野允芳勞徠安集之除淮
海道加參政管漕儲道事旗丁毆傷秀水縣令言于漕
撫檄斬倡亂者五人旗丁之橫始戢罷歸卒嘉禾徵獻錄參袁志
陳于王號去非以明經考授州判歷任廣西平樂荔浦脩

仁縣尹陞永安州守居官十餘載不事煩苛任平樂時
有李勝兄弟七人為理刑誣以大辟于王按之得不死
比歸焚香頂祝載道路
錢應晉字次卿琦孫崇禎丙子舉人授邯鄲教諭邑患雨
災代陳鐲秋糧陞蓬州知州以病歸著有蜀游草江行
雜咏閩風諸集以上海鹽續圖經
錢嘉徵字孚于天啟辛酉中順天副榜魏忠賢盜執魁柄
衆正荼毒殆盡會崇禎改元嘉徵憤然抗疏列瑫十大
罪一曰竝帝二曰蔑后三曰弄兵四曰無君五曰刻剝
六曰無聖七曰濫爵八曰掩邊功九曰朘民財十曰通

闖節語具載明史疏上帝召忠賢至手嘉徵疏付侍臣
當御讀之忠賢伏地叩首不能對乃降旨魏忠賢事廷
臣自有公論朕心亦有獨斷青衿貢士不諳規矩本當
重處姑饒一遭上書時或爲阻之嘉徵慷慨言曰虎狼
食人徒手亦當搏之舉朝不言而草莽言之以爲忠臣
義士倡雖死何憾自是言者相繼忠賢誅死靜志居詩話參伊志
錢泮字雍頌舉人慕奇節與人交不能容人過久而彌篤
年十九隨父嘉徵入京嘉徵首疏擊魏忠賢屬泮奉母
南還避禍卒不去亦無患從劉念臺講學志節益勵肄
業南雍時阮大鋮以詩詞權術傾動留都泮與同志協

力擊之幾及禍歸即杜門不出伊志
李毓新字喬之號雲岑先世隱居鹽之苞溪遂爲海鹽人
毓新始卜居郡城崇禎乙亥拔貢入北雍舉丙子順天
鄉試丁丑成進士己卯除潮陽司李鞫獄明斷上官器
之命攝四篆兼察三府潮郡鹽稅多羨額革之不名一
錢歲饑富家遏糴爲之嚴匿米法癸未惠潮間多山寇
總制沈猶龍檄監紀軍務毓新條議勦寇十二策所向
奏功隨建議築城豐順以其地當閩粵交相度營築屹
爲重鎮冬署肇慶府篆時楚寇賀寇攻破開建縣肇郡
震動詔調閩兵來援恢復開建隨合兵西粵五路進勦
不閱月賊首就擒餘黨悉滅惠潮避亂自粵西來奔護
衛不戢虜民罷市僇兵幾與潮兵格鬬毓新徒步行閒
至誠調勸迎王入城肇賴以安未幾閩賊姜世英突入
黃崗攻饒平大埔潮郡被圍制府檄毓新監參戎趙
千駟軍前鋒至惠來縣賊聞風遠遁潮圍得解即移師
駐揭陽計擒世英潮境悉平捷書入奏列毓新首功書
名御屏特旨行取正欲行而北都陷矣毓新請師兵勤
王數上不允至南都授兵科給事中屢上封事忤馬士
英意不報時淮陽告急而上游左良玉傳檄欲埽清君
側之姦率兵東下士英大恐調兵回禦毓新與大理姚

思孝同官吳適主守河淮士英益怒改命巡江實無一
兵未幾南都亡遂歸禾與故鄉徐石麒相約殉身會郡
中起義城破死之仲子庠生禎先抱父屍同死
國朝乾隆四十一年追謚毓新節愍海鹽縣志
錢潤徵字侗庵十歲補博士弟子崇禎己卯舉鄉薦生平
寡言笑重廉節布衣蔬食晏如也辛巳歲祲上救荒六
議全活無算晚年絕意仕進築蒿園于蘆溪自爲生壙
日徜徉其間著有大政廣考喙紅集代獲抄袁志
虞賓堯字亮工崇禎癸未進士授潮州府學教授潮陽陷
殉難死于志

焉時敏諸生明亡殉難于志

鍾韶字問叔歲薦論公安端重有雅量喜道學家言帽辭
陳胡王四氏語錄訓人又撰論語逸編若干卷嘗述父
梁遺訓爲詩誡子孫剴切可誦于志

吳蕃昌字仲木貞肅次子崇禎甲申貞肅殉國間行迎喪
歸遂絶意仕進師事劉宗周作日月歲三儀以自範爲
闖職三儀範其家有貧者鬻女贖歸養爲己女母喪水
漿不入口四日比葬嘔血數升逾小祥卒

吳謙牧字裒仲整身修行期爲聖賢之徒每語人曰枉道
以免辱其辱更甚枉道以求勝其負更甚君子不以一

朝之忿一日之難而喪終身之節父歿扶病治喪葬哀
動行路體素羸不勝哀毀卒于喪次以上袁志參海鹽續圖經

朱學道字少南國學生有醕德持躬謙謹鄉里多化之深
於理學不言而躬行崇祀鄉賢配享文公祠

陸廷錫字雲來幼入邑庠抱經濟才議築海塘倡修學宮
凡地方利弊抗辭不避勞怨居家孝友
國朝康熙元年舉鄉賢海鹽縣志

錢汝霖本姓何原名青字雲士隱居澉湖學者稱爲商隱
先生幼孤事母孝歲饑米石銀四兩汝霖儲米可買田
百畝人勸之糶不應盡以所儲遺親黨後又旱米驟貴
或又以糶勸曰奈親戚需以舉火何復盡散之生平躬
行實踐至耄不衰桐鄉張履祥見聞錄載之甚詳

李自明字先修號少白徙居嘉興梅會里以廩貢成均崇
禎戊寅謁選除揚州府廣文課士嚴明甲申聞京城陷
勺水溢米不入口進諸生激以大義皆感慟未幾淮上
失守官屬胥遁自明身攝數篆視事如常時史可法兵
敗郡城失守與幼子鳳侶對縊官署中所著有謫仙居
稾海鹽縣志

朱茂明字循默諸生事親以孝聞讀書能窮理盡性教學
者以陸象山之主靜薛文清之實踐著有四書心解尚

書微修身要言自怡悅詩草崇禎間祀鄉賢海鹽縣志

國朝

胡季瀛字子甫震亨子順治戊子副貢歷官姑孰守厲廉
節杜干謁有遺蘭數盆啟之皆金也受蘭返金轉九江
守時三逆萌孽兵燹之後民皆散亡季瀛勞來撫綏輯
甯吏民甫一歲而州大治以母憂去

朱宗文字迦陵爲諸生慷慨敢言以發糧胥苛派姦胥陷
以他事下獄不少挫得直始出獄順治戊子薦浙榜爲
餘杭教諭攝餘杭縣事治辦有聲馳救民間失火大樹
折壓幾死海鹽縣志

朱掞鏃字四如順治己丑進士知臨湘縣縣治燬於兵戶口寥寥以民居爲衙署捐俸營造公署不費民間一錢招集流亡漸成井落以執法爲豪右所中罷官歸里寄情詩酒著蓬壺軒稾海鹽縣志

陸鞱字保光力學好修事母以孝聞葛寅亮講學西河韜負笈從之名著四方學行足爲後進楷式順治三年由恩考授知縣不赴著有豹蔚堂集五經千腋等書于志

費度字二裴以貢授湖州府學教授陞文昌縣知縣招撫流民降山賊潘宗瑋周隆等地瘠兵戍供億不時以勞卒于官士民祀之以上海鹽續圖經

查培繼字王望順治壬辰進士知廣東東莞縣歷兵戶刑三科給事中章疏數上如淸關弊行官兌禁鷹戶等疏皆關國計遷江西按察副使分巡饒九南道時寇亂初靖力事拊循尤以興學校敦教化爲首務建義塾禁淫祀愼蘆課扞水患賑饑民捐修白鹿洞書院時與諸生講學多所造就浙江通志參海鹽續圖經

查詩繼字二南號樊村爲諸生會鼎革中順治甲午舉人晚令霍邱土瘠民貧上官督催科甚迫詩繼革去火耗加意撫字讀元道州舂陵行有感作詩見志曰民命眞當惜守官良獨難不因兩歲緩那得一州安署考廿中下隣危耐錯盤心肝奉宸極畱向御屛看未三載乞休歸年七十一有樊村集海鹽縣志

徐炳雲字三孺由舉人除武義教諭代諸生償逋賦數百有貧不能舉火者周之至傾囊弗靳武義士夫肖像祠之吳志

徐升貞字君階昌治子由拔貢補岳州通判疏食布衣居官如貧素嘗泊舟新河暮有二虎躍入舟升貞叱曰莫傷吾吏民虎曳尾去歲旱步禱淚痕被面兩釋冤獄八號活命菩提湖南名宦冊參海鹽續圖經

張惟赤字螺浮以進士授戶曹郎擢給事中知無不言歲

條奏數十上嘗一日疏五上出爲荆南道以裁缺回籍有利于邑者力行弗倦後以刑垣召尋遷工垣以疾卒其在工垣時三逆不靖軍需孔亟或計履畝加賦之法惟赤力爭以爲不可由是民間賦稅得循舊額著奏議若干卷子皓字小白康熙壬子舉人爲中書遷主事性至孝母陳病目皓每蚤起䑛之先是惟赤有議賦一疏皓以入告得如議

許全臨字靜庵進士授昌邑令淸歷年逋賦捐貲給牛種開墾荒地三萬餘畝邑多逃旗株連立自首法隨緝隨解民以不累以疾卒于官

彭孫貽字仲謀博聞彊記推官陳子龍奇其才薦之主司已定第一人病不竣試父期生死難聞關兵㷀冒白刃求遺骨有江右義士負骸送歸乃杜門奉母終身布衣臨卒曰我不卽從太僕公死者以母老兄病耳今不得終養存歿兩負有愧我二弟遠矣弟㕓孫孚習皆殉父難孫貽卒私謚孝介著有流寇志茗齋詩文集邑乘雜著若干卷以上海鹽續圖經

彭孫遹字駿孫順治己亥進士官內閣中書康熙戊午開博學宏詞科大學士吳正治以孫遹薦取中第一初授編修累官吏部右侍郎銓曹事例冗煩絕苞苴杜請託

一時清譽推之致仕歸圖書數兩而已工詩詞與新城王士禎齊名時號彭王著有松桂堂集吳農祥傳

朱亮彩字杓雯以舉人爲慈谿敎諭新學舍端士習聲譽藉甚擢岳陽縣令罷故時夫役驛傳諸弊又創義塾置學田以惠諸生困乏者

顧鳴陽字岐雝以進士知山陽縣縣號煩劇鳴陽以樸誠廉靜處之故時有夫役驛傳及芻牧官馬諸弊鳴陽一切裁去山陽人至今德之以上吳志

朱銓達字在三中武舉倜儻負神力康熙十三年投大軍自効戰捷黃烏嶺大溪灘九龍山等處復破仙霞關功第一後隨征海盜鄭經恢復閩疆授左都督銓達敦氣誼與友交不恤利害好獎譽文士賴以成名者甚衆後遷均房參將卒于官

夏雲字奇峯武進士授潼關守備會王輔臣叛關中陷雲被執賊迫之降不屈賊怒絕其食雲以所佩刀割韡上馬革啖之得不死得間脫走歸賊平陞都司卒以上海鹽續圖經

沈德滔字二含以明經爲開化訓導兵後人盡棄學德滔捐俸新學宮竭力振興文教著有聖門表誌諸書吳志

張行健字天行充刑部堂書例授正九品選江南祁門大

洪嶺兼良禾司巡檢饒寇侵祁行健率壯丁拒之衆寡不敵免冑北面叩頭曰臣力竭矣遂被執迫之降力抗不屈賊怒斫其兩臂猶直立不仆罵益甚納之坎中以刃剚其腹遂死胥役方茂胡振並死事聞 贈江南金山衞經歷乾隆六十年

詔査死難諸臣行健六世孫瑋世襲恩騎尉

徐容字顗中祖琨崇祀鄉賢父穡字荀三人品端方容康熙癸酉赴省試祈夢于墳忠肅示以冊面批清晰二字且曰歸語汝祖吳三桂一事當報汝甲第已而果獲儁墨藝批亦符因將吳三桂事詢諸祖祖曰曩有僕吳與

婢三桂姦事露婢羞憤幾隕命吾力爲掩護卽以三桂配吳不意神鑒及之容中康熙丁丑進士仕至西安知府海鹽縣志

石廷猷字襄綸康熙壬辰歲貢性耿介不苟取予樂訓迪後進未嘗計其修脯以故成就者甚衆于志

沈曾懋字子勉康熙庚辰進士直隸南皮令陞禮部主事遷吏部員外郎令南皮時振起凋敝全活災黎無算兩任部曹秉公執法著有性理鈔以上海鹽續圖經

鄭宣字亘展以進士授內閣中書出爲淮安同知惜公帑軫勞役政績茂著總河疏請大用未果卒著有滄江集

錢瑞徵字鶴庵以舉人授西安教諭持行嚴謹訓士必以禮法尤勤講課書得趙吳興筆法善畫松石喜吟詠著有忘憂草朱彝尊爲之序以孫陳羣貴贈如其官祟祀鄉賢瑞徵同里八陶日襄字伯宗五歲入村塾聽誦孝經端立不去瑞徵聞而異之日襄年十六博通經史又從錢汝霖游得其學瑞徵命陳羣兄弟受業於日襄立講經法各隨所見爲注課餘令讀古詩及李杜集又躬習酒掃應對進退之節學成辭去後不知所終陳羣集中方子春詩爲日襄作也海鹽續圖經參香樹齋集

吳甫及字維申以進士歷官戶部郎清操自勵不攜家累涖官搜剔故弊同僚咸憚之自奉布衣疏食卒之日幾無以爲殮著青山草堂集子叔獻字子文以舉人授貴州婺川縣令有政聲吳志參海鹽續圖經

戚令畹字朗園敏悟篤學康熙丙午領鄉薦後聯雋南宮授內閣中書遷部主事歸里築玉山草堂寓東山之意卧痾不起臨終云父母未膺封誥我罪如何流涕而逝海鹽縣志

錢枽字介亭郡庠生康熙壬子副貢讀書深入理窟以涵養性情變化氣質爲訓築小樓於壺溪顏曰清心與從兄汝霖講學其中手纂濂洛關閩之言附以己見名曰性理提綱持論甚正海鹽縣志

錢紹隆字仲扶康熙壬子舉人癸丑進士庚申選四川富順令時大兵集瀘州進討吳孽餘黨譚宏距富順近芻茭糗糧供億無乏姦民乘機抄掠下令城門弗啟露處郊外密擒首惡置之法川撫姚公薦授刑科給事中居諫垣侃直直督某庇大盜馬回子欲從輕典紹隆露章參駁遂成嫌隙庚午典陝西試浙藩馬某欲私其子正色拒之浙藩故黨於直督兩人者遂賺取紹隆子私書上聞削籍家居卒後蜀人合詞上請祟祀名宦祠海鹽縣志

曹辰容字石苓號杼亭登康熙辛酉賢書甲戌成進士選授湖廣甯鄉令巡撫金公以邑令新任將密拏叛案傳安兩姓及連坐三十三人徑發司府先是邑人傳俊先與傳再興有私怨又與寶慶民安然然有隙遂揑稱十三太保裝點成案辰容上言事涉挾仇楚俗生女呼貞生男呼保貞取其節保取長生傳安兩家一生男六一生男五皆以保名合伊兩父其有十三耳因得白其寃辰容登科時年已五十有二六十五發甲七十一作令七十九歸里幾於耄矣又優游林下十有餘年卒年九十四 海鹽縣志

陸張烈字昂千康熙庚辰進士知山西浮山縣抵任卽謝餽遺除浮耗歲旱倡輪賑粟民無失所者力振文教童子試增至數百人詳請改小學爲中學治訟口決如流無留獄行取授吏部主事官至兩廣運使 浙江通志

王顒一字立峯康熙丙戌進士選成縣知縣始至禁加派除陋規慎詞訟興文學調西甯委至鎮海堡地方收放草束顒一躬自料檢不假手胥役上官嘉其才留軍前効力顒一辦理精明運糧先期至主兵者深嘉之卽令沿途放糧回西甯積勞卒廕一子承雋入監 浙江通志 參海鹽圖經

陳宗標字兆龍康熙乙未進士任山西臨汾令邑有龍池向立渠長掌水因不均爭訟憲委宗標踏勘見有大木横塞泉處訊其木俱稱累百年所未敢動者宗標令去之民踴躍從事訟遂息後改台州教授未赴任卒 于志

錢之燾字幼日弟紹隆字仲扶康熙癸丑同榜進士之燾善詩古文辭與彭孫遹齊名未及授官卒紹隆爲四川富順縣時蜀中初定一以寬仁撫綏窮黎戴若父母行取補給事中卒于官 吳志

沈光珏舉人少負異質有得于性命之學于四書大易及正蒙諸書多所纂述爲人嚴厲不苟訾笑子李楷秀水

有傳 吳志

俞雲來字漢乘以進士授安仁令時當兵燹隨 大兵招降賊朱天錫等數千人全活閩廣諸郡飢民甚眾調任湖口擢兵馬司正指揮 浙江通志

曹燕懷字二社以進士授內閣中書爲人剛健論事不肯少屈以此人多忌之竟不盡所長卒著天爵堂集弟辰容字石苓康熙甲戌進士授湖廣甯鄉令多惠政折獄稱神明比歸士民追送呼清官者不絕於道 吳志 參海鹽續圖經

陳遇麒字季游所學孫壬子登鄉薦授錢塘教諭有沈生近思少孤貧靈隱僧收爲徒遇麒一見奇之令蓄髮肄

業學署後成進士爲名臣歷湖州教授以疾歸著有西湖偶吟樊圃詩存閩遊草

錢標字公卓敦行力學入太學讀書不附聲氣就吏部試授州判歸惟擁書課子賦詩寫字以爲樂疾篤口占云伴我清魂梅一樹更添殘月不愁孤夜闌忽聽雲間唳欲跨惟嫌鶴太癯吟畢而逝以上海鹽續圖經

錢標初字又鶴泮子諸生入國子監一試京闈念母不已即引歸盡孝養周邮族黨買田以供舅家墓祭弟禎歿遺腹生男殫心撫育嘉興自明宣德四年析嘉興縣地方立秀水嘉善二縣其時祇依戶籍爲憑不以疆界分

畫故三縣之田互嵌民相安者二百餘年萬歷十三年嘉善民忽以糧額不均起訟於是三縣爭許不已江浙賦重相傳明太祖惡張士誠拒守故重斂其民畝稅有輸官七斗餘者標初辨其非謂禍始于賈似道經界推排之役當日原有官田民田官田輸租民田輸稅其後知府趙瀛取而均攤之嘉興官田不及二千頃而民田五千八百餘頃故其賦輕嘉善民田止三千一百餘頃而官田二千七百頃故其賦于三縣中差重由官民田數不均非因嵌田之故著論萬言推衍事始更端詰難悉有原委朱供奉彝尊亟稱之朱彝尊墓誌參海鹽續圖經

錢炌字稺光標初子國子監生考授州判職幼從朱檢討彝尊受經學陸檢討奎勳學舉業生平以名節學術自勵兩赴京兆試不遇遂絕意仕進時舉其祖嘉徵劾魏璫疏中讀聖賢書傳家惟忠孝二字語訓子弟著有自賞集伊志

馬維翰字墨麟性骯髒不屑習經生業工詩以進士授吏部稽勳司主事尋轉員外郎兼考功銓政肅清歷工科給事中旋出四川清丈田畝相度要害請改黎川千戶所爲清流縣轉兵科掌印給事中西泌建昌道占兒桑昂邦等部跳梁焚掠及烏蒙我師會勦維翰駐打箭爐

軍書排闥達旦不假寐冰雪山積鑿徑通馬道苦寒裂膚與厮養同甘苦涼山數百里地震疾馳勘災散賑得實三渡水摩步蠻臧厥夫方進勦維翰力陳營兵不輯及各厥病蠻狀遂得罷厥撤兵撫各番誅止其魁全活無算在蜀七年政簡刑清論勦撫事悉中機宜居恒和易近人遇事勇決無所詘後以不阿上官意解任起江南常鎮道副使丁外艱歸年四十八而卒所著有墨麟詩十二卷

俞兆晟字叔音康熙丙戌進士入翰林典試山東督學江南歷官戶部侍郎兆晟性剛毅而完養深粹即之温和

有古大臣風著海樹堂雜錄薈華軒筆記靜思齋文集
等書
朱之溥字沛蒼以舉人知潛山縣邑苦旱前明邑丞常公
曾開河四十餘里至是已塞溥下車卽率民濬之民爲
之歌曰微昔之常疇貽我康微今之朱疇卹我痡彼吳
之塘爲鄭爲白漠漠涓涓維二公澤
潘兆新字銘三舉人深經術具經世才海鹽海塘南爲三
澗塞北爲朱公塞歲苦潮溢衝入內河兆新建議三澗
塞築海塘如舊改凹爲凸且照舊址接築矮塘數十丈
朱公塞以北向來無石塘者創築中塘一千二百丈濱

海地得安督撫李衞奏請簡用兆新以母老固辭著周
禮纂要輯註增訂小四書見滄山房稿閩遊詩鈔
朱以誠字望亭以進士任福建長泰縣貸貧民積逋二千
餘兩調至漳浦邑旱出倉穀以糶後因姦民張崑蔡懷
爲亂窮治之被刺卒
俞鴻馨字尹思辛丑進士由庶常出爲靜海令甫下車蝗
蝻熾發夜默禱於天翌日蝗抱草葉纍綴而殭轉蒐州
知州捐貲修堤三十餘丈民安耕耨卒於官士民奔哭
立祠祀之以上海鹽續圖經
陳世倕字公佐以進士授戶部主事擢兵科給事中康熙

三十八年奏銷案內有漕運腳費部駁咨追積欵世倕
上疏奏免之除河南按察使內陞都察院左副都御史
歷官數十年囊橐蕭然歸里後與錢觀察元昌纂修邑
圖經及藝文續編子克鎬字芑豐康熙癸卯舉人華亭
令著有詩四集梛堂詩話十二冊伊志
陳鼎字致和湖廣麻城令屢雪大獄著循聲有警心錄伊志
顧長祚字容大舉人授湖北咸甯令時驛站需索無厭長
祚力持之稍戢服邑有公地兵丁欲據以牧馬大害民
稼請於總戎得免又建造河橋橫亘數十丈民大便以
老乞歸卒伊志

錢元昌字朝釆明太常薇六世孫父標有潛德元昌居貧
力學中康熙壬午副貢授廣東長甯令捕盜有功內薦
兵曹出知柳州府時羅城通道鎭四圍山險有小徑容
一人出入獞蠻頭人黃光直據險自大元昌撫之歸順
開鑿徑道後調守桂林修築陡河農田商楫賴之陞貴
州糧驛道以年老歸出貲葺修太常祠散餘貲以周親
族著有益翁詩稿八卷工繪事花鳥草蟲極生動有致
伊志
陸坪字履莊以舉人授江西萍鄉令邑四面皆山多棄地
外省人來開墾者搭棚以居子孫遂號棚民土人擯不

與齒致自棄爲匪𡊮以棚民中亦多善類請定爲客籍得與應試改山陰教諭卒伊志

陳韶原名克鎧字鳴盛雍正癸卯舉人授直隸欒城令後攝亳州捐俸成北關外石橋民感德建祠橋側升壽州知州州有安豐塘即芍陂塘歲久淤塞爲鳩工疏濬環塘田數千頃悉成膏腴調泗州泗多水患力請開濬謝家溝奉檄築盱眙高家堰易甎爲石櫛沐年餘大吏嘉其法表爲各工式海鹽縣志

陳鼎字致和由太學投效河工授湖北麻城令先是邑有涂如松者與妻楊不相能楊他走爲諸生楊同範藏複壁中楊弟五榮誣如松殺妻與同範謀謬以男屍報縣令湯應求察其僞獄不能具督委廣濟令高仁傑重檢竟指爲女屍酷掠如松等俱誣服獄成嗣同範鄰嫗鬭松冤密以告鼎鼎慮事洩無由平反乃僞訪同範家啇娼身率快手直入毀其壁果得楊氏訊實邑中稱神明焉後調福建甯化令竝有政聲著有鏡心錄海鹽縣志

俞藻字秋崖雍正壬子舉人河南永興令改會稽教諭課士有法邑諸生勒碑頌德朱瑛字新傳乾隆癸酉舉人任東陽教諭陞山東萊蕪令廉潔愛民卒于官著南荍詩槀伊志

徐煥然字晉叔雍正甲辰進士授翰林院編修江西典試充三朝實錄一統志武英殿纂修官被劾罷歸著有桐村詩三卷伊志

孫廷權舉人湖廣咸豐令捐俸立義學設養濟院禁溺女民風一新有土司秦姓者爲害於民廷權申文數其罪卒于官伊志

吳懋政號蘭陔乾隆壬申進士授廣東博羅令興利除弊視民如家人父子有負冤者必爲昭雪人以佛子呼之比去立祠以祀改處州教授告歸以文章教後進游其門者輒掇高第去著有粤程稿八銘堂詩集伊志子孝治博雅工詩著有友于集紅豆山房集伊志

陳夢鑨字卜年考授州判歷任燕蘇秦蜀所至勤于撫字有利于民者力所能與無不盡舉後轉騰越州以老歸

吳文暉字巽萬篤學敦行母病殆禱於神願減巳算延母壽父沈痾久文暉晝夜侍揮之去屏息牀簀間父歿哀毀骨立見者動容舉乾隆丁卯鄉試三上公車不以一刺投貴人門晚絕意進取以經術教授遠近宗仰稱人師潡水百餘年來人文散佚文暉悉力搜采文獻賴以有徵著有燈庵詩潡浦詩話日記跋尾等書子以敬字惺仲事繼母孝初好禪學後讀程朱書有得瞿然曰幾

誤矣學非程朱非學人不學程朱盧爲人早卒著有匏齋集伊志

任昌運字香杜乾隆丁酉舉人官餘杭教諭壬子餘杭瓦窰塘決天目山泉奔騰而下昌運建議以米囊數千實土交投柴草以彌其隙不日而塞後築烏龍瀍仍用是法餘民至今感之于志

陳基善字穀也乾隆庚子舉人官福建甯化縣知縣鋤强扶弱民皆悅服于志

俞光裕字勤圃宰江西龍泉縣興利除弊龍泉士民作詩歌以紀其事子克振歷官湖南靖州醴州雲南廣西州

刺史所至有政聲于志

董承英字偉文歲貢生司訓吳興精易理兼善堪輿訓士循循有法度壽至九十于志

陸趙泰字時明由進士宰正陽以教化爲先不事刑罰有訟郎予聽斷吏不得操緩急常單騎巡田野語桑麻諭氏勤修六行親課諸生第其甲乙是歲邑人馮洵遂魁鄉薦正陽登賢書自此始于志

朱佩蓮字玉階乾隆壬戌進士除翰林編修督學廣西奏建太平府考棚歲辛未歉收濱海竈民販荒鹽爲活場使某以拒捕告大憲以兵至時佩蓮里居馳馬途次以百口保漱民事得寢歷官侍講貧無餘貲好奬掖後進所作詩文卓然成一家言伊志

朱丕烈字正咸乾隆戊辰進士歷官工科給事中典江南試督湖北學政皆得士巡視臺灣開壅塞灌田民利賴之督學廣西被劾降官著有如蘭軒詩集伊志

祝櫓良字東毓乾隆乙酉舉人授貴州天柱令遷麻哈知州麻哈民苗雜處最稱難治櫓良至以德綏之土司感服民情愛戴于志

朱正蒙字青泉乾隆庚寅舉人授山東平陰縣知縣東省旱歉籌畫賑濟教匪滋事被煽惑者開導釋之保舉卓

異旋卒官橐蕭然士民追思遺德賻贈千金子光昭御之士民以金建朱公祠焉海鹽縣志

朱蘭馨字芬若乾隆辛卯進士宰鉛山地當衝要民情健訟蘭馨手批口斷民皆帖服陞吏部稽勳司員外郎精察不爲吏欺保送御史尋卒著有松喬詩鈔于志

馮桂芬字燕山乾隆丁酉舉人由國子監學正陞助教擢直隸宣化同知居官清介聽斷詳明遷冀州牧將之任宣化民遮道留之于志

朱昇佑字篁雨乾隆己酉副貢官雲和教諭日與諸生講習文藝雲和向無科第至是始有登賢書者著有篁雨

詩鈔臺洋集于志
陳新字秋江乾隆壬子副貢以州判分發湖南適苗頑不
靖委辦軍需以賢勞著補茶陵州判旋擢綏甯令撫輯
苗猺民皆得所歲歉設法平糶全活甚眾于志
陸光宗字古山從九品從政黔楚時良民爲賊牽連者甚
夥幕府令讞獄光宗爲白其冤悉縱之以軍功擢縣令
所至有政聲仕至酉陽知州于志
朱方增字虹舫本生父春煊國學生嘉慶甲子歲饑設法
賑濟有厚德方增辛酉進士由編修洊升侍讀學士擢
內閣學士歷充雲南山東鄉試考官提督廣西江蘇學

政所至以維持風教爲事作黜邪導正詳示利害說分
別十利十害剴切勸諭得
旨刊布嘉慶十八年應
詔陳奏一疏論尤切要熟諳
朝章典故史館撰述號爲通才年五十卒於官著有從政觀
法錄三十卷求聞過齋詩集十二卷海鹽縣志
徐葆甫字南州道光乙酉拔貢用陝西知縣歷任盩厔咸
陽等縣爲政以不擾爲主所至省科條減徭役釐姦剔
弊吏莫敢欺民呼爲徐青天任盩厔時麥秀雙歧邑紳
路德作頌紀之

宣宗詔舉循吏膺薦入都尋擢鄜州牧卒于官海鹽縣志
朱錦琮字尙齋吏部員外郎蘭馨子
仁宗五旬萬壽呈獻詩畫拜緞匹荷包之賜挑取謄錄國史館
議叙授安徽盧江知縣旋署泗州知州所至興水利勤
撫字宣城遇水災力籌拯救晥撫陶澍以賢員薦尋擢
宿州牧以倅廉助餉例用知府授江西瑞州守薦舉卓
異遭母憂去官服竟任山東東昌府興利除弊振興文
教以年老謝事歸里著有治經堂詩文集四十卷日次
詩兩卷信疑隨筆十二卷海鹽縣志
張伯魁字春溪以議叙官甘肅洮州照磨嘉慶二年從征

四川身先兵勇生擒賊首仕至甘肅平涼知府于志
朱昌頤字朶山嘉慶癸酉拔貢道光乙酉舉京兆試丙戌
成進士授翰林院修撰次日
命書摺扇賜文綺蓋異數也官戶部時堂牒有僞坐鐫級尋起
主事升員外郎甲辰充會試同考官典試雲南丙午遷
山西道監察御史擢吏科給事中會與同僚論事齟齬
牽連被議
文宗御極起用主事謝病歸里昌頤官農曹値創辦南漕海運
事宜詳議規條奉行稱便任言官時條陳南漕積弊請
由江浙招商海運得

旨允行咸豐三年粵匪擾浙奉
命辦理團練募勇駐防青陽匯事平叙功
賞還給事中銜邑南鄉三澗寨海塘久圮督勸紳民捐築主講敷文書院前後八年學者奉為楷模年七十二卒著有鶴天鯨海詩文稾海鹽縣志

支清彥字少鶴少有奇童之目道光乙未舉人戊戌入詞館乙巳分校禮闈大考一等擢庶子尋遷侍講學士視學四川裁汰陋規甄拔實學士林頌之任滿謝病寄寓陝西旋值粵匪滋事卒於陝海鹽縣志

彭世洙原名世鑑字閬亭自少敏悟器宇凝重善屬文書

法道勁早歲遊庠食餼道光壬午舉人七應禮部試戊戌成進士以知縣分發山西需次未一年卒湘鄉曾文正為撰傳海鹽縣志

朱毓文字鹿賓嘉慶庚寅進士授安徽舒城縣知縣首崇學校民有訟訴委曲開導如家人語有兄弟爭地者伯與季均年六十餘毓文愀然曰我有兄早逝至今以為憾爾兄弟皆高年為人生不易得之樂乃手足自殘乎因感泣願棄地勿取以父憂去官服闋任貴州仁懷縣知縣署安平縣事安平城西有亘澗民多棄屍歲久骸積悉檢埋之任仁懷時山水驟發壞民居立往賑給災黎獲全年六十二辭官歸家居八年卒著有坦坦居詩文稾海鹽縣志

吾德涵字笏山嘉慶辛酉舉人丁丑進士用刑部主事改授江西進賢令時銀價貴鄰縣徵收錢糧輒議加增德涵恐病民持不可又修築蘆溪塘以免水患民甚賴之調署新建清釐積案未幾告養親歸遭父憂築廬墓旁以申哀慕服竟闢為菅山草廬雜蒔花木觴詠其中書法精妙一時牌版皆出其手老年猶日書心經一篇人爭求之年七十四卒海鹽縣志

陳希敬字笠雨嘉慶丙子登賢書道光癸未成進士授江

蘇金壇令調任江陰仕至直隸深州知州咸豐三年粵賊突犯畿輔連陷州縣九月初七日諜報賊將逼城申刻城陷希敬危坐堂皇罵賊被戕事聞得
旨追贈道銜賜䘏如例著有菰蘆老屋吟稾退耕堂詩集海鹽縣志

沈世奇福建雜職道光十三年陳逆滋事協守臺灣出力會內渡遭風淹斃大吏為請于
朝得
旨贈䘏如例並蔭其一子入監讀書期滿以州吏目用于志

朱右賢字秋田父光昭嘉慶初投效四川軍營署雲陽縣尉歿後遂寄籍右賢從其外祖敖姓入榮昌縣學道光

戊子舉人丙申進士授貴州梓桐令升威甯州知州署
安南縣事咸豐四年十月賊陷縣城力竭被害妻周氏
及女同時殉節如例賜卹建專祠海鹽縣志
沈炳垣字紫卿道光癸卯舉人乙巳登蕭錦忠榜進士選
庶常授編修咸豐壬子大考翰詹列高等擢中允充四
川副典試督學廣西同官祖餞彰儀門外臨別攀刀慷
慨言曰際此寇氛充斥使者搜巖採幹務獲干城之選
非徒取華國才也馳抵桂林與中丞勞崇光籌戰守策
山川險要瞭如指掌勞愧勿如會梧州請試毅然就道
曰軍書旁午猶知投戈講藝此正人心振起之機也省

嘉興府志 卷五十六 海鹽列傳 美

會士人羣遮留堅勿允時七年秋月按試甫二日會匪
圍攻與知府陳瑞芝等嬰城固守艱難措拄者九十有
五日城垂危有野處弟子員曾列名請試者縋入紿曰
請禱城南神祠爲民請命意將擁匿爲脫禍計仍勿許
城陷仰藥自盡賊有識面者刼至僧舍救治使蘇且戒
羽翼愼勿傷沈學使炳垣瞋目唾罵巨魁聞恚甚命臠
割之屹立不爲動賊怒猶未洩積薪焚尸時有老卒混
跡賊中備見慘死狀竊藏燼體走達巡撫奉
旨追贈內閣學士兼禮部侍郎銜照陣亡例
賜卹謚文節世襲騎都尉廣西省城建立專祠載入祀典國史

館傳參錢楃部撰行狀
曹爲鉞字東井寄籍順天大興以議敘選廣西按司獄升
土田州同知咸豐五年擢龍勝通判壤接湖南地無城
池六年苗匪猝至遇害子文洙孫乃楨同時殉難卹贈
如例海鹽縣志
任沛霖字硯雲道光庚子歲貢癸卯甲辰聯捷成進士授
直隸高陽令居官廉惠邑有盜魁甯擒之督標武弁某
素庇盜欲脫其罪沛霖執不可白諸大府卒置之法民
咸德之旋調任咸安泣任甫三月卒於官著有雙桂軒
詩稾一卷海鹽縣志

嘉興府志 卷五十六 海鹽列傳 毛

黃燮清字韻甫工詞翰審音律道光乙未舉人屢上春官
不第充
實錄館謄錄用湖北知縣病不之官自是怡情山水著述益
富家居拙宜園爲楊晚研太史別業燮清改葺晴雲閣
爲倚晴樓繼又得硯園廢址栽花種竹自號兩園主人
時與知交觴詠其間有終焉之志咸豐辛酉賊陷縣城
乃間關之楚就官大府耳其名器重之壬戌分校鄉闈
權宜都令邑有虎患捕不獲爲文牒神虎遂滅夏旱又
以文禱翼日雨旋調任松滋有政聲未幾卒著有倚晴
樓詩集十六卷詩餘四卷樂府七種選刻詞綜續編二

十四卷海鹽縣志

徐槐廷字雲鶴弱冠入郡庠食餼道光乙未舉人立品端方以文章教後進多所成就沈文節炳垣顏學士宗儀皆師事之年五十餘始以大挑官粤東授遂溪令調順德令擢潮州黄岡同知歷任地方誅盜賊清積案除苛派恤獄囚初任鶴山即有萬家生佛之號任恩平時值土民客民爭鬬乃親歷各村剴切曉諭民咸悅服任開平時有長沙村民爲鄰縣茭荻村民挾讎誣陷新甯令將臨以兵人情洶洶急爲白其寃於大府事遂寢保全甚衆在韶州軍營三載鞫獄務求詳當嘗有論事敢寃

三尺法原情莫詡片言能之句歷充咸豐壬子辛酉同治壬戌同考官所取多雋才梁燿樞譚宗浚先後皆成一甲進士藝林豔稱之引疾歸里建宗祠立義田祭田樂善好施鄉里咸欽齒德卒年七十五著有自得齋詩鈔以子用儀官贈通奉大夫王彬撰傳

嘉興府志卷五十六

嘉興府志卷五十七

嘉興府知府善化許瑤光重輯

列傳

海鹽縣

孝義

晉

李祥海鹽歟城里人少雄於力知書史鄉有爭鬬悖犯折之以義隆安中孫恩寇海上祥從內史袁山松討賊築壘滬瀆恩驟至山松戰歿祥突白刃收山松尸歸葬時人義之名祥所居里曰敎義南史參趙圖記

梁

陸黯海鹽民太清之亂侯景遣其將宋子仙攻沒吳郡以僞太守蘇單于守之黯舉義有衆數千人乘子仙進攻錢唐襲殺單于推前度支尚書陸襄行郡事襄遣黯及兄子映公帥衆躡子仙與戰黯敗走吳下襄一夜憂憤卒時同義者有陸緝戴文舉等景以海鹽人起義破吳因分海鹽胥浦二縣爲武原郡南史陸襄傳參梁書侯景傳海鹽圖經

宋

衞公佐字輔之事繼母以孝稱族有不能婚嫁者悉佽助之聚書數千卷禮四方賢士訓子弟時縣未有學捐地

爲址又獨任禮殿之役熙甯饑疫邑人賴以救療元豐
中復饑民皆負稅令滿代者已至轉運使苛留使督逋
負縲繫盈庭公佐出粟代輸之弟公寬公望並敦行誼 兩浙名賢錄
閩人堯民字伯封淳熙六年赴楚州錄曹母春秋高不冒
去鄉里屬其弟舜民侍養而獨之官積俸遺母爲盜所
竊禱于北斗神盜就擒點閱原劵纔失其二人以爲孝
感 夷堅志

元

陸壽一宋樞密副使旋吉八世孫明經學著孝經傳二卷

隱居梅花莊方道叡薦官之不就從祖居仁卒鬻產以
佐其喪年九十餘卒曾孫宗仁由舉人爲通判歲饑賑
活二千餘戶建先祠于梅花莊置義田以贍族之困乏
者 吳志

過宗一蚤喪父獨與母居張士誠陷姑蘇略地至海上宗
一負母逃與寇遇欲殺之以身蔽母中數創乃舍去傭
以給食母卒不克葬寢苦服衰語輒泣下 清江文集

沈嗣昌字原懋一名壽康居豐山之陽早喪母事父竭力
孝養父亡搆廬墓側匍匐以泣者六年南臺論薦官之
不就洪武初知縣王文表其村曰孝隱 趙圖記

陳寶生字彥廉父思恭娶妻生子寶乙思恭商泉州繼娶
莊氏生寶生思恭浮海死莊誓死不嫁訪寶乙在海鹽
遺錢贍之寶生既長自泉徙崑山築春草堂以奉母迎
寶乙歸事之謹寶乙死撫育其孤工詩畫與黃公望交
最善公望拉之觀濤至東城忽涕泣不與俱曰陽侯吾
父仇也公望哀之爲著仇海賦以記之 海鹽圖經參攜李詩繫

劉儼字敬先博學善詩文娶瞽婦終身相敬如賓門人蕭
字貧卻贄且周之粟友人沈德常死鬻產葬之祀鄉賢 海鹽縣志

明

劉鳳字景儀先世學正恂從汴寓海鹽陶涇元末舉家爲

賊所戕曾孫用方垂髫身受十八刀不死後生三子長
卽鳳也鳳倜儻好奇略明初海甯衛官軍調往沈家門
海洋防倭多遭風溺死鳳建議奏改爲陸守有九里三
砦之設又夏稅額少納者苦其零星改於秋糧中併輸
亦自鳳始以子泰貴贈官 兩浙名賢錄

潘允濟邑捍海塘雜用土石易崩洪武三年海溢淪田畝
允濟走闕下請築塘專用石上遣宋署丞如法監築邑
賴以安 海鹽圖經

崔永字彥齡七歲喪父母韓更適里人桑愼愼爲御史坐

事謫海南攜韓從軍永長思母不置徒走走海南誓不
見母不還行次瓊州得焉會愼歿力求歸母有司以配
屬無放還例不許走京師號泣請于朝許之歸舟至江
右遭風覆舟永入水負母母得活永感疾死江西省臣
茹大素以聞詔賜祭葬給驛舟歸其母永往返海南無
停足者四歲廣海間皆稱崔孝子海鹽徐志參廣東通志
胡寬字景灝父繼海爲社學師寬少孤博涉經史亦爲社
學師好說古今事勸迪鄉人鄉人化之時邑城民居稀
授書止寬父子每五鼓開學堂懸一燈高竿諸童子望
之爲候抱書至至今相傳爲趨蚤學王文祿衛志

夏安字世康爲人慷慨負義氣篤倫理孫瑞號西莊幼喪
父事母王孝母患痼疾醫不能療割股以愈愛遺腹弟
璠終身無間撫按旌其孝友董穀撰傳
陸達定之子永樂時薦授博士兄弟同居數十年未嘗析
箸庭有紫荆一本數幹時人呼其里爲祥里吳志
陸宗秀字坦菴陸正曾孫永樂初徵召不仕歲饑傾粟麥
賑濟詔旌其門曰尚義子珪字廷玉嘗代輸一邑之賦
景泰時連年饑疫珪與弟瓛瑜瑾各散給穀麥凡萬餘
斛敕授迪功郎海鹽縣志
章暉字景文嘗赴試入郡途遇鮮鯉冒雨買歸烹奉父食

然後去父或怒伏地受杖俟怒解始起後膺貢遂授鎭
江衛幕海鹽縣志
王儀字汝儀自稱古鐵生親歿廬墓妻亡不再娶以子託
兄無私蓄嘗爲君子小人圖題詠于上以警世海鹽縣志
陸平者世居邑西麓富甲一里洪熙改元暨正統壬戌景
泰乙亥歲大饑前後入粟五千餘石麥八百斛賑濟詔
旌爲義民表其宅宴之光祿授散官海鹽縣志
莫藏字用行性孝母臥病三歲不起父發疽瀕死皆割股
療之博涉書史善篆隸行楷間作墨花倩潤可愛所著
有佩觿稿詠史詩素軒稿五音字書辨訛海鹽陳志參書畫譜厲鶚

王紀字宗憲由歲貢任滁州吏目嘗奏捐州之冗稅又請
罷海鹽民兵海鹽人德之祀鄉賢東城雜記
陸鮮字一拙十二齡補諸生尙俠倭寇犯海鹽傾家召鄉
勇朝夕防禦衆藉以安郡中屢經水患鮮捨地爲義塚
瘞殍屍郡守粲材高其義勒石紀之以上吳志
陸源字本深成化壬辰歲大饑鄰婦相率攜幼穉入廚下
遂敕廚中每日多作數十人食以待來者鄰左右數十
家竟日不舉火逋租佃戶入市貿易紀綱奪之責令還
之曰以布易粟家中必枵腹待餐忍奪之耶有持豈公

族譜來曰海溢失譜久矣不敢妄冒兩浙名賢錄
鄔質父性侈好客質竭力養志好馬即畜良騎每出必隨馬後子魯亦純孝甘貧落魄居父喪哀思成瘠夢中無夕不侍父側醒必涕泣因號夢椿云海鹽仇志
仇必達必顯海甯衛右所人與兄武昂季弟必侃友愛不析爨必顯嘗路遇暴屍勸必達買棺瘞之自此遂施棺及絮襖濟寒又沿塘鑿井五十以濟渴王文祿衞志參李旲尚義記
顧昂字文顒成化中嘗爲新泰典史昂家澉浦數上疏請鎮城事宜皆報可一請濬城東南地爲河載土築黃家吭塘捍海一請豁澉所公佔城池軍營田地稅糧一請

以城濠空地海上新漲沙地爲牧馬場毋令鎮軍縱牧踐壞民田一請免所軍運艘減馬軍舊額百匹爲六十匹免遠漕及孳牧等苦至今賴之嘉禾獻徵錄
顧薇字子芳母李歿水漿不入口者三日刻木肖像事如生母棺在堂鄰火將延及薇伏棺大慟火忽反繼母盛不善視薇薇事之如李卒化爲慈劉志
胡彭述字信甫幼喪父事母仇極孝每問母父貌若何居官幾年輒失聲慟哭室三楹中奉母身及妻劉居左夜寢未嘗闔右扉曰吾何忍自隔阿母耶好藏書有好古堂書目海鹽圖經

葉春華海甯衛軍事母至孝朝出暮返晴樵雨漁市以供母母性暴多怒酒肉稍不善必令別置而叱使跪以待食不命之起雖達旦不敢起縣令聞之旌其門猶及編
孫浩正德時爲蒲城丞倡修義塾其裔肯堂以選貢爲鄱陽訓導捐俸以惠諸生纂修邑乘吳志
陸良號仰雲父病百計求治母蔡寒月病痰思食西瓜良徧走得之疾愈後復病割股以療友愛其弟甚摯有徐覽張煥秉性純孝並以刲肱愈母疾縣令皆旌之馮皐謨傳參袁志
朱文才字尙卿澉鎮布衣慷慨多智略嘗甃冉里壩開興

水利築文星臺於白苎漾中釀金首事人或不應必傾橐成之
胡栻字敬之澉人性純孝父性侈而嗜音栻極甘旨竭力致賓朋以奉之後家日落不能致乃自學曲娛父夜與父同寢以腹暖父足如是者十餘年父沒鬻室以葬寓其姻徐氏以死以上海鹽圖經
許聞至字長聖性孝友倭寇海上時從父自城歸遇賊跣足負父行數十里得免居喪哀毀骨立爲弟任役事破家浙撫招見之不往沒祀鄉賢袁志
錢袞字懋登琦少子貢爲於潛訓導長厚好行義嘗收葬

門下士何生買妾贈老友程琦生子潛諸生何龍坐獄蓌知其寃餽橐饘焉斷獄者聞而愧謝立釋之輯所見聞爲厚語行世 海鹽圖經

徐藻字子潔司訓縉子諸生痛父被倭驚病歿具奏召集鄉兵滅賊雪父寃得旨許其招募賜名忠孝軍乍浦沈莊之戰藻在行間有功不受賞而歸 嘉禾徵獻錄

董謙字德元仲真五世孫兒時父笞之跪而受責捧杖而泣迨長定省中禮節居喪哀慼行路苦廬旁木枝生連理家有廢井甘泉湧出每哭慈烏繞舍啼與哭聲相應宏治中詔賜天下孝子冠帶謙與焉 海鹽續圖經

吳芸字時美倘俠好義子霽善承父志霽子之英舉人爲蕭縣令歲祲賫粥濟人又設藥局療病者人頌其德祀鄉賢 海鹽圖經參吳志

王槐字南喬撫教幼弟成立嘗著尙書闡幽居虎溪人稱虎溪先生 海鹽續圖經

徐潾字汝器父壽病痢甚危操藥以進鬚髮盡白嘉靖中倭蹂內地挈家避山林中倭騰山而上眾驚悸無措一倭忽從山麓招呼各掉臂去得免僉謂純孝所致子應奎字星會父病隆冬思食瓜泣禱于圃瓜纍纍臥槁蔓下食之而愈人名爲孝瓜云 袁志參海鹽圖經

祖彭年字賢卿諸生性慷慨遇事敢言嘗白罷首匠坊廂名役嘗夢人書醉字授之因號醉翁竟以酉年卒以子重奕貴贈如官 海鹽圖經

劉世坊字敬止竹次子事父母曲盡孝敬性伉慨嘗置田三百畝以贍族戚之無依者子祖錫少孤割股以愈母疾由選貢爲江西府判數月乞侍養歸 吳志參海鹽圖經

陳馬兒者乍浦軍也嘉靖丙午倭犯金家灣指揮方泰射中一倭追之墜馬而傷馬兒扶泰上馬與敖鎮直前搏戰甚力援絕馬兒走至山半自擲下足陷石窖中被殺泰爲文祭而瘞之時同戰者有倪軏倪輔李峻任凌義

一林岳並效勇而淩林二人亦戰死二倪及敖中所人敖後死于矮婆橋之戰 海鹽圖經

鮑宣鮑惠胡士瀅茅堂並以勇力聞嘉靖癸丑四月二日倭船泊演武場海岸衛帥率兵禦之宣手抱一倭與俱死士瀅以火藥焚其船亦與酋人大王者俱燼餘倭走矮婆橋堂追之手梟一倭與惠及敖鎮血戰夏人伏發咸死惠喪元身挺立若赴敵狀時戰死者十八人名姓多失紀時同里有訓導孫旨堂巳宦歸倭掠邑西郊突入旨堂室執之將加刃焉僕以身蔽主請代死倭兩舍之 海鹽圖經參浙江通志

周至德字岸登諸生性行醕慤嘗拾遺金于道竢其人至歸之吳志

彭紹賢字孔嘉以世職歷參將性孝友祖業悉讓從父卒祀鄉賢著擊壺編子宗礪痛母因產亡生辰必素服流涕讓世爵于弟卒袁志參吳志

顧萁字子期父患瞽相而事之不離側撫兄之孤子有恩舉嘉靖鄉試子槃亦舉順天鄉試天性孝友讀父書未嘗不流涕母性嚴急稍不當意必長跪色霽乃敢起弟早卒恤其嫠劉志參海鹽圖經

錢與映字淵甫萇子嘉靖甲子舉人通濂洛之學自奉極澹泊獨好義施嘗置田贍族修橋堰便行旅歲戊子大疫延茗醫淩氏施鍼灸全活者衆撫其弟端映嚴而有恩弟亦恭而退讓世並美之子陛孫潤徵瑞徵另有傳海鹽圖經參袁志

張中孚幼師董穀習舉子業穀衰落時從步四十里問候不已友人鍾思孟死醵金爲殮晚年窘惋而歿海鹽縣志

沈鑾者訓導孫肯堂僕也嘉靖癸酉倭掠邑西郊突入肯堂室將加刃焉鑾以身蔽主請代倭義之兩舍海鹽縣志

葉芳蓌字友輿句賸里人萬歷丁巳母顧疾篤刲肱投劑知縣何公楔綽旌之曰孝念篤真海鹽縣志

李延嗣年十六母范病篤割股療母萬歷間縣令杜士全知府龔勉並給扁旌其廬海鹽縣志

鄭忠材字孝標刑部履準子弟恕材以序承祧叔履洵忠材仍以遺產均析白首友愛無閒言海鹽縣志

陸舒字平度少爲諸生姿貌瓌偉慕古烈士風客鄖撫蔣允儀幕府值張獻忠躪楚鄖列城多陷檻車徵允儀舒感知已仗劍從諸將力戰破賊列城盡復允儀得末減坐流戍後撫欲上其功脫身遁歸家益貧意氣激昂中所不可王公不能致善畫蒼潤森秀得叔明大癡筆意海鹽縣志

徐起字沖漠庠生割肱療父洪恩疾邑宰旌其門曰純孝海鹽縣志

王衷字本誠持己嚴毅張甯與之交壽以金不受傭書積數百金悉捐以建順甯橋子阡字汝直有巧思嘗爲救火法及築捍海塘式又製一輿加牛背乘之曰犢舟人慕其達多有從之遊者吳志參海鹽圖經

朱元弼字良叔諸生父用中性嚴正元弼安貧力學事繼母竭力奉養弟不善治生乃賣已宅代償適自寄友人舍以居所著有士林甯約敬道會編禮記通註猶及編學者稱達隱先生嘉禾獻徵錄

曹禎仁五世孫孝弟力田嘉靖甲辰倭寇石墩禎與弟祑集衆擊之村里賴以保全（鄭茂靖海紀略參袁記）

張亭家半路亭嘉靖甲辰官兵與倭戰孟家堰死者數千人亭斂殘骸盡瘞之又收甲仗數百上之官太守劉慤義而旌之

沈藻字元明隆慶戊辰進士守泰州以廉潔聞忤要路歸貧無以給教授生徒佐二人甘旨父性卞急稍不懌必泣跪一日郡守龔勉過候藻久之不出値父怒跪不敢起也龔知之深歎其孝以子宏遇貴贈官祀鄉賢（以上浙江通志）

賀南儒隆慶辛未進士爲閩縣令以勤勞致疾卒子萬春走數千里迎其喪歸萬歷時爲鴻臚丞數月即以侍養告歸母有瞽疾萬春妻趙日以舌舐之復明（吳志）

周紹宗字岐陽本姓馬少失恃事生母繼母如一繼母病久體不能屈伸楚不可禁紹宗負之行盤旋室中日數百回病遂瘳一日偶出心動急歸生母瞽帷中失火不能出紹宗從烈焰中負之火頓熄（浙江通志）

朱正學字中甫兩中副榜不仕敬養後母事兄如父撫育孤姪置義田以贍族貧不能葬者葬之子豫順明濂洛之學泰禎官福建道御史祀鄉賢（海鹽續圖經參吳志）

王廷俊字海若萬歷甲午舉人授高郵州愛民禮賢寒畯沐其惠居鄉樂施予修官塘濬城河賑饑置義田著有讀易解子蘇字元冶諸生早歲喪婦不復娶嘗救難婦周急給櫝助葬著史漢通鑑纂要等書（海鹽續圖經）

吳大艮字春庵貢生除夕有鄰行竊匿轎中天寒發顫有聲大艮蹟知之給銀米令務生理感泣而去（伊志）

湯秉廉字惟潔家貧耕田鬻鹽以養父母父年七十餘病篤醫藥罔效割股療之（湯立賢傳）

沈宏逵藻長子藻病目逵以舌舐之目復明異母弟宏鍵生三日藻歿宏逵與妻陸慈護倍至嘗還金折劵兩臺

郡邑並旌孝義子廷銘諸生工詩書篆籀有靜遠堂集（海鹽圖經）

錢陛字紫芝與暎子萬歷戊午舉人博學好義置義田以贍族建義莊以勸學改造文昌橋至今爲便著有西乘庵稿（袁志參海鹽續圖經）

徐廷泰字宙知諸生父洪錫得癇疾泣禱于神遇道人授以方飲之病艮已八歲喪母忌日祭必哭事繼母盡孝養家貧好購書箋釋性理大學衍義陽明諸書（浙江通志）

褚明祥字瑞艮母王氏疽發背刲左髀一臠羹以進母病起後復病刲右髀和藥病又起母歿肖父母貌事之終

身濡慕張煥字堯章七齡父病目刲股以療張調元天
啟舉人孝事繼母值怒跽以求歡海鹽續圖經參吳志
鍾祖保字念之祖述字君明皆梁孫祖保性直敢言少爲
諸生遇大造條列積弊數端上邑令令以破家縣令語
惕之曰生聞樂只君子民之父母而已令有慚色祖述
孝友純篤嘗割地葬宗人十餘柩祖保博學能詩晚坐
臥一樓植竹數千竿十餘年不見客海鹽續圖經參檇李詩繫
鍾士傑字俊人父患背疽焚香禱天刲左肱得痊親族欲
爲請旌力辭止之
程原洛字理源父遠任桂平留原洛事祖祖病衣不解帶

者數十日割股和藥以進病瘳
王榜字瑞郊曾祖端籍河間正統間爲海鹽令卒二子珵
璧不能歸遂居海鹽榜多厚德萬歷九年邑令核田畝
之不均者舉榜督丈量吏胥不能上下其手邑人德之以上海鹽續圖經
黃耀如字淵明父雲梯有至行讓產卹嫠宗黨稱之耀如
少孤能承父志食貧砥行撫兄子如子崇禎壬午登賢
書絕意進取著闡理編澹遁齋詩海鹽續圖經
鍾鴻頡字海槎舉人爲上海縣令有平寇功卒于官從弟
顒字盥若童時跪吮父疽以孝聞袁志

費仕字仰泰割股療母疾讓產于叔嘗三還遺金兩拒奔
女卒祀鄉賢海鹽續圖經
張源思字睿衷進士少孤力學事母盡孝與兄源成弟源
長友愛無間嘗伏闕陳情詔旌其母海鹽圖經
吳晉書字接侯崇禎丙子舉人性孝友病中不廢溫凊爲
文浩瀚有水流雲行之致詩學長吉書得晉人法子曰
蘷字汝典幼從張履祥學弱冠蔚然爲儒宗從叔早卒
撫其孤恩誼倍至工詩書有物表亭集海鹽續圖經參敢浦詩話
陸源初家貧傭書後力耕致富好行其德多義施外孫王
文祿嘗作古民傳志其遺事袁志

馮裔昌字羽純天啟丁卯舉人家素封乙酉之亂奸民焚
裔昌宅掠其藏後有按院某與裔昌同年或勸鳴倡亂
者治其罪裔昌不可聞者嘆其不可及陰行錄
朱匡維字廬峯父疾謹侍湯藥不避寒暑母歿茹素哀痛
晚益好行善事著皇極義闡先儒未發之旨海鹽續圖經
李琡字仲素孝友好義歲祲首發粟賑貸貧不能葬者葬
之鰥寡不獲養者養之舉鄉飲賓袁志
朱正誼字思梅歲貢生捐產爲祭田三舉鄉飲子泰復善
養親志遇事敢言海塘圮以正誼所輯歷代塘志上之
當事依議舉行民運白糧例點富戸充解卒破家正誼

曾創官收官解法泰復白請巡按御史疏聞于朝著爲
令甲申三月京師陷泰復北向痛哭自刎死世稱孝節
先生海鹽圖經參朱氏家譜
劉鼎銘字叔子始祖某有功高廟時世襲百戶正統間調
守澉浦所遂世居澉明末國事大壞鼎銘擬戰守策數
十條欲走京師上陳而明已亡聞信痛哭狂走乙酉八
月竟死于城外其弟鼎鍾鼎銓皆死海鹽圖經
周行字子行立品孤介能詩畫家貧恥干謁爲吳貞肅所
重盤桓京邸見時不可爲以歸隱諷不從迨貞肅殉難
與視孝廉淵親爲含殮經營旅櫬間關南歸晚年僑居

吳門臨卒告其友曰必葬吾於要離冢旁海鹽續圖經
吳麟世父中偉甲申殉節死麟世遇忌日必流涕事繼母
曲盡孝養有澹園詩草一卷
張大成字殿倫世居澉悖刲股療父母病得瘥
吳鳳來字鳴岐澉浦人海寇竊發父爲盜所得鳳來號泣
徧訪有告以所在候寇盡出負父逃歸兵疑其通盜下
父于獄鳳來奔救哭訴卒免于難以上伊志
蔣正開字端伯庠生天性孝友嘗割股療母病歲祲輒鬻
粟賑濟百家堰年久傾圯捐資修築平生讀書談道宗
儒理學暨諸子百家律歷方技靡不綜貫兩舉鄉飲大

賓于志
湯承憲字懲子博洽多聞療母疾嘗割股親戚故舊急難
相援片言解紛不居德色均田均役兩舉並上議佐其
成
趙士俊字望之萬歷間隨父其孝兩次簽北運白糧初以
米虧揭京債繼徵前累多備米官反呵其科斂故浮於
數父抗辨觸官怒捶交下士俊時甫束髮忽抱父指臂
幾折暈絕不放官乃動容稱孝子始得免于志
曹觀字鑒長至性孝友事父母每膳必親視烹調親疾廢
寢食居喪哀毀三年如一日兄弟之間自相師友怡怡

如也與人交久而能敬人有急每周恤之無倦色于志
王元仁字靜安性孝友父有六子元仁居長貧俱未娶父
臨終囑仁以撫育婚配仁受命勤苦蓄積次第爲諸弟
畢婚已年逾五十竟不娶後以弟子世崧承祧云于志
嚴鉉字履三庠生事父母寢食省視必躬母衰邁艱於步
履出入扶持勿辭勞瘁遇親疾輒籲天求代親歿哀毀
成疾不半載卒于志
黃廷贊字右丞少孤家貧母張氏年二十七守節廷贊事
之惟謹凡盥櫛匕箸以及厠牏必身自供辦母年九十
餘廷贊亦老且白首出入起居廷贊必親自扶持每呼

即至笑樂如嬰兒遠近皆稱黃孝子 于志

錢志高字洪溪父疾篤祈身代刲肱進奉嗣叔後房產悉以讓弟歲饑出米賑救不取官價舉鄉飲賓 于志

崔天民字白芝性孝友析箸時父以長子襲世職憐其幼而欲微厚之天民固請均分偶市其產得數少遂焚故券不欲留此啟釁也 于志

沈鳳翅字瑞華稟資端重至性孝友弟鳳翥早夭留遺腹子翅撫之如子兄鳳翹早亡姪年俱幼翅以養以教使之成立舉鄉飲賓 于志

許麟字悅仁幼年隨父赴試父爲耿逆逃兵所虜麟牽衣

號泣哭聲震塔汛兵聞而救之父患瘧痢侍奉湯藥躬自洗滌又嘗刲肱以療母疾著學庸解及錄生集弁梓喪宜五禁及雜誠以箴世 于志

蔡廉母嘗怒持杖撻之廉曰母止待兒伏遂伏地受杖杖已徐起拜曰母弗怒累母矣 于志

蘇瑞字鳳臺幼孤事母至孝母患瞽瑞禱於神母目得明享年九十有四 于志

陳士澄字鑑公讀書通大義父母沒以遺產讓弟獨任喪葬弟有痼疾爲勢家所誘至訟兄於官終憐弟病不介意後弟貧收養之終其身 于志

徐延字瀛表父遠出音問不通者二十年延尋親抵江南荆州而病默禱于神願減已算祈與父遇病愈入蜀謁卞方伯始知父客廣西旋抵廣西始遇父遂迎父偕歸而徐孝子之名以震 于志

王廷傑字海澄由貢爲兩淮鹽分使疏陳鹽法切中利弊居家喜爲善族黨無力葬娶者捐金以助子大任貢生著雲漢堂集

鄭熚字若父祖滌父維楨皆諸生熚端方不苟取予嘗以忠孝廉恥訓及門老舉賓筵孫宣亮相繼登甲乙科人以爲世德之報時先後舉飲賓者有崔玉崔鑑周幾周

諫宋沈廷鎡玉爲賦長遇歉歲必散粟以賑鄉黨遠近橋梁前後修建七十有二所鑑好吟咏善持公道與人甚和厚義有不可必嚴以析之幾與諫宋兄弟也皆好讀書樂施予設藥局以濟人疾病死而無歸者殯之兄弟終身未嘗分爨廷鎡醖謹恬退與物無競事親孝兄弟敦睦無間言歲凶糶田賑饑當道給額旌之 海鹽續圖經

馮吉詹道張卿皆彭太僕期生僕太僕殉難章江三人俱不屈自刎死

沈年澉浦吳氏僕乙酉兵破澉浦其母死于兵年終身蔬食言及輒泣下 海鹽續圖經

國朝

盛旦字幾臣世居嘉興新豐鄉父泰交布衣偶儻生七子各授一經旦居長才名冠諸弟弱冠居父喪哀毀骨立奉母沈備極色養友愛諸弟教孤甥徐全卒成名士明末大盜四起旦倡率兄弟宗人為防禦盜至指揮佃丁健兒與格鬬椎沈其舟盜之得脫者無幾相戒不敢犯弟九鼎先雋旦以甲午舉浙榜出譚希閔之門希閔知湖州坐罣累伏法旦經紀其喪送歸里人咸義之授東陽教諭未赴丁母憂起補蕭山教諭倡修學宮郡邑檄脩邑志以蕭嵊二邑志屬旦書未成以勞致病卒門人

私謚曰文恭先生海鹽縣志

銭萬寶字鶴洲六齡喪父哀慕如成人母楊病輒籲天請代母卒享大年明季辛巳壬午洊饑萬寶罄家貲鬻器物賣粥以賑全活者多一孺子奉母命持布易米失布啼於路萬寶貸米與之并助友人羅某殮其母陰德甚夥後二子之壽紹隆俱成進士享年八十有六受給諫封海鹽縣志

費萬程字雲其幼失怙依母自立母疾篤刲肱以進得復甦順治辛卯登賢書壬辰會試中副貢初秉鐸剡城補任瀠水甲寅春陞國子博士衡文校課大司成沈荃深器重之海鹽縣志

查大焜字伯符事父母孝性抗直遇有不平身為排解與人交無城府窮疾無告者多方周卹之浙江通志

徐乾貞字御六貢生昌治子乾貞弟棠貞早卒羣推乾貞子承祧先是蒙貞有妾生子育于外人鮮知者乾貞詗得之亟招之歸吳志

黃觀祖字沖寰孝友篤行隱德自腴築萬竹樓於管葛山順治間舉賓筵童松門私謚為安白先生海鹽縣志

朱舜字佩芳諸生與姪汝珩纂先儒精義成傳心錄四卷子鼎元國學生母瞽舐之復明喪偶不再娶輯傳心錄

續編海鹽續圖

蔡維祺七歲喪母號慟如成人事繼母金尤謹父病亟刲肱授劑表志

王尚志庠生事母祝盡色養創建宗祠周卹親族海鹽縣志

趙至德字心如士俊子生有至性晨夕不離父母年十六父疾危甚割肱以進病亦旋愈子廷玖年十三父亡顛仆號慟如成人

朱袞字砥中諸生幼失怙母疾露禱請代居喪哀毀置祭田以贍族歲乙卯飢民載道兩臺下令助賑袞首出貲以應己未秋旱捐穀倡賑卒祀鄉賢袞友貢生徐彪曾

與亥及顧爾澄同修明啟禎實錄彪爲人端方事親盡孝彪孫梃萬里尋親孝德尤著云以上海鹽續圖經

許全泰原名翰字周翰弱冠爲諸生棄去隱居村落好義忼慨無倦色尤善事後母吳志

徐有麟好施濟明季旱荒捨米賑貧順治七年歲又大饑買米散給舉鄉飲賓于志

崔玉潔字在郊孝子丞之裔父歿事母盡孝創宗祠置祭田撫兄弟遺孤咸使成立吳志

俞京相字君調嘗緣弟累破家後更周卹之三間寨塘崩率先捐貲採石修築遇善事施濟無倦色伊志

陳武穀字倜兮遇善事慷慨必爲撫從兄遺孤捐金置外祖沈墓田助鄰里婚喪無力者歲荒旱出粟捐金賑濟邑令彙詳請旌力辭止之

劉維棟字伯隆泫子諸生事親孝謹鼎革時散家廩數百石捐金贖難民之被掠者邑有利弊有司咸諮其條畫云以上海鹽續圖經

徐宗稱字孝若邑諸生明季庚寅辛巳歲大祲旱蝗斗米百錢力請當事減價平糶躬爲士大夫倡傾囷不惜康熙庚戌辛亥歲又荒捐濟亦如之于志

朱稷字彧賓母錢有賢行病久醫不能療彧賓刃股進竟

不起楊園聞見錄

徐豫貞字德宣天性孝友家門雍睦晚年肆力於詩文著有滄浮子詩集逃庵稿諸書

王之習字懷習世居沈蕩讀書以明倫爲重性忼慨好施濟舉鄉飲大賓

顧惟瓚號瓚文州同知少英敏喜讀書敦倫睦族里黨稱之

徐儲元字翰飛選貢生廷試授通判讀書樂道以孝友律身著有詩集子始亭字東崖以選貢爲遂安訓導課士有法遇貧生尤竭力周之

張源長字德孺少孤事母孝處兄弟間終身友愛有姊早寡迎養數十年敬禮不衰以上吳志

彭孫繩字子羽長宜子工詩與從兄孫貽友人童祉輩倡和乙酉避兵豐山扶母沈潛匿復出求父遂遇害著有問業居詩文集

周士彬字宗雍性好義一日自杭歸見婦人攜二孩泣于途問之百戶某眷屬因陣亡流落士彬招之歸盡具服用送還里後貧甚子孟昭仲昭傭力奉彬三十餘年無倦色

平章字天衢鼎革之際道多餓莩捐貲收殮深埋于山麓

老鶴街子望字茂功里有開荒墩者將棄骨殖于水望
亦爲收掩之

周維垣字斯瓚世居海昌祖守道以弟宗彝殉國難遷于海鹽維垣兄弟四人誼學相尚母錢病篤醫藥罔效維垣刲肱以進病旋瘳

郭介字蓉臯母病刲肱和藥以進

徐硯榮晬喪父事母養志弱冠婦亡以已有子不復娶

支如璧字玉泉天性孝友分產悉讓于弟撫育族子無依者捐貲修學宮直指杜果舉賢良下檄旌奬 以上海鹽續圖經

錢福徵字厚庵篤實敦行庶妹適于方夫死無子家貧養之終身遺嫁其孤女每出必攜良藥濟人鄉鄰貧乏者歲周之於親戚故舊尤加意焉 楊園見聞錄

劉萧字容大幼孤事母克盡色養獨力營先世葬捐助祭田族中逋賦每代償之雍正甲辰秋海溢負母據高臯他無所顧 于志

錢綸光字廉江瑞徵子性至孝工文詞家貧藉脩脯以養瑞徵官西安敎諭綸光歲一省視著寒江歸棹詩慕思凄惋動人以子陳羣貴贈如其官 吳志

鄭應生字時可父母喪哀痛踰禮伯兄貧而早世奉養嫠嫂數十年無間代償亡友積逋累百金卒祀鄉賢 吳大志

王汝諧諸生以役事與里書張某鬩張女殊色已許字張借官僕銀以女爲抵僕利其色不往索逾三年計子母應若干金張不能償欲奪女爲妾汝諧適過其門見張夫婦相持哭詢其故汝諧計子母悉代爲償 信徵錄

朱廷釆字子飽諸生父歿慟哭幾絕負土成墳廬墓三年家貧奉母甘旨無缺母沒復廬墓三年乾隆元年奉
旌建坊崇祀

陸士清字兼山年十四補諸生性孝友勇於爲義康熙二十年大造糧冊分別民官徭役不均士清首白當事正之舉已酉鄉試以父母年高絕意仕進教授終於家

沈廷鏕字爾振諸生孝友嗜學礪名節重然諾遇困窮者竭力以濟著有文章宗範 以上海鹽續圖經

朱銓字衡三康熙辛卯舉人以母年少苦節垂七十年不忍遠離遂絕意進取 于志

李國泰字凝之少不事生產所遺負郭田百畝悉分給諸弟與同里陸子國童百旃稱莫逆交嘗抵郡聞哭聲問之知某官事將賣妻以償出橐金贈之有何大賢者家僅中人而性仁厚有貧鬻身于人者遇主母嚴酷將離異其夫婦爲捐金贖身使之完聚康熙四十三年旱大賢年逾七十力率子弟捐金雇工濬諸溝渠以資灌溉

海鹽續圖經

張學賢字漢庭性至孝嘗禱神願減已算療親疾果瘳咸徵孝感康熙六十年學使馬豫給額旌之子穹遐字仕雲增廣生醕謹孝友有父風待庶母弟三人友愛甚篤業師朱某亡家屬無依穹遐以舌耕贍養終身又憫里人沈某病瘋欲賣其妻倡義日給米薪夫婦賴以完聚 海鹽縣志

畢國瑞字宸表幼失怙事母至孝奉寡嫂盡禮由成均考授翰林院孔目康熙已亥制府檄修澉城條陳利弊公私稱便邑吏苛索窑戶運磚甓費無以應將鬻女償國

瑞設法潛禁仍不令窑戶覺初環澉城壖多樹桑將悉芟夷備馳道國瑞以蠶桑民命所關脫有急需馳道旦晚可辦耳奈何無故先絕窮民衣食之源乎力阻事得寢他如築捍海土塘修學廨捐賑施棺諸利益事皆踴躍為助人服其義 海鹽縣志

楊荃字卓伊居父母喪哀毀骨立三年不食鹽酪事其兄兆蘭如父事無鉅細必諮問而後行 浙江通志

方開基字德肇歙人隨父商于浙遂家澉浦母死廬墓三年後病篤其子震旭割肱以療世稱父子純孝

吳時敏字昆怡性至孝母郁病篤醫藥罔效刲肱以進得瘳踰年又病復刲肱幾絕

沈德臨字湘瀾入太學母病百藥無效割肱投劑病遂愈越三載母又病篤仍以既刲之肱復刲餘肉和藥以進子曾樟亦以孝聞

葉有聲字向生澉人母患危疾有聲刲肱進之母卒號踊不輟終身蔬食以羸病卒 海鹽縣志

何澄字滄洲庠生父梯早歿事母盡孝晚年築舍墓旁講學著書郡縣聞其名三舉鄉飲祟祀鄉賢子全字原萬庠生應聘修一統志著理學薪傳集 海鹽縣志

朱王泰字寅瞻諸生兩世未葬獨割已產葬之嚴茂才五

世同居敖彩雲敦朴好善五世一堂 以上海鹽續圖經

朱允昌隱居樂善子本諸生事親盡孝族黨貧者其婚喪皆身任之

俞嗣榮字位思諸生壯年喪耦不娶置義田以贍族著有自鏡錄

陳堯勳字怡生倜儻有大節好施與敦族誼以醕謹稱 以上吳志

郁檐家貧訓蒙以養母有吳姓逋糧將鬻女檐以穀代納女得免 海鹽續圖經

賀偉觀字毅如性孝友剛直凡遇地方利弊不憚慷慨直

陳辛丑年編審里役條列十二首議均田均丁邑中利
賴康熙元年星使巡歷沿海偉觀獨詳畫疆界鹽邑得
免播遷[于志]
朱宏謨字亦範康熙戊子舉人公車至淮上夜聞鄰人哭
甚哀詢之因失官物欲自縊謨傾囊中金贈之扁舟返
里終不復出[于志]
顧錫純字繡千幼穎悟性嗜讀書弱冠補弟子員度量豁
如常以濟人為念康熙四十六年夏大旱河涸獨捐貲
開西門河使北水得以南流初無德色至其哀老憐貧
憫孤恤寡未可枚舉[于志]

許雄字熊飛事親先意承志家貧甘旨無缺母病籲天求
代母歿哀毀骨立廬墓三年雍正十二年具題奉 旌
[浙江通志]
李商玉澉浦人篤行純孝父母死于兵覓遺骸不得繪圖
作邱墓以志深痛歲時懸以泣祭刻苦積金捐修澉城
從郭達郊以便行者里人名之曰報恩街[海鹽續圖經參吳晞淵傳]
劉瑞陽秦駐山人嘗拾遺金坐候酒肆中久不至因囑酒
家而去明日其人號泣來詢之乃鬻女以償租逋者亟
歸之[陰行錄]
陳廷倫字維翰給諫所學元孫母患疾醫藥勿效割股肉

以奉疾痊後母卒倫以哀毀亡
張國臣隊長也守沈蕩康熙十三年寒山賊劫沈蕩鎮先
一日賊遺國臣書昭以利令弗出擊國臣徧告居民嚴
備器械以待明晨賊舟蟻集國臣率汛兵張敬山馬百
勝張子雲等奮勇格鬬手刃數賊力盡被殺汛卒三人
亦同死里人陳世琦爲立祠于里社廟西以祀之
姜悅周常川壩人父母疾輒廢寢食奉湯藥嘗就典吏于
官署念母辭職歸官憐其孝給百行首全額旌之
打筥陳某巫也父早世事母至孝爲人迎神必攜酒肉供
母而與妻子食糗草遇朔望則衣冠而拜陸大生負販

雨寒暑無間又有胡憲令字曙光者父病醫藥罔效禱
天刲肱既而母病危篤再刲肱以進皆得瘳
黄正氣字浩生慕范文正義田欲立未果子金蘭孫謙升
泰先後置田一百六十畝成先志云
朱維新字康侯諸生性鯁直澉城舊設新河中壩蓄瀦水
灌田萬畝有豪民紿縣令開壩決水濠涸田盡荒維新
偕畢蕃昌吳孝貽訟于官數年事得直始奉檄如舊制
彭孫遹紀其事後人設主祀于壩之普濟庵
潘稷字尺衡孝廉兆新子勇于為義邑無育嬰堂稷號召

創率毁其家成之甲辰潮溢邑人偕紳耆集議防海策稷奔走風塵中凡六十日以勞卒

徐志榮字士升從子士瑤幼孤族有欲毁其家者志榮力爲卵翼家得完士瑤樂善好施族里貧不能舉火者給以錢米暑月造蚊帳死無棺者予之棺他如新關帝祠買石甃築沈蕩煤矢堰皆可紀者

徐信卿蘆青里人有王某售屋于張將拆矣王闔室大慟信卿適往見惻然止之割腴田八畝償張直王得安居

尤奇計字濟公邑城朝聖橋圮獨力重建又有歸望山者重建通元西潭橋其妻擔酒食工匠風雨不輟同時有

王公升與兄賓宰助貲建沈蕩橋橋成名曰永慶以上海鹽續圖經

黃鈊字宗夔庠生歲除入城拾金珠約值百金卽於途次默坐以俟旋有人倉皇至問所失言悉符遂還之康熙二十年事于志

俞承吾少負膂力尙氣節父母死貧不能營葬其外兄吳子九助之承吾感吳德思報吳會某與吳有隙潛持鐵椎欲殺吳承吾知之挺身赴鬬傷脅死吳爲立祠置祭田祀之郁秉楄俞義士傳

顧錫綸字晉三貢生性至孝好義樂善歲饑請折漕以裕民食潮溢議築斷塘新堤以固土塘至今賴之

李璜字鴻舒諸生嘗捐金贖孤女修清風大廊涇等橋著有小窗偶錄佳聞手編多長者言王厚坤字載宏諸生嘗出貲收葬遺骸著有蚓吟集

朱淑大字羽青太學生遇儉歲煮粥賑饑施棺掩骼不令人知卒祀鄉賢以上海鹽續圖經

殷紹遠字義庵慷慨好施康熙三十二年旱紹遠親之當事捐貲濬河溉田千餘吳志

阮朝棟字佩韓諸生事所後父母孝養倍至工詩文著有秀野堂集海鹽續圖經

吳龍輔字楚材諸生少孤貧兄病授徒養母具甘旨與妻食粗糲兄卒養寡嫂及遺孤三人生平不欺闇室時以孝弟勉學者嘗與從兄玉成倡議興復孫家堰水利一方賴之著有函齋集玉成字功懋諸生敵浦詩話

吳有榆字蒼培儀洛子至性懇摯事父不違年逾六十依依如孩提幼失母諱日必流涕著有居易居詩文集伊志

宋悅高農人也父彩奇母徐病垂死醫者術窮悅高跪哭乞藥醫者曰汝之肝腸誠欲救母我則何能悅高誤解卽往先塋哭禱畢舉刀剖胸割取肝暈絕有頃甦創口自閉解經股斜幅裹胸歸以肝煮湯進母沈疴旋起悅

高臥創旬餘而愈家人不知也後偕鄰人舁水有見其瘢痕者詰之始知其故鄰以聞于縣申其事上官給烏哺天眞額揭之閭張庚記宋孝子事

鄭灉字觀瀾曉七世孫家貧業賈有杭商攜千金授灉囑積絲未買而商已病歸三年不至灉攜原金至杭訪之則商已先卒妻子不知有授金事灉出千金還之封識如故伊志

周建中農人事親至孝母寢疾割股煎湯以進疾得痊父母歿寢苫凷者一年既葬每日必省其墓母素畏雷遇雷雨必披蓑立于墓側伊志

朱尚儉澉浦南湖人天性仁孝父病疫醫藥罔效割股煮藥以進父嗜西瓜尚儉求瓜種佳者種以奉之及父卒耘瓜而泣是年瓜瓤盡白如雪而味更甘美呼爲朱家雪瓤瓜伊志

蔣功魏字夔哉善肘後術活人頗多盛夏施藥濟鄉里有董某者傭其家既聘而貧不能娶母家欲別嫁其女以白金索庚帖功巍令還其金復與金治具以全其婚以子泰來貴贈官伊志

黃海山者天性至孝母袁病篤率兄弟五人日夜籲天請代自刲肱奉母既而父君瑞病亦刲肱以療

徐德瑜字不瑕增生事母馬孝每日必親自供奉甘旨畢備集古今嘉言行爲一編曰含眞錄伊志

蕭世紘字東昂太學生少讀義田記心慕之乾隆壬午倡同志捐修㙺城橋築官塘數十丈倡修尚胥橋朝聖橋及孟家堰橋結老人會按月散給錢米以贍窮乏伊志

徐文錦字魯元性好施予捐貲助建㙺城橋捐田助育嬰堂親族貧者周給不懈晚捐田三百餘畝請于當事創設蔚文書院邑令旌之伊志

任永治字邦懷尚義好施置義田義塾資族之讀書之膏火者歲祲出粟賑濟舉鄉飲賓曾元繞膝五世一堂年九十二卒伊志

馮德徵字紹京性慷慨好施予白芒橋圮德徵召匠計之需費四百金獨任之其尚義樂善類如此伊志

康萬春諸生三歲喪父事節母張盡孝母疾篤祝天割股作糜進飲之疾旋瘳伊志

何原彪字廷光生四歲母徐死鞠于繼母賀極盡孝養置祖墓祀田修合族宗譜凡建橋梁修學宮諸善舉皆率先捐輸爲紳耆倡伊志

張元熠字漢濱厚重能文無子有住屋二區水田百餘畝盡捐入觀成書院以資貧士膏火士林義之伊志

湯允熾業賈不求多積惟以娛親爲樂鄰室火力負其親以出他無所顧父殁每遇雷雨必著屐持蓋往省墓歷數十年如一日于志

李士錡字景韓太學生少失怙獨居殯所者三年遭母喪亦如之撫幼弟友愛倍至他如建宗祠置義田歲饑出粟賑濟鄉黨至今猶稱之性喜書畫著有書畫記于志

沈蘭字香國性端謹家貧下帷攻苦未嘗干人以私早喪偶弟蓮亦早賦悼亡兄弟二人風雨連床友愛之情久而愈篤于志

陳連鰲字杜滄性孝遇人急雖窘迫必彌縫濟之家人化

其行雍睦無間言于志

任廷楷字樹芳性孝鄰室火母危不能出廷楷冒火進負母走燼木突下傷足仆地赴救者急從背解母時廷楷已暈絶牢不釋手因共抱扶至一樹下良久始甦股已糜爛于志

馬緒字鑒操太學生父早卒事母色養兼至及母殁營墓廬旬日間必一再往省依依如孺子慕著有抱樸居詩稿採入兩浙輶軒續錄于志

朱世標諸生性孝友少孤母老病侍湯藥每夜必起寒暑無間居喪痛絶復甦于志

張默字聲雷諸生事親以孝聞母病籲天願以身代及母沒哀毁成疾不數月亦卒于志

陳石英字子敬乾隆戊申舉人性孝友工詩古文兼通字學韻學算學于志

陸用浩字玉泉邑庠生性孝友品端方母病用浩患疽甚劇力疾侍湯藥晝夜不倦兄弟雍睦無閒言晚年失明祭掃必親往與後生言必以孝弟爲勗著有玉泉詩錄于志

吳蓀伯字右箴父宦粵命留侍大母曲盡誠敬年四十二遭父喪哀慕如孺子水漿不入口七日遂卒於苫次于志

朱宗城字翼君嘉慶辛酉舉人居喪哀毁備至遂致疾及病篤深以窀穸未營爲已罪遺命以素服殮著有沁園詩草于志

李應占字南人敦孝友尚志節嘉慶二十四年
詔旌孝行道光元年舉孝廉方正詩詞書畫俱翛然拔俗著有小方壺仙館詩鈔于志

陳基昌字訒庵嘉慶戊午舉人敦孝友事繼母極謹扶植諸弟未嘗以異母歧視之于志

朱星煒貢生侍親疾衣不解帶居喪水漿不入口者七日道光元年以孝行旌于志

祝汝成字道開性孝友宗族及戚友中有貧不能葬者輒毅然任其事于志

朱昇字應亨與堂弟城友愛最篤後城病故昇遠館他處聞訃奔歸大慟致疾越十四日亦卒于志

朱昌佐字衡府諸生性孝友敦品立行每勸宗族公置祭產爲敦本計于志

胡若琴字南珍性孝友母嬰痼疾敬養罔懈晚年出已產以贍諸生年八十六卒于志

俞肇滎字九峯性孝友父病刲股以進弟早亡膳寡教孤極敦手足誼于志

何廷樑字宏道性誠厚里黨有貧困者輒賙恤之事親尤孝嘗築杉阿館以娛親志嘉慶九年舉鄉飲賓于志

俞廷銛字玉墀事親極孝有族兄老而失子時周之且爲葬其上下六喪于志

馬國偉字愚庵性孝友與弟用俊晨夕聯吟庭有常棣連枝之瑞一時名公鉅卿咸贈以詩著有愚庵詩稿于志

朱以樌字生廷貢生事親孝父病篤刲股以進獲痊于志

吳元楝字艮材家貧父久客不歸母日夜憂疑遂辭母往尋覓木版鐫年貌于上所經過處輒以印本貼之冀有指示者後至楓涇知已葬武廟後遂措金付守廟人使護其冢痛哭招魂以歸于志

吳端邑庠生父病劇醫罔效刲股以進于志

馮振揚至性過人父某殁於山西振揚行乞尋骸骨歸葬壽八十餘卒于志

任鋒彭福壽姚士楷皆家貧至孝嘗刲股療親疾閭里稱之于志

朱埏之素性孝友父歿每哭嘔血升餘母患肺疾痰嗽不能出口輒以舌運之與弟方增友愛甚篤數十年如一日于志

黃振玉字健君事繼母以孝稱負笈他鄉聞母病徒步歸

侍湯藥晝夜不倦哀毀骨立旬餘亦卒易簀之日猶諄諄以孝友勉諸弟于志

黃仙根字亞圩乾隆庚子副貢績學多才尤好施濟郡邑修學宮葺書院以及濬湟掩骼諸善舉無不預晚年設義祭等田刊刻規約斟酌盡善著有銀花藤館詩集于志

祝乾錫字爾人諸生性慈惠親族有告貸者周之不責券硯田所入悉以分給匱乏于志

姚玉墀字崑圃乾隆丙午舉人官天台教諭精岐黃術貧不能藥者徒步往診兼助之劑即參苓所弗惜于志

陶維善字茀堂敦本好義廣施藥材以濟疾苦恤嫠恤寒

諸善舉皆出貲以贊成之于志

郁文彬字廷相慕義樂施歲饑竭力錮賑橋廟有傾圮者輒出資修之戚友借貸臨終悉焚其券于志

趙乾行樂善好施捐山五畝以爲義冢遇荒歉出粟平糶舉鄉飲賓五世同堂壽至九十一歲子周彪光裕並有父風于志

馮鳳威字如三貢生處事明決嘗值秋霖不止颶風迅發海水漫溢力請當事修築防禦時或疫癘流行必延醫製藥徧施貧乏弟承佺字南三諸生甲辰海溢陳創修之策有餘姚民流入鹽邑者給口分得還死者施棺櫝

以殮人高其義于志

張國正字南州少孤貧以不得事親故茹素終身一日黎明於途中拾遺金二十兩徘徊不去俟其人至悉與之無德色舉鄉飲賓于志

吳本佺字典簧嘉慶庚申舉人讀書明大義歲祲倡議錮濟活人無算于志

徐紹鎬附貢生敦族誼凡族中墳墓糧賦其子孫無力完納者悉與弟紹京代輸之或以緩急告必量爲周恤無吝色于志

盧元熙字鑑清樂善好施嘗出資開濬澉河支浜九百餘丈鋪澉城北門外石道遠近賴之于志

張治字鈞衡樂善好施道光元年詔旌義行于志

朱承陛字香海貢生董修學校勸捐施賑閭里重焉于志

張晉字錫蕃性倜儻勇於爲善好施不責報有士某以非罪論死力營救之後將幣謝拒弗納于志

朱用堪字崑嶺樂施予每倡義醵金以濟族之不克婚葬者于志

楊與圻字五生諸生好收藏圖書法物遇人急難傾囊拯濟勿少吝歲祲有欲遷棺櫬以鬻地者償其值而存之

于志

顧友忠字會海逋翁後裔周急濟困樂善不倦于志

陸廷冠字遇川家僅小康樂善好施求之無弗應家遂中落後舉鄉飲賓于志

趙養浩字廣元善岐黃術招之輒赴不計酬謝事寡嫂如母撫孤姪如子臨卒以自置已產均分與姪里中咸稱之于志

張學曾字庠郊諸生敦本尚義創立義田文亦有奇氣于志

錢同文字養真精岐黃術遇危篤疾投劑立愈貧者不能具葠附每出筒中蓄入咬咀不以告有荷擔販鹽者家

無斗粟鹽為捕所奪嘔血數升匍匐求治同文潛以白金雜藥中啟函得金以為誤也持還之同文曰吾安得有金卽遺汝必明告矣其人得金飲藥立愈其陰行善多類此壽七十餘乃終 于志

曹恒亶字誠夫親喪後忌日必閉閤泣慕雖年七十未許子弟稱觴延師竹圃嚴課諸子雖除夕不廢竹圃忽長新篁枝長丈餘因號曰瑞筠有妹適許寡孳其孤敎如已子卽明經琦也子辰容另有傳 海鹽縣志

康二老樸實如村農設酒肆於市數十年無疾言怍色母生時常畏雷母歿每雷聲作無論晝夜必冒雨詣墓雨霽乃歸不遺一次年八十餘健步如少壯人 蕉窗閒話

楊德保兄弟三人德居幼洒掃使令不辭勞苦羣稱之為呆德保父耄年目痛漸失明德保日夕舐之淚淋漓不為穢不半年目復明 蕉窗閒話

劉祖錫字子福少孤事母項孝割股愈母疾游南雍執經焦竑之門有志用世考究朝野典故謁選光祿寺丞遷江右府判乞養歸依棲丙舍以孺慕終其身 海鹽縣志補纂明人

畢璿字舜元府庠生母病危篤親滌溺器割股愈母疾丁內艱哀毀盡禮 海鹽縣志

孫漢章住邑西鞔鼓為業母王氏病痢割股煎湯孝感郎

嘉興府志 卷五十七 海鹽孝義 四十

愈壽至八十一而終 海鹽縣志

朱爾鄴字子長泰禎子純孝篤行舉明經當泰禎按滇留家侍大父母備極色養捐祭田建祠墓葺梁施棺善舉甚多歲乙巳舉賓筵生平曾入水不濡者三厚德之徵也所著有曲臺約旨葦讀齋初問 海鹽縣志

楊清字旣陶甫離襁褓母吳見背事後母朱曲盡禮儀失怙哀毀補弟子員學使者谷應泰薦舉稱曰門內無間言公庭能杜跡洵推貞養君子 海鹽縣志

周幾字逸如太學生與弟文學謙采字仁如共敦友愛不分爨每延醫設局濟人病遇屍無歸厝者與以地因此家益貧廣授生徒講學于郡城東修散給煢獨郡守王師夔聞而高之與交最善詣鹽時信宿其家顏其堂曰最樂兄弟皆為飲賓 海鹽縣志

葛叟農人也性誠實鄰居歙商囊千金歸雇叟操舟囑令善藏之路遇流兵攫其餘金驅商登岸而使叟駛至吳門旋得脫歸悉以藏金還商商感酬金不受時人義之徐滄浮為作表義行詩 海鹽縣志

朱澐字价維邑諸生至性過人幼聞祖父言甲申死事諸臣事忽墮淚失聲人以此奇之及長孝友端方濟貧急難念兩從父貧分業贍之尤邃心程朱子書所著有性

嘉興府志 卷五十七 海鹽孝義 四十一

理管見小學便蒙若干卷海鹽縣志

王維綱字振庵庠生性孝友父會字盡思游庠早逝易簀時以父老不能逮養爲恨維綱事祖鶴齡與母以孝聞撫弟養寡妹人無間言海鹽縣志

祝晟字野先嘗拾遺金訪還故主往游南山道旁拾珠帽默坐以俟果有老嫗泣覓問之實係抱幼主失去者還之卽於是年得子人謂爲善之報海鹽縣志

蔣樹臣幼孤無室兄嫂不能事毋傭工獨養侍奉必謀甘旨因父歿于凶年終身不茹葷海鹽縣志

許以德字拱辰先世籍海昌以德贅于東塘陳霖山家霖

山歿囑撫二孤送死養生訓孤成立拓故業而歸之海鹽縣志

陳其經字叔倫幼失怙善事母張母病嘗刲股以進海鹽縣志

朱台光字鴻章父患手足痿台光左右扶持躬進飲食捧溺器朝夕不離十餘年如一日海鹽縣志

陳德林父客死江西德林年十六走千里尋骨歸葬里人爲繪負骸圖海鹽縣志

李恒安小墅里人父病篤醫謂飲人血或可挽回恒安焚香祝天斷指瀝血以進父病稍愈海鹽縣志

吾元圻字硯尹邑庠生沈文節殉難凶耗至遺孤髫齔謀收骸骨咸憚遠行元圻毅然自任偕文節舊僕袁咸歐涉數千里訪悉遺骨藏梧州荒寺得負以歸趙衡銓書元圻粵中紀行詩後云慷慨敦交道收骸萬里還烽烟羣盜路瘴癘百蠻天俠骨超千古忠魂鑒九泉奚囊餘好句贏得共流傳海鹽縣志

朱九一字少儒庠生咸豐辛酉縣城破九一從容作絕命詞五首題學壁有不須更作身家計此後妻孥任自謀之句繫頸闌干將自盡被賊解脫仍斷食死海鹽縣志

沈掌大澉浦人辛酉二月賊陷縣城旋築壘澉城鎭按戶搜括民憤甚掌大倡義號召聚衆萬餘並乞澉浦汛官

兵爲前鋒五月十三日把總陳長瑞率衆前進行抵勾滕橋遇賊船開礮擊其魁餘賊鳧水逸俄賊援至戕長瑞赴敵大掠並索起義諸人掌大謂吾不出必累衆從容就執過酒肆飲神色自若抵澉城賊究問黨與掌大曰倡義惟我何多問爲遂被害年六十一歲助掌大鳴羅集衆者有庠生張鏡坊保郁老五事敗張鏡自縊郁老五亦被害海鹽縣志

朱嘉玉字子信毓文子國學生沈掌大義兵潰後時海甯屯重兵嘉玉乞師不應痛哭歸十二月賊陷澉城虜其兄嘉幹暨兄嘉穀子福詵福潛玉以幹多病追之願以

身代賊釋嘉幹脅玉及福詵福潛行至浦東會官兵攻
之急賊夜遁福詵福潛乘間得脫嘉玉性倔強卒被戕 桑縣志纂
顧桂餘農人咸豐辛酉冬賊犯澉浦隨父走避倉猝相失
疑父陷賊中突圍視之賊脅行遂赴水死 海鹽縣志
王乾元字確庵監生年已耄匪擾居鄉誓不薙髮同治二
年冬海甯賊猝至髮短被執乾元罵賊不屈身被數創
死 海鹽縣志

文苑

宋

魯之茂字伯秀號雪村祖可餚有蘭亭會妙卷之茂跋其
尾稱兒時侍先祖龍舒府君坐膝上觀此今已七十年
不覺感愴云之茂善畫梅竹甯宗朝仕爲郎 蘭亭續考 參畫史會要

元

魯應龍字子謙宋末布衣著閒窗括異志足副藝苑談資 海鹽圖經 參檇李詩繫
沈穀字仲實開朗好讀書後至元間官餘千同知 樂郊私語

明

唐貞字士幹爲東莞丞時從楊鐵崖講學韓履祥贈士幹
詩有宦遊踰嶺海聲價動京華之句 海鹽圖經
朱孟德字維新寓籍陝西甯夏衞中永樂戊戌進士任廣
東興甯知縣有題出獵圖寄西溪李季衡詩 檇李詩繫
陸贊字德潤宣德間以詩文名兼善篆隸爲人嚴毅莊重
以禮法自持嘗病世俗湮于佛老而喪不成禮著居喪
撮要鄉人私謚貞一時有楊復生字繼先亦王詩居尚
胥里 檇李詩繫參海鹽圖經
陸德裕字孟合宣德丙午舉人通周禮以經學教授著有

禮翼四卷

陸鯤字斯濱諸生家貧好購異書入其室繞榻皆書人稱敏齋先生 以上吳志

張翥字九臯教二子寬甯皆仕於朝與鄉老結社賦詩有香山洛下之風時有丁銛字公鋭號靜庵張綱字用常號巢居張宏字景容沈甯字致遠號棋泉見武原集又劉珏字公縝有西林集滕鸞字儀朝有翠匡集 檇李詩繫參靜志居詩話

陳善字敬佐爲詩古文詞立就不屬草求之者非其人雖重幣不作天順間以貢爲崇陽訓導年餘卽歸高臥不出孫詢工詩畫聞於時 海鹽圖經參吳志

崔端字惟正世襲指揮使器識不羣嘗從都督徐恭征鄧葉二寇擒其渠魁精騎射兼工詩翰 檇李詩繫

劉傑字季俊通律呂書數長于詩文成化改元徵修英宗實錄嘗合族屬爲同春會以合本宗子孫遵行勿失弟常字世經諸生嘗輯海鹽邑詩曰武原集 海鹽圖經參嘉禾徵獻錄檇李詩繫

董穀字碩甫澴子由舉人爲漢陽令所至廉靜不苟告歸四壁蕭然惟攜書自怡嘗晝炊烟未舉吟咏自若後遊王陽明之門著性論一篇其悟後筆也著有豢龍四存前後集澉水志 浙江通志

王洪字宗範陽明入室弟子陽明子正億從洪受書倪高發字武霄以居敬窮理教學者選泰順訓導不赴 吳志參海鹽續圖經

徐晟字公允博學與朱祚齊名參政王儆按部至聞其名延爲上客著有左氏摘事燕石存稿

祖晟字廷昭性至孝能詩出語秀拔嘉靖中以貢爲宿州學正歸杜門三十年卒有東歸稿

張嘉秀字文英嘉靖己丑進士饒州教授擢南刑部郎謫知霸州未艾懸車六齡能詩雲間錢鶴灘遊海上器重

之挾遊錢塘登張都閫山亭援筆賦長歌立就有神童之目 海鹽縣志

湯紹祖字公孟善爲駢麗之文訂定續文選三十二卷行世讀書恐爲人溷嘗置一舫聚書其中泊于寂寞處讀之薄暮鼓棹歸以爲常著有清遠堂集 以上嘉禾徵獻錄

賀隋字朝重苦志篤學手一編不釋舉賢書授恩平令卒 袁志

徐定夫字士安詩以風骨勝有次韻王文祿見懷之作爲名流所賞著蛩吟集 海鹽圖經參靜志居詩話

劉鋭字著之以世胄襲海甯衛指揮涖事嚴毅人莫敢犯

學問淹洽與瀛洲諸老賡和有春臺集（檇李詩繫參靜志居詩話）

錢端簇字彂父諸生言行端謹事兄與暎極恭嘗應鄉試發策非所問題詩省舍而出同邑姚士粦序其集作儒隱先生傳（嘉禾徵獻錄參吳志）

王文祿字世廉父佐諸生喜聲樂精騎射文祿少舉鄉薦廉峻不以私干人遇不平叱罵不避權貴性嗜書遇有異書輒傾囊購之得必手校縹緗萬軸貯一樓俄失火大呼曰但力救書者賞他不必也著有藪草邱陵學山邑文獻志（浙江通志參嘉禾徵獻錄）

彭暉字日華嘉靖初爲河南學諭家貧力學工詩古文辭弟暄亦以博學聞教授邑中遊其門者多良士（袁志）

采九德字常吉由選貢爲教授嘉靖倭變時著東寇紀略二卷子士英字茂含讀書有志節著海甯衛乘十卷（嘉禾徵獻錄）

劉世教字少彞伉爽不屑屑谿刻自苦於書無所不窺慕義急人難萬歷壬子舉北闈選授閩淸令事悉治辦病卒世教詩極秀出文仿六朝兼工行草尺牘有集十二卷（浙江通志）

沈祜字天用居海甯硤石山號紫石山人官王府典膳家有園亭之勝工詩好交遊與孫一元僧明秀賡倡有渲

朴園稿（檇李詩繫）

陳楫字濟之號來山嘉隆間文學工詩見皇明詩統（檇李詩繫）

李璋字政虹以明經終閉戶著書著愶泉詩存二卷（海甯州志）

沃饒字文裕幼孤事母孝堅志苦學應貢授華容司訓尙書劉東山謂人曰此眞庠師也（海鹽圖經）

吳宗漢字守忠好學不倦著有逸心道人吟稿（海鹽圖經參檇李詩繫）

呂元善字季可以監生歷山東藩司理問嘗修東省通志更創聖門一志自四氏七十二子漢唐宋諸儒宗系祠祀林墓無不考據明確後以襄賑勞劇卒（海鹽圖經）

張奇齡字符九萬歷癸卯舉人時年未及冠十上公車不第開講席于西湖茗雪間學者稱太白先生嘗訓及門曰與爲膺經術不若爲眞詞章與爲膺理學不若爲眞訓詁著有鐵庵存笥集識大編問業紀事諸書以子惟赤貴贈官祀鄉賢（浙江通志）

劉學顏字少愚諸生邑中浚新河正學宮門徙泮池築文星臺皆學顏建議馮皋謨記其事（海鹽續圖經）

陳許廷字靈茂陳際泰楊廷樞張溥皆與定交以薦授兵部司務歸博物洽聞尤悉掌故嘗辨杜遵道亳州檄文明祖不奉小明王馬洽木弑本雅失理非阿台所弑足

訂通紀諸書之訛所著有蘇庵集周易注傳演林左傳典略漢書傳洪永紀事本末李義山詩箋兄昌期字孟起弱冠補諸生嗜左屈班馬之文才思煥發有不可一世之槩嘗作快賦以自適其志惜蚤卒兄昌懋另有傳 浙江通志參海鹽續圖經

姚士粦字叔祥與胡震亨同學以奥博相尙蒐羅秦漢以來遺文撰祕冊彙函跋尾各爲考據具有原委馮夢禎爲南祭酒較刻南北諸史多出其手有集四卷呂兆禧字錫侯年十二能文章買書萬餘卷與士粦繙誦矻矻丙夜不休早卒著筆記一卷 海鹽續圖經參新纂

鍾夏字時叔以太學生授貴溪丞未三月歸嘗客白下名士畢集咏虞美人花一時避席有劍津集 檇李詩繫

崔嘉祥字道徵孝友力學六經子史皆手自抄寫垂老不倦談經濟甚晰有雜著一卷載萬歷初年時事評議可採 海鹽圖經

朱載黃字穀修清修力學與物無競晩棄諸生村居不出 吳志

彭宗因字季親諸生後棄去與高僧耆宿結社賦詩有箬歌室稿同時有徐頴字渭友諸生初逃於禪後入茅山爲道士出遊燕趙間好談兵以姚榮靖徐鴻客自許兵後不知所終有柸州集劉兗字西成布衣亦工詩有秕廬稿 靜志居詩話參檇李詩繫

曹名卿字肖泉諸生八歲即能詩陳詹事見其文歎曰神施鬼設間見層出不謂孟郊而後有斯異才薦貢爲鴻臚寺丞著有蟫餘集 吳志

楊盛春字涇泚力學尤精音律天啟三年邑令樊公維城祀先師廟用樂設六佾舞延與同事黃鍾十二律考訂無差 于志

陳昌懋字仲脩給事所學次子由諸生入國學與董思白馮開之齊名天啟辛酉中南省副貢充首恩例得入仕

版昌懋卒不就爲園城東曰樊圃搆邀月臺俯眺大海日與故人登覽觴詠慷慨好義故友沈貧不能葬爲營窀穸遇歉歲首倡捐貲賑濟周急孤寡無依年六十四卒所著環玉山房集康熙四十一年入祀鄉賢 海鹽縣志

錢千秋字貞長天啟辛酉舉人博學工文詞自負不可一世以牽連被逮知縣樊維城重其才力爲解脫甲申被辟爲歸德府推官監軍河上棄官歸著有青崖集 海鹽續圖經參靜志居詩話

朱學章字稺韜諸生崇禎間草萬言書將上之會陳啟新以上書授給事中所言爲士類笑遂不上甲申賊陷京

師遯跡以卒里黨私謚節隱先生袁志參復社姓氏錄

胡夏客字宣子震亨子諸生博綜古今凡七略九流無不瀏覽好模周籀秦篆雖竹書漆簡郗敵虞彝一見輒辨其年月著有谷水集檇李詩繫

徐濟貞字渭棫諸生從治子爲文雄奇自喜與弟復貞字琯朗有二難之稱著濟安自娛集霞蔚軒詩稿嘗集海鹽先輩詩曰海谷遺風集海鹽續圖經參檇李詩繫

何園客字閬仙諸生父所蘊毋胡同夕夢短而髯者以五色蘭投懷且而生子因名著梅花詩百咏紀甯草燕舞堂集徐仲選字華海太學生有鶴友詩稿海鹽續圖經參檇李詩繫

顧文煇字射墟崇禎癸酉舉人負奇不屑屑章句嘗取古今理亂及名臣言行采輯成一家言有負官租者將鬻其妻爲代償其厚德如此

徐永平字子奇爲文疎宕有奇氣天啟末崔魏造黠將錄竄永平名幾及禍以上海鹽續圖經

李鱗友字振公儻蕩不覊父殉難後棄舉子業絕意仕途與同里王介人周靑士沈山子諸人日相倡和其詩慷慨奔放不屑翦裁字句每一篇出交口傳誦有布衣存稿于志

陸廷鴻字羽儀博聞多識晚歲偕李天植彭孫貽諸人遯蹟著書以終吳志

國朝

金英字劒耿篤學力行順治初年甄拔恩貢授東陽學博後陞感恩縣令告歸家徒四壁仍設教自安僻處鹽之茶園里常與吳蕃昌彭孫遹朱嘉徵童申祉范驤講學海昌稱鄉祭酒者十餘年有從吾亭詩文集海鹽縣志

徐昌治字覲周由恩貢生考授通判不就兄從治被圍於萊匹馬走山東乞師列狀訴督師劉宇烈撓怯必誤封疆宇烈率被逮萊城獲全就試南省登癸酉榜以父老不上公車著有四書旨周易旨通鑑燦昭代芳模海鹽縣志

何其仁字元長莊敬好學四子五經自爲纂釋書宗顏魯

公兼善寫蘭由貢生知崖州力行善政歸田不入城中祀鄉賢海鹽續圖經

錢寀字介亭副貢讀書以涵養性情變化氣質爲法築小樓於壺溪顏曰清心楹帖書平生所學爲何事後世有人知此心手纂濂洛關閩之言參互考訂名性理提綱

朱觀賓字道庵善史才撰及闕編詳載勝國遺事簡嚴得中順治己丑以巡按趙公薦充貢纂脩明史詩文磊落有奇氣與胡震亨吳蕃昌彭孫貽諸人結社倡和著有秋蛩音竹隱江淮紀遊等集海鹽縣志

馬維騮字空凡貢生歷任衢州教授所至修學宮立學則
士風一變著惜餘軒集詮易緒言等刻海鹽續圖經
童申祉字百旃博綜典故詩文數千言立就以明經授臨
安教諭所著百一編二百餘卷與彭孫貽合纂志稿若
干卷吳志參海鹽圖經
錢爾復字仍始明太常寺卿錢薇四世孫諸生以足病不
應鄉試力學通羣籍爲文雄才健思有獨立霞表之概
性孝友竭力事親晚年築小圃顏曰半完學者稱半完
先生海鹽續圖經
徐棖字虞風花灘里人諸生從陳梓游得聞楊園遺風志

行脩飭子皆諸生確守遺訓所著有四書集說楊園年
譜附錄諸書新纂
朱景肅字子于以選貢任常山學博未幾歸里尚義好施
歲饑流民徧野景肅倡捐米百餘石賑濟他邑皆被饑
民盜劫海鹽獨無恙平日攜琴書自娛既老猶勤著作
無虛日有詩文集吳志參海鹽續圖經
鄭亮字雪堂康熙丙辰進士善詩文著有文集祀鄉賢
顧宏字藥庵整飭不苟謦笑由歲貢授太平教諭以嚴毅
化諸弟子累遷崖州知州
朱正標字介子諸生性誠樸言動必準禮法家無儋石介

然自持以上吳志
王槐字卜臣貢生能詩文著嘉樹堂詩集朱彝尊曰芝亭
書癖與余同讀嘉樹集正如秋水明霞澄泓鮮潔知陶
洗之功至矣
張尹喆字古匏貢生任太平訓導遭耿逆之變閩兵蹂躪
尹喆棄官歸日以著書自娛有嶺南平泉等集
祝壽祊與弟翼芳皆諸生兄弟自相師友翼芳著憒樂詩
稿壽祊著吐鳳樓詩文集
徐景穆字臣颺庚午舉人長於詩著蓬廬詩柘塘游稿等
集曹宏勳字君選少孤篤志不苟狥俗著濟庵集自卒

居詩稿吳麟德字元聞諸生著有纕蕙集
文廟建文星閣著易學參說日省編以上海鹽續圖經
馮昌臨字與肩由歲貢授桐廬學官居鄉好施與倡捐修
錢鴻字羽可築室宋湖好行陰德有撫松居集吳廖士字
宏度世居澉川匿影湖上頹然窮老有吾本蓮峯老布
衣與世不合長掩扉之句著有斲冰集
陳光緈字緈度諸生許庭子少爲張西銘所知上巳流觴
與王處卿聯席摘論史漢數則王遂以女字之女亦能
賦光緈讀書敏異天官地理靡不究心尤精壬乙之學
其詩名調鍾集同時徐啟芳字梅生有竹塢集沈甡字

天生有瘦山草

徐拔慧字子開從治孫諸生有師嚴堂遺稿徐晨全字孝績著三禮考一百卷刈園稿六十卷

張之楚字幼青貢生幼即工詩吳梅村贈句云愛君詩似謝宣城有歸雁齋集

胡中之字令修副貢以病目廢性嗜書先世遺稿刊布不遺餘力有復庵心在錄以上檇李詩繫

吳麟祥字稚先有吟佳詩稿從弟麟趾字綠巢有學稼軒稿從姪坤釜字季雄有安雅堂集麟祥嘗與弟麟瑞及余鵬舉適園詩社鵬有浴鶴亭樂志園等集同時有朱

甞字常伯諸生工詩畫有鹿巖集朱絲字以陶有雪莳詩稿

吳為龍字汝納博綜羣籍尤好讀史人以史事問無不洞悉元本康熙戊午當事欲薦舉鴻博力辭不赴著諸史拾遺再續澉水志樹萱軒詩文集子朝銓字同衡入成均考授同知詩宗香山劍南有巳晚亭詩集二十八卷從子正心字心存以舉人授常州同知有蘭友集以上澉浦詩話

朱鼎鉉字楚琛貢生家貧力學嘗從師走千里著晨巖詩集雜著若千卷以子佩蓮貴贈官

陳訏字言揚歲貢生初任甯海訓導遷溫州教授課士有法刻宋十五家詩杜詩自訂詩集勾股述勾股引蒙諸書及海塘議歸田增置祭產以贍族之貧乏者以子世倕貴贈如其官

吳晞淵字元復工詩文不屑舉子業體究濂洛諸書造詣深粹兼涉醫術著續名醫類案從弟景晢字孔與博覽多著作有韻類經緯二百卷

祝尹臣字景和舉人潛心經學周易性理尤研究入微著屏山心錄董上容字呂音以舉人授諸暨教諭廣置學舍集諸生講誦嘗作良知辨與姚江異旨

彭浩曾字愼齋敦行不怠學使王蘭生保舉賢良方正力辭之從游者有經師人師之目

顧夢輔字紫垣貢生淹博古今著五經異同等書顧元碩字仲若諸生薦賢良方正不赴

蔡觀光字子瞻諸生工詩能文章著一翠軒巢雲閣等稿

姚生華字元升鍵戶讀書手纂五經講意春秋史傳若干卷

周勉字中崍諸生見古書輒購得之儲藏甚富有求志堂集毅庵筆記

蕭奇中字對一諸生乙酉鼎革邑多草竊奇中與周參戎

力保全城著蕭灕集魅喜篇北游諸草八葉堂詩餘及
大梁文集
王大任字古愚貢生著雪溪堂集聽水齋稿子臣林諸生
同父補輯伯祖廷俊所輯易解行世以上海鹽續圖經
畢宏述字旣明能詩精篆隸得古人筆意王吏部澍極爲
推重著有六書通念園詩草海鹽續圖經參再續澉水志
朱光启字青巖以學問重于時遇佳山水流連詠歌不忍
去著懿戒堂詩選
周福柱改名國祚字白民往來南北所至搜剔名勝輒記
以詩著淡水軒詩集

楊鼎字彝臣諸生邑乘自胡孝轅後彭羿仁童百旃續之
至康熙十一年止鼎復益以十年胡志至續圖經六十
年中典章人物半取給焉以上海鹽續圖經
石廷猷字襄綸康熙壬辰歲貢性耿介不苟取予後受人
侮積不平愬諸邑令李鏈見其名狀歎曰是邑所稱積
學篤行石某者遣吏止其對簿而懲侮者令詣門謝過
廷猷樂訓廸後進未嘗計其脩脯以故成就者甚眾海鹽縣志
郁運復字言三康熙癸巳舉人嘗作檇李郡賦數萬言錢
鎬字澗迴諸生少負儁才尤長于詩著廢莪山房詩集

朱毓牲字素安諸生有石笥山房集
王澐字子雲諸生肆力于詩著薇水亭詩稿陳疏字綸扉
諸生自訂詩爲三宜軒集鄭勸字翼衮諸生詩文不入
俗尚著翼慶堂集
許得受字漢杓諸生學有根柢著纔是編詩豈匏文集豈
匏雜著朱宏棫字琢庵貢生寒暑讀書一室積稿盈架
著有史辨薌塘詩存夜雨對牀集富禧字凝齋少遊成
均著蜚英樓集
顧元芳字庸求諸生著有秋曉齋草一經亭集以上海鹽續圖經
顧民珩字楚玉賦性馴雅遇顯耀聲援不樂顧晚年手纂

尚書通解醫方綱目等集于志
吳遠字宏道諸生詩文爾雅兼工書法有見滄詩集吳毓
璞字冠崍諸生深于經術各有纂錄知府袁國梓聘修
府志舉鄉飲不赴姚德音字靜遠諸生纂續圖經訪求
山川形勢最爲詳晰海鹽續圖經
陳世佶字士常康熙癸巳舉人藏書萬卷丹黃殆遍得善
本必手錄一過著種書田稿一卷又輯杜詩注經說纂
錄若干卷伊志
吳儀洛字遵程諸生力學砥行私淑張履祥嘗歷遊楚粵
燕趙徵文考獻不遺餘力寓四明讀范氏藏書所寓目

者輒能暗寫中年欲以良醫濟世博覽岐黃家言遂精
其術所著成方切用傷寒分經闡明仲景發西昌喻氏
所未發采入四庫全書又著春秋傳義周易註本草從
新等書伊志
沈炎文字載廬雍正己酉舉人年十二六經三史皆成誦
著耕煙詩稿片雲詞伊志
吳元音字律安貢生少從盛遠學詩後棄去一意講求實
學精研先儒經傳老而彌篤顏其齋曰求放居喪不延
僧道與學者言必以躬行爲主著四書辨四十卷學使
雷鋐爲之序子自成諸生著拙存集經義若干卷兆漁

堂文集二卷從子始泰貢生著書畫考古今名賢傳伊志
張雲鶴字紫田一字抱山性高尚不慕榮仕不娶出入以
琴自隨心有所得輒鼓之兼工書畫尤邃於詩著抱山
詩鈔四卷邑令舒瞻爲序而梓以行世伊志
許球字鳴虞雍正癸卯舉人事親以孝聞與弟琮友善論
文必軌於理授徒於文廟後楹數十年執經者不遠千
里而來尤精研宋儒書所丹黃本學者奉爲準的于志
戴廷錦字絅庵貢生精研左傳戴記剖晰疑義數千條弟
子高䤈字漢舒貢生皆得其傳䤈著有南唐書補註伊志
崔京錄號拙存落拓好義有鬻女以償官逋者惻然以己

產抵其逋力學不遇著蒙齋詩稿雜錄等書子學淇學
泗友愛相師友皆舉于鄉學泗卒學淇撫遺孤應楹教
養倍至晚年一意著作有古文六卷詩八卷讀易偶得
三卷伊志
鄭柄衡字參三副貢著筠亭詩文存彭廷揩字象書諸生
幼孤母劉教育成立以教授養母盡孝著晴江小草伊志
朱崑字高村諸生落拓不治生產雖晨炊不舉而嘯歌自
若有江峯詩文集伊志
董德潤字慎知張謌字廷一皆績學攻苦老於場屋德潤
於乾隆癸卯

賜舉人謌于己酉
詔賜舉人庚戌會試
恩給檢討銜年八十七卒伊志
吳正樂字夔典乾隆戊午舉人博通古今嘗分纂續圖經
徵文考獻與有力焉于志
吾定保字爰立早歲能詩長遊成均殫心杜韓諸家探源
別流自出機杼晚年格律逾精有築巖詩鈔以孫祖望
貴贈官伊志
朱權字仲謀少遊成均負不羈才精篆刻音律之學尤工
詩族人灑亭標榭相頡頏沒後刻有三朱子詩三人俱

輿篤學孝友爲里黨推重灑亭名謨烈雍正癸卯舉人標
樹名丕基乾隆丁卯舉人伊志
錢元昆字少伯貢生工詩文篆隸著適廬詩稿張載華字
佩兼貢生藏書數萬卷遇一善本必手自鈔錄刻有初
白庵詩評伊志
陳璂字少典庠生梁繼孫少有志行能詩文慷慨仗義戚
友有不能婚喪者咸賴以成禮代親某完欽賍數百金
捐產出其罪家貧而詩愈工海鹽縣志
顧元碩字仲若少與兄元聞等皆有名士類稱顧氏三元
蓟遼巡撫陳祖苞奏薦賢良方正可任知縣被徵不應
海鹽縣志

朱琰字桐川乾隆丙戌進士家貧爲母負米百里外以歲
貢應京兆試聯捷需次歸里覃精藝苑鑒別金石綠素
授直隸阜平令爲政廉慎及卒旅櫬蕭然著有笠亭詩
集伊志
夏鑾字槐雲乾隆癸酉選貢嘉禾八子詩鑾居其一有磊
軒詩存時同學陸以謙字太冲長詩古文著太冲集伊志
李常吉字桐江以進士知湖北麗川貴州天柱兩縣稱廉
明後以事落職游幕粵西負米養母著傳巖詩文集伊志
陳樽字俎行進士歷任博白縣居官十餘年卒貧幾不能
歸櫬著有酌翁詩稿伊志
蔣泰來字天麟進士授吏部考功司主事少貧困勵志績
學通籍後遭母喪與季弟廬墓三年著有寅谷詩稿伊志
朱鴻緒字學閭以進士授台州府教授課士勤而有法多
所成就以疾歸著小滄洲集金臺集鴛湖集章安集諸
稿伊志
吾祖望字渭徵乾隆戊戌進士歷官戶部郎中精九章算
法爲戶曹倚重尋罷歸著春秋繁露註方言考略拇蕊
軒詩文集伊志
陳濤字秀巖耽吟詠任西隆州同知時上官過境仍事推
敲失迎遇因罷官有問渠詩草海鹽縣志

朱丕基字標樹乾隆丁卯舉人博通經學嘗纂三禮解能
以經注經與修邑志辨吳越分界東江故道皆有根据
性和介公車至京有託上書達官者下第仍以原函南
歸詩宗三唐有標樹詩鈔海鹽縣志
吳熙字太冲乾隆丁酉舉人少失怙恃事繼母至孝勤於
汲古以作者自命著有春星草堂詩稿伊志
張燕昌字文魚以優貢薦孝廉方正天性肫摯力學好古
凡秦漢以來金石搜羅甚富著有金石契若干卷于志
陸鼎字耳堂學極淵博乾隆丁酉領鄉薦著有易學續

蓋繼當湖陸奎勳陸堂易學之後云于志

吳東發字侃叔歲貢生與兄以敬潛心經學尤邃於尚書兼通金石文字凡商周秦漢之文靡弗考究所著有羣經字考讀書筆記書序鏡尚書後案質疑經韻六書述石鼓文讀商周文拾遺鐘鼎款識釋文尊道堂詩文集于志

李鳳藻字學擇附貢生其先世名璋者著有嵖泉詩存二卷附錄一卷舊刻已佚鳳藻爲重刊之并輯和章及小傳墓誌銘附於後得採入

欽定四庫全書著有有舟遺稿于志

孫映煜字黼齋歲貢生肆力於詩古文詞著作甚富晚年編輯舊稿得若干卷邑令張宗軾爲之序以行世于志

朱光暄字蓉湖由歲貢官於潛訓導多方訓練不數年而士風丕變著有眞珠船四卷健初詩槀六卷復惠堂槀二卷于志

陳熙字靖之副貢湥於詩學著有春臺詩存四卷于志

胡光龍字雲川乾隆丁酉舉人工詩文好書畫兼通天文地理之學尤精音律阮相國視學浙中時以學官春秋釋奠宜用古樂延光龍考訂焉于志

朱景杭字羹梅貢生朱佩蓮侍講總纂

幸浙盛典名下士參考校者四十九人景杭與焉于志

任宗延字秋湄乾隆己亥舉人力學敦行官甯海訓導課諸生文行並勗尤喜表彰潛德屢膺卓薦不赴著有授經草堂詩文稿于志

陸以誠字和仲乾隆丁酉拔貢與兄以謙齊名官新昌學博著有毛詩草木鳥獸本旨十三卷廣李西涯擬古樂府二卷讀水經註詩詠史小樂府和仲詩集于志

吾點字子與戸部郎中祖望子乾隆甲寅舉人嘉慶辛酉大挑知縣改授開化訓導課士績學秉鐸十年藏書萬餘卷皆手自丹黃所註杜樊川詩文集考訂極精晚築

舍於泊櫓山西絕跡城市人罕識其面海鹽縣志

賀光祚字小雅少孤力學肆力於經史之學年十六領順天鄉薦報罷歸遠近爭負笈從之著有小雅文鈔于志

李聿求字五峯諸生少好學不事章句閉戸硏經親歿布衣終身著夏小正註後漢書儒林傳補桑志等書行世于志

張宗栻字敬貽以副貢授瑞安教諭歷官粤東徐聞縣知縣以經術文飾吏治著有南垞文稿弟宗松字楚良國子生孝友力學刻李璧王荆公詩註行世宗㦡字詠川宗柟字汝楝皆國子生性喜藏書工文翰兄弟相師友

宗槺著詞林紀事二十二卷宗柟彙刻漁洋詩話十卷伊志

朱篆字入龍舉人授松陽訓導遷太平家故貧以抗直罷
歸日與諸生方士高唱和有澹遠堂集士高字翼庭有
竹村集士高弟士奇字諤庭有桐溪集同里陳元城字
景陽舉人有錦江集嘗客秦淮賦焦烈婦詩爲時所稱
吳連稔字雨潤幼病棄舉子業善植桑著栽桑訣一卷工
詩有楝園集陳阿寶字石壑自幼習賈後從連稔學詩
出其上弱冠卒里人爲刻石壑詩草行世以上澉浦詩話
徐蘭佩號香畹諸生少郎工詩晚歲困頓潦倒不廢吟咏
而詩益精著水陽詩鈔伊志

許師謙一名應潮字鑫階諸生豪爽負氣節博通經史文
筆浩瀚詩法選體著有揖青樓稿伊志
周一鳴字翼昌貢生好搜集前代鄉先生著述手自繕寫
凡二十五卷題曰鹽邑藝林又著圖經參考初二編勿
齋詩文集六卷伊志
朱廷珪字孟夔邑諸生篤於天性薄利祿晚年結社賦詩
唱和無虛日所著有蘖亭吟稾其詩疏朗如其人于志
張脩羽字羽皇諸生英敏力學與從兄給諫惟赤文章意
氣相得益彰著有最舊廬詩集于志

朱殿颺字雲師貢生性孝能文尤善於詩有斯覺堂集于志
顧閎字硯莊庠生力學嗜古尤耽吟詠晚著看雲草堂詩
稾子萱幼穎異年十七卒有貽堂詩稾一卷于志
陳學英字東藩諸生文思敏贍書法古宕遒勁直追二王
所著有易經闡微禮經全編于志
吳晉字黃玉庠生天性耿介資兼聰穎家貧力學工詩古
文尤精書法一時碑文匾額皆出其手于志
鄭穀字雲占嗜學工詩所著有四書解術書集說史論綱
鑑標題策要歷朝世系考并詩稿于志
張大齡字如岡性孝友爲人渟厚質樸喜讀書擅詩古文

有西園詩稿八卷懷眞自言四卷杜詩選註十卷又旁
通岐黃術著醫學辨譌十卷于志
沈讓徵字不爭府庠生以廣文終著有天游居稿香霞館
文集于志
俞嘉猷字襄成少勤學嗜吟咏晚歲闢城西小圃灌花栽
竹與二三逸老拈韻賦詩無虛日自號怡園老人以齒
德飲於鄉著有鷦庵鷗池諸什于志
黃運亨字品咸乾隆已亥副貢任永康教諭讀書目數行
下天文地理諸子百家無不考究啟迪後學諄諄不倦
著有麟趾堂集于志

陳石麟字寶摩乾隆癸卯舉人官山陰教諭敦品力學課士循循有法引疾歸惟閉戸課子弟著有小信天巢詩鈔十八卷文集四卷于志

朱鈞字達叔歲貢生博極羣書凡天文地理星命之學無不洞悉微奧兼通勾股晚又究心岐黄治疾輒效于志

李泉字秋水應乾隆五十一年

南巡召試由拔貢官昌化教諭分纂昌邑志歸里後杜門著書不以片牘干當事著有稽古緒餘十卷廉讓居詩文鈔于志

祝懋昭字可大諸生博覽經史工詩著有花溪詩鈔于志

朱瑞椿字春山乾隆癸丑進士授霞浦令改嚴州教授博學能文尤工古今體詩朝鮮使臣金履度見其楊花詩四首謂突過前人名作手錄攜去著有春山詩存四卷行世弟瑞榕乾隆乙卯舉人官江山訓導亦工詩著有倚雲軒詩鈔于志

吳應和字子安敦行力學善詩古文詞並精音韻之學所選何大復菁華錄及浙西六家詩鈔評論精當著有榕園詞韻榕園吟稿及文鈔于志

吳修字子文善詩文精賞鑒所刻有江海連珠靑霞館帖

國朝名人尺牘小傳廿四卷論畫絕句百首思亭近稿湖山吟嘯集居易小草吉祥居稿于志

周蘭枝字萊峯嘉慶戊午舉人工詩文授徒雲間從游者皆知名士著有杏花春雨樓詩稿萊峯駢體文于志

陳人藩字繡公拔貢生品行端方尤明心性之學慨呂氏謂心性是禪學嘗力辨之以紫陽正說駁呂氏偏僻著援朱正呂一書于志

徐養惠字愛僑貢生耄而好學家貧訓徒自給遊其門者輒獲雋以去著有四書參解輯有文選逸珠于志

曹維岳字魚山嘉慶辛酉舉人品學兼優官泰順教諭與修常州郡志著有積石山房詩稿于志

畢星海字崑圃宏述孫歲貢生善屬文兼工篆隸著有六書通摭遺于志

馮鈞字赤葵歲貢生工吟咏善書畫著有秦溪賁湖吳趨諸詩稿于志

董喆熊字渭漁歲貢生邃于史書論列古今得失洞澈源流嘗仿漢魏體著樂府三百首于志

陳敬祉嘉慶癸酉舉人由謄錄議敘知縣幼穎悟工詩古文詞尤究心經史之學凡歷朝地輿沿革官制異同均能歷歷言之瞭如指掌未及補官而卒于志

郁景清字晴川嘉慶癸酉舉人家貧好學引掖後進尤敦

古道時稱忠厚長者〔于志〕
鄭伯壎字雲颿嘉慶丙子舉人官鎭海教諭以詩文名著有北遊寒氊甬東諸詩稿〔于志〕
高亮功字汝欽歲貢生少以詩古文自負後專究經史之學博綜宏覽折衷至當有五經問答曉村詩詞諸稿〔于志〕
陳履亨字春荂嘉慶丙子舉人少力學其詩和平沖淡五言更勝老于校官著有拙翠樓詩草兄震省字健齋亦以詩名著有意鈞山房詩鈔〔于志〕
崔德華字蓮舫庠生居邑之徐塔村少讀書硤川丹井僧房潛心理學私淑張楊園補輯其年譜採錄未刻諸書

多姚陳兩家所未備著有秋聲山館詩鈔〔海鹽縣志〕
崔以學字蒼雨擅長詩古文學有根柢嘗病嘉定錢大昕疑年錄同邑吳修續疑年錄兩書多遺漏著正續疑年錄質疑硤川蔣氏爲刻桐石山房詩一卷〔海鹽縣志〕
王純字山園邑增生研究經史尤好義舉嘉慶甲戌遇旱災純率里中籌賑作救荒借箸略二卷已卯復旱請於平湖令開橫橋堰引泖水灌田作橫橋堰水利紀二卷晚益肆力詩古文詞著二南訓女解四卷山園吟稿弟綱字秦望庠生亦敦品力學著有覲鄉記四卷秦望詩稿〔海鹽縣志〕

吳士旦號託園諸生善繪事風格在石湖誠齋間年八十餘尤能小楷後目盲乞書爲濡毫授之持其手於紙上量長短闊狹則走筆熙書益飛舞有致〔胡昌基檇李詩繫續〕
楊之湝字鐵巖庠生少孤力學吳燈巖徐不瑕咸器重之與王南浦朱肇楠有三高士之目〔同上〕
周彥曾號美齋諸生精繪事尤工墨蘭善楷法兼草隸六壬地理亦通曉有鐵珊吟草〔兩浙名畫記〕
王勤字銘庵歲貢生立品端方文富根柢請業者多成名支清彥任沛霖皆高弟也歿後子孫貧不能讀書兩婿皆孝廉一周變字一陳景高令景高子方瀛爲刻其遺

稿行世〔海鹽縣志〕
殷瑞梅字納夫幹字敬輿並庠生山子山字四雍世居舟里山陰耕讀相兼庭訓不稍假借瑞梅登賢書選遂昌教諭幹天資敏悟善腹稿父命日薙草以餉羊每命題後幹即荷蕢往來山麓間及歸則一藝已成伸紙疾書領鄉薦崖岸甚峻屢上春官座師外不謁一人捷南宮後或諷以稍通聲氣館選可得也幹謝曰人貴自立得失固有命耳既而廷試下第卒於京師〔海鹽縣志〕
顧履成字蘭似邑諸生世居黃鶴山莊捐棄俗學讀四部書經疑史輿往往發前人所未發中年游京師寓大司

空王引之第見聞益廣手刊遁翁華陽集刻意搜羅補遺增原刻十之二三著有姓氏源流考（海鹽縣志）

崔應榴字秋谷邑增生補學宮弟子累試高等生平究心經史子集老而彌篤嘉慶間分纂郡志工詩古文詞著有吾亦廬稿採入

皇清經解中又有詩文集殷水遺聞橫山紀略歲時藻玉廣孝編廣慈編等書子熙日郡廩生亦有文名（海鹽縣志）

胡文蔚字茂栽歲貢生工詩文兼擅書法築小圃讀書其中顏曰穰園學者稱爲穰園先生與吳東發張燕昌輩深相結契嘗建宗祠置田供饗祀並給族之讀書應試

者著有書屏近語備荒先政穰園詩稿（海鹽縣志）

朱葵之字粟珊嘉慶癸酉拔貢戊寅副貢早歲博通載籍以經術授徒善屬文尤工詩賦自漢魏以下靡不融會貫通殿撰朱昌頤乃其門人與同登拔萃榜士林傳爲佳話歷任黃巖訓導武康敎諭大府薦舉卓異丁父憂服闋授景甯敎諭倡議重建學宮在任七年敎士有法卒於官著妙吉祥室文鈔二卷詩鈔二十二卷詞鈔一卷雜著一卷（海鹽縣志）

方溶字蓉浦世居澉浦歲貢生潛心經學熟悉輿圖所著禹貢分箋一書攷覈精確又著有澉水新志十二卷授於潛訓導未之官卒（海鹽縣志）

張開福字石匏邑庠生徵士燕昌子好金石之學鑒別鼎彝碑版能識古文奇字尤工詩客陝西歸自號太華歸雲叟與二三老友飲酒賦詩無外慕焉（海鹽縣志）

陳其泰字琴齋父咸慶學問賅博經史子集以及勾股算法靡不淹貫嘉慶庚申膺鄉薦任睢甯令酷暑督河工勞瘁卒於官其泰以廩貢就敎職監紫陽書院事道光巳亥領鄉薦歷署雲和長興訓導巡撫劉韻珂延入幕府値海疆用兵與參謀議頗倚重之事平將列剡章堅以母老辭著有桐華鳳閣詩文稿鴻雪詞（海鹽縣志）

吳世培字棠園道光辛巳副貢由武英殿校錄議敘授福建西河驗掣大使革除陋規調蓮河場大使以年老解組歸與里人朱毓文方溶楊逢南及其兄世堂等爲九老登高會每歲重九日一舉白髮婆娑繪圖紀事九人迭爲賓主粵匪起相繼謝世無一罹兵禍者人以爲異（海鹽縣志）

楊逢南字子鶴性豪放好吟詩早喪妻不娶子亦卒年八十孑然一老吟詠益富有句云病借詩書爲藥石老栽花柳作妻孥聞者傷之著有香禪詩草

孫寅亮字月鋤邑廩生暑夜讀書置足甕中以避蚊試輒

冠軍游其門者皆破壁去學士顏宗儀其尤著也業師王慎歿後貧無以葬寅亮首出資並約同門醵金爲營窀穸鄉里義之（海鹽縣志）

陳景高字雲山先世由閩之同安遷鹽景高少孤家貧母倪氏教之讀弱冠游郡庠爲文援筆立就學使史評奇其才舉道光丁酉拔萃科癸卯登賢書三上春官不第年未四十卒士論惜之著有綠蕉館詩鈔（海鹽縣志）

顧德齡字幼梅道光已亥舉人清介絕俗在京遇宴會有歌童輒避席去兄夔綸字磊亭邑庠生著有不秋草堂詩稿（海鹽縣志）

馬玉堂字笏齋道光辛巳副貢性耽書籍杜門讐校未嘗謁官府上元朱緒曾令嘉興時聞玉堂至郡城就訪於書肆劇談竟日人兩賢之著有讀書敏求續記十國春秋補傳（海鹽縣志）

胡敬釗字素園邑增生事母沈氏盡孝生平覃精性理出入儒釋究心高忠憲李二曲湯文正之書所著感應篇述采集諸家附以已意卒之年作辭世偈言云年過七十不爲不老老死牖下俗緣粗了自悔蹉跎過時學道索諸遺經得其頭腦獨認本眞眞我非涉人之心量極其浩浩私欲紛焉藐然自小損之又損超於物表心地囂囂性天皞皞世事無端何足計較吾將去之還於大造偈言贈別修道須早有詩稿十餘卷（海鹽縣志）

吳鳳前字昔巢道光戊子舉人考取宗學教習乙未大挑用教職甲辰授富陽訓導整頓書院修葺學宮俸滿膺保薦以親老乞養歸里奉母避寇亂母沒哀毀卒（海鹽縣志）

徐克熊字耳山恩貢生耄而好學性情恬退著有禹貢註疏儀禮註疏掃秀軒詩稿郤掃山房文集咸豐辛酉縣城陷遇賊被戕年七十有五（海鹽縣志）

董世慶字雲軒歲貢生天性孤高皓首窮經心貌皆古出門未嘗不冠帶世人咸以迂闊目之無與議婚者以故

終身不娶年近八旬値粵寇至衣冠端坐被害（海鹽縣志）

陸世勳字建堂咸豐戊午舉人自幼苦志讀書遊庠食餼與同里顏宗儀富世鄭朱慶松徐用儀輩訂文字交先後皆獲儁世勳一試禮闈報罷回里旋値寇亂避兵鄉間憂憤塡胸惟祈速死同治元年賊至仰藥死（海鹽縣志）

朱慶時字輔齋弟慶松字怡齋兄弟友愛閉戶讀書不與戶外事慶時工詩書通勾股術慶松爲文務淸高不喜時尙先後登賢書旣再試春官不第同寓都門銳志切摩卒不遇歸里値寇亂流離抑鬱相繼卒（海鹽縣志）

隱逸

齊

顧歡字景怡六歲時父使驅雀田中歡因作黃雀賦不復顧雀食稻貧無所受業竊聽鄰人讀書悉記不遺傳吳興邵元之經學開館受徒嘗百餘人母喪水漿不入口者七日太祖踐阼迎歡稱山谷臣顧歡表曰道德綱也物勢目也湯武得勢師道則祚延秦項忽道任勢則身戮願稽古百王斟酌時用則率土之賜臣志盡幽深無與榮勢請卽辭帝賜麈尾素琴有文義三十卷齊書傳

宋

許棐號梅屋隱居秦溪築小莊於溪北儲書數千卷丹黃不休室中於三楹下分四隔中垂一簾對懸白蘇二像事之植梅屋之四檐著有梅屋稿獻醜集樵談春融小綴王文祿傳

常詵孫字宜卿同之孫累辟不就所著有天閑雜著櫟齋筆記雲溪藁門人稱雪溪先生趙圖記

常棠字召仲同曾孫值宋季閉關不求聞達篤學善屬文繞庭植竹數十竿以厲操自號竹窗海鹽文獻志

陸能仁宋咸淳進士以兵亂與族父霆龍隱居靈溪今其地有陸高士墓平湖朱志

陸正字行正博學篤行兼通律呂象數以家世宋臣矢不仕元侍御程文海薦之不起後與劉因同徵俱不赴隱居陳山教授其學以愼獨存心爲要著有正學編樂律考七經補註袁志參平湖志

元

陸子榮生元至治元年世居海鹽得先儒理學之傳不樂仕進教授生徒所著有樂庵類稿明初嚴講學聚徒之禁徙居當湖鎮隱焉子敬字直齋亦以理學著聞號漸逵居士平湖朱志

趙友聞字心古宋太宗十三世孫元至大間隱居新倉鎮

學古養高多識好義有聲於時郡邑以提舉薦辭不就明洪武四年特旌善良給戶帖曰友一平湖程志參朱志

明

陳子才五經六藝諸子百家無不通貫尤善丹青不輕爲人下筆元末隱居不仕洪武初下詔以人才徵弗就年四十歲旦日忽命童子折梅花一枝侍於側自繪其像形神宛然閣筆端坐而逝兩浙名賢錄

朱朴字元素體臞而修音聲琅琅力穡具饔郡大夫鄭白泉懇致之以疾辭曰吾氓也焉可與尊官抗禮吾無能爲若治吾休矣有西村集許相山序而刻之胡顏字希

仁與朴交委棄世故存詩七十餘篇海鹽文獻志參袁志

陳鑑字用明性高抗卑舉業日馳駿馬蹴鞠擊劍已復棄去曰大丈夫不力學何甘伏人下棄勿就閉門讀書數年學遂成至老口不輟吟咏劇琢性靈金鏗波激無浮音滯響有勾溪集二卷王文祿傳

張澤民景泰天順間人嘗理小舟具琴書茶竈遇清絕處橫琴自鼓偶折梅一枝貯瓶內命童子捧之訪天甯璭僧童失手碎瓶徐顧曰興已盡矣即返有問月樓時與李孟濬陸順德輩觴咏其上袁志

董澐字復宗遠祖鎮通經術值元亂隱於海甯泉山澐嫌

慨慕義嘗割私產讓兄還友人所質田初攻詩與沈周孫一元遊放浪山水間聞王陽明講學瓢笠渡江從之陽明序其事云道人今年已七十往來湖山之間去住蕭然不知有家室其子穀賢而孝謂道人老矣出輒長跪請留道人笑曰爾之愛我以姑息我方友天下善士與古聖賢爲徒天地且逆旅奚必一畝之宮而後我舍耶有從吾道人詩稿袁志參靜志居詩話

錢蕎字懋穀讀書賦詩與屠長卿沈嘉則諸人遊王伯稠胡孺子姚士粦恒經歲主其家待貧交極敬愛宜興俞安期嘗歲暮乞酒米傾所有予之袁志

陳梁字則梁給事中所學少子少遊學京師與魏大中定交大中被逮裹糧從之預爲經理其後事大中死賕無所償子學洢且就獄梁爲乞貸知交輸納海內誦義故弁濮陽崇信三歲孤女流落揚州贖歸撫育擇配梁好讀異書索異解晚歲隱居僧服茹葷治生壙于郭外結屋三楹覆之語其友曰此亳社遺意也題其柱云此佛自來耽米汁至今孤冢有梅花浙江通志參靜志居詩話

彭宗礪字君山昭毅將軍紹賢次子母鄭孿生宗礪以產亡宗礪雖老每生辰素服流涕終身不受子姓之祝兄宗孟登甲第世爵應及宗礪讓於弟宗周侍父優游山

水間工詩古文詞與胡震亨劉世教相友善以病遂工岐黃術療疾多奇效年六十五卒私謚節懿先生海鹽縣志

鄭宏字休仲與弟賓字景元友愛子弟有失互加懲責不爲嫌休仲有聲庠序間乙酉後絕意進取棄文字業不見富貴人雖故人仕宦勿與通鄉居自治蔬圃擔荷灌溉出遇雨短衣徒跣不以爲恥海鹽縣志

祝鏜字鳴宇倜儻有智識天啟間魏璫專政遂棄章句絕仕進凡知交繫官於朝者爲之陳利害明去就勸歸林壑不累黨錮教子孫以讀書明理忠信篤實爲詒謀海鹽縣志

嚴建字孟侯父大立諸生有善行建力學游庠崇禎已巳除夕夢庭植大旗上書旌表孝友庚午竟登賢書清操自勵甲申後隱居不出日以詩文自娛所著有敦倫廣錄徵行錄北游草海鹽縣志

國朝

吾道行字凝臺宋處士貞白先生衍後裔祖籍開化隱居胥溪里孝友端方樂善好施訓子一經相傳君揖克承父志名滿黌序康熙壬子鄉賢海鹽縣志

許稷字召南篤學工詩六丈夫子世其家學次子璵字楚山醕謹朴茂善琴工畫墨牡丹海鹽縣志

吳天瑞字聖宇性喜琴書山水隨父其昌由新安遷新市與澉川畢氏有舊契往來間見冉里堰風氣古樸山水秀逸遂家焉不求聞達以仁厚教子孫海鹽縣志

范希仁字文若性質古不事舉業工於詩賦詠一市樓積書數千卷盡出手錄惜無嗣著述散失徐滄浮贈詩所謂郭西有布衣市隱寄蓏廡者也海鹽縣志

馬世榮字煥如居徧浦里好與方外遊或共乘小舟盪入太湖中天水相際陳村酒蔬豆吟嘯不輟著徧浦詩鈔海鹽縣志

張炎字淡玉嘗賣餅平湖之清溪日肩爐釜行吟村落間得句就村夫子索筆硯書之餅爲兒童攘竊一空弗顧也有詠白菊句云老圃月三徑曉霜秋一籬海鹽縣志

朱石鐘字月江庠生幼好讀史留心經濟深自韜晦隱於堪輿家占天文多奇中爲人相地得乘生氣法喜遊山春秋佳日半在九十九峯間道光已酉江浙大水作濬三江議大旨在疏導太湖入泖之路爲時所稱海鹽縣志

藝術

宋

趙孟淯字子貞孟堅弟繼秀安僖王後自號竹所墨竹可觀

周堯敏字禹卿號學山畫竹宗文湖州

王鼎字德新好寫竹學丁子卿深悟筆意子泰之號竹趣亦能紹父業（以上圖繪寶鑑）

明

陳景初善繪事與錢塘戴文進同時得名孫鳳尤善白描（海鹽圖經）

唐宗祚善傳神景泰間從厩綱征金華賊綱戰歿祚繪像如生一軍見之皆泣（吳志）

朱端字克正海鹽衛後所人少貧甚業樵漁嘗偕乍浦所人曾和入山端于沙上手畫作山林人物狀遇一異人問曰汝欲作畫耶吾授汝筆和亦乞得之後于正德間並以畫士直仁智殿端授指揮俸賜一樵國書遂號一樵畫宗馬遠山石水口效呂紀（浙江通志 參九山志）

趙麟書工畫正德間直仁智殿授錦衣衛副千戶（箏干志）

張紀字文正工士女衣摺婑鬌與唐伯虎相上下而面靨肉色淺染三停用積粉法三停謂額鼻頦此古法也今畫家不知矣（見只編）

陳璣字天器初授業陳景初後游錢塘故家多藏進名跡由此入悟所繪山石雲樹自成一家其寫照則面部鈎染坐法衣紋皆後來所不及（浙江通志）

王儀字汝儀自稱古鐵生畫法吳偉夏㬎詩法陶孟字法懷素（海鹽圖經）

唐愈字子俞號丹泉畫宗郭熙皴法麻皮蟹爪可雜宋元（畫髓元詮）

韓履祥澉浦人讀書能詩尤精于醫切脈斷人死生隔歲輒中洪武初選爲御醫四世孫本亦精其業（海鹽文獻志）

陸朝世醫其先有名麟者景泰間衛軍征沙寇以醫術療從行將士有功授醫官子孫世習其業朝尤深于內經本草切脈洞見病源決死生不爽同時有嚴漢名亞於朝至今稱良醫者必曰陸紹泉嚴陵坡蓋兩人別號也（浙江通志）

張暉中所人能醫治傷寒子翰繼其業感寒疾者藥一服而愈時號張一帖

姚能字懋良善談論能詩精於醫理著傷寒家秘心法小兒正蒙藥性辨疑諸書（以上海鹽圖經）

賀岳字汝瞻初因母病盡購方書誦之且從四方國手遊

遂精其術病者圭勺霑口卽奏功所著明醫會要醫經大旨診脈家寶藥性準繩諸書

王慷者前所人生有神力嘗以指觸穿壁指無傷與人較藝寺廊脫衣挾柱礎壓之始就擒嘗漕艘入都遇刼慷徉執爨不顧第取一大竹用脇夾破之爲薪而刼者盡斂手去有徒豪倫欲盡其藝俟慷飯持鐵叉刺之慷手飯甌底富叉鋒卽以二筯貫倫鼻其捷如此 海鹽縣志

嚴泰字克安善琴操指法取音兼劉徐二家之長後得古鐵笛乃元楊鐵厓收藏物搆齋疊石幽居鳴琴時吹鐵笛聲應空碧因自號爲鐵龍後有張毅亦善鼓琴 海鹽縣志

胡日章澉所人少學祿命術遇異人海上授之訣因益精每作絕句判人一生事無不驗與人言必依於孝友忠信葢有道而隱於術者年九十餘卒 以上浙江通志

吳麟振字達生以儒士應試補博士弟子員後棄章句益肆其力於書常遊金陵董宗伯其昌見其書歎莫能及 于志

國朝

嚴岳字止峯諸生能詩善書寫竹得與可筆意從姪尊字客子善楷書隸篆工鐵筆兄子訏字學川畫得張遠傳人物秀逸超妙時稱嚴氏三絕

楊惟聰字海石工畫魚李玥字友璞工花鳥樹石

朱逢吉字谷懷諸生寄蹟蕭寺泊然如浮屠工畫不輕爲人作墨筆師石田設色近衡山吳冋春字凝仲幼卽能畫不由師習山水花鳥下筆自具幽致弱冠得瘵疾日作畫不輟病革呼筆硯倚枕作蘭一本擲筆而逝詩有復庵草 澉浦詩話

盛賜祿幼遊蘭溪遇方士授岐黃術賣藥城市貧者不責償捐修璵城橋佐友人完婚娶年八十五盡以家財分散親族而卒

許璞字雯來精醫屢著奇效有補輯名醫類案行世 以上海鹽

續圖經

吳國梅字調五畫宗北苑皴法稠密善用積墨嘗居京師拂旅壁作畫董文恪邦達見之大加賞異延爲上賓

徐視三字元岳家貧學鍼灸濟人兼工詩畫篆刻著有經脈圖曜本草補遺格物輯略諸書 伊志

史天錫陸昌顧樸朱誠之楷法師晉唐徐來復與子韶善摹東坡鄭以甯精行草子溶亦能書李纘祖董國光張大觀皆工篆隸大觀兼精六法 伊志

顏嗣榮工白描人物嚴奎審善畫貓富灝工花鳥山水著畫中詩數卷 伊志

嚴秉堯字季常庠生精岐黃術爲人端方好義有族人思
賣墓木償金保之姪慵字野臣喜吟咏工行草書至老
不倦叔姪並善琴操時號二琴仙壽皆八十餘卒于志
黃謨字啟人諸生著有鄉黨考畧一卷善琴棋晚年工寫
山水宗北苑巨然專事水墨有以設色請者對曰墨中
未嘗無色也兼擅花卉翎毛草蟲眺硯田齋筆記
顧禧字紹曾諸生爲人瀟灑出塵工書尤善丹青能作尋
丈大幅筆意如其人于志
祝詒燕字翼如幼工詩偶閱人子須知因益取靈素諸書
涉獵之遂精醫理著有治肝三法傷寒易知葉案心法

等書及翼如詩集于志
韓芬字正蒼素業儒以母老多病遂改習醫治疾輒瘳且
不責報年六十卒于志
張慎字謹臣諸生能詩善畫尤工書法有石刻蘭亭樂毅
論十三行臨本行世于志
繆鵬字南滶拔貢生少不事生產以詩酒自娛工行書筆
意沈着或醉後縱筆更有超然拔俗之致于志
陳克明字南叔布衣性高潔好吟咏山水士女無不精妙
入京師爲尚書劉文恭器重留榻十餘年後卒於閩幕
于志

何鏊字君調諸生手纂醫論方書四書題解十二卷于志
陳敬祓字蘭九工書畫書學趙文敏畫學董米二家俱得
其妙官直隸布政司經歷于志
俞玫字丙齋弱冠工書畫寸縑尺幅人爭購之著有綠天
樓詩文八卷于志
吳汝然字晉卿諸生能詩善書寫山水極工緻摹文衡山
仇十洲咄咄逼眞于志
潘友瑾字穆齋太學士工行楷兼擅擘窠大字出入於蘇
米間著有欹枕憶遊草于志
曾鯨字波臣善寫影雖一幅有數十人者行坐顧盼皆相

浹洽開闔門庭前無古人兼善花鳥于志
李玥字友樸號樸亭工花鳥樹石從平湖胡湄游鉤勒點
染兼得林呂之傳後游吳門摹惲壽平筆意尤工寫生
海鹽縣志
周保光字友光善繪事康熙二十八年十月
聖祖南巡在阜林獻觀潮百老圖三十八年三月恭迎杉青閘
敬繪
聖駕南巡百官朝賀圖進呈蒙
恩叠賜銀兩兼有入京候
旨之命至都門未幾病卒海鹽縣志

萬育和精青烏子術爲人相墓其持論與俗師異謂出忠臣孝子者爲上出文人學士者爲中出富貴者爲下著有形家五要補編海昌查愼行爲之序 海鹽縣志

許栽字培之國學生精醫辨傷寒分經得仲景遺法每有患證他人束手治之輒愈著有古今名方摘要歌勞倦病傷論醫案賞奇痢症述金匱述等書兼工詩有高陽山人詩稿 海鹽縣志

李脩易字乾齋邑庠生畫得王時敏神髓遊歷京師齊魯燕趙名山攬勝畫益進黃燮淸集諸名士於倚晴樓脩易亦與唱和 海鹽縣志

張辛字受之少從嘉興張解元廷濟受金石之學鐵筆古勁道光丁未遊京師時松鈞庵住持僧明基創立諫草堂謀以楊忠愍諫馬市劾嚴嵩兩疏章勒石嵌壁間而楮墨黴毀塗乙混淆見者束手辛鉤刻入神工畢病卒道州何太史紹基撰傳勒石附嵌廊壁 海鹽縣志

楊方熾字復春國子生工山水人物花鳥性閑靜每風日晴和窗明几淨染翰不輟晚年精奕子垛號樵谷又號竹虛子諸生山水善皴法能作尋丈大幅筆老氣蒼每海舶至輒購其畫以去有四知堂詩稿 耕硯田齋筆記

張芳廣字客園自稱養空居士國子生善畫蘭蕙書法歐

褚慕黃老術同時張綸號練峰諸生有神童名善畫 兩浙名畫記

張謙字地山號雲槎性格高逸隱於黃冠山水法董巨然詩筆淡遠 萍踪閒記

劉中理字蟾客山水師董惲用筆蕭然遠俗有山居淸嘯草 耕硯田齋筆記

沈起鯨字庚生官吳縣主簿山水得北苑房山神髓亦兼二米之妙 耕硯田齋筆記

夏正字時寅善鑒別能書畫友於兄子霦字海潤工畫梅善篆隸能詩 海鹽圖經

富瀨號禮橋山水學梅花菴主花草仿白陽山人能摹十洲人物 墨香居畫識

陸鳴謙字南村其弟出家乍浦懷橘菴鳴謙寓庵終其身善畫山水林木古趣盎然歿後人爭購之 乍浦志續纂

陳明暘號雪盦布衣赤貧無立錐地嘗主聞川計芬家善鐵筆篆籀隸古力追秦漢或臨摹金農陳鴻壽一派無不神似性疏懶求其墨者必俟奇窘斯援筆立就得潤資不隔宿罄囊乃止衣敝履穿勿顧也題跋亦簡潔高古 新纂

富生號香吏諸生秉性疏野嘗敝衣跣足登涉山水中歲

匿跡峰泖間好蓄異書精壬遁星運形家言憫人乏嗣
輒爲相宅先示方位改作法更宗西術推算星命復測
量日影按吉宿所臨揆時日躔度定牀戸澄思殫慮術
驗乃已遠近神之呼爲赤腳仙（倚晴樓詩小序）

流寓

漢

施延字君子沛國蘄人少明五經旁通星官風角家貧常
賃作由拳牛路亭食其力以養母人不識也山陰馮敷
爲吳郡督郵過亭延持帚往敷望而知其賢者下車謝
之推食解衣與之錢不受順帝初徵拜侍中位至太尉
（謝承後漢書）

晉

何準字幼道穆章后父弱冠知名兄充驃騎使仕對曰第
五之名何減驃騎後充居宰輔權傾一時而準散帶衡

門不與外事徵拜散騎郎不赴升平初追封金紫光祿
大夫晉興侯子惔以非父志表辭不受準本盧江灊人
寓居於海鹽烏夜村有其墓（海鹽徐志）

宋

趙善禮字敬叔太宗八世孫父不琤監嘉興海鹽稅善禮
隨侍遂寓居焉仕爲承信郎增秩承節郎有古儒風（海鹽仇志）

陸啟禎象山先生裔宋末任海上巡司寓海鹽之嵩湖鎮
元既滅宋江南大亂道梗不能歸遂家焉子二聞韶聞
車傳八世綸九世琳十世山龍皆有名稱至十一世蔦

垓舉隆慶進士仕福甯知州啟楨墓在當湖鎮宣德五年分平湖縣建縣治墓遷於縣之西北隅垓居仍宋末遺址陸山撰傳海鹽徐志

董健汴人仕至武功大夫扈從南渡家於海鹽之澉浦其後曰仲眞者遷海甯之錢山澉浦世隸軍籍其子源當往戍弟澐請代之遂復家海鹽于志

常同字子正臨邛人御史安民之子也登政和進士第首論朋黨之禍及補禁旅事除殿中侍御史諫罷呂頤浩再相劾張浚喪師失地與辛炳在臺同好惡上皆重之秦檜與金講和同持守備之說忤檜意乞郡知湖州頤

賢明屢空無家寄居邑西郊天甯僧舍十年自號虛閒居士卒贈少師謚忠毅二子秫衿皆典郡有聲海鹽縣志

元

李衎字仲賓汴人大德中舉賢良方正授嘉興路總管府同知時勢豪多涸湖爲田民病旱潦衎請設淛西都監營田司劃去湖壖諸田陞平江路水軍都督萬戸府副都萬戸嗣見元政日非隱居海鹽之芭溪歿即葬焉子孫占籍多聞人伊志

何鏞字聲之父基宋理學名儒鏞於元大德間遷居海鹽鳳凰山麓世業耕讀至正壬午劉誠意題其孫貴四之堂額曰遺安伊志

王濟宣威將軍前南甯州安撫使寓居澉川至元丁丑澉鎮招討王瑢假軍權決壞永安湖爲田民業多槁濟聞之朝廷命行省親勘還濬爲湖澉民德之海鹽圖經

姚桐壽字樂年桐廬人博學多才識元末爲餘干教授與僚友海鹽人沈瑴善結姻盟瑴死桐壽攜子就婚值世亂因寓居嘗撰樂郊私語一卷海鹽圖經

徐樞字叔拱其先宋濮陽太守熙遇異人授以扁鵲神鏡經遂以醫名世父號神翁元海鹽州醫學教授樞少傳其術兼學詩於楊維楨洪武乙亥薦爲秦府良醫後召

爲太醫院御醫有足庵集行世華亭志

陸德方字顯叔華亭人至正壬午登賢書授揚路學正未幾羣雄蜂起挂冠歸時元平章河南沈炤避亂鹽之甘泉鄉德方備書其家與談今古知素績學遂妻以女洪武初以逋臣薦不赴梅園楊氏並其後人海鹽縣志

朱順字文禧婺源人元貞間任嘉興路主簿卒於官子孫遂家海鹽之聞琴橋側族姓繁衍巍科相繼于志

明

劉儼字敬先其先汴人父廣文君貞宦海鹽名籍早歲遊庠厭場屋遂棄不事友人沈德常死無所歸鬻田葬之

娶妻雙聲終身愛敬如賓嘗以溉之水利謁張給事甯
條陳詳切詩豪邁不以刻鏤爲工 董雲撰傳
李大才字怡春蘭溪人薄遊海上遂與彭紹賢沈孝徵諸
公交因家海鹽工岐黃術厚施不責報市大火鄰居三
面皆燼大才屋獨無恙人謂厚德之報
范明望字拙庵錢塘人少爲諸生投筆中武科鄉會試歷
任至甯紹參將乙酉攜家隱居海鹽僻園談及世事慷
慨多大計晚年托蹟僧寮 以上袁志
陳時字九若餘姚人遊學至海鹽遂寓不歸嗜古金石刻
書學顏柳筆意遒勁北兵入見其書帙盈兩袖笑爲腐

儒釋不殺時拍其肩大呼曰上天好生兵怒遂遇害詩
文有藥塢集 海鹽續圖經參槜李詩繫
邱上儀字維正武進人武進士歷官南贛總兵見時事不
可爲謝病不仕軍民感其恩立石衞署門外曰天下第
一清廉眞正好官參府邱公去思碑鼎革後隱居海鹽
邵灣山卒 袁志
許相卿字台仲本海甯靈泉里人以鹽邑紫雲村山水爲
勝卜居村南茶磨山遂占籍焉正德中舉孝廉從陽明
子講學又與關中孫一元吳下文徵明詩筒往來後登
進士授兵科給事中嘗上疏論罪閹張銳張忠內降貴

死非法張欽義子龔緹騎秩爲濫恩著敢諫聲在廷張
璁桂萼夏言並契交性慕棲逸僅三載引疾歸舊遊仕
者勸之出故以農圃桑麻攙其談爲索京師故人書曰
有詢我者君第言厭世去矣夏言之再出也過郡城就
商進止相卿不答第曰吾惜李長源受觀察判官耳素
持介節官諫院時無方帕之納垂老入山海昌令樹表
邑城中往謝則五鼓伺關入向縣門再拜徑去倭入紫
雲村趨避傷足家於舟鹽令鄭茂致書邀入城亦不就
蓋超然塵壒外焉所著有革朝志貽謀四則及文集十
二卷子御史誾造另有傳 海鹽縣志

查志文字嶋周海甯人守廬郡無爲州晉秩本郡丞賈山
海鹽之古杏爲園且爲墓葬焉志文佩丞印司江防江
行風覆舟扳舵流數十里不沒印亦宛在廬人傳以爲
異 海鹽縣志
吳孺子字少君別號元鐵蘭溪人工詩性孤僻好採壽藤
瘦株出瓢爲几杖槃盂樽壺罍洗之屬摩挲光澤客稍
諦視輒嗔爲俗塵所觸王弇州爲作破瓢歌寓鹽邑天
甯禪房及錢櫟穀家最久各有詩 海鹽縣志
金九成字伯韶幼警敏善屬文九歲題詩郡齋爲郡守龔
勉所器重萬歷丙子舉於鄉隱武原之望虞山著史論

史辨各三十卷又別爲元史考誤四十卷詩有懷春小草借竹軒稿望虞山人全集子壽明亦有名著麗情雜錄雲堂初稿續稿（海鹽縣志）

祝以眞字佑徵世爲龍山望族嘉靖間遊南雍中萬歷戊午應天舉人天啟間就敎嵩縣陞南豐令裁馬戶抑勢豪考滿歸卜築邵灣山倡明理學乙酉聞南都亡痛哭不食卒（海鹽縣志）

吳普誠前明隱士遨游海上無識普誠者其泛舟詩云扁艇泛湖津葛天上世民忘機人莫識鷗鳥偏相親事詳芸隱雜錄（海鹽縣志）

吳文冕字從周休甯人杭府庠生遷澉川與吳麟瑞昆季稱莫逆以文章節義相尚甲申後遂杜門不出日事著述有四書不夜篇二十卷周易燃犀五卷兼留心堪輿岐黃脩養之術著三才滙璧四卷醫學指南十卷元科秘要四卷經驗良方十二卷幼幼心法二卷元脩最上乘二卷皆手自鈔錄晚年自號白岳逸民眞如子（海鹽縣志）

國朝

黃谷字松石原名袍字彤雲雲南世襲百戶藺烏之亂以策干巡按朱泰禎奇之留幕下後攜至海鹽遂不歸其子萬里迎之不顧善畫人物人以絹素乞畫不輕落筆醉以斗酒輒揮翰如風雨門人張遠定海人初從曾鯨學寫眞無不逼肖筆意遠出沈韶謝彬上從谷家海鹽谷依遠以歿遠子德師畫亦工

巴有楨號福之族著休甯遊浙西至武原家焉子應奎康熙副車授守備隨征入閩恢復漳泉等郡邑加都司父子合葬澉浦茶磨山側小山（以上海鹽續圖經）

楊斌字乘六海甯人寄籍海鹽少孤至性過人事母吳備極孝養乙酉破兵邑人空城走吳老病不能行兵至將加刃斌號呼請死願舍母兵感其孝俱獲免讀書博識爲文操筆立就以忠孝大節敎子雍建卒祀海甯鄉賢袁志

王宏字大宜達州人父琮天啟進士任汝甯司理後晉湖廣中丞值寇難殉節崇祀忠烈大宜遭父變遊浙僑寓武原康熙壬子回籍中式

畢蕃昌字子茲父佩由歙遷海鹽時濬澉川新河中壩毅然其事澉民德之與創開新河俞騰蛟並祀壩旁

吳保和字子忠由蕭山遷海鹽時百步橋縻蕩廟橋皆圮行者病焉保和獨任修築里人感德更名百步亭爲福田庵（以上海鹽續圖經）

董潮字曉滄常州人贅壻海鹽陳氏入浙闈中式入都以

紅豆詩得名京師號紅豆詩人癸未成進士授庶常著有東亭集伊志

倪爲穀字龍田海甯廩生寄居海鹽擅著述工書畫著有五經句讀音義考生菴讀史錄唐宋詩摘錦于志

金澍字具瞻太學生海甯人業醫尤精幼科以醫來鹽遂家焉性慈恕未嘗以責報怠視貧家兒遇危證輒終夜不寐家人竊聽之但聞䌷書聲以是治得十全年六十九卒著有本草分劑于志

許光祚字靈長關西人工八法宗褚河南筆意其小楷尤精寓海鹽眞蹟流傳人咸寶之于志

李玉如字能白錢塘廩生寓居武原與其徒馬駿讀書資聖寺之半竹閣合刻僧廬集其抱瑟草堂詩集採入輶軒續錄于志

胥庭字道生江西南昌人兄以穀官嘉巡道身後貧無歸庭遂家海上買地種蔬環堵不蔽風雨晚斷肉食持居士服先知死期以遺稿屬故人張給諫曰自怡集海鹽縣志

胡山字海岳蘭谿人明諸生鼎革後棄家去陽羨遷硤石繼文寓居海鹽賣藥自給得錢輒貰酒吟詩有寓廬草海鹽縣志

張敏行字其言本籍吳門以醫術行於鹽兼善風鑑命理

建香隱庵以居沒卽葬焉海鹽縣志

嘉興府志卷五十七

光緒嘉興府志

（清）許瑶光 修 （清）吴仰賢等 纂
嘉興市圖書館 整理

肆

國家圖書館出版社

第四册目録

嘉興府志

嘉興府志卷五十八　　嘉興府知府善化許瑤光重輯

平湖縣

兩廡先儒

國朝

陸隴其初名龍其按陸氏靖獻支譜初名世穮字稼書居泖上世有隱德幼讀書躬行實踐以聖賢爲己任年四十一登康熙庚戌進士乙卯授江南嘉定知縣嘉定爲瀕海大邑號稱難治俗尚奢侈民多積逋令率坐是落職隴其至歎曰民不輸賦大率以貧也其所以貧風俗爲之也譬如少年以遊冶傷其元氣力不能服勞爲父兄者禁其遊冶則元氣自復不禁而予以飲食抑末矣今且不爲飲食而又督過之則官與民俱病固其所耳故其爲治一以鋤豪強抑胥吏禁侈靡變風俗爲主大賈汪氏者素橫行邑中其僕奪賣薪者妻汪匿僕急捕治之以妻還賣薪者而重懲其僕汪大恐令所識探意隴其曰人無不可自新苟爲善即善矣若平日所爲吾知之毋犯我自新未晚汪感懼卒爲善士市少年十百爲朋以拳勇爭豪鄉黨畏苦之隴其廉得其名不即捕遇有控者責而械諸門時時勸諭之視其情色果悔則釋不匝月其

黨悉解散民有告其子不孝者卽涕泣自訟曰我德薄無以化汝令汝父子至此委曲曉諭踰時其父泣其子亦汪然出涕已而察其深悔乃慰遣之并不與杖大塲鎭有兄貧貸于弟不應輒舁弟貲以去弟賄巡檢以盜報則怒曰是可以爲盜乎訊之乃其弟婦翁所爲痛懲之因呼其弟曰彼兄也乃聽婦翁謂兄盜不悌也笞之又呼其兄曰汝爲長不自思謀生之策而貸弟弟不應而徑取之陷汝弟不悌是汝不友也亦笞之咸感服而退宦家子有罪延其父至堂上而責之曰我與爾父朋友也爾猶子也子弟而不肖不可以不責竟杖之邑胥

役以千計惟輸解上官乃遣役絕不令至民間民亦信其愛已不待役至賦稅先期畢集未幾胥役易業自去者過半其存者亦相率告哀曰某等知公淸愼豈敢有所覬但工食已裁革無所得食業受役不可脫脫亦莫肯代惟公哀之隴其惻然曰若亦我民也然無術救汝無已令汝曹得更代如何皆歡然曰如是則生矣乃悉爲農賈以自給當直則來于是廳有存者期年政成丙辰冬福建按察使員缺

上命九卿會推天下賢能愛民之官將不次擢用尚書魏象樞舉隴其而是時江蘇巡撫慕天顏方以隴其儒術迂疏非肆應才具疏入告部議引才力不及例降級調用嘉民大駭罷市日號軍門天顏不自安爲具疏請復而部議又引諱盜例落職先是民張與汪以小隙訐訟汪遇盜被傷歸謂其弟曰張遣殺我其弟遂以讐殺控隴其疑小隙無殺理而察張亦非殺人者因以是盜是讐未敢遽定報尋獲盜七人讞上部議以隴其初詞涉諱匿引例罷斥人謂隴其盡辨諸隴其曰邑有盜長吏固宜有罪且夜半殺人于路果讐亦盜也而我不能斷議黜不枉奚辨爲嘉民益大駭去之日九鄉二十都民夜半羣呼入邑塡滿街衢哭聲震天地及入邸舍男婦萬餘

環泣不去者終夜次日四郊各刻木爲位旬日間村各立祠旌幢鼓吹爭迎位于其中旣歸行李蕭然惟書數卷及其妻織具而已故民謠曰陸公歸舟何所裝圖書數卷機一張戊午

詔舉博學鴻辭之士郡人工部主事吳源起薦入都會左都御史魏象樞疏論前部議之非

上心領之未幾以憂歸服闋象樞復上疏薦奉

旨復職癸亥補靈壽知縣旣之官視其邑逼近畿輔多徭役地磽瘠水旱頻仍俗強悍喜鬭少訟而輕生嘆曰民富而後可以教輕生之習禁令尤嚴然未盡絕者民貧而不

知義也嘉定可使富而不及爲靈邑又非嘉定比奈何力言于上官非大恤民力不可時派運灰車靈邑以五輛視他邑獨多前令董子祁爭之不得民以病告隴其首以爲請至以去就爭乃得更代邑又北負太行南濱滹沱多不毛之土順治康熙間兩奉

詔盡蠲其徵後言者復申隱地處分例有司畏罪稍稍首報由是倚山瀕河之地間可耕穫者相戒不敢墾隴其下令民墾請

朝廷決不與爾民爭此毫末之利地方官苟非大貪惡決不勒爾起科以貽爾無窮之害民乃漸有闢者終任七年

竟無一畝首報邑額丁萬五千有奇前令編審率增丁逃亡死絶不除而攤派包賠日甚隴其謂如是是驅之逃也因以實額報且曰裕國之道惟在恤民逃亡日少則國課日增若目前形勢恐難就筋疲力盡之民責其無缺額也庚午歲大饑奉

詔發粟賑民裹糧驅馳山谷閭審其衆寡老弱躬自徧給及去民懷其德如在嘉定時初江南總督于成龍卒

上臨朝問九卿今天下清操如于成龍者有幾人九卿頓首以七人對隴其與焉

上又嘗問兵部侍郎李光地曰今天下亦有留心性命之學者乎對曰臣所知者有山東布政使衛既齊靈壽知縣陸隴其臣曾見隴其所著書皆有本之學

上又問隴其居官何如對曰清廉愛民屢經大臣薦舉至是左都御史陳廷敬復薦有

詔行取來京擢四川道御史遂上疏言畿輔民情畿輔民情疏臣本外吏荷蒙皇上拔置臺班苟有一得之愚皆當次第敷陳以仰佐聖治之萬一顧臣官畿輔者久知畿輔之民情敢先爲皇上陳之畿輔一帶土瘠民貧異於他方荒多熟少自昔而然加以康熙十二年以後軍興緊急雜派繁多民困滋甚豐年僅可支持一遇水旱流離萬狀幸數年以來皇上加意撫綏禁止私派不恤蠲賑鳩鵠之民得苟延殘喘然以言乎家給人足則尚未也臣觀自古豐亨之治皆非一日而成唐虞之世其初亦不免黎民阻饑堯舜兢兢業業積久而後烝民乃粒漢自高惠而後多方休養至於文

景然後天下殷富唐之太宗日夜講求治道至貞觀之末然後民食充足今天下平定猶未久也而又疊遭水旱故皇上之勤恤民隱而百姓猶未免於艱難無怪其然矣求其殷富亦無他道惟在皇上常持此勤恤之心期之以積久而勿責效於旦夕恩已厚而不嫌其更厚心已周而不厭其更周則家給人足之盛庶乎可望矣至于目前所當議者臣見上年畿輔荒旱實異尋常其被災各州縣內雖有未被災之處亦不過稍有升合之獲差勝於被災者耳初奉上諭將二十八年及二十九年上半年錢糧盡行蠲免已經撫臣出示曉諭後因部議分別被災州縣中有不被災地畝不准槩蠲百姓甚苦撫臣不得已題請秋後帶徵地方得以粗安然雖今歲秋收稍稔既徵其新又徵其舊臣恐非積貧之民所能堪也雖曰豐年所入幾何穀價又賤其値無幾私債之迫索者衣服之典當者已去其大半仰事俯育仍憂不足又可責其兼完新舊之糧乎若非皇上曲加垂恤臣恐有司惟知考成之是急不顧民力之難勝甚非皇上蠲免之初意此臣所目擊地方情形不敢不爲皇上陳之疏入

上呼隴其近前曰陸隴其奏章是自作否對曰疏出臣手不敢

假人

上稱善久之尋奉

詔盡行蠲免時湖廣總督某爲湖南巡撫于養志奏請奪情隴

其上疏論之論奪情疏臣辦事衙門聞九卿科道會議湖南巡撫于養志在任守制一事臣以資淺不在會議之例不知所議若何及詢問與議諸臣謂議之時昌言其不可者固有其人而依回不斷者比比而是臣竊怪之此明白顯易之事有何可疑而依回若是夫治天下之不可不以孝易明也在任守制之非所以教孝易明也天下正當承平之時湖南又非用兵之地無籍於在任守制易明也皇上以孝治天下在廷諸臣沐浴於皇上孝治之中久矣何難一言以直斷其不可耶且臣不知議者以于養志爲何如人如其非賢者耶則固不當使之在任守制矣如其誠賢者耶則必不肯安心於在任守制矣在督臣代爲題

請或從愛惜人才起見然臣以爲使之解任全孝正所以深愛惜之況皇上一日所行天下萬世奉爲法程者也若使一撫臣因督臣之題請而留將來督撫之丁憂者皆將援此爲例其不思僥倖奪情者鮮矣名教自此而弛綱常自此而壞此端一開關係天下實非淺鮮至湖南一省之人是則是傚不復知有父母又無足論矣竊以爲督臣所請無容議可也臣不知九卿作何啟奏理應靜聽皇上定奪但恐衆論參差兩端易淆敢從名教綱常起見少効芻蕘

詔報可辛未夏旱應

詔陳言部議革職奉天安置

上心知其無他特宥之是年冬試俸滿改調歸又一年而卒年

六十有三四方人士聞者莫不傷悼嘉定之民縗絰相

弔哭于清廉書院中及至葬門人會葬者皆伴墓三宿

而去隴其學本朱子以居敬窮理爲要嘗與睢州湯斌

書畧曰孔孟之道至朱子而大明四書經傳凡經考定

者悉如化工造物學者但患其不行不患其不明但當

求入其堂奥不當又自闢門戶自陽明王氏目爲影響

支離倡立新說盡變其成法援儒入墨以僞亂眞天下

靡然嚮應棄規矩而師心自用比之清談禍晉非刻論

也今之學者必尊朱子而黜陽明然後是非明而學術

一人心可正風俗可淳也又嘗曰南方有一黃藜洲北

方有一孫夏峯皆當世君子然夏峯作理學宗傳混朱

陸陽明爲一藜洲學案亦尊蕺山太過其論學類如此

嘗跋張武承王學質疑自以闢姚江之學比于孟子闢

楊墨于有明諸儒獨心契薛敬軒胡敬齋羅整菴陳清

瀾爲學術正宗晚年設教東洞庭山學者從遊日益衆

著有讀禮志疑六卷四書講義困勉錄三十七卷讀朱

隨筆四卷三魚堂賸言十二卷松陽抄存二卷三魚堂

文集十二卷外集六卷附錄二卷以上入四庫全書松陽講義

十二卷問學錄四卷禮編四卷戰國策去毒二卷靈壽

縣志十一卷衞濱日抄先正一隅集生平坐必端行必

莊語必徐以簡燕居齋如不苟訾笑天性孝友父標錫

歿時隴其方應召都門訃至徒跣奔喪歸孺慕哀泣日

夕席地卧期年乃以土坯墊四隅而寢其上所制喪服
皆遵朱子家禮性謙謹和厚善氣迎人告戒僮僕亦煦
煦若子弟及辨學術是非邪正論民生休戚政事得失
又侃侃絶少依回云隴其既卒之三年春有提督江南
學政之命大學士王熙以病殁對
上曰何故不奏對曰七品以下官向無奏病殁例
上嗟嘆良久曰本朝如此人不可多得矣雍正丙午
詔從祀孔子廟庭位列先儒蔡清之次乾隆丙辰
子謚清獻追贈內閣學士兼禮部侍郎本傳
雍正二年甲辰三月初一日

皇上臨雍諭禮部等衙門及國學諸生治天下之要以崇師重
道廣勵學宮爲先務朕親詣太學釋奠先師禮畢進諸生
於彝倫堂講經論學凡以明道術崇化源非徒飾圜橋之
觀聽也惟
孔子道高德厚萬世奉爲師表其附享廟庭諸賢皆有羽翊聖
經扶持名教之功然歷朝進退不一而賢儒代不乏人或
有先罷而今宜復有舊缺而今宜增其崇祀崇聖祠者周
程朱蔡外或有可升而附者並先賢先儒之後孰當增置
五經博士以昭崇報均關大典九卿翰林國子監詹事科
道會同詳考定議以聞禮部等議周漢唐宋元明外
本朝應增入從祀者一人國家右文興教凡務本力行之士
沐聖人之化淬厲於天人性命之學者實繁有徒其彰
彰在耳目者當以平湖陸隴其爲最隴其自幼以斯道
爲己任精研程朱之學兩任邑令務以德化民入官西
臺奏章必抒誠悃平生端方孝友笑言不苟著作如林
能發前人所未發絲毫不詭於正足稱昭代醇儒允宜
陪祀俎豆者也疏上奉
上諭先儒崇祀文廟關係學術人心典至重也宜增必詳加考
証折衷盡善庶使萬世遵守永無懸擬爾等所議雖皆有
功經學然戴聖何休未爲純儒鄭衆盧植服虔范甯謹守
一家言轉相傳述視鄭康成之純質深通似乎有間至若
唐之陸贄宋之韓琦事君以誠立身以正勳業昭垂史冊
自是千古名臣然於孔孟心傳果有授受而能表彰羽翼
乎其他諸儒是否允協以及宰予冉有增置博士之處著
再公同確議務期至當不易具奏禮部等復議上宜復者
六人林放蘧瑗秦冉顏何鄭康成范甯宜增祀者二十
人縣亶牧皮樂正子公都子萬章公孫丑諸葛亮尹焞
魏了翁黃幹陳淳何基王柏趙復金履祥許謙陳澔羅
欽順蔡清陸隴其宜入崇聖祠者一人張迪宜增置博
士者四人冉雍冉伯牛子張有若奉

旨朕念先賢先儒扶持名教羽翼聖經有關學術人心爰命九
卿詳議今諸臣參考周詳評論公正甚合朕心著依議行
於四年正月從祀乾隆二年　賜謚清獻

列傳

明

沈琮字公禮正統壬戌進士授南武庫主事兼車駕職方武選三司遷守夔州改重慶皆以父母喪不赴再補廣州興學校正風俗勸農弭盜爲他郡最値葉盛爲巡撫言無不聽及盛移任琮卽以病乞歸家居奉先事長教子弟有儀範鄉人化之著有石窗東宇等藁弟瑋字公

貴號青璧景泰辛未進士累官山東道監察御史著有橋門柏臺等藁程朱語類父母喪琮瑋廬墓六年日爨粥有白鶴時來棲止詔旌其門琮先世本烏程人元末有文俊者從家海鹽之清溪琮其裔也宣德四年析隸平湖縣 徵獻錄參柳志

馬暶 一作璇 字季明少時薛瑄見而奇之曰神韻雋遠必爲一代偉人以進士任行人歷使晉周楚蜀諸藩出使琉球餽遺無所受中山王爲立郤金亭擢御史疏奏蚤建儲謹災異飭武備防水旱上嘉納之書其名於御屏父昇見孝義兄子昆見下 徵獻錄參平湖程志

沈棨字元節以進士授工部主事知潮州以鹽稅入公帑省正供歷延平臨江所至不畏強禦莊㬌稱爲清沈陞貴州參政糧運軍餉裁制有方乞養歸著有熙貝集孫埀進士歷知山陽鹽城縣垣見下 徵獻錄參分省人物考江西志

倪輔字良弼以進士授吏部主事遷郎中改禮部陞湖廣參政治峒猺以恩信卒官民哀之如失父母

許盛字昌世以進士授刑部主事歷員外郎擢四川按察僉事蜀府莊戶侵民山田獄久不決盛勘實置法丁憂起補分巡川北道僉事儀隴寇亂誅其首餘黨悉平改川西上流羅泉諸井鹵丁憤所司徵不如令塞其井盛

至帖然復業轉雲南副使民有鬻銅者讐家誣以盜礦獄具瘐死已半盛辯釋之民尸祝焉 以上浙江通志參徵獻錄

俞廸字允吉以貢任廣東都司斷事性耿直指揮王江失機監司惡指揮于某欲并坐之以屬廸廸不可乃止某濳以千金餽廸之迨歸某覘轍至舍泣拜曰不敢忘大德願以弱息奉箕帚廸曰以妻次孫可某益感結婚而去 分省人物考

陸綸恩貢生知夾江縣以廉稱署中器用出自里甲鋪戶給還之羨餘一無所取丁艱歸築舍墓旁居之 平湖程志

周衢字士亨景泰庚午舉人授膠州學正以禮率人諸生

有衣食不給無力喪葬者出俸助之罷歸肆力經史根
柢性命之學所著詩文力追古人分省人物考參徵獻錄

陸鋹字克潛由貢生授程鄉知縣縣届山海多盜議者皆
以捕盜爲急鋹謂與民未有恩信何遽勞民乃新學舍
以禮義勵諸生問民疾苦晝夜不息朞年始團練義勇
間出勦斬獲常至千百盜相約無犯俗搆訟以賂勝鋹
絕私謁訟自息丁母憂歸號泣攀轅者數千人行至常
山哀毁致疾卒囊無一錢逆旅主人徐文育爲之棺殮
程鄉人設位巷哭立祠祀鋹性至孝父珪患癰吮之而
愈母畏雷雷輒晝夜侍累贈副都御史子淞孫杰別見

兒子溥字文博諸生以貲授上海縣丞調豐城督運夜
過采石舟漏瀕禱曰舟中一錢非法願葬江魚腹禱畢
漏止天明視之有三魚裹水草塞漏尋以亢直罷官歸
兩浙名賢錄參徵獻錄鄉賢實錄

過璘字太璞少喪父年十九猶市販一旦棄去力學成進
士授工部主事出督呂梁洪河道復分司濟甯閘大爲
三原王恕所知改刑部主事有以妖言誣人至死璘及
數十家璘勘出之陞江西按察司副使豐城李氏泰陷
平民兄弟三人爲盜繫獄十年得其情釋之坐民泰尋
致仕歸分省人物考參平湖朱志

屠勳字元勳以進士授工部主事遷刑部郎中京師無賴
子李勝令人誘其主李福盜鑄而已首之福坐戍邊籍
其產歸勝勳覆勘得實以其罪罪勝值大旱因建言陰
陽不和由於刑獄不清輦轂之下尚須平反況在外省
請遣部臣卹刑獄從之累陞右副都御史巡撫順天永
平諸路邊備上言近畿供應浩穰宛大二縣庫夫壇役
膳夫羊水瓜戶役動數千而計丁養馬與各縣等尤困
乞加存撫又奏密雲孤懸戍壘難援潮河川積石漫衍
難守黃花鎮先帝陵園宜護乞分薊州密雲建昌連設
三屯烽火相應于潮河川作周城虎落具礧石布蒺藜

鑿坑塹而于內砌石爲城增置黃花鎮營堡禁中使索
供銀魚罷麻峪采礦又奏移操營于熊兒峪移關于水
峪使兵得水草又便耕稼歲省卒戍公私金錢不貲遷
刑部侍郎壽甯侯張鶴齡與民訟田勳曰母后族與細
民爭尺土非國體歸田于民正德元年上郊祀籍田幸
學三事請講眞德秀大學衍義爲正心之要時上年少
務嬉遊卒有劉瑾江彬之亂人服其先見進尚書劉瑾
用事乞奏請必先關白勳曰若是是無朝廷矣瑾銜之
引疾求去加太子太保致仕卒賜祭葬謚康僖著有東
湖遺稿子應埍應坤應埈俱進士應埍湖廣提刑副使

應坤雲南參政應竣見秀水列傳浙江通志參徵獻錄
沈珵字廷瑞以舉人授延平府推官改安慶有清望上官
至不敢責供張子鏞黃梅敎諭孫一卿宗人府儀賓尚
荆王祟明郡主徵獻錄參平湖張志
屠熙字元明以舉人授武昌府推官有盜久弗决俱年未
三十熙曰此獄越十八年矣盜時年纔十二三審出之
陞江西建昌府同知益府中人籍民貲戶派借銀責重
息諭以利害遂戢改南直太平知府卒子奎字文奎御
史巡視江西薅戢宸濠黨與復累疏其不軌終江西參
政垚別見徵獻錄參平湖程志

陸僉字抑之以進士知江都縣躬歷窮僻鄉里詢民疾苦
瀕江田已盪爲洪波稅額不除淤沙可耕率爲豪右佔
馬多領牧于無丁產者悉爲節約均賦歲凶民多鬻子
女于江南捐俸并公餘錢贖還幾百人每新穀未登輒
發舊廩以接民食巡撫李某籍所部羨銀十數萬將上
之特請留以活窮民又敎民開渠建閘備旱澇奏陞巡
檢司爲縣控制召拜御史巡按四川鋤豪強發諸姦伏
上自藩邸下及羌酋咸凜凜莫敢縱大修成都郡學創
養濟院於營昌出成案之不能生者亡慮百十以盛暑
按部得疾卒徵獻錄參分省人物考

馬昆字克昌以進士知永新縣峒猺入境肆掠禽其首平
之鄰縣民搆訟二十年不决以屬昆片言折服縣有商
稅令易粟實常平倉擢山東道御史出按兩淮鹽課酌
其贏羨以賑饑值河溢以餘鹽易價充築堤費淮人立
祠尸祝遷雲南副使進本省參政卒官徵獻錄參平湖程志
馬俊字世英以舉人任館陶縣敎諭人罕知學俊爲句授
字解捐俸資給之遂有以科名顯者擢知獲嘉縣大璫
張永征安化所過騷然俊言民力不任供億永斂容謝
調遂平遂平故無城有賊寇俊匿母妻山中而身率丁
壯畫地而守人皆感奮殊死守賊不敢犯事平乞歸祀

名宦贈山東參政分省人物考參徵獻錄
陸淞字文東進士授禮部主事歷郎中時藩國多踰制請
乞淞格不行倭使宋素卿賄奄人劉瑾求數入貢淞上
疏言非中國利且素卿本甯波人潛遁外島以邀中國
請誅之瑾怒中淞他事下獄瑾敗遷光祿少卿歷南鴻
臚卿上疏陳九事極愷切尋陞南光祿卿致仕卒賜祭
葬淞接人甚温及臨事毅然不可奪自奉儉約好周恤
故舊宴客酒七行即徹有東濱集累贈刑部尚書子杰
杲並有傳徵獻錄參吳志
曹瓊字玉夫以進士授御史貴戚有投千金乞揃讐家于

辟正色卻之尚書劉大夏論人才謂諫臣中如曹鍠當大用無何卒子乾六歲孝宗時以神童舉試宮中賞賚優渥元舉人（徵獻錄參平湖程志）

施震字亨甫以進士知固始縣行取補太僕寺丞出守石阡俗皆誅茆為屋令儲水備火忤劉瑾乞歸（浙江通志）

沈煉字剛夫以進士歷任江西參議所至豪右屏息墨吏輒自引去值寇警煉以文臣飭武事身赴險難卒撲滅之子圻字子京以進士除江西道御史以忤當道降高郵州判陞休甯縣歷陞貴州參政投劾歸（徵獻錄參吳志）

屠垚字文治以進士授常州府推官擢雲南道御史巡按

廣西歲饑設法糴運增價招商多所全活招降諸猺寇賜金幣世廟入繼大統議考獻皇垚六上疏力爭轉山東副使致政歸杜門不入城市三十六年（劉志）

沈圻字子京正德辛未進士除御史以直忤當道謫高郵州判陞休甯知縣天心冰蘗歷固原兵備發巡按之奸陞貴州參政歸父子俱官藩臬產不及中人（于志）

潘鵾字惟遠以舉人授肇慶府通判有清操不滿考自劾罷歸貧甚授徒為活學者稱東淵先生同時李萼字剛甫亦以理學自命不苟取與以為聖人可學而至嘗作克念圖說司業沈懋孝為作兩介士傳（徵獻錄參檇李詩繫）

孫璽字朝信以進士除興化知縣豪徐恩以貲為本縣千戶與其宗人交賂權貴橫行無忌璽至廉得奸狀先懲其宗人翼日百姓以恩殺人攫財告鞫實併其宗人皆抵死大水傷稼上官不為請即自奏聞詔許減田租之半轉揚州府同知甯庶人攻安慶璽守儀真捕殺儀賓之為賊諜者陞山東按察司僉事奉敕丈皇莊草場凡中官貴戚所漁奪者悉還民調雲南參議麗江土官爭金沙江相讐殺璽會勘土官賂同勘者因以賂璽不能動卒奉約束如故移巡大同兵備吉囊入寇斬首多敘賚晝功賜金罷歸以子植贈刑部尚書植有傳（平湖顧志參唐順之撰墓志徵獻錄）

陸琳字文珮以舉人授清河知縣歲祲撫濟全活數萬俗不諳紡織乃教之為車機有兄弟訟久不決琳諭以義感泣相讓擢廣東道御史巡按四川都指揮劉永昌倚武定侯郭勛權勢與蜀府訐奏按實致永昌罪補河南道論罷中貴姻亞墨吏繼劾權黨邊將張麟怙勢不法事不報出守江西撫州府尋乞歸著有蘭臺疏稿忠彌堂稿巡川條例賑荒事宜子山璽宓

姚參（榜姓張）字應辰以舉人授上饒教諭擢知宜春縣出穀賑饑興利除害又請減茶貢費十之九甯庶人之變王

守仁檄參應援事平調桐廬尋擢工部郎中乞歸子篚

別見賛箋並舉于鄉孫體信進士官參政（以上分省人物考）

趙漢字鴻逵以進士授建昌推官録重囚必察其寃不拘成案擢南戶科給事中改兵科中官崔文亂政尚書林俊劾之被旨詰責漢因發文不法狀請行譴不納已哭爭大禮論列張璁桂萼所奏十謬詔繫獄廷杖歷吏科給事中以疾去起故官遷工科都給事中疏言內閣桂萼翟鑾稱病三月未嘗以曠職辭張璁久專政權亦未聞引賢其濟乞論萼鑾亟去簡用兩京大臣及家居耆舊復被詰責尋出爲陝西參政告歸久之以故官起山西不數月復致仕著有漸齋集（明史劉世揚傳參兩浙名賢錄徵獻錄）

林桂字天芳以進士授刑曹執法忤權貴下御史獄世宗入繼詔拔淹滯超授禮部郎中子雨別見（徵獻錄參分省人物考）

陸杰字元望以進士授兵部主事轉員外郎中武宗南巡與黃鞏陸鎮伏闕極諫廷杖陞湖廣參議歷陞陝西鄜延副使榆林告急上遣總兵某往援至則屯兵綏德不進杰率屬下衆張諸將擊退之遷廣東左布政使安南不庭毛伯温督討杰偵得安南陰事謂可讋服不煩用兵伯温以聞安南王莫登庸果上表請罪遷僉都御史巡撫湖廣世宗奉章聖太后梓宮南祔供應浩繁杰處分若素定民以不擾督山陵工請乞留正供爲費又乞捐所過郡縣租稅俱報可修復江漢長隄二千餘里郎本官進工部侍郎轉副都平鎮溪苗亂又討平邵陽妖賊爲大璫廖斌誣奏致仕久之御史王應銓疏薦以原職召還工部卒贈尚書子光翮蔭授都督府都事孝友能文章曾孫鼇（兩浙名賢錄參徵獻錄）

劉玘字廷璧以舉人知五河縣歲大饑設法賑濟全活數千人復即家運粟補其不足務端俗尚興教化先是縣令姜某有循績民爲之謠曰前姜後劉吾民以休擢刑部主事卒祀名宦（分省人物考參徵獻錄）

陸槐舉人知萬年縣民有兄弟相訟置不理久之召與語

爲說棠棣之詩及脊令在原曰鳥亦有兄弟况於人乎兄弟感悟訟遂解祀名宦（平湖程志）

陸鼇字子任九歲淹貫名理人稱小象山以舉人授臨江府通判時江盜横甚鼇單騎諭降之而巡撫吳某意主勦鼇爭之不可曰殺人媚人鼇不爲也吳悟乃止督糧使者至索金不與怒甚及察其實貧歎服慙謝去署新淦大旱徒步禱於蒙山刻期雨至遷南康同知累贈江西巡撫右僉都御史（徵獻錄參平湖程志）

姚篚字希實以舉人授廣信府推官城玉山置戍分水温

陵等處弭礦徒山賊遷守宿州招撫流亡給牛種墾田四千頃贖鬻子女幾千人捐宿逋二萬五千立社倉備荒教民機杼資衣食累陞貴州僉事乞休卒贈太常寺卿吳志參平湖朱志

孫校字右文進士初授工部主事出督判南關稅革羨餘轉兵部武選司郎中孤行己意忤嚴嵩謫廣東市舶司歷陞四川副使出淹繫撫豪酋興農講武平徭役暇則肩輿問風俗禮賢訓士以疾歸

馮汝弼字惟良以進士授行人遷工科給事中巡視光祿及盔甲廠劾巨璫張時等乾没又劾冢宰汪鋐怙寵不

法鋐罷汝弼謫潛山縣丞轉知常熟縣築葉蕩等閘立法均田減耗數萬調餘干覈清倉粟備荒巡鹽役爲盜捕按之如法遷知太倉州劇盜聚江海間前守不能詰設方畧禽之歲祲部使者出督逋稅既去置弗徵陞揚州府同知未之官以前逋稅論謫遂乞休值倭警請督撫城平湖首輸爲泉倡又築漢塘五十四里土石橋堰四十餘所歲葺之縣災賑米數百石瘞殍立義冢戚族貧不能婚喪者代舉之卒縣人請特祠祀累贈山東參政有補備遺錄紀建文時事祐山集十六卷以上徵獻錄參平湖程志

俞咨伯字禮卿以進士授工部營繕主事歷屯田郎中時貴戚武定侯郭勛專横咨伯執法不少徇出知永州府歲饑請賑尤加意學校諸生卭有邑貧不能婚爲捐俸娶婦卒登第遷河南副使提學山西徵獻錄參吳志

王梅字時魁以進士改庶吉士除刑部主事建昌侯張延齡得罪下獄主事沈椿以貴戚不令入重獄及梅受事世廟聞之大怒先後主事二十二人皆下獄議杖梅謫滁州判官梅能詩有柘河遺稿馮祐山集參徵獻錄

趙伊字子衡漢子以進士授刑部主事涖事精敏胥吏不得竄刀筆陞南兵部職方司郎中巡江指揮縛大盜至

具言夜所以格鬬被創後乃禽獲狀伊勞之退徐執盜訊乃知良民爲賈者抗官兵之眞盜已逸去矣召所居什伍相保者問之言皆合遂釋轉武選司時有要路故人夜持兩襲金以贈云得自某璫有所請伊斥之中山王後徐某以傳奉官錦衣法不得襲附巨璫曲得上旨伊爭不納乞還久之起車駕司聞鄭關符禁嚴貴臣皆痛嫉遂出爲廣西按察副使乞終養歸再三召卒不起伊初刻意詩文後聞性命之說遂求見諸躬行不以論說爲事著有序芳園稿子三邦秩字元敘以進士授海門知縣均賦減戍築呂四堤開鹽運河以勞卒官士民

祠祀邦程字元憲蘇州府訓導遷連城教諭邦黍字元美舉人任江西南安府推官多平反榷關南贛溢額四千餘金佐公帑以母老乞歸邦秩子琮字伯裕舉人署高陽教諭著葩經約說十卷劉志參徵獻錄

陸山字子周以貢選臨清州判遷知阜平縣以水患逋賦力請奏免調夏津入爲光祿署正歸著孝經正義太極直解子萬源字天澄以鄉貢授光祿署正父病請以身代居喪廬墓周卹親族婚葬五舉鄉飲孫太柱字平治太學生徵獻錄參平湖程志

陸炳字文明武進士祖墀以軍籍隸錦衣衛父松襲職選

儀衛司典仗世宗繼統松以從龍累官後府都督僉事松卒炳襲署指揮使護駕次衛輝行宮夜火炳入烈焰負世宗出自是愛幸又以緝捕功累擢都督同知炳驟貴仇鸞得寵陵嚴嵩上獨憚炳炳結其所親愛得鸞陰私及鸞病亟炳盡發其不軌狀鸞憂懼死加少保兼太子太傅尋劾中官李彬與其黨杜泰三人論斬籍其貲加太保兼少傅掌錦衣如故炳頗結權要然周旋善類亦無所吝帝數起大獄炳多所保全折節士大夫未嘗搆陷一人以故朝士多稱之者卒贈忠誠伯謚武惠襲指揮僉事後言官追論奪爵尋錄其孫逵仍錦衣千戶世襲明史本傳參吳志

沈垣字子完以進士授大理寺評事歷寺正錄囚廣西出冤濫甚多諸土司饋遺悉拒之長官固以請乃取一膠槌懸之平樂公廨中粵人至今謂之懸槌館焉補惠州知府事至立判錢穀出入上官不得撓其權獲和平劇盜李鑑又條郡中利弊數十事上制府卒番禺官舍祀名宦子維鏡字西野諸生鬻產搆書著有霏玉漫吟徵獻錄參平湖程志

孫植字斯立以進士授刑部主事中官潘珍從子怙勢爲奸利都指揮揚起昕乾沒慈慶諸宮費悉正其罪終養

歸起補兵部歷光祿少卿祠官祝釐費多不經植爲簿正歲省大官數十萬巨璫耿清目之爲鐵人尋擢右僉都御史出督河道時三殿工興漕渠久旱大木漕艘不前河流且北徙衆議歲增淺夫植以民疲已極力止之轉刑部侍郎值邊警京師敕守崇文門時孫某守外城以調兵不至劾本兵楊博植知博素習邊事止其疏而亟遣騎趣發兵轉右都御史訊巨閹王采刑保張進朝等盡法不少貸三乞休不許魏國公徐鵬舉無適子妫子邦甯詭稱其母鄭爲繼適請封復賄助教鄭如瑾萬金謀奪爵事下南法司植謂當嗣庶長魏國溺愛宜罰

鄭氏詭封追奪如瑾削籍時高拱再起修隙遷怒於植給事中王楨遂希拱意誣劾以訊報不詳奪職未幾起工部尙書辭不赴卒賜祭葬贈太子太保謚簡肅子成泰見下

陳善道字敬夫以舉人知德安縣繕城備流寇諸豪惡爲奸者悉以法繩之通判廬州掌錢穀出納羨餘悉以歸庫轉松江同知乞休布衣蔬食如故孫泰來見下

陸杲字元晉以進士授刑部主事出爲漕運理刑與漕臣忤會漕臣罷亦去官陸氏自唐宣公後爲巨族杲倡族置田八百畝屬杲賢祠歲收其入以周族人曰族田又置田五十畝屬世德祠畀宗子供祭祀曰祭田設塾集里族子弟置田二百畝以給稍廩曰學田宗族日繁更徭不支置田三百畝分贍之曰役田嘉靖中島夷內寇捐貲佐築城一縣賴之累贈刑部尙書子光祖光祚見下光宅見孝義 以上浙江通志參徵獻錄

姜學夔字一臣以進士授龍泉知縣調平谷多惠政召入爲御史忤劉瑾謫南都察院經歷出爲湖廣兵備僉事瑾中以他事罰米百石遂乞休屬吏贈遺無所受歸設義塾講明知行合一之理置義田以賑鄉黨宗族稱其賢 徵獻錄參姜氏族譜

曹禾字世嘉父渭以掾爲驛丞禾以進士知鄱陽縣入爲工科給事中奏請蠲浙直被倭郡縣田租從之進工科都給事中尋坐累外謫遷松江府推官歷知韶州府孫徵庸別見 徵獻錄

俞乾字一清幼稱神童性至孝居喪廬墓三年以進士授刑部主事勢豪犯重辟者夤緣中貴人賄請拒之嚴嵩傾夏言論死乾適監刑西市憤鬱仆地移時始甦遂乞歸衆憐其貧賻之悉不受楊繼盛贈以詩抵家二日卒 浙江通志參吳志

陸光祖字與繩年十七與父杲同舉於鄉以進士知濬縣秋潦傷稼撫臣以非時不報光祖力爭得蠲租縣大俠多通盜光祖悉錄爲義兵度其魁李以平必畔將入覲授計縣尉已果肆掠遂擒之有富民誣陷重辟相沿數十年以其富莫肯爲之白光祖察其枉立出之又清內鄉王佔田還民封邱王私販下其奴於獄行取入都緹帥炳於光祖爲宗人欲引居言路辭引爲吏部復辭補禮部祠祭司主事改吏部文選守法不狥忤中貴爭毀之落職起祠祭郎轉儀制守陵中人張方進甘露知縣吳府上方藥皆抑不進內閣徐階以嚴訥爲吏部還光祖驗封郎中改文選擢海瑞爲言官登進者碩幾盡又

破格擢王化等九人御史孫丕揚劾光祖專擅翌日過丕揚於朝揖之曰公所論極荷相成但黜陟不由獨斷引嫌徇私何所底止丕揚沉思謝曰吾過矣即日自劾光祖卒削籍揚一清還吏部起南太僕少卿晉南大理寺正卿外艱服闋以故官起陞工部侍郎病歸旋起南兵部侍郎改吏部初與內閣張居正善及居正柄用自恣乃乞歸再起南刑部尚書改吏部論巨璫張鯨不法狀又舉許孚遠顧憲成等二十二人以風吏治旣以推用饒伸萬國欽忤旨乞休不許會推閣臣廷臣首光祖名詔報曰卿向有疏復會推舊制今卿果居首光祖方

懷去志尋乞歸卒贈太子太保謚莊簡光祖少有大志嘗書以天下爲已任於座右接人一以至公無藏怒宿怨卒之夕海上星隕如斗擊地有聲子基忠字伯貞以廕授兵部司務遷刑部郎中治指揮鄭光耀獄妖書事起中禍於禮部郭正域人皆引避基忠獨周旋犴圄基恕字澹園以廕任工部郎中基志字季高詹事府主簿創惠宗祠益置田贍族 明史參徵獻錄檇李詩繫 案徵獻錄光祖以薦饒伸萬國欽忤旨乞歸而史於此事則云乞休不許後因薦王時槐王樵等給事中喬允劾之乃力求去此當以史爲正其他與史小異及史所不載者悉采入備攷

韓弼字汝良以進士知豐城縣陞南昌知府值景藩就國以羨餘供應民得不擾袁州散卒千餘人懷異圖詭稱投充入伍弼力排羣議卻之萍鄉流賊剽掠近境夜銜枚躡之就禽轉布政使參政罷歸子子祁見下 分省人物考參徵獻錄

曹光字原實以進士授中書舍人遷福建道御史嚴嵩柄國光以諫開馬市廷杖謫湖廣都事陞南禮部郎中歷福建運使所至以清惠著歸杜門著書人罕得見子經祖見孝義 吳志參平湖朱志

陸光祚字與培光祖弟以進士授兵部主事中貴戚畹奴隸竄籍者盡汰去邊烽起輒匹馬馳矢石中籌畫尋補

禮部歷三司隆慶間三疏請皇太子出閣講讀詔取光祿銀十萬抗疏止之慮宗祿不支請限服制開生業嚴法禁又以謚法錫典過濫奏爲條例肅懷王無後族人越序乞嗣固爭不與南陵王絕周王覬獲遺貲疏請補宗室祿忤柄臣出爲湖廣副使督學陝西光祚爲人亮直篤厚所生母卒故事無去官持服者光祚以請不俟報可而行事兄如父買妾知爲故家女厚遺遣還有淹庵遺稿 劉志參徵獻錄

陳九疇字天錫以舉人署昌平州學正遷知平鄉縣值水災賑濟有方移保定府通判有清名轉知上石地多土

司撫勦互用帖然感服以老乞歸

馮敏功字元卿以禮部郎參議江西弭南豐兵變陞徐州副使河決睢甯數百里敏功晝夜并作工且就風雨彌旬水復齧邳州城解衣囊沙捍之吏民感激爭効力所治築凡二百八十里遷山東參政抗議泇口膠河不可開忤柄臣自引歸起督漕于淮邵伯寶應高郵三湖相連爲巨浸漕舟每患漂没因議濬內河運之敏功晝督濬夜閱訊牒又馳督漕舟自徐濟七晝夜昏絕已稍蘇復出治事病革叩家事張目不答適同事羅某至謂曰內河於國計甚利但逼於湖湖善潰堤薄必別築護堤

嘉興府志《卷五十八 平湖列傳 三八

不即數百里魚鼈矣命子伯禮曰吾死有賻歸之官以佐堤乃瞑敏功性孝友父嘗卒遘盜冒鋒刃出之愛弟敏効甚篤敦恤里閈鄉人祠之贈太僕卿以上徵獻錄

俞南金字國良以進士授刑部主事出張仁沇清伯于獄守常德水災捐俸瘞骸固築隄防民以全活榮藩欲廣莊田遺千金不受稔知饒明德寃忤權貴出之再守馬湖猺夷叛單車諭降調思南府致仕孫喬桂字元芳進士知潛山縣出沉獄除巨猾捐俸建石梁創義冢以病歸徵獻錄參平湖朱志

張大忠字國禎以進士授刑部主事守廬州除合肥巨奸勦平英霍山寇歲旱出粟賑濟遷陝西副使屢遷本省布政司藩邸多踰制奪民間女爲妾釐禁之改雲南乞養歸從兄大雅字心宇舉人授海門知縣著有易卦緯論四書衍義徵獻錄

陸萬鍾字天輿諸生好孫吳兵法會倭入寇萬鍾出禦多禽獲倭攻桐鄉設方畧卻之事聞授泰安州判歷陞潞安州同知平湖程志

馬千乘字國良兒時母疾禱天請以身代以進士知分宜縣陞南兵部主事歷廣東僉事會兵討平羅旁山盜賜金幣陞四川參議乞歸十餘年起湖廣參政廣東按察

嘉興府志《卷五十八 平湖列傳 三九

使黎叛入海諭降皆曰此昔平羅旁使君也羅拜乞降海南曠地數萬畝墾爲田賦額以紓廉州珠禁甚峻劉直指欲弛予民千乘曰民難與賊爭利而賊累無已力持不可歸不復出浙江通志參徵獻錄

陸萬垓字天溥以進士授福甯知州有倭寇當事議增賦力爲節縮歲省金六千有奇歷刑部員外郎中守梧州招撫叛夷數萬置東安西甯二縣會滇緬大訌遷雲南兵巡副使躬冒矢石下隴川禽岳罕收反卒尋以僉都御史巡撫江西去煩苛絕餽遺築圩千頃創社倉法兩值大祲全活無算母老五乞歸不得聞訃以哀死贈右

副都御史著知非小鑑十卷徵獻錄參福建廣西江西通志
孫從龍字化光以進士授行人轉刑部郎中以愼刑稱陞九江道乞歸杜門課子蔬食布袍終身不厭吳志
陸志孝字仁卿以進士授廬州推官入爲刑部主事乞南改吏部歴郎中丁憂起復入爲刑部主事出知九江府補衡州歴高州調延平府歸著有寓黃集袁志參徵獻錄
楊府字見山舉人任滄州知州移甯州有惠政後里居力助築城禦倭析縣役利弊因革均賦經畫著有經書講言醫學搜精吳志
倪壯猷字華芳以舉人授宜興教諭陞江浦知縣請復置

東葛驛以甦役困江行多患飄没開新河五十里涉者便之陞南刑部主事歴貴州僉事紅苗反上勦撫機宜築思南鎮遠諸城添設平頭印江兩營守備兵尋擒苗首上救銅八議陞雲南兵備副使黔國莊田私徵爲民害請下郡縣代徵著爲令置養馬指揮泰乙淸于法黔國不敢撓討隴川都安民禽營虎狸揚阿者所在祠祀有揪浦菽銅平隴合集徵獻錄參袁志
洪烝字惟進以進士知陳州嘗輯治畧三十八事奏停解京俵馬三百餘匹又議減河北歲派驛費治稱最終吏部郎中有來鶴軒稿徵獻錄參平湖朱志

李燫諸生好任卹排解所至輒殖千金隨手散去由貢官潁州州判以廉能調滁州河工告績乞歸會知縣劉士瑗丈田人莫敢議燫與抗論士瑗怒燫不爲動卒從之平湖朱志
韓子祁字心堯以舉人爲贛州府推官敎民植木棉習紡織上官以意入人罪子祁不從左遷蘇州通判移道州知州有醢雞集徵獻錄參檇李詩繫
孫成泰字允交以進士知道州州市販者例輸稅于官革之陞蘇州同知與水利督楊林奐浦諸役入爲刑部員外尋出知邵武府首崇文敎歲饑先賑後請全活甚衆

以忤上官乞歸起知大名府府有公田供守令以下支給成泰捐之學宮擢分巡道副使復以忤撫臣歸平湖程志參福建通志
馬應圖字心易以進士授行人陞禮部郎中以疏救趙用賢劾科道孫愈賢齊世臣等朋比狥狗妨賢者路并及首輔上怒降大同典史移知封邱縣尋復刑部主事引疾歸應圖在官廉潔不苟取一介居家日釜炊常不給嘗爲鄉人白當事直其訟贈以米受之旣而見有金置米中并其米還之事繼母孝聘妻有癲疾或勸別娶不聽後贈光祿少卿平湖程志參分省人物考

陳泰來字伯符以進士授順天教授進國子博士執政與言路相水火上書規之坐是五年不調郎中馬應圖上疏譏切執政又力詆給事中齊世臣等忤旨謫典史給事中王致祥等希執政意復連章劾應圖且言疏奏出泰來手應圖旣貶不問泰來引疾歸起禮部主事進員外疏請建儲不報會大學士王錫爵赴闕旋有詔暫虛儲位並封三王泰來上疏力爭且面折錫爵于朝旁觀悚慄卒寢封議尋以疏救趙南星謫饒平典史卒後三十六年追理建言國本諸臣贈光祿少卿著有員嶠集 明史于孔兼傳參攜李詩繫

馬維銘字新甫以進士知南直隸太平縣攤畝稅以輕正額又請豁黃山虛糧入為兵部職方司主事督山海關剔諸冒濫上之著為令有史纂靡提編 徵獻錄

陸長庚字元白以進士知廣德州核汰田賦浮額又奏免緞價及煤山採貢課農桑濬渠建倉繕學宮置田以給諸生之貧者陞刑部員外郎勘巨璫邢尚智獄分巡下湖南道調廣西桂平道猺首韋扶仲出沒荔浦大殺掠時用兵三萬五千費餉十三萬長庚請留兵三千守荔浦城餘盡撤去賊懈長庚密遣副使童元震夜至白馬沖襲獲其妻女扶仲出追佯御又追墮伏中力戰脫去則荔浦兵已扼其歸路遂禽之播酋楊應龍反遷湖廣按察使提兵扼水陸應龍平遷江西左布政使請捐南昌府門稅改折京絹又以大水請弛長河魚禁甦民困值宗祿不給宗屬千餘人譟於衢長庚出存積羨金二十五萬補之陞應天府尹司庫進羨累萬卻之移貯藩庫判還徐鼎彝被奪蘆洲二萬畝豪強屏息遷南通政請禁私鑄忤時貴乞還所至祠祀卒賜祭葬著有陰符經參同契疏體仁編子啟鏻字開雍諸生孫濬睿別見 徵獻錄參江南江西通志

戈用泰字來陽以進士知淶水縣稅重民困歲又饑悉心撫字會有採礦之役以身扞民罔所避忌入為南刑部郎中乞休終養著有適適軒集 浙江通志參分省人物考徵獻錄

陳九韶字宗舜以進士任刑部主事出知廣信府會中人潘相開礦擾民繪圖陳疏得寢民立祠祀終湖廣參政 徵獻錄

馬明瑞字道楨父汝賢舉人有印湖集明瑞以舉人就上虞縣教諭遷景州知州有惠政以艱歸起補德州築堤防備預荒政陞工部員外廣甯失守督造軍器有勞論罷歸從子啟賢諸生 平湖宋志

陸錫恩字伯承以進士知萬安縣時礦稅起有以回青石

膏利咲中人者錫恩械之以計分黠者發士皆砂礫遂
罷縣設戍備賊守弁牟劊衆譁縛弁錫恩單騎馳問狀
下弁于獄杖倡亂者一軍帖然陞刑部主事尋乞歸卒
贈刑部員外有雙梟草傳書堂集子溢原別見平湖程志參朱志

馮伯原字起寰以拔貢授上林苑丞陞鬱林知州有惠政
忤當道歸吳志

施時垚字念同少極貧有志節以舉人就太倉州學正陞
儀眞知縣鹽販爲奸盜鋤其魁閭里肅清擢武昌府同
知力辭歸平湖朱志

金汝礪字啟心以進士知福安縣有清節遷南工部主事
出督龍江關稅還理屯務裁板坊腳價數千金中人怒
之不爲動江南水潦淮東亢旱條上救荒事宜因著荒
政錄出知眞定府罷歸汝礪性至孝父疾禱于天乞以
身代以母慈居官不施鞭扑徵獻錄

趙維寰字無聲以舉人署海甯教諭陞南國子監丞與上
官不相得欲挂冠去上官謝之乃解擢刑部主事疏劾
撫甯侯朱國弼不法轉郎中與刑部尚書甄淑訐奏坐
是奪職杜門著書以終維寰宋宗室與詔後曾祖彰諸
生有隱德嘗入太學吏部某故與彰善欲爲延譽謂可
卽得官彰謝之不試而歸平湖朱志

金汝諧字啟宸以進士知婺源縣擢御史章數十上不顧
忌諱援劉光復劉文炳參吳道南李三才及織造御馬
諸監尤人所不敢言著有理學訓歷代名臣芳躅徵獻錄參吳志

過庭訓字爾韜以進士知江陵縣勘楚藩估涉田數萬畝
歸諸民遇大政疑獄集紳士詢之或親造其門陞雲南
道御史管理屯田福王以備邊予粒改作莊田抗疏爭
之出清馬牧劾橫璫邢洪高寀等因疏請撤稅監又請
起廢如鄒元標趙南星等出賑山東招流民廣粥廠弭

饑民亂又請截留漕米四十萬石備賑梃擊事起疏請
篤慈孝以釋亂萌又以廷臣持門戶相攻極陳其弊略
曰諸臣章奏是非公私一檢發可立辨惟因一概留中
混無區別醞釀至此連疏不報丁憂起尋引疾歸後陞
順天府丞未任卒庭訓講濂洛之學南都從祀程子祠
著有聖學嫡派性理翼明分省人物考徵獻錄參湖廣通志

劉廷元字方瀛以進士知南海縣縣濱海田少賦繁請覈
實以蘇民困擢陝西道御史疏請東宮講學遣福王之
國并劾福府莊田踰額非制又劾盧受高寀等不法狀
歷兵部尚書從弟文元貢生任袁州府通判平湖朱志

姚士慎字岱芝以進士入翰林改吏科給事中疏諫開礦
忤旨謫福州府經歷尋調順天府丞進左通政魏忠賢
擅權謝病歸崇禎初起大理寺少卿論救給事中惠世
揚出獄奉敕推勘奸黨以六案定罪遷南太常卿疏陳
宏聖學核邊才培元氣凡五事上嘉納之晉南刑部尚
書致仕卒子廕賜祭徵獻錄參平湖朱志

胡士相字端甫以進士知弋陽縣陳利病十事陞刑部主
事丁憂起補工部治張秋河道清復水櫃疏源濬流爲
治河功最白蓮賊起嚴城守禽其渠魁守湖西寢奸民
開礦止衆建魏忠賢祠請蠲袁州積逋建義倉興學校

陞廣西按察丁母憂歸卒徵獻錄參江西志

施鳳來字羽王先世徙自湖州父應塤見孝義鳳來由編
修起南司業累陞禮部侍郎晉中極大學士乞歸賜銀
幣廕一子尚寶丞子日升字叔允以廕補內閣中書冊
封長沙王卻贈金有使楚吟燕河漫錄等集孫鉉字公
遠以貢任義烏訓導補平陽乞養歸平湖朱志

陸鍵字實甫萬垓子以進士授建昌府推官署南城縣事
均糧役郵馬牧清理漕運議置盱江書院于南昌集旁
近三郡諸生肄業給田養之行取俟命輯累朝名臣奏
牘尋卒著有尚書四書傳翼徵獻錄參江西志

徐調元字相之以進士知南陵縣值大水度地勢築圩壩
歲饑捐俸施粥全活萬計乞改紹興府教授入爲國子
監博士歷刑部郎中知廣信府道卒徵獻錄參平湖朱志

馬德澧字澹眞以進士就甯國府教授陞刑部郎中梃擊
事起與王之宷議合忤旨慈慶宮引見御史劉光復以
陛呼觸上怒欲置重辟德澧據律改奏對失序宜薄譴
復忤旨降山東鹽運司運判道卒子嘉柱詣闕訟父冤
得贈太常寺少卿嘉柱廕授光祿嘉柱字擎臣歷刑部
員外疏糾御史踰冬至日刑孫紹曾見下徵獻錄

曹孔榮字豫仁父大有諸生孔榮以貢知天長縣會洊饑
竭力賑濟立輸穀墾田諸法月朔望進諸生講學丁憂

起補雞澤縣革俗訐訟縣無志創修之平湖程志

劉希夔字虞章以貢授連江知縣調齊東招輯流亡給牛
種勸耕平湖朱志

周翼明字季醕乍浦所軍舍以武進士授昌國把總買舶
失途至同事欲誣以盜翼明持不可遂被讒歸歸二年
起署金盤歷臨觀倭犯溫州翼明入大洋抵莫山逐之
討建州領浙兵爲都督劉綎先鋒由寬甸深入破牛毛
馬家深河古火狐狸十五寨至橫擴兵潰戰死賜祭葬
贈都督僉事建慰忠祠廕乍浦所百戶世襲明史劉綎傳參徵獻

錄

康承爵字德徵以軍舍寄學中武進士授備鎮撫歷神機營遊擊淸勾羽林軍籍勳戚不敢妄干時魏璫用事力求外補出守廣東破惠州山寇葉文林海寇劉香等調廣西參將又平龍山賊胡扶記崇禎初分守台金嚴副總兵破海寇張宏銘于大陳山又破之于韭山加都督僉事改分守貴州等處未至國破徵服歸乙酉南都陷七月二十三日承爵於平湖西門外死之 徵獻錄參袁志 案海甯衛志康泳本嵩縣人洪武四年以從征功補乍浦所百戶泳卒子弼嗣弼卒子甯嗣甯卒子輔嗣輔卒子綬嗣綬有勇畧嘉靖十三年倭攻乍浦至砂腰戰于白馬廟陣歿子汝暘汝昇以綬死事並襲承爵爲綬孫九山志作綬曾孫誤

沈萃楨字君聚與弟杞楨同舉于鄉萃楨以進士授工部主事出督荆州關稅盡革諸小稅名目以羨金築堤禦水歷兵部郎中出守蘇州舊派福府白糧詔令協濟五年七運未已竟革不供歲祲饑民肆掠杖斃首事三人乃止陞福建副使紅夷入寇身冒矢石出奇兵撓之五越月就降轉本省參政以親老乞歸爲御史曹欽程劾罷初欽程令吳江贓私狼藉萃楨按之如法至是附璫勢報復給事中張國維白其事起湖廣參政不赴再補福建按察使時海盜巨測撫臣屢經諭降首鼠觀望聞萃楨至乃相率降尋陞湖廣右布政使歸卒子日昆字以白舉人日晃字以大諸生孫嶙太學生 浙江通志參徵獻錄

馬鳴霆字國聲以進士知聞縣宇民如子因杖輔臣葉向高家奴坐累改紹興府教授尋知邵武府調河南副使治河有成績闖賊圍信陽鳴霆治火器拒守賊退遷山東參政擢陞尙寶司正卿乞歸 袁志

陸懋功字紀常以舉人授南工部主事出知保甯府是時獻賊已熾州縣多被陷懋功繕治城守增設梁山關敵臺有捍禦功以杖殺悍卒觸撫臣怒罷歸

毛湛字修之應銓子以舉人就婺源教諭介然自守陞南京監丞歷刑部郎中奏獄平允邸舍蕭然若寒士卒官 以上徵獻錄

陸府修字採禹以舉人教諭諸暨創修學宮擢松江府通判署府事剔除漕弊禁革耗羨陳繼儒爲撰碑記著有詩文集苧蘿志 吳志

陸之祺字鈞修以進士授工部主事視學江西拔黎元寬羅萬藻楊廷麟陳際泰等晉福建按察使入覲陳禦寇方畧甚悉轉河南道塞荆隆決口著河道備考引疾歸起補陝西左布政轉山西布政以父瑞銓年老乞養歸里居四十年周卹族黨無德色有滋樹軒集 平湖朱志

陸懷玉字石舍以進士授工部主事晉郎中董三殿工竣例擢京秩因不謁魏忠賢出守鎮江廉靜嚴明郡大治轉鹽法參政商民戴德建祠尸祝陞山東按察使出死罪數十人尋擢福建右布政謝病歸子祚蕃見下平湖朱志

陸從諭字耳宣幼即研究性理之學以進士授國子監博士歷工部郎中無子卒貧幾無以殮弟從誥字具評舉人學業醞至爲人師法平湖程志參平湖朱志

徐在中字楚石以進士歷任工部郎中忤巨璫革職崇禎初以原官起出知廣州府治通番首犯不貸犯爲朝貴私人銜之中以他事置之法子錦貢生贈靈川知縣孫

吳治舉人官大理府同知吳志

沈君楨字用缶以舉人署瑞安教諭捐俸新文廟海寇劉香之亂畫策上巡石某用其言平之遷知奉新縣以法繩宗室觀察使吳某欲籍故都御史帥某家產充餉君楨以帥名御史無子爲其家人詿誤力爭得免調德安革郵傳供應罷歸徵獻錄參袁志

孫裔蕃字臨鵠以進士授工部主事出督蕪湖鈔關會璫燄張甚關差例有餽不與通幾被譴告歸商民像祀之崇禎初薦起兩淮運使不赴袁志

薛振猷字爾嘉以進士授撫州推官治獄明敏他郡有不能理者御史輒委之父喪歸以毀卒撫民立祠祀之弟仲猷字爾順諸生里中稱長者徵獻錄

沈樟字元美少穎悟絕倫弱冠補諸生試輒高等屢困鄉試入太學選蘇州經歷不赴歸結茅數椽日事吟咏喜長嘯竹下自號竹隱平湖程志

陸鏊字味道以進士授刑部主事尋出守肇慶府清市舶抑豪強陞副使佐制府破海寇劉香連猺叛鏊擣巡南韶密移師搗其巢猺懼乞降歷湖廣按察使乞終養歸後流寇四起有建議于夏鎮添設巡撫以鏊爲之會病不起著有寶綸堂集吳志

陸澄原字嗣端以進士授工部主事崇禎改元魏忠賢焰猶熾奏疏皆稱廠臣澄原首斥其名劾之兼糾兵部尚書崔呈秀奪情降旨薄責于是廷臣相踵彈射轉員外遷大理寺副疏參袁崇煥莊烈帝嘉其敢言降密旨令再奏遷兵部職方員外提調武試騎射不中式例閒住忌者中以考工法落職甲申南臺建弟濬原爲澄原訟寃下獄後論者直之乃出濬原字嗣哲季弟深原字嗣長並諸生國破不復出徵獻錄案郡縣舊志皆云思宗登極澄原首劾魏忠賢徵獻錄則云疏參戶部尚書崔呈秀奪情考澄原應詔陳言一疏實崔魏並劾今正之

陸錫明字幼輿以進士授工部主事出知常州府丁憂起

補徽州時璫勢羅織民苦重役思爲亂錫明盡心力撫
定之遷提督江西學政副使以母老乞歸錫明少穎異
父基原手授經史訓以忠孝大節廷對時或諷令謁魏
忠賢正色謝之杭州孤山有遠祖宣公祠豪右改爲書
院錫明與兄鏊從子澄原合疏請復 徵獻錄參平湖朱志
郭紹儀字汾仲孝子球孫天啟乙丑登進士廷對日魏璫
私人賣珠者諷令一謁可得狀頭笑卻之授當塗知縣
行取湖廣道御史時緹騎四出繹騷上疏極論禍幾不
測巡視屯田上條議十二則格不行乞歸著有康濟譜
三續養生論 徵獻錄參栢上遺詩

楊六府字浩生崇禎時福建布政使陸懷玉以賢良薦授
陵水知縣勸農重學黎人吳春盤據大坡掠居民爲亂
設方畧擒獲巡撫又特疏薦以眞儒目之尋病乞歸從
入名宦祠 平湖王志
屠象美字幼繩以進士授行人對策稱旨改翰林院檢討
東宮講讀疏薦倪元璐李邦華等三十七人尋罷歸乙
酉五月糾衆守郡城城破爲亂兵所害 徵獻錄
馬鳴雷字國威靖江訓導値亂歸乙酉七月命家人悉避
去城陷獨坐於堂遇害 李檇詩繫
陸又機字衡如以貢知日照縣民貧竭力撫字有徭役則

計畝均出富豪毋得免乞歸父老遮道皆涕泣著有尙
書集解龍溪龍湖語錄子上瀾別見 平湖朱志
秦宏忠字恕先以貢授紹興府訓導遷知通道縣苗獠偵
富室新喪發棺攫其首要贖宏忠嚴禁人贖患遂絶山
僻士貧每試鄰縣以賂竄籍宏忠在事人不敢干以私
苗税十年一徵縣令統兵往苗苦擾宏忠擕一僕開誠
勸諭苗皆感激旬日而畢歸卒于道 徵獻錄
陸燦字振玉崇禎甲戌進士授濟南府推官釋殊死重囚
七人輕罪數十人監生宋玉銥兄弟坐盜久繫屢叩登
聞不得白燦廉知眞盜在厰獄請覆鞫釋之戊寅十二
月

大兵破居庸關南下山東大震巡撫顏繼祖卒師次德州城
中兵已調發過半文臣相與嬰城固守明年正月城陷
燦死之妻孫氏妾王氏及子凡同死者三十七人
國朝乾隆四十一年追謚節愍 平湖朱志參鈍翁類稿勝朝殉節諸臣錄
陸淸原字嗣白光祚曾孫以進士授增城知縣鄰縣山險
多盜淸原先揭示禍福一日單騎抵賊巢賊震慴請命
按籍散遣壬午召對陳時政十事上嘉納之擢雲南道
御史浙江白糧北運累民疏請官解報可又條上安攘
七議出按福建道經淮安疏言史可法兵單根本重地

恐不支請援師悉留淮上聽可法調用不報巡按福建行部至漳漳故多山寇清原廉得奸細在城者絶其内應募壯士七百人從間道破之禽其渠魁甲申燕京不守清原捐貲備甲仗募兵三千請身討賊疏再上爲馬士英所格乙酉復命中途聞金陵陷慟曰某不獲從倪范諸臣殉先帝者以奉簡書在外也今已矣天下事無可爲清原故閩吏當還求死所耳乃間道入閩從唐王授都御史上疏言閩越唇齒宜亟餉越即命清原度嶺犒師遇馬士英面責之士英怒遣部將趙體元進見猝起拔刀斫清原墮三指幽禁舟中

大兵渡錢塘士英先一日遁兵潰營弁沈起龍毛有僭強清原起清原曰越亡閩必不守去將安之遂赴江死年四十有二

國朝乾隆四十一年追諡忠節子若禾字元祚諸生痛哭覓父遺骸哀慟動行路 明史綱目三編參徵獻錄平湖朱志

陸士鉉字古雪八歲能詩性至孝母喪水漿不入口以歲貢生授訓導甲申聞變大慟絶粒死

國朝乾隆四十一年入忠義祠 勝朝殉節諸臣錄

馬嘉植字培原進士授武進知縣縣賦繁重糧長害尤劇議變爲圖收任輕而役均漕兒軍丁多耗外邀索痛抑之至露刃鼓譟不爲動陞吏科給事中尋督江西福建餉馬士英嫉其亢直外補廣東道即謝事歸葺圃于湖湄曰東臯後祝髮村居自號鐵雪道人苦節十數年卒子煇曾字學山有三湘燕趙遊艸 江南通志參檇李詩繫

倪長玗字伯屛崇禎丙子鄉試第一旋第進士授蘇州推官抑豪強鋤奸猾與太守陳洪謐恩威互濟士民立雙清書院祀之署嘉定知縣有惠政民爲建報德祠轉兵部主事甲申落職後補武選司主事乞休乙酉聚士兵爲守禦計未幾縣城破乃薙髮爲僧入奉化山中 江南通志參徵獻錄

金和字燮之進士父德普福建通判和初授溧陽知縣漕兒有遼米練米襄米諸名倡爲合兌法民便之調山陽縣多水患舊例修河費解京口遇河決詳支多濡滯和請添設山清廳同知專司出納乃得隨決築 平湖朱志

錢士馨字穉農貢生少讀書化城庵研究經史遇異義輒錄於冊崇禎壬午遊南雍尋入燕公卿爭延爲上客士馨厭薄之人目爲狂生賊犯京師中允李明睿密請南遷士馨語之曰賊盡得關陝晝夜行四五百里若繞出畿南以抗警蹕公將何辭以謝天下又曰不如死守以待勤王之兵而遣太子南行以繫人望李難之京城陷

士馨匿跡樵採已復往來河朔間交其豪傑曾偕五人走慶陽薄暮五虎躍出士馨曰不盡殺何以見諸君勇乃人發一矢當者立斃一少年中虎頷八尺許虎入林莽中追劓其舌以還投旅店呼酒晏樂舉杯屬少年曰發矢不中要害請受罰後奔走無所成以死生平工古文詞兼精書畫著有古文易周禮說周禮答疑冬官補亡儀禮說禮記申戴王制月令緇衣中庸等說春秋志禮續越絕書浙江通志參檇李詩繫

沈中柱字石臣口吃不能言熟于左國史漢爲文縱橫闔闢數千言立就以進士授江西吉水縣知縣時大江左

右歲祲中柱請減租蠲稅格不行復鄒元標所創書院黃道周以言事下獄力救之罷歸明亡爲僧名行燃號無淨搆懷木庵奉父隱其中著有懷木庵稿問道錄弟中琛字獻臣從劉宗周黃道周遊有抱一軒稿平湖張志參明詩綜

國朝

陸濬睿字以愚明兵部侍郎長庚孫以舉人授宣府推官出死囚三人按悍弁徐洪志擅斃平民罪忤撫軍投劾歸以子奎累　贈內閣學士兼禮部侍郎子世楷奎並見下平湖朱志

施洪烈字仲芳以貢授欽州知州時粵疆未定流寓五羊城授徒不給以詩見重藩邸一日張宴羣吏紛集王曰今日非宴下吏宴詩人施欽州也署程鄉除里長供應費修復七賢書院旣抵欽招輯流亡榜軍中所掠子女姓氏於衢俾眷屬領歸壤接交趾山海寇交訌綏輯帖然尋陞松江府同知守正不阿忤上官罷歸有粵遊觀海天中諸集洪烈少時嘗鬻田數十畝贖故友妻子還里父傑子大義並有長者目平湖朱志參檇李詩繫

陸世楷字英一長庚曾孫以拔貢授平陽府通判姜瓖亂圍平陽固守百日旋誘降其魁釋其黨大饑人相食爲

粥濟之遷登州同知海寇猝至設守具督舟師逐退之有嫠婦夜被盜殺鄰里坐其子婦有所私致殺姑察其冤禱于神卒得殺人者陞南雄知府時百粵初平平南靖南兩藩王並駐廣州羽檄屬道部將一日箠死七人世楷馳見帥正其罪平藩侍衛入山發民鑿礦世楷往詰曰王役民不使太守知詐也縛送王王不敢問有僧倚藩勢爲虐杖斃之以艱歸送者遮道立祠祀起補思州大旱斗米二千錢停徵稅民感輸者過半病乞歸著有越吟晉吟齊吟種玉亭詞踞勝臺詞思州府志子奎動見下浙江通志參曝書亭集

馬紹曾字覲揚明太常少卿德澧孫以進士授翰林院編修主考江南徐元文汪琬秦松齡莫大勳等皆出其門轉山西岢嵐道副使陞福建督糧道參政時閩方用兵徵調如織兼攝水陸驛傳鹽法諸司總督李率泰以爲能擢河南按察使累陞都察院右副都御史晉戶部右侍郎平湖朱志

鄭龍光字兩爲廣東名宦冊作韜生以進士守南雄嘗履畝省荒過五羊嶺有虎負嵎衆莫敢進龍光曰昔劉昆爲治虎北渡河是虎獨不知太守以勸農至哉驅之虎遁去以二僕隨客投謁無所拒然清峻莫敢干以私盜踞黃石寨肆掠會兵剿之劾逐墨吏十數員擢西甯副使浙江通志參平湖朱志

倪籥元字府一以進士知蘄水縣捐俸代償積逋不善事上官尋罷歸從兄聖生杭州府教授有金某繆某受李自成僞職三學諸生憤逐訴之當事命察三學人姓名聖生不報挂冠歸平湖朱志

陸光旭字鶴田以進士授保定知縣值大水光旭築堤捍之民呼陸公堤歲饑捐俸賑濟署中食或不給擢陝西道御史奏請免霸州文安保定三州縣荒地錢糧畧曰自順治十年間渾河南注從霸州城根達東淀渾波所過三處之地皆成水府臣初任保定縣嘗艤舟從保定至霸州見浩渺無涯荻蒲連渚三州縣困苦窮民每環聚而泣訴曰此即在昔桑麻衣食之畝畝也此即於今歲徵季納之錢糧也此即十年來賣妻鬻子賠累無窮之谿壑也臣目擊其狀不爲呼籲請命非所以仰承皇上軫恤烝黎至意時議罷巡方光旭復上疏言臣計今大小諸臣內之所不便者惟言官外之所不便者惟巡方有言官而大奸大惡得以上聞有巡方而汚吏貪官不時參處而諸臣必欲去之當必有故如以人有不肖也則當去其人何以去其官如以法有未善也則當更其法

何以廢其事奏入章皇帝優容之尋遷分守冀南道獄無寃繫聞保定水復決遣使齎金給窮民保人立祠祀之乞養歸起補江安糧儲道著有屆亭遺稿畿輔通志參平湖朱志

沈棻字子佩以進士授西平知縣歲大歉民多流亡棻設法招徠給牛種論以歲豐取償免其息墾荒地數百頃又許以布粟代稅即束麻擔草亦計值納之歲募河夫多逋逃乃按貧戶之逋稅者充役民喜得食且以工價完逋率爭先赴工以勞瘁卒官士民建祠祀之著有柏亭稿西平縣志子季友見文苑平湖朱志參檇李詩繫

楊藹基字御青以貢任縉雲訓導釐定孔子廟廡祭品復
朱子祠田署雲和教諭整飭士習卒官平湖張志

陸標錫一名元字叔因性寬和生平未嘗有疾言遽色與
人交坦直無城府見義勇爲族女有蒙難者斂貲贖之
順治間士子沿明季舊習互相標榜標錫嘗述海鹽吳
忠節麟徵語訓其子隴其曰居官不入黨秀才不入社
便有一半身分又嘗云貪與酷皆居官大戒然貪而酷
人皆知惡之若自恃廉謹而刻以繩人人慕其風節競
相倣傚禍不可言矣居嘗教子弟必令篤實務本子卒
成大儒贈靈壽知縣平湖朱志參三魚堂集

陸洽原字嗣闢以拔貢授汶川知縣汶故羌番錯處復遭
張獻忠殘殺民盡逃亡洽原招徠勸耕省徭息訟丁艱
歸著有話山集吳志

陸琳字林士以貢授盧龍知縣莊旗人例不得用笞杖乃
削木梃梃之兵弁有強買者輒捕治咸肅然帖服官署
蕭瑟如禪寮以戇直忤上官被劾即步行出署行李惟
來時敝篋書籍而已琳於經史無弗究詩文峻潔性狷
謹即卑幼之喪未嘗或忽終身無疾言遽色著有鵲亭
集行世畿輔通志參檇李詩繫受中錄

陸瑤林字以攻以進士授金谿知縣慈惠尙德化丞陳某
逋公帑繫獄代償得脫又爲貧民償積逋乞養歸著有
聽松軒詩集

邵延齡字大年以進士除內閣中書逆藩吳三桂反西南
用兵同官某當隨征延齡以其母老請代參畫軍事多
中爲靖逆侯張勇陳平蜀方畧勇悉資之終刑部郎中
著有耐軒稿以上吳志

倪思恂字宏方由貢任金溪丞耿逆遣僞將圍金溪躬率
民兵捍禦仗劍先驅死之祀名宦平湖高志

楊爆字葵齋以進士知清豐縣時征蜀兵駐郊外爆營芻
茭絕不累民有孕婦驟死莫得致死者爆齋宿城隍廟
夢兩月在天一婦抱嬰兒哭訪拘李閏月者一訊伏罪
入爲御史疏陳祀事之重糾陪祀九卿又請廣正途進

選以母老乞歸吳志

倪渟字東岩舉人持身甚嚴不苟言笑制藝一準先民平湖
張志

陸棻原名世枋字義山長庚曾孫進士舉鴻博授翰林院
編修主福建鄉試直 南書房出五臺金蓮花限韻賦
詩立奏稱
旨尋召翰詹八十九人試以豐澤園賦理學眞僞論
上親擢第一遂由宮贊陞內閣學士兼禮部侍郎長至奏勾決

出矜疑二十餘人乞休著有雅坪文稿十卷詩稿四十卷浙江通志參毛西河文集

沈宏勳字文召以進士知吳堡縣請緩徵輕徭均役勸農課士勞卒官趙光緒字襄孫以進士知寶雞縣在任八年囹圄時空行取道卒倪淑則字貽孫貢生王素行字繪先諸生金廷煌字旭昌諸生陳榮樟字楚材諸生以曾孫嗣龍贈編修曹宗柱字星佑諸生皆陸清獻弟子淑則從學最久受小學近思錄等書恪守躬行廷煌榮樟宗柱皆以孝友稱素行家極貧讀書道院日惟啜粥隆冬猶擁葛衣志節堅定闇然爲己誤清獻年譜宗

柱參訂三魚堂諸書與清獻子宸徵金山李鉉重輯年譜後吳光酉復加編次知府吳永芳梓行宸徵字直方監生其兄定徵字儼若有志操清獻嘗謂其漸知聖賢門路早卒吳志參平湖張志王志

高士奇字澹人由諸生入太學以書法稱

旨汪翰林授詹事府錄事歷陞少詹歸里尋

召赴史局又以養母假歸晉詹事復即家拜禮部侍郎兼學士士奇性耽書凡祕府典籍悉資討論才情敏妙侍對詩文應聲立就縣有馮氏舊圃搆江邨艸堂居焉事母至孝居鄉謙和妻歿終身不畜姬妾卒謚文恪著左傳紀事本末松亭紀行扈從西巡日錄江村銷夏錄編珠補遺等書外詩文雜著二十餘種凡一百六十餘卷子輿軒輿見下浙江通志參平湖高志

陸祚蕃字武園以進士授翰林院庶吉士陞雲南道御史時議蘇州設駐防滿兵祚蕃上疏畧曰無事之地多設一兵則要地之兵力分而又爲之移節往來使士卒有奔命之苦地方有供應之繁則不特兵分而餉亦絀省一無益之兵即省一必需之餉省一處無益之餉即可養一處有益之兵奏入

詔報可尋又上歲終核實疏遷登萊參議察寃獄翦豪強止開

礦補貴州糧驛參政值安順兵變單騎定之著有滇意齋草粵西偶記子鼎掞戶部員外吳志

談允誠字孚上以進士授內閣中書出守鎮江地當南北孔道兵民雜處允誠律以至公姦豪屏跡嚴絕苞苴風節矯然子紹芳舉人浙江通志參平湖高志

曹志周字徵之以進士授南江縣課農桑勤開墾又設義學日與諸生相切劘終工部主事

陸炯字右年幼孤事祖母暨母孝叔貧有幼子寄養他氏攜歸撫之年六十成進士知太谷縣陞御史巡城內監騎馬入公署指稱衙貴戚諭炯械之奏請置重典以上吳志

邵鳳起字蒼馭以舉人授歙縣知縣有以謀財致殺控者
訊之莫得埋尸處翼日以公事過南山下見鴉數萬飛
鳴圍集不去隨於其處掘得尸遂伏法再補廣東增城
兼攝順德治行一如在歙縣張志
沈竑字撫辰以舉人任鎮海教諭捐俸修舉學宮子之鉽
以舉人授羅次知縣便宜出倉粟賑饑全活無算卒官
吳志參平湖張志
沈崐字玉山以進士知徐溝縣有貧民投牒以子客死欲
嫁其婦婦至涕泣願終守崐給俸令勿嫁越三日客者
歸內陞戶部員外著有味菜山房集禾畸詩餘吳志

馬煥曾字學海以貢選湖北布政司經歷楚督標裁兵兵
據城亂逼死重臣煥曾乘賊兵出行汲微服遁晝夜徒
跣抵上蔡飛羽轉報復奔河南巡撫痛哭乞師得及期
會剿陞南安知州平湖高志
馮千英字序皇以進士授荔蒲知縣洞猺肆掠入重險諭
降之悉歸所掠子女請立堡捐山田募土著耕守禁俗
私復讐丁憂起補太康河溢憐民遠役郎工所倡築亭
先賢陳子禽高子羔祠貯五經子史性理等書令諸生
肄業親爲講解卒官平湖高志
屠肇臨字臨宜以貢任太平教諭力端士習尋乞歸授徒

以古誼接引後進病亟戒子孫治喪不用浮屠平湖張志
高輿字巽亭以進士改翰林院庶吉士授編修奉
命副家校刊佩文齋咏物詩選及淵鑑類函書成補原官尋奉
旨纂駢字類編未竣卒輿愼重謙和不立崖岸好施與戚友待
以舉火者甚衆著有谷蘭齋集子嵩別見孫澍字說霖
諸生官鹽大使署陝西靖邊知縣修棧道建養老書院
卒官從子衡字南岫以續成駢字類編補行人擢刑部
主事出爲福建糧儲道以清勤著吳志參平湖張志
胡紹安字國期以進士授武清知縣捐俸鬻己田償供應
免紅剝船變價諸累雪寃獄修學官卒官祀名宦

馬焻字怡齋父嘉棟字楚臣諸生焻以進士授邱縣知縣
歲饑勸賑覈徵行取不赴著有古今文集以上平湖高志
盧生甫字仲山父開顯字備人生甫以進士知山東定陶
縣值軍需供應纖毫不以累民尋擢知州內陞刑部郎
中出知遵義府民有兄弟爭產者訟數十年生甫曰吾
兄弟雖有產誰與共繼之以泣民感動相讓著有孝經
注讀律質疑東湖乘受中編
顧麒錫字作三父天健績學攻苦著四書一貫講義麒錫
以舉人除當塗知縣緩賦恤民困善析疑獄同榜舉人
胡馬琪字近顏知高明縣興學校勤撫綏持法不畏强

禦卒官友人張可大爲扶櫬歸以上平湖張志

金南鍈字夏聲諸生嘗校刻沈季友檇李詩繫行世朱檢討彝尊稱爲時賢所難以貢授工部屯田員外監督南新中南兩倉高安朱軾以清慎薦陞刑部郎中出爲陝西驛傳道以直忤上官尋告歸孫樹屏字玠堂以監生任衞輝知府河决編竹筏渡民設粥廠以賑罷歸起補保定府通判卒官

施宗遠字廷樞幼孤育于祖母楊以舉人知湖廣羅田縣縣多盜設法禽其魁餘黨斂迹暇輒進諸生論文藝詢民利病乞休士民祖送數百里外

鍾彝字尚殷以舉人授黃安知縣治民不用鞭扑絕苞苴剔姦蠹歸仍授徒自給有賓實叢書蘿村雜誌夷白堂詩稿粵西漫遊集以上平湖高志參張志

陸奎勳字聚緱好學博覽工文辭侍從父閎學棻於京師名噪公卿間年五十八始舉於鄉成進士授翰林院檢討大學士白潢欲特薦固辭尋乞休爲人寬厚不爲皦削之行文辭如其人好接引後進於里中結洛如詩社一時風雅振起著有陸堂易學詩學今文尚書說春秋義存戴禮緒言魯詩補亡陸堂集所纂輯江西通志浙通志平湖高志參蘭玉堂集

陸綸字懷雅奎勳次子以舉人授內閣中書出爲梧州同知巡撫金鉷延修廣西通志欲以博學鴻詞薦固辭擢永州知府值苗警大軍屯武岡水陸供應不絕善爲裁酌以寬民力丁艱起補梧州俗以壻爲子寡婦多贅夫於家往往爭產搆訟綸反覆啟其廉耻俗漸革霪雨壞民居捐俸爲葺茅蔽之字民慈愛多類此民稱爲佛子著有允齋詩集子誌字心之嘗捐貲贖宗祠官福建清流鐵石磯巡檢卒官貧幾不能歸櫬

楊翊時字木臣少孤依兄標讀書以舉人除兩淮斜角場大使遷四會縣知縣俗奢犒以節儉吏民化之年老改

鎮海縣教諭

馮巨欽原名鈿字愚堂千英子以舉人除南部知縣縣多嘓嚕子好鬬訟爲民害巨欽威德竝施乃戢修學宮創義塾上官重其廉能委署保甯鹽茶同知卒官以上平湖張志

張鍾秀字鴻漸以進士授孝感知縣首重文教朔望集諸生課學尋罷職總督邁柱令輯湖廣省志稱精核復襄陽知縣署知府未幾卒著有過耳集詩稿平湖高志

陸培字翼風以進士授東流知縣水災請緩徵撫卹周至山溪捕魚者夜斃于石莫得兇首培招衆予食察左手食者目動一訊即服署貴池釐剔胥役侵蠹嚴捕盜法

俸入分餽故鄉貧戚罷歸貧甚僦屋以居工詩詞仁和杭世駿錢塘厲鶚皆相推重著有白焦詞四卷子錫周字魯東舉人

陸汝欽字恪庭以進士授湘潭知縣巨豪爲暴廉其實置之法改温州府教授以憂歸饔飧不繼杜門課子晏如

沈廷陛字廉叔以舉人除奉化縣教諭陛綿竹知縣改納谿歷有清操中年喪偶不娶敝帷木榻官舍如僧寮著有硯溪齋詩存

林鑣字御驤以舉人除福建鹽課大使補海澄知縣俗桀悍鑣撫馭有方創儒山書院以振士風改靑田教諭勤

於造士鄰縣有好學者亦招致之卒官

吳嗣爵字尊一其先錢塘人祖之錡遷平湖嗣爵以進士授禮部主事改吏部累陞淮揚河道洪澤湖決總督高晉議開天然壩嗣爵曰於減漲誠便然如下河郡縣百萬生靈何持不可遷淮徐河道徐州黃水大溜直逼徐家莊居民倉皇謀竄時大風雨嗣爵躬率吏鳩工堵築撤蓋端坐堤上當其衝屬吏惶懼勸退不顧逾時溜勢仍歸中泓若神助然擢河東總河調南河偏閱江淮及海口加築臨黃縷堤疏濬雲梯關舊口治清口東西壩高堰奏移建頭架於第五木龍下以護新灘使黃水遠

逼陶莊清水抵惠濟祠後未幾清黃盛漲徐州城得免潰決嗣爵復於傅家窪導入唐家灣疾殺其勢二日平一夕風雨暴作黃水泛濫嗣爵急集船濟民登高阜給蘆蓆棲止開倉賑卹晝夜出入泥潦間遂病肺嗣爵治河久全河形勢瞭若指掌而臨事審幾明決不爲浮議所奪故屢施奏績轉吏部右侍郎尋告歸卒

張鈞字廣朋幼好學夜燃燈帳中讀書帳盡黑以進士分發江南補金山知縣移淸河歲饑設賑躬親巡視蝗災亟撲捕禱于神一夕驟雨驅蝗入海歲以有秋病乞歸

賈三登字庸埜少孤家貧以吏員授安徽涇江巡檢民有

訟開誠勸化未嘗行杖衛軍與民訟蘆地勘實歸諸民請立社倉添防汛省徭役凡有益於民條之上官無所忌乞歸民泣送數十里祠于狄梁公廟廡歸里後親知不能婚葬者常典衣佽助

翁維正字甯文幼酷篤研究性理語類諸書以歲貢除長興訓導日坐明倫堂與諸生論學學田爲豪右佔請上官復之以贍寒士

許時杰字德超三歲孤母朱撫之成進士授福建邵武縣知縣請免虛糧整理樵川書院捐建拿口橋捍禦黃源虎患卒官

屈學洙字東萊由監生仕至雲南大理府通判初入滇道經黃平州值苗警從者皆股慄學洙單騎馳至署整飭備禦尋以解糧染瘴卒江甯旅次祀名宦以上平湖張志

袁珂字雪巖其先華亭人祖國梓官嘉興府知府父勳遷平湖珂以貢生由正黃旗教習授河南儀封知縣儀濱大河歲派夫挑築珂力陳得免建議鑿井灌田詳明漕項免徵本色署睢州斷治縣豪殺人二獄時以爲神引見條奏兩河利弊甚悉陞陝州知州濬河溉田逾年免歸民遮道泣送其後河南饑刑部侍郎王士俊奏

詔發粟命珂專司賑事兼墾光山縣荒地數萬畝授兵部員外

嘉興府志　卷五十八　平湖列傳　卆

郎歷刑部多所平反擢山東兗州府知府改陞工部郎中乞休道卒弟項字衷翼工詩善書官裕州知州嗣子鑄由監生選授衡陽知縣平湖高志參

程本敏字秀山以貢授梧州通判歷署興業知縣象州知州攝守梧州民苦浮糧丈地清之擢宣化府同知杜苞苴戢姦宄西陲用兵以辦軍需紀功乞歸養

李青字仿蓮以進士授普甯知縣歷陽江欒城勸農興學設留養局賑粥撫綏流民以勞卒官

胡涵字太初以舉人授內閣中書出爲廣平府同知改河西務地爲南北水驛衝衢調劑無缺暇賦詩自娛貧不

顧卒官

馮廣譽字叔颺以進士除容縣知縣甫至有袖金謁者卻之每夜躬自巡邏遇宦家子挾妓博者懲治不少貸建書院以興文教年老改處州教授修學宮勤講課歸貧甚未嘗一干有司

錢大經字虞惇父許湇布衣授徒以給大經攻苦力學乾隆丁丑以進士選翰林院庶吉士散館授編修卒官以上平湖張志

顧天挺字松來以進士知滎陽縣薙剔豪強侵佔以均田賦歲饑捐賑軍役不以擾民內陞中書乞養歸時從陸清獻講學校刊學部通辨清獻稱其有衛道功伊志

嘉興府志　卷五十八　平湖列傳　卆一

袁安字石庵以進士知興化縣署荆溪有程氏奴自殺其子誣其主讞成繫獄安至察其冤置奴于法尋以病歸祀名宦伊志

徐鴻昇字鳳苞以進士授甯鄉知縣縣豪賂結官長爲民害鴻昇至豪以千金饋拒之後廉得其殺人狀伏誅益陽水災往勘撫䘏周至會逸囚落職生平耿介自守家居四十年不謁官府伊志

陳朗字太暉以進士授刑部主事陞郎中出守撫州俗好私謁朗悉謝卻接僚佐和易不拘禮節及鞫事侃侃與

與上官爭不少假葺輿會書院以學行矜飭士習一變丁
憂歸卒著有靑柯館詩鈔伊志
陳循古字邃堂乾隆丁酉舉人朗子任直隸文安縣知縣
伉直有父風上官器其材欲援引之循古恥干進托故
辭居官清介卒後家無餘資同人醵金爲助方得歸葬
屈橋年字若倉附貢生究心先儒書敦內行嘗面斥人過
華士畏服居喪悉遵家禮不用浮屠法人咸稱之干志
沈初字景初明江西參政㸂之後以
召試授內閣中書成進士授編修累陞禮部侍郎調吏部遷左
都御史授軍機大臣改兵部尚書兼署吏部復改戶部

賜紫禁城騎馬一主鄉試五任學政一知貢舉一充會試副總
裁歷三通館
實錄館副總裁卒官
賜祭葬謚文恪初本生父發別見嗣母陸初事之孝家事至老
不敢專少工文辭同郡錢陳羣長洲沈德潛皆以大器
期之旣通籍
內廷事
兩朝三十餘年著有
御覽集蘭韻堂詩文集伊志
陳嗣龍字劭園垂髫後授書過目不忘年二十三以第三

名進士授翰林院編修累官至都察院左副都御史性
鯁直敢言遇權貴人無所撓屈三充順天分校官五主
鄉試一任學政一爲會試副總裁得人最盛尋以言事
左遷歿後復四品銜于志
全璠字慕藺監生以供事議敘選潮陽縣招甯巡檢乾隆
甲辰有聚衆械鬬者璠聞報卽單騎馳往開誠勸諭懲
其爲首者衆遂斂戢丁憂服闋揀發東河署頓莊閘官
啟閉蓄洩悉協機宜漕艘過汛挽送無滯陞夏津縣主
簿卒于官于志
沈廷灯字南羲由監生選授安徽甯國府照磨會廬山異

教以滋事拒捕臬司李世傑檄廷灯按問廷灯馳往先
諭以大義衆皆帖息不敢動乃擒治其魁世傑深器重
之調署岳山縣興水利除強暴數月而民情說服尋陳
情歸養父沒遂不復出年八十舉鄉飲大賓卒年九十
有二于志
楊馥孫字芬若以諸生充四庫館校錄嘗攝湖北宜都縣
知縣邑舊多派累爲裁減幾盡民有號東山三虎者人
久患苦之捕得論如律調鳳翔佐理福公軍事有功旋
告歸不復出馥孫好宋元明諸儒書手錄至數百卷云
于志

胡德炘字宿午乾隆丙子舉人選授上虞縣教諭勤于課士舉報優行皆寒畯于志

王鳳鳴字協岐以舉人授景甯教諭循循善誘士咸愛之于志

周用錫字晉園乾隆乙卯副榜歷署兩淮板浦豐利場鹽大使時鹽務弊端百出用錫先後署事釐淸積弊邃于經學著有尙書證義于志

陸紹曾字貫亭乾隆乙丑進士除靜遠知縣潔已愛民徵辦金川軍需閭閻無擾俸入不繼每取給于家性質樸告歸于志

施峻字翼垣乾隆壬申舉人歷署直隸靈壽南樂龍門等縣補肥鄉知縣汰陋規減雜徭恤煢獨民咸德之性慈祥不輕用刑或有干以私者必正色拒之病假旋里尋起署新樂復任肥鄉以逸囚落職去官日行李外圖書兩篋而已于志

何永溱字元培庠生由四庫館謄錄議敘州同分發甘肅歷署縣丞通判補甯夏府靈州州同地當番回雜處俗尙兇頑號稱難治永溱諭以理義民皆嚮化嘉慶元年歲歉收散給口糧積勞成疾因解組歸于志

施天苞字應午乾隆甲午舉人歷任海甯諸暨教職性純孝宗黨之近者婚娶喪葬皆身任之在官屢有修建于志

張儀盛官福建興化府通判明決寛惠有政聲善鞫獄多平反興化木蘭陂瀕于海海水漫溢淹及田廬儀盛稟請修築躬任其勞築堤若干丈民田賴以無患興化饑白上官力請採買平糶多所全濟云于志

何世榮字振威嘉慶戊辰舉人歷任靑田富陽教職嘗捐俸修學歲飢奉檄辦賑親自查給使貧戶得沾實惠尋卒于任于志

孫元字敬夫乾隆丙午舉人性恬淡任壽昌教諭學問操守爲士林矜式于志

吳璥字式如號崧圃侍郎嗣爵子乾隆戊戌進士由翰林散館授編修擢侍講學士戊申充陝甘正考官擢安徽學政改授河南開歸陳許道累升布政使　賞戴花翎時值楚陝教匪滋事會辦防務軍需實心任事嘉慶己未遂授東河河督尋調江南河督以堵閉邵家壩大工告蕆晉太子少保銜入爲兵部右侍郎調督倉場丙寅復督東河入爲刑部尙書　賜紫禁城騎馬已巳復授江南河督左遷光祿寺卿擢吏部右侍郎尋奉命閱視江南洪澤河情形適常州府屬靖江縣江漲齧堤城垣危甚議亟築碎石堤臨江捍禦居民賴以安

堵甲戌再督東河東省運道淤塞倡議疏濬韓莊之微
山湖由八閘下注江漕艘便之入爲兵部尚書調刑部
充經筵講官庚辰授吏部尚書協辦大學士復署東河
河督道光辛巳以疾告歸瓛未顯時侍父任所已熟悉
水道形勢比受特達之知亦治河爲最多時黄河屢經
漫溢各工敝壞已極修防宣洩動協機宜伏秋大汛親
駐河干督率搶護靡不化險爲平去任後每遇要工輒
銜命相度剋期蕆事 御詩嘉獎賞賚優渥子元
凱自有傳公謹從一品蔭生官廣西鬱林州知州新纂
朱爲弼字右甫號茮堂祖英父鴻猷有傳爲弼幼失怙恃

事祖母高以孝聞通經學尤嗜金石爲儀徵阮元所器
重舉嘉慶乙丑進士由兵部主事歷員外郎道光辛巳
授河南道監察御史疏言江西閩浙連界多封禁山流
民潛匿請嚴禁杜奸匪滋事轉掌京畿道値畿輔被水
疏請撫卹升禮科給事中時順天各屬捕務廢弛江蘇
山東刦掠多案疏請整頓緝捕稽查海運倉以侍郎和
桂張映漢覆奏豆石黴變情形不實疏劾之鞫實論罪
如律復疏言江蘇省海口壅塞浙江上游受害請乘水
潦未降疏濬劉河吳淞太湖授順天府府丞升府尹累
擢至兵部右侍郎授倉場侍郎尋總督條奏漕運章程

十條因病開缺卒年七十爲弼在諫垣疏凡二十餘上
侃直不阿服官內外三十餘年不喜躁進以勤慎廉潔
受知歿後家無餘貲士夫重之請入祀鄉賢祠
旨允之著有茮聲館詩文集續纂積古齋鐘鼎彝器款識吉金
文釋鉏經堂集古印譜等書弟爲霖字雨甫以諸生官
江西另有傳子善旂字建卿舉人國子監助教善驤字
子良舉人官福建順昌等縣知縣署海防同知所至均
有政績新纂
沈學詩字涵之號鈞垞廩貢生好學工書屢試不第會楚
蜀軍興握槧從戎蜀帥勒宮保奇其才羅致幕下事定

敘勞遂由什邡尉梁山丞遷慶符令以丁母憂歸服闋
起知温江縣調成都縣所至催科不擾讞獄得情豪猾
屏息庚辰辛巳間攝敘永同知大吏以廉卓薦於朝超
遷行有日矣又以父憂去喪畢廬墓以居蔣相國攸銛
時帥直隸郵書强之起甲申冬除奉天海城縣縣濱海
地僻民不興學爰立義塾給膏火拔王東亮於童試飲
食敎誨卒成進士民始競勸軍屯田增租議起再三力
爭事得寢公退之暇手不釋卷在遼三載兼攝奉天治
中新民同知蓋平廣甯知縣以勞瘁卒于官沈氏家乘纂
李浩字紹揚號養齋拔貢生歷任常山武康訓導旋補桐

廬教諭桐邑有鄧生者因王某謀命逃匿波及其家浩
察其無辜偵知逸犯在烏龍嶺密率家丁數人捕獲焉
上官奇其才保舉知縣嚴子陵釣臺久圮巡撫阮文達
欲鼎新之瀕江俯瞰築堵頗艱浩奉檄承辦并爲修謝
皐羽墓上游益以幹練重之未幾卒於任著有停雲閣
集八卷新纂

楊于高字振巖號蘋香嘉慶庚申舉人己巳成進士歸班
選授四川彭水知縣除暴安良盜賊屏息嘗患士風不
振重建摩雲書院延師訓誨之道光辛巳分校鄉闈旋
赴部引　見遂乞歸于高長身玉立下筆千言立就

著有蘋香詩鈔退筆山館文鈔新纂

朱壬林原名霞字禮卿號小雲家貧力學嘉慶庚申舉於
鄉辛未以第一人成進士授庶常散館簽分工部主事
道光壬午充雲南副考官歷員外郎郎中戊子擢山西
道監察御史時運道淤阻疏請籌濬徒陽運河轉掌京
畿道旋署給事中疏言三江兩湖等處均被偏災正供
缺額請於陝西河南山東量爲採買以實京倉壬辰擢
永平府知府升清河道值西船至天津與協戎向榮商
略防務策戰守協機宜會兵撤不果行旋署直隸按察
使以憂歸嘗慨吾湖先達遺文散佚爰與邑中顧廣譽
葉廉鍔賈敦艮陸潢輩搜羅商榷得文百餘家錄五百
餘首編曰當湖文繫經燹幸存家居之日讀邸抄凡關
係時事者必手鈔錄適東南告急國是縈懷聞捷則喜
聞警則憂林下水邊不忘魏闕自奉儉約而戚族待以
舉火者數十家丁巳重遊泮宮適長子壽熊亦登黌舍
晚年雛鳳目覩擷芹先後名第相符邑人傳爲美談焉
年八十卒著有小雲廬詩稿刪存五卷晚學文稿八卷
當湖朋舊遺詩十卷當湖文繫二十四卷俱刊行新纂

陸堯松字少廬嘉慶戊午舉人辛未成進士由庶吉士散
館授刑部主事道光乙酉充貴州副考官尋擢兵科給

事中時刑部核議外省立決題稿祇交書吏呈閱司官
雖署名不復上堂畫諾堯松上疏請復舊章以重民命
時論是之尋乞病歸新纂

韓維墉字配頁號桐上拔貢生嘉慶丁卯舉順天鄉試甲
戌成進士以咸安宮學教習選湖北穀城知縣旋署天
門調黃陂所至有惠政升武昌府通判歷充乙酉戊子
壬辰甲午等科鄉試同考官在黃陂時適大水設粥廠
賑濟民活者萬計生平博學精賞鑒家有金鼇山房金
石書畫收藏甚富入比諸項氏天籟閣著有金鼇山房
詩藁四卷金鼇山房詩序 參龍湫嗣音集

徐士芬字誦清號辛庵夢熊子舉嘉慶戊寅鄉試第一明年成進士由庶吉士授編修道光年兩充江南鄉試正副考官一充順天鄉試副考官癸未充會試同考官甲辰充會試副總裁擢廣東學政順天學政歷中允侍講庶子充日講起居注官入直上書房尋晉秩至戶部右侍郎兼管錢法堂事務因病告歸士芬幼失怙特刻苦自厲通籍後在工部久於圜法多所整飭尤究心畿輔水利嘗於直廬隙地試植水稻有效會天津因洋務增兵遂上疏請舉行屯政開墾水田雖以兵撤不果行時論韙之凡校士者七方正嚴毅弊竇肅清既歸里倡修

節孝祠並重建萬程橋未竣工而卒入祀鄉賢祠所著有漱芳閣詩文集弟士蘭字香畹庠生官福建沙縣連城縣知縣有惠政子元錫字伯蕃江蘇補用道瀛錫字仲萊兩淮候補運判申錫另有傳 新纂

陸炯字戒三號邃村郡廩生嘉慶甲子登賢書庚辰成進士由庶吉士散館選湖北公安知縣仕至武黃同知任縣令時有某宦豪橫每遇巨案匿首於家上官束手無策炯一日過市適某糾衆行得輿夫暗點喝役擒莫應急親率二丁拏回訊禁一邑稱快興建書院獎勵士林分校鄉闈尤稱得士服闋後選四川綿竹縣知縣淡於榮利旋解組歸淹貫經史於六書尤精邃著有音義叶通說文類編 新纂

陸沅字冠湘號芷江父錫麒優貢生沅生而穎異十歲徧誦十三經及史漢文選舉嘉慶辛酉鄉試年僅十有七庚辰成進士由庶吉士改雲南祿豐縣知縣調順寧丁父憂服除授河南甯陵縣甯陵地當孔道凡解餉解犯採辦硝磺所需車馬夫役均輸自民間沅至悉捐廉官僱是時銀價騰貴州縣徵解錢糧苦賠累鄰邑輒籌增益沅獨持不可曰此加賦也民卽勉應於心安乎調署內黃內黃爲通省糧艘開兌之區酌定辦漕章程稽察

覈實旗丁肅然尋回原任以疾請假囊橐蕭然未及歸卒 新纂

奚澄字印川號蘭巖少孤貧攻苦力學副貢生嘉慶辛酉舉人道光壬午進士以知縣分發直隸値正定等府州大水委勘放賑觸暑單車不辭勞瘁補新城知縣村人有抱病遠歸至夜刃傷暴卒澄素精岐黃知爲扣頸傷寒痛極自刃絕不累及無辜民皆稱之後以詿誤去旋選廣東平遠縣卒以直道忤上官臨行父老攀轅一如去新城時澄生平經學與同邑丁泰並稱著有十三經註疏彙考一百二十卷學使羅文俊賞爲有用之書携

歸擬錄副本焉新纂

徐應照字鑑堂號秋曉道光癸未進士以知縣籤發廣東攝陽江授高明署南海補番禺番禺繁劇與南海等前令虧帑萬力任之値委勘東莞民爭溝械鬬案巡撫派營弁率兵從輒先弁馳往至則民聞應照來釋械聽斷遂開水溝溝有船焉兩造曲直分訟遂息粵東海汊遼闊潮來沙漲豪富佔墾數年卽請升科恒至爭奪釀案應照力陳不可論者韙之番禺城外有被劫者營弁擒交數盜見有火烙滿身鞫之不實翌日衙參上臺以巨盜已獲賀應照堅不承至拂憲意辭出越三日卒獲眞

嘉興府志　卷五十八　平湖列傳　圭

盜報最升佛山同知因親老告歸家居不與戶外事而歲荒糶賑水潦疏瀹以及修城垣建碕砠無不首先倡輸雖數千金不吝鄉人德之新纂

倪承弼原名樹德字蓉齋號蒼溪嘉慶辛酉舉人道光丙戌大挑知縣分發直隸操守廉潔精於讞獄總督那彥成委拏天津白糧幫滋事水手力獲要犯十七名餘黨解散丁母憂服除補西甯縣調懷來蔚州富室劉廷璽少孤力學乃祖舉人某耳聾病廢其叔覬產揑控誣璽忤逆適委承弼覆讞廉得其實力為昭雪並嚴坐誣告者廷璽尋入邑庠遠近稱頌調東安修葺書院整頓捕務尋忤上官罷職卒以孫寶璜官累贈至資政大夫承弼官直隸久於畿輔水利尤所洞悉嘗刊圖說一冊有裨吏治同治丁卯入祀鄉賢新纂

李泰墉號石渠嘉慶丁卯舉人道光丙戌大挑知縣分發江西署崇義篆邑為江省邊境士不知四聲公餘切為講解始知韻語署吉水調彭澤補餘干癸巳夏餘干大水乘暑往勘吏請少息泰墉曰邑宰親民之官民被災宰憚暑可乎不數日中暑卒新纂

時樞字愼子號秋鶴廩貢生選授餘杭訓導力學通經嘗以漢儒毛氏亨有功詩教上書大府奏請從祀格於吏

嘉興府志　卷五十八　平湖列傳　圭

議同治二年奉
旨以毛亨從祀足徵樞持論在先非無卓見事親孝母病目久乃研究岐黃通其奧治之卒復明居喪時祭均遵古禮其秉鐸餘杭捐葺黌宮倡建茗南書院刊洞霄宮提舉題名記得黃忠端公遺像勒石洞霄宮後閩人刻忠端集卽用石本摹勒卷首精音律學中樂器次第修整敎弟子肄習焉著有禹貢述詁四卷詩經說志十四卷曝書蹄涔集日記參

錢福昌原名攀龍字超衢號辰田祖亮子舉道光戊子鄉試明年成進士臚唱榜眼辛卯充江西副考官擢廣西

學政丁父憂服除授江西道監察御史轉掌貴州道擢
河南學政按試各屬約束書吏㒹從稽察綦嚴敎官月
課飭解到院以憑核實試竣集文行兼優者調省月試
士習丕振掇巍科者相繼先是己亥秋福昌方試歸德
奏
廷寄飭查衞輝府汲縣邪教福昌扃試如常而密令弟祐昌
與子鎭奎爲商人裝廉得實
旨嘉獎特擢內閣侍讀學士任滿歸省以母老不復出新纂
張金鏞原名敦瞿字良甫號海門拔貢生道光戊子順天
舉人辛丑成進士庶常散館授編修丙午暨咸豐壬子

兩充順天鄉試同考官乙卯充山西鄉試正考官旋擢
湖南學政丁巳陞翰林院侍講以母憂歸遂卒金鏞早
擅文譽京朝耆碩交口推重道咸間王文恪杜文正皆
金鏞座主絶不私謁居館職十三年不遷敝車羸馬自
得也爲文博儷斧藻晚益陗宕詩好深湛思尤深於詞
歷持文柄執法森嚴試沅州日表黔烈女楊投水處移
牒郡守爲雪其冤犯者斯得手爲文以紀之其維持名
敎如此著有躬厚堂詩集絳跗山館詞新纂
吳若準字子萊號次平父元覬列孝友傳若準由戶部額
外員外舉道光辛丑進士實授河南司員外郎擢江南
道監察御史婁縣知縣因信任漕胥催徵不善毆斃民
命幾及百人時議翻以聚衆滋事定讞若準抗疏歷詆
其妄奸吏得以伏法咸豐癸丑擢禮科給事中尋升內
閣侍讀學士加三品頂戴故事請
旨簡放學政未預考差者例不列名至是特擢若準江西學政
益異數也在任升太僕寺卿卒新纂
何紹璉字蓮友號藹卿少穎悟道光乙未舉於鄉辛丑成
進士授吏部主事爲尙書恩桂所器重訪以時事直言
無隱壬寅西人搆兵座主參贊大臣文蔚督辦浙東軍
務奏請從事陳十策皆戰守之要有沮之者不果行尋

丁父憂歸葬畢結廬墓旁督課諸子服闋京洛故人致
書勸駕終不復出辛酉粵匪陷平湖以憂憤卒所著有
毛詩辨韻四卷三江考一卷經史輯要四卷兩浙輿地
形勢說二卷新纂
徐麟原名應麟太學生援例除順天宛平縣齊家庄巡檢
地窮僻人不知學麟葺古寺爲義學分寺田以贍膏火
民始悟次壬寅調武淸縣河西務巡檢時永定河尾閭
數爲邑患力請大府濬河增築鳳河隄延袤數十里戊
申霪雨爲災佐令勸捐設廠煮粥以賑庚戌陞豐潤主
簿咸豐癸丑粵逆擾天津距縣甚近邀紳議募得二萬餘

人書訓練夜巡警城賴以完旋丁母憂歸著春暉堂文
集新纂
卜葆鈖字尹甫號達庵廩生試輒冠其曹中道光丁酉副
車已亥領鄉薦庚子成進士以知縣發四川甲辰題補
大邑邑北界西藏號稱難治甫下車即講行保甲令民
家置器械以備非常復約鄰封互相搜捕因獲巨匪二
十餘人悉置之法盜風用戢乙巳以勞瘁卒於任邑人
思之祠於靜惠山之平雲亭亭故祀范鎮陸游而以葆
鈖配焉葆鈖未達時脩脯所入供家人食指外能周戚
畹緩急與弟葆鈞同居無間言里人稱之新纂

姚鑾均字琴如號柳隱道光已亥舉人選授天台教諭天
台山多田少民恒病饑爰議建社倉積穀至萬五千石
建嬰局創書院修學宮同治丙寅臨海張建垣抗糧一
案株連甚多鑾均權臨學篆無辜得釋陞湖州府學教
授廉介不異在天台時年七十七卒於官行述纂
方坰字思臧嘉慶丙子舉人始工詩出入于唐宋諸大家
間中年篤志程朱之書毅然行之雖貧病交迫不顧也
攝武義訓導非其義一介不取為敎恪遵小學近思錄
反覆曉解士子翕然信從執經問業者滿于庠序邑中
耆老以為百年來所僅見云連丁內外艱寢苦枕凷悉
準禮經服闋後選授錢唐訓導未抵任卒年四十有三
著有生齋自知錄生齋日識讀易日識與詩文集諸書
子金彪諸生亦好學早卒著有寅甫日識于志
顧廣譽字孫康號訪溪咸豐壬子優貢生撫臣應
詔薦舉孝廉方正以疾辭不赴廣譽少即有志正學言
動不苟居父母喪盡哀盡禮一遵古制與同里方坰為
道義交坰卒於省邸廣譽奔護其喪復為醵金刻其遺
書晚益肆力於古自漢唐以來儒先疏義并宋元明諸
儒暨張楊園陸清獻各遺書博觀約取反已自得而精
力尤萃於毛詩家貧課徒自給四十餘年晚主講上海

龍門書院嘗謂敎術不可不慎若師道不嚴他日登之
仕籍必無可觀故其誨人也尤以正心術為先卒祀鄉
賢著有悔過齋文集學詩詳說四禮榷疑鄉黨圖考補
正等書新纂
黃鵬飛字健夌號曉嵐道光甲午舉人咸豐庚申賊擾平
湖鵬飛糾鄉子弟保聚海濱勢不能拒散衆家居叱咤
欲自盡一日他出不歸蹤跡之數日里人來告知獨居
空室中絕粒求死子福增趨視之適氣絕事聞卹贈雲
騎尉世職新纂
朱善張字子弓號山泉贛縣知縣為霖子少孤貧道光壬

寅海疆不靖以附生倡團練衞鄉里敘南河通判題補
桃源尋加知府銜咸豐甲寅以平徐海各屬捻匪功
賞花翎尋以道員用加鹽運使銜捻首張滌踞長
淮鹽道爲梗善張乘夜破之焚賊船三十餘艘復以馳
剿天長粵匪功
賞庫木勒濟特依巴圖魯勇號
尋署淮揚道移駐揚州時揚已三遭蹂躪己未賊首陳
玉成復率悍黨數十萬來犯誓以死守卒保危城尋得
眞除加二品頂戴捻匪陷清江善張諭民堅壁清野賊
困而竄得復其城移駐之兼辦徐州糧臺會僧邸剿捻
匪苗沛霖於蒙城善張由間道輸餽以濟苗逆平徐境

獲安甲子秋督兵赴沛剿辦奮匪以病卒於軍
賜祭葬贈右都御史銜廕一子之榛知州祀名宦 新纂

徐申錫字叔成號勉如士芬子道光丙午順天舉人丁未
庶吉士丙辰授編修己未充順天鄉試同考官丙寅大
考二等擢詹事府右春坊右贊善轉左丁卯京畿亢旱
上積穀練兵汰官一疏積穀議准施行嗣因史館議敘
開缺以知府用遂南旋 新纂

謝棨照字春生號琴石拔貢生授禮部主事累擢員外郎
郎中同治甲子記名以御史用旋授廣西思恩府知府
適逆賊孫仁廣聚黨盤踞南甯府屬之山澤巡撫張凱
嵩統師進剿餉糈支絀奏委籌餉粵東得以協濟
賞戴花翎丁卯履思恩任郡遭兵燹招徠復業建義
學課農桑清詞訟屬邑上林有逆匪李耀林者私設釐
卡劫殺民命擒斬之復獲馬亮何源海等皆陷城巨憝
置諸法戊辰逆匪王沆嗣糾衆竄入武緣縣境督衆討
平之己巳調桂林壬申擢右江道旋署按察使
賞加二品銜 行述 新纂

倪寶璜字渭生號載軒道光己酉順天舉人咸豐癸丑以
知縣揀發江蘇甲寅署川沙廳同知邑甫經殘破捐貲
修城並練義旅有高金毛者乘間嘯聚東鄉擒斬之民

懾伏丁巳署武進知縣兼署常州府督糧通判核減漕
價民感動爭先輸納遂保升同知尋晉知府壬戌總辦
常州團練以擒獲通州敎匪盛廣大等
賞戴花翎甲子充江南鄉試內收掌會同考官鄧澤培病寶璜
代閱試卷得吳大澂等十七人皆積學士後歷保至道
員布政使銜 行述 新纂

嘉興府志卷五十九

嘉興府知府善化許瑤光重輯

平湖縣

孝義

明

陸宗秀宋樞密副使旋吉九世孫有至行與弟宗達宗俊友愛甚篤永樂甲辰應賢良詔與陳繼等二十三人徵至京師會仁宗御極引見便殿宗秀方巾布袍舉止中度上異之問曰如何則天下太平宗秀頓首對曰皇帝親賢納善大臣秉公持正自然太平上悅曰好言語賜

京師月餘以疾辭賜銀幣還正統五年歲大祲出粟麥二千九百餘石助賑賜敕褒美表其門曰尚義子珪見後分省人物考

沈昊字孟璋性孝友奉諸母比於所生撫異母弟妹無間同母有弟孟膃以誣被逮昊挺身代行械至淮上會淮撫素重昊奏釋之同逮者皆賴以免吳志

孫佐鍾鳴遠潘璧正統五年饑佐等與陸宗秀各出穀麥二千石助賑朝廷勞以羊酒旌為義民復其家三年劉志

陸平平湖程志作國平字國平好施與處事有斷里有訟者爭就質以解洪熙改元歲大饑民食草木平出粟作粥食餓者多全活正統壬戌至景泰乙亥屢饑前後捐粟五千餘石麥八百斛佐有司賑濟同時有陸平世陸祥者亦以輸粟助賑詔並授散官旌其門曰義民兩浙名賢錄參海鹽圖經吳志

江濟字伯與宋丞相文忠萬里之裔正統五年敕各省府州縣置預備倉民能出粟佐官者旌其義復其家濟傾家得粟二千一百五十餘石輸官璽書褒獎表其門曰尚義平湖朱志　案江濟又見嘉興何志

陸珪字廷玉嘗代輸一邑賦以寬民力景泰六年饑疫珪與弟瑜瑾共出穀五千餘斛賑之詔授珪廸功郎兄弟

四人皆賜宴光祿珪以德義信於鄉鄉人有不平事皆就質不至官府珪嘗與沈昊共建學宮落成日知縣羅榮釃酒祝之曰願兩家世世科第不絕果如所祝兩浙名賢錄參徵獻錄　案共建學宮事徵獻錄作沈珍與陸宗秀珪之父珍昊之父未詳孰是

沈渭字可開父昊與弟昇友愛昇遺二子琮瑋從師不惜貲貲罄渭出己貲治奩具嫁諸姑暨妹無嫡庶皆先父意為之以子桒封工部主事琮瑋桒俱見列傳平湖朱志

馬昇博綜典籍有經世志聞靖難兵起遂隱居以父遺田宅讓諸弟別築一椽於溪南號溪南老隱著溪南集子

暐璇璇見列傳平湖程志

屠機字汝敬歲饑兩輸粟賑濟例得仕者階服辭弗受嘗雪夜過淞江聞葦澤間有呻吟聲視之見一人手足被縛命舟人負至舟解縛易衣以火温之久始蘇知爲句容商人被盜刼者留居踰月辭去尋以百金酬不納以子勳貴刑部尚書勳見列傳柳志

沈燮字泰夫天順時人父檦以資豪閭里獲罪論死燮徒步走闕下訟寃拘囹圄者八年疏七上乃得請馳歸甫至吴門訃明日獄且決號泣祝天忽大風起一夕抵武林檦得減死流嶺表後赦還徵獻録參平湖朱志

曹校字世儒以貢授光禄寺丞性至孝篤宗誼子光有傳煒進士任知縣平湖高志

俞爔字廷貴有行誼宏治間知縣熊卓引輿計事民輒稱神明或干以私遂謝勿與通里人諺曰郭東俞生當春握冰明詩綜

沈溱字惠水先世自武康僑居東泖至溱徙石莊爲人倜儻有才重然諾喜賓客明正德間爲文思院大使以事忤劉瑾被杖下獄欲置之死有韓松鄰者與溱善時同郡項忠屠勳皆在朝松鄰詣泣白其寃得釋瑾恨未平將復杖松鄰泣請曰繫獄數月再杖必死愿以身代溱

得歸未幾卒平湖朱志

楊陛字敏夫諸生嘉靖間倭警祖母與母倉皇避匿咫尺不離父歿諸弟幼陛撫教曲盡友愛平湖程志

陸宓字子深御史琳子性孝好行善歲祲捐私蓄助賑家落質錢以施無倦色著有捫心録運甓餘鈔平湖朱志

俞錦字克昌好義自飭從子彬貧析產過於己子故人金烝死無以殮其子坤就錦鬻田計所需給之焚其劵戚黨十餘家藉以舉火嘉靖間築縣城知縣殷廷蘭以其居當城趾欲廣數丈請所值錦曰城以衛民可以一人居煩縣官費乎即自毀庭寢二十餘間知府劉慤顏其門曰義門平湖程志

郭球字友虞父早喪母陳目瞽球以舌舐之漸明嘉靖間倭入寇負母逃中塗遇寇寇刃其母球以手格之兩臂受刃血濺衣會縣尉率兵至突圍出母卒廬墓朝夕哀痛有烏數百巢其樹人以爲孝感天啟間詔旌之著有舜鳴集平湖程志參檇李詩繫

俞永言字懋孝諸生少孤家貧與兄敷言篤志績學相師友母病危禱神愿以身代母亡事無大小一稟兄兄嫂繼歿遺孤教學不異己子平湖程志參平湖朱志

沈思孝諸生家貧竭力孝養父患疽吮之得愈母瞽昕夕

籲天目復明平湖程志

秦涇字汝清幼喪母哀毁甚服除傢事之如生及事繼母失愛涇益謹撫異母弟篤至卒回母心父病平湖程志作繼母病隣火及卧所涇叩頭籲天風返火滅父歿廬墓終喪知府鄭登高以聞未報卒劉志

張濤字悅清有隱德娶婦盲相敬如賓蘆瀝場大使逋官帑二百金繫郡獄濤代償之越人駱某好學貧甚以勾軍匿濤所得脫後貴以百金酬不受友人趙端嘗貸千濤及償攜七歲孫漢同往濤器漢反所償金以佐讀書後漢爲名臣孫羙見後

曹臯家貧館於某家夜有叩門者審之則處子也拒不納明晨以他故辭弟早亡遺一女厚嫁之舅氏死周其葬孤

韓文字本質以吏員授羅浮倉官前官逋糧久繫獄文歎曰三十金關一家命盡出所攜貲代償得釋文六十無子南雄知府貢珀贈詩曰捐金不惜緣無子垂老猶忙爲有官此意只教知屋漏老天曾肯竟漫漫後果生子相任通判贈文如其官八十餘卒以上平湖朱志

陸序字可松爲某所中坐死得雪後某坐他法序爲排解某愧服序嘗出粟米千石賑饑授七品秩子槐別見平湖朱志

陸錫命字仲敬母元病目旼之復明以貢補內閣中書山東災御史往賑錫命捐穀千石佐之御史上其事敕建坊旌表嘗捐田百畝贍族親友待以舉火者數十家卒稱貸爲之以子清原贈御史袁志參平湖朱志

陸壂字元朗諸生爲叔父堯俊後家海鹽本生父堯化母傅生養死葬獨力任之海鹽續圖經

馬瑀字朝儀弟珣運漕舟覆傾家償不足部使褚按治瑀詣代白得免有大猾誣知縣周某得贓萬計瑀上書撫臣得不坐歲祲民多流徙瑀乞知府詳免是年稅卒減其半後贈參議子千乘孫維銘曾孫德澧俱見列傳平湖程志

陸埕字載民博學隱居好施與歲饑戚黨貧者賴以舉火至鬻產不吝有司奏旌其義

陸基誠字存卿諸生戊子大饑傾囷以周族戚爲粥通衢食飢者復設冢地市棺收瘞路殍度大荒後必疫劑藥以待已果疫全活甚衆以上平湖朱志

沈維錡字震躬諸生有才幹嘉靖丁巳倭警倉卒兵不得集督撫胡宗憲設計誘降時倭屯沈莊衆莫敢往維錡請獨往說之已大兵至勦之維錡實首功宗憲欲疏請

大用維錡固辭但奏免沈氏十年田稅平湖朱志

孫璧字朝瑞以貢授吉水教諭遷伊府教弟璽如嚴師至老友愛無間迎養寡姊五十餘年妻父王某無子籍其遺貲擇其族之良者授之以承其祀徵獻錄

林雨字少巖僉事桂子值徐海亂產中落性好施與鄰里藉以舉火弟病以產讓之從弟無歸者咸周之以貢授溧水教諭遷代府子楚能承父志諸負劵悉取焚之平湖朱志

沈宏光字子懋諸生侍父疾衣不解帶者數年痛不及事母見手澤必泣感里傜之弊作均傜議晚悟天道元氣成于貞人心愛德歸于正作愛正編累贈翰林院修撰子懋孝見文苑懋嘉字會眞著四書說白巖稿劉志

馬千里字伯良諸生歲饑請賑全活萬計遇人難必力救季父珦無嗣迎養終其身課弟千乘不以家事累之弟貴事兄若嚴父居恒靜坐一室左右圖書怡然自樂封文林郎子維銘見列傳平湖朱志參平湖程志

沈維鍧字望洋嘉靖間連患旱蝗隨父壕設糜賑饑全活甚衆子民範字寅所有醇行不以子萃楨貴改其素萃楨為奸黨所搆民範曰小人所惜者君子我何憾萃楨見列傳平湖朱志

陸珂字子珍族黨有貧不能婚葬者悉周之輯格言勗子孫雨舉鄉飲不赴子文典字希堯歲饑捐貲設粥以食流民還遺金讓塔基田輸葬地樂善不怠一如珂嘗手書仁廉公勤四箴訓其子長庚後珂與文典皆以長庚貴贈布政使長庚見列傳平湖程志參平湖朱志

陸光宅字與中舉人嘗闢天心精舍集名士講習性好施賑人阨困而自食脫粟衣布素臨歿書無極太極四字王龍溪曰與中之學以仁為本

劉麟字子仁力學修行好施予三族賴以舉火者甚衆妾李氏父老無依厚遺遣歸以孫廷元贈右都御史

胡濂字碧源有隱德以孫士相贈參政子友忠事母孝年九十有九贈如父官士相見列傳以上平湖程志

楊志英諸生母吳沉痾數載晝夜侍奉不離側母歿盡哀終歲依父寢非再三命不就私室家貧同婦食麤糲供甘旨束脩所入悉進父居父喪哀號嘔血感動鄰里嘗遇異人授養生術至老益康健一日晨起盥櫛端坐卒平湖朱志參平湖程志

馬烔字世望少穎敏父官廣州遣吏解軍餉舟次彭蠡為逆藩所掠烔方就試聞之卽馳赴父所會王守仁平逆藩訟知廣州銀猶存遂請牒訴當事不得復走訴京師

卒得白以貢授六合訓導遷連山教諭不赴著有諸史辨疑（平湖程志）

過厚幼喪父事母孝父遺產爲兄蕩費僅有存者厚復讓腴取瘠從父槐無後厚以序承其祀所授千金分恤族之貧者鄰人妾死被誣訟夜遺百金乞白寃却之及庭鞫力辨得釋著有性理解子庭訓見列傳（平湖朱志）

俞懋修諸生少跛父母不愛娶婦戈賢而嫂嫉妬日搆懋修夫婦父母遂惡之一日父出母錮懋修夫婦別室不與飲食從母姚陰出兩人僑寓武塘集里中兒授句讀婦縫紉以支旦夕顧時時念父母不置相對泣曰甯死

膝下何忍離父母懇族人爲請于父父稍悟得返母亡嫂主家政進饜糲父不能堪懋修與婦恒拮据竊烹鮮以進尋出爲人後常迎養父父益悟欲奪兄所侵嗣產歸懋修懋修泣跪陳不可亡何父與兄嫂相繼亡懋修營葬以兄嫂祔焉兄子多外侮力庇之兄子死撫其孤寡子允昌語及父母事輒流涕（平湖程志）

俞志皋字藎卿母早卒父有足疾弟幼志皋授徒以供朝夕晚以進士謁選卒于潞河蕭寺（平湖朱志）

陸橋字元建講性理之學工詩文族有景賢祠創立義田橋力爲多著有石居集（平湖程志）

毛應銓字元衡幼有至性家貧父善病晨起往塾必以父藥餌絮語家人灑淚而出暮歸同父臥抑搔痌癢衣不解帶事母如父束脩所入悉以與兄母亡廬墓三年以舉人署安吉教諭陞國子監學正遷禮部司務仕宦十年居無一椽至老與兄同舍子湛見列傳（分省人物考）

馮伯禋字欽仲貢生敏勀次子萬歷丙午應天舉人少稟至性嘗斷指療母疾母卒伯禋嗣叔父敏勛例不守制泣曰伯禋何忍獵名忘母遂不赴舉與兄伯禎友愛甚篤撫孤姪如己子著有虛舟蓬門諸稿

時敏字耶貧居父喪盡哀踰三十（袁志作三喪妻誤）喪妻獨居四

十五年室如懸罄或贈之金不受（平湖程志）

馮伯禮字節之太僕卿敏功子敏功卒巡撫以下賻之金伯禮遵遺命以築寶應護堤事見敏功傳與妻查事母孝周恤貧困無所吝後卒于燕子洪業字茂遠事母能養志母臥樓火洪業冒烈焰負母出額焦著有易羨睡庵六書耘庵彙箋（浙江通志參平湖朱志）

胡士奇字重之弟士章少不學士奇設父主跪泣責之遂感悟相繼舉於鄉士奇擢國子博士兵部司務以詿誤謫仙遊訓導尋卒士章任太湖知縣年餘即歸割產贍嫂迎養寡姊撫兄子成立（分省人物考參平湖朱志）

劉希聖字思睿性孝友母病夜不寢三越月兄弟五人析產獨取其下者嘗遊白下拾遺金于逆旅坐俟其人還之以子廷元贈兵部尚書弟希賢字東溟孝友如希聖事繼母必躬進膳凡事身先婢僕

施應塤字士和少時代昆弟徭役建平徭諸議嘗路拾遺金還其人贅于曹曹富無子曹卒應塤視含歛哭之去貲悉歸曹族喜施予不問家人生產以子鳳來貴贈大學士

陸長春字景陽長庚從兄性孝友以父文昭繇据時集高年置酒以娛嘗賙友人劉某金爲其子娶婦後其子豪

于貲長春絕口不道前事萬歷丁亥大疫早起見五鬼驚語曰正人也當避之家中竟無染者

姚應竣有純德訓導定海視諸生如子弟子舜宣字華樓仙居敎諭孝友敦行知縣王若惺敬之數造廬訪未嘗有私請孫之鳳字叔瞻諸生著四書粹言尚書定解

陸文相字春臺諸生父賓橋坐累論戍繫獄文相七歲見縣令出攀輿呼救令感其意釋賓橋賓橋有隱德嘗還人遺金孫懷玉見列傳

馬香劝喪父母刻苦自立而兄老迎養殯葬撫從子如已子子鳴雷鳴霆別有傳以上平湖朱志

陸萬逵字天相親歿同弟萬逵廬於墓皆諸生性皆好善昆從孤寡贍之又捐貲置產佐族婚嫁喪葬萬逵字邑矼幼穎敏善詩文後從徐僭源遊究心性之學學使洪承疇亟稱爲文行兼修明史列諸孝友傳著有文惠集袁志參平湖程志

陸燭字時秉諸生父相建昌府經歷知宸濠將變乞歸燭事父孝父病刺指血投藥中愈遭喪廬墓三年

馬維鉉字鼎甫善承父志撫姊子陸瑞徵爲之婚娶舉戚屬三喪以貢授保昌訓導卒官贈刑部郎中子德澧德澍孫嘉植德澍字商雨扶父喪歸里哀慼路人嘉植旣貴儉約如故徒步里門有司造謁皆拒不納累贈吏科給事中德澧嘉植見列傳

陳增字進吾貢生少英敏有才名屢試不得志閉戶著書學宮燬捐貲獨建華亭徐文貞階表其墓

張熒字恕齋監生母歿哀毀不支父病篤禱於神願減算以延孫明昌舉人復昌監生舉鄉飲以上平湖朱志

郭日乾字懋學孝子球子諸生嘗客長安友人陸萬境死於道負之歸旅邸學使蘇濬旌曰尚義眞儒著有青蒲草元經史參同諸書以子紹儀贈御史平湖程志

陸懋學孝友敦族誼倡立祭田子又機孫上瀾見文苑平湖

朱志

倪承裕湖廣參政輔曾孫友愛兄弟讓産代運糧家落讀書不輟著性理箋旨子二秉元舉人好義急公籥元見列傳吳志參平湖朱志

倪維城字北錀諸生少壻於陸與妻弟長庚相砥礪如嚴師蘆瀝場竈戶官吏朘削不聊生維城與趙志奎等上書鹽使者釐剔之子鍾瑞見下平湖朱志

曾烈字元承事父至孝待宗族有恩嘉靖中以貢任吳江訓導諸生貧者輒分俸周之歲荒設粥又委曲勸賑上官甚重之遷澧州學正家有田六十餘畝割其半以與

兄若弟徵獻錄

陸大鋭字恒甫巡撫萬垓長子謙謹儉約不與戶外事萬垓嘗寄俸百金越六載歸原封如故弟大鏌字宏甫官鴻臚選舉表作衛經歷年十三隨父之任舟覆洞庭入水救父須臾偕出若有神助然當萬垓撫江右時大鏌家居必動亟馳省母母果病殆禱神請身代得甦生平純白不存機械平湖程志

陸瑞銓號宇平諸生父傳教少貧嬰患難深自刻厲起其家訓子孫爲善瑞銓生而好義值歲荒平糶煮粥全活甚多族繁衍或不能舉火捐田入宗祠分給之故人子無所依輒爲收養毘陵舊族有母子漂流自鬻爲傭者爲贖而歸之子之祺有傳浙江通志參平湖朱志

陸廷揚字西來天啟時爲中書避亂移居海鹽半邏姑早寡迎養終身友人沈位中卒撫孤成立吳志

倪虬字六元負才重氣節縣中徭無定律正差雜泛率脫豪右科貧弱虬釐剔之爲民請命撫臣善所陳條議著爲令著有雲林集新安三楚記遊吳志參平湖朱志

張沖元字完初性誠樸嘗至湖州以物付質庫及贖歸發篋檢之浮三百金亟往還之後家漸饒歲大饑出穀千餘石助賑建始祖忠獻祠于蒹葭圍置田贍族以季子

治洪贈鴻臚寺序班長子長生諸生性敦厚不屑屑計生產逋其租者恒置勿問舉鄉飲平湖高志參雅坪文集

葉方宸字遡之天啟乙酉舉人與兄方寰樂善好施里中稱葉氏二長者檇李詩繫

趙科字南泉貢生崇禎間歲大祲捐粟以賑縣令旌之平湖張志

曹繹祖字之眾諸生崇禎辛巳大饑出粟三百石以賑子五長潁洙字系宣天啟丁卯舉人官永豐致諭次潁泗字仲宣崇禎壬午舉人鼎革後捐金贖族眾羈縶者廷孫元家監生敦品行平湖朱志

俞文溢字以忠諸生撫教庶母弟有恩義篤學自守意所不可輒義形于色不妄交以道義相切劘者終身無間以貢選入京師卒平湖張志

曹伯來早喪母事父孝妹纔數月撫育遺嫁踰于己女兄歿遺貲厚無子伯來仲子序當嗣嫂意他屬從之及嗣子中落歲具薪米供嫂終其身袁志

曹鍾鳴字洪聲戚屬朱某以田質金後請售鍾鳴曰不可子之家數口賴此以生不索金而歸其券平湖朱志

陸儆孟字泗臣諸生嘗父墓于馬鞍山爲豪所發儆孟薙髮毀形誓不俱生訟之官不直伏闕抗疏詔下法司勘實置豪于法平湖朱志參平湖張志

陸溶原字嗣安少爲諸生負經濟才崇禎末伯兄清原殉國難遂無意人世結廬父墓側不入城市吳志

過銘盤字伯新廷訓子崇禎庚午副榜才名重公卿間庚辰歲饑建平糶議貧民賴之縣有利弊直言無顧忌

沈瑞盤字德載性友愛析產以腴田讓弟由諸生入太學不第歸次維揚聞弟瑞鑾死倍道歸慟絕未幾卒著有大易廣義子源浹字永叔倜儻有氣節遇事敢言以子棻贈知縣

顧之琦諸生父其志臥病三載之琦侍奉湯藥寒暑弗歸

嘉興府志　卷五十九　平湖孝義　三

私室父歿哀毀不食三日乙酉城陷母曹年八十五不能行之琦守母不去身被數創而卒以上平湖朱志

馬文治字遠之工詩文游京師三十年葉文忠向高嘗疏薦之不果用歸家杜門以賢良徵不赴乙酉歿于難平湖張志參柘上遺詩

俞煜字君三崇禎丙子舉人幼孤善承祖父歡弟光翰蚤卒恤嫠字孤無少怠好讀書通堪輿家言

楊兆梧字非棘舉人少孤終身哀慕有師儉堂稿贈清豐知縣子熚別見以上平湖朱志

倪士顯字慶雲家貧性好施助戚族婚代鄰人償鬻身値友許某夫婦無子老無所依生養死葬之子虯別見平湖程志

沈紹嵩字巽仲歲貢生葺宗祠廣祭田以事先贍族平湖朱志

胡嗣璜字映日從父士相平白蓮賊嗣璜參謀畫晩歲隱居北郊爲野人衣冠詩有墨龕集子偉字松侶諸生居父母喪哀毀甚友愛弟不忍分居嘗捐金免陳某鬻妻償債性嗜學輯明稗三十卷吳志

劉亮釆字德儼兵部尚書廷元子監生廷元被京察論戍亮釆走京師訟寃當事見阻鬱鬱成病卒先是學宮圮亮釆捐千金爲倡

嘉興府志　卷五十九　平湖孝義　十六

金台拱字星侯汝礪子諸生母病危刺指血和藥得瘳弟岳貧代爲輸糧終其身以上平湖朱志

朱勝忠字守碤全公亭廣懷里人爲鄉里師萬曆二十六年母患病奉湯藥未嘗就寢後嘗糞知病殆乃告天割股著有勸孝歌唾餘草舉鄉飲賓子順碤躬耕奉養天啓元年從父往山陰白楊里省墓遇盜以身蔽父願代受刃盜兩釋之當湖外志

薛仲猷推官振猷弟性友愛讓遺產捐蟛蜞漊田作漏澤園平湖朱志

陸濾字元宿縣丞溥子諸生性豪邁喜賓客善論古今事

謂醫可濟人遂通其術子燦爲濟南推官迎養于署國破同燦闔門殉難事見燦傳後孫隴其以衣冠葬于舊圩墓左三魚堂集

許丕祚字芝裘諸生少孤力學工文重名節乙酉秋爲亂兵所害門人李慶乙裒集所作名拙庵遺稿弟丕猷字元震著有稽古類言乍浦志參九山續志

邵言字龍橋庠生好施與世居褚涇隆慶間歲饑平糶全活甚衆褚涇僻在治東自析縣以來田瘠蕩蕪萬曆中獨力捐貲開路戽水兼濬支港旱潦可耕其地至今名邵家車路鍾彝夷白堂文集載其事參平湖路志補纂

國朝

金式玉字藍珂性孝好濟人讀書暇輒侍父母側如嬰兒訓導壽昌創立義田貧士以緩急告必應尋舉于鄉集貧士舉券焚之成進士卽歸教弟璞玉朝夕相切劘居母喪哀毀踰月卒著有律呂新書註三易通四書人物考璞玉字柳城貢生工詩賦季弟尚源字梅格諸生式玉卒產中落公私所需悉獨任之通性理善音律歷數之學平湖朱志參平湖張志

朱濼字文穀監生三歲失怙事母以孝聞母有怒容卽長跪請罪祖國孝純厚有學行崇禎甲申後不與世接高

年病足出入必親扶持世父形一久厝淺土慨然任葬事雍正九年歲祲倡捐賑饑路志

湯自梁字維京舉人年十二母病割股入藥乃愈久之痂露父紹祖戒之曰非中道也然心憐之伯兄茂先遺孤在襁褓撫之成立從兄元纘無子歲贍之

劉濰恒字滌凡諸生乙酉縣被兵死者道路相枕藉濰恒偕從子棕率僕從收瘞至一千四百三十七人時河畔無行舟炎穢蒸灼濰恒出入屍中無所忌巡撫聞其義欲上聞以旌辭以上平湖朱志

沈廣字葇洲號輪齋庠生淹貫羣經尤邃易理少與其兄

貢士瑮友愛無間言戚族有相構者諭以片言輒解鄉
黨尤重之當湖人文逸
陸淪原字嗣暢貢生少有文譽兄清原殉難後獨居蕭寺
枕席皆淚痕年三十妻亡不更娶歲饑民洶洶思亂請
于縣勸富家減價平糶民乃定晚年為臨安訓導諸生
有貧逋稅者代納之知縣奉檄造戰艦多科派淪原與
之爭罷歸平湖朱志參吳志
金赤字如斗市井人也父早卒奉母必具甘旨有不懌輒
長跪不起必得母歡乃起有二女母以字人貧甚不能
舉火赤戒女不得于母前有怨言平湖朱志

沈心培字存齋諸生家貧授徒養親父卞急有室後猶時
受杖居母喪大慟嘔血不止卒平湖張志
李慶乙字秋水少孤貧力學入籍海鹽後投牒罷諸生改
名杜字龍門友人郭襄圖以事繫獄慶乙周其家中夜
奔至獄左右之郭亡命吏捕慶乙榜掠下獄戒獄卒偵
所與勞苦人欲盡羅織之慶乙裹創僵卧不為動會有
援者得釋歸歸三日卒給事馬培源銘其碣曰義友李
君之墓平湖張志參九山續志
倪鍾瑞字青翟舉人性溫厚有度嘗有人夜匿其家家人
駭逐鍾瑞曰無庸徐詢之知為追呼所迫遂代之納且
厚賙之鄰犨兒盜園筍見之曰可徑取毋驚惶也衆議
開河鍾瑞捐資獨濬之平湖朱志參西畇筆譚
張甫字伯宣諸生讀書不求仕進輯族譜建宗祠置祭田
為族倡生平樂善好施壽九十無疾而卒子兆治字枚
璧亦諸生工詩有粤遊藁浙江通志參檇李詩繫
陸本字天全諸生父肇濬久病本扶掖抑搔不離左右父
歿竭哀奉母得其歡心撫幼弟妹成立以長子光旭封
御史次子光曜貢生官景甯教諭光旭有傳平湖朱志
嚴訔字次昆少能文連江知縣劉希夔奇其才以女字之
父客死遺產悉讓諸昆奉母盡孝以子思位　贈檢討
平湖張志

張著字彤先諸生少英敏負大志甲申後棄舉子業遯蹟
甬東王季重秦汝翼譚元孩皆尊重之為人和易好善
哀窮賑乏不倦子二周鼎字耳黃康熙乙卯舉人家漢
見文苑
胡右寅字伯時少孤有至性母有不豫色長跪移晷至老
不少衰
徐昱字耘中諸生父振歷以好施致貧昱勤苦孝養父病
籲天割股及歿哀毀幾死母患痲晝夜侍躬滌垢穢一
日走延醫墮水中聞神呼孝子即出水負土築墳十指

俱裂撫兒子踰于巳子年七十餘無病端坐逝（以上平湖朱志）
沈之銑字鈞奏父貢生起雷卒于徐溝訃至大慟踊身欲飛竟入水救起遂病癡父柩歸病少間泣曰母在未從父地下母病不解帶者七十日母亡號哭失聲仆地血淚殷衣左目失明曰吾得侍父母矣勺水不入口旬日卒（吳志）
屈希平字又原諸生父卒喪葬盡禮廬墓三年母卒亦如之周恤族黨水旱出粟賑濟冬月施襦死不殮者施棺事聞奉 旌（平湖朱志）
陸潚原明江西提學副使錫明嗣子事嗣母吳本生母沈

備極孝養孫輝吉字兆枚諸生亦以孝友稱（吳志）
陸若采字亮虞都御史清原子痛父殉節終身不與宴會從祖某負人債無以償采割已產代償（平湖朱志）
周心畯字介于居圜洲濱敦厚好善鄉里皆稱長者（平湖朱志）
沈中秀字穎生崇禎庚辰歲饑有佃將鬻婦償其租止之令弗償舉鄉飲
吳光室字季宣宋進士僑後從孫宗道僅三齡撫之成婚乃返其橐好製藥施病者又集古人格言刊修福正詮一書陳繼儒爲之序
陸徵誠字心葵少孤事母克盡心力家極貧非義一介不取不苟言笑雖盛暑不去冠幘手輯先正格言若干卷（以上平湖朱志）
王棅字旣昌監生少喪母呼搶號泣父病躬親湯藥衣不解帶者彌月日禱神前願以身代及歿哀毀幾死盡力殯葬廬墓三載善事繼母母愛之如已出與弟毬不析爨事聞奉 旌
張友德字淡中貢生事親色愛靡間親卒哀毀骨立廬墓三載有木成連理每遇諱日號泣仲兄出嗣以本生產業讓之子姓貧乏者曰是我先人所遺也周之以子逢年 贈知府（以上浙江通志）

許默字鳴一諸生妻亡買妾妾入門背泣詢知已嫁因夫負債鬻之遂呼其人攜歸不索金默與趙璜皆工詩邵延齡爲刊當湖兩山人稿（平湖張志）
顧明傑字越萬諸生割股療母病事兄恭詩有漁山子集祖可達父大宗皆以孝友稱
沈日芳字元贊諸生幼喪父事母晨夕不離左右
金燈鄉黨稱善人子京望字達庵太學生首捐貲葺文廟獨建石梁二有友無力營葬割產贈之（以上平湖朱志）
陸圻字近虞諸生年十五喪父母率弟四人力學皆成諸生從父士炎歿于京師從母滯山左圻扶柩奉從母歸

死葬生養爲諸從弟婚而已不娶吳志
胡光銓字以鈐監生幼喪父母哀毀如成人既葬旦則歸侍祖母晚奔宿墓下彌月不間捐祭田爲合族倡從父卒遺子女悉心教養其產歲入爲置田既婚嫁并所羨籍授之子紹高見下紹安別有傳
楊林字漢林嘗建東湖木橋七所又濬城河自東水門至馬家瀆縣有匠班錢糧遺累其子孫康熙丁丑林請之上官將全浙所科徵者悉併入條鞭華亭大司農王日藻採入編年遺事題其塋旁小庵曰餘慶以上平湖高志
張崢字如岡諸生九歲居父喪晝夜號泣母歿擗踊投地絕而復甦族黨以緩急告傾橐應之歲祲出米數百石

設粥以賑復施藥療疫全活無算浙江通志
盧聖瞻字上史貢生督學許豸獎其孝友平湖張志
顧人龍字雲馭父患疽吮之而愈弟在縲絏破產營救得釋以貢訓導太平敎士有程年九十舉鄉飲子涵字眉峰諸生亦孝友吳志
曹鳴灼字臻筴貢生爲人重本行見善惟恐不及與陸清獻交最契年九十舉鄉飲子宗柱孫煥謀諸生歲饑棄産捐賑亦能讀清獻書學使王國棟以賢良方正薦以母老不赴平湖高志參平湖張志

沈嶠字松亭九歲祖貴楨垂歿戒之曰我遭族黨毀不得葬父旁汝識之嶠日夜翼成祖志族鑒其誠卒得祔葬每掃墓悲哭不已家極貧歲祲凍餓一介不取與宗人璜相砥厲教其子黼熊先器識後文藝吳志
吳光遠字邇修敦孝弟嗜古文詞早卒弟廷遠字覲宣撫育其孤吳志參平湖高志
何元璜字嶽高幼喪母事父及繼母得其歡父歿孝養祖母敎行以古人自期治喪不用浮屠平湖張志
程伯鐈字遷于家貧負米供親父歿哀毀喘息幾不續母喪一如之兄被寇掠訪求之止存一子相持慟哭救之歸庶弟二人遭兵流離亦親往覓歸皆爲成婚事庶母

如母後家漸饒周恤族黨不倦浙江通志參吳志
屈希完字天若諸生少孤孝母友愛弟營父祖葬死冰雪中復甦子朝陞孫應麟皆諸生吳志
陸其燧字晚春貢生仲弟早卒撫其孤以宅讓之人以緩急告者必應潘紫翰卒無嗣其燧爲之葬并舉其家未舉喪歲饑施粥報本塔院全活甚衆以仲子鳳岐　贈州同知鳳岐字武山好施予捐社穀六百石以子鉞　贈知府浙江通志參平湖張志
陸光曙字東白事母孝與弟異居母或至弟所早晚定省

風雨無間讀書竟日危坐無惰容行于市未嘗傍睨偶登舟即發篋諷誦不輟姚之揆字東衡好學飭躬制義爲世模楷與光曙皆數奇不偶並以諸生老學者稱二東先生（平湖高志參平湖張志）

倪兆嘉字允康早喪父母竭力喪葬姊貧爲其子婚娶戚黨緩急告必應或負三百餘金不責償子覲光載光用光覲光見下

馬汝夔字虞言邑庠生幼失怙事母至孝乾隆壬午秋母大病焚疏籲天徹夜拜禱閱兩月不倦母病竟愈卒享大耋撫幼弟友愛甚篤（當湖人文逸）

屈天成字培齋監生候選州同知歲大饑出穀千石平糶爲粥于路以食餓者病則與之藥全活甚衆嘗與兄大成共置義冢歲施棺若干自縣治至新倉鎮建石梁十有八所學宮圮獨葺之復捐田儲爲歲修察族之貧困者按節周恤以子樹榮　贈刑部員外郎（以上平湖張志）

馮洪復諸生宗族咸稱其孝友姪願字君可有品行舉鄉飲（吳志）

胡紹高字聞衣武清知縣紹安弟紹安卒于官傾貲產助完官帑撫兄子讀書成立紹高以進士任貴筑知縣革除苛派丁外艱歸又遭母喪廬墓涕泣尋卒（平湖高志）

馮洪行字士用幼喪父母哀毀骨立祭祀克誠事長兄如父

顧蛟字飛淵事親先意承志兄弟四人析產獨取瘠者嘗于舟中拾遺金中路覺之反棹還其主

周日芳字蘭生監生好義有膽識康熙初奉檄丈量條議弓口照舊又陳白糧改折之弊（以上吳志）

陶有生字西音諸生孝友好施設粥賑饑舉鄉飲子傑能繼父志（平湖張志）

馮耀晉字周贊諸生篤友愛凡喪葬大事獨以身任（吳志）

戈定字長發諸生好任恤親族無告者膳之死無歸者殯之夏帳冬衣推解不吝于戈溪北置義冢

楊大琮字紹春幼喪母繼母卧病久籲天願以身代卒一慟幾絕遂得疾鄰火家人悉竄大琮撫棺號泣誓俱焚火及屋旋息（以上平湖張志）

孫培嘉字予吉諸生遊太學崑山徐乾學器之事本生父嗣父皆得其歡喪葬盡禮不欲私嗣產以周親黨貧之（吳志）

趙廷棻字我師諸生少孤孝事母友愛姊弟工文章通音律騎射（平湖張志）

馮焴字瑞駢諸生性腼篤曲盡孝道與人接謙抑自下無

世俗好妻早卒不再娶

陸斌字柴庵考授縣尹孝謹誠篤撫幼弟如子著有廉湖散稿

陸士煊字磵三幼有至性痛母早歿終身不赴讌會初作詩愛孟東野旣棄去肆力經學有大易輯注三禮疑義月令辨諸書以上吳志

徐銘字常吉以諸生入成均父病籲天請代及卒哀不欲生以母在强起廬墓終身事兄如父後喪母哀毀卒子宗泰精醫施藥平湖張志

馬爆曾字用光以貢授開化訓導事親曲盡孝養弟爌曾貧病爆曾友愛篤至子佐堯字靜先以副榜教諭龍泉

課諸生放白鹿洞遺法父母卒年巳七十哀啼如嬰兒捐田修築祖塋創祭祀規約

倪亮采字道躬諸生父洵徵以應鄉試卒于途亮采年十二號泣扶柩見者垂涕事母盡孝祖鑒諸生喜周急亮采克承其志捐金息族黨爭產助不能婚者撫從子與巳子均分田宅子廷鳳諸生孫藻垣舉人

倪喆林字幼貞監生父淑則受業同里陸清獻喆林篤學厲行校訂清獻大全小學諸書鏤板行世東湖水勢湍急陸楊橋爲西南要衝捐資千餘金改建石梁行者頼之

張長明字朗辰諸生設義塾訓其鄉之子弟建石梁以便病涉者歲饑煮粥濟人賑活二千餘戶以上平湖高志

沈瑜字倬宸諸生家不饒而濟人困不倦知縣董天眷倡議育嬰經制未備歲所收遺嬰就育于蘇州瑜偕朱弓錫周維翰過龕首捐以勸瑜復擘畫置田二百畝後張逢年以育嬰地窄創建堂宇又捐產以備不足弓錫字彤一維翰字翼臯監生鼇字奕昭諸生逢年字炳文監生候選知府著有懷永堂詩存平湖高志參平湖張志

陸爌昌字赤城事父先意承志親族貧者不待告周之晚以貢授松陽訓導未就卒吳志

陸名世字松友諸生年三十婦歿屏婢媵終身不再娶子瑩字端明諸生早喪母慟不欲生事父恰恰色養數十年如一日孫養正字聖修諸生年十九倡戒淫會偕同志于月朔設冊書名注明無犯焚神前歷久不怠平湖高志

馮壇字穉登康熙丁酉舉人少孤事母至孝家貧授徒供甘旨持身狷謹足蹟不至公府平湖張志

王瑞林負販養親母病割股以療父病復將割股或謂年邁非割股可救易嘗糞糞苦則生乃嘗之甘慟哭親歿適歲祲倪進士見龍憐而助之後倪作令詿誤徵及家

厲瑞林代訊或誚之曰吾以報葬親大德雖死不怨繫獄數載乃得歸年八十餘卒

楊豫源字升恒巨源字以潮皆諸生豫源刲肱療母疾中年喪耦不再娶巨源營葬父母及世父盡禮故人陸聖修早卒教養其孤成立程白川卒京邸分束脩恤其家巨源子敬直字義方居父喪哀毁卒

沈源湟字殿榮鍾蕃子少失恃事父至孝兄喪耦資兄續娶者再恤戚族㷀孤子嘉梅字裕芳監生父傷足每扶抱如厠後患中風扶掖起卧不怠葺橋梁掩骼倡平糶償逋糧助兩世未葬者子廷炘登仕版諄諄以清勤愛

民爲訓

韓廷芳字遇宸諸生初成婚母以婦有宿疾欲爲置妾廷芳勸止之終身不貳色好獎人善人有過必規遇横逆不校歲饑謁縣令陳民疾苦得緩徵晚偕楊之湇馮朝棟等舉同善會孤寡廢疾賴之

馮朝棟字覲王諸生析産後兄不給割産贍之與同里馬啟後歲瘞無主棺骸又爲放生會束脩所入悉惠貧乏屢空不㥣

張漢年字蒼亭監生候選通判負才尚義海甯築塘將於乍浦採石漢年謁參將柳進忠曰乍浦九山不但保障一縣實嘉興之扞衛石不可去進忠爲白巡撫事得已

馬煊曾字又斯幼孤哀毁逾成人長勤學砥行兄焻入北闈無資鬻田以助焻領順天鄉薦成進士煊曾授徒自給子遂堂字子深有操尚事親愉愉色養父子年皆九十孫恒錫見文苑

馮錡字爾調父堦候選州同知卒大同幕錡奔訃一慟幾絶三日勺水不入口雲中稱馮孝子扶櫬歸徒步走數千里遇崎嶇必號泣扶挽夜露宿柩旁既歸葬一慟而絶事聞奉 旌

徐鉦字實籙舉人兄弟八人友愛無間年五十領鄉薦讀

書期心得實踐人有急周之無德色有鬻女者詢知家世焚劵令攜歸以子鴻昇 贈知縣

楊紹裘字翼王性孝友持躬端毅寡言笑不茍取與淹貫經史遵宋儒著有易義管窺性理闡義

朱鑅讀書砥行以孝友稱子汝謐克承父志有從子鬻父葬不得以已所卜吉地予之年八十舉鄉飲孫子和字介堂舉人居父喪哀毁卒

顧遐齡字符嵩監生歲饑傾囊助賑嘗拾遺金俟其人還之

周璣字在庭性好善嘗有偷兒入其室見之以貧苦告遺

之錢其人愬感改行子錫龍見下

屠楷字幹園幼孤母有不豫卽長跪作嬰兒態母歡乃已撫諸弟妹拮据婚嫁

馮承烈字孝移諸生孝友好施與謹言慎行日書所作事于冊日質心集朔旦卽神前焚之終身布衣疏食授徒講學不倦著有左氏論說周禮論說若干篇

孫文海字叔沛監生弟觀海早卒撫其孤設家塾教戚黨之無力從師者

陳統源字見山力學砥行歲祲周恤窮民戚友盧生甫卒于官爲經紀其喪葬以孫嗣龍 贈翰林侍讀

陳永祺字體仁諸生性寬厚喜怒不形授徒先器識戒浮佻好陳說前輩懿行亹亹忘倦聽者每爲興起以孫朗 贈撫州知府以上平湖張志

馬拱垣字翼乾諸生親歿終身茹素戚族以緩急告無弗應嗜學著有尚書集粹平湖高志

徐凝字葦藩監生父卒肖像事之如生藏書數千卷至耄研究弗輟歲祲設粥賑饑倡捐葺學宮子上法字乾庵舉人以孫維垣 贈福甯知府平湖張志

沈修齡字遐庵諸生工詩古文辭家故饒以好施予至饘粥不給恬然安之平湖高志

朱兆鵬字萊峰貢生孝友好義治喪不用浮屠與人交禮讓不衰中年妻歿不再娶故交程白川卒于京邸歸其櫬撫其孤成立家貧取與必嚴手訂先儒格言數十卷子堯佐字襄哉諸生居貧守介

馮堪字景留監生幼孤母患風疾十餘年侍奉衣不解帶無間寒暑母歿喪祭盡哀敬遇侮不校族之貧者周恤不怠子四長錕別見次鑄諸生事父孝養備至

屠大成字集齋貢生候選州同知少孤事母孝家素封崇儉約尊師尚友門無雜賓及接人甚和雖童稚微賤未嘗有傲忽與弟天成行義相助至老不懈以子學海

封大理評事

沈發字慎齋諸生父元洲字宗環能詩工書早卒發生纔十月及長母親授章句每讀父書輒相對涕泣母歿屏酒肉三年家貧盡鬻婦奩産葬三世及諸父戚黨告急雖空乏必應自奉儉約不苟取以子初 封禮部侍郎

馬鏜字應旗舉人居父喪哀毀骨立後北上卒旅次弟鏞竭力歸櫬營葬事寡嫂甚謹撫從子女婚嫁如已出食貧勵志終其身

陸載周字存六父奇勳爲叔父霖勳後遺産爲族人侵蝕載周拮据營葬曾祖以下及本生父母迎養生母爲諸

潛教諭薰陶砥礪士習爲一變

陳鼎鎔字幼陶諸生習醫濟人族有遺孤無所依割宅與居撫教成立

鄭時乘字起田監生生平不苟然諾好施與里有同善會賑恤不足輒捐給之嘗倣袁了凡遺意設功過格以自檢學使者王杰以敦行不怠表旌其廬

何大齡字鼎揆候選州同知砥行好施捐置祭田宗族無力讀書及不能婚葬者皆助之嘗買林某田後某親歿無厝地焚券還其田歲暮輒躬至閭巷察貧甚者投以銀錢又遍給獄囚衣食嗣子巽廷璜孫濬皆能承其志

大齡歿廷璜哀毀二旬卒

陳嘉績字丕文監生父客死嘉績竭力扶櫬歸營葬不以謀兄弟母患痘吮之得愈伯兄早世撫其女爲之嫁弟嘉德以友負債二千金坐累繫獄嘉績鬻己產納之嘉德歿又撫其孤

胡沆字雨瞻諸生幼喪父母育于舅氏及長授徒爲活痛不及事親遇時祭必哀泣兄本徵歿拮据營葬養寡嫂撫其孤治婚嫁宗族貧不能自存者收養之生平篤行不怠作省身箴自警卒年八十五

金昌緒字蓙臺由監生任福建布政使都事清操自勵或從子女治婚嫁宗姻貧困無告者竭力佽助交遊以緩急告應之無吝色

周錫龍字覲揚以舉人授穀城知縣調襄陽罷歸貧如故竭力奉親親歿哀毀卒于喪次

沈鼎字王才少孤事母不離左右母卒寢枕苫凷三年不櫛沐襲溼氣成瘡髮半脫落生平好周恤貧困事從父虓甚謹貧割產以養

張應壽字玉溪諸生後伯父事所後母定省無間復遠祖墓域賑族之貧者

沈檦字辛公貢生居喪哀毀拮据營葬四世撫孤姪成立

妻早卒不再娶弟廣字葉洲諸生事繼祖母繼母竭力承歡授徒以道義相勗族黨有所爭每就質以解

陸鏞字宮聲諸生孝友篤實接人和不見愠色與韓廷芳馮朝棟等創舉同善會

沈廷牧字岳儕諸生幼孤事母至孝家貧刻苦營葬兩世又葬外父母持身正直族黨咸敬畏先世祭田幾廢力爭得不墜（以上平湖朱志）

王允猷字二嘉諸生好讀書家本富被海寇劫掠食不繼誦讀自若性方嚴不苟言笑里黨咸敬憚之（當湖人文選）

倪覲光字又文孝友睦族與人接盎然如春以拔貢除於

至午炊不繼喜爲詩好施與遇貧士輒解囊以贈

丁廷鑒字浩如諸生幼從祖母居魏塘陳氏有婢夜奔拒之攻苦力學爲文章磊落有奇氣後歸里極貧一介不苟取

鮑振宗字玉齋諸生孝義能文章歲大祲謁縣令條陳便民事經理育嬰堂剔除侵蠹得普實惠

黃密字公謹乍浦人窮經守禮法嘗歎近世三年喪無復有行其實者早喪父母逢諱日必素衣冠涕泣終日妻歿被服飲食一遵杖期制人迂之不顧乍浦五方雜處習尙浮夸密獨矜飭矯厲末俗

潘宗敬字誠孚諸生幼孤善事母家貧客他方寢疾中時呼母淚痕漬枕席墓田失守傾家產贖歸爲師營葬兩喪

劉退齡字伯朝少孤母馮口授章句教以行善退齡識之不忘倡議捐復宗祠恤孤寡有鬻婢者詢知舊族焚券歸之

張廷誦字穆如諸生博通經史屢困場屋屏居課子崇實行師嚴錫光卒遺孫金紱無所歸收養教誨成諸生爲婚娶割宅與居金紱卒復恤其嫠病革猶囑子若孫善視之子宗濂諸生

何廷鏞字東江貢生性孝友通達事理里人陸培知東流縣以廷鏞人品薦引

見命往陝西試用以親老辭

屈維銘字竹書監生封肱愈父疾施燦字履元諸生父母病封肱和藥以進俱瘳

孫國柱字顏卓監生好施與有以緩急告者必竭力以應家以是中落無所慍

孫柏曾字永清諸生事所嗣父本生父孝待羣從兄弟友愛性剛毅不隨俗病革戒家人勿用浮屠製絮衣百領惠無衣者以上平湖張志

顧祖履字乃成讀書尙實學設家塾以教子姓葬族之不能葬者中年鰥不更娶三舉鄉飲以子天挺贈文林郎天挺別見伊志

卜源字蒼文諸生原籍秀水父寅中生子三伯季皆不善治生產父嘗以爲憂父卒既葬源悉以田廬讓兄弟奉母曹遷平湖授徒奉養曲盡孝道雍正六年

詔舉孝友盧生甫欲以源薦力辭一日無疾卒伊志

許焜字培風諸生與從父粱同捐義田贍族歲祲煮粥賑饑又建青蓮社倉倡捐粟備荒衣帳棺槥施無虛日伊志

張世昌字振西監生八歲喪母盡哀與弟世仁友愛事繼

母孝母病鄰火及寢世昌冒火負母出母壽卒世昌方
病卧一慟幾絕自是朝夕侍父側父病衣不解帶四閱
月父病愈世昌卒事聞奉旌伊志
馬永清張斗坊民天性純孝家貧賣菽乳養母惟所欲母
卒哀毁骨立朝夕奠勸侑如生時繼以孺子泣及葬露
宿原野不避雨雪里人稱馬孝子伊志
錢大登字惠寰乾隆癸酉舉人事親孝律已以恭雖盛暑
不去衣冠家貧授徒未嘗一干有司晩選濬安教諭以
疾不赴戈宏地字厚齋監生性孝友兄宏圻宏載並早
卒遺子女撫之成立嫁娶又收育寡姊遺孤歲祲大登

與宏地捐賑知府李星耀給額表其閭伊志
沈炳字彪堂候選按察司經歷早喪母無兄弟父卧病侍
奉歷三十年不怠有鄰女旣字夫遠客母食不給欲改
字周之全其節戚屬某屋圮與之屋死為之殯又舉親
族八棺歲饑倡賑建石橋三伊志
邵洣字玉方布衣性孝友澹泊寡營尤篴涵養卑幼有不
率訓者惟引喻之使自愧里黨重之于志
屈世榈字彤軒學洙于貢生候補主事少孤事祖大成能
得其歡心撫從子如已子宗黨貧者月給以米死則喪
葬之倡捐葺學宮建瀛洲書院及育嬰堂同善會以子

為鼎　贈刑部郎中伊志
王鑑字硯畬耒陽縣典史乾隆六十年辰州苗亂鑑以督
糧勞卒嘉慶元年
賜祭葬伊志
陸光濂字景周監生由四庫館補黎平府經歷署黃平州
事值苗寇南籠奉檄守安順府地多叢篁密箐無城寨
光濂率數十卒支拒浹旬賊猝至光濂出禦被數創度
不支擲鎗付僕曰我死此盡職耳躍馬墜崖死事聞
賜祭葬襲雲騎尉三世恩騎尉世襲伊志
金廷勳字枚臣由吏員補荆門州建陽司巡檢嘉慶三年

四川教匪入建陽肆掠廷勳率鄉勇殺二賊賊退追至
閻家灣中伏力竭死事聞奉
旨加等議卹襲雲騎尉三世恩騎尉世職伊志
屈樹榮字敦吉由貢生議叙補刑部陝西司員外郎以病
乞歸父禹功好善樂施子樹榮事父孝凡捐賑平糶惠
族卹鄰置學田義冢諸善事皆克承父志云伊志
陸鴻飛字振雲監生幼孤事母徐垂三十年孺慕不衰弟
鴻昇没遺孤甫週晬割已腴產養育之乾隆乙巳夏旱
倡捐施棺瘞貧死者平湖路志
屈宏基字開務庠生天性純篤侍母病不解帶新安墨賈

久病逆旅舁至家衣食之給貧以歸賣珠嫗失珠將赴水出白金代償之故人某以繼嗣不肖持兩鏹相贈卒歸之旋舉鄉飲大賓子維鑒樂善好施有父風 平湖路志

倪燿曾字鳳超號雲根喆林子少孤賴寡嫂馮撫育成立馮亡燿感嫂恩用昌黎故事服期以報弁以子世培後焉至戚楊之渲貧老無子館穀終其身善畫蘭鼓琴母錢八十餘歿方病劇不能視含斂哀毀越六日亦卒 平湖路志

高沆字蘊沖太學生侍郎士奇曾孫父岱喪偶不再娶著有金臺小草瓶廬詩稿沆事親孝躬親厠牏仲兄澍歿

靖邊縣任往扶櫬經棧道車軸折墮深谷車敗羸斃嘔血數升卒無恙恤兄兩孤備至工詩善繪事女瑛髫年得其傳 平湖路志

高賜忠號小春邑增生家赤貧筆耕供菽水事雙親盡其歡課幼弟成立友愛無間言弟賜孝號萊堂舉人孝弟性成兄歿後撫猶子若已出居恒踐履篤誠均足爲邑人士矜式 新纂

王思高字繼先家貧溷跡掾吏修飭內行同產十人咸友愛尤虔事伯兄遇督責雖老必俯聽嗜書史醉輒傾倒所蓄性不諧俗人迂之勿顧也時挈子大經謁陸清獻祠端棨養比長令游方垌門講求讀書爲己之要詒謀盡善惜未食報遽歿 顧廣譽撰墓志

伊秋字耀文性至孝嘉慶己巳鄰有喪焚紙錢餘火橫飛延及母居於烈焰中負母登屋鄰舍與布絙母下已亦攀援得免觸鬱攸旋病卒 抱璞亭文集纂

朱紹基居舊衙業蘆瀝場界書鄰朱失火半夜聞呼聲急披衣至父卧所負之出回視火由曲突起烟焰滿屋未俱焚人稱孝感 當湖外志

吳元凱字杜卿二品蔭生璥子生母周氏早卒母錢氏撫之成立母素羸弱雷雨之夕輒侍側不去母病劇虔奉

湯藥衣不解帶者累月坐是得咯血疾母亡哀毀咯血益甚旋卒距錢氏之歿纔十日嘉慶十五年 旌

方樹業字載旂乾隆癸卯副貢出嗣其叔父孝事母劉氏及本生母陸氏年十四劉病篤樹業禱神雨月無虛夕病霍然愈而樹業已兩鬢華耳重聽矣及卒號慟淚爲之枯卒年六十三嘉慶二十四年 旌

陸汝灝性至孝祖母父母卒值冬月營葬積雪厚數尺汝灝身率傭人舉土手裂出血漬麻衣皆紅旁人爲之感泣嘉慶二十五年 旌

張慶盛字嵩三嘉慶戊午舉人性至孝父病侍湯藥不解

帶不交睫者累月後侍母疾母素不信醫慶盛禱神請以身代首頓地額爲之腫居父母喪日夜哀號鄰里聞之皆爲流涕後仕至深州知州道光十四年旌

費振麟字西仁增生四齡失怙事母孝年已艾晨昏隨侍不改孺子色生平但取脩脯供甘旨絕不與戶外事

張鳳池字福謙父病刲肱以進遂瘳親没廬墓人稱其孝

張咏莪字蓼天副貢生力學敦行事大父及父甚謹父卒奉繼母怡怡色養母歿時年已艾猶孺子泣與從弟同居終身無間言

張炯字詠賢廩生性至孝母没痛哭嘔血絕而復蘇者再父病篤嘗刲肱以進友愛兩弟終身不析箸好讀書寒暑鈔撮不倦

朱勳字汝諧事大父及父母俱盡孝友于厥弟性和平言動不苟鄉里敬之

陸朱雲字雲駿夢求子事父母孝自幼能先意承志爲里黨所稱父疾革時刲其臂和藥以進創過深數月亦歿年三十四

周師曾事母孝母病割股和藥以進母竟不起越二年師曾亦卒

徐天貴生有至性父爲水師營百長嘉慶初巡哨出洋遇

蔡匪黨傷刃而亡天貴因求入營從帥巡緝遂得父骸骨歸事母至孝母歿後不數年亦死

張光獻字雲標天性孝友鄰人不戒于火延及光獻居急掖其病父出火勢彌熾復從烈燄中翼祖母俱出然已傷于火遂得咯血證嗣因母病不解衣帶者三十餘日疾愈劇母卒一慟而絕年僅三十七歲

黃欽阿字鳳威廩生以能文名性至孝事繼母能得其歡心幼患瘍跛其左足終身不娶著有端溪硯史

張人標字琴堂附貢生博學能文少孤事母孝兄歿撫孤成立周恤貧窮無倦色兼通時務當事俱信重之著有香草齋集

袁步先字東嶠嘉慶戊午舉人署甘肅金縣纔四十日丁母憂以哀毀卒著有循陔草弟路先甲子副貢事母孝有日香居吟草

陳大來字南英性廉直有金某業鬻負人錢五萬方欲自經大來救之詢其故代爲籌償兄没撫姪倍致其愛卒年九十一

胡大業字廓園有奴幼自鬻長思去大業即還其劵歲祲來依仍善遇之復給貲使歸謀生理邑有善事如經理育嬰堂濬城河皆任其勞子光庭字匪莪早失母恒背

克葬者東璿總其事永安局之設自此始子念祖字師
同前亦諸生著有音學入門
黃鳳字停雲樂善好施嘗集同志修文廟復放生湖創永
安局以賑貧乏建普濟堂以養老設思源書塾以課貧
家子弟計前後捐貲不下萬金鳳自著有當湖五事紀
畧道光三年
盛翰文字建章性好施遇歲歉踴躍赴義嘗偕同人立廣
仁堂購隙地七十畝有奇爲義冢又分局于全公坊施
櫘濟之復募捐義會五千金爲經久計此其善舉之尤
著者

徐夢熊字渼雲廩生先世以醫聞夢熊傳其學貧者就診
每助藥餌費性疎財任善舉不遺餘力母性畏雷嘗授
徒某家每雷雨輒歸侍左右工詩文著有漱芳閣遺稾
以上皆于志
陸雲駿七歲喪母哀毀如成人父出外恒楞腹以俟父病
刲臂進得瘳嘗力疾手書孝經十八章以見志卒年僅
二十四武康徐熊飛爲作傳漱芳閣集纂
周三酒徒爲市中任負脚夫兄弟各戀妻子不顧養老母
三隻身力役供給奉母外餘錢付酒家貰醉歌呼以博

父毉泣父沒朝夕哭無時宋某貧甚將鬻妻力阻之令
傭于家其好施類如此
張可大字敬安附貢生博學能文父執胡馬瑅卒高明卒
官無子出貲託人扶櫬旋里并爲營葬司同善會事清
釐積弊
戈宏地字厚齋性孝友好施予歲大祲出貲賑饑爲巨室
倡其他任恤之事無不盡力里黨咸稱長厚云
許昌城字鶴羣樂善不倦歲饑嘗捐米數十石分給鄰里
貧戶且爲煮粥賑饑又嘗捐田葬族黨之貧者里人咸
德之

倪之槐字中黃庠生沈潛好學尤樂于爲善嘗偕族人共
建橋梁又設立渡船遠近賴之
陶宗暘字光欽例貢生好義樂施主育嬰堂事時歲歉嬰
多堂無餘畜宗暘盡心經理越三載捐貲至四百五十
餘緡全活無算
張誠字斯立爲人慷慨好義戚族以緩急告無不應者又
以當湖書院缺經費捐田一百七十餘畝爲諸生膏火
貲卒年止二十
鮑東璿字秉謙諸生振宗子勇于爲善經理育嬰堂克盡
心力又嘗偕同事十八舉行永安會收葬士族之貧不

母歡晨昏必定省雖儒者不及母歿尋醉死當湖外志

朱士坊字嘉言精岐黃術性至孝嘉慶壬戌正月鄰不戒於火雙親俱酣眠急負父從樓窗躍下復於烈燄中負母由傍戶出俱無恙火亦旋熄兒時定姻梅氏越一載氏歿誓不復娶咸豐　年題　旌木雞書屋文纂

周克敏字慎行監生建宗祠置祀田道光癸未己酉邑兩遭水捐貲助賑衣藥掩埋靡善不爲木雞書屋文纂

陳佩蓮號雲溪輕財好義道光壬寅乍浦陷毀家紓難兼辦善後事宜議敘知府　賞戴藍翎己酉水災倡捐賑濟平湖萬程橋將圮侍郎徐士芬議脩未成而卒

續募竣工新纂

何晉松字茂承國學生爲季父爾明後事母吳暨嗣母葉周旋色養無纖毫異幼習業乍川藥肆父方適客授病目必晨省舐以舌始歸供厥職比長服賈雲間同業袁某臨歿寄孥雖避寇必挈以俱少失學唯四子書童習能記憶終身虔誦之崇尚節義尤天性少成顧廣譽悔過齋文集

袁景炘字昱初少孤習賈於禾遂家焉兄金燧幕游江西客死挈兒子丙昇扶櫬歸獨任喪葬并以夙受嗣產田宅畀之自甘貧窶不以介懷自粵匪陷郡城閤門死之同治四年得　旌如例新纂

汪惠卿佚其名兄弟四人獨惠卿善事其後母咸豐辛酉秋兄弟奉母避賊沙灘賊至母曰四子同死無益急避之惠卿使弟輩挈妻妹去我冢子義當養母生死共之八月被擄賊以重聽縱之歸仍侍母側明日往田間拾菽供母食至晚不歸往視之右肩下多槍瘢褻衣有七孔爲母至今猶藏之云新纂

陸武曾好賭博剛不爲人下邑城陷土寇蜂起世家子某集團防鄉里招武曾共事後衆潰武曾走海濱世家子爲僞官所得作書招武曾紿以再集團練武曾歸知爲所賣匿不出已蹤跡得之世家子以降慫恿武曾怒曰

官人可降我陸武曾不能屈也乃殺於新倉東市其友吳某竊尸瘞焉新纂

李五觀佚其名率百夫戰賊於新倉既敗五觀與其友毆爲賊縛去支解之鎮人賴五觀一戰過賊勢得盡逃死死者五觀與友僅兩人焉新纂

錢燿字霞生監生工花卉求畫者盈門咸豐庚申七月十五日城陷賊至其家迫之降不從以槍刺其胸立死妻高氏大駡賊賊斫之越三日死從女大寶亦斫死明日賊又至燿嫂俞氏及從子寶瑚寶瑚妻朱氏從孫女三大寶皆赴水死從孫大觀生纔七月俞氏抱之赴水浮

而不沈賊去猶呱呱泣人取而哺之卒以無乳死耀嫂丁氏挈婢阿彩走賊執之丁被數刃月餘死賊欲汙阿彩阿彩奮拳擊賊賊大怒磔之一門之中十人殉節平邑忠義當首推錢氏焉事聞卹贈雲騎尉世職新纂

黃鎔字子鶴歲貢生咸豐庚申賊至索金鎔譌云在樓上賊釋之鎔郎躍入河賊以篙攢之卒新纂

周家溱號雲樵歲貢生潔身自好後學矜式同治壬戌避地南牛場有友某來訪言論間已爲賊黨所惑家溱面折之是夏死於獨山之麓妻及二子俱餓死卹贈雲騎尉世職新纂

鄭之僑字磵齋邑廩生內介外和嘗著課餘自省二卷咸豐辛酉遇賊全公亭脅降不屈賊怒劓其耳月餘死卹贈雲騎尉世職新纂

戴鑾字湘帆監生生子五人咸豐辛酉賊踞新倉一子已前死三子死於賊次子庠生寅清復被擄鑾孑然一身飢寒交迫或勸往賊卡鑾怒曰我甘餓死決不依賊爲活也時僞官某其鄰也招之掉首不顧後竟餓死新纂

張憲瑾號蘭畦監生同治壬戌秋周圩踞賊逼憲瑾曰望官軍來俄聞槍聲以爲官軍也喜極出視則賊已至前執而索金旋斫之死子桂星年十二哀毀如成人不數日卒新纂

徐某以縫衣爲業事母孝母病危甚刲臂肉進病立愈閱數年又病復如之庚申城陷負母自賊中出崎嶇兵間方賊至時積財兩甕以一甕給兄兄賴以濟同治元年餓死新纂

王予馨刑房吏也不取一非義錢恂恂如儒者居湫隘雖炎暑深居扃戶不至門前納涼陸清獻令嘉定招入幕此掾吏中傑出者當湖外志

徐鼎基字燮齋號梅伯佛山同知應照長子性孝謹能自刻苦幼隨父任處事卽如成人援例捐同知以父年高

不仕粵逆平襄辦善後任勞怨業素豐遭兵刼後不惜毀家於捐修文廟諸舉獨能率弟姪輩爲之倡顧持大體以勞瘁卒年五十八新纂

嘉興府志卷五十九

文苑

明

陳昌字顥昌景泰間諸生與同里沈琮兄弟善工詩有菊莊集才思藻麗長於七言沈季友云郡自淸江弢隱後風雅衰落四陳三李之餘無聞焉至正統天順間始盛如菊莊外嘉興有姚穀庵海鹽有張方洲嘉善有周桐郵皆卓然成家惜菊莊集不傳僅于檇李英華見如千首已足俯視流輩 平湖朱志參檇李詩繫明詩綜

李璧字少白諸生有文名與茅見倉瓚輩有雲居十才子之目後以事下獄茅力出之遺文無傳 平湖朱志

馮敏劾字忠卿給事汝弼子貢生少善屬文七舉不第杜門著述工詞賦筆札嘗渡江中流被風舟幾覆賦詩自若著小有亭集三十卷子伯禎字正伯有青陽集 平湖朱志

洪世基字爾濟舉人少穎悟六歲能文日閉戶讀書無他嗜不謁官長未嘗向人言貧陸基仁字元卿監生師事袁了凡篤學不慕榮利著有易元尙書傳鉢詩說纂元禮記道竅春秋删補胡傳史記寶鏡諸書 平湖程志參平湖張志

沈懋孝字幼貞母俞娠七月而生瘠甚膚淸可見五內三歲母卒繼母張愛之如已出以進士授編修遷南司業中蜚語謫歸授徒爲活擁書萬卷寒暑不輟爲文伸紙疾書不假思索論者謂其文神超骨秀如秋濤曉月詩不拘繩尺以雅正爲宗著露滴軒稿石林蕢草水雲編子瑞鍾字德培爲文古奧以貢知陝西雒川縣著有周易廣翼四書翼 浙江通志參平湖程志檇李詩繫

孫宏祖字令宏監生尙書植孫少負軼才與陸澄原趙韓陸啟浤馮洪業諸生結詩社爲人亢爽不爲世所可文詞多感慨幽豔獨韻自比於怨姬思婦著有樸語影語等刻子愚公亦能詩有措誦集 平湖朱志參柘上遺詩

懷所學字敏卿萬歷已卯舉人日扃戶讀書精訓詁淡於名利 平湖程志

鮑應選字太鹿湖州長興人博學治春秋執經問業者甚衆萬歷間館于縣馮氏因家焉以貢任松陽山陽訓導子季方之高之元皆有文名學者稱春秋三鮑 平湖朱志

姚世靖字子清幼孤事母孝爲華亭諸生受學陳海士祟禎後息意仕進隱居敎子詩秀逸有翠樾軒稿 平湖朱志參柘上遺詩

俞懋敬字元禮有擻石集十二卷弟懋相字元簡有稿曰聯語同族允懷字懷玆諸生受知張天如楊維斗有聲婁東詩文集二十卷南渡野記閒齋志林東湖記聞玉鈞小史子來章字孟公善詩爲當湖七子之一 徵獻錄參平湖

朱志

王建中字維新進士累官參議乞歸日夜誦讀老而益篤著述甚富散佚不傳平湖朱志

王路字仲遵善蒔花居龍湫萬松臺輯花史左編二十四卷雲間陳繼儒爲作序又嘗輯古今安貧士爲一編曰冰蘗譜弟端字正始能文工詩畫中年棄舉子業學劍習兵家言著車戰圖及城守要畧諸書明季走南都以策上當事不見用後竟如其言疾革命以明處士表墓有雲外集子連字蘭爲諸生能詩九山志

曹徵庸字遠生以進士歷刑部郎中出守汾州性好潔掃地焚香避俗若浼每攜襆被葛巾芒屩自肆山水間詩有冰雪軒稿清疏曠逸多出塵之想弟隨字是誰以諸生入成均與孫令宏毛修之齊名有壹是山房集徵獻錄

馮元鑑字三衷以舉人授合肥教諭陞涪州知州乞歸結廬雙溪濱有雙溪詩草平湖朱志

宋咸初名斌字二完後字爾恒别號覺非讀書陳山著易說有金陵遊草陸錫禮字中黃學易與咸齊名有讀易微言同時有倪端字惺孩時一中字聖傳皆入李天植忘機社天植謂咸爲勝友錫禮等爲益友端父醇字中白名著金沙文社晚年詩一歸淡遠有海濱野老集平湖

朱志參拓上遺詩

沈瀚字則新家貧隨父讀書郵塾刻苦工文屢試不遇遂棄舉業肆力經史授徒海鹽與胡震亨姚士粦交著讀書醒學青蒙筏尚書印平湖朱志

陸啟浤字叔度貢生博覽經史不事章句好論古今成敗及邊塞事纚纚不窮客燕京傾囊遊宴詩宗少陵然酒酣擊盌與會所至累牘連篇亦復不拘格律有貢趾山房集百卷讀史四十卷經世譜八卷太元測一卷射訣一卷檇李詩繫參明詩綜

趙韓字退之初名京翰字右翰刑部郎中維寰子以貲入成均與四方才士交詩雄雋兀傲刊落恒蹊晚自號欖生著欖言蓆言徵獻錄參檇李詩繫

吳佐字懶雲少頴異舉止不凡工書善吟以舉人授岳州通判未幾乞歸平湖程志

孫曾楠字讓生諸生尚書植曾孫結廬秋涇人稱鐵庵先生雲間陳繼儒以家藏楊廉夫鐵冠鐵笛爲壽曰冠盱竹葉酒笛作梅花弄此庵大不俗矣偕妻黃月輝吟咏其中著梅間草竹裏吟學陶集浙江通志參徵獻錄

陸上瀾字芳洲舉人少有神童之目性沖和從弟私鬻其宅置不問國破後不出博極羣書年七十餘猶手一編

弗輟著有白雪談柄 九山志參蠶園遺文

沈樾字元懋戈思齊字子賢林中英字儲聲皆布衣工詩思齊有垂裕堂集

馬萬方字遐卿嘗爲其父上書幾中禍著有納庵艸馬嘉松字曼生有花鏡雋聲北遊瑣言東湖著等集萬方子辰御有絳雪亭集 以上檇李詩繫

國朝

馬廣軨字飛生靖江訓導鳴雷子幼警敏讀書過目成誦爲文數千言立就善談論凡理學性命之微及古今成敗得失疏通條貫聽者忘倦著有四書讀詩文集門人私諡端敏先生 柘上遺詩

孫之琮字元襄諸生自杭州徙居鸚鵡湖著詩論及輿地山川圖子眉光字季弢諸生工詩文 平湖高志

馬秉恭字子近諸生性兀傲不諧俗晚居北郊集法書古器好與劍客酒人遊或醉臥水草間與牧豎爲伍著有蒿齋集 柘上遺詩

陳國政字憲生讀書元珠寺婁東張溥雅重之順治庚子歲貢于舍南構三非圃栽花蒔竹嘯咏其中二十年不入城市著有陳子古業二卷詩集三卷 檇李詩繫

沈皞日字融谷以貢授來賓知縣遷知辰州歷有治績卒

官工詞爲浙西六家之一有燕楚遊草柘西精舍詞 吳志

于有恒字聖初精易學天啟間以貢授四川南溪主簿子琳字貞珉諸生少任俠喜擊劍談兵兼通堪輿醫卜諸術書畫俱臻逸品以父好易究心譔述著有廣變象告學古編香祖庵集 柘上遺詩

柯宏祚字魯山九歲補諸生甲申後草笠布衣遊燕南江北與方外畸人遊著有九山草堂集 吳志參平湖張志

朱之鑑字孟昭諸生性散誕遭亂避蹟雙溪虞山間歸禿頂緇衣授徒爲活與馮秉恭周宏起善著有北牕存稿 九山續志

周宏起字雲虯以貢生授青田訓導幼魯鈍潛心力學後遂通貫著有易經集義望古堂集又有四書集義陸清獻爲作序謂其排斥姚江有功考亭 平湖高志參乍浦志

沈日星字明阿諸生與弟不負俱以能詩名少從父宦江右黎元寬器重之遊金陵與吳偉業姜埰諸人爲社友著有蘭石齋詩草不負字集九性孝友初與兄析居越旬日必艤舟往問乃復謀同居著有老雲齋集村居詩哦石齋稿日星子旬字南城有野意齋詩集不負旬並諸生 平湖高志

陸埜字我謀諸生爲人和而直朋友有過面斥不少貸好

吟咏不問家人生産著作散佚所刻有曠庵集與趙佃
陸棻沈皞日陸世栻陸來章沈隆峴稱當湖七子吳志參檇
李詩繫
郭襄圖字皋旭貢生明御史紹儀子工詩性倜儻好交遊
乙酉泛舟入海期年歸一日殺仇于市下獄賴友人李
慶乙得脱嘗與沈季友同緝柘上遺詩著有更生集兄
雍圖順治辛卯舉人以父年老不赴公車外孫鍾機字
石城諸生博學工文學使姜橚謂才冠浙士機弟柲揵
事兄恭俱早卒平湖朱志參吳志檇李詩繫
姚宏度字宗裴以貢授中書詩文超俊兼工書畫著有一
山房吟稿書畫參吳志

趙佃字天來諸生淹貫經史百家詩格近中唐性狷介疾
惡不少假不喜飲酒遇四方士燕會端坐竟席不妄發
一言有聘至粤東者抵其署即返語人曰我欲一啖荔
枝耳甯能作人幕下客耶晚獨居一室不與世接病革
索筆書所見示子類有道者著有度嶺言紅豆詞貞眞
集平湖朱志參平湖張志
陸煥元字闇仲夜讀書往往達旦以舉人授廣東昌化知
縣甫到官卒吳志
陸瑋林字右韋以貢入成均知安肅縣有惠政著有拈嘯
軒偶存北征松下歸田諸稿平湖高志
沈崃字涵中貢生博極羣書耽吟咏著有長水雜詩行世
平湖高志
鮑駿字聲來諸生學于長洲汪琬琬稱其詩近劉錢施閏
章王士禎葉方藹田雯潘耒皆引以爲友以博學鴻詞
薦丁憂不試晚遨遊名山有武夷天台諸題詠祖父遠
工書得二王楷法駿工草書平湖朱志參平湖高志
牟江歷字西崑好學深于易與同里范光寅舒原馬鍏應
旂皆以博洽推重於時平湖高志
陸世來字上扶諸生僑居嘉善以能詩名與朱彝尊譚吉

璁沈岸登往來贈答築匡山讀書處于永安鄉麥隩里
以終著有陶軒集梓園詩詞稿戊子詩稿紀行草伊志
錢起隆字賈山諸生工詩與閣學陸棻中書葉舒崇稱柘
湖三俊平湖張志
張家瀵字漢中貢生讀書穎敏爲文章浩瀚有大蘇筆勢
著有詒安堂文集族弟蓁字星若工詩吳志參平湖張志
李登字安道舉人讀書明性命之學弟瑶枝字耕煙雲栽
字文海皆能文時稱三鳳吳志
陸攀字威巴貢生清獻父行清獻館倪氏校閱大全諸書
攀與參訂詩法蘇梅工書善鼓琴通岐黄家言著有易

義韻譜四書尊聞錄宏雅堂集平湖張志參檇李詩繫
李碧幼孤能文與先輩趙無聲陸嗣端馮兼山友爲人亢
爽不苟然諾著有鴻儀堂集陸谷字嬾漁有夜鴻鳴集
趙璜字道闇有兒鈔集馮元白字匏憨諸生有則鳴賸
稿沈峻字華九有樗花草張宗信字以純有素闇吟沈
乘字洪綍有匏落集詩筆皆有韻致伊志
陸士煒字昭文與弟士玟並有文名著有蕉侶遺草沈明
字叔輪家世豪盛折節讀書爲諸生不遇棄去庭列雙
松日哦詩其下非高僧韻士不納著有金庭草張璠字
峒一海門知縣孫大雅受學張侗初才氣豪邁有載石

舫集伊志
陸之瀚字水立自號白鶴山人與同里錢士馨施洪烈族
人睿濬明上瀾相唱和晚年食或不繼泊如也著有鶴
山草堂集濬明字以旻博綜六籍有東園稿伊志
戴茂隆字韡軒監生博覽工詩賦舉博學宏詞鶴徵錄
張廷璇字義傳號未堂庠生讀書過目成誦年十七喪父
事母孝謹母多病博覽方書親奉湯藥尤研性理搜羅
陸清獻公著作刋刻流傳乾隆甲子知縣高國楹聘修
邑乘任分纂撰清獻傳略一篇稱爲詳略得宜當湖人文逊傳
呂迪字逊康增廣生讀書刻苦早謝舉業取左氏內外傳
分類纂之系國系人自爲首尾一如通鑑紀事本末之
例末附論說書成凡三十二卷名曰左國類纂藏於家
性純孝硯田所入必具甘旨父老病雖館於外間日必
歸視湯藥當湖人文逊傳
沈季友字客子西平知縣棻子康熙丁卯副榜幼受知檢
討毛奇齡長遊太學才名爲一時推重歸杜門著書搜
討文獻建宗祠撰族譜請祀李天植馬嘉禎捐資贖閭
人之鬻于旗者著學古堂集迴紅集輯賦格柘上遺詩
檇李詩繫行世浙江通志參平湖高志
張孛吉字初缶諸生爲文古奧後棄去精研心性之學持

躬端整儕輩皆莊事之微言密義不輕以示人
施湛字露巖大學士鳳來曾孫少敏悟年十三補弟子員
工詩早卒有草堂初稿以上平湖朱志
陸嗣源字若谷諸生敦倫砥行工制藝屢薦不售著據梧
詩鈔撫松文集吳志
姚大楨字亘山諸生少穎悟善屬文不慕榮利有枕書樓
詩餘百花詩梅花百咏邵暠字白崖監生有白崖詩集
德藏寺志吳志
楊九雲字廣庵諸生幼孤事母孝積學能文著有遜業堂
集四書心解平湖張志

俞會模字存三諸生家貧授徒一時名雋多出其門著有五經講解諸子粹言周禮纂註浙江通志

沈岸登字覃九布衣性恬淡耽泉石屢空晏如侍郎高士奇慕其人延爲子師未嘗一語干士奇士奇敬憚之工詩詞間作山水蘭石淡遠絶塵書法二王亦工鐵筆著有黑蝶齋詩詞春秋紀異吳志

胡慶豫字雝來貢生學問淵博性醇謹嘗緝四禮尊義以檢身教家少工詩客江西與毘陵邵子湘洪都彭元敘相倡酬由京師入蜀入秦歸而詩益工著東坪詩集弟觀字次咸康熙辛酉順天舉人丁父艱哀毀卒恒啟貞

復並諸生恒字晉三通春秋啟貞字震初究易禮能詩客死豫章復字見亭書學北海山谷時稱胡氏五俊平湖張志

周儒字宋傳貢生幼慧耽經史有交翠軒集子夔字鄰皋貢生學海字紫迴諸生皆以能文世其家張重芳能詩有曉聞草子培元字江亭監生好書購宋元本積千卷寢食其中有吟香詩草平湖張志參平湖高志

俞嵚奇字丹巘好讀異書工詩精篆隸歷遊四方與諸名士交所學益邃有荻雪莊詩西呼筆談衡素齋印譜陸時杰字耳瑩諸生少不羈長始折節讀書工詩文求者接踵應之怠倦論史事如指掌有廣輿要覽百歲考等書平湖高志

潘應奎字星伯諸生負才不偶工詩蕭澹似韋左司刻苦近孟東野洛如社中推爲翹楚平湖張志

陸大復字松澗貢生著有明人世說春雨山房集平湖高志

于東暹字堯瞻諸生工詩詞弟東景字暘谷康熙庚子副榜讀書寒暑不輟著述甚富有錦旋閣詩稿姚甡字生生自金山徙平湖有修竹廬稿子廷瓚字泚湘有懶迂稿鵓水吟毫學集平湖高志

陸競烈字懶眞諸生有文名再試不售遂棄制舉肆力于

詩幽秀高潔于洛如社中別樹一幟晚忽薙髮結廬墓傍自稱栽松道人著有停雲樌影集

孫均諸生少負博雅名文章書畫時稱三絶

周理字建庸監生本姓李嘗遊京師不遇歸授徒講學著有頤貞集

沈昌祚字御帆諸生負才名受學毛奇齡詩賦得六朝遺意以上吳志

葉之淇字右水監生候選州同知少負異才從閣學陸棻遊著有寒碧齋集黃山遊草弟之溶字立亭學使李清植以人品端方薦乙卯徵鴻博著有小石林集列國考

平湖高志參 平湖張志

陸載紀字抱青檢討奎勳子貢生幼好學至老不倦寢食坐臥不離書籍遇未見者郎手錄母病不脫冠帶者兩月母歿哀毀卒從兄載崑字伯璣諸生年十三能詩嘗集里中士結洛如詩社歷二載得詩數千首檢討朱彝尊爲汰六卷序刻之 平湖張志

劉錫勇字硯芬博學多識詩文不屬草自中繩尺著有待廬集韓載錦字貽孫有寶墨齋詩鈔沈燮字御季工詩歷遊金閶白門江右湖北黔南詩益閎肆有蓉湖詩鈔

唐起鳳字羽豐舉人有九峯詩草 平湖高志參 平湖張志

朱景濂字雙穎父炳以孝義稱景濂爲詩文於鄉先生各師所長不專守一家性卞急中年與黃正色遊涵養一歸和平續修李天植九山志正色字肇修諸生踐履篤實好養生家言 平湖張志

陸天錫字畏蒼乾隆戊午舉人幼孤母林授章句長以能文名母歿哀毀得心疾奉部截取知縣不能赴旋卒生平交友以道義相切劘詩筆雄健書得晉人意致著有古香閣詩集從弟祖錫字念劬拔貢生薦舉博學鴻詞有松鮮集 平湖張志參 平湖高志

陸其璋字琢艮諸生孝友醇謹究心經學著有周易講意

平湖高志

褚王庭字扶九博學工文以貢授孝豐訓導不赴子如幾字陟三諸生幼治毛詩晚注易旁搜博採晨夕不輟

張奕樞字掖西監生父崢歿有弟七人奕樞延師課之皆成立相友愛皆以文行稱於時奕樞三試順天不售歷遊秦粵晉楚學問益廣著有芳莊紀遊月在軒集弟應璇另有傳子鳳孜諸生有泌香居稿 以上平湖張志

陸鍾英字舒霞乾隆辛酉舉人沈酣經史工詩古文辭兄汝欽罷官歿遺孤寡鍾英養撫之

高嵩字三臺編修興子監生由

武英殿行走議敘州同知補山陽管河縣丞工書法姊壻張文敏照嘗令署其款人莫能辨詩得三唐遺意曾于任所賦落葉詩三十首爲時傳誦乞休歸著有簡靜齋集詩鈔

馮重華字文彪舉人性坦直不隨人是非人有善輒稱道不置有南屏稿同時張日焆老于文爲諸生師子在霄攻苦績學父歿教弟鍾秀成進士

張雲錦字龍威監生工詩文舉博學宏詞著蘭玉堂集及弄珠樓佑聖宮德藏寺諸志

馬恒錫字久庭諸生詩筆峻潔不襲前人一字人品高逸

恥標榜有古直廬集

馮錕字含輝拔貢生嗜學工文屢薦不售從遊者輒掇巍科以去晚授仙居縣教諭講課不輟甫三月卒歸櫬時諸生感泣有徒步送百里外者（以上平湖張志）

張景陽字開三拔貢生少孤隨諸兄讀書晝夜不輟文辭根柢經術不汲汲榮進杜門著述搜討文獻著嘗湖人文逸若千卷詩有小鳴齋集十二卷（伊志）

馬咸字澤山布衣能詩善書畫兼精篆籀寄宿獨山精舍夜讀書往往達旦貴官以金帛聘不往客金陵遇故人子貧甚賣畫以助渡湘水見覆舟者傾囊營救畫得郭

恕先遺法著有台岳遊草怡廬集六法品彙鏡古錄（伊志）

沈廷燦字瞻雲副貢讀書能文負氣節善草隸詩有僅存稿鼠餘集（伊志）

陸璜字玉田廩生好讀書尤邃于易家無擔石非義不苟取朂子弟以善道著有昨非錄（于志）

張誥字士周監生尚氣節好義舉與人交胸無城府人有過輒面斥之咸稱長者著有嵇洲詩鈔十卷（于志）

馮士模字冠雲歲貢生性方直書法擅一時（于志）

沈上垣字映梧諸生沖淡杜門卻掃著書自娛（于志）

錢祖亮原名愼字惟寅嘉慶時舉人攻苦力學工楷法（于志）

陸錫智字若愚嘉慶甲戌進士銓選嚴州府學教授任滿例得保舉遽歸以詩文自娛多沈博絕麗之作家徒四壁竟自忘其貧云（于志）

朱鍾字應黃布衣居乍浦北郭食貧勵節酷好吟咏道光元年郡縣保舉山林隱逸力辭居常衡門雙掩樵蘇不給親故或以錢米相濟苟非其人不受也著有古白山房詩（于志）

陸子鑣字非池諸生博涉經史兼精靑囊靑烏家術書法古勁性鯁直邑有善舉輒竭誠贊襄曰吾無力藉以自盡其心耳弟超曾字東海恩貢生性耿介不妄取有王

某者延課其孫有成效王欲割田贈之堅不受銓選孝豐縣教諭卒于官（于志）

蔣元字大始諸生自少潛心理學家貧授徒手抄儒先書積卷盈帙遇有詆毀程朱者力斥之著有古文載道編救荒補編叢桂堂詩文集（于志）

胡霽雲字叔玠增廣生苦志力學于洛如吟社中詩最渾雅兼工篆法所鐫印章得漢人遺意著有瓦鳴集（于志）

孫始然字肇明早孤事母孝讀書過目成誦卒三弟閉戶窮經寒暑不輟著有研巢詩存（于志）

朱景闕字介郿歲貢生博覽墳籍勤于撰述乾隆四十四

年延修邑志五旬脫藁復作糾繆二卷嘗選刻龍湫等
書著有乍浦志桑阿吟屋藁劉暄字漢漁庠生有儁才
早卒著有燃藜閣詩草于志
陸烜字秋陽庠生廢產購書銳意著述兼通岐黃家言性
嗜山水嘗遊四明天台北涉江淮所至以醫自給著有
書義梅谷詩文集于志
屈宗到字芰香乾隆丁酉舉人幼有神童之目年十三爲
庠生工詞賦及楷法沉默寡言篤于孝友卒年僅三十
九弟宗建字楚材乾隆丙午舉人研精經術爲文有法
度其才蓋與兄相埒云于志

王錫圭字翰周乾隆甲寅舉人家貧力學讀書恒至丙夜
著有禹貢地理考證于志
鍾衛字箴抑廩生刻苦勵學讀書恒至夜半居一市樓終
日危坐爲詩文銑目劌心往往多未經人道語著有小
市樓詩集弟晉字士升貢生善詩文尤精經學少與兄
衛齊名性孝友行狷潔家無擔石泊如也著有周易象
義觀通春秋往例質疑詩文集諸書于志
賈朝琮字公桓乾隆辛卯副貢學問淹通留心經世之略
平生足跡半天下故于河渠形勝諸說尤能得其精確
教子弟務爲實學期于有用晚居竹溪自號竹溪漁父
栽花種竹以著撰自娛有嘯軒偶筆詩集次子敦臨原
名漢字卓人號蘭臯道光壬午舉人早卒著有守約齋
藁于志
徐光燦字鳳輝諸生少好遊嘗歷赤城華頂諸勝中年患
咯血習養生家言遂棄舉業隱居清溪工詩善書尤精
琴理有霹靂引一曲乃北平韓畕所傳于李延昰者光
燦得之爲時獨步重游泮宮荷金帛之賜年九十五乃
卒著有山影樓詩存琴譜姪孫軾字雲尉諸生性兀奡
善爲詩著有鐵匏樓詩于志
張誠字希和乾隆丁酉舉人內行肫篤矜名節重氣誼勇

于爲善人所難必以躬赴嘗倡舉瘞骼會瘞枯骨一萬
六千有奇嘗爲五嶽之遊西陟峨嵋北窮醫無閭足跡
半天下洞綜羣籍工詩古文辭同時諸名宿交推重之
著有嬰山小園詩文集子湘任字宗輅嘉慶己卯舉人
事親孝誠善著書而晚年落寞寡歡湘任能日爲詩文
以娛親鄉舉後以奉母故不赴禮闈者數年事親黨有
加禮與人交必信博學能文嘉慶十六年恭應
西巡召試取充文穎館謄錄著有抱樸亭詩文集于志
張論字春農增貢生候選訓導性純孝年十七遭父喪三
年不離苦次母在堂終身不遠遊吳菘圃相國雅重之

孫熊字襄益乾隆甲辰召試
行在以歲貢候銓訓導歷署開化龍游奉化教諭捐資重修
文廟修補祭樂二器創立育嬰堂并助貧士之不能鄉試者
諸生感激去任時至繪攀轅圖題咏成集爲文出入經
史兼好吟咏著有越中吟編柳居詩存等集于志

徐夢熊字漢雲諸生性孝友年十五授徒供菽水生平好
義舉精於醫全活無算嗜古文辭無體不攻書法出米
蔡間著有漱芳閣稿以子士芬貴 贈朝議大夫于志

邵澍字作霖有才畧乾隆五十年荒旱無業之徒乘勢擾
刼澍請于邑令遣健役分曹巡歷又效李崇村置一鼓

法晝夜警備一鄉賴以無事長于詩兼精醫術著有修
竹廬詩二卷成方輯要四卷族弟潡字靜瀾亦工詩著
有方滋集弟源著有花間草堂詩一卷紅柳詞一卷于志

蔣殿原名濟字叔葹乾隆甲寅舉人工詩書遊嶺南楚北
間著有倣帚集江行雜咏弟漈字秋舫嘉慶戊辰恭應
天津
召試
欽取二等是年中順天鄉試官湖北通城縣知縣勤于莅事罷
官後僑寓楚中以課徒自給著有春煦秋陰館集于志

張躍鱗字振之乾隆乙卯舉人一應禮部試歸而養親不
欲爲援例納粟以母老辭與屈何煥明經交厚花晨月
夕對局手談何煥卒作廢弈圖以見意有知人鑑朱椒
堂漕督未遇時早以大器目之著有春農草堂文集於
斯軒詩存新纂

胡昌基字星祿副貢生力學工詩文牖啟後學甚衆嘗輯
嘉郡康熙後百餘年詩以續沈季友檇李詩繫遺聞軼
事綴述頗多著有石瀨山房詩文集長子金題字品佳
廩生才力富健工詩詞著有桐華館詩金屑詞次子金
勝字東井諸生才亞于兄著有聽秋室詩笛家詞于志

陳謨字汝師貢生父兄年皆逾邁事之能得歡心性倜儻

遇不平事輒持論侃侃家貧以授徒爲業博極羣書工
古文辭著有拙修文稿讀左偶摘讀史偶摘等書子璞
字國器少聞謨教有志經濟閉戶著書有時務臆說行
世于志

徐志鼎字調元年三十猶困童子試乾隆甲午發憤入太
學聯捷成進士乙巳謁選得南溪令期年以盜案落職
旋主東川書院課士務實學蜀人愛之五十五年入都
祝
釐恩復原銜留蜀幾十年始攜家歸性孝友爲詩出入唐宋
晚歲專學昌黎著有吉雲草堂詩集紅亭日記于志

復出從祖景陽嘗輯當湖人文逸各附小傳羅𦘕續之邑中抱才不遇之士賴以畧存梗概又助修縣志搜討之力居多著有撝庵詩稿 于志

孫熹字𤋮桑篤志經籍嘗病宋儒言詩者盡廢序說置古義不講因著毛詩說三十卷又有周易虞義補春秋公羊說等書發明漢學姪堂嘉慶辛酉舉人亦精經學嘗集漢魏二十一家易注儀徵阮公元稱其精核云 于志

鄒璟字元培諸生援例授職州同性穎敏工詩文爲人通曉世事乍浦向有九山志體例未備璟發所藏省府州縣志及故實之散見他書者纂乍浦備志一書于海濱文獻頗爲賅洽著有南園雜識乍浦竹枝詞 于志

陸坊字禮約烜子嘉慶戊辰舉人銓授永康縣訓導學問通博尤長于詩官况蕭然仍以授徒講學爲事著有草心亭詩 于志

沈正楷字登雲嘉慶癸酉舉人勤學博通史事爲文才思橫溢丙戌大挑知縣分發廣西署河池州尋病卒 于志

許河字右清副貢生性和易敦孝友篤好漢儒之學自許鄭以下靡不探討手自鈔錄者不下三四十種著有袁文後案乍浦續志諸書 于志

陸錫謨字明誥廩生性耿介博學能文深于漢儒之書著有詩經考證 于志

辛典韶字夔珍生平篤學不倦博覽羣書著有篆隸備攷荻林詩草芸閣文集又精于六書日本嘗求其字刊石者有普濟庵廟碑咸甯公所碑陰文一篇 于志

戈志熙字虞三庠生少穎悟年十七題鬱輪袍傳後詩見賞鄉先輩長益躭吟詠有宋人風格其行文不肯一字拾人牙慧居北溪鍵戶著書踰艾齎志以歿著有海東酒徒外集管窺草 平湖路志

朱維謹字臨軒號蓼浦庠生耽吟咏嘗之蘇州謁沈尙書德潛闔人見其貌寢弗與通方爭辨間適德潛出見之

問姓氏曰詩人也揖之上座生平寶愛一木瘦出入與俱人因呼爲木瘦居士著有東湖志東田集四卷愼齋集六卷 平湖路志

費世鑑字損廬廩膳生遜志力學博覽羣書大興朱文正校士不中世鑑與同邑黃欽阿屈橋如均列高等時費患耳聾屈患背僂黃患足跛文正顧而歎曰天之困阨斯人也世鑑歲科校冠軍者再中年後絕意進取以課徒終惜其著作已佚 新纂

路德成字升階號蘭江邑庠生性樸實與里中陳謨蔣元爲素心交皆以文學名平時覃精三禮於儀禮致功猶

力朝譽夕考寒暑無間乍浦備志
葉莊字守箴號竹莊童時賦新月詩爲族祖之溶所賞後
因病廢制舉業專事韻語入洛如續社晚年梓其咏物
詩爲籬邊石畔吟及古今體詩二卷以布衣終平湖路志
屈何炯字公望號芥舟橋年子工書法性方嚴不爲勢屈
其祖墓在吳興勢家侵其埏道何炯偕族弟歲貢生爲
彝訟之大府勢家啗以重利不爲動有司乃斷歸屈氏
嘗監當湖書院出家藏張楊園陸清獻全集並儲於院
俾後進知有程朱正學院南橋圮易而新之新纂
徐應潮字渭陽號夢春襟懷坦直居西郭矮屋數間座上

客常滿學使山陽汪文端公奇其文俾食餼後有某氏
者故皁隸也府縣錄送其子姓將與考應潮持不畫諾
某學使婉言諭之卒不畫尤通五行堪輿岐黃家言新纂
陸樹蘭字敏滁號西廓邑庠生家貧力學擅六法精篆刻
尤耆爲詩與徐熊飛楊于高袁路先相唱和兄歿事寡
嫂惟謹兩弟先卒哭之慟著有抱月軒詩鈔當湖朋舊遺詩彙鈔
纂
陳珍字禾獻號愧莊謨子邑諸生弱冠即從事經濟之學
不求速化三年大比足迹罕至好讀陸忠宣公集又耽
常熟顧氏方輿紀要一書手錄至數十冊既落落無所

遇乃終身爲童子師著有從吾好齋古文稿新纂
毛猷字誦葭號柿莊歲貢生博通典籍著書授徒竹籬茅
舍誦聲隱隱出百步外時金平華婁四邑裹糧從遊者
接踵悉心講畫時時以行誼相勗年六十餘猶重施鬘
黈雪鈔露纂時字字作蠅頭細楷著有引書海錯廣編
珠左國聯珠七柿軒隨筆詹詹錄紅柿村居詩鈔等集
新纂
黃金臺字鶴樓歲貢生綺歲才名噪甚嘗從武康徐熊飛
遊與之上下其議論故所作詩文皆有法度文體宗徐
庾而兼通百家江南北士夫之有著撰者弁首文金臺

手筆居多好交游繪扁舟訪友圖名流題詠咸豐丁巳
臨川李聯琇廷尉督學江蘇延入幕𡪇偏歷江淮諸郡
登焦山與諸名士宴集振衣千仞俯臨大江作文以紀
壯遊生平廉潔自守剛腸嫉惡雖面刺人過失不諱遇
流俗不妄交一言而後進有片長輒樂爲延譽辛酉平
湖再陷憂憤成疾卒刊有木雞書屋駢文集三十卷詩
集六卷左國閒吟一卷又有今文樞盛藻集未刊新纂
施汝懋字桐生號笙六父鍔字蓮峰歲貢生著十三經註
疏彙纂㑪於兵燹汝懋由廩膳生中道光辛卯副車已
亥領鄉薦四上春官不第絕意進取秉性純孝居喪哭

泣目幾盲晚年就金方伯以誠之聘僑寓京江以文字
就正者門墻更盛終以是遘心疾卒著周易集解辨 新纂
林壽椿字雪巖廩膳生窮究經史工詩古文辭爲武康徐
熊飛高弟與陸鎔齊名晚年隱居東溪著有菊泉山館
詩文集八卷 新纂
陳錦字蘆雪號板橋恩貢生性豪邁不羈工詩與黃金臺
莊敬齊名時稱蘆川三異人晚年崎嶇兵間以耿介不
苟餓死著有蘭芳堂詩鈔 新纂
王均字平治號夢閣歲貢生負儁才善屬文生平勤搜文
獻見鄉先哲遺集積鈔至三百餘家爲柘上遺詩續編
秉性恬雅勇於爲善嘗獨力建東湖濱石梁邑人德之
著有暢眞機室詩稿 新纂
徐金泰字步巖號吟槐穎悟工文舉道光甲辰鄉榜事親
孝兄弟同居無閒言性慷慨有戚某某假千金皆弗能
償還其券已酉大水傾囷賑里中晚年修宗譜置祀田
邑人稱之著有國語約編公穀約編棣雨閒談等集 新纂
徐金誥字登陛號逸帆邑庠生年甫壯卽廢舉子業專心
學古文清俊拔俗尤長於論事晚歲家益貧以醫自給
著有春暉堂集已刊 春暉堂文集序
丁泰字禮安號卯橋舉嘉慶丁卯鄉試丁丑成進士經藝

沈博絕麗尤爲試官擊賞官中書清謹自持文守理法
宗歸胡駿體亦沈酣經籍詩不多作出語眞摯尤篤嗜
經學言通經必自小學始小學以爾雅說文爲宗一書
明而羣經可不煩言而解孱弱多疾雖藥爐在側卷籍
未嘗釋手著有荻廬札記一卷僊荻廬詩集四卷 新纂
顧邦杰號蓉坪邑廩生性沖和雖接卑幼未嘗嚴峻與王
廉訪大經黃明經金臺相友善樽酒論文老而彌篤學
詩於武康徐熊飛工爲五言體沖夷綿邈深得王孟韋
柳家法刊有横山草堂詩集 新纂
陸潢字孔愉號松坪郡廩生性廉直嘗面斥人過不諱一
介不與取布衣徒步自得也粤匪平後確訪忠義節烈
輯爲一編使後來修志者有所採擇卒後教諭山陰嚴
嘉榮輓以聯云氣數難延仁者壽性情猶見古之矜可
以知其概矣 新纂
沈筠字實甫號浪仙食貧嗜學以母教遂研索典籍自六
經三傳莊屈馬班而下莫不漁獵菁英以發抒文藻詩
名傳至日本晚歲敦重名教凡忠義節烈事及耆舊詩
文殫心採輯今賴以存者皆筠力也有乳水流芳錄一
卷瑤池氷雪編一卷壬寅乍浦殉難錄一卷龍湫嗣音
集十二卷守經堂詩集十六卷已梓蜻蛉洲外史十二

卷日本紀略一卷海上文徵八卷滄海遺珠編二十四
卷守經堂困學錄八卷未梓新纂

朱錫山字魯東自號雀橋布衣少失怙讀四子書畢舍經而鋤力田以養母年三十五復理舊業爲童子師暇輒吟詩得力於武康徐熊飛著有朱布衣詩鈔朱布衣傳纂

賈敦復字蘅石季弟敦艮字芝房副貢朝琮子均以文行稱元和朱綬謂敦復詩清靈深湛敦艮詩尤深蘊有致爲古文宗法震川脩潔自喜各類其爲人敦艮與顧徵士廣譽交以道義相切劘性和而介與人言有剌謬卽默然背其面後皆以諸生終敦復著有知止堂詩集敦

艮著有餐霞偲館詩文集新纂

朱爲霖字雨甫爲弼弟附生氣岸不凡讀書觀大略從陽湖孫星衍婁縣陳廷慶講學益進試屢不利乃貲爲丞署南昌縣丞條上巡撫程公含章數千言陳所疑四事辨儒吏尤精愼巡撫批答優獎旋權贛縣事懲庫吏之蠹民者比受代以疾卒著有似山堂詩二卷樂府一卷遺文一卷季弟爲燮字理堂附生與嘉善郭麐錢塘陳鴻壽倡和皆推重其詩清婉芊緜有金風亭長風味著有傳石齋詩集新纂

錢炳奎字肇祥號蔚也同治丁卯舉人好讀宋人性理書遊同里顧廣譽之門業益進性剛直東湖舊屬陸清獻祠兵燹後湖濱新淤漸爲民佔炳奎力陳當道卒收淤歸祠又與諸生時元勳監生戈爲鵬講明　文廟丁祭禮樂圜橋觀聽一時稱盛惜中年卒新纂

屈傳銜字冰卿家貧教授手評口講積久則輟業竟日邀友手談或博簺酒戰以怡暢其神閱夕乃勤懇如故道光戊午膺鄉薦仍守硯田不預戶外事光緒丙子成進士以知縣分發陝西忽遘疾歿於差次惜之新纂

隱逸

明

沈維鏞字宣卿十歲工詩文二十領鄉薦試禮部戚屬趙文華陸炳交爲之地維鏞知之郎托病歸終身不北上又屬吏部授以官亦不就肆志湖山詩酒間朋輩言偶涉利祿去之若浼平湖張志

陸光宙字與常幼孤遺家難匿車中遁蹟京師年十六補順天弟子員聞母訃南還隱居郊園與宋旭璩之璞輩結文酒之社年八十有六夢一道士持陶靖節小像索題諦視之郎已也援筆題詩其上翼日遂逝著有鋤餘

集子公鏐字芳淑有志行學者稱蒿庵先生檇李詩繫參明詩綜吳志

李天植字因仲崇禎癸酉舉人易名確字潛夫明亡偕婦遁居龍湫山長吏守帥聞其名訪之輒踰垣避家極貧無子手製棕蝜劈竹爲器以易粟粟往往不繼或遺之弗受也甯都魏禧至海上造其廬耳聾出粉板令禧書所交遊及出處乃顧禧泣遺之錢五反禧自謝非盜蹠物然後受禧遺書曹侍郎溶周青士篔曰潛夫古之難衣食者然設將以禮敬亦有可受之道天植終堅拒之尋以餓死鄉人私謚介節祀鄉賢同時有鄭嬰垣者亦乍浦人窮老無妻孥孤介絕俗至凍死雪中與天植爲莫逆交云著有蜃園集九山志隱林列傳表忠錄灌園錄諸書嗣子燿字明也號果庵性愛山水有遍遊五嶽之志從子爲光字宛星號蕉鄗諸生天植死燿亦繼死遺稿散軼爲光搜輯編次之著九山續志浙江通志參魏叔子文集檇李詩繫

馬嘉楨字允和嘉植弟崇禎己卯舉人居家有至行明亡不復出爲頭陀更名宏任號宗顏工書畫所作詩文臨卒悉令焚之弟嘉相讀書不應試徵獻錄參平湖朱志

過銘簠字叔寅御史庭訓子年十九中萬歷戊午副榜庚

午下第黃道周以有司失人爲恨乙酉避兵紫梅山偩歲薦不就尙書陳名夏以書幣迎却之杜門讀書歲時不給無所慍年八十六卒著有性道筌蠹魚稿子澤廣諸生平湖朱志

揚九垓字孚九諸生有才節好讀史論天下形勢如指掌所交皆四方賢豪崇禎季年感時事欲詣闕上書毋以爲無益于國止之馬阮擅權入孝陵慟哭中酒輒謾罵無所顧忌工書畫求者不可得或醉之酒則揮灑不惜家貧無子年八十卒平湖張志參檇李詩繫

姚世勳字元伸天啟甲子舉人甲申後隱居讀易賣卜郵

寺著有易牖講義（平湖朱志）

國朝

陸夢求字配衡諸生家東湖濱沙浪茅屋臨溪賁浣濯通往來鄰業漁讀書暇相與敲鈎結網興到乘舟登弄珠樓或十杉亭見人衆郎鼓枻去酒半醺檢手蒔花草領生意閒作吟詠語皆野趣隨筆作書不摹帖非晉非唐脫然塵壒之外（當湖外志）

藝術

明

陸鑾字克和七歲能詩廣州知府沈琮見而奇之以其弟御史琫女妻焉成化間以善書徵授鴻臚寺序班（平湖朱志）

曾和乍浦所人正德間與朱端並以畫士直仁智殿二人少貧甚業樵漁嘗入山遇一異人授以筆和亦詭乞遂各授一筆忽不見後兩人用筆隨意皆殊絕（九山志）

孫官字德懋嘉靖時人能爲古文辭楷法遒勁大字雄俊有神采林鳳華字子夏號丹壺居士萬歷時人精楷法在右軍大令閒（譜書畫）

陸金字雲峯自華亭徙平湖子道光字明暘精兒科洞達物理不拘成法多奇驗道充字賓暘諸生亦精醫有陸氏金鏡錄道光子從諭道充子詰別見唐守元字吾春璜溪人贅于陸遂傳其業袁化祝氏兒患痘遍身血迸無罅守元搗藥塗其身復豫藥裀褥上捲兒倒豎家人駭之曰此名蛇殼痘氣必用逆乃得殼已果皮膚解裂如蛇蛻然薪帶顧氏兒痘後目瞽守元曰惜遲數日不得即效當先開一目三年後乃俱復明果驗著有醫鑑醫林繩墨後金鏡錄吳悅字三峯少讀書明敏遘危疾遂請醫徵爲太醫院使全活甚衆熹宗三賜金幣（平湖程志）

張軫字漢聚精痘科率以意爲治多奇驗得錢輒以資戚
族之貧者袁志
陳鼐正嘉間人讀書好古善鼓琴陸堯化字和鄉以嬴疾
放懷山水善琴著琵琶行白頭吟蘭亭秋興答蘇武書
凡百餘譜
徐同亨字介如性沈靜工書不輕作傳者絕少俞思燠字
二酉諸生負才尚俠工書董文敏其昌欲致之不赴有
五如遺稿
馬德澄字若水童年膂力絕人善騎射精書畫篆刻自號
雪林山人有摩尼集

國朝
過澤充字涵輝府丞庭訓孫能詩工書行草師右軍大令
楷法得顏平原神骨詩有棠溪倡和集以上平湖朱志
沈信字鷟濤諸生好擊劍工草書甲申後棄舉子業築舍
城南顏曰借圃有借圃詩草
胡湄字飛濤諸生檇李項氏藏書畫最富湄以戚屬得縱
觀摹倣點渲蟲魚花鳥有生致性耿介貴人以金帛乞
畫多拒之孫璞字振齋亦能畫以上吳志
戈守智字達夫諸生工書嘗游邗江漢陽遇碑碣輒手自
慕拓著漢谿書法通解八卷伊志

黃賞侯乾隆時新廟里農家子日至羅灣廟攫酬神餕餘
供醉飽僧苦之禱神求毆夢神告曰彼天醫星也迎接
不暇奚敢驅至新倉長壽庵見漿紗女繞後猝抱腰女
怒其嫐也將毆之黃曰爾心胞痘卽發必驚以洩之否
不治我留宿俟頃之果見點後以負租繫府獄適太守
幼子痘危有薦之診者命急取牛糞煨灰裹兒夜臥其
中明旦黑皆變紅色治他痘神效類如是當湖外史
陸宙种字步衢號漁六家世顯貴不樂仕進善畫金碧山
水花鳥近陳白陽兼工人物嘗館松江張文敏公照家
其戚也每畫照輒爲題詞人稱雙絕平湖路志

陸二龍字伯驤合北苑石門而化之烟雲滃然意在筆墨
之外陸錦雯字濱高號杏村居士山水師張鳴謙有出
藍之譽詩文修潔不樂仕進陸烜字子章號梅谷又號
巢雪畫潔詩工有梅谷集圖繪寶鑑續兩浙名畫記
戴陛字六階號松垞山水蒼古幕游四十年足跡半天下
年近七旬寄迹吳門求者頗衆墨香居畫識
丁琳號甘山妙繪事及行楷少承父志迹亞易生平好接
異人天文地理以至馬杜三氏之學無不精通有香草
庵草兩浙名畫記
張培字抱一自號畫禪或作徐大行善山水有文譽無子以醫

顯疾革取書畫古玩并罄囊中金散諸良友倏然而逝縣志

張坦字青蘿得雲間沈士元法有幽風桃源諸圖珍於時子篆工花鳥縣志

楊泰基字曉岳號海農布衣善指畫山水宗馬遠縣志

高汾字晉原工設色花卉高浣號秋艇花卉直逼惲格有浣花居吟草墨香居畫識兩浙名畫記

徐日嚴字慎齋以醫行世窮鄉僻壤足跡恒徧不以寒暑間其有貧甚者輒解囊以供藥餌

何清字茗庵性和厚束身名教樂善好施工于繪事爲秀水張庚高弟乞畫者非其人不與也

張世求字繼周監生一應鄉試報罷遂棄舉子業專心六法善山水宗法元人

方樹本字根遂監生平生重然諾所交多名下士善鼓琴蓄書畫甚富並工於詩著有詠花軒詩稿其弟樹勳字漁山亦工書尤善畫蘭

張廷章字文江庠生操行方嚴爲醫活人無算手評醫書數十種有救偏瑣言評本行世子師敬字懷九庠生師厚字欽渠監生俱以幼科傳師英字書凰歲貢生以方脈著亦皆名重一時參平湖路志

戈朝榮字瑞齋庠生精岐黃術尤長于幼科羣醫所不能療者治之立效子恩字少懷武生亦精幼科博綜古今治法而能參其變著有育嬰常語

顧棨字希曾諸生性沈默治金瘡科甚驗有被刃傷而垂斃者醫之多得活

夏鼎字禹金諸生精王遁之術有客過訪輒預知其姓氏百不失一

潘晨暉字舜明善畫山水花鳥人物落筆生動得天然意趣品在胡飛濤顧松仙之間

葉恒字亘峯工山水得文沈董王家法性坦率不善治生

往來吳越間賣畫以自給一水一石人爭寶之以上皆于志

陸東山以字行精於弈當湖自三張沒弈道中衰嘉慶中東山崛起幾無與爭白者比歸隱西郭外楓涇費春山來對壘且猶不得志而去俞鉒躔涔集

王範字誠之號南村太學生博通史漢善擘窠書狂草有綠天庵僧之致花草蟲魚絕似宋元人小品中年後好鼓琴與海東徐光燦交指法益精北平韓畕所傳於李延昰者有霹靂引一曲先後造就爲時所稱新纂

陳啟雲世業醫嘉靖時倭寇內犯泊舟於乍謀深入多病疫者其酋索醫得啟雲始至不肯診治臨以兵則曰著

母深入我為療治酋許諾要之誓而處之方俾煎數十鍋病者牛飲之不數劑病皆已酋大喜揚帆去作浦備志纂

宋景洛字紹程精卜筮星命奇門六壬熟九章法及西洋度算年四十餘盲於目冥思頓悟益得其深所著有九章集成四五十萬言罕有能讀之者晚年境益窮以餓死陳謨有詩哭之云貧憐馬磨牛衣甚術較唐都洛下精作浦備志

周保極字彝範號晴川工指頭畫能作山水花鳥尤善畫蟬劉琴梓號松聲善畫雞均家乍川晚境皆貧藉畫直自給作浦備志

吳元臣字召勳號墨冶鐵筆蒼勁作印譜二卷宋景關為之序九峯文鈔

許汝敬字迪安號蓬庵鼓琴吟詩兼工花卉得陳白陽風趣家黃山麓搆小園秋時蒔菊百餘本對花寫照無一筆涉畫史習人以許菊稱之著有菊洞天詩詞草新纂

陸修潔字子廉號篠坡工詩文善鐵筆畫山水師石谷子亦能花卉家藏有陸清獻墨跡因名其堂曰寶文以誌仰止名賢之意有寶文堂詩文集新纂

流寓

明

葉紹袁字仲韶南直吳江人天啟乙丑進士歷任工部旋去官乙酉後避兵平湖居馮氏耘廬著有檷塵集子燮字星期寄籍嘉善成進士知寶應縣有已畦詩文集平湖朱志參吳志

李延昰字辰山初名彥貞字我生南直上海人寓平湖之佑聖宮少負逸才以經世自命不得志乃學醫於季父士材有延之治疾者雖遠必往疾愈不責報或酬以金即購書坐臥一樓蕭然物表晚年黃冠草履自稱道者疾革適秀水朱彝尊至乃出所著南吳舊話錄暨放鷴亭集并以所儲書二千五百卷畀焉瘞東湖濱有藥品化義醫學口訣脉訣彙辨痘疹全書行世曝書亭集

柏古字斯民江南華亭人寓居平湖工詩詞書法性散誕不羈嘗出見耕牛揖之曰是不素餐者或塗脂粉為婦人裝曰非此不諧俗人呼為柏癡晚徧訪匡廬天都林屋諸勝歸平湖卒有雪耘詩集子立本字哈山年未冠畫理精妙與父偕隱泊如也亦能詩張志附新纂

國朝

萬六吉字新孺江西南城人落落不與俗合甲申後棄家

遨遊山谷間無定蹟後寓當湖館于化城庵卒殯庵後吳志

韓嵒字經正順天大興人性孤潔工詩善鼓琴能作霹靂引爲世絕調不授人人亦不能學以故無傳者嵒終身不娶遍遊諸關塞嘗僑居越中後寓當湖有天樵集平湖朱志

葉舒崇字元禮江南吳縣人寄籍平湖年十二補弟子員成進士選中書舍人戊午舉博學鴻詞未試卒有謝蕭詞二卷吳志

翁嵩年字康貽仁和人以進士授戶部主事督學廣東瓊

州在海外學使者檄生童附試雷州嵩年曰豈可以一人易千萬人命乎竟渡海後著爲令既歸卜居東湖得沈氏園顏曰村南煙舍每花晨月夕與湖中詩老觴詠其中有村南煙舍詩天香書屋稿浙江通志參小石林文外

王廷燦字孝先錢塘人舉人歷崇明吳縣知縣歸貧甚挈家居當湖陸氏園與翁嵩年賦詩娛老有似齋詩存子延年字介眉舉人官翰林院侍讀右東湖移居詩平湖高志

黃厚燧字復光諸生松江人隨兄徙乍浦工書有魏晉人風格著禹貢等原又有書權書數等篇發明六書乍浦志

鄧夢蛟閩人遷居平湖乍浦遂入籍性剛正喜施與立永與綱為議事所周濟孤寡助客死之家屬扶櫬經費凡諸善舉無不樂於倡始乍志

余鵬年榜名鵬飛字伯扶號惢幢懷甯人舉順天鄉試詩筆清健劉刻一洗纖穠之習李賡芸宰平湖延主當湖書院攜家來住院三載訓迪得士心士亦多所成就其教人始小學而徐及經史百家學問賅洽嘗疏一瓠字至千餘言他文類如此後訪舊揚州卒所著有夢蕿詩屋詩七卷牡丹譜一卷

吳鵬字雄飛以籍本浙東號鑑湖讀書不屑爲章句之學嘗自西蜀徧遊秦晉燕趙齊魯間無所遇而歸奉其母

居平湖之淸溪喜爲詩雄駿之氣直逼盛唐晚年遷居乍浦自稱城西種菜翁與徐熊飛伊杓朱鍾相友善每多唱和卒年七十有四著有鑑湖詩藁乍浦備志

陳文藻字愚泉海甯人少孤流寓乍川業櫛工以養母弱冠嗜學喜爲詩得伊杓指授詩益工何司馬太青甚重之然性傲岸卒以貧死著有鏡沲樓詩稿八卷已梓

嘉興府志卷五十九

嘉興府志卷六十　嘉興府知府善化許瑤光重輯

列傳

石門縣

宋

沈晦字元用其先錢塘人翰林學士遘之孫徙居邑市中漕司首選宣和初舉進士第一除校書遷著作佐郎金人攻汴從肅王樞出質後得還遂爲給事中高宗即位改集英殿修撰知筠州二年除中書舍人不果召出知平江乞以建康太平池鄂鎮江五郡兵連衡守江與韓世忠犄角敵必不敢渡募敢戰士練習期年京口可成強藩趙鼎稱其激昂與世忠左不用尋提舉洞霄宮起爲廣西經略兼知靜江府先是南州蠻酋莫公晟歸朝遁去旁結諸洞蠻歲出爲邊患晦遣老將羅統戍邊招誘諸蠻諭以威信詣府請降治績著聞進徽猷閣直學士召赴行在除知衢州改鄆州提舉太平興國宮卒至元志參柳志崇德洪志

莫琮字叔方本仁和人大觀中三舍法行琮以貢入京師復兩預薦書屢陞優舍建炎初避地是邑因家焉晚以特科歷四明三山幕官內行端飭質直近古子五人元

忠若晦似之若沖若拙俱進士時比燕山五竇至元志參柳志

莫元忠字子直乾道壬辰進士主歷陽簿丞懷甯改知義烏縣歲歉捐俸賑民通判德安府兩攝郡事跡捕強寇寘首惡于法民賴以安郡罹兵火後學校隳廢元忠撙浮費新之守景陵以教養爲先邑庠庖廩淡薄設官田爲養士費士民德之文温雅有古致柳志參崇德洪志

莫若晦字子明舉進士宰滁之清流歷江東帥幕平江判除守宜春始至承積蠹每事撙節盡蠲四邑宿逋數萬緡以寬民力朞年郡計稍紓新覺舍括閒田葺貢闈築城堞修浮橋百廢具舉役不告勞郡罹火亟捐公帑賑貸擢工部郎中繼奉祠除知徽州改嚴州有虎患若晦修刑政示恩信于民虎患頓息會大潦百方拯救全活甚衆轉湖廣南庾提舉除知毘陵不赴終于家崇德洪志

莫若沖字子謙淳熙乙未進士授湖之安吉尉調毘陵教官改知安吉縣以平允稱補知吳江撫字尤有聲歷閩漕元幕除登聞檢院司農簿輪奏對宜預蓄人才足財用練軍旅蓋用事者將開邊故寓規戒之意遷知岳州始至即辨疑獄稱神明屬州荐饑羣盜蜂起若沖督捕寘其首惡時發廪賑之境內帖然知全州峒寇披猖漕司檄解軍糧州處湘源壤高易涸客舟畏裝糧不至遂

發官糈造舟搬運率先諸郡明年靖江暴水民賴以濟
除大理丞尋丐外除知永州不赴奉祠歸有語溪集行
世（柳志參趙圖記）
趙汝能字公舉系出濮邸登紹興進士知泰之海陵歲歉
民饑嘯聚爲亂人情洶洶汝能曰是非巡尉可辦即部
勒弓手土兵束裝跨鞍嚴號令設方略直前當之擒捕
百餘人其黨潰散罪渠魁餘悉末減連倅舒蘄諸司多
以滯訟委之剖折簡明稱平允知鬱林州首興學校士
風丕變郡曩爲巨寇根穴掠數州金寶聚焉官軍迫之
盡藏于沼僚吏或獻發沼之策汝能頷之曰鍾離意以
爲如何暨歸行李如始至調守全州歷浙西沿海議幕
官朝請大夫詩文清醇有體自號雲谷道人（柳志）

嘉興府志　卷六十一　石門列傳　三

莫抃字慶叔龍興間登進士第主撫州金谿簿歷舒州録
參知興國軍大冶縣通判郢州朝士薦補內職抃性恬
退請郡得守臨河旋丐祠歸自號知足居士病革自誌
其墓子澤紹興進士仕至刑部尚書（至元志參柳志）
徐浚字明道力學能文紹興甲戌進士任德清尉繼分教
永嘉講貫經旨厭服士心改知烏程縣通判廬州俱有
惠政子逢遠皆進士逢字吉甫初任邵武戸曹監司辛
棄疾按行問郡利病應答如響辟爲檢法改知武康通

判隆興知常德府一以教化爲本羣羌畏服不復侵擾
徐綱字晞顏在太學時柄國政者主和議綱率同志疏上
六事有決策親征及諸誤國姦臣之語皆諸大臣所不
敢言者人爲危之乾道中第進士歷漢陽教官淮西總
幕吏令江陰旱饑流移四集綱條畫利害請臺郡發廩
分場便糴入除提轄文思院先是綱著史論百篇及邊
防兵政十六事匭進沮於不樂者至是發槀益以樵歌
八事載進給舍合詞稱賞又以不事私請寢不報力丐
祠添倅湖州淮東議幕尋奉祠歸綱存心誠敬以清苦
厲操雅志泉石吟咏適情自號桐鄉居士因名所著詩
集子龜年逢年皆進士（以上柳志）

嘉興府志　卷六十　石門列傳　四

徐龜年字朋老（案至元志作翔甫）弱冠登淳熙丁未進士知江甯
縣專務德化歲饑甚制帥黄文昌委以荒政龜年躬先
阡陌家賑人給全活者衆嘉定間知肇慶府陛辭論君
德之要在剛明上悅治郡清淨除監察御史抗疏言別
邪正愼名器因病求去除直華文閣知温州改徽州力
請祠歸優遊吟咏有澹軒文集十卷（至元志參柳志）
江珪字伯持本嚴陵人父邈吏部侍郎紹興中奉祠寓檇
李珪與弟璆壁尋居語溪以父恩知六合縣字凋瘵有
恩通判瓊州撫御羣黎安靜無擾移知梧州夏潦江暴

漲民廬漂蕩珪拯溺賑饑所活甚衆長子乙祖自棘丞出守天台奉祠歸嚴陵諸子居語溪

江璆字鳴玉風度凝遠屢計偕不第紹興間與金議和未堅人難其行慨然充使而往顯仁后回鑾錄功補左階歷州縣有聲除大理司直出知饒州妖人孫妏左道惑衆繩之以法被旨褒嘉除直祕閣提點諸路坑冶鑄錢凡地產登耗冶鑄利病悉究源委盡掃積弊改知辰州移守漢東武溪所至以循良稱以上柳志

蔡開字子明湻熙辛丑進士宰德清值軍興征調縣爲不擾遷太博添倅平江旋知郡武郡山多田少歲入不足支歲出例輸官租一石帶糴四斗官求贏民益困開俾民自用概糴價視時低昂白于朝爲定式盡杜增收之害未幾除武昌漕司時有點軍營田議屬開區畫一日而畢盡革冒名之弊鉤考在軍營田隸于上歲得穀數十萬斛田則許汰兵佃爲己業軍皆感悅改漕江西屬郡旱歉捐漕計以濟所活不勝計卒于官有畏齋集十卷子訔司農寺簿崇德洪志

蔡開字子正博通諸經入太學以直諒有聲號太學御史舉進士除教海陵諸名公合詞薦之嘉定三年除太學正遷博士同知高郵軍威惠兼著會兒開卒力丐祠歸

治葬踰歲入丞太常兼兵部郎未幾除監察御史彈擊不避仇怨首論今日之弊無如郡縣裒斂以困民生將帥掊剋以虧兵力又乞風厲士大夫以義命爲主則爵祿不足以累心且欲收用善類以強本朝除太常少卿旋奉祠歸繼知常德持江東憲節聲績愈聞寧宗嗣服召拜國子祭酒卒于官子謨知瑞州譽知高郵柳志參崇德洪志

徐逢年字耕老弱冠舉胄監登開禧進士分教江陰嚴課試風厲士習賞識郡庠蔣重珍趙癸後成進士時逢年守官京局皆執門生禮時論多之改知於潛縣以親嫌去官知宣城添倅信州歲饑請弛遏糴禁民賴以蘇旋丐祠歸

陳之經字仲綸開禧乙丑進士分教德安值邊事戒嚴萃士友講兵機習射藝丙寅冬寇自襄隨入守貳以戍兵單弱俾奉檄求援與武士三人縋城而出寇追幾及至鄂涕泣告宣司遣孫鐸二千人駐陽臺弗進之經倍道星馳達行在所懇得兵符調江池孟忠齊等往會諸軍力戰寇兵屢衄遁去宣司就辟充屬陳攻守得失軍政繆戾數十事時論韙之以上柳志

陳之綱字仲宏與弟之純之經各擅一經入太學登湻熙

進士慶元初令泰之海陵政先惠愛聽訟明敏民頌廉平縣有捍海堰綿亘數十里天聖間范文正公任西溪鹽監日所築至是隄址頹闕潮汐衝突浸害農畝之綱請于郡修治弗憚寒暑躬董其役視昔堅壯民賴之改知仁和縣卒 崇德洪志

陳之純字仲誠舉鄉書登進士乙科紹興間詔求直言進資時楼議二十篇一時韙其忠讜邑令奚士逵延致師席講說考校學者幸私淑之任江東漕屬當路交劾其才改知臨安縣首崇風化催科聽訟悉有成規不擾而治 柳志

錢文字文叔吳越王裔紹興中試詞賦兼經入太學乾道乙丑進士尉當塗捕私販茶十數輩法當請諸朝以進秩力辭不願爲己功乞寬其罪二千石奇之令靑田以最聞知萬載縣威惠並著人稱神明入淮西機幕趙忠定雅知之力薦于上會忠定去國除知循州首興學校愷悌宜民卒年六十五爲人色温氣和廉而好義居不蔽風雨用不給饘粥殁祀鄉賢 崇德洪志

陸垵字子高高郵人建炎初與兄塤徙崇德登紹熙元年進士教滁陽入浙漕幕歷祕書郎倅和州議散武定軍諸州皆安堵攝守濠州時寇猖獗垵開示大信以收人心散卒聞垵至受廛者數千乃悉簡爲勁兵改知和州養士厲俗修囷倉浚河湟坐免歸年饑與同志爲粥食饑民萬餘人卒年六十二漫塘劉宰誌其墓有益齋集 檇李詩繫參兩浙名賢錄

方誠字尚敬崇甯進士官祕書監丞從建安南渡家于崇德子似朝奉大夫孫篤提刑並以文學經濟著聞于時 吳志

陳舜舉字元凱紹熙癸丑進士令海門開禧間有寇警集民兵校藝合法嘉定丙子知潯州首興學宮重教養淸靜化民民以無擾旁郡峒寇竊發稱舜舉爲淸太守戒勿犯境邦人德之祠于學宮改知宜州時蠻民梗化聞

風皆乞降宜民祠祀如潯除藤州守垂赴而卒 柳志

沈木字子謙第進士宰石城汀寇猖獗諜知邑豪熊子開等爲寇鄉導巡尉司妄指同姓者捕之木察其非是破械與約使捕子開等邑境遂安守眞定民有以田多賦少告訐其仇者木謂東西無經界冒占者衆不可勝詰亟懲遣之經制司議籍民所占官田爲屯可以富國委州根括株連六七百家木曰此事行則變生矣亟以前牘上之事遂寢邊民大悅 劉志

輔廣字漢卿其先慶源人父逵流寓崇德生廣少讀周程

諸書默契于心從東萊呂祖謙遊益大奮發東萊没執弟子禮于朱文公門深愛重之慶元初僞禁興學者解散廣獨不爲動既别書問講學不絶嘉定更化用事者始以衛道薦廣入仕力辭止食祠禄上書政府甚剴切後二十年眞西山謂其所論是非成敗無一語不驗歸隱語溪以著書爲己任有易書詩春秋禮記註釋大學論語孟子中庸問答通鑑說師訓編日新錄雜著稾藏于家扁其堂曰傳貽蓋傳之先儒以貽後學也邑大夫爲建傳貽書院于大章舉進士至元志參柳志崇德洪志

趙汝愚字子直漢王元佐後祖不求父善應本餘干人自

開封避地崇德生汝愚于洲錢乾道丙戌廷對第一歷給事中封駁無所避權吏部侍郎論斥知閤王抃以集英殿帥福建陞辭言吴氏四世專蜀兵非國家之利請以漸抑之進直學士知成都府諸羌爲邊患汝愚以計分其勢孝宗謂其文武才召還光宗受禪爲吏部尚書光宗疾不朝重華宫往復規諫上悟詣北内壽知樞密院事孝宗崩憲聖太后垂簾汝愚率同列再拜奏上疾未能執喪臣等乞立皇子嘉王爲太子以繫人心憲聖稱善乃命寧宗嗣位汝愚爲右丞相韓侂胄出入宫掖用事欲逐汝愚誣以謀危社稷汝愚出浙江亭待罪以大學士提舉洞霄宫國子祭酒李祥言去歲國遭大戚中外洶洶軍民皆將爲亂兩宫隔絶國喪無主汝愚不避殞身滅族之禍翊陛下以登九五勳勞著于社稷精忠貫于天地乃卒受黯黮而去天下後世其謂之何博士楊簡亦以爲言李沐劾祥簡罷之太府丞呂祖儉亦上書訴汝愚之忠詔祖儉朋比罔上送韶州安置太學生楊宏中等伏闕言當國家多難汝愚位樞府本兵柄指揮操縱何向不可不以此時爲利今上下安恬乃獨有異志乎書上悉送五百里外羈管侂胄忌汝愚益深謂不重貶人言不已責甯遠軍節度副使永州安置汝

愚怡然就道至衡州病作爲守臣錢鍪所窘暴薨天下聞而寃之汝愚學務有用所著詩文十五卷太祖實錄舉要若干卷類宋朝諸臣奏議三百卷侂胄誅復元官賜謚忠定贈太師追封沂國公理宗詔配享甯宗廟追封福王進封周王子九人長崇憲字履常淳熙進士知靖江府有惠政宋史本傳參柳志

陳炳字宜之乾道中主崇德簿攺令上虞縣有西溪湖水利及三鄉中廢爲田紹興初張參政綱帥越嘗浚湖刻石爲記歲久豪右復據夏大旱民持綱所刻石請復湖豪右撓阻之炳奮曰令甯以罪譴去必不忍畏避强

禦委棄三鄉民命也卒浚復之百姓歌曰前復湖張參政後復湖陳縣令與我衣食全我命歲登借官錢廣糴以爲先備荒則勸分賑散全活甚衆侍從交薦提轄文思院卒于官有退庵文集十五卷 趙圖記

陳塏字子爽歷京湖制置使知德安隆興等府遷大理卿以政最詔特轉秩塏奏乞以廉恥名義轉移世道砥礪士大夫又言從官倣古入侍出藩制爲諸路憲漕假之使名以別庶官竟以言罷未幾進集英殿修撰知太平州請蠲放諸郡災傷加戶部侍郎淮東總領尋領江淮茶鹽發公帑代三縣輸折絲帛錢五十餘萬作浮淮書

堂以敎淮士其功尤偉終端明殿學士謚淸毅塏喜薦士屢歷麾節軍民愛戴有讀鑑隨筆可齋瓿稿子鑄寶慶間進士官都承旨 至元志參柳志

張琥字子嚴汝昌孫嘉定進士授於潛尉有聲繼宰鹽官仁和寬平簡易以敎養爲先歷權吏部郎守台州再守饒州所至多惠政終朝議大夫崇德開國男 至元志參崇德洪志

陸德輿字載之由童子科舉嘉定進士有文名敎授春官敕賜田三千頃歷兩浙知貢舉官吏部尚書卒贈嘉興縣開國侯弟文輿通經史仕至安察司判官宋亡隱居不仕 大淸一統志參至元志

衛富益華亭衛淇裔識見高遠不爲章句之學嘗負笈往從金履祥學深探易理金卒復受業于許白雲白雲重其器識以友處之聞宋亡于崖山日夜悲泣設壇祭文天祥陸秀夫張世傑詞極哀慘遂決意不仕隱居敎授創白社書院于石人涇會布衣友賦詩講道縉紳不得就列至大閒有司欲薦聞不就隱湖之金蓋山著四書考證性理集義易經集說讀史纂要耕讀怡情等錄絕口不言世務不履城市遘疾取所著書集悉焚之曰吾志晦蹟焉用名世卒年九十六門人私諡曰正節先生 浙江通志

元

張伯淳字師道與內弟趙孟頫人品相望九歲舉童子科以父琥授淮陰尉揚州司戶參軍尋舉咸淳進士監臨安衛都稅院擢觀察推官除太學錄至元中世祖遣程文海訪求江南人才伯淳與孟頫並被薦明年入見世祖問冗官風憲鹽筴楮帛皆當時大議對悉稱旨授翰林院直學士詔命皆出其手同修國史改慶元路總管府治中拜侍讀學士卒諡文穆有養蒙文集十卷虞集爲之序 元史本傳

俞鎮字伯貞幼承父天民訓講朱輔之學長受業于鄧文

原通五經尤精于易爲文本經義延祐間鄉舉第一由華亭教授歷典湖廣江西江浙文衡官至建德路知事以文學顯於世得其指授者悉爲聞人嘗榜齋居曰學易門人稱學易先生著修詞稿二十二卷行世弟鈞領鄉舉主龍游簿（浙江通志參袁志）

張泶字景亮伯湢子河東宣慰副使持正守法剖決疑獄稱神明歷吳江知州弟枲字景正京學錄軌範肅然士風振起子炯字元明武康縣丞築渠堰禦水患民賴其功終湖州知府炳字元暉烏程縣丞稱循良（柳志參袁志吳志）

沈兼善字達卿至正間任昌化縣主簿蒞事明敏參政董

摶霄敗蘄黃寇於昱嶺關兼善多協贊焉及寇平撫綏有道民深德之（浙江通志）

明

鮑恂字仲孚元至正中以薦授温州路學正尋召入翰林不就洪武四年初科舉取士召爲同考官試已辭去十五年禮部主事劉庸舉恂明經老儒達於治體可備顧問召至京師時年八十餘上命爲文華殿大學士輔導東宮恂固辭上諭之曰以卿年高故授此職不久當從卿志恂復固辭翊日放歸恂受易于臨川吳澄得其所傳著易傳大義及西溪漫稿行世學者稱西溪先生（明史參分省人物考）

方良洪武初應召入京太祖問治安策條對累數千言悉稱旨意除太和縣令釐正風俗賑恤窮民以治行聞內擢不赴卒（吳志）

富好禮洪武初以鄉貢爲順慶府同知創街衢置坊巷戶口田糧悉賴經理遷知保甯府不赴歸（嘉興湯志參嘉禾徵獻錄）

朱逢吉字以貞洪武中以賢才薦知甯津縣有德政擢湖廣按察司僉事入爲大理寺丞永樂間與修高廟實錄陞僉都御史卒逢吉清介囊無遺錢長于文學著有牧民心鑑童子習及文集四卷（嘉禾徵獻錄）

貝瓊字廷琚性坦率篤志好學博通經史百家言師同邑黃次山會稽楊廉夫元季隱居敎授生徒甚衆年四十八始領鄉薦張士誠屢辟不就洪武初舉明經詔預修元史壬子出校浙江鄉試史成受賜歸六年以儒士舉除國子助敎瓊嘗慨古樂不作爲大韶賦以見志宋濂爲司業建議立四學並祀舜禹湯文爲先聖太祖旣納其說瓊復爲釋奠解駁之識者多是瓊議九年改官中都國子監敎勳臣子弟瓊學行素優將校武臣皆知禮重十一年致仕卒著有清江集四十卷子五翺翽翔以人才舉世其家學（明史參嘉禾徵獻錄）

程本立字原道少有大志讀書不事章句聞金華朱克修得考亭之傳于許謙往從之遊洪武初舉明經秀才除秦府引禮舍人補周府禮官進長史從王入覲被累謫雲南馬龍他郎甸長官司吏目留家大梁從一僕赴任會所部爲逆本立單騎入諭順逆利害衆感悅歸附是冬復變西平侯沐英布政司張紞屬本立行縣典兵事且撫且禦本立不避艱險山行野宿自楚雄姚安抵大理永昌鶴慶麗江往來綏輯軍民以安三十一年奏計入京徵入翰林預修太祖實錄遷右僉都御史建文三年坐失陪祀改江西按察副使未行聞靖難兵入京自縊死所著有巽隱集福王時贈太常卿謚忠介乾隆四

十二年賜謚節愍參欽定勝朝殉節諸臣錄大清一統志明史本傳

方旭洪武時薦授長汀知縣鋤梗噓弱吏民悅服歲饑窮民嘯聚劫掠御史議發兵征勦旭力爭止之開倉賑給諭以大義衆遂引散居官六載民愛之如父母旋以疾免歸父老涕泣遮道送之吳志

鄭楚瞻洪武中由學行薦歷官都察院右副都御史以持重稱崇德靳志

徐奇字仲偉洪武己卯舉人永樂初拜監察御史執法不避權勢時有國府不法奇察以聞陞交趾按察副使改陝西懲姦豪決疑獄頁頌神明引疾歸後西陲患盜復起爲陝西副使尋轉參政秦民莫不愛戴致仕歸卒崇德靳志參嘉禾徵獻錄

馬繼祖字紹先洪武癸酉舉人授巴縣教諭永樂初上封事稱旨遷知巴縣改全椒未赴以賢能被徵巴民疏請留之不獲尋擢睢州通判寬鹽禁恤鄆丁尤有惠于民告歸卒劉志參崇德靳志

姚文字敏學永樂乙未進士選庶吉士改禮部主事營建北京采木川蜀差蒞馬湖府措置有方略調行在戶曹凡天下漕運米粟及內郡所輸糧草悉屬督運請託不行宣德中罷調六曹官獨留文主文選事九年陞稽勳郎中時朝廷重郡守之選以兵部侍郎柴車薦出知慶遠府猺獞稱處文待以恩信修建山谷書院懷遠橋民爭趨役移守袁州嚴威廉正民不敢欺復先賢遺蹟橋梁壇壝靡廢不舉將代百姓詣闕請留詔賜以三品服俸仍聽守袁卒于官父老皆會哭于庭如喪父母文刻勵操行敭歷中外幾四十年一介不妄取在戶曹時有饋生魚而去者文歸亟追還之不及乃瘞諸壁以待其腐柳志參嘉禾徵獻錄

蔡新字日新永樂癸卯舉人以報父仇繫獄十三年其僕阿小訴于朝得釋除知慈利縣地雜猺苗難治新以威信服之境有虎患新禱于城隍往捕一夕虎遁去改臨淄有豪猾郭智張勝于翔者結黨撓政新寘之法吏民頌之劉志參嘉禾徵獻錄

陳禮字文則洪武己卯舉人永樂初入太學上考授戶科給事中交阯犯順奉命征之縛渠魁平其餘黨奏凱還道卒子謨于萬里外親負骨歸正統中以鄉貢知福安縣遷刑部主事

陸茲字廣文父榮祖避居石門鎮茲少負氣節好騎射習

孫吳兵法洪武初舉于鄉爲百戶累進指揮僉事後官至懷遠將軍弟端字正文剛毅沈勇洪武間輸運京師溺于江戶逆流而還容色不變鄉人立祠祀之

孫敬叔一作敬冲歲貢生永樂中知修武縣邑以豪強兼并訐訟不休敬叔勸農弭訟民戴之薦授景州同知地近藩戟頗爲中人所擾敬叔一意裁抑人皆憚其嚴正以上嘉禾徵獻錄

沈貴字廷臣永樂庚子舉人宣德間知汝州作陂堰溉田民享其利訐訟者理諭之雖豪猾服其仁信居官一介不苟考滿當遷汝人乞留復任十有二年汝州人士稱爲琴鶴先生卒于官立祠祀焉浙江通志參嘉禾徵獻錄

呂聲字廷和景泰甲戌進士知進賢縣至卽咨民隱規利弊興學校整風俗任滿民相率請于朝復任十有二載冰蘖之操終始一致以治行陞太僕寺丞上馬政五事見採納引疾歸浙江通志參劉志崇德洪志

勞玭字汝明成化丙戌進士任戶科給事中立朝侃侃遇事不顧忌諱嘗以直諫忤旨被責不少挫卒于家劉志參袁志

潘蕃字廷芳成化二年進士授刑部主事歷員外郎中沁源王與州官互訐持不解朝命下蕃涖事蕃廉知左右

撥置王狀因列其罪置之死雲南鎮守太監錢能攫金蠻部危動邊鄙由指揮盧安輩釀釁蕃往正盧安輩以法歸請并治錢能士論壯之已而出守安慶改鄖陽鄖陽初創界接陝洛流民歸者如市蕃因撫以土著遂稱善郡歷晉右副都御史撫四川申飭軍政倖功生事者悉治之常單車行視松茂夷人莫敢輕出陟右都御史總督兩廣節制特嚴一號令出卽大將不敢喘息方面而下稍違約束必召軍正治以法不少貸黎寇符南蛇等衆號數萬蕃親統兵迎擊大破之蠻氛以息思恩知府岑濬叛蕃籌其所居道里遠近分六哨以進濬遂伏

誅豐湖十三村猺寇及惠州石三仔冑大鬢等阻兵肆
亂蕃督率部兵掩擊殲其渠魁餘黨灰滅在廣五年屢
大戰伐前後斬賊無算正德改元召拜南刑部尚書時
逆瑾稔横蕃堅求去命乘驛歸年七十九卒嘉靖年賜
祭葬檇李往哲初編
姚鵬字鳴南宏治壬戌進士授龍溪知縣有豪猾横行鵬
至卽按以法百姓安枕歲饑捐賑活民擢工部主事榷
稅蕪湖羨餘不染歷員外郎中巡視河道督理有功商
民咸利出守韶州釐革積弊老吏悚息時廣寇高快馬
長朱白毛者嘯聚數千人鵬往平之又峇猛據險作亂
莫敢攖其鋒鵬深入其巢圖其形勢而出佐王文成守
仁進兵除勦陞山東布政使勤王事卒劉志參袁志
魏楷字良模正德庚午領歲薦知順昌縣質直勤慎冰蘗
自持有民懷集
勞樟字奇材正德庚午舉人授萬年知縣勸農講學剔蠹
綏良調羅田南陽盜發築城死守有保障功後補新淦
以按豪猾被誣下獄尋得白陞贛州同知奉命督木卒
于道羅人思之祀名宦以上崇德新志
張璵字叔美正德丁丑進士授南刑部主事中途辭以疾
祖母督之行璵執法剛介竟以直道忤權貴遂致仕家

居三十餘年所居不蔽風雨薄田僅供饘粥著有南溪
集子堯臣有學行以鄉貢爲太平府教授武臣國子生
太常寺引禮舍人劉志參嘉禾徵獻錄
張文憲字廷鑑曾祖光顯洪武間充肅府護衛文憲七歲
工八法以神童薦于朝孝宗召試乾坤二大字稱旨令
讀書翰林給餼廩一時名公呼爲小友嘉靖癸未成進
士終工部尚書端凝詳慎正直不阿侍經筵國史玉牒
諸綸綍多出其手服官四十年囊無餘積晏如也弟姪
同居不減公藝風年八十七卒遣官諭祭有司治塋域
又刻其没山文集子汝賢進士浙江通志
周崑字孟登嘉靖癸未進士授玉山令有妻殺夫獄不能
決崑庭訊之忽一羊突入長鳴者三崑于兩傍觀者縛
三人鞫之立服士人爲賦靈羊詩一少年挾豔婦從喪
崑見其不哀廉得其與主妾姦狀寘之法調進賢邑有
盜魁蹤蹟詭祕崑僞爲出遊抵鄉捕得數其罪杖殺之
人稱神明召拜吏科給事擢刑科都諫上書論兵皆可
施用巡視京營諸勳戚畏避莫敢犯時都御史劉源清
御史馮恩行人薛侃相繼下獄崑獨正言申救都督袁
繼勳臨敵不力戰劾之尋罷歸卒年五十八子幹仕至
郡倅嘉禾徵獻錄參豫章書

呂燧字人文國子生嘉靖中授靖州同知律己嚴毅州所屬五開衛有六譁苗人胡國瑞等號稱歎頭驍橫難馭以計擒其尤者一人戮之幽本衛守備據黎平府以叛燧單騎往諭以禍福不戰而服事聞有旨奬勞賜金以疾致仕歸卒嘉禾徵獻錄

沈宏字惟遠嘉靖乙未進士初授刑部主事歷武選郎中陞廣西副使時峒猺剽亂勒兵深入有斬馘功賜白金文綺尋擢廣東按察使性謙和質實雖貴顯一如寒士劉志參袁志

郭鼎字文新父皜徙家崇德鼎以高貧充太學生上考授

雲南府推官負清望多平反疑獄遷福建鹽運司運副亦著風節乞休卒

余田字舜耕嘉靖庚戌進士授禮部主事釐弊明法有能聲歷本部員外郎出爲四川右參議時征山賊黃忠督餉有功

呂煥字堯文嘉靖中以太學生授廣東靈山縣丞採珠合浦以部署敏捷陞贛州府經歷署甯都石城龍南三縣有異政遷保定知縣縣有馬價若干煥以民貧不征御史按郡檄解煥召父老謂之曰馬價甚迫吾不忍迫呼能供則供之不能吾挂冠去矣父老感泣一日畢納明旦御史案籍無鈌額特薦卓異第一縣無城郭適寇闖郊闉勢莫能禦煥立營死守寇竟去隨議築城尋判辰州有靖苗功賜白金進山西行太僕寺丞以親老乞休以上嘉禾徵獻錄

呂炯字心文號雅山嘉靖乙卯舉人萬歷初知泰興縣有議改運道由常州經泰興而出楊子橋者工役之費不貲炯力持不可事遂寢不兩月即投劾歸士民尸祝之炯性純厚無親踈遠近有求者必周之卒至貧乏終不悔也博學無所不通著有道德經解山林漫言藝苑日錄素心居集王司寇世貞銘其墓嘉禾徵獻錄參石門鄭志

郭子直字舜舉號汾源鼎子十六始學易補諸生隆慶初貢入北雍辛未成進士官祠曹坐事謫懷仁尉檄主雲中書院拔馮宗伯琦於童子中量移尉氏知縣分校文武闈稱得人再起爲南兵部郎出督廣東學政攝南韶道僉事時虔寇黨復嘯聚子直撫得盜魁平之論功賜金轉山西冀甯道參議調福建按察使副使同安縣民訛言日本長史申文將入寇民洶洶奔避子直爲畫民守計事甫定以事被謫歸招里中文士爲殳山詩社著有二京三浙中林諸集行世嘉禾徵獻錄

李華春字仲實其先溫陵人隆慶辛未進士知安仁縣政

聲藉甚有烏晝夜鳴於庭樹蹤跡之獲謀死二屍于水獄成而鳴止人稱神君城中火下車再拜風反火滅改南城以勞瘁著有牧吏放衙集（袁志參崇德靳志）

陸楷字子正萬歷癸酉舉人知豐潤縣巡撫蹇達大加器重時巡撫李材在繫遣子典往受經焉遷蘇州府同知以勞瘁卒楷行誼端慤遇事不依違所至有循良聲惜不究于用（袁志參石門鄺志）

趙巖字維石其先吳人少隨父聰賈于崇德因家焉萬歷壬戌進士授九江府推官時有宗藩橫行郡內巖繩之以法一時豪右聞風避蹟召爲侍御史督逋三輔山東

西關河五省以彈糾忤時謫判武定州歷江西屯田僉事卒于官王奉常世懋銘其墓（吳志參嘉禾徵獻錄）

陸典字仰峰楷子受學于李見羅日究濂洛關閩之傳萬歷辛丑成進士知江西贛縣調豐城所至勞心撫字暇則與諸生講學孜孜不休改山東定陶知縣入爲刑部主事恤刑畿輔多所平反有司循故事以路贐相遺者概卻不受出知潮州府民戴之以爲昌黎復生轉惠潮副使未幾引疾歸卒典勤慎清介動循規矱其論格物歸仁之理多前賢所未發不究其用人爭惜之（石門鄺志參嘉禾徵獻錄）

尤拔俊萬歷甲午舉人知安仁縣土本瘠隘當水陸之衝民苦于役俊即爲量減停徵務爲休息邑少科目乃拓城于泮宮之南建一門曰雲錦以延山川之秀自後科名始盛入覲過湖口縣見榷稅爲民害即抗疏乞罷之事雖不行一時以爲快論（嘉禾徵獻錄）

吳中台字稚文郡子萬歷壬子舉人授龍游教諭時泮宮頹廢中台傾資重建科第日盛遷知建平縣俗好訟最黠者有罡煞之名中台按捕之遂息邑人爲撰鳳凰臺紀事以勞卒于官著有寄軒集飛隱草（石門鄺志）

勞永嘉字金粟萬歷辛丑進士知蕪湖縣有稅璫爲害永

嘉力爲禁戢不得逞以才優調當塗擢刑部郎屬獻梃擊一案善爲調停改補虞衡司郎中典戎器釐剔弊政省縣官金錢十餘萬器反勝曩時出守福州福州爲時執政鄉永嘉清慎方嚴不敢干以私調貴州參議苗獠不靖親率文武將吏拔寨三十開縣一以功遷登萊分巡副使汰冗兵賑饑民撫字備至擢本省按察使會賊陷新城人情洶洶即檄州縣繕城郭備器械衆志以固賊覘知有備不敢犯寇平論保障功轉本省布政使時兵火逃亡徵餉急不能應永嘉調治有方餉賴以濟歷東萊巡撫以老疾不赴歸歲饑代輸邑人漕粟幾千石

衆共德之年六十四卒嘉禾徵獻錄參石門鄺志

沈大德字光野萬歷戊子舉人知南靖縣時值寇至且三經水患民苦蕩析大德靖輯整頓卒成甯宇禮儒士約吏胥興利剔弊得上考賜金擢南都司城以不逢迎被察改外歸歲禝屢倡蠲賑贖驛宰之子剖族人之冤有德于鄉南靖士民建生祠崇祀名宦石門鄺志

費彥芳字爾英萬歷癸卯舉人知隆德縣崇禎癸酉海賊入平凉界破靜甯州來攻隆德直薄土城彥芳倉猝爲守禦計城無兵乃斷一指瀝血爲書乞救于分守固原參政陸夢龍夢龍星夜率兵援遇賊于綏德城下全軍

皆歿夢龍死之賊遂破隆德彥芳封印北面再拜欲自縊賊掩至被執罵不絕口賊剜殺之詔贈靜甯州知州廕一子入監

國朝乾隆四十二年欽定勝朝殉節

賜諡烈愍諸臣錄參嘉禾徵獻錄

吳之屏字澹生號謏齋少力學從武林黃汝亨遊深究性理之學研精經史爲文氣格疎古天啟壬戌進士授建昌新城知縣清賦稅免夫役民感惠愛調南城縣發奸摘伏不畏強禦益藩府校侵百姓持之不少貸丁卯分校得羅萬藻黎元寬稱知人遷禮部郎崇禎改元諸大

禮疏悉出其手出爲福建糧道改督學斥浮濫絕請託務羅異才轉廣東驛傳道未任部民乞留値歲饑多方捐賑民賴以全擢巡撫歸卒祀鄉賢石門鄺志參嘉禾徵獻錄

費洵萬歷癸酉舉人授岳州府推官頗平反諸寃獄以是忤上官罷歸嘉禾徵獻錄

呂元學字澹津萬歷庚子舉人知繁昌縣介特自守除豪右與民休息數年解組歸惠鰥寡卹貧乏歲凶邑人免于飢寒者無算晚年寄情泉石絕蹟朝市孝友忠貞不忝正獻家風石門鄺志

吳爾壎字介子案舊浙江通志作介之屏子崇禎癸未進士授庶

吉士時闖賊警逼大學士范景文薦爾壎召對德政殿問守禦之策爾壎請遣間使于西邊土司李曾祁三姓假之重職使起兵牽制賊鋒以待援兵未及行京師破爾壎與孝廉祝淵間道南歸見督師史可法于揚州誓從討賊因與淵訣拔佩刀斷一指令歸遺父母賊仇未雪誓不還矣可法乃令爾壎招撫河南諸土寨擒勦自成僞署官吏聞維揚被圍遂還見可法相對痛哭城陷可法死爾壎與監紀主事何剛同死之棺寄寺中遭燬僅祝淵所攜一指家人葬于塋爾壎嘗輯史傳死節諸人各係以贊名曰仁書藏于家嘉禾徵獻錄

曹廣字遠思與兄序稱二難弱冠登崇禎庚辰進士授汀州推官能淸寃獄在官五載一介不擾于民調漳州漳浦黃道周愼許可獨心折廣作文治論贈之擢刑部主事以母老辭歸倡修學宮周恤貧乏嘗舉故人葬并爲其子納婦巡撫李某重其行時問起居而廣未嘗干以私（吳志參石門鄉志）

朱得祚字峨武博學善屬文崇禎丁丑進士知甯德縣下車除賦稅羨餘淸兼并抑豪右俗刁善訟每憤爭輒服毒艸祚嚴禁之終其任無犯者邑有支提寺明初邑尚書捐田五百畝邑後凋落子孫從僧乞佃租稍後每掠

辱之繫其孫于黑室中祚廉得其實立正以典將遷以黨事左謫常州府經歷署蘇州同知有宦族女爲洞庭僧所汚羞忿自經死祚執而杖殺之量移泰甯縣吏連枝者曾鴆殺其前官祚至擒之一訊而服擢刑部主事調禮部員外郎致仕歸（嘉禾徵獻錄）

吳夢白字可黃中台子敦氣節不隨時俗取舍崇禎癸未進士除吳縣令縣爲往來孔道夢白䘏意撫綏節省夫役驛馬諸費民咸便之國破挂冠歸里（吳志參嘉禾徵獻錄）

顧朱字自公崇禎癸未進士倪元璐劉宗周深器重之早中謁選授行人淸餉兩浙南都潰志堅殉國無去意明年越城復潰獨行至海門無舟可渡乃還乾谿從間道歸當路者爭欲起之不應家居貧甚泊如也鄉薦出李向中門李殉義洲山家屬流離率先與同門士經紀其喪迎歸撫恤十餘年送之歸楚生平銳意六經尤喜春秋著有詩書易解春秋本義石璘詩集（吳志參石門鄉志）

吳尚倫字敘庵貢生性孝友善屬文雅度汪洋人以橫逆加之未嘗與較家非素封每能焚券市義爲人所難任永甯州同知勸撫字州人至今頌其德

沈國字九如天啟乙丑會試副榜授湯溪教諭陞湖廣甯鄉知縣剔弊除奸恤民禮士徵賦不擾斷獄無寃頌聲

交作丁艱起補川北蒼溪西屬要衝屢經兵燹竭心撫字之上官交薦遷重慶同知流賊攻城多方防禦京都陷乃棄官歸

國朝

鍾鼎字梅城崇禎丁丑進士知涇縣順治初歷陞太平府兵殘之後調劑獲安遷廣東按察使詳詢民寃委曲開釋粵人有生全之感晉兵部侍郎卒于官鼎待人以恕撫民以慈天性和厚坦懷眞摯爲文亦不事鉤棘如其爲人（以上石門鄉志）

朱輔字伯揆博學善屬文三中副車順治戊子以薦授推

官改知壺關縣歲旱發倉賑濟疏南北兩池水利興學校修邑乘民永賴之奏最遷簡州知州卒于途祟祀名官著有從政錄紉蘭集袁志參吳志石門鄺志

勞大輿字會三順治辛卯鄉舉任永嘉教諭學問淵邃嘗應聘爲福建房考官旋補海甯教諭卒年八十一于志

陳之烈字濬如以副貢授青田教諭改嘉定縣丞平恕愛民民呼陳父遷同安知縣以年老辭歸與知交賦詩飲酒以自適

張行生字道毋順治間貢生考選通判改授中牟縣丞河決晝夜修築上官廉其勤敏薦陞淮安海防歲旱賑濟

蘆場竈戶有糧賦不均者履畝丈實隱佔一清擢淮安知府郡當孔道往來使者如織兼漕艘蝻集民貧健訟最稱難治行生緩刑恤役清慎自持所轄州縣每巡行省視以積勞成疾卒于官以上石門鄺志

朱霞字石年輔子順治乙未進士任汀州推官自持嚴峻人莫敢干以私早歲遊劉宗周之門講論甚契故所學多實行邑有興革輒條之當事侃侃不回弟雯字裔三康熙甲辰進士初授孝感知縣陞江甯同知擢山東督學轉濟東道篤於同氣兄歿撫其姪如子爲人敦厚和平布衣舊交不改平素吳志

鍾朗字玉行父景音慷慨好施力行善事朗順治己亥進士授翰林改工部主事出視江南蘆政蘆故奸猾弊藪強弱輸賦不等積逋至二十萬時方遣使者督令清丈朗偕使者按籍履畝查出豪富侵佔胥吏飛灑等弊陳請豁免貧戶積欠數萬兩歷刑部郎中陝西提學道嚴絕苞苴振興文教陞布政司參議致仕浙江通志

勞之辨字書升康熙甲辰進士由庶吉士改部郎主江南試督學山左以總憲魏果敏公薦補貴州糧驛道量移嶺南旋內擢歷官至副都御史竭誠獻替知無不言戊子歲外洋運米江浙市價騰湧疏請暫嚴海禁價得漸

平又各省截漕恐太倉額缺時議以半銀半米給兵糧京師億萬戶賴兵餘米以養若給半銀兵固缺糧民更無米疏請照舊給發人咸賴之每奏事未嘗示人人亦罔知被議罷斥尋復原官卒于家吳志

吳震方字右郘康熙丙辰進士由庶吉士改御史京師多無賴糾黨爭鬬震方嚴禁之鯁直敢諫以參關弊罷官有放膽詩晚樹樓詩稿行世浙江通志參吳志

鍾璜字佩遠康熙丙辰進士由中書陞刑部主事擢禮部郎中廉介勤敏以勞瘁卒吳志

金之植字卓人康熙丁巳舉人授杭州府教授補河南尉

氏縣縣當孔道驛騎不絕植捐俸買騾以供往來革里遞書貼之累地近窪下疏通康溝太溝買曾河達淮泗而積潦之困免民便之平居樂易臨事明察能決獄嘗有盜斃孤客水際詞讞捕同舟將坐之植力爭免無辜者鳳陽徐姓兄弟二人 于志

吳寶林字存齋之振子由貢任河津令甲申旱不待請即停徵貸粟禱烈日中不終日澍雨沾足歲大稔遷嵩明知州有弟兄五人爭產訟不休寶林共羈一室俾天良感悟不數日果愧悔相讓陞奉天府治中以親老歸省卒于家今祀鄉賢祠 于志

吳涵字容大康熙壬戌進士授編修歷副都御史疏請禁止湖南加派安插四川流民陞工部侍郎理寶源局時以鑄錢故採買廢銅銅商趨利吏得爲奸涵設籤聽商自挈商人稱便轉刑部審察蒲臺命案粵東提鎮失機皆稱

旨進吏部侍郎兼翰林掌院學士遇銓選一月前預列應選應補姓名次序揭於通衢吏不得上下其手又念舉人揀選或至終身不得一官疏請單月兼選著爲令尋陞左都御史仍兼掌院以病歸卒

賜祭葬 大清一統志 參浙江通志

田朝鼎字象山讀書穎悟康熙甲午登賢書歷宰長甯江油晁甯涪州遂甯等縣所至有廉能聲遂甯育嬰堂久廢捐俸重建纂修邑志悉出己資卒于任

曹坤柄字景厚康熙三十九年訓導湖州武康學甫任即作規語六條名曰相見贈交箋取古人贈人以言之義歲科補弟子員例餽脩脯坤柄謂師道之衰實由此謝卻之病目欲歸多士懇切挽留 湖州府武康縣劉志

吳關杰字見山涵子康熙丙戌進士由翰林出知兗州府時沂州濟甯一帶尚未分析所屬二十七州縣新太守涖任各有餽遺不下數萬金關杰盡卻之府中掛名書役舊有三千餘人皆橫行鄉里索詐多端甫下車即爲裁汰酌留數十名以供驅使一切夫馬官自爲雇備禁止吏胥加派歲饑督率各屬實心撫卹間有賣子女者爲分俸贖還內擢鴻臚寺少卿以病歸年七十六卒 于志

吳大成字焦庵寶林子任蕭縣知縣愛民禮士政聲蔚然徐屬有調夫役河之例民以棄家遠役爲苦屢投牒願出雇工錢募就近人充役上官格于成例不許大成力爭得請由是豐沛碭蕭四邑均蒙其利康熙六十年開胡家樓引河雍正五年開碭山縣茅成舖引河皆晝夜在工所督率大役開濬并捐資創修俾迅速竣工民甚

德之蕭邑冰雹橫亘三十里田廬損壞捐銀賑粥者三月吳門任蘭枝官吏部以大成覩官如家力行保舉由京倉監督歷大西諸倉諸弊盡剔勾稽出入井井有條倉場諸大臣俱極器重方將上計以母病乞歸于志

陳鑣字卯君性好學雍正丙午舉人授內閣中書歷任廣西崇善興業知縣升歸順甯明知州任甯明有趙生與同庠生周德出遊趙死于盜趙妻訟周殺夫已誣服鑣泣任察其寃果獲盜實諸法周寃乃白升雲南府知府署迤東道疏濬金沙江化瘠土為膏腴鎮撫猓夷不煩一兵士民感頌立有專祠以終養請告歸年六十八卒于志

沈天璣字星杓雍正己酉由拔貢領鄉薦歷任滎澤新野臨漳知縣所至有循聲伊志

陳錕字厚巖雍正壬子舉人歷任臨朐金鄉東平泰安等州縣所至有政聲在商河任最久邑為黃河故道有徒駭馬頰并土河三道久經淤廢又有七十二窪水涸之時民皆畊種一經大雨則湮沒無存錕相度地勢多濬溝渠俾七十二窪之水引入三河復將三河深濬以備蓄水自此無淫潦之患後以卓薦陞廣西梧州知州未及赴任而卒于志

田朝泰字隣哉初任湖南武障巡檢調永順之王郵王郵故施溶土司境撫綏盡善四境帖然其在隻底購竹木創官署絲毫不以累民告歸年八十三卒

葉棠字香國乾隆辛未進士授工部主事歷員外擢甯武守劉革陋規殆盡未半載以憂去補兗州守值秋霪金鄉魚臺汶上一帶黃水匯流民田廬舍淹沒棠晝夜防禦悉心賑恤嘗謂濟甯水無所歸當疏牛頭湖下流以洩之前守從觀察之議築堤湖中以止漫溢功未竣而去糜民財盈萬棠任事後急止之不數月而已築之堤盡沒于水棠乃濬河下流以殺其勢又徵山湖豬水濟

運亦洩兗之金嘉魚濟因湖底淤高遇秋汛民田被淹乃相度情形詳請河帥豫撫奏明設立滚水閘水與閘平濟運已足而地亦免水淹矣歸田後杜門謝客年七十四卒

田尹衡字樂莘乾隆癸酉領鄉薦考授中書舍人歷湖北荆州府同知權知施南府事均有惠政後攝福州守因公詿誤旋值臺匪滋事經理一切善後事宜以軍功優敘給銜歸

蔡履元字萬資幼嗜學乾隆癸未進士由戶部主事陞湖廣道御史居官二十載以勤慎稱善書有資敬堂帖行

馬俊良字兼三幼穎悟九歲能詩乾隆辛巳進士掌敎粵東西及山左右江西浙東所至以經學造士中甲乙榜者數十人性慷慨好施在粵時遇姪女壻吳某流落無依給資俾營生計未幾吳死遺孤三歲俊良攜至書院撫養課讀以至成立有嵰山詩鈔及龍威祕書諸刻行世

吳震起字省吾父日熗增廣生有至行嘗葬族人十三櫬并捐田以供祭祀震起明敏力學乾隆辛卯進士歷刑部郎中日覽積案纖悉靡遺不數月而塵牘一空 以上伊志

周彪字于宣號介山諸生讀書以明理爲務文行卓犖士林矜式歿後與歷代名賢並祀西湖先覺堂 于志

鄭柟號粲石登乾隆辛卯進士授吏部考功司主事遷國子監丞授大名府通判署漳河同知性寬和接物以誠聽訟未嘗妄攝一人

周右民任廣西馬平縣典史境南多虎行人裹足右民捐俸造茆屋數十間列于要隘置備農具口糧令配到軍流等人開墾荒田士人來投者日衆經年遂成村落從此虎患絕里人感其德立祠以祀名其地曰周公村

陳萬青字遠山乾隆辛丑以第二人及第少敏悟讀書十行並下未冠即入泮食餼由選拔登京兆榜成進士入詞垣歷侍讀嘗奉
敕寫孝經屢典江西山東廣東鄉試視學陝甘卒于官 以上伊志

勞幼溥字溥哉歲貢生性孝友好讀書晚年潛心濂洛關閩之學著有惕號齋四書豁然集默樞詩集 于志

陳萬全字軼羣乾隆甲辰進士由編修歷陞兵部侍郎幼好讀書與兄萬青同學兄以天資勝弟以學力勝爲文守先輩法脈官翰林時
命在尚書房行走前後分校禮闈者二出典河南江南鄉試得士稱極盛後以病乞歸年五十六卒平居敦樸儉約雖

躋貴顯不改儒素本色訓族中子弟必以禮義爲先 于志

陳渼字皖青乾隆甲辰進士出知肇昌府以任儀制司失察事改祁州知州轉深州易州升廣東運同未蒞任緣事罷職牧祁州時歲屢不登賑撫招集民無轉徙工詩善畫著有被褐集二分明月集曇花集隴雲集竿木集 于志

吳文照號香竺乾隆戊申舉人由教習任新興令愛民如子凡有益事輒舉之時苦鹽運有議開天堂等處地方豬水以轉運民大不便文照力請罷之蠣塘村爲新興要地積匪拒捕傷役大憲命帶兵圍之文照以煙戶數

千會營必至玉石俱焚單騎往緝果擒其魁全免甚衆移香山以獲盜功擢知州任惠州同知生平工詩善書著有在山草堂集行世于志

胡枚字友鄒號梁園宋安定公二十七世孫生質異敏幼年好學出應縣府試卽冠一軍補諸生食廩餼充選拔成乾隆乙卯進士受知于朱相國珪竇總憲光鼐初官中書旋遷主政直入樞庭分校禮闈閱卷不苟得羅琦等二十二士皆一時才望及視學黔陽尤實心校士蔵値選拔得品學兼優王玥等七十三人稱極盛焉當時黎平苗人藉爭學額之名擾害平民迺移知撫軍會勦

復剴切開導奏定額數漢苗均分苗境從此肅清任滿擢員外郎郎陞郎中記名御史時年五十七歲以忠勤積勞成疾遂卒於官居官二十餘年妻孥終令在家事親未嘗一日挈以自奉初伯兄叔弟俱病瘵禱醫備至歿後有鶺鴒志感一卷詞意甚慘又請 貤封伯兄其孝友又如此著有古文時藝詩賦及歷代史評均刊行世于志

吳于宣字浚明乾隆丁未進士授知縣歷陞刑部郎中才識英敏通達吏治事無大小綜覈靡遺官邑令時以能聲著山左內擢刑曹每遇

欽差大員往各省審案必奏請于宣偕往如湖南湖北山西陝西山東諸案于宣悉心研鞫平反頗多定案後入奏俱稱

旨俸滿授揚州守護理常鎮通道篆時洪湖水漲揚屬大半被淹運河堤工蟄塌于宣購料積土督率防護并籌辦賑恤冒暑奔馳以勞瘁致疾卒于官善書法嘗典福建鄉試所拔皆知名士于志

許瀚字紫瀾乾隆己酉拔貢出知江都甘泉阜甯山陽諸縣政尚寬和搏擊豪猾仍不貸淮有豪家女幼許字生員鄭榜既長豪知鄭貧欲背約鄭訟之官適瀚至豪懼

炫以重賂瀚佯諾及庭鞫時卽以賂歸鄭而判令成婚遠近快之丙午兩淮大飢瀚旣上請緩徵借給籽糧復捐廉率紳士施粥給米病者爲之醫藥民瀕死而甦者數千人以積勞成疾卒于官生平工詩文尤精書法有留眞書屋文二卷詩一卷書法集要一卷于志

蔡德淯字樸園嘉慶壬戌進士任山東齊東知縣性慈而勤無不結之訟長於斷獄不妄刑求鋤豪右杜訟棍裁陋規除布稅尤重士習修葺學宮清釐義學公田以資膏火旋以親老引疾歸于志

沈煋字辰令由鄉舉任餘姚敎諭實心訓士多所造就常

應聘江南房考官現祀餘姚名宦于志

金標字次表性穎異孝友力學以副貢生任舞陽令除重耗墾荒土以報最稱歷常化郡丞時逆氛未殄大兵猶駐建川標捧檄籌畫輸輓制府嘉其能擢青州守青瀕海亢悍標善撫之兩署按察司副使分巡青登萊三郡母病告歸于志

吳曾貫號澗蒓由優貢成嘉慶丁丑進士始任陝西盩厔縣實行保甲法道光壬午秋雨傷穀捐廉賑之調渭南有孝義鎮民兄弟爭產訟十餘年親至其門委曲開導皆感泣復爲兄弟如初攝甯陝同知以疾假歸年七十六卒著有補硯齋詩集仕津要言渭南河渠考等書于志

葉淮字倬雲由末入流分發陝西旋因張格爾滋事派往肅州哈密管理糧臺接運軍器以軍功超升略陽縣丞邑有黑河民病於涉盛漲時多溺死者淮爲捐設義渡從此利濟復教民蠶植桑樹四十餘萬株民勤蠶事署略陽知縣捐廉平鳥道羊腸數十里以通行旅士民感頌升平利知縣卒於官終任不名一錢宦橐如洗于志

胡紳字書漁號蔬畦贈君鳴球之遺腹子賴母沈宜人苦節撫育成立官至光祿寺署正爲母請

旌一生善承母志周恤困窮厚待戚友居官矢公矢慎年四十五歲會京師饑僅奉

旨平糶日夜襄辦積勞成疾遂歿於官朝野惜之于志

鍾城字斗南天姿超邁年十三游泮以拔貢選授湖南澧州州判洞庭內湖多水患城築土牛植楊枝以固堤身瀕湖之民多賴以安因老乞歸生平好善偕同邑諸人爲惜字會剏崇文堂于志

陳萬森字毅堂援例授通判署安慶江防同知盜賊竊發緝拿不得致疑於外來軍流徒犯乃夜扃鎖晝釋之任謀食盜卒少止補太平府督糧通判杜絕苞苴旂丁斂迹省垣書院膏火田租積欠千餘石與諸佃約豁陳

征新佃感悅隨署府篆質庫主某以涉訟潛獻五千金爲壽怒斥之仍廉知其寃力爲昭雪署滁州有油坊傭工病死仇家誣以故殺不爲所惑署泗州泗處下流每秋漲例請賑恤然實虛冊報銷也上陳其狀中丞某笑爲迂因荅曰某年老止一子不願侵賑以隱慝貽子孫戇言觸怒將摭拾他事劾之會中丞以艱去事乃解方伯德公稱爲好男子道光三年江南大水溺屍蔽江下爲捐俸埋之有太守姚某氣燄張甚欲邀致之卒不往後姚緣事發遣無相顧者餽遺獨厚卒年七十六潞河白尚書鎔銘其墓曰君之守絕一塵君之惠盎如春非

虛語也兄棨號洛如劾力 四庫館議敘布政司經歷分發直隸聞父喪馳歸哀毀鬢髮猝白服除補河間府經歷值大旱婉諷郡守破成例開倉撫卹有長孺風著爲政須知若干卷新纂

楊廷枀字堯眉博聞强識精于史學酷嗜資治通鑑評註殆遍一千三百六十餘年之事了然于心腕然于口喜爲文老而益力年五十三領鄉薦任嚴州府學訓導與諸生講貫娓娓不倦年八十卒于官于志

吳爲鼎字士衡由豫工例官灤州吏目捕蝗著績列荐剡時州牧被糾下獄眷屬困于灤陽出厚貲送歸里有友

人緣事擬重辟以家書并千金付爲鼎囑召其子至以五百貽子五百酬爲鼎予來則悉授之子以父命固請爲鼎曰吾不忍因友禍而取財也卒不受于志

史復心號葵陽性誠慤不苟言笑好學至老彌篤年逾六十始登嘉慶丁卯科賢書獎勵後進不遺餘力遊門牆者靡不斧削成材卒年九十著有晩香堂稾于志

陳琬字瑤圃遊幕山東定陶縣嘉慶十八年東匪作亂琬被執罵賊不屈爲賊所害事聞嘉慶二十一年奉

旨入祀忠義孝弟祠于志

陳鳳字汎均年十五隨父琬客定陶嘉慶十八年東匪作亂鳳見父被戕慘死呼號痛詈亦同時被難事聞嘉慶二十一年奉

旨嘉其忠孝准與其父琬並入忠義孝弟祠于志

馬珮愉字玉如貢生少頴悟博涉經史善詩古文淡于仕進性寬和生平無疾言遽色家居敦行植品以載籍自娛年八十二卒著有芝田吟草于志

陳鑑渟萬全子隨父寓京師肆力于古文時與諸前輩討論而學益邃後歸里愈自刻厲靑氈自守無貴介氣于志

陳鰲字冠山充 實錄館謄錄以鹽大使發福建歷官洒洲前江下里惠安石馬場大使升同安縣知縣署

光澤縣事才識優裕其理鹺也裁擘費清滯銷恤灶惠商而課無不最其治縣也平獄訟興教化勸民勸學而事無不舉民爲立生祠於烏石山以養親歸先意承志有異母妹二人厚待如同胞孝友敦睦鄉無閒言緣事罷職宦槖蕭然以不能如范文正創立義莊爲恨迨子其元由校官擢縣令歴宰煩劇建立義莊收租贍族克成先志云新纂

蔡恩孚廪貢生候選訓導晩歲娛詩著有半桐室吟稿平生樂善好施咸豐中團防出力加國子監學正銜同治三年以孝廉方正徵辟不就新纂

馬鳳梧字不語以運判需次兩淮道光辛丑英夷犯江南將抵金陵揚州震恐鳳梧謁運使昌言於庭曰公爲大吏脫賊至當死節一座大驚會事解衆服其膽識咸豐三年江甯破揚鎭隨陷鳳梧書絕命詞置硯匣下投水死 忠義錄

陸丐逸其名賣藥爲生衣服藍縷如丐因以丐呼之咸豐庚申邑城陷丐與西鄉民團賊至屆家浜丐厲聲曰吾誓死于此矣持械直前斃數賊賊圍之升屋擲瓦擊賊罵不絕口中鎗死 新纂

孝義

宋

陸塤字子應其先高郵人建炎避地始居崇德父承議光弼以長者稱塤醇厚出于天性事繼母孝從叔唐老不及仕而卒叔母趙無依迎養敬事二十年如一日與弟祕書垓同居友愛甚篤弟先没念之不忘扁墓庵曰懷取孔懷之義程內翰珌爲記 柳志

趙不求號守一道人宋濮王元佐五世孫建炎間與其子善應避地邑之洲錢遂卜居焉孫汝愚生于寺橋南之民舍汝愚貴贈不求太師申國公

趙善應字彥遠工詩翰集文士結社流離感慨見諸篇什性純孝嘗刺血和藥愈母疾母畏雷雷輒走護之寒夜歸恐驚門踰母露坐達旦家貧諸弟未製衣不敢製一瓜果必相待共嘗之母喪哀毀骨立父病肺終諸肺不以膳母官江西兵馬都監每四方水旱警報輒不食同官燕會曰此豈樂飲時耶收故人孤女爲己子葬同僚死不克葬者煮藥療病施食賑饑所居夏不去草冬不破壞懼傷蟲蝥陳俊卿題其墓曰篤行

張汝昌字士隆官迪功郎懿行推重鄉邦九善庭訓子四孫十一曾孫伯滔萑皆以儒術顯時張子修卜築石門

汝昌品望相埒稱東西二張

范瑄字伯璋好讀書遍求古先文集摘取有關世風者名勤省錄平生古朴守禮燕居不褻服烈暑亦不解衣家法嚴整友愛二弟彌篤卒年八十三以上崇德靳志

王琮字伯玉紹興間進士第以孝友稱官至左司至元志

蔡材僊遊人倅平江貧不能歸借居語溪因占籍焉子熙合孝感嘗辨寃獄受誣者七人時稱廉平熙没于官其子閎開闢闡以同居共誓雖貴顯終亡私槖扁堂曰怡世以孝友推其門崇德靳志

吳三五滈䄇癸卯春父疾苦于痢藥禱弗愈乃割股和粥

以進父食而甘之痢遂止詔旌其門

潘十三割股和粥以療母疾有司欲陳其事以旌之力辭曰事母我分内事也初何心求知於人人尤重之

錢四十二母有疾湯藥弗愈每夜禱于天幸延母年病日以篤遂煮粥割股而投諸中母甘其味翌日遂愈詔旌異之

范圭舊志作逕檢范奎事親貧無以供甘旨必力致之母遘疾藥久弗愈割股和粥母食覺味異不數日而體健詔旌其門

施二事母病久不解帶巫醫屢易罔效乃夜焚香籲天願滅己算以益母壽又密割股肉和米粥食之母遂愈詔旌其門以上柳志

陳嗣宗字奉先歲饑賑粟千石恩賜冠帶有孫曰綱字秉倫散穀濟貧恩賜義官鄉里德之肖象殳山伊志

元

濮鑑字明之大德丁未浙西大水民苦饑鑑出粟三千石以食饑者所活甚衆有司上其事給授富陽稅務官擢淮安路屯田打捕同知提舉劉志

吳英皇慶初卽縣東南運河左周廣千畝搆屋六十楹延師集友與鄉閭子弟共學名曰延陵義塾中塑聖賢像

乃撥田五頃供春秋祀事及師生廩餼之費旌爲義門崇德靳志

程德剛字克柔本立父通法律負才氣元將路成兵過阜林暴掠德剛爲陳利害兵將俱戢欲奏官之疾辭結茅張蕩旁植高柳自號柳莊吳志

譚景文豪俠好義元季盜起景文召募鄉兵屯于石門鎮之接待寺又令長子顯一分屯于候長橋東西守望互相應援羣盜不敢窺伺一方藉以安堵後設主接待寺歲時祀之伊志

明

費敬字行簡大理寺副凡疑獄必詳讞以求其生兩考餘
平反計活三十餘人時薛瑄爲少卿甚推重之嘗過玉
河橋屬吏江昇坐罪貧不能贖以兒鬻市中三日無售
者將赴水死敬留其子出金爲償之後昇役滿歸仍還
其子縉紳咸重焉平居每以貪得爲戒致政歸屏絶人
事勤于課子作家規四十餘條

費謙字藎臣幼孤母屢遘危疾苦心湯藥母喪廬墓三年
號泣不輟洪令異額表其門 以上崇德靳志

周文忠字德茂性孝友兄遭寇掠躬急其難母胡氏疾甚
多方救藥弗效乃籲天潛割股和藥以進母疾隨愈其

他賑饑施棺修橋鑿井九多義舉孫塤建百歲堂以奉
之卒年百有三歲 劉志

竇卿字良佐性至孝父病足艱步履卿每負荷之母病痺
口吸湯藥以進父母各享年九十八謂孝感云郡城圯
倡義修築倭至賴以無恐世廟時採天下孝義詔旌其
門有孝義集行世以子文照貴贈官文照孝義如其父
居官廉勤敕旌忠孝 崇德靳志

吳鑑字石泉慷慨有大節遇宗黨貧困嘗傾囊與之鄉里
咸稱其義行 吳志

俞榮成化間人歲祲出粟助官不願冠帶水潦作義社相

周若建橋鑿井卒爲衆倡卒年九十四有棲筠詩集 于志

沈鼎字廷用幼鞠于姑姑之夫張遖賦没于燕鼎鬻産代
輸力卹昆弟六人之窮産自居黄墩授句讀爲活生平
敦睦尚義年七十五卒以子宏貴贈官

朱甫字子美雅厲志操以貢領教涇歙矩度自律賞拔皆
國士子道亨字惟貞司訓諸暨温和周慎有父風道亨
子用光字思觀穎秀絶倫試輒高等丙子舉浙試第一
與顧憲成魏允中齊名稱三解元用光拓落不拘小謹
而友愛彌篤惜早卒

沈曰諾字納言性孝友侍父疾衣不解帶喪葬不以煩伯

仲既有資其估俾從父曦司訓茶陵攝家政出己資廣
其產寡姨姪婦割田贍焉好施豁達有度歲祲代輸糧
三百斛㸑其券臨卒語婦楊義方課子楊克終其志以
母範見推士紳子大德令南靖並受敕贈

胡其久字懋敬績學敦行舉于鄉沈毅能任事傳貽書院
址廢力請復之因輯宗輔錄行世爲龍巖令多惠政

沈枚字實卿與兄枝枚相友愛四歲孝經小學成誦比長
廩于庠毅然理學自任及門從遊者師範嶽嶽道義外
無旁語宗程朱學所著有旦書錄校字夏卿歷歸德教
授所至得士心生平周慎纂集極博有道學源伊蔚子

祭魚類纂等書校字吉卿尤稱質行
朱紀字朝憲性醕朴幼孤事母孝遺產悉讓諸弟有不類
涕泣感動貧而好施如焚鬻妻夯鬻賣兒值稱高誼許
司馬孚遠李中丞材倡明道學命子有光往師事焉李
贈詩有知君完太璞修己任天眞之句邑令重其齒德
屢造請為鄉飲祭酒復以醕謹遺風表其閭以上崇德靳志
胡其友諸生事父母至孝年六十餘孺慕不衰家貧一介
不苟取有以厚鏹託者而人莫知之其人死還其子封
識依然晚年裒集經史採有關倫敎者集一編曰人鏡
舉鄉飲年七十六卒袁志

吳來臣字曰俞俊慧有才思標格自整試輒冠諸生爲蘇
學使睿所賞識評其文曰淸流赴壑處處襲人僉謂其
人品亦相似舉賢書數與計偕冠一榜至性孝友割基
址之半與異母弟來覲同居居母喪以哀毀過禮卒來
覲字觀明與兄備極驩愛訓諸子孫皆有立
周幹崑子字質甫由恩貢副守臨淸判大名所至淸操嚼
然擒獲大盜咸稱幹濟生平醕謹誠篤事兄如父捐產
贍庶嫂又讓其貲于妹壻矢志不負先人皆人所難及
者以上崇德靳志
張國翹字士元幼孤有同宗求爲嗣未幾即從臾其置側
室後生子脫歸不受其產生平狷潔尤篤于倫義石門鄭志
勞王政字二奇庠生好學不求章句手錄大全諸書數十
卷朝夕尋繹事母孝事兄恭言信行果接人無貴賤皆
敬禮之訓飭子孫繩以規矩卒年七十二孫俶允領上
令袁志
吳爾篪字子虎之屏次子爾塤弟年十四渡江謁倪元璐
一見嘆異曰子江夏黃童也兄塤以殉難聞篪痛之病
日益深復奉母嫂間關至閩母疾篪刲肱和藥母死哀
號不欲生在喪三年未嘗見齒終身不茹葷血所著有
歸雲樓集無子以兄子震方嗣

勞永存字存之崇禎辰巳間荐饑代邑人輸漕千石所全
活者萬家子俶允舉人以上吳志
姚旭字景陽自湖州徙石門喜施予於昆弟尤篤或不能
守故產垂盡輒割產與之又盡則又與人皆推爲長者
官高郵州判時年已五十四一日行小隄上會風起湖
中覆船人多溺死者召水工救之其出水生者給之襦
斂流屍葬之城北原上所獲篙櫓器械錢布以萬數令
溺水者各自認其物而歸之其無主者悉以犒水工是
時全活以貲還者幾百人葬者倍之道路皆咨嗟感涕
以不善結納上官罷去徵獻錄

宗祠置祭產敬祖敦族尤加厚焉宗周年七十撫按行
獎而世盛年八十四郡邑迎致賓筵世傳其濟美子起
麟辛酉亞魁

何兆麟字行可諸生賦性端簡恆以古人自絜侍親未嘗
有倦容好學不怠訓子如教輩迄于有成授徒百餘人
皆如坐光風霽月中縣令龔立本舉德行按院蕭以正
學獨峙奬之

沈行道字玉華庠生性至孝二十喪母哀悼幾毀慕程朱
之學時靳令修輔氏書院行道以慶源得考亭正宗撤
所居廳宇助之令念其貧強與之值即以濟舅氏生平

不嗜榮進環堵蕭然晏如也年七十餘終

鍾景音字飛卿諸生幼而岐嶷束髮即從名師遊試輒高
等性孝友事父母必如禮與人煦煦和易有忿爭者以
片言釋之宗黨中或貧或孤必爲之鞠育安全歲儉設
法賑給全活者甚衆年八十有三因子朗貴封奉政大
夫以上石門縣志

姚斌字仲符庠生生六歲而孤事節母梁以孝聞前母兄
繼周相勗甚嚴斌事之如父父遺厚貲悉讓之性湻厚
居恆喜怒不形里中爭角者得斌片言以解時人比之
陳太邱好讀書築郎山居購書其中寒暑一編勿輟著
書以成字圓水太學生年十三即代父部署家政有少年
以殺人誣中表詞連以成父以成奮袖往白令動容爲
之剖理性行高邁嘗捐金爲故人出死罪

吳中允字養素郡子幼失母砥礪志操敦篤友誼兄弟中
有欲分財析產者輒推與之家徒壁立奉養未嘗少缺
精醫術濟人凡貧富咸親視診病痊不責其酬

楊應科字兩懷以親早世志有懷二人之意性孝友有從
弟病疫親知戒勿往視科曰如手足何喪葬祖父叔弟
外復置田西郊取租以供烝祠有姊適馮氏食貧延至
家衣食二十餘載里閭無依者周之不責報兩舉鄉賓

享年八十六季子光賓年八十四猶篤學勵行宛有父
風賓于庠

吳尚賢字泰初生三月失恃與兄復初相晨夕及髫業儒
以數奇淪落性孝友聞五世祖母張與未字祖姑苦節
未旌乃陳情撫按坊表之事兄必恭比閭有傷角弓者
恐爲所知子之吉與姪之曾咸相友愛至今同居因扁
其室曰世同堂遵父訓也尚賢居恆以義自任崇禎間
歲大祲爲之倡賑米五百石全活無算

郁世盛字端亭性寬裕父宗周好善樂義盛能繼其志凡
一切橋梁道路衣棺湯藥之類靡弗殫力爲之至于建

有易衍春秋辯義諸書以子琅貴贈奉政大夫浙江通志
田國本字舜莊幼孤而貧年十三即能治生養母後以材
能主陽江簿飭躬潔己攝邑事繕學濬河諸廢具舉以
勞績陞陸涼經歷年老不赴歸任臼糧解首代同事者
償上供千百性孝友每爲昆弟營產絕不責償兄早卒
喪葬一如父母撫孤姪同於己生教子及孫有聲膠庠
者九人年八十餘卒
錢士璧字完白吳越王之裔孫也年十二補邑弟子員閉
戶著書絕蹟公室歲祲代里人輸漕二百石年八旬屢
致賓筵堅辭不赴

鍾天奇字虎臣幼敏異父爲援例不屑就奮志讀書扳冠
弟子員尋以數奇究心岐黃手輯祕義數十卷尤深京
房之學事多前知生平喜靜謐足未嘗涉市巷接人無
貴賤必敬禮之性孝友早失怙日夜哀慕不置家產與
妹均受妹貧又爲諸甥營婚嫁迎養外父母必致誠慤
子蘋登賢書瑄瑄等俱諸生
許可立字三溪樸誠端慤雖業賈而慷慨好義長子汝選
次汝揚俱遊黌序克承父志力行善事如葺芹宮築塘
路諸事不惜重資勇于倡首三黨不能自給者付以職
業令得所父子三人皆與郡邑賓筵汝揚子用光舉于

鄉
馬增能字玉堂父瑞圖諸生家貧舌耕增能棄儒習賈竭
力以供甘旨後家稍盈力行尚義宗族戚友貧無倚者
賙之死無棺者與之凡善事無不爭先協力早年艱于
嗣中舉一子鉉遊庠行誼粹白學業過人年二十五死
撫疎族一子爲後亦以二十五歲死三世爲善而卒無
後韓令文鋒禮請賓筵年七十九卒
方文炤字敬源其先歙人卜居石門性眞率雅尚古道然
諾不欺慷慨樂施親故貧困者往往待之舉火凡除道
成梁一應利濟事樂任捐貲舉鄉賓辭弗赴壽七十三

子國圻太學生孫周士庠生貢任崇信縣清惠有政聲
殷士髦年入泮人謂積善之餘慶云
許天贈字懋勳幼喪父孀母遘疾侍藥不交睫者彌月籲
天告代封肱煎湯以進母疾乃瘳踰年母又疾復割股
幾絕居廬時未嘗一見喜容生平耕賓之餘不預他事
至其焚父遺逋券歲祲爲粥于路以食饑民尤德之彰
著者
祝守道字三封業儒性孝友父母生事死葬不分任弟兄
年八十歲時薦饗猶感慕嗚咽善讀史評論皆出人意
表持身敬恕燕閒必飭橫逆不校尤樂施予雖婦稺無

不聞其長厚名著有瑤琚永鑑集皆立身處世格言以上石門鄜志

方暕字曦仲正統壬戌歲大饑輸粟三千助漕濟貧建坊旌表敕授八品官

田方暘字永年邑諸生以孝友聞於鄉里執親喪足不踰戶兄蚤世撫孤姪成立手輯功過格註四卷以上吳志

沈思忠字東泉幼失怙事母孝慷慨好施人有緩急即應或不能償輒焚其券夏施茶冬施湯以濟行者道旁棄棺輒收埋之積二十餘年不倦亭監失火獨力重建整理淨潔繫囚得所子甯進士翰林李振裕為之傳袁志

吳尚思字斯可諸生明季大祲出家粟千石賑活饑民

陳吉字公久閉戶窮經五世同爨父歿事叔如父撫弟如子明季饑饉吉發粟賑恤鄉里賴之以上吳志

陳光聖字繡寓少習儒父文龍為仇陷瀕死光聖以身代之卒免于難凡父所欲必竭力備具居父喪屏室疏食事孀母惟謹性豪爽不吝施予募新學宮修城隍廟及督理城工皆不辭勞勩

沈士嘉字克繩性篤友愛事節母色養兼至力學久困出任鹹臺委使祗畏公勤性復恬退閩大吏檄署建甯郡丞士嘉以親老力辭自甘貧約然施惠未嘗少恡至喪葬懿親捐修學序其市義又人所難云

葉養蒙字懋聖其先三衢人徙居石門業計然術居家孝友然諾必踐性厚重未嘗見喜愠之色雖臨臧獲必和氣以之好施予凡橋梁井路必飭湯藥饘粥必施無不汲汲恐後以上石門鄜志

吳夢寅字弁玉生而穎悟日覽萬言崇禎壬午浙西大祲漕不及額夢寅設法勸輸得米八千餘石以補一邑無徵之數癸未以歲歉蠲免糧銀而奉赦者多飽胥腹夢寅竭力爭之民乃得沾實惠以子涵貴贈通議大夫浙江通志

許汝遜字青臣諸生生而端重舉止有常度讀書不務章句縱譚古今一一能中理竅為人樂易與子言孝與弟言弟直欲以身為導郡邑嘉其行三舉蜡賓

朱有觀字少巖監利令有光弟也性孝友親疾衣不解帶侍奉湯藥晝夜無間兄遘外侮傾身相助家非素封親族孤寡無依者輒勉為賑給地方善事倡率勸輸襄合立本給以冠帶表其閭曰醕德維風訓子奎祥以能文稱兼能承父善行尤工篆法集古今金石諸刻為印藪藏于家

吳來聘字賓明孝廉來臣弟以篤行稱母疾親嘗湯藥侍

巽母弟姪慈愛倍至萬歷戊申大饑傾橐廣賑學宮圮
捐資修葺撫按表其閭曰尚義乏嗣兄子公亮爲後亮
生錞錞子履中克紹箕裘不替
顧文昌字明寰以子朱封徵仕郎性闓達多大略好施與
周人急濟人危不問室之有無事之難易少時因父病
任家政每憾未得畢力于學故訓諸子尤切聞賢師友
名必勉使從遊脯資肴核務竭其力子五大綸大紱朱
大紳大綺俱有聲庠序朱以科名文章顯卒年七十
吳宸號環泉幼敦古處叔心溪愛之撫爲子心溪卒遺二
交宸事之惟謹性慷慨好施萬歷戊申水災宸出粟賑
之又捐數百斛以資黌序家廩遂罄舉鄉飲賜冠帶壽
八十三卒
吳銳字用常豁達有大度善治生雄于貲遇歲祲必施積
粟以賑貧困鄉里有子母劵以百計一日悉召其人面
焚之每事輒讓人惟以詩酒自娛仲子來臣舉人及見
元孫壽八十九
吳來貢號觀瀾幼木訥事父朝夕惟謹及病割股以療受
業師貧無以葬來貢厚殯之助其子孫親故有急推產
與之至割已膏腴之半性嚴直矩度端肅子弟侍立終
日不敢妄發一言兄弟之間從無一語齟齬

吳沛然字禊溪邑庠生至性孝友無媿古人曾割千緡之
產爲邑人代輸官課歲饑設糜以賑全活者甚衆爲瞭
瞽償金未嘗責報訓子孫皆以仁義爲身範鄉里遠近
咸推其篤誼云
吳之經字薪如尚倫第五子崇禎間待詔中書爲人孝友
睦婣焚劵蠲負歲祲輸粟代漕里閭德之絕志仕籍惟
庭訓七子咸克紹家聲焉以上石門鄉志
國朝
勞傚融諸生明崇禎壬午浙西大祲斗米至白金四錢漕
不及額傚融率弟括倉庾得米八千餘石俱輸之官補
無徵之數修葺學宮興築橋梁道路必勉力拮据爲里
黨倡壽八十餘卒祀鄉賢浙江通志
顧大綺字非執行人朱弟父遺命善撫姊子終身待之如
所生有稱貸千餘金度不能償悉以劵付火牆圮適壓
死鄰婦居民大呼曰此天數不得擾害顧公
吳震衛字廷發貢士父爾壎殉難震衛尚幼號慟欲絕以
母在復勉強進食孝養五十年補授行人即退休參正
宋元諸儒之說撮其尤者名讀史要錄以上吳志
許汝揚字俞臣性孝友隣家失火汝揚母柩在堂號泣不
忍去火息柩獨無恙事聞　旌表

夏文華字茂榮性質直事親篤愛與人交必信見枯骨輒瘞之庚戌霪雨民大饑捐資三百金煮糜賑給邑人賴焉督撫特疏題奬以上袁志

吳惟楷字敬直事母色養終身不遠游試輒冠軍以明經老著有羣言明辨錄

吳渭字湜王涵兄姊子幼孤撫於家延師訓課姪業未成挈歸就學病則一夜十餘起宗黨有志者皆令就塾更飲食之子永權舉人永槐庠生

周一新字銘初樂善好施爲里黨所重明末友人爲兵所執一新涕泣曰念吾友有母願罄吾家所有易之兵爲所動舍去

朱天麟字韞斯諸生敦本尚實特立獨行性耿直遇越禮者誚讓不避事親孝遭父喪飦粥不食哀毀骨立妻談氏失姑歡天麟曰我斷不以婦故而負疚于母也遂出之家貧舌耕佐膳值歲祲自啖糟糠必求甘旨手調以進母所欲曲意承之年七旬如孺子慕母年九十餘卒天麟哀毀如喪父三年之內衰絰不去身廬墓悲慟以没人稱其孝云

陸士蘗字佩蘅幼有至性執親喪盡禮從兄早卒迎養寡嫂歷四十年鄰人將鬻妻償逋捐資償之使得完聚

姚琦庠生幼失怙母范苦節琦孝事惟謹伯祖姚鵬宏治進士無後墓没于荒草幾毀琦百計訪竟春秋祀之族祖姚文乙未科進士有子式微墓鬻他姓琦以產贖回俾永其祀

朱學游字榮生性孝友樂善好施弟没爲之營窀穸年八十未嘗一至公庭

曹純允字天士太學生賦質樸誠弟歿撫姪如己出性慷慨樂行善事鄉黨奉爲典型

蔡賓字于王鄉飲賓起麟仲子性孝友樂善好施婦翁孫子洛無嗣喪葬以身任之又擇其族之貧而賢者使奉享祀子嵩年舉人以上吳志

周鍾岳早年喪父擗踊長號逢祭辰必思所嗜以薦事母跬步不離母疾醫藥罔效禱天號泣願減己歲益母壽如是七晝夜病漸愈後十年母故依墓三載雍正四年旌浙江通志

周洪源世居玉溪鎮南以膂力聞康熙間兄漢源以避寇出遊久無音耗洪源單騎訪之道經含山蕩遇盜持梃奮擊斃十餘人衆皆駭散入山左又逢盜洪源復擊退左髀受創嗣遍歷諸郡備嘗艱苦一日登州海上見灘畔擔蘆者貌似兄大呼兄名遂相持大慟漢源時爲人

傭作乃謝主人而歸族人義之繪其事爲巨障歲時懸
中堂羅拜焉
田錫祚字豐占行醇謹薦舉方正嘗捐本學義田置祖墓
祀產修家乘續郡邑志陳興革州里利弊十有四事有
自怡集
吳景春字隱溪性公直閭里聚訟輒以一言平之尤好行
善享年八十九給冠帶卒
吳公勳字子猷舉鄉飲賓天性孝友族有貧不能嫁娶者
必助成之從子幼失怙公勳撫之三年共臥一榻門設
貧肆親族告急必倍其直五十後連舉五子壽八十八

陸充字季達慷慨好施嘗獨力創橋宅左以濟行人歲饑
出粟三百斛以周隣里
沈國士字函白歲歉代糴漕八百石
夏子本字守亭有孝行尚氣節客山左與石氏交最深石
遭家難連及子本子本挺身獨任之石故雄于資與約
苟能脫禍當析產之半子之子本備受箠楚瀕死卒不
以一言牽石及事雪石請如約子本毅然作色力卻之
石德甚爲建生祠于家廟之左歲時祀之子本工醫善
畫嫺武藝年八十餘歸老于家
姚維忠幼痛父遠出思慕無已年三十母卒既殯乃走數
千里丐食覓父逾五載遇於天台父適病扶持歸里人
以爲神祐云
田正茂字庠百稟生性孝友家極貧父母歿正茂尚幼廬
墓傍晨夕省視十年長兄亡事嫂如母爲姪娶婦以館
穀養贍之底于成立平生剛正不阿好施慕義邑中頌
其德望焉
倪文楷字起韓玉溪鎮人端方嚴毅不苟笑言幼孤事孀
母垂四十年凡飲食定省疾病醫藥無不躬親之母沒
擗踊號泣隣里感動有讀禮吟一冊年八十餘卒
勞可學字庶公諸生性孝友太倉王中丞以金聘之謝曰

筆墨縱可易千金定省不可離一日其安貧如此雍正
初舉賢良方正以年老辭不赴年八十以壽終
吳克諧字夔庵洲泉鎮人父鳳苞長者家屢空母飭諸子
服田克諧幼且從兄操作罷歸卽力學繼客游傭筆墨
南康謝啟昆交莫逆數與俱後歸築室南泉之上儲書
蒔花偃仰以樂素性豪邁膽智絕人自粵涉海遇颶風
坦無怖又單騎冒風雪盡十晝夜走三千里以趨友之
急啟昆守維揚時因事逮獄諧方憂居聞難馳赴晝策
事得白人尤義之 程同文密齋文集新纂
朱翼世庠生營葬三代并捐巳田以供祭祀一友貧以田

慨然給其值焚其劵乾隆辛未歲歉倡義捐米平糶大
吏表其閭
朱紱字祐宸太學生色養承歡樂善好施乾隆丙子歲祲
首先平糶鄉里賴以全活
錢廷璋字星巖附貢生天性純孝父貢九卒璋纔弱冠擗
踊呼號幾不欲生母晚年多病璋奉湯藥跬步弗離母
沒廬墓三年日夕攀號人皆以孝義稱之
孫兆麒字雍時太學生性孝友四世一堂鄉黨謂有太邱
之風
馬如忠農民年十七父德昌病久家貧無以供醫藥乃割

右肱以進病亦旋瘳
胡心陶字禮耕嗜書好善鄉里匱乏者賙給之終身不懈
嘗欲捐置學田爲試卷費而未果子源字澄懷承父志
捐田百畝刊規條于石 以上伊志
金瀛超字友唐增生幼孤事母莫氏孝自塾歸朝夕不離
側母七旬後雙目失明扶持搔抑至老彌篤後母年九
十三卒哀號欲絶時瀛超年七旬孫曾繞膝意終不釋
不二年病卒臨危猶呼其母而哭人皆稱爲純孝 于志
沈慶增字德孚鳳煇子家貧力學父終撫弟讀書成立爲
人剛直常面折人過而人無懟之者 于志

勞嗣興字鉅文邑庠生至性過人執親喪終三年茹蔬不
飲酒食肉生平課徒自給規行矩步人以師行推之 于志
施嵩字少峯敦孝友父歿數十年撫遺物猶淒然淚下與
弟鍾成相友愛性好施工詩善畫嘗施予不給賣畫以
濟之著有少峯詩鈔等集刊行 于志
朱昆字秀岩少孤勤學無力購書多假于親故家事繼母
孝與弟嵒終身不析箸生平篤于氣誼肯爲人任勞怨
著有玉溪思闇王溪漁唱等書 于志
胡翼唐太學生廷對子性儉約一生敝衣蔬食至扶危濟
困不惜傾囊出之族有三世未葬者積櫬十四謀于翼

唐郎與金使葬大宗獨子逾四十未婚代擇貧女以配
得子游庠乾隆辛酉鄉闈族姪家瑞艱費不赴翼唐給
貲使行榜發獲雋喜逾已得生平所爲類如此 于志
吳汝諧字健行豪傑好義凡遇鄉里有善舉恒率先恐後
乾隆乙巳大旱洲錢水涸田禾立就枯槁汝諧持論開
河酌給工食遠近踴躍水道頓通是歲各村皆饑而洲
錢竟得豐稔鄉人德之 于志
徐璋達字懷珍邑庠生少孤事母至孝善讀書工詩文性
慷慨耿直凡解紛排難周急濟貧無不竭盡心力 于志
胡翰字衣縞幼穎敏年十四游泮篤于倫誼慷慨好施鄉

里多賴以餬口者于志

蔡守正字咸宜和厚樂善周濟貧乏不使人知耽書史工楷法子其芳其芬其英其蘭其夔皆以孝友聞于志

孫之儀字端士性誠篤喜施與嘗至鄉間涼亭中見一女遺衣包去旁人欲取之不許同坐以待未幾女涕泣而來遂舉以相授其家感激酬謝不受問姓名亦不告于志

董夢貞字思初善治生慷慨好義凡濟人利物皆勤苦所積捐田十二畝立慕義戸册貯兩稅所餘以行善事于志

周延熙字載明天性伉爽見義必爲乾隆乙巳歲大祲輸粟賑濟爲紳士倡邑向未有育嬰堂首捐重貲于南門

外創建屋宇置立田畝客漢陽時有同里某亦挾貲商于楚猝病邀至邸舍親爲量水稱藥旣歿親視含殮橐遺金扶櫬送歸其家晚年赴山左收舊債事畢僑寓濟南見鄉人幕游而流落者甚衆卽出囊金分給之竟徒手歸子士達士端士標士英士華皆慷慨好義有父風于志

陳其表字卓人性行醇厚與濮院鎭沈某善沈病篤子幼無兄弟可託以銀六千兩密寄其表時人莫有知者後沈子成立其表交還原銀封識依然沈子若得諸意外由此經紀竟以財雄于鄉于志

夏燮廷玉溪鎭人樂于爲善自戚族以至鄰好凡婚嫁喪葬無力取辦者槩爲經理卽傾囊無吝色援焚溺之舟假以衣糧蘇路斃之丐親授粥飦返逋券卹嫠婦乾隆丙子歲歉助賑有司以誼敦桑梓旌之于志

費蘅字凝芳例貢生天性篤厚質直好義戚族貧不能葬者恒捐貲使營馬鬣歲暮輒收買荒田破宅俾窮民得爲卒歲計子三人朝棻朝梓朝桂皆有聲庠序

勞正需字須生庠生館海甯歲暮徒步歸風雪憩廟中見遺囊有物鏗然驚曰此性命所係也謹俟其人還之于志

鄭廷珠字映川廩生性孝友績學敦行見義必爲邑中書

院久廢創立崇文堂兩姊早孀迎養終身親族有求雖貧必應客姑蘇有同寓者死主人謀附身具卽解衣以賵其實素未相識也以子楠貴贈奉政大夫于志

范光裕字衡詩庠生性慷慨樂于爲善乾隆丙子饑鄰村賴以舉火者千家壬午歲歉亦如之壽踰八十生子四人文謨文炳文煥文煒皆有名黌序孫調元庠生宸勳副貢俱恂恂孝謹邑中言家範者必稱前邱范氏于志

吳爲棵字用予性慈和敦孝悌里黨有負欠者貧不能償焚其券益周恤之親戚不能舉爨者必朝夕濟之于志

朱鴻字翔雲貢生事親孝乙巳歲歉首先捐米煮賑有鬻

子于市者給值收養迨秋成而歸之不責償性耽吟咏年八十五卒子翰署孝豐縣教諭于志

鍾烈字承哉邑庠生輕財仗義歲歉首率賑饑凡修橋路寺院及留嬰廣仁施棺恤嫠諸善事盡心竭力不辭勞瘁年八十有七無疾而終于志

葉廷標字秉成戚族不能自立必代爲之計或老而窮者幼孤而無依者即迎養于家數十年如一日有義舉恒先解橐邑中廣仁葬會捐金倡始至今遵行不替于志

勞宗保字保之署温州教授訓廸有方士多悅服文昌閣圯捐俸重修姊適徐夫亡守節無子宗保迎養以終于志

蔡德瀾字巽軒寛厚質朴善氣迎人嘗與族兄德涫擬捐貲建宗祠置義莊以贍同族未幾卒易簀時囑子載孚及德涫子載樾舉行祠成以錢六千緡置田生息族貧之者月給錢米冬夏給衣帳于志

周金麇生耐奇窮寢饋詩文幼聯姻沈氏迨期未娶女病卒守義終身尤恥干謁著有小癡吟稿新纂

譚封歲貢生經明行修著有衆郭考辨四卷好施與嘉慶甲戌歲饑捐粟助賑當道欲旌其門辭曰有無相濟鄉誼也奚足多乎道光癸未亦如之選分水訓導以疾不之任新纂

王煜字臥雲少孤承母訓屹然自立有古人風性孝臨喪哀毁幾滅性乾隆壬子夏以非罪陷縲絏横罹酷刑恍惚見羽客蔽身痛楚立釋帖然若寐大吏亦如有所見得免歸隱湖之金蓋山新纂

史二酉字雲裳家世清貧父復心以孝廉授徒鄉里二酉勤儉積貲讓祖遺産與兩姪道光中頻年水溢玉溪至三塔官塘傾圯捐貲修葺行者德之新纂

張聯芬字菡香敦内行宗祠義莊獨力建造與邑人程如琛鍾文升李省南醵貲開志仁堂以周閭里之無告者同治甲子邑城復水陸屍骸相枕藉出金瘞之尤嚴督

子弟讀書東塘𦈡文祠先輩會文處也兵燹後重建如初新纂

勞書常字晉卿豪俠好義咸豐庚申後捐貲殮無主屍骸無數時秋暑餘炎親自督率人尤以爲難新纂

許自英諸生遭隣火親柩在堂不得出痛哭誓殉火燄益熾人亦無從撲救比熄堂竟無恙咸神孝感李詩橋續纂

沈鳳彩字儀甫廩生幼頴異稟讀書輙抉精奥秉性孝友家貲悉讓幼弟奉父遷居秀水之濮院業醫爲養時託吟詠方薰高其誼恒齒及之著葵園詩草同上

文苑

宋

莫光朝字謙仲湻熙間進士知江甯縣以撫字稱幼雋爽不凡長以刻勵讀書博覽強記屬文頃刻數百言尤邃於易不拘注疏反覆論究超越衆見詩亦清麗有法浙江通志參崇德洪志

莫蒙字養正政宣中遊太學以文鳴京師時稱東南之秀用特科拜官晚年寄情翰墨詩詞婉麗有臥駝集十卷浙江通志參趙圖記

李如篪字季臞少遊上庠與紹興諸知名士皆友善學益

博問益廣天文地理禮樂兵機靡不該通晚以特科補桐鄉丞著東園叢說及樂書行世浙江通志參袁志崇德洪志

王用亨字子安少孤力學事母孝弱冠舉胄監登湻熙第調丹陽尉試宏博科與倪思爭衡分教襄陽以根柢之學表率士類嘗作不貪不欺二記揭座右以自警至元志參袁志吳志檇李詩繫作王用享誤

朱鵬飛字行裕受業輔漢卿湻祐中修語溪志舉寶祐進士教授高郵曾孫三俱以儒業顯袁志吳志參石門鄺志

張伯和字成可以詞名紹興間吳舟字大用入太學有詩名陳時亨字嘉會吟咏多警句梅坡賦見賞於許涉齋王彥和工詩嘗書中貴扇云天邊一線征鴻沒山色淺深墨未勻別浦漁舟待歸去夕陽渡口兩三人得名袁志

元

朱炎字心齊世居邑之外姚村生而秀頴七歲能詩十歲能文及長益博覽經史襟度灑落不樂仕進爲士林所慕趙圖記參柳志

明

吳郡字公治博聞強記下筆千言年十九舉于鄉授洪雅知縣改榮昌忤中貴罷官嗜歌詩西湖山水品題幾徧入殳山社有學步吟殳山社草浙江通志

沈如封字慰先工詩善屬文精八法通曉太乙六壬遁甲演禽九流家言構樓黃墩讀書其上著有見山集北遊稿舊浙江通志參袁志

田方生字廣原博覽羣書闡發諸子奧義有聲壇坫著敬業堂集子野治諸生孫朝鼎萬歷甲午舉人吳志

沈棪字夏卿歸德教諭著有道學源伊蔚子祭魚類纂崇德縣志子交袞襄褒皆篤學厲行有父風孫紹新紹升克承家學吳志參石門鄺志

范光宙字霽陽少穎異受知於薛應旂任上虞訓導遷餘干教諭甄拔單寒識吳舜允周夢尹於諸生後皆成進

李兆熊字渭師諸生博學能詩文兼工書法有白蘇堂稿

曹序字射侯歲貢生幼折節爲學敦倫範禮言笑不苟善屬文能闡發經義不專治章句

徐甘來字五宜歲貢生質鈍讀書必千遍乃熟好學晝夜不輟著有四書口義易經口義孫王咏字神功工古文詞

徐鑛字次鏐順治辛卯舉人制藝膾炙士林著有鐵庵詩文集東遊草

吳𩢸字幼輿順治己亥進士授廣西桂林府推官多政績分校鄉闈稱得人歸田後日以著書爲事有韓歐文啟

行世

胡毓琦字二韓諸生慧悟夙成藻思層出著有郎山居集兼精繪事得林良呂紀之神 以上吳志

吳之振字孟舉以貢授中書慷慨好施與歲饑捐粟賑濟巡撫范承謨表其門學無不通尤銳意於詩新不傷巧奇不涉頗學宋人不專一家於聖俞山谷最爲脗合晚謝交遊詩益精詣兼擅書法有黃葉村莊詩文集宋詩鈔子寶林歷官治中 浙江通志參遂初堂文集

周元會字際斯國子生娛情翰墨留心闡揚詠五人墓詩自註云訪諸父老知當時共事者五人外尚有吳時信士乞休歸偕邑中陸典郭子直與相唱和著有詩文集史評若干卷

李太沖字莫勝天啟間貢生狀貌奇古博極羣書工顏柳書法與邑人沈如璋張洪儒相友善縣令靳詩派修縣志悉出其手 以上石門鄭志

郁起麟字振公天啟辛酉舉人學問爲時所重四方名士翕然宗之公車南旋卒于途著有子勺詩集 袁志

曹度字正則諸生通經史旁及天文歷數工書法善詩文夏考功允彝賞識之命其子完淳執弟子禮度少以功業自期遇變遂遯居村野閉戶著書絕意仕進著有帶

存堂詩文集橫山葉燮稱其詩文高雅絕似少陵蔚宗云 葉已畦文集

國朝

郭演字寅客幼孤承母教讀書至夜分輒欷歔泣下以未能顯親爲恨崇禎壬午舉人工制藝出陳際泰門入國朝授學官歷陞工部員外郎著雲門集北征草 石門鄭志

胡明遠字子迂號九佐天啟辛酉舉人崇禎時辟賢良親老不赴順治初任開化教諭著壽花居詩鈔 李橋詩繫

吳灊字餐霞郡裔孫卓犖負奇氣援筆成文尤善歌詩書法得米南宮筆意

劉應文丁魁季卯孫許成鄒應正戴鏞楊芳斃獄者二遺成者六忠介後裔特揭姓氏於五人墓側詩亦慷慨悲歌足以立懦廉頑著有冰淵集六卷檇李詩繫續

范雲逵字嘉績歲貢生書法奔放飄逸得蘇東坡米南宮之妙使筆如飛觀者駭目同時吳之振擅書名倩逵代之莫辨眞贋石瀨山房詩話

胡值方字眞吾歲貢生蘭溪教諭輯安定正學承啟錄就正錄吳志

虞黃昊字景明康熙丙午舉人官臨安教諭十歲即善屬文嘗薄柳州乞巧更作辭巧文識者決遠到器五言古體蔚然名家見十子詩選檇李詩繫續

許觀光字覲文康熙癸酉舉人與兄用光同舉於鄉奮厲嗜學著迎素樓稿吳志

吳煥辰字元牧康熙辛卯舉人授內閣中書生秉夙慧工詩古文詞著南村詩文集子在新字青田雍正壬子領鄉薦授臨安教諭以讀書植品訓諸生士風丕振于志

曹肩吾字景略居家孝友以貢授杭州府學訓導課士之暇蒐訂遺書手不釋卷有自貽集行世

孫爽字子度諸生幼穎悟甫就塾輒弄筆作小詩後從新安程孟陽遊詩文皆得其指授著秋懷集抱膝吟以上吳志

吳雲龍字希淵負奇嗜古才氣橫溢詩文頃刻數千言八困場屋頗頷以死聞者惜之檇李詩繫

吳汶字擊千淹貫經史百家修已以正治家以嚴里黨皆敬憚之著有近言集張楊園見聞錄

曹開裕號玉灣老人隱居玉溪鎮之東著半村草堂雜綴凡象緯地輿帝后職官人事災祥物產器用閭閻釋道無不備舉列一百四十門今存於鎮之譚氏伊志

周之琳字次雍年十二遊頖博通經史由太學三試北闈不售歸益肆力於學生平以訓廸後進爲已任于志

鍾基字武靑歲貢生孤貧力學篤志不倦官安吉訓導造就諸生剏修文廟以老乞歸年八十三卒于志

吳宗元字大始績學勵行贊修府志發潛闡幽不遺餘力子文照舉人廣東香山縣知縣著有在山草堂詩集于志

金鑾字軺鳴歲貢生品行端慤博學能文善啟發後學生平治尚書甚專因馬融鄭康成之注散失已久爲傳稽羣籍手輯成編名曰尚書馬鄭注抄可補王應麟尚書鄭注所未及于志

金鏻字需蒼庠生篤學工書性情高潔嘗名所居樓曰留雲聚書數千卷終日瀹茗焚香與古人相對選唐詩二十卷作者名下各系小傳又摘取古人名章俊語彙爲

一編名曰自怡小品共八卷著有留雲樓詩稿于志

陳世修字勉之海甯人依外祖吳之振遷石門康熙癸巳舉人任括蒼學官著有因樹屋詩文集伊志

黃士塤字伯和其先自休甯徙居石門康熙癸丑進士授編修秦蜀平進凱歌稱
旨有宏雅堂集行世伊志

鍾洪字右常庠生殿撰駿聲曾祖游幕踪跡遍歷名勝晚年卜居武林與吳解元世英奚徵士岡詩酒流連徜徉三竺六橋間時乾隆五十年前器尚質樸目擊水烟巧製銅壺物變椎輪作歌寄慨著有南谿文集玉溪生詩

集採入兩浙輶軒錄檇李續詩繫

周元隆字耕南之琳子生有異稟抄撮經義數十百家疏通而證明之評註綱目通考等書積有成編

周大用字聖倩諸生幼極貧無力就傅每過書塾聽講于門外師覺而奇之俾就肄習不責報于是發憤遂通經術著四書章句解

田朝恆字予吉歲貢生好考證字義博洽精核有增訂金壺字考行世以上伊志

沈鳳輝字桐圃乾隆癸卯舉人積學工文性廉靜寡言語寓京師十餘年足不及貴人門輯類要偶鈔六卷于志

葉桐封字建屏乾隆壬子以年屆八旬題奏
欽賜舉人爲文高老蒼古得先正典型一時名士皆從受業精行楷書能作擘窠大字于志

姚體仁字石農嘉慶癸酉拔貢通經史尤肆力詩古文詞學使者聘襄校閱足跡半天下歸里後以著述自娛人服其博洽好學云于志

朱輪號香一力學工文由廩貢任縉雲訓導勤課士善啟廸精岐黃延請者雖山徑紆仄無不往著有筑臺集于志

吳增號古農性沈靜好讀書尤深經術作文有根柢嘉慶癸酉副貢入成均年僅四十歿士論惜之于志

馬珮思號補齋貢生植品勵學下筆不煩繩削尤樂爲善邑中增義學修書院皆襄贊盡力著叢桂軒詩文鈔于志

顧耀字笠岑庠生酷嗜曝書亭選明詩綜全部背誦不遺一家擅古隸神似鄭簠自名詩集曰逋翁詩泒同上

顧修字仲歐號菉厓庠生舊居橫山遷桐鄉之烏戍性嗜古帙目睇手纂所刊讀畫齋叢書與知不足齋埒愛友朋若性命有百疊蘇韻詩多至三百餘篇凡登臨念舊感物懷人諸作悉備論者比之金蘭譜云石瀨山房詩話

蔡應蓂恩貢生性和而介課徒自給從之遊庠者百有五人年六十卒其自輓云祇有牽貢貽後嗣幸無蕩檢辱

先人生平行誼可想見矣新纂

吳于皐庠生詩文俱有妙悟境極貧取與極嚴嘗遇大雪終日不舉火有輸之粟却曰翌日束脩來米可得忍一日餓何害臨卒取平生著述投之火曰無貽後人口實新纂

沈雲虬諸生父鈺號魯帆篤於孝友常給膳田以撫族孤至雲虬文詞華美聲儁一黌棗筆游者二十年後以母老歸斂門養志子人驥以副車筮仕中州訓之曰人當閉戶讀書宜爲良士毋爲名士當釋褐從政願爲循吏毋爲能吏著有味根軒詩新纂

譚有洞庠生文有根柢工詩與施少峰諸老結吟社著有芾葉村莊詩稿治家嚴肅輯宗譜勒家箴終洞之世族人無敢爲非者新纂

胡元熙枚子庠貢生候選訓導歷署德清諸暨常山教諭造士有方著有西湖閒齋吟草新纂

蔡藏鼎庠貢生候選訓導精岐黃志在活人不名一錢遇貧者給以藥貲咸豐庚申避寇滬上與兄恩孚相唱和多沈鬱悲壯之作新纂

徐容庠生性謹居五河涇耕餘以詠歌爲事道光己酉邑大水饑民乘灾滋事知縣能某俛學師招容往諭之不悛既能以內艱去後任至罪容幾下獄學師白其由迺免杜門不出銳意吟詩著有半舫詩存新纂

蔡錫蓀增貢生吳江縣丞平素工六書蒐輯晉唐以來石刻數百種詳加攷核爲醉經閣金石考十二卷待刊新纂

施啓人監生躬耕且好讀書精易理著有周易闡義太守成世瑄爲之序善堪輿家術貧者類不受謝云新纂

吳峙邑增生倜儻多材藝不苟取與不欺然諾鄭觀察澐器重之乾隆甲寅遊京師旋止湖之金蓋山不復出其學以修靜爲宗後生翕然從之新纂

蔡錫琳增貢生丰神蕭灑能詩工篆隸嘉興張廷濟海昌

應嗣良均訂爲忘年交購芻雲石置天中山築挂瓢亭環以池塘補梅種竹與名流哦咏其間咸豐初趺坐逝新纂

胡鈖諸生性狷介好學不衰暇輒吟咏於邑之慧庵結詩社庵爲吳舍人黃葉村莊故址分箋鬪韻不下當年種菜時嗣以攻苦咯血卒新纂

朱毓麟字拂珊邑諸生弱冠能文以詩古受知李學使宗昉性澹榮利與兄崑相友愛伯塤仲篪唫詠聲弗輟于所居疊石爲山雜蒔花木名小由拳山著有小由拳山人詩文集新纂

沈廷瑞字佩陛廩生童時塾師授以周禮鄭賈訓詁背誦無遺工書筆力遒勁著有十三經注疏輯要新纂

蔡作楫字敷艮歲貢窮經治毛詩益力草木鳥獸諸名義箋疏訓詁該括無遺爲文亦遒峭謦刻新纂

周士華字芾庭諸生精八法得松雪神髓晚游山左諸鉅公爭幣聘之嗣子炳鏞餼于庠有文名書法逼眞董思翁新纂

隱逸

宋

張拱辰字端明博學工詩不事舉子業絕意仕進自號全隱卒年九十六崇德新志

徐元莫字仲欽少頴悟好學紹興辛巳入太學有文譽登丙戌進士科調桐城簿繁昌尉俱以家難不赴歷婺州東陽尉温州南監場嚴州觀察推官性恬退不表暴求知棲遲宦途三十餘年泊如也子恊孫炎士豪皆以特科補官

張子修字德夫父防禦使勳開封人建炎中隨張魏公入蜀生子修于簡池受遺澤入仕任石門酒官遂卜築以居雅志泉石力丐歸故園觴咏自適壽八十六以上柳志

沈平字東皐性恬退工詩文宰相鄭清之吳潛皆與之游薦於朝欲官之辭疾不赴人稱爲沈處士云新纂

葉懋字天經布衣嗜學工詩文與參知陳與義僧湛智倡和爲三友亭于芙蓉浦上參知勸之仕輒弗應已而簡齋挂冠歸歎曰乃今而知天經之弗可及也烏青鎭志

元

鄭忠字原凱少而孤煢煢自立築室于羔羊之雙林閉戸讀書無間寒暑與沈夢麟黃彝相友善從衛富益先生

講易一夕夢吞北斗文星自是詩聲大著志尚恬淡雅好泉石終元世高蹈不仕（崇德靳志）

陸容字景遠居殳山之北構來青堂于兩峰間吟諷自樂貝瓊與之遊爲作來青堂記稱其放浪田里三十餘年以沮溺之志自適得喪不怵于內榮辱不加于外同時有桑子材丁一鶴董海翁祖南今皆佚其名（清江集參檇李詩繫）

濮允中元至順元年徵爲兩淮鹽漕轉運司令後謝歸築知止堂以自樂因號樂閒子

濮彥仁字仲温至正元年仕爲吳中典市棄職歸延楊鐵崖江朝宗宋景濂爲師讀書桐香室埋名不出楊鐵崖

有記（以上濮川紀略）

陳堯道字宗遠博學通經遭亂隱居與楊維楨顧瑛輩相酬倡子四綱紹繹緝並能繼家學（補纂）

明

費正字天兆好博覽貧而愛客長于詩畫墨竹尤工搆竹亭小園時與墨客觴咏自娱因號竹亭居士嘉靖間郡邑數以憲老禮禮之堅辭不出

蔡天錫字吉夫應歲薦訓龍陽出俸貲以葬貧士攝縣事三月秋毫無染懸金購劇盜置之法諭清江有生寄食僧舍僧愳發其陰事䣱之天錫訴之郡抵其罪閲九年典成均籍乞歸與呂納言希周沈憲伯宏爲眞率會年八十六卒長子志學有父風女以貞烈被旌（以上崇德靳志）

夏九經字以常刻志經典補邑弟子員以舌耕餬口四方恬澹自適足蹟不入公府禔躬立教惟以保全本心爲兢兢雖食貧一介必謹橫逆之來絶不與較士林稱其惠介焉

范君揚字于王邑庠生事親色養備至與弟君揆友敬無間讀書梅花巖中吟風弄月絶足城市（以上石門縣志）

陸謙字彥古明敏好學不慕榮利就先壟旁搆草堂三間顏曰林泉一曲日與諸名士宴飮唱和從弟方字彥正

性尤狷潔有園池百畝築室其中居常以釣爲樂自號江村漁樂時稱爲平原二隱

吳人望人偉人台兄弟也人望性行淳樸恬靜寡營終日但闔戶靜坐而課子弟甚嚴人偉疾俗如讐其讀書處竹梧環植飼鶴栽花大有塵外清致人台詩酒自娱不慕榮利聞世事輒掩耳時稱吳氏三高

國朝

陸應麒字文瑞號夢徵清奇好古隱于琴能詩年八十有寄閒集（以上伊志）

藝術

宋

吳先生居崇德市中善易筮日惟一課鶉衣蒻笠扃一屋于邸得錢米衣肉其置一窗中時爲人竊去不問也無錫戴士先母病攣不能行七八年矣百計求愈不得士先過崇德攜百錢訪之吳爲揲卦曰姑蘇杲道人不爲勢利所誘君純孝往求必得如志然其人無定居日歷一巷庶尋覓可見士先喜持書抵蘇僅五旬果逢杲道人投以書欣然至無錫爲戴母診視數日即能移步母拔金釵謝之笑曰且寄夫人處他時要用當取之館之

歲餘忽言曰我且死幸鬻所寄釵以辦棺窆明日果死戴氏奉其教及將窆中已空矣蓋異人也夷堅志

祝先生自言關陝人挾術游杭秀間有年矣人多識之宣和庚子秋忽賣避兵符于城市見者嗤之每來新市鎮必館于所善胡生家密謂之曰吾自衢婺來沿途水土腥風雲氣惡變當自彼起未幾青溪寇作胡欲挈家遠避祝止之曰兹乃吉地吾來正欲避難也胡有親黨自崇德欲止雪川艤舟駐飲因叩其所之方曰崇德并邑沿塘恐不免塘下墟落皆無害已而果然柳志

郭仲敬其先汴人會祖昭乾徙杭受異人牡丹方試輒驗遂業醫建炎初仲敬以方愈高宗疾賜姓趙稱趙郭氏十三傳皜能修其業甚著居遷崇德因占籍焉

明

許舟字子載工畫山水初學盛子昭已倣黃子久未五十卒

丁先生宏治間人精易課一湖州人問卜曰爾一家當病黃腫啟竈前貯水缸下當有物除之病愈其人如言果殺一大白蛇而疾俱瘳以上石門縣志

宋旭字初暘家石門隆萬間布衣以丹青擅名于時層巒疊嶂邃壑深林獨造神逸海內競購之年七十有八茗

上諸名流招致繪白雀寺壁一時妙絕檇李詩繫旭山頭樹木古拙巨幅大障頗有氣勢圖繪寶鑑續纂

吳相字皐嶼世居皐亭山父殁年甫十三兒覬其產相盡讓之遂逃之語溪城中三更時臥于彭氏肆側彭因妻得異夢默器之自念無子止一女遂留爲贅壻相後以醫著伊志

國朝

譚洪川景文族孫世以勇著善騎射時土寇羣起洪結鄉勇數十人力爲捍衛閭里得安堵而賊銜甚一日偵知洪將往鄉伏於要道持刀突出斷一臂死鄉人咸痛惜

之淇川族人吉甫少遇異人授以擊刺之法技遂超絶自是拳勇家有譚家十二手之傳

袁蕚字舒雯太學生善詩喜屬文尤嗜書早歲宗董香光晩年出入于蘇黄米蔡諸家子福星亦工詩能書精篆刻時有大小袁之目

曹鈖章字又僊諸生性至孝母亡朝夕泣慕學問博雅凡岐黄星卜諸書俱精其術有求醫者悉心利濟絶不邀利年六十八卒

胡炳字丹書官嚴州府訓導工畫壁蟢蟢欲動見者驚爲絶技同時有倪振猷字愼思庠生專工水墨芥菜洒

後磨墨數升縱筆揮灑煙苗雨甲宛然如生時稱爲胡蟢倪菜又吳九鵬字裔東庠生善畫水墨葡萄其葉似破袈裟點染有神全倣温日觀

費皞字太初山水秀潤宗文董所摹秦漢印章及倣唐宋人名硯形模款識俱有古趣

吳廷欽字聖俞號松巖幼頴悟工小楷雕刻花鳥皆精妙入神

施懷珍字映川少好奕後得祕旨于得得上人技遂超絶著有餘閒居碁譜

沈濟遠字宇甯本桐鄉人移居石門鎭四十餘年世習醫至濟遠名尤著著女科類案十卷年八十二卒

許自宏字卯居邑諸生工畫山水竹樹秀勁似徐文長晩年尤好潑墨畫元氣淋漓獨臻神品

方鼎字聖因布衣有善行好作小詩書摹海岳畫梅竹蘭菊水仙評者謂得趙子固筆意有雪屏詩存子薰字蘭如善詩兼工塡詞尤工畫山水宗北苑雲林凡人物翎毛花果蟲魚鉤貫無不精妙然生平致力於詩格韻高潔人稱其畫不屑也著有山靜居詩詞稿其論書畫數種刊入鮑氏知不足齋叢書性孝依父墓以居孫廷瑚嘉慶戊辰舉人官平谷知縣

葉子乾字行健邑諸生畫宗院體花鳥士女生香活色可與邊鸞趙昌相匹尤長白描羅漢曾見李龍眠五百尊前本臨摹畢肖以上伊志

陳覲山名雲鴻以岐黄濟人用藥靈效貧家酬之不受子可補能繼其志舉鄉飲賓壽九十七于志

吳鳳咮字葵園增廣生善書得晉人筆法嗜酒家貧不能常醉或置酒招之欣然就飲見案頭紙筆精良必乘興揮毫人皆以此致其書偶寫山水著筆不多有逸趣于志

孫壽字樂山增廣生博覽羣書輯唐宋詩話蒐采甚富尤善形家言辨析精微所論立向分金法深中竅要于志

姜之垣字甯周增廣生好學能文有石鱗詩膾炙人口精

曹振麟字月琪廩生博通經史尤深于易學與人占休咎多奇中著有知來寶鑑于志

徐王熊字渭占工詞翰尤善畫山水花鳥乾隆二十二年曾繕屏幅進呈一時名振片縑尺幅至今珍寶于志

陳夢熊字宇春庠生世業醫夢熊博通經典醫名益著子德堦亦精醫理于志

周騰字健飛庠生善詩文尤精醫術凡靈樞玉版金匱肘後諸書皆手自鈔錄筆法工雅可愛醫名甚著時有病

情千萬變手到起沉疴之譽于志

沈瀛標字焕南歲貢生篤學能文爲陳侍讀萬青高弟尤善書骨力遒秀所書學宮碑記咸謂得趙文敏遺意于志

陳治字持國天性孝友學有根柢不事剽竊兼工畫山水精岐黃術壽八十卒于志

錢杞號鞠隣好學敦行性篤實課徒自給不事雕飾最長于法書晚年直逼董文敏臨池家重之于志

沈玉佩字竹墅善繪事山水學黄大癡花鳥學惲南田人物出入唐仇之間饒有生趣于志

胡欽字師琴布衣淡泊寡營善鼓琴佳客至則瀹茗焚香

爲操一曲非其人不輕彈也尤工墨梅有孤山春曉風景新纂

沈振名字藕船倜儻精繪事山水宗王麓臺書法逼眞董香光尤工篆刻著有求是齋印存新纂

倪驤字學圃善繪畫子耘克承家學花草翎毛尤工兼得外祖方蘭坻意撫摹融化秀逸入神與秀水陶鍾庵山水稱雙絶新纂

范采成字質行歲貢文卓犖豪放通岐黄家言于前人傷寒諸論别有會心遇劇證諸醫聚訟紛如采成獨出心裁處方立效貧者延之不受其酬新纂

蔡載福字鹿賓瀟灑出塵工花鳥集國初迄今諸畫家書摹勒上石并刻方蘭坻奚鐵生兩家墨跡于後好古之勤一時推重新纂

沈宏遠字進之工詩善畫尤長墨蘭筆致秀逸得何其仁法植品高潔家徒壁立晏如也著撚瓢詩草同上

湯望久字雨時國子生工書法精醫理客游粵中晚歸僑寓烏程賣藥自給著有無人愛稿同上

呂律字賡六徙吳江粗筆寫道釋人物奇崛生動工隸書能詩詞有天涯草震澤縣志

流寓

宋

王昇字逸老本京師人草聖奇偉徽宗朝被召入御書補石爵高宗南渡寓居崇德之羔羊時上留神翰墨近臣有言其能者召對賜札以書玉音褒賞官至正使（至元志）

陳與義字去非其先居京兆自曾祖希亮始遷洛故爲洛人與義天資卓犖兒時已能作文致名譽嘗賦墨梅詩徽宗嘉賞之高宗南遷遂避亂襄漢轉湖湘踰嶺嶠久之召爲兵部員外郎紹興元年以徽猷閣直學士知湖州乞閒來居青墩築室曰南軒七年參知政事時丞相

趙鼎言人多謂中原有可圖之勢宜便進兵與義曰若和議可成定賢於用兵萬一無成則用兵必不免帝曰然明年以疾請復以資政殿學士知湖州陛辭帝勞問甚渥遂請閒提舉臨安洞霄宮復來居南軒卒（宋史本傳參烏青文獻）

輔逵慶源人從楊和王征討屢立奇功南渡家邑之西郊紹興末樞密葉審言視師江上集諸將問計請據瓜洲逵以爲非計力陳萬全之策不從已而敗績果如逵所料乾道中任後軍統制孝宗問屯田事宜逵以芻就地指畫稱旨上欲處以邊郡問卿能勝任否曰當以家法治之又問何法曰子視軍民愛惜財賦遂除知泰州語寮宋曰吾目不識字手不能書但心能燭理耳能聽訟耳郡中果大治（崇德洪志參兩浙名賢錄）

顏岐字夷仲曲阜復聖裔建炎中官門下侍郎靖康初扈駕南渡搆別墅于石門鎮北子孫留居一姓自成村落名曰陋巷村（宋史參吳志案顏岐祖太初復聖四十七世孫彭城人父復字長道元祐中累官國子祭酒天章閣待制宋史有傳浙江通志誤云顏復字太初歷官禮部尚書建炎南渡家石門鎮與史不合今據史删正）

時敏字傳之其先彭城大族建炎三年來主邑簿因家焉敏歷汀州通判知和州居官廉正惠愛遷峽州不赴而卒公有識鑒長女既適于湖張孝祥欲以次女妻邑士莫元忠元忠尚居約以非偶辭公笑曰莫子豈有不第

耶遂妻之（柳志）

木楹（至元志作盈）字濟之濟南人建炎登第授崇德令秩滿民不忍其去楹亦安之遂卜居焉終左朝請大夫浙東帥司參謀官（崇德靳志）

濮鳳字雲翔初居廣德官著作郎遷駙馬都尉高宗南渡扈駕臨安過崇德之梧桐鄉公名鳳謂鳳棲梧桐事有適符故卽居此廣德家產悉讓與弟雲應生六子皆貴（濮川記略）

蔡淵齋河南人建炎中扈蹕南渡家崇德鳳鳴里萬春橋之東子梅友仕至防禦使名其堂曰同壽梅友弟竹友子君實嘗著同壽祕寶方元大德間活人甚衆伊志

元

程鵬河南人祖玘嘉熙間仕爲信義郎徙于杭鵬遷崇德梧桐鄉鳳鳴里東南之張蕩遂定居焉鵬卽隱君克柔之大父

錢正字三九系出吳越忠獻王後侍郎昱十二世孫五代時居崇德正遷于永新里卽今所稱九里松也宣德間劃崇之東偏分建桐鄉遷永新者遂隸焉以上伊志

周致堯字煥文初名棐其先自四明徙居崇德州石門鎭生極穎異讀書一二過不遺嘗爲宣公書院山長明洪武與薦辟不就歸隱梨林著有石門集檇李詩繫

明

宋濂字景濂號潛溪浙之浦江人未遇時嘗讀書于濮川之梅花涇上因作濮川八景詩與鮑西溪友善以上濮川記略

江漢字朝宗本會稽人少有文行元末濮氏延爲塾師留數載洪武初以文學召入爲翰林編修後請老寓居濮院有月下淸遊集欽獻錄

馮銘字積一歸安大蛻邨人元末移居梧桐鄉濮院鎭銘爲馮氏之始祖八世孫敏仍居濮川布政使孜析居桐鄉治西人猶呼爲馮家河云伊志

曹宏淮字荍堂歙人以貿遷爲業萬歷初卜居語水和厚性生機神內藴見人之急輙傾囊相助于志

國朝

高斗魁字旦中號鼓峯鄞人寓居語溪工臨池小楷類樂毅論東方朔像贊行書逼米海岳間追顏尚書尤精醫理治效如神時以秦緩目之所交皆當世知名士著有鼓峯心法語溪詩集于志

嘉興府志

嘉興府志卷六十一

嘉興府知府善化許瑤光重輯

兩廡先儒

桐鄉縣

國朝

張履祥字考夫父明俊夢金仁山來謁而履祥生故名幼孤母沈諭之曰孔子孟子亦是兩家無父之子只爲肯學好便做到大聖大賢爾勿自棄也稍長讀小學近思錄有得作願學記遂渡江遊劉宗周之門歸而益肆力程朱之書乃知陽明之學非是海鹽吳謙牧錢汝霖延之家塾先後出傳習錄屬評論履祥慨然曰東南壇坫西北干戈其爲亂一也生心害政釀成大患實由於此於是洞揭其陽儒陰釋之隱以爲炯鑒甲申後棄諸生隱居楊園村舍著書教授居恒雖盛暑必衣冠端坐若對賓客修已教人一以居敬窮理躬行實踐爲主嘗云三代以上折衷於孔孟三代以下折衷於程朱於朱子文集語類析疑闡微晨夕不釋手謂元明以來惟許魯齋薛敬軒胡敬齋諸書可與朱子相表裏其他不皆醕摘師說爲劉子粹言以詔來學論者謂履祥篤實宏遠軼薛胡而上之朱子後一人而已著有經正錄訓子語

王學辨備忘錄言行見聞錄近鑑楊園文集共三十餘
卷學者稱楊園先生卒後數十年學使甯化雷鋐表其
墓嘉慶六年縣令合肥李廷煇脩楊園村舊祠立主崇
祀十六年巡撫蔣攸銛檄飭立主祀於青鎮分水書院
二十二年縣令黎恂修墓及碑敎諭仁和宋咸熙立祠
學宮之偏道光四年巡撫黃梅帥承瀛疏請入祀鄉賢
祠奉
旨依議其明年立主入祠崇祀參陳梓撰傳祝洤敍艾錄序蘇惇元撰年譜
同治九年學臣徐樹銘會同撫臣楊昌濬奏照浙江嘉
興府桐鄉縣鄉賢張履祥字考夫明諸生世居楊園村

學者稱為楊園先生平生學問專務居敬窮理躬行實
踐不託空言一以關閩濂洛為宗著有楊園全書三十
四卷該先儒之友烏程凌克貞嘗稱其德器溫粹仰質
先聖其揆一處洞悉無疑餘姚陳梓以為該先儒純粹
如敬軒而窮研洞悉謹飭如敬齋而規模宏遠海甯祝
洤稱其為學一循孔門博文約禮敬義直方之則以仁
為本以修己為務以中庸為歸有以正後儒偏詖之趨
而續古聖微茫之緒蕭山朱坤亦稱其邃密似薛文清
篤實似胡敬齋前副都御史臣雷鋐以為接薛胡之正
脈契濂洛之正傳實先陸清獻而眞知允蹈者案明儒
薛瑄胡居仁皆以抗心濂洛從祀
孔庭
國朝先儒陸隴其亦以力崇程朱正學祔
昌平之俎豆該先儒張履祥溫粹從容精密純正光輝篤
實力正後儒偏詖之趨晦蝕之道賴以復且洵有以接
薛胡之學脈開陸氏之先聲而篤志程朱立身端直持
論醇正見之
欽定四庫全書提要立身行已無愧眞儒已荷
聖明之鑒察則古師先一衷正學復叨
定論之褒崇洛閩之遺緒克承鄒魯之嫡傳不替以之祔祀

文廟實足以昭
聖朝崇儒重道之至敎等因奉
旨禮部議奏欽此欽遵十年十二月禮部覆奏查張履祥字考
夫居桐鄉之楊園村幼喪父其母訓之成立且諭之曰
孔孟亦是兩家無父兒止爲肯學好人便成大聖大賢
爾勿自棄也遂專力于孔孟之學及甲申後閉戶潛修
嘗云三代以上折衷于孔孟三代以下折衷于程朱所
著有經正錄願學記問目備忘錄初學備忘學規訓子
語答問門人所記言行聞見錄近古錄近鑑喪祭雜說
農書等書嘗言聖賢用心要使天地間物物各得其所

學者須從此起念方有成就又曰爲學自不欺始不欺
自親長始嘗訓學者舍稼穡別無治生之道能稼穡則
無求于人而廉恥立知稼穡艱難則不敢妄取于人而
禮讓興其所言不越乎人倫日用之常而念慮所存恒
周乎天下後世實足與經傳相發明臣等詳閱全書其
經正錄一冊蓋示人以小學之基而漸臻于大學之域
願學記問目備忘各書則博學審問慎思明辨篤行之
功寓焉至訓子語答問及門人所記則因材之篤也見
聞錄近古錄知取善之宜廣近鑑示遠惡之宜先喪祭
雜說示人以重本敦倫之義至農書一冊尤惓惓以農

桑爲急務所爲正德利用厚生者不過是也臣等覆加
詳覈先儒張履祥祖述孔孟憲章程朱立論不尚高遠
行事頗近中庸洵足羽翼聖經維持名教與僅據空言
率請從祀者有間臣等公同酌議擬如該學政所請准
以先儒張履祥從祀
文廟其位次在東廡先儒孫奇逢之次等因同日奉
旨依議欽此

列傳

桐鄉縣

明

石朝用以元進士仕爲廉訪使無子卒葬濮院鎮西濮鎮
巨姓至今相傳燕雷濮石云新補纂
楊述字宗道永樂癸卯領鄉薦第一授宜興訓導陞監利
教諭分校四川福建鄉試稱得人景泰間擢遼府長史
勤於輔導遼王書公正二字賜之著有蘭谷集徵獻錄參袁志
仲端字惟正六歲喪父力學有年中永樂九年舉人入國
子監積分授湖廣隨州知州恤窮達隱民甚德之逋寇

丁朝龍聚衆流劫詒闕待罪尋丁母憂服除補南直隸
廣德州知州致仕卒楊述稱其在官任德去刑舉動務
存大體所至有遺愛新補纂
沈榮字希仁正統甲子舉人歷禮部主事改工部左遷四
川都司經歷巡撫王浩特疏舉之歷陞廣東韶州知府
慈和愛民粵之人頌其德不衰徵獻錄參吳志
王濟字伯雨號雨舟晚號白鐵道人諸生入太學授廣西
橫州判官攝州事悉其習俗利病設施皆當州故多盜
自濟至戶可不閉采其風俗與故鄉異者爲一編曰日
詢手鏡中多預商禦邊之策事後人服其先見以母老

乞歸與僉事龍霓太白山人孫一元尙書劉麟詩酒相徵逐爲崇雅小社皆一時知名士（徵獻錄參吳志烏青文獻）

于泰字克敬貢生景泰中任武岡州判解餉赴都道逢土寇力戰死子思遜得凶問一慟而絕（桐鄉徐志）

楊青字士昂遼府長史璲子青自幼有才思警敏過人景泰辛未進士桐鄉分縣甲科自青始由庶吉士遷禮科給事中歷掌南京吏禮二科事尋召入掌刑科陞河南僉事奉敕總理軍民招撫流移多所康濟以勞卒於官

趙讓字元遜宋宗室丞相汝愚之後成化乙未進士授崧滋知縣愛民下士百廢具興擢刑部主事歷員外郎出知南寗府有惠聲子萱字慈佩宏治壬子舉人官國子監助教（以上徵獻錄參袁志）

譚鎧字體仁宏治甲子舉人任泉州推官平易近民折疑獄若有神助暇輒彈琴賦詩無聲色貨利之好歸田纂桐鄉縣志（泉州府志參桐鄉徐志）

邱崧字朝勝嘉靖甲午舉人授江陵知縣時盜賊蜂起白晝焚掠崧發兵捕之盜莫敢入境百姓祠祀焉陞均州知州以不合上官意挂冠歸舟過張家灣遇盜數百將要而殺之以紓積憤其僕盛恩進曰盜所欲得者主君也主君身膺民社不可死非命恩請以身代崧不可恩

已服崧冠服效漢紀信故事崧得脫乃歸其尸禮葬之（桐鄉徐志）

祁鯨字國升嘉靖乙卯舉人覩躬修整敦厲實行每邑宰初蒞任必以禮見後則絕跡公庭未嘗私謁（浙江通志參徵獻錄）

王三錫字汝命以嘉興籍中嘉靖癸丑進士任保定府推官丁憂歸居桐鄉適倭寇數萬至參將宗禮軍覆皁林巡撫阮鶚移鎮邑城賊首徐海陳東等圍攻甚急鶚同知縣金燕召集紳士議守禦三錫散千金懸賞格募敢死士夜出劫賊多所斬獲海製雲梯二座夜牽其一於城下焚之其一傍北水門樓高於城數尺有沈鏵者以計破之（鏵另有傳）時又有董臬者城中燭盡從間道出取之警禦四十餘夜賴以支給賊盛爲樓櫓撞竿以撞城城幾壞居民朱姓者爲繩索以挽竿賊技窮（參徵獻錄禦倭紀事）

濮文起字三槐諸生有謀略總督胡宗憲就問所以禦倭者因出金帛餌賊首徐海愛妾紫雲始解圍東屯乍浦又令妓翠翹碧桃蠱海乘間攻之海溺水死宗憲欲題用固辭卒祀本邑忠義祠（徵獻錄參禦倭紀事）

錢貢字時雍嘉靖壬戌進士授新建知縣建置學宮調劑驛遞僉聯稅甲里豪有圖併他人墓地者給使發塚而陰搆其事於官坐以重辟貢廉得之重罪豪釋寃者內

擢工部主事出権蕪湖以應税者榜示躬批籍月上之裁抑浮費以艱歸服闋補工部郎中濬漕渠營穆陵有功加四品服轉刑部 袁志吳志參徵獻錄復參拳勺園小刻新補纂

沈鏵字東溪嘉靖時倭寇攻城倉卒被圍時鏵寓邑中僧舍揚言曰欲退賊何必張皇巡撫阮鶚聞之奇其語訪於鏵鏵令戶出爨釜募工鎔汁視賊圍疏處彙大木以巨索綳紿雉堞外待賊薄城則斧斷巨索聲震如雷寇譁傳城一隅摧蟻集其下即引鐵汁雜火藥灌灑之寇盡殲功成鶚手書退寇全城四字榜其廬薦於朝授百戶不就隆慶間從祀宗禮祠 新補纂

王亂昌字承叔父三錫見武略傳亂昌中萬歷十九年舉人授貴州思州推官陞貴陽府同知會奢寅叛據永寧永甯貴陽屬也亂昌度兵寡難拒自誓必死乃以印及錢糧冊遣吏間道歸上官亡何賊來索印亂昌焚香北拜入署縊死事聞給祭葬贈光祿寺卿世襲錦衣衛千戶 新補纂

鍾繼元字仁卿窮經博古尤精於易嘉靖壬戌進士授安福知縣擢刑部主事陞湖廣僉事淸屯伍整鹺政備極心力以勞成疾卒於家著有易準易原易窾易考畫前錄渾象析觀諸書 浙江通志參兩浙名賢錄

錢守之嘉靖時由掾吏歷仕至山東高唐州州同所至以廉幹稱百姓呼為青天 新補纂

施乾字一元濮院人曾祖茂永樂初以楊任姻黨遣戍武淸衛父容業醫萬歷初赦歸乾少愿樸不好弄嘉靖中以歲貢授懷遠訓導遷陵縣教諭終濮州學正生平慎取與辯析名義諸弟子翕然向化在濮時監司檄署平陰縣事固辭不獲稱疾乃已陵縣人服其淸介爲立碑學宮卒祀鄉賢 濮川志參劉志

李樂字彥和靑鎭人隆慶戊辰進士知新淦縣初謁郡守閽者驕蹇杖之而後以聞淦賦煩重乃申請畫一民便

輸納捐俸市穀實倉以備賑貸擢禮科給事中上科場積弊疏劾順天府府尹孫一正乃倚張居正爲座主者竟勿能庇復改吏科剛正不撓雖一嚬一笑不以假人出爲福建按察司僉事歷江西廣西參議所至潔已愛民重懲墨吏而順昌知縣王九皋以廉被訐力爲申辨拜尙寶卿乞假歸築拳勺園奉母性儉約朝服皆以布爲之人以爲矯勿顧也居鄉留心民瘼時以利弊告司牧多改容受之未嘗一語及私直指彭應參額其堂曰眞君子著有金川紀略見聞雜記烏青志卒祀鄉賢 浙江通志

馮孜字子漸少孤力學性孝友隆慶戊辰進士觀政都察院授南直隸太倉州知州禁奢侈鋤豪强絶請託會倭警屬邑崇明當其衝設防守險悉中機宜内轉刑部員外郎閹校憑依把持骫法孜秉公不爲紬尋以郎中恤刑江西獄多平反覆命稱旨擢河南按察司副使整飭河北兵備孜爲備芻積粟校士練兵晉福建布政使參議時流賊嘯聚廣里山負固肆刦孜出奇設伏盡殲之累升湖廣左布政使釐剔諸積弊以清操自勵值修建大内急徵材湖廣孜瀝陳民困財絀疏十餘上地方始得不擾尋以疾乞歸著有古今將略行世又有明刑錄明儒錄要參明史藝文志徵獻錄新補纂

陸堦字允升萬歷丙子舉人授羅山學官却諸生餽貧者貲助之陞石埭知縣痛懲里胥積弊清節自甘及卒囊無餘財祀鄉賢劉志浙江通志參徵獻録

陸吉字謙六萬歷壬午舉人知高密縣凶歲民逃亡過半吉蒞任未及五年招復流移一萬八千餘人開墾田七千餘頃擢昌平州昌平地寒令民廣植木棉教紡織爲布民賴以安有守陵中官倚大璫勢擅殺人吉再揭撫按不省竟撲殺之坐是落職璫敗以知府召不起吉性與物多忤然諒直無汚狗子孫世載其德焉崇祀高密昌平名宦及鄉賢祠徵獻錄參吳志

沈蒸字華東萬歷癸未進士授亳州知州擢兵部郎中出爲福州知府歷陞應天巡撫操江都御史所至刑清訟簡剔奸吏侵漁糧税士貧乏者捐俸賙之歷官三十餘年田廬不踰中人猶承祖父之舊業云祀鄉賢分省人物考參吳志

錢夢得字國賢貢之子萬歷癸未進士授鄢陵知縣擢山西道御史歷巡陝西北直廣西按部嚴明摉奸剔弊人呼真御史陞大理寺少卿内艱服闋起右副都御史巡撫河南告歸没賜祭葬子允康貢生雲和教諭分省人物考參徵獻錄

夏爋字汝翼青鎮人父儒見孝友傳爋萬歷乙酉年進士知冀州擒治豪猾市粟備賑課最擢刑部主事歷郎中忤璫意謫貴陽府通判巡撫郭子章喜爋至倚爲左右手會黎平皮林苗倡亂朝議黔楚會勦爋以皮林界連楚粤九股苗與之脣齒請身入九股宣威德使反正乃單騎深入曉諭酋長夕鼾睡帳中明日令導歷諸寨卒感動諸寨苗椎牛立誓願納土受約束凡平寨七十有四得戶二千四百有奇歲徵糧四百餘石皮林失援遂破之泰昌初起工部郎中権蕪湖關税務處膏不潤以

廉平聞詩境高澹有王孟遺意（新補纂）

沈思充號遂庵萬歷丙戌進士初任工部主事轉雲南提學道歷陞江南臬副上疏論國本宜早定再疏罷薪供耗費外官論事自思充始人皆壯之（吳志參桐鄉徐志）

朱大雅字元渚萬歷已酉舉人知祁門縣有監生某爲人誣訟前令以其家饒出之恐汚已名獄久未決大雅至立釋之數日生來謁曰某有佳墨數圭欲以奉公受之諸子取墨磨視則赤金也以白大雅大雅召生責之曰我所以出汝者以我素廉謹不畏人議故也今反以相汚耶擲還之入爲大理評事有權關橫征者大雅疏劾之子萬錡有傳孫彝字聲始崇禎辛巳進士（徵獻錄參浙江通志）

（徽州府志）

沈雲從字景日父照詳孝義雲從萬歷已酉舉人歷裕州知州山峻險賦額荒十之三雲從徧歷山谷凡石田不毛者繪以上聞得除額轉陳州陞池州同知戢除巨盜二十五人所在稱循良子錫別見（吳志參桐鄉徐志）

施爾志字章甫乾之子萬歷壬辰進士授太平府推官多雪冤滯有女囚報決所攜兒號愴欲絶爾志憐之請緩獄用兵滇界其中轉輸無匱卒於家子博諸生精易理

詳秀水文苑（徵獻錄）

張大紳字元修萬歷間拔貢生授澄邁知縣勦捕海寇民賴以安遷甯州知州九州道王季重贈詩云捍盜但聞樓上鼓不貪沈盡浦中香又云堂上祇應羅鳥雀車前原不問狐狸蓋有所指也（吳志參烏青文獻）

莊有翼字愼予萬歷間貢生任祁門主簿遇有上官委訊必委曲得其情不輕施刑擢楚府長史（祁門縣志）

濮師灼字見湖濮院人少襲外家姓周氏力能舉百鈞萬歷中授廣東游擊捕盜有功進都指揮使太倉王世貞贈詩云緩帶諸生談碣石飛書一箭下扶桑洵實錄也

（新補纂）

錢允鯨字長卿貢之孫天啟壬戌進士授保甯推官歷陞南京兵科給事中劾周延儒馮銓溫體仁三輔臣權貴側目遂罷官溫體仁敗詔起左江道時方用兵持論忤督師楊嗣昌乞歸所至以清愼自持（徵獻錄參吳志）

陸日新字文蘭爲諸生時家貧嘗拾遺金於道俟其人還之當歲薦以次名齒高讓其先貢後授本省嚴州教諭培植多士去官後崇祀嚴陵名宦祠（新補纂）

陸懋元字生甫日新子天啟乙丑進士由行人歷陞黔南道監軍務時峒猺梗化攻掠城邑設計擒其渠魁事

闞擢湖廣布政使參政降補僉事致仕歸歷官二十餘年家無嬴資

朱邦祈字二元天啟乙丑進士授荊州推官內擢禮科給事中轉兵吏居諫垣六載所奏俱國家大政有清直聲少孤奉母以孝聞 以上徵獻錄參吳志

沈宏度字公雅天啟甲子舉人性孝召漆工為父治棺長跪禮之母愛長孫為其兒子即以腴產厚分之時有盜白晝劫掠人情惴惴宏度與孔自洙潘之章大集里民兜勦佐以千總楊得功盛陳兵仗於密印寺中賊閧駭散索得數十人縛而沉諸水賊首王秀甫脫去賂當事

金將坐以擅殺宏度為戎首後得免卒後十年授衡州府推官著有五願齋詩稿容餘軒詩畏吟小草藏於家 烏青文獻

陳棻字涵白崇禎甲戌進士詩文清勁有法為時傳誦知直隸開州丁憂服闋補南直泰州歲旱蝗饑饉洊季題請截留漕糧賑恤待麥熟收兌有黃雲陸舜者素考校時所拔士也素後以事繫獄雲售田得百金以周其急與同臥起囹圄中事白偕出李闖陷巢廬等處即棄官歸縞衣綦巾自稱天山道人創正心書院嘉惠後學康熙時卒舜為兩浙提學使聞訃號哭至哀感行路奉其主祀於鄉 桐鄉徐志參今世說

沈方矞名士端字彥方更字大愚弱冠與兄給事士茂文名相埒依兄京邸天啟間璫焰熾甚知方名招一往見許得美官遂拂衣歸中崇禎己卯副榜授荊門州同知流賊李自成羅汝材合兵四十萬從間道至白馬渡臨江而陣方下車數日巡按宋一鶴知其才檄調赴黃陂賊左革六營自鳳皖西上犯黃安會大雨江湖泛溢方以舟師破之一鶴欲留方軍中而賊決河灌汴秦督丁啟睿師潰川兵二萬鏖調過荊門知州事者以疾去方乃馳還攝州事詣蜀帥勞師汝寕陷賊悉力攻荊門諸

城望風瓦解方獨據城守賊眾大至城陷方率民兵巷戰力竭被執欲降之不屈殺之家口十八人同日遇害

國朝乾隆四十一年

賜諡節愍 大清一統志浙江通志欽定勝朝殉節諸臣錄參徵獻錄烏青文獻

金夢麒字甯所以掾吏任靈璧縣丞官滿將去值流寇攻城甚迫夢麒守城待援兩月兵不至城潰死之又鍾廷耀字二含亦以掾吏任廣東靈山縣丞遇難死 濮川紀略

先重光粗知書好義任俠初為衙胥眾剖與例錢告以所自擲諸地唾曰此孽錢也安所不得一碗飯乃從地獄中覓食耶自是絕足不入官崇禎甲申春重光挈弟往

鄉理蠶務聞燕失守棄蠶入城問京城壞然否衆曰七日矣皇帝奈何曰與城同壞遂仰天號曰一至此乎小人草命遥伴皇帝死足矣作數字押硯底自縊死桐鄉徐志

沈日新字銘齋天資忠孝崇禎間任南直隸采石磯巡檢遷江西極高司巡檢解糧南畿路夊九江遇左良玉兵變被劫以刀脅從不屈旁一卒曰此義士也以計脫之歸蔬食終身隱居不仕新補纂

國朝

沈錫原名元錫字仲韋雲從子前明崇禎癸未進士由行人任廣東督糧道參議時疫癘盛行廣施醫藥歲饑爲粥以食餓者全活甚衆祀鄉賢桐鄉徐志

鄭禹銘字惺卿前明崇禎間貢生由餘杭訓導爲清遠知縣奉檄協勦連陽石馬等峒創造水西城垣令民開荒土作田陞平樂同知烏青文獻

朱萬錡字潔湘大雅子前明崇禎丙子舉人順治間任德清教諭講程朱之學爲正誼社以課士士彬彬化之陞樂陵知縣卒於官著有歸來日注惠風堂集德清縣志

張貞侯原名𥪰字曾元青鎮人順治丙戌舉人選昌化縣教諭捐俸具筆研飲饌集諸生課之一月凡六舉每舉必有擬作以示程式士風由是丕變戊戌成進士授安定縣知縣有惠政新補纂

孔自洙字文在別號行湄居士順治已丑進士任刑部主事擢兵部武庫司時郡縣緝解梗化者繫獄矜釋甚衆出爲福建提學道　王師入閩督撫以自洙才委理軍需運礮泉州撫恤夫役人樂爲用陞劍南布政參議平巨寇吳賽娘等尋遷荆西兵備道以襄陽達武昌江流湍悍築長隄二千餘里護民田廬湖廣通志參吳志

鄭蘊宏字雨曦順治壬辰進士任湖廣辰州府推官招撫流移安靖盜賊督撫交章薦之內陞中書科中書吳志參桐鄉徐志

張超字伯年順治乙未進士授江南華亭知縣縣多逋賦里胥輒破家乃盡豁其零星細戶及孤寡殘疾者而責於田多產厚之家以坐誤歸民戶視之吳志參松江府志

吳家麒字晉綺康熙乙未進士戊戌補
殿試由庶常授編修歷官禮部右侍郎以黎氏案掛吏議鐫秩歸其官湖廣學政也絕請託勤校閱任滿顧留不獲送行有泣下者及擢內閣學士兼禮部侍郎奉使祭告女媧氏商王湯二陵還因陳山西應行事宜三一言穀價久昂宜速行平糶一言驛站馬匹銀兩不專宜量照邊馬之例一言市斗變幻不齊宜遵照制斗畫一又條

奏州縣官宜迴避與本省鄰近地方又請提拿官員家
屬禁止株累婦女均
允行奉
命允
世宗皇帝實錄副總裁發凡起例紀載詳慎不愧良史材 新補纂
俞之炎字以除順治戊戌進士由庶吉士轉吏科給事多
所建白典試江西稱得士轉廣西桂林道大學士李霨
薦其才堪大用隨征四川未行卒於家子長策長城
朱彝字聲始順治辛丑進士授靈璧縣知縣以廉幹聞不
事生產蕭然環堵讀書不輟著白衣山人集

仲宏道字開一順治間拔貢生除嶧縣知縣設條安社招
復流移禁科派絕賄賂獎節義拔孤寒不遺餘力簿書
之外不廢吟咏作哀嶧吟十二章人比之元結春陵行
去之日民爭留之勒石誌遺愛焉著有理嶧拙言子來
堂稿 桐鄉縣志 吳志參濮川紀略檇李詩繫
周宲字展臣順治間歲貢生由建德教諭陞廣東澄邁知
縣改山東諸城以計平劇盜多奇績詩文自成一家有
硯華堂集子元釜衢州府學訓導 桐鄉徐志
莊際盛字茂倫更號果庵康熙壬戌進士授唐山知縣愛
民禮士構椽舍于學宮以贍貧生縣故多盜申嚴約束

先後置過犯百十人於重典餘遂遁跡民感其惠肖像
以祀擢吏部考功郎尋丁外艱歸行槖蕭條惟圖書數
卷而已 吳志
孔傳忠字貫原自洙孫父毓璜奉化訓導傳忠康熙進士
授山西盂縣知縣蒞任首廣積貯倣行朱子社倉法著
條議八則達之上官逾年晉饑境內無流離者大旱於
烈日中徒行四十里入藏山洞禱雨良久有水自石罅
下已而雨瀉如注歲獲稔西山虎晝攫人傳忠為文禱
山神約三日盡驅去屆期果屏跡署平定州事歲祲先
發倉煮糜食飢而後詳請全活無算時汾州奸徒希侵

賑帑報飢戶多不實而介休尤甚上官卽檄攝其篆舁
刑具身歷堡聚不法者輒懲之或豪戶閉糴密察罰賑
時朱文端軾司賑三晉獎傳忠賢能第一調洪洞洪洞
富庶冠山右舊例縣令日用所需悉取諸民傳忠至盡
給價設簿記數俾吏役無影射縣壤接趙城有渠出兩
邑間居民互資灌溉趙之勢家遏之使勿洩遇旱禾輒
稿乃聞之上官卽日具畚鍤督疏濬置鐵閘劃其界永
禁之擢知解州前後歷官十年民稱眞父母 烏青文獻
陳學海字石倉康熙丁卯舉人任宜山知縣撫瘠土化悍
俗歷數年民漸富足知禮義遷遂陽知州清操益厲 吳志

唐令揚字聞崖靑鎭人附監生爲祭酒曹禾司業彭定求所知撥廣業堂肄業尚書徐乾學亦雅重之尋入甯紹台兵備道胡承祖幕時江蘇獲劇盜張廿一供稱有老營屯大蘭山大吏檄令進勦乃先滅從偵探至則井里熙熙匪徒絕迹山畦聞兵來悶甚及撫諭訖皆焚香蒲伏慶更生巡撫嘉令揚材略禮爲上賓 新補纂

馮景夏字樹臣康熙癸酉舉人授陝西長安知縣

王師西征準噶爾景夏預備資糧輿馬而達諸境羽書使𨖿雲委雨集而蒞事聽訟肆應如常醴泉縣有殺人兇犯張九思寄長安獄景夏察其寃力請上官審出之遷膠

州知州州濱海南郭支河爲潮溢築堤障之尋以長安時賠案罷官

世宗御極特超授廬州府知府旋陞蘇松常鎭太督糧道五府州糧儲甲天下奸弊莫能究有溫鐵匠者善造斛便吏浮取訪而斃之法老奸宿蠹盡收之衆始大快徵糧時乘小舟微服雜農民入倉厫或突陞聽事呼召倉中人飲食寢寐間惴惴若景夏臨其上造小口斛定尺寸制度上其議不果行後十餘年各督撫會議得

旨準用其式鑄鐵斛十一一存部餘頒各省畫一改造通行至今民稱小口斛爲馮斛陞安徽按察使歷都察院副都御史刑部左侍郎告歸景夏丁文章善寫山水頗自矜重不輕作子錦鈐錦宜川縣丞以子 贈編修鈐有傳 大淸一統志參畫徵錄

沈家鶚字翰逸以進士除雲夢知縣有水患請移漕賑濟巨寇高玫聚衆劫掠獲其魁餘黨解散旋以疾告歸 吳志

俞長策字御世號檀溪劬力學醞謹寡言笑於書無所不窺以五經

特賜舉人康熙丙戌會試被放

聖祖問大學士李光地曰舉人俞長策會榜無名主司之不明也明日總裁官俱削職長策得一體

殿試授編修充講官議錢文端陳羣於諸生時妻以女嘗語

經義須貫穿融會毋徒似應舉業者就訓詁敷衍成文而已典四川陝西鄉試卒於官有詩文集六卷弟長城字甯世號硯園乙丑進士官編修文章簡勁修潔朱檢討彝尊稱其近曾南豐假歸貧甚杜門撰述所著詩文及評選經傳制義爲學者矩矱 吳志參香樹齋文集

施德涵字渟如康熙丙戌進士知鉛山縣捐俸建鵞湖書院又脩祀公橋邑人頌之合祈雨禳虎二事爲治鉛三善屬海甯查愼行輯志查詩云指點鵞湖榛莽路講堂片席待重開蓋實錄也 烏靑鎭志

汪森字晉賢康熙間恩貢生授桂林通判桂林多人才創義學延名師獎勉之歲飢平糶不足則捐俸以濟時三省合勦衡靖二州賊森隨營監紀偵得賊首馬奇三等竄入生苗乃率軍倍道以進經伶仃雞心諸險隘陟龍勝鷺雛灘圍攻于龍坪寨賊盡匿苗峒復密伺至三冲誘之出戰奇三中石死餘黨馬之駙等皆就縛移判太平擢知鄭州旋陞戶部江西司郎中致仕所著有小方壺詩文集粤西詩載文載叢載等書 曝書亭集

沈浞字潞公歲貢生授象山訓導象山僻在海隅其士誠樸未諳禮法浞進而教之三年病卒諸生聚哭奉舍殮

視之猶父云 烏青文獻參檇李詩繫

施鈜字階五授雲南趙州州同時吳逆倡亂督撫留鈜軍中傳檄運餉悉稱職已而赴任

大兵奏凱供應不乏尋攝姚州州向為逆賊馬寶所據百姓流亡殆盡城內外不滿百戶多方招徠雜派差徭盡免之半載後稍集至三千戶所轄普溯地最衝要且崎嶇山路往來支給尤艱鈜晝夜奔馳不少怠以疾歸 烏青文獻

楊琯字自崑號栗齋康熙五十五年以國子生充圖書集成館分纂雍正五年任柏鄉知縣居官廉正去之日縣人肖像祀之遷江甯同知卒于官 伊志

居嘉正字時若高祖應詔明直隸新樂縣丞以廉直聞世居秀水嘉正始籍桐鄉雍正甲辰進士由刑部員外郎出知廣西太平府鄧橫蠻抗逆官兵進勦嘉正參贊軍務親冒礮矢屢出奇挫之進攻圍擒三策統兵者不能用數移書督之遂與齟齬歷十月事始竣敘功不與思明土官黃觀珠請以五十寨歸流土民乘機為亂議者欲發兵勦之先奪觀珠職嘉正馳啟督撫止兵單騎往曉以禍福解散其衆密購首犯寘之法不逾月事遂定改山西大同府還福建糧道以毋憂歸服除補湖北荆宜施道江漢水利督撫悉委統理凡荆州安陸襄陽德

安四府隄工千餘里並以時修舉前後條議數萬言悉中肯綮尋擢貴州按察使改貴東兵備道引疾歸著恂齋集別集共十六卷子洪緒字葆和國子生性慤實事親得歡心讓舊宅於諸從兄弟人稱長者以子仕 封教諭卒年八十一 大清一統志廣西通志參諸錦絳跌閣文集

朱元豐字端可雍正甲辰舉人保舉淸查江蘇逋賦署華亭縣海水泛溢漂溺民居元豐集僚佐及諸幹吏分路救災疏積水勢既平乃捐俸施濟民困始蘇徵漕舊例民米入倉後欲得執照甚艱苦元豐乃創造由單挨戶分發納米之後即付執照得詳請著為令調金壇縣在

任七年凡縣人姓名狀貌及人之臧否過目不忘聽訟以息事寗人爲本疾乞歸金壇縣志

李肇開字雨蒼號綺軒雍正癸丑進士授戶部主事改知孝義縣洞悉倉糧爲民累力清其弊在任無赫赫功去後人輒思之孝義縣志

陸大德字虛中襁褓時受撫於舅氏王既舅氏妾生子大德決意歸宗侍奉本生母舅氏分貲與之辭不受以貢生授錢唐縣學訓導一夜有少婦踰垣入自言爲某秀才妾嫡𡠥難堪逃避至此某生巨富也吏胥遂獻計謂可獲重貲大德立召生至令舁歸却其謝大吏檄查合

郡銀舖終其事一文不染升南直隸鳳陽府教授子彪順治六年進士由廣東韶州府知府洊擢至雷瓊糧儲道卒祀名宦鄉賢兩祠孫煒另有傳新補纂

陸煒字覞三諸生雍正六年保舉發往廣西署懷遠縣界接黔之黎平苗民雜處有都江亘數百里苗專利販運賈舶無敢輓而過者煒曉諭之悅服商販得通改駱容運江河波流湍激民素病涉造船以濟授灌陽調天河水陸多險隘相度形勢設郵亭置渡筏百姓利之擢南寗府同知舊例理鹽務委役設舖雜私鹽以鬻於民官吏驁此爲利藪煒以官行私販不可亟辭之題陞思恩軍民府乞歸烏青鎮志

陸賚熙字賡颺保舉任長山知縣夏積雨孝婦河溢晝夜巡視登城防築民田廬沒水中無以存活卽發廩賑之或謂須俟詳文轉者曰俟詳文轉則民餓死久矣有勢家奸僕毆僕死廉得置于法被劾歸伊志

王應綵字湘亭雍正庚戌進士授刑部主事歷員外郎任事久諳習律例凡重案難決者上官悉屬之典廣東試擢江西道御史督學河南毋憂服闋補湖廣道御史遷禮科給事中有清慎堂奏稿伊志

朱文瀾字訥菴監生雍正中援例爲福建崇安縣知縣縣

吏相比爲奸如勻丁浮額受賄抽免私刪比簿移入無徵有收欠催詭名首墾之類弊竇叢出文瀾悉釐正之采福建通志

汪廷英字掖清父繼爆詳秀水列傳廷英附貢生循例授仙遊知縣旱災發倉平糶貧民攜斗升春食并爲䉛治溢量與之旣而穀耗五百餘石捐俸以補旋陞興化同知署府事以疾歸伊志

汪鈞字珊立廷英弟附貢生循例授光祿寺署正出爲安西同知安西今爲直隸州時方爲府故事歲未登民得借官粟至秋完倉時上官不許鈞力請得如例遷永北

知府獄繫四三百審理兩月釋者過半署廣西府寶月
關路難行捐俸平之鈞工詩善畫爲錢侍郎載所稱著
有謙谷集六卷 伊志

朱沛然字霖齋本李氏子幼育於朱從其姓乾隆丙辰五
經進士知高安縣三年不名一錢以病告攀留者趾相
接瀨行父老灑泣道左有署其政事徵詩歌曰天池集
旣卒無子家貧甚一妾能守志以終焉 伊志

陸世埰字卿田父炘清遠縣知縣廉隅峻直以計典罷歸
授徒自給學者宗仰世埰中乾隆十五年舉人由臨海
縣教諭改授河南密縣在密治行稱最子元鉉字冠南

乾隆丁未年進士官禮部儀制司主事擢員外郎放四
川雅州府知府調署甯遠府川陝教匪滋事避亂者踵
至悉收納安撫之其地產蠟蟲負販者雲集謂之蠟蟲
會是歲有匪徒乘間竊發元鉉捕誅首惡民遂帖然後
補廣東惠州府知府惠州地濱海土匪又熾元鉉甫抵
任賊攻歸善縣盤沿汎礮臺已掠礮械去方設法追捕
而賊又從他道至急督兵勇發槍弩殪多人賊乃遁調
高州府知府被議鐫秩歸子瀚字詞瀾嘉慶甲子年舉
人大挑補花縣知縣値水災捐俸施棺木散糗糧設粥
厰貸籽種民得全活旋以老乞休不能具歸裝寅好貲
助之乃得歸 新補纂

馮鈐字咸六乾隆丁巳進士授吏部主事歷刑科給事中
出爲福建學政改貴西道累擢湖南巡撫調廣西東蘭
州猺人蒙蓬等與覃姓讐殺拒捕匿山箐鈐率田州土
司岑宜棟以兵深入村峒峯嶺陡峻鳥道盤空鈐令童
僕裹糧盛水駐營山頂盡獲蒙蓬等其無辜婦女給糧
米釋遣之南甯巨寫古玉琁者自左江至潯州結朋黨
肆行竊劫嚴飭有司購獲境始得安旋調安徽尋給按
察銜罷歸卒於家 伊志

鈕汝騏字駕仙乾隆己未進士官編修幼即刻苦於學研

究經史里中諸老宿咸詫爲異才受知於邑宰姚述虞
姚籍順天及官翰林春秋祀其墓著有南雅堂全集 伊志

徐錦字念祖乾隆乙丑進士授山東蒙陰知縣歲祲民疫
施藥及棺槥煮粥食飢者壽降調歸丁丑
南巡迎
駕給原銜性篤孝母疾割股以進所著詩文若干卷藏于家 伊志

吳瓌初名襄字駕璜性誠篤事母以孝聞瀏覽經史善屬
文尤工於詩乾隆己卯舉人授中書充
武英殿纂修官歷陞內閣侍讀清愼自矢劉文正統勳極器
重之 伊志

馮浩字養吾乾隆戊辰科翰林擢監察御史壬申春充順天鄉試同考官秋充會試同考官丙子江南副主考其拔士也公慎不苟窮日夜力搜羅恐不及故得雋者多通才宿學在詞館十年清望資深纂修續文獻通考精加纂敘純孝性成侍養極盡心力丁母艱心疾屢發養痾在里四方慕其學行多所造就不專尚文藝必以厚風俗敦儒行為諄諄故文名清節並重一時乾隆六十年重赴鹿鳴宴封鴻臚寺卿卒年八十有三入祀鄉賢祠刊有孟亭居士詩文遺稿于志

沈啟震字位東乾隆庚辰舉人已丑中正榜由內閣中書軍機處行走陞刑部主事員外山東運河兵備道護理河督運江南河庫道加按察司銜為文瑋瑰宏麗歷官中外矢勤矢慎廉潔自持尤熟于河務相度捍禦動合機宜

純皇帝東巡時屢邀

褒諭以勞瘁卒于官前居鄉時為烏青兩鎮創立分水書院著有慎齋詩集于志

蔡封字桐封乾隆辛巳進士授四川夾江知縣丁憂服闋補丹徒程伊川祠歲久荒廢祠旁地為豪猾所侵清理之且修其祠鄒縣有私鹽拒捕案牽累數百人節府檄審理乃貧民肩挑餬口不在禁例者懲首惡而釋其餘陞遵化州歷正定府知府歷官二十年清操如一日伊志

濮啟元號玉巖乾隆癸未進士授來鳳知縣調灌陽培植多士捐俸修葺學宮民勒石銘其德引疾歸伊志

趙珮字玉亭由太學揀發雲南通判署大理寺通判兼攝劍川州知州會地震屋宇傾圮兵民壓死九百餘口珮奉檄辦災悉心賑恤民夷悅服累陞開化府知府後以病廢卒於家新補纂

陸費墀字丹叔乾隆丙戌進士授編修提調四庫館奉

旨陸費墀承辦四庫全書頗能實心勤勉且其學問亦優著以翰林院侍讀陞用旋陞詹事府少詹充

文淵閣直閣事歷代職官表總纂官擢禮部右侍郎充四庫全書副總裁丁母艱歸以前所辦書有應撤毀者未經奏明落職平生閎覽博物凡彝鼎圖書碑刻鑒素過目即能鑒別甚與醫藥陰陽方技之術靡不通曉著有枝蔭閣詩集頤齋賦稿經典同文等書伊志

汪大鏞字鳴盛由雲南曲靖府同知調景東以銅廠虧帑事被謫尋起官直隸廣平府通判遷東路同知值歲飢遵化永平貧民竊海灘鹽與營兵鬩鎮將以謀變申總督幾興大獄大鏞往諭分別懲治得無事冀州隆陽河

決前州牧擁民夫護城鏞至急撤夫築堵決口歷四晝
夜隄成新補纂
金樟字匡秀以廩貢除樂清訓導旋聯𢷬成進士授內閣
中書歷工部主事陳尚書詵嘗謂人曰曹屬得金主事
吾儕主畫諾可也已而聞母病乞歸服闋遂不復出平
生謙和樸實如賑荒給櫘及修學宮立義塚諸事悉傾
貲經理無怠心亦無德色家富藏書有文瑞樓書目所
著南廬詩文集共十六卷伊志
金宏勳字元功樟子附貢生保舉發往四川署雙流縣縣
爲川南孔道長運打箭鑪餉米民勞費重宏勳請於府

得產米州縣分辦自是雙流僅短運五百石公私便之
旋授安岳調巴縣擢安徽六安知州創書院士風日起
以福建汀州府知府致仕伊志
金烈字揚武樟子入貲爲戶部主事歷遷吏部文選司郎
中擢廣東惠潮嘉道潮之海陽東廂都隄禦汀漳嘉應
三府州之水以衛海澄諸縣前經請帑築防未及蔡家
園水至輒淹烈履勘得險狀捐俸添築民得奠居惠屬
之龍川和平二縣爲江西定安下游商人欲便運販謀
開大渠嗾贛南當事議聞兩廣制府烈往相度謂此渠
一開則壑我龍川和平矣繪圖陳利害力言不可事得

寢調糧驛道卒於官伊志
程尚賢字北涯貢生授南昌通判遷饒州同知分駐景德
鎮裁省冗費通商惠民署瑞州吉安九江贛州府事有
治聲擢建昌知府伊志
程同文原名拱號春廬晚號密齋乾隆庚戌
東巡召試
欽賜舉人嘉慶己未進士由兵部主事充軍機處章京歷官員
外郎大理寺少卿奉天府府丞提督學政道光三年乞
休回籍卒于濮頭鎮舟次著有密齋文集密齋詩存行
世又元秘史譯元史譯音地理釋職方圖等書于志

馮應榴字星實浩長子幼秉庭訓績學砥行乾隆辛巳進
士乙酉
南巡召試
欽賜內閣中書軍機處行走主湖北山東鄉試提督四川學政
累官光祿寺少卿通政司參議鴻臚寺卿江西布政使
護理巡撫歷中外懋著政聲有註釋蘇詩行世于志
馮集梧號鷺庭浩少子乾隆辛丑進士授編修出典雲南
鄉試得士最盛丁母艱回籍主安定雲間書院奬勵後
進孜孜不倦註樊川詩集行於世于志
徐夢麟字振公由夏邑典史累陞淡水同知值林爽文亂

城陷前同知程峻死之夢麟速赴任所集義勇恢復之自石湖金包裏民集黨交鬨羣聚山上官兵疑爲賊欲攻之夢麟廉得其實遣邏卒招之下山示以恩信數日間男婦就撫者數千人巳而傳賊兵復至乃發兵南下中途陷入重圍與賊死戰破圍出會大將軍兵至馳至大甲溪結營溪口招募義民番兵數千人督將弁分路進勦遣義民密結生番資以布匹鹽茶使伏內山截其衝突殺賊黨何有志通道六百餘里招降數十萬人遂擒爽文而臺灣平夢麟以軍功

賞戴花翎擢泉州知府署興泉永道因署閩縣時交代未清被議落職歸 伊志

嚴廷珏字行之號比玉青鎮人祖大烈見孝友傳父寶傳見義行傳廷珏生而頴異以廩貢援例得雲南同知歷權嶍峩保山易門阿迷大關臨安徵江各府廳州縣補授雲南府同知陞知麗江府調順甯府兩督銅運入都考最以道員注選卒於任宦滇有政聲道光甲午官大關值歲飢乃不待報發倉廩六千石以賑而自捐價繳糧道庫咸豐初官順寧土司有謀奪承襲者暮夜餽金珠值鉅萬堅卻之以應襲上永昌爲滇膏腴郡方奉檄之順甯時有某制府屬私人授意當得量移斥弗與坐是歷任多瘠區至傾家以償官逋勿悔也生平豪飲精詩座客常滿而外和內介人不能干以私子三幼謹入忠義傳女三幼徽華入孝女傳 新纂補

馮津字綺李鈐子自幼好爲詩習騎射倜儻自喜以布政司經歷銜署靈寶縣調盧氏聽訟明決毋憂服闋効力河工題授東昌府下河通判擢雲南劍川知州 伊志

陸費元鐄字小愚侍郎墀子官直隸天津縣知縣設救疫局墾荒蕪田培植書院士子遇有親老者未婚者膏火加獎推鞫案件不事敲扑必得其情獄竟無冤死者嘉慶中衛輝大水鄉民逃亡至天津元鐄傾橐哺之並躬護以歸爲擘畫田廬溝澮而後去鄉民數百家並立主

祀之光緒二年奉

旨入祀直隸天津縣名宦祠 新纂

周楨字愚堂諸生拱辰七世孫同懷五人友愛無間嘗赴省試聞兄某病歿常山即罷試馳往載柩歸與弟楚弟幹尤知名慕望溪方氏昆季同穴事遺令合葬楚字萍江劬學勵行所著壺圭於詳實嘗纂補帝王年表

國朝信史年表嘉慶中以例貢官常山訓導幹字古軒學易三十年成易庸一書大旨主濂溪而不爲苟同於宋易頗有得所著又有四子書說約讀書管見顧諟錄等書

周士焜字敬修以附生入資選江西瑞金縣瑞林寨巡檢同治三年八月賊犯南雄士焜團勇潰被賊脅降取零丁紙授士焜屬疏入粵路程士焜駡不執筆賊支解之並殺其幼子善信士焜妻黄氏自刭死事聞
恩卹如例新纂

周士炯字鐵霞弟士炳字蓮史少同學長同試道光庚子同舉於鄉嗣後同官京師士炯授內閣中書分校方略博綜掌故蒐取得府同知未赴卒士炳乙巳翰林官編修咸豐戊午充順天鄉試分校卒於闈新纂

陸以湉字定圃密縣知縣世垛孫中道光壬辰舉人丙申

進士以知縣分發湖北奉親抵省甫數月父元鐸慮仕途嶮巇時有憂色即承志改就教職選補台州府學教授丁外憂服闋補杭州府學教授以母老告歸歷主分水近聖及杭州紫陽書院講席衡文清眞雅正士皆化之卒祀鄉賢新纂

嚴謹字叔和雲南順甯府知府廷璡子由縣丞投効貴州軍營歷署清鎮縣知縣郎岱廳同知正安州知州興義思州石阡等府知府任清鎮時粵匪石達開陷廣順謹窺清鎮謹率團勇保禦知興義府適石逆犯郎岱城率衆登陴城圍立解於時土匪易飛雄結苗屯踞老黄山復選壯士夜襲焚其糧賊驚遁俄調署正安州又調署石阡府知府賊憚謹有備不敢犯同治四年五月曾天大雨賊冒雨薄城城陷謹巷戰中槍死事聞贈太僕寺卿銜予雲騎尉世職謹族兄誠隨謹陣亡並卹蔭如例新纂

金鶴清字翰臯廣東嘉應州知州錫鬯子道光二十五年以一甲二名及第授編修明年充貴州鄉試正考官道光三十年咸豐二年並充會試同考官尋記名御史入直南書房四年卒鶴清少貧困嘗僑居嘉定姑蘇善作文時爲人傭筆墨既官京師益嗜學手點勘羣書於晉書尤力詩亦工著作見藝文新纂

陸秉樞字眉生道光丁未年進士選庶吉士授編修歷官山東貴州江南諸道御史轉給事中巡視中西兩城充乙未會試同考官卒贈光祿寺卿銜其在諫垣也有言內務府召民間優伶演劇者疏劾近習藉端獻媚大臣不知匡救語甚切至福建邵武府城陷於賊守將逃避昌言請誅中西和議成極言夷情叵測又疏諫京師設立夷館又再疏諫巡幸木蘭及請復京倉舊制請懲餘姚奸民請禁候銓官假稱親老告近與議團防獎忠節劾貪吏諸疏言皆切直有古諫臣風新纂

陸費瑔字春帆直隸天津縣知縣元鐄子由副貢生充國史館謄錄議敘知縣選授湖北麻城丁艱服闋揀發直隸其初入讞局也會審捕役馬得山聯鉤扎傷李庚一案刑部載入駁案新編補東强辦蝗災興文教調清苑値征張格爾兵差禁絶官價名目升易州恭辦

陵差暨成廟萬年吉地輿工支放辦道夫價賞給間架銀兩嚴絶尅扣斥婚田債案件即令原告傳喚被告不出硃籤不交管押升正定府脩防滹沱河險要詳定讞局結案期限調保定府並以幹練稱尋擢臬司升廣西藩司調直隸查勘天津所屬新城葛沽鹹水沽附近海河可種地令民開墾道光庚子賑濟天津水災設粥廠施棉衣借給籽種採買雜糧活民數十萬民追感元鐄舊德遂播大小青天之頌尋擢湖南巡撫時耒陽縣民楊大鵬等糾衆爲亂瑔抵任親督兵赴衡州分據要害杜賊傍竄大鵬就擒舊制綠營兵只演弓劍刀矛瑔令兼習鳥鎗於例操外增設月操親自校練各屬溢額典吏凡九百餘名疏裁之永杜冒充祁陽會匪王棕獻滋事捕誅之湖南民猺雜處每有匪徒結盟拜會乃嚴行保甲法並究出傳教之王存眞楚潮泗等拿獲新甯猺匪雷再浩乾州屯田痞匪石觀保屯田類皆瘠土各佃不

敷養贍藉此痞苗熄亂奏請酌減得旨豁除八千四百餘石又疏覆部議銀錢並重章程及禁漕務情弊均稱旨丁內憂歸尋以巡撫任內案詿誤旋奉命在籍督辦捐輸團練事宜得優敘未幾卒光緒二年奉旨父子同祀直隸名宦祠新纂

姚學蘇原名學韓字小蘇由副貢生中道光甲辰年舉人大挑知縣分發四川未到省殉粵匪難於直隸滄州事聞贈知府銜予雲騎尉世職新纂

曹鉷字金坡監生咸豐十年粵匪陷嘉興鉷與同里舉人畢槐等創辦團練禦賊於萬年橋受重傷昏仆於地及晚鄉人舁至茅舍中越數日卒子桐溪三德均遇賊被擄不屈連袂躍入殺人浜而死新纂

沈如潮嘉慶庚午舉人官滄州知州治尚清靜喜文士不通干謁歷事明察書吏不敢舞文咸豐三年九月賊陷滄州冠帶罵賊死眷屬同殉難者十三人兵燹錄新纂

金錫鬯字秬和號莳穀烈孫嘉慶辛酉拔貢戊辰舉人以校錄會典議敘選授廣東恩平令尋權廣州府澳門同知所司多大小兩西洋番舶貿易事綜覈苴詰姦慝在任四年重洋帖然擢嘉應直隸州知州值歲饑輕騎編查嚴懲剽掠急碾常平倉穀六千石平糶屬縣長樂獲

解疊劫盜犯八人廉得寃者昭雪之大府以平反巨獄
入告得
旨加知府銜旋引疾未歸遽卒於粵嘉應民醵金建祠子鶴清
另有傳（是傳應改列金鶴清傳前採金氏清芬錄補纂）

吳霑字時濟號東溪靑鎭人家以力穡育蠶致富霑爲人篤厚慷慨見義必爲兄弟三人季出贅俗於贅子析產必視諸兄弟有差霑請三析均之家有塾規延師誠敬以故造就皆有成至館師相與不忍去稱貸償不如約者聽之毋許子弟急索逋嘉靖丙辰詔採天下鉅材供營建邑令金燕知霑可任以意諭之霑卽慨然應命邑故無城始築時北水門勢衝激施工最難霑身任之務爲堅久告成不踰月而倭寇徐明山葉麻等擁眾萬餘人圍城多方攻北水門弗能入在城生靈條全無算金燕歸功於霑上之巡撫阮鶚大爲加奬他若陡門萬壽山寺爲東坡三過舊蹟靑鎭壽聖寺浮圖皆霑首倡捐造人咸頌之屢舉鄉飲賓年八十餘卒（案霑明人今據李臨川拳勺圜小刻補纂）

吳慶培字晉康靑鎭人寄居江蘇震澤縣北麻村慷慨好施予有幹濟才咸豐庚申粵賊陷蘇垣遠近騷動慶培以候選州同奉大府檄團防捐餉督帶鄉勇八月十八日賊隊自北麻遶進泊村橋門自朝至暮血戰終日力盡被戕由江蘇巡撫奏請卹贈知州銜（新纂）

陸三元字埜泉屠甸鎭人咸豐十年八月賊至鎭西市三元率團勇拒戰手刃數賊賊愛其驍勇勸之降三元怒罵曰死則死耳安能供賊驅使耶賊拉殺之（新纂）

徐順居屠甸鎭小馬亭子善放火鎗咸豐十年八月賊犯屠甸團勇某邀順相助搏戰於萬年橋順每發一鎗輒斃數賊賊手槍如牆而進順中創死（新纂）

孝義

明

濮圓齡字侍涇濮院人宗淵五世孫爲人倜儻多才兄弟友愛知縣胡舜元表所居曰人和坊卒祀孝弟祠新補纂

鍾名遠正統七年歲饑出穀麥一千六百七十餘石助賑事聞敕奬建坊同時有王全顔小童王顯保捐粟賑饑朝廷勞以羊酒旌爲義民復其家三年吳志參桐鄉徐志案劉志作鳴遠與孫佐播璧合傳列入平糴

濮宗淵字魚樂景泰中旱宗淵發粟五百石募役濬河以便行舟宏治中大旱復捐米千餘石自南幽河濬至運

塘水得以不涸當道奬之桐鄉徐志參濮川舊志

張鵬字九萬少孤依兄鸞不析爨鸞倜儻負氣坐徭役破家卒鵬食貧無間言謹事孀嫂如母每出懷果實歸命妻擇佳者先以奉嫂始終不怠以醫寓石門鎭嘯庥古令陶然自適陳刑部謨狀其行事桐鄉徐志

朱霦字元沛好善樂施倡義築城捐基立學捨地爲塚郡邑嘉奬給冠帶舉鄉飲賓伊志

徐梗于金鄉人嘉靖三十三年捨田一百五畝于學宮以濟貧士是年荒復出米一千石賑饑邑令徐麟奬其義萬歷二十三年子棨復捐貲三百金米二十石修學邑令陸錫功亦奬之桐鄉徐志

陸明字晴川家素饒嘉靖中再經倭寇室廬盡毀見遺金于厠俟其人還之子吉有傳伊志

張鯢清風鄉人孝友忠直遇事正言相解不徇人以非禮桐鄉築城捐貲助工邑令金燕高其義奬之後屢舉鄉飲卒年八十三袁志參桐鄉徐志

沈瓚捐貲三百餘創建儒學尊經閣

莊儒萬歷四年縣治廳將傾知縣高梅議需四百金重修儒獨力捐之以上桐鄉徐志

鍾澣字望之好施與每遇歲歉捐米助賑萬歷初給冠帶

建善士坊表之子槩字巽泉考選中書能守父訓舉鄉飲賓伊志

甯冠性至孝祖母疾醫藥弗能愈冠割股肉以食之朱杲字景陽號南松諸生母患心疾杲割股救治大吏俱表其孝行伊志

錢夢傳字季良夢得弟父宦歿長安扶櫬歸里人謂柩在外不宜入門夢傳曰父死不及視含殮又不得成喪禮於敝廬於心何忍遂迎入堂哀毀盡禮以子允鯨貴贈官吳志參桐鄉徐志

陸天錫庠生天性至孝惟以順悅二親爲心父母病篤家

居侍湯藥不應省試後父母相繼歿天錫日夕悲號致
疾卒邑令表爲孝子桐鄉徐志
鍾啟明字思梅性孝友讓產於其從兄邑城圮捐資助築
萬歷間歲荒賫糜賑饑全活無算袁志參桐鄉徐志
錢汝追字元同由諸生入太學工詩古文辭居家孝友歲
饑發粟賑濟里人德之
湯日新諸生少有至性父歿廬墓側遺貲悉讓其弟歿
代償積逋數百復撫遺孤
葉應乾字敬川敦行孝悌言色不苟爲時所重歲饑捐粟
賫賑又創同善會設義塜瘞露屍無算學使者表其門
以上吳志

邱璣字怡竹萬歷間歲歉出粟賑饑全活無算獨建含山
塔修造本里鳳儀寺橋七十二座廉使閔珪爲文勒石
以紀其事伊志
邱珊字世重正德時貢生官福州州判家饒於財歲饑盡
散賑鄉里時寇盜充斥相戒無入邱善士門新補纂
諸董威字雲芝事親極孝養性好義嘗捐數十金創新安
將軍祠與里之慕義者置田使僧供灑掃廟以不廢伊志
夏伯號澄村性寬厚人有遺金于道驗數還之一日偷兒
入室獲之乃鄰人子密遣去并周之卒改行成善人曾

孫開先字禹承克紹祖德以所受祖宅讓于伯兄又捐
己產以償公堂積逋順治辛卯寇盜充斥慨然以保障
自任一方賴之伊志
仲應鶴字九霄性至孝萬歷末母周氏病割股肉爲羹以
療張昭字允昭年十四父病危篤割臂肉一臠以進漸
愈秘不與人言至孫曾始述其事桐鄉徐志參烏青鎮志
沈祐字天佑早年失怙事母不違色養母遘疾嘗藥籲
籲天身代比執喪哀毀盡禮日暮不離殯側疏食水飲
至毀瘠罔變督學徐某奬之兩姊早寡子竝幼撫恤無
間孤姪繼儒繼經方脫襁褓教誨鞠育逾於己子後二
姪竝餼邑校幼弟禧病八載親視湯藥無倦色後不起
則又存恤其家俾弟婦邱賴以守節見聞雜記

鄭輿誦字覺初天性至孝語言色笑無不曲承親意中歲
喪母事後母無異所生已而親故棄產營祖父宅兆四
壁蕭然不顧也舉止端凝不妄發一語後學奉爲典型
著作多散失烏青文獻
邱雲字季心館穀以養親崇禎庚辰歲凶越三載弗稔貧
益甚時父已歿母尚存雲旅食念其母未嘗飽每數日
弟來告匱雲竭力經營俾得歸以養母又捐所食之半
以食弟主人聞之益飧飯必辭蓋不忍弟之不食而去

而又不欲以弟之故累人也言行見聞錄
毛文耀性孝友父病籲天請代委曲盡色養崇禎甲戌學道黎元寛給匾嘉獎桐鄉徐志
朱杲字景陽諸生母患心疾求醫不效割股肉救治
張王謨字文甫性孝友八歲喪父哀毀如成人後喪母再期猶嬰嬰啜泣兄王道早卒待寡嫂陳氏如母朝夕必簪履束帶以見以上新補纂
夏儒字扆聘號雲泉事父母孝視膳嘗藥有恆度弟妹俱幼撫育成立會族有恃横阻其父葬事者置酒會宗人涕泣跪告舉座泣横者亦感悔居鄉不談人過不立崖

岸間爲解紛是非斬然不爽客醉忘金去封檢如故悉返之既以子貴受封不輕乘軒謁郡邑延舉鄉飲賓輒辭之烏青鎮志
沈照字日亭自幼孝友長而好施尤潛心理學學者奉爲師範以子雲從貴贈奉直大夫桐之士請于督學祀于鄉桐鄉徐志
張明俊號九芝庠生遇人吉凶曲意周恤不計有無弟子家貧不受其贄嘗出見故家子逋賦被械代爲之輸袁志
陳國紀崇禎十三年捐田十一畝作義冢時疫癘大作復偕朱茂曜僧岸然頟石遍拾尸骸所埋不下五千云邑令張如戴詳請免糧以獎其義伊志
李成德憫族貧讓産贍之崇禎末年饑出粟助賑里人感其義吳志
葉維幹字始元明季與兄諸生維翰竝隸復社有雙溪二葉之目屢躓省闈獨守遺經爲士林模楷三以鄉飲禮薦卒不赴烏青鎮志
邱顯字伯邑躬耕事大父及父父歿資其弟三人讀書不替家學孝友純篤稱於鄉言行見聞錄
錢濤字飛雪監生集同學醵金葬師某戚姚黄卒於京師撫其孤子女長爲婚嫁新補纂

濮龍錫字九上諸生喪偶不再娶讓産於兄子漆好讀左氏春秋肆力詩古文詞歿後貧無以殮當事者高其義捐俸以賻與妻呂氏得合葬武進士俞京爲撰義夫傳知府閻若琛表其墓曰隱君子新補纂
潘仰宬字星河陰行善事順治丁亥年屆九十邑令楊晙舉鄉飲賓問以爲治之道答曰惟願民之父母無私好惡已耳及百歲邑令王好仁復舉鄉飲表其廬曰厚德無疆壽一百一歲桐鄉徐志

國朝

徐衷泓字心水弟沅字生一陳常字時夏皆諸生鼎革初

羣盜蠭起刼掠村落聞三人仗義糾衆與盜格鬬陷入盜穴皆遇害盜退三人之婦輿尸歸刀痕滿身聚哭暈絶而甦拮据殯殮守節終身四貞紀畧

鍾聲闓字青雷父廷耀官靈山丞留欽州旁城島猺寇難死聲闓悲痛終身發爲詩文多沈鬱慷慨隱居濮院以課徒終楊變勛亭文鈔

沈樾順治間父病藥治不效樾割股肉和藥病愈母患目疾樾以舌䑛目復明邑令劉永吉書額奬之袁志參桐鄉徐志

周起龍睦族敦里順治三年歲饑斗米三錢起龍捐米二百石半價給散鄉里從子應驊路拾珠髻訪還之桐鄉徐志

濮淙字澹軒順治初室遇火入煙燄中扶二親以出耽詩好友有半間樓浣雪居月巢蘆園諸刻人多購之檇李詩繫

鄒璜字待聞幼事母孝能急朋友之難順治戊子舉人選仁和訓導修學宮及琢玉亭較藝其中從遊者衆卒祀鄉賢桐鄉徐志

陳有仁字振所慷慨好義積有善行順治五年邑令張鳳羽十六年郡守劉啟復給匾表其閭屢舉鄉飲賓伊志

陸賚錫字大勝順治辛丑進士任平原知縣前令虧庫銀四千兩繫獄爲稱貸補之得釋佐其歸弟鋐不得歡于繼母錫長跪以請母怒不釋弗敢起鋐仕鹽山歿於任錫往歸其櫬視姪如子人無間言姪溓丁卯舉人工詩文吳志

張嘉玲字佩葱執父喪三日不食小祥之內疏食水飲菜果不入口三年之中衰麻不去身未嘗沐浴入內室連遭八喪一身任之弟嘉璉字宣城行與之同友愛尤至言行見聞錄

施國楨庠生敦品節兄弟四人至老不析箸嘗鬻奩田爲季弟完姻出內資嫁兄女獨力葬親不取助於兄弟吳志

朱承慶字甯宇事父色養兼至垂髫喪母每當節序薦時食輒涔涔淚下性好施飢者推食寒者解衣週比閭族

黨之死喪患難尤加意賑之康熙四年舉鄉飲賓伊志

錢枋字爾載庠生工詩古文遊京師爲名公鉅卿傾倒性孝友讓產于堂弟宗族中近支之不能葬者葬之

施永譽字季瑠事父孝明季兵亂適父病負匿雖當流離時必竭力以進甘旨學使者鄭開極表其閭以上吳志

薛陞康熙庚戌大水陞偕士民計灝孔尚宗倡卓巖雚倡義捐輸設法募賑活饑民十萬有奇府縣奬之桐鄉徐志

孔尚忠字明凡事父孝待羣從子姪以恩好解紛釋難有不能婚者助之死者櫬之郡縣兩舉鄉飲賓康熙九年大水勸募賑粥活民甚衆巡撫范承謨行縣給帖以奬

年八十八無疾而終烏青文獻

李尚白成德子康熙庚戌水災能繼父志捐賑鄰里年九十子逢源有聲黌序年七十舉鄉飲賓堅辭不赴吳志

張淇彥字粲英青鎮人歲貢生授甯波府訓導踐履篤實以文行兼優薦擢磁州知州康熙九年舉鄉飲賓時鄰舍災火延淇彥宅忽返風火滅人稱德感新補纂

魏雲瞻性至孝父疾藥不能效雲瞻籲天割股以進父尋愈年二十七卒范文裕母病篤割股以進得愈邑令奬之見聞偶記參袁志

張景曾字行表父貧自杭遷桐性至孝父徙邊累往省視

嘉興府志 卷六十一 桐鄉孝義 四六

及歿步行萬里負骨歸葬有張孝子之目

錢天濟字幼南居家友愛姪某年近五旬鰥嗣濟出貲買妾生子年八十舉鄉飲賓以上吳志

李元字明山母殳氏病劇元禱天願割心肝療母農家無利刃再割得肝少許又割之乃肺一葉天忽開霽耳中聞音樂聲地下有聲如雷目見鬼神羅列左右瘡口不能合遇一道者療治竟愈次年大旱惟孝子一方前後得雨倍收康熙壬戌巡撫李某廉得其事 旌表給衣頂舊浙江通志參吳志

于道珍字孔嘉事親以孝聞父病醫莫能治道珍刲股以療之姪繼昭字日常父病篤亦割股和藥以進病遂霍然伊志

計頴字質生敦行樂善無疾言遽色終身不計人是非康熙三十四年郡邑舉鄉飲賓復表其門曰褆躬裕後烏青鎮志

徐時升字憶山性敦厚愷悌遇人無貴賤一主謙下子騰以進士官知縣時升布衣韋帶抑抑如故累舉鄉飲賓烏青文獻

李懋華字含白樂善好施官塘有登瀛橋坍毀已久華獨力建造人賴利涉有司奬之吳志

嘉興府志 卷六十一 桐鄉孝義 四七

施昌字叔璠慷慨好施有質室廬者金以百計其人歿子幼即返其劵嘗于金陵置蟖房數簍歸中有白金百兩愀然曰彼失銀者情何如亟齎往還之順治初劇盜橫行凡設立水陸關隘不惜己資修治之邑令何金蘭舉鄉飲賓辭不赴贈額曰天授神仙烏青文獻

陳之煌字旦明孝于親友于弟弟歿遺婦馬力存恤之賴以安節舉鄉飲郡守張照乘贈年高德劭額

段文榮字明宇本姓沈曾祖河間縣丞贅于杭之段氏因姓焉爲人和易不立崖岸多行善事鄉黨稱之康熙二十六年邑令張承位給匾曰餘慶流長以上烏青鎮志

田倘志性至孝多隱德康熙丙午年踰百歲學博郭宗儀給額曰德壽垂芳伊志

任時慶字君善父易初自休甯遷桐鄉性孝友同懷六人養生送死皆慶獨任兄子甫七月而孤撫逾已出適爲盜掠慶曰我兄早世嗣息僅存遂傾囊贖歸次兄得瘋疾醫藥不衰子姪林立尚未析著吳志參桐鄉徐志

孫嘉麗字爾宣性孝友爲築園亭以娛親嘗刻清夜鐘弁邵康節孝悌詩以勵俗子起龍爲仁和訓導修學造士得義方之訓居多

張侶韓字季友庠生早孤事母至孝撫弟妹經營婚嫁盡

友愛之義居鄉遇旱潦率先救護歲祲設法助濟力學未售卒

俞廷謨字介山諸生行止端方居家敦倫睦族教子孫以讀書明理爲要屢舉鄉飲介賓以上吳志

沈元楷字君端性純孝康熙乙未冬父亮彩患瘧疾勢不起楷日夕憂傷湯藥罔效因夜禱竈神割股和藥以進後元楷生三子皆以孝謹稱伊志

唐廷瓛字嘉侯號省齋諸生重孝友嗜詩書生平無一欺人語遠近咸敬禮焉康熙四十二年舉鄉飲賓烏青鎮志

楊大中字靜思年十五刲臂療母疾母愈見創詢之泣曰兒知母疾之痛不知兒之痛也後父病篤不解帶者五十餘日籲天求代父疾尋痊大中竟以憂瘁卒王應綵楊孝子傳

李元慶篤於倫誼嘗撫孤姪養耄姊䘏寡妹植孤甥屢賑饑濟貧康熙二十年同知于琨邑令何金蘭各獎以匾二十六年邑令張承位復以鄉飲賓禮之烏青文獻

查魏旭字次谷康熙癸酉副榜魏姓榜父繼甲爲隆安知縣卒於任值吳逆之亂道路隔絕踰二年訃聞魏旭號泣即日隻身就道跪母前訣別曰兒去萬里出入兵間得達父櫬所萬幸能扶父櫬歸尤萬幸否則流落瘴鄉守

死父櫬旁毋侍奉有兄弟在勿以爲念遂行及漢陽遇賊掠捶楚無完膚又經全州寒水橋失足墮河若有掖之者浮髮水面遂遇救得不死又一夕行永州慕古山中時昏黑草木叢雜不辨徑路聞狼嗥虎嘯聲信足奔履蹶屢起僅達村舍血淋漓滿芒屩抵隆安覔至櫬所一慟殞絕踰時始甦顧無從作歸計歲餘乃嚙指血書詞哀籲道旁見者咸曰此故賢令子也稍得賻助遂扶櫬崎嶇以歸歸後疾作卧牀不能興凡三年得復故後卒命子必祔葬先塋之側咸齋文鈔

李之棟父琮素履醕謹以好客家日落之棟能先意承志

擴復舊業又爲闢圃蒔花俾與故交娛息其中舉鄉飲賓烏青鎮志

馮翊字輔之少爲諸生以純行聞於閭里事父母及所生母俱以孝稱父歿時幼弟纔十數齡翊撫之及弟歿以己子嗣之家不甚富人有告急無不應族人有老幼不能自存者輒周給之無吝色學宮久圮倡捐修復子景夏官侍郎浙江通志

金士瑜字子握性孝友力葬三世創置祀產遇事多過人之識濟困扶危不居其名歲饑出穀千石首倡減價平糶全活甚眾里人感之奉其主祀于鄉以孫樟貴 贈

主事吳志

王綸字書升事祖嗣光父開泰備極孝養與弟緯一堂雍睦建涼亭以利行人吳志

汪文桂初名文楨字周士號鷗亭考授內閣中書事父母孝於三黨九族中殫力周恤康熙戊子己丑間旱澇相繼設粥廠立藥局全活甚眾歲丙午被水災首倡賑濟以食饑民他若葺黌宮築城垣修橋梁開河道好義捐貲一無吝色四舉鄉飲賓浙江通志

沈允聞字大章康熙庚午舉人篤於親誼表戚陸聲遠老而無子爲之納聘得有嗣息有售產救貧者給其值不取其產每歲設家塾備膏火課親族子姪之貧而無師者祀鄉賢祠鄉賢祀冊

孫伯耀嘗至皁林拾遺金一橐坐候至暮見一人號泣而至問之云是青鎮絲牙父負客債陷縲絏鬻妻得銀往縣救父至此遺失伯耀還之與同至家出資償還客債釋其父又贈以金贖其妻由是父子泣拜而去端素齋雜綴

金學份字昆濬幼有器識與羣兒嬉水濱見一兒溺眾皆驚走獨褰裳救之有負重貲者憫其無以爲生焚其券有附舟歸者中途病死殮之歸其喪他若賑粥施衣修學宮葺橋梁善事不可枚舉浙江通志

皇甫洸字思誠青鎮人少孤母命棄舉業治生人產洸仍不廢讀教幼弟汸成立再教其遺孤五子二猶子各授一經嘗夜登門樓匿有穿窬者覘則舊相識某也勸諭贈以錢某感悔卒改行新補纂

周德馨母死哀毀骨立父病手足不仁竭力侍奉湯藥飲膳便溺穢瑣之事與妻邵氏終宵數起頃刻不離新補纂

程琳字丹雲事母以孝聞且能推孝友之誼旁及族黨遠及異姓親族中有貧者周之有來告貸者助之無稍吝色康熙戊子己丑間饑殍載道於縣治之城隍廟青鎮之密印寺製棺施捨三十餘年未嘗輟捐修文廟及城

隍廟重建程忠介公祠水旱出粟賑濟浙江通志

宋國用字調生任俠尚義一時名士皆與交北至關塞南遊閩粵總戎聞其才辟薦之不就歸里圖籍自娛年九十終吳志

鍾應聰字順宇性寬厚喜怒不形人以緩急告曲應其求壽九十八夫婦偕老五世一堂康熙丙戌邑令劉瑄書額贈之伊志

貝世璀字鳴玉父鼎春有隱德康熙甲子邑令何金蘭給額曰耆年碩德嘗試寓禾中有少女暱就踰垣避之尋以詩酒放廢名利澹然鄉里推爲隱君子裕蓁堂叢說

張德固字立方侶韓子雍正己酉舉人母患目疾德固屢以舌舐之眼復開一姊歸朱夫婦早世遺女一撫如己出妹亦歸朱如姊德固撫其遺子延師課讀俾入庠乾隆二十年歲大饑率先拯濟賴以全活者甚多伊志

王見麟字乾中副貢生景山教習期滿以親老不赴選或勸之仕泣曰官乃重于親耶歲歉率家人食糲奉親必酒食父疾恒不解帶歿時哀毀成疾終身不仕伊志

譚觀道字楚卿性孝友父病溺澀不通觀道以口吮之兩載獲愈與弟觀德終其身不析箸舉鄉飲賓邑令蔡可遠給額曰樹型鄉國伊志

湯士陞字指高性至孝父患目眚家中落而樂善好施士陞曲體親志敬供滫瀡推恩親串數十年不懈母唐前歿厝淺土地鄰某謀陰壞之士陞踉蹌趨視棺已半露時值風雪撫棺而臥夜半雪積尺許齒戰手足皴裂哭不成聲鄰某感其孝亦悔前謀烏青鎮志

楊權字斗衡植品端方舉鄉飲賓邑令蔡可遠給國瑞家祥額獎之孫紹基字崑田貢生倜儻負氣撫孤姪爲弟婦王氏請 旌典以彰苦節平生樂施不倦兵巡道潘某給額曰惠周鄉里馮侍御浩有傳伊志

于應熊字備王年十五失怙棄儒服賈上事孀母下撫諸

弟母死營葬一人任之雍正初舉孝弟力田科辭不就次子文懋歲貢生慕洛閩之學著有隅言質錄伊志

鍾梁字來霞庠生三世同居觀風整俗使王國棟舉賢良方正給匾獎之子元文孫竣均友愛敦睦縣給額獎伊志

周畯字旦雯私淑張履祥講道一宗紫陽樸實力行詩不多作梓有綏庵詩鈔助張履祥後人葬士林重之子世堯字欽表稟庭訓務實學貢入成均以疾不赴選伊志

尤樹德字在田考授州同知好善樂輸乾隆六年捌建育嬰堂樹德捐田百畝十三年歲饑出米賑之全活無算王方伯表其門曰指囷遺意同時魏承祚金佐王共捐

田於育嬰堂鄉里稱善人云伊志
施徐亨少孤母患癱瘓侍湯藥躬廁牏二十年如一日常
號泣籲天願割己算益母壽母死哀毀骨立尋病卒伊志
張仁鏶字學川庠生八歲喪母盡禮如成人家貧事父色
養備至兄嫂早世遺一女如己生嫂有母沈氏家貧無
依寄養十餘年無倦容伊志
祁起元字善長自幼至孝能曲體親意親少不悅即長跪
終日候霽顏乃起十歲父卒哭踊如成人既葬席薪枕
塊泣伏墓側雖寒夜月黑悲風蕭瑟不忍一夕間也尋
以母患弱症躬侍湯藥者十有三年卒不起哀慟淚盡

繼之以血兩目失明越年餘假寐間恍聞有人呼其名
字啟眼視之彷彿父母在前嗣後目漸復明人咸歎爲
至孝所感乾隆己亥以孝　旌其門伊志
孔毓玠字介玉性肫篤出嗣於叔撫庶弟如同產生母年
逾九旬迎養無間所後父母寢疾侍湯藥數稔歿則喪
葬如禮先世墓域有廢祀者置祭產率族人享祀四世
不析爨遇歲荒捐租以爲眾倡舉鄉飲賓烏青鎮志
吳承乾字以清國子生父啟宗以鹽筴起家慷慨好施予
承乾能承其志海鹽崔孝廉學淇篤行人也傷弟病歿
不上公車承乾延至家塾事之惟謹且邀崔之孤姪共
讀用相娛慰承乾歿崔哭以詩云十年師友誼一別死
生分葢紀實也伊志
陳德星字朗瞻性至孝父病劇割股以療與弟元星璇星
共敦友愛伊志
孫開運字大文志行芳潔卜居市廛蕭然物外舉鄉飲賓
乾隆十九年邑令王瑄以熙朝碩彥額表其門伊志
曹汝璋字萬全幼喪母事父及繼母盡孝躬耕色養歲饑
與妻饜糠粃留甘旨奉親親喜飲每夜市醑馨奉壺觴
歌笑以博歡父母歿汝璋年逾六旬啼泣猶似嬰兒伊志
汪士煐字伯華乾隆十三年歲歉米昂士煐減價平糶冬

米一千石有司上其事于巡撫給額曰誼篤枌榆伊志
朱光祖字紹庭性孝友好施與宗族貧困者輒傾囊與之
生日不舉觴即以資補路邑令陳虞盛重其行舉鄉飲
賓給額曰齒德兼隆伊志
陳宗字源夏性孝友與弟時憲終身不析爨乾隆間三遇
歲饑宗率先輸粟賑濟學使竇公郡守梁某給額優奬
伊志
陳堅字剛中弟增字如川相與友恭乾隆己丑甲辰歲饑
首捐米助賑增子天墉廩貢生署衢州府訓導讀書好
義出資助修濮院之幽湖橋及南橫街鄉人利之伊志

程仁善字長人監生性慷慨表戚俞進士武琛謁選入都
卒於濟甯旅次訃至家祇遺孤七齡爲之經紀歸其櫬
又資給其家俾其孤讀書游庠丙子歲祲當道設粥厰
以食飢者首輸米十六石助之舉鄉飲賓辭不赴伊志
金錫字器遠監生年十四大父沒號泣盡禮期年不見齒
父垣官刑部員外郎錫隨侍入都父疾亟夜禱願以身
代未幾父歿晝夜長號水漿不入口者數日以哀慟過
情病瀕沒呼母數聲并云得侍父于地下死亦無憾目
乃瞑年三十一 靑浦王侍郎昶有金孝子哀辭伊志
張仁敷府增生居嘉興縣嘉會鄉學宗濂洛與猶子中孚

析疑問難娓娓不倦嘗手輯宗譜其遠支無可訪虔禱
宗祠夜夢先靈指告往詢之符所夢遂續筆焉著有家
箴二十條輟耕吟稾四卷中孚庠生性和而介上事繼
祖母許氏色養怡怡晚年博求先儒著作及名臣言行
錄輯爲人式篤信兩編藏諸家塾年七十餘無疾而終
新補纂
孫映槐字月卿少孤貧鞠于祖母以諸生入監負雋才將
應順天鄉試冀得祿養而祖母訃至日夜哭泣時春初
寒甚褫裘褐弗御友人或解敝羊裘使服之堅弗受遂
發病不數月死工家隸及楷法有得月樓詩鈔伊志

于方字五英諸生慷慨好施乾隆丙子饑首捐貲設粥貸
民全活無算郡守曾某給儒林表率額表其門伊志
蔣紹煇字適文諸生性至孝嘗刲臂肉以療母疾家人初
無知者比卒殮時見其臂有瘢痕始悉伊志
曹楠字星巖庠生父母俱早歿事繼母徐孝泣陳苦節得
建坊 旌恤鄰里修祠宇年七十三舉耆士給冠帶伊志
周袁勳九歲喪母哀毀如成人事繼母孝有弟三人早卒
撫姪如已出偶拾人葠于路追還之不受其謝伊志
何晉揚少時母因產後患心痛醫治弗效晉揚割左股和
粥以進病愈後遭父病劇復割右股以療之恐露刀痕

雖酷暑不袒裼者五十餘年伊志
嚴大烈字競旃性儉而好義烏鎭舊有社學久廢里人沈
觀察啟震創建分水書院大烈捐金五百助備膏火其
他道路橋梁多樂輸焉伊志
嚴寶傳字瑞符大烈子力學多聞豪於詩酒凡戚族友朋
有急告罔不應劵書至盈篋終其身不責償尤重讀書
計偕無資者無論識與不識咸取給焉與同鎭三太守
蔡鑾揚陸元鋐徐保字尤稱莫逆並資以出仕援例得
光祿寺署正未供職遽卒新補纂
朱英字含叔太學生蔚弟父明儀由休甯遷桐鄉英又遷

平湖工詩文重然諾仲兄蜀獄事起株累同産英以伯
兄華未有子乃免華於難挺身赴蜀長繫三十有七年
始釋歸著有史山樵唱子鴻猷字仲嘉庠生生八歲而
父搆蜀難刻苦讀書既入學即入蜀省父歸而卒著有
雲谷書堂吟稾見山樓書畫錄平湖路志新補纂
朱文燦字服章年二十八妻亡不再娶友于兄弟終身不
析箸喜周人急乾隆丙子歲饑有嘉善人抵玉溪鎮鬻
妻者券已成矣聞之急詣叩其故曰親老家貧租稅無
所出道遠可飾恥耳即爲代償其値并解囊以賙越數
載其人攜妻來謝待以客禮將卒前一日盡撿篋中奴

僕券焚之至今五世同居伊志
范文裕母病篤割股肉以進病得愈知縣奬之新纂
陸溥字昆源諸生母疾割股肉煎湯以進母病尋愈館穀
所入悉以給二弟時人咸高其義新纂
陳賜麟字玉符幼失恃體素羸弱父病篤日夜泣禱無效
割股和藥以進乃瘳數月賜麟嘔血死年二十三邑令
李廷輝給奇行格天額奬之伊志
孔廣平字賦梅乾隆辛卯舉人以議叙授廣西臨川縣歴
署興業北流博白知縣鬱林州知州所至俱有政聲丙
午戊申乙卯三爲同考官性至孝母病劇嘗糞以卜安

危著有碧峙軒初稾竺橋漁唱詞堤畫鈔存于志
張紹貞事嗣母盡孝與弟千里友愛甚篤具脩脯令弟從
師受業弟家貧喪偶遺兩孤減己餐鞠育之復鬻己産
爲弟續娶人咸稱其高誼云于志
張千里號夢廬官訓導精醫術中表沈嗣龍亦業醫早卒
子幼千里爲之治家事積逋三千金經理一清教其二
子得承世業與兄紹貞急難相扶視兄子如己子他如
賙卹貧乏代營喪葬不可勝數歴署紹興府學教諭新
城縣學訓導己亥以疾卒於家著有珠村草堂等集其
閩游草一卷已刊行于志

徐紹昌字駿惠樂善好施乾隆五十年浙中大旱餓莩載
道紹昌不俟有司勸捐即發藏粟千石賙卹鄰里賴以
安全者無算于志
倪振邦字佐周原籍休甯自其祖公權始入邑籍振邦好
讀書行善買地於玉溪鎮東建骨塔分男女兩塚又捐
錢穀施棉衣平治道路歲行之無倦與弟發友愛無間
言新纂
仲均號樸眞性孝友乾隆甲寅奉母濮氏命重建迎龍橋
嘉慶辛酉又建梧桐聚鳳兩橋兄弟輯睦終身不析箸
弟增先卒均撫姪如子族有難於喪葬嫁娶者悉引爲

已任歲饑捐資助賑子璜於嘉慶癸酉又建王母橋于志

沈邦佐父璜病篤邦佐年十五伏竈前割股進父愈于志

曹聲遠幼貿易吳門聞母蔣氏病篤星夜奔馳途遇刦賊聲遠泣而告之故賊義而釋之至家籲天請代刲股煎湯以進母獲愈年至九十四終于志

孔傳道字堯年庠生少孤貧舌耕養志母病篤刲股以進及母沒痛極投河遇救得不死事載桐溪紀畧于志

沈基字蒼樹父烈揚緣事謫戍塞外基步從萬里晨夕扶持父歿戍所泣假於人負骨歸葬于志

孔繼源字濬夫母病危籲天願代刲股和藥進病愈于志

嘉興府志　卷六十一　桐鄉孝義　卆

吳文烜父琛年六十始生文烜母孔氏卒哀號數晝夜不止時父年已七十有八老病荐臻文烜刲股煎湯進卒不起哀毀骨立以嘔血卒年十九于志

沈天如貞女沈大姑恩撫子母死號泣數晝夜水漿不入于口以此致疾卒年三十八于志

姚振英父世融病危刲股爲糜食之愈李蘭蓀母病篤割股療之尋愈數年母病復危又刲右股以羮湯未進而母已死蘭蓀哀毀幾絶蔣武章母老病臥樓上一日晨出失火武章奔歸冒煙而入負母授人而身竟斃于火夏鑑母病篤刲股作糜以進尋痊吳燦邑庠生刲股療母病以孝聞王之樞父病刲股和粥食之愈姚鳳儀農家子年二十五始攻書旋入邑庠事母孝刲股以愈難療之疾蔣紹輝廪生刲股以療母疾魏敢倫性至孝母病篤割股和藥以進遂愈沈登元幼有至性父病衣不解帶者三月刲股煎湯以進父歿哀毀備至一如成人均于志

姚卓元字仕安監生性孝友樂推解嘉慶戊辰甲戌間歲洊饑出囷粟倡捐悉心籌畫俾無遺漏無虛冒道光癸未又以水澇賑饑勸捐如前更出己資爲本區貧戶計口給錢災黎得安于志

嘉興府志　卷六十一　桐鄉孝義　卆

朱望汝號困齋少孤事母孝敦鄰睦族道光四年九年俱歲歉倡議捐施于志

潘藍田字蓮舍附貢生持己儉約樂行善事道光十二年將安邑腴地二十餘畝捨爲烏青義塚于志

朱明儀字羽來貢生事母孝母性嚴稍拂意輒長跪謝罪家素豐好施與坐是家中落然偶有所入必分贍戚族人以節省勸則曰與其積財何如積德子八人荃官編修履端由庶吉士改兵部職方司主事丁內艱歸築別業於嘉興之梅里中有古墓其子請移之履端曰死者既安其宅庸可遷乎繚以短垣聽其子孫祭埽人以是

賢之新纂

沈士瑜字玉衡性孝友賙貧乏舅氏有寃獄子懦怯不能伸士瑜爲代理始得雪新纂

徐錫曾字魯三監生性孝友有隱德訓子弟以禮法嘗語人曰冀子孫賢而不敬師傅猶欲養身而反損其衣食也時以爲名言新纂

都元音字太古諸生有文名敦行尚義宗族不能就學者代出脩脯造就之有族人墓域爲豪家侵占主家不能爭元音爲代理得復其舊新纂

陸焜服賈養父母與諸弟友愛家人數十口同爨始終無

間言新纂

張錫齡字茂叔生有異稟母楊氏性畏雷錫齡奉起居不稍懈及母歿柩方在殯昏夜雷雨至錫齡必跪柩前曰兒在兒在八歲能作徑尺大字比長以書畫名於時詩文尤卓絕流輩仁和宋咸熙講學邑中刱建楊園祠堂於學宮旁命錫齡爲諸生祭酒主祠事新纂

陸費明字子陽生六歲而孤年十二即肩販爲業上養母兄下撫季弟一家七口俱賴以生弟囂悍好博居積俱爲所耗并居室蕩盡明仍怡然也處貧窘不重利嘗得遺金一囊其人尋至即還之比鄰張姓失一金環痛撲婢明恐婢不測以己環與之後舉鄉飲賓不就新纂

陳寶奎年十三母病篤廢寢食刲股進夜執香跪草露間訴天願以身代更殘不起父促睡偶合眼輒驚起籲如故母病旋瘳新纂

沈寶樾號茂庭爐鎮人移居青鎮幼以孤子當室早廢舉業諳練世事勇於赴義以故長吏來者率倚爲左右手即親族貧乏咸仰給焉屢以捐餉議叙至同知加知府銜分發江蘇乃淡於仕進迄未赴補庚申遭變遷滬閤族食指浩繁盡攜偕行雖疾病死喪不相捨甲子故鄉初復知遺民乏食載粟歸賑慕義者響應得米六千餘石賑饑民七萬有奇辦理善後百廢具舉素好施藥遇

歉暑瘟疫多回生起死功他若城鎮育嬰留嬰各堂捐資首倡並籌辦神壜保嬰會蔣橋接嬰堂烏鎮放生河阜林秀溪橋櫨市塔影浜義塚掩埋均著成效甲戌乙亥間鎮鄉各創內外科施醫局核就醫冊籍計活二萬有奇男婦先是言星命者決寶樾無子中年後連舉得之人皆謂積善之報新纂

朱潄芳字飛泉濮院鎮人以廩貢生注選訓導性純孝遭祖母喪毀瘠逾恒父病禱天請代里中恤嫠保嬰惜字善舉竭力贊成咸豐十年七月寇踞縣城濮鎮隨陷潄

芳募園在防次嘔血死　旌卹雲騎尉世職新纂

文苑

明

李𦶇字文盛天順間官平樂府照磨居千金圩在殳山之麓貝清江避地於此子翀翔竝有才名村民慕之多讀書自好蓄工詩有桐花開到邑侯門之句至今鄉里猶傳誦之餘若沈韶州榮希仁范貢士庸彥常陳吏目紀彥綱仲貢士剛叔堅董教諭序大倫皆圩產也惜著作皆淹沒無聞矣靜志居詩話

潘鳳梧隆慶庚午舉人撰地水師四卷談兵家之要自表上之又著治河管見四卷徵獻錄

趙桓字庭春少好學能詩文家貧父令爲縣吏桓恥之不得已而就父歿棄去以醫自給文士慕之爭相延譽有烏青感古集徵獻錄

沈葩字東野工詩善鍾王書法博涉陰陽醫卜諸書性孝友多隱德有還金事吳志

陸時雍字昭仲性剛好使氣不能俯仰于人能文工詩嘗註韓子揚子淮南子選古詩唐詩曰詩鏡又論列楚詞取王叔師朱晦庵兩家註而以己意折衷之曰離騷新疏崇禎初詔大臣保舉巖穴異能之士時雍與焉然終不遇久留京邸館於戴太僕家會戴以事被劾時雍爲

證并逮之卒於繫所桐鄉徐志徵獻錄參

顏𥿄字士鳳讀書過目成誦重然諾見人過不相容隱論古今得失亹亹見本末歿後友人張履祥輟講痛哭徙步至其家經紀其喪收詩文藏之吳志參楊園見聞錄

陳其德字太華濮院人天啟中以歲貢生官嚴州府教授制行不苟鄉黨推重所著垂訓樸語一卷統論讀書處世之要附紀事數則紀崇禎十三四年間災荒大旨主敦行勸善乾隆中採進列

欽定四庫全書存目提要新纂

濮𦶜字抱眞諸生自少警敏絕人比長肆力於詩古文詞

手不釋卷嘗搆別墅曰水木塢因號水木居士新纂

錢寅字子虎嘗受業劉宗周講求理學與張履祥善讀書里中吳越名宿及四方魁傑賢豪之士日相往來舟車輻輳望重一時楊園文集

錢彥猷字常卿弱冠為名諸生著有四家文鈔名家小論弟遠猷字懿卿著有六如齋集北山寓言伊志

國朝

周拱辰字孟侯順治間貢生擅詩古文與陸時雍交好詩文相當而才情過之著有莊子影史離騷草木史聖雨齋詩文集吳志參李詩繫

張圓眞字嚴貞青鎮人兄超見前列傳圓眞少好學與烏程凌克貞研求易義寒暑不輟張履祥講學里中圓貞請益無虛日其問答語載楊園全集中平日過從問難者如張嘉玲潘之章沈雪樵皆一時碩彥嘗以烏青鎮志殘闕閱三年編纂成康熙時

欽定書畫譜頗采其說晚年裒集明人文集百餘家欲論次成書未就歿新纂

茅星來字豈宿晚年別署鈍叟一曰具茨山人歸安諸生自湖徙桐鄉明茅坤裔孫也性迂口吃不喜為世俗文出游吳會京師持所業就正王汝驤任啟運方苞北平黃叔琳索所為古文讀之特製序以贈數人其推為文

章宗匠星來讀書圓義精舍感宋儒科舉奪志語遂專攻古文憲章歐曾渾化無迹歸安徐鳳輝選刻

國朝二十四家文星來與焉撰近思錄集注十四卷病葉采集解疏舛參校諸本疏通其義於名物訓詁頗詳參歸安志

張元光字恭默諸生從張履祥游以涵養性天躬行實踐自勵見人疾言遽色亦必婉諭之賀聖武字右文歲貢生候選訓導博學善屬文持儒者心齋法不飲酒不殺生以鍵戶讀書為樂張和字行可諸生好讀性理書湛深程朱之學待人接物不激不隨見者輒肅然起敬學

政訪舉優行贈額曰德音是茂施增字京扶諸生爲人
和厚雍睦篤學不倦與同里張和賀聖武張元光竝以
齒德稱長者新纂
曹日勉字功敏順治三年舉人官直隸安州知州去煩蠲
苛民居樂業歸田後散其家貲於鄉里芒鞵竹杖徜徉
山澤間行吟以自樂其淸節推重一時新纂
張嘉琭字文須順治十八年進士候選推官爲人瀟灑出
塵有夷然不屑之致其在京師寄弟書云志尚不可不
高鋒鋩不可太露識見不可不曠名心不可太遂學問
不可不廣馳騖不可太雜骨幹不可不樹才氣不可太

使時以爲名言新纂
姚夏字大也諸生先儒張履祥弟子敦崇實行年五十遭
親喪終日嬰嬰作孺子泣哀毀骨立嘗追述其師生平
事蹟爲作年譜新纂
沈廷鈺字文韓諸生後棄去耽情詩酒其自序有云屈原
賦離騷宋玉作九辯幽憂既殷悲秋特甚余生不敏觸
物多忤憂與時遇病復隨之因著秋吟詩以見志後從
友人爲汗漫游卒於京邸檇李詩繫
沈樫字星浮順治間與孔自洙張超張方起稱桐川四子
三人相繼取科第而樫獨以明經老博涉書史善塡詞

有補廣陵散續逍遙游等劇著有各體詩詠史絕句塡
詞四十二種烏青文獻參檇李詩繫
錢汝近字崑蕡諸生博極羣書後棄舉子業足跡不入城
市詩文一歸淡雅無雕鏤痕跡著有文選旁訓輿地圖
等書吳志
錢賓王字舜枚貢生居家訓子弟以義方吳志
顏鼎受字孝嘉諸生少負異質從張履祥學通十三經九
歲能詩避盜居郡城縉紳爭延之聽講者座常滿嘗入
桂陽幕適逆藩拒命守土官半汚僞命奉書徵爲五經
博士逃入九疑山變服爲羽士乃止寇平得歸事後母

至孝學使者以德行旌其門著有誦詩弋獲六義辨國
風演連珠等書朱檢討彝尊贈詩云桐鄉顏氏子才大
最能詩是也吳志參經義考盛百二柚堂續筆談朱瓛辰淸谷文集
朱來棻少通經學隱居教授與陸文霦諸人爲講學會著
有大全辨訛從子戴璜字渭立拔貢生以經術聞於時
子向中字丹宸康熙癸巳五經進士吳志
李榮昌字琪園恂恂儒雅不知有世俗機械事海甯朱一
是范驤一見傾倒每過輒作數日留論文譚藝雄辨鋒
起聞者屈服後以貢授內閣中書著有易學微言觀成
堂詩草檇李詩繫

汪文柏字季青附貢生官北城兵馬司指揮三載爲同官牽累改散曹始歸詩能抒寫性情興到即就與兄文桂森暨同人酬唱稾輒先成餘事畫蘭亦妙得生意新纂

沈機字海鷗居梅花涇自號梅花道客工詩硬語盤空不肯傍人門戶著有鷗笑軒稾梅涇草堂集從子堯咨字山臞諸生少慕張履祥之學家居以孝弟爲先著有晚盥集堯咨從子鍾泰詩不事雕琢秀水陳光裕選濮川二十九家三人皆與焉伊志

馮嗣京字雨士詩以宋人爲宗而自標新格朱太史彝尊序之震澤口號云三疊吳謳千疊浪亂帆如雪下蘇州

一時傳爲佳句屢游京師試不售以貢授長興訓導著因樹屋梓紅亭詩草伊志

楊燁字赤雯國子生弟燮字爾梅諸生皆好學能詩爲朱彝尊潘耒所賞識燁著桐鳴草雲竹詩集燮尤精醫理著有性理闡周易或問勧亭詩集伊志

沈之泓字心如歲貢生潛心經學與兄之潢同受業于甬江仇兆鼇之門世以易名家至之泓益研究衆說發前人所未發著周易井觀十二卷伊志

周瑗字洪玉拱辰孫康熙丁酉舉人學有淵源詩古文四六典贍高華一時推作手有集若干卷藏於家伊志

沈炘如字馴襄爲諸生試輒冠其曹康熙辛卯登鄉薦家有文史圖與諸名士作詩會於其中極觴咏之樂遺稾散佚子之珀編成二卷伊志

沈中棟字隆九國子生有主敬齋論文諸刻詩宗范陸卒年二十五李椿詩繫

陳曾祉字心隱少孤博涉經史與蔡九霞盛宜山諸人爲忘年交著有心隱詩集新纂

張仁浹字觀旂康熙五十九年舉人薦舉經學五經皆有述作藏於家與平湖陸奎勳相匹文多短篇卓然皆經術之言新纂

張師範字司諫歲貢生銳意詩古文書法遒勁旁及鋟刻性跌宕有幹濟才佐七閩藩幕會朱一貴等據臺灣民人繹騷師範調護卒收復之所著平臺記甚詳晚年詩益工著有花外集伊志

黃振運字起伯天資明敏號神童從父景倩宦游維揚登臨弔古之作激昂慷慨得少陵之遺著有東籬集伊志

姚卓字豫章少孤貧力學敦名節領雍正丙午鄉薦三上春官不第遂絕意進取授徒自給爲人外和內介書法爲時推重著有秋實堂文稾伊志

金檀字星軺諸生經史圖籍靡不徧覽好聚書遇善本雖

重價不吝或假歸手鈔積數十年收藏之富甲于一邑嘗校刊貝清江程巽隱詩文集行世所著有文瑞樓集消暑偶錄伊志

王丹宸字靖共雍正癸卯舉人世勤耕讀獲雋後益攻苦貫穿經史尤喜三蘇文卒後家零落著述惜俱散亡伊志

潘朝棟字宸懷諸生入太學一生奔走無所遇窮愁抑鬱悉寄諸詩歌著有桐竹水莊詩霜月行僧集長洲沈德潛爲之序伊志

徐肇泰字載庵性孝友撫孤姪女如己出卓犖通徹經史晚尤肆力於詩著有棣鄂集四卷伊志

施曾錫字泳沂幼穎異讀書目數行下奉母張甚孝謹時治酒殽與羣從燕談嬉笑以娛之乾隆丁卯以五經中副榜嘗與同學背誦文獻通考不遺一字又善鑒書畫考金石醫卜九流之學無不精究著詩詞三卷雜著筆記各一卷子福元字榎旋甲午舉人工詩古文詞丙申

聖駕東巡福元進平定兩金川詩冊

召試二等第一四庫全書處行走議敘知縣分發江西補福安縣未任卒著有芳蔭集東游草新纂參伊志

沈德棻字楙馨乾隆乙酉舉人私淑張楊園研究性命之學仿學蔀通辨例區分派別薈萃成書不樂仕進隱居教授以終伊志

葉良球字夔諧諸生居青鎮弱歲好游歷肆力古文遂法葉水心近學魏叔子熟明季事實論史至不平處鬚髯戟張與人交抑强扶弱挺任勞怨奉左傳經世爲指南雖橋危馬駭不釋手晚歸自南通州自築壽藏號亦客居士唐琦亦客居士生壙志新纂

王士駿號放翁官武義訓導僑居郡城秋涇橋故自號秋涇潛夫嘗與名士讌集清貽堂分韻賦詩刊有清貽堂集檇李詩繫續新纂

朱方藹字吉人監生工詩畫尤工長短句著有小長蘆漁唱所與唱酬之侶若錢塘厲鶚長洲吳泰來嘉定曹仁

虎上海趙文哲皆一時名人伊志

皇甫樌字養廷乾隆丁酉舉人授孝豐教諭書無所不窺詩法唐人著有勘書閣詩集巡撫阮公采入輶軒錄業家琬字琛獻樌同榜舉人事繼母孝能曲體其意遂於經術嘉善周震榮宰永濤重其學延請禮敬爲刊所著養蒙術人爭寶之以爲讀書法伊志

曹士勳字名竹濮院人諸生以文學著名又善填詞秀水朱彝尊見滿江紅一闋擊節曰此人才名當不在我下新纂

張其是字文韓濮院人工詩風骨遒上邑人沈堯咨函稱之新纂

濮鎮字雖宜濮院人乾隆間副貢生潛心經義論述斐然偕金淮濮承鈞岳洙傳撰濮川所聞記新纂

張宏範字倫表濮院人天資敏妙善詩古文辭偕秀水陳光裕迭主幽湖詩壇文讌流連極一時之盛書學晉人筆勢簡逸秀水陳光裕輯濮川詩鈔三十五卷收入四庫全書與其選者張宏範濮淙沈機楊煒楊燮張其是沈堯咨濮光孝曹士勳鍾梁張宏牧沈鍾泰凡十二人皆桐籍世居濮院新纂

沈廷相字在巖濮院人乾隆中歲貢生家貧嗜學文得唐賢三昧學政雷鋐賓光龢咸禮遇之新纂

呂坤字方大濮院人工詩嘗和秀水朱彝尊鴛鴦湖櫂歌原韻一百首所徵引多未見之書大興朱珪許為贍聞速藻浙江詩人之傑出者新纂

沈鑾字瘦峰諸生嗣母江氏守貞鑾色養倍至築焚香小樓母安之不踰閾具才略入蘇藩陳鑾賀長齡幕賀刊經世文編搜羅與有力焉平生奏議均代人下筆暮年盡焚新纂

鍾錫齡字禘可濮院人諸生父振富字杏村性好碑版藏漢唐以來石刻六百餘種皆精善錫齡年十三徧誦十三經并旁觀九章五曹之書精求勾股割圜諸法經學尤邃於易與里中諸子結社吟詩嘗謂人曰吳淑事類賦多取古籍近人所增廣者不應泛及元明人語因采唐以前事補撫若干篇新纂

朱蔚字霞山副貢生詩宗漢魏古文學曾子固性凝重不苟言笑交友尚氣誼存春明吟稾一卷新纂

朱珏字瑜仲元豐子諸生幼負雋才博覽史籍工吟咏尤長古體弱冠以詩謁長洲沈德潛極嘆賞之著有秋籟閣詩稾咏史樂府伊志

嚴光祿號石帆歲貢生績學耽吟事病近人論詩宗宋派者格律卑弱乃力追唐音晚年授徒聞川閭川能詩者都承其教裒集東山大梁射襄諸集為石帆詩鈔十卷刻之伊志

蔡鑾揚字浣霞年七歲誦離騷及唐人詩有所得即執筆吟弄學政阮元奇其才命肄業詁經精舍嘉慶己未成進士授禮部儀制司主事擢員外郎遷祠祭司郎中出守福建延平府知府卒於官新纂

蔡涵輝字大容乾隆間歲貢生工文章書法出入米董俗客欲求其書堅不肯與邑人馮浩器重之贈額曰文行

老成新纂

金德輿字雲莊檀從孫七歲能詩累試不售援例注選部
乾隆庚子
聖駕南巡進宋槧書籍
賜文綺陞補刑部奉天司主事旋乞假歸家居較正東觀漢記
諸書八種名曰史翼刊以行世性尤嗜金石彝器書畫
著有醵春詞桐華館詩鈔伊志

朱均字學亭乾隆庚子舉人著有錦堂詩文彙錄若干卷
弟垠字曜南乾隆丙午舉人著有志墨齋詩鈔于志

楊澐字秀漪乾隆已酉舉人少負盛名不欲以文藝自鳴
惟以植人品敦根本為務著有爾雅音準一經樓詩賦

就正編手鈔各書百餘册于志

屠本仁字任之乾隆已酉舉人官麗水教諭著有濮院志
碧玉壺吟稾于志

汪淮號小海貢生工詩文善書著有黟山記游及小海自
定詩又選浙東西詩鈔二十卷于志

馮洽號秋鶴鈐子生而穎異立品高潔承祖父訓為文尚
實學書學二王畫亦精妙名列張庚畫徵錄于志

程鵬程字南谷邑諸生踐履篤實博極羣書著有續揚園
近古錄四卷勸誡類鈔十二卷桐溪詩餘十卷桐溪紀
暑八卷已刊行于志

柴維墉廩膳生淹貫經義年少能文著有秋水臚稾于志

柴源號石泉邑諸生書法直逼董香光孫同書亟賞之工
吟咏與同里孫貫中號古杉黃焯號希谷輩並擅詩名
柴有桐蔭草堂詩鈔孫有桐溪草堂等詩十四卷黃有
六宜樓詩稾行世于志

都青第號杏雲弟蓉第號采江俱貢生工詩文青第有寫
神百詠已刊行于志

沈世勳號石臞邑諸生程綸號葦村貢生皆博學工詩沈
著有卷石山房詩鈔程著有葦村詩文等稾于志

徐鐖字宏京增廣生淹貫百家尤工於詩與老友陳古漁

互相唱酬徐有春郊詩集陳著有古漁詩鈔于志

楊樹本字大立以副貢任州司馬晉湖北鶴峯州牧罷官
歸里文史自娛著有蔭軒文稾紀元備考濮院瑣志等
書少工八法年逾八旬尚能揮翰嘉慶辛未重游泮宮
癸酉重宴鹿鳴于志

嚴銓字琴史廩生刻苦為學日課一文晚乃入資以訓導
候選遇粵匪亂寓懷於詩筆力排奡有昌黎風格新纂

金安灜號瀛仙道光戊子舉人已丑進士授庶常改戶曹
以京員赴南河補銅沛同知調外北宣防得力卓薦仕

至松江府知府生平著述尤長駢體服官茨防佐河帥楊箋奏才驚絕豔比至雲間亦假儒術飾吏治卸篆有自訟詩以未殉孤城終屬負國爲憾著有怡雲廬詩文集新纂

孔憲采字雅六廩貢生援例以訓導註選中年游歷秦汴甘涼挾策長征不得志歸晚就冷官權篆處州景甯正副兩齋團防捐輸叠得優叙復署慶元麗水兩學留心掌故輯有小桃源記畧家烏青鎮故鄉文獻尤復雅意搜羅排比成編曰雙溪文匯詩匯其所自著曰雙桂軒古文老學菴詩稾新纂

鄭鳳鏘字拙言道光甲午舉人甲辰大挑授衢州開化縣教諭俸滿保薦知縣堅辭之訓士先器識後文藝崖岸自立親炙者皆肅然所居新塍鎮市集已久掌故無稽乃倣府志門目成書凡勝蹟殘碑有關風教者不憚親歷郊坰手採歸筆且據朱彝尊歌詩註易新城爲新塍字從俗從宜通今有識題曰塍志共十四卷新纂

隱逸

明

馮其隆秦吳志作其龍字景雲庠生少積學工詩文有聲黌序嗜岐黃及諸子家言善書法神宗朝會學官圮邑令高梅屬其隆董葺手書宣聖廟碑筆法有唐人逸致萬歷三十二年上敕禮部訪求醫學明理之士其隆應聘至京授聖濟殿品職拂衣賦歸逍遥谿水以自適桐鄉徐志參濮川記畧

曹文運號沖陽邑庠生文行爲諸生冠賦性高尚安於恬退家貧不事生産常至朝夕不給與弟文選怡怡一室

閉戶讀書或勸之仕則曰林麓儘佳何須朝市邑令蔣允議深重之

施九澤字敬野有高士風家縣治前廛囂不染塵市而山林者也

國朝

顧問字去疑號九野庠生年逾强仕卽棄儒冠以方書活人年八十手校莊郭諸書意旨雋永以上桐鄉徐志

顏俊彦字開眉崇禎戊辰進士仕廣州推官陞工部主事以艱歸里適明末變亂遂棄官不仕放浪江湖以終書法學東坡蕭疎可愛著蘧園集桐鄉徐志參嘉禾徵獻錄

顧禹卿少讀書不就選舉孝友夙著康熙丁未邑請鄉飲士大夫咸以詩文贈之名蘭言集桐鄉徐志

藝術

明

蔡頤字孟頤知藥性善方脈兼工詩文以醫舉越府良醫公卿多愛重之吉水周忱巡撫江南甚見禮遇有詔留其家桐志

陳謝表號左山始祖沂宋高宗詔醫康后獲效賜宮中掌扇以便出入禁闈由是刻木爲記萬歷中謝表卜居嘉興至阜林風阻不前吹泊康涇問之則桐鄉也因占籍縣市醫名噪一時爲女科冠其子孫至今猶世其家桐鄉徐志

金天衢號希瀛幼穎悟日讀寸書十四歲患弱症從吳門戈蘭亭武林王紫芝診治復得指示萬歷間大疫遠近就醫應手即愈名益著當道交薦授太醫院判辭不赴年八十九卒著有醫學聖階醫辨醫說等書行世烏青文獻

梅玉居夂山與貝瓊善精五行之術其告人吉凶禍福歷驗不爽新纂

孫浦字濱江餘姚庠生萬歷間流寓桐鄉業岐黃嘗出游見喪車過血從棺出問其故因產而死浦以指染血嗅曰速啟棺吾能生之眾驚駭欽其名如所請令家人以湯溫其腰腹少頃頓甦自爲上下捫摩呻吟間生一男

其家驚喜而不知所以浦曰兒已出胞但一手誤執母腸不能脫非藥所能爲吾隔腹投以鍼鍼兒虎口痛即縮手所以還生無他術也取兒視之右手虎口鍼痕存焉母子得全歿後無子葬于清河禪院之側 伊志

曾鯨字波臣閩人居青鎮善丹青寫照妙入化工每圖一像烘染數十層必極匠心而後止從游得名者甚衆孫鑑字受伯工繪人物花鳥能世其業 吳志參無聲詩史

鄒近魯字泗源畫倣梅道人以衛幕歸陶情詩酒 畫髓元詮新纂

沈子徹其先長興人居青鎮善磁壺文具與宜興時大彬齊名至今士大夫家有藏其手製者價重一時 桐鄉徐志

沈羽宸長興人居青鎮善製紗燈其人物花鳥俱有飛動之勢名震長安 徐志

國朝

黄光陸號承所世爲武原人居青鎮隱于醫多奇方不知其所從受其視病不專切脈或望色聽聲即能辨知表裏虛實鎮當嘉湖之交以河爲界光陸居河東時人稱爲河東先生 嚴應肇采芝翁傳

朱來鳳字徵羽庠生初摹十七帖後參以懷素日寫數千字如修蛇赴壑兼通醫有醫學明辨植槐堂文集 伊志

胡吉士字祥甫以瘍醫名於時凡疑難險證無不應手而愈嘉湖士大夫家咸器重之里中徐明經曾龍患背瘡形如覆盂尅期求治云非用刲法不可取刀縱橫劃瘡行嵌藥綫然以火調治一月而瘳又一婦生乳癰索金約指一枚令束食指中節復自肩敷藥及指云七日指甲有清水溢出即愈矣已而果然 桐鄉徐志參烏青鎮志

聞人杰字瑤圃山水法王煙客兼精人物花鳥濮璜字成章馮鉅字思任皆工寫眞山水出入宋元朱默字靜思善灑墨汁成山林水石人物徐樞字斗文張嵩字鶴汀茹鴻字省齋楊學詩號曜南俱善寫生以能畫名 伊志

劉恆龍字蘭亭幼嫻醫術人號火藥劉言其效之速也從

錢塘徙居濮鎮五十餘年壽七十無病而逝 桐鄉仲志

王賢字世瞻業岐黄明脈理著有脈貫行世邑令蔡可遠奬曰脈理融通 伊志

張達齡字嵩年幼習儒不售究心醫學治疾多奇效嘗懸壺虎林寓鄰沈氏婦死而未殮達齡視之謂尸厥耳亟以湯液灌之應手而甦藥金所入輒散以濟窮困年七十餘貧老怡然自題其齋柱云一錢罄矣還栽菊四壁蕭然不賣琴可以想其概矣 伊志

汪繩焕字祖肩工山水得法於徐白洋筆氣高遠識力亦超家富收藏以資撫法於所居構一經堂鑿池壘石種

竹栽花居然山林幽致日哦詩作畫其中畫徵錄

金廷標字士揆父令昭原名宏字耕山工畫潑墨山水廷標花草士女俱入能品善取影白描尤工乾隆丁丑
翠華重幸江浙繕所繪十六阿羅漢册以獻
詔入畫院供事每畫輒蒙
御題時人榮之伊志

朱勇均字灌園諸生精秦漢篆法歷遊燕齊楚閩滇黔諸省士大夫爭購其圖章以爲珍寶刋愛古堂印譜行世伊志

沈檦字書士諸生善詩歌工行楷篆隸以至刻印琢硯俱臻精妙伊志

沈允昌字耿文自元末以來世以醫名至允昌尤精脈理治病多奇效望色切聲決生死百不一爽遠近目爲神仙年七十二無疾而卒子嗣龍得其傳于志

沈瀚字源長號天池貢生精篆刻善繪山水阮相國採入定香亭集于志

沈樸號漁村工繪事于山水尤得倪黃家法時有范逸號湘漁善花鳥于志

張授麟號聽松善畫花草蟲魚各極天趣嘗於齋壁寫大小松兩株離奇屈曲遂顏其室曰聽松書學米元章遒勁有法于志

張宏牧號懶髯能詩文工篆刻有圖章粉本一册自篆者八百方弁南宋元明前後三代墨鉤印二册其專精如此注篆學津梁一卷增注篆韻二卷詩曰懶髯集于志

朱蕁號小鶴諸生精堪輿家言著有地理辨正補行世于志

程瑋字碩孚諸生精入法遒勁如米顛而逸氣過之新纂

程允芳字憲星善雕刻圖章硯銘裔孫諸生沅字秋濤精隸篆及金石刻有印可印存二書新纂

吳山字南行諸生能以儒理通醫意凡貧者不受謝或更傾囊以助新纂

朱映奎字東軒青鎮人具鑑古識書畫皆宗董其昌新纂

楊春字南礀諸生工繪事游諸名勝嘗作圖賦詩以紀事著香坡詩集兩浙名畫記

流寓

明

龍訓字尙伊應天府人從父遷寓青鎮把秀橋以貢授蕭山學諭文雅修潔士咸尊師之二溪編

戴笠字曼公杭州人能詩工篆隸不欲以儒術顯乃潛究素問諸書懸壺濮里崇禎中楚蜀亂慨然曰此非君子避世時耶遂從番禺人去不知所終袁志

張貢字黼虎仁和人移居桐邑永新鄉善屬文尤好奇計爲人決策運籌崇禎末總帥招諭閩海舉貢爲監軍數立功著有海雲集吳志

孫台衡餘姚人萬歷間授徒楊園里時邑中蒙師多餘姚人台衡課徒誠篤孤寒多所成就延請者爭授館餮後以道梗不得渡江僦居桐鄉卒于順治戊子門人張履祥經紀其喪楊園年譜

程贍生號長年休甯人少任俠散萬金不顧萬歷中隱寓梧桐鄉以醫給食食不給不以告人有餘輒以濟人無一金之宿弟某崇禎間于左帥標下爲材官國變流寓金陵族人移青讓之云爾兄年逾七十族居無子爾忍度外視不以一子奉其老乎弟卽攜二子以宗人書至白贍生惟所置贍生曰事固宜爾老兄弟初相聚忍令少兄弟卽相離乎居數月報書宗人以次子某爲後使其弟攜長子以歸言行見聞錄

國朝

李塨字剛主一字恕谷蠡縣人康熙間舉人父明性爲北方儒者私諡孝慤先生塨嘗從博陵顏元遊以躬行實踐自勵又嘗不遠千里問樂於蕭山毛奇齡傳二變四清九聲十二管之學三日卒業既來遊邑中與邑人辨古文尙書眞僞及易卦象五行主客之說往復詰難咸服博雅新補纂

凌克貞字渝安一字亡膺本名階甲申後更今名烏程人與張履祥友善因常往來邑中履祥舉葬親社自錢寅歿後以克貞爲衆賓長踐履篤實學者推重稱爲苍南先生新補纂

鄔鳴玉字仙佩吳縣人廩膳生工詩古文詞順治間以事累棄家奉父徙桐鄉之顏家村與青墩徐子旉盛震修評詩拈韻相友善新補纂

許張瑋湖州人弱冠訂婚于邑之南關張氏遂家焉發憤下帷登順治戊戌進士選庶常轉給事吳志

程翺輔字贊皇休甯人五世居桐以積善世德稱吳志

汪可鎮字景仁休甯人徙於邑之梧溪居家一敦孝友尤

喜周恤人以緩急請皆稱願以去舉鄉飲賓 吳志

程應魁字麗天休甯人幼遇相者決其無子且少壽乃敬誦感應篇實力奉行康熙戊子寓桐鄉之青鎮是時疫癘盛行友人凌茂甫病于牀夢敷鬼語曰明日程君來正人也吾儕將何之其一曰盍避之某家又曰儻彼再至奈何不如去之明日程果往茂甫躍起曰君來吾病愈矣具以夢告且請遍行諸病者之門旋過旋愈一鄉頌之如神 伊志

王宗仕字殿卿休甯人秉性純孝以家計中落棄儒業往來濮川權奇羸以供洗腆遂家焉一生敦倫重義有獨

行君子之風以子應淼貴贈朝議大夫 伊志

吳玉潤字方劉休甯人經商桐邑卜居千石人涇乾隆壬戌販麥百石返徽行至小金山適久雨溪漲溺水者順流而下玉潤偃舟拯救給以衣食濟活無算子襄有傳 伊志

鮑廷博字以文本歙人以商籍生員寄居桐邑青鎮之楊樹灣乾隆癸巳進善本六百餘種其唐闕史及武經總要二書皆蒙

御題廷博郎以闕史冠知不足齋叢書嘉慶十八年以叢書二十六集進復奉

賞給舉人著有華韻軒咏物詩存 于志

蕭南金號德齋自歙縣從父至杭遂家於桐之青鎮乾隆五十年以旱荒出金倡捐全活甚眾嘉慶九年又以水澇設廠施粥子謙復助金以襄其事 于志

舒位號鐵雲大興人十歲即下筆成章乾隆戊申舉於鄉甲寅奉母居邑之鄉思橋貽友書云比張融之居建業彼尚多此一舟若相如之返成都我幷無其四壁沈青齋見之郎以南花橋老屋借居居十年九上春官不第絕意進取詩名噪甚著瓶水齋皋橋今雨等集 小匏庵詩話 新纂

黃道玟福建人幼嗜畫航海來桐愛寫山水 新纂

劉曦字升庵河南人咸豐癸丑進士前署於潛縣事庚申歲乞假訪醫流寓屠甸鎮之鈕家橋八月初二日賊破屠甸曦被執不屈賊剚刃其腹腸出匍匐赴水死 新纂

嘉興府志

嘉興府志卷六十二

嘉興府知府善化許瑤光重輯

列傳

方外 附

道原於黃老而佛始於莊列謹觀

國朝子史精華一書釋部註稱列之視聽不用耳目卽佛之圓通三摩地莊之秋毫大太山小卽佛之芥子須彌閻浮棗葉是矣舊志云嘉禾多古寺刹羽客緇流勤修不少因以附列傳後乃今觀所傳或以詩或以畫雖皆文藝之流亞不必盡符彼教之本意要以資考證助雅談固無不可也志方外

嘉興縣

南北朝

張元之嘉興人陶隱居弟子建武中勅爲宗元館主又于菌山澗上築臺以居時有白鶴來止遂名鶴臺 茅山志

唐

僧伽大師西域人曾卓錫嘉禾靈光寺見民家漁梁矰弋交午苦諭宜別圖生計改業者甚衆旣行化至長安漸露神異或身長二三尺或現十一面觀音相景龍二年中宗迎入內道場尊爲國師尋出居薦福寺頂上有一

穴以絮塞之夜去絮香從穴出光照滿室先是於泗州臨淮縣乞地建伽藍標下掘得古香積寺銘并金像一軀上有普照王佛字中宗以天后廟諱改爲普光王寺御書額賜之後漆身供養寺中神僧傳

法相姓俞氏吳郡長水人大歷中於上京習毘尼道諸部同異無不該綜傳法東歸請學者如林吳郡太守奏于開元寺置戒壇相預臨壇之選有異鳥棲于座側講畢後翻然入雲會昌元年二月十日告弟子淸濬淸高曰吾當滅矣累足右脇而逝建塔于來蘇鄉之原高僧傳

元慧平原內史陸機裔孫髫齡穎悟長而溫潤辭親出家

空王寺受具住嘉禾之建興持三白法諷誦五部曼挐羅咸通中隨送佛中指骨舍利往鳳翔重眞寺慧于佛前錬左拇指以爲供養口誦法華不輟火盡灰飛色無撓沮其指不踰月復生如故未幾示寂建塔于吳會之間爲三白和尚佛祖通載

德誠初參澧州藥山宏道儼禪師儼云子以後上無片瓦下無錐地大闡吾宗與道吾雲巖二人爲道契自離藥山乘小舟往來松江朱涇以綸釣度日人號船子和尚夾山善會禪師住京口鶴林寺道吾過之知其所得淺令參船子會至朱涇見誠大契宗旨辭行回顧再四誠喚會回立起橈曰汝將謂別有處邪迺覆舟而逝咸通十年僧藏暉卽其處建寺焉有撥棹歌二十九首呂益柔爲序而刻之載機緣集燈錄傳

光範爲童子時事靈祐學通經紀初居嘉興空王寺更居靈光寺與其徒講贊數言百流會歸之說自吳南北郡邑緇衣咸來受法人人自得著釋會章句十五卷續文獻通考

希運嗣法百丈演化水西寺唐宣宗潛龍時依師爲沙彌値師上殿禮佛問曰當何所求再問師便掌彌曰太粗生師曰這裏是甚麽所在說粗說細隨後又掌嘗行腳

至天台遇一僧與俱行阻大溪師趺坐水次二僧履水如陸以手招之曰渡來師叱曰這自了漢吾早知當斫汝脛僧嘆曰眞大乘法器也言訖不見宣宗卽位賜號斷際禪師後開法黃蘗法席冠天下實爲濟宗之祖義元其法嗣也

國朝雍正十二年奉

勅加封正覺斷際禪師致祭一次舊浙江通志

錢朗字內光南昌人以五經登科歷宦有淸直聲官至光祿卿後隱居廬山師東嶽道士徐鈞得補腦還元服煉長生之術唐昭宗時彭城王錢鏐慕朗得道長年乃迎

就錢唐師事之開耀間居嘉興魏塘鎮之神仙宮年一百五十餘歲尸解去有遺詩于壁神仙通鑑參檇李詩繫

五代

普明唐季人後晉天福年間移錫嘉禾建普明禪寺有牧牛十頌復系之以圖明雲棲宏禪師爲之序嘉興湯志

文偃嘉興人姓張氏幼依空王寺志澄律師出家後抵靈樹參如敏禪師繼如敏開堂後漢高祖親臨請益文偃曰目前無異路高祖大加欣賞文偃倡道靈樹雲門凡三十年機緣語句立雲門宗之始乾德元年雄武推官阮紹莊夢雲門禪師令上奏乞開塔有旨韶州守臣開

視見師眞身如生乃迎赴闕供養逾月送歸山中謚大慈元眞宏明禪師

國朝雍正十一年

勅封慈雲匡眞宏明禪師十國春秋參佛祖統紀浙江通志

皓端姓周氏嘉禾人九歲捨家入靈光精舍師授經法恍如宿習於四明阿育王寺遇希覺律師盛揚南山律端一聽旋有通明武肅王錢氏召於羅漢寺演訓復令於眞身塔寺宣導于時有台教師者彼宗號爲第十祖端依附之果了一心三觀遂撰金光明經隨文釋十卷由是兩宗法要一經路通忠獻王賜紫衣別署大德號崇法焉後誓不出門慕遠公之不渡虎溪也著述傳錄記讚七十許卷高僧傳

宋

李道人紹興初往來秀州或求藥則以涕和垢膩爲丸與之病立愈因目爲李鼻涕劉延仲寓秀州道人過之有美酒悋不與告曰今日適無酒爲禮道人笑曰何不出牀頭珍珠泉待客劉大笑呼童取樽道人曰但將一空瓶來瓶至索紙覆之頃時香氣外溢座中皆醉明日劉有他客啟珍珠泉空無涓滴一日詣劉別曰後二十年某月日當於眞州相見至期劉卒於眞州續文獻通考

湯道亭自號赤腳道人宋季引一猱云自金陵來猱大如人能主給使亭夜坐時舒光邦人推異爭飯之豐薄不謝第言分定云施與日多因構庵以居名曰太古以延竚四方雲水之客久之有軍士戲烹其猱食之亭卽齋咨與所親訣別手偈云八十一年饒舌終日化緣不歇重陽時節歸家一路淸風明月遂端居而化劉志

魯沐元風格高亮氣息深穩宋治平中從海南來與人不交一言默對終日時有白鶴旋遶空中學士范公鎭建來鶴軒以居之至元初猶存年三百餘歲嘉興湯志

遇賢長洲林氏子母夢吞大珠而孕貌怪口容雙拳七歲

沉大淵而衣不濕遂去家師嘉禾永安院可依往參龍華球公發明心印歸居明覺院惟事飲酒醉則成歌警世時號林酒仙祥符二年上元夌晨浴罷就室握拳以右舉左張其口而化鐵網珊瑚載張郎之書酒仙詩一卷于淳祐八年刻石歷陽吳寬謂其詩意有高絶處若寒山子之流 嘉興湯志參檇李詩繫

惟正秀州人住杭州淨土院跨黃犢出入巾鉢悉掛角上杭守蔣侍郎與為方外友每至郡庭下犢談笑終日有錦溪集冬不擁爐以蘆花作毬納足其中夏秋好玩月盤膝大盆中淨池上自旋其盆唫笑達旦生平不談禪

曰徒費言語煩萬衆為敷演耳皇祐元年泊然而逝 吳志

惟湛義烏宋氏子父母逢異僧曰汝生子六人第五者宜令出家後入道雙林覃思得度首謁神照復往依廣智嘗自習曰師所從者我無疑焉若圓頓絶待之旨當須自得後敷講於雲間超果大揚化道天台一宗振於三吳自湛始熙甯六年三月趺坐而逝 劉志

淨曇嘉禾人晚住錢塘之法慧紹興丙寅夏辭歸付院事四衆擁眂揮扇久之書偈曰這漢從來沒縫罅五十六年成話霸今朝死去見閻王劍樹刀山得人怕遂打一圓相曰嗄一任諸人鑽龜打瓦收足而化 五燈會元

慧光若訥字希言初依竹庵刻志苦學久而嬰心病叩大士口誦秘章夢大士灌以靈液宿失其疾嘗蒙內召講經稱旨恩待甚隆壽八十二謚宗教廣慈法師 嘉興湯志

淨眞秀州僧嘉熙三年錢江岸傾民將魚鼈淨眞以偈呈安撫趙端明曰海沸江河水接連民居衝蕩益憂煎投身直入龍宮去要止驚濤勢拍天遂投于海三日而返謂衆曰我在龍宮說法龍神聽受此塘不復崩矣語訖復入于海安撫與民感德具述其事聞于朝勅賜護國眞法師立祠于杭之會靈祠 劉志

淨觀住嘉興寂光庵修淨土懺法十餘年謂弟子曰我後

二十七日行矣至期入龕端坐命衆念佛頃之脫去 吳志

師一號水庵東陽人俗姓馬少師法雲有異人目之曰僧中龍也後住淨慈人謂臨濟再世投老嘉禾報恩寺入寂書偈云平生要用便用死蛇偏解活弄一拳打破虛空佛祖難窺罅縫荼毘得五色舍利齒拳不壞 嘉興湯志

劉卞功紹興丁卯七月衣青衣至嘉興府治東南隱眞道院自言姓劉居濱州留數日去雲堂柱間題四十三字字畫透柱如點漆刮墨和劑能療人疾乾道間眞人復來住望吳門外畫工家自起稾繪其像後為伶人王綺所得一夕綺夢眞人叱之曰汝留我在此許時如何綺

鶩寤訪諸隱眞始知顛末遂歸焉嶽廟時屢詔不起守
臣奉旨寫眞眞人即自題一詩於上特授高尙處士劉志
參檇李詩繫

賣柑老人端平間寓禾中日出金柑易醉主人怪而窺之見鼎盛柑種之即垂實從求其術老人曰此太上養道法不可泄也主人拜乞間忽萌貪心老人已覺之遂不肯授辭去明年或見老人在廬州賣枇杷劉志

文長老佚其名蜀眉州人住秀州本覺寺蘇文忠三度過訪皆留詩末有三過門前老病死之句後人因立三過堂勒詩於石至元志

案至元志有文及翁字時敏號本心宋末蜀人來守嘉興嘗追和東坡三過堂第一首韻柳志趙圖記俱誤指爲文長老詩于是以郡守之姓名移作長老之姓名檇李詩繫等書遂謂文及翁字本心住秀州本覺寺即以爲文長老誤矣

法常開封人丞相薛居正之裔初依長沙華嚴元軾下髮徧遊叢席政和七年自湖湘至萬年謁雪巢機契命掌牋翰後首衆嘉禾報恩室中唯一矮榻餘無長物庚子九月語寺僧曰一月後不復留此十月二十一日將曉書漁父詞于室門就榻收足而逝詞曰此事楞嚴嘗露布梅花雪月交光處一笑寥寥空萬古風甌語迥然銀漢橫天宇蝶夢南華方栩栩斑斑誰跨豐干虎而今忘郤來時路江山暮天涯目送鴻飛去續傳燈錄

子璿號長水法師秀州人初依洪敏師學楞嚴經至動靜之相了然不生有省聞瑯琊惠覺禪師重當世趨往至其門值其上堂致問豁然大悟覺謂曰汝宗不振久矣宜勵志扶持以報佛恩璿如教後住長水衆幾一千以賢首宗旨述楞嚴經疏十卷夏文莊公奏于朝號楞嚴大師後跏趺示寂以兩甕合之葬于眞如後烏珠兵至發視之手爪繞身復瘞之去佛祖通載參眞如寺古蹟記

寶安嶽州人姓夏深明宗旨親運土石于精嚴寺立五臺院時已八十餘歲不衣絲縷寢卧亂草寂後肉身不壞

闍維時空中忽現祥雲有鶴飛舞續文獻通考

唐介壽號隱梅西塘人居于蕩岸得異術能役使鬼神咸湻二年海潮衝齧錢塘介壽用朱符投之江患遂郤詔授道錄以其所居爲福源宮劉志參名勝志

元

坱圠子姓蔣氏嘉興人蓬首垢面動靜不羈元至正初抵松江坐太古園室已則歷市廛狂走人盡呼爲風子一夕叩沈蒲團門大叫曰將蒲團來坐我沈異之導詣蔬圃中坐地沈有所省發遂委俗傾身服役爲弟子由是四方崇向爭施與以其地爲庵嘗有問者曰近思錄定

然後始有光明是金丹否块圠子曰賢且去咊中庸又嘗手書示沈曰不偏不倚立于中不着西邊不着東超出東西南北外一毫頭上釣蒼龍一日語沈曰吾乘化盡矣言絶而蛻（兩浙名賢外錄）

得喜（案嘉興湯志作得嘉誤）姓錢氏童丱時依興聖權公薙染及長登天目山卯中峰禪師獲元旨歸結庵北花園鑿基得古碣刻錢喜二字中峰遂大書喜見二字匾其庵人以喜菩薩稱之至順中遷盤龍塘不三年遂成勝刹及卒緇白送葬者數千人火後舍利晶瑩得之者如至寶爭分互奪或拾片骨取撮灰襲藏供禱則舍利纍纍而生

至穿劚火所以求之（劉志）

本誠一作本成又名文誠字道原號覺隱嗣法於陵虛谷與天隱笑隱友善世號三隱（案吳志誤以三隱爲本誠號）至正間住嘉興興聖本覺二寺姚綬作記稱其善書畫寫竹有掀籛之態有文集行世至正七年嘉禾城西有烏數千營巢於地圍入尺崇五尺未幾大盜弄兵海上紅巾繼起本誠著烏城誌五百餘言宋濂愛其文刪之以附集中（檇李詩繫）

智寬字裕之號雲海吳郡人元末住秀州三塔寺築愛松軒日哦詩其中明洪武初曾被召至京師其詩散佚不可多見（至正庚申唱和集）

吳彌陀不知何許人元季居魏塘東林庵值海塘崩陷有司艱于修築彌陀一日佩戒牒詣其所瞑坐危石須臾風浪遂息後歸東林卒火之齒與目睛如石不化

明

周元眞字元初居嘉禾紫虛觀從李拱瑞爲道士拱瑞南谷杜眞人高弟也授元眞劾召鬼神之術尋受靈寶大法於曹桂孫郡縣請禱輒有奇應洪武元年京師旱李善長迎元眞至設留壇冶城山硃書鐵符投揚子江中波濤遽與元眞夜半斗下存神窈冥雷電達旦明日握

劍上壇召風師霆伯誓之俄陰雨翻盆大風拔木元眞曰未也明晨當再霑足至期黑蛇蜿蜒見西方迨午始霽元眞不獨有術事父母至孝云（兩浙名賢外錄）

朱艮庵初住郡東太古院遇異人授以黃白秘術不以屑意時南宮院燬于火道衆俱散艮庵過之惻然流涕趺坐其處不食者七晝夜士庶感動爲聞于有司清隱占百餘畝信施駢集宮遂復興壽九十有三端坐而化（劉志）

沈道甯字野雲烏程人寓居鬱秀道院初趺坐黃龍洞後隨四十二代天師沖虛子入龍虎山學道法道甯不習文字惟精于心契故其法異于人永樂間累召禱雨輒

應賜三品服及湛然純一圖書封至道高士西吳里語參嘉興湯志

金宗周字歸儒正德間爲玉樞道院道士徧游名山歸卽樓居寒暑一裘髮結如氊指甲如鉤或數日不食或并日而食嘗有鼻筯下垂須臾復上大雪時趺坐庭中四旁尺許纖毫不染人呼爲金仙能出陽神化形至西湖濟遇唐太史荆川與之化席曰我玉樞院中人唐不荅偶登岸入院見一道士坐定身下席爲火所灼後倭寇至見其入定羅拜而去嘉靖中作詩化去吳志參槜李詩繫

沈嵩高字嵩隱秀州象賢鄉人幼從蔣大方學五雷法居

淸眞觀爲道士成化間郡大旱知府徐霖召嵩高用虎骨攪潭不旋踵大雷雹雨霑足霖喜以詩謝之又范敎諭官舍晨夕空中拋擲瓦礫嵩高曰此土怪也溫元帥掌之書二符與之卽止其他治病伏邪多驗姚御史綬爲作傳劉志

郁從周字秦初神骨俊爽嘗闔門靜坐時時吟咏亦善鼓琴登嘉靖乙酉鄉薦再上春官不第卽棄去瓢衲出遊或數年一歸省其母嘗至南嶽遇異人有所指授後遇張紫陽授大丹訣要乃還武林賣藥市中人無識者萬歷壬午春期往建昌煉丹藥忽云吾丹道垂成而塵劫已滿吾將去矣遂瞑目而逝有詩賦一卷行于世人稱爲雲陽先生吳志

朱棲林受道于張復陽善屬文工吟詠與考功豐南禺上林項少岳衲子冬谿結社城西之項園夜坐鼓氣作運雷聲聲聞數里大學士鵝湖費宏趣召艤舟西水聞聲尋之得之松下時世廟方注意元修費許以薦聞棲林笑不荅費贈詩云赴召仍迂雪水舟塵途深媿雪盈頭譚元邂逅蓬瀛侶一笑相忘對白鷗年八十有五而化

嚴頭陀武林人與朱棲眞盟契憩止南宮二十餘年鹽官孝廉郁雲陽嘗從問道有得遂棄公車事修煉一日郁

與飲湖上既醉履行水面十餘丈已而雲陽入武夷頭陀隱句曲每登岸步虛有識者呼之不應或遙拜則搖手大笑授道于崔光頭囑曰南宮我嘗神依之汝當居以繼我志

金懶仙別號心齋道人復陽五代孫精通三教理兼得望氣之術與太宰陸五臺居士施靜村談禪交契力行利濟之事崔光頭養丹吳興山中爲鮫水衝漂浮海面者七日至四明漁舟援之登岸懶仙望有異氣迎歸事之盡得嚴頭陀之道每夜分起坐人視其面如月輪光照一室雲間許侍御久病夢呂祖示云有懶仙可療汝疾

物色得之教以靜坐疾果郤侍御爲買田築室留養終身

道濟字法舟嘉禾張氏子少爽拔未嘗入鄉校而議辯宿成年十八忽猛省白父母求出家勿許日夜趺坐不事生產遂入天甯寺爲行者後依吉庵祚禪師偶行廊廡間聞佛殿磬響豁然契悟繼謁古印雲峯諸師日益深奥至長安覺王寺受請爲第一座後徙鹽官俱胝故院尋徙武康雙髻禪庵由金陵還檇李天甯寺靈光諸剎入湖之弁山復自弁山歸天甯禪堂遂終老焉（以上嘉興湯志）

藴空號寂曉姓沈嘉定人祖練爲沂水令師幼業儒從父培遷檇李十九始祝髮與其徒築數椽郊外名楞伽室苦修梵行諷覽經文會極旨歸嘗謂南北藏典部分重單日就謁奔于是著法藏司南四十五卷又謂大般若經有二十萬頌世誦惟金剛般若一卷餘皆久晦藏函更參酌晉唐著箋注五十五卷嘗兩涉天台一詣徑山恒居裏足杜門未嘗踰戶限也一日病篤法輩問師病體何如答曰薪盡火滅不知所苦遂合掌瞑逝（袁志）

性淨號古滋又號無功俗姓張嬰時每啼不止唯以供具列于前即輟既娶生一子每嘆曰塵勞膠固曷得出離會業師方硯山指師看佛經即留心內典往參無趣老

人趣曰吾待子久矣誨以教別外傳之旨朝夕參究有所契入母棄世後始剃染欲結庵徑山往辭趣趣囑曰子緣在水邊今姑從汝志隨傳衣法趣入滅師住徑山三年後終于車溪（嘉興湯志）

正勉字道可嘉興人俗姓孫早孤祝髮於長水廣福寺從雲棲受具猛肩瓢笠走名叢林後結茅郡之白苧村水芝庵讀書談道儒典梵筴靡不淹貫兼工詩法卒於天啓辛酉有蕉上編香牙團草古今禪藻集（檇李詩繫參譚貞默水芝庵稿序）

圓信字雪嶠別號靑獅翁鄞人俗姓朱與天童悟禪師同爲禹門法嗣棄家縛茅雙髻峰後還徑山千指庵又移禾之東塔寺詩淸矯拔俗盛遠選其作與宋林逋合刻名林雪集又著有語風稾（石瀨山房詩話）

海明號破山蜀蹇氏子住東塔三年百廢具舉張獻忠破蜀多殺人相傳破山嘗勸賊帥李止殺賊帥以羊豕進曰和尚食此吾當封刃破山遂食之（袁志參靜志居詩話）

通門字牧雲號楞叟吳郡張澄字子薙度於洞聞和尚爲天童玉林法嗣崇禎末開法梅里古南院一時儒士咸親法會古南遂成名剎通門凡七主叢林實爲臨濟龍象工詩詞有嬾齋集（梅里詩輯）

國朝

文可字通復別號冬關老人嘉興胡氏子博通内外典尤擅詩名入少陵之室隱居南湖之滸初地庵高簡絶俗惟與文士作支許游嘗禮南華祖塔賦詩盈篋遠近傳誦（秀水任志參檇李詩繫）

淨範字爲則得法於三宜爲人坦率以眞實爲修行工詩文善書法住東塔起造大佛閣（吳志）

智遜又名剖雪字天山號拙崖族姓沈甲申後棄諸生爲僧住梅里別溪精舍自題門聯云繞屋四圍都是水隔林一片不多山王方伯庭李徵士良年諸人多與之交

詩筒詞版一時傳爲盛事既歿即瘞骨于別溪或指爲吉壤毁庵而發其龕體堅不壞髮長數丈手爪繞身十餘帀遂懼而焚之其人暴死智遜詩格蒼老王文簡士禎亟稱之（梅會詩選）

詮勝字大山嘉興人俗姓孫名眉順治初祝髮梅谿有甲乙詩記

大燈字同岑嘉興人項襄毅裔孫住洞庭西山有洞庭詩稾（以上兩浙詩鈔）

智解字大梅白蓮寺僧與周篔屠廷楫遊寺東偏樓白樀鶴三人恒相對成詩（鹿干草堂集　按曝書亭集屠東蒙詩序以大梅爲大燈誤）

行筏字懸崖陸氏子薙度于天童密雲和尚爲古南通門法子因選地于古南北百武築精舍三面臨流最爲幽勝通門名之曰觀瀾後住古南院數年退老西溪之上終焉著有觀瀾白雲等艸（梅里詩輯）

心印字楔林梅里靈源寺僧寺爲元王學士昶故宅殿宇崇宏屋舍深邃心印愛客喜論詩庭有老柿號所居曰分柿山房文士能詩者多與之遊著有觀樹艸（梅里詩輯）

超嶼號浪山俗姓陳湖南監利人少酷愛内典喪母後遂往濟之大佛寺祝髮旦升禪師開示宗旨一日閲楞嚴經頓覺胸次浩然徧走江浙參石庵于金粟一見投契

居歲餘偶過長安寄覺王寺聞二僧論産難因緣疑不能寐忽瑠璃燈花一爆乃大悟復返金粟受印記康熙乙亥主普明講席越二年呼弟子曰我於某日將歸矣因微笑而逝著有語錄延青堂集（高輿浪山禪師塔銘）

行彌字芥子住錫梅里眉庵清修梵行工行楷書能詩著有語錄若干卷法嗣超源字自覺學博李自明從弟後住靈源寺亦工詩（梅里詩輯）

行圓姓高原名畤英明季諸生工書畫康熙初歲飢散家貲周里黨年五十二忽棄家游普陀剃度爲僧其子訪尋遇于金陵天龍禪寺勸歸不許一日徧告衆僧示寂

曰吐白蓮數朶後茶毘時見火光中復湧蓮不絶子抱
骨歸築塔于藏錫庵之西
超基字紹昇俗姓金里仁鄉人業農一日於田間遇僧十
餘人怪其急行問之答曰我輩淨相寺僧金粟避難去
叩以何日歸則曰俟汝來矣日寺之三角殿爲火所焚
遂有感出家金粟繼住淨相寺康熙戊午歲大旱邑令
延師祈禱刻期而雨書神通甘露額奬之尤善逐疫治
病遇有鬼祟師至無不遁者嘗信手拈一草根與病人
服之立愈雖未嘗讀書能通釋典著語録一卷其徒隱
禪亦有戒行後人並爲塑像寺中

行鑑字孤雲姓宋新城鎮人初不識字義出家于能仁寺
給樵汲役適費隱和尚過使參禪忽大悟並能詩卽付
拂焉後歴金粟福原黄山諸名刹有人自武林來遇費
師問何往曰到天台問何獨往曰孤雲就在後面是日
孤雲對衆曰吾師見招與衆别矣卽坐化于福原寺新纂
名一字雪樵海鹽人薙髮于新豐鎮南院後從明中遊歴
主白蓮漏澤方丈兼工書畫有田衣詩鈔又輯
國初以來一百七十餘家刊行名曰禪林詩品
誠非不知其姓太平寺行脚僧雖盛暑其所收之供經月
不壞人家休咎無不預知日在寺中而里人有於普陀

見之者歸而詰之更遁去往金粟繼有僧蓮潔能以三
昧法治病臨化時兩鼻垂玉筯尺許
密安嘉興褚氏子名嵩剃染于梅會里自在院實力焚修
積久弗懈雅慕里中諸前輩重其後裔有貧者招至院
讀書其中能詩工繪事不輕與人今亦散軼無存以上倂志
靜淵原名超默字靖菴嘉興人脫白於石佛寺受息乾禪
師付法置飯僧田成頃繼主楞嚴寺講席又住金粟祖
亭與天岸和尚問答頗稱警捷投老武原隱菴尹處士
廷蘭稱莫逆交同上
一訥字西能號白幟又號琴嘯頭陀嘉興方氏子少依東

麓老人授天台教晚與漏澤教寺禾人目爲願菴和尚同上
一超號納些嘉興姚氏子受天台宗開法邗江天甯寺以
事引去走京師晚歸退居新篁里太平寺示寂焉工畫
墨竹著有歸去來詞三十首石瀨山房詩話
大全字雲浪姓趙氏改姓薛年十四覩雲棲遺像決志出
家寓皋亭龍居苦心參究見松針墜地廓然有省初住
嘉興之碧雲後住湖州之東藏性落拓不事威儀見解
旣高於世無染素直言翹人過順治已亥冬爲蜚語所
中擠狴犴端坐微笑而逝年五十八汪日楨南潯鎮志

周科耀一名道昱字靜涵嘉興人初居武康昇元觀後住南潯廣惠宮清靜自修習靑符五雷秘法雍正癸丑夏大旱延科耀登壇禱雨立應知府唐紹祖褒以詩并序知縣羅愫給爲霖潤物扁額手輯昇元觀事自元人戴表元以後名士之記序題詠都爲一集著有補閒吟草四卷汪日楨南潯鎮志

尼行剛字祇園處士胡日華女嫁諸生常公振未期而寡中歲出家爲石車通乘禪師弟子師以如意付之住梅會里伏獅院實力奭修講明秘典朱檢討彝尊云祇園威儀醇朴無論空門行業卽以節婦論亦宜存其片言以當鳳樓新誡有語錄若干卷明詩綜參曝書亭集

智緣字常一嘉興荷花地蔡氏女年十七皈依明巖爲師十九歲披薙住嘉興保壽院向上勤修南潯有萬善庵康熙癸巳潯上諸善女人延主方丈駐錫數十年汪日楨南潯鎮志

明修嘉興寶珠庵尼俗姓陸年十五字於闞爲待年婦踰歲闞殤陸願守貞誓不去姑命以夫兄子爲後已相安矣越三年夫兄忽欲嫁之數以微詞諷陸不得已歸父母夫兄仍與妁謀猝舁婚輿欲暮夜强致之陸覺而逸迎婚人揚炬大索陸輒覘火光轉徙得匿以免念姻家

女有爲尼孫庵者乃急走就之闞猶索不已陸慷慨誓死族人有義之者爲白其事於縣始罷後祝髮於寶珠庵爲人明敏通曉世故有丈夫氣不僅以貞節著也年七十九卒沈對薇撰傳

秀水縣

明

冷謙字啓敬武陵人寓春波門内洪武初爲協律郎郊廟樂章多其所撰有友貧不能自存謙于壁間畫一門令其友入啓取金錢以出而不覺遺其引他日内庫失金守吏持姓名迹捕之因并執謙謙渴求飲拘者以瓶汲水與之謙躍入瓶中拘者惶急謙曰無害第持瓶至御前上呼謙瓶中輒應擊碎之片片皆應竟不知所在後有人于蜀中見之 湖廣通志

張大倫號仲彝童年入道往來龍虎山煉五雷法以符水治疫多效手錄九幽懺皇經書法工妙有申時行文震孟陳繼儒韓敬徐必達沈思孝姚思仁朱國祚序其首嗣孫范含沖號瑞川鼓琴賦詩亦爲世重 吳志

克新字仲銘號雪廬自稱江左外史鄱陽人宋尚書左丞余襄公九世孫始業科舉朝廷罷進士乃更爲佛學博通外典務爲古文元末住秀州資聖寺與楊廉夫顧仲瑛遊明初召至京命克新等三僧往西域招諭吐番圖其山川地形以歸初著南詢稿燬於兵今惟雪廬集行世 至正庚申倡和集

叙然薙髮於錢塘老僧月江密雲主育王天童多所印可然不見聲彩於育王掌樵爨於天童理畚鍤即同參莫測所爲也晚卓錫于法華山青芝塢結茅種松自號由庵所著隱庵集還燔剩集及散語行世 舊浙江通志

萬金字西白號白庵吳郡人早從寶積院衍道原祝髮後入虎林謁銘古鼎於雙徑至正末住持秀州天甯寺築孤雪庵以奉母帝師大寶法王授以圓通普濟禪師之號洪武初詔主天界寺開善世院統領釋教集三宗名僧建廣薦法會于鍾山命金總持齋事五年復敕建會大駕臨幸詔金闡揚第一義諦靡不悦服六年舉泐公自代以母老辭歸有西白語錄澹泊齋稿 宋濂白庵禪師碑銘參禪

林詩輯

方澤字雲望後稱東溪族姓任嘉善人入精嚴寺薙染嗣法於濟法舟稟性穎拔日誦萬餘言詩偈文字下筆無碍有華嚴要略内外詩集

智舷字葦如號秋潭瓶錫舊地在金明寺湖天海月樓東有老梅橫窗日吟詠其下後移郊西之黄葉庵村深水曲物外蕭然善行草書造請滿戸限上人亦不憚煩有求者必應著黄葉庵集 以上明詩綜傳

悟進字介庵幼遊諸寺院依依不忍去弱冠習舉子業常繙内典一日書偈于壁出走見鶯湖大師示人語曰道

在是矣師往閩卽從其嗣萬如剃度又嘗謁天童密老問道後受法于鴛湖依興善居晚住金明寺將示寂遍辭相識沐浴更衣而逝有語錄及拈誦行世王庭介庵禪師誌銘

如空自號無趣老人秀水人俗姓施未出家時留心內典同友濟法舟參訪八年適野翁曉禪師寓東塔寺如空往謁盡闢夙解日夕趺坐翁遂付衣鉢居敬畏庵萬歷已卯付法于弟子性沖曰明歲仲秋五六之期吾欲遠行子宜來及期沖至果示微疾說偈而逝嘉興湯志參檇李詩繫

通微字萬如秀水張氏子年十九出家興善寺歷參名宿路傍叱小厮云看汝藏在那裏去不覺躍然大悟得法

于密雲老人主曹山龍池後住持東塔崇禎間開法於城南如如庵有語錄行世吳志參檇李詩繫

心傳號受囑樸鎭董氏子創建碧光庵當明末時有鎭將服其高潔難民數百人賴以保全後住持楞嚴寺吳志

炤德字不孤初業儒後遇出庵老人言下有契乞剃度嘗遊普陀禮九華五臺以蜀亂不得抵峨嵋爲恨晚歸禾中建默庵閉關三十年不出臨歿召故人敘別盥漱而逝有水邊居詩稿山中草舊浙江通志參秀水任志

石柱血影僧不知名號明末居西郭外岳武穆王廟乙酉六月土寇擾境餘黨多駐廟中掠婦女數十人繫神座前囑僧扃門護守寇既出僧悉縱之安坐以待既歸問婦女所在僧曰已縱之矣諸寇大怒縛之門外坊石柱上亂箭射死血影深沁石裏宛然髠頂跣足裸身受箭狀歷今七十餘年殷紅若新灑石上者吳志

國朝

高天禧字錫純吳江人幼穎悟讀道德南華深暢厥旨年二十入道居城隍廟淸逸山房與屠廷楫盛遠項奎結香火社其徒張愛樸亦能詩善書

王蕎字湘草又號鶴巢居靈觀道院工詩文善書法其人馴雅絕俗嘗慕湘中山水構軒曰吾山淸響張徵君庚繪圖一時諸名流俱爲題詠錢侍郎汝誠稱禾中方外

無出其右者著有湘草詩稾以上伊志

淨心字了蘊智耕字道充智和字純如俱修持眞實不事文飾初住梵受後住幻居庵幻居僻小非叢林比而杭湖間頗識其名以三人者曾住也吳志

超逝字尊古香巖寺僧臨濟高庵和尚法嗣康熙初親侍天童宏覺師于紹興宏化寺四十四年

聖祖仁皇帝巡幸浙江超逝于嘉善九里灣迎

駕呈進宏覺師書偈章一幅全錄一部又恭頌

聖駕南巡詩軸

召對移時復詣蘇州恭送

回鑾

賜午齋兩次并

命賦香篆詩一首

御書香嚴寺額以賜恭紀錄 南巡

成衡號湘南香海寺僧戒行精嚴兼工書畫後主天津海

波寺方丈康熙六十年恭迎

聖駕

恩賜香海寺額并紫衣一襲萬壽爐一座心經一卷

御書金扇一柄海甯查編修慎行嘗贈之以詩復歸香海終焉

明慧字楚雲馨山玉琳國師四世孫住報忠寺眞實修持

雍正十一年奉

旨訪玉琳師裔明慧入都

召見

勅封悟修禪師

賜帑重建報忠並

御書覺海寺扁額復

命住京城萬壽寺踰年示寂蒙

賜哈嚨并

諭祭一次以上伊志

演中字大恒後改明中又字莽虛桐鄉施氏子七歲出家

楞嚴寺師祖含明教之讀儒釋兩家書雍正十二年遊

京師受具

皇戒

世宗憲皇帝於千僧中選留有根器者二十二人侍講佛樓師

在其列復于二十二人中選得四人師又在其列

特旨住吉祥苑池南參究禪學

賜手勅數千言發明本地工夫及杖鉢如意法帖等物乾隆初

翠華南幸和

元許各還本籍旋主席西湖聖因寺移上天竺十六年

御製七言律并進

聖駕南巡具奏頌上中更三竺皆土人習稱懇

賜寺額後住淨慈

聖駕三次幸浙並蒙

賜紫并

御製詩一首前此住僧所未覯杭世駿莽虛大師塔銘

僧能字宏道俗姓沈少孤披剃于精嚴雲隱房受內典卽

默有見解及長通儒書工文詞武原士大夫慕其名延

主賓聖方丈受學者甚衆歸復隱于精嚴後主東禪講

席得衣鉢者大雲慧順慧倫等俱有戒律汪雲宏上人傳

淨懃字匡雲秀水浦氏子開法梵受禪院出愚庵老人門下山水摹董巨然五言得唐賢風調著有棲賢詩集續檇李詩繫引田衣詩話

海鷗字聞若吳江人儒家者流少與潘太史耒鈕大令琇張處士雍敬交出家能仁寺潛心聲律不墮禪障著有臥雲詩集新溪詩鈔

際源字學川秀水沈氏子

世宗憲皇帝賜紫衣主席武康報恩寺著有禪餘集續檇李詩繫

明涵字蒼石秀水朱氏子得偈薙於別崖禪師爲浮石老人四世僧出住鳳林遷徑山移金粟終於海鹽壽生寺著語錄一册同上

實然字融菴自號芒村嬾夫居長水庵與諸宮贊錦張徵士庚友善錦嘗稱其詩能通禪理著禪餘集同上

乘誠字書田秀水計氏子出家嘉興德水禪院風標清癯好游覽嘗北至京口採金焦南溯曹娥江登天姥峯游赤城山清涼寺諸名勝瓢笠所經題詠繁富著有西竺軒稿谷水集天台行草檇李詩繫續

達鑑字可聞號鈍隱秀州新塍卜氏子好讀嗜詩畫所居室曰雲塢後示寂壽生寺有雲塢詩存同上

心香字無隱秀水人居吳城東月聲庵著有聽月詩稿同上

文峯字性恬號笑溪愛親文士詩有警句吳枚庵陸鐵簫沈雲巢徐山民諸吟叟見輒加禮嘗自言語言文字非本分事因名其集曰未悟編晚主積慶寺募修未就得疾以逝陶瑄梓其詩烏程孫愈愚爲之序聞湖詩續鈔

積昌字永參聞湖計氏子少孤貧多兄弟遂立願出家依見性禪師於精嚴寺參究釋典後長兄如川逮貫兄弟相繼歿惟老母楊氏存時以旨甘饋奉母歿哀毀日誦楞嚴懺悔逾年圓寂聞湖詩續鈔

隱復古吳江化成菴道士嘉慶戊辰長虹橋圯復古勸募諸巨室里中踴躍捐助至乙亥落成又攜所餘楹架木於盛湖築禦風墩搆舍居之曰化成庵蛻化於此聞湖詩續鈔

嘉善縣

明

徐福號碧雲以樂舞生聘居京師數歲以老病還山善祈禱凡赴齋醮輒有報應出所蓄搆老君堂于玉虛觀後嘗與雪樵道人等談論終日蓋邃于內養者嘉善戈志

許拱盟脩眞于清風涇仁濟觀巡撫侍郎周忱以其誠恪每過輒艤舟問脩煉之術稱其行眞道爇爲羽流中翹楚嘉善章志

魯質楊匯村民每食餅糗輒碎以飼蟻于家窗多蚊質往居三年夜不設帷裸以受嘬蚊害頓減一日詣所親客

至乏魚質探袖中出魚既而語人曰鶴來我即往矣一日俄有鶴翔其上火從口出自焚袁志

徐謙字自牧世居武塘明地理精五星尤善吟咏潛于世味晚悟參同理得導引法顏如童行步如飛人稱地仙云嘉善章志

普明字寂照嘉興人出家嘉善妙常庵後居杭西山每靜坐蚍鼠鳥雀嬉遊于前客至輒納諸懷以衣覆之一日歸妙常語弟子曰待桂枝香我西遊也屆期弟子來送明方掃地曰汝不來我幾忘矣遂鳴鐘集衆作偈而化檇李詩繫

法會胥山鄉人也薙髮大雲寺年十七遊天甯遇濟法舟策發之遂攜錫遊方至陽羨見古林禪師教參一歸何處語豁然有省晚歸大雲萬歷二年冬主三陳禪會擇日端坐瞑目而逝入龕五日迎歸大雲怡然如生袁志

如谷字日海初號慧空思賢里人初聞雲谷倡教于棲霞潛往參焉後遊荊山月庭講席名震叢林攜鉢遊天台走廬山歸而閉關于景蓮精舍三年詣臺山不數月安坐而逝其後海音分其骨之半以歸塔于荒墩庵之左檇李詩繫參袁志

行峻字崇巳歸安人俗姓施薙髮于邑之慈雲入天童參

密祖有契徧歷天台諸講席歸爲義學歸金粟復參密祖九旬得悟受古南牧雲囑付爲臨濟三十四世密祖住天童首座三年後主鎮江鶴林香大闡法道晚年隱居邑之祖燈庵臨寂示法要自作封塔語稱眞解脫焉

法本字幼余薙髮大勝寺參學于紫柏大師忽然有得開講諸方兼通宗教隨紫柏入京爲神宗母后供養五臺山妙德庵及歸賜金字經三卷袈裟一襲仍住大勝無疾而逝以上嘉善章志

方明號佛日靜慧禪師奉賢鄉人幼讀書了大義父母沒投法相西生師薙染一日念佛眞切忽擲魚子笑曰不

特西方可生東方亦可生矣師曰未是汝到家處已隨本師參雲門得力付斷拂一枝自號斷拂子嗣爲洞中三十三代繼謁黃蘗有禪師歸主顯聖又主寶壽龍門東塔會兵燹交搆僧寮俱作行營衆惶懼師示以安心靜守卒相戒勿犯有闘邪說傳于蕺林

僧海號宿峰溧水薛氏子不習文字轉徙傭作垂三十年見古林律師受五戒祝髮遇三比邱受大悲咒普門品心經便能成誦詣檀那會其愛子殤于痘氣已絕海朗誦大悲咒應聲復活因禮請暫止大勝寺爲建四十八願道場慈雲寺久圮海建堂接衆百廢具舉年五十五坐逝以上伊志

國朝

許至震字東山得正一眞人法能驅役鬼神所祈多有奇效邑中錢氏有火殃降屋上求震解禳震爲結法壇貯水一缸置庭中作法收火殃入缸內時正隆冬水熱幾不可探後遂無恙一朱姓者出外歸忽得癡疾其子乞震爲救震命淨竈洗釜貯水其中仗劒作法後其家人開視忽見有黑魚長尺在釜內大驚放之水中震頓足曰是怪也吾將手劒之奈何放去疾殆不可治矣後果顚狂數月而死兼善寫眞得虎頭之神吳志

周宗奭字棠野符籙道法傳自施亮生天師授爲贊教以行優品潔題其堂兼善岐黃祈禱治病有奇驗亢旱祈雨立至徒孫盛勳字眞峰克承師法募葺文昌閣晴雨祈求皆有應爲道會司二十餘載法教森然嘉善楊志

吳永磐字行堅吳江人受教淩霄宮陳煉師隱中作苦食力事事內養師功行高超殿工未竣磐募化告成又建三元殿規模宏敞改名長春宮嚴守清規道風卓邁壽八旬復募造斗母閣後作偈端坐而逝嘉善戈志

婁近垣號朗齋少慕長生之術隸道士籍于仁濟觀警悟異常自教典外及經史百家罔不通曉遊龍虎山事三

華院道士周大經經精脩煉衜嘗夜坐覩垣頂上熊熊有光知有根器乃授以五雷正法及祈禳符篆丹訣之秘經卒遂嗣其職爲上清宮提點雍正中入都會
詔命禮斗垣齋心祓慮執事有恪
上嘉其誠授上淸宮四品提點欽安殿住持鑄印賜之十一年
詔封妙正眞人
賜字曰三臣任大光明殿乾隆初遇
覃恩封祖父皆三品前後
賜予甚多而垣道行益高有所祈禱厭劾往往著奇驗甯郡王疾垣書符飲之立愈元年旱禱立雨八年復旱奉

命禱黑龍潭亦日當午升壇禹步畢風雷交作甘霖雨野禾盡起其神異如此性沖靜工詩詞年八十九端坐而化 于文襄妻鍊師墓誌銘

顧膺字元禮晚號玉池道人少習舉子業志尚淡泊出家于太平道院研求道藏脩鍊精勤張眞人過禾面試煞烝一論大加獎賞顏其室曰五氣參霞禳疫驅邪歷有神效酷嗜咏吟兼工八法又能節畜作院中功德年七十五示疾手書四偈坐化

張聞皐一手不仁俗呼張捩臂住神仙宮符籙丹訣傳自天師府能驅役鬼神雍正中大旱郡延之禱皐曰必至

某日乃雨禱之無益彊之皐升壇作法風雷立至俄而杲然日出烈如火皐伏壇上輒有黑雲一片如席承日下似蔭皐者卒如所期而雨有司以惟誠斯感額褒之

史漢霄字逸宗幼禮丁遠沾爲師秉性高潔不涉塵事及師入京度奉祖傳符籙丹訣精勤習鍊得呼吸風雷之旨乾隆五十年邑大旱郡延請登壇祈禱輒得甘霖他如勅勒之術亦屢著神驗 以上伊志

明方字石雨武塘陳氏子投法相薙染閱楞嚴我眞文殊無是文殊義通身汗下參雲門澄得印授以斷拂子一柄遂號斷拂子主寶慶過龍門順治戊子春示寂弟子奉其龕丈室中未幾山寇突至欲燬龍門見師龕儼然舁出之竭百夫力莫能舉驚以爲神捨去寺賴以存後闍維牙齒數珠不壞頂緣五色舍利有雪蕉集 舊浙江通志

淨挺字俍亭武林徐氏子明季諸生擅文名後祝髮爲三宜高弟住慈雲寺有詩文等集 吳志

本沖字息庵四明楊氏子毋夢老衲授橘而孕順治丙戌依天童宏覺剃度受具遍參叢席悟後復依天童授拂主五峰寺衲子響應移錫般若園後住風涇圓明禪院康熙乙酉

聖駕南巡

嘉興府志 《卷六十二方外

特召奏對

賜改圓明爲性覺寺復予淨域長齡匾及對聯丙戌秋沐浴趺坐自書封龕諸佛事畢遂化去壽八十四 袁志

研幬字綠天俗姓沈湖州人披剃于雲林清隱房精大悲懺工詩字與武林諸名公爲方外遊居武塘最久魏學渠錢瑛極重之相繼延于家乙未歲坐脫異香滿室 吳志

普常字恒脩俗姓顧少業耕及壯薙染禮懺晝夜千餘拜持咒起人急病康熙丙辰冬閉關慈雲實行焚脩臨化走別檀越云某日歸山至期沐浴趺坐而逝 嘉善崔志

眞化字刖傳又名清梵嘉興屠氏子通三藏受具足戒主

光福法席晚退息柳洲北破屋數椽顏曰不退結淨業社閒作詩畫檀那遺襯悉以濟窮放生示寂時盛暑七日顏色不變荼毘得堅固子（嘉善志）

靜暹字幻悟號嬾堂黃氏子脫白于幽瀾寺搜求教典實修實證或遺以絲帛輒易粟以飯僧不以被體也時有靈巖退翁和尚鉗錘毒辣諸方崇仰往參再四針投機契隨侍有年將歸省退翁以偈送之老于東郊之默居維摩示疾索浴更衣自說封龕舉火法語趺坐而逝邑人魏學渠銘其塔

明毓號喬松海鹽沈氏子列庠序有聲一日與子六如同

往探親未及呼渡猝然大風覆渡舟無一生者遂大悟攜六如薙髮于金粟寺精求律學道行卓堅及來慈雲方丈景附者衆得建大樹法堂後圓寂趺坐龕中當暑蠅蚋不集數日不壞先是六如參花山雲岫長老付法歸喬松喝曰汝愛野鶩厭家雞耶速還後六如重至花山雲岫已知其意後亦領慈雲寺事病瞽然心體湛然洵為叢林法器

月印于梅花庵祝髮性樸誠不解塵事後住楊家莊送子庵年三十餘目瞽入華嚴關募修白水塘之送子橋遠近高其行爭助之清脩十餘載預示人順寂期即于關中端坐而化越數日顏色如生（以上合志）

元璿字睿石號荆山翁太倉陳氏子受晦山顯禪師付法武塘魏青城慕其名聘主東塔著荆山秀州二集脫禪家窠臼先是盛遠曾選雪嶠詩與林處士合編名林雪集至是復選刻荆山詩曰續林雪其為高士推重如此（續檇李詩繫）

達尊字顯相主慈雲寺方丈脩佛閣廊廡工書畫預知死日先別知交至期趺坐而逝（魏塘人物志）

德因福善庵僧精持戒律不肯披薙人為徒壯年募修大橋數座受錢放生奔走風雪烈日中不以為苦有嘉興

人以二十金寄屬放生者發其書則素未謀面也其為人信如此（魏塘人物志）

天寥盧墟人姓吳氏名鵾五十始薙髮入西塘雁塆寺少習縫人曾出入靈芬館取架上詩讀之輒能吟咏有性情語頻迦昆季假借嘆賞之寥益自奮家貧落拓為博徒為逋客為傭保後乃為僧與頻迦退庵諸詩人相往來卒後郭丹叔為銘墖刻其詩有天寥遺集二卷（新纂）

本白字楚蘅號漱冰祝髮幽蘭禪院行腳遍名山晚歸圓寂啟篋衣鉢外惟詩冊精手談熟內典郭頻迦與見於黃退庵齋中謂其立若植鰭而吐詞含氣有無礙之才

寄虛上人從湖北四祖寺來招往游雙峰惜已蛻化手錄二竹軒詩竟焚和南太息而去參靈芬館石瀨山房詩話

道詁俗姓陳楓涇農家子性戇直聞鄰童習章句輒厭薄之繙梵夾乃如素習出家住持福善庵漂榆大賈持千金來曰爲吾師供養乞誦楞嚴百卷硃點爲識問何用曰籍以鎮壓海舶風濤耳卻其金而誦經如數道光二十一年謂付法弟子曰大海一漚我將逝矣遺命茶毘觀察陳大溶謂其卓行異凡僧勒石爲記新纂

海鹽縣

三國吳

康僧會赤烏間自康居國來江東設像行道吳人以爲妖異以狀上聞孫權召會問佛有何靈瑞曰佛晦靈迹遺骨舍利應現無方權曰何在曰佛神迹感通祈求可獲權曰若得舍利當爲興寺經三七日至誠求請遂獲瓶中旦呈于權光照宮殿權執瓶瀉于銅盤舍利下衝盤即破碎權大驚異乃立塔寺名爲建初改所住地名佛陁里後遊方至金粟寺施茶因名茶院後立化於天禧寺其眞身一現永欣再現金粟奇骨瘦露眉間時放光明顯靈異之迹明洪武二十年詔移歸金陵天禧供養法苑珠林

晉

道人不知姓名常齋一杖一箱自隨忽詣縣向令乞一人給使自選取守鷄鴨小兒形服最醜者將去時已逼暮道人令小兒捉杖行但聞足下波浪倏忽閒至一山山上有屋屋中有三道人相見欣然其語以一小甌食與小兒狀如熟艾食之饑止向暝道人欲還屋中人作書付道人云寄廣陵白土埭上史宗道人以書付小兒比曉便至縣令呼小兒問知道人先所經并說山中人所

寄書尙在衣帶令開看多不解乃令人將此小兒至白土埭訪史宗逆之宗開書大驚曰汝那得蓬萊道人書耶宗著麻衣身多瘡疥性調不恒在白土埭凭埭謳唱引紼得直隨以布施人棲憩無定時或隱或顯後遊吳會止上虞龍山不知所之先道人與山中三道人共語謂宗謫限將滿矣亦小兒云 陶淵明梁慧皎記

南北朝

陸逸沖字敬遊陶隱居弟子誠慤恬澹志遠棲逸齊永明中隱居遯蹟茅山偕逸沖于西嶺立華陽館七年而後成逸沖之力也隱居嘉其勤勩名爲棲靜處士作十賚文策之許長史碑陰手書上清衆館弟子亦以逸沖稱首焉

法龍姓馮氏納妻半歲捨家入邑之光興寺後出都徧學經論探元析奧音吐蘊藉名學罕不倒戈號上座法師初都下有法願道人善相術謂龍年滿四十當死惟禮懺可免遂還海鹽光興禮懺至四十歲暮夕覺兩耳腫痛彌信死促忽聞戶外有人言曰君死業已盡開戶無見及審耳痛乃是生骨後壽七十四歲 以上海鹽圖經

慧開姓袁氏海鹽人初出家爲宣武寺寵公弟子仍從學阿毗曇及成實論建武中游學上京住道林寺歷聽藏

曼三公經論後移住鼓城處衆演敎咸慶新聞同寺有曇儁者以游學顯名通貫衆經兼勤禮誦侍中王慈司徒長史汪革並與之朋游焉 續高僧傳

隋

慧因姓于氏晉太常寶之後出家開善寺又造長干辨法師所稟學三論窮實相之微言宏滿字之幽旨辨後歸靜山林以學徒相委受業弟子五百餘人蓮武傳燈傳三十載陳僕射徐陵尙書毛喜咸歸導首隋仁壽三年赴禪定寺奉爲知事上座訓肅禪學唐初居大莊嚴寺預十大功德之選嘗感冥司召講大品般若經七夕蘇云有兩束絹爲襯遺學徒檢箱內果得之以貞觀元年卒于莊嚴寺春秋八十有九 高僧傳

唐

徐彎少有道術能收伏邪精錢唐杜氏女患邪彎爲作術召魅卽見丈夫著白帢葛單衣入門彎叱之卽成白鼉一日與羣從兄弟數人登石崎山斫春柴日暮彎獨不返明旦尋覓見彎在山上腋挾鑱倚樹不動或向前撫惟有空殼全天僊湖卽彎故居也 張君房雲笈七籤洞仙傳

馬湘字自然鹽官人常指溪水令逆流食頃指柳樹隨溪水走指橋令斷續有告以病者但以杖頭指之口吹杖

頭如雷鳴便愈遊越州洞巖禪院二僧慢之湘去二僧
不能下牀追懇乃免卒于宣宗大中十年東川奏湘白
日上昇勅發棺驗之一竹杖爾（吳志）

貢準大中咸通間法喜寺僧也司空曙有寄準上人詩業
四分律慧行精通有塢葬本寺棲鳥不止時放瑞光（海鹽圖經）

慧稜姓申屠（海鹽圖經作姓孫）本邑人吐言質朴談理入微時人
號爲得意稜童齔日於通元寺登戒後游閩嶺謁雪峯
頓明本性閩主召往長樂府長慶院號超覺大師得度
者不滅一千五百衆（高僧傳參海鹽圖經）

五代

譚峭字景升國子司業洙之子師嵩山道士十餘年得辟
穀養氣之術周遊無所不之夏則服烏裘冬則綠布袍
或臥于風雪霜中經日人謂已斃視之氣怵怵然邑中
有譚仙嶺相傳是其煉藥得道處仙鑑載峭詩線作長
江扇作天鞦韆拋向海東邊蓬萊原是無多地只在譚
生拄杖前此尤其奇蹟海嶠之證成化間遷善橋居人
陸麒樓懸仙翁像一日鄰人滕晟見仙從樓窗上冉冉
向東北乘雲渡海去（筆叢參海鹽圖經）

宋

若愚海鹽人馬氏賜號法鑑學教于辨才號稱夙成群以
南屏與敎延之不就奉辨才杖履間居龍井者六年後
于湖之仙潭嘗長堂接待建大閣造西方像結道俗念
佛嘗數百人三十年中預會者多蒙佛接之瑞靖康丙
午九月謂其徒曰我夢神人告曰汝同學則章得普賢
行願三昧已生淨土彼方待汝曷可淹留卽命衆諷觀
音經甫畢乃云聖相現前吾其往矣卽留偈而逝闍維
得舍利數百粒塔於東廡初入道夢白衣女授七十二
策後壽果及其數（佛祖統記）

蔣十八居士與其妻念二孺人日誦大乘經斷除嗜欲積

四十年同日洗漱更衣焚香書頌而終（海鹽圖經）

茂寶可舒二僧住持資聖寺建炎間寺燬盡爲瓦礫荆棘
之墟二僧與其師履常由一金一縷之施積累以成凡
爲錢三千一百萬有奇視向之祇園精舍功與齊而力
倍之（李正民集）

竹筒和尙鹽官人入徑山講論禪教後因觀爲淄以杵通
竹節有聲豁然開悟其徒因號爲竹筒和尙

朱智檦鹽官人感夢爲僧參賢首宗教紹興間住常川華
嚴院禱雨有應孫尙書覿記之卒建塔于審山（以上趙圖記）

慧辯字訥翁賜號海月傳氏子剃度普照教寺中得法于

明智智命代講八年遂領寺事時蘇軾作倅高其行嘗
爲撰敘言辯容止端靜不蓄長物有盜夜入其樓脫贈
以衣使從支徑去後隱草堂將示寂遺言須軾至方可
闔龕四日軾果至見其端坐如生頂尙溫遂作三絶以
弔之 劉志參平湖朱志

敏秀曾氏子賜號法雲年十五參慧案舊志作慈誤辯命與首座
抗論竟爲所屈紹聖初主杭菩提寺元符寺遷孤山六
一泉樞密蔣之奇聽闡楞嚴大旨欽服之後還當湖庵
居紹興七年寂去後十八年以其地爲延祥觀遷塔閣
維貌如生出舍利百種如菽 吳志

妙普字性空華亭鄉人結庵青龍之野善吟咏好吹鐵笛
稱鐵笛禪師建炎初徐明叛經烏鎭肆殺戮師荷策而
往賊怒欲斬之師曰大丈夫要頭便斫去奚怒爲因索
筆作自祭文訖大呼斬斬賊駭異稽首謝過廬舍免焚
紹興庚申冬造大盆穴而塞之致書雪竇持禪師曰我
將水葬矣壬戌持至嘲曰拙哉老性空剛要餧魚鼈去
不索性去只管向人說師曰待兄來作証明耳遂至海
濱盤坐盆中順潮而下口吟曰船子當年返故鄉沒蹤
跡處妙難量眞風徧寄知音者鐵笛横吹作散場以笛
擲空而沒後三日于沙上趺坐如生迎歸闍維舍利甚
多 平湖朱志參柘上遺詩

可觀字宜翁號竹庵華亭戚氏子十三祝髮十六具戒依
南屏精微師聞車溪擇卿聲振江浙負笈從之一日聞
舉唱般若寂寥忽有悟入建炎初主嘉禾壽聖遷當湖
德藏居閱世堂乾道七年丞相魏杞請主北禪適當九
日指座云胸中一寸灰已冷頭上千莖雪未消老步只
宜平地去不知何事又登高復歸當湖搆山月池松風
臺以樂餘年無疾而逝壽九十一著有楞嚴說題楞嚴
集解補註蘭盆補註金剛通論事說圓覺手鑑山家義
苑竹庵草錄菊坡集等書 柳志參佛祖通載

案可觀墖在德藏寺西北隅嘗自製塔銘明嘉靖間爲築城所毀知縣謝亘夢一裴衣老僧曰我竹庵和尚也以塔累公旦日因爲繕治立石表之塔銘自敘春秋九十一僧臘七十八徵疾而化檇李詩繫作九十九誤

從進早歲聽辯久依超果具得其道出主德藏講訓有法
作楞嚴解尤高妙示寂留龕月餘容色不變及從火浴
舌根不壞若紅蓮華 當湖宋元高僧錄

隱峯俗稱長爪師葬圖澤庵西竹林下人或啓之見師端
坐如生十爪盤旋于腹者數圍衆驚急掩之因塑師像
于佛殿祈禱輒應 平湖程志參吳志

元

張與材龍虎山天師三十八代孫至元中潮嚙鹽官海鹽

兩州爲患特甚奉詔以術治水一夕大雷電明日見物魚首黿形磔于水滸潮患遂息元史

案張輿材元至元時人吳志誤以至元爲貞元遂列于馬湘之下今正之

明本號中峯錢塘人住持佑福禪院即今海門寺也聰明博覽士大夫從游者甚衆仁宗賜號廣惠禪師文宗賜謚智覺元統中命學士揭奚斯序其廣錄入梓澉水志

彭素雲汝陽人大德丁未年十二禮劉月淵爲師稍長遊武當時張眞人集雲水三千餘人于紫霄宮素雲求執厨役汲水苦行三年得授棲神鍊氣之旨走靑城入武夷陟天目凡古仙過化處歷覽殆遍洪武辛酉至當湖

華亭鄉結茆居之一日旦起沐浴更衣趺坐翛然而逝七日顏色如生劉志

清珙字石屋常熟溫氏子出家海鹽崇福寺遍游天目淮陽遇二高僧參悟禪旨及庵嘗語衆曰此子乃法海中透網金鱗也元統間住持當湖福源禪寺歸隱太湖至正間詔降香幣賜金襴衣後示寂于湖州雲霧山建塔焉又因高麗國王表達詔謚佛慈慧照禪師有上堂法語山居詩李詩繫 柳志參攜

眞諦德藏寺僧執樵汲役一日楊璉眞伽率衆過寺將往發雲間陸左丞女朱提舉夫人墓時楊衆百餘各執畚鍤利器蜂擁左右眞諦忽現神力大怒叫呼掣韋䭾尊者所執杵躍身丈許亂擊之狀如隼擊虎鷹不可抵禦衆盡傷諸械亦寸斷楊以爲神不敢問徑去墓竟得全諦後行腳峨嵋不知所終海鹽圖經

道隱字仲儒號月澗俗姓李工畫蘭石師趙子固墨竹宗王孪巖平湖程志

壽量資聖寺僧有戒行至天目傳法於中峰大師行腳歸隱禪室題曰大隱時宣城貢師泰爲總管以張氏陷平江脫身易姓名爲端木氏嘗寓寺與量相得甚懽因爲作大隱記新纂

蘇應元明成化間棲眞觀道士也清修勤恪爲邑士大夫所重雲谷朱祚作詩贈之伊志

明

梵琦字楚石小字曇曜象山人姓朱氏出家天甯永祚寺吳興趙文敏器之爲請牒得薙詣徑山元叟端禪師諮決不假辭色令自證會元英宗詔令金書藏經聞譙樓鼓聲豁然大悟由是徧主法席名滿海內晚歸天甯築西齋退老明興再被詔徵說法蔣山恩禮甚隆洪武三年復徵入問鬼神事館天界寺忽趣左右具浴更衣書偈而逝奉詔歸葬賜謚佛日普照慧辯禪師宋濂爲撰

塔銘著有楚石語錄（載明史藝文志）和陶諸詩北遊鳳山西齋三集姚廣孝謂梵琦於淨業一門至老力行不倦雲棲宏禪師亦推爲明朝宗師第一（海鹽圖經參檇李詩繫）

惟則字天眞姓費吳興人夢異僧而生因名曰僧寶七歲棄俗出家受業于佑福元林壽公爲師薙染受戒二十五歲往匡廬參無極禪師始得啓發元奧後開法於海門佑福禪院洪武初召天下高僧作大法會師預是列以足疾賜歸海上示寂有冰蘗禪師語錄行世（海鹽仇志）

高林善壽寺僧天眞惟則師也住佑福庵後勅賜海門禪寺開廣故址搆殿宇置佛世尊像演法授徒天眞徒景

南東濟繼之淨業益卓（張寧集）

法聚資聖寺僧嘗結庵澉湖荆山芝產座下人號玉芝和尚後移錫武康天池示寂聚初投偈于王陽明先生陽明有咨人問良知詩即聚也晚參夢居禪師于金陵問如何不落人圈繢居與一掌聚即大悟開講天池應機接引與王畿蔡汝楠等共證儒釋大同之旨（海鹽圖經）案檇李詩繫法聚號月泉嘉興人出家海鹽資聖寺嘉靖間嘗結庵澉湖荆山云云吳志于嘉興有月泉法聚海鹽又有法聚俱云問道于陽明是誤以一人爲二人矣

寶林和尚常遊杭嘉二郡冬夏一衲乞食自活宿無恒居平時惟念佛不絕口人喚之纔應答即連聲念佛更無雜語後于海門寺忽若顛狂者將半月餘僧呵曰爾平生實行當與世人作眼目何得乃爾珠曰既如是吾行矣索浴畢安然立化（雲棲往生集）

覺軒靈隱書記僧行端望重爲覺林主寺事毅然以興修爲已任乃裒衆施解橐市材建造殿閣規制大備遂請于朝賜額覺林禪寺因舊名也（呂學士集）

善明陳性從幼持齋辭俗居天妃行宮時慈會將傾明從衆請主寺敝衣糲食益修苦行遐邇捐金濟其所需而寺遂與後金粟寺僧惠欽復繼明而大振之（陳善集）

秀碧峰者天甯寺僧自幼即不茹葷每日五鼓起誦經禮

佛無間寒暑衆中最名有戒行嘉靖壬寅秋忽得疾臥牀月餘終日酣睡自言甚適忽一日起沐浴衣新衣跏趺端坐念阿彌陀佛數十聲既而止呼佛字亦數十聲與徒衆言別而逝越三日神色不變左手捻中指作字右手伸開指猶軟頸骨挺然（西園雜記）

明秀字雪江出家天甯巨目闊吻面骨巉岩肖枯木怪石無一毫澤媚態少時即好爲詩晚年縛茆勝果山之石門郭公泉側居久之夜夢陳姓者揖曰西有月岩請觀前生所爲詩旦乃求之蓁莽中果得月岩刻元人詩題曰雪江陳天瑞與和尚號正同因悵然若有所悟有雪

江集董穀集

圓悟字密雲荊溪人過桐棺山頂豁然大悟遍參諸方上天台探禹穴繼席龍池遊匡廬之南嶽住天台通元寺遷海鹽金粟山廣慧寺緇素雲集檀施山積大厦鴻構食堂常萬指上舍朱上申夢神告曰師乃慧受後身也悟出龍池夢至一亭下覆巨井足食千人有偉衣冠者進曰此師住處也金粟故有千人井蓋有前定云住金粟五年入閩黃蘗五月住鄮山阿育王寺三月入天童宗風遠被王公將相下及韋布獨猺倭蠻重譯問法無虛日晚居太白山示寂化去劉志

通乘號石車金華朱氏子年十七偶閱龐居士問石頭不語萬法爲侶者是什麼人話大起疑情遂往天眞庵請益海藏師至瑪瑙寺薙髮次到龍居忽聞隣單舉六祖云不思善不思惡正與麼時那個是明上座本來面目頓然有省洒策杖遍參江湖耆宿益精元旨嗣主席金粟法化大行其付法弟子出自金粟者二十餘人金粟寺志

宋觶者海鹽圖經稱比邱尼幼聰慧十一歲從硤石廣福寺僧宏道出家因無際禪師引參海門天眞和尚舉狗子有佛性語言下大悟辭歸深得圭峰禪師之奧旨劉志

戒襄姓李氏永祚寺僧從文徵仲遊能書兼善蘭竹有平野集

廣化字無期俗姓王梅溪人初薙染永祚寺尋參訪四遠挂錫郡城藕花庵復歸本山建古東林祠穿池種竹以吟咏自娛

斯學字悅支慈會寺僧工詩好行腳南陟台雁北至岱岳清凉歸築道林庵于靈祐有幻華集姚士粦爲之序

文湛永瑛戒逸斯德四僧俱住永祚寺工詩自明初楚石倡詩教于本山踵而起之者遂不一其人以上海鹽圖經

如元蕭山史氏子入雲岫投堅公披薙修淨能詩詠山居云枝上兩三聲巧鳥窗前五七片閒雲山翁潦倒無籌

算盡把生涯訴與人蕭然物外新纂

徐月汀字湛虛棲眞觀道士能詩覩圯壞月汀傾橐輿葺其自述有人愚自墮移山計天漏誰傳補石方之句新纂

國朝

張道人溦川人自幼出家嘗遊天台山從桐柏宮學道還復結茅于烏龍井之山嶺冬夏衣衲衣寒不冠履暑不袒露時亢旱道人露頂跣足偕衆祈雨雨卽至酬以擔石米辭與升斗受冬月積雪沒脛者累日人疑其凍餒死矣道友上山探之見其趺坐依然因目爲張半仙云海鹽續圖經

吾琦號虛舟棲眞觀道士清峭拔俗篤志修持嘗語人曰人生一小天地固守三關勿戕三寶坎離交合奠定乾坤還吾天地之自然養砂添汞近在吾身人自不悟耳時傳冷仙有煉五行丹法虛舟得其旨不炫于世世亦無知之者

陳紹藩字松崖怡雲其號也精元學閉戶焚修篤志不倦嘗撫琴有鶴翔于庭年八十而羽化

賀炳字松庵號雲濤散人仰慕高潔隱于黃冠棲眞道院中常坐一小樓日讀唐宋諸家文手摹黃庭經客有過訪者烹茗焚香彈琴賦詩著有拾古吟月軒存稿杖藜集等詩 以上伊志

道衍字木陳潮陽林氏子甫冠棄弟子員爲天童密雲悟和尚嗣悟示寂遂繼席天童順治已亥

世祖章皇帝遣官徵至京住齋宮

萬善殿結冬開堂

勅封宏覺禪師法嗣天岸本昇亦

召對萬善殿 舊浙江通志參吳志

覺元字滄曉朱孝廉瑞岩子自幼披剃秦溪甯海寺得法于天台祖憲道風高潔士大夫樂與之遊有語錄行世 吳志

隱然孫氏子年三十餘棄妻子薙髮于圓通庵師事退院僧昱安昱器之令行腳參學歷峨嵋五臺歸主太平寺席憨嬉若狂徒衆狎之忽一日歸詣昱曰弟子將化去敬來訣昱呵之曰毋誑言卒告化期而去日往市募薪得數束高架於倉址上至期沐浴更衣禮諸佛畢拈香徐步出寺至積薪處趺坐其上合掌辭衆俄而火發下體灼爛猶朗誦藥師佛號不絕頷焦乃瞑體凝然不仆化後三日其徒舉龕瘞之

如圭號三六劉氏子入天甯寺圓通房素呆鈍忽路逢一道人指其禮觀音文乞慧夜卽不寐殿上虔禮者三年

一夕更深見琉璃光燄嗣後誦經過目不忘詣雲棲蓮池大師座下受具戒歷名山訪耆宿暮年隱觀音殿

源受字朗印好天台教雲遊數年歸云既奉佛祖當爲佛祖竭力崇禎戊辰年重建千佛閣閣左搆禪關講演諸經聽法甚衆順治戊子重建大殿修葺古塔廣宣上乘至理

行日字東明葉孝子薆子幼失怙讀蓮池大師七筆勾有悟受拂於婁江二音師搆密庵數楹中堂供禮大士左側設母榻右側誦經焚修五十年如一日臨終趺坐手書偈云今年五十有七幻影本來空寂逍遙獨步西遊

了此一生消息有萍遊草梅花百咏節孝集）
超海字四航俗姓陸生時啼哭不止有老尼撫其首曰汝可仍入清福中毋苦耶不復啼幼出家紫雲庵以師祖雪如爲法静攝好學嘗咏里社古羅漢松曰不羡大夫褒上國願將羅漢老塵寰其素志如此後開堂杭之福嚴龍泉等寺最後鼎建崇福寺會城有徐氏婦病久夢高僧至乃痊因訪請海將至病婦已知令家人迎扶出戶拜謝病隨愈年六十六預示期而化後賜紫禪師親承
世宗憲皇帝明問具言其賢因已歿飭其嗣僧住揚之天甯寺

慧融字虛白號枯石本陸姓北關外搆數椽鋤地種菜自給戒律精嚴竟日危坐給諫張公欽其道行延請居住放庵未幾辭去隱于楊家浜結茅爲棚上無片瓦人爭裹版築漸成精舍）
法演字古椿當湖名族子自幼多病遊學天甯佛閣遂受朗印法師宗教博綜内乘歷講壇于雲間苕溪後回山疾篤傳鉢楚迴結趺咏偈辭世有樹香詩集（以上海鹽續圖經）
實智字心如澉川祝姓子也幼薙髮海門禪寺後受天台萬年寺本覺禪師衣鉢深得定慧之學幼未讀儒書悟後輒工吟咏兼擅古文晚年住持金粟方丈著有閑齋詩稿
眞炯字古燈號遁齋又號晦巖仙居庵詩僧也受法于悟進性好遊遍歷南北晚居郡之龍淵寺又退居橫山廟同時潘稼堂彭羡門皆與倡酬（以上伊志）
際一號雪樵又號田衣生海鹽印氏子母就蓐時見老僧入戶乃產三歲能隨母誦藥師佛號剃度嘉興南院歷圭白蓮漏澤諸寺著有田衣詩鈔蒼瘦峭拔似黃葉老人近體兼皎然貫休之長彌伽居士張庚作行腳圖錢塘丁處士敬身爲篆額（石瀨山房詩話）
再修幼披薙靈佑寺嘗渡海苦修白塔山旋以裹糧不便

歸居純一觀誦金剛經輒療人疾坐化時鼻垂玉筯（新纂）
萬思石字竹樓建閣禮斗助修後殿爲城隍神行宮能精思鍊氣度修證道（新纂）
張謙字雲槎自幼出家城隍廟熟精元理兼通儒術工詩畫著有補梅居士吟稿輯歷朝道家詩爲方壺合編同時棲眞觀羽士趙蓮字菱洲亦工詩善寫梅花秀逸有致嘉興張廷濟題其居曰畫梅廬（新纂）
蔚然工翰墨爲明錢太常薇司祠僧少時曾親鞾石宗伯遂得遺意工蘭蕙沈文節嘗讀書祠中贈詩賞其畫（新纂）

海岳字中洲京江張氏子主席海鹽金粟寺黃山一賦字內喧傳毛西河太史嘗謂佛門無博學者中公是賦博極羣書得法於愚山禪師主席黃山慈光寺最久歷移福嚴金粟諸名刹詩清微綿遠不染蔬筍氣著有綠蘿菴詩稾 續檇李詩繫

期懷字拙安海鹽人毋俞氏期年而生故名住五磊山著有語錄五卷 續檇李詩繫

實智字心如號間齋海鹽祝氏子出家海門寺主持金粟寺初不知書後因坐禪心光迸露自是遂大通內典兼工詩著有間齋集 續檇李詩繫

源瀚字覺海號玉峰崑山人海鹽天甯寺僧天甯自前明楚石禪師後道場荒落覺師主持其中鼎新功幾倍開山乾隆辛未

南巡與金粟僧源達詣吳門覲音山迎

駕

敕賜墨寶心經各一卷著有水雲集 續檇李詩繫

平湖縣

明

張復陽名復以字行號南山齊景鄉人自言爲張果老後身宣德中爲朝天宮道士妻亦感悟爲尼後主餘杭洞霄宮正統中居郡城南宮一枝堂性沉靜工修鍊明周易姤復之旨作復陽圖兼善書畫年八十餘步履輕捷後傳尸解去 檇李詩繫參兩浙名賢錄

案張復陽舊志皆作宋人吳志又别分張復一人以張復陽爲宋人列仙釋中張復爲國朝人列技藝中然檇李詩繫敘述甚詳并云郡邑志誤入宋省志採其說編入明代今從之

張如忠字思亮母娠時夢白鶴降生萬歷甲戌年十八就

學一夕忽不見及歸自言爲羣仙擁去令閉目飛行但聞雷聲約度萬餘里開睫履地則清虛境矣有一仙曰子五世修仙未成今當尸解復令閉目沖舉雷聲如前但去時冷歸時暄耳一日攜絳桃大如盞復探袖出大李如拳居重九忽有二金鶴在地若飛舞狀藏之家中時聞鐵笛聲一夜里中見火光如旦則已危坐脫去空中聞鶴唳數聲檢笥失金鶴所在 平湖朱志

曾志剛字雲陽館肅後裔善飲盛暑中或衣綿絮遇霜雪嘗赤體遊行至人家索酒言禍福奇中引之坐輒倒挂椅間或抱兩膝旋滚地上望之如圓毬其疾如風時喜

倒挂大樹枝上風吹搖曳以爲樂又能于城上聳身上下飛走雉堞頃刻周四門人皆呼爲魯癡自言當在雲間脫殼後至松江路遇知府方岳貢作醉顛狀大呼方當横死方怒杖之至橋下洗去血痕即坐脫已而岳貢大拜爲李自成所殺越二年平湖人有遇諸閶門外者吳志

吳守義字印池性好清修嗜茶工于煮點主天妃宫事善趙文敏筆法所書行香子四幅甚可愛馮夢禎書匾贈之九山補志

宗衍字道原吳郡人元末居石湖寶積院洪武初住持德

藏寺吳下諸名士賦詩送之著碧山堂集載明史藝文志危素爲序柘上遺詩

雲峰出家五臺後至當湖迎大佛居馬維銘園中歲餘善講經言行古質有御賜千佛衣每佛一尊珠一粒金彩耀日後于武林天竺寺講經一朝坐化越三年五臺舊徒移師龕北還袁志

法霦號東池俗姓王初住鹽官福業院出參天池山玉芝師者十九年晚居福源建法華塔于圓珠圩臨逝牀褥發異香荼毗後數日香猶未散陸莊簡撰塔銘平湖朱志

心源姓吳名可化字龍淵弱冠遊庠丙子已中式檢原卷爲燭仆損置乙榜偶赴雲棲聽蓮池講經名心頓冷遂披剃參師說法庚戌六月十九參拜大士畢沐浴趺坐而化平湖程志

眞可字達觀自號紫柏道人俗出吳江沈氏五歲不語有異僧過其門摩頂謂曰此兒出家當爲人天師言訖不見遂能言年十七宿虎邱聞僧夜誦八十八佛名心大悅既剃髮過匡山窮相宗奥義萬歷壬辰陸莊簡遊五臺訪師師遣密藏出遊請解帶爲山門鎭癸巳莊簡子基志延居泖上名其室曰爾庵癸卯師受証繫詔獄臨寂口授偈十餘跏坐而瞑藁葬西郊後啓瘗入龕端坐

如生荼毗雙徑築塔于庵東北隅陸基志撰塔記著有紫柏語錄紫柏老人集載明史藝文志平湖朱志參檇李詩繫

大瑞姓王出家和州航海至平湖寄蹤洋瀆廟十餘年麄率狂誕人目爲王癡每持鉢乞錢米隨獲隨散徒手言旋鼓掌大噱衆僧夜演法梵唄交振大瑞倚牀熟寐迨衆僧偃息則披衣躍起獨誦貝葉文几坐斗室中錄法華楞嚴諸密藏成數十帙天啓丙寅秋忽謂主僧曰余腹豈久爲五穀作主人遂絶粒俄而趺坐于牀兩目西向瞪視玉筯雙垂二尺許膠不可斷圓寂後容愈光澤焚龕有異香袁志

雪空初爲行腳萬歷己未正月至鄉民夏姓家留齋言今日汝家有難可急移夏從之晚火焚其廬雪空因留寓行堪輿術爲主人擇地居半年一夕曰我去矣更衣沐浴而逝逾時復甦曰我誤矣不宜死于汝家即起大步至聖堂從容謂衆曰我今的去即葬我堂後言畢果死衆具龕歛舉燭者誤以油漬空股上忽作聲曰不小心衆驚肅急閉龕今墖在聖堂田中吳志

大遂字梵印號筠隱萬歷間乍浦會濟庵僧覺成講主之法子有出林草

海旭字竹浪東林院僧有燕林草以上柘上遺詩

圓映字元徹號雪溪嘉善西林庵僧銳志教理詩句清新崇禎間居乍浦與李天植唱和有西林焚餘草檇李詩繫

通霽字西生號耕霜性孤潔好學中年參禪行腳諸方善書畫爲詩有斷雲草自閩歸住持湯山堂中有一聯云到此自然淡其餘無所親

行涼字勤密俗姓趙繼于宋性至孝事繼父能盡孝道初歸蓮池後禮報恩以年老專修淨土晝夜不輟年八十三而終以上九山補志

行海字萬徹性清潔律行甚謹嚴駐柏子庵愛惹山北麓幽勝舉人李天植因搆精藍卓師錫卽以潛庵名社門簡出能細書手寫華嚴經八十一部施斛食三百壇康熙辛巳示疾卒平湖朱志參九山補志

通變號一葦居乍浦嘗從周翼明援遼敗歸遂出家天童爲化主誠信感人募無不施後棲黃泥之竹隱庵年七十將示寂曰必歸我骨山中適湯山有一空冢欲售者其徒雪鑑募得之乃築墖瘞焉九山補志

國朝

王懋德字心一鍊眞城隍廟中歷請禱雨必應廟東趙姓婦爲邪所惑作法斬之則一溺器也廟西民家日夕有拋瓦礫者擒磔之則一白蛇也順治戊子預告諸檀端

坐羽化清芬滿室吳志參平湖朱志

周之臣字爾襄邑諸生康熙丁未受鍊師王昆陽戒倡建松麈道院壬子上元遇黃冠絳服兩道者來迎乃謂家人詰朝予將歸閬苑矣作偈遂長逝小斂後繐帳中火光陡照如白晝衆迫視則見其所唁帛上當腹簇涌三寶珠大如鷄卵光射三尺有奇手足皆挺花數朵越二日始休顧明傑爲鐫紀其事平湖朱志

郭長彬字去勝母夢呂祖授桃食之而孕年十三從邑廟許自修爲道士及長受法于穹窿山施諒生遊句曲龍虎諸名山得五雷傳歸住松麈道院行法屢驗晩至京

師棲白雲道院院爲元邱長春蛻化之所一日悉更衣履靜息踰日不飲食視之則已化豫親王親至瞻禮爲龕以葬之題曰拂袖白雲相國張玉書題曰長春接軌後弟子孫楚昂迎龕歸葬啓之顏色如生吳志參受中編

陸微字濟蒼志氣高潔不屑逐塵俗工詩善畫能鼓琴入太學試棘闈不售再娶無子請于母爲道士受正一法登壇行法祈雨晴必應治疾或藥或符水俱有效居松塵道院晚年刖作數椽于東偏足不出門臨沒索水盥手焚香而逝著有松間道人詩集平湖張志

道援字汝航福建溫陵人俗姓陳初工舉業年十五喪母

撫膺悲慟遂祝髮參博山大師已至天台高明寺閱台宗三大部淹通內典卓錫于杭之橫山足跡不出戶者十五年崇禎庚辰當湖馬訥庵延住平山別業次年陸基志請駐西林提唱宗風順治戊戌移供寶雲林檢藏多校正功後留四偈辭世有詩文語錄行世平湖朱志參柘上遺詩

宏覺字夢破仁和縣人俗姓江少負才名豪宕自喜嘗獨遊郡西樂其幽勝遂挾琴書挈妻子居橫山之麓題曰蜨庵後棄去從道援剃落爲僧隨至當湖從雲門禮公受具名濟斐號曰用往來江淮戊子冬坐脫于佛日寺同社諸子建塔靈隱五寺橋之西裒其遺稿曰蜨庵集柘上遺詩

通奇字林野四川人十歲薙染十九南遊徧歷講席丁卯掩關德藏寺一日失足墮樓大悟遂破關走姑蘇見悟和尚于清涼庵隨入天童人稱林古佛後從悟至嘉興寓黃承昊園中受付囑乙酉主法天童通元峯頂衲子奔趨埒于太白玲瓏巖

通賢號浮石俗姓趙世居武林徙平湖父老無子禱神得生年十三不茹葷父母欲爲娶婦遂至普陀禮紹宗禪師薙染三月卽歸省親爲泣絶乃育髮日閱釋典一日

在母前講說因果母曰汝既決志出家但無遠去由是復剃度受雲棲蓮池大師戒隨湛和尚開講海鹽天甯結剎秦山復至嘉興東埒後住海鹽鷹窠山養親喪葬畢赴東埒請復上天童後隨本師密雲和尚至嘉興舉拂授之是冬退居青蓮寺復往報恩終焉以上檇李詩繫

行堅字鋤雲婺源人幼出家受菩薩戒行腳諸方遍參知識得旨于金粟苦行于報恩駐當湖普濟庵四七前預知時至遂絶粒說偈進龕出三昧火自焚香煙旋繞觀者如堵參議陸光旭勒碑湖濱晦山顯禪師爲之序平湖朱志

性慈字大音湖廣長沙人少從南嶽覺定吉禪師剃度聽教于石城月潭碧空二師繼圓具于天童悟和尚參究有年至德藏寺杜門閱藏者十餘年塑大悲文殊普賢三香像竣日建大懺場飯僧俗作無遮勝會復主報本塆院建塔五層置常住田巳未歲祲設寮煮粥全活甚多後無疾趺坐而逝 平湖朱志參吳志

天息上虞人俗姓陳祝髮于新帶之復庵游謁天台牧雲嗣法歸隱三十餘年厭世之爲棒喝者互相標榜遂僻居不出山康熙丙辰六月忽沐浴而逝

海布字蒼雲監生鄒銓也葬親畢析家產惠族人就性慈

披剃售所居築塆右之長堤及石橋性慈寂後爲建幢搆三楹以守之丙寅春往天台過石梁朝銅殿塆畢還至梁巔飛身入萬丈潭中塆院僧堅密往攜其骨歸瘞性慈側

本哲字伊䪨湖廣孝感人薙髮後遍歷名區結茅黃草山日趺坐惟以澗水浸乾糗充饑晨昏必飲冷泉順治間隨平陽宏覺禪師應

召同諸名僧入侍

萬善殿覺垂問師大喝

上善之時有問答還山後深自韜晦移錫當湖報本塔院徒澹雲請住邑南之竹溪天童再請主席辭不赴西歸日沐浴危坐書偈擲筆而逝 以上平湖朱志

宗泰字白山號古笠繆氏子年十八受具于華山三昧律師歸侍費隱容和尚爲記室專以究明大事爲念後住徑山之高庵自稱高庵道人暇輒寄情吟咏有閱世堂稿時喜作顛草繪蘭石自饒生趣年五十一卒 柘上遺詩參德藏寺志略

常岫字蒼林別號懦翁又稱松阿樵者姓鄭其先本黃岩人十五歲薙髮于大千佛寺爲法華老人之孫性沉靜喜讀書所居堂前有古松數株吟咏自得如是三十年

徒大房山之邃園再遷艮鄉宏恩寺慕永嘉天台諸山水思歸老于浙後居犨皷園示寂詩沖澹居千佛寺有祖華堂聽濤寒濤閣墨香幢遂清堂等集住大房六聘山有邃園東峯蘭若等集寓宏恩寺有復古堂稿 檇李詩繫

行深字山年自稱山道人居邑之北郊三一庵曲水精舍有寄寄吟 檇李詩繫

費雲俗姓陸甫七齡幾死于白刃者再遂發願爲僧十二薙髮于嘉邑善住庵勵志焚修改名行曇嗣後行腳四方道益進康熙癸亥止邑之雨花庵一日召集徒衆沐浴更衣端坐而化 西野葦談

元璟初名通圓字以中後更今名俗姓蕭自幼祝髮化城庵性椎魯每夜虔禮大士像積數年夢見大士舒金臂傾金瓶水灌頂門覺而通宇義學爲詩就正于陸孝山義山因自號借山又號紅椒上人後爲天童侍者康熙四十二年癸未春

聖祖仁皇帝南巡有以元璟名進者

召見吳門

行宮備問法門淵源世始末元璟獻詩並書擘窠大字稱

旨

御書棲心寺額及砥石硯製硯說以賜已而隨

駕至黃壩

召登御舟命賦維揚雨雲詩秋復

召見暢春園乞還山

上命內大臣佛寶送在崇福棲止

詔曰留爾在京以備顧問善自調養無庸苦辭閒可賦詩以副

朕懷晚年仍歸棲心寺又數年圓寂葬寺後著有完玉堂詩集載

四庫全書平湖張志

心樹字覆千善山水遊京師見知于

聖祖詔師王原祁遂爲司農代筆後居萬壽寺平湖王志

案心樹爲棲心寺僧元璟弟子工畫每幅自署棲心心樹王志引畫徵錄恐誤

聖潛字師林號浮山平湖陸氏子母見紫衣僧入室而生幼即茹素旋受靈隱碩公戒歸住鹿苑竹谿歷游雲門天童諸名山詩筆雅潔有蕊香草四卷續檇李詩繫

德衛字高甞號栽松道人平湖陸氏子名競烈號懶眞爲勝國諸生滄桑後棄儒冠祝髮杭之靈隱寺歸結小庵於邑之南門外名松在作生瘞詩十首同時和者甚衆族兄清獻卒賦十斷句輓之可以見向道之篤詩格銳肝擢腎語必驚人著有停雲檟影集續檇李詩繫

德音字默聞號雪垞居康僖七世孫幼禮浮山爲師十九具足於雲林所著擊竹草多清新語續檇李詩繫

覲我字成已平湖人居乍浦大王廟孤吟獨往性不諧俗嘗學詩于潘鎬庵鎬庵洛如吟社老宿也稱成已沈靜端雅喜從儒者游名流多與倡和著有西谿詩存續檇李詩繫

源衍字爾懷號柏谷平湖謝氏子萃鳳庵僧清贏善病日以苦吟爲事嘗作當湖櫂歌百首水鄉舊迹搜歷殆盡興圓通寺僧闊堂有春雨滑牛背野香開豆花之句爲沈文恪所賞著有柏谷詩鈔續檇李詩繫

石門縣

唐

文喜語溪人姓朱氏開成間（案浙江通志作開平誤）進具初習四分律兼講法華嘗往五臺山禮文殊大士夜投古寺遇老僧問南方佛法住持衆數師皆答已卻問此間佛法如何住持僧曰凡聖同居龍蛇混雜又問多少衆僧曰前三三後三三師惘然茶畢令童子送出門俄失所在但見高林深谷而已後參仰山契悟命爲典座一日見文殊跨獅于鑊甑側師訶曰文殊自文殊文喜自文喜遂掌之文殊湧空曰苦瓠連根苦甜瓜徹蒂甜修行三大

劫卻被老僧嫌咸通中築室千頃山居之光啟三年錢武肅王請住餘杭慈光院奏賜紫衣及無着號光化三年移住無着院是冬夜半告衆曰三界心盡卽是涅槃趺坐而化時方丈發白光垂樹同色建塔靈隱之西塢（佛祖通載）

五代

虛受嘉禾禦兒人納戒後於上都習學內外博通傳講數文本大經論不憚宣導廣明中抵越大善寺講涅槃維摩二經因議雅等師釋崇福疏繁略不中撰義評鈔十四卷餘則法華百法惟識各有別行義章武肅王錢氏拔部至越出謁王素嚮風乃加優禮言勞再三乾化中於會稽開元寺度戒命充監壇選練吏會聞行此職者自一受始（高僧傳）

道宏張氏子祝髮龍興寺初通律部後學大乘內解高勝人稱爲義龍來錢林村結庵淮海王祖祠之右日誦法華夜禪坐而已錢武肅王造寶林寺居之今名證聖院（崇德靳志）

宋

王衷字秉忱崇德人宋時遊太學以上書直言遭貶後隱於杭之孤山修西方淨業雞鳴而起禮誦達旦風雨寒

暑未嘗一日廢也朝廷聞其淸行召之不赴賜號悟靜處士紹興五年八月十二日夙興誦經如常久而聲漸低已而不聞就視則端坐逝矣（至元志）

智訥邑人（案浙江通志引徑山志云妙空訥禪師秀州人）受具崇福寺性穎悟佛書一覽輒通尤工書紹興間至靈隱寺後住徑山規律甚嚴嘗執鼓槌以警衆人稱訥鼓槌一日正升座答問間有僧舉普化和尙話且曰能作如此去否曰如何去不得卽於座上合掌端坐而逝（崇德靳志參袁志）

一長老不知其名居崇福寺能談未來事忽指塔語近寺王生曰頃爲守此王哂曰恐有力者負之而趨耶越兩

日塔自摧壞同時有夏和者近郊人亦在寺容服垢膩嘗瞑目坐不動人或見和在數十里之外長老與和獨厚見輒握手笑談和後坐亡于塔崇德靳志

案浙江通志引東坡志林云秀州本覺寺一長老少蓋有名進士自文字言語悟入至今以筆研作佛事所與游皆一時文人又引吳志一長老能談未來事一條然志林所云一長老疑卽文長老在秀水本覺寺此云崇福寺一長老自在崇德別見靳志非卽一人也今兩存之

法成字枯木崇德人出家吳興金山廣法院後住東京淨因寺晚復歸廣法立化於水壺峯頂檇李詩繫

慧梵字竺卿石門顧氏子受具羔羊澄寂院持守最嚴傳宗旨於天竺如虎子學詩于石室陸維仲性至孝縛茅

奉母扁曰蓬居居側植梅水仙不知數暇日寫二花眞亦極其妙得筆法于梵隆茂宗也壽八十九有蓬居集至元志

妙甯號棘庵居崇福性根秀徹博覽羣書與義鈺皆學詩于慧梵格尤淸婉如姦雄竊草鶴高潔抱枝蟬蠶芒針刺水鷹翼鍘摩空皆可味名人多與之游梵林皆近道者柳志

殳基少入千金鄕山原結茅修道遇異人授以導引之術數年趺坐而化面頰若栗支體溫柔如生其徒欲收瘞之懽有市氅至今號其山曰殳山有殳仙石桐棺冢諸蹟崇德洪志參名勝志

行昭紹興初出家密印寺謂唐僧三果嘗靜夜擊鐘墮鬼趣者聞之皆脫苦念自睦寇以來罹兵火死者衆非萬斤之鐘振雷霆之聲不能警昏夢于是募緣鑄之三鑄不就乃易地再鑄萬人環繞金將躍冶昭誓曰若無成吾委身爐中矣鐘果成比鄰張氏啓戶覩鑄見金甲神長數丈環衛鑄所崇德洪志

晋水靑鎭密印寺僧宋慶歷間衍法華寶典天雨花至高麗花辦刺晋水二字高麗遣僧統義天來傳宗旨并貢花上詔藏字寺中起閣貯之至今有寶花閣崇德洪志

元

僧尙族姓浦字希古檇李人七歲母授孝經一過卽成誦不忘于覺海祝髮爲沙彌聞景巖福公住崇德之常樂因往參焉晝夜究華嚴經福公悅其穎悟曰異日樹敎東南者必尙也及侍福公於杭之高麗五年昇座說經僉舉爲都講領宣政院劄住常樂賜號慈峯妙辨大師退處槃溪別峯蘭若江浙行省遣使延之高麗特授御製金襴袈裟貝瓊高麗宗主尙希古塔銘

子溫字仲言號日觀又號知歸子居甸村寂照寺僧也善畫葡萄枝蔓皆合草書法性嗜酒豪飲不羈然揚總統

飲以酒則不一沾脣見輒罵曰掘墳賊嘗在朱宣尉家作畫題一詩云昔有朱買臣今有朱宣尉兩箇擔柴夫並爲朱紫貴朱雖武夫敬日觀軒然笑曰我果會賣薑柴和尚知我厚酬之 堯山堂外紀

尼文鑑字古心姓濮氏梧桐鄉人先世以貲雄于鄉十四歲卽斷葷穢禮廣福禪師爲剃度授記于天目中峯本公卽於濮鎮建大刹請於朝勑賜福壽禪寺仍住持廣福寺至治庚午歸福壽坐化 吳志

明

德昂號伏庵從親避地石門元末遭兵其母禹氏執節投

河其父倉卒葬之而去未幾父亦歿于兵昂無依出家義烏廣愛寺稍長精通內典爲叢林耆碩兵事方殷虞母墓或毀乃渡江省墓石門修治之會修元史昂亟走京師以其母死事告於史氏遂得列傳已還石門治墓扁其居曰白雲先隴里人表曰貞母阡 崇德洪志

慧顯字無極正統間出家石門鎮順慶寺歷任住持郡中祥符東禪二寺在徑山口誦心經坐化 桐鄉李志

法亮眞定人祝髮福嚴寺司殿啟閉成化癸卯六月告去寺主不許越旬餘復告曰有二青衣見召耳三日前沐浴別衆入龕素不解文字至期作偈鼻中出三昧火自焚而化俗稱亮菩薩 崇德靳志

明曠字公朗陸氏子年十一歲捨身崇福寺讀書學詩詩日工四方作者過禦兒必與揮塵遊明曠善病築寶函樓居其上西南可望皋亭諸山登臨嘯咏泊如也同邑郭舜舉六七輩結社女山招明曠入焉萬歷庚子卒黃儀部汝亨銘其墖著有小品齋詩略紺園集 崇德靳志參檇李詩繫

溥瑛字朗潤住崇福寺與陳眉公郭子直俞丹書諸名宿倡和有粲花艸 伊志

國朝

通容字費隱年十七參湛然和尚於華林寺繼往廬山謁憨大師反復縱辨震威大喝作偈云吾年二十五氣宇吞佛祖不過古人關豈蹈今時路參天童悟和尚于吼山問覿面相提事凡七打所有知見渙然冰釋繼席黃檗住金粟移天童主徑山順治丁酉住福嚴凡五載著有法語十四卷及五燈嚴統 舊浙江通志

實源字一泉江南僧主福嚴方丈工詩善書畫好作墨梅疎枝大幹筆意古秀

明培字蔭寰住福嚴寺康熙四十七年蒙
賜心經一卷

遠聞蘇州人諸生將娶逃至玉溪庵爲僧又居祇樹庵忽得瘋疾□□禍福無不曲中人號癡和尚化後異香馥郁里人範金爲像稱遠聞祖師以上伊志

智幻字在眞石門人東埨寺僧有宵寒夢不侵之句秀水陳菉嘗稱之謂黃葉老人以秋樹落層陰爲陳仲醕欣賞作一絶贈云黃葉菴中五字吟曾題秋樹落層陰于今疎閣添佳句最愛宵寒夢不侵著有疎菴詩鈔續檇李詩繫

西印字竺仙崇福寺僧性澄淡終歲不出戶惟吟詠鐘魚粥鼓閒其訪姚體仁拔貢云花自飄零滅卻春禪關幽寂此閒身巡簷咒筍速成竹要使清風來故人攜將藤杖叩林端如豆青梅一味酸山下人家門巷靜朱櫻未熟鳥銜殘餘作稱是新纂

棲眞玉溪西竺庵僧清修自勵雲遊金焦兩山閒遇名師授石蠏二名賽空靑攜歸治目累著奇效同治甲子後庵敗癈數椽力爲修葺經費出自藥籠中不募檀越一文錢而舍宇煥新卒前一夕以餘金囑徒孫滌塵曰此年來銖積寸累將以建大王殿及純陽祠者也汝其勉諸翼日趺坐逝滌塵亦能成其志并世其醫云新纂

桐鄉縣

潘爛頭前朱廟黃冠也有道術能呵致風雨往來濮川有玩月者不禮潘潘于壁上畫月影以片紙粘之月遂雲翳其人求潘去紙月皎如故嘗一日召天神至則無事神以硃筆點其頭頭爛故人號爲潘爛頭云以上吳志

朱涵臺崇福宮道士萬歷壬子師疾割股煎湯以進疾遂愈同知宋萬略題割股𤸃師額贈之伊志

宏道字存翁號竺隱梧桐鄉人案桐鄉徐志誤作道宏吳江人元末出家密印寺住持杭之上天竺洪武三年被召赴京十六年

授僧錄司左善世二十四年歸老嘗奉旨同全室具庵箋楞嚴等經永樂閒示寂姚廣孝竺隱禪師塔銘

若愚字極蒙號鐵庵洪武閒靑鎭寶閣寺僧精修苦行洞明宗乘嘗于靜夜演說妙理天燈羣集人咸異之江湖禪學咸師禮焉永樂庚辰夜辭衆脫化劉志

聖行號智河菩提庵僧初不知文義苦參十餘年豁然有悟著山宗緒言塵餘集

方擇字覺之號振林薙染于密印寺博通禪講爲李樂曹學佺所重時稱竹寮和尚詩淸眞有華嚴要略內外詩集

文貞字蓮生晚號夢堂秀水精嚴寺冬溪之裔孫從秋潭
上人遊得其詩法工書著有萍庵藻影雜槀嘗取嘉郡
詩僧裒其遺稿爲檇李禪林詩輯僧大持序之以上檇李詩繫

國朝

元盛字慰宏自號杼山沈氏子嘗山行遇虎露坐樹下聞
樹杪若有聲曰此禪師也虎顧視跳擲而去由是披薙
參報恩大覺國師工詩婁東吳偉業題其卷曰杼山詩
鉢有語錄杼山集行世

慶雲紹興人康熙五十年卓錫龍翔貌古行高僻靜枯坐
里人逃瘧者撫其禪牀即愈年七十餘偶至山門恍然
有得書偈而逝鼻垂玉箸數寸許

檞叟字聖修號木石道人玉溪鎮清蓮庵僧通內典善寫
牡丹人爭購之性樂枯寂凡名剎延主講席辭不赴年
七十五趺坐而化以上伊志

篆玉字讓山號嶺雲仁和萬氏子年十七投淨慈薙染雍
正十二年遊京師　和碩莊親王招住海淀法界觀心
佛堂十三年侍耶海望帶領引見奉
旨速還會同永覺禪師超盛查加封妙圓正修智覺禪師法派
仍住萬峯游情翰墨善鼓琴工行草句法摩詰乾隆十
六年
六飛初幸江浙制府遴選道德清高十僧迎
鑾以備
顧問師在其列後住龍翔寺作偈辭世著有話墮詩南屏續志
杭世駿嶺雲禪師塔銘

蓮堂雍正間僧不知所從來瓢笠無常遇破廟古佛則棲
息其中集善緣以修葺朱塑爲事事竟又棄去以餘錢
市鯤鰤誦往生咒放諸水濱即因而斃者亦噞喁遊去
冬夏不履不韈持咒外不諳內典言多奇中每以諧語
出之人遂目爲癡和尚後示寂于佑聖宮桐鄉李志

明中字大恒號嘯巖又號烎虛上人桐鄉施氏子幼薙染

於嘉興楞嚴寺出住杭州聖因寺轉住淨慈寺乾隆丁
丑
聖駕南巡
幸寺蒙
賜紫衣生平博通內外典兼善寫生寄意篆刻著烎虛詩鈔續檇李詩繫

復顯字夢因號雪廬桐鄉張氏子出主揚州建隆寺鐘魚
佛語吟聲滿林師伏几手披口授訓兩僧雛讀書臨帖
咕嗶如學究所著雪廬集沖淡婉約氣韻在元和長慶
間續檇李詩繫

德輝住東門外茅蓬庵庵多竹新筍冒上德公每手劚貽方處士薰鮑涤飲時載書來恒入座共飯烝玉版禪間亦評詩論畫薰爲寫墨筍卷流傳至今藏於孫氏（錢儀吉紀事稾）

禪一字心舟號小顛桐鄉人自幼脫白南屏萬峯萬峯爲明季遠祖元津嶅法師與董香光黃貞父諸公結香巖社于此小顛承其宗風已傳七葉其師讓山與厲樊謝杭堇浦交善小顛侍側每得句必與推敲性灑脫工詩善草書著有法喜集（續檇李詩繫）

沈道珣自幼受正一法簪戴於高眞聖堂道行修潔爲衆

皈仰遂改建聖堂爲道院宣德初籍名太常寺授修職佐郎山川壇籍田祠祭署祀丞正統間乞老歸卒（桐鄉李志）

尼德密梧桐鄉人夫故卽參內典誦佛號一日遇名僧喝示曰念佛者誰爾試參之密晝夜靜參一時頓悟年七十餘歲無病坐化踰日鼻垂玉箸頂放白光覩者如堵（吳志）

嘉興府志

嘉興府志卷六十三　嘉興府知府善化許瑤光重輯

忠義

嘉興縣

候選國子監典籍錢繼文同妻吳氏子獻芝成芝忠義錄有傳

候選翰林院待詔鮑懋卿　候選禮部鑄印局大使金銘

同知銜方維祺　陸震同子太常寺博士在璿　州同

程禾　知縣沈堃　訓導胡丹桂　金學潮　張晉爕同

妹壽萱景媛忠義錄有傳　按照磨高金鑾同子附貢生百齡媳

殷氏孫人彥　從九品周禹治　從九品戴玉森　從九

品銜李炯齋　鍾彥槐　倪元熊　朱榮魁　金如潮

何寶和　未入流王暹同僕王榮顧勝　附貢生倪榕

監生黃奎齡　趙渭如　杭墉　陳錦文　李本仁　金

垠　蓋萬鍾　馬星菴　徐鋆　錢元均同妻楊氏　周

萩原　湯士壽　周蓮君　周汝曹　生員李瑛光子簽齡

傳平鑑　鄒翊祚　增生謝廉　附生馮柳生忠義錄有傳　黃

福元　黃福瀛　鮑昌　江棫　徐士廉　萬維翰　沈

懋勳　陸有培　蔣萬春　胡逢中　吳世杰　朱昌潤

朱昌濟　張耀　張以煊　附生江鍾蘭同母呂氏弟

懋勳　倪淞同媳闕氏孫大官孫女大姑二姑　陳萬林

同妻鄭氏　張象成　懷潤之　戴芑豐　黃世偉　陸

以照　余壽　沈廷模　沈爕榮　武生沈桐　王汝霖

從九品王江　楊之喬　翰林院待詔胡堃　縣丞沈

福年同妻殷氏　候選教諭朱廷珍同妻王氏子附生恩

綬媳程氏從子增生恩紹孫附生光祿三官四官女孫五

姑妹汪朱氏女甥孫汪氏甥孫汪大官孫二官孫甥女孫

大姑　典史吳兆蘭同妻戴氏　候選道姚丙禧　從九

品于多泰　錢炯堃　國子監典籍銜謝廉同子昌齡

縣丞朱灃同弟附生昌濟昌灝從子附生文楨　六品銜

周士鉽　周士鉌　縣丞朱灃同妻沈氏　聖廟賁奏麗

鄭兆乾同妻黃氏　鹽知事鄭兆升同妻陳氏黃氏梅氏

女德姑葵姑　從九品銜馮高熙同母俞氏弟廪生高勳

弟媳吳氏姪女四寶　府知事錢寶礽同姑母丁錢氏妻

鮑氏女魁齡　桃源主簿錢寶和同妻蔣氏女喜齡　江

蘇同里巡檢莫如錮　從九品銜朱寶賢　朱寶善　翰

林院待詔徐晟　國子監典籍銜何善純　六品銜龔鈺

同文薛龔氏曾孫丕勳　縣丞朱迺基　教諭周師濤

訓導朱世源　州吏目金梁　從九品銜俞鏞　縣丞周

維洛　方受書　吳仁壽　訓導方受王　按照磨陸寶

珩　從九品銜郭錫安同妻王氏子寶椿女霞珍蕊珍秀

珍　國子監典簿銜方惟吉　候選國子監典籍吳濤
從九品銜郭浩如　于以愼同子大官　候選翰林院孔
目鮑福賢　州同莫汶　知縣沈養和　縣丞王汝鑑同
嫂顧氏子辛三　議叙從九品陳晉　程晉　趙沈榮
從九品陸遇賢　從九品高尙睦　從九品銜陳蓮應
陸鼎城　監生張永賢同媳姚氏　布政司經歷史蕙
從九品銜朱應松　薛振源同妻郭氏　候選詹事府主
簿郭鼎勛　議叙五品銜監生朱福大同妻王氏　議叙
八品銜監生朱福生同妻湯氏　從九品吳舜福　國子
監典籍銜錢承志　布經歷銜高鏞　布理問銜沈芬

程如珍妻陳氏　武康縣訓導朱奎　監生吳舜舉　從九
品沈誠之　汪毓昶　從九品章葆辰　郁芬　吳秋泉
姚文琳　從九品銜監生吳福年　布理問朱昌熾同
妻岳氏子培福培恩　府經歷馬澄　議叙八品銜胡瑞
金　議叙從九品朱昌澄　莊元禧　從九品銜張詠言
按經歷王汝梅　從九品銜張振福　從九品錢炯堃
國子監典籍銜生員沈敷桂同妻崔氏兒生員對薇
從九品楊鑾　附貢生朱鎔震　錢人煐　張金誠同妾
邱氏　增生吳逢甲同子佐清佑清　增生劉光熊　附
生劉與權同妻闕氏　董世煒　張榮復　張師貞　武

生陳耀廷　附生張葆源　生員馬攀杏　金麗生　周
凝傳　監生陳兆觀同女印姑僕姜鴻薛二趙三僕婦陳
氏張氏　錢人煥　附生張保衡同庶母邱氏　廩生平
鏗　監貢生朱以柏　監生何宗孟　忻耀廷　增生朱
恩詔　附生姚恩桂　附貢生沈蘭枝同妻何氏　沈金
階　監生朱栩汀子筱栩媳俞氏　監生朱元熙　曹秉衡　張嘉
穀　增生沈邦華同母曹氏妻黃氏　附生周同文　沈
庚吉　鮑昌賢　鮑庚三　江棫　江佑　劉葆春　監
生謝煥三　監生薛振新同妻郭氏　高金鑾同子附生
百齡孫大官　周序東同妻湯氏妹大姑女小寶　徐守

義　岳廷椿　朱又雲　陸舉　附生山其源　周鴻濤
陳汝元　任炳章　俞嗣宗同子壽百　朱其仁同妻
李氏弟其桂　附貢生錢晉吉同子誠清　監生何應龍
同妻胡氏子監生廷棫媳金氏　朱鑑　廩生姚汝芬
增生沈樹槐同子鍾元　附生陸和鈞　監生錢人煐
監生姚德耀　武生馬朝綱　沈桐　舉人沈穀成　監
生薛振源同妻郭氏子樹昌　洪勳猷　曹敬思　陸昌
壽　楊洪章　楊聖發　姚應溙同妻陸氏子榕慶　倪
受福　鄭如鴻　沈應溙　廩生郁棨　生員沈崇慶
錢振常　陸恩生　倪葆辰　錢敬安　陳椿蔭　沈敬

賢　高秀齋　張蘭　周紹基　黃培年　萬維城　葉
春圃　程紳　金灝霖　陳大林　顧尚齡　朱品龍
金世恩　陸秉儀　汪九皋　汪錦榮　黃增　王汝鑑
戴鍾俊　陸珊美　高煜　高燧　宋三慶　吳體仁
王賜㽞　馬如淵　盛金鏕　李永成　王桂年　陳
大順　郭寶椿　汪芑亭　鄭德珩　周少泉同妻金氏
子大官二官　王春木全家無考　萬維貞同子大官　殳
有名同妻闕氏　吳勝珮同母陳氏子大官　嚴文華同
妻錢氏女次姑　史同孫仝母倪氏　錢厚山同妻陳氏
子大官　楊鴻同媳沈氏　戴雲樵同妻徐氏　郭瀚同

妻王氏姪女月珍　汪某同妻吳氏　金在鎔同姪某
朱其欽　朱濰　朱渥艮　汪程信　吳淦　朱昌灝
朱汝潮　王秉章　費大寶　石廷模　李慶榮　于熊
飛　于德培　范六官　林壽徵　沈福清　吳秋波
沈阿大　吳清華　沈景泰　金有祥　張二寶　沈和
貴　范廷芳　胡友和　李種玉　朱老五　汪貴寶
史致明　夏洪達　吳受澤　吳發華　徐春華　徐春
木　夏有德　徐亦珊　徐大觀　朱仁　陳受祜　陳
受祿　李邦偉　徐三寶　施俊　何方治　何慶寶
倪廷標　倪駕龍　倪二官　何方　金硯香　吳士福

金喜　王玉華　王壽慶　周曰能　吳槐　王祝山
金鎮藩　金鼎鉉　姚樹滋　崔四寶　張嘉猷　蔣
秋泉　李盲子　楊壽康　朱祥生　姚茂生　姚淦寶
陸富生　徐餘寶　王五寶　徐發元　姚福元　周
人吉　石廷華　李景山　王嘉彥　徐寶玉　胡三寶
陶有福　宋證　吳二觀　馮老德　項嗣龍　邱德
仁　朱士玉　徐七觀　張佩玉　趙二觀　胡百壽
唐雨亭　周承乾　蕭竹莊　陳三觀　許維高　陳闕
福　顧三觀　顧隆觀　顧義和　王四喜　王贊珍
王如松　謝瑞叔　江大寶　王三觀　平大觀　平六

觀　姚長生　朱老奎　繆二叔　夏順叔　褚長慶
周俊藩　夏二叔　顧崧高　吳行六　李文榮　姚金
寶　王鑑香　李景山　蔡福慶　魏家登　夏湘濤
吳二觀、吳三觀　陳義盟　胡六寶　徐雨春　金二
觀　張德榮　周老九　張介石　陸以義　李枝長
李有仁　吳曰大　姚美　蔣作堂　沈清波　朱福
邵源　姚振山　汪世雄　周以煊　王彥興　戈雲元
祝志文　姚貴　梅有仁　程六觀　張秀成　錢金
貴　錢元堦　呂連奎　徐小俶　張梅元　王西泉
梅順觀　陸福壽　毛壽元　關八觀　吳珠江　金霄

舫　戚丁方　韓周貴　韓七寶　許阿大　姜邦彦
許有耀　周蔭堦　莫阿二　夏阿大　章葆城　洪濤
沈南初　徐老九　戈浪溪　張二觀　張仰山　曹
世福　沈南村　張春波　張自南　胡阿順　徐龍叔
徐三觀　徐大觀　徐福清　徐永大　金老順　朱
維綱　張阿五　劉阿五　沈福昌　王桂馨　黄梅英
俞大昌　王金龍　祝聚林　徐汝鈺　徐有升　祖
進安　沈永福　鄭老發　謝敬莊　陸珠泉　羅坤同
妻沈氏　馮志仁同妻邵氏　宣汝鈺同妻闞氏媳馮氏
朱氏　朱濰同妻俞氏子貴徵女二姑　劉元善同子世

樑世楨女四姑　王恆久同子四喜　周俊方同妻施氏
子女三人　張如珍同母節婦陳氏　陳元章同妻王氏
葛遂堂同妻王氏　陸世榮同妻蔡氏　牟玉書同弟
漢卿　周某同子樑棟　潘大稼　唐駿桂　何善純
王鳳榮　陸三　倪承勳同妻秋氏子大官二官　何善
林同女二姑三姑四姑　沈銘同妻姚氏嫂姚氏姪女有
姑　朱二倌　毛永林　王三福　楊和上　沈大倌
李五倌　顧老其　馮廷耀　顧大倌　顧老桂　顧勝
林　毛小三　金寶全　陸文煒　牟漢卿　牟玉書
許桂倌　馬四倌同妻楊氏　唐文德同姪孫寶勝　唐

郎卿同堂弟二倌堂姪保生　汪理源　劉玉生　沈友
棠　彭福　彭朗峰　倪炳昌　于熊飛　盛起鴻　張
雲麒　李洪　倪屏山　徐永珍　徐長慶　周長嘉
周廷春　李炳恒　吳少平　徐榮春　董維琛　沈藕
舲　湯霨亭　周秉玉　王如松　王賜鬯　王德僖
王四喜　王福榮　沈百順　王耐菴　趙祿壽　張稟
杜瑞隆　徐受福　戴禹功　曹寶元　陸五福　陳
士進　姜五福　顔應同母蕭氏妻曹氏女大姑　張菊
人同女二姑三姑四姑　戴朗亭同子小寶　沈春洲同
弟大觀二觀妹小姑　倪長齡同母鮑氏嫂賈氏姑母閔

倪氏妹九姑　倪承勳同妻秋氏子大觀二觀　周登陛
同子大觀二觀　施純熙同妻周氏　楊文洪　楊應鈞
鄭俊三同母陸氏　褚福珍　褚巧官　于多泰　賀
祥興　蔣薇同妻褚氏　沈仁同妻張氏　周少淥　王
茂槐　周永源　陳廷錫同妻許氏子恩培　鄭兆巽
鄭宏恩　鄭祺恩　鄭綬恩　鄭惠恩　鄭兆井同妻黄
氏女達姑羚姑　鄭基富　丁文達　何朝儀　張晉
王秀章　韓士乾　殷午棣　周登墀　張兆艮　蕭順
之　屠仁基　沈鈺同妻杭氏子鴻孫二寶三寶　周登
陛同妻金氏子曰熊曰羆　丁春江同母闞氏妻闞氏子

大官二官　馬新臺同妻李氏子大官　許友蘭　李完
沅　朱品鼇　陸文銛　陸錳慶　孔超亭　徐觀慶
陸司務　許震　于掌應　許雙喜　穆大德　張雙喜
陳關通　張九觀　馬發有　吳洤　魏八觀　孫潢
孫維賢　楊老咬　王阿弟　戚天福　王大寶　盛
有高　盛萬有　馮白生　高德林　楊坤修同妻吳氏
子品三　陸善鋐同妻祝氏　王宗鍘　錢孔昭　陸師
熙　姚茂生　徐餘寶　朱祥生　王三觀　蔡馬帀
姚長　朱老奎　繆二菽　張大寶　王東寶　張嘉猷
江大寶　夏順菽　何秋林　何壬林　李文榮　王

鑑香　蔡福慶　諸長慶　魏家登　夏湘濤　陳義門
胡六寶　唐雨亭　鄔八寵　唐瑞昌　尤曉園　金
少蘭　李宜庵　王通元　金步雲同妻某氏　蝩平大觀
同弟六觀　馬如淵同妻姜氏　黃仿香同毋陸氏妻某
氏　吳茂年同弟茂仁茂吉茂春妻夏氏　何善緯同弟
善糾善榮　施緗　祖壽　胡全壽同弟全慶　何古林
同從子善繹外甥壽官　周杏寶　姜大慶　陳紹裘
張世棟　張其楨　周全寶以上見忠義錄　生員蘇善溥錢塘寄籍　八
監生阮泰蛟　監生馬諄　監生嚴廷槐　監生徐鎣同
從子受福受祉儀偁僎倓佐　朱立成　杜富春　尤獻

麒同子馨堂　蔣國祥　毛升陞　汪德明　汪敬孚安徽
人寄籍　錢春林　吳富生　王四　周珍寶　胡元寶　陸
富生　王德琪　王德陞　王錫卣　王祝三　金廷模
同妻某氏子一　金德陞　謝瑞琛　李宗義　姚禎祥
夏福臻同弟福能　何德慶　李廷銓　姚樹滋同弟
雙應雙全　張勝華　錢文燦　李錦卿　蔣作堂同母
孫氏　張嘉猷　陳周　楊壽康　張秋門　盛兆彥
倪六　崔四寶　張德培　方寶田　殷桂生　周四喜
同子一　張大寶同母錢氏　王東寶同母金氏　朱祥
生　葉慶福　鄭銀同從子汝謹　王鑑香母張氏繼母

唇氏　王嘉彥　何琴齋　李文榮　王蓮塘　蔡福慶
蔡馬士　王三觀　繆二　李槐章　蕭祥生　顧得
祥　戴傳山　馬六寶　周寶順　徐六菽　凌士盛同
弟士鶯　徐二觀　李景山　蕭八　夏嘉樹　沈耕山
沈桂　周珍　胡富壽同毋唐氏弟明春　張寶林
徐餘慶　胡大寶　朱奎　吳桂林　陸爾康　李柏南
吳大寶　王五　沈永福同子一　董舜湖　張小虎
張有觀同從子巖袖　姜桂林　王七　吳振元同弟
瑞和　周滿叔　周學洙　姚長生　鄭發　周如源
許兆升同妻徐氏　顧崧高　葉少蓮同妻某氏子一

江大寶以上見梅里殉難錄 定番州知州許樸 監生鍾柔之同妻李氏 詹事府主簿銜郭鼎勛 生員鮑福棠 生員鮑福潮 陸廣明同妻王氏 沈茂堂 鄭夔恩同妹德姑葵姑應姑蓮姑林姑菊姑以上巳旌 王繭莊 從九品王宜穀 監生鄭勳 金新祚同母費氏 生員文如珏同妻鄭氏 生員郭上垣 郭善昌 職監趙沈榮同妻朱氏子二 羅潮同妻朱氏從子坤姪婦沈氏子大保 從九品薛文瑞 陳士魁 周秉王 儒童陸寶鈺 從九品倪承勳同母鮑氏子紹堃女二姑 從九品倪元熊 鍾大貫 生員倪淞同子生員廷楷 倪瓶山 張兆艮

儒童馬星臺 八品銜周光第 屠三觀 蔡五壽 周友福 趙祿壽 蔡德配 儒童湯靄亭 張保昌 邱世培 姚桂臣 嚴啟豐 王若泉嶶州寄籍 知縣計昌言 榮七官 吳七叔 周順昌 周惺巖 沈幹章 監生朱汝嫻 從九品薛文瑞 從九品陸鼎顯同母屠氏妻姚氏子萬祥 陸三以上採訪 杜幼枚同妻張氏子一

秀水縣

光祿寺署正銜龔光旭 候選鴻臚寺序班張周淮忠義錄有傳 候選刑部司獄盛湧泉 布經歷周邦鎮 六品銜金猷達同母潘氏 湖北候補知縣杜文浩忠義錄有傳 知縣陳柏同妹七姑 聖廟金絲堂啟事俞淦同子梓 縣丞陳照同妻汪氏 縣丞顧沈枡同從子熊 鹽大使沈松年 教諭殷燾同叔之伊弟監生錫元 八品銜王厚基忠義錄有傳 朱應年 朱潮 從九品陳其耀同子寶昌女大姑忠義錄有傳 從九品銜吳寶善 沈葆三 陳棣輝 金衍宗 吳鴻智同弟鴻德 楊之鏞同弟應鈞從子文浩忠義錄有

傳 陳寅階同弟附生炳藻 費允元 王廷桂 楊再華 舉人嚴炳忠義錄有傳 歲貢生龔承祜 殷年棣 監生陳爔 李涵同妻何氏 陳希哲 楊炳 吳鴻逵同弟鴻陸妻王氏子大官 錢熙 戚學生 沈維模 陳堂同弟埏 楊應鈞 姚世麒同妻朱氏子文杰媳朱氏 虞生朱榮恩同妻高氏忠義錄有傳 殷之伊同僕張貴 蕭同文附生陶本鈞忠義錄有傳 裴起鳴忠義錄有傳 沈對薇同弟敷桂弟婦崔氏 金鴻壇 朱聲政同子吉甫 馬景禹 文如林同妻韋氏子世緯女順媳史氏孫虎寶 盛朝欽妻陳浚同母闞氏妻闞氏女三姑 周鎮同母殷氏妻孫

氏子寶善媳梅氏　沈磐　卜金鼎　金昌　陳炳春
沈丙戌　周崧　金衍恩　金鴻紱同母鍾氏妻屈氏
金鴻誠　金志清　從九品戴玉森　從九品銜生員陳
超然　生員屠孫科　周邦輿　何其諟　唐英　沈志
和　陳士英同妻鄭氏子大官二官女長姑次姑　盛桂
芬　吳錦標　潘吉人　蔡之瀚同子大官　武舉人陳
步雲　馮寶三　武生李慶榮　陳鈴　沈光弼　候選
教諭殷壽同僕張升　從九品銜張仁勇　候選訓導金
鼎燮同弟婦胡氏媳李氏　八品銜王廷桂　八品銜沈
葆三　江蘇宜興縣丞汪仁同僕韓慶馬升僕婦王陳氏

吳趙氏婢福慶山茶　按司獄姚寶三　從九品金鴻墀
高墉　候選教諭嚴炳重虫　從九品銜陳其耀　候選郎
中陳保圻　布政司理問陳子堅　候選教諭陳錫璘
候選訓導馬大魁　八品銜錢葆榮同母章氏妻王氏子
垚樹封　從九品張景雲　從九品銜陳國璠　陳瑞珍
徐清翰　錢保榮　顧沈熊　候選員外郎王利棠
候選光祿寺署正鍾福棠　太常寺博士銜陳錫增　布
經歷銜陳功報　縣丞馬維祺　鹽知事銜徐鴻瑞　八
品銜陳錦文　從九品陳士龍　章曾鈺　范士元同妻
曹氏弟婦徐氏子端綬　從九品銜朱應沅　沈宗沅

陸應宗　縣丞駱武仁　縣丞銜朱樸　從九品顧楨同
妻周氏弟本仁侄生槐　從九品銜金榜同弟樹潤弟婦
錢氏從子義保珊保　沈承樸　柴樹春　高繼賢　高
繼文　盛美華　鍾滔　布理問銜姚鴻煦　鹽經歷姚
鴻壽　八品銜王潤聚　從九品銜費鴻焜　從九品銜
衛炳　陸湘　陸淮　高錦　沈廷珏　國子監典籍銜
王萃生　五品銜監生屠錫康　六品銜監生許文煥
從九品高翰邦　李景松　從九品銜高耀　從九品馬
錫田　國子監典籍銜增生王朝棟　同知銜許九成
布理問銜監生陳烜　州同銜許九安　候選縣丞用純

候選從九品姚基　從九品銜王潤熙　候選知縣辛
亥科舉人陳令瑜　候選府經歷鄭元英　候選巡檢沈
逢源　從九品吳調元　從九品銜張承全　從九品趙
寶元　從九品銜朱仁端　楊朝林　魏松年同子貴生
繼妻王氏　監生沈寶三　監生俞浩明　殷錫元　附
生張誠基同嫡母章氏弟婦莊氏姪女織雲媳陳氏孫女
連姑龍姑　葉恩濂　吳煒　武生杜雲龍　監生錢嵩
同妻某氏子寶善守善女大姑二姑三姑從子保森　廪
生蔡之翰同姪丹桂　附生沈庚　楊沈逵同弟雲逵殷
逵妻張氏　徐龍光同妻沈氏　監生錢成坊同子大鍾

金蓉照 沈國棫 附生金濤 楊含章 吳梯德
歲貢生金衔緒 增生馬訒安 附生周德 戴芑豐
陸子選 監生沈原泰 李春山 附生錢宜基 戴維
新 沈作模 葉榮恩 李麟 陳邁曾 附貢生朱袁
霖同妻馬氏 監生錢富堂 顧雲樵 章源 鍾琳
項梅客同妻沈氏子生福生祿 李聲和同子八品銜慎
齋媳周氏孫大官二官孫女小姑 李瑞和 徐本明
金垓 胡肇基同叔祖起鵷叔父葇蔭尙德 姚鴻銓同
子崇禮媳沈氏 沈照 卜雲鵬 周善彰 陳大成
田仁安 廩生陶謙元 增生浦泰如 附生鍾廷楫同

妻徐氏 周鎭 周寶鈺 周逢吉 朱忠勳同子貞邦
楊沈逵 姚汝楫 文光華同妻陶氏子祿葆女二姑
沈宗淵 沈祥和 嚴成琥同庶母闞氏弟成玉妻錢
氏子瑛二官 舉人鍾源同妻嚴氏 附貢生姜仲鈖
監生沈柏 沈慶梧同子大官 林竹軒同妻闞氏子蘭
生 胡淦同妻盛氏子文銘 李濂 王松泉 廩生潘
大同 增生錢新疇 附生潘大有 附貢生陳鳳翽
監生戴東之同妻黄氏 徐丙濤同子監生廷槐 附生
戴鈞 王光清 附生李堂 武生王瑞口同妻楊氏
監生錢富堂 監生李世芳 錢椿應同妻虞氏 廩生

陳春煦 生員陸鴻秀 陳愛俊 吳朝棟 武生聞人
埧 附貢生鄭張烈同妻吳氏子乃祥 監生朱棟 盧
有楨 李春山 王嘉穀 沈煊 生員姜人麟 王炳
恩 李以麟 周少梧 陳梅軒 張沛然 陸漢章
陳思周 周錦濤 李恩榮 孟錦章 周巽 沈鏞
石含玉 沈正義 周元利 徐守義 劉福生 張縉
王遇春 沈慶楨 鈕宗浩 徐均相 徐士廉 賈
振邦 吳根山 李茂如 趙溶 方洪 朱明孚 王
昌熾 張少溪 計鈞 朱汝潮 張君澡 屠仁基
陳錦洪 張汝增 朱又雲 沈寶傳 張寶山 王宗

楣 范葆印全家無攷鍾 沈聿臻同孫慶麟 陸淦同妻
楊氏女小姑 吳松樵同妻倪氏 高韃清同妻潘氏弟
沫海子大官女大姑 胡錫祺同妻闞氏子大官二官女
大姑二姑 孫樹增同妻王氏 朱永酵同母姚氏 謝
酉山同妻李氏 周步雲同妻孫氏女大姑二姑三姑
衛熙同子圻 陳椒升同妻王氏子八寶 陳小山同子
若愚 姚瑞安同妻沈氏子大官二官女大姑二姑 屠
裕章同妻王氏子雙慶闞名 朱忠然同妻王氏 翟謙
同妻許氏弟婦顧氏 褚錦成同子大寶 汪爾愀同妻
屠氏 呂雲端 朱權 魏履安 吳元甫 吳衛邦

王德明 陳大年 陳梅川 陳一樵 盛湧泉 李廣仁 金鳳朝 姚二官 陳配之 陳呂燕 金鴻垣 金鴻燾 金三寶 金慶寶 金六寶 李邦銓 金國瑚 邱掄桂 朱計然 王香帆 許源 周尚文 王達夫 胡昆泉 楊葆初 華厚臣 錢震揚 楊文洪 陸文孝 章勳伯 李升吉 周恒昇 陳藝寶 吳增木 吳五寶 吳承露 賈信道 陳昆泉 劉尙忠 朱元興 陸沁齋 周福臻 沈繩祖 吳明標 錢春蟾 王芳賢 倪允升 錢裕庭 滂福壽 沈壽福 李傳 沈永順 沈成和 沈宏毅 項明懷 謝載

揚 施洪章 陸景林 張國柱 姚慎 姚文甫 蕭同倫 沈福慶 莫廣論 孫耕九 徐均相 賈椰 顧星源 趙柏川 卜星齋 李老發 史子山 鄒相泉 滂二寶 陶春和 汪三夫 蔡丹桂 周桂榮 沈景星 沈國年 沈魁秀 吳上林 童均齋 周少颿 項雅聲同妻高氏 趙考勤同妻王氏 李大寶同祖母鄭氏 潘琴軒同妻闕氏子大官 龔硯君同妻王氏 顧應龍同母鄭氏妻鄭氏 鄭錫介同妻徐氏 陳蔚文同母唐氏妻張氏子幼官 金猷頡同妻胡氏 張嘉謨同妻闕氏子葆珊孫餘慶孫女慶姑 李仁芳同子渭波 陳應洲同子引泉 張福生同母郁氏 沈錦標同妻金氏女大姑三姑 劉朗亭同母胡氏妻薛氏子大官女大姑 丁漢卿同妻胡氏 薛繼善同妻朱氏 許槐同母沈氏 王香泉同母顧氏 吳申甫同妻魏氏 姚景山同妻柴氏 殷慶陞同妻孫氏 周澄曜同母李氏 魏履安同妻王氏 盛壽昌同妻韓氏 錢嵩壽同妻夏氏 姚杏園同妻闕氏子大官女大姑 何家仁同子聲同 王祥林同妻沈氏 潘筠岩同母節婦吳氏 何汝禧 項子壽 屠柳橋 朱芹泉 楊香樹 楊如忠 王福林 李春山 俞永康 徐錫 張勳 周子

鳴 周子春 周祿千 王福林 朱阜生 朱貞富 朱貞壽 周嶶生 孫錦春 夏振雷 李福生 葉椿山 王聚源 王學文 王學秀 項景謙 楊鳳麟 文邦孚 沈錦標 朱建寅 何汝墉 顧謝榮 倪廷高 姚如璪同子宗三 雷鳴夏同妻闕氏 馬肇基同母闕氏妻闕氏子大官 羅坤同妻沈氏子大官 羅潮同妻朱氏 高晉同弟羲妻潘氏子瑞仁瑞義瑞禮 朱忠衮同嫂程氏妻石氏子大官女大姑 朱世楨同妻孟氏子大官 朱大同同妻趙氏 朱大照同母戴氏嫂張氏姪大官姪女二姑 萬豐同妻胡氏 萬受千同妻徐

氏　馬洊元同母諸氏妻李氏女大姑二姑　沈楷同妻
虞氏子炳業女三姑　沈應樞同母周氏弟應機妹六姑
九姑成姑　羅少筠同妻沈氏　施純熙同妻李氏　蔣
維珍同妻褚氏　李溥同妻張氏　周生林同生母闞氏
繼母錢氏妻李氏子大保　范保印　杜雲山　沈曉山
卜龍慶　卜鴻慶　雷鳴夏　劉桂生　高玉卿　朱
二官　徐士廉　程張騏　張程驎　錢成坫　朱謹如
朱懂如　張縉　張仁聲同子禮賓　錢善荃　陳宗
傑　尤鈺　曹壽泉　曾壽泉同妻陳氏　朱善昌　張
大寶　汪慶增　汪慶圻　鄭榮貞　蔣連生　金鴻垣

金猷頡　王銘　姚杏園　徐士濂　王宗楣　沈樹
生　倪永祥　王得勝　金劉坤　胡開泰　王允鈺
王永琛　孔照勳　張坤揚　陳茂安　高應球　高四
寶　高坤　許永福　朱茂榮　懷榮　施仲熙　沈張
本同母節孝高氏妻王氏妻母王馮氏　馮五寶　葉少
蓮同妻戴氏女幼姑　胡春山同子關永　胡善明同妻
倪氏子開忠　沈銓同媳章氏孫氏　蔡洪基同子慶壽
王濤同母趙氏妻胡氏子全寶　周秀山同母薛氏
陳瑞庭　葛龍　王胖　顧明　王二也　陳起壽　魯
二觀　顧銘　鍾小農　夏才福　鄭石麒　盛金鏞

王大林　張三叔　蔡兒　張曾　朱清華同妻趙氏女
大姑　浦均元同妻鮑氏女大姑二姑　周寶六同母郭
氏　唐熙堯同妻徐氏子二寶寅寶　楊小叔同妻闞氏
子寶弟五寶　陳古東同妻闞氏子二寶　袁四寶同母
王氏　陳學潮同妹瑞珍姑　沈元河同弟元清妹五姑
蘭姑嫂吳氏　張新之同母闞氏妻沈氏子大官女大姑
徐敬賢同妻姚氏子銀壽九寶媳沈氏劉氏　浦少岩
同繼母徐氏生母鮑氏子大寶　顧柳橋同妻沈氏子大
官女大姑戚張某　孫元同妻徐氏子二寶女大姑　邱
大寶同妻吳氏　李又白　姚銘　王松泉　徐錫　王

福林出重　徐薇卿　周子鳴出重　周子春出重　章勳　施鏞　周
祿千出重　陶俊山　方雲渠　孫錦奎　王琢章　王允升
莫尙華　張松元　錢孔昭　朱成高　來雲舫同妻
張氏　陳丕勳　王福林出重　徐守義　沈文鍾　董福生
史濟文　張兆艮　賈會周　賈玉如　賈鴻春　賈
思宜　吳炳南　吳雨蒼　吳肇均　戚永麟　朱成高
金滿楨　徐士恆　朱二叔　朱寶傳　曹樂卅同女
三姑　曹樹齡同妻周氏　王蔭隆　張松元　朱恆仲
程紳　孫騏　劉桂生同母周氏以上見忠義錄　八品銜張奎
勳　從九品姚昌基　朱權　王達夫　八品軍功石庭

玉　八品軍功衞開煜同堂兄熙以上已旌　生員陳懋曾同妻
沈氏子迪曾　儒童范葆印同妻潘氏子一　周坤載
孫錦榮同母葉氏妻李氏子寶生桂生有生　陶基同子
三寶　何錫瓚　監生朱生瑚　鄭岐山　生員梅以韻
梅其棻　梅熊祥　褚廷鵠　廩貢趙華恩同妻龔氏
子生員雲衢次子雲章　卜大猷　儒童施純熙同妻周
氏　張祥林同母范氏子四寶　沈瑛同母宋氏妻張氏
子壽生　監生錢保榮同母章氏妻王氏子三　施錢坤
裕　魏貴生　鄭洪望　汪驤官同弟永瑞永福　李寶

增　汪我齡　邱幼官　徐文官　裴安桂　浦大寶
高二寶　沈錕同弟錞姪二寶　王勇龍　陶福年　孫
慶豐　趙家城同弟家堡　莫廣論　四川候補府經歴
盛彬　從九品李溥以上採訪　陳國俗　計蘭階　沈文鍾
全大城嘉善籍　把總唐克揚

嘉善縣
州同銜夏宏圻　湖北廣濟縣知縣蔡淵琛　揀選知縣
陳二璋忠義錄有傳　候選教諭錢承陛　候選訓導錢維楨同
妾方氏從子元烈　曹熊光　八品銜尤昌　鐃州府照
磨朱蔚然　吉林伊　通河巡檢謝調梅　從九品唐大
森　從九品查士瑩同妻毛氏　錢炳照　吳應河　程
圭　王圻　王洪鈞　郁元熙　孫濂　范兆景　程鍾
賢　孫文鳳忠義錄有傳　曹錫瓏同弟錫晴　倪錯　從九品
銜王金亭　葉松山　朱漁田　周鈺同妻王氏　沈漢
陳逢年　朱有岡　楊志鴻　宋鉉　陳墉　歲貢生

吳春溶　監生張慶溶　許賜鎮　黃金濤　徐潮　范
圻　甘茂泉　王士元　楊晉修同妻錢氏　胡淵同妾
孫氏僕沈永祥　魏孝爛　黃三畏　徐埏圻同姪榮春
楊鴻逵　黃鳳池同嫂沈氏子富餘從子婦張氏從孫
女秀　張鏷　錢礪　張枚　畢樹屏同從子少溪從孫
以壽　楊道炘　陳一章　張雲錦　徐文正　梅博淵
同媳胡氏　邵錡　江以炳　鄒壽春　陸以棠　張孝
煌　張錦瑞　廩生龔杞　顧煐　曹鳳輝　增生羅燦
然　曹鸞聲　附生陸文鼎忠義錄有傳　錢惇元　程惇煥
孫維喬　孫承恩同媳闕氏　戴人宇　丁泰來同母闕

氏　金雲錦　沈學泗　顧聲濤　楊維屏　錢德榮
孫德芬　謝人杰　金仁信　陳封　黃炳章　賜芴
張念榮　吳汝侗　張汝和同妻周氏子本祥女蕙　錢
維新　陳圻同從子錫璐　孫維喬　張憲文　陸錕
陳贊　錢方舟　武生丁寶山　傅德龍同妻查氏　陸
鈞　錢維璋　禮部鑄印局大使金銘　候選訓導孫正
垿同子候選訓導鎧廩生鏻附生思濂媳曹氏陳氏丁氏
張氏　從九品陳銓藻　候選訓導吳春溶（出重）　從九品銜
查榮世同妻汪氏從子婦張氏從孫婦褚氏　福建漳州
府經歷陳宗元　主簿周士鉷　候補道李慶琛　五品

銜夏澄　布經歷銜金錫常　候補知縣李鵬青　從九
品王慶嵩　從九品銜程惇輝　程應楨　程世焜　從
九品沈學灝　李潮　布理問殷域爵　楊葛泉　州同
銜楊靜和　鹽經歷銜曹履圻　徐蔣澧　從九品程履
坦　從九品程杰　程世瑩　殷鉉　徐湘　從九品銜
陳達同僕邢仁發　沈瀛佐　徐莊濟　柯萬漳　山東
成武縣典史程繼　同知曹爾桐　布理問銜張應矶
臨邑知縣金濤　從九品銜孫耀金　黃炳曾（出重）　盛楨
楊導漳　布理問銜楊培　縣丞李寶森　從九品周端
蓉　從九品銜胡榮春　朱錫紱　陸濤　鄭塏　從九

品周士錦　王長庚　吳福林　從九品銜楊憲清　胡
有堂　從九品銜龔興三同妻張氏　從九銜沈琦　江
如珪　朱雙慶　候選教諭吳鴻庚　從九品胡日桐
從九品楊培同子元珍　從九品銜姚景模同曾祖母徐
氏叔祖母鄒氏　從九品黃炳曾　廣濟縣知縣蔡潤琛
六品銜龔鈺同女薛龔氏曾孫丕勳　縣丞朱迺基
州吏目金梁　監生蘇大元　蘇文鼎　增生陳敦焕
附生徐蔣酯　廩生王庭鎔同妻閔氏女瑛吉琬吉　監
生楊逵鴻同姪慶祥姪婦鄒氏甥曹震基　曾涵　楊召
棠同妻范氏　陳徐河　楊道沂　陳徐泗　楊永堂

胡其懋　欣士鈞　丁榮堂　孟傳瑚　附生張義和同
妻周氏子本祥女蕙生　陳二蘇同妻金氏　陸維熊
戴仁宇　顧榮　孫德棻　武舉人周鯨濤　貢生程慶
椿同妻鄒氏僕陳福　監生顧丹林　張百川　程圭
王雲濤　陳梅新　附生顧熊　程惇燾　夏廷濟（出重）　裴
起鳴　武生蔡家驥　廩生王庭鎔（出重）　附生周國柱　陳
二蘇（出重）　監生徐莊治　徐莊本　魏行溥同子武生先琛
附生先楷　附生柯萬潤　孫熙鏞（出重）　鮑鼎森　鮑清棻
附生姚旋本同子廷輝　增生黃福熊　佾生王如淵
附生吳應麟　監生陳元熙　五品銜徐潮　附貢生

沈汝能 監生劉廷魁 朱德鎔 廩生孫熙鏞 附生
梅如鏡 曹銘泉 張秀堃 姚介齡 附生黃福能重出
監生沈翃 增生孫德棻 生員夏廷濟 汪尙祥 蔣
錞 陸煐同母朱氏妻鄭氏從子培 郭光恩 顧聲濤
姚春潮 李鈞 項德嘉 武生閔龍彰 王世鎔
生員孫棟珽同妻許氏子金和 監生徐應昶 六品銜
附生朱芾 五品銜增生顧爾梄 顧長生 錢少村
監生陸文彬 葉輔乾 陳馥堂 倪松巖 呂壽祿
戚老貞 浦九如 楊開基 錢惠均 盛鐘 盛淇
姚嘉祥 丁澍 丁沅 錢桂生 郁燮堯 姜文彩

姚丙初 王元書 凌四觀 陳老全 徐壽元 嚴秀
雋 張雲增 周應淮 王曉第 周永高 周省三
張湘舟 張韻石 沈二觀 胡秋潮 葉關通 曹天
福 翁淡齋 朱廣仁 朱大裕 支錫麒 程七觀
徐天璟 徐天佩 徐鴻基 顧鐘 黃竹溪 吳安慶
周三倌 任老和 葉天錫 吳勤倌 王忠錡 顧
能 蔡家驥 王鈞泰 黃澧 楊老美 陳珠樹 陳
象桂 陳宗濤 許德昌 鄭本僑 姚成發 顧小官
吳毛生 項瑞慶 計星高 計忠倌 凌義璋同母
錢氏 唐聲洪同繼妻王氏女大姑二姑子大官 錢栝

同妻閔氏 陳星聯同妻沈氏 卞正彛同妻張氏 丁
偉業同女大寶 汪正鈴同母朱氏姊文娟桂秋 汪光
孝同婢阿大 汪大觀同母闞氏妹二姑 程光炘同妹
合寶 王濤同母顧氏 吳汝言同妻葉氏 盛老興同
母顧氏 江慶祥同妻方氏 倪寶鈺 倪學洛 王雲
程 錢大忠 曹人熙 程燿 陳阿大 於達宗 錢
厚基 曹芷香 馮三叔 張大三官 錢錦忠 查世
成 章福壽 王雲波 謝承烈 謝炳 王建堂 劉
守乾 程四官 徐以耀 張慶增 徐老尙 房二官
沈四官 陸少白 柏宇君 費端榮 朱阿寶 丁

鎰金 顧四福 孫邦墉 陸民濟 沈雲江 蘇大元
陸炳森 丁壎 李春山同女四姑 錢勳同子二官
宋績卿同妻陳氏子大寶 吳蘭徵同妻闞氏子幼官
陳左泉同妻李氏子幼官 汪士忠同妻闞氏子大官
二官女大姑 顧士鈞同妻查氏媳盛氏 黃庭能 曹
敘金 卞連壽 鄒惠宗 倪學泗 倪同慶 王肅潮
姜文耀 張春波 錢錫祚 李後鋒 沈在周 張
蘭生 孫昌泉 盧二官 陸振寅 江元清 張引達
沈四觀 施法 彭勝洪 彭三觀 楊松舟 楊念
成 費老元 陸麻團 陳升洪 孫文銘 楊鑑 盛

月波　袁彥培　陳錦榮　陳廷驊　朱緒端　陸潮湧
沈漢冲同妻周氏　錢慶餘同妻闕氏　錢蓮燭同母
楊氏弟慕賢子梅城孫炳照弟媳方氏媳王氏　許瑛同
子厚生　汪松濤同母鄔氏妻錢氏　田效琦同妻王氏
鄒南浦同妻孫氏女順寶　范有生同妻卜氏子大官
金雲波同弟德慶壽元弟媳顧氏　王茂亭同妻魏氏
子立亭　張秋賓同妻楊氏子三寶　吳曰藥同妻姜氏
女六姑　盧繼德同伯母張氏姪恩魁　陸永昇同妻唐
氏子桂林　錢炳奎同姪錢生姪媳唐氏姪孫女三姑
王仁齋同妻闞氏子大官　錢昌壽同祖母陸氏　楊慶

善　浦寶熙　盛司務　邱鑑春　王錦衡　徐兆熊
倪樂泮　沈在周　魏孝烜　孫基堂　陳馥堂同妻沈
氏　俞壽南　程希賢　楊榜華同妻沈氏　曹燕祥同
子桂官姪少山　楊鑑　俞熙　陸民濟　陳廷驊　范
圻　魏基鎬　陸元均　查揚同母沈氏　楊慶善　顧
慶桂　江慶祥　鍾成楷　顧逵吉　錢少村　金慶森
蘇大元　郁燮堯　倪松巖　孫邦墉　顧成官　顧
任官　李伍　孫世楨同妻程氏子以燮以燕以蒸　金
麗生　丁澍　陸丙恆　陸文彬　金勵峯　金聲和
金初峯　張汝和同子祥官　支雪祺　程五官　程七
官　孫文德　張錞　汪光李　胡秋濤　徐四觀　張
五觀　沈二觀　顧鑄堂　黃竹溪　吳安慶　周三觀
謝大觀　程光炘　畢少溪　汪大觀　徐秋江　錢
佩嘉　程少之　王忠錡　傅炳元　程子香　陳珠樹
陳象桂　陳宗濤　王濤同母顧氏　吳樹言　程梅
亭　馮立言　錢龍觀　李德觀　夏之松　錢錫軫
錢鍚奎　錢鍚基　張二倌　任阿大　周浦林　陸丹
生　魏孝熤　卓雙壽　卓金世　吳琴觀　陳阿大
卓鳳林　卓冠榮　卓聖祥　卓阿大　卓榮福　沈聚
隆　沈嘉壽　顧嘉元　唐鶴松　沈載輿同妻朱氏

王雲菴同母黃氏　翁以杰　丁明達　闕大官　王鑑
堂　孫銘　沈梁同妻程氏弟楙　葉德春　周壽君
張榮林　朱慶　倪福昌　方鈺　羅應奎　朱榮久
俞德林　王如淵　陸六官　王文江同弟文潮　程佩
垣　陳之榛　張仁忠　孫根元同母楊氏妻陳氏子二
倌女三寶　吳悅來　梅春傑　許廉方　汪惟信　孫
叙耕　張事豫　史熙齡　倪宗治同妻李氏以上見朱忠義錄
賡　沈三倌　韓其輿　謝承烈　謝炳　任洪秀　武
生蔡家麒　王純齋全家無考　程照　顧肇豫　庠生
鍾潔海甯寄籍　沈鼎鏞歸安寄籍　葉菊隱江蘇寄籍　趙炳南松江寄籍　申福錫無

寄籍錢佩江甯寄籍以上見楓涇小志范成唐　候補道金以誠　嘉興
訓導沈浳　從九品陳鏞　外委劉勝林　五品銜彭雲
起　李明照　把總李永盛　千總郁召榮　趙魯德
外委蘇國恩　武生楚國珩　武生錢奉璋　鹽經歷銜
徐蔣澄　生員程惇瑛　魏孝綱　孫蕤　金仁培　守
備閔龍鱗　外委袁文浩　州吏目唐世珍　從九品王
福瀾　從九品洪鈞　徐應杭　廩生顧煥　生員顧曜
鈐　生員孫熙鏞　沈大偕　傅丙元　程光耀　徐四
官　張鎬　沈仰卿　李大　周三官　程二官　程善
之　錢佩　沈達泉　沈大官　武生傅應龍同妻某氏

以上已旌　從九品查超石　武純儒　監生唐大林　錢惠均
從九品銜顧鴻吉以上採訪　候選從九程菊孫仝繼妻王
氏長子慕滄次子慕棠女巧姑

品海鹽縣
左庶子沈炳垣忠義錄有傳　布理問銜盛月嚴　從九品鄭廷
瀚　陳學泗　從九品銜王闓餘　周可宗　監生吳烈
張嘉祿　朱賢能同妻張氏　王念曾　王寶仁　孫
厚和　祝齡　何文燿同母卓氏女卓姑　呂大釗同母
郭氏妻馬氏子元昌女孫翡　王熙都　沈維宗　張步
雲　王秀生　王乾元　許俊民同妻何氏　附生周汝
霖　張鈿　陳超然　朱芾　任克勳同妻陸氏　何等
超同妻沈氏　朱敵　邵維信　張蘭珍　彭功酯　朱
九一　張清源同妻錢氏　潘揚清　楊士鴻　張瑋

王葆源　武生陶雲龍　潘步青　陶鵬芳　陶振海
五品銜任寶成　從九品任坤發　翰林院待詔銜沈品
嘉　州同銜陸士龍　陸文海　府經歷陸人俊　縣丞
陸人炳　從九品陸人鳳　國子監典籍銜吳薰　知州
朱有穀　從九品銜朱寶臣　安店巡檢李修業　從九
品銜陳大咸同子濟康　候選訓導朱運和　從九品孫
承烈　從九品銜吳榮壓　郁似蘭　朱元煇　未入銜
王餘慶　訓導銜增生陸金墀　從九品徐文蔚　從九
品銜張錫慶　州同銜王寶珍　州吏目王思源　從九
品王慶祥　從九品銜呂大釗　舉人陳世勳　附生趙

福涵　朱英　附貢生任思成　廩貢生陸元謨　監生
查南山　附生陸承宣　馬笏莊　陸晸　陸萱齡　查
敬山　查伯羣　朱樂山　舉人陸世勳同妻李氏　歲
貢生董世慶　徐克熊　監生莊願然　孫承烈　陸蕙
芳　沈梧鳳　胡雅儒同女竹姑　增生陸基昌　附生
蕭俊　張錫鏞　錢寶仁　徐湘　馬洛康　馬宗浩
張鏡　陸學泗同女引姑　沈永庚　王元衡　章卿雲
生陸鴻　陳其炳同女二姑　陸永宣　監生朱學純
歲貢生徐克熊　監生朱嘉玉　附生王元衡　附生錢
寶仁　監生葛國香　附生張錫鏞　增生許春煦　武

生陶振海　監生趙有壬　張月軒　沈笏堂　方厚雲
葉玉泉　董永生　王金壽　王延生　朱子湘　附
生王元泉　監生顧沛雨　張嘉霖　生員王寶璪　李
廷琛　武生顧鍾英　監生李時皆同妻某氏　沈掌大
郁老五　沈貴寶　朱鈞　郭老奎　茹大　朱興隆
李依林　步蘭慶　沈華生　張德明　朱玉蓮　董
瑞亨　步發生　沈永餘　趙雲山　趙豐玉　王順天
徐林昌　金愛清　盛瑞生　韓嘉生　楊勝元　劉
裕春　王發邦　王勝元　王仁元　陳雲卿　沈引生
林龍生　趙琴寶　周掌寶　張福生　林章　張復

生　何三　沈順寶　沈三地　吳龍　崔余福　朱大
寶　崔忠清　宋金元　蔣關老　徐余老　孫和尚
陳昌齡　陸聖元　陸敬老　沈良和　沈開生　黃發
生　張鑑　陸信元　沈來陸二　徐發生　袁年
莊來生　潘鳳生　姜開元　姜關福　顧雲　李保林
孫亨　徐快生　孫加　朱元福　徐品　顧寅寶
衛月　孫石林　陸章　孫振海　湯高明　湯才生
王予榮　許增祥　徐金生　湯士榮　莊寶昌　湯福
生　祝福昌　沈壽林　張發南　楊蘭生　楊三寶
李慶生　周春畬　曹瑞生　步瑞　吳桂生　黃龍元

黃鳳林　莫瑞奇　金田寶　李玉渠　鄧大　顧寅
生　張金生　湯高生　潘鳳高　趙勳　陸連生　陶
雨生　趙勤　沈慶寶　朱謀笙　朱梅痴　張其昌
石錦　朱懋生　步關星　林材生　金順林　徐伯慶
徐官福　周天福　向壽　孫彬　張安德　趙發生
趙叙生　趙進福　戴寬寬　張雙福　顧壽福　馬
慶生　姚瑞瑞　殷鳳鳳　林載生　朱來生　胡守觀
胡發發　孫發老　宋觀福　鍾點彝　祝夢熊　趙
慎寶　徐魁　陳法林　朱關生　姜余福　姜富老
劉發元　姜揚龍　黃見見　衛品品　張寅寅　胡關

元　胡春春　黃斗林　夏武林　夏有生　宋灶老
張湯福　任包龍　宋趙林　胡嘉林　黃文元　方九
齡　方愛　吳福元　盧光藻　林三　周李壽　任生
沈李壽　陳介福　陸以恩　徐舒堂　李廷楨　姜
有生　李桂生　徐保生　徐順龍　陳富寶　朱懋基
王正湯　葉玉泉　沈佩璋　麗恆山　徐寶生　何
四寶　李福　朱景香　彭小雲　彭景三　姚聖寶
李聖寶　張起鳳　徐琴山　吳松橋　俞應觀　馮榮
慶　戴建　黃桂生　步長生　林永清　顧恆觀　馮
觀昌　周福元　顧呆呆　王和尚　顧永生　趙周林
朱景香　查有福　翁義老　唐天壽　金厚田　朱
速生　朱寅　錢成茂　吳隆元　王雪齋　吳黃元
步來慶　張橋橋　張照生　楊來來　顧來生　顧祥
元　顧品元　王四老　張元寶　查其林　張餘三
康慶寶　馬天天　蔣五福　李關林　曹有餘　曹林
昌　王珍福　莊壽元　甘勝林　鄒叙元　吳再寶
吳德寶　徐祥龍　祝元元　祝進昌　劉永生　劉太
生　屠慶餘　殷坤元　黃恆生　顧寅寅　吳考考
湯高高　吳明明　黃嘉粟　黃大來　馬升東　吳貞
祥　韓亨寶　李景芳　盧蘊山　許純湘　郁鼎地

溫鏞聲　陸勝福　孫小橋　萬勝高　徐友生　鍾順
元　周祥寶　鍾東昇　李敬祥　楊朱馬　顧順龍
楊瑞國　鄭永春　朱兆龍　邢義方　陳章　張國凡
顧鼎鼎　唐新　姚燕林　徐元龍　褚福林　陸司
務　顧鳳林　沈才福　胡叙生　祝有　王五寶　陳
順慶　黃誠忠　徐和尚　莊小麻子　周小叔　湯有
山　林章福　張五老　朱天福　朱大寶　陳永慶
奚君祥　董雨生　黃佳元　王寶成　徐正茂　顧元
龍　步永春　陳發龍　朱大老　祝淦和　顧巧生
沈生勝　顧金生　吳德元　徐祥龍　朱杏春　甘立
成　顧祥生　沈慶元　方蘭生　王昇家　顧書田
顧子卿　趙松岩　湯祥生　顧卯生　楊順福　沈巧
林　王恕　林小四　陳國瑾　張韶福　張桂笙　王
福生　王順昌　王春　周和　唐方余　潘關生　祝
福臻　張斗斗　陳亨加　朱富生　沈祥生　張雲祥
朱和　方揚鳳　王家相　馮嘉言　張蓮生　張壽
福　陶觀徐　周奎老　張轉龍　張瑞昌　陶祥生
袁有餘　袁惠惠　袁福南　陳周　沈順餘　朱勝才
吳迎龍　鍾四老　鍾家生　鍾珍寶　鍾長生　張
關元　彭洪觀　鍾發生　張大田　鍾龍生　孫關清

王生福　沈振揚　繆堯齋　吳振海　吳鼇清　驗
永生　韓順德　黃趣棣　宋雲甫　張金龍　顧毛老
祝瑞崧　祝學裘　祝桂馨　朱亨寶　朱才生　周
汝生　姚鳳林　周才福　周昌龍　高關順　唐觀福
陸來生　孫來生　郁葵　浦龍生　浦來生　何觀
生　何祥元　姜五老　周福林　周張老　金高生
金金奎　陳琴生　吳華生　姚五觀　朱關元　何富
生　殷沈福　黃珠老　沈周龍　王萬榮　王保元
張有福　陸高生　陸來生（出重）　陸二保　潘祥福　黃有
元　趙進生　趙唐唐　黃觀老　陳月老　張和尙

張趣生　張來生　范田田　吳梅生　沈羊南　舒道
亨　王壽生　陳雲生　朱雲富　沈留元　劉灶灶
顧壽昌　周觀昌　陳勝老　蔡開元　張信中　張壬
元　莫六寶　張應生　黃大老　宋福元　吳桂榮
張蘭谷　張武寶　張月橋　張新新　夏向寶　夏春
福　方金福　陳啞子　衞叙地　嚴牛地　沈高地
陳高　沈奎　姜五地　沈銀山　陳源清　陳玉田
沈高老　王三元　姚發　張才生　莫漢文　莫有福
朱蓮生　王棧地　蔡關地　陳朱福　王關關　林
信信　包發老　楊元元　王萃田　馮關壽　潛琴

何半寶　黃明　張德言　馬畯齋　張文文　姜佑其
王黃壽　史進老　袁富生　宋會福　蔡發生　李
才生　朱金福　石發生　沈年福　潘武生　周信老
張才　黃易郁　楊阿四　林大發　施年年　蔡有
寶　蔡奎元　馬慶雲　黃關金　孫禮增　祝蘭慶
周掌寶　王和尙　陸和明　許永福　馮福元　許永
才　步發　顧德慶　步敬元　李保生　步和尙　許
景福　朱檖坤　張登元　沈劝福　吳太生　蔡紀生
蔡有才　沈貴三　陳新　顧金元　周觀昌　陳武
元　步觀裕　周運運　周才才　周順山　周桂山

楊正祥　湯大德　施永生　王宮福　衞關元　戈周
地　姜榮昌　黃伏地　張來生　張仁林　吳壽老
張元元　王仁林　王關福　張高高　陶瑞生　黃桂
生　吳雨生　張奇奇　褚轉龍　徐武元　步榮春
周運運　宋勝元　姜金龍　楊天福　史富寶　楊進
老　鍾發順　姚其老　姜應生　康達方　嚴德龍
胡灶老　宋大老　吳順老　沈有生　胡掌龍　許有
福　朱米和　張增老　戚龍生　蔡何福　宋友友
費連福　朱觀其　陸奎老　朱元熙　蒯其生　蔡順
才　周才生　薛周林　蕭祥生　顧瑞生　潘其其

宋莉生 周余福 繆天壽 徐有昌 王才老 張金
老 許富 黃楊通 王向元 方法法 殳仁福 郭
二老 俞三老 王發元 沈太元 李少白 俞鏞椿
陳煜 趙發老 張正老 朱和壽 張如蘭 王年
福 繆坤 許來生 徐瑞昌 湯三元 顧關生 徐
余余 李鳳春 李元通 朱高生 朱龍龍 干高高
陸月高 張延慶 張葵葵 袁方林 陸富年 陳
富生 胡其老 朱金老 戴新光 盛才元 蔡有餘
徐松溪 阮龍龍 盧勝福 何成老 潘勝林 王
大老 顧永年 王法隆 沈天林 李大椿 何嘉老

鍾森森 張祖陸 鍾敬三 鍾年福 李松亭 沈
二福 林勝福 周大 沈福老 吳謙保 吳董 姚
琴棣 孟順元 金兌分 陳鑑堂 陳大林 沈郎郎
俞壽林 俞蘭生 謝敬莊 許俊明 蕭二 馬順
元 龔禹甸 王家藩 顧慶生 鍾昌昌 金永生
顧叙老 王慶祥 沈桂老 平兆珍 胡五棣 袁明
生 孫年林 王有老 徐韻萩 孫和尚 曹才老
林凌老 周天老 孫關生 周開二 陳揖珊 錢羽
豐 張德 許天倫 黃法生 馬揚福 范揚林 王
年福 馮仁老 黃仁老 黃餘老 戈開林 沈鳳林

豐 王福老 彭山棣 袁年林 何桂林 張長生 趙
加棣 吳順福 朱鳳山 朱進才 沈福壽 王敬生
山 孫瑞 王加有 朱蘇風 沈有生 沈三老 王大
小老 張文華 陳子倫 許其芳 陳關福 王永芳
姚德龍 費銀壽 陸才生 趙元推 張騏德 姜
永慶同妻王氏子大觀 王金鈺同子壽生 許彩如同
妻吳氏 姚發元同弟滿滿 陸配元同子奇民 徐羮
羮同妻湯氏 陸配山同子富生 褚正元同妻姚氏
顧載生同妻李氏 倪勝林同妻王氏 俞鳳生同子信
餘信全 董啟梧同妻潘氏 孫正海同弟某 潘泰亨

同母湯氏 楊官鳴同子關福媳翁氏 顧斗斗同妻郭
氏 陳三老 陳聖福 陳二觀 王觀生 王小寶
徐大觀 吳駿齋 沈文琛 朱寶華 張餘三 吳榮
陞 趙元柏 趙馥山 馬芴莊 湯有德 楊五觀
馮榮慶 孫天喜 沈喬觀 朱秋泉 嚴增福 張有
生 沈福觀 湯增福 宋武觀 湯鑑清 金厚田
陸德元 郭三南 吳長韶 吳觀生 張騏德 郁楑
山 徐懷廷 趙煦齋 陳義寶 俞鴻香同姊徐俞氏
媳尤氏 陸福元同妻沈氏 王勝龍同妻朱氏 盧文
澧同子環環 李天福同弟關順進餘 歐陽合 奚長

生　孫如灝　吳松喬　王貫山　郁歪頭　馮順林
高桂生　方維峰　方厚風　馮耕山　吾德咸　吾登
熙　宣銘盤　王勝咸同子三保　賀其琛同妻方氏子
百福介眉女福姑　黃嘉利同弟嘉貞妻沈氏子應福應
壽女餘姑　黃嘉亨同妻周氏子福生女裕姑　張某同
聘妻闞氏　吳海壽　沈郎郎　陳熙載　張某同聘妻
吳昌琨　唐襄東　陸滿老　曹凝叔　丁天福　顧
翁氏　沈章泰　汪博觀　沈章大　陳其寶　朱秋泉
蘭生　徐天淑　陳安泰　俞介壽　孫逢吉　朱佐清
周翹福　張元林　吳敬元　湯祥生　袁順甫　陳

源源　陳亨亨　郭發生　郁如柏　徐德霖　馬敬齋
陳成福　周闕　吾春卿　吾雲山　趙有壬　張月
軒　沈笏堂　方厚雲　葉玉泉　董永生　王金壽
王延生　朱子湘　杜稼書　徐寶觀　吾閏餘　徐玉
福　陳大　張淸齋　楊雲山　陸富生　李福生　唐
蘭生　陳雙印　任雨香　吳黃元　王應生　姚大
盛裕寶　張光照　姜永慶同子大觀　潘永慶　張延
齡　朱元炳　徐厚　趙珍壽　陳賢　褚金官　顧序
康　顧其華　朱庚榮　朱恆釐　章文蔚　張錫驤
李師白　張錫琳　俞鴻香　沈文翰　吾桂生　仲觀

生　查有臺　郁太和　張起鳳　徐輔卿　何觀濤
沈午橋　鄭淸鏐　陳寶金　沈慶寶　陶雙印　陳鐵
孚　李燮齋　孫榮桂　朱晴岩　沈文淑　馬四　徐
輔廷　楊聚寶　吳拙安　吳廷蔚　張筮　沈武　汪
大林　戴升如　徐俊　蔡元勳　李梅亭　朱研亭
方研山　朱益齋　楊鳳二　何福老　田餘老　葉五
觀　蕭二　陳正元　朱德元　馬貴　沈文生　錢坤
山　陳龍生　徐大　陳祓齋　錢雙印　陶亦亭　蔡
順元　吳壽　吳竹坪　徐福林　徐玉寶　許三元
徐葆亭　孫小橋　陶聚觀　馮耕山　康琢寶　馬留

東　吳九粟　徐三觀　金壬生　顧棧棧　王桂生
陳啟寶　田有寶　譚元地　金餘地　徐心和　沈彙
堂　徐應坤　盧均　朱鹿門　姚徐福　余三弟　繆
太老　楊才老　陳觀福　馬福淑　金福寶　衛天壽
衛大八　顧品元　李馴　盧勝　金雲老　沈掌大
楊榮春　王寅波　方荔軒　徐保琛　方澂君同妻
褚氏　王聚昌同妻陳氏子大林　李應保　汪根陞
金舫舟　孫發　鄭發　蔡厚生　曹成昌　馮小觀
褚金觀　陳稀慶以上見忠義錄　俞桂生　朱有岡　查拱辰
附貢生林聰　查人翔　朱謙受　李廷琛　李葆元

馬濟康　胡文耀　王乾元　吳黃元　孫如灝　朱寶
慶　胡沛生　徐宗德同弟宗禮　潘勝高　潘全坤　千總
戴陳綱　朱庚榮　把總查麟　千總銜唐春田　千總
銜陸八英　六品銜富墉　武生陶鵬英　劉成寶　吳
佩生　郭汞魁　張貞元　盧發生　顧茂昌　曹關生
金有德　褚正元　宋觀福　張才生　黃六寶　劉
霄第　沈桂　陸勝元　陳賢　俞應觀　徐仁元　王
勝龍　李才老　張壽福　沈順餘　湯高　黃大東
徐祥隆　楊榮春　陶文耀　王介眉　王銀海　陳關
福　沈福老　張正老　何成老　袁厚生　程瑞林

顧載生　孫年林　王敬生　陸才生　陳三老　陳聖
福　陳二觀　林勝福　汪傳觀　布經歷查仲誥海寧寄籍
舉人吳昌照安徽寄籍　查美熊海寧寄籍　曹廷緯海寧寄籍　程瑞林安徽寄籍
周甫安徽寄籍　劉桂三江蘇寄籍　僧山齡　俞正昌　觀昌　桂生
德順　道林瑞章　李桂臣　王軫以上已附貢生馬旌
光彝　李時習　徐炳鑾　張朶雲　顧桂餘　朱方穀
朱梅生　盛餘福　沈高　查炳觀　徐裕德　周海
珊安徽寄籍以上採訪

平湖縣

乍浦水師把總柯介錫　邵大貴　營兵鄭大昌　陳忠
發　戴成昌　沈有來　嚴懷玉　鍾得勝　沈君龍
岳應德　楊鶴皋　周興歧　許世彪　葉大年　李逢
貴　顧鳳珠　嚴得勝　陸汞發　袁春隆　徐遇春
楊瑞林以上皆於嘉慶年間攻海盜死附祀府城昭忠祠　甲兵盈魁　恒全　寔
定　全盛　王得勝　王炳魁　義勇王天生　高神按
郭坪　郭玖以上道光庚子夷擾殉難　佐領英登佈　隆福　防禦
額特赫　貴順　驍騎校伊勒哈春　根順　該杭阿
固原城守營千總李廷貴　涼屬蔡旗堡千總張淮泗

永昌營把總王榮　莊浪營把總孫登霄　甘提前營把
總馬芝榮　馬兵朱朝貴　額外外委馬成功　水師右
營把總韓大榮　甲兵輿柱　壽成　舒全　鏘玉　綽
和佈　都納佈　有成　德枏　愛仁圖　鏘奎　西𠹭
佈　全輿　文奎　恒有　棻布鏗額　文強　阿克達
春　瑪勒塘阿　伍勒西春　伍勒滾珠　雙順　達三
圖　查克三圖　蘇恒　色明圖　瑪勒渾阿　貴慶
色哷沖額　彩貴　奎德　貴昌　奎義　全恒　伍勒
西蘇　福有　索隆伍　康龍阿　安當阿　達哈蘇
巴哈蘇　果仁阿　珍慶　雙順　成山　清瑞　彤固

德忠 吉觀 觀蘭 觀明 慶豐 慶祿 慶成
西喇圖 佛勒國春 彩山 鏘元 佛明 額喀春
全慶 海祿 春貴 順成 連慶 瑞安 薩勒哈蘇
普成 經全 志松 經鏘 營成 崩森額 瑪稜阿
得克基訥 安貴 瑪尙阿 倭克基佈 札克薩納
倭克津圖 全志 成在 彩明 存志 札布尙阿
額嚕佈 圖奇春 札坤珠 春林 喜鏘 連成
連瑞 百玉 懷林 銀柱 圖瓦給納 順强 松壽
巴明阿 和謙佈 喀勒蟒衣 彩靈 吉勝 德勝
存靈 銀砫 吉祥 伊基斯琿 查布尙佈 祥山

額勒白圖 塘伍圖 圖塔納 飛滿 蘭柱 明福
瑪克談佈 額勒赫訥 額勒經佈 舒慶 佈音額
奎陞 額楞圖 强勝 存興 伊勒哈 玉鏘 能金
敷克津圖 訥青蘇 伊百 志鏘 圖瓦墨杭阿
索昌 佛勒圖春 佛勒基春 豐勝圖 猛溫圖 賽
堪佈 福靈 索杜 伍春阿 波春伍 懷龍 勝同
都弼春 波青伍 波充伍 珍福 賡銀圖 三音
佈 德靈 恒貴 恒忠 連順 密斯罕 春恒 伍
喇春 德克基春 佛印 農伊訥 貴玉 鏘玉 伍
林珠 吉福 卓勒渾佈 恒玉 登雲 順鏘 存保

順靈 三保 順喜 穆都嚕阿 蘇沖阿 雙鏘 百
歲 豐陞圖 圖門圖 存有 東格 鐵柱 瑞鏘
百春 波崇伍 蘇鏘 順有 多鸞圖 官全 蘇恒
特克心額 倫福 興保 祥慶 德銀（一作銀甯） 存有 達
勒杭阿 喜慶 祥山 恒山（一作興山） 蘭春 愛保 薩勒
斌阿 順奎 蘇沖阿 克什佈 穆克佈 順全 三
音布 順雲 哲音額 壽山 瑞山 吉順 根明
勝鏘 伍勒西春 懷唐阿 彩壽 阿克東阿 經文
佈 伊薩佈 順奎 邁拉遜 順玉 卓郞阿 經順
什奎 查拉蘇 珠敦 伊車訥 連順 春靈 明

安圖 觀亮 德春 經恒 塘五色 伊克經圖 什
圖佈 安靈 鏘明 連雙 賡音訥 連貴 傲林
倭克經佈 三音納 全奎 銀興 經奎 銀福 呼
郞阿 采山 勒逢額 順玉 查勒斌阿 貴格 瑞
春 多羅訥 鏘奎 色謙佈 連全 索隆伍 伊勒
圖 彩玉 長德 格色佈 全安 同子成 祥孫 邁拉遜
剛安 濃依佈 孝順佈 格圖鑑額 全福 問散
伍勒希春 順貴 巴哈蘇 王春 文英 雙瑞 德
奎 金意（按殉難冊中陣亡有清成揆德碩隆烏三人疑即慶成奎德索隆伍之同音異字俟考） 太
湖營兵李和 臧汝安 周瑞明 蔣維保 嘉興協標

兵艾連貴 仲慶元 倪仁良 水師戰守兵邱振吉
周鶴順 潘步恩 施長春 張榮 姜萬清 魏安邦
張勝 柯春發 李華 謝聖恩 張英 鮑得才
鄭永純 鄭文明 薛才生 王文英 監生曹文昭
庠生劉楙松 民人蔣錫院 胡長春 陸聖祥 陸士
貴 張諒 朱冠英 張坤發 徐元 蔡吉慶 張雙
喜 張三 胡世楣 馮松 胡三官 陳某 蔣某
僧達貝 壬林 以上道光壬寅夷擾殉難 協領貴祿 德順 多仁圖
伊車佈 巴達囒佈 祥瑞 佐領波多坤 阿林圖
恒泰 隆慶 佛爾國春 順興 吉慶 德克登額

慶玉 祥福 防禦有恒 忠安泰 嵩壽 文秀
竟成 圖瓦佈納 驍騎校榮陞 添祿 喜慶 經存
祿鏘 德瑞 慶瀛 經福 榮祥 星額 喀呑 篁
帖式繼祿 翼領穆鏗額 以上咸豐辛酉殉粵匪難 案咸豐十一年粵匪之難乍浦駐防兵丁及老幼婦女六千餘人闔營殉節無從考其名氏准乍浦副都統咨明有案 州同銜陸錫慶
揀選知縣黃鵬飛 有傳忠義錄 孫鍾駿 侯選從九品李汝
福同母杜氏妻杜氏 封勤聖 從九品銜高七襄 張
德時 錢康圻同母俞氏妻朱氏子秉文女珮琴 陳勳
沈國祥 湯景萊同子丙文 丁伊桑 劉兆英 徐
鈞沐 吳均玉 陳庭椿 史久成 張憲清同子桂辛

屈蘭舟 世襲雲騎尉陸禮卿 附貢生張鶴書同子
濟美婢桂琴 監生胡榮森 徐煥 時潤同妻許氏
孫曰燦 鄭璠 張鴻鈞同妻計氏 徐應煒同妻王氏
錢燿同妻高氏女大姑 俞淡秋 毛棠 陸錦藩 張
巨琛 毛匡國同妻曹氏 王晉羲 周銘恩 袁香溪
高佩金同妻姚氏媳尚氏女大姑 僕王升 陳秉鉞
金恒有 吳效曾同妻錢氏子元杰女大寶五寶婢藹貞
蘭芬 顧廣模 伊佐成同母朱氏妻蕭氏 姚守愚
馮培同子秉鉞孫義森 朱希灝 陸承耕 胡光煜
梅蓀 張悉瑾 李邦基同妻龐氏 一作鍾氏 俞永清 曹棠

廩生黃鎔 方炳瑩 郭大鏞 增生王鍾英 張培之
王應槐 附生徐志澄 周炳 徐金宣 金振聲 黃
鍔同妻徐氏 陸洪吉同弟洪生 張璐同妻高氏孫附
生之升 馬元櫰同妻沈氏 陳朱燿 徐熿同子金鑒
媳王氏孫大官孫女大姑二姑 江龍瑞同妻鮑氏子大官
女大姑二姑 陳維任同女大姑二姑 吳慶中 陳丙
均 張金釗 陸桂攀 林思睿 陸廷燮 陸堯章
邵鶴船同妻張氏 紀金鑑 徐汝霖 錢樹榮 邵朱
霞同妻張氏子士談媳張氏女大姑二姑 高韞輝 方
允升同妻張氏妾沈氏子大官二官女大姑二姑婢瑞蘭

鮑應煥 武生黃殿鼇忠義錄有傳 陸雲標同子武生炳昌
陳應奎 馬師燧 陸光琴同妻呂氏 顧容 吳錫
勳 陸茂榕 陸大鏞 八品銜朱善樾 候選鹽知事
王汲 候選從九品王澮 王渭 從九品銜孫鍾同妻
鄭氏子際清贇清佐清 候選從九品錢耀同妻高氏女
大寶 從九品銜陳丕基 秦兆熙 布經歷銜陳銓
六品銜張浩同弟淵妹七姑婢徐三寶 福建潯美場鹽
大使時蘭 候補府經歷馮兆基同女大姑 候選縣主
簿陳佩璜同僕鍾四 從九品銜崔斌照 張國寶同妻
戈氏 邵大奎 高應潮 金棟 沈致福 陳曰炷

甘有生同孫兆坤女孫月珍 廖維才 高明燧同妻姚
氏女三姑五姑媳尙氏僕繆宜婢春芳 邵廷模同妻朱
氏子燮光 周鴻翥 王甲順 楊煒靑同妻吳氏 朱
位立 李鏡蓉 許又山 金湘卿 鄭如海 馬文照
錢廷釗 羅承君 郁載璜同妻金氏 曹少雲 李
酉祿 從九品銜徐元蔚 布經歷范萱 布理問銜馮
淦 州同銜楊廷淦 直州判曹鎭定同女五姑 從九
品銜吳炯 吳塏 鄒滄揚 陳佩琳 張慶林 張樹
芬 沈壽華 沈福扂 章泳慶 楊新懷 廖泰符同
妻洪氏子淇儒 陳元章同妻王氏 顧春華 時天培

時元熙 過介壽同妻陸氏子大官二官三官 同知
銜徐欽 候選從九品陸鴻 屠五福 陳勞沛 從九
品錢若璋 從九品銜姚若璋 俞文淲 潘泰淸 胡
榮祖同妻褚氏子大官二官女大姑 沈汝弼 朱逵鴻
同知銜徐以欽同母張氏 候補縣丞余敬一 八品
銜沈漱芳 從九品沈汝弼 薛錦標 俞逢治 李家
駿 陸沂 施國慶同子光錫 從九品銜陸鴻 鮑應
茂 徐以銘 楊湘 張德明 屈菊溪 從九品銜孫
光淸 從九品銜吳泰 從九品銜胡榮祖同妻褚氏
廩貢生鄭丙銓 監生黃金聲 廩生鄭之僑 張鵬圖

附生劉以焜 張開元 殷鴻文 曹炳照 俞欽載
同母周氏 施汝弼 徐錦文 劉逢年 張書紳同子
大官 監生孫蘭芬同妻陶氏女大姑二姑 孫蘭池同
妻沈氏 監生馬希白同妻孫氏 附生陸燦彪 監生
吳錫 增生吳廷襄同妻張氏 監生沈正陸 附生屈
廷慶 張鳳珍 張鶴書 監生錢炳同妻丁氏婢采
錢世楷同媳王氏孫婦屈氏孫女四姑 監生郭泰基
附生劉錫熊同妻屠氏 附生陸丙均 七品廩生陳鍪
副貢生倪承烋 歲貢生陳錦 周家榛 監生錢世
楷同子婦王氏孫子欽孫婦屈氏女孫四姑曾孫女大姑

張世祥同母凌氏妻陸氏子士椿亦泉五莊媳鄒氏馬氏　黃國俟同妻李氏　張國樑同妻石氏　馬振聲同妻孫氏子銘鋐　黃金聲　胡紹熊　李辛祿　沃之瑜同妻魏氏子杜女大寶三寶　俞玉梁同妻時氏子世勳世熙女大姑　陳曰燦同弟曰煌從子附生翰　袁鼎俞曰修　敖芬　范星階　鄒嘉楨　張錫綸同妻陸氏羅中林　陳榜　郭振玉同妻張氏子鳳巢　盛培同妻袁氏　毛品蓮　金志淵　周瑞珍　梅承會同妻干氏　王國英　曹文忠同妻陸氏子伍倌　馮麟鳳　許相　毛文蔚同妻吳氏子大倌　羅文沅　時芬　胡榮

森　陳五湘　張文熙　湯景揚同子志仁　張國柱吳丙榮同妻錢氏　趙一椿　金恒有　廩生顧邦杰同妻張氏　徐汝嘉　增生馬增　林思永　林思濬　殷潤生同妻張氏子和卿萊觀女五姑七姑媳吳氏　附生殷鴻臚　陸燦彪　王士諤　張因培　孫傳賢　何炳星　謝琛　陳兆松　陸國澄　錢錫康　王鼎奎　許煥　陳昌杰　黃鴻　馮元勳同妻吳氏子廷瑞　俞鉞徐光勳　馮裁　戈芳承　吳熼之　吳熼　馮琴材馮電燧同妻許氏子六倌　周鴻昇同妻鮑氏　許欽蘭　鮑洼　楊龍章　王慶恩　盛濤瑞　俞廷標　黃

師濤　馮賜昌　寶曰生　沈應輝同母陳氏　武生王殿臚同妻胡氏子飛龍六觀　劉榮　吳雲標同妻金氏監生章學純　附生李廷榮　湯大謨同子大官女大姑二姑　監生胡榮森　附生孫傳賢　胡鴻藻　許承烈　監生倪品三　黃國俟同妻李氏女紉錦　沈雲鵠同妻廖氏　梅誠求同妻李氏子林杜和羹媳馬氏　梅承會同妻干氏　附生奚耀宗　何維熊　鄒雲龍　李廷榮　武舉周金榜　廩貢生鄭丙銓　監生張肇森奚潤　吳丙榮同妻錢氏　鄒嘉楨同女三姑　金玉聲張廷珍　沈振鳴　廩生邵世琛　附生王文海　邵

光壽　□金藻　吳飛熊　施汝弼　武生顧寶燮　監生周儀鳳　吳馨　咸基　邱翹桂　徐以銘　廩生顧廣心　沈春林　增生王廷桂　生員陸世熿　俞以沛監生趙源同妻毛氏　姜鍜　周師澤同妻陳氏　張煊　張文熙　陸晉孚　李金城　石廷楝同弟廷楨子昌和從子少岑　石源同女韻蘭　陳佩琳　楊曉溪汪榮　廩生方寶善同妻顧氏子益山友山慶林　生員徐佩瑜　陳朝棫　周維寅　劉之坤　高崙源　高人俊　奚景桂　盛朝俊同妻某氏　盛某同妻某氏盛濤瑞同妻某氏女大姑　張琨　盛國華　張金藻同

弟監生慶林 湯大謨同子二官女大姑二姑 武生陳應魁 周國泰 高瑜 錢邦英同妻倪氏女七姑 監生孫炳同妻顧氏 田成美 生員施汝弼 監生毛晁同母陳氏弟照 增生袁丙昇同妻某氏子大倌 生員徐開源 監生張江 張似春 周慶麟 陸金和 陸小和 陸掌觀 鍾森培 錢煥模 張小六 徐景福 劉載清 金毛官 莊恒如 郭五官 周維德 鄒五官 周卯官 周小五 李金官 張五官 劉德官 楊蓮心 金蓮官 周金禾 周榮官 周昌官 戈福壽 莊懷 鍾四十 奚全觀 陸金觀 朱世培

朱福觀 徐心甫 徐培觀 周上達 俞小六 張順觀 金福大 王成元 朱元貞 劉載清 莊恒如 劉德觀 鄒五觀（重出） 周小五（重出） 張五觀（重出） 陸金禾 陸小禾 陸掌觀（重出） 張小祿 金毛觀（重出） 郭五觀 徐金福 錢漢模 楊受心 朱小三 周維德 周毛觀 李金觀（重出） 徐金彪 李五官 徐懸堂 周金和 周榮觀（重出） 周昌觀（重出） 鍾春田 鍾森和 沈大勳 陸桂 李金鏞 王廷森 張春煦 邵淇 王銘鼎 馬文新 陸杏元 郁大悌 馬鳳章 朱盤谷 孫順 沈正六 金益壽 王蘭巖 張三 馮之釗 馮錫光 胡鴻藻

陳鳳墀 馬大觀 曹關壽 馮基 張日榧 方小俶 方大觀 吳德觀 鮑宗陞 倪四觀 施汝庚 屈大昌 周雙印 戈宗漢 張金鎔 陳三觀 倪福觀 曹壽觀 程萬觀 邱三觀 陳士杰 蔣錦標 成煥章 曹春和 王金魁 陳考大 李廷燮 沈四觀 顧萬觀 金六觀 筒三佑 陶二觀 丁三觀 馮琛 陸四觀 何韻清 戴永林 王萬金 黃應谷 屠二觀 姚秉智 龔培恩 何寶經 朱賢溪 陸二張春山 張繼忠 沈六觀 趙毛觀 童邦賢 童永昌 朱五 姚桂林 姚連元 楊寶觀 盛五觀

史梗 沈森 姚保山 張鳳翔 李新豐 周世楷 張關通 錢那保 吳大觀 張家俊 錢二和 時鈖 魯邦燦 鮑應茂 朱大德 高少榆 湯維明 戚福臣 王金照 張任和 陸汝域 陸武曾 陸爲耀 戴煬 邵履貞 張萬清 陸廣林 山義度 沈桂林 張維江 童閔林 童連珍 錢大臨 黃八觀 柴財源 何五福 童大生 林二觀 高六十 童壽珍 王七福 金大俶 徐萬觀 毛鴻 俞以湘 毛槐 張啞子 馬四 張鴻升 龔餘氏 方五觀 方穌子 張阿悌 吳國珍同妻鄭氏 沈嘉欽同妻陸氏

子二官　陸洪同妻劉氏子大官女大姑　胡文淵同妻
馮氏　王貴觀同妻謝氏　楊嘉貞同妻顧氏　黃叔貢
同母朱氏弟雲帆　徐鍾俊同弟鍾信　方思源同母王
氏　張秋泉同妻馬氏　張銘鑑同妻柴氏子崑河孫雪
卿雪漁孫媳魯氏曹氏曾孫金和　施汝辛同妻呂氏
俞立亭同妻王氏　張仁源同妻黃氏　顧德字　陳松
橋　陸玉泉　柳財元　陳闕勝　程景和　顧聖德
徐寶金　成三壽　呂源　程雨亭　徐懸堂　潘錦璠
沈榮增　俞季英　俞恒以　陸五大　胥五壽　吳
雙全　董香年　曹七觀　張馨遠　沈和觀　俞心敘

山壽觀　沈五觀　盧萬壽　孫思正　謝漢成　徐
大觀　陸有德　蔡富昌　林太時　李建榮　黃三觀
屈長庚　胡廷揚　顧五觀　嚴張伯　湯福林　羅
興觀　陸二觀　方錦榕　陶文明　陳闕德　方榮觀
鍾銘德　彭小五　費福觀　周天順　王三和　王
阿文　胡品觀　廖松山　朱隆昌　徐福觀　楊五觀
周大觀　王五德　沈龍觀　周天順出重　周有觀　張
林壽　王二觀　金愛觀　富八福　張大二　張正福
陸壽奇　蕭珍觀　孫介觀　方六觀　胡寶慶　陸
惠芳　馬亮彩　馬亮得　胡和福　潘金林　陳四觀

方二觀　朱二觀　金福觀　金七觀　金六觀　金
七觀　周連勝　陸三觀　顧麟觀　方振元　沈振揚
徐和尚　芮金觀　沈五觀　朱大春　王九大　龔
同書　方二觀　方福林　陸振興　方八觀　沈闕觀
沈三觀　胡大觀　周福元　吳二觀　徐寶麒　潘
文元　吳逢熙　張金福　金才觀　屠樂山　楊大觀
徐二觀　胡乾觀　胡壽元　馮璜　陳富林　袁寶
勝　沈介觀　朱龍喜　施四觀　吳餘慶　顧四觀
江鳳觀　謝三大　戈三觀　陸登瀛　李龔凌　朱遠
亭　王振元　王和尚　曹建章　俞照如　王承芳

陸小八　陸和上　繆小福　芮廷榮　陸老勝　王泰
源　姜瑞興　于大觀　于小大　于四和　張隆義
孫三觀　沈三和　沈果　湯大倫　沈八觀　褚老貴
平五觀　倪七萩　孫發祥　沈大觀　李四觀　陸
秀元　彭道觀　沈桂觀　李安瀾　李有源　李逢源
俞八湘　黃蕙文　顧杏莊　吳冬觀　徐茂昌　徐
海觀　馬金元　潘金觀　沈珍福　顧三觀　費全福
顧培觀　顧秀坤　王興觀　鄭金和　陸介觀　孫
二觀　張某觀　徐坤揚　唐五十　顧福觀　顧大觀
張照觀　張三和　陸懷觀　姜秀觀　馮壽元　吳

和觀　張德秀　陳元通　施二觀　譚老培　莊毛觀
毛二觀　金金祿　張老天　某成衣　郭大觀　張
三觀　奚四和　錢六觀　張松觀　顧五觀　唐關德
施燦觀　金富雲　蔣大觀　陸五觀　方四觀　方
蘭觀　金蘭榮　蔣大觀　張福觀　俞秋山　時景裕
張懷觀　沈勝高　于金元　李三觀　趙珍觀　趙
七觀　趙七觀　姚二觀　于榮福　姚德茂　張關福
張五觀　劉珍觀　李毛觀　沈大觀　吳大觀　劉
六觀　沈唐觀　陸照觀　丁三觀　沈連觀　沈七觀
周大觀　李和觀　陸懷觀　彭三觀　彭金觀　周

悌觀　費小和　顧勝觀　杜泖生　王勝福　周勝林
李大觀　陸乙照　陸書勳　錢二觀　周五觀　張
照觀　彭二觀　陸八觀　沈福觀　朱福城　顧德和
周份安　程毛觀　李大觀　王四觀　李德容　顧
小觀　周順德　姜蓮生　陸福元　高掌觀　趙掌觀
楊正發　顧春觀　俞世壽　周關祥　彭正觀　陳
大觀　李四淑　孫大觀　謝某同妻劉氏　郭如嶽同
嫂朱氏妹琴姑婢二人　陳永德同母彭氏　宋勤圃同
弟竹齋　郁金城同母顧氏　鍾秀卿同弟六觀三觀
張義同姪壽林　徐大保同子老蓮　陳連觀同子三元

辜錫康同妻鄒氏子大官二官三官四官　陳詠齋同
妻賴氏弟瑞齋妹五姑　張勝林同妻闞氏　成恒德同
子五官　王某觀同孫女大姑　李銀觀同子四觀　金
寶經同女小姑　王四觀同子大觀　沈奇林同妻張氏
吳繼康同妻黃氏　黃馥齋同子寶官　王四觀同妻
湯氏　李濬源同妻馮氏子德順姪二觀　潘五觀同族
人二觀　顧大寶同弟二觀　陸希淵同妻宋氏　徐文
銈同母鍾氏　黃小觀同妻闞氏女大姑姪女大姑　倪
繩正同女全寶　唐金榮同妻彭氏女二姑　戴七官同
子大官　李四觀同弟八觀　王毛觀同弟悌觀　王大

觀同子秀榮　唐和觀同妻楊氏子二觀女大姑　方悌
觀同弟年觀　金富榮同弟四觀七觀　張五觀同子二
觀嘉和　陳雲泉同女大姑　張小悌同妻張氏子四觀
姚元觀同妻顧氏　葉大觀同妻姚氏　程松亭同子
二觀　許培觀同弟六觀　唐二觀同弟婦張氏姪媳張
氏姚氏李大泖同弟小泖　黃保三同妻陳氏　張春觀
同妻楊氏子大觀　江法觀同妻全氏子毛觀　張茂興
同妻闞氏　陳福慶同母王氏　周天興同母張氏　張
愛觀同妻沈氏　劉凝遠同弟婦馬氏姪阿悌　唐三觀
同弟六觀姪媳曹氏　唐二觀同妻俞氏子七觀　吳灶

高培元 繆友三 胡菊菴 謝四觀 江謹安 顧
謙吉 盛壽林 顧雙喜 張山觀 沈宗培 金六和
陳葆琛 周三官 朱寶勝 張嘉樂 江巧林 王
炳文 吳福俶 沈五官 汪其壽 張春泉 方二牙
朱繼宗 王老奎 程二俶 丁勝官 錢萬選 李
七官 孫祥申 沈蘭珠 馬四觀 王益琴 盛悅山
金龍官 朱大和 朱瑞和 沈應龍 丁二官 張
士春 吳順昌 周師感 周四官 郁大官 汪六觀
吳元觀 朱大觀 韓虎觀 丁八觀 孫鶴洲 徐
金圻 周三官 王大觀 邵鏡清 呂錫疇 陳三官

何六官 毛福清 孫亮仕 汪老棋 王珊 吳峻
齋 張三悌 沈三觀 陳二悌 李阿龍 吳五福
沈雙喜 陳三喜 徐寶金 王三觀 袁蓮生 王亮
寅 馬四俶 陸文泉 王永奎 方福昌 金巧大
金富林 沈大福 李照壽 曹福壽 朱二相 繆友
三 胡小亭 顧阿萬 錢壽元 馬三官 黃五官
韓流海 汪六觀 曹福壽 胡銀官 金桂林 張琴
軒 沈大官 王五倌 韓五觀 蔡阿虎 張三官
沈大官 吳六官 陸阿大 徐咬官 陸大官 高阿
龍 高老元 葉鐵匠 何阿金 何小亭 胡鴻藻

吳倚志 邵澄 馬錦榮 徐兆榮 朱壽珍 陸士榮
包文炳 胡春陽 王瀛洲 王福 沈慶官 東寶
琛 方紹堂 陳關勝 徐老均 陸凌波 丁老順
陳士煥 沈小和 項德紹 馮阮雲 高春帆 倪小
二 盛五倌 王天喜 朱彩廷 陸四和 孫益三
陳老蒼 李老和 周老和 戈廷柱 袁瑞和 過三
官 胡秋亭 俞瑞興 沈二官 楊半蘇 郁振和
羅爲樑 汪六俶 唐福卿 蔣五壽 呂大官 朱三
官 呂源 陳鴻業 馬垣 陳三觀 陳三官 楊四
官 衞文炳 阮芳壽 金志澄 朱秀官 范友三

趙笛仙 王三湘 周二官 陸八官 王漁江 陳稻
村 李秀林 許玉寶 張湘舟 蔡六官 王厚基
林泰士 黃鳳星 李阿悌 潘鶴林 徐龍 陸德友
平大阿悌 陳望天 平大悌 郭小祿 甘友生
翁振揚 施春淦 張曉春 褚煥 王順福 金六壽
潘小鼇 徐洪昌 沈壽冠 屠七觀 吳永椿 吳
宗鑑 馮汝昌 吳東山 王桂堂 倪小二 許德松
孫三福 胡永秀 屠福昌 曹大觀 馬世德 俞
峯山 沈錦堂 吳萬青 曹鏞 簡三友 殷杏元
金六叔 陸禮官 俞二觀 王大官 馮連官 王會

新 朱秋霞 朱八觀 鍾王四 沈二官 許太原
錢兼之 顧人燠 王萬金 沈四官 顧維岑 陸鳳
林 浦大觀 包加壽 顧慶官 莫四福 沈祥慶
王大官 張榮生 李永茂 張祥夫 汪嘉德 朱遠
亭 錢關元 邱老晉 侯阿灣 劉躍龍 潘楚倫
馬讓 俞四觀 顧元坤 楊杏書 李登瀛 陳德龍
徐春和 賴恩培 程宗洢 王年洲 趙星橋 馮
蓉莊 顧廣模 馬少湊 梁相隣 楊四官 孫毛俶
潘三官 陳關榮 王永祺 廖彩文 吳爾爵 陳
大觀 羅六官 孫小毛 金大官 馮鹿門 朱壽增

潘廷章 程義林 何大觀 楊二觀 方三觀 方
永倌 鍾明德 呂愛林 許泰元 查壽官 吳富元
俞裕興 陸關元 金大觀 金三品 張鳴岐 吳
元富 吳富元重出 吳珍福 金鑑祿 孫仁龍 趙允中
平七叔 施益三 朱四觀 陳應淇 陳福生 周
衛長生 金七官 顧咬官 方二官 俞五福 程
榮桂 屈四福 周福源 楊德勝 陸關榮 朱四倌
義材 張順觀 方富恒 徐寶奇 沈八觀 倪振山
陸雙喜 徐小二 屠永慶 朱松林 蔡關福 陳
九俶 林禹聲 戴老美 戴老壽 陳友福 吳二觀

吳蘭珍 馮樸齋 錢廷鈞 蔣壽元 周阿福 孫
冰如 施汝昌 俞順叔 戴二官 張大官 汪廷揚
陸七官 周勝元 屈增福 朱二官 朱大官 楊
四官 汪鳳森 陳小二 王大德 俞運官 毛泰官
毛春江 馬四官 曹大保 方五福 方大官 沈
二和 黃福齋 黃玉官 黃秋泉 張寶金 沈福壽
陳富林 高四官 沈香樵 吳餘慶 倪笠亭 徐
興官 胡乾官 胡壽元 黃五福 顧星魁 陸壽林
胡禔觀 高四官 馬天官 朱三官 吳春官 蔡
武林 張毛觀 張勝官 金四福 姜二觀 楊五觀

楊三觀 吳金元 吳慶福 闕長觀 胡嘉觀 胡
三觀 施二觀 平五觀 沈三喜 張大觀 倪福觀
吳四官 金龍官 張成 馬容中 胡春山 劉敦
祚 曹少逵 陳小和 王關壽 倪七觀 陸小和
邵錦林 李瑞珍 吳文魁 邵福村 邵二官 陸三
元 張美觀 李福星 孫上壽 吳一林 吳四觀
沈大官 方大官 邱大觀 高三元 沈四官 陳老
茂 陸連元 金林 蔣二官 戈維熊 劉寶俶 陳
錦山 徐忠貴 徐文彩 王永芳 戴二觀 劉嗣宗
胡老全 張正善 徐五福 李秀觀 潘琳 馮毛

大　馮毛五　林有賢　沈以錩　陳雪塘　曹二觀
繆掌林　沈汝明　裴大官　沈鳳昌　顧維岑　沈果
顧永林　張老荷　戚愛元　顧關俶　周二司　魏
雙壽　李關祺　尚元魁　趙坤巖　周德福　屈順昌
莊允中　馮二觀　王老掌　戴老祥　沈三官　沈
瞎子　楊老關　宋正倫　楊五福　胡丙煌　過怡
沈聾　陶二官　沈鈺如　俞秋橋　王三觀　倪高明
陳義　謝景齋　馬五龍　張五官　邵九官　陸雲
巢　顧克昌　馮七觀　鮑懋廷　王天桂　羅興觀
汪巧林　鍾漢昌　高運祥　湯菊亭　林賞雲朱長

興　湯大倫　徐六官　謝介官　徐雙喜　陳橘泉
時景裕　嚴永　黃福鈞　翁福山　戚四福　黃桐慶
陳武珍　楊正和　葉福堂　王四福　汪聚勳　何
老添　徐金舟　王放銃　金志澄　孫大興　金同漢
王二俶　程鏡仁　倪四觀　許承烈　張堉　吳大
官　吳巧林　邵炳　戚鳳章　蔣壽昌　王仁山　陸
嘉禾　朱六官　吳四官　吾乾官　計榮華　吳紹官
戈三官　葉少坡　陸汝城　奚掌德　胡茂盛　胡
大海　林三福　李建榮　程位樞　沈六官　胡元掄
蔡福官　朱增福　包連慶　張奎　劉敦信　李福

祥　郭昌　林鴻生　王曉江　沈二觀　羅文瀾　李
慶華　楊萬官　孫六觀　邵六官　張藝冠　杜天生
李阿和　杜毛升　李八湘　沈阿犬　沈阿貴　吳
和觀　張慶觀　張魯堂　陳五官　楊四官　朱四官
呂春田　吳三官　白應　何二官　徐二官　楊南
山　張才舜　計金官　黃金題　張三福　俞世壽
金紹祖　周漢屏　吳華珍　張福生　裴人蛟　吳政
槐　徐乙舟　唐樹模　王毛觀　陳大觀　汪蘭生
馮四福　楊老天　趙琴泉　魏雙壽　毛大觀　陸九
觀　張四倌　沈貴觀　葛明初　潘雙慶　俞六觀

沈金皞　陳觀潮　黃雲章　謝寶珍　潘繼祖　沈愛
林　江悅琴　沈六觀　朱四和尚　林五官　陳七官
高阿福　方裕忠　陸蕉亭　潘玉林　李渭濱　陳
阿悌　王四朝　王大俶　王許星　陳阿俶　王汝德
泰大有　馬瑞和　都少崑　陳三官　王四福　王
祖壽　王雲亭　孫三福　王五福　高琴山　胡廷楨
沈廷炎　金毛二　鄒家二　胡三觀　姚鳳六　胡
品山　錢三觀　李葉秦　陸四官　許老虎　姚連奎
張永能　錢毛官　陸履堃　陳連慶　許少春　戈
宗楠　徐學熙　陳永泉　陳老年　姚大官　沈五官

鍾達夫　謝金福　孫五福　唐三司　戴士奇　姚
大觀　戈辰三　郎寶元　繆阿大　彭振環　杜煇
沈荷裳　陳雨高　陸長金　馮四和尚　俞九官　吳
大德　李寶金　徐五官　孫惠祥　嚴老勇　徐順喜
徐金彪　張四官　王闕勝　方坤林　楊四官　王
曉亭　馮鼎昌　鈕銘銑　馬恆炘　岳星環　都章福
張義成　杜星第　張毛和　張掌林　沈懋濤　徐
汝福　沈正福　朱裕昌　馬五福　朱寶珍　朱寶和
沈聖元　馬雲和　趙壬山　殷龍　張醒石　張太
湘　顧阿橋　徐八觀　高聖林　高聚順　李桂義

吳勝昌　王西堂　王大順　王家駒　胡金官　楊四
官　沈壬泉　王佩珍　謝五官　李懷明　顧秋漠
王全官　程松亭　李還生　潘鎔　方錦堂　陳八官
邵月如　姚銘　李金鏞　褚維清　費大官　李海
如　徐二觀　朱清和　殷阿勝　李永明　鄔聚發
俞少香　馬斯作　朱七官　陳大官　李二官費廣
興　陳三官　過上珍　顧小官　杜濟川　李三秩
費德和　張三元　李五官　李六官　陳蘭庭　蔣二
官　張大官　顧和　徐亦泉　俞標同妻沈氏子瑞生
二官　鮑蘭堂同子肖蘭　馬四觀同子三和尚　顧德

昌同弟德和　陸四官同妻劉氏子慶官女愛姑　龐天
華同妻闕氏　徐暢夫同子六官　潘大佩同妻闕氏
朱仁園同妻汪氏　盛春亭同妻陸氏子銓　張連慶同
姊顧張氏姪五德觀　楊漪亭同妻顧氏子五官女四寶
張八官同妻顧氏　陳梅圃同繼妻周氏　成三壽同
妻張氏　周誦先同子體元媳陸氏孫二荷孫女大寶
張南嶼同妻孫氏　時景裕同妻唐氏　盛一巖同妻符
氏　張阿和同妻闕氏　屈大昌同妻蔣氏子一　陳連
生同子大官　趙杏村同妻毛氏　朱玉濤同妻陸氏
施大林同妻裴氏子文源　沃學澧同弟大觀　陳泰熙

同弟婦賴氏妹賢秀姪和讓　朱世增同妻劉氏女大姑
吳青巖同妻徐氏　徐天任同子昌祺　李玉堂同孫
女來寶　王三官同姪二官　胡大品同子寶慶　朱爾
熾同妻李氏子聚生　徐煥章妻高氏　錢維鑄同弟維
鎮　曾士奎同妻沈氏　屈長庚同姊六姑　鄭憶漁同
妻馮氏　徐嘯蕉同妾邱氏子登元　朱芝明同弟受益
吳纕康同妻黃氏　陸大官同弟四官　沈雲槎同妻
闕氏　王仁溥同妻戈氏　方五官同女大寶　張秋泉
同妻馬氏　吳寶珍同子照福　馬大官同弟壽福　陳
阿廉同子阿大　沈龍橋同弟滿觀　王壽元同妻賈氏

妻母賈袁氏子大觀　許順之同妻翁氏子春和　潘覡
堂同弟丕堂子應元　張鳳翔同女一婢一　曹永林同
妻胡氏族嫂龔氏　徐又園同妻林氏　徐石泉同姪郎
亭　潘文煥同妻張氏　郭四觀同妻張氏　戴七官同
子二觀　葉松樵同子應德　陳廷模同妻錢氏　俞大
官同子大官二官　周酉溪同妻王氏　陳嘉亭同妻黃
氏子六官　王吟樵同母鍾氏　錢菊林同妻周氏子晉
祥　朱秋山同妻沈氏子小官　鄒煥波同母鍾氏妻盧
氏弟生和子其瓏其琮女愛姑桂姑　羅爲棟同妻朱氏
徐夢熊同母王氏　陸華季同妻唐氏　沈九官同妻

王氏子大官　陳維城同妻朱氏女四姑　俞雷增同母
王氏妻沈氏　張小九同妻顧氏子九大九四女五姑
莊竹莽同妻趙氏　邵樂生同妻沈氏　邵鶴禮同妻張
氏　邵穎同子光寰光富光寵　顧錦培同子杏園　蔡
龍三同妻俞氏　陸雲樵同妻錢氏子三觀女大姑二姑
金貴元同子大官　陳根和同妻陸氏　陸稚生同妻
金氏　劉飛熊同子培蘭　蔡龍山同妻俞氏　許芝山
同妻陸氏子大官女二姑　沈三觀同子大官二官　張七
觀同妻倪氏　郭少春同妻倪氏　何大經同子六官
朱三壽同妻闕氏子大官二官女二姑　江錫周同母周

氏　張鎔同妻李氏　潘聲立同妻沈氏子順金　陳毅
觀　孫慶源　吳元富（吳一作王）　程高鏞同妻周氏　何韻清
何鍾恒　錢錫齡　錢子卿　郭二　劉永山　張牒元
馮梧巢　馮二　朱少溪　周慶齡　張錫綸　沈大
勳同妻陳氏　王志親同妻顧氏　郁文修　陳景高
徐文垣　徐有方　徐友福　顧德孚　程有高　程景
明　鍾三觀　華榮春　張松觀　張福壽　趙八觀
陳勝壬　吳蘭增　包正昌　馮闕元　郭堯章　潘規
頌　劉左泉　林禹聲　王承山　沈金榮　陸全壽
唐六官　邱祿□　鄒培仁　金漆幹　吳增福　沈久

大　張文釗　李福祥　吳逢熙　王殿鰲　賴洪熙
王思觀　王老壽　陳榜　張金榮　邱松□　□堯書
劉寶善　馮卓庭　徐秀成　何寶瑄　周富榮　葛
傳經　張正鳳　何寶官　王慶源　周寶幹　鄒加幹
沈在恒　戴振治　林樹墉　陸成熊　沈虎三　朱
世增同妻劉氏女大寶　吳青岩同妻徐氏　高雲巖同
妻孟氏　張杰同妻梅氏　黃裕芳同妻紀氏子大官姪
女五姑　吳寶增同子照福　江晉文同妻廖氏　周九
叙同妻倪氏郭勝福同弟勝祥　沈長壽同子大觀　顧
樾同妻周氏子振鷺　邵寸珠同妻倪氏　潘毛三同妻

趙氏弟毛四姪大官　盛壽林　曹福壽　王勝林　王
三福　毛鳳岐　王銘鼎　沈文魁　王廷森　王燦
錢壽元　王志親　陳三倌　平阿悌　方永觀　胡耀
祖　戴泰元　沈松年　鍾明德　沈臨金　沈闗興同
弟洪生金福　胡阿順　沈渭同子四八　徐文垣　沈
培增　方裕忠　方坤林　鮑宗陞　王端甫　陸裕堃
陸履堃　陳稻村　黃克昌　陸晉陞　高良臣　章
學純　李四福　盧壬橋　金寶山　朱大春　楊振源
李玉山　王九大官　江壽福　楊和臧　王四倌
朱友橋　陳西美　楊振餘　陳少村　陳康　張八橋

陳應龍　孫大有　馬大倌　沈中炎　沈增炎　沈
尚和　陸七倌　宋三倌　彭老引　陸寶元　陸老鳳
張五倌　劉琴泉　唐小悌　富春和　吳老長　計
金壽　何晉鏞　張文郁　陳和觀　石崑山　孫應春
李蘭亭　潘堯封　潘丕堂　陳闟勝　李四悌　陳
阿茂　沈得勝　王寶林　時竹筠　時晴江　錢義和
程楚賢　陳程艮　陳蘭溪　韓松山　陳五東　時
鈖　高培元　張小六　張毛四　繆秀林　繆六倌　錢
鄖掌二　李桂珍　徐雲山　楊雲山　程位樞　陳義
顧二一和　戴二觀　徐五觀　俞六觀　湯大倫　支

永淸　王松亭　顧惟善　顧德孚　沈升圯　時霞城
一時葵　沈小山　金大官　張紹邦同妻龔氏　金桂
元同妻唐氏　徐三喜同子阿和　張愛林同母沈氏妹
三姑　范小阿弟同妻鍾氏子阿大　邵稱珠同女七寶
繆三倌同子五官　李小六同妻沈氏　莫元珍同弟
三珍　張鳳二同母李氏妻查氏弟鳳三祥官弟婦楊氏
妹七姑女二姑　張掌林同弟五福金福　張毛荷裳同
妻趙氏子阿茂阿九　李雲山同妻陸氏子三觀女大姑
二姑　柳才元同子二觀　邵春甸同妻鍾氏　汪祿年
錢大觀　屠茂才同弟茂生　毛維城　毛垣城　毛

干城　沈大觀　吳德勝　汪祿年　顧二和　王永魁
莊懷倌　包正昌　陳大俶　顧珍福　俞金福　徐
二倌　俞六倌　吳三和　屠八倌　陶福倌　屠昌倌
陸小山　陳六大　陳大倌　朱毛龍　高阿四　王
福觀　朱秀林　朱詠林　徐嗣念　林鈞春　王四湘
王四荷　王九二　王美俶　徐啃亭同母曹氏妻朱
氏　王君懷同妻張氏子全貴　胡仁倌同子阿三四倌
姪祥倌　徐大興同弟八倌五倌　陳咬倌同妻駱氏子
二倌　蔣瑞龍同母何氏　王啟巖同妻袁氏　顧二倌
同子五壽以上見忠義錄　張貴福　從九品銜金振遠　邵雲羅

監生盛際唐　六品銜陳寶琛　增生盛清瑞　生員
盛朝俊　生員盛國華　盛培　陳其輯　盛世俊　盛
元源　顧迎春　張桂　邵炳　監生郭泰基　張二官
袁景炘同妻章氏子大訴　錢大保　徐兆溱　石三
和　高鉞　施八標　屈大觀　錢大官　錢三官　徐
大觀　錢大觀　蕭大觀　徐二觀　沈三寶　徐四觀
胡九觀同弟八寶　沈金鏞同弟某　全大觀　湯二
倌同弟三倌　陸四倌　屈五倌　程龍壽　陳三倌
錢二倌　江錫周　屠雙金同弟正元　蕭四倌　陳五
觀　朱芝明同弟受益　阮全觀　錢五倌　洪大倌同

弟七倌　沈二倌　林小和　居八倌　高大倌　陸義
和　戈淩雲　沈大倌　周培珍　吳大美同弟小美
蕭大官　沈忠倌　陸松壽同弟全壽　從九品錢耀同
妻高氏女大寶　監生錢世楷同媳王氏孫媳屈氏孫女
四姑　錢錫麟　錢子卿　胡耀祖　胡增義　王廷樑
庠生劉鴻勳　庠生馮元勳　陳明書海甯人業醫　監生朱
善寶已上元廩生楊遷善避邑新廟里被擄死妻姚氏有身手抱子投河死　張
少鴻　顧金龍　李炳　朱鼎錫　李其鏞同母某氏弟
婦汪氏以上採訪

石門縣
侯補鹽運判馬鳳梧忠義錄有傳　從九品銜范三畏　歲貢生
蔡之楨　增貢生鍾烺　附貢生史臣直　魏仁喜　監
生沈人鵠同母姚氏子懋煐　薛黼昇　朱珩　魏受恆
姚可宗　田之瑞同妻陸氏　鍾學倫同妻沈氏子麗
賦女貞子婦蔡氏吳氏袁氏孫毓駿毓驥毓騮女孫慶瑞
蘭僕陳七僕婦沈氏婢閏勤韻喜巧蓮　吳學瀛　王運
貫　孫江　强景昌　魏受謙　吳啟森　附生沈文林
同母鄭氏　馬光祖　沈應輝　馬同儀　徐多祿同妻
孫氏　孫如淵　李文瀚同女摯珠藏珠　張錫疇　田

方新　鍾宸謨　錢慶燾　施則行　徐汝鑾　張錫疇
同子壽齡　錢元杰同妻聞氏　勞廷榮同妻張氏子德
煃女四姑八姑女姪五姑女甥許沈氏　錢新　沈陳榮
武生唐熊　張大淦　金安邦　杜雲飛　候選知縣
魏承禧　候選知縣沈堃　候選教諭錢德濂　徐德謙
同兄珏女六姑八姑子婦蔡氏僕鄭本婢鄭姑　從九品
銜李溎　從九品薛黼昇同子桂生　候選訓導程佑同
子德明德生　從九品銜鍾毓琳　從九品銜吳世逢
主簿包世壽　從九品淩茂松　廩生馬宣召　附生沈
錫坤同妻田氏　監生姚仁端同妻張氏　廩貢生沈榮

附生吳慶祺　吳慶年同母朱氏　監生周蘭鈿　監
生張慶　沈盤　徐益齋　包世榮　史福田同妻毛氏
女蕙珍　史福成同妻吳氏　生員李文瀚　監生吳學
瀛　田方秀同父藍暉　附生賫日生　蔣蘭春　費大
艮　沈茂源　邵方榮　姚蘭芳　姚廷和　錢大元
姚瑞高　沈元　沈景榮　呂士相　章瑞高　顧順峯
顧玉英　陳樹懷　朱正福　顧文華　鍾君求　姜
瑞仁　呂樹洪　吳維垣　談維安　金泗　金永山
沈如山　徐福增　高載宗　王振林　褚發昌　呂玉
奇　王恬瀾　王振名　許國棠　張聯階　强汝瑛

沈晉文　强鏡　沈煒　吳錦堂　劉兆能　劉永發
孫芳　陳壽珍　吳嘉璣　徐茂忠　屈元清　呂萬年
屈鳳璋　屈繼周　曹垚　沈鼎興　沈槃　吳琢成
譚楚卿　鍾謙　鍾履坤　倪董高　張湘巖　張聯
晉　吳禮南　方潮　朱占魁　吳燮功　楊美元　田
祥昌　王德亭　王德明　沈品高　王金榮　蔡賡康
鄭芳林　周殿坤　徐錦堂　鄭殿章　屈有才　王
午觀　湯大才　吳秀珍　吳一桂　沈廷榮　楊傳森
楊傳堯　蔡耀廷　范元龍　郭明章　錢效忠　周
正山、胡永發　周聖佑　田岳峯　吳榮森　吳天相

田藍暉　附朱延齡　查杞　馬萬安　俞光卿　王毓
忠　楊玉林　張廷啟　沈秀卿　錢曉山　屈錫榮
蔡輪閑　譚守勤　李體仁　王廷貴　沈壽昌　鍾維
高　蔡關通　陳會嘉　勞佑啟　沈鳳祥　鍾秉忠
魏悅興　高秀觀　時永林　王仁安　王勝明　曾福
基　查恆吉　馬升增　馬升球　陳茂松　陸振雲
倪有發　盛清榮同母殷氏　朱毓慶同妻曹氏弟貴慶
弟婦王氏姪大官小官女保芝姪女大姑戚王夏氏　丁
汝爲同妻周氏子一　祝瑞年同弟椿年延年　陳其材
同弟荷裳　錢文中同子大官　李甫藏同母胡氏婢春

熙　何大官同祖母陳氏　吳自金同母屠氏　沈有堂
吳文官　沈梁　費啟祥　姚鳳鳴　沈大昌　朱瑞
發　錢壽發　陳開榮　余慶堂　李才官　陳聖天
陳德年　周學坤　李天山　李茂慶　李成福　常永
祥　金薇坤　劉有福　陳茂才　夏大有　朱永和
李月山　鄭可忠　楊瑞年　劉永發　劉兆倫　沈福
忠　俞正揚　沈壽章　方瑞雲　沈德嘉　陳繼林
費元發　陸駿發　金元龍　舒景賢　徐楚璜　舒永
德　鍾寶林　王永才　蔡永高　陳天林　沈景標
陸升發　劉永艮　陸桂庭　錢鳳儀　俞壽元　周甫

慶　沈有高　徐景堂　沈文林　徐景福　顧登龍
沈福源　陳景天　陳啟新　朱啟發　楊聚慶　蔡永
華　楊京高　鄭祥昌　舒錦高　舒玉秀　葉鶴高
鄭大祥　沈大金　盛順福　曹虎臣　張瑞麟　朱廣
發　張鶴齡　沈祥春　蔡惠高　姚廷和　沈永慶
徐百壽　沈岐山　劉仁元　劉永源　既傳林　費啟
財　柴啟高　舒永春　湯慶元　魯福基　楊邦凝
高永慶　費振峯　魏順南　馬天敘　費秀林　沈大
良　羅發秀　陳有珍　邵鼎發　鍾元慶　徐惠成
徐有倫　姚勝昌　吳聲揚　王景秀　錢熉　倪景榮

倪明高　徐應才　沈啟隆　潘毓文　楊鶴齡　錢
錦春　陳元孝　蔣成標　翟文秀　孫祥玉　胡起章
程永凝　謝維賢　朱元宰　倪燕山　徐德忠　汪
萬奇　汪萬林　李樹發　馬德成　沈永發　沈景春
錢懋祥　呂寶成　湯寶忠　徐晉臣　徐晉彥　朱
廣士　朱宏慶　陸長豐　費成章　沈榮發　朱忠昌
李元祥　徐茂忠　黃禮彬　陳惠昌　章聖林　張
振奇　楊鳳鳴　呂寶森　費玉林　張秀章　唐士英
顧乾忠　周永發　趙永才　顧祥發　顧義康　沈
廣發　祝廣明　張斗山　方國良　吳昌年　王聖甫

康金生　張學良　徐廷松　葛金德　葛茂如　夏
秀林　李慶成　許聖魁　陳丹林　朱鼎銘　徐芝堂
沈隆慶　顧景芳　王金榮　吳大文　胡三官　沈
春山　屠義方　李祥雲　沈松源　范雲龍　方起壽
范世表　王繼祥　葛聖華　陸福壽　葛聖嘉　朱
聚源　張士良　吳長發　戚聖昌　王鼎才　王德亨
王廷貴　王毓元　王禮坤　徐松年　胡品高　沈
永年　胡毛三　强錦芳　孫洪慶　徐茂松　沈寶穀
呂慶雲　朱永良　顧連珍　沈祥龍　陳繼龍　平
德森　吳柏龍　徐阁良　胡寶桂　呂秀桂　呂月鉦

王向高　郭福良　郭世隆　郭有仁　屠福坤　吳
坤玉　沈仁彩　沈敘才　沈士中　朱振元　沈德林
朱守仁　朱維榮　范士魁　周酉山　陳其求　陳
其才　張宏昌　華中高　鍾起堂　馮學連　吳錫齡
許炳章　蔡繩祖　朱永財　顧葛生　陳妙源　王
時風　沈禮元　張福林　沈貴堂　何仁達　周斐然
余美連　張聖奇　李四　李大官　嚴洪奇　錢仁
良　錢金良　顧長春　顧廷芳　陳兆良　沈大年
朱德嘉　宋仁啟　張景天　沈漢照　宋關通　費紀
高　費久山　朱茂森　詹寶連　詹武高　褚有三

章泰來　羅茂榮　費仕朝　馬大珍　錢光照　徐貴
芳　徐萬芳　沈茂和　鍾蘭銓　鍾永貴　于麥官
徐建堂　沈載林　沈載成　楊景年　徐世榮　計品
高　談瀛洲　吳世元　朱焕章　沈文江　費炳珍
朱壽華　褚廷經　羅元東　沈在祥　羅順章　費奇
年　費士高　張珊山　費載高　諸源昌　諸奇昌
徐鳳其　蔣寶生　姚鍾越　錢大有　姚連德　倪佩
濟　沈迎祥　黄安邦　呂貴堂　方緯如　朱金標
楊繼高　沈鶴廷　倪守凡　談憲成　鍾載奎　邱雲
官　王乾亭　王文忠　朱景堂　曹起堂　章鶴年

倪慶源　成鳳岐　張錫蕃　平福仁　王槐榮　錢雲
標　勞達昌　王敘發　沈松林　呂國興　王家淦
姚美方　王國忠　呂正榮　蔡耀章　舒錫桂　張家
豪　姚世其　周如桓　沈貴芳　沈奇山　王春芳
范文高　祝應魁　屠貴芳　屠金山　鍾壽春　沈慶
良　吳琇珍　費國英　范世維　張佐發　費寶財
盛德風　張萬勝　朱秉彝　朱廣財　顧濟源　張士
進　呂啟豪　呂啟坤　呂啟明　呂玉珍　范應才
楊繼康　李福元　金薇孝　張鳳寶　周孔嘉　蘇士
升　富鶴山　劉敘源　舒子發　舒子茂　舒錫慶

吳天相　俞永琪　張兆廷　尤茂春　周鼎奎　范忠
明　王炳金　范永春　許載榮　李順興　顧惟友
李維章　李玉堂　王正發　楊秀南　吳敬敷　陳廷
高　陳嘉豐　鮑列忠　張明岐　李學孚　錢大勇
曹浚明　馬維新　馬福高　馬啟林　馬桂林　胡廣
福　沈八官　鍾福正　勞惠昌　陶宏春　沈福慶
屠發榮　勞瑞年　張勝千　錢士義　沈明發　王召
音　呂雲慶　姚聖魁　蔡三毛　夏天順　楊慎昌
張鳳揚　沈國慶　沈景榮　李起豪　胡兆發　王運
達　高樹春　郭世章　錢耀忠　費榮發　朱大開

富明山　周之高　舒啟民　陸振家　顧廷魁　錢曉
山　鍾慶朝　姚毛頭　沈財寶　馬錦元　周永秀
周瑞章　沈德揚　馬桂和　强亦珍　强廣南　商應
龍　商應貴　吳應官　沈邦懷　陳鼎發　陳景元
吳廷魁　吳錦堂　曹壽貞　費國朝　呂二　費壽昌
屠方慶　周景鑾　龔桂榮　錢啟正　錢慶元　沈
天德　范元龍　唐學慶　朱永秀　許茂榮　李三
張學信　沈尚綸　呂德慶　錢聖義　陸久清　李慶
祥　沈鳳梧　王啟元　蔡景星　王安邦　李國奇
邵和讓　趙雲標　姚勝魁　顧士龍　蔡瑞麟　蔡五

柏　張禹高　蘇歡毛　俞五　鍾壽發　蔣慶官　嚴
啟鳳　沈萬春　吳承元　褚建艮　沈祥德　錢洪發
顧奇山　呂萬金　徐大倫　姜奇周　范東陽　姜
星烈　朱廣春　鍾觀揚　范志學　沈秀豐　楊玉林
孫允忠　周田龍　朱元林　黃學岐　薄應春　王
德元　王德明　沈蘭芳　陸繼發　陸祥高　王聖華
孫惠豐　張廷樞　沈品高　張文學　成永林　强
二毛　吳福周　沈壽昌　朱順慶　顧裕昌　秦二觀
徐大觀　鍾發貴　沈文相　朱萬興　陳四柏　郁
慶元　沈魯萬　沈永昌　王毓忠　沈蘭芳　章雲高

金才榮　朱大興　呂士昌　張錦春　張士豐　王
萬義　吳玉堂　蔣瑞珍　沈廷魁　胡廷齡　李兆曾
沈鳳春　沈茂功　沈祥桂　陳榮昌　楊聖奇　周
永發　朱天榮　沈永祥　葛尚武　蔡三　金廣雲
呂三　朱和讓　包阿正　梁大　梁惠榮　梁阿春
邱雲周　屠大　邱廣年　薛雲高　車有恆　沈阿順
沈大高　屠雲祥　費五　屠福壽　陸大　屠金元
陸維海　屠二　沈九　張聖發　朱廣福　胡廷貴
朱發齡　呂禹標　呂文魁　宋永秀　李瑞標　郭
鳳天　朱維周　沈有三　李永茂　李龍山　李長福

沈廷正　屠繼元　屠連芳　李武標　李鳳才　李
福春　沈繼隆　沈文龍　屠永凝　包法材　屠六
屠大發　商敘堂　商仁堂　李明山　李大　李正學
李正才　李瑞奇　羅振昌　楊敘山　張禮中　朱
正發　朱鳳彩　朱兆榮　朱雲山　朱美春　朱天貴
王阿富　王阿才　邱寶璜　沈天祥　高大　茅二
官　潘玉和　高玉田　高順彩　阮天順　郁益山
錢大炳　邱益忠　屠阿隆　董萬榮　張正高　周錫
堂　沈發祥　屠六　沈德剛　陳吉祥　沈雲松　沈
文珍　陳天福　徐大艮　陸永順　王有發　王福山

吳士貴　屠四　沈廷貴　史起林　沈寶山　沈桂
富　李慶堂　李裕昌　王長發　王年發　勞裴順
勞裴雲　鍾世華　陳寶三　倪國正　徐和順　宋起
忠　徐見仁　徐錦祥　陸大　吳二　屠爾富　屠文
龍　費鳳祥　卜大官　馬景山　湯邦年　范景山
沈廣義　陳廷魁　鍾聖榮　曹茂卿　鍾聖甫　方世
謨　鍾學禮　全德龍　倪忠福　錢正峯　鄭起華
杜寶豐　陳萬福　陳彩富　沈萬春　沈茂發　沈春
林　陳瑞福　胡瑞珠　嚴三　房仰元　范永順　湯
福慶　許永昌　沈廷芳　沈蘭賓　陳維揚　鍾廷發

楊貴榮 鄭尙貴 蔡鳳年 蔡福春 朱瑞天 董
子彩 范子良 范七 沈寶初 歸昌海 范孔章
陳益文 沈維周 施廷元 沈祖高 朱振揚 張聖
陞 沈富義 胡超才 吳八觀 沈升觀 潘廣田
呂二觀 徐二保 張德成 倪載雍 沈子成 沈福
昌 周慶楷 張景林 姚尙政 郁再興 孔鳳祥
曹聖發 汪順年 董永凝 錢永發 沈瑞和 衞慶
豐 沈鳳山 徐廷高 姚龍三 張學明 吳成發
徐景發 沈正富 曹鳴和 許明芳 朱甫堯 徐寶
生 徐寶卿 姚壽高 姚二保 陸起龍 張大生

沈楚珍 王寶才 章雲程 王敬天 陸堯法 陸德
明 周聖昌 俞秀高 錢德英 蔣壽昌 陸茂慶
倪有發 祝茂春 陸鳳誥 施鶴林 邵鼎元 祝茂
才 祝瑞林 祝廷相 費永嘉 張兆安 馬廷標
呂東揚 陸瑞福 蕭貴奇 蕭世寶 梅德順 沈建
揚 姚啟宗 嚴掌福 褚蘭坪 陸啟發 金履乾
蔣啟玉 王禮春 嚴禹豐 葉阿掌 沈繼芳 沈琳
錢瑞發 顧萬年 倪茂林 張永福 王正銘 曹
如山 姚金鳳 仰壽祺 趙仁芳 朱克奇 陸士豪
陳廷槐 曹世才 徐紀成 徐連三 徐士坤 金

正坤 羅邦燏 沈志昆 王朝年 吳永銘 董振福
俞世榮 曹錫貴 徐正明 姚景昌 陸寶元 錢
正年 姚正岐 張瑾珍 鍾有和 鍾啟鳳 吳德生
茅介範 黃聚年 陳萬林 張翰良 陳錦廷 鄭
繼春 唐禹錫 董茂林 徐順發 吳寶珍 陸聚財
羅有義 陸正雲 沈在明 錢福林 邱順昌 宋
紹祺 沈孝豐 朱向榮 顧鼎文 胡俊文 俞秉懷
徐福年 錢繼周 顧大昌 汪世榮 陳其龍 沈
順天 張玉成 羅秀發 費永年 朱秀良 吳寶輿
蔡天林 姚嘉福 何仁芳 朱大成 陸孔發 姚

允和 邱贊勳 陳士法 施阿珍 馬九皋 姚世嘉
呂楚堂 呂世豐 王省方 王秀方 潘福建 陳
萬春 陳世清 謝福田 俞秀福 曹國榮 吳萬凝
沈鳳祥 鍾自道 鍾儀春 蔡明揚 談進勳 吳
大金 呂玉魁 錢景昌 呂成德 周鼎奎 顧際昇
朱錦豐 陳楚豪 徐雲彩 王關雲 陸廷榮 徐
大輿 朱關忠 朱聖嘉 沈來發 周聖佑 周振山
周茂高 崔用年 王聲和 沈元標 王樹風 王
成啟 王盛陞 屠玉臺 聞鶴 胡啟忠 費聖和
陸桂芳 張福昌 朱文貴 蔡順通 朱賜福 平加

福　范武高　姜顯宗　呂道全　陳瑞年　陸敘才
胡萬玉　沈廷榮　沈有松　周如棠　陳廷璜　金秀
坤　朱順年　朱汝榮　高德仁　施玉豐　朱時榮
沈世奇　張祥林　吳寶林　鍾李加　鍾雨辰　沈景
榮　朱雲龍　姚廣年　陸武祥　陸其琛　范順風
沈雲龍　倪景春　戴茂先　張甫林　李銘銓　俞德
連　宋應堂　周錫齡　袁應天　鍾發財　陸有松
吳發明　沈萬春　李大保　蔡聚坤　潘友忠　柳元
熙　蔡之麟　陳如豐　何元昌　陸德芳　吳維仁
沈永方　柳炳章　沈萬雲　沈進官　蔡樹豐　姚瑞

發　夏天償　姚君昌　陳繼芳　周如桓　周惠英
陳瑞年　沈慶三　王振林同弟振名子恬瀾　呂玉奇
同繼妻李氏　顧學慶同子大男　盛新模同母殷氏弟
新規　邵正華同母鍾氏弟正求　馬天生同母徐氏
張萬英同妻史氏子長齡　勞謙同妻陳氏子大官女二
姑　余正德同子大男　王壽林同子大觀　張桂榮同
子五兒　蔣繼忠同子勝林　錢仁杰同弟順年祿年
朱永福同母張氏　張洪春同母王氏弟洪盛　高瑞興
同子維城　倪寶珍同弟彩珍　李耀南同妻唐氏媳胡
氏　沈福昌同妻周氏　蔣貴榮同弟君榮　吳彥章

朱長材　李景春同妻楊氏　吳啟森　徐多祉同弟多
福　趙萬林　鍾毓璇　蘇啟文　蘇啟明　吳義柏
沈發才　陳天林　黃元發　金元龍　舒景風　沈景
林　陸進發　沈煇　沈鶴鳴　張淮育　張秀林　張
子俊　張子杏　朱赤文　朱秀書　張寶成同妻朱氏
朱啓錕同妻吳氏　朱廸吉同妻盧氏　何星聚同妻
歸氏　沈萬興　陸四柏　鄭大高　沈四柏　陸天林
包汝齡　沈燊　吳肇森　吳棨森　陳吉松　王吉
以上見忠義錄　田小保　魏大官　王大寶　錢大官　盛大官
徐大官同弟二官　張大保　潘三寶　李甫臧　沈

秀梅同弟秀楨秀模秀林　候補運判馬國棠　以上已旌

桐鄉縣
直隸滄州知州沈如潮忠義錄有傳 候選布理問沈澍 六品
銜顧勳同妻鄭氏子大官 揀選知縣毛鴻逵 候選訓
導朱漱芳 從九品銜柴秉禮 沈長齡 鄭繼恆 岳
裴章 陳建邦 胡榛 汪世銘 歲貢生孫濤 監生
劉廷選 陳綸 張仁壽 曹鋏同子桐溪三德 王春
階 朱尙黙 皇甫芝生 皇甫鍾英同子洪女大姑
王達恆 姚本 朱棟 陳信同母沈氏妻張氏妻母張
徐氏 李少蘇 附生時述之同妻葉氏 時馨 葉應
逵 濮希瀛 沈庶熙 祁駿勳 吳召棠 沈伊緘

鄭鴻鑑同子大官 高毓麟 周善恆 張光裕 朱寶
璜同女勝 湯兆邦 沈文銓 徐邦楨 陳懷錦 武
生王魁 候選州判程元霖同媳某氏女施程氏沈程氏
候選教諭張士彬 候選訓導沈寶棨 沈仲嘉同母
朱氏 中書科中書周善震 候選縣主薄陸費棠 候
選從九品毛佩元 江西九江府知府陳鼎治同妻張氏
子從九品銜壽修媳徐氏 從九品銜岳宏輿 從九品
銜李應祥 州同銜朱寶瑩同妻楊氏子貴生 九品職
員貝楠 候補巡檢丁方銓同妻吳氏 從九品銜劉成
鈖 徐與邦 李洵 李應祥 皇甫瀜 從九品銜沈

嘉祿 從九品銜張祝三 監生查禮門 附生祁崧壽
監生劉鑑衡 附生高玉麟 濮希雲 濮湧 監生
黃錫周 附生朱寶瑩同母楊氏弟國林僕吳有 監生
李成坊 程桂 陸雨樵 歸鈁同子以潤 歸鎬 曹
爵遷同子相溪三德 潘楚傳 刁壽生 徐元英 朱
右箴同表姑母吳氏二姑妻陳氏妹芳姑表弟徐文瀾表
姊銀姑 王朝英同妻曹氏 陳綸 陳芳華 陸超羣
生員徐鳳清 沈濟春 吳札 陳信同母沈氏妻母
張徐氏妻張氏 歸德泰同子清標淸鳳 武生徐昌州
監生桂尙忠 葉應銓 鄭文津 曹堉 生員夏伯

勛同妻朱氏 佾生曹關鎬 武生董攀龍 朱興年
邱聯陞 陸三元 徐廷楷 沈祥林 徐允怡 傅溶
姚宗墀 徐可成 馮明倫 陸費焯 鍾賢輿 吳
電 吳霈 屈起隆 柴維宗 祁蛟騰 祁蟾明 孫
如鼇 朱慶祥 陳亦新 毛藍田 胡兆祥 李竹山
曹士振 沈守惇 姚椿齡 高春波 邱萬選 章
福康 王耀文 彭應棖 茅載坤 吳雲同子肇鈞
朱逢慶同妻傅氏女應珍姪孫楚傳 金振華同妻曹氏
陸慶餘同母沈氏嫂張氏李氏妻管氏子大官姪大官
潘慶餘同子大官 鈕廷鑑同母張氏妻張氏子陛榮

朱聖欽同子建中　戴渭濱同妻吳氏　徐元怡　沈
維坤　方吟香　詹順發　陸香山　費順昌　于通汶
王瑞珍　石香工　錢元鼇　楊正英　謝天豪　謝
隆興　張浩　鍾添奇　柳鳳元　柳聖明　陳鼎良
江德祥　時成文　許元發　許樹潮　周序倫　張雨
山　張頌□　張利昇　沈維良　董良才　沈其康
朱得金　朱得方　朱兆明　胡瑞章　胡繼彬　沈樹
琪　徐聲和　張珊　沈受康　張家楨　李卓山　莊
有年　陳德祥　馬啟泉　鄭淡恬　殳巽雲　陸用年
陸雨樵　陸芳華　陸超羣　陳美仁　徐山壽　朱

慶昇　徐蘭芳　吳切　劉度　王山　徐珊　曹品
陳立山　潘元愷　張禹堂　張壽春　陸進明　沈福
林　董大受　朱義　朱世　吳文魁　姚學奇　鄭中
玉　徐貴林　鍾應福　鍾士元　鍾元桂　沈會文
李月元　李五觀　李天生　李應燕　李德生　李秀
雲　李亦元　馬發賢　李玉山　朱雲高　朱永珍
邱榮春　邱廟榮　朱笙嘉　沈榮　江蔄　諸少亦
朱一飛　陳秀堂　陸啟賢　張在斌　陸承勳　吳炳
芳　陸德齡　江文承　沈義觀　朱大奎　吳錦雲
吳承林　吳如初　吳鳳山　鍾德元　高架虹　陳聘

來　張士倫　柴國良　李大觀　顧文秀　顧文龍
俞理中　彭老良　陳南榮　陳南星　陳金瑞　錢元
源　王長元　王南山　王和上　張友三　沈賜官
沈茂亭　陸明榮　周應才　徐南山　程桂　邊尚嵩
王春山　楊度　張雲樵　沈七觀　陳福全　范天
祥　魏楚賢　金恒芳　王貴龍　傅五　陸瑞明　楊
士乾　吳應龍　管瑞珍　宗士魁　宗乾魁　宗乾坤
陸理才　陸秀英　錢德珍　強有廷　李敬華　管
嘉楨　張鳳明　張茂如　周順奇　宋茂連　朱秀豐
魏敬生　潘文榮　葉松茂　余春麟　張錦華　王

亦倫　張貴林　柴玉林　董安邦　管珊度　顧陛階
陳鳳翔　鍾順祥　周友山　蘇兆松　夏霖昌　鍾
應千　金圖桂　董度　胡嘉瑞　曹子香　沈大銘
周廷榮　馮明倫　沈祥麒　沈允臧　平學嘉　何順
福　沈正松　翁登榮　蔡廷樑　吳秀文　鍾阿二
鍾德奎　鍾雲鶴　何明春　徐阿七　鄭佑者　朱鳳
球　楊士相　朱拱辰　祈錫康　魏萬金　朱時來
徐尚熊　潘應才　張載成　沈美周　張士芳　高延
齡　黃福生　周萬全　周勝德　沈錦成　沈德松
蔣闕名　徐正芳　沈美福　姚景祥　沈之鍾　蔣如

進 章聖榮 錢昌緒 陳以壽 錢福增 王應鼇
周潮芳 沈佩芳 陳贊武 諸士田 諸春雷 吳邦
傑 蔡進卿 周永沛 姚福珍 張順發 姚福增
沈義和 王忍之 皇甫錕 唐進才 王景雲 黃聖
發 謝茂宗 沈恒松 陸廣潮 潘玉峰 何順寶
何順福 鍾學基 周善昌 姚應才 沈志林 施士
高 董友祥 沈正高 沈彩官 沈正才 高寶隆
朱阿四 盛文德 盛寶順 朱有松 潘煥文 沈以
高 張景橫 吳渭山 王維增 高永嘉 王茂春
費聖宗 鍾漢章 張闕名 沈佩颸 蔣茂松 沈應

嘉 顧德如 孔昭潛 岑仲殷 李效泉 卞樹堂
張漢江 錢進賢 周士福 姚聖鶴 潘廣才 張杏
林 徐啟覲 沈文鎔 馮玉文 朱大邦 高永山
徐尚臣 高應龍 姚玉田 錢敦詩 王建周 陳秀
法 陳志春 陳鳳珍 陸端高 陸懷奇 吳國林
盧振潘 胡一常 沈月山 錢輔順 茅永順 沈振
麟 茅闕名 陸闕名 陸茂春 倪闕名 載朝宗
費李忠 沈永才 沈萬才 張恒峯 彭雲衢 彭聖
珍 彭福全 彭阿五 彭尚珠 彭應豐 盧寶才
施阿五 朱裕生 朱裕茂 朱裕承 邱啟明 江有

德 姚寶田 姚阿六 費應標 沈德年 彭文煥
李雄春 費永祥 費肯堂 費可發 費福才 費小
山 黃福齡 楊桂生 錢應龍 蔣寶連 許闕名
許鳳章 許國忠 錢以南 施綱文 薛世榮 吳阿
五 顧友松 徐發才 邱瑞春 邱闕名 邱守才
高志珍 高闕名 高阿四 高福生 高德明 周景
謨 邱宏濤 江德章 朱富林 黃連城 吳泰發
嵇景懷 沈龍山 王明高 王明玉 孫載坤 鄭廷
榮 許義 許啟發 沈明方 詹煥文 詹維廷 皇
甫鑾 何瑞泰 錢有年 李文光 姚洪元 陳明楊

周順龍 甯守訓 魏受明 蔣毓祥 王玉和 錢
四寶 姚鳳揚 施有才 孫鳴盛 姚茂春 柴正賢
王永才 倪廷春 李阿大 張永順 張寶森 沈
阿大 沈林標 沈福元 陳福昌 陳阿四 施瑞章
吳廷賢 顧有松 許承鑾 許漢祥 姚阿三 姚
廷相 許廣潮 盛鳳岐 沈天林 陳明德 張應美
顧餘慶 姚進源 沈在山 周永陞 周益亭 吳
文源 陳卓峰 吳叙生 陳敘發 陳鳳豪 仲聖豪
楊景文 沈長才 費鳳岐 盛福階 盛福康 盛
寶奎 章蘭秀 趙五毛 唐聖祥 朱仁德 姚大森

徐明洪 計永芳 鈕載明 鈕東園 曹根堂 潘
茂蓮 孔晌山 費有信 陳永安 計永久 葉可行
朱儒魁 聞位珍 高永秀 吳寶林 楊阿五 陳佩
元 周大銘 陶永順 潘錫銘 沈佩卿 尤惠南
施佩珍 姚學叙 錢貴與 高守坤 吳有章 彭海
介 戴宗翰 徐發年 謝廷奎 茅鍾 姚起發 蔣
文秀 姚順福 周錫麒 邱正和 朱汝林 周舍豐
尤正舒 朱聖賓 沈佩源 葉榮春 楊阿三 沈
大明 王阿二 顧德朝 姚樹松 孔憲琛 王鳳周
鄭載發 姚有夏 高進材 干聖麒 沈聚才 陸

永茂 吳介千 周泰豐 楊繼德 董嘉毛 沈金城
姚正才 許成蘭 梁駿發 王萬松 施會釆 周
發祥 計鑑朝 陸永茂 沈丹成 彭海明 沈有時
孫兆龍 顧應才 唐耀魁 周鑑豐 徐聖佩 魏
以明 蔣正高 戴啟發 仲玉田 張松高 戴鈞
高啟元 許萬與 沈秀明 江如桓 江輔仁 盛佩
珍 潘鼎銘 潘長春 潘萬春 許拱潮 盛聖備
周士福 沈大年 唐以豐 江阿六 江崇祿 沈雲
龍 陸文高 費廷貴 曹正法 曹通嘉 許且發
諸明忠 沈嘉明 查錦雲 唐應通 吳順德 顧禮

文 徐闕名 姚萬林 沈永安 復文璜同妻尤氏子
某官 徐福生同妻曹氏 陸阿四同妻王氏 王聿懷
同妻朱氏子大官女大姑二姑三姑甥女闕大姑 周世
凝同妻丁氏 戴瑞初同妻周氏子叙金叙榮 董慶和
同女大姑 姚明學同姪阿二 莫渭生同姪錦榮 錢
世琦同妻王氏 濮繼福同子廷發 潘蔭嗣同子大官
二官 張鈐同子源官 周廷梧同子大官 張金蘭同
子榮生 張祥龍同長孫媳葉氏次孫元官 陳福壽同
妻顧氏女大姑 王長生同妻范氏子某官 金貴芳同
子大官女大姑 濮義仁同妻闕氏 張才材同妻闕氏

張關鳳同妻歐氏 張大官同弟二官 章大春同子
度官 張聖乾同女天奴姪嘉奎 何起元同妻王氏
蔣連生同妻洪氏子阿發女六姑 沈永甯同妻闕氏
鈕載揚同弟二官 岳德音同妻周氏 高秀芳同子順
德 姚介福同母皇甫氏妻沈氏 周聿錕同媳李氏
李洵同妻張氏弟二官 李楠舟同女大姑 錢廷珍同
弟阿五 費秀生同母張氏 姚啟江同子才明 顧維
才同養媳沈氏 沈啟高同弟順高 邱元春同子貴順
邱福元同子聚明 謝理明同妻孟氏 錢永林同妻
陳氏 馮左泉同女張馮氏 鄭鈴同妻李氏 陳卓漢

同子三寶　曹理祥同弟阿六　沈佩雲同媳闞氏　周
德榮同妻張氏　錢四官同弟阿五　汪允文同弟允章
鍾德增同弟德仁　徐子炘同媳張氏王氏　張廷槐
同妻沈氏　魏體明同母沈氏　潘瑞玉同子錫年　嚴
炳章同弟長發　金利成同妹大姑子大官　沈聖瑞同
妻蔡氏子寶觀五毛　魏馥堂同母申氏　趙雄城同子
德增　彭敬生同母仲氏　張嘉範同母徐氏　岳某同
母徐氏妻闞氏　顧應寶同母陳氏弟闞慶　王有祥同
母姚氏弟二官　沈立增同母蔣氏妻王氏子大官　馮
珽　沈槃　章玉麟　皇甫準　沈鹿門　徐廷銘　周

聲溢　朱毛官同妻闞氏子一女一　施永九　高和
姚福慶　陸四伯　施阿二　施枚臣　沈榮慶　殷德
高　姚大　施啟秀　朱大　姚阿七　施大忠　殷茂
生　殷阿二　邱阿昭　沈大官　劉成鈴　吳根山
沈廣大　夏相勳同妻朱氏　朱士珏同女沈朱氏　周
建中　蔣駿文　周大官　周二官　劉成鈖　王聿懷
同妻姜氏　何善繼　何善榮　何善純　何善緯　曹
桐溪　曹三德　曹魯遷　徐順　陸三元　陸星泉同
妻張氏　陸柳溪同妻管氏　畢連慶　朱櫻之　萬采
奏同妻朱氏　朱逢慶　錢萬選　施進英　許大林

朱富麟　周順龍　周耀廷　蔣文秀　孔昭讀　姚宗
墀　錢澤禾　強有廷　李壽康　陳樹馨　沈國柱、
沈二官　何起元　張雲樵　吳文魁　吳鳳山　戎三
盧賢琢　陳德祥　陳承勳　高駕虹　王貴龍　陳
福全　范天祥　楊士乾　楊士相　管瑞珍　宗士魁
宗乾坤　陸體才　錢德珍　魏楚賢　強有廷　吳
應龍　李敬華　張大倌　朱二觀　朱四觀　葉松茂
董慶　董大受　畢嘉珍　畢嘉賢　歸錞　陳美仁
徐山壽　陸堃泉　陳秀堂　朱慶昇　徐蘭芳　陸啟
賢　徐德齡　陳金瑞　沈受康　沈伊域　吳如初

周林同子大官　畢鴻逵同子連慶　張三　莊又年
何成林　徐鼎　鍾德元　陳聘來　張士倫　張貴林
柴國良　柴玉林　張在斌　顧文秀　劉文龍　俞
理中　彭孝良　王大官　張小官　馬啟泉　江文承
鄭淡恬　傅五　陸瑞明　朱大奎　張壽春　潘元
愷　錢元源　吳七　劉大　王三　徐三　曹品　陳
立山　沈福林　金恒芳　邊醉仙　殳巽雲　董安邦
顧陛階　余春麟　徐順　陸大觀　陸秀英　朱一
飛　王弈倫　張祝之　張錦華　張錦雲　何承林
沈七觀　陸進明　鍾順祥　鍾方俊　岑仲殷　曹懷

春　李起元　沈樹珙　徐雲魁　朱聚奎　高元溶
朱聖欽　鄭燦煐　周士奇　沈正芳　徐芳蘭　徐茂
槐　王南亭　周聖德　嚴福全　董如樂　董世英
董天受　董大綉　沈賜堃　胡五福　胡六順　張韻
桐　皇甫鳳　李滄海　張嘉猷　朱笙嘉　楊樹森
馮明倫　孫順忠　屆啟龍　顧步瀛　沈五福　孫順
義　倪麟　葉鴻疇　金振華同妻曹氏　沈禮備同母
楊氏弟祗備　張祥龍同長孫媳葉氏次孫元信　張嘉
範同母徐氏兄嘉楨弟嘉亨　張聖乾同嫂陸氏弟婦朱
氏女天奴姪加奎　陳南榮同兄南星嫂姚氏弟婦顧氏

姪女大姑　戴瑞初同妻周氏子聚金聚榮德謙福謙
皇甫鋭同妻張氏　邱某同子某　楊文藻同繼妻朱氏
丁其年　李泰昌　祁勝祥以上見石阡知府嚴謹忠義錄
從九品嚴誠　朱大觀　吳二寶　陸星泉同弟柳溪楚
廷雨亭子大保　趙二寶　朱大官　沈二官　彭大官
范二寶　顏桂林　朱大官　顧應寶同弟關慶　顧
應官　周大官同弟二官　朱大寶以上已旌候選州同吳
慶培

嘉興府志

嘉興府志卷六十四

嘉興府知府善化許瑤光重輯

列女

舊志謂列女始於劉向范史取其高秀不專一操則是爲女德紀固矣不知下易首咸恆堯典欽釐降詩風亂關雎天官馭內宰陰教固夙隆也嘉興澤國水澤爲節懷清抱義蓋不乏人矣然壽母頌於閟宮淑愼勖於燕飛歸唁思於漕邑蟲飛詠於齊妃壽也賢也孝也才也蘭儀蕙問皆閫政所關也豈第侈彤史豔乎志列女

列女后妃 公主

晉穆帝何皇后何準女廬江灊人爲穆帝后后諱法倪以名家應選昇平元年册爲后元興二年崩年六十六準子琦答問名版文云皇帝嘉命詔問臣名族臣族女父母所生先臣故光祿大夫雩婁侯禎之遺元孫先臣故豫州刺史關中侯惲之曾孫先臣安豐太守關中侯叡之孫先臣故散騎侍郎準之遺女外出自先臣故尚書左丞胄之外曾孫先臣故侍中關內侯夷之外孫女年十七云云見晉書宋武原志曰輿地志云海鹽一縣南三里烏夜村晉何準寓居焉生女後選入宮縣南一大冢相傳爲何后冢案晉書安帝元興三年七月何后崩八月癸酉祔葬穆帝永平陵邑中相傳何后陵者或卽準父子冢也

晉恭帝女名茂英封海鹽公主爲宋武帝父榮陽王符妃後大子立册爲皇后

宋文帝第四女封海鹽公主趙伯符子倩尚焉見南史趙倫之傳

梁簡文帝第九女封海鹽公主張纘子張希尚焉見南史張宏策傳

唐德宗妃海鹽紫雲村女逸其姓

宋孝宗女嘉國公主初上爲普安郡王生莊文太子及公主公主卒孝宗以檇李誕生舊地令返葬爲墓在殳山

明憲宗姚安妃名妙莊秀水人曾祖成一洪武初入直粧鑾司爲內匠成一子聰字文聰卽妃祖也父敬生妃有異徵嘗因頮面見水中羽扇夾兩旁日月雲霞爛然五色長而端靜家貧緝績躬就市易錢米必俟市囂屛息乃行行必中道無旁視幼寡髮不盈尺年十五一夕髮長委地會憲廟遣中人懷恩選淑女於江南妃籍入宮生第九皇子壽王祐榰尋拜安妃貤封父母皆故惟敬弟王之子福員在貧甚販茶於市有司物色以聞授錦衣衛正千戶時人語曰誰氏子賣靑梅朝藍縷暮錦衣孝廟登極例改百戶王以宏治四年册封壽王在蜀之保甯妃從之藩後徙楚之德安府妃尋薨謚曰端懿

宣宗女嘉興公主宣德三年八月封

周府郡主儀賓嚴性善秀水人

江西甯府郡主儀賓楊春山正德時嘉興人

江西樂安王府郡主儀賓楊京嘉靖時嘉興人

湖廣綏甯王府郡主儀賓屠敬中萬歷中平湖人

崇明郡主荆王女儀賓沈一卿平湖人

列女 壽母

嘉興縣

明

常縉妻馬氏 壽幾百歲子麟禮部侍郎龍知州

朱璧妻倪氏 璧以倭亂得疾死倪守節五十餘年壽一百有二子東暘例授衛參軍以侍養不仕亦年八十有一邑令表其閭日孝義顯其堂日百歲

諭德屠應埈妻項氏 姑嘗遘疾垂殆割股和羹以進病遂瘥舉五子孟元仲律仲行叔方叔章以夫棄世課子弗少姑息仲律釋褐春官令弋陽項訓以事上忠臨下惠甯拙毋巧罔隳家聲叔方暨家孫謙後先成進士仲行子蒙叔章子大壯俱領鄉薦項泣語日我長汝父五年恨汝父不同我一見也自幼至老動中矩矱子孫咸以爲式至八旬外疾作諸醫束手孫大壯密割股和粥食之得效僉謂宜人事姑之報九十餘卒

胡某氏 壽百有七歲天啟間人

歲貢生吳純熙妻周氏 生嘉靖元年壬午歿萬曆四十一年癸丑九十二歲歲貢生介圭母

太學生吳源昇妻黃氏 生萬歷四十二年甲寅歿康熙四十二年癸未年九十歲邑庠生楠母新補纂

國朝

莊日恩妻孫氏 生而淑慧事舅姑四世皆得其歡心下撫及曾元五世日恩嘗自記云自來不學欺人語生平戒取作孽錢其內助之相勗可知以子鏻貴封恭人生平常持清靜經清齋攝養年九十七自知死期數日前預告家人至期怡然而逝自云天曹許闕已滿百齡矣里人乃作百歲壽母詩輓之補纂

馬乾榮妻吳氏 年三十八夫亡無子止一女撫以守節壽至百有四歲卜光裕壽節暨孝女矜恤產碑記曹王廟之西南約半里許爲新十二中五莊有田地共三畝九分係嘉秀兩邑紳士爲百有四歲之壽母吳氏暨壽母之孝女沈馬氏年老無藉捐置買戶立矜恤產其產永遠付與兩氏之戚王廷高管業生則收息以膳歿則爲之埋葬餘田廷高世世子孫收息以爲春秋祭掃之費傍人不得爭奪廷高亦不得變賣捐資者沈敬義莊其順等二十餘人始其事者嘉興馮元芬終其事者秀水卜光裕至捐資人名不及備載云馬吳氏于乾隆五十五年以壽母請旌其女沈馬氏以三十歲守寡紡績以養其母故日孝女

張朱氏 孝廉妻梅里人年一百歲

許賢芝妻周氏 年九十七歲元孫福田順天辛卯舉人

蘇嘉茂妻沈氏 溫恭淑慎內則克遵四代同堂旌年九十一

歲貢生永康縣訓導吳廷鑾妻陸氏 生乾隆三年戊午歿道光七年丁亥年九十歲邑庠生王鈞汝衡歲貢生雲翰母新纂

邑庠生吳汝衡妻沈氏 生乾隆三十二年丁亥歿咸豐十年庚申年九十四歲太學生元發邑庠生履祥緒候選巡檢司綵母新纂

朱震妻干氏 子士馨庠生孫長乾坎坤學問政績有聲於時曾孫鼎諸生好周急歲除夕攜錢米周循巷陌或賙貧或代償逋索租下鄉遇婦女環泣輒免輸甚且取舟中他處租分給之坐空船歸氏期頤就養視都孫曾行善爲樂後官湖南糧道元孫鴻在抱時猶含飴撫弄五世同堂者七載氏生於康熙十六年歿於乾隆三十七年朱氏家乘

秀水縣

明

談小山妻某氏新塍人年九十九建百歲坊

國朝

韓成美妻許氏靈光坊人韓上元之母年一百歲乾隆十三年建坊

莊天御妻岳氏良一莊人子海山孫永如俱承岳訓克守先業年一百一歲乾隆三十一年建坊

孟某妻陳氏年一百歲乾隆三十三年建坊

范某妻孔氏年一百一歲 部議給銀建坊外奉 旨加賞緞一疋銀十兩乾隆三十六年建坊

姚聖林妻曹氏明四莊東列圩人年一百一歲 部議給銀建坊外奉 旨加賞緞一疋銀十兩乾隆四十九年建坊

吳洪遠妻褚氏集慶坊人壽一百歲乾隆五十六年建坊

吳洪珍妻鈕氏性端重儉約壽九十有九鹺憲額其堂曰百齡重慶以子鑄貴封宜人

陳賜桃母朱氏素以淑德聞孝事舅姑治家勤儉年未四旬嫠居守志壽百歲

朱用剡妻王氏性幽閒好施樂善康熙癸亥壽屆百歲耳順目明里中目爲人瑞同知李舜有以耆母門額其盧甲子知縣任之鼎表之曰上壽重新

郭聖甫妻朱氏東瓜坊人年一百歲有孫六人志達志隆志斌志琪志興志宇俱能嗣守先業朱于乾隆五年方欲請 旌而歿

方愛雲妻朱氏乾隆六年年九十一歲知府趙給額獎之

吳鏞妻胡氏乾隆四十九年生光緒元年歿享年九十有六郡守許給聯云慈竹霜高孫枝三鳳黃花秋徤女几雙鵠新纂

陸馬氏年百歲嘉慶二十二年建坊并賞緞疋銀兩以上于志

張呆君妻顧氏甇守清貧艱紡織就食化成庵恤嫠會咸豐紀元氏值百歲氏姪題橋秀才紳士沈昭興等公同舉報邑宰楊轉請 旌褒即於化成庵開百歲宴閱二年卒新纂

嘉善縣

明

孫暕妻黃氏 西塘人年二十九夫亡事姑孝撫四子俱成立神宗二十九年黃年九十八直指馬給匾表之壽至一百四歲

程志道妻懷氏 志道儒者早世懷茹素終身年臻百歲神宗時邑侯表其閭曰壽母子宏遠壽八十二孫世有文名年七十餘如少壯云

國朝

薛家高妻許氏 年二十四夫亡無子舅姑相繼歿夫弟在襁褓中氏撫之成立婚配後以叔子爲嗣守節六十餘年壽九十卒

舉人魏行淏妻沈氏 母儀共式現年九十四歲

署正袁啟鯤妻姚氏 榮邀翟茀瞬荷褒榮現年九十七歲

朱永山妻邱氏 精神矍鑠繞膝兒孫里黨共稱家慶現年九十六歲

監生李學純妻倪氏 秉性溫柔鄉里侈爲人瑞現年九十八歲

江國誥妻倪氏 身世務農坤貞得正轉瞬朔頤國慶家祥兩臻其盛現年九十八歲以上新纂

海鹽縣

明

指揮彭大年妻談氏 侍郎談相女幼通經史有識鑒相方侍直世皇寵貴赫奕談操作織紝訓其子紹賢讀書歲大祲竭力供堂上粒食自取糠粃作餅療饑性仁愛聞人疾痛患難未嘗不拯救年八十餘猶夜觀書史舉古忠孝節行事教孫曾輩後紹賢每進綺繪甘旨御不御曰吾來汝家時業安蔬布不忍變也

國朝

程文爵妻舒氏 舒生于前明崇禎乙亥至國朝乾隆二年壽一百三歲欽賜貞壽之門四字額給建坊銀三十兩復加恩賜緞疋銀十兩壽至一百八歲

朱鈞和妾孫氏 秉性謙抑佐嫡孝事姑張氏二十三年以子貴𦊅受封典年九十五卒

陳殿甯妻吳氏 年四十一而寡訓長子鵷次子鶴俱列邑庠壽至一百一歲乾隆五十五年建坊

贈通奉大夫張兆熊妻顧氏 節儉持家寬慈裕後年九十七

贈朝議大夫孫繩妾朱氏 繩就養子景燧官舍因疾歸朱侍繩疾衣不解帶者三載年九十三無疾卒

增廣生鄭卓然妻方氏 早年孀居晝荻教子年九十四

張光妻沈氏 光家貧遠遊氏撫育子女成立婚嫁年九十五

生員徐復培妻俞氏 紡績佐讀親操井臼年九十四

吳蕎妻王氏 年百歲

刑部司獄張玉田妻湯氏 孝養克盡婦道里黨咸推年九十六

張千里妻俞氏 教子成名里黨咸稱年九十三

步聖高妻沈氏 早失所天堅貞自守年九十二

朱宏坦繼妻沈氏夫早故苦節自守年九十七

王國俊妻顧氏事翁姑以賢孝聞訓子起家年九十三

湖廣衞守備陳琇榮妻朱氏年九十六

祝鈞妻趙氏年九十九里稱人瑞

任文江妻何氏曲盡婦道訓子成立年九十一

李正茂妻盧氏年三十夫故子甫二月苦守清節撫育成人旌年九十三

監生張萬選妻陳氏閨訓慈明清操貞潔旌年九十有一

徐廷珍繼妻陶氏自幼純孝適徐少寡撫育四子成立勤儉起家事姑盡禮眼見六代五世同堂

同治十一年壽九十五卒時子二孫九曾孫十二元孫一道光二十九年學使趙給匾旗奬新纂

平湖縣

明

贈參政胡濂妻沈氏早歲夫亡礪節不二提攜幼子友忠迨士相成立友忠生子士相沈嚴訓之士相成進士沈年已八十餘矣矍鑠善飯享年百歲里閭重其節且羨其食厚報云

國朝

周士宏妻馬氏五世同堂年九十八

監生姚鍾秀妻徐氏年九十三

徐正治妻朱氏年九十一

石門縣

明

陳壽母 玉溪鎮人享年百有七歲

國朝

生員沈時憲妻姚氏 貢士姚湘女生平寬和儉約孝事舅姑訓子凜若嚴師年幾及百歲

舉人胡明遠繼妻沈氏 少孀文史動遵禮法夫歿五子皆幼沈持家勤儉教子直方明經季開泰孝廉苦節六十年年九十一卒

舉人沈闞敏妻勞氏 夫亡翁姑年邁養生送死俱竭心力撫姪邦基韋基爲嗣邦基蜚聲庠序韋基克守先業里人咸服其母教年九十二卒

吳見心妻陳氏 早年貧苦黽勉相夫夫歿教子經理生業遂致小康子亡家道中落氏年力已衰猶綜理内外諸孫咸得完娶成業享年百有餘歲

周廣成妻袁氏 旌年九十九

胡允琦妻沈氏 旌年百歲

顧襄侯妻鄒氏 撫孤完節年百有四歲乾隆十八年建坊

張彥臣妻陸氏 年百有三歲乾隆三十年題奏以貞壽之門旌之

朱天祥妻徐氏 年百有四歲乾隆間恭遇南巡賞銀四次

何顒明妻孫氏 旌年百有三歲

桐鄉縣

明

鍾敫明妻歸氏 夫婦同享百歲子應宮諸生孫彝及超均登鄉薦仕進有聲濮川所聞記

國朝

知州陸費熙繼妻趙氏 生三子坤垣墀熙罷官後宦槖蕭然紡木棉以供滫瀡以小杌置一燈命季子墀就讀書精熟乃就寢一布被補綻餘數十處雜色俱備指謂墀曰俗或乞材于衆人製衣曰百碎衣以衣小兒云得大福壽今吾與汝共此百碎被庶幾得大福壽乎年九十墀官閣學乞假稱壽御賜蘭陔慶秩額 高宗六巡江浙迓於五里亭迎駕叉蒙 賜鑲玉如意貂皮綾緞壽九十有三 封一品太夫人

周禹垂妻錢氏 年百歲乾隆三十三年建坊

陳禹時妻倪氏 年百歲乾隆三十五年建坊

王會臣妻孫氏 年百歲乾隆三十五年建坊

章名山妻錢氏 年百歲乾隆三十七年建坊

黃用昭妻朱氏 年一百八歲乾隆四十三年建坊

太醫院吏目李謙光妻許氏 年百歲嘉慶二十年題

唐漢思妻施氏 年百有一歲

監生周鈞妻趙氏 適周不三年遭舅姑喪哀毁有加事本生舅姑曲意順承里黨賢之氏嘗曰敦行者家之肥也勵志者學之基也自奉約而廣施濟者福之媒也以此相夫以此誨子若孫其庶乎氏後鈞二十年卒時嘉慶十九年壽九十九新纂

增生岳鍾英妻劉氏 候選訓導洙傳母乾隆四十二年于歸上侍重闈承歡七載下及子孫曾

元一脉流傳均無旁續既九旬之遂算復七葉之呈祥道光二十七年呈請題　旌給與匾額並繳建坊銀兩

新纂

列女賢母

嘉興縣

唐

韋夫人 南康王女叔適嘉興陸偘偘爲溧陽令卒於官厥後其子贄成大儒爲名相皆夫人之教也贄爲中書舍人時德宗遣中使迎養夫人於京師道置驛及卒皇后賻遣又詔中官護偘喪合葬洛陽當世榮之

明

監生孫宏來妻常氏 性寬仁治家嚴肅晚年學佛有得忽于定中逝偈以歿有二子訓之成立長鍾琦舉人次鍾瑞隱居學道

錢龍珍妻高氏 子江官江西瑞金縣值兵亂之後巨盜許勝可等踞險嘯聚江與城中百姓登陴以守其民窮無衣食者高手自縫襦煮粥以濟之如是者五年晝夜辛勞兩臂痛裂成痼疾迨勦寇論功江入爲

部曹越三年卽陳情終養歸侍九載高臂疾復作而卒年八十有六封太宜人生平性端重甘淡泊以勤儉訓子婦御下慈和卒之日內外子姪服喪者百餘人親戚僕婢無不感泣云

國朝

張世楨妻淩氏 世楨死哭泣流血目成瞽周歲孤煌痘危持刀祝天曰子死吾無生理願減吾算活此子痘竟起煌既長稟承母敎食餼于庠

陳以諧妻項氏 中丞陳葆初孫婦以諧蚤年遘疾項內奉湯藥外理家政儉約嚴肅親族稱之以諧卒祈產教其子周範退讓所受獨嗇以壽終知府王師夔巡鹽李紹聞皆表旌其門

楊冬榮妻成氏 相夫讀書躬勤紡績一生甘苦復教子源裕遊庠有聲人稱賢母

錢文端繼妻俞氏 未笄時外王父金翁有人倫鑒嘗曰此兒適人遲他日起居當列首行戚黨中求庚帖卜輒不吉以是待字至二十七歲暨文端就婚氏卽掃除一室設前俞氏影神謂吾姊惜不永年設此

朝夕如在迎養姑陳氏體察色笑後隨文端里居兒輩節廉俸寄歸必問所自諭愼職守年垂八十以子汝誠貴封太夫人錢氏行狀

知縣李集繼妻楊氏性和婉事舅姑盡孝姑病洗廁牏惟謹撫前子旦華如己出視從子輩俱有恩意尤好善凡族黨之貧困者必出紡績錢周之歿之日有歎息泣下者

生員朱萬均妻孔氏名昭蕙號樹香桐邑舉人湖北襄陽縣知縣孔繼元孫女幼嫻吟詠隨大父之襄陽任每經名勝著有篇章歸朱井臼親操教子其鎮紗幔傳經以餘事教楷法韻語其鎮馳譽翰苑稟慈訓爲多著有桐華書屋吟稿阮相國輶軒録麟河帥閨秀集俱採録焉以子其鎮貴誥封太恭人壽七十七歲新纂

戶部錢儀吉妻陳氏名爾士字煒卿餘杭人幼習經史工吟詠儀吉登第居京師迎養終喪奉匱南歸氏獨居邸第肅庭家政督子保惠讀不中程夜分不得息體素羸積勞成疾卒歿前一時猶令幼子讀

易淅下論說如平時著有授經偶筆及尺素各篇又有女訓婦職述略聽松樓詩詞稿節稿序

庠生石紹曾室嚴氏富陽教諭中玉母姑沈病癱瘓臥榻十餘年氏奉湯藥洗垢穢無倦容叔翁歿無嗣戚族競取財氏獨檢宗譜歸紹曾游粵久寄書勸置側室取劉氏歸中玉生纔五齡紹曾再游粵郎教玉依稟帖式寓家書請安嗣後親師取友悉遵慈訓客至必從屏後窺有欬坐戲言者嚴斥使絕交庚申避寇八人共舟課兩孫書猶不輟村居積勞卒壽七十有七以中玉貴敕贈太宜人新纂

秀水縣

明

訓導呂嗣芳妻顧氏名妙善嗣芳與伯子本相繼歿于官仲子原甫八歲顧攜原還鄉貧甚煢煢苦守課子讀書文懿公立朝事績得之母訓居多封太宜人年八十七文懿妻徐氏善承姑志文懿故廉潔享年不永徐苦守淡泊無異貧儉倪岳程敏政皆有碑記

黃鶴年妻張氏憲副黃綜母年二十六夫亡哀毀欲絕念兒八齡強起撫之晝令就外傅夜篝燈親自課誦稍不中程且撻且泣課諸孫亦然其綜理家務肅如官府郡守以貞壽旌之子綜成進士方聞于朝而恭人卒

馮坤妻夏氏夫亡孝事翁姑嫠居五十年撫育其孫夢禎課以詩書夢禎成學舉南宮第一夏封淑人

卜宗洛妻賀氏宗洛曠達不事生產家漸落賀拮据以適其意訓子嚴而有法諸子雖顯達有不當

必跪責之奴婢皆兢兢奉法以子大同貴封宜人

宮詹黃洪憲妻沈氏中丞承元給諫承昊母孝慈恭儉不苟言笑經理家事娶婦嫁女及娶諸孫婦宮詹父子若不知者事父母翁姑至孝處妯娌至和課子女愛勞兼備每日王成後人如調五味分數不宜少過年七十六卒以承元請賜祭葬如例

國朝

徐肇林妻金氏性至孝母姚孺人病瘵封股者再及卒自斥腴田爲父母窀穸同母弟死撫其二女如己出中歲而寡長齋繡佛以子嘉炎貴馳封

閣學徐嘉炎妻鍾氏石門鍾起鳳女性賢孝事姑金先意承志妯娌宗黨無閒言嘉炎爲諸生貧鍾怡然絕無交謫聲嘉炎入翰苑鍾從官京邸敝衣蔬食不少變積憊成疾瀕革邁馳封孺人軸至顧視一笑而瞑子祚增正域俱有令名

諸念正妻諸氏念正本姓盛贅於諸因以爲姓諸氏性至孝母病割股療之事念正盡婦道生子錦數歲念正歿諸爲子擇師日攜以就塾家極貧紡績以供修脯錦亦刻苦力學其立身清介皭然不滓皆母教也年八十餘卒，封孺人

贈中憲大夫屠永貞妻徐氏貴州按察使屠嘉正之母徐爲桐鄉望族年十五歸屠事孀姑盡孝養者數十年永貞歿以身支門戶教諸子嚴而有法既仕猶諄諄告誡雍正七年嘉正以刑部員外出爲廣西知府陛辭日陳情歸省 世宗憲皇帝垂問及母年賜貂皮香珠 封太恭人乾隆三年就養福建糧道署年六十七卒

生員嚴紹祖妻張氏少以賢淑稱及適嚴訓子嚴切夫歿後五子啟昆啟元啟麐啟淦啟璜以次游庠皆得母之訓也

卜聯珊妻張氏年二十歸卜姑雙目失明氏孝養備至伯姒早故撫循子女如已出治家勤儉教子有方卒年八十七鄉黨咸以賢孝稱之

生員楊濬妻張氏年十九歸楊事姑克孝事夫克敬居數年無子勸夫納妾後氏生子學楨妾生子學棻斯庚俱在襁褓而夫歿自是事姑益謹教子嚴喪葬婚嫁之事操之裕如且能周鄰里之孤苦困乏者後大病垂殆長子學楨刲股以進而愈幼子斯庚讀書入泮鄉里咸以爲賢淑之報卒年七十

舉人盛善持室褚氏名鳳鳴字梧生孝侍舅姑舅性嚴重匕箸不精潔輒廢食氏每先意承志凡郵孤贍族力能爲者行之必盡其誠善持歿於直隸遷安縣幕家貧子幼親自督課喜閱史鑑溫公資治能背誦嫺韻語不留稾閨門以內禁閱彈詞嫺語尤惡佞佛晚年與諸孫論文藝動引經史培植根柢以子時霖貴敕贈太宜人壽七十九歲行述

庠生沈季輿室葛氏名永明淮徐道濂母濂少失怙家貧母以鍼黹佐饔飧天寒諸兒泣無衣襦手績治之仍方几一燈夜課不輟喜流覽史籍摘嘉言懿行教子女雖村嫗爨婢亦苦口勸以慈孝自濂迎養京邸每下直必詢所治事燕會必問與游者何人濂以細故呵僕從每勸曰汝毋然凡事從寬則福自厚濂在秋曹恒訓以慈祥恤刑逮任外職以毋營宦橐爲勖 誥封太恭人壽七十八歲行略

計標室沈氏職員光炘母標有瘵疾氏百方調護家事瑣屑不關白俾靜養得瘳以無子勸納箞乃生光炘推解若一體標卒光炘未成童田園邸舍親爲勾稽有贏餘輒施濟値歲祲飢民譁於市毀傷室廬羣相戒毋入氏門訓光炘嚴惟購書籍贈友朋任所欲爲壽七十六卒吳江沈曰富計孺人傳

庠生楊錫圭室鄭氏吳江人十九歸於楊孝事舅姑歸三年寡欲殉身舅止之黽勉撫遺孤孤又夭後以兄公之子爲子又早世撫孫象濟象泰恆舉績學勵品爲訓兩孫皆以博習脩潔聞壽六十六以其甥徐元燮官贈四品秩封恭人監利王柏心撰墓表

嘉善縣

明

程德明妻邵氏家素封邵謹身節用明季兵荒散財以贍宗族家遂落鬻奩具佐夫營葬先柩夫亡撫教三子起鳳起英起雄勵志讀書登仕籍

國朝

徐永和妻許氏年二十五夫亡室如懸磬撫孤臣佐成立苦節三十餘年臣佐事母至孝鄰里俱呼爲徐孝子蓋其得母教者深矣

漢州知州朱鑒昌妻錢氏嘉興人太傅文端第八女鑒昌以知縣襄辦軍營未踰年歿氏並侍姑徐氏盡孝養郵宗族調妯娌躬親拚作建新阡並營姑壽藏後以子潮援例署直隸靈壽知縣值水災命捐俸糴濟手誌戶籍鬻釵珥助繼知宣化縣語潮曰汝外王父曾寄汝父詩有云俸薄儉常足官卑清自尊宜作韋弦佩旋擢湖南衡州府調長沙府發審各廳州巨案恆至漏沉未餔啜氏倚屏靜聽自忘疲乏壽八十有一封太恭人行述

庶吉士袁嵩齡妻吳氏少嫻閨訓知大義適袁雍肅備著嵩齡歿後以紡績佐膏火教子汝錫力學鄉黨稱賢母爲新纂

廪生謝雍泰妻朱氏名鈺字雙璧嘉興朱編修階吉女幼通女誡博學能詩適雍泰家貧課子親授經晉生平好史學於諸史異同能斷得失讀全唐詩至五千首著有無爲室吟稿十六國春秋詠裁紅閣駢體文庚申遭亂稿置衣篋中被寇途刼請以簪珥贖寇疑爲錢劵不許遂散佚同治壬戌避氛雲間館滬瀆王氏爲女子師染時疾歿女兄爲嘉興張解元廷濟子婦張序氏詩推爲女中之高岑云新纂

贈鹽知事范兆景妻王氏名德嫻廣西賓州知州王大均女性賢孝適范後孝事翁姑庖湢躬親賓祭之儀多方檢飭兆景殉難氏持教子宗文仁基皆有禮法性好吟咏有鷗北樓詩草新纂

贈鹽運使司金銓母朱氏名澄字荻盧又字聽秋祖一蜚當雍正時以茂才薦八平親王軍中歷官至直隸總督與錢文端爲姻家諸子兩娶於錢故聽秋幼隨諸世母留京華飫聞先朝掌故尤長於詩既歸金氏十九而寡教子成立就養江南恆戒子安貧守命毋躁進同事有至大官者而甘居丞掾如故孫曾林立皆親教之人比諸宣文君年七十卒著有聽秋詩稿盟鷗集消寒集以孫安清貴誥封夫人新纂

海鹽縣

宋

郭瑑妻周氏 郭三益母賢明善料事三益初丞常熟以濬青龍江獲譴常平使者周策使者必悔已而果然三益奉其教官至使相人稱周爲賢母云

案海鹽圖經附載指揮嚴震母張氏指揮崔鼎母徐氏指揮劉銳母屈氏並以賢能稱

明

張翥妻丁氏 張甯母教子甚嚴甯以給事中使歸臨行出金錢與甯曰途中以此爲費毋妄取以玷官箴甯妻王尤尙儉約甯守汀州時有同官妻私會服飾多珍異既去語妾輩曰此婦粧飾適彰夫醜耳甯女恆吉適杭州劉舉無子濟買一妾進舉後恆吉卒妾生子劉乃有後焉甯又有元孫女六姐嫁某姓遭戚施之辱墜樓死楊必恭有長歌輓之

鄭讓妻李氏 鄭延母朱祚云安人以道義相夫故夫爲善人以詩禮勗子故子爲名士

二劉氏 一尙書鄭曉元配一繼妻也曉官郎署時以議大禮杖闕下大劉氏調護獲安後謫判和州次劉氏爲納妾隨侍淸苦共嘗曉每歎二婦爲患難友妾沈氏生少卿履湻顧氏生比部履準上舍履洵並有賢德

徐昂妻王氏 名慕貞事昂若大賓教子慈而嚴以子咸貴受封猶敬戒不衰

指揮王俊妻沈氏 教諸子曰自少至老必習一藝以自養每見紈綺子因歲多死道路不可不戒

陸氏 王文祿母初娠倣古胎教法子稍長就外塾郎脫簪飾購書籍資其博覽後文祿舉于鄉有規隱重緇者袖金來請教文祿謝卻之故文祿終身不至有司言事文祿嘗述母所語國初事爲龍興寺記一卷行世

主事劉术妻鄭氏 鄭曉姊布政劉㤿之母也性端嚴儉約术歿時㤿方八齡撫之成進士時舉术所訓淸白勤民遺軌相勗嘗日汝父在歲歲蝗旱公退未嘗不涕淚廢寢食搏顙禱天自俸錢外未嘗見汝父分毫取于民汝識此大端庶無忝爾父耳

布政劉㤿妻錢氏 太守錢芹女主事世延母性和易儉約嘗從㤿宦歸舟次其妹沈宜人家沈遨之飯女從皆更裝以俟少頃錢綦縞入門單牽如寠婦女從咸掩口笑沈獨憮然自恨弗如家居賓祭外罕聞硃組聲一榻絺帳冬夏無改錢父舅夫子並甲科門閥罕匹而質素踰等足貽世範

刑部郎鄭履準妻沈氏 居家綜理精密尤識大體履準善病艱于嗣沈百計求宜子者以進生二子忠材恕材既婚又艱于抱孫復令二子置妾嫡母字庶子之恩篤摯無如沈者至其周郵厚德事尤不可悉記

舉人張奇齡妻顧氏 奇齡稱理學宗工數上公車未第顧慰且勞之而以植少君自許季子惟赤以尙書郎擢掖垣凡所建白一展奇齡未展之經術皆母氏有以告誡之也年近八旬卒

許丕顯繼妻崔氏 性慈淑撫前子翰與己子全臨無異翁士奇性嚴重崔善承志無少忤丕顯性亦卞急崔每事彌縫之臧獲莫不感其德訓二子甚嚴學俱有成全臨登第任山東昌邑知縣

國朝

生員彭原廣妻劉氏 事舅姑愛敬兼盡教子女以詩書子孫適成進士諸女孫婧孫瑩能詩皆劉教之也

知縣陳遇辰妻彭氏 名孫婧仁孝端淑生子元永復爲遇辰置妾生五子彭撫庶子一如己子工詩有盤城游草

給事中張惟赤妻陳氏 孝翁姑和妯娌事給諫每引大義以相勸勵教子皓寬嚴得中有從女弟少孤撫育之爲擇良配奩具甚厚

生員陸鑒妻徐氏 事姑甚孝相夫訓子俱依古訓子泓甚聲著庠序年逾七十卒

駱駿奇妻厲氏 性莊雅及笄歸駱敬事繼姑踰年生子雲教育勿少懈雲登賢書旋捷南宮厲欿然不色喜人服其量云

生員許得受繼妻朱氏事姑孝年三十五而寡長子安策十餘歲朱教以修身立學爲先

陸中杓妻俞氏敬事翁姑翁姑歿脫簪珥以佐喪紀夫歿遺孤皆幼晝夜紡織督課之後子灴方來俱登賢書

贈侍郎錢綸光妻陳氏名書號南樓老人家故貧綸光常出遊陳紡織以給薪水兼工畫善花鳥草蟲點綴有神韻子陳羣少時陳口授章句大義陳羣通籍後繪夜紡授經圖高宗賜題有吟詩不覺鼻含辛之句陳羣卒上懷舊有句云少小困場屋賢母授之經蓋知其得于母教者深矣以陳羣貴贈一品太夫人

朱鈞和妻徐氏賦性淑慎事姑四十年如一日鈞和好行善事氏脫簪珥助之艱於子嗣卽爲納妾生二子顧復一如己出長子肇昌領鄉薦次子丕烈成進士官給事中氏壘膺封典年七十八卒

貢生彭浩曾妻高氏力學不治生產高脫簪珥以佐不給生有淑德事孀姑崔盡孝浩曾少孤

教五子三女甚嚴子德宣德容德宇皆遊庠有聲年七十二卒

生員陳巖妻倪氏通書史識大義夫故遺孤景高甫五歲侍奉重幃比歿鬻田宅營三世窀穸自是貧居饘粥景高繪綉燈問字圖誌懿訓景高年未四十終復撫孫方瀛讀書成名卒年八十以方瀛貴贈太淑人以下新縣志

監生馮映瑢妻葉氏夫故子殤孝事邁姑撫嗣孫肇曾讀書遊庠守節三十八年臨歿命肇曾捐錢一千六百千存公生息創設登瀛會資助鄉試經費尤爲義舉

王褚氏年二十七而寡撫子振先成立振先欲爲母請旌褚曰未亡人守節操家分也奚請爲推屋後木橋屢圯爾父欲易以石有志未逮爾其成之愈於建坊也橋成名曰對坊壽至六十九歲

歲貢生陸之楨妻張氏舅之楨舌耕自給氏操作佐朝夕事姑先意色養教子有方次子參政烈少年科第政績著聞贈恭人年六十九

嚴九峯妻張氏艾年之嗣勸納側室越歲生子韜而九峯病歿未幾家難蹙起張日貧產不計但存我孤後家漸凋落撫育艱辛韜長遊庠試高等皆張教養力也

平湖縣

明

沈日昜嗣母鄭氏 夫杞楨早亡無子氏厲志守節有賢者操撫伯氏孝楨子日昜為嗣嫠居六十年家或肅然知縣朱之翰旌其閭曰耆袙凝秋

國朝

贈朝議大夫徐夢熊妻沈氏 侍講徐士芬母淑慎寡言嫺文墨勤操作訓子嚴切夫歿子織督課漏三下乃已平明即促起日以危詞儆惕士芬登高第擢詞垣皆母教也封太恭人

監生張廷謌妻徐氏 年二十歸廷謌孝事姑嫜相夫治家具有法度長子元叔仕校官為夫兄廷讀後㳄金渥玉潤皆名列膠庠有妾恃寵嘗與徐勃谿處之泰然妾歿後撫其子女不異所生年八十八卒

監生朱英妻高氏 文恪公士奇曾孫女年二十歸英侍舅姑疾夜不交睫英被累繫蜀獄子鴻猷南入蜀氏以紡績所入課子讀書補庠生即遣入蜀省父支持門戶艱苦備嘗子自蜀歸旋卒遺孤五又敎之成立英居蜀三十七年蒙 特恩釋歸閱四年卒氏哀毀成疾幾至不起嘉慶五年孫為弼登賢書官至總漕為均為霖先後入學人皆以為天之報高也年八十八卒

監生孫始然繼妻張氏 父景陽有傳性端莊動遵禮法撫前室所遺三子堂基逵與己出如一始然卒祇節持家延師課子堂逵並登賢書所生子坡一勝相繼游庠亦足徵母訓云嘉慶九年年五十七以上新纂

封公王思高妻張氏 元圃女嫺禮法孝舅姑思高年盛時負豪氣泥飲酒樓夜分歸寢家人皆倦臥氏挑燈刺繡以待嘗因事進規或至觸怒而如賓之敬不易其恆夫病夜不交睫歿後墓祭必親往初舉男不育生大經奇愛之而不以姑敎稍長晝入塾夜令讀書紡車側無敢不令出戶大經年壯優行貢入成均及三次計偕留滯都門氏力持門戶延師課孫不貽內顧憂泊襄軍務皖北籌防江南累薦擢官傳諭盡忠毋染浮華蹈官家習氣以大經貴 誥封太夫人卒壽八十有六顧廣譽撰墓誌

石門縣

明

張鵬繼妻曹氏 前妻遺孤四齡曹爲鞠育與己子無異鵬卒諸孤煢煢曹織紝篝燈親自課讀子國翹舉于鄉縞衣糲食不減嚙蘗時曹族有嫠婦朱苦節敬而憐之饒遺不絕生平通曉大義家範肅然年七十一稱未亡人者垂四十年

知縣李華春妻許氏 父無子贅華春爲壻華春貧許躬織紝佐之讀書及華春舉進士官南城知縣卒許扶櫬歸葬訓二子太沖太澹俱讀父書有文名

解元朱用光妻王氏 用光卒遺二妾馬氏諸氏年俱少王甘苦共之矢志靡二勤課其子繼芳入泮有聲

王宰妻彭氏 宰早卒孝事舅姑撫庶子與己子如一督課有成咸推其慈淑

生員錢思正妻姚氏 適錢後即勸思正置妾生子懋與十歲而思正亡拮据守家業人稱令母

知縣吳郡繼妻陸氏 隨郡榮昌任時中丞喻思恂方垂髫陸一見卜其國器勸郡膳穀之喻時至署親爲梳櫛喻後任浙撫至墓拜之陸治家勤儉有法度教前子皆成名

國朝

生員吳夢寅繼妻陳氏 性慈惠生三子撫前子女踰己出性不佞佛臨終命諸子曰汝輩讀書當崇實行浮華無益也喪事勿用浮屠但盡心殯葬勿之有悔而已子涵賜進士及第

貢生徐勳妻吳氏 夫早亡子駿聲甫九歲吳紡織膳讀寒燠靡輟後駿聲補諸生雅譽卓然人服其母教

鍾起鵬妻朱氏 年十九歸起鵬相夫治家具有禮法待親族有恩鵬卒遺孤在襁褓朱矢節茹荼歷經艱鉅多方拮据延名師訓其子定學成有聲邑令陳邦寄表其閭曰貞慈

生員郁起鼇妻徐氏 年三十三鼇卒遺孤詒甫六齡妾所生也恩撫逾己出有過輒流涕導之詒爲諸生有文名繼姑嚴曲意善事得其懽養葬俱克如禮嫠居三十九年邑令陳表其閭

監生曹以成妻程氏 名發孀歙人海南學憲程有守之女孫生而端慧少受論語小學相夫治家生三子撫育備至延師課讀克敦孝友長女適生員吳芬次適進士沈甯皆得婦道亦足徵母訓云

吳尙思繼妻范氏 年十七歸吳撫前四女如己出年二十五夫亡子之振方九齡值明季盜賊蜂起攜孤播遷所至輒延名宿督課之之振以詩文成名實由母教云年六十餘卒

治中吳寶林妻顧氏 從寶林抵河津任甫下車秦饑運粟賑隰州大甯等州縣頗以費重爲憂顧急貨衣飾以濟饑民長子大成宰蕭縣徐屬四邑向有調夫役河工之例民大困顧憐之命子力請各憲改派雇工錢募就近人充役于是四邑之民得安農業寶林歿次子蘭成尙幼顧親課讀不以庶出歧視親族子弟貧不能讀書者出金勸課之生平扶危濟困不可枚舉

田鸞繼妻顧氏 性喜朴素躬事操作不辭勞悴夫歿遺孤俱幼顧大小兼理尤篤于訓學羣從子姪有以稗行聞者必加懲戒兄弟多妖遺一姪不絕如綫親爲撫育授室人更以此賢之

吳鳳苞妻姚氏 鳳苞性落拓不事生產生五子家甚貧姚紡績助薪水訓子嚴而有法性好善每節衣食以施窮乏後諸子皆成立爲里黨所稱頌

吳克諧妻張氏 孝事孀母年十七于歸即勸夫迎養母病割股進藥卒不起哀慕成疾克諧每遠遊終歲不歸張撫育子女教以義方能不墜家聲長女玖適兵部郎中程同文子廷珍太學生廷鏞乾隆乙卯舉人俱讀書能文章有恂恂孝謹之風

監生沈廷鍠妻朱氏 性賢淑事舅姑存歿盡禮無出勸夫置側室得子後延師教讀供膳必親檢點子濂滄皆有名庠序夫歿母儀愈肅好施與歲歉親族有告貸者命子輩勿辭絕或自典質以應之

監生馬澄懷繼妻李氏 性慈惠孝事舅姑生子一女四撫前氏子女逾己出婢僕不加苛詈

內外姻親悉頌其賢嘗訓諸子曰汝輩爲人須篤行敦倫失念爲善前氏子召棠承志勿忘歷有善舉己子國棠獨捐資于洲泉玉溪兩鎮建接嬰堂以救遺嬰經巡撫陳具奏　恩賜職銜以旌其美

吳秋槎妻黃氏夫亡日子中岳年十三氏以鄉村僻陋非居子地卜宅遷生賢里閉戶課讀寒暑罔間中岳遊庠後督訓彌嚴

生員姚樹基妻鄭氏候選州同鄭廷標女年四十而寡苦志教子子歿教孫俱聲著膠庠母老弟貧助弟膳母內姪有獨子年踰三十未娶資助成婚俾得延祀不絕

姚堯臣妻徐氏年二十九夫棄家遠出子二女一賴氏拮据撫養子無力從師親自課讀茹荼以終天年邑人咸稱慈淑

生員沈高爵妻顧氏中年夫亡子培甯甫五歲辛勤撫字慈嚴並濟勗孫師向遊庠

姜世照繼妻沈氏幼穎悟習經書及笄適照家故貧鬻匳飾以資薪水事姑盡孝夫亡教子之喈習醫之珪業儒常引古今忠孝事以勵子孫

桐鄉縣

明

生員鍾應宮妻呂氏應宮積學敦行爲鄉里冠以王事卒于京家日落時諸孤尚未成立姑年九十有五呂奉上撫下各盡孝慈教子貞爲諸生次彝鳳翔推官次超濮州知州並以廉稱

貢生莊冕妻郭氏性柔慧工書孝事翁姑子女皆親自課讀崇禎丁丑隨冕之任興安州夫死與櫬歸遇寇爲飛刀所中既甦顧子女曰今得與若輿櫬歸死可無恨矣後十年趺坐卒

工部郎中錢貢繼妻申氏家政肅嚴內外斬然訓女以閨範偶有不莊卽長跪譴責嫠居三十餘年節操凜凜前子夢得宦歸定省時以清廉勗之

國朝

仲九霄妻山氏秀水山翠娥女性至孝及笄贅九霄爲婿相夫勤慎生子宏道幼善病山密爲夫置

妾龔廣嗣續訓子成名順治三年九霄死山一慟嘔血數升不數日亦卒

楊應魁妻汪氏孝事翁姑不愆禮度尤留心悖睦之誼子炯修輯族譜宗黨奉爲女師康熙三十一年邑令林謙光給孝著坤儀額邑令郭金湯給巾幗丈夫額三十三年藩憲蔣毓英給淑德可風額年七十五卒

諸董威妻沈氏董威晚舉一子士鳴而歿沈教之極嚴士鳴有過失必跪而杖之見其讀書輒喜曰但得汝作秀才繼先人死無恨矣一日火將及董威之柩沈號泣欲與俱燼鄉人感奮舁水而入瓦與石俱碎一棺獨存士鳴父執顏楚先哀其貧遺之以粟悉令籍記曰長者德不可忘沈劬勞節嗇娶婦嫁女歷凶饑恒產雖薄不廢親舊慶弔不失禮

推官顏俊彥妻潘氏有賢行比卒歎息語其子女曰我死爾宗族未得無事也俊彥從兄避難崇得聞訃流涕曰何遽喪此賢婦耶未幾而顏氏家難起人咸服其先見

舉人盛棨繼妻戴氏姑宋晉病能先意承志棨躓南宫久滯京邸未幾棨卒戴念有孤在不忍殉越三載翁由明經秉鐸湯溪戴以翁年踰七十渡江涉險命子麟然隨侍左右已而翁以老乞歸甫五月歿而麟然亦相繼逝時歲饑家貧乏三孫子立三喪纍纍未葬而戴竟以白頭嫠婦拮据支撑人以爲難

皇甫銘妻戈氏臨海人年十六適銘未幾舅死姑潘老而目盲戈進甘旨從不假侍婢手迨銘歿遺二子洸汸讀書兼治生汸補諸生不數年歿遺孤二俾洸撫教之後孫樞成進士人謂得大母之教爲多年八十九卒海昌許葵爲之傳

縣丞馮錦繼妻孔氏名傳蓮訓導毓瓚女錦任宜川縣丞查勘賑饑感疫攖疾誤醫成瘤歸竟不治孔孝侍翁景夏課子浩成立撫前妻陳所出女三人如己出幼工詩有寄外宜川句云官爲七品佐身落萬山中年六十有六以浩貴封太安人孫應榴貴贈恭人浩妻陸氏編修樹本女事姑孝脫簪珥助夫買書夫姊王徐貧無出同膳數十年終老持家勤儉有法好行善樂助人婚嫁喪葬事年七十有九封恭人

生員沈廷光妻孔氏名繼瑛字瑤圃父傳志贈襄陽知縣廷光遠館吳門繼瑛課諸子嚴而有法家貧不能購書令長子啟震借書抄讀之鈔未竟輒代爲手繕嘗有句云手寫兒書供夜讀身兼婢織佐晨餐又云夜枕先愁明日米朝寒更典過冬衣及啟震之官運河貽書戒之曰毋慮不足而多取一錢毋恃有餘而多用一錢無錫嵇文恭公題其言手書慎一齋額以寄著有南樓吟草并詩餘一卷以啟震貴封太恭人

汪淮妻王氏應繇女淮以附生准貢未幾卒氏撫子嘉穀成立嘉穀官泰順縣學教諭取所產相思竹雲鬟香脯進氏歎曰爾講學官矜式多士先之以孝弟輔之以藝文爾分內事也奈何營此以益吾憂哉聞者愯然桐溪詩述

列女賢婦

嘉興縣

國朝

農部錢豫章繼妻金氏名孝維仁和禮部主事潔女平居不苟言笑博觀書史工吟詠豫章微時貧而好學氏雞鳴相警逮官部曹節清俸所入歸而仁其三族亦氏贊成之豫章郎世敎子孫有法祭祀誠敬事畢無倦容戚鄗咸奉爲式壽九十有七著有此廬詩草新纂

學士錢福胙妻戚氏海甯袁花鎮人學士性曠達不問生產氏黽勉有無祀賓必豐賻周贍困乏雖處貧不吝伯姑王氏聞夫開仕訃哭踊氣絕氏急抱救以食指抉王齒齒開噏指幾折病傷年餘無怨言學士終歲按臨於外氏肅家政好談祖宗舊聞及鄉黨善行警後輩聽松樓述略

同知錢汝恭妻沈氏歸安人居室以孝聞嬪於錢恆歎不逮事舅姑時享必敬汝恭舉孝廉家猶貧不能延師訓子豫章開仕皆慢授句讀舅文端四婦詞云仲婦吳興幼嫺女則盎深躄之錢氏行狀

秀水縣

國朝

生員范應元妻金氏 應元貧授徒故嗜酒夜醉歸氏每坐暗中待聞排闥聲已酣踣於地左右扶掖以爲常口無怨言讀書通大義時以詩書佐敎授理家政應元至喪偶始自知貧不敢縱飲云 陶模撰傳

生員陸鑌妻沈氏 鑌好結客富搜藏徵詩評畫多翰墨交居吳江黃家溪氏名貞婉字淑君孝事姑徐氏每平旦盥洗必躬爲櫛髮務遂老人意鑌素有肝疾藉吟詠滌煩朝夕薪水皆氏料量且勅兒女輩毋得闖自鑌有傳畫樓藏卷軸時購書籍有不足輒典簪珥應書或破壞篝燈爲補綴其相夫子懋學業陸孝思如此 悔過齋續集

生員盛鑌妻許氏 許海昌望族家有對松堂富藏書籍于歸後宅毀書散竹竿河廣之思言輒流涕鑌歿適姑稽氏在堂潔滫瀡親厠牏中饋畢鍼黹至夜分寒宵漏長遣婢媼早睡績餘倦且餓預煨諸芋聽兒瑺瑺讀時或分啖之會婚嫁畢以疽疾卒 盛氏家乘

嘉善縣

明

寶坻知縣袁黃妻沈氏 黃從雲谷禪師受功過格日以感應行善氏信陰騭不能書每行一事輒用鵞毛管印紅圈於時憲書迨黃登第知縣事氏置空格册題曰治心篇纖悉必登閱月見所記不多頻蹙額曰前在家相助善願易完今衙中無事何時得圓滿萬善數乎夜夢神告減糧一事已完萬行以慰之卒成善果 立命篇

國朝

鹽巡道金汝珪妻王氏 稟聰生霖女早失恃依陸氏姑母講授鍼黹來歸汝珪家猶貧紡績助泊宦京秩迎姑魏氏就養歿扶櫬歸值夏鎮南陽河大決柩舟夜繫樹杪會狂颱陡發船顛簸氏撫棺號泣俄風息得無恙汝珪在江蘇歷膴仕卒以句容縣書吏侵盜錢糧罷職鬱鬱卒氏慟哭不欲生刻苦持家延師課子供膳節餽必敬立祭田虔時享理婚嫁贍親族均有法度八十餘歿 行述

贈榮祿錢潮妻吳氏 氏會稽人父大成幕游燕趙因家保定酒醴之屬莫不勤習潮授徒上黨燕薊遂就婚焉攜前妻子樾郎甥館務學寒燠解推與己生子枚無異視後樾顯貴晉封一品粗衣糲食仍華飾年逾八十歿 陸湘撰傳

孫坫妻全氏 事舅姑生養死葬均盡禮坫幕游燕晉家徒壁立躬執爨延師課幼弱坫性戇急每緩言譬解馭臧獲不形喜怒有過以微詞警覺不假鞭撲而羣自敬畏里黨告乏力勸坫周卹子成彥正錯列仕途恆以三不朽勗母許以功名自喜 孫氏家乘書事

湖北知縣錢清履妻汪氏 秀水人吏部文選司孟鋗次女幼擅翰墨通經史歸錢姑倪氏早歿忌日節辰潔蘋蘩孝享夫女弟未笄遭危疾能手配方藥舅詢何由通醫理則以曾讀內經素問故清履鼓篋北雍去閱十年家書不提貧字恐交謫妨學業也不信二氏說謂修葺先祠墓卽以貲冥福布施奚爲戒

子孫毋營放逐子母利以家世儒素不可墜
鄉里肥我著有香史詩詞若干卷 行狀

張我樸妻朱氏名又貞性孝嘗笑不苟年十六適張閏中賡唱聞者豔之後張爲科場所累全家發遣乃上疏捐軀贖罪後爲尼名德容 續檇李詩繫

江西泰和縣知縣郁鼎鐘妻李氏廩生李應照女幼嫺內則蘐鹽持家相鼎鐘仕宦歸閭範樸實仍椎髻荆釵以爲常莘川巫風熾屏絕尼媼不得藉持齋禮斗入門秉性溫和化家人無詬誶子洪誥洪猷洪疇均有聲黌序洪謨舉人仙居縣教諭門庭萃慶頤養天和現年八十六歲 新纂

海鹽縣

明

主事劉世埏妻徐氏聰慧饒智略凡五行醫藥堪輿家言皆通曉埏之葬地亦手自定也性尤儉嗇善治生產

彭紹賢妻鄭氏鄭曉女御史宗孟之母生有懿德與紹賢莊事如賓而事舅姑善體隱志嘗慮世祿家無恆產鮮知學爲買田課耕及購書籍俟生子長大教之

御史彭宗孟妻朱氏幼喪母事繼母以孝聞年十八歸彭事翁昭毅將軍及太姑談淑人繼姑李淑人俱盡婦道生平布素自安不離織紝戒子孫毋營子母利

太常寺卿吳麟徵妻朱氏父有庶子朱甚愛之麟徵居官廉苦朱能佐以淡泊後麟徵殉難哀痛欲絕越十五年卒

知縣彭長宜妻祖氏婉淑孝謹久未舉子謀置一妾長宜不可未幾有子而殤遂發病卒繼娶沈氏亦能操作佐家年七十四卒

指揮使童乾鍾妻徐氏從翁姑涉海宦松門備歷艱苦孝養倍至乾鍾投筆襲廕食指頗繁徐日夕紝織以佐之及乾鍾解職益自刻厲訓子孫以讀書孝友爲本年六十七卒

國朝

生員彭孫求妻陸氏職方員外郎澄原女名令芬嘗割股以療母病孫求侍父宦京邸病目失明諸父謀以宗女代之陸不從歸彭克修婦職教二子復曾光曾爲諸生年六十卒

戚啟光妻董氏端重識大體居恆勞苦以佐家計啟光艱于嗣董勸納妾生子令畹令疇撫育如己子令畹登進士

徐鍾元妾齊氏隨鍾元之任粵西鍾元齎表至京齊留署中値兵變挈少女幼子饑走荒山歷盡艱

苦幾十年始得歸時鍾元已卒嫡朱妾王亦相繼歿
齊撫養己子與王所生子俱至成立年八十二卒

生員張龍楨繼妻朱氏德性温粹生子朝晉與前子朝鼎一體撫視後朝晉妻徐氏事姑孝處家儉佐朝晉營葬先世構祠屋皆以紡績餘資爲之

朱茂生妻吳氏年四十無子勸夫納妾沈氏三載夫亡同心誓守撫沈所育遺腹子亮采成立 以上海鹽續圖經

給事中朱丕烈妻徐氏年二十適朱孝翁姑和妯娌及丕烈勞于王事一切家政賴徐操持積勞成疾年五十八卒

朱沅如妻吳氏幼爲養媳比婚數月沅如賈于乍浦棄吳不歸既而歸售其屋吳乃賃屋而居後沅如卒於乍浦吳爲經紀其喪扶柩歸里以沅如兄子爲嗣教有法度鄉黨稱之

方震齡妻吳氏幼慧父訓蒙與妹刺繡堂後聽所授書皆成誦歸方妯娌議析產涕泣勸止震齡客還方歲暮有所入輒分贍族黨之貧者妹寡養終其身每夜集子婦及諸孫論說古今嘉言懿行以爲勸戒

蕭巨高妻馬氏農家女年十八歸蕭夫病篤貧不能醫藥馬因焚香祝天刲股肉以療之病得愈後夫婦偕老訓子嚴而有法年七十餘卒

監生馮天麟妻楊氏少孀女儀適馮後夫婦相敬六十年如一日操持家政具有禮法 以上

平湖縣

國朝

費淮妻謝氏新埭鎮人歸淮三年寡撫遺孤椿嚴繩以禮法學偶怠輒涕泣不食激改乃已嘗歸自舅氏宴席倚醉叫囂氏怒曰只此子設任性不成器如承先何時椿方八歲懼母杖痛懲爲斷酒氏懸淮遺像於書室具餐進茗如生時嘗內則小學閱武進桑梓潛德錄命椿採訪鄉里節烈題曰薊香錄又讀溫氏母訓謂菱婦當奉爲法欲重刊流布貞靜知文里閭推重之 顧廣譽撰傳

生員方金鵝妻何氏幼秉祖母葉氏訓舉止端重金鵝以遊行及半途凶聞至不感時疫臨危挐舟迎氏往遵姑命黽勉不死撫嗣子衍禧嚴夜爲敎女紅課書所授書蚤成誦則喜否則予夏楚繼以泣衍禧天益操作勤苦每曰天與人四肢固當自食其力況亂世乎揹持門戶故內外無閒言 顧廣譽書事

徵士顧廣譽妻何氏幼秉母節孝葉氏懿訓二十四來歸婉娩得姑歡廣譽嗜購書氏甫至未幾踰月值書賈索直無以應出文定金簪典質與之未幾家窘拮据操中饋恒冬葛著體夜擁敗絮歲除釜甑蕭然不露顰蹙狀夫兄卒無後廣譽先以幼子許嗣不能蒲伏易仲子嗣里黨咸是之 海過齋集

石門縣

國朝

張繼昌妻沈氏繼昌本姓陸以姪繼姑遂以張爲姓沈奉兩家姑嫜俱極孝敬夫亡盡出所蓄命子某建宗祠置祭田爲春秋祭祀之費持家勤儉親族無力婚葬者必有以賙待佃農計畝減其租

周大來妻馬氏大來以事戍邊馬守志母家鍼黹度日及大來遇赦歸馬年已五十矣迨旣歸馬益勤操作支持門戶大來仍蹈舊習而馬之令淑人咸稱之年六十餘卒

生員吳起鳳妻童氏善事舅姑曲意承志訓子姪凜若嚴師家本儒素紡績以助膏火乾隆三年督憲稽曾筠給陶孟可風額

監生方承德妻孫氏事舅姑盡孝治家有法夫中年捐世二子一女皆幼義方式訓備極劬勞年踰六十綜理一切內外肅然劉太史涵以熊丸鶴筭額贈之以上伊志

周寶儒妻費氏性慈和識大義凡殯葬舅姑婚嫁姑叔念妐家食指較繁鬻衣飾助夫獨任戚族有貧乏者輒以財粟周濟之

生員田士宏妻陳氏士宏常遊學于外陳於內政一一任之家貧售簪珥勤鍼黹閨範可法

生員周齊翬妻沈氏翬家貧幕粵病旅館十年信絕氏勤指給食奉遺姑色養備至夫兄歿正室遺弱女妾遺幼子氏諭妾同爨督令習勤兼訓其子女方聘地營葬舅姑遺子赴粵探夫以心血盡耗旋卒

生員曹世璨妻吳氏性慈惠無疾言遽色孝謹事姑勤儉相夫夫亡家業漸廢氏勉力主持婚嫁幷教子遊庠有聲

吳東山妻呂氏東山性豪宕不事生產賴氏治家勤儉敎子有法得以興起成家　以上于志

桐鄉縣

國朝

沈昌宏妻李氏年十九歸沈孝事舅姑生子朝棟朝楨乾隆二十五年夏夫病亟醫禱罔效氏早夜焚香籲天請代孟秋月吉忽告舅曰婦薄弱不足上感請翁繕疏爲助庶有濟翁弗忍固請乃從之氏奉疏亟詣東嶽祠神前哭禱歸越五日氏無疾逝而昌宏獲瘳年二十五邑人馮浩沈琳李枝昌俱有傳　新纂

陸廷璋妻倪氏納采三年廷璋病瞽廢陸請辭婚氏大言曰古有男室瞽女者矣況我天乎卒歸陸　新纂

編修鈕汝騏妻張氏于歸後凡賓祭補紉饍饗悉以身任方汝騏未第時氏辟纑佐讀凌晨率先起梳裹故汝騏詩有每年伴我支寒漏半世何人見曉椸之句旣艱於嗣置一妾舉一子氏撫孫中翼而長之氏之戚有戴節母者寄珠飾一篋值千金無何戴暴卒氏瞿然曰向所寄物及茲未殮還之遂遣伻持篋歸

其子肇基封識儼然氏卒親串中及臧獲輩多有出涕至累日不食者　伊志

御史馮浩妻陸氏編修樹本女事姑孝脫簪珥助夫買書夫姊歸徐貧無出同膳數十年終老持家勤儉有法好行善樂助人婚嫁喪葬事年七十九　新纂

解州州判陸憲曾繼妻陳氏陳世鈖女名葆懿能詩工書性孝世鈖病侍奉不解帶母病禱天願身代及適陸撫前氏子女如已出能得舅姑歡閨範肅雝動遵女誡年未三十卒著作見藝文　新纂

列女孝婦

嘉興縣

明

夏錫瑞妻馮氏字佛齡年十七適夏姑病瘵厥禱神願以身代姑夢大士告曰汝病當不起以汝婦孝上格今且瘳矣馮願繡大士像百幅祝姑長壽自後姑竟起馮忽患厥如姑以死有司給孝感回天額表之

知州包汝楫妻賀氏姑陸病劇進湯藥輒搖手云幸勿苦我一夕賀手進一湯告姑曰此非藥第少啜之姑飲而甘之吸至盡寢息頗安數日而愈此湯乃婦剪股肉所手烹也孝感之應如此

知縣李敷妻徐氏事寡姑卒先滕侍姑患疽親為吮膿性好善拯災恤貧常折券契

國朝

生員朱慧妻湯氏名學光海鹽人慧砥礪學行中年高蹈以著述為事不憂貧困湯亦安之持家勤儉孝養舅姑年六十六卒何汝霖為之傳以為偕隱同清有梁孟之風云

李平妻徐氏徐舜儒女姑賀氏年六十餘徐奉其姑克盡孝道姑患軟肢病徐獨力扶持盥漱必親視食案必親舉久無倦色

程琫妻徐氏琫早卒家貧辛勤織紉敬奉翁姑翁病革徐懷刀剜股和藥以瘳教子能讀父書里人王鴻字楊漢籌作五言詩紀之

徐賢妾賈氏年十七歸賢賢有疾賈奉湯藥惟謹未幾賢歿適姑病篤賈急割股肉煮以進姑疾漸瘳人以孝稱之

張尊周妻閔氏閔洪禱之女年二十一歸張事翁姑能孝且敬姑病閔躬侍湯藥不離左右未幾病劇閔于竈前割股暈絕夫以藥敷之漸甦戒勿令姑知已而姑病漸愈人咸以為孝感所致越三月姑又染時疫數日而逝閔為絕粒誓從姑于地下翁解勸之勉進水漿踰年亦卒年止二十八

孝廉方正李瑴妻朱氏翁病革與夫同時割股暈絕良久始蘇亟和藥以進翁疾已不可為矣哭哀盡禮年僅二十一卒

職監黃沅妻何氏幼喜讀書庶母劉氏病氏嘗割股獲痊及笄歸黃氏舅年老患咯血症醫藥罔效氏復割股和藥以進舅亦獲痊人咸稱其孝嘗作近體詩刊有培蘭詩鈔

文學孫志鈐溪朱氏名森贈給事中煜孫女幼事大父母父母俱以孝聞及嫁事舅姑如事父母族鄙咸稱效之尤工詩文有棣花溪舍存稾

監生胡琛繼妻聶氏夫故姑年已耄四子俱幼侍姑二十四年以婦道而兼子職孝養無懈撫育成立乾隆二十九年卒時年七十其生平事跡詳載墓志銘中宏博諸錦撰

秀水縣

明

監生姚鈳妻項氏 襄毅公從孫女姑老事之謹晨起問寢無敢疾步夕攜乳兒侍姑側俟寢熟爲納衾于肱乃返子室後姑疾割股肉煮以進得瘳

生員姚邦俊妻馬氏 性賢淑孝奉翁姑姑項病危籲天願代割股肉以進姑飲之得瘥項卽姚鈳妻曾割股救姑者

知州吳繼妻屠氏 性至孝姑戴目雙翳繼之官屠獨畱侍姑親操匕箸者三十年母項宜人年逾大耋遘危疾寒月護湯藥衣不解帶者凡三月以勞瘁成疾卒封宜人

國朝

卜允孚妻徐氏 姑懷病篤徐割左股肉投劑中手奉以進異香滿室姑飲之不旬日愈

嘉興府志　卷六十四　列女孝婦　四十三

卜震生妻吳氏 事姑至孝相夫治家亦具法度教子有母儀康熙十一年旌

州同江天錫妻朱氏 姑疾調羹進藥寒暑弗懈疾篤籲天請代姑疾獲瘳訓孤子開泰成立年四十一卒乾隆十一年旌

卜禮繼妻潘氏 卜氏家乘作史氏年十九于歸姑吳患病夜嘗不寢寢輒八九起病篤籲天請身代割股和藥以進疾遂瘳甲寅亂兵入室抱姑急走失足墮樓時懷姙俱無恙教子雲從雲來俱成名年四十七卒

吳源起妻計氏 事祖姑鈕極孝一日劇賊數十自吳興來攻刼且露刃抉戶鈕年百歲倉猝不能出避揮計去計曰太宜人在孫婦以死守未幾賊自解散里人皆謂純孝所感也計東有吳孺人傳

卜寶耕妻姚氏 六齡父母歿撫字于兄少貞靜及長歸卜奉事翁姑先意承志舉二子三女事母俱孝長婦吳氏孝尤肫摯姚病牀褥三年進食加衣未嘗少怠一門盡孝皆姚之克盡婦道有以致之也

戴焜秉妻鄒氏 年二十四姑染時症奉侍湯藥月餘不瘳乃默禱天地割股煎湯以進姑疾漸愈

沈某妻蕭氏 年二十五夫亡事舅姑以孝聞舅姑並遘危疾氏兩次刲股和藥以進舅姑病尋愈守節四十八年

楊樹勳妻馮氏 年二十一歸楊孀姑年老多疾家貧無以爲養氏以簪珥易甘旨姑病喘艱於飲食氏以乳食姑夜不安寢氏徹夜袒衣以姑背倚己胸前使得成寢嗣因病久不起氏刲股和湯以進復延數十日而卒卒後氏與夫哀毀盡禮春秋享祀哀敬不衰

梅氏婦梅氏 有子媳兩房輪養其親婦房極貧飲食不給或勸婦推與長房不必輪養婦不避其言仍竭蹶以奉每自忍飢一月其里盡災獨婦屋無恙咸謂孝養之報

監生殳培芬妻張氏 氏幼習詩書出嫁後勤儉操持孝養翁姑嘉慶二十四年冬姑患痢甚危氏因醫藥無效刲股以救姑服之即愈鄰里共知後其姑猶安然而氏已病卒矣

錢勳塽妻王氏 同治十年旌

嘉興府志　卷六十四　列女孝婦　四十四

楊文潮妻張氏 姑周氏多病又值粵匪亂張奉侍避兵孝養備至姑壽至九十餘卒光緒元年蘇撫吳元炳奏旌

庠生盛善揚妻王氏 夫歿兒稚舅世儒耄而病刲股進食指繁不能贍率兩幼女日夜繡綳刺搭膊佐饔飧訓子力學列黌長子桂芬庚申被擄入舟誓不從賊夜溺平望河死亦見稟承有自新纂

王楊氏 聞川人爲童養媳道光三十年夏大水沒廬氏滌器河干聞樓將坍急負姑自梯下未出門屋已塌兩人俱壓死里人楊象濟立石表之新纂

趙王氏 庠生王良佐繼妻道光二十三年夫游閩歿幕次氏扶櫬旋里上事八旬衰翁六旬餘夫兄竭指力計饔飧相繼棄世拮据營葬卒嬰心疾絕食數日歿

嘉善縣

明

孫言嘉善新篡志作賢妻王氏年十九夫亡適繼姑病悲號累日祈以身代夜夢神語曰念汝孝錫汝姑百歲姑果年九十五卒

孫枝艮妻張氏監生張志仁女淑孝端凝得姑嫜歡心與子婦沈氏聚順無間孫婦馮氏李氏並稱賢淑曾孫孝廉霖婦謝氏亦能孝曾繪世澤圖以志前徽有敕芳雜藝

舉人孫在鎬妻倪氏生員士觀女士觀歿家中落倪傾囊營葬其父且割腴田授其兄子生平孝事舅姑喪葬盡禮夫亡後長齋守志以子衍貴贈孺人

監生浦示銘妻孫氏通書史著有繡閒集事太翁及嫜姑盡孝敬父衍與母李相繼亡悲痛致重疾卒

監生葉棕妻黃氏性孝謹翁姑病嘗湯藥早夜祈禱及歿哀痛成疾未久卒

生員毛正學妻葉氏性至孝侍母疾衣不解帶者累月歸毛後恪修婦職姑卓疾篤籲天祈以身代夫之從子九萬三齡喪父外甥曹淑五歲亡母葉兼撫之成爲婚娶并授田宅訓子璐成名

訓導毛璐妻顧氏父患疽親爲調治及適毛孝事舅姑姑患心痛醫言人乳可治顧乃以餅餌啖其子朝夕進乳于姑姑子遠生員能文

章文錦妻袁氏文錦性至孝父歿哭百日死袁孝于姑姑病割股肉以進尋愈子如海少孤撫之成立年六十三卒

張泰安妻曹氏曹烇女泰安就館于外資脯修以供菽水曹主中饋恪修婦道夫嘗刊父遺文未竣而亡曹盡鬻奩具命子續成之爲嶺雲集行世

許澄源妻朱氏事祖姑翁姑至孝年二十六寡撫八月遺孤有成守節二十六年

張振遠妻陳氏翁復元年八十病篤刲股和羹以進元夢一黑旗書孝感二字病遂瘳

國朝

訓導孫慎機妻馮氏姑遘危疾夫祈身代馮日君死不若妾死遂禱北辰夜聞神呼曰馮孝婦帝鑒汝誠已允汝請馮驚起尋卒姑立瘳夫感其孝行賦哀絃集子賡微領鄉薦

封文林郎丁穎全妻顧氏尚書顧錫疇孫女嫺女誡適丁時姑已歿祭必盡哀事繼姑極誠敬翁年邁臥病二年顧親嘗湯藥勞苦不倦翁歿慟哭絕粒初喪七日遽歿以長子棠發貴贈孺人

知縣孫衍妻馮氏父瀛秀多病馮茹素終身祈益親算歸孫後事繼翁姑及本生姑倪極敬以侍疾過勞卒衍繼妻李氏性至孝父母喪葬脫簪珥支辦惠撫弟妹俾無失所應得封典請夫上告贈本生姑子孫俱成名幼女守貞子婦三人並賢孝皆遵訓誨之力夫妹適諸生謝元起亦稱賢孝知縣張鏞以賢孝聯輝額表之

陸在邏妻沈氏在邏初娶于沈性賢淑敬養舅姑贊夫力行善事繼娶亦沈氏性行亦如之三娶徐氏翁病奉事不怠夫歿待前六子錦鈺等如己出兼撫鈺子景淮成學先後均稱賢孝

舉人夏慥妻陳氏陳初刲臂療母病及歸慥繼姑病需人乳日夕進乳獲痊既寡事姑尤謹子鋊娶孫氏亦以淑孝稱

程文署妻金氏夫亡紡績養姑姑病籲禱瘳撫孤成立荼苦二十餘年

浦時英妻沈氏夫亡時翁已八十餘二孤皆幼沈力操作盡孝養侍姑疾左右不少離値水災歲歉周恤里黨訓次子聖明勵志力學

汪介福妻郁氏幼喪父哀慟幾失明適汪後姑病劇日夜叩禱割股進藥姑疾得瘳而郁以奉養勞瘁卒

監生張惟治妻金氏事姑曹盡婦道姑疾奉湯藥不倦及病篤夫禱于神願減算與母金知之

鬮天禱代姑痊金旋卒子炎顯悟過人人稱孝婦之報云

監生汪霦妻程氏　性淑愼事舅姑克盡孝養旣歿終身追慕訓子以琥成名程卒夫感其孝遂不復娶

生員朱學浩妻周氏　學浩早亡周孝事孀姑姑患病瀕死婦侍湯藥積勞成心疾姑瘳而婦卒

朱文華妻錢氏　事姑孝姑亡積勞哀毁嘔血數升不逾月卒子履和履豐少孤教之俱成名

章星海妻曾氏　年二十四夫亡家貧苦守二十餘年鍼黹度日奉事舅姑克敬婦職人無間言

胡爾宏妻張氏　庠生原素女婚未三載胡遠商不歸紡績苦守迍邅奉姑二十餘年撫姪應宸遊郡庠有名爲婦則烈爲母則慈　萬志外紀

監生曹楨妻孫氏

海鹽縣

明

陳允武妻萬氏　萬炳女年十六歸陳値姑歿撫夫弟妹有恩翁受役于官輸兵餉軍門遇倭失餉法當死萬亟鬻嫁裝及私產得金詣獻軍門以贖翁得不死

沈拱辰妻宋氏　幼喪母卽歸夫家事姑甚孝姑病宋割股肉投藥中進之姑以爲甘疾遂起宋亦不言其後姑之姊來與同臥見其創知之邑令王臨亨表其閭

序班賀萬春妻趙氏　平湖世家女歸賀事夫治家悉合禮則尤孝于其姑雖姑之侍婢弗敢訶斥姑嘗病晉祝而祈之者五歲遂復明人以爲孝感云

指揮崔成俊妻呂氏　翁以領漕米失法當代償始免罪呂罄奩資授夫赴京買米輸官救之歸夫收養貧宗撫弟姪有恩皆呂相之也

巡撫吳麟瑞妻朱氏　年十六歸吳曾大父大父母俱在堂奉養備至麟瑞旣貴絕請謁朱亦以耿介相勵年六十八卒

國朝

侍郎彭孫遹妻朱氏　生有淑德克勤婦道從宦京邸猶勤女紅長子齊曾早亡婦施事姑尤孝朱晚年生子景曾幾不育施加意撫養乃得成立

舉人陳遇麒妻徐氏　十齡失怙擗踊中禮及笄歸陳事姑曲盡孝敬年二十八卒

生員楊雲致妻李氏　年十九歸楊遭家多難勞苦備至孝事孀姑恩撫幼叔敬夫教子舉動合則年八十二卒

監生徐中道妻吳氏　事姑孝謹必潔必誠年六十一卒長子敦彝妻謝氏以哭姑過哀嘔血死

許雄妻孫氏　雄孝事父母孫佐夫奉甘旨能承順姑意姑歿以女紅所積佐夫營喪葬

鄭士模妻劉氏名厚蓮兩事繼母愉色婉容待異母昆弟曲盡友愛年二十歸鄭事繼姑盡孝三載不育即脫簪珥置妾生子兆燕視如己出年六十卒

孝子朱廷采繼妻何氏佐夫孝養姑年八十夜半進粥者八載姑病不食以乳參奉之

繆氏二孝婦繆宗美妻陳氏繆成美妻馬氏妯娌也姑病在牀宗美兄弟赴田作忽鄰火延燒二婦見勢急各棄其子從烈燄中負姑出

生員何兆辰妻徐氏事姑嚴甚孝姑病篤嘗禱于神刲股和藥以進病遂愈

竹橋孝婦佚其姓氏康熙年間乞食養姑三十餘年姑歿號泣流血募錢葬之即自經死

同知彭景曾妻吳氏景曾爲侍郎孫適子素嫺禮教吳事翁盡孝一生淡泊貴而能勤年七十九卒

監生周履謙妻許氏翁早歿夫負笈從師氏兼子婦職極盡孝養姑偶患咯血氏親侍湯藥衣不解帶者累月夫先歿氏督子營理葬事并延師課讀子鵬海登戊子賢書充景山宮學教習在部具呈請旌

陳王如妻林氏氏性純孝素無忤色方飢荒之際里中有變時姑老龍鍾妯娌凡六人林獨奉姑避難病不能速辟遇衆軍以身蔽姑被七刃

監生郁聞三妻吾氏聞三抱疾終身不知有婦而吾事夫益恭年十九翁亡五十二姑亡五十九夫亡先後三喪吾獨力經理之

生員朱殂莘妻吳氏氏少事父母以孝聞後歸朱力能奉養姑患背疽氏親爲吮疽三日而痂結咸以爲孝感

生員朱埏之妻李氏姑患瘧值大暑氏晝視葯爐夕驅蚊蚋者累月夫弟登賢書北上乏資氏竟翁憂傾盡出簪珥易金以獻並勸夫置側室以慰舅姑得孫之望年三十六卒

朱寬宏妻張氏奉事嗣姑至孝甲戌秋姑病醫禱罔效氏割股調羹以進姑病遂愈復得久延

監生李應台妻龎氏居家以孝稱歸李時翁姑在堂恪盡孝敬翁姑歿佐夫營喪葬盡禮教子女以孝義爲先咸豐元年題 旌孝行年七十餘卒

潮州府同知徐槐廷妻朱氏讀書識大體歸徐時姑已歿翁年邁竭盡孝養雖厠牏恆躬親之槐廷家素貧朱佐以勤儉隨宦粵東整理內治起居一如寒素遇善舉不吝施予刊身世繩規等書以勸世年七十一 閩縣王彬撰傳

庠生徐炳妻朱氏十九嫁炳二十八寡舅年耄奉養極甘旨子方齓延師締姻母兼父教勤悴恢業三世殯宮竭力營葬

平湖縣

明

屠紹慶妻張氏年二十一歸屠三載夫以疾卒無子張事姑如母朝夕不忍離者三十年如一日姑亡張日夜哀慕遂患癆瘵卒

沈思孝妻過氏年二十歸沈家故貧夫就館于外過盡鬻奩具以奉翁姑歲荒自啗糠粃而以甘旨奉姑姑歿將葬過已病甚幾不能送號哭強起沈痾立痊及歿夫感其行終身不復娶

國朝

戈中襄妻倪氏知縣倪籥女早寡姑病割股療之巡撫秦世楨學使王康侯並表其門子三人俱以能文稱

贈儒林郎鮑連妻程氏年十五歸鮑夫早世程孝事其姑嘗割股以療姑疾

沈鴻緒妻張氏少聰慧立心行善長歸鴻緒孝養舅姑妯娌無間言年七十九卒人稱孝婦

金麒麟妻方氏年二十歸金奉姑甚謹踰年目瞽夫亡遺子纔三齡家苦貧方餇㓥奉姑飲食必先姑而後己所賃居在西郭外將傾鄰人相率引去方不能徙請于主人支以木夜有盜其木者方晨起爲炊風雨驟作屋震動有聲急起負姑姑未出戶遂圮皆死起視之方箕坐于地兩手抱姑執姑衣甚緊劈之方解時乾隆戊午九月十九日也方年四十二見者皆流涕陸奎勳爲作出自西門行

翁式善妻張氏九歲遭父喪慟絕二日始甦年十六適翁得舅姑歡心母沈病瘵張歸省視侍奉湯藥不倦及卒時當六月枕尸而哭卒亦不染姑夙嬰心疾張代操家政姑亦盛稱其孝年六十八卒

李孝婦管氏翰林昭文某之姑也適欒城知縣李青之子宗海青歿宗海久遊嶺表逾十年不返氏事姑甚孝歿後姑檢其篋奩衣裳簪珥無一存者蓋盡鬻以供甘旨姑悲痛幾絕人皆稱爲孝婦云

高孝婦黃氏女也歸監生高廷瓚名章光字希孟南陽知府法孫女監生朝棟廷瓚游江淮間姑驟得

疾幾殆治弗效婦炷香默禱刺指血投藥中服之立愈家素貧質嫁衣以供養後以哭姑得羸疾卒年三十七

馬廷謀妻羅氏父錫爵從兄生甫官遵義守年十八歸廷謀事舅姑盡孝姑病革刲股和藥以進年二十八寡撫三子成立幼子峻補庠生年四十六卒

金朝九妻鄭氏耀廷女年二十四而寡子鑑生甫二月貞節自矢事姑周恪盡婦道踰年遭火災冐火救姑又懷鎰遁出衣物盡燬竭力措持撫子成立年四十二卒

石門縣

明

葉承光妻徐氏 姑癱瘓割股進糜不效日夜慟哭致成目疾歷二十四載姑飲食便遺悉徐扶助姑壽八十臨終言無以報婦願爾婦亦如是耳後爲子娶婦費孝不減其姑

國朝

姜序妻宋氏 序不顧毋養宋孝事其姑姑病瘋癒醫不能治宋割股餌之病尋愈未幾宋卒其姑終身嘖嘖稱婦賢孝云

州同沈淶生繼妻勞氏 舉人勞大與孫女諸生子崍女也性端靜宅心仁厚撫前子女逾己出待侍妾有禮內外姻戚多稱其賢方勞之歸沈也甫十日姑卒哀毀幾斃未幾翁又病篤勞憂甚乃密封股以進翁食之竟愈越十年翁歿年八十一勞體故羸弱至是哀毀疾亦篤不復痊去翁卒六閱月也邑令傅以履給甚孝可風額以表之

訓導田琦紳妻姚氏 姚克疑女事姑姚宜人以孝琦紳遊京師姚奉老翁左右就養歲庚寅翁病痢將殆姚籲天刲股肉和藥以進翁獲痊姚初祕之小姑窺得其實于是姊妹與弟爭效之以救其親皆姚之孝所感云

監生陳湛妻胡氏 在室時事父母以孝及歸湛事舅姑克盡婦道父病宦粤東思慕成疾湛遠遊不歸胡支持門戶日供舅姑甘旨戚黨咸稱其賢孝

楊繩振妻許氏 質性柔嘉能知大義事孀姑曲意承志夫或無力備甘旨必典衣飾以助金令煇以坤輿毓秀額贈之

李鼎鍾妻祝氏 鼎鍾幼有心悸疾未婚父母議改配祝矢志不從歸後鼎鍾病益甚不能顧父母祝以婦代子奉舅姑色養兼盡貞而且孝里黨欽之

朱基繼妻曹氏 舅姑皆卒其夫無力營葬時形憂懣曹脫簪珥勤操作助之遂得封馬鬣族黨咸稱其孝

生員田賜妻劉氏 性端重自幼孝于父母姑病侄偬成婚廟見後即卸簪珥侍湯藥不以新婦自諉姑歿哭泣盡哀襄夫經理喪葬歲時祭祀俱極誠謹

沈青來妻陸氏 夫幕雲南杳無寄濟家貧甚勤紡績以膳姑姑病侍奉不倦後遭父喪慟哭幾絕回念尚有邁姑哀毀稍節晨夕供奉益謹格歿後人猶稱道不置

桐鄉縣

國朝

施德溥妻錢氏姑歿哭死至再子增諸生女適殳少寡歲饑糟糠矢節並由毋訓

沈昌宏妻李氏年十九歸沈孝事舅姑夫病禱神願以身代夫起李無疾而逝年二十五

徐浩妻于氏幼賢孝歸徐後浩以家貧遊幕氏脫簪珥以充資斧事孀姑畢喪葬皆賴以經營因患咯血卒

李發祥妻呂氏夫家赤貧出外營工婦紡績以事舅姑自食糠粃姑病危割股以進遂愈

陳釆苓妻李氏舉人李日爔娣姑嬰疾瀕危氏刲股煮湯以進尋瘥

副貢施會錫妻金氏震澤嚴墓人歸施八年會錫疾革籲天請身代夫死訓遺孤福元讀所生姑老紡績給甘旨冬寒皸瘃指流血不恤也姑歿卒子返嚴墓事毋值歲祲自食豆粥雜糠覈毋與子必有一

飯毋病謹司湯藥常患目蝸睆然不少去側歷廿餘年如一日張士元文集

徐天柱妻程氏事姑以孝聞祖姑篤老氏奉養尤謹少從其父鈔學作詩文出筆秀異而隨手棄置無專稾孫璜爲綴輯成卷藏于家桐溪詩述

郭紹榮妻談氏幼即適郭爲童養媳家綦貧夫紹榮患病七年氏侍奉不稍懈舅大聞年邁度日維艱時氏年十七乞食以養其舅後紹榮爲人誘欲賣以償逋氏泣不從訴於官知縣郭文鋕給錢數緡使磨菽乳爲生並資衣物以鼓樂送歸其家

江南河庫道沈啟震妻蔡氏婚一載啟震試禮部姑與婦各居毋家姑病篤暈絕氏亟往躬擁以歸乃得蘇夫弟啟晉卒無子其娣請命于姑欲得其仲子爲嗣仲子失明氏曰娣無子烏可使廢疾者嗣乃易以叔子

解州州判陸憲曾繼妻陳氏世鈴女工書好詩性至孝世鈴病事奉惟謹毋病焚香禱

天願以身代適陸撫前妻子女若已出能得舅姑歡心戚族賢之年未三十卒

列女孝女

嘉興縣

宋

楊孝女無兄弟事父母至孝既笄欲嫁之女曰女恨身不爲男爲父母持門戶何忍棄父母他適耶侍養終身及卒鄉人立祠祀焉案劉志載宋張堯同楊姑廟詩孝德衰陵久天然與衆殊生男不能養應合愧楊姑

明

徐孝女名于澗孝廉徐郴臣女性至孝祖母潘有疾割股療之愈崇禎丙子父臨試得疾刺臂血和藥籲天願代父愈踰年于澗卒年僅二十四

李孝女夢康女四歲喪母長而矢志養父里中有問字者女請于父曰世所稱賢媛何等也曰善事舅姑無違夫子耳女曰事人親孰與事己親爲婦順孰與爲女順兒必不以彼易此遂以童貞老孝養四十七年如一日卒諡孝貞有傳

國朝

金孝女性至孝幼時割股救母病後適生員吳璜年二十八寡晝夜哭成疾家貧力疾養姑越五年病卒

冉里二孝女失其姓或曰姓吳氏康熙間人父早歿無兄弟家貧二女鍼黹養母常不給庭中忽生通草數叢人咸異之降有宋時靈光庵已毀惟觀音堂僅存二女嘗禱之俄有五色蝴蝶自堂中冒竹出飛至于通草上二女于是劈通草紮蝴蝶花鬻以奉母且重塑觀音像于堂中母卒二女長齋奉佛未幾相繼歿通草隨萎人咸謂孝感所致云

莊孝女父患項疽幾殆女割臂肉煎湯以進疽愈越四十餘年子如金繪圖以誌母行年九十三卒錢陳羣題詩母莊孺人割股圖記女未行而持節于家謂之貞親有疾而刲股以進謂之孝然則歸熙甫之論與昌黎韓子所譏一據曾子問一援孝經不敢毀傷之義彼皆非歟解之曰聖人立教以中庸爲歸則熙甫貞女論昌黎譏王友貞不當旌是已然事有出於賢者之過與愚者之不及則君子亦進而許之以敦世礪俗蓋人子不幸遇親疾醫藥罔效思所以已親之疾者無所不至雖肢體有所不計而遑計人之訾議耶同里許母莊孺人幼有至性予嘗耳其刲股愈父項疽一事閱今四十餘年孺人不以語人今子文學筠裝爲圖以誌介其外弟杉屋廣文請題予樂聞里鄙善事每怪世之論列貞孝獨行輒多責備因推論之

李孝女李鴻源女名祥芝性純孝喪母哀毀過甚遂得疾卒女幼能詩臨歿呼其婢悉焚之其遺稾中有傷母諸什至性流露秀水諸錦亟稱之爲賦詩題其後

陳孝女生員陳肖克女肖克患奇疾醫藥無效女割左股以進疾頓愈越十二年肖克又病女時已適陸氏歸視父病已革矣又割右股以進不效女痛哭幾絕見者皆流涕年八十三卒

金孝女金輅女年十五母病劇女焚香籲天願以身代母病漸減逾半載母復病而歿女絕粒哀毀屢致暈絕父曲慰稍進飲食事繼母亦孝尋以勞瘁成疾卒

朱孝女年未笄父病篤與兄妹先後割股療之後適生員汪壽爲繼室撫前女愛逾己出未幾夫亡無子以從子聯增爲嗣年五十一卒

周孝女名文姑鍾帶鎮人監生周豐垣女性純孝立志不字以事其親親歿後終身茹素有餘慕焉兄子璉二歲失恃撫育之年三十四卒

李孝女生員李雋女年十九母病劇女泣禱于庭取小刀刲股肉和藥以進疾遂愈後適沈逢事寡姑亟以孝聞年二十七卒

包孝女監生包士榕女泗姑乾隆庚寅年二十一父母年邁多病弟幼父病劇服侍湯藥兼勗幼弟以紹書香爲要家貧晝夜視疾不輟心力交瘁親戚無不贊歎閱數月父逝三朝含殮時撫弟欲囑言忽哭暈於柩傍須臾氣絕里人咸稱孝女焉未題旌

蔣孝女蔣廣仁女素潔家貧父母多病兄弟二人皆依人爲衣食計女本田家女而讀書知禮事親盡孝有

求婚者父母欲字之女曰兄弟出門謀食所奉父母者惟女一人女若出嫁父母將何以爲立竟守貞不字道光十一年父母相繼歿女年已四十五哀毀盡禮後遂茹素誦經咸豐辛見其面焉

陸氏二孝女 父陸漢錦女鸞壽鳳簫女少讀內則諸書孝事父母幼弟澐少年入泮甫得子即去世二女自此矢志不嫁侍奉晨昏經理內政深得二老懽心父母欲爲相攸涕泣陳情俱不可奪又其撫姪蒍誨長大讀書婚娶及父母相繼歿哀慘異常鸞壽身故年七十二歲鳳簫後年亦逾古稀

顧氏 年六歲鬻於張鳳喈家爲婢及長父母俱亡家主欲與擇配誓不許字甘服役終身年七十四卒於主家

淩孝女 名和珍附生士材女許字桐邑王振元爲室未笄習紡織時以十指所出易得百錢輒喜爲父母作食母病痢刲股居喪次泣語家人以未報劬勞爲憾哀傷成疾卒 新纂

錢孝女四姑 咸豐八年旌

秀水縣

明

徐孝女 徐全女早失恃父疾醫藥罔效遂刲左股以療之父得愈女痛楚幾殞後亦愈

國朝

姜孝女 姜樵女母患目翳三姑以舌舐之長嫂沈氏目盲仲嫂邱氏癱疾俱不能操作三姑于是廁侍父母孝養終身乾隆十七年旌

宋孝女 九歲父患背癰甚篤晝夜號泣籲天求代夜夢神曰若父毒發于腎非藥石能療汝能吮之當愈驚寤即以舌舐之毒漸平嫁鄭典孝事其翁人亦稱之

諸葛孝女 九歲失怙母病刲股和藥飲之而愈早年苦節訓子入泮晚奉佛繡千佛幢精工如畫

歐陽孝女 歐陽麟女監生沈兆基妻也在室時刲股以療母疾疾得愈兆基妾謝氏侍兆基母水氏病竭

力扶掖洗廁牏惟謹病劇夜禱于天割股肉忍痛禁其臂手烹以進明日水病瘳而謝臥不起其嫡歐陽詢之曰寒疾也又明日嫡密覘得其實謝懇曰萬勿言恐老主母知之傷厥心也與嫡相持泣比水愈嫡以告復相持泣事在乾隆二年

沈孝女 沈益堂女十餘齡時父歿蔬食三年母病臌脹劇刲右股煮以進得少瘥又劇復刲左股母又患痺泄醫云嘗矢甜苦可卜生死女輒嘗之吳紹曾有傳

王孝女 王翰季女適徐潤英爲室丁未夏省視母疾不離牀禱者二旬疾革女將刲股而母已氣絕憑棺長慟遂遘疾歸呼號七日夜而卒

陳孝女 陳琦女董廣淮妻也母朱氏年逾八十患痰症醫藥罔效女籲天禱泣割股調藥以進母疾得瘳

陳孝女 陳經猷女早失恃父疾割股調藥者再許字孫淵鑑未嫁而卒

金淑媛 金杓女杓生媛而卒一日母病媛焚香禱天刲股以進越歲母卒哀毀骨立後適新塍范氏思慕其

陸孝女 陸倩如女親老無子守貞不字家貧以十指佐薪水孝養備至年七十四卒

鍾孝女 鍾聯元女因母多病願全貞事母旌年五十九歲

吳孝女 事親盡孝終身不字年五十九卒

范六姑 幼失母依父以長因父年老多病遂事親不字旌年四十四歲

龔孝女 龔鳳山長女父亡母家貧無子女事親不字喪葬盡禮旌年五十九歲

金孝女 名爾英父傳慶號芝山鰥不復娶女失恃猶未笄書操作夜課弟爾珍讀父兩目起翳舐以舌復明飲饌衣履先意承歡庚申避地遍城聞女賢名者爭執柯女以患難餘生願終身侍父喜讀女誡孝弟圖說等書在室四十年卒 新纂

吳孝女 名三慶新塍鎮布衣瑞元女瑞元生三子長廢次夭季遺一子又歿父欲為三慶笓字以願事親辭親祖繼歿又助季弟婦持家身不辭瘁口不怨貧公其十指所出撫弟遺孤以養以讀 新纂

宋孝女 名若棻字仲芬監生朱漳次女祖母卜無疾逝女哀毀母錢患怯症女刲股母復發復刲幼弟走達母母不忍飲遂卒哀毀成疾每逢時祭及母四周期慟哭幾絕時年二十一女幼承母教工詩善畫著有䕶閣吟草 咸豐九年旌 新纂

周孝女 名慈紋山次女早失怙恃兄嫂繼歿遺子女俱穉女矢志不字鍼黹度日撫姪宗顥成婚姪女及笄嫁周氏既孝且貞有光巾幗 新纂

鍾七姑 佚其事見咸豐五年旌冊

沈二姑 監生補成女住報忠坊三歲失恃秉性貞靜言笑不苟侍父孝養因無兄弟承祀父歿矢志不嫁女紅鍼黹積貲營葬時祭周缺光緒二年旌 新纂

汪孝女 父茂才號小坡佚其名父病露禱求代父愈女竟得疾歿其舅祖吳惓圖作歌徵題 聞湖詩續鈔

徐秀英 蘇州籍父蟾為秀水莊中書仲方世僕娶婦生秀英歿繼母遇之薄女敬事之闇盲詞唱忠義事聽親時飲泣年二十九卒

朱孝女 刲股療父疾外祖母病篤亦刲股療之後適陳澐亦以賢孝稱

陸孝女 名貞父患疾甚劇貞刲左股肉和藥以進疾漸瘳

顧三姑 顧雲山女母蔡氏三姑幼秉至性篤志承歡父母中年無子三姑日夜祈禱果生弟時姑年十七有議婚者姑以家貧母病自誓不嫁願依父母終年父故撫弟奉母以十指為生為弟成室道光八年母年八十七歲而歿時姑年六十五歲矣越二年籲有司以貞女旌方伯多公核改孝女詳題蒙 褒榮焉道光十二年旌

陳五姑 太平坊陳天瑞女母程氏五姑秉性篤孝自幼不煩父母訓誡母多疾侍起居奉湯藥不離左右年及笄父屢為之議婚五姑以母病牀席兄又外出願供子職奉延至於父母終喪五姑年已三十餘矣兄又欲為之擇配五姑誓欲魂魄終依父母死必葬父母墓傍卒年四十有八道光十九年已詳未旌

潘孝女 洪昭次女孝事父母終身不嫁以父母多病日夕相依弟妹賴以撫養後胞姪賴以成立操持五十餘年鄉里推重住報忠坊

呂孝女 貢生鏞次女女字茹薏幼習詩書嫻女紅性至孝及笄不願嫁父母患病侍奉湯藥不輟迨後父病篤醫藥罔效女刲股以進病暫甦卒不起朞年母又歿守幃盡哀卒以毀卒鄉里皆為隕涕卒年三十一歲

王孝女 教諭嘉興張大湝室曾刲股療父疾疾果獲愈

陳孝女 父陳鳴山五歲喪父母濮氏撫女守節女既長欲為擇壻女以無人奉甘旨願學北宮以終年三十四母卒遂守貞終身以十指羨餘營葬兩世後年踰期頤

盛孝女 盛維標女母楊氏病危女刲股以進病得以愈又十年母歿女泣纏以血盡哀盡禮茹素三年人咸稱之適上舍顧錦瑤為室

金孝女 早歲事親中年撫姪完貞不字旌年六十六歲

忘倦父病篤憂且泣越數日父病忽愈而女驟殂年十有八聞臨死喃喃作杭語衆謂病囈也旣小歛解袖服見左臂纏布去之則臂肉已刲潰血猶漬始知創重而殞也仲方碑其墓題曰孝女映雪樓記略

徐孝女 父天祥年耄仰事膝下立志不字乾隆五十六年二老見背女經營喪葬爲幼弟婚生姪景芳弟與婦相繼歿撫姪奉徐氏祀嘉慶十九年卒壽六十有五

嘉善縣

明

陸孝女 名喜貞父澄疾刲股愈之疾又作女乃剖胸刲肝作羹以進澄覺之不食疾輒愈女亦無恙

徐孝女 徐達女年六歲母患臁瘡女問母何以得愈母謾曰兒吮之乃愈女遂請吮母難之女悲啼不已母不得已聽之吮數日果愈

鄒孝女 鄒鏞女家貧每夕焚香祝親壽父遭危疾刲股以進父隨愈

姜孝女 若冲女年十九父病割股和藥病立瘳邑令徐儀世表曰蘭閨純孝適舉人朱國望爲繼室親操井臼訓諸子成名贈孺人

錢孝女 性至孝父貧病饋養終身及適沈懋德以弗獲逮事翁姑每飲涕流訓子保業邑令某表之

陳孝女 父育奇病劇女時年十四爇絲縷購神香朝夕跪中庭籲天祈代父病痊而女竟死

國朝

蔣孝女 刲臂肉以療父疾後適錢念永事翁亦盡孝敬兼以節著

趙孝女 少有至性母病癰疽委曲調治十年始愈後適諸生劉傳彪孝事重闈姑病久侍湯藥無倦容傳彪亡教子學謙游庠年八十二卒

汪孝女 汪楠女九歲母病籲神祈代祖患疽舌舐而愈適閔耀麟事舅姑亦盡孝年二十四生子錫璜以積勞致疾卒

柯孝女 甯夏道鄒枝女適監生錢鈖一載而亡痛不欲生舅姑慰勸之性至孝念父遠宦一縫衣寄書藉慰深切及父卒聞訃慟絕移時始甦盡典衣飾經營葬父歲時祭祀伏地哀號鄉里稱之

郁孝女 父振宗年六十七病危女方十齡欲刲股進藥爲母所阻乃朝夕籲神延父壽父感異夢疾漸愈年十八將適孫姓恐離膝下憂鬱成疾卒

張孝女年十九失怙母姚欲以死殉女慟哭慰勸遂誓不字以養母時大疫母病篤女刲股和藥病立愈次年復病醫視之轉劇女匿匕首將刲右股投藥鐺鐺裂女奔告其叔叔精于醫診脈與藥相反易方乃安人以爲貞孝所感云

陳孝女名慶姑陳枚吉女母病侍湯藥經年衣不解帶母歿欲自經家人救免遂誓不嫁年六十六卒

張孝女名金父母年老多疾誓願侍奉雙親至老不嫁道光三年旌

俞孝女名大姑家貧親老無子終身不願許嫁道光十四年旌

袁孝女名瑤秉直孫女父斯鳳疾侍側不稍離及父卒痛哭十餘日以哀毀歿時年二十有二

馮孝女名孝娥九歲母疾刲股進及笄歸貢生孫愼機歲己亥尊嫜遘疾瀕危籲天求代夜半若聞神語急起更衣瞑目坐逝翌日舅姑病瘳汪學使瀣作序紀其事檇李詩繫續

方孝女生陶莊農家親老病女鮮兄弟矢志不嫁紡織供菽水迨親歿祝髮空門清操畢世胡允滋紀以詩

嘉善縣萬志外紀

沈孝女廩生丹培女母病割臂和藥進人無知者及長適袁舍人召齡見創痕始詢悉之新纂

劉孝女六姑吳孝女四姑均道光年旌

海鹽縣

國朝

陸孝女父應雲捕卒也謫戍嶺南道死女年十四聞之晝夜號泣遂絕食數日卒貧不能殮里人義之捐貲殮焉見節孝備采

洪孝女父完宇無子赴任建甯府廣實倉大使八年音信杳絕女呈縣印給護身批文訪至任所倉役皆云順治四年身故指引認的抱骨歸里

許孝女名懷瑜父惟崧病女年二十四割股以療明年父病復發又刲股以進後適同邑田士正爲妻

徐孝女年十六而孤母顧遺腹生子女念兩姊俱已適人弟在襁褓母無人奉養誓不適人事母三十餘年務得懽心撫弟成婚得一姪而弟又亡撫姪彌篤人咸以孝稱

張孝女名長姑監生裕曾之女至孝性成父病篤籲天請代旋割股以進父病得愈後歸朱頤爲室

朱孝女名瑞華監生程奎女祖病篤割左股以進父病衣不解帶者經年母病復露禱中庭願以身代年十八未字卒

任孝女名德姑廩貢文宗延女幼時母疾奉湯藥不離側勢劇籲天割股以進掩其迹後爲姊氏覺泣告勿宣長適海甯諸生查世鴻事繼姑亦以孝聞

程孝女父紹基文溪塢人適海昌吳紹基無後女爲安葬事詳經樓孝女阡詩註

吳孝女父應賓適六里堰朱昌期事父母以孝聞

李孝女監生李溶女母久病女侍湯藥二十餘年有議婚者女誓不嫁遂終身事母人稱貞孝以上子志

朱氏二孝女名芝澤吏目光照女名玉貞生員殷英女

范孝女文虎女名大姑事親以孝聞以上道光二十九年旌

林孝女名龍朝尊女性至孝母病篤林年二十五割股以療後適同邑廩生高增爲繼室新纂

王孝女盈川女三多里人幼讀書解吟詠父疾療禱神割股煎服病得痊後適徐振玉前氏子甫九齡撫養如己出 新纂

何孝女適庠生顧鳳翼幼有至性母病失明舐尋愈長歸顧未有子鬻釵釧爲置妾姑陸氏多病竭力奉養紡織佐參苓父患疫傍人相戒勿視氏毅然歸省躬侍湯藥父卒哀痛成疾不數日亡 新纂

龔孝女幼守周紹奎以親老守貞孝養終身 新纂

平湖縣

明

馮孝女事母以孝後歸顧乃言未幾夫亡誓死守節奉姑曲盡孝愛姑死後以母病籲天請代竟以疾亡

國朝

胡孝女孝事父母割臂療疾後適諸生李儀儀歿遺孤三齡撫之成立

居孝女居宏和女五歲父母相繼歿日依柩側涕泣悲悼寢處不離者三年長適州同知徐青選孝事舅姑晚年親爲父母卜地營葬並建祠置田瞻祭終身孺慕有古孝女風

黃孝女字慧雲黃漢女年二十二漢歿哀毀踰節依母及兄嫂以居未幾兄復歿時姪炳年止四齡女曰母老矣兄亡姪幼誰歟侍膝下者遂矢志不嫁奉母終身年六十四卒

黃孝女農民黃梅柏女有三妹一弟先後歿殤女念父無子願終身不嫁侍養父母父畊隴畔女往饁餉見農器輒親自負重乾隆丁酉父病瘧躬侍湯藥衣不解者經年父歿慟絕復甦喪祭盡禮母張年老多病扶掖不稍懈年七十二卒

吳孝女母裘氏病女晝夜侍奉不倦病益劇倉皇無計遂刲股煎湯以進母病尋愈時康熙庚寅三月也

王孝女王士哲女士哲歿子令讀書力學越四載歿無嗣女年甫十一母鄭年四十四母女相依爲命稍長母欲爲擇壻女悼兄早世母老家貧不忍離膝下矢志不嫁親操井臼以奉母母多疾飲食藥餌皆女調護母卒女年四十一哀禮交盡既葬除服仍守前志依姪國昌以居年九十四卒

曹孝女曹迪前女幼時父母有疾飲泣不食願以身代年二十二父卒哭盡哀時母孫年老多病飲食湯藥非女不適女遂矢志不嫁奉養其母臥牀二十年頃刻不稍離比歿女年四十一矣營室墓傍廬墓終身家故貧兄靈皋文皋爲授田五畝年至六十八猶自勤操作歲時祭祀父母無缺

徐孝女小字催姑監生徐宗枚女至性過人父遘疾焚香祝天願以身代病尋愈比長以母屠年老矢志不

嫁奉養其母代理家政數十載井然
有條撫弟妹篤友愛年四十七卒
趙孝女趙士華女性純孝年二十二遭母喪哀毀骨立弟
錫璣方四歲女憐其幼矢志不字以撫育之歲戊
寅父歿錫璣早世女又偕弟妻孟撫其子
永成成立辛勤操作終世不渝年八十卒
許孝女小字甯姑監生許烈之女三歲失恃比長父爲擇
壻女泣告諸姑曰我早喪母賴我父提攜以至于
今我于膝下不忍離也諸姑勸諭再三輒毀妝以見志
父憐其意因卻聘焉父年七十餘境益坎坷而孝女奉
侍愈謹父歿哀毀
得疾年六十三卒
戴氏二孝女農民戴秀山女長曰有姑次曰如姑父早世
時弟筠芳甫十歲二女矢志不字以事煢母爲娶
趙氏凡饁饟以及紡織之事俱身任之弟長佐母爲娶
婦葉生一女葉亡繼娶馬弟遘疾卒越明年遺腹生子
聯元馬旋他適二女撫其姪一如其弟焉歲庚戌母卒
二女爲孺子泣哀毀不欲生見者俱爲動容計其前後
數十年經紀四喪又嫁其姪女並爲聯
元畢婚戴氏一線之延皆二女力也

過孝女勤姑龍姑父聚春母陶氏生子珽即患病二女左
右扶持撫幼弟備至父母欲爲議婚二
女泣辭俱願事親以終强之不可父母歿盡哀盡
禮依弟以居旌時年俱六十餘矣道光九年旌
王孝女父彥廷幼佐母撫弱弟及長代母操井臼矢志不
嫁以報劬勞弟石麟早世又撫四姪成立終身守
貞卒以
孝聞
鄭孝女父乾元家貧歲歉與母勤鍼黹以奉大母後母以
積勞患手疾不能操作女願終身事母矢志不字
前後撫弟及兄子不
辭勞瘁後年踰古稀
李孝女生員李恭安女名凝壽事親盡孝年十八母
病劇割股和藥以進三十七歲未字而卒
王大姑順姑俱王太冲女事父母不嫁家貧賴鍼黹以資
薪水父既卒兄萬育遠客未歸會其母病歿
兩姑號哭貸諸戚黨始得具含殮已而萬育死亦兩姑
竭力爲之殯厝大姑年六十四卒順姑依其寡姊以居
日夜勤女紅積金買地北郭外葬
其父母兄姊四棺卒年八十二

楊孝女名珠父時少字張嘉鈺父卒哀毀過情遂成瘵
疾越二載歸張未幾疾益甚旋卒年二十四
白魏氏白錫圭妻也依其寡母沈氏以居母病
劇禱天封左臂肉煎湯奉母母病旋愈
湯孝女名能璋父德昭女長適未字會弟婦卒遺子二女
念親老姪幼慨然矢志不嫁佐理家政奉父母以
終撫兩姪成立
卒年七十二
錢孝女父大章卒女以母老弟亡無人侍養矢志不嫁至
六十歲母歿哀毀盡禮爲姪濬操持家政濬妻早
卒遺女三撫育以
長年七十八卒
馮孝女名畹秋海鹽庠生馮鈖女少讀書傳母疾不解衣
者三月母歿女哀毀成疾卻藥餌弗進小祥營奠
大慟仆地疾益劇
數月而卒年十八
張孝女名貞孝事父母以長兄出嗣季弟幼弱矢志不嫁
母疾篤孝女焚香籲天願以身代衣不解帶者數
年里黨
咸稱之

盛氏三孝女俱序功女家貧力田三女同心不字日勤操
作以養父母長年八十四卒次年五十二卒
季年七
十四卒
劉孝女桂山長女家貧躬勤紡織養母不字母歿爲
兩親營葬兄弟早世撫姪成立年九十二卒
盛孝女永青長女幼失生母矢願侍
養終身不字年六十六卒
朱孝女廷綱長女父母繼歿女因弟邦彥幼稚妹在襁
褓矢志撫養俾各成立迭營婚嫁操持家政亦具有
條理年
七十卒
全氏二孝女一建安次女父母年老侍奉膝下終身不字
年七十九卒一建安孫女父福珍遠賈歿於
江女憫母煢煢一身侍
養不字戚族共賢之
顧孝女名連喜年十二父賡歿女恐母魯氏傷感侍養不
嫁越三十年母卒居喪盡哀弟朝楹暨季弟妻沈
氏歿並爲經營殯
葬旌年六十二

盛孝女 文表次女父母年邁兄子維凝幼孤女養親不字撫姪成立爲之娶婦父母繼歿竭力營葬兄子夫婦又亡孤苦無依年八十三卒

楊孝女 時行女名珠字淑貞受同邑張嘉鈺聘其明年父病卒女哀毀絶粒遂成瘵疾越二歲適張歿有執既嫁先舅姑之說訾議者實則在室嬰疾既嬪求疾不得也雖毀而死可厲薄俗 顧廣譽撰傳

陸孝女 元彪女孝事雙親守貞不嫁父母既歿哀毀如子遂得喘疾晚年依弟以居撫姪輩以禮咸豐己未年七十卒

林義姑 武生林中澥女母歿父老矢志不嫁撫姪成立經父母喪葬恪盡孝道卒年七十五

周孝女 名掌珠太學生周克年女七歲能讀孝經女訓道光戊戌年十六父患病侍奉湯藥衣不解帶者幾一月父歿水漿不入口者五日母吳氏素多羸疾庚子母歿痛哭一聲遂絶年僅十有八後請於朝得旌

沈孝女 洞女孝事父母守貞不字卒年八十餘

覃屏氏婢 農家女父負租被繫女甘鬻身以贖父因爲邑中屈後父病逃歸省視父死後復至主家念父悒鬱未幾死 新纂

石門縣

國朝

聞孝女 名璞父仕滇南璞從之諸兄歿父母倚以侍養歸里年四十餘矣父歿家益貧紡織以養母年七十餘病瘫卒

莫孝女 名靜姑莫維周女七歲母病晝夜侍側比長母沈病不能起女朝自誓不嫁以奉湯藥歷三十餘年庭前有香橼樹久枯母嘗歎曰吾病似此枯樹豈能再活耶女聞之旦夕向樹默禱不兩月忽發萌芽生枝葉未幾母病竟愈人咸異之女年八十二謂其弟曰吾死幸葬吾于父母冢旁言訖而逝

李孝女 李以功女五歲失恃繼母范生弟樂璜女年二十七繼母歿弟甫五歲有養媳曹氏亦止九歲俱賴女教導撫育父欲爲擇婿堅執不允謂父老弟幼不忍離膝下也父亡哀毀逾節服闋後爲弟成婚一載弟又卒與弟婦同撫遺腹姪君元至婚娶後年臻耄耋守貞不字其孝思有過人者

沈孝女 沈美書女年二十四母亡弟妹二人俱幼父無力續娶女矢志不字終身事父撫育弟妹後竟守貞享壽以終

鍾孝女 鍾來城女眇一目及笄父欲字人女曰吾形相有缺祗宜長守閨中矣父言爾志果堅否女遂咬指立誓終身不嫁至八十卒

聞孝女 名際融聞禹銓女自幼質弱善病比長父母將以厚奩嫁之女言吾常患病且無兄弟願畢生瞻依膝下也後即病祛體健卒守貞以終年六十二

楊孝女 楊守仁女幼失怙恃親族無可依紡績餬口鄰媪欲爲媒泣而謝曰我薄命如此尚何適人爲中年後掩埋親柩棲托尼庵以終貞潔之操人無間言

孫孝女 名大姑嗣興女以親老弟幼矢志不嫁日勤紡織以養父母撫弱弟人咸以貞孝稱

吳孝女 名普明瑞山女矢志不嫁以養父母女年四十九歲其父年已八十九女孝養之不啻萊舞云

王孝女名嘉修金陳女性至孝母有瘵疾女年方十九潛刲股救母嗣金陳又患瘋症臥不起貧無以爲生女勤紡織供晨夕遂終身不願適人守貞以矢志

太學生胡屛之女二姑十七歲父母相繼病歿矢志不嫁撫十齡之弟成立卒年三十二歲

倪沈氏職貢沈保壽女同治六年母病劇侍湯藥惟謹密割左股以進宵分露禱中庭閱四十九夕無倦容母賴以安後適桐邑倪樂堯瞥見傷痕詰之始悉

桐鄉縣

國朝

張惜惜張乾之女五歲喪母無兄弟父女相依十載父得病必不起恐以已貽父憂預爲父整衣裳告其父不食先父死又具數日糜以遺父越三日其父死友人葬于其先塋而以女祔於旁

王孝女諸生丁時春妻也年二十一寡長齋矢志父允晉老而病女奉侍湯藥不懈及歿痛哭不已繼之以血遂卒

仲孝女監生仲雲章女母病篤刲股暈絕爲姊妹所覺以告母母不忍食遂亡女以哀毀尋卒

徐孝女性至孝生員孔廣田妻也父國昌病女割股以療父歿欲以身殉食銅片不死屢就縊又不死遂成心疾年三十三卒

沈孝女父母年老無子曲盡孝養時有沈孝女之稱後適吳爆年二十五寡遺孤鑄親課之旋殀又撫從子龍爲後

莊孝女庠生莊自鎬長女父病危女刲股和藥以進尋愈

程孝女監生程拱寬長女少事父母至孝母亡後弟世樾尚幼女守貞不字留事老父又兼撫幼弟

方孝女方茝圃女自幼讀書以父母年邁誓不適人侍奉兩老及生母片刻弗忍離色養備至

胡孝女年十八父患疽甚危女禱天願以身代遂刲股煎湯以進父痊而女竟以創死

沈孝女河南主簿沈潭生女幼嫺閨訓讀書通大義父歿女年方笄一慟幾絕後母病劇禱天請代晝夜侍奉兩閱月遂得心悸疾長歸孝廉鄭鳳鏘遇父諱日猶望空肅拜哀其母詩爲燹餘集藏之家

金孝女金映彩女以父母年邁誓不適人終身守志以奉二老

王孝女王賡昌女因父母衰邁不願出嫁朝夕侍奉年四十卒

陸大姑三姑 兩女天性至孝母病籲天請代割股和粥以進幼弟覺而告母母不忍食遂亡二女誓以身殉父喻之乃已大姑適沈姓三姑適朱姓

王孝女 訓導馮省槐繼妻王安人勿庵殿撰之姊孟亭給諫之媳未笄時母遘危疾刲臂以進遂瘥踰年復病刲臂如前尋亦愈歸馮後從舅秋鶴爲繪刲股圖賦孝女行鑴石行世二子俊焯爾熾皆貴襲封安人

嚴氏 名澂華字稺蘅雲南順甯府知府廷珏女年十三父病氏晝夜侍湯藥比長事母尤謹母病痢亟潛刲股肉和藥以進母病愈而氏得寒疾卒新纂

陳孝女 適烏程縣儒童鮑承詮爲室越一年夫亡氏屢欲身殉念父老乃止又越一年氏歸家省父因父病危絶仰藥以殉年僅二十三新纂

周孝女 王錫璋妻父士㒻有傳母病刲臂肉作羹進之竟愈母偶見其臂創固詰之始以實告且曰兒籲天默禱勿令人知願母洩也母諾之道光二十九年以疾卒周學濬爲撰傳

程氏 鮑承詮妻性至孝以父病不起仰藥死時同治二年五月十六日也年二十四承詮先一年卒采訪冊

周氏 張沖和妻年四歲即許字沖和父母歿育于外祖家張酷貧外祖更許他姓及長將婚氏奔歸抱父木主而啼曰吾父在聞許張氏耳張郎貧奈何廢死父之命更事他姓乎於是挾利刃訴之官官爲動容斷歸沖和參李志于志

濮孝女 温重有德嘉慶十一年五月父天德染疫瀕危刲股瘳父病後適曹南羣夫不治生産食常不繼茹苦含辛終其身卒年五十五

列女 貞女 貞婦附

嘉興縣

明

楊某聘妻吳氏 嘉善農家女名秀瓊許字後年及笄楊歿斷髮誓不嫁父母不能強遂居家奉佛以紡績自給

沈童祖聘妻高氏 高表仲女性端莊寡言笑許字沈年十六沈殤乃棄盥櫛毀容自誓邑令羅星上之御史蕭月給米贍閱二十八年卒

沈志聘妻朱氏 年十四聞沈訃易服奔喪守貞三十七年卒

沈涵聘妻朱氏 未婚沈亡朱年十四聞訃斬衰從母往弔辭母曰夫不及養兒代之夫不及嗣兒立之姪立夫姪暹爲後奉姑孝謹閱四十年卒

姚諺聘妻沈氏 沈儒女年十七姚亡聞訃痛哭幾失明請夫衣履祀之父母歿依弟臯終其身

生員黃九疇聘妻薛氏 薛文煌女未婚夫亡薙髮披麻往守夫柩哀毀骨立五年而卒與夫合葬

生員沈之韶聘妻盛氏 嘉靖庚申卜九月初十日成婚不是日夫亡盛即翦髮納棺中誓死二年六十五卒邑令李寅賓表之

嚴可相聘妻錢氏 未婚夫亡錢往視其殮日侍靈幃哭之哀甚舅姑憐其志爲之立後守貞四十餘年孝養舅姑萬歷初郡守某表之

許錫琦聘妻陸氏 陸雲澄女年十四未婚許亡與孀母女紅度日陸欲過門守制姑聞往慰母不令即見扃之于樓踰窗墮地抱姑求死母不忍留令從姑歸克盡孝養教嗣子及孫俱游庠母歿買地合葬崇禎間旌

張某聘妻湯氏石工女也許字張氏子行八張年十四而亡訃聞湯父往唁湯曰兒願往一拜即還父從之偕往撫尸慟哭畢泣拜父曰兒勿還矣願成兒志父不能强舅姑爲之冠笄守貞五十年卒

鍾貞女未婚守貞撫院各司道表之

蔣某聘妻徐氏思賢鄉人許配蔣氏子蔣病卒徐年十六號泣奔喪姑憐其未婚泣告其母另擇所配迨吉有期徐聞之大慟閉戶自經姑救之甦自是椎髻操作養姑終身撫伯氏子又歿婦後嫁去遺孫未週徐鞠養艱苦以延一綫奉詔建坊

王迅聘妻陸氏陸嚴女年十八夫亡陸聞即引刀自裁父奪刀慰之曰汝既有志父豈不欲成汝志耶遂聽其粗服操作守貞十二年臨終謂父曰必葬我王氏之墓父憐而從之後學使某表曰完貞

國朝

張嗣昭聘妻陳氏陳國英女年十七夫亡聞訃更素服飲泣絕粒欲殉母諭止遂往夫家居一室

中機杼晝夜不輟足不踰戶事舅姑甚孝守貞二十四年雍正十二年旌

沈本然聘妻陸氏年二十一許字于沈甫一載沈亡陸於聞訃日即奔喪哭拜暈絕翁姑百計慰勸之夫弟有子聯筠時尚髫齡立以爲後翁姑歿陸既營葬因念父母遺棺暴露乃取奩田售之以合葬焉乾隆元年旌

沈煥章妻錢氏年二十六適沈夫已疾篤不能成合巹禮惟勸錢早自爲計錢飲泣無一言夫亡錢欲從死翁姑慰諭至再乃爲夫立後守貞以卒乾隆五年旌

趙鑑聘妻張氏年二十六趙亡聞訃絕粒數日念翁姑年邁無依立志過門躬執婦道頗以孝聞翁姑歿泣告宗族繼從子維翰爲嗣媵婢陳素雲自幼相依年當及笄屢欲遣嫁素雲感張貞節至老不嫁

吳掌綸聘妻殷氏夫抱羸疾未能成婚年十九歲而歿殷年二十聞訃奔喪奉事翁姑甚孝初立從子錫鯤爲繼早殤又繼嗣錫鳳鞠育備至守貞三十五年卒乾隆二十七年旌

余世熊聘妻諸氏諸錦女自幼許字余余亡訃聞于諸母以女性激烈祕勿道諸詗知之泣告母曰禮女子許嫁繫纓則此身已繫屬于人矣請適余守制母從之諸將營夫葬請于父曰兒未識夫而義在同穴幸擇地近吾諸氏祖塋庶幾禮經未成婦而歸葬女氏之黨之遺意父義而許之乾隆十四年旌

顧樹棠聘妻陳氏年二十一未婚夫亡陳即過門守貞撫夫弟樹德之子爲後孝姑婞和妯娌訓子力學食貧居苦以終其身守貞三十五年乾隆三十六年旌

鄭鶴鳴聘妻屠氏年十八未婚夫亡訃至屠飲泣請于父母願往一送夫殮以畢終身父母從之乃奔喪成服事寡姑錢至孝姑命以夫姪應奎爲嗣方延師訓讀而應奎又殤屠處境愈苦而貞操益堅忍云

錢汝懿聘妻馮氏平湖馮巨欽女母錢氏太傅錢陳羣妹也馮幼撫於外祖母陳太夫人太夫人甚鍾愛之以太傅第三子汝懿年齒相若乃委禽焉懿年十八隨官京邸遘咯血症而亡馮聞訃痛不欲生椎願過門守志迨太傅予告里居馮來歸侍奉立夫姪復爲子復方就外傅露頭角而馮不逮養守貞十

七年卒以上乾隆三十八年旌

胡政煜聘妻祝氏許字七載胡亡祝聞訃哀泣易服過門時幼叔文煜尚在襁褓翁姑既歿祝氏撫育愛護倍至守貞三十五年卒嘉慶四年旌

李光垣聘妻陸氏陸鈺女幼字李喪純仲子光垣因病癎將議解婚陸聞輒不食父母嘉其志竟歸于李別寢以居更歷五載日侍湯藥無纖毫厭倦比歿以兄子銘爲嗣銘復早卒撫其孤教養兼至年逾五十族黨謀具節行上白女峻辭乃止

陳某聘妻李氏李俠長女年四歲許字湖郡陳麟佳子陳年十二而歿訃至李哭之哀痛聞者皆爲流涕後遂減飲食病臥牀蓐至十五歲病愈危謂其媪曰余死爲陳氏鬼其無憾矣言畢即逝陳以子合葬焉

王某聘妻黃氏新行鎭農人黃玉樓女許字王姓有里豪金某以語戲之黃正色辱詈豪不能堪遂以貲賂其夫令退婚黃痛哭誓死不改適紡績奉親歷數十載比卒數月金舉室被火焚死

金某聘妻潘氏賣花嫗女金氏子聘之而殤潘私爲之慟竊練其總茹素守志其母欲更許人潘矢不從越十餘年堅守如故舅姑乃迎之歸後守貞以終

馮貞女教諭馮鎮鼎之妹馮年少父母欲嫁之馮曰吾好直言而貌朴嫁焉未有不困者也吾從兄嫂以居而送父母老何以嫁爲父母歿食于其兄者四十年年六十七卒葬于練浦東馮村朱彝尊撰冢銘

李華勳聘妻朱氏年二十一于歸有期而夫凶問至朱乃謝鉛華減飲食不下樓者歲餘鬱鬱以歿家人得其手書願歸李氏四字于枕函因合葬

王孚伯聘妻張氏年十六爲養媳逾年孚伯病革姑遣之歸孚伯旋歿居數日張求歸王氏入門知孚伯已死即暈絕頃之始甦家人扶入寢室臥牀不復食五日而歿遂與孚伯合殯以成其志

李元堂聘妻杜氏年二十二未成婚俄聞元堂病歿即閉戶自經娣排闥救之次日縞素過門撫尸大慟哀動鄰里翁姑亦憐其志爲之立嗣未及期年以過哀成疾臨終泣謂翁姑曰我死幸以哀絰殮我遂瞑目而逝

葉大觀聘妻陸氏陸爲養媳年十五未婚大觀病歿誓不再適孝事翁姑撫夫從子榮成立守貞七十七年

于邦宗聘妻趙氏夫亡趙年十八聞訃即日過門擗踊盡禮立夫從子名表爲嗣旋卒偕婦卞氏撫嗣孫成立守貞四十八年

潘如藥聘妻陸氏幼失恃事父甚孝及笄許字如藥婚有日矣如藥以痘殤陸告于父往視含殮哭泣盡哀旋即絕粒姑慰戒之嘔血踰月而卒

支允上聘妻顧氏年十三養媳未婚夫亡吞聲飲泣幾死者再或勸改適自矢益厲年二十二卒

葉大成聘妻某氏餘賢埭農家女未婚夫亡歸夫家成服孝事舅姑守貞四十餘年卒

張明齋聘妻曹氏年二十未婚夫亡在家守貞至七十二歲卒

張某聘妻湯氏年未及笄許字張耀山子不數載張殀卒訃至湯欲投池以殉家人急救得免遂泣請于母歸張守志撫棺慟哭鄰里咸爲嗟歎孝事翁姑三十餘載歿里人爲書潛德隱微四字額其門後宅易他姓字已磨滅然陰雨瞑冥時四字痕迹宛然顯露里人咸賦詩紀之

顧東山聘妻沈氏未婚夫亡沈年二十二聞訃奔喪撫夫從子大德爲子早卒與其婦朱氏早夜操作撫孤孫成立守貞六十六年

陳怡庭聘妻莊氏陳抱廢疾未婚歿訃至莊痛不欲生乃歸陳守貞恪遵婦道然以哀毀致疾越十五年卒

李書玉聘妻杜氏杜槧能女未婚守貞年二十二卒

高中立聘妻金氏爲養媳于高年二十四未婚夫亡翁姑憐金年少將治奩具嫁之無何翁歿姑謂之曰及我未死爲汝定計我死亦瞑目金以姑老無依不忍離爲辭未幾姑亦卒戚族以金煢煢請自爲計

金正色曰翁姑在已許我克終厥志矣衆知其貞慤不復敢言金以鍼黹度日所存薄產悉以分給族人守貞以終

孫漣聘妻富氏自幼過門年二十四未婚夫亡誓不更適撫夫從子學義爲後一生勤儉孝事翁姑年四十卒嘉慶二十一年旌

沈世芳聘妻鄭氏年二十聞訃哀痛矢志不二侍奉寡母以孝聞守貞六十二年

陳貞女白馬堰陳宗寅女守貞不字繼母歿遺二弟尚幼訓誨成立

陳倫敘聘妻沈氏年二十三未婚聞訃慟哭頻死旋趨易縞衣守志父母諷以改適不爲動夫家聞之迎沈歸衣布茹蔬日事鍼黹以養翁姑守貞十九年卒

邱世德聘妻計氏年二十一未婚聞訃即去妝飾誓不他適卒歸于邱邱素貧衣食惟賴十指計處之恬如也

陸童子聘妻周氏陸鴻飛之子周年十五聞訃大慟欲易服以往父母知其志不可奪遂許之周孝事舅姑舅姑歿喪葬悉周措辦年五十五卒

彭某聘妻田氏未婚守貞撫夫從子天成爲嗣年九十二卒

張書賢妻杜氏年十一未婚守貞以終

王貞女名淑貞王有恆女母朱氏有恆家貧力作以助薪水兄榮三與父相繼歿嫂胡氏無子撫他姓子本立爲嗣未幾胡亦卒王先後典衣貧喪費本立稍長自就傳以至婚配皆王措辦母老病臥牀侍奉不稍懈王思三棺權厝未了多方籌畫乃克舉葬初有求締姻者王以寡母無人侍養立誓不嫁守貞以終母女相依有甘旨悉以奉母而以野蔌自給稱貞孝者無間言

馬元亨聘妻洪氏年十四未婚聞訃誓不另適遂歸馬氏守貞撫夫弟之子爲嗣

章錫齡聘妻余氏年十六許字錫齡越數月訃至夫家迎往守志持家勤儉守貞以終

張朝英聘妻盧氏年二十聞訃即日過門守喪哭泣之哀感動鄰里

莊錫掘聘妻徐氏年十八婚有期而莊歿越七年有求姻者至徐聞之夜半投繯爲婢救免于是莊氏涓日迎歸以遂其守貞之志道光元年旌

生員呂時揚繼聘妻沈氏年二十四未婚時揚故歸夫家撫前妻莫氏子成立歿年六十七嘉慶十九年旌

王有成聘妻仲氏年十七未婚有成故歸夫家立嗣子大賓歿年五十七歲計守貞三十六年嘉慶二十一年旌

甄百壽聘妻郁氏郁載雲女許字甄年二十一未婚夫故歸夫家撫姪明爲嗣教養成立生孫計守貞三十三年道光元年旌時年五十四

陳汝淮聘妻吳氏吳奎女年二十一未婚汝淮故誓不再嫁歿年四十一歲計守貞二十一年道光八年旌

周坊聘妻方氏方本體女許字周年十五未婚坊故誓不再嫁歿年三十四歲計守貞二十年道光八年旌

高殿秀聘妻鍾氏鍾上驥女未婚夫卒鍾聞訃慟絕遂素絲束髮足不下樓者年餘抑鬱以歿年二十一道光九年旌

張人美聘妻朱氏朱肇邦女自幼歸養朱氏年二十一未婚夫故矢志守貞立姪獻爲嗣歿年三十七歲計守貞十七年道光十一年旌

李鋥聘妻蕭氏幼時許字于李未經成婚即遭夫故越三日奔喪成服時年二十二守貞計二十九年道光十一年旌

王敬伊聘妻李氏李廷芳女年二十四未婚敬伊故歸夫家立姪燨爲嗣歿年四十六歲計守貞二十三年道光十二年旌

楊兆珠聘妻馬氏馬如彪女年二十九未婚兆珠故歸夫家撫姪爲子教養備至道光十四年請旌

鄭介錫聘妻施氏氏未婚聞訃立志來歸父母許之抱主成親哀痛之餘幾死者再年僅二十至道光十八年身故苦節三十四年道光十九年具題請旌

趙桐聘妻張氏年十二爲養媳至十八未及結褵夫亡矢志守節家貧勤紡績孝奉孀姑姑歿勉力營喪葬無缺禮苦節素著遠近無間言

張廷揚女幼字同里徐姓十一歲母楊氏亡父患足疾兄鼎元又素羸弱女代兄事父以針黹所出供甘旨焉十七歲未嫁夫亡遂矢志不嫁終身事父嘉慶十三年父及兄相繼歿遺孤姪延禧僅三歲女偕寡嫂秦氏紡績縫紝上葬二親下撫孤姪三十餘年歿年六十一歲里人咸稱貞孝

張元瑞聘妻朱氏幼爲養室未婚夫亡旦晝欲泣誓死靡他請于翁姑奔而拜廟執婦道撫嗣子
宗獻成立守貞四十三年卒
徐泰階聘妻許氏氏名白雲年十六字徐姓夫亡氏聞之誓守終身日夜哀毀成疾疾革父允其
志疾漸瘳乃歸徐姓抱主成親後每思身殉因翁老不忍重加之慼遂執婦道咸稱賢孝守貞二十年歿年四
十二
張邦棟聘妻徐氏年十九許字張姓亥年邦棟死女泣請于父母曰兒身許張矣壻死當趨喪父
母止以禮女且不食父母憐之而難于言兒嫂慰之日若欲趨喪於若心安矣如傷父母心何盍少待女泣不
語登所居樓飲泣減食凡八年遂成疾不起歿後張氏以其柩與夫合葬年二十七
陸振鏞女寶姑女幼許字方清淑之子行四未婚四病故寶姑方十八歲聞訃哀毀幾欲自盡父母
知其志不可奪憑媒抱主成婚侍養翁姑終身疏布持齋紡績度日撫堂叔子㬎齡爲嗣旌年七十歲

嘉興府志　卷六十四　列女貞女

胡三喜聘妻沈氏年十三養媳過門越四載三喜病故氏涕泣盡哀幾欲自盡翁姑慰勸情愿抱
主結褵不數年姑病故氏哀毀如親生之女翁又續娶姑奉事惟勤貞節四十餘年
王漢石聘妻李氏年十八字王王郎於是年病故李聞訃大慟誓不再字遂抱主結親越六年卒
盛文元聘妻沈氏已旌
陸竹溪聘妻李氏年十六夫亡抱主完姻守貞節十一年身故
湯貞女名慶雲縣丞錢世繩婢也世繩將納之尋病卒時湯年二十以青衣侍疾矢志不嫁與嫡李茹荼守
節勤撚作不苟言笑數十年如一日
沈雅漁聘妻姚氏年十八聞夫故奔喪誓不他適情願抱主成婚旌年三十九苦節二十一年
徐之濟聘妻沈氏湖郡國學生世業女名光貞自幼通書史動必以禮嫁有期夫亡父母祕弗言
年餘有乳媪洩之女聞慟絕而甦誓志歸徐氏孝舅姑和叔娣庶姑張氏有子爾駿甫週歲張卒賴以教育親
授經傳弱冠入庠後繼爾駿子爲嗣居梅里卒年六十九守貞三十餘年
任季良聘妻王氏名佩芳年二十四將嫁夫亡聞訃哀痛減食誓不再字鬱鬱成疾越一載卒
庠生李某聘妻杜氏官谿人許字青谿李某甫入泮而歿氏歸李守夫喪誓死不嫁
李貞女名筠壽梅里人孝廉方正穀女八歲許字故少司寇蔡鴻業曾孫景福早殤女年十二歲家人訝其食
祗鹽豉衣必故敝詰之以他詞對居家孝事親撫弟有恩遭母喪神瘁骨立既蔡歸庚帖李亦返聘女偵知堅
臥絕食乃邀隣嫗善星命者極言命吉當膺二品誥且宜男冀以轉其意語未竟掩涙走知志不可奪年二十
二許歸蔡族鄒皆稱歎徐熊飛書事
李貞女九齡許字同里庠生朱鼎爵子淞越七載淞卒女聞訃輒毀容涕泣欲詣夫家父母婉爲勸喻絕粒
數日以死自誓乃許之道光元年歸朱氏年二十八事姑盡孝鄉里咸稱之
仲二姑

嘉興府志　卷六十四　列女貞女

卜元兆長女大姑
方願乾聘妻周文姑以上于志
陳某聘妻楊氏
徐榮椿聘妻某氏十六歲未婚夫亡守貞十二年道光二十四年旌
潘吉順聘妻錢氏瑞文女四姑十九歲聞夫訃誓不再適孝養父母卒年四十九
劉應雷聘妻穆氏十七歲夫亡抱主成婚撫嗣守貞旌年五十
張杰聘妻張氏十八歲夫亡抱主成婚撫嗣守貞旌年五十一以上咸豐八年旌
儒童馮簡青聘妻沈氏二十一歲夫亡抱主成婚撫嗣守貞旌年五十六
沈倍信聘妻金氏金心印女名珍二十歲未婚夫亡守貞五年以上同治九年旌
知縣金兆棠聘妻汪氏知府銜湖州府教授彥增女兆棠隨父吳灡宦揚州歿邸舍氏年十
六聞信過門秉性貞靜同治十三年由蘇撫奏請旌表焉

吳某聘妻康氏十九歲未婚夫亡矢志守貞

吳某聘妻許氏十六歲未婚夫被粵匪擄計至夫家矢志守貞

朱某聘妻某氏鍾埭人未婚夫亡抱主成婚食貧孝養其姑撫嗣子成立姑偶疑其有私忽一日有霹靂示警姑疑旋悟

周貞女周尚文女七歲父亡無姊妹弟兄與母孤苦度日及長母將擇配女念母家貧願奉養以終誓不適人及母亡哀毀幾絕爲拮据辦喪葬畢願以死殉族有某氏孀姑勸其同處長齋綉佛氷操如一旌年五十四

張貞女國學生張昌燕女母程氏早卒父繼娶戈氏生弟國堃父郎逝女守貞不字侍繼母撫幼弟現年五十九歲

秀水縣

明

高岑聘妻俞氏未歸岑亡父母別爲擇壻俞斷髮以死自誓父母憐其志不復强之閱六十餘年卒郡守趙瀛奏旌建坊

聞人濂聘妻項氏項元沂女未婚濂歿時年十六聞訃卽晝夜悲痛請濂衣履供奉樓居四十六年足不履地終身不施笄總

沈貞女字淑貞沈澤之女姊妹二人其姊嫁盛實早世議聘淑貞以續舊姻淑貞辭曰姊之夫非妹之匹也遂誓終身不適人以處女終

項貞女襄毅後裔夙嫻禮教許字吳江周未嫁而殉橫雲山人集新補纂

國朝

王景直聘妻姚氏生員姚遂昌女年十三父遘危疾姚禱三晝夜得丸于衣裾間父服之愈王聞其孝聘焉年十七夫代父先甲死於難聞訃姚閭戶自經以救得免姚乃請于父母過門謁舅姑成服立夫弟之子成喜爲後未幾翁亡子亦殤姚截髮誓死守貞以卒順治十四年旌

李貞女李夢康女性至孝四歲喪母哀如成人事後母以孝聞告其父曰我母早世何忍去父膝下父悲其志聽之父病李禱于天有青鳥銜一朱實墜藥鐺中人稱孝感年四十七卒閨中黃道周題其墓陳懿典有傳康熙十一年旌李鄴嗣繡州孝女詩遠我父母事人父母誰無父母誰有父母少慕事親十年不字長慕事親終身不字謂我女子謂我男子宛然孝子宛然處子有父子倫無夫婦倫嬰兒子後惟此一人暮雨梨花年年寒食麥粥一盂父母之側

金鼎聘妻鍾氏鍾楚奇女未婚鼎遇兵被害鍾年十七郎請于父母歸金守貞年七十七卒康熙四十三年旌

楊煥聘妻翟氏未婚煥歿翟年十九聞訃奔喪號慟欲絕遂留事舅姑曲盡婦道舅姑卒歸母家守貞歷三十九年康熙五十三年旌

沈元聘妻夏氏未婚夫亡守貞五十七年乾隆二十年旌

薛壽國聘妻楊氏年十七受聘十八未婚聞訃楊涕泣欲過門守志戚族以薛氏貧苦爲勸楊曰雖餓不悔也于是父母聽其奔喪奉侍翁與繼姑終身不改撫嗣子元桂成立乾隆二十七年旌

沈世勳聘妻徐氏年十九聞訃旋至夫家易服守喪績紡以養翁姑姑病侍奉甚謹撫夫從子恪廷爲嗣乾隆三十一年旌

蔣在人聘妻鄒氏未婚夫亡過門守制時年二十二孝事舅姑撫嗣子紹裘成立一生勤勞未嘗稍暇年七十二守貞五十一年乾隆三十七年旌

王宗坦聘妻楊氏未婚夫亡矢志守貞乾隆三十九年旌

生員姚廷銓繼聘妻曹氏年十九許字廷銓次年夫亡曹即過門成服撫尸大慟誓欲身殉翁姑再三慰諭乃止年六十九卒守貞五十年乾隆四十三年旌

沈錫曾聘妻萬氏年十六許字錫曾次年夫亡訃聞萬即更服過門守貞四十一年乾隆四十五年旌

生員方愷聘妻卜氏愷入泮後攻苦嘔血卒訃至痛絕請于父母過門守制時年二十四守貞四十年乾隆五十六年旌

朱鳴盛聘妻蕭氏未婚朱歿蕭聞訃告于父母易服過門衰絰擗踊姑憐其志以長子之子克紹爲之後事姑撫子始終二十載年四十歲卒

姚正宗聘妻沈氏沈琛女方一歲即許配正宗正宗年十四而歿未婚守貞至二十六歲父欲更締姻沈憂忿卒

沈貞女嘉興沈成之孫女許字秀水某未嫁夫殤沈誓不改適守貞十二年卒

范懋聘妻沈氏未婚守貞事蹟無考

卜明叔聘妻謝氏錢塘人明叔父死于盜乃依樓外家十餘年疾亟謝年二十八夫貧不能娶旋歿謝聞訃請于父母曰女雖未成婦此心許卜氏久矣夫歿將殮即成服呼號而出遂扶柩抵家廬于墓次撫夫從子翼斯爲後守貞五十一年案伊志又載有卜洪聘妻謝氏未婚夫亡過門守貞五十餘年現據採訪冊卜明叔名洪伊志誤作兩人

孫貞女名一揆鍾瑞妹守貞志寂鍾瑞建參同精舍以遂其志焉

沈某聘妻路氏鳳池坊監生路新純之長女年十三未婚聞訃在家守貞三十一年父病篤時刲股療之病得痊

徐公藩聘妻諸氏年十九未婚聞訃即欲自經父母慰解之諸泣曰兒徐婦也請歸于徐夫兄公干聞之遂迎諸歸越二年哀慟成疾康熙甲子元旦趣具盪盥沐盥衣卒

錢維垣聘妻沈氏沈思皇女許字於錢未婚錢歿心喪三年畢欲絕粒以殉届壬子歲朝沈不起父使其姊問之沈于枕畔出自誓文一篇父母知其志不可奪令其過門廟見以成婦道沈請于翁姑立嗣撫之同人俱賦詩以記其事陳梓秀州沈貞女詩深谷孤生蕙靈泉別有源寶珠明自晦良玉栗而温許字纓先屬知名誼早敦麻衣愁結緒藤杖淚緘痕終服當元日哀詞告二尊孝思延喘息誓已絕饔飧弱質綱常繫貞心節操存爲將彤管紀不覺肅吟魂

沈祖奎聘妻路氏年十九夫亡誓不再字孝事父母乾隆丙子歲歉多疫沈翁老且病路涕泣往侍歿後爲殯殮守貞四十七年

萬某聘妻袁氏年十九萬病瘵袁聞語其姊曰吾其爲萬氏鬼矣及卒欲往視含殮父母不可袁哭一晝夜不絕聲勺水不入口遂適萬氏執女紅以事姑踰年歿吳紹曾爲傳

王錫恩聘妻潘氏年十二爲養媳十七夫病歿衆勸改適不從事翁姑盡禮勤紡織寡言笑旌年七十八歲

陳士榮妻沈氏年九齡爲養媳十六夫亡姑陳孤寡止生士榮哀慟欲絕沈泣謂姑曰姑在一日婦願侍奉一日卽窮苦餓死不怨也于是撫夫從子紹熊爲後年六十

李兆芹聘妻陶氏年二十七未婚夫病不起尋亡旌年五十五以上于志

監生李大升聘妻陳氏陳孝昇女許字於李未婚年十九大升故歸夫家撫嗣子德新成立四十歲氏故計守貞二十一年嘉慶十五年旌

凌萬華未婚妻龔氏年十五過門童養十八歲夫故尚未成婚矢志守貞四十四年嘉慶十六年旌

葉永春聘妻陶氏年二十一未婚夫故歸夫家撫嗣子瑞珍成立計守貞三十年嘉慶二十二年具題奉旌

王裕昆聘妻馮氏自幼歸養王氏年二十一未婚夫故撫嗣子偉成立三十六歲氏故計守貞十六年嘉慶二十四年旌

李永錩聘妻程氏程玉彬女年二十一許字未婚永錩故歸夫家撫姪堯民爲嗣四十四歲氏故計守貞二十四年道光十年旌

生員沈維梅聘妻王氏監生王廷桂女年二十七未婚維梅故歸夫家矢志守貞旌年五十五歲計守貞二十九年道光十四年旌

卜文相聘妻沈氏沈德全女年二十幼字於卜未婚文相故歸夫家撫嗣子景福成立生孫旌年六十九歲計守貞五十年道光十九年旌

沈肇熊聘妻沈氏兩家同姓不宗許字未婚夫故誓不更字他族父母許以衰絰往弔時年二十

范燦梁聘妻曹氏曹泰眞之仲女名素位少許字同邑范汝英次子燦梁燦梁以病瘵卒曹時年二十三聞訃卽誓死不嫁范氏重其貞節迎之歸以夫弟之子世勳爲嗣邑令張圖南表其廬曰未字奇貞年五十一年卒

沈某聘妻徐氏濮院鎭人父晨山自幼訓以詩禮敏慧婉嫕長能詩父疾篤徐撤環瑱以奉湯藥父歿越半載沈氏子病殀時徐年十八訃至欲奔喪家人百計阻之徐志不可奪卒往視含斂誓守終身脊初歸沈卽取舊所作詩草摧燒之或傳其立夏日追念其父有句云不知地下逢今日也有青梅佐酒無足以見其貞孝矣詳陳梓傳

石孝貞女女幼從父爾敦自吳江遷來願終身依父母有妁至卽詈之父母亦不之强勤操作以養務得歡心親歿率兩弟營窀處骨肉間諠極貺摯年七十卒羣目以貞孝石長姑云

生員張世哲聘妻曹氏年二十五夫亡聞訃矢志不嫁後質居殯所守貞四十四年

葉周慶聘妻李氏夫亡李蓬首垢面與嫂同居紡織年二十五卒

陳貞女陳樹年女六歲失怙世母路氏撫之世母老且病煢煢一身陳朝夕侍奉迨世母歿陳年已四十遂終身不嫁與寡嫂張氏安貧相守年六十一卒

朱樹本聘妻李氏學使某給柏舟矢志額未婚守貞年六十七卒

金貞女朱汝霖妻施氏媵婢也朱故貧施茹荼守節金時年甫十六勤織紝以助主母已而終不忍去守貞不嫁施歿時金年五十九越十年卒附殯于施氏墓側

潘廷柱聘妻蕭氏年二十夫亡在室守貞足不出閫者五十九年

王孝先聘妻朱氏朱應龍女年七歲爲養媳夫忽患瞽舅姑憐朱年少將爲之另字朱聞瞿然曰此新婦命也安之而已未幾夫亡朱年十七舅姑又欲嫁之朱請立夫從子信成撫之孝奉舅姑竭力耕織守貞四十一年卒

七紡織自給守貞二十六年道光十四年旌

監生汪善彙聘妻史氏大宗伯史公致儼女年十九聞善彙亡矢志守貞二十一年

朱人杰未婚妻李氏幼年童養朱亡之日舅姑諭以改圖女矢志不從遂撫姪爲子茹苦守貞旌年四十七歲

沈承壽聘妻方氏年十九沈故過門守貞旌年四十歲

楊漢垠聘妻沈氏年十三楊故過門守貞旌年四十四歲

張德賢聘妻沈氏年二十四張故過門守貞旌年五十四歲

張懷宗未婚妻婁氏年二十三歸張結褵之日張以咯血死女矢志守貞三十七年

史某聘妻王氏年二十史故守貞四十二年

生員濮上九未婚繼妻呂氏上九喪偶誓不再娶適上九出門母爲復聘上九不知也

結褵之日上九不肯成禮女遂大歸後有爲另議婚者氏蓬首垢面示無更志年餘遺贏疾卒

朱某聘妻項氏年十九聞朱亡誓不再字守貞十七年故

卜人仲聘妻麥氏年十九聞卜亡誓不再字守貞二十四年

章天申聘妻朱氏年十七爲養媳越四載章亡奉姑撫姪旌年四十歲

謝某聘妻陸氏陸聚山長女許字未婚夫亡父欲再字女誓死不嫁誦經以了餘生旌年六十一歲

蔡某聘妻馬氏馬翰文次女名秀許字於蔡未婚夫故不愿他適家赤貧女紅自給現年五十八歲

金五姑成章女字陳姓未婚守志父母兄弟歿後姪又早亡撫養姪孫成立旌年六十八歲 以上于志

姚貞女心鉊女幼許字沈姓及長因父母奉侍乏人不願出嫁年四十二卒

朱貞女謂揚女及笄父欲許字女願侍父母堅執不嫁年八十五卒以貞節終

虞貞女名汝清虞鳴球女咸豐六年旌

孟貞姑咸豐八年旌

某貞女沈廣涵婢女

朱桂姑訃然女

張純聘妻婁氏十七歲未婚夫亡矢志不嫁抑鬱成疾卒守貞十九年

項德淵聘妻魏氏二十一歲夫以瘵疾亡女聞訃欲奔喪父母勸止誓不他適守貞十六年夫兄項寶源高其義迎柩與德淵台葬焉

徐福珍省三女幼字某氏未婚夫亡因無兄弟矢志守貞以養父母及父母歿撫族姪以延嗣卒年四十九

沈鳳林聘妻李氏十三歲適沈爲養媳二十歲將婚夫亡矢志守貞孝事翁姑撫嗣子德循成立卒年七十四

沈鈞聘妻程氏童養夫家十七歲未婚夫亡現年四十七

莊貞女長蘆鹽大使敩女許字刑部侍郎江蘇張文貞錫庚子恩霖爲室咸豐二年恩霖歿氏過門守貞奉事舅姑克盡婦職光緒元年請旌 新纂

王貞女前窯人父瑞興爲人操舟早世女性端淑事母孝許字秀水陳玉珍玉珍歿女泣謂母曰父貧而死夫貧而又死命也乘間自縊機下時道光九年九月十四日距夫死一日年二十二舅姑感其義請以笄服斂迎其棺歸葬于王江涇楊家墻刻石表其墓 新纂

陳貞女爲江都議敘杜思寬聘妻幼隨兄光照寶應縣丞任所罷官不能贍復依儀徵稅課司傅大光署傅貞女女兄壻也思寬揚州宦家子家貧作江西先方伯福慕喪偶後聘女爲繼室未婚而思寬客死南昌有同慕義友戴廷璋者病視醫藥歿爲含殮卒擕其幼弱扶櫬歸江都貞女聞白女兄請歸於杜女兄尼之曰杜家無立錐地子女又穉幼若何恃以生女曰此吾所以必往也遂往拜思寬柩牽子女問誰經理身後偕若等來以廷璋對收淚謝之告於杜之族戚居舊城卜兆於城西葬舅姑與思寬及其妻妾無違禮廷璋述貞女事於

先福禍感之厚賻贈焉得稍給朝夕佐以十指撫子女迄成立 李兆洛記事

王本晉妻陳氏 名淑貞煥長女歲貢生仕超子婦性至孝母陸氏素患頭風佐理內政惟謹父病刲股進許字王越五載夫攖痼疾廢家人以其不可行婚禮遣某氏來告氏聞涕泣不食乃歸王晝夜侍疾事舅姑如父母閫以外不聞其聲執姑喪悲哀無已夫歿絕粒者屢父與舅多方勸護乃強進飲食行三年喪不苟言笑娣姒奉以爲則卒年五十一 丁子復傳

生員沈維銛妻李氏 吳江李龍鑲女字埼子維銛維銛歿時氏方客親串家遽得噩夢趣裝歸聞訃飲泣不食白父母願歸沈諾之始進食自此服常縞素笑未嘗露齒維銛葬白父母使人於沈請並營穴兩親歿季妹甫十齡課之讀小學能講大義歷九年舅姑感其忱始迎歸孝事姑姑病寢未安不入己室體素羸患肝疾願以叔姒方有身冀生男以爲夫後及產女抑鬱病遂劇咸豐四年卒年三十得旌如例 陳壽熊顧廣譽有傳

王貞女 言紫蕁家婢言氏寓郡徐家埭御下有恩氏先配某夫死後立誓不嫁侍主宦遊服役勤儉至七十八歲坐逝 新纂

謝貞女 咸豐七年字屠姓庚申遭變聞屠氏子殉難女遂守貞不字針指度日現年五十二 新纂

嘉善縣

元

張六姑 楓涇張仲實女幼字顧演才曾孫細一郎初仲實無子禱於里中眞武廟即得六姑與顧氏聯姻後未婚夫亡守志奉父撫姪孫子俊視如嫡孫張祀得以不絕人稱節孝並隆云見顧氏家乘

明

陸允孝聘妻許氏 年十七夫亡父母舅姑皆令更字許截髮自誓曰吾以身許陸從一之義守死不渝遂依母紡績終身

莊世植聘妻任氏 年十九未婚夫亡依寡姨顧氏守貞詔旌其門

陳志道聘妻許氏 年十七夫亡矢志不嫁及翁萬載歿許即往奠遂留侍養姑撫夫從子爲嗣

李碩果聘妻顧氏 夫暴亡顧痛不欲生奔喪守志孝養翁姑二十七年

吳宗昌聘妻龔氏 夫亡父母議更字龔毀容截髮以死自誓衣縞素獨處一室年二十七病革請舅姑面訣且欲歸葬于吳許之乃瞑邑令莫大勳表之

生員王璥聘妻金氏 年十八婚有期矣璥病歿金衰絰執喪守墓三年翁憐其志以幼子份嗣之份辛酉舉人

李承章聘妻朱氏 未婚夫亡守貞終身邑令莫表之

高大倫聘妻奚氏 未婚夫亡夫妹嫁董卿亦早寡奚過門姑嫂矢志守貞三十餘年

監生錢璜聘妻褚氏 夫亡奔喪守貞撫夫從子源爲嗣源孝謹兼有文名

沈治豐聘妻張氏 吏科張王典女父宦山右治豐就婚歿於途張年十九誓不更字抑鬱成疾卒

錢廷銓聘妻孫氏 長山令孫衍女淑愼通書史許字司理錢黯孫廷銓未婚夫亡孫年十六俟父宦熙力請守貞遂詣錢孝奉重闈茹荼七載營夫殯後竟不食卒

孫宸樞聘妻倪氏年十九未婚夫亡守貞三十餘年其姑徐庠生孫邦裘妻以慈孝聞

生員蔡純仁聘妻陳氏許蔡爲繼室未婚守貞撫前子成學訓女徒自給

郭宏聘妻顧氏汾湖人未婚守貞與陳貞女稱蘆川雙節

闞永嘉聘妻李氏年十九未婚夫亡歸闞守貞撫育嗣子至六十四卒

張道源聘妻周氏年十九未婚夫亡歸張守貞孝事舅姑至五十一卒

高德聘妻張氏父君耀以德有孝行以女字焉德惑異夢度爲僧張誓不嫁守貞四十餘年

丁傳臣聘妻沈氏未婚聞訃奔喪立夫從子爲嗣性孝紡績所餘問遺父母不絕守貞四十餘年

沈映簣聘妻汪氏夫亡汪年十八矢志守貞請于舅姑得夫遺像朝夕對之悲不自勝年三十卒

黃智林聘妻程氏夫亡程年十六守貞至三十三歲念舅姑衰邁過門奉養至五十餘卒

馮學陳聘妻徐氏年十九未婚夫亡守貞三十年

楊永禧聘妻路氏年十七未婚聞訃誓以身殉父母慰止之遂往夫家守貞三十七年

國朝

楊熙揆聘妻陸氏年十五未婚夫亡誓不更字守貞至六十六卒乾隆二十年旌

許端揆聘妻陳氏年十七未婚聞訃過門執喪守貞六十七年乾隆二十四年旌

錢南岡聘妻顧氏年十七聞訃歸夫家守貞至六十八卒乾隆五十一年旌

程模聘妻吳氏金山人未婚夫亡聞訃馳赴守貞孝養舅姑越三載卒

陳永梓聘妻朱氏幼許字陳夫亡朱年二十聞訃搶地欲以身殉父母勸慰因郎縞衣歸陳守貞二十八年

潘淇仁聘妻任氏年二十三許字于潘夫患癩症且貧不能娶舅姑遣媒持聘還之女毀容截髮曰我甯死不受二姓聘遂依父母紡績盡孝守貞年七十卒

馬易元聘妻朱氏未婚守貞夫兄宏儒妻顧氏早寡人稱一門貞節

葉承堯聘妻錢氏未婚夫亡訃至父母匿之錢探知大慟遂往執喪終身足不踰閫年八十卒

毛懋嘉聘妻費氏年十三許字毛十五夫亡郎辭父母過門撫尸哭盡哀終身茹素守貞四十九年卒

張朝徵聘妻張氏年十九聞訃痛哭奔喪守貞以卒

曹相傳聘妻孫氏未婚守貞撫嗣子炳仁官閩中典史先歿孫晚年茶苦備嘗至八十餘卒

吳季墉聘妻戴氏未婚聞訃涕泣請于母兄欲過門執喪不許欲以身殉乃爲請于吳吳復以禮辭戴日益悲傷致疾將卒遺言以吳氏殮時年二十四

生員沈培遠聘妻張氏年二十一許沈爲繼室沈遘痼疾未婚而亡張年二十七聞訃奔喪撫前子成立守貞四十二年卒

朱九思聘妻懷氏年二十未婚夫亡歸朱守貞至七十八卒

沈上珍聘妻姚氏年二十一未婚聞夫訃欲自盡父母慰諭乃歸沈守貞至五十六卒

生員謝均聘妻費氏夫疾篤或微諷之費曰予不爲烈婦必爲貞女及訃至則已不寢食七日請于父母欲奔喪成服不可則以死自誓許之乃歸謝守貞後以夫弟垣官部郎贈恭人

張萬足聘妻姚氏年十二爲養媳十七夫亡尚未成婚姚誓不更適守貞三十九年卒

吳懷楨聘妻錢氏　　蔡學夔聘妻姚氏

生員孫鈞持聘妻蘇氏　　邱如岡聘妻錢氏

汪文濂聘妻戴氏未婚夫亡苦志守貞道光元年旌

俞錩聘妻嚴氏未婚夫亡哀毀盡禮守貞不字道光十五年旌以上子志

儒童蔡學夔聘妻姚氏未婚夫亡過門守志抱主成婚道光三年建坊

黃人望聘妻朱氏未婚夫亡慟絕復蘇誓不他適未及一周抑鬱死夫家迎其柩合葬焉

陳殿侯聘妻孫氏十九歲未婚夫亡過門守志抱主成婚撫嗣子鑑成立年八十一學使賚給冰玉同淸額表之

王貞女鶴書女九歲母亡哀毀逾於成人幼字婁邑金聖龍爲妻未婚金亡過門守志抱主成婚守貞三十八年

汪是溪聘妻戴氏未婚夫亡過門守貞撫嗣子成立苦志十餘年

蔡純仁聘妻陳氏

庶吉士沈丹槐聘妻朱氏吳江人名履淑未嫁而沈卒女請奔其喪遂具禮歸 婁縣姚椿贊

海鹽縣

明

潘某聘妻姚氏沈家亭人潘貧父欲絕婚姚年十二聞父言卽自扃一室不復出守貞至五十五卒

徐某聘妻吳氏吳泮林女年十五夫亡訃至紿其父母曰姑一視含殮以了此心母卒之行至則伏柩大哭誓欲終守未幾父迎之歸聽其守貞以卒

吳中宰聘妻王氏年十七夫亡王辭母歸吳守貞後哀至輒絕口不食不數日死 以上二人邑令俱表之

朱祥符聘妻陸氏年十四夫亡訃至慟哭幾絕卽易服誓守久之以淚枯失明年僅二十二卒其舅國華哀之迎其柩與祥符合葬焉

國朝

張芳溁聘妻俞氏海甯俞宣琅女合巹有期而夫亡訃至俞慟哭欲奔喪遂絕粒母憐其志乃令至張旦夕上食幃前哭盡哀三年如一日平日布衣蔬食後更茹淡其堅苦有人所難者尋以嗣子殤痛悼成疾年僅二十九康熙三十六年旌

徐禹聘妻朱氏年十九未婚夫亡訃至將所製嫁衣納還繼母足不下樓者五年翁迎之歸事翁盡孝撫夫從子爲子守貞三十二年

許漸嘉聘妻劉氏年十七未婚夫亡聞訃卽服滷以殉母力救得免遂至夫家成服獨居一室撫夫幼弟成立紡織營葬父母守貞四十九年 以上雍正十一年旌

吾定仁聘妻朱氏朱倫女未婚夫亡朱年二十三聞訃易素服往夫家不返奉夫遺像爲夫營葬穴已亦穿壙于旁志同穴也守貞十九年卒

葉仙芝聘妻張氏張容書女未婚聞訃服滷父母救免始議奔喪舅姑以家貧辭之張號泣翦髮

遂詣夫家守繐幃後舅姑兩喪相繼竭力殯殮遂致病曰我事畢矣戒其嗣子勿進醫藥守貞三十年以上雍正十二年旌

吾紹先聘妻陳氏年十八未婚夫亡矢志守貞年六十三卒乾隆元年旌

朱薇垣聘妻祝氏未婚薇垣遊粵東卒有勸祝父母別許者祝覺之嗚咽欲絕朱之族聞之爲立嗣迎養焉

汪蘭言聘妻徐氏年十八夫亡聞訃奔喪守貞姑死歸母家翁死復歸于汪年四十三卒

劉西侯聘妻胡氏夫亡聞訃往劉憑棺視殮旋歸母家晝夜紡織父母歿會姑病篤復往劉調視湯藥克盡婦道以上乾隆三年旌

陳應龍聘妻朱氏未婚過門孝事翁姑守貞四十五年乾隆六年旌

鄭調元聘妻許氏未婚聞訃奔喪事翁姑以孝姑歿哀慟成疾卒乾隆八年旌

俞汝諧聘妻張氏年十五夫亡奔喪成禮翁姑俱沒悉爲安葬旋歸母家守貞至四十一卒乾隆十二年旌

黃星河聘妻張氏夫亡奔喪孝事翁姑撫育幼叔叔又歿無子張與寡娣曹並勵貞節乾隆三十二年旌

韓振埍聘妻徐氏夫亡聞訃閉戶自經者數四家急救之蘇遂奔喪守貞終身乾隆三十八年旌

何顯業聘妻馬氏夫亡聞訃過門守貞以從子蔚文爲嗣乾隆四十一年旌

葉雋璜聘妻張氏張揆三女年二十二聞訃奔喪撫嗣子務本卯已出守貞三十四年乾隆五十七年旌

任省修聘妻許氏聞訃過門撫夫從子蘭生爲嗣守貞二十四年卒嘉慶元年旌

朱乘聘妻曹氏年二十三夫因哭母亡聞訃歸朱守貞終身縞素年六十二卒

李天植聘妻張氏年十八字李未婚夫亡守貞五十餘年邑令張素存表之

朱御六聘妻曹氏未婚守貞撫夫從子子墨爲嗣年九十餘卒

許某聘妻劉氏劉錫恩女名保爲許所聘許亡保年甫十五歎曰夫死安用生爲潛取鹽滷服之父母力救始甦越五年父母將嫁之又以死誓乃過許門成子婦禮尋歸于劉紡績度日以遂初志

朱廷玗聘妻劉氏廷玗以病嘔血未娶病劇卒劉年十九聞喪投繯嫂力救不死旋易素縞請于父必歸其喪父憂止之踰月始得斬衰過門憑棺慟哭請留侍姑父不能止始爲立嗣勤苦紡織僅給饘粥奉寡姑盡孝三年喪畢亦嘔血卒年二十二　彭孫貽三貞女傳吾里同時有三貞女廷玗妻其一也其二爲曹氏邑諸生曹陳彌女許字于朱乘乘貧未娶病卒曹氏守貞不字年踰三十矣其一爲徐通判升貞女印鴻玉妻鴻玉父廷棨爲奴所弑一驚恒得痼疾不知人積瘵不瘥遂辭婚徐泣曰女子從一而終豈以盛衰易節乎請歸于印升貞泣而從之姑蔣病已革撫婦泣曰吾兒有托吾目可瞑矣遂卒既終喪攜鴻玉同至升貞家產薄不給女紅佐之鴻玉雖廢疾時其飢飽寒燠幾微無慍色人皆賢之斯二氏者一則年未登艾例不得旌一則所天尚在誼難見節易曰若節不可貞二女之謂矣

吳篔基聘妻陳氏夫亡聞訃歸吳截髮毀容鄰里罕見其面守貞四十餘年

邱某聘妻陳氏幼字邱上瞻子聞訃守貞四十餘年

張貞女名月悟父母歿時俱以幼弟廷璉囑張撫育張遂不嫁教養其弟二十餘年年四十卒司農俞以貞孝貽芳額贈之

周兆熊聘妻蔡氏年十三許字周十六夫歿蔡曰我其爲北宮之女乎久之歸周守貞五十餘年

許某聘妻劉氏某殤劉欲送殮父止之不可乃往易衰絰盡哀旋歸母家守貞終身

周某聘妻蔡氏周殤蔡依母家守貞以終

吳某聘妻陳氏陳殤守貞母家終身不嫁

吳摺史聘妻朱氏父文儀見摺史八壘秋與杜韻詩甚工遂以女許之未婚夫遠遊不歸或傳其客死朱歸吳立嗣年四十八卒

陸學海聘妻吳氏吳振元女九齡父母歿即歸陸為養媳孝事翁姑迨年十九未婚夫亡撫嗣子守貞四十二年

姚君亮聘妻李氏李長庚女有至性年十三為養媳甫五月未婚夫亡甘貧矢志事舅姑養生送死俱盡禮守貞五十七年副憲陳公佐以節媲柏舟額表之

李振先聘妻馬氏馬家堰人夫暴亡馬年十八聞訃投繯母驚救之得不死遂至夫家撫從子如松為嗣守貞四十餘年

孫貞女孫天佑女父母年老奉侍膝下終身不字撫從子繩成立

陳某聘妻沈氏字陳大年長子未婚而亡沈至夫家守貞終身

李雲卿聘妻查氏許字後李日貧父將另字他姓查不從遂驅之出查泣别父母歸李日事女工絕無怨意未幾遘疾不起語雲卿曰已矣若汝何歉歎訣别夫感其義終身不娶

沈貞女年十六喪母遺弟榮甫二歲父廷琦續娶盧氏沈事之以孝聞踰年盧又歿沈事父益孝父欲嫁之沈以父衰弟幼為辭貞潔自守勖弟操作以終其身

金貞女金君祚女年二十六喪母弟妹三人尚幼父義不再娶金亦誓不字撫育弟妹以成父志八十四卒

范坤元聘妻高氏將婚夫亡父母憐其少欲令擇嫁高不從乃立膳田以成其志

吳某聘妻陳氏幼字吳德昭子年十七聞訃奔喪事翁姑盡孝年五十七卒

李貞元聘妻俞氏年十七夫亡過門守貞奉事翁姑閱三年以哀毀成疾卒

俞用礪聘妻王氏將婚夫亡王絕粒誓死越五日過門撫夫從子守志未終喪卒

顧某聘妻王氏年十九夫病篤請婚父母不可王聞之願歸顧奉侍甫五十日夫亡翁亦歿竭力事姑守貞終身

費介臣聘妻徐氏字費為繼室未婚夫亡徐奔喪過門事姑盡孝撫前子一峯如己出娶俞氏子又歿同婦撫孫廷楨苦守貞節

俞耳鉉聘妻胡氏鉉力學能文將婚而亡胡年二十一聞訃以死自誓遂適俞恪守婦道服未闋而卒

朱貞女父母年老多病無人侍奉不願許字終身奉養父母年六十五卒

徐相周聘妻陳氏徐館京邸客死陳守貞母家女工度日年七十二卒

沈貞女字同里吳氏子未婚夫亡沈哀毀盡禮守貞不字卒見燈庵詩鈔

王貞女少受夏氏聘未成婚夫亡王年十九聞訃矢志守貞終身

顧馨聘妻陳氏年十九未婚夫亡陳飲泣誓死父憐其志許往顧家立夫從子奎為嗣守貞二十九年卒

夏肇淮聘妻田氏未婚夫亡田過門守貞孝事翁姑

賈某聘妻潘氏潘懋設女許字賈某久出不歸潘願事其父紡織奉養以終其身

吳某聘妻周氏文溪人早失怙為吳養媳年十二夫亡矢志不易守貞至八十二卒

徐鳴高聘妻馮氏未婚聞訃過門守貞邑令王如珪給額日志懷霜雪學使于以冰操永固四字表其閭

沈萊為聘妻崔氏崔左朝女年十四未婚夫亡守貞五十餘年

宋貞女名春蘭吳宜庵婢矢志貞潔終身不嫁年六十七卒

陸應元聘妻姜氏年十二為養媳未婚夫亡矢志守貞旌年五十八

李騰麟聘妻周氏年二十六許字未婚夫亡周矢志守貞遂適李孝事邁翁撫從子敏泰爲嗣旌年五十六

顧正元聘妻王氏顧遘危疾王聞之欲往侍疾父母止之遂絕粒已而許之至顧門夫病不起躬奉湯藥夫歿王年二十家無恒產紡織養姑姑後染病歿鬻衣服斂之終喪歸依母家守貞以終　以上伊志

郭貞女年嘉慶十五旌

陳敬敷聘妻胡氏氏家貧童養夫家年二十敬敷故未成婚守貞不嫁有議婚者氏潛知翦髮矢志氷霜五十餘年道光十五年旌

監生陳普聘妻李氏未婚夫故聞訃奔喪成服守貞六年卒

陳迴聘妻何氏氏家貧童養夫家未婚而夫亡氏衰絰毀容矢志不二孝養翁姑終無怨言

張祥麟聘妻方氏童養夫家未婚夫故撫姪爲嗣誓不再適

馬貞女方應泰妻韓氏之媵婢應泰與韓氏相繼卒遺孤弱小無依立志撫孤誓不他適

湯貞女未笄父母俱亡遺弟妹三人無所依矢志不嫁撫弟妹畢婚嫁殯葬父母里黨欽之

徐貞女

生員蔡人麟聘妻顧氏人麟應秋試抱病歸卒訃至氏奔喪抱木主成禮撫姪教養成立

孟維城聘妻陶氏年二十未婚夫卒訃至痛哭衰麻以往抱木主成禮及翁姑歿貧無所依道光十五年歲飢竟以餓死

李綱聘妻馬氏年二十四夫故聞訃奔喪成服守節三十二年終

葉文彪聘妻陳氏童養夫家年十九未婚夫故守貞五十年

張錫韓聘妻黃氏氏家貧童養夫家年十七夫故未婚矢志守貞撫姪爲嗣氷霜已三十餘年　以上于志

錢氏名月姑生員鳳翔女字吳春林未婚道光癸卯春林溺死姑聞信縊救免潛飲鹽汁亦救治得生越日衣衰服墜樓破腦殞

馬氏方應泰婢嘉慶九年應泰夫婦先後卒幼主在襁褓氏年未笄護助主孤弱冠主又卒氏終老方氏至同治八年亭年八十三歿　以上新纂

朱貞女舉人鍾赤女幼字海昌倪氏二十歲未婚夫亡矢志不二幾死者數矣夫家憐而迎之茹苦含辛者三十五年嘉慶十九年卒已旌孝廉陳鱣爲立傳

儒童范鍾佑聘妻陳氏　王巽聘妻郁氏

楊慶聘妻姜氏　戈恒元聘妻徐氏以上四人道光二十九年旌

沈學彰聘妻施氏　方起宗聘妻孫氏以上二人道光二十九年由學詳請學使趙給予志節氷霜額

何貞女名二姑何殿英女　趙貞女趙福元女以上咸豐元年旌

全福清聘妻朱氏二十三歲未婚夫亡矢志守貞十二年

吳氏澉浦人嘉慶年許字同里吳吳遠遊氏在室父年老傭書人競以耳聾辭乃朝辟纑夜業履以贍之兄悍甚愴其不肯改適數侮辱繼又利其能養父稍安之後父死氏年已五十八而吳仍不歸也吳之族人迎以歸爲立嗣方廟見髮種種淚盈盈數行下仍勤操作訓嗣子成立計終其身無舉案日　祝華鼎紀略

平湖縣

明

毛某聘妻沈氏沈渭女少字毛坤子某及笄將嫁夫浪遊不返翁憐之欲令他字沈不從請于父母歸毛立後守貞以終

張應祥聘妻陸氏年十三許字嘉善張應祥逾年夫亡媒氏來議姻陸入戶翦髮鍵關不復出其孀李氏亦嫠邑令黃啟表曰一門雙節

蔣衍章聘妻陸氏衍章歸安人病瘵不克成婚禮告其母願謝婚陸年十七泣請行至門則章已屬纊矣泣視含殮畢誓死不歸日坐斗室督老婢績萬歷時旌

陸在德聘妻曹氏年十九夫以疹卒曹聞訃哭臨視棺殮畢誓死不歸與所攜婢陳氏紡績相守年六十餘卒陳感其義亦終身不字

生員陳龍馭聘妻錢氏名冰庠生錢瞻女夫年十七補諸生將婚病瘵死聞訃盡易縞裳將奔喪以母病止後三年會葬其夫悉棺號痛淚盡繼以血葬畢遂入陳門翁爲其立後以遂其志

張洪遵聘妻顧氏年十七未婚夫亡聞訃欲哭臨紿父母以三朝當歸遂留夫家不一載翁姑冒逐之顧志益堅至五十七卒邑令賴垓表之

國朝

生員錢長庚聘妻時氏年十八許字錢二十一夫亡聞訃矢志茹齋服縞至三十六歲舅軼千高其節迎歸家中落親操井臼孝養舅姑撫夫從子坦成立年六十三卒乾隆四年旌

陳孟麟聘妻翁氏年十齡爲養媳于陳越二年夫病劇亡翁呼天號泣儼若成人及葬兩家父母憐其年少議更嫁之則泣而以死自誓乃止事舅姑以孝生平言笑不苟雖兄弟相見必正容肅對晚年葬夫遺骸號哭送窆觀者皆爲泣守貞五十餘年

盧儼思聘妻沈氏年十齡許字盧翁生甫官遵義府知府歿後家甚貧儼思因就傅外家病歿沈年十八慟哭絕粒數日強之食乃服縗麻日依靈次以示終身無二志後歸夫家事姑盡孝撫夫從子保士爲嗣守貞四十餘年以上乾隆十二年旌

胡宏源聘妻孫氏年十七未婚聞訃過門孝事舅姑姑歿撫夫弟溶成立守貞三十餘年乾隆十四年旌

生員姚培善聘妻黃氏年二十一未婚聞訃奔喪事舅姑以孝撫夫弟培丞子錫齡爲嗣守貞四十餘年乾隆十八年旌

何世培聘妻陳氏年十七未婚聞訃誓欲奔喪舅姑知其志不可奪乃迎以歸哀毀成服以夫從子如鏞爲嗣守貞二十四年卒乾隆二十四年旌

顧玉山聘妻王氏年十六許字未婚訃至痛不欲生母周許以守志乃脫簪衣布誓無二心越數年舅昂歿王奔喪成服哀毀盡禮後夫弟蕊芳生子萬資撫以爲嗣守貞二十二年卒乾隆三十八年旌

舉人翁光遠聘妻韓氏光遠改籍大興乾隆甲子領順天鄉薦乙丑奔父喪歸服闋而歿韓年二十六聞訃奔喪矢志不二孝事祖姑及姑撫嗣子敘讀書成立守貞三十年卒乾隆四十六年旌

吳嗣荃聘妻劉氏年十八許字吳二十三聞訃製服往哭或以未成婦諷對曰納吳氏幣卽吳氏婦矣豈以未成婚異乃心乎守貞三十年卒與夫合葬焉乾隆五十九年旌

戈某聘妻汪氏汪沛侯女幼字戈戈歿父欲另字汪瞿然曰豈有一女而許兩姓者乎更其衣衣麻徑往戈宅拜其夫靈再拜翁姑遂留守制戈家貧輒以鍼指紡織之資佐之年二十餘病瘵而殞

施某聘妻屠氏某病日者曰得喜可愈遂令屠過門期月某死屠猶未廟見成婦也後姑亡歸養母家守貞終身

徐貞女名春梅曹瑢婢也瑢夫婦相繼亡遺子女二人皆幼春梅年二十餘不嫁以撫瑢子女瑢家貧僅存

薄田九畝璿兄屢逼嫁之志益堅勤苦十餘年爲璿子女婚嫁畢子女有過涕泣勸導年五十八卒

陸濬默聘妻過氏幼與母適陸爲養媳靜默寡言笑陸瘍過抑鬱飲泣尋卒合葬于六里嶺

劉某聘妻曾氏劉海鹽人甫弱冠以羸疾亡曾聞訃不食累日請于父母送劉葬慟棺一哭因乞廬墓不許久之罹奇疾卒

胡迓衡聘妻劉氏性至孝少字胡右宏子未婚夫亡誓不改適茹素終身年八十餘卒

沈本然聘妻陸氏未婚夫亡遂往夫家獨處小樓屏去服飾歷四十餘載事舅姑生養死葬無不盡禮邑令表其門

陸某聘妻黃氏未婚聞訃即號泣奔喪既葬獨居一室歷五十餘載其婢爲所感亦終身不嫁

劉某聘妻吳氏父楫許配劉氏子父母亡依叔父居紡織自給劉氏子亦貧困遠遊歲久不歸吳年幾三十劉子音信仍杳吳叔父已歿遂至夫家以盡婦道紡織所出爲夫弟婚娶又念父無子力營兩世窀穸

江耀武聘妻陸氏夫亡陸欲奔喪爲親長所格有乞姻者至絕粒五日乃止父母歿歸江越明年年五十卒

袁御龍聘妻楊氏楊魯占女幼字袁未婚夫亡父將更適之楊哀號誓死父遂不復言楊杜門斷髮守貞十餘年卒之日涕泣告請合葬袁氏子墓

顧立山聘妻吳氏幼許字顧顧亡吳年二十二兄欲更嫁之誓死不從夫兄岳山妻袁氏犛居撫其同志迎以歸孝事舅姑及歿與袁拮据喪葬撫嗣子宏木成立吳年六十卒袁至七十餘乃卒

馮千鶴聘妻錢氏嘉善錢應綸女年十六許字未婚聞訃矢志守貞越三年母病歿錢郤飲食死馮氏哀其志迎柩合葬焉

馮錫祚聘妻張氏年二十三未婚聞訃奔喪事翁姑甚孝撫九齡嗣子思禮至于成立守貞三十六年卒

馮如錫聘妻潘氏年十八未婚聞訃慟哭嘔血改服縞素依兄正宏以居兄歿復依姪世澄馮氏族義之爲立後延之歸屏居小樓戚族罕覯其面守貞三十一年卒

戈南吉聘妻馮氏南吉居父喪哀毀歿馮年十九聞訃絕粒三日遂往奔喪立從子君錫爲嗣葬後仍歸依父母父亡馮慟絕復甦遂得心疾越二年卒嗣子奉柩與南吉合葬焉

王某聘妻王氏年十九未婚奔喪事翁盡孝十八年如一日翁歿歸依母家守貞二十八年

高楚玉聘妻顧氏年二十一未婚訃至痛欲奔喪父母論止之遂長齋素服在室守貞父母繼歿依其弟德均以居年七十餘卒

張兆清聘妻李氏年二十未婚聞訃過門以夫從子琦爲嗣教之讀書游庠琦早世撫孫忠辛勤持家者五十年

陸聲遠聘妻金氏蘇州人幼許字陸未婚夫亡金年二十三號哭奔喪事姑袁盡孝姑歿殯殮盡禮歲壬午營葬五棺于祖塋側金年五十後積勞成疾雙目皆瞽近族無可依乃與寡妹王金氏同居守貞四十餘年

朱八慶聘妻蔡氏年十三爲養媳十五夫亡誓不再適營葬翁姑幼叔裕隆庶姑嚴出也嚴死蔡撫之成立守貞三十四年

劉剛中聘妻朱氏年二十五未婚聞訃痛哭矢志依父母以居母歿兄欲奪其志不可已而聞夫弟震中窮近族無可嗣乃往經理殯殮仍歸紡織度日積數年始克葬其夫守貞二十六年卒剛中從兄九錫爲迎其木主以歸

李清聘妻陸氏年二十未婚聞訃遂服衰絰過門拜事舅姑始終不倦學使王杰給松筠節操額表之守貞三十餘年

潘東明聘妻陸氏陸變昌女幼字潘未婚潘客京師久不反變昌家故貧陸日勤女紅佐之及父卒戚族議更嫁陸曰許潘父命也敢有二志且潘若在生還有日如其已死吾忍背乎其弟紹堯妻俞氏年二十三寡共處一室以貞節相勗陸守貞至六十八卒

陳大經聘妻俞氏幼字陳為繼室未婚夫亡俞年二十一矢志守貞遂易服奔喪舅家貧姑多病謹事二十年以孝稱撫前子長大後子婦相繼歿俞家徒壁立惟與一婢相依以老

沈謙益聘妻徐氏年十九未婚聞訃泣語父母曰聞沈無兄弟兒若不往誰奉侍者父母以其志堅從之既奔喪善事舅姑及歿親營窀穸葬夫于旁年五十一卒

王貞女張兆麟妻媵也兆麟將納之尋歿遺子二女一王年二十三代為撫育族有逼之嫁者誓死不移操家勤苦拮据婚嫁年五十六卒

范璠聘妻陳氏少失怙侍育于寡姑年二十三許字范明年夫亡矢志不移越四年翁姑迎以歸守貞已三十七年

張世傑聘妻陳氏年十七許字于張是年夫歿訃至陳絕粒數日父母慰諭之乃奔喪成服家貧勤操作以養姑守貞三十二年

監生龔廷林繼聘妻黃氏年二十七許龔為繼室聞訃哀號誓以身殉母陸防護之乃請于父奔喪成服事本生姑張盡孝撫元配徐氏子文烈繼配李氏子文燕文然守貞歷二十年

生員劉昕聘妻王氏幼聰慧讀書知大義孝經女論語女誡列女傳諸書無不通曉年十七許字劉時劉攻苦勤學體羸弱多疾久不議婚越七載婚有日矣卒以羸疾療治不起王一聞訃至即欲親視含殮夜半篝燈手製喪服告於父母勸止之不可遂奔喪撫棺長號絕而復蘇者再舅姑愛憐之王侍左右殫盡孝敬族黨以為賢立從子為嗣以孝經口授之

許汝濬聘妻郭氏年二十未婚聞訃即欲奔喪為戚族所阻依兄嫂居十年翁憐其意迎之歸立汝濬從子佳木為後守貞已三十三年

朱士模聘妻劉氏年十六夫亡聞訃慟哭欲往視含殮父母勸止之劉乃衣縞素獨居一樓戶外不聞言笑年三十三翁錫祚歿劉即奔喪成服事姑恪盡婦道邑令黃嵩齡表之

范儀瀅聘妻顧氏未婚夫亡聞訃慟絕復甦矢志守貞以上伊志

監生何榮聘妻孫氏年十八榮歿聞訃奔喪姑趙氏亦節母事之曲盡婦道夫兄子文煥生甫三日即撫以為子教育兼至旋以子銜敕封安人勤儉操作于親族之不給者時多賙恤撫長孫紹瑾亦親自課讀得膺鄉薦氏年逾耄耋嘉慶十四年旌

儒士徐珩聘妻張氏年二十珩病歿聞訃號慟矢志不二即歸徐氏撫棺一慟既絕而甦姑患病衣不解帶者三月後撫夫姪金紱為嗣十七而殤族中無可推繼終日號泣聞者傷心守貞二十八年卒嘉慶十六年旌

儒士高洽聘妻葉氏年十六洽卒氏聞訃奔喪矢志守節撫夫姪廷瓚為嗣守貞四十九年卒

高沆繼聘妻郭氏年二十九沆患病不起聞耗趨視僅獲一面而沆沒氏即矢志守貞撫前氏子廷琛為之娶媳生孫長孫一諤後登丙子鄉薦守貞三十一年嘉慶十九年旌

盛均聘妻陸氏年十八均歿氏矢志靡他即歸盛氏守貞善事其姑夫姪際康甫離襁褓即撫為嗣稍長教之綦嚴不少寬假際康卒能成立道光二年旌

尹達孚聘妻楊氏監生楊鵬九女年二十三達孚故矢志不嫁旌年七十三歲已守貞五十一年道光十五年旌

鄒士祥聘妻倪氏方叔女年十八聞士祥卒女欲往服喪母固不許乃毀容矢志家素貧以女紅自給餘助其兄守貞四十六年

戈守禮聘妻趙氏庠生戈奏勳子也字守禮早慧而夭趙年十九聞訃即欲奔喪父母勸止之越

數日不食死

蔣栻聘妻孫氏栻于婚之前月卒氏聞請于母願奔喪守志蔣氏以貧故緩之氏截髮不出閨闥五年得咯血疾卒

陸七聘妻周氏年二十八陸未婚而亡守貞于家四十一年卒年六十九　以上于志

朱觀漢聘妻吳氏增生昶長女幼字朱未婚夫亡女聞欲自盡父母力止之乃泣請曰兒已許朱氏當卽歸朱家守志父母勸其姑緩之乃易服去飾在家守節越七年始抱主成婚翁姑時已歿每歲時必出紡織貲以祭其夫値忌日恒慟絶復蘇嗣子楠尚幼親自課讀不啻嚴師咸豐元年旌時年五十一

朱福城聘妻徐氏農家女也未婚夫殉粤匪難女聞欲從之父母力阻乃止自誓不嫁抱主成婚勤操作以給薪水守貞已十四年

陶財源聘妻胡氏光緒二年旌

章笠漁聘妻許氏二十四歲未婚夫亡聞訃請衰絰奔喪兄嫂力止之不可拜廟受笄後卽矢志茹蔬上事舅姑下撫嗣子克勤克儉守貞已三十二年

陳念祖聘妻韓氏韓尚賢次女二十歲未婚夫亡聞訃號泣欲奔夫家守志陳氏憫其年少未之許女遂在家誓守墨絰茹素矢志靡他旌以悲痛嬰疾越五年卒

吳蔭庭聘妻陳氏陳德祚女二十一歲未婚夫亡訃至欲奔喪父母止之卽號泣絕粒許以不奪志乃已後終父母喪笄而歸吳年已三十四矣吳族議立姪爲其後氏布衣蔬食以鍼黹貲時買魚鳥等放生吳氏家日落氏典簪珥爲嗣子娶婦守貞三十年

胡廣漢聘妻程氏二十九歲未婚夫亡過門守節以夫兄次子鏐爲嗣布衣蔬食終身守貞四十七年

伊勤姑監生伊似川妹守貞不字卒年六十八　以上新纂

陸老姑清溪農家女父母歿年已踰笄助兩幼弟支門戶卒之耕耨力作有求姻者輒涕泣不食弟壯有室姑督之嚴寢惡之潛竄於太湖漁戶僞爲就焚香寫陸山載與俱及覺泣投湖爲他船救援免尋脫白尼庵見諸尼跡譏難與偕當湖宦婦某憐煢獨無依爲覓仁浦鐙光山之北草庵俾往居之持誦佛號終其身白鵠山房集書事

石門縣

明

吳玠聘妻張氏 未婚夫亡張乞視殮既至毀容斷髮死守吳門父母弗能強玠有妹與嫂相激厲亦沒齒不適人

國朝

范懋英聘妻沈氏 年十八聞訃慟絕而甦遂過門奉姑撫從子爲嗣乾隆三年旌

祝昌宗聘妻錢氏 年十九未婚夫亡哀絰奔喪以死自誓姑病刲股以療立從子咸章爲後早殀復撫咸章弟咸慶成立守貞四十年乾隆十一年旌

錢念劬聘妻陳氏 年二十二未婚聞訃倉卒奔喪姑泣日吾嫠婦也貧無立錐難以自活安能活汝耶陳日婦十指所入足以給薪水無慮匱乏于是日夜紡績奉姑又積餘資營葬其舅與夫撫從子某爲嗣

勤劬備至守貞三十八年乾隆十四年旌

朱璜聘妻沈氏 未婚聞訃沈方紡績斷績大慟哀絰往哭父母不能奪其志也乾隆二十五年旌案採訪冊又有朱璜聘妻沈氏其事蹟云沈淶生女璜幼失怙恃就學于婦家弱冠爲諸生婚有期而璜病殁訃聞沈奔喪過門絕粒者數四長者慰勸之乃竭力孝養其後舅姑與夫及父母之葬俱以一身營之人稱其孝云云未詳是一人否附書于後以俟再考

陸某聘妻顏氏 名雪姑陋巷村顏志曜女未婚夫亡顏矢志守貞四十餘年同時陸自顯女許字陳莊沈某亦未婚而殁陸往視含殮即留其家閉門茹素終其身

魏君瑞聘妻施氏 農人施裕泉女未嫁而君瑞以遠商卒于道時施年二十一斷髮自誓勤紡織以奉母歷四十餘年

勞之芳聘妻管氏 海甯人將請期之芳卒聞訃一慟幾絕請衰絰往哭父母難之請死以骨往殉父母乃許其過門號泣擗踊誓不欲生乃嗣夫弟之裕子綸爲後娶談氏平湖進士談允誠女之裕病篤談虔禱于神獲痊勞氏一貞一孝人咸稱之

聞光大聘妻沈氏 年十三爲養媳未婚而光大殀父令再適號泣不從撫立從子又死勤苦操作以奉舅姑年七十卒

胡君卿聘妻李氏 乾隆丁卯秋婚有期而夫暴亡李年十九奔喪號慟事舅姑盡孝守貞至三十六卒合葬于君卿之墓

馬桓武聘妻洪氏 未婚夫殁洪大慟請于父母縗絰往哭誓死靡他訓繼子煥綸入泮嘉慶十七年旌

許作霖未婚妻陳氏 年十九作霖身故聞訃奔喪成服上事孀姑下撫繼子其姑得享餘年每言其媳之孝云矢志守貞節已二十五年

趙思成聘妻謝氏 名馥謝邦年女幼許字趙未婚思成遠遊不歸女年踰三十父母欲改擇壻矢志不從父母殁依兄以老

張鳳羽聘妻范氏 名孝儒范經綸女未婚鳳羽卒女年十六訃至欲奔喪父母多方勸止既而憐其年少私議擇配女偵知潛出赴水以救得免親殁脫簪珥助弟營葬年五十五卒夫弟以子爲鳳羽後并迎柩合葬焉

譚叔三聘妻施氏 未婚夫殁欲奔喪父母力沮女日生爲譚氏人死作譚氏鬼吾之志也遂歸譚事舅姑孝撫姪爲嗣旋以悲痛嬰疾越五載卒時年二十六

沈貞女 名金姑沈蓮芳女幼字某將婚夫卒沈年二十痛欲奔喪父母止之遂在家誓守素服終身

葉某聘妻勞氏 生員勞士棟女未婚夫卒誓不改配苦志守貞旌年七十八

陳兆熊聘妻袁氏 年二十未婚夫殁聞訃痛哭歸陳守志孝事舅姑撫從子成立旌年七十一

張聖祥聘妻楊氏楊守成女未婚夫歿女年十七守志不嫁旌年六十四

俞貞女俞廣年女年十八父母相繼歿幼弟甫十齡矢志不嫁撫以婚娶嗣弟又病故遺半歲孤姪撫之成立旌年五十八歲

桐鄉縣

明

戴禹功聘妻陳氏年十七夫亡奔喪抱尸而哭親為夫殮越三日請于翁姑笄而拜廟執婦道獨處小樓日習女紅為生計邑令蔡時鼎高梅先後表之

莊大成聘妻蘇氏年十四未婚夫亡矢志守貞翁姑以禮迎歸拜廟受笄坐臥一室不窺戶庭者五十餘年邑令譚承詔楊兆斗俱表之

張沖和聘妻周氏年四歲許字于張父母歿育于外祖家以張貧更許他姓及長將婚周奔歸抱父木主泣曰父命許張奈何以貧廢命挾利刃訴之官官為動容卒守初約人稱其貞孝

朱應宿聘妻楊氏未婚夫病篤翁紿之來閱三月未成婦夫亡翁姑繼逝力營三葬守貞數十年

韓氏二貞女父某性僻不令出嫁二女從父命終其身長年八十餘次年七十餘卒

國朝

蔡昇猷聘妻施氏大吳村人幼字于蔡未婚聞訃施即衰絰往慟哭之素幃獨處三十餘年年八十五卒乾隆元年旌

沈貞女幼許某未婚聞訃即縞素奔喪斬衰三年事翁姑曲盡孝養未幾卒

張起鼇繼聘妻朱氏年二十五未婚夫亡父維新欲為更配朱屏處一樓截髮自矢越十八年父歿既葬起鼇前妻子之玫迎之歸守貞四十一年以上乾隆二十三年旌

貢生陳寀聘妻濮氏名蘭年十四許字未婚聞訃濮年二十一誓不另字夫家聞之迎之歸守貞四十一年乾隆三十九年旌

周冕聘妻錢氏監生錢清女許字靑鎮周冕未婚冕卒錢年十六守貞母家至七十卒

范懋聘妻沈氏庠生沈樞女許字訓導范道岸孫懋未婚聞訃號泣奔喪姑田氏已年老賴沈侍養

守貞數十年

沈崑英聘妻陸氏 年二十三夫亡陸欲奔喪父母不許絕粒數日又自縊幾死遂歸沈終身縞素孝事翁姑年六十八卒

監生金梁聘妻戴氏 婚有期而夫亡戴告父母斬衰往哭請于舅姑撫夫弟之子爲嗣守貞誓死不嫁

沈某聘妻夏氏 沈星來之弟以夏爲養媳而不容于繼姑其夫孝恐違繼母意遂出不返夏亦誓不他適守貞以卒

管某聘妻王氏 未婚管歿守貞終其身

徐貞女 未婚守貞徐工詩家貧授女弟子以老 參李志桐溪詩述

徐衡銓聘妻陳氏 幼爲養媳夫亡孝養舅姑矢志誓守貞節歷四十二年學使阮給節堅貞璞額以表之

姚啟棠聘妻沈氏 沈子發女年十六未婚夫久客不歸沈守貞六十餘年卒

胡耀寰聘妻周氏 周建中女年二十一方議婚而夫亡周毀容臨奠守貞四十年卒

徐世元聘妻張氏 幼爲徐殿章子世元養媳未婚而世元歿張矢苦志奉孀姑姚守貞五十五年

沈元發聘妻張氏 希賢女未婚夫亡氏聞訃心裂蒙被而臥絕粒數日父母詰之則曰兒願奔喪守志不然有死而已父母許之詣沈述氏志沈迎女歸憑棺大慟幾絕尋立族子爲嗣氏教養如已出年二十八卒守貞八年

費大麟聘妻徐氏 夫隨父遠名之襄陽雙鈎鎮巡檢任所病亡徐聞訃哀慟誓不再適年八十五卒學使王杰表其閭曰閫閾完人

鍾某聘妻沈氏 年二十六未婚夫亡遂至夫家守貞年六十二卒

宗尙德聘妻張氏 年二十夫亡奔喪成服年五十三卒學使竇光鼐給額曰志堅金石

莊德馨聘妻倪氏 幼爲養媳年十六未婚夫亡或勸其改適倪矢志奉侍寡姑守貞三十餘年

朱廷儒聘妻張氏 幼爲養媳年十七夫亡張誓不他適守貞以終

沈增聘妻江氏 增以痘殤訃至江悲痛絕粒母泣慰之勉進饘粥逾年有議婚者江聞又絕粒舅姑聞其義迎歸守貞三十三年嘉慶十七年旌

程世佑聘妻沈氏 夫故歸程守節二十年歿年四十七歲道光十六年旌

徐墉聘妻周氏 在家侍奉父母至孝計守貞二十八載歿年五十歲嗣子寶鋒迎柩合葬道光十七年旌

張貞女 年十一爲養媳未婚其夫文璉以瘵疾亡氏年十五誓不他適守貞十一年

朱貞女 幼字張元掄爲養媳未婚夫亡誓死靡他恪遵婦道撫嗣成立守貞四十三年

曹佐春聘妻方氏 西蜀參將方學沆次女未婚夫亡矢志不移茹素終身年四十八

蘇蘅聘妻呂氏 幼爲養媳十九歲夫亡欲以身殉爲姑所沮貧苦守志旌年五十二

李貞女 幼字胡某某未婚夫故守貞以歿

楊順傑聘妻袁氏 袁書元女年五歲未婚夫亡欲奔赴從死父母泣止之誓志苦守旌年五十三

舉人許杓聘妻陸氏 四川雅州知府陸元鉉女二十六歲字菱湖孫杓是秋領鄉薦春闈報罷郎病亡女聞之潛取約指金環吞之一晝夜不死復投繯自盡家人聞聲起救逾時始甦九歸孫氏守節乃稍進飲食縞素成禮先是女母鄭氏病危女刲股和藥以進歿後日侍靈帷一如母在節孝兼至歿年三十六

沈大姑 自幼鬻於陸姓爲婢家主早故事主母極謹年長主母欲嫁之自言願隨主母以終老人因以大姑稱之主母歿無後大姑爲之殯葬貧無所依爲人挑水以自活撫異姓子天如爲嗣卒年六十二

嚴以仁聘妻朱氏 幼爲養媳十六未婚夫亡慟絕復甦者再翁姑許以抱木主行禮遂上笄以成

婦道立姪禮耕爲嗣旋年四十一

胡兆庭未婚妻朱氏幼許胡爲養媳年十三兆庭病故翁父議字他姓女聞之絶粒不食許以爲嗣乃已居家孝翁姑勤紡績餘貲以營殯葬卒年七十有一

李英聘妻沈氏文源女未婚夫亡素服奔喪撫嗣子錦標爲後年三十二

張宗堂聘妻沈氏德明女未婚夫亡誓死守貞年二十八卒

濮嘉珍聘妻吳氏童養夫家二十一歲未婚夫亡母欲迎歸矢死不從孝事翁姑矢志守貞撫嗣子慶福成立卒年七十四

沈貞女青鎮人字某氏未婚夫亡聞訃往成婦禮守貞以終

朱鳴盛聘妻蕭氏未婚夫亡即易服登門朝夕擗踊翁憐其志以長孫克紹爲之後守貞三十年

陸某聘妻顏氏廼巷村人名雪姑未婚夫亡矢志守貞四十餘年

沈某聘妻陸氏陳莊人未婚夫亡氏往視含殮畢即留其家閉戸茹素以終

楊煥聘妻翟氏十九歲未婚夫亡氏聞訃奔喪截髮明志立夫姪大培爲後守貞五十五年

胡君卿聘妻李氏十九歲未婚夫亡女聞訃欲奔喪父母難之女曰委禽之先惟父母命今日非父母所能制也翁姑以禮迓之女亦奉事維謹守貞十八年以上見桐鄉李志

沈氏國子生徐晞女字沈氏未婚守貞依膝下十年父歿積刺繡資爲刊赤厓詩遺問世槜李詩繫續

徐天錫聘妻程氏名珠姑二十五歲字歸安徐天錫因多故未嫁道光六年天錫亡女時五十二守貞三十五年

錢貞烈女許字嘉興某氏子未婚而某氏子卒女以父老無子誓不嫁以奉親除簪珥去華飾已有年矣有委禽者至女知父命不可回題絶命詞一首即以某氏原聘紅絲自縊吳履旋聞見錄

顧貞烈女名季藜府學生顧漢女字烏程庠生張廷芝子九彰九彰卒訃聞女哽咽垂絶保母強慰曰猶幸未至張門女起作色曰我生平用一器一席尚不欲妄更況此身乎無何女有大母之喪廷芝來設奠女即於是日自經臥室家人檢其遺篋得所著薄命賦絶命詞哀惋不可卒讀女時年二十一吳履旋聞見錄

施貞女幼字蕤塘瑞君瑞以尋親死于四川訃聞女即卸鉛華不御旋女父欲他字女誓死不二事父母以孝聞年至八十九卒學使姜棣給幽貞純孝額

陸聖聘妻周氏十六歲未婚夫亡氏聞訃奔喪侍奉翁姑守貞已二十五年以上新纂

列女 烈女

嘉興縣

元

柳烈女 至正間紅巾賊陷嘉興女年十八與父母同匿爲賊所得女號曰若欲何爲其母曰欲妻汝汝善事之女曰若然無辱我我乃行兵驅女前行至河滸女紿爲結襪狀兵不爲防遂投河死明金綱記

錢氏二烈女 錢子順之二妹紅巾賊至其家二女義不受辱相與結裙襦投河死

明

張于拱聘妻包氏 于拱張鳳喈子未婚包之戚有貴人者嫌張貧囑更牽絲張不敢抗包紿其女以張郎死女不語遂入房稱病不出絕粒七日而死上下衣皆自縫書于襟曰必葬我張氏之壟

錢某聘妻朱氏 年十九未婚聞訃即欲殉死時母已病革旋歿女侍母殮畢語其兄曰妹錢婦也願

死從之不食五日卒舅家遂合葬焉每于霜天曉月見二白鳥飛集塚樹里人異之

胡烈女 乙酉城破與父愛橋俱被執至眾安橋不能行兵追之紿曰釋我父從汝父既釋行已遠佯言繫履投水死

國朝

陳學澍聘妻楊氏 楊汝雯女幼婉淑通詩書事親至孝許字于陳未婚夫亡女擬奔喪兄阻之居二載女絕粒七日遣婢迎其姑至奉歸聘物幷告兄割父所許奩田屬姑爲他日立後計遂吞鉛粉死時年二十四乾隆八年旌

張載揚聘妻陳氏 名文姑陳國英女許配于張年十七未婚卒文姑聞訃悲泣往視其殮歸即自經死

李某聘妻樊氏 小字婉婉梅里樊晉肱女性聰慧熟精女史未嫁而李卒女數日不食作絕命詞自縊而死嘉慶十九年具題給匾

生員王某聘妻高氏 生員高鴻女母早亡事鴻至孝許字王氏子未婚而婿幾陷獄女驟聞而投杼曰我少失恃今又失所天不若從母于地下矣遂吞金死輓貞錄烈女死于康熙十八年已未六月六日

王元宰聘妻潘氏 年二十夫亡父母苦貧另爲擇配不合潘知屆期迎娶強之登輿潘竟經于輿中康熙六十一年事

張陶菴聘妻嚴氏 未婚過門守貞三年服闋絕食七日死

張某聘妻曹氏 曹店村曹成章女許配張張歿女誓以死殉父母防之密乃屏華飾服縞素以明志父母防稍疎乘間自縊死年二十三

陳烈女 節孝錄聞訃吞金死

杜烈女 梅里志聞訃絕食死

高烈女 何志聞訃自經死

李烈女 梅里李鋐女許字錢氏子婚有期而錢歿父母不使女知一日女聞之即手製白衣不食七日死臨絕告父母必以衰麻殮我里人哀之

陸焜聘妻朱氏 早喪母撫兄弟父履仁客死富陽朱日夜涕泣願往負父骸骨其叔履端感之即往富陽扶履仁櫬以歸女親自負土奉母合葬焉乾隆三年夫亡欲往持服叔不許女自經急救得不死已乃詣陸守貞事姑甚孝姑歿遂絕食死時年二十五

錢璞堂聘妻李氏 將結褵夫亡有戚族洩其事女不食七日瀕死就枕上叩頭別父母請以衰麻歛一慟而絕年二十五嗣翁欽其節烈迎柩合葬立麗天爲嗣道光三年旌

張大本女大姑 幼字顧天錫子寅清未婚寅力學病故女年二十聞訃求就顧守制父母不許悲慟數月絕食而亡時道光五年

盛文元聘妻沈氏

馬鐙聘妻何氏道光六年旌

高殿秀聘妻鍾氏鍾士驥女許字未婚殿秀故絕粒而死年二十歲道光十年旌

監生周玉柱女五姑女幼字汪新齋子理潭未婚潭病故五姑年十四歲聞訃號泣不已隨母紡績夜深人靜解帶自縊其貞烈如此

汪四姑年十八許字秀邑楊世慶為室未經結褵世慶病故聞訃痛切哀毀異常誓不欲生越數日自縊身死時年十九歲

徐瑞珍聘妻金氏貴姑道光九年九月十八日瑞珍病亡貴姑時年二十二聞訃即涕泣不食其母慰諭之十九日母怪貴姑臥室門不啟呼之不應毀門視之貴姑已縊死上下衣履俱縫紝周密急解救已無及矣徐氏宗族感貴姑貞烈請于貴姑之母即迎櫬與瑞珍合葬焉

邑庠生王啟曾女年二十五受聘海鹽任叔良未幾任病故女矢志自守旌有媒氏議別嫁遂絕食而死

王汝深聘妻伍氏煥若女未嫁夫亡女知之即誓死不食母強之復食踰半載父母更許他姓女圖樓屏自縊急救得蘇由是絕粒七日不死服鹽汁吞鉛銅喉斷腸花根露受寒霜引刀自刺凡可以速死之具無弗為俱以救免後防稍懈裂衣襟纘若綆懸樓下死時乾隆二十一年六月當盛暑越三日殮貌如生蠅不敢近距汝深死一載云後里人欲具事請旌為吏議所格學院某額其額曰冰雪聰明

何烈女名雲父業賈早歿年二十許字同里馬濂濂以讀書攻苦得瘵疾逾年卒家人密不以聞女偵知之即毀容涕泣欲以死殉母為慰諭且以已年老女悒然日願侍母以終其身自是屏膏沐不御紈綺奉事如常亥年母歿女益哀痛卒哭後促姊歸夫家身衣衰絰夜半自縊死年二十二道光六年七月日也以上于志

陳文典聘妻張氏聞夫訃越四日絕食而死時年二十三咸豐八年旌

唐某聘妻王氏王舜濤女未婚夫亡聞訃痛泣易服自矢同穴父奪其志改配徐氏即自縊死

張氏二烈女長字壽媛字桐鄉陸費炳次字景煖字海昌蔣學濬父慶榮病風痺五年侍奉有至性家世詩書喜聞講忠孝事兄晉燮從戎檄守德清縣鍾管各鄉寄屬隨防所辛酉七月賊至二女均出寓後門匿樹陰下辰刻俱奮躍入河死得旌如例陸以湉撰傳略

張七二姑附貢國楨女咸豐庚申新篁里遭寇擊幼弟先走避南德橋女奉母命往視至則猝遇賊索簪珥擲與之賊欲搜其身憤甚赴水死張晉燮記略

訓導張以莊女錦華以下俱殉粵匪難

布政司經歷何宗模女二姑三姑四姑

縣丞何宗楷女七姑　從九品祖汝瑜婢玉蓮平安

生員沈茂勳女大姑

廩生馮柳孫妹四姑女大寶二姑

監生程光熊女引璋　生員孫禰康女圓姑

監生張國望女永貞　生員沈德基女二姑

監生何曾卿妹大姑女二姑三姑四姑

嚴開妹某姑　徐汝章女四姑

祖有榮女小姑　馮啟源女四姑

邱秉鈞女六姑　梅有仁女八姑

祖耀珍女大姑　祖世榮女寒姑

張老仁女大姑　戚寶馨女二姑

朱梅岩女某姑　倪菊人女勝姑成姑

陳大名女大姑　顧大女四

周省三姪女三　朱方來女蘭姑

沈嘉銓女某姑　龔大觀女阿寶

毛五女美寶　高廷勲女某姑

金嘉禧女三姑　吴東材姪女大姑婢順順

馮德齋女桂姑　蔣維新女大姑

倪炳文女大姑二姑　姚漢承女六姑

倪廷璵女秀貞　陳正魁曾孫女璵寶茆寶

莫宗培女幼姑　倪純嘏女張倪氏

倪作舟女許倪氏　陸大姑

龔順天女金姑　沈大姑以上見忠義錄已旌　臺

長垣典史張世椿妹閏姑　倪九姑以上採訪已旌

俞球婢秋菊　周省之女某姑

張詒堂女某姑　張順順

王傳妹董王氏　王阿錄

周遠香女招姑　俞洪範女某姑

蘇善溥表妹陳氏以上見梅里殉難錄

倪耕圃女秀貞未旌

秀水縣

明

劉伯春聘妻張氏張組女年十四受劉聘夫少負才名必欲舉于鄉而後娶未幾卒女號泣截髮自爲詩祭之持服三年不踰閾不茹葷服闋卽絶食旬日而卒年二十舅姑迎柩合葬焉

周應祈聘妻項氏監生道亨女許氏吴江周應祈精女工解琴通列女傳事祖母及母孝年十九聞周病瘵謂乳媪曰未嫁而亡當奈何曰未成婦也改字無害女正容曰昔賢以一劒許人猶不忍背況身乎及訃聞父母祕其事然女聞吴江人來已喻祖母屬其母入視女色甚溫母釋然去夜俟諸婢熟睡獨以素絲約髮衣内外悉以縞而紉其下裳撿衣物當勞諸婢者標之名列諸牀上大書于几曰上告父母兒不得奉一日歡今爲周郎死矣遂自縊兩姓父母從其志遂合葬焉

包氏季女李生委之禽母兄嫌李貧議他適女遂憤懣不食者七日長姊力持匕箸淪之未及咽而卒

徐烈女王江涇人許字鼎室子其父以醫致富父死而產落徐之父欲噉瑁罷婚瑁亦甘焉女潛知之問父計奩金幾何予我當從父授以百金輒呼鼎室子與之抵暮自經死後以其柩歸鼎室子

國朝

葉時青聘妻汪氏名桂芳許字葉年未笄葉亡汪以不得過門守貞困作絶命詞二首絶粒死乾隆十八年旌

楊浚聘妻沈氏沈階可女年十四許字越六載夫以瘵疾亡女聞暈絶急救方甦女家近南湖濱于後殁之次日攜小磨石繫身投淵以死時乾隆壬子閏四月事也乾隆六十年旌

沈守堃聘妻史氏年十六許字沈沈嬰疾旬日亡訃至女方刺繡盡碎之慟絶七日不食泣請于父母曰誓不爲他氏婦也又謂其婢曰我必歸沈否則必死時屆酷暑日方午女攜水入臥室有頃不聞聲一婢排戶入視之則已浴畢整衣投繯氣絶矣時年二十嘉慶三年旌

濮廷松聘妻陸氏性純孝年十六母患瘋癱凡起居行動悉力扶掖三年未嘗厭倦許字濮成婚有期而濮暴亡訃至陸方執爨聞變痛絕旣蘇即除簪珥衣素縞望空長號家人恐其殉身多方防獲未幾陸含哀忍淚潛入臥房自縊死時嘉慶三年正月二十日也濮氏憐其志含殮畢即合葬于廷松之墓嘉慶四年具題奉旌

王爾榮聘妻顧氏幼喪父隨母嫁于邱許字長興王爾榮未婚而寡誓不再嫁旣而母改許沈氏女整衣裳服滷死年二十四將死密戒鄰母曰我死無受沈姓片楮汚我及死沈果來唁鄰家羣起却之時康熙已亥正月十九日也

生員朱大年妻江氏壬午鄉試大年已首薦爲主司所黜遂抑鬱而歿江即絕粒吞金死見蔣鶴鳴詩集

祝成泰聘妻朱氏朱桐女夫亡女矢志守貞吞環而死

沈文榮聘妻潘氏早喪母事父能甚孝同里沈氏聞其賢聘之未婚夫亡潘請于父曰義不可他適遂閉閣自盡沈氏迎其柩合葬焉乾隆六年邑令董給貞烈維風額以表其閭

葛雪觀聘妻朱氏孝廉朱以綸女未婚夫亡女年十九訃至旋屏飲食竟以餓死葛氏移柩合葬遂女志也

胡爾㮾聘妻錢氏名月芬桐鄉錢紫司女年十九聞訃素服登樓作絕命詞七章自縊死

姚文光聘妻沈氏年十九未婚聞訃遂自縊死夫家爲之治喪迎柩合葬焉

葛起雷聘妻朱氏孝廉朱以綸女乾隆丙子夏起雷病亡朱年二十六請歸于葛翁未之允自夏迄冬竟絕粒以死

朱隴福聘妻諸氏年二十一未及成婚聞夫故稟母奔喪未允絕食自經嘉慶十四年旌

陳熠元聘妻張氏年十九未婚于道光元年夫故聞訃捐軀自經道光二年旌

王大姑王瑞興女許字同邑陳玉珍年二十三未婚玉珍故聞訃自經死道光十年旌

鍾某未婚妻吳氏女父以鍾爲贅壻尚未成婚因鍾喜浪遊欲逐鍾而另嫁女女遂自經死

楊堂聘妻沈氏年二十堂故女守貞七年父復爲議婚遂自經死

陳長齡聘妻王氏年二十三聞陳亡下紝入閨久之復出紡織如故迨深夜就寢潛衣縞素結束整齊遂自經死

沈守坤聘妻史氏史家村人觀察沈名世燾子婦守坤年十九以攻苦致疾死女聞之七日不食哀毀過情欲往壻家守喪父母度其志不可驟奪姑令從緩後觀察聞女意亦以禮却之女知所願不遂沐浴整衣自經死年甫二十王公昶爲作傳

嚴某未婚妻湯氏年十三爲嚴氏養媳嚴氏子素無賴姑歿後與女父母相商欲另嫁女女截髮以誓復逼之遂自經死年甫十八

章原姑以上于志

聞川鎭七烈女沈姑沈珊墀女被賊執倖不能行令具舟藉近水次遂躍入死黃七姑監生鑑女許字吳江陸昌沐聞許先被殺更衣自沉南鏡蕩死又若潘烈女家南潯女從家人舟居避西雁蕩賊駕舟上流來解懷中銀授弟投巨浸死王銘勲女年尙穉亦從之溺死錢蘭庭女二寶住大霜圩遇賊投水賊曳之起伺賊隙復沉河干死至姓名並佚者有堂樓衖南蕩灣兩女子被斫俱投水死以上新纂

儒童楊駿聘妻王氏道光二十七年旌

嚴泰源聘妻翁氏二十二歲聞夫訃越五日絕食而亡咸豐八年旌

王巧姑　巡檢汪伯勲女祥寶以下殉粵匪難

從九品潘增女大姑　舉人鄭觀濤女盛姑

增生朱廣熙女二寶　生員金振聲妹二姑女六姑

生員朱心梅姊桂姑　生員錢燠女大姑

王承炯女大姑　倪竹舟女大姑

倪純覞女大姑　王維增女巧姑

李景春女三姑　羅維甯女大姑

楊克和女大姑　張以莊女大姑

張巽權女大姑　翁小坡女某姑

王卓庭女五姑　錢蘭女二寶

沈珊運女大姑　金大名女念貳姑

汪爾焮妹佳齡女瑞姑　汪某女賜齡

張蘭溪女大姑　胡蓉境妹紹芬

沈貴瑚女寶珍　沈遇春女吟鳳

吳桂寶　何毓芸女大姑

沈攀龍女蘋姑藻姑　褚淮姑

衞福姑　徐三姑

陳吉庭婢小姑　浦之陶女二姑

張某女大姑二姑　沈七姑

王五姑　楊遇春外孫女某姑

沈壽姑　朱壽楷女大姑以上見忠義錄已旌

生員吳蘋洲女四姑　高行忠女玲姑

楊富德女愛珠以上採訪未旌

儒童史英甫聘妻周氏副貢周棨椿女年十七許字秀水史氏聘氏舅史硯畦習申韓挈子英甫游幕渡江咸豐庚申寇警氏隨母避難旋聞舅與夫團防殉難父母秘勿使知氏檢書簏得凶問閉口僵臥絕粒卒新纂

嘉善縣

明

錢某聘妻葉氏葉雷女嘉靖甲寅母子爲倭所執倭欲辱其母葉時年十七紿以身代求釋母母得脫遂罵賊投吳家塘溺死

曹相陛聘妻錢氏推官錢黯孫女將婚相陛亡錢即欲自盡以祖年九旬慮傷老懷又念母當侍奉未敢殉死後欲至夫家守貞不果值母病篤遂乘間自盡

朱令嘉繼聘妻屠氏諸生屠浚女將婚令嘉死女哀慟毁容屢欲吞環爲侍婢奪阻乃矢志絶粒將卒泣告父母願遷木主于朱遂逝時年二十二

國朝

陸烈女許字蘇州生員張某陸之父宦僕也自慚非耦將還張原聘令字女聞之密縫衣裙自經死

顧某聘妻顏氏少失恃依于兄嫂康熙甲寅夏顧父遣子就婚其兄重索聘禮且加辱詈顏遂自縊

奚鍾瑛聘妻丁氏清惠公七世孫女未婚鍾瑛死女聞訃内安一慟幾絶願奔喪守志舅姑辭以百日葬過門女易服縞素以侍舅姑終以女年尚少有諷使另字之意女聞之忿甚痛哭七晝夜淚盡血枯死邑人哀之徵詩記其事

王球聘妻錢氏錢士明女許字楓涇王球乾隆丁卯女暗二十年聞夫訃即取定婚紅絹自經時年十九

蔣學洙聘妻沈氏婁縣人未婚學洙死女聞訃遂絶粒以死翁源德哀其志迎柩與洙合葬事詳婁縣志

陶烈女農家女也其嫂亡遺孩纔五月女撫之夜呱呱泣漫以乳使吮之已而有乳鄰有覬之者女忍而不校踰年兄又殁族人爲擇配女涕泣不從乾隆乙卯遺孩八歲自能飲食女以謗言故絶食死以上于志

劉烈女澉家女也未嫁夫亡聞訃即投江以殉屍浮至夫家門首屹立不移因合葬焉

顧烈女聞訃痛哭幾絶越數日飲酖死從九品錢志方聘妻夫以瘵疾亡

金四姑金部三孫女幼字朱姓聞夫凶耗遽投河死

山東管勾廳陳鍾書女佩蘭以下俱粤匪難殉

從九品徐樟女大姑　生員陸伯壎女寶琇

附貢陸伊勲女二姑　監生朱秋泉女大寶

郁叙奎女四姑　郁承勲女貞姑

程樾女大姑　黄耀耕女大姑

萬心銘女四姑　郁增卿女寶姑

姚塑女某姑　王勛夫妹二姑三姑女大姑

顧澄鑑女二姑　毛寶德女六姑

葉永堂女大姑　朱傳珍女大姑

謝長源女耿珠　沈生女大姑

沈文錩孫女阿珠　沈鉦女八姑

金紹昌女八寶　金增齡女大姑

羅焜女二姑　武廷模孫女寶姑

沈大官女貞姑　傅大觀女三姑

朱傳珍女大姑出重　鍾大女大姑

儒童程椒甫女合寶　郁寶姑

汪二觀女三寶　卓世海女大姑

卓雲標女大姑二姑　葉永堂女大姑重出

卓九姑以上見忠義錄已旌　庠生程光熊女引璋

監生王子淵女某姑　吳蓉塘女某姑青浦人寄籍

監職黃紹亘女三姑　謝某姑以上採訪已旌

增生李釗女七姑　汪光孝婢某姑

凌耀山女大寶　趙安民妹二姐

程熙春婢某姑　張桐鳴女大姑

朱松泉女大寶　王勛夫女大寶二寶三寶重出

海鹽縣

明

陳某聘妻錢氏半邏錢君儀女許聘于陳陳初裕後貧其姑不自檢嘉靖庚寅冬將婚矣女歎曰盟不可變義不可辱吾有以死謝耳先期三日自縊死

張某聘妻沈氏名雲年十七許聘于張未婚夫亡邑中聞其賢爭求聘父母將許之雲覺投河死嘉靖丁酉春也朱朴作烈女詩紀其事

千戶胡獻奇聘妻徐氏學掾徐鳳女夫領漕入都約明年竣役成婚竟客死邸中訃至徐慟哭不食數日縊死時萬歷甲申十月也

于氏女乙酉避兵遇執不屈兵牽其髮引手奪之遂被害

國朝

徐杼聘妻祝氏海甯袁花里人諸生祝維馨女及笄許字徐徐以力學得瘵疾未婚而亡祝聞訃絕粒父母告徐諏日過門時年二十七事姑憊姑遺疾歿祝欲引決宗長以兩世未葬嗣子未立勸勿死殉祝收涕謝之徐故貧祝欲爲窀穸計晝夜操作不輟旋居父喪哀毀成疾歲丙辰欲鬻產營葬舅姑與夫冢尼之不果祝自裁之計始決絕粒八日不死乃投繯死時四月初四日也嘉慶二年旌

李玉如聘妻陸氏未婚聞訃將歸李氏父勸慰之女度不能伸其志乘家人不及防剃釵孝髻投河而死

李可旦聘妻楊氏可旦年少力學將婚而歿楊聞訃絕粒死

曹烈女曹秉忠女許字某氏訃至往哭而絕少頃蘇自經死

林烈女澉浦人戚芸生詩云痛心舉室媚金夫百死休敎白玉汚不少林間姑惡鳥聽來海上尚慈烏

倪烈女早失怙恃依兄嫂居惟謹迨兄嫂相繼亡撫姪以延宗祀後姪漸蕩逸敎之屢逆女曰吾之撫汝者

凡以爲先人也今則已矣撫父母棺大慟投海而死

邵某聘妻黃氏年十八邵訃至哀痛欲絕有另議配者氏以卽不食死邵氏哀其貞烈迎柩合葬

上于志

吳春林聘妻錢氏生員鳳翔女名月姑年二十四許字吳春林未婚夫溺死月姑聞訃卽自縊兄嫂救免多方勸慰志不稍渝滔飲鹽汁亦救治得生越日月姑衣衰服墜樓破腦而殞道光癸卯事也

生員張南金聘妻朱氏　儒童吳咸湑聘妻方氏

吳春山聘妻錢氏以上三人道光二十九年旌

陳烈女名翠黛陳宗女

陳根生聘妻仇氏名亭姑許字陳根生以上咸豐元年旌

陳其浵聘妻顧氏未婚夫亡聞訃誓不欲生母勸慰之乃止母歿其叔勸其擇婿竟仰藥死年二

十

陳氏名貞儀字敏卿朱庚康聘妻咸豐十一年賊搜海鹽欲掠以行堅拒及相脅貞儀罵賊被戕兄德甡妻王氏給賊入他室乘間自經死海昌許楣爲撰雙烈傳新纂

王烈女倓姑舉人學獻妹讀書明大義同治元年聞海甯賊將至舉家謀出避倓姑告其母曰請先與族姊妹行母信之嗣遍覓不得已溺死於夾垣中牆上有血書今而後上不累親下不失身云新纂

吏部稽勳司員外郎朱蘭馨孫女五姑以下俱殉粵匪難

開化訓導吾熙孫女福姑　富夢鼎女大姑

從九品朱昌晉婢鳳春　巴元齡婢翠蓮

錢戴坤女素姑　楊萬程女大姑

郭次梁女大姑　朱組纓女大姑

繆炳華女小姑　武生袁南橋女秀姑委姑

吳有章女大姑　褚質庵女應姑

張關觀女二姑　褚翔庭女卯姑

倪景昌女七姑　王子村女順姑

朱龍觀女順姑　吳崑玉女培姑應姑

蔣大女遊姑　陳勝祥女鳳寶

鍾點彝女娥姑　陳秉鈞女淑英

趙源女玉姑　陳春榮女素英綵英

趙霖女賢姑　朱觀其孫女引姑

曹大女春姑　王叙隆女瑞姑婢秋鳳

黃世欽女安姑　俞邦雄妹善姑女叙姑

湯守明女愛姑　高雲衢女賢芳婢琴香

許甫女富姑　馮春畬女士寶

吳秋田女珍姑　王大女福姑

徐福元女大姑　陳蘭亭女紫姑

張福元女小姑　陳興隆女某姑

楊甫女小姑　張小蘭女某姑

吳甫女韻姑　何鐵生女春姑

姜甫女趣姑　朱珍女保姑

張方女小姑　錢恒康妹素姑

許甫女金姑　朱椿齡女大姑
朱蓮生妹朱姑　陳省三妹愛姑雅姑
徐燮堂女大姑　徐星然女徐姑
金振鏞女聯姑　王子春女順姑
褚國楨妹應姑女卯姑三姑
顧序賓女鈺英　俞靜谷女寶姑
吳瑞弟女靜姑　徐心和妹徐姑
金花圩女三姑　金昉齋女惠姑
曹柳堂女珠姑　富敬文女賢姑子姑
吾錦綬女丹娥　馬配女馬姑

馬文山女馬姑　查楚橋女五姑
駱蘭亭女文華　趙厚亭女華姑
姚才寶女姚姑　俞鴻香姊蘭姑妹俞姑
徐瓛卿妹徐姑　顧老大女顧姑
馮春嶼女雅姑細姑　嚴榮如女瑞姑
湯守明女大姑　陳龍女大姑
徐士林婢紡琴以上見忠義錄已旌
生員陳其炳女二姑　生員陸學泗女引姑
王定姑同婢玉琴　胡雅儒女竹姑
胡文耀女卓姑　王寶仁孫女厚姑和姑

黃雲安女子姑以上採訪已旌　生員徐學純女亥姑
生員徐克謙孫女巳姑婢秋桂美雲
監生徐炳鑾婢某姑　黃榮女黃姑
朱嘉幹女莊姑　張惟善女補珍以上採訪未旌

平湖縣

明

乍浦七烈女 並嘉靖中倭陷乍浦不受辱死者郭臣妻董氏投池死柳暉女與陳起二女投井死李金女沈表女與戴鑑妻周氏投河死又倭驅數婦人至俞姓家有一女乘間觸門死失其姓名見海鹽圖經 案吳志諸生李金女居乍浦嘉靖間倭入寇父擄之行女度不免乘間投海死學使阮鴞立石海濱日李烈女死節處

姚某聘妻朱氏 朱炳第四女年十六許姚未及笄炳卒女依寡母極盡孝養惡少邱鍾乃其姊夫强附同居數挑之以言女痛哭于庭自歎無父之女爲人所凌如此至夜遂自縊于父柩旁

生員戴裕津聘妻趙氏 裕嘉興人以力學聞未婚而亡趙脫簪珥蹈誓不再生盡出衣飾歸夫家營兩穴成闔戶縊母排闥救之趙不言但以手叩胸呼往嘉興者三遂絕就殮如生事聞建坊

嘉興府志　卷六十四　列女　烈女　三五

倪烈女 年十八未字倭寇臨城以麻纏身自誓必死倭逼之紿日以鼓樂迎我當從若乘間赴水死

劉挐生聘妻陶氏 水年十三兵亂與兩嫂俱被執陶以手攀車亭柱兵斫其手更以足挽復斫其足遂仆地以刃貫胸而死

陸麟錫聘妻陳氏 夫十歲殤陳亦十歲即立志守貞兵亂被獲至廳事前抱柑子樹厲聲詬罵兵怒亂斫殺之猶抱樹不可脫時年三十一

吳烈女 名鳳如隨其母呂氏避兵橫河兵至被執負之行鳳如嚙其項肉脫兵怒磔于道

國朝

翠金 施德望婢也德望館于鄉家無僮僕惟翠金侍其妻年及笄性貞潔雖以市易米鹽間出戶外然不輕與人交一言鄰有馬四者豔其姿欺其室無人一夕踰垣入藏七首至臥所欲犯之翠金驚呼馬懾以刃翠金日我不畏死罵愈厲遂遇害德望妻越窗走墜樓傷足里鄰共獲馬四聞于官按例抵罪而爲翠金題旌時雍正五年也

陸沈緄聘妻丁氏 湖州丁元凱女年十八許字未婚夫亡父母憐其年少將復議婚丁遂闔戶絕食父母許以奔喪成服乃不死既歸陸事舅姑以孝立夫兄子時燠爲嗣尋以母病歸侍奉湯藥母死哭傷目幾失明父亦繼歿既葬爲書別舅姑願與夫同穴遂絕粒十日而卒乾隆八年旌

邱尚懋聘妻王氏 年十六許字邱明年夫亡聞訃欲奔喪父强抑之女含淚飲泣潛易縞素越半載父亡以身殉者再遇救獲免服闋聞繼母與兄有他議遂闔戶自經死年纔十九時乙丑十月二十一日也乾隆十三年旌

全永賢聘妻曹氏 小名六姑許字永賢未嫁依母以居鄰人朱文達瞷其母他出突入室中戲執其手曹叱之文達遁去羞憤服滷死文達坐誅乾隆二十四年旌

朱烈女 母亡居喪次其姊壻突入帷欲汙之遂自經死案朱志土人名其墓日阿姨墩

嘉興府志　卷六十四　列女　烈女　三六

莊烈女 農家女里有無賴乘女父他出夜操戈入室强逼之女守義不屈自經死里人爲立烈女祠在縣之西鄉 案吳志烈女父名耀昌無賴爲曹大許殿宣事在康熙戊子三月

趙烈女 女出名族父許配高氏高起家微驟致富且曾爲其外祖前馬女愧之將嫁自縊死

俞文漢聘妻曹氏 諸生曹蕭斗女許字俞未婚而亡曹聞訃嘔血欲以身殉母曲慰之乃止母病七載奉湯藥不離母歿遂絕粒死郡邑哀其貞烈徵詩輓之

陸若棨聘妻劉氏 年十九未婚聞訃誓以身殉已而聞若棨柩厝東湖案山麓乃自製冥衣服衰麻親詣柩前焚之一慟而絕家人救甦既歸絕粒三日卒

沈玉奇聘妻王氏 幼爲養媳未成婚夫因割股療親致羸疾卒王郎日乘間投河死時雍正乙卯三月也年二十四邑令部煙表其閭日孝烈可風

單某聘妻李氏 單金山人李許字未久而夫亡時卽欲歸單守制父母憐其少姑緩之比服闋李年二十四作絕命詩自經死時乾隆壬午二月六日也單氏聞之迎其柩與夫合葬

張鳴九聘妻郭氏 幼字張夫亡郭年二十聞訃慟幾絕矣志守貞翁坤元聞而賢之迎以歸距鳴九歿纔六日也歲戊子夫兄生子天鼇撫以爲子次年一日忽謂乳媼曰吾夫祀有屬吾將從夫地下矣七月七日自縊死年二十九

生員陳某聘妻馮氏 小字虎姑幼許嘉興陳某陳貧未娶馮亦家無立錐地嘗與母棲身白雲尼菴勤繡作以供朝夕父惑匪人語更納富家焉馮時年二十三泣語其母以死自誓一夜俟母酣睡乃以布束週身衣投菴後水中死時乾隆庚子七月八日也鄉里哀其烈賻贈以葬

戈守禮聘妻趙氏 農家女幼字守禮早慧能文遘疾而亡趙年十九聞訃慟絕卽欲奔喪父母阻之越數日不食死

倪氏二烈女 乍浦伊懷忠女長順姑次美姑有內戚某少年佻達以白金挑之二女泣訴于父父怒叱之去某懷忿陰中以蜚語二女聞之恚甚將登樓自縊家人偵知之不果乃相率出後戶赴海死翼日二屍隨潮至兩手互抱顏色如生時乾隆己酉七月晦日事順姑年二十三美姑年二十一

胡烈女徐烈女 胡名福姑徐名瑞珍瑞珍福之甥女也福父元奇開飯店許字近鄰丁某丁與福之弟相諗云飯店人家焉有好女福聞累日不食適姊夫徐耀文挈其女瑞珍來耀文已許賣瑞珍爲妾行有期矣瑞珍不願從泣訴福姑二女各懷怨恨至夜以巾相繫投河死

沈烈女 名淑貞年十七許字儒童張日楣爲妻越五年日楣歿女聞訃號慟欲自盡家人百計防護旦楣葬日有日女欲往父母不允遂絕粒五日死張氏感其義與日楣合葬并以夫兄之子煦兼祧焉嘉慶十四年旌

錢烈女 父介生無子烈女朝夕侍奉父母歿後有叔父老且貧病女以女紅給其饔飧幼字計大成大成暴死烈女欲往視含斂叔父力阻之越三日自縊死時年僅十九

俞某聘妻謝二姑 謝凌一女未娶而俞卒二姑年甫及笄聞訃悲涕不食誓欲奔喪守志父母以其年幼阻之遂鬱鬱得咯血疾未幾卒

俞芳村聘妻胡氏 名明貞生員鳳枝女許字俞嫁有日矣有浮薄子誣以未下聘時氏與芳村曾先謀面女聞涕泣絕食父母勸諭之女曰當爲厲以褫造言者之魄夜半潛起自經死時道光九年六月事也

陸爲楨聘妻張氏 陸家貧又逋官糧力不能娶介媒妁請于氏母願離婚索還聘物氏聞長號數日自經死以上于志

林烈女 乍浦湯山西麓顧三子婦三妻土妓也女入門爲見往來雜沓詬誶無所忌恚甚無何三妻覺計欲并汚婦以年少之金夫百計䝉之婦輒向壁立淚涔涔下自忖不能活竊出奔赴海求死爲老嫗所持强送之歸三妻及夫疾刺骨日鞭箠無算且奪之食復以杖箠爲未足取重器撞擊其身并炮烙下體糜爛以死死之日鄰里無不切齒鳴之官遂擬罪如律當湖外志

盛烈女 新溪人繼母某不飭其行女極諫被截舌死新纂

劉烈女 生員東藩女字王浚源子道光二十二年四月英夷陷乍浦四出搜掠女急趨井所欲投入父兄援止之叩頭謝曰忍兒辱於賊耶竦身入井因闌隘解縧裝挨摩而下水淺彎跧俯吸良久乃絕 黃安濤撰傳

彭烈女 家徐家埭父務農遭亂不能度日將女賣於賊賊欲逼姦女從容謂曰今夕合巹須暢飲盡歡勿急也賊喜甚布筵痛飲未幾賊大醉女取利刃斷賊喉卽自刎死 當湖外志

劉進女鳳姑　生員胡贊喜女秀姑

杜義茂妹貞姑 以上道光二十二年殉夷匪難已旌

陳氏三烈女 貢生陳其忠女長名隱芳少有至性寡言笑比長字方氏子逾年方卒姑聞之屬欲自盡遇救得免母疾刲臂肉以進辛酉乍城陷自投河中死年二十一妹信芳年十九品芳年十五隨之亦死事聞得卹

何玉英姑台郡人艤商何邦春女僑居乍浦年十九字同邑某氏性嚴正勤敏人有搆以誹語姑聞之泣告父母旋服毒物竟死時道光二十八年四月十五事也

庠生林中麒女五姑年二十五未字鄰媪以誹語誣之服滷死

蔣烈女名堪生員蔣煜女知縣蔣珪妹才而賢且能制藝值粵匪亂避於鄉間竟絕食死

翰林院侍詔徐以鏡女蘭徵婢秋雲翠芳以下俱粵匪難殉

職員朱逢咸女瑞姑　府知事何振鷺女順寶蕙貞

生員謝昌烈女璧成　陶桂榮妹九姑

生員陳維任孫女大姑二姑三姑

生員李鏡蓉女七姑　廩生馬駿聲妹聚慶

監生陳國藩女六姑　生員馬增女二姑

生員施汝福女五姑　生員江龍瑞女大姑

羅廷霽女大姑　張彩湘女大姑

黃某妻玉姑　蔣明姑

張曰樫女四姑　陶敦倫女蘭徵

陸五姑　陸㸅女大姑

胡鏡堂婢阿珊　張秋泉妹八姑

屈有姑　陳士傑婢巧連

周美觀女三和　屈仰山女大姑二姑

鮑金湘女小姑　胡德芳女二姑

錢萬選女大姑　錢邢保孫女二寶

胡耀奎女大姑二姑　姚三俶女四姑

朱永高女六姑　張八壽女五寶

蘇阿毛女大姑　馬二觀女六寶

張案宗女六寶　張愛林女叙寶

沈虎觀女四姑　吳三大女七寶

楊蠶俶女大姑　孫廣明女大姑

顧八湘女美姑　山景福女美姑

周三福女三寶　徐柳橋女大姑

山壽齡女美姑　顧大觀女根姑

于壽林女寶姑　顧秋圃妹三姑

屈振基女六姑　李保金女保姑

金老壽女七姑　陸琴齋姊銀姑

李金聲女翠姑　趙鳴飛女五姑

錢有福女大姑　張富元女長姑次姑

顧八觀女大姑　張萬觀女某姑

錢訪舟姪女三姑二寶　許敦士女愛珠

周銀觀女大姑二姑姪女某姑

趙與觀女某姑　周汝霖女二寶姪女三寶

顧楨姑母貞女三姑　蔣應章女靜秀

趙二倌女大姑　陸史夫女四姑

龔大章女大姑　姚茂華女四姑
邵寶林女珠姑　吳雪高女二姑
謝大姑　姚二倌女四姑
倪紹謀女貞寶　符連倌女九姑
張采俶女五姑　徐壽觀女三姑
金八倌女五姑　韓大觀女二姑
傅維誠女品寶　馬六倌女小姑
孫珍福女大姑　張大倌女大姑
朱老美女六姑　馬炳堂女大姑
張百壽女大姑　郭鳳巢女大姑

朱大姑　張修智
方洪婢冬琴　陶九倌女桂姑
潘闕通女大姑　鄔榮春姊美姑
孫愛林女美姑　范錦林女三姑
王四姑　黄珊之女慕貞
莊錫蕃女小姑　戈維熊女大姑二姑三姑
朱金墀婢小五　何大倌女大姑
陸四俶女五姑　鮑書齋女大姑
賴三倌女五姑　馬文炳女懷姑
陳文鼎婢巧連　張淸和女龍姑

王松亭寄女大姑　韓泰來女巧姑
周老蘭女大姑二姑　朱老文女大姑二姑
韓介福女大姑　錢寶林女三姑
高龍倌女二姑三姑　江能吉女三姑
陸鞠洲婢阿勤　張大女大姑
董小山女大姑　朱淡舉女大姑
周同仁女銀姑寶姑　李四倌女三寶
高龍倌女大姑二姑　繆掌林妹七姑女六姑
黄益三女大姑　褚松圃婢杏琴翠琴
居寶和女二姑　李泰來女大寶

徐秀章女大姑　郭左賢女五寶
陸七襄女關生婢春芳　潘老壽女二姑
劉維熊女大姑　曹五福女大姑
費廣興女小姑　陸修潔妹九姑
蕭枚女四姑　謝某姑
孫珍福女小姑　包錦仁女珠姑
彭七倌女美姑　王松亭女八姑
蕭給榮女三姑　監生錢炳婢阿彩以上見忠義錄已

旌

石門縣

明

朱阿妹 朱朝女倭寇劫至城隍廟橋朱紿曰吾偕祖母來有金可取倭信之乘間投河觸石柱死祖母陸亦隨溺焉

范欽聘妻費氏 費霆女名金菊許字范未婚范卒女聞訃號慟欲往父母阻之隨有議婚者女泣曰吾心已死身豈再適父潛許嚴氏納聘之日自經死殮時面如生監司爲買地葬之表其墓曰蘭閨勁節

陸憲聘妻趙氏 適女名淑女德清人幼許字陸家貧趙父謀他適女聞之躍入河死憲感其貞烈終身不復娶

國朝

金烈女 錢林里農家金明和女順治六年閭里中盜猖獗父無力遷避是年十月盜沿村劫掠女被執欲污

之時年十五罵拒不屈投河死

姚濂聘妻沈氏 玉溪鎮人年十四許字姚濂濂貧不能娶沈以病卒沈聞哀號不輟求往夫家父母力止不從絕粒吞錢求死乃許歸姚進以銷錢之藥得不死家人救甦已而絕粒至三十二日復吞錢十餘枚乃死年二十三

案桐溪節烈志載姚濂聘妻絕命詞云少小曾翻烈女編敢將心跡擬前賢只知從一而終義一命追隨到九泉事在康熙丙申之夏學使馬豫給額曰志貞從一邑令姚述虞額曰節烈流芳

姚某聘妻沈氏 未婚某亡沈聞訃號泣奔喪喪畢絕粒三十日而死邑令韓麟趾學博張孝友俱有詩記其事

田兩元聘妻蔡氏 蔡裕光女性純孝將婚而兩元病亡女方食即投箸卻立嘔食殆盡脫簪珥易髽將奔喪父母止之曰汝兄遠出弟幼吾兩人方藉汝奉朝夕汝忍舍之去耶然志由汝立吾不汝奪也女嗚咽不能言注視父母者久之嘔血數升遂臥病不起其姑聞之來視慰之曰汝善自保少痊吾當迎汝女曰兒病恐無痊日矣女泣姑亦泣姑曰吾知汝意汝即死必使若同穴也比兩元既營壙女遂絕粒數日死時乾隆辛巳四月四日也李翊撰傳吳迪琛撰事略莊存與董潮曹培亨撰墓銘蔣士銓沈初施朝幹皆有詩記其事

張品元聘妻姚氏 年十九未婚聞夫訃即自經死

沈烈女 玉溪費氏婢韶年待字爲狂且所逼服鹵死

錢烈女 錢仲文女幼字同里周某仲文歿家貧周聞女貌陋以金餌其兄退婚別娶女聞之曰女子從一而終豈可再字耶即自縊死時年二十一

柳烈女 吳江平望人幼字石門趙炳嗣炳因目疾成瞽辭婚父某將改字女聞之曰吾一女可字二夫乎服鹵死年二十二

以上于志

貢生徐多祿女小姑 以下俱粵匪難殉

生員徐多貴妻妹大姑二姑婢鄭姑

生員李文瀚女琴姑藏姑　强四姑

錢懷玉孫女大姑　朱得年女大姑

陸煥南女大姑　李鳳高女大姑

沈福康婢大姑　屠坤玉女大姑

田之瀾婢大姑　張景松女大姑

胡煊妹大姑　沈仁連女貞姑

錢永豐女大姑　沈大姑

張五姑　沈五姑

呂貞姑　鍾四姑

金大姑　朱大姑

談福麟女大姑　王國昌女大姑

沈大姑　馬大姑

俞大姑　郭八姑

沈大姑　顧大姑

孫三姑以上見忠義錄已旌　李掌模婢春熙未旌

桐鄉縣

國朝

張九彰聘妻顧氏名季蘩事母至孝未婚夫亡悲號欲殉兄時動日夜守之祖母死其翁來唁家人咸在喪次季蘩遂閉戶自經衣裳俱紉結不可解檢其笥得絕命詞數篇翁心傷之迎其柩與九彰合葬焉康熙十一年旌

許換姑農人許勝字女年十四採豆田間鄰有惡少張麟兆調之力拒得脫歸告其母曰兒幾為人所辱遂自縊死康熙三十九年旌

沈烈女沈體義女父母外出鄰程尚林調之不從忿恨自縊乾隆二十三年旌

孔繼光聘妻張氏婚有期而夫亡聞訃痛哭遂飲滷死時乾隆二十九年八月十八日年止二十三乾隆三十一年旌

程之梁聘妻沈氏夫亡欲奔喪守制父母阻之女泣曰兒終不為二姓人也絕粒七日不死乃服滷死年甫十九時已酉六月九日也乾隆五十四年旌

姚又吟聘妻沈氏未婚夫亡之殯所哭之居三年不露言笑服闋哀號竟日旋自經死

朱際斯聘妻沈氏年十三許字于朱夫亡闔戶自經祖母哭排闥救之甦乃絕粒死

姚某聘妻沈氏未婚夫亡痛哭不止遂自經

陳汝璉聘妻蔡氏未婚夫亡欲奔喪父止之女曰字陳命也慟哭嘔血闔戶雉經死時年二十乾隆十四年八月事

鄭蔚章聘妻周氏夫亡聞訃不食父母強之食卒不顧絕粒七日死年二十四乾隆十九年事巡撫周人驥表其閭

王文玉聘妻張氏年十七夫亡父母欲奪其志乘間投繯死乾隆四十二年二月事

孫垌聘妻沈氏 錫蒼女幼字孫垌垌以力學成疾卒女聞訃即屏處一樓不見外人後有議婚者至門女知之投環死孫家迎其柩與垌合葬焉

許烈女 農家女年十三爲強暴所逼力拒得脫忿恨自縊

姚某聘妻沈氏 幼受姚氏聘未婚聞夫死自經以殉以上于志

姚濂聘妻沈氏 沈邑人姚石門人婚有期而濂卒請奔喪不許吞金求死父母救以藥復蘇知其志不可奪庀輿送之往氏哭奠已執子婦禮主中饋日就柩側理刀尺焉夫喪既禫除氏泣囑嗣子力學且諭以葬事作絕命詞二章訖手刃其喉又搠鍼吞之皆不死夜夢濂語之曰汝欲死效夷齊可耳竟以絕粒卒年二十三事在康熙丙申之夏督學馬豫獎日志貞從一

蔣某聘妻錢氏 幼字麻溪蔣敬南次子未婚夫亡女聞自殉邑人張廷錫作詩挽之

沈烈女 幼字某氏及笄某歿女聞訃絕粒以殉之

從九朱寅賓聘妻毛氏 名蔭姑幼失怙恃年十三歸朱咸豐十年粵匪擾境時氏年二十避至桐城南鄉八月初三日聞賊將至因姑病篤不忍去逮賊至詬罵不絕口賊縛而鞭之並以繩縊其喉而去毛俟賊去割解縛半夜纔甦越年絕粒而卒

曹烈女 名蘭姑父錦以女聰穎侍親能得歡心針指之暇與講女訓亦能會心惜遭賊警遽殉死年未及笄

增生鄭以嘉姪孫女某姑 以下俱粵匪難殉

舉人陳中元妹綠雲　監生倪鳳翙女梅姑婢冬蘭

監生李文遇女大姑　監生沈寶檀婢如意

監生沈樸全女某姑　監生皇甫鼎金女吟姑

監生徐蘭祥姊某姑　徐作明女大姑

朱岷樵姪女大姑　施孝蘭女大姑

周履安女六姑　錢榮福女雲屏婢冬蘭

吳義姑　徐坪香女大姑

徐鏞文曾孫女大姑　陳南榮女姪大姑

朱聖全女二姑　周鶴新女大姑

沈有忠女大姑　王永祥女大姑

胡學文女大姑　王大姑

陸大姑　栢兆祥女某姑

王富林女某姑　高順安女大姑

沈玉庭女大姑　程楚江女大姑

陸世榮女姪大姑　張慶堃女美英

陳安奇女大姑　蔣調元妹二姑隱姑女大姑

曹洪女大姑　沈秉南女大姑

潘繼發女大姑　蔣調和女大姑女姪大姑

沈遇春女吟鳳　周松元女大姑

曹仁安女大姑　唐晃如女璋姑

朱右箴姊銀姑　朱右箴表姑母吳二姑

曹晝堂女蘭姑　朱士鈺女誠姑

朱鑾慶女葆姑　沈金廷女大姑

沈聖蓮女某姑　胡清如女三姑

王富林女某姑　高順安孫女大姑

沈文鼇女大姑　朱聖泉女二姑

金桂芳女大姑　陳坤山女大姑

畢容泉女某姑　陳福壽女大姑

陸大姑　吳珮珊女某姑

沈彩福女某姑　李滄海女某姑以上見忠義錄已旌

姜敬堂女滿姑　監生吳雨豐女金吳氏

嘉興府志

嘉興府志卷六十五　　嘉興府知府善化許瑤光重輯

列女　烈婦上

嘉興縣

漢

許升妻呂氏 呂氏女字榮升少爲博徒不理操行榮躬勤家業奉養其姑數勸升修學流涕進規榮父積忿疾升呼榮欲嫁之榮嘆曰命之所遭義無離二終不肯歸升感激自厲乃尋師遠學遂以成名尋被本州辟命行至壽春道爲盜所害刺史尹耀捕盜得之榮迎喪于路詣州請甘心讐人耀聽之乃手斷其頭祭升後郡遭寇賊欲犯之榮踰垣走賊拔刀追之榮曰義不以身受辱也遂殺之是日疾風暴雨雷電晦冥賊惶懼叩頭謝罪乃殯葬之後漢書本傳後刺史增其家於嘉興郭里名曰義婦坂太平廣記麋府君聞榮高行遣主簿祭之又出錢助縣爲家於嘉興郭里墟北 按吳志作吳許升妻呂氏

宋

何士誠妻楊氏 殿中侍御史楊大法女結褵未及期夫病謂楊曰我病必不起若能守制終身我瞑目矣疾革復日不幸無後前言不必遵也言訖而瞑楊哭之絕而復甦嘔血數升勺水不入口者三日未幾竟赴河死慶元元年覈實建坊顏曰貞烈其河名何母涇

元

趙六妻羅氏 名愛卿性識通敏工詩詞歸同郡趙六執婦道甚恭居二年趙子入都求官留愛卿奉母未幾母病孝事甚謹母歿哀毀踰常治喪葬甫畢張士誠陷平江苗軍帥楊完者拒之於嘉興不戢軍士大掠居民趙屋爲劉萬戶所據將納愛卿愛卿知不免紿以甘言潛入閣自經死

明

張昱妻彭氏 字妙甯父公衍鍾愛之館昱爲甥未幾夫疾且革彭曰妾爲君同年生必期同年死苟不幸妾不忍獨存已而夫亡自殮而殯日夜號哭痛絕者三自盡者再姑皆挽奪且泣誡曰吾年老爾兒幼且病忍棄捐邪乃奉姑命調護其兒兒愈遂絕食死夫妻皆年二十九子璟方九齡焉

馬興繼妻沈氏 貞靜有至性夫爲漢陽守以壽終沈年尚少無子悲啼不絕聲者八日自經死

顧煜妻梅氏 父江擇壻得煜第進士爲給事中早卒梅不食死

董壽妻王氏 名桂芳十七歲適董踰年夫病革屬以更適桂芳誓以死殉夫亡其母湯亦寡居命女歸同處桂芳不從母固强之歸一飲哽塞不能下咽還過宣公橋顧其母曰河水清洽可就死母懼抱持之乃止至家即麻絰自經死知縣洪範營葬于鹽倉橋北撰墓表嘉靖中佃爲民居移窆於清眞觀傍

六烈婦 周聰妻金氏沈茂華妻吳氏汪志妻婁氏顧惠妻金氏吳銓妻沈氏徐胡妻費氏皆遇倭寇投水死

徐倘友妻馬氏 十九歲夫亡痛夫早逝自縊柩前邑令何源手撰祭章親臨拜奠

賀德修妻朱氏 二十八歲夫亡即日服毒自盡

馮裔道妻張氏 二十二歲夫亡哀毀自經柩側士紳歌以挽之

顧之球妻薛氏 嫁期月夫以禍死屢欲自盡母防閑之除夕母歸即縫衣自縊巡撫李邦華題請旌曰貞烈

汪桂奇妻沈氏 十九歲適汪貧甚未一月夫亡沈嗚咽不出一言親含殮越三日舉柩沈始出聲大呼天者三俟暮人靜自縊而死

包勇錫妻楊氏 夫疾楊禱于神願以身代夫亡楊遂飲毒死良久夫甦疾漸差終身不再娶

周某妻方氏 十九歲夫亡無子鍼指自給依其弟居苦節六十二年崇禎十七年聞變羣還方慟泣兩日死

陶本立妻陳氏 乙酉城將陷有已嫁女十三姑者遣使問計陳曰毋負吾家清白宜早爲之使反十

三姑即服滷死城潰陳即向庭中井跳入婢紅梅與陳幼子亦赴井鄰婦之從死者十有三人

徐爾穀繼妻孫氏爾穀爲石麟恩撫子以湖冠波及死于江甯孫聞夫死一女在抱棄之赴水死立而不仆檇李往哲續編爾穀遭禍繫獄知不免以書報孫曰我悔不從父死以至今日汝宜早自爲計孫得書閱竟太息曰夫復何言于夜伺媼鬟睡竟出赴水死訃至獄中爾穀設位哭之時同繫者竟爲激楚之音嘆忠孝節烈萃于一家云

徐士模妻陸氏無子生二女明末兵亂陸攜其女誡曰男盡忠女盡節分也倘遇不測無苟貪生已而避居俞家村盜至陸拉其女及婢投河死

李士標妻沈氏士標授山東甯海州州同崇禎壬午冷口兵圍州城士標督守盡力癸未春病卒城遂陷妻沈卒其妾婢同日死之

張某妻沈氏二十一歲適張未半載遇亂避兵陶墩遭掠持刀自殺守者奪之乘間投河越數日雷雨尸浮至門顏色如生首背刀痕深入而上下衣縫牢密夫感其義爲僧

嘉興府志　卷六十一　玉　嘉興烈婦　三

沈華區妻潘氏明末流寇至硤石掠婦女數十人潘亦被掠至王店泊舟慶豐橋潘乘隙赴水寇怒遂刃于水時人哀而殮之　國朝周篔沈烈婦傳烈婦潘氏硤石沈華區妻也乙酉八月被俘舟泊王店四塘口伺卒他顧突躍赴水中旁一卒就水鉤其髮又一卒挽其衣提之拔刀指曰斫汝斫汝言未既而烈婦又躍入水一卒取茅絞綰裙裾而上水血淋漓同俘諸婦女皆掩面不忍視前拔刀者怒斫之中肩烈婦且呼且躍終搶入水持刀卒怒甚擲刀取長矛刺水中連數十創血沫湧上水爲殷卒挽視之氣絕卒欲磔其屍兩崖觀者爲乞請乃舍去後遂名其處爲烈婦津

國朝

呂大經妻蕭氏夫亡殉命乾隆五年旌

盛濤妻畢氏二十七歲夫病垂絕畢潛飲鹽滷死死四日而夫殁許王猷撰傳乾隆二十九年旌

王添南妻陳氏里有無賴某瞯其夫出調之陳斥罵鄰里爲之解免陳羞忿莫釋投繯自縊死時年二十夫鳴于官寘某于法乾隆二十九年旌

丁來修妻王氏王庭曾孫女十七歲適丁七載夫亡無子王椎心嘔血曰婦所天者夫也今已矣生何爲遂投井死乾隆四十八年旌

生員徐宸烜妻吳氏夫亡無子吳慟絕既甦經紀棺衾殮畢潛赴內室投繯死時年二十五乾隆五十三年旌

吳源溪妻沈氏康熙戊午夫亡遺一男一女翁貧甚欲嫁之沈矢志不移癸亥六月望夜沐浴整粧與鄰嫗談笑更餘潛縊死

鄭叔文妻李氏二十一歲適鄭鄭病瘵成婚四十六日寡歸依母居有謀奪志者李覺謂母曰兒在終爲人所覬悔不當時早殉泉下是日夜半竟服滷死事聞邑令許肇起攝媒笞之表其閭曰勁節維風

嘉興府志　卷六十一　玉　嘉興烈婦　四

史義堅妻談氏二十一歲夫亡誓即從死姑曰汝無子然有從子當撫之閱四載而應繼者殤談死志益決遂營葬其夫既葬之明日沐浴整衣自經死時雍正七年三月二十三日也

侍郎張天植妾王氏名湘貞天植被逮王同眾妾史蘭若張蘇淑裂帛作小楷寄詩以死

烈婦李氏李延初女歸某氏既寡依父母以居屢勸之再適不從一日媒氏來父納其聘即于是夕服滷身死

王賡堂妻沈氏二十六歲夫亡翁耄姑病一日村嫗誘之至同里胡某家嫗已與胡預約將逼成婚沈大怒不從立胡庭中大哭三日三夜族人聞之急迎歸適遭姑喪一慟嘔血數日卒

張周官妻張氏夫不得于其母服毒死張號慟欲殉以方有娠不即死其姑屢諷之嫁不聽潛通媒妁勒嫁于鄰村某氏子張從舟中躍入水以救免潛將衣裳及臥被一一密縫紉食七日旋服鹽滷恐未速死復投繯自縊而絕

魏三妻周氏二十歲適魏夫亡之月誓欲死殉適產一子遂強起乳哺未幾遺孤殤周郎自縊年二十二去夫死纔四十二日

曹勝敘妻沈氏二十歲歸曹夫患羸疾亡貧不能殮沈拮据喪事慟哭不絕聲數日尋有諷以改適者沈度不能免將所生女棄于人欲投河死以救免越日闔戶用叉袋繩自縊死年止二十三

王運乾妻黃氏二十八歲夫亡止生一女于乾隆四年六月二日送夫殯回家投繯死

史昌期妻張氏二十一歲夫亡撫孤至弱冠又歿翁繼逝張自經死

沈吉昌妻王氏二十三歲夫亡將引刀自裁翁奪刀防護旬日竟絕食死

孫某妻程氏夫早亡無子翁姑欲奪其志遂投河死陳處士其源合五烈女賦雙烈詩

陳安如妻陳氏二十歲適陳生一子甫四歲夫亡踰七年子殤死陳大慟遂自縊于夫之柩旁

莊元暉妻汪氏二十三歲夫亡奉姑十年姑歿服毒死

姜璆妻徐氏夫亡徐嘔血數升幾至殞命無何遺孤又殀遂絕食死

朱愷中妻崔氏二十三歲夫亡日夕慟哭絕而復甦者數次不數日嘔血死

魏仲升妻周氏二十一歲夫暴亡越六日舉一遺腹子甫月又殤周大慟曰夫死有子子死復何望耶遂闔戶自經死乾隆五十五年十一月事

金葆曾妻王氏夫亡王哭而死既甦不能哭血淚迸枯數日死

李鋐妻錢氏夫病錢不食夫亡錢血淚交睫長號而死同里王焯撰金李二烈婦合傳

汪亨妻吳氏二十六歲夫亡遺娠未產吳慟哭擗踊百日胎墮吳痛甚兩次投繯為婢救免吳念宗祀無托晝夜痛哭乞宗族立夫之從子循泗為嗣于是哭告于夫之靈曰夫今有後可無憾矣遂闔戶絕粒旬日死

顧御駪妻張氏二十六歲夫亡郎欲絕粒翁姑勸以孤兒待哺死而後甦次年兒出痘斷乳後出契券衣飾交叔為翁姑備喪葬之具竟整衣投繯而殉烈歿年二十七歲嘉慶十年旌

職員沈兆蓉妻錢氏三十歲夫故百日安葬夫柩後麻衣素縞自經死嘉慶十六年旌

監生朱仁壽妻龔氏二十六歲夫故針黹積累為夫營葬為長女擇配畢自經死歿年三十六歲嘉慶十八年旌

朱國祥妻王氏十八歲歸朱姓越六載夫亡該氏願終事姑姑因氏年少無子欲氏出嫁氏飲泣不言徐起入臥室自縊死時年二十六嘉慶十九年具題給匾

監生徐福龍妻陸氏三十七歲夫故視夫含殮畢立姪品為嗣自縊死嘉慶二十一年旌

生員汪載燕妻蔣氏二十六歲夫故次年議立姪維城兼祧畢絕食殉夫歿年二十七歲

劉吳氏夫故殉節以上嘉慶二十二年旌

候選訓導張昌琳妻懷氏二十七歲夫故視殮畢絕食九日而歿嘉慶二十五年旌

監生張廷本妻許氏三十七歲夫故越數月遺腹生子夭絕粒十日而亡歿年三十八歲嘉慶二十五年旌

監生鮑臨妻李氏十九歲夫故因翁諭遺腹生男宗祧有賴至次年產女立姪汝雯兼祧閉戶自經死歿年二十嘉慶二十五年旌

謝寶樹妻姚氏二十一歲夫故氏于次年正月二十八日不食身死嘉慶二十五年旌

周士堂妻沈氏二十五歲夫故時嘉慶二十五年二月初一日該氏號泣覓死于二月二十不食身故計詎夫故僅一十八日年二十四嘉慶二十五年旌

張富善妻李氏二十二歲夫故次年立姪基德為嗣飲滷而亡道光三年旌

于凝懷妻吳氏二十六歲夫故遺腹生子夭復立嗣子畢自經死道光四年旌

沈世模妻金氏二十六歲夫故喪葬畢絕食七日而歿

汪仲先妻陳氏二十六歲夫故無嗣立姪宗煌爲後孝養翁姑至嘉慶二十二年翁姑謝世喪葬事畢自經死年四十三歲以上道光五年旌

許奕勳妻沈氏二十八歲夫故投繯救甦次年正月初八日歸母家拜辭回家祭夫靈入房自縊死年二十九歲道光七年旌

謝鍾妻朱氏二十七歲夫故遺腹生子殀除服後絕食而歿年二十九道光八年旌

金鋥妻李氏二十二歲歸金姓結縭四月夫亡卽欲殉烈以家中時時防檢苟延殘喘至道光十年四月初三日自經身故年二十四歲道光十年旌

唐世楷妻沈氏十七歲結縭未週三月夫故氏不食身故距夫死僅十七日實屬青年殉烈道光十一年旌

夏樹芬妻郁氏三十歲夫故氏誓不獨生卜地葬夫議立後嗣既定遂乘夜投繯死距夫死不逾百日道光十一年旌

嘉興府志 卷六十五 嘉興烈婦 七

陳南榮妻吳氏二十五歲于歸半載夫故氏投繯不遂血淚幾枯竟於是年八月十六日含哀而卒道光十二年旌

陳士榮妻顧氏二十九歲夫故遺腹生子彌月而殀絕食而歿

葉康侯妻吳氏二十四歲夫故遺子未週又殀投河自盡歿年二十五歲以上道光十三年旌

周玉君妻沈氏二十歲歸周夫病瘵婦方有娠竭力奉湯藥不少瘳常泣謂其母曰設有變兒不願生也夫死氏號泣不止姑勸之氏曰我死決矣雖有娠男女未可必以未可必之事而苟延殘喘我不爲也視夫含殮畢遂絕食而死距夫死僅十八日年二十四

芷蘭女史名芳英嘉興金氏女也天資端淑嗜書史年二十三適海鹽候選鹽運司經懸煩事尊長孝且敬妯娌矜式焉越四載歸甯母家忽報郎君得暴疾氏星夜至鹽至則已彌留矣氏呼號搶地死而復甦者四次親長勸以夫尚未葬且無後汝方有娠宜稍節哀婉得男嗣續可不絕也氏勉進湯糜是年冬營窀穸畢次年正月遺腹生既彌月氏曰我今乃可以死矣遂不食數日而死年二十八

陸近仁四女名志剛適太學生徐某結縭一載夫故撫孤子又殤于痘烈婦遂焚香膏沐題絕命詩於壁云夫亡子死我何從守節偷生萬事慵不若自經烈性冥途夫子或相逢題畢自經岳氏錦流堂詩集中載有小傳

浦廷敘妻顧氏二十歲歸顧結縭一載夫故翁姑以家貧難守聽其自適氏矢志不從至百日卽自經死年二十一

胡增妻沈氏氏奉翁姑孝結縭二年增病瘵子女無出醫藥罔效氏涕泣籲天雨次割左右腕肉和藥以進及死哭踊極哀翁姑及夫弟出外焚化衣楮返入室中見氏已自經于尸牀後殉夫同死時道光六年六月十八日也

嘉興府志 卷六十五 嘉興烈婦 八

丁大年妻王氏方伯庭曾孫女文學處厚之女適大年七載無子康熙己丑大年病歿氏椎心嘔血泣曰婦所天者夫也今已矣生何爲囑娣婦善事其姑遂投井死年二十三同里朱彝尊等合詞聞之有司學使吳垣旌之乾隆四十八年題旌

張鑑妻李氏二十四歲夫亡遂絕粒死

庠生李煊妻許氏紹興人二十九歲夫亡絕粒欲殉戚黨咸以有娠慰勸勉進飲食遺腹生子昌嗣曰自今夫有後矣竟絕食死

朱復亨妻陸氏十六歲適朱逾年夫亡因有遺腹不死上奉孀姑恒以鍼黹謀菽水姑歿盡哀如禮後爲子娶婦復念四世停柩未葬拮据營坿祖塋氏曰我事已畢可無憾矣遂投繯而死年三十有八道光四年旌

吳御天妻程氏三十七歲夫故守喪終自縊死

顧御端妻張氏御端是否即御就無考
鄒我柯妻曹氏
繆燧妻陳氏
王某妻陳氏以上四人見祠冊
馬何氏夫故殉節道光八年旌以上于志
顧闕雄妻楊氏夫亡越七日投繯死咸豐八年旌
張綸音妻徐氏二十八歲夫暴亡越四日閉戶自經以殉兩柩並發戚族傷之乃立姪瑞璜為嗣時道光二十一年十月初三日也
張聲遠妻朱氏以上夫亡殉節
監生陸錦槐妻節婦屠氏十九歲婚十年而寡織黹度日苦節五十九年咸豐庚申遭粵

匪難罵賊不屈被戕年七十八
從九品陸顯榮原名聲遠妻施氏即錦槐子與婦也遇賊衝散旋里後知母被害夫妻俱哀痛不食死子萬祥女隆姑亦與焉屍骨無覓一家五口死事甚烈惟長子萬福被擄現存
布理問朱昌熾妻岳氏以下殉粵匪難 訓導張以莊妻金氏
未入流鄭兆晉妻濮氏 從九品宋炳妻孫氏 國子監典籍徐明妻陳氏 同知銜楊錦妻曹氏 縣丞何宗楷妻吳氏 從九品施汝輔妻何氏 直知州陸敬燮妻倪氏 從九品虞乾乙妻胡氏 從九品陳以照妻鄒氏
從九品祖汝瑜妻何氏 五品銜縣丞王履吉妻陳氏
從九品沈愛芬妻盛氏 附生姚樹八妻朱氏 監生姚壽昌妻沈氏妾屠氏 監生朱炳圖妻王氏 附生胡鉌錩妻柴氏 歲貢鄒翊祚妻陸氏子婦馮氏 廩生馮柳孫庶母葉氏妻許氏 附生沈懋勳妻謝氏子大官 附貢章奎勳妻蔡氏 廩生沈國珊妻馬氏 附生孫福康妻王氏嫂陸氏 貢生蔡效三妻莊氏 監生沈炳珍妻朱氏子二 監生孫惟幹母杜氏 監生邵澄妻朱氏
監生張金城妻邱氏 生員沈德基妻朱氏 生員胡麟妻柴氏 生員殷蔣逵妻張氏 監生陳烈秉聘妻王氏
監生葉奎妻楊氏 廩生陳慈蔭繼妻劉氏 生員夏盧昌妻陳氏 生員胡徵祥嫂王氏 生員錢重廉妻張

氏 生員陳文炳妻程氏 武舉蔣淞妻俞氏子大觀
周朶雲妻趙氏 俞六楷妻王氏 陳傅氏 蔡馬氏
周伯雅妻楊氏 李榮妻俞氏 宋子壽母王氏 俞世椿繼妻周氏 陳性川妻張氏 嚴開母潘氏 徐餘漳祖母蔣氏 張少畦妻徐氏 周養齋妻宋氏 馮查氏 錢友棠妻朱氏 馬瑞明妻楊氏 張沅芷妻吳氏
馮啟源妾錢氏 姚長達繼妻忻氏 蘇宏開妻毛氏
鄒正倫妻馮氏 陸景遠妻徐氏 王洵妻屠氏 蔣作堂母孫氏 王溶妻張氏 岳廷棍妻節婦夏氏 陳翁氏 周士鍔妻顧氏 周培初妻張氏 張廷珍妻富

氏　張聚財妻湯氏　龔寶興妻俞氏　鄭光熙妻金氏
鄭方氏　蔣祥觀妻浦氏　毛二觀妻高氏　趙三元
妻胡氏　陳廉妻葉氏　戈本榮妻陸氏　章葆墉聘妻
程氏　汪南屏妻沈氏　懷彭氏　胡通勳祖母嚴氏
龔子芳妻某氏　俞蕭氏　顧順發妻鄭氏　沈張氏子
二觀四觀三媳某氏　羅沈氏子大寶　朱梅巖妻某氏
子一　倪菊人妻王氏　陳大名妻阮氏　顧大妻程氏
子一　范錦城母張氏媳郁氏　徐張氏子一　姜少岳
妻朱氏　馬楊氏子二觀　周省三妻李氏　朱方來妻
賀氏　沈嘉鋆妻龔氏子一　龔大觀妻李氏　錢毛觀

妻楊氏子一　毛五妻金氏　汪念莊妻夏氏子一　高
國棟妻王氏　高廷熙妻朱氏　高廷煥妻沈氏　邱東
皓妻馬氏　王溶妻張氏　褚朝鎮妻崔氏　高廷勳繼
妻邱氏子一　吳東材妻盛氏　莫慶豐妻鍾氏子一
金鴻紳妻汪氏　劉應葵妻穆氏　劉應棠妻沈氏　高
起鵬妻彭氏　高秉楷妻謝氏　王士妻戴氏　周壽妻趙
氏　沈右文妻伍氏　高蟾桂妻歸氏　周曰庠妻宋氏
王高氏　黃憲章妻節孝潘氏　蘇沈氏　蔣維新妻
馬氏　戴雲岩妻孔氏子大觀　倪炳文妻陸氏　姚漢
承繼妻馮氏　程如珍妻陳氏　傅莊氏　陶徐氏　于

沈氏　周朱氏　吳蘇氏　周粹文妻許氏　莫宗源妻
淩氏　屠松妻蔣氏　韓潘氏　范敬業妻陳氏　陳應
魁妻李氏　許硯耕妻沈氏　沈慶楨妻趙氏子大觀
沈顧氏　陳正魁妻李氏　莫宗培妻汪氏　王樂和妻
陳氏　王秀章妻顧氏　孫福安妻陸氏　褚作肅妻胡
氏　沈殷氏　譚之楨妻呂氏　陸姚氏　王錢氏　孫
洪妻節婦杜氏　陳廉妻葉氏　蘇毛氏　王紹棠妻高
氏　陳浩妻宋氏　蔡景福聘妻李氏（以上見忠義錄已旌）　長
垣縣典史張世椿母陳氏姊王張氏寡嫂沈氏李氏　監
生俞世椿繼妻周氏　生員陸文藻聘妻俞氏　監生倪

汲繼妻陸氏　倪慶棻妻賈氏　閔春泉妻倪氏　洪少
祿妻倪氏　陶計浩繼妻徐氏（以上已旌）　監生金鯤妻夏
氏　監生蔣理繼妻張氏　監生陳安慶妻王氏　監生
杜昌妻夏氏　監生褚璋妻蔣氏　徐恩春妻鄭氏　戴
金甫聘妻陳氏　俞玭繼妻王氏　周省之妻李氏姪一
張詒堂妻徐氏　徐全慶妻張氏子一　謝益三妾邱
氏　王傳妻金氏　張慶森妻敖氏子一　周遠香妻梅
氏　王溶妻張氏　王洵妻節婦屠氏　馬振祥妻金氏
殷桂生妻賈氏　周俊方妻施氏　周度妻蔣氏　徐
懋廷妻某氏　張申賓妻錢氏　王會田妻胡氏　俞洪

範妻陳氏　王沛妻俞氏以上見梅里殉難錄　生員金盤谷妻費氏　監生沈慶晟繼妻徐氏　汪應昌妻施氏　貢生金應佳妻葛氏　從九品蔡羽儀妻邱氏　監生蔡成芝妻毛氏　監生蔡以卿妻許氏　生員吳棟妻盛氏　生員胡蓉江妻盛氏　沈右文妻任氏　董百壽妻沈氏　蔡鴻葵妻邱氏　邱世培妻沈氏　邱金笏妻于氏　姚陸氏　姚沈氏　王高氏　監生某妻邱氏子景榮　屠程氏　顧山壽妻沈氏　儒童馬星臺妻李氏　倪少琴妻陸氏　生員鮑清樸妻節婦潘氏　倪新之妻婁氏子一稟生陳穎禾妻王氏　陳倬妻宋氏　監生范榮堂妻

陳氏　曹雲齋妻范氏　州同鮑兆熊妻方氏　布經歷鮑廷璋妻董氏以上採訪　朱恩紱妻沈氏夫亡哀毀卒　庠生褚榮椿妻范氏守節八年庚申殉難　庠生褚濬源妻陸氏守節十五年庚申殉難

以上補錄

程氏嫁爲孫氏婦早寡翁姑欲奪其志投水死陳布衣北舫合伍氏女爲賦雙烈詩

孫氏居東郭外雙溪有名和梅者生長子慶全娶婦陸次子福康娶婦王長女適庠生趙蘊玉早寡歸於家庚申四月避烽火匿陸家浜王氏見賊至提刃脅慶全遽披髮趨河于襁勿女圓姑躍入水陸氏孫氏相繼從之水湍急弗暇拯遺骸無存惟孫氏鳧水氣未絶有泅者救之得甦龍游訓導褚榮槐撰孫氏三烈婦傳同治三年請旌

監生張炳妻沈氏　汪載安妻陸氏　朱敬山妻某氏　周雙湖妻汪氏

秀水縣

明

陳貴妻李氏甲寅倭變李抱幼女走倭追及遂身入水倭急持其髻李抓倭手濡血倭怒以刃抉其首擠之水詰旦母女相持浮出水次

丁鳳鳴妻楊氏十五歲適丁越二年夫亡舅姑火其屍當烟焰熏灼時婦捐軀救之得免既而欲奪其志乃自刎喉不絶如綫家人傳之藥楊擾藥斷喉死郡人賀燦然葬於杉青道旁

張龍德繼妻侯氏乙酉城破龍德死于金陀坊項氏之池亭侯投河死

項嘉謨妾張氏嘉謨棄官歸城陷率二子翼心及妾張氏投天星河死

高穎琦繼妻徐氏乙酉城陷穎琦激烈攖刃死徐語三女曰不可辱身以悖汝父先推墮三女于井郎自投井死又張次柳妻某氏城陷自縊死

王鯤妾張氏鯤死張抱幼子乳名蓮觀投井死

徐世渲妾趙氏倪氏肇樑妻張氏世渲守隨州流賊陷城不屈死妾趙氏亦罵賊死賊并殺其幼女申姑妾倪氏匿叢篠中得免出赴屍所痛哭扶櫬以歸年二十七守節三十餘年子肇樑殉父難其妻張在母家守節乙酉城陷密縫衣襦自經死

袁煖妻呂氏明季兵亂呂竊煖匕首佩之一日舟行遇兵遂赴水兵以鉤攬其髮呂出佩刀截髮乃沒煖三日屍浮更收葬焉

錢涫妻曹氏明季兵亂涫他往鄰婦拉曹以逃曹曰我甯死耳遂抱幼女赴水越五日涫歸得屍面如生抱女不釋涫感泣不復娶

舉人黃季瀚妻胡氏乙酉同夫避難胡被掠紿兵繯行投河死

蕭烈婦居郡學後明末兵欲汙之不屈投學井死人呼其井曰烈婦井

錢世茂妻陳氏乙酉兵下有數騎散入於鄉陳見卒驚避卒追之陳抱二歲子將投水卒大呼救人有高僕從傍舍出陳付子於僕遂赴深淵死時年三十四

國朝

郭大娜農人郭聖嘉女年十九未字大娜執爨廚下傭人作二匿暗中欲犯之大娜堅拒大呼父母繼至哭訴憤恨隨入房自縊死康熙六十年旌

張超倫妻葉氏夫亡絕粒誓死翁姑及父母泣止之姑以哭子喪明葉日以舌舐乃復明次年寒食葉哭奠其夫至半夜徐起整衣自縊死時年二十五乾隆三年旌

鈕禹聲妻沈氏十七歲適鈕甫三載夫亡姑痛絕未蘇沈即自經以死乾隆十五年旌

江纘祖妻汪氏十九歲成婚月餘夫亡汪一慟幾斃時翁姑無人侍養汪佐翁姑為夫弟婚娶行禮既畢從容語曰高堂侍奉今有人矣乃扃戶自縊鞋縢等物無不密縫年二十三乾隆二十三年旌

吳雲海妻胡氏濮院鎮白雲兜人年甫十歲為養媳十六成婚越六年夫亡伏屍悲號措辦殯殮畢即自縊死年二十三乾隆二十三年旌

王馨懷妻劉氏夫亡具含殮畢從容語曰本計隨殉泉下但夫弟遠客漢陽得其成婚以延似續我志乃完于是竭蹶葬其夫于翁姑穴傍夫服將闋聞夫弟永錫已就婚陶氏劉即拜送夫主入祠闔戶投繯死乾隆三十五年旌

周鼎鍾妻吳氏夫亡殉死乾隆四十年旌

張元洪妻葉氏二十二歲適張踰年夫亡欲絕食死舅姑強之欲飲鹽滷舅姑覺而傾之一日家中失火欲自焚死舅姑急呼而出之乃于明年正月乘閒自經死時乾隆三年也案葉氏亦載吳江縣志別錄內葉工詩文著有霜閨吟一卷曾以節烈請旌建坊於王江涇坊已坍毀字蹟模糊年分無考附識于後

鄒之屏妻孫氏乙酉變起倉猝孫恐受辱赴水死越數日屍抱石椿不仆酷暑面色如生

俞瑞宇妻張氏順治初城破一卒欲汙之抵死不從竟自殺

仲晉妻金氏三十九歲夫亡誓以身殉號慟不已絕粒七日死

邱永侯妻顧氏夫亡無子紡織養姑里豪施某欲逼之嫁顧躍身投河鄰人救甦遷蘘家浜康熙庚午六月復有里豪張某糾黨謀娶佯允諾梳妝整衣閉戶自縊邑令任之鼎給扁曰節烈可風

沈光裕妻項氏歸沈四載夫病篤以死自誓夫亡哭臨畢扃戶服滷死

范介如妻某氏二十四歲夫病瘵亡號痛絕泣三日死

陳向高妻虞氏十八歲夫亡屢欲自經舅姑曲諭之乃佯應諾終日涕泣不離殯所未幾竟絕食死

丁元德妻周氏夫亡哀毀目盲終喪即絕食死

袁福生妻李氏十八歲適袁九月夫亡痛哭投繯救甦藏滷一器急仰之灌救又不死未幾嘔血數

升歸別父母父母強留療治疾篤曰兒欲歸死于袁起而仆嘆曰不能歸矣奈何遂卒

陳琦標妻沈氏十八歲歸陳甫六載夫亡越七日遺孤復殤乃拜別翁姑屬伯叔以孝養姑驚防護之翌辰姑少懈遂闔扉自經年二十三

金某妻徐氏名婉永豐里人父楫太醫院判納同里金氏子為壻三月而死楫貧甚謀更嫁之婉泫然不語入戶自經父母救之甦自是茹蔬飲水或竟日不食明年丁酉元日語其弟曰余今日死矣女子喪其夫義當死顧父母貧汝好讀書做男子事也是夜卒

史某妻談氏二十五歲夫亡于葬夫之明日赴水死

卜昌期妻陸氏夫病親嘗湯藥每夜祝天減已算夫竟死陸服滷自盡年三十五

吳時達妻嚴氏二十五歲夫亡水漿不入口數日誓以死殉服鹽滷一盞許家人急救得活越三日夜衰經自經死

徐大業繼妻陸氏二十二歲夫亡痛絕復蘇者數次越三日水漿猶不入于口翁曰婦至賢孝而性過激吾恐其從死也亟以撫孤之義曉之陸慨然聽命復進飲食越六年遺孤殤于痘旣殯陸大慟曰天不令留此一綫而又殤之吾何用生爲遂自經死年二十有七

陳經叔妻張氏太平里人二十八歲夫亡撫孤守節鄰有惡少許五酗酒無行叩門欲入張痛斥之因穢言辱詈夫弟滄洲控于縣張懷忿激自經死邑令孫爾周給貞心激烈額

王烈婦十九歲適王王故貴酒家也夫有癡疾姑當壚屢以諷之不爲動愈自謹守姑憾甚每食令不得飽未幾有以重利昭姑將奪其志遂赴水死乾隆二十年六月某日也

沈天山妻徐氏五龍坊人天山紡織爲業乾隆三十年三月十八日土豪張圓良夏時蓮等斂錢賽社不遂其欲因朗糾衆凌辱天山氣忿自縊徐以夫死非命次日亦投繯死時年三十一邑令紀寘土豪于法

蔣某妻虞氏夫亡守節鄰有許天若調之氣憤自縊乾隆二十六年某月事

江天錦妻王氏夫亡絕食越五日營殯畢赴秀水兜死

朱名遠妻湯氏夫亡投井死乾隆四十八年某月事

烈婦吳氏福建興化縣人嘉興協副將實誠妾也實誠臨歿謂其妻曰若年少無子我死善嫁之迨靈柩將歸㡳其妻爲擇配伏于棺側慟哭一夜達旦自縊死

張長發妻張氏二十七歲夫亡卽欲身殉因思夫柩未殯乃拮据營葬畢從墓上哭奠回家衣縗麻縊死

陳江妻吳氏夫嬰瘵疾結褵時夫已憊甚遂宿于姑寢越二十一日夫亡吳年二十五父母以無子可依微言以奪其志號泣數晝夜仰藥而死

孫鼎元妻王氏二十二歲夫亡無嗣次年稟命翁姑立姪有慶爲嗣畢卽投繯隕命嘉慶九年旌

盛承培妻周氏十八歲夫故無嗣將屆百日稟請翁姑立姪近思兼祧爲嗣親赴夫墓哭奠回家是夜投繯畢命嘉慶十二年旌

翁瑊妻陶氏二十三歲歸翁一載夫故痛絕勺飲不入口越五日卒於苫嘉慶十五年旌

生員汪承勳妻卜氏二十六歲夫故孝侍邁姑逝世夫歿後久無繼服滷死嘉慶十八年旌

陳廷枚妻施氏三十一歲夫故子歿無嗣扶夫柩安葬畢卽投繯以殉嘉慶二十五年旌

劉時中妻錢氏三十六歲夫故子歿奉姑命立姪應昌兼祧夫祀定後絕食而亡道光四年旌

王上珍妻項氏歸王三載夫故誓殉强延月餘自經死年二十七道光九年旌

陸桂森妻何氏二十四歲夫故遺腹生子歿泣告翁姑本望延夫一綫今已無望遂投繯死道光十二年旌

錢興隆妻湯氏二十歲夫故遺子殘疾奉侍邁姑後葬畢自經死年二十五道光十七年旌

俞邦榮妻于氏二十二歲夫亡姑以家貧無藉欲遣之遂絕粒死時年二十三士林有詩傳述其事

倪淦亭妻吳氏二十八歲夫故無嗣立姪士奇爲子成服含殮伏屍哀哭越二日投繯死道光十七年旌

王錫齋妻項氏二十四歲夫故自經死

監生朱仁壽妻龔氏二十七歲夫故自經死

茹元茂妻張氏十九歲夫故自經死

湯某妻錢氏二十九歲夫故姑密謀賣氏佯言探親具舟載往氏至舟中覺其事躍入水中以救得不死連躍三次知其志決不從方載歸因救時誤傷其胸歸卽咯血死

王維均妾張氏二十四歲維均故氏事維均母益謹嗣因維均母亦故氏念孤子無依遂自經死

倪二妻周氏家貧氏以紡績自給倪素無賴鬻其妻并女行有日矣氏矙倪出與其女仝自經死

許五觀妻湯氏二十四歲夫故自經死

朱士興妻王氏二十九歲夫故自經死

胡翰英妻鍾氏十九歲夫故姑謀奪其志遂自經死

仲禹謨妻曹氏二十二歲夫故舅姑謀奪其志氏因情迫致疾死

丁錫榮妻嚴氏二十六歲夫故絕粒而死

曾洪濤妻朱氏二十二歲夫故喪畢自經死

孫天瑞妻鮑氏二十五歲夫故赴水死

沈應凡妻楊氏夫故自經死

盛駿妻馮氏夫故以哀毁死

王駕鰲妻張氏夫在都閫署服役姑素有淫行欲逼氏同已所爲氏堅守不從屢加鞭扑不堪其虐氏懼不免遂赴老人橋河下死年甫十七

監生朱仁榮妻汪氏十八歲夫故以哀毁死洪桐生太守爲記

周鼎鎬妻王氏夫亡殉節

陳向高妻虞氏夫亡殉節

范忠信妻劉氏二十五歲夫亡越二年貧不能自存翁憐之欲遣嫁氏即喪服哭祭其夫閉戶自經

范晉錫妻徐氏二十七歲夫故遺一女僅六齡撫育成人遣嫁畢即自經死以上于志

許九如妻沈氏二十三歲夫亡守節越四年撫嗣又殤自縊以殉

唐厚甫妻錢氏十七歲夫亡守節越四年姑歿後投繯自縊

監生陳秉曾妻殷氏二十八歲夫亡絕食不言延至月餘呼夫數聲一笑而逝

陸山養妻顧氏十七歲夫亡守節抑鬱年餘絕食而卒以上咸豐八年旌

仲禹謨妻曹氏二十三歲夫亡事哀翁撫幼女及翁歿女殤有欲奪其志者乃減食月餘卒

監生錢聖彩繼妻曹氏二十八歲夫亡即爲前氏子鳳皋迎婦成婚越三日自經死

沈福綏妻陳氏二十二歲夫亡痛欲同棺以殉其母泣慰之勉進薄饘越百日哀毁傷神卒以夫兄庠生福崇次子爲嗣以上見梅涇節孝錄

增生沈寶琳妻陳氏二十八歲夫亡殉節

鹽知事鍾坦妻金氏十七歲適鍾持家勤儉孝事孀姑鍾病歿揚州氏聞訃痛哭暈絕其姑慰之乃慨然曰未得撫棺一慟心未安也逆夫棺至遂仰藥死年三十六以上光緒二年旌

生員陳頤年妻吳氏二十五歲夫暴亡哀毁誓死後五日遂自盡

俞世艮妻朱氏二十九歲夫亡無子又無族人可嗣夫七終日痛哭祭畢即自縊死

莫如錦妻邵氏二十四歲夫亡無子撫夫弟如鑑成立完姻後邵絕粒七日歿守節十二年

楊瑞山妻沈氏十八歲夫亡姑逼他嫁誓死不從姑恨焉越二載會沈母死歸三日姑紿以隔宿因

逾期大遭詬厲氏終順受夜半自經死年二十時同治元年事也十二年知府許瑤光給翠柏淩霜額

監生陳怡慶妻虞氏以上夫亡殉節

生員范那義妻節婦陳氏二十九歲夫亡守節至聞粵匪至絕食以殉時年六十六

生員朱淦妻節婦范氏二十九歲夫亡守節粵匪至吞金自盡時年三十五

候補知縣沈紹洙繼妻錢氏以下殉粵匪難　候補巡檢汪伯勳繼母金氏生母吳氏妻王氏　候選訓導金福曾妻李氏

九品軍功魏松年繼妻王氏　八品銜高維焴妻徐氏

六品軍功高鏞妻吳氏　從九品張仁勇妻胡氏　國子監典簿陳松齡妻周氏子婦唐氏楊氏　布理問趙榮恩妻虞氏　布理問陳照妻沈氏媳沈氏　按經歷孫浩母

鄭氏 八品銜王鈺妻褚氏 從九品王丙瀞妻節婦闞氏 從九品鈕明銶妻張氏 職員錢卿鏞妻陳氏 增生朱廣熙妻沈氏 監生金衍科妻鍾氏 附生汪鼎梅庶母李氏 附生金鴻鑑妻徐氏 附生金振聲妻張氏媳唐氏 廩生沈和鳴妻趙氏 舉人馬寶田妻姚氏 副貢吳英妻節婦程氏 監生李濂妻朱氏 監生莫嘉德妻范氏 監生王應濤妻汪氏 監生吳寶校妻熊氏 監生徐旅庭妻節婦朱氏 生員鍾文耀妻徐氏 生員金錫康妻節婦吳氏 生員沈晉蕃妻吳氏 生員萬炳華妻金氏 生員朱心梅母高氏 生員吳淦妻范氏

監生沈增妻唐氏 廩生朱榮恩妻高氏 生員沈莊槐妻吳氏 監生唐彥才妻湯氏子婦陸氏 項桂芬妻沈氏 沈世炳妻節婦楊氏 馬張氏 周應春妻薛氏 羅維城妻戴氏 賀南皐妻殷氏 唐兆霖妻金氏 陸茂亭妻王氏 鍾錫堂妻徐氏 朱鴻妻徐氏 胡其枏妻李氏 劉煥章妻高氏 汪曉隄妻石氏 倪介山妻高氏 陸汝元妻包氏 張傳林母楊氏 何家楨妻高氏 曹洛和妻馮氏 曹濂如妻嚴氏 周恒慶妻吳氏 衛開爔聘妻周氏 黃銑妻李氏 許廷貞妻顧氏 殷漢祥嫂董氏 曹泳妻沈氏 吳有山妻鄒氏 周小大妻蔡氏 唐棣妻王氏 范祥林妻曹氏 許瑩堂妻陳氏 賈友貞妻呂氏 錢青選妻夏氏 吳一舟妻顧氏 徐照妻朱氏 項子卿妻陳氏 魏璜妻朱氏 黃天衢妻孫氏 徐本立妻汪氏 范銘三妻周氏 徐墀妻王氏 薛元春妻楊氏 張昆三妻徐氏 張輔卿母包氏 盛配高妻張氏 汪熙載妻唐氏 羅維甯妻沈氏子大官 張以莊妻莊氏 袁小園妻陳氏女姚袁氏 楊克和妻劉氏子大官 汪葆棻妻唐氏 李應傳妻錢氏 李榮卬妻倪氏子一 李茂卬妻金氏子一 趙濂妻虞氏子一 張巽權妻高氏子大官 翁小波妻祝氏

子一 陳芝仁妻王氏媳鄭氏 秦爾梅妻節婦徐氏 沈文鍾繼妻陶氏 陶淮妻沈氏 潘五官妻沈氏 柴有名妻沈氏 周肇基妻張氏 周善銘妻蔡氏 金義妻俞氏 錢秋帆妻賈氏 汪民妻唐氏 顧名妻黃氏 潘廷妻周氏 潘愛園妻沈氏 鄭壽昌妻潘氏 陳鳳和姊節婦沈陳氏 賈廷煊妹節婦錢賈氏 郭裕堂妻江氏 錢鶴書妻全氏 宋世忠妻金氏 周玉田妻洪氏 趙明齋妻姚氏 夏盧昌妻陳氏 沈俊夫妻柴氏 李源勳妻范氏 徐百泉妻鄒氏 程明鑑妻徐氏 汪黃氏 陳爲儒妻張氏 錢俊升妻葉氏 張文英

妻某氏　汪載妻王氏　施貽枚媳周氏　夏殳氏　李
寳妻王氏　周寳妻朱氏　沈大名妻某氏　沈堃增妻
潘氏　李含章母楊氏　郎梅川妻王氏　朱鈞繼妻周
氏　王應濤妻汪氏　朱聲雄妻梅氏　金由明妻陳氏
媳沈氏　汪殷氏　王允萘妻龎氏媳錢氏　張蘭溪妻
邵氏　邱松泉妻王氏姊宋王氏　胡蓉鏡妻吳氏　沈
寅妻張氏子一　朱恩妻高氏子一　徐芹香妻華氏
鄭王氏　包張氏　朱聲林妻節孝王氏　吳寳賓妻卜
氏　沈少庭妻張氏　王胡氏　楊遇春妻節孝夏氏
葉沈氏　顧艦舟妻周氏　何高氏　曹韮卿妻陸氏

沈潤齋妻伍氏　何竹堂妻江氏　胡張氏　胡金氏
朱成章妻沈氏　朱椿壽妻施氏　鄒粹文聘妻許氏
陳寳義妻鄒氏　鈕張氏　許煥文母徐氏　湯五舟妻
闕氏　高純臣妻呂氏　何毓芸妻謝氏　沈攀龍妻章
氏　徐王氏　顧胡氏子大官　蔣慶妻吳氏　裘沈氏
沈玉庭母節孝柴氏　卜某母節孝沈氏　周寳母闕
氏　龎福元妻徐氏　霍玉山母湯氏　沈渭珍母闕氏
王沈氏　趙濂妻虞氏子大觀　錢士鋐妻朱氏　沈
賢甫妻孫氏　魯趙氏　李闕氏　林炳妻周氏　王劉
氏　張大妻闕氏　錢卜氏　張陸氏　龐學泉妻懷氏

胡善楨妻錢氏　浦之陶妻周氏　高明妻姚氏　張
高氏　沈戚氏　顧沈氏　王祿棣妻黃氏　陶壽母闕
氏妻謝氏　宋吳氏　高張氏　沈頌熙妻周氏　俞本
善妻王氏　王大妻楊氏　周繼燮妻王氏　王允萘妻
龐氏媳錢氏　楊鑑堂妻吳氏　陶淮妻沈氏　陶贊賓
妻徐氏　潘大妻沈氏　陳寳妻鄒氏　高純臣妻呂氏
劉周氏　雷徐氏　范葆邱妻陳氏　吳有山妻鄒氏
曹海槎媳沈氏　朱壽楷妻施氏　朱高氏　賈友貞
妻呂氏　顧大觀妻王氏　莊同孫妻浦氏　陳復吉妻
金氏　胡其枏妻李氏　施煥庭妻趙氏　施錦庭妻陶

氏　徐芹山妻華氏　徐渭妻王氏　黃少波妻王氏
沈闕氏　陸錦城妻沈氏　沈某氏　徐汪氏　馬章氏
徐朱氏　周錦堂妻薛氏（以上見忠義錄）　庠生姚東升妻沈
氏　四品封贈朱炳圖妻王氏（以上已旌）　候補經歷姚紳
妻張氏　儒童施純熙妻周氏　監生邵澄妻朱氏　陸
敬初母駱氏妻王氏　朱景煜妻陸氏　監生何家仁妻
曹氏媳沈氏　歲貢褚習善妻陸氏　高行忠妻褚氏
趙家墉庶母陳氏　沈秀甫妻韓氏　增生虞光祚妻朱
氏　沈堃增妻潘氏　沈原壽妻節婦錢氏　沈世炳妻
節婦楊氏　方玉林妻嚴氏　監生盛元熙妻殷氏　吳

熊氏　鄭士俊妻陸氏　俞賜梅妻史氏子一　章耀堂妻吳氏　儒童董定樑聘妻王氏　沈坤妻潘氏　徐旅庭妻朱氏　徐墀妻汪氏　張桐鳴妻姚氏　陶汾妻沈氏　金鼎燮孫女瑞姑以上採訪　生員沈莊槐妻吳氏　費應元妻唐氏媳沈氏　把總唐雲卿妻楊氏以上見檇李涇節孝錄

周星餘妻陶氏守節三十四年庚申殉難

生員盛慶瑎妻金氏道光甲寅春瑎以瘵疾卒氏遂不踰閾暗中絕粒臨終睨夫兄慶瑞暨姪沈氏舉手指兒女沈會意頷之乃瞑目沈自痛子殤加意撫養旋因諸孤夭益悲鬱而歿

增生沈寶琳妻陳氏笄歲貢生其燠女幼讀書知大義寡嫂夫匱殯祖塋返乃勾稽喪費不足變衣飾以抵且出覓詞慰邁母越四日伺人靜服毒卒氏送

陶孫氏嘉善人少隨父成彥宦遊嶺外性嚴重言笑不苟讀列女傳頗慕節烈事既笄適秀水廪生陶謙元陶故豪族家以多故中落烈婦躬操井臼宿逋盡償咸豐庚申避居鄉村預縫及衣襟間曰急則需此也嗣賊突至夫死烈婦聞耗號哭絕粒家人市棺木反叩戶扃鎖甚固啟視已仰藥死矣年三十有六

楊堂聘妻沈氏嘉善北窯人道光六年堂卒氏聞投繯者再遇救不獲死則樓居屏華飾越有年家人復議婚詗知慟哭遂絕食八閱一月而餓死將死語侍者欲歸骨於堂未合葬時會大水一夕家聞搥門聲甚厲啟視則柩已離厝所浮沉河濱急維而告楊其再從孫象濟移歸合窆徵文傳之

周繼燮妻王氏乾隆時周節母郁氏曾孫婦性閒靜工紡績夫亡後茹素未嘗見齒咸豐庚申四月二十六日黎明賊未至揮其子奔避自縊於所織機上婦女弟五姑王卓庭女聞賊來投水死時殉身水次者陶淮妻沈氏溺萬德庵浜潘五官妻沈氏投鎮東九曲港更有姑投水婦就縊者若王允恭妻龐氏與長子婦錢氏母女同縊者若陳維洪妻守節俞氏與女金姑金適出嫁之朔親迎壻未至而賊遽入急解帶就死

聞川鎮諸烈婦沈文鍾繼妻陶氏秦爾福妻節婦徐氏一因子擄一痛夫擄均縊死楊鑒塘妻吳氏一亦縊死抗賊不屈死事尤慘者則趙老勤妻王氏被磔於聞川鎮西王滙生員陶贊宸妻遇賊於鎮東被守圩脅以刃欲掠走唾罵被斫死

潘志棠妻張氏振玉妻王氏大鏞妻陳氏　監生朱景鈺妻陸氏　穆汪氏女一　穆顧氏

馬烈婦二十歲夫故匝月服毒死

嘉善縣

明

周阿香 農家婦也正德庚午饑夫與姑欲賣以自活婦誓不從數箠楚之遺有日矣前一夕赴水死鄉人具棺葬焉

郁自魯妻馮氏 二十六歲夫亡哀慟絕食居數月手書辭其父兄乘夜沐浴更衣從容自縊

曾巖妻張氏 遇倭不辱投河死

沈春雷妻張氏 少值倭亂舉家避難甫出門即遇寇執春雷之父將刃之春雷泣請代遂遇害時張氏在舟中手抱一孩倉皇泣曰吾死兒安歸然吾不能以此身爲賊汚也竟赴水死時遇難死節者有孫三妻郁氏亦不受辱投河

許應鯉妻何氏 嘉靖中倭亂應鯉夫婦與嫡母馮氏同出遇倭何年十九馮年三十餘俱赴水死夫得脫終身不娶

孫承祖妻嚴氏 二十二歲夫亡止一女念姑老未即身殉姑沒及女亦嫁曰吾事畢矣遂不食死

許可遂妻吳氏 二十二歲適許夫性孝母病刲股和藥終不愈父娶繼室凌虐非常婦事益虔夫後爲繼母子所紿浴于河溺死婦無子哭絕食不死旋服滷死

朱若達妻顧氏 縣役催科矙若達遠出突入竈下舉手加顧頸旋入室泣曰此頸可汚乎遂自縊

陳時經妻吳氏 十八歲適陳姑遘奇疾刲股以進姑疾得起家貧夫游學在外聞母病馳歸殞于道比柩歸而姑亦歿吳泣曰已矣方寸裂矣遂自縊死年二十七

生員孫鉞妻盛氏 夫亡絕粒九日死

何寅妻朱氏 二十四歲夫亡日夜痛哭嘔血數升死

生員沈于道妻顧氏 十九歲生子永春夫亡以紡織贍翁姑營殯葬年四十五語其子曰吾所以不死者爲若也若婚矣吾當從若父于地下遂不食數日卒

胡士毅妻張氏 二十三歲夫遠商不歸張以兵燹之際必罹于難遂一慟氣絕案明張氏侯祀編云夫兄之遇之憲徧訪士毅蹤跡不獲張一慟氣絕夫之從子應宸奉其祀吳志云士毅遠商不歸張晝夜悲號誓無異志年八十卒許譽卿銘其墓鄭友元傳其事子光祖有孝行郡邑表其門二書所載事蹟不同並存之以俟考又案吳志士毅作爾宏

葉舒芑妻錢氏 乙酉師泊汾湖錢匿蘆葦中度勢不免遂躍身赴水死僕婦張亦從死

生員王明妻孫氏 十九歲夫亡自經數四家人環守之不得死後翁成進士令休甯欲攜之任孫流辭嘔血死

徐階荃妻金氏 二十四歲夫亡哭泣三年服除次日自經死

謝旭超妻沈氏 夫亡誓以身殉絕粒七日卒

監生蔡照妻張氏 松江進士張榮源女十八歲適蔡二十三照以暴疾亡張嘔血欲自盡翁姑勸止撫遺孤培節至七齡張殉夫之志益決遂不食死

生員朱俞妻周氏 二十歲夫亡無子慟不欲生舅姑曲慰之強進飲食延數月絕粒死

國朝

蕭敬明妾吳氏 二十七歲敬明死吳率婢阿秀紡織自給敬明有女適錢仁之錢死于兵歸依庶母順治三年猝遇大兵吳偕女及阿秀抱仁之幼子俱投河死

姚氏二烈婦 姚佛子妻及其子婦也斜塘沈姓被盜誣佛子父子下獄姚妻訴冤于某某曰汝婦姑能死禍可免也翼日二人竟赴水溺死

吳雲祥妻鄒氏 隣有強暴欲逼之何吳他出遣人道意鄒怒而叱之迨雲祥歸鄒方訴及而強暴又於門外辱詈婦恚恨自縊夫隨書數語于壁亦縊死遲數日方殮顏色如生

徐保和妻魏氏二十七歲夫亡子殤家素貧姑將有他意魏歸依弟弟無家乃依舅氏舅亦勸他適魏誓不從久之舅具舟送歸其姑魏知不免及劉家墳一躍入水死年三十三時乾隆戊子六月三日也

姜明周妻程氏夫出外病亡旅店訃至程亦投繯翁姑救止晝夜哭不絕聲絕粒數日死時年三十

陸彩衡妻趙氏十八歲成婚七月夫亡哀慟忘食竟以死殉

鄒坤和妻陸氏夫亡無子椎心慟哭暈絕復甦而月嘔血數升絕粒自盡

陳徐鈞妻薛氏十八歲適陳夫目瞽薛不以告成婚四載夫亡殯畢引剪刀自殉姑救之已絕甦矣逾七載父兄諷以他適薛憤甚詣夫墓泣歸鍵戶不出舅姑斧門視之已自刭

李永妻郁氏二十九歲夫亡矢志捐軀殯葬畢遂絕粒死

金在鎔妻李氏夫亡無子誓不獨生勺飲不入口有勸之者痛哭愈甚晝夜不絕聲越十八日死年二十三

黃紹鎧妻潘氏成婚三月夫亡撫棺慟絕已而築兩穴營葬畢泣拜墓下歸遂投繯自縊年二十一

進士錢伯壎妾楊氏二十五歲伯壎歿絕粒七日死時乾隆辛卯年十月事

許振聲妻范氏秀水諸生范荀尚女年十七歸許十九夫亡無子范痛不欲生因念夫之祖父在堂姑洪又老病未忍殉死越五載祖翁與君姑相繼歿范經營喪葬悉如禮持服既闋適寒食范走祭夫墓號哭久之而歸踰十日夜分潛出投舍旁溪水死家人覺往救氣已絕顏色如生是爲乾隆四十年三月初八日也年比二十八吳紹曾有傳

孟世華妻黃氏夫疾革誓以偕死夫亡痛絕數次翁姑諭之曰婦死如遺孤何因泣謝及子已娶黃曰吾今有以畢吾志矣子不解及晨失母所在急求之已僵立河中衣悉縫面如生距夫死二十二年矣乾隆甲寅年十月事

生員丁造鋃妻金氏　陳邦達妻高氏

潘應城妻王氏　孫本勇妻朱氏

生員沈慶曾妻楊氏以上五人俱早寡終喪捐命

高星槎妻丁氏夫故即殉前劉邑尊給節烈可風匾

何庭柱妻朱氏以上于志

李維榮妻胡氏二十一歲夫亡投水以殉

王蘭若妾楊氏十八歲蘭若亡自縊以殉學憲周旌其閭曰節烈垂型

生員張汝康妻周氏二十歲夫亡欲殉因遺腹未娩勉盡喪禮越三日生一子不育即吞金死同治九年旌

生員陸燿墀妻劉氏二十九歲夫亡家貧甚鬻衣飾殯夫畢即自經死未旌以上夫亡殉節

山東管勾廳陳鍾書妾夏氏子婦丁氏以下殉粵匪難　知縣陳

二璋妻楊氏　訓導陳鴻翔妻程氏　從九品俞江妻朱氏　通判金星輝姑母戴金氏　訓導楊導沈母吳氏　從九品朱少溪妻金氏　從九品徐樟妻朱氏　鹽經歷王忠霖妻節婦李氏　生員金雲錦弟婦顧氏　生員陸王林母節婦錢氏　附貢盧秉鳶母呂氏　陳爕元妻朱氏　呂亦堂妻龔氏　陳炘妻張氏　孫如洋妻俞氏　監生楊志清妻謝氏　武生周鯤池妻余氏　附貢陸伊勳妻羅氏　監生張四海妻朱氏　生員許汝珍妻蔡氏　生員吳江妻許氏　武生程長齡妻夏氏　監生金學禮妾節婦盛氏　生員吳寅槎妻節婦朱氏　周菊坡妻

沈氏　張臨金妻王氏　蔡永林妻許氏　盛錫慶妻劉
氏　顔遇妻王氏　王宗海妻蔡氏　楊飾堂妻吳氏　黃
孫棫堂妻陸氏　楊茂春妻王氏　程平齋妻戴氏
友谷妻鍾氏　顧大觀妻節婦王氏　曾嘉齡妻褚氏
王二觀妻陳氏　陳方觀母闕氏　劉張氏　譚仁照妻
謝氏　丁暢周妻宋氏　丁益開妻宋氏　謝一廉妻楊
氏　陳竹林妻孫氏　薛光瑤妻朱氏　李五德妻趙氏
沈福生妻潘氏　吳天培妻王氏　顧王氏　笪金氏
萬心銘妻郁氏　郁增卿妻鄭氏　姚堃妻張氏子一
沈炳堂妻錢氏外孫錢大官二官　唐穎川妻錢氏媳

周氏　顧澄鑑妻陳氏　袁春圃妻陳氏女姚袁氏　吳
子香妻張氏子大官　張加升媳蔣氏　包建昌妻周氏
吳敘金妻張氏　江臨波妻高氏　徐蘭蓀妻節婦孫
氏　錢慶穀妻節婦沈氏　項佩卿妻馮氏　吳方氏
於斯盛妻管氏　楊積齋妻宋氏　金德妻節婦韓氏
沈生妻節婦俞氏媳陳氏　沈文錩妻陸氏　沈鉦妻陸
氏　程鑑妻謝氏媳沈氏　陸泳禮妻華氏　方衡齋妻
顧氏　盛亦廷妻節孝俞氏　邱生妻董氏　錢玉成妻
節孝顧氏　程聖元妻丁氏　陳生妻張氏　蔣祥麟妻
周氏　彭鳴皋妻孫氏　楊毛氏　吳兆熊妻李氏　許

大椿妻王氏　羅焜妻錢氏　武廷模妻沈氏媳查氏　錢
氏　戴春泉母錢氏　王元榮妻李氏　汪玠妻吳氏
郁韶音妻全氏　孔廣坤妻節婦戚氏　戴茂春妻孫氏
王錦衡妻黃氏　朱璇妻吳氏　沈嘉賓妻談氏　顧
礪堂妻節婦屠氏　顧鴻吉妻徐氏　金人杰妻吳氏
曹燕祥妻唐氏　陸伯壎妻錢氏　江慶祥妻方氏　顧
費氏　葉鍾氏　金盛氏　萬郁氏　張金氏　錢子襄
妻沈氏　金顧氏　錢標妻沈氏　黃其福妻金氏　謝
寶森妻石氏　程度桂妻章氏　汪二官妻馬氏　范石
樓母某氏　彭六妻程氏　王濤母顧氏　吳汝賢一作

言妻葉氏　卓品堂妻陸氏　蔡九一妻邱氏　周文德
母王氏　胡如[illegible]節婦陳氏　戴濬中妻錢氏以上見忠義錄
已旌　金溪巡檢范芬妻[illegible]氏　監生張邦棫妻程氏　從
九品吳益妻王氏　沈卬卿母葉氏　凌耀山妻高氏
沈雲泉妻包氏　陳四觀妻丁氏　劉張氏　楊繼榮妻
鍾氏　儒童王大木妻顧氏　費如汾妻孫氏　程吟秋
妻姚氏　唐玉瀛妻胡氏　朱文榮妻陳氏　王在金母
吳氏　葉三九妻郁氏　監生施銘妻沈氏　廩生謝江
妻孫氏　張宏業妻葉氏　儒童馬炳麟妻楊氏　監生
費晉涵妻王氏　金德妻李氏　王飾章妻鍾氏　戴筆

六妻金氏　彭蒼培妻程氏以上見楓溪小志　候選訓導錢維
楨妾方氏　歲貢孫鐙妻曹氏　廩生孫鏻妻陳氏　增
貢孫贊清妻丁氏　附生孫康濟妻張氏　顧士鈞妻查
氏媳盛氏　宋績卿妻陳氏　胡淵妻孫氏　曹浩川妻
李氏　張桐鳴妻姚氏以上已旌　增生李釗妻趙氏　監生
李濂妻尹氏　副貢周爾圻妻茅氏　縣丞周士鏞妻謝
氏　生員呂奕堂妻節婦龔氏　增生徐振熙妻楊氏
生員徐振燕妻胡氏　武三湘妻錢氏　姚鏡聘妻貞女
鄒氏　沈福生妻潘氏　武澄甫妻查氏　魏孝煜妻陶
氏　朱棫繼妻顧氏　金應標妻錢氏　張鼎鏞妻黃氏

金應機妻節婦錢氏　徐振庶妻節婦陳氏　蔡久益
妻某氏　唐聲宏妻王氏　潘如珪妻節婦馮氏　朱肇
東妻節婦蔣氏　曹鸞祥妻唐氏　艾想雲妻劉氏子一
吳縣人寄籍　徐應梲妻畢氏　李大母某氏　王雲庵母黃
氏　沈雲泉妻包氏　楊繼榮妻鍾氏　王濤母顧氏
程吟秋妻姚氏　監生陸誠墉僕婦劉張氏　縣丞孫榮
壽妾黃氏　從九品張鴻妻孫氏以上採訪

黃若濟妾陳氏廣東人侍若濟幕游白下若濟病歿遂仰藥死距所天亡僅旬有六日耳時道光壬寅年三月

曹孫氏歲貢生孫鐙女少嫻姆訓讀書知大義歸同邑曹鳴珂為室事翁姑修婦道光緒三年六月鳴珂抱病氏衣不解帶者浹旬卒不起擗踴哀號請姑立嗣即於是夕仰藥自盡距鳴珂卒僅半日耳越日偕夫入殮當盛夏面如生人咸異之謂古有血碧三年屍香七日其節烈亦不過是

計范氏秀水人歸計驗性至孝負氣節夫亡翁姑相繼殂謝氏以一身經營喪葬事畢自沉於溪

庠生汪培妻朱氏培家中落訓蒙脩脯僅自給生男四長協和次引者次寶賢次增慶女三孔繁婦夙持勤儉隆冬溽暑中夜猶聞紡織聲賓祭慶弔仍復井井庚申秋城陷婦年四十一時協和服賈城外引者劬讀寶賢增慶在襁褓二女在室婦謂培日男也守宗祧宜走避女可殉義靡二女赴彩筆溪死婦方孕彌月左挈寶賢右抱增慶赴水死培携引者走遇協和將入城猝被賊俱擄協和潰罵被戕培夜逸引者不知所終甲子城復培覓葬殘骸不得遂鬱鬱死一門節義亦僅矣

吳雲祥妻鄒氏色艾鄰有強暴欲奸之伺吳出遣人道意慍而叱之鄰人當門辱詈迨夫歸婦方訴及而門外又辱詈不堪詰朝婦恚恨自縊夫隨書數語於壁亦縊死保甲鳴官遲數日方斂顏色如生眾憐異之重出

海鹽縣

宋

歐陽夢桂妾陸氏 夢桂莆陽人早入上庠德祐間讐人執夢桂所賦詩發其事因獄以死陸名柔柔母以柔許嫁張會柔不從自縊于樓死

明

楊彥璋妻曾氏 名淑清父彥中從餘杭而嫁其女于故里永樂丙申夏倭寇犯海鹽武原鄉淑清被掠抱一子未晬泣而委之曰幸天活我兒潮至遂躍入水死年二十一所棄兒卒無恙

姚璭妻周氏 名福蓮周孟經女年二十一適姚甫四年夫亡生女名孝家甚貧孟經因促歸與繼母諸嫂處有富家求爲婦者孟經許諾周覺之謂嫂曰我命如此此足肯再踏他人門限耶遂抱女不復置是夜與女同溺死年二十七時宏治戊申二月九日也

向升妻王氏 十六歲歸升甫一年升卒王殞地幾死設一榻柩旁朝夕坐卧其上屢欲自經以勸乃止一姑憫其少欲奪其志王號泣引斧斷足以誓居一年姑以從子某來爲升後王念以叔爲子焉能混處遂俟姑寢沐浴整衣縊于柩側時嘉靖戊戌冬十一月五日也年十八

海寧衛卒李政妻某氏 十八歲歸李夫亡不寢食六日既送葬卽以孤子雲托夫妹自經死

步橋妻朱氏 海甯朱天宏女嘉靖三十五年正月遇倭寇欲汚之不從抱幼子投虞溪橋下倭以鎗引之起朱罵不絕口遂被戮母子同死

監生徐乾貞妻朱氏 明末避兵豐山夫他走朱病不能行婢商氏顧氏掖之伏林莽中兵見執之誓不辱露刃脅之罵愈厲婢亦不屈死

生員黃一卷妻崔氏 明末避亂石馬山閭兵至先投幼女于池與長女躍入水死一卷受創危急忽見崔撲面迎刃得不死越七日屍浮水出面有傷刃痕人咸嘆其靈異

嘉興府志　卷六十五　海鹽烈婦　三十三

郭乾妻何氏 十九歲夫亡守節二十年明末兵至族人挈何避亂何不可曰死則死耳去此將安之未幾兵至拒戶自經死年三十七

吳上舍妻童氏 婚一年夫亡守節三十餘年乙酉閭兵至卽投河死

小康橋烈婦 與姑俱被執婦不行抱橋柱大罵受箭沉水死

生員陳悃妻蔡氏 乙酉夫遇游兵被執不屈死蔡聞變方痛哭兵又至卽大罵投河死

乍浦千戶馬某妻嚴氏 明末夫死于戰兵見嚴色美迫之嚴大詈兵殺之二子哭罵不已亦被殺

沈三妻某氏 乙酉被兵擄抱子投河死

參將崔文榮妾郭氏 崇禎末文榮殉難武昌郭攜一子兩女赴河死婢僕從者六人

國朝

生員陳蒼永妻彭氏 名孫懿知縣彭長宜女蒼永少負才名嘔血卒孫懿曰必不令君獨死殮畢不食數日死巡撫祖光先奏旌

戴子亭妻朱氏 二十三歲美姿容持身甚謹康熙六十一年五月初十夫入城市姑朱抱病卧牀朱晨起執爨傭人王雲卿瞯室無人强欲汚之朱堅拒罵詈雲卿以刃斫死子亭弟尙幼聞聲出視亦被害俄而鄰里環集雲卿度不能脫遂自刎當事題請旌表

監生洪琦妻徐氏 烈愍公督姪孫女夫亡時舅姑未葬力營宅兆除夕托夫兄夢吉撫孤設享祀夫夜半自經死年二十四乾隆三年旌

生員郁仁繼妻趙氏 結褵彌月夫亡將及百日自縊死乾隆十年旌

陳潮妻錢氏 結褵一載夫亡無子屆百日哭奠畢卽自經乾隆二十四年旌

郭紹衣妻李氏 十九歲夫亡無子喪畢遂自盡嗣子逸堂重其貞烈具呈請旌

嘉興府志　卷六十五　海鹽烈婦　三十四

楊廷煌妻朱氏冦盜竊發避地豐山俄而盜至見朱有色殺廷煌逼取朱朱不從盜支解之至死罵不絕口

潘文昇妻孫氏紫雲村農女也舅姑早亡夫婦力耕自給生一男纔二歲文昇死孫年二十二夫有叔二日升叔明叔明瞷以錢粟日升無賴潛許嫁于鍾孫瞷知即續麻爲繩匿之一日日升來曰吾憐汝少已善爲汝地今夕當娶汝孫默不應設杯羹奠其夫自縊死有頃日升偕娶者至披其帷已氣絕矣時康熙壬申八月二十二日也去文昇死纔一月耳海甯沈珩有傳

張國柱妻徐氏夫亡屢欲身殉越數月防者稍疎遂乘閒投井死

查某妻馮氏冉里山人歸龍山查某伉儷甚篤夫死歲饑或勸令改適未幾委禽者在門即自縊吳曰夔物表亭集有馮烈婦傳云距澉浦之十里冉里山人也方知烈婦姓馮傳又云百年前有虞節婦者其所產之地與冉里甚邇山川有靈鍾秀於女子如是

何劒威妻洪氏成婚二月夫亡日夜哀號嘔血數升死

吳巨川繼妻朱氏歸吳後念夫未得子勸納前氏媵婢蕙蘭爲妾未幾巨川暴卒朱即縊死時年二十八蕙蘭姓沈氏痛夫主主母同日慘死立巨川之姪紹思爲嗣以終主母之志守節五十餘年

祝文圭妻方氏夫病篤願以身代焚香告家廟奔赴外河死夫後漸愈無恙

汪兆琦妻金氏夫亡自縊死

生員王建斗妻董氏二十七歲夫亡越五月遺孤又殀絕食旬餘端坐自縊

蔡某妻倪氏夫亡家貧歸依父母父憫其少許嫁他姓倪僞爲改妝閉戶自縊

魏烈婦武林人乞食于海鹽夫病不起囑婦改圖婦不從先縊子而後自縊

祝文先妻張氏夫病劇張願身代無何氣絕急投後池死張既死而夫復甦

馬宏敷妻陳氏夫亡遺腹生子不百日而殤絕粒七日死

蔡敬佺妻倪氏二十七歲夫亡父憐其無依勸之嫁誓不從比娶者臨門倪更衣奠夫及入寢門已氣絕矣

朵昭妻鍾氏二十六歲夫客死予幼族有强爲媒者遂闔戶自經死

朱元勳妻張氏母無子贅元勳在家張屢請歸見翁姑母不許越四載姑喪欲同夫奔喪又不許未幾夫以哀毀卒張哭請歸朱守制其母僅許在家設位祭享張嘆曰何太苦若是即晚投繯死年二十五

生員孫源肇妻劉氏適孫三月夫溺死劉投繯數次以救免越數年仍縊死時年三十三

黃萬榮妻崔氏夫亡遺腹生子至八歲一日崔謂姑曰兒已長成可不必撫矣已而闔戶自縊死

王某妻韓氏婚三月夫亡子殀王本農家且貧翁與其父母商嫁之而韓不知也娶者至韓駭且泣閉戶破妝鏡更素衣自縊死

李再粱妻姚氏二十九歲夫亡家貧無子守幃二十七日絕粒而死

馮東廷妻石氏歸馮十年孝事翁姑夫病歿即投河以殉時年二十八

汪烈婦杭州人故海鹽令張九華之妾九華病篤以汪年少無出戒家人令他適汪誓以死殉卒後旬月將發喪遂引刀自經時乾隆辛丑五月十三日也年二十六家人倉猝不能理邑人士義之瘞于西關外義塚之西并勒石以誌其顛末

生員巴泰來妻項氏泰來客死于外訃至項大慟遂闔戶自縊死其妾錢氏亦即驚痛卒

葉華初妻朵氏二十五歲歸葉婚未三載華初依外父讀書南陽以猝疾亡氏聞訃痛絕復甦誓從地下舅姑苦慰立姪爲嗣成服後即盥漱告廟絕粒痛哭而死以上嘉慶八年旌

方大玉妾姚氏二十歲大玉亡將遺子乞嫡撫養密投暗室自縊家人驚救得甦越百日竟投繯死嘉慶九年旌

許張氏里中有無賴與氏夫妹有姦氏潛知稟姑禁絕往來無賴挾恨誣氏與人有姦被誣不甘投繯殞命

邑令雪其冤請大府題旌焉

甘馮氏氏早寡一日歸自母家于荒野中遇無賴二強行逼姦氏哭罵不從適有人至無賴恐事洩推氏溺河而死以上道光四年旌

蕭廷賓妻張氏夫早故氏撫子成立婚未一載子卒撫尸慟絕既而甦曰天乎早知今日我死晚矣遂自縊死

王烈婦夫某流寓城西病故氏矢志殉節殮畢遂密投繯而逝

庠生富根源妻葉氏二十八歲根源故貧不能殮氏典質營辦成服後卽自縊死

生員張襄綸妻陳氏夫亡悲痛誓不獨生卽日服滷死

李飛熊妻盛氏二十一歲夫亡欲從死爲姑所持不得間且喻以養姑守貞氏遂安焉後姑他出夫兄某欲奪其志事垂成氏潛知之飲滷死

周璥妻王氏二十二歲甫婚而夫亡有強爲媒者氏鬪戶自經死

生員倪爲穀妻朱氏爲穀卒氏誓不獨生絕食七日而死海甯人寓海鹽

生員孫維鏘妻繆氏二十二歲夫亡絕粒不食越十日死

舉人顧德馨妻張氏德馨春闈罷歸病卒氏視含殮畢遂自經死

潘文華妻張氏二十六歲夫亡誓不獨生族中以遺腹未生力止之及產生女又殤氏曰早知如此不如同殉遂服滷死

張康瑞妻劉氏二十一歲夫亡自縊死

蔡茂芳妻葉氏茂芳傭工在外有不逞葉元元乘間圖奸葉不從自經死事發捕元元寘之法葉欽褒節烈入節孝祠以上于志

胡穀妻卜氏　黃源莊妻吳氏

生員張綸妻陳氏　儒童孫紹裘妻何氏

徐汝梅妻程氏　儒童湯永成妻張氏以上道光二十九年旌

朱壽平妻侯氏　儒童朱汝霖繼妻張氏

徐東巖妻沈氏以上咸豐元年旌俱夫亡殉節未詳事實　生員陳德銓聘妻李氏以下殉粵匪難　湖南岳州府知府陳遂孫婦節孝李氏

從九品朱昌晉妻吾氏　從九品朱文藻妻俞氏媳王氏　從九品陳家正妻俞氏　府司獄陸耀宗繼母錢氏

從九品宋鉉妻馮氏　州同銜補用巡檢巴用福母沈氏　生員陳德甡妻王氏　陳基豐妻沈氏　歲貢沈元

祺妻邱氏　監生施巨源妻吳氏　朱塏妻馮氏媳俞氏

陳惟欽妻朱氏　朱世堃妻陶氏媳王氏　陸人憲妻錢氏　黃昌穀母節婦徐氏　廩生朱昌泰妻孫氏　黃穀琴妻張氏　增生施譽篔妻胡氏　富夢鼎妻吳氏

巴元鹷妻徐氏　生員施譽箴妻胡氏　馮學曾妻羅氏

何鳳蓀妻顧氏　朱純熙妻李氏　顧元燮妻陸氏

楊萬程妻吾氏　彭紊誠母繆氏　胡秉鈞妻馬氏　武生沈振標妻姚氏　監生胡裕妻張氏　武生袁南橋妻蔡氏　生員許春煦妻陳氏　監生李時皆妻虞氏　陳應得妻朱氏　吳福生妻徐氏　董家亨妻胡氏　朱有

寶妻張氏　陳福龍妻張氏　陸大妻節婦葉氏　金先
才妻張氏　徐鴻妻吳氏　金大申妻張氏　金佩齋妻
陸氏　厲鶴洲妻張氏　陳基堃妻査氏　徐大妻闞氏
姜文妻趙氏　朱甫妻仇氏　王金鈺妻徐氏　褚嘉
妻吳氏　張應壽妻方氏　徐兆龍繼妻俞氏　朱福生
妻許氏　彭桂泉妻繆氏　沈德彰繼妻王氏　沈俞寶
妻徐氏　張何氏　朱大名妻吾氏　陸眞有妻沈氏
董成龍妻殷氏　吳以發妻鄭氏　張金壽妻朱氏　謝
張氏　周祥麟妻陶氏　張振珮母沈氏　湯申壽妻張
氏　陸田觀妻戴氏　孫七觀妻陸氏　朱大銘妻王氏

陳趙氏　盛大妻馬氏　宋馬老妻馬氏　顧呆妻袁
氏　張培升妻周氏　鄭大妻王氏　鄭大妻詹氏　王
春老妻何氏　王甫老妻何氏　舒有生妻王氏　沈甫
妻許氏　厲年福妻朱氏　朱壽福妻沈氏　朱桂生妻
蕭氏　湯發妻胡氏　徐大妻張氏　陳祥生妻楊氏
楊正發妻李氏　趙天壽妻胡氏　沈才林妻張氏　陳
燊妻吳氏　朱長生妻沈氏　徐友生妻陳氏　趙瑞生
妻王氏　董柴榮妻張氏　陳升元母步氏　潘方正妻
湯氏　郭時和妻朱氏　潘奎映妻孫氏　潘信成妻鄭
氏　湯發元妻虞氏　湯連生妻顧氏　周敬熙妻徐氏

沈甫妻林氏　朱廷荃妻顧氏　方賡聲妻顧氏　朱
文永妻楊氏　趙連慶妻吳氏　何觀濤母姜氏　何新
橋妻顧氏　王祥祥妻陳氏　李三老妻吳氏　周桂龍
妻王氏　湯正福妻盧氏　沈進方妻張氏　許乾元妻
胡氏　錢來生妻陳氏　黃大妻闞氏　王士妻黃氏
姚甫妻何氏　姜甫妻張氏　馬大妻王氏　沈大妻林
氏　張耕生妻湯氏　姚奇生妻姜氏　李永寶妻嚴氏
姚大妻張氏　姚二妻許氏　湯士妻王氏　陳大妻
陸氏　張桂老妻史氏　楊進老妻黃氏　王大妻張氏
蔡甫妻富氏　徐七妻何氏　徐二妻劉氏　朱甫妻

徐氏　沈大妻陳氏　蔡二妻袁氏　蔡文妻何氏　張
甫妻周氏　姜正餘妻周氏　許恒生妻周氏　周餘慶
妻盧氏　王毛毛妻周氏　沈桂山妻吳氏　朱德妻闞
氏　朱友元聘妻陸氏　胡大棣妻張氏　翁大成妻姚
氏　李永春妻嚴氏　楊榮曾妻李氏　朱鼎龍妻鍾氏
胡德元妻許氏　朱觀順妻吳氏　李錫瓚繼妻節婦
沈氏　蘇繼昌妻步氏　沈天福妻顧氏　裘闞生妻張
氏　蔣二妻朱氏　陳榮妻胡氏　鍾大妻徐氏　徐克
齋妻張氏　甘開元妻周氏　王亦山妻陸氏　萬樸君妻
允氏　楊甫女小姑　宋玉林妻馬氏　彭年福妻張氏

楊餘福妻張氏　孫多多妻胡氏　彭三福妻張氏
姚五老妻胡氏　范紹宣妻毛氏　徐連元妻何氏　戴
大妻顧氏　郭慶元妻倪氏　潘汝生妻張氏　張永順
妻潘氏　顧坤元妻許氏　郁二妻曹氏　陳二妻徐氏
陳大妻胡氏　王思信妻干氏　沈福生妻陳氏　許
也魯妻吳氏　王二妻顧氏　姜文妻趙氏　徐士妻姚
氏　王大妻吳氏　許采寶妻陳氏　蕭小奎妻馬氏
錢大妻張氏　錢二妻富氏　彭月樵妻陳氏　馮甫妻
吳氏　徐大妻闕氏　許甫妻陳氏　千甫妻儲氏　吳
大妻姜氏　沈种尚妻錢氏　費萬萬妻沈氏　黃子康

妻馮氏　黃遇清妻馮氏　馬鑑齋妻胡氏　宋勝林母
金氏　王甫妻舒氏　胡壽林妻吳氏　胡南餘妻薛氏
張元棣妻吳氏　印留生妻劉氏　朱培生妻干氏
陳大妻朱氏　常德妻蘇氏　蔡士妻朱氏　褚質庵妻
俞氏　褚翔庭妻黃氏　王子村妻李氏　吳昆玉妻吾
氏　徐甫妻張氏子一　何觀濤妻徐氏子二　張宿堂
妻吳氏子一　金建齋母張氏媳徐氏　陳有福妻陸氏
媳陸氏　陳勝祥妻程氏　胡大妻金氏弟婦童氏蔡氏
祝泰交妻伍氏孫二　陳秉鈞妻王氏　陳春榮妻顧
氏　曹桂生妻顧氏　朱觀其妻馮氏　陳益亭妻朱氏

朱柳堂妻吳氏子一　鄭鳳飛妻姜氏媳馮氏　陳餘
慶妻王氏　孫勝林妻方氏　吳雲章妻陳氏　陳秋伊
妻吳氏　高民妻朱氏　沈生妻程氏　趙維有妻沈氏
趙氏妻高氏　韓某妻陳氏　馬九四妻周氏　馮春
畬妻高氏　俞卯官妻尤氏　朱應妻周氏　陸錦雲妻
徐氏　陳興隆妻姜氏　張小蘭妻王氏　陳明煒妻李
氏　陳基堃妻查氏　王金鉦妻徐氏　俞心友妻沈氏
朱柳巖妻仇氏　金大生妻張氏　王引之妻褚氏
韓芳谿妻李氏　李修德妻陳氏　錢杏溪妻張氏　許
卓山妻王氏　姜永慶妻王氏　麗酉生妻張氏　查甫

妻麗氏　沈彙堂妻蕭氏　朱椿齡妻黃氏　徐士林妻
朱氏　朱印妻周氏　朱連生妻楊氏　朱墫妻黃氏
陳含齋妻朱氏　陳東文妻葉氏　陳省三妻范氏　陳
聚寶妻王氏　徐盈山妻朱氏　徐燮堂妻張氏　徐慶
元妻栢氏　徐星然妻張氏　徐鴻妻吳氏　李燮甫妻
沈氏　錢春周妻王氏　錢馬妻姚氏　金振鏞妻吾氏
金元增妻徐氏　王子春妻李氏　褚清儒妻陳氏
褚敬可妻俞氏　褚國楨妻黃氏　褚澄懷妻吳氏　陸
徵麟妻沈氏　陸大生妻許氏　陸懷邦妻許氏　顧序
賢母徐氏　張國楨妻朱氏　張耀堂妻金氏　俞靜谷

妻張氏　陶懋功妻鄭氏　董嘉亭妻何氏　董雲樵妻
鍾氏　盧廷芳妻董氏　費東梅妻金氏媳沈氏　吳瑞
弟妻田氏　吳竹坪妻謝氏　薛芳溶繼妻鄭氏　李福
生妻馮氏　林祥符妻祖氏　吳揣安妻謝氏　施裕隆
妻葉氏　姜春林妻張氏　邵運國妻張氏　章德妻徐
氏　徐心和妻張氏　仲二妻沈氏　馮春嶼妻高氏
曹掌生妻吳氏　嚴榮如妻張氏　葉順有妻吳氏　周
雲卿妻徐氏　李永亨妻嚴氏　韓雲卿妻陳氏　王榮
妻趙氏　朱富生聘妻徐氏　朱國鈞妻徐氏　鄔懋春
妻程氏　萬君樸妻尤氏　朱爾康妻吳氏　陳謙觀妻

朱氏　潘小泉母謝氏叔母吳氏　陳裕慶妻王氏以上見忠義錄已旌　儒童朱椿齡妻黃氏　朱維榮妻劉氏　顧元
宬繼妻黃氏　朱國鈞妻陸氏　徐保生母吳氏　姜五
棣妻何氏　徐王氏　吳鄭氏　徐蔣氏　金陸氏　曹
薛氏　葉趙氏以上已旌　生員徐克謙妾馮氏　監生徐
炳鑾妻陶氏　監生朱廷煃妻顧氏　武生俞寅妻王氏
查有臺妻朱氏　查人照妻朱氏　馮繩武妻吳氏
趙君和妻沈氏　趙一亭妻沈氏　朱少初妻陸氏　盛
闕生妻馬氏　朱文淵妻周氏　趙厚亭母沈氏　趙清
華母沈氏　沈懋昭繼妻王氏　朱燮堂母陸氏以上採訪

生員吳楣妻節婦顧氏續補

陸錦雲妻徐氏同治二年粵匪入鄉同家無男丁滅火以挺格賊既知不免潛床下以裙帶結頸死

舉人陸世勳繼妻李氏城陷李以問疾之母所母氏兄弟謀遷浙東李曰母宜遠避我當隨翁夫生死遂乘卑舸徑去避地吾家港世勳以事急仰藥卒李郎出衣飾市二櫬以一殮夫并購地豫爲窀穸治具既畢亦仰藥殉

郡廩生徐石麟妻張氏事姑陸氏孝咸豐辛酉聞賊警夫被擄因請於姑曰媳有兒避居西鄉送姑往依自投河死手抱幼兒遇鄰人救去長子宗德同躍入河死陸氏與孫女美珍旋亦赴火死

趙曉峯妻吳氏賊犯邑城吳以夫客歸未及遠避謂鄰婦曰婦人以守身爲大我義不受辱遂投池死平湖馬承昭爲撰傳

生員李葆元繼妻許氏匪亂值夫病重願死守有勸避者曰棄夫而逃生非義也賊至與女

秉姑投河死

監生陳基望繼妻張氏守節四十一年同治二年粵匪掠沈蕩鎮被斲斷手死

方氏農家女適虎墩里蕭四四溺賭博一夕負金將鬻婦以償方愬諸父旋沐浴易衣投河死

武生俞寅妻王氏同治二年賊下鄉夫避子擄氏尾追許以金贖賊同至家子半路潛逃氏實無金賊怒其誑加以刃氏痛罵不屈遂被害

嘉興府志卷六十五

嘉興府志卷六十六

嘉興府知府善化許瑤光重輯

列女 烈婦下

平湖縣

明

陸姜妻俞氏 嘉靖丙辰倭寇至將逼其居夫適外出俞亟渡河深不可涉夫弟與僕欲援以手俞厲聲曰死卽死耳手焉可執竟溺死

毛文光妻沈氏 遇倭寇投水死

馬維金妻趙氏 年二十夫亡欲絕粒以殉翁告以有孤在乃少進食姑病籲天請以身代姑竟不起子亦妖遂不食卒

張一鵬妻趙氏 年十六適張夫業賈淮楚間得疾歸病革與趙訣曰吾死愼勿更嫁服賈者趙哽咽不能語自指其心與其幼兒者三夫死子亦隨妖趙雉經死

毛徵妻楊氏 年十八適毛三年夫亡翁姑以家貧微諷易志卽縊死

楊某妻顧氏 割股療夫夫喪三年畢遂絕粒死

過明堂妻陸氏 年三十一夫亡越四十九日自縊死

生員俞王言妻馬氏 年二十一合巹未幾夫亡哀毀絕粒三閱月卒

蔣元瑛妻鍾氏 嫁未浹歲夫亡葬有期請於翁姑作生壙姑不許及葬前夕投繯死

王學古妻徐氏 明末避兵虹霓堰被執不屈死

生員俞光翼妻陸氏 明末兵亂被俘不屈死懷有幼兒遶尸而啼猶吮乳不置奉詔旌表

董學圯妻劉氏 年十六避兵鍾鎮遇兵艘於途劉躍入水夫悲痛亦赴水死

劉苑妻張氏 沈𤏡妻張氏 俱年未三十夫亡不食死

林泓妻沈氏 林某妻徐氏 俱避兵逃竄沈被創死徐攜幼女溺水死

生員俞醒妻陸氏 欽亮妻徐氏 遇兵俞家帶同赴水死

馬楊氏 馬陳氏 居李墩兵驅之登舟投河死明晨與馬慕南孫婦陳氏二屍浮出

生員楊春縧妻吳氏 城破兵欲汙之吳以手攫兵面兵以刀斫兩手去罵不絕乃割其舌復以鎗刺之遂斃時年二十

生員陳銘妻戚氏 避難吳匯兵執其夫戚號呼出救兵曰爾從我當釋爾夫戚遂揮手令其夫去俟去遠乃隨行至一小橋自投于水兵怒以鎗攢殺之

陸宏錦妻盛氏 兵至慧華庵側投于河身被數鎗死

費孟韜妻馮氏 與母孫遇兵並投松風港夫以手拯之曰不欲全我節耶遂溺死時年二十九

奚允隹妻李氏 聞兵變預縫衣襟刺一人字於臂以爲誌兵至投水死

馮某妻陳氏 遇兵變母女被獲陳不從遂殺其母曰爾如之陳曰寧死如母兵連斫七刀而斃

石天球妻查氏 遇兵變與姑同避棘中姑目瞽頃之問曰兵過否婦急掩其口兵聞聲搜得之查與之角時兵不挾刃持梃擊之查終不屈久而始斃

程青予妻彭氏 年十九懷娠三月兵至大隂匯投河死

監生趙志宋妾岳氏 名綠雲年二十志宋亡遺之嫁弗肯遇兵不屈被創死子婦陸亦投水死

周士馨妻郭氏 乙酉遇兵與夫同被執郭詒以取所藏金帛得脫遽躍入水死

貢生張豹烈妻俞氏 丙戌五月兵勦寇猝至俞與妯娌匿竹叢中被兵執俞攀樹呼曰若不速殺我終奈我何兵怒斫一刀卽撲于地呼痛者再遂絕趙韓爲立傳

生員倪遷繼妻陳氏 乙酉遇兵投糖餅橋下死夫不忍亦投水死

曹季臨妻蔡氏年二十五遭兵難攜幼子投日揮漾死

沈元圭妻顧氏乙酉兵下躍入井中兵以綆鉤出仰天大哭誓不辱兵以刀環築之顧曰吾以頸血濺若刃矣兵怒連斫數刀死時年二十九

監生馮伯禮繼妻查氏夫試京兆卒于外柩歸查以頭觸之血被面値火災延至寢所查曰我今得死所矣子淇業急負出竟不食卒

推官陸燦妻孫氏妾王氏崇禎十一年大兵下濟南燦與張秉文等同守城城破孫與王及子凡同死者三十七人

生員金鐸妻某氏兵至將赴水爲鉤挽起某乘間齩兵一指碎血如雨且哭且詈曰願以吾頸償爾指足矣兵以刀剸死

林鴻妻沈氏兵至奮身赴水兵循髮牽出乘其防懈復投水兵大怒沈被數創死

生員孫鍔妻俞氏兵至訛傳夫死俞痛哭恐爲兵辱亟赴水死

國朝

李子佳妻陳氏夫亡殉命康熙五十四年旌

生員卜錢熺妻楊氏年二十三適卜踰年而寡即欲自裁祖姑沈姑錢力阻之楊泣曰新婦羅此大故願相從地下大人有諸叔奉養新婦死亦瞑目矣姑知其志不可奪防伺甚密寢食與俱元旦護者偶疏闔戶自經距夫死九十四日歿後六年族人以其姪鳳城爲錢熺後

孫文炳妻何氏年二十五夫亡將以身殉姑趙覺而潛爲備月餘乘間投環死以上乾隆二十五年旌

監生陸銘鐘妻屈氏年三十五夫以悼兒病歿上無舅姑下無子女誓以身殉父元瀛時唁之屈恐傷父心痛哭稍止手檢夫所服故衣與兒襁年屬之焚復親自扃篋笥示若無他意者退而語老嫗曰爲我製新鞋吾將從夫以行嫗愚不解其故少間闔戶自經死距夫死纔一日族人議以銘鐘從子升泰渭熊爲嗣乾隆二十七年旌

貢生胡世棠繼妻鄭氏秀水鄭士球女年三十歸胡三載夫亡無子乃立夫從子德炡爲嗣登樓自縊家人救之弗及時乾隆二十九年五月十六日也距夫死纔一日是年題旌

監生張恃天妻姚氏金山姚清賢女年二十四歸張未一載寡遺娠彌月數日而子生泣告姑曰新婦心已死無力哺兒然呱呱者冢嗣所延願典嫁衣傭乳嫗以育之新婦死亦瞑矣姑察其志邏守之會夫大殮乘間自經死乾隆三十五年旌

莊西成妻郁氏鄰人魏二圖姦不遂瞯西成他出持刀潛入連斫被傷數日而死並殺其子乾隆三十九年旌

汪南谷妻顧氏夫逋朱貞官錢貞官昏夜排闥辱罵顧恥受穢言次日自縊死時乾隆四十四年二月十七日也年二十七是年題旌

李載華妻徐氏幼讀女孝經女誡能通大義善事父母年十七歸李李與徐皆蘭溪右族轉徙當湖于歸時姑陶疾已瀕危未幾死踰年舅明遠又死徐自傷不得侍養盡出衣飾營殮殯夫哀毀成疾不一載亦死徐年二十飲泣撫孤踰時孤又殤徐託族人返葬三喪于蘭溪祖墓康熙乙未清明日哭奠其夫闔戶自經死陸奎勳有傳

王爾榮妻吳氏夫負金陵客銅價客往索詬罵備至吳憤自縊死時順治庚寅也知縣劉秉鈞表曰帷薄干城

沈敬山妻施氏九歲撫于外祖沈思椿十七贅敬山六年而寡思椿貧且有瘵疾欲施改適施不從久之思椿益貧密擇富兒受聘隣人洩其言施遂服滷死時康熙己酉三月也

陸定徵妻曹氏淑閒甫一載夫亡誓以身殉竟不食死距定徵爲清獻公子曹年二十一適陸以賢

大殁四十七日越二十餘年夫姪申昌生乃立爲後申昌妻程氏年十七寡遺子壽甫襁褓尋殤清獻家故貧至是日益凋落程苦志勵節父憫其貧與田十五畝俾給朝夕年五十卒

清溪烈婦 婦年近二十鄰有鰥者瞯其室無人踰牆欲姦之婦力抗不從鰥以手扼其喉死令往相驗屍之一手猶緊護下衣鰥亦在人叢中顏色沮喪一訊吐實寘之于法

生員沈昌祚妻鄭氏 夫亡哀號欲殉父母勸止之踰月不食數日死

顧紹武妻李氏 年及笄適顧未幾夫病奉侍湯藥凡數月目不交睫比卒哀號欲殉翁姑慰以善言爲立繼授產泣曰吾從夫死義也焉用此爲母氏苦勸亦不聽竟絕粒死

陸其昀妻嚴氏 年十九夫亡慟哭一晝夜將自刎舅姑防勸甚密乃絕粒七日死時康熙乙亥正月也巡撫線一信學使顏光敷並表其閭

蔡永仲妻陳氏 年二十八夫亡子甫三齡陳矢志撫孤迎母同居會有妄人犯以非禮之言陳聞之

憤甚曰我不即死者以藐孤在耳今受侮若此何生爲泣一日夜以子託母自經死

陸天榮妻柳氏 年二十二夫亡守志撫孤未幾孤復殤長號數日不食死時雍正壬子二月也

盛理中妻項氏 農家女年三十七歸盛事姑以孝夫病瘵項侍奉湯藥累月不倦已而卒時年四十七無子痛哭誓死姑勸之嫁是年八月二十三日經死

鈕九觀妻葉氏 年二十五夫亡無子夫兄以家貧諷之改適葉痛哭一日兩眦血涔涔下晚遂自經邑令方以恭給額曰烈節維風

陸魯巖妻姚氏 年二十八夫亡家貧作苦議立嗣以延夫祀衆以其貧莫肯爲後姚痛悼絕粒死

孫秀芳妻汪氏 幼失父母家貧攜幼弟依叔母曉夜紡織以供朝夕愛弟倍至後其弟溺死汪爲慟哭累日不食年二十二歸孫越五載夫亡子女皆殤汪晝夜哭泣誓以身殉然絕不作激烈狀徐鬻簪珥以營窀穸既葬遂服鹵死距夫死纔七十九日

劉仲達妻陸氏 年二十七夫亡子二長六齡次大本甫生陸抱孤泣曰天如不絕劉氏倘生旦夕以活此藐孤及服闋謂二子曰爾輩今能自就口食幸自愛我將從爾父于地下至夜自縊死年二十九

監生王棠妻朱氏 年十七適王事姑許盡孝越十五年夫亡無子一慟幾絕數次投環姑密防之得不死會中元節前三日夜起祭奠其夫少間廚下寂然姑即起視已自經死

生員俞中泰妻何氏 年二十六夫亡無子慟哭自矢舅姑慰諭之立夫從子世葉爲嗣一夕自經死年三十四

俞南洲妻顧氏 南洲家素貧授童蒙書以自給及亡遇歲祲無所得食有欲奪其志者抱幼子赴水鄰人救之饋以麥飯覓不食死時年二十九

陳品松繼妻顧氏 年二十四夫亡號泣累日撫前子女不啻所生服將闋女年十六字萬氏爲養媳子年十二亦令往從人習業一夕鄰里聞悲泣不止明日叩門不應啟視之則已投環死矣年二十六時丁

亥十月二十四日也

張時茂妻朱氏 婚六載夫亡遺孤又殤遂自經年二十七

汪大榮妻胡氏 夫業木工家貧胡勤鍼黹佐夫孝養舅姑舅姑歿家益貧未幾夫病且革謂曰我死父母既沒又無子女爾年少無依不如更適人胡悲咽不能語但以手指心而已比卒慟絕者屢日惟食粃糠夜則臥柩側者三年服闋盡典衣飾葬其舅姑及夫既葬歸痛哭竟夜翼明投水死時年三十里人哀之

陸德勝妻陳氏 德勝耕田中遇旋風暴卒陳方懷姙慟哭竟日遂自經死

程德瀚妻王氏 年二十二歸程不期年夫暴亡王方歸甯聞訃奔喪撫屍痛哭畢即入廚下服鹵卒乾隆二十一年五月二十六日也

包某妻張氏 哭夫喪明自經以殉乾隆丙午六月事也

陶法三妻張氏 夫病革不能言淚涔涔下張許以死殉目遂瞑張即于屍側自縊死年止二十六

朱瀚妻郭氏年二十六瀚歿氏方懷孕冀得一子以延夫祀未幾生女大失望月餘服滷死嘉慶十一年旌

胡庭桂妻沈氏年二十三庭桂歿無子氏閉戶投繯家人驚救得甦踰年爲夫營葬畢託病絕粒死道光十年旌

烈婦林氏嫁乍浦顧大大故無賴而姑復淫悍或悅女殊色以餅金餌姑及夫女矢志不從再三求死不得卒受炮烙死年二十三時嘉慶甲子正月晦日也死後衆口喧傳邑令路君廉其狀抵大罪如律陳謨丁子復均有傳遠近士人紀其事者甚衆

張景賢妻朱氏年三十一夫亡撫遺孤文耀文耀痘殤氏痛哭自縊死

海城知縣沈學詩妾周氏學詩以勞瘁歿于任周氏慟哭絕粒數日卒

徐金宣妻龔氏夫亡持服三年居夫畢闔戶自經死

費莆燮繼妻葉氏夫亡惟心嘔血不止以其子大墉屬夫弟疾亟慟哭呼故夫而卒距夫死纔三十九日

倪錫蕃妻高氏年二十二夫亡慟哭幾絕旋卒距夫死纔百有餘日

毛某妻錢氏早歲夫亡誓不再嫁姑欲奪其志自投水死

何鳴盛妻黃氏年二十七夫亡無子祇一女尚幼欲自經姑曲慰之一日奠其夫畢閉戶投繯死

宰之駿妻高氏年二十四夫亡無子氏屢欲自裁姑與母苦慰之越二載喪畢乘間投繯死年二十六時道光甲午冬日也以上予志

周念劬妻馬氏念劬客閩得暴疾卒訃至氏號泣數日投環死時嘉慶二十年十一月十一日也年三十一

顧榮卿妻彭氏年二十七歲夫患痼疾氏侍奉湯藥數月及病篤氏絕粒數日私藏洋藥誓以身殉夫歿即仰藥死

生員沈寶篆妻黃氏監生鳳洲女嫁盡婦道尤孝事姑會夫遊陸姓錢陸率衆威逼氏恐危夫驚姑竟攜子女躍水以殉家難時道光甲午十一月初六也年三十歲咸豐三年旌

五品銜布政司理問胡乃柏繼妻張氏年二十八歲夫亡慟哭失聲淚盡赤絕粒以殉著有餞月樓詩稿同治十二年旌

朱承均妻徐氏年二十三歲歸朱半載而夫亡氏仰藥以殉

姚金錫妻殷氏生員潤身女二十一歲歸姚琴瑟靜好誓同生死不二載金錫嬰痼疾卒氏號慟絕粒期以身殉父母舅姑慰諭之婢媼周防不離左右久之乘間服滷生而蘇又得間竟自經死時咸豐三年十一月二十三日也距夫死僅五閱月耳年二十三無子女

計永發妻屈氏年三十夫亡無子痛不欲生家人防之嚴不果逾月後防稍疏乘間自經死咸豐戊午年閒事也

沈六妻周氏幼失怙恃育於舅氏年十九歸沈夫好博家資罄盡屢使周貸於舅舅亦時賙之猶不足一夕復逼之周義不可從憤出比歸周已自經死六斂其遺衣仍往賭博舅爲之殯年二十歲咸豐三年事也

知府徐元錫繼妻秦氏江蘇金匱人浙紹批驗所大使繼昌女繼昌在浙殉難秦聞信悲慟欲絕然以事夫爲重不敢輕身至同治庚午元錫亡秦哀毀逾常諭嗣子福詒等以後事即仰藥死年四十三

儒童黃雲樓妻計氏咸豐辛酉氏年二十三賊至奔逃家人失散夫因驚恐病卒氏誓不獨生濟服毒得救不死同閩姑及兄嫂避難所在因往依之同治二年郡縣克復回里後即請諸姑爲夫立後奉夫柩葬于祖塋側語其戚曰我志已畢九京瞑目矣遂服毒死時同治四年八月初九日也年二十七

王文英妻辛氏恩貢辛典女二十歲歸王恪遵婦道夫病篤竭力侍奉日夜祈禱願減已算以益夫病

卒不效即於夫死之日服毒卒年二十五

鄒楚楠妻王氏 王泰瑛女二十三歲歸鄒家貧勤十指以助夫夫亡無子氏即仰藥以殉年三十

監生許朗亭妻高氏 一夫亡越十日卒

萬某妻沈氏 夫亡氏視殮送殯畢即仰藥以殉

張維賢妻俞氏 二十三歲歸張越二十七日夫亡氏欲殉家人防之未得閒遂臥不起無子族衆爭繼以獄破家而屋又火于焉僦屋東湖濱招魂爲位大哭嘔血死時光緒元年六月十七日也年二十四

監生張文鼇繼妻孫氏 事姑孝撫前氏子如己出教養兼至夫病不解帶者累月夫卒痛不欲生絕食十日死

儒童徐書卿妻某氏 于歸後數月夫亡氏越一日死

朱煦妻顧氏 夫以瘵疾亡氏哀慟屢欲身殉姑密防之月餘卒自經死年二十八

何邦基妻黃氏 二十五歲歸何逾年夫亡無子誓以身殉翁姑勸慰之黃曰既失所天必不獨生奉侍甘旨有夫弟在也未一月自經死

生員周廷模妻紀氏 生員金聲女歸周生二子汝塗佩珊夫死于客聞訃絕食死年二十九

陳步墀妻沙氏 二十二歲夫亡沙即投繯救之得甦越七日不食死

薛菊山妻賈氏 生員敦良女夫亡將葬而粵匪至比寇肅清氏積針黹資至同治三年籌葬菊山父官晅一蕩婦使取其資不得中以蜚語氏聞之即先仰藥至菊山父居言己之所以遲夫未亡者知夫棺之無能葬也今若此速死以明心耳言已藥發遂死年三十二同治三年九月十二日事 以上夫亡殉節

生員劉若金妻顧氏 范德明妻施氏

陳某氏 沈顧氏 以上道光壬寅殉難已旌

從九品孟惟寅妻吳氏 以下殉粵匪難 從九品張熙妻周氏 國

子監典籍錢寶瑚媳朱氏 布理問陸以梅妻節婦孫氏 員外郎孫蘭谷妻何氏 候選訓導孫應夔妻馮氏 女高孫氏 從九品孫蘭生妻陳氏 從九品張國寶妻戈氏 候選聖廟賁奏廳方鑣妻沈氏 翰林院待詔徐以鏡妻顧氏妾林氏 鹽運同周安清妻潘氏 從九品方鑰妻朱氏 從九品馬鼎聲妻郭氏 從九品徐兆灃妻朱氏 兵馬司吏目屈仁麟妻金氏 五品銜朱方地妻節婦沈氏 縣丞徐以鏡庶母金氏 從九品李純萊聘妻方氏 從九品楊湘妻吳氏 舉人孫錦妻錢氏 監生何翔鳳妾有姑 監生張槐妻沈氏妾徐氏 監生孫

壽妻節婦朱氏 監生沃昌宗妻王氏 周咸妻張氏 附生顧恩培妻張氏 劉錫能妻屠氏 監生郭奉基妻周氏 監生趙琴齋妻任氏 監生陳朝熙妻顧氏 增生劉丕烈妻范氏 生員潘敬熙妻黃氏 生員吳熯妻高氏 生員劉釗妻包氏妹沈劉氏 監生徐維鏞妻張氏 監生徐應濤繼妻陳氏 監生徐蘭皆妾金氏 廪生周恭先妻洪氏 監生姜鋃妻節婦胡氏 監生何翔鳳妻劉氏 監生宋恒鎮妻許氏 監生楊淦妻徐氏 監生方鏞妻陸氏 監生陸本信妻鮑氏 監生石廷棟母陳氏妻陳氏 生員高人俊妻孫氏 生員施汝福妻

徐氏　生員江龍瑞妻鮑氏子一　生員吳振儀妻劉氏
王大堃繼妻張氏　沈楨妻郭氏　陸裕昌妻張氏
殳柏榮妻陸氏　沈堿妻顧氏　張鎔妻孫氏　方再耕
妻孫氏　陳壽元妻朱氏　徐施氏　徐汝雲妻黃氏
陶大勝聘妻朱氏　章功蔭母蔣氏妻高氏　沈勝元妻
闞氏　錢應魁妻張氏　胡以鈺妻沈氏　李宗廉聘妻
顧氏　馮賜嘉妻王氏　陸鳳池妻屈氏　曹雲湘妻何
氏　奚景樹妻屈氏　沈兆瀛妻曹氏　支大鏞妻施氏
程秉忠妻楊氏　袁光燿妻皇甫氏　陳光熙妻趙氏
馬壽珍妻闞氏　李少雲妻馬氏　李壓仙妻陸氏

陸文妻邱氏　張坤妻高氏　王似山妻劉氏　陳士傑
妻高氏　鮑金湘妻陸氏　屈仰山妻陸氏　錢萬選妻
蔡氏　陳秋泉妻羅氏　張錢氏　胡德芳妻節婦李氏
胡燿奎妻張氏　徐汝霈妻倪氏　錢邢保母項氏媳
時氏　王大昌妻朱氏子一　蘇老龍妻闞氏　高夏氏
高范氏　錢陶氏　費俊民妻陸氏　柳萬良妻龐氏
徐大似妻陸氏　張闞氏　俞笙五妻倪氏　戴少亭
妻蔣氏　錢大官妻韓氏　徐三觀妻張氏　姚山妻陸
氏　陸森妻張氏　李金和妻姜氏　周陸氏　周柴氏
石安氏　嚴五柏妻黃氏　成玉明妻吳氏　陸培觀

妻闞氏　俞七觀聘妻謝氏　嚴三觀妻顧氏　方恒福
妻節婦徐氏　錢喜觀妻闞氏　彭小二觀妻周氏　張
大觀母闞氏　張德隆妻孫氏　俞來增妻包氏　陸慶
和妻周氏　唐鳳鳴妻施氏　方有觀妻莊氏　陳三鬍
子妻朱氏　廖城妻陳氏　李二觀妻錢氏　李三寶妻
方氏　張虎觀妻蕭氏　方興祥妻沈氏　俞小八妻劉
氏　蔡福壽妻馬氏　徐壬三母周氏　徐金壽妻楊氏
楊大觀妻陳氏　楊和觀妻徐氏　富龍觀妻朱氏
吳開源妻鄭氏　顧寶全妻張氏　馬六觀妻朱氏　曹
闞勝妻陳氏　馬愛元妻陳氏　馬五觀妻張氏　吳東

序女蘭珍　馮璠妻褚氏　吳喜觀妻唐氏　李悅山妻
曹氏　孟老印妻沈氏　趙瑞生妻沈氏　徐珍觀妻倪
氏　姜歡觀妻沈氏　沈三觀妻朱氏　張二觀妻金氏
吳大觀妻沈氏　金三觀妻陸氏　施與大觀妻湯氏
畢珍福妻周氏　俞章福妻劉氏　吳餘慶妻呂氏
楊龍觀妻鄭氏　金財觀妻楊氏　徐珍觀妻闞氏　徐大
觀妻王氏　張繼恭妻徐氏　徐春觀妻朱氏　畢增壽
妻陸氏　張念耕妻陸氏　陳大觀妻許氏　林太時妻
楊氏　朱德清妻沈氏　成三壽妻戈氏　朱同仁妻陸
氏　郭大觀妻沈氏　江聽泉妻沈氏　陸五十觀妻張

氏　孫堯光妻奚氏　山壽林妻盛氏　錢忠坤妻盛氏
顧建元妻史氏　張禮培妻王氏　朱圖山妻俞氏
趙金和妻張氏　俞春潮妻姚氏　倪關大妻闞氏　毛
八俶妻闞氏　張德壽妻王氏　阮大觀妻何氏　陸七
觀妻沈氏　金八湘妻闞氏　顧勤祿妻陸氏　吳沈氏
徐大觀妻陳氏　趙壽俶妻李氏　徐成隆母周氏
毛六湘妻馬氏　陸松亭母丁氏　徐茂昌妻金氏　潘
大觀妻俞氏　潘金觀妻俞氏　費大觀妻沈氏　顧大
觀妻蔣氏　顧二觀妻宋氏　俞壽觀妻楊氏　沈貞觀
妻姚氏　吳上達妻張氏　魏漢春妻劉氏　沈全氏

朱慕亭妻陳氏　錢七大妻周氏　沈仁焙妻屠氏　全
半農妻陳氏　沈寶賢妻胡氏　王二觀妻童氏　施呂
氏　施大觀妻金氏　程寶經妻節婦周氏　錢毛三觀
妻闞氏　童佩宏妻邱氏　周李氏　屈振圻妻龔氏
屈欽清妻符氏　金春和妻陸氏　馮保觀妻施氏　馮
二觀妻施氏　馮二官妻顧氏　沈三觀妻方氏　黃悌
觀母沈氏　錢九觀妻周氏　戈龍觀妻闞氏　吳錦風
聘妻張氏　周大觀妻曹氏　沈大觀妻曹氏　錢張氏
李大觀妻褚氏　沈鑒齋妻顧氏　沈念俶妻李氏
沈大觀妻顧氏　沈小五觀妻顧氏　張秉初妻陸氏

李二觀妻張氏　姚五觀妻高氏　陸兆章妻沈氏　盛
山氏　王大觀妻陸氏　金春林妻王氏　李培觀母沈
氏　劉二觀妻何氏　張肇昌妻節婦金氏　俞三元母
張氏　張大觀妻陸氏　沈琴訪妻徐氏　徐老全妻朱
氏　陸維城妻潘氏　魏德義妻馮氏　張竹春妻鮑氏
女一　趙鴻飛妻闞氏　顧八觀妻楊氏　闞寶勝妻顧
氏子一　張富元妻胡氏　蕭二觀妻李氏　徐畝桂妻
蕭氏　徐小八觀妻周氏　胡八觀妻闞氏　顧闞氏子
一　錢訪舟妻節婦周氏嫂紀氏　周銀觀妻錢氏弟寶
林妻姚氏闞和妻潘氏　李楨祖母闞氏妻節婦許氏

俞小漁妻孫氏子一　張萬觀妻朱氏　張闞氏子一
沈鉞如母蔣氏媳胡氏　沈金鏞母陳氏妻朱氏　全肖
熙媳翁氏　趙興觀妻蔣氏　何之鼎聘妻張氏　費均
和妻錢氏　葉辰樞妻陳氏　朱枋母節婦陳氏　張瑞
母馬氏　程寶賢妻節婦周氏　周汝霖妻節婦紀氏姊
錢周氏　崔竈俶妻金氏　朱德清妻沈氏　孫阿悌妻
韓氏　毛勝和妻湯氏　沈六倌妻吳氏　蔡壽元妻陳
氏　錢老桂妻陳氏　劉新妻戴氏　馬吉人妻李氏　戴
周咸和妻張氏　羅壽昌妻陸氏　劉藝甫妻鄭氏
煬妻韓氏　劉鴻逵妻節婦丁氏　朱金堦妻陸氏　王

三毛聘妻謝氏　朱兆龍妻陸氏　江懷仁妻孫氏　朱三官妻高氏　沈寶林妻包氏　魏蓮甫妻王氏　沈寶賢妻胡氏　徐炳八妻姚氏　張兆坤妻陸氏　方勤長妻徐氏　陸壽元妻朱氏　蔣兆鏞妻金氏　馮柳橋妻蕭氏　林士梅妻周氏　王德奎妻劉氏　陸四倌妻富氏　蕭登墀妻王氏　金勝林妻毛氏　湯勝海妻節婦陳氏　平少山妻陳氏　陸錦齋妻仲氏　王仁山妻羅氏　邵松溪妻張氏　王大昌妻朱氏　鄭寶和妻郭氏　宋阿悌妻吳氏　金永旋妻屠氏　俞硯香妻馮氏　朱炳卿妻陳氏　戈爲松妻顧氏　朱鴻緒妻杜氏　陸

壽興妻黃氏　陸大司務妻薛氏　吳錦楓妻張氏　謝禾廷妻闞氏　曹二俶妻張氏　李大倌妻陸氏　沈龍倌妻葉氏　吳用人妻闞氏　徐大倌妻張氏　曹大倌妻張氏　王二湘妻張氏　張四倌妻闞氏　陳友蘭妻陸氏　沈蘭峯妻節婦葉氏　陸莉舟妻何氏　張介珍妻顧氏　李四倌妻夏氏　沈樸齋妻顧氏　陸草呈妻顧氏　湯小俶妻汪氏　陸大湘妻郁氏　王大俶妻沈氏　李二倌妻朱氏　陳大倌妻朱氏　高金倌妻華氏　韓介福妻何氏　鍾四倌妻徐氏　張德盛妻毛氏　徐三泉妻陸氏　過雨春聘妻邵氏　蔣瑞高妻王氏

楊玉林妻陳氏　徐錦鱗妻沈氏　韓應昌妻胡氏　陳莉舟媳王氏　王義倌妻張氏　朱五妻程氏　孫雪仁妻闞氏　毛添倌妻闞氏　顧介倌妻潘氏　張芥舟妻闞氏　李四倌妻夏氏　王老泉女南姑　余老順女杏姑　金玉麟妻屠氏　居鴻遠妻王氏　王三倌妻陳氏　陸四福妻徐氏　丁三倌妻李氏　湯春羅妻陸氏　鄔張氏　陸仲氏　陶永源妻金氏　金張氏　康金氏　方許氏　徐祝氏　劉鄒氏　劉毛氏　顧雲泉妻錢氏　賴邦憲妻陳氏　蕭觀生妻王氏　蕭達三妻王氏　王裕隆妻戚氏　夏陳氏　戎寶林妻節婦陸氏　黃

佩山妻屈氏　張鼎衡妻楊氏　孫義妻闞氏　孫魁龍妻毛氏　金二觀妻孫氏　朱六倌妻屈氏　金掌林妻錢氏　俞七倌聘妻謝氏　陸家珍妻徐氏　廖宗萱妻李氏　倪五福妻廖氏　沈雅亭妻何氏　沈欽廷妻朱氏　沈正洪妻郭氏　董煌妻曾氏　莫四倌妻金氏　張月橋妻周氏　董二倌妻沈氏　顧寶全妻張氏　馬愛元妻陳氏　馬二倌妻陳氏　楊桂倌妻陳氏　曹闞勝妻陳氏　郭大倌妻張氏　謝八倌妻沈氏　陳四倌妻葛氏　施金元妻闞氏　沈大倌妻闞氏　金七倌妻時氏　朱同仁妻陸氏　胡八觀妻何氏　朱龍妻沈氏

胡雙喜妻馮氏　沈勝元妻毛氏　鄭夢蘭妻楊氏
馬四倌妻周氏　姜嗷倌妻沈氏　姜大倌妻沈氏　林
泰士妻楊氏　曾景嗣妻趙氏　施元旗妻何氏　費四
福妻湯氏　沈玉林妻王氏　吳三倌妻鄭氏　徐仁壽
妻蕭氏　徐仁安妻周氏　蕭金倌妻章氏　鄭光熙妻
金氏　楊德勝妻方氏　楊毛德妻胡氏　沈天祥妻闞
氏　黃關壽妻闞氏　彭天喜妻戴氏　張杏村母沈氏
淩大鴻母黃氏　俞關福妻費氏　張三倌妻周氏
張品山妻汪氏　馬大五妻張氏　曹洽霖妻何氏　高
得德妻沈氏　曹銘妻陸氏　高雲巖妻孟氏　張富元

妻胡氏　沈勝元妻毛氏　陳六湘妻俞氏　李八壽母
張氏　張阿祥妻闞氏　吳硯北媳屠氏　馮褚氏　金
振元妻陸氏　倪三福妻吳氏　金春潮妻姚氏　張三
倌妻錢氏　徐柳橋妻周氏　李文鏞妻顧氏　蕭槑谷
妻林氏　徐阿悌妻李氏　尙繼三妻魏氏　鄭士龍妻
蔡氏　蕭珍福妻鄧氏　沈元順妻徐氏　葉書城妻吳
氏　陶漢之妻節婦朱氏　崔柳亭妻張氏　衞德松妻
楊氏　沈茲其妻徐氏　俞夔忠妻孫氏　應彩麟妻張
氏　俞懷慈妻孫氏　徐爾林妻鍾氏　陳濟堂妻闞氏
朱永斯妻葉氏　吳五倌妻張氏　胡仁富妻李氏

張乾元妻王氏　毛菱浦妻顧氏　邱瑜與妻張氏　馬
配勝聘妻陸氏　程平齋妻楊氏　朱大倌妻金氏　李
金和妻姜氏　過玉堂妻朱氏　曹洽霖妻何氏　俞瘦
山妻節婦方氏　方磬山妻黃氏　丁胡氏　嚴雨田妻
孫氏　馬樹萱妻張氏　邵春田妻鍾氏　李學才妻許
氏　沈震三妻朱氏　張四倌妻朱氏　俞榮卿妻陸氏
方竹雲妻金氏　金曉春妻裴氏　陳立山妻周氏
費龍倌妻劉氏　姚三倌妻程氏　徐世澄妻孫氏　吳
二福妻王氏　金五俶妻錢氏　毛金和妻王氏　林九
倌妻謝氏　張豕林妻蕭氏　李香山妻沈氏　張元英

妻繆氏　陳姚福妻闞氏　陳陸氏　沈仁僖妻屠氏
杜星第妻俞氏　沈南莊妻吳氏　陸杏齋妻胡氏　朱
協堂妻沈氏　陳吏衡妻錢氏　許榮盛妻王氏　葉福
堂妻陶氏　鍾亦山妻節婦王氏　顧大倌妻吳氏　項
德修繼妻張氏　張笑山妻倪氏　張坤妻高氏　陸蕉
亭妻邵氏　沈樹培妻高氏　陳壽元妻朱氏　姚銘妻
徐氏　陸培倌妻闞氏　李文英妻方氏　李三義妻沈
氏　郭登如妻陳氏　范全倌妻王氏　范老虎妻陶氏
馮四福妻闞氏　李照周妻節婦陸氏　陸思齋妻吳
氏　郭連福母沈氏　郭連喜妻屠氏　都錢氏　彭林

禍妻闞氏　潘世久妻沈氏　陸星璧妻李氏　宋大倌
妻林氏　陶芸軒妻俞氏　吳蓉溪聘妻王氏　楊大倌
妻周氏　莊四大妻李氏　張錦林妻胡氏　葉志唐妻
節婦王氏　施燮妻節婦鄭氏　沈漢榮妻郁氏　陳錫
疇妻楊氏　李廷幹妻周氏　吳達英妻馮氏　于大林
妻張氏　徐雨嘉妻姚氏　謝大倌妻丁氏　李銓文妻
周氏　黄小悌妻費氏　費春元妻彭氏　戈維熊妻徐
氏　朱金墀妻陳氏妾張氏　金春林妻王氏孀闞氏
賴三倌妻朱氏　鮑書齋妻陸氏　陳文卿妻高氏　湯
景卿妻陸氏　馬文炳妻周氏　王松英妻唐氏　張清

和妻錢氏女龍姑　周老蘭妻闞氏　陸四俶妻劉氏
何大倌妻李氏　屈仰山妻陸氏　程雲溪妻張氏　韓
泰來妻朱氏　韓介福妻何氏　陳秋泉妻羅氏　高龍
倌妻范氏　錢寶林妻陶氏　李少雲妻馬氏弟媳陸氏
陸鞠洲妻何氏　江熊吉妻周氏　屠七倌妻曹氏
董小山妻闞氏　蕭二倌妻黄氏　張大妻金氏　陳六
湘妻俞氏　周同仁妻陸氏　朱淡峯妻楊氏　阮珊亭
妻馬氏　高龍倌妻范氏　洪五德妻俞氏媳王氏　李
四倌妻羅氏　沈三福妻李氏　王益三妻潘氏　林賞
雲妻沈氏　居寶和妻徐氏　高雙金妻朱氏　徐秀章

妻胡氏　屈振圻妻龔氏媳巫氏　李泰來妻顧氏　郭
左賢妻陸氏　劉維熊妻盛氏　潘老壽養媳彭氏　陸
芝山妻鄭氏　戈宗楠妻盛氏　沈汝明妻羅氏　曹景
春妻節婦陸氏媳節婦潘氏　周和倌妻顧氏　費廣輿
妻陸氏　俞痩山妻方氏　蕭觀生妻王氏　張老二妻
胡氏　郭小大妻張氏　馮瑞芳妻蕭氏　陸八俶妻倪
氏　劉國章妻馬氏　王裕龍妻戚氏　屠增祥母謝氏
馮鏡亭妻吳氏　陳明齋妻何氏　張文淮妻王氏
顧頡松妻蔡氏　侯荷裳妻闞氏　張朱氏　廖炳文妻
賴氏　張大觀妻繆氏　楊堯璧妻顧氏　金仁壽妻馬

氏　李蕊生妻節孝陳氏　梅仁壽妻節孝沈氏　吳四
福妻錢氏　沈樹培妻高氏　何福疇母沈氏　何萃玉
妹程何氏　汪聽泉妻沈氏　張月橋妻周氏　楊念修
僕婦石安氏　何大亨妻節婦顧氏　何大莖繼妻張氏
馮履祥妻王氏　程明齋妻楊氏　張宗海妻邱氏
姚崇德妻沈氏　王忑親繼妻顧氏　陳東方妻俞氏
黄世貞妻朱氏　方琴章妻徐氏　沈錫薇妻陳氏　周
孚先妻呂氏　潘老壽女二寶姑　戴沈氏　劉青照妻
節婦沈氏　張文淮妻節婦王氏　蔣瑞高妻節婦王氏
沈學周妻節婦郭氏　符進英妻節婦方氏　馮莅堂

妻節婦麗氏　梅仁壽妻節婦沈氏　符金桐妻節婦方
氏　金松堂妻張氏　方同山妻許氏　徐桂觀妻祝氏
徐六觀妻闞氏　鄔淩雲妻張氏　陸松壽妻仲氏
王四倌妻湯氏　董星堂妻曾氏　葉榕妻程氏　沈學
冏妻郭氏　蔡粱氏　曹張氏　陸志賢妻薛氏　姜少
瀛妻孫氏　劉對山妻鄒氏媳毛氏　俞瘦山妻節婦方
氏　李致福妻顧氏　屈義田妻黃氏　康伴梅妻金氏
王松亭母湯氏　陳四美妻黃氏　朱張氏　姚繼賢
妻屈氏　姚祥鳴妻曹氏　朱家栭嫂蔣氏妻倪氏子一
張老金妻方氏　李九倌妻居氏　張大倌妻繆氏

李老虎妻倪氏　呂阿萬妻沈氏　沈四倌妻陳氏　張
楊富妻倪氏　張錦林妻胡氏　周九倌妻倪氏　李長
寶林妻馬氏媳許氏　包麟鶴妻張氏　唐敘觀母蔣氏
錢永林妻謝氏　王南亭妻朱氏　張金圻妻潘氏
沈富元妻張氏　陸吟樵妻宋氏　王松亭媳李氏　監
生錢炳妻丁氏婢阿彩以上見忠義錄已旌　戴世倌妻蔣氏　顧
林氏　王吳氏　從九品盛金釗妻張氏　盛金鑑繼妻
倪氏以上採訪補錄　李杏春妻許氏　馬某女寶姑　陶柳江
妻平氏　張少山妻陸氏　庠生柯汝淵
妻馮氏　陸錫山妾七姐　貢生吳秋坪妻張氏　生員
朱松軒媳史氏　沈烜妻張氏　張辰元妻黃氏　江綠
湖妻沈氏　馬雪巖妻畢氏　沈曉峯妻陳氏媳節婦朱氏
子一　顧秋闈妹貞女三姑　夏紫裳女某姑

清溪橋婦康熙甲午婦年近二十鄰有繯者瞷其家無人踰垣欲姦之婦力抗不從繯恐事露以手扼其喉死翌日報官檢驗一手猶堅持下衣拘兒身挈家遁矣正緝訪聞忽歸至棺所獲訊成獄惜婦姓氏無傳之者重出

姚金錫妻殷氏嫁踰年金錫患癘疾卒以頭觸牀見血衆持之防之勉進飲食越百日祭父母慰諭召至家曉以大義母速死遺之歸節值冬至家人設奠靈筵氏哀號少息竊至竈觚服鹽滷嘔吐得不死佯爲疲倦狀入牀紿嫗出戸急閉闗投繯死顧廣譽撰傳

陸氏本良家女被匪誘至乍浦湯山迫爲妓婦號泣不從鴇母橫加鞭撻適夜靜無人潛至湯山下小海池投水死于志

何邦基妻黃氏全公亭人結褵一載邦基癆瘵死黃年二十有六悲號大慟未一月自經死

林萬興妻孫氏明經橡樵女孫適林歲餘萬興死孑無依母憐年少欲奪其志氏以死誓又載餘嘔

血死

戈某妻徐氏戈業木棉咸豐庚申賊猝至因棄子於野挈二女投河自盡

顧恩培妻張氏美姿容有志操佐夫謀米薪侍姑節孝吳氏不離寢歿鬻簪珥供喪費庚申避難新帶鎮賊驟闖氏趣夫行曰俱死無益恩培哀不忍去氏頓足作怒態乃首北行薄暮又還氏已遷避臨河一小屋與鄰嫗方晚餐顧見夫郎色變擲箸翼日賊至爭驚竄不相顧比賊退夫還見氏立於水如植有繩繫其衣得不隨潮汐去顧廣譽撰傳

錢訪舟妻周氏全公亭人年二十五寡無子紡織自給數載後歸依母家與寡嫂紀從女三姑同居咸豐十一年三月九日乍浦失守里閈駭散氏與嫂三姑相約死難誓無異志四月二日賊至三人同赴水死

乍浦駐防烈婦

左營鑲白旗全安妻汪依氏

左營鑲白旗剛安妾陸氏

左營鑲藍旗濃依佈妻瓜勒嘉氏

左營鑲黃旗委署前鋒清柱母什恰勒氏姊全氏

左營正黃旗揆德母汪堅氏

右營正紅旗委署前鋒校順輿母葉爾根覺羅氏

右營鑲藍旗壽全母楊依氏

右營鑲藍旗多囉訥母張依氏

右營鑲藍旗委署前鋒靈恒母瓜勒嘉氏

左營鑲白旗順強妻伊爾根覺羅氏媳索卓囉氏

左營正白旗佛爾國春妻王氏

左營正白旗清成妻汪氏

右營正白旗百春妻呼理哩氏

右營鑲藍旗碩隆烏妻塔塔拉氏媳卓嘉氏

右營鑲藍旗順玉妻高嘉氏

左營正白旗喀通阿妻達氏

左營正紅旗哈善阿妻塔喇氏

左營鑲白旗防禦克星額妻瓜勒嘉氏

左營鑲白旗罕查妻赫舍哩氏

左營鑲藍旗委署前鋒德哩畚妻傅察氏

左營鑲藍旗額豁佈妻赫車氏

右營鑲黃旗雙揆妻楊氏

右營正黃旗佐領果仁佈妻塔塔拉氏

右營正藍旗靈善妻陳依氏

右營鑲藍旗領催候補筆帖式玉衡妻蘇嘉氏媳葉爾根覺羅氏

右營鑲藍旗防禦慶玉妻郎依氏

右營鑲藍旗敦呢雅罕妻王依氏

左營正白旗彩山女（以下烈女）

右營鑲藍旗福勝女

右營鑲藍旗防禦慶玉孫女

右營正黃旗佐領果仁佈長女稱姑次女榮姑

右營鑲黃旗雙揆女

左營鑲藍旗委署前鋒德哩畚女

右營鑲藍旗碩隆烏女

右營正白旗百春女（以上道光壬寅殉難已旌）

石門縣

元

呉守正妻禹氏 名淑靖字素清紹興人至元十六年徙家崇德之石門嘗從容謂守正曰方今羣盜蜂起萬一不測妾惟有死而已是年夏盜陷崇德淑靖倉皇攜八歲女登舟以避有盜數輩奔入其舟將犯淑靖乃抱幼女投河死案檇李詩繫名淑靜字素靖會稽人寓崇德石門鎮元季苗獠之亂亟與夫操舟以遁苗及之叱淑靜度不免遂抱幼女投水死明日得尸儼立如生藁葬其地守正入越亦死兵間遺孤昂無依去金華山中爲僧後歸廬墓榜曰白雲先隴鎮人表爲貞母阡徐一夔有記

明

方瑄妻沈氏 名淑甯海鹽人年十九歸方十八日而寡家貧依其母母潛許人沈覺之紿母出自經死楊循吉有傳

丐烈婦 湖州人莫詳其姓氏正德庚午湖大饑婦與姑及夫乞食石門市有殊色市人爭欲挑之與之食與財俱不顧寓東高橋上伺夫與姑不至及三日聚觀者益衆婦乃從橋躍入水中死

何鶴齡妻蔡氏 既婚夫行不義兩家父母議改婚蔡誓死不從輒泣諫憤懣就經翁姑覺而解之翁死蔡鬻衣資治喪夫迫蔡改行蔡度不免沐浴整衣自經死事聞詔旌

朱貴妻范氏 倭犯境夫妻走避猝與倭遇倭揮刃殺貴范厲聲奮臂抓倭面倭怒剖其腹罵不絕口死

呉鸞妻戴氏 年二十五被倭執將汚之以死力拒身被數刃死

姚莉香 聞倭至言笑自若衆嗤之莉香曰若輩第怕死耳死何怕之有及倭至抱其子自沉于河數日屍浮水面母子相抱如生

陸道宏妻朱氏 年二十七抱三歲遺腹兒匿一樓爲倭所獲刼之行朱紿倭令抱其孤下樓投井死

徐玉峯妻蔡氏 明末巨寇刼掠鎮中蔡奔避不及寇驅之至祗樹庵大罵不屈寇以刀剜其胸舍之去未幾卒里人曹開裕有記

祝守道妻姚氏 事姑盡孝守道家臨運河明末亂兵猝至倉皇出門追逼者將及路旁有池遂奮身躍入死子文彥上其事于學使者給額表之

國朝

曹乾妻湯氏 年二十三夫亡事舅姑以孝舅姑歿哭泣盡哀比葬畢湯煢煢無倚自縊而死乾隆十六年旌

馬毓奎妻王氏 年二十一歸馬僅二載夫亡無子即自縊死乾隆二十七年旌

呉蘭先妻張氏 年二十二夫亡撫遺孤成立孝養姑嫜喪葬既畢一日服滷死乾隆四十一年旌

王煒妻方氏 年二十三夫被累客亡柩歸遂自縊死

張某妻張氏 張時忠之子婦夫亡子殀翁令他適張誓不從已而翁令惡少脅之登舟張乘間赴水死事聞寘惡少于法以上嘉慶二年旌

夏承啟妻周氏 順治丙戌周被兵掠將逼汚之堅拒不從罵不絕口兵怒脅以刃罵愈厲兵殺之

俞文表妻傅氏 嫁俞七年夫亡誓以身殉親戚勸之傅曰我若有子死則負夫今無子夫兄弟四人止一子并無可繼不死何待殯之夕哭絕復蘇至曉自經死年二十有五

呂懿緒妻徐氏 夫負文名以攻苦病瘵徐知其不起先抱其子屬翁姑善撫之夫病革遂服滷死

呂懿業妻戴氏 夫亡戴哀慟曰我郎死誰爲之服我姑綫之服闋遂吞耳環以死

沈福緣妻朱氏 年二十二適沈未半載夫亡日夜號泣誓以死殉翁與族人以將立嗣子慰之踰月餘朱念近族無可繼者遂閉戶自縊以死

魏烈婦 王溪鎮魏鬼頭之母順治初爲遊卒所掠欲犯之婦罵不絕口卒怒縛之桑樹以刀斫其腹死

烈婦貞氏 失其夫之姓夫亡事姑孝撫小叔及二女以紡織度日康熙庚戌辛亥間遭水旱蝗災貞刻苦

持家心力交瘁一日自經于夫柩旁密縫其衣不露寸膚俞長策爲之作傳

沈某妻陳氏 玉溪鎮人夫亡即自縊死

陳瑞璜妻魏氏 魏耀周女玉溪鎮人適陳四載夫亡慟絶而蘇泣拜舅姑曰夫死婦當奉養然有兄公伯姒在無憂也遂服滷死時年二十二

李萬青妻蔡氏 年二十四夫亡孝事姑遭火災蔡扶姑出戶旋伏夫柩旁死火滅人見其手挾柩焉

千總姚純錫妻朱氏 夫官衢州協卒于官朱無舅姑子女扶柩歸里絶粒以殉

姚爾鍠妻沈氏 明經瀛標之姪女幼失怙恃育於明經之家字于明經之內姪年二十結縭甫一載夫亡氏誓不欲生比含殮畢即投繯自盡聞者傷之

卜錫麟妻范氏 年二十七夫亡慟絶復蘇暗托遺孤於妯娌即隨夫死一時雙柩並出觀者莫不稱其烈 志

葉步雲妻周氏 平日事舅姑以孝聞步雲於道光十九年七月間患腫疾氏衣不解帶者數月泣血籲天願以身代及夫卒于十一月二十三日酉時二十四日辰時即自縊以殉相距纔六時卒年三十一

張某妻唐氏

監生徐耀妻胡氏 夫亡殉節以上于志

陳嘉穀繼妻王氏 二十七歲夫亡勉營葬事竣後吞金以殉

章振芳妻俞氏 二十三歲夫亡治喪畢自經死

監生魏成楷妻劉氏 二十五歲夫亡含殮畢服滷以殉

虞生錢撫辰繼妻邱氏 二十八歲夫亡四日仰藥死時咸豐六年七月二十五日也知縣馬桂林爲給節烈維風額咸豐七年巡撫晏端書具題

蔡福申妻陸氏 二十一歲夫亡治喪畢閉門不出啟視之雙淚涔涔面青色問所苦不答初夫患痢剜臀謂鬻粟膏可止至戚中有餉之者檢視所餘已無矣知爲所餌急救莫及距夫亡一日耳知縣余麗元給以貞烈可風額

以上夫亡殉節

主事徐寶謙媳沈氏 以下殉粵匪難 從九品田簪華妻蔡氏 附監生吳文植妻范氏 監生吳琪妾劉氏 監生張元慶妻姜氏 監生田之瑨妻沈氏 監生沈如桐妻梁氏 生員胡鼎亨妻葉氏 生員孫垣妻吳氏 生員田之琮妻孫氏嫂沈氏 監生沈湘妾梁氏 顧銓繼妻沈氏 田蒼華妻蔡氏 尤順元妻孫氏 徐文瀾妻姚氏 馬宣恭妻蔡氏 田永康妻沈氏 姚坤妻金氏 凌鶴巢妻沈氏 范尚珍妻凌氏 汪慶豐妻王氏 劉永成妻

妻李氏 傅茂春妻李氏 陳明良妾徐氏 沈廷玉妻李氏 徐啟發妻曹氏 顧鼎謨繼妻蔡氏 顧鼎魁妻沈氏 鍾桂妻徐氏 都印峯妻徐氏 閔懷忠繼妻聞氏 沈應濤妻朱氏 陳賜福妻盛氏 呂和壎妻王氏 鍾江妻許氏 田福謙妻徐氏子一 陳秋瀚妻胡氏子一 屠坤玉妻楊氏 田之瀾妻葉氏 張景松妻陳氏子一 胡焜妻徐氏子一 邵景雲妻陸氏 沈茂如妻平氏 許太和母費氏 沈姜中妻朱氏 丁汝爲妻周氏 丁汝豪妻節婦程氏 王福來妻朱氏 錢裕峯繼母沈氏 湯勝華妻汪氏 蔣亦高妻高氏 徐德龍

李徐氏　鄭金氏　曹孫氏　周葛氏　范蔣氏　周姚
氏　馬陳氏　鍾吳氏　吳沈氏　范沈氏　朱闕氏
徐李氏　沈宋氏　邵姚氏　陳孫氏　林章氏　沈陳
氏　鍾王氏　郁章氏　沈呂氏　陳殷氏　成陳氏
陳周氏　趙沈氏　蔡劉氏　沈陳氏　張闕氏　徐王
氏　沈王氏　胡李氏　彭顧氏　張張氏　戴馮氏
張穆氏　呂王氏　倪高氏　張楊氏　姚許氏　徐闕
氏　姚吳氏　姚紀氏　王許氏　章陸氏　章鍾氏
徐范氏　徐張氏　徐張氏　孫李氏　孫王氏　朱王
氏　沈孫氏　孫黃氏　孫郁氏　朱吳氏　王俞氏

沈陳氏　陳盛氏　陸湯氏　朱陸氏　魏蘭生媳節婦
朱氏　王加松妻楊氏　談福麟妻倪氏　錢商金妻費
氏　王國昌妻沈氏　沈夏氏　馬俞氏　俞范氏　盛
卜氏　徐鍾氏　郭闕氏　沈富氏　顧錢氏　張森布
妻朱氏媳朱氏　潘鶴其妻李氏　陳沈氏　姚有豐妻
邱氏　田之潤妻葉氏　孫映辰妻費氏嫂吳氏　鍾秀
妻節婦徐氏　鍾桂妻節婦徐氏（以上見忠義錄已旌）　生員胡涵
海妻范氏　生員胡萃瑛妻梁氏　陳明良妻徐氏　職
員胡向榮妻姚氏　生員勞光憲妻葉氏　職員勞恭讓
妻陳氏　孫辰映妻費氏　監生錢思熙妻沈氏　增生

妻楊氏　錢聚德妻蔣氏　鍾斋峯妻闕氏　錢建成妻
顧氏　沈發源妻姚氏　包雙慶母孫氏　馬文榮妻魏
氏　費士相妻袁氏　沈漢順母費氏　錢協和母朱氏
邱岳林妻楊氏　史大榮媳陳氏　張景松妻沈氏
徐鳳年母曹氏　吳惠楠妻陸氏　費學洙妻沈氏　邱
文韜妻節婦朱氏　李德源妻徐氏　蔣奇昌母王氏
顧永源妻沈氏　陸在文祖母朱氏　陸時行繼妻謝氏
詹鳴竹妻沈氏　羅鳴昭叔祖母章氏　張榮環妻節
婦陳氏　沈時周妻鍾氏　俞丙三妻吳氏　潘仁安妻
李氏　姚舜卿妻倪氏　李寶三妻闕氏　錢秉銓妻王

氏　羅有昌母陳氏　沈文高妻沈氏　姚秀忠母朱氏
朱聚才妻沈氏　沈萬金妻李氏　朱萬年妻葉氏
邱永和妻沈氏　李寶山妻李氏　王國良妻沈氏　何
國方妻沈氏　何元昌妻湯氏　沈萬全妻王氏　潘友
章妻闕氏　石寶倫母林氏　李陳氏　朱俞氏　朱陳
氏　吳沈氏　王金氏　勞顧氏　費蔡氏　王沈氏
姚姜氏　楊章氏　富李氏　費狄氏　沈王氏　鍾呂
氏　張沈氏　康顧氏　郭錢氏　范吳氏　章葉氏
閔許氏　鍾朱氏　朱泰氏　朱沈氏　方朱氏　徐王
氏　范沈氏　邱周氏　夏沈氏　何朱氏　成湯氏

吳鱣吉聘妻汪氏　監生鍾傳薪聘妻沈氏　李掌模妻胡氏　生員沈錫坤妻田氏　徐乃秋妻勞氏　鹽知事淩茂松妻胡氏　生員徐文藻聘妻曹氏　何某妻陳氏孫一　生員胡鼎亨繼妻費氏　生員曹堃妻朱氏　從九品勞泰謙妻陳氏子寶生女蘭生以上採訪

桐鄉縣

明

濮彥仁妻龐氏唐氏洪武初籍濮氏家官收其產二人義不辱俱自經死

鮑文化妻濮氏年二十四夫亡兄欲奪其志密縫周身衣裳投河死詔旌其墓

朱廉妻茅氏年十八夫病婚未成婦未幾夫亡翁姑欲奪其志勿動詬厲之餓餒之勿動哀毀而卒或曰縊焉

生員鍾鴻是妻高氏年十九夫亡誓不獨生姑再三慰勉服未闋絕粒死

陸堯煥妻張氏海甯張珮女珮賈于青鎮贅陸爲壻婚六日珮遊楚中越十有四日夫亡氏即躍入河鄰人救之起逾年聞父亡于楚女即投繯死死之日胸繫繡囊刻檀爲夫像藏其中

朱烈婦夫某死遺一女方孩惡少吳某逼朱轉嫁邱某朱度無可免遂抱女逆投入井死

陸某妻張氏適陸一年夫亡逾三年母思改嫁之釋服之夕哭盡哀自縊死崇禎癸未年事

國朝

董大銘妻沈氏夫適徐茂華錢米茂華來索適沈獨處欲汙之抓傷沈臂沈不甘辱遂自縊雍正十一年旌

吳維莘妻張氏年二十三夫亡含殮畢越五日闔戶自經死乾隆五年旌

嚴師顏妻沈氏年二十六夫亡絕粒七日死庚寅七月事乾隆三十五年旌

金鑠妻周氏夫病篤周籲天請代額破流血病終不起周慟絕既甦服滷死年二十四嘉慶三年旌

鄭允淇妻徐氏年十六歸鄭夫病篤臨歿以家無子屬徐改適徐號泣不從已而父母哀其無依微諷之即嚴妝服毒以殞年止二十八

跡慧卿妻王氏年二十一夫亡無子次日即投繯死二棺並發觀者無不泣下郡守潘世奇爲之傳

生員徐滋妾嚴氏 名巧桃年二十二滋死無子正室丁善病嚴奉侍湯藥數年不倦及丁歿盡出所有營葬兩棺絕粒七日死時年二十五

桂某妻吳氏 桂育奇子婦適桂未帀月夫亡無子紡績奉姑姑歿或勸更適氏曰吾所以未死者爲姑在耳姑既葬遂自縊死

張嘉瑾繼妻王氏 夫亡設像事之遺孤殀王悲哀自縊死張嘉琹子鴻奇妻皇甫氏婚甫兩月寡哀毀損一目後小祥竟絕粒死鴻奇弟鴻來妻戴氏未廟見而寡家人以應後者嗣之數歲又殤遂投繯死

姚應鶴妻金氏 夫亡衆逼金嫁金投繯鄰嫗解之得免匿母家衆威脅如故及歸則要船已泊河下因乞靈前一別衆許之入室將周身衣服縫紉而出拊棺長號至橋投河抱橋柱而死時順治丙戌六月也

王元愷妻鍾氏 年二十四夫亡無子止二女越五年嗣子鑣始生忽一日泣別其姑且戒其女潛縊于夫之柩側時康熙庚申夏也年三十有五邑人俞長策有傳

生員馮秉鈞妻淩氏 夫亡視含殮畢即欲死殉姑及小叔防之不得猝死乃絕粒九日死時雍正乙巳也

吳炎妻張氏 夫以事株累坐死張例編戍至齊化門仰藥噴血遂絕于車藁葬道左時人哀之

高大文妻魏氏 打鐘浜人年二十夫亡安厝夫柩畢潛赴殯所投水死距夫死僅三日云

烈婦潘氏 年十八適村農某未逾年夫亡蓋棺畢即扃門自縊或云大吳村人邑令蔡可遠邑人馮司寇景夏俱往弔之

姚某妻周氏 姚熼子婦婚五月夫以病瘵亡日夜悲憤死距夫喪十餘日年止二十二遠近悲之

吳召南妻嚴氏 清風鄉人年二十二適吳僅八月夫亡號慟絕粒旋即投繯死

盛佩蓮妻徐氏 年十九夫亡三年喪畢投河死越二十餘日獲尸如生

徐玉峯妻蔡氏 玉溪鎮人順治己酉土寇起婦被獲罵甚賊怒剖腹抽腸挂樹而去移日氣絕

沈家模妻羅氏 夫亡以死自誓家人防禦甚密越四十九日乘間自縊死

沈大嵩繼妻黃氏 事繼姑孝夫病篤瀝血書禱于神請代卒不起悲號三晝夜服滷死年二十八

金棠妻沈氏 年二十九夫亡舅姑欲爲立繼授產泣曰吾焉用此爲遂自縊死時乾隆五十九年

茅某妻黃氏 翁與姑無辜繫獄婦抱幼女以髮繫頸死

徐某妻某氏 徐偉長冢婦夫亡父欲議嫁服滷死

陸某妻張氏 成婚時夫以病篤張預縫其內衣夫亡即服滷死

吳烈婦 吳遠公孫婦夫亡夜半雉經死里人率私錢助葬陡門塘

沈載錫妻項氏 年三十夫亡無子服滷死

張玉文妻夏氏 年十九成婚三月夫亡夏即絕粒姑勸之志終不移竟服滷死

邱成信妻張氏 年十九婚二旬夫暴亡無子逾年翁令改嫁遂自縊

張偉妻王氏 夫亡請于翁姑立從子鳳岐爲嗣次日投繯死年二十六嘉慶三年八月事

沈鳳池妻鄭氏 年二十六夫亡翁又歿遂絕粒死時年二十九

沈企高妻沈氏 年二十六夫亡嗣子在襁褓善病甫議婚又歿沈歎曰吾今可以死矣遂絕粒死年三十七

金紹豐妻陳氏 夫故絕粒僅延七日殉節年二十八嘉慶七年旌

蔣敘珍妻陸氏 夫故後姑欲遣嫁自經死年二十五嘉慶十九年旌

生員張召棠妻徐氏 夫故投繯殉節年三十八嘉慶二十五年旌

未入流潘慶泰妻錢氏 夫在福建省寓病故聞訃烈志殉節年三十四道光元年旌

施蔚文妻沈氏 夫故殉節年二十二道光五年旌

蕭承忠妻陳氏 夫故絕食而死年二十七道光七年旌

張載枋妻陸氏夫故服滷殉節年二十二道光九年旌

陳聖元妻張氏夫故服滷殉節年一十九道光十六年旌

鄭繼芬妻茅氏夫故投繯以殉年二十四道光十八年旌

徐垠妻沈氏年二十六夫故服滷以殉急救之獲蘇然腸胃受蘼奄奄半載而歿

沈岐德妻潘氏年二十七夫故無子族人欲奪其志氏號泣三日雉經而死

莊廷選妻陸氏廷選病苦難支乘其爲炊扃戶自縊陸氏痛不獨生即投繯殞命時年二十九

陳元昌妻郭氏結縭兩月元昌病亡氏欲以身殉姑力止之越數日闔扉自縊

沈如江妻傷氏年二十一夫故氏視殮畢即吞金圜一隻未死又服滷而死

徐元斌妻戴氏年二十一夫故絕粒數日而死

邱陳訓妻張氏年二十一歸邱不數月夫溺死氏投繯自盡距夫死纔六日

施繼元妻錢氏年十八歸施正兩月夫故痛不欲生以防護嚴乃已撫姪四周爲嗣教育至于成人因言我前所以不即死者以嗣子未成立故耳今四周已長我將從夫于地下矣遂投繯自盡年三十三

徐質文妻戴氏年二十二夫亡哀號七晝夜吞金自絕

金愛堂妻沈氏年二十三夫亡氏投繯自盡

李日煜妻沈氏年二十九夫卒子章培甫四歲氏呼搶殞絕越四日章培又殞聞者莫不傷之

嚴國隆聘妻徐氏幼爲養媳年十九國隆疽發背氏縫衣裙以帕覆面出沈谿中

徐起敬妻徐氏年十七適徐甫二月夫亡氏多方營死感以救免乘間服滷死

嚴光鼎妻周氏婚甫四十日夫卒視殮後闔戶自縊遇救獲甦値中元節乘間投繯死

程棡妻施氏年二十八夫故誓不欲生遂絕粒而死

陳瑞璜妻魏氏夫亡氏泣拜舅姑曰夫死婦當奉養然有兄公伯姒在無憂也婦願遂己志焉俄服

滷死合葬之日有異鳥集墓門哀鳴不已里人比之鴛鴦塚云

莊有梁妻陸氏二十九歲夫亡無子家赤貧氏曰夫死焉用生遂自經死

卞某妻盧氏二十歲適卞越六年夫亡氏誓以身殉家人防護之卒乘間自經死距夫死十二日時道光丙午二月六日也

許世勳妻潘氏十九歲適許越四載夫亡氏哀毀骨立凡十有七日舉俗忌回煞之祭畢沐浴衣斬衰投繯死道光二十四年六月十一日事

金咸熙妻張氏二十歲夫力學遘疾卒氏誓以死殉祖翁及舅姑泣勸之乃含哀成服服闋之日送靈位于戶外烈燄中氏越火郎死時道光十五年也

婁勝天妻蔣氏二十四歲夫亡誓以身殉防之密甫百日而自縊時道光十三年八月也

盛茂成妻顏氏十七歲適顏越六載而夫亡投繯死距夫亡四十日咸豐六年事

張某妻徐氏刑部郎中桓之母也桓生數歲而父歿氏泣謂其娣汪曰撫孤與死孰難汪曰死易耳撫孤難于是抱兒屬汪曰娣請爲其難者哭泣數日而死

皇甫金繼妻張氏父千里有傳氏勤儉得翁姑歡前室遺一子曰溶氏生子曰瀚撫之無少異金素患肝疾一作晝夜唫吚不已氏奉事惟謹饘沐餐飲皆廢道光二十九年冬金丁父憂越歲三月以毀卒氏絕食誓殉母來喧之稍稍進淖糜籍金所遺書卷服飾示其兒裕衆夫弟鏐銳十二日謂溶瀚曰兒各自愛無以我爲念語訖暴卒距金死凡九日檢其奩失金環二則吞服之矣事父孝至是殉夫甚烈鄉人私謚曰孝烈

以上夫亡殉節

職員陸賚榕妻俞氏　附生蕭儒班妻徐氏　舉人陳中元母李氏　監生倪鳳翔妾陳氏媳朱氏　監生沈熙咸妻岳氏　生員李日燦妻節婦張氏　生員李鳳沼繼妻

張氏　歲貢生鍾賢祿繼妻節婦虞氏　監生沈寶檀妻畢氏　監生陸文衡妻節婦沈氏媳張氏管氏李氏　監生沈蘭巖妻柴氏　監生丁博生妻節婦沈氏　監生徐樹春妻沈氏　監生張壁基妾徐氏　生員沈國榮妻毛氏　生員孔廣智妻鄭氏　生員丁燠煌媳張氏　生員徐開發妻柴氏　歲貢生朱立誠繼妻楊氏　監生沈賜珍妻胡氏　監生丁繹鑣妻張氏　監生朱懷誠妻徐氏　監生董銘妻陳氏　生員潘耀文妻錢氏　張福林妻毛氏　曹選樓妻朱氏　于星橋妻朱氏　高魯封妻茅氏　葛坤妻沈氏　錢豫妻俞氏　莊震楊妻沈氏　王廷章妻蘇氏　程正安妻朱氏　葛世銈妻王氏　鍾履旋妻張氏　胡秀堂妻金氏　姚樹峰妻唐氏　尤瑞風妻胡氏　陸燻妻楊氏　戴卓羣妻施氏　王君義妻費氏　王承顯妻趙氏　彭應楠妻姚氏　夏吉齋妻皇甫氏　顔樹嘉妻沈氏　沈驤生妻朱氏　朱櫻妻徐氏　曹仁安妻朱氏　沈瑞偕妻曹氏　周履安妻楊氏　韋作松妻錢氏子一　錢榮福母陸氏　費周氏　柳朱氏　高渭秀女李高氏　王遂良妻曹氏　沈吳氏　周蘅薌媳吳氏　高吳氏　岳陳氏　鍾管氏　朱右箴妻程氏　畢徐氏　王張氏　張徐氏　沈家駒妻陳氏　徐

松筠妻闞氏　岳高氏　王汪氏　高配天妻周氏　王春元妻俞氏　王鳳岐妻張氏　葉應奎妻曹氏　濮王氏　陳姚氏　陳顧氏　曹尙文妻施氏　錢世元養媳沈氏　沈永恒妻潘氏　陸文衡妻節婦沈氏　于玉林妻張氏　朱省三母吳氏　許陳氏　强壽隆妻闞氏　魏岳氏　張陸氏　張朱氏　孫恕妻錢氏　吳振興妻柏氏　時瑞之妻朱氏　蔡孝臣妻節孝婦朱氏　錢瑞麟妻陳氏　鍾應廷妻姜氏　翁椿榮媳錢氏　錢鄭氏　胡振周妻陳氏　丁繹鑣妻張氏　張樞妻楊氏　錢珊瑁妻沈氏　潘魁妻錢氏　潘琅妻錢氏　錢岐山妻李氏　朱生成妻沈氏　沈爾運妻黃氏　沈爾遜妻王氏　沈禮賢妻節婦鄭氏　潘繼發妻鍾氏　沈茂乾妻李氏　鄭鳳喈妻孔氏　鄭天山妻吳氏　沈鳳林妻邱氏　沈瑞芝妻陳氏　沈德興妻吳氏　陸懷明妻山氏　王耿堂母陳氏　董甫章母郭氏　沈聿修妻李氏　王劍亭妻張氏　金冶爲妻周氏　王蓮生妻竺氏　陶勝昌妻張氏　羅心角妻錢氏　沈紹良妻徐氏　朱漢章妻闞氏　戴元發妻沈氏　顧茂嘉母吳氏　陸聖階妻吳氏　錢聖如媳山氏　陶汝佩妻王氏　張樹璋繼妻鄭氏　徐進才妻沈氏　吳斯渭妻沈氏　丁博生妻

沈氏　沈進朝妻王氏　沈顏氏　彭如峰妻徐氏　施茂松妻范氏　徐鶴年妻許氏　潘珏妻蔣氏　吳春橋妻勞氏　皇甫陞妻高氏　莫如潮妻邱氏　文雲林妻徐氏　高秀麒妻姚氏　高永發妻錢氏　沈有麒妻朱氏　王士昭妻潘氏　朱聚璜妻姚氏　錢佩天妻金氏

戴某妻皇甫氏　嚴天申繼妻程氏　沈維新母費氏

李聖武妻闞氏　高寶懷妻錢氏　鄭鑑妻張氏　陳祖福妻徐氏　沈茂松妻劉氏　張金才妻王氏　戴寶祥妻沈氏　顏永順妻吳氏　沈成氏　王賦梅妻沈氏

姚景章媳張氏　黃冠忠媳顧氏　姚寶琛妻許氏

周應才妻陸氏　夏吉齋妻皇甫氏重出　王吉齋妻皇甫氏

顏尹香妻湯氏　嚴秀珠妻陳氏　孔雲階妻沈氏

李漢艮妻朱氏　沈鳳春母李氏　趙士魁妻湯氏　蔣雲衢母董氏　蔣趙氏　吳寶廷媳趙氏　徐二妻章氏

沈秀峯媳朱氏　魏興周妻計氏　沈茂才妻徐氏

徐渭東妻錢氏　許福田妻張氏　董鴻發妻姚氏　徐君發妻趙氏　徐君春妻沈氏　陸陞階妻王氏　蔣大有妻潘氏　邱士魁妻朱氏　陳大仁妻文氏　張忠雅媳馮氏　莫如椿妻潘氏　沈闕龍妻周氏　朱南發妻沈氏　沈玉成妻王氏　陳大奎妻金氏　魏愛堂妻朱氏　陳泰來妻鈕氏　董應才妻邵氏　錢發年妻繆氏

錢徐氏　戴鎬妻陸氏　莊富全妻董氏　施堯廷妻許氏　高應德妻徐氏　高佩千妻文氏　錢正和妻林氏　戴正和妻林氏　戴守寶妻江氏　沈永茂妻朱氏

戴芸圃媳施氏　戴亦桐媳張氏　錢兆穆妻趙氏

沈世隆妻謝氏　潘阿龍妻張氏　許嘉麟妻徐氏　莊尙文妻於氏　沈新祖妻闞氏　沈福成妻闞氏　錢周林妻潘氏　吳德源養媳沈氏　孔昭和妻鄔氏　高瑞生妻陳氏　莊傳忠妻徐氏　吳美周妻楊氏　朱佩璜妻沈氏　朱有成妻姚氏　莊瑞芳母闞氏　沈闕氏

陳永和妻顏氏　沈貴隆妻韓氏　沈仁奎妻王氏　吳

介福妻鈕氏　王聘三媳沈氏　沈景高妻闞氏　沈福泉妻楊氏　戴順山妻周氏　黃茂德祖母闞氏　朱進其妻沈氏　顏興發妻姚氏　趙懷發妻沈氏　湯揆方妻吳氏媳錢氏　王朱氏　陸張氏媳沈氏　徐又新妻張氏子一　柏兆祥妻周氏　王富林妻范氏　高順安妻陳氏　朱品仁妻董氏　朱介榮妻謝氏　朱元源妻闞氏子一　沈玉麟妻徐氏媳張氏　沈玉庭妻蔣氏

沈志林母闞氏　程楚江妻孔氏　彭聖山妻潘氏　范進英妻沈氏　孔廣甡母沈氏媳楊氏　陸世榮妻沈氏

顏永德妻吳氏 吳漢章妻李氏 顧勝昌妻闞氏 張慶埜妻黃氏 陳安奇妻姚氏 沈美珠妻潘氏媳顧氏 曹漢妻葛氏 潘繼發妻鍾氏重出 馮垵妻王氏 陳嘉穀妻李氏 汪坦妻蔡氏 徐禹高繼妻節婦沈氏 顧嘉平母俞氏 徐朱氏 周本仁妻李氏 周友松妻胡氏 張福林妻節孝毛氏重出 朱根山妻節孝莊氏 湯五卯妻某氏 徐樹藩女朱徐氏 李秋亭妻朱氏 蔡孝成妻朱氏 周子臺妻張氏 曹仁安妻朱氏 岳昭溥妻宋氏 袁馨周母章氏妻章氏 沈穗生妻曹氏 夏朱氏 章祖松妻陳氏 章祖柏妻張氏 鈕八愚妻張氏 章壽庭妻丁氏 朱右箴妻程氏重出 畢容泉妻徐

氏 陸光斗妻沈氏 陸雨亭妻李氏 沈鑰聘妻吳氏 錢玉範妻沈氏 朱士珏媳徐氏 李秋亭妻朱氏 朱逢慶妻傅氏 沈金廷妻蔣氏 朱純陞妻徐氏 黃兆林妻顧氏 沈阿貴妻闞氏 沈福膺妻朱氏 强壽龍繼妻節婦沈氏 陸嘉穀妻李氏 濮義仁妻某氏 周友松妻胡氏 王富林妻范氏重出 高順安妻陳氏 沈文鼇妻湯氏 吳振興妻柏氏重出 高配天妻周氏重出 張闕鳳妻歐氏 王張氏 王汪氏 高士約媳吳氏 徐松筠妻馬氏 魏岳氏 葉應奎妻曹氏重出 濮王氏重出 王春元妻俞氏重出 王鳳岐妻張氏重出 王米氏重出 曹尙文妻施氏 朱品仁妻董氏重出 朱介榮妻謝氏重出 畢容泉妻徐氏子一重出 陳福壽妻顧氏 陸張氏媳沈氏 朱元元妻某氏子一 顧炳昇妻陳氏 岳陳氏媳高氏 王上九妻張氏 曹選樓妻朱氏重出 曹紳妻陸氏 沈佩齋妻吳氏 錢良山妻董氏 徐慶華母沈氏 李秉孝妻張氏 沈禮賢妻鄭氏 金冶妻周氏 張樹樟繼妻鄭氏以上見忠義錄已旌重出 朱兆熊妻王氏 監生鄒惇裕妻殳氏 歲貢鍾賓錄繼妻節婦虞氏孫一以上見梅涇節孝錄未旌重出 徐椿妻吳氏 毛梓鈊妻陳氏以上採訪

補錄

徐王鳳妻陸氏十七歲婚一月夫亡氏慟哭幾絕飲食俱廢守服三年咸豐十一年自經死年二十

騎尉史建恭妻某氏史維揚人寄居石涇以武舉教習從學者濟濟一日史他出有某者豔氏美乘其曉妝突前戲之氏怒拔梳于地遂起反闘自縊死某有力賕史客故雖鳴于官卒未究

陸某妻某氏氏名雲春生員殳澄之婢適陸農家子也生一子未彌月而殤未幾夫又亡氏年纔三十夫兄利其少欲嫁之知其性烈密不以聞氏偵知之持刀刺喉爲隣婦救免自知不可以留泣拜于夫柩前翦髮自誓適官橋廟爲尼現年五十餘

徐如漳妻顏氏三十三歲夫亡無子日夕慟哭死而復甦者再家祇寡姑防閑稍弛卽服藥死計去夫死日僅數日耳

金鑠妻周氏先是鑠世父可圻無子鑠後之鑠本生父昶以家業中微遊幕府弟鑰幼鑠在鄉塾爲童

子師以脩脯供菽水氏出鍼黹之餘佐夫事兩舅一姑
可圻殁喪葬如禮無何鑅病瘵奉湯藥惟謹既劇泣禱
宗祠顙破流血而鑅竟不可療死之日婦先秉間服滷
死嘉慶二年閏六月十一日事也年二十有四無子已
旌　秦瀛撰記

增生鄭以嘉繼妻葉氏歸安太學生履祥女居新塍問松
里同治甲子春聞鎮團潰遣諸孫
僅留老嫗侍及一姪孫女在焉賊初以其耄也勿傷忽
來一悍賊索銀錢遂遇害幷舉火焚其廬老嫗逼而走
其姪孫女者孝廉鳳鏘女前桐鄉教諭紹興程希濂孫
婦夫名祖善僑居於桐被擄不歸女歸依母家目瞽不
能行賊猝至乃侍葉於家賊亦
以瞽也不傷其後火作併死

諸生馮秉鈞妻淩氏年二十七歸秉鈞歷八年秉鈞殁氏
視夫含殮畢從容語姑曰養繼嗣事
有叔在言未畢聲淚俱下不
能馨託病不食越七日竟卒

忠義錄所載嘉興府屬殉難婦女

兵部員外郎汪如瀾妻李氏　布政司理問姚星垣母沈
氏　江蘇府照磨汪德炳妻陸氏　從九品潘增女大姑
戶部員外郎唐潮姪女大姑　州同銜王世縉妻車氏
世襲雲騎尉章嘉瑞祖母錢氏媳金氏　湖北襄陽縣知
縣賞綬之妻金氏子大官女大姑　直隸州州判吳英妻
程氏　直隸州州判陶劉照女肖娥　慶元縣教諭丙子
科舉人呂榮華媳龔氏　象山縣訓導丁大椿女韻芬姑
候選訓導馬福椿妻蔡氏　議敘八品盛善廉妻沈氏
江蘇婁縣主簿孫榮壽妾黃氏　從九品沈河繼妻范
氏　從九品金勵清妻戴氏子啟猷妹秀姑　從九品吳
益妻王氏　從九品陳鍾書妾夏氏媳丁氏女佩蘭　從
九品鍾文炯妻湯氏子毓先女大姑　恩貢楊傳霖妻章
氏女九姑　廩生姚景憲妻鄭氏　廩生史豫貞妻繆氏
女五姑　廩生王庭鎔妻閔氏女瑛吉琬吉　廩生朱少
廉妻高氏　廩生程光熊女大姑　增生莊丙烈妻高氏
子鼐　增生朱福申妻沈氏子餘慶女桂林　增生李釗
妻趙氏子濂媳殷氏女七姑　增生沈晉蕃繼妻吳氏
廩生史致中妻倪氏女九姑　生員陸伊勳妻羅氏女二
姑　生員汪培妻朱氏女文娟桂秋　生員顧聲濤妻蔡

氏　生員許汝珍妻蔡氏・生員吳江妻許氏　舉人陳
中元妹鄭陳氏　生員徐寅清妻洪氏　生員朱廣熙妻
沈氏子大官女大姑　生員陶謙元妻孫氏　生員朱鳳
翔妻錢氏　生員皇甫鏐妻胡氏女桂姑　生員沈慶申
妻管氏　生員吳寅槎妻朱氏媳艾氏子大官　生員浦
鴻鈞妻沈氏　生員盧懋銓妻呂氏　生員沈崇恩母朱
氏妻何氏　生員沈丙戌妻周氏　生員曹坤妻朱氏
生員田之琮妻孫氏　生員曹澄瀚妹大姑　監生武廷
模妻何氏媳查氏錢氏孫女二姑　監生張邦棫妻程氏
監生張四海妻朱氏　監生沈錫爵妻張氏　監生王

子淵女大姑　監生錢鍔媳顧氏　監生馬履剛妻張氏
監生鄒勳妻孫氏　監生楊桂妻施氏　監生王遂良
妻曹氏　監生曹畫堂女蘭姑　監生金應佳妻葛氏
監生俞壽莊妻周氏姪女玉姑　監生沈敬熙母李氏
監生王維祚女董王氏　監生沈如桐妾梁氏　監生朱
載焉妻汪氏妹桂姑　武生姚鴻照妻袁氏妻母袁陳氏
武生葛桂林母吳氏　武生朱寶珍妻沈氏　國子監
典籍吳治繼妻盧氏　從九品李㢠齋妻趙氏　舉人高
梅谿妻闕氏壻朱廉女朱高氏　增貢沈保壽女鍾沈氏
貢生鄒翊祚姪女九姑　貢生鄒樸夫妻陸氏　附貢

章奎勳妻蔡氏子葆埔葆瀅　歲貢汪世檀妻金氏　廩
生殳增妻錢氏子鎬　廩生陸文海嫂節婦錢氏女寶琇
廩生吳錦標妻朱氏　生員沈錫坤妻田氏　生員程
經畬妻李氏　生員沈躍鱗女范沈氏　生員沈振鱗女
錢沈氏　生員沈小登女羅沈氏子大官　生員朱昌潤
妻王氏子保徵女麟姑　生員馬梅羹妻陸氏　生員吳
嘉賓女錦雲姑　生員陶贊宸妻徐氏　生員姚炳母節
孝王氏　生員曹金鎔女廉姑　監生沈人鶚妻鍾氏
監生鍾枋妻胡氏　監生姚宗可妻黃氏　監生勞慧堂
女徐勞氏　監生胡烜妻嚴氏　監生俞世辰妾齊氏

監生馬江妻袁氏　監生黃鑑女七姑　監生沈原復妾
顧氏　同知吳公弼妾闕氏　布政司經歷時仁敷女十
五姑　陵縣知縣金濤妹戴金氏　開化縣教諭鄭鳳鏘
女貞寶　候選訓導陸元模妻朱氏　縣丞周爾坎繼妻
陳氏　縣丞吳大鏞女二姑　從九品溫錫綸母賞氏媳
賞氏周氏孫女幼姑　從九品徐謙尊妻李氏　從九品
錢敬銘妻何氏　從九品沈既馨妻屠氏　從九品沈椿
女玉英　從九品陳應本祖母龔氏　從九品沈鳳洲女
大姑　獲鹿縣典史沈慶和妻張氏　江蘇典史李椿壽
母夏氏母舅夏錦雲母姨朱夏氏妻弟張錫亨　拔貢生

吳學浚妻嚴氏　廩貢生謝江妻孫氏　附貢生俞樟繼
妻郁氏　貢生吳銘新女五姑嫂顧氏　廩生朱榮恩妻
高氏子大官女大姑　廩生謝洙妻費氏　廩生高慶颺
妻吳氏　廩生陶景煒女小姑　廩生吳廷襄妻張氏
增生張琛繼妻戈氏　生員趙鵬飛妻馮氏　生員朱元
標妻張氏　生員孫福魁妻石氏　生員徐蘭妻陸氏孫
女美珍　生員沈周基妻徐氏　生員查潤身妻馮氏
生員吳楣妻顧氏　生員吳鞏濤繼妻陳氏　生員胡秉
均妻馬氏子沛生　生員顧際泰妾李氏　生員盧恂如
妹絲香女中姑　生員張文炳女進姑　生員范邦義妻

節婦陳氏僕婦張嫗　生員袁耀姊邵袁氏　生員金鴻
鑑女二姑　生員沈圻妻姚氏弟國光弟媳談氏　生員
沈坤女三姑　生員沈光撫妻魏氏子書賢　生員沈國
榮妻毛氏　生員奚景桂女四姑　生員汪蓮瀾女七姑
生員卜葆鈞女五姑　生員李銘勳妻沈氏　生員魏
福辰母闕氏　生員朱春林妻龔氏　生員徐金錫女巧
姑　生員馮賜昌繼妻邵氏妹幼姑　生員徐元琛妻陸
氏妻嫂陸王氏妻妹湯陸氏　生員謝昌烈女大姑　生
員徐登雲妻金氏　生員徐錦文女佩姑　生員陳家麟
妻王氏　生員陳家龍女隱芳信芳品芳　生員陶源湧

繼妻平氏　生員夏慶霓女保姑　生員潘景炎妻陸氏
生員王鼎奎母虞氏　生員徐汝駿母曹氏子肖亭
生員徐載坤妾趙玉壺　生員時保之妻葉氏　生員
孔廣智妻鄭氏　生員沈沂妻温氏　監生徐幼三妻朱
氏　監生戴陳燦妻汪氏子綱媳陳氏　監生朱景熙繼
妻吳氏　監生李孳連妻吳氏　監生彭又珊妻俞氏
監生彭秋山妻徐氏　監生朱燦妻顧氏　監生潘雙橋
妻湯氏子勝高姪全坤　監生王希顏女林王氏　監生
胡稱觥女時姑　監生褚璋妻蔣氏　監生姚生妻節婦鄒
氏　監生黃紹良女三姑　監生時溱女文貞姑　監生

徐東垣妻黃氏　監生鄭伯紹妾朱氏婢女阿四　監生
張黻妻陳氏　監生張鈿妻蒯氏　監生張槐妻沈氏妾
節婦闕氏　監生陸本信妻鮑氏　監生張升恒妻周氏
監生姚士英妻邱氏　監生金稼軒妻吳氏　監生顧
河龕女懷姑　監生史溥妻朱氏　監生馬巽山女大姑
監生徐錡軒妻邵氏　監生楊逸樵女大姑　監生鄒
嘉楨女紫仙姑　監生吳文初妾節婦孫氏　監生顧秋
泉妻吳氏　監生吳堯松繼妻陸氏　監生王士發妻吳
氏　監生沈烜妻張氏　監生俞彪繼妻曹氏　監生朱
維榮妻劉氏　監生鍾銓妻張氏　監生陸文梓妾節婦

馮氏 監生沈鼎鏞妻節婦金氏 監生李來安妻顧氏子照官 監生王萬清妻徐氏 監生皇甫鍾彥女六娜 監生朱懷誠妻徐氏 監生張肇基妾徐氏 監生沈嶼雲妻張氏子益清 武生黃雲安女紫姑 武生沈懋燮妻葉氏女五寶 武生施晉妻馬氏 武生錢大勳妻陳氏 武生顧謹齋妻史氏 武生陸垣妻趙氏子大官 武生王少鹿妻張氏 武生黃宗海女春姑 武生王某妻闞氏 生員李葆元子四觀女秉姑 生員朱鉉妻節婦胡氏女順姑 生員沈祥和母顧氏 生員汪泳妻節婦曹氏 生員許如鈖妻節婦范氏 監生朱濤妻王氏

監生朱大昭妻方氏 監生鍾含章聘妻沈氏貞姑 武生姚升高妻孫氏 候選訓導張國楨女七二姑 增生盛師泌妻金氏子道權道樞道棨道森弟淮堂姪楷從九品高廷燕繼妻梅氏女大姑 增生徐石麟母陸氏媳張氏孫宗德宗禮孫女美珍 生員姚東升妻沈氏 歸安縣教諭沈沛霖繼妻闞氏 從九品史久仁祖母陸氏叔祖母陸氏 衛千總陸攀桂妻黃氏 把總蔣錦椿母陳氏媳張氏孫貴寶貴慶孫女二囡 生員朱文治妻史氏 監生楊世清妻金氏 縣丞許樹椅妻尚氏 生員徐志澄妻黃氏女芹仙義保 監生沈見齋繼妻顧氏 知縣陳二璋妻楊氏 即選訓導陳鶴翔繼妻程氏 盬知事楊志清妻謝氏 豐縣縣丞張承勳妻章氏 奔牛司巡檢錢勳妻袁氏 吉林伊通河司巡檢謝調梅妻周氏 把總武生徐振熹妻姚氏 從九品江如圭繼妻計氏 從九品王際泰妻金氏 從九品曹錫瓏弟婦朱氏姪裕清 附貢生陳燮元妻朱氏 增生羅燦然媳魏氏子明德令德 增生章賜綬妻張氏 生員孫如洋妻俞氏子維條維楫 生員陳炘妻張氏 生員浦士申妻支氏 生員沈夢辰妻陳氏 生員周國柱妻金氏 生員徐權妻胡氏 生員張理妻魏氏 生員錢惇元母柯氏孫鍾

泰曾孫松生 生員虞光祚妻朱氏 監生陳安卿妻胡氏女巽娟 監生江楠妻周氏媳周氏孫女三姑 監生周斯盛妻呂氏 監生孫凝九妻朱氏 監生丁均妻陳氏 監生鄒南浦妻孫氏子順寶 監生錢生妻唐氏女三姑 監生黃金濤妻鄒氏女瑞保 監生邵錡妻錢氏 監生施銘妻沈氏 監生戴瑞鍾妻錢氏 監生鄒春如妻王氏 監生陳椿妻馬氏 監生彭啟宸妻張氏 監生張福昌妻彭氏子大官 武生周鯤池妻余氏 武生丁寶山母張氏 武生包銓妻張氏 布政司經歷梅慶瀾妻王氏 八品銜高維堉妻徐氏 從九品陳墉妻

吳氏　增生鄭以嘉繼妻葉氏孫女程鄭氏　生員徐瑞麟母汪氏　監生孫應忠繼妻孔氏　監生趙煒妾陳氏子家城家堃女九姑　從九品朱少溪聘妻金氏　監生戴聲六妻金氏　監生曹輔華妻陸氏　從九品葉壽祺聘妻沈四姑

嘉興府志卷六十六

嘉興府志卷六十七

嘉興府知府善化許瑤光重輯

列女　節婦

嘉興縣上

元

王忽都帖木兒妾陳氏　二十二歲王歿生子伯牙兀歹甫六歲篤志守節撫育孤子成立至順二年告襲父職陳封封邱縣君至正間旌

明

錢子順妻俞氏　年三十五生一子甫三歲夫亡父與姑欲奪其志俞號痛誓死卒終其節

糜正妻張氏　二十六歲夫亡矢志不二孝養舅姑教二子爲儒

李用仁妻王氏　二十二歲夫亡遺一子艮娶張氏子復歿與婦紡織苦守

徐有慶妻沈氏　嫁不數歲夫亡教妾子本高成名

胡皆妻朱氏　二十一歲夫亡守節至七十七卒

高壽妻常氏　二十一歲歸高九月夫亡常祖母隋節婦也因扁其堂曰繼節鞠其夫弟之子爲後

嚴顯忠妻黃氏　夫亡子允昌甫五歲黃大痛卒允昌至露柱前掊刃斫柱以痕計其軀哀號曰吾不即死恐絕嚴嗣耳口授以書允昌每見柱痕流淚力學有成爲福清令年六十七

張渚妻沈氏應辰妻金氏　張九韶母也沈二十八歲撫孤守制後倭寇焚掠會翁有疾天反風滅火翁疾甚籲天請代姑病血蠱辯滌必親年八十有二見其孫應宿登賢書次孫應辰妻金氏二十二歲寡守節至六十四年卒

周元圻妻胡氏　二十二歲夫亡撫三歲孤之仁教之成名奉養舅姑營葬三喪守節三十餘年卒

李儒鯨妻王氏有堂妻周氏姑婦守制王年九十周年七十卒有司表曰一門雙節

狄守賢妻戚氏三十歲夫亡翁姑年老弗忍死殉母陳病割股和藥療之

宗大統妻徐氏夫亡翁姑年俱八十遺孤未週徐紡績以給薪水苦節四十年知縣顏欲章表之

生員高鵬妻錢氏二十七歲夫亡守節四十八年嘉靖間旌

生員姚浙妻郭氏十九歲夫亡哭淚流血剪髮置夫棺中躬營葬事

萬有妻郭氏二十歲寡家貧子立屢被旌表

馬琯妻姜氏二十七歲夫亡無子遂絕食旬日親屬勸之稍食果實終不粒食獨處小樓垂三十餘年邑令黃訓表其樓曰甘節

郡庠生高俸妻馬氏琯之女姪也夫亡守節六十年

王受左妻顧氏二十歲夫亡寒暑紡績置田百畝授次房叔天民奉祀守節五十三年

生員殳大經妻巢氏二十七歲夫亡自縊姑亟救得不死買書教子紡績養姑苦節五十餘年

鄒浩妻程氏二十五歲夫亡甘貧苦守撫二歲孤國儒登進士嘉靖間旌

許子華妻殷氏十七歲夫亡慟欲自絕姑以方娠泣止之紡織膳姑年六十餘卒

許燦妻張氏十九歲歸許甫年餘夫亡悲號幾殞更逢荒亂脫簪珥躬紡織以供舅姑撫前子應逵如己出遺腹生子應逵以行誼重於時年七十三卒

嚴泰妻周氏十七歲歸泰四月夫亡貧不能給或勸之再適忿然曰女無二夫郎截髮自誓斂迹一室年六十

包志妻楊氏夫游太學卒於京邸遺子二節五歲孝二歲日撫以泣且嚴飭之二子相繼舉進士官御史節以直道忤時戍邊徵母曰以忠得罪榮亦多矣居常儉素履居四十年悉屏珠翠受封時嘗一御命服而哀不自禁即置不服

舉人倪雩妻邵氏霆妻李氏深妻樂氏邵與樂年二十三夫亡李二十九夫亡俱守制以壽終有司扁曰三節

張禎妻莫氏二十八歲夫亡孤方一歲歸依於母母欲奪其志潛求自盡乃止守節四十年教其子鳳岐城進士

郁鑾妻王氏二十九歲夫亡撫孤應元登科年六十六卒

生員嚴從愛妻朱氏其法妻許氏朱綬之女也二十二歲夫亡哀毀骨立嗣子其法娶婦許氏年二十七寡姑婦煢煢守節四十餘年

嚴從裕繼妻蔡氏二十三歲夫亡絕粒求盡姑力解之子漁娶婦後夫婦相繼卒蔡復撫兩孫年七十四卒奉詔建坊

吳邦章妻高氏邦翊妻徐氏高早寡無子預置一櫬誓不二苦節七十年夫弟邦翊妻徐氏少寡守節五十餘年

洪紹基妻項氏十九歲夫亡嗣子復殤項哀痛遘疾幾不起萬歷間詔舉節義其父欲以事聞項力謝曰我豈以博名耶年六十八卒

賀時保妻沈氏十八歲夫亡苦守三十八年邑令鄭振先表之

屠巽妻沈氏十八歲寡守節終其身

生員曹邦彥妻俞氏適曹九載夫亡子大田方三歲兵荒頻仍事姑撫孤備嘗荼苦既而子婦天大田不再娶俞以大母母三孫年六十七卒事聞詔旌

孫世俊妻何氏夫亡生子廣祚未週會歲祲姑令改適郎憤激投河尋就縊俱以救免守節四十年

卜舜年妻沈氏二十五歲夫亡苦志撫孤至八十九卒

屠德徵妻莫氏夫亡子詔恩甫三齡家貧紡績自食夫之執友包汴項元淇憐其困欲助之田堅卻

不受督學薛應旂令縣官歲給粟帛包項兩人仍助田十五畝年七十三卒邑令范揖俸以資喪葬

生員孫宏志妻項氏二十四歲夫亡撫遺孤事舅姑族黨無間言年五十一卒邑令陸獻明給貞風勁節額

徐恭妾陸氏恭亡生子甫週陸勤紡織以事其姑訓子為諸生年八十餘卒

王祀妻陸氏尚書陸完姊二十六歲夫亡撫三孤教以義方長子化中書次子憲鎮撫知府劉鏜旌之

潘有道妻姚氏家貧守節訓子事姑被旌

徐兆先妻夏氏二十六歲夫亡上奉孀姑下撫孤兒食貧甘淡無怨心或諷以再醮謝而不答茶苦終其身年四十八卒崇禎十年邑令羅炌表其閭曰心對鏡天

許屏寅妻陸氏二十三歲夫亡撫子養姑至六十三卒推官楊表其閭

生員周萬象妻沈氏夫亡遺孤二歲翁七旬事之孝訓子允彰登賢書年八十卒詔旌其門

嘉興府志　卷六一之　嘉興節婦　四

陸萬程繼妻朱氏媳嚴氏朱二十二歲夫亡撫育遺孤婦嚴氏二十五歲寡子如砥甫五歲守節四十年年俱七十一卒邑令羅炌表之

周君用妻諸氏二十四歲夫亡訓孤宏毅嚴而有法嫁娶子女周恤族黨無不合禮守節三十六年

監生沈漸鴻妻曹氏十九歲夫亡矢志殉節閉戶自縊舅姑力勸之嗣夫弟之子愈以奉大宗奉養舅姑喪葬盡禮年五十四卒

王道浦妻唐氏夫亡孝事翁姑訓子及孫苦節四十餘年卒

屠明讞妻褚氏夫負雋才家貧以母喪未葬三十不娶褚父勳重其義以女歸焉夫亡褚年二十三遺孤甫週矢志守節年六十七卒崇禎間旌

生員朱國泰妻王氏二十一歲夫亡紡織養姑生死盡禮守節四十餘年

生員蕭韶妻夏氏三十歲夫亡教子師魯成立知縣湯齊表之

萬甯妻張氏十七歲夫亡撫子邦和以醫名世苦節五十五年巡撫左光先奏旌

徐行遠妾仲氏十九歲行遠死撫孤世浴成立守節三十年崇禎間旌

馬泰川妻孫氏二十五歲夫亡身歷凶荒備嘗荼苦守節五十三年卒曾孫壽穀成進士

生員孫仍芳妻陸氏成婚三日夫亡立誓從死以翁姑年邁竭盡孝道喪葬成禮以夫從子謀為賢而立之守節四十五年邑令林聞表之

徐世濂妻陸氏夫早亡哭夫成疾嫁時粧奩屏不服御以布素終所啖惟菜粥并不及鹽豉苦節三十四年子肇啟崇禎副榜遭難死

宋承武妻鄭氏夫病篤割股以進夫亡哀毀骨立以苦節卒御史梁表其閭

周鏡妻沈氏二十八歲夫亡子兆清生甫三月撫之成立苦節三十五年

沈元道妻陸氏二十四歲夫亡撫孤延嗣守節四十年邑令羅以節凜冰霜額表其門

嘉興府志　卷六一七　嘉興節婦　五

沈元鍈妻邱氏夫亡孝事舅姑撫子萬春萬芳萬榮俱成立守節以卒

陳嘉訓妻馬氏夫亡撫孤成名守節三十六年

庠生邱明妻周氏　　俞光妻沈氏

生員朱繼善妻俞氏　　徐禹妻張氏

吳應山妻許氏　　姜地妻屠氏

高尚仁妻常氏　　賀道立妻項氏

胡文孔妻陳氏　　沈懋德妻常氏

吳中俊妻范氏　　倪文和妻王氏

金惟秋妻張氏　　項儒亨妻鍾氏

翁仲初繼妻浦氏　　高俸妻姜氏

項從先妾錢氏　某妻高氏以上向無事實僅列姓氏今仍之

于韶妻王氏名淑安平湖孫固外孫女歸于家頗落未廟見韶已病風閉室守疾奉侍湯藥半載韶卒誓不再適宗族憐其無嗣以舅之幼子繼之則固之孫也辛勤撫育守節二十餘年

徐萬鍾妻沈氏平湖沈若愚女適徐三月夫亡年十八守節四十二年卒

生員顧臺妻毛氏家貧守節學使屠義英表之

沈氏夫游中州客亡沈貧苦自守歿而暴棺邑令蔡肇慶憫其無後捐俸營葬作詩挽之

金應元妻徐氏婚二載夫亡徐欲自經姑姒防衛得免守節五十年大吏奏聞建坊

皇甫恩妻張氏十九歲夫亡守節六十七年

胡應祈妻周氏二十九歲夫亡連遭翁姑喪拮据殯殮家無立錐教子思成名苦節二十五年卒

屠啟元妻劉氏十八歲成婚十月夫亡守節以終有司給天付完節額表之

監生郁苻妻陶氏二十三歲夫亡一女五齡翁姑年老奉養以終守節三十五年

朱國賢妻倪氏二十一歲夫以哭父亡倪屢欲自經姑密防之時太翁尚在勉供甘旨以苦節卒

黃賓妻沈氏二十歲夫亡力任女紅謀甘旨以養孀姑年逾六十卒

石維李妻孫氏二十二歲夫亡遺孤世英纔三歲教誨成立守節終其身

參政項德楨妾郭氏二十六歲德楨亡遺孤聲國甫七歲事嫡屠恭人如母足不履閫外者十一年一日謂聲國曰吾忍須臾死不即從府君地下者為汝未成人耳汝今年十七能讀書吾復何戀耶遂逝年三十六聲國崇禎進士

陳三洲妻吳氏夫亡膳姑撫子邑令范文若表其門

王國賢妻陶氏二十九歲夫亡鞠育遺孤苦守四十餘年

高氏夫徐被殺號哭想冤抵仇於罪守節四十餘年卒

朱文朝妻秦氏名廣聰二十九歲夫亡家貧事病姑盡孝撫四歲孤素臣成立為諸生年八十一卒

江起鯨繼妻屠氏夫亡子皋甫六歲起鯨前妻有三子加以非禮屠惟飲泣而已皋力學成名事母至孝母病籲天請代力行善事常鬻粟以賑貧者皋子溥順治戊子領鄉薦浤成明經

邱某妻韓氏主事邱履嘉之叔母天啟四年旌

王某妻吳氏知縣王先甲之母崇禎十三年先甲具疏陳母苦節奉詔建坊

監生屠景孫妻盛氏婚四十日夫亡撫嗣子守節四十餘年

生員沈士麒妻項氏婚一載夫亡翁太守中英歷任中外項操家政上事翁太翁太姑甘旨無缺亡何太翁與翁相繼去世項撫孤開泰成立以上二人巡按左光先奏旌

王子元妻胡氏夫早亡孝事翁姑撫孤成立邑令陸表曰苦節振世海鹽令鄭表曰節烈堪風

進士董嗣昭妻李氏嗣昭未除官卒於京邸李長齋奉佛以終其身天啟間旌

周宏選妻王氏夫早亡矢志守節時同里李文廉母何氏諸生屠纊母褚氏皆旌周貧不能達有司

周某妻康氏夫亡子之諒僅百日及長事母孝以工奕有聲曾孫覽予繼之年八十卒王翃作沁園春詞以表之

廩生岳沖妻沈氏二十一歲夫亡遺孤栻又殀時遭兵燹艱苦備嘗守節三十五年

李梘妻何氏三十一歲夫亡撫八月孤成立守節踰四十年撫按給二額曰操比冰霜大節凜如表之

生員李嗣馨妻曹氏二十歲夫亡孝事舅姑撫孤琦成立守節四十餘年

沈漣妻仲氏夫亡持家勤儉克守先業崇禎十五年撫學二憲給帖表之

國朝

贈尚書杜衢妻曹氏十八歲夫亡事舅姑教子甘旨饘粥之資取辦十指以孫臻貴得封康熙十七年旌

生員朱夢李妻沈氏十七歲適朱三月夫亡閫戸自經以救免奉舅姑盡孝夫弟生女甫襁褓連喪父母沈收養之長為擇壻守節三十八年卒康熙三十六年旌

張允昌妻章氏二十一歲夫亡子林生甫數月守節四十餘年

孫日杏妻屠氏二十三歲夫亡事姑盡孝撫子成立夫弟舜生早世娣貧不能自存屠畝與同爨為其二子婚娶守節五十年卒

以上康熙四十二年旌

生員吳鯤妻徐氏二十八歲夫亡誓志勵節撫五齡孤與成立辛苦持門戸不失舊業年七十三卒康熙四十五年旌

蔣宏遠節孝祠冊作永江妻江氏二十九歲夫亡家貧舅鬻膏藥以自給江撫三歲孤嚴慈交盡守節四十四年

范本榮妻謝氏二十九歲夫亡二子臻瑄俱幼謝絕食嘔血強起撫孤事孀姑甚孝守節三十二年

以上雍正五年旌

副貢王拔妻沈氏夫有才名以中副榜憤懣成疾而亡沈年二十六痛夫齎志不售集所遺詩文名曰石愚堂藁梓以行世守節五十六年

王掄妻謝氏二十九歲夫亡止遺一女與姒沈共撫之守節四十三年

錢正妻葉氏二十九歲夫亡繼夫從子為後遺腹生子撫之俱成立事孀姑盡孝守節三十七年

曹洪生妻張氏二十九歲夫亡紡績撫二幼孤拮据安葬三世守節三十四年

以上雍正六年旌

龔維賢妻阮氏二十九歲夫亡家貧事孀姑孝撫二子成立守節三十九年

貢生沈平格浙江通志作生格妻俞氏二十五歲夫亡事兩世孀姑生死盡禮撫孤廷宜勤劬備至守節三十二年

曹福年妻袁氏二十二歲夫亡夫為伯氏後而本生無子袁以一身事兩孀姑俱克盡孝撫孤銑長娶婦生三孫袁命案序承祧宗黨咸稱之守節三十九年

唐文燿妻包氏二十九歲夫亡兩世未葬包力營窀穸并以其夫附焉撫二子成立守節四十一年

以上雍正八年旌

楊時茁妻吳氏義方妻倪氏吳氏二十二歲夫亡遺孤義方僅三齡辛勤撫訓長娶倪氏年二十四寡無子繼夫之從孫廷元為子吳守節四十年倪守節三十一年

生員盛本栩妻傅氏二十二歲夫亡舅姑老二子幼上事下撫備極勞瘁守節三十九年

以上雍正九年旌

馮啟繼妻沈氏二十八歲夫亡事舅姑生養死葬盡禮撫前妻女及己生二子昺昇教養備至後昺成進士守節二十九年

監生沈徵妻王氏二十三歲夫亡絕食幾死事舅姑孝教子宗昌成立守節三十一年卒

陳大同妻胡氏二十三歲夫亡訓遺腹子學聖甚嚴事翁左衰以孝守節三十四年

以上雍正十年旌

俞光耀妻沈氏十八歲適俞甫十月夫亡遺腹生子撫教有成事舅姑以孝性好施與凡郡中育嬰同善諸會無不捐貲守節三十三年

宋子安妻曹氏二十六歲夫亡姑先卒曹卽鬻產葬舅姑及夫并穿己壙教二子以義方父母沒遺二幼弟曹俱撫之成立守節二十七年

生員錢豐妻李氏二十九歲夫亡未幾姑亦卒祖翁及翁又相繼卒李竭力營喪葬撫二子饘粥之貲半出十指有姪幼孤李復撫之守節三十三年

以上雍正十二年旌

徐賓藩妻金氏二十五歲夫亡遺孤甫七歲金事舅姑孝舅病侍湯藥五載無惰容孤長令其貿遷

有無以給衣食學使李給德湛冰壺額守節十七年卒

張德元妻顧氏二十四歲夫亡絕粒五六日截髮毀容紡績自給教子維綱成立守節五十二年

沈榮陞繼妻周氏妾周氏二十五歲夫亡無子其妾亦周氏年十九遺一子二人共撫之閨門整肅俱守節三十二年卒

沈翰培妻周氏二十一歲夫亡遺孤未晬爲夫營葬卽穿己壙於旁舅姑歿哀毀逾禮教子義方守節三十一年以上雍正十三年旌

監生王六符妻韓氏二十八歲夫亡哭踊暈仆折傷其足夫易簀時以未置祭田爲憾韓早夜辛勤積置腴田二十畝留爲公產弟御宸少孤爲延師訓之與子志達俱成立守節四十餘年

生員曾郊妻李氏二十六歲夫亡斷髮絕粒幾以身殉舅姑相繼去世哭至嘔血守節三十三年

王元禧妻韓氏二十八歲夫亡無子立從子爲嗣守節三十八年

馮敬栻妻湯氏二十五歲夫亡孝奉翁姑訓遺孤林讀書爲諸生苦節三十年

范聖宣繼妻沈氏

張玉文妻王氏夫亡守節孫肄建宗祠於梅里以奉祀焉

馬君祥妻鍾氏二十五歲夫亡守節三十五年

生員馬迴瀾繼妻陳氏

監生胡廷樞妻李氏二十八歲夫亡撫孤維翰竭盡心力翁姑歿喪殯從厚守節三十三年

陳士錡妻周氏二十九歲夫亡子寅未晬翁姑歿致哀盡禮守節四十七年寅補諸生

監生莊其瀾妻江氏二十六歲夫亡敬事兩姑訓飭孤子甚嚴一生勞瘁力疾營葬兩世遺柩而卒守節十五年

陳枚詹妻姜氏二十九歲夫亡守節二十五年

生員戚維峻妻鍾氏

胡士榮妻徐氏二十二歲夫亡守節二十六年

刪廷鑑妻沈氏

沈維仁繼妻淩氏妾高氏康熙初有盜夜入室執維仁以刀加頸淩奮出奪刀手臂俱傷妾高助之脫夫於難次年夫亡淩年三十高年二十家被火將及停棺之屋兩人率二孤應祺應臨伏棺痛哭反風火熄屋不燬守節皆四十餘年

學政曾王孫妾傅氏二十七歲王孫亡欲死殉戚族慰之孀居五十六年以上乾隆元年旌

沈悅泉妻朱氏二十九歲夫亡善事舅姑守節三十六年子玉暘有孝名

監生李源妻朱氏二十一歲夫亡撫夫從子言志延師訓之守節二十四年

生員黃杵臼妻浦氏二十歲夫亡卽自經爲小姑救免嗣子大勳早歿與其婦相依守節六十四年

黃大勳妻周氏十九歲夫亡無子撫夫從子學基爲嗣家貧甚與姑浦相依事本生翁姑亦謹守節四十五年

葉揆繼妻程氏二十九歲夫亡拮据殯殮二子長從舅氏陳廷煒受業學乃進守節三十六年

黃留基妻范氏二十三歲夫亡守節十九年

鄭雲瑞妻汪氏

莫公集妻夏氏

周浦妻孟氏

勞而智妻吳氏二十七歲夫亡撫孤瑞成立守節四十九年

盛翰臣妻沈氏二十七歲夫亡沈十三齡時母病危刲股以進姑患腿癰以口吸膿而愈守節四十一年

周御傅妻汪氏二十四歲夫亡守節三十年

金蕊瓚妻勵氏二十五歲夫亡守節三十六年

馮溶妻殷氏　婁璜妻陳氏

徐容臣妻錢氏十八歲夫亡遺孤英奇英表俱幼錢奉繼姑鞠孤子守節四十二年

生員李如蘭妻方氏二十七歲夫亡撫子燦及庶子燁俱成立守節四十六年

吳晉濤妻夏氏夫亡家貧有賙之者卻不受子光達以孝聞守節五十餘年

監生盛重節孝祠冊作王㙨妻張氏名繡年未二十重死老主母令改適不從又數年母欲其別嫁終不爲動既而嗣子纘祖及孫必大皆早世嫡室張氏年至八十五卒繡獨居紡績有兄鄉居其嫂來探之極相得然終不一至其家以上乾隆二年旌

朱松年妻呂氏二十八歲夫亡姑病割股煎湯以進姑歿翁亦繼歿有地鄰欺寡搆釁欲逼呂嫁呂

激烈誓死學使何剖雪之

生員王士宏妻曹氏二十九歲夫亡守節十七年

周公遜妻俞氏公遜名昰仗義獲罪俞年二十餘守志以終

陸廷翼妻繆氏二十七歲夫亡守節五十三年

王漢褒繼妻陸氏　湯紀綱繼妻石氏

支威遠妻張氏　梅雲賓妻陳氏

王聖與妻張氏二十八歲夫亡守節四十二年

尤貞憲妻韓氏二十二歲夫亡遺孤殤於痘復撫夫從子成立守節三十二年

陸欽彥妻蔣氏以上乾隆三年旌

陳諧妻張氏二十五歲夫亡子掌綸生甫七月撫育成立守節二十四年

監生王元震妻李氏三十歲夫亡撫孤矢志守節四十九年

楊萬鍾繼妻朱氏二十二歲夫亡撫子啟元及前子世楨成立家貧辛勤紡績營葬數世遺棺守節四十年

王子偉妻徐氏夫亡遺負數百金徐日夜紡績償之事姑盡孝守節四十餘年

王心耘妻張氏二十八歲夫亡疾革時張割股以進不效訓孤家榦讀書爲善守節三十九年巡撫盧表其門曰松貞筠節

王秉銓妻周氏二十三歲夫亡遺孤又歿與姒張守節三十餘年

李明遠繼妻沈氏年二十三婚甫七月夫亡撫前妻幼子愛護靡已咸以賢母稱之守節三十年

浦尚瞻妻鄒氏二十二歲夫亡逾二月而遺腹生撫育及長稍有過失即警敎之守節三十六年

王元晃妻蔣氏二十四歲夫亡蔣幼喪母繼母馮待之少恩蔣曲盡孝敬馮亦感動及適王以賢孝稱守節三十七年

生員孫衛世妻包氏二十九歲夫亡寡姑年逾七旬遺孤尚未彌月包艱辛勞苦莫可言狀未幾子殀乃撫夫兄之子永年爲後守節三十八年

姜介眉妻蔣氏　范大忠妻潘氏

吳禹臣吳氏族譜名晉錫妻朱氏夫亡子洪孫元林亦早殀朱氏撫孤兩世艱苦備嘗

黃谷宸妻江氏　鞏一林妻繆氏

薛麟書妻吳氏二十九歲夫亡守節四十二年

鍾羽皇採訪冊作起鳳妻章氏　沈宏妻馮氏

生員程一煥妻陳氏夫赴省試歿於杭陳年二十二聞訃閉戶以裙帶自經爲家人救免旬日柩至以頭觸棺求死時懷妊已六月舅姑慰諭之越四月生子傳光撫訓成立守節二十四年

吳天益妻張氏夫亡孝養遺姑教子彥文以醫名於時

錢煒妻周氏　張靜庵妻沈氏

闕麟瑞妻周氏二十六歲夫亡無子撫育夫之從子成立勤紡績孝翁姑守節二十九年

州同知金之樞妻陸氏之樞亡奉養老主母撫育幼子不遺餘力守節至五十三卒以上乾隆四年旌

金開旻妻俞氏二十七歲夫亡事姑盡孝爲嗣子朝麟延師課讀守節二十年

沈二最妻厲氏二十五歲夫亡姑病奉侍湯藥不解帶者九十餘日姑亡盡哀盡禮苦節五十年

王震妻陳氏震爲王庭次子成婚後即隨父任之廣州時因道梗留寓南康病亡陳年十八翁憐其少欲嫁之陳斷髮毀容誓不再適守節三十二年

金玉倫妻李氏十九歲夫亡撫遺腹子文山成立文山娶徐氏夫婦盡孝年七十餘卒李有姊適朱亦以節著

顧元春梅里志作少文妻王氏王庭曾孫女二十六歲夫亡撫子紳虎成立守節五十三年

費其淵妻宋氏二十歲夫亡遺孤大年甫二歲茹荼撫養事翁姑以孝聞

曹起鳳妻陳氏十九歲夫亡守節五十二年

郭右元妻沈氏　徐永隆妻毛氏

許宏達妻李氏二十二歲夫亡守節三十六年

懷鼎臣妻石氏二十八歲夫亡守節四十年

徐斌南妻曹氏　鄭聖章妻程氏

鄧元璜妻周氏　杜百持妻張氏

吳洪芳妻臧氏二十四歲夫亡紡織養姑守節三十年攷浙江通志吳府志俱載吳臧氏入秀水

施光射妻朱氏

監生屠錫綬妻錢氏兆濂妻李氏錢二十四歲夫亡無子孝養老姑撫夫從子兆濂方成立而歿同其婦李氏矢志守節三十四年

李耕餘妻張氏夫亡無子立夫之從子超宗爲後時以讀書敦行勉之

馮星槎妻王氏十九歲夫亡守節三十餘年以上乾隆五年旌

孫陞榮妻任氏祈斌繼妻胡氏任二十三歲夫亡撫夫從子士宏爲嗣胡年二十五亦寡撫前妻馮遺孤士發及孫南金成立任守節五十一年胡守節二十七年稱一門雙節

陳坊琦妻朱氏二十六歲夫亡無子撫夫從子爲後守節三十一年夫弟坊珠妻亦以節著

生員沈晉侯名轂學冊妻倪氏二十八歲夫亡遺孤三俱幼及長樹蘭樹萱著名庠序年七十學使顏光敦給額不中士賜詩有松筠集曾王孫撰像贊苦節三十一年

監生湯奕清妻曹氏承宗妻曹氏姑二十二歲成婚六十日夫亡遺腹生子承宗長娶曹氏亦早寡同守苦節

張茂德妻吳氏二十九歲夫亡家中落吳紡績以佐薪水奉事翁姑克盡孝養

陳書雲妻蕭氏二十三歲夫亡翁疾篤蕭割股投藥疾頓愈撫二孤既長一病亡一客死孀姑寡婦煢煢無依守節五十八年

陸基妻江氏二十九歲夫亡守節二十年

汪汝翼妻姚氏夫亡撫孤錫元矢苦守節

生員陳鏡妻吳氏案鏡係秀水人見陳氏家譜事蹟亦無考

錢有蒼妻孫氏　張振坤妻于氏

倪繼鳳妻周氏　馮允和妻江氏

沈善勝妻淩氏二十九歲夫亡守節三十一年

金如梁妻盛氏　呂公裕妻盛氏見浙江通志事蹟無考

生員錢杞妻陸氏

生員錢峯妻任氏二十九歲夫亡生子汝鼎甫四齡撫育成立守節二十三年案錢任氏亦載海鹽續圖經

沈允師妻龔氏　吳士泰妻朱氏

高羽皇妻范氏　蕭煥文妻徐氏以上乾隆六年旌

生員周昶妻陸氏二十六歲夫亡無子立夫從子清源爲嗣守節四十一年族姪侍御陸清獻公稱爲女宗云

顧蕃圃妻張氏二十八歲夫亡姑繼歿父母又見背張經營喪葬靡不盡力撫夫從子淇爲嗣守節十七年

戴源乾妻朱氏二十歲夫亡遺孤能穀僅四月餘以養以教俾克成立守節四十八年

黃錫宸妻郭氏二十六歲夫亡孝奉老姑有姪女早喪母郭卽撫之視同己出

唐國祚妻郭氏二十五歲夫亡孝事翁姑姑歿以哭泣過甚兩目成疾初郭育於兄嫂受父所擬蕩地十畝粧奩之前悉以讓兄嫂聞者俱爲感歎守節三十五年

沙殿威妻楊氏二十三歲夫亡止一子九歲殤楊號泣求死旣而曰守節一也有子則甜而易無子則苦而難天旣困余以苦余亦甘爲其難由是閉戶深潛日勤女紅以自給守節三十一年

張覲揚妻朱氏　鄭繼典妻倪氏

祝齡修妻周氏　陳遜修妻陸氏

陳之模妻路氏案秀水旌冊有陳文模妻路氏未知是一人否書以俟考

施本定妻萬氏二十八歲夫亡子炯甫三歲長爲邑庠生翁姑年俱七十奉事不怠萬年六十三卒以上乾隆七年旌

沈樹芝節孝祠冊作鶴巢妻徐氏二十七歲夫亡守節三十三年

王用賓妻曾氏十九歲夫亡生子纔十三日撫之成立家逼市樓數十年未嘗啟窗一覩年八十六

俞秀昌妻顧氏二十八歲夫亡守節四十一年

陸瑞麟繼妻鄧氏

繆慈明妻鄭氏二十八歲夫亡守節十八年

馮學海妻莊氏　金佩成妻朱氏

章錫皇妻孫氏　陸廣安妻沈氏

田培英妻胡氏二十二歲夫亡守節三十八年

曹世瞻妻陶氏二十一歲夫亡守節三十一年以上乾隆八年旌

徐一心妻姚氏　郡庠生曹昂妻沈氏

方廷侯妻徐氏　陳國相妻高氏

顧履仁節孝祠冊作呂臣妻沈氏

陳誕先妻葉氏二十四歲夫亡無子翁姑早歿撫夫弟東明成立守節三十三年

錢達妻周氏二十二歲婚一載夫亡守節三十年

張佩妻朱氏以上乾隆九年旌

徐東郊妻高氏二十八歲夫亡遺二孤玉增鼎鉉高每夜一燈紡紗課讀咸謂節母善教云

吳君昇妻陸氏　高憶山妻姜氏

錢觀德妻曹氏

沈雲祥妻張氏二十八歲夫亡守節三十四年
金振玉妻徐氏以上乾隆十年旌
李思垣妻許氏二十七歲夫亡撫遺腹子成立翁年老奉事以孝聞苦節四十九年
姚純所妻王氏十九歲夫亡撫遺腹子成立苦節六十三年邑令張給維貞則壽額
錢序賓妻曹氏十八歲夫亡投井數次俱爲翁姑救免守節四十一年學使王蘭生給盡孝全貞額
夏彥耆妻項氏二十五歲夫亡撫孤成立守節六十四年
陸兆鼇妻丁氏　金粲妻陳氏
吳琮妻張氏　顧禹疇妻錢氏
貢生錢是式妾鄭氏二十五歲是式亡撫孤塤克繼先業守節五十三年卒
錢棟妻梁氏　侍衞許雲龍妻孫氏

江宏朝妻潘氏成婚四載夫亡紡績自給撫幼孤君素成立年六十七卒
方象坤妻趙氏　徐巨衡妻陶氏
懷懋昭妻李氏　沈天韓妻張氏
沈季虞妻夏氏　項其章妻陳氏
孫濟航妻徐氏　吳友韓妻戚氏
濮允昇妻柴氏十八歲夫亡守節六十七年以上乾隆十一年旌
李道衡案李氏族譜名鑑妻沈氏泰妻方氏沈十八歲婚一載夫亡截髮毀容樓居五十餘年年七十五卒夫弟泰妻方氏成婚五月夫亡方年十九撫幼叔煥宇成立七十二歲卒
李廷綸妻許氏二十九歲夫亡守節四十二年
王浣石妻繆氏繆師伋女夫亡翁與繼姑謀改適繆欲自盡乃止服闋後繆恐再迫遂歸於繆後翁姑歿奔赴哀喪葬盡禮年七十一卒
許昊山妻鄭氏二十九歲夫亡無子撫夫從子恒昌爲嗣守節三十九年
都世埏妻繆氏　朱維周妻吳氏
姚禮園妻鍾氏二十三歲夫亡子廷蘭纔二歲稍長就傅以女紅所積爲脩脯資守節三十年卒
董廷遠妻范氏　樊璉妻周氏以上乾隆十二年旌
盧上偉妻吳氏二十二歲夫亡無子撫夫從子廷縉爲嗣守節三十三年
董維翰妻許氏　宋岐昭妻包氏
陸汝翼妻唐氏
錢容復妻金氏二十歲夫亡撫孤德茂守節三十四年
俞彩案節孝祠冊作聲菴妻朱氏二十五歲夫亡守節四十一年

厲天慧妻于氏以上乾隆十三年旌
吳發祥妻甄氏婚五月夫亡年六十餘卒
錢國棨妻許氏　陳莫侯妻沈氏
湯子正妻韓氏以上乾隆十四年旌
李蓉房妻沈氏二十八歲夫亡子雋未晬沈一慟幾絕事姑孝訓雋績學以繼先業守節三十餘年
沈西安妻顧氏二十三歲夫亡遺腹生子成章守節三十九年
徐雲從妻劉氏以上乾隆十五年旌
屠溙妻莊氏乾隆十六年旌
錢釪妻丁氏二十九歲夫亡撫夫庶弟敬直至長貧無以娶鬻住屋爲之娶婦後敬直客外病革泣謂其僕曰我死于此已矣所憾者不能終養我嫂耳其僕歸以告丁丁一痛不起年七十九卒乾隆十八年旌

徐志妻淩氏士鶴妻某氏淩二十五歲夫亡孝養老姑撫繼子士鶴恩勤備至士鶴早世
淩偕其婦守節四十七年乾隆十九年旌
徐鳴玉妻金氏乾隆二十年旌
徐元標妻郭氏二十三歲夫亡絶粒誓死以腹有遺孕乃復進食越四歲子殤撫從子洪爲嗣室中
被火郭負姑以出俄而反風滅火人以爲孝感云守節三十八年
楊功懋妻沈氏以上乾隆二十一年旌
濮棨妻沈氏乾隆二十二年旌
仲子政妻王氏二十六歲夫亡夫在日貿易爲業王將遺貲三十兩生息以膳翁姑更竭力紡績以
補不足翁姑得以娛老皆王力也
呂肇勳妻錢氏以上乾隆二十三年旌

蔡慕韓妻彭氏二十七歲夫亡事姑聞氏盡孝訓孤玉山業儒建山力穡咸能守分諸戚有貴者屢
以淸俸貽彭彭曰詔祿所以養廉也未亡人何敢濫竊御之不納其耿介如此守節四十九年
潘維新妻楊氏以上乾隆二十四年旌
陳蕃高妻包氏二十三歲夫亡二子甫在襁褓家貧不能延師凡經書句讀親自指授常令讀書機
側二子咸得成立守節三十九年乾隆二十五年旌
梅廷璋妻唐氏二十八歲夫亡翁先卒兄公繼夫而逝唐勤苦持家事姑甚謹訓遺孤機讀書爲諸
生守節三十三年
徐聲鋐妻倪氏以上乾隆二十六年旌
生員屠冲妻孫氏二十五歲夫亡子彬僅三歲孫勺飲不入口或疑其將以身殉孫毅然曰翁姑
在何敢死後數年連遭舅姑喪拮据殯葬心力交瘁守節五十二年

糜用霖妻楊氏二十七歲夫亡孝養老姑撫二孤成立
監生湯承宗妻曹氏二十九歲夫亡姑亦曹氏早寡姑疾不起慟哭失聲撫子紹馨慈嚴兼備
守節二十九年
生員顧大業妻沈氏二十九歲夫亡引刃欲自裁老嫗魏馮氏見而奪之傷右手食指撫夫從
孫天祐成立年八十一卒以上乾隆二十七年旌
徐呂璧妻金氏二十一歲婚三月夫亡孀姑在堂出紡績所積以佐甘旨又爲夫弟脯脩之資
監生汪汝明繼妻陳氏二十八歲夫亡撫孤安國與元配所遺女無異翁姑營葬後以夫穴
附於旁曰三棺入土吾志畢矣守節三十三年
生員姜士熊節孝祠冊作渭師妻萬氏二十八歲夫亡守節四十二年以上乾隆三十二
年旌

張用宗妻竇氏二十五歲夫亡子廷發生纔數月姑年老竇雖甚貧必進甘旨守節三十七年
顧廷麟妻李氏二十五歲夫亡撫一孤女紡織以給守節四十二年以上乾隆三十三年旌
贈修職郎吳兆麟妻陸氏二十五歲夫亡長子基五齡次子坤尚幼躬親撫育俱得成立
守節四十四年乾隆三十五年旌
監生徐宏妻沈氏二十九歲夫亡未逾月翁疾沈晝夜奉侍籲天請代未幾翁卒事嫡庶兩姑甚
謹兩姑歿沈一身孑然適有兄女歸吳姓者亦早寡邀與同居織紡守節三十六年乾隆三十六年旌
朱御六妻陳氏二十九歲夫亡閱三月遺腹子家慶生陳自奉儉約有甘旨必供堂上翁姑歿經營
喪事無不盡禮守節三十一年
范世英妻施氏二十八歲夫亡撫遺腹子煥成立翁姑早歿每遇嘗新必以薦其孝思純篤如此守
節四十一年

聞汝珩妻徐氏夫亡徐泣血誓死時遺孕在身已三月矣及生子國棟遂節哀撫孤紡織以終以上乾隆三十七年旌

李行恕妻陳氏二十四歲夫亡姑早歿事翁光映至孝夫服除後獨居一樓日勤女紅以助薪水立夫從子腴爲後守節三十六年

監生鄭天錫妻錢氏　鶴鳴妻屠氏錢二十七歲夫亡遺腹子鶴鳴早逝錢與子婦屠氏相依守節三十三年

壽夢蘭妻婁氏二十三歲夫亡姑患目眚婁以舌津潤之數月復明夫之從子允溥自幼撫之踰於己出守節三十三年

朱景雲妻錢氏二十四歲夫亡生子茂千方七十日既長爲之納婦適當殯葬翁姑之後拮据支辦克成婚禮人咸稱之守節四十七年以上乾隆三十八年旌

莊俊傑妻丁氏二十四歲夫亡撫孤大啟成立處妯娌間情誼甚篤守節三十五年

莊濟之妻范氏二十三歲夫亡姑猶在堂范與伯姒丁奉侍俱以孝著姑歿共勤喪葬嗣子容光早殤丁復繼以次孫念詒守節三十四年

贈儒林郎陸汝嘉妻顧氏二十三歲夫亡翁姑年邁遺孤榛尚幼仰事俯育竭盡心力守節四十六年孫振燦由舍選貤贈安人

監生錢治妻陸氏二十五歲夫亡絕粒數日侍姑金氏病數載無倦子天植既長娶婦以家事委之長齋繡佛以終其身

郭岐山繼妻張氏以上乾隆三十九年旌

杜永芳妻陳氏二十八歲夫亡姑孀居奉侍二十餘年不怠撫孤嗣宗守節三十六年

江來儀妻陸氏二十七歲夫亡夫疾篤時陸刲左股煎湯代藥疾終不起遺孤德煥甫三歲撫之成立守節四十四年

施國瑞妻蔣氏二十二歲夫亡憑棺痛絕家赤貧孀姑歿措辦棺衾不遺餘力撫夫弟憲揆之子上廉爲後守節三十九年

陸朝佐妻沈氏二十四歲夫亡子痘殤沈哭之雙目流血庶姑歿時沈正抱病猶强自支持拮据棺殮相距不一年卒苦節三十一年

陸寶崖妻吳氏二十二歲夫亡晝夜紡織供翁姑甘旨娣沈亦寡吳待之如同胞女弟姑歿吳勞瘁致疾執娣手泣曰我不克事翁及庶姑矣汝知我意幸善視之言訖而卒以上乾隆四十年旌

張運中妻沈氏乾隆四十一年旌

倪松巖妻宓氏二十八歲夫亡撫夫從子錫里爲諸生翁姑早喪松巖賴伯父母撫恤宓侍奉之一如翁姑孝養無缺

楊天德妻吳氏　范璋妻李氏以上乾隆四十二年旌

監生張恆繼妻王氏歸張一載夫亡姑曹氏年老前子錫鏞俱幼王紡織不輟膳姑育子守節三十餘年孫廷濟戊午解元

張孝玫妻朱氏二十六歲夫亡次年遺腹生男朱撫而泣曰有以報我夫矣及長負米遨遊家聲不墜守節四十五年

生員鄭倬妻姚氏二十六歲夫亡遺一子一女翁歿遺小叔小姑五人未幾姚所生子殤以夫從子錫祚爲嗣完婚嫁葬先柩守節五十年

周履本妻徐氏

張景揚妻王氏二十歲夫亡守節五十五年

監生沈飛熊妻李氏二十八歲夫亡事繼姑以孝遺孤其圖錦堂脩脯之貲出女紅佐之守節

三十年以上乾隆四十三年旌

監生顧大惠妻屠氏二十一歲夫亡長孤學禮三歲次學詩方娠屠孝奉翁姑撫訓二子俱入成均守節三十四年乾隆四十四年旌

監生李恒九妻吳氏二十三歲夫亡無子擇長房子世棟撫之性閑靜雖至戚罕見之守節三十一年

俞景安妻濮氏

監生鮑爾爵妻吳氏二十九歲夫亡長子謙早殁次光遠次晉俱成立吳奉父母翁姑至孝守節三十二年乾隆四十五年以上旌

金世榮妻屠氏二十二歲夫亡夫弟子本忠甫三齡屠撫之成立守節四十年乾隆四十六年旌

蔣松亭妻沈氏十七歲夫亡孝事老姑撫遺腹子念貞備歷艱苦守節三十四年

李若愚妻張氏二十六歲夫亡晝夜紡績以養姑育子己常枵腹禦寒止衣敝絮苦節四十八年

徐東山妻周氏二十四歲夫亡撫孤洪耀守節三十年

葉荆山妻劉氏夫亡紡織自給以苦節終

陳御山妻金氏二十一歲婚九月夫亡撫遺腹子世昌成立守節五十五年

徐之彥妻姚氏二十五歲夫亡守節四十九年

陳文修妻張氏二十二歲夫疾篤割股以進夫終不起張投環飲滷俱以救免越三月遺腹生子士璜茹荼撫育得以成立守節三十一年以上乾隆四十七年旌

管蘭階妻丁氏二十八歲夫亡撫一子兩女成立營葬三世守節三十七年

姚邦傑妻王氏二十五歲夫亡無子撫夫兄之子爲後守節四十四年

顧光祖妻杜氏二十六歲夫亡翁姑年老竭力孝養守節三十一年以上乾隆四十八年旌

生員姚琮繼妻朱氏生員蕃錫妻某氏朱二十七歲夫亡撫前妻子蕃錫爲諸生早殁朱偕子婦矢志撫孫守節三十一年乾隆四十九年旌

監生周介千妻褚氏二十四歲夫亡越四月遺腹生子禾年撫育成立守節六十一年

俞在明妻舒氏二十四歲夫亡撫孤雲華守節五十年以上乾隆五十年旌

葉向榮妻陳氏二十四歲夫亡翁姑相繼殁陳事太姑王克盡孝養撫孤繩武成立守節四十一年

監生薛亘千妻于氏二十五歲夫亡無子以夫從子陛榮爲嗣孝事其姑至二十九年不怠守節三十三年

湯學相妻夏氏二十二歲夫亡慟絶而甦者再時繼姑在堂孝敬甚篤撫夫弟學模之子太章爲後守節三十四年

徐玉符妻張氏二十三歲夫亡生子廣林僅七日哭泣以血家赤貧事翁姑必進甘旨已而相繼殁

殯葬如禮守節五十一年

沈大銓妻崔氏二十三歲夫亡無子以從子浚爲嗣未幾又殁崔日事紡績營葬三棺守節三十二年以上乾隆五十一年旌

吳坤六妻錢氏二十五歲夫亡無子止二女以從子德賢爲嗣守節五十一年

張旭昭妻曹氏二十七歲夫亡營葬翁姑及夫撫週歲孤兆康成立守節三十一年

陳履剛妻馮氏二十七歲夫亡事翁姑至孝子甫十齡以痘殤乃立族子張湜爲後守節三十五年

曹錦堂妻周氏二十七歲夫亡事翁姑孝養備摯撫二子仁榮仁顯成立守節三十二年以上乾隆五十二年旌

張超倫妻李氏二十四歲夫亡姑先卒翁不繼娶李事翁及翁甚孝撫夫弟之子茂宰踰於已出守節三十八年乾隆五十三年旌

姚畊心妻王氏二十七歲夫亡事翁孝撫孤金聲乾隆庚寅舉人王之食報不爽也守節四十一年

姚洽中妻俞氏二十三歲夫亡翁姑年老奉侍唯謹撫嗣子宗翰成立守節三十七年

監生褚鳳儀妻莊氏二十七歲夫亡痛絕者再妾夏氏遺腹生子懷世視如己出教養成立守節四十三年

馮雲幹妻虞氏敬之妻姜氏虞二十三歲夫亡虞誓以死殉翁姑再三慰諭乃止越五月遺腹生子敬之辛勤撫育長娶姜氏生孫克堅而敬之病歿虞與寡媳矢志守節三十八年

沈大鏞妻高氏二十一歲夫亡事翁及繼姑以孝越三月翁歿殯殮之費竭力營辦子泳名列成均子歿高撫孫守節四十八年

監生黃光槢妻沈氏二十歲夫亡事翁以孝子熙早歿以從子郎堃爲後守節四十一年

監生馬永安繼妻徐氏二十七歲夫亡一慟幾絕强起撫孤時傑以至成立家貧營葬翁姑

及夫柩悉出自十指守節二十六年以上乾隆五十四年旌

沈大思妻陳氏二十七歲夫亡子賓塤五歲撫育有成翁姑及夫之柩悉拮据卜葬守節二十九年

莫樹德妻王氏二十九歲夫亡越三月遺腹生子燿撫訓有成營葬翁姑及夫守節三十四年

金濟成妻馬氏二十歲夫亡遺孤杰未週奉姑孝姑歿哭泣盡哀治家勤儉戚族有以乏告者必勉力周之守節五十二年

徐天錫妻鄭氏二十六歲夫亡孝事孀姑甘旨無缺撫嗣子元廷成立守節三十五年

張時御妻謝氏二十六歲夫亡遺腹生子又殤乃撫從子文江爲後守節四十年

金有璜繼妻楊氏二十五歲夫亡遺娠生女嗣子葉甫四齡撫之成立守節三十三年

監生金潤妻馮氏二十八歲夫亡事姑盡孝訓子應枚讀書爲諸生苦節三十一年以上乾隆五十五年旌

楊漢俊妻湯氏婚三十七日夫亡湯年二十二遺腹生子泰來撫育成立家業中落湯早夜紡織至老不倦守節四十九年

王用舟繼妻劉氏二十一歲夫亡子恩以痘殤以夫從兄凝之子大順爲嗣守節三十七年以上乾隆五十六年旌

沈鑄言妻李氏李潮偕女二十五歲夫亡無子立夫兄祖惠之子爲嗣勗以讀書成立守節四十年

顧鼎仁妻楊氏二十四歲夫亡無子有一鄰媼諷之楊即持剪刀截其指媼竄去以夫弟之子需甫三歲撫以爲後訓導有法翁姑相繼歿楊支辦喪事如禮守節三十八年

吳與參妻邱氏十九歲適吳踰年夫亡無子繼族子星海爲嗣及長娶周氏繼娶高氏生一孫而星海歿邱同寡媳紡績度日守節三十七年

生員胡拱辰妻沈氏二十八歲夫亡止遺二女撫嗣子世宜成立營葬翁姑及繼姑克殫心力

守節三十四年以上乾隆五十七年旌

莊榕妻屠氏二十三歲夫亡日勤女紅孝養翁與繼姑撫遺腹子承基成立守節四十五年

張國棟妻程氏二十八歲夫亡孝事老姑撫孤亨成立守節四十三年以上乾隆五十八年旌

邵昌麟繼妻周氏二十八歲夫亡家貧勤鍼黹以養翁姑撫三子長子嗣翰與弟同親甚友愛爲督課守節二十三年

監生徐世勳妻何氏二十八歲夫亡生一女二子長早世遺孫大洪僅半載何撫育之及長爲諸生守節三十七年

吳元浩妻楊氏二十七歲夫亡遺一女三歲子樑僅四十日楊號泣絕粒賴姑周氏曲慰之撫樑成立守節三十六年

朱寶山妻邵氏二十一歲夫亡撫孤心畬成立營葬數棺守節三十年以上乾隆五十九年旌

曹榮元妻沈氏二十八歲夫亡撫子永裕教育兼至長娶萬氏生孫言縉言綬而永裕病歿沈偕寡媳矢志守節五十一年

生員王俊妻居氏二十一歲夫亡絕粒二日念翁年老強起理喪事撫夫弟銘之子濤如己出守節三十五年

李曉亭妻姜氏二十四歲夫亡無子撫嗣子培芝成立娶婦張氏生三孫傳宗傳福傳桂姜亦撫訓之守節四十二年

李容三妻張氏二十六歲夫亡遺腹生子源錫辛勤鞠育守節四十一年

王肇奇妻汝氏二十七歲夫亡汝乘間赴井以救免遺孤潤甫八歲嚴訓不稍姑息守節四十四年

王肇誠妻張氏二十四歲夫亡翁師周年老敬事不衰撫子淮成立守節六十年

張逢吉妻嚴氏二十三歲夫亡無子遺一女又殤撫夫弟之子寅爲後守節三十五年

嘉興府志 卷六十七 嘉興節婦 兲

王庭槐妻夏氏二十七歲夫亡時翁喪未小祥姑老而病遺孤燾生纔數月夏事姑撫孤竭盡心力守節三十一年

夏光祖妻魏氏二十一歲夫亡繼姑老病魏奉湯藥經年不倦姑歿鬻衣飾以殮子崚甫長訓之讀書成立守節二十六年以上乾隆六十年旌

褚雲軒妻倪氏二十八歲夫亡遺子振輝教養竝至守節十八年

鄒全顯妻羅氏二十九歲夫亡事翁及繼姑以孝撫二齡嗣子昭洽備極勤劬守節五十年

生員徐元愷妾姚氏二十九歲元愷亡事嫡沈甚謹撫孤成立守節四十四年以上嘉慶元年旌

王廣仁繼妻沈氏廣倫妻吳氏二氏妯娌也沈二十五歲夫亡無子吳二十九歲夫亡有二子信義以信爲廣仁後鞠育備至二子俱得成立沈守節二十四年吳守節三十七年

王聲遠妻蕭氏二十七歲夫患時瘧甚劇蕭割股療之終不起未幾一子又殤姑已年邁立夫兄方獻之子朝佐爲後家貧紡織以給薪水守節三十七年

貢生李旦華妻王氏二十九歲夫病篤割股以進終不起訓子遇孫不事姑息守節三十一年

蕭質夫妻嚴氏二十歲夫居父喪哀毀絕粒十日而死嚴慟哭至暈絕者再有一子三歲又殤爰立從子學忠爲嗣守節三十六年

沈德秀妻金氏二十歲夫亡撫遺孤大魁成立姑臥病在牀鄰人火發金負姑抱子以出旋以勞瘁卒守節十六年

金立威妻王氏二十一歲夫亡無子撫嗣子孝鑑成立守節二十二年

張星潢妻邵氏二十三歲夫亡遺孤爾焆又殀撫夫兄子爾熾成立侍病姑李甚孝守節三十一年

章巽嚴妻許氏二十一歲夫亡孝事其翁子珙殤于痘撫從子瑚爲後守節三十三年以上嘉慶二年旌

嘉興府志 卷六十七 嘉興節婦 亮

生員錢濬妻程氏二十七歲夫亡生子楷甫八歲親自督課得以成名奉姑至孝戚黨稱之以楷貴封恭人守節三十一年

王鑣繼妻胡氏二十九歲夫亡無子止一女撫夫弟之子宗正踰於己出事翁孝翁歿與姑柩俱安窀穸竝以夫附焉守節三十二年

朱有芳妻石氏二十二歲夫亡止一女事姑盡婦道訓夫弟之子錦玉以義方守節四十九年

方鼎元妻王氏二十六歲夫亡誓以絕粒殉翁姑諭以撫孤爲重始強進饘粥撫子克猷有成克猷歿復撫孫啟泰守節四十九年

金裕哲妻魏氏二十八歲夫亡無子以夫弟之子運科爲嗣愛護倍至守節三十二年

濮沅妻姚氏二十八歲夫亡止一女痛不欲生姑泣慰之撫夫弟之子樑爲嗣姑病割股以療守節二

十四年

監生胡秀巖繼妻孫氏二十七歲夫亡卜葬翁姑及夫之柩撫嗣子振基成立母年老孫迎養於家時以孝稱守節二十一年以上嘉慶三年旌

濮秉恆妻周氏二十九歲夫亡遺孤甫百日撫育成立事姑孝姑歿盡哀盡禮守節二十七年卒

周景山妻周氏元壽妻某氏二十七歲夫亡次年翁歿周與姑措辦殯殮翁遺命以次房長子元壽為嗣長妻某氏元壽又亡周偕其娣撫孫芬遠守節四十三年

徐峻天妻孫氏婚一月夫亡孫十九歲撫夫兄之子心專為嗣守節三十九年

沈濤妻祝氏二十八歲夫亡事姑孝姑歿拮据殯葬撫嗣子學易成立守節三十四年

俞星章妻江氏十九歲夫亡遺孤坤甫未及百日及長親督課之姑病久痢江割股以進人稱其孝守節三十二年

許隰耕妻馮氏二十五歲夫亡家貧力營喪葬撫孤聲遠守節二十六年

姚禧繼妻張氏二十七歲夫亡孝事老翁撫前妻楊子女踰於己出守節三十一年

張世楷妻顧氏二十四歲夫亡撫子衍葛愛護備至守節三十四年

監生金煌妻周氏二十二歲夫亡毀容矢志孝事老翁撫遺腹子官保成立守節二十七年

監生馬照妻曹氏二十八歲夫亡痛哭嘔血家貧積紡績貲以營葬兩世撫育子女寬嚴並濟守節四十一年

生員徐愈妻沈氏二十九歲夫亡訓孤廷銓廷錫力學守節四十二年

沈宸蛟妻陳氏二十八歲夫亡無子止一女尚幼事姑甚孝撫嗣子守樸不辭勞瘁守節六十年

周鶴書妻徐氏二十九歲夫亡撫孤光先成立事祖姑湯姑潘甚孝守節二十九年

監生陳世榮妻張氏二十二歲婚未二月夫亡痛不欲生老姑勸慰之卽以夫弟書銓之子為後未幾又殤復立書銓次子印傳課之讀書守節三十六年

金德聰繼妻姜氏二十九年夫亡奉侍翁姑曲盡孝敬課嗣子蘭讀書為諸生守節三十四年

知縣金祖端妾曾氏二十八歲祖端歿於泰興縣任扶櫬南歸遺孤葵尚在襁褓伶仃孤苦依婿李淦家撫諸外孫不恤勞瘁守節三十二年

徐必達妻柴氏二十九歲必達亡事繼姑金盡孝金歿克盡哀禮繼室孫多病柴躬侍藥餌及歿一力支持門戶撫子成立有二孫長鎔為諸生次銘亦讀書自立得柴之教居多云以上嘉慶四年旌

沈培增妻朱氏二十七歲夫亡無子夫弟之子天裕生甫七日而娣歿朱撫之如己出守節三十年

金鈞妻徐氏十七歲適金甫四月夫罹羸疾亡徐慟哭淚盡繼血誓欲身殉翁姑曲諭之乃止翁病天請代翁歿支辦喪窆人稱其賢徐無子以夫弟堦之長子錫純為後純早世復以堦次子錫爵繼之未幾徐染時疾卒年四十六

邵學禮妻金氏二十二歲夫亡孝事老姑撫孤成立旌年五十一以上嘉慶五年旌

朱紹周妻曹氏二十八歲夫亡止生兩女長五齡次遺腹生撫育勤苦奉事舅姑苦節四十一年

陸載妻方氏　崔沛妻陸氏

徐朝圻妻高氏　張璧妻朱氏

沈文相妻張氏　金大袁妻李氏

高嶧桐妻張氏　沈胄梁繼妻錢氏

戴裔伯妻沈氏　馮家范妻湯氏

王曰妻陳氏　呂敦叙妻蕭氏

呂甯圜妻盛氏　范天柱妻潘氏

孫漣妻徐氏

吳雯妻虞氏十七歲適吳六月夫亡虞以死自誓深居一室雖至戚罕覯其面守節十五年家人立祠於白苎都

張發侯妻史氏十九歲夫亡子甫二齡力勤紡織養姑哺孤飢寒迫身未嘗求人年四十七「

沈茂祖妻黃氏二十四歲夫亡孝事舅姑撫其子成立年七十四卒巡撫王元曦表其門

成學舜妻吳氏二十五歲夫亡撫兩孤成立苦節五十年

生員錢奇英妻繆氏二十二歲夫亡侍奉翁姑紡織以給朝夕懼錢氏之不祀勸翁納妾陸生子音昭後以音昭子王傚爲嗣繆有一女贅姚祖發爲壻生子元徵元徵元端已而壻女皆亡又撫二外孫成立繆患病元徵割股以救卒不起年六十三

徐輝妻王氏王庭女二十歲歸徐甫二月遭翁忠可喪夫哀毀越三月歿王誓死者再既而撫一子以延夫嗣奉姑數十年妯娌相聚從不露齒當事表之

朱舜文妻沈氏二十九歲夫亡終身勤儉教子耕讀孝事舅姑守節三十餘年

蔣旦妻陳氏二十歲夫亡止一女事姑教女擇壻萬璟成秀才守節三十年

吳友青妻錢氏二十歲夫亡撫嗣子成立守節四十三年

高孝成妻沈氏舉人沈端女十六歲夫亡勤苦操家族黨賢之無子撫從子端始爲嗣守節七十年

王禹嘉妻周氏名文英十九歲夫亡無子守制父家紡績勤苦孝事鰥父暨祖父母撫育弟之子女邑令樊咸修以買姊庾弟額表之

生員王坊妻姚氏夫早亡完嗣子婚配守節三十餘年學使周清源表之

生員高涞妻邵氏夫亡孝事病姑守節四十四年子百揆以武進士任守備貤封恭人

生員姚功遠妻顧氏十九歲夫亡無子苦志守節年五十三

陳坊珠妻王氏二十九歲夫亡守節二十九年

生員顧宏銓妻褚氏二十四歲夫亡無子翁命以異母幼弟爲嗣翁亡褚謂兄弟之倫不可奪仍正其序鄉黨稱其知禮守節五十年

陳贊王妻吳氏二十七歲夫亡教子成立守節三十二年

鄒雲鼇妻沈氏洙妻胡氏沈二十九歲夫亡教子琛及孫允昌俱游庠苦節三十五年曾孫洙妻胡氏二十六歲寡冰霜之操歷世不替學使王掞表其門

鄒雲騏妻曹氏二十九歲夫亡子廷方在襁褓教之成立爲諸生事姑以孝聞守節三十年

宗迪功妻梅氏二十三歲夫亡家貧無子兄明宇欲迎歸梅因姑老不忍離生死盡孝里鄰稱之

生員姚紘奏妻郭氏夫有才名早亡郭年二十八奉姑孝養喪葬盡禮守節二十五年

生員蔣標妻王氏二十三歲夫亡哀毀幾絕侍養孀姑撫孤鳳起游泮年六十三學使張表其門

于登封妻金氏二十四歲夫亡止一女將所受分產悉歸大宗獨處小樓孝事舅姑年六十五

生員徐鳴玉妻金氏二十九歲夫亡生子遵義甫半齡及長中丁酉副榜守節四十餘年

沈彥芬妻姚氏二十七歲夫亡教子撫女備極艱辛年四十七

生員曹泳妻陸氏夫早亡撫孤治家甚肅好賙恤鄰里時羣盜剽掠過陸門戒不敢犯年五十三

生員洪爾節妻陸氏夫疾篤顧陸曰汝年少無子吾死可再適陸方進藥卽以甌擲地曰苟懷異心有如此甌夫亡哀毀踰節年七十三

生員張世枝妻馮氏生員焜妻陳氏馮二十歲夫亡生子焜僅彌月哭泣流血瀕死者再教子入泮後又殁同婦陳氏苦節相守課孫學璟讀書成名學使顏光敏表之

生員沈時英繼妻馬氏二十八歲夫亡訓子騏驥俱成名有司以風高孟母表其閭

吳思宰妻丁氏婚四載夫亡課子焜讀書成名苦節四十餘年學使王掞表其閭

程邦道妻俞氏二十九歲夫客於楚亡子天錫祖錫俱幼伶仃孤苦紡織爲生守節三十九年

生員胡鼎鼐妻郁氏二十六歲夫亡生一子彌年甫三歲夫病篤時曾割股和藥卒不效強起撫孤孝事翁姑苦節三十二年

生員戴煜新妻王氏二十四歲夫亡遺子甫彌月王痛哭三日勺水不入姑吾氏泣慰之乃起就食歲饑晝夜紡績饘粥事姑姑將死伏枕謝者再王幾慟絕教子騰遂游庠亦以孝聞守節三十三年

劉玉絃妻張氏三十歲夫亡矢志撫孤備嘗艱苦年六十三

生員徐復振妻邱氏二十七歲夫亡無子依姪邱觀德以居年五十八

王三妻某氏逸其姓三十歲夫亡家貧無子矢志不嫁撫夫弟之女爲女刺繡自給女長嫁之更撫其妹年七十餘人呼爲王三孃云

監生李熙妻高氏舉人高以正女三十歲夫亡守節四十五年

徐遴妻屠氏二十五歲夫亡遺腹生一女適生員李珏家貧事舅姑以孝聞年六十

王埴妻周氏生員周元美女三十歲夫亡無子逋賦積欠、皆紡紝以償母家憐其貧將授以田舍使移居周誓守舊宅堅不肯歸苦節四十年

知縣吳奕俊妾馬氏奕俊令海豐馬生子大受甫兩月而寡絕無宦橐隨嫡金氏間關五十里扶櫬回家撫其子成立人稱雙節

朱士清妻曹氏二十二歲夫亡無子事姑至孝躬勤紡織以佐甘旨年六十七學使彭始搏表其門

徐敏公妻翁氏二十五歲夫亡止一女適張元鈞相依以老守節四十五年

李瑞禎妻駱氏二十二歲夫亡翁姑相繼歿拮据以完喪葬撫二歲孤天培成名守節六十餘年學使彭表之

生員蔡珩妻錢氏夫讀書齋志早亡無子撫從子爲嗣事姑至孝守節三十餘年

吳天柱妻屠氏二十八歲夫亡撫從子承烈成立守節三十五年孫女甫笄適杜繩其五月寡哀毀不半年卒亦以節著

張惠妻葛氏十八歲夫亡訓孤成祖入泮翁姑去世葛亦相繼卒守節三十三年

顧再問妻張氏二十歲夫亡無子繼從子鳳爲後紡織自給守節四十餘年鳳補諸生

徐燦日妻造氏生員元旂妻喬氏造十八歲夫亡子元旂爲諸生娶喬亦十八歲而寡造年七十喬年五十三

項維時妻高氏三十歲夫亡子女俱歿苦節三十餘年孫女適陸年甫十八亦寡守節以終

陸項氏維時孫女也十八歲夫亡守節以終

生員李峻妻錢氏二十五歲夫亡事姑盡孝撫繼子開旭備極劬勞

生員程琮妻陶氏夫亡無子甘貧矢守苦節五十六年

毛穉登妻朱氏婚甫六月夫亡舅姑年邁孝養備至守節四十年

姜西繼妻毛氏穉登遺腹女也早寡無子守節三十年

黃兆熊妻陸氏二十九歲夫亡太翁翁姑俱在堂陸竭盡孝養姑先歿遺幼叔與己子同撫成立

周伯元妻沈氏二十九歲夫亡斷髮矢志守節五十三年

沈介山妻馮氏二十八歲夫亡家貧孝事舅姑苦節五十年

周侍川繼妻李氏二十七歲夫亡家無擔石矢志不移年九十六卒邑令爲文弔其墓

生員趙采妻陸氏二十六歲夫亡無子棄物毀容矢志以終

陳國英妻杜氏二十七歲夫亡平時嚬笑不苟能以禮法嫺其子女年六十三有女文姑以貞烈著

郭亮鴻妻王氏二十六歲夫亡孝事舅姑守節五十餘年

生員鄒平妻沈氏夫亡守節訓子成立

楊振先妻張氏二十歲夫亡守節三十五年

生員黃源倬妻朱氏二十五歲夫亡子必復方三齡撫之成立

王奕封妻馬氏二十四歲夫亡舅姑先歿依兄馬存盧教子勤學復歿苦節五十七年

張振之妻吳氏二十四歲夫亡撫從子成立守節五十七年

朱叔禮妻張氏夫亡外侮疊至堅志苦守撫子吕辰曝辰成立守節四十年

徐君輔妻周氏二十歲夫亡以紡織自給守節五十年

訓導錢熹妻史氏妾朱氏史十八歲夫亡同妾朱撫孤事翁姑最孝人稱雙節

沈延祚妻吳氏　朱茂峯妻陸氏

宗雲秀妻鄧氏　張佩妻朱氏

張文祖妻金氏　沈德元妻顧氏

鄒洙妻胡氏以上見浙江通志事蹟無攷

生員平章妻萬氏十九歲夫亡苦守養姑姑卒夫妹歸沈亦寡迎養之守節四十餘年人稱雙節

平沈氏少寡守節

狄佐唐妻賈氏二十九歲夫亡鄉居罹盜執賈拷金子來王號奔請代賊兩釋之守節四十餘年

生員宗燮甫妻俞氏夫早亡子殀苦守四十七年

生員鄒重崍妻徐氏二十四歲夫亡矢志撫孤苦節三十餘年

金文英妻談氏二十歲夫亡刺繡自給守節五十一年巡按表其閭

張亭妻單氏夫亡力撑門戶撫嗣子成立御史李表之

舉人謝岳鍈妾錢氏年二十四岳鍈亡子硃樹方在襁褓撫育成立守節四十餘年

沈自醋妻翁氏二十九歲夫亡撫二孫成立守節四十五年

王大觀妻沈氏大彭里人二十一歲夫亡養姑撫子守節四十年

生員沈之琦妻吳氏三十歲夫亡訓子成立守節二十三年

周之屏妻陳氏夫亡事舅姑盡禮撫育二孤守節三十餘年

聞嘉評妾楊氏二十一歲嘉評亡苦節五十餘年知縣梁沖霄表之

金殿鼎妻屠氏未婚三十歲夫亡子女伶仃嫁畢奉佛二十七年卒

仲茉妻高氏貢生仲大勳子婦二十一歲夫亡守節七十餘年御史王給匾表之

縣丞顧徐祚妻陳氏妾張氏陳夫亡同妾張氏撫三歲孤成立年八十卒知府許煥表之

生員王汞謨妻吳氏二十五歲夫亡守節二十五年

包瑞卿妻王氏十九歲夫亡撫遺腹一女守節三十年

朱維清妻陸氏二十七歲夫亡以孝經小學課其子女守節四十餘年

呂顯祖妻徐氏媳朱氏顯祖亡與子婦朱氏孀居苦持門戶守節三十餘年

顧文相妻徐氏永豐里人二十三歲夫亡敬事老翁撫養遺孤年七十三

姜紹芳妻錢氏二十一歲夫亡力養舅姑教子遊庠守節五十六年學使許表之

宗餘鎧妻仲氏宗貧甚愧不能娶屬另字仲誓死無二志年踰三十始歸宗志操皎然人咸稱之

宗文達妻徐氏三十歲夫亡撫孤成立

沈烋妻包氏三十歲夫亡守節四十四年

王夢斗繼妻陸氏二十九歲夫亡子璠方彌月時土寇起倉猝中值翁病歿喪葬成禮年六十三

戴長繼妻姚氏夫亡教子樹德成立守節四十年

沈璠妻潘氏二十一歲夫亡家貧茶苦撫三歲孤成立

許嘉誥妻姬氏姚處士士彝有傳

給事中沈士茂妾王氏年未三十士茂亡依壻徐士澂居性端重訓諸甥女甚嚴年八十六

周錫紱妻姚氏二十五歲夫亡撫孤守節四十餘年

睦憲章妻馬氏二十五歲夫亡守節四十年御史李以額表之

生員盛翊妻高氏十六歲婚未及朞夫亡高哀毀不欲生縞衣茹素以自誓叔母孫郎高姨母素著賢行撫高如己女時往依焉孫歿高鬱鬱成疾年四十一

沈雲來妻徐氏二十一歲夫亡無子餓旬日不死撫從子拓垣守節五十年學使王給巾幗流芳額

包楀芳妻沈氏歸包八年夫亡孤世燦纔八齡撫字二十年娶韓氏生孫而寡同守苦節以終其身

姚彥倫妻丁氏二十九歲夫亡撫從子知三成立長娶王氏二十亦寡日夜紡織以事姑知三子禹濱妻徐氏二十二歲又寡丁守節四十四年王守節五十餘年

張恆山妻吳氏二十八歲夫亡守節六十二年

姚景賢妻王氏二十歲夫亡守節五十年

顧筠友妻姚氏二十四歲夫亡子明也妻張氏年二十六亦寡婦姑相依苦節以終

姚庭翼妻周氏二十歲夫亡守節五十三年

金榜書妻吳氏夫亡無子撫嗣子世德長娶屠氏亦早寡守志荼苦終身

張思默妻沈氏二十九歲夫亡守節三十年

施大倫妻姚氏二十三歲夫亡守節三十五年

胡景垣妻姚氏二十七歲夫亡守節三十三年

顧有恆妻張氏十九歲夫亡守節四十一年

生員張自牧妻朱氏二十八歲夫亡守節五十三年

范聖衡妻胡氏二十八歲夫亡守節五十四年

生員王咸臨妻沈氏二十七歲夫亡守節七十年

王畱青妻時氏二十六歲夫亡守節六十年

王裕昆妻莫氏十六歲適王十八歲夫亡守節十一年學使給瑤池冰雪額

王元英妻魯氏二十九歲夫亡守節三十四年

王紹光妻孫氏二十八歲夫亡守節三十五年

陸受茲妾沈氏二十五歲受茲亡無子有諷其改適者沈曰吾雖不讀書然聞婦人從一而終越禮之事不願為也守節五十五年

張軼羣妻李氏二十二歲夫亡守節三十三年

朱洵中妻楊氏二十六歲夫亡守節四十五年

金夏重妻劉氏二十二歲夫亡守節五十餘年

劉南渠妻李氏二十二歲夫亡守節三十一年

陶世甯妻謝氏　吳以德妻張氏

李鄂妻王氏夫亡守節三十年

李忠妻張氏二十六歲夫亡守節五十七年

李鳳陽妻胡氏三十歲夫亡家極貧或勸攜孤擇所適胡益毀容操作易粟煮糜歠之後稍自給將娶婦而子殞胡晨夕撫棺哭旋卒年五十有二鄉人咸稱為貞婦慈母云

貢生李天一妻繆氏繆泳女婉靜有家法二十歲夫亡痛不欲生姑慰諭之乃止事姑盡孝

鹽院李陳常妾周氏陳常歿於官周二十四歲撫子宗智克嗣先業守節三十六年

知府李宗渭妾王氏宗渭病篤割股和藥以進及歿王二十六歲矢志守節年七十

李學圃妻張氏

李銘復妻張氏十九歲夫亡無子翁繼歿拮据喪葬與姑相依克盡孝道年五十

生員李如玉妻錢氏二十一歲夫亡父母憐其少餂以言輒欲自戕居恒獨處一室戚黨罕見其面年七十一

馬賓祥妻鄒氏三十歲夫亡遺孤慶蓀四齡教養成立守節三十七年康熙間傅方伯澤淵表其閭雍正初陸太常昭琦暨邑令湯友信均以額表之

生員李尚鑑繼妻馮氏二十五歲夫亡撫訓二孤年八十八

監生李顯宗妻朱氏二十三歲夫亡誓守苦節年八十一

江承模妻姚氏二十九歲夫亡撫孤成立茹素終身守節二十年

王石山妻周氏二十九歲夫亡孝事翁姑守節五十二年

方鼎元妻王氏二十六歲夫亡侍養翁姑經營喪葬年七十五

黃瑜妻胡氏二十四歲夫亡矢志撫孤守節二十年

呂荃妻章氏十八歲適呂半載夫亡遺腹生子文遇家貧無依紡織自養年七十五

徐天石妻吳氏十九歲夫亡操作勤苦以養翁姑守節二十四年

生員徐經畬妻張氏二十五歲夫亡侍奉翁姑撫孤育女守節四十七年

葛陳萊妻史氏二十歲適葛甫三月夫亡遺娠子亦早死煢煢荼苦守節六十年

監生姚江徵妻陳氏二十五歲夫亡事翁姑甚孝教子壽曾中副榜守節二十五年

吳人和妻殳氏二十六歲夫亡撫孤欽文成立孝事孀姑年四十三

褚學巖妻陸氏二十八歲夫亡家貧無子紡織奉姑姑病願以身代年七十五

陸耀宗妻吳氏二十八歲夫亡撫嗣子愼齋及娶婦相繼逝吳一生勤苦至六十六卒守節四十年

張建侯妻吳氏二十九歲夫亡事姑三十年姑終不懈守節四十二年

周寶儒妻梅氏二十三歲夫亡撫嗣子振西成立守節四十三年

李義有妻褚氏二十九歲夫亡守節四十九年

盧翰陞妻陸氏二十七歲夫亡守節三十一年

姜壽官妻朱氏二十九歲夫亡守節二十二年

顧映薇妻吳氏二十三歲甫婚夫暴亡有諷其歸母家者不從事姑孝撫娣之子如己出年四十九

張甫田妻王氏二十六歲夫亡守節十六年

盛錫璋妻朱氏二十二歲夫亡撫孤娶婦子亦亡同婦撫孫廷璋又殀痛哭數月目成瞽年六十九

黃學乾妻支氏二十四歲夫亡事翁姑孝撫夫從子永基守節三十二年

監生吳炎妻曹氏三十歲夫亡兩子尚幼延師課讀不以貧乏廢業守節四十三年

褚宏昭妻戴氏二十六歲夫亡無子守節四十七年

陸景巖妻葉氏二十三歲夫亡無子守節四十五年

程維新妻張氏二十歲夫亡撫遺腹子養聊成立守節五十一年

王明揚妻石氏三十歲夫亡守節三十八年

浦文昇妻吳氏二十八歲夫亡無子撫夫從子潛爲嗣守節三十五年

費東巖妻曹氏二十一歲夫亡無子翁客游於燕姑目雙瞽曹紡織侍養孝敬備至年七十卒

貢生婁金煜繼妻曾氏二十七歲夫亡遺三子長九齡次溶江俱幼悉心撫育親戚中有施某氏成某氏俱嫠居貧苦膳養以終守節四十八年

奚漢瑞妻蔣氏二十九歲夫亡撫育三子成立守節五十五年

生員陳宗實妻何氏二十四歲夫亡守節四十年平湖陳嗣龍書勁節扶風額以表之

陳宗寶妻程氏二十九歲夫亡守節二十九年

王依陶妻朱氏二十九歲夫亡撫夫從子大鼇守節二十五年

沈大德妻陸氏二十三歲適沈甫五月夫亡守節四十年

于昌言妻潘氏二十八歲夫亡絕粒三日其母弟灌以粥湯得蘇守節五十年

潘倘文妻黃氏二十七歲夫亡姑繼歿撫幼叔成立守節四十六年

柏松巖妻王氏二十八歲夫亡家貧紡織養姑姑歿拮据殯葬守節四十五年

楊思九妻吳氏二十四歲夫亡撫夫從子時會成立守節四十五年

費端士妻王氏三十歲夫亡生子德音甫三月織作奉姑年九十六

金綸繼妻鍾氏二十四歲夫亡撫夫從子勤補爲嗣教養兼備守節四十六年

吳不羣妻周氏十九歲夫亡遺腹子殤撫夫從子汾爲嗣年五十二

洪佩玉妻王氏二十一歲夫亡無子家貧時苦凍餓績紡不輟夫叔思正憫其孤苦養膳之年五十

金巨鱗妻馮氏二十五歲夫亡無子撫夫從子啟賢爲嗣守節四十一年

張南軒妻姚氏十四歲婚一月夫溺死姚痛絕復蘇者再尋疊遭翁姑喪竭蹶支辦守節三十九年

董世樑妻姚氏三十歲夫亡家貧無子以哀痛致疾越九年卒

錢始璜繼妻周氏二十六歲夫亡撫孤思治成立守節三十三年

張翮妻金氏二十六歲夫亡遺孤棄征甫三歲鞠育成立守節三十一年

杜元章妻陳氏二十八歲夫亡訓孤士俊讀書補諸生守節二十六年

王倘卿繼妻金氏二十六歲夫亡撫孤漢臣守節三十六年

徐燦皋妻朱氏二十七歲夫亡止一女事姑孝日進甘旨而以粗糲自奉守節四十二年

陳世德妻張氏二十二歲夫亡無子事翁姑盡孝守節三十六年

生員車枚琛妻汪氏三十歲夫亡孝事翁姑撫孤成立守節三十九年

監生車椿佩妻顧氏妾李氏夫亡時顧二十八歲李二十二歲俱無子撫夫從子學謙爲嗣矢志如一顧守節二十五年李守節二十七年

莊羽音妻王氏三十歲夫亡無子歸依母家守節三十六年

沈大川妻徐氏十九歲夫亡遺孤二月家貧無依紡織度日守節十六年

倪維嵩妻李氏三十歲夫亡撫三子成立女紅所入悉償積逋并贖先世遺田數畝然以勞瘁致損兩目年四十四

姜廷岳妻祝氏十九歲夫亡遺娠生子撫育成立守節五十二年

馮聚功妻陸氏二十九歲夫亡守節三十四年

張光也妻李氏二十二歲夫亡遺孤僅週歲日勤女紅撫以成立年七十

生員馬恂如妻蔣氏玉階妻鍾氏蔣三十歲夫亡遺孤玉階弱冠卽抱瘵症娶鍾氏扶掖成婚鍾性貞靜奉姑甚孝亦三十而寡姑七十一歿苦節三十九年鍾悲慟過甚兩目漸盲守節二十

九年

董名世妻馬氏二十三歲夫亡守節三十七年

沈朗懷妻楊氏二十一歲婚七月夫亡無子守節以終

魏舒千妻張氏二十八歲夫亡撫遺娠子孝先守節五十年

高尊先妻王氏二十四歲夫亡撫遺娠子保林守節三十四年

監生朱枋妻許氏二十九歲夫亡矢志撫孤守節四十九年

生員朱宏基妻周氏二十七歲夫亡撫孤成立守節三十五年

胡順昌妻陳氏二十八歲夫亡守節二十九年

顧樹蘭妻黃氏二十一歲夫亡孝事寡姑撫夫從子爲嗣守節四十年

王鑌妻朱氏二十九歲夫亡無子守節四十一年

范廷璋妻俞氏三十歲夫亡守節二十四年

馬質均妻富氏二十五歲夫亡姑早歿侍老翁病不稍懈及卒哭泣失明富之葬夫也或阻之翁欲鬻諸官富曰皆我墳鄰何忍傷諸里人感愧卒得安葬守節二十六年

王廣文妻夏氏二十二歲夫亡親戚奪其志夏乃歸依母家撫孤策名成立守節三十九年

陳調元妻吳氏二十九歲夫亡撫從子大烈爲嗣守節四十九年

丁灝亭妻許氏二十八歲夫亡守節四十年

王道坤妻鄭氏二十五歲夫亡家貧無子守節四十七年

金均妻毛氏聲繼妻高氏毛二十二歲均亡生子不育嫡子聲繼妻高氏二十八歲而寡一女甫三齡前子女四人皆幼高與庶姑互相撫育訓子鼎潤讀書成立毛六十三歲高七十六歲各守苦節

四十餘年

麗斌瑞妻金氏十八歲夫亡守節六十一年

俞序賢妻金氏二十九歲夫亡守節四十三年

程友山妻王氏二十七歲夫亡撫遺腹子揆章守節五十二年

吳金蘭妻戴氏二十九歲夫亡紡織以事翁姑撫孤成立守節三十七年

俞萬程妻施氏二十二歲夫亡撫嗣子文煥守節三十四年

朱南仲妻曹氏一峯妻鄒氏曹二十六歲夫亡遺孤一峯僅四歲長娶鄒氏三十亦寡遺孤大椿六歲祖姑楊患疽毒鄒奉湯藥踰年不倦曹守節二十三年鄒守節二十年

楊士芳妻潘氏二十八歲夫亡撫孤永通守節五十二年

馬達威妻張氏二十三歲夫亡守節四十三年

吳祐妻沈氏二十九歲夫亡夫病篤時刲股作糜以進及歿哀慟幾絕苦節二十二年

沈廷璧妻施氏三十歲夫亡守節四十七年

黃泰和妻錢氏二十四歲夫亡守節五十八年

陸汝夔妻石氏二十四歲夫亡無子日勤女紅以養翁姑守節四十九年

陸汝茂妻倪氏二十四歲夫亡無子撫夫從子承錫爲嗣守節四十二年

陳體元妻李氏二十五歲夫亡即棄幼女服鹽汁家人救免以苦節卒

馮補君繼妻許氏二十六歲夫亡家貧無子守節三十八年

胡定國妻陶氏二十一歲歸陶踰年夫亡無子翁姑貧老紡織爲活守節六十年

陳聚元妻錢氏二十九歲夫亡守節六十四年

陳維倬妻張氏二十八歲夫亡守節二十四年

王逵升繼妻孫氏二十六歲夫亡守節三十三年

生員胡斗光妻姚氏二十八歲夫亡紡織膳姑給子衣食守節四十六年

方東表妻崔氏二十六歲夫亡守節二十八年

沈大德妻姚氏二十九歲夫亡營葬翁姑撫育孤子

監生馮覲揚妻杜氏三十歲夫亡守節三十年

鄧聚三妻李氏二十七歲夫亡撫週歲孤成立守節四十七年

崔晴巖妻徐氏二十五歲夫亡守節三十三年

沈敦素妻王氏二十九歲夫亡撫二孤成立守節三十九年

顧震妻朱氏二十一歲夫亡事夫之祖父母及母盡孝撫孤以慈守節十五年

王能豫妻沈氏二十九歲夫亡撫育遺孤守節四十四年

嘉興府志

嘉興府志卷六十八

嘉興府知府善化許瑤光重輯

列女　節婦

嘉興縣中

國朝

監生鍾惟序妻朱氏二十九歲夫亡守節四十二年

生員胡東昇妻莊氏十九歲夫亡守節二十二年學使周給芳流幽畹額

徐峻天妻孫氏十九歲夫亡翁姑微餂之孫大哭曰我甯死不忍也家貧紡織供甘旨守節四十年

孫銓妻汪氏二十二歲適孫夫疾謹奉湯藥每夜祝天請代及亡汪年二十八慟不欲生念孀姑無依勉起奉侍族鄰咸以賢孝稱之

張方行妻李氏恭行妻李氏娣姒也姒二十二歲夫亡無子事翁姑以孝聞夫弟恭行妻李氏二十四歲亦寡有一子各守節二十八年

韓鑑盈妻李氏二十七歲夫亡無子止二女撫從孫尚友爲夫後守節四十五年王飛捷有傳

施永哲繼妻屠氏二十六歲夫亡撫前子成立守節四十年

沈某妻鄭氏二十二歲夫亡副將實誠表其閭

顧耀廷妻萬氏徐常妻邱氏夏珍妻陸氏萬十八歲夫亡遺腹生子明甫撫以成立守節四十八年邑令高表其閭孫徐常娶邱氏亦早寡撫孤夏珍教養兼備學使鄧給書臺畫荻額夏珍有瘵疾娶陸氏成婚兩月而亡陸年二十五撫從子金濟爲嗣守節三十七年

生員許重珍妻孫氏夫亡孝養舅姑子築岩有介節客於燕乃依姪終老年八十八

陳曰銘妻王氏二十六歲適陳數月夫亡守節四十五年

某學安妻徐氏二十五歲夫亡舅姑逼其他適乃依母家守志舅姑歿哀毁盡禮撫夫從子漢佐爲
後年五十五
李占瀛妻姜氏二十六歲夫亡子錡僅二歲孝事翁姑并周急親黨守節四十年
沈天聚妻周氏二十九歲夫亡紡織奉姑姑歿或以無子勸之嫁志終不移嘗冬月衣絺衣操作勿
以爲苦年六十六
監生顧文謨妻卜氏二十九歲夫亡遺孤就塾拮据具修脯守節四十八年
沈元愷妻張氏十九歲婚六月夫亡供老翁甘旨翁歿爲夫立嗣守節三十一年
沈永明妻湯氏二十四歲夫亡凡夫附棺之具湯爲拼辦并償夫病逋守節四十四年
黃本調妻袁氏二十七歲夫亡獨居一樓人罕見其面守節四十三年
施秉忠妻許氏二十九歲夫亡遺孤襁褓饔飧莫給每日煮麪以充飢餓守節三十六年

鄒秉恒妻郁氏二十六歲夫亡撫夫從子大爲備極勤苦守節五十年
沈思安妻徐氏二十六歲夫亡止生一女依母家紡織度日葬夫嫁女出自十指
曹柱臣妻何氏二十三歲夫亡撫夫從子成立拮据婚娶年五十九
王紫祥妻錢氏二十八歲夫亡撫夫從子爲嗣守節四十餘年
許照妻李氏二十七歲夫亡守節四十二年
王重璋妻張氏二十四歲夫亡無子守節五十九年
生員徐淵妻陳氏二十五歲夫聰穎過人而賦質羸弱以攻工咯血死陳二十八歲無子守節三十年
沈太乾妻音氏二十五歲夫亡即自縊姑急救得免年六十一
陸錫珩妻錢氏二十五歲夫亡守節十七年
生員陸洛妻沈氏二十歲夫亡家貧篝燈紡織寒暑勿輟守節三十六年

劉維通妻周氏劉係處州衛運丁寄居邑之北板坊周年二十三夫亡撫夫從子肇魁守節三十年
吳光明妻倪氏二十八歲夫亡撫孤子偉守節四十二年
吳煒妻陸氏二十六歲夫亡撫孤大埈守節十九年
朱德輿妻沈氏二十五歲夫亡事寡姑撫稚叔訓孤子艱辛備歷守節四十五年
董孔傳妻錢氏二十九歲夫亡守節四十八年
馬永源妻顧氏二十九歲夫亡守節五十一年
朱昌仕妻吳氏二十七歲夫亡事翁以孝撫嗣子成立守節十五年
監生盛文元妻沈氏二十七歲夫亡性好施乙亥歲饑命子兆熊兆龍買米周鄉里年九十二
州同錢德揚妻張氏二十四歲夫亡守節四十八年
朱錦雲妻張氏二十五歲夫亡守節三十一年

張悅堂繼妻徐氏二十五歲夫亡夫病篤時徐呑錢求死翁姑以藥救之年八十
劉庭鍾妻鄭氏妾曹氏鄭夫亡事本生孀姑克盡賢孝學使王書矢志栢舟額給之妾曹氏
二十九歲寡與嫡爭欲死殉見者莫不墮淚年六十六
曹大本妻俞氏二十九歲夫亡守節五十一年
王又通妻張氏二十九歲夫亡守節二十一年
錢駿發妻王氏三十歲夫亡守節三十四年
監生鄭元堡繼妻張氏二十八歲夫亡孝事尊嫜撫幼子成立守節四十一年
李建中妻嚴氏二十六歲夫亡守節二十五年
計有年妻周氏二十六歲夫亡遺一子甫婚旋歿無戚族又無立錐之地年七十六以苦節終
姚思珍妻衛氏硯齋妻魏氏衛二十一歲夫亡拮据喪葬撫夫從子硯齋又早世婦魏

氏時二十六歲兩世孀居茶苦最甚魏旌年五十六衛守節五十五年

舉人沈城繼妻于氏二十九歲夫亡撫嗣子銘成立守節三十六年

監生鄭明霞妻富氏二十五歲夫亡撫育兩孤成立守節四十八年

陳福三妻顧氏世昌妻邱氏顧早寡撫遺腹子世昌長娶邱氏亦寡無子撫嗣子國泰成立

吳士俊妻李氏二十九歲夫亡止遺一女姑性卞急李婉曲盡孝訓嗣子世奇成立苦節三十年

糜籛玉妻劉氏二十三歲婚未市月夫亡誓不欲生念祖姑高年姑癸居卧病無人侍養乃忍淚含哀晝夜操作以佐甘旨祖姑守志五十餘載劉命嗣子掌衡請旌建坊後掌衡以瘵疾不起劉無所歸歿于弟劉良臻家苦節五十年

譚孚遠妻潘氏二十六歲夫亡生子君楫甫十月辛勤撫育守節五十年

沈廷翰妻顧氏二十七歲夫亡痛哭流血雙目幾瞽家貧紡紗養姑育嗣子守節四十八年

沈餘慶妻謝氏二十四歲夫亡翁姑早歿夫弟僅十齡遺孤俱幼後患痘危謝焚香禱天痘竟起守節五十三年

江燦妻屈氏二十七歲夫亡家貧翁老甘旨無鈌撫子墉塈成立學使賓給筠節松心額守節二十四年

孫廷魁妻顏氏二十六歲夫亡翁姑病禱天願以身代及歿殯殮合禮守節四十年

鄭某妻徐氏二十五歲夫亡舅姑屢逼之嫁徐乃依母家撫夫從子浩然爲子年六十二

通判莊倫妻褚氏二十七歲夫歿於京邸銜哀忍死孝事舅姑撫育繼嗣守節十七年

姚思能妻張氏二十六歲夫亡撫夫從子爲嗣翁老生養死葬竭歷支辦年八十一

陶維翰妻謝氏二十三歲夫亡無子撫夫從子爲後守節五十二年

項敏思妻沈氏二十一歲夫亡無子依棲母家守節六十年

徐某妻夏氏橫涇里人二十七歲夫亡無子誓不再適守節六十二年

萬瀛洲妻倪氏二十六歲夫亡撫育兩孤守節五十二年

嚴覲光妻徐氏二十九歲夫亡撫子兆恒成立苦節六十一年

楊士偉妻程氏二十一歲夫亡生一子家貧無依紡織自養苦節四十年

高明農妻徐氏二十九歲夫亡無子依夫從子敬威紡織度日苦節三十六年

戴源端妻張氏二十八歲夫亡守節二十三年

生員戴源吉繼妻丁氏二十六歲夫亡無子守節五十年

屠兆基妻沈氏二十二歲夫亡無子翁姑相繼歿拮据安葬一身孑然負鄰媼爲伴縫衣度日苦節六十三年

沈關通妻殷氏二十九歲夫亡貧甚有勸再適者誓死不從撫二孤又歿乃撫嗣孤苦節五十年

史如筠妻鍾氏夫習技墜馬死鍾二十四歲無子以夫從子爲嗣事翁姑以孝守節三十九年

嚴有王妻高氏二十三歲夫亡撫子孔昭成婚後又殀守節六十六年見孫成立少慰苦志云

錢維章妻崔氏二十四歲夫亡遺孤方百日孝事孀姑忘其茶苦守節三十一年

楊天行妻張氏媳某氏張二十六歲夫亡遺孤甚幼比長溺水死張偕婦撫幼孫事老姑守節四十八年

楊成之妻蔡氏二十九歲夫亡一子不育屢欲從死賴翁勸免乃撫夫從子爲嗣守節三十五年

生員沈圭璋妻卜氏性純孝十齡時侍父疾如成人及歸沈孝事翁姑二十七歲夫亡撫嗣子熙成立守節六十三年

生員錢晉錫繼妻張氏二十六歲夫亡子玉成甫晬張奉翁撫孤竭盡心力守節三十餘年

吳心友繼妻倪氏二十八歲夫亡無子煢煢孑立苦節四十七年

監生李詩妻金氏二十九歲夫亡教子若愚成立守節三十九年

金學洙妻高氏二十七歲夫亡守節二十五年

陳容舒妻黃氏二十八歲夫亡守節二十四年

鄭季園妻汪氏二十二歲夫亡撫孤成立守節五十八年

林宇春繼妻沈氏二十三歲夫亡撫遺腹子自源備嘗荼苦守節十六年

施于政妻俞氏二十八歲夫亡無子事老翁盡孝撫繼嗣成立守節三十四年

施遇震妻潘氏二十歲夫亡奉嗣老翁至九十餘生養死葬靡不盡禮守節五十年

沈炘妻陳氏二十九歲夫亡守節四十四年

陶又臻妻盛氏二十八歲夫亡遺孤又殀守節十六年

沈錫圭妻朱氏二十三歲夫亡子某業賈恂恂有士行守節四十一年

倪介石妻徐氏十九歲適倪未期月夫亡撫夫幼弟成立守節六十四年

徐武成妻嚴氏二十六歲夫以救兄失足墮河死母江氏老而無子疾篤嚴禱天願減已壽益母算姑患癱瘓奉侍十三年無倦色年六十九

王穎懷妻朱氏十八歲夫亡撫遺腹子應麟成立年五十二

沈德隆妻陳氏二十一歲夫亡事翁撫孤力勤紡織守節二十一年

施其天妻陳氏二十七歲夫亡遺孤早世復撫幼孫守節三十一年

徐士貴妻姚氏二十一歲適徐夫患臟垂絕姚取刃截去左手無名指一節示無異志夫亡勤紡織事翁姑甚孝翁病割股以進姑病復割股奉侍湯藥十五載不倦守節三十年

范安泰妻王氏二十七歲夫亡無子以夫從子之戍為嗣未幾殀折王悲傷彌月歿守節五十年

鄭天祥妻高氏二十一歲夫亡無子撫夫從子振乾為嗣守節四十四年

張鼎之妻吳氏二十歲夫亡遺腹子又殤孝事翁姑以夫從子加祿為嗣守節四十一年

馬錫祺妻沈氏二十五歲夫亡無子撫夫從子學波為嗣守節四十八年

潘殿英妻俞氏二十八歲夫亡撫孤學乾成立守節二十一年

王芳蕙妻蔣氏錫永妻陳氏蔣二十歲夫亡遺孤錫永甫五十日教養成立娶婦陳氏二十八亦寡遺二孤泰浦俱幼陳遵姑之訓茹荼撫育蔣守節四十九年陳旌年七十一

濮祖垣妻馮氏二十六歲夫亡守節四十七年

濮廷鑒妻吳氏二十九歲夫亡守節三十年

濮錦妻范氏二十歲夫亡婚僅四十五日工吟詠著有鴟紅集守節十三年

濮廷墉妻倪氏二十五歲夫亡遺孤鎔甫四齡後遇痘危倪號於宗祠願以身代夜夢廷墉以手撫鎔痘乃起及長娶婦汪氏忽相繼歿遺子女五人倪又為鞠育艱辛萬狀年七十八

陳壽昌妻唐氏二十六歲夫亡無子以從子繼伯為嗣守節二十八年

汪超容妻陸氏二十八歲夫亡撫子椿遠成立守節三十七年

邵啟君繼妻周氏二十七歲適邵婚四十五日夫亡姑令再醮周號泣覓死屢救乃止姑歿周歸母家竭盡孝養守節三十一年

高思艱妻馮氏二十八歲夫亡守節二十三年

高達三妻王氏二十八歲夫亡守節三十六年

孫永高妻周氏雄雞橋人二十八歲夫亡無子族人屢逼之嫁誓死不從紡織自給年五十六

邵念祖妻徐氏二十六歲夫亡遺姪孿生一子一女徐力勤操作以事寡姑撫子繹堂苦節二十年

吳文潮妻屠氏二十八歲夫亡守節

錢衍妻顧氏二十一歲夫亡撫孤之棟成立

監生姜文騏妻翟氏二十六歲夫亡撫兄之子琛成立守節三十六年

程德純妻韓氏二十八歲夫亡守節四十年

何世杰妻金氏二十五歲夫亡守節四十七年

生員褚銓妻李氏妾毛氏夫亡時李二十五歲毛十九歲均無所出嗣子選教之讀書成立李守節五十七年毛守節四十年

戴本周妻陸氏昌齡妻某氏本周病篤陸割股作糜以進病稍痊舉子昌齡甫三月夫亡陸二十一歲哀號慟絶者數次昌齡又早歿陸率其婦撫遺孫守節二十六年

王景岩妻沈氏二十九歲夫亡家貧鍼黹度日撫孤成立守節三十年

高祥百妻婁氏三十歲夫亡家酷貧婁飽糠秕奉姑以甘旨撫六齡孤成立苦節二十五年

胡蒼廷妻嚴氏二十四歲夫亡守節三十六年

曹聖安妻富氏二十歲夫亡守節二十六年

姚汝賢妻儲氏汝賢力學工詩得瘵疾儲禱於神願以身代夫亡儲二十七歲誓以身殉翁姑慰諭乃止後撫從子延齡爲嗣以苦節終

王嘉士妻吳氏三十歲夫亡守節二十五年

聞志祖妻朱氏二十二歲夫亡守節二十六年

沈天文妻吳氏二十七歲夫亡撫孤國宗守節四十年

顧大德妻朱氏二十七歲夫亡繼姑朱未婚守貞克盡孝敬撫子開疆成立年七十

監生吳維墉妻袁氏二十九歲夫亡夫患疾時親奉湯藥并爲割股守節三十三年

何履高妻姬氏二十九歲夫亡孝事翁姑守節四十九年

何滄柱妻袁氏二十八歲夫亡營葬翁姑守節四十七年

何簡霞妻張氏二十九歲夫亡事翁姑卹孤子守節五十二年

何典揆妻趙氏二十五歲夫亡守節二十五年

何恩周妻周氏二十八歲夫亡守節四十三年

張緼彪妻伍氏二十四歲夫亡守節六十二年

葉兆芳妻顧氏二十二歲夫亡守節四十年

王振先妻葉氏二十六歲夫亡守節十八年

闞聖祥妻王氏妾黃氏王二十三歲夫亡妾黃氏時二十歲同矢苦志王年四十四黃年四十一

李萸房妻張氏萸房負才不遇放浪於酒以致病張盡典簪珥供藥餌夫歿遺孤振纔十齡張晝夜操作訓課成立以書法知名守節四十四年

吳敏求妻李氏歸吳氏翁節民爲松江守姑已歿敏求以應試歿京邸李二十九歲翁罷官家計日落孝養無缺一子殀折煢煢無依勤女紅以自給年七十餘

生員吳登妻方氏二十三歲適吳夫幕游福建歿于泉州計至方幾不欲生事孀姑盡孝旅櫬歸卽安窀穸立夫弟之子永皋爲後守節四十年

生員楊漢杰妻吳氏十九歲適楊二十六歲夫亡止一女在襁褓時未有應繼者家苦貧依其弟四坤以居撫女及笄適秀水諸生吳鈞以賢淑聞吳年六十

李復初妻王氏三十歲夫亡撫嗣子蟠華成立年八十一

章兆熊妻周氏二十三夫亡家貧措葬翁姑及夫撫周晬之孤成立守節五十餘年

生員錢一青妾沈氏二十五歲一青歿守節五十一年

顧繡虎妾陸氏繡虎早亡無子孝事寡姑年七十餘
沈獻存妾楊氏十八歲適獻存獻存歿楊年二十七撫子昌鏞成立爲諸生年九十
監生李光暎妾陳氏十八歲適李二十四光暎歿生三女教有閨範年七十七
生員楊爲裘妾周氏周二十七歲爲裘死嫡先歿遺子四人長漢籌已成立謙益俱幼周子艮尚在襁褓一門孱弱一俱藉撫育姑年老奉侍甚謹姑歿有諷之再適者周嚙指拒之後艮又病歿與其婦沈氏相依爲命年六十七
陳修遠妾王氏二十八歲修遠死王守節四十八年
知縣沈祖惠妾丁氏二十八歲祖惠以瘋病亡或勸之嫁則曰我去誰事主母誰撫嗣孫耶及嗣孫卒復撫曾孫三人紡織度日守節三十七年
監生褚鳳儀妾夏氏二十一歲鳳儀死遺腹生子懷世同嫡莊氏撫之年五十三

張介倫妾盛氏二十二歲介倫亡守節三十年
監生高金標妾浦氏二十五歲金標死孤挺然尚幼浦苦志撫孤足不踰閾年七十五
褚河妾曹氏二十二歲河死撫嫡子讀書成立年七十九
沈珏妾虞氏二十歲珏死守節五十二年
沈昭妾顧氏二十七歲昭歿守節三十五年
職員李原妾林氏二十九歲原歿守節三十年
江有容妾周氏二十六歲有容歿遺孤四齡茹荼撫之年五十六
戴世然妾袁氏二十二歲世然歿無子登一小樓衣縞茹齋日誦佛號數萬
州同江灝妾姜氏二十歲灝歿勤紡織育孤子守節四十一年
貢生李三才妻張氏二十九歲夫亡張以哀痛致疾越十年卒

顧天錫妻王氏二十四歲夫亡守節四十年
監生陳雲錦妻吳氏二十二歲婚五月夫亡無子撫夫弟之子煥文爲後守節五十一年
貢生陶又侃妾陳氏二十四歲又侃亡守節四十七年
王竹君妻朱氏三十歲夫亡撫嗣子虞韶成立事姑十五年孝無間言年五十
閔端妻陸氏夫亡守節四十餘年
監生馮之忠妻徐氏二十九歲夫亡撫夫兄之亨子紳爲諸生守節四十五年
湯軼恒妻張氏二十九歲夫亡無子鍼黹度日守節三十六年
王大忠妻褚氏二十三歲婚越五載夫亡絕粒誓死翁姑曲慰之乃强起撫孤蘭蓀弱冠而歿復撫嗣子克與成立翁目失明奉事甚謹守節三十餘年
監生鄭祖謙妻李氏二十八歲夫亡撫孤裕桂林成立守節二十九年

朱紹周妻曹氏二十八歲夫亡止生兩女長五齡次遺腹生撫有勤苦奉事舅姑苦節四十一年
金文垛妻鍾氏二十九歲夫亡撫二齡孤成立
監生王元龍妻李氏元龍性豪邁不事生產李日營鍼黹以供養元龍亡李二十九歲元龍生前所逋負次第以償曰毋使死者負疚也某年大水李居濱河水浸及之李謂我未亡人果淹水死亦願也已而他屋皆傾頹李之居獨無恙乾隆辛巳十月二日夜半李樓居未寢樓下不戒於火梯爲火所斷人爭呼勸其從樓躍下不從竟焚死次日啟瓦礫得屍衣履結束甚固
李師懃妻查氏麒妻某氏查三十歲夫亡遺子麒又早卒與婦日夜紡織以食旌年七十
石天祿妻俞氏硤涇村田家女二十四歲夫亡無子以夫兄天培次子麒爲後旌年六十四
平兆龍妻顧氏二十二歲夫亡痛絕者數四姑年老甘旨之奉皆出自十指旌年五十四
畢履泰妻周氏二十六歲夫亡撫夫兄之子鳴和爲嗣旌年八十五

湯學光妻方氏二十八歲夫亡旌年八十五

顧明德妻葉氏十六歲夫亡撫孤鼇成立旌年五十五

監生汪廷佐妻徐氏三十歲夫亡旌年六十七

湯耀昌妻邱氏二十三歲夫亡子歿孝養舅姑旌年六十五

孫仁祖妻懷氏十九歲夫亡撫從子天瑞旌年五十四

生員蕭馨妻盛氏二十七歲夫亡訓孤國瑞以義方翁姑年老紡織奉養旌年六十五

戴復初妻戚氏二十八歲夫亡家貧操作不少休一子早歿遺三孫皆其婦撫之旌年六十九

生員金應枚妻馮氏二十九歲夫亡投繯服毒俱救免撫從子煐爲嗣祖塋無產馮捐置祭田五十畝旌年五十三

周覲梁妻吳氏二十歲夫亡將絕粒以殉翁姑慰以立嗣勉進勺水侍奉翁姑甚孝旌年五十六

陳景芳妻顧氏媳盛氏顧二十三歲夫亡遺孤四齡撫育長大娶盛氏二十六亦寡孫又歿人稱雙節

張蒼賢妻羅氏二十九歲夫亡家極貧朝夕操作積貲布錢營兩世葬旌年七十五

李伯球妻陸氏二十五歲夫亡遺孤未晬家貧事姑盡孝旌年五十五

監生李元均繼妻夏氏二十六歲夫亡旌年六十

生員李元坤妻張氏二十五歲夫亡撫三孤成立旌年八十一

陳序思妻張氏二十二歲夫亡有二子其一遺腹生撫之成立旌年七十三

陳晉妻李氏章妻丁氏李二十五歲夫亡撫孤章長而嗜學入泮後以咯血早卒遺孫一與婦丁氏共撫之

生員陳泗傳繼妻金氏二十九歲夫亡遺孤甫周事翁孝敬妯娌無間言

王乙書妻朱氏二十八歲夫亡上奉翁姑下撫三子教養兼至旌年七十六

胡元復妻陶氏二十二歲夫亡旌年七十五

沈鍾妻朱氏二十四歲夫亡勤苦持家撫嗣子成立旌年六十二

屠永齡妻徐氏二十八歲夫亡孝孀姑育孤子旌年五十七

倪錫鯤妻張氏二十四歲夫亡撫孤洪承成立旌年六十三

吳漢濱妻王氏二十五歲夫亡旌年五十八

王維光妻胡氏二十歲夫亡無子力作以事舅姑養葬靡不盡禮旌年五十六

生員陳芬亭妻崔氏二十九歲夫亡事姑孝訓子嚴旌年五十九

張棻洲妻陳氏二十三歲夫亡撫子女成立旌年六十六

張愼高妻李氏二十九歲夫亡無子依母家紡績自給旌年六十四

胡仲韜妻顧氏二十八歲夫亡無夫兄子亡曾又早歿茶苦一身旌年五十七

李煥妻金氏二十七歲夫亡撫嗣子成立旌年五十四

監生葛崑妻王氏二十七歲夫亡營葬翁姑延師課子旌年五十六

張鳳儀妻朱氏二十九歲夫亡事翁盡孝撫嗣子用行成立旌年六十二

監生范廷宣繼妻朱氏二十八歲夫亡孝事舅姑鞠育嗣子年六十四

生員吳嘉績妻施氏嘉績力學能文遭兄喪哀痛成疾而亡施二十九歲遺孤汝珍甫三載含辛茹荼勗以讀父之書旌年六十一

陳商賢妻鄭氏二十六歲夫亡子方百日教養成立旌年六十四

金雅頌妻劉氏二十一歲夫亡家貧女紅度日事舅姑以孝稱旌年六十四

周南庚妻浦氏二十四歲夫亡子歿撫育一女旌年五十二

張邦耀妻王氏二十四歲夫亡旌年五十三

監生李宗漢妻彭氏二十六歲夫亡撫孤鵬飛成立旌年八十歲

呂應元妻董氏二十二歲夫亡旌年五十二

唐維垣妻張氏二十九歲夫亡旌年五十九

陳德黃妻唐氏三十歲夫亡旌年七十一

支楞亭妻史氏二十五歲夫亡閱十日遺腹生子大復茹荼撫之翁飛年老奉事盡孝經理家政咸得其宜旌年七十三

陸晴川妻支氏二十六歲夫亡痛不欲生引刃自刎姑力救始免旌年五十七

陸乾飛妻徐氏二十九歲夫亡無子撫夫從子雲亭爲後事姑二十五載定省無間旌年六十

孫天瀛妻高氏二十三歲夫亡旌年五十四

姚樹琪繼妻金氏二十七歲夫亡遺孤尚在襁褓前子純如已出旌年四十七

金惟青妻蔣氏二十三歲夫亡姑患癱疽侍奉十三年無倦色旌年五十六

陳思仁妻姜氏二十四歲婚八月夫亡撫繼嗣鈞督責甚嚴旌年六十

吳亦坡妻張氏二十一歲夫亡家貧拮据含殮攜週歲孤犿依插母家紡織度日旌年六十

吳翼珠妻金氏二十三歲夫亡撫夫從子嗣伯成立旌年六十六

顧瑞龍妻陳氏二十七歲夫亡撫孤紹箕紹裘成立姑先歿事翁三十餘年頗盡孝敬旌年八十四

聞人銓妻高氏十九歲夫亡奉事祖姑及翁姑撫夫兄子爲嗣旌年四十九

李廷標妻葦氏三十歲夫亡旌年七十一

張蒼玉妻褚氏十八歲夫亡家貧無子紡織自給旌年四十九

生員徐士鳳繼妻陸氏二十八歲夫亡孝事孀姑撫育繼嗣旌年六十二

馮元虎妻吳氏二十九歲夫亡夫患痼疾割股進之不効旌年六十二

龔元德繼妻顧氏二十四歲適龔甫二月夫亡艱苦矢守旌年五十四

金翰妻沈氏二十六歲夫亡遺孤元貞甫一歲教訓成立旌年四十七

俞汝驥妻孫氏二十四歲夫亡事翁姑竭盡孝敬課子世業爲生員旌年五十七

張維梅妻金氏二十六歲夫亡事翁姑孝無嗣子有恩旌年七十三

生員倪錫蛟妻嚴氏二十三歲夫亡旌年六十六

倪任遠妻周氏二十八歲夫亡營葬翁姑撫育孤女旌年六十九

吳用昭妻俞氏二十七歲夫亡旌年六十八

沈光暄妻陳氏二十二歲夫亡遺孤早世撫孫成立旌年五十

沈魯元妻王氏二十一歲夫亡旌年六十五

高晉賢妻楊氏二十九歲夫亡事姑撫孤旌年七十六

陳明周妻田氏二十九歲夫亡一子早殤旌年六十四

朱藴山妻歸氏二十五歲夫亡遺孤大震未滿百日翁早歿事姑十餘載克盡婦道旌年五十六

楊興宗妻蕭氏二十七歲夫亡孝事翁姑歿後力營殯葬旌年五十八

陳立蒼妻孫氏二十五歲夫亡旌年五十七

許國昌妻趙氏二十二歲夫亡撫遺腹子世奇成立旌年六十七

孫樹至妻岳氏二十七歲夫亡旌年七十八

張方來妻王氏二十七歲夫亡旌年五十六

張建安妻唐氏二十六歲夫亡旌年六十

監生高天申妻顧氏二十六歲夫亡旌年四十八

徐陳範繼妻莊氏二十八歲夫亡孝事繼姑撫夫從子鈖如已出旌年五十八
沈文遠妻某氏二十九歲夫亡孝養老翁旌年七十一
沈大基妻陳氏十九歲夫亡撫遺腹子鋐成立旌年五十六
沈鈞妻居氏二十七歲夫亡有二子早歿撫孫應祚成立旌年六十二
沈錫齡妻蔣氏三十歲夫亡撫孤潤成立旌年五十五
吳御瞻妻金氏二十五歲夫亡家貧無子旌年八十八
俞新如妻錢氏二十五歲夫亡旌年八十一
陸汝蓁妻錢氏二十七歲夫亡孝奉老姑旌年六十六
孫含質妻曹氏二十六歲夫亡撫孤安瀾成立旌年五十九
舉人吳士鏡繼妻鄭氏二十九歲夫亡旌年五十四

吳建山妻馬氏二十九歲夫亡撫孤凝章及長娶婦相繼而逝遺一孫有基馬教養之旌年六十
史秉良妻馮氏二十三歲夫亡事老翁撫嗣子紡織不輟旌年六十二
陶琬妻姚氏二十二歲夫亡孝事孀姑旌年六十三
施時行妻徐氏二十四歲夫亡事孤盡孝訓孤元鼎元鐘俱爲諸生旌年六十三
陶薦周妻王氏二十歲適陶未幾夫亡姑繼歿殯葬盡禮旌年五十四
監生吳越千妻張氏祥明妻湯氏張二十二歲夫亡遺孤祥明生甫六月以老姑在堂不忍死殉課祥明甚嚴長娶湯氏婚未半載亦寡湯二十歲無子撫他姓子虞昌爲後張旌年七十湯旌年四十九
沈旦王妻吳氏二十二歲夫亡撫夫從子成立旌年八十
陳已成妻朱氏文蔚妻某氏朱三十歲夫亡子文蔚僅三齡教之成立甫娶又歿婦姑

勤紡織以給旌年六十三
金汝銘妻李氏二十五歲夫亡撫夫從子爲嗣旌年六十八
胡世永妻李氏十九歲夫亡旌年四十九
馬計增妻陳氏二十三歲夫亡無子家極貧父母欲嫁之陳矢志堅貞晝夜紡織自給旌年七十七
陳起鳳妻淩氏二十五歲夫亡旌年六十四
宗德孚妻孫氏二十九歲夫亡旌年五十八
金良玉妻孫氏二十七歲夫亡旌年五十六
錢含珠妻杜氏十九歲夫亡旌年五十六
王啟人妻秦氏十九歲夫亡旌年七十二
周嘉麟妻金氏二十七歲夫亡孝奉孀姑撫育孤子旌年六十七

金學裒妻賀氏二十九歲夫亡撫二子一女成立旌年七十二
沈建名妻張氏二十八歲夫亡旌年七十八
李虞賢妻王氏二十三歲夫亡撫遺腹子成立事裒姑四十載孝敬如一日旌年六十三
鄭時高妻姚氏十九歲適鄭逾年夫亡翁姑俱逝煢煢孑立旌年六十七
楊天章妻徐氏二十二歲夫亡事姑撫孤旌年七十三
楊天柱妻樊氏二十二歲夫亡遺孤早世樊堅苦矢志操作不輟旌年五十三
生員吳邦杰妻陳氏二十九歲夫亡嗣子不娶而卒依弟陳檀以居旌年六十八
徐渭濱妻戴氏二十五歲夫亡撫夫從子雲翔爲嗣翁歿喪葬盡禮旌年五十四
周本仁妻姚氏本義繼妻高氏本禮妻李氏姚二十歲夫亡勤勞積儉敬奉翁姑撫夫從子志熙爲嗣夫弟本義繼妻高氏年二十九亦寡遺孤又殀翁姑在堂敬進甘旨夫季弟本

禮妻李氏二十七亦寡兩子俱殀以本禮從子南為嗣姚守節四十二年高旌年七十九李旌年六十七八稱

一門三節

朱積雲妻徐氏二十五歲夫亡無子撫夫兄子組綬為嗣事姑沈克盡婦道旌年六十四

朱秉智妾司氏昌俊妻謝氏司十八歲適朱二十九歲秉智歿撫立從子昌俊為嗣嫡室周有痼症敎育昌俊皆司之力比長娶謝氏昌俊亦患痼症與嫡母相繼歿謝年二十六與司拮据兩喪同旌年七十六謝旌年六十四

黃大原妻繆氏十九歲適黃未及一載夫亡無子撫夫從子寄香為嗣旌年四十七

沈忠吾妻孫氏二十七歲夫亡生子甫週父母以其貧乏諷之孫誓不從紡織以養舅姑旌年五十八

徐嘉錫妻陸費氏二十四歲婚越五月夫亡旌年五十六

沈文光妻鍾氏二十四歲夫亡旌年七十六

張在中妻楊氏二十一歲夫亡旌年七十六

蔣德興妻徐氏二十八歲夫亡旌年五十七

潘聖龍妻沈氏二十七歲夫亡撫孤廷樞辛勤操作旌年五十

洪錫章妻車氏妾張氏車二十餘歲夫亡時妾張氏甫二十歲生一子楷方及週二人同撫之車旌年六十二張旌年四十三

魯錦堂妻顧氏婚五月夫亡時顧二十二歲撫遺腹子廷璋成立旌年六十七

朱成美妻王氏二十八歲夫亡旌年五十二

沈憲宗妻曹氏二十八歲夫亡旌年五十二

張洪昇妻顧氏二十七歲夫亡旌年七十二

陳宏綬妻邲氏二十八歲夫亡旌年五十六

錢含光妻許氏三十歲夫亡旌年七十八

祝健為妻懷氏二十九歲夫亡旌年五十七

陳聖明妻錢氏二十六歲夫亡旌年五十六

孫天瀛妻高氏二十三歲夫亡旌年五十四

梁奕蘭妻李氏二十七歲夫亡紡織事姑撫二子成立旌年五十四

岳世隆妻嚴氏夫戍山左歿於戍所時嚴三十歲旌年八十四

王元魁妻倪氏三十歲夫亡旌年六十二

高秉文妻王氏三十歲夫亡旌年五十

吳紹鳳妻姚氏二十八歲夫亡子殀事孀姑以孝旌年五十五

謝滄周妻張氏二十四歲夫亡遺孤九月張勤紡織以養翁姑遺孤亦得成立旌年六十

張永貞妻蔡氏二十五歲夫亡生子釗甫三十八日及長課之讀紡績相伴往往達旦旌年五十九

陸韶典妻吳氏二十三歲夫亡無子孝奉翁姑旌年六十三

周天佐妻婁氏二十五歲夫亡閱數月遺腹德華生翁姑年老婁紡織以供菽水旌年六十七

王仁方妻沈氏硯亭妻戚氏沈十九歲適王甫二載夫亡遺孤澧四十九日又殤矢志守節備歷艱苦夫弟硯亭妻戚氏二十一歲夫亡無子與姒沈並守孀居同撫夫弟錫永次子成立沈旌年六十六戚旌年六十五

伍開元妻陳氏二十四歲夫亡遺孤思嚴甫週孝事翁姑思嚴以長病歿復撫諸孫旌年七十六

王本良妻趙氏十九歲適王三載夫亡矢志撫孤事姑克孝旌年六十一

毛彥倫妻陳氏十七歲婚五月夫亡無子旌年四十四

張振遠妻胡氏二十歲夫亡旌年五十一

湯紹元妻錢氏二十五歲夫亡家貧以十指爲生計旌年五十七

楊培田妻朱氏二十六歲夫亡訓遺孤辰讀書不稍姑息旌年五十八

馬殿臣妻胡氏二十八歲夫亡旌年六十

章心學妻朱氏二十三歲夫亡孝事舅姑旌年五十四

陳漣妻陸氏二十九歲夫亡撫二女俱早殁孑身苦守旌年七十四

吳嘉霖妾夏氏二十八歲嘉霖亡一子又殀勤正室李氏爲嘉霖立後旌年六十一

趙賓王妾王氏新行鎮人二十八歲賓王亡與嫡朱矢志奉事老翁旌年六十一

監生徐維祺妾王氏二十二歲維祺亡生一女甫數月辛勤撫之旌年六十二

陳鳳翥妾林氏十九歲適陳二十七鳳翥亡旌年五十六

監生陳近賢妾卞氏二十四歲近賢亡遺女二齡旌年五十一

監生姚浚妾徐氏二十七歲浚亡事嫡盡敬子婦相繼殁孫亦早殤旌年五十九

監生高世鼇妾李氏十八歲鼇亡遺腹子又殤李謹事嫡勤習女工旌年四十二

施廷柱妾李氏起鳳妾饒氏李二十八歲廷柱亡遺孤承祖承立旌年七十三廷柱從子起鳳妾饒氏福建邵武貧家女幼喪父母依於舅氏家十六歲遺舅喪無以殮饒請鬻身以供喪費起鳳客閩因納之抵禾生一子百日殤越八載年二十四起鳳卒於閩聞計痛絕矢志靡他旌年五十二

黃文彬妻沈氏二十五歲夫亡旌年六十一

生員錢鼎妻王氏二十七歲夫亡旌年四十九

張九妻趙氏十七歲適張二十三夫亡子又殀族人欲奪其志趙以死誓乃止旌年五十四

楊艮妻沈氏二十四歲夫亡遺孤品甫一齡沈與庶姑周氏共撫之刻苦讀書弱冠以暴疾卒乃立夫兄謙次子蟥爲嗣旌年五十七

生員厲廉隅妾章氏二十二歲廉隅亡矢志苦節旌年七十六

張大占妻王氏二十歲夫亡旌年六十七以上伊志

于志案桑弢甫集有嘉興節婦唐某氏請學使給額文云以十年之晝荻得二子之游庠惜佚其姓氏姑存以俟考以上旌年俱錄伊志原文係嘉慶五年

生員徐元旂妻喬氏　李鑑妻沈氏

舉人馮登啟妻沈氏　生員張焜妻陳氏

杜繩其妻吳氏　王望盛妻張氏

張珮妻朱氏　馮家範妻湯氏

劉士隆妻范氏　范天柱妻潘氏

呂敦敘妻蕭氏　沈容昭妻金氏

姚知三妻王氏　顧廣廷妻徐氏

張鳳儀妻鄭氏　張璧妻朱氏

蔣在人妻鄒氏　吳守頤妻張氏

汪昌城妻陳氏　朱茂峯妻陸氏

庠生姚心耕繼妻王氏　朱錦成妻張氏

崔沛妻陸氏　錢嵩年妻張氏

沈德元妻顧氏　監生沈彀妻倪氏

沈思衡妻崔氏　金紹裘妻王氏

沈胄梁繼妻錢氏　馬繼墉妻鍾氏

吳超臺妻王氏　監生呂肇熹妻錢氏
郁廷用妻高氏　莊槐妻徐氏
沈德源妻朱氏　胡信昌妻郭氏
吳與泰妻邱氏　金大表妻李氏
顧子明妻張氏　張元素妻沈氏
俞元勳妻蔡氏　姜西雝妻毛氏
包世燦妻韓氏　莊如松妻徐氏
庠生陳璜妻方氏　沈錫麟繼妻蔣氏
俞鎔妻莫氏　葛芝妻鈕氏以上事實及旌年月俱無考
杜慰章妻錢氏二十八歲夫亡守節三十年旌年五十八

監生吳華伯妻戴氏二十七歲夫亡無子撫夫姪爲嗣守節四十六年
監生吳尹中妻張氏二十六歲夫亡撫遺腹子成立子先母故張氏守節五十年旌
史德三妻吳氏二十七歲夫亡家貧無子苦節五十年
金衞英妻徐氏十七歲婚五月夫亡守節二十九年
黃瑜妻胡氏二十四歲夫亡撫孤守節十九年
馬水原妻顧氏二十九歲夫亡守節五十三年以上嘉慶五年旌
朱廷元妻徐氏二十五歲夫亡矢志苦節四十一年、
李愼徽妻俞氏二十三歲夫亡守節三十年以上嘉慶六年旌
濮廷鏞妻倪氏二十五歲夫亡守節五十三年嘉慶七年旌
沈冠吾妻蔣氏二十六歲夫亡守節三十年

陶維翰妻謝氏二十五歲夫亡守節五十年
高遇龍妻王氏二十七歲夫亡撫孤守節三十一年
施昌益妻徐氏二十四歲夫亡守節四十二年以上嘉慶八年旌
張大中妻蔡氏二十七歲夫亡守節三十二年
張淵妻沈氏二十八歲夫亡守節二十二年以上嘉慶九年旌
褚鈞妻姚氏二十八歲夫亡守節三十一年
高志鵬妻史氏二十三歲夫亡守節四十一年
吳書藻妻徐氏二十六歲夫亡撫孤守節五十一年
沈懷遠妻馬氏二十六歲夫亡守節三十七年
汪作霖妻陳氏二十六歲夫亡守節六十五年

錢立恒妻陳氏二十歲夫亡守節三十四年
生員金三錫妻徐氏二十九歲夫亡守節五十一年以上嘉慶十年旌
李祖晪妻何氏二十九歲夫亡守節五十一年
張舜和妻鄭氏二十歲夫亡撫孤守節三十一年
姚祥璜妻楊氏二十四歲夫亡撫孤守節三十年以上嘉慶十二年旌
于耀曾妻郁氏二十三歲夫亡守節三十五年
謝璉妻褚氏二十二歲夫亡守節二十年
陳鴻逵妻謝氏二十四歲夫亡守節三十年、
監生王如綸妻李氏二十五歲夫亡守節二十二年以上嘉慶十三年旌
生員王瑩妻朱氏二十九歲夫亡守節四十八年

陸賡堂妻徐氏二十九歲夫亡守節三十四年

于錫祚繼妻張氏二十四歲夫亡家貧藉紡績以度日守節二十年清潔之操遠近戚族咸稱之

生員項映藜妻錢氏二十四歲夫亡守節三十三年

生員褚順之妻胡氏二十七歲夫亡守節三十五年

朱景雲妻張氏二十六歲夫亡守節三十年

朱友三妻沈氏二十一歲夫亡守節七十三年

生員徐逢佳妻邵氏二十九歲夫亡守節三十八年以上嘉慶十四年旌

錢岱妻崔氏二十四歲夫亡守節三十二年

莫鴻寶妻高氏二十八歲夫亡守節三十二年

沈懷清妻胡氏二十五歲夫亡守節三十四年

李朗妻陸氏二十九歲夫亡守節二十七年

生員陸振熿妻褚氏二十五歲夫亡撫孤守節二十四年

沈震遠妻曹氏二十九歲夫亡撫孤守節三十二年

金成龍妻祁氏十九歲夫亡撫孤守節四十三年

邱之溥妻周氏二十六歲夫亡撫孤守節三十一年以上嘉慶十五年旌

曹其誠妻王氏二十八歲夫亡守節三十九年

監生朱琪妻褚氏二十三歲夫亡守節三十八年

陸卓明妻張氏二十一歲夫亡撫孤守節三十一年

生員朱邦禮妻沈氏二十六歲夫亡慟絕復蘇守節三十一年以上嘉慶十六年旌

生員周全繼妻王氏二十三歲夫亡守節四十六年嘉慶十七年旌

倪志瀅妻吳氏二十五歲夫亡守節二十年

朱世瞻妻沈氏二十二歲夫亡守節七十一年

朱聞聲妻朱氏二十八歲夫亡守節四十一年

楊濟川妻徐氏二十八歲夫亡守節二十三年

姚江宰妻屠氏二十歲夫亡撫孤守節三十二年

主簿姚江春妻朱氏二十九歲夫亡撫孤守節二十九年

監生沈逵鴻妻陸氏妾滕氏陸二十九歲夫亡撫孤守節二十六年妾滕氏撫孤守節二十四年

監生陳浩妻彭氏二十六歲夫亡撫孤守節四十三年

謝鈞妻王氏二十四歲夫亡撫孤欲殉衆力勸止保孤守節四十三年以上嘉慶十八年旌

胡世培繼妻顧氏二十九歲夫亡撫孤守節二十五年

王士明妻俞氏二十七歲夫亡撫孤守節二十八年

生員朱茂堂妻范氏二十二歲夫亡撫孤守節二十九年

監生湯紹馨妻屠氏二十八歲夫亡撫孤守節四十五年

胡元隆妻濮氏二十九歲夫亡撫孤守節三十四年

呂廷獻妻錢氏二十八歲夫亡撫孤守節四十二年

呂銘妻吳氏二十歲夫亡撫嗣守節十六年

呂荃妻章氏十八歲夫亡撫孤守節五十八年

州同陳贊皇妾金氏二十八歲贊皇亡撫孤守節五十四年

顧佩金妻俞氏二十七歲夫亡撫嗣守節三十四年

江彝尊妻沈氏二十七歲夫亡撫孤守節二十八年

吳銓妻張氏二十七歲夫亡撫嗣守節二十年以上嘉慶十九年旌

李恒昭妾倪氏二十五歲恒昭亡撫孤守節六十六年

李明備繼妻吳氏二十四歲夫亡撫孤守節二十八年

監生潘鎬繼妻曹氏二十九歲夫亡撫嗣守節二十九年以上嘉慶二十年旌

楊效南妻沈氏二十八歲夫亡守節二十五年

沈思仁妻歐氏二十七歲夫亡撫嗣守節二十八年

倪錫璡繼妻何氏二十九歲夫亡撫嗣守節三十一年

楊閑中妻富氏二十六歲夫亡撫嗣守節四十三年

柴藹吉妻蕭氏三十歲夫亡撫孤守節二十二年

許廷元妻蕭氏十八歲夫亡撫嗣守節三十年

吳祐妻沈氏二十九歲夫亡撫孤守節二十二年

俞秀村妻蔡氏三十歲夫亡撫孤守節三十四年

監生王紹曾妻范氏二十八歲夫亡撫孤守節三十四年

戴本周妻陸氏二十一歲夫亡撫嗣守節四十二年

子掄元妻沈氏三十歲夫亡撫孤守節四十二年

吳楚英繼妻王氏二十九歲夫亡撫孤守節三十三年

趙鴻妻朱氏二十九歲夫亡撫孤守節二十四年

廩生李震妻沈氏二十七歲夫亡守節三十三年

陸昌齡妻錢氏二十二歲夫亡守節五十六年

汪寶輪妻陳氏二十六歲夫亡守節三十四年

張寶典妻鍾氏二十一歲夫亡欲以死殉眾勸之强起守節三十九年以上嘉慶二十一年旌

盛躍天妻吳氏二十六歲夫亡撫孤守節三十三年

監生張世俊妻錢氏三十歲夫亡撫孤守節二十九年

章寶傳妻朱氏二十八歲夫亡撫孤守節四十年

金慎熙妻孫氏二十五歲夫亡守節二十年

陳某妻劉氏　湯某妻錢氏

王麒林妻衛氏二十九歲夫亡撫孤守節四十四年以上嘉慶二十二年旌

許國正妻王氏二十一歲夫亡撫孤守節五十六年

陸士榮妻吳氏三十九歲夫亡撫孤守節三十三年

王仁方妻沈氏十八歲夫亡撫嗣孫守節六十六年

監生衛沈光妻徐氏二十一歲夫亡撫嗣守節三十年

周亶生妻陳氏二十四歲夫亡撫孤守節三十九年

監生吳曾康妻莫氏二十一歲夫亡撫孤守節四十五年

金載揚妻錢氏二十三歲夫亡撫嗣守節三十三年以上嘉慶二十三年旌

汪樹俊妻吳氏二十九歲夫亡慟絕復蘇保孤守節二十二年遠近戚族無不敬其清操

宋昭麟妻屠氏二十四歲夫亡撫孤守節二十九年

吳欽妻曹氏二十七歲夫亡撫孤守節十六年

王硯亭妻戚氏二十一歲夫亡撫孤守節六十三年

武生張彪妻金氏二十七歲夫亡撫孤守節三十年

陸元麟繼妻楊氏二十五歲夫亡撫孤守節五十一年
戴鼎元妻范氏十九歲夫亡撫孤守節四十一年
高世鼇妻沈氏三十三歲夫亡撫孤守節三十年
生員施朝佐妾李氏二十九歲朝佐亡矢志不貳盡心撫孤守節二十五年
徐光遠妻張氏二十四歲夫亡守節六十二年
監生陳琦妾沈氏二十八歲琦亡守節三十八年
監生祖芳九妻楊氏二十九歲夫亡守節四十四年
監生蕭其璋妻孫氏二十九歲夫亡守節三十一年
監生金克[illegible]妻王氏二十八歲夫亡[illegible]五年
監生張世穀妻陳氏二十八歲夫亡守節二十九年

監生沈寶傳妻胡氏二十九歲夫亡守節三十九年
邱之瀛妻朱氏二十歲夫亡守節三十二年
王驤妻徐氏二十六歲夫亡守節二十九年以上嘉慶二十四年旌
鄭惟治妻周氏二十八歲夫亡守節三十八年
増生徐士鳳繼妻陸氏二十八歲夫亡守節四十六年
監生馬佾妻吳氏二十六歲夫亡孝事髦姑歿後藉紡績以營喪葬撫二子成立守節三十六年
巡撫陳以筠節可風表其閭
陸寶書妻陸氏二十二歲夫亡守節二十七年
程艮桉妻章氏二十四歲夫亡守節三十三年
監生謝寶玉妻高氏二十三歲夫亡守節三十四年

監生謝繼昌妾周氏二十四歲繼昌亡守節六十三年
監生謝又安妻呂氏二十七歲夫亡守節三十一年
丁世鳳妻朱氏二十六歲夫亡撫孤守節三十一年
洪源妾張氏二十二歲洪源亡撫孤守節二十二年
錢紹宗妻倪氏二十三歲夫亡撫嗣守節三十六年
杭松望妻范氏二十六歲夫亡撫嗣守節四十五年
杭嘉琦妻范氏二十三歲夫亡撫孤守節六十二年
范文煜妻陶氏二十六歲夫亡撫孤守節三十五年
陸觀天妻沈氏二十九歲夫亡撫孤守節三十年
生員沈清漣妻孫氏三十歲夫亡撫孤守節三十四年

張衍疇妻沈氏二十二歲夫亡撫孤守節三十二年
吳元貞妻曹氏三十歲夫亡撫棺以不貳自矢鞠育遺孤守節四十三年家貧惟日夜紡績以度日
毛之遂妻沈氏二十七歲夫亡撫孤守節三十九年
盧汝揆妻倪氏二十八年夫亡撫孤守節三十六年
監生吳璉妾顧氏二十八歲璉亡撫孤守節四十四年
曹安瀾妻李氏二十九歲夫亡撫孤守節三十三年
監生郁維錡妾姜氏三十歲維錡亡撫孤守節二十七年
楊煥章妻劉氏二十三歲夫亡撫孤守節三十八年
鮑殿書妻范氏二十九歲夫亡撫孤守節五十六年
陸汝夔妻石氏二十三歲夫亡撫嗣守節四十九年

陸汝茂妻倪氏二十二歲夫亡撫嗣守節四十二年
王萬英妻金氏二十九歲夫亡撫孤守節五十二年
葉鳴山妻王氏二十七歲夫亡撫孤守節十七年
程宮桂妻葉氏二十二歲夫亡撫孤守節三十八年以上嘉慶二十五年旌
黃亮恭妻許氏二十五歲夫亡撫孤守節三十八年
李鑰繼妻殳氏三十歲夫亡撫孤守節三十七年
楊樹春妻陳氏三十歲夫亡撫孤守節三十五年
吳師杰妻王氏二十四歲夫亡撫孤守節三十四年
甄天壽妻夏氏二十一歲夫亡撫嗣守節三十年
孫志鎬妻沈氏二十一歲夫亡撫嗣守節二十九年

莊炎妻張氏二十一歲夫亡守節四十一年
沈奎妻屠氏二十六歲夫亡撫孤守節三十一年以上道光元年旌
沈裕妻戴氏二十七歲夫亡守節三十年
王鳳其妻閻氏十九歲夫亡撫孤守節十九年
胡文珍妻姚氏三十歲夫亡撫孤守節四十三年
沈可堡妻陳氏二十五歲夫亡撫孤守節四十年
王覲揚妻張氏二十二歲夫亡撫孤守節四十九年
許欒川妻唐氏二十三歲夫亡撫孤守節二十七年
王周楨妻萬氏二十二歲夫亡撫孤守節十八年
監生張士徵妻沈氏二十五歲夫亡撫嗣守節十六年

朱不凡妻徐氏二十五歲夫亡撫孤守節三十五年
錢成安妻錢氏二十九歲夫亡撫孤守節五十四年
胡壽芳妻陳氏二十一歲夫亡撫嗣守節四十六年
胡步青妻沈氏二十三歲夫亡守節二十八年
胡守鏞妻錢氏二十五歲夫亡撫嗣守節十六年
朱浩川妻計氏二十一歲夫亡撫嗣守節三十六年
徐寅初妻嚴氏二十三歲夫亡撫嗣守節三十三年
萬廷桂妻金氏二十八歲夫亡撫孤守節四十年
俞璋妻朱氏二十九歲夫亡撫孤守節二十八年
張尚濂妻劉氏二十七歲夫亡撫孤守節四十一年

張可亭繼妻喻氏二十八歲夫亡撫嗣守節三十六年
沈錦堂妻張氏二十八歲夫亡撫孤守節五十二年
萬洪楠妻盛氏二十八歲夫亡撫嗣守節二十三年以上道光二年旌
包蓉城妻曹氏二十三歲夫亡守節五十五年
張維綱繼妻徐氏二十五歲夫亡撫嗣守節五十六年
宓建恒妻甄氏三十歲夫亡撫孤守節四十五年
宓耀祖妻周氏二十八歲夫亡撫孤守節三十五年
繆維三妾蔣氏二十六歲維三亡撫孤守節四十二年
沈璣繼妻楊氏二十三歲夫亡撫嗣守節四十八年
王懋麟妻胡氏

馬玉階妻鍾氏三十歲夫亡無從子以承祠守節二十八年姑蔣並旌

許潤蒼妻王氏二十六歲夫亡撫孤守節三十六年

顏含光妻于氏二十五歲夫亡撫孤守節四十一年

顏肇周妻張氏二十八歲夫亡撫孤守節二十七年

胡敦書妻金氏二十五歲夫亡撫孤守節四十八年

張啟元妻浦氏二十八歲夫亡撫孤守節三十七年

褚端妻戴氏二十二歲夫亡撫嗣守節四十年

沈學麟妻吳氏二十九歲夫亡撫孤守節三十二年

顧邦憲妻吳氏二十三歲夫亡撫孤守節四十九年

顧錦堂妻張氏二十六歲夫亡撫孤守節三十一年以上道光三年旌

監生徐本大妻吳氏二十四歲夫亡守節旌年五十二

吳祈黃妻郭氏二十八歲夫亡守節三十九年

生員楊煥妻吳氏二十四歲夫亡撫嗣守節四十年

陸惠倫妻李氏二十八歲夫亡撫孤守節三十四年

生員陳璜妻高氏二十九歲夫亡撫嗣守節四十四年

莊鈴妻姜氏二十四歲夫亡撫嗣守節三十六年

王萬林妻陶氏二十四歲夫亡撫嗣守節四十二年

平紹馮妻錢氏二十七歲夫亡撫嗣守節四十三年

葉振揚妻顧氏二十一歲夫亡撫嗣守節三十一年

汪大楞妻姚氏二十五歲夫亡撫嗣守節四十一年

王振林妻沈氏二十六歲夫亡撫孤守節五十六年

朱星垣妻于氏二十三歲夫亡撫嗣守節四十年

屠紹榮妻劉氏二十六歲夫亡撫嗣守節三十七年

生員楊潮泰妻尹氏二十九歲夫亡撫嗣守節四十二年

汪秀章妻張氏二十九歲夫亡撫嗣守節二十年

監生尹上珍妾岳氏二十九歲上珍亡撫孤守節五十五年

監生陸鰲妻陳氏二十六歲夫亡撫嗣守節三十二年

程振書妻徐氏二十八歲夫亡撫嗣守節四十年

李耿光妻沈氏二十二歲夫亡撫孤守節四十七年

編修金蓉妾陸氏二十九歲蓉亡撫嗣守節四十三年

胡世永妻李氏二十歲夫亡撫孤守節五十三年

潘御章妻曹氏二十九歲夫亡撫孤守節四十六年

潘殿英妻俞氏三十歲夫亡撫嗣守節十七年

張昆河妻婁氏二十八歲夫亡撫孤守節三十二年

葉希仁妻馬氏二十一歲夫亡撫嗣守節二十一年

監生沈濂繼妻任氏二十八歲夫亡撫嗣守節十七年

劉鳴玉妻孫氏二十八歲夫亡撫孤守節二十七年

薛敬宗妻王氏二十六歲夫亡撫孤守節二十年

莊恕妻陸氏二十二歲夫亡撫嗣守節十四年

徐樹周妻蘇氏二十五歲夫亡撫孤守節三十年

包烱繼妻沈氏二十八歲夫亡撫嗣守節三十一年

監生張衍麓妻周氏二十二歲夫亡撫嗣守節三十年

監生葉以昌妻薛氏二十九歲夫亡撫孤守節四十五年

監生錢純祖繼妻金氏二十九歲夫亡撫孤守節二十一年以上道光四年旌

尤晉蕃妻鄭氏二十三歲夫亡遺腹子長齡撫育成立孝事尊嫜歿後喪葬盡禮守節三十三年

沈士華妻陸氏二十歲夫亡守節三十年

俞昌鑑妻顧氏三十歲夫亡守節三十二年

沈又奇妻戴氏三十歲夫亡守節二十二年

徐昌年妻曹氏三十二歲夫亡守節三十一年

徐亮功妻湯氏二十八歲夫亡守節五十八年

郭裕昆妻謝氏二十五歲夫亡守節三十年

顧大德妻朱氏二十七歲夫亡守節四十四年

王重璋妻張氏二十三歲夫亡守節六十年

冷聖元妻鮑氏二十五歲夫亡守節六十四年

朱暢妻卜氏三十歲夫亡守節五十四年

黃錦棠妻平氏三十歲夫亡守節十八年

楊仁壽妻吴氏二十五歲夫亡守節四十五年

徐志遂妻淩氏二十三歲夫亡守節六十一年

張學濟繼妻沈氏二十六歲夫亡守節三十三年

袁秀峯妻朱氏二十七歲夫亡守節二十六年

朱振言妻戴氏二十五歲夫亡撫嗣守節四十一年

監生沈德言妻郭氏二十六歲夫亡撫孤守節十七年

魏烿妻夏氏三十歲夫亡撫嗣守節五十七年

邱象玉妻馮氏二十五歲夫亡撫孤守節四十二年

曹其銷妻徐氏二十九歲夫亡撫嗣守節三十八年

李椿廷妻伍氏二十五歲夫亡撫孤守節十五年

朱國機妻陸氏二十九歲夫亡撫孤守節十六年

蔡廷相繼妻吴氏二十九歲夫亡撫嗣守節三十年

監生魏紹洪妾潘氏二十九歲紹洪亡撫嗣守節二十一年

胡敬持妻郭氏二十九歲夫亡撫孤守節四十五年

監生徐周發妻黃氏二十二歲夫亡撫嗣守節三十年

施起鳳妾饒氏二十四歲起鳳亡撫嗣守節四十二年

顧錦章妻徐氏二十五歲夫亡撫嗣守節三十九年

車鑑安妻朱氏二十六歲夫亡撫嗣守節三十五年以上道光五年旌

監生孫南金妻唐氏二十九歲夫亡撫孤守節五十七年

殷宗仁妻馬氏二十七歲夫亡撫孤守節四十年

沈會嘉妻楊氏二十九歲夫亡撫孤守節四十三年

監生汪沾妾戚氏二十五歲沾亡撫嗣守節四十四年

職監李福慶妻趙氏二十二歲夫亡撫孤守節四十四年

職監汪溶妾姚氏十九歲溶亡撫嗣守節三十一年

邱光森妻王氏二十六歲夫亡撫孤守節二十八年

鄭玉山妻沈氏二十八歲夫亡撫孤守節四十一年

張潤身妻顧氏三十歲夫亡撫孤守節三十七年

舉人李蘭妻鄭氏二十七歲夫亡撫孤守節四十四年

監生沈錦妾戴氏二十九歲錦亡撫嗣守節五十二年

王秀恒繼妻陳氏二十四歲夫亡撫孤守節二十九年

生員沈昌祚妻葛氏二十六歲夫亡撫孤守節二十八年

王正爲妻胡氏二十歲夫亡守節三十二年

全延芳妻張氏二十二歲夫亡守節三十六年

王丹成妻徐氏三十歲夫亡守節四十三年

楊芳安妻朱氏三十歲夫亡守節二十二年

李清華繼妻張氏二十六歲夫亡守節四十四年以上道光六年旌

俞崑揚妻莫氏二十一歲夫亡撫嗣守節十九年

姚關敘妻黃氏二十四歲夫亡撫孤守節三十一年

葉倫璋妻倪氏二十三歲夫亡撫孤守節四十年

徐應祥妻金氏二十二歲夫亡撫嗣守節七十年

方裕昆妻唐氏二十九歲夫亡撫嗣守節十三年

謝霖妻陳氏二十三歲夫亡撫嗣守節二十七年

施應魁妻孔氏二十九歲夫亡撫孤守節五十四年

職監夏竟天妻郁氏三十歲夫亡撫孤守節二十七年

魏紹溶妾彭氏二十八歲紹溶亡撫嗣守節二十二年

胡繼修妻倪氏二十九歲夫亡撫孤守節四十三年

陸煒妻張氏三十歲夫亡守節十四年

丁士榮妻尹氏二十五歲夫亡守節二十五年

監生徐之枚妻王氏二十六歲夫亡守節二十四年

監生陳堂妾吳氏二十八歲堂亡守節三十三年

吳煥章妻沈氏三十歲夫亡守節二十七年

監生朱維馨妻翁氏二十六歲夫亡守節十二年

呂允階妻陳氏二十八歲夫亡守節三十八年

吳星海妻高氏二十三歲夫亡守節三十七年

褚容照妻王氏二十二歲夫亡守節四十四年

張時庵妻戴氏二十三歲夫亡守節三十二年

生員朱維城妻錢氏二十九歲夫亡守節三十三年

許本立妻張氏三十歲夫亡守節五十一年

陳書林妻陳氏二十九歲夫亡守節二十三年

監生莊瑗妻伍氏二十六歲夫亡守節三十年

程士林妻王氏二十二歲夫亡守節二十七年

許惠堂妻施氏二十八歲夫亡守節二十五年

監生孫祖臺繼妻于氏二十五歲夫亡守節三十六年以上道光七年旌

金文煥妻陸氏二十九歲夫亡撫孤守節四十二年

貢生姚壽曾妻鄭氏二十九歲夫亡撫棺慟絶復甦保孤守節三十五年
李西明妻卜氏二十七歲夫亡守節三十一年
宗豪金妻方氏三十歲夫亡守節三十五年
郁建周妻高氏三十歲夫亡守節三十七年
生員方世桂妻陸氏二十六歲夫亡守節二十六年以上道光八年旌
金永山妻沈氏二十九歲夫亡撫孤守節五十五年
高維焜妻徐氏三十歲夫亡守節三十六年
陳潮妻楊氏二十九歲夫亡撫孤守節二十五年
胡琢成繼妻顧氏二十五歲夫亡撫孤守節四十年
婁學均繼妻項氏二十七歲夫亡撫孤守節三十一年

同知吳鑽妾逢氏二十八歲鑽亡守節三十八年
何陳禧妻周氏二十四歲夫亡撫孤守節十二年
何啟玟妻陳氏十八歲夫亡守節十八年
王應天妻杜氏二十七歲夫亡守節二十五年
沈坤妻陳氏二十七歲夫亡守節二十八年
張坤妻陳氏二十六歲夫亡守節二十五年
徐鳴華妻方氏二十三歲夫亡守節三十二年
胡永昌妻范氏二十七歲夫亡守節二十五年
羅維城妻吳氏二十八歲夫亡守節四十四年
張漢繼妻金氏二十九歲夫亡守節二十五年

蒯振藩妻張氏二十六歲夫亡守節三十二年
項廷懷妻潘氏三十歲夫亡守節二十七年
知縣錢汝器妾闞氏二十一歲汝器亡守節四十八年
孫絅尙妻賈氏二十九歲夫亡守節三十五年
張嘉樂妻顧氏二十七歲夫亡守節四十九年
謝銓妻張氏二十七歲夫亡守節三十一年
生員胡華祝妻沈氏二十六歲夫亡守節五十七年
陸煃妻張氏二十二歲夫亡守節四十年
李大奎妻卜氏二十七歲夫亡守節三十一年以上道光九年旌
生員何逸巖妾劉氏二十一歲逸巖亡撫孤守節二十五年

莊逢嘉妾施氏二十九歲逢嘉亡撫孤守節二十四年
曹大本妻郭氏二十四歲夫亡撫孤守節三十九年
周叶韶妻韓氏十九歲夫亡撫孤守節三十一年
梅學濂妻濮氏二十二歲夫亡撫孤守節三十二年
王世德妻沈氏二十三歲夫亡撫孤守節十六年
顧遇王妾葉氏二十九歲遇王亡撫孤守節二十四年
生員陸琳妻許氏二十六歲夫亡撫孤守節三十四年
陳絅懷妻陸氏二十二歲夫亡撫孤守節三十二年
唐勝高妻吳氏二十歲夫亡撫孤守節三十六年
監生沈鳳錫妾張氏二十七歲鳳錫亡撫孤守節二十三年

畢向榮妻沈氏二十三歲夫亡撫嗣守節二十七年

朱紹祖繼妻蔡氏三十歲夫亡撫孤守節四十九年

沈壽祺妻汪氏二十九歲夫亡撫孤守節三十八年

沈介詒妻吳氏二十九歲夫亡撫孤守節二十七年

周合倉妻巢氏二十七歲夫亡撫孤守節四十七年

生員董承偉妻張氏二十九歲夫亡撫孤守節三十八年

程溱妻周氏二十九歲夫亡撫孤守節三十六年

甄雷妻龔氏二十六歲夫亡撫孤守節四十四年

楊嘉安妻吳氏二十二歲夫亡守節三十八年

孫維仁妻經氏三十歲夫亡守節十二年

生員閔朝珍妻王氏二十七歲夫亡守節三十六年

生員楊虬繼妻許氏二十九歲夫亡守節二十四年以上道光十年旌

朱振新妻顧氏二十六歲夫亡撫孤守節三十五年

朱休蕃妻胡氏二十九歲夫亡撫孤守節四十三年

陳部九妻管氏二十九歲夫亡撫孤守節三十五年

馮樹安妻王氏二十八歲夫亡撫孤守節三十六年

魯興祖妻相氏二十九歲夫亡撫嗣守節二十七年

蘇萬榮妻嚴氏二十九歲夫亡撫孤守節二十八年

張汝穀妻嚴氏二十八歲夫亡撫嗣守節四十年

張汝玉妻謝氏二十九歲夫亡撫嗣守節三十七年

呂雲章妻高氏二十三歲夫亡撫嗣守節三十年

監生王焯妻沈氏二十歲夫亡撫嗣守節三十五年

何鳴岐妻岳氏二十三歲夫亡撫嗣守節四十八年

馮登善妻仲氏二十五歲夫亡撫嗣守節十一年

許炳瑞妻葉氏二十一歲夫亡守節四十年

潘渭川妻吳氏二十七歲夫亡守節二十九年

高蔭秩妻懷氏二十二歲夫亡守節三十四年

胡炳樾妻蕭氏二十六歲夫亡守節五十年

監生俞鵬起妻姚氏二十八歲夫亡守節三十三年

沈爾塤妻楊氏十九歲夫亡守節四十七年

許蘭妻吳氏二十二歲夫亡守節四十二年

胡瀛海妻徐氏二十八歲夫亡守節二十二年

孫貢九妻張氏二十五歲夫亡守節五十年

高沬妻孟氏二十歲夫亡守節二十一年以上道光十一年旌

王以爍妻陳氏二十八歲夫亡撫嗣守節二十三年

盛柳坪妻范氏二十八歲夫亡撫孤守節四十一年

李泰山妻沈氏二十八歲夫亡撫孤守節四十四年

楊漢臣妻褚氏二十八歲夫亡撫嗣守節四十三年

淩端山妻宗氏二十九歲夫亡撫孤守節二十二年

徐坤榮妻沈氏二十五歲夫亡撫孤守節二十八年

周鳳高妻姚氏三十歲夫亡撫孤守節二十二年
崔潮妻姜氏三十歲夫亡撫孤守節四十一年
汪天芳妻吳氏三十歲夫亡撫孤守節二十八年
王聖言妻高氏二十三歲夫亡撫孤守節三十五年
顧應忠妻鄭氏二十歲夫亡撫孤守節三十七年
吳元桂妻陳氏三十歲夫亡撫孤守節二十三年
王大猷妻周氏二十八歲夫亡撫棺慟絕復蘇保孤守節四十七年
林天祥妻徐氏三十歲夫亡守節三十五年
唐濱來妻魏氏十九歲夫亡守節三十九年
戴廣林妻錢氏二十四歲夫亡守節三十四年

盛履祥妻金氏二十八歲夫亡守節二十九年
朱庚西妻鄭氏十九歲夫亡守節二十一年
汪其新妻沈氏二十七歲夫亡守節三十年
汪旦之妻姚氏二十六歲夫亡守節四十二年
陳玉樹妻吳氏二十六歲夫亡守節三十三年以上道光十二年旌
沈啟藩繼妻吳氏二十五歲夫亡撫嗣守節十六年
州同俞純可繼妻田氏三十歲夫亡撫孤守節二十七年
周嘉麟妻金氏二十七歲夫亡撫孤守節四十九年
監生汪協倉妻沈氏二十八歲夫亡撫孤守節四十六年
張樂妻蒯氏二十三歲夫亡撫孤守節二十八年

朱振廷妻程氏二十五歲夫亡撫嗣守節二十七年
朱志英妻錢氏二十四歲夫亡撫嗣守節三十年
俞禮安妻張氏二十一歲夫亡撫孤守節三十五年
趙茂東妻張氏二十五歲夫亡撫孤守節十六年
屠俊高妻潘氏二十三歲夫亡撫孤守節三十三年
劉廷錫妻楊氏二十四歲夫亡撫嗣守節三十二年
劉廷鑑妻魏氏三十歲夫亡撫孤守節二十五年
潘麟祥繼妻陶氏三十歲夫亡撫孤守節四十五年
潘秉敬妾沈氏二十九歲秉敬亡撫孤守節二十九年
胡慶賢妻唐氏二十一歲夫亡撫嗣守節三十一年

茅大成妻康氏二十一歲夫亡撫嗣守節三十五年
朱榮堂妻陸氏三十歲夫亡撫孤守節三十三年
沈起龍妻夏氏二十九歲夫亡守節十六年
鄭起藩妻馮氏三十歲夫亡守節二十年
顧天林妻施氏三十歲夫亡守節二十三年
曹應仁妻徐氏二十五歲夫亡守節二十六年
嚴世榮妻笪氏二十五歲夫亡守節十五年
朱應懷妻范氏二十八歲夫亡守節二十五年
謝新高妻屠氏二十七歲夫亡守節二十六年
金邦甯妻吳氏三十歲夫亡守節四十六年

楊學禮妻鈕氏妾許氏 鈕二十六歲許二十三歲學禮亡各守節三十年

徐如陵妻孫氏 二十三歲夫亡守節三十一年

俞召棠妻方氏 二十七歲夫亡守節二十九年

沈蔭川妻王氏 二十五歲夫亡守節四十四年

殷在璣妻于氏 二十五歲夫亡守節四十一年

宋景佳妻麗氏 二十三歲夫亡守節三十四年

許兆麟妻宗氏 二十一歲夫亡守節三十二年

黃有章妻盛氏 二十九歲夫亡守節三十四年

監生葉鋐妻胡氏 二十八歲夫亡守節四十六年

沈鴐鼇妻章氏 二十九歲夫亡守節三十三年

邵學禮妻施氏 二十七歲夫亡守節十二年 以上道光十三年旌

胡坤妻李氏 二十二歲夫亡撫孤守節四十年

周文珍妻蔣氏 二十二歲夫亡撫嗣守節三十八年

何烜妻錢氏 二十九歲夫亡撫嗣守節三十年

何玉墀妻李氏 二十九歲夫亡守節十六年

章錦文繼妻朱氏 二十八歲夫亡撫嗣守節四十年

監生姜廷侯妻陳氏 二十九歲夫亡撫孤守節三十四年

徐作霖妻戈氏 二十三歲夫亡撫孤守節四十四年

胡潮江妻何氏 二十一歲夫亡撫孤守節五十四年

淩惠芳妻倪氏 二十七歲夫亡撫孤守節四十六年

張鳳池妻劉氏 二十三歲夫亡撫孤守節四十八年

沈琳妻吳氏 二十一歲夫亡撫嗣守節三十九年

殳茂榮妻沈氏 二十八歲夫亡撫嗣守節二十六年

武舉沈榮妻吳氏 二十五歲夫亡撫孤守節十三年

楊錫鳳妻陸氏 二十七歲夫亡撫孤守節三十七年

姚宗周妾居氏 二十五歲宗周亡守節四十六年

吳培元妻朱氏 二十三歲夫亡守節十年

金左肩妻楊氏 二十九歲夫亡撫孤守節三十一年

徐廣培妻王氏 二十六歲夫亡撫孤守節四十三年

謝鳳鳴妾陳氏 十九歲鳳鳴亡守節五十五年

沈西江妻陸氏 二十二歲夫亡守節四十五年

監生楊景孫妻俞氏 二十八歲夫亡守節二十三年

王蘊滋妻陳氏 十九歲夫亡守節二十七年

高宇升妻曹氏 二十一歲夫亡守節三十三年

徐敵前妻陸氏 二十九歲夫亡守節三十年

張元晉妻陸氏 二十四歲夫亡守節二十五年

蘇萬年妻王氏 二十八歲夫亡守節三十年

沈玉堂妻呂氏 二十九歲夫亡守節四十七年

邵廷樞妻曹氏 二十三歲夫亡撫守節三十七年

陸鏞妻馬氏 三十歲夫亡守節二十四年

沈鎬妻夏氏二十九歲夫亡守節三十二年
錢隴遂妻徐氏十三歲未婚過門夫亡矢志守貞苦節五十二年以上道光十四年旌
胡光照妻莫氏二十六歲夫亡撫孤守節三十八年
項邦玉妻茅氏二十四歲夫亡撫孤守節四十六年
孫雲亭妻吳氏二十四歲夫亡守節二十六年
丁鳳高妻張氏二十七歲夫亡撫孤守節二十四年
張泰華妻黃氏二十三歲夫亡撫孤守節二十七年
張臨川妻顧氏三十歲夫亡撫孤守節二十一年
王元均妻陸氏二十四歲夫亡撫嗣守節二十三年
魯榮椿妻鄒氏二十八歲夫亡撫孤守節三十一年

金漢明妻曹氏二十九歲夫亡撫孤守節三十六年
昌日如妻金氏二十一歲夫亡撫孤守節四十年
張含輝妻唐氏二十九歲夫亡守節五十二年
懷南有妻居氏二十六歲夫亡撫孤守節三十六年
楊景昌妻計氏二十歲夫亡撫嗣守節十六年
姜泰安妻吳氏二十二歲夫亡撫孤守節二十五年
殷有璣妻于氏二十四歲夫亡撫嗣守節三十年
生員曹銘妻吳氏二十歲夫亡撫嗣守節三十三年
朱瑞妻汪氏二十五歲夫亡撫孤守節三十九年
張春溶妻沈氏二十二歲夫亡守節三十二年

趙汝明妻王氏二十四歲夫亡撫孤守節四十四年
俞玉如妻張氏二十二歲夫亡撫孤守節三十四年
張君超妻陳氏二十八歲夫亡守節三十四年
俞良美妻邵氏二十一歲夫亡撫嗣守節二十二年
周時秀妻葉氏三十歲夫亡守節二十一年
沈德昭妻劉氏二十八歲夫亡守節三十三年
吳文龍妻陸氏三十歲夫亡守節四十一年
吳文奎妻張氏三十歲夫亡守節三十年以上道光十五年旌
郭大生妻錢氏二十四歲夫亡守節四十三年
張昌壽妻錢氏二十六歲夫亡守節二十七年
監生鄒熊妻唐氏二十四歲夫亡守節三十八年

監生徐維禮繼妻高氏二十歲夫亡撫孤守節三十二年
庠生楊康成繼妻夏氏三十歲夫亡撫孤守節三十年
張大成妻孫氏二十二歲夫亡守節六十年
王永坤妻鮑氏二十八歲夫亡撫嗣守節十四年
張瀾妻屠氏二十歲夫亡守節二十五年
監生金鯤妾夏氏二十九歲鯤亡守節二十二年
周大有繼妻沈氏三十歲夫亡守節三十二年
金選華妻呂氏二十六歲夫亡守節三十八年
監生吳堅妻姚氏二十三歲夫亡守節三十三年以上道光十六年旌

吴錫祺妻倪氏二十七歲夫亡撫嗣守節三十五年

張禹山妻顧氏二十五歲夫亡撫孤守節三十八年

顧慶華妻范氏二十一歲夫亡撫嗣守節五十三年

生員沈見堯妻陳氏三十歲夫亡撫孤守節三十年

郁景澧妻胡氏三十歲夫亡撫嗣守節三十一年

吴裕昆妻馮氏二十九歲夫亡守節二十八年

監生陸鈞繼妻馮氏三十歲夫亡撫孤守節五十五年

謝承錫妻周氏二十八歲夫亡撫孤守節四十一年

監生湯大恒繼妻張氏三十三歲夫亡撫孤守節三十五年

監生戴夔妻朱氏二十五歲夫亡撫孤守節十五年

莫坤揚妻吴氏十八歲夫亡守節三十八年

黄均六妻戴氏二十九歲夫亡守節二十六年

吴成龍妻張氏二十歲夫亡守節三十一年

吴閔麟妻俞氏二十歲夫亡守節四十七年

王榛妻莫氏二十六歲夫亡守節十二年

孫學禮妻陳氏二十一歲夫亡守節十二年

顧筠妻朱氏二十八歲夫亡守節三十九年

馬應鍾妻鍾氏二十八歲夫亡守節旌年五十二

唐世榮妻王氏二十九歲夫亡守節旌年五十九

錢升元妻沈氏二十七歲夫亡守節旌年五十九

夏鳴臯妻張氏二十七歲夫亡守節旌年五十八

王思祖妻胡氏二十一歲夫亡撫嗣守節旌年四十九

沈琮妻章氏二十八歲夫亡守節旌年五十三

生員胡金妻金氏二十九歲夫亡守節四十年

章新培妻郭氏二十五歲夫亡守節旌年五十八

卜承鏗妻宣氏二十八歲夫亡守節旌年五十二

仇聖千妻林氏二十九歲夫亡守節四十五年

孟秀峯妻龔氏二十九歲夫亡守節旌年五十九

沈調燭妻章氏二十七歲夫亡守節旌年五十八

賀君妻祖氏二十三歲夫亡守節旌年五十七

姜用章妻金氏二十五歲夫亡守節旌年五十六　以上道光十七年旌

周豫章妻徐氏煥章妻顧氏顧二十九歲夫亡撫孤守節二十一年徐無事實可攷人稱雙節

楊學富繼妻濮氏二十一歲夫亡撫嗣守節三十一年

盛寶璵妻張氏二十六歲夫亡撫孤守節三十六年

何有忠妻王氏二十七歲夫亡撫孤守節三十三年

馮光祚妻姜氏二十二歲夫亡守節二十年

懷鳴高妻李氏二十九歲夫亡守節四十年

張瑚妻褚氏二十一歲夫亡守節五十八年

卞文元妻潘氏二十七歲夫亡守節二十八年

賈德林妻吳氏二十九歲夫亡守節二十三年
楊學震妻鈕氏二十九歲夫亡守節旌年六十二
姚舜傳妻朱氏三十歲夫亡守節旌年六十三
監生俞晨妻金氏二十三歲夫亡守節旌年五十一
嚴汝霖妻王氏二十四歲夫亡守節旌年五十以上道光十八年旌
張昌科妻錢氏二十三歲夫亡撫孤守節三十一年
張景堂妻石氏三十歲夫亡守節二十七年
張聲洪妻周氏二十二歲夫亡守節二十八年
姚世鑑妾朱氏二十三歲世鑑亡撫孤守節三十六年
王畿爲妾奚氏十八歲畿爲亡撫孤守節三十四年

朱儀吉妻屠氏二十九歲夫亡撫孤守節二十九年
楊錦堂妻韓氏二十三歲夫亡守節五十四年
州同朱湘妾周氏二十八歲湘亡撫孤守節二十三年
朱繡章妻袁氏二十四歲夫亡守節二十八年
朱麟滄妻錢氏二十六歲夫亡守節二十四年
胡元吉妻曹氏二十歲夫亡守節二十七年
孫寶賢妻何氏二十四歲夫亡守節三十三年
生員王應槐妻黃氏二十四歲夫亡守節二十八年
沈福泉妻朱氏十八歲夫亡守節十五年
生員繆聯奎妻沈氏三十歲夫亡守節旌年五十三

陳振高妾彭氏二十歲振高亡守節旌年五十一
潘世烈繼妻周氏二十歲夫亡守節旌年五十三
李灝妻朱氏二十五歲夫亡撫嗣又殤守節三十二年
王秉初妻徐氏二十四歲夫亡守節旌年七十五
孫志鉞妻吳氏二十四歲夫亡守節旌年五十五
朱鼎繼妻謝氏二十三歲夫亡守節三十八年
江蔚若妻徐氏二十九歲夫亡守節旌年五十一
施天衡妻吳氏三十歲夫亡守節旌年七十
生員張震亭妻沈氏二十二歲夫亡守節旌年五十七
周日楙妻顧氏二十七歲夫亡守節旌年七十三

徐進山妻殷氏二十三歲夫亡守節旌年五十一
李龍長妻朱氏二十五歲夫亡守節旌年五十七
孫禹肱妻章氏二十六歲夫亡守節旌年五十七
徐泰基妻金氏二十三歲夫亡守節旌年五十一
沈大年妻陸氏二十四歲夫亡守節旌年六十八
沈文年繼妻張氏二十六歲夫亡守節旌年六十五
楊自堂妻張氏二十一歲夫亡守節旌年四十四
楊振聲妻陳氏二十九歲夫亡守節旌年六十三
知縣黃本誠妾李氏二十歲本誠亡守節旌年七十二
生員徐邦彥妻李氏二十七歲夫亡守節旌年六十五

王鍙繼妻夏氏三十歲夫亡守節旌年六十

蕭允升繼妻陳氏二十九歲夫亡守節五十三年

監生張學洙妻陸氏二十九歲夫亡守節二十年以上道光十九年旌

俞應忠繼妻吳氏二十四歲夫亡現年四十二

嘉興府知府善化許瑤光重輯

列女 節婦

嘉興縣下

顧惠邦妻吳氏　職員金孝本妻陳氏

葛洪南妻盛氏　王猷妻屠氏

盧正邦妻朱氏　張士鳳妻陸氏

程培齋妻徐氏　莊憲妻陳氏

沈濟妻王氏　蔣永江妻江氏

監生汪虢葵妻屠氏　顧廷麒妻李氏

陳明言妻張氏　吳星海妻方氏

庠生莊應南妻屠氏　馮某妻王氏

監生湯建殷妻錢氏　監生沈杓擕妻龔氏

沈縠妻淩氏　徐光遠繼妻張氏

監生陸爍妻張氏　車鑑妻朱氏

吳士堂妻殷氏　貢生陸廷榕妻沈氏

吳鈴妻張氏　庠生李如蘭妻方氏

劉廣載繼妻洪氏以上事實無考

監生陸義至妻周氏二十六歲夫亡守節十五年

夏御天妻鄭氏二十七歲夫亡守節二十四年

夏樹德繼妻董氏二十二歲夫亡守節四十三年

鄭粤初妻魏氏二十八歲夫亡守節四十四年

朱應清妻戴氏二十二歲夫亡撫遺腹子伯壎以鍼黹工爲讀書貲長游庠苦節三十年

王學海妻姚氏二十四歲夫亡守節二十二年

李乾瑞妻包氏二十八歲夫亡守節三十八年

王在田妻胡氏三十歲夫亡守節三十六年

翟時可妻湯氏二十九歲夫亡守節五十八年

仲廷獻妻沈氏二十八歲夫亡守節四十四年

熊德明妻徐氏二十六歲夫亡守節五十四年

朱玉林妻陸氏二十八歲夫亡守節三十一年

姚大經妻朱氏二十八歲夫亡守節二十四年

陸泰周妻蒯氏二十八歲夫亡守節三十一年

朱永泰妻陳氏二十三歲夫亡守節四十四年

陳茂忠妻杜氏二十九歲夫亡守節三十六年

孫敘恆妻陳氏二十二歲夫亡守節五十七年

徐舜昭妻朱氏二十五歲夫亡守節二十五年

吳益三妻陳氏二十四歲夫亡守節二十三年

王立三妻沈氏二十八歲夫亡守節二十五年

項斗秀妻汪氏二十一歲夫亡守節二十年

姚寅天妻徐氏二十六歲夫亡守節四十五年

高晉賢妻楊氏二十八歲夫亡守節五十八年

沈德榮妻謝氏三十歲夫亡守節三十五年

姚念哉妻翁氏二十九歲夫亡守節三十五年

沈敘發妻沈氏二十八歲夫亡守節四十三年

嚴承謙妻李氏二十三歲夫亡守節二十九年

周殷六妻沈氏二十四歲夫亡守節四十六年

陳岷川妻李氏二十六歲夫亡守節二十年

凌允文妻趙氏二十八歲夫亡守節四十四年

姬仲藩妻呂氏三十歲夫亡守節二十八年

謝鳳英妻鄭氏二十四歲夫亡守節五十四年

方廷顯妻周氏十八歲夫亡守節六十八年

沈得榮妻徐氏二十九歲夫亡守節二十年

汪平之妾陳氏二十九歲平之亡守節五十九年

錢正芳妻朱氏二十五歲夫亡守節二十七年

戴茂林妻沈氏二十歲夫亡守節旌年三十六

周南高妻吳氏三十歲夫亡守節二十二年

倪永林妻顧氏三十歲夫亡守節三十三年

張星揚妻王氏三十歲夫亡守節二十七年

徐漢皆妻周氏二十九歲夫亡守節二十二年

蒯明玉妻莫氏二十八歲夫亡守節三十五年

毛洪培妻許氏二十九歲夫亡守節三十八年
陳永祥妻楊氏三十歲夫亡守節二十四年
沈玉鸞妻沈氏二十四歲夫亡守節三十一年
俞世貴妻陳氏二十歲夫亡守節二十三年
褚瑞生妻戴氏二十一歲夫亡守節五十七年
吳裕坤妻馮氏二十歲夫亡守節二十四年
沈載倫妻周氏三十歲夫亡守節三十五年
陳完璞妻沈氏二十九歲夫亡守節二十九年
李秉乾妻程氏二十九歲夫亡守節四十七年
徐紹堂妻吳氏二十八歲夫亡守節二十年

張振麟妻趙氏三十歲夫亡守節二十一年
孫東暘妻汪氏三十歲夫亡守節二十一年
沈榮瞻妻陸氏二十九歲夫亡守節五十六年
沈筯叶妻楊氏十八歲夫亡守節五十三年
徐汝春妻沈氏三十歲夫亡守節二十七年
沈達夫妻屠氏二十七歲夫亡守節二十五年
鄭理卿妻殷氏二十一歲夫亡守節二十年
戴其三妻倪氏三十歲夫亡守節五十一年
廩生莊既勤妻吳氏二十九歲夫亡守節三十六年
周漢榮妻石氏二十二歲夫亡守節三十一年

計洪武妻林氏二十九歲夫亡守節四十三年
張天龍妻盧氏三十歲夫亡守節五十二年
徐舜華妻沈氏二十四歲夫亡守節三十六年
孫煥章妻鍾氏二十五歲夫亡守節二十二年
沈士奎妻胡氏二十七歲夫亡守節二十三年
沈廷貴妻周氏二十九歲夫亡守節二十三年
于世昌妻謝氏三十歲夫亡守節二十三年
金勝衡妻吳氏二十四歲夫亡守節二十二年
夏禮煒妻趙氏三十歲夫亡守節二十一年
孫景堂妻吳氏二十九歲夫亡守節二十年

沈可亭妻吳氏二十八歲夫亡守節二十一年
錢才元妻俞氏二十九歲夫亡守節二十九年
山玉坤妻孫氏二十九歲夫亡守節二十年
王忠應妻周氏三十歲夫亡守節三十六年
懷天爵妻朱氏二十八歲夫亡守節四十八年
韓天龍妻沈氏二十六歲夫亡守節二十年
謝順元妻湯氏二十一歲夫亡守節三十年
庠生岳五聲妻顧氏青年守節孝事翁姑茹志數十年
張宗蘋妻吳氏十九歲夫亡守節四十一年
胡洪妻濮氏二十四歲夫亡守節二十九年

倪兆祺妻沈氏二十歲夫亡守節四十九年

舉人濮鏊妻陳氏謹執婦道孝養翁姑夫歿撫子娶婦以耕桑苦守二十餘年

岳廷模妻周氏青年守志知書明禮撫夫弟廷枋長子昭壇早歲游庠年五十三

沈春喬妻王氏二十一歲夫亡遺腹子殤撫夫兄子爲嗣道光十一五年中秋夕火起一家七命同斃觀者皆下淚守節八年

庠生淩雲繼妻沈氏二十歲夫亡守節十餘年

董鳳岐妻沈氏二十八歲夫亡守節五十三年

黃甫廷妻朱氏二十三歲夫亡守節五十二年

郁嘉玉妻黃氏三十歲夫亡守節三十四年

岳楟妻嚴氏二十六歲夫亡守節三十三年

盛三多妻何氏夫亡無子絕粒幾死遵舅姑諭稍進饘粥撫嗣旌年五十二

俞文奎妻岳氏青年守節撫孤成立旌年四十七

楊宗啟妻朱氏二十九歲夫亡守節旌年四十三

岳鴻瑞妾李氏二十八歲鴻瑞亡守節旌年四十二

李關福妻沈氏二十餘歲夫亡撫孤與孀居娣婦耕耘織紝同事衰翁並勵冰操旌年四十二

李某妻陳氏陳娣某氏二十餘歲夫亡撫遺腹子躬耕織紝與嫠居妯娌奉事衰翁一門雙節節旌年四十一

沈學祥妻王氏二十八歲夫亡守節二十年

戴士魁妻鄒氏二十一歲夫亡苦節二十年

監生包鈺妻張氏二十六歲夫亡守節二十二年

庠生戴春林妻周氏青年守節撫姪光舉爲嗣苦志四十年

監生金福增妾朱氏二十五歲夫亡止二女誓不他適守二十三年

朱生瑆繼妻趙氏二十六歲夫亡守節四十二年

趙林妻韓氏二十四歲夫亡守節三十七年

胡洣妻沈氏二十歲夫亡撫遺腹子成立守節二十一年

朱飛熊妻周氏二十九歲婚七十日夫亡守節五十四年

監生朱銘妻繆氏二十六歲夫亡守節旌年五十一

張學灝妻唐氏二十四歲夫亡旌年四十五

顧聚典妻金氏十七歲夫亡守節二十一年

陳德純妻邱氏十八歲夫亡守節五十四年

陳雲妻朱氏二十七歲夫亡守節二十年

朱濤妻顧氏二十八歲夫亡守節二十年

吳大年妻楊氏二十七歲夫亡撫子繩祖成立守節五十二年

吳繩祖妻章氏二十歲夫亡守節旌年六十歲一門雙節

朱世煒妻楊氏二十九歲夫亡無子撫夫從兄子桂林兼祧承祀苦節二十二年

王秉衡妾陳氏二十二歲秉衡亡撫孤鼇成立守節二十三年

王俊三妻沈氏十八歲夫亡撫夫兄次子金仲成立守節四十六年

葉紀文妻戴氏二十三歲夫亡守節二十一年

陸耕懷妻宋氏二十九歲夫亡撫夫兄子志洋爲嗣守節二十三年

庠生孫本植妻吳氏二十四歲夫亡守節二十三年

戎鶴巢妻郭氏二十六歲夫亡守節二十年

郭鏻妻鈕氏二十八歲夫亡守節十九年

王啟元妻宣氏二十九歲夫亡守節二十九年

陸文思妻夏氏二十七歲夫亡守節三十八年

陳文友妻徐氏二十三歲婚四十五日夫亡撫孤守節二十八年

金萱妻楊氏二十二歲夫亡守節三十八年

吳韶聞繼妻朱氏二十九歲夫亡守節四十二年

方靜安妻倪氏十九歲婚二載夫亡撫孤秀高成立守節三十八年

方秀高妻張氏二十六歲夫亡守節旌年三十九稱一門雙節

張棟妻徐氏二十二歲夫亡守節二十四年

葉文彬妻陳氏二十九歲夫亡守節二十八年

莫天爵妻阮氏二十五歲夫亡守節五十三年

監生湯世龍妻程氏二十七歲夫亡守節二十三年

王朝宗妻姚氏二十四歲夫亡守節二十一年

屠賡良妻王氏二十五歲夫亡守節二十九年

王翰周妻屠氏二十六歲夫亡守節二十七年

監生屠允成妻于氏二十三歲夫亡守節三十五年

馮紹增妻于氏二十七歲夫亡守節二十六年

生員葉芬妻沈氏二十四歲夫亡守節二十六年

馬錫祥妻張氏二十九歲夫亡守節二十一年

于陛瓛妻周氏二十六歲夫亡守節二十三年

監生王彝亭繼妻張氏三十歲夫亡守節二十一年

于韶鳴妻程氏二十四歲夫亡守節二十七年

于琢湞妻王氏二十六歲夫亡守節二十三年

于榮春妻蔣氏二十九歲夫亡守節二十四年

陳與權妻殷氏二十八歲夫亡守節二十三年

屠紹聞妻吳氏十七歲夫亡守節二十年

盧紹夔妻陳氏二十四歲夫亡守節四十九年

監生朱蕃綸妻陳氏二十八歲夫亡守節三十一年

府庠生虞坤繼妻楊氏二十九歲夫亡守節三十年

章韞芳妻吳氏二十九歲夫亡守節四十五年

宣豫堂繼妻沈氏二十九歲夫亡守節三十七年

陸躋堂妻高氏二十五歲夫亡守節二十五年

金本固妻吳氏二十九歲夫亡守節四十年

沈玉音妻周氏三十三歲夫亡守節五十八年

邵昌麟繼妻周氏二十八歲夫亡守節四十年

朱桂芳妻陸氏二十三歲夫亡守節三十年

周世森妻余氏二十八歲夫亡撫兄子光熊爲嗣督課不少姑息勤理家務守節三十八年

周國維繼妻陸氏二十七歲夫亡守節二十七年

徐廣元妻陸氏二十一歲夫亡守節三十一年

葉永懷妻沈氏二十二歲夫亡守節二十三年

張泰元妻高氏二十二歲夫亡守節五十三年

馮誾三妻盛氏二十二歲夫亡守節二十四年

沈南林妻張氏二十六歲夫亡守節五十一年

沈品成妻張氏二十八歲夫亡撫姪爾梅兼祧力勤至死苦節四十七年

沈文瀾妻嚴氏三十歲夫亡撫孤成立守節三十八年一門三節

沈萬年妻駱氏三十歲夫亡守節六十四年立姪爲嗣氏有一女秀姑字平邑顧玉如中年又寡復撫外孫天錫教之游庠

張鳳鳴妻張氏二十八歲夫亡守節三十六年

孔懷春妻方氏二十六歲夫亡守節五十五年

顧巽義妻陸氏十七歲婚半載夫亡無子族無可繼家貧紡績度日坐臥一小樓嘉慶乙亥歲臘被鄰火延焚死年七十五

朱大永妻徐氏二十八歲夫亡撫姪成立守節三十六年

張有容妻馮氏二十六歲夫亡守節四十五年

童霖妻陸氏二十四歲夫亡守節四十四年

馮某妾沈氏馮濤妻王氏沈三十歲寡矢志守節與王氏伴侍嫡室奉湯藥姑歿能喪祭盡禮守節四十六年王二十七歲夫亡無子欲以死殉因念姑張氏病患痺發卧牀數年義不忍捨守節二十九年一門雙節

戈本桓妻全氏二十七歲夫亡守節四十年

彭城妻潘氏二十三歲夫亡守節三十年

陸端仁妻何氏二十二歲夫亡守節三十二年

胡學程妻張氏二十二歲婚月餘夫亡撫夫姪恆爲嗣事孀姑盡禮守節三十二年

胡學濂妻沈氏二十八歲夫亡苦節二十一年一門雙節

生員錢清妻馬氏二十九歲夫亡守節四十八年

吳景安妻萬氏二十九歲夫亡守節三十年

鍾景心妻何氏二十九歲夫亡守節四十三年

陸培孫妾侯氏二十一歲培孫亡撫孤成立守節三十五年

盛潮妻朱氏二十五歲夫亡守節四十一年

徐愼餘妻吳氏二十九歲夫亡守節十六年

徐承熙妻沈氏二十四歲夫亡守節八年

章珩妻王氏二十五歲夫亡守節二十六年

章陞陛妻莊氏二十四歲夫亡守節四十一年

張卿妾程氏二十四歲卿亡嫡室朱生子人宿甫七齡程夙夜紡績助嫡上奉翁姑下撫幼孤後人宿及婦翁氏又歿孫文憲甫十六歲程教養成立守節五十一年

金元貞妻朱氏二十五歲夫亡守節三十一年

邱松妻高氏二十三歲夫亡守節三十九年

生員彭時英妻梅氏二十八歲夫亡守節二十九年

生員王謙繼妻褚氏三十歲夫亡守節五十六年

監生徐曰楷繼妻張氏二十六歲夫亡守節二十四年

葛瀓妻朱氏三十歲夫亡守節三十四年

沈戴份妻周氏二十四歲夫亡守節二十七年

徐王壽妻胡氏二十二歲夫亡守節二十七年

睦茂秀妻高氏二十四歲夫亡守節三十六年

徐文隆妻張氏二十七歲夫亡守節三十二年

閔士鼇妻金氏二十歲婚甫四月夫亡金哀痛迫切撫姪繼善成立守節三十年

金大翔繼妻朱氏二十五歲夫亡守節二十六年

金曰剛妻王氏二十九歲夫亡守節二十二年

金大均妻王氏二十四歲夫亡守節十七年

監生金三品妾孫氏二十九歲三品亡守節三十年

孫可珍妻黃氏二十九歲夫亡守節三十六年

高漁妻盧氏二十三歲夫亡守節四十一年

周吧瞻妻徐氏二十一歲夫亡守節四十年

朱若和妻王氏二十歲夫亡苦節二十四年

宋善繼妻高氏二十八歲夫亡守節三十七年

王樹珍妻高氏二十六歲夫亡守節三十一年

金曙升妻張氏二十七歲夫亡守節三十七年

朱杏村妻張氏二十四歲夫亡守節四十五年

吳安邦妻周氏三十歲夫亡苦節四十一年

方文嘉繼妻許氏三十歲夫亡守節四十二年

胡懷德妻洪氏二十七歲夫亡守節四十九年

顧翰飛妻戴氏二十四歲夫亡守節四十八年

夏廷珍妻任氏二十二歲夫亡守節六十五年

鄭天麒繼妻李氏二十九歲夫亡守節五十八年

俞協倉妻梅氏二十五歲夫亡守節三十二年

周寅祿妻鍾氏二十六歲夫亡守節三十年

徐海陽妻王氏二十二歲夫亡守節三十九年

周廷貴妻張氏二十二歲夫亡守節五十四年

周渭濱妻鍾氏二十八歲夫亡守節四十八年

職監沈清藻妻金氏三十歲夫病篤割股和藥卒不起守節四十年

張珊妻王氏二十六歲夫亡守節四十六年

淩秉林妻金氏三十歲夫亡守節二十六年

朱振威妻仲氏二十九歲夫亡守節三十二年

監生王施安妻賈氏二十九歲夫亡守節二十六年

朱鍇妻周氏二十九歲夫亡守節三十餘年

生員彭國憲妻戴氏二十歲夫亡守節二十一年

庠生孫嘉棟妻鄭氏二十歲夫亡守節三十八年

監生湯鼎元妻馮氏二十二歲夫亡守節五十餘年

顧映崴妻吳氏崴抱病婚即於是夕亡吳二十四歲矢志不嫁守節二十四年

汪麟標妻呂氏二十一歲夫亡守節二十年

陳熊妻馮氏二十三歲夫亡苦節三十四年

胡臨臺妻吳氏二十二歲臨臺亡守節五十三年
胡慶宜繼妻崔氏二十五歲夫亡無子近族無可立嗣子立矢志守節三十八年
沈道亨妻楊氏二十二歲婚未四月夫亡誓以死殉念夫未立嗣乃茹荼撫姪爲後守節二十四年
沈鳳池妻李氏二十歲夫亡守節三十年
顧成九妻姜氏二十三歲夫亡守節三十二年
沈志瑭妻賈氏二十三歲夫亡守節二十六年
曹永亘妻朱氏二十二歲夫亡守節二十一年
沈永芳妻吳氏二十八歲夫亡守節三十五年
監生陸韻和妻莊氏二十五歲夫亡撫孤成立守節三十三年
生員倪淮妻張氏三十歲夫亡守節二十二年

沈福泉妻朱氏二十歲夫亡撫育孤守節十五年
陳汝蓮妾周氏二十歲夫亡撫孤成立旌年五十七
吳忠芳妻姚氏二十三歲夫亡旌年五十四
邑庠生錢松妻楊氏三十歲夫亡撫孤晉入泮旌年五十
監生王熙妻錢氏二十九歲夫亡撫孤成立旌年五十二
倪志梅妻何氏三十歲夫亡旌年五十一
倪廷椿妻濮氏三十歲夫亡旌年五十二
貢生胡褳妻蕭氏三十三歲夫亡撫子錩及孫青選俱入泮道光十六年詳請撫憲富給予匾額
陸張氏二十歲夫亡旌年七十五
俞陳氏二十八歲夫亡旌年五十

倪錫桂繼妻張氏三十歲夫亡撫孤成立旌年五十五
山秋齋妻沈氏二十九歲夫亡旌年五十七
張濕妻錢氏二十九歲夫亡守節旌年六十一
褚百川妻沈氏二十五歲夫亡守節三十七年
府庠生陸許梧妻壽氏二十九歲夫亡守節旌年五十六
朱石湖妻王氏十九歲夫亡守節二十四年
高鈇妻鮑氏二十二歲夫亡守節二十四年
監生陸禮耕繼妻陳氏三十歲夫亡守節四十年
監生陸靜溪妻莊氏二十五歲夫亡守節三十八年
李文垣妻周氏二十六歲夫亡撫孤苦節二十八年

張肇發妻葛氏二十歲夫亡守節五十三年
許秉闓妻虞氏二十七歲夫亡守節五十四年
沈延福妻程氏二十三歲夫亡守節三十二年
沈延祿妻吳氏二十六歲夫亡守節二十九年
生員梅思忠妻陸氏二十九歲夫亡守節四十一年
倪振坤妻高氏二十四歲夫亡守節十八年
監生賈如琳妻吳氏三十歲夫亡守節旌年四十六
張雲昭妻吳氏二十二歲夫亡守節三十四年
吳廷玉妻沈氏二十八歲夫亡守節十九年
金禹九妻凌氏二十八歲夫亡守節三十三年

莊憲繼妻陳氏二十六歲夫亡撫夫兄子辰成立入泮兼祧守節三十年

沈錫仁妻陳氏三十四歲夫亡守節二十一年

李榮椿妻方氏三十六歲夫亡守節三十四年

王鉽妻屠氏

毛廷川妻諸氏二十二歲夫亡守節二十八年

錢錦元妻呂氏三十三歲夫亡守節十六年

王永山繼妻吳氏二十九歲夫亡守節五十四年

沈德淵妻吳氏二十八歲夫亡守節四十七年

徐秉初妻王氏二十一歲夫亡守節五十四年

監生沈慶齡妻浦氏三十歲夫亡守節二十七年

張煥錫妻盛氏二十九歲夫亡紡績撫孤旌年五十三

張廷堦妻劉氏二十八歲夫亡旌年四十九

錢德賢妻秦氏二十六歲夫亡撫子祥麟苦節三十二年

張維煒妻梅氏二十七歲夫亡守節二十八年

金邦凝妻吳氏二十九歲夫亡撫姪教養守節五十餘年

朱明遠妻羅氏三十九歲夫亡守節三十三年

朱聖鉦妻談氏二十四歲夫亡守節三十六年

陳世英妻顧氏二十歲夫亡守節四十四年

庠生李嗣馨妻曹氏二十歲夫亡撫孤守節四十三年

庠生金枚臣妻汪氏二十六歲夫亡守節五十四年

李明文妻馮氏二十歲夫亡守節五十二年

李明亘妻張氏二十九歲夫亡撫子成立守節三十一年

褚瑞妻張氏十八歲夫亡撫子成立守節二十年

戴源端妻張氏二十八歲夫亡守節二十四年

李應鳳妻陳氏二十五歲夫亡撫子廷桂成立守節三十二年

吳永昭妻方氏二十五歲夫亡守節四十九年

錢做畝妻顧氏二十七歲夫亡撫子成立守節十六年

庠生金子岡妻李氏十九歲夫亡撫子亘璞成立守節五十九年

鹽使李陳常妾周氏二十四歲陳常歿於官無子宗智克成先業守節三十六年

張仲賢妻殳氏二十九歲夫亡無子孝事翁姑以夫弟子爲後守節四十三年

庠生蔣鎔妻周氏三十歲夫亡遺孤甫三齡家貧翁姑年老孝養無虧撫子成立守節四十六年

沈思安妻徐氏二十六歲夫亡止一女依母家勤紡績以葬夫嫁女後立夫姪爲嗣守節二十七年

馮天池妻張氏三十一歲夫亡苦節三十二年

金巨璞妻張氏二十五歲夫亡事寡姑李盡孝撫子成立與姑共勵冰霜一門雙節守節五十九年

鍾綸言妻張氏二十九歲夫亡撫嗣子成立守節二十一年

監生李日知妻蔡氏三十一歲夫亡遺子綸撫之成立苦節四十八年

葉兆芳妻顧氏十九歲夫亡守節四十三年

殳益三妻戴氏二十九歲夫亡守節四十七年

馮存雅妻蔣氏二十七歲夫亡守節二十六年

程光祖妻王氏二十八歲夫亡撫子成立守節四十二年

監生王翼蒼妻褚氏二十六歲夫亡守節三十七年

庠生史應侯妻張氏二十二歲夫亡守節三十一年

陸鴻儒繼妻馬氏二十七歲夫亡守節四十六年

丁灝亭妻許氏二十九歲夫亡拮据度日撫子成立守節四十年

錢維章妻崔氏二十四歲夫亡遺孤方百日孝事孀姑備嘗荼苦撫子成立守節三十一年

祝爾載妻董氏二十四歲夫亡無所依歸母家荼苦終身守節六十年

何履高妻姬氏二十七歲夫亡事孀姑盡孝守節五十年

馮殿桓妻殷氏庠生揆臣女二十九歲夫亡守節五十年

吳起鳳妻徐氏二十三歲適吳甫十八日夫亡哀傷成疾越十年卒

陳駕滄妻陳氏二十一歲夫亡守節十九年

監生錢服耕妻王氏二十八歲夫亡守節三十四年

胡元芳妻杜氏二十五歲夫亡撫子成立守節二十六年

監生王幹亭妻朱氏二十八歲夫亡守節四十一年

陳尚安妻曹氏二十九歲夫亡卒年一百歲守節七十一年

張玉山妻孫氏二十七歲夫亡守節六十一年

程友三妻王氏二十三歲夫亡遺腹生子撫之成立守節五十六年

監生孔傳荃妻吳氏二十三歲夫亡撫子成立守節三十六年

錢始蘋繼妻周氏二十六歲夫亡撫子成立守節三十三年

何思陶妻李氏二十八歲夫亡孝事舅姑撫子成立守節三十年

州同銜陳嘉謨妾金氏二十八歲嘉謨歿矢志靡它守節五十二年

王思贊妻盛氏二十五歲夫亡守節十四年

陸天倫妻張氏三十歲夫亡守節四十年

王蘭芝妻謝氏二十七歲夫亡生三子仲季相繼殤有欲奪其志者誓死不從紡績寒暑靡間撫長子成立守節二十一年

王振先妻葉氏二十六歲夫亡守節十八年

陳公千妻徐氏二十八歲夫亡撫子成立守節六十二年

姚思珍妻衞氏媳魏氏衞二十一歲夫亡無子嗣夫從子自襁褓撫之以紡績供翁姑甘旨及歿盡典釵珥勷葬子婚後又殀與婦魏氏矢志不二備極荼苦守節五十五年

監生徐林葵妾郁氏二十六歲林葵歿撫子成立守節二十年卒

王廷選妻褚氏二十五歲夫亡守節三十五年

監生沈蓼懷妻陸氏十九歲夫亡守節五十六年

李遇襄妻林氏二十四歲夫亡守節四十九年

朱可均繼妻陳氏二十六歲夫亡守節四十一年

庠生顧卿妻陳氏二十八歲夫亡踰年翁歿喪葬盡禮撫子成立守節二十年

劉瑞璧妻徐氏二十三歲夫亡茹蘗終身苦節三十六年

庠生顧與耕繼妻徐氏媳陳氏徐三十一歲夫亡撫襁褓遺子成立又卒與寡媳陳氏堅貞共勵苦節三十二年

吳尹中妻張氏二十七歲夫亡遺腹生子甫成立又殀守節五十年

庠生陳兆餘繼妻孫氏三十歲夫亡守節二十五年

俞廷槐妻顧氏二十八歲夫亡守節二十三年

監生李光暎妾陳氏二十四歲光暎歿生三女日勤鍼黹教有閫範守節五十五年
陳曰銘妻王氏二十四歲歸陳八月夫亡無子以夫從子為嗣撫之成立守節四十四年
崔元炤妻徐氏二十五歲夫亡守節二十二年
陳佐還妻周氏二十九歲夫亡守節三十七年
沈朝珩繼妻王氏三十歲夫亡撫子士通士英俱成立守節三十三年
於彩文妻徐氏二十一歲夫亡勤勞紡績撫子成立守節五十一年
監生馮光祚妻姜氏三十二歲夫亡撫遺孤成立守節二十年
高佐朝妻張氏三十歲夫亡守節二十七年
監生徐源龍妾周氏二十九歲源龍歿守節五十七年
周廷嵩妻朱氏二十九歲夫亡撫二子皆成立守節五十二年

陳保承妻尤氏十九歲婚未一月夫亡守節十五年
沈南國妻鄭氏二十五歲夫亡無子歸依母家守節三十年
俞仕順妻錢氏二十六歲夫亡事姑養葬盡禮撫子成立守節五十九年
程仁德妻韓氏二十八歲夫亡守節四十年
葉均祖妻梁氏二十九歲夫亡守節三十四年
陸天雲妻周氏三十三歲夫亡守節五十七年
杜卓田妻楊氏二十九歲夫亡遺孤方十月撫之成立守節四十五年
周渭南妻沈氏二十八歲夫亡撫孤應奎教之學早歲列庠守節五十六年
陳靜賢妻鄭氏十九歲夫亡守節四十一年
監生周紫庵妻繆氏三十歲夫亡無子嗣夫姪為後守節三十六年

沈大乾妻莊氏二十六歲夫亡即自縊姑急救得不死守節三十三年
嚴端尚妻王氏二十七歲夫亡守節五十年
監生張恭行妻李氏二十四歲夫亡撫子敦書成立與娣方行妻李氏並守節二十八年
庠生胡元恆妻杜氏二十五歲夫亡哀毀欲殉翁姑勸止之撫子婚娶後又卒乃撫兩孫成立守節五十八年
庠生戴源吉繼妻丁氏二十六歲夫亡守節五十年
庠生張秉樞妻伍氏二十八歲夫亡無子事舅姑盡孝撫嗣子成立守節五十八年
庠生蔣醴泉妾潘氏三十歲醴泉歿子蕃枝甫三齡家貧勤蠶績以教育早入庠守節十五年
褚錦綸妾姚氏二十五歲錦綸歿守節五十九年
沈應龍妻何氏二十五歲夫亡撫子成立守節三十二年

鄭從和妻張氏二十八歲夫亡守節四十三年
監生沈咸亨妻胡氏三十三歲夫亡無子撫夫從子為嗣備極勞瘁苦節二十四年
經歷李原妾林氏三十二歲原亡苦節二十七年
李岦妻王氏三十六歲夫亡遺孤又殀以夫弟子蟠華為後甘貧守志苦節五十一年
金瑚妻劉氏二十一歲夫亡孝事舅姑撫子成立守節六十三年
監生繆培廷妻李氏三十歲夫亡守節四十七年
周翼亭繼妻朱氏二十八歲夫亡守節三十四年
沈學文妻姚氏二十九歲夫亡守節三十六年
潘廷照妻胡氏二十六歲夫亡無子撫嗣子成立守節四十四年
庠生姚義為妻馮氏二十九歲夫亡撫子成立守節六十年

程乾初妻章氏二十七歲夫亡無子守節五十四年

王維榮妻何氏二十歲夫亡無子繼姪爲嗣守節三十四年

胡心元妻姚氏二十八歲夫亡守節五十四年

張士斌繼妻陸氏三十歲夫亡撫子成立守節五十四年

葉茂千妻王氏十九歲夫亡守節三十一年

監生顧安期妻陳氏二十七歲夫亡痛不欲生念寡姑徐已耄子擀強進飲食及二子成婚後又俱姒三世孀居煢煢相弔守節二十八年

張書賢聘妻杜氏十一歲爲養媳夫久病未成婚夫亡女二十四歲誓死不改適翁姑憐其志爲之立嗣守貞三十年

知州劉淸蓮妻馮氏二十七歲夫亡歸依母家守節二十一年

庠生李錦中妻王氏二十五歲夫亡嗣夫弟子爲後守節四十五年

陸德咸妻閻氏二十九歲夫亡守節三十三年

秦用生妻何氏三十歲夫亡守節四十九年

海昌查絅妻李氏絅贅於梅里李氏遂家焉氏三十歲寡子將婚而歿繼姪爲嗣守節三十二年

顧奉璋妻褚氏二十一歲夫亡無子太姑與姑俱早寡守志褚嗣子於襁褓中仰事俯育備嘗艱苦守節十五年

張聚妻繆氏二十一歲夫亡守節四十五年

庠生胡大鏞繼妻陳氏二十八歲夫亡守節二十八年

何廷楷妻孫氏三十一歲夫遠游客死遺子甫七歲撫之成立苦節四十一年

周端雲妻伍氏二十三歲婚數月夫亡翁憐其少勸他適卽絕粒欲殉親族交慰之翁爲繼二子俱撫之成立守節四十七年

金如虹妻張氏二十三歲夫亡守節四十年

曹學田妻王氏二十九歲夫亡守節五十五年

杜坤山妻俞氏二十七歲夫亡守節三十五年

王載常妻朱氏二十九歲夫亡守節十五年

張肇雲繼妻陳氏二十一歲夫亡撫子成立苦節十七年

何斯敏妻丁氏三十三歲夫亡無子家貧紡績以給撫姪爲後守節二十一年

舉人吳學韓妻張氏二十九歲夫亡守節三十六年

庠生沈紀書妻徐氏二十六歲夫亡踰年舅姑相繼歿喪葬盡禮守節四十七年

金立成繼妻杜氏二十歲夫亡遺孤甫八月及前室子俱撫之成立守節十年

龔永芳妻沈氏二十八歲夫亡撫子成立守節三十八年

楊武千妻李氏二十六歲夫亡守節五十二年

李遇賢妻王氏二十三歲夫亡守節四十八年

陳天友妻徐氏三十二歲夫亡遺一子一女家赤貧饘無粒米氏號泣昏絕親戚各佽助爲夫殮子就塾逾冠又殤徐慟絕於地爲人救甦日茹粗藿身無完衣雖飢寒逼迫終無怨尤苦節四十四年

杜裕堂妻吳氏二十九歲夫亡撫子成立守節二十九年

曹大卓妻戴氏三十歲夫亡守節四十五年

杜炳妻錢氏二十九歲夫亡遺一子家貧依戚族以居後子成立終養於家守節三十四年

錢文玉妻徐氏二十三歲夫亡撫子成立守節四十六年

馬安國妻陳氏二十五歲夫亡守節四十五年

王廷璋繼妻李氏二十五歲夫亡守節四十六年

王德乾妻何氏三十歲夫亡守節三十五年

章宏遠妻陸氏二十八歲夫亡撫養二子成立守節四十年

姚汝賢妻儲氏二十七歲夫亡守節三十年

錢如松妾戴氏二十七歲如松亡撫嫡子成立守節四十五年

王啟人妻秦氏二十歲夫亡守節七十年

庠生陳端妻王氏三十二歲夫亡撫遺腹子秀早游庠旋歿撫寡媳弱孫劬育備至苦節五十年

庠生金易妻何氏三十四歲夫亡事舅姑極孝家貧勤女紅以奉甘旨子爾梅僅三齡教養入庠序年六十卒巡撫陳以勵志如金額獎之

王克昌妻秦氏十九歲婚未兩月夫亡貧無室廬依親戚家以紡績自給守節六十年

張誠妻陳氏二十三歲夫亡事姑盡孝撫子成立守節四十年

陳大川妻王氏二十一歲夫亡守節四十年

馮大年妻沈氏二十九歲夫亡守節四十年

楊龍妻鄭氏二十七歲夫亡守節四十年

鄭天衢妻胡氏二十八歲夫亡守節四十年

王家相妻孫氏二十三歲夫亡守節四十年

錢均山妻錢氏二十九歲夫亡守節四十年

李如賓妻胡氏二十二歲夫亡守節四十年

張慎高妻李氏三十歲夫亡無子歸依母家紡績自給繼姪爲嗣守節四十年

汪松廷妻朱氏三十歲夫亡守節三十年

馮峻妻戴氏三十歲夫亡無子家貧以十指所入供甘旨嗣姪爲後守節三十年

倪紹周妻沈氏二十三歲夫亡無子孑然一身茹素飲蘖守節四十年

朱義遵妻葉氏二十六歲夫亡守節四十年

沈亮侯妻錢氏二十六歲夫亡守節四十年

吳承載妻徐氏二十九歲夫亡守節三十年

胡獻之妻葉氏二十三歲夫亡家貧止一女越歲歸依母家後賃居獨處以紡績自給守節四十年

曹其誠妻王氏二十八歲夫亡遺腹生子撫之成立守節三十年

金明光妻張氏十四歲爲養媳二十四歲夫亡無子家無擔石操作度日守節三十三年

朱配堂繼妻李氏二十四歲夫亡撫遺腹子成立守節三十七年

沈維新妻錢氏二十七歲夫亡事舅姑孝無子以夫從子爲後守節三十五年

張賜福妻周氏二十一歲夫亡家貧紡績自給守節二十五年

陳元龍妾姚氏二十一歲元龍歿子尚在襁褓撫之成立守節四十一年

庠生錢鼎妻王氏二十七歲夫亡守節四十四年

李麒妻甘氏三十五歲夫客死廉州無子依夫從弟爲活煢居困悴年七十苦節三十五年

監生姜文麒妻翟氏二十六歲夫亡無子撫夫兄子潮爲後守節三十六年

史德三妻吳氏二十七歲夫亡家貧無子茶苦終身守節五十年

張蒼顏妻羅氏二十九歲夫亡家極貧朝夕紡績積賣佈錢營兩世葬守節四十餘年

陳璀妻張氏二十四歲夫亡無子以夫從子爲嗣守節三十餘年

王世邁妻葉氏二十一歲夫亡無子姑年七十餘奉侍極孝朝夕供膳出自十指守節十年

監生仲元吉妻李氏二十四歲夫亡守節十五年

李公艮妻張氏二十六歲夫亡守節五十七年

陳修遠繼妻黃氏二十八歲夫亡守節四十八年

張介倫妾盛氏二十二歲介倫亡守節三十年

李鄂妻王氏夫早亡無子以夫從兄子爲後守節數十年

徐長發妻毛氏二十一歲夫亡守節三十二年

沈大山妻沈氏二十四歲夫亡守節四十三年

監生胡萬程妻胡氏二十三歲夫亡撫夫兄子爲後守節四十年

馮我周妻殳氏二十九歲夫亡守節三十年

鄭玉鉉妻陳氏十八歲夫亡守節三十一年

姚文毓妻魏氏二十六歲夫亡無子孝事孀姑衞氏日勤鍼指自給撫夫從子爲嗣守節三十一年

沈鍾秀妻梁氏二十八歲夫亡守節三十年

王敘賓妻黃氏二十八歲夫亡守節三十一年

王守先妻錢氏二十九歲夫亡守節三十年

監生張宗發妻吳氏三十歲夫亡守節三十一年

張慎行妻方氏二十三歲夫亡守節三十年

王桓妻孫氏二十七歲夫亡撫子成立守節三十餘年

曹鼎魁妻崔氏二十八歲夫亡守節三十一年

沈允迪妻王氏二十八歲夫亡守節三十年

李文煥妻湯氏二十九歲夫亡撫子成立守節三十年

薛庭耀妻馬氏二十三歲夫亡守節三十一年

監生沈咸和妻王氏二十九歲夫亡無子撫夫從子爲後守節三十年

殳有仁妻陸氏二十九歲夫亡守節三十一年

樊必祥妻陳氏二十五歲夫亡守節三十一年

曹秀山妻周氏二十六歲夫亡守節三十年

王三甫妻韓氏二十七歲夫亡無子以夫從子爲嗣守節三十餘年

監生錢蘭裔妻朱氏二十九歲夫亡守節三十一年

褚元愷妻黃氏二十三歲夫亡撫子成立守節三十年

張聖山妻何氏二十三歲夫亡事姑孝撫二子成立守節三十餘年

于新甫妻倪氏二十四歲夫亡守節三十年

朱壽田妻孫氏二十二歲于歸五月夫亡家徒壁立孑然一身守節三十餘年

監生張道益妻張氏二十三歲道益亡守節三十年

李培正妻任氏二十二歲夫亡無子嗣夫從子爲後守節四十四年

金士鳳妻鄭氏二十二歲夫亡守節三十一年

胡兆昌妻王氏二十六歲夫亡守節三十餘年

舉人許宣猷妻查氏二十六歲夫亡守節三十餘年

周孔嘉妻孫氏二十三歲夫亡撫子成立守節三十年

胡貢祿妻何氏二十三歲夫亡守節三十一年

陸敬夫妻沈氏十九歲夫亡守節三十年

朱元貞妻張氏二十一歲夫亡守節三十年

許廷元妻朱氏二十四歲夫亡家貧紡績度日守節三十一年

高憲章妻許氏二十三歲夫亡守節二十八年

李輔廷妻王氏三十歲夫亡守節三十餘年

莊國球妻張氏二十九歲夫亡守節三十一年

徐詳妻楊氏二十九歲夫亡無子成立守節三十年

沈榮立妻顧氏二十九歲夫亡守節十年

金士求妻孫氏二十五歲夫亡守節十一年

陳勳妻馮氏二十二歲夫亡家貧甚紡績以謀朝夕兩世舅姑俱在堂侍奉能得其歡撫遺腹子成立守節二十八年

監生李翰妾羅氏貴筑人二十五歲夫亡祇一女撫育嗣子成立守節三十六年

庠生張昌科妻錢氏二十三歲夫亡遺子僅數月又殤錢痛不欲生姑慰許以夫兄子爲嗣貧

無資產常依母氏於禾中事翁姑極孝歲時必來省侍親奉甘旨人皆稱歎之

李蓮妻殳氏二十三歲夫亡止一女以夫姪孫某爲後家苦貧藉女紅以自給老年族鄰始稍資贍之守節五十四年

戴培因妻汪氏三十歲夫亡事翁盡孝能先意承志家貧恆勤鍼黹以給守節二十五年

徐九如妻王氏二十三歲夫亡止一女晝夜紡績以給寒暑不輟守節二十一年

蔣通泉妻徐氏三十歲夫亡依夫兄佐理家事處姒甚和睦撫姪楡蔭成立守節二十五年

孫寶賢妻何氏婚三載何二十二歲夫亡奉事翁姑能盡孝道無子以夫姪黃鍾爲嗣年五十六

庠生王步雲妻孫氏監生淩雲妻孫氏姒三十歲夫亡撫育二子維鏐維鈞成立長維鏐出嗣爲大宗後步雲弟淩雲妻孫氏年十四母病篤嘗刲股和藥以進病旋愈歸王後年亦三十而寡無孤維鏞教以讀書成立娣姒雍睦同居共爨無間言

沈柏妻俞氏二十三歲夫亡無子以夫弟子昇爲後甇甇子立守節三十四年

王有文妻王氏三十歲夫亡撫姪爲嗣守節四十八年

朱沛堂妻李氏二十四歲夫亡撫子成立又殀家貧茹蘖紡績自給守節五十三年

金家珍妻蔣氏二十五歲夫亡撫孤孫教養備至終身縞素守節五十三年

蔡兆驤妻丁氏二十二歲夫亡撫姪爲嗣舅姑相繼歿家貧喪葬盡禮以紡績自給守節三十五年

蔣玉妻姚氏二十四歲夫亡無子事翁姑曲盡孝道撫姪爲嗣又殤翁姑繼歿喪葬盡禮荼苦備嘗守節三十一年

孫志元妻沈氏二十歲夫亡無子亦無繼嗣家貧甚藉紡績以葬舅姑老益窮苦守節六十二年

孫秉乾妻王氏二十六歲夫亡撫孤成立守節三十六年

庠生朱壘林妻繆氏三十歲夫亡家素貧遺子柏方二歲撫之成立守節二十三年

錢仲華妻韓氏二十五歲夫亡撫子延齡教養成立守節三十七年

董士福妻陸氏二十九歲夫亡無子甇甇孤苦矢志不移守節三十九年

監生陳鳳藻妻陸氏椿妻陸氏姑三十歲夫亡以從子椿爲後又殀與寡媳陸氏共勵冰霜守節三十七年

邑庠生史大勳妻孫氏三十歲夫亡止二女撫嫁極勞以夫姪庠生致中兼祧年五十二卒

謝桐春妻李氏二十二歲夫亡止一女事生姑盡孝撫嗣成立守節三十年

王路遵妻沈氏媳某氏沈二十三歲夫亡止一女事翁姑孝撫嗣成立又卒與寡媳操作以給守節十二年

梁信元妻鄭氏二十四歲夫亡事姑盡孝子二早殤未有繼家苦貧恒紡績以自給守節二十一年

李汝金妻王氏二十九歲夫亡守節三十一年

王心像妻李氏三十歲夫亡守節二十六年
馮克禮妻王氏三十歲夫亡子女俱無煢煢矢志守節二十二年
姚含經妻林氏三十歲夫亡上奉邁翁下撫子女備嘗荼苦守節五十八年
沈坤發妻鄭氏二十九歲夫亡茹荼飲蘗守節三十年
曹永良妻朱氏二十二歲夫亡茹荼飲蘗守節三十年
顧通妻陳氏二十四歲夫亡守節三十六年
郡庠生汪容繼妻潘氏青年守志撫孤成立守節四十八年
吳起鳳妻徐氏二十三歲適吳十四月夫亡撫十八日孤兒守節十年三十四歲以鬱疾卒
葉潮妻戴氏二十一歲夫亡守節二十一年
監生周型芳繼妻張氏二十八歲夫亡守節二十五年

陳邦華妻陸氏二十歲夫亡旌年七十九
濮謙四妻張氏二十九歲夫亡旌年七十
孫耀宗妻朱氏二十五歲夫亡旌年五十九
沈啟孫妻蕭氏二十九歲夫亡旌年五十三
王庭昌妻徐氏二十五歲夫亡旌年六十四
王元良妻崔氏二十七歲夫亡旌年六十六
沈錡妻張氏二十七歲夫亡旌年五十一
周德千妻孫氏二十七歲夫亡旌年五十九
徐永昌妻潘氏三十歲夫亡旌年六十一
監生畢蟾桂妻鍾氏二十九歲夫亡旌年五十三

朱廷楷妻沈氏二十歲夫亡旌年五十
戴兆煜妻金氏二十三歲夫亡守節三十一年
戴仁政妻何氏二十九歲夫亡守節十五年
沈昌業妻謝氏二十一歲夫亡撫孤成立守節三十九年
沈天爵妻陳氏二十六歲夫亡守節三十二年
孫鳴繼妻蔡氏二十三歲夫亡撫嗣成立守節四十年
衢州訓導張慶漣妾章氏二十九歲慶漣亡守節三十八年
沈鈺妻盛氏二十歲夫亡守節三十二年
王士奎妻俞氏二十八歲夫亡守節四十五年
陳玉妻沈氏二十九歲夫亡守節三十一年

周城妻陳氏三十歲夫亡守節二十三年
監生張萬和妻朱氏二十九歲夫亡守節三十四年
朱天鈺妻駱氏二十八歲夫亡守節三十一年
浦紹華妻繆氏二十八歲夫亡守節旌年六十
劉敏元妻祝氏二十七歲夫亡守節旌年五十九
生員吳鮑新妻虞氏二十七歲夫亡守節二十一年
山振威妻沈氏二十二歲夫亡撫孤鴻成立守節三十八年
馬應琳妻吳氏二十五歲夫亡守節二十二年
張學湄妻唐氏二十七歲夫亡守節五十四年
何崑棨妻錢氏二十五歲夫亡守節二十二年

倪鼎元妻錢氏二十五歲夫亡守節三十六年

徐之松妻殳氏二十二歲夫亡守節四十二年

甄長冠妻甄氏二十九歲夫亡撫嗣苦節四十三年

沈仲賢妻鄭氏二十二歲夫亡撫嗣守節二十三年

宣廷揚妻陸氏二十三歲夫亡守節二十五年

蔡如璋妻任氏二十八歲夫亡守節二十二年

蔡如璜妻陸氏二十九歲夫亡守節三十二年

縣丞錢世繩妻李氏二十歲夫亡守節旌年五十六

侍讀學士錢福胙妾孫氏二十五歲福胙亡守節四十年以嫡子儀吉官貤封宜人

雲南學政錢開仕妾韓氏汪氏開仕視學滇南韓以事主母留京邸閲三年而寡時韓二十三歲汪侍開仕疾刲股和藥以進年二十一而寡與韓共守節四十年

顧玉奇妻蕭氏二十六歲夫亡撫遺孤守節二十五年

錢嵩巖繼妻金氏二十八歲夫亡無子苦志守節撫育四女操持家務勞苦成疾未及三載而歿

周士璉妾殷氏二十六歲士璉亡守節五十三年

朱芬繼妻陳氏二十九歲夫亡撫孤嗣成立守節二十二年

監生陸光龍妻陳氏三十歲夫亡撫長子廷琛入邑庠次子廷珍成立守節二十一年

顧振賢妻沈氏二十六歲夫亡撫嗣守節四十四年

張士明妻盛氏二十三歲夫亡撫孤守節旌年五十七

朱士豪妻宣氏二十一歲夫亡守節二十五年

楊士艮妻朱氏二十七歲夫亡無子兩次立嗣不育苦節四十七年

陸龍田妻王氏二十七歲夫亡守節四十七年

朱兆奇妻邱氏二十九歲夫亡守節三十二年

沈鼎妻周氏二十五歲鼎亡守節三十一年

貢生金錫爵妻曹氏二十九歲夫亡守節二十二年

平紀妻張氏二十七歲夫亡守節三十二年

殷嘉祉妻戴氏二十七歲夫亡守節旌年四十五

吳運青妻虞氏二十四歲夫亡守節旌年五十六

沈安齋妻葛氏二十五歲夫亡守節

吳禹川妻邱氏二十歲夫亡守節

張卓雲妻金氏三十歲夫亡守節三十五年

莊蘊明妻姜氏二十五歲夫亡守節五十四年

平祥榮妻錢氏二十七歲夫亡守節五十三年

邱蔭齋妻王氏二十五歲夫亡守節四十二年

沈大鏜妻崔氏二十二歲夫亡撫嗣守節五十六年

沈浚妻胡氏二十二歲夫亡守節五十年

潘莘耕妻周氏三十歲夫亡守節旌年六十二

姚金年妻章氏二十六歲夫亡守節五十七年

譚孚爵妻許氏二十七歲夫亡守節五十二年

唐文郁妻孫氏二十七歲寡孝舅姑性樂善捐建石橋人德之稱節孝橋撫姪成立守節四十四年

吳維翰妻仲氏二十一歲夫亡守節二十一年

馬京芳妻王氏三十五歲夫亡事孤子廷賢守節四十年

馬廷賢妻沈氏二十二歲夫亡無子事姑盡孝守節五十三年

張鼎元妻秦氏婚三載夫亡氏二十三歲偕貞女二姑以鍼黹所入葬舅姑撫孤三十餘年旌年五十三

張浩繼妻沈氏二十五歲夫亡守節三十三年

吕天敘妻沈氏二十二歲夫亡守節三十七年

朱應和妻姚氏二十八歲夫亡守節二十八年

俞坤元妻陸氏二十六歲夫亡守節三十年

于彥昇妻施氏二十四歲夫亡守節三十七年

丁一枝妻楊氏夫素有疾家貧氏以紡績爲夫醫藥資及歿氏二十九子甫四齡至十八又殀氏更悲鬱仍勤操作自給守節二十九年

夏士松妻王氏二十二歲夫亡事翁姑及太翁盡孝夫歿痛不欲生鬱鬱半載餘卒

王仁秀妻徐氏三十歲夫亡守節撫孤成立旌年六十一

俞鳴佩妻陶氏二十六歲夫亡守節二十七年

生員胡雲楣妻謝氏二十九歲夫亡守節四十三年

監生何繼福繼妻徐氏陳禧妻周氏二十三歲婚數載夫患急症亡慟絕復蘇孝事孀姑撫二子成立守節二十六年道光己亥詳請給匾與陳禧妻周氏人稱一門雙節嘉善黃安濤爲撰何家二節婦傳

蔣廷秀妻鍾氏二十九歲夫亡旌年五十九

何品咸妻陳氏二十六歲夫亡事翁姑孝撫遺孤成立守節五十一年旌年五十八

劉華載妻吳氏二十六歲夫亡撫子成立守節五十八年

劉文德妻張氏二十八歲夫亡旌年五十四

陸康圻妻殷氏二十九歲夫亡守節旌年五十歲

邵忠明妻梁氏三十歲夫亡撫孤成立旌年六十六

監生王澄妻徐氏三十歲夫亡撫繼子人杰成立苦節四十二年

監生唐世勳妻楊氏二十九歲夫亡撫嗣允荼成立旌年四十九

王錫章妻萬氏二十八歲夫亡撫孤成立旌年四十七

鄭紹書妻馬氏二十歲夫亡守節四十一年

謝學泗妻陸氏二十二歲夫亡撫嗣成立旌年五十三

胡南山妻張氏二十四歲夫亡守節旌年五十一

劉庸哉繼妻洪氏

王蔣氏

王方氏

吕盛氏

繆印和妻陳氏

顧俊堂妻張氏

葛廷桂妻金氏

莫俞氏

俞士堂妻沈氏

莊梧妻施氏

汪陳氏

貢生陸楣妻吳氏

貢生朱素存繼妻沈氏

庠生陸蔭嘉妻許氏

徐天錦妻鄭氏

監生顧天惠妻屠氏

王槐堂妻萬氏

俞昌鑑妻顧氏

庠生顧天錫妻黃氏

金濬文妻魏氏

董維翰妻許氏　程漢妻周氏

李大忠妻馬氏　朱蘊隆繼妻沈氏

邵之溥妻周氏　邵宏遠妻李氏

莫永齡妻俞氏　董亭書妻沈氏

董其琛妻馬氏　王昌齡妻方氏

朱復亨妻陸氏　宣戴千妻洪氏

監生吳俊亘妻袁氏

葉振遠妻夏氏以上事實俱無考以上于志

監生陳禮堂繼妻吳氏二十九歲夫亡撫孤守節十七年道光二十年旌

黃蘭舟妻顧氏二十九歲夫亡撫孤守節二十五年

倪連元妻楊氏二十二歲夫亡撫孤守節三十二年

朱桂芳妻陸氏十九歲夫亡撫孤守節二十六年

吳尚德妻俞氏二十七歲夫亡撫孤守節三十六年

計龍輔妻俞氏二十九歲夫亡撫孤守節五十一年

包茂榮妻翁氏二十八歲夫亡撫孤守節三十九年

生員金蕡妻楊氏二十二歲夫亡守節旌年六十二

王順山妻李氏二十五歲夫亡守節旌年七十

周德升妻金氏二十八歲夫亡守節旌年五十八

沈品山妻孔氏二十九歲夫亡守節旌年七十八

高琪妻楊氏二十九歲夫亡守節旌年六十五

俞懷亘妻龔氏二十七歲夫亡守節旌年六十六

吳心怡妻王氏十九歲夫亡守節四十年

儒童江愷妻沈氏二十八歲夫亡守節四十年

監生王澄妻徐氏三十歲夫亡守節四十二年

徐廣元妻陸氏二十歲夫亡守節三十一年

沈惠春妻陸氏二十一歲夫亡守節四十五年

生員梅聿脩妻朱氏二十九歲夫亡守節五十六年

監生陸義至妻周氏二十六歲夫亡守節十五年

儒童施殿英妻懷氏二十三歲夫亡守節二十四年

顧玉奇妻蕭氏二十六歲夫亡守節二十五年

戴世界妻何氏二十九歲夫亡守節十五年以上道光二十一年旌

儒童陳雲妻朱氏二十九歲夫亡守節旌年五十一

朱濤妻顧氏二十八歲夫亡守節旌年五十一

郭汝雷妻陳氏二十三歲夫亡守節旌年五十三

儒童陳文友妻徐氏二十三歲夫亡守節旌年五十九

浦紹華妻繆氏二十九歲夫亡守節旌年六十二

于士貴妻施氏二十六歲夫亡守節旌年六十四

生員虞坤繼妻楊氏三十歲夫亡守節旌年六十一

儒童蔣廷秀妻鍾氏二十七歲夫亡守節旌年六十三

吳運青妻虞氏二十二歲夫亡守節旌年五十八

沈明標妻陸氏二十九歲夫亡守節旌年六十六

王士金妻俞氏二十九歲夫亡守節旌年七十五

陸大年妻張氏二十六歲夫亡守節旌年六十五

儒童張純儒妻楊氏二十一歲夫亡守節旌年五十六

監生王凌雲妻孫氏三十歲夫亡守節旌年五十三

鄭天祺繼妻李氏二十九歲夫亡守節五十三年

徐德純妻邱氏十八歲夫亡守節五十四年

何崑來妻錢氏二十四歲夫亡守節二十四年

儒童陳槐廷妻武氏二十一歲夫亡守節二十四年

胡景瀾妻范氏二十歲夫亡守節二十六年

儒童于秉倫妻顏氏二十三歲夫亡守節五十一年

許汝誠妻周氏二十一歲夫亡守節三十二年

郭維天妻姜氏十九歲夫亡守節四十五年

儒童莊憲繼妻陳氏二十六歲夫亡守節三十年

崔秀章妻朱氏二十四歲夫亡守節三十二年

金永淮妻徐氏二十二歲夫亡守節三十四年

沈文章妻丁氏二十三歲夫亡守節十二年

王慶麟妻費氏二十九歲夫亡守節二十五年以上道光二十二年旌

朱振威妻仲氏二十八歲夫亡守節旌年六十三

監生沈咸安妻金氏二十七歲夫亡守節旌年六十以上道光二十三年旌

潘聿脩妻王氏二十八歲夫亡守節旌年七十

錢士楷妻項氏三十歲夫亡守節旌年五十七

儒童俞世榮妻陳氏二十二歲夫亡守節旌年五十二

吳安邦妻周氏三十歲夫亡守節旌年七十五

陸嵩年妻張氏二十九歲夫亡守節旌年七十九

廩生曹士銓妻沈氏二十四歲夫亡守節旌年五十八

儒童徐寅妻王氏三十歲夫亡守節旌年七十

楊秉章妻陸氏二十九歲夫亡守節旌年五十六

監生王敬安妻錢氏二十九歲夫亡守節旌年五十一

儒童蔣肇堂妻錢氏二十九歲夫亡守節旌年五十三

屠雲和妻錢氏二十九歲夫亡守節旌年五十五

吳繩祖妻章氏二十一歲夫亡守節旌年六十四

朱學成繼妻唐氏二十九歲夫亡守節旌年五十四

監生顧季英妻陸氏二十七歲夫亡守節旌年五十四

周振發妻金氏二十九歲夫亡守節旌年六十一

儒童沈際昌妻張氏三十歲夫亡守節旌年五十五

王翰周妻屠氏二十五歲夫亡守節旌年五十六

趙林妻韓氏二十四歲夫亡守節旌年六十四

沈如淵妻李氏二十五歲夫亡守節旌年五十一

張爲楝妻徐氏二十四歲夫亡守節旌年五十一

監生沈慶齡妻浦氏三十歲夫亡守節旌年六十

顧廷魁妻馮氏二十六歲夫亡守節旌年五十四

唐文郁妻孫氏二十七歲夫亡守節旌年七十二

職監徐正洪妾黄氏三十歲正洪亡守節四十九年

儒童盛輔堂妻談氏二十八歲夫亡守節五十年

附貢金書田繼妻朱氏二十二歲夫亡守節二十八年

沈松山妻姚氏二十五歲夫亡守節三十三年

沈仲賢妻郭氏二十三歲夫亡守節二十三年

陳耀章妻嚴氏二十三歲夫亡守節三十九年

繆爔繼妻王氏二十六歲夫亡守節十八年

陳錫九妻楊氏二十九歲夫亡守節二十六年

監生錢煜妻董氏二十八歲夫亡守節五十五年

監生朱珹妻金氏二十三歲夫亡守節二十一年

儒童朱生煌繼妻趙氏二十六歲夫亡守節四十三年

監生車天保繼妻閔氏二十六歲夫亡守節三十一年

周沛滄妻徐氏二十一歲夫亡守節四十一年 以上道光二十四年旌

千總沈澧蘭妻王氏二十六歲夫亡守節旌年五十七

范承祖妻陳氏二十六歲夫亡守節旌年六十一

儒童周玉台繼妻王氏二十七歲夫亡守節旌年五十一

金大翔妻朱氏二十六歲夫亡守節旌年五十八

顧春榮妻唐氏二十五歲夫亡守節旌年五十四

沈體乾妻朱氏二十四歲夫亡守節旌年七十六

金進吾妾孫氏二十九歲進吾亡守節旌年六十六

戚德如妻錢氏二十九歲夫亡守節旌年五十六

儒童駱秉倫妻張氏二十二歲夫亡守節十六年

沈翰忠妻仲氏二十二歲夫亡守節四十二年

鍾玉英妻顧氏三十歲夫亡守節三十九年

儒童沈竹山妻顧氏三十歲夫亡守節十六年

李士元妻沈氏三十歲夫亡守節十八年

盛廉揚妻富氏二十三歲夫亡守節四十九年

儒童金咸章妻王氏二十六歲夫亡守節十六年 以上道光二十五年旌

儒童張學潮妻唐氏二十歲夫亡守節旌年五十二

生員錢松原妻孫氏二十九歲夫亡守節旌年五十八

監生金福增妾朱氏二十四歲福增亡守節旌年五十 以上道光二十六年旌

監生朱銘妻繆氏二十五歲夫亡守節三十七年 道光二十七年旌

周型妻蕭氏

程德祿妻陸氏二十八歲夫亡旌年五十 以上道二十八年旌

馮瑞妻金氏二十八歲夫亡守節旌年五十二 道光三十年旌

儒童嚴朱木繼妻陳氏二十六歲夫亡撫子朱點讀書成名子女婚嫁悉出自鍼黹之資事翁姑盡孝現年七十七

鄭紹震妻曹氏年二十歲夫亡守節三十年以上咸豐元年旌

監生劉廷鍾妻鄭氏二十八歲夫亡守節五十六年咸豐二年旌

增廣生許恩泰妻姚氏二十三歲夫亡撫孤成立守節三十六年咸豐六年旌

監生畢含芳繼妻鍾氏二十七歲夫亡守節旌年六十五

儒童張倘濂妻劉氏二十七歲夫亡守節四十一年

萬洪楠妻盛氏二十八歲夫亡守節二十二年

萬廷桂妻金氏二十八歲夫亡守節四十一年

監生張世徵妻沈氏二十五歲夫亡守節十六年

儒童俞璋妻朱氏二十九歲夫亡守節二十九年

儒童朱浩川妻許氏二十一歲夫亡守節三十六年

儒童胡文珍妻姚氏三十歲夫亡守節四十三年

儒童王觀揚妻張氏二十三歲夫亡守節四十八年

吳孟賢妻沈氏十八歲夫亡守節

儒童許樂川妻唐氏二十三歲夫亡守節二十七年以上咸豐七年旌

職員金慶瀾妻吳氏十七歲夫亡守節旌年六十九

姚聖年繼妻章氏二十六歲夫亡守節五十八年

儒童胡守鏞妻錢氏二十五歲夫亡守節十六年

儒童王鳳其妻閻氏十九歲夫亡守節二十年

儒童王周楨妻萬氏二十二歲夫亡守節十八年

胡壽芳妻陳氏二十一歲夫亡守節四十七年

監生沈世坤妻劉氏二十九歲夫亡紡績積貲營葬翁姑守節四十年

周寶玉妻吳氏二十六歲夫亡守節二十四年

儒童張世瑞妻吳氏二十九歲夫亡撫嗣守節三十一年

廩生朱茂堂妻范氏二十二歲夫亡撫嗣守節三十年

孔順龍妻王氏二十三歲夫亡撫孤守節二十年

孔振玉妻徐氏二十七歲夫亡撫孤守節五十四年

宋鳳喈妻毛氏二十三歲夫亡守節二十九年

朱石和妻王氏二十歲夫亡撫孤守節三十四年

李棠妻沈氏二十九歲夫亡撫嗣守節十四年

胡聿脩妻顧氏二十七歲夫亡撫孤守節六十四年

附生查世瑛妻盛氏二十八歲夫亡撫孤守節三十二年

庠生葛澂妻朱氏二十九歲夫亡撫孤守節三十五年

孫可珍妻黃氏二十四歲夫亡守節六十一年

王維祿妻朱氏二十七歲夫亡撫孤守節三十年

方靜巖妻倪氏二十二歲夫亡撫孤守節二十九年

胡容川妻周氏二十六歲夫亡撫嗣守節三十五年

胡含章妻徐氏二十九歲夫亡撫孤守節三十一年

胡巨堂妻周氏三十歲夫亡守節二十四年

方菊村妻沈氏二十五歲夫亡撫孤守節十三年

張蓀瑚妻韓氏二十歲夫亡撫孤守節十年

庠生屠堯雲妻曹氏二十九歲夫亡守節十年

儒童張瑩妻查氏二十九歲夫亡撫嗣守節十一年

王源妻周氏二十六歲夫亡撫孤守節三十一年

儒童鄭紹巽妻曹氏二十四歲夫亡守節三十一年

胡秉仁妻沈氏二十六歲夫亡撫孤守節三十五年

儒童王可行妻楊氏二十六歲夫亡撫孤守節三十七年

儒童王耀廷妻宗氏二十二歲夫亡撫孤守節十二年

黃鎮周妻于氏二十四歲夫亡撫孤守節十八年

周輿仁妻徐氏二十一歲夫亡撫孤守節五十一年

庠生朱湄妻鄒氏二十九歲夫亡撫孤守節二十三年

儒童伍紹棠妻周氏二十三歲夫亡撫孤守節五十四年

監生朱鍇妻周氏三十歲夫亡撫孤守節三十年

儒童王臣福妻周氏二十二歲夫亡撫孤守節十六年

王克信妻金氏二十四歲夫亡撫嗣守節二十一年

儒童王志信繼妻朱氏二十九歲夫亡撫嗣守節二十三年

庠生湯國賓妻方氏二十歲夫亡撫孤守節六十四年

監生胡耀宗妻沈氏二十六歲夫亡守節三十五年

儒童湯世龍妻程氏二十三歲夫亡撫孤守節四十年

徐壽妻黃氏二十八歲夫亡撫嗣守節二十年

徐炳妻程氏二十三歲夫亡撫嗣守節十二年

儒童盛紳妻陸氏二十六歲夫亡守節旌年五十

吳光華妻邱氏二十七歲夫亡撫嗣守節旌年五十

儒童曹鴻榜妻章氏二十八歲夫亡守節旌年五十一

徐敏庭妻全氏三十歲夫亡撫嗣守節旌年六十一

屠御庭妻陸氏二十五歲夫亡撫孤守節旌年七十七

王德忠妻周氏二十九歲夫亡守節旌年六十六

朱掄元妻方氏二十五歲掄元亡撫孤守節旌年七十七

監生董汝璋繼妻沈氏二十九歲夫亡撫孤守節旌年五十四

儒童胡宗濤妻韓氏二十六歲夫亡守節旌年五十一

鄔家瑔繼妻姚氏二十八歲夫亡守節旌年五十

監生徐汝濬妻戴氏二十九歲夫亡守節旌年五十

沈銘妻張氏二十九歲夫亡撫孤守節旌年五十五

監生張震妻葛氏二十八歲夫亡撫孤守節旌年五十一

方秀高妻張氏二十五歲夫亡守節旌年五十七

盛景福妻王氏二十七歲夫亡守節旌年六十

沈昌期妻屠氏二十三歲夫亡守節旌年五十

金秉園妻孫氏二十九歲夫亡撫孤守節旌年六十一

儒童金湯選繼妻陳氏二十八歲夫亡撫孤守節旌年五十九

杭會林妻湯氏十九歲夫亡守節旌年六十四

顧廷柱妻沈氏二十七歲夫亡守節旌年五十二

倪振繼妻高氏二十四歲夫亡守節旌年五十九

金大森妻高氏二十六歲夫亡守節旌年五十五

王景潮妻俞氏二十九歲夫亡撫嗣守節旌年五十九

儒童戴暻妻沈氏二十六歲夫亡撫孤守節旌年六十

陳炳章妻謝氏二十二歲夫亡撫孤守節旌年五十六

何培元妻周氏二十六歲夫亡守節旌年七十二

何桂堂妻李氏二十二歲夫亡撫孤守節旌年五十三

儒童張季麟妻姚氏二十二歲夫亡撫孤守節旌年五十三

馮克禮妻陸氏三十歲夫亡撫孤守節旌年六十九

李壽彭妻金氏二十歲夫亡撫孤守節旌年五十四

張寶麟妻金氏二十五歲夫亡撫孤守節旌年六十一

黃階玉繼妻金氏二十五歲夫亡撫孤守節旌年六十三

黃永凝妻沈氏二十一歲夫亡守節旌年六十二

千總沈澧蘭繼妻黃氏二十八歲夫亡撫孤守節旌年八十

徐惇九妻陸氏三十歲夫亡撫孤守節旌年六十六

陸乾行妻朱氏二十八歲夫亡守節旌年六十四

馮汝璉繼妻張氏二十八歲夫亡撫孤守節旌年六十

陳國豪妻陸氏二十五歲夫亡守節旌年五十四

朱聖和繼妻吳氏二十七歲夫亡撫孤守節旌年五十六

儒童湯慶八妻錢氏二十六歲夫亡守節旌年六十一

莫如銓妻陸氏十九歲夫亡撫嗣守節旌年五十

郁鼎元妻高氏三十六歲夫亡撫嗣守節旌年五十六

鮑鈞妻吳氏二十九歲夫亡撫孤守節旌年五十二

姚孚若妻吳氏十九歲夫亡撫嗣守節旌年五十一

郁鼎乾妻朱氏三十歲夫亡撫孤守節旌年五十一

儒童祖履坦妻潘氏十八歲夫亡撫孤守節旌年五十

謝廷玉妻姜氏十九歲夫亡撫孤守節旌年五十

錢承烈繼妻朱氏二十二歲夫亡撫孤守節旌年五十

戴陞元妻王氏二十二歲夫亡撫孤守節旌年五十

劉香溪妻趙氏二十六歲夫亡撫孤守節旌年五十

趙新華妻姚氏二十七歲夫亡撫孤守節旌年五十

周肇基妻鄭氏二十九歲夫亡守節旌年五十一以上咸豐八年旌

知縣金濤妾劉氏二十九歲濤亡守節旌年六十一同治四年旌

儒童姚濟恩妻金氏二十八歲夫亡守節旌年五十一同治七年旌

于煊妻姚氏二十六歲夫亡守節旌年六十二

鍾孝剛妻李氏二十八歲夫亡守節旌年五十二以上同治九年旌

施榮華妻金氏二十六歲夫亡守節旌年六十

俞長春妻朱氏二十八歲夫亡守節十五年同治十三年旌

梁心源妻鄭氏二十九歲夫亡守節旌年七十九

從九品宋崙源妻王氏二十四歲夫亡無子欲以身殉翁姑諭以奉養無人乃止翁置妾生

二子翁姑歿王氏撫二叔成立旌年五十七

監生曹山杞妻錢氏二十六歲夫亡守節旌年五十五

黃黼堂妻夏氏三十歲夫亡守節四十年

監生張士桐妻陳氏三十歲夫亡守節四十二年

何國槐妻宋氏二十一歲夫亡守節八年

岳廷杏妻王氏　生員杜承權妻沈氏

儒童倪元熙妻馬氏　職員章錦文妻朱氏

職員俞璜妻岳氏

監生張樂山妻祝氏二十一歲夫亡守節旌年五十八以上光緒元年旌

何攀龍繼妻徐氏三十二歲夫亡撫孤守節四十七年視前氏子如已出撫按題旌建坊顏日志堅金石

何世勳妻王氏二十三歲夫亡孝事髦姑撫姪益昌爲嗣苦節二十一年大憲題旌

俞鶴皐妻蔡氏

朱明懷妻張氏二十歲夫亡撫孤守節四十五年

監生沈卓然妻俞氏夫亡守節撫遺腹子光星成立現年六十八

蔣雲龍妻胡氏　張雲章妻徐氏

洪裕元妻孫氏　朱錦妻吳氏

陳補雲妻沈氏　沈易妻周氏

張鳳祥妻胡氏　王士鋐妻呂氏

何景文妻俞氏　楊慶元妻陳氏

楊其年妻姚氏以上已旌

錢興凡妻朱氏二十四歲夫亡事翁姑盡孝撫孤成立現年六十

鄒士烈聘妻方氏十三歲童養夫家十九未婚夫亡矢志守節孝養翁姑撫嗣成立現年六十五

鄒銘之妻張氏二十八歲夫亡守節撫孤成立現年六十七

顧運寶妻陸氏二十七歲夫亡無子守節現年五十九

朱培妻薛氏二十五歲夫亡守節撫姪孫爲嗣現年六十四

鄒載陽妻楊氏二十七歲夫亡苦志守節現年七十五

宋岳源妻姚氏二十三歲夫亡守節撫孤成立將婚又歿性介自食其力現年七十三

宋榕妻楊氏二十七歲夫亡守節撫育二子謹事翁姑現年七十三

宋詩懷妻王氏弟禹懷妻蔡氏詩懷兄弟同日婚未期年疫大作詩懷及弟同時染疫垂

危蔡謂王曰汝方懷娠宜節哀順變以成夫志吾無所出必殉之禹懷卒即赴河死年二十一王年亦二十一詩懷又死月餘舉一子矢志守節撫遺腹子成立現年三十四

李寀福妻俞氏二十四歲夫亡家貧族鄰逼其改嫁俞堅守不移乞食以撫二子成立現年六十七

吳埜妻俞氏二十一歲夫亡現年五十九

生員褚志鯤妻吳氏二十五歲夫亡撫嗣守節現年五十六

周爾珠妻胡氏二十二歲夫亡事嫡庶二姑盡孝撫姪爲嗣守節十二年

生員鄒秉鈞妻胡氏二十二歲夫亡孝養翁姑撫嗣成立守節四十一年

沈聚山妻文氏三十歲夫亡家貧撫二孤成立守節三十三年

郁光燕妻孟氏二十六歲夫亡家貧以鍼黹度日孝養髦姑撫育幼子守節十七年

張祖大妻陳氏二十六歲夫亡孝侍髦姑撫孤成立守節三十一年

儒童沈棠妻李氏二十歲夫亡撫嗣成立守節三十八年

孫晉齋妻吳氏二十五歲夫亡勤紡績以養髦姑撫嗣成立守節十四年

周士禎妻吳氏二十三歲夫亡撫孤成立孝事翁姑守節四十七年

儒童張森珩妻董氏二十六歲夫亡撫子成名守節二十年

生員吳光燕妻淩氏二十六歲夫亡撫孤成立守節三十八年

監生陸先庚妻陳氏二十七歲夫亡守節

監生高模妻張氏二十五歲夫亡守節十年

監生陸旣均妻張氏二十九歲夫亡現年七十五

儒童陸滌齋妻姚氏二十三歲夫亡現年五十三

陸又辛妻沈氏二十七歲夫亡現年六十六

生員張彪妻金氏二十七歲夫亡孝事翁姑及歿拮据喪葬撫八齡孤樂成立守節三十六年

監生張樂繼妻蒯氏二十二歲夫亡事姑甚孝撫遺腹子震倍極勞瘁守節四十六年

縣丞項炳森妾錢氏二十九歲炳森亡守節四十年

杜熙妻錢氏　許開銓妻錢氏

齊兆昌妻沈氏　王聖嘉妻徐氏

監生賀崧甫妻朱氏二十二歲夫亡現年四十歲

監生岳廷杏妻王氏二十四歲夫亡苦志守節事姑極孝現年七十二

職監俞步康妻范氏二十五歲夫亡撫孤守節十年

徐階繼妻戴氏二十九歲夫亡守節四十年

岳廷炳繼妻陳氏二十九歲夫亡守節二十八年

魏大昌妻吳氏二十九歲夫亡守節四十七年

殳關賢妻李氏二十九歲夫亡守節三十七年

庠生淩雲繼妻沈氏二十一歲夫亡守節十五年

董鳳岐妻沈氏二十八歲夫亡守節五十六年

徐志和繼妻陳氏二十六歲夫亡守節三十一年

李闕福妻沈氏二十四歲夫亡守節三十四年

沈學祥妻王氏二十八歲夫亡守節二十五年

楊步洲妻鄒氏二十四歲夫亡守節四十三年

戴士魁妻鄒氏二十一歲夫亡守節二十六年

陳履安妻沈氏二十歲夫亡守節二十年

張沛蒼妻姚氏二十七歲夫亡守節五十八年

張覲威妻沈氏二十八歲夫亡守節五十九年

蔡應麟妻于氏二十三歲夫亡守節五十五年

朱廷彪妻顧氏二十三歲夫亡守節五十八年

朱電威妻沈氏二十六歲夫亡守節五十年

徐淮珍妻陳氏二十六歲夫亡守節四十二年

薛晉榮妻王氏二十一歲夫亡守節五十二年

魏士奇妻吳氏二十五歲夫亡守節三十一年

岳餘慶妻鄭氏二十二歲夫亡守節二十三年

羅應榜妻楊氏二十七歲夫亡現年八十二

庠生黄朝太妻沈氏三十歲夫亡現年五十八

庠生陳九疇妻朱氏二十四歲夫亡現年四十八

盛富生妻岳氏二十四歲夫亡現年四十九

毛松山妻仲氏夫早亡守節毛族無人依母家苦守現年五十二

監生岳廷椙妻夏氏二十五歲夫亡苦志守節孝事翁姑卒年五十三

職監傅金鏞妾林氏二十三歲金鏞亡苦守清節現年五十四以上見梅涇節孝錄

儒童汪玉麟妻吳氏二十三歲夫亡現年四十

沈棠妻李氏十九歲夫亡撫嗣子孝姑嫜守節三十八年

周某妻吳氏二十一歲夫亡守節十六年

金大田妻彭氏二十六歲夫亡現年六十八

生員金如洋妻王氏二十八歲夫亡現年六十二

儒童金雍治妻魏氏二十四歲夫亡現年七十

金景園妻馮氏二十二歲夫亡現年六十五

鍾沈氏一門貞節有名之燧者生二子曰堂曰坤堂生受穀娶童氏生慶童旋寡慶亦天坤生一子四女子曰廷英女四孟若叔適俞與褚其仲曰文姑季曰龍姑誓老不嫁母病文姑顯以身代父病龍姑爲封肱會弟廷英生子作孚巳善屬文忽殀廷英痛幾絕兩姑慮不祀勸廷英納妾項氏生子玉齡廷英死兩姑助項姬手出鍼黹堅苦度日與嫂童氏同飲氷勵節長年操杵臼焉姚江朱學使蘭紀以詩

徐氏周學濂母海鹽人適嘉興周豫章生子殤豫章死乘間自經救甦强起承事撫嗣子學濂如巳出其娣顧氏亦海鹽人豫章弟煥章室生濂煥章患咯血死督濂就傳率幼女治京蠶篝燈紡織積貲以備裹糧從學姑病痢親洗垢穢不解襟帶會舅葬族貧無後者措錢不給乃質服物以足之病革猶以兩世未葬爲遺憾道光

十七年請旌

儒童胡書城繼妻楊氏年二十寡侍舅姑避居鄉舅姑殁無家可歸欲訪尋蘇州清節堂以終其身不得遂乃入育嬰堂與乳媪伴居爲司𥙊針指苦守至同治十年殁守節十三年未旌

候選同知方惟善生母朱氏二十二歲夫亡守節十五年

候選同知方惟善庶母朱氏二十六歲夫亡守節十七年

嘉興府志卷七十

嘉興府知府善化許瑤光重輯

列女 節婦

秀水縣上

明

常士昌妻隋氏二十六歲夫歿於雷州官署扶櫬萬里歸葬敎二子成立守節五十年其裔孫常淇妾金氏常禾妻張氏常策妻高氏皆早寡矢志稱世節云

蔡士能妻趙氏名眞二十八歲夫亡矢死自守後以次子濟任遼東苑馬寺主簿迎往就養卒於遼東年八十五事聞被旌

包愈妻陳氏二十二歲夫亡遺腹生子方晬翁姑相繼歿畢力喪葬子長娶婦又早世乃收從子爲後苦志不渝有司奏旌

贈左都御史項邦妾沈氏項鉞妻莫氏指揮項綬妾張氏沈歸邦四年邦與妻范皆亡撫孤矢志年八十九成化間旌莫二十六歲寡孤甫四歲矢志不二嘉靖初旌張二十歲寡長妾假夫遺命勒欲嫁之張截髮毀容示無他志郡守趙瀛上其事旌之

施普妻陳氏二十一歲夫亡斷髮自誓奉翁姑以孝聞邑令朱來遠表其廬

李傳妻崔氏十七歲婚七日夫遘厲疾亡有謀娶之者輒求自盡而止守節五十四年

陶託繼妻王氏妾錢氏王二十三歲夫亡與錢相依矢志撫孤九口九樂九文成立以雙節被旌

顧四相妻陳氏二十四歲夫亡夫病劇時割股和藥以進獲愈後以疫死陳自經至再家人救免翁姑欲奪其志鬻髮矢志年七十以終

楊和繼妻賀氏道昇妻韓氏賀氏二十四歲夫亡子道昇娶韓氏二十亦寡同守苦節以終

徐先忠妻沈氏二十歲夫卒於京邸訃至慟欲自盡家人勸之乃茹痛強食年六十八

張桐妻諸氏十八歲夫亡子正鵠甫一歲毀容誓守孝養其姑後以正鵠貴封孺人

徐有孚妻戚氏十七歲夫亡丁艱廢絕練服長齋守節三十五年隆慶間父病篤割股以進父得愈

夏周妻項氏　施日俞妻項氏

生員項奕顯妻沈氏二十七歲夫亡撫育嗣子以苦節卒邑令羅必樸表其門

濮相妻楊氏夫亡敎子成立有司表之

吳允泰妻沈氏二十歲夫亡孝養翁姑二子殤以從子貞有爲繼以承大宗追祀年六十五史官陳懿典有傳

唐昊妻姚氏十九歲夫亡撫四月孤治三世喪守節四十餘年崇禎間旌

吳中和妻徐氏夫早亡撫遺腹子成立年七十

周純初妻懷氏二十八歲夫亡無子撫一孤女紡績以給年六十八

戴允桂妻范氏廉使范某女孫十八歲夫亡事姑至孝姑歿飯空門年七十餘

葛學孔妻吳氏夫亡哭泣失明性好善歲饑設粥活人甚多敎子兆魁成立年八十

金澄之妻卜氏夫亡誓守苦節三十一年

沈天慶妻陸氏　呂玆妻施氏

施泮妻俞氏　施世薦妻孫氏

生員吳楨妻王氏　生員姚守道妻江氏

夏璧妻張氏　鍾一奇妻張氏以上俱無事實

程之遠妻周氏周履靖女將婚而程病篤家人難之周曰父母請踐期父嘉其志爲笄簪而往獨行廟見之禮卽躬湯藥甚二十五日之遠卒周以貞節自矢孝事翁姑撫夫從子爜爲後年七十二奉詔建坊

卜曰雨妻薛氏三十歲夫亡守節二十四年

卜文學繼妻薛氏二十五歲夫亡守節二十六年

監生戴士伸繼妻吳氏二十九歲夫亡一子尚在襁褓吳茹荼守志備歷艱辛翁鄉飲介賓廷珪以孝婦稱之守節六十二年

生員包永錫妻李氏給事中包鴻逵子李年未三十夫亡遺兩孤皆短折李二孀婦相守以終

國朝

金光奎妻徐氏十六歲歸金兩月夫亡慟絕含殮從容就縊俄而復甦更六閱月一日語其弟曰姑今日死矣至暮果卒

顧敷光妻陳氏夫亡堅守苦節康熙九年旌

金善鎔妻鍾氏十七歲夫亡屏居一小樓四寨窗牖足不履地値歲饑散財以濟戚族之貧者守節四十餘年康熙十年旌

曹士英妻沈氏夫亡以苦節卒

匋應鳳妻張氏夫亡躬自織絍守節數十年以上康熙十一年旌

卜兆龍繼妻伍氏二十歲適卜得亡膈疾亡教子陳彝成進士守節四十六年

卜祖學妻陸氏夫亡奉姑至孝姑歿未葬隣火延及陸寢陸撫棺號泣誓以身殉忽有白鳥翔遶火熄年九十二子震生娶吳氏事姑亦盡孝以上康熙十二年旌

祖君玉妻沈氏夫亡撫孤守節康熙二十二年旌

孫耒妻曾氏父元艮無子贅壻於家早卒曾二十九歲矢志撫孤食貧苦守歷四十一年教子王孫成

進士康熙二十三年旌

沈鳳妻馮氏二十一歲夫亡訓子大詹大遇成名守節六十七年康熙二十六年旌

范士煜妻盛氏夫亡茹荼矢志貞節終身

嚴重華妻孔氏二十六夫亡事舅姑甚謹教孤子成立守節四十年以上康熙五十二年旌

屠秉坤妻沈氏二十八歲夫亡養姑撫子備歷艱苦夫弟秉貞夫婦相繼歿沈鬻產經紀其喪守節四十二年

監生胡潢妻鄭氏事親至孝九歲母朱疾篤鄭禱天請代十八歲適吳姑王氏暑月患疽親爲吮拭二十八歲夫亡撫育諸孤守節二十五年以上康熙五十九年旌

陳善妻徐氏二十六歲夫亡家貧慘苦備嘗訓子佑若志力學守節四十一年雍正四年旌

許天行妻董氏妾陳氏董二十九歲夫亡止一女陳二十四歲遺腹生一子二人同撫之董

守節二十五年陳守節四十八年人稱一門二節

汪曜臨妻姚氏二十九歲夫亡勤織絍以養舅姑撫孤至于成立姑病衣不解帶者數月姑歿殯畢一慟而絕守節二十三年

盛王謩妻倪氏二十八歲夫亡遺孤紹述甫數月翁年七十餘旁無伯叔倪事翁孝歿盡禮守節三十四年

張萬鍾妻衛氏二十八歲夫亡孝事舅姑撫孤成立守節五十八年以上雍正六年旌

沈振宜妻吳氏二十歲夫亡事姑撫孤守節四十八年

王遜古妻范氏二十六歲夫亡無子夫弟欲逼之嫁范毀容力拒未幾夫弟暴卒姑亦隨亡范歸依母家紡織度日守節三十四年

魯斌妻楊氏二十七歲夫亡遺子女各一撫育成立守節三十四年以上雍正十年旌

周甸妻陳氏夫亡事舅姑以孝堅守苦節卒

陶宗凱妻屠氏二十三歲夫亡事舅姑撫繼子守節三十八年以上雍正十一年旌

顧允昭妻沈氏媳某氏沈二十七歲夫亡事姑孝姑病痢沈衣不解帶廁牏澣濯必身親之撫一子長爲娶婦早寡偕婦撫孫守節三十五年雍正十二年旌

張棠妻金氏二十九歲夫亡姑唐氏亦早寡至是家日落唐痛不欲生金多方勸慰以養姑撫子自任爲人縫履每兩受值九文日可數兩冬夜手指皸瘃不能持鍼線以水溫之復作少頃手復僵以燈油和醬敷創處痛刺心痛已指稍伸又作不已姑歿營喪葬率子親持畚插守節四十四年

程光燦妻戴氏夫亡甘貧紡織苦節終身

張肇奇妻李氏二十九歲夫亡孝養寡姑撫孤成立守節二十三年以上雍正十三年旌

監生王殿秀妻馬氏二十九歲夫亡無子以夫兄次子學雯爲嗣守節二十二年

吳景山妻朱氏二十八歲夫亡撫孤既長而歿朱依壻嚴某守節五十四年

鍾應枚妻沈氏二十七歲夫亡無子孝養翁姑紡織以給朝夕守節三十餘年

州同知于瑛妻懷氏二十九歲夫亡事姑能盡色養撫孤奇領鄉薦守節三十八年

吳天爵妻石氏十五歲婚十七夫亡自甘荼苦足不出閫撫遺腹子霖蒼守節四十二年

許德源妻陳氏二十四歲夫亡勤儉持家撫夫弟子廷棟爲後守節二十七年

生員朱崖妻徐氏二十九歲夫患瘋疾亡喪殮如禮教其子沛授游庠守節四十五年學使彭以孤松勁節表其閭

陳文模妻路氏夫亡無子撫嗣子志鵬教養備至守節三十年

金中和妻錢氏二十八歲夫亡孝事老姑撫孤鐸成立守節四十年巡撫朱軾學使任瀍咸表其閭

張振宜妻邱氏夫亡守節四十年以上乾隆元年旌

崔藴玉繼妻李氏三十歲夫亡課遺腹子宏曙讀書領鄉薦守節三十四年

王夢蘭妻羅氏二十七歲夫亡無子遺一女及笄贅壻何文燦撫以爲子守節四十一年

于萃妻張氏十九歲夫亡遺二女教有閨範守節二十七年

監生沈思安妻徐氏二十九歲夫亡撫孤元祉教養兼至守節二十三年

陳維垣妻楊氏克鋼妻鍾氏楊二十三歲夫亡止一女楊服滷不得將絕粒以殉姑與母再三勸慰乃止嗣子克鋼早世楊偕子婦鍾氏撫嗣孫時雍守節四十三年

張君甫妾王氏二十六歲君甫亡止遺一女事君甫庶母胡及嫡室楊甚謹女長贅陳蚊騰爲壻守節四十六年以上乾隆二年旌

王蒼洲妻沈氏婚十有五月夫亡沈二十五歲治機絞晝夜不輟以事孀姑撫從子翼猷教養兼至守節四十七年

沈德彰妻王氏二十五歲夫亡撫孤傳書成立守節二十二年

姚炳章妻馬氏二十歲婚半載夫亡無子撫夫弟子永坤爲後守節四十年

鄒洙妻胡氏二十六歲夫亡姑目盲奉侍甚謹撫嗣子時安不恤勞瘁守節二十七年

徐元圻妻陳氏二十二歲夫亡撫孤錕有成守節三十六年

生員許施榮妻陳氏二十四歲夫亡無子撫夫弟之子琳成立守節五十四年

潘禹侯妻史氏二十五歲夫亡勤女紅以奉養病姑姑歿哀痛絕粒力支殯葬守節三十五年

監生姚煜章繼妻唐氏二十八歲夫亡孝事老姑前子允脩娶婦不帀月而歿乃撫從子永堪爲後守節二十五年

唐遜菴妻周氏二十八歲夫亡撫嗣子浩踰於已出與夫弟三人共爨並無間言守節四十一年

蕭起潮妻史氏二十七歲夫亡孝病姑和妯娌撫孤秉忠讀書守節二十九年

鄭士璉妻徐氏士珩妻馮氏二人妯娌也夫俱早亡毀容截髮同矢苦志徐守節三十八年馮守節三十二年以上乾隆三年旌

生員朱雲會妻淩氏雲會少育於舅家楊介生以楊姓入泮旋得瘵疾亡淩二十九歲撫孤朱華成立守節二十六年

陳禹升繼妻朱氏二十二歲夫亡撫孤庸備嘗艱苦守節六十三年

周聖潮妻顧氏十八歲歸周夫患癥百計療治卒不起顧撫二孤營葬四棺守節三十八年長子宗基爲母呈請旌典

監生張拱辰繼妻陳氏二十七歲夫亡守節三十二年

胡闕得妻闕氏妾錢氏王氏闕素患瘵疾體尫羸不能姙子請於舅爲夫納二妾各舉一子夫歿舅繼卒三人俱二十七歲家日落錢善織闕與王善紡日成二布以易米薪寒暑無間事舅姑暨本生庶姑孝撫二子長令就學有成闕與錢先卒王守節四十年

朱漢詢妻梅氏二十一歲夫亡生子崧甫彌月辛勤撫育守節三十五年

生員王深妻陳氏二十八歲夫亡訓子廷樞中武舉守節三十一年

貢生吳大木妻龔氏司理龔在升女十六歲歸吳克循婦道大木游學卒於三衢龔二十八歲屢欲從死庶祖姑陳氏慰諭之事舅給諫盡孝訓三子俱爲諸生力營三喪守節二十六年

監生朱湅妻陳氏二十四歲夫病篤刲股療之終不起撫嗣子森成立守節三十二年

生員徐士著妻鍾氏二十七歲夫亡子九錫甫九齡撫育成立家雖貧戚族有貧者必周卹之守節三十六年

王家祺妻姚氏二十二歲寡姑早歿遺幼叔小姑俱藉姚撫育守節三十二年以上乾隆四年旌

顧嘉祚妻張氏二十九歲夫亡尋翁姑相繼歿張營辦喪葬撫育子女殫心竭力守節三十五年

沈永年妻周氏十八歲婚踰年夫亡生子邦彥未晬教之不事姑息姑嘗於暑月發背疽周竭心力護持姑得安痊守節六十七年

蕭升九妻張氏二十九歲夫亡遺孤士傳甫九齡訓誨甚切家貧薪水取給十指守節二十八年

貢生周之翰妻于氏二十三歲夫亡撫孤岸登守節二十年

周績如妻張氏二十九歲夫亡撫孤乾一守節二十三年

張永康妻姚氏十六歲婚三月夫亡絕粒幾死撫嗣子甫成立而歿又撫孤孫鳳祥守節五十年

虞茂卿妻沈氏二十九歲夫亡止遺一女沈誓不欲生旋自經於梁爲家人救免守節五十七年

張錫韓妻卜氏二十五歲夫亡孝事翁姑歿後撫夫弟劒南成立守節三十一年以上乾隆五年旌

錢敷仁妻項氏二十九歲夫亡晝夜慟哭目幾瞽姑患疽侍奉不離床褥撫子廷標成立年六十八

錢國禎妻程氏二十七歲夫患癥程刲股和藥進之卒不起撫遺孤鵬年五十

監生錢耀妻鍾氏二十五歲夫亡撫子朝鼎德棻竭盡心力朝鼎列成均德棻諸生工書法得畫荻之教云年八十二

生員姜渭璜繼妻吳氏二十八歲夫亡無子女撫從子爲後守節四十年嗣孫潮呈請旌

舉人朱彝璇妾沈氏二十九歲彝璇亡一子殀族有諷以改適者沈誓死不從守節四十三年

王御卿妻姜氏二十三歲夫亡無子翁姑年老竭力孝養翁姑歿依棲母家守節四十二年

張伯威繼妻吳氏二十三歲婚未八月夫亡一慟幾絕事老姑盡孝撫前子石麟備盡劬勞守節五十二年

生員鍾景泌妻沈氏平湖生員沈璜女鍾家貧璜贅壻於家以攻苦咯血而亡時沈二十八歲

遺孤壽未晬課之爲諸生守節二十九年

成珂妻陳氏二十歲夫亡無子以夫弟之子裕爲後教養成立守節四十一年以上乾隆六年旌

莊上林妻吳氏婚後九載夫亡吳二十八歲誓志不二孝奉翁姑育幼子應鍾應王成立守節二十四年

邱均禹妻周氏十八歲夫亡子殀姑老病孝養倍篤視從子銘相有恩守節五十三年

沈贊虞妻丁氏二十七歲夫亡即遭翁喪姑又繼逝丁支辦殮殯盡哀盡禮有一子早歿課孫宏啟爲諸生守節三十八年以上乾隆七年旌

貢生錢燀妻沈氏沈春女二十歲夫亡事舅姑盡孝撫孤措成立守節五十年母吳氏年二十七寡無子人稱母女雙節

生員仲世隆妻吳氏二十二歲夫亡慟絕數次翁姑因吳有孕慰勸之翁歿持家勤苦髦不見齒遺腹一女長適徐王昱亦寡母女相依守節五十年

嘉興府志　卷七十　秀水節婦　九

徐王昱妻仲氏二十一歲夫亡守節以終

周天俊妻唐氏二十四歲夫亡撫孤國齒成立守節二十八年

生員徐珧妻祝氏珧以溺水死時祝二十九歲撫孤之鎮艱苦備嘗之鎮得爲諸生克繼先業守節三十八年

郭之堅妻陳氏二十一歲夫亡遺腹生子賓撫育成立守節三十二年

周源謩繼妻于氏二十九歲夫亡訓孤承構嚴而有法守節二十四年

生員沈椿妻吳氏二十七歲夫亡無子一女適錢燀亦早寡吳煢煢無依爰立嗣子授以薄產營葬三世遺棺守節五十一年

錢燀妻沈氏

錢道山妻金氏二十七歲夫亡子殤獨居一室紡織不輟守節三十三年

計允泰妻馮氏二十五歲夫亡殯葬翁姑撫遺腹子復傳成立守節三十一年

監生于珂妻曹氏二十八歲夫亡事翁姑以孝撫孤永增成立守節三十年以上乾隆八年旌

徐昭鑑繼妻孫氏二十八歲夫亡撫遺腹子載備極勤劬守節二十四年

馬致遠妻吳氏二十八歲夫亡翁姑年老吳以鍼黹佐甘旨撫三歲孤學乾成立守節二十三年

許天祥妻李氏二十四歲夫亡家貧紡績孝養翁姑訓孤有年兄弟各有恒業守節五十四年

許世垓妻李氏二十四歲夫亡遺孤釗甫三月撫育成立守節三十年

戴孔文妻石氏二十九歲夫亡撫孤宏邦守節三十三年

黃彩一妻陸氏二十九歲夫亡遺孤僅七十六日撫育有成事翁姑以孝著守節四十一年

嘉興府志　卷七十　秀水節婦　一

湯德懷妻湯氏二十四歲夫亡姑張生四女夫係庶姑李所出湯奉侍兩姑人無間言撫嗣子繼文不替先業守節三十一年

徐建恭妻沈氏二十八歲夫亡撫孤嵩年成立守節四十年以上乾隆九年旌

生員吳順木繼妻朱氏二十九歲夫亡事姑以孝聞嫁前妻之女克殫心力遺孤二次光昭知名於時守節五十二年

湯文卿妻鄭氏二十九歲夫亡撫孤子倘備嘗艱苦守節三十五年

張鐙妾莫氏鐙亡莫矢苦志守節五十一年

監生莫堪妾李氏李二十六歲堪亡無子遺一女甚幼撫嗣子元祿成立娶婦陳氏又早寡遺一孫李復撫之女長適周兆駿李支持門戶守節三十九年以上乾隆十年旌

元祿妻陳氏

高維嶽繼妻趙氏二十九歲夫亡撫嗣子映元成立守節三十四年

生員徐王昱妻仲氏仲世隆遺腹女二十一歲適徐二十二夫亡痛不欲生三年喪畢服滷以殉爲母救免立夫弟嫁村子煥爲後早年爲諸生守節三十年

訓導曹嵋妾侯氏年及笄歸嵋隨嵋之仁和學署嵋亡一慟幾絕旋扶櫬歸葬里同居某欲奪其志侯引翦刺頰血流被面不敢復言子焜嗣夫弟敏菴後焜夫婦相繼歿又撫孫㷆守節五十四年

陳鴻儒妻盧氏二十四歲夫亡姑目盲奉侍甚謹撫遺腹子泰成立守節二十年

陸紹瑜妻沈氏二十九歲夫亡無子撫從子成立守節四十二年

周恬妾徐氏二十八歲夫亡撫孤汝枚成立守節四十一年

生員張駕鴻妻沈氏二十二歲夫亡訓孤兆隆讀書爲諸生守節三十二年

吳令聞妻沈氏二十八歲夫病篤沈刲股和藥以進卒不起子又早世勤苦持家視從子文光如己出守節四十四年

張廣徽妾沈氏二十九歲夫亡無子撫育一女紡績勤苦以供老姑甘脆守節四十六年

周河三妻王氏二十四歲夫亡養葬舅姑靡不竭力撫孤祖恕備歷艱苦守節三十八年

張元璋妻沈氏二十五歲夫亡慿棺痛哭絕而復甦撫嗣子德基成立事翁生養死葬靡不盡禮守節二十七年

汪先甲妻吳氏二十三歲夫亡姑年老多病子師曾甫三歲日以十指所入養姑鞠子姑歿哀毀幾不能生教子成立以文行知名於時以上乾隆十一年旌

繆應求妻唐氏二十九歲夫亡遺腹生子鈞及長嗜學爲諸生事翁以孝守節二十七年

周元甫繼妻陶氏二十三歲夫亡奉侍翁姑久而不怠撫孤某爲諸生守節四十三年

監生卜道豫妻徐氏二十五歲夫亡家日落事翁至孝撫夫弟道豐子廷彥爲後守節四十六年

監生周承湛妻朱氏以楷妻諸氏朱二十二歲夫亡二子俱殤撫嗣子以楷成立事翁姑以孝以楷歿與子婦諸氏同矢苦志守節五十六年

朱德是妻葛氏二十九歲夫亡孝事髦姑撫孤溥成立守節三十六年

陳文玉妻宣氏二十八歲夫亡誓以身殉翁姑泣慰之撫孤再眉不稍怠守節二十七年

陶承恩妻趙氏十八歲適陶一月餘翁卒太姑又歿夫亦相繼而亡時趙二十六歲號痛嘔血暈地竟日而甦姑時泣慰之撫孤寵綏守節二十三年

朱承溪妻陸氏二十八歲夫亡誓不欲生翁姑泣慰之乃縞素終身足不踰閾守節四十六年以上乾隆十二年旌

計與文妻王氏二十九歲夫亡翁姑早歿力營三葬撫孤瀚爲諸生守節二十六年

朱丕誠妻張氏十九歲婚五月夫亡懷利翦於裏衣將自刺以殉小姑防之嚴得不死撫五齡嗣子

振培成立年七十七

陳廷相妻陶氏二十八歲夫亡遺孤叶熊兆熊俱幼撫育成立叶熊庠生兆熊副貢守節三十四年

教諭葛天鵬妾朱氏二十八歲天鵬病亡嫡先歿有三子俱幼朱撫育之長瀾入成均次涫成進士次涵領鄉薦朱持家勤儉不自暇逸守節三十八年以上乾隆十三年旌

黃仲仁妻潘氏二十八歲夫亡撫孤日豈成立守節四十六年

監生沈士奇妻嚴氏十八歲夫亡無子孝事其姑守節三十年

仲軼羣妻徐氏二十三歲守節四十一年撫夫弟子灝爲嗣

吳丞立妻張氏十九歲夫亡撫嗣子光祖不啻已出守節三十三年

施楷妻張氏二十六歲夫亡事老姑以孝撫三歲孤承禧成立守節三十九年

曾翼州妻孔氏十九歲夫亡撫嗣子吉士成立守節三十八年

通判胡樹筠妻范氏二十六歲夫亡撫孤德震將婚歿折事翁孝翁臨歿遺命俟曾孫孚基長大爲之繼蓋不忍節婦之無後也守節二十六年

何馨遠妻姜氏二十九歲夫亡奉姑克孝撫孤天爵成立守節四十五年

監生朱標妻婁氏二十九歲夫亡撫孤煥成立有僕婦馮早寡或諷之嫁婁喻以義遂感悟婁憐其貧收恤之婁終身茹素而性不佞佛年六十八

監生沈起武妻蔣氏二十九歲夫亡夫育於庶母羅萬事之甚孝羅生三女贅壻於家俱早寡所遺子女萬爲撫之訓子九鵬爲邑諸生守節二十三年

朱順卿案朱辰應撰傳作彩生妻楊氏二十七歲夫亡端嚴自持足姑寵姬屛勿與通紡績至三鼓不寐年六十六

曹德威妻張氏夫亡家貧紡績以給守節二十六年秀水節婦

嘉興府志　卷七十　三

姚載申妻張氏十五歲婚二十八夫亡無子依寡叔姑以居蚤夜女紅自給撫從子律修爲嗣守節三十八年

高天奇妻周氏天甯妻張氏天昇妻黃氏俱拱乾婦也周二十四歲夫亡守節四十七年張二十六歲夫亡守節四十三年黃二十四歲夫亡守節二十九年以上乾隆十四年旌

陸堅妻朱氏二十二歲夫亡姑糜氏以哭子患心悸不省人事朱護持五載姑歿罄典匳具以營殯葬撫夫弟垣之子世鍇爲嗣守節三十三年

李士進妻王氏夫亡矢守苦節以上乾隆十五年旌

居曰曾妻史氏二十七歲夫亡守節三十七年

聞恒言妻袁氏二十五歲夫亡嗣子之瀾尚幼鞠育成立守節二十二年

典史唐泅繼妻顧氏二十七歲婚未帀月夫亡翁年老姑患癥疾奉侍甚謹撫前妻次子模爲

諸生守節二十四年以上乾隆十八年旌

張嘉謨妻孟氏二十二歲夫亡遺腹子學賢早世撫從子之璟爲諸生守節四十五年

沈宗南妻李氏二十六歲夫亡無子姑老病竭力侍奉撫夫從子時俊爲後歷盡艱苦以上乾隆二十年旌

監生張定錫妻錢氏維祺妻鄒氏錢二十六歲夫亡撫二歲孤維祺成立娶婦鄒氏亦早寡錢上事孀姑下撫遺孫純熙純照心力交瘁守節三十二年乾隆二十二年旌

朱載揚妻顧氏二十二歲夫亡遺腹生子定三撫育及冠勤於生理克承母訓守節四十四年

金聲喧妻許氏二十七歲夫亡翁姑欲奪其志許號泣翦髮乃已奉翁姑甚孝歿後典資殯殮之撫孤成勣備嘗艱苦守節三十二年以上乾隆二十三年旌

張元福妻錢氏二十五歲適張夫嬰瘵疾錢籲天願以身代夫亡錢二十八家貧紡績養姑張氏三秀水節婦

嘉興府志　卷七十　亖

代葬居孀心竭力支辦四喪畢葬三世擇族子爲後課之讀書守節四十四年乾隆二十四年旌

陸邦祚妻高氏十八歲夫亡生子晉賢甫七日及長娶卜氏夫婦相繼歿高撫孤孫繩武年九十四

羅之麟妻趙氏夫亡守節四十四年以上乾隆二十五年旌

楊愷如妻張氏二十九歲夫亡事姑孝夫之伯叔父母俱無子張贍之撫子廷成立守節三十七年

周秀山妻黃氏二十歲夫亡翁病割股以進與二孀嫂同處獨任勞苦守節三十五年

歸朝妻邱氏二十七歲夫亡遺腹生子時榮艱苦撫育姑年老紡績孝養守節三十四年

汪曾義妻楊氏二十八歲夫亡孝事寡姑訓孤廷銓具有家法守節三十三年

王郁三妻李氏二十八歲夫亡生子永傳方四十五日撫育成立翁姑年老賴李奉養守節三十八年以上乾隆二十六年旌

監生沈堯章妻湯氏二十歲夫亡勤鍼黹以養老姑撫三月孤永芳成立守節五十三年學使

帥給盛世名媛額表之乾隆二十七年旌

錢文山妻富氏二十七歲夫亡翁姑先逝夫臨歿以營葬事立嗣子爲屬富痛絕而蘇立從子廷翰爲後晝夜紡績者六載始克營葬翁姑及夫并葬夫之弟及其姊焉

姚聲宏繼妻沈氏二十六歲夫亡有老戚婦哀其貧以言探其意沈截髮見志翁姑繼歿連舉三喪撫三歲孤願昌成立年五十六

朱振先妻許氏三十歲夫亡越十九日長子傳恆又殤時祖姑楊嫡姑龍俱衰憊生姑倪以哭子目瞽許上事三代下撫遺腹孤兒歷諸艱苦以勞瘁卒以上乾隆二十九年旌

馬錫周妻鍾氏二十二歲夫亡撫嗣子耀宗成立姑歿舉翁柩同葬以夫祔焉守節三十三年

張一珠妻吳氏二十八歲夫亡事姑撫孤守節四十二年

朱德敘妻倪氏振先妻許氏二十七歲德敘亡撫孤振先成立娶婦許氏甫娠而寡

倪哭子喪明旌與婦相繼卒守節四十九年以上乾隆三十一年旌

沈容安妻周氏二十二歲夫亡孝養舅姑撫嗣子永齡成立守節三十一年

馬懋和妻陳氏二十八歲夫亡薇事舅姑嗣子嘉言成明經早歿又撫孫文萃成立守節五十七年

趙倓妻吳氏二十二歲夫亡子雙鯉甫半載遺娠未產後雙鯉與遺娠子俱殀吳以苦節卒

張定夫妻吳氏二十二歲夫亡無子以夫從子其桂爲後奉祖翁姑及姑必以甘旨守節四十九年

朱舜臣妻鍾氏二十二歲夫亡遺腹生子不育嗣子璟又歿煢煢孑立復撫嗣孫宗郊守節五十一年以上乾隆三十二年旌

王堯明妻梅氏二十三歲夫亡一女又殤撫夫族甯遠爲後勤紡績以給朝夕守節五十七年乾隆三十三年旌

張載謨繼妻李氏二十七歲夫亡守節三十三年

監生徐大成妻戴氏二十八歲夫亡無子撫夫弟三英子昌祖成立守節三十五年

張漢津妻章氏二十二歲夫亡守節四十一年以上乾隆三十五年旌

張廷隆妻曹氏二十歲夫亡無子事翁姑養葬盡禮視幼叔廷柱有恩守節三十年

許再衡妻顧氏二十六歲夫亡遺孤永齡三歲越七日遺腹生子繼齡撫育成立孝事祖姑葬遺柩于祖塋守節三十二年以上乾隆三十六年旌

盛希榮繼妻劉氏二十五歲夫亡奉姑二十五年不怠撫前子百執入學守節四十六年乾隆三十七年旌

周新在妻胡氏二十四歲夫亡守節三十一年

沈廷元妻王氏二十歲夫亡舅姑繼歿撫幼叔廷標不辭勞瘁守節四十四年

王德麟妻佘氏二十六歲夫亡孝事老翁遺孤世金早歿復撫嗣子世倫成立守節五十年以上

乾隆三十八年旌

俞廷元妻喻氏二十四歲夫亡遺孤文龍僅四十九日鞠育成立孝事孀姑守節三十六年

生員黃大復繼妻蔣氏二十八歲夫亡姑髦蔣孝養無間撫二孤文貝文夔成立年五十五

陸廷泰妻殷氏二十一歲夫亡無子止一女姑繼歿鄰居失火賴殷號救二棺得免夫弟廷鳳生子元奎立爲夫後守節三十九年以上乾隆三十九年旌

監生許廷煥妻宋氏翁王謨官四川宜賓縣値苗民不靖歿於王事廷煥承難蔭入監贅於宋半載嘔血死宋二十一歲無子撫嗣子世型成立守節四十年

葉芝山妻徐氏名催年十八適葉事姑以孝聞踰年夫以暴疾亡哀痛幾絕姑旋歿乃歸母家母憐其少令叔母微諷之徐欲自盡議遂寢立夫弟子世昌爲後守節四十年

大理府知府汪上堉妻趙氏二十歲婚嫡先卒上堉母張老而病趙勤奉侍不離牀第

年二十七大埫歿於大理趙閩訃悲號絕粒幾死撫孤彝銘讀書成立守節三十年以上乾隆四十年旌

黃履全妻顏氏二十五歲夫亡孝事孀姑撫五歲孤成立守節五十三年乾隆四十一年旌

濮采三妻李氏二十七歲夫亡守節五十年

顧益高妻朱氏二十歲夫亡守節三十二年以上乾隆四十二年旌

王美東妻楊氏二十一歲夫亡撫嗣玉林成立營葬數棺守節四十七年

許美斯妻郭氏夫亡撫育二子長介眉善治生郭持家勤儉守節數十年

章嘉賢妻沈氏二十一歲夫亡守節四十四年

金愷文妻潘氏二十六歲夫亡撫孤成立以上乾隆四十三年旌

陳敬齋妻汪氏二十三歲夫亡守節三十一年

萬光豫妻胡氏十八歲婚半載夫亡絕粒矢志撫夫兄子遠成爲後守節三十二年

朱篁妻史氏二十八歲夫亡撫六歲孤磐守節四十九年以上乾隆四十五年旌

監生張維祺妻鄒氏二十四歲夫亡孝事孀姑撫二子純熙純照俱入成均孫增爲諸生守節三十三年乾隆四十六年旌

殷立煥妻胡氏十九歲夫亡守節三十年

監生顧雲書妻李氏監生顧成書妻俞氏李二十八歲夫亡遺腹生子大勇教養成立守節十八年俞十八歲寡無子與娌李妯娌和協甘苦與共守節二十五年人稱一門雙節

沈晥妻滕氏二十八歲夫亡無子止二女孝事翁姑家貧常至凍餒而女紅不輟也守節五十九年

馬名揚妻計氏十九歲婚夫遺翁喪哀毁嘔血亡計年二十家貧無子撫嗣子念修守節五十五年

華如昭華氏族譜名宗輩妻陳氏二十九歲夫亡遺孤鳳儀未晬撫養成立守節三十二年

金樹德妻王氏二十四歲夫亡守節四十八年

曹撫宇妻王氏二十八歲夫亡守節五十二年以上乾隆四十八年旌

卜體仁妻邱氏二十二歲夫亡遺腹生子紹祖訓之得爲諸生守節五十年

諸天秀妻陳氏二十五歲夫亡撫孤焯成立守節五十三年

董承祖妻盧氏二十八歲夫亡孝事兩世孀姑力舉六棺以安葬撫孤源讀書自立守節三十二年

行人司行人汪紹焻妾吳氏李氏俱年十六歸汪十九而寡吳無所出李生一女同矢苦志守節五十一年以上乾隆四十九年旌

監生陶世楷妻陳氏職員陶世綱妻張氏陳二十七歲夫亡止一女慟幾絕翁命立從子璋爲後年六十張二十九歲夫亡長子斯方六齡少者尚在襁褓俱撫成立入成均年六十八

姚永增妻朱氏十八歲婚十二日夫亡哀慟欲絕戚族慰解之朱性端嚴奉姑訓嗣子悉遵禮法子天祿天鍾俱得成立守節三十八年

陳志鵬妻張氏夫亡子世瑞尚幼鞠育成立守節四十年

朱杓學冊作心一妻吳氏二十二歲夫亡撫孤焮又早世撫孤岐嶷備嘗艱苦舅姑喪葬之事董其孫凝𢭏据支撐年六十五以上乾隆五十年旌

陳荆若妻楊氏二十九歲夫亡守節三十三年

崔德馨妻沈氏二十七歲婚甫四月夫亡撫訓嗣子及孫鉞俱成立守節三十五年

監生沈學海繼妻盛氏二十四歲夫亡家貧事姑必以甘旨撫前子彪宇爲諸生守節三十四年以上乾隆五十一年旌

陳經仁妻湯氏經夏妻曹氏二氏妯娌也湯守節三十二年曹守節二十一年

州同沈延佑妻徐氏二十九歲夫亡翁姑年邁子女俱幼仰事俯育竭盡心力守節五十三年

生員胡焜妻孫氏婚六載夫亡侍姑疾三年不稍懈撫遺歲孤坦成立

監生吳玠妻孟氏十九歲適吳二十一夫亡姑王病痼敬奉湯藥茁爲承順姑歿撫二幼姑心力交瘁翁於遠支擇立繼子㚟讀書爲諸生孫霖亦成立守節四十五年以上乾隆五十二年旌

王本晉妻陳氏夫嬰痼症陳十六歲雖成婚禮居恒異室越六年夫亡陳鬲戶將縊以救得免陳父病奮刲股以進撫嗣子容度容安成立守貞二十年

監生吳露妻姚氏二十一歲婚甫八載夫以父喪毁瘠亡無子從子承光方二歲姚郎撫之事姑孝養備至守節三十二年

鍾衛妻徐氏

陳融川妻王氏二十三歲夫亡撫嗣子棫成立守節三十四年以上乾隆五十三年旌

沈英奇妻吳氏十九歲婚二十三夫亡姑年七旬侍奉盡孝以夫兄幼子溙爲嗣溙先卒復撫二孫枚棲成立守節六十七年

卜聲遠妻錢氏二十七歲夫亡嗣子又殤日夜紡績安四棺於窀穸守節四十九年

貢生陶世傑妻沈氏二十八歲夫亡孝事老翁撫孤璿璣俱成立守節三十年以上乾隆五十四年旌

監生朱國映一作華妻陳氏二十四歲夫亡事姑甚謹撫從子聲爲嗣守節三十三年

施師妻沈氏二十歲夫亡撫孤輪軒備嘗艱苦守節四十年

錢禹昌妻鍾氏十八歲婚甫二載夫亡鍾將投繯以救得免撫嗣子德昭守節三十三年

生員吳超曾妻陶氏生員金錫妻朱氏陶二十六歲夫亡撫遺孤金錫入泮後病歿陶憐其婦朱無依立從孫師灝爲後守節五十二年朱二十五歲夫亡事孀姑甚謹守節三十八年以上乾隆五十五年旌

監生楊璜妻卜氏二十八歲夫亡事翁撫孤不辭勞瘁守節三十一年

周廷璧繼妻唐氏二十五歲夫亡號哭投繯以救獲免撫孤宗漢成立守節三十五年以上乾隆五十六年旌

葛芸妻張氏二十五歲夫亡撫嗣子宗楷守節三十一年郡守伊給苦節亜貞額

諸象樞妻曹氏二十六歲夫亡孝事翁姑喪葬盡禮撫四歲孤光祖成立守節三十五年

徐洪文妻陸氏二十九歲夫亡撫孤世英守節五十年

吳汝爲妾周氏二十四歲汝爲歿欲投繯以殉戚族勸止之嫡無出周撫其子裕遠成立守節五十九年以上乾隆五十七年旌

朱振書妻許氏十九歲寡撤其環瑱以事嫠姑撫嗣休旦成立守節四十一年乾隆五十九年旌

張德洪妻沈氏二十四歲夫亡姑繼歿越七年翁亡子再年亦歿壘遭大故荼苦日甚晚撫嫡孫明標成立守節三十八年

閔渭才妻顧氏二十一歲婚三月夫亡無子幷無可繼者孀姑在堂竭盡孝養守節五十一年

監生虞元芬繼妻徐氏二十三歲夫亡事姑撫孤守節四十七年

錢師衛妻沈氏二十二歲婚五日夫亡哀痛絕粒翁姑早歿太翁在堂孝養弗怠撫嗣子疇錫爲諸生守節五十六年以上乾隆六十年旌

戴超倫妻李氏二十六歲夫亡無子撫嗣子世鴻不惜勞瘁守節三十四年

顧力堂妻巴氏二十五歲夫亡孝事老翁撫嗣子詠鑄成立守節三十七年以上嘉慶元年旌

監生楊鑾繼妻王氏婚五十三日夫亡王二十五歲撫前妻子汝嘉成立旌年六十五

李一夔妻孔氏二十歲成婚八月夫亡撫嗣子藻成立守節三十年

監生謝映奎妻王氏二十九歲夫亡事翁姑以孝訓孤灝以義方守節三十三年以上嘉慶二年旌

監生龔堅妻王氏十九歲夫亡孝事舅姑以夫弟次子樹義爲後長孫璜早年游庠得大母之教居多守節四十五年

張文明妻嚴氏二十八歲夫亡遺腹生子紀祖撫之治生以立家業姑嬰痼侍奉備至不辭勞瘁守節三十三年

錢鈺妻淩氏二十五歲婚未兩月夫亡翁姑年老極力孝養撫嗣子湧成立守節三十七年

金聯城妻沈氏二十六歲夫亡生一子一女子朝宗甫二齡撫育成立女長適吳蟾桂領甲寅鄉薦守節三十年

虞琨妻于氏二十六歲夫亡佐孀姑持家勉諸幼叔讀書孤子珹稍長親督課藝得爲諸生年四十八

陳世鏞妻沈氏十九歲婚僅九月夫亡事姑以孝守節三十年

褚天祺妻高氏二十六歲婚九月夫亡無子撫嗣子德驥成立守節五十二年

嘉興府志　卷七十　秀水節婦　三二

陳鈺妻王氏二十七歲夫亡遺腹生子長娶高氏亦生遺腹子不育煢煢孤苦撫從子孟傳之次子金柱爲嗣孫守節三十年

以上嘉慶三年旌

屠洪業妻鍾氏二十六歲夫亡撫五歲孤中柱鞠育備至守節三十年

沈光增妻孔氏二十八歲夫亡孝事孀姑撫三歲孤駕韓成立旌年六十六

唐元吉妻王氏二十六歲夫亡遺孤允恭尚幼門衰祚薄一力支持守節三十八年

朱永年繼妻傅氏二十八歲夫亡絕粒誓死姑泣慰之乃止紡織孝養守節四十四年

生員陳洪繼妻俞氏二十七歲夫亡越七日遺腹生子大梁訓之讀書爲諸生事姑孝敬歷久如一守節三十六年

高大塏妻朱氏二十四歲夫亡撫嗣子錞成立守節三十一年

金學源妻沈氏二十六歲夫亡無子嗣子廷棟早世又撫嗣孫文炳以繼先業旌年八十

殷懋昭妻沈氏二十三歲夫亡敬事舅姑撫夫弟成立以從子體乾爲嗣守節四十一年

崔增祚妻王氏二十七歲夫亡孝事舅姑撫訓二子長鉞八成均次念珍副貢生旌年六十三

梅定增妻朱氏十九歲夫亡敬事舅姑撫孤長鏞心力俱瘁旌年七十六

金廷標妻謝氏二十七歲夫亡旌年七十九

卜通周妻崔氏二十九歲夫亡遺腹子旋殀以從子永傳爲後紡織所入營葬翁姑夫遺一女教以閨範長適朱鴻領已酉鄉薦旌年五十九

金會璠妾高氏二十八歲會璠亡守節三十六年

顧樸園妻徐氏二十歲婚三月夫亡誓欲死殉舅姑勸止之撫嗣子立方成立守節四十五年

徐錫袞妻崔氏二十九歲夫幕游至宿遷病歿訃至崔痛不欲生因念老翁在堂姑包氏已歿遺幼叔小姑俱稺乃强理家政課幼叔訓小姑撫孤子二十年如一日旌年八十五

嘉興府志　卷七十　秀水節婦　三三

諸爾梅妻邱氏二十一歲夫亡奉侍翁姑克盡孝敬撫嗣子金讀書爲諸生守節六十年

陳錕繼妻吳氏二十九歲夫亡事繼姑及本生翁姑俱盡孝敬撫前子滢克承先業守節三十九年

顧聲宣妻王氏二十三歲夫亡遺孤甫晬翁年老孝養不怠守節七十年

張朝英妻陳氏二十一歲夫亡絕粒三日舅姑勸慰稍進饘粥撫二孤壽麟壽松成立旌年五十一

錢振龍妻諸氏十七歲歸錢踰年夫亡無子撫嗣子祥麟成立翁姑歿殯殮如禮守節三十一年

以上嘉慶四年旌

生員范光煥妻施氏二十一歲夫亡撫孤塤成立旌年五十

張黃中妻李氏二十九歲夫亡撫孤闓如成立旌年五十九

生員倪鴻寶妻趙氏趙在室事父以孝聞歸倪甫數月翁疾卒郎典嫁衣以備含殮越二年夫臥病侍湯藥者百日夫亡趙二十四歲孝事孀姑撫夫兄子思睿爲諸生嗣孫百福亦撫成立守節三十四年

繆成宗妻陸氏二十四歲夫亡事姑甚孝撫孤成立守節二十六年

生員林中芳妻顧氏受書妻吳氏顧二十九年夫亡遺二子厚受書受書贅於吳旋病歿吳二十二歲遺孤其恕甫三月訓之讀書爲諸生顧守節三十三年吳守節三十二年

監生陳羽亭妻汪氏二十九歲夫亡奉老姑盡孝撫三孤成立長子潮得爲諸生旌年八十一

生員費廷璜妻蕭氏二十七歲夫亡撫孤如歐成立旌年五十七

王大維繼妻蔡氏二十八歲夫亡撫三齡孤銘成立葬大維前妻張於縣之君二莊守節四十八年以上嘉慶五年旌

沈希文妻徐氏　婁廷模妻陶氏

吳張氏　張鎮妻吳氏

汪姚氏　仐王氏

嘉興府志　卷七十　秀水節婦　三十三

陸朱氏　張葉氏

張李氏　監生韓志尹妻沈氏

盛倪氏　計王氏

周國祥妻顧氏　張衛氏以上見節孝祠冊事實俱無考

徐開燾妻石氏二十歲夫亡無子紡績養姑姑歿依兄公開熙守節四十餘年邑令賈曾表其廬

姜懋芳妻周氏夫亡撫孤守節五十年郡守史載表之

張三錫妻許氏字淑婉歸張無子脫簪珥爲張買妾高氏生二子順治乙酉僦居相家蕩三錫爲盜害許與高歃血茹荼誓報夫仇後廉得其人讎二孤號訴于官抵罪撫二子成立事載憲綱

吳永嘉妻袁氏二十一歲夫亡守節四十年郡守許給額曰貞同化石

倪文耀繼妻沈氏立志養親父母重違其意乃贅壻於家未幾二親相繼歿沈悲泣喪明歸事舅姑如事父母夫任閩省巡檢翁年九十沈常奉甘旨夫亡撫孤肇林成立學使劉表其門

楊秀峰妻潘氏夫亡潘年尚少族人欲嫁之斷髮自誓時兵荒相繼家貧餬口無資辛稟稟不改其操年六十餘沈珩有傳

貢生曹自文妻潘氏夫游太學卒於京邸遺一子晉尚幼潘躬紡織以教之年七十二以子晉任東平州州同封安人

監生朱茂昞妻賀氏二十四歲夫亡事姑孝教子彝政登賢書守節六十餘年學使顏表之

陸元熹妻徐氏十九歲夫亡茹素誦經不窺戶外年八十二

給事中戴長治妾李氏三十歲長治歿李斷指嘔血幾暈絕長治大母盛苦勸長子樹聲延醫救甦給諫爲清白吏家甚貧李勤紡績食糟糠撫二幼子樹楓樹翰俱游庠守節四十九年

生員毛麟瑞妻浦氏夫亡子延芳僅四十餘日後成庚戌進士

嘉興府志　卷七十　秀水節婦　三十四

嚴嘉訓繼妻仲氏嘉祥妻姚氏禧妻潘氏十六歲寡撫前子禧有恩夫弟嘉祥聘姚氏未婚而殀時姚年十三聞訃哀泣奔喪郤嬪御衣飾依禧以終後禧亦殀娶潘氏年二十五子士岐甫五齡撫而教之歷四十九年稱一門三節

韓肇楨妻唐氏二十歲夫亡遺孤仕元甫七月値明末兵亂三黨無能顧恤者唐晝夕紡績給薪水以事翁姑年八十九邑令李見龍奬之

生員卜淇妻居氏二十五歲夫亡訓子元成立守節二十五年事詳沈虬傳

錢昇妻俞氏十七歲婚三十夫亡矢志撫孤年八十三學使彭始搏表之

王希導妻陳氏二十五歲夫亡止一女又殤年七十五邑令任之鼎表其閭

項全斌妻王氏十九歲適項閱兩月夫以世變憂死無子遂依母家孝事二親年五十六

羅有極妾朱氏有極死子衡未週課之讀書以繼夫志苦節三十年

金黃繼妻施氏十九歲婚夫以懷忿而亡時施年二十八家計日窘妯娌微諷之輒艴然怒教子及孫皆入泮守節五十年學使周清原題楔表之

沈芸暉妻鄒氏二十一歲夫亡遺孤幼且多疾凡日給醫禱取辦十指越十稔子歿鄒悲痛成疾饘粥不繼苦節自甘者四十餘年

方道仲妻李氏二十五歲夫亡遺孤英奇甫週厲志操作教其成立守節三十八年

姚夢爵妻歸氏三十歲夫亡家貧無子苦志守節年七十五

仲學海妻姚氏二十四歲夫亡治家勤儉撫嗣子文斗成立守節三十年

黃季翁妻朱氏二十四歲夫亡止一女甫彌月家甚貧以十指自給遇荒歉凍餒幾殆苦節四十九年

陳德基妻蔣氏二十一歲夫亡無子歸依父母其父貧甚屢逼之嫁不從守節以終

倪元璧妻胡氏二十歲夫亡孝事翁姑子三齡即授句讀課孫我瑞成名守節四十二年

生員曹會錫妻王氏二十一歲夫亡守節三十年

沈烽妻陸氏二十九歲夫亡盡鬻衣珥以營喪葬孝事翁姑教其子垣有成年六十三

陸賓來妻湯氏十九歲夫亡孝事舅姑夫弟方襁褓撫之成立叉歿依弟舜陶守節四十四年邑令蔡祖楧表之

張心琴妻胡氏二十五歲夫亡無子族人欲奪其志忿欲自盡奉姑命撫夫弟成立守節三十三年

朱顧遠妻張氏二十四歲夫亡遺孤克孝方五齡撫之成立守節三十三年學使祖澤溍表之

吳邦彥妻張氏二十歲夫亡家貧無子翁姑俱邁張誓守孝養撫繼子文炳成立守節四十餘年邢守佟表其閭

張濂妻唐氏二十四歲夫亡遺子棠多病衣食藥餌百計營辦皆人所不能堪者年六十

仲大年妻邵氏二十九歲夫亡勤紡績以葬翁姑訓子學周學孟孫之雯成立守節三十餘年

屠子莊妻仲氏十九歲婚二十五夫亡孝事翁姑翁憐其無子以幼子繼之仲撫養成立一生練服長齋年五十

邵瑢繼妻薛氏二十一歲夫亡撫前子正機如已出年九十案歐陽旭傳邵瑢字宗彝吳志載邵宗彝妻又載邵瑢妻浙江通志因之今訂正

章天錫妻王氏二十五歲夫亡翁姑未安窀穸王卜地葬之訓子成立年五十七

贈中憲大夫屠有禧妻董氏二十六歲夫亡撫二子二女課嚴而有法族鄰欲請旌董聞流涕曰吾分固宜耳豈以博名耶乃止年七十七以孫嘉正貴封恭人

邱廉遠妻于氏二十八歲夫亡截髮厲志撫子女成立辛勤遷播有孟母風年七十五

沈衍曾妻吳氏無子依弟吳琬撫遺腹女守節四十餘年衍曾家貧旅食京邸卒于途吳二十九歲

顧天銘妻屠氏三十歲夫亡撫孤景榮成立守節四十餘年督學彭始摶表其閭

于鴻猷妻沈氏事繼姑以孝聞夫亡依母家守志奉親甘旨教子讀書繼姑八十患病日夜侍湯藥歿爲拮据殯殮有族子以墳糧累將鬻先塋禁之不得沈獨爲辦糧祖墓得保一生苦節年七十餘

徐正域妻祝氏通詩達禮侍舅姑以孝三十歲夫亡欲殉之撫夫從子景從爲後守節二十三年

生員黃元璧妻吳氏二十三歲夫亡勤紡織以鞠遺孤奉祖父母暨翁皆盡禮年八十三郡守吳公給額

沈永年妻周氏十八歲婚生子邦彥甫十月夫亡家故貧盡出簪珥營喪葬事姑於暑月發背疽周晝夜洗滌服食便溺皆周扶掖衣不解帶者五月姑賴以安全邦彥夫婦歿遺二孫女復撫養之守節六十年

曹繼登妻沈氏二十五歲夫亡遺孤三齡矢志撫育守節四十一年

仲學會妻金氏夫以篤學致心疾完婚數載旋亡無子與髦姑相依守節五十年

曹大宗妻陸氏二十九歲夫亡勤紡織以自給守節二十五年

程子哲妻沈氏二十一歲夫亡孝事翁姑贍睦親族守節三十九年

杜元鎭繼妻沈氏二十四歲夫客京邸亡撫前子女如已出未數年長子省伯亦歿扶柩營葬心力俱瘁守節三十年

張康侯妻沈氏二十四歲夫亡無子孝事孀姑姑歿力營喪葬守節三十餘年

生員蔣鉞妻何氏夫亡無子夫弟煥甫十四齡越八年生子隺鳴何撫以爲後恩符之年八十二

吳堃妻張氏夫赴省試歸病歿張二十五歲家貧無子生一女未週歿勤紡績勵志守節

邵嘉生妻程氏十七歲婚期月夫亡事姑盡孝守節三十四年

陸堃之妻胡氏二十七歲夫亡撫遺孤奕昌成立又訓育其孫嵩年守節三十八年

蔣鼎臣妻王氏二十五歲夫亡遺孤國祚甫八月甘貧苦守年八十

王文殊妻黃氏十八歲婚逾年夫亡守節五十餘年

汪子賢妾馮氏禴生妻蔡氏子賢亡遺孤禴嗣僅帀月嫡董氏有子禴生娶蔡氏亦寡同守節四十餘年糧道劉曉給臺節嗣音額當馮氏年八十時學使汪滌以松筠媲美額表之

沈世佳妻徐氏十八歲夫亡家貧賴女工以給朝夕苦節六十餘年

監生陳志發妻沈氏二十三歲夫亡翁姑憐其年少欲令改適沈截髮自誓復強之遂自經急救得免年五十九

鍾贊夔妻陳氏夫亡哀慟幾絕時姑已歿遂返母家紡績自給逮嗣子掌綸授室乃迎歸年六十四

傅大溶妻張氏二十五歲夫亡孝養舅姑撫孤萬椿成立守節三十餘年

生員陸交泰妻仲氏及笄歸陸孝事舅姑二十九歲夫亡哀痛屢絕家故貧日夜紡績親課二子成立年七十七詳高孝本傳

沈衡妻張氏二十三歲夫亡無子守節四十一年

周胥原妻張氏二十四歲夫亡家貧紡織奉姑教子翰游庠守節四十餘年學使彭表其閭

生員徐綱妻陳氏二十五歲夫亡甘貧矢志守節二十餘年

卜史妻屠氏二十八歲夫亡持家訓子年七十七

卜定命妻張氏二十五歲婚逾年夫亡繼子又歿守節三十年

陳升之妻王氏夫亡遺二幼女翁姑繼歿力營喪葬後依壻杜凝蘭紡績自給年八十餘

陳紱麟妻陸氏二十九歲夫亡撫遺歲孤成立守節三十餘年

曹公庠妻呂氏二十歲夫亡或勸改適斷髮自誓歲饑糠粃不繼益堅忍其操年八十餘

生員張君揚繼妻許氏夫亡誓不再嫁守節三十餘年

程學江繼妻鍾氏十七歲適程踰年夫亡孀姑衰邁紝織以養撫孤慈嚴並至守節三十年

張鉞繼妻許氏三十歲夫亡子淮甫七齡撫教成立一女適金九齡守節三十七年

袁守誠妻朱氏三十歲夫亡亟圖自盡翁姑諭以撫孤乃止守節五十七年

生員范汝焱妻項氏夫亡撫孤含英含華含彩成立年七十

周明雅妻謝氏二十四歲夫亡無子族姬動以微言輒涕泣罵詈年五十九值歲荒飢餓死

江公潤妻沈氏二十九歲夫亡勤苦撫孤守節五十年

朱陳氏二十三歲夫亡無子族人欲改嫁之不從截髮守志以苦節卒

張羽修妻陳氏十七歲夫亡盡鬻衣飾以爲葬貧依弟時雍守節四十七年

生員萬人偉妻胡氏夫以積學致疾死誓以身殉舅姑泣止之不踰年舅歿拮据以營喪葬訓子嚴毅年八十一巡撫王學使彭郡守彭咸表其門里中有節孝詩黃肇南序

周國榮妻吳氏二十三歲夫亡撫孤方來成立守節五十餘年學使靳給勁節遐齡額

萬兆卿妻吳氏二十二歲夫亡教子懷文耕讀能詩孝友舅姑拮据喪葬守節四十餘年邑令于珽表其廬曰清潔凌霜

生員高鉉妻朱氏十九歲夫亡孝事翁姑撫遺腹子浩爲諸生年六十

陳旬麟妻于氏夫亡守節二十二年

潘懋妻沈氏夫亡守節五十二年

鍾朱甲妻聞人氏夫亡守節三十二年

鄭聖孚妻徐氏夫亡事姑盡孝守節四十年學使張以苦節維風額表之

金惟恭妻毛氏二十二歲夫亡撫子泳之三十一而歿遺孫自南復撫育之又歿自夫之孫三世歿絕境愈苦而節彌堅年七十二

高隆翔妻金氏二十四歲夫亡遺孤甫週或勸之更適金泣指庭前黃楊曰此我夫子手植也作黃

嘉興府志《卷七十　秀水節婦　卅九

楊操以矢志年六十八卒葬黃楊亭側里人稱爲黃楊亭節婦云

周英妻吳氏十九歲夫亡無子事姑孝敬姑女暨姑女之女俱贅壻於家貧無以給吳奉遺命贍養二十餘年後四人相繼歿吳殯葬之以是家產悉廢處濠上河濱破屋中里人罕見其面

吳熙妻虞氏二十六歲夫亡無子撫三歲從子攀麟爲嗣家貧不舉火者嘗一二日虞晝夜紡績易糠麩作餅充飢教其子成立苦節三十三年

馬鑰妻陸氏十九歲夫亡無子閱三月姑生幼叔姑卽患病歿陸力撫幼叔侍哀翁湯藥五載不怠繼從子灝爲後又歿哭泣喪明復繼從孫廷椿爲後守節六十四年

葛君英妻范氏二十一歲夫亡遺一子復殤有幼叔寄養他姓攜歸撫養爲娶婦生子范卽育之爲子葛氏祧賴以不絕守節三十一年

鄭典妻宋氏事蹟莫考見浙江通志

呂化龍妻黃氏二十二歲夫亡遺孤金聲永晔撫育成立守節五十年有司屢表之給有栢舟貞操亮節扁他額

杜麟祥妻曹氏夫早亡事姑盡孝守節四十餘年學使表之

項克聲妻顧氏婚一載夫亡顧年二十撫遺腹子岵成立守節四十餘年

姚會肇妻陳氏事舅姑以孝夫亡撫遺孤年五十四

鍾元錫妻賀氏方伯賀萬祚女幼有至性十七歲歸鍾事翁姑以孝謹聞乙酉夫罹難死賀痛絕復蘇撫孤灝成立年六十九

監生范睦妻吳氏睦以太學效績陵工而歿時吳二十三歲孝事舅姑撫育三子備嘗艱苦年八十三學使金給石貞筠節額以表之

顧文進妻王氏十九歲夫亡遺孤甫五月貧無擔石同一老嫗紡績自給守節五十八年

嘉興府志《卷七十　秀水節婦　卌

錢必選妻李氏二十四歲夫亡遺孤宏顯甫三齡宏濟未週歲俱撫成立事舅姑以孝聞守節四十餘年邑令于珽給汎柏和丸額表之

王期妻浦氏二十八歲夫亡守節五十四年學使劉給匾表之

岳繼忠妻范氏二十七歲夫亡遺腹生子非熊稍長游庠旋中副貢生守節四十五年邑令王廷機給荻範陶型額

顧亘升妻魏氏二十七歲夫亡家貧姑老子幼魏竭力操作奉姑喪葬撫孤成立守節三十六年邑令于珽給額表之

俞晉叔妻吳氏十九歲夫亡事翁姑撫孤子曲盡孝慈子歿又撫其孫守節五十年邑令李表其閭曰鶴操霜清

周恭先妻范氏夫力學早亡范二十七歲撫兩幼孤年五十一

金世灕妻喬氏二十一歲夫亡子痘殤喬觸棺幾死事姑孝姑歿哀號嘔血後與母氏相依亦克盡孝母亡獨力支辦喪葬宗族咸稱之以嗣子貴封恭人

曹潁浩妻吳氏十五歲歸浩未三十夫死於兵燹遺孤甫週有欲奪其志者吳自縊救免年六十三

蕭漢臣妻翁氏事姑孝教子成立其苦節人咸稱之

生員翁萃和繼妻浦氏二十七歲夫亡撫幼孤成立守節三十餘年尚書杜臻爲誌銘有表貞集行世

舉人宋鳳翙妻姜氏夫亡子復歿撫孫年九十三巡道佟給額表之

邱志廉妻干氏二十四歲夫亡孝養舅姑課子游庠御史朱學使劉郡守王先後給額表其閭

卜光楣妻沈氏夫亡守節二十一年

卜應侯妻朱氏夫亡守節二十年

卜駿聲妻金氏夫亡守節二十二年

卜薛元妻楊氏二十六歲夫亡守節四十四年

卜宋衣妻李氏二十八歲夫亡守節十九年

卜朱龍妻沈氏二十九歲夫亡守節二十五年

卜江繼妻丁氏二十三歲夫亡守節十八年

卜士肅妻陸氏三十歲夫亡守節四十四年

卜象先妻項氏三十歲夫亡守節四十六年

卜曰克妻吳氏二十三歲夫亡守節三十二年

卜志學妻沈氏二十六歲夫亡守節四十八年

卜會妻陶氏夫亡守節五十五年

卜景曾妻楊氏夫亡守節三十七年

卜慶宸妻金氏夫亡守節四十三年

卜德曕妻林氏夫亡守節二十六年

卜彭咸妻曹氏夫亡守節十八年

卜道豫妻徐氏二十四歲夫亡守節四十八年

卜無忌妾楊氏無忌死守節四十八年

卜元慶妻郭氏夫亡守節五十八年

卜立三妻陸氏夫亡守節二十三年

卜駿妻范氏夫亡守節二十五年

卜芝祥妻姚氏三十歲夫亡守節六十一年

卜曰蒙妻閔氏妾沈氏　卜震生妻吳氏妾金氏

卜長生妾沈氏　卜大勳妻徐氏

卜元蒼妻沈氏　卜道豐妻宋氏

卜復妻朱氏　卜體仁妻邱氏

卜棠妻錢氏　卜鴻猷妻孫氏

卜錢禧妻嚴氏　卜徵蘭妻胡氏

卜文相妻沈氏以上卜氏家乘

邵琇璋妻程氏三十九歲婚甫十月夫亡事姑盡孝守節十餘年康熙四十八年邑令陳給白首完貞額

吳天機妻張氏三十歲夫亡子女尚幼家極貧乃勤紡績撫之及長婚配長肇禎次肇龍爲商相繼

客死又撫孤孫成立年八十四

程起鶯妻孟氏二十歲夫亡無子女毋黨諷之嫁孟哭詈之夫兄起龍重其節贍之終身初以起龍第四子銘爲後早卒又繼以弟五子鎬鞠育備至年五十四

沈鑛繼妻錢氏二十三歲夫亡生子甫兩月祖母屠繼母顏皆寡夫妹適陸亦寡錢同矢苦志年六十五

張殿臣妻費氏三十歲夫亡孝事舅姑撫孤成立年八十時邑令楊紹松柏經霜額表之

蕭大健妻李氏二十六歲夫亡遺子僅五歲日事紡績以養姑育子年五十七

教授趙恂成妻陳氏二十二歲夫亡撫孤緒爲諸生早歿遺孫天祚天位陳復撫之守節七十四年雍正元年學使何給節比松筠額表之

王汸妻周氏三十歲夫被含山盜執遂遇害周泣貸戚黨得白金三鎰率子詣盜營輸銀載骨以還守節三十二年

呂熊臣妻趙氏三十二歲夫亡長孤浩纔九齡嘗冬夜紡績一燈熒然淚隨纏續年七十三

楊瓚妻趙氏三十一歲夫亡撫孤再震爲諸生年七十學使彭給恩勤矢志額

李御天妻毛氏二十二歲夫亡撫嗣子嘉樂備極勤劬年七十六

夏俊三妻張氏三十三歲夫亡家貧拮据供翁姑甘旨教養二子長之連爲諸生年七十九卒吳紹曾撰墓銘

曹西翰妻沈氏二十歲夫亡無子年八十四

邵三讓妻聞氏二十歲夫亡家貧無子刺繡自給年七十一

潘又安妻沈氏二十歲婚夫病刲股和藥進之夫亡氏二十八歲無子撫嗣子成立年五十八

吳寶賢妻莊氏二十五歲夫亡止一女長適陸承祖亦撫孤守志莊年五十七

錢世珍妻魏氏二十六歲夫亡家貧紡績以奉翁姑年八十二

周在高妻楊氏二十二歲適周八月夫亡繼子心曠甫娶而歿復撫嗣孫年七十七

淩惠芳妻倪氏二十八歲夫亡守節四十六年

監生夏雲舒妻程氏二十八歲夫亡守節四十五年

生員夏鼎妻姚氏二十九歲夫亡撫孤禹成年五十八

蔡文顯妻金氏二十九歲夫亡守節三十年

鈕南吉妻黃氏鈕世楷之祖母年三十夫亡以苦節卒

徐汾妻方氏三十歲夫亡守節三十六年

張西威妻嚴氏二十歲夫亡赤貧無子年六十三

馬鉅妻王氏二十六歲夫亡守節二十七年

周昆玉妻莊氏二十八歲夫亡事姑盡孝撫孤曾馨讀書成立守節四十三年

周昆裕妻朱氏二十六歲夫亡同姒莊氏矢志杼聲相聞中夜不輟年五十八

畢公祿妻姚氏二十九歲夫亡自經兩次以救免撫遺腹子銓成立事寡姑以孝稱年五十六

朱汝霈妻施氏二十六歲夫亡家貧依母家以十指自給撫夫弟汝震子爲嗣年六十九

懷鳴山妻周氏二十八歲夫亡守節二十七年

朱同符妻屠氏二十七歲夫亡守節二十八年

朱玉符妻姚氏二十五歲夫亡守節四十年

徐聞成妻李氏二十一歲婚七月夫亡無子翁姑早世依夫叔世贍紡績度日年五十三

楊文祿妻霍氏十八歲夫亡撫遺腹子成立年五十八

監生沈昭鑑妻張氏二十四歲夫亡無子守節二十八年

陳萬鍾妻沈氏二十五歲夫亡撫夫從子尚麟年六十六

陶嘉謀妻諸氏二十歲夫亡無子撫夫從子名理爲嗣守節二十年

教諭陶祝年妻陳氏夫早亡學使王給貞淑可風額表之

朱德慶妻沈氏夫亡遺孤尚幼姑病奉侍三載姑歿遺孤痘殤從子丕申又早卒遺孫辰應以古文名於時學使竇給畫荻遺範額同里張徵士庚爲傳錢文端公陳羣有詩

吳念慈妻呂氏心怙妻沈氏呂二十七歲夫亡遺孤心怙長娶沈年二十三寡生一子僅百日家貧沈日夜紡績以奉姑哺子呂年五十四沈年四十五

章漢昭妻沈氏二十九歲夫亡家貧翁姑早歿二子相繼殤沈屢投繯爲族黨救免年五十四

費禮南妻金氏楠珍妻淩氏俱二十四歲夫亡各遺子一淩先歿金守節旌年四十四

生員錢奇有繼妻張氏二十八歲夫亡守節四十二年

監生沈學潮妻周氏二十八歲夫亡事孀姑極孝撫子楷成立守節四十一年

陳錦山妻淩氏二十二歲夫亡守節五十年

金杓妻葉氏二十七歲夫亡無子遺女淑媛以孝行著奉事翁姑極孝守節四十八年

胡炯妻莊氏二十七歲夫亡家極貧以鍼黹孝養邁翁守節四十餘年

章聚明妻沈氏二十一歲夫亡越六月生遺腹子撫養成立年八十五

莊文龍妻胡氏十九歲夫亡撫孤成立年六十七

屠完玉繼妻張氏生子渭陽方五十七日夫亡訓誨成立見陳梓勤慎樓記

費恂如妻陳氏二十二歲夫亡家貧無子年五十三

陳玉衡妻沈氏二十五歲夫亡矢志撫孤姑逼之嫁沈截髮以刃破面其從兄招之歸沈冀其子成立俄以羸疾亡自此悲痛成疾踰年亦卒守節三十四年

陸永祚妻陳氏十九歲婚未币月夫亡年六十餘

錢恒泰妻李氏二十歲夫亡無子姑亦歿越數載舅與繼姑又歿拮据喪葬撫幼叔成立年七十餘

邵佳林妻沈氏夫亡遺孤開元文元尚幼沈以義方教之長孫培爲諸生

徐詢周妻吳氏二十三歲夫亡教子楹根不事姑息年四十六

朱子豐妻仲氏婚四載夫病歿子又殤撫夫兄紹衣之子爲嗣

沈甯安妻王氏二十九歲夫亡遺二女上有孀姑躬紡織以佐菽水次女適呂荆山亦早寡與母共守王年七十卒陳梓有兩節母合傳

呂荆山妻沈氏十八歲婚三載夫亡撫夫從子爲嗣年五十一

沈廷華妻馬氏二十九歲夫亡子又殤舅歿喪葬盡禮守節十七年

屠京周妻吳氏婚五載夫亡止一女以夫弟幹臣之子歷亭爲嗣年六十一抱疾不服藥而卒

蔣文斌妻郁氏二十五歲夫亡撫三歲孤佩玉成立年五十九

朱德明妻許氏二十七歲夫亡以夫從子學文爲嗣守節五十三年

監生嚴敬周妻張氏二十歲歸嚴夫游幕粵西卒其僕奔訃至日主人囊中只百金歸旅櫬則無以贍家奈何張聞言痛絶復甦曰忍顧贍家而使旅魂漂泊乎立遣僕赴粵扶柩回里安厝焉時張三十歲撫子游庠守節三十七年

生員楊德淇妻陳氏二十歲夫亡守節五十八年

朱方正妻王氏二十八歲夫亡撫夫從子文煜爲後守節四十九年

林鎬豐妻沈氏二十五歲婚兩月夫亡撫嗣子循訓迪於已出年六十二

項九思妻岳氏二十四歲夫亡無子紡績以給年七十八

生員諸應樞妻張氏二十二歲夫亡守節二十餘年學使錢給苦節幽光額

姚恩宇妻俞氏二十八歲寡撫幼孤成立邑令魯給節勁松筠額邑令于給皓首完貞額年近七十

楊建侯妻徐氏二十五歲夫亡撫夫從子王珍爲嗣年七十八

沈鳴岐妻王氏二十七歲夫亡撫夫從子綏福守節四十三年

李禹傳妻陶氏三十歲夫亡撫孤世俊成立守節四十六年

沈學汾妻陳氏二十三歲婚二月夫亡欲以身殉舅姑勸止立夫從子樞爲後年六十一

監生殳仁山繼妻徐氏浩妻盛氏徐十九歲夫亡五日不食立夫之從子浩爲嗣入泮後忽自縊浩妻盛氏年二十三寡亦無子婦姑相依紡績以給年六十九

監生王宁東妻陳氏二十二歲夫亡撫孤羽達僅二歲守節三十四年

監生沈三奇妻王氏二十一歲夫亡撫嗣子誠爲諸生至八十二卒

生員姚維新妻馮氏二十九歲夫亡守節五十二年

汪奉易妻邵氏二十二歲夫亡家貧爲女塾師以奉翁及少姑撫從子承謨爲嗣守節二十年

黃虞庠妻朱氏朱丕載女歸黃貧甚竭力治舅姑喪年二十三夫客死如皋無子女丕載又無後乃依從兄振振以居與嫂甚睦終身如一日守節三十年

金武功妻沈氏貞文妻嚴氏恒宰妻許氏漢三妻范氏四八妯娌也沈十九歲夫亡遺孤又殤繼從子士㠆爲後嚴二十一寡許三十一寡范三十五寡一門四節詳陳梓傳

朱德敘妻麗氏夫亡後姑楊患疾麗刲股以瘳楊年九十六麗年七十五楊以守節邀旌典麗以年例格於制云

沈九鵬妾申氏嫡室葉氏無出早死九鵬歿申年二十五子昭融茹荼撫之守節三十年

生員盛支犖妻馬氏二十八歲夫亡撫教子女備極荼苦守節四十七年盛本名族咸奉節母爲女宗云

沈廣涵妻項氏二十九歲夫亡痛欲自刎媵婢陸氏見而解之陸時二十三歲堅志不字佐項支持門戶項年六十一陸年五十二

葛文煒妻黃氏二十五歲夫亡無子歸依母家守節年七十八

沈嘉隆妻余氏二十九歲夫亡養姑以孝聞有一女適生員楊炯姑歿依棲壻家壻歿抑鬱成疾年五十七

生員陳孝本妻沈氏婚二載夫亡遺腹子愛聰甫婚又歿飲泣成疾守節二十五年

生員沈在田妻趙氏二十五歲夫亡撫孤廷元成立守節三十三年

生員葉元栻妻沈氏二十二歲婚未市歲寡遺腹生子渭璞又殀撫嗣子渭璜成立年六十五

裴孝若妻魏氏二十九歲夫亡無子年六十八

舉人王廷樹妻徐氏二十三歲夫亡無子依夫兄之子終老年六十九

沈南容妻嚴氏十六歲適沈未二載夫亡無子誓不欲生親黨勸慰乃止守節數十年詳吳蔣源傳

生員沈時俊妻李氏李元繡女幼爲養媳二十五歲夫亡遺孤孝則甫四歲及長力學飭行補邑庠生姑李氏早寡兩世孀居里黨欽敬年六十七

監生陳時夏妻朱氏二十九歲夫亡子承勳夫婦相繼歿朱備歷艱辛年七十

戚元齡妻葉氏二十八歲夫亡孝事孀姑撫嗣子爾康成立守節三十年

周茂如妻譚氏二十九歲夫亡奉翁姑盡孝撫孤芑豐成立年六十四

張斗南妻李氏士昌妻唐氏李二十四歲夫亡子士昌娶婦唐氏二十六歲寡撫子從子若瀛爲嗣李守節六十六年唐旌年七十二

楊立成妻高氏二十九歲婚三十六夫亡撫孤廷元至三十八卒學使周給冰操勵節額表之

陳應桂妻董氏婚甫兩月夫亡事舅姑以孝著年二十九

文運泰妻陶氏二十四歲夫亡遺腹生女寒暑紡績孝養翁姑撫夫從子士秀守節五十四年

戴廷銓妻陳氏二十六歲夫亡子尚未週辛勤撫育年五十三

曹願學妻汪氏夫以母病割股創痛而亡臨歿屬汪孝事翁姑汪克承夫志守節數十年

金起鳳妻江氏二十九歲夫亡拮据殯殮撫立遺孤年五十一

生員朱史黯妻黃氏二十七歲夫亡家素貧與夫嫂周氏矢志守節至五十七年

舉人呂璋妻曹氏二十六歲夫亡痛不欲生舅姑勸慰之訓課嗣子壽穀讀書成立年五十四

監生張起英妻王氏二十三歲夫亡守節至六十五卒

沈南泉妻韓氏二十八歲夫亡守節三十七年

朱雲龍妻葛氏二十六歲夫亡守節三十八年

葛之楝妻陳氏三十歲夫亡守節三十六年

監生葛瀾妻張氏二十九歲夫亡守節四十九年

杜雲鶴妻錢氏二十四歲夫亡守節四十六年

杜雲鵠妻曹氏二十二歲夫亡守節四十九年

貢生吳宛恩妻王氏二十八歲婚夫病革王割股爲肉糜以進卒不起守節四十年

生員曹泰階妻朱氏三十歲夫亡無孤嘉樹爲諸生年六十二

生員楊以栒妻沈氏十九歲適楊二十一夫亡無育孤子年四十一

生員陳崔爍繼妻沈氏二十五歲夫亡家貧無子茹荼自矢年三十九

生員張孝治繼妻陳氏二十四歲夫亡守節十七年

朱應桃妻陳氏二十五歲夫亡家貧鍼黹自給撫從子景曾爲嗣年八十四

朱文櫶妻王氏二十九歲夫亡守節五十一年

生員錢皋陳妻譚氏二十七歲夫亡撫從子善運爲嗣至八十四卒

朱三多妻王氏二十六歲夫亡守節二十七年

徐蒼佩妻尹氏二十五歲夫亡遺一子甫二齡家貧翁姑年老傾盡孝養子長娶婦生孫鼎臣克守先業守節五十四年

譚好君妻吳氏新安吳清臣女二十七歲夫亡守節四十九年

錢鈞妻譚氏十六歲婚二十六日夫亡守節二十一年

董榕妻潘氏十九歲夫亡無子孝養翁姑至五十五卒

陳濤妻高氏二十歲婚二十五夫亡無子奉侍孀姑以孝聞

馬汝煌繼妻朱氏二十三歲夫亡撫前子女恩勤備至翁姑年老朱率女操作以給薪水年五十

葉廷璋妻李氏二十四歲婚夫瘵病危李晝侍湯藥夜與姑同寢閱九月夫亡奉姑甚孝年五十四

朱學宗妻張氏蒼舒妻董氏張二十八歲夫亡孝事翁姑撫孤蒼舒長娶董氏二十八亦寡張年七十三董旌年七十八稱雙節

沈廣遠妻張氏二十九歲夫亡家貧以絡絲爲活足不踰戶撫二歲孤再安成立年六十一

監生婁槐堂妻屠氏二十二歲夫亡無子孝事老姑擇立繼嗣克全家業年四十九

胡大基妻王氏十八歲適吳半載夫亡守節四十年

監生婁鶴妾劉氏二十七歲鶴亡與嫡沈氏撫孤成立守節六十五年

贈知縣虞翰初妻張氏三十三歲夫亡子翰腴捷文俱早歿撫幼孫士煌成立守節十八年卒贈孺人

卜舜明妻張氏二十七歲夫亡無子翁姑年老奉事甚孝撫嗣子南池至九十五卒

張思仁妻龔氏十九歲夫亡翁年老臥病孝養備至年七十五

錢滄洲妻朱氏二十四歲夫亡守節五十年

監生許景文妻沈氏二十二歲夫亡遺腹子又殤乃晝夜紡績以事翁姑年七十九

王國玉妻莊氏二十三歲夫亡莊方懷娠哀慟幾絕時舅姑已歿戚族議令改適莊甘心窮餓撫遺腹子傳耶至五十五卒

劉敬宇妻范氏二十八歲夫亡守節五十三年

沈起鳳妻葛氏二十九歲夫亡家貧悉鬻簪珥以殮遺孤曰瑚甫七歲日夜勤女紅以供脩脯迨曰瑚入泮葛年已五十猶操作不倦年七十三

沈繼采繼妻金氏三十一歲婚踰五載夫亡荆釵裙布以終其身

曹志宏妻李氏二十五歲夫亡撫孤應泰成立守節五十八年 秀水節婦

張兆梧妻王氏二十一歲夫亡守節四十七年其事亦詳清河節孝詩

李珩妻连氏十五歲婚一載夫亡撫遺腹子大豫成立年七十一

載孚遠妻周氏二十一歲婚三載夫亡守節年五十六

黃宇寗妻錢氏二十五歲夫亡守節五十六年

陸行三妻鮑氏二十三歲夫亡守節六十年

周嘉樹妻姚氏二十四歲夫亡守節三十八年

周維隆妻唐氏二十歲夫亡守節三十七年

杜於年妻徐氏二十二歲夫亡守節五十二年

沈榮權妻鄭氏鄭爲梅里舊族適沈後孝事翁姑尋夫亡縞衣茹素以終其身

林鍾芳妻顧氏受書妻吳氏顧二十九歲夫亡撫孤受書長娶吳氏婚甫十四月寡時吳二十五歲子其恕生甫三月家無一椽吳依棲母家因迎養孀姑侍奉甚謹顧年六十五吳年五十八

吳士英妻沈氏二十九歲夫亡撫孤祚蕃成立年七十三

監生張孝惠妻鍾氏二十六歲夫亡撫孤成立旌年五十三

葉玉音妻倪氏錫臻妻某氏倪二十三歲夫亡太翁年九旬孀姑年逾五旬倪奉事克盡婦道未幾疊遭喪事竭力營殯葬長孫錫臻早世又偕其婦撫孫浩成立年六十二

鈕永錫妻顧氏二十歲夫亡自經數次俱以救免年六十八

楊維嶽繼妻金氏二十八歲夫亡事姑以孝操作勤儉終其身

沈貢粱妻姚氏二十歲適沈甫十月夫亡無子姚屢求死其母止之曰汝夫爲大宗擇夫弟之子爲繼俾汝祖姑陸孺人守貞一世不致春秋廢祀可也姚乃撫夫從子源教養兼備年五十

項炳業妻孫氏二十九歲夫亡遺孤念劬甫二齡撫育成立年七十六 秀水節婦

蔣文彬妻郁氏二十五歲夫亡孝事翁姑撫孤成立年五十九

章瑞和妻張氏二十三歲夫亡家貧無子年八十

李象鼎繼妻陳氏二十九歲夫亡撫一子一女紡績以給年七十三

朱德潤妻沈氏妾楊氏丕讓妻沈氏振新妻顧氏沈二十六歲夫亡妾楊氏二十二歲同撫孤子丕讓丕讓娶沈氏亦二十六寡撫子振新振新妻顧氏二十七又寡三世重嫠沈與楊俱苦守節四十餘年沈守節二十一年顧守節三十五年

張大衡妻謝氏二十歲適張六月夫亡遺腹生子又歿姑病勉供湯藥翁姑相繼歿營喪葬畢歸依母家孝養父母年七十七

朱文秀妻倪氏二十二歲夫亡撫遺腹子安國成立年七十八

趙順元妻陸氏二十八歲夫亡守節十九年

姚愷三妻周氏二十四歲夫亡撫孤振初成立守節四十二年

沈芳恒繼妻楊氏二十四歲夫亡撫遺腹子貢九成立年七十九

褚維騂妻姚氏二十九歲夫亡無子守節三十三年

沈祥龍妻萬氏二十八歲夫亡事太姑及翁姑俱盡孝養歿後殯殮如禮守節三十八年

沈映熹妻徐氏十九歲婚甫百日夫亡即閉戶自經以姑救免守節三十八年

沈鴻元妻蕭氏二十歲夫亡撫遺腹子紀宗成立年六十二

徐溶妻陸氏五龍坊人十九歲婚六載夫亡撫嗣子椿成立守節三十一年

監生陶傳忠妻石氏二十七歲夫亡矢志撫孤守節四十六年

姚星堂妻蘇氏海鹽蘇正希女二十二歲婚五載夫亡守節十六年

易聖來妻嚴氏婚九月夫亡翁姑歿竭力營葬畢依母家度日以苦節終

韓程氏夫早亡撫嗣子錦塘守節五十餘年

項禮仁妻張氏二十七歲夫亡守節五十年

汪秉忠妻張氏二十四歲寡子升卿方五齡鞠育成立事舅姑極孝一生勤儉布衣椎髻者三十年

沈士昌妻葉氏二十一歲夫亡子殀孝事翁姑守節三十七年

鍾殿明妻張氏二十四歲夫亡守節五十四年

生員錢念玆妻譚氏二十七歲夫亡守節五十七年

胡洪妻濮氏二十四歲夫亡勤紡績孝養翁姑撫孤棡成立年五十二

李濟川妻沈氏三十歲夫亡家貧無子紡績度日年七十五

陳子禹妻郁氏廷相妻淩氏大猷妻錢氏郁二十九歲夫亡撫孤廷相長娶淩氏二十五亦寡撫六齡孤大猷成立淩與郁俱年四十大猷妻錢氏名淑貞二十六又寡貧甚僦屋以居日夜紡績教子世美業醫守節三十六年鈕之珽有錢節母傳

鄭雅君妻徐氏梓妻潘氏徐二十六歲夫亡遺孤梓甫三齡督責讀書不稍姑息長娶潘氏三載而寡同矢苦節徐旌年五十四

卜文豹妾湯氏二十四歲文豹亡子維鼎甫半載湯痛哭絕粒者數日嫡陸氏勸慰之乃撫孤成立年七十二

監生唐泳清繼妻沈氏二十九歲夫亡教子詩謨俱爲諸生子詰前妻所出嗣爲夫弟後沈亦撫訓之得游庠人稱令母守節三十年

徐有明妻林氏二十八歲夫亡撫孤元榮成立年七十七

徐天衡妻陳氏二十九歲夫亡守節五十七年

項之桂妻陳氏二十五歲婚三載夫亡痛不欲生絕粒累日姑居氏泣諭之乃進饘粥孝事其姑姑歿殯葬如禮守節三十五年

李萬春妻金氏二十七歲夫亡守節四十四年

李茂春妻沈氏十九歲夫亡守節六十四年

董世魁妻柴氏二十七歲夫亡家貧撫嗣子元相矢志苦守旌年八十七

周嵩高妻楊氏二十九歲夫亡旌年八十三

高光祖妻張氏二十五歲夫亡撫孤成立及長娶婦生三孫而子婦俱歿艱苦備嘗旌年八十三

孫錦妻張氏二十七歲夫亡苦貧無子事翁姑盡孝旌年八十

戴黃中妻徐氏二十七歲夫亡旌年八十

王志海妻王氏二十九歲夫亡無子紡績膳姑姑歿拮据殯葬旌年八十

張源濬妻管氏二十九歲夫亡事姑盡孝撫二孤棋模成立棋爲世爻源洪後仍服賈事母管旌年

七十九

潘艮賢妻朱氏十九歲夫亡旌年七十九

殳國賢妻山氏二十四歲寡家貧鬻簪珥爲喪資孤三齡以痘殤撫夫從子鴻文爲後旌年七十七

曹廷明妻朱氏二十七歲夫亡遺孤元塏甫七歲撫訓有成旌年七十七

朱石林妻張氏二十九歲夫亡撫遺孤備嘗艱苦旌年七十七

陶斌妻卜氏二十六歲夫亡旌年七十七

監生王惠保妻徐氏二十七歲婚甫一載夫亡孝奉老姑撫嗣子聖啟成立旌年七十五

莊文昌妻張氏二十歲夫亡無子家極貧勤紡績以給薪水旌年七十五

舉人朱炤妻周氏二十九歲夫亡事翁姑盡孝撫孤有成旌年七十五

王卓其妻吳氏二十九歲夫亡無從子應芳如已出旌年七十四

王勝艮妻郁氏二十二歲夫亡侍奉翁姑始終盡孝遺腹子明遠將成立而歿貧苦無依藉女紅以給旌年七十三

王炳章妻吳氏二十二歲夫亡孝事翁姑旌年七十三

陳蔚文妻楊氏二十五歲夫亡無子撫二幼女嫁後相繼歿楊益孤苦因歸母家守志日勤女紅爲舅姑及夫葬資旌年七十三

沈學洪妻高氏二十五歲夫亡撫夫從子枚爲後又殤於痘家貧紡績養姑咸以孝稱旌年七十三

倪艮玉妻吳氏二十六歲夫亡旌年七十二

俞寶文繼妻顧氏二十八歲夫亡撫前子鏊及已子鈺恩勤備至事邁姑極孝敬旌年七十二

生員高蘭枝妻張氏二十七歲夫亡旌年七十一

朱質妻吳氏十八歲適朱夫以力學致疾而亡時吳二十一歲方懷娠戚族勸勿死殉尋生子贊嚴切督課早游庠旌年七十一

生員顧熊妻錢氏二十七歲夫亡旌年七十一

監生潘士璜妻謝氏二十五歲夫亡止一女撫族子承宗爲嗣旌年七十一

章其德妻陸氏二十八歲夫亡旌年七十一

黃星源妻陳氏二十七歲夫亡旌年七十

卜純錫妻沈氏二十五歲夫亡姑老子幼紡織自給旌年六十八

周蒼中妻丁氏二十四歲夫亡生子咏奇僅五月日夜辛勤撫育成立旌年六十八

金鳳輝妻朱氏二十八歲夫亡無子煢煢子立旌年六十八

鍾明三妻金氏二十八歲夫亡無從子爲嗣旌年六十八

曹纘祖妻宋氏二十九歲婚五月夫亡無子姑病痢侍奉二旬晝夜不稍怠及歿哀敬盡禮旌年六十

八歲

生員蔡謙妻胡氏二十九歲夫亡矢志撫孤旌年六十七

鍾宗祺妻褚氏王江涇人二十五歲夫亡旌年六十七

朱國興妻張氏二十七歲夫亡旌年六十六

高庭椿妻李氏二十九歲夫亡旌年六十六

沈祥龍妻萬氏二十八歲夫亡事太姑及翁姑俱盡孝旌年六十六

蔣樹德妻許氏二十九歲夫亡無子撫嗣子夢熊恩勤備至旌年六十六

吳府修妻沈氏二十二歲夫亡家貧無子翁姑先歿撫兩幼叔成立旌年六十五

王玉汝妻朱氏十七歲夫亡旌年六十五

張祥發繼妻賓氏三十歲夫亡旌年六十四

居士泰妻畢氏二十五歲夫亡無子甘守貧乏旌年六十四

汪聖麟妻徐氏二十七歲夫亡生一女適葉鳴山亦寡貞操類其母旌年六十三

葉鳴山妻汪氏二十七歲夫亡守節

姚光夏妻王氏二十九歲夫亡旌年六十二

朱錦璉妻郁氏二十五歲夫亡撫孤沛成立旌年六十二

朱安國妻徐氏二十九歲夫亡遺孤壽麟未週歲家貧紡織以養孀姑撫孤子姑歿拮据喪葬旌年六十二

張廷艮妻朱氏士發妻某氏朱二十七歲夫亡子士發又歿朱偕其婦矢志旌年六十一

金仁遠妻郁氏二十四歲夫亡旌年六十一

生員唐霈妻趙氏二十九歲夫亡撫孤榦梟模俱成立旌年六十一

蔡寅妻朱氏二十五歲夫亡旌年六十

顏樹本妻金氏樹德妻于氏二氏妯娌也金二十一歲夫亡甘守苦節于二十四歲婚數月夫亡與金紡績度日金旌年六十于旌年五十五

徐達三妻王氏二十九歲夫亡旌年六十

吳士元妻高氏二十九歲夫亡誓以死殉以姑在堂勉進飲食撫嗣子信之成立旌年六十

生員朱煥曾妻陳氏二十九歲夫亡無子旌年五十九

范源妻盛氏二十八歲夫亡撫遺腹子嗣昌敎養成立旌年五十九

顧有章妻趙氏二十八歲夫亡遺孤尚幼翁姑皆年老趙獨支持門戶不辭勞瘁旌年五十九

生員馬光祖妻葉氏二十八歲夫亡旌年五十九

監生龔昌德繼妻吳氏二十七歲夫亡紡績自給旌年五十八

魏珍國妻孟氏二十六歲夫亡旌年五十八

周岷源妻王氏十九歲夫亡旌年五十七

顧榮秀繼妻朱氏十九歲夫亡誓以死殉戚族勸慰之乃止旌年五十七

費世琦妻鈕氏二十二歲夫亡旌年五十七

談印雷妻蔣氏二十四歲夫亡旌年五十七

章有春妻李氏二十六歲夫亡敬事哀姑喪葬盡禮旌年五十七

生員張斐然妻方氏二十七歲夫亡撫二孤成立旌年五十六

裘南揚妻杜氏二十三歲夫亡旌年五十六

生員倪秉義妻趙氏二十四歲夫亡孝事孀姑旌年五十六

潘相宜妻朱氏鈞繼妻江氏朱二十四歲夫亡子鈞甫週歲長娶黃氏早卒繼娶江氏三十而寡無子朱上事哀翁下慰寡媳荼苦萬狀旌年五十六

盛百雋妻金氏十三歲夫感癘症客死於外金依孀姑紡績相守旌年五十四

江安麒妻錢氏二十四歲夫亡家貧鍼黹度日撫三歲孤成立旌年五十四

秦步瀛妻朱氏二十一歲夫亡旌年五十四

徐悅堂妻王氏二十八歲夫亡旌年五十三

章美中妻沈氏二十七歲夫亡旌年五十二

陸開元妻沈氏二十四歲夫亡無子奉姑盡孝旌年五十二

監生陳錫瓚妻王氏二十五歲夫亡以夫兄鏌次子鐩為嗣事翁姑盡孝旌年五十二

吳文博妻姚氏二十二歲夫亡孝事翁姑撫嗣子成立旌年五十二

生員徐南洲妻沈氏二十七歲夫亡課孤錫疇讀書事姑至孝旌年五十二

辜爲光妻邵氏二十七歲夫亡欲絶粒以殉翁姑勸止乃強起撫二孤長鳳威爲諸生旌年五十二

徐寶珩妻戚氏二十五歲夫亡旌年五十一

張天佑妻胡氏十九歲夫亡無子日夜操作營葬翁姑依弟文霖守節旌年五十一

陳涵錡妻范氏二十歲夫亡撫幼孤邵漣成立孝事孀姑喪葬盡禮旌年五十一

姚黃妻胡氏二十九歲夫亡無子立從子爲夫後旌年五十

王崏來妻曾氏二十九歲夫亡姑老矢志旌年五十

熊士艮妻嚴氏二十三歲夫亡撫孤學中旌年五十

馬炳妻施氏十九歲婚半載夫亡旌年四十九

王家珍妻陳氏二十二歲夫亡旌年四十八

監生戴鏞妻莊氏二十七歲夫亡遺孤松鶴年十七而殀莊慟絶復甦者再戚黨交慰之乃爲之立嗣旌年四十八

楊玉崑妻周氏二十一歲夫亡奉養姑克盡孝養旌年四十八

沈永芳妻王氏十八歲婚閲五月夫亡遺腹生子教養兼勞事繼姑以孝聞旌年四十五

李紹琴妻陶氏十七歲婚五十日夫亡夫弟甫九齡翁姑命陶撫之長爲之授室小姑適某亦歿遺甥甫百日吳爲鞠育亦殫心力旌年四十四

沈景廬妾周氏二十三歲景廬歿旌年六十五

監生蔣奇錩妾陸氏二十五歲奇錩歿旌年六十一

監生萬壽朋妾龔氏二十五歲壽朋歿旌年六十

職員朱浦妾楊氏二十二歲浦亡無子有謀奪其志者楊覺自投蘭王瀦漁人救之旌年五十八

朱耀曾妻吳氏二十九歲夫亡守節

卜德維妾金氏二十歲德維歿撫三歲孤成立旌年五十

錢柳亭妾沈氏二十二歲歸錢數月柳亭歿矢志不二旌年四十八

知縣沈疇初妾樊氏十七歲疇初歿於任所樊事嫡金惟謹旌年四十二

浦維則妻薛氏二十八歲夫亡無子撫夫弟長子爲嗣事姑盡孝旌年六十九

楊必達妻戴氏二十六歲夫亡旌年五十七

吳寶賢妻莊氏二十六歲夫亡遺女五月翁姑逾七旬生養死葬皆盡禮夫弟大中六歲撫之長娶妻生子爲嗣守節四十九年

周鼎鑑妻姚氏二十一歲夫亡孝事舅姑撫夫從子涵爲嗣入邑庠旌年五十

儒童章介安妻顧氏二十七歲夫亡孝事翁姑持家勤儉遺孤甫三齡患痘危甚氏百計調治

撫之成立尋因憂勞血阻成瘵晚年得鸞示云每晨念唵嘛呢叭哾吽至百日果愈年六十三　以上伊志

光緒嘉興府志

（清）許瑤光 修 （清）吳仰賢等 纂 嘉興市圖書館 整理

伍

國家圖書館出版社

第五册目録

列女　節婦

秀水縣下

李文木妻郁氏 二十八歲夫亡撫孤守節六十二年

生員梅定坤妻陸氏 二十九歲夫亡撫孤守節三十年

錢元福妻沈氏 二十八歲夫亡孝事翁姑撫孤成立守節二十六年

陶萬箱妻陶氏 二十八歲夫亡撫孤守節五十二年以上嘉慶七年旌

周鼎鑑妻姚氏 二十一歲夫亡孝事舅姑撫夫從子焻為嗣入邑庠守節二十九年

江鳳起妻朱氏 二十七歲夫亡守節三十年

楊主緘妻姚氏 十九歲夫亡守節三十四年

韓敘蒼妻朱氏 二十四歲夫亡慟絕復蘇者再守節三十五年

生員張在茲妻李氏 十八歲夫亡撫嗣守節三十年以上嘉慶八年旌

徐起豐妻仲氏 二十九歲夫亡撫孤守節三十一年

方體乾妻徐氏

邱大椿繼妻姚氏 二十一歲夫亡撫嗣守節三十一年

沈銘禮妾張氏 二十六歲銘禮亡撫孤守節三十年

顧錦城妻胡氏 二十八歲夫亡守節三十二年

岳含中妻王氏 二十八歲夫亡撫孤守節三十二年以上嘉慶九年旌

陳統緒妻沈氏 二十六歲夫亡守節二十九年

王效維妻杜氏 十九歲夫亡撫嗣守節十七年

李仁端繼妻胡氏 以上嘉慶十年旌

沈在元妻顧氏 二十歲夫亡孝事翁姑守節三十一年

殳溶川妻錢氏 二十二歲夫亡守節四十一年

錢世祥妻張氏 二十八歲夫亡守節三十七年以上嘉慶十一年旌

陳起鸞妻朱氏 二十六歲夫亡撫孤守節三十二年

陳涵錡妻范氏 二十歲夫亡撫孤成立守節三十四年

費瑞昭妻陸氏 二十一歲夫亡守節三十七年

范金妻史氏 十九歲夫亡守節三十七年

楊天章妻董氏 二十一歲夫亡事姑盡孝守節四十九年

主事李大恒妻黃氏 二十九歲夫亡撫孤成立守節三十年

陸明揚妻俞氏 二十五歲夫亡撫孤守節三十七年

楊文榮妻邱氏 二十二歲夫亡撫孤守節六十年

陳璧林妻張氏 以上嘉慶十二年旌

盛學海妻沈氏 二十七歲夫亡敬事翁姑守節六十四年

吳士英妻沈氏 二十九歲夫亡守節四十四年

張加瑤妻陸氏 二十八歲夫亡撫嗣守節三十七年

裘南暘繼妻杜氏 二十七歲夫亡撫孤守節四十二年

周晴妻沈氏

生員徐觀光繼妻沈氏 二十八歲夫亡撫孤守節三十二年以上嘉慶十三年旌

周鑑民妾王氏 二十六歲鑑民亡守節五十年

周大賚妻許氏 十九歲夫亡守節五十三年

吳紹曾妻陸氏 十七歲夫亡撫孤守節三十五年

朱南陽妻王氏 二十一歲夫亡撫孤守節三十一年

潘聲木妻周氏 二十一歲夫亡守節三十二年以上嘉慶十四年旌

沈傳英妻周氏

監生沈嗣昌妻楊氏 二十六歲夫亡撫嗣守節三十七年

生員朱泰妻懷氏 二十三歲夫亡撫孤守節十八年

生員梅定埈繼妻丁氏 三十歲夫亡撫孤守節三十一年

沈世勳妻何氏 二十二歲夫亡撫孤守節四十五年

沈文鼇妻李氏 以上嘉慶十五年旌

沈廷懷妻沈氏 二十九歲夫亡守節三十九年

曹端伯妻路氏 二十五歲夫亡撫嗣守節三十年

生員汪源妻淩氏 二十八歲夫亡撫孤守節二十一年

廩生汪大椿妻陸氏 二十一歲夫亡撫孤守節三十年

錢嵩妻張氏 二十九歲夫亡撫孤守節三十八年

陳起禎妾劉氏 二十八歲起禎亡撫孤守節三十五年

沈疏達妻張氏 十九歲夫亡孝事翁姑撫遺腹子成立守節三十二年

陸洪聲妻仲氏 二十八歲夫亡撫孤守節二十九年

岳世隆妻嚴氏 婚二載夫亡撫孤孝侍邁姑守節六十年

監生沈廷柱妻張氏 二十九歲夫亡撫孤守節三十一年以上嘉慶十六年旌

楊士芳妻阮氏 十八歲夫亡孝事翁姑守節五十一年

張鈞隆繼妻楊氏源達妻馬氏 楊二十九歲寡以姪源達爲嗣娶媳馬氏越六年又寡姑婦相依楊守節二十八年馬守節三十一年

沈惠芳妻徐氏 二十六歲夫亡撫孤守節四十五年以上嘉慶十七年旌

仇鳴玉妻王氏 二十六歲夫亡守節三十八年

監生朱溥妻淩氏 二十九歲夫亡撫孤守節二十八年

沈九成妻婁氏 十九歲夫亡撫孤守節五十三年

沈洪元妻張氏 二十七歲夫亡撫孤守節二十七年

金達聲妻董氏 二十九歲夫亡撫孤守節三十七年

張振凡妻徐氏 二十四歲夫亡撫孤守節五十年

國學生卞景元妻吳氏 二十六歲夫亡撫孤守節五十年

余寶穀妻岳氏 二十九歲夫亡撫孤守節二十三年

仲國英繼妻郁氏 二十七歲夫亡撫孤守節三十一年

陳廷和妻錢氏 二十九歲夫亡撫孤守節三十八年以上嘉慶十八年旌

呂佐岧妻金氏 二十五歲夫亡守節三十七年嘉慶十九年旌

馬嘉綸妾嚴氏 二十四歲嘉綸亡撫孤守節四十七年

毛秉忠妻彭氏 二十八歲夫亡撫孤守節四十七年

袁鳴臯妻俞氏 二十八歲夫亡撫孤守節二十三年

沈振模妻周氏 三十歲夫亡撫嗣守節二十一年

生員屠潮妻朱氏二十九歲夫亡守節三十年

王巨川妻江氏二十九歲夫亡撫孤守節三十九年

顧文英妻張氏二十歲夫亡守節七十一年

戴長發妻徐氏二十七歲夫亡撫孤守節五十一年

監生項振緒妻洪氏二十九歲夫亡撫孤守節四十年

監生陳銀海妻高氏二十歲夫亡事姑守節二十二年

吳心怡妻沈氏二十一歲夫亡教子入庠守節二十二年

潘勲妻高氏以上嘉慶二十年旌

李聲遠妻朱氏二十九歲夫亡孝事翁姑守節二十一年

顧隆舒繼妻沈氏三十歲夫亡撫孤守節三十二年

國學生顧應中妻陳氏三十歲夫亡撫嗣守節二十二年

唐兆麒妻何氏二十九歲夫亡撫嗣守節三十年

黃肇安妻項氏三十歲夫亡撫孤守節四十年

吳嘉盛妻沈氏二十二歲夫亡撫嗣守節三十七年

胡秀文妻周氏二十二歲夫亡撫嗣守節二十年

卜啟元妻施氏二十二歲夫亡撫嗣守節四十六年

吳嘉賓妻吳氏二十八歲夫亡撫孤守節三十八年

施履周妻吳氏二十七歲夫亡撫孤守節五十年

王紹曾妻范氏二十八歲夫亡撫孤守節三十四年以上嘉慶二十一年旌

胡君發妻莫氏二十七歲夫亡孝事翁姑撫孤成立守節三十二年

錢廷鑑妻劉氏二十一歲夫亡撫孤守節三十年

淩懷珍妻莊氏二十三歲夫亡守節三十年

生員項鸞妻陸氏十八歲夫亡撫孤守節三十一年

監生陳人杰妻袁氏二十七歲夫亡事翁姑盡孝撫孤守節四十年

張立方妻史氏二十六歲夫亡孝事翁姑撫孫成立守節五十九年

張坤三妻高氏二十六歲夫亡孤甫三月撫育成立守節四十一年

生員方璇妾朱氏二十七歲璇亡守節三十四年

沈元賓妻韋氏二十三歲夫亡守節四十一年

王承憲妻嚴氏二十七歲夫亡守節四十年

陳永嘉妻俞氏二十八歲夫亡撫孤守節十六年

陳立倉妻孫氏二十一歲夫亡撫孤守節五十三年以上嘉慶二十二年旌

監生許仰松妻莊氏二十三歲夫亡撫孤守節三十年

陸嘉順妻吳氏二十九歲夫亡撫孤守節三十六年

高玉麒妻楊氏二十五歲夫亡撫嗣守節三十七年

楊在安妻褚氏二十二歲夫亡撫孤守節三十年

陳惠堂妻張氏二十七歲夫亡撫孤守節二十三年

劉浚妻俞氏二十九歲夫亡守節二十三年

陸鳳潮妻沈氏二十八歲夫亡撫孤守節五十三年

沈德瀜妻熊氏二十三歲夫亡撫孤守節三十二年

張正庸妻董氏二十二歲夫亡撫孤守節四十四年

錢錦川妻沈氏二十九歲夫亡撫孤守節二十八年

殷丹陛妻汪氏二十五歲夫亡撫孤守節二十四年

吳終朝妻李氏三十歲夫亡撫孤守節四十六年

徐大文妻郁氏二十八歲夫亡撫孤守節三十五年

朱玉乾妻計氏二十八歲夫亡撫孤守節十七年

朱玉林妻郭氏十九歲夫亡撫嗣守節三十二年

朱天倫妻沈氏二十七歲夫亡撫孤守節二十四年以上嘉慶二十三年旌

姚秉邦妻金氏十七歲夫亡撫嗣守節六十六年

卜德珍妻何氏二十九歲夫亡撫嗣守節四十三年

沈耀宗妻莫氏二十九歲夫亡撫嗣守節三十二年

張汝熊妻楊氏二十五歲夫亡撫孤守節三十一年

諸玉禾妻陸氏二十三歲夫亡撫嗣守節五十四年

范思孝妻陸氏十九歲夫亡守節三十六年

監生文士烝妾李氏二十九歲士烝亡撫孤守節二十八年以上嘉慶二十四年旌

吳紹庭妻石氏婚甫一載夫亡守節四十一年

徐天禮妻張氏二十九歲夫亡撫嗣守節三十年

吳大林繼妻洪氏二十一歲夫亡撫嗣守節三十一年

徐籛齡妻姚氏二十八歲夫亡撫孤守節三十八年

馮廷書妻陳氏

邵來賓妻文氏二十七歲夫亡撫嗣守節三十六年

邵培蒼妻徐氏二十三歲夫亡撫嗣守節三十四年

高御天妻許氏二十三歲夫亡撫孤守節三十四年

吳上達妻鄒氏二十六歲夫亡撫嗣守節五十四年

范塏妻王氏二十歲夫亡撫孤守節十六年

蒲廷宰妻朱氏二十七歲夫亡撫孤守節三十四年

蔡廷選妻姚氏二十七歲夫亡撫孤守節四十二年

辪厚堂妻王氏二十三歲夫亡撫孤守節五十三年

殳秉忠妻陳氏二十八歲夫亡撫孤守節二十九年

生員錢杞妻陸氏二十三歲夫亡撫孤守節二十八年

陸寶傳妻吳氏二十七歲夫亡撫孤守節二十七年

王又華妻史氏三十歲夫亡撫孤守節二十五年

陶建三妻王氏二十五歲夫亡守節四十五年

職監張元素妻沈氏二十九歲夫亡撫孤守節三十四年

周殿安妻張氏二十七歲夫亡撫孤守節四十二年

楊汝琦妻董氏二十九歲夫亡撫嗣守節二十六年

徐觀臨妻陳氏二十一歲夫亡撫嗣守節四十年

慎廷陛妻趙氏二十三歲夫亡撫孤守節三十年

朱休順妻謝氏二十八歲夫亡撫孤守節三十一年

周仲昭妻宋氏二十八歲夫亡撫嗣守節四十一年

紀應祖妻陸氏二十四歲夫亡撫孤守節二十九年

錢灝妻郭氏二十四歲夫亡撫孤守節三十三年

陳鳳超妻郤氏三十歲夫亡撫孤守節三十三年

周裕常繼妻姚氏二十七歲夫亡撫孤守節十九年以上嘉慶二十五年旌

李亘載妻卜氏二十五歲夫亡撫孤成立守節三十三年

許大禮妻陳氏二十五歲夫亡撫孤守節四十三年

吳堯彩妻潘氏二十九歲夫亡守節二十八年

錢御龍妻張氏二十七歲夫亡撫孤守節五十九年

蔣廷明妻陶氏二十七歲夫亡撫孤成立守節四十三年

張璧達妻宋氏二十五歲夫亡撫嗣守節三十五年

陸士相妻陶氏二十八歲夫亡撫孤守節三十三年

張焜妻周氏二十六歲夫亡撫孤守節二十六年

陶秉彝妻張氏二十六歲夫亡撫孤守節二十二年

計鴻武妻林氏二十九歲夫亡撫嗣守節四十年

龔紹榮妻施氏三十歲夫亡撫嗣守節三十二年

于廷楣妻陶氏十八歲夫亡撫孤守節四十年

金文元妻趙氏二十五歲夫亡撫嗣守節十九年

朱楷妻馬氏二十六歲夫亡撫嗣守節三十一年

張德鳳妻趙氏二十一歲夫亡撫孤守節四十八年

張德成妻莫氏二十三歲夫亡撫嗣守節四十二年

張德祥妻趙氏二十九歲夫亡撫孤守節三十二年

蔡士賢妻董氏二十九歲夫亡撫孤守節三十四年以上道光元年旌

張乾發妻俞氏讓妻許氏姑媳雙節俞二十九歲夫亡無子以夫兄子讓兼祧娶婦許氏二十五歲亦寡許守節二十九年俞守節五十四年

婁珠樹妻孫氏二十六歲夫亡撫孤守節四十三年

楊輔廷妻殳氏二十九歲夫亡撫孤守節四十四年

太學生金孝懋妻許氏三十歲夫亡撫孤守節三十三年

生員宋錦華妻孔氏二十七歲夫亡撫嗣守節二十四年

張辰達妻胡氏十九歲夫亡撫嗣守節三十七年

朱錦連妻陸氏二十五歲夫亡撫嗣守節五十九年

史廷松妻計氏二十七歲夫亡撫嗣守節三十一年

徐廷玉妻姚氏二十四歲夫亡撫孤守節四十八年

尤敘高妻袁氏二十九歲夫亡撫孤守節十八年以上道光二年旌

生員沈九鵬妻周氏二十五歲夫亡守節四十四年

魏體揆妾孫氏二十八歲體揆亡撫嗣守節三十五年

朱尚衜妻莊氏二十二歲夫亡守節三十二年

唐儒珍妻陳氏二十五歲夫亡撫嗣守節三十六年

吳士昌妻沈氏二十三歲夫亡撫孤守節三十二年

舉人唐作楫繼妻朱氏二十七歲夫亡撫孤守節二十七年

生員殷世烝妻葛氏三十歲夫亡撫孤守節二十二年以上道光三年旌

婁玉飛妻計氏十九歲夫亡孝事重慈守節四十一年

監生楊國銓繼妻黃氏二十八歲夫亡孝事翁姑撫孤成立守節三十九年

龔必達妻戴氏二十八歲夫亡撫孤守節五十五年

生員汪奉詩妻朱氏二十九歲夫亡撫孤守節三十四年

陸傳英妻沈氏二十五歲夫亡撫孤守節四十二年

張大方妻龔氏二十八歲夫亡撫孤守節二十九年

蘇立齋妻朱氏二十四歲夫亡撫嗣守節四十一年

宋瑞懷妻孫氏二十五歲夫亡撫孤守節三十七年

顧仁和妻黃氏二十五歲夫亡撫孤守節三十七年

周孚先繼妻吳氏二十四歲夫亡撫孤守節五十二年

監生吳應書妻孫氏二十九歲夫亡撫嗣守節三十四年

胡立階妻朱氏二十四歲夫亡撫嗣守節三十九年

生員陳于廷妻勞氏二十九歲夫亡撫嗣守節四十七年

錢瑞繼妻陳氏二十三歲夫亡撫孤守節三十一年

陳君儀妻陶氏二十八歲夫亡撫孤守節四十年

生員陶一元妻沈氏二十七歲夫亡撫嗣守節二十七年

張懋昭妻張氏　沈廷楷繼妻盛氏

郭思喬妻潘氏二十五歲夫亡撫孤守節二十九年

曹壽祥妻顧氏二十三歲夫亡撫嗣守節三十八年

楊立方妻孔氏二十九歲夫亡撫孤守節四十六年以上道光四年旌

卜允中妻吳氏二十八歲夫亡撫孤守節三十五年

生員吳銘妻賀氏二十七歲夫亡撫孤守節三十年

李德修妻吳氏二十六歲夫亡守節二十五年

薛文培妻張氏十九歲夫亡撫孤守節三十三年

楊永傳妻吳氏二十三歲夫亡撫孤守節二十六年

沈旂表妻馬氏二十九歲夫亡撫孤守節四十四年

張廷魁妻蔣氏二十九歲夫亡撫孤守節三十五年

國學生周仁安繼妻沈氏二十六歲夫亡撫孤守節二十九年

沈映熹妻徐氏二十一歲夫亡守節三十七年

周孝謙妻陳氏二十八歲夫亡守節三十二年

殷鳳渚妻謝氏二十九歲夫亡撫孤守節三十四年

吳含章妻鈕氏二十八歲夫亡撫孤守節二十九年

張應元妻胡氏二十九歲夫亡撫孤守節四十一年

項慶祥妻唐氏二十九歲夫亡守節二十五年

王本禮妻蘇氏二十七歲夫亡撫孤守節三十一年

徐東揚妻邵氏二十二歲夫亡撫孤守節三十年

黃守廷妻嚴氏二十九歲夫亡撫孤守節二十七年

陳自高妻沈氏二十八歲夫亡撫孤守節二十六年

周忠揚妻張氏二十五歲夫亡守節二十八年

胡友夔妻陳氏二十三歲夫亡孝事舅姑守節三十八年

朱泰銘妻吳氏二十九歲夫亡撫孤守節三十一年

錢廷爵妻徐氏二十歲夫亡事姑能盡孝守節三十二年

吳肯堂妻張氏二十三歲夫亡守節四十八年

顧維椿妻范氏二十八歲夫亡孝事翁姑守節二十四年

屠讓三妻畢氏二十五歲夫亡守節四十年以上道光五年旌

李上林妻許氏二十四歲夫亡撫孤守節三十四年

朱振初妻徐氏二十八歲夫亡撫嗣守節五十二年

陳愛聰妻沈氏二十一歲夫亡痛絕復蘇數日不食事祖姑盡孝守節三十四年

沈廷貴繼妻朱氏三十歲夫亡撫孤守節四十三年

秦星懷妻李氏二十歲夫亡守節三十七年

汪宗聖妻鍾氏二十五歲夫亡撫嗣守節二十年

生員汪宗文妻吳氏三十歲夫亡撫嗣守節十七年

程裕昆妻周氏

廪生胡萬年妻汪氏二十三歲夫亡撫孤守節三十二年

監生邵東僖妻張氏二十九歲夫亡撫孤守節四十三年以上道光六年旌

陳天貴妻金氏二十九歲夫亡孝事翁姑撫嗣守節三十一年

馮爾睿妻李氏二十四歲夫亡事姑克孝撫子鼎文入泮守節四十五年以上道光七年旌

馬文若妻潘氏二十五歲夫亡撫孤守節二十六年

沈法生妻高氏十八歲夫亡守節十三年

陳介眉妻周氏二十六歲夫亡守節三十六年

監生吳文濬妻顧氏二十六歲夫亡守節四十六年

吳璜妻沈氏二十五歲夫亡撫孤守節三十年

吳朝懷妻楊氏二十七歲夫亡撫孤守節四十四年

生員王七襄妻錢氏二十七歲夫亡哀慟幾絕孝事翁姑守節二十三年

薛雨亭妻楊氏二十七歲夫亡撫孤守節二十七年

施招發妻李氏二十七歲夫亡撫孤守節二十八年

萬泰孚妻王氏二十五歲夫亡撫孤守節十七年

張柏林妻姚氏二十六歲夫亡撫孤守節二十六年

蔣國瑤妻陸氏二十六歲夫亡守節二十五年

徐盛文繼妻沈氏二十八歲夫亡撫孤守節二十六年

陳鎬周妻曹氏二十一歲夫亡撫孤守節三十年

蔣履成妻陸氏二十六歲夫亡撫孤守節四十三年

楊映沖妻沈氏二十四歲夫亡撫孤守節四十一年

金履端妻陸氏二十九歲夫亡撫孤守節二十三年

金錚妻楊氏二十五歲夫亡撫嗣守節十二年

范星來妻王氏二十九歲夫亡撫孤守節四十一年

吳觀祿妻張氏二十九歲夫亡撫孤守節四十一年

項雲程妻姚氏二十九歲夫亡撫嗣守節二十九年

繆聖榮妻倪氏二十七歲夫亡撫嗣守節四十一年

戴灝妻莊氏二十七歲夫亡撫嗣守節五十年

楊世德妻張氏二十六歲夫亡撫孤守節二十四年

常國祥妻張氏 二十六歲夫亡撫孤守節三十一年

何廷埸妻陸氏 二十七歲夫亡撫孤守節三十五年

陸維馨妻洪氏 二十九歲夫亡守節二十四年

金卓人妻沈氏 三十歲夫亡撫嗣守節四十五年

黃金魁妻張氏 二十九歲夫亡撫孤守節三十四年

姜文瑞妻吳氏 二十七歲夫亡撫孤守節二十七年

李雲妻屠氏 二十八歲夫亡撫嗣守節三十九年

華世偉妻陶氏 二十八歲夫亡撫孤守節四十七年

華鏞妻黃氏 二十九歲夫亡撫孤守節二十二年

馬爾堅妻楊氏 二十四歲夫亡撫嗣守節四十五年

沈孔傳妻屠氏 二十五歲夫亡撫嗣守節五十年

沈秉良妻陸氏 三十歲夫亡撫嗣守節三十四年

王靑選妻胡氏 二十四歲夫亡撫嗣守節十七年以上道光八年旌

沈世紱妻李氏 二十六歲夫亡撫孤守節二十三年

顧華宗妻張氏 二十九歲夫亡撫孤守節三十六年

梅元載妻馮氏 二十九歲夫亡撫孤守節三十七年

祝學浚妻柴氏 二十歲夫亡撫孤守節三十一年

金嘉穀妻沈氏 二十七歲夫亡撫孤守節三十五年

陸根大妻姚氏 二十九歲夫亡孝事翁姑守節二十七年

辜啟濬妻仲氏 二十九歲夫亡孝事邁姑守節四十一年

生員萬邦凝妻李氏 二十七歲夫亡守節三十六年

徐景符妻江氏 二十八歲夫亡守節十六年

生員陸銓妻張氏 二十六歲夫亡守節二十八年

傅學文妻蕭氏 二十九歲夫亡守節三十八年

高鳴飛妻鄭氏 三十歲夫亡守節二十七年

李于湘妻陳氏 二十六歲夫亡守節二十五年

朱左槐妻薛氏 二十五歲夫亡守節三十五年

張廷魁妻章氏 二十七歲夫亡孝事髦姑守節三十三年

徐卓仁妻姚氏 二十九歲夫亡守節十二年

吳崧玉妻鄭氏 二十六歲夫亡撫二子成立守節二十二年

汪錦堂妻陳氏 二十七歲夫亡事姑守節十四年

金鏞妻曹氏 二十四歲夫亡撫孤守節三十九年

陸均妻馬氏 二十七歲夫亡撫孤守節二十五年

凌大德妻沈氏 二十九歲夫亡守節二十三年

鍾鳴和妻陳氏 二十八歲夫亡守節三十八年

熊遇渭繼妻徐氏 二十八歲夫亡守節三十三年

生員熊熙妻潘氏 二十九歲夫亡守節十四年

生員金貽穀妻朱氏 二十歲夫亡撫嗣守節十九年

凌漢元妻徐氏 二十九歲夫亡撫孤守節二十三年

張尊璜繼妻計氏 二十九歲夫亡撫孤守節四十年

周學廷妻王氏二十五歲夫亡撫嗣守節二十六年

陳沛堂妻李氏二十三歲夫亡撫嗣守節三十五年

陳履堂妻孫氏二十五歲夫亡撫孤守節三十一年

林永祥妻趙氏二十九歲夫亡撫孤守節二十四年

陸儒宗妻張氏二十四歲夫亡守節四十三年

梅長錩妻蕭氏二十七歲夫亡撫嗣守節三十年

姚鳳林妻楊氏二十八歲夫亡撫孤守節二十二年

陸世龍妻俞氏二十七歲夫亡撫孤守節二十一年

淩羽蒼妻徐氏二十九歲夫亡撫孤守節三十三年

夏日昇妻韓氏二十八歲夫亡撫孤守節五十八年

陶畢韓妻陳氏二十六歲夫亡撫孤守節五十四年

沈廷模妻曹氏二十四歲夫亡撫孤守節三十五年

王晴麗妻陶氏

成永林妻吳氏二十七歲夫亡撫孤守節二十六年

張子松妻高氏二十九歲夫亡撫孤守節二十八年

沈其祥妻朱氏二十九歲夫亡撫嗣守節三十七年

趙裕堂妻顧氏二十四歲夫亡撫嗣守節十三年

監生朱肇煌妻高氏二十六歲夫亡撫孤守節二十四年

汪江妻楊氏三十歲夫亡撫孤守節五十年

王瑞芝妻陸氏二十七歲夫亡撫孤守節六十二年以上道光十年旌

生員張永清繼妻唐氏二十八歲夫亡撫嗣守節三十三年

監生陳邵漣妻陶氏二十九歲夫亡守節十一年以上道光九年旌

俞允長妻馬氏二十七歲夫亡撫孤守節三十三年

周家麒妻吳氏二十九歲夫亡撫孤守節二十五年

沈太根妻莊氏十八歲夫亡撫孤守節十九年

孟如江妻范氏二十九歲夫亡守節二十四年

鄭鵬妻張氏二十七歲夫亡守節三十二年

陸恒久妻金氏二十九歲夫亡撫嗣守節二十六年

監生陳臨妻沈氏二十九歲夫亡守節三十年

沈德源妻朱氏三十歲夫亡撫孤守節五十一年

朱震妻石氏二十五歲夫亡撫嗣守節三十年

張永發妻丁氏二十七歲夫亡撫孤守節二十六年

生員李錫芳妻高氏二十四歲夫亡撫孤守節二十六年

夏尚麟妻殳氏二十九歲夫亡撫嗣守節五十二年

王健行妻朱氏二十歲夫亡撫孤守節三十四年

李沁碧繼妻張氏二十六歲夫亡撫孤守節十八年

俞允順妻胡氏二十六歲夫亡守節三十年

馬俊臣妻沈氏三十歲夫亡撫孤守節三十年

胡守璚妻田氏二十九歲夫亡撫孤守節四十一年

周學乾繼妻沈氏二十七歲夫亡撫孤守節三十三年

施秋嚴妻陳氏二十九歲夫亡守節四十七年

胡希照妻莫氏二十一歲夫亡守節三十一年

吳履檢妻孫氏二十九歲夫亡守節三十四年

馬善揚妻孫氏二十四歲夫亡守節三十六年

劉杞妻盛氏二十六歲夫亡守節三十九年

監生葉渭琳繼妻陳氏二十九歲夫亡撫孤成婚後又殀乃撫孫金歐游庠守節三十一年

褚世昌妻徐氏二十七歲夫亡撫嗣守節二十二年

朱聖林妻石氏二十七歲夫亡撫孤守節三十一年

卜進元妻許氏二十六歲夫亡撫嗣守節五十五年

生員盛逢源妻方氏二十八歲夫亡撫嗣守節二十三年

計俯文妻鍾氏二十四歲夫亡撫嗣守節四十六年

沈泰基妻張氏二十歲夫亡撫孤守節三十八年

朱維天妻鄭氏二十八歲夫亡撫孤守節二十五年

湯肇慶妻金氏二十五歲夫亡守節二十三年

孫品山妻王氏二十九歲夫亡撫孤守節二十七年

陳志偉妻徐氏二十九歲夫亡撫嗣守節二十八年

張楚珍繼妻沈氏二十九歲夫亡撫孤守節三十二年

生員汪世植妾楊氏二十二歲世植亡撫嗣守節三十年

施明遠妻唐氏二十九歲夫亡撫孤守節四十一年

岳掄元妻屠氏二十八歲夫亡撫嗣守節三十年

錢明發妻吳氏二十四歲夫亡撫孤守節五十一年

顧錫齡妻唐氏二十九歲夫亡撫孤守節二十五年

沈錦天妻徐氏二十九歲夫亡撫孤守節三十六年

貢生李德懷妻吳氏二十一歲夫亡撫嗣守節三十年

吳汝樑妻張氏二十八歲夫亡撫嗣守節十七年

胡覲元妻周氏二十五歲夫亡撫孤守節三十七年

胡兆元妻錢氏二十七歲夫亡撫孤守節三十四年

職員崔鋆妻李氏三十歲夫亡撫孤守節四十八年

貢生崔潮妻包氏二十八歲夫亡撫孤守節五十二年以上道光十一年旌

謝旣勤妻章氏二十五歲夫亡撫孤守節三十八年

羅畫堂妻費氏二十四歲夫亡撫孤守節三十六年

高國華妻徐氏二十六歲夫亡撫孤守節五十七年

生員包振焜妻吳氏二十九歲夫亡守節十一年

職監卜遇妾俞氏二十九歲遇亡守節十八年

施景榮妻沈氏二十九歲夫亡撫孤守節三十二年

歐陽書妻勞氏十九歲夫亡守節十七年

楊邦華妻李氏二十四歲夫亡撫嗣守節三十六年

汪士標妻張氏二十四歲夫亡撫嗣守節二十九年

汪士椿妻費氏二十五歲夫亡撫嗣守節四十七年

錢孝祠妻盛氏二十七歲夫亡守節十六年

高尚文妻浦氏二十三歲夫亡撫孤守節四十五年

高尚元妻張氏二十九歲夫亡撫孤守節三十九年

殷鳳翰妻王氏二十八歲夫亡撫嗣守節二十四年

趙勝昌妻陳氏二十歲夫亡撫孤守節四十八年

監生李學滄妻吳氏二十九歲夫亡撫孤守節四十五年

孫文進妻計氏三十歲夫亡撫孤守節三十五年

錢鳳銜妻許氏二十八歲夫亡撫嗣守節二十五年

生員顧秀能妻徐氏二十五歲夫亡撫嗣守節二十七年

錢聖公妻陳氏二十歲夫亡撫孤守節三十六年

陸永銓妻李氏二十五歲夫亡撫孤守節十九年

吾雲章妻潘氏三十歲夫亡撫孤守節三十九年

錢瑜懷妻滕氏二十九歲夫亡撫孤守節二十三年

陸維賢妻金氏三十歲夫亡守節二十一年

沈民山妻卜氏二十六歲夫亡撫孤守節二十七年

王頌如妻沈氏二十九歲夫亡撫孤守節四十六年

張玉林妻沈氏二十九歲夫亡撫孤守節二十三年

周士安妻朱氏二十七歲夫亡撫孤守節三十三年

殷鳳瑞妻王氏二十六歲夫亡撫嗣守節二十七年以上道光十二年旌

許光祖妻王氏二十二歲夫亡撫嗣守節三十一年

張聰雲妻陸氏三十歲夫亡撫嗣守節四十八年

監生楊鶴軒妻唐氏二十八歲夫亡撫孤守節三十二年

楊崑妻沈氏十九歲夫亡撫嗣守節四十一年

楊翼豐妻施氏二十八歲夫亡撫孤守節五十年

屠完玉繼妻張氏三十歲夫亡撫孤守節三十二年

盛鳳池妻陸氏二十九歲夫亡撫孤守節五十二年

朱鼎元妻王氏二十一歲夫亡撫孤守節三十四年

金玉麟妻包氏二十五歲夫亡撫嗣守節五十八年

湯德榮妻陳氏二十四歲夫亡撫孤守節五十八年

徐友仁妻蔣氏二十四歲夫亡撫孤守節五十一年

監生溫從允妻陸氏二十一歲夫亡撫嗣守節四十八年

朱巧隆妻周氏二十四歲夫亡撫孤守節三十八年

曾書舟妻鄭氏二十九歲夫亡守節四十八年

胡南山妻張氏二十四歲夫亡守節二十八年

鄭蘭林妻沈氏二十一歲夫亡撫孤守節三十六年

張士昌妻徐氏二十八歲夫亡守節四十四年

贈四品銜陶繩妾邱氏本農家女繩納時年近八旬邱侍繩甚謹越三載邱二十一歲繩亡遺命遣嫁而邱堅志守貞苦節三十二年

鮑賡和妻唐氏二十四歲夫亡守節四十三年

金加得妻朱氏二十八歲夫亡守節四十年

張同椿妻戴氏二十九歲夫亡守節三十六年

趙汝明妻徐氏 二十九歲夫亡守節四十五年
徐璜蓋妻陳氏 三十歲夫亡撫孤守節三十三年
楊家聲妻高氏 二十九歲夫亡撫孤守節三十九年
張慶曾妻陳氏 二十六歲夫亡守節二十七年
黃蘊輝妻卜氏 二十八歲夫亡撫孤守節二十八年
周紹文妻徐氏 二十歲夫亡撫孤守節四十九年
沈明來妻卜氏 二十九歲夫亡撫嗣守節六十四年
沈有彰妻馮氏 二十八歲夫亡撫孤守節四十年
陳玉章妻屠氏 二十二歲夫亡撫孤守節三十四年
鄭聲和妻陳氏 二十五歲夫亡撫孤守節三十七年

沈大魁妻朱氏 二十九歲夫亡撫孤守節五十五年
朱闕德妾陸氏 二十三歲闕德亡撫孤守節五十八年
羅世鉉妻高氏 二十四歲夫亡撫孤守節三十八年
周瑞坤妻屠氏 二十九歲夫亡撫嗣守節三十年以上道光十三年旌
李筠妻張氏 二十三歲夫亡撫嗣守節三十九年
陶席正妻顧氏 二十八歲夫亡撫孤守節四十年
周長耕妻萬氏 二十六歲夫亡撫孤守節二十二年
曹劍可妻韓氏 二十一歲夫亡守節五十年
張廷宰妻朱氏 三十歲夫亡撫孤守節十九年
李召昌妻陸氏 二十五歲夫亡撫孤守節三十八年

項鳳輝妻楊氏 二十九歲夫亡撫嗣守節三十一年
徐文繡妻徐氏 二十八歲夫亡守節二十二年
馬彥蓉妻王氏 二十五歲夫亡撫孤守節二十年
楊貴龍妻陳氏 二十三歲夫亡撫嗣守節五十年
吳聖山妻沈氏 二十九歲夫亡撫嗣守節五十三年
吳漢超妻陸氏 三十歲夫亡守節二十三年
吳錦坤妻徐氏 二十八歲夫亡撫嗣守節三十一年
吳宗源妻戴氏 二十六歲夫亡撫嗣守節三十年
王恒懷妻蔣氏 二十二歲夫亡撫嗣守節三十二年
張恒德妻陸氏 二十九歲夫亡撫孤守節三十二年

馬應階妻章氏 二十七歲夫亡守節十二年
李世英妻王氏 二十三歲夫亡撫孤守節三十六年
李世傑妻蔡氏 二十五歲夫亡撫孤守節三十一年
姚廷根妻朱氏 二十六歲夫亡守節二十八年
顧裕章妻蕭氏 二十九歲夫亡撫孤守節二十六年
生員曹文炳妻郭氏 二十七歲夫亡撫嗣守節二十二年
孫文桂妻王氏 二十八歲夫亡守節四十年
王覲顏妻陳氏 二十五歲夫亡守節二十六年
沈東原妻王氏 三十歲夫亡撫孤守節四十二年
沈坤發妻陸氏 三十歲夫亡撫孤守節二十一年

王德賢妻許氏二十一歲夫亡撫嗣守節二十二年

霍紹祥妻俞氏三十歲夫亡撫嗣守節二十八年

淩永才妻許氏二十四歲夫亡撫嗣守節三十三年

陳永高妻陸氏二十六歲夫亡撫嗣守節五十五年

江紹初妻吳氏二十八歲夫亡撫孤守節二十三年

余衍凝繼妻戴氏以上道光十四年旌

金霞峯妾包氏二十四歲霞峯亡撫孤守節三十四年

翁玉符妻程氏二十八歲夫亡撫孤守節二十八年

監生江學文妾何氏三十歲學文亡撫孤守節三十四年

沈日章妻吳氏二十五歲夫亡撫嗣守節三十五年

錢模妻沈氏二十八歲夫亡撫嗣守節三十六年

羅敬持妻卞氏二十五歲夫亡撫孤守節二十八年

范魯望妻虞氏二十八歲夫亡撫孤守節三十五年

徐泰嘉妻顧氏二十五歲夫亡撫嗣守節二十七年

徐端妻史氏二十八歲夫亡撫嗣守節四十二年

監生施宰爕妻鄭氏二十五歲夫亡守節四十三年

施宸爕妻倪氏二十五歲夫亡守節四十八年

錢上榮妻王氏二十六歲夫亡撫孤守節三十年

生員郁談綸妻馬氏三十歲夫亡撫孤守節二十一年

監生駱世俊繼妻沈氏三十歲夫亡撫孤守節二十八年

生員姚映彩妻盛氏二十九歲夫亡撫孤守節四十二年

曾元安妻潘氏二十七歲夫亡撫嗣守節二十八年

唐惕庵妻盛氏二十歲夫亡撫孤守節二十三年

費鏞妻袁氏二十一歲夫亡撫嗣守節四十九年

潘恒德妻吳氏二十七歲夫亡撫孤守節四十一年

莊士明妻董氏二十八歲夫亡撫孤守節二十八年

金德恩妻陸氏三十歲夫亡守節三十八年

奚浩妻康氏二十四歲夫亡撫孤守節四十九年

朱銘妻許氏二十四歲夫亡撫嗣守節二十八年

褚維騂妻姚氏二十九歲夫亡撫嗣守節五十七年

朱聯輝妻王氏二十歲夫亡撫孤守節三十七年

万永安妻丁氏二十四歲夫亡撫孤守節三十七年

王臣妻李氏三十歲夫亡撫孤守節四十二年

卜叙昭妻尤氏二十四歲夫亡撫孤守節四十年

卜基妻金氏二十九歲夫亡撫孤守節五十七年

卜鋆妻陳氏二十八歲夫亡撫孤守節二十九年

秦庭佐妻范氏二十四歲夫亡撫嗣守節三十六年

毛壽世妻張氏二十三歲夫亡撫孤守節三十六年

監生盛世傑妻姚氏二十八歲夫亡撫孤守節四十年

唐維棟妻沈氏二十八歲夫亡撫孤守節三十年

楊廷標妻沈氏二十八歲夫亡撫孤守節十四年
戴文炳妻韓氏二十六歲夫亡撫孤守節二十六年
沈國興妻朱氏三十六歲夫亡守節五十三年
金文烈妻陸氏二十二歲夫亡守節三十四年
胡君白妻褚氏二十九歲夫亡守節四十三年
生員殳浩妻盛氏二十三歲夫亡撫嗣守節五十年
陸坤載妻楊氏二十九歲夫亡撫孤守節三十一年
仲珮珍妻衞氏以上道光十五年旌
李性天妻沈氏二十五歲夫亡撫孤守節二十六年
陳用章妻聞人氏二十四歲夫亡撫嗣守節六十七年

陳元安妻張氏二十八歲夫亡撫嗣守節二十七年
楊應齡妻沈氏二十三歲夫亡撫孤守節三十三年
梅賡雅妻殷氏二十五歲夫亡撫嗣守節二十年
張士祥妻王氏二十七歲夫亡撫嗣守節三十八年
王德明妻韋氏
范之壬妻沈氏二十七歲夫亡守節四十年
生員辜鳳威妾顧氏二十九歲鳳威亡撫孤守節三十二年
朱明德妻俞氏二十九歲夫亡撫嗣守節二十七年
陳大生妻許氏二十四歲夫亡撫孤守節二十九年
陳炳來妻沈氏二十九歲夫亡撫孤守節四十六年

陸毓昌妻王氏二十五歲夫亡撫孤守節三十六年
楊五緯妻李氏二十九歲夫亡撫孤守節三十一年
曹鴻甫妻吳氏二十六歲夫亡守節三十五年
殷理本妻方氏二十七歲夫亡撫嗣守節二十七年
戴宇康繼妻丁氏十九歲夫亡撫嗣守節三十六年以上道光十六年旌
職員陳燦妻何氏二十七歲夫亡撫嗣守節二十九年
陳有章妻張氏二十二歲夫亡撫嗣守節三十一年
江鳳潮妻徐氏三十歲夫亡撫嗣守節三十七年
張德祥妻陳氏二十五歲夫亡撫孤守節三十九年
金選華妻呂氏二十六歲夫亡撫孤守節三十八年

沈叙昌妻陳氏二十八歲夫亡撫嗣守節五十一年
仲慶豐妻唐氏二十三歲夫亡守節三十五年
陳渭揚妻范氏二十三歲夫亡撫孤守節三十一年
陳守愷妻勞氏二十九歲夫亡撫孤守節三十五年以上道光十七年旌
張光國妻孫氏二十六歲夫亡撫嗣守節四十九年
陳金殿妻王氏三十歲夫亡撫嗣守節五十年
楊詰妻周氏二十七歲夫亡撫孤守節三十六年
蔣聲九妻陳氏二十六歲夫亡撫嗣守節二十五年
俞誠益妻楊氏十九歲夫亡撫嗣守節三十九年
周介堂妻姚氏二十八歲夫亡撫嗣守節三十七年

蔣翰朝妻吳氏 二十七歲夫亡撫嗣守節三十五年
孫維賢妻嚴氏 二十四歲夫亡撫孤守節四十年
李茂妻魏氏 二十五歲夫亡守節三十五年
唐烜妻章氏 十九歲夫亡守節三十一年
邵濟川妻馮氏 二十七歲夫亡守節二十七年
金坤益妻王氏 二十四歲夫亡守節十二年
王聘山妻錢氏 二十七歲夫亡撫嗣守節三十三年
沈隆昌妻趙氏 二十五歲夫亡撫孤守節三十五年
徐端伯妻錢氏 三十歲夫亡撫嗣守節二十六年以上道光十八年旌
陳藩妻車氏 二十六歲夫亡撫嗣守節三十二年

監生張乾文妾吳氏 二十八歲夫亡撫孤守節三十二年
吳泰階妻沈氏 二十九歲夫亡撫孤守節四十四年
魏心田繼妻王氏 二十九歲夫亡撫嗣守節三十二年
陳正榮妻金氏 二十七歲夫亡撫嗣守節三十三年
徐汝梅妻宋氏 二十九歲夫亡撫嗣守節三十九年
監生王聲潮妻陸氏 二十歲夫亡撫孤守節三十一年
張益君妻章氏 二十四歲夫亡守節十五年
范永林妻陸氏 二十七歲夫亡撫孤守節三十六年
高大序妻陳氏 二十歲夫亡撫孤守節三十一年
沈雲巢妻顧氏 二十九歲夫亡撫嗣守節三十二年

生員吳閏妻李氏 二十五歲夫亡守節三十五年
張大元妻馬氏 二十三歲夫亡撫孤守節五十年
范大昌妻王氏 二十七歲夫亡撫孤守節三十八年
生員吳昌宇繼妻李氏 二十一歲夫亡守節十一年
懷逸泉妻周氏 二十二歲夫亡撫嗣守節四十年
卜鳳德妻張氏 二十二歲夫亡撫嗣守節三十年
卜萬金妻淩氏 二十八歲夫亡撫孤守節二十四年
高禹明妻鈕氏 二十七歲夫亡撫孤守節三十八年以上道光十九年旌
陶關元妻唐氏 二十歲夫亡守節二十九年
馮漢妻李氏 十九歲夫亡守節二十年

宋玉章妻吳氏 二十五歲夫亡撫孤守節四十四年
姚倬繼妻沈氏 二十九歲夫亡撫嗣守節四十年
范來雝妻趙氏 二十五歲夫亡撫嗣守節二十四年
周晉範繼妻郁氏 二十七歲夫亡撫孤守節二十八年
莊廷祿妻夏氏 二十六歲夫亡撫孤守節三十二年
彭曰禮繼妻張氏 二十四歲夫亡撫嗣守節四十年
陸某妻沈氏
沈泰根妻莊氏 二十歲夫亡守節三十年
馬逸君妻沈氏 二十七歲夫亡守節三十五年
馬炳文妻郭氏 二十七歲夫亡守節二十八年

蔣承虎妻馬氏二十七歲夫亡守節四十一年

施拱辰妻沈氏二十九歲夫亡守節二十八年

沈星安妻何氏二十三歲夫亡守節六十五年

倪益倫妻朱氏二十五歲夫亡守節五十年

楊沛青妻王氏二十七歲夫亡守節二十五年

陳茂忠妻杜氏十九歲夫亡守節三十二年

王仲緯妻馬氏三十歲夫亡守節二十年

沈遇周妻高氏三十歲夫亡守節五十一年

鈕乘六妻馬氏二十二歲夫亡守節五十七年

張調元妻歐氏二十九歲夫亡守節五十年

盛可佩妻李氏三十歲夫亡守節二十六年

沈其章妻江氏二十九歲夫亡守節四十一年

沈景成妻莫氏二十九歲夫亡守節二十年

姚勤圖妻莊氏二十九歲夫亡守節二十一年

生員沈珍白妻徐氏二十九歲夫亡守節四十九年

生員朱聲洋妻沈氏三十歲夫亡守節二十五年

屠起鳳妻朱氏三十歲夫亡守節二十五年

芮承林妻路氏二十九歲夫亡守節二十年

沈坤和妻陳氏二十七歲夫亡守節二十五年

朱新周妻謝氏二十八歲夫亡守節三十三年

丁鳳耀妻周氏三十歲夫亡守節二十年

顧瑩秀妻朱氏

沈自成妻沈氏二十七歲夫亡守節五十六年

陳起龍妻陳氏二十六歲夫亡守節四十五年

錢紹坤妻張氏二十八歲夫亡守節二十三年

潘世德妻王氏二十七歲夫亡守節三十八年

夏瑞徵妻沈氏二十八歲夫亡守節四十一年

顧穗村妻朱氏二十七歲夫亡守節三十年

張國徵妻姜氏二十九歲夫亡守節五十一年

俞洪濤妻沈氏二十七歲夫亡守節三十三年

周鳳高妻姚氏三十歲夫亡守節二十二年

周時秀妻葉氏三十歲夫亡守節二十一年

張廣生妻陸氏三十歲夫亡守節二十五年

朱雲奇妻莫氏二十八歲夫亡守節四十六年

程衡昌妻湯氏三十歲夫亡守節二十六年

顧德明妻高氏二十五歲夫亡守節四十五年

方正康妻黃氏二十三歲夫亡守節六十三年

潘丕成妻周氏三十歲夫亡守節三十二年

計昆揚妻潘氏二十九歲夫亡守節二十五年

徐應春妻董氏二十一歲夫亡守節三十年

徐振生妻張氏二十九歲夫亡守節三十三年

李瀛洲妻唐氏二十七歲夫亡守節二十一年

李位立妻朱氏二十一歲夫亡守節四十四年

夏瑞芝妻金氏三十歲夫亡守節三十九年

周坤載妻姚氏三十歲夫亡守節二十年

朱成章妻王氏二十二歲夫亡守節五十六年

方建侯妻蔣氏三十歲夫亡守節三十八年

黃益菴妻李氏二十歲夫亡守節五十一年

林受書妻吳氏

許秀文妻陸氏二十一歲夫亡守節三十年

徐可三妻徐氏二十四歲夫亡守節四十年

項紹宗妻徐氏三十歲夫亡守節三十九年

陸宏海妻范氏三十歲夫亡守節十三年

袁錦章妻錢氏二十七歲夫亡守節二十七年

石琢成妻喻氏二十二歲夫亡守節三十九年

王大邦妻李氏二十九歲夫亡守節四十四年

張映超妻吳氏二十六歲夫亡守節十一年

鍾友章妻楊氏二十八歲夫亡守節三十三年

王振範妻鮑氏二十三歲夫亡守節四十一年

陸明高妻周氏二十七歲夫亡守節二十七年

陸廣裕妻錢氏二十九歲夫亡守節三十年

張南正妻胡氏二十九歲夫亡守節二十一年

孔玉堂妻沈氏三十歲夫亡守節四十一年

鮑士乾妻石氏二十四歲夫亡守節五十六年

張六淑妻朱氏二十六歲夫亡守節三十七年

蔣林春妻張氏二十三歲夫亡守節三十七年

朱瑞林妻陸氏二十四歲夫亡守節三十五年

蒯振藩妻張氏十八歲夫亡守節四十二年

吳睦九妻朱氏二十五歲夫亡守節三十九年

倪健安妻黃氏二十歲夫亡守節三十九年

楊月利妻郝氏二十七歲夫亡守節三十六年

朱南珍妻卜氏二十三歲夫亡守節二十四年

邱林桂妻邱氏二十歲夫亡守節六十八年

于天祜妻鄭氏三十歲夫亡守節四十年

周宗揚妻張氏二十四歲夫亡守節四十一年

沈載倫妻周氏三十歲夫亡守節三十五年

殷際雲妻王氏二十六歲夫亡守節三十三年

王素行妻馬氏三十歲夫亡守節四十年

莫坤揚妻吳氏二十九歲夫亡守節二十四年

徐鏡薇妻王氏三十歲夫亡守節三十八年

葉心甫妻江氏二十八歲夫亡守節二十三年

袁秉忠妻王氏三十歲夫亡守節二十一年

江蔭穀妻周氏三十歲夫亡守節二十三年

馮翰臣妻李氏十九歲夫亡守節二十年

言樂妻韓氏二十歲夫亡守節二十一年

顧伊人妾胡氏二十九歲伊人故守節二十四年

朱載積妻戴氏三十歲夫亡守節二十一年

沈世德妻張氏二十六歲夫亡守節二十年

丁天爵妻徐氏三十七歲夫亡守節二十年

蘇鳳枝妻江氏二十四歲夫亡守節三十年

曹蔚若妻徐氏二十四歲夫亡守節三十二年

沈士昌妻陸氏十九歲夫亡守節三十七年

驪嘉錄妻金氏二十歲夫亡守節二十年

張時華妻胡氏二十四歲夫亡守節二十年

程裕堂妻馮氏二十一歲夫亡守節二十年

陸維磬妻洪氏二十九歲夫亡守節三十六年

胡翰音妻朱氏三十歲夫亡守節四十八年

王瑞堂妻朱氏二十八歲夫亡守節二十年

沈正模妻周氏三十歲夫亡守節四十三年

慎大勝妻汪氏二十四歲夫亡守節二十年

吳太安妻徐氏二十一歲夫亡守節二十四年

褚容照妻王氏三十歲夫亡守節四十八年

沈文治妻鈕氏

熊廷章妻方氏二十九歲夫亡守節四十四年

金瑞庭妻陳氏二十八歲夫亡守節二十四年

顧德昌妻高氏二十七歲夫亡守節四十五年

趙聖三妻郭氏三十歲夫亡守節二十八年

金賓王妻馬氏三十歲夫亡守節二十九年

鍾飛鵬妻譚氏

胡鳴皋妻陳氏三十歲夫亡守節三十二年

顧洪中妻陳氏三十歲夫亡守節二十五年

王正玉妻高氏二十八歲夫亡守節二十五年

程大榮妻葉氏二十八歲夫亡守節二十八年

鈕廷貴妻方氏二十九歲夫亡守節二十四年

葛佩和妻徐氏二十八歲夫亡守節二十四年

黃蘭州妻顧氏二十八歲夫亡守節二十四年

吳鳴山妻陸氏二十九歲夫亡守節二十三年

袁大文妻金氏二十七歲夫亡守節二十七年

陸景芳妻馬氏三十五歲夫亡守節二十年

江彝春妻沈氏二十七歲夫亡守節五十四年

施德福妻范氏二十八歲夫亡守節三十四年

仲世傳妻陳氏二十四歲夫亡守節三十一年

張士景妻吳氏二十七歲夫亡守節二十七年

田秀文妻包氏二十四歲夫亡守節二十三年

馬彥鏞妻王氏二十五歲夫亡守節二十六年

俞翰光妻陳氏二十二歲夫亡守節五十二年

江蔚若妻俞氏二十九歲夫亡守節二十年

施穀鍵妻張氏二十四歲夫亡守節二十四年

楊甸英妻曹氏十九歲夫亡守節六十年

賈仲榮妻祝氏三十歲夫亡守節五十一年

鄭玉山妻沈氏二十一歲夫亡守節四十一年

吳叙千妻吳氏二十九歲夫亡守節五十年

馮聖章妻沈氏三十歲夫亡守節四十五年

曹立仁妻沈氏二十八歲夫亡守節五十七年

張殿先妻俞氏二十四歲夫亡守節六十年

蔣國瑞妻張氏二十九歲夫亡守節三十五年

鄒洪聲妻姚氏

鍾友萬妻趙氏二十二歲夫亡守節五十年

朱翰維妻吳氏二十六歲夫亡守節五十六年

董學川妻鮑氏二十九歲夫亡守節十八年

張敍皇妻沈氏二十八歲夫亡守節四十九年

張友王妻孫氏二十九歲夫亡守節四十三年

錢衛瞻妾戴氏二十九歲衛瞻亡守節五十年

監生朱廷球妻施氏二十一歲夫亡守節三十二年

濮某妻唐氏二十九歲夫亡守節三十年

潘梓妻施氏二十四歲夫亡守節二十七年

呂世祚妻鍾氏十九歲夫亡守節三十六年

張蕭氏

邱公佩妻劉氏時章妻施氏劉十九歲寡守節六十年施二十四寡守節三十一年

沈德隆妻王氏二十二歲夫亡撫孤守節三十五年

陳鳴山妻濮氏三十歲夫亡止一女守貞不字孝養其母守節二十八年

監生王晴初妻張氏二十五歲夫亡守節三十二年

姚洪如妻張氏二十九歲夫亡守節四十二年

沈朝楨妻黃氏二十四歲夫亡守節二十三年

生員蔣琮纖妻陳氏二十九歲夫亡守節二十五年

張壽增妻陸氏二十一歲夫亡守節四十年

監生項晉珠妻沈氏二十五歲夫亡守節二十七年

馮彥珍妻王氏二十三歲夫亡守節六十年

王郁文妻傅氏二十五歲夫亡守節四十六年

監生潘球妻錢氏二十一歲夫亡守節四十年

貢生陳若奎妾程氏二十四歲若奎亡守節五十年

范士元妾朱氏三十歲士元亡守節三十七年

殳國祥妻沈氏二十四歲夫亡守節三十一年

監生俞大仁妻曹氏二十六歲夫亡守節四十二年

馮配之妻潘氏二十九歲夫亡守節三十二年

張廷宣妻張氏二十八歲夫亡守節五十四年

張文龍妻張氏二十四歲夫亡守節四十六年

徐立夔妻郁氏二十三歲夫亡守節六十一年

袁大垣妻張氏二十九歲夫亡守節四十二年

吳裕元妻張氏二十八歲夫亡守節三十年

生員朱鳴遠妻張氏二十六歲夫亡守節二十四年

陳嘉齡妻朱氏二十四歲夫亡守節三十一年

沈時甸妻朱氏二十五歲夫亡守節三十年

沈夢槐妻濮氏二十四歲夫亡守節五十餘年

沈明輔妻高氏二十六歲夫亡守節三十三年

沈明揚妻林氏二十五歲夫亡守節三十四年

沈元亘妻鍾氏二十八歲夫亡守節二十九年

濮大勲妻周氏二十三歲夫亡守節十四年

周兆魁妻山氏二十七歲夫亡守節二十四年

史景山妻戚氏廣省妻儲氏姑媳雙節戚守四十年儲守三十三年

施耀妻嚴氏二十八歲夫亡守節三十年

生員朱樞妻徐氏二十七歲夫亡守節四十年

監生范廷璋妻俞氏二十六歲夫亡守節二十四年

監生施燦妻沈氏二十三歲夫亡守節四十餘年

廩生張大廉妻王氏二十九歲夫亡守節三十年

監生朱晟妻馮氏二十八歲夫亡守節二十二年

范有章妻葛氏

賈維清妻陳氏二十九歲夫亡守節二十年

生員嚴和妻張氏二十八歲夫亡守節二十五年

沈福榮妻費氏二十二歲夫亡守節二十五年

俞升璜妻莊氏二十七歲夫亡守節三十二年

徐玉輝妻沈氏二十一歲夫亡守節十五年

盛瑾妻吳氏二十二歲夫亡守節五十餘年

施某妻張氏二十九歲夫亡守節二十七年

沈屺瞻妻嚴氏二十七歲夫亡守節四十五年

曹玉峯妻唐氏二十六歲夫亡守節五十八年

陸敘三妻郭氏二十八歲夫亡守節六十餘年

錢貫玉妾陳氏二十二歲貫玉亡撫孤守節四十九年

姚載墉妻樊氏二十三歲夫亡守節三十一年

王宗周妻周氏二十歲夫亡守節三十八年

周曾樊繼妻郁氏二十七歲夫亡守節二十八年
監生于元鏘妻盛氏二十九歲夫亡守節六十一年
生員孟壽名妻楊氏二十六歲夫亡守節五十七年
孟作霖妾張氏二十六歲作霖亡守節五十年
沈克昌妻計氏二十九歲夫亡守節二十六年
楊緦妻張氏二十四歲夫亡守節二十一年
監生沈如藻妻楊氏二十六歲夫亡守節四十三年
屠見龍妻吳氏
錢源本妻宋氏二十六歲夫亡守節三十四年
吳融大妻慎氏二十六歲夫亡守節三十年

盛松英妻卜氏二十四歲夫亡守節二十二年
張廷金妻沈氏二十二歲夫亡守節五十三年
生員王維城妻蔡氏二十九歲夫亡守節二十五年
周廷椿妻張氏三十歲夫亡守節六十年
王魯堂妻沈氏二十三歲夫亡守節二十八年
濮艮妻錢氏二十七歲夫亡守節十九年
翁勝璵妻李氏二十九歲夫亡守節三十一年
黃濂士妻徐氏二十八歲夫亡守節三十二年
邵正邦妻談氏二十三歲夫亡守節三十六年
邵維賢妻馬氏二十九歲夫亡守節三十三年

陳德亭妻呂氏三十九歲夫亡守節五十二年
沈天英妻錢氏二十九歲夫亡守節四十三年
監生辜岷懷妻盛氏三十歲夫亡撫嗣子入泮守節四十年
錢錦春妻陳氏二十八歲夫亡撫孤守節三十年
王拱宸妻邵氏二十七歲夫亡守節五十二年
譚國樑妻吳氏二十七歲夫亡守節二十四年
譚俊能妻盛氏三十五歲夫亡守節十六年
總憲竇光鼐妾孫氏二十八歲光鼐亡氏隨其子贅於浙江居秀水靈光坊道光十四年呈請入籍年七十
張玉倫妻曹氏二十七歲夫亡守節四十二年

沈泰孚妻曹氏二十七歲夫亡守節五十七年
李之楷妻唐氏二十五歲夫亡守節二十四年
生員朱湘妻孫氏二十歲夫亡守節十年
莫德魁妻居氏二十七歲夫亡守節三十七年
沈士華妻卜氏三十二歲夫亡守節四十四年
汝洪發妻黃氏二十三歲夫亡撫遺腹子成立守節三十三年
臧成德妻王氏三十六歲夫亡守節五十年
監生陳仲鑑妻婁氏二十歲夫亡守節二十六年
監生吳仁妻陶氏三十七歲夫亡守節四十六年
王基德妻朱氏二十五歲夫亡守節十五年

何元德妻王氏二十七歲夫亡守節四十五年

錢明發妻龔氏二十四歲夫亡守節四十年

徐士安妻沈氏二十四歲夫亡守節二十八年

陸秀山妻吳氏二十六歲夫亡守節六十七年

范雲章妻王氏二十歲夫亡守節十二年

懷慶聲妻婁氏二十九歲夫亡守節三十二年

王鎮洋妻沈氏十八歲夫亡節二十八年守

陶金相繼妻唐氏二十八歲夫亡守節四十一年

蔣昌期妻王氏二十歲夫亡守節四十三年

黃樹人妻李氏二十歲夫亡守節二十年

張源淮妻王氏二十歲夫亡守節五十八年

王鴻妻高氏二十九歲夫亡守節二十八年

曹洪妻莫氏二十九歲夫亡守節十八年

胡昌年妻蔣氏二十五歲夫亡守節四十年

胡豐年妻張氏十九歲夫亡守節二十六年

卜艮翰繼妻孫氏三十歲夫亡守節三十七年

卜治妻屠氏二十三歲夫亡守節二十八年

卜成龍妻朱氏十九歲夫亡守節十六年

卜如元妻周氏二十四歲夫亡守節二十五年

卜廷忠繼妻徐氏三十歲夫亡守節四十三年

卜圓齡妻朱氏二十四歲夫亡守節二十五年

卜進學妻楊氏二十九歲夫亡守節三十七年

卜美玉妻辟氏二十五歲夫亡守節十五年

卜時仁妻姜氏二十九歲夫亡守節三十一年

卜永年妻史氏二十四歲夫亡守節四十八年

汝上貞妻陸氏二十三歲夫亡守節二十八年

龔廷梧妻杭氏二十六歲夫亡守節二十六年

朱聖林妻張氏二十二歲夫亡守節四十年

張士信妻吳氏二十七歲夫亡守節三十年

王祥雲妻劉氏二十一歲夫亡守節五十一年

包其琛妻陸氏二十二歲夫亡守節三十六年

沈鴻儒妻錢氏二十二歲夫亡守節四十一年

范大文妻王氏

張應芳妻徐氏夫亡守節以終

吳恒齋繼妻胡氏三十歲夫亡守節三十九年

俞再奎妻顧氏三十歲夫亡守節四十三年

溫克愉妻龔氏二十六歲夫亡守節四十三年

章元發妻張氏二十七歲夫亡守節三十五年

邵維鏞妻沈氏三十歲夫亡守節二十六年

職員郭棟妻徐氏三十歲夫亡守節四十二年

江萬貞繼妻鄭氏三十歲夫亡守節五十一年
朱其增繼妻蘇氏二十六歲夫亡守節二十一年
馬景德妻胡氏二十九歲夫亡守節二十八年
張鏞妻徐氏十九歲夫亡守節三十一年
戴順元妻沈氏二十五歲夫亡守節三十一年
莫愷廷妻淩氏二十六歲夫亡守節五十六年
莫君發妻施氏二十四歲夫亡守節五十年
馬善鈴妻朱氏二十九歲夫亡守節十六年
吳國盛妻朱氏三十歲夫亡守節六年
陸秀堂妻倪氏二十八歲夫亡守節十八年

朱振發妻朱氏二十六歲夫亡守節三十一年
盛汝裘妻沈氏二十八歲夫亡守節四十八年
錢德囙妻姚氏二十八歲夫亡守節四十三年
沈世珍妻盛氏二十二歲夫亡守節四十三年
俞汝漣妻徐氏二十二歲夫亡守節三十六年
馮越華妻張氏二十九歲夫亡守節四十三年
邱維文妻朱氏二十九歲夫亡守節三十九年
邵聖階妻馬氏二十九歲夫亡守節二十四年
陳甸安妻李氏二十六歲夫亡守節四十五年
張茂祥妻戴氏二十七歲夫亡守節五十三年

盛允臧妻徐氏二十八歲夫亡守節五十一年
吳北山妻宋氏二十四歲夫亡守節六十五年
陳大年妻沈氏二十二歲夫亡守節五十八年
李士龍妻吳氏二十七歲夫亡守節二十七年
徐紹榮妻婁氏二十八歲夫亡守節五十五年
監生朱燇繼妻黃氏城妻張氏黃二十七歲夫亡無子撫嗣子城成立娶張氏二十二亦寡黃守節二十八年張守節四十二年
沈益妻王氏二十九歲夫亡守節四十一年
郁葆存妻陶氏二十四歲夫亡守節四十九年
舉人陳昌穀妻沈氏二十九歲夫亡守節二十一年

包韞玉妻徐氏二十九歲夫亡守節二十九年
韓上達妻石氏
劉士俊妻莫氏二十九歲夫亡守節三十九年
項源來妻嚴氏二十歲夫亡守節十六年
徐士昌妻沈氏二十四歲夫亡守節二十二年
吳涵妻朱氏二十五歲夫亡守節四十二年
姜恒雅妻婁氏二十六歲夫亡守節十五年
沈戩濂妻盛氏二十七歲夫亡守節四十年
王鑑如妻徐氏二十三歲夫亡守節十六年
呂荆山妻沈氏

生員沈瑞清妻邱氏二十九歲夫亡守節旌年七十三
許文桂妻顧氏二十一歲夫亡守節旌年五十六
鈕淩蒼妻鈕氏二十八歲夫亡守節旌年六十三
盛基妻費氏二十九歲夫亡守節旌年六十六
沈聖裕妻史氏二十五歲夫亡守節旌年五十一
宋本仁妻朱氏二十九歲夫亡姑亦少寡事姑守節旌年五十
吳如驥妻盛氏二十四歲夫亡撫孤守節旌年四十四
顧增業妻陸氏三十七歲夫亡守節旌年四十九
許澮安妻王氏二十五歲夫亡守節旌年四十九
楊坤妻屠氏三十歲夫亡守節旌年六十八
生員楊錫圭妻鄭氏二十二歲夫亡守節旌年五十四
監生沈文炯妻張氏十九歲夫亡守節旌年五十二
周聖與妻陳氏二十八歲夫亡守節旌年七十八
姚鳳章妻劉氏二十八歲夫亡守節旌年六十三
錢湧妻章氏二十二歲夫亡守節旌年四十七
王上池妻陶氏二十九歲夫亡守節旌年六十
沈憲章妻鍾氏二十四歲夫亡守節旌年五十四
龔廷輝妻王氏二十六歲夫亡守節旌年五十九
徐鋒妻莫氏二十七歲夫亡守節旌年五十八
監生王維垣妾沈氏二十一歲維垣亡守節旌年六十七

楊維廉妻沈氏二十九歲夫亡守節旌年五十六
吳冠記妻淩氏二十九歲夫亡守節旌年六十九
周成義妻俞氏二十八歲夫亡守節旌年六十二
王棨棠妻陶氏二十五歲夫亡守節旌年四十四
吳進明妻毛氏二十八歲夫亡守節旌年五十九
莫文學妻袁氏二十四歲夫亡守節旌年六十
沈山壽妻潘氏二十六歲夫亡守節旌年五十二
唐時雍妻陸氏二十四歲夫亡守節旌年五十二
王彬妻陸氏二十九歲夫亡守節旌年四十九
王域妻陶氏二十五歲夫亡守節旌年四十四
陳天爵妻宋氏十九歲夫亡守節旌年五十二
唐進發妻沈氏二十四歲夫亡守節旌年五十五
周鈺妻沈氏二十九歲夫亡守節旌年六十四
金殿名妻許氏二十七歲夫亡守節旌年八十二
馬志孝妻張氏二十歲夫亡守節旌年五十七
祝仁賢妻沈氏二十二歲夫亡守節旌年四十九
監生吳鳳蓀妻吳氏二十一歲夫亡守節旌年四十二
王士峻妻朱氏二十七歲夫亡守節旌年五十六
生員屠士傑妻張氏二十八歲夫亡守節旌年六十七
陸順來妻張氏二十六歲夫亡守節旌年五十九

陸奏旋妻翁氏節二十八歲夫亡守旌年五十八
翁舜衡妻陳氏節二十七歲夫亡守旌年四十七
翁益庭妻褚氏節二十九歲夫亡守旌年五十
邵立堂妻陳氏節二十四歲夫亡守旌年六十三
朱保民妻馬氏節二十九歲夫亡守旌年六十八
蔡堦葵妻屠氏節二十六歲夫亡守旌年六十七
朱建能妻屠氏節二十九歲夫亡守旌年六十三
胡階陞妻吳氏節三十歲夫亡守旌年六十
范寶林妻王氏節十九歲夫亡守旌年五十八
鄒學賢妻屠氏節二十一歲夫亡守旌年五十三

邵幹爲妻吳氏節二十一歲夫亡守旌年六十五
監生馬雋生妻張氏守節二十九歲夫亡旌年五十
沈德明妻葉氏守節二十六歲夫亡撫孤旌年七十八
張蘭妻葉氏節二十八歲夫亡守旌年八十六
吳滔妻鍾氏二十九歲夫亡旌年八十四
監生范廷宣妻朱氏二十九歲夫亡旌年八十四
顧立鈐妻朱氏二十九歲夫亡旌年八十一
監生王鴻妻夏氏二十九歲夫亡旌年七十九
錢楳妻顧氏二十九歲夫亡旌年七十六
高錫龍妻沈氏二十九歲夫亡旌年七十六

陸廷相妻沈氏二十四歲夫亡旌年六十六
陳昕妻吳氏二十六歲夫亡旌年六十四
蔣朝遻妻鮑氏二十五歲夫亡旌年六十四
馬濬川妻范氏二十八歲夫亡旌年六十餘
馮鵬程妻張氏二十七歲夫亡旌年五十二
監生朱守曾妻岳氏二十四歲夫亡旌年六十九
職監陳錦妻嚴氏二十八歲夫亡撫子載堯入泮旌年六十二
張某妻吳氏二十四歲夫亡旌年五十二
陸厚成妻吳氏二十一歲夫亡旌年六十一
劉瑞周妻賈氏二十歲夫亡旌年六十一

生員張兆礽妻蔡氏二十歲夫亡旌年五十九
張兆祥妻樂氏二十六歲夫亡旌年五十九
陳宗妻張氏二十一歲夫亡旌年五十九
王宗凝妻吳氏二十八歲夫亡旌年五十九
沈楨妻陸氏二十四歲夫亡旌年五十六
生員范琛妻朱氏二十二歲夫亡旌年五十四
生員項繩祖妻李氏二十歲夫亡旌年七十五
貢生陳兆麟妾趙氏兆麟亡二十七歲旌年五十四
莊敬純妻錢氏二十六歲夫亡旌年四十八
何士璉妻歸氏二十八歲夫亡旌年五十一

生員葉芬妻鍾氏三十歲夫亡撫子入泮旌年五十一
朱某妻劉氏三十歲夫亡旌年四十六
王學詳妻鍾氏二十一歲夫亡旌年四十五
吳玉書妻高氏十九歲夫亡旌年四十三
徐朝元妻陳氏二十一歲夫亡旌年四十二
監生張笙六妻沈氏二十五歲夫亡旌年四十一
訓導陳鑌繼妻鍾氏妾王氏鍾二十八歲夫亡王時二十九同守苦節鍾旌年五十一王旌年五十二
朱裕章妻計氏二十九歲夫亡旌年四十九
生員何祖望妻杜氏十六歲夫亡旌年五十五

司獄何灝妾蔣氏二十八歲灝亡撫孤守節旌年四十八
貢生陳統治妾朱氏二十四歲統治亡撫孤守節旌年五十五
孫光耀妻唐氏二十三歲夫亡守節旌年四十四
監生孫鈺妻朱氏三十歲夫亡守節旌年六十一
曹翰宗妻顧氏二十六歲夫亡守節旌年七十一
吳佩雲妻薛氏二十二歲夫亡守節旌年六十七
吳可宗妻張氏十六歲夫亡守節旌年六十二
陳守仁妻徐氏二十九歲夫亡守節旌年六十五
茅大成妻康氏二十一歲夫亡守節旌年五十二
曹系衍妻朱氏二十四歲夫亡守節旌年五十二

章思永妻陸氏
朱某妻茅氏二十六歲夫亡守節旌年五十二
曹某妻張氏十九歲夫亡守節旌年四十九
朱鈃妻劉氏二十九歲夫亡守節旌年四十九
沈滙廷妾池氏三十歲夫亡守節旌年五十五
胡棨先妻袁氏二十六歲夫亡守節旌年八十二
張元熙妻陳氏十七歲夫亡守節旌年三十七
楊慶坤妻李氏二十七歲夫亡守節旌年五十二
朱與懽妻謝氏二十七歲夫亡守節旌年五十四
謝廷昌妻歸氏二十八歲夫亡守節旌年四十九

張文佩妻忻氏二十五歲夫亡守節旌年四十五
賈雨康妻朱氏二十六歲夫亡守節旌年六十一
陸維嵩妻陸氏十九歲夫亡守節旌年五十二
吳桐妻鍾氏三十歲夫亡守節旌年五十二
王煥宸妻徐氏二十五歲夫亡旌年四十九
朱欽朝妻王氏二十七歲夫亡旌年四十九
李正忠妻沈氏三十歲夫亡旌年六十
楊培立妻沈氏二十四歲夫亡旌年五十
黃佩鳴妻錢氏三十歲夫亡旌年七十四
沈大源妻錢氏二十四歲夫亡旌年六十七

鍾久間妻沈氏三十歲夫亡旌年五十

姜某妻楊氏十九歲夫亡旌年五十一

王元發妻劉氏二十五歲夫亡旌年五十三

錢振乾妻沈氏二十九歲夫亡旌年七十七

王茂蔭妻呂氏三十歲夫亡旌年五十二

王丙信妻倪氏二十四歲夫亡旌年五十四

郁心栢妻倪氏三十歲夫亡旌年五十八

彭幹庭妻陳氏三十歲夫亡旌年六十二

生員項庚吉妻金氏二十三歲夫亡旌年四十六

沈樹妻項氏二十三歲夫亡旌年四十六

李義觀妻史氏二十八歲夫亡旌年五十四

屠文端妻姚氏二十二歲夫亡撫遺腹子成立旌年四十九

訓導朱振圖妾吳氏二十四歲夫亡旌年六十三

沈永齡妻周氏三十歲夫亡旌年五十四

李之翰妻費氏二十六歲夫亡撫遺腹子成立旌年六十六

王省槐妻張氏二十一歲夫亡旌年四十八

婁養恬妻張氏二十九歲夫亡旌年五十一

職員莊孟芳妾汪氏二十九歲孟芳亡旌年五十九

高鳳翔妻錢氏二十七歲夫亡旌年四十九

曹勤書妻楊氏二十三歲夫亡旌年四十三

周錫紼妻趙氏二十二歲夫亡旌年五十八

何欽妻陳氏二十九歲夫亡旌年五十二

張大文妻陶氏二十五歲夫亡旌年五十七

監生周長庚妾沈氏三十歲長庚亡守節二十七年

蔣鳴臯妻陳氏二十五歲夫亡旌年五十三

方士誼妻仲氏二十九歲夫亡旌年五十七

溫爾厚妻賞氏二十二歲夫亡撫子祖崧入泮旌年四十三

許正榮妻邊氏二十五歲夫亡旌年六十九

屠雲和妻錢氏二十九歲夫亡旌年五十二

知州張樹勳妾楊氏十九歲張亡撫子以莊入泮旌年三十九

生員陳壽妻董氏二十五歲夫亡旌年四十九

沈登庸妻王氏二十歲夫亡旌年五十九

懷啟昆妻顧氏二十歲夫亡旌年七十一

監生徐玉如妻張氏二十九歲夫亡旌年五十

張佩珍妻方氏二十五歲夫亡旌年五十二

錢凝德妻沈氏二十一歲夫亡旌年六十四

張純如妻楊氏二十一歲夫亡旌年五十四

許松元妻陸氏二十三歲夫亡旌年五十三

王楷妻楊氏二十四歲夫亡旌年四十五

史耀祖妻陳氏二十五歲夫亡旌年四十五

錢尙德妻莫氏二十九歲夫亡旌年七十五
唐翰儒妻錢氏二十八歲夫亡旌年五十八
錢尙備妻徐氏二十八歲夫亡旌年六十二
錢尙坤妻沈氏二十九歲夫亡旌年六十二
屠廣仁妻姚氏二十一歲夫亡旌年四十七
楊國柱妻張氏二十八歲夫亡旌年五十五
婁伯吹繼妻陶氏二十三歲夫亡旌年四十四
張國安妻岳氏二十七歲夫亡旌年四十九
王耀高妻盛氏二十九歲夫亡旌年六十
陳坤年妻淩氏二十二歲夫亡旌年五十六
龔明德妻陸氏二十九歲夫亡旌年六十九

王志元妻萬氏二十七歲夫亡旌年七十六
郁漢祥妻卜氏三十歲夫亡旌年七十九
郁沛華妻羅氏二十三歲夫亡旌年五十九
陳漢璜妻富氏二十七歲夫亡旌年七十七
黃軒妻曹氏二十三歲夫亡旌年五十八
汪汝鼇妻胡氏二十九歲夫亡旌年五十一
李景範妻金氏三十歲夫亡旌年六十四
潘廷桂妻張氏二十九歲夫亡旌年五十九
李成基妻俞氏二十二歲夫亡旌年四十五

卜百福妻史氏二十七歲夫亡旌年八十一
卜舜樂妻陸氏二十一歲夫亡旌年六十二
尤國柱妻劉氏二十一歲夫亡旌年五十九
吳憲成妻趙氏二十六歲夫亡旌年八十三
包輔煌妻錢氏二十九歲夫亡旌年五十六
袁鳳高妻顧氏二十三歲夫亡旌年四十三
徐科妻王氏二十二歲夫亡旌年四十四
嚴錫周妻沈氏二十九歲夫亡旌年六十六
蘇鳳妻江氏二十四歲夫亡旌年四十四
俞文華妻陳氏二十九歲夫亡旌年七十二
錢文裕妻盛氏二十五歲夫亡旌年四十八

陳志奎妻陸氏二十四歲夫亡旌年六十
洪茂亨妻徐氏十九歲夫亡旌年五十二
監生王粹菴妻陸氏三十歲夫亡旌年六十一
沈品三妻計氏三十歲夫亡旌年八十五
施芳貴妻吳氏二十八歲夫亡旌年五十二
李坤發妻張氏二十七歲夫亡旌年五十
王炳福妻徐氏二十三歲夫亡旌年七十五
錢應元妻陸費氏二十七歲夫亡旌年五十一
鍾益齋妻徐氏二十九歲夫亡旌年五十

徐元章妻王氏二十九歲夫亡旌年五十三

凌永祥妻徐氏二十九歲夫亡旌年八十三

胡純嘏妻朱氏二十九歲夫亡旌年八十二

李躍淵妻沈氏二十四歲夫亡旌年五十六

陳耀祖妻戚氏二十二歲夫亡旌年四十二

陸萬年妻史氏二十六歲夫亡旌年七十八

李鉉妻陳氏二十五歲夫亡旌年八十三

鮑雲龍妻石氏二十七歲夫亡旌年八十二

沈可成妻江氏二十歲夫亡旌年八十一

朱憲章妻胡氏二十九歲夫亡旌年五十一

朱振章妻施氏二十九歲夫亡旌年五十二

馮學模妻沈氏二十九歲夫亡旌年六十一

杜秀元妻陸氏二十六歲夫亡旌年四十九

曹敬榮妻殳氏二十七歲夫亡旌年四十八

董燮飛妻朱氏三十歲夫亡旌年六十

孟嘉珍妻張氏二十一歲夫亡旌年七十

梅毓漣妻錢氏二十一歲夫亡現年八十二

章振海妻阮氏二十歲夫亡旌年六十五

章紹中妻錢氏二十四歲夫亡旌年五十一

張景安妻沈氏二十八歲夫亡旌年四十九

馬厚載妻吳氏三十二歲夫亡旌年六十

俞振麟妻沈氏二十四歲夫亡旌年六十七

梅瑞林妻符氏二十八歲夫亡旌年六十四

梅大榮妻錢氏十八歲夫亡旌年五十八

邱委臣妻趙氏二十九歲夫亡旌年七十

于輔周妻高氏三十歲夫亡旌年五十二

諸大來妻諸氏二十三歲夫亡旌年六十二

沈瑞華妻萬氏二十四歲夫亡旌年四十五

楊貴成妻周氏二十五歲夫亡旌年五十七

梅倫妻顏氏二十九歲夫亡旌年五十一

凌星如妻包氏二十二歲夫亡旌年五十四

徐有良妻李氏十九歲夫亡旌年四十一

沈載明妻許氏二十二歲夫亡旌年五十四

楊廣如妻藏氏二十九歲夫亡旌年七十四

許永豐妻林氏二十二歲夫亡旌年五十二

盛模妻卜氏二十二歲夫亡旌年四十四

潘永年妻陸氏三十歲夫亡旌年五十七

潘景賢妻陸氏二十五歲夫亡旌年五十

沈懋庭妻陳氏三十六歲夫亡旌年七十

鈕殿發妻金氏三十歲夫亡旌年五十二

俞光宗妻卜氏二十八歲夫亡旌年八十四
張琢斐妻李氏二十三歲夫亡旌年四十六
李端伯妻蕭氏二十一歲夫亡旌年五十八
何才發妻黃氏二十四歲夫亡旌年五十
俞殿益妻金氏二十九歲夫亡旌年六十五
張元愷妻趙氏二十四歲夫亡旌年六十二
陳鳳琴妻朱氏二十五歲夫亡旌年六十二
劉聖祥妻史氏二十三歲夫亡旌年四十九
陸山叔妻王氏二十六歲夫亡旌年五十七
沈禹艮妻朱氏二十四歲夫亡旌年五十九

吳文魁妻徐氏二十八歲夫亡旌年五十九
姚益栽妻沈氏二十七歲夫亡旌年五十一
楊鳳春妻趙氏二十九歲夫亡旌年六十二
趙顯伯妻莫氏二十五歲夫亡旌年四十九
姚元愷妻錢氏子國珍妻吳氏錢二十四寡旌年七十四吳二十三寡旌年五十七
倪霽妻盛氏子文燾妻盛氏姑二十八夫亡守節四十年媳二十九夫亡旌年五十二
徐申錫妻殷氏二十一歲夫亡旌年六十二
范秀源妻孫氏二十三歲夫亡旌年四十九
于天瑞妻顧氏二十六歲夫亡旌年六十八
生員沈廷槐妻孫氏二十五歲夫亡旌年四十五

監生魏於賓妾孫氏二十七歲于賓亡旌年八十三
于樹本妻陳氏二十七歲夫亡旌年五十七
舉人盛善持妾王氏二十四歲善持亡旌年四十九
陳宗蔭妻戴氏二十九歲夫亡撫嗣守節二十一年
吳鑾魁妻陳氏二十七歲夫亡撫孤守節二十年
馬元坤繼妻沈氏二十三歲夫亡旌年四十九
徐毓齡妻孫氏二十五歲夫亡旌年五十七
程作璜妻陸氏二十歲夫亡旌年四十一
朱德潤妾沈氏
史天榮妻薛氏二十九歲夫亡守節四十二年

馬蔚文妻施氏二十三歲夫亡守節二十八年
潘允中妻沈氏十八歲夫亡守節四十八年
張芬妻毛氏
王聖培妻張氏二十四歲夫亡守節四十二年
沈南山妻樂氏二十歲夫亡守節四十一年
沈映棠妻張氏二十四歲夫亡守節二十六年
褚鳴玉妻路氏
婁雲史妻沈氏二十九歲夫亡守節六十六年
姚憲文妻虞氏三十歲夫亡守節二十六年
生員金鼇妾朱氏二十歲鼇亡守節二十一年

莊補亭妻唐氏二十九歲夫亡守節三十七年

朱尙衡妻莊氏二十三歲夫亡守節四十八年

計有恒妻屠氏二十九歲夫亡守節二十三年

沈廷昌妻姚氏三十歲夫亡守節四十二年

姚汝梅妻俞氏二十一歲夫亡守節二十四年

趙雲鳳妻金氏二十四歲夫亡守節四十七年

懷萬年妻卜氏二十七歲夫亡守節二十二年

懷萬元妻盛氏二十九歲夫亡守節三十三年

濮建山妻曾氏二十九歲夫亡守節二十四年

生員嚴奉璋妻沈氏二十九歲夫亡旌年五十二

陸錫山妻張氏二十七歲夫亡旌年五十

徐廷金妻梅氏二十五歲夫亡旌年六十七

盛陳元妻吳氏二十一歲夫亡旌年五十三

王敬敷妻殳氏二十七歲夫亡旌年八十七

姜聲濤妻劉氏二十四歲夫亡旌年七十八

曹士建妻曹氏二十四歲夫亡旌年四十四

胡鴻妻姚氏三十歲夫亡旌年五十三

金聖恒妻吳氏二十九歲夫亡旌年五十

王鏞妻金氏二十七歲夫亡旌年四十五

杜功成妻葛氏二十五歲夫亡旌年五十一

李性天妻沈氏二十六歲夫亡旌年五十四

監生鍾士榮妻沈氏三十歲夫亡旌年七十八

職監陶晉揚妾王氏二十九歲晉揚亡旌年五十二

孫茂枝妻沈氏二十六歲夫亡旌年四十六

王頤妻陳氏二十三歲夫亡旌年四十六

殳松年妻王氏二十七歲夫亡旌年五十

盛鋒繼妻呂氏二十八歲夫亡旌年六十五

沈原壽妻錢氏二十九歲夫亡旌年六十四

褚曾持繼妻沈氏三十歲夫亡旌年六十三

孫士英妻王氏二十五歲夫亡旌年五十四

周松山妻褚氏三十歲夫亡撫孤守節五十七年

鄭會孫妻殷氏二十一歲夫亡不踰月生子卽殤撫嗣子成立守節二十一年

陳承宗妻陳氏三十歲夫亡撫嗣子舜薰成立守節旌年五十九

陳傣亭妻汪氏三十歲夫亡撫嗣子宗蔭成立守節旌年六十六

徐鏞妻景氏二十一歲夫亡守節二十七年

嚴弈堂妻周氏二十九歲夫亡旌年六十一

生員陳蘭陵妻卜氏二十七歲夫亡旌年五十八

生員陳蔭南妻蔣氏二十九歲夫亡旌年五十四

張永春妻陸氏二十四歲夫亡旌年四十四

武生姚光照妻譚氏二十九歲夫亡旌年五十四

職監徐觀光妻張氏三十五歲觀光亡旌年五十九

吳天麟妻葛氏三十四歲夫亡旌年五十

陸孝齡妻周氏二十三歲夫亡旌年五十五

濮文奎妻柴氏二十七歲夫亡旌年五十二

趙鍾妻沈氏十九歲夫亡旌年五十

監生王隆啟妻沈氏三十七歲夫亡旌年五十三

王雍家妻沈氏二十一歲夫亡旌年六十

金璉元妻沈氏二十歲夫亡矢志無二苦節五十二年

監生陶瑚妻陳氏二十三歲夫亡守節三十六年

沈傳寅妻周氏二十七歲夫亡守節三十一年

金世海妻顧氏二十九歲夫亡旌年五十九

陳廷一妻吳氏　余德阜妻許氏

顧楣妻胡氏二十七歲夫亡守節二十七年

徐東揚妻邵氏三十歲夫亡守節三十二年

王與祖妻李氏二十五歲夫亡守節三十二年

祝鳳音妻陳氏

王振先妻李氏十九歲夫亡守節四十五年

朱濬川妻石氏二十五歲夫亡守節三十六年

陸友其妻沈氏二十五歲夫亡守節四十九年

周彬勝妻吳氏二十九歲夫亡守節三十五年

錢景堂妻陳氏二十九歲夫亡守節三十一年

楊奐輪妻吳氏三十歲夫亡守節四十年

陳倉君妻沈氏二十八歲夫亡守節四十一年

項瑞林妻唐氏二十九歲夫亡守節四十年

陳堯章妻吳氏二十五歲夫亡守節四十三年

于麗天妻顧氏二十八歲夫亡守節四十七年

盛鳴鳳妻吳氏二十四歲夫亡守節十七年

吳榮昌繼妻陳氏三十歲夫亡守節四十二年

計尚達妻沈氏二十七歲夫亡守節三十四年

盛鋒妻呂氏二十九歲夫亡守節二十九年

潘世稷妻高氏二十五歲夫亡守節四十年

朱約文妻翁氏二十三歲夫亡守節二十六年

屠綸如妻吳氏二十歲夫亡守節二十六年

王繼修妻朱氏二十一歲夫亡守節二十八年

唐榕妻陳氏二十五歲夫亡守節二十四年

卜東京妻何氏二十九歲夫亡守節四十七年

朱鳳池妻馬氏二十四歲夫亡守節三十一年

沈坤妻顧氏二十四歲夫亡守節三十年

張楚白妻潘氏二十三歲夫亡守節五十九年

周魯封妻張氏三十歲夫亡旌年五十七

陸秉耀妻曹氏　俞德盛妻黃氏

莊如松妻徐氏二十四歲夫亡守節二十六年

朱廷柱妻張氏二十歲夫亡守節四十年

唐作楫妻朱氏二十五歲夫亡守節四十五年

朱某妻卜氏二十八歲夫亡守節五十年

馬某妻楊氏二十四歲夫亡守節五十年

曹垣妻汪氏二十九歲夫亡旌年七十

范雙慶妻陸氏二十七歲夫亡旌年七十二

盛善道妻方氏二十七歲夫亡旌年五十九

王嘉賓妻許氏

楊世泰妻高氏二十九歲夫亡旌年七十二

殷鳳鳴妻俞氏二十九歲夫亡旌年七十二

張履祥繼妻孫氏

沈石渠妻吳氏二十九歲夫亡守節三十五年

懷文瑞妻徐氏二十九歲夫亡守節二十八年

周立揚妻沈氏二十八歲夫亡守節四十五年

朱文玉妻楊氏二十九歲夫亡守節三十五年

張萬春妻盛氏二十二歲夫亡守節四十八年

宋學成妻何氏二十五歲夫亡守節五十七年

吳錦安妻方氏二十二歲夫亡守節二十四年

監生陳立蒼妻孫氏二十一歲夫亡守節五十四年

監生盛世錦妻樊氏三十歲夫亡守節五十二年

舉人卜仲生妻潘氏二十六歲夫亡撫二子入泮守節十七年

徐廷元妻徐氏十九歲夫亡守節五十五年

倪惠高妻趙氏二十七歲夫亡守節二十四年

錢尚質妻薛氏二十二歲夫亡守節三十二年

曹廷柱妻楊氏二十七歲夫亡守節三十七年

卜尚忠妻陳氏二十歲夫亡守節五十一年

張世榮妻沈氏二十四歲夫亡守節二十六年

監生陳樑妾薛氏高氏俱二十八歲而寡守節旌年五十四

監生沈廷梧妻陳氏二十一歲夫亡旌年四十九

鄭聖爕妻殷氏十八歲夫亡旌年四十一

陳賜彤妻陸氏二十九歲夫亡撫子宗器等三人入泮旌年六十二

張廷榮妻懷氏二十一歲夫亡旌年七十八

陳紹祥妻黃氏二十二歲夫亡旌年四十四

陳克明妻彭氏二十歲夫亡旌年六十八

沈廷栖妻許氏二十七歲夫亡旌年五十七

胡世有妻吳氏二十二歲夫亡撫遺腹子成立旌年五十

張瑞發妻胡氏二十六歲夫亡旌年六十六

吳永安妻錢氏二十九歲夫亡旌年五十五

監生陳元塡妾施氏三十歲元塡亡旌年五十一
沈玉衡妻胡氏二十三歲夫亡旌年五十八
朱守鏞妻顧氏二十八歲夫亡旌年五十一
薛福崑妻吳氏二十四歲夫亡旌年五十三
卜壽林妻朱氏十九歲夫亡旌年四十五
楊御臣妻顧氏二十歲夫亡旌年四十二
徐永成妻莫氏二十四歲夫亡旌年四十六
高世熙妻孫氏二十三歲夫亡旌年七十八
王永發妻顧氏二十九歲夫亡旌年五十八
生員汪代梅妻邵氏二十五歲夫亡守節二十五年

鄭兆嘉妻汪氏二十七歲夫亡撫孤守節十七年
夏建崑妻潘氏二十六歲夫亡事姑至孝撫孤成立守節二十四年
濮鍾妻糜氏二十三歲夫亡守節三十三年
生員于鍌妻李氏二十九歲夫亡守節三十年
吳有常妻于氏二十九歲夫亡守節三十四年
于守仁妻賈氏三十歲夫亡旌年六十七
莫大言妻盛氏二十七歲夫亡旌年七十七
陳雲昌妻徐氏二十八歲夫亡旌年五十八
吳德明妻張氏三十歲夫亡旌年六十五
懷本成妻于氏二十八歲夫亡守節旌年五十六

盛允㫒妻沈氏二十四歲夫亡守節旌年五十五
吳雲贍妻沈氏三十歲夫亡守節六十四年
王瑞堂妻朱氏二十八歲夫亡旌年四十八
武生陸贊甯繼妻朱氏二十九歲夫亡撫孤成立守節二十二年
張天祥妻徐氏　諸升揚妻楊氏
王名揚妻姚氏　何德山妻金氏
潘宏遠妻郭氏　金玉璋妻陳氏
徐御文妻沈氏以上于志
王世桂妻施氏二十七歲夫亡守節旌年五十二
鮑廷㫒妻湯氏二十五歲夫亡守節旌年五十七

陶權順妻楊氏三十歲夫亡守節旌年五十六
陶祥順妻吳氏二十四歲夫亡守節旌年五十
生員張鶴齡妻卜氏二十一歲夫亡守節四十二年
儒童范晉錫妻徐氏二十七歲夫亡守節十四年以上道光二十一年旌
儒童劉鏞妻岳氏二十四歲夫亡守節旌年五十八
孫士英妻王氏二十五歲夫亡守節旌年五十六
石坤玉妻喻氏二十六歲夫亡守節旌年六十四
薛大璋繼妻卜氏二十六歲夫亡守節旌年五十以上道光二十二年旌
錢紹周妻王氏二十五歲夫亡守節旌年六十三
仲禹臯妻張氏二十九歲夫亡守節旌年四十六

范秀榮妻孫氏 二十三歲夫亡守節旌年五十三
陳永祥妻許氏 二十四歲夫亡守節旌年六十
方士夔繼妻王氏 二十八歲夫亡守節旌年五十一
劉應禮妻李氏 二十四歲夫亡守節旌年五十三
范國楨繼妻沈氏 二十六歲夫亡守節旌年六十七
淩浩如妻王氏 二十三歲夫亡守節三十一年
儒童龔柱妻沈氏 二十九歲夫亡守節三十二年
儒童趙鋙妻陸氏 二十三歲夫亡守節二十二年
儒童黃濂士妻徐氏 二十八歲夫亡守節三十三年
監生金璉妻沈氏 三十歲夫亡守節四十年

范孝度妻俞氏 二十三歲夫亡守節十一年 以上道光二十四年旌
陸在三妻陳氏 二十六歲夫亡守節旌年五十六
儒童方士誼妻仲氏 二十九歲夫亡守節旌年六十一
儒童周國維妻陸氏 二十五歲夫亡守節旌年五十八
姚瑞章妻吳氏 三十六歲夫亡守節旌年五十三
監生沈鈺妻徐氏 二十六歲夫亡守節旌年六十四
儒童郁一山妻周氏 二十九歲夫亡守節旌年七十一
陳錫華妻張氏 二十五歲夫亡守節旌年五十二
楊鳴皋妻馮氏 二十五歲夫亡守節旌年六十五
生員項庚妻金氏 二十五歲夫亡旌年五十二

盛中孚妻潘氏 十九歲夫亡守節六十一年
張元燕妻費氏 二十四歲夫亡守節五十八年
王才元妻陸氏 二十四歲夫亡守節二十一年
朱九皋妻何氏 二十八歲夫亡守節三十一年
儒童姜煥如妻吳氏 二十七歲夫亡守節三十二年
儒童姜玉堂妻吳氏 二十九歲夫亡守節三十九年
典史于檣繼妻陶氏 二十六歲夫亡守節二十一年 以上道光二十五年旌
錢名妻沈氏 二十八歲夫亡守節旌年五十三道光二十七年旌
監生楊日新妻鄭氏 二十九歲夫亡守節旌年六十二道光二十八年旌
沈松廷妻葉氏 二十五歲夫亡守節旌年五十一道光三十年旌

生員姚金榜妻陸氏 二十五歲夫亡守節旌年六十五咸豐二年旌
監生程世治妻張氏 二十四歲夫亡守節旌年五十五咸豐三年旌
儒童唐漢元妻于氏 二十九歲夫亡孝事孀姑撫孤成立守節三十年咸豐四年旌
鄒洪聲妻姚氏 二十九歲夫亡守節三十一年咸豐五年旌
生員錢東繼妻張氏 二十五歲夫亡撫前氏子保榮成立守節以終
監生陶允元妻屈氏 二十七歲夫亡旌年五十一
沈德昭妻莫氏 二十五歲夫亡守節旌年六十九以上咸豐七年旌
生員沈榦妻曹氏 二十五歲夫亡撫嗣守節十七年
生員宋炯妻包氏 二十九歲夫亡撫孤守節二十三年
韓方周妻陳氏 二十二歲夫亡撫孤守節二十二年

孫鳳鳴妻沈氏二十八歲夫亡撫孤守節十二年
計玉林妻李氏二十一歲夫亡撫嗣守節五十五年
懷光照妻吳氏二十九歲夫亡撫孤守節四十年
儒童張昌言妻卜氏二十九歲夫亡守節十七年
馬煒妻田氏二十二歲夫亡撫孤守節二十三年
謝錦山妻張氏二十九歲夫亡撫孤守節三十八年
職員何欽妻陳氏二十八歲夫亡撫孤守節二十八年
陸奏旋妻翁氏二十九歲夫亡撫孤守節四十一年
楊瑞楨妻翟氏二十九歲夫亡撫孤守節三十三年
生員翁埅妻金氏二十歲夫亡撫孤守節二十四年

陶巽龍妻沈氏十八歲夫亡守節四十年
殳彥英妻陸氏二十八歲夫亡撫孤守節十年
李成基妻俞氏二十三歲夫亡撫孤守節二十八年
阮韞珠妻余氏十九歲夫亡守節三十一年
王士林妻沈氏二十五歲夫亡撫孤守節三十三年
徐潤妻樊氏二十二歲夫亡守節十年
沈德峻妻俞氏二十七歲夫亡撫孤守節四十四年
周仕勲妻吳氏二十八歲夫亡撫孤守節五十三年
許坤和妻沈氏二十八歲夫亡守節二十二年
佴尚賢妻丁氏二十一歲夫亡撫孤守節十年

倪文濤妻盛氏二十九歲夫亡守節二十三年
辜娓梧妻沈氏二十八歲夫亡撫孤守節十八年
沈鎮楚妻邱氏二十九歲夫亡撫孤守節五十二年
生員黃凿妻曹氏二十三歲夫亡守節三十年
金寶山妾王氏二十歲寶山亡守節十三年
許聲高妻李氏二十八歲夫亡撫孤守節三十一年
倪煥文妻陸氏二十六歲夫亡撫孤守節十三年
馮越華妻張氏二十九歲夫亡守節四十三年
張晉照妻夏氏二十九歲夫亡撫孤守節四十二年
生員沈福田妻朱氏二十二歲夫亡撫嗣守節旌年五十八

儒童丁衍鼎妻胡氏二十八歲夫亡撫孤守節旌年五十三
沈秀甫妻韓氏三十歲夫亡撫孤守節旌年七十三
生員陳鈺妻范氏二十九歲夫亡撫孤守節旌年七十四
周保賢妻王氏二十八歲夫亡撫嗣守節旌年五十八
郭霱妻程氏二十二歲夫亡撫孤守節旌年五十六
楊瑞林妻章氏三十歲夫亡撫孤守節旌年六十二
楊開蓉妻夏氏二十八歲夫亡撫孤守節旌年五十八
儒童吳浩妻陳氏二十二歲夫亡守節旌年六十二
宋鈞忠妻蘇氏二十八歲夫亡守節旌年五十
陳舜川妻楊氏二十九歲夫亡撫孤守節旌年五十八

董其真繼妻殷氏二十六歲夫亡撫孤守節旌年五十
沈暎階妾張氏二十四歲暎階亡撫孤守節旌年七十
陸鋐文妻彭氏二十五歲夫亡撫孤守節旌年六十二
阮韞玉妻周氏二十九歲夫亡撫嗣守節旌年六十九
王洪妻沈氏二十二歲夫亡撫孤守節旌年六十六
生員朱三壬妻盛氏二十七歲夫亡撫孤守節旌年六十一
吳永發妻張氏二十七歲夫亡守節旌年六十一
錢聚奎妻張氏二十七歲夫亡撫孤守節旌年五十二
沈朝榮妻張氏二十八歲夫亡撫孤守節旌年六十二
副貢生王維翰妻沈氏二十一歲夫亡撫孤守節旌年五十五

儒童姚錫全妻楊氏二十八歲夫亡守節旌年五十七
朱介眉妻許氏二十九歲夫亡撫孤守節旌年八十二
章俊臣妻徐氏二十五歲夫亡守節旌年五十三
張承沛妻王氏二十九歲夫亡守節旌年六十七
徐畬堂妻郁氏二十五歲夫亡撫孤守節旌年五十八
張以鑑繼妻汪氏二十七歲夫亡守節旌年五十八
姚廷獻妻懷氏二十八歲夫亡撫孤守節旌年五十八
生員孟寶銘繼妻顧氏二十九歲夫亡撫孤守節旌年五十
王位東繼妻顧氏三十歲夫亡守節旌年六十
張奎勳繼妻胡氏二十三歲夫亡撫孤守節旌年五十六

盛惪繼妻史氏二十九歲夫亡撫孤守節旌年五十
富正發妻張氏二十五歲夫亡守節旌年五十一
裘駿聲妻顧氏二十二歲夫亡撫嗣守節旌年六十三
顧振聲妻俞氏二十六歲夫亡撫孤守節旌年五十七
倪晴川妻沈氏二十歲夫亡撫孤守節旌年七十二
萬錦成妻馬氏二十九歲夫亡守節旌年五十三
殳德昌妻方氏二十五歲夫亡撫孤守節旌年六十六
姚書瑚妻王氏二十八歲夫亡撫孤守節旌年六十五
沈世柄妻楊氏三十歲夫亡守節旌年五十七
俞德釗妻馬氏二十歲夫亡撫嗣守節旌年五十

王春榮妻姚氏二十五歲夫亡守節旌年五十
施介義妻石氏二十七歲夫亡撫孤守節旌年五十
張廷相妻黃氏二十五歲夫亡守節旌年五十
于應渭妻李氏三十歲夫亡撫嗣守節旌年五十
朱人桂妻沈氏二十八歲夫亡守節旌年五十
吳霞妻夏氏三十歲夫亡守節旌年五十
葉金昆妻唐氏二十八歲夫亡撫嗣守節旌年五十
朱應元妻周氏二十七歲夫亡撫嗣守節旌年五十
王用錫妻徐氏二十六歲夫亡守節旌年五十
沈鳳妻金氏二十四歲夫亡撫孤守節旌年五十

費九臯妻張氏 二十三歲夫亡撫嗣守節旌年五十

邵濂妻屠氏 二十二歲夫亡守節旌年六十

俞榮慶妻王氏 二十歲夫亡守節旌年五十一

魏士鳳妻郁氏 二十歲夫亡撫孤守節旌年五十

王志榮妻徐氏 二十八歲夫亡撫孤守節旌年五十一

徐中和妻張氏 二十二歲夫亡守節旌年五十二

生員項朝鑾妻曹氏 二十三歲夫亡撫嗣守節旌年五十三

張春妻朱氏 三十歲夫亡撫孤守節旌年五十四

邵大生妻吳氏 二十五歲夫亡守節旌年五十四

徐叙山妻莫氏 二十四歲夫亡守節旌年五十四

徐棠芳妻陳氏 二十九歲夫亡守節旌年五十七

章天申妻朱氏 二十一歲夫亡守節旌年五十五

生員沈嶷妻錢氏 二十七歲夫亡撫嗣守節旌年五十七

王振文妻嚴氏 二十歲夫亡撫孤守節旌年五十

監生姚禹謨妻王氏 二十九歲夫亡撫孤守節四十年十年殉難

胡大德妻陸氏 二十一歲夫亡守節旌年五十七以上咸豐八年旌

武生金國龍妻朱氏 二十三歲夫亡守節二十三年

潘志棠妻張氏 二十四歲夫亡守節三十八年

徐畬棠妻高氏 二十五歲夫亡守節三十五年

儒童錢璋妻吳氏 二十九歲夫亡守節二十一年以上咸豐九年旌

李㫒載妻卜氏 二十六歲夫亡守節旌年五十七同治八年旌

徐引妻陸氏 二十八歲夫亡守節旌年五十一同治九年旌

沈汝㳟妻孫氏 二十八歲夫亡守節旌年五十一同治十二年旌

范錦華妻沈氏 二十一歲夫亡守節二十四年同治十二年旌

沈亨祺妻朱氏 二十一歲夫亡守節旌年五十

嚴景福妻邵氏 二十歲夫亡守節旌年五十四

卜韻雲妻陸氏 二十一歲夫亡守節旌年六十

虞學錦妻吳氏 二十五歲夫亡守節旌年五十七

鍾應雷妻陳氏 二十七歲夫亡守節旌年六十七

龔承祖妻鄭氏 二十六歲夫亡守節十九年

監生費坤元妻吳氏 二十五歲夫亡撫嗣丙增成立守節三十九年

監生陳塋妻于氏 二十七歲夫亡守節二十四年以上光緒元年旌

職員陳功叙妻沈氏 二十九歲夫亡撫孤成立守節十八年郡守宗給額獎之光緒二年旌

職員陳右曾妻錢氏 二十八歲夫亡守節二十五年

儒童董文瀾妻張氏 二十一歲夫亡遺孤方五月撫訓成立孝事翁姑守節二十五年

陶楨妻盛氏 二十九歲夫亡守節三十二年

陳卓羣妻朱氏 二十六歲夫亡守節四十四年

陳壽仙妻金氏 二十七歲夫亡守節四十八年

陳宏遠妻沈氏 二十五歲夫亡守節現年七十五

生員梅長鑣妻董氏 二十三歲夫亡守節四十年

生員虞寶辰妻汪氏 二十歲夫亡守節撫遺腹子葵成名葵又卒現年五十八

金湯允妻馮氏 夫亡守節已三十五年

金雍洽妻魏氏 夫亡守節已三十三年

金大田妻彭氏 夫亡守節已三十二年

金廷章妻郭氏 二十一歲夫亡遺八齡孤撫訓成立守節五十六年

陳文惠妻陸氏 二十四歲夫亡守節旌年六十九

楊士龍妻樊氏 十五歲夫亡守節旌年三十四

沈椒圃妻魏氏 二十歲夫亡守節五十二年

張域妻楊氏 夫早亡遺孤榮鏊與孀姑胡氏共撫之矢志守節

顧方元妻朱氏 二十七歲夫亡守節旌年四十八

徐大榮妻嚴氏 二十四歲夫亡守節二十四年

吳世栢妻陸氏 二十七歲夫亡守節四十六年

吳紀宗妻沈氏 十九歲夫亡守節四十五年

屠炘妻姚氏 二十九歲夫亡旌年六十九

陳堉妻王氏 二十六歲夫亡守節九年

監生梅韻泉妻趙氏 二十三歲夫亡守節三十八年

沈廷貴妻吳氏　錢益安妻徐氏

張維祺妻鄒氏　儒童楊應齡妻沈氏

吳肇周妻陳氏　佾生金鴻勳妻徐氏

鈕觀瀾妻張氏　鈕鳴球妻張氏

沈國樑妻顧氏 以上已旌

儒童褚寶璐妻曹氏 二十一歲適褚婚半載夫亡事姑盡孝守節十五年

生員褚榮椿妻范氏 有傳

朱景煜妻陳氏 二十七歲夫亡食貧守節越十年遇粤匪殉難

沈遇春妻胡氏 二十一歲夫亡孝養翁姑撫孤成立現年四十九

從九品馬霈霖妻計氏 二十八歲夫亡撫姪爲嗣教養成立守節八年

從九品馬雯霦繼妻石氏 二十三歲夫亡與計氏同撫孤成立現年四十三

胡世熙妻顧氏 三十歲夫亡撫孤成名營葬翁姑守節三十六年

方粹然妻于氏 二十四歲夫亡善事翁姑撫孤成名守節四十八年

監生莫嘉悳妻范氏 二十八歲夫亡家貧勤紡績度日撫孤成立守節三十三年

徐張氏 二十六歲夫亡現年七十五

陳紫垣妻何氏 二十七歲夫亡撫遺腹子善鑑教養倍至早歲入庠

儒童何聲同妻盛氏 二十九歲夫亡守節

王寶彥妻裘氏 二十五歲夫亡守節四十五年

生員褚廷鷺妻吳氏 二十二歲夫亡守節三十三年

生員趙恩組妻陶氏 二十七歲夫亡守節五十一年

監生沈之英妻張氏 二十六歲夫亡守節二十六年

周光鑑妻宋氏 十九歲夫亡撫嗣敬卿成立守節三十四年

顧運保妻陸氏 二十四歲夫亡守節現年五十八

史悠成妻唐氏 二十一歲夫亡撫夫兄子久淸爲嗣現年五十九

監生張尊橫妻計氏　儒童沈世炳妻楊氏
儒童沈維銛妻李氏　儒童計玉林妻李氏
監生王聲潮妻陳氏　監生范魯望妻虞氏
監生黃潤堂妻施氏　贈朝議大夫許聲高妻李氏
贈朝議大夫許九如妻沈氏
監生徐春圃妻汪氏　張志奇妻丁氏
監生張文奎妻于氏　唐宗朝妻于氏
錢秋帆妻賈氏　陸爲儒妻張氏
高鳳翔妻錢氏　縣丞陳堃元妻于氏
儒童汪葆熙妻唐氏　張少畦妻徐氏

蔣翰朝妻吳氏　張定錫妻錢氏
儒童周殿安妻張氏　王健行妻朱氏
方松泉妻于氏　黃銑妻李氏
沈緒光妻高氏　沈兆熊妻葉氏
沈應傳妻錢氏姪孫媳李榮印妻倪氏李茂印妻金氏
九品銜曹洛如妻馮氏　徐少溪妻袁氏
金徐氏　周明玉妻顧氏以上事實莫考
六品銜曹濂如妻嚴氏　生員徐鴻壽妻范氏
監生倪桂廷妻王氏二十六歲夫亡守節四十年
儒童戴炳妻沈氏二十九歲夫亡守節三十四年

職員王銓繼妻周氏三十歲夫亡守節四十九年
蘇永昌妻陳氏二十九歲夫亡守節三十四年
沈坤泉妻劉氏二十六歲夫亡守節十九年
莫嘉平妻胡氏二十四歲夫亡旌年六十五
沈寶山妻王氏二十七歲夫亡旌年六十六
沈惟梅妻吳氏二十六歲夫亡現年五十六
虞沈氏二十五歲夫亡現年五十八
徐應春妻董氏
王增福妻顧氏
錢杏孫妻徐氏
項蘇壽妻金氏二十歲夫亡現年六十四
生員陳令愷妻陸氏二十三歲夫亡守節以終

生員沈元期妻施氏三十歲夫亡守節十九年
陸厚成妻吳氏二十一歲夫亡守節四十八年
王宗凝妻吳氏二十八歲夫亡守節三十八年
茅大成妻康氏二十一歲夫亡守節四十五年
朱某妻茅氏二十六歲夫亡守節四十四年
何士璉妻歸氏二十八歲夫亡守節四十一年
朱與權妻謝氏二十七歲夫亡守節三十七年
王學祥妻鍾氏二十一歲夫亡守節三十八年

處州訓導陳鑛妾王氏二十九歲夫亡守節二十六年
張蘭妻葉氏二十八歲夫亡守節六十三年
監生范廷宣繼妻朱氏二十八歲夫亡守節六十年
錢振乾妻沈氏二十九歲夫亡守節五十一年
吳涵妻朱氏二十五歲夫亡守節四十二年
曹翰宗妻顧氏二十六歲夫亡守節四十六年
陳昕妻吳氏二十六歲夫亡守節五十一年
吳佩雲妻薛氏二十二歲夫亡守節五十一年
吳可宗妻張氏二十六歲夫亡守節三十八年
項源來妻嚴氏二十八歲夫亡守節十六年

沈懷倫妻謝氏二十六歲夫亡守節二十七年
王廷煥妻歸氏三十歲夫亡守節二十七年
施延藥妻石氏三十歲夫亡守節二十五年
王鑑如妻徐氏二十五歲夫亡守節十六年
朱敬昭妻黃氏二十四歲夫亡守節五十一年
葉瑞庭妻顧氏二十一歲夫亡守節六十二年
王茂蔭妻呂氏三十歲夫亡守節四十一年
金生賢妻呂氏二十九歲夫亡守節五十一年
楊景珠妻王氏二十一歲夫亡守節五十三年
沈楨茂妻倪氏二十五歲夫亡守節五十六年

金其亮妻聞氏二十六歲夫亡守節五十二年
董燮飛妻朱氏三十歲夫亡守節三十九年
顧兆麟妻賈氏二十二歲夫亡守節五十五年
王容度妻丁氏二十九歲夫亡守節四十二年
陸俊天妻徐氏二十六歲夫亡守節五十三年
鍾恒久妻沈氏二十九歲夫亡守節四十年
朱欽朝繼妻王氏二十九歲夫亡守節四十九年
沈滙廷妾池氏三十歲滙廷亡守節三十六年
沈瀛洲妻張氏二十九歲夫亡守節四十一年
朱允堯妻劉氏二十九歲夫亡守節三十二年

王元發妻劉氏二十五歲夫亡守節二十四年
曹敬榮妻殳氏二十九歲夫亡守節三十四年
陳慶坤妻李氏二十七歲夫亡守節三十六年
謝廷昌妻歸氏二十八歲夫亡守節三十四年
朱勤宜妾宋氏三十歲勤宜亡守節三十五年
監生朱元音繼妻高氏三十歲夫亡守節四十三年
王炳妻崔氏二十五歲夫亡守節四十二年
張洪妻章氏二十八歲夫亡守節三十八年
錢廷貴妻桂氏二十四歲夫亡守節四十三年
魏以成妻陳氏二十五歲夫亡守節三十八年

陳聿修妻徐氏三十歲夫亡守節三十八年

項金聲妻徐氏二十九歲夫亡守節三十一年

馮甫安妻陸氏二十四歲夫亡守節三十七年

朱瑞生妻輔氏三十歲夫亡守節三十八年

沈鎮淵妻濮氏二十六歲夫亡守節三十三年

沈珮明妻丁氏二十九歲夫亡守節四十二年

陳起周妻金氏二十五歲夫亡守節五十二年

朱世英妻孫氏二十九歲夫亡守節四十年

張國賢妻姚氏三十歲夫亡守節四十八年

楊尙涵妻翟氏二十歲夫亡守節五十九年

陸壽增妻莊氏二十五歲夫亡守節三十二年

沈武山妻鄒氏二十九歲夫亡守節四十五年

生員項朝鑾妻曹氏二十二歲夫亡守節三十五年

張鉅鏞妻潘氏二十五歲夫亡守節三十七年

張元熙妻陳氏十七歲夫亡守節四十三年

黃佩鳴妻錢氏三十歲夫亡守節六十一年

生員王逵妾孫氏二十四歲逵亡守節四十五年

張春妻朱氏三十歲夫亡守節三十六年

張柿坪妾沈氏二十八歲柿坪亡守節四十年

黃國隆妻胡氏三十歲夫亡守節四十一年

王志榮妻徐氏二十八歲夫亡守節三十八年

倪秀成妻金氏三十歲夫亡守節二十九年

費九臯妻張氏二十三歲夫亡守節四十一年

王用錫妻徐氏二十六歲夫亡守節四十五年

朱應元妻周氏二十七歲夫亡守節十六年

高翰屏妻朱氏三十歲夫亡守節十二年

沈鳳妻金氏二十三歲夫亡守節三十九年

生員葉金昆妻唐氏二十八歲夫亡守節二十九年

姜人鳳妻曹氏二十六歲夫亡守節十年

曹澤妻孫氏二十五歲夫亡守節十五年

徐傳慶妻張氏二十二歲夫亡守節四十一年

施介儀妻石氏二十五歲夫亡守節三十四年

張廷相妻黃氏二十三歲夫亡守節二十五年

吳霞妻夏氏二十四歲婚未半載夫亡守節二十四年

朱人桂妻沈氏二十二歲夫亡守節四十四年

顧鶴山妻李氏十九歲夫亡守節四十二年

俞蔭嘉妻孫氏三十歲夫亡守節二十六年

張漢榮妻高氏三十歲夫亡守節三十五年

陸恒喬妻曹氏二十六歲適陸越一載夫被粤匪擄去不歸氏憂鬱成疾卒年三十七

監生張兆熙妻姚氏二十三歲夫亡守節三十八年

張自新妻顧氏二十二歲夫亡守節十三年

顧廷璋妻陳氏十九歲夫亡現年四十六

王春榮妻姚氏二十四歲夫亡現年六十八

高艮才妻張氏二十歲夫亡現年八十三

沈貴妻董氏二十八歲夫亡現年六十三

莊星久妻朱氏二十六歲夫亡現年五十八

周洪源妻施氏二十六歲夫亡現年五十七

沈莊銓妻朱氏二十六歲夫亡現年五十六

朱芬妻周氏十八歲夫亡現年五十二

朱貴生妻顧氏二十六歲夫亡現年五十二

李星楠妻張氏二十八歲夫亡現年五十四

張自康妻顧氏二十三歲夫亡現年六十二

生員高文鑣妻金氏二十七歲夫亡現年四十七

高文銘妻金氏二十七歲夫亡現年四十二

生員葉榮恩妻曹氏二十九歲夫被擄不歸現年四十七

蔣椿妻徐氏二十七歲夫殉難亡守節現年四十四以上見梅涇節孝錄

顧祖法妻楊氏二十九歲夫亡里有無賴馬和尚誘以再醮氏以死誓越明年家遭盜馬亦在盜中被拟至馬家氏以計脫卒保其貞馬以他案正法同治十二年知府許瑤光給桂馨蓮潔額

監生徐之江妻沈氏二十五歲夫亡孝事翁姑撫養兩孤長子廷榮庠生現年五十三

生員陳馨曾妻陶氏三十歲夫亡遺腹生子寶源撫訓成立入泮現年六十五

梅乾裕妻顧氏二十七歲夫亡撫孤成立現年四十四

監生王豐繼妻錢氏二十五歲夫亡守節三十一年

從九品于昌國妻王氏二十五歲夫亡現年四十九

議敘八品銜陳端論妻徐氏二十八歲夫亡現年五十二

儒童吳寶琛妻胡氏二十六歲夫亡現年五十二

徐文華妻張氏二十六歲夫亡撫孤守節現年七十一

儒童陳義壽妻張氏二十五歲夫亡撫孤奉璋成立現年五十七

周瓏金妻陸氏二十五歲夫亡撫孤晉元成立現年五十六歲以上採訪未旌

周麟昭妻許氏二十九歲夫故守節二十九年

監生許應謙妻項氏三十歲夫亡現年四十七

從九品許應升妻陶氏二十九歲夫故現年四十三

李嘉生妻某氏二十二歲夫亡守節三十五年

高燕貽妻徐氏十九歲夫亡現年七十二

褚寶璘妻曹氏二十歲夫亡守節十四年

吳志涵妻沈氏二十五歲夫亡守節十八年

監生倪桂廷妻王氏幼侍父瘋疾盡孝年二十歸倪越六年夫歿欲投繯族議立嗣慰之先以從堂服子爲嗣閱二載夫弟生子煒氏復邀族議以並嗣教養成立知顧大義守節四十年歿已旌

職員許聲高妻李氏中歲嫠居撫三子成立長子九如娶沈氏逾年沈又寡罹凶變時生女未彌月屢求死乃迎母氏防護氏飲泣吞聲者四載後所生女與嗣子俱殤自縊死時嘉慶十九年計守節四年已旌

顧氏居寺前村八歲適周明玉爲童養室明玉及冠得危疾越俗信巫謂病者速婚卒易瘳號見喜遂成婚卒不起氏以婦代子貧甚至咽糠粃一日糧絕搜後圃忍得䕃鎗數事質於市始具炊顧勤於紡織竭日力至暮兩手不能舉卒以傭值所餘積置產生平蔬食未嘗御精饍曰吾有隱痛所不忍也年六十爲治壽藏及絞紟之具見用帛怒令易以布曰吾若此已終身忍令死而改耶咸豐元年旌 楊象濟撰傳

蔡俞氏嘉善陶莊鎮鄉人適蔡二十一寡舅姑欲奪其志潛覺之懼勢逼避至郡城楊韻家爲嬰嫗積傭資葬舅姑與所天仍服役楊氏歷主四傳年七十有四

陶沈氏王江涇人文鈞女適陶鎮次子陳取婚僅十六月陳取遘疾不起婦念父母在且翁老夫乏嗣不敢言死同治甲子歸故居鞠養夫兄子教之讀茹素奉佛事父母婉愉惟謹雖已嫁如孺子容父病悲鬱成疾冬翁又病節婦已臥牀以不能侍奉爲感卒年三十五歲守節十四年

生員徐鴻壽妻范氏信女道光十二年適徐未碁鴻壽死泣血椎心一慟幾絕以夫弟子寶炘爲嗣撫養如已出爲冠婚咸豐庚申值寇警携子婦避鄉急奉翁姑雙櫬安葬得免委骨榛莽守節二十九年卒以年老遭災驚悸旋殁光緒三年旌

庠生蔡之清妻鮑氏二十五歲夫亡守節六年

凌德義妻盛氏二十四歲夫亡現年五十九

監生朱清和妻項氏二十九歲夫亡撫嗣子吉貴成立守節三十六年

章廷模妻鄭氏字靜莊桐鄉孝廉元鈁長女適章爲諸生如潮子婦廷模病瘵卒夫弟髫齔立後猶有待氏時年二十六蔣吞金爲舟李氏覺療救免諭以上有孀姑下無嗣子宜代夫養親育弟毋輕狥迺孝事繼姑張歲庚申姑病警至藥爐奩具侍奉舟居身不帖席者累月光緒二年姑病卒夫弟先姑殁亦無子哀毀中擇立嫡姪文堯爲嗣氏卒年五十一守節二十六年已旌

庠生王之采妻盛氏三十歲夫亡守節三十一年

嘉興府志卷七十二 嘉興府知府善化許瑤光重輯

列女 節婦

嘉善縣

明

御史薛宗汞妻沈氏洪武初宗汞舉孝廉拜監察御史失朝黜死沈時年二十一事姑甚謹以紡績爲業姑亡盡鬻衣資以葬

李文達妻張氏二十八歲夫亡二子俱幼父母將嫁之氏誓死不二守節二十八年宣德間旌

郁震妻顧氏妾周氏夫亡一子未晬顧奉其姑依母以居曲盡孝道成化中旌周亦守節以終

翁世巽妻孫氏弟世安妻王氏孫二十三歲夫亡誓死守節撫嗣子鎧成名有聲庠

序王二十四歲夫亡與孫妯娌和睦同心守志撫子錬官饒州府倉大使大理同知范言給雙節碑以誌不朽

州同翁鎮妻錢氏鎮授州同未及服官卒氏時二十五歲撫一子成名茹荼守志教諭陳文彬給堅持雅操額表其廬

沈嗣興妻朱氏一名妙貞二十歲夫亡僅遺一女誓不再適年八十四

俞傑妻周氏名桂蘭二十七歲寡家貧子幼父欲奪其志不從教其子澤成進士有司奏旌

呂孟端妻郁氏名妙真二十四歲夫亡無子孝奉翁姑爲夫立嗣

蔣元颿妻郁氏二十七歲夫亡繼子琭甫周歲辛勤撫育家難蜂起同妾王氏朱氏協力維持內外肅然年俱六十餘

陸禮妻張氏名玉蘭十九歲夫亡孝事翁姑守節以終

陸衍妻糜氏媳周氏糜二十歲寡夫病篤時目糜久之糜曰夫子疑我耶遂毀容變服示無他

志既而遺孤又卒與婦周氏孀居二十餘年世稱雙節

姚彥曾妻李氏 名貞彥二十三歲夫亡撫遺孤備極艱苦古節以終

莫佐妻周氏 名嘉平十六歲贅佐甫七月夫亡遺妊生女姑憐其少諷使再適周誓曰有不從姑終身者不出此戶守節六十餘年

閔塾妻孫氏 十九歲夫亡無子兄欲奪其志歎曰兄所利者財也悉以奩田予之年五十三值歲饑死邑令于業葬之

浦潤妻朱氏 二十七歲夫亡養姑訓子年七十卒有慈節堂之詠傳于時

顧闓妻任氏 十六歲贅闓闓素貧有嫡母胡庶母李嫂居皆寡任體夫意悉迎養不就乃易奩飾養之二十五夫亡哀痛絕粒尋嫡母等相繼歿任典簪珥葬之守節三十餘年

知事陳坤妾王氏 十六歲婚越六年生子誠甫週歲夫疾且革囑嫡子嫁之喪畢子以父命諷王

王大痛翦髮誓死撫誠成立及歿族黨盡流涕焉

監生沈勳妻毛氏 二十九歲夫亡無子立夫從子大成為後守節五十餘年萬歷間旌

錢寶妻沈氏 夫溺水死無子撫一女守志伯某謀嫁之沈欲投水以殉乃止年七十餘臂間繫一小鏡人問之曰此吾先夫所佩也語及此輒涕泣有疾未嘗延醫診視苦節五十年中丞錢繼登立傳

袁莘祉妻沈氏 二十三歲夫亡孝養繼姑撫兩孤成立守節三十餘年病革子謙刲股以進不食卒

孫麒妻陳氏 二十四歲夫亡翁尋卒陳孝事孱姑養葬盡禮年七十七

袁柏妻趙氏 二十八歲夫亡孤甫襁褓家貧紡織自給每引兒至夫座前課讀稍踰度輒跪責之年五十九忽一日呼兒曰今日是爾父亡日我將往從地下矣無疾而卒

季听妻唐氏 二十一歲夫亡遺腹生子練族人以貧故欲其再適氏斷髮矢志奉姑盡孝當盛暑夜處帳中勤女紅以自給苦節六十餘年

生員卞理妻顧氏鑄妻徐氏洪澤妻卓氏 顧二十二歲夫亡子鑄娶于徐又寡次孫洪澤娶卓氏五年又寡三代皆高節而卓尤困苦云

生員郁守宗妻朱氏 二十八歲夫亡撫育遺孤至九十三卒邑令章士雅表其門孫聯源二十七喪偶不再娶咸謂節義萃於一門云

胡皆妻宋氏 二十一歲夫亡前與二姑偕守後與嗣子之婦同勵苦節五十六年

生員卞栻妻姚氏晉妻李氏 姚二十三歲夫亡夫病革時姚割股和劑以進及歿姚卽投繯以救得免子晉娶李氏二十五亦寡乃共撫幼孫姚年五十餘李年六十九

陸時顯妻陳氏 十八歲成婚夫業漆匠越十八日卽往曲周逾三年歿於外家貧無子惟姑及寡嫂相依年八十無疾卒里人葬於斜塘鎮福源宮傍邑令李陳玉勒石表墓

郁調元妻韓氏 夫亡韓慟哭曰不能從君地下為藐孤也率妾張共理家事撫庶子如己出守節五十餘年以子之章貴封恭人大學士李霨銘其墓

顧慕亘妻趙氏 二十一歲夫亡遺子文進甫三歲矢志守節年八十八郡守王士龍表之

張雲鳳妻方氏 十八歲婚三月夫亡家貧撫遺腹子成立守節六十三年天啟間旌

生員董亘史妻唐氏 二十七歲夫亡奉姑至孝守節五十七年天啟間旌

吳志達妻陸氏 二十七歲夫亡苦節三十八年崇禎間旌嗣子亮中成進士贈安人

盧茂春妻章氏 十七歲夫亡無子以夫從子鳳儀為嗣守節五十餘年

程振宇妻張氏 二十八歲夫亡誓死守節子方五齡撫之成立

周宗侯妻顧氏 十七歲適周孝事舅姑踰年夫亡無子毀容截髮年六十三卒邑令李陳玉表其閭

沈文沼妻宋氏 二十三歲夫亡遺子泓甫四月父母以貧諷之宋刺血上父書有死無二教子讀書紡織自給年五十四病不服藥卒子泓成進士崇禎間旌

蔣宰妻顧氏二十八歲夫亡歲饑勸翁焚債劵爲粥以施餓者子文衡爲小吏棄職歸養以孝稱尋卒顧又撫幼孫守節五十六年

監生孫完樸袁志作巾珍妻鍾氏十八歲婚未期夫亡無子紡織奉姑撫嗣子又殀又撫幼孫年六十餘

周丕承繼妻余氏十九歲夫亡撫子振藻訓育備至邑令莫大勳表其門

王貞復妻戈氏二十四歲夫亡無子父母欲改嫁之自經者再坐臥一小樓守節三十年

魏學洢妻嚴氏十七歲適魏生子允柟值翁大中以忤璫死學洢哭父死嚴二十七歲截髮毀容終身蔬食事姑錢淑人盡孝先姑卒淑人曰夫爲忠臣兒爲孝子婦爲節婦我何憾焉

楊隆妻潘氏三十歲夫亡長子彥明甫十一歲族伯潛謀改嫁潘聞欲自盡彥明勸母歸舅家得免時值兵荒石米四金母子四人勤紡織餬口苦節三十年邑令莫大勳給額表之長孫宗泰爲秀水生員

州同孫澐妻李氏二十七歲夫亡一女又殀食貧矢志苦節四十六年

孫文大妻沈氏澐之嫂也亦以節著

汪昌祖妻楊氏二十五歲夫亡子士俊以孝聞苦節四十五年學使吳垣表其閭

唐天錫妻沈氏二十一歲夫亡遺孤允璋甫三歲織紝自給守節五十年

生員葉鋐妻夏氏二十四歲夫亡教子汝詵中康熙戊午解元年八十八

施鑾蕳妻毛氏二十歲夫亡苦節四十八年學使顏光斆表之

郁環妻宋氏纘妻沈氏宋二十九歲夫亡撫子纘成立娶沈氏二十八亦寡姑婦雙節邑令以閨中儀範額表之

王嘉賓妻夏氏二十五歲夫亡遺孤甫襁褓即截髮毀容守節四十餘年

陳樸妻李氏二十歲夫亡家貧舅姑無以養李紡織贍費撫遺腹子成立有司給米帛存問者二十年

於暄妻張氏名淑端二十二歲夫亡矢無二心撫夫從子侃爲嗣侃歿繼撫遺孤親黨欲白其行于有司嘆曰守節婦人之常也何求人知年八十二

邱果妻李氏　錢霽妻曾氏

吳晟妻孫氏　任撰妾浦氏

生員柯蕃妻沈氏二十一歲夫亡訓孤子成讀書成明經

倪孟懷妻朱氏

舉人朱國禎妻吳氏夫亡無子捐宅爲永貞精舍以奉夫祀錢繼登有碑記

陸墀妻李氏十九歲夫亡矢志無二翁爲墀營葬以李年少姑穿一壙李聞之遂欲縊死姑救解之與叔姒陸培妻萬氏守志閨門肅然

陸培妻萬氏夫亡與墀妻李氏同守節

陸繼淵妻沈氏十九歲夫亡擇一密室居夫柩輒扃其戶足跡不履閾外與墀妻李氏培妻萬氏同矢苦志世稱一門三節

伊志案陸氏家乘墀妻李氏卒於萬歷八年年四十九邑令陳公書額表之萬氏止生一女與叔姒李同守苦節沈隨叔祖母李守志三十餘年暮年疽發背叔延醫調治氏寧死不肯露體年五十

盛聰妻沈氏十九歲夫亡遺腹生子曰宗祀有託矣日勤紡織堅志撫孤守節五十餘年

張榜妻陸氏媳朱氏陸二十二歲夫亡截髮自誓遇兵荒瀕死未幾孤又殀與婦朱氏共矢苦節

夏光覲妻陸氏光覲贅於陸未幾亡陸念翁姑塊處乞歸養奉事惟謹翁姑歿罄産殯殮撫孤成立

生員徐賞妻李氏夫亡無子事姑孝歲饑檢穅覈自噉而奉姑以粥餌屢遭饑逼冰操堅守撫嗣成立守節四十餘年

生員魏珊妻沈氏二十八歲夫歿於蘭溪氏奉姑教子年七十六卒孫廷相成進士氏親見之

陸儼妻葉氏

浦瀧妻吳氏

朱勤禮浙江通志吳志俱作朱勤妻莫氏

高材妻蔣氏

夏宣傑妻項氏

姚稻浙江通志作滔吳志作稻妻朱氏

張炳妻任氏

吳榆妻張氏

呂濂妻孫氏妾華氏

姚闓妻江氏

卞錫妻吳氏以上事實無考

訓導沈鑑繼妻彭氏湖廣人成化間鑑授永田訓導娶為繼室生一子夫亡彭兄弟以家遠子幼諷諭改適誓死不從乃變衣飾為輿櫬費跋涉三千餘里舁柩以歸遺孤得延沈氏之祀賴有彭也

沈杲妻尤氏二十七歲夫亡教子若孫俱成立年七十五邑令金和給匾表之

生員卞璵妻唐氏夫早亡守節年九十時梁溪高忠憲作詩壽之子洪載力請旌表年九十九

錢吾孝妻岳氏十九歲夫亡痛欲自決時已娠數月鄰嫗止之未幾舉一子撫之成立岳歿之日有五色雲繞其廬甯州守錢吾德有傳

錢繼仍妻朱氏二十七歲夫亡毀容鏟戶歲時必擇夫所嗜以薦年六十四卒閣輔錢士升為立傳

進士支大綸繼妻張氏二十四歲夫亡訓子如壻游南薙年七十八

州同沈剛中妻張氏夫亡撫孤守節四十餘年

錢廣昌妻毛氏二十一歲夫亡繼一子一女婚嫁盡禮年五十七

生員陸律妻毛氏十八歲夫亡遺孤二歲辛勤撫育事姑極孝年七十八

生員卞森妻支氏二十三歲夫亡事姑盡孝郡守以母宗女範邑令以名家孀節表之年五十餘

沈萬春妻夏氏二十一歲夫亡遺娠生子岵早夜紡織養四孀姑撫一孤子守節三十年

顧衷謁妻王氏二十一歲夫亡無子事姑以孝年六十八

王繼芳妻陸氏少以孝聞十九歲夫亡無子翁年六十餘陸罄奩具為續娶生一子翁尋歿陸撫幼叔成立年六十八

王杞浙江通志作祀妻魏氏二十三歲夫亡無子偕婢勤紡織孝事翁姑以壽終

莊有仁妻丁氏夫亡遺腹生子辛勤撫育年六十二子思椿事母以孝聞

江寅妻顧氏二十七歲夫亡撫幼孤成立邑令李陳玉表之年七十六

沈心愚繼妻李氏夫亡孝養翁姑積勞成疾以卒

包亭山妻曹氏十七歲夫亡年九十五有司給匾曰冰霜勁節

沈君嗣妻倪氏二十一歲夫亡一女甫週孝養翁姑年六十五

錢天與妻陳氏夫屢擯棘闈齎志以歿無子矢志五十年天啟間巡方表之

郎階妻馬氏二十二歲夫亡奉翁姑撫幼孤守節五十餘年

沈憶淵妻蔣氏二十七歲夫亡無子勤紡織以營葬事年六十三

周士龍妻夏氏十九歲夫亡慟哭自經以姑救免遺腹生子撫之成立年六十九

徐大節妻石氏二十四歲夫亡孝養翁姑撫育遺孤年六十二邑令表之

郁復周妻李氏二十一歲夫亡撫孤守節

沈之治妻某氏夫亡守節三十餘年邑令表其閭曰貞操淑訓

葉南柱妻王氏二十四歲夫亡孝舅姑撫孤子邑令給額表之年六十六

生員周宗榮妻錢氏二十七歲夫亡遺孤甫四週教之游庠年六十餘

曹其仁妻徐氏二十三歲夫亡矢志苦守學使劉表之年七十三

毛士鸞妻沈氏二十歲夫亡撫孤穗為諸生年六十餘

沈明道妻蔣氏二十四歲夫亡遺孤僅七月矢心撫養苦節五十餘年

張明威妻孫氏十九歲夫亡痛不欲生翁姑慰之乃強起奉養并撫遺孤崇禎間有司給膏節凌霜之額表

李聖作吳志士龍妻金氏二十七歲夫亡撫孤成立年六十三子大成有孝行

柏庭蘭妻莫氏二十二歲夫亡遺腹生子年八十四

崔造妻王氏女十九歲贅造五載夫亡無子紡織贍庶母年六十七

生員錢熙妻鄒氏進士錢默妻魏氏鄒二十四歲夫亡子未週魏二十六歲寡無子與鄒共保一孤人稱雙節

程武魁妻張氏二十五歲夫亡遺孤光祖甫五齡孝事舅姑及歿殯葬盡禮年七十八都諫許譽卿志其墓

卞世榮妻孫氏　郁從周妻淩氏

董繼南妻蔣氏　倪銓妻馮氏

卞杰妻徐氏　張明虹妻翁氏

生員王虔妻陸氏　龔在公妻錢氏

僉事錢棅妻陳氏二十七歲夫殉節震澤柩歸陳泣謂翁曰亂兵搶攘棺中眞偽難明必求啟視及啟慟幾絕遺孤痘殤從子煜嗣之又歿復以從孫維城爲嗣再世育孤艱辛備歷學使劉元琬給匾表之年六十四

顧文進妻王氏十九歲夫亡遺孤五月貧無遺產同一老僕婦紡織度日年七十七孫瑄順治庚子舉人

袁墨妻沈氏墨袁黃從孫也沈二十七歲墨死無子姑過之嫁沈絕食數日乃止黃子儼哀其節歲給米三石年六十餘

中書錢嘉妻葉氏二十六歲夫亡事祖翁士升以孝聞撫孤象坤維城守節三十五年

朱應第妻陳氏二十四歲夫商販粵東死二子尚襁衣食婚娶皆出自十指有司表曰貞節

路大用妻陳氏孝子陳子情幼女也夫以喪母哀毀不自彐卒東詩二十五歲絕粒自誓諸戚曲諭之強起理家撫子康莊成立爲諸生

陸晉山妻丁氏二十八歲夫亡奉姑鞠三子邑令章士雅表其門年七十八

呂兆熊妻張氏三十歲夫亡姑老子幼値明季兵燹流離困苦年九十

蔡萬春妻朱氏夫游學歿於金陵時朱二十四歲兄欲奪其志翦髮自誓撫孤時行成立

生員陸繼鉉妻蔡氏妾沈氏夫亡偕沈守節撫二孤成立

生員顧世臯妾蔡氏楓溪人二十歲夫亡食貧甘苦藉紡績以給守節三十餘年縉紳呈請給額

生員王俅妻謝氏夫亡守節拮据持家教子游庠俅歿時歲次己未垂午年時謝氏歿期適相符週六十年華亭進士袁福徵贈閔終詩一篇爲彤史之助云

稟生王可立妻沈氏楓涇人夫亡守節四十年知縣章旌表其閭

顧元本妻郁氏楓涇人夫亡守節以終

國朝

趙晉妻蔡氏二十八歲夫歿於京邸氏欲自經者再翁姑諭止教子武鞏成立守節三十餘年康熙十二年旌

葉曰桂妻呂氏二十七歲夫亡事翁姑克孝撫子如珪如琛成立永樂稟守家政肅然年七十三康熙四十九年旌

48

張孔成妻朱氏二十九歲夫亡守節乾隆十年旌

李前欽妻周氏十八歲夫亡無子舅光堯訟嵌田十至杭州再至京師氏佐家政不貽姑累年五十

生員李泰來妻沈氏二十七歲夫亡操家勤儉訓子入庠年六十八以上乾隆十二年旌

許大宗妻李氏二十三歲夫亡守節四十四年

州判張浚升妻丁氏三十歲夫亡守節五十年以上乾隆十五年旌

李思淑妻魏氏二十六歲夫亡事孀姑盡孝年七十九乾隆十九年旌

沈彝叙妻錢氏二十一歲夫亡守節六十三年

陸世瓛繼妻張氏二十六歲夫亡紡績撫孤守節五十二年以上乾隆二十八年旌

監生陳廷敏妻黃氏二十六歲夫亡創祠堂捐義田百畝宗黨稱之守節四十餘年乾隆三十三年旌

吳明燧妻沈氏二十歲夫亡子甫二齡又遺腹生子撫之成立守節三十一年乾隆三十四年旌

王裕昆妻趙氏二十一歲夫亡守節五十三年乾隆三十七年旌

監生吳樹禮妻趙氏妾胡氏夫亡時趙二十八歲胡十八歲分戶自經胡竟絕趙以救得免守節二十一年人稱雙節乾隆三十九年旌

監生蔡堪妻孫氏二十三歲夫亡孝事孀姑年七十九

監生鄒澄妻孫氏夫亡矢志不二積紡積貲為翁姑營葬年七十四

生員曹相慶妻孫氏二十歲夫亡事姑盡孝姑語人曰吾無婦無以度餘生姑歿殯葬盡禮撫嗣子烱親自督課早歲游庠烱歿又撫遺孫年八十二

監生許廷燧妻葉氏十七歲夫亡號泣絕食舅姑為立嗣以慰之嗣子世墉以蔭生成進士早世復撫孤孫成立守節四十八年

貢生張心培妾周氏二十九歲夫亡撫子成立親見五世年九十以上乾隆四十七年旌

戴振瑗妻孫氏二十二歲夫亡養葬翁姑守節二十四年乾隆五十年旌

貢生程國祥妻錢氏文端公長女也國祥為贅壻依居京邸未幾亡錢十八歲無子扶櫬南歸孝奉翁姑以夫姪維岳為繼後成進士官考功錢封恭人旌表建坊年七十

卓時泰妻顧氏十七歲夫亡克苦矢志守節四十三年以上乾隆五十一年旌

張雲標妻孫氏孝子孫鐔女二十四歲夫亡遺孤尚襁褓茹荼撫育年八十乾隆五十三年旌

監生沈棣妻唐氏二十八歲夫亡遺孤焜五齡逾月又遺腹生子煥俱撫之成立為諸生守節二十年乾隆五十七年旌

薛寵妻王氏　黃人瑗妻汪氏

黃士台妻趙氏　葉康侯妻張氏

倪景煥妻沈氏以上事實無考

魏學洙妻夏氏二十七歲夫亡無子撫夫從子允札為後苦節三十餘年學使金鏡表其閭

生員莊允燦繼妻吳氏十六歲歸燦甫期夫亡家貧不能給乃為女師遠近閨秀多來就學郡邑皆表其閭

莊仲堪妻朱氏夫游粵東而亡朱二十九歲二子元球俱幼撫之成立年五十七邑令張含章表之

莊禹錫妻吳氏仲堪兄妻也亦早寡守節

吳維翰妻周氏十六歲夫亡氷霜矢志兄貧遭父喪周拮据殯殮年五十二學使姜橚以額表之

錢之芳妻郁氏二十三歲夫亡撫孤成立守節四十餘年學使姜橚表其門

吳安之繼妻陳氏十七歲夫亡撫孤松生成立兼訓三孫年六十四學使靳讓表之

生員孫序皇妻蔣氏十六歲婚事寡姑孝養備至二十八夫亡飲泣撫孤鐔訓誨有成安貧操

作守節三十四年巡撫王度昭核實彙題

劉士龍妻金氏士麟妻陸氏 金三十歲夫亡撫孤成禮成立陸二十三亦寡撫孤成文皆成立邑令劉肅之給額懸於所居之樓鄰火環舍皆燬而樓獨存衆驚異顏其樓曰顯節學士陸棻記其事

韓懋德妻張氏 夫亡無子孝養舅姑年七十七

舉人朱岸登妻錢氏 三十歲夫亡長子一歲甫六齡次子紹周在襁褓一子在腹錢欲從死父諭以撫孤始感慟曰當再思之因名遺腹子曰再思守節二十年

貢生孫復輝妻陳氏 二十九歲夫歿於京邸旅櫬歸哀慟幾絕撫孤觀垣成名苦節三十七年

生員孫廷鑾妻王氏 二十六歲夫亡屢欲死殉爲舅姑勸止乃抑哀孝養訓子沒領鄉薦次嗣繁成明經守節四十餘年

曹相慶妻孫氏 即沒女也亦早寡守節

蔣杼雯妻何氏 二十九歲夫亡遺孤尚襁褓撫教成立年五十八郡佐張令章表墓

監生蔣昌陞繼妻顧氏媳顧氏 二十二歲夫亡撫前氏子鈦成立嫁三女葬三世鈦卒與其婦顧氏苦守撫孤成立

錢振元妻蔣氏 夫亡子未週歲誓以身殉力養舅姑日夜織作聞輒悲泣年二十九得疾曰吾可以遂吾願矣銜哀而歿

王悅範妻朱氏 二十七歲夫亡姑老子幼甘貧守志四十餘年

薛仲璋妻沈氏 二十五歲夫亡上無翁姑依父大政以居撫孤邵琦守節三十餘年

王觀化妻金氏 二十歲夫亡姑憂其少女鸞產遺埍金怡然無間姑意終弗擇金乃歸依母家問遺弗絕人以節孝並稱

沈郊妻王氏 夫亡絕粒七日教子泓登辛丑武進士守節四十餘年

生員夏公權妻葉氏 二十九歲夫亡撫孤鯨爲諸生旋歿復撫五齡孫雲陞年七十五

栢方來妻戴氏 夫幼孤五喪未葬夫亡庶祖姑相繼歿戴孀居且無子感泣自任四世八喪同日並舉當事題額表其門

生員王國珍妻張氏 二十六歲夫亡孝事翁姑課子誕錫爲諸生後領辛酉鄉薦

楊景新妻朱氏 二十七歲夫亡無子投繯數次其弟力勸而止年八十一

龔君求妻柯氏 二十八歲夫亡善事繼姑訓子成立年七十餘卒蘇州守吳道煌作節孝傳

朱雲妻李氏 二十二歲夫亡遺孤四齡有脅之改適者李引刀剺面紡織自甘教孫映瑩膺鄉薦至今藏有授經圖

王貞所妻馮氏媳沈氏 馮二十八歲寡沈二十九歲寡家貧薪水不給姑婦甘守里稱雙節

倪子瞻妻袁氏 二十七歲夫亡上奉老姑下撫襁褓守節三十餘年邑令表其門

生員張學詩妻陳氏 二十三歲夫亡事舅姑生養死葬有加禮課子柱游庠年七十四

生員唐晉妻袁氏 二十七歲夫亡撫孤成立守節三十餘年

生員陸韶妻沈氏 二十六歲夫亡遺孤廷柱甫七歲紡績課讀弱冠游庠守節五十年

錢象像妻徐氏 二十七歲夫亡課兩子不少寛子霄貴贈宜人

沈天華妻姚氏 二十七歲夫亡撫嗣子滄成立

生員張芝蕙妻葉氏 二十三歲夫亡無子氷蘗自矢年七十

夏君韶妻季氏 二十五歲夫亡孤際昌僅四齡家貧紡織課子康熙十八年有司表其閭

錢繼葵妻徐氏 二十二歲夫亡遺孤鑑甫一月撫以成立年七十五

孫瑤臺妻霍氏 二十歲夫亡有勸令改適者涕泣不從食貧矢志撫子成立年七十餘

生員吳濤妻陸氏 二十三歲夫亡薪水不給取資紡績年八十二

高衛繼妻盛氏衛爲名醫高隱子早亡盛年未至三十守節四十餘年撫子介成立

吳敬亭妻許氏二十三歲夫亡子甫并夫永訣時泣曰少婦藐孤豈能常守乎許飲氷茹蘗經營喪事有訟于官逼改嫁者許誓死不二里稱完節

生員李仙枝妾王氏二十四歲仙枝亡撫遺腹子守節三十餘年

錢體恒妻吳氏二十三歲夫亡族以貧故將奪其志吳以死誓營葬翁姑子殀復撫幼孫年八十四

吳濟宇妻王氏二十一歲夫亡家貧紡績以給守節四十餘年

朱盈泉妻郁氏三十歲夫亡撫孤敢元成立守節三十餘年學使劉元琬表其閭

生員朱肇嘉妻丁氏肇嘉敦節義鬻志早世丁時二十歲孝事姑撫孤玠成立守節三十餘年

呂彝妻丁氏　劉艮妻朱氏

夏九經妻倪氏　沈大壻妻常氏

吳璧妻呂氏　沈君錫妻張氏

周賢標妻胡氏　許九上妻薛氏

姜詔妻蔡氏　王肇昌妻戈氏

孫馥先妻蔡氏　陸大有妻張氏

王允高妻陸氏以上無事實可攷

生員支養訥妻趙氏朝弼妻薛氏趙二十歲夫亡子朝弼甫襁褓撫之成立娶薛氏年二十生子慕未期而寡姑媳相依四十餘年

殳銛妻張氏夫早亡守節三十餘年

生員馮嘉運妻支氏二十四歲夫亡屢欲自經家人防之乃止茹素終身

葉季子妻錢氏二十歲夫亡翁姑勸其改適矢志不從依兄紡績守節三十六年

鮑道彰妻陸氏夫亡撫子聖駙游庠守節四十餘年

生員馮年妻儲氏二十歲夫亡撫二女守節

生員潘炳孚妻馮氏二十七歲夫亡止一女養馮紹潘紹潘復殀撫外孫成立

生員王宰妻謝氏二十八歲夫亡撫三子讀書成立苦節五十八年

王潘氏宰之祖母也亦少寡矢節貧苦終身

葉楫妻莫氏二十七歲夫亡孝事翁姑撫三歲孤成立

生員孫允登妻郁氏二十二歲夫亡撫孤成立年六十三

生員孫資相妻浦氏攀桂妻沈氏俱少寡苦守咸稱完節

孫文鑑妻蘇氏三十歲夫亡室中設夫像進飲食如生前守節以終

盛達妻周氏二十歲夫亡子殀絕粒數日瀕死夢神人畀以黄丸服之而甦守節終身

生員王兆京繼妻張氏二十五歲夫亡撫孤晟齡景齡並成明經年八十五

朱國武妻陳氏二十九歲夫亡營葬兩世土豪卜阻之陳投河殉乃克葬金陵陳某償武夙負百金陳曰某藉是免厄不忍負也委之去陳以代輸貧郡逋賦苦節五十年

生員夏振璜妻劉氏二十九歲夫亡哀痛絕粒從姑命撫孤辛勤備至年七十六

夏叙九妻陸氏士立妻鍾氏芸妻陳氏叙九振璜之孫士立與芸振璜之曾孫也俱少寡守志里稱節母遺風

唐修元妻袁氏夫亡守節以終

劉衎妻葉氏二十七歲夫亡家貧撫三子成立

沈國望妻陸氏二十三歲夫亡子殀依弟某終其身

趙錫妻顧氏事翁姑孝夫早亡遺孤甫八月教育成立年八十五建坊清風鎮

倪慧妻高氏夫亡苦守人稱完節

馬仁妻俞氏夫亡有子度爲僧依以終老年九十九

劉苓妻陳氏二十八歲夫亡孝事翁姑撫遺腹子成立

生員沈梅妻顧氏二十五歲適梅數載夫亡觸棺擬殉祖姑救之甦依兄屺以居訓子滂若嚴師好讀書有女大學十五篇樂善編二卷鳩史三十八卷詩六百餘章

張天爵妻邱氏夫亡苦志守節以勞瘁早卒

蔣鼇妻陳氏夫早亡撫訓諸孤家聲不墜

生員錢珂妻姜氏十九歲夫亡依母家紡績堅守苦節

李翰妻卞氏二十六歲夫亡兩孤皆幼教以讀書寒暑不輟年八十五子復夔康熙丁酉舉人

監生沈濂繼妻卓氏二十三歲夫亡家貧紡績以養姑父母憐而迎之辭不肯歸子能讀書卓親課之年七十一

盛時相妻陳氏二十九歲夫亡孝翁姑育孤子守節四十餘年

州同孫蘋妻龔氏夫亡訓四子成立壽任肇慶府同知龔年七十贈宜人

俞錦溪妻孟氏夫亡無子依弟春祥以居守節四十年病劇延醫孟曰男女有別我手不畀人診也不服藥卒

生員劉藻繼妻馮氏夫少孤爲長兄萃及兄妾黃氏所撫馮奉如舅姑二十七歲夫亡號痛絕粒遺孤人鳳甫十月撫教游庠年五十九

錢素綸妻金氏二十四歲夫亡撫遺腹子武功成立年六十八

潘魯菴妻錢氏十八歲夫亡母家以貧諷之嫁錢翦髮矢志撫遺腹子守節以終

生員汪楷妻迮氏二十四歲夫亡撫孤介壽成立姑臥病十一年奉湯藥不稍倦年四十三

監生孫曰楓妻曹氏二十九歲夫亡孝事翁姑撫子爍成立守節三十二年

生員陸光斗妻蔣氏媳曹氏二十九歲夫亡事翁孝訓孤堪任爲諸生任歿偕婦曹氏撫二幼孫成立

生員鍾之楷妻錢氏三十歲夫亡事舅姑貧能養志訓孤兆鼇有文名守節十六年

生員吳虬妻徐氏振裘妻戴氏徐二十九歲夫亡孝事舅姑撫孤振裘入泮娶戴氏二十二亦寡姑婦相依守節徐年五十九

胡廣妻陸氏二十七歲夫亡事夔姑曹盡孝遺孤杰旣冠未娶而殀以夫從子權爲嗣年六十二

葉似蘭繼妻任氏三十歲夫客死吳門攜五歲孤往扶柩歸遙垢號泣行路皆爲流涕家貧翁老勤紡績以奉甘旨訓子成立守節三十七年

生員顧春芳妻周氏二十三歲夫亡事翁姑色養備至營葬兩世撫孤洪孝守節二十餘年

程錫玹妻金氏夫割股療母創楚垂殆金殫心調視母子均無恙後數載夫亡守節至七十一卒

謝期徵妻柯氏幼失恃孝事繼母歸謝後持家有禮法二十三歲夫亡無子以夫從子錫圭爲嗣守節四十餘年

謝某妻葉氏旭昭妻沈氏堯若妻俞氏葉期徵之繼母也二十三歲夫亡守節年五十一子旭昭妻沈氏曾絕粒殉夫死堯若妻俞氏亦少寡完貞一門節烈人咸稱之

生員馮立妻丁氏夫負才早世丁養孳姑撫五歲孤斌篝燈督課授以夫所批閱經史後爲諸生

李炳妻周氏二十八歲夫亡無子哀痛幾絕忍死養姑年五十九遇疾不求醫診卒

費士達妻沈氏二十六歲夫亡毀容斷髮坐臥一小樓以夫從子恩承爲嗣每述夫遺訓以勗之

監生張麟妻丁氏二十六歲夫亡無子夫弟方十齡爲撫育婚娶尋夫婦俱歿復撫其子繩成立

李廷枚妻錢氏二十九歲夫亡撫遺腹子及夫異母弟三人庠生鼇其一也守節三十年

施惠公妻孫氏二十四歲夫亡無子事翁姑撫幼叔大惠守節二十七年叔既長以子錫爵嗣之

生員蔡廷正妻李氏二十五歲夫亡孝事翁姑訓嗣子維熊優於文行李樂善好施年六十八

生員江禹功妻陳氏二十九歲夫亡撫孤天佑成立寬慈和惠三黨頌之年六十三

生員錢以坰妻江氏事翁姑以孝聞夫早亡撫三孤鉅璺鑾皆成立守節三十五年

蔣奕烇妻趙氏昌域妻顧氏趙二十九歲夫亡撫幼孤昌域既婚而歿時顧二十七歲鞠育二子各守節數十年

姜家珍妻郁氏二十一歲夫亡奉事翁姑養葬盡禮守節三十七年

生員孫謀妻陸氏媳某氏陸二十七歲寡撫教諸孤後長子歿偕其婦苦守年五十四

張澄妻沈氏二十三歲夫亡奉病姑三年不倦撫孤國柱兆雲皆成立守節三十七年

生員陳原繼妻顧氏原家貧游館顧勤女紅孝事其翁姑病癲亦敬事之及夫亡無子苦守繼二十餘年

李端方妻張氏二十八歲夫亡撫孤載揚守節四十八年

生員黃之珣妻汪氏二十八歲夫亡一子又殤與袁姑相依年六十五

生員吳鍈妻蕭氏二十七歲夫亡撫孤枚成立孝養舅姑年七十卒枚哀慕不已服除亦歿

生員鍾之模妻張氏二十九歲夫亡撫五歲孤兆熊游庠年六十三

貢生沛鉉妻戴氏夫亡號慟絕粒舅姑勸慰乃強起撫孤文爗文朝承銘俱成立年六十八

吳扶來妻孫氏十九歲夫亡無子事姑孝撫幼女贅孫紹茂為婿姑歿竭力營葬守節三十餘年

生員孫璜妻陳氏二十七歲夫亡姑老病孝養備至撫嗣子範游庠年六十九

生員夏照妻盛氏照文行名於時及亡盛二十九歲遺孤學謙學遜並以孝義聞守節三十七年

陳國裕妻郁氏二十八歲夫亡訓孤涵德循蹈規矩年六十一

倪孝植妻沈氏二十歲夫亡無子日食一溢米奉翁姑甘旨無缺及歿拮据安葬守節四十八年

生員董本妻許氏夫負才早亡許孝奉翁姑撫孤目熹日熙守節二十年

唐瀛洲妻陸氏二十九歲夫亡子金鑑既長娶邬氏能盡婦道邬歿復鞠三孫年七十餘

葉士宏妻顧氏益妻金氏顧二十五歲夫亡撫夫從子益為後婚後又歿與婦金氏煢煢共守咸黨咸重之

顧衛伯妻朱氏二十六歲夫亡貧甚賴傭作以給撫嗣子學亮游庠守節三十三年

馮周妻鄒氏廷楠妻楊氏鄒二十七歲夫亡舅遲度以謁選歿於京邸時諸叔皆幼族櫬南歸拮据殯葬後諸叔以次婚娶家計益落鄒復舉繼絕之私業均分無吝子廷楠早世與其婦楊氏冰霜共矢年六十七

周之熙妻夏氏二十歲夫亡家貧勤紡織孝事髦姑撫幼子成立苦節四十年

費瀛儒妻陸氏二十五歲夫亡子道隆孫椿相繼歿復撫夫從孫翼鵬為孫年七十五

曹駿鳴妻施氏二十九歲夫亡撫孤成立守節二十九年

吳廷楷妻蕭氏二十四歲夫亡撫遺孤炳及遺腹子灼備極辛勤守節三十餘年

顧秋芳妻龔氏二十六歲夫亡撫夫從子善承孝事髦姑守節二十五年

朱旭如妻楊氏二十九歲夫亡撫夫從子履端又歿復撫孫際民守節五十二年

沈乘六妻陳氏夫病三年侍奉不怠夫亡孝養老姑子天麒早世復撫孤孫啟元成立

葉應衢妻孫氏南岡妻袁氏孫二十二歲夫亡翁姑命以夫姪南岡為嗣及長娶袁氏二十五亦寡姑婦苦節孫年六十七袁年五十二

俞廣孚妻顧氏二十九歲夫亡養葬翁姑撫孤成立守節四十年

吳文杏妻錢氏二十一歲夫亡子歿姑憐其少欲嫁之錢嚙指自誓年五十九

生員沈澍妻王氏二十八歲夫亡奉事孀姑鞠養嗣子守節二十餘年

陳華育妾陶氏二十九歲華育亡欲以身殉親族勸以撫孤爲重乃節哀守志歷五十一年

張君祥妻張氏二十八歲夫亡撫孤宏如守節五十三年

吳有方妻王氏二十七歲夫亡遺田十餘畝悍族欲逼之嫁王抱孤投河乃止撫孤肇山及遺腹子履常成立守節五十三年

姚大鶴妻葉氏二十四歲夫亡欲殉之母孫勉以撫孤含哀鞠育歷二十餘年

周公範妻陳氏二十一歲夫亡孝舅姑和妯娌撫嗣仁深成立守節四十五年

丁勇程妻徐氏媳鄭氏徐二十九歲寡撫孤成立娶鄭氏生孫後又寡姑婦守節三十餘年

施潤章妻沈氏二十八歲夫亡孝養舅姑撫育幼子守節三十餘年

陳傳一妻顧氏秉衡妻黃氏顧二十五歲夫亡撫子秉衡長娶黃氏衡又歿與其婦撫孫苦守三十餘年

生員倪之麟妻石氏三十歲夫亡遺腹生女家貧依兄守節女長適朱乃依壻苦守年五十九

盛君甫妻葉氏二十八歲夫亡無子族人欲奪其志葉以死誓營葬其夫守節二十一年

程元祐妻吳氏二十七歲夫亡事翁姑孝撫二子俊倫成立守節二十六年

薛佑蕃妻姚氏二十三歲夫亡遺孤念祖甫三齡翁姑尋歿庶姑在堂母家以其貧無依招之使歸姚不從奉其庶姑教幼子守節年七十三

胡用楫妻施氏用楫有至性遭父喪哀毀嘔血死遺孤韜未晬而殤施痛不欲生屢屏人爲自盡計姑江氏每救之守節四十餘年

錢嶼賓妻張氏三十歲夫亡紡績膳姑張念大宗乏嗣以長子日章繼之守節三十一年

生員李又沆妻王氏夫亡撫孤樹朝爲諸生旋歿王與其婦撫孫守節數十年

陸重光妻張氏二十八歲夫亡撫孤紹曾紹周成立預知殉期沐浴更衣卒

柏朝正妻朱氏二十八歲夫亡撫孤子幹年守節五十三年

生員馮鴻業妻支氏幼有至性執母喪哀毀踰禮及歸馮以孝事舅姑聞二十二歲夫亡子女並幼號慟欲殉觸柩幾殞後子復殀以夫從子煒爲嗣煒稍長承志在殉夫臥病旬餘屏藥餌而卒

朱孔彬妻陸氏二十七歲夫亡擬絕粒以殉舅姑慰諭乃止育孤本道暨夫幼弟士師成立士師早歿又鞠其遺孤守節二十餘年

程嘉謀妻許氏十五歲婚夫患瘵臥牀二載許盡典衣飾供醫藥夫亡撫夫從子鉉守節二十九年

顧如塤妻周氏二十二歲割股救夫未幾夫亡養姑弗怠撫嗣子祈成名年六十八

丁世臣妻姚氏十九歲夫亡或憐其少諷之郎入室自縊以救得蘇年六十二

孟孔習妻沈氏二十七歲夫亡子歿守節三十二年

毛子野繼妻胡氏二十歲婚未朞夫亡無子守節五十六年

周義傳妻楊氏二十四歲夫亡撫二孤成立長出嗣次球爲諸生守節三十一年

生員顧芳妻董氏二十九歲夫亡孝事瞽姑撫孤廷獻守節四十四年

徐介錫妻姜氏二十八歲夫亡撫孤泰來守節五十六年

懷元倓繼妻岳氏若思妻顧氏岳二十歲夫亡撫前子若思長娶顧氏五載而子歿同顧苦守三十一年

生員蕭斯恆妻周氏二十八歲夫亡撫夫弟之子廷桂爲嗣孝姑睦族守節三十八年

蔣辛樹妻徐氏剛直妻孫氏徐二十八歲夫亡撫遺腹子剛直長娶孫氏剛直旋亡姑婦均苦守三十七年

生員孫文標妻吳氏二十六歲夫亡撫遺孤玹爲諸生守節二十三年

顧疇妻盛氏三十歲夫亡撫孤攀龍成立娶丁氏丁亡復撫稗孫永仁守節五十年

生員屠琦妻李氏三十歲夫亡遺孤元蓀甫六齡娶後又歿復撫大從子士僖守節三十餘年

馬宏儒妻顧氏十九歲成婚夫已抱疾顧禱天求代及歿自縊者再以救得免年六十一

丁陟臣妻王氏二十七歲夫亡無子夫兄米臣妻金氏夫弟宿垣妻龔氏相繼歿并其祖父母三世十二棺俱未葬宿垣有子方八歲王撫之持門戶十餘年宿垣子亦少自立乃克葬其三世丁氏一綫之存皆王完節之力也

何肇元妻徐氏三十歲夫亡遺二子長濤次業成皆幼徐翦髮自誓守節五十餘年

生員蕭佩妻毛氏三十歲夫亡撫孤薦誓守節五十一年

陸辰光妻賈氏二十四歲夫亡一子早殀織紝自給守節五十八年

生員張汝元妻顧氏二十七歲夫亡撫夫幼弟四人皆成立守節十七年

楊紫巖妻夏氏二十五歲夫亡孝養老姑守節以終

徐傳求妻李氏二十九歲夫亡家貧無子守節三十一年

孫淑妻胡氏十九歲夫亡守節四十二年

俞大經妻鍾氏二十八歲夫亡撫遺腹子毓英成立守節二十一年

沈起鳳妻邱氏十七歲夫亡持刀翦髮誓不欲生親族力勸乃止撫嗣子天麟成立

蔡用賓妻陸氏二十五歲夫亡安貧力作撫孤又殀守節四十一年

周君祥妻陳氏二十六歲夫亡夫弟聖祥喪偶陳爲續配同居貧紡守節二十三年

卞舜山妻徐氏二十九歲夫亡姑老子幼嘗嚴寒衣破葛其弟贈以絮衣徐轉以奉姑孝養十五年

沈甯安妻楊氏二十六歲夫亡撫六齡孤成立又無子且貧爲代完先世墳墓守節三十年

監生林學尹妻陸氏二十二歲夫亡嗣子既婚又歿復撫幼孫守節五十一年

生員沈熹妻陳氏妾林氏陳歸沈三載止生一女勸夫納妾林氏生子德培夫亡陳年二十九林年二十二皆守節三十年

監生徐霈夏妻顧氏翁黃嗣令隆安以瘴癘父子相繼死顧時二十四歲孝事祖姑及嫠姑年五十九

程廷柱妻周氏二十三歲夫亡家貧事姑孝撫嗣子肇藩守節三十一年

卜泳妻鮑氏二十一歲夫亡孝養翁姑撫二孤守節三十年

李子祥妻趙氏二十七歲夫亡訓孤建章及孫上齡游庠守節三十八年

張易洲妻馮氏二十六歲夫亡撫孤會洹得入成均守節二十餘年

任巽妻戈氏二十七歲夫亡撫二孤後次子歿戈悲哀致疾亦卒守節二十七年

生員金澄妻丁氏十八歲夫亡奉翁姑撫子守節四十九年

王介福妻陸氏二十九歲夫亡族人逼之嫁陸欲投河自盡議乃寢守節四十五年

邱勝先妻沈氏二十六歲夫亡撫三齡孤兆年務農力本辛勤操作年七十餘

生員姚璜妻顧氏倫妻汪氏二十歲夫亡撫嗣子倫弱冠游庠娶汪倫又歿遺孫廷鼎甫二歲婦姑茹荼相厲顧年七十六

沈成妻鄒氏十七歲夫亡撫嗣子烈成立爲諸生年八十三

監生柯宏本妻朱氏二十五歲夫亡事舅姑撫幼子曲盡孝慈年六十卒子煜癸卯進士

沈氏袁妻徐氏二十五歲夫亡家極貧母家欲迎歸不赴自甘茶苦守節二十餘年

趙焜妻浦氏二十一歲適焜三月夫亡孝事其姑撫嗣子是堅成童爲諸生守節四十九年

生員朱揆妻汪氏二十六歲夫亡毀容茹素撫夫從子元禧守節二十餘年

生員屠濬妻張氏二十九歲夫亡事老姑鞠幼子安貧守志年五十三

胡星垣妻許氏十七歲婚甫三月夫亡父憐其少諷其改適誓死不從苦節五十九年

丁南松妻沈氏二十三歲夫亡守節四十年

戈廷望妻曹氏二十三歲夫亡遺孤效謙生甫九日撫養成立孝事翁姑苦守二十餘年

生員孫汾妻呂氏夫亡撫嗣子棠守節三十四年

孫淵妻邱氏二十六歲夫亡哀慟幾絕宗黨立嗣子秉以慰之邱與汾妻呂氏氷蘗共守一門雙節

任后溪繼妻呂氏二十六歲夫亡撫二子士達士仁既就傅督課甚嚴年六十四卒臨終誡居喪不許作佛事若有餘資以濟人利物爲亟後次子創捐建育嬰堂于東郭蓋呂之遺教云

生員張芷妻朱氏二十五歲夫亡守節五十年子可願有文名

錢聖嘉妻陳氏三十歲夫亡事舅姑撫五子兒子嘉芳孤露撫之如己子年六十二

曹暘存妻魏氏婚半月夫亡哀毀不欲生念繼嗣未立忍死以待及夫弟生子正義即立爲嗣居二

年以積勞嘔血而卒

生員孫官業妻馮氏孝事父母及適孫貧甚執女紅給日用三十歲夫亡無子守節二十餘年

吳覲妻何氏導妻魏氏何二十三歲夫亡夫弟導妻魏氏十九歲夫亡毀容矢志人稱雙節

孫翰斐妻范氏夫病革以善事七十歲翁爲囑范飲泣應之夫亡范二十五守節二十年

駱舜年妻俞氏二十五歲夫亡撫三月孤營兩世葬守節四十年

吳廷佐妻丁氏二十二歲夫亡子殤煢煢孑立守節二十一年

凌振翼妻朱氏二十三歲夫亡撫孤成立守節二十餘年

生員張翃繼妻朱氏二十五歲夫亡遺孤景悅方八月家無餘資僅藏書數卷擇師教之游庠序以孝謹稱守節四十六年

孫如淯妻金氏二十七歲寡歲饑自噉糠以精鑿奉姑撫三子召棠繪棣文椽皆成立守節三十年

江維藩妻曹氏二十九歲夫亡子女俱幼撫育艱苦舅南秀每年施槥曹命二子踵行之年八十

李熾可妻任氏承傑妻王氏姒娌雙節任二十四寡守節三十餘年王二十三歲夫亡

孫芳華妻朱氏三十歲夫亡撫夫從子可濟爲嗣甫抱孫而婦歿又撫幼孫枚辛勤尤甚

葉如琛妻劉氏永靜妻顧氏劉二十九歲夫亡撫三孤慈嚴交至次子永靜婦顧氏亦早寡並以節孝稱

徐宗元繼妻莊氏二十五歲夫亡撫孤學洙成立并撫前氏江幼女及長遣嫁悉以江之奩授之

吳自厚妻柯氏十八歲夫亡孝養其姑撫夫弟自求之子爲後年二十八

沈伯亨妻茅氏　李成章妻朱氏

俞孟氏　懷廷侯妻朱氏

費叔度繼妻曹氏　張左黃妻錢氏

朱彥昇妻周氏　生員支升妻沈氏

陸紹嘉妻沈氏以上事蹟無考

生員沈鼇妻金氏二十五歲夫亡操作勤苦撫孤恒垣乾隆癸酉舉於鄉授泰順教諭金封孺人壽百歲

俞宏章妻鍾氏二十四歲夫亡撫遺腹子守節二十五年

張名安妻邱氏二十九歲夫亡遺二孤次桂爲諸生早世家極貧售故廬僦屋以居年六十三

生員萬年隆妻沈氏夫患咯血翁姑議辭婚沈不從及婚夫已臥牀尋歿嫠居紡織年四十五

生員吳世基妾陸氏農家女二十八歲世基亡艱苦矢志守節四十年

唐德徵妻李氏三十歲夫疽發背死遺二子二女辛勤撫育年七十三

吳士元繼妻許氏二十八歲夫亡子錫齡甫產許於牀蓐間一慟幾絕撫孤成立年四十七

舉人周炎武妻楊氏二十一歲婚舉一子夫亡前妻有子三揚善視之食貧苦守年七十七

程耀祖妻金氏鍾柱妻汪氏金二十六歲夫亡撫孤鍾柱長娶汪氏二十九亦寡遺一子姑婦共撫之金年五十汪年七十

舉人周麟士妻錢氏夫在京聞父訃至血疾猝發而亡錢聞之慟絕復蘇扶櫬歸葬并葬舅姑訓子爲諸生年七十二

唐簡書繼妻張氏二十一歲夫亡守節五十六年

沈子將妻馬氏秀水農家女贅子將爲壻二十一歲夫亡無子終養其母扶夫柩歸宗撫夫從子聖範爲諸生守節四十四年

吳振譽妻陳氏二十四歲夫亡事祖姑以孝守節十二年

陸健行妻沈氏二十六歲夫亡無子撫嗣子錫爵年七十五

房佐王妻周氏三十歲夫亡祖姑及翁相繼殁經理三喪備嘗荼苦守節三十一年

費廷寀妻徐氏士達妻俞氏模妻孫氏邦泰妻張氏邦甯妻陳氏徐二十九歲夫亡遺孤士達模士達娶俞氏模娶孫氏俱二十六而寡孫無子先卒俞生子邦泰邦甯邦甯爲模後娶陳氏守節二十年邦泰娶張氏亦早寡旌年五十八四世苦節未有若費氏之甚者

俞勇祥妻丁氏二十九歲夫亡遺孤三月撫之成立守節四十年

酈斐淵妻吳氏二十四歲夫亡無子姑高氏孀居奉事甚孝姑殁哀毀盡禮守節五十五年

張士桂妻陸氏二十八歲夫亡撫六歲孤成立悉還僕役身契止留一老嫗佐炊年七十六

顧之旦妻朱氏二十三歲夫亡遺孤四齡茹荼撫之守節二十九年

丁正妻季氏二十七歲夫亡遺孤三齡持家勤儉以所積置膳田六十畝年七十三

郁裕清妻張氏大業妻王氏姑媳雙節張二十七夫亡王亦二十七寡各守三十餘年

郁劭妻沈氏二十九歲夫亡守節四十一年

陸鞏賢妻張氏婚十六日夫亡翁殁助姑撫養幼叔守節十一年

陸雲士妻黃氏二十七歲夫亡值歲饑紡織所入餬口不給竟以餓死守節十七年

姚廷奎妻沈氏十九歲夫亡撫遺腹子守節五十六年五

毛學禮妻陸氏二十三歲夫亡撫八月孤成立守節三十五年

監生沈元愷妻卜氏鯤超妻許氏卜二十四歲夫亡無子撫夫從子鯤超成立娶許氏亦寡卜悲痛成疾年六十五

曹永元妻戚氏三十歲夫亡撫幼孤成立娶婦生孫守節四十一年

劉永聯妻汪氏二十四歲夫亡撫遺腹子守節四十五年

監生顧人和妻蔣氏之蘭妻陸氏三十歲夫亡生子之蘭長娶陸氏二十一亦寡旋以哀毁殁蔣守節三十六年

朱凌雲妻呂氏三十歲夫亡兩孤俱幼遺田十餘畝藉供饘粥年七十六長子學浩妻周氏以孝著

沈西京妻錢氏二十九歲夫亡無子依母家守節六十九年

程宸標妻朱氏二十歲夫亡以母病憂戚成疾年四十四

程宸樞妻朱氏二十九歲夫客亡家貧與寡嫂共勤女紅自給年七十四

監生沈泳繼妻邵氏二十歲夫亡家極貧鄰族欺凌忍不與較年八十三

胡佩元妻蘇氏二十八歲夫亡子甫四齡舅氏欲嫁之蘇欲自經乃止守節十八年

孫本仁妻徐氏二十一歲夫亡女又殤終孝事舅姑守節三十九年

生員陳蘭妻許氏家蘭山陰人婦翁許廷燦奇其才贅蘭於家以攻苦致疾亡時許二十四歲無子守節十八年

顧孟甫妻張氏二十四歲夫亡家貧拮据殯殮守節六十三年

陳永桐妻胡氏二十三歲夫亡子甫四齡痛不欲生繼姑勸慰之守節十九年

張漢師妻郁氏二十五歲夫亡止一女茹荼撫之守節二十四年

監生楊永昭妻沈氏二十一歲夫亡守節三十五年

生員姚範躬妻董氏彥榮妻沈氏董二十六歲夫亡子彥榮甫二歲長娶沈氏二十九亦寡董偕婦嫠居守節三十五年

張朝宗妻陳氏十九歲婚八月夫亡守節四十九年

曹耀前妻朱氏二十五歲夫亡兩孤俱幼紡績撫育長子勇均爲諸生年八十七

袁松岩妻江氏二十七歲夫亡守節四十八年

監生沈聲元妻方氏二十一歲夫亡孝養舅姑撫夫從子爲嗣年七十七

陸漢文妻史氏二十四歲夫亡守節四十七年

錢長齡妻王氏二十九歲夫亡撫夫從子善源爲嗣晝夜訓誨得游庠食餼年八十五

陸元宰妻倪氏二十三歲夫亡孝養其姑姑歿以紡績所積置田十五畝供葬祭年七十八

生員潘企柴妻俞氏二十二歲夫亡遺孤尚幼俞兩次投繯姑知之救免年六十六

陸文湖妻程氏二十五歲夫亡無子守節五十三年

生員錢炳妻林氏二十七歲夫亡遺孤又殤以夫從子爲嗣守節三十二年

蘇景松妻許氏二十五歲夫亡子殀復撫孤孫守節終其身

孫士鴻妻楊氏二十歲婚四月夫亡守節五十五年

張兆岐妻姚氏夫亡遺娠生女苦志堅守年八十四

胡森庭妻朱氏三十歲夫亡撫二子一女婚嫁畢守節三十四年

監生陳廷瓚妻程氏二十六歲夫亡遺孤四人踰年遭翁喪姑悲痛不食程買果食勉進之姑歿一慟嘔血年四十二

楊貫倫妻唐氏二十五歲夫亡舅繼歿鬻奩飾以營喪葬守節五十三年

戴祖塤妻姚氏是鼇妻葉氏姚二十九歲夫亡撫遺子是鼇游庠長娶葉氏二十六亦寡稱一門雙節

張維珍妻楊氏遂東妻某氏楊二十六歲寡遺腹生女年七十八嗣子遂東娶某氏亦早寡守節

丁景沂妻浦氏二十三歲婚甫三月夫亡嗣子應槐又殤孤苦無依守節二十七年

范廷玉妻龔氏二十六歲夫亡無子守節三十八年

監生陸景淮妻姚氏二十四歲夫亡遺二孤殫心撫育守節二十四年

葉承基妻蔡氏二十三歲夫亡撫孤大威成立蔡病革預備衣衾見有紫色者立命易之年七十一

顧邦泰妻沈氏二十九歲夫亡遺二孤撫以成立守節四十一年

生員王虎臣妻趙氏妾張氏趙二十三歲夫亡妾張氏年甫二十同矢苦志五十八年

王符吉妾吳氏二十二歲符吉亡無子撫嗣孫成立守節五十八年

黃永楠妻周氏三十歲夫亡養姑鞠子年六十六

沈侗如妻孫氏二十七寡家極貧遺書兩篋有諷以易錢者孫不可曰此當留以課子也年八十八

蘇永嘉妻丁氏二十四歲夫亡撫三歲孤成立守節五十七年

陳萬祥妻浦氏二十九歲夫亡子某客外浦撫諸孫成立婚娶守節四十一年

王紹曾妻蕭氏二十九歲夫亡子甫三歲撫養成立守節四十年

施友文妻錢氏二十五歲夫亡無子訓嗣子基爲儒年七十五

王廷友妻顧氏文浩妻某氏顧三十歲夫亡子文浩早世與寡媳幼孫相依年八十一

孫季儒妻周氏二十八歲夫亡事孀姑十年孝敬備至年六十六

張欽安妻王氏二十八歲夫亡子甫三齡三卜鄰至三遷始定居焉守節三十二年

陸漢威妻居氏二十五歲夫亡撫三月孤成立守節四十年

倪恆如妻于氏二十八歲夫亡撫嗣子成立守節四十年

張敦五妻黃氏二十九歲夫亡婚嫁子女心力俱瘁守節三十三年

周駕騏妻張氏二十一歲夫亡遺腹生子及長娶婦生孫而歿守節三十八年

宗書亭妻方氏媳許氏方二十歲寡遺腹子殤嗣某亦早世與媳許氏共矢冰操年六十八

黃巨山妻陳氏二十六歲夫亡守節二十四年

張公安妻蔡氏二十六歲夫亡家貧鄰有持以贖者蔡每固辭不受守節三十三年

李英三妻王氏二十二歲夫亡生子甫三日煢煢孑立守節六十三年

趙昇華妻朱氏二十三歲夫亡家赤貧女紅度日守節五十一年

監生張應登妻陳氏二十六歲夫亡撫夫從子芳桂爲嗣延師督課成乾隆己丑進士守節四十七年勅贈孺人

奚肇誠妻吳氏二十五歲夫亡撫嗣子世忠守節四十二年

監生郁汝瓚妻於氏二十七歲夫亡撫遺腹子婚六載夫亡苦節自甘年四十八

劉祚廣妻朱氏二十七歲夫亡訓子成立守節三十三年

許澄永妻楊氏二十六歲夫亡撫教孤霖爲諸生守節三十年

監生屠載言妻程氏二十九歲夫亡一女旋殤持身嚴正樂善好施年四十六

程邦翰妻支氏二十四歲夫亡撫遺腹孤將婚而歿支煢煢獨守苦節三十二年

計超庸妻姚氏二十歲夫亡守節三十五年

屠渭川妻任氏二十六歲夫亡撫嗣子成立守節三十餘年

宗雲彰妻繆氏二十三歲夫亡遺一子一女子甫成立娶婦相繼而逝繆撫孤孫年六十九

生員趙敬遜妻宗氏雲彰之女也亦早寡守節

陸思恭妻沈氏二十八歲夫亡拮据殯殮守節三十四年

葉祿賡妻周氏二十四歲夫亡矢志撫孤守節四十九年

包駕周妻盛氏二十四歲夫亡撫子成立守節四十九年

監生張世求繼妻譚氏二十二歲夫亡與一婢紡織以事姑人稱其孝守節十八年

鄒元鼎妻張氏三十歲夫亡撫八齡遺孤辛勤鞠育守節四十九年

毛世鋆妻王氏二十七歲夫亡子虬雲甫五齡及長游庠守節二十三年

監生程鍾祿繼妻莊氏二十八歲夫亡無子守節四十三年

錢巽言妻蔣氏二十七歲夫亡守節四十二年

魏洪鼎妻朱氏二十六歲夫亡母陳亦早寡朱迎養於家與孀姑共起居甘旨無缺撫子正鑠成立年六十五

張文安妻吳氏二十九歲夫亡家貧翁目盲奉事甚謹年五十九

李星耀妻陳氏二十五歲夫亡守節四十二年

袁履中妻周氏二十五歲夫亡無子貧乏不能自存初歸母家後依夫弟守節五十五年

生員趙璧繼妻蕭氏二十九歲夫亡撫前子法雲成立爲諸生守節四十二年

劉令聞妻錢氏二十四歲夫亡撫孤成立守節五十六年

酈錫鳳妻楊氏二十歲夫亡無子立夫從子湘爲嗣守節四十二年

戴漢如妻周氏二十七歲夫亡遺一子二女教養成立守節五十年

盧景舒妻張氏二十五歲夫亡守節三十五年

王均仁妻曹氏三十歲夫亡守節三十六年

生員蔣鑌妻倪氏二十九歲夫亡事翁姑甘旨無缺子渠弱冠游庠食餼尋以病歿倪亦悲痛而卒守節三十六年

孫堯思妻胡氏二十九歲夫亡守節三十四年

李祖杏妻薛氏二十三歲夫亡擬絕粒以殉蔆姑曲慰之守節三十八年

周遇濱妻孫氏洪範妻黃氏孫寡後遺腹生子洪範長娶黃氏亦早寡無子姑婦雙節年各八十餘

生員陳光昌妻馬氏二十三歲夫亡守節二十六年

王岳輝繼妻石氏三十歲夫亡苦志撫孤守節三十三年

鍾錫爵妻莫氏二十九歲夫亡撫二齡孤成立守節四十七年

張維鶴妻浦氏二十六歲夫亡舅姑年老孝養不怠守節二十五年

奚端培繼妻王氏明哲妻姚氏明高妻張氏王二十七歲寡撫前子明哲明高如己出及長哲娶姚氏高娶張氏俱早寡姑婦同守王年五十一姚年八十一張年六十一一門三節

鄒明可妻盛氏二十二歲夫亡守節六十三年

葉敷東妻黃氏二十三歲夫亡子甫晬矢志撫育守節二十年

沈鴻馨妻江氏二十五歲夫亡撫孤恭孝弱冠游庠守節五十一年

柯煒妾唐氏二十三歲煒亡嫡姚氏無子唐遺腹生子姚共撫之守節二十一年

丁容照妻費氏三十歲夫亡無子孝養舅姑守節十九年

沈邦承妻張氏二十六歲夫亡無子紡績養姑守節三十四年

監生蔡坦妻曹氏二十歲夫亡以夫弟之子為嗣遇歲歉周䘏族黨不倦守節三十七年

王林元妻葉氏二十八歲夫亡無子守節三十年

蔣明堡妻張氏二十歲婚夫客游歸染疾不起遺腹生子撫之成立年六十九

監生徐育元繼妻李氏二十九歲夫亡侍姑疾甚謹守節三十八年

計九如妻夏氏三十歲夫亡三子俱幼紡績撫之守節三十三年

張茂叔妻施氏二十八歲夫亡守節四十一年

生員張蔣撰妻蔣氏二十四歲夫亡嗣子又歿守節三十四年

姚廷鑒妻顧氏十八歲婚十九日夫亡守節五十三年

監生吳其智妻錢氏氏幼穎慧五經俱通曉二十歲適吳數年無出勸夫納妾生子鴻緒夫亡

親自訓子成名守節四十一年

監生江枚玉妻氏三十歲夫亡遺一男二女撫育成立守節二十三年

黃學濂妻錢氏二十八歲夫亡守節五十七年

李香巖妻程氏二十九歲夫亡遺孤四歲矢志撫育守節二十五年

吳廣年妻王氏二十三歲夫亡守節五十五年

監生鄒元泰妻朱氏妾薛氏朱三十寡與妾薛共矢苦志薛先歿年八十九朱六十七

劉六朋妻葉氏二十歲夫亡子與孫俱早世撫曾孫成立守節七十二年

姚琢成妻羅氏二十六歲夫亡子甫六齡事翁姑甘旨無缺守節四十九年

郁養恬妻張氏二十九歲夫亡守節三十五年

張景仲妻徐氏二十四歲夫亡無子守節二十一年

袁景韓妻沈氏二十歲夫亡無子守節四十一年

楊南嘉妾吳氏二十七歲南嘉亡子五歲茹荼撫育守節四十四年

盛朝宗妻沈氏二十九歲夫亡遺二子一女家貧操作不輟守節三十六年

周西來妻郁氏三十歲夫亡越十八日遺腹生子苦志撫育年六十四

費士鶴妻陸氏妾張氏陸三十歲夫亡守節三十八年

張孚敬妻沈氏二十八歲夫亡守節

楊元嘉妻張氏二十一歲夫亡無子依孀姑以居守節二十一年

錢天桀妻陳氏二十九歲夫亡守節四十八年

朱之蘭妾王氏二十八歲之蘭亡守節四十六年

朱星若妻董氏二十九歲夫亡守節三十三年

顧丞年妻蔡氏二十歲夫亡越二月遺腹生子苦志撫育年七十一

王方彥妻金氏二十三歲夫亡無子守節四十四年

監生王麟佳妻呂氏二十九歲夫亡遺一子出嗣大宗守節四十五年

陳文魁妻袁氏二十一歲夫亡無子苦節自矢年六十七

郁秉恒妻馮氏二十七歲夫亡子甫二歲茹荼撫育年五十三

生員丁學堅妻沈氏鈞妻曹氏沈二十七歲夫亡有子三長鈞娶曹氏二十九亦寡

姑媳雙節沈年六十五曹年五十九

生員陸應魁妻張氏二十九歲夫亡家貧課子力田以供朝夕守節十九年

馮銘周妻千氏二十九歲夫亡守節二十七年

吳維翰妾張氏媳毛氏張二十五歲維翰亡誓不再適撫孤及長娶毛氏又寡同婦孀居守

節四十年

生員范成妻金氏二十九歲夫亡撫夫從子寶瑔爲嗣舉於鄉捷音至金甫成殮守節三十六年

陸祥書妻吳氏二十五歲夫亡子仁瑛僅五齡及長又歿吳復撫孫守節三十五年

錢陞陛妻陳氏二十八歲夫亡守節五十年

張載揚妻王氏二十九歲夫亡守節四十五年

樊大年妻沈氏三十歲夫亡持家勤儉守節四十五年

唐景元妻王氏二十四歲夫亡止一女守節五十三年

生員孫無懷繼妻王氏二十五歲夫亡撫前子瑔瓏璧俱爲諸生年六十四

姚臨萬妻徐氏二十六歲夫亡守節四十七年

周淵妻馮氏二十三歲夫亡守節三十七年

夏沛雨妻陳氏二十五歲夫亡遺一子未婚而歿守節四十九年

姚兆璜繼妻周氏二十九歲夫亡守節四十二年

監生丁廷燦妾潘氏二十三歲廷燦亡守節四十餘年

曹鳳超妻徐氏二十六歲夫亡翁姑繼逝哀痛欲絕出奩資嫁小姑撫六歲孤成立守節三十七年

張學揚妻王氏二十二歲夫亡嗣子五齡撫以成立守節二十二年

房三益妻李氏二十八歲夫亡撫三子成立守節三十四年

生員居亭松妻陸氏二十六歲夫亡無子守節三十八年

生員李大根妻王氏二十五歲夫亡撫遺腹子照成立守節四十年

陸鋐妻戴氏二十八歲夫亡撫嗣子成立

徐純景妻陳氏二十四歲夫亡無子守節二十七年

生員魏正鍪妻顧氏三十歲夫亡家貧僦屋以居日夜紡織以餘資置祭田四畝葬翁姑及夫撫嗣子浩成立年七十二

沈書年妻曹氏二十一歲夫亡守節五十五年

曹源郁妾沈氏二十九歲源郁亡守節六十年

鍾塏妻朱氏二十三歲夫亡子甫二齡鞠育成立守節四十四年

貢生蔣銓妾查氏二十九歲銓亡撫訓兩孤守節五十一年

監生吳梓禮妾袁氏二十七歲梓禮亡誓不再適與嫡黃氏勤苦力作年四十四

李挺妻王氏二十八歲夫亡子殀堅守苦節年六十五

張修妻郁氏

顧望雲妻俞氏二十三歲夫亡守節三十七年

凌秀民妻楊氏二十歲夫亡守節四十年

郁象干妻許氏　彤昭妻徐氏許十八歲夫亡撫夫從子彤昭爲嗣長娶徐氏三載亦寡守節二十五年

金文表妻曹氏　元昌妻顧氏曹二十五歲夫亡撫兩子成立守節二十五年長子元昌娶徐氏三載亦寡守節以終

楊康榮妻顧氏二十二歲夫亡無子守節五十二年

鄭端霆妻顧氏二十三歲夫亡遺腹生子紡績撫育之守節四十年

李觀濤妻張氏三十歲夫亡子僅五齡事姑無失禮姑歿哭盡哀甫終喪而卒守節三十一年

葉麟超妻許氏　秉鋐妻某氏許二十二寡無子秉鋐成婚而歿與其婦孀居年六十五

奚肇棠妻于氏　應麟妻張氏于二十二歲夫亡撫遺腹子應麟成立娶張氏二十而寡無子以夫從子元孚爲嗣于年六十張年七十

顧介鳳妻程氏二十八歲夫亡守節二十八年

陸光塏妻朱氏二十二歲夫亡無子守節四十七年

陸熊士妻沈氏二十一歲夫亡守節二十四年

陸純山妻孫氏二十九歲夫亡與熊士妻共處一堂妯娌之間氷操如一年八十三

吳宗元妻梅氏二十五歲夫亡守節四十四年

丁渭東妻陸氏二十三歲夫亡撫五歲孤成立守節三十二年

孫學均妻薛氏二十四歲夫亡子範金甫離襁褓及長成進士選授教授薛封孺人年六十七

於勝飛妻呂氏二十五歲夫亡紡績撫孤守節四十五年

生員朱揆妻汪氏二十五歲夫亡毀容茹素撫嗣成立守節三十七年

蔣禹三妻李氏二十一歲夫亡守節四十二年

生員曹源軾妾饒氏十九歲源軾亡一女又殤守節四十年

李龍山妻倪氏二十九歲夫亡撫育孤守節二十六年

周錦山妻潘氏二十二歲夫亡守節五十年

張士進妻徐氏三十歲夫亡守節二十六年

監生顧鏷妻沈氏二十三歲夫亡家貧出奩資佐薪水子又殀舅姑尋歿竭力營葬年六十九

生員蔣長發妻陳氏二十八歲夫亡孝養孀姑雖貧之滫瀡必潔守節四十九年

生員張儀鳳妻潘氏　媳蔣氏潘二十九歲夫亡撫孤娶蔣氏亦早寡姑媳守志年八十

朱倫秀妻劉氏二十三歲夫亡無子教嗣子鳳翽入庠守節四十三年

監生朱兆垣妻張氏二十五歲夫亡守節四十八年

監生鄒元永妻張氏二十四歲夫亡守節三十五年

李洙授妻周氏事繼母張以孝及笄適李夫以力學得瘵疾亡氏時二十九歲撫育三孤長鸞桂入庠守節二十一年

孟衍恆繼妻陶氏二十八歲寡子八齡病跛極力保護成立叔姑沈以苦節歿陶飲助之厝柩祖塋側時秋水瀑漲沈柩被水衝浮出陶聞冒雨往起柩置高阜處旋爲封土性好施與自奉儉約年七十一

監生李鑅妻金氏二十歲適李生二子而寡長其浩爲諸生金年四十五

陸鑽妻錢氏二十七歲夫亡奉姑教子年六十

葉舒霖妻楊氏二十六歲夫亡子甫二月苦心撫育年六十八

王允讓妻楊氏二十六歲夫亡止一女上有孀姑事之甚孝守節三十年

生員陸宸階妻陳氏二十八歲夫亡守節三十八年

汪士煌妻宗氏三十五歲夫亡守節三十一年

周椿繼妻李氏炤繼妻葉氏李二十九歲夫亡撫子炤成立炤繼妻葉氏甫二十歲寡守節十九年李年八十三

孟嶧傳妻徐氏二十二歲夫亡遺腹生子辛勤撫育姑年老出入扶持寒暑無間守節三十三年

趙映岐妻錢氏二十五歲夫亡撫孤及孫守節二十四年

生員姚倫妻汪氏二十八歲夫亡撫孤廷鼒爲諸生守節六十一年

陸在廷妻王氏二十一歲夫亡撫夫從子南金爲嗣守節四十七年

監生陳仲英妻金氏二十六歲夫亡子垣甫二齡太姑及翁姑均在堂遭歲歉紡織膳養自啗糠秕幾殞年五十

沈元康妻李氏二十七歲夫亡守節四十八年

生員張棟妻許氏二十五歲夫亡守節三十八年

沈兆周妻李氏二十一歲夫亡舅姑以家貧度婦不能守李悲不自勝以撫孤自勵守節三十八年

陳文徵妻費氏二十七歲夫亡無子茹素終身守節二十年

李允璋妻黃氏二十六歲夫亡守節二十八年

鄒景妻唐氏二十四歲夫亡守節四十年

闞東臨繼妻嚴氏二十七歲夫亡守節二十九年

朱凌蒼妻張氏三十歲夫亡子甫九齡撫以守志年八十餘

薛元杰妻鄭氏二十一歲夫亡守節三十二年

錢攀龍妻支氏二十四歲夫亡守節四十八年

陸元音妻范氏二十歲夫亡守節四十六年

楊德亮妻沈氏二十九歲夫亡守節三十一年

丁南一妻徐氏婚兩載夫亡無子年五十五

錢以堧妻戴氏二十九歲夫亡守節二十六年

張玉成妻江氏二十一歲夫亡守節三十二年

金聖安妻何氏二十九歲夫亡守節四十七年

生員楊震旦妻周氏二十五歲夫亡撫夫從子宗本爲嗣家貧親自督課爲諸生年八十五

李蘭皋妻嚴氏二十三歲婚十二日夫亡一慟幾絕未幾姑又歿乃迎母至家相依以居年七十三

知州陶爾檖妾沈氏二十二歲爾檖亡無子獨處一樓茹素奉佛嫡子景炎事沈甚謹年八十四

監生鄒昂妻薛氏一蜚妻顏氏薛三十歲夫亡子一蜚甫五歲長娶顏氏二十九亦

寡偕婦孀居年九十四

夏文學妻王氏三十歲夫亡事姑以孝聞守節四十八年

楊起韓妻張氏二十七歲夫亡子甫五齡撫之成立守節五十三年

俞文石妻徐氏三十歲夫亡撫嗣子成立守節十七年

生員蔣鎬妻顧氏二十六歲夫亡無子守節五十八年

黃聖傳妻俞氏魏英妻徐氏俞二十五歲夫亡撫子魏英長娶徐氏十七而寡姑婦共守俞守四十年徐守四十八年

監生汪之翰妾孟氏二十四歲之翰亡與嫡王矢志守節六十六年

倪源妾李氏十九歲歸源三載源亡矢志不二守節三十年

沈徹妻葉氏二十二歲夫亡守節四十七年

張明甫妻朱氏三十歲夫亡無子以夫再從子爲嗣捐立祭田終身勤儉年七十

蔡磐妻顧氏三十歲夫亡守節四十三年

知縣于世杰妻陳氏二十歲夫歿於垣曲縣署子僅二齡扶櫬歸里年六十七

徐東山妻孫氏二十九歲夫客亡家貧朝夕不給姑常訴詈之孫拮据奉養不失婦道年六十五

馮文瀾繼妻施氏二十六歲夫亡撫嗣子楷成立守節三十四年

監生黃能耀妻陳氏二十八歲夫亡孝養老姑守節三十二年

吳肇周妻朱氏二十六歲夫亡苦志撫孤捐田以供宗族祭祀守節四十八年

監生陸宗埜繼妻李氏二十八歲夫亡撫育孤子守節十五年

徐鈞妻朱氏二十七歲夫亡子女俱幼撫訓成立守節六十年

林楓軒妻俞氏二十九歲夫亡遺孤四歲家貧遭歲歉力作以資薪水守節四十九年

王揆山妻吳氏三十歲夫亡守節三十九年

江書榮妻鍾氏二十七歲夫亡子方二齡食貧撫育守節五十三年

監生陳朝永妾項氏二十四歲朝永亡撫已子及嫡子成立守節五十年

張廷高妻高氏二十八歲夫亡茹苦撫孤守節三十二年

何成章妻顧氏二十三歲夫亡撫孤及孫守節五十五年

黃應驪妻施氏三十歲夫亡守節四十三年

王子文妻潘氏二十四歲夫亡守節四十年

謝桂芳妻胡氏二十五歲夫亡守節十九年

懷瑾瑜妻朱氏二十七歲夫亡守節三十一年

沈文煥妻夏氏二十歲夫亡撫育遺孤守節四十六年

張鳳巢妻陸氏二十八歲夫亡食貧撫孤守節三十一年

蔡育馨妻金氏二十四歲夫亡遺一子親自督課守節五十二年

李書安妻沈氏二十二歲夫亡無子敬養舅姑守節四十六年

金恒山妻戴氏二十九歲夫亡守節四十四年

朱廷傑妻楊氏二十九歲夫亡一子未晬撫育成立守節三十年

顧廷偉妻朱氏三十歲夫亡無子守節二十五年

生員陸珣妾鄔氏二十五歲珣亡與嫡浦氏共撫三子樂善好施鄉里稱之年七十三

張錫揆妻許氏二十九歲夫亡遺孤又殀歸依母家守節三十六年

錢龍山妻石氏二十九歲夫亡遺孤顯元親自課讀爲諸生年八十一

楊南榮妻陳氏二十五歲夫亡守節五十一年

李洪遠妻董氏十八歲適李未一月夫亡守節四十八年

汪以律繼妻黃氏二十九歲夫亡守節六十二年

徐錫齡妻曹氏夫亡守節五十七年

龔觀驥妻李氏二十一歲夫亡無子矢志艱苦足不踰閾守節四十二年

朱勇年妻王氏二十九歲夫亡撫遺腹子成立年六十五

陳南九妻金氏二十六歲夫亡持家勤儉守遺田十餘畝復益田十餘畝人稱其賢年八十七

鄒坤輿繼妻顏氏三十歲夫亡遺一子撫育成立守節四十五年

貢生郁廷燮繼妻沈氏二十八歲夫亡事舅姑暨庶姑曲盡孝道守節三十八年

監生錢鴻豫妻姚氏二十歲夫亡無子守節五十一年

姚德彰妻王氏二十四歲夫亡以夫兄子為後守節四十五年

姚丹綸妻陳氏二十六歲夫亡無子孝事翁姑守節五十年

范紹勤妻張氏二十五歲夫亡家貧子幼紡績度日守節三十五年

酈萬程妻金氏二十一歲夫亡守節二十四年

沈志遠妻路氏二十一歲夫亡紡織以養舅姑守節五十一年

李慕麟妻張氏三十歲夫亡遺孤江澄俱幼比長延師督課為諸生守節二十四年

吳景超妻陳氏二十三歲夫亡守節三十年

陸鄭棟妻姚氏二十三歲夫亡子殀勉事太姑守節九年

王楷妻蔡氏二十六歲夫亡子壽甫三齡矢志撫育年七十六

程廣廷妻孫氏二十九歲夫亡哀慟欲絕後遭姑喪哭盡哀雙目俱盲守節五十年

周秀天妻曹氏二十四歲夫亡守節二十六年

魏覲顏妻趙氏二十七歲夫亡守節二十六年

范益遠妻俞氏媳黃氏俞二十一寡家貧紡織撫孤娶黃氏又寡共撫一孫守節五十一年

監生施邦彥妻方氏十九歲夫亡守節四十五年

錢振元妻孫氏二十歲夫亡守節以終

錢潢妻胡氏二十歲夫亡守節二十九年

趙景高妻王氏二十三歲夫亡守節六十年

張錦妻時氏三十歲夫亡守節三十三年

魏正鉉妻李氏　監生王潞妻繆氏

孫和妻姚氏　陸光埈妻楊氏

毛麒妻李氏　蘇元吉妻沈氏

監生盛世玟妻浦氏　朱龍山妻顏氏

貢生曹焌妻陳氏　侯君美妻沈氏

蔡榮德妻袁氏　錢環州妻郭氏

進士錢伯壎繼妻孫氏　陶文煥妻吳氏

許性天妻蘇氏　監生朱永昌妻柯氏

監生陸景淵繼妻柯氏　于曾傳妻吳氏

生員周浩妻張氏　錢雲龍繼妻張氏

周景安妻陸氏　沈學禮妻孫氏

宋炳南妻陳氏　丁季輝妻潘氏

監生朱景鑑繼妻許氏　倪元烈妻蔡氏

張鑑亭繼妻顧氏　監生沈煥妻范氏
高烋妻施氏　袁士麒妻唐氏
汪乾操妻孫氏　孫堅妻吳氏
生員浦鳳池繼妻金氏　監生浦企潛繼妻張氏
孫鎿妻陳氏　史江妻李氏
蔣渠妻顧氏　姚爾昌妻孫氏
施大椿妻葉氏　監生張正鑑妾王氏
許渭公妻沈氏　修撰蔡以臺妾袁氏
黃孝思妻陸氏　項大賓妻顧氏
許學衡妻陸氏　俞應龍妻魯氏

王振淵妻鮑氏　張南容妻鮑氏
生員陸尹耀妻沈氏　監生朱士魁妻汪氏妾繆氏
監生李允剛妻王氏　錢道域妻邵氏
李明安妻陳氏　顧西崖妻沈氏
戴兆英妻郁氏　屠中鶴妻吳氏
生員徐錫祚妻孫氏　趙古梅妻顧氏
顧叙嚴妻李氏　蔡遇安妻姚氏
監生褚金翔妻王氏　張龍淵妻趙氏
監生施蘭徵妻陸氏　許逢元妻楊氏
錢文表妻謝氏　徐錫五妻俞氏

周悅仁妻何氏　楊榮祖妻徐氏
俞昌言妻趙氏　陳佩音妻俞氏
生員朱恭烈妻陸氏　顧天鯤妻顏氏
錢籍妻朱氏　王松亭妻許氏
李建廷妻顧氏　生員蔣公棐妻邵氏
王賢倫妻楊氏　胡翰繼妻沈氏
張君枲妻浦氏　陸照妻沈氏
陸緒照妻沈氏　陸蒼巖妻顧氏
周紹溪妻邵氏　張望元妻吳氏
張安豐妻蔣氏　沈登明妻俞氏

宋郢奇妻王氏　卓成杰妻施氏
生員蕭永祺妻袁氏　汪山立妻沈氏
監生曹相璣妻徐氏　王燦若妻吳氏
生員徐鍔妻程氏　高芳山妻汪氏
倪廷安繼妻徐氏　任振飛妻孫氏
朱龍臣妻郁氏　姚光祖妻朱氏
黃景潮妻金氏　薛仁山妻郁氏
施御天妻姚氏　薛元龍妻孫氏
李成玉妻朱氏　沈世元妻馮氏
徐秉賢妻盛氏　張殿芳妻丁氏

顧樸如妻朱氏　郁聖儀妻陸氏
潘超如妻朱氏　教諭張宏浚妻王氏
李齊堂妻顧氏　生員朱焯妻沈氏
陳培珍妻陸氏　薛苓和妻吳氏
陸西眞妻程氏　孫君仲妻錢氏
曹忠謀妻沈氏　錢得天妻章氏
張東明妻錢氏　朱景鎬妻江氏
任象坤妻許氏　汪歷耕妻周氏
范元輝妻栢氏　陳囘春妻陸氏
生員陸宸樞妻孫氏　張甯人妻浦氏

王燮妻俞氏　倪武雲妻許氏
薛皡唐妻陸氏　郁兆元妻錢氏
徐雪堂妻姚氏　張成龍妻沈氏
費邦欽妻夏氏　姚聚山妻俞氏
張亦明妻徐氏　吳文依妻顧氏
沈欽明妻朱氏　孟貫一妻潘氏
殷仁榮妻富氏　邱少成妻許氏
范青鵬妻葉氏　黃玉林妻葉氏
陳大勳妻姚氏　張豫立妻陳氏
淩紹斌妻徐氏　李洪章妻華氏

殷在中妻張氏　陳錦妻魏氏
奚之翰妻吳氏　李本固妻張氏
監生錢文焻妻丁氏　吳維賢妻王氏
楊立方妻徐氏　許廷魁妻曾氏
徐日楓妻高氏　唐錦連妻張氏
監生陳基妻王氏　陳承焜妻李氏
姚秀岐妻王氏　蔣廷輝繼妻張氏
陳興如妻周氏　朱紹曾妻王氏
朱秉元妻顧氏　監生陸大受妻徐氏
蔡宏年妻張氏　徐楚珍妻曹氏

錢世珍妻金氏　周連叙妻蔡氏
蔣起成妻陸氏　徐松安妻唐氏
淩聖發妻馬氏　許義安妻胡氏
宋應魁妻薛氏　高體仁妻周氏
嚴瑞芳妻陳氏　何秀林妻吳氏
吳意相妻胡氏　生員王楷妻朱氏
汪安期妻俞氏　葉紹檜妻周氏
顧蒼巖妻周氏　王揆山妻吳氏
邵平原妻朱氏　徐玉如妻夏氏
徐昇九妻胡氏　丁明思妻懷氏

馮楷妻范氏　翁文瀾妻戴氏
黃文炳妻孫氏　馮大椿妻陳氏
王天一妻陸氏　郁象光妻錢氏
陳文湛妻姚氏　陸芳谷妻程氏
項明庸妻葉氏　蔡士超妻朱氏
閔光裕妻沈氏　顧同佳妻周氏
倪景炘妻許氏　黃廷範妻徐氏
潘禮耕妻陸氏　陳雍逵妻朱氏
朱錫祚妻陳氏　宋景霏妻李氏
施景侯妻李氏　許俊聲妻胡氏

郁武揚妻陳氏　錢愷廷妻張氏
監生戴秉鈞妻錢氏　宋景堯妻許氏
凌尚榮妻徐氏　朱秉元妻顧氏
潘兆玉妻王氏　施錫祚妻周氏
丁朝棡妻王氏　夏斌南妻王氏
張定介妻潘氏　費若愚妻唐氏
俞廷龍妻柯氏　王景龍妻金氏
俞銓妻蔡氏　吳震南妻姜氏
生員孫世奇妻陳氏　吳星妻嚴氏
陸錫㫮妻姚氏　陸錫爵妻吳氏

黃際唐妻宋氏　黃魯谷妻朱氏
姜天行妻宋氏　姜甡旆妻嚴氏
姜含熊妻高氏　姚安山妻富氏
姚維善妻陳氏　張馳江妻俞氏
徐有常妻周氏　郁復初妻吳氏
沈駿發繼妻謝氏　闕東奇妻陳氏
沈廷瑔妻葉氏　監生朱豐年妻顧氏
沈書範妻陳氏　朱紹飛妻吳氏
李源妻王氏　張昭廷妻楊氏
鄔德甯妻戴氏　生員丁汀妻魏氏

沈士榮妻詹氏　監生陸光圻妻許氏
楊安甫妻蔣氏　楊端揆妻陳氏
生員沈濬妻屠氏　陳時懋妻吳氏
郁殿掄繼妻程氏　顧文錦妻馮氏
沈灝妻孫氏　張坤成妻袁氏
顧介華妻鮑氏　顧元高妻張氏
顧書高妻殳氏　錢慶安妻魏氏
楊見榜妻計氏　監生黃灝妻何氏
張禾妻陳氏　姚瑞華妻戴氏
賀景榮妻李氏　姚士安妻陸氏

錢萬邦妻黃氏　朱士傳妻陸氏

朱聖倫妻莫氏　錢典文妻朱氏

程鐘慶妻陳氏　王瑞言妻陳氏

鄒中黃妻房氏　王萬秉妻盛氏

吳象州妻姚氏以上伊志

伊志按以上諸節婦嘉善志云現存者例不列傳附書於末以俟將來非故簡畧也

李宏遠妻董氏夫亡守節苦志五十二年嘉慶六年旌旌册與伊志名字事實不符故兩存之

生員周宸勳妻汪氏二十一歲夫亡守節三十年嘉慶十九年旌

朱天中繼妻楊氏二十七歲夫亡守節五十三年

黃紹銓妻楊氏二十八歲夫亡守節四十年

生員魏正鉞妻許氏二十九歲夫亡堅操自矢守節五十五年以上嘉慶二十三年旌

監生錢星陳妻沈氏二十二歲夫亡守節四十六年

支世堂妻胡氏二十九歲夫亡守節三十八年以上嘉慶二十四年旌

黃爊妻鈕氏二十二歲夫亡守節三十年道光元年旌

吳天麟妻王氏二十九歲夫亡守節三十年道光三年旌

監生徐學清妻周氏二十五歲夫亡守節三十九年

監生曹信助妻張氏二十二歲夫亡守節三十年以上道光五年旌

周大衍妻龔氏二十五歲夫亡守節四十四年

戴大烈妻唐氏二十八歲夫亡守節二十四年

錢茂林妻呂氏二十三歲夫亡守節五十一年

范星璇妻蔡氏二十八歲夫亡守節二十三年

錢八傑妻浦氏二十八歲夫亡守節三十八年

孫永康妻陳氏十八歲夫亡守節四十年

孫雙金妻錢氏二十九歲夫亡守節二十二年

李佩思妻沈氏二十五歲夫亡守節四十五年

生員孟毓徵妻錢氏二十六歲夫亡守節二十六年

潘蓉城妻程氏二十九歲夫亡守節三十二年

廩生陸梧生妻李氏二十九歲夫亡守節二十四年

陸鶴芝繼妻張氏二十七歲夫亡守節二十六年

周之鎮妻莫氏

蔣士榮妻沈氏二十七歲夫亡守節五十五年

鄭秉賢妻曹氏二十七歲夫亡守節五十五年

鄭鑑衡妻張氏二十七歲夫亡守節三十二年

生員高塤妻孫氏二十九歲夫亡守節四十一年

監生高型繼妻陳氏三十歲夫亡守節三十三年

顧滄南妻周氏二十三歲夫亡守節五十五年

顧咸熙妻浦氏二十三歲夫亡守節二十八年以上道光六年旌

生員陸宸階妻陳氏二十六歲夫亡守節四十一年

朱學山妻王氏二十六歲夫亡守節四十二年

陸永明妻朱氏二十八歲夫亡守節四十四年

潘亮臣妻鄔氏二十一歲夫亡守節三十二年

鄔友德妻陸氏二十三歲夫亡守節五十九年

周學渭妻張氏二十五歲夫亡守節四十二年

朱汝德妻李氏二十二歲夫亡守節四十六年

謝西京繼妻王氏二十七歲夫亡守節五十六年

謝漣妻周氏二十二歲夫亡守節四十四年

潘東念妻陸氏二十四歲夫亡守節二十八年

潘建峯妻吳氏十七歲夫亡守節三十四年以上道光八年旌

徐健榮妻張氏二十九歲夫亡撫孤守節四十年道光十二年旌

俞振凡妻陳氏二十九歲夫亡守節二十二年

邱鳳祥妻侯氏二十六歲夫亡守節四十七年

王蘭妻孫氏二十二歲夫亡守節三十三年

呂昂發妻蔡氏二十八歲夫亡守節四十六年

張琳妻朱氏二十三歲夫亡守節十一年

丁正操妻曹氏二十三歲夫亡守節三十八年

金珠懷繼妻顧氏二十九歲夫亡守節四十一年

徐鳳增妻楊氏二十七歲夫亡守節十二年

張天儀妻俞氏二十八歲夫亡撫孤守節三十五年

顧萬鑑妻萬氏二十九歲夫亡守節二十六年

李人杰妻支氏二十七歲夫亡守節四十一年

廩生呂漣妻陸氏三十歲夫亡守節二十七年以上道光十四年旌

生員金掌珋妻倪氏二十二歲夫亡守節四十五年

金均妻朱氏二十歲夫亡守節五十年

監生唐奎耀妻黃氏二十九歲夫亡守節四十五年

顧啟發妻莊氏二十四歲夫亡撫孤守節三十年

錢天榮妻徐氏禹龍妻淩氏徐二十七歲夫亡撫子禹龍早世與媳撫孤守節四十九年人稱一門雙節

張廷威妻鄔氏二十七歲夫亡守節二十四年

吳松雲妻徐氏三十歲夫亡守節二十二年

生員張坤成繼妻錢氏三十歲夫亡守節三十五年以上道光十五年旌

監生姚序東妻吳氏二十八歲夫亡守節三十二年

沈儒璋妻顧氏二十六歲夫亡守節二十六年

職員朱溶妾王氏二十九歲溶亡守節二十二年

增生張汝瑚妻沈氏三十歲夫亡守節十七年

唐雲皋妻周氏二十八歲夫亡守節三十一年

呂錦波妻高氏二十七歲夫亡守節二十四年以上道光十六年旌

俞永春妻張氏二十七歲夫亡撫孤守節四十八年道光十七年旌

監生屠履貞繼妻丁氏十九歲夫亡撫嗣守節二十九年道光十八年旌

朱翰邦妻王氏二十九歲夫亡撫嗣守節五十三年

陳徐藻妻吳氏二十五歲夫亡撫孤守節四十一年以上道光十九年旌

鍾汪彙妻項氏

施兆珍妻王氏二十八歲夫亡姑患瘡數年晨夕奉侍不稍怠守節四十三年

章緜善繼妻陳氏二十五歲夫亡前氏子鼎方甫六歲撫以成立守節二十六年

戴嘉和妻程氏二十一歲夫亡撫嗣守節五十六年

張廷祖妻朱氏婚一載寡撫夫幼弟振法成立後即以振法子天祥爲嗣終身勤苦宗祀賴以不墜

沈世坤妻張氏二十八歲夫亡守節四十六年

俞鳴暘妻沈氏二十八歲夫亡守節六十九年

韓金福妻沈氏十九歲夫亡守節三十四年

吳益山妻朱氏二十三歲夫亡守節五十八年

馮穎達妻于氏二十一歲夫亡守節三十九年

周鎬東妻房氏二十八歲夫亡守節四十七年

周文炎繼妻周氏二十四歲夫亡守節四十九年

周堉妻楊氏二十四歲夫亡旌年六十

徐鳳梧妻楊氏二十四歲夫亡旌年五十四

高瑞麒妻仲氏二十二歲夫亡旌年四十八

高國興妻朱氏二十五歲夫亡旌年五十八

劉萬春妻李氏二十二歲夫亡旌年七十一

監生張彥妻顧氏二十五歲夫亡撫孤守節旌年五十九

陸超然妻朱氏二十七歲夫亡守節三十餘年

陸如潍繼妻蔡氏二十九歲夫亡撫孤守節三十餘年

金學易妾石氏二十二歲學易亡撫孤守節旌年六十五

顧溶妾費氏二十三歲夫亡孝奉嫡母恩撫藐孤子音梖自幼多病苦心調護守節三十餘年

金友奎妻顧氏二十七歲夫亡守節五十三年

支德熙妻張氏二十五歲夫亡遺腹生子三日而殤撫夫兄德麟次子作城爲嗣守節四十八年

張奇奎妻許氏二十六歲夫亡撫孤守節旌年六十二

金焜妻潘氏二十八歲夫亡苦節四十八年

金殿雄妻孫氏二十八歲夫亡苦節三十五年

丁德妻李氏二十九歲夫亡撫孤守節五十餘年

丁念祖繼妻孫氏二十九歲夫亡無子撫姪成立孝事舅姑旌年六十五

王巨然妻卞氏二十四歲夫亡撫孤成立旌年五十七

盧掌衡妻王氏三十歲夫亡奉姑甘旨無缺撫三歲孤懋詮有恩守節四十一年

徐錫爵妻王氏二十九歲夫亡孝事舅姑撫孤守節旌年五十

周紹榮妻沈氏三十歲夫亡家無擔石孤甫襁褓撫之成立始終勵志旌年六十五

馬振江妻姚氏二十八歲夫亡旌年六十

浦銓妻王氏二十七歲夫亡旌年六十三

朱振鏞妻梅氏二十六歲夫亡撫孤銘常讀書成名守節三十一年

周模妻陸氏二十九歲夫亡止一女苦節三十餘年

馮學胥妻顧氏二十四歲夫亡守節四十三年

沈正容妻沈氏二十二歲夫亡守節二十二年

董聲璜繼妻曹氏二十五歲夫亡守節六十年

陸舜安妻范氏二十七歲夫亡守節三十九年
陸元隆妻唐氏二十一歲夫亡旌年五十四
金鴻儀妻陳氏二十五歲夫亡撫子鏞成立娶媳亦陳氏婚五載鏞亡與媳撫孫成業
金鏞妻陳氏二十七歲夫亡事姑孝撫孤成立苦節自矢旌年五十三
陳世鏞妻丁氏二十四歲夫亡旌年五十一
陳世壎妻丁氏二十九歲夫亡旌年五十六
薛汝爲妻江氏二十二歲夫亡旌年五十八
盛聖元妻陸氏二十九歲夫亡旌年五十五
顧大慶妻邱氏二十五歲夫亡旌年五十一
沈濟昌妻汝氏二十八歲夫亡旌年五十四

馮繩祖妻張氏二十六歲夫亡旌年七十
于大章妻吳氏二十四歲夫亡旌年八十二
吳德叙妻貝氏十九歲夫亡旌年七十四
馮炳蔚妻蔣氏二十六歲夫亡旌年六十九
馮筠生妻吳氏二十四歲夫亡旌年六十七
薛永昌妻徐氏二十三歲夫亡旌年四十八
薛泉高妻許氏二十四歲夫亡舅姑尋歿撫幼叔成立以叔子爲嗣守節六十一年
許清源妻沈氏三十二歲夫亡旌年六十六
郁南江妻張氏夫亡無子守節旌年五十七
章星海妻魯氏二十四歲夫亡家貧苦守奉事舅姑克盡婦職旌年五十

楊時中妻許氏三十八歲夫亡撫孤守節三十八年以上于志
彭紹筌妻沈氏二十五歲夫亡遺三子長僅五齡幼未試周家貧翁老藉紡績以養之三子均撫成立守節二十二年
彭俊綵妻王氏二十九歲夫亡遺孤又殀夫弟尚幼撫以成立守節以終
程佳木妻許氏二十一歲夫亡無子撫姪洪元爲嗣守節四十餘年
生員蔡以圻繼妻薛氏孫媳劉氏薛二十九歲夫亡無子撫嗣又殀守節五十餘年劉二十八歲寡一室煢煢相依苦守
陳承禧妻李氏夫早亡守節三十七年
生員陳月琳妻陸氏二十八歲夫亡守節四十二年
曹渭生妻李氏二十四歲夫亡守節四十年

施兆珍妻王氏二十八歲夫亡無子翁早歿姑性褊急子死更甚王竭誠奉養卒感悟焉姑患瘡疾數年日夜侍奉汙穢未嘗稍厭售奩衣爲醫藥貲姑歿盡鬻奩具合葬翁姑并葬夫於傍老益貧困姨甥程佩玉迎養於家年五十
儒童顧廷枚妻沈氏二十八歲夫亡守節撫子煥爲庠生卒年六十六
施煌妻俞氏二十歲夫亡遺孤甫彌月撫訓成名守節五十一年
州同謝應鏘妻杜氏三十年夫亡勤儉持家教子讀書成名官晉甯知縣氏卒年四十六
蔡培節妻金氏　滕德龍妻俞氏
監生張清範妻許氏二十歲夫亡守節六十八年
褚廷九妻沈氏　丁兆龍妻汪氏
顧荻波妻張氏二十歲夫亡守節六十一年

程楠妻陸氏二十三歲夫亡無子依母家毀妝易服以養老母又以紡績所餘買地葬夫之祖父夫叔廷獻嘆其賢以孫熙怙嗣焉年七十四封安人

費有度妻趙氏夫亡守節三十八年撫孤成立學使彭給瑤池冰雪額旌之

費道模妻沈氏夫亡苦節二十餘年紡績度日撫孤成立

郁古妻沈氏夫亡紡績自給守節六十年

郁右繼妻沈氏二十二歲夫亡守節五十七年

生員顧開王妻曹氏二十五歲夫亡無子撫嗣成立守節五十餘年

顧宇妻王氏十八歲夫亡家甚貧去簪珥依母家頗孝謹紡績度日年五十餘待旌

知縣蔡潤琛繼妻金氏咸豐甲寅潤琛殉難黃州氏時二十六歲風餐露宿挈兒女以歸

監生王智杰妻沈氏二十二歲夫亡矢志守節撫子福蘄成名年五十一

王伯英妻李氏夫早亡紡織苦守有古節婦風家貧無力請旌年至八十五

生員曹鑑邦妻李氏二十一歲夫亡撫姪爲嗣守節十餘年

陳振邦妻朱氏二十七歲夫亡無子煢煢苦守藉紡績以度日年五十七

金鴻逵妻戴氏二十九歲夫亡孝事孀姑撫子及孫備嘗艱苦守節四十八年

金鴻塏妻張氏十八歲夫亡家極貧鍼黹度日守節以終

沈旅坤妻汪氏二十六歲夫亡無子矢志守節鬻簪珥以償逋負日毋貽吾夫以口實也歸依母家自食其力積貲葬夫於翁姑塋側并穿己穴撫姪爲嗣又爲經營婚娶焉

主簿顧繩曦繼妻沈氏二十六歲夫亡撫孤成立守節以終

生員顧希沆妻沈氏二十一歲夫亡遺孤運昌甫三齡撫訓游庠又殀復撫夫幼弟成立守節四十餘年

顧汝賢妻高氏夫早亡撫孤成立守節以終

周耀軒妻曹氏夫早亡無子煢煢無依依兄嫂而居苦節數十年

曹源華妻周氏婚逾年夫亡無子守志母家仍以薪水奉養其姑宗黨兩賢之

顧傳堯妻閻氏夫早亡撫孤成立守節以終

顧天鳳妻孫氏三十歲夫亡無子苦節二十七年

顧肇錫妻陸氏肇和妻錢氏陸二十二歲夫亡撫子成立守節四十二年錢二十五歲夫亡苦節四十五年

生員顧樹藩妻曹氏婚一載夫亡時二十六歲無子撫姪書恩成立守節五十五年

生員顧維麗妻姚氏惟業妻王氏姚二十二歲夫亡無子苦節二十七年王亦早寡撫遺孤成立戚族兩賢之

顧人模妻裴氏三十歲夫亡無子苦節四十二年

顧星瀛妻龔氏二十八歲夫亡苦節六十年

王楚珍妻周氏二十五歲夫亡撫三子茹荼自守夜績不輟苦節四十八年

王圖洛妻程氏二十一歲夫亡撫遺腹子松喬成立官湖南永順典史守節數十年巡撫給矢志堅貞額表之

陸士榮妻陳氏二十一歲夫亡無子撫堂姪爲嗣守節四十一年學使朱給冰霜久閱額

監生張家炳妾王氏十九歲炳亡正室已歿嫡子甫九齡矢志撫育苦節二十餘年

布理問王秉鈞妻朱氏二十七歲夫亡屢欲身殉以翁姑老子女幼乃止撫子姚泰官道庫大使苦節四十餘年

兵馬司副指揮許銘恩妻莊氏二十六歲夫亡現年七十三以上楓溪小志

監生張彥妻顧氏二十四歲夫亡守節旌年六十四
李復興妻張氏十五歲夫亡守節五十年以上道光二十五年旌
鄒永泰妻顏氏二十五歲夫亡守節旌年五十一道光二十八年旌
儒童戴廷琛妻濮氏二十八歲夫亡守節旌年五十一
生員薛賓燕妻吳氏二十八歲夫亡守節旌年六十一以上咸豐二年旌
生員王經鋤妻陸氏二十一歲夫亡守節四十七年咸豐五年旌
鍾汪埏妻周氏二十九歲夫亡守節旌年五十一咸豐七年旌
姚煥文妻邵氏二十七歲夫亡守節旌年六十六
沈朝楫妻屠氏二十四歲夫亡撫孤守節旌年七十一
王序高妻吳氏二十五歲夫亡守節旌年五十八

陸天祥妻李氏二十三歲夫亡撫孤守節旌年七十一
徐永昌妻卜氏二十九歲夫亡撫孤守節旌年六十五
周永壽妻卜氏二十一歲夫亡撫嗣守節旌年六十九
陳起高妻周氏二十九歲夫亡撫孤守節旌年八十
靳順有妻糜氏二十二歲夫亡守節旌年五十八
葉天倍妻戴氏二十八歲夫亡守節旌年五十九以上咸豐八年旌
武生費鑑安妻袁氏二十四歲夫亡守節五十九年
生員周日焻妻孫氏二十九歲夫亡守節六十二年以上同治五年旌
袁荊妻陳氏三十歲夫亡撫孤成立後子及婦又歿乃撫孤孫以延嗣守節四十八年
袁并妻陳氏三十歲夫亡守節四十三年以上同治七年旌

儒童朱炳妻郁氏十九歲夫亡守節三十二年
監生朱如懋妻鍾氏十九歲夫亡守節三十三年
儒童薛大均妻陳氏二十一歲夫亡守節旌年七十四
儒童吳成章妻鍾氏二十五歲夫亡守節四十二年
儒童馮雲生妻吳氏二十歲夫亡守節六十三年以上同治十一年旌
俞福林妻夏氏三十歲夫亡守節旌年七十七
鄒琮妻朱氏　支作煥妻鄒氏
趙以淮妻王氏　孔廣坤妻戚氏
毛德榮妻孫氏　吳寅槎妻朱氏
卓國昌妻趙氏　卓孝章妻趙氏

江增祥妻李氏　孫文楢妻王氏
姚煜妻黃氏　任鈺妻何氏
夏龔九妻龔氏　范以禮妻江氏
沈炳堂妻錢氏　沈炳堂妻楊氏
沈坤元妻錢氏　胡汝熊妻陳氏
夏爕羹妻陳氏　范保豐妻徐氏
盧堂衡妻王氏　范照妻丁氏
王志霖妻李氏　袁仙槎妻孫氏
顧元衡妻吳氏　顧元衡妻屠氏
閔宇秋妻倪氏　吳文鼎妻王氏

張念華妻孫氏　趙文梓妻潘氏

倪錫章妻張氏　卓文炳妻蔣氏

錢增卿妻柯氏　顧承昌妻胡氏

卓新如妻戴氏　卓耀龍妻徐氏

卓鳳鳴妻張氏　卓大妻范氏

江增源妻宗氏　倪景熙妻徐氏

丁應鏘妻支氏　倪景賢妾王氏

郁世和妻沈氏　支作楫妻朱氏

顧汝鏞妻何氏　魏孝炘妻金氏

沈炳俯妻支氏　蔣隆茂妻陸氏

金應槐妻陸氏

姚香泉妻顧氏二十一歲夫亡守節旌年五十

姚紹裘妻戴氏二十二歲夫亡守節旌年五十一以上同治十二年旌

許東萊妻陳氏

周學高妻范氏以上同治十三年旌

葉孝成妻楊氏二十歲夫亡守節旌年六十一

倪在漢妻費氏二十七歲夫亡守節旌年六十

黃基妻陳氏二十一歲夫亡守節旌年五十一

生員程光燕妻陳氏二十二歲夫亡守節旌年五十七

李順餘妻顧氏十九歲夫亡守節旌年七十五

沈希約妻黃氏二十九歲夫亡守節旌年六十三

陳治備妻黃氏三十歲夫亡守節旌年七十九

沈瑞雲妻莊氏二十八歲夫亡守節旌年五十七

生員郁以溶妻王氏二十九歲夫亡守節旌年六十

金如松妻張氏三十三歲夫亡守節旌年七十

羅載妻姚氏二十二歲夫亡守節旌年五十六

婁國英妻李氏二十八歲夫亡守節旌年六十三

程嘉林妻王氏二十八歲夫亡守節二十九年

生員孫鏘妻張氏二十三歲夫亡守節二十三年

監生戴睿中妻錢氏二十九歲夫亡守節十五年

卓孝山妻許氏二十八歲夫亡守節三十六年

佾生顧墉妻程氏二十二歲夫亡守節三十二年

從九品蔡家棣妻許氏二十六歲夫亡守節三十二年

生員許如紛妻范氏二十四歲夫亡守節五十年

郁以鴻妻程氏二十六歲夫亡守節三十一年

倪垚妾楊氏二十七歲垚亡守節三十七年

王文埴妻羅氏三十歲夫亡守節二十二年

奚師濂妻孫氏二十九歲夫亡守節十九年

監生黃智杰妻湯氏二十二歲夫亡守節三十一年

范以澄妾江氏　孔錦祥妻戚氏

趙以淮妻王氏以上光緒元年旌

顧周枚妻吳氏節二十歲夫亡守旌年七十五

陸勤四妻於氏節十九歲夫亡守旌年七十五

監生顧涵繼妻張氏節二十歲夫亡守旌年六十九

章錦豐繼妻張氏節二十二歲夫亡守旌年六十二

監生俞連妻王氏節十七歲夫亡守旌年六十五

俞文鑒妻王氏節二十二歲夫亡守旌年四十九

監生黃德述繼妻鄭氏節二十歲夫亡守旌年六十九

楊超祖妻姜氏十九歲夫亡守節旌年六十二歲

顧用枚妻吳氏　錢一斐妻陸氏

周同春妻張氏　楊姙如妻沈氏

萬勝聚妻黃氏　黃廣珍妻吳氏以上光緒二年旌

許李氏光緒三年旌

徐蘭葵妻孫氏學憲吳給柏舟親操額

孫學金妻蔣氏前郡尊馬給松柏同青額

李來生妻俞氏　程楠妻陸氏

顧沈燁妻邵氏　李應炳妻朱氏

吳佩符妻潘氏　陸繼濤繼妻朱氏以上採訪已旌

舉人金尚銓妻許氏夫亡投繯自縊以救免撫姪為嗣守節二十年

金云村妻張氏夫亡守節四十餘年撫子仕棠官福建歸化知縣

舉人汪正鈞繼妻沈氏　生員沈堉妻范氏

生員金應槐妻王氏　生員孫球妻沈氏

縣丞范賡梅妻周氏　生員徐權妻胡氏

查青甌妻孫氏　孫涇妻胡氏

吳志鴻妻劉氏　查紹九妻徐氏

丁聚元妻朱氏　丁錫疇妻張氏

陸如璋妻朱氏　楊立誠妻徐氏

孫如筠妻查氏　鍾汪均妻魏氏

徐桐妻朱氏　吳昌烜妻郁氏

袁益齡妻凌氏　楊廣珍繼妻曹氏

袁國楨妻楊氏　沈雲祥妻陳氏

查容照妻沈氏　談福田妻浦氏

馮傳光妻蔣氏　周渭濱妻殷氏

浦孟堅妻錢氏　張一亭妻陸氏

沈補文妻陸氏以上由省城節孝局採訪滙咨未奉部覆

朱曰時繼妻沈氏二十八歲夫亡無子前氏子早世撫其孫爾昌晉蕃成名現年六十

儒童許唐煜妻李氏三十歲夫亡屢欲自盡勸以撫孤乃止逾月而遺孤又殁越歲翁及夫兄復相繼殁家日落鬻產營喪葬繼夫姪孫以鈞為嗣孫教養成立入庠戚族咸重之守節三十年

金孔艮妻孫氏二十三歲夫亡無子姑老無以為養乃傭工以奉姑及殁喪葬皆盡禮現年六十三

沈引妻沈氏二十三歲夫亡現年五十六

李彬儒妻沈氏 二十一歲夫亡大慟欲殉姑以有遺娠勸止之未幾舉一子撫訓成諸生

陸斘軒妻沈氏 三十歲夫亡守節四十年

陸古苔妻胡氏 三十歲夫亡守節三十一年

郁元熙妻張氏　陸秋波妻龔氏

陳福壽妻閔氏　陳徐河妻吳氏

倪慕賢妻閔氏　潘銀方妻邱氏

沈學法妻王氏　顧翰屏妻潘氏

生員徐權妾蔣氏　張紹行妻顧氏

生員徐振薰妻顧氏　陳魯齋妻孫氏

徐振煦妻施氏　陳魯山妻沈氏

生員程惇熹妻錢氏　吳雅江妻顧氏

生員徐爾均妻陳氏　魏基鈺妻楊氏

蔣舫齋妻王氏　魏基鎬妻龔氏

生員陸福爲妻王氏　閔龍鏕妻張氏

陸如珪妻朱氏 以上合例待旌

浦坤垕妻褚氏 歸浦六月夫亡守節現年五十六

魏范氏 湖北蘄州知州范寶瑑女性賢孝歸同邑魏孝蒸婚未一年孝蒸以哭母哀毁死氏奉事祖翁姑能養志承歡孝蒸無子爲立嗣子堃教之成立入邑庠道光三十年旌

姚閔氏 適婁縣姚玉林爲繼室四載而殁前張氏生子湘未冠次淮生未週歲氏養老字孤意境況瘁作圖傳示後人從孫椿作像贊以誌景仰

嘉興府志卷七十三

嘉興府知府善化許瑤光重輯

列女 節婦

海鹽縣上

吳

張白妻陸氏 白溫弟陸名鬱生績女年十三適白三月白罹家禍遷死異郡陸以苦節終

明

陳思恭妻莊氏 莊係泉南人夫客泉南贅焉夫嘗賈海三年不歸有諷之嫁者莊叱之已而竟死於海前諷者復來曰今固可嫁矣莊愈絕之乃自泉南攜其孤彥廉歸海鹽時年二十五高故作節婦行美之

御史丁麟妻蔣氏 名妙安夫坐法死蔣二十四歲節操凜然年九十餘

朱士廉妻董氏 名淑眞董鎭女贅士廉二十四而寡子敏學甫九月矢志撫之迎養其姑洪武間旌

張谷起妻徐氏 名妙眞二十九歲夫亡子甫一歲矢志不二永樂初旌

沈裕妻王氏 名妙眞二十一歲夫亡孝事其姑以苦節終

萬衡妻沈氏　費達妻向氏 沈名淑廉二十一歲寡向名妙蓮二十三歲寡俱成化中旌

海甯衛百戶劉璽妻陸氏 名妙端二十七歲夫客死河南値歲饑陸紡績奉養舅姑及伯母已而相繼殁又竭力營喪葬撫二子成立守節四十餘年宏治初旌

胡繼海妻駱氏 名玉潤二十七歲夫亡子女俱幼父欲奪其志誓死不從教其子寬宏皆承父業年八十宏治初旌

鍾昇妻沈氏 名妙智二十九歲夫亡撫遺腹子景辰成立年九十三

生員倪塤妻路氏 二十三歲夫亡誓不再嫁撫孤成立

案侃路氏浙江通志載入嘉善吳志載海鹽今從之

徐潮妻王氏二十四歲夫亡撫孤晟成立巡撫奏旌

沈珉妻陳氏二十四歲夫亡守節

張鎮妻王氏二十歲夫亡守節三十年

吳孟完妻胡氏允昂妻楊氏胡二十五歲夫亡教子允昂學儒娶楊氏亦早寡婦姑相守邑令陳琳譔重節傳

沈端妻陳氏名妙善任邱人二十四歲夫亡守節四十年

徐璧妻馬氏夫早亡馬嘗與夫割股救親織紝自給年九十

汀洲知府張甯妾高氏李氏高名寒香李名晚翠十四五歲事甯三年而寡越三年嫡劉氏令釋服另適二人大慟曰妾荷主恩恨不即死以從敢有他志遂皆薙髮矢守同居一樓者三十九年家人罕見其面嘉靖中詔表曰雙節

嘉興府志　卷七十三　海鹽節婦　二

海甯衛指揮姚麟妻張氏郎甯女也亦早寡節操著焉

王廉妻許氏夫亡撫遺子或勸更適許不從以苦節終

魏全妻林氏　王軏妻陳氏以上俱早寡各苦節五十年

陳立妻錢氏妾屠氏立亡錢二十五歲屠年十八同心守節郡守徐盈表之

吳寬繼妻鄭氏二十八歲夫亡以子昂貴封安人年七十八嘉靖間旌

沈國相妻王氏名玉貞十七歲夫亡于倭無子截髮守節五十餘年萬歷中旌

姜應熊妻徐氏夫患瘍兩家欲更議徐不從歸姜四年寡誓守夫塋撫孤孟登成立吳御史表其門

李謨妻吳氏二十餘歲夫亡無子煢煢孤苦至八十九卒邑令朱實昌董玠先後給粟帛賵之

張宏妻盧氏二十四歲夫亡生子宋甫三月繼姑欲奪其志盧不從勤織紝以事其姑年八十三

張桂妻任氏十六歲適張四十日夫亡守節六十年

生員王復昌妻朱氏夫亡依弟佐弟事之如母煢守至老後佐妻陳氏復依之以節聞

何文謂妻王氏十八歲夫亡遺孤梅甫八月族人迫他適王翦髮自誓邑令王宗載表之

生員陸郡繼妻潘氏部妻周氏俱早寡潘有子夢鸞與周共撫成立太守監司表之

監生朱圮繼妻吳氏三十歲夫亡撫前子與已子皆成立年八十一邑令杜士全表其閭

舒葵妻呂氏十七歲適舒踰年夫亡子笙甫三月其姑招婿與女共居脾睨其產呂寄子於母家奉姑惟謹既而姑之女與婿俱死呂拮据養姑教子成立年八十有九邑令杜士全表之

朱守謙妻楊氏二十六歲夫亡守節四十餘年

鍾師孟妻徐氏名季貞夫亡徐哭之嘔血數升翦髮二握一納之柩一以囊盛之自懸臂間子曉有一女亦早寡翦髮自誓如其大母

嘉興府志　卷七十三　海鹽節婦　三

指揮姚宏妻吳氏夫死於陶宅之戰家貧吳紡織充給安葬五喪

劉世坊妻項氏二十一歲夫亡姑老遺幼孤祖錫姻族欲奪其志項指天泣血誓無二心萬歷間旌

郎中錢萱妻孫氏妾嚴氏夫以事謫粵東歿於官孫慟不欲生扶櫬歸葬與妾嚴氏共守節三十餘年

舉人朱朝笏妻許氏父槐卿倜儻好義憲副士奇之曾氏大父也氏適朱後舉男輒勿育乃爲夫置箞室得儒家女生子士遷氏撫之如己出朝笏亡士遷甫九齡里中無賴利其業羣起齕之力無以捍相持兩溢士遷既立矢志讀書攻古文詞不問家人產產日落嘗之燕以投知己許日夕悲憶食每扱匕士遷聞而馳歸則許已逝每以不及視含終天抱痛云

朱應箕繼妻屠氏夫亡欲以身殉姑禁之得不死經紀喪葬教其二子學宜學章爲諸生守節三十三年天啟間旌

刑部胡憲仲妾仇氏憲仲爲孝廉時納仇而孕即北上明年子彭述生而憲仲登第旋之官南

曹歿仇守節四十八年

胡彭述妻劉氏夫少孤家貧劉歸後盡出奩資孝養孀姑仇生震亨甫二歲夫亡日攜震亨撫夫柩哭後震亨入仕有祿養時愈悲曰以吾兒今日養不逮父不逮王母爾封太孺人

沈宏達妻金氏二十歲夫亡母欲奪其志金堅執不從以苦節終

朱萬言妻沈氏宏達妾所生女也嫁三年而寡屏居小樓幷不歸甯邑令與其母共表之

王應麟妻鍾氏夫亡遺腹生子士宏撫之成立爲諸生有司表之

主事劉世珽妾沈氏世珽亡子祖鍾未晬時嫡徐抱其姪爲子沈婉曲事之得保遺孤衣一補綴衣卹初笄時服也至老不去禮年六十二有司奏旌

監生陳昌允妻董氏二十九歲夫亡孝事舅姑始終如一邑令表之

嘉興府志　卷七十三　海鹽節婦　四

吳桃儒妻儲氏儒俱早寡儲無子桃僅一子二人共撫之成立邑令表之

吳棟妻蔣氏文煒妻戴氏麟振妻沈氏蔣年十九歲夫亡遺孤文煒僅七月長娶戴氏二十一歲亦寡子麟振方二齡同姑撫育麟振長娶沈氏亦寡子甫四齡沈事太姑及寡姑俱盡孝訓子成進士稱三世苦節蔣年八十三卒戴年七十三卒

澉浦所百戶胡偉妻陳氏十九歲夫亡子靖方八月撫孤襲蔭年六十三

陳用龍妻王氏二十一歲夫亡撫遺腹子堂成立年五十二

指揮童尚斌妻周氏二十四歲夫亡子養初僅四齡訓子襲職爲松海副將年七十六

蔣烝妻翁氏二十九歲夫亡撫一歲孤毅方苦節五十餘年

王廷璧妻孫氏二十歲夫亡守節天啟中邑令表之

監生朱映璧妻葛氏十九歲夫亡無子撫夫從子敷錫爲嗣鞠育成立年八十

褚泰亨妻周氏洪武九年詔旌其門

劉鎮妻邵氏十六歲夫亡守節

莊鴻妻倪氏十七歲歸鴻二年夫亡遺腹生子日山與寡姑許氏撫之嘉靖間旌

王軒妻黎氏三十歲夫亡守節

指揮徐蓁繼妻陸氏夫亡矢志至老如一

指揮王勇繼妻沈氏夫亡子大猷八齡撫之成進士

趙子龍妻王氏十六歲夫亡撫孤守節

陳籍妻吳氏陳鯉母事姑以孝聞

賀岎妻徐氏夫亡子培方四齡撫之成立守節三十餘年

張廷祿妻莊氏二十二歲夫亡教子源成源思讀書源思成進士崇禎間旌

嘉興府志　卷七十三　海鹽節婦　五

劉煤妻周氏亞繼妻姚氏周二十歲夫亡子亞甫三歲守志撫孤六十年亞繼妻姚氏亦早寡苦節四十七年

生員徐乾元妻仇氏夫嗜學早亡無子依父以居父老疾扶持十數年

生員馬如雲妻王氏二十一歲夫亡守節三十四年

朱學行妻錢氏十九歲夫亡矢志苦節

徐鏜妻李氏夫亡撫孤守節終身

舉人顧槃繼妻祝氏二十六歲夫亡撫繼子熙先歿熙妻徐氏有婦德訓諸孫元聞元碩等皆有文名

生員虞志曾妻步氏崇禎五年建坊紫雲村

劉浩妻董氏二十四歲夫亡遺一女適俞希賢以苦節卒

徐重臣妻曹氏 二十一歲夫亡守節

陸堯俊妻顧氏 夫幼孤不自檢家遂破箏卒無子女顧苦守以夫弟之子爲嗣見徵獻錄

劉東靈妻李氏 夫亡無依歸養弟家守節以終

生員馬孟駿妻李氏 十七歲夫亡守節

沈九疇妾王氏 九疇亡子夢融方四歲當病革時九疇語嫡妻曰若年少必嫁之王曰我必不嫁因取刀割其舌寸許擲地示信後與其嫡相依年五十九

舉人錢與映妾康氏 侍與映不數年而寡誓不改適端重自持嫡子多敬憚之

吳士妻周氏 二十三歲夫客口外不歸撫一女後適仇士奎仇死守一孤長爲塾師

生員周東妻吳氏 獨涯涇吳本女十八歲夫亡遺孤二齡又殤吳奉舅姑盡禮以苦節終

張宏濟妻許氏 二十三歲夫亡遺腹生子祖壽苦節四十餘年

生員張祖壽妻何氏 二十九歲夫亡撫二幼孤守節三十一年

生員徐麟徵妻徐氏 夫亡孝事舅姑守節五十年

朱泰復妻賀氏 夫殉國難賀持刀自刺家人急救獲免苦節四十年撫孤四人俱成立季子婦何氏事姑病以乳奉之

生員吳中倬妻盛氏 二十四歲夫以甲申之變遇害訃至盛欲自殉姑曲慰止子麟世甫三歲訓之不少姑息年八十一

生員沈正鏊妻倪氏 二十八歲夫亡無子撫繼子中雷如已出守節四十二年

監生王舜龍妻祝氏 二十三歲夫亡性至孝姑病封股療之遺孤幼族有假承祧搆訟者當事白其冤次子尚志篤學好義擴祭田建祠廟設義產皆祝遺訓也

生員張鋋妻崔氏 二十三歲夫亡姑性方嚴崔善承志姑歿喪葬獨任其事年八十卒子源孝孫麟正皆著聲士林處士周篔爲立傳

兵科給事中李鋐新妻蕭氏 夫與子俱死於兵蕭同長子裕長求二屍於遺骼中得之

費仕妻姜氏 二十八歲夫亡撫子宏道萬程俱成立萬程登賢書妾朱氏撫子禧昌助成家政俞右吉有傳

朱伯嚴妻王氏 二十四歲夫亡訓子朝珌成立年六十

史澄溪妻朱氏 夫墜水死朱聞訃幾殞矢志苦守年七十九

朱允顯妻陳氏 夫亡撫孤曾培爲諸生守節四十七年

生員彭孫振繼妻吳氏 乙酉秋夫奉父避兵豐山時吳成婚二載生子甫期月猝遇鋒鏑三世同時被害吳守苦節四十五年

鍾某妻徐氏 夫亡遺腹生子賓日撫之守節

某妻鍾氏 郎賓日女也贅婿後早寡亦以節著

董蘿石妻康氏 夫早亡事姑訓子年六十一

周穎泉妻許氏 夫早亡撫孤儀生成立

崔培祐妻李氏必錄妻張氏 李早寡矢志守節嗣子必錄娶張氏亦寡同姑苦守年八十餘卒有二子仕青仕達俱入成均

崔鑌修妻張氏 二十六歲夫亡守節三十七年

崔明鑑妻吳氏 二十五歲夫亡家貧撫子洪範洪疇成立

生員崔炘妻徐氏 二十五歲夫亡守節三十七歲詔旌其門

崔鍾秀妻殷氏 夫亡守節

主事鄭履涫妾陳氏 二十七歲履涫亡子又夭守節五十餘年

生員鄭景元妻仲氏二十三歲夫暴亡子勷甫六齡事姑盡孝崇禎間歲饑勸夫煮粥施棺守節十七年

孫承憲妻周氏二十歲夫亡守節二十年

朱若虛妻顧氏婚四載夫亡無子以苦節終

呂兆禧妻許氏十八歲夫亡守節

湯廷洗妻沈氏二十八歲夫亡守節五十二年

國朝

監生錢楨繼妻葉氏夫亡屢自經姑以撫遺腹曲慰之葉飲泣勉從孝奉孀姑撫繼子燔與遺腹子焞慈愛無異康熙十五年旌

祝懋功妻許氏十八歲夫亡子甫數月祖姑在堂孝養備至守節五十八年卒葬時有白鶴翔繞人因稱鶴來墓康熙五十二年旌

倪古楣妻張氏　顧人鳳妻喬氏

朱宗埕妻徐氏以上事蹟無攷

生員張鴻妻朱氏二十四歲夫亡絕粒求死翁姑勸止遂茹齋衣素益勤紡織守節五十六年雍正五年旌

步驗霖妻謝氏十六歲適步以紡織佐姑甘旨人稱其孝二十七夫亡親族微諷之以死自誓乃不敢言雍正六年旌

監生畢國璋妻錢氏十九歲夫亡子殤繼嗣又殀錢孝養孀姑守節四十三年雍正八年旌

生員孫彭年妻陸氏二十六歲夫亡遺孤繩甫週延名師訓之守節二十五年

朱揚妻陸氏二十歲夫亡投繯數次俱救免祖墓祭產甚薄捐田二十畝以助守節二十七年

巴維藩妻汪氏二十歲夫亡守節五十五年以上雍正十一年旌

沈廷揚妻郁氏二十七歲夫亡孝事舅姑課子讀書嚴謹守節三十年雍正十二年旌

許曼年妻陳氏二十八歲夫亡姑病奉侍湯藥衣不解帶撫五歲孤惟仁成立守節二十九年

生員徐朱稼妻朱氏二十四歲夫亡事翁以孝聞撫嗣子岡早年爲諸生

生員俞煌妻許氏二十二歲夫亡矢志撫孤守節四十餘年

趙流謙妻孫氏名淑文二十八歲夫亡孝養老翁撫孤成立

朱孫氏名淑貞淑文之妹也歸南浦朱亦早寡守節

生員吳掄妻洪氏幼事繼母盡孝二十五歲夫亡撫遺腹子昌祚成立守節四十七年

顧潮妻童氏十九歲夫亡撫孤汝亨弱冠游庠性至孝父母歿悲喪三年哀號不已

張立妻王氏二十一歲夫亡孝事翁姑拮据葬夫年五十餘

褚士煌妻張氏二十二歲夫亡撫夫從子維墉爲嗣守節三十三年

潘懋昌妻劉氏二十四歲夫亡事翁姑撫二子守節三十五年

朱德存妻錢氏二十六歲夫亡越三日生子世界撫養成立早夜勤苦幾至喪明守節二十五年

崔恒妻錢氏二十歲夫亡遺腹生子朗亭事舅姑養葬無缺禮年六十一卒

徐玉琳妻馬氏　彤伯妻萬氏馬年十七字徐婚三年夫亡生子彤伯甫幼聘萬氏爲養媳萬之父母憐其貧欲迎歸萬不從爲人刺繡以度日閱十五年彤伯生子元文甫二歲而彤伯亡萬承姑志矢守苦節姑患輭脚病鄰人失火萬舍幼子冒火救姑從牆巔抱姑而墜俱無恙人咸異之以雙節旌

生員李彥卿妻馮氏夫亡撫孤成立守節數十年

吳元宣妻張氏夫早亡日夜紡績營葬翁姑撫育孤子守節四十三年

滿炯妻徐氏　陳在中妻沈氏

詹步青妻朱氏二十三歲夫亡孝事翁姑撫一女長適陸張烈年八十一

監生周天元妻盛氏夫力學早亡盛持門戶二十年撫從子式龍成立 以上乾隆元年旌

李紹飛妻湯氏婚八月夫亡遺腹生子藉十指爲活侍奉孀姑尤盡孝道

生員王顯亘妻萬氏二十三歲夫亡舅姑在堂孝養兼盡守節五十一年

生員王顯清妻祝氏二十九歲夫亡事舅姑以孝聞苦節三十五年

朱之蓁妻張氏夫亡家貧無子矢志不二以苦節終

孫宗堯妻朱氏二十六歲夫亡茹荼矢志守節三十一年

生員孫成勳妻張氏二十九歲夫亡守節四十四年

生員蕭元錫妻程氏十七歲夫亡事翁姑能盡孝敬庶姑無所出程亦謹事之守節四十三年

吳彝正妻陳氏二十歲夫亡遺腹生子娶婦後相繼而歿陳孝事其姑撫夫幼弟幼妹俱有恩并撫

女孫成立年八十三

湯閭甫妻許氏二十六歲夫亡子銑生甫三月舅姑郎世拮据喪葬守節三十九年

崔漢妻沈氏夫亡無子立從子爾懷爲嗣尋病歿沈營兩世喪葬年八十六

生員陳從龍妻方氏二十七歲夫亡無子守節三十四年

生員周開基妻孫氏　許惠安妻吳氏

沈文講妻徐氏　崔昭聲妻殷氏 以上乾隆二年旌

徐道含妻姚氏二十二歲夫亡孝事孀姑撫遺腹孤成立

吾增妻沈氏二十歲夫亡孝養翁姑力經喪葬守節五十餘年

朱文中妻崔氏十八歲婚未期年夫亡無子以夫從子柜爲嗣撫如己出事翁姑以孝聞

生員顧鳳翔妻朱氏夫亡無子立從子之選以存夫祀事姑以孝聞

朱文年妻徐氏二十六歲夫亡事翁姑能盡婦道撫孤起鳳成立

朱覲光妻吳氏二十四歲夫亡撫孤成立先世遺柩未窆者吳皆營葬之守節五十餘年

韓聲來妻董氏二十九歲夫亡營葬翁姑以遂夫志撫孤翼雍年至八十

俞靜涵妻支氏二十三歲夫亡立從子兆麟爲嗣守節三十二年

李奇連妻俞氏二十六歲夫亡守節二十八年

王馨妻張氏

監生淩承烈妻王氏二十七歲夫亡守節二十年 以上乾隆三年旌

吳應泰妻虞氏二十五歲寡幼事親長事翁姑皆孝撫從子宏行教養兼至學使帥給操凜冰霜額

周雍伯妻韓氏二十九歲夫亡親老子幼力耕躬織以養舅姑守節四十八年

周望如妻錢氏二十一歲夫亡子泉未晬翁游學京師久而不歸錢紡績奉姑泉稍長遣至京師迎

翁歸奉養終身

徐德才妻姚氏二十一歲夫亡奉老姑撫弱子戚族稱其賢

富治妻顧氏二十歲夫亡子又殤守節撫嗣子成立

韓銓繼妻陳氏生員溶妻方氏監生宏樸妻徐氏光裕妻

徐氏陳歸韓五年夫亡撫前子溶逾於己出娶婦方氏越九年寡孫婦宏樸妻徐氏生二子光裕光德而寡乃上事祖姑陳氏姑方氏下撫二子不辭勞瘁後光德成進士光裕妻徐氏復以節著

左都督朱銓達繼妻李氏夫亡守節

吳澄懷妻敖氏二十八歲夫亡守節三十五年

鄔懋昭妻張氏 以上乾隆四年旌

李宗文妻戈氏二十七歲夫亡孝事翁姑積紡織資以畢喪葬

金茂元妻葉氏媳某氏葉二十七歲夫亡撫育幼孤比長娶婦後又歿遺腹生孫葉共撫之

許伯舟妻沈氏性至孝歸許後敬事舅姑戚黨無間言二十六歲夫亡撫遺孤成立守節二十八年人稱一門雙節

監生夏貞妻沈氏十八歲夫亡撫孤爲諸生早世復撫孫成立守節五十七年

湯汝訥妻朱氏二十七歲夫亡撫二孤成立後子婦俱亡朱復撫從孫以延宗祀

高雲霖妻朱氏二十八歲夫亡勤女紅以事翁姑守節數十年

倪鶴安妻張氏二十歲適倪市月夫亡撫幼叔成立守節四十四年

沈曾楠妻查氏二十八歲夫亡嗣子婚娶後又歿茹荼撫孫養姑歿竭力營葬

監生馬書田妻許氏十八歲夫亡家貧無子績紡績資以葬夫守節五十年

生員陳德安妻周氏二十七歲夫亡事翁姑孝撫二子成立守節四十二年

知縣顧鳴陽妾張氏鳴陽亡撫孤鳳翥成立弟天榮妻胡氏未婚守貞天相妻吳氏無子早寡皆拮据贍養以全其操案後有知縣顧鳴陽妾陸氏撫遺孤鳳翼旌於乾隆七年蓋與張氏同守節也

張師漢妻俞氏妾徐氏師漢亡俞年二十二撫遺腹子桐成立徐時亦二十二誓以身殉越四日呑金亡以上乾隆五年旌

吳端揆妻王氏十九歲夫亡遺腹生女乃撫夫從子爲後營葬數棺心力交瘁

朱若羲妻祖氏二十一歲夫亡遺孤甫週撫育勤苦年至八十

張子珍妻董氏十七歲夫亡無子翦髮誓守以苦節終

黃順爲妻何氏二十一歲夫亡翁姑年邁孝養惟謹守節六十四年

俞文光妻董氏二十六歲夫亡親操井臼孝事翁姑

俞廷芳繼妻陸氏二十三歲夫亡子殤於痘家貧力不能葬辛勤紡績以竟其志守節三十八年

張星妻陳氏二十九歲夫亡撫孤守節

曹陳倫妻李氏早失怙繼母無依迎養于家二十七歲夫亡訓孤讀書守節三十一年

吳紹曾妻張氏二十三歲夫亡絕粒三日翁姑曲慰之乃不死守節四十年

王德中妻黃氏二十歲夫亡撫夫弟基不辭勞瘁守節四十餘年

徐仕王妾朱氏仕王亡撫嫡子成立又撫二孫守節六十餘年

張之柄妻沈氏二十一歲夫亡嗣子殤幼叔又夭有欲奪其志者截髮投河以誓年七十一衣蔬食終其身

知州朱瑛案縣冊作璞疑誤妾張氏二十四歲瑛亡撫子遺命改嫁張截髮自誓屛居小樓布

生員富奕山妻朱氏二十八歲夫亡孝事孀姑撫二孤成立并撫孫錫齡守節六十一年

陳言彰妻朱氏夫力學嘔血亡朱勵志守節撫孤成立

顧培妻張氏夫早亡誓守苦節以終其身以上乾隆六年旌

陳久菴妻詹氏二十八歲夫亡幼失怙事父至孝事舅姑亦盡婦道撫遺孤成立

張肯堂妻祝氏二十四歲夫亡遺孤未晬及長婚娶子又病歿撫孫成立

監生金叶辰妻陸氏二十八歲夫亡事舅姑撫遺孤拮据營葬以竟夫志

吳仲章妻沈氏二十七歲夫亡翁姑繼歿拮据喪葬守節四十七年

鄭士則妻沈氏二十八歲夫亡時老翁幼孤俱病危沈鬻衣資日供湯藥病俱痊守節十九年

崔艮相節孝備冊作鄰哉妻徐氏二十八歲寡翁姑尋歿徐一力支辦與夫安葬守節二十七年

周廣文妻郭氏二十歲夫亡無子家貧事姑孝鬻膳田營葬兩世守節四十年

黃有嚴妻顧氏二十一歲夫亡撫從子汝龍早年入泮守節三十八年

知縣顧鳴陽妾陸氏二十一歲鳴陽亡遺孤鳳翼甫九月撫之成立爲諸生

王雲祥妻張氏二十四歲夫亡翁姑年老遺孤一齡支持門戶竭盡心力守節三十年

謝廷齡妻周氏夫以哭母毀瘠而亡周年二十二家貧鬻奩資以營殯葬守節三十餘年

彭沛臣妻黃氏二十三歲夫亡家貧無子勤紡織以事姑氷操始終如一

王汝臣妻唐氏汝璉妻朱氏二氏妯娌也唐二十六歲寡朱十九歲寡同守節數十年

以一門雙節旌

鍾典徽妻裴氏夫亡訓子其英弱冠游庠

徐開伯妻黃氏二十三歲夫亡力勤紡織撫育遺孤守節五十二年

邵學文妻朱氏夫亡事姑孝爲幼叔學正婚娶守節四十六年

李仁山案李氏族譜作學禮妻許氏二十一歲夫亡矢志守節年踰五十氷操如一日其母王亦以節著查慎行額其門日壼德承慈以上乾隆七年旌

莊永思妻俞氏二十六歲夫亡翁姑喪葬俱克盡禮

徐堯章妻吳氏二十七歲夫亡遺六齡孤翁老多病又逢歲歉支持拮据守節三十六年

生員徐嶸年妻朱氏二十二歲夫亡孝奉翁姑撫從子爲嗣守節數十年

生員陳雄飛妻周氏二十八歲夫亡孝奉翁姑先世遺棺悉安窀穸撫孤子爲諸生

劉大聲妻殷氏二十九歲夫亡性淡泊奉翁姑以甘旨遺孤週歲教育有成

謝殿安妻韓氏二十五歲夫亡翁姑相繼遘疾六七載沈緜牀笫獨力奉侍人稱其孝

鄭錫齡妻程氏二十八歲夫亡孝奉兩世孀姑

生員陸皐妻趙氏事繼母以孝聞夫早亡守節撫孤次子廷璋爲諸生幼子廷珍領鄉薦

夏啟賢妻顧氏二十歲夫亡無子撫幼叔象賢成立守節三十九年

洪琦妾陸氏沈氏早寡同撫孤守節以上乾隆八年旌

蔣元棠妻徐氏二十歲夫亡遺一女家貧茶苦一生

王紹文妻吳氏二十一歲夫亡生子士毅甫三齡性儉約以紡織餘資施與無告者

陳時政妻陸氏十八歲夫亡孝事孀姑撫夫從子錝汝爲嗣

周兆熊妻朱氏兆龍妻沈氏後先孀居姒朱無子撫娣沈所出子鞠育倍摯一門雙節

以上乾隆九年旌

黃懋吉妻吳氏二十一歲夫亡敬事老姑二十餘年

朱立三妻徐氏二十二歲夫亡遺孤殀歲饑粗糲不飽猶奉翁姑以甘旨殁後拮据營葬

李天章妻許氏二十七歲夫亡家貧紡織以資日給翁姑殁許親負土築墳

朱流光妻張氏二十五歲夫亡事翁及庶姑以孝撫週歲孤天樂年至八十五

姚仲升妻許氏媳某氏許二十八歲寡撫孤長娶婦生孫後又殀與婦同守苦節三十六年

郜勷臣妻沈氏織妻陸氏沈二十二歲夫亡遺孤織甫兩月及長爲諸生娶婦陸氏十載而寡共撫幼孫成立沈守節五十一年陸守節三十四年以雙節旌

舒彥祥妻吳氏二十八歲夫亡守節五十二年

嚴浩妻吳氏二十六歲夫亡撫週歲孤樹成教養兼至

吳堯仁妻淩氏二十五歲夫亡撫遺腹子丕緒成立以上乾隆十年旌

楊守愚妻張氏二十二歲夫亡撫遺腹子成立孝養貧姑守節二十五年

張然明妻黃氏夫溺水而亡撫孤王遵甫三齡教以讀書補諸生守節年至六十九

潘林洲妻吳氏二十九歲夫亡事翁姑撫遺孤不辭勞瘁

舉人朱謨烈妻徐氏二十九歲夫亡孝事老姑訓子讀書以繼先業

張腊妾陳氏二十四歲腊亡斷指誓守年八十

金昊衍妻朱氏二十六歲夫亡奉事翁姑自疾病至喪葬靡不竭力

陳呂其妻沈氏奕增妻胡氏沈二十一歲寡事翁姑二十五載孝敬備至撫遺孤奕增長娶婦胡氏甫舉子而增歿胡時二十六歲上奉孀姑下撫幼子備嘗荼苦沈守節四十年胡守節三十七年

徐鼎臣妻黃氏二十二歲夫亡日勤操作孝養翁姑幷撫遺孤成立

張元鈺妻謝氏二十五歲夫亡遺腹生子不憚劬勞以撫之

張舜光繼妻陳氏二十八歲夫亡子歿守節四十餘年

生員朱逢泰繼妻潘氏夫亡翁姑歿遺孤紹堂甚幼潘治喪哀禮兼盡

富聖彝妻葉氏俊升妻沈氏大椿妻吳氏葉二十六歲夫亡遺孤俊升長娶沈氏二十二亦寡同撫幼孫大椿甫娶孫婦吳氏而大椿又歿一門冰潔人稱富氏三節云

中書李榮昌繼妻陳氏二十九歲夫亡遺孤六齡茹荼撫育守節四十年

生員王淮妻朱氏國炳妻錢氏夫早亡撫子枋入成均孫國炳娶錢氏五年而寡撫孤庭堅成立朱守節四十七年錢守節四十二年以雙節旌

查莪山妻徐氏二十七歲夫亡無子喪葬諸事獨力支持

生員顧棨妻王氏二十九歲夫亡撫育二子後翁姑歿竭力經理喪葬守節四十二年以上乾隆十一年旌

徐我綏妻朱氏二十一歲夫亡撫夫從子藻讀書成立後爲慶元縣訓導守節六十二年

支德潤妻彭氏二十八歲夫亡撫孤守節

盛御天妻謝氏十八歲夫亡嗣子歿勸翁納妾生子天麒而翁旋歿撫之荼苦無踰此者

監生俞宏均妻黃氏二十八歲夫亡止遺一女以夫從子廷錫爲嗣守節三十餘年

任銓繼妻朱氏二十六歲夫暴亡遺孤江二歲瀚僅六月盡心撫之

生員徐吉會妻崔氏二十九歲夫亡家貧撫孤守節十九年

許兆亨妻吳氏二十五歲夫亡矢志苦守至七十五年

徐應萊妻俞氏二十九歲夫亡守節四十一年

生員康作霖妻張氏二十五歲夫亡奉姑訓子守節三十六年

張天亡妻陳氏夫亡撫夫從子吾懷守節四十六年以上乾隆十二年旌

徐陳素妻王氏婚八載夫亡無子守節四十八年

貢士仇士毅妻朱氏二十八歲夫亡撫子廷謨及長娶婦而歿又撫遺孫成立

生員王覲颺妻王氏二十七歲夫亡矢志不渝

朱啟元妻徐氏適朱十年夫亡遺腹生子撫之成立事孀姑以孝聞

楊雝暟妻陶氏婚五載夫亡事翁及祖姑生養死葬俱無失禮

崔士森妻朱氏婚六月夫亡兩隕繼子立夫之從孫坤爲嗣孫與其婦同守苦節年五十七

陸憲章妻史氏屺瞻妻顧氏史二十八歲夫亡撫孤屺瞻長娶婦顧氏二十三亦寡兩世矢志共撫幼孫

徐元勳節孝備采作元勳妻趙氏二十八歲夫亡事翁姑克盡孝養訓子發基讀書成立

徐行妻夏氏以上乾隆十三年旌

生員張世培妻徐氏二十三歲夫亡奉姑甚孝視繼子如己出

董二酉妻吾氏以上乾隆十四年旌

趙坤玉妻廖氏麟章妻張氏廖二十九歲夫亡事姑惟謹子麟章妻張氏生子甫百日而寡張上奉祖姑下撫孤子竭盡心力廖年七十五張年六十五乾隆十五年旌

盧瀛洲節孝備采作大成妻王氏乾隆十七年旌見縣冊事蹟莫考

朱元昌妻沈氏二十六歲夫亡撫遺腹子文炳成立事翁及庶姑克盡孝養乾隆十九年旌

倪于門妻張氏二十二歲夫亡撫子承勳成立乾隆二十二年旌

王曾妻朱氏夫亡遺孤殀以夫從子世珍爲子守節三十一年

朱佐民妻萬氏十九歲適朱一載夫亡矢志守節以上乾隆二十七年旌

姚宏緒妻陳氏見縣冊事蹟莫考乾隆二十八年旌

黃紹堅妻沈氏二十六歲夫亡事翁姑生養死葬靡不盡禮

任輝發妻徐氏十七歲成婚三月夫亡營葬九棺拮据備至以上乾隆二十九年旌

監生李士宏妻馮氏十八歲夫亡止一女力勤紡織以事翁姑撫嗣子守節數十年

顧觀妻陳氏二十三歲夫亡事姑撫孤克盡慈孝以上乾隆三十六年旌

陳時礐妻朱氏二十八歲夫亡夫弟尚幼子身支持門戶守節五十餘年

徐宜妻任氏二十一歲夫亡事適姑以孝聞

監生張文淵妻萬氏二十九歲夫亡撫孤勤勞備至以上乾隆三十七年旌

監生吳振泰妻馮氏二十七歲夫亡訓子嚴而有法

生員王大熹妻顧氏婚九月夫亡撫嗣子以延宗祀以上乾隆三十九年旌

生員朱拱乾妻劉氏婚四載夫亡翁繼歿劉撫幼叔小姑以苦節終

生員朱之濂妾陸氏二十五歲夫亡葬兩世遺棺撫三子成立

楊甯安妻陳氏婚三載夫亡無子事翁姑終始如一以上乾隆四十年旌

張振先妻胡氏振林妻呂氏二氏妯娌也胡二十八歲夫亡呂十九歲夫亡俱無子甇甇相依乾隆四十二年旌

康日巖妻尤氏十八歲歸康六月夫亡無子撫從子晉爲嗣年五十五

監生張宗棟妻朱氏夫亡氏二十五歲事適姑以孝聞

楊西崑妻胡氏二十歲寡撫繼子某娶婦後又歿撫育遺孫迄於成立以上乾隆四十三年旌

陸陛乾妻朱氏二十三歲夫亡無子翁以妾所生子以謙命朱撫之乾隆四十四年旌

馬文達妻陳氏夫亡無子翁姑相繼歿喪葬之事拮据支辦

顧潢妻夏氏二十七歲夫亡翁姑年逾七旬遺孤方三歲日給薪水俱賴十指

許懋模妻徐氏二十二歲寡撫八月孤成立治三喪葬五棺皆獨任之以上乾隆四十五年旌

蔣世揚繼妻姚氏夫亡撫孤安葬兩世

殷大輅妻錢氏二十五歲夫亡撫從子華玉成立以上乾隆四十六年旌

監生徐尚法妻朱氏二十六歲夫亡以夫從子偉業爲嗣子

陳廣智妻俞氏二十五歲夫亡孝事其姑撫育嗣子備嘗艱苦

俞國良妻繆氏二十二歲夫亡翁士惠于歲寒見無褐者欲施絮衣而無資繆積紡織餘資施絮衣百領以成翁志以上乾隆四十七年旌

李彝千妻徐氏夫亡布衣蔬食守節四十餘年

王彝尊妻陳氏二十八歲夫亡撫二齡嗣子成立

徐煥然繼妻陳氏二十七歲夫亡持家勤儉至老不衰

生員崔見龍妾俞氏二十七歲見龍亡安葬四棺撫二子成立

崔廷棟妻陳氏二十七歲夫亡撫孤子炊成立年五十八以上乾隆四十九年旌

顧倬雲妻夏氏二十一歲夫亡撫孤守節

葉朗安妻朱氏二十三歲夫亡遺孤又歿復繼孫斯鳳盡心訓誨

胡克榮妻張氏二十歲夫亡子又殤翁姑年老奉侍不怠守節四十年以上乾隆五十年旌

沈載常妻賈氏二十五歲夫亡守節乾隆五十一年旌

鄭雄飛妻王氏二十九歲夫亡遺孤殤嗣子又歿僅存寡婦復繼夫兄之孫世熙爲孫事翁生養死葬俱以紡織爲之

陳蘭森繼妻吳氏十九歲夫亡遺孤二月殤立夫仲弟子爲嗣以上乾隆五十二年旌

馬祖勲妻吳氏二十四歲夫亡撫夫從子肇均成立守節五十二年

陸宏道妻陳氏夫亡守節四十五年以上乾隆五十三年旌

錢永暘妻彭氏二十四歲夫亡遺孤三月而殀又撫夫從子家驥克承先業

王叔旦妻黃氏二十四歲寡孝事孀姑遺孤蚤世復撫孫國定年九十一以上乾隆五十四年旌

徐祖望妻沈氏十八歲夫亡無子甘貧守節

歸維翰妻張氏廷楨妻顧氏張二十二歲夫亡子廷楨娶顧氏二十五歲寡無子姑婦同守苦節

監生殷起龍妻俞氏婚三載夫亡遺孤遇歲而殤事姑克孝守節二十八年以上乾隆五十七年旌

崔升桓妻姚氏二十七歲夫亡孝事老姑安葬五棺撫遺腹子士銓年六十一乾隆五十八年旌

張宗鼎妻萬氏二十五歲夫亡敬事老姑訓孤讀書守節四十六年乾隆五十九年旌

徐岳謙妻千氏二十歲夫亡遺腹生子以義方訓之

徐應年妻金氏二十歲夫亡事翁姑二十餘年孝敬如一日

徐雙珂妻陸氏二十九歲夫亡課遺孤讀守節三十年

張希曾妻許氏二十四歲夫亡營喪葬完婚娶守節六十餘年以上嘉慶元年旌

張也良妻尤氏孫媳鍾氏尤二十一歲夫亡嗣子某娶婦徐氏生兩孫一女夫婦相繼歿長孫某娶婦鍾氏亦寡守節尤困苦

尤襄明妻王氏二十五歲夫亡勸翁納妾遂生三子王年踰七十以夫弟子鷙繼之以上嘉慶二年旌

張嗣齡妻徐氏二十七歲夫亡遺孤數月殤繼夫從子咸潮十載而歿復撫潮之弟汾成立嘉慶四年旌

周復溪妻劉氏二十六歲夫亡孝事老姑撫孤楨成立守節三十一年

蔡承宣妻何氏夫亡遺孤孫保守節四十餘年

蔡之翰妻莊氏二十二歲夫亡遺腹生子舉以付姑即投繯自殉以救免苦節四十年以上二人邑令毛一駿表之

朱仍坦妻韓氏二十八歲夫亡子幼伯叔欲奪其志韓嚙臂自誓終無二志苦節五十年

孝子葉方蓁妻馬氏二十一歲夫亡遺孤三月及長度爲僧名行日別搆數椽迎養其母邑令張素仁表其門

生員戴思育妻徐氏十九歲夫亡撫孤渭臣成立守節五十年學使某表之

盧思恩妻朱氏二十八歲夫亡子郊幼教育備至守節三十八年郊住孝母病舍藥哺之郡守李國棟邑令毛一駿並表其節孝

監生馮春暉繼妻沈氏二十六歲夫亡家貧紝績以給年七十餘邑令郭尚信表之

印鴻玉妻徐氏甫及笄締姻翁爲兒入所殺夫驚痛成痼疾人事惘然求議罷婚徐不從告父歸印調其飲食寒煖終不愈事之彌篤執姑之喪三年營厝五棺郡縣督學皆給扁額宜興陳其年爲作海鹽女歌

生員顧惟貞妻祝氏二十四歲夫亡無子立夫從子士傑爲嗣守節五十年

陸文熙妻何氏十九歲夫亡家貧勤紡織以事翁姑及歿鬻遺產殯葬撫孤象晉年九十五學使胡旌其門

鄭琮妻朱氏十七歲歸鄭數月夫亡無子以死自誓撫從孫藻游庠旋夭復撫夫從孫士樾甫成立而樾以勞瘵卒苦節五十三年邑令李鍵表之其兄子朱彝尊為立傳

鄭交孚妻王氏二十九歲夫亡子旦復生僅五月後登賢書北上卒於途孫未十齡復撫之苦節四十年邑令張素仁表之

陸梁妻朱氏二十七歲夫亡事翁姑及太姑咸以賢稱子女相繼殤翁姑歿拮据喪葬苦節二十餘年邑令毛之林表其門

錢光綬妻朱氏二十一歲夫亡無子自縊者再獲救而蘇翁姑年老伯叔俱亡朱親操井臼孝養備至苦節三十年

守備巴應奎妻汪氏夫隨征死汪時二十八歲教子維翰成立中外賢之

劉誠伯妻周氏二十七歲夫亡僅遺幼女事孀姑二十三年割股療病兩世三喪血指襄葬守節四十九年

同知徐同貞妾趙氏二十餘歲同貞亡或勸以無子不妨再適趙歎曰守志在我何論有子無子耶聞者莫不動容年九十二

李維楨妻張氏二十二歲夫亡事姑存歿盡孝遺孤早殀守節四十三年

朱從龍妻項氏夫亡翁欲奪其志誓死不從撫從子洸為嗣娶彭氏早寡嗣孫又殀苦節四十餘年

祝宗籙妻曹氏二十二歲夫亡生子甫六月祖姑舅姑俱年老曹紡績以供菽水子痘危曹號哭呼天願以身代痘隨愈卒年八十

朱泓妻項氏妾曹氏泓亡俱二十六歲遺子之棨庶出也項年七十曹年六十八

馮日宣妻陸氏二十四歲夫亡撫育嗣子守節四十年族黨私表其墓曰貞惠

生員陳遇錫妻李氏十八歲夫亡守節五十年有婢彩雲自幼侍養亦誓不嫁年七十餘

鄭沆妻吳氏二十歲夫亡兩世喪葬獨力任其事子禾早殀以苦節卒

曹廷鑑妻徐氏二十六歲夫亡無子貧不能自存以女工度日卒年七十餘

生員蔡襄來妻徐氏二十六歲夫亡撫二子鳴鹿駿發成立翁年老孝養兼備守節四十年

曹思坡妻徐氏夫亡守節五十餘年邑令殷作霖給額表之

貢生徐彪妻朱氏二十八歲夫亡撫遺腹子孝事老翁營葬三世

生員沈肇隆妻徐氏期昌妻鍾氏徐早寡教子延鑣為諸生孫期昌妻鍾氏二十三歲亦寡守節三十年

生員張孟允繼妻賀氏履貞繼妻王氏賀二十九歲夫亡守節四十五年前子履貞繼妻王氏二十四亦寡與孀姑相依守節五十六年

吳元震妻周氏夫亡子毓樸生甫五歲大饑幾至絕食卒年五十歲

陳鏞妻王氏夫亡將以身殉父大任以遺腹慰之生子侗初撫至八齡王以哀毀致疾卒年二十七

蔡復亨妻董氏夫病瘋議更盟董不可乃適蔡二十三歲夫亡孝養寡姑守節四十六年

田敘五妻周氏二十一歲夫亡子僅彌月勤紡織以奉姑育子守節四十六年

生員倪濟蓁妻吳氏二十歲夫亡孝事翁姑喪葬盡禮守節四十八年

趙志珩妻殷氏十九歲夫亡遺孤生甫六月守節五十餘年邑令張素仁給額表之

沈洪氏十六歲許字鄰人沈姓及歸沈家貧連喪舅姑夫從軍嘉標調征三衢或傳其死洪賃屋而居饑寒交迫臥病不起居停恐遺累驅諸門外至晚死於舊居田側數日神色不變

生員湯先妻陳氏二十三歲夫亡截髮毀容誓不獨生守節四十八年長子光緒入太學次秉鈞

邑庠生

楊鼎鉉妻陸氏二十三歲夫亡撫從子江爲嗣守節三十六年

汪良彩妻戴氏夫亡撫二孤後長孫兆琪弱冠登第成進士兆琦早世兆珽入太學守節五十餘年

張大經妻孔氏夫早亡紡織撫孤守節五十年

生員鄭慶生妻劉氏夫早亡撫從子宣亮俱成進士年七十六

生員馮崙妻鄭氏夫早亡撫孤千芩成立以居母喪悲痛旬日卒

生員王大綸妻董氏二十九歲夫亡撫三孤讀書成立長建斗早世其婦董氏以烈著

舉人張調元繼妻沈氏夫早亡孝事繼姑守節至六十四年

生員陸仲升妻張氏十八歲夫亡扃戶苦守兄高要令源思間遺俸贈之卻不受年踰八十卒

生員王臣妻陸氏夫亡撫孤成立舅姑遭奇殃陸鬻簪珥救之年七十

嘉興府志　卷七十三　海鹽節婦　卅四

章應祥妻金氏夫早亡撫育二子成立孫貞游庠年八十餘卒邑令雷旌其廬

謝曾培妻徐氏夫亡撫育二孤以勞致疾卒年三十餘

朱泓妻王氏夫亡無子兄迎歸賃屋一椽紡織自給年六十九

貢生郁嘉相妻張氏二十六歲夫亡自去其指痛不欲生教子崙力學發武科學使馬表其門

生員張宏道妻金氏二十四歲夫亡無子奉養翁姑安葬數棺曰歐姜遺範

張宏進妻李氏二十歲夫亡守節十九年

彭孫瑋妻沈氏二十七歲夫亡家貧無子紡織自給并買黃坊瘠田畝許以葬其夫守節五十六年

生員徐卿妻楊氏夫亡守節五十餘年年九十二

金亢宗妻朱氏二十六歲夫亡無子撫從子爲嗣孝事翁姑守節五十六年

生員李光繼妻倪氏二十七歲夫亡撫三子一女劬勞備至守節五十七年

李明佳繼妻馬氏二十四歲婚八月夫亡前二子尚幼戚族命改適馬不從撫子守志年六十六

李明文妻馮氏明良妻張氏二氏妯娌也馮二十一歲夫亡矢志守節學使彭表其廬曰貞風懿範張二十四歲夫亡守節四十年

監生李聃士妻朱氏二十三歲夫亡一室清修不飯僧佞佛守節五十八年

李時馨妻楊氏二十四歲夫亡事翁以孝撫子萬齡成立守節二十六年

魏晉卿妻王氏二十一歲夫亡無子安貧守節學使汪以節孝雙高額表其門

徐如策繼妻顧氏二十七歲夫亡守節二十四年

徐士良妾朱氏二十七歲士良亡撫一女守節年四十五

徐京周妻吳氏含英妻某氏吳二十五歲夫亡撫二孤成立夫弟含英妻亦二十五歲寡無子同守節以終

嘉興府志　卷七十三　海鹽節婦　卅五

儲廣元妻吳氏二十五歲夫亡遺一女辛勤鞠育事翁姑二十年孝敬如一日

張公林妻褚氏二十八歲夫亡撫孤學易成立守節終身

李廷桂妻許氏二十九歲夫亡家貧無子苦志守節年七十六

李鴻章妻張氏二十一歲夫亡守節六十年

李尚忠妻徐氏二十七歲夫亡守節六十年

李尚志妻崔氏三十歲夫亡守節三十二年

李觀烈繼妻沈氏三十歲夫亡以夫兄觀文子協張爲嗣守節三十年

李元德妻徐氏二十八歲夫亡矢志不二守節四十三年

朱猶龍妻祝氏三十四歲夫亡奉老翁撫幼孤年八十三

郁元長妻馮氏明末避兵常佩小刀謂夫曰倘遇難當以此畢命庶不辱耳及夫亡馮二十四歲止一女撫從子遠承補諸生孫運復領鄉薦年八十三

何維仁妻張氏夫早亡以紡織度日撫二齡孤元芳成立

吳國楷妻王氏二十四歲適吳五載夫亡無子孝事遺翁拮据殯葬苦節四十八年

監生陳自鄰妻富氏二十一歲夫亡撫從子光永爲嗣守節二十餘年

生員朱德輝妻徐氏婚七載夫亡遺子一鳳女一鳳長力學得之母教云

沈延鍔妻范氏二十六歲夫亡無子守節三十餘年

生員鄭淣妻馬氏二十一歲夫亡事翁姑生養死葬竭盡心力守節四十三年

錢仲欽妻許氏夫早亡家貧奉事翁姑甘旨無缺守節五十餘年

監生黃允錫妻王氏二十九歲夫亡遺孤在中四齡撫育盡瘁克紹家業

生員吳珩妻徐氏二十二歲夫亡無子撫從子嗣榮每晨拜姑及夫遺像跽瘢深寸許年七十

沈九範妻莫氏九範孝事其親莫事舅姑亦以孝著九範早亡莫矢守苦節三十餘年

生員查克焯妻朱氏二十四歲夫亡撫嗣子行昌爲諸生有文行守節五十餘年

吳同文妻黃氏二十三歲夫亡守節以終

衛殿英妻錢氏二十七歲夫亡守節三十年

沈大文妻許氏二十四歲夫亡守節四十八年

知縣顧鳴陽妾馬氏二十歲夫亡遺一女茹荼撫之馬終身茹素守節三十二年　案知縣顧鳴陽妾張氏陸氏俱見前此云妾馬氏前二氏名下云撫孤鳳翥成立此云夫亡遺一女或女係馬出耶俟考

趙元龍妻唐氏二十三歲夫亡守節四十一年

陸永錫妻沈氏二十八歲夫亡力支喪葬撫長二孤俱爲諸生守節四十七年

沈紹洪妻陸氏二十四歲夫亡守節三十餘年

沈紹華妻陳氏二十四歲夫亡誓守苦節終始不渝

劉爾甯妻胡氏二十四歲夫亡撫六歲孤林高成立守節五十八年

俞俊臣妻湯氏夫早亡家貧閉門紡織事姑甚孝子長教以力耕

沈德淀妻俞氏二十歲夫亡以從子曾桂爲嗣愛踰己出守節六十五年

鄭大受妻何氏夫早亡事翁姑至孝督訓孤子安葬四喪里黨賢之

吳流芳妻陸氏夫游學遘疾甫歸而歿陸年二十八無子以從子進爲嗣守節五十七年

生員于成龍妻錢氏十八歲夫亡力勤女工撫長嗣子守節六十年

王秀臣妻劉氏十九歲婚八月夫亡遺一女長既適人又早世伶仃孤苦年八十五

董友三妻吳氏二十三歲夫亡事翁姑撫遺孤備嘗艱苦晚年因喪子悒鬱以卒

畢蕃昌妻吳氏夫早亡吳秉家政井井有法長子婦錢氏孫婦徐氏同以節著

生員畢建勲繼妻徐氏婚半載夫亡撫前子女如己出學使李給洪柏齊馨額表之

鄔永章妻吳氏夫亡撫遺腹子成立

吳李才妻周氏夫早亡無子僅遺二女賴紡織以供老姑年五十餘

徐卓安妻蘇氏夫患大瘋百計醫治不愈而亡蘇時二十九守節年六十五

吳薴舒妻趙氏媳許氏趙二十七歲夫亡子婦許氏亦早寡同守苦節

嚴諫妻祝氏二十九歲夫亡遺三齡孤大文艱辛撫育邑令王表其門曰苦節自貞

生員曹瑞麟妾朱氏二十八歲瑞麟亡守節四十二年

邵履泰妻沈氏夫以親歿哀毀過節而亡沈年三十一守節數十年

陳孔昭妻嚴氏二十七歲夫亡守節三十六年

吳澍妻程氏 二十六歲夫亡撫育幼女事翁姑必具甘旨年五十四

葉天章妻金氏 夫亡子幼家貧日夜紡績夏苦蚊嘗以足置甕中年六十五

葉天成妻郭氏 二十五歲夫亡矢守苦節三十七年

吳配生妻周氏 婚五載夫亡撫三歲孤成立守節三十餘年

金宋宣妻蔡氏 二十六歲夫亡子甫三齡撫以守節

吳誠孚妻宋氏 夫亡遺一女辛勤撫育足不踰戶

生員畢文耀妻吳氏 夫游學早亡子梓濤方六歲晝夜紡績撫之年八十五

生員畢宏道妻吳氏 夫早亡子女俱幼茹荼守節

陳二思妻畢氏 夫溺死畢慟絕復蘇者再家貧事姑撫孤不愧節孝

吳彥芳妻楊氏 二十八歲夫亡持家勤儉事姑盡孝年六十一

袁明如妻楊氏 二十五歲夫亡遺孤八月撫至成立守節三十三年

某開宗妻沈氏 二十五歲夫亡撫一女守節三十二年

吳立芳妻黃氏 二十二歲夫亡無子翁繼殁庶姑遺腹生子後另適黃爲撫之人稱其賢

鄭律文妻錢氏 二十歲夫亡遺腹生子復奎家貧僅有義田米石餘錢苦志撫孤旋以勞瘁卒夫姊馬鄭氏撫其遺孤

馬鄭氏 亦律文之姊也少寡守節

監生鄭涵繼妻周氏妾蕭氏 涵亡蕭助嫡撫前氏遺孤士模士樾成立

舉人周輔奏繼妻錢氏 婚六旬輔奏赴選卒於京邸訃至絕粒痛不欲生顧念夫柩未葬强進勺水一生茹節閭里稱之

生員嚴如麒妻朱氏 適朱三月夫亡矢志守節五十餘年

陳時政妻陸氏 十七歲適陳踰年夫亡撫從子錝文爲嗣

高攀鱗妻朱氏 二十五歲夫亡守節四十餘年

戴堯典妻宋氏 三十歲夫亡遺孤廷錦甫七齡課之讀書爲諸生年七十一

趙璋妻許氏 夫亡姑殁撫夫幼弟又殁營葬五棺守節四十九年

徐瀛洲繼妻蕭氏 二十四歲夫亡撫孤及長延師課之翁姑殁殯葬無失禮

朱仁安妻趙氏 二十八歲夫亡守節三十五年

王德宣妻董氏 十九歲夫亡無子紡績奉姑四十年邑令表其閭曰節凜冰霜

張次柳妻陳氏 夫客京邸亡陳聞訃負孤奔赴扶柩歸葬年五十四

竹王言妻朱氏 二十三歲婚三月夫亡事翁姑始終弗怠翁姑殁歸依母家守節五十一年

生員朱士珣妻盛氏 二十七歲夫亡撫遺腹子守節三十六年

鄭宗源妻張氏 夫以哭母過哀亡日夜紡績撫育子女成立年六十五

張聲聞妻俞氏 十九歲夫亡無子誓以死殉翁姑慰諭之乃止守節六十三年

俞石公妻黃氏 二十七歲夫亡姑年老遺女甚幼事姑育女備極艱苦

吳正國繼妻屠氏 夫亡子夭守節三十餘年

柏四維妻王氏 二十四歲夫亡守節六十年

吳某妻查氏 吳鳴環子婚八月夫亡誓守苦節以終

張鼎鉉妻李氏 二十歲夫亡守節三十餘年

李紹爵妻范氏 二十歲夫亡紡績撫孤年四十三

生員楊時昌繼妻徐氏 二十九歲夫亡撫前子作相成立守節五十一年

朱靈皋妻王氏 二十一歲夫亡無子事寡姑甚孝戚黨咸稱之

監生朱棠妻陸氏二十九歲夫亡撫二齡遺孤成立

郭穎臣妻陶氏二十七歲夫亡織紝奉姑守節四十六年

生員沈廷鑾妻顧氏二十六歲夫亡撫七齡遺孤德臨嚴而有法守節四十七年

金藻妻鍾氏二十七歲夫亡撫育二孤孝事翁姑守節四十六年

張巨卿妻王氏二十九歲夫亡事翁姑課孤子守節五十五年

王承賓妻何氏二十一歲夫亡守節三十九年

監生李有高繼妻徐氏二十六歲夫亡事姑孝撫前子諫有恩

陸以鑒妻徐氏二十四歲夫亡撫孤守節

吳廷佺妻周氏三十歲夫亡姑老子幼事姑以孝撫訓二子成立年八十

徐士升妻朱氏彥揚妻張氏朱十八歲夫亡嗣子孔昭早世嗣孫彥揚游庠後又歿朱與孫婦張氏撫孤成立年九十三

崔魏公妻楊氏二十三歲夫亡守節四十七年

馮瓌妻陸氏二十五歲夫亡守節三十七年

王言絲妻周氏二十一歲夫亡撫夫從子景義爲後守節三十年

徐琰妻蘇氏十七歲婚九月夫亡遺孤繩祖尚幼鞠育倍至得以成立守節三十四年

姚官懋妻蕭氏適姚一載夫亡晝夜哀號血淚俱下不半載嘔血數升而亡年僅二十一

顧培妻許氏二十八歲夫亡遺孤某稍長悉以父書授之守節四十九年

監生徐維城繼妻陸氏夫早亡事翁姑侍庶姑俱以禮撫訓前氏朱子女無異已出

韓子維妻許氏三十歲夫亡守節四十八年

徐震三妻某氏二十七歲夫亡遺孤七月而殤日夜飲泣守節三十四年

生員王咸臨妻沈氏二十四歲夫亡撫二孤成立守節五十年

崔賓王妻張氏二十六歲夫亡孝養翁姑撫孤成立守節三十六年

生員潘勵登妻徐氏夫亡家劇貧翁姑甘旨皆取辦於十指二子幼悉心撫之守節三十餘年

沈儀侯妻陸氏媳錢氏馮氏陸二十五歲寡二子溺死陸孝二婦錢氏馮氏撫孤守節

趙公川妻顧氏二十四歲夫亡撫遺腹子成立守節五十一年

錢慧文妻程氏二十六歲夫亡遺孤又殤煢煢孑守矢志益堅

向武州吏目湯騏妻沈氏夫任廣西向武州吏目爲土司所害沈嚙雪飲冰守節三十一年

生員金應求妻洪氏二十七歲夫亡攜孤依母家守節

趙舒明妻許氏二十二歲夫亡無子安葬數世棺槨撫繼子成立

張聖千妻李氏曙光妻陸氏大容妻李氏聖千早亡李撫育二子曙光大容成婚後二子相繼夭李與長婦陸氏次婦李氏共矢苦守人稱一門三節

馮英來妻姚氏二十九歲夫亡守節三十七年

馮景安妻梅氏十九歲夫亡守節四十年

蘇劉吉妻胡氏二十五歲夫亡無子鬻奩產安葬翁姑及夫苦節終其身

王禹侯妻劉氏二十歲夫亡子甫二歲及長娶婦又寡復撫遺孫成立

生員陸廷國妻顧氏二十九歲夫亡守節三十九年

陸文涵妻姚氏二十七歲夫亡守節四十六年

王爾功妻徐氏二十六歲夫亡守節五十年

王永昭妻陳氏二十二歲夫亡守節五十六年

孫三妻魏氏二十五歲夫以饑凍死父母憐其貧欲改嫁之魏堅不可守節撫孤以終
翁寓蒼妻黃氏二十八歲夫亡奉事翁姑撫孤行遠成立
李涺妻張氏廷模妻張氏姑媳也姑二十四歲夫亡家貧竭力營葬三世子廷模妻張氏亦早寡矢志苦守人稱一門雙節
宋國恩妻某氏二十八歲夫亡守節五十年
趙廷璧妻陳氏二十六歲夫亡撫孤人龍成立
趙志禧妻沈氏志裔妻富氏沈早寡無子撫夫弟志裔成立娶婦富氏生一子而寡同心撫孤並著苦節
貢生朱烈妻方氏夫早亡訓子昌裕甚嚴長娶陳氏事姑以孝聞
監生朱定風妻徐氏夫亡守節二十七年

王楚才妻金氏二十九歲夫亡守節三十二年
潘臨川妻吳氏夫亡守節三十七年
潘九賢妻張氏夫亡無子守節以終
顧兆楷妻唐氏二十二歲夫亡無子守節三十餘年
顧愼樞妻居氏二十四歲夫亡撫孤坊功成立
陳汝翼妻張氏翁死於盜夫悲憤得疾而亡時張二十四歲守節三十年嘉興金介復爲作節孝傳
胡承安妻孫氏二十七歲夫亡營葬翁姑以勤儉訓其子守節三十餘年
李明義妻潘氏夫亡撫三歲孤恒中成立孝事孀姑
生員韓耀先妻鍾氏二十九歲夫亡孝事繼姑叔鍾讓膳田五畝守節三十七年
鍾濆妻顧氏二十二歲夫亡守節二十年

鄒國章妻王氏二十二歲夫亡撫孤守節
生員吳毓球妻陸氏夫早亡撫孤元選正育嚴而有法及長有聲庠序間
郁漢昭妻褚氏二十六歲夫亡子甫三齡撫以苦守
生員王虯妻周氏二十九歲夫亡事翁姑盡孝兩子相繼夭又遭火災矢守苦節三十三年
朱君來妻錢氏夫亡矢志不二
李可宗繼妻曹氏夫亡子又早世復撫次孫守節
任懋德妻吳氏二十歲夫亡孝事舅姑守節七十年
張殿掄妻徐氏二十一歲夫亡家極貧終身紡織困苦自甘
劉撫荆妻沈氏婚年餘夫亡截髮矢志以事翁姑撫育嗣子守節閱三十年
許聞如妻姜氏二十三歲夫亡無子絕粒數日勉起奉翁姑極盡孝敬翁歿經營喪葬靡不合禮

吳佩音妻王氏十九歲寡撫嗣子亘山成立課孫守邦游庠學使帥念祖表之曰節孝兼純年八十
潘之楷妻王氏夫早亡遺孤甚幼以女紅度日守節三十餘年
許文彬妻陳氏二十一歲夫亡無子撫嗣子正煜成立
監生王曰都妻唐氏二十二歲夫亡無子遺一女以經史訓之事翁姑極盡孝養戚族稱其賢
周大同妻葉氏夫早亡家貧子幼事翁姑克盡婦道守節五十年
王自誠妻蘇氏二十九歲夫亡子書懷方歲餘撫育成立守節三十六年
生員沈澐妻朱氏夫早亡教兩子崧適讀書敦行不替先業
沈宸機妻劉氏芳勳妻金氏劉早寡遺孤芳勳既婚而歿其婦金氏亦矢志支持門戶
馬宏業妻沈氏宸機之孫女也亦早寡遺幼孤苦節終身
生員任遠妻儲氏夫早亡善事舅姑撫子斯義不事姑息守節三十餘年

顧琪妻韓氏理妻朱氏二氏妯娌也俱早年夫亡日事織紝以養翁姑琪無子韓乃撫從子承昌以繼大宗與朱協力教之成立

生員劉王璋妻孫氏維棨妻徐氏維彝妻黃氏孫早寡撫孤維棨維彝成立後二子亡其婦徐氏黃氏同守苦節學使何表其門曰氷心霜節

儲彥昇妻吳氏二十七歲夫亡無子翁年老事之甚孝家無遺產吳甘貧困紡績終其身

生員黃建中妻徐氏三十歲夫亡無子事翁姑生養死葬竭盡心力守節五十一年

黃方九妻張氏二十九歲夫亡無子年八十五

監生黃琦妻楊氏二十八歲夫亡守節五十餘年

吳維賢妻賀氏三十歲夫亡撫三歲遺孤光耀成立入成均

吳維正妾林氏二十七歲夫亡撫一幼女以苦節卒

李輔忠妻陸氏二十七歲夫亡事孀姑盡孝教二子力勤耕織守節三十六年

支君蕃妻顧氏二十三歲夫亡無子孝事舅姑鞠育嗣子守節四十四年

倪廣陵妻張氏二十四歲夫亡無子守節三十八年

朱之祺妻宋氏夫早亡家貧挈二子一女依母家紡織度日二十餘年

王廷芳妻林氏夫早亡家貧竭力女紅撫子成立守節三十年

生員張彝繼妻徐氏二十九歲夫亡事舅姑曲盡孝養守節三十五年

生員吳壯輿妻項氏二十五歲夫亡教誨遺孤不墜家法事舅姑以孝聞

舉人吳晉書妻董氏二十二歲夫亡撫二子日夔爲龍心力俱瘁

徐德成妻史氏二十二歲夫亡守節

宣御公妻黃氏十九歲婚三月夫亡守節二十八年

宣藎臣妻周氏二十五歲夫亡守節三十一年

吳仲木繼妻李氏妾沈氏金氏倪氏李二十一歲夫亡撫庶子士旦恢貽恩義兼盡三妾俱苦節自矢擬之張黃門之寒香曉翠不愧也

吳謙牧妻朱氏二十八歲夫居母喪哀毀卒朱撫二子一女經營窀穸拮据婚嫁以苦節終

生員吳鼎象妻翁氏二十九歲夫亡無子止一女茹荼撫育守節三十餘年

吾俊山妻顧氏二十四歲夫亡撫孤守節四十八年

王君求妻周氏二十九歲夫亡守節四十餘年

陸枚臣妾陳氏三十歲夫亡守節三十餘年

馬簡能繼妻朱氏二十四歲夫亡守節四十二年

吳友升妻姚氏婚踰年夫亡茹素終身

沈公梵妻陸氏夫亡守節舅姑欲奪其志以死誓免守節三十餘年

生員陸天路妻王氏二十七歲夫亡守節四十餘年

生員陸九安妻顧氏夫亡守節四十餘年

蔣聚昌妻郭氏范妻徐氏郭二十七寡子范妻徐氏亦早寡守節四十餘年稱一門雙節

陳志宏妻張氏夫亡矢志守節

某悅周妻姜氏夫亡撫子成立學使何給扁表之

馮珏妻潘氏二十七歲夫亡撫三子成立守節二十六年

周國漳妻董氏夫亡撫孤守節

盛懷海妻吳氏二十八歲夫亡撫孤萬明守節五十年

孫海疇妻錢氏夫亡撫子既婚死撫孫繼婚又死守節數十年

浦尊三妻潘氏二十二歲夫亡守節三十四年

劉仲章妻何氏夫早亡家貧紡織爲生撫孤成立

陶士鏞妻王氏夫早亡遺孤體仁十歲及長娶婦婦亡仁不復娶王撫諸孫成立守節四十五年

蔣光祚妻仇氏際亨妻殷氏仇早寡遺孤際亨長娶殷氏二十歲亦寡撫子丕琮成立

生員沈溶妻黃氏夫亡守節四十三年

生員沈寅妻潘氏芬妻陳氏潘夫亡後守節四十六年子芬妻陳氏十八歲亦寡撫孤允璘教養成立守節五十五年

查禮昌妻張氏二十五歲夫亡子女俱幼家素貧上事祖姑與翁下撫子女備嘗艱苦

倪天池妻許氏十歲許字倪閱二載而父母亡夫忽染瘋疾翁辭婚族人欲許之氏曰吾父母九原下祗知有倪氏耳誓死不從十八歸倪甫五月夫亡越數年翁又歿夫兄迫之改嫁糾里豪張某率衆劫之許呼天投水鄰里救免後又率衆至門許毀面據井以待日有入吾門者吾死此矣衆畏而退時內外無倚饔飧不繼族衆月給薪水以贍之年八十二

吳啟謙妻周氏二十歲夫亡守節三十九年

生員彭孫濟妻馮氏二十二歲夫亡守節七十一年

生員顧袞望妻陸氏二十六歲夫亡守節六十年

殷受旃妻何氏夫亡上事孀姑下撫遺孤艱苦備嘗年八十四卒巡撫表其門曰柏操松齡邑令給額曰筠修鶴算

朱又儀妻張氏二十七歲夫亡守節四十八年

顧玉符妻朱氏二十五歲夫亡守節五十六年

監生彭德垕妻劉氏二十七歲寡子廷楷三齡遺腹生子廷撰俱撫之事孀姑甚孝年六十一

趙元卿妻許氏二十六歲夫亡守節六十一年

生員倪彝憲妻王氏夫亡歸依母家紡織度日年八十七

楊以恬妻周氏二十三歲夫亡守節四十八年

徐鐵崖妻陸氏二十七歲夫亡守節四十三年

陸鴻儒繼妻馬氏二十七歲夫亡守節五十一年

張某氏張倫三母撫孤守節年七十餘

張某氏張玉文母夫亡守節

石宸舟妻孫氏夫亡撫孤景陳年九十四

朱瑞侯妻沈氏二十一歲夫亡其伯姿逼之嫁沈毀容絕食誓死不二其弟鳴諸官沈截髮投案以明不可奪之志卒年七十七

朱文浤妾陸氏二十五歲夫亡守節四十五年

錢瑞安妻賀氏夫亡遺二女值歲饑數日不啟戶遂絕食以死

生員曹肇修妾朱氏二十八歲夫亡守節四十二年

沈漢林妻田氏二十六歲夫亡子維楨有哭親詩十二章聞者墮淚

蔡王氏卜者蔡朗如母夫亡撫孤守節

陳廣元妻沈氏瞻巖妻王氏沈二十七歲寡撫孤瞻巖成立娶王氏亦寡同守節以終

汪公符妻胡氏夫亡與二女閉戶紡織年六十一

宋大英妻高氏二十七歲夫亡守節五十一年

王桐鳴妻褚氏二十四歲寡遺孤又歿終身鬱鬱年五十九卒其娣王氏光曙之母有賢聲年九十

沈磬鴻妻吳氏三十歲夫歿於京邸訃聞吳典釵飾遣人扶櫬歸葬年七十餘

崔安濤妻張氏二十二歲夫亡守節二十九年

蔣與參妻陳氏二十五歲夫亡守節六十六年

夏樹菴妻許氏夫早亡守節

監生鄭芳榮妻陸氏二十八歲夫亡遺孤喬甫七齡辛勤撫育守節十七年

萬涓安妻張氏二十四歲夫亡守節四十二年

朱權妻吳氏夫早亡守節年至八十六

鄭大成妻楊氏二十六歲夫亡守節五十四年

吳燮臣妻朱氏夫亡子又殀嘗臥病惟儲水一潭飲之病愈刈麥作食年七十二

生員徐德嘉妻杜氏二十五歲夫亡守節十八年

徐慎艮妻許氏二十六歲夫亡守節二十九年

王士求妻湯氏二十六歲夫亡守節四十年

翁希賢妻陳氏二十八歲夫亡撫孤守節

吳紹奇妻胡氏二十九歲夫亡守節

錢秉成妻王氏二十九歲夫亡孝奉孀姑母老無依生養死葬亦無缺禮

吳舞雲妻沈氏二十八歲夫亡守節四十一年

葉薇林妻吳氏二十五歲夫亡守節六十三年

朱之棟妻錢氏夫早亡遺一子三女家極貧婿錢某迎養之

支賓君妻朱氏二十六歲夫亡撫夫從子祖謙游庠

蔣子文妻戴氏二十七歲夫亡撫孤守節

沈愷忠妻沈氏二十一歲夫亡守節四十二年

沈元明妻繆氏二十五歲夫亡守節五十餘年

周在中妻楊氏二十六歲夫亡守節四十七年

韓廣業妻費氏三十歲夫亡守節四十七年

陳來雍妻周氏夫亡撫二子以守苦節

張有大妻朱氏二十五歲夫亡撫孤奉姑安葬兩世年六十八

馬景韓妻孫氏二十四歲夫亡舅姑庶姑相繼歿卜葬四棺并穿已穴母貧無依迎養垂二十年

孫見龍妻胡氏二十歲夫歿撫孤作霖守節四十餘年

方運王妻陳氏二十餘夫亡撫二孤守節

宋元臣妻陶氏二十二歲夫亡舅姑欲奪其志誓以死守年七十五

徐詢周妻吳氏夫亡哭過哀目眚翁歿哭泣竟失明年四十六

夏成懷妻胡氏二十七歲夫亡守節三十餘年

監生韓兆蛟妻姜氏麟徵妻李氏姜二十五歲夫亡繼子麟徵娶婦李氏二十一歲寡遺孫二齡姜哀痛成疾年五十四卒

富繼祖妻虞氏婚三月夫亡孝事孀姑年六十

吳文英妻顧氏十九歲寡居嫡子某逼之他適顧不可攜子善徵別居爲人澣衣度日年七十

李彥昌繼妻王氏二十五歲夫亡遺孤瑺甫三載守節三十六年

生員顧奇瑛妻胡氏三十六歲夫亡守節四十年

監生陳見龍妻吳氏夫歿于京邸吳時三十歲無子家貧售屋以收夫骨葬先塋側年六十九

姚南榮妻陳氏三十八歲夫亡守節四十年

生員馮鏊妻顧氏二十八歲夫亡守節四十六年

鄭芳烈妻郭氏夫亡守節四十五年

俞昇華妻顧氏二十八歲夫亡守節

董景舒妻陳氏二十九歲夫亡事孀姑撫遺腹子成立

張兆隆妻盧氏二十六歲夫亡守節四十餘年案朱辰應書張節母盧孺人題咏卷後云盧年二十四歲夫亡生子采甫三月家貧矢志撫孤有欲奪其志者盧斷髮自誓卒年八十三

陳廷燮妻姜氏二十五歲夫亡守節

賀永思妻何氏夫早亡遺孤念祖猶在襁褓依母家守志年五十

盛廷倫妻莊氏二十七歲夫亡守節四十二年

富植妻董氏二十六歲夫亡撫幼子事孀姑靡不竭力

楊霖妾吳氏霖亡家貧子目瞽業卜贍養年八十二

朱天山妻王氏二十三歲夫亡撫遺腹子予懷成立

方德求妻王氏婚四載夫亡獨居樓足不出戶年五十一

陸國泰妻顧氏夫早亡撫孤守節

監生朱璞妻周氏夫早亡延師課子守節以終

州同馬中驥妻朱氏夫亡日事紡織撫子成立

沈時中妻嚴氏十二歲婚舅姑病奉湯藥惟謹夫亡嚴十八歲矢志苦守

富祺如妻徐氏妾朱氏徐二十餘歲寡遺子甫襁褓同妾朱氏苦守三十餘年

趙潤木妻湯氏二十四歲夫亡遺二孤俱早世荼苦終身

張達寰妻陳氏二十七歲夫亡撫孤天申守節五十年

項起三妻沈氏二十七歲夫亡乞食撫孤守節三十五年

生員彭嶦繼妻湯氏海文妻潘氏嶦亡命遺孤海文讀書兼習醫迨婚娶生二女而海文歿湯與其婦潘氏措葬二世守節三十餘年

彭錫齡妻徐氏二十六歲夫亡子溥甫週徐與夫嫂湯氏共勵苦志旋以勞瘁卒

王金氏二十歲夫亡遺一女守節五十餘年

金韓氏二十歲夫亡遺一女以叔丕承長子爲嗣守節五十餘年

李玉山繼妻周氏二十歲夫亡撫前子鎮宗守節四十三年

生員石泗傳妻費氏夫早亡撫夫弟之子次寅未冠而歿更立從孫泰階爲孫

陸松臺妻陳氏二十五歲夫亡無子歲收平湖景賢祠勵節銀兩以佐薪水守節五十年

監生孫錫疇妻彭氏二十七歲夫亡撫孤子溥守節四十三年

鍾某氏婚二載夫亡遺一子家甚貧寒暑衣不被體後賴子訓蒙以贍

生員程雲章妻印氏三十歲夫亡撫育二子守節三十年

監生鄭士樋妾蕭氏二十七歲寡子學熹妻姜又相繼死支持門戶守節四十四年

沈漢林妻靳氏夫游幕客亡靳晝夜紡織度日僕某扶柩歸里乃葬之

錢貴三妻鈕氏二十六歲夫亡守節三十年

陳上扶妻李氏二十八歲夫亡撫子德華未婚而歿李茹齋布衣以終

邊大章妻馮氏夫亡歸依母家母疾足侍奉不倦守節二十五年

貢生方敩廉繼妻沈氏妾陶氏沈二十五歲夫亡與妾陶氏苦守至五十四年以子廷衡貤贈孺人

朱之耒妻馮氏二十八歲夫亡守節三十二年

朱采山妻吳氏二十五歲夫亡茹苦守節

張乾元妻王氏 二十五歲夫亡以夫兄子肇坤爲嗣守節四十一年

高步青繼妻富氏 夫亡遺一女又殤年六十餘卒

周鍾妻孫氏愼思妻楊氏 孫十九歲夫亡遺孤愼思僅月餘長娶楊氏二十二歲寡姑婦相依閱數年楊歿孫爲孫一芝授室甫得子一芝又歿撫未滿百日之曾孫與二十以下之孫婦備歷艱苦年八十九卒

周在中妻黃氏 與鍾妻孫氏妯娌也二十七歲夫亡守節三十餘年

徐美珍妻富氏 二十三歲夫亡姑先歿事翁克孝守節三十二年

吳紹偓妻王氏 二十二歲夫亡營葬翁與嫡姑有田數畝囑親房永爲祭產以苦節終

舒于道妻朱氏 夫亡遺孤世齡方三載撫育成立事孀姑以孝謹聞

生員郭鎬妻顧氏 二十六歲夫亡守節三十九年

莊體乾妻朱氏 夫亡翁尊歿百計喪葬至無立錐歲饑恆受饑餒卒年六十

周蘭皋妻朱氏 二十七歲夫亡家貧紡績撫二孤成立

朱健安妾陳氏 婚二載夫亡撫一女相依紡織以守苦節

吳倫榮妻趙氏 二十二歲夫亡孝事翁姑守節三十七年

監生石方叔妾何氏 十八歲歸石踰月方叔病踰年亡遺命改嫁何截髮自誓撫嗣子成立

生員孫錫爵妻朱氏 二十七歲夫亡守節四十一年

生員顧克大妻查氏克昌妻李氏 查早寡撫孤成立夫弟克昌妻李氏二十五歲寡查年五十李守節數十年撫克大子紹高爲嗣

石立焉妻楊氏 夫早亡撫孤彥芳讀書一生茹苦年六十

彭九皋妻徐氏 二十五歲夫亡撫從子錫祁年五十二卒

張德豐妻湯氏 二十六歲夫亡無子以從子士筠爲後年六十三

生員朱維城妻陳氏 夫亡無子孝事老姑歿後拮据以葬撫嗣子慈嚴兼至

李滄洲妻黃氏 二十五歲夫亡孝事孀姑年六十六

監生張宏基妻徐氏 二十六歲夫亡撫子文昭仲友成立守節三十三年

許奎光妻陳氏 二十八歲夫亡撫孤守節六十八年邑令給額曰勁節長留

張艮材妻顧氏 夫亡無子依居母家守節四十餘年

許德馨繼妻徐氏 二十五歲夫亡撫子丕光成立守節三十餘年

徐戴甯妻陸氏 夫亡無子撫從子鍵爲諸生

徐煌妾金氏 煌亡遺孤殤又撫嫡孫正威成立

錢丹霞妻鍾氏 二十六歲夫客亡無子子身無依兄標文分宅居之

朱省元妻湯氏 二十三歲夫亡事老姑撫兩幼叔守節三十一年

朱其滋妻張氏 二十二歲歸朱未一月夫亡守節三十一年

監生蘇辰錫妻孫氏 十八歲歸蘇八月夫亡擇族子壽昌爲後兩世五柩皆拮据葬之守節二十四年

朱雲龍妻李氏 二十五歲夫亡撫從子貽穀守節以終

生員任廷麟妻馬氏 二十七歲夫亡撫從子慶科成立

張希曾妻許氏 婚三月夫亡撫夫從子玉明守節終身

任文千妻徐氏 二十七歲夫亡撫孤守節

姚光祖妻朱氏 二十餘歲夫亡守節三十七年

顧旦夫妻黃氏 十九歲夫亡煢煢無後守節終身

監生朱越千繼妻張氏三十歲夫亡紡織事翁撫前子成立

何崙源妻楊氏二十三歲夫亡遺一女嫁後獨居一室以紡績終

監生顏玉奇妻徐氏三十歲夫亡事老翁撫夫從子守節三十餘年

陳倚衡妻徐氏二十三歲夫亡課嗣子讀書甚嚴閭里賢之

生員吳汝楫繼妻步氏歸吳二月夫亡撫孤熙成立領辛酉鄉薦

玉國棟妻尤氏媳某氏尤二十一歲夫亡以夫從子爲嗣及授室子又歿與婦同守苦節

朱孝維妻沈氏二十二歲夫亡力支數葬貧無立錐之地依父西昭守節以終

監生黃夔宣妻朱氏肇雍妻何氏朱早寡撫子肇雍娶何氏亦早寡相依矢志守節二十四年

周南珍妻萬氏二十二歲夫亡撫從子廷堅成立

嘉興府志　卷七十三　海鹽節婦　四四

監生朱聲聞妻褚氏三十歲夫亡上有孀姑下有二女勤針黹度日

富奇榮妻朱氏二十八歲夫亡撫二子成立

錢澄安妻吳氏二十一歲夫亡守節三十年

李榮陞妻鍾氏婚二月夫亡家貧無子守節三十餘年

朱伯隆妻張氏夫早亡守節三十餘年

朱開成妻麗氏三十歲夫亡孝事孀姑撫幼叔鴻緒子壽椿爲後成進士

黃伯餘妻任氏三十歲夫亡其伯遏之再醮斷髮不從守節二十年

胡甸安妻楊氏十九歲夫亡守節二十三年

吳玉衡妻徐氏二十六歲夫亡守節二十七年

生員陳文熾妻顧氏二十四歲夫亡孝事其姑撫從孫光亨成立

俞大昭妻蕭氏十六歲夫亡夫早喪母育於仲嫂顧氏蕭以姑禮事之一門兩孀守節二十餘年

周沛文妻宋氏二十八歲夫亡家貧無子紡績自給

生員朱士泰妻陳氏二十四歲夫亡安厝二世并營己穴守節三十六年

徐蘭皐妻顧氏夫亡遺一子耀徽長娶阮氏相繼歿顧以苦節終

孫世楷妻朱氏二十歲夫亡撫嗣子慈霖至七十三卒

生員吳立齋妻湯氏揆臣妻鄭氏湯守寡撫遺孤二其一出繼一揆臣長娶鄭氏亦寡湯與婦相依擇族孫爲嗣焉

監生朱之棠妻康氏夫亡撫遺孤紹衣焜及幼叔讀書成立年六十四

徐元衡妻王氏夫亡撫孤周法曾法年八十六

周文卿妻蔡氏二十五歲夫亡撫孤之駿讀書入泮守節四十六年

嘉興府志　卷七十三　海鹽節婦　四五

周耿臣妻顧氏二十三歲夫亡撫孤雲千守節五十五年

張在霄妻陸氏二十四歲夫亡訓孤孝思爲諸生孝本入成均年五十六

王楚珩妻劉氏二十八歲夫亡守節三十四年

趙景芳妻王氏二十六歲夫亡守節二十餘年

鄭張氏十八歲夫亡撫遺腹子介臨守節二十四年

錢思周妻徐氏二十六歲夫客亡嗣子早世撫從孫守節

鄭禮讓繼妻包氏夫亡遺三孤俱幼守節三十五年

方大來妻顧氏三十歲夫亡守節五十餘年

錢虞聲妻郭氏三十歲夫亡守節四十九年

貢生沈嘉澍妻顧氏二十七歲夫亡奉翁姑以孝撫繼子聲暐羹和如己出年七十

姜忠貴妻蘇氏夫早亡遺兩子俱幼家貧為人澣衣度日年六十四

方上言妻馮氏二十六歲夫亡無子遺一女長適鄭錫疇守節二十八年卒女葬之

張懷珍妻謝氏玉衡妻李氏維寅妻徐氏謝十九歲夫亡夫叔玉衡妻李氏二十五亦寡幼叔維寅妻徐氏二十二歲婚十八日而寡無子人稱一門三節

邵鄭氏媳某氏某氏鄭二十餘歲夫亡撫二子一女及長婚娶二子又歿與兩婦矢志年八十

趙應賢妻許氏婚數載夫赴京師不返或傳其死乃撫二子一女薪水仰藉十指年八十六

嚴螺亭妻祝氏婚五載夫亡家貧紡織撫二齡孤成立年八十四

崔人瞻妻崔氏夫亡無子依母家守節

朱巢㫰妾褚氏二十三歲巢㫰亡撫子伯齡成立

徐曰理妻史氏曰琳妻朱氏妯娌也皆十九而寡史無子年四十八卒朱撫一子守節

李瑞麟妻周氏二十七歲夫亡撫孤守節

顧鳴儒妻戴氏二十二歲夫亡撫孤履忠守節

監生沈銘淇繼妻周氏二十七歲夫亡守節二十二年

張承武妻鄭氏三十歲夫亡遺腹生子殤性至孝喪葬翁姑後積勞而卒守節二十餘年

湯繼明妻馮氏二十九歲夫亡無子歸母家守節

監生徐周士妻張氏婚半載夫游都中客死無子歸母家守節

任抱珍妻朱氏二十七歲夫亡矢志殉死以姑救免越五年卒學使竇給孤鵠同貞額

監生朱光裕繼妻朱氏二十七歲夫亡撫孤守節

徐聖中妻王氏贅聖中兩載夫亡王早喪父母育於祖母乃在家終養祖母以苦節卒

朱望尊妻湯氏二十五歲夫亡守節

高振宗妻何氏二十五歲夫亡守節十六年

朱心求妻方氏夫亡遺兩子訓之甚嚴後同年游庠

監生李鳳元妻朱氏二十五歲夫亡守節三十一年

印載常妻俞氏婚五載夫亡撫孤守節

朱申庭妻黃氏夫早亡事翁文炳以孝守節數十年

黃某妻張氏吉初妻曹氏妯娌也俱二十餘歲夫亡各守節三十餘年

俞典徽妻湯氏二十九歲夫亡遺孤新邦甫九十三日湯事翁姑撫遺孤孝慈兩盡

孫禹川妻吳氏光風妻戴氏吳三十歲夫亡撫孤光風長娶戴氏二十五亦寡孝養嫠姑人稱雙節

生員石嗣昌妻朱氏夫早亡撫二歲孤毓芝成立

顧吉旋妻徐氏二十七歲夫亡撫一女守節

唐天錫妻藏氏二十四歲夫亡撫二女成立

陳登高妻周氏二十四歲夫客亡止遺一女家貧孝養翁姑撫夫從子景福為嗣

黃培楠妻陶氏二十六歲夫亡撫二孤蓮蕙俱成立

鄭文揆妻方氏夫早亡遺一女歸母家守節

鄭心揆繼妻胡氏二十九歲夫亡遺二女家貧租地種植嫁女以時

鄭肩三妻朱氏夫早亡撫一女守節

顧德基妻徐氏二十一歲夫亡矢守苦節至老不渝

貢生徐景法妻朱氏三十歲夫亡侍邁姑舒病閱四月餘不倦及歿喪葬盡禮撫夫從子慧業守節十八年

李應嘉妻陸氏二十三歲夫亡撫遺腹子湧泉成立

朱覲文妻周氏十七歲成婚十月夫亡事姑盡孝撫從子茂先守節二十四年

周玉艮妻蔡氏二十六歲夫亡孝事其姑撫孤乾元成立

朱蘭蔚妻陳氏二十歲夫亡無子女事姑盡孝姑歿無所依歸母家守節

戴振威妻夏氏婚十月夫亡善事老姑撫從子爲嗣茹荼守節

杜友鹿妻錢氏二十五歲夫亡遺一女以夫弟旦明子槐廷爲嗣未幾又歿惟孤孫相依年七十三

徐靜遠妻朱氏夫早亡翁姑繼歿拮据營葬地隣阻之朱甸蔔號泣鳴諸官然後得葬

林子高妻顧氏江甯人歸林後甘貧力作夫亡無子女依從子守節

李南山妾楊氏二十二歲寡矢志守節

徐錫爵妻萬氏夫亡撫遺腹子播讀書成立學使朱表其門曰松根志遂

顧三才妻蕭氏二十九歲夫亡無子家赤貧無依爲人澣衣以自給

陳瞻巖妻王氏夫早亡敦睦親族以節孝聞年六十一

朱鳳洲妻張氏二十二歲歸朱四月夫亡事孀姑徐先意承志守節三十一年

施衷陽妻周氏婚半載夫亡遺腹子夭奉事老姑克盡其力守節四十餘年

賀明臯妻蔣氏二十歲夫亡家貧無子蠶織度日

沈子蘭妾董氏十九歲歸沈數載寡嗣子夫婦早亡二孫又夭煢煢孑立營葬五棺壽至一百餘歲

湯洪道妻任氏二十七歲夫亡事邁姑以孝撫夫從子裕讀書游庠學使錢以荻教遺徽表其門年六十八

方用王妻陳氏二十六歲夫亡教子成立又殀復撫孫立業守節六十四年

監生方邁齡妻馬氏二十五歲夫亡訓子成立守節五十年

監生俞賡陶妻陳氏夫早亡訓九歲孤吉孚讀書勵行遣嫁二女以時年七十七

徐倫書妻曾氏婚數年夫亡無子矢守苦節

貢生顧晉三妾張氏二十九歲晉三亡遺二子長早夭次紳游庠女適曹霖張年六十九

監生俞益謙繼妻蔡氏夫亡撫夫從子臣虞又早世復依從孫守節

錢汝楫妻湯氏二十四歲夫亡子紹聞甫週歲及長又殀遺孫宜振宜繩宜福俱幼湯與婦盡心撫育得以成立

沈翌爲妻朱氏二十九歲夫亡遺一女力勤紡績守節四十年

監生楊汝舟妻蔣氏二十七歲夫亡家貧惟膳寡田二畝與一女紡績度日

王昆和妻蔡氏十六歲夫亡遺腹生子路教之讀書年四十

沈漢珍妻趙氏夫亡子夭撫夫從子守節

陳沛光妻袁氏夫亡遺孤相繼歿袁勤紡織以養孀姑姑病親奉湯藥以孝聞

徐家邦妻康氏敦宗妻陳氏康二十二歲歸徐數年夫亡長子敦宗娶妻陳氏二十二歲敦宗暴亡陳絕粒數日康泣慰之越五月遺腹生子孝貽姑婦共撫育之人稱雙節

監生錢景彭繼妻俞氏二十三歲歸錢數年夫亡遺一女撫夫從子渭元爲嗣

陸可亭繼妻郁氏三十歲夫亡撫週歲孤賡颺守節

徐聖林妻俞氏夫早亡甘守苦節親自力田償租有三子俱幼撫養成人年四十九

舉人沈鍾岳妻陳氏世金妻黃氏鍾岳會試下第南旋歿於山左時老姑在堂陳盡力孝養撫孤世金成立娶黃氏年二十一而寡姑婦共守人稱雙節

沈東明妻朱氏二十二歲夫亡撫七歲孤成立

朱際雲妻趙氏婚三載夫亡撫夫從子守節

李紹聞妻崔氏 二十四歲夫亡事祖翁盡孝遺孤痘殤復撫夫從子爲後

俞鴻飛妻王氏 二十四歲適俞夫游學歿於京邸無子乃依母家守節

沈尙志妻俞氏 二十六歲夫亡撫從子遇龍成立

張甯一妻楊氏 二十九歲夫亡遺一女長適吳山楊矢志氷霜以苦節終

朱端章妻鄭氏 夫客死京邸鄭積紡績餘貲乞宗人扶櫬歸葬遭姑病扶掖臥起不離牀第後翁亦病廢鄭扶持孝養一如事姑翁歿喪葬盡禮

方軼倫妻趙氏 三十歲夫亡勤勞蠶績撫一女遣嫁以時子嗣子教養兼至

詹士元妻陳氏 十七歲夫亡翁姑相繼歿拮据喪葬克盡哀禮

朱左海妾張氏 左海亡生一子殤佐家勤儉以守節終

陳鳴崗繼妻孫氏 二十九歲夫亡生一女長適朱世楷撫夫從孫三才爲孫以續夫後

朱甯菴妻孫氏 夫亡止遺三女撫夫從子瀛求爲嗣三女嫁畢家益落乃鬻產以葬其夫年五十八

陳御輪妻趙氏 三十四歲夫亡遺一女適禹心雉繼從子西雍爲嗣年四十五

姚不暇妻胡氏 二十八歲夫亡長子維城早卒無子次子遵王晚舉一子而亡胡年八旬與婦紡績同撫稚孫成立

姚維城妻戴氏 二十九歲夫亡撫夫弟遵王之子爲嗣勤苦節省爲翁姑購得葬地及遵王歿戴年近六十敬事其姑不怠撫孤以延一綫戴之力也

生員倪掌倫繼妻朱氏 婚五載夫亡撫前子成家業苦節終身

陳典文妻楊氏 二十七歲夫亡教子繹勤成立

仇梯山妾王氏 梯山年逾七十納王侍五載而寡無子女甘心茹苦戚黨稱之

祖茂山妻盛氏 二十九歲夫溺海死遺兩子日給不足勤苦紡績以撫子成立

鄭慶增妻沈氏 夫患羸疾沈奉湯藥夜不安寢者踰年夫亡立從子錫祚爲嗣因貧困歸母家守節

監生富錫璐繼妻曹氏 夫早亡遺孤志溥超生俱幼訓誨成立後有十孫家業益振

監生趙御邦妻吳氏 夫亡撫孤懋哉成立娶婦顧氏未幾相繼逝復撫嗣孫年六十九

周培生妻沈氏 十九歲生一子未百日夫亡事翁姑克孝撫遺孤成立

生員富南屏妾張氏 早寡佐嫡陳氏持家撫嫡子志江如已出卒年六十五

孫百齡妻賀氏 三十歲夫亡撫孤軼凡羹和成立羹和早死婦郎賀之姪女同守苦節

許太初妻何氏 夫亡孝養寡姑撫孤丕衡成立

周介維妻喬氏 二十三歲適周生子百日夫亡事邁翁以孝聞

王朝信妻何氏 二十三歲夫亡事孀姑孝無子撫夫族子爲嗣

陳佩芬妻蔡氏 十七歲夫亡遺子封又殤翁悲痛成疾歿於常州巡檢任所蔡子身扶柩歸里家貧紡績自給

王陸氏 二十一歲夫亡誓不再嫁守節終身

生員周覲揚妻夏氏 二十九歲夫亡遺子藻六歲撫之成立事翁姑盡孝守節三十八年

夏采章妻施氏 夫早亡無子家赤貧租地種作以度日年六十

朱秀賓妻王氏 二十一歲夫亡繼子起元讀書成立孫正裳任平陰令 貤封孺人年九十三

生員張樹聲繼妻富氏 二十三歲夫亡撫孤守節

楊池輝妻富氏 二十六歲夫亡撫孤志遜守節

鄭嵩亨妻張氏 二十五歲夫亡孝養邁翁早夜操作絕無怨意

監生李紫條妻陳氏 陳克鎬女二十六歲夫亡欲以身殉戚族以有遺娠曲慰止之旬日生子矢志撫育及成立親自課之

監生韓書三妻李氏二十一歲夫亡子鍾英早卒復撫二孫成立

姚大成妻劉氏二十四歲夫亡撫孤兆龍成立年六十九

朱配瑚妻吳氏二十八歲夫亡撫孤鴻文成立

貢生鄭端允妾錢氏田家女早寡守節五十餘年

生員鄭端裔妻查氏婚二載夫亡遺女又殤煢煢無依以苦節終

生員鄭宸敷妻錢氏十九歲夫亡無子孝事舅姑數年卒

鄭謙妻沈氏妾宋氏媳李氏沈副使孝徵女也賢而無子撫從子旦復康熙丙午旦復北闈報捷而謙已入殮矣旦復奔喪南旋卒於塗次其妻李氏聞訃慟絕尋以哀毀成疾卒遺孤嗣源兄弟俱幼賴沈撫之謙妾宋氏謙歿時年未三十無子誓守佐嫡操家嫡歿後旦復子嗣源無依宋又保護之十餘年卒

張啓繼妻李氏婚數載夫亡家貧歸依母家撫孤守節終

張浤妻鍾氏夫早亡翁年老事之甚孝撫四子成立

張雷妻沈氏夫亡無子撫從子爲嗣

張士秀妻沈氏夫早亡遺孤義光四齡家貧依於父家守節數十年

徐可忠妻曹氏三十一歲夫亡守節六十年

徐浩繼妻董氏二十三歲夫亡撫子可明可儀俱成立邑令給匾表之

徐九山妻陳氏二十二歲夫亡撫孤守節

徐苓妻吳氏二十七歲夫亡守節四十年

徐承範妻朱氏事繼姑甚孝夫亡撫孤廷傑至五十四卒邑令給額曰蘗苦芝芬

徐霈繼妻繆氏妾張氏霈罹家難亡繆年二十四張二十一子二齡矢志撫育人稱雙節

徐洪恩繼妻朱氏二十三歲夫亡守節郡守給額曰天賦完節

徐行簡妻許氏二十四歲夫亡守節四十八年

徐繼伊妻俞氏二十九歲夫亡撫子國任國仕成立

徐聖璋妻蔡氏二十一歲夫亡撫夫兄子澄爲嗣

徐日章妻羅氏十七歲夫亡勤儉持家撫孤以紹先業

徐之勉妻沈氏年未及笄夫亡守節以終

徐孺友妻張氏夫早亡紡績度日

徐龍光妻金氏夫亡矢守苦節

徐鳳生妻吳氏夫早亡矢志不渝苦節終其身

徐在鎔妻張氏二十四歲夫亡撫孤茂遂成立年四十五

徐公佩妻朱氏二十六歲夫亡上事老姑撫二子成立

生員李世楠妻范氏十九歲夫亡撫從子雲爲嗣守節六十餘年

生員李舒春妻王氏二十二歲夫亡事繼姑孝守節數十年

李起源妻何氏二十六歲夫亡以苦節終

錢烇妻鍾氏婚未期年烇遠出不知存歿家貧無子紡績自給守節六十餘年

生員湯長卿妻丁氏槐妻吳氏丁二十六歲夫亡遺孤槐弱冠游庠槐妻吳氏二十八歲寡訓長子玉游庠丁年六十九吳年八十

湯魯成妻祝氏二十九歲夫亡守節六十年

虞瑞卿妻衛氏三十歲夫亡守節四十五年

湯亦園繼妻李氏二十六歲夫亡守節四十七年

監生陳敬輿妻顧氏二十歲夫亡守節三十五年

馬履尊妻何氏十七歲夫亡守節

張省傳妻蔡氏二十四歲夫亡守節三十六年

監生褚維翰妻顧氏三十歲夫亡守節四十一年

馮景賢妻陸氏二十七歲夫亡守節四十四年

王大熹妻楊氏二十九歲夫亡守節五十七年

陳浚家妻陸氏二十三歲夫亡守節五十三年

黃于崑妻曹氏二十七歲夫亡守節四十年

朱紹岐妻吳氏二十七歲夫亡姑吳氏早寡長婦又寡三世孀居志操皎然年六十七

吳允忠妻葉氏二十歲夫亡守節四十二年

周顧氏十九歲夫亡守節四十年

蕭集王妻朱氏二十二歲夫亡遺腹生子廣元守節六十六年

徐遠聲妻阮氏二十五歲夫亡守節三十六年

朱祖安妻湯氏二十六歲夫亡守節二十二年

顧履安妻楊氏女媳某氏楊二十四歲夫亡遺二子長啟良未娶卒次啟明娶婦卒楊年七十卒寡婦孤孫食貧茹苦境最困

吳頎妻黃氏二十三歲夫亡守節三十七年

朱人元妻朱氏二十二歲夫亡守節六十餘年

貢生顧祖存繼妻許氏二十夫亡守節三十年

袁康侯妻蔡氏二十歲夫亡守節五十年

朱健侯妻顧氏二十二歲夫亡守節三十三年

吳省傳妻顧氏十九歲夫亡守節三十年

張開岐妻李氏周客妻朱氏李二十三歲夫亡以從子周客爲嗣長娶朱氏二十一而寡李以此抑鬱成疾守節三十二年卒

生員朱心宇妻郭氏二十四歲夫亡撫三子成立守節五十年邑令表其門曰天生完節

朱因仲妻余氏夫亡守節四十年

朱辰拱妻郭氏二十五歲夫亡守節五十一年

李龍門妻朱氏二十五歲夫亡依兄子漢廣守節

李若愚妻王氏二十一歲夫亡守節五十一年

朱在勤繼妻費氏廷忠妻祝氏費二十七歲夫亡子廷忠生甫四十餘日及長娶祝氏亦早寡遺孤四齡守節五十一年

朱望仙妻馬氏夫亡守節四十年邑令梁給柏操留芳額表之

朱邦彥妻王氏二十七歲夫亡守節四十七年

顧念升妻曹氏名鳳姑二十四歲夫亡撫週歲遺孤守節四十四年

金斗文妻顧氏二十八歲夫亡守節六十年

吳鼎玉妻顧氏二十四歲夫亡守節五十四年

顧衣聞妻吳氏二十六歲夫亡守節五十二年

蔣滄洲妻楊氏二十六歲夫亡守節三十一年

朱南升妻費氏二十九歲夫亡守節三十年

監生朱朝宗妻殷氏夫亡撫孤曲盡劬勞事翁姑以孝守節年六十五

朱予懷妻顧氏三十歲夫亡守節四十二年
朱天懷妻朱氏三十歲夫亡守節三十三年
金在昌妻孫氏十八歲夫亡守節四十一年
朱甯寶妻蔡氏三十四歲夫亡守節四十二年
楊廣生妻湯氏二十五歲夫亡守節五十二年
楊定元妻郭氏十八歲夫亡守節四十五年
朱泰來妻鄔氏三十歲夫亡撫從子守節
朱文高妻蔡氏二十七歲夫亡守節四十年
朱漢文妻敖氏二十三歲夫亡守節四十一年
朱駕霄妻鍾氏二十四歲夫亡守節

吳天培妻查氏二十三歲夫亡守節四十四年
陸敬賢妻章氏二十四歲夫亡守節三十一年
朱君升妻王氏二十三歲夫亡守節四十五年
朱在千妻顧氏二十七歲夫亡守節三十年
陳翰飛妻王氏二十九歲夫亡守節三十八年
朱韜含妻徐氏二十七歲夫亡守節五十二年
朱遠爲妻顧氏夫亡守節三十年
朱美文妻姚氏二十九歲夫亡守節四十一年
生員畢星輔妾韓氏二十一歲星輔亡矢志守節
陳漢良妻王氏二十六歲夫亡守節四十九年

吳錦臣妻沈氏二十七歲夫亡守節四十八年
吳里程妻汪氏二十四歲夫亡守節三十一年
陳廣元妻馬氏二十歲夫亡守節四十一年
監生于士鵬妻何氏夫亡守節四十二年
監生陳猷妻李氏二十五歲夫亡守節四十二年
陳天衡妻黃氏二十歲夫亡事翁姑孝遺田十二畝具呈當事立爲祭產年六十餘
李祠裕妻馮氏夫亡撫孤守節卒年七十
朱果奇妻陳氏二十二歲夫亡子壽平甫二齡長娶侯氏早寡遺腹生子嗣復侯氏殉陳撫孤孫支三世喪葬年八十一
周宋文妻陸氏二十三歲夫亡撫遺腹子世榮守節五十三年

監生陳燦妻吳氏夫亡守節二十年
俞鴻緒妻富氏二十七歲夫亡守節三十二年
嚴韓嘉妻朱氏贅嚴甫三月而寡朱守志母家年七十餘卒邑令張給額曰貞淑流芳
朱位中妻仇氏二十歲夫亡守節三十二年
吾沛霖妻汪氏三十歲夫亡守節四十三年
董醇妻陳氏十七歲適董一載夫亡遺腹生子士俊年六十九
金敬叔妻朱氏二十五歲夫亡守節六十六年
監生沈邦彥妻黃氏二十四歲夫亡守節四十四年
王佩瑢妻楊氏十九歲夫亡守節
陸軼羣妻方氏十八歲夫亡守節三十年

朱維城妻鄔氏二十八歲夫亡守節四十九年

孫文炳妻劉氏二十六歲夫亡守節五十四年

祝奕妻沈氏二十三歲夫亡守節五十一年

郭王氏二十三歲夫亡守節

監生徐谷傳妻王氏二十九歲夫亡生子蒼培甫八齡夫病篤時割股以進終不愈王泣血矢志以終其身

生員祝桂發妻朱氏婚二載夫亡無子撫嗣子旦華游庠

監生徐時探妻俞氏三十歲夫亡守節五十二年

蔣克勤妻陳氏二十八歲夫亡守節

平成周妻陳氏二十四歲夫亡守節二十四年

張律天妻顧氏二十一歲夫亡守節四十年

夏啟賢妻蔣氏二十六歲夫亡守節六十二年

朱士煥妻陳氏三十歲夫亡課子一飛讀書成立守節四十一年

王曰旦妻陳氏明揚妻石氏陳二十二歲夫亡無子嗣子明揚妻石氏亦早寡陳偕婦守節四十一年

徐雨齋妻金氏二十五歲夫亡守節三十八年

張淶繼妻沈氏肇林妻李氏沈二十八歲夫亡撫孤肇林長娶李氏亦二十八夫亡無子姑婦相守殯葬兩世沈年七十八李年七十三

張納川妻李氏二十七歲夫亡守節四十七年

崔伯凡妻于氏夫亡撫三孤成立年七十八

生員崔夔元繼妻馬氏二十六歲夫亡夫病時割股以進不效撫嗣子維垣守節六十一年

崔鳳輝妻徐氏二十八歲夫亡守節六十七年

崔達天妻陸氏十九歲夫亡節五十七年

陳叔英妻高氏二十七歲夫亡守節四十八年

周載錫妻陳氏二十九歲夫亡哀泣失音目亦成瞽遺孤澧甫四齡撫長成立年六十三

監生黃文炳妾沈氏二十七歲文炳亡撫文炳兄子咸臨守節四十二年

沈維新妻馬氏二十四歲夫亡撫遺腹子延齡守節三十年

生員徐桂芳妻陳氏儀可妻何氏陳二十九歲夫亡子儀可甫三齡長娶何氏亦早寡姑婦雙節

監生任家駒妻朱氏夫亡撫子又麟繼麟成立孝事孀姑守節二十年

王世珍妻富氏婚三載夫亡撫從子國楨成立

錢瑞錦妻周氏二十四歲夫亡撫從子惠衡成立

吳天麒妻桯氏名靜貞二十六歲夫亡遺孤一歲值祭夫之日哭嘔血越十年卒

王天位妻孫氏夫亡事姑以孝撫兄之子恂爲嗣茹素終身年八十一

監生王楷妻張氏夫亡撫子大烈守節

吳畿臣妻倪氏十六歲夫亡守節三十五年

吳道中妻徐氏十六歲夫亡以兄子銘爲嗣守節三十五年

貢生吳元文妾高氏二十五歲元文亡守節五十一年

吳士塏妻褚氏二十歲夫亡守節四十四年

吳士壎妻沈氏二十九歲夫亡守節五十六年

洪序升妻王氏夫亡撫遺腹子玉廷守節四十五年

胡成皋妻張氏二十九歲夫亡紡織度日訓子光龍領鄉薦

張經布妻某氏二十七歲夫亡家極貧翁姑逐令他適誓死不從依鄰家空室以居仍紡織孝養舅姑卒年八十餘

韓孝揚妾葉氏孝揚亡守節三十年

夏汝蘭妻某氏二十九歲夫亡守節三十年

王世魁妻夏氏知縣王紱之子婦二十五歲夫亡茹苦十餘年淚盡而死墓在龍王廟後

王廷錦妻何氏二十一歲夫亡撫從子潮爲嗣守節三十七年

朱學明妻夏氏二十八歲夫亡遺腹生子思永撫育成立茹苦節四十七年

鄔峻妻胡氏夫亡遺腹生女翁遠館胡奉姑甚孝翁姑歿撫幼叔岱成立後以岱子開爲嗣年六十七

生員鄭超然繼妻俞氏二十九歲夫亡守節十六年

陳泰詹妻卜氏二十五歲夫亡守節

陳錫蕃妻張氏三十歲夫亡撫孤忠敎守節

生員支長發妻徐氏二十九歲夫亡守節四十九年

監生支焯妻徐氏三十歲夫亡撫孤玉和守節二十八年

陳忠政妾吳氏生子甫一歲忠政亡茹苦矢志年五十四卒

徐爾純妻聞人氏二十歲夫亡守節五十一年

徐景福妻張氏二十九歲夫亡守節三十一年

徐溶妻陳氏二十七歲夫亡守節二十一年

徐叔唐妻朱氏二十三歲夫亡守節四十二年

徐芬源妻孫氏二十六歲夫亡守節四十七年

徐元瓚妻陳氏二十一歲夫亡守節三十七年

徐嵩妾吳氏二十一歲嵩亡守節二十四年

嘉興府志卷七十四

嘉興府知府善化許瑤光重輯

列女 節婦

海鹽縣下

陸鴻儒妻馬氏二十八歲夫亡守節四十五年

徐衡蒼妻李氏二十九歲夫亡守節四十六年

徐有常妻干氏二十八歲夫亡守節二十四年

徐浩然妻范氏夫亡守節三十年

監生徐甯妻張氏二十八歲甯亡守節十六年

徐汝聽妻任氏十九歲夫亡撫遺腹子應發成立守節四十九年

徐清妻吳氏二十九歲夫亡守節三十五年

徐恂如妻沈氏二十九歲夫亡守節五十三年

徐璵妻楊氏二十五歲夫亡撫從子柏成立守節三十八年

徐有滄妻聞人氏二十二歲夫亡守節六十四年

徐懋敬妻張氏二十七歲懋敬亡守節四十八年

徐大中妻李氏二十二歲夫亡守節三十一年

崔鳳樓妻許氏二十六歲夫亡守節二十年

孫鳴和妻崔氏二十八歲夫亡守節四十五年

生員朱臨川妻許氏三十歲夫亡守節四十八年

崔鏋妻陸氏二十四歲夫亡守節

崔應録妻徐氏夫早亡撫孤守節

生員崔天行妻祝氏二十九歲夫亡撫三孤守節

崔仕滀繼妻黃氏二十一歲夫亡與冢婦吳守節以終

崔文煥妻張氏文煜妻某氏張早寡撫嗣子守節夫弟文煜妻某氏亦早寡各守節三十餘年

崔淵妻朱氏夫早亡孝事老姑卒年七十六

崔立羣妻曹氏夫早亡安貧守節無子

崔沛妻陸氏婚未一載夫亡撫遺腹子備人守節

崔國熙繼妻曹氏三十歲夫亡撫孤守節

崔法焜妻徐氏二十六歲夫亡守節

崔世發妻陸氏婚四月夫亡守節

崔岳書妻王氏二十六歲夫亡孝事老姑撫二孤成立

陳忠賢妻吳氏二十五歲夫亡守節四十八年

畢奇年妻趙氏二十八歲夫亡守節五十四年

監生林萃新妻王氏二十九歲夫亡守節三十三年

監生吳禮庸妾閻氏二十六歲禮庸亡撫嗣子撰中守節四十五年

許雅言妻王氏二十九歲夫亡守節五十三年

林載揚妻許氏二十八歲夫亡守節四十五年

曹洪芳妻吳氏二十二歲夫亡守節五十四年

監生畢茂周妻陳氏二十八歲夫亡守節三十四年

吳天益妻趙氏二十六歲夫亡撫孤兆綸守節五十五年

朱文昭妻陳氏天文妻王氏二十八歲夫亡孝事孀姑撫遺腹子天文成立娶婦王氏二十七亦寡同撫一孫至八十二卒王旌年六十六

楊天龍妻吳氏二十一歲夫亡守節三十九年

楊思誠妻徐氏三十歲夫亡守節四十七年

敖天純妻蘇氏三十歲夫亡守節四十四年

敖惠年妻董氏三十歲夫亡守節四十年

張逸庭妻范氏二十一歲夫亡撫嗣子惠中守節四十四年

張登書妻吳氏二十歲夫亡撫嗣子德風守節三十二年

湯禹維妻許氏二十八歲夫亡守節四十二年

湯聚安妻鍾氏二十九歲夫亡撫孤恒心廷相克繼家業守節六十二年

畢衡州妻汪氏二十九歲夫亡守節五十年

敖成璉妻俞氏三十歲夫亡守節三十二年

貢生畢師誠妾翁氏鄔氏師誠亡時翁二十八歲鄔二十三歲守節三十四年

生員萬惆雄妻顧氏二十七歲夫亡守節四十四年

顧玉廷妻姜氏二十八歲夫亡撫孤昌守節

顧東華妻沈氏二十九歲夫亡守節五十二年

顧廷華繼妻祝氏二十八歲夫亡守節三十五年

生員陳鷄妻王氏二十九歲夫亡事姑以孝守節三十一年學使竇給褄清芳德額表之

沈筠妻陳氏二十七歲夫亡守節三十一年

吳拱宸妻孫氏二十九歲夫亡守節三十三年

吳九齡繼妻朱氏二十九歲夫亡守節十六年

吳遠模妻忻氏二十二歲適吳六月夫亡撫從子禮嘉爲嗣守節三十九年

吳文侯妻吳氏二十六歲夫亡守節十六年

張明遠妻吳氏夫病篤吳籲天請代及亡吳時二十七歲無子撫夫從子大經爲後守節五十五年

吳文衡繼妻汪氏三十歲夫亡止遺一女以夫兄次子東發爲後勤紡織屏酒肉縞衣疏食終其身守節十一年

吳文蘭妻陳氏二十九歲夫亡撫孤煩成立守節三十年

朱東暉妻畢氏二十四歲夫亡守節三十九年

朱遠偉妻顧氏二十三歲夫亡守節二十六年

員俞光斗妻鄒氏二十二歲夫亡撫夫從子其驥守節三十三年

朱果珍妻金氏二十二歲夫亡以夫兄之子壽平爲嗣守節二十四年

鄒斌黃妻史氏二十五歲夫亡守節三十年

鄭泰來妻徐氏二十九歲夫亡守節四十七年

監生徐惟恩妻陸氏三十歲夫亡依其壻朱丕烈守節以終

徐處士妻金氏夫亡守節五十五年

徐道平妻方氏夫亡守節三十四年

徐堯和繼妻馬氏二十四歲夫亡守節三十四年

張萬欽妻韓氏二十歲夫亡訓孤士珍爲諸生守節三十餘年

沈賡明妻張氏宗可妻王氏張成婚十九日夫亡敬事翁姑撫從子宗可爲嗣娶婦王

氏未幾亦殁婦姑相依年七十三

郭定州妻王氏婚數月夫亡守節年六十三

陳心全妻高氏二十九歲夫亡守節

顧璵妻陶氏二十一歲夫亡守節二十五年

生員周光海妻祝氏二十六歲夫亡姑老癱瘓飲食起居頓祝左右扶掖姑殁三世七棺祝拮据以葬子用厚補諸生祝年六十四

湯又銘妻鄒氏靖山妻顧氏鄒十八歲夫亡遺腹生子周有及長與前子鄭艮相友愛長孫靖山早世孫婦顧氏時年二十五撫子乾元成立鄒年七十九顧年四十七

湯文侯妻顧氏二十九歲夫亡無子依從子世樾守節五十二年

湯荊山妻王氏二十六歲夫亡守節三十二年

湯麟昭妻步氏二十八歲夫亡撫孤汝梓汝楫汝雯守節五十四年

監生湯應箴妻韓氏二十九歲夫亡撫孤允繁守節十九年

董飛鵬妻吳氏二十一歲夫亡守節四十二年

張士鵬妻王氏二十七歲夫亡守節二十年

王組妻祝氏二十一歲夫亡撫孤淦游庠守節二十二年

夏友謙妻林氏二十九歲夫亡守節三十五年

夏羽豐妻孫氏二十四歲夫亡守節十四年

朱振天妻顧氏二十六歲夫亡守節三十四年

錢廷杰妻姚氏二十七歲夫亡撫孤有堂有塈皆成立

張國貞妻錢氏婚數旬夫亡守節

崔彥臣妻王氏二十七歲夫亡守節三十九年

崔蓉江妻卜氏三十歲夫亡守節三十三年

余侍偉妻崔氏二十九歲夫亡守節

崔鳳鳴妻陳氏三十歲夫亡守節三十四年

岳頡雲妻崔氏二十四歲夫亡守節

崔焞妻陶氏二十六歲夫亡以夫從子廷爲嗣守節三十年

崔煜妻陳氏二十六歲夫亡守節二十五年

崔載光繼妻陳氏二十六歲夫亡守節三十五年

崔廷枚妻徐氏二十七歲夫亡守節五十八年

崔盈科妻沈氏三十歲夫亡守節

崔本固妻徐氏國蓀妻徐氏本固亡子國蓀妻徐氏亦早寡兩世苦節里黨稱之

吳書田妻崔氏二十五歲夫亡守節五十八年

干履祥妻徐氏三十歲夫亡撫孤子檣成立

徐鳳池繼妻吳氏二十二歲夫亡以夫兄之子璋爲嗣守節二十六年

干寶嗣妻張氏三十歲夫亡守節

錢啟恒妻姚氏夫早亡撫孤守節

生員徐崗妻黃氏夫亡遺孤亨臨升階俱幼矢志撫育守節三十一年課亨臨爲諸生

王松退妻徐氏婚三載夫亡撫遺腹子留耕成立

殷尙白妻陳氏二十九歲夫亡守節四十餘年

顧鳴皋妻許氏二十七歲夫亡紡織自食苦志四十餘年

顧宗漣妻張氏二十八歲夫亡守節三十四年

監生任輝祖妻崔氏二十九歲夫亡守節二十八年

張鼎文妻毛氏十七歲夫亡事翁姑盡孝茹素數十年

項俊明妻張氏二十歲夫亡守節六十一年

蕭董氏夫亡勤紡織置產以授嗣子守節五十年

蕭徵麒妻陳氏二十九歲寡子鳴虞方四齡撫訓成立克守先業舅姑歿喪葬盡禮守節三十七年

生員徐乾貞繼妻許氏夫亡撫前子賡元守節三十年

朱配乾妻王氏二十七歲夫亡撫孤至十七歲殤王以悲痛成疾而卒

吳季生妻邱氏三十歲夫亡撫孤國載守節四十二年

姜允中妻黃氏思孟妻陸氏二十七歲夫亡撫孤思孟長娶陸氏早寡與陸同撫遺腹

孫宗望紡織度日

錢嘉樹妻崔氏二十歲夫亡守節四十年

李嘉珍妻吳氏三十歲夫亡守節四十七年

朱天章妻陳氏保泰妻楊氏陳二十七歲夫亡撫孤保泰長娶楊氏三十亦寡姑婦相依陳先卒楊旌年六十五

生員周德求妻夏氏二十九歲夫亡守節三十八年

葉佐唐妻吳氏二十三歲夫亡守節四十四年

徐兆驥妻崔氏二十四歲夫亡撫從子士瑜守節三十五年

張以道妻許氏二十五歲夫亡性至孝父病篤歸侍湯藥因過勞瘁致疾卒守節十五年

監生楊其椿繼妻顧氏二十一歲夫亡撫前子方熾及己子焜燧俱成立守節四十二年

生員楊應泰繼妻徐氏二十九歲夫亡守節三十二年

楊學熙妻顧氏二十三歲夫亡守節三十八年

楊國祺妾李氏三十歲國祺亡守節四十年

生員馮人佺妾朱氏二十九歲人佺亡依嫡出季子存度日存死遺孤椿枚朱保護之俱爲諸生守節四十二年

馮介妻鄭氏媳汪氏鄭早寡撫孤既長娶婦汪氏亦早寡又撫二孫紡績以給

馮汝鵬妻查氏二十七歲夫亡哭泣失明遺一女適海甯祝岂堂亦早寡無子查年四十四女守節二十七年

監生沈方埴妻馮氏三十歲夫亡家貧子幼荼苦矢志守節四十九年

王君順妻某氏夫亡力田自食撫二子成立年七十餘卒見學博馮昌齡墓田記

吳何氏夫亡遺孤關華尚幼守節三十餘年

張懷軫妻王氏樹聲繼妻富氏王二十五歲夫亡遺腹生子樹聲撫訓力學游庠樹聲繼妻富氏二十三歲寡食貧撫子節操一如其姑

徐世忠妻朱氏二十九歲夫亡守節

黃紹武妻印氏三十歲夫亡守節五十三年

生員張鳴和妻何氏三十歲夫亡訓次子桂芬爲諸生守節三十五年

馮進山妻鄭氏二十七歲夫亡守節三十年

徐均安妻王氏二十八歲夫亡家貧紡織以養翁姑守節五十年

徐廷華妻王氏二十八歲夫亡撫六歲孤御賓成立守節三十二年

徐允達妻宋氏二十九歲夫亡撫孤守節

俞禹璜妻吳氏十九歲夫亡無子紡織孝養翁姑守節四十五年

萬煥繼妻富氏二十四歲夫亡遺孤肇域未週歲撫訓讀書得爲諸生守節四十四年

萬仁山妻田氏二十六歲夫亡撫孤廷璋遺腹俱成立守節五十七年

莊洪範妾陸氏二十七歲洪範亡撫孤成立守節三十年

莊洪義妻金氏二十一歲夫亡無子守節五十七年

朱景蘭妻錢氏二十三歲夫亡撫從子鶴爲嗣守節三十年

生員巴泰來妾錢氏二十餘歲生子一而泰來客死於外嫡項氏聞訃自縊錢郎驚痛卒

張友賢繼妻徐氏二十九歲夫亡孝養老姑以從子蒓洲爲嗣守節三十一年

監生周思璜妻施氏二十五歲夫亡守節五十三年

生員顧世榕妻孫氏二十八歲夫亡撫孤德純德宜守節四十年

徐憲祖妻曾氏二十四歲夫亡子有忠甫二齡舅姑迫改嫁行有日矣曾涕泣負孤歸母家乃免于長乃復還夫家竭力孝事舅姑俱爲感動守節三十五年

徐爾奇妻李氏夫亡守節五十餘年

姜聖懷妻馬氏夫亡守節三十三年

許珩妻李氏二十八歲夫亡撫從子仁深守節二十年

張隆昌妻曹氏婚三月夫亡無子貧無立繼養姑卜氏十三年不怠姑歿歸依母家年四十七

周天揆妻梁氏二十八歲夫亡撫三子皆成立年六十八

監生王元臣妻張氏三十歲夫亡撫三孤守節

監生王錡文妾曹氏錡文亡撫嫡林氏諸子愛如已出日夜紡織以苦節終

王佩安妻顧氏二十一歲夫亡守節四十年

王抱璞妻稽氏二十五歲夫亡守節六十年

俞寶國妻王氏二十九歲夫亡守節四十一年

汪繼在妻朱氏二十七歲夫亡守節五十年

湯成章妻顧氏夫亡守節三十餘年

湯成榮妻林氏夫亡守節二十餘年

監生張雲揆妻朱氏二十八歲夫亡孝事孀姑旌年五十八

曹旣明妻沈氏二十七歲夫亡旌年五十九

吳秀鈞妻王氏二十八歲夫亡旌年六十二

吳金聲妻韓氏二十九歲夫亡旌年六十四

李在高妻王氏二十五歲夫亡旌年六十一

監生林必翰繼妻于氏二十六歲夫亡無子撫從子晉昭爲後晉昭卒復撫孫曾成立旌年八十四

張仕可妻吳氏三十歲夫亡旌年七十二

沈文標妻周氏二十九歲夫亡旌年六十七

許根揚妻吳氏二十五歲夫亡遺腹生子純祖教養成立旌年五十八

殷滔齋妻馬氏夫亡旌時已守二十八年

朱丹奇繼妻黃氏婚未半月夫亡撫嗣子烜成立旌時已守三十八年

朱緋龍妻步氏二十三歲夫亡旌年七十六

周連珠妻王氏二十三歲夫亡旌年五十三

步昇安妻吳氏二十七歲夫亡遺腹生子德麟旌年七十二

陳時妻俞氏二十八歲夫亡遺孤洪尚幼教之成立姑病以乳飲之遂愈旌年六十五

監生孫燦妻趙氏二十七歲夫亡撫孤克培孝養孀姑旌年七十一

生員蔡元妻賀氏二十七歲夫亡旌年六十餘

高鏊妻劉氏三十歲夫亡旌年五十九

祝思兼妻李氏夫亡無子旌年七十三

馮樹勳妻周氏二十三歲夫亡旌年七十

生員吳以敬妻張氏二十三歲夫亡家貧爲人刺繡得值以梓翁及夫詩文集教養二孤餘慶

張泰初繼妻吳氏二十二歲夫亡遺腹生女撫夫從弟子曾爲後旌年四十五 回春成立旌年六十

王松年妻陸氏二十四歲夫亡旌年五十六

嚴元炳妻徐氏二十一歲夫亡旌年五十一

王安舒妻沈氏夫早亡撫嗣子恒齊又歿撫嗣孫坤揚旌年七十一

崔壽龍妻黃氏二十八歲夫亡旌年六十

崔思孝妻沈氏二十八歲夫亡旌年六十二

王在忠妻錢氏二十八歲夫亡旌年六十二

仇斯閔妻陳氏三十一歲夫亡旌年五十六

生員麗氏妻陸氏二十八歲夫亡旌年六十

金德修妻金氏鼎觀妻馮氏金二十七歲夫亡遺孤鼎觀長娶馮氏亦寡金與婦紡績同守旌年七十二

陳鯨飛妻吳氏二十八歲夫亡撫從子慰祖爲後旌年七十三

朱維銓妻章氏二十一歲夫亡旌年五十一

褚穎悟妻俞氏三十歲夫亡旌年五十九

莊呂鳳妻宋氏二十九歲夫亡旌年六十二

顧朝英妻崔氏二十七歲夫亡旌年六十二

洪守恒妻何氏婚五載夫亡撫從子振名成立旌時已守四十四年

洪季良繼妻徐氏二十四歲夫亡旌年六十

朱文煥妻奚氏二十一歲夫亡撫從子廷昌爲嗣旌年七十六

支聲球妻蕭氏二十歲夫亡旌年五十五

崔起鵬妻朱氏二十三歲夫亡旌年五十九

陸兆麒妻沈氏二十七歲夫亡子穎申早世撫孫祥鳳成立旌年七十

戴尚佑妻宋氏二十四歲夫亡旌年七十六

陳志紱繼妻顧氏二十八歲夫亡撫前子錫佩如已出旌年六十

陳東娶妻吳氏二十九歲夫亡旌年六十三

王乾飛妻張氏二十二歲夫亡旌年四十五

周仁高妻陳氏二十九歲夫亡旌年六十二

顧繼濤妻湯氏二十三歲夫亡撫遺腹子成立旌年七十五

林重威妻余氏二十八歲夫亡撫子仁遠成立旌年五十五

韓荆州妻林氏二十九歲夫亡旌年七十七

方震奎妾陳氏二十七歲震奎亡守節五十六年

方正菴妻陳氏三十歲夫亡旌年六十

王再齡妾董氏二十六歲寡旌年五十五

許敬天妻朱氏二十八歲夫亡遺孤甫八齡撫兩幼女出嫁後與次女同守清操旌年七十

姚鳳山妻許氏敬天次女也十八歲夫亡與母朱同守節

姚在明妻吳氏三十七歲夫亡旌年七十五

步有仁妻費氏二十七歲夫亡旌年五十三

吳揆暘妻沈氏二十七歲夫亡撫夫從子文瀾守節旌年七十一

楊全初妻朱氏二十六歲夫亡旌年六十九

生員吳蓮伯繼妻許氏二十四歲夫亡訓子基爲諸生旌年五十

曹世明妻朱氏十六歲夫亡旌年四十七

顧玉章妻黃氏二十九歲夫亡旌年六十

黃萬千妻沈氏三十歲夫亡旌年六十二

錢位高妻吳氏二十五歲夫亡旌年八十四

周成華妻沈氏媳陳氏沈二十二歲夫亡撫嗣子成立娶陳氏亦早寡遺一孫與婦共守旌年六十一

郭鳳奇妻蔣氏二十九歲夫亡旌年六十

郭順昌妻甘氏二十五歲夫亡旌年五十二

孫健菴妻馮氏二十一歲夫亡旌年七十一

陸君安妻徐氏二十三歲夫亡旌年七十一

馬三元妻劉氏二十歲夫亡翁目瞽事之甚孝旌年五十六

夏行恕妻平氏二十八歲夫亡旌年七十

崔佩恩妻孫氏二十五歲夫亡旌年六十一

崔榮昌妻徐氏二十二歲夫亡旌年五十四

崔升高妻倪氏二十四歲夫亡旌年六十四

吳右衡妻何氏二十五歲夫亡旌年六十一

生員崔師校繼妻周氏二十五歲夫亡訓前子熙春讀書敦行知名於時旌年六十一

趙鳳祥妻黃氏二十九歲夫亡旌年六十

朱保泰妻楊氏三十歲夫亡旌年六十五

監生馮永修妻吳氏二十三歲永修亡嫡子登瀛早世依永修從子椿枚守節旌年八十一

盛文洙妻陸氏二十歲夫亡以夫從子世桐爲嗣旌年五十八

王友良妻殷氏二十歲夫亡旌年五十一

王天祿妻蔣氏夫亡撫孤佩玉成立旌年六十七

袁時三妻章氏二十四歲夫亡撫遺腹子成立旌年六十五

袁永輝妻吳氏二十九歲夫亡旌年六十七

姜宏顯妻沈氏夫亡守節年六十三

姜廷彥妻陳氏夫亡守節三十餘年

陳馨妻董氏二十七歲夫亡撫孤敬丕成立旌年七十

吳嵩亭妻丁氏二十六歲夫亡撫遺腹子成立旌年五十四

張維甯妻徐氏二十四歲夫亡絕粒五日慟哭殉節旌年五十四

李元臣妻陳氏二十三歲夫亡撫夫弟之子龍宇爲嗣旌年六十八

生員平治安繼妻顧氏媳徐氏顧三十歲夫亡撫孤某長娶徐氏亦寡無子擇族子

時佐爲嗣顧旌年八十三

監生平永甯繼妻徐氏二十一歲寡絕粒誓死戚族勸止勤儉所積捐助祭田旌年五十八

陸起凡妻鄭氏二十三歲夫亡撫嗣子艮山成立旌年五十七

王嶧幹妻馮氏二十六歲夫亡旌年五十六

趙敘三妻劉氏夫亡撫孤守節旌年七十二

孫惟謙妻何氏二十歲適孫踰年夫亡撫遺腹子永成立旌年五十一

吳松妻趙氏夫早亡或脅之嫁趙不爲動旌年四十五

顧廷玉妻姜氏三十歲夫亡旌年六十一

顧莘耕妻蕭氏二十三歲夫亡子甫二齡翁以家貧令改適蕭赴水已死隣人救之甦因挈子歸依母家織紝共母撫育孤子旌年五十四、以上伊志

王載凝妻顧氏二十五歲夫亡奉事孀姑極盡孝養撫繼子承祧守節三十三年嘉慶五年旌

張承懿妻陸氏

郁攀龍妻呂氏

張家聲妻沈氏

周復溪妻劉氏二十六歲夫亡撫孤楨成立

錢夢蘭妻毛氏二十三歲夫亡無子撫姪爲嗣嘉慶六年旌

朱文煥妻奚氏二十一歲夫亡痛不欲生矢志不二撫從子廷昌爲嗣旌年七十六嘉慶八年旌

監生顧雲翮妻俞氏二十八歲夫亡遺孤幼殤撫夫從子爲嗣嘉慶九年旌司冊作十一年

生員王樹勳妻曹氏二十九歲夫亡撫姪爲嗣守節二十七年嘉慶十一年旌

陳榮光妻茹氏二十五歲夫亡勤紡績撫七月遺孤成立守節五十二年嘉慶十二年旌

王在中妻錢氏二十八歲夫亡苦節終身

陳典文妻楊氏二十七歲夫亡矢志不二以紡績度日教子繹勳成立以上嘉慶十三年旌

監生馬行龍妻王氏十九歲夫亡撫孤娶媳得延似續守節三十八年嘉慶十四年旌

徐儀可妻何氏十六歲婚甫八月夫亡撫襁褓姪爲嗣愛如已出嘉慶十五年旌

徐安貞妻何氏十七歲婚未及期夫亡事姑盡孝撫姪爲嗣

仇應乾妻陳氏二十一歲婚未及期夫亡苦志守節以上嘉慶十六年旌

監生陳疇妾楊氏廷策妻某氏楊二十八歲夫亡遺孤早殤撫姪廷策爲嗣廷策客死他鄉命媳撫姪孫大掞爲嗣兩世堅苦人咸稱之

沈煊妻邵氏二十七歲夫亡遺腹子又殤撫姪爲嗣克繼宗祧

徐廷璋妻吳氏二十八歲夫亡家貧子客山左獨支持家務至八十餘以上嘉慶十七年旌

郭甸安妻陸氏

生員王雯妻繆氏二十九歲夫亡訓子讀書營先世葬守節三十一年嘉慶十九年旌

監生顧聯妻許氏二十一歲夫亡子幼拮据葬夫守節四十三年嘉慶二十一年旌

監生方升妻畢氏二十七歲夫亡撫孤守節

甘輔文妻孫氏二十二歲婚甫六月夫亡撫嗣子成立

朱肯堂妻張氏二十一歲婚未及期夫亡撫姪爲嗣教養備至

監生呂祖渭妻張氏二十五歲夫亡守節撫子成立

朱煥妻張氏二十六歲夫亡撫四齡遺孤成立

張嘉玢妻朱氏二十一歲婚未期而寡爲舅姑營喪葬撫夫弟襁褓子爲嗣以上嘉慶二十三年

旌

張仁天妻顧氏二十九歲夫亡撫姪爲嗣事衰姑病不懈並營喪葬

沈全貞妻嚴氏十七歲夫亡撫姪爲嗣拮据爲舅姑及夫營葬守節四十九年

陳敬祖妻張氏二十七歲夫亡撫姪爲嗣營先世葬

戴大仁妻沈氏二十歲夫亡撫姪爲嗣如已出守節三十七年

李元亨妻潘氏二十四歲夫亡長子僅三齡撫以成立守節七十一年以上嘉慶二十四年旌

吳德裕妻周氏二十一歲夫亡撫姪汝楫爲嗣一如已出弱冠游庠

任時均妻張氏二十歲夫亡撫孤守節五十六年

朱桂義妻徐氏二十八歲夫亡撫姪爲嗣守節四十三年

朱文緯妻陶氏二十四歲夫亡撫夫兄子爲嗣教養兼盡以上道光二年旌

監生張駿發繼妻郭氏二十二歲夫亡撫嗣守節五十六年道光四年旌

朱宏坦妾胡氏宏坦在時立姪爲嗣及歿胡年二十二與嫡沈撫如已出

朱鳴鑾妻張氏二十一歲夫亡撫姪爲嗣經營喪葬守節四十一年

朱運昌妻富氏二十三歲夫亡撫嗣守節四十九年

王舜音妻沈氏二十三歲夫亡撫嗣守節三十一年

吳心耕妻陳氏二十五歲夫亡訓子成立守節三十七年以上道光六年旌

羅學朋妻姜氏二十五歲夫亡營舅姑喪葬撫五齡遺孤成立守節以終

顧景堯妻蔣氏二十七歲夫亡撫孤成立守節二十二年以上道光八年旌

朱繩武妻沈氏二十八歲夫亡遺孤僅七十五日撫育成立守節四十八年

張王佐妻吾氏二十七歲夫亡撫子成立守節四十年

沈嗣宗妻楊氏二十一歲夫亡撫孤教養倍至守節三十年

周樽妻姚氏二十七歲夫亡撫姪之炘爲嗣課孫以坤入郡庠守節二十八年

監生郭文嗣妻張氏三十一歲夫亡撫姪爲嗣守節四十二年

監生黃錫朋妻唐氏三十歲夫亡撫姪爲嗣守節三十餘年

黃世豐妻錢氏二十七歲夫亡遺孤幼殤撫姪爲嗣俾得成立

監生黃世華妻朱氏二十九歲夫亡遺孤旋殀以姪爲嗣守節二十八年

金容堂妻徐氏二十八歲夫亡撫二子成立以上道光十年旌

張占熊妻喬氏二十九歲夫亡撫孤成立營葬翁姑守節三十二年

監生郭聯介妻張氏二十六歲夫亡營葬舅姑撫姪爲嗣以上道光十一年旌

馬秉文妻薛氏二十四歲婚未期夫亡撫姪爲嗣并營葬三代守節三十六年道光十二年旌

監生查世謙妻陳氏二十九歲夫亡撫訓遺孤成立

貢生查有慶妻陳氏二十六歲夫亡堅守苦節孝事孀姑

陳星燦妻林氏二十九歲夫亡撫孤成立守節二十八年

陳天祿妻吳氏二十八歲夫亡撫孤成立孝養孀姑守節一十九年

監生張青照妻陸氏二十七歲夫亡守節三十六年

俞謀觀妻陳氏二十五歲夫亡撫孤成立守節二十八年以上道光十四年旌

生員張培風繼妻蔣氏媳黃氏蔣二十九歲夫亡撫孤教養備至聘養媳黃氏未婚而子殀黃矢志靡他與其姑共守貞以終

孫宇春妻李氏二十七歲夫亡遺孤早殀撫姪爲嗣

監生孫應輝妻陳氏二十九歲夫亡撫從子成立姑久病侍藥不怠

郁文元妻俞氏二十二歲夫亡撫姪爲嗣守節三十六年以上道光十五年旌

監生陳琪妻韓氏二十九歲夫亡苦節以終

生員張寶善妻俞氏 二十一歲夫亡撫姪成立治舅姑喪葬守節二十六年

陶裕亭妻張氏 二十九歲夫亡撫姪爲嗣教養兼盡

生員朱昌佐妻鄭氏 二十九歲夫亡撫孤守節四十五年

生員陳容妻朱氏 三十歲夫亡撫孤守節四十九年

監生王煜妻陳氏 二十三歲夫亡撫孤守節三十七年

查世勳妻朱氏 二十九歲夫亡撫孤守節四十年

生員張綸妻步氏 二十九歲夫亡撫嗣守節二十二年

生員董醕妻陳氏 二十歲夫亡撫孤守節五十年

監生沈景祺繼妻仇氏 二十七歲夫亡撫孤守節二十年以上道光十六年旌

翁關福妻李氏 二十九歲夫亡撫孤守節二十六年道光十七年旌

嘉興府志 卷七十四 海鹽節婦 十九

方璿妻相氏 二十九歲夫亡撫孤守節二十二年

蔣用霖妻陳氏 二十一歲夫亡撫孤守節四十年

監生朱岳鍾繼妻何氏 二十九歲夫亡撫孤守節十年

生員任飛鴻妻裘氏 二十九歲寡撫姪爲嗣葬舅姑守節四十七年以上道光十八年旌

朱維壎妻顧氏 二十一歲夫亡撫姪爲嗣

生員王朝輔妻方氏 二十九歲夫亡撫姪爲嗣守節二十五年

生員吳堃妻許氏 二十八歲夫亡撫姪爲嗣課讀成立

生員朱瑞梧妻陳氏 十九歲夫亡撫夫姪爲嗣守節三十八年

吾晉錫妻朱氏 二十九歲夫亡撫孤成立守節四十八年

舉人朱宗城繼妻徐氏 二十五歲夫亡撫孤成名守節三十四年

姜師孟妻陸氏 二十六歲夫亡撫遺腹子又歿復撫孫成立

朱謙繼妻王氏 二十六歲歸朱甫一月翁歿夫哭泣盡哀越三日相繼亡氏力營舅姑喪葬捐義田贍族撫前氏子如己出以上道光十九年旌

徐含英妻某氏

監生胡熤如妻沈氏 守節三十年學使卓給守貞履潔匾表之

生員胡芝生妻方氏 守節以終中丞烏給予冰霜勁節匾表之

朱五異妻張氏 二十五歲夫亡撫週歲孤天祿成立事翁及庶姑喪葬俱如禮守節六十一年

沈芬妻陳氏 十八歲夫亡撫孤成立守節五十五年學使彭以壽節匾額表之

陳素園妻王氏　陳蘭溪妻湯氏

吳以增妻馮氏　陸呲瞻妻顧氏

歸廷楨妻顧氏　朱葉氏

嘉興府志 卷七十四 海鹽節婦 二十

周殿相妻朱氏　富俊升妻沈氏

富大椿妻吳氏　王國炳妻錢氏

吳鳴大妻徐氏 二十八歲夫亡一子又夭積業屢貲營葬舅姑

奚廣聖妻顧氏 二十九歲夫亡子又歿紡織自給旌時已守二十七年

吳在天妻沈氏 二十九歲夫亡撫孤成立旌時已守四十七年

韓彝尊妻張氏 二十二歲夫亡矢志不二撫訓遺子成立營葬翁姑守節三十年

王開元妻吳氏 二十四歲夫亡養姑撫孤極盡心力旌時已守四十二年

生員夏廷芳妻吳氏 二十七歲夫亡撫孤成立治枲爲生旌時已守四十六年

陳敦元妻吳氏 二十八歲夫亡備極茶苦旌時已守四十二年

郁仁和妻孫氏二十二歲夫亡撫孤成立旌時已守五十八年

殷繩武妻董氏二十七歲夫亡撫孤營葬備歷艱辛旌時已守四十四年

周廷榮妻蘇氏二十九歲夫亡矢志守節一十五年

李樹蒼妻胡氏二十九歲夫亡撫孤成立守節二十六年

陸建章繼妻湯氏媳某氏湯二十八歲夫亡撫二孤成立長子旋歿與寡媳耕織爲生後其子及孫皆相繼去世人稱苦節

陸廣新妻徐氏二十九歲夫亡或誘其嫁矢志靡他人稱貞節

楊南言妾胡氏南言死撫嗣子守節三十餘年

生員朱桂俊妻方氏二十四歲夫亡撫二子游庠并營三世葬守節三十餘年

舉人鄭旦復妻李氏旦復卒於公車訃至氏一慟幾絕力救而甦復絕食數日姑曲勸慰乃進

食終以哀傷致疾卒

監生李大年妻朱氏二十五歲夫亡撫遺孤成立守節五十六年

蔣松亭妻沈氏二十七歲夫亡撫遺腹子姑老病氏勤紡織以奉湯藥康熙六十一年夏大旱翁患湯熱氏冒暑日往甯汲泉以供逾月而愈守節二十五年

周始聲妻孫氏媳楊氏一芝妻某氏孫十九歲夫亡遺孤甫月餘撫長婚娶旋卒與媳楊氏撫孫一芝楊氏守節十三載先卒氏爲孫授室得曾孫纔三月一芝又卒年逾六旬一門三節

朱某妻馮氏二十八歲夫亡守節三十三年

馬學顏妻吾氏二十四歲婚甫二載夫亡撫姪爲嗣拮据喪葬苦節不渝

任傳禮妻朱氏二十五歲夫亡撫姪爲嗣營葬其夫

李秦川妻徐氏二十歲婚未三月夫亡事姑盡孝守節三十餘年

陳韜書妻朱氏二十餘歲婚未期夫亡撫嗣守節至八十餘歲

徐德閏妻陶氏二十五歲夫亡無子撫姪爲嗣苦節終身

黃敦元繼妻鍾氏夫早亡課二子成立苦節以終

楊元音妻淩氏二十七歲夫亡撫姪爲嗣守節二十六年

徐德至妻馮氏二十七歲夫亡撫孤成立

符如松妻楊氏二十七歲夫亡矢志撫孤拮据營舅姑葬守節以終

張天瑞妻徐氏二十九歲夫亡遺孤復殤以苦節終

吾湖妻蕭氏二十五歲適吾湖歿于客事姑曲盡婦道守節三十餘年

陳廷釗妻俞氏二十七歲夫歿於商忍死撫孤守事姑維謹守節三十餘年

章彙征繼妻李氏二十七歲夫亡無子守節以終

朱端宸妻葛氏二十四歲婚未半載夫亡苦志奉姑守節三十五年

朱亦龍妻張氏二十九歲夫亡撫遺孤守節不渝

徐存修妻湯氏二十九歲夫亡以養姑撫幼自任守節三十一年

監生沈兆倫妾柴氏二十歲兆倫亡撫嫡子成立垂五十年

王于淵妻朱氏二十九歲夫亡撫孤成立守節不渝

王曾厚妾某氏生員于源妻朱氏妾奚氏曾厚曾任永昌司馬歿於任所妾某氏青年守志子于源又早卒朱與奚矢志不渝一門三節

吳許氏

顧湄妾胡氏二十七歲湄亡旌年五十三

何敦治妻莫氏二十八歲夫亡勤儉撫孤守節三十二年

監生王國昌妻張氏二十八歲夫亡子俱幼撫育成名守節四十六年

任必達妻張氏二十六歲夫亡遺二齡孤苦志撫育守節四十八年

生員孫維鋒妻唐氏三十歲夫亡撫二子成名守節十五年

貢生張詢妻朱氏二十八歲夫亡撫育遺孤守節二十四年

生員吳端妻張氏二十七歲夫亡孤方三齡撫育成立守節四十年

生員朱光鼇妻俞氏二十二歲婚未一載夫亡撫嗣子成立守節五十六年

韓瑞椿妻趙氏二十四歲夫亡勤儉撫嗣子成立守節三十四年

陸橫經繼妻富氏二十九歲夫亡遺孤甫三月是年冬後樓火同居娣姒皆趨避氏獨危坐翁之妾唐挾之出乃以孤畀唐曰陸氏不可無後娶也何之當畢命於此矣須臾風轉火至氏舍而滅至今宅猶存其半焉訓子鴻遵游庠食餼守節五十二年

張錫袞妻周氏二十二歲夫亡無子撫姪成名守節二十三年

千總馮應辰妻孫氏三十歲夫亡撫子成立守節三十七年

蔣式龍妻張氏二十九歲夫亡撫子成名守節二十四年

監生蔣瑜妾徐氏二十八歲瑜亡撫孤成名守節一十九年

唐有成妻沈氏二十三歲夫亡遺二齡孤撫育成立守節三十八年

孫曰嘉妻張氏二十八歲夫亡撫二孤成立長維鋼游庠守節三十六年

朱洸文妻金氏二十歲夫亡營兩世葬守節四十一年

朱洸潤妻彭氏二十七歲夫亡孝事舅姑守節二十六年

朱承謨妻李氏三十歲夫亡營葬翁姑以姪際華爲嗣課訓游庠守節三十九年

監生朱承修繼妻錢氏二十九歲夫亡孝事邁姑撫孤成立守節三十九年

生員張鶴騎妾陳氏二十三歲鶴騎亡撫嫡子成立已子毓林游庠守節四十一年

監生劉宗瀚妻周氏二十三歲夫亡撫姪爲嗣守節二十二年

朱瑞吉妻葉氏二十五歲婚甫一載夫亡撫姪成名守節二十七年

李玉相妻朱氏二十二歲夫亡守節五十二年

張廷弼妻吳氏二十六歲夫亡撫孤成立守節三十五年

張步曾妻周氏二十七歲夫亡守節至四十歲

李文照繼妻陸氏二十五歲夫亡撫姪成立營葬翁姑守節三十一年

李重光妻繆氏十九歲夫亡以姪爲嗣撫育成立守節五十一年

陸仲芳妻朱氏二十一歲夫亡以姪爲嗣教養成立守節二十四年

馮鈞妻俞氏三十歲夫亡撫遺腹子成立守節三十七年

馮沅妻陶氏二十九歲夫亡撫孤成立守節十四年

州同黃德中妻錢氏二十二歲夫亡遺三齡孤撫育成立教養兼至守節三十九年

朱純垣妻陸氏二十五歲夫亡撫孤成立守節三十年

知縣朱爕妾趙氏二十九歲爕亡撫孤成立守節三十二年

黃文漁妻戴氏二十八歲夫亡撫姪成立守節三十七年

徐復芝妻祝氏二十二歲夫亡撫姪爲嗣守節三十年

生員張謹繼妻孫氏二十二歲夫亡守節四十五年

副貢陳熙妻張氏二十七歲夫亡撫二孤成立守節二十九年

金三品妻蔡氏二十九歲夫亡撫孤成立守節四十七年

蕭爾祥妻支氏二十七歲夫亡撫孤成立守節四十四年

富翼豐妻李氏 二十三歲婚未一載夫亡撫姪孫以延嗣守節六十三年

楊釗妻沈氏 二十八歲夫歿於客氏撫孤成立命子濬遠尋骸骨歸葬守節二十四年

唐天賜妻戴氏 二十三歲夫亡守節五十三年

徐翰芳妻周氏 二十四歲夫亡守節四十二年

趙三棣妻喬氏 二十三歲夫亡織紝自給撫孤成立守節五十一年

柏宸銓妻戴氏 二十九歲夫亡撫二孤成立守節五十四年

劉錫邦繼妻郭氏 三十七歲夫亡撫孤成立守節五十四年

李皇風妻繆氏 三十歲夫亡撫遺腹子成立守節五十三年

王煥雲妻陸氏 二十一歲夫亡撫姪成立守節四十七年

沈在英妻方氏 二十八歲夫亡撫遺孤成立守節三十四年

徐士廉妻林氏 早寡守節教子成立艱苦備嘗

湯遠昭妻趙氏 十七歲婚甫一載夫亡氏孝事翁姑守節七十餘年

湯汝能妻許氏 二十八歲夫亡撫孤成立苦節自貞

湯靖山妻顧氏 二十三歲夫亡苦志守節

湯玉峯妻沈氏 二十餘夫亡守節至八十歲

鍾某妻陳氏 十七歲婚甫二載而夫亡守節至八十歲

湯留餘妻甘氏 二十四歲夫亡翁姑早世撫幼叔成立守節至六十二歲

湯紹文妻某氏 二十八歲夫亡訓子成家守節至五十八歲

周似坡繼妻張氏 二十五歲夫亡守節五十餘年

周錫成妻殷氏 二十二歲夫亡撫姪承祧

吳恂菴妻顧氏 二十七歲夫亡守節十五年

吳德璋妻陳氏 十九歲夫亡撫姪為嗣守節三十一年

吳士葵妻步氏 早歲夫亡矢守苦節以終

吳紹京妻徐氏 夫早亡守節終身訓子成家

吳峻峰妻崔氏 夫亡矢守苦節

朱祖安妻湯氏 歸朱五載夫病拮据調護經三載夫亡止遺一女憂悒成疾卒年四十

宋漢璜妻殷氏 十九歲夫亡撫遺腹子成名旋夭撫孫守節年七十三

李仁賢妻曹氏 二十五歲夫亡撫孤成立年六十五

趙曾三妻唐氏 婚一載夫亡撫姪為嗣守節至六十餘歲

陸正章妻朱氏 二十二歲夫亡守志不改歷三十年

袁某妻祭氏 十八歲夫亡家貧無子守節三十二年

余泰徵妻李氏 早寡撫子成立守節以終

馮師謙妾吳氏 二十三歲師謙亡矢志守節六十餘年

馮定國妾吳氏 二十三歲定國亡守節年八十八

生員吳君厚妻許氏 二十九歲夫亡奉事遺姑喪葬盡禮撫姪成名

生員吳尹耕妻查氏 二十八歲夫亡撫姪成立守節四十餘年

吳本履妻顧氏 二十九歲夫亡撫孤成立以苦節終

方淮妻楊氏 二十六歲夫亡撫姪成名并為翁姑及夫營葬

生員方浚妻吳氏 二十七歲夫亡撫妾陳氏遺腹子成立守節三十二年

陳雲儀妻吳氏 二十八歲夫亡守節三十餘年

陳堯天妻唐氏二十五歲夫亡遺孤僅二齡撫以成立

胡文思妻莫氏二十六歲夫亡苦節終身

胡廷瞻妻周氏二十六歲夫亡勵志撫孤守節

顧振元妻王氏婚十七日夫亡篤志守節五十餘年

生員顧任妻陳氏婚甫三載夫亡遺孤僅八日撫孤守節以終

顧宗維妻陳氏二十九歲夫亡家貧撫孤守節二十一年

敖載洪妻陳氏二十七歲夫亡撫姪爲嗣守節三十餘年

俞源妻翁氏榮妻韓氏翁二十八歲夫亡撫姪榮成立娶韓氏婚甫一載榮又卒時韓二十三歲撫遺腹子貽孫成立人稱一門雙節

胡若瑛繼妻顧氏若琯妻朱氏娣姒也顧二十九歲夫亡朱二十八歲夫亡安貧守

節迭撫其孤竭力營翁姑葬俱守節三十九年

胡茂林妻徐氏二十五歲夫亡撫姪爲嗣守節五十三年

胡恒可妻顧氏二十五歲夫亡撫姪爲嗣守節二十二年

王顯達妻褚氏二十八歲夫亡撫孤成立守節七十一年

王五峯妻鍾氏二十八歲夫亡撫姪爲嗣守節六十三年

金天爵妻沈氏金五妻顧氏金二妻張氏沈與顧娣姒也沈二十九而寡守節六十四年顧二十八而寡守節三十六年沈媳張氏二十三歲夫亡家貧紡織爲活一門三節

馬嘉瑞妻常氏二十八歲夫亡撫姪成名守節二十六年

王兌初妻錢氏二十一歲夫亡勞瘁撫孤守節四十八年

生員趙周彪妾蔣氏二十五歲彪亡撫彪從子成名守節四十六年

周聖隆妻張氏二十三歲夫亡撫孤成立守節三十五年

沈嵩嶽妻徐氏二十八歲夫亡撫遺孤成名守節三十九年

陸道崧妻張氏二十三歲夫亡事衰姑撫遺孤孝養兩盡守節五十八年

陳二妻沈氏二十三歲夫亡撫遺腹孤成立守節四十六年

俞玉輝妻趙氏三十歲夫亡守節二十二年

祝貽燕繼妻張氏二十九歲夫亡撫孤成立營葬舅姑守節二十三年

許德凝妻孫氏二十三歲甫婚而寡守節二十年

監生陳紹宗妾程氏二十三歲紹宗亡遺孤又殀撫嫡子成立守節五十七年

彭廷諫繼妻胡氏二十五歲夫亡事翁盡禮撫孤成立力營葬兩世守節五十七年

盛國卿妻莊氏二十八歲夫亡安葬翁姑撫孤成立守節四十二年

盛文漁妻顧氏二十九歲夫亡撫孤成立守節五十二年

顧繼皓妻汪氏二十八歲夫亡撫孤成立守節三十七年

顧宏勳妻沈氏二十六歲夫亡遺孤早殀竭力殯葬翁姑守節四十一年

顧宏烈妻朱氏二十五歲夫亡遺孤早卒守節三十六年

張錞妻楊氏二十二歲夫亡撫姪爲嗣守節五十五年

王曾發妻馮氏二十六歲夫亡守節五十六年

生員蔡有基妻徐氏二十七歲夫亡孝事舅姑守節三十一年

盧廷顯妻祝氏二十六歲夫亡撫孤成立守節五十餘年

朱祥和妻黃氏二十四歲夫亡婚甫五十日家貧無子苦節終身

朱懋煥妻顧氏二十三歲夫亡撫孤成立守節至八十一歲卒

方慶全妻沈氏二十九歲夫亡撫姪爲嗣守節二十六年

周大賚妻韓氏二十五歲夫亡守節至八十一歲卒茹苦

朱富年妻周氏二十二歲夫亡勤苦守節四十七年

朱龍壽妻湯氏二十九歲夫亡守節四十四年

陳乾貞妻徐氏二十歲夫亡孝事翁姑守節三十七年

朱金元妻湯氏二十二歲夫亡矢志不二守節至四十九歲卒

陳鳳池妻朱氏二十三歲夫亡撫子撫孫守節五十六年

徐德宣妻周氏二十三歲夫亡撫子成立守節三十四年

徐輔先妻李氏二十九歲夫亡苦節終身

徐得三妻吳氏二十九歲夫亡無子苦節終身

徐天昇妻姚氏二十九歲夫亡守節四十二年

徐思誠妻許氏早年夫亡撫子矢志至老不渝

徐慎思妻吳氏二十四歲夫亡守節至七十一卒

徐彬如妻王氏二十八歲夫亡守節三十二年

餘慶知縣祝櫓艮繼妻郭氏夫任貴州餘慶知縣任所娶氏時二十六歲櫓艮卒氏扶櫬歸葬撫孤成立守節以終

生員陳德宏妻吳氏天球妻吳氏姑媳雙節姑二十六歲夫亡撫孤天球成立旋殀媳吳氏時二十八歲撫姪孫瑛爲嗣俱茹苦終身

王紹成妻顧氏二十七歲夫亡守節至五十七歲卒

生員陳邦勳妻吳氏二十八歲夫亡無子守節終身

監生朱濤妾徐氏二十四歲濤亡孤甫四齡撫以成立守節三十三年

監生徐坤揚繼妻萬氏二十五歲夫亡守節三十三年

生員吳枚妻湯氏二十八歲夫亡無子守節以終

吳壽齡妻朱氏二十八歲夫亡守節二十八年

陳理安妻蔣氏二十八歲夫亡守節四十四年

職員鍾樂成妻陳氏二十八歲夫亡撫姪爲嗣守節三十九年

戈學言妻顧氏二十六歲夫亡孝事遺姑撫姪孫爲嗣守節至五十五歲

沈如金妻韓氏二十五歲夫亡守節至四十二歲卒

吳汝伯妻朱氏二十九歲夫亡苦節終身

吳心友妻蔣氏二十七歲夫亡撫孤成立年六十一

吳泰升妻王氏二十九歲夫亡苦志守節年六十五

吳德隨妻康氏二十九歲夫亡無子并無可嗣者撫一女長適名族年七十四

吳豫菴妻王氏二十八歲夫亡撫孤成立年五十六

吳文瀾妻陳氏二十七歲夫亡撫孤成立年五十五

陳蘭泉妻徐氏十七歲婚未及期夫亡矢志守節年七十三

戚燮妻馮氏十七歲婚數月夫亡孝養寡姑守節五十八年

李宏妻戚氏媳顧氏戚二十六歲夫亡撫孤既娶而歿媳顧氏撫孫成立守節四十五年

李天裕妻方氏二十二歲夫亡撫三齡子成立安葬兩世守節五十四年

陳基芳妻錢氏十八歲甫婚而寡撫嗣成立守節四十二年

監生陳紹基妻顧氏二十歲夫亡撫姪幼殤復撫姪孫成立守節四十七年

盛世桐妻錢氏二十七歲夫亡撫姪爲嗣守節十八年

徐軼羣妻許氏二十八歲夫亡撫遺孤成立守節五十三年

盛淇園妻陳氏二十九歲夫亡撫姪承祧守節四十五年

顧世榮妻崔氏二十六歲夫亡遺孤旋殀撫姪孫承祧守節五十二年

沈世球妻梁氏二十五歲夫亡撫姪爲嗣守節四十一年

周俊高妻陸氏紹基妻龔氏陸二十八歲夫亡撫孤紹基甫冠聘同邑龔氏未幾基卒氏聞訃奔喪守節繼姪爲嗣稱一門雙節

朱樹庸妻顧氏二十六歲夫亡撫二孤成立守節四十一年

任支默妻王氏年二十歲與伯氏凌氏兩寡相依守節五十三年

張朋來妻郭氏二十九歲夫亡撫遺腹子成立守節二十三年

步廷楨妻沈氏二十三歲夫亡紡績度日苦節至二十二歲歿

俞貽祥妻姜氏二十六歲夫亡撫孤成立守節三十七年

俞安印妻沈氏二十八歲夫亡撫孤成立守節二十五年

許邦懷妻顧氏二十七歲夫亡守節四十年

舉人徐肇遴繼妻朱氏二十五歲夫亡京邸食貧苦守冰霜五十一年

顧文龍妻孫氏二十歲夫亡守節五十七年

黃璠妻李氏二十九歲夫亡守節四十四年

監生劉元初妻徐氏二十七歲夫亡守節四十五年

監生顧世恒繼妻查氏二十九歲夫亡守節四十六年

顧德馨妻朱氏二十五歲夫亡守節四十四年

陳播堂妻沈氏鳳浦妻沈氏以姊妹爲娣姒並二十四而寡守節俱四十四年

殷念菴妻董氏二十三歲夫亡守節五十六年

贈中憲大夫朱珽之妾樓氏三十歲珽之卒撫遺腹子成立守節十七年

馮韶鈞繼妻陳氏婚未及期夫亡守節三十一年

張受穀繼妻朱氏二十七歲夫亡撫孤成立守節五十六年

顏擁年妻俞氏二十二歲夫亡守節四十六年

陸載華妻沈氏二十七歲夫亡守節五十四年

朱耀妻許氏二十七歲夫亡守節六十一年

任宗孜妻陸氏二十四歲夫亡撫嗣成立守節四十六年

俞思維妻朱氏二十歲夫亡立姪爲嗣旋殀撫姪孫成立守節六十一年

徐鑣妻顧氏二十八歲夫亡撫嗣成立守節二十九年

庶吉士董潮妻陳氏二十九歲夫亡撫三子成立守節五十三年

錢瑞玉妻陳氏三十歲夫亡事姑撫孤守節至四十五歲

羅學海妻林氏二十四歲夫亡撫姪爲嗣守節三十六年

俞玉海妻董氏二十六歲夫亡守節四十八年

祝杜妻李氏二十九歲夫亡守節二十九年

祝均妻鄭氏三十歲夫亡撫孤成立守節二十二年

祝儼妻錢氏三十歲夫亡訓子成立守節二十二年

祝梗妻陳氏二十六歲夫亡守節三十七年

錢臨妻李氏能詩適錢甫六月夫亡守節十年而終著有苕溪吟稿繡餘集

奉政大夫陸肇文妾劉氏十九歲肇文卒守節三十一年

監生陸肇夏妻朱氏三十歲夫亡撫孤成立守節三十二年

陳名德妻沈氏二十三歲夫亡遺腹四月撫孤成立守節二十三年

陳汝霖妻湯氏二十六歲夫亡守節四十八年

生員吳英妻朱氏二十九歲夫亡撫姪爲嗣守節五十二年

監生陳柏松妻俞氏三十歲夫亡守節二十二年

監生王建中繼妻賀氏二十八歲夫亡立姪爲嗣守節三十二年族中有鬻公產者出奩資贖之祭掃賴以不廢

黃克昌繼妻金氏二十五歲夫亡撫姪爲嗣守節三十七年

張聲宏妻步氏二十九歲夫亡撫嗣成立守節二十九年

孫輔成妻徐氏十八歲夫亡撫從子成立守節七十六年

李廷元妻許氏三十歲夫亡守節五十年

董襄妻莊氏二十二歲夫亡守節二十八年

湯應純妻屠氏二十八歲夫亡守節五十一年

孫丕基妻徐氏二十九歲夫亡守節二十六年

顧萬千妻孫氏二十九歲夫亡撫遺孤成立守節三十一年

蔣醇妾吳氏二十五歲醇亡撫醇兄子爲嗣守節三十六年

馬丕烈妻沈氏二十三歲夫亡營葬舅姑撫子成立守節二十一年

周鼎賢妻吳氏二十五歲夫亡守節二十九年

尹理傳妻朱氏二十九歲夫亡撫孤成立守節五十二年

楊南成妻盧氏二十四歲夫亡守節四十九年

張配天妻沈氏二十六歲夫亡撫遺腹子成立守節五十年

吳鼐臣妻陳氏二十四歲夫亡撫孤成立守節四十五年

吳明遠妻王氏二十三歲夫亡撫孤成立守節五十三年

徐嘉錫妻陸費氏十九歲婚三月夫亡撫姪成立守節六十三年

徐學泗妻崔氏二十九歲夫亡守節四十四年

徐介福妻江氏三十歲夫亡守節十九年

徐正言妻湯氏二十四歲夫亡守節六十五年

生員吳瀚妻朱氏三十歲夫亡守節三十一年

何醇治繼妻沈氏二十七歲夫亡撫孤成立旌年五十四

吳武中妻何氏二十八歲夫亡撫繼子成立旌時已守三十年

陸暹妻吳氏二十三歲夫亡婚未及期撫姪爲嗣旌時已守三十二年

舉人顧錫慶妻郁氏三十歲夫亡撫訓二齡孤成名旌時已守二十五年

生員馮桂馨妻李氏二十八歲夫亡孝事翁姑撫孤成名旌時已守二十五年

包元容妻徐氏二十六歲夫亡撫孤成立旌時已守四十八年

監生朱維熙妾徐氏二十九歲維熙亡遺孤甫離襁褓撫育成名旌時已守二十二年

李堯采妻俞氏三十歲夫亡撫孤成立旌時已守三十八年

蔣廷松繼妻張氏二十八歲夫亡撫孤成立旌時已守二十九年

宣永凝妻徐氏二十三歲夫亡奉養嫦姑撫姪成立旌時已守四十三年

張錫光繼妻吾氏二十九歲夫亡撫姪成立旌時已守二十二年

顧汝正妻何氏三十歲夫亡遺孤又殀撫姪成名旌時已守三十二年

吾耀寅繼妻顧氏二十九歲夫亡撫姪爲嗣旌時已守二十七年

監生唐得嵩繼妻石氏二十三歲夫亡撫姪兼祧旌時已守四十九年

陳艮能妻蔣氏嘉慶九年夫游幕病亡時二十九歲以紡績餘貲命子德林尋父骨歸葬旌時已守三十六年

王兆桂妻李氏二十八歲夫亡子甫二齡撫以成立旌時已守三十四年

生員李光祖妻祝氏二十七歲夫亡撫遺子並營翁姑喪葬旌時已守三十五年

謝瑞初妻吳氏二十五歲夫亡遺孤旋殀奉事老姑撫育嗣子旌時已守四十二年

監生徐正學妻胡氏三十歲夫亡撫姪爲嗣旌時已守二十一年

生員劉濬明妻盛氏二十九歲夫亡遺孤旋夭以姪爲嗣旌時已守三十三年

生員尤俊三妻顧氏二十六歲夫亡遺孤四齡撫育成立旌時已守二十九年

張星發妻戴氏二十九歲夫亡撫姪爲嗣旌時已守三十三年

鄔勝全妻何氏二十九歲夫亡撫姪爲嗣旌時已守二十九年

馬開榮妻吳氏二十九歲夫亡撫姪爲嗣旌時已守二十一年

陳岳妻陸氏二十七歲夫亡撫姪承祧旌時已守二十六年

朱誥妻錢氏二十九歲夫亡撫孤成立旌時已守三十八年

呂楨妻陸氏二十七歲夫亡旌時已守二十四年

馮聯薇妻周氏二十六歲夫亡撫孤成立旌時已守二十七年

鄭謙增妻繆氏二十五歲夫亡撫孤成立旌時已守二十七年

趙奎妻陳氏二十四歲夫亡撫姪爲嗣旌時已守三十年

柏文華繼妻周氏三十歲夫亡撫嫡子及己子成立旌時已守三十八年

朱成立妻孫氏二十五歲夫亡撫孤成立旌時已守四十七年

俞繼培妻沈氏十九歲夫亡旌時已守三十五年

程履亨妻朱氏二十九歲夫亡旌時已守三十五年

包德基妻張氏二十九歲夫亡旌時已守二十七年

胡人隆妻周氏二十二歲夫亡撫孤成立旌時已守五十一年

周謹堂妻張氏二十八歲夫亡旌時已守四十二年

張義妻蔡氏二十八歲夫亡撫遺腹子成立旌時已守四十一年

孫秉中妻朱氏二十五歲夫亡家貧竭力營葬翁姑旌時已守三十七年

周敏生妻馬氏二十九歲夫亡旌時已守三十一年

朱師濂妻趙氏二十八歲夫亡撫遺腹子成立旌時已守三十七年

張二妻顧氏二十二歲夫亡撫遺腹子成立旌時已守三十一年

朱維文妻龐氏二十一歲夫亡旌時已守三十三年

吳陛陞妻陳氏二十六歲夫亡撫孤成立旌時已守二十五年

監生黃徐馨妻賈氏婚甫六載夫亡旌時已守二十二年

姚長明妻張氏二十一歲夫亡旌時已守三十六年

金嘉珍妻姜氏二十六歲夫亡營葬舅姑撫姪承祧旌時已守二十七年

生員王路妻邵氏二十四歲夫亡以姪爲嗣營葬翁姑旌時已守三十二年

生員朱春生妻傅氏二十八歲夫亡敬事翁姑撫孤成立旌時已守二十六年

顧應先妻徐氏十九歲夫亡旌時已守四十四年

陶陛妻施氏二十四歲夫亡旌時已守三十年

周福凝妻李氏二十九歲夫亡旌時已守二十七年

生員沈蓮妻徐氏三十歲夫亡撫姪爲嗣旌時已守五十三年

俞玉岑妻聞氏二十歲夫亡撫姪孫爲嗣旌時已守四十一年

王維祺妻夏氏二十八歲夫亡撫孤成立營葬兩世旌時已守三十八年

陸福元妻程氏婚甫三載撫姪爲嗣旌時已守二十二年

吳敦宗妻顧氏婚甫一載撫孤成立旌時已守二十一年

張蘭珍妻陸氏二十六歲夫亡事姑撫孤旌時已守二十五年

韓肇奇妻楊氏二十八歲夫亡無子依食母家旌時已守三十六年

蘇紹良妻鍾氏二十七歲夫亡撫孤爲嗣旌時已守三十二年

畢長發妻陳氏二十五歲夫亡無子紡績度日旌時已守三十七年

盧丹蓉妻嚴氏二十一歲夫亡婚甫一載無子旌時已守三十二年

許寄生妻胡氏二十五歲夫亡旌時已守三十二年

吳與齡妻朱氏二十三歲夫亡旌時已守三十四年

李廷塏妻朱氏二十一歲夫亡撫子成立旌時已守三十五年

畢秀堂妻吳氏二十九歲夫亡旌時已守四十五年

吳會生妻陳氏二十五歲夫亡旌時已守三十五年

王元興妻徐氏二十六歲夫亡撫孤成立旌時已守三十四年

吳茂生妻王氏二十六歲夫亡矢志旌時已守四十四年

張瑤南妻劉氏二十九歲夫亡無子旌時已守三十九年

張文達妻顧氏二十八歲夫亡撫姪爲嗣旌時已守五十年

陳基大妻吳氏二十八歲夫亡撫姪成立旌時已守四十三年

沈元祥妻顧氏二十一歲夫亡撫姪成立旌時已守四十七年

吳璉妻顧氏二十三歲夫亡撫姪爲嗣旌時已守四十五年

周文丕妻陳氏二十七歲夫亡撫姪爲嗣旌時已守三十九年

徐鳴治妻陳氏二十六歲夫亡營葬翁姑旌時已守三十七年

錢容大妻李氏二十八歲夫亡家貧歸母家以織紝自給旌時已守二十八年

張廷榮繼妻徐氏二十八歲夫亡撫二孤成立旌時已守二十五年

監生趙澧妻富氏二十八歲夫亡撫姪成名旌時已守三十年

張德林妻干氏二十四歲夫亡訓子力農旌時已守三十五年

張錦堂妻徐氏二十九歲夫亡旌時已守二十三年

干毅妻朱氏二十歲夫亡旌時已守四十六年

董士灝妻崔氏二十九歲夫亡旌時已守五十二年

武生方以宬妻馬氏二十九歲夫亡訓子成名旌時已守四十九年

費香麟妻沈氏二十五歲夫亡旌時已守三十五年

陶文燦妻李氏二十三歲夫亡旌時已守二十七年

監生徐汝龍妾朱氏二十六歲汝龍亡旌時已守三十年

朱鏞妻徐氏二十四歲夫亡旌時已守三十年

李聿觀妻黃氏二十七歲夫亡旌時已守二十三年

萬連妻張氏二十五歲夫亡旌時已守三十四年

徐元貞妻宋氏二十二歲夫亡旌時已守三十六年

沈觀成妻徐氏二十六歲夫亡旌時已守三十六年

黃喬妻吳氏二十八歲夫亡撫孤成名旌時已守二十九年

徐涫妻俞氏二十七歲夫亡旌時已守二十四年

生員朱司勳妻周氏二十八歲夫亡撫孤成立旌時已守三十年

李倫階妻張氏二十九歲夫亡撫姪爲嗣旌時已守三十五年

姚魯瞻妻袁氏二十八歲夫亡旌時已守五十三年

莊履安妻張氏二十八歲夫亡撫姪承祧旌時已守四十四年

孫誠妻董氏二十九歲夫亡旌時已守三十年

黃祖恒妻陳氏二十二歲夫亡旌時已守四十年

張建唐妻莊氏二十九歲夫亡撫孤成立旌時已守四十五年

監生陳柏松妾張氏二十七歲柏松亡撫孤成名旌時已守三十六年

顧瑞興妻韓氏二十歲婚甫一載夫亡撫遺腹子成立旌時已守五十一年

張曉山妻馮氏二十九歲夫亡旌時已守二十四年

鄭灼妻張氏二十六歲夫亡旌時已守三十七年

陳陛陞妻葉氏二十九歲夫亡旌時已守二十餘年

李昌伯妻沈氏二十八歲夫亡旌時已守二十四年

胡光廷妻朱氏二十三歲夫亡旌時已守三十四年

程志沂妻吳氏二十八歲夫亡旌時已守二十三年

喬廷鑾繼妻陳氏二十九歲夫亡撫前子及已子成立旌時已守三十二年

監生葉以忠繼妻徐氏二十九歲夫亡撫孤成立旌時已守三十六年

金家璿妻陳氏二十九歲夫亡旌時已守四十年

監生朱震發妾黃氏二十四歲震發亡撫孤成立旌時已守五十二年

俞聖書繼妻朱氏二十九歲夫亡撫孤成立敬事翁姑旌時已守二十七年

張國祥妻金氏二十四歲夫亡撫嗣成立旌時已守二十七年

監生陳昀妻唐氏十九歲夫亡撫嗣守節三十二年

王某妻陸氏二十一歲夫亡矢志不二苦節終身

李芳鑑妻張氏二十四歲夫亡旌時已守三十四年

生員顧楣繼妻胡氏二十六歲夫亡守節旌年五十三

殷某妻管氏年及笄歸某不數載夫亡撫姪爲嗣矢志不渝

徐俊元妻周氏二十四歲夫亡撫子旌時已守二十九年　張履貞妻王氏

張宏進妻李氏　姚宏妻王氏

沈金成妻黃氏　徐彥揚妻張氏

黃肇雍妻何氏　朱佐妻陳氏

孫光鳳妻戴氏　吳撰臣妻鄭氏

王建斗妻董氏　仇士魁妻吳氏以上于志

徐岳謙妻干氏二十歲夫亡撫遺腹子成立守節三十年嘉慶二年請旌建坊

徐澄妻俞氏二十四歲夫亡撫孤成立並捐義田贍族守節三十三年

王敬忠妻黃氏二十四歲夫亡守節五十二年

監生錢學涵妻李氏二十九歲夫亡撫姪爲嗣守節四十九年

監生王思敬妾馮氏（二十二歲夫亡撫孤成立守節三十八年以上道光二十九年旌）
生員孫炁妻陳氏（二十六歲夫亡撫孤成名守節三十五年道光二十九年學使趙給匾旌獎）
生員湯際震妻丁氏　張履貞繼妻王氏
朱孔釗妻許氏　增生朱亮勣妻鍾氏
張名傑妻徐氏　張鼎妾糜氏
生員湯槐妻吳氏　教諭朱宗文妾施氏
儒童朱汝霖妻沈氏　儒童吾祖聽妻何氏
張名公妻趙氏　朱士鎔妻王氏
生員朱握彩妻何氏　朱之沅妻曹氏
廩生朱潛繼妻錢氏　陳元泳妻胡氏

朱從龍妻項氏　監生朱家楨妾俞氏
儒童朱藻傑妻陸氏　儒童朱欽偉妻張氏
朱鴻妻項氏妾曹氏　監生朱鐸妻倪氏
朱洸妻彭氏　張嗣昇妻許氏
湯澤妻祝氏　生員張炳妻莊氏
貢生朱之頤妻彭氏　朱景汾妻張氏
監生湯維妻吳氏　廩生朱份妻彭氏
監生朱擢妻張氏　生員朱景榮繼妻黃氏
生員朱文泓妾陸氏　生員朱保赤妻俞氏
監生朱立誠妻李氏　張且光妻莊氏

監生朱德徵妻方氏　生員張芳泳妻富氏
朱世德妻沈氏　朱樹德妻孫氏
儒童朱果馨妻錢氏　貢生張膽妾錢氏
李德培妻章氏　生員張世文妻朱氏
李錦濤妻任氏　生員張成大妻李氏
監生朱廷瓚妾曹氏　廩生沈周基妻徐氏
生員朱士恭妻沈氏　徐炎繼妻蘇氏
繆九道妻陳氏　朱泓妻王氏
生員朱宏澍妾劉氏　朱梓葉妻黃氏
李兆鼇妻黃氏　胡若瑄妻朱氏

增生朱德輝妻徐氏　朱廣熹妻陳氏
張重華妻方氏　教諭朱大齡妾金氏
儒童馬楣艮妻朱氏　張希文妻夏氏
貢生沈嘉澍妻顧氏　監生周慎思妻楊氏
生員湯齊繼妻李氏　徐德宗妻李氏
舉人朱丕基妾陳氏　張任遠妻曹氏
張炯妻楊氏　儒童朱正修妻鍾氏
繆龍元妻陸氏　周天柱妻喬氏
沈世基妻朱氏　李瑞麒妻周氏
朱廷章妻何氏　監生沈國瑞繼妻黃氏

徐元慶妻劉氏　張隆昌妻曹氏
張順昌妻王氏　朱之楗妻吳氏
朱得滏妻趙氏　朱德垓妻湯氏
朱昇妻印氏　朱皓繼妻張氏
朱焜妻韓氏　朱文熙妻鄭氏
儒童錢延觀妻吾氏　朱成龍妻仇氏
趙鳴岐妻黃氏　徐世祿妻王氏
朱寅妻黃氏　陸耕山妻崔氏
周一芝妻沈氏　監生楊世城妻唐氏
儒童陳艮法妻朱氏　生員朱鵬芳妾沈氏

生員萬肇坤妻馬氏　朱道本妻鄭氏
殷潛妻馬氏　儒童費光德妻王氏
陳理安妻蔣氏　張墀對妻朱氏
張暘龍繼妻殷氏　富兆鵬妻李氏
監生周廷相妻孫氏　鄭士高妻馬氏
監生朱世圻妾金氏　張義豐妻楊氏
監生張敏求妾黃氏　祝枚妻陳氏
王載霖妾董氏　生員張汝梅妻石氏
生員朱文輝妾王氏　朱九華妻吳氏
張煌妻李氏　鄭通也妻夏氏

儒童吾志學妻唐氏　朱元龍妻王氏
職員黃欽妻徐氏　朱得廷妻夏氏
儒童吳心傳妻顧氏　朱啟艮妻顧氏
監生葉莊妻洪氏　錢學周妻張氏
胡敦仁妻黃氏　儒童沈世金妻黃氏
監生李世基繼妻俞氏　俞本初妻翁氏
監生仇翊庭妻陸氏　生員鄭雙林繼妻張氏
監生吳汝梅妾沚氏　顧遵先妻郭氏
監生吳人龍妾張氏　戈夢蘭妻姜氏
朱毓祚妻金氏　朱咸亭妻俞氏

劉鴻逵繼妻郭氏　監生朱佩蘭妾葉氏
徐敦海妻蔡氏　朱廷朝妻諸氏
李元著妻陳氏　顏書城妻俞氏
張德固繼妻吳氏　監生朱成發妾謝氏
監生張天星妻富氏　儒童王履亨妻繆氏
黃蓉第妻陸氏　朱應基妻黃氏
曹茂仁妻沈氏　沈蘊輝妻潘氏
監生朱承基繼妻顏氏　沈世鍈妻楊氏
張新畬妻蔡氏　印文彬妻徐氏
生員朱瑞標妻張氏　吳楹妻任氏

鄭旋吉繼妻徐氏　儒童吳德樹妻李氏
監生許振麟繼妻張氏　生員陳焆妻畢氏
監生戴畬田妻徐氏　傅祥明妻吳氏
生員曹森妻章氏　生員張錫五妻黃氏
傅學昌繼妻陳氏　周官林妻許氏
張應曾妻陳氏　戈鼎元妻儲氏
高圻繼妻朱氏　儒童張步曾妻周氏
陶武林妻朱氏　朱維圻妻王氏
朱司民妻陸氏　戈敬章繼妻顧氏
儒童董紳妻王氏　張有蕃妻李氏

張邦憲妻鄒氏　附監陳祖受繼妻杜氏
馬韞輝繼妻賀氏　薛玉麒妻平氏
張心田繼妻俞氏　吳聚發妻張氏
孫嗣李妻殷氏　盛北堂妻王氏
張天福妻朱氏　殷起祥繼妻周氏
監生朱搢陞繼妻王氏　朱受基妻黃氏
顧德謙妻李氏　孫濂妻董氏
陸德麟妻金氏　富曉園妻沈氏
張廉妻徐氏　陸文清妻耿氏
生員陳錯妻何氏　儒童朱鏞妻徐氏

朱型妻龐氏　生員朱綸妻吾氏
監生劉秋泉妻周氏　儒童高豐嘉妻朱氏
儒童周藍田妻夏氏　武生郭春林繼妻宋氏
許春熙妻馮氏　張興餘妻陳氏
查世珍妻朱氏　張瑞華妻吳氏
張駕鼇妻陳氏　宣蘭芝妻潘氏
儒童朱昌逵妻尤氏　張鎮妻祝氏
張登寅妻莊氏　監生朱文坦妻黃氏
監生朱耕心妻張氏　何嵩三妻陳氏
馮映機妻陳氏　儒童朱聯鍔繼妻錢氏

儒童吾思義妻張氏　陳泗妻舒氏
生員畢應槐妻任氏　祝德修妻周氏
監生干珍妻屠氏　陶開科妻俞氏
監生孫日基妻陸氏　監生朱維鏗繼妻陳氏
儒童方師焯妻吳氏　謝可法妻沈氏
盧慶雲妻李氏　儒童王伯英妻陶氏
沈敦治妻張氏　楊玉成妻沈氏
儒童吳牧齋繼妻王氏　沈森桂妻夏氏
吳仁安妻陳氏　祝瑞璜妻朱氏
蕭天介妻許氏　陳堯春妻湯氏

陸賡篪繼妻蔣氏　監生朱伯壎妾杜氏
祝東凝繼妻楊氏　張佑正妻祝氏
葉紹裘妻孫氏　仇玉康妻黃氏
陶世榮妻徐氏　鄭天柱妻沈氏
孫曰堦妻張氏　王惠高妻顏氏
生員吳世基繼妻俞氏　沈雲鵬妻劉氏
蔡靄靚妻繆氏　富關通妻蔡氏
監生李祖功妻俞氏　陳榮昌妻王氏
生員費廷楨妻趙氏　祝鳳儀妾夏氏
夏文敷繼妻許氏　周克君妻張氏

周京之妻徐氏　徐長壬妻金氏
顧里仁妻蕭氏　鄭靖安妻胡氏
姜鼎元繼妻吳氏　朱正顏妻萬氏
馮在宏妻李氏　蕭匯貴妻徐氏
謝左村妻姚氏　徐士元妻董氏
沈茅山妻李氏　吳玉明妻羅氏
李子祥妻朱氏　周仁元妻王氏
鄭天魁妻胡氏　儒童徐酉山妻張氏
蔣自亭繼妻崔氏　葉儒珪妻王氏
監生陸在雲妻祝氏　蔣遇春妻朱氏

胡光廷妻朱氏　周永林妻徐氏
蔣泰封妻張氏　黃潤妻朱氏
生員周純熙妻顧氏　朱錫鈞妻高氏
儒童陳敬藻妻徐氏　姜恒和妻沈氏
儒童任孝曾妻鍾氏　潘和梅妻劉氏
朱鳳林妻諸氏　李廷堃妻朱氏
顧有祥妻沈氏　監生許嵩繼妻孫氏
張鴻儒妻陸氏　吏部員外郎朱蘭馨妾陸氏
沈桂發妻祝氏　陶湘南妻許氏
武生朱雲龍妻金氏　俞培宗妻沈氏

儒童錢奕嵒妻富氏　徐維崑妻朱氏
蔣鑑清妻邵氏　富大倫繼妻俞氏
儒童吳檝妻陸氏　張景山妻謝氏
儒童朱芸暉妻趙氏　葉端斯妻方氏
張應春妻朱氏　俞榮春妻韓氏
監生顧燧妾支氏　朱秀蓉妻徐氏
監生鍾良佐妾黃氏　包瑞凝妻陸氏
富薗妻虞氏　高達泉繼妻沈氏
陳尚餘妻王氏　儒童錢奕鑾妻顧氏
儒童李汝坤妻方氏　生員顧燮奎妻沈氏

王福元妻朱氏　徐進元妻朱氏
許同生妻朱氏　張成林妻倪氏
儒童錢奕岷妻吳氏　胡福壽妻吳氏
顧瑞鳳妾彭氏　李伯昌妻沈氏
金元奎妻曹氏　張步雲妻徐氏
張錫鑛妻沈氏　儒童鍾星榆妻陸氏
監生陸世連妾杜氏　李聿觀妻黃氏
朱涵妻李氏　儒童陳其恩妻舒氏
生員富斌繼妻徐氏　趙允文妻張氏
生員朱埏之妾胡氏　殷振揚妻李氏

張泰峰妻李氏　王麟書妻李氏
儒童陳育馨妻張氏　陸協豐妻顧氏
監生曹霽妾錢氏　任勝賢妻翁氏
楊慶墉妻王氏　監生徐學顏妻張氏
陸三元妻宋氏　何繼常妻陶氏
生員方駿妾陳氏　沈懷信妻孫氏
趙汝德妻陳氏　張如山妻陳氏
繆雲夔妻張氏　陳信尹妻吳氏
胡穎伯妻黃氏　監生呂槐妻朱氏
儒童顏鍏妻李氏　宣克嘉妻章氏

朱蓉鏡妻張氏　武生姚嘉瑞妻李氏
朱履坪妻費氏　鄧民尊妻董氏
李福元妻姚氏　孫日坊妻吳氏
陳敏生妻陳氏　蔣正興妻胡氏
張士仁妻楊氏　嚴進皐妻顧氏
吳乾吉妻鄭氏　監生朱浩妾宋氏
陳來章妾李氏　生員陳萬金繼妻倪氏
嚴德隆妻蔡氏　馮桂生妻丁氏
郭衡堂妻朱氏　儒童陳家修妻陸氏
謝燕堂繼妻淩氏　宣克猷妻張氏

生員徐文憲妾沈氏　朱墉妻周氏
監生李願然妾葉氏　儒童王德溶繼妻董氏
章世忠繼妻董氏　張蓉生妻陳氏
周維楨妾梁氏　陸銘妻徐氏
錢奕麟妻姚氏　吳紹芬妻劉氏
朱世潔妾王氏　吳蓉芳妻沈氏
詹雨發妻馮氏　朱祥生妻吳氏
儒童許世餘妻王氏　李誠妻蕭氏
儒童楊遹駿妻王氏　朱壽妻馬氏
黃師善妻周氏　祝學恒妻談氏

蔡升妻馬氏　周宗濂妻楊氏
潘文祺妾朱氏　生員湯澐妻周氏
儒童許福齡妻蔡氏　朱玉齡妻顧氏
姚泰階妻徐氏　陳順有妻郭氏
郭署卿妻胡氏　謝左才妻屠氏
陳松妻王氏　馮佩芳妻胡氏
監生沈清華妻孫氏　朱品亨妾陸氏
儒童孫宗炘妻沈氏　生員朱紘妻胡氏
王蘭生妻張氏　儒童祖同登妻王氏
陸可仁妻俞氏　張中諧妻陸氏

監生朱錫齡妻方氏　徐本清妻陳氏
按察司經歴張錦妻沈氏　陸二生妻周氏
生員朱猶龍妻祁氏　生員朱馨繼妻曹氏
貢生朱烈妾張氏　義烏訓導朱鳴謙妾張氏
州同朱淑文妾陸氏　監生張敏求妻陳氏
朱舫妻方氏　呂嗣祥妻吾氏
按察司經歴張誠妾孫氏　職監查藹人妻徐氏
朱玉麟妻趙氏　朱成妻王氏
沈壽山妻張氏　朱成蹊妻蔣氏
監生錢鼎彝妻李氏　劉聚龍妻徐氏

崔庚金妻沈氏　職員張同慶妻顧氏
儒童陳昶妻許氏　儒童朱維鏞妻楊氏
馬文玉妻葉氏　金蔚然妻支氏
張壽龍妻崔氏　生員徐純儒妻朱氏
監生陳熠繼妻朱氏　儒童曹世榮妻徐氏
姚宏緒妻蔣氏　陸雅堂繼妻馮氏
張錫麒妻富氏　朱文華妻姜氏
張春熺妻陳氏　生員鄭保滋繼妻朱氏
王蕙妻董氏　葉鳳徵妻沈氏
武生淩兆鵬妻姚氏　孫才元妻陸氏

陳松坪妻沈氏　姜志元妻張氏
韓香林繼妻許氏　周德馨妻王氏
儒童李肇奎繼妻朱氏　職員陳敬福妻朱氏
生員朱鍾貴妻周氏　生員方有壬妻吳氏
張秀岩妻周氏　監生張振綱妻朱氏
郭時和妻朱氏　朱本仁妻舒氏
儒童戴繩武繼妻林氏　陳坤妻董氏
蘇聚魁妻鍾氏　劉嗣桂妻常氏
嚴誠妻倪氏　儒童干耀湣妻沈氏
朱在稱妻褚氏　儒童任大來妻張氏

富慶增妻徐氏
謝慶雲妻周氏
朱士謨妻張氏
陳康凝妻沈氏
吳厚桂妻王氏
儒童徐松妻方氏以上道光二十九年旌學使趙光給予志潔冰清匾額
生員李儒鯨妻王氏
監生李有壤妻周氏
張洪德妻儲氏
李岱瞻妻徐氏

李鳳翔妻王氏
李士英妻徐氏
李焻繼妻王氏
李永仁妻詹氏
李平之妻徐氏
陸起元妻魏氏
監生李顯忠妻朱氏
李協蘇妻顧氏
吳士桂妻陳氏
李嗣和妻張氏

儒童朱止欽妻張氏
內閣學士朱方增妾張氏
儒童陳基泰妻朱氏
儒童查槃元妻徐氏
監生馮映璿妾馬氏
附監朱圯繼妻吳氏
朱萬言妻沈氏
張源忠妻陳氏
生員張元樸妻朱氏
生員李秉鈞妻吳氏
生員張應熊妻郭氏
張文榛妻曹氏
張觀光妻孫氏
李聖章妻姚氏
李延芳妻張氏
生員李用行妻林氏
李昌泰妻聞人氏
周兆隆妻陶氏
李開豐妻陸氏

貢生方敦廉妻陶氏
監生李鈞繼妻張氏
郁峯妻褚氏
李天祿妻夏氏
李鳳竹妻顧氏
李懋材妻徐氏
李峻華妻許氏
李行乾妻胡氏
李昌茂妻趙氏
李開元妻潘氏

李俊奇妻張氏
李國楨妻顧氏
李士榮妻吳氏
方湆庵妻王氏
許遠山妻沈氏
張濟洙妻孫氏
李太和妻顧氏
王芳根妻許氏
何治德妻沈氏
監生蕭爾祥妻支氏

李紹昌繼妻王氏
趙廷章妻莫氏
王聚升妻查氏
李士鴻妻張氏
李兆麟妻徐氏
李峻英妻陳氏
李椎能妻鍾氏
顧克昌妻李氏
李俊仁繼妻韓氏
李士昌妻夏氏
李功烈妻張氏
史大高妻宋氏
李振元妻黃氏
陳汝宣妻陸氏
李如柏繼妻田氏
李志芳妻沈氏
陳播堂妻沈氏
儒童張世榮妻陳氏
葉文彪妻陳氏
李長元妻沈氏

馬介惠妻沈氏　黃景升妻朱氏
任學洪妻陳氏　朱孔陽妻許氏
監生潘鈞衡妻陸氏　李文和妻魏氏
陳鳳浦妻沈氏　監生吳德鳳妻沈氏
鍾昌篘妻印氏　宣維人妻何氏
姜士楷妻吳氏　陸聲霆妻吳氏
生員曹森繼妻章氏　儒童陶聲宏妻顧氏
彭淩寒妻崔氏　李棠妻沈氏
李文雄妻徐氏　沈謹堂妻董氏
何建章妻孔氏　朱錫疇妻沈氏
監生郁荃繼妻姜氏　監生富世祿妾吳氏

周俊高妻陸氏　李師韓妻王氏
董周慧繼妻王氏　監生顧履陞妻萬氏
沈繼元妻吳氏　楊畬田妻敖氏
李廷貴繼妻曹氏　俞源龍妻陸氏
儒童姜補堂妻夏氏　儒童謝均賦妻俞氏
鍾永皓繼妻戴氏　顧祥發妻曹氏
富連陞妻朱氏　楊西成妻李氏
吳信芳繼妻周氏　生員顧兆鵬妾周氏
李森妾吳氏　張韡和妻陸氏

李德耀妻陸氏　駱倫輝妻陶氏
金人傑妻鍾氏　趙文富妻徐氏
監生李宗英妻顧氏　儒童陳敏生妻吳氏
朱時中妻馮氏　馬邦彥妻沈氏
謝繼枋妻張氏　張世新妻陸氏
邵履元妻范氏　朱永煜妻吳氏
陸蘭珍妻吳氏　布政司經歷富大成妾王氏
儒童馬金璋妻宣氏　陳星垣妻朱氏
夏賜福妻徐氏　監生郁鼙基妻孫氏
沈維翰繼妻陳氏　陳瑞生妻朱氏
布政司經歷朱昌穀妾王氏

姜振嘉妻費氏　儒童張賜珍妻黃氏
張玉嘉繼妻徐氏　曹玉成妻胡氏
李升吉妻張氏　王桂堂妻朱氏
監生趙澧妻富氏　陳鍔妻林氏
李家麟妻朱氏　杜士鴻妻沈氏
武生潘益清繼妻吳氏　朱三公妻陳氏
徐中和妻丁氏　王芬妻祝氏
莊以坤妻張氏　萬千波妻王氏
張泰妻朱氏　儒童顧繼勳妻王氏

儒童尤鳴鳳妻馮氏　徐爲珍妻金氏
王廷元妻潘氏　張美中妻姚氏
生員俞拱樞繼妻顧氏　唐維驥妻張氏
張德基妻馬氏　儒童朱嘉珍妻馬氏
周正仙妻高氏　汪昌祖妻陸氏
黃耀中妻嚴氏　馮馨榮繼妻王氏
金生妻郭氏　儒童陶馨如妻周氏
葉儒雄妻張氏　蔣長妻吳氏
儒童黃維鏞妻吳氏　宋文祥繼妻楊氏
黃賡和妻馬氏　胡芬妻沈氏

沈鳴球繼妻陸氏　李兆驥妾沈氏
張祖猷妻馬氏　姜翰藻妻顧氏
生員舒雲球妻顧氏　顧學文妻吳氏
監生張德坤繼妻蕭氏　陸驪龍妻曹氏
蔡彥文妻沈氏　湯時賢妻陶氏
姚烈宏妻鍾氏　儒童姜志學妻王氏
王商翰妻劉氏　陸鳳梧妻馮氏
監生張德坤妾丁氏　附貢生朱恒妾鄭氏
儒童吳馨培妻馬氏　武生陶上青繼妻仇氏
洪省成妻張氏　張德義妻任氏

仇士庸妻馬氏　薛秉鈗繼妻許氏
陸福元妻步氏　金泗麟妻顧氏
王翊懷妻萬氏　儒童富恩昭妻朱氏
王仲雲妻黃氏　沈珍奇繼妻張氏
王本立妻張氏　儒童徐鳳墀妻沈氏
李祖愛妻顧氏　徐甫妻張氏
州同朱來潼妻錢氏　知縣朱以誠妻徐氏
州同沈方塤妻馮氏　職員鍾樂成妻陳氏
職員周烈文繼妻宋氏　內閣學士朱方增繼妻沈氏
監生朱鳴珍妻張氏　張世昌妻何氏

朱正發妻富氏　生員顧德峻妾王氏
生員馬肇均繼妻陸氏　朱彩章妻查氏
葉宜庵妻錢氏　儒童馬金度妻印氏
周興妻徐氏　生員陳濬妻郁氏
張泉妻李氏　金應士妻馮氏
富浩妻陳氏　儒童諸嘉亭妻楊氏
金鳴階妻藏氏　朱賓林妻曹氏
徐邦基妻吳氏　巡檢張邦慶繼妻何氏
姚烈成繼妻朱氏　王家賓繼妻徐氏
生員王金鑑妻徐氏　麗文珩妻張氏

生員周之鈐妻陳氏　張琢齋妻郭氏

周蓮峯妻陳氏以上咸豐元年旌學使吳鍾駿給予志堅從一匾額　以上見請旌全錄未詳

事實

儒童朱紹基妻吳氏二十四歲夫亡守節四十二年

朱元明妻袁氏三十歲夫亡守節四十年

朱恒妻王氏二十八歲夫亡守節四十二年

趙文開妻朱氏二十九歲夫亡守節五十二年旌

儒童宋澐繼妻吾氏二十七歲夫亡撫遺腹子成立守節五十四年以上咸豐八年旌

俞肇文妻何氏夫早亡無子撫姪及冠又卒孝事舅姑守節五十二年同治十二年旌

監生任兆曾妻徐氏二十一歲夫亡撫姪成立現年六十六

監生徐淡如繼妻朱氏夫亡無子撫弱女二矢志堅貞葬夫嫁女守節四十餘年

儒童徐鏞妻張氏夫早亡撫姪成立卒年七十

屈錫圭妻朱氏二十七歲夫亡撫孤成立守節十二年

屈文照妻朱氏三十歲夫亡遺孤弱而多病撫養成立備極艱辛守節四十八年以上同治十三年旌

監生馮映璿妾馬氏二十三歲映璿亡守節四十二年

徐珩妻張氏二十四歲夫遭溺死撫姪成立守節五十四年

李厚和妻許氏二十一歲夫亡撫姪成立守節四十年

趙寶善妻宣氏二十七歲夫亡守節十二年

徐廷祥妻張氏二十三歲夫亡撫孤成立孝事翁姑及歿竭力喪葬守節六十餘年

吳源淵妻楊氏二十五歲夫亡孝事翁姑撫孤成立現年六十五

吳源崙繼妻萬氏十九歲歸吳甫四月而寡矢志堅貞現年五十九

屈銛峯妻姚氏

周啟人妻陸氏以上光緒二年旌

監生李有高繼妻徐氏二十六歲夫亡撫前氏子成立事姑甚孝

祝贇妻張氏二十四歲夫亡撫姪為嗣守節四十九年

顧文山妻沈氏二十八歲夫亡遺孤僅四月殂死撫孤孝養翁姑守節二十年

庠生張懷鈐妻王氏二十五歲夫亡家貧茹苦撫遺腹子成立

徐世甯妻王氏早寡撫孤成立家貧勤勞自給不受人周䘏

顧子安妻張氏二十一歲夫亡矢志守節無子奉老姑甚孝年二十八

徐家訓繼妻錢氏二十六歲適徐婚甫三日夫亡赴水遇救撫前氏子成立守節五十六年

儒童陳基惠妻張氏二十六歲夫亡撫姪為嗣事姑盡孝守節已四十年

儒童陳維雒聘妻周氏未婚夫亡哀痛成疾卒歸葬陳氏

徐開泰妻曹氏二十五歲夫亡孝養翁姑課子讀書茹苦得血症卒

候選鹽經歷陳熉繼妻金氏勤工詩畫夫亡暈絕復蘇父母以撫孤乃强起閱兩載卒

吳鳴皐妻徐氏二十九歲夫亡一子一女皆殤撫姪成立壽至八十一守節五十二年

趙厚亭妻宣氏二十四歲夫亡守節十年

吳沛然妻章氏二十七歲夫亡撫姪為嗣家貧性介不受人周守節十九年

朱以忠妻王氏三十歲夫亡守節五十年

候選州吏目朱嘉康妻趙氏二十七歲夫亡守節三十二年

吳泰來妻沈氏十九歲歸吳十二日夫亡守節四十八年
趙一亭妻沈氏二十一歲夫亡撫孤成立守節十五年
王惠季妻董氏二十三歲夫亡守節四十四年
朱疇康妻周氏二十九歲夫亡守節二十九年
廩生顧廷翰妻馮氏三十歲夫亡撫子成名守節二十餘年
生員王思地繼妻錢氏二十三歲夫亡撫孤振金未彌月教育成立守節三十三年
沈學德妻趙氏二十三歲夫亡無子撫養夫弟成立得延宗祀守節三十年
監生干昶年妻董氏二十九歲夫亡撫孤成立守節二十五年
李世懋妻干氏二十九歲夫亡撫二子成立守節三十三年
陳金聲妻周氏二十八歲夫亡孝事孀姑撫子成立守節三十二年

林奇麟妻顧氏二十八歲夫亡守節十三年
陳學詩妻許氏二十九歲夫亡守節二十七年
知縣沈起鯨妾陳氏二十二歲夫亡撫姪曾孫鶴聲爲嗣守節三十六年
徐履豐妻宋氏二十三歲婚閱一年夫亡無子守節三十六年
朱辰慶妻畢氏長慶性至孝嘗刲股療母疾尋卒畢時二十二歲守節已三十五年
朱黠妻方氏二十六歲夫亡撫孤成立善事舅姑守節已二十三年
陳維雝妻沈氏二十四歲夫亡撫孤成立守節已三十六年
候選州同顧煥章妻李氏二十四歲夫亡事孀姑盡孝撫姪成立守節已三十三年
馬天生妻儲氏二十八歲夫亡撫孤大昌成立道光二十九年學使趙給匾表獎現年六十六
生員王希韓妻朱氏二十九歲夫亡茹荼撫孤事翁姑盡孝現年六十七

鄒有昌妻劉氏二十七歲夫亡撫孤成立現年六十七
湯連元妻趙氏二十四歲夫亡撫孤成立現年六十六
朱熙成妻方氏二十二歲夫亡現年五十七
生員胡國泰妻陳氏二十七歲夫亡現年五十一
生員胡永清妻王氏二十六歲夫亡現年四十七
武生胡榮妻夏氏二十九歲夫亡現年五十五
從九品胡國鈞妻黃氏二十九歲夫亡現年五十九
陳韻香妻萬氏二十八歲夫亡現年四十八
胡文江妻王氏二十四歲夫亡現年五十七
鄭汝妻江氏二十九歲夫亡現年五十八

鍾含英妻盧氏二十八歲夫殉粵匪難矢志守貞現年四十一
吳希震妻李氏二十七歲夫亡勸翁納妾生子希賢未三載翁姑相繼歿李撫叔如子現年四十九
趙乘田妻顧氏二十六歲夫亡撫孤成立現年五十七
生員馬升墀妻俞氏二十九歲夫亡無子孝事翁姑現年六十六
儒童仇文暎妻吳氏二十七歲夫亡現年六十一
儒童王維鏞妻陳氏二十七歲夫亡撫孤成立現年六十七
何德聖妻馬氏二十九歲夫亡孝姑撫孤現年六十四
何德恒繼妻胡氏二十七歲夫亡孝養翁姑撫孤成立現年六十四
葛雅賢妻陸氏二十一歲夫亡茹苦奉長齋現年五十一
俞廉夫繼聘妻印氏二十七歲夫亡奔喪撫前氏二子成立現年六十三

楊鏡堂聘妻徐氏二十三歲夫亡奔喪守節現年六十三

張正元妻談氏二十四歲夫亡無子撫幼女守節現年五十七

金學龍妻錢氏二十歲歸金甫四月夫亡孝養翁姑現年五十

監生任鍾麟妻陳氏二十二歲夫亡孝事翁姑撫孤成立現年五十二

康思忠妻朱氏十八歲夫亡現年六十一

周嗣宗妻湯氏二十四歲夫亡撫遺腹子成立現年五十五

吳巨川妾沈氏巨川早年病瘵卒女君朱投繯死沈身任喪葬依庄伯兄家日食鐺底焦飯以活凡三年經營所事畢茹苦終身人稱雙節

張如昇妻王氏少爲養媳至二十二歲夫故姑欲嫁之卒不可矢志貞潔竭力奉姑守節五十二年

監生郁寅齋妻祝氏二十七歲夫故哀痛絕粒翁姑諭以撫孤延祀始進饘粥未幾遺孤又殤

痛郁氏無後乃勸翁納妾耐苦操勞婦兼子職守節已二十四年

農氏徐聚妻葉氏配匪擾居無子夫兄遺孤友檄撫奉宗祀長爲婚娶勤蠶桑始庇草屋繼造如舊里閈賢之現年四十五歲

徐元亨妻陸氏年十九夫故無子姑老家貧陸勤蠶織以養里中無賴逼改嫁陸憤欲投河以死自誓撫姪德凝成立

以上新纂

嘉興府志卷七十五

嘉興府知府普化許瑤光重輯

列女 節婦

平湖縣上

明

生員劉瀜妻馬氏十七歲夫亡翁欲奪其志百計挫之志益厲嘗閉門自經以救蘇翁陰約沈氏聘姑令女奴抱持納沈舟馬投河不得號哭呼天須臾風雨疾雷擊舟幾覆沈懼旋舟還之事聞於官官額之以老

沈宏妻平氏二十一歲夫亡姑亦早寡家貧或憐其少勸之嫁氏泣曰吾若改適老姑弱息將何託耶年八十九卒詔旌其門

生員胡善妻戴氏慶妻萬氏戴二十二歲夫亡無子萬二十七歲夫亡有一子一女紡績養姑姑歿萬之子亦死戴與萬益無依萬年七十一戴年七十五里人楊能疏於朝旌之

陸瀾妻宋氏二十一歲夫亡遺娠得男旋死父曰此天欲爾改行也宋誓死不從詔表其廬

張昊妻孫氏二十四歲夫亡姑陸老而喪明事之孝敬備至姑歿歸依父母守節十餘年嘉靖間旌

監生沈坪繼妻費氏維鑨妻陶氏維鑲妻陶氏費二十一歲夫亡截髮毀容矢無二志夫從子維鑨妻陶氏維鑲妻陶氏俱少年守節時稱沈門三節

主事俞乾繼妻張氏二十四歲夫亡闢一室懸夫像奉祖姑金同處其中時海寇入境張厲白刃置懷中人問之曰脫有急以此死耳守節三十餘年

胡天常妻陳氏二十三歲夫亡子甫一齡或諷之嫁陳曰我門有雙節如戴如萬至今誦之至我獨爲失節婦耶乃截髮矢志年六十六

馬曙妻沈氏二十五歲夫亡晝夜號慟翁年老不忍聞此聲沈乃抑情節哀年五十九

俞相繼妻姚氏二十歲夫亡撫嗣子可賢成立守節五十年前女適陳常道早寡同姚守節詔旌

過漆妻俞氏橋妻陳氏原妻張氏俞十九歲夫亡撫兄子橋爲後訓橋力學成明經橋妻陳氏早寡橋子原妻張氏又寡教孤庭訓成進士俞年八十三卒陳守節四十年張年七十九萬歷乙卯詔建三節坊

朱呈祥妻沈氏二十八歲夫亡力不能葬遇大風雨以傘覆棺上立侍其旁越三十四年始克葬焉

生員沈民表妻劉氏民志妻馬氏劉十九歲夫亡無子紡織自活年八十餘夫葬未備債年得金始克改葬有婢阿妹姓江八歲事劉長贅吳亘亘死不復櫛髮人呼爲銹頭有感於劉而貞也馬年三十舉一子夫亡艱辛四十餘年與劉稱雙節

朱傅妻倪氏二十一歲夫歿於楚族人欲奪其志手刃自刎邑令汪環給額表之年六十二

陸鐵妻力氏二十四歲夫死於讐慘被焚尸力一慟幾絶教其子倣孟復讐竟以叩閽得雪一女適金十九而寡依母以苦節終

懷棨妻潘氏二十一歲夫亡閉戶自經以舅亟救免孫所學登鄉薦年七十三卒事聞建坊

孫岳妻沈氏二十歲婚甫月夫亡守節四十餘年遠近共稱沈貞六娘云

生員楊相妻潘氏二十一歲夫亡不復櫛沐不履中堂孝奉舅姑年七十八

生員馬師尹妻戴氏適馬未期而寡遺娠生女翁姑爲贅壻以壻所生二子逢樂乾爲己孫教之俱爲諸生年八十四

倪光道妻趙氏夫亡遺腹子又殀提攜兩女守節三十年

生員姚筌妻顧氏二十四歲夫亡撫嗣子如已出守節五十五年

趙志完妻朱氏十七歲夫亡父母欲勸之嫁朱毀容矢無二志年四十九

張崇仁妻馬氏二十歲夫亡無子甘貧守節

生員鍾鳴震妻姚氏婚半載夫亡無子守節三十年

朱彩妻吳氏婚二年夫亡翁姑諷之嫁吳劓目翦髮誓無二心年七十一邑令謝良弼表之

生員孫官妻劉氏同祖妻盛氏官亡子同祖尋歿劉僅二十歲盛年更少時家人促避倭寇婦姑斷髮翦爪曰賊至有死耳誓不越闔盜至劫囊橐去兩人伶仃守節者三十年

陳常道妻俞氏贈光祿少卿泰來妻沈氏俞二十歲夫亡無子欲身殉者再伯姒泣止之以其子二典爲之嗣孫泰來弱冠登進士以言貶竄死妻沈氏亦守苦節十年先後詔旌

生員孫洪範妻沈氏二十三歲夫亡繼姑頗悍待沈不以禮沈曲意承順守節四十餘年其姒吳氏張氏亦慕義矢志人以爲皆沈氏所感云

徐洪妻楊氏二十四歲夫亡生子悅甫四齡事祖姑翁姑甚孝年六十六

馮春暘妻陸氏夫亡遺娠子又殤翁憐其單寡以幼女女之擇壻陸鏊成進士疏陸苦節詔旌其門翁有側室顧氏後守節與陸同女郎顧所出也

馮璵妻馬氏十八歲夫亡姑病翦肉和藥進之病立瘥年八十六卒事聞詔建坊

生員郭山妻陳氏二十七歲夫亡雙目俱瞽以子求舌舐復明年八十四卒奉詔建坊

王誠志妻朱氏夫亡撫姪維紀爲嗣年八十

馮叔原妻沈氏沈維銀女十九歲夫亡止一女撫以守節年五十三

生員鍾鳴升繼妻沈氏維銀次女二十七歲寡事姑甚孝撫前子成純倍極愛護年六十二

陸臺妻顧氏十九歲夫亡遺腹子成立年八十二

生員陸邦俊妻蔣氏二十六歲夫亡無子守節五十四年

生員鄔科妻馬氏二十三歲夫亡翁姑衰邁織紝以供甘旨守節數十年

姚文治妻陸氏十九歲夫亡躬織紝以膳姑守節六十年

王楝妻周氏二十一歲夫亡撫育二女朝夕坐臥柩側守節五十五年

生員陳治安妻袁氏十九歲夫亡子又早世復撫一孫守節六十一年

生員施應期妻鍾氏二十三歲寡絕粒七日姑勸慰之乃進食依夫從子紹芳守節五十餘年

生員楊日淸妻過氏媳顧氏過二十八歲夫亡事翁撫子俱出自手績年八十餘卒婦顧氏亦以節著

贈員外馬汝賢妻沈氏夫以隆慶丁卯登第後遽亡孤明瑞甫六齡督課甚嚴年七十五

時勳妻趙氏夫早亡無子守節三十二年

陸爃妻楊氏二十一歲夫亡家貧訓子及孫成立守節五十餘年

李文東妻沈氏二十八歲夫亡無子守節五十七年

監生張恒吉妻馮氏三十歲夫亡遺孤楚魁尚幼上事庶姑中撫諸叔內外無間言年五十七

生員喻堯欽妻趙氏二十歲夫亡有勸他適者嚙血鬊髮誓無他志

喻應麟妻莫氏二十五歲夫亡家極貧以孝經日授其子泰徵道徵年八十餘

王思忠妻過氏二十九歲夫亡無子族人覬覦堅不爲動守節三十餘年

生員沈忠燦妻馬氏二十三歲夫以嘔血亡矢志撫孤守節五十年萬歷三十八年邑令喬表其門

俞二妻李氏夫亡子殤爲張酉陽女乳媼少寡李綜理其家務年七十餘

曹一烱妻王氏十九歲夫亡姑病朝夕祈禱姑病篤諭令自便王終無二志年七十餘奉詔建坊

馮陳氏馮三鑑母二十一歲夫亡姑老家貧紡績不怠姑歿親爲覆土隣人助之乃克葬年七十四

張行倫妻陸氏二十四歲夫亡家貧撫孤成立守節五十一年

陸基視妻曹氏十九歲夫亡初夫好游俠曹每泣諫不從及歿以死自誓守節四十年子上銘又殀

呂治妻屠氏二十八歲夫亡事舅姑撫二子守節三十八年

生員劉垣妻俞氏二十四歲垣亡撫遺孤成立守節三十八年

張觀吉妻沈氏二十九歲夫亡遺孤應瑞甫週翦髮爪貯棺誓死無二年六十餘

顧薛氏十九歲夫亡無子家苦貧自食糠粃以甘旨奉姑人稱其孝

馬之驊妻張氏二十五歲夫亡孝事其姑勤課諸子守節數十年

生員朱家杜妻沈氏二十八歲夫亡無子以所居爲朱氏世祠以已產供墓祭守節三十六年

沈紹侃妻黃氏二十歲夫亡家貧無子藉十指以給守節四十餘年

陸大權妻馮氏夫早亡無子生姑胡相繼歿殯葬盡禮守節數十年

蔡曹氏蔡炳勳母十九歲夫居父喪毀瘠卒氏力營夫葬守節三十一年陸應陽爲傳

沈俞氏俞金女十六歲夫亡無子依父母以居守節七十年

生員俞懋賢妻劉氏二十四歲夫亡撫嗣子允承成立

孫汀妻張氏二十七歲夫亡子枝茂甫四齡勤督就學年七十三卒未葬值火災枝茂撫棺號哭火尋滅人咸謂節孝之感

生員陸萬陵妻吳氏夫亡子大祺哭父死吳親負土以葬隣孀百計迫脅截一指拒之年七十

張納繼妻紀氏二十一歲夫亡歲大饑兄紿歸將以另適紀不從持刀負子而逃連夜行二十餘里抵家力撫其孤成立年八十二

宋秀妻金氏二十八歲夫亡年八十二通判劉表其門

監生沈瑞盤繼妻陸氏二十九歲夫亡事姑撫孤守節二十三年

生員沈瑞鑾妻張氏夫亡守節邑令賴玹表曰節壽

孫獻策妻金氏夫早亡撫二孤至七十卒邑令羅表其門

楊悌繼妻褚氏二十七歲夫亡二子慶序皆幼悌前妻徐生二子謀壓之席捲其貲褚朝夕流涕課子成立年七十八

陸潤黻妻林氏二十四歲夫亡子樸既婚又歿林與姑倪氏姒張氏子婦朱氏並嫠居守節

毛應鑾妻沈氏二十八歲夫歿於嶺海翁姑繼歿家極貧撫遺腹子至六十卒崇禎間旌

生員沈猶龍妻孫氏符妻孫氏婦姑雙節姑二十一歲夫亡訓子廷史柔符成立符妻孫氏亦二十一寡年七十七詔旌其門

陳紫垣妻陸氏二十七歲夫亡七日不食父強起之破衣垢血五十餘年

沈宏恩繼妻龔氏二十三歲夫亡年八十四邑令蕭鳴甲表之

全官妻陸氏二十一歲夫亡年七十八邑令羅尙忠表之

吳大成妻吳氏夫早亡守節四十餘年監司霍鼇院雷並表其廬

檢討屠象美妾楊氏象美死於兵諸姬竄去楊獨矢志撫孤爲女傳以終

張廷瑚妻沈氏二十歲夫亡遺孤泚事母盡孝年逾七十

陸光耀妻陳氏婚三載夫亡孝事舅姑撫遺腹子成立守節五十餘年

胡培妻劉氏二十一歲夫亡紡織養姑守節五十一年

陸啟溶妻曾氏二十七歲夫亡哀慟失明年七十一

生員沈麟徵妻徐氏夫亡遺孤彪甫七月翁姑相繼歿徐拮据營葬守節四十六年

嚴詠妻陸氏二十八歲夫亡遺孤簡方五齡辛勤撫育成立年八十五學使陸舜表之

張維成妻倪氏夫亡子甫三月撫育成立得襲乍浦所鎮撫邑令齊表其廬

彭夢杞妻顧氏二十二歲夫亡子之傳未晬族人逼之嫁矢志不從事姑甚孝守節五十年邑令龐霖表其門陸之祺爲墓志

生員姚世植妻莫氏三十歲夫亡事姑極孝年七十五

舉人沈杞楨妻鄭氏十七歲婚夫舉於鄉越歲死守節六十年

馮幼舒妻吳氏二十六歲夫亡家貧無子織紝營葬守節三十三年

馮耀晟妻謝氏二十九歲夫亡撫孤堯詢成立守節三十年

馬維德妻孫氏夫早亡撫遺孤守節五十餘年

生員俞恩光妻嚴氏夫亡撫孤守節三十餘年詔旌其門

生員袁萬域妻唐氏養醑妻沈氏妾林氏唐十九歲夫亡遺孤養醑甫六月撫育成立娶婦沈氏早寡妾林氏生二子俱在襁褓姑婦苦守五十餘年人稱袁氏三節

乍浦千戶王璽妻馬氏夫亡撫子鏜成立後鏜以忠義顯馬與舍餘劉環妻李氏並以節旌

生員沈吳麒妻洪氏夫亡守節四十年

生員張叔覞妻朱氏夫亡守節四十三年

御史陸淸原妾夏氏崇禎壬午淸原殉難夏年十九無子女聞訃痛哭守節四十餘年慈溪王治皐爲之立傳

趙壁妻沈氏二十九歲夫亡有諷以易志者即以刀斷其髮遂無敢言年八十一

沈爟妻劉氏二十七歲夫亡遺腹生子地事母有孝名

貢生屠鈺妻許氏妾孫氏生員景彥妻陸氏贈行人司行人桂徵妻沈氏生員晉妻張氏鈺卒嫡無出撫孫所生子長景彥次晉如己出孫事許如母俱守節二十七年陸氏夫亡子桂徵尙幼教養成立守節三十六年沈氏夫亡子象美尙幼撫之成立守節二十七年後象美成進士官行人崇禎甲戌具疏題旌一門五節焉張氏夫亡無子守節三十九年

俞喬杏妻沈氏泰昌年旌　俞南都妻陸氏嘉靖年旌

俞喬榻妻莊氏萬歷年旌

國朝

陸韜妻徐氏二十六歲夫亡子秉衡甫週歲翁姑喪克盡孝道守節三十六年康熙四十四年旌

趙永吉妻施氏事姑以孝稱姑死夫以哭母亡施時二十五歲哀毀絕粒其母勸撫孤乃強食撫姪良爲嗣守節五十年

何士彥妻張氏二十四歲夫亡撫孤肇昌成立守節四十八年

沈仰日妻陶氏二十五歲夫以哭生母毀瘠亡陶撫子順岫成立謹事嫡姑年六十七以上康熙四十五年旌

贈檢討嚴峕妻劉氏十八歲夫亡遺腹生子思位值歲饑日織一布易米數升雜糠粃食之以經書口授其子守節四十二年康熙五十年旌

貢生程溥妻戴氏二十六歲夫亡絕粒三日舅姑年老孝養純摯子本毓仕至宣化同知康熙五十二年旌

生員何士傑妻王氏婚歲餘夫亡生女方五十日姑歿獨任殯葬守節四十餘年康熙五十六年旌

生員方鼎鉉妻周氏二十九歲夫亡事孀姑以孝撫孤嶓源成立其舅氏萊某遺一女孫少寡周賙䘏之年六十三

張天祺妻陸氏十八歲夫亡撫八月孤瑛以延一綫康熙戊子歲饑設糜濟貧守節三十三年以上雍正五年旌

趙晉錫妻胡氏二十六歲夫亡子雲會早世率其婦課孫之𢿱亘珏爲諸生年七十

生員張渭妻金氏二十八歲夫亡事姑沈盡孝撫四齡孤梴成立年八十八

唐緯修妻顧氏二十三歲夫亡無子撫夫從子徵鳳及長爲夫營葬日吾事畢矣遂寢疾卒守節三十三年

何兆柟妻曹氏二十九歲夫亡事翁姑以孝聞撫幼孤慈嚴備至以上雍正六年旌

生員王肇基妻陳氏二十三歲夫亡翁姑旋歿力營喪葬撫孤朝正成立守節五十七年雍正七年旌

鮑匡衡妻吳氏二十一歲夫亡孝事庶姑伯氏家落視其子不異己出獨爲翁姑營葬守節四十年

贈糧驛道高軒妻王氏二十四歲夫亡事祖姑及翁甚孝訓子衡嚴而有法守節三十二年

徐國榮妻方氏十八歲夫亡遺腹生子玉瑞姑病晝夜侍奉日不交睫者百日及病革連稱孝婦者三乃絕守節五十三年以上雍正十年旌

張瑋妻潘氏二十九歲夫亡奉舅姑孝教子讀書守節三十年

陸彪勳妻張氏二十二歲夫亡守節四十五年以上雍正十一年旌

過澤治妻時氏二十八歲夫亡二子崧㞕俱幼撫育成立年七十三

楊炌妻沈氏二十七歲夫亡撫孤九雲成立女適沈南英亦早寡沈年七十九

沈南英妻楊氏十八歲夫亡無子撫夫從子爲嗣年七十九

張天佑妻朱氏二十一歲夫亡撫姪八鳳爲嗣年七十三

生員陸潚原妾張氏二十六歲潚原亡生子不育或微諷之氏曰婦人從一而終無論妻與妾也守節三十三年

監生洪士亘妻李氏二十九歲夫亡子燿甫三齡守節三十餘年

生員沈不負妾朱氏二十九歲不負亡課子方蕙讀書爲諸生克繼父志守節三十三年

張兆枚妻嚴氏 二十一歲夫亡事舅姑以孝撫姪士煒成立年六十三

屠德允妻何氏 二十一歲夫亡無子孝事翁姑守節四十餘年以上乾隆元年旌

生員吳光遠妻馮氏 二十一歲夫亡撫嗣子琨年六十八

沈貞侯妻胡氏 二十二歲夫亡無子以夫從子人儀爲嗣年六十五

陸輝佳妻沈氏 二十四歲夫亡絕粒五日將死殉本生母過氏泣而止之後五載營葬翁姑立夫從子廷襄爲嗣年七十一

貢生沈承泗妻陸氏 二十五歲夫亡善事舅姑撫孤廷棟守節四十年

李唐侯妻高氏 二十歲夫亡無子撫夫從子其昌成立翁歿與姑蔡相依以孝養稱年六十五以上乾隆二年旌

鮑秉寬妻程氏 夫游海陵客死時程二十九歲撫五齡孤連稍長即命扶父櫬歸葬年八十一

沈纖妻謝氏 二十歲夫亡閱三月遺腹生子金莖撫以守志年五十一

趙文元妻周氏 二十七歲夫亡子俊仁尚幼獨支門戶營葬翁姑年七十一

贈布政司經歷沈圻妻陸氏 二十七歲夫亡姑陸嬰疾奉侍湯藥晝夜不倦撫孤子綸成立年八十一

監生張培源妻陸氏 二十七歲夫亡事姑倪盡孝撫五歲孤雲錦成立守節三十年

監生姚宏遠妾陸氏黃氏培齡妻張氏 宏遠死時陸年二十八黃年二十二繼姑童年邁二人左右扶持不懈陸生子培齡娶婦張氏亦少寡世稱雙節以上乾隆三年旌

程光福妻黃氏 二十一歲夫亡撫嗣子大林成立守節五十餘年

周明道妻張氏 二十歲夫亡事舅姑以孝迎養父母沒齒不衰撫夫從子宗瑚爲嗣守節四十四年

生員陸垣妻林氏 二十九歲寡事姑孝性嚴正訓子祖錫有法年五十二以上乾隆四年旌

施堪妻倪氏 二十九歲夫亡遺孤欽瑜早世復撫諸孫年七十五

生員陸芳璨妻沈氏 二十一歲夫亡撫孤大復王孫皆成立有文名年七十九

徐孚吉妻王氏 十八歲夫亡孝事翁姑撫夫從子松爲嗣迄於成立守節五十餘年

生員陸墉妻林氏 二十四歲夫亡子天錫甫週教養成立後領鄉薦

沈源昌妻陸氏 二十二歲夫亡孤子垣生甫四月守節二十餘年以上乾隆五年旌

曹念祥妻李氏 二十三歲夫亡哀痛絕粒累日事姑周孝訓子永昌極嚴年八十三

唐洪學妻俞氏 二十一歲夫亡痛翁姑早逝祭必豐潔爲嗣子克與擘畫婚娶人咸稱之

倪洵庚妻張氏 二十三歲夫亡遺子本甯甫帀月舅姑歿張率兩媳拮据喪葬年五十四

倪洵甲繼妻鍾氏 二十四歲夫亡撫前子彰采有恩彰采亦以孝聞孫見龍成進士年六十

張秋鑑妻楊氏 二十二歲夫亡遺孤垂裕甫二齡矢志撫育孝事舅姑年六十四

徐惟垣妻沈氏 十九歲夫亡無子撫夫從子欽成立守節三十六年

生員倪廷鳳妻金氏 二十七歲夫亡遺子二希祐早世孫垣領鄉薦守節三十二年

楊純中妻倪氏 廷鳳女也夫亡守節

林勝先妻謝氏 二十三歲夫亡守節三十餘年以上乾隆六年旌

施明焻妻陸氏 二十八歲夫亡遺子堪望俱幼其持家訓子一以姑俞氏爲法年六十四

監生施滂妻陸氏 二十七歲夫亡撫二孤榮城成立舅姑老且病陸侍湯藥等不倦年七十

監生徐宗渭妻屈氏 二十九歲夫亡子國柱廷柱皆入太學士杓游庠年八十七

監生錢永昌妻馬氏 二十六歲夫亡撫嗣子繼業營葬翁姑及夫守節三十餘年

生員馮元鼎繼妻丁氏 二十五歲夫亡事翁及庶姑甚謹撫前子大溶有恩守節二十餘年

生員張天裕妻劉氏 三十歲夫亡子驥曾廷標相繼歿乃以夫之從孫敬闕希閭爲嗣孫守節

三十一年以上乾隆七年旌

朱士選妻張氏二十三歲夫亡以夫從子紱爲嗣父歿無後歲時祭墓弗替有妹嫁於殷貧甚周卹備至年七十七

張嗣森妻徐氏二十八歲夫亡家貧僅存田四畝事姑楊盡孝撫孤日炎成立年八十一

生員沈玧玉妻張氏二十四歲夫亡子修齡生甫六月張將絶吭死舅姑泣止之年五十五

監生陸秉琪妻林氏二十七歲夫亡以夫從子時煒爲嗣孝養舅姑娣姒間無間言年七十二

紀嗣龍妻朱氏二十二歲夫亡撫孤善長守節五十餘年

朱泗妻許氏二十九歲夫亡遺二孤長御藩早歿次昇任太醫院守節數十年以上乾隆八年旌

楊聲垂妻劉氏二十五歲寡翁姑邁夫弟楷又幼劉積儉置田資楷娶婦後以楷子爲嗣年五十六

監生陸秉謙妻許氏妾韓氏夫亡時許二十六歲韓二十一歲無子撫夫從子焜爲嗣同守節三十餘年

馮搏始妻陸氏二十八歲夫亡止遺三女撫嗣子枚愛如己出御婢僕以恩有過未嘗訶責年七十長女適俞亦以節著

沈漢侯妻錢氏二十四歲夫亡事舅甚孝撫孤繼源守志年四十九

孫尚涵妻吳氏二十四歲夫亡子楷甫六月矢志鞠育年七十四以上乾隆九年旌

徐德隅妻張氏二十四歲夫亡家貧日操作以奉舅姑及歿營葬依夫從子培廷守節三十年

奚佺妻曹氏二十八歲夫亡撫孤成立孫蘭弱冠爲諸生守節五十八年

戴凌皐妻姚氏二十四歲夫亡舅繼歿姑復病夫弟又瞻尚幼百計支撐門戶晏然守節三十餘年

孫思孝妻馬氏二十六歲夫亡撫夫從子次典守節三十年以上乾隆十年旌

戈洽枚妻呂氏幼喪父哭失明後遇神醫而愈十九歲適戈姑徐卧病兩載侍奉不倦二十八夫亡

教子定讀書年六十一

曾廷彥妻錢氏二十六歲夫亡遺孤纘曾甫五齡姑日病瞽以舌舐之而愈年八十四

呂廷鏗妻唐氏媳羅氏二十六歲夫亡撫六齡孤成立娶婦羅氏亦早寡撫孫賓王共守節五十三年

王茂昭妻李氏二十四歲夫亡撫二齡孤承祖守節四十餘年

生員洪允迪妻方氏二十八歲夫亡子廷樞嗣夫兄後廷植甚幼撫之成立與伯姒同居共炊無間言守節三十七年以上乾隆十一年旌

生員張東暘妻陸氏二十八歲夫亡無子止一女以夫從子杏山爲嗣歲饑饔飧不給或勸易志截髮自誓女嫁徐文龢徐歿與寡女糊箕鑷度日以終

倪熙曾妻馮氏十七歲夫亡夫有庶弟耀曾馮與庶姑錢共撫之內政整肅雖幼僮不許入內日督諸婢紡績守節五十年以上乾隆十二年旌

監生趙啟妻紀氏娣張氏紀二十四歲夫亡庶姑遺腹生子共撫育之既長娶張氏亦早寡乃撫夫族子遇隆爲嗣年七十四乾隆十三年旌

生員俞鍈妻陸氏二十三歲夫亡孝事舅姑嗣子維翰既婚夫婦俱逝遺孫椿七歲親爲鞠育乾隆十四年旌

徐鶴林妻王氏二十三歲夫亡躬操作以奉舅姑父貧迎養於家撫子廷幸有成後舅姑及父母相繼歿四喪並舉靡不合禮守節四十餘年

監生唐任之妻倪氏二十六歲夫亡無子誓不改適撫夫從子金蘭成立守節三十五年以上乾隆十五年旌

徐鼎妻韓氏二十八歲夫亡事姑盡婦道教子廷桂爲諸生年八十七

劉永臣妻江氏二十五歲寡舅及兩姑皆未葬積貲數年四棺並舉撫子瑞麟成立守節三十七年

監生程斌妻孫氏二十六歲夫居母喪痛哭嘔血而亡翁又歿孫舉三棺並葬於獨山年四十二以上乾隆十七年旌

陸朗亭妻沈氏十九歲夫亡舅姑憫其少欲令自適沈聞之不從截髮自誓撫姪爲嗣迄於成立

陸覲揚妻褚氏二十歲夫亡守節三十一年以上乾隆十八年旌

貢生陸其煥妾萬氏二十四歲其煥死嫡施氏遺二子又歿萬保鄭遺孤鴻鏞等成立守節六十七年乾隆十九年旌

監生曹元皋妻胡氏二十一歲夫亡無子姑沈年老多病胡奉湯藥始終不倦撫夫從子大成爲嗣年四十五

徐玉臣妻王氏爾仁妻俞氏十七歲適徐八月夫亡妯娌甚和終身不析炊嗣子爾二早歿與婦俞氏煢煢相倚守節五十餘年以上乾隆二十年旌

陳載颺妻盛氏二十九歲夫亡值歲饑日織布易米以養舅姑其在室時父歿無以殮擬鬻身以備衣衾鄉黨高其義賻之以金乃得襄事守節五十三年乾隆二十一年旌

馮光斗妻湯氏二十八歲夫亡撫孤堯年成立守節三十四年乾隆二十二年旌

陳禹善妻淩氏十九歲夫亡無子撫姪永兆又歿復撫孫維章年四十一乾隆二十三年旌

周楷妻張氏二十七歲夫亡遺腹生子奐年八十一乾隆二十四年旌

陸壆妻王氏二十一歲夫亡撫孤錫泰口授經書年四十九乾隆二十六年旌

林守憲妻朱氏二十四歲夫亡祖姑與翁相繼歿越五月遺腹生子原教之讀書成立守節三十八年乾隆二十七年旌

張霄鶴妻羅氏二十五歲夫亡無子依夫從子南頤守節四十六年乾隆二十九年旌

錢榮世妻俞氏三十歲夫亡撫二子停庸栽成立守節四十餘年乾隆三十一年旌

監生沈嶧繼妻陸氏二十八歲夫亡撫前子之焻與己子之煥不稍異祖姑趙姑劉相繼歿喪葬皆獨力支辦年七十八

邵六陶妻孫氏二十二歲夫亡守節三十六年以上乾隆三十二年旌

生員張陸珍妻王氏二十二歲夫亡遺孤南頤甫五月夫弟鶴霄早世與娣羅同矢苦節年四十一乾隆三十三年旌

監生陳如琳妻張氏二十八歲夫亡孤鍾杰甫七齡親授經書年六十四乾隆三十四年旌

監生袁紡妻陸氏二十九歲夫亡子淳甫晬比長督課極嚴領順天鄉薦陸年五十一乾隆三十五年旌

曹廷瑞妻顧氏二十六歲夫亡遺腹生子民表守節三十一年乾隆三十六年旌

沈文淇妻萬氏二十四歲夫亡長子國樞甫三齡遺腹又生子國本俱撫之成立年五十九乾隆三十七年旌

陸裕昌繼妻施氏妾沈氏施二十三歲夫亡沈方十七歲遺腹生子俱不育撫夫從子匡時成立施年八十五沈先十一年卒

沈瀛洲妻孫氏二十四歲夫亡歸依母家撫二齡遺孤發成立守節二十四年

生員李默妻翁氏二十五歲夫亡孝事舅姑衣履皆從十指出父歿一慟而絕越日始甦曰吾己隨夫去忽聞人言姑病在家故亟歸耳及詢之果然年六十二

生員邵銓妻徐氏二十四歲夫亡守節五十五年以上乾隆三十八年旌

監生吳宗億妻陳氏二十歲夫亡撫嗣子大業既長爲之婚娶未幾子婦俱歿復撫遺孫守節三十一年

監生吳鳳翥妻陸氏二十二歲夫亡撫嗣子世晉守節二十五年以上乾隆三十九年旌

張麟貞繼妻陳氏二十六歲夫亡無子以姪爲嗣姑病百計調治人稱其孝守節三十六年

黃如楠繼妻高氏二十三歲夫亡遺腹生子震年五十

俞宗洙妻戴氏十九歲夫亡事姑林盡孝撫嗣子世楷及夫之孤姪世椿成立守節三十二年以上乾隆四十年旌

陸士俊妻洪氏二十五歲夫亡姑戈氏衰邁子維欽尚幼支持門戶備歷艱苦守節二十五年

許宗藩妻王氏二十六歲夫亡訓子汝賢汝鑑成立翁歿與姑相依奉養無缺年五十以上乾隆四十一年旌

監生馬潮妻唐氏二十七歲夫亡撫三齡孤林玉姑全寡居卧牀五載侍奉不懈守節三十六年

倪雲龍妻陳氏二十九歲夫亡子省垣七齡遺腹生子夾垣辛勤鞠育年四十八

嘉興府志　卷七十五　平湖節婦　夫

貢生陶兼才妻馬氏二十七歲夫亡年五十九以上乾隆四十五年旌

生員方泰妻莊氏二十四歲夫亡姑年老患脾洩陸侍奉甚勤及歿痛哭失明越二年亦卒

張甯妻馬氏二十一歲夫亡一女又殤馬鬮戶自經姑急救得甦姑舉幼子蓬旋得疾馬以哺女乳乳之守節三十九年以上乾隆四十六年旌

方湛妻劉氏二十歲夫亡以夫從子樹業爲嗣守節四十二年

楊德型妻馮氏二十七歲夫亡孝事舅姑撫夫從子鍈爲嗣年五十四以上乾隆四十七年旌

贈侍郎沈承沛妻馮氏廷樞妻陸氏馮二十三歲夫亡遺娠生子廷樞既長娶陸氏十九亦寡遺腹子殤於痘陸慟甚誌朱於臂殉之無何夫族兄生子初朱誌宛然遂以爲嗣馮年八十六以初貴晉贈一品夫人陸年七十五晉封一品太夫人

陸德錫妻王氏二十六歲夫亡事舅及繼姑以孝撫夫從子承沅爲嗣年六十四以上乾隆四十八年旌

王慶選妻馬氏二十六歲夫亡事舅以孝家貧竭力營葬兩世撫夫從子培仁成立守節三十三年

錢本忠妻王氏二十三歲夫亡撫孤祖望謹事庶姑守節三十八年以上乾隆四十九年旌

贈知府張友德妾沈氏二十歲友德亡毋氏以其年少微諷之截髮誓志依嫡子逾年永年守節五十五年

監生劉鍔妻胡氏二十八歲夫亡撫孤宗濂早世以夫從孫大禾爲嗣孫守節三十四年

生員陳士芳妻朱氏二十九歲夫亡事寡姑朱盡孝撫二子鑑錫球成立年五十七

徐行妻陸氏二十七歲夫亡無子妾富氏生子如珍撫之成立年五十一以上乾隆五十年旌

吳玉祥妻陶氏三十歲夫亡矢志撫孤孝事舅姑年七十三乾隆五十一年旌

監生何鎬繼妻耿氏觀濤妻王氏耿二十一歲夫亡遺腹生子觀濤既長娶婦王

嘉興府志　卷七十五　平湖節婦　七

氏二十二亦寡無子耿守節三十六年王守節四十年

吳廷美妻高氏二十一歲夫亡教遺孤奎讀書爲諸生守節三十八年

監生邵鉞妻唐氏二十五歲夫亡撫夫從子洸爲嗣守節三十四年以上乾隆五十二年旌

監生吳文粱妻馮氏二十二歲夫亡舅浩官河州知州以事謫居襄陽馮詣楚奉養十餘載舅歿姑旋歿扶櫬歸葬以夫從子鼎燮爲嗣守節四十二年

俞松繼妻施氏二十三歲夫亡以夫從子紹熙爲嗣年五十二以上乾隆五十三年旌

邵有光妻王氏妾陳氏有光亡王二十七歲陳十八歲遺腹生子嶷同心砥志王年五十六卒陳守節三十四年乾隆五十四年旌

監生孫宗海妻王氏十八歲歸孫子女俱無夫亡矢志守節年六十

鮑青紆妻張氏二十九歲夫亡子祖雋甫三齡事翁與繼姑盡孝守節四十年

監生楊維恭妻王氏二十九歲夫亡止遺二女撫夫從子思藻爲嗣事生姑孝養不衰守節三

十一年

魏武千妻于氏二十九歲夫亡撫子南榮慶榮成立守節四十三年以上乾隆五十五年旌

監生何濬妾趙氏二十八歲濬死生子榮僅四齡守節三十八年

石港場大使方淮妾徐氏二十八歲淮歿於任所偕嫡陸扶櫬歸里撫子樹勳成立守節

三十年

孫文煥妻朱氏二十九歲夫亡夫兄文炳早世嫂何氏自經死朱撫其遺女且以己子宏恢爲其後

生員張在衡妻郭氏二十九歲夫亡無子事姑極孝撫嗣子纘緒成立守節五十七年

州吏目何廷鋐妻施氏妾葉氏施二十歲婚五年不育爲夫置妾葉氏踰年廷鋐亡

施二十六歲葉十八歲俱無子撫夫從子治爲嗣各守節數十年

監生陸堂年妾浦氏二十四歲堂年亡子書鐘僅三齡嫡方氏已歿姑朱年邁仰事俯育皆浦

一身任之年七十七以上乾隆五十六年旌

貢生方鼎彝妾姚氏二十六歲鼎彝亡子湛方六齡既娶而歿姚哭子成疾年四十三

陸殿招妻王氏二十九歲夫亡撫孤銓成立安葬兩世棺年六十一

監生鮑讓妻程氏二十六歲夫亡子祖楷甫週事姑盡孝姑病衣不解帶者累月守節四十七年

錢浩妻沈氏二十一歲夫亡無子撫夫從子義稜爲嗣年五十四以上乾隆五十八年旌

監生徐愷成妻顧氏垣妻馮氏二十六歲夫亡子垣娶婦馮氏亦寡同撫孤孫艱苦

尤甚乾隆五十九年旌

唐祺妻毛氏

貢生徐均妻彭氏二十八歲夫亡無子撫夫從子應潮守節二十九年乾隆六十年旌

辛士俊繼妻王氏超妻朱氏王二十七歲夫亡子超甫三齡撫育成立娶婦朱氏二十

五歲亦寡撫子典部讀書爲諸生時稱雙節嘉慶元年旌

貢生許焜妾嚴氏二十八歲焜亡卽闔戶自經以救得免佐嫡撫嗣子昌城守節三十二年

胡泰宗妻張氏二十八歲夫亡越三月遺腹生子明遠撫育成立事九十翁甚孝年四十九以上

嘉慶二年旌

顧元錦妻張氏二十歲夫亡遺娠生子贍依辛勤撫育年六十四邑令朱之翰表其門

徐旻妻張氏二十六歲夫亡子隆元方五齡鞠育成立巡撫朱昌祚學使胡尙衡並表其門

監生陳夢庚妻馬氏幼通內則女史箴及歸陳事姑以孝夫亡守節三十年大學士杜立德撰

墓銘

馬燕妻王氏婚十八日夫亡依姑母馮王氏守志年九十餘卒御史陸烔題日雙節

監生何遠妻趙氏媳王氏趙三十歲寡遺幼子均旣而長子歿偕王氏守節年九十二

劉輔俊妻柯氏夫亡守節至八十餘卒郡守吳永芳表其閭子士淯有孝名

孟世英妻吳氏二十八歲夫亡孝舅姑及歿爲卜地以葬教子其鑑其銓成立族有以祠田鬻於人

吳倡捐金五十兩贖回性至儉好周貧乏年六十八

貢生陸聖菴妻沈氏十八歲適陸未幾夫亡無子永蘗自矢守節五十年

生員沈信妾姚氏王氏俱少寡無子誓死不嫁相依守節四十餘年

胡士芳妻張氏二十六歲夫亡無子守節三十餘年陸國圻有傳

生員馮檉妻劉氏十八歲婚未幾夫亡守節五十餘年

范公烈妻舒氏二十九歲夫亡撫子觀成艱苦備嘗守節四十餘年

馮天衡張志作天衢妻戚氏二十一歲夫亡遺二孤堯勳淸江撫訓成立守節二十四年學使馬

豫給額曰畫荻遺徽

馮燿叔妻徐氏婚半載夫亡艱苦矢志守節三十八年

馮載揚妻周氏二十二歲夫亡守節四十餘年

馮景暘妻徐氏二十三歲夫亡家貧無子守節四十六年

吳其章高志作郁章繼妻顧氏夫亡撫孤燿晃成立守節數十年

生員石欽妻俞氏二十九歲夫亡撫夫從子永年爲嗣年七十四

王叔林妻孫氏二十三歲夫亡無子舅姑既葬以腊產爲墓田所居屋改作精舍奉舅及夫木主於旁太史俞兆晟嘉其節孝題其門曰寶甯菴

生員張觀光妻施氏二十歲夫亡事姑盡孝守節五十年

生員陸恭行妻曹氏夫早亡家無遺貲拮据以治喪葬教子爲諸生

嘉興府志　卷七十五　平湖節婦　十

李瞻淇妻倪氏夫早亡無子値歲饑或勸之改適即涕泣不已年七十餘

李梅菴妻曹氏夫早亡家甚貧紡織奉姑守節數十年陸夏尊有傳

杭永靖妻蔣氏少寡而貧奉事孀姑備極敬養守節四十餘年

朱吉人妻姚氏十八歲寡截髮毀容事孀姑曲盡色養完先世葬事且爲捐產以供祭祀年四十八

張光熺妻俞氏二十八歲夫亡守節三十三年

毛美圖妻錢氏既婚未廟見夫亡錢治其喪菲服闋歸母獨居四十年

陸戚氏適運判陸潛九第八子婚甫期月夫亡無子守節數十年

張叔彥妻朱氏二十一歲婚甫四月夫亡守節四十餘年學使表之

陸天武妻姚氏農家女生子三歲夫亡貧無寸土恒以糲作糜飲年六十

陳璿繼妻俞氏十九歲夫亡無子將以身殉舅姑曲慰之及夫弟生子唯懋即撫以爲嗣年六十四

李西麓妻繆氏二十四歲夫亡閱四月遺腹生子諱時女三齡家貧鬻簪珥以養舅姑年五十四學使汪漋表其門

劉廣乘妻陸氏二十五歲夫亡無孤仔鉅成立年五十歲學使靳讓表之

沈粱妾李氏粱死或勸之嫁誓死不從茹齋衣布苦志自守年六十三

俞光業妻蔣氏二十六歲夫亡遺二孤皆幼姑曹氏在堂蔣紡織孝養教育其子族有鬻墓旁田者蔣出嫁時裝易金贖回即捐作祭田年六十七

貢生陸琳章妻俞氏夫亡閉戶自經家人覺而亟救之得免守節數十年

李幼鉉妾徐氏幼鉉死無子守節三十二年學使吳垣表之祠在法華庵

唐公蘭妻林氏彝妻王氏淵妻陸氏林二十五歲夫亡遺子彝淵早世同婦王氏陸氏三釐苦守勗季子嗌夙力學里黨稱之

嘉興府志　卷七十五　平湖節婦　十一

王李氏十八歲夫亡叔欲奪其志誓死不從戚屬希平妻沈氏時已孀居欽李苦節迎養之沈卒其子婦施亦寡承姑志仍奉養惟謹

生員陸英標妻馮氏二十歲適陸夫以力學致疾馮侍湯藥兩月不怠比卒年二十六守節三十餘年

生員馮炳疇妻陸氏十九歲夫亡撫孤成立守節終其身

林文傑妻徐氏十八歲夫亡病篤時泣謂徐曰我母三十而寡自三歲撫我至今我死無子汝能養我母我目瞑矣既卒姑年老而瞽兼患癱瘓徐調護不稍怠守節三十餘年

生員陸士煊妻沈氏沈乘女少失怙恃事祖庶母盡孝十七歲適陸勤十指以奉舅姑夫亡訓子來復嚴而有法

生員張昺妻陳氏二十歲婚未幾夫亡哀毀喪明守節三十餘年

生員陸圖玉妻黃氏二十七歲夫亡痛欲身殉舅泣止之日吾年逾邁汝從夫死是愈增我戚也爲烈婦如不孝何黃涕泣勉從潛處一室足不出闔守節六十五年

監生何國楨妻殳氏二十五歲夫亡欲死殉舅姑泣止之勉進饘粥撫孤炯煒成立年四十七

生員沈調陽妻屈氏二十三歲夫亡子二長殤於痘次世溥生甫五月事姑蔣盡孝守節二十三年學使馬豫表曰松筠媲德

生員陸師朱妻沈氏廷元妻某氏沈二十歲夫亡子廷元授室後又歿姑婦煢居拮据茶苦年六十一

生員楊淇園繼妻屠氏夫亡無子年八十九

監生施桂徵繼妻俞氏二十九歲夫亡矢志撫孤明焻炳謨其孫堪爲族人所誣俞訟冤得釋年六十七

陸元甫妻謝氏夫亡無子或勸之嫁不從康熙乙卯冬以寒餓死

生員沈瑞銘妻周氏二十三歲夫亡遺腹生子守節五十三年學使谷應泰表之

生員嚴從愬妻趙氏二十四歲夫亡止一女族人欲奪其志不屈女長贅江深源復卒遺孤二趙與女撫之趙歿年七十九女先十年卒

沈旭妻鄭氏十九歲夫亡撫遺腹子塈爲諸生早歿遺孫又殤茶苦一生年五十

過銘旂妻沈氏媳王氏二十七歲夫亡子亦歿與其婦王氏同矢苦志年八十三卒

過澤承妻魏氏銘旂之從子也夫早亡守節年七十三

生員舒守貞妻王氏從周妻薛氏時隆妻朱氏王與薛俱二十四歲夫亡撫孤至七十餘卒朱亦少寡事姑訓孫八十餘卒

生員沈栻妻徐氏張氏乙酉栻罹兵難死各撫一子徐年三十守節至五十卒張年二十四守節至六十卒張孫崑成進士

屠伯奇妻胡氏十八歲夫亡守節年至七十餘

沈夢駪妻姚氏乙酉夫居城中罹兵難死姚與子鉉吉避兵淸溪聞訃慟絕守節三十年

曹穎滈妻陳氏二十二歲夫亡家貧撫三幼孤守節二十七年

倪秉元繼妻徐氏二十八歲夫亡守節三十一年

馮子穆妻王氏十六歲夫亡家貧無子女依寡母毛撫姪王成芳年六十九

倪三聘妻馬氏三省妻王氏馬二十九歲夫亡守節至六十九卒夫弟三省妻王氏年三十而寡奉姑課子年至五十八卒稱雙節焉

生員劉生直妻俞氏二十一歲夫亡撫育遺孤守節五十六年

朱之奇妻王氏二十五歲夫亡爲翁姑及夫營葬守節五十三年

陸棻妻陳氏二十五歲夫亡無子守節五十九年

生員楊景熤妻葉氏二十一歲夫亡撫兩月孤成立守節三十年學使陸舜表之

生員張琳妻郭氏二十七歲夫亡撫夫從子光霞守節三十六年

生員顧炎妻屠氏二十八歲夫亡父以事繫獄論死屠日夜號慟傾家救父年五十八

生員林楓妻楊氏二十四歲夫亡撫子喬至八十卒郡守吳永芳表其門

生員沈昶妻馬氏三十歲夫亡撫孤鑛爲諸生守節二十七年

陸之美妻徐氏二十三歲夫亡撫孤時行守節三十八年

金煥妻孫氏三十歲夫亡撫遺腹孤手刪傳註課之

潘仁妻王氏智妻沈氏姉姒也俱二十餘守節共撫一子年六十餘卒

監生陸壽龍妻馮氏二十歲夫亡撫遺腹子裕昭爲諸生年五十六

生員金光宸妻沈氏乙酉夫罹兵難死沈十七歲晝夜號慟事姑撫繼子守節三十餘年

生員胡奕謨妻倪氏三十歲夫亡課子右寅右宏俱有才名守節五十年

生員倪洵徵妻馬氏十八歲適倪未幾夫亡課子亮采爲諸生年五十七卒小姑嫁胡某早寡而貧馬歲給米贍之

生員戴上恩妻周氏二十二歲夫亡守節三十餘年

監生沈嘉懋妾王氏十八歲嘉懋死嫡出二子皆殁王依其婦三十餘年

張甸妻徐氏年未三十夫亡撫孤成立守節五十餘年

徐觀亭妻沈氏年未三十夫亡撫孤成立守節五十餘年

王臣九妻金氏年未三十夫亡撫孤成立守節至五十餘卒

戴子仁妻晉氏年未三十夫亡撫孤成立守節至五十餘卒

俞君達妻王氏年未三十夫亡撫孤成立守節至五十餘卒

張鳳翰妻鄔氏三十歲夫亡撫孤成立守節至五十餘卒

鈕應元妻張氏年未三十夫亡撫孤成立守節至五十餘卒

屠百齡妻張氏年未三十夫亡撫孤成立守節至五十餘卒

生員陸澄明妻吳氏年三十夫亡撫孤成立守節至五十餘卒

張斑妻吳氏年未三十夫亡撫孤成立守節至五十餘卒

生員姚宏遠妻于氏年未三十夫亡無子守節至五十餘卒

曹鍾穎妻錢氏年未三十夫亡無子守節至五十餘卒

王瑞寰妻金氏未三十歲夫亡無子守節至五十餘卒

施漢易妻陸氏十八歲夫亡無子家貧事繼姑呂盡孝守節六十二年

許贊玉妻盛氏二十二歲夫亡撫遺腹子源成立邑令呂猶龍王璋並表其門年七十七

余方洲妻程氏具瞻妻胡氏敬揚妻孫氏佩金妻孫氏三程十歲夫亡遺子二長具瞻次敬揚女一皆幼具瞻妻胡氏二十八而寡敬揚妻孫氏二十二而寡女嫁程亦寡無子歸依母家母女娣姒磨腐爲業茶苦數十年敬揚子佩金妻孫氏年二十又寡歲饑食糠粃度日撫孤子基成立年踰五十猶操作不置云

程吾平妻余氏方洲女也二十七歲夫亡守節

俞懋德妻宋氏啟祥妻馬氏三十歲夫亡子啟祥妻馬氏亦早寡各守節四十餘年學使彭啟豐給額日松筠繼美

王轍妻錢氏二十八歲夫亡無嗣子錫嘏爲諸生年六十九

生員劉嘉言妻戈氏奉母至孝既歸劉克盡婦道夫亡撫子大業有成學使何表其閭

劉孔嘉妻顧氏二十七歲夫亡遺孤英三尚幼翁諷之改適不從年八十四郡守王以和表之

生員陸翼權妻沈氏三十歲夫亡撫孤大章守節五十一年

馬子誠妻趙氏石君妻陳氏趙二十五歲夫亡撫夫從子鉞爲後夫弟石君妻陳氏二十六亦寡與趙同處營葬三世趙年六十三陳年逾八十

贈參將葛贊皇妻柯氏十九歲夫亡奉孀姑撫幼子守節六十三年

孫敘昭妻葛氏二十五歲夫亡撫孤紹聞日勤操作守節三十九年

盛寅公繼妻湯氏三十歲夫亡無子鬻產營二世葬守節三十七年

費宗賢妻朱氏二十四歲夫亡無子里人高其節將請表揚朱輒泣謝年七十四

潘彥公妻姜氏二十七歲夫亡撫孤紹文早世復撫孤孫勝至八十餘卒

朱仲生妻宋氏二十二歲夫亡嗣子又殤乃立夫之從孫棠爲後守節五十四年

監生張志嬉妻俞氏妾李氏俞二十七歲夫亡遺孤二其一李出也俞撫庶子無異所生李亦感動同守節卒

李煜妻梅氏二十三歲夫亡孝養寡姑有人以他婦改嫁事告者輒變色斥之守節四十五年

監生繆瞻俟繼妻姜氏二十八歲夫亡守節三十年

曾右昭妻陸氏二十六歲夫亡撫幼孤周儒成立守節四十年

陸友勳妻馮氏二十八歲夫亡撫四女經營三喪守節四十七年

徐大成妻周氏二十八歲夫亡孝事舅姑守節四十餘年

監生張承烈妻姚氏二十九歲夫亡撫嗣子坦成立守節三十八年

監生陸其賺妻陶氏二十九歲夫亡撫孤子成立守節四十年

曹方中妻徐氏二十八歲夫亡無子翁年逾五旬更無次丁姑金氏頗妒徐屢諫之乃納妾生子宏

業宏業生子秉義徐撫以為嗣年六十四卒邑令林緒光表曰金玉其心

舉人曹與枚妻陸氏二十九歲夫亡教子德照為諸生守節四十二年

丁尚卿妻金氏二十七歲夫亡子甫周晬家貧食糠粃度日守節四十年

戴源妻程氏十八歲夫亡矢志守節課子懋為諸生學使彭啟豐表曰貞節慈徽

錢九洲妻陸氏二十一歲夫亡守節四十八年

潘永清妻楊氏二十八歲夫亡教子逵讀書為諸生守節三十八年

毛宗彥妻陳氏二十一歲夫亡守節四十三年

監生葛世楠妻楊氏十八歲夫亡撫嗣子徵炳守節四十八年

徐美斌妻黃氏三十歲夫亡撫子廷瑋成立年六十一

生員洪士正妻程氏二十二歲夫亡無子守節十六年

宋秀妻馮氏國泰妻富氏馮二十七歲夫亡依夫弟炳以居同知林緒光表之年七十二夫從子國泰妻富氏二十三歲寡遺腹生子苦節三十八年

俞錦文妻徐氏二十八歲夫亡撫子圮贍守節二十三年邑令方以恭表曰勁節凌霜

徐宗渭妾吳氏宗渭死撫孤廷柱成立年九十

監生陸其默妻沈氏二十六歲夫亡撫子日堅至五十三卒

鮑永叔妻宋氏三十歲夫亡守節三十七年

監生陳陛繼妻顧氏二十一歲夫亡守節四十餘年

屠近硃妻劉氏二十七歲夫亡守節三十餘年

葛武揚妻顧氏二十七歲夫亡無子守節三十餘年

吳紹武妻邱氏二十五歲夫亡無子歸依其弟敏公弟業於卜所得貲卜錢日用不給輒自恐飢寒

不使其姊稍缺衣食鄉里兩重之

屠退眉妻吳氏二十七歲夫亡無子善事翁姑守節以終

王國楨妻鄭氏二十七歲夫亡守節三十八年

錢文玉妻耿氏二十六歲夫亡遺孤甫晬撫以成立守節三十四年

張超衡妻馬氏二十八歲夫亡遺子文各一守節四十年

監生馮九德妻李氏二十六歲夫亡撫次子太平為諸生

周雲山妻張氏二十四歲夫亡撫夫從子琢為嗣守節四十二年

陶鶴鳴妻徐氏二十二歲夫亡守節五十三年

金懋德妻沈氏燕昌妻過氏沈二十三歲夫亡子燕昌甫五齡長娶過氏亦早寡姑婦相依以苦節終

監生趙季馴妻曹氏二十六歲夫亡撫三孤成立守節五十五年
許廷鉉妻劉氏二十二歲夫亡姑以其年少無子令改適劉服滷者三以獲救不死守節三十年
曹大成妻劉氏二十四歲夫亡守節四十四年
張盈海妻陳氏超衡從子也二十四歲夫亡無子守節四十年
趙思觀妻張氏二十三歲夫亡守節五十三年
方漢英妻俞氏二十一歲夫亡撫孤鈺成立邑令王之琪表曰冰操玉節年七十
陳堂妻沈氏二十二歲夫亡以夫從子元鍾為嗣守節三十年
陸東陵妻林氏二十七歲夫亡嗣子肇晟早歿守節二十四年
生員施德望妻陸氏二十七歲夫亡撫孤天柱天榦為諸生守節二十七年
蔣士魁妻毛氏十六歲成婚未市月夫經商於外久之或傳其死咸勸改適毛誓死不從歸依母弟母病禱神請代母死慟絕者屢年七十餘
沈以純妻吳氏二十八歲夫亡子日智甫四齡日勤十指以供饘粥年四十五
馮俞言妻沈氏紀常妻胡氏沈三十歲夫亡子紀常妻胡氏二十九歲亦寡遺孤堯眉甚幼沈年八十後姑二十五年卒
張燧繼妻吳氏二十七歲夫亡撫孤慧遠營葬兩世年四十七
陸奐勳妻俞氏二十四歲夫亡遺腹生子載琮又殤守節五十五年
周序大妻盧氏二十六歲夫亡家奇貧從兄生甫迎養於家命與其子未婚婦沈貞女同居守節五十一年
朱葵階妻馮氏二十九歲夫亡撫孤文穀成立年五十九卒學使彭始搏表曰勁節貽庥
生員黃流妻曹氏二十九歲夫亡嗣子光義早歿乃以其弟光照子秉鉞為嗣孫守節六十五年

顧裕古妻施氏履中妻陳氏施二十三歲夫亡撫三孤成立幼子履中妻陳氏二十九歲又寡撫孤文炳守節三十三年
陸載陶繼妻陳氏三十歲夫亡守節四十一年
曹久封妻黃氏二十九歲夫亡撫孤鼎安既婚而歿守節五十年
楊豈韓妻陸氏二十歲夫亡撫孤鑄為諸生守節五十五年
毛洪藩妻徐氏二十九歲夫亡撫孤豐高繩武翌高皆成立守節四十五年
縣丞江瀚妾顧氏二十八歲瀚死與嫡劉同撫遺腹子體元劉先歿顧守節三十三年學使賓光鼐表曰冰雪雙清
吳鼎年妻金氏二十三歲夫亡撫孤鈞成立守節四十七年
沈嗣豐妻楊氏二十七歲夫客死粵西依從子發以居守節十八年
張錫山妻朱氏二十九歲夫亡撫孤能久守節五十四年
高松翰妻吳氏三十歲夫亡撫孤紹基守節五十四年
監生徐仁瀚繼妻陸氏仁溥妻金氏陸二十七歲夫亡撫前子棠成立夫弟仁溥妻金氏二十四亦寡以棠子勛焯為嗣孫陸守節四十四年金守節五十四年
鮑儼妻汪氏二十七歲夫亡無子守節六十五年
監生陳淑妻沈氏二十三歲夫亡守節六十一年學使竇給額表之
施補廷妻趙氏二十五歲夫亡無子孝事翁姑守節六十年
張復源妻徐氏二十九歲夫亡事姑盡孝日作通草花細以供甘旨守節二十三年
施潮平妻姚氏二十九歲夫亡撫孤煥章守節三十七年
王先妻沈氏二十五歲夫亡守節六十三年

周肇元妻沈氏二十五歲夫亡撫孤于光成立守節四十七年

金調之妾馬氏二十五歲調之亡撫嫡子肅菴成立守節四十年

毛九如妻倪氏二十四歲夫亡三子皆幼或勸之嫁倪婉謝之守節三十八年

沈端宸妻姚氏二十九歲夫亡撫次女長適朱廣佳守節四十二年

朱廣佳妻沈氏二十一歲夫亡撫遺撫子維蒸成立守節十八年

曹芳宣妻許氏二十八歲夫航海遇風漂沒死訃至許絕食數日赴海濱望祭將竄身入海以救乃止守節四十五年

徐鳳奇繼妻李氏秉義妻吳氏李三十歲夫亡長子秉義早世偕其婦吳氏同撫遺孫年八十三

趙張氏夫亡與姒紀氏同守節三十餘年

嘉興府志　卷七十五　平湖節婦　丰

吳則遠妻張氏三十歲夫亡守節三十三年

沈五妻姚氏十八歲夫亡遺腹生子翁甚貧逼其嫁不從歸父家父又欲奪其志詬詈捶楚甚至擠諸河姚終無二志年四十六鄉黨哀之

瑪李申妻劉氏二十七歲夫亡守節二十二年

生員沈與照妻戴氏二十九歲夫亡撫孤德秀讀書遊庠守節五十六年

淇印廷妻沈氏三十歲夫亡守節三十三年

張建芝妻陳氏二十六歲夫亡守節二十八年

曾御安妻傅氏二十六歲夫亡守節五十五年

張鳳苞妻姚氏二十六歲夫亡無子撫夫從子紹高爲嗣年五十五

程于高妻倪氏鵬妻陸氏倪三十夫亡遺子二長鵬亦早世婦陸氏矢守有姑風倪初適

程時繼姑老且病倪以哺兒乳乳之母患痢刲股煎湯以進病獲瘥年七十

徐方舟妻戴氏二十八歲夫亡撫孤洪鎮成立守節五十五年

彭琬亭妻金氏二十五歲夫亡撫孤撰齋撰芳成立守節五十五年

沈天街妻顧氏鎮妻陶氏顧二十七歲夫亡子鎮妻陶氏二十一亦寡顧守節五十二年陶守節四十三年

張梅占妻倪氏二十三歲夫亡撫遺腹子景垣既婚而歿復撫遺孫年八十

楊書田妻虞氏二十八歲夫亡撫孤作棟成立守節三十二年

顧乾初妻盛氏二十四歲夫亡守節四十九年

張履仁妻羅氏遇春妻彭氏羅二十八歲夫亡歸母家兄私納王氏聘羅知之號泣引刀自截其髮墜樓幾死乃得免年六十八夫弟遇春妻彭氏二十三寡亦六十八卒

嘉興府志　卷七十五　平湖節婦　三

馬亦君妻繆氏二十四歲夫亡以夫從子憲雲爲嗣守節四十九年

顧闇如妻方氏敬修妻戴氏方二十五歲夫亡無子以夫從子敬修爲嗣敬修早歿與其婦戴共守年五十六

張壎繼妻章氏二十八歲夫亡撫孤錫嘏守節三十一年

徐層山妻閻人氏二十二歲夫亡撫夫從子步青爲嗣守節五十一年

姜公斐妻鍾氏幼至孝父病劇割股以療公斐聞其賢聘之二十二歲寡守節四十五年

州同知鮑懿瑞妾許氏二十四歲懿瑞死生子諄僅十四月守節五十二年

史滄洲妻楊氏二十三歲夫亡事姑盡孝撫嗣子積墉成立守節四十二年

監生劉鎧妻胡氏二十五歲夫亡撫孤銃洙成立守節十六年

李啟源妻顧氏二十三歲夫亡守節以夫從子仁英爲嗣守節十六年邑令劉國垣表其閭

海甯衛百總劉金臺妻潘氏二十九歲夫亡孝事孀姑撫孤大海至八十卒學使李友棠表曰勁柏凌霜

徐元文妻徐氏二十五歲夫亡撫子培及遺腹子成立奉姑馬盡孝守節四十八年

陳第妻宋氏二十一歲夫亡撫孤彭永成立守節四十四年

汪茂亭妻張氏東揆妻孫氏張二十七歲寡子東揆早世與婦孫氏守節至七十七卒

姚永孝妻陸氏岱妻張氏陸二十六歲夫亡子岱妻張氏二十三歲亦寡陸守節五十六年張守節四十年

陶金相妻張氏二十五歲夫亡撫遺腹子溥至七十八卒

張巽泉妻史氏二十一歲夫亡事姑盡孝撫夫兄子光宗爲嗣守節五十一年

沈鴻猷妻黃氏二十八歲夫亡嗣子鳳文夫婦繼歿黃時抱孤孫泣雙目失明守節三十六年

嘉興府志　卷七十五　平湖節婦　三十二

曹鴻業妾張氏二十五歲鴻業死遺腹生子秉彝與嫡許氏同心鞠育至七十三卒

生員沈鴻杰繼妻姚氏二十四歲夫亡無子撫孤女以長守節三十五年

朱彥揆妻孫氏二十七歲夫亡守節四十七年學使竇表之

林國泰妻沈氏世敬妻賀氏沈二十五歲夫亡孝事孀姑遺腹子世敬娶婦賀氏亦早寡沈與賀苦守至七十三卒

顧炯妻王氏三十歲夫亡撫孤維城成立守節三十一年學使錢維城表曰操凜冰霜

監生沈喦妾楊氏二十三歲喦亡守節三十二年

許貞觀妻楊氏二十歲適許夫航海不返有傳言溺死者父母迫之嫁楊誓不改適年六十四

州同王元嘉妻沈氏三十歲夫亡撫孤棟成立守節三十三年

陸金生妻許氏二十八歲夫亡無子與孀姑趙氏同矢志年四十八

監生魏士倫妻張氏二十八歲夫亡無子撫姪大鈞成立年五十一學使王杰表曰冰霜勵節

曹建才妻陸氏十九歲夫亡撫夫從子天培爲後守節五十九年

監生許元斌妾周氏二十六歲元斌亡撫孤兆銓兆鐺並入成均守節四十九年學使錢維城表曰節義雙高

徐上虯妻姚氏二十四歲夫亡事姑施盡孝撫嗣子愼言成立年七十三

徐若衡妻趙氏二十一歲夫亡無子事翁姑以孝年五十三

生員張玉衡妻江氏二十六歲夫亡撫孤志甯讀書游庠守節二十一年

生員朱鳴盛妻邵氏二十八歲夫亡撫孤組修弱冠游庠守節三十四年

監生殳克讓妻沈氏二十九歲夫亡撫孤志鳳至六十六卒學使彭元瑞表曰堅心植節

張士相妻鄭氏二十四歲夫亡撫遺腹子天生成立守節二十二年

嘉興府志　卷七十五　平湖節婦　三十三

戴宏士妻馬氏二十二歲夫亡以夫弟之子宗衡爲嗣年七十四學使王杰表曰志勵霜筠

史見山妻沈氏廷馭妻潘氏沈二十一寡嗣子廷馭娶潘氏亦寡同撫孫年六十一

監生湯德堅妻顧氏二十九歲夫亡遺子鋐甫一齡與伯姒馮共撫之守節四十六年學使李宗文表曰勁節扶風

監生沈文梅妻姚氏二十六歲夫亡撫嗣子國本守節三十四年

俞德安妻楊氏二十一歲夫亡撫嗣子九錫守節五十五年

何上發妻陳氏十九歲夫亡翁病刲股和藥以進撫嗣子震遠守節三十一年

生員沈韞暉繼妻陸氏二十七歲夫亡守節三十七年

監生李星若繼妻王氏三十歲夫亡以夫從子琛爲嗣孝事翁姑守節四十五年學使彭元瑞表曰致孝延宗

曹本初妻馮氏元直妻陶氏馮二十三歲夫亡嗣子元直娶陶氏早寡馮守節五十一年陶守節十三年
周懋嘉妻陳氏二十六歲夫亡撫孤猷爲成立守節三十一年
孫肇基王氏二十六歲夫亡撫夫從子廷煌年七十三
張近山妻趙氏屺懷妻馮氏趙二十九歲寡子屺懷妻馮氏早寡共鞠二孫年六十六
生員張芳洲妻許氏二十七歲夫亡事翁撫孤守節二十九年
張鈞鳴妻全氏十九歲夫亡撫遺孤倬成立守節三十七年
沈之燦妻陳氏二十八歲夫亡守節二十年
林秉誠妻俞氏兆蕙妻某氏俞二十六歲夫亡子兆蕙既婚而歿偕其婦某氏守節數十年後立夫從子兆蓮爲後

嘉興府志　卷七十五　平湖節婦　吾

李廣遠妻費氏二十五歲夫亡撫夫從子覲王至六十七卒
監生鍾炳妻沈氏三十歲夫亡撫孤志卓志堅先後游庠守節四十一年
生員沈鑄妻徐氏二十九歲夫亡撫孤涫成立守節四十二年
施大受妻陸氏二十三歲夫亡孝事翁姑撫嗣子義至五十九卒
生員沈昌期妻陸氏二十七歲夫亡撫嗣子朝楹至五十九卒
任天士妻張氏二十九歲夫亡守節四十一年
楊蒼山妻顧氏二十九歲夫亡守節三十五年
沈均德妻張氏二十二歲夫亡遺腹生子聚甯守節四十餘年
姜應洲妻葉氏二十八歲夫亡撫嗣子南岡至六十四卒
時方來妻王氏二十四歲夫亡無子守節三十餘年

趙能山妻蔡氏二十歲夫亡以夫兄次子應鼇爲嗣守節四十九年
沈薦王妻陳氏二十九歲夫亡撫孤萬安至六十八卒
沈一鈴妻徐氏二十三歲夫亡課嗣子應球讀書游庠守節四十五年
金其相妻高氏二十歲夫亡撫嗣子應麟守節四十六年
生員黃潮妻徐氏二十八歲夫亡守節三十餘年
州同知陸文錦妻孫氏二十六歲夫亡撫夫從子光洙爲嗣守節十五年
曹介錫妻方氏二十六歲夫亡遺孤二長崑田七齡次子及女俱幼辛勤撫育至四十六
沈開基妻李氏二十六歲夫亡撫夫從子元錫無異所生守節三十一年
生員馮鴻翼妻陸氏二十四歲夫亡擇夫從子世榛爲嗣守節四十二年
何元亮妻徐氏二十五歲夫亡無子守節四十一年

嘉興府志　卷七十五　平湖節婦　壹

監生李鳳來繼妻王氏鸞妻陸氏王三十歲夫亡子鸞未晬長娶婦陸氏二十三亦寡王守節三十六年陸守節二十八年
生員陶棠妻施氏二十五歲夫亡撫孤應嚴守節四十六年
俞蒼安妻江氏二十二歲夫亡無子守節三十二年
金壇妻許氏二十三歲夫亡撫孤上鉉守節三十六年
生員陸鋆妻張氏二十五歲夫亡時祖姑項雙目俱瞽張奉事極謹先世祭產九十餘畝夫弟鐘廢其半張典奩具贖以歸祭有餘貲歲以米十餘石給鐘年五十五
陸信恭妻何氏二十三歲夫亡事姑盡孝撫夫從子桂爲後守節三十一年
黃壿驛丞張璽妻孫氏三十歲夫亡子士鏞二齡遺腹又生女孫孝事其姑年六十三學使竇光鼐表曰氷玉同清

朱鳴球妻周氏二十二歲夫亡夫弟生子逸民撫以爲嗣守節三十一年

布政司經歷孫桐曾妻奚氏二十九歲夫亡子光裕甚幼撫之成立守節三十四年

鍾繼善妻熊氏二十二歲夫亡撫孤德操成立守節五十年

陸聲立妻程氏二十四歲夫亡以夫從子德巽爲後事老姑盡孝年至四十六卒

殳文遴妻沈氏二十歲夫亡撫孤肇經及孫垂讓克讓成立學使彭始摶給額曰懷清比潔

陳孔彰妻潘氏十九歲夫亡撫遺腹子永傳紡績度日姑蔣治家嚴毅稍不愜潘輒長跪俞之起乃敢起年五十六

生員施濂妻陸氏十八歲婚十九夫亡矢志撫孤年七十四

生員陸遽桓妻吳氏二十七歲夫亡孝事其舅撫孤成立年五十一

生員葉玉珂妻吳氏二十一歲夫亡姑邵氏年老曲盡孝養年六十九

生員施溶妻俞氏二十七歲夫亡撫孤天相爲諸生晚年兩目失明年七十五

沈覲日妻韓氏二十八歲夫亡無子自縊者屢俱以救甦年七十三

監生朱階妻沈氏三十三歲夫亡以哭父哀毀而亡沈撫三孤并葬先柩守節三十五年

生員施翔妻楊氏二十九歲夫亡撫孤四人皆成立

舉人韓士淇繼妻張氏二十八歲夫亡撫孤廷芳爲諸生年七十四學使雷鋐表其門

監生俞杰繼妻張氏二十九歲夫亡撫前氏一子二女皆成立守節四十六年

倪日旦妻胡氏遠士妻顧氏胡早寡遺子遠士撫以守志長娶顧氏二十一歲寡事姑以孝稱一門雙節

丁玉賓妻唐氏二十三歲夫亡無子孝事舅姑拮据營喪葬守節四十六年

潘敏求繼妻郭氏邦祚妻楊氏琨妻郭氏繩妻王氏郭二十八歲夫亡子邦祚妻楊氏年二十六寡孫琨妻郭氏二十二亦寡曾孫繩妻王氏二十五又寡郭守節六十餘年楊四十四卒郭年八十餘卒王撫二子銘銓俱成立人稱一門四節

孫繩武妻葛氏二十八歲夫亡事舅及繼姑張孝撫孤志鏞成立年六十六

生員姚宏進妻張氏二十九歲夫亡撫遺孤廣泰成立守節三十餘年

陸元壽妻徐氏夫亡終身苦節

陸介臣妻戴氏二十五歲夫亡無子孝事孀姑與姑同寢食姑歿依從子陸鳴臯以老

俞世珍妻張氏二十二歲夫亡子永思甫襁褓翁困貧諷之醮張泣曰守則孤可保翁姑可養奈何去乎翁乃不復言茹茶撫子年八十五其孫何聚興娶金氏俞龍觀妻某氏亦茹苦守節人謂俱張所感云

何聚興媳金氏　俞龍觀妻某氏以上俱少寡守節

楊建廷妻李氏二十三歲夫亡孝奉舅姑撫二女出嫁年七十七

生員劉成業妻吳氏夫亡奉老姑二十年養葬無失禮撫二子遐齡長庚成立守節二十四年學使彭啟豐表曰貞節完倫

魯巨嚴妻錢氏飛鴻妻陸氏飛熊妻徐氏錢二十七歲夫亡長子飛鴻妻陸氏二十五歲寡次子飛熊妻徐氏三十歲寡皆無子錢六十三歲卒陸晚年雙目失明至八十三歲卒徐亦六十三歲卒稱一門三節云

陸焯妻顧氏二十八歲夫亡遺子永基未晬竭力孝養翁姑至七十七卒學使李宗文表曰松筠挺節

彭禹巷妻陸氏二十四歲夫亡撫子祖齡成立年五十三卒

馬元銓妻馮氏二十歲歸馬未市月夫亡哀慟絕粒孝事繼姑年三十五後以夫弟之子汝驥爲後

陳大本妻李氏二十五歲夫亡子廷元甫三齡大本世業醫所得貲即以賑貧者及歿貧無以殮賴夫弟大來拮据以營衣衾李艱苦備嘗年七十二卒

陸劉氏其翁陸倘約夫名偕逃其守節與大本妻李氏略相似嘗與李約至老不詣佛寺亦年七十餘卒

韓汝麟妻王氏二十七歲夫亡撫幼孤應龍成立邑令郜愓表其門

生員陳上珍繼妻王氏三十歲夫亡撫前子及夫弟廷璋子女成立晚迎父養於家年六十

陸銘妻厲氏二十五歲夫亡事姑盡孝孤子溥殤撫從子津既娶又歿撫嗣孫棟成立守節六十二年

朱鉽妻孫氏夫亡遺子二皆幼家貧勤十指以奉姑守節十餘年

生員戈文銳妻陸氏榮珍妻徐氏陸二十二歲夫亡嗣子榮珍娶婦徐氏不數年寡與徐相依至八十三卒

王文淵妻張氏三十歲夫亡撫孤廷樞克繼先業年八十卒學使錢維城表曰筠操冰貞

戴洪壽妻張氏二十五歲夫亡嗣子景昌夫婦早歿遺一男三女張撫之兩孫女少寡張皆以節孝爲鼎年九十三

胡賓陶妻陸氏二十六歲夫亡無子紡績度日守節四十一年

馬作梅妻張氏二十二歲夫亡遺腹子殤事舅姑十五年孝養無缺人咸稱之

王爾明妾陶氏二十三歲爾明亡嫡楊氏生二子登元書城陶生二子逵成書菴各撫成立楊先歿陶至五十七卒

生員邱世榮妻俞氏二十六歲夫亡事夫之祖父母以孝稱

吳翌廷妻李氏二十歲夫亡遺腹生子繼宗九歲而殤以夫弟之子俔爲後年六十六

張嘉琳妻吳氏二十歲夫亡撫從子世奎成立守節三十五年

陳士傑妻陳氏維時妻張氏陳二十三歲夫亡撫孤兆昴成立學使陳其凝給歐荻遺徽額兆昴子維時妻張氏二十七亦寡遺腹生女撫夫從子金爲嗣守節二十餘年

沈襄周妻倪氏二十三歲夫亡以夫弟之子煥爲嗣守節五十三年

沈鳴臯妻謝氏二十九歲夫亡撫一女長適鄭楚周亦寡守節謝年八十九

鄭楚周妻沈氏二十三歲夫亡歸依母家守節四十餘年

錢冠三妻戈氏圻繼妻楊氏戈二十一歲適錢四十日夫亡夫弟圻繼妻楊氏二十六歲寡遺腹生子樹榮與戈紡績度日戈年七十二楊年六十一時稱雙節

徐天瑞妻鄭氏二十七歲夫亡鄭郎自經爲小姑救免撫嗣子仁懷成立年五十九

監生馬鋹妻沈氏二十七歲夫亡課遺孤學洙爲諸生守節三十八年

贈編修陳統源繼妻陸氏夫亡遺子錫祚錫爵皆幼陸支持家事具有條理以孫嗣龍貴受貤封而卒

陸登甲妻馮氏廷鋆妻沈氏馮二十八歲夫亡遺腹生子廷鋆長娶沈氏是年馮卒年止四十六沈哭之慟越七載沈年二十四歲夫亡遺子廣淵又殤守節二十三年

邵欽元妻施氏二十四歲歸邵夫病已劇閱三月而亡無子以夫從子汝振爲後守節三十年

孫元龍妻王氏二十一歲適孫閱四月夫亡家中落竭力以奉舅姑守節二十四年

陸養默妻夏氏柏雲妻王氏夏二十五歲婚五月夫亡撫嗣子柏雲成立娶婦王氏九月而寡無子時二十歲守節三十二年夏年六十七卒

徐景輝妻朱氏二十五歲夫亡無子依甥張倪亭以居守節四十八年

王昂妻施氏二十四歲適王姑病親嘗湯藥未幾夫病歿施不食累日姑泣慰之守節三十一年

馬景霞妻施氏二十九歲夫亡遺子二女二長子曾傳婚數年夫婦偕亡復撫二孫守節五十三年

沈嘉謨繼妻倪氏二十八歲夫亡時方有娠越八月生子廷耀撫訓成立年八十三

劉北容妻沈氏二十五歲夫亡嗣子稼雲又早世依從子君榮守節五十五年

程學濤妻張氏大業妻張氏姑二十六歲夫亡子大業甫生既長娶婦張氏亦二十六

寡無子婦姑相依姑守節至八十五

黃永珍妻阮氏三十歲夫亡母以其家貧欲奪其志阮誓死不從母怒絕不與往來阮忍饑凍撫孤文魁年七十四卒

金鋐妻蔣氏二十五歲夫亡遺孤遇清矢志撫育守節五十四年

朱南爲妻沈氏二十八歲夫亡姑早世祖姑陸年逾九旬目失明沈左右扶持未嘗稍倦翁美輪歿遺孤子五齡沈撫教成立守節五十一年

生員馮謙妻屠氏二十九歲夫亡家貧無子孝事舅姑守節三十餘年

陳省齋妻沈氏二十九歲夫亡嗣子又不肖惟與一婢相依紡績守節三十二年

陳象六妾楊氏三十歲象六死撫子世奇世學成立守節四十六年

秦有恒妻蕭氏二十歲夫亡撫嗣子志炎讀書游庠守節五十四年

生員陸敘揆妻鮑氏二十八歲夫亡撫孤女長適黃煇山晚依壻以老年七十二

俞廷璧繼妻朱氏二十九歲夫亡撫前氏子南式如已出家極貧嘗以淩磨屑爲糜或煮南瓜充飢父歿無後迎母周養於家積勤二十年始克葬其夫又葬父母於墓傍隙地年七十

王廷瓚妻程氏二十五歲夫亡無子夫弟慶遐幼失怙恃竭力撫字既婚復殀程以夫之從子配元爲嗣守節四十八年

周敘經妻徐氏適周三載夫亡旋舅姑又歿乃歸母家苦守年七十餘卒

徐兆占妻陸氏徐之弟婦也夫亡與敘經妻共矢志

包學山妻顧氏二十六歲夫亡遺腹生子彩龍姑迫之嫁顧欲死殉乃止年六十八

徐兆禧妻馮氏文在妻張氏馮三十歲夫亡遺子文在及長娶張氏二十一歲亦寡撫夫從子烜爲嗣馮守節四十一年張守節二十四年

監生黃溙妻鮑氏生員枝妻郭氏鮑二十七歲夫亡遺子四業枝柟栻皆幼枝庠生妻郭氏二十七歲亦寡撫子光烈光照成立鮑守節三十二年郭守節二十七年

監生路昜菴妻葉氏二十七歲夫亡撫孤曜乾成立守節四十餘年

翁鎬妻張氏二十二歲夫亡撫子源及遺腹子治成立源爲諸生守節四十七年

監生馬汝鵬妻俞氏夫客山東歿於旅舍訃至時俞二十二歲撫子本高成立守節三十一年

孫晟繼妻徐氏三十歲夫亡課子華讀書游庠守節三十三年學使朱珪表曰松心不朽

朱元侯妻詹氏幼侍母馬氏疾以孝聞二十一適朱三十夫亡撫孤昇昂守節二十四年

馮雲瞻妻曹氏二十四歲夫亡家貧無子操作以給朝夕守節四十四年

嚴大椿妻沈氏二十九歲夫亡家貧事姑以孝守節三十九年

姚容昭妻陳氏二十五歲夫亡撫孤紹堂服賈爲業守節四十三年

沈文疆妻方氏二十七歲夫亡孝事孀姑撫孤洽成立守節四十一年

沈文洛妻周氏三十歲夫亡止遺二女以從子承友承孝爲子守節三十四年

鄒錫齡妻王氏二十三歲夫亡遺子元勳未晬鞠育備至藝姑病割股療之年五十一

金維藩妻倪氏二十三歲夫亡以夫從子庭槐爲後守節三十二年

孫克昌妻方氏二十一歲夫亡無子絕粒累日姑胡氏目瞽事之甚孝撫嗣子元暉成立年六十一

韓恕可妻沈氏二十九歲夫亡守節三十八年

翁光通妻施氏二十六歲夫亡遺腹生女事祖姑張克盡孝養守節四十餘年

監生陳憲章妻王氏二十八歲夫亡遺子女三人皆幼撫長婚嫁守節三十二年

監生過文龍妻沈氏二十九歲夫亡遺腹生女乃以夫從子洛爲嗣守節三十八年

華漢珍妻朱氏珮蒼妻沈氏肯堂妻魏氏朱十九歲夫亡遺腹生女撫夫

從子岐山爲後夫弟珮蒼妻沈氏年二十五亦寡生子肯堂長娶魏氏十八歲又寡朱先卒守節三十九年沈與魏相依守節三十七年

陸士攀繼妻吳氏二十九歲夫亡撫六齡孤天變成立守節三十七年

張掄輝妻蘇氏二十八歲夫亡遺孤光宗甫八月守節三十六年

張廷煜妻羅氏三十歲夫亡子世城甫五齡紡織以撫之守節三十五年

陸景明繼妻朱氏二十七歲夫亡遺二子維巖星榮撫之成立夫兄東明繼妻朱年四十餘亦寡妯娌相依守節三十七年

黃烈文妻倪氏二十一歲夫亡撫夫從子維風爲嗣守節四十一年

施瑞衡妻馮氏二十九歲夫亡撫夫從子涵叔又歿乃依孫壻黃秉鈞守節三十五年

陳其鳳妻張氏適陳甫一日夫疽發於腰而亡張時二十歲舅微諷之張悲痛欲絕遂鬻奩具得數

十金供舅姑甘脆已則食麤衣敝終其身

周芳川妻錢氏二十二歲夫亡遺腹生子学中守節三十八年

監生袁鐸繼妻徐氏三十歲夫亡子松齡早歿撫姪瀓爲嗣復撫從孫崇爲孫守節三十二年

趙蟠遐妻沈氏二十四歲夫亡撫孤友諒成立守節四十年

楊大琮妻盛氏二十五歲夫亡遺孤應皓未晬翁楷歿撫夫幼弟大璣讀書游庠守節三十六年

張學顏妻俞氏作霖妻俞氏姑二十二歲夫亡嗣子作霖妻俞氏即其姪女也未幾亦寡偕撫二幼孫守節三十九年

馮耀初妻何氏二十五歲夫亡事姑吳盡孝守節三十七年

監生王於桐妻鄭氏二十六歲夫亡事姑孝姑歿撫夫族子大鑑爲嗣守節三十四年

監生孟朝棟妻陳氏二十四歲夫亡孝事寡姑撫孤光煒爲諸生守節四十餘年

金兆傳妻李氏二十八歲夫亡撫孤廷榮廷佳成立守節三十三年

生員賀兆元妻周氏二十九歲夫亡孝事翁姑養葬盡禮守節三十二年

羅岳川妻顧氏二十五歲夫亡撫遺腹子鉞遊庠守節三十五年

州同徐銓妻朱氏二十八歲夫亡撫孤永泰成立事姑孫以孝聞守節三十二年學使朱珪給額日畫荻貞風

監生趙焜妾鍾氏二十八歲焜亡撫嫡子繼昌繼志及自生子繼善成立守節二十七年

方容齋妻程氏二十六歲夫亡止遺一女夫弟鳳倫之子少孤程撫教之守節三十三年

朱大烈妻馬氏學賢妻馬氏姑二十歲夫亡嗣子學賢甫授室又歿與其婦馬氏相依守節四十餘年

兩淮運判陸黃鉞妾談氏江氏黃鉞死各三十歲談生子光泗光洛年四十卒江生

子光濂守節二十八年

徐二妻陳氏夫業竹工陳適徐郎學爲笭售其器以佐饔殮無一錢存私者二十二歲夫溺水死無子翁令自便陳泣曰舅姑年老婦去誰奉侍者因相與泣而安之守節三十七年

生員戈開泰妻楊氏二十八歲夫亡撫二孤成立守節三十三年

監生陸甯永妻馬氏二十八歲夫亡撫嗣子樹萱爲諸生守節二十六年

監生吳濬妻徐氏二十四歲夫亡撫孤楷成立孝事舅姑營葬兩世守節三十四年

馬漢超妻湯氏婦某氏姑二十七歲夫亡子女俱殤孝事祖姑嗣子既娶而歿乃與其婦同守三十餘年

俞瑞堂沈氏二十五歲夫亡事姑盡孝守節二十五年

周必大妾毛氏二十三歲必大死無子立志堅苦守節二十五年

王禮嘉妻顧氏二十五歲夫亡無子并無可嗣者依兄顧成均守節二十八年

李某妻陸氏二十三歲夫亡無子或勸之嫁陸曰我甘餓死不爲失節婦也守節三十三年

生員劉栢齡妻陳氏二十八歲夫亡事生姑周孝敬不衰撫夫從子大勳爲嗣守節二十九年

沈孝穆妻王氏二十七歲夫亡遺孤又殤事翁南滙盡孝守節二十一年

監生陸鑑妻葉氏二十六歲夫亡事姑陳以孝撫嗣子墉成立守節二十一年

衡陽知縣袁鑄妾王氏二十歲鑄死於官舍袁扶櫬歸里家甚貧所生子淞病璥旋歿守節三十二年

陸承乾妻吳氏二十六歲夫亡姑凌氏衰邁寡居吳竭力孝養撫夫從子天祚爲嗣守節二十八年

生員王容妻金氏二十六歲夫亡無子妾沈生子琳其撫之守節二十餘年

陶錦妻吳氏二十九歲夫亡孝事其姑撫夫弟子紹淇成立守節二十四年

張懷仁妻羅氏二十歲夫亡無子以夫弟嘉途子爲嗣守節三十二年

生員馮國甯妻陸氏二十四歲適馮甫兩月夫亡守節三十年

程天來妻何氏二十四歲夫亡孝事翁姑撫孤南柱成立守節二十八年

孫槤妻金氏二十六歲夫亡遺孤又殤守節二十六年

張建周妻羅氏十八歲婚越十年夫亡守節三十二年

唐鼎雲妻徐氏二十歲適唐踰年夫亡貽孤厚貽未娶而卒撫夫從子翮如已出事本生姑張盡孝遵姑命以翮子肇墉爲厚貽後親持家政至老不懈守節四十年

沈方增妻曹氏十九歲夫亡止遺二女治家嚴整戚族咸稱之守節三十一年

高克明妻李氏二十七歲夫亡撫夫從子永裕事翁以孝守節二十二年

陳冠賢妻戴氏謹亭妻某氏戴二十五歲夫亡嗣子謹亭既婚而歿戴與其婦相依守節二十餘年

李蘊錦妻楊氏二十六歲夫亡以從子麟爲嗣守節十六年

王鉞妻張氏十七歲夫亡遺腹子杲又殤守節三十一年

生員趙震妻屈氏二十四歲夫亡撫夫從子懋爲嗣守節二十一年

李烱妻黃氏十九歲適李夫病瘧六十日黃每夜露禱一姑忽夢神曰爾子數已盡以爾婦誠格延壽一載病尋愈明年復病果不起黃茹苦守志至五十五卒

監生倪希艮妾施氏二十六歲希艮亡守節二十一年

生員陸廷瑚妻邵氏二十七歲夫亡比殮以首觸棺幾斃姑邵年老侍養甚謹年四十六

朱學賢妻馬氏二十歲夫亡姑憐其年少微諷之欲自刎乃止守節二十三年

沈茗峴妻李氏二十四歲夫亡止一女或勸之嫁李矢志不易姻婦卒代撫孤廷金鑾皆成立

生員李光含妻沈氏婚數年夫亡無子欲身殉者再父攜以歸沈孝父母無異爲女年六十餘

生員王元文妻張氏夫早亡撫孤三十餘年

朱達三妻尙氏二十六歲夫亡遺二孤翁姑年俱老紡織奉養二十年至六十一卒

張李氏張晃子李年十八夫亡守節五十餘年

沈生甫妻周氏二十二歲夫亡無子姑探其意稟不可易守節五十餘年

董褚珍妻方氏二十八歲夫亡御下嚴肅門內無詬誶聲守節四十二年

生員沈與瑩妾劉氏二十九歲與瑩死撫嫡子甄成立游庠年六十四

吳孝模妻張氏二十七歲夫亡子燦生甫十月撫訓有成守節四十二年

楊姚氏善刺繡適楊生一女未幾夫遠出轉徙無方姚甫二十餘歲與其女十指度日女長適裝潢工張介眉亦貧甚姚年近五十夫終無音耗煢煢苦守年八十餘

馬卓儒妻富氏十七歲婚六月夫亡撫夫從子伯年爲嗣守節三十五年

包萬源妻馬氏二十三歲夫亡撫孤玉田至七十二卒

戈振岳妻張氏正東妻張氏姑二十九歲寡撫子正東長娶張氏二十五亦寡遺腹生子梅候辛勤撫育姑六十九而卒婦守節四十餘年

監生劉珢三妻戴氏妾姚氏戴十九歲適劉無子爲夫置妾姚越旬日夫即病亡戴年二十八姚年十九俱無子共矢苦志撫夫從子人秉爲嗣戴年六十八姚年七十五卒

馮時萬妻曹氏二十二歲夫亡遺一女有以言微諷者曹舉刀斷左手一指暈絕良久而蘇日而今可以見我志矣撫夫兄子惠爲嗣旋補諸生曹勞瘁過甚年四十卒

張逢源妻張氏二十八歲夫亡撫夫從子秉彝爲嗣守節四十三年

生員戈奇勳妾唐氏姚氏奇勳亡時唐二十一歲姚十九歲遺一子守信二人共撫之奉

嫡陸氏甚謹唐年五十二姚年七十一

生員陳三錫繼妻盛氏三十歲夫亡營葬兩世課子琨讀書爲諸生守節五十四年

監生鄭時乘妻蔡氏鍾美妻胡氏蔡二十九歲夫亡嗣子鍾美娶胡氏二十一亦寡無子蔡年八十卒胡撫夫從子浩爲嗣守節四十二年

倪洪鈞妻褚氏二十九歲夫亡撫孤國靑成立守節四十七年

陸德銑妻胡氏二十五歲夫亡子衡夫婦早世孫印娶婦後又歿胡與孫婦曾孫相依至八十餘卒

監生陸德鑾妻胡氏二十七歲夫亡家中落經營喪葬撫孤婚娶晚愈貧困年六十餘

監生陸振鏊妻程氏二十七歲寡撫夫從子天浩成立守節四十年邑令王恒表曰貞松慈竹

生員俞錫勳妻胡氏二十八歲夫亡事姑孝撫孤垣成立守節十二年

胡元齡妻錢氏二十二歲夫亡家赤貧鬻產以葬翁姑及夫守節五十四年

監生朱雲標妻過氏鑛妻何氏過三十歲夫亡矢志撫孤翁姑相繼歿撫夫弟飛熊成立子鑛娶何氏年二十一寡哭泣流血兩目幾瞽過年七十六何旌年五十

生員沈鑑妻曹氏二十九歲夫亡孝事寡姑撫孤潮江成立守節二十五年

監生郭鳳梧妻吳氏煌妻施氏吳二十九歲夫亡子煌煥俱幼煌娶施氏十九歲寡撫煥子秉璋爲嗣吳年七十施年五十一

生員孫李曾妻陸氏同然妻陶氏陸二十九歲夫亡四子俱幼長子同然妻陶氏二十七歲寡事陸甚謹撫從子堂爲嗣陸年四十六陶年三十七

監生吳如式妻俞氏三十二歲夫亡子暴卒晚年目瞽守節三十六年

候選縣丞沈嘉麟妻李氏二十八歲夫歿於京邸聞訃號泣盡典衣飾乞族人扶櫬歸里年六十八

沈榮廷妻姚氏二十二歲夫亡嗣子泰曾早世撫鄙諸孫守節四十九年

屈永萬妻朱氏二十二歲夫亡撫從子世桂成立守節五十年

監生金焜妻沈氏二十八歲夫亡撫孤啟培守節十六年

生員陸象銑妻屈氏三十歲夫亡守節三十八年孫廷讃領戊午鄉薦

生員顧嘉繼妻周氏二十九歲夫亡拮据殯葬撫孤汝翙培成立守節三十年

朱雙南妻魏氏幼失怙事母至孝二十一歲適朱二十九寡子殤撫夫從子溶爲後守節三十九年

殳璣妻陸氏二十九歲夫亡撫孤厚田守節二十五年

陳孝梅妻曹氏東陽妻錢氏曹二十歲夫亡夫弟東陽妻錢氏二十九亦寡上有瞽姑雙目失明二人日勤女紅以給薪水曹年六十錢旌年五十二

王鳳輝妻吳氏二十六歲夫亡撫孤世基守節三十一年

沈世楷妻陸氏二十五歲夫亡撫子炳有成立守節三十八年

監生俞鼇妻馮氏二十四歲夫亡守節十七年

趙錫璣妻孟氏二十七歲夫亡撫孤永成守節三十年

陳德隆妻戈氏二十三歲夫亡守節二十四年

金朝九妻鄭氏二十六歲夫亡子鎰甫二月事姑盡孝值火災冒火救姑又懷鎰出得免年四十二

監生邵鑑妾孫氏十八歲適邵二十六鑑亡止一女氷潔自守年五十

王雲岩妻高氏二十歲夫亡撫一女長適蔣樾守節十七年

田紹裘繼妻蔡氏二十六歲夫亡遺娠又殤孝事寡姑撫嗣子鑑銘成立守節五十五年

張懷南妻李氏二十八歲夫亡撫孤繩祖成立守節五十一年

孫賓王妻田氏二十二歲夫亡守節十八年

計大宗妻宋氏二十七歲夫亡守節四十二年

葉汝楨妻曹氏二十七歲夫亡遺孤殤繼嗣曹與老姑相依守節五十四年

金鼎揆妻蔣氏二十五歲夫亡子遇清又早世勞苦撫孫旌年八十九

監生褚羲妻郭氏二十九歲夫亡撫從子紹嘉艱苦備嘗旌年八十三

陸佐堂妻鍾氏二十九歲夫亡撫夫從子樹穀成立旌年七十六

陸廣業妻李氏二十二歲夫亡無子女家貧紡織以給旌年七十六

監生徐與漢妻郭氏二十四歲夫亡事癸姑孝撫夫從子炳爲嗣旌年七十四

石港場大使方淮繼妻陸氏夫以捕蝗勞瘁卒於官陸偕妾徐氏扶櫬歸葬視庶子業如己出性好施與人咸稱之旌年七十四

錢鏳嗜妻葉氏二十三歲夫亡子殤兩目俱瞽旌年七十二

何懷棠妻周氏二十九歲夫亡無子佐姑劉撫幼叔成立旌年七十一

監生范開用妻俞氏二十七歲夫亡訓孤彪勤學爲諸生旌年六十九

監生沈元掄妾徐氏二十七歲元掄亡守節旌年六十七

俞心融妻李氏二十一歲夫亡守節旌年六十六

周漢章妻潘氏二十七歲夫亡越八月遺腹生子士貴辛勤鞠育旌年六十六

方德懷妻顧氏二十七歲夫亡奉侍孀姑撫夫從子寶傳爲嗣旌年六十五

監生徐步雲妻周氏二十八歲夫亡子士彥士超既婚相繼歿復撫諸孫旌年六十三

陸曙皋妻周氏三十歲夫亡家赤貧或勸之嫁周泣誓之矢志撫孤旌年六十二

監生何涓妻張氏二十八歲夫亡嗣子正林患痰疾張力持門戶旌年六十一

監生何澧妻沈氏二十九歲夫亡事姑張甚謹撫二子成立旌年六十二

監生曹漣妻張氏三十歲夫亡事姑克孝撫三孤俱成立旌年五十九

陸奕南妻王氏二十二歲夫亡子南山未晬撫育成立旌年六十

劉學濤妻王氏二十五歲夫亡無子以夫族子楹爲後旌年六十

張月鶱妻錢氏二十七歲夫亡撫孤恂如炳如旌年五十九

徐蕙蘭妻山氏二十九歲夫亡營葬三世撫夫從子泰齡爲嗣旌年五十九

徐雲龍妻錢氏二十七歲夫亡子瘂殤撫夫從子大森爲嗣旌年五十八

金四妻許氏二十四歲夫亡旌年五十九

顧含書妻徐氏三十歲夫亡撫孤念宗旌年五十七

康廷相妻嚴氏二十八歲夫亡撫從子翼周旌年五十七

監生姜鎮青妻鄭氏二十五歲夫亡撫從子希潛旌年五十七

生員李盛妻俞氏二十四歲夫亡無子撫育二女旌年五十七

生員陸廷珩妾姚氏少欽妻沈氏廷珩亡姚二十三歲子少欽纔數月有諷以改適者以死謝之少欽娶沈氏早寡相依守節旌年五十四

生員林祖植妻陸氏二十三歲夫亡無子旌年五十五

屠溶妻王氏二十九歲夫亡遺腹生女撫夫從子作霖讀書旌年五十七

周文龍妻蔡氏二十四歲夫亡撫孤丕承成立旌年五十三

陸鍾泰妻嚴氏二十七歲夫亡旌年五十二

監生馬拜憲妻鄭氏達妻鄭氏鄭十八歲適馬居翁喪遭火族人皆護靈櫬鄭獨從烈燄中扶姑以出人稱其孝三十歲夫亡子達娶鄭氏甫兩月發居同居一室旌年五十七

監生曹永紹妻蔡氏二十三歲夫亡撫孤鶴齡旌年五十五

監生張鳳臺妻何氏二十七歲夫亡撫孤溱灝濂成立旌年五十五

監生徐純楷繼妻倪氏二十四歲夫亡撫孤鼎夔旌年五十五

鄂韞諸妻陳氏二十六歲夫亡事姑以孝撫夫從子懋倫爲後旌年五十四

羅玉堂妻張氏二十六歲夫亡姑以哭子旋殁翁兆紳服賈殁於楚張聞訃哀毁欲絶旌年五十四

馮兆燦妻汪氏二十三歲夫亡旌年五十四

趙鳴撝妻曹氏二十歲夫亡旌年五十三

周金門妻蔣氏二十八歲夫亡撫孤灝成立旌年五十三

張宗望妻諸氏二十三歲夫亡撫孤嵩青旌年五十三

張有文妻林氏二十七歲夫亡孝事耄姑撫孤誦莪成立旌年五十三

金啟垣妻徐氏夫瘵疾久未娶或議辭婚徐聞涕泣求死乃歸金年三十四矣越八月夫亡遺腹生女又殤旌年五十四

州同陶恪妻葉氏二十九歲夫亡遺孤二長綸早世次綱得成立旌年五十二

陸鴻昇繼妻沈氏妾金氏鴻昇亡沈三十歲無子金年二十四遺子文煥同心撫育各守節二十二年

沈浩天妻倪氏二十四歲夫亡事翁甚孝旌年五十二

許八官妻陸氏二十五歲夫亡撫孤文魁旌年五十二

殷俊達妻孫氏二十四歲夫亡撫孤諸生乂早世旌年五十二詩爲

吏目吳涵妻張氏妾方氏張二十九歲夫亡與妾方氏矢志旌年五十二

徐天祿妻支氏二十五歲夫亡撫孤兆麟旌年五十一

生員彭大經妻邵氏二十九歲夫亡旌年五十一

程鑑堂妻周氏二十二歲夫亡子光桂又殤旌年五十一

張壎妻戈氏三十歲夫亡旌年五十一

監生俞垣妾沈氏三十歲垣亡撫嫡女及已子女俱成立旌年五十

張士銑妻何氏二十四歲夫亡子源方四齡遺腹生子溶長俱游庠旌年五十

朱澄江妻潘氏十六歲夫亡遺腹生子瑞堂旌年五十

倪永林妻蔣氏二十歲夫亡無子撫夫從子毓奇爲後旌年五十

監生陶寅繼妻陳氏二十九歲夫亡孝事兩世發姑撫六齡孤成立旌年五十

郭勷妾陸氏二十七歲勷亡撫夫從子思泉爲嗣旌年四十九

段序曾繼妻金氏二十八歲夫亡事姑至孝姑殁子殤投繯者再俱以救免旌年四十八

顧芳庭妻何氏二十一歲夫亡撫遺腹子廣茂旌年四十七

徐文輝妻姚氏二十四歲夫亡撫孤洸成立旌年四十七

吳喻德妻張氏二十四歲夫亡舅以事遠繫京師時具甘旨遙奉之教子聚文入庠旌年四十六

顏二妻江氏二十歲夫亡無子旌年四十三

劉乙妻某氏順治乙酉土寇汜斷乙右臂絕而復甦泣與姑訣分其他適婦不忍去未幾乙竟無恙某氏拮据養其夫以終里人義之案劉乙妻載平湖朱志雖與夫亡守節有間而其志堪憫姑附之以上伊志

嘉興府志卷七十五

嘉興府志卷七十六

嘉興府知府善化許瑤光重輯

列女 節婦

平湖縣下

陸心鑑妻邵氏二十六歲夫亡撫遺腹子成立營舅姑喪葬守節三十年

姚岱妻張氏以上嘉慶五年旌

屈源長妻孫氏嘉慶六年旌

姚永孝妻陸氏岱妻張氏陸二十六歲夫亡事舅姑孝敬備至教遺孤岱弱冠即入庠娶張徵士雲錦女六載而寡時張二十七歲姑媳相依同矢守苦節數十年始終如一陸年八十四張年七十三

王揆妻張氏二十七歲夫亡撫子增成立終身茹素舅姑旋歿喪葬盡以悲痛成疾卒守節二十三年

楊瑞山妻周氏二十九歲夫亡撫七月孤成立營兩世喪葬旌年幾及九十以上嘉慶九年旌

監生徐載旂妾張氏二十八歲載旂亡嫡旋歿撫嫡出四子俱成立授室守節三十六年

徐鎔妻馬氏二十六歲夫亡撫孤守節五十三年

王謹操妻張氏二十八歲夫亡撫孤守節三十三年

監生謝鼎妻朱氏二十九歲夫亡止一女無子荼苦自矢夫弟鼐夫婦早歿遺子繩祖及一女俱幼撫如己出即以為嗣守節十二年以上嘉慶十年旌

馬達妻鄭氏　林兆惠妻馬氏

監生郭元勳妻奚氏二十七歲夫亡撫孤成立守節二十五年以上嘉慶十一年旌

監生周民偉妻浦氏二十五歲夫亡撫五齡孤學淵成立守節三十年嘉慶十一年學使滿世

恩表其閭

馬鎌謙一作妻俞氏二十四歲夫亡盡典奩具以營喪葬撫子成立守節四十六年

徐榮先光一作妻沈氏二十七歲夫亡撫幼子德山成立守節三十四年以上嘉慶十二年旌

張寶林妻孫氏二十三歲夫亡撫孤守節三十一年

何鍾毓妻沈氏　何鍾敏繼妻沈氏

吳士榮妻屠氏　潘繩妻王氏

金宏基妾陸氏

監生陸學汧妻屈氏二十八歲夫亡撫子棠成立以上嘉慶十五年旌

贈二品銜桐鄉學生員朱鴻猷妾石氏二十二歲鴻猷亡生一子爲霖嫡子

爲霖具呈在部請旌

王鳳昌妻方氏二十四歲夫亡生一子早殤有姪兆英早孤尚未成立持家勤苦事舅姑孝及歿拮据營葬并爲姪授室守節三十二年

陶士奇妻吳氏二十四歲夫亡無子撫姪鏡爲嗣守節五十二年

張芸暉妻謝氏二十二歲夫亡撫孤守節四十一年

陸鴻昇妾金氏

吳喻德妻張氏　李鑾妻李氏以上嘉慶十七年旌

監生倪世培妾褚氏　徐士超妻馬氏以上嘉慶十八年旌

楊左峰妻馮氏事邁姑十四載極盡孝養夫亡無子以夫兄巨風子懷遠撫以爲嗣守節五十八年

生員倪存培妻周氏二十四歲夫亡撫二子長錫壽嗣夫兄亥錫嘏生甫襁褓守節三十二年

黃然妻高氏二十九歲夫亡撫二子堂塈成立爲翁姑及夫營葬守節三十五年

生員陸希曾妾馮氏二十四歲希曾亡撫孤成立茹荼矢志守節三十八年

太學生高沆繼妻郭氏年二十九將嫁而沆疾篤使人辭氏誓不他適遂歸高而疾已革不及成禮即脫簪珥侍疾比曉沆卒屬纊時以子屬氏善爲撫養氏含涕應之乃出奩具以經理殯殮撫子廷燦成立廷燦屢喪其婦又撫養諸孫守節四十二年

屈日棵妻葉氏以上嘉慶十九年旌

沈樹基妻張氏婚九月夫亡撫遺腹子麟成立守節四十一年嘉慶二十年旌

監生楊思儼妻嚴氏二十二歲夫亡上事祖姑及姑垂三十年下撫遺腹子嗣震成立守節四十二年

李洵芳妻吳氏二十九歲夫亡撫訓孤子淦成立守節三十二年

費淮妻謝氏監生謝自芳長女二十六歲夫亡子椿生甫九十五日撫訓成立長親自督課補郡增生嫁二小姑爲子娶婦迎養其母以壽終葬夫與舅姑及先世三柩并其父母奉夫遺像日設飲食服物如生時歷久如一毀妝飾并簪珥戚族困之者時周之又命子採擇節烈之不彰者著爲翦香錄持家勤苦年六十九

監生楊茂蘭妻王氏以上嘉慶二十一年旌

吳璉妻薄氏二十九歲夫亡撫子喻德成立娶張氏越四年而寡時張二十四歲稱兩世苦節云

張椿妻朱氏二十八歲時值疫氣大盛氏歸母家祖姑翁姑及夫俱漸染甚危母家勸其暫留氏堅不從祖姑與翁及夫果相繼歿幼子弱女四人俱疫死拮据營葬守節四十二年以上嘉慶二十二年旌

增生馮鎬妻胡氏二十九歲夫亡舅以痛子又復痰喘疾胡侍湯藥歷五年不怠既歿又喪葬盡禮撫孤子灝成立守節三十七年

監生龔文煜妻顧氏二十九夫亡撫遺孤維坒維型維壇俱成立孝事舅姑二十餘載歿後喪

葬盡禮守節四十年

生員陸廷瑚妻邵氏以上嘉慶二十三年旌

陳桐喈妻楊氏二十五歲夫亡子又歿并無可繼者乃依夫姪鉷終身守節三十六年

王留妻汪氏氏閭人留幕游於閩尚未娶聞氏賢聘焉二十六歲夫亡氏扶柩回籍食貧守節撫姪顯德爲嗣戚族咸稱之

生員屈應麟妻周氏長源妻陳氏妾孫氏曰楘妻蕭氏周二十二歲夫亡守節十八年遺腹生子儒士長源娶陳氏又娶妾孫氏長源歿孫氏二十九歲守節四十一年孫生三子曰柱曰楘曰棟曰楘娶蕭氏二十八歲夫亡守節三十二年以一門三節題旌蕭氏被旌時年八十歲

韓仲華妻方氏二十九歲夫亡仲華素多病自知不能生育乃擇兄子維鈞爲後未幾歿以過傷悼致疾卒氏勉抑哀苦與長姒共撫夫姪維鏞以養以教維鏞後捷南宮氏與有力焉維鏞生二子氏即以其次子潮爲維鈞後敎之讀書後成進士官知縣皆氏積德所致云

嘉興府志　卷七十六　平湖節婦　四

監生倪世培妾朱氏褚氏世培歿朱二十五歲褚二十一歲相依矢志從無間言褚守節十七年朱守節三十一年

金鴻荃妾陸氏二十四歲寡嫡王氏無子陸生子三鑑方三齡撫以成立守節十七年

監生陸泰鋆妾沈氏二十歲寡未一月嫡又病歿氏無子撫嫡子三人天浩汝漢汝灝皆教養成立支持門戶守節四十有八年以上嘉慶二十八年旌

生員張人桂妾杭氏二十四歲而寡與嫡俱無所出撫夫姪祚錫爲嗣守節十六年

生員汪介福妻朱氏三十歲夫亡無子撫夫姪遂爲嗣娶媳女嫁皆出十指守節二十五年

監生周世英妻湯氏二十六歲夫亡撫遺孤二長念鼎次咸皆成立有僕婦馮氏少寡貧不自給擬再適氏諭以大義馮即感其言終身守志其以身率教如此守節二十一年以上嘉慶二十五年旌

鄭曉初妻戴氏二十九歲夫亡守節五十二年子光鈺先卒孫敘春又歿撫從孫先源爲光鈺嗣爲娶孫媳營葬舅姑暨夫與夫兄四喪

徐士彥繼妻張氏

監生顧其桐妻汪氏三十歲夫亡無子無姪復我爲嗣守節二十八年

監生羅金聲妻沈氏二十八歲夫亡守節三十年

高翮妻陸氏二十三歲夫亡撫孤守節五十三年

劉顯名妾曹氏二十九歲顯名亡嫡陸氏無出氏遺孤學倫自五齡撫以成立守節四十六年以上道光元年旌

生員殷誥妻倪氏二十三歲夫亡撫孤守節二十八年

程淦妻何氏二十四歲夫亡撫孤守節二十一年

嘉興府志　卷七十六　平湖節婦　五

高鳳翔妻朱氏三十歲夫亡撫孤守節二十五年

楊佑妻倪氏二十九歲夫亡子樹基早歿無後守志三十一年

監生敖燦妻楊氏三十歲夫亡撫二子英甫芳甫有成守節三十年以上道光二年旌

吳翌廷妻李氏二十一歲夫亡撫孤守節四十五年道光三年旌

監生張淵繼妻顧氏二十七歲夫亡守節四十三年

陸錦懷妻周氏二十三歲夫亡無子遵舅姑命撫從子上澧爲嗣舅姑歿拮据喪葬守節三十六年

沈士魁妻高氏二十九歲夫亡事舅姑生養死葬皆盡孝撫子國華成立守節三十七年以上道光四年旌

周德純妻馬氏二十四歲夫亡德純本獨子所生一子又殤時翁立人鰥居尚健氏爲似續勸翁續娶繼姑王氏生一子助姑撫養長授室後生子鏞即撫爲夫後守節五十七年

監生范永齡妻翁氏二十八歲夫亡舅姑衰邁夫弟甚幼子二尚在提抱仰事俯育者十一年因積勞成疾卒

監生俞丕烈妻董氏三十歲夫亡遺孤鴻基培教以成立守節二十年

監生朱逢珮妻何氏二十三歲夫亡遺腹子又殤撫夫堂姪存心爲嗣屏居小樓終身不出戶外守節二十九年以上道光五年旌

林斆昌妻何氏二十六歲夫亡以七世祖及曾祖翁未有祭田盡質贅珥置予圩田六畝以奉烝嘗教子培豐成立守節二十三年

監生鄭志遠妾劉氏三十歲志遠亡繼嫡曹氏生子十五日而亡氏撫遺孤愛踰己出守節二十二年以上道光六年旌

生員方昇妻劉氏二十九歲夫亡撫二子成立次子榮後入府庠守節二十三年

監生曹璉妻張氏

監生時光溶繼妻沈氏二十一歲婚甫二十日夫亡無子撫夫姪樞兼祧樞任餘杭訓導卒於任又撫樞子元照爲孫成立旌年六十二以上道光七年旌

孫椿年妻朱氏二十七歲夫亡撫孤守節四十三年道光八年旌

朱士圭妻邵氏二十八歲夫亡守節十五年

徐層山妻聞人氏步青妻馬氏馬二十八歲夫亡無子撫姪曾裕爲嗣聞人其姑也

徐步雲妻周氏士彥妻張氏徐二十八歲夫亡生二子長幼俱成立長子士彥娶張氏三十亦寡合層山妻聞人氏步青妻馬氏人咸稱一門四節

生員吳光照妻馮氏妾郭氏光照亡子陳善僅十月與妾郭青燈相勵時馮二十九歲郭生一子闕佑馮愛憐之一如己出守節十八年

監生倪孝培繼妻蔣氏二十六歲夫亡家貧竭力爲夫及前氏張擇地安葬撫夫姪錕爲嗣守節三十一年

陳金妻陸氏二十五歲夫亡無子以夫姪師讓兼祧苦節三十五年以上道光九年旌

陸汝湉妻陳氏二十八歲夫亡撫孤守節三十八年

陸杏傳繼妻吳氏二十三歲夫亡撫孤守節三十年

監生徐士樑妻謝氏二十七歲夫亡撫九月孤應煒成立守節四十年

生員郭又隗妻孫氏二十三歲夫亡子甫週又殤孫哀痛不已家甚貧或終日不舉火泊然安之幼工吟咏其詩久爲藝林所傳夫亡後屏去韻語機絲之外維閱史書等以自遣兩浙輶軒錄及羣雅集諸書均載其詩所著有夢褸吟藁藏於家守節四十六年

監生謝銘繼妻俞氏三十歲夫亡事祖姑及姑維謹及歿喪葬盡禮無子撫夫堂姪炳南爲嗣

守節二十八年以上道光十年旌

邵藝鈐妻陸氏二十七歲夫亡無子撫夫姪漢爲嗣漢元雲龍讀書氏加意培植守節二十四年

曹建安妻陳氏二十四歲夫亡撫孤守節二十五年

韓建偉妻馬氏二十九歲夫亡撫孤守節四十二年

職員楊楙清妻莫氏二十九歲夫亡撫孤守節二十六年

生員劉翔妻姚氏二十六歲夫亡撫夫姪大升爲嗣守節四十年

理問陸景淮妾姚氏二十二歲景淮亡撫孤廷栢教養備至娶婦後又歿無子姚復撫姪孫文煥爲其後守節四十一年以上道光十一年旌

監生梅世賢妾劉氏嫡子德建妾曹氏作梁妻劉氏世賢妾二十二歲寡無子嫡子德建妾曹氏二十四亦寡遺孤作梁方五月長娶劉氏二十三又寡三孀相繼苦節如一

生員張人棟繼妻倪氏二十八歲夫亡止二女庶出子秀靈撫如己生守節三十五年

六品職員陸鼎鉉妾楊氏二十八歲夫亡止一女長適張人枚又寡與女共守一節操凜然

監生張人枚妻陸氏鼎鉉女也夫早亡依母守節以終 以上道光十二年旌

徐殿鼇妻邢氏二十六歲夫亡撫訓遺腹子延慶成立守節二十九年

黃琳妻俞氏二十九歲夫亡撫孤守節四十二年 以上道光十三年旌

生員趙鏞珍妻顧氏二十九歲夫亡撫孤守節二十六年

尹廷相妻顧氏二十九歲夫亡撫孤守節六十二年

監生時仁晉妾張氏二十一歲仁晉亡撫孤守節四十年

監生戈錫祉繼妻蔡氏二十八歲夫亡撫孤守節三十三年

監生方文甫妻沈氏二十五歲夫亡撫孤守節十一年 以上道光十四年旌

葉志唐妻王氏三十歲夫亡家極貧族中并無可依者乃附兄思高以居針黹自給苦守二十六年

監生湯琳妻朱氏二十六歲夫亡無子以夫姪秉忠爲後守節十八年

陸錦榮妻戴氏三十歲夫亡撫孤守節三十年 以上道光十五年旌

生員沈成妻吳氏三十歲夫亡教七齡孤國安弱冠爲名諸生皆氏之力也 道光十六年旌

監生顧廣信妻徐氏二十三歲夫亡子永皐僅三齡教養成立守節三十年

監生吳載妻顧氏十八歲夫亡無子撫族子大榮爲夫嗣教之成立守節三十七年

汪鳳山妻陸氏二十九歲夫亡撫孤守節二十九年 以上道光十八年旌

增生屈佩瑀妻鮑氏二十六歲夫亡孝事舅姑教子欽鄰爲名諸生後登賢書守節二十八年

增生高登璧妻陸氏二十九歲夫亡幼習詩禮夫歿後親課子振鋋嚴而有體遂以名諸生領鄉薦守節三十五年

監生陳浚泉妻嚴氏 光祖妻趙氏 嚴三十歲夫亡撫子士良成立從娣姒光祖妻趙氏二十九亦寡無子撫夫姪士樸爲後共矢苦節至老彌篤

生員馬嗣嚴妻陸氏二十六歲夫亡撫孤守節四十三年

監生吳新妻鄭氏二十四歲夫亡撫孤守節五十四年

俞鈺妻周氏三十歲夫亡守節二十八年

監生朱純熙妻方氏二十二歲夫亡撫孤守節四十五年 以上道光十九年旌

監生屈濤妻盛氏父兩珍亦監生二十七歲夫亡慟絕復蘇遂引刀自剄幾死翁姑曲慰乃撫孤許子文在入成均又歿復撫其孫及曾孫年八十一

朱丕顯妻王氏二十九歲夫亡子女俱幼事姑甚孝喪葬婚嫁皆出自女工年七十九

沈調元妻金氏夫患腰疽扶病成婚越十七日而歿金時十九歲矢志不易以姪詒爲後鳴機達旦

教子讀書游庠年七十三

顧子龍妻屈氏靜壽女二十六歲夫亡食貧撫孤年七十五姑李氏亦節婦也

金鶴汀妻魯氏二十二歲夫亡無子撫一女長適沈懷明年八十二

宋其昌妻程氏天華女二十八歲夫亡以勤紡織撫二子成立年七十七

庠生陸心濯妻嚴氏二十九歲夫亡事姑孝矢志苦節遺腹子五齡而殤伶仃畢世年七十五

監生俞煌妻戈氏二十九歲夫亡撫孤守節二十五年

監生徐廷宣妻馬氏二十六歲夫亡姑病娣姒迭相守馬獨無頃刻離撫孤生孫年七十九

邱武烈妻金氏十九歲夫亡苦志自矢無子僅一女年七十五

戈正東妻張氏作梁女二十五歲夫亡遺腹生子食貧矢志年七十四姑張氏郎作梁妹亦以節著

監生施之鑒妻俞氏二十九歲夫亡食貧撫孤事姑三十年如一日年六十八

施東九繼妻石氏 十九歲夫亡家貧以織作養舅姑舊止有田七畝鬻其三以營葬年六十

監生張紹虞繼妻符氏 二十九歲婚及期而寡前妻子及婦俱早卒氏撫孤孫孝先成立娶錢氏八年而孝先又卒錢遺娠生一子比婚娶而錢歿蓋久持單門備嘗荼苦也年六十

黃敔南妻朱氏 堯章女二十六歲寡薄田不足供菽水勤織紝以仰事俯育撫子成立年五十八

顧遇清妻陸氏 天盛女氏三十而寡撫子女長成婚嫁荼苦備嘗年五十八

褚御三妾柳氏 二十八歲御三亡撫嫡女如已出時以錢米賙鄰婺之貧者年六十四

張新齋妻葉氏 三十八歲夫亡無子撫姪為嗣矢志清潔足不踰閾年六十六

庠生馬汝夔妻翁氏 父炳亦庠生甫歸馬而舅遘疾郎脫簪珥為醫藥資夫頻年遠館於外氏事姑盡孝三十歲寡勤鍼黹撫孤一桂游庠年五十五

吳光宗妻孫氏 二十八歲夫亡無子以夫姪為嗣生平謹默未嘗有詬誶聲年六十一

朱以璉妻王氏 監生克昌女氏二十八歲夫亡事翁孝撫孤成立年五十

王永生妾張氏 二十九歲永生亡嫡多病張事湯藥甚謹撫二子成立長子早卒又撫孫年五十八

監生陸濬繼妻周氏 父世章貢生氏二十九歲夫亡矢志守節無子以夫姪為後年四十五

監生紀廷椿妾蔡氏 二十四歲廷椿亡撫嫡子燕謀燕緒成立命燕緒捐田為義冢年五十二

陳鶴峯繼妻葉氏 父心齋氏二十六而寡矢志撫孤事舅姑以孝聞年四十一

朱攜谷妻朱氏 父鳳翽監生氏二十五而寡遺孤甫生十日族人盜鬻其田訟於官族人始罷然所存恆產無幾矣孝事姑及王姑撫子駿成立入成均年四十六

沈可珍妻吳氏 父浚民二十五歲夫亡無子亦無可嗣者矢志不二孝事邁姑張十餘年歿後典鬻器具以殮歸依母家日夕勤紡績積四十餘金欲葬翁姑及夫七月間以勞成疾卒年四十七

潘琨妻郭氏

梅作梁妻劉氏

屈雲驤妻沈氏 父一誠庠生氏三十歲夫亡孝事其姑及王姑撫二子成立年四十一

監生陸于寬妻孫氏 二十五歲夫亡絕粒三日忽起曰有姑在我當代夫養未可死乃勤紡織以供菽水訓五齡孤令於機畔讀書後以貧廢學守節五十九年

沈訪嚴妻陸氏 父時雍監生氏二十七歲寡勤紡績自給并營先世葬撫三齡孤成立既婚子婦又歿老境彌苦守節五十一年

姚達夫妻倪氏 二十八歲夫亡念祖翁及舅姑俱在堂抑哀事之撫四齡孤成立娶婦婦卒撫其孫與曾孫備極艱苦守節五十七年

陸淵妻金氏 父朝宗二十七歲夫亡遇歲歉以布易米奉姑已食糠粃嘗謂子曰爾祖母飯藜藿半世矣高年胃薄詎耐此耶聞者感歎守節三十五年姑孫氏亦節婦

林御培妻王氏 二十九歲夫亡貧甚勤女紅自給所居又遭火僦茅舍中撫子娶婦守節四十二年

貢生邵鈞妾干氏 二十四歲鈞亡撫一女與嫡胡共勵冰操胡歿獨支門戶守節四十五年

沈懷明妻金氏 父鶴汀氏二十八歲夫亡撫孤成立守節三十九年

鄭鍾美妻胡氏 父佩豐嘉庠生氏二十四歲婚期年而寡無子撫夫姪為後守節四十五年其姑蔡亦節婦也

俞重熙妻程氏 父大聲氏三十歲夫亡家極貧撫五齡孤成立守節三十五年

庠生許之璣妾時氏 二十七歲之璣亡勤苦持家無子女以姪青培為後守節三十七年

陸來鎬妻張氏 二十九歲夫亡無子撫一女遣嫁紡織自勵茹荼矢志守節三十五年

監生施漢章妾柴氏王氏 三十歲施亡撫四齡孤讀書為稟生事嫡甚謹王生一子一女與柴相處數十年無間言守節各三十三年

王謹操妻張氏 二十九歲夫亡勤女紅以葬舅姑無子以夫姪為後守節三十三年

庠生王麟妻葉氏二十八歲夫亡食貧矢志撫二子成立守節三十四年

周泰華妻單氏二十八歲夫亡子旋殤矢志自守夫弟同春尚幼助姑教養之既娶生二子而同春夫婦又歿上事孀姑下撫從子不辭勞瘁舉四喪皆安葬里黨稱之守節三十三年

沈國炳妻徐氏二十七歲夫亡事遵姑撫幼子一生茶苦守節三十四年

生員紀廷霖妾婁氏二十八歲廷霖亡矢志不二待嫡子有恩撫己子娶婦後又歿復撫孫備極勞苦守節三十三年

生員戈鍾妻程氏父期棨氏二十九歲夫亡子又殤以夫姪為後教以義方家貧織紝無間寒暑守節三十年

陳錦懷妻夏氏父應元氏二十八歲夫亡孝事舅姑無子以夫姪為後守節三十一年

生員陸汝明妻屈氏父融氏二十八歲夫亡孝事遵姑撫前女有恩如己出守節三十年

嘉興府志　卷七十六　平湖節婦　三

郭心齋妻陸氏二十四歲婚一載夫亡食貧苦守事邁姑守節三十二年

朱鑛妻何氏二十一歲夫亡哀痛兩目出血幾盲姑曲慰乃止守節三十五年姑過氏亦節婦

郭咫聞妻徐氏二十五歲夫亡事姑盡孝撫子成立守節三十一年

監生陳謨妻鄭氏二十三歲婚半載夫亡欲以身殉舅姑勸慰乃飽進飲食無子僅一姪曰勳為大宗子乃以小宗祔祀而助其姪讀書授室後為庠生人稱其賢守節三十一年

廩生陸希曾妾馮氏二十四歲希曾亡食貧撫三齡孤文濠入庠又歿復撫其孫守節三十年

舉人徐超妻陳氏十七歲婚超領乾隆辛卯鄉薦乙未由都南旋卒於逆旅訃至陳一慟幾絶撫幼子兆麟讀書歲歉恒減食以飫兒督課極嚴嘗曰不讀父書非吾子也後子得為諸生守節三十年

梅建德妾曹氏

生員鄒師益妻彭氏二十七歲夫亡家甚貧事舅姑甚孝撫二齡孤又殤餘無可嗣氏一生困苦守節二十八年

戈玉山妻屠氏父芳齡氏三十歲夫亡子生未晬家極貧又遇歲歉食糠秕而冬無襦常僵而復甦其苦如是守節二十五年

黄孟陽繼妻胡氏二十六歲夫亡夫負逋族黨欲逼其改嫁以償氏堅不從欲投繯乃止勤織紝撫三孤成立以工作餘貲償夫負人賢之守節二十八年

姚倬雲妻朱氏幼失恃育於舅氏二十六歲夫亡無子仍依舅舅倍卹之始終不渝守節二十七年

監生朱邦墉妻李氏二十九歲夫亡事舅姑孝撫子入成均守節二十二年

張昌和妻高氏父大來氏二十八歲夫亡家止賃田二畝或勸他適卽欲自經勤紡織事舅姑無子以姪為後守節二十八年

胡力剛妻趙氏二十三歲夫亡以十指所入供邁姑幷營喪葬無子守節二十七年

嘉興府志　卷七十六　平湖節婦　圭

屈潤蒼妻葉氏二十二歲婚逾年生一子而寡姑貧諷使改適號泣不從欲自盡者再族長屈宏基歲給常餼以成其志守節四十餘年

孫麟昌妻周氏海鹽監生惠堂女二十四歲夫亡事翁姑無失禮撫子顯曾成立子歿又撫其孫寅讀書為庠生居恒御下有方處豐以約年七十五

職員屈宏基妾曹氏二十九歲宏基亡矢志不渝撫二女遣嫁足不踰戶里黨重之年五十七

監生馬承鼎妾張氏二十二歲承鼎亡易簣時以家無儋石遺之嫁張矢死不可及歿矢志撫孤日勤紡織食粥尚不繼終無怨言子又歿茹荼終身年六十五卒

監生屈濬妻邵氏三十歲夫亡撫遺腹子世壯入成均年四十三

顧御章妻李氏父辰蕃氏二十三歲夫亡孝事遺翁撫遺腹子子龍成立年八十

韓大瑀妻李氏二十二歲夫亡止一女遺腹生子炳矢志撫孤備嘗荼苦炳長訓蒙以養年七十

陶惠賢妻楊氏二十九歲夫亡生子鳳翥甫週矢志持家撫子成立入成均年六十

黃德章妻徐氏二十六歲夫亡貧甚勤紡織以奉姑無子撫姪聖麟爲嗣訓之入成均年四十七

生員曹次仲妻俞氏二十七歲夫亡家貧無子苦節三十餘年

監生葛傳燮妻廖氏二十七歲夫亡撫四齡遺孤思孝成立事繼姑唐四十年守節二十九年

金軼寰妻鄭氏二十歲夫亡無子撫姪鴻禧爲嗣守節十五年

生員嚴金紱妻金氏二十六歲夫亡家貧勤紡織以葬翁姑及夫守節五十八年

陸士淇妻彭氏十七歲結褵三月夫亡無子撫夫姪星臺爲嗣守節六十七年

陸振伯妻鮑氏二十九歲夫亡家貧勤女工以自給子一早殤守節三十五年

監生陸煦妻黃氏二十六歲夫亡苦節自矢撫未期遺孤奎光成立守節四十三年

贈文林郎附貢生陸煥妾毛氏二十六歲煥亡撫子廷琮及遺腹子廷璵俱入泮守

節五十四年

費錫貴妻王氏三十五歲夫亡撫遺孤江成立家貧勤紡織以資薪水年八十一

宋季氏二十六歲夫亡矢志撫孤建昌成立家極貧與姑紡績以給守節二十四年

楊德明妻朱氏二十四歲夫亡無子與其姑撫孤女勤女工以自給守節五十七年

孫明揚妻朱氏二十五歲夫亡矢志守節無子撫夫姪甫衡爲嗣年七十三

張岐周妻顧氏名秀姑二十六歲夫亡遺腹生子念劬矢志守節蔬食終身年三十六

王萬涵妻顧氏二十五歲夫亡無子撫夫姪士標爲嗣守節二十三年

楊聯登妻趙氏二十八歲夫亡無子撫夫姪朗青爲嗣苦節四十七年

呂勝榮妻楊氏二十八歲夫亡撫子敷堂成立守節十九年

鄭戒三妻顧氏二十七歲夫亡守節四十五年

施秀林妻方氏二十五歲夫亡矢志撫孤喪葬甫畢姑嫁繼之備嘗荼苦尋子與媳又相繼歿孫亦旋殤依其壻陸世清以終年八十

劉方江妻高氏三十歲夫亡撫一女及孿生二子一早殀一名賓上家貧營葬翁姑婚嫁子女皆藉女紅所積年七十六

高阜蒼妻陸氏二十二歲夫亡勤苦矢志撫二子成立其性溫和而不苟言笑里鄰交稱年七十五

張應奎妻徐氏二十五歲夫亡食貧茹素無數月孤三壽矢志病革時託孤於夫之從祖朝棟屬以讀書敦品後子爲庠生徐年三十九

顧守誠妻褚氏二十四歲夫亡孀姑朔夙嬰痼疾褚奉湯藥辛勤備至無子撫姪隆爲嗣年三十五

顧隆妻沈氏二十五歲夫亡遺孤亮甫三齡撫訓成立冰霜自矢年五十八

王彥延妻陳氏二十四歲夫亡撫幼孤石麟成立典簪珥以殮夫事姑三十三載孝敬不怠年六十

董仲昭妻許氏二十三歲夫亡食貧守節撫子天彪成立年七十一

沈之煥妻陳氏二十八歲夫亡家貧拮据喪葬撫二子成立年四十九

陸志山妻鮑氏

陸錩妻孫氏二十八歲夫亡朝夕不給率次子鴻磐灌園種菜命長子淵就市易薪米或遇大風雨恒枵腹竟日年七十

徐振鏞妻費氏甯妻曹氏費二十九歲夫亡一子先殤十撫二女長遺嫁家貧勤女紅積十餘年羨餘償逋日不使吾夫有負乾隆五十四年卒年七十一其姪甯妻曹氏三十歲而寡孝事耄姑撫二子義懷成立以懷爲振鏞後與費相得無間年六十五

監生周朝杞妻黃氏二十八歲夫亡無子矢守自厲家素封宗族欲瓜分之不許立繼黃涕泣喻以大義事聞當事得撫姪大焞爲嗣教育成立入成均年六十三

羅幼超妻金氏 二十五歲夫亡孝事舅姑撫嗣子恂成立入邑庠守節四十四年

監生吳文來妻徐氏 二十五歲夫亡子二長蘊輝三齡飛熊僅及期事姑撫孤甚勞瘁後二子同年入泮氏守節三十二年

監生趙焜妾馮氏 二十四歲焜亡撫幼子繼儒成立守節十餘年

生員沈忠妻何氏 二十七歲夫亡無子撫族姪欽贊爲嗣勖以讀書爲之授室守節十七年

沈士德繼妻蔡氏 二十六歲夫亡撫子韶九成立勤紡織以供朝夕積資葬其夫守節四十五年

監生陸玉堂妾高氏 二十六歲玉堂亡撫嫡子錫仁冠而歿復撫姪錫藻爲嗣守節二十五年

何爾明妻葉氏 二十三歲夫亡無子止一女撫夫兄子胥松爲嗣生平不苟言笑事舅姑維謹姑病痢踰月躬自扶持積勞成疾卒守節二十年

徐兆武妻陶氏 二十歲夫亡撫遺腹子壽齡成立守節三十九年

監生顧堃繼妻周氏 二十七歲夫亡撫前子鈴如己出至於成立守節三十一年

高振榮妻顧氏 二十六歲夫亡撫子炳芳成立守節三十六年

柴聯元妻彭氏 二十五歲夫亡無子撫夫姪琴張爲嗣守節五十二年

高純孝妻方氏 二十五歲夫亡事舅姑養葬盡禮無子立夫兄子士興爲嗣教養成立年五十三

廩生張守銘繼妻李氏增生守銓妻沈氏 李三十三歲夫亡號痛絕食病年餘始痊撫六齡遺孤成立夫弟守銓妻沈氏二十九歲寡遺孤二長七齡次甚幼初守銘兄弟已分析至是仍合爨互撫其子家貧妯娌勤女紅以資薪水後守銘子儒動守銓次子儒廉俱入邑庠沈年四十七先卒李守節三十一年

貢生屈橋年妾王氏 三十一歲橋年亡清潔自矢守節四十七年

梅德錦妻李氏德宣妻張氏作棟繼妻賈氏 李二十一夫亡無子且無伯叔其舅以從子德宣爲嗣娶張氏二十五而寡遺娠生子作棟娣姒同撫之爲娶陳氏早卒繼娶賈氏生子遄求方六月作棟又卒賈年二十三時張氏先卒李氏年老賈勤女紅上事俯育後李氏卒遄求未婚又歿不數日賈亦亡族衆議立族姪疑求爲之後李守節五十三年張守節十六年李守節二十四年

生員陸爲櫟妻屠氏 三十七歲夫亡撫孤成立守節五十一年

周蓮初妻沈氏 三十一歲夫亡撫子淦成立守節五十二年

王振旂妻屠氏 二十九歲夫亡守節二十年

郭人樹妻邵氏 二十三歲夫亡事舅姑盡孝撫遺孤清輝成立守節二十一年

武生馬如林妻郭氏 婚八月夫亡郭時二十二歲撫夫姪牛三爲嗣其母朱氏病篤氏剸左臂肉療之守節四十年

張志凝妻金氏 二十九歲夫亡遺孤興宗又殤無子守節三十年

陳源妻陸氏 三十歲夫亡撫子松成立事寡姑孝家貧日勤紡織以供甘旨守節十九年

鄭栻妻朱氏妾陳氏 夫亡朱二十六歲陳二十四歲共食貧紡織同撫庶子耀成立愛護倍至朱守節二十一年陳守節三十年

陸近新妻馬氏 二十八歲夫亡善事舅姑撫孤成立苦節三十年

蔣應雎妻賈氏 二十七歲夫亡遺孤早殤蔣族丁少乃乞養異姓子宗海爲嗣守節四十四年

高廷樋妻金氏 三十八歲夫亡遺腹子殤撫夫姪三祝爲嗣守節四十五年

高廷鉦妻蔣氏 二十八歲夫亡守節三十一年

監生鄭廷熙妻吳氏 二十九歲夫亡撫子垣維墉成立守節三十八年

朱瑞登妻方氏 二十六歲夫亡撫子嘉言艱辛備歷守節二十三年嘉言承母志教子汝梅爲諸生

沈廣明妻夏氏 十九歲夫亡遺腹生子汝修撫教成立事舅姑養葬盡禮守節五十七年後汝援例

捐州同知

監生江既濟妻鄭氏二十九歲夫亡家中落矢志茹苦勤紡績以養舅姑嗣夫姪椿爲後撫訓成立入成均守節三十四年

生員沈樹風妻王氏二十八歲夫亡姑老目盲扶掖不離左右姑藉以慰撫孤子鑑成立守節三十四年

謝元愷妻周氏二十三歲夫亡家劇貧勤紡績以養舅姑撫孤士貴成立守節四十八年

朱鯉登妻徐氏婚八月夫亡時二十歲無子撫夫姪蒉階成立守節二十三年

朱天麒妻童氏二十三歲夫亡日織布二疋以奉養翁姑守節四十九年

增生胡祥墀妻張氏二十八歲夫亡孝事舅姑撫孤守節十二年

潘鼎臣妻曹氏二十四歲婚四十日夫亡守節五十七年

陸裔懋妻周氏十九歲婚九月而寡無子族無可嗣乞養異姓子未冠而殤乃撫其姪振麟成立守節五十二年

監生徐世杰妻汪氏三十四歲夫亡撫子應熼入成均守節三十四年

沈民鑑妻葉氏二十一歲夫亡守節四十二年

沈士雲妻錢氏三十歲夫亡無子守節十六年

生員鄭清妻張氏二十九歲夫亡長子又殤撫次子煥功成立守節五十三年

監生徐升垣妻馮氏二十三歲夫亡撫遺孤鈞成立爲例貢生事孀姑孝守節五十八年

高松妻顧氏二十二歲夫亡持家甚勤事孀姑孝無子撫夫姪承光爲嗣守節三十一年

生員陸申錫妻徐氏二十五歲夫亡撫遺孤潤琴成立守節十一年

周成熙妻蕭氏十九歲夫亡事姑盡孝撫遺孤丕文自二齡以至長入成均守節四十六年

朱鳳周妻徐氏三十三歲夫亡事寡姑盡孝撫三齡孤泰源成立入成均守節十五年

朱近臣妻諸氏二十五歲夫亡遺六齡孤泰昌事姑撫子艱苦備歷守節十五年

唐士榮妻顧氏二十歲夫亡敬事孀姑立夫姪靜安爲嗣守節五十三年

莊德明妻張氏二十九歲夫亡孝事舅姑無子撫夫姪敬讀書成諸生守節三十六年

莊德佩妻張氏二十二歲夫亡家劇貧誓不再適撫夫姪恒餘爲嗣守節二十二年

郭魯峯妻朱氏二十四歲夫亡守節三十一年

倘大綸妻李氏二十三歲夫亡守節六十一年

倘价藩妻曹氏三十歲夫亡守節三十九年

朱心焯妻莊氏正崖女二十四歲夫亡守節三十二年

監生顧齊妻張氏二十歲婚次年夫亡矢志守節事舅姑盡孝居恒動必循禮無子撫夫弟子棨

爲嗣補邑庠生年五十七卒

何大昌妾翁氏二十六歲大昌亡撫十月遺孤松成立年五十六卒

監生顧操松妻錢氏例貢生錢超女二十歲婚越七年而寡無子撫夫兄子兆熊爲嗣守節二十四年

方墉妻懷氏州同念修女婚未一月而寡時十九歲事舅養葬皆盡禮撫夫姪銘爲子守節四十一年

周大烈妻劉氏二十一歲婚三載夫亡事舅盡孝撫姪詒孫爲子教養備至早游庠守節四十七年

王士鑾妻鍾氏二十八歲夫亡守節三十六年

楊永昌妻金氏十九歲夫亡無子飲冰茹蘗鄉里歎美之年六十一

沈時敏繼妻傅氏三十二歲夫亡撫前子範成立年五十四

楊連元妻莊氏二十六歲夫亡無子以紡織度日撫女及笄遣嫁年五十七

金壽妻黃氏二十一歲夫亡窮子勵志卒年五十二

彭懷桂妻陸氏二十八歲夫亡撫二子長為娶婚家貧甚賴紡織以自給年七十二

陸士燦妻彭氏十七歲夫亡無子撫夫姪台堂為兼祧氏事舅姑孝家貧紡織以供菽水年八十三

韓世隆妻楊氏二十三歲夫亡無子撫夫姪時豐為兼祧子守節四十九年

項衡山妻高氏二十九歲夫亡撫子廷標及二女成立家素貧紡績以自給守節四十三年

沈士魁妻高氏二十九歲夫亡持家勤苦茹素終身姑歿喪葬合禮撫二齡遺孤親自督課入成均

沈時春妻朱氏本吳江人二十四歲夫亡撫六月孤錡成立並拮据以奉遺姑守節三十五年將歿謂子婦曰無負於天可以見爾舅於地下矣守節三十八年

王之垣妻汪氏二十九歲夫亡事祖姑及舅甚孝撫夫姪錦楨為嗣少督課長婚娶勤苦備至又將鉞甫所積置田十餘畝為兩世葬費臨歿遺命錦楨成其志且并葬錦楨本生父母云守節四十六年

嘉興府志　卷七十六　平湖節婦　三

金鳳儀妻丁氏鳳宇妻陸氏丁二十二歲夫亡夫弟鳳宇陸氏二十亦寡娣姒同心矢志仰事俯育備歷艱辛丁守節五十四年陸守節四十八年人稱一門雙節

孫又嘉妻楊氏二十九歲夫亡孝事翁姑撫三齡孤金墉成立守節二十五年

盛聚櫺妻程氏二十三歲夫亡孝養舅姑撫夫姪明懋為嗣守節四十五年

過熏妻張氏二十九歲夫亡守節二十七年

生員屈飛鵬妻陸氏廿九歲夫亡以十指所入葬夫嫁女分授遺產悉付嗣子守節四十三年

監生徐元賢妻張氏二十五歲夫亡無子守節四十三年

屈肇亨妻沈氏二十五歲夫亡撫孤承恩成立入邑庠守節四十九年

蔡憲文妻田氏二十四歲夫亡撫孤光誥成立守節三十六年

孫鉉妻蔡氏二十五歲夫亡無子撫夫姪宗治為嗣事孀姑三十二年孝養無間姑歿盡鬻簪珥以葬

苦節四十四年

俞照妻陶氏二十三歲婚未半載夫亡矢志守節撫嗣子成立年六十五

王羹梅妻陸氏三十歲夫亡守節二十年

奚型揆妻方氏二十九歲夫亡守節四十四年

周鳴球妻毛氏二十二歲夫亡孝事舅姑撫育孤子守節五十三年

朱策均妻黃氏二十五歲夫亡上奉孀姑下撫幼子積勞成疾卒守節二十七年

褚心培妻丁氏二十八歲夫亡守節十五年

監生陸裔昌妻吳氏二十九歲夫亡守節五十二年

項雲高妻張氏二十四歲夫亡守節十四年

徐儒珍妻姚氏二十五歲夫亡無子撫夫姪金鼇為後守節三十九年

嘉興府志　卷七十六　平湖節婦　三十

監生沈汝鳳妻徐氏光燦女工文墨兼善琴二十歲夫亡守節四十二年

徐永昌妻盛氏二十五歲夫亡家貧孝事遺姑撫一齡孤至二十四歲而歿乃紡織餬口仍不廢祭埽守節五十五年

鍾鼎爵妻孫氏二十七歲夫亡無子撫夫姪雲為後守節四十五年

貢生陸烈妾徐氏二十七歲烈亡守節三十九年

庠生陳珍繼妻王氏二十九歲夫亡撫前子五人如己子嘉言入郡庠嘉謀嘉績嘉德嘉賓俱入成均守節二十三年

朱孔義妻蔣氏二十七歲夫亡撫子起鳳成立入成均守節五十四年

朱學曾妻馬氏十九歲夫亡遺子七歲而殤形影相弔守節五十四年

屈紹庭妻高氏監生高穆蘭女二十八歲夫亡撫五月孤樺生成立績紉所入營葬翁姑守節三

年十六

屈登山妻胡氏二十六歲夫亡家貧撫二齡遺孤烈成立守節三十七年

柯俊甫妻沈氏歲貢宏光女二十八歲夫亡撫彌月孤似蘭成立守節二十七年

許鉉妻陸氏二十九歲夫亡矢志苦節撫孤成立守節四十四年

王昌霖妾朱氏二十四歲婚越六年而寡無子撫姪超宗為嗣越三載超宗妻陳氏亡遺一子邦畿尚在襁褓撫字備至超宗臥疾床蓐十年氏獨經營喪葬并嫁二孫女皆出十指所積守節四十二正

李銘妻馮氏二十五歲夫亡無子撫嗣子宗漪成立入太學守節四十七年

潘鳳嶷妻胡氏二十七歲夫亡事姑盡孝撫子游庠守節四十四年

金志遠妻張氏二十六歲夫亡無子孝養翁姑喪葬盡禮守節五十八年

盛元英妻程氏二十二歲夫亡撫猶子明懋為嗣入成均事翁姑盡孝守節四十五年

生員陸文治妻張氏二十六歲夫亡撫嗣守節二十三年

趙繼儒妻泰氏二十九歲夫亡遺一子撫之成立入府庠守節十五年

武生敖一揆妻梅氏職監梅遇春女二十八歲夫亡一子二女幼甚子慧生旋殤乃撫二女壻配士族守節四十年

監生張瑞亭繼妻王氏二十四歲夫亡撫前子女如己出子鑑甫六齡教養成立入成均守節三十二年

監生許汝法繼妻周氏監生永年女二十九歲夫亡翁姑尋相繼逝三子伯季又殤撫仲子家梁成立入成均守節五十一年

毛億山妻謝氏二十一歲夫亡撫一子一女成立舅姑耄事之甚孝守節二十六年

生員俞椿妻吳氏二十歲夫亡事舅盡孝無子撫嗣子邦杰成立守節二十五年

徐懷仁妻錢氏二十四歲夫亡無子撫姪大森為嗣恩勤兼至守節四十二年

監生俞藝林妾楊氏胡氏藝林亡楊二十歲胡二十二歲同撫嫡子明照念蒸成立茹荼共矢楊守節四十五年胡旌時年六十八歲

田德望繼妻蔡氏二十六歲夫亡撫遺腹子成立事邁姑十餘載守節五十八年

許龍百妻陸氏二十七歲夫亡越五年翁歿奉姑三十餘年撫三歲孤光熤成立守節四十七年

董茂乾繼妻姚氏二十八歲夫亡止一女前妻遺二女族有侵凌孤寡者氏吞聲含忍惟紡績自給遣嫁前女守節五十年

張巖妻吳氏二十一歲夫亡距婚僅九月無子舅年邁夫弟尚幼氏勤十指以給俯育夫姪金錕生卽撫為嗣教育成立旌時已守節四十六年

監生紀心均妻徐氏二十八歲夫亡旌時已守節二十五年

唐三喜妻岳氏二十八歲夫亡舅瞽子幼俯仰備極勤苦旌年五十歲

陸汾華妻楊氏二十四歲婚四十日夫亡痛不欲生舅姑責以大義勉進飲食撫夫姪壽揚為嗣旌年四十八

生員陸本悌妻顧氏監生顧培和女二十六歲夫亡矢志守節旌年五十六

郭之麟妻徐氏二十七歲夫亡旌年五十九

施溥淵妻徐氏二十九歲夫亡旌年五十一

監生張止敬妻陳氏二十八歲夫亡撫前子嘉錦嘉玉如己出俱成立旌年五十七

錢曰富妻施氏三十歲夫亡撫孤成立旌年五十七

顧光熊妻錢氏庠生德輝女三十歲夫亡撫遺孤維基純基俱成立旌年五十八

項夏聲妻黃氏嫁五月而夫亡時二十四歲遺娠生女撫夫兄子為嗣教育成立旌年六十五

沈定宗妻施氏二十四歲夫亡無子旌年五十四

魏榮廷妻沈氏二十九歲夫亡撫子光祖裕祖俱成立旌年六十

徐大墉妻費氏二十二歲夫亡撫遺孤成立旌年四十五

監生徐爃妾朱氏二十八歲爃亡無出旌年五十

周書妻何氏二十歲夫亡無子以夫族兄子純熙爲嗣旌年五十四

郭咫盈妻邵氏二十七歲夫亡事遺姑極孝撫夫從子人和讀書入郡庠旌時已守四十七年

周邦禮妻金氏二十六歲夫亡遺孤早殤事舅姑養葬盡禮冰霜自矢旌年五十二

何遜梅妻蓋氏二十四歲夫亡無子撫夫姪成立旌年五十一

戈槐妻馮氏二十五歲夫亡無子撫夫兄次子振勷爲嗣事寡姑盡孝旌年五十一

生員張向元妻陳氏二十七歲夫亡事姑孝撫孤如圭成立旌年五十七

朱學海妻陸氏二十三歲夫亡守節旌年六十六

杜陛朝妻沈氏二十五歲夫亡事舅姑孝無子撫姪安邦成立旌年六十二

監生胡崑源繼妻吳氏二十八歲夫亡撫前子樑及己子俱成立梁早卒旌年七十二

生員胡光照妾郭氏二十一歲光照亡旌年五十八

楊國樑妻陸氏婚月餘而夫亡時二十歲旌年五十五

監生蔣宗海妻胡氏二十八歲夫亡撫遺腹生子德順成立旌年五十二

增生姚汲繼妻金氏二十二歲夫亡無子以夫兄次子繼文爲嗣家貧事邁姑孝旌年六十六

張瑞槐妻金氏二十五歲夫亡撫遺孤成立旌年六十二

顧世勳繼妻吳氏二十八歲夫亡遺孤二長大鐘五齡次大鏞生甫七日俱撫成立事孀姑養葬盡禮旌年四十八

監生王景妻朱氏二十八歲夫亡無子撫夫姪廩生均爲嗣旌年六十八

周純錫妻胡氏貢生胡三堯女二十七歲夫亡撫子鴻謨鴻禧成立事夫生母甚孝旌年五十二

監生李人麟妻俞氏二十一歲夫亡事夫生母甚謹室燬於火拮据營葺遺孤早殤撫夫從姪詠駿入成均旌年五十七

張廷樞妻梅氏弟監生廷機妻高氏梅二十九歲夫亡二子俱殤撫夫姪應烈入太學又歿復撫孫福基高二十六歲寡遺孤又殤撫夫姪仁煦爲嗣妯娌同矢苦志梅旌年七十六高旌年六十一門雙節人咸稱之

增生張涵妻金氏婚未三月而夫亡時二十二歲以舅姑在不忍殉撫夫兄問晬子槃至二十歲又以瘵死時舅已歿家中落乃茹素奉姑居尼菴日勤鍼黹以供菽水人咸憫之旌年四十二

潘鳳鳴妻張氏二十九歲夫亡子景初甫四齡仰事俯育極勤儉支持門戶不墜家業旌年七十三

沈鶴旋妻郭氏二十三歲婚未半載夫亡痛不欲生舅姑勸止之孝養能得堂上歡撫夫姪鳳梧桂海爲嗣延師課之桂海早歲游庠旌年五十六

周萬和妻朱氏二十七歲夫亡無子立夫姪仕義爲後事舅姑以孝聞旌年五十

陳嘉會妻趙氏同椒妻王氏趙二十一歲寡無子夫弟同椒妻王氏亦早寡有一子娣姒共撫之並勤十指以供養姑菽水趙旌年四十三

全永齡妻夏氏二十三歲夫亡子早殤日勤操作以事舅姑及歿矢志彌堅撫姪爲嗣旌年五十五

江成九妻金氏二十八歲夫亡無子撫夫姪嘉謨爲嗣事舅姑取辦於機杼旌年五十九

胡七妻陸氏二十二歲夫亡誓志不易勤女紅以養老姑旌年四十三

錢嘉樹妻何氏二十七歲夫亡撫孤焯成立旌年五十六

徐榮貴妻王氏二十九歲夫亡孝事老姑撫兄子大德爲嗣旌年六十四

諸撫元妻顧氏二十七歲夫亡旌年七十一

劉永清妻方氏樹芳妻方氏姑二十三歲寡撫三齡孤樹芳既娶而歿乃與媳方氏同撫孤孫艱苦萬狀姑旌年六十二

陸培榮妻鄒氏二十七歲夫亡家貧事邁姑生養死葬撫四齡孤皆出紡績旌年七十二

徐應炘妻莫氏二十二歲夫亡旌年五十五

顧邦基妻葉氏二十一歲夫亡旌年五十

葉應奎妻顧氏二十七歲夫亡旌年五十七

徐敦甫妻沈氏二十八歲夫亡旌年五十

孫廷梧妻蔣氏二十八歲夫亡無子撫夫姪光照爲嗣旌年五十九

顧芬妻奚氏監生奚宗泰女二十二歲夫亡事邁姑克盡婦道撫子俱成立旌年四十七

徐抱珍妻王氏二十三歲夫亡遺孤甫晬旋殤寒暑紡織養事舅姑撫夫姪蘭塘爲嗣旌年六十

杜儁望妻姜氏二十七歲夫亡無子孤苦自持撫夫姪爲後旌年五十九

方應嘉妻戴氏二十五歲夫亡子殤茹荼矢志撫夫姪爲嗣旌年五十九歲

盛學源妻張氏二十七歲夫亡上事舅姑下撫二子孝慈兼盡旌年五十八

生員孟光勳妻潘氏二十五歲光勳亡子殤家貧姑老鍼黹所入藉供菽水旌年七十二

監生陸勳妻張氏二十八歲夫亡敬事尊嫜貧而能孝撫孤楚賢成立既而子死孫殤艱苦萬狀

旌年七十二

張廣厚妻侯氏二十七歲夫亡遺娠生子家極貧事姑育子皆出機杼旌年五十三

金愛麟妻周氏二十三歲夫亡矢志不二遺一女撫養遣嫁立夫姪爲後年四十五

金德隆妻盛氏二十四歲夫亡家貧不以困窮易志日勤織紝以自給撫子富源成立旌年五十三

周錫麟妻凌氏二十八歲夫亡無子舅姑年老竭力孝養不以貧懈撫夫姪爲後旌年六十六

謝光德妻張氏光照妻金氏妯娌也張二十八歲夫亡無子以夫姪爲後金二十七歲夫亡撫遺孤成立張旌年五十九金旌年五十六娣姒同心人稱雙節

朱士遇妻高氏二十一歲婚甫十八日夫亡茹荼矢節立夫姪朝龍爲後旌年七十六

朱振達妻計氏璘妻全氏計二十三歲夫亡撫三齡孤璘成立娶全氏生二孫湘沅而璘又亡時全二十五歲姑婦相依食荼茹苦計旌年六十四

方長德妻沈氏宏陞妻夏氏沈二十三歲夫亡遺娠生子宏陞撫之以長娶夏氏生一孫而寡時二十九歲既而孫又殤姑婦伶仃孤苦沈旌年六十九夏旌年五十歲

陳光熙妻趙氏二十三歲夫亡無子陳籍蘭溪無族可嗣撫其甥張堉均爲嗣旌年四十四

王國華妻陳氏二十五歲夫亡撫一齡孤承義成立事翁養葬盡禮旌年五十一

陳履中妻張氏婚期年而夫亡時二十四歲家貧無子依其母日勤紡織以自給旌年五十四

生員計錦漣妻黃氏黃擕次女二十九歲夫亡事舅姑甚孝撫子汝祺汝霖成立旌年七十六

尙匯川妻李氏二十歲夫亡旌年六十九

劉宗岳妻袁氏十七歲婚一載餘夫侍姑赴杭州至十八里橋而覆母子俱殞氏誓不欲生戚黨勸阻之得不死撫孤女長嫁諸生朱函光後依壻家旌年七十四

沈秉黃妻郭氏二十一歲夫亡旌年六十

胡聚妻沈氏十八歲夫亡以苦節聞旌年五十四

監生沈懷玉妾郭氏三十歲懷玉亡無子矢志不渝撫二女俱嫁奮族旌年七十九

沈祥大妻楊氏二十六歲夫亡食貧守節旌年六十九

林肇昌妻劉氏二十一歲夫亡孝事舅姑旌時己守三十四年

邑庠生陸傳霖妻孫氏志熙妻王氏二十七歲夫亡撫孤志熙成立爲娶王氏志熙又早卒時王年二十七有遺孤維垣姑媳同心撫育王事姑亦孝旌時已守二十年孫旌年六十七

錢成山妻朱氏十九歲夫亡撫孤成立旌年四十八

陳熙妻許氏二十九歲夫亡守節旌年四十八

監生楊汝誠妾周氏二十六歲汝誠亡事嫡王氏維謹越八載嫡又亡喪事如禮撫遺孤棨成立旌年五十八

項三省妻黃氏二十一歲夫亡藉紡織以養舅姑撫姪爲嗣旌年六十五

朱鼎鎮妻項氏二十六歲夫亡事嫠姑以孝聞撫夫姪泰元爲後旌年四十七

武生沈萬青妻俞氏二十四歲夫亡遺孤漢榮方三齡廷標甫三月苦心撫教長爲婚配旌年五十五

吳宗泰妻胡氏二十一歲夫亡旌年五十三

監生沈珍妻程氏二十六歲夫亡遺孤源甫一月撫之成立旌年五十五

沈大鶴妻張氏二十四歲夫亡事舅孝撫十月遺孤成立入邑庠旌年五十二

監生蔡賡和妻孫氏二十五歲夫亡旌年八十

生員吳浩妾陳氏三十歲浩亡旌年七十五

陸泰來妻程氏二十六歲夫亡旌年五十三

陸凝九妻馮氏三十歲夫亡旌年七十七

李煌妻姚氏二十九歲夫亡撫遺孤繩墉成立旌年六十四

褚天錫妻徐氏二十九歲夫亡旌年六十四

朱佩芬妻張氏二十八歲夫亡無子旌年五十八

職監朱存恂妻徐氏十九歲夫亡遺腹孤又殤撫夫姪爲嗣旌時已守二十餘年

朱邦達妻張氏二十九歲夫亡遺孤鳳山又新侑紈上事舅姑撫孤成立旌年五十四

杜佐清妻陳氏二十五歲夫亡撫三歲孤經邦成立旌年七十六

屈君望妻徐氏妾倪氏君望亡徐二十七歲倪十八倪無子本和二人同撫戒立徐旌年五十四倪旌年四十五

徐滋妻邵氏二十八歲夫亡撫二子棠槐成立旌年四十九

生員吳韶鈞妻吳氏布理問鼎燮女二十九歲夫亡旌年六十二

王禮耕妻孫氏歲貢生璉女二十九歲夫亡旌年六十八

監生許家楨繼妻顧氏二十三歲夫亡事姑曲盡婦道撫己子成立待前子恩勤倍至旌年五十二

監生汪樹基妻吳氏附貢生晉女二十七歲夫亡撫孤世銘世鏞成立旌年五十

職員梁寶義妾沈氏二十九歲寶義亡氏無所出矢志守節嫡子婦又相繼歿氏獨力支持撫嫡孫志一成立旌年七十

鍾雲妻張氏二十一歲夫亡事寡姑孫克循婦道撫夫姪成志爲嗣旌年四十二

監生徐均繼妻王氏二十八歲夫亡撫嗣錦文教養備至旌年五十六

馮中和妻俞氏妾顧氏監生炎長女三十五歲夫亡與妾顧氏矢志守節時顧二十五歲同撫遺孤巽祥及庶出子禹甸俱成立巽祥早卒復撫其孫俞旌年六十五顧旌年五十五歲

河東鹽運司知事屈振聲妾王氏三十歲寡事嫡維謹撫己子成立旌年七十一

顧凝修妻楊氏十九歲婚八日夫亡翁姑均歿遺有四姑一幼叔氏嫁諸姑以禮撫幼叔授室叔又早亡子僅二齡越二載娣亦死氏食貧撫孤成立旌年六十二

監生魏元春妻嚴氏舜華妻應氏嚴三十歲夫以航海遇颶死遺孤舜華僅二齡以養以教不出戶庭者二十年娶媳應氏未幾舜華歿氏與應勤女紅撫孫成立旌年七十

拔貢張金照妻沈氏三十歲夫亡撫姪拱垣爲嗣旌年五十一

俞用賓妻趙氏二十九歲夫亡撫孤玉章成立旌年八十九女適陳光祖亦以節著

張繩夫妻郭氏庠生郭隈女二十九歲夫亡撫夫姪澄江爲嗣旌時已守二十九年

尙大恭妻李氏二十四歲夫亡孝舅姑營喪葬守節六十年

許賓侯妻褚氏二十五歲歸許祇一載夫亡家貧無子以佐姑紡績嫁其夫妹姑歿拮据喪葬撫大從孫如己出旌年六十八

楊純中妻倪氏　陸廷元妻某氏

汪深源妻嚴氏　過澤承妻魏氏

呂某妻羅氏　監生趙紀妻張氏

顧履中妻陳氏　余佩金妻孫氏

倪三省妻王氏　程吾平妻余氏以上于志

吳品金妻陸氏二十八歲夫亡撫訓嗣子憲曾成立娶婦守節三十四年

林蕃興妻孫氏十八歲婚翁姑相繼歿逾年夫亦病瘵亡氏悲慟欲絕因念夫亡無子勉起勤女紅積餘貲爲翁姑及夫營葬畢歸依母家守節不數月嘔血死

潘文高妻李氏二十八歲夫亡卒年八十二

吳汝梅妻湯氏二十七歲夫亡撫孤成立守節二十四年以上道光年旌

潘玠妻胡氏　李春元妻毛氏

徐金忠妻張氏二十餘歲婚夫渡江溺死氏日夜涕泣欲覓其遺骸終以姑老家貧不果與娣金氏

嘉興府志　卷七十六　平湖節婦　三十

同居三十載無閒言晚年憑十指自給以夫姪汝霖爲嗣守節三十年

監生徐琅妾王氏三十四歲琅亡三子皆幼撫之成立教養倍至數十年如一日守節三十八年

監生徐瑚妾金氏村女也有大家風範二十五歲瑚亡嫡朱氏亦於是月繼亡連遭兩喪盡哀盡禮子金相早世撫姪金礪爲嗣守節五十四年

張官盛妻方氏監生樹勳孫女十八歲夫亡撫子龍文成立守節三十一年

張賓序妻方氏監生樹勳孫女十八歲夫亡撫子龍文成立守節三十一年

張敦睦妻胡氏監生近山女十八歲夫亡遺腹子安貞又殤撫姪廷衡爲嗣守節三十四年

俞廷珊妻方氏二十九歲夫亡子嘉元甫二齡號泣欲殉父力勸止上事舅姑下撫遺孤日勤紡績以供薪水翁姑歿喪葬盡禮教子成立守節四十七年

朱鼎銓繼妻丁氏內閣中書丁肇衡次女三十歲夫亡痛不欲生姑勸止之事姑孝及歿拮据以葬撫嗣子希灝成立嫁女娶媳一身任之守節四十五年

俞嘉元妻陳氏二十六歲夫亡子早殤僅撫二女會大疫姑病氏躬侍湯藥晨夕不離月餘姑痊而氏獨無恙姑歿典釵珥以營窀穸並葬夫旌年七十三

朱禮徵妻金氏二十七歲夫亡慟絕復蘇翁姑泣勸之勉起撫子女成立性至孝病革囑子秀昌曰我死須孝養爾祖母毋令老而抱戚守節十七年

黃海妻張氏三十歲夫亡慟哭欲絕遺二子一女俱幼撫之成立長爲婚嫁性至孝翁承麟設敎於他邑值暑月姑病晨夕奉侍手不驅蚊翁歸喜曰吾家有婦孝吾心安矣翁姑歿後喪葬盡禮守節四十三年

朱覲瀾妻徐氏二十九歲夫亡大慟欲殉翁姑泣止之乃誓守空幃婦兼子職翁姑歿葬盡禮撫姪大椿爲嗣守節二十七年

嘉興府志　卷七十六　平湖節婦　三十一

林正言妻俞氏三十歲夫亡上事衰翁下撫弱女家貧藉鍼黹以供薪水旌年六十三

李陞升妻呂氏二十七歲婚未及期夫亡慟甚淚盡赤自誓守志夫弟陞揚夫婦並亡遺子新豐及一女俱幼氏撫之如己出卽以新豐爲兼祧子旌年五十九

孫大鏞妻朱氏二十九歲夫亡無子止一女尋又殤撫從姪六潤爲兼祧子夫幼時爲伯父堯光所恩撫氏事之如翁姑母常迎養於家醫藥之費躬自籌備母歿哀毀逾節卒旌年五十二

朱秀昌妻潘氏二十五歲夫亡子三福生甫八月氏念朱氏兩世祇此襁褓遂矢志撫孤成立婚娶之事一身任之并以紡績所積營兩世窀穸旌年五十一

唐秉銓妻陳氏十九歲夫亡無子以夫弟起鳳子鼎雲爲嗣撫訓成立備極艱辛守節二十六年

黃開元妻陶氏俊賢妻鄭氏陶二十九歲夫亡家赤貧遺孤俊賢尚幼紡紝以給撫孤長成爲娶媳鄭氏不逾年又寡遺一女與姑共矢冰霜人稱雙節守節三十六年

嘉興府志　卷七十六　平湖節婦　三十三

唐成震妻張氏二十七歲夫亡遺孤肇載在襁褓飲冰茹荼撫之成立守節三十年

鄒仁瑞妾曹氏二十七歲仁瑞亡無子佐嫡撫孤艱辛倍至守節四十三年

秦長芝妻周氏二十六歲夫亡孝事舅姑三十餘年喪葬如禮守節五十年

趙保衡繼妻孫氏二十九歲夫亡銜哀承顏事姑二十年孝養無間無子以夫姪孫炳初兼祧守節五十六年

監生章元貞妻蕭氏三十歲夫亡值家中落撫九齡孤學純成立艱辛備嘗守節五十三年

張雅脩妻林氏三十歲夫亡遺孤汝舟甫二齡撫訓入成均守節五十三年

黃俊賢妻鄭氏二十一歲夫亡止一女家極寒素拮据喪葬能盡禮女適同邑監生朱士模晚歲失明依居壻家守節六十一年

秦沛然妻徐氏二十八歲夫亡孝奉孀姑三十四年不倦撫孤世勳成立守節四十八年

敖元陽妻吳氏士俊妻某氏二十四歲夫亡事翁姑甚孝家貧藉紡織以撫孤士俊長爲娶妻旋又卒乃與媳共撫孤孫應龍成立旋年八十二

葛枚繼妻王氏三十歲夫亡家貧奉姑撫孤極盡孝慈旌年七十七

林能桂繼妻曹氏三十歲夫爲海商遇風溺死無子紡績自給旌年七十四

鄒玉城妻褚氏二十八歲夫亡撫二齡孤行璋成立旌年七十一

陳宇俊繼妻沈氏氏三十始嫁夫已疾篤不匝月而寡矢志守節撫前子如己出旌年七十一

生員陸鳴球妻朱氏二十五歲夫亡無子哀宗無繼撫女長成贅壻陳少梅爲嗣旌年七十一

張允中妻曹氏二十歲夫亡遺四齡孤又殤撫姪泰爲嗣事翁姑二十餘載存歿盡禮守節四十九年

曹敬脩妻吳氏媳方氏三十歲夫亡撫孤成立長娶方氏三載寡同心矢志守節三十五年

嘉興府志　卷七十六　平湖節婦　三十二

唐有常妻陳氏夫幼失怙恃賴叔母撫長氏歸後事之如姑極盡孝敬二十一歲夫亡遺孤儒珍生甫六日家貧紡織以養以教叔姑壽終孤子成立旌年六十四

朱俊賢妻張氏二十六歲夫亡奉事翁姑三十餘年孝養無間撫二孤俱成立旌年六十六

許凝道妻陳氏三十歲夫亡撫幼孤崑源瑞源成立紡績以奉舅姑及歿喪葬盡禮守節三十九年

從九品廖士登繼妻吳氏三十歲夫亡遺子女四人家極貧衣食皆仰藉十指撫育婚嫁備極艱辛旌年七十四

陳忠義繼妻張氏二十九歲夫亡撫前室子甫五齡以女紅給薪水更積貲爲子娶婦旌年七十

都士元妻屠氏三十歲夫亡撫三女一子以鍼指度日旌年七十一

全德仁妻唐氏二十七歲夫亡遺孤二家貧紡紝度日値歲凶有勸改適者涕泣不從旌年六十四

廖英妻朱氏三十歲夫亡無子撫姪輔仁爲嗣備極勤劬至於成立守節三十九年

陳桂林妻沈氏 三十歲夫亡奉姑十五年家雖貧仍孝奉甘旨及歿喪葬盡禮遺孤二皆在襁褓衣食所需悉出十指艱苦備嘗卒皆成立旌年六十五

高文華妻沈氏 二十五歲夫亡子僅二齡紡績以供薪水歲饑姑紫荷花草累月轉健於前人咸異之東鄉有張氏者亦孀居欲覓女傭郎往役壬寅之難賴此以避子已成立旌年六十

江艮霧妻劉氏 二十五歲夫亡遺一女孤苦撫成贅壻以奉江氏香火旌年五十九

胡清倘妻王氏 二十三歲夫亡無子撫姪為嗣旌年五十二

趙漁山妻沈氏 二十九歲夫亡無子撫姪為嗣旌年五十七

監生周式封妾孫氏 二十七歲式封亡嫡朱氏身抱沈痾常在牀蓐親侍湯藥越二十年如一撫二孤成立婚娶後次子又卒時次媳僅二十四歲無子女氏每教以大義堅其志旌年五十五

陳汝寬妻夏氏 三十歲夫亡無子止一女艱辛撫育長嫁士族即依居壻家旌年五十七

嚴立芝妻邱氏 三十歲夫亡無子止一女茹荼撫之獨持門戶旌年五十五

王峻天繼妻胡氏 三十歲夫亡遺孤在抱舅姑在堂孝慈兩盡旌年五十四

監生黃世仁妻沈氏 監生沈國華女幼失怙育於大母高節母之教年十七適黃處豐能儉夫旋遘痼疾族人爭產搆禍家遂替乃典衣飾為醫藥資夫終不起時沈二十四歲哀毀幾殆壬寅之變奉姑攜幼以避寇退返室已如懸磬乃勤十指以自給姑善飲每食必沽以待拮据為子娶婦以勞瘁致疾卒年四十六

孔繼揚妻沈氏 二十五歲夫亡典貸營喪葬所遺貧皆自減日給積漸償之撫孤成立旌年五十

韓庚和妻袁氏 二十五歲夫亡遺一女甫離襁褓族無可嗣乃集親黨立內姪為子韓氏賴以得續姑老而多病終年臥牀氏奉湯藥無一怨尤越十年竟以勤勞抑鬱得心痛疾而暴卒

監生盛圻妻金氏 夫患瘵疾十年侍奉不稍怠三十歲夫亡無子撫姪鈞為嗣年四十九卒

監生邱汝和妻王氏 三十歲夫亡撫孤成立旌年五十三

陳森源妻高氏 二十八歲夫亡無子撫姪崐為嗣旌年五十一

邱潤州妻廖氏 適邱後翁姑相繼歿夫旋亡家貧無以為殮悉出衣飾以供所需茹荼撫孤成立旌年五十一

曹品泉妻方氏 夫亡上事孀姑下撫二齡孤皆藉十指以給衣食旌年五十

魏舜年妻應氏 二十五歲夫亡事姑撫孤竭盡孝養守節十九年

俞錫祚妻方氏 錫祚訓蒙糊口及亡氏貧無以殮盡典衣飾以營喪葬遺女二齡紡織撫養歲凶恒至不舉火賴門人張黼廷張古春時餽資以給旌年五十一

陳懷珍繼妻錢氏 三十歲夫亡守節旌年五十三

朱世榮妻尙氏 三十歲夫亡家甚貧奉姑十六年婉容色養閭里以孝婦稱旌年五十

朱鼎瑞繼妻葛氏 三十歲夫亡織紝度日撫孤成立守節十八年

儒童李王祿妻朱氏

徐源妻黃氏 二十七歲夫亡撫嗣成立守節二十八年

徐明照妻金氏 三十一歲夫亡守節四十八年

徐烈威妻周氏 三十歲夫亡守節二十七年

徐肇基妻周氏 二十七歲夫亡守節四十九年

徐均妻屠氏 三十歲夫亡守節十七年

徐應培妻張氏 三十歲夫亡守節七年

徐金題妻洪氏 二十七歲夫亡守節三十三年

生員陸維妻沈氏 二十四歲夫亡慟不欲生因念嗣子嘉植尙在襁褓撫以延祀守節四十年

儒童王葉春妻張氏 二十五歲夫亡孝事翁姑及歿喪葬盡禮守節四十三年

張楚香妻沈氏三十歲夫亡孝事繼姑撫孤金和成立及長殉粵匪難伶仃孤苦現年七十二

生員王達源妻錢氏媳張氏錢二十一歲婚越四月夫溺死夫慟欲殉翁姑諭以遺腹有娠乃止後果得男撫養成立又歿與媳張氏共矢冰霜一門雙節錢守節四十四年以上咸豐元年旌

李文錦妻徐氏二十九歲歸李事舅姑孝越四載夫遘疾奉湯藥兩月不倦及亡痛不欲生因念腹有孕稍節悲哀逾兩月生一子仰事俯育一身任之恭舅姑相繼歿喪葬盡禮訓子夔颺爲邑庠生學政萬給志堅金石額庚申避難居鄉賊至欲兵之一賊戒勿殺遂得免聞者以爲苦節之報年六十八咸豐二年旌

楊芝青妻沈氏二十四歲夫亡矢志不二事祖姑暨翁姑盡孝及卒經營喪葬守節五十四年

監生黃鳳洲繼妻李氏三十歲夫亡孝事姑婞婚嫁前氏子女及已女畢姑亦尋歿拮据殯殮積紡績貲營葬九棺并爲繼嗣娶婦守節四十八年

曹冠林妻沈氏二十一歲夫亡事姑撫孤積刺繡貲營葬婚娶媳又早亡復撫兩孫成立守節五十

四年

儒童王堅妻段氏二十六歲夫亡撫棺慟絕灌救始蘇因得咯血症孝奉翁姑以七齡姪成瑞爲嗣訓之成立爲庠生卒年四十六

儒童計榮堂妻胡氏二十四歲夫亡無子以兩姪鋗鈺爲嗣守節三十九年

李兆榮妻曹氏　生員郭咫楹妻邵氏

王惠圃妻吳氏　郭人樹妻邵氏

嚴如金妻孫氏　鄒汝爲妻陳氏

王亦山妻唐氏　湯耕和妻王氏

張靜安妻汪氏　沈寶慶妻阮氏

汪士明妻方氏　史鳴夔妻陳氏

李廷山妻韓氏　陳汝駿妻唐氏

李鳴皋妻屠氏　馬榮廷妻屈氏

吳耕堂妻岳氏　岳長英妻陶氏

王履廷妻巴氏　李銓妻朱氏

陸嘉謨妻方氏　徐榮義妻顧氏

張東美妻朱氏　姜士榮妻戈氏

張志軒妻江氏　張永譽妻朱氏

沈士德妻蔡氏　沈鑑彬妻王氏

林宗益妻戴氏　邱鼐妻周氏

馮啟明妻許氏　楊維墉妻邱氏

葛翰章妻蔣氏　劉德華妻丁氏

宋韶成妻楊氏　李清標妻張氏

陳道濟妻王氏　劉禹如妻王氏

周耀珍妻胡氏　吳守箴妻毛氏

沃應鐘妻沈氏　馮士恭妻王氏

萬竹邨妻馮氏　俞家賢妻沈氏

潘燮清妻唐氏　吳廷相妻張氏

潘明俊妻張氏　潘起灝妻沈氏

張南揚妻徐氏　許光熊妻項氏

胡森妻孫氏　許宗濂妻盛氏

武生王德彪妻張氏　唐仁寶妻沈氏
高篤山妻徐氏　王德新妻劉氏
周濂妻吳氏　馮士章妻葛氏
康敦倫妻奚氏　邱潮昌妻鄭氏
潘文正妻曹氏　李鞠妻謝氏
監生干河妻伊氏　辜載賡妻方氏以上咸豐三年旌
漳河同知吳若彬繼妻沈氏
倪禹門妻趙氏尙林妻吳氏趙二十五歲夫亡孝養翁姑撫遺腹子尙林成立娶吳氏又早寡乃以族姪孫爲嗣姑婦共撫之趙守節三十三年吳現年四十三以上咸豐六年旌
顧宗錫妻李氏咸豐七年旌

嘉興府志　卷七十六　平湖節婦

儒童徐人驥繼妻蔡氏三十歲夫亡孝事衰翁養葬皆盡禮撫孤金章成立守節三十三年
生員陸金槩妾李氏　陸學沂妻顧氏
徐南州繼妻蔡氏二十八歲夫亡無孤守節六十一年旌
張國輿妻黃氏二十二歲夫亡孝事耄姑無子嗣子桂又殀惟一女撫長擇嫁守節四十三年以上咸豐八年旌
生員劉琳松妻吳氏夫殉壬寅難氏矢志不二上事翁姑下撫孤子孝慈兼盡咸豐十年旌
馮成貴繼妻程氏三十歲夫亡守節四十四年
生員錢鎮奎妻張氏三十歲夫亡守節十四年以上同治七年旌
監生毛廷貴妾孟氏二十歲事廷貴十七年而寡紡織度日撫四子成立守節四十二年
監生黃鈞繼妻毛氏三十歲夫亡子又殀復撫孫成立守節四十四年以上同治十年旌

生員陳協陞妻丁氏丁卒女三十歲夫亡事姑孝撫孤成立守節二十一年
生員邵淇妻黃氏二十六歲婚期將屆而淇病篤父母欲改嫁氏自願如期而往遂成婚越一年而寡矢志不二上事遘姑下撫嗣子孝慈倍至現年六十一歲
時仁美妻金氏二十六歲夫亡無子事姑盡孝撫嗣子成立旌時已守四十七年
施汝康妻唐氏二十九歲夫亡孝事遘姑撫孤成立守節二十年
施汝壽妻顧氏二十四歲夫亡事姑至孝處妯娌甚和家貧以十指自給守節十六年
徐世貞妻張氏二十三歲夫亡家貧紡織度日撫遺腹子度日旌時已守三十一年
儒童倪寶璟妻徐氏順天豐潤主簿徐麟次女十七歲婚晨昏奉養得兩世堂上歡未幾翁歿氏隨夫扶柩回籍夫又卒於舟中氏擬絕粒以殉姑勸止之庚申之變氏奉姑攜妹避亂輾轉至江北不一年而姑歿氏哀毀有加克復後旋里以姪曾繼爲嗣布衣蔬食里黨稱之旌時已守三十二年

嘉興府志　卷七十六　平湖節婦

朱錦雲妻繆氏二十七歲夫亡事姑至孝旌時已守三十六年
符金桐妻盛氏二十四歲夫亡孝事寡姑撫孤子因粵匪擾鬧夫棺痛哭絕食死守節十一年
符進英妻方氏二十七歲夫亡冰霜自矢孝養翁姑咸豐辛酉遇賊被殺年五十九守節三十三年
梅仁壽妻沈氏二十八歲夫亡事姑盡孝撫二孤俱成立同治壬戌遇賊被殺守節二十四年
職員顏成瑜妻林氏二十八歲夫亡孝事寡姑撫孤成立守節二十九年
儒童曹鎮安妻朱氏二十六歲夫亡守節二十九年
儒童陶善成妻王氏二十五歲夫亡事姑孝撫子成立旌時已守四十年
方金鶚妻何氏二十四歲夫亡事姑盡孝無子撫族姪爲子未幾又夭守節三十二年
儒童劉青照妻沈氏二十八歲夫亡孝事翁姑撫二子成立咸豐辛酉被難守節二十九年
張雨春妻潘氏三十歲夫亡守節三十年

沈鼎鏞妻金氏二十七歲夫亡事太姑及翁姑甚孝翁妾顧氏遺腹生子氏其撫養之守節四十年

通判張儀盛妾李氏

儒童方日照妻王氏二十一歲夫亡撫孤成立娶媳未幾俱歿復撫孫成立守節六十一年

監生趙立妻張氏三十歲夫亡事姑孝持家勤儉撫孤成立守節已二十六年

馬六玕妻顧氏二十三歲夫亡撫孤甫成立而歿復撫孫成立旌時已守五十二年

沈學周妻郭氏二十二歲夫亡咸豐辛酉遇賊投河死守節三十二年

儒童沈賜璜妻魯氏二十九歲夫亡自矢冰霜不苟言笑守節十七年

監生陸桷妻金氏三十歲夫亡撫孤元勳成立以上同治十一年旌

馮蓯堂妻麗氏二十四歲夫亡矢志不二守節四十六年

龔七觀妻萬氏二十五歲夫亡孝事翁姑撫二孤成立旌時已守二十八年

職員倪炳辰妻吳氏二十七歲婚持家操作不辭勞瘁越數年夫亡慟不欲生因念夫囑以仰事俯育乃強起事邁姑撫子女并拮据以營喪葬婚嫁旌時已守三十二年

孫鳳林妻沈氏三十歲夫亡孝事翁姑旌時已守二十一年

山中倫妻王氏二十四歲夫亡旌時已守三十七年

侍讀學士錢福昌妾李氏二十七歲福昌亡待嫡子孫以慈無己子成立守節十三年

生員錢掄奎妻陳氏二十九歲夫亡無子成立守節十四年

羅爲霖妻馮氏二十九歲夫亡孝事翁姑撫子成立守節三十二年

監生何爲城妻吳氏二十三歲夫亡事姑撫孤備極勞瘁守節三十一年

儒童陶慶城妻張氏二十六歲夫亡事姑甚孝撫子成立守節二十九年

鹽知事錢元增妻胡氏　楊大章妻林氏

王大觀妻沈氏二十八歲夫亡事姑孝持家勤儉守節三十六年

王燮之妻周氏二十八歲夫亡守節二十二年

金在永妻陳氏二十五歲夫亡守節二十五年

知州張慶成妾徐氏陸氏慶成亡徐二十四歲陸三十歲事嫡維謹俱無子女徐守節四十四年陸守節三十年

張雲升妻郭氏

監生陸恒鍪妻馬氏三十歲夫亡甘貧矢志撫遺孤成立守節三十四年

儒童莫其淸妻黃氏二十八歲夫亡守節五十一年以上同治十二年旌

俞錫諹妻陳氏二十六歲夫亡事舅姑養葬盡禮生一子又歿守節三十四年

俞保妻錢氏　俞煥妻錢氏

朱方池妻沈氏　錢誠妻張氏

王金棠妻錢氏　舉人周鴻漢妻王氏

嚴梁佐妻丁氏　王金旦妻汪氏

黃惠壽妻盛氏　黃開基妻盛氏

生員范蘟蓀妻李氏以上同治十三年旌

生員徐孚堯妻姚氏二十七歲夫亡撫孤維錯游庠旌時已守三十年

從九品沈錫奎妻張氏二十一歲夫亡事姑至孝訓嗣子鳳藻入庠終身布衣茹素戚族有急周之無吝色守節十七年以上光緒元年旌

陸榕妻沈氏二十六歲夫亡撫孤成立現年五十三己守節二十七年

監生陸文梓妾金氏二十五歲文梓亡現年五十三

生員戈燕天妻俞氏俞坤女二十九歲夫亡撫嗣子讀書成立旌時己守三十八年

潘雲亭妻李氏

鍾銘勳妻朱氏

吳文濬妻伍氏

戴輝妻馮氏

俞國珍妻阮氏

周崑隆妻龔氏

沈國華妻俞氏

錢雨亭妻賈氏

吳儒模妻黃氏以上光緒二年旌

生員湯其鎮妻方氏三十歲夫亡上事舅姑下撫子女艱苦備嘗現年六十七

生員湯大謨妻葉氏三十歲夫亡上事老姑下撫幼子守節七年以上光緒三年旌

胡寶珍妻金氏三十歲夫亡事翁姑孝撫孤成立現年七十六

監生孫竹坪妻李氏二十八歲夫亡事姑盡孝撫子成立守節四十一年

嘉興府志 卷七十六 平湖節婦

沈玉成妾顧氏二十三歲玉成亡撫遺腹子成立守節三十六年

張文淮妻王氏二十九歲夫亡事姑盡禮撫孤成立咸豐辛酉遇賊被戕守節九年

光祿寺典簿張達慶妾戚氏二十七歲達慶亡守節四十年

張衷周妻趙氏三十歲夫亡撫姪國祥成立守節五十二年

沈懋英妻杜氏二十三歲夫亡家貧紡績養姑撫子成立守節二十九年

沈光曦妻高氏二十四歲夫亡冰霜自矢孝事翁姑守節己三十七年

沈沅妻周氏二十三歲夫亡守節現年六十

監生葉連芬妻王氏二十五歲夫亡撫三齡孤存靜成立守節十七年以上己旌

恩貢張紹曾繼妻丁氏事舅姑孝撫前子人棟如己出夫亡慟不欲生因遺孤俱幼勉進飲食撫訓三子人棟人標人樞皆入泮為子析產絕不厚於所生戚族賢之年八十六

監生程天玉繼妻王氏事邁翁以孝稱因無出為夫納妾唐氏待之甚厚卒無子撫姪孝三為嗣夫病唐割股以療竟不起竭力喪葬并置祭田四十四畝戚族貧者無不周卹卒年六十一

議敘從九品趙同倫繼妻徐氏二十九歲夫亡撫嗣子元亮成立守節三十六年

從九品孫宜昌妻徐氏二十四歲夫亡痛不欲生姑以大義責之乃止遺孤康爵僅一齡又殤家故中落復繼以兵燹依母家守節薪水之資躬自任之撫族子康祺為嗣教養倍至守節己二十五年

徐金殿妻周氏二十六歲夫亡止一女孝髦姑和妯娌兵燹後巨室某欲購其宅氏力爭乃免撫兼祧子嗣周成立現年六十一

徐嗣念妻張氏二十三歲夫亡無子悲痛欲殉姑力勸乃止家貧勤十指奉姑無慍色現年三十六

生員徐百齡妻屈氏三十歲夫亡事姑孝姑遘危疾奉湯藥衣不解帶者八月以憂勞成疾卒守節八年

嘉興府志 卷七十六 平湖節婦

儒童徐景福妻陸氏晉福妻趙氏陸二十四歲夫亡趙二十一歲夫亡家貧甚遭兵燹後益窘娣姒同居以鍼黹度日陸子殤以趙氏子棣筠為嗣勤儉貞靜里人以雙節稱之陸守節己十七年趙守節己十二年

生員徐金信妻金氏二十五歲夫亡遺孤汝楙僅六齡遺腹又生一女教養婚嫁備極艱辛夫兄金忠無子以子汝楙嗣其後而己祔祀里祠賢之守節三十年

費福臻妻馮氏二十五歲夫客死於石門氏聞屢欲身殉戚族力勸乃止事姑孝家貧仰十指以養及歿拮据喪葬撫子賡瑚成立旌又歿人咸傷之守節己二十九年

徐光藻妻姚氏二十八歲夫亡悲痛欲絕戚族勸以奉翁姑乃止家貧勤紡績以供甘旨及歿拮据喪葬子二俱殤以姪大椿為嗣後姪夫婦俱亡遺子女俱幼氏為撫育太守鍾旌其門曰孝親敦族里黨榮之守節己三十七年

徐懷金妻陸氏三十歲夫亡上事遵姑下撫幼女紡績度日姑歿喪葬如禮守節已二十三年

生員黃元勳妻陸氏十七歲婚夫爲賊所逼絶食死氏欲殉之姑諭以撫孤乃止姑哭子失明旋病亡子又歿氏慟哭幾殆宗族力勸勿死乃立族子壽珍爲嗣竭力拮据營三世葬守節已十七年

陸煌妻干氏二十九歲夫以遇賊投河死氏撫子應培成立貧病交迫冰霜益勵守節已十六年

顧善明妻朱氏二十八歲夫亡矢志撫孤子又殤氏悲痛之餘冰操益勵守節已十五年

八品銜沈錫珍妻邵氏孝事翁姑夫素多病常典質以供醫藥二十八歲夫亡痛不欲生因念姑病牀蓐女在襁褓勉起支持孝養兼至姑歿喪葬盡禮戚族賢之守節已十四年

趙貴鴻妻王氏二十六歲夫亡和妯娌泯喜怒勤勞無間以姪炳旄爲兼祧子守節已三十八年

沈光照妻李氏二十九歲夫亡姑旋歿時避兵在外貧甚稾葬於野寇退旋里親往覓姑遺骸僅得其骨以歸葬之如禮撫嗣子成立守節已十四年

沈天錫妾張氏二十九歲天錫亡持家克儉奉祀盡誠撫訓二子成立拮据婚娶又撫三孫里稱賢母守節已二十四年

沈潛妻唐氏二十九歲夫亡茹荼含辛撫孤成立以紡績貲依時祭祀娶媳生孫守節已三十二年

陳廣元妻湯氏三十歲夫亡撫五齡孤森蘭成立守節三十一年

監生徐東垣妾謝氏二十五歲事東垣越三載東垣病劇與嫡黃氏晝夜侍奉不倦比歿氷蘖自矢食麤衣敝隨嫡紡績以給嚴寒弗怠十指皸瘃助嫡營葬兩世爲嗣子文銘娶媳人兩賢之守節十年

沈某妻蔣氏二十四歲夫亡家貧無子或勸改嫁誓死不從傭工自給值兵亂流離轉徙苦節十六年

周炳植妻顧氏十九歲適周翁姑已歿事太翁姑極孝二十三歲夫亡紡績自給撫五齡嗣子成立

徐漁村妻齊氏二十三歲夫亡事翁姑生養死葬極盡孝敬撫姪爲嗣娶媳成立守節四十一年

伊全祖妻沈氏十九歲夫亡絶食欲殉者再以勸慰乃止撫嗣子成立守節三十六年

監生徐大培妻江氏二十九歲夫亡守節三十一年

朱士元妻鄭氏二十八歲夫亡孝事翁姑撫孤成立

蕃經歷朱承祜妻周氏二十八歲夫亡無子女欲以死殉父母諭以事遵姑乃止奉姑十餘年無忤色姑歿無嗣孫以夫從堂弟爲後守節已三十年

儒童殷桐妻倪氏二十歲夫亡誓以身殉戚族勸止然晨夕悲痛耳目卒聾瞶無子嗣女紅自給守節已十四年

孫燕庭妻董氏二十七歲夫亡子又相繼殤值粵匪亂扶姑奔竄備極困苦流離中尚訓蒙并勤鍼黹以養姑先意承志曲盡婦道守節已十七年

全四倌妻陳氏二十九歲夫亡孝事翁姑教子成立孫甫二齡子又亡守節已三十三年

知縣王丙豐妻金氏三十歲夫亡勤十指以奉姑撫孤成立入邑庠守節已二十五年

湯有福妻盧氏二十歲夫亡無子撫族姪成立守節已三十二年

王某妻吳氏

王杏生妻劉氏

李萬金妻朱氏二十二歲夫亡持家勤儉訓子孫以義方守節已四十六年

陸桂昌妻夏氏三十六歲夫亡時遭寇難力作度日茹荼撫子成立苦節十七年

蔣隆茂妻陸氏二十三歲夫亡事太姑及姑俱盡孝撫姪成立守節已四十一年

李瑞義妻呂氏二十八歲夫亡無子窮自勵鄉黨稱之守節五十六年

李錦榮妻沈氏三十歲夫亡撫一子二女灌園自給艱苦備嘗婚嫁子女營夫喪葬苦節四十二年

林召南妻雷氏二十五歲夫亡一子又殤撫一女長適鄒氏性持重不苟言笑苦節四十三年

監生汪南暉妻顧氏三十歲夫亡無子撫夫姪爲嗣守節五十九年

陶浩妻林氏二十四歲夫亡守節三十四年

撫夫兄遺腹子如己出里人賢之守節已十九年

周穀和妻陸氏 三十歲夫亡守節四十年

宋廷安妻李氏 三十歲夫亡家貧織紝撫孤守節五十一年

姜鳳皐妻沈氏 夫業圃氏襄讙溉三十歲夫亡夏畦冬織以撫二子二女成立婚嫁守節三十五年

丁慶生妻陳氏 幼以孝聞二十一歲夫亡慟欲身殉父母憐而招其共居乃節哀承顏奉親倍至撫嗣子基成立以苦節終身

張正明妻倪氏 二十三歲夫亡守節二十二年

朱衣助妻李氏 二十二歲夫亡守節五十二年

曹恒揚妻張氏　華肯堂妻魏氏

監生高敬仕妻沈氏　張永芳妻李氏

陸錫恒妻徐氏　范德明妻施氏

劉若金妻顧氏　張福基妻陸氏

張光獻妻王氏 三十三歲夫亡孝事翁姑撫子成立守節二十二年

許開銓妻錢氏 二十九歲夫亡事翁甚孝撫二孤成立守節五十年

許世榮妻張氏 二十歲夫亡女紅度日守節已二十四年

監生段俊賢繼妻金氏 二十九歲夫亡守節四十一年

監生段俊傑妻程氏妾范氏 俊傑亡程二十歲守節三十四年范二十三歲守節已四十六年

戴輝妻馮氏 二十二歲夫亡無子守節已三十四年

生員馬泰清妻周氏 三十歲婚未半載夫以瘵疾亡慟絕復甦者再父母力勸之後隨父避難於閩往返數千里不以旅費累其父旋里與夫兄樹業同居茹苦含辛絕無怨色夫兄歿姪亦旋亡喪葬如禮

張雲舟妻郭氏 二十一歲夫亡事太翁姑盡孝守節已三十一年

沈正肅妻馬氏 三十歲夫亡遺子錦昌及二女俱幼二女又相繼殤茹苦撫孤成立守節已十五年

李錫聲妻潘氏 二十七歲夫亡撫孤洽源成立守節十五年

儒童俞國鈐妻阮氏 二十八歲夫亡孝姑撫孤守節已三十七年

沈振海妻姚氏 二十五歲夫亡事翁姑存歿俱孝紡織救貧積勞多病撫子德明成立現年五十五

李洪祥妻張氏 二十五歲夫亡無子家貧甚撫二女長成擇嫁往依焉現年五十六

沈芳珍妻徐氏 二十三歲夫亡孝事無間言現年六十二

朱友高妻陳氏 二十三歲夫亡孝養翁姑撫一子二女成立現年六十六

郁桂生妻徐氏 二十九歲夫亡撫孤成立現年五十一

陸炳文妻沈氏 三十歲夫亡祭葬盡禮撫孤娶婦後又歿媳旋去室復撫二孫成立現年七十七

生員周小樓妻項氏 二十五歲夫亡無子撫一女長適謝氏往依焉現年七十五

周小山妻徐氏 二十七歲夫亡無子止一女長適鄒口劉氏守節三十八年

芮懷靚妻周氏 二十六歲夫亡無子扶伴小姑至二十二歲擇嫁人尤稱之現年六十

芮義靚妻吳氏 二十三歲夫亡與周氏茹荼共守一燈紡績敬待小姑現年六十五

監生馮元妻吳氏 二十八歲夫亡守節五十三年

陳致和妻李氏 守節四十八年

監生陳振麒妻王氏 守節三十一年

錢飛青妻沈氏 守節三十三年

楊德餘妻胡氏 二十七歲夫亡無子守節五十餘年

楊茂錫妻方氏守節四十餘年

楊德超妻湯氏二十九歲夫亡無子守節四十餘年

王某妻徐氏

劉西鳳妻胡氏子學敦妻馮氏孫之楹妻方氏三世苦節聞者傷之

監生劉元貴妻潘氏二十八歲夫亡無子撫一女守節五十餘年

蔣三妻徐氏二十七歲夫亡守節四十五年

蔣春榮妻王氏守節三十餘年

生員沈芳烈妻劉氏二十八歲夫亡守節三十一年

華佩艮妻李氏婚未及週夫亡守節三十五年

生員郭如椿妻杜氏婚甫半載而夫亡事孀姑盡孝兩世雙節遐邇交稱

儒童徐文銘妻楊氏夫被粵匪擄後有傳言已死者氏以悲痛成疾苦節已十六年

費賡瑚繼妻李氏十九歲夫患咯血症亡氏及孀姑馮痛不欲生均吞金救之乃蘇里稱雙節焉

監生陳西塘繼妻屈氏長子監生春園妻吳氏次子生員耀宗妻蔣氏屈三十歲夫亡現年五十四吳二十八夫亡現年五十蔣二十四夫亡現年四十六

陳家鍾妻林氏子文榮妻金氏林二十八歲夫亡孝養翁姑及歿喪葬盡禮撫子文榮成立娶金氏子又歿金時二十九歲婦姑同守苦節晝夜紡績再撫遺腹孫清瑞成立娶婦茹荼飲蘗備歷艱辛七旬外雙目失明猶復親理家政後臥病在牀二載而亡

生員馬增妻江氏三十六歲夫亡事姑盡孝教子成立後復被匪擄境苦節愈堅現年五十

張辛五妻陳氏守節十八年

胡大妻吳氏二十五歲夫亡遺孤二貧甚或勸改適不從日勤紡績自給撫孤成立守節已三十餘年

朱式伊妻周氏二十八歲夫亡撫訓遺孤文模讀書成立守節已十三年

張光獻妻王氏三十歲夫亡家貧鬻簪珥以供堂上甘旨撫嗣子成立守節二十年

沈增源妻葉氏二十八歲夫亡矢志茹素鍼黹自給守節已十五年

武舉吳墉妻張氏三十歲夫亡遺一女二子俱幼家貧紡績自給訓二子俱入武庠咸豐辛酉賊擾平城氏攜出嫁婢馬周氏投水死守節十六年

張德安妻杜氏二十二歲夫亡守節四十餘年

監生潘耕堂妻張氏二十八歲夫亡無子士林成名守節二十五年

生員翁福增妻張氏　張甸妻徐氏

盛壽昌妻陸氏十九歲夫亡守節六十三年

劉宗海妻張氏二十七歲夫亡守節五十四年

陳文榮妻金氏三十歲夫亡守節四十六年

陳家鍾妻林氏二十八歲夫亡守節五十二年

張鳳翰妻鄔氏二十九歲夫亡事舅姑盡孝撫遺腹子成立持家勤儉守節二十餘年

屠彥妻仲氏二十五歲夫亡無子孝事邁姑長齋練服撫夫弟尹賓長子廷錫為嗣卒年五十

監生沈乾德妻陸氏貢生師韓女二十六歲夫亡孤鴻圖鴻元茹荼撫養哀毀骨立不半載卒

林國泰妻胡氏二十七歲夫亡撫四齡孤宗衡成立事翁如父存歿盡孝守節五十餘年

海鹽生員俞光斗妻鄒氏允明女贅光斗於家二十三歲夫亡慟不欲生父母慰藉之乃立族姪軼羣為嗣為之授室并營葬其兩代又給貲使治生理因販運屢耗氏以憂鬱成疾卒年四十九

湯希賢妻吳氏二十九歲夫亡撫三子成立卒年六十九

沈廷柱妻陸氏三十六歲夫亡撫子煌成立娶婦遺嫁二女煌入邑庠卒年六十三

吳元凱妻朱氏長興編修鈐女元凱居母喪哀毀泣血帀旬而亡子女俱幼時朱十九歲撫教成立子若準成進士官太僕寺卿性儉而好施睦婣敦族咸豐庚申避難江北戚族貧無依者咸挈之往比歸嗣孫兆麒以同知候選迎養於蘇州年八十六

陸鳳池妻俞氏監生青雲女二十七歲夫亡無子以族子世杰爲嗣事耄翁姑存歿盡禮持家勤儉拮据爲嗣子娶婦年六十三

麋生陸秉鈞妾楊氏生員清鳳妻馬氏楊三十二歲秉鈞亡撫子清鳳成名娶馬氏二十八亦寡撫長子馥生次子檖生既冠而俱歿復無孫炳宗成立楊年七十九馬守節已四十八年

汪萼芳妻顧氏玉堂女二十九歲夫亡撫子古檀古槐成立年五十六

監生吳銘三妻毛氏監生元岐女二十三歲夫亡止一女撫從姪林杏爲嗣嚮叙珥勸舅納妾生子晚蟯舅歿代爲撫養成婚配爲嗣子納監娶婦年六十九

陸文林妻繆氏懷祖女二十一歲婚越三月而寡矢志守節以夫姪心煌爲兼祧子年六十六卒

監生奚小春妻姚氏麋貢暉吉女二十五歲夫亡撫遺孤蘭洲珊湖成立守節二十一年

麋生顧廷熊妻吳氏監生文道女三十歲夫亡撫四齡孤恩培成立入邑庠卒年五十六

姚文虎妻陸氏二十八歲夫亡家貧姑哭子喪明事之甚孝撫遺孤二長三齡次五月俱成立艱苦備嘗年五十九

奚源周妻干氏二十四歲夫亡紡績操勞撫一女長適干雲巖守節二十一年

戶部侍郎徐士芬妾馬氏施氏士芬亡馬三十歲撫子彤錫舉孝廉卒年六十二施二十三歲撫遺腹子章錫游庠卒年五十一

生員高雲松繼妻湯氏三十歲夫亡遺三子一女悲痛欲絕戚族屢勸乃止勤苦撫孤女紅自給年六十三

沈葆華妻俞氏壽餘妻馮氏貢生厚載妾李氏俞二十七歲夫亡遺孤慶潤旋殤夫弟壽餘妻馮氏二十一亦寡止遺一女夫兄厚載相繼又亡妾李氏時二十八歲嫡子及所生子各二均蚤殤一室三孀先後守節三支俱絕以族姪潛修次子上達爲厚載嗣孫而兼祧兩次房焉俞現年六十一馮及李各守節已十六年

監生朱雯妻吳氏二十三歲夫亡孤式伊錦標式序俱幼且腹有遺娠日夕悲痛及生子式度竟以積哀成疾未練而卒後式伊入太學錦標入邑庠

生員林思贊妻吳氏三十四歲夫亡撫訓二子長義立爲監生次禮立出嗣讀書爲諸生守節已二十六年

麋生徐錦魁妻李氏二十八歲夫亡屏服飾以事女紅積貲購田百畝以養翁姑翁老多病扶持調護歷久不倦無子立族姪爲嗣撫二幼女成立守節已三十一年

吳兆槐妻顧氏三十歲夫亡孝事翁姑撫四齡孤泰杰成立後又歿煢煢苦守現年五十八

時懷妻徐氏農家女二十二歲夫亡無子以夫姪掌大爲嗣舅姑俱殉粵匪難夫弟及娣又相繼死掌大尚在襁褓撫之成立守節已三十五年

沈松坡妻屠氏二十六歲夫亡撫子恒裕成立守節已三十一年

呂雲客妻成氏二十歲婚未三月夫亡無子嗣子又歿依母度日現年五十六

訓導錢祐昌妾陳氏三十歲祐昌亡二子早殤以姪炳奎爲嗣並撫五女遺嫁炳奎領同治丁卯鄉薦現年五十六

紀金臺妻黃氏貢生樞女二十八歲夫亡子嗣源及一女俱幼撫養成立現年五十一

生員紀金銘妻張氏二十五歲夫亡撫遺孤崑源及一幼女俱成立現年五十一

朱蘭如妻凌氏二十八歲夫亡家貧鍼黹度日撫孤酉卿成立現年五十一

錢銘常妻吳氏二十九歲夫亡守節撫三子成立長潤身次潤德均爲諸生現年五十一

廩生沈錫祺妻王氏訓導汸女二十二歲婚一年而寡痛不欲生舅姑慰諭乃止事舅姑盡孝撫姪汝修爲嗣現年五十

周立三繼妻高氏二十三歲夫亡撫訓五齡遺孤寶淸游庠年三十五

吳尙志妻居氏二十九歲夫亡無子以夫姪爲兼祧守節已二十一年

沈文元妻姜氏夫嘉善人因贅爲壻及亡氏時二十七歲無子茹苦安貧守節已二十一年

知縣倪承弼妾李氏十七歲承弼亡矢志守節年四十七

徐景福妻王氏二十九歲夫亡矢志不移守節已十七年

林嘉和妻朱氏二十七歲婚逾年夫亡矢志不二守節已十五年

秦兆熙妻程氏二十三歲夫遇賊受戕氏矢志撫孤守節已十九年

朱某聘妻徐氏十八歲歸朱爲養媳逾二年以夫殉難死徐未婚姑憐其年少諷使改適誓死不從姑歿夫兄歲給米三石使自炊氏日勤女紅以自給守節已十五年

生員潘宗敬妻沈氏事姑以孝聞家貧而宗敬又善病氏勤紡織以給夫亡守節終其身

喻王氏生一女夫亡歸依寡母徐氏以居紡織守節年六十餘

王徐氏喻王氏之母也夫亡守節六十餘年

陳懷曾妻朱氏夫亡守節三十四年

生員陳楚馨妻何氏二十五歲夫亡守節三十七年

屠思勉繼妻周氏夫亡無子食貧守節數十年御史左宗郢旌其門曰勵節

姚勝觀妻毛氏夫亡矢志撫孤越一年氏掃夫墓因焚楮延燒夫棺氏以身蔽之亦被焚歸家遂卒

姚八觀妻施氏二十六歲夫亡旋遭寇亂撫孤卒以成立夫兄某年耄有廢疾氏恒節己食以拯其

飢人兼稱其義

趙全氏二十一歲夫亡撫八月遺孤既婚而歿復撫遺孫成立

王富元妻方氏三十歲夫亡紡績自給卒年六十八

監生朱銘懷妻顧氏二十七歲夫亡撫孤成立年九十

王大觀妻郭氏二十七歲夫亡撫孤成立守節已二十五年

潘錫圭妻張氏二十四歲夫亡無子以姪敦仁爲嗣卒年五十八

金山凌某妻夏氏監生漢修女年未笄歸凌咸齋子某金山人三十餘夫亡翁瞽家貧賣餅以養守節終身

朱某妻張氏生員橋女二十三歲夫亡遺一子尙幼孝事翁姑翁卒繼姑虐遇之氏曰予所以不死者爲此藐姑也乃挈子歸依母家貧甚紡績自給有姪亦早孤撫如己出年逾七旬精力不衰卒無攷重出

石某妻姚氏二十七歲夫亡獨處一樓一貧如洗後鄰火延燒四面俱焚樓獨無恙年七十七重出

李某氏二十餘歲夫亡子幼矢志撫孤傭工度日守節至五旬外舉人胡弈勳有傳重出

顧某妻林氏

王銘恩妻張氏三十歲夫亡孝事薑姑撫嗣子積洸成立現年四十五

儒童鄭升堂妻張氏二十二歲夫亡孝事翁姑孤在襁褓又殤乃撫嗣子曰鈞守節二十九年

直隸深州知州沈希祖妾劉氏二十八歲希祖亡矢志守節現年四十五

沈金鑑妻屠氏二十八歲夫亡茹苦含辛女紅自給現年四十三

儒童沈守僑妻周氏二十五歲夫亡越九月遺腹生子勤陛家貧力作女工上事孀姑下撫孤子艱苦自矢現年三十六守節已十三年

儒童徐裕增妻沈氏二十四歲婚甫八十日夫亡痛不欲生孀姑再三慰止之事姑盡孝撫夫

姪經鑑為嗣教之成立苦節堅貞現年四十二守節已十九年以上採訪

朱某妻張氏生員張僑女世居西文村年十九歸朱生一子夫卒年止二十三孝事翁姑翁卒繼姑有異志虐遇之氏曰予為此三尺孤故不身殉於是負子歸母家僦屋居焉紡績以食有姪早孤亦撫如已出

李陛升妻呂氏璜女年二十七歸李未期月夫卒姑鍾早歿事舅孝謹越二年舅歿貽男女撫如已出李氏之祀賴以不絕

石某妻姚氏年二十七夫死家貧矢志靡他鄰家失火逼石氏樓四面皆焚樓獨無恙卒年七十有七

以上當湖外志

農民李某妻夫早亡醫禱棺斂累積逋錢二十千鄰里勸改適出涕謝曰吾命苦離他氏未必如意徒壞名節耳遂矢志撫孤晝夜紡績或農隙傭工銖積寸累得百錢即償宿逋忍飢受凍不使索逋者履戶限孤長而跛娶婦復慵惰佃田三四畝耕獲皆氏經理劬苦終其身胡弈勳撰傳

包學山妻顧氏乍浦人年十九歸包七年學山歿時懷孕數月姑限以生男期年而嫁生女期月而嫁親黨復諷曰汝三姒皆寡去室汝何自苦為氏泣曰某欲死久矣所以隱忍者舅姑年老多病我死誰為養且藐孤在抱請以勸我者轉勸舅姑不可則以死徇於是舅姑大感氏苦節四十餘年卒年六十有八丁見堂文鈔

文童陶璋妻周氏二十六歲夫亡現年六十二

乍浦駐防八旗　旌表節婦

正藍旗兵鄂羅春妻佟佳氏

正藍旗兵妞妞妻李氏

正黃旗前鋒校蘇達妻劉氏

正黃旗兵佈爾幾海妻徐氏

正黃旗領催雙頂妻章京氏

正白旗領催福壽妻阿拉克褚氏

正白旗兵鄂拉爾計妻楊氏

正黃旗前鋒阿機布妻孟氏

正藍旗兵記孫妻劉氏

鑲藍旗領催朱爾泰妻沙爾圖氏

正白旗兵夫勒納妻陶氏

正白旗兵元保妻居氏

正白旗領催昂色妻畢氏

正黃旗兵媽拉玉妻覺爾禪氏

正黃旗兵進步妻壯佳氏

正黃旗兵查庫納妻趙佳氏

鑲白旗兵牙爾圖妻劉氏

蒙古鑲白旗兵阮罕泰妻文氏

鑲白旗兵五十妻楊氏

鑲白旗前鋒七壽妻馬氏
鑲黃旗兵伍官妻吳氏
正白旗兵阿布達哈妻趙嘉氏
正黃旗前鋒常周妻珠赫哩氏
正白旗兵麻色妻戴氏
正紅旗兵色棱妻杭氏
正紅旗前鋒巴查爾妻婉顏氏
正紅旗佐領拜思呼淏妻沈氏
正紅旗兵穆江妻何氏
鑲白旗兵滿丕妻趙氏

鑲白旗兵常泰妻宋氏
鑲白旗兵碩色妻佟佳氏
鑲白旗兵三達妻趙嘉氏
鑲白旗兵福保妻納克氏
正藍旗兵蘇赫納妻查庫儈氏
正藍旗兵逖泰妻舒舒覺羅氏
正藍旗兵竈壽妻納克氏
正藍旗兵剛福納妻儈儈拉氏
鑲藍旗前鋒常德妻戚尼氏
鑲黃旗兵伊道爾妻卜氏

鑲黃旗兵曼都妻白氏
鑲黃旗兵巴查爾妻楊氏
鑲黃旗前鋒常森保妻何嘉氏
正白旗兵黑色妻李氏
正白旗兵福壽妻鄭氏
正白旗兵官保妻石氏
正白旗兵墨棱泰妻余氏
鑲黃旗兵車星額妻巴雅喇氏
鑲黃旗兵伊成妻佟嘉氏
正白旗兵赫滋妻爪爾嘉氏

正白旗兵驍格妻納喇氏
正白旗前鋒四什妻劉氏
正紅旗兵蘇格妻趙嘉氏
正紅旗兵三格妻圖爾吞氏
鑲紅旗兵南昌妻佟嘉氏
鑲黃旗前鋒壽元妻餘軲爾氏
鑲紅旗驍騎校謨垂妻周氏
鑲藍旗前鋒西僩妻巴嚕特氏
左營鑲藍旗兵常明妻周氏
右營正白旗兵查布商阿妻爪勒嘉氏

左營鑲紅旗兵穆騰額妻納喇氏
右營鑲紅旗兵賡音圖妻李嘉氏
右營正紅旗兵佛算妻拜基氏
右營正紅旗兵色克通額妻汪吉氏
左營正紅旗兵呼松額妻額爾圖氏
右營鑲藍旗兵查勒杭阿妻納喇氏
左營正藍旗兵雍興妻拖囉氏
右營鑲紅旗前鋒泰保柱妻韓氏
右營正藍旗兵伊林佈妻納喇氏
左營正白旗前鋒經能妻烏納爾氏

左營鑲黃旗前鋒吉曨阿妻喜蘇氏
左營鑲白旗前鋒邁隆阿妻章音氏
右營鑲白旗兵勒額基音佈妻何氏
右營鑲紅旗前鋒嫣尙阿妻莽努特氏
左營鑲黃旗兵經純妻佈定氏
右營正白旗兵德克精額妻薩克達氏
右營正藍旗兵民保柱妻舒爾佈氏
左營正白旗前鋒色成圖妻西裕哩氏
右營正紅旗前鋒哲成額妻畢嚕氏
右營正紅旗兵福興妻赫什哩氏

左營正藍旗兵額勒精額妻卓嘉氏
左營鑲紅旗前鋒紱爾宏阿妻西裕哩氏
左營鑲紅旗兵綽勒洪阿妻巴克津氏
右營鑲藍旗兵五什六妻鈕呼哩氏
右營鑲白旗兵東福妻張氏
左營正黃旗兵候補筆帖式圖瓦恰納妻王氏
左營正黃旗前鋒遇掞妻伊爾根覺羅氏
右營鑲黃旗兵靈柱妻趙嘉氏
右營正黃旗兵順祿妻章依氏
左營正藍旗前鋒隆柱妻趙嘉氏

右營鑲白旗兵五格妻王嘉氏
左營正黃旗領催查項阿妻邵氏
左營鑲黃旗兵瑪哈柱妻裕庫爾氏
左營鑲黃旗兵六什九妻杜嘉氏
左營鑲白旗兵愛星佈妻英特伊氏
左營正黃旗兵經善妻陳依氏
右營正黃旗兵百順妻伊爾根覺羅氏
右營正紅旗兵華沙納妻甘鈕氏
右營鑲紅旗前鋒濟嚇圖妻佈勒克青氏
右營鑲紅旗兵志崗妻張嘉氏

右營鑲白旗兵遇祿妻納喇氏
左營鑲紅旗兵舒勒亨妻納喇氏
右營正白旗兵豐格妻敷察氏
右營正藍旗領催查勒杭阿妻墨赫特爾氏
左營正紅旗兵阜柱妻赫哲爾氏
左營鑲紅旗前鋒安慶妻赫舍哷氏
右營正白旗兵墨爾根妻巴嚕特氏
左營正藍旗兵固隆阿妻烏魯特氏
左營鑲紅旗甲兵伍勒滾佈妻王氏
左營正白旗甲兵墨爾格圖妻瓜勒嘉氏

右營鑲藍旗甲兵圖薩佈妻納喇氏
左營鑲白旗前鋒恒山妻赫舍哩氏
右營正白旗甲兵巴楊阿妻赫舍哩氏
右營正紅旗前鋒三音納妻楊依氏
左營鑲白旗甲兵四喜妻卓嘉氏
左營正黃旗甲兵存柱妻瓜勒嘉氏
左營鑲白旗甲兵經通妻香達禪氏
左營正白旗前鋒吉純妻伍扎拉氏
左營正白旗前鋒貴純妻車墨特氏
左營正紅旗前鋒增保妻趙嘉氏

右營鑲白旗前鋒巴林阿妻寇氏
右營正黃旗甲兵關柱妻塔塔爾氏
左營鑲藍旗甲兵蘇布東阿妻章京氏
右營鑲黃旗甲兵德成妻巴嚕特氏
左營正藍旗甲兵瑪克塔春妻祫基納喇氏
右營正白旗前鋒阜福妻楊氏
右營鑲白旗甲兵遇卿妻敷察氏
右營正紅旗甲兵清凝妻巴嚕特氏
左營鑲白旗甲兵佛星阿妻依爾根覺羅氏
左營鑲白旗甲兵泰昌妻赫什哷氏

右營鑲黃旗甲兵喜昌妻趙嘉氏
左營鑲白旗甲兵圖瓦墨杭阿妻卓嘉氏
左營正藍旗甲兵志昌妻赫哲哷氏
右營鑲黃旗甲兵志靈妻夔嘉氏
左營鑲藍旗甲兵志凝妻瓜勒嘉氏
右營正白旗前鋒鏘貴妻卓嘉氏
左營鑲紅旗甲兵額勒基音額妻赫什哩氏
左營正黃旗甲兵烏爾圖妻卓嘉氏
左營鑲白旗前鋒五十四妻塔塔喇氏
左營正紅旗甲兵慶祿妻納喇氏

左營鑲藍旗甲兵固里雅吞妻巴嚕特氏

右營鑲白旗領催貴福妻巴雅喇氏

右營鑲藍旗甲兵彩保妻鈕呼哩氏

左營鑲黃旗前鋒查蘭圖妻車墨特氏

左營正藍旗前鋒額哷春妻納喇氏

左營鑲藍旗甲兵蘇克墩佈妻商成氏

左營正黃旗甲兵明鏘妻杭阿坦氏

左營鑲紅旗甲兵義昌妻張氏

右營鑲黃旗甲兵貴靈妻巴嚕特氏

右營正紅旗甲兵喀嚨阿妻敷查氏

右營鑲藍旗甲兵穆精阿妻王依氏 以上于志

右營正黃旗前鋒恒柱妻陳依氏 二十五歲夫亡撫孤守節十八年卒後以子貴馳贈恭人

筆政圖幹恰納妻王依氏 二十歲夫亡無子遺翁在堂氏堅請繼娶以延嗣續從之果生一子甫七月而翁歿氏事繼姑奉養有加躬操作給衣食助姑撫孤成立因積勞成疾卒年五十四時夫幼弟觀成已舉於鄉乃以節孝請於朝坊表墓門 以上採訪

嘉興府志卷七十六

嘉興府志卷七十七　嘉興府知府善化許瑤光重輯

列女　節婦

石門縣

明

錢某氏 錢昇母二十歲夫亡養姑訓子詔旌表之朱逢吉有傳

周瑰妻朱氏 名玉蓮歸周娩七月夫亡時二十歲舅姑繼逝身舉三喪撫遺腹子成立與夫妹同矢志

費遜妻周氏 十九歲婚一月夫亡喪葬事畢歸與朱同居自名曰繼貞

譚宏妻沈氏 二十歲夫亡遺孤方晬有奴老而狡為繼姑陸氏謀去沈而併其產沈貶身曲事陸感悟棄奴而還孤產守節六十餘年邑令李廷梧作詩表之

衛蘭妻趙氏 名靜端二十七歲夫亡遺孤在襁褓或勸之嫁趙指井誓曰此井可改此心不可改守節四十五年邑令洪異躬表之

周經繼妻范氏 二十五歲夫亡翁與庶子相繼歿無子遺止一孫貧不能存輒欲自經念姑老孫幼而止姑歿喪葬後家益貧節益勵邑令洪異躬禮勞之年八十四

生員俞楫妻丁氏 父無子贅楫為婿楫病亡遺孤夢暘在襁褓中父黨有利其產者搆豪右脅之嫁丁自誓曰吾之不去丁氏者為父母在耳今父母已歿我夫又死胡戀於此耶遂負其子歸俞舅姑割伯仲產畀之丁固謝僅受屋數椽課子夢暘舉於鄉年七十餘

姜鍾妻屠氏 二十歲夫亡家貧甚織紝以育遺孤孤復殀夫族逼之嫁赴水救免晚節愈勵

沈懋學妻朱氏 夫亡家貧子幼或欲奪其志朱觸柱自絕鄰媪救免族姑周以升斗不受守節四十餘年

金梁妻陸氏（二十歲夫亡生一女甫月餘翁諷使他適陸泣曰生存一日金門婦也舍此安適翁爲感泣以苦節終身）

朱琨繼妻吳氏槵妻淩氏（吳歸朱甫期夫亡時三十歲遺腹子復殤撫前子槵成立娶淩氏未幾而槵亡淩年二十八日夫死不能報姑恩敢有他志乎乃勤織紝以盡孝養吳年八十淩年七十一尚書劉麟傳其事學使阮鶚表之）

監生徐棟妻葉氏（夫病葉晝夜號泣祈以身代夫亡二十七歲撫孤女年十六贅黃鈺婚甫八月鈺亡女亦矢志同母守節女旋卒煢煢五十餘年郡守趙瀛表之）

生員呂燮妻張氏（二十五歲夫亡姑旋歿遺幼叔甫二十七日舅命張育之張撫幼叔有恩張於夫所遺叢殘片紙不敢廢棄人稱其有家範云）

沈伯潛妻費氏（婚四月夫亡無子日坐卧一樓與一老婢織紝自給後樓廢止家圃傍一婢以行乞斃

於道未幾費亦卒）

陸蘭甫妻何氏（二十七歲夫亡以鐵束肱誓無二志歲饑枵腹孝養舅姑年七十五）

茅煥妻錢氏（二十三歲寡遺孤方六月撚蔴苧以食身衣蘆絮五十餘年以上二人邑令靳一派表之）

郁佩妻陳氏（十九歲寡遺子甫六月姑老不能食常以乳乳之貧甚艱苦備嘗年七十郡邑俱表其門）

陸嘉會妻朱氏（名範貞婚十八日夫亡號痛赴水陸諸毋救之謂曰舅老無他志若死誰養舅乎朱遵其言後舅舉子喟然曰我今可以死矣會有疾謝藥不服遺命以縞素殮與嘉會同穴時年甫三十）

沈大化妻張氏

生員祝聖世（石門鄉志作世聖）妻王氏（成化間舉人王九齡女夫早亡鞠孤以嵩延祝一綫家日窘紡績支吾四十餘年）

胡清妻徐氏（贅清爲壻九年而寡子幼勤苦織紝以撫之守節四十九年宏治初有司疏聞未下卒）

費敏妻勞氏（名守貞二十三歲夫亡舅姑俱歿貧甚矢志守節有司上其事未報年七十有九）

郭彥昭妻孫氏（永樂中彥昭以名醫薦入都孫與偕行二十七歲夫亡扶櫬歸葬舅姑憫其無子令改適孫斷髮自誓遂以從子繼之孝養舅姑撫姪如所出正統中詔旌其門閭）

生員郁維周妻馬氏（夫多病馬勤紡績供藥餌旋卒馬年二十五遺腹生子撫訓成立閱三十餘年邑令周應秋表之）

生員嚴璠妻姚氏（夫亡以死自誓孝養姑嫜撫遺腹子成立學使表之）

李世妻杜氏（夫亡事姑撫子志不少易年踰六十邑令喻沖表其門曰貞節）

周楠妻呂氏（十九歲夫亡孝事其舅學使阮表其閭）

周滂妻陸氏（十九歲夫亡囓指誓守以撫遺孤郡邑月給薪米邑令喻沖表其門年七十二）

沈世英妻張氏（夫亡守節七十載卒年百餘歲屢受邑令表獎）

沈恒德妻俞氏（名太貞二十二歲夫亡無子孝養其姑邑令湯沐洪異躬先後表之）

呂槵妾胡氏（爲呂侍兒釋鬟而笄呂卒胡年二十遺命嫁之胡泣曰主郎有命妾敢以存亡二心乎守節四十餘年嘉靖間邑令劉武宗表之）

胡蒉妻周氏（二十三歲夫亡無子舅姑父母俱歿兄憐其貧令改適周斷髮不從守節四十餘年）

張霨妻楊氏（夫亡矢守苦節三十六年）

錢琦妻沈氏（名武進夫偶夜行溺水死沈二十二歲奔至溺所將殉之姑援之得免孝養舅姑殯葬盡禮遺孤甫娶而亡復撫遺腹孫以延祀年七十七卒給事周宸傳其事）

王宸佐妻張氏（二十七歲夫亡姑老病或勸其嫁張輒欲自經家人覺而止之養姑撫子人無閒言）

生員范宸（浙江通志作光宸）妻朱氏（夫早亡無子撫從子爲嗣七歲而殤復撫從孫以奉夫祀素食縞衣事舅姑生死有禮年七十）

生員鍾若初繼妻姚氏十七歲婚方十月夫亡訓前子讀書成立年五十一

周鑾繼妻盧氏二十歲夫亡無子父勸其嫁周念姑病及前子在不從孝養其姑鞠育孤子年八十

生員胡岱妻顧氏婚兩月夫亡顧十九歲幾欲自盡傒瘁臨城哭守夫像誓死不去苦節四十年

生員祝允勳妻葉氏夫亡舅姑早歿家貧子立勤儉支吾撫孤翼鴻成立以苦節終

生員沈曰都妻鍾氏大化妻張氏鍾二十四歲夫亡無子女貧病不改其操撫嗣子甚慈年七十餘卒曰都從子大化妻張氏二十八歲寡與鍾同居事之如姑撫一歲孤成立人稱雙節

王錫妻陸氏十七歲婚半月夫亡欲殉之念姑老不果撫從子為嗣坐役破產食貧攻苦七十年

姚吉妻沈氏夫善病且貧沈拮据供藥餌二十五歲夫亡遺子舜宰幼弱遭旱潦與火災凍餒自甘遇病未嘗出手令醫者診其脈年六十

生員張國諭浙江通志吳志俱作瑜妻周氏二十四歲夫亡無子哀慟幾絕毀容截髮每不欲生勤織紡甘淡泊奉舅姑以孝撫從子萬象甚周悉苦節四十餘年邑令靳一派表其門曰柏操凌霜

沈喬妻莊氏二十一歲夫亡貧而無子繼從子為嗣堅志誓守躬事紡績奉翁姑維謹值歲饑有誣之更適者輒面唾之守節四十六年

生員趙艮周妻沈氏教授沈校女二十四歲夫亡姑又歿鬻婢以殯二子洪正洪典自襁褓中撫育迄於成立苦節歷三十年邑令靳一派以栢舟堅操額表之

龍巖縣知縣胡其久妾張氏其久卒於任張年十八歲擬以死殉其父母諭以改嫁張斷指截髮矢志堅守足跡不出戶庭者五十九年

生員胡獻忠妻呂氏二十六歲夫亡生子漢陽方三齡翁其久任福建龍巖令甫二載卒於官呂嶽涉數千里撫孤扶柩以歸訓子讀書為諸生敦族睦鄰俱無間言年八十三邑令及學博俱表之

經歷徐大經妻朱氏二十七歲夫亡撫孤士驄成立學博管表之曰柏舟皎節

譚濟妻吳氏夫性至孝叔病革獨侍湯藥憂勞成疾卒吳時十九歲悲慟幾絕念舅姑在堂不敢死殉撫甫晬孤雲以延宗祀荼苦六十餘年年八十一董其昌為之傳孫翼貢生曾孫覲成順治丁酉領鄉薦

平祿妻陸氏海妻蔡氏陸二十八歲夫亡撫孤子海成婚而歿陸與寡婦蔡茹荼矢志年八十二邑令王一凱以貞節可風表其門

生員范學詩妻周氏十九歲夫亡遺子道南甫六月矢志鞠孤延師課讀脩脯皆出十指道南以例授訓導長孫允昌明經諸孫俱有聲庠序年七十

邱秩繼妻姚氏二十九歲夫亡無子撫從子志杰為嗣課讀為諸生翁姑在堂承歡無間喪葬俱盡禮年七十卒邑令黃成象學博沈選俱表其門

沈敬妻施氏二十七歲夫亡家貧日夜紡績訓子允麟為諸生事翁姑以孝人無間言

范尚見妻樂氏二十歲育子半載而夫亡孝養翁姑撫訓遺孤入庠年八十一

沈棟妻徐氏二十九歲夫亡守志不渝奉養孀姑張甚孝郡守鄭宣以婦姑雙節表之

陸桂甫妻張氏夫亡子歿不飲酒茹葷年七十二

吳來朝妻倪氏夫早亡晝夜撫棺哭絕數四撫周晬孤成立蔬食終其身

國朝

范學醇妻陸氏二十四歲夫亡毀容截髮矢無二志勤機杼養舅姑及歿喪葬盡禮守節五十八年

黃中色妻楊氏十九歲夫亡遺腹生子榮有覬其家業欲謀害其孤者楊防護備至卒能撫孤成立守節四十一年以上康熙十一年旌

生員朱元凱妻費氏二十五歲夫亡止一女矢志不二事翁姑以孝鬮撫從子雯為嗣教之讀書舉進士守節四十二年

姚寅麟妻梁氏二十四夫亡子斌方六齡撫訓成立又歿撫孫琅長為安慶太守矢節五十六年

以上康熙七年旌

生員史廷驌妻湯氏二十七歲夫亡堅貞矢志事舅姑生養死喪無失禮方廷驌歿時長子正甫四齡次子標方六月湯殫心撫教卒能成立康熙四十五年旌

孫承睦妻楊氏夫亡撫從子為嗣翁姑老且病敬侍湯藥及歿哀毀骨立雍正六年旌

田方來妻印氏二十一歲夫亡前妻遺二子均幼印撫育成立守節四十三年雍正八年旌

鍾信瑞妻馬氏虞傳妻陳氏馬二十五歲夫亡無子繼從子虞傳為嗣及長娶婦陳氏未半載虞傳亦亡陳二十二歲孀姑弱媳一室煢煢相依以老馬守節三十五年陳守節三十八年

沈驊妻王氏二十七歲夫亡遺孤二長僅四齡次甫三月復遭回祿室廬盡毀艱苦茹荼守節六十二年以上雍正九年旌

趙學恕妻王氏二十二歲婚二載夫亡遺孤甫襁褓翁以家貧年少諭令改適王矢守不二事翁孝

教子嚴翁亡親負土以葬苦節三十七年雍正十年旌

生員胡尊經妻吳氏二十八歲夫亡上有兩世尊嫜下有二孤家貧苦吳力勤紡織佐薪水迨祖翁姑及姑歿喪葬之事靡不盡心經理事舅益孝謹教子家瑞家修俱為名諸生守節二十七年

田澍妻王氏二十三歲夫亡無子為請於舅姑擇應嗣者於襁褓中撫育承祧守節三十八年

葉金枝妻鄭氏二十八歲夫亡遺子二日勤女紅養舅姑及歿力營窀穸延師訓子俾克成立家業稍裕守節二十五年以上雍正十二年旌

沈昂妻吳氏昂家貧授徒於外吳竭力事舅姑姑歿鬻簪珥殯殮夫以哭毋過哀卒舅悲傷致疾又卒吳二十七歲疊遭三喪衣貸罄盡服闋攜孤至母家紡織自給子長始歸守節五十三年雍正十三年旌

錢謙妻申氏夫亡欲自刎戚黨驚救之遂截指以見志

陸經濟妻張氏夫亡姑哭子過悲張婉曲勸慰人稱其孝以上乾隆元年旌

陸濟川妻張氏二十七歲寡二子俱幼紡績養舅姑既歿喪葬盡禮教子成立及見曾孫年九十六

費繼元妻崔氏事孀姑撫三子苦節五十三年

王襄宸妻范氏婚甫五月夫病劇范侍湯藥晝夜不懈夫亡慟絕復蘇者再撫遺腹子奉姑周至

范道謙妻孫氏夫亡孝養舅姑撫孤成立

鍾文瞻妻費氏夫多病侍湯藥不懈夫亡哀慟絕食因念子幼甚不忍死撫育得以成立

沈啟明妻費氏夫亡家貧奉姑撫孤俱藉十指守節數十年

范方廣妻姚氏農家女夫亡撫育遺孤以苦節終

馬德玉妻吳氏夫亡撫一齡孤成立及娶婦而子卒吳與孀婦共撫嗣孫備嘗荼苦婦亦以賢孝稱

馬開宗妻姚氏婚半載夫亡歲歉竭力孝養孀姑自甘凍餒以上乾隆二年旌

武生姚本大妻沈氏夫亡哀號死而復蘇撫從子為嗣教養倍至子又早世沈撫孫以老乾隆

三年旌

貢生顧鈿妻吳氏夫亡舅姑年老孝養弗怠撫孤成立

顧潯妻周氏夫亡號泣欲殉戚族勸慰乃止孝奉祖姑營葬三世訓子嚴而有法

羅松妻費氏夫亡百日遺腹生子家素貧仰事俯育俱賴十指苦節終其身

吳允文妻祁氏夫亡絕粒求死以舅姑年老飲泣奉養撫夫從子為諸生以上乾隆四年旌

生員莊鏞妻聞氏夫亡孝事孀姑數十年不怠教子學濂成名

生員吳永槐妻倪氏夫亡姑邁子幼倪持門戶不辭勞瘁父母無子迎養於家以孝行著

范堅妻周氏夫亡盡典釵珥為喪葬資養舅姑撫弱子艱苦備嘗家業不墜

陳文曾妻王氏夫患痼疾王晝夜奉侍焚香籲天願以身代卒不起煢煢孑立撫從子為嗣短布寒機晝夜力作數十年如一日

馬璉妻沈氏夫亡子甫周晬事姑養葬俱盡禮家貧攜子依母家以詩書授之以上乾隆五年旌

閻學詩妻高氏夫亡撫從子成立娶婦舉四孫而子復歿高偕孀婦撫孫成立

馬漢欽妻沈氏夫病典釵珥供醫藥夫終不起孝奉舅姑撫孤不卹勞瘁

胡燮妻蕭氏二十六歲夫亡孝事其姑訓子灝讀書爲諸生以上乾隆六年旌

姚子齡妻夏氏婚九月夫亡遺腹子又殀姑已衰老夏積哀成疾嘔血不止不使姑知也

祝開周妻方氏夫亡繼從子爲後教養曲至

舉人胡廷對繼妻顧氏夫亡奉舅姑撫前氏三子二女自幼以迄嫁娶獨力支持戚族稱之

生員朱天倫妻倪氏十六歲夫亡孝敬舅姑撫從子爲嗣教養成立終身居一小樓人罕見之

監生沈廷桂妻陳一作蔡氏夫亡奉姑撫從子爲嗣布衣蔬食終其身

徐文明妻王氏夫亡家貧甚以紡織所入奉孀姑撫二子一女自食恒不飽

曹鑾妻姚氏夫亡事舅姑孝二姑相繼歿乃撫從子爲嗣以上乾隆七年旌

張秉衡妻費氏夫亡撫從子爲嗣守節三十年

陳耀如妻淩氏夫亡子在襁褓愛護彌至家極貧勤紡織以奉舅姑

錢武卿妻沈氏婚一載夫病篤泣云君如不諱妾當繼以死武卿伏枕云父母在堂惟爾是賴我死卿亦死是重我不孝矣及武卿歿奉舅姑撫孤子卒如所約以上乾隆八年旌

孫秀公妻王氏夫亡嗣子早殀復繼一孫鞠育成立

陳九臯妻金氏夫亡遺一子甫晬撫之成立姑年老事之甚孝既歿拮据營葬畢歎曰我事已了死亦瞑目矣旋一病而卒

周之正妻屈氏婚半載夫亡勤習女紅以奉舅姑

沈德威妻吳氏夫亡翁姑繼逝竭蹷營葬訓子極嚴有過輒箠撻之而已啜泣終日以上乾隆九年旌

沈溶妻范氏夫亡孝養舅姑紡績所入以營先兆撫孤成立乾隆十年旌

監生吳鶴齡妾錢氏生子彌月鶴齡歿嫡妻顧卧病十載錢爲侍奉寒暑無間撫孤成立

陸允嘉妻謝氏夫亡舅姑旋歿長子亦殀撫次子成立以上乾隆十一年旌

吳昆池妻郭氏夫亡遺腹生子撫之成立舅姑哀病竭力奉甘旨

朱兼三妻沈氏夫亡遺孤五齡撫育長成舅姑猶及見其娶婦也以上乾隆十二年旌

陳永儀妻沈氏夫亡撫從子爲嗣事舅姑甚謹父母年老迎養於家頗以孝聞

生員徐允升妻沈氏夫亡事舅姑孝訓子嚴父無後迎養終身以上乾隆十三年旌

吳玉賓妻朱氏夫亡孝養翁姑撫從子成立乾隆十五年旌

陳襄仲妻張氏夫亡矢志不二終身苦節乾隆十六年旌

張自誠妻吳氏夫亡欲以死殉不果截髮齧指足不出戶苦節終其身乾隆二十年旌

吳起麟妻鄭氏夫病力供醫藥及歿勤苦持家先業不替乾隆二十三年旌

王嗣賢妻陳氏夫亡截髮誓守始終不渝乾隆二十四年旌

唐世楷繼妻許氏二十八歲夫亡事翁孝撫孤慈守節五十餘年乾隆二十五年旌

張承三妻朱氏夫亡將以身殉聞遺孤哀啼索乳乃不忍死終養舅姑克盡婦道

曹諾金妻沈氏夫亡撫育嗣子鍼黹度日以上乾隆二十六年旌

蔡永熙妻勞氏夫亡矢志苦節蔬食終其身乾隆二十七年旌

徐學山妻沈氏夫亡奉舅姑極孝撫從子以延夫祀乾隆三十二年旌

朱維熊妻鄭氏十六歲歸朱未二載夫亡事舅姑極孝十指所入悉營殯葬乾隆三十五年旌

姚寶珍妻鄭氏十八歲歸姚甫四載夫亡撫孤成立

莊錦妻張氏夫早亡一慟幾絕家貧薪水不足紡績以自給以上乾隆三十六年旌

鄭兆榮妻朱氏夫亡事舅姑撫遺孤心力交瘁乾隆三十八年旌

蔡聖文妻陳氏夫亡無子家無遺產賴鍼黹以供舅姑甘旨姑病劇陳刲股以進及卒盡哀盡禮乾隆四十年旌

湯廷槐妻周氏夫亡舅姑衰老竭力孝養撫從子成立延夫祀乾隆四十一年旌

張國英妻周氏婚甫四載夫亡事翁生養死葬撫從子爲嗣

生員周名鑣妻陳氏夫好學積勞成疾陳調護多方衣不解帶者累月及歿念子幼飲泣矢志以撫之以上乾隆四十二年旌

沈良佐妻鍾氏二十四歲夫亡孝養舅姑撫嗣子成立

胡國榮妻沈氏夫亡舅年老朝夕不繼沈力作奉養并撫嗣人皆憫其困苦

吳廷獻妻沈氏夫亡勤女紅以營葬事撫孤成立以上乾隆四十七年旌

姚士魁妻張氏夫亡誓以身殉舅勸之曰殉死易立孤難兄我已老汝死將誰依耶張慨然以衛事俯育自任乾隆四十八年旌

姚建中妻李氏二十五歲夫亡孝養翁姑撫孤成立

陳嘉言妻范氏十七歲夫亡事翁姑甘旨無缺撫夫從子爲嗣以上乾隆四十九年旌

陳德固妻施氏十八歲夫亡孝養翁姑喪葬盡禮

徐廷傑妻沈氏十八歲夭亡奉姑勤勞立嗣撫育

陳夢熊妾沈氏二十七歲夢熊歿撫孤守節以上乾隆五十年旌

吳廷桂妻盛氏十五歲夫亡事姑撫孤克盡心力

王永增妻陳氏二十一歲婚半載夫亡奉事孀姑撫從子爲嗣

呂世萊妻封氏二十七歲夫亡孝事舅姑以上乾隆五十一年旌

汪世梁妻蔡氏二十三歲夫亡事舅姑撫幼子守節三十年

姚承昌妻王氏二十二歲夫亡事姑撫嗣孝慈兼盡

沈并梧妻史氏二十二歲夫亡事翁姑孝以上乾隆五十二年旌

金銓妻葉氏十七歲夫亡孝養舅姑守節五十三年

孫南侯妻沈氏二十歲夫亡遺孤又殤事舅姑歷經磨折卒爲立後以上乾隆五十三年旌

范承恕妻夏氏十七歲夫亡勤紡織以事舅姑撫幼孤成立

謝邦年妻沈氏二十歲夫亡哀慟屢絕撫子成立

姚世驊妻陳氏十九歲夫亡勤苦事舅姑尋遭凶喪哀慟逾節目遂瞽以上乾隆五十五年旌

蔡哲人繼妻葉氏十八歲婚一載夫亡事翁盡孝撫子成立

陳尃妻吳氏十九歲夫亡家貧奉姑甚孝撫育幼孤不辭勞瘁

陳琨妾張氏十九歲琨亡止生一女嫡室勸令改適張輒自盡以救乃免偕其女鍼黹度日以上乾隆五十八年旌

周瑞麟妻沈氏十七歲夫亡奉舅姑撫幼子勤女紅以給薪水乾隆五十九年旌

吳高棟妻張氏十九歲歸吳甫二載夫亡事舅姑盡孝撫夫從子爲嗣乾隆六十年旌

胡鳴球妻沈氏二十二歲夫亡毀容截髮守節以終嘉慶三年旌

張兆至妻談氏十七歲婚甫九月夫亡誓以身殉母諭止之事舅姑生養死葬盡禮撫夫從子爲後守節四十六年

蔡宏禮妻陳氏婚二載夫亡遺腹生子加意撫養翁姑病奉養甚謹及歿喪葬盡禮守節二十二年

沈秉良妻尤氏二十四歲夫亡勤鍼黹以事姑撫幼孤守節三十七年以上嘉慶四年旌

沈祀妻薛氏小字德裕生員薛英女德容兼備善女工年十六歸沈甫三載夫亡子女俱無即欲身殉兩姑勸止之勉守喪三年服闋遂病絶藥餌不食數日卒其訣詞曰無媿我夫子疚心兩老姑

沈全麟妻李氏二十四歲夫亡遺孤紹豫甫百日訓之爲諸生早世復撫兩孫成名年八十

沈培芳繼妻朱氏夫游太學卒於旅次朱年二十八撫子鑛釪釧成立釧尤能文

沈廷桂妻楊氏父無子贅廷桂爲壻早亡楊矢自守督課三子俱成立又能周卹戚黨年七十一卒直指表其門里人鍾朗撰墓銘

沈橘妻李氏二十歲夫亡飲泣四十年未嘗見齒辛勤紡織孝事舅姑邑令杜森表之

徐鑣妻孫氏二十三歲夫亡上孝翁姑下撫孤子家酷貧矢志不易學使姜橚表之

勞于銓妻徐氏婚五載夫亡孝慈勤儉訓子斯清舉於鄉年六十八

勞佐銘妻許氏十八歲婚三載夫亡撫二孤成立苦節四十年

陸秀公妻孫氏二十一歲夫亡遺一孤家貧甚日夜勤習女工課子甫成立又歿夫叔士渠憐而贍養之苦節四十年

勞祖勳妻曹氏十九歲夫亡守節五十餘年

郭升釆妻吳氏二十一歲夫亡遺孤復殤以舅姑在堂躬代子職未幾翁歿於京邸吳與孀姑扶柩歸葬禦外侮保繼嗣苦節五十餘年

朱仙培妻吳氏十八歲夫亡遺腹生子復歿時鄉多盜誓嘗懷刃達旦矢志貞操學使顔表之

生員沈國泓妻茅氏二十五歲夫亡堅苦自守撫兄子廷模爲夫後

吳汸妻費氏槐妻曹氏二十二歲夫亡遺娠生子槐竭志奉事舅姑槐爲諸生復早歿偕孀婦曹氏撫孫文暐入泮苦節五十餘年邑令李灼表其門

吳漢繼妻沈氏二十歲夫亡無子以從子樹爲後篝燈親課讀書成進士任常甯迎養卒於署守節七十年

吳濤妻王氏二十九歲夫亡撫育二孤長師栻登賢書早世遺一孫備嘗荼苦守節五十年

曹有基妻沈氏二十九歲夫亡事姑盡孝撫三齡遺孤諾金入泮後又歿與婦沈氏共勵苦節

武舉呂琦妻陸氏陸之濱女及笄適呂二十四歲夫亡養生送死靡不合禮學使表之

朱灝妻吳氏二十三歲夫亡堂上無次丁遺孤甫數月未幾又殤勸姑置媵得叔舅姑卽世叔復未婚而歿吳力營兩世窀穸撫嗣子苦守歷三十五年邑令韓麟趾表之

朱之陞妻曹氏二十三歲夫亡遺腹生子復歿舅姑相繼歿拮据殯殮家日落紡織自給饔飧時不能繼苦節三十年

沈銓妻施氏二十七歲夫亡生子淑甫三齡施守死無二教子治家悉依禮法守節五十餘年

謝永昌妻沈氏二十四歲夫亡事繼姑撫從子矢志守節三十四年

鍾起鵬妻朱氏十八歲婚未幾夫亡遺孤甚幼撫之成立邑令陳邦奇表其閭

顧函三妻黃氏十九歲歸顧克修婦道五載夫病瘵黃籲天求代刲股以療卒不起哀痛成疾請於舅姑立從子濤爲後勵志矢節同里勞之辨顧鐔序其事

姚鍔妻范氏夫早亡撫孤成立年八十餘

生員吳雲龍妻金氏廷堅妻張氏金三十歲夫亡苦節四十年撫子廷堅成立又歿金與婦張氏冰蘗其守人稱一門雙節

沈思忠妻陳氏十九歲適沈未週夫亡遺腹五月生子文煥勤紡績孝舅姑守節六十四年邑令高士選詳請大吏給匾表之

生員胡秉忠妻鍾氏二十八歲夫亡翁其敘爲江西新喻簿聞子喪告歸鍾事翁以孝著訓三孤漢儒漢良漢英以義方脫簪珥供膳讀三子俱爲諸生邑令龔立本學博陳祖法俱給額表之年八十五

胡獻忠妻呂氏秉忠弟也夫早亡苦志訓子稱一門雙節

姚榮祖妻王氏二十歲歸榮祖不四載夫亡時遺娠數月卽晨炊寒縷恒不能給宗黨罕見其面者四十年邑令杜森表之曰石蒨冰心

邵啟棠妻徐氏二十歲夫亡煢煢孤苦織紝膳姑姑歿鬻產以營喪葬苦節五十餘年

胡鳴陽妻田氏二十一歲夫患病田奉湯藥不稍怠臨終擬以身殉翁姑慰止之苦志砥節以夫弟漢玉次子志珠爲嗣上奉翁姑下育幼子訓志珠爲諸生艱苦備嘗不墜先業年五十二

陳文龍妻俞氏二十九歲夫亡事姑李盡孝撫子成立年七十二卒邑令龔立本以介節遐齡表之學道劉禮科林咸表其閭

張世祿妻孫氏二十八歲夫亡遺二孤鞠育成立事姑甚孝里人誦之年八十二

閻昌言妻沈氏昌允妻魏氏二氏妯娌也沈二十四歲寡魏二十二歲寡事舅姑皆能

盡孝教子咸以義方魏生子僅百日而育使成立其荼苦更甚焉沈年六十二卒魏年六十七卒學使張給匾表之曰雙節維風

生員俞振麟妻談氏夫患病脫簪珥供藥石祈以身代夫亡時二十七歲舅姑早逝家甚貧勤紡績甘粗糲孝養庶姑蔡氏四十餘年不怠訓三齡孤應龍讀書成諸生苦節五十餘年談之祖姑丁氏先以節著載郡邑志人並稱之

生員吳爾壯妻沈氏沈戢穀女二十歲夫亡夫殮時沈躍入棺中諸姑伯姊哀號慰解曰有姑及二女在將若何談乃不殉死於是手口拮据以贍姑育女以及喪葬諸事靡不循禮家日落勤苦三十年如一日邑令杜森表之曰冰玉垂芳

沈起龍妻衞氏二十二歲寡矢志不二安貧織紝以事舅姑撫孤孝慈兼盡郡守邑令俱給額表之

范期龍妻許氏二十九歲夫亡荼苦自甘課子入泮苦節三十五年司諭陳祖法表之曰蘭心玉骨

生員勞儆昭繼妻虞氏二十七歲夫亡遺子大輿以定大輿前妻吳出撫之過於所生旋登賢書以定有聲庠序早世虞復撫其遺孤家中落舅姑在堂敬養靡倦生平不佞佛閧貧困宗黨奉爲女師焉

何繼源妻李氏二十四歲夫病革時囑曰我不幸汝爲善養我母無失婦道言而逝李哀毀幾殞拮据織紝奉養老姑訓子永義成立

沈神鑒妻游氏二十八歲夫亡事舅姑孝教二子英發皆成立邑令徐旌其閭

沈思孝妻張氏事姑以孝聞無出勸夫置妾生一子方襁褓夫病卒時家惟二簉歲歉家貧辛苦備嘗守節三十餘年邑令謝旌其門曰苦節可師

進士吳爾壎妻徐氏進士徐在中女二十六歲夫歿於維揚徐聞訃卽欲赴水從者力救得免乃截髮屏處事翁姑盡孝遺孤震衢震方尙在襁褓訓育成名震衢明經震方丙辰進士

生員吳爾麗妻翁氏進士翁鴻業女夫病翁刲股進藥二十四歲夫亡無子痛絕欲自盡以舅

姑老不忍撫從子震方爲嗣苦節終其身

胡爾明繼妻劉氏二十四歲夫亡毀容截髮辟纑紡芑以奉病舅撫孱叔備極艱苦舅歿喪葬以禮苦節四十九年

布政使勞永嘉妾許氏淑愼端凝舉止不苟孕一女而永嘉歿許年僅二十去簪毀容足跡不出戶諸嫡子及宗族咸敬禮之年五十七

平海妻陸氏二十五歲夫亡撫子士元成立家甚貧備嘗艱苦守節五十餘年臬司金維藩表之曰冰操風世與姑陸氏稱雙節

黃國俊妻張氏二十六歲夫亡張數求死姑泣止之因勉起持門戶足不踰閾勤紡織以供甘旨以餘貲命子治生守節四十九年

布政使顧元鏡妾楊氏嫡先卒楊操家政深有力焉元鏡於行賑饑讞獄禦寇等事全活甚

衆楊隨往任所爲之協佐得遂其善元鏡宦粤卒楊二十七攜幼子鴻雯奔喪扶櫬閩關七千餘里乃克歸葬訓鴻雯爲諸生守節三十餘年

魏國榮妻周氏二十五歲夫亡遺孤甫三齡家貧乏舅姑年老周以十指孝養苦節益貞年踰七十邑令張鎰表其門曰操逾冰霜

生員吳錞妾徐氏錞因嫡患病納徐爲側室甫四載錞歿錞之祖母胡庶母高在堂未幾嫡又歿所生二女撫如己出奉事胡與高喪葬合禮遺腹生子履中在繈褓多病有覬覦者徐堅矢靡他釁隙潛消終能課子成立不失先業主事季芷大以瑤池冰雪四字表之年五十七銜

李炳妻陳氏二十歲夫亡飲泣撫孤年逾九十邑令杜森學博管鳳來以節壽表之至九十五無疾終

沈大源妻朱氏十八歲生子甫一旬夫亡家貧以十指膳養翁姑及歿喪葬如禮年將八十猶紡織以率下里人咸敬之

章城妻顧氏二十一歲夫亡翦髮矢志孤苦自勵撫訓二子年逾七十閫範愈肅

魏廷妻談氏二十七歲夫亡哀痛而絕翁姑痛泣解免遇孝養且教其子爲諸生邑令杜森以冰玉同清額表之

生員徐允升妻沈氏二十七歲夫亡勤紡織以孝事舅姑撫訓孤子陵讀書爲諸生家業不替

姚鍔妻范氏二十歲夫亡舅姑年老遺孤琦甫三齡范晝夜紡織以膳養二老居喪盡哀拮据窀穸教子有法琦克遵母訓得爲諸生

監生沈培芳繼妻朱氏培芳才高學博游太學卒於旅次朱二十八歲遺子鋼甫在襁褓朱善於課子鋼亦以能文名

沈天錫妻范氏二十五歲夫亡無子族中又無應繼者乃撫族子以爲後辛勤敎誨不墮家業

生員吳學洙妻邱氏二十一歲夫亡事翁姑生養死葬盡禮撫從子以承祧年屆六十隣無識面以苦節終身

姚之臣妻唐氏二十六歲夫亡家赤貧無戚族可依撫五齡孤成立守節五十餘年

沈調元妻陳氏二十九歲夫亡家甚貧遺孤甫五齡紡織以養姑黃氏甘旨無缺其母沈氏無子迎養以終訓子成立年七十

生員吳湘妻俞氏司訓俞毓德女也二十五歲夫亡無子止一女矢志堅貞紡績不輟與夫弟同炊不析產從子甚幼視如己子倚以終身苦節四十餘年女適諸生葉臨

衛武妻張氏臨江府同知汝正孫女二十歲適衛二十九歲夫亡家貧勤織紝以撫二子次子效荆以高年善行賓於庠孫琪肄業太學張年六十九卒

生員宋灝妻茅氏舉人茅楷徵女十八歲適宋事繼姑以孝甫四載夫亡無子舅姑歿喪葬盡禮生平坐臥一小樓雖至戚罕覯其面族黨餽遺一無所受日勤紡績以自給五十年如一日夫族弟賡大上其節於官邑令鄺給額曰綦巾完璧邑人金潔爲之記

生員胡煋妻沈氏婚未及朞夫亡時十八歲哀慟欲殉翁姑苦勸乃止翁姑既歿家業蕭然依姪沈汝彙敬事之苦節四十餘年

孫登明妻葉氏生員葉德昌女十六歲歸孫夫已病劇侍湯藥者彌月夫遽歿葉哀毀屢絕姑姊曲爲解勸之葉善事舅姑撫從子爲夫後嫠居五十餘年未嘗著色衣施膏沐遇娣姒歲時歡笑未嘗露齒鄉黨稱爲純節年七十卒學使汪以完節全歸額表其門

陸允中妻高氏夫亡事姑以孝撫從子堂爲後讀書爲諸生未幾堂又歿姑婦守節撫孫及曾孫成立守節六十一年

生員陸堂繼妻陳氏二十三歲歸陸僅四載夫亡本生舅姑已逝事繼姑高盡孝撫前妻子成立爲兩支延宗祀守節三十九年

監生蔡以觀妻姚氏二十七歲夫亡事姑孝撫一子一女勤苦紡績守節三十一年

藍士麟妻陸氏夫病百計療治罔效二十九歲夫亡姑老子幼教養兼至喪葬盡禮守節三十五年

生員錢志恒妻許氏夫臥病兩年日夜侍奉衣不解帶夫亡事姑孝撫子慈仍以次子為夫弟後守節四十年

生員胡尊厚妻吳氏二十三歲夫亡家貧力紡織以養舅撫稚子克成家業守節五十四年

朱廣裕妻王氏二十九歲夫亡撫嗣子長娶婦生孫而子婦俱歿又撫其孫成立守節五十八年

田建葵妻沈氏十八歲歸田四載夫亡事舅姑盡孝養拮据殯葬苦節二十八年

生員沈載勳妻郭氏二十四歲歸沈四載夫亡訓課孤子紡織度日苦節四十四年

姜世燾妻范氏二十四歲婚四載夫亡事舅生養死葬拮据支辦督課嗣子為諸生守節三十四年

馬廷佐妻胡氏生員胡景星女二十五歲夫亡勤鍼黹養舅姑撫二孤成立苦節五十五年

監生譚學藝妻胡氏二十九歲寡紡織自給痛舅姑早歿祭祀必誠嗜讀書撫子有洄為諸生

陸師庭妻曹氏二十八歲夫亡子歿家貧以十指奉姑撫嗣子成立及見二孫游庠守節五十六年

譚雲瞻妻朱氏二十八歲夫亡舅又歿家極貧拮据喪葬晝夜紡織督課嗣子讀書守節四十四年

呂策先妻勞氏二十三歲寡撫嗣子長娶後夫婦又歿紡織奉舅姑生養死葬盡禮守節五十一年

郭大徽繼妻沈氏婚三載夫亡時二十七歲孝養其姑撫孤成立經營喪葬守節六十三年

吳士承妻沈氏農家女幼歸吳年未三十夫亡勤紡織訓二子力農年九十五猶操作不衰

舉人曹纘曾妻呂氏二十九歲夫亡事翁撫孤力營喪葬

田翰臣妻曹氏二十一歲歸田夫亡與孀姑同操作勤苦矢志守節

田鎮山妻姚氏十八歲夫亡撫孤成立守節六十二年

田省三妻周氏文煥妻某氏周二十歲夫亡撫子文煥娶後又歿姑婦相依共矢苦節

莊咸升妻姚氏婚兩月夫亡時二十四歲撫育嗣子女紅度日苦節五十七年

姚汝奇妻倪氏玉溪鎮人二十七歲夫亡撫孤讀書守節五十餘年

州同知沈紹仁妻朱氏妾陳氏訓導朱濂女二十七歲夫亡事舅姑孝撫孤子成立妾陳氏紹仁歿時甫十八歲事朱甚謹朱守節五十三年陳守節五十八年

沈文正妻王氏二十一歲婚半載夫亡紡績度日撫夫弟成立以其子承夫祀苦節七十三年

生員沈斗瞻妻姜氏二十七歲婚半月夫亡慟絕者再強起視含殮既畢躬自織紝以撫嗣子守節五十九年

吳蘭容妻倪氏二十九歲夫亡撫孤成立守節二十五年

姚尚文妻嚴氏玉溪鎮人十八歲歸姚二十六歲夫亡子方六齡貧無立錐就居伯氏一小樓忍死守志日買米十錢呼兒采薪以炊夜則勤女紅至三更尚不自休嘗冬夜操作寒不能耐乞敝絮以裹胸背及

兩肩如是者五十餘年

高簡臣妻陸氏玉溪鎮人二十七歲夫亡家極貧紡績自給苦節六十年

譚王氏十四歲婚一載夫亡舅老幼叔又歿請立嗣以延宗祀女紅所入營辦殯葬年六十一

錢謙甫妻申氏二十歲婚四載夫亡子方周晬申抱子以首觸棺幾死長者勸止之申日吾身即不死吾志不明遂截一指納諸棺性耐勞日事紡績以課孤子年八十三

朱行周妻羅氏婚三載夫亡時二十四歲遺一子家日貧事姑撫孤紡織以給守節三十一年

朱越千妻徐氏十六歲歸朱夫病盡典衣飾供醫藥年二十五夫亡族人逼其改適徐擕二子歸母家紡績自給且殯葬翁姑教二子成立守節三十九年

鄭宏嗣妻董氏十七歲婚十七日夫亡力營喪葬苦節三十九年

徐國士繼妻吳氏二十七歲婚四十日夫亡撫從子學詩為嗣守節三十年

徐國本繼妻沈氏十九歲歸徐二十二歲夫亡生子學詩爲夫兄國士後沈與姒吳氏共撫成立苦節二十五年

錢永昌妻陳氏三十歲夫亡子在襁褓貧難存活陳撫育辛勤以成立守節五十餘年

李起山妻吳氏三十歲夫亡服滷求死踰日復甦守節終身

夏公成妻陳氏三十歲夫亡苦節四十一年

生員倪永枋妻胡氏二十七歲夫亡獨居飲泣雙目俱盲守節五十三年

葉與三妻周氏二十八歲夫亡遺孤甚幼家極貧朝夕不給苦節四十年

生員錢鋐妻周氏二十六歲夫咯血亡子甫周晬遭歲歉家貧周以蠶桑紡織支持衣食守節三十七年

費成霦妻金氏十九歲歸費二十四歲夫亡撫從子邦組後邦組刻苦力學得爲諸生未幾病歿金

感傷成疾卒守節三十七年

蔡道立妻方氏二十歲歸蔡踰月夫亡毀容矢志撫夫從子爲後教養兼至

顧恂妾陳氏恂幕游徐州納之侍疾浹旬恂卒時陳十八歲父母欲奪其志陳以死拒卒扶柩回里饘粥無怨言

吳寶甯妻沈氏二十七歲夫亡子將冠而殀銜悲成疾卒守節二十七年

程繼章妻董氏十九歲婚四載夫亡撫夫從子爲嗣守節四十九年

蔣聖舒妻陸氏二十三歲夫亡翁姑已逝撫二子成立守節四十八年

沈子乾妻羅氏十八歲歸沈二十四歲夫亡撫育嗣子紡績以佐饔飧守節四十一年

許自衡妻唐氏慈溪舉人唐之祥女二十二歲婚九月夫亡勤紡織以殯舅姑撫嗣子守節五十年

贈朝議大夫胡依永妻鍾氏二十八歲夫亡孝養舅姑撫訓嗣子成立年四十三卒

陸義方妾駱氏玉溪鎮農家女二十九歲義方亡止一女晝夜紡績不輟矢志不易守節三十一年

車鳴球妻沈氏二十八歲夫亡無子截髮矢志紡織自給

沈士璉妻朱氏二十四歲夫亡撫幼叔成立爲之婚娶以其子爲嗣守節四十年

沈成璟繼妻范氏二十四歲歸沈踰年夫亡復遭舅喪殫心殯葬撫遺腹子奉姑以老

金在公妻曹氏十八歲婚二十五歲夫亡事舅姑以孝撫嗣子教養成立

曹子嘉妻陳氏媳某氏十九歲婚四載夫亡嗣子既娶生孫而殀與婦共矢苦節年八十餘

沈維翰妻金氏二十五歲夫亡孝事舅姑撫四齡孤成立守節五十年

沈心臧繼妻程氏掄書繼妻姚氏二十五歲夫亡嗣子掄書又早逝其繼妻姚氏時二十八歲撫前妻子成立程年六十四卒姚年七十卒

陸汝楫妻陳氏夫亡遺二子三女紡績爲生經營婚嫁絲毫不以累人年九十六卒

宋巨山妻費氏二十八歲夫亡事姑盡孝

查大文妻胡氏十六歲婚二十九夫亡事姑訓子年至八十卒

楊師傳繼妻吳氏十八歲婚二十四歲夫亡縞衣茹素守節三十年

生員楊光大妻沈氏二十七歲夫亡遺孤三齡事舅姑盡禮訓子爲諸生

徐邦懷妻陳氏二十六歲夫亡孝養舅姑喪葬盡禮撫嗣子成立守節六十八年

監生孫國隆妻周氏二十九歲夫亡勤苦持家事孀姑訓子二女撫夫從子二人如己出爲之授室年八十六卒

朱永和妻章氏二十歲婚四載而寡旋遭舅姑喪撫襁褓兩幼叔婚娶以其子爲嗣守節三十三年

徐熙妻費氏十九歲夫亡無子獨居一樓勤紡績以事舅姑守節三十七年

徐麟兮妻程氏十八歲歸徐二十五夫亡課嗣子讀書成名苦節二十六年

蔡以恒妻胡氏二十四歲夫亡遺孤宗濂在襁褓女淑貞遺腹所生宗濂既娶生一子而夫婦俱歿胡復撫孤孫成立苦節三十年

宋禹範妻曹氏二十三歲寡翁老家貧紡織以養撫五齡幼叔成立即以其子爲嗣守節四十八年

沈敏求妻吳氏十九歲歸沈一載夫亡訓嗣子讀書爲諸生事舅姑以孝苦節三十一年

監生徐大有妾沈氏十八歲婚二十七歲大有亡遺孤八齡盡心撫養苦節三十五年

袁東亭妻劉氏二十六歲夫亡無子女欲自盡念翁姑老乃力織以孝養姑歿嘔血成疾卒

生員鄭丕基妻許氏許安女二十八歲夫亡吞金不死許立夫從子爲後苦節五十年

葉本義妻方氏二十九歲夫亡家貧以十指給薪水夫弟有子撫之爲後守節三十餘年

高立三妻費氏二十六歲夫亡以首觸棺求死姑以有遺腹勸之日汝不思撫孤事大耶後舉一子教之成立守節六十六年

楊聖臣妻羅氏二十九歲夫亡無子遺一女亦殤守節六十一年

生員譚之照妻曹氏二十一歲夫亡素服長齋不下樓者十餘年

生員徐自濬妻馬氏中書馬俊頁之姊二十七歲夫亡姑已逾七旬子女皆在襁褓中子殤以外孫爲孫守節二十八年

章憲文妻閻氏二十二歲夫亡孝養舅姑撫遺腹子成立紡績自給備受飢寒

田文標妻沈氏二十四歲夫亡遺腹生子撫之成立守節四十六年

李惠時妻吳氏十九歲夫亡一慟幾絕水漿不入口姊姒守之得不死事姑盡孝爲父母營葬立夫從子爲嗣年八十二

孫鴻度妻范氏二十六歲夫亡無子脫簪珥爲舅姑營葬年八十七

葉用琳妻高氏二十二歲歸葉四載夫亡絕粒數日念舅姑老且有遺娠忍死以養教之晚年子歿復撫孫成立年七十五

生員朱光世繼妻王氏汝舟妻某氏王二十四歲婚二十九夫亡撫前妻子汝舟成立汝舟又歿婦年二十一歲事姑撫孤人稱一門雙節

朱恒芳妻錢氏二十一歲夫亡遺孤一齡撫之成立事舅姑以孝守節十七年

鍾育祥妻王氏十九歲婚甫四月夫亡孝養舅姑及姑歿以悲慟成疾卒

金鏞妻莫氏幼聰慧讀書明大義母病割股二寸以進果愈夫早亡子又歿莫事姑極孝年六十四

生員勞治繼妻許氏舉人許紹乾女二十九歲夫亡紡績課子爲諸生守節二十餘年

朱孝標妻張氏二十六歲夫亡以從子爲嗣復早歿又撫孫成立守節三十一年

楊昌年妻曹氏運乾妻沈氏維熊繼妻陸氏曹二十九歲夫亡上事舅姑撫七齡孤運乾成立娶婦沈氏而運乾又歿繼子維熊娶朱氏繼娶陸氏未幾維熊又歿以外孫顧承祀三世孀居曹守節五十三年沈守節三十三年陸旌時已守十餘年

楊履勝妻許氏二十六歲夫亡無子依姒姪婦沈以居守節二十餘年

楊士豪妻包氏夫早亡無子戚族逼之嫁氏堅執不從有強暴奪之包鳴於鄰里其人服罪于是無敢窺其面者

方軼羣妻蔡氏蔡起庸女二十七歲適方二十九夫亡孝養舅姑喪葬盡禮家極貧乃依母以居母病劇蔡刲左股以療之父病又刲右股以進父母俱愈苦節四十三年

黄子孳妻沈氏二十三歲適黄未期年夫亡哀慟屢絕翁姑病典衣以供藥餌及歿喪葬盡禮守節三十餘年

唐民表妻范氏二十八歲夫亡家貧甚或勸之嫁擬以死殉戚族勸止教子成立守節三十二年

高廷槐妻顧氏二十歲婚二十四夫亡翁姑俱歿子立無依撫從子爲嗣守節二十八年

生員曹誦芬妻沈氏夫遠館於外沈女紅自活及夫抱病歸氏禱天請代夫亡隕絕復蘇撫二孤成立守節幾三十年

陸蓮忠妻劉氏十八歲歸陸三載夫亡生子又殀善事翁姑撫夫從子爲嗣守節三十餘年

史積忠妻陸氏二十二歲寡家極貧姑歿竭力喪葬舅老必奉以甘旨撫夫從子爲嗣苦節三十年

生員錢繼臨妻楊氏二十一歲適錢二十四夫亡嗣子早世撫二孫成立守節四十七年

王國賢妻潘氏媳顏氏潘二十八歲夫亡孝事舅姑立嗣撫養既長娶婦顏氏而子卒潘復與孀婦撫孫成立守節五十年

沈學芹妻夏氏二十八歲夫亡毀容矢志養姑葬舅敎三子成立苦節三十餘年

顧廷玉妻傅氏二十五歲夫亡事翁姑撫嗣子苦節四十餘年

張臯年妻顧氏十八歲婚踰年夫亡毀容誓守撫訓嗣子成立守節三十餘年

譚玉如妻朱氏二十五歲夫亡家貧紡織爲活撫子三齡及長成婚子殀又撫孫成立守節五十年

張允恭妻沈氏夫亡守節五十年年八十一

顏世仁妻馬氏二十五歲夫亡誓不再適以養翁姑撫夫從子美思爲嗣守節三十三年

莊汝洛妻王氏二十九歲夫亡撫子成立守節五十餘年

譚文來妻李氏二十九歲夫亡孝養其姑以從孫爲嗣旌年八十餘

錢耀乾妻蔣氏十八歲適錢二十三夫亡子甫二齡事翁姑盡孝訓子成立守節六十餘年

周汝爲妻朱氏二十五歲夫亡孝事舅姑撫幼子成立守節五十餘年

莊士英妻俞氏二十九歲夫亡績麻自養守節五十餘年

楊修傳妻蔡氏二十三歲歸楊二十七夫亡事舅姑克盡孝養喪葬亦盡禮撫夫從子守節五十年

張履安妻胡氏二十九歲夫亡守節旌年六十六

趙崧生繼妻張氏二十五歲適趙二十九夫亡事姑至孝撫嗣子有成守節四十餘年

田東臯妾鍾氏十七歲歸田二十八而寡無子與其嫡誓死不二其操作不言勞苦嫡亡竭力營葬

蔣繼麟妻徐氏二十九歲夫亡紡績養姑撫孤以長苦節四十餘年

徐倬雲妻嚴氏二十歲于歸二十四夫亡事舅姑孝撫從子爲後年踰七十苦節彌篤

武生胡廷鑣妻吳氏二十八歲夫亡事舅姑以孝撫三齡孤貧無燈火常於月下紡績風霜勞苦年踰七十猶不自逸

生員周樹庭妻鍾氏二十七歲夫亡事舅姑克孝撫夫從子爲後旌時已守四十年

宋世相妻黃氏三十歲夫亡撫兩子成立旌時已守四十年

監生吳九成妻孫氏十八歲婚二十九夫亡子幼甚事舅姑盡孝旌時已守四十年

陳瑚璉妻孫氏汝可妻胡氏在金妻沈氏孫十七歲歸陳二十五歲夫亡孝養舅姑撫二子汝可在金成立汝可娶胡氏二年而殀時胡十八歲撫夫從子爲後在金娶沈氏甫一載亦病歿沈年二十與姒胡奉姑矢志里人稱一門三節

范開宗妻顧氏二十九歲夫亡上有兩世老翁下遺兩姑仰事俯育賴十指以給

宋炳黃妻陳氏二十八歲夫亡事孀姑撫子女慈孝兩盡守節三十餘年

陳載岐繼妻范氏二十九歲夫亡事老翁盡孝撫前氏子逾於己出守節三十餘年

馬元良妻魏氏二十一歲歸馬二載夫亡撫遺腹子成立事舅姑得其歡心苦節四十餘年

甯化典史沈瑞凝妻周氏周向濤女瑞凝任福建甯化典史向濤送女往閩成婚甫一載瑞凝卒於官周時二十九歲扶柩回里舅姑相繼歿喪葬盡禮守節三十餘年

沈成賢妻楊氏幼養於沈二十四歲夫亡撫子女養姑葬舅皆藉女紅所入守節四十年

田雲龍繼妻徐氏二十七歲婚兩載夫亡撫夫從子爲後家貧矢志守節三十餘年

陸東山妻湯氏二十二歲夫亡奉舅姑以孝聞撫夫從子爲後守節四十三年
沈國祥妻潘氏十七歲歸沈二十八夫亡事舅姑以孝聞撫一子成立守節三十五年
吳誠中妾俞氏爲誠中家婢適主母歿納以爲妾二十九歲誠中病歿生二子二女及嫡所生二子俱鞠育成立經營婚嫁旌時已守三十餘年
生員鄭師錫妻吳氏三十歲夫歿於山左幕館訃至吳絕粒數日旋服毒俱以救免敬養其姑兼營喪葬守節三十餘年
監生蔡維賢妻吳氏二十一歲婿二十五夫亡生二女初蔡氏昆弟齟齬吳處姒娣間以樸誠相感同室無間言守節三十餘年
馬廷佐妻許氏二十歲歸馬甫一載夫亡生子僅數旬撫養成立孝養舅姑旌時已守四十餘年
錢大宗妻沈氏二十四歲夫亡一無可倚鄰里強之嫁沈赴水以救免乞食度日苦節三十餘年

生員費鯨妻施氏二十九歲夫亡奉翁及繼姑盡孝撫夫從子慈嚴兼盡苦節三十年
周禹傳妻沈氏二十五歲夫亡二子亦歿夫兄弟三人惟一從子伯叔俱負販遠出以鍼黹佐薪水訓從子甚嚴從子病焚香籲天謂周氏三支惟此一綫願以未亡人代聞者悲之守節三十餘年
吳榮光妻徐氏鎬妻徐氏二十四歲夫亡撫遺腹子鎬爲諸生又歿其婦徐氏奉姑矢志人稱雙節
范楚雲妻王氏二十四歲夫亡遺孤僅三月撫之成立事舅以孝守節三十餘年
生員吳經妻徐氏二十八歲夫亡止遺二女家貧無寸土徐日勤紡績五更初即起操作至三更猶未止勞瘁終身葬舅姑辦婚嫁皆取給於此守節三十餘年
田開宗妻程氏婚七年夫亡養姑撫子守節三十年
陳士玉妻沈氏二十二歲夫亡子方彌月紡績以食雙目成瞽其子傭工養之苦節三十餘年

張正方妻沈氏二十七歲夫亡撫孤成立守節三十餘年
周椿妻范氏二十歲歸周二十六夫亡孝事舅姑撫五齡孤成立守節三十餘年
鄭廷琛妻楊氏十九歲適鄭二十五夫亡教養遺孤持家勤儉苦節三十年
沈近玉妻馬氏二十一歲夫亡奉姑盡孝紡績不輟守節三十餘年
葉兆鼎繼妻范氏二十四歲夫亡止一女撫夫從子爲後守節三十年
黃瑞清妻費氏二十二歲婚三載夫亡子又殤奉姑孝養撫夫從子爲後苦節三十年
生員朱華妻程氏二十九歲夫亡事舅姑孝敬鬻簪珥以營窀穸撫夫從子爲後守節二十餘年
范价藩妻錢氏婚三載夫亡時二十三歲遺孤三月撫育成立紡績以奉舅姑旌時已守三十年
徐方成妻許氏二十一歲婚方五月夫亡訓嗣子成立鍼黹所入營舅姑喪葬苦節旌時已守三十年

孫元章妻陳氏十九歲夫亡撫夫從子爲後奉孀姑沈同矢苦志三十年人稱雙節
監生馬文煥妻沈氏二十四歲夫亡事翁姑盡孝守節三十餘年并以銀全方氏節
徐方氏少寡族人欲奪其志方不從賴文煥妻沈氏以白銀十兩賂族人乃守節以終
袁春星繼妻周氏二十八歲夫亡勤十指以養舅姑撫孤成立營葬兩世守節四十年
湯煌妻周氏二十六歲夫亡無子依兄周錦高以紡績自給餘貲營葬翁姑立從子爲後旌年六十
朱世英妻江氏二十三歲夫亡止一女撫嗣子久榮成立旌年五十五
范友笙妻吳氏紹芳妻吳氏姑二十四歲夫亡撫孤紹芳成立娶吳氏二十九歲而寡姑婦共撫孫秉權姑守節五十二年婦守節三十三年以上伊志
唐民表妻范氏二十八歲夫亡茹荼矢守撫孤成立旌年七十二嘉慶五年旌
曹繼麟妻徐氏二十九歲夫亡子模甫三齡四壁蕭然徐養舅姑克盡婦道及歿拮据殯殮教子有

法弱冠游庠年八十卒

徐方成妻許氏 二十歲適徐五月夫亡以姪鍾英爲嗣授室旋卒二孫俱稚復撫育成立守節四十一年 以上嘉慶十年旌

朱宗耀妻章氏 二十四歲夫亡撫三齡孤廷元爲嗣後入成均孫品衡品佳皆入泮旋年七十五嘉慶十三年旌

貤贈奉直大夫胡榛妻朱氏 二十九歲夫亡孝事翁姑撫五齡孤子成立入泮以夫弟枚貴貤贈宜人守節四十二年嘉慶十五年旌

生員顧熯妻魏氏 十九歲婚還翁姑喪鬻衣飾以營喪葬夫病籲天請代終不起時二十八歲憑棺痛哭誓不獨生戚族勉以大義始以養姑撫子自任終身縞素足不踰閾守節四十六年嘉慶二十年旌

許錦峯妻蔡氏 三十歲夫亡無遺腹子成立旋年七十嘉慶二十四年旌

楊修傳妻蔡氏 二十七歲夫亡事舅姑暨祖翁盡孝撫從子家駒成立苦節五十一年及歿喪葬盡禮子早世復撫孫成立年八十

沈禹昌繼妻陳氏 二十二歲夫亡遺襁褓孤撫訓有成値夫兄家中落獨孝事舅姑膳飲醫藥等

曹壽年妻李氏 二十六歲夫亡遺孤時鍾甫八月含哀忍死孝奉寡姑十六年歿後喪葬盡禮時鍾秉質孱弱氏殫心撫字成立後入成均守節二十八年

田敬初妻陳氏 夫亡事姑孝撫子厚載成立旋時已守五十年 以上嘉慶二十五年旌

胡廷樑妻李氏 十九歲夫亡事姑守節四十二年

田毓英妻沈氏 二十一歲婚甫一載夫亡孝事舅姑養生送死禮無不盡茹荼矢志守節三十一年

張耀宗妻茅氏 二十九歲夫亡撫嗣子甚慈守節三十二年 以上道光元年旌

盛譽妻王氏 十九歲夫亡孝事舅姑撫嗣子成婚守節三十一年道光二年旌

馬願良妻胡氏 三十歲夫亡飲蘖茹荼苦節五十二年道光三年旌

姚瑜妻高氏 二十八歲夫亡上事翁姑下撫孤子艱苦備嘗守節四十四年道光六年旌

訓導蔡載升妻徐氏 二十九歲夫亡侍姑盡孝撫孤成立道光十三年旌

陳世烈妻沈氏 二十九歲夫亡養姑撫子年六十三道光十五年旌

陳汝鳳妻沈氏 二十三歲夫亡備歷艱苦守節二十九年

沈繼鳳妻顧氏 二十一歲夫亡無子事舅姑孝守節四十五年

金學會妻陸氏 二十九歲夫亡養姑撫子堅貞不渝守節二十八年 以上道光十六年旌

庠生胡源妻鍾氏　監生李鳳鳴妻蔡氏

庠生費朝梓妻曹氏　庠生費拱辰妻鍾氏

楊洵遠妻許氏 二十歲夫亡誓以身殉戚族救免茹荼飲蘗艱苦備嘗守節三十餘年學使何世璂以松操可鑄額表之

吏部郎中吳震起妾李氏 從震起官京師侍之甚謹二十九而寡撫四子一女不辭勞瘁守節二十七年

楊孔嘉妻錢氏 二十四歲夫亡撫遺腹孤成立守節四十一年金令煒以冰霜勁節表之

勞廷鑾妻吳氏 二十一歲夫亡孝事姑嫜撫訓嗣子守節數十年親族欲爲請旌吳泣辭曰從一而終婦人之常吾忍以夫死求名耶年六十二

徐得時妻朱氏 二十歲適徐生子八月夫歿貧無以生人强其改適朱矢志甚堅而力不能拒遂以桑陰貯孤乘夜負之投戚陳某陳搆廬使避焉織紝自給苦節三十餘年鈕庶常汝騏以節協冰霜匾贈之

生員楊永嘉妻吳氏 三十歲夫亡矢志撫孤持家嚴肅守節三十餘年

生員朱方明妻胡氏 事舅姑以孝聞二十四歲夫亡遺孤在襁褓撫之成立年八十二

生員姚萬禧妻李氏二十歲夫亡無子毀容截髮足不越戶撫從子爲嗣教養備至年五十餘

姚萬石妻吳氏二十六歲夫亡撫姪爲嗣持身嚴肅笑語不苟守節三十二年

范飛道妻朱氏二十七歲夫亡子二俱幼撫育成立守節四十餘年

張士英妻姚氏二十二歲夫亡撫三齡孤成立苦節六十八年

范致雲妻徐氏二十歲夫亡哀號欲殉姑涕泣救止家貧以女紅自給撫姪爲嗣守節三十餘年

姚元妻周氏二十五歲夫病革周泣曰設有不諱義不獨生夫曰奈弱息何爲吾忍死撫孤周如夫命宗祀克延年五十七

方天壽妻姚氏十八歲夫亡苦節撫孤年至八十

方茂芳妻周氏文煥妻曹氏夫早亡遺孤文煥辛勤撫育積鹹鬻餘貲爲之婚娶未幾子又歿周率孀婦曹氏茹荼苦守一門雙節

程詠妻許氏完節撫孤備嘗荼苦戴學博一鴻以矢志栢舟表其門

貢生田方生繼妻沈氏二十九歲夫亡子甫周晬撫訓有成守節三十一年

田印氏方生弟媳也少寡矢守稱一門雙節

翟美秀妻顧氏二十四歲夫亡侍奉孀姑撫育孤子備極荼苦守節四十二年學使竇光鼐以節孝可風表之

方士英妻徐氏夫早世徐毀容去櫛矢志堅貞訓遺孤嚴而有法

方君佐妻李氏二十歲夫亡子有德尚在襁褓矢志柏舟撫訓成立

俞惪疇妻王氏夫早亡孝事舅姑喪葬盡禮撫三子一女拮据婚嫁年八十二

平聖儀妻沈氏二十歲夫亡撫三齡孤成立守節三十九年

勞克濟妻呂氏十八歲夫亡備嘗荼苦撫姪廷棟爲嗣守節二十七年

郭西戎妻鍾氏二十三歲夫亡撫遺腹孤成立守節四十八年

翟文龍妻鍾氏十九歲夫亡生子甫五月孝事孀姑織紝以供甘旨守節六十七年

翟尚禮妻王氏二十二歲夫亡遺孤方九月撫訓成立孝事七旬外舅姑終身茹素守節三十八年

生員姚元和妻馬氏二十歲夫亡竭力撫孤成立年六十三卒

姚元枝妻范氏元和弟也范少寡無子安貧守志年六十三

姚萬和妻陳氏二十三歲夫亡守節五十年

姚元椿妻曹氏婚未久姑與夫相繼歿子又殤時曹十九歲煢煢子立賴女紅自給苦節三十九年

姚之雍妻范氏二十四歲夫亡無嗣慟欲身殉舅姑諭止竭誠孝養諸娣姒無間言苦節四十年

姚之賢妻王氏二十七歲夫亡遺孤在襁褓家赤貧王且哺且織淚漬機杼撫二子訓以義方皆克成立苦節五十八年

姚聖嗣妻章氏二十二歲夫亡無子家貧甚僅田二畝躬自耕耨境苦節堅年八十三

姚懋敬妾俞氏二十九歲懋敬亡無子戚族有勸之嫁者泣謝曰身雖微賤亦知大義投繯數次俱以救免守節四十六年

候選主簿陳斌妾周氏二十二歲寡飲泣撫孤勤女紅以助正室營葬三世年六十一

徐三英妻吳氏三英貧不能娶贅於婦家婚兩載值歲歉遠游謀食客死河南吳聞卽欲自戕賴救免事母撫弟不辭勞苦年六十一

姚之芳妻張氏二十五歲夫亡苦志撫孤拮据喪葬年七十一

朱汝粱妻李氏二十九歲夫亡養孀姑撫嗣子守節三十二年

范漢表妻李氏二十八歲夫亡飲泣撫孤持家有法守節五十八年

衞方中妻俞氏二十九歲夫亡奉舅姑撫孤子晝夜操作不辭艱苦年六十一

張永年妻馬氏 二十一歲夫亡遺孤甚幼 / 勤女紅以撫育年五十六

蔡守本妻方氏 十八歲歸蔡匝月夫亡扃戶 / 欲殉以救免守節三十一年

吳明揚妾湯氏 二十六歲明揚亡無子姑命改適湯 / 守志不二事姑及嫡甚謹年六十一

生員沈志鴻妻錢氏 二十七歲夫亡事姑孝撫 / 孤成立守節五十五年

生員沈志清妻吳氏 二十六歲夫亡遺子松甫周 / 晬撫育成立守節二十三年

陳萬鍾妻鄭氏 二十七歲夫亡事舅姑孝撫 / 五齡孤成立苦節三十二年

陸嵩高妻顧氏 二十七歲婚一載夫亡遺孤未 / 月含哀鞠育備歷艱辛年七十三

朱壽康妻湯氏 二十二歲夫亡無子撫 / 姪孫延祀年六十一

監生徐學誠妻姚氏 二十七歲夫亡孝事舅姑 / 子女成立守節二十八年

陸世變妻郁氏 二十六歲夫亡撫姪 / 爲嗣守節二十九年

沈廷鑑繼妻戴氏學海妻勞氏貢生弈槐妻徐氏 戴二十 / 五歲夫 亡撫前子學海成立娶勞氏生子弈槐而寡戴與孀婦 / 共撫遺孤長入成均授室徐氏未久又歿徐年二十八 撫三子一女備極辛勤戴守節五十二年勞守節三十 / 一年徐旌年七十三世孀居貞心勁節鄉里咸敬之

沈鶴林妻金氏 二十三歲夫亡遺子甫周晬舅姑已老 / 金仰事俯育茶苦備嘗守節四十二年

陳正卿妻王氏 二十一歲夫亡撫兩齡 / 孤成立守節四十八年

盛雄三妻沈氏繼忠妻沈氏 姑媳雙節姑二十四歲夫亡 / 撫一歲孤繼忠成立授室而 歿同矢冰操姑守節五十二 / 年沈旌時已守四十二年

顧和德妻葉氏 二十六歲夫亡撫一齡 / 孤成立守節四十餘年

陸恒山妻吳氏 十七歲于歸一載夫歿撫 / 嗣子成立守節六十五年

倪康侯妻潘氏 二十九歲夫亡 / 苦節五十一年

李德修妻呂氏 二十歲夫亡撫孤游 / 泮守節五十二年

徐文嘉妻吳氏 二十二歲夫亡竭紡績餘貲爲叔婚娶冀 / 得男以延宗祀未幾叔復歿止遺二女吳 益窮窘年七十四孤苦無聊 / 投河死朱司訓芬爲作傳

倪震皐妻沈氏 二十四歲夫亡 / 苦節四十八年

金聚山妻徐氏 二十歲夫亡生子甫三月 / 含泣撫字守節三十四年

徐浩然妻蔣氏 二十八歲夫亡遺孤三齡 / 織作撫養守節五十四年

朱照臨妻趙氏 二十四歲夫亡 / 苦節二十六年

董之柄妻蔣氏 十九歲歸董僅十八日而夫歿慟不欲生 / 舅姑解慰始止撫嗣子游庠年六十六

錢廷元妻沈氏 二十八歲夫亡 / 守節三十三年

蔡治安妻朱氏 二十九歲夫亡撫姪 / 爲嗣守節五十七年

金義仁妻范氏 二十五歲夫亡織紝養姑撫 / 一齡孤成立苦節五十年

生員顧槃繼妻曹氏 十七歲于歸未久夫亡事舅 / 姑孝撫姪爲嗣年六十八

生員胡善徵妻勞氏 夫亡矢志茹荼 / 數十年如一日

胡際隆妻李氏 二十五歲夫亡 / 守節四十一年

吳倬雲繼妻糜氏 二十四歲夫亡 / 守節六十一年

蔣世珍妻邱氏鳳鳴妻蔡氏 邱二十六歲寡撫孤鳳鳴長 / 娶邱氏亦早寡與姑共矢節

貢生費允中妾宋氏 三十歲夫亡事姑孝持家勤訓 / 子嚴而有法守節四十四年

馮錚妻陳氏 夫早亡苦節終身學使彭 / 啟豐以栢節松齡表之

監生鄭兆彪妾顧氏 十八歲夫亡子錫爵甫三月撫訓游 / 庠旋歿復撫孫成立守節五十八年

勞仲卿妻李氏 二十二歲夫亡撫孤成立守節六 / 十三年王令善櫺贈冰節遐齡額

陸瑞玉妻王氏三十二歲夫亡撫姪成婚事姑盡禮竭力營先人葬守節三十五年

鄭錫三妻王氏二十五歲夫亡撫四齡孤成立守節三十三年

徐長庚妻戴氏本學司諭戴一鴻女二十六歲夫亡孝奉舅姑撫從子爲嗣年五十七

徐長年妻章氏二十歲夫亡家貧無子伶仃孤苦里人稱爲隱節

沈成禄妻莊氏二十七歲夫亡撫二子士良士奇成立守節四十四年

武生徐坤妻陳氏二十三歲夫亡守節十九年

俞秀麒妻徐氏二十七歲夫亡守節三十八年

程自芳妻王氏二十六歲夫亡守節十八年

沈文學妻范氏婚未期夫亡茹苦安貧撫嗣子成立守節五十五年

李運開妻葢氏二十五歲夫亡守節二十年

朱鼎元妻朱氏二十四歲夫亡守節三十一年

陳士林妻朱氏二十四歲夫亡守節三十二年

陳士宏妻沈氏二十七歲夫亡撫孤成立守節五十一年

生員曹謙妻鄭氏十八歲適曹兩月夫亡撫從子爲嗣復歿茹苦節二十餘年

沈志仁妻沈氏二十五歲夫亡家貧無子以姪爲嗣撫訓入泮守節二十五年

張秉衡妻費氏二十三歲夫亡撫從子爲後守節三十年

生員沈師浩妻聞氏二十二歲夫亡撫九月孤成立守節五十一年

徐方琪妻李氏二十八歲夫亡織紝奉姑訓三子成立守節四十二年

章啟文妻方氏二十三歲夫亡子生方百日慟欲身殉舅姑諭以撫孤爲重乃止守節五十三年

謝元愷妻朱氏二十一歲夫亡無子傭紉糊口苦節四十六年

晋瑛妻陳氏二十二歲婚半載夫亡持家務葬翁姑撫姪雲逵成立即以其子爲孫守節三十七年

徐良祖妻方氏二十七歲夫亡夫兄逼嫁不從饔飧不給矢死靡他苦節二十三年

華元公妻楊氏夫患癇疾無力醫治割股以療卒不起矢志撫孤備歷荼苦守節三十三年

監生洪世棻妻方氏二十六歲夫亡訓子煒游庠守節三十二年

汪繼祖妻朱氏二十八歲夫亡撫孤成立守節五十五年

生員姚世麟妻鍾氏二十六歲夫亡撫孤成立守節三十二年

吳履仁妻孫氏二十歲夫亡守節五十八年

沈林妻朱氏二十五歲夫亡慟絶復蘇撫二子成立守節三十四年

監生鄭宏基妾俞氏三十歲宏基亡撫嫡子爲諸生守節四十一年

周齊誠妾陶氏二十四歲齊誠亡撫三齡孤成立守節二十年

沈鳳來妻吳氏三十歲夫亡家貧養姑撫子賴織紝以給苦節五十四年

俞履祥妻程氏二十二歲夫亡遺子弈宗在襁褓輔翼成立苦節三十七年

朱文煜妻蔣氏二十五歲夫亡事姑孝撫嗣子成立守節六十二年

姚士林妻倪氏二十歲適姚七月夫亡撫遺腹子成立守節六十五年

倪大章妻潘氏二十三歲夫亡家貧日夜織作事舅姑撫孤子顚危百出矢志靡他年六十四

王煜繼妻陳氏二十五歲夫亡撫前氏子三人成立守節三十餘年

吳令聞妾陳氏德昭妻袁氏永芳妻倪氏陳二十八歲令聞亡時嫡先歿子德昭永芳婚後皆早世惟遺少子衍高爲陳所出陳立志撫孤與德昭妻袁氏永芳妻倪氏共矢冰蘗陳年八十六卒袁二十三歲夫亡守四十三年倪十七歲夫亡守節六十五年時稱一門三節

吳封山妻費氏二十八歲夫亡以姪爲嗣守節四十四年

俞廷勳妻俞氏二十六歲夫亡孝事舅姑撫二齡孤成立守節四十三年

呂受正妻王氏二十五歲夫亡撫姪如松爲嗣守節五十四年

生員高永思妻徐氏二十七歲夫亡事舅姑撫遺孤孝慈兩盡守節五十五年

周學幹妻張氏二十六歲夫亡撫從子爲後守節五十四年

費璵梅妻閔氏二十三歲夫亡孝事舅姑撫孤成立守節三十一年

生員周光大妻沈氏二十九歲夫亡誓以身殉姑泣勸止居恒勤操作尤善訓子五歲就傅不使曠一日功子炳垣未冠即游泮食餼試輒冠軍有文名人謂母之苦節有以鼓勵之也年四十七

平兆廷妻周氏二十九歲夫亡撫孤成立年七十一

吳元熙繼妻沈氏二十七歲夫亡撫遺腹子成立守節三十一年

生員趙靜山妻姚氏十八歲夫亡撫從子爲嗣守節三十三年

方鳴鑾妻孫氏二十五歲夫亡孝事孀姑撫遺腹子成立年五十九

沈觀文妻沈氏二十一歲夫亡守節四十二年

監生蔡守綱妻曹氏三十歲夫亡撫子授室得孫後子婦並歿撫孫將婚又夭拮据營葬苦節三十餘年

周淇妻范氏樹基妻趙氏范二十八歲夫亡撫姪樹基爲嗣長娶趙氏二十九歲亦寡姑媳相依勤苦勵節范年七十卒趙旌年六十六

金元龍妻王氏二十七歲夫亡守節五十一年

陸進英妻沈氏二十五歲夫亡子成謨未彌月日勤鍼黹撫以成立守節四十二年

范松年妻錢氏二十一歲夫亡家貧子幼織作度日苦節六十四年

生員田昌辰妻馬氏二十五歲夫歿於客訃至慟哭欲殉戚族勸止撫孤成立守節二十三年

程公度妻沈氏三十歲夫亡無子苦節五十五年

戚子良妻林氏二十二歲夫亡辛勤操作教子成立守節三十三年

姜虎臣妻高氏十九歲婚三月夫亡立嗣承祧甘貧守節鄉里賢之

沈維翰妻金氏二十四歲夫亡守節四十三年

魏成藺妻潘氏二十九歲夫亡撫孤士林成立守節三十九年

范承天妻田氏婚一載而寡無子矢志守節族人欲奪其志號泣不從以姪載華爲嗣年七十四

張文彪妻方氏二十九歲夫亡撫子成立守節五十年

吳漢榮妻徐氏三十歲夫亡無子安貧守節年八十六

趙璠妻沈氏二十二歲夫亡號慟欲殉戚族以有遺娠勸止舉子後勤織紝撫之積勞成疾年三十八

趙廷楨妻王氏二十七歲夫亡撫孤成立守節三十一年

曹欀妻范氏二十四歲夫亡無子苦節四十五年

張伯元妻朱氏承美妻沈氏紹壎妻王氏朱十六歲婚二載夫亡撫遺腹孤承美授室沈氏生子紹壎而承美卒沈二十四歲上奉孀姑下撫稚子紹壎娶王氏二十三歲亦寡遺腹生子纕鞠育成立朱守節七十五年沈守節四十一年王守節五十年

沈起鳳妻徐氏二十一歲夫亡毀容屏飾紡績撫孤守節三十四年

陸圻妻楊氏二十九歲夫亡苦節五十一年

監生吳嵩齡妻沈氏二十二歲夫亡紡績撫孤苦節四十二年

莊文英妻姚氏二十七歲夫亡子瑞珍甫六齡國華方十月撫俱成立守節三十三年

余景尚妻沈氏二十六歲夫亡守節五十五年

監生費邦紳妾沈氏二十八歲邦紳亡操作勤儉持家嚴肅撫四子成立苦節三十五年

董永齡妻倪氏 二十八歲夫亡日理耕耘夜勤紡績事舅姑撫孤子孝慈兼盡守節四十三年

湯仲珍妻程氏 二十八歲夫亡撫孤成立守節四十七年

輔兆鶴妻鍾氏 十八歲夫亡扃戶紡績撫嗣子成立守節五十四年

夏李文妻湯氏 二十一歲夫亡守節三十五年

生員湯煜妻徐氏 二十三歲夫亡守節五十五年

范性睿妻陳氏 二十四歲夫亡守節五十五年

譚文瑞妻吳氏 二十三歲夫亡撫遺腹子成立守節四十年

王烈妻章氏錫齡妻陳氏 章三十歲夫亡撫一齡孤錫齡成立娶陳氏未久而錫齡歿無嗣章以姪吉符爲嗣勤學游庠悉秉母訓以姪孫錙爲陳氏子章年八十卒陳旌年五十八

沈鑲妻顧氏 婚一載夫亡泣血矢志織紝以養舅姑中年益貧寠機杼充飢苦節四十二年

姚維翰妻曹氏 二十三歲夫亡守節五十五年

陳文相妻戴氏 二十五歲夫亡無子舅姑俱逝遺幼叔文斌戴以嫂代母撫育成婚守節三十八年

屠大祥妻吳氏 婚二載夫亡撫孤成立年六十餘

費永高妻吳氏 早寡訓二子有法年六十餘

吳廷堅妻張氏

李光亨妻沈氏 二十七歲夫亡事姑甚孝撫子成立守節三十五年

鍾可法妻王氏 二十四歲夫亡子心道方四月指据撫訓守節四十三年

沈開基妻蔡氏 二十七歲夫亡守節三十八年

生員朱衞周妻蔡氏 二十四歲夫亡家貧上奉下撫賴十指以給苦節六十年

趙衞之妻潘氏 二十一歲夫亡苦節四十八年

屠祥甫妻吳氏 二十八歲夫亡事姑以孝聞撫二齡孤成立守節五十年

劉封九妻姚氏 二十七歲夫亡孝事舅姑以姪其穎爲嗣撫訓入庠守節三十七年

周起宗妻沈氏 二十九歲夫亡守節三十二年

范斗南妻沈氏斗文妻祝氏 沈二十歲夫亡守節三十八年夫弟斗文娶祝氏二十三亦孀守節四十八年人稱妯娌雙節

顏駪懷妻鍾氏 二十二歲成婚兩月夫亡守節三十五年

生員周蔚臯妻張氏 二十四歲夫亡守節二十年

鄭瑞年妻周氏 二十四歲夫亡撫孤守節三十八年

顧宗錫妻姚氏 二十六歲夫亡守節三十一年

顧漢妻呂氏 二十七歲夫亡守節三十八年

貢生吳景梁妻平氏 三十歲夫亡養老撫孤孝慈兼盡舅姑歿拮据營葬子婦相繼歿撫姪緯爲嗣守節四十四年

薛茂良妻魏氏 雅淡貞靜有古名媛風二十三歲夫亡事舅姑曲盡婦道守節四十九年

高旦華妻譚氏 二十五歲夫亡撫孤成立守節三十二年

陳廷周妻陳氏 二十二歲夫亡善事姑嫜撫嗣子成立守節三十四年

李采彰妻沈氏 二十二歲夫亡守節四十三年

朱永昌妻張氏 二十一歲夫亡矢志撫孤苦節四十五年

生員費邦組妻陳氏 二十歲歸費甫百日夫亡屏絕容飾紡績膳姑守節三十一年

吳廷鏈妻曹氏 二十歲夫亡布縞終身事孀姑盡禮撫從子學源成立年四十七

吳廷鈐妻諸氏 性端重寡言笑二十七歲夫亡慟絕而甦疏食縞衣足不踰閫事舅姑盡禮撫姪宏

贅爲嗣年五十

戴惠洲妻王氏二十五歲夫亡撫姪大勳爲嗣守節四十四年

姚子侯繼妻孫氏二十歲夫亡撫二子成立年九十八

陳泰巖妻汪氏十九歲夫亡守節二十八年

徐觀濤妻卜氏二十九歲夫亡苦志自矢善事孀姑四十餘年如一日撫子秉義成立

生員吳江永妻呂氏二十八歲夫亡無子依姪朝陽以老守節五十二年

談省菴妻佘氏二十三歲夫亡守節四十二年

陳魯瞻繼妻王氏二十四歲夫亡守節四十一年

王起周妻黃氏二十四歲夫亡守節五十四年

程廷章妻沈氏二十四歲夫亡守節四十三年

曹蔡金妻楊氏二十五歲夫亡守節五十一年

章端本妻曹氏二十六歲夫亡守節四十八年

鍾鍠妻申氏二十六歲夫亡守節三十七年

范承隆妻章氏二十七歲夫亡守節四十年

聞養廉妻周氏二十八歲夫亡守節三十九年

孫廷元妻王氏二十八歲夫亡守節三十二年

范士豪妻錢氏二十八歲夫亡守節四十一年

聞君楊妻周氏二十九歲夫亡守節二十年

豐介仁妻錢氏二十九歲夫亡守節五十六年

錢廷璡妻王氏二十九歲夫亡守節四十年

聞禮宗妻黃氏二十九歲夫亡守節三十一年

蔡士熊妻吳氏二十九歲夫亡守節三十四年

薛雲章妻郭氏二十三歲夫亡紡織以養舅姑撫孤成立旌年六十七

曹丹佩妻范氏二十五歲夫亡遺子四齡女二齡撫育有成脫簪珥治舅姑喪葬旌年六十一

生員范文煥妾朱氏二十三歲文煥亡旌時已守三十餘年

盛繼忠妻沈氏二十歲夫亡無出與孀姑共守旌年六十四

王廷柱妻沈氏二十四歲夫亡旌時已守五十餘年

王粲英妻張氏二十二歲夫亡撫孤一齡成立旌年六十

楊方大妻沈氏婚三載夫亡撫稚孤成立旌年七十八

費岐山妻高氏二十七歲夫客死二子俱幼家貧甚或勸改適泣曰餓死事小失節事大刻苦撫孤迄於成立旌年六十九

孫用賓繼妻陳氏媳某氏二十七歲夫亡撫前子如己出婚後早世遺三孫陳與婦同心鞠育訓枋梧二孫入泮旌年八十

李嵩年妻范氏二十九歲夫亡事姑盡孝撫孤有成旌年六十七

沈金張妻徐氏二十三歲夫亡旌年六十六

朱詠鳳妻施氏二十九歲夫亡事姑孝撫遺腹子成立旌年六十六

屈景揚妻徐氏二十六歲夫亡旌年五十九

張維建妻章氏二十八歲夫亡旌年六十七

徐翼岐妻徐氏二十一歲夫亡織紝膳姑及歿竭力殯葬撫嗣子成立旌年五十六

胡廷艮妻李氏十九歲婚三月夫亡以鍼黹所入奉姑旌年五十九

陳肇基妻范氏秀林妻徐氏范二十五歲夫亡撫姪秀林爲嗣娶徐氏二十二歲亦寡同矢苦節范旌年六十五

葛世賢妻朱氏二十二歲夫亡旌年六十三

沈許元妻戚氏二十七歲夫亡撫孤守志夫弟逼之嫁誓死不從氷蘗之操鄉里共欽旌年六十九

徐大松妻鍾氏二十九歲夫亡家貧操作不倦撫子有成旌年九十二

衞鶴臯妻朱氏二十七歲夫亡旌年五十七

金廷長妻王氏二十五歲夫亡旌年六十八

曹鳳池妻范氏二十七歲夫亡子女皆幼撫育婚嫁旌年六十一

范鶴千妻蔡氏歸范七月夫亡時二十一歲夫兄思奪其志誓死不從旌年六十五

吳天來妻范氏二十五歲夫亡子甫四齡織作撫字成婚後旋卒復撫遺孫旌年七十九

周學禮妻計氏二十七歲夫亡勤女紅以供甘旨撫姪爲子旌年六十六

勞昂霄妻方氏二十七歲夫亡截髮矢志家貧賴鍼黹自給撫姪爲嗣旌年六十五

張堉妻陳氏二十六歲夫亡撫孤成立旌時已守三十四年

張舜範妻邢氏二十九歲夫亡旌時已守三十一年

孫臨照妻胡氏廷贊妻李氏胡二十九歲夫亡撫姪廷贊爲嗣娶李氏二十九歲亦寡奉孀姑撫孤子喪葬婚娶經營盡悴胡守節二十餘年李旌時已守四十三年

王學恕妻陳氏二十六歲夫亡無子紡績自給旌年五十九

吳師賢妻王氏二十二歲夫亡撫兩齡孤成立旌年五十九

楊經元妻李氏二十八歲適楊半載夫亡旌時已守三十五年

倪君德妻沈氏二十九歲歸倪五月夫亡旌年六十

楊世震妻田氏二十八歲夫亡守節三十年

沈鳳高妻范氏二十五歲夫亡撫姪爲嗣旌時已守四十年

顏明備繼妻丁氏二十五歲歸顏未期而寡孝事舅姑撫嗣子成立旌時已守三十五年

陸有章妻沈氏二十七歲夫亡苦志撫孤旌年八十一

蔡朝銓妻朱氏歸一載夫亡孝養舅姑撫夫姪爲嗣旌時已守三十三年

生員吳潤妻范氏二十九歲夫亡家貧織紝以撫二子旌年六十

姚履端妻楊氏二十八歲夫亡守節撫孤旌年六十三

史積中妻陸氏二十二歲夫亡撫姪爲嗣旌時已守三十二年

陸永奇妻盛氏二十九歲夫亡家貧力作撫孤守節旌時已守三十六年

生員錢學涵繼妻吳氏婚一載夫亡時二十八歲撫姪爲嗣旌年五十九

生員鄭鍾岳妻許氏陝西宜君令許克家女三十歲夫亡家貧藉十指自給訓二子灃灦爲諸生兩女嫁後亦寡家俱貧歸依母家共矢氷操邑人稱爲母女三節許旌年七十六

沈瑞莖妻鄭氏許長女二十九歲夫亡旌年六十一

葉長震妻鄭氏許次女二十五歲夫亡旌年五十四

沈松妻沈氏二十八歲夫亡家徒壁立紡織養姑撫二子成立旌年六十八

王錫齡妻陳氏

監生曹瞰妾徐氏二十七歲瞰亡或勸改適誓死不從旌時已守三十三年

馬宜章妻葉氏夫亡無子撫姪爲嗣復殀事舅姑存歿盡禮旌時已守三十八年

周張鼎妻金氏二十二歲夫亡旌年五十九

生員鄭昌期妻沈氏三十歲夫亡撫姪爲嗣旌年六十五

夏嗣賢妻費氏二十一歲適夏夫瞽旋卒冰蘗自矢恩撫嗣子旌年六十

聞譽彰妻沈氏二十九歲夫亡撫二子成立旌年七十二

生員鄭晉錫妻莊氏二十六歲夫亡撫遺腹子學濂游庠旌年六十九

夏世昌妻錢氏二十九歲夫亡繼姪紹璉守節三十六年

姜大有繼妻徐氏二十六歲夫亡事舅姑孝撫前子成立旌年六十五

范自新妻徐氏二十六歲夫亡孝事舅姑操作不倦旌年六十六

張廷楣妻朱氏二十七歲夫亡撫姪爲嗣旌年六十九

汪璵妻盛氏二十九歲夫亡旌時已守三十九年

范調艮妻陳氏二十五歲夫亡撫姪琦爲子課讀游庠旌時已守三十年

徐士忠妻施氏二十二歲夫亡遺孤早殀旌時已守三十六年時因立嗣備陳事實呈請於官欲爲請旌施以茹茶守節分所當然涕泣力辭人皆賢之

吳鳴山妻杜氏二十三歲夫亡家貧拮据操作撫五月孤成立旌年八十六

顏大昆妻吳氏二十六歲夫亡撫從子爲後旌年七十一

生員顏昌基妻費氏二十三歲夫亡撫嗣子成立旌年五十五

生員沈瑞五妻沈氏二十九歲夫亡守節旌年六十一

沈覲玉妻馬氏三十歲夫亡舅姑未葬鬻衣飾營窀穸旌年六十八

馬文煥妻顧氏歸馬二載夫亡奉邁姑育孤女賴鍼黹以給旌年六十六

生員吳日豐妻沈氏三十歲夫亡事舅姑孝撫姪爲嗣守節四十年

譚怡增妻莫氏二十六歲夫亡孝事舅姑訓子以義方旌時已守四十年

李運昌妻姚氏二十六歲夫亡事舅姑喪葬如禮教子家斌入泮旌年六十三

錢學高妻孫氏二十五歲夫亡事孀姑撫嗣子孝慈兼盡旌年六十

監生汪世雄繼妻周氏二十九歲夫亡撫孤成立旌年七十三

曹巽妻朱氏二十七歲夫亡旌時已守三十八年

胡廷鉉繼妻金氏二十七歲夫亡事舅姑孝撫五歲子三歲女婚嫁如禮旌年六十七

沈文元妻張氏二十五歲夫亡撫遺孤體乾成立嚴肅律已勤儉持家旌年七十五

吳禮中妻錢氏二十四歲夫亡子魯艮方二齡撫以成立旌年五十八

朱正林妻周氏二十八歲夫亡旌時已守三十八年

陳康年妻王氏二十六歲夫亡撫孤成立旌年六十七

楊桂華妻王氏二十三歲夫亡撫子錦書成立旌年六十一

楊彩華妻陳氏二十歲夫亡撫訓遺孤與桂華妻王氏共矢冰操旌年五十七

吳德相妻徐氏二十歲夫亡家貧饘粥不繼誓死靡他撫遺腹孤成立旌年五十九

屠正豪妻芮氏二十五歲夫亡旌時已守四十四年

顧乾林妻申氏二十四歲夫亡旌時已守四十五年

朱炳妻鮑氏二十五歲夫亡撫從子爲嗣旌時已守四十七年

傅尚延妻郭氏二十一歲夫亡撫襁褓孤成立旌年五十四

武生孟士貴妻于氏婚十日夫亡時二十歲撫姪德芳爲嗣旌年七十一

朱君瑞妻金氏三十歲夫亡撫孤授室旌年六十一

沈繼龍妻姚氏二十四歲夫亡撫遺腹子啟正成立旌年五十五

姚士芳妻黃氏二十五歲夫亡撫姪玉書爲嗣旌年七十四

陸坤妻錢氏十七歲婚陸素貧幕游江左歸而暴亡錢時二十七歲哀慟欲殉念子鑾幼忍死撫育課

之游庠旌年六十七

毛美中妻盛氏二十二歲夫亡撫遺腹孤成立旌時已守三十一年

錢有發妻馬氏二十六歲夫亡撫子士豪成立旌年六十七

唐毓書妻田氏二十一歲夫亡旌時已守三十九年

王嗣孝妻費氏二十四歲夫亡孝養舅姑撫孤成立旌時已守四十六年

鍾萬城妻吳氏十八歲婚未久夫亡紡績以養舅姑撫姑之姪孫爲嗣旌年六十一

王乾昌妻湯氏二十三歲夫亡撫姪爲嗣旌年六十七

生員陳昌妻施氏二十五歲夫亡撫二子未及冠俱殤依叔度日旌年五十九

蔡忠英妻葉氏太原妻沈氏啟承妻范氏葉二十五歲夫亡撫未過歲太原成立娶沈氏又殀沈撫遺子啟承娶范氏范事二姑孝三世苦節葉年七十九沈年六十三范旌年五十四

胡廣才妻錢氏二十四歲夫亡無子族人勸其改適矢志不從紡績自給旌年六十五

范載華妻沈氏承天妻田氏沈二十七歲夫亡與夫兄承天妻田氏並矢清操稱一門雙節焉沈旌年六十四

沈端扆妻顧氏二十八歲夫亡撫遺孤延祀旌時已守五十年

陳拱元繼妻沈氏二十九歲夫亡撫夫族姪錫昌爲後旌時已守三十九年

朱霞妻鮑氏二十三歲夫亡事舅姑孝撫從子爲嗣旌年七十四

監生薛士周妻顧氏二十九歲夫亡撫孤成立旌年六十二

徐永山妻朱氏二十六歲夫亡家貧仍孝事其舅撫遺腹子玉琦成立旌年七十二

徐宏山妻王氏二十一歲夫亡事舅姑孝撫嗣子如已出旌年七十五

錢士發妻張氏二十一歲夫亡旌時已守四十八年

沈大德妻李氏二十二歲夫亡旌年五十七

栢文忠妻錢氏二十八歲夫亡撫八月孤成立旌年七十五

武生韓浩繼妻張氏二十七歲夫亡旌時已守三十四年

沈有勇妻朱氏二十四歲夫亡慟絕而蘇撫孤成立旌年八十三

李位高妻李氏早歲夫亡茹荼操作兄某謀奪其志適夫族爲強刼計李聞將衣袴密紉誓以死守鄰婦憐之穴其東壁一夕兄率衆至而李已先逸得全其貞旌年七十一

李長年妻周氏二十五歲夫亡撫三齡孤載元成立旌年七十七

陸志祖妻倪氏二十歲于歸兩載夫亡家貧無子紡織奉姑矢志苦節旌年五十二

監生胡瀠繼妻費氏三十歲夫亡撫五子成立俱入庠守節四十一年

徐國昌妻孫氏二十歲夫亡事姑純孝撫嗣子如已出守節三十一年

吳源妻馬氏二十六歲夫亡事姑盡孝旌年五十七

楊榮如妻朱氏二十九歲夫亡撫一齡孤艱苦成立守節五十五年

張承美妻沈氏　張紹壎妻王氏

姜文鍔妻鍾氏歸姜三月夫亡旌時已守三十二年

朱廷相妻呂氏十八歲歸朱七月夫亡旌時已守五十三年

李雲環妻鍾氏二十歲夫亡旌時已守三十四年

童宗翰妻嚴氏二十二歲夫亡旌時已守六十四年

鍾調元妻顏氏二十二歲夫亡旌時已守四十年

盛有恭妻董氏二十二歲夫亡旌時已守三十九年

李錦春妻沈氏二十三歲夫亡旌時已守六十二年

芮龍門妻錢氏二十三歲夫亡旌時已守五十五年

姚允琇妻錢氏二十三歲夫亡旌時已守四十一年

沈起鳳妻李氏二十三歲夫亡旌時已守三十七年

費永高妻屠氏

甘三明妻王氏二十四歲夫亡旌時已守三十七年

沈發妻陳氏二十五歲夫亡旌時已守四十三年

鄭德嘉妻蔣氏二十五歲夫亡旌時已守三十八年

沈結文妻許氏二十六歲夫亡旌時已守五十二年

沈士龍妻屈氏二十六歲夫亡旌時已守三十四年

屈顯宗妻沈氏二十七歲夫亡旌時已守五十八年

曹祿保妻鍾氏二十七歲夫亡旌時已守四十七年

錢正華妻華氏二十七歲夫亡旌時已守三十三年

顧坏繼妻勞氏二十八歲夫亡旌時已守三十九年

倪壽昌妻陳氏二十八歲夫亡旌時已守三十六年

監生蔣世卿妻程氏二十八歲夫亡旌時已守三十三年

潘光祖妻程氏二十八歲夫亡旌時已守三十二年

沈用九妻張氏二十九歲夫亡旌時已守五十五年

鄭錦章妻陳氏二十九歲夫亡旌時已守四十四年

曹禹恒妻蔡氏二十九歲夫亡旌時已守四十三年

王壽來妻彭氏二十九歲夫亡旌時已守四十年

張相周妻聞氏二十九歲夫亡旌時已守四十年

孫琦璜妻方氏二十九歲夫亡旌時已守三十九年

胡用治妻朱氏二十九歲夫亡旌時已守三十六年

湯廷輝妻趙氏二十九歲夫亡旌時已守三十四年

于大輿妻朱氏二十九歲夫亡旌時已守三十三年

陸聖元妻張氏二十九歲夫亡旌時已守三十二年

沈萬嗣妻屈氏二十九歲夫亡旌時已守三十一年

陸桂方妻周氏二十二歲夫亡家貧夙夜紡績孝事舅姑無嗣子念曾成立使承先業旌年五十八

沈聖乾妻凌氏二十四歲夫亡孝事翁姑撫孤守節旌年五十八

錢敬天妻高氏二十二歲夫亡孝事舅姑旌年五十二

湯成章妻胡氏三十歲夫亡撫五齡孤國豐成立勤苦持家旌年六十二

湯炳章妻胡氏卽胡氏之姊二十五歲夫亡遺子克明方二齡亦茹蘗撫訓以成立旌年六十一

李昆來妻周氏二十三歲夫亡無子繼嫡姪尚賢為嗣撫養成立以綿宗祀年六十五

沈通源妻朱氏二十四歲夫亡無子誓不欲生號泣不食姑叔苦勸勉進粥飲終以哀慟不釋距夫故七十日而亡

徐宏山妻王氏二十七歲夫亡無子守節五十八年

監生徐岡妻沈氏二十五歲夫亡守節二十七年與王氏為妯娌俱無子撫姪為嗣

庠生陸鋐妻邱氏二十六歲夫亡事舅姑孝撫訓四齡遺孤督以義方早歲入泮旌年五十四

王慶餘妻陳氏二十五歲夫亡勤紡織孝養舅姑三十年教子孫力田處妯娌甚和旌年五十五

范仁妻趙氏十七歲于歸十餘日夫亡喪葬盡禮家貧克勤克儉繼姪為嗣如己出業婚配年八十九

勞家珍妻費氏婚三載夫亡時二十八歲苦志守貞勤儉自給族黨俱稱善焉繼堂姪竹鈞爲後撫訓成立旌年五十三

張維周繼妻費氏于歸未及一載夫亡哀慟欲殉念舅姑在乃止家貧紡織以盡孝養舅病經年憂勤侍奉夜不安枕旌以積勞成疾卒苦節十餘年

沈配天妻許氏夫經商往江南遭颶風溺於江氏聞耗絶粒暈而復甦時二十九歲撫遺孤成立守節四十六年

劉朝相妻蔡氏十九歲婚十月寡翁姑命撫姪兆文爲嗣娶媳生孫仰事俯育艱苦備嘗旌年七十

王顏氏庠生王錫榮之母教子入泮守節五十年

譚文彩妻蕭氏二十八歲夫亡撫姪守志年八十三

周汝璋妻葉氏二十七歲夫亡撫子廷模成立旌年五十九

監生朱人鳳妻王氏　　監生吳廷欽妻潘氏

蔡宗英妻葉氏　　胡獻忠妻呂氏

陳兆熊妻袁氏　　李鼎鐘妻祁氏

費繩武妻某氏

陸行恕妻楊氏二十九歲夫亡撫子成立旌年六十二

沈錦川妻楊氏二十九歲夫亡無子撫女旌年五十一

趙曾傳妻沈氏二十二歲夫亡遺腹生子嗣宗教以游庠苦節一生

陳之鏡繼妻嚴氏三十歲夫亡上事翁姑下撫孤子苦節三十七年

尤孝思妻李氏三十歲夫亡姑七旬遺孤甫六月養撫皆藉操作艱苦備嘗旌時已守二十五年

范子豪妻姚氏二十五歲夫亡撫姪爲嗣旌年七十

陳德鳳妻俞氏二十九歲夫亡守節三十三年

車嵩年妻范氏二十五歲夫亡守節三十四年

陳丹鳳妻張氏二十六歲夫亡守節四十三年

陳卜元妻宋氏三十歲夫亡守節三十七年

監生范淵妻沈氏三十歲夫亡守節四十年

楊漢榮妻王氏二十八歲夫亡守節五十年

孫肯堂妻郭氏二十六歲夫亡守節二十三年

生員沈萬凝妻葉氏十八歲夫亡守節三十八年

戚錦堂妻周氏二十八歲夫亡守節三十九年

陳潤江妻方氏二十六歲夫亡守節四十五年

閆健天妻王氏二十八歲夫亡守節三十七年

張士豪妻陸氏二十五歲夫亡守節五十一年

李廷鉉妻鍾氏二十一歲夫亡守節三十二年

生員朱鑾妻鍾氏二十六歲夫亡守節三十五年

周鳴高妻沈氏二十九歲夫亡家貧子立止一女以姪爲嗣守節四十年

陸萬春妻蔡氏三十歲夫亡遺腹子鳳峙教之讀書游庠里黨稱之旌年五十五

章浚源妻馬氏二十七歲夫亡一女數歲而殤姑媳相依含冰茹蘗二十四年

莊廣瑚妻陳氏二十八歲夫亡椎髻敝衣撫二孤成立秉性嚴厲未嘗偶一露齒旌年五十一

陳金章妻莊氏二十五歲夫亡無子旌時已守二十六年

蔡維翰妻王氏二十九歲夫亡守節旌年七十二

蔡天林妻鍾氏二十八歲夫亡守節五十年
監生沈韶妻王氏二十七歲夫亡撫孤成立治家有法旌年五十二
蔡長發妻沈氏二十六歲夫亡撫孤守節旌年六十三
蔡穎翰妻沈氏二十六歲夫亡矢志守節二十七年
蔡錦堂妻沈氏二十九歲夫亡旌時已守二十二年
范茂椿妻鍾氏二十八歲夫亡守節三十六年
藍儒宗妻李氏二十九歲夫亡撫姪爲嗣經營婚娶苦節四十二年
生員馬文杰妻田氏二十六歲夫亡慟欲殉姑勸諭再三乃止無子撫姪煥辰成立旌年五十
沈宏魁妻馬氏二十一歲夫亡守節三十一年
沈宏冠妻葛氏二十八歲夫亡守節四十八年

朱鳳洲妻章氏二十五歲夫亡守節五十二年
監生周映堂妻孫氏二十七歲夫亡守節二十三年
生員錢森妻程氏二十九歲夫亡姑性嚴孝事能得其歡心訓六齡孤孌游庠旌年五十六
田詩敦妻范氏二十四歲夫亡旌時已守苦節三十七年
田經雅妻沈氏二十九歲夫亡旌時已守三十四年
田詩泳妻沈氏二十九歲夫亡仰事邁姑撫育孤子子復成立守節以終
生員周登瀛妻盛氏二十四歲夫亡遺孤纔七月撫以成立氏疾不肯服藥以卒
監生唐鶴廷繼妻鍾氏婚一載夫亡時二十六歲無子撫前氏子如己出守節三十四年
何永年妻王氏三十歲夫亡撫孤延祀旌時已守四十年
傅成連妻沈氏二十歲歸傅成婚一夕夫暴病亡備嘗艱苦守節二十年

顔泉妻黃氏二十六歲夫亡旌時已守五十二年
鍾自新妻孫氏二十七歲夫亡旌時已守二十六年
淩發祥妻姚氏二十二歲婚八載夫亡無子矢志苦節旌時已守二十一年
楊錦章妻施氏夫亡家赤貧撫週歲孤紡績支吾事姑極孝旌時已守四十五年
沈慶妻沈氏二十七歲夫亡撫子女以迄婚嫁備極艱辛旌時已守三十一年
沈尚義妻顧氏二十八歲夫亡撫姪仙耕爲嗣以養以教名列太學旌時已守三十七年
蔡武周妻吳氏三十歲夫亡撫二子孫曾具克成立旌時已守三十七年
監生鍾鑑妻王氏二十八歲夫亡守節二十五年
生員金純熙妻沈氏妾徐氏純熙亡沈二十九歲徐二十四矢志偕守苦節沈年九十一徐年五十八

張映書妻沈氏二十四歲夫亡守節五十五年
譚世璜妻鍾氏二十九歲夫亡勤十指以度日素服茹蔬持躬有則旌時已守二十九年
蔡德潮妻楊氏二十九歲夫亡前氏遺二子一女幼者甫六齡氏生子方數月撫子女畢婚嫁以教以養次子載和有聲庠序旌時已守二十九年
顧景崧妻潘氏二十五歲夫亡奉翁姑撫繼子屏華食素自知歿期無疾而逝守節二十四年
朱舜來妻胡氏二十三歲夫亡撫孤守節年七十三
生員程汝敬妻孫氏二十七歲夫亡撫孤成立年四十二
錢公新妻孫氏十九歲婚八載夫亡守節二十七年
董禹範妻朱氏二十歲夫亡旌時已守五十一年
呂其焜妻沈氏和塤妻王氏沈二十七歲夫亡撫遺腹子和塤成立娶媳王氏十八歲

而寡沈慰卹備至勤儉茶苦旌時已守四十三年

衛鶴齡妻朱氏南榮妻錢氏長春妻畢氏朱二十七歲夫亡撫姪南榮爲嗣授室而歿媳錢氏時三十歲撫遺腹子長春亦授室而歿孫媳畢氏時二十四歲一門苦節朱年七十二錢旌年六十一

朱佩璜妻邱氏二十八歲夫亡撫姪錫齡爲嗣年四十九

吳楠妻袁氏二十七歲夫亡撫遺腹子炳文成立旌年五十九

邱宏業妻顏氏二十七歲夫亡撫姪孫陵爲嗣旌年七十三

朱景崧妻倪氏二十三歲夫亡撫姪珣爲嗣旌年五十五

吳文魁妻董氏二十五歲夫亡撫孤成立旌年五十三

金大鏞妻吳氏十九歲夫亡撫姪桂馨爲嗣旌年五十七

沈瑞徵妻潘氏二十八歲夫亡守節四十八年

汪運昌妻吳氏二十九歲夫亡守節二十年

生員唐瑾妻浦氏二十九歲夫亡守節年四十七

生員史之良妻姚氏二十八歲夫亡苦志守節孝事翁姑子福田入太學璜爲諸生足徵母教焉旌年五十六

李世熙妻胡氏二十九歲夫亡守節旌年六十九

吳湄妻馬氏二十九歲夫亡守節旌年七十

武生胡林妻施氏二十五歲夫亡守節旌年四十五

生員吳攀龍妻朱氏二十九歲夫亡撫孤成立守節二十一年

生員吳寶森妻沈氏二十八歲夫亡撫孤成立旌年五十一

錢永孝妻曹氏二十四歲夫亡旌時已守五十年

職員顧政妻倪氏二十五歲夫亡含哀矢志持家勤苦旌時已守四十二年

張壽龍妻陳氏二十歲夫亡撫遺腹子遺珠成立旌年六十三

盛繼文妻汪氏二十一歲適盛九月夫亡撫遺腹子凝周成立守節四十二年

盛珠崖妻沈氏二十七歲夫亡以姪撫音爲子子歿復撫孫旌年六十七

盛漢良妻金氏二十六歲夫亡孝事舅姑獨任喪葬紡織以供旌年六十二

生員盛師可妻王氏二十二歲夫亡無子以姪爲嗣年四十二

生員孫炯妻宋氏二十二歲夫亡事姑以孝聞撫嫡姪爲嗣旌年六十一

孫曹福妻朱氏二十八歲夫亡甘貧苦守撫四齡孤成立旌年六十六

徐端書妻葛氏克先妻張氏葛三十歲夫亡子二克先克明撫以成立克先娶張氏二

十七歲孀居姑媳同守苦節葛年八十三張旌年五十三

陸世瑞妻沈氏二十二歲夫亡撫三齡遺孤成立旌年五十八

祝祥龍妻范氏二十五歲夫亡撫孤守節旌年八十

祝繼昌繼妻陸氏二十九歲夫亡撫孤守節旌年五十五

金桂生妻李氏二十八歲夫亡撫孤守節旌年五十九

陳逢年妻宋氏二十八歲夫亡撫姪爲嗣旌年六十六

徐士俊妻范氏二十八歲夫亡事翁姑以孝撫子婚娶後又歿復撫孫成立旌年五十八

方廷棟妻范氏歲貢際華女二十一歲歸方善事孀姑二十九歲寡撫孤成立旌時已守三十九年

周漣妻丁氏二十七歲夫亡撫三月遺孤世釗旋以瘵疾卒氏抑鬱成疾勉事兩世姑嫜克循婦道以姪世修爲嗣苦節四十二年

鄭培妻施氏十七歲贅培生一子一女子幼殤越三載培歸省親渡河溺死氏去櫛毁容茹荼齒雪者三十餘年年五十七

邱雲祥妻歸氏二十八歲夫亡安貧撫孤守節五十一年

吳茂生妻沈氏二十六歲夫亡立志撫孤旌年五十六

趙立鞏妻陳氏二十九歲夫亡守節二十六年

顧星緯妻汪氏二十五歲夫亡守節四十一年

金德音妻李氏二十八歲夫亡守節四十二年

沈鳳超妻陸氏二十五歲夫亡守節二十六年

顧星朗妻葉氏二十九歲夫亡守節三十四年

監生沈濤妻楊氏二十一歲夫亡守節三十八年

蔡咸閶妻范氏二十六歲夫亡守節二十七年

嚴震寰妻王氏二十八歲夫亡守節二十一年

姚壽頁妻顏氏二十六歲夫亡守節二十五年

嚴福茂妻顧氏二十歲夫亡守節二十一年

馬俊頁妾董氏二十九歲俊頁亡守節二十八年

羅懷榮妻沈氏三十歲夫亡守節四十九年

馬起封妻程氏二十三歲夫亡撫遺腹子苦志守節四十五年

沈蔭嘉妻平氏二十八歲夫亡守節二十一年

陳公益妻沈氏二十九歲夫亡守節五十三年

朱紀明妻高氏二十九歲夫亡旌時已守三十年

盛植愷妻胡氏二十九歲夫亡旌時已守三十年

倪雷妻沈氏二十六歲夫亡孤方五齡遺腹又生一子俱撫以成立守節二十年

鍾繼善妻曹氏二十八歲夫亡撫四齡孤成立守節三十一年

監生鍾元煇妾某氏二十二歲元煇亡守節四十四年

李丙義妻王氏二十二歲夫亡旌時已守四十二年

郭鳳標妻孫氏二十五歲夫亡撫遺腹子福慶成立旌時已守二十四年

陳賜福妻盛氏十九歲夫亡事祖翁姑及翁姑勤紡織以佐甘旨撫姪頁元爲嗣守節二十五年

陳瑞昌妻顧氏二十三歲夫亡撫襁褓孤成立旌時已守二十五年

徐德高妻孫氏二十二歲夫亡茹荼苦矢志旌時已守二十一年

郭奔年妻郭氏二十歲夫亡孝事翁姑婦兼子職旌時已守二十一年

胡埧妻吳氏副貢福田女十七歲婚兩載夫亡事翁姑擇繼嗣甚勤紡旋卽絕粒而死守節二十餘年

汪程鶴妻楊氏二十五歲夫亡拮据喪葬紡織以給守節三十一年

錢禮周妻楊氏二十四歲夫亡家徒壁立翁老孤幼含哀支持苦節二十八年

陳士雲妻周氏二十四歲夫亡守節二十七年

汪德權妻陳氏二十歲夫亡旌時已守五十一年

蔡鏞妻王氏二十六歲夫亡守節三十七年

彭鳴鑣妻沈氏二十六歲夫亡守節二十四年

沈尙忠妻姚氏二十五歲夫亡守節四十四年

嚴順發妻郭氏二十四歲夫亡守節二十六年

朱國鈞妻曹氏二十六歲夫亡守節四十七年

周世昌妻陸氏二十六歲夫亡守節二十七年

陳大昌妻顧氏二十九歲夫亡守節五十二年

李正宗妻章氏二十七歲夫亡遺二孤幼撫養成立嗣兩子媳相繼歿諸孫在襁褓氏艱苦撫訓俱游庠苦節五十九年

李秀如妻顧氏二十四歲夫亡無子以姪承祧翁姑先後棄世竭力以營喪葬旌時已守二十七年

胡維城妻黃氏二十六歲夫亡以螟蛉爲嗣守節三十九年

沈佑人妻蔡氏二十八歲夫亡奉翁姑撫幼孤守節三十七年

吳壽元妻王氏二十二歲夫亡姑欲奪其志攜孤歸依母家績紝自給姑病仍歸侍湯藥人稱其孝年七十三

鍾繼順妻錢氏二十一歲婚四十三日夫亡號慟誓殉戚族以立嗣勸之乃撫姪爲嗣年七十三

沈思範妻姚氏二十八歲夫亡撫二孤成立娶婦後相繼歿婦改適姚依姪以居旌年六十五

唐振山妻仰氏二十三歲夫亡無子誓不再適茹荼終身年八十五

唐克明妻李氏二十五歲夫亡撫孤守節五十二年

唐鳳株妻施氏二十三歲夫亡甘貧誓守旌年五十一

鍾孔堦妻胡氏二十五歲夫亡撫遺孤成立旌年五十六

章瑞祥妻沈氏十九歲夫亡母以其年少無子勸改適痛哭不從撫姪以承夫祀年六十三

倪瑞文妻朱氏二十三歲夫亡撫遺腹子成立年七十二

倪瑞清妻高氏二十七歲夫亡與朱氏爲妯娌苦節共矢垂三十載年五十六卒人稱一門雙節

陸大成妻駱氏二十二歲夫亡家貧奉翁姑撫遺孤年五十三

陳永秀妻孫氏二十歲結縭甫四月夫亡無子事翁姑撫繼姪備歷艱辛年七十七

沈繼元妻李氏二十八歲夫亡遺孤方彌月撫以成立卒年五十二

李文彬妻諸氏二十五歲夫亡矢志守節年七十九

邱士豪妻周氏二十五歲夫亡守節四十二年

倪興宗妻戴氏二十五歲夫亡守節二十三年

陸鳳山妻徐氏二十二歲夫亡守節四十五年

沈雲峰妻倪氏二十五歲夫亡守節五十五年

沈兆元妻謝氏二十六歲夫亡無子撫姪承祧守節四十八年

陳士章妻褚氏二十九歲夫亡守節四十八年

鍾廷貴妻羅氏二十九歲夫亡矢志守貞年六十九

褚成瑞妻鍾氏十七歲夫亡無子撫姪成立家貧茹苦旌年六十九

倪鳳岐妻沈氏二十三歲夫亡撫遺腹子成立旌年五十

姚文秀妻姚氏二十五歲夫亡旌年六十六

胡廣年妻馬氏二十三歲夫亡守節五十五年

錢懋德妻倪氏二十八歲夫亡守節旌年五十八

沈艮發妻沈氏二十九歲夫亡守節二十四年

沈永思妻宋氏二十四歲夫亡守節三十九年

吳茂祥妻陳氏二十八歲夫亡撫姪承祧守節四十四年

王廷貴妻費氏二十六歲夫亡家貧甚或勸改適誓死不從苦志自守女紅以給旌年六十七

陸壽臧繼妻沈氏二十二歲夫亡撫三齡遺孤成立旌時已守二十五年

胡發艮妻虞氏二十七歲夫亡守節三十二年

沈瑞祺妻謝氏媳沈氏謝二十四歲夫亡撫遺腹子成立沈復早卒媳沈氏時二十九歲謹遵姑訓茹苦甘貧人稱雙節謝年六十三沈年五十九

姚汞鳳妻褚氏文忠妻陳氏德雲妻徐氏褚二十九歲夫亡子文忠娶陳氏二十三歲文忠又亡孫德雲娶徐氏二十九歲亦寡褚守節三十四年陳守節五十四年徐守節十七年人稱一門三節

周玉鑣妻金氏二十三歲夫亡無子孝養翁姑及歿罄家營三世窀穸繼母沈氏孀居憐其伶仃挈以歸母女相依年八十一

屠允年妻倪氏二十二歲夫亡守節五十八年

張廷棟妻鍾氏二十二歲夫亡撫遺腹子成立守節三十五年

張元烈妻盛氏二十四歲夫亡守節二十二年

嘉興府志　卷七十七　石門節婦　三二

沈有年妻李氏二十六歲寡家貧以紡績事翁姑撫姪爲嗣又殀依瑁沈惜三以終守節四十五年

朱大章妻費氏二十五歲夫亡守節二十六年

胡文學妻錢氏媳沈氏姑二十四歲夫亡守節四十八年媳二十三歲寡同苦守年三十八

李明才妻俞氏二十九歲夫亡撫孤成立守節四十五年

李明禴妻李氏二十三歲夫亡遺孤三賴十指所入以供晨夕守節三十七年

潘楚珩妻沈氏二十二歲夫亡無子撫姪蕙田爲嗣後游庠旌年六十二

張德宜妻謝氏三十歲夫亡遺腹子鳳山撫以成立年七十六

沈承祖妻沈氏二十七歲夫亡遺孤甫二齡冰蘗自矢撫以成立守節三十五年

蔣聖才妻朱氏三十歲夫亡家貧勤女紅以自給旌時已守三十年

章天喜妻李氏二十九歲夫亡守節四十年

監生胡青照繼妻吳氏三十歲夫亡事姑撫孤守節二十九年

夏滄飛妻朱氏三十歲夫亡守節五十餘年

錢陽生妻姚氏二十五歲婿一載夫亡絕粒兩日誓不欲生以姑勸諭勉進漿水茹荼七年終不食而死一時士紳如吳文照施嵩等重其苦志爲咏節香集焉

盛一飛妻張氏二十六歲夫亡勺水不入口緣念上有老姑下有幼孤勉從勸進食然含哀神傷未幾竟卒年二十七

姚咸若繼妻楊氏二十六歲夫亡欲以身殉四羅守某周勸諭者切得不死遺腹舉一子含哀撫之終以哀毁過傷而卒

譚玉麟妻方氏二十九歲夫亡無子煢煢獨守年三十五

王萬楚妻陳氏二十三歲夫亡事哀翁撫幼子守節十五年

王廷槐妻陳氏二十三歲夫亡守節三十一年

嘉興府志　卷七十七　石門節婦　三三

施兆昌妻朱氏十八歲夫亡或勸以年少改適氏誓以死守而卒苦節十五年

夏拱辰妻張氏二十九歲夫亡苦節二十餘年

倪孔昭妻黃氏二十七歲夫亡守節四十八年

黃河清妻沈氏二十九歲夫亡守節三十七年

沈應龍妻高氏二十九歲夫亡守節三十六年

莊紹學妻楊氏二十七歲夫亡守節四十九年

范錦春妻車氏二十二歲夫亡守節四十七年

廩生余汝諧妻勞氏二十四歲夫亡無子孝事遺翁喪葬如禮茹荼飲蘗苦節以終

朱啟祥妻宋氏二十二歲夫亡撫姪爲嗣年六十二

朱孝廣妻陳氏二十九歲夫亡二孤尚幼撫以成立年五十八

湯鎔妻淩氏二十七歲夫亡撫孤守節旌年五十九

洪鏡寰妻曹氏二十八歲夫亡守節旌年七十一

孫樹本妻呂氏二十八歲夫亡守節二十一年

胡掌銓妻李氏二十五歲夫亡守節三十九年

周永昌妻潘氏二十一歲夫亡守節旌年五十九

屠壽林妻姚氏二十五歲夫亡節旌年五十一

薛起茂妻莫氏二十九歲夫亡守節四十四年

薛觀理妻朱氏二十九歲夫亡守節旌年七十二

王錫源妻吳氏二十二歲夫亡守節五十八年

李紹祖妻周氏二十八歲夫亡守節四十四年

姚懷瑜妻高氏

勞杰妻沈氏夫早亡撫孤成立年八十餘卒以上于志

儒童金應榴妻蔡氏道光二十六年旌

蔡某妻范氏道光二十七年旌

豐樹屏妻馬氏二十八歲夫亡守節二十七年

監生錢坤妻邱氏以上道光二十九年旌

儒童湯如源妻汪氏

監生吳爾謙妻陳氏二十八歲夫亡守節二十五年

生員胡凝熙妻章氏二十一歲夫亡守節三十五年以上咸豐二年旌

鍾楹妻陸氏二十三歲夫亡守節二十五年

生員蔡載晉妻李氏

監生沈如椿妻蔡氏以上咸豐五年旌

周際斐妻李氏咸豐六年旌

吳學洪妻施氏二十七歲夫亡守節三十六年同治十年旌

沈棻妻范氏二十三歲夫亡現年六十二

陳泗妻談氏二十歲夫亡現年五十七

鍾秀妻徐氏　吳學湧妻周氏

鍾文光妻田氏　胡仁安妻謝氏

徐克順妻朱氏　吳錫鳳妻葉氏

生員鍾之彥妻蔡氏二十五歲夫亡守節二十八年

生員譚尚元妻鍾氏二十七歲夫亡守節十九年

監生史二西繼妻王氏二十九歲夫亡現年六十四

監生錢椿妻顏氏二十六歲夫亡守節三十五年

生員吳桂生繼妻周氏二十歲夫亡撫孤成名現年五十六

監生鍾栻妻沈氏二十八歲夫亡現年六十一

生員鍾棠妻孫氏二十八歲夫亡現年五十五

生員鍾炳妻張氏三十歲夫亡守節二十一年

監生譚長鞏妻胡氏二十九歲夫亡撫嗣子成名守節十八年

監生馬汝楞妻沈氏二十四歲夫亡現年六十八

生員陸純熙妻徐氏二十七歲夫亡守節四十四年

生員陸賓鴻妻沈氏二十六歲夫亡守節二十四年

生員李心純妻沈氏二十九歲夫亡守節二十二年

監生竇日頤妻劉氏二十六歲夫亡守節二十八年

生員楊傳卿妻錢氏二十九歲夫亡現年七十五

生員徐學江妻蔡氏三十歲夫亡守節十九年

監生馬玉書妻蔡氏二十歲夫亡守節十一年

生員錢王鑑妻吳氏二十九歲夫亡守節三十年

監生田芹妻沈氏三十歲夫亡守節三年亡

監生李堃妻馬氏二十八歲夫亡守節二十一年

監生徐汝錫妻李氏三十歲夫亡現年六十八

廪生馬煥猷妻夏氏二十歲夫亡撫子成名守節三十六年

提舉銜江蘇候補通判蔡錫祺妻朱氏二十六歲夫亡撫子成名守節十年

武生田方成妻沈氏三十歲夫亡撫子成名守節二十七年

生員吳訥言妻蔡氏二十四歲夫亡守節二十八年

生員孫澄妻沈氏二十七歲夫亡守節十七年

監生胡文墀妻朱氏二十一歲夫亡現年六十六

監生胡闗福妻盛氏二十五歲夫亡守節五十一年

監生胡書勳妻呂氏二十八歲夫亡守節三十一年

監生胡時煊妻談氏二十六歲夫亡守節二十五年

監生勞宗燦妻徐氏三十歲夫亡守節十三年

生員勞光憲妻葉氏三十歲夫亡守節二十四年

職員鄭璋妻陸氏二十四歲夫亡事孀姑極孝撫姪爲嗣守節三十八年

陳鈞妻商氏二十四歲夫亡守節二十八年

陳瑚妻朱氏二十歲夫亡守節二十一年

陳祚妻朱氏二十九歲夫亡守節三十二年

徐圻妻周氏二十五歲夫亡現年七十五

方瑞祥妻陳氏二十一歲夫亡現年五十八

田方樞妻汪氏二十六歲夫亡現年五十七

竇繩儼妻陸氏二十五歲夫亡撫子成名守節二十六年

儒童汪元厚妻田氏二十三歲夫亡現年六十二

儒童田德華妻錢氏二十六歲夫亡守節十年

黃禮忠妻范氏二十八歲夫亡守節三十三年

吳錫瑲妻胡氏二十四歲夫亡守節十四年

朱福椿妻蔣氏二十八歲夫亡守節十六年

沈正文妻徐氏二十八歲夫亡守節五十一年

姚惠方妻李氏二十九歲夫亡守節三十二年

姚元標妻沈氏二十五歲夫亡守節四十五年

倪德宗妻盛氏二十七歲夫亡守節二十四年

沈清妻范氏二十九歲夫亡現年七十三

范壽增妻徐氏二十八歲夫亡現年六十九

朱福慶妻諸氏二十二歲夫亡守節十年

張學升妻談氏三十歲歸張甫二旬而寡誓以身殉翁姑密伺之爲解懸繯者再勉成喪禮撫嗣子成立守節三十年

沈上齡妻徐氏二十九歲夫亡守節四十七年

姚壽康妻王氏二十六歲夫亡現年四十九

韓士俊妻陶氏二十二歲夫亡現年七十四

張琴諧妻王氏二十三歲夫亡現年五十一

沈銓妻鄭氏二十九歲夫亡現年六十七

姚大陞妻曹氏二十三歲夫亡守節五十三年

馮萬金妻包氏二十八歲夫亡守節三十一年

周嘉壽妻蔡氏二十歲夫亡守節四十年

姚景春妻蔡氏二十七歲夫亡現年五十六

陳際唐妻沈氏二十二歲夫亡守節五十三年

陸達璋妻蔡氏二十歲歸陸甫兩月夫亡撫二姪爲嗣守節四十二年

朱祥芳妻沈氏二十七歲夫亡現年六十八

呂袁沛妻姜氏二十九歲夫亡現年四十九

汪字清妻沈氏十八歲夫亡現年七十五

孫銘中妻顧氏二十二歲夫亡現年七十四

吳錫恭妻陳氏二十八歲夫亡現年五十五

金俊山妻王氏二十八歲夫亡守節四十九年

吳恒南妻王氏二十八歲夫亡守節四十八年

朱國昌妻王氏二十五歲夫亡現年六十三

錢維墉妻沈氏二十二歲夫亡現年七十三

曹悅亭妻陳氏二十二歲夫亡現年五十二

王景昌妻李氏二十五歲夫亡守節十一年

李鼎梅妻鄧氏二十一歲夫亡守節五十年

沈永華妻章氏二十四歲夫亡守節四十七年

張茂堂妻屈氏十八歲夫亡守節二十五年

李昭觀妻陳氏二十八歲夫與翁俱歿粵匪難遺孤四齡殤戚族爲立嗣又殤復立其弟而撫之現

年四十五

屈玉琳妻唐氏二十七歲夫亡守節五十年

沈某妻張氏二十九歲夫亡守節三十年

倪鳴球妻鍾氏二十七歲夫亡守節五十一年

朱俊名妻朱氏三十歲夫亡守節二十九年

朱鑾後妻余氏二十八歲夫亡撫前氏子成立現年六十八

徐光明妻莊氏二十八歲夫亡撫訓嗣子成名現年五十二

陸純秀妻張氏二十九歲夫亡現年五十七

胡惠元妻高氏二十八歲夫亡守節四十一年

費某妻蔡氏二十歲夫亡現年七十一

呂某妻范氏二十五歲夫亡守節十六年亡

唐某妻沈氏二十歲夫亡現年七十六

錢某妻沈氏二十七歲夫亡現年六十八

嚴以祥妻許氏三十歲夫亡現年七十三

錢桂妻陳氏三十歲夫亡咸豐庚申子復被擄媳又故陳上奉九旬老姑下挈兩雛孫避寇扶持保抱卒賴以安現年七十四

章大友妻張氏三十歲夫亡現年六十七

鍾學敏妻徐氏二十七歲夫亡現年六十六

儒童施贊淸妻朱氏二十三歲夫亡守節三十四年

儒童胡祖望妻章氏二十八歲夫亡現年七十二

儒童胡爾虎妻沈氏二十七歲夫亡現年五十五

施瑞妻金氏十九歲夫亡守節四十一年

夏立功妻沈氏二十六歲夫亡守節三十一年

張茂山妻鄧氏三十歲夫亡守節二十二年

陳瑞堂妻凌氏二十七歲夫亡守節三十三年

湯學先妻孫氏二十四歲夫亡守節二十七年

周鳳岐妻沈氏二十九歲夫亡現年五十三

姚茂松妻周氏二十六歲夫亡撫孤成立孤曾爲族惡所凌幾危得神祐而甦咸謂苦節之報云現年四十九

武生李八龍妻沈氏二十九歲夫亡撫孤成名嗣子媳偕亡又撫雛孫成立守節六十四年

監生曹均妻黃氏二十九歲夫亡現年四十六

監生蔡錫九妻李氏三十歲夫亡現年四十五

豐兆鑾妻莫氏二十三歲夫亡現年四十八

鍾棟妻王氏二十九歲夫亡現年六十二

朱九松妻宋氏二十七歲夫亡現年六十二

鍾樑妻宋氏二十六歲夫亡守節十二年

胡芬妻程氏二十九歲夫亡現年六十一

沈士連妻許氏二十歲歸沈未合巹而士連卒氏泣稟翁姑易服請立後勉成喪禮守貞三十七年

鍾桂妻徐氏　馬文杰妻田氏

錢椿妻顧氏　朱學傳妻徐氏

魏善烈妻田氏三年以上同治十旌

凌齡妻楊氏十七歲歸凌咸豐壬子夫隨翁差委湖北楊奉姑避寇嗣聞翁死夫不知下落乙卯奉姑歸里庚申城陷姑赴水死氏鑛嗇度日自壬子迄今守節已二十六年

匡普麗妻葉氏二十九歲夫亡守節四十四年

嘉興府志卷七十七

嘉興府志卷七十八

嘉興府知府善化許瑤光重輯

列女 節婦

桐鄉縣上

明

濮貴一妻劉氏二十八歲夫亡事姑育子孝[illegible]洪武時旌按徐一夔濮節婦序作濮宗海妻

朱原震妻方氏二十九歲夫亡子甫八月孝養舅姑父憐其少欲強再適方誓死不二程本立鮑恂有記

夏子昭妻顧氏二十七歲夫亡子甫四歲紡織撫孤舅諭以改適以死自誓乃止以上洪武時旌

譚宏妻沈氏十七歲適宏二十夫亡遺孤甫晬繼姑陸氏生有三子有奴老而狡爲陸謀去沈而并其

產又謀害其孤沈懼攜歸父家久之陸悟棄奴收婦而還孤析產與親子婦等沈守節六十年

徐宗海妻趙氏二十三歲夫亡父母憐其少欲奪其志趙矢不二成化時旌

高逾妻李氏二十八歲夫亡生子熊甫期家貧舅姑繼歿往依母居母令改適不從熊既長娶曹氏無子爲置妾陸氏甫得子而寡曹與陸亦皆守節事姑撫孤兩世三節

沈皋妻蘇氏稷妻蘇氏俱年踰二十夫亡同居辟纑織以事姑課子建有雙節坊

胡雷妾沈氏十九歲雷亡生子椿未彌月貧苦萬狀撫之成立年八十三卒

劉尚文妻孫氏十九歲夫亡撫二孤守圭延圭成立守圭娶沈氏亦年十九寡與姑矢志俱以壽終

錢國銓妻鍾氏十七歲成婚十八日夫亡盡出笥中色服裂而焚之守節以卒

主事沈繼志妻李氏十七歲適沈身任井臼志甫授官卒于京師李扶櫬歸歷諸艱苦守節三十七年卒

馮倫妻張氏二十九歲夫亡遺孤孜僅三歲紡織奉姑課子孜登進士疏請旌表封宜人奉詔建坊年八十四卒

夏勳妻趙氏二十歲夫亡孝姑課子年七十五卒

夏楩妻許氏二十七歲夫亡姑老子幼紡織奉養年七十四卒

監生錢綬猷繼妻朱氏二十八歲夫亡教子入泮守節四十五年

朱袞妻李氏二十歲夫亡矢志撫孤及遺腹子成立

陳九韶妻徐氏二十七歲夫亡撫孤雲鶚爲諸生守節四十餘年

方以規妻沈氏二十三歲夫亡無子與一女相依守節三十六年

鄭振先妻沈氏二十七歲夫亡遺孤昌世甫四歲課之有成守節六十三年孫蘊宏成進士

錢維垣妻沈氏二十歲夫亡守節邑令王應期表之

生員姚國柱妻沈氏十七歲夫亡居一小樓追繡夫像事之天啟間學使表曰貞節

儒童仲應鸞妻徐氏二十一歲夫亡遺二女次女早世徐艱貞自矢以壽終

費可學妻張氏十九歲夫亡父母欲奪其志自誓不二監司表曰嘉節

莊學賢妻章氏二十二歲夫亡勤苦撫孤父母歿弟幼章竭力喪葬年七十九卒

生員黃廷龍妻鍾氏二十六歲夫亡上事嫠姑下撫幼子有司表揚給帛年六十七卒

夏尚賢妻孫氏夫有癩疾父母欲令改適孫不從及歸夫疾篤勤供湯藥夫亡善事舅姑有司歲給粟帛年六十五卒

周滂妻劉氏適周四載夫亡自縊以救得解廬墓三載奉姑訓子守節六十年

張承寵妻唐氏二十一歲夫亡母欲奪其志唐誓不從撫遺腹子光晞守節四十年

曹士英妻劉氏夫亡矢志勤撫二孤年八十二卒

生員朱一豹妻張氏二十一歲夫亡姑老子幼持家備極勤苦後子邦祁成進士崇禎時旌
顧瑫妻金氏二十二歲夫亡族人欲奪其志誓死不從守節五十餘年曾孫大化成進士黃汝亨有傳
監生沈錡妻李氏二十九歲夫亡紡績苦守夫弟鏊鏞拮据李膳養之守節三十四年
潘景暘妻顏氏二十歲夫亡遺二子俱殀煢煢孑立年逾八十卒
曹元甫妻朱氏其子太寧妻歸氏姑婦並早寡守志濮院人
徐涞妻祁氏陳敏才妻施氏倪大緯妻稽氏俱少寡守節撫孤
生員陳樸妻錢氏二十七歲夫亡鬻產訓子并葬翁姑及叔嬸撫育從子成立守節數十年
生員祁璐華妻陸氏二十九歲夫亡無子獨居一樓女紅度日守節三十餘年
周思誠妻曹氏二十八歲夫亡遺孤應驥應驊俱幼撫育成立應驥妻王氏早寡無子亦以節著
王敬宗妻張氏二十歲夫繫獄亡守節數十年卒

生員夏知白妻沈氏二十歲夫亡遺二孤長殤次梅臣弱冠游庠
夏元調妻王氏二十一歲夫亡姑患痺德癒而穢王侍奉弗懈訓子覲嚴而有法副憲孔自洙有傳
生員沈江揚一作陽妻顏氏二十八歲夫亡子早歿同婦張氏守節年各八十餘卒
盛小谷繼妻馬氏妾孟氏馬二十九歲夫亡子延祐延祚俱幼孟年二十八寡同撫二子
成立
生員陸文政妻鍾氏夫亡守節崇禎間旌
通判夏觀妾宋氏觀歿課子時亨為諸生守節四十年
貢生張明俊妻沈氏夫亡撫孤履祥成大儒世所稱楊園先生也崇禎時旌
孫廉繼妻王氏二十八歲夫亡守節二十二年
夏明叔妾張氏明叔早亡矢志不二有徐雲售田遇盜張復償其價韓文宿負不能還舉券焚之督
學使大綬表其閭
鍾鐸妻呂氏鐸居鄉讀書好善慨為耕犁所觸遘疾而亡呂年二十守節七十年于嘉靖二年旌後年
至九十九復以壽母旌額其堂曰雙旌

國朝

莊洪譽妻郁氏婚七月夫亡舅姑營葬畢即於墓前構數椽以居守節四十餘年康熙十七年旌
徐文彥妻嚴氏一十九歲夫亡遺腹生子艱苦撫育事舅以孝康熙四十三年旌
張子宜妻柴氏二十四歲夫亡守節三十年雍正元年旌
吳啟祿妻邢氏二十四歲夫亡事姑盡孝姑歿即葬於廬側日與先人魂魄相依也
周晟妻沈氏二十二歲夫亡事舅姑撫孤子守節二十九年以上雍正三年旌
生員朱邇理繼妻沈氏二十七歲夫亡撫前氏子登峯成立雍正六年旌

生員陳尚達妻柏氏二十九歲夫亡斷一指殉夫櫬中留身以養舅姑守節十六年卒
監生鍾大鏞妻高氏二十九歲寡無子翁與繼姑相繼而歿高撫二幼叔成立守節三十一年
生員周元輿妻唐氏二十二歲夫亡孝養舅姑撫嗣子瑾為諸生守節三十八年以上雍正
七年旌
生員魏漢飛妻潘氏十九歲夫亡族人以無子勸其他適誓死不從守節三十九年
生員魏闓妻夏氏十八歲夫亡以紡織所積營葬四棺守節四十七年
徐幹妻倪氏二十六歲夫亡遺孤銘鎬俱幼夫叔逼之嫁倪恚恨投河以救免守節四十六年以上
雍正九年旌
孫錫祚妻程氏夫亡無子夫弟二人相繼卒為翁納蓮室生子聖集迨聖集生子吉修立為錫祚後
吉修年十八為諸生氏曰吾可以見夫子地下矣一笑而逝

監生夏景賢妻顧氏二十九歲夫亡事繼姑孝撫子江福有孫五人守節三十年

監生朱元佐妾錢氏二十二歲元佐亡一子襁褓遺腹又生一子俱撫成立守節四十四年

以上雍正十二年旌

王佩臣妻張氏二十六歲夫亡無子孝養翁姑歿後竭力營葬守節三十年

生員鈕興周妻張氏二十八歲夫亡撫孤汝騏汝驤成立守節三十一年卒贈安人

生員沈維新妻丁氏二十九歲夫亡撫子元烜成立母徐目盲迎養于家守節三十四年

費右章妻豐氏二十三歲夫亡遺孤秉仁未晬撫育成立守節四十五年

吳廷枚妻唐氏二十二歲夫亡撫子崧成立守節二十九年

輔試臣妻夏氏二十九歲夫亡積紡績貲卜葬翁姑附夫于側守節二十八年

沈鳴臯妻沈氏十七歲適沈未及期夫亡守節四十七年

郭之瀚妻柴氏二十六歲夫亡翁館於外事姑無失禮守節三十八年

潘體乾妻朱氏二十二歲夫亡撫孤善志守節五十二年

譚永生妻王氏十五歲夫亡守節四十六年

蔣渭飛妻潘氏婚九月夫亡舅姑老病竭力供湯藥及歿經營殯葬依兄守節

監生陳雲驤妾倪氏雲驤亡撫孤倫達成立苦節終身

生員繆兆熊妻孫氏二十三歲夫亡家貧鬻簪珥以營窀穸守節四十九年

某鑽妻錢氏錢君尙女年二十二夫亡撫子沾成立守節四十三年

吳佑宜妻姚氏

董某妻蔣氏以上乾隆元年旌

徐子成妻姚氏二十四歲夫亡家貧無子藉織紝以自給守節四十五年

程彧符妻陳氏二十五歲夫亡撫孤鴻溶成立守節四十九年

輔贊侯妻沈氏二十七歲夫亡子勝功生纔五十日鞠育備至年踰九十卒

沈萬隆妻唐氏二十六歲夫亡事舅姑孝撫孤桂芳入太學守節三十年

祁嘉聲妻張氏十九歲夫亡子天鈐娶妻朱氏早寡姑婦相依復撫從孫廷瀾爲後以上乾隆二年旌

生員沈焯妻濮氏二十九歲夫亡撫孤甄垲俱爲諸生守節四十七年乾隆三年旌

張承武妻王氏二十一歲夫亡孝事翁姑歿後拮据殯葬守節三十一年

翰林檢討俞長城妾周氏二十九歲長城歿訓子萬聚孫大芝讀書守節三十六年

陳延緒繼妻孫氏二十四歲夫亡撫前妻子曾裕早世又撫遺孫守節六十一年

孔紹賢妻張氏二十九歲夫亡遺孤南臯樞俱幼教之爲諸生守節四十九年

監生戴元光妻程氏十八歲夫亡子肇基生甫三日辛勤乳哺及長爲諸生守節二十八年

以上乾隆四年旌

潘紫綸妻毛氏二十五歲夫亡事翁姑撫幼子德墉備嘗艱苦年四十六卒

趙廣生妻茅氏二十八歲夫亡事太翁及翁姑以孝撫孤掖會亢會衍會成立守節四十六年以上乾隆五年旌

施荆山妻趙氏二十一歲夫亡翁先歿舉前姑吳之柩合葬祖塋之側撫夫從子時乘爲後守節三十一年

生員高文標妾羅氏二十二歲文標亡子照生未彌月嫡錢暮年目瞽賴羅調護錢臨終語曰願汝娶婦賢孝如汝吾慰泉下矣守節三十三年

朱殿章妻周氏二十七歲夫亡遺二孤相繼歿竭力營葬翁姑守節三十三年

徐君明妻沈氏十九歲夫亡撫三歲孤成立守節五十六年

黃烒妻張氏二十四歲夫亡孝事舅姑撫育嗣子守節三十年

沈鳴吉妻陸氏二十七歲夫亡奉侍老姑撫孤成立守節二十五年

嚴丹宸妻楊氏超甫妻黃氏俱生員嚴盼子婦也楊年二十三夫亡黃年二十四夫亡

俱撫子同矢苦志以養其翁楊守節四十四年黃守節四十八年以上乾隆六年旌

陳元音妻朱氏二十四歲夫亡孝事老翁守節二十一年

曹文典妻沈氏二十八歲夫亡遺孤有祥既婚而歿又撫孫以延先緒守節四十二年

錢季升妻沈氏十九歲夫亡上事病姑下撫幼稚守節六十四年

朱永瑞妻張氏二十一歲夫亡遺孤旋殞事舅姑生死以禮守節二十八年

施洪仁妻趙氏二十一歲夫亡誓不改適孝事其姑撫夫從子龍章爲後守節六十一年以上乾

隆七年旌

柴商陳妻嚴氏二十六歲婚半載夫亡撫嗣子慈嚴備至守節十六年卒

黃鍾妻楊氏二十三歲夫亡奉翁姑撫從子臨汜守節四十三年

黃聲威妻張氏二十五歲夫亡事老撫幼竭盡劬勞守節三十年以上乾隆八年旌

彭汝璉妻沈氏二十一歲夫亡事舅姑孝撫夫從子延齡以承夫祀守節三十三年

沈鳳儀妻盛氏二十一歲夫亡遺孤荊產方幼訓之讀書爲諸生守節二十一年

王侶琴妻蔣氏二十五歲夫亡事翁撫孤終身勞苦守節三十六年

程君榮妻殳氏二十八歲夫亡力勤紡織以供菽水撫周歲孤天福守節五十九年

李天英妻錢氏二十四歲夫亡撫夫從子婷爲嗣守節三十七年

莫聖華妻周氏十九歲夫亡翁年老姑患目瞽竭力孝養撫遺娠子文元娶婦有孫守節三十二年

朱漢章妻屠氏二十七歲夫亡遺一歲孤應奎訓之成立守節五十五年

黃夢芳妻戴氏二十五歲夫亡力勤紡織以營殯葬守節四十三年

錢永義妻徐氏二十八歲夫亡守節四十年以上乾隆九年旌

沈采臣妻韓氏二十七歲夫亡撫孤文龍務本力田守節五十三年

贈知州趙龍光妻沈氏二十四歲夫亡遺腹一女長適知州陸費熙沈守節四十年以熙子

墀貴貤贈淑人

蔣子御繼妻汪氏二十七歲夫亡遺孤殀撫夫從子肇奎爲後葬三世棺守節三十年

徐美生妻胡氏十八歲夫亡孝事孀姑撫遺腹子陞揚成立守節五十八年

吳元龍妻陸氏二十三歲夫亡子亨遠三齡遺腹子亨暹俾各成立守節五十五年

茅樹樾妻徐氏二十五歲夫亡立夫之從子法祖爲後姑病藥餌不假侍婢手守節五十九年

夏延祚妻姚氏二十五歲夫亡子溥甫晬教之爲諸生守節二十九年

吳道清妻沈氏二十六歲夫亡勵志撫孤安葬兩世守節四十四年

王禮庭妻周氏十八歲夫亡事翁姑撫嗣子守節六十五年

生員鍾朱鼎妻莊氏二十九歲夫亡寢食靈側三載守節四十一年

李秉文妻許氏二十五歲夫亡事翁姑孝嗣子早世又撫孫以延夫祀守節四十六年

殳聖期妻胡氏二十六歲夫亡孝事哀姑撫育孤子守節五十八年

趙登雲妻魏氏二十六歲夫亡事翁姑生死盡禮撫幼孤成立守節二十九年

張自誠妻吳氏　鍾文瞻妻費氏以上乾隆十年旌

監生蔣國祺繼妻張氏二十二歲夫亡撫夫從子世績至九十四卒

毛羽煌妻許氏二十八歲夫亡家貧事翁姑甘旨無缺撫五歲孤成立守節三十八年

畢襄文妻朱氏十九歲夫亡事翁姑撫嗣子守節四十五年

程嶸安妻馮氏二十七歲夫亡遺孤方五齡鞠育成立守節二十八年

朱觀文妻沈氏二十七歲夫亡紡織以供舅姑甘旨撫孤廣仁守節三十三年

周師承妻沈氏以上乾隆十一年旌

張廷輔妻陳氏二十五歲夫亡事姑撫孤守節六十年

生員方奇妻潘氏二十九歲夫亡遺孤殤潘矢苦志守節二十年

蘇幹臣妻楊氏二十四歲夫亡翁姑貧老撫七月孤以延一綫守節五十六年

朱乾貞妻周氏二十九歲夫亡奉老姑撫嗣子守節三十年

莊起豪妻張氏二十歲夫亡翁有宿逋鬻簪珥償之撫嗣子灝爲諸生守節三十四年

沈秉文妻蔡氏二十八歲夫亡事翁姑甘旨無缺守節三十五年

張昌言妻王氏二十九歲夫亡事姑撫子幷葬兩世守節四十年以上乾隆十二年旌

鄭國英妻姚氏二十二歲夫亡善事舅姑撫孤成立守節三十五年

毛乘六妻沈氏十九歲夫亡翁姑繼歿拮据殯葬守節四十七年

朱繼芳妻楊氏二十八歲夫亡敬事翁姑督課孤子守節四十一年

朱天階妻莊氏二十歲夫亡事舅姑撫嗣子守節二十五年

莊肇域妻王氏二十五歲夫亡遺孤起傳早殀孝事老姑撫夫兄之子起發爲後年七十九卒

沈顯宗妻蔡氏夫亡守節以上乾隆十三年旌

監生鍾璠妻于氏二十八歲夫亡翁姑歿竭力營葬撫夫從孫世經爲後守節二十三年

葉守勤妻皇甫氏十八歲夫亡撫彌月孤志仁成立事舅姑存歿盡禮守節六十二年

徐景潮妻葉氏十八歲婚三月夫亡父兄欲奪其志毀容以謝守節三十二年

張星烇妻錢氏二十五歲夫亡事老姑撫幼穉守節五十八年

陳又舒妻張氏二十四歲夫亡家貧糊冥鏹度日守節五十二年

周曰庠妻沈氏十八歲適周夫操舟爲業年二十三方舉一子夫亡貧居小樓年五十一卒

任之濤妻嵇氏二十年夫亡嗣子殤依于母家父母相繼歿遺弟學山尚幼藉女紅以養贍之守節三十一年

程詮儒妻毛氏二十四歲夫亡無子歲凶族人給米以餼守節四十年

曹汝諧妻沈氏二十六歲夫亡歲饑屋又燬于火貧苦守節二十五年以上乾隆十四年旌

周佩芳妻施氏二十五歲夫亡布衣蔬食以撫遺孤守節三十六年

莊肇元妻范氏二十二歲夫亡撫夫從子啟泰爲嗣營葬三棺守節終身以上乾隆十五年旌

舒廣陵妻崔氏二十五歲夫亡勤苦撫孤守節四十年乾隆十六年旌

楊際昌妻姚氏二十二歲夫亡祖姑目眚以舌舐之婢春香感其節終身不嫁守節四十五年乾隆

十九年旌

吳靈皋妻陸費氏乾隆二十三年旌

張元愷妻毛氏舜揚妻錢氏二氏妯娌也毛年二十九夫亡遺子邦鉉邦聖撫之有成錢年二十五寡無子毛守節三十年錢守節至五十三年世稱雙節

徐瑞章妻夏氏二十歲夫客死京邸家赤貧自食棣穀奉姑甘旨守節四十五年以上乾隆二十四年旌

朱君凡妻徐氏二十歲夫亡上事翁姑下撫嗣子拮据營葬守節四十五年

潘之松妻朱氏二十八歲夫亡事翁及繼姑甚謹撫從子煒莊爲嗣守節四十年以上乾隆二十五年旌

生員沈震妻夏氏二十九歲夫亡子欽娶蔣氏欽早歿夏與子婦孀居共守以苦節終

馬麟祥妻沈氏二十歲夫亡守節三十一年

沈大倫妻莊氏二十六歲夫亡守節五十年以上乾隆二十六年旌

沈元雄妻嚴氏二十一歲夫亡事舅姑孝撫嗣子有恩守節六十一年

曹廷泰妻潘氏二十九歲夫亡孝事老翁撫幼孤繩武守節三十七年以上乾隆二十七年旌

施伯龍妻倪氏二十二歲夫亡撫從子文魁早世又以從孫琦爲嗣守節四十五年

孟宿達妻沈氏二十一歲夫亡孝事翁姑撫育嗣子守節三十一年

沈秉珍妻錢氏二十五歲夫亡守節四十六年以上乾隆二十八年旌

金天祥妻魏氏二十六歲夫亡遺腹生子又殤守節三十一年

王魯臣妻沈氏二十二歲夫亡貧不克葬族人勸之火化沈不忍節嗇衣食營葬兩世遺柩鄉里化之守節四十一年以上乾隆三十三年旌

周瑞珍妻吳氏二十三歲夫亡守節五十四年

孔毓璞繼妻陸氏二十四歲夫亡孝事嫠姑撫前氏子如已出守節四十五年

孔繼高妻勞氏二十一歲夫亡遺娠子殀復撫從孫昭榮守節五十一年以上乾隆三十六年旌

章名山妻錢氏二十七歲夫亡子九歲娶婦某氏亦寡同矢苦志守節五十二年

貢生皇甫澐繼妻張氏二十三歲夫亡撫夫從子棠爲諸生守節四十年

舉人吳鴻振妻曹氏十七歲歸吳翁家騏官侍郎例得恩蔭在京邸曹寓書勸其讓與弟某未幾卒至曹年二十九守節三十二年以上乾隆三十七年旌

黃楚來妻邱氏二十八歲夫亡遺兩子一女矢志撫養守節四十年

錢穎寰妻馬氏二十六歲夫亡紡織事姑訓子嚴而有法守節五十四年

曹廷瑀妻蔣氏二十三歲夫亡事翁姑以孝撫孤成立守節三十八年以上乾隆三十九年旌

鄭爾嘉妻曹氏二十五歲夫亡遺孤又殀以從子國賢爲嗣孫守節四十五年乾隆四十年旌

生員曹甸繼妻徐氏二十三歲夫亡事翁極孝撫前氏子楠及孫焯成立守節四十一年乾隆四十一年旌

程鎮繼妻張氏二十五歲夫亡家貧營葬翁姑守節四十五年

朱載安妻錢氏二十四歲夫亡事翁姑養葬無失禮守節四十三年

生員沈秉艮繼妻孫氏二十七歲夫亡子女俱歿以族子敬德爲夫後守節三十五年以上乾隆四十二年旌

沈天佩妻陸氏二十八歲夫亡力葬翁姑及夫柩守節四十三年

蔣士功妻李氏二十四歲夫亡翁姑年老遺孤甫晬茹荼矢志守節五十三年

曹瑾妻張氏二十四歲夫亡撫遺腹子守節五十一年以上乾隆四十三年旌

丁彥成妻姚氏二十六歲夫亡日事紡績以養舅姑撫四歲孤成立守節四十五年

生員孔繼章妻朱氏二十五歲夫亡子廣春生甫二十日茹荼撫育守節四十六年以上乾隆四十四年旌

貢生施曾錫妻金氏二十九歲夫亡絕粒數日訓子禧元領鄉薦守節三十二年乾隆四十五年旌

沈蕙森妻章氏十七歲夫亡撫遺腹子崧生守節四十四年

王培周妻姚氏二十二歲夫亡事太姑及姑盡孝養歿後拮据殯葬守節三十二年

濮炎妻沈氏夫亡事老姑撫嗣子以苦節終

鍾塤妻阮氏二十二歲夫亡撫嗣子振德守節五十三年以上乾隆四十六年旌

吳繼邦一作世祿妻喬氏二十六歲夫亡勤操作事舅姑葬夫撫孤守節四十年

州同金惟詩妻朱氏二十八歲夫亡遺腹生子德輿敎之讀書不事姑息守節三十三年貤贈宜人

徐濟川妻陳氏二十八歲夫亡守節五十二年

張以貞妻畢氏二十二歲夫亡撫夫從子文溱爲後守節二十九年

沈欽妻蔣氏二十三歲夫亡營葬翁姑撫嗣子源入成均守節四十一年以上乾隆四十七年旌

都森玉妻陸氏二十八歲夫亡翁姑相繼歿貧無立錐依其壻孫志學守節六十年

監生朱仁本妾陶氏二十六歲仁本亡遺一子妾李氏出也同心撫育時有以雙節請者李婉謝之陶守節三十六年以上乾隆四十九年旌

監生陸賫崟妻鍾氏二十四歲夫亡祖翁姑及翁姑俱年老多病鍾親嘗湯藥守節三十七年乾隆五十年旌重出

陸鎮宗一作東妻沈氏二十六歲夫亡孝事翁姑守節四十四年乾隆五十二年旌

楊廷堅妻王氏二十四歲夫亡遺孤殀以夫從子步蟾爲後守節四十八年卒

王君如妻董氏二十四歲夫亡殯畢自縊繩斷聲震家人救之撫夫從孫元勳成立守節四十年

董翰公妻蔣氏二十八歲夫亡以紡績資葬其父母及夫之柩撫孤書城成立守節四十六年卒

沈廷璋妻貝氏二十二歲夫亡以夫弟之子景泉爲後早歿又撫從子嗣隆守節五十四年

趙鳴玉妻張氏二十五歲夫亡事老翁撫夫從子秉忠守節五十九年以上乾隆五十三年旌

監生嚴大德妻吳氏二十一歲夫亡撫嗣子葬翁姑守節三十二年

錢尚謨妻曹氏二十九歲夫亡力營殯葬撫孤瀛成立守節五十四年

楊士發妻項氏二十七歲夫亡孝事孀姑立從子澧爲後守節四十五年

皇甫樹妻周氏二十七歲婚甫月夫亡撫夫從子炅爲嗣守節四十五年以上乾隆五十四年旌

魏廷賢妻彭氏二十一歲夫亡翁姑相繼歿子又早世復撫遺孫鋐守節三十一年乾隆五十五年旌

州同汪鍇妻程氏夫目瞽程于歸克盡婦道夫亡程年二十四侍姑病甚謹撫夫從子守湢爲後守節五十三年乾隆五十六年旌

蔣晉奚妻費氏二十三歲夫亡子殀家酷貧力作以供舅姑甘旨守節五十一年

施見龍繼妻沈氏二十九歲夫亡値饑自食粗糲以精鑿奉姑撫嗣子憲祖成立守節二十三年

徐中璜妻黃氏二十一歲婚三月夫亡無子以夫從子人騏爲後守節六十年以上乾隆五十七年旌

貢生金際堃妻王氏十七歲夫亡敬事翁姑撫幼叔成立守節四十年

生員張懋元妻朱氏福元妻周氏朱年二十七夫亡以從子濮富爲嗣周年二十六夫亡以從子濮榮爲嗣朱守節四十一年周守節三十八年人稱雙節以上乾隆五十八年旌

顧機妻陳氏二十六歲夫亡事老翁葬先櫬撫嗣子爲諸生守節四十八年乾隆五十九年旌

江國瑞妻孫氏二十四歲夫亡遺孤襁褓茹荼撫育守節四十一年

金奏三妻莊氏二十二歲夫亡勤十指以奉舅姑嗣子早世孫又殤煢煢孑立守節六十五年

監生張景潮繼妻汪氏景溶妻徐氏兩氏同堂娣姒也汪年二十八夫亡無子徐年二十六寡遺腹生子桓共嘗荼苦汪守節二十四年卒徐守節十六年以上乾隆六十年旌

監生蔣汝魁妻劉氏二十八歲夫亡舅姑相繼歿喪葬如禮守節三十四年

施承祖妻胡氏二十九歲夫亡姑以哭子失明舐之復明守節三十六年以上嘉慶元年旌

楊可南妻施氏二十八歲夫亡撫孤稍長令其治生營葬遺櫬守節六十年

范光嶽妻朱氏二十九歲夫亡遺孤泰臻泰隆臻妻沈氏亦寡姑婦勤苦守節三十一年以上嘉慶二年旌

黃大成繼妻吳氏二十五歲夫亡事老姑撫幼子俱藉十指守節三十九年

葉文獻妻蔣氏二十八歲夫亡無夫從子麟和守節二十七年以上嘉慶三年旌

許敬安妻錢氏二十五歲夫客死粵西越五年偕人扶櫬歸葬撫從子品元爲後守節三十一年

沈見陶妻魏氏十九歲夫亡奉翁姑育嗣子孝慈備至守節四十六年

張廷模妻沈氏三十歲夫亡撫育二子俱早世復無遺孫守節三十七年

陸景賢妻沈氏二十四歲夫亡孤某早世沈與其婦撫孫力葬三世守節四十年

劉鑑妻李氏二十五歲夫亡家益落力營殯葬撫六齡孤成立守節三十五年

生員鍾銓妻管氏二十六歲夫亡子振麟爲諸生早歿管復撫孫起賢讀書守節四十六年

于廷彬妻錢氏二十五歲夫亡事寡母以孝聞無夫從子通孀爲後守節二十七年以上嘉慶四年旌

潘玉堂妻姚氏三十九歲夫亡撫孤成立守節三十三年嘉慶五年具題候旌

朱憲志妻任氏二十八歲夫亡子元佐繼妻萬氏年二十六寡俱守節以卒

朱紘妻施氏二十七歲夫亡無子守節數十年

周櫝妻范氏十九歲夫亡奉翁姑撫遺腹年踰六十卒

周桐妻詹氏二十七歲夫亡矢志奉姑年六十二卒

張德載妻王氏十四歲適張甫三月夫亡家貧紡織以供養姑守節五十餘年

姚國樞妻馮氏二十四歲夫亡屏居一室孝養翁姑學使李表曰完節

生員黃谷宸妻江氏二十九歲夫亡撫孤成立守節三十餘年

陸廷璋妻倪氏夫患瞽目請辭婚倪不從卒歸陸守節以卒

沈肇新妻施氏二十七歲肇新亡嫡歸氏嗣子賓王及婦孔氏相繼卽世施恩撫諸孫矢志不嫁守節四十年

生員濮泮妻呂氏二十九歲夫亡姑目瞽翁年老遺孤又殤翁令呂嫁不從終事翁姑守節三十餘年

曹鏡妻張氏二十四歲夫亡遺孤天御弱冠娶沈氏年二十亦寡或令改適矢死不去張年八十二卒

楊思樓妻孫氏二十五歲夫亡次子元章娶婦徐氏年二十六亦寡撫五月孤孫守節五十七年徐沈年五十九卒守節四十五年

莊思永妻沈氏二十八歲夫亡遺子念劬甫四十日荼苦備歷守節以卒

沈之標妻馮氏二十五歲夫亡斷髮自誓竭力奉姑訓子劉汾遊庠年六十八卒

生員顏統繼妻屠氏二十八歲夫亡日紡績奉養舅姑力完喪葬課前子鼎受讀書自立

生員沈方岳妻項氏二十七歲夫亡時土寇起里民爭從項曰寇至吾寧死終不出闔致子履端入泮學使顏光敏表之

鍾鼎鈺妻曹氏二十九歲夫亡子煥甫三齡孝事翁姑年踰九十卒

胡吉孚妻楊氏二十五歲夫亡撫三歲子允聞奉事翁姑雖值兵荒不怠色養年八十五卒

施立山妻張氏二十四歲夫亡孝養老翁撫二孤成立年四十九卒

曹煥若妻王氏二十三歲夫亡繼姑令改適誓死不從姑感悟王盡孝養以卒

生員沈培元妻馬氏三十歲夫亡子繼殤終身蔬食年五十四卒

沈東來妻沈氏十七歲夫亡冰蘗自矢始終不渝守節三十四年

陳偉公妻孫氏二十一歲夫亡生子甫月餘督訓成立守節五十年

鍾金爵妻仰氏夫亡無子欲以死殉家人密防之得不死守節四十餘年

卞景宗妻范氏二十一歲夫亡奉養舅姑誓不改嫁守節三十餘年

張宏烈妻王氏二十一歲夫亡撫夫從子兆鼇爲後守節以卒

陸德章妻夏氏二十九歲夫亡子遂良甫四齡及長娶黃氏誕子甫三月寡姑婦相依守節三十年

生員蔣國祺妻張氏二十歲適蔣未期夫亡遺腹子又殤守節數十年

生員鈕斗樞妻沈氏二十五歲夫亡課子成立守節四十五年卒

夏友龍妻沈氏二十二歲夫亡止生一女戚族欲奪其志屢瀕于死守節三十二年卒

沈毓馨妻胡氏二十一歲夫亡家無遺貲拮据以治喪葬守節四十年

譚三台妻褚氏二十五歲夫亡撫孤成立邑令何金蘭表其墓

桐廬教諭王邦鼎妻張氏夫遭父喪哀毀而亡張將絕粒以殉奉姑程諭以撫孤勉進饘粥守節四十二年

陳進卿妻朱氏二十六歲夫亡家赤貧鄰婦挑以微言罵絕之

朱邦社繼妻陸氏二十九歲夫亡奉孀姑孝隆冬姑畏寒陸以腹煖其足年八十六卒

唐彥陞繼妻徐氏二十二歲夫亡訓前子成名年七十餘卒

何士俊妻顏氏十九歲夫亡足不踰閫終其身無喜容守節六十餘年

生員張錡繼妻吳氏二十八歲夫亡勤苦自矢撫前妻二子成立守節四十餘年

祁廷鉉一作鉉妻高氏二十六歲適祁未幾夫亡遺腹生子聖龍事孀姑以孝聞守節四十五年

生員唐贊王妻嚴氏二十一歲夫亡遺孤甫晬守節五十年卒

殳端羽妻張氏十九歲夫亡遺腹生子聖岐既長娶婦胡氏年二十五寡教子裕成名有司表其門

錢作楫妻顏氏二十四歲夫亡家貧衣食不給守節三十年

錢遜志妻顧氏二十一歲夫亡奉姑甘旨自食則屑麥爲糜守節五十年

湯大曾妻管氏二十三歲夫亡訓子極嚴不假言色守節三十年

顏鼎亨妻嵇氏妾張氏俱年二十餘夫亡嵇六十二卒張五十一卒里中稱爲雙節

錢濟之繼妻夏氏二十七歲夫亡毀容自誓撫前子以恩年六十九卒

費文光妻沈氏二十五歲夫亡撫孤楚相讀書入泮學使汪滌表曰冰霜勁節

生員周暄妻曹氏二十二歲夫亡遺腹生子世塏守節三十三年

生員顏祐妻沈氏十七歲適顏未幾夫遊太學歿苦志撫孤守節四十年

馮開儀妻李氏二十七歲夫亡子女又殤歸依兄子廷機艱苦矢志七十餘卒

唐曾驊妻錢氏二十五歲夫亡撫從子如鏕爲嗣葬舅養姑襄助兩叔守節三十年

唐廷煜妻朱氏十八歲夫亡遺腹生子虎撫之成立守節五十一年人呼唐貞母

吳羽階妻盛氏二十二歲夫亡撫孤成立守節五十九年

貢生朱載瑛妻張氏夫亡撫孤事繼姑至孝

沈孟華妻俞氏二十六歲夫亡撫三子成立至八十一年

陸文鉞妻朱氏夫亡家貧守節數十年孫煜早死妻曹氏亦以節著撫孤子宏基成立

周世明妻岳氏夫亡家貧拮据以營喪葬守節數十年

生員祁廷樞妻沈氏成婚三載夫亡事舅姑以孝撫孤毓龍成立守節四十八年

夏士顯妻張氏二十五歲夫亡子長既娶而歿與婦吳氏同矢苦志年七十卒

張祿嵓妻淩氏夫亡守節三十年子文凡妻沈氏早寡稱一門雙節

徐允永一作修妻汪氏夫亡守節三十四年

生員徐汝欽妻劉氏二十三歲夫亡撫孤鼎鈺成立

周永懷妻陳氏二十八歲夫亡撫從子承嗣年七十三卒

生員孔邇妻張氏夫亡無孤自洙成進士官副憲封宜人

李麒妻周氏

胡瞻岵妻陸氏二十五歲夫亡拮据撫孤奉姑甘旨年六十五卒

嚴受卿妻錢氏二十五歲夫亡遺二女紡績度日年六十卒

生員張王道妻陳氏王謨繼妻吳氏陳年二十夫亡無子截髮自矢撫嗣子起成進士年六十卒吳年二十六寡撫子起越纏及前子超俱成進士守節四十年

沈文瓏妻劉氏夫亡孝事舅姑教子鳳翼以明經選大吏給額日柏節松年

周玉涵妻徐氏十九歲夫亡撫遺腹子成立年六十一卒

沈友松妻蕭氏

張夢麟妻沈氏夫亡遺四子二女俱幼拮据撫育年九十八卒

楊元章妻徐氏

生員沈立方妻朱氏名淑貞夫亡孝事翁姑出鍼黹所積以葬夫又置田數畝爲翁姑終養計

錢五卿妻孔氏夫貧五年而亡矢志勿嫁撫夫從子國濂爲諸生年逾六十

毛沖宇妻陳氏二十三歲夫亡訓子著爲諸生八十三卒

錢濟明妻胡氏二十五歲夫亡父母歿歸依兄弟三年以其貧謀遺之長號三日不絕聲兄弟皆流涕許養給其子乃止子國楨諸生

沈鑲妻朱氏二十七歲夫之父天河縣任所爲盜殺守節五十年

王某妻馮氏二十四歲夫亡家赤貧晝夜紡織撫二子成立卒後盜起索金于馮孫瑞昌縱火焚其廬而馮棺獨存

濮景臺妻沈氏二十歲夫亡奉翁姑甘旨無缺撫子女成立年七十卒

任時康妻許氏十九歲夫亡子元振生甫七月茹苦撫孤年七十七卒

夏長春妻錢氏三十歲夫亡有謀奪其志者剪髮毀容守節四十三年

王錫恩妻曹氏十九歲夫亡撫從子王者治爲子年五十六卒

王陳德妻裴氏二十二歲夫亡家貧無子守節三十年

姚承華妻沈氏夫亡日事紡績撫孤學舜至八十四卒

生員沈宏發妻姚氏夫亡撫孤卜臣守節四十餘年

朱培仙妻吳氏二十歲夫亡四十九卒

張時乘妻吳氏二十八歲夫亡守節五十年卒孫完宗妻王氏年二十三寡守節數十年

邱瑞寰繼妻朱氏夫亡守節年七十餘卒

沈元俊妻吳氏二十歲夫亡家貧守節數十年邑令陳大慶表日蓬門苦節

錢文郁妻陳氏夫亡遺腹子殤撫從子永慶爲嗣守節二十一年

金浩妻許氏二十三歲夫亡撫嗣子鶴南守節三十餘年

徐鳳來妻張氏二十餘歲夫亡遺孤福填甫週孝養老姑守節二十餘年卒

項爾新妻孫氏二十二歲夫亡守節三十一年

鍾炳文妻費氏二十三歲夫亡守節三十七年

陳宗道妻殳氏二十九歲夫亡撫嗣子成立守節五十年

徐某妻賈氏夫爲衣工婚三載而寡撫孤成立守節以終

趙瑞公妻于氏二十八歲夫亡守節二十七年

汪靜安妻吳氏二十三歲夫亡撫姪賓鴻爲後守節三十餘年

徐肇豐妻陸氏二十歲夫亡撫姪瑞榮爲後守節三十四年

徐彥芳妻錢氏十九歲夫亡撫姪惟榮爲後守節四十餘年

殳愷階繼妻陳氏二十九歲夫亡撫孤渭聞成立守節三十年

沈沛霖妻陳氏二十八歲夫亡撫孤自芳成立守節五十一年

邱元宗妻陳氏二十八歲夫亡撫姪鼎奎爲後守節三十餘年

曹順昌妻張氏二十六歲夫亡撫姪爲後守節四十二年

曹濟名妻王氏二十七歲夫亡上事翁姑下撫孤子守節三十年

曹汝麟妻薛氏二十五歲夫亡撫孤錦文成立守節四十一年

生員邱國棟妻莫氏二十六歲夫亡撫遺孤名山成立守節三十餘年

邱錫裕妻張氏揆妻周氏張十八歲夫亡子揆妻屠氏年二十七寡撫孫鵬飛成立

張兆祖妻徐氏二十五歲夫亡撫遺腹孤成立守節六十三年

沈子豪妻羅氏二十七歲夫亡守節五十一年

錢秀章妻胡氏二十八歲夫亡事翁姑以孝聞年七十八卒

莊法鈐妻邵氏二十六歲夫亡上事翁姑下撫孤子守節十五年

章鴻奇妻陳氏媳吳氏陳二十六歲夫亡撫孤成立娶婦吳氏又寡姑婦孀居撫孫元通成立年七十五卒

王天裕妻莊氏二十二歲夫亡守節四十四年

生員嚴載熙妻胡氏二十八歲夫亡事翁姑極孝撫孤圻甫成立守節三十四年

監生范光憲妻沈氏二十九歲光憲亡敬事嫡室撫孤泰林成立守節二十八年

孫功武妻沈氏二十二歲夫亡守節五十二年

顧賡揚妻張氏二十二歲夫亡與娣朱氏共撫遺腹子營葬翁姑守節四十六年

監生錢士榮妻周氏二十九歲夫亡撫遺腹子成立守節三十二年

金孔嘉妻董氏二十八歲夫亡事翁姑孝撫孤南嵩南徵成立守節六十三年

陸永昭妻楊氏夫亡撫六齡遺孤守節數十年

戴民章妻沈氏成婚未幾夫亡上事衰姑下撫幼女年八十五卒

馮愼修妻費氏夫亡撫子鈺成立

顧有信妻錢氏二十六歲夫亡守節四十二年

高永成妻王氏二十九歲夫亡撫子又殀孫天其永其克勤力田守節五十三年

張聖聞妻姚氏楊園先生張履祥孫婦年十八夫亡投水不死絕食又不死歲荒歸養母家以勞瘁歿母家治具將殮忽張目舉手南指曰去去家人會其意許其輿櫬還楊園目遂瞑時雍正己酉也陳梓作傳柩厝淺土逾五十年邑人潘學山等醵貲合葬五棺祔履祥墓姚柩與焉

黃乘承一作六妻王黃一作氏二十六歲夫亡撫姪嘉會爲後守節四十六年

陳南吉妻施氏二十五歲夫亡遺一女後適知縣劉賁施依婿以終守節五十三年

錢隅陽妻王氏二十六歲夫亡守節三十一年

錢元昌妻陳氏十七歲夫亡守節五十七年

沈嘉賓妻王氏二十三歲夫亡撫姪太元爲後守節六十六年

施國材妻高氏十七歲夫亡遺孤週歲翁諷使改適高嚙指以誓守節五十二年

施秀明繼妻倪氏二十六歲夫亡遺孤纔數月家極貧製竹器爲活守節四十一年

毛天嘉妻李氏二十五歲夫亡子女各一撫之婚嫁守節二十三年

錢某妻朱氏二十一歲夫亡撫育遺孤守節五十年

沈邦彥妻施氏二十九歲夫亡無子値歲饑食榆皮衣敗絮尋餓死守節二十年

胡國廉妻沈氏二十一歲夫亡坐臥一小樓以針黹度日守節五十一年

朱見龍妻王氏二十二歲夫亡撫姪爲後守節四十一年

盛文相妻殳氏二十二歲夫亡事姑孝養生葬死盡禮撫姪永才爲後守節三十一年

生員王飛鳴繼妻張氏二十九歲夫亡遺孤偉遇歲撫前氏子如己出守節五十九年

生員蔣芳聞妻陳氏二十九歲夫亡遺腹子星來長娶陸氏亦寡共撫一孫守節四十九年

姜兆隆妻楊氏二十四歲夫亡遺孤鹿鳴甫兩月氏力作孝養翁姑守節三十九年

顏思忠妻潘氏二十八歲夫亡止遺一女撫姪心懷爲後守節五十三年

曹印洲妻郁氏二十九歲夫亡遺孤才四齡家酷貧織機度活守節三十年

邱酉山繼妻徐氏十七歲夫客亡徐出紡績錢傭人覓夫骸骨歸葬守節四十二年

汪志道妻沈氏三十歲夫亡撫孤守節四十七年

姚景谿妻游氏二十九歲夫亡撫姪秀采爲後守節三十八年

夏國祥妻周氏二十六歲夫亡孝事翁姑經營喪葬撫四歲孤士芳成立守節五十七年

王天聞妻錢氏二十八歲夫亡撫三歲孤成立營兩世葬守節四十五年

蔣翰臣妻張氏媳某氏張二十九歲夫亡撫子天麒成立娶婦生五孫天麒亡與媳共撫孫成立守節五十三年

沈裕昌妻張氏二十六歲夫亡遺子二長元相次尚相氏事姑育孤藉十指爲活又歿無兄弟并養其母年四十卒

周世璜妻彭氏二十四歲夫亡撫孤守節五十一年

江公安妻姚氏二十七歲夫亡無姪雲龍爲後雲龍夫婦相繼歿又撫孫成立守節五十五年

毛武公妻楊氏三十五歲夫亡孝事其姑姑歿竭力營葬守節四十四年

王嘉賓妻李氏二十四歲夫亡遺孤又歿撫姪根英爲嗣守節三十一年

徐喬堂妻張氏十八歲夫亡撫姪耀南爲後守節三十五年

梁周鎬妻居氏二十六歲夫亡守節四十九年

宋理昭妻張氏十六歲夫亡以夫弟之子振公爲嗣娶妻沈氏年二十寡撫孫鶴年長娶邵氏年二十五又寡張守節六十八年沈守節三十六年邵守節四十年

潘月峯妻姚氏二十九歲夫亡事姑孝遺孤又歿乃撫姪其俊爲後守節五十六年

張親淵妻陳氏婚半載夫亡撫從孫汝王爲諸生年七十六卒

張親保妻盛氏三十歲夫亡教子仁涵仁普讀書爲諸生年六十一卒

孫國柱妻朱氏二十五歲夫亡守節五十七年

繆某妻趙氏夫亡遺孤應祿既婚又歿又撫幼孫成立守節五十餘年

監生戴廷元妻譚氏三十歲夫亡室燬于火拮据營葺養老姑撫幼子文藻遊庠守節二十年

嚴宿江妻周氏二十四歲夫亡守節五十一年

施文滔妻姚氏二十九歲夫亡撫孤棨梁俱成立又相繼歿乃撫孫成立守節三十八年

陳士涵繼妻范氏二十九歲夫亡撫姪冀賢冀正爲後守節五十年

沈體元妻王氏二十五歲夫亡孝哀翁撫幼子守節三十年

沈廷楨妻程氏十八歲夫亡撫姪爲後守節四十八年

姜紹章妻姚氏二十九歲夫亡遺孤又殀撫姪爲後守節五十三年

生員吳世鈞妻沈氏二十九歲夫亡遺孤二旋夭撫姪松篔爲後守節三十二年卒

鄭鑑妻張氏二十四歲夫亡守節五十九年

唐彥襄妻嚴氏二十四歲夫亡守節七十六年

沈文祥妻周氏十五歲夫亡撫孤成立守節七十六年

沈裕懷妻錢氏二十二歲夫亡撫二齡孤茂宗成立守節四十年六十餘卒

趙思惠妻鍾氏二十四歲夫亡事姑撫孤守節四十餘年

夏禹承妾王一作黃氏十九歲禹承亡止一女或諷之嫁出矢言拒之守節三十年

計軫妻茅氏十七歲適軫數月夫亡守節二十餘年卒

生員朱鳴夔妻孔氏夫亡遺二孤長天麟次天授及長麟娶姚氏授娶錢氏二子相繼歿俱無子孔與二婦同厲冰操人稱朱氏三節

嘉興府志 卷七十八 桐鄉節婦 圭

錢世鎔妻莊氏二十七歲夫亡二子甚幼翁年逾八十莊力作以供菽水邑令表曰柏舟懿節

沈侍山妻顧氏夫亡子儒修方幼値歲歉辛勤蠶織守節以卒

生員姚士拔妻李氏二十五歲夫亡撫三子女紅度日守節四十二年

沈師旦妻徐氏二十四歲夫亡紡績事姑撫育嗣子驪爲諸生守節六十六年

生員朱嗣呲妻仲氏夫亡守節三十年知縣王好仁旌其門

張穎升妻沈氏二十八歲夫亡止一女守節三十餘年

張志全妻姚氏二十二歲夫亡無子藉十指爲活守節四十二年

張梅臣妻計氏三十歲夫亡撫孤成立守節三十四年

周翰臣妻王氏二十三歲夫亡守節四十九年知縣郭金湯獎曰松筠節操

沈渠眉妻王氏二十八歲夫亡教子成立爲諸生守節四十五年

張鎔妻周氏二十六歲夫亡家貧遺孤多病悉心撫育守節五十四年

胡佩章妻鍾氏二十二歲夫亡夫弟禮修娶沈氏年二十六寡遺孤甚幼鍾共撫之鍾守節三十年沈守節四十三年

嚴啟莘妻葉氏二十九歲夫亡矢志撫孤守節四十四年

李在文妻狄一作秋氏二十三歲夫亡子歿抑鬱以卒

王子發妻王一作黃氏二十九歲夫亡無子守節四十年

吳定之妻周氏二十三歲夫亡守節五十五年

監生湯煌猷繼妻丁氏婚二載夫亡前子坤元妻陳氏年二十二寡無子丁守節五十三年陳守節四十五年

姚陽源妻林氏二十七歲夫亡爲人澣衣度日守節三十年

嘉興府志 卷七十八 桐鄉節婦 丟

李君彩妻沈氏二十九歲夫亡撫訓二孤守節四十七年

丁自泗妻皇甫氏二十九歲夫亡守節三十一年

潘雲吉妻譚氏夫亡嗣子又歿與寡婦處年五十五卒

周來同繼妻唐氏二十歲夫亡拮据奉姑守節五十九年

生員葉天驷妻唐氏二十六歲夫亡以夫從子艮嗣爲後守節四十四年

監生唐行壽妻淩氏二十六歲夫亡時舅客山左事太姑甚謹教三子俱爲諸生守節三十年

程公賢繼妻姚氏婚一年夫亡遺腹生子明升年六十九卒

生員張家樑妻王氏二十一歲夫亡撫育遺孤守節三十六年

張孔昭妻徐氏二十一歲夫亡守節五十二年

宋某妻姚氏夫亡父母欲奪其志誓死不二守節四十年

生員鄭榕繼妻沈氏二十八歲夫亡無子夫弟根先妻李氏年二十七寡遺孤存一甫五月與沈同撫之沈卒李課子得爲諸生年七十四卒

監生唐廷楷妻董氏二十五歲夫亡撫嗣子烜爲諸生守節三十二年

鄭子奇妻嚴氏夫早亡訓孤紹韓爲諸生守節五十餘年

鄭以贊妻施氏二十五歲夫亡嗣子貧不能養堅守苦節數十年

鄔玠妻皇甫氏二十四歲夫亡遺二女守節二十五年

茅廷梅妻朱氏二十六歲夫亡守節三十五年

莫庭三妻楊氏二十七歲夫亡無孤守節

徐雄五妻費氏二十八歲夫亡守節四十年

王永吉妻陸氏三十歲夫亡遺孤度爲僧隻身煢守五十五年

生員張祺妻陳氏二十五歲夫亡生子士淵甫七日撫育及長爲諸生守節三十五年

鍾子韓妻謝氏二十六歲夫亡無子姑老多病奉侍不懈守節三十六年

生員周濂妾楊氏二十九歲濂亡嫡子婦又歿遺孫範成娶淩氏亦寡同矢苦志年七十卒

唐綬青妻施氏二十七歲夫亡守節五十九年

張武光妻戴氏十九歲夫亡無子且貧伯叔多方撼之戴不爲動屏跡一椽朝暮織紝自贍以老

張吟成妻沈氏三十歲夫亡矢志撫孤守節三十年

施褱英妻杜氏二十歲夫亡守節三十二年

鄔淇文妻顧氏二十三歲夫亡貧甚依弟度日守節四十七年

沈湘如妻朱氏二十七歲夫亡守節五十年

張永純妻沈氏夫亡守節六十三年知縣姚述虞奬之

蔣榮臣妻王氏二十三歲夫亡守節四十一年

州同夏仙枝妾夏氏十九歲仙枝亡撫遺腹子成爲諸生守節三十八年

監生夏仙培妻施氏二十三歲夫客死粵西守節四十餘年

王薙州妻朱氏二十九歲夫亡守節五十年

盛嗣蘇妻茅氏二十七歲夫亡事老姑以孝名守節四十年

丁建中妻施氏二十四歲夫亡守節四十四年

高士照妻朱氏二十五歲夫亡毀容守志奉瞽姑無缺養年八十四卒

桂方白妻姚氏二十四歲夫以哭母而亡遺腹生子尊五長娶陳氏越四載寡無子撫夫族子枝榮爲後姚守節三十七年陳守節三十五年

沈學濂妻施氏二十五歲夫亡撫孤友松長娶蕭氏生子煌七齡而寡施卒婦力作至六十五卒

張掌綸妻王氏二十九歲夫亡訓二子俱爲諸生守節四十三年而卒

周賡揚繼妻施氏三十歲夫亡撫孤既婚而歿與婦沈氏勤苦矢志年六十四卒

生員沈見龍妻李氏二十六歲夫亡安貧矢志訓二子成諸生守節五十餘年

鄭皆麟妻楊氏二十八歲夫亡葬舅姑于奈圩地爲人佔徧訴族人得還侵地年九十卒

岑文珖一作光妻趙氏三十歲夫亡勤十指鞠二孤守節五十四年

張卓峯妻潘氏二十八歲夫亡家貧無子守節三十三年

王里閭妻孔氏二十七歲夫亡子二齡茹苦撫育守節四十二年

錢漢金妻唐氏二十四歲夫亡育孤有成守節四十餘年

王鵬飛妻嚴氏二十六歲夫亡子殤守節四十年

監生丁萃妻席氏二十二歲夫亡事孀姑孝訓孤振飛游庠年八十七卒

生員周天章妻吳氏三十歲天章病歿無子守節四十七年

顧棲霞妻陳氏二十八歲夫亡家苦貧織紝以給守節四十六年

徐有信妻吳氏十九歲夫亡守節四十年

徐爾臯妻沈氏二十一歲夫亡甘貧撫子守節五十年

李佩揚妻周氏二十七歲夫亡無子依母族以居守節五十餘年

茅思猷妻姚氏二十三歲夫亡拮据事姑守節四十二年

馬應彪妻金氏二十五歲夫亡訓子成立守節四十二年

沈斗瞻妻胡氏二十三歲夫亡撫三月孤成立守節五十二年

潘名標妻陳氏十八歲婚未一年夫亡無子守節四十二年

李鴻飛繼妻王氏二十九歲夫亡織紝撫孤守節五十年

許蒼玉妻沈氏二十四歲夫亡撫育孤子守節四十年

生員張士渭妻屠氏二十八歲夫亡守節二十八年

舉人盛治繼妻施氏夫歿于臨安官舍施偕二子扶櫬歸葬年五十四卒

生員盛功枚繼妻陳氏二十九歲夫亡敬事老姑訓子爲諸生守節四十一年

魏子靜妻孔氏二十歲夫客亡里有惡少某强汚之孔匿宅後古墓以免守節五十餘年

徐松年妻沈氏二十四歲夫亡族人欲奪之沈挈二女依父母以居年六十五卒

文時榮妻許氏二十五歲夫亡守節五十一年

周蘭徵妻高氏夫亡無子守節以卒

濮紫衡妻沈氏夫亡無子家極貧日夜操作守節以卒

推官莊國英繼妻孫氏初孫生二子俱病殰孫絕孕勸聘謝氏年二十二夫亡遺孤洪琮教之入泮守節四十九年又娶徐氏無所出孫年七十九卒徐年九十三卒

沈允升妻俞氏二十九歲夫亡孝事舅姑守節五十二年少宗伯吳家騏贈遡仰貞操額

莊承勳妻邱氏二十歲夫亡子國楨甫週家貧勤織紝以事舅姑舅歿姑老疾奉侍湯藥不懈子既長爲諸生守節六十年

金廷杲妻施氏二十六歲夫亡二孤相繼歿乃撫從子元勳爲後守節四十二年

生員夏開三妻時氏夫早亡無子辛勤紡績數十年

丁震雷妻李氏二十六歲夫亡茹荼守志始終不渝

吳成章妻張氏二十三歲夫亡守節四十八年

蘇紳武妻陳氏福建籍年二十六夫亡舅姑歿遵遺命反葬於祖塋年八十六卒

孫爾章妻沈氏二十九歲夫亡撫育三子勤苦雙目失明八十三卒

胡禹公妻陳氏二十九歲夫亡守節三十三年

胡體乾妻李氏夫亡撫嗣子廷夔守節三十七年

孫公瓚繼妻賈氏二十九歲夫亡遺腹生子夫弟公球妻姚氏年二十二寡同居紡績以資薪水賈年六十四卒姚年五十三卒人稱雙節

孫彩若妻魏氏二十四歲夫亡守節三十八年

朱瑞卿妻邢氏二十歲夫亡守節三十七年知縣韓本晉給操凜冰霜額

監生陸殿雲繼妻沈氏二十九歲夫亡撫前子二俱成立守節四十四年

沈惠瞻妻魏氏二十歲夫亡守節五十一年

監生朱元泰妻金氏二十二歲夫亡以夫從子珏爲嗣教之成諸生守節四十八年

張京召妻金氏二十四歲夫亡守節三十九年學博沈廷桂給額表之子掄元妻席氏年二十四寡

守節四十五年

張鼎元妻吳氏二十四歲夫亡守節三十五年

張八元妻施氏婚五月夫亡撫遺腹子錫祺守節四十年

黃壕妻朱氏二十八歲夫亡撫孤育女取給鍼紉守節四十九年

蔣佩璜妻張氏二十二歲夫亡撫二子成立守節三十五年

陳用宣妻王氏二十七歲夫亡守節四十年

張翰卿妻吳氏三十歲夫亡晚年目瞽課長孫文在爲諸生守節四十年

王元林妻沈氏二十八歲夫亡子歿守節五十年

王天裕妻莊氏十九歲夫亡守節六十九年

許金升妻程氏二十三歲夫亡守節五十一年

王相如妻江氏二十七歲夫亡撫方晬孤成立守節六十七年

劉秉乾妻孫氏二十八歲夫亡守節四十年

陸遂良妻黃氏

朱啟文妻金氏二十歲夫出外不歸或傳其死金煢獨無依紡績自給年七十九卒

朱錦城妻張氏二十六歲夫亡貧苦終身守節五十六年

朱禹功繼妻沈氏二十九歲夫亡撫四月孤成立守節三十年

沈霞生妻王氏二十二歲夫亡守節六十三年

高士鏌妻張氏二十四歲夫亡事舅姑撫嗣子遣嫁二女竭盡心力守節四十七年

陳鳴皐妻孫氏二十三歲夫亡遺子女各一相繼殤無所依歸母家矢志守節七十年

孫大吉妻施氏二十六歲夫亡遺腹孤復殀悲痛成疾年五十八卒

鄭渭贍妻朱氏二十歲夫亡守節四十八年

潘雋聲妻胡氏二十四歲夫亡有欲奪其志者誓死不從年五十五卒

董渭侯妻蔣氏二十三歲夫亡守節三十四年

朱振麟妻周氏二十七歲夫亡孝事翁姑撫遺孤茀游庠守節三十四年

監生王匡文繼妻謝氏二十一歲夫亡撫四歲孤旣婚而歿謝偕其婦守節四十四年

林簡公妻鄭氏二十七歲夫亡攜六歲孤依母家以居守節四十六年

沈王言妻姚氏二十七歲夫亡撫孤師鏡成立娶黃氏年十九寡無子姚年五十六卒黃時年三十三甫立繼嗣一慟而卒

夏仲年妻莊氏妾倪氏仲年歿時莊年二十五倪年二十二莊六十卒倪六十九卒

王子楨妻沈氏二十歲夫亡事老姑撫夫從子守節五十年

都星巖妻沈氏夫亡撫嗣子尚瑛爲後邑令王以和書節壽並峙額表之年六十卒尚瑛繼妻程氏年二十九寡子孫俱遊庠年六十五卒

周佩昌妻陳氏二十四歲夫亡茹荼矢志抑鬱以死

張起蛟妻姚氏二十六歲夫亡撫嗣子廷綱遊庠守節三十二年

黃又渻妻沈氏二十七歲夫亡撫遺腹孤守節二十四年

趙星聚妻陸氏二十四歲夫亡無子族人欲奪其志毀容以謝年七十四卒

鍾允章妻陳氏二十三歲夫亡撫嗣子天宸成立娶黃氏年二十九寡陳守節四十二年黃守節四十七年

潘祥龍妻朱氏十七歲夫亡事老姑撫夫幼弟竭盡心力年六十一卒

周奉橋妻章氏三十歲夫亡遺孤方八月夫弟文甫妻章氏年二十八寡孤止週歲妯娌同守年俱

八十餘卒邑令黃召南以一門雙節表其廬

吳德芳妻楊氏二十三歲夫亡撫孤斯仁既婚而歿妻胡氏時年二十九婦姑孀居楊守節五十年

胡守節四十年

監生殳惠嘉妻張氏二十六歲夫亡遺一子兩女僦居一椽拮据婚嫁年四十四卒

孫鳴玉妻柴氏三十歲夫亡家貧支撐喪葬兩孤相繼歿困苦益甚守節四十六年

孔毓璉妻錢氏二十歲夫亡無族可依或慫恿改適錢嚙指誓死撫襁褓孤貧不能婚守節五十餘

年卒

生員孔傳統妻楊氏二十七歲夫亡養翁姑嫁二女悉出自十指年五十九卒

沈廷標妻楊氏二十九歲夫亡善事寡姑撫孤勳成立年八十二卒

張林士妻吳氏二十五歲夫亡守節四十四年

姚漢光妻沈氏二十二歲夫亡撫從子城以優行貢入成均守節四十六年

張靜山妻莊氏二十九歲夫亡日夜紡織事姑育子年六十卒

呂龍文妻莊氏二十七歲夫亡守節五十九年

吳啟明妻陳氏二十二歲夫亡守節三十八年

鍾大俊妻陳氏二十九歲夫亡守節三十年卒

鄭義揚妻沈氏二十三歲夫亡因有遺腹不以死殉比產得女茹苦撫之及長適邱以仁未半載而

寡歸與母同居母年七十二卒女守節三十餘年

岳遴妻陸氏二十八歲夫亡子歿守節五十一年

貝以增妻方氏成婚兩月夫得癡疾亡方年二十八無子守節三十三年

汪御天繼妻畢氏二十六歲夫亡事舅姑撫孤子守節五十六年

姚企舜妻王氏婚一月夫亡嗣子又早世復撫遺孫守節四十餘年

莊肇錦妻朱氏二十二歲夫亡無子孝舅姑恤宗族年七十五卒

生員徐芳妻任氏二十六歲夫亡守節三十年

于介王妻楊氏二十四歲夫亡夫弟聞臯娶鍾氏年二十七寡同矢苦志楊守節三十二年鍾守節

二十六年

顧有臨妻倪氏二十四歲夫亡守節三十七年夫族君重妻蔡氏年二十五夫亡守節二十八年皆

撫孤成立人稱顧門雙節

祁觀道妻顧氏二十九歲夫亡守節三十一年

蔡備明妻陳氏二十一歲夫亡守節五十三年

周承嘉妻于氏二十六歲夫亡撫孤學山成立守節四十一年

李光斗妻施氏二十四歲夫亡遺腹生女撫嗣子成立守節二十七年

王子相妻屠氏十七歲夫亡赤貧無倚乞食以撫幼孤堅守苦節至八十一卒

周武昌妻張氏二十八歲夫亡守節四十七年

生員周書妻謝氏二十一歲夫亡守節五十年同族周易妻徐氏年二十六夫亡守節三十四年

八稱周門雙節

沈天如妻葉氏二十八歲夫亡守節六十四年

鍾駕山妻沈氏十九歲夫亡守節五十五年

馬肇周妻張氏二十六歲夫亡守節三十八年

生員卜元芳繼妻袁氏二十九歲夫亡守節四十二年

孫岐山妻張氏二十八歲夫亡守節四十三年

徐東萊妻王氏二十九歲夫亡撫孤雲標旣婚而歿婦任氏年二十七寡冰霜共守王年七十卒任年五十卒
王茂文妻曹氏十八歲夫亡守節五十三年
朱體安妻張氏二十九歲夫亡守節三十一年
朱選三妻沈氏二十一歲夫亡養翁姑營喪葬守節六十年
張來庭繼妻翟氏二十六歲夫亡守節六十四年
葛子寧妻沈氏二十三歲夫亡夫弟子高妻呂氏年二十五寡沈年六十五卒呂守節四十餘年
張某妻殳氏二十四歲夫亡撫嗣子九飛成立年七十一卒
生員沈譽章妻張氏　徐載王妻朱氏
傅天臣妻張氏　夏某妻姚氏

程世根妻曹氏婚九月夫亡曹年二十三撫遺腹孤守節十八年
生員朱端妻王氏二十五歲夫亡守節五十一年
楊繼昌妻金氏夫早亡守節五十年
張士英繼妻朱氏夫亡孝事其姑撫育嗣子守節二十餘年
朱八表妻韓氏二十三歲夫亡守節六十一年
生員王錫輅妻蔡氏二十九歲夫亡孝老姑營喪葬撫嗣子賓遊庠守節三十五年
朱祥龍妻朱氏二十五歲夫亡事老姑撫二孤守節數十年
陸廷秀妻顏氏二十五歲夫亡家貧或諷之嫁不從撫二孤旣長又歿顏行乞撫孫年七十餘卒
張純其妻徐氏二十五歲夫亡撫育遺腹守節三十餘年
黃廷鸞妻馮氏女十七歲夫亡無子叔姒目瞽有子五八馮俱撫之守節五十年

程禹貢妻費氏二十三歲夫亡守節三十餘年
生員朱端妻王氏二十一歲夫亡事姑盡孝年七十五卒
申鶴書妻周氏二十六歲夫亡撫育遺腹守節三十餘年
茹元魁妻朱氏二十二歲夫亡紡織撫孤守節三十八年
生員胡衡妻都氏名掌珠年二十三夫亡守節三十年
項榮爵妻程氏二十歲夫亡無子依於壻壻又歿與女矢志守節三十四年
陸南山妻張氏二十八歲夫亡撫育三孤守節三十餘年
鍾有元妻沈氏十八歲夫亡撫孤憲章守節三十餘年
陳祖齡妻范氏二十五歲夫亡守節四十八年
魏振斯妻陳氏二十四歲夫亡孝舅姑育孤子守節三十餘年

于忠盛妻沈氏二十四歲夫亡守節三十八年
嚴純安妻章氏二十四歲夫亡守節四十三年
岳向名妻卜氏十九歲夫亡守節三十餘年
褚順安妻沈氏十七歲歸沈二十夫亡守節三十四年
陳文龍妻金氏二十七歲夫亡守節三十餘年
夏聖山妻王氏二十九歲夫亡守節三十餘年
張席珍妻周氏二十九歲夫亡守節三十餘年
周承惠妻趙氏十九歲歸周二十四承惠歿勤紡績以資薪水守節三十餘年
王蕹來妻金氏二十歲適王甫四載夫亡艱苦矢志守節四十年
葛世魁妻李氏二十八歲世魁亡守節二十八年

葛世臣妻張氏二十八歲夫亡守節三十一年

徐渭王妻沈氏二十九歲夫亡子紹芳妻亦沈氏年三十一寡姑年八十八卒婦年八十卒

李貞山妻張氏二十五歲夫亡守節四十餘年

方德千妻朱氏二十九歲夫亡守節三十餘年

虞士忠妻陳氏二十三歲夫亡守節三十年

沈成元妻莊氏十七歲夫亡守節四十三年

宋明高妻吳氏二十七歲夫亡同族臣卿妻王氏年二十五寡俱守節三十餘年

徐顯周繼妻高氏三十歲夫亡守節四十三年

金應堅妻張氏二十歲夫亡守節數十年

孫執中妻姚氏二十五歲夫亡事翁姑孝撫遺腹孤廷樂成立守節三十餘年

生員孫志靜妻戴氏二十七歲夫亡守節三十年

鄭綵祥妻張氏二十九歲夫亡遺子女三孀姑年老張以十指奉甘旨畢婚嫁年五十七卒

姚佩玉妻王氏二十九歲夫亡撫遺女立嗣子守節四十四年

施觀瀾妻姚氏二十七歲夫亡撫二子國柱國梁俱成立婚娶後相繼病歿姚率二子婦撫諸孫守節三十年

知州程尚贇妻汪氏名月珠年二十一夫亡遺二女俱成才媛嗣子拱宇自幼擇名師教之長孫世森早年遊庠得大母之教為多守節四十七年誥封宜人

錢斗山妻羅氏二十六歲夫亡無孤又殤夫弟友山妻陳氏年二十七寡羅年七十八卒陳年七十四卒學博葉欒給一門雙節額

蔣德宇妻曹氏二十九歲夫亡遺孤歿家赤貧守節六十四年

張應龍妻沈氏十八歲夫亡守節六十五年

蔣自新妻淩氏二十五歲夫亡守節三十年

時浩三妻潘氏二十九歲夫亡家貧撫育二孤力營喪葬守節三十年

李介山妻柴氏二十九歲夫亡無子歸依母家事母甚孝年六十八卒

沈守彝妻蔣氏二十六歲夫亡孝事舅姑鞠育孤子甘貧矢守六十餘年

徐殿章妻姚氏二十七歲夫亡子世元早世婦張氏未婚過門奉姑以孝姚守節四十年張守貞五十五年

游士雄妻都氏三十歲夫亡遺孤大斌甫晬及長娶高氏年二十二寡無子都年六十四卒高年四十七卒

繆廷志妻趙氏二十四歲夫亡事姑撫孤守節五十年

魏蒼巖妻殳氏二十四歲夫亡孝事孀姑撫五月孤成立守節六十三年

朱羽璜妻吳氏二十四歲夫亡無子守節三十六年

汪國榮妻董氏三十二歲夫亡守節六十年

吳禹昌妻朱氏二十七歲夫亡無子事翁姑孝撫幼叔以延一綫守節七十餘年

顧令煜妻沈氏十九歲夫亡孝事翁姑守節四十餘年

沈入奇妻陳氏二十二歲夫亡撫三孤成立守節四十餘年

楊某妻張氏二十九歲夫亡守節四十一年

朱覲王妻周氏二十歲夫亡守節三十一年

陳永昌妻沈氏二十二歲夫亡撫子既婚又歿與婦撫孫守節四十三年

祁夏聲妻張氏夫亡無子守節二十年

金堅妻楊氏二十二歲夫亡守節二十一年

吳文高妻諸氏二十五歲夫亡孝事老姑勤撫幼子守節三十五年

張立芳妻鍾氏二十一歲夫亡孝奉舅姑喪葬盡禮守節三十七年

張福林妻張氏二十歲夫亡孝事孀姑守節五十餘年

金學俊妻錢氏二十三歲夫亡守節七十餘年

劉元坊一作芳妻戴氏二十四歲夫亡撫孤鉅章守節三十餘年

沈龍墀妻王氏婚二月夫亡王年二十四無子撫嗣子大鏜守節二十年

陳紹年妻葉氏二十三歲夫亡撫夫從子士豪為後守節三十年

趙允芳妻張氏二十三歲夫亡嗣子及孫俱早世復撫曾孫榮祖守節五十三年

沈德璜妻宋氏二十七歲夫亡守節四十八年

錢坤元妻張氏二十三歲夫亡撫一女及嗣子婚嫁盡禮守節二十七年

生員皇甫棖繼妻吳氏二十八歲夫亡家酷貧十指為活訓子恭遊庠守節四十一年

生員嚴斗權妻周氏二十四歲夫亡守節四十五年

生員陸家驥妻金氏二十七歲夫亡孝養老姑撫子潛之成立守節三十年

程瑞暘妾沈氏二十歲瑞暘亡無子嫡汪氏憫其少欲嫁之沈截指自誓守節五十餘年

安吉訓導施松齡妻沈氏二十二歲夫歿于官遺孤甫晬沈扶櫬以歸舅釙遠任滇南沈隨姑奉事祖翁姑甚謹守節五十八年

沈瑞昭妻陸氏二十六歲夫亡歲歉日噉糠覈教子烈揚為諸生守節五十四年

蔣尚賓妻張氏二十四歲夫亡撫孤鳴玉成立守節四十八年

徐元芳妻錢氏二十歲將婚夫忽遘疾且革舅潛屬媒以告其父父召女微詢之對曰生死徐婦也乃遣嫁成婚不三日夫亡守節四十三年

劉元墀妻戴氏二十歲夫亡遺孤德鉅甫八月撫之成立守節三十四年

孔毓璵妻錢氏二十五歲夫亡家貧撫孤傳發守節三十一年

鄒振芳妻蔣氏十八歲夫抱疾成婚甫市月而亡舅姑命以夫之從子南山為嗣守節二十八年卒

孫光岳繼妻錢氏二十六歲夫亡遺孤萬斯甫五齡鍼黹度日守節二十五年

監生黃承祚妾朱氏二十二歲承祚亡遺孤世琳僅四歲事嫡汪甚謹守節三十年卒

張范王妻朱氏二十歲夫亡無子撫叔長生子國均繼為嗣既婚而歿復撫二孫年八十八卒

張九齡妻李氏二十七歲夫亡撫孤又歿立夫之從子恒喜為後年六十六卒

金溙妻王氏二十六歲夫亡守節四十一年

徐遊藝妻張氏二十六歲夫亡生子炳如纔十月長使貿易得以娶婦且卜葬三棺年五十九卒

孔繼薇妻程氏二十九歲夫亡遺孤廣威纔彌月夫弟繼泰妻顧氏年二十一歸孔甫市月寡立從子廣大為後夫弟繼春妻潘氏年二十八寡遺孤廣孝勤撫之夫弟繼皇妾陸氏年二十七寡遺孤廣樂僅四齡撫之成立一門四節俱守節數十年

生員梁耀妾周氏二十七歲耀亡撫孤封建成立守節三十年

邵學濂妻畢氏二十四歲夫亡無子時繼姑亦嫠居遺娠生子學澧才三齡畢佐姑鞠育成立年五十二卒

沈君璋妻朱氏二十四歲夫病篤割股和藥以進卒不起夫弟君琇妻潘氏早寡子女甚幼朱命其子之源撫之

生員顧檝妻張氏二十三歲夫亡與庶姑張同居紡織年七十四卒

生員施烈妻丁氏二十七歲夫亡無子葬三世棺捐宅為祠堂又置產以供祭祀年七十三卒

施廣文妻馬氏二十一歲夫亡守節三十三年

監生邱璋妻潘氏十八歲璋亡與嫡費氏矢志守節四十五年

林東序妻唐氏十九歲夫亡無子守節五十年

王時敏妻嚴氏二十七歲夫亡撫五齡孤既娶而歿與婦夏氏矢志守節二十四年卒

桂紹春妻吳氏十七歲夫亡撫遺腹子昌守節五十八年

姚萬卿妻金氏二十五歲夫亡守節四十九年

戈載恩妻沈氏二十九歲夫亡守節三十五年

馬光緒妻淩氏二十六歲夫亡守節二十四年

沈雅恒妻曹氏二十歲夫亡撫子女成立守節六十二年

濮南牲妻沈氏夫早亡撫夫從子炯爲諸生守節六十年

楊甸英妻曹氏十九歲夫亡無子守節六十年

方闇然妻范氏二十一歲闇然死撫子汝舟成立守節五十年

沈禹周妻夏氏夫早亡子歿撫孫宗倫成立

監生楊熺妻濮氏二十五歲夫亡撫夫從子肯堂守節三十九年

生員楊德滋妻鍾氏三十歲夫亡撫夫從子坤承守節三十七年

監生徐錫祚妻畢氏二十九歲夫亡撫嗣子成立守節四十七年

生員沈中棟妻馮氏二十九歲夫亡撫子炅如及遺腹子煜如延弟景夏爲師督課之年四十九卒煜如領雍正甲辰鄉薦官福泉縣知縣

生員黄材妻朱氏二十九歲夫亡守節三十一年

沈學禮妻虞氏二十五歲夫亡守節二十一年

沈奕干妻錢氏三十歲夫歿于江西錢罄貲乞族人扶櫃歸葬撫二齡孤成立守節三十六年

臧模妻孔氏二十一歲夫亡遺孤在抱勤操作以養翁姑守節三十六年

朱匯皋妻程氏婚百日夫亡程年二十六無子守節十六年

朱觀光妻謝氏二十九歲夫亡姑老子幼晝夜紡績以給守節四十五年

生員莊長春妻陸氏二十七歲夫亡撫孤德馨既長而歿其婦倪氏守貞奉姑陸守節三十一年卒人稱一門貞節

孫泳祿妻陳氏二十一歲夫亡遺娠子既婚而歿與其婦撫養遺孫守節三十二年

倪松齡妻曹氏

尤賡陶妻湯氏二十歲賡陶歿謹事其嫡守節五十一年

胡國玲妻沈氏二十三歲夫亡撫夫從子廷魁守節五十年

施庭蕙妻沈氏二十四歲夫亡孝事舅姑守節三十三年

生員蔡以能妻陳氏二十三歲夫亡守節三十一年

張元忠妻王氏十六歲婚四月夫亡元忠從子廷衡妻莊氏年十九寡無子撫嗣子桂森成立其娣鍾氏衛州妻也年十七寡嗣子又殤擇族子祖仁承祀王守節十七年莊守節二十四年鍾守節十八年

盧元鼇妻金氏二十三歲夫亡孝翁姑育嗣子守節四十二年

張德裕妻朱氏二十二歲夫亡子殤煢煢無依守節三十一年

勞上欽妻朱氏二十九歲夫亡辛勤紡織以供喪葬守節六十四年

沈子昂妻王氏二十九歲夫亡遺五月孤撫之成立守節三十七年

楊際時妻王氏二十一歲夫亡孝事老姑撫育子女守節二十四年

王耀珍妻傅氏二十六歲夫亡遺一女亦貧無倚日積紡績貲葬翁姑及夫年三十六凍餓而死

祁有年妻施氏二十九歲夫亡守節三十八年

會啟賢妻張氏二十一歲夫客亡無遺腹孤成立守節四十二年

吳英妻朱氏二十九歲夫亡子娶婦又歿守節三十五年

錢平翰妻朱氏二十八歲夫亡子早歿又無嗣孫守節六十年

楊際恒妻孔氏二十歲婚甫帀月夫亡守節二十八年

姚承耿妻皇甫氏夫亡事翁撫嗣守節以卒

錢萬鄉妻姚氏十八歲夫亡無子孤燈紡織志苦益堅守節數十年卒

生員孔繼豐妻顧氏二十九歲夫亡遺孤廣艮甫三齡守節四十四年

夏斗山妻閔氏三十歲夫亡撫姪爲後守節四十三年

生員夏宋妻沈氏二十五歲夫亡敬養翁姑教育嗣子守節五十六年

嘉興府志　卷七十八　桐鄉節婦　四三

周序王妻陸氏二十七歲夫亡撫孤成立守節三十六年

陳昂發妻姚氏二十四歲夫亡家貧姑老子幼勤力作以給薪水守節四十三年

計東明妻歸氏二十一歲夫亡撫姪爲後守節四十三年

于元勳妻余氏夫早亡矢志撫孤余精於醫邑令某題額表其閭

于士遠妻都氏初成婚夫郎貿易客亡都守苦節以卒

于國瑞妻陸氏夫早亡毀容截髮上事翁姑下撫孤子守節三十餘年

于道揆妻魏氏二十九歲夫亡守節四十二年

潘樹敏妻張氏二十歲夫亡事姑孝撫嗣子其焯成立守節三十五年

姚世民妻沈氏二十一歲夫亡撫孤兆芳守節六十一年

沈攀雲妻臧氏十九歲夫亡無遺腹子念祖守節六十八年

鍾大任妾許氏二十六歲大任歿誓不再適守節三十八年

沈集三妻周氏二十一歲夫亡事翁姑以孝聞撫夫從子震飛守節四十二年

生員張大綸繼妻劉氏二十三歲夫亡無子女依母家織紉自給守節二十五年

傅星聚妻徐氏夫早亡撫子天來天歿至一百一歲卒

沈君仲妻王氏二十七歲夫亡撫孤掌文守節五十九年

孝子楊大中妻徐氏三十歲夫盡孝以殞身徐恪事舅姑撫孤盡瘁守節二十一年卒

朱慶華妻歸氏靑鎮人夫亡與幼女日事紡績足不踰閫苦節四十餘年

胡貞如妻沈氏十六歲適胡三十夫亡繼嗣夫婦俱早世沈孑身煢煢與朽櫬相依者三十年

張客卿繼妻茅氏爐鎮人年三十夫亡無子伯氏欲奪其志茅誓死不從日受飢餓幾欲自盡伯氏又逐之茅乃與夫之從子同居荼苦萬狀年七十餘卒

嘉興府志　卷七十八　桐鄉節婦　四四

邱庭方妻孔氏二十九歲夫亡守節四十六年

周懷峯妻錢氏二十七歲夫亡撫夫從子爲嗣守節四十四年

于志辛繼妻方氏二十七歲夫亡守節十八年

陳汝球妻吳氏二十九歲夫亡操耕作苦撫二孤成立守節三十一年

莊起巖妻蔣氏二十九歲夫亡守節四十六年

沈錦舒妻沈氏二十歲夫亡守節四十五年

沈克猷妻于氏二十八歲夫亡守節四十八年

沈文遠妻朱氏二十六歲夫亡撫夫從子秉璜爲嗣年五十七卒

譚大倫妻章氏二十五歲夫亡撫孤德深德明守節三十四年

生員周紱妻宋氏二十五歲夫亡遺腹子又歿守節二十四年

蔣德依妻曹氏二十七歲夫亡無子守節四十五年

張守占妻莊氏二十九歲夫亡止遺一女撫夫從子陛良至八十五卒

張國臣妻於氏二十八歲夫亡撫夫從子鳳德守節五十五年

張元城妻姚氏二十七歲夫亡撫夫從子坊守節四十七年

陸廷彰繼妻張氏十九歲夫亡撫夫從子朝觀守節三十年有司以冰霜勁節額表其閭

沈玉書妾宋氏十七歲歸玉書玉書與妻相繼歿時宋年二十六遺二子撫訓成立守節三十九年

沈理成妻諸氏二十三歲夫亡撫孤右曾守節五十一年

沈子衡妻張氏二十三歲夫亡撫孤文彩守節四十一年

譚應時妻陳氏二十九歲夫亡撫夫從子錫昌守節五十年

錢錫統一作純妻吳氏二十六歲夫亡家貧以十指撫養幼叔成立守節三十八年

朱拱樞妻夏氏二十七歲夫亡孝養老姑撫夫從子芹圃守節十八年

陸乾一妻朱氏二十九歲夫亡撫四歲孤錫齡成立娶沈氏年二十七寡遺孤尚幼朱守節五十八年沈旌年七十二

趙榮光妻鍾氏二十六歲夫亡守節三十一年

葉志勤妻曹氏十八歲夫亡孝祖姑撫孤子守節二十五年

吳鼎觀妻祁氏二十三歲夫亡初夫患癩議辭婚祁不允乃成婚既寡矢志從一守節十七年

魏文雄妻魏氏二十歲夫亡撫孤雲山既婚又歿復撫孫允升守節五十一年

張嶽峯妻于氏二十六歲夫亡撫孤履亭守節三十三年

方闓然妻范氏二十九歲夫亡撫孤汝棕成立守節四十九年

陳冠年妻倪氏十九歲夫亡撫遺腹子守節二十四年

監生葉萃祺妻楊氏二十六歲夫亡子殀守節三十二年

王宿東妻陳氏二十八歲夫亡止一女撫夫從子紹乾守節四十六年

陳景元妻姚氏二十九歲夫亡撫夫從子佐年守節二十年

姚美玉妻陳氏二十九歲夫亡撫週歲孤光閭守節二十三年

葉聖忠妻顧氏二十六歲夫亡鞠育遺孤拮据為夫營葬守節四十四年

譚維遷妻張氏二十五歲夫亡營葬翁姑鞠育孤子守節四十三年邑令劉鎧表曰勁節維風

施德源妻徐氏二十四歲夫亡守節三十六年

歸佩三妻沈氏三十歲夫亡守節五十五年

歸憲昭妻沈氏二十七歲夫亡撫方晬孤成立守節五十七年

監生金可基妻邵氏二十五歲夫亡以從子鋑為後守節二十八年

楊世奇妻陸氏二十三歲夫亡以夫從子大年為後守節四十年

董沈明妻陸氏二十七歲夫亡遺一子藉鍼黹以活守節十五年

姚鴻泰妻顧氏二十八歲夫亡無子守節三十五年

譚文若妻程氏二十二歲夫亡無子守節四十八年

陳景文妻倪氏十八歲夫亡撫遺腹子成立守節二十四年

孟聚星妻聞氏二十一歲夫亡撫姪為後守節四十七年

李汪瀚妻沈氏夫歿子京邸沈年二十九撫訓孤子守節三十四年

杜中揚妻吳氏二十七歲夫亡夫弟順洲妻錢氏年二十六寡無子吳遺一子世勳共撫育之吳守節三十年錢守節三十一年

李曙賢妻時氏二十九歲夫亡撫孤順章成立守節二十五年

孫文震妻高氏二十二歲夫亡撫孤鏡源苦節終身夫弟文泰妻曹氏亦二十二寡旌年六十

魏雲瞻繼妻徐氏二十九歲夫亡旌年八十

陸祖天妻沈氏二十九歲夫亡撫四齡孤成立既婚而殀復撫孫苦守節旌年六十二

蔡祥麟妻王氏二十二歲夫亡撫嗣子李元成立旌年五十七

錢坤年妻張氏二十五歲夫亡家素貧竭力以供甘旨旌年六十四

沈善爲妻李氏二十七歲夫亡無夫從子大經爲嗣旌年五十五

生員盛朝妻沈氏二十八歲夫亡撫孤勳成立旌年五十六

朱繼龍妻姚氏二十二歲夫亡課蠶紡織積貲葬夫祖父兩世旌年六十六

諸星標妻鍾氏二十八歲夫亡子死子婦亦寡矢志苦守旌年六十九

鍾雲皋妻潘氏二十三歲夫亡事翁姑盡婦道旌年七十二

鍾雲山妻程氏十六歲夫亡旌年六十一

鍾德賢妻沈氏二十六歲夫亡撫姪爲後旌年五十八

陸大山妻孫氏二十六歲夫亡撫孤成立旌年五十九

高霽天妻鍾氏二十二歲夫亡姑病侍湯藥無倦容撫孤成立旌年五十三

監生范光烈妾張氏二十一歲光烈死止一女撫嗣子泰初爲諸生又早歿張與婦李氏共守

孀閨旌年五十四

范光震妻于氏二十七歲夫亡止一女鬻簪珥葬夫旌年五十五

鄒均妻陳氏三十歲夫亡子又容死煢煢無倚旌年六十九

顧榮昌妻朱氏二十三歲夫亡遺腹生子與伯姒張共撫之旌年六十五

顧熉中妻陸氏二十四歲夫亡無遺腹子承烈早歿與婦朱氏撫孫旌年五十七

曹銘三妻朱氏二十四歲夫亡撫遺腹子士英旌年六十

輔文忠妻黃氏夫亡撫夫從子士槐成立旌年七十五

王元功繼妻莊氏夫亡撫孤旌年七十一

王南山妻吳氏二十五歲夫亡遺孤振聲娶吳氏不數年亦寡與婦苦守旌年五十五

監生周大成妻沈氏二十九歲夫亡孤南甫數月長娶施早寡沈與婦茹荼撫孫旌年七十一

董顯庸妻朱氏二十二歲夫亡無遺腹子貧無依常留母家弟婦亡撫其遺孤旌年五十二

金盈瀾妻王氏二十四歲夫亡遺一女無姪杞爲後紡織度日旌年七十一

徐方叔繼妻施氏二十二歲夫亡撫孤錫元成立孫辰爲諸生旌年九十

監生張驊妻施氏二十九歲夫亡無遺孤闊森景炎俱成立旌年五十三

監生蔣汝基妻畢氏二十五歲夫亡長子學原甫婚而歿婦姑共守旌年五十七

生員孔繼陞妻徐氏二十三歲夫亡無子止遺三女後依其壻徐敏求壻歿同婺女矢志旌年

五十一

生員張蘭枝妻葉氏二十七歲夫亡無子姑病經年便溺皆葉扶掖旌年五十二

徐之桀妻程氏二十六歲夫亡撫嗣子尚煒旌年五十一

高聚發妻沈氏二十五歲夫亡事孀姑孝撫孤德昌德順成立旌年五十八

夏瑞銓妻董氏二十七歲夫亡撫姪爲後旌年六十四

任雅陳妻勞氏二十歲夫亡旌年五十二

生員周斯才繼妻唐氏二十八歲夫亡撫孤人鳳旌年五十九

姚顯章妻朱氏二十三歲夫亡撫孤鶴齡旌年五十二

孫熙妻錢氏二十三歲夫亡餼姑育子俱藉刺繡旌年五十六

生員張國祚妻于氏二十四歲夫亡無孤瑛入泮旋歿乃以從子玉庭爲嗣旌年五十四

趙禹瞻妻魏氏二十四歲夫亡旌年八十二

鍾維奇妻沈氏二十八歲夫亡撫育一子旌年五十三

徐載乾妻蔣氏二十二歲夫亡撫夫從子廷榮爲嗣旌年六十一

魏繼珍妻于氏二十五歲夫亡撫孤文元甫婚而歿與婦沈氏苦守旌年六十四

邱汝璜妻王氏二十七歲夫亡子歿撫姪爲後旌年六十

沈剛峯妻張氏二十一歲夫亡遺子紹庭撫育備至旌年五十五

鍾景行妻曹氏靜一作景庵妻鍾氏曹年二十七夫亡鍾年二十六夫亡妯娌相依紡績

以養翁姑鍾守節二十四年卒曹旌年六十六歲

張德恆妻鍾氏二十二歲夫亡無子營葬其夫旌年六十二

姚文珍妻高氏二十四歲夫亡止一子翁歿喪葬盡禮旌年五十一

殳聖岐妻胡氏

錢士英妻楊氏婚七日夫暴亡痛絕者再強起事翁姑克盡孝養守節三十七年旌

蔣星來妻陸氏

沈仰之妻于氏二十三歲夫亡孝事繼姑旌年七十八

沈廷槐妻施氏二十九歲夫亡撫遺腹子成立旌年六十八

胡禮修妻沈氏

生員王藻妻錢氏二十八歲夫亡撫孤瑢福俱爲諸生旌年五十四

施巨川妻朱氏二十五歲夫亡撫姪爲後旌年六十四

姚遺妻陸氏夫亡撫孤坤元娶婦孔氏年二十八寡遺孤甫五十日婦姑共撫之陸守節四十八年孔

守節二十五年

朱祀三妻淩氏二十一歲夫亡撫九月孤成立旌年七十二

史鴻逵妻顧氏三十一歲夫亡旌年五十六

計聿修妻張氏三十九歲夫亡遺孤不育張甘守荼苦旌年五十六

生員葉士相妻馬氏二十七歲士相歿姑年老多病馬朝夕扶持不懈無嗣子應龍爲諸生旌

年五十四

潘樹機妻顧氏二十五歲夫亡嗣子其煜與姒張氏孀閨矢志旌年六十八

畢成文妻朱氏二十八歲夫亡家貧舅姑甘旨無缺旌年五十五

諸洵妻沈氏二十四歲夫亡事老姑以孝著旌年五十一

陸泳春妻曹氏二十三歲夫亡事上撫下孝慈兼盡旌年五十二

曹秉文妻高氏二十九歲夫亡翁姑年老竭力孝養旌年五十五

顏養和妻陸氏二十五歲夫亡撫從子樹成旌年五十一

龐配王妻王氏二十五歲夫亡遺一女紡績以給薪水旌年五十七歲

朱效聃妻時氏二十八歲夫亡撫姪爲後旌年六十一

吳宏道妻姚氏三十歲夫亡撫遺腹子旌年五十三

施士英妻戴氏二十五歲夫亡撫育一女旌年五十一

朱自南妻潘氏二十六歲夫亡撫孤曉初早逝潘與孀婦矢志旌年六十八

李東髙妻錢氏二十九歲夫亡遺二子俱幼錢父早歿無子乃迎養其生母旌年六十

姚廷楷妻宋氏二十九歲夫亡嗣子敬孚夫婦相繼歿宋撫孫子立旌年八十一

監生汪上垂妻項氏二十三歲夫亡遺腹一女撫夫從子鉽爲嗣旌年五十一

葉登三妻唐氏二十八歲夫亡撫子一履中旌年五十七

沈光德妻翟氏十八歲夫亡無子旌年四十六

鍾玉乾妻沈氏二十歲夫亡止遺一女翁姑年老孝養勿怠旌年四十八

陸立綱妻茅氏二十七歲夫亡孝事老姑撫幼孤成立旌年六十五

鄭煥章妻李氏二十四歲夫亡無子汪墀成立爲諸生奉舅姑事繼母俱竭盡孝養旌年五十六

俞亢貞妻陳氏二十九歲夫亡守節

陳允三妻王氏二十七歲夫亡撫育遺孤旌年七十八

馮鼎義妻顧氏二十七歲夫亡無嗣子陛良旌年五十七

朱文玉妻姜氏十九歲夫亡撫遺腹子旌年五十四

沈錦雯妻孔氏二十九歲夫亡家貧操作以撫嗣子旌年八十一

朱文耀妻聞氏二十八歲夫亡撫嗣子裕昆旌年七十五

蔣文灝妻徐氏婚甫月夫亡撫姪爲後旌年六十二

朱爾坊妻徐氏二十歲夫亡撫夫從子壽龔俱成立旌年七十七

殳文元妻陳氏二十二歲夫亡遺腹生子宗臣姑欲奪其志常虐使之陳妯娌五人獨任其勞事翁姑二十餘年無怨言子長娶婦生二孫婦先卒子與次孫繼歿家益困與一孫相依嘗不得食旌年七十

朱理權妻施氏二十四歲夫亡遺孤汝龍甫十月姑患咯血施侍湯藥與姑同臥起旌年六十

顧西澗妻朱氏二十五歲夫亡撫嗣子可封旌年七十五

生員周泰妻陳氏二十八歲夫亡撫遺腹子源旌年五十六

張朗亭妾張氏二十一歲朗亭歿姑病躬侍湯藥旌年五十七

潘樹栗妻錢氏二十九歲夫亡無育子女勤苦操作旌年六十一

邵嵩年妻朱氏二十六歲夫亡子庭珍娶宗氏亦寡婦姑共育遺孤宗守節三十四年朱旌年八十八

張程熊妻嚴氏二十七歲夫亡子早歿復撫四孫旌年六十九

監生茅思坦繼妻沈氏二十六歲夫亡家貧姑老鍼黹度日撫孤壎成立旌年六十七

王啟林妻莊氏二十一歲夫亡撫育女營葬三棺旌年六十一

宋鶴年妻邵氏

孫友昌妻吳氏二十九歲夫亡旌年七十八

蔡錫仁妻顏氏二十九歲夫亡撫姪爲後孝事翁姑旌年六十

徐宏道妻陸氏二十九歲夫亡紡績撫孤旌年六十三

茅黼王妻姚氏二十三歲夫亡子歿孝事老姑旌年七十三

鍾沈潘妻費氏十九歲夫亡無子備嘗艱苦旌年六十九

王國昌妻沈氏二十三歲夫亡無遺腹子永高旌年六十八

生員金可壎妻程氏二十九歲夫亡旌年七十七

施柏妻吳氏二十歲夫亡遺腹子又殤勤織紝以事翁姑旌年五十一

生員吳世鎮繼妻倪氏二十九歲夫亡撫從子綺堂旌年六十

沈大宗妻鍾氏二十五歲夫亡撫訓幼孤旌年六十五

譚錫昌妻張氏二十二歲夫亡撫遺腹子會嘉成立娶姚氏年二十七寡遺孤蔭棠與婦共育之張旌年七十一姚旌年五十一

朱天麟妻姚氏

沈聖麟妻沈氏二十八歲夫亡家酷貧有勸之適人者誓死不二旌年五十九

沈汞尊妻湯氏二十八歲夫亡子幼家極貧或諷以改嫁湯泣謝之旌年五十三

邱揆妻屠氏　湯坤元妻陳氏

夏斯權妻項氏二十一歲婚甫二月夫亡旌年五十一

生員張懷芳一作方妻杜氏閔氏閔係烏程閔進士女與懷芳中表兄妹在閔任所成婚杜係懷芳父母在家所聘閔年二十七寡守節十五年杜年三十寡旌年六十三

張志源妻周氏二十七歲夫亡撫孤成立旌年六十六

孫人瑞繼妻石氏年二十三歲夫亡前妻子鶴堂娶婦胡氏年二十二寡遺腹生子與婦共撫之石守節三十一年旌

李光祖妻張氏二十三歲夫亡撫從子羽逵旌年六十二

蔣大元妻費氏二十二歲夫亡遺孤繼祥又歿旌年五十六

蔣其天妻項氏二十六歲夫亡撫孤成立旌年五十一

陸熿妻曹氏

陸拱辰妻曹氏二十七歲夫亡子升高妻萬氏年二十九寡撫夫從子士陵爲後士陵妻吳氏年二十七寡三世苦節曹年八十九卒萬旌年七十一吳旌年五十一

朱九圖妻張氏二十四歲夫亡無子家赤貧有勸之嫁者忍飢餓以苦守旌年七十五

張士龍妻姚氏士魁妻邱氏姚年二十九夫亡邱年二十八寡妯娌同矢苦志撫子成立姚旌年七十六邱旌年七十三

葉敘山一作三妻施氏二十二歲夫亡旌年六十

沈斯才妻宋氏二十五歲夫亡旌年五十一

宋佩珍妻王氏二十八歲夫亡旌年五十二

王有成妻朱氏二十一歲夫亡無遺孤楚賢成立旌年五十一

顧自昭妻崔氏自昭曾祖雲海鹽進士官知府祖繹山遷桐鄉六都父拱辰當鼎革初兵荒頻仍家無卓錐地自昭娶婦拱辰尋歿崔年十九夫亦亡勤紡織奮箴黹奉孀姑已則糟糠野蔬以充食姑歿喪葬盡禮撫遺腹子英成立娶婦生孫年八十終守節六十餘年

生員徐袁泓妻崔氏沅繼妻顧氏鼎革初羣盜焚袁泓偕弟沅率衆禦賊皆遇害與尸歸崔年二十八顧年二十二號慟欲殉舅姑勸慰之娣姒同矢志勤紡織侍養撫從子佳公爲嗣顧知書見族戚諸婦輒陳說女史大義或稱其節則曰婦人庸行曷足多崔年九十七卒顧年七十八卒

生員陳常妻王氏二十一歲夫與徐袁泓沅同禦盜被戕尸歸創痕滿身慟哭暈絕而甦無子偕妯娌勤操作奉舅姑年八旬餘卒以上尹志

嘉興府志卷七十九

嘉興府知府善化許瑤光重輯

列女 節婦

桐鄉縣下

姚申錫妻孫氏二十七歲夫亡矢志不二守節五十年

鍾之源繼妻賈氏二十九歲夫亡守節二十七年以上嘉慶五年旌

金廣生妻章氏二十二歲夫亡守節四十四年嘉慶六年旌

監生黃楝妻程氏二十九歲夫亡守節三十二年嘉慶九年旌

監生周大成妻沈氏二十九歲夫亡守節四十二年嘉慶十一年旌

邱志賢妻俞氏二十一歲夫亡守節三十一年

祁文熜妻邱氏二十一歲夫亡守節三十年以上嘉慶十二年旌

朱鈖妻歸氏二十四歲夫亡守節三十六年嘉慶十八年旌

監生沈孝祥繼妻沈氏二十八歲夫亡守節十八年嘉慶二十一年旌

于通瀛妻朱氏二十八歲夫亡守節二十一年嘉慶二十二年旌

錢錦章妻葛氏二十九歲夫亡守節三十二年

陸世封妻趙氏二十九歲夫亡守節三十二年以上嘉慶二十三年旌

沈啟豐妾沈氏二十五歲啟豐故守節四十五年

金以執妻朱氏二十四歲夫亡守節二十九年

庠生于廷銑妻卜氏二十五歲夫亡守節二十三年

甯東序妻蔣氏二十二歲夫亡守節三十九年以上嘉慶二十四年旌

監生張藻繼妻徐氏二十九歲夫亡守節二十二年

李名世妻費氏二十九歲夫亡守節三十八年

錢又滄妻徐氏二十六歲夫亡守節三十四年

張履成妻羅氏二十九歲夫亡守節五十年

趙一琴妻程氏二十二歲夫亡守節二十八年

程富妻吳氏二十四歲夫亡守節三十二年

茹元琪一作祺妻吳氏二十四歲夫亡守節十六年以上嘉慶二十五年旌

宋之城妻吳氏二十八歲夫亡守節二十四年

沈堯民妻姚氏二十六歲夫亡守節五十三年

程鶴年妻蔣氏二十二歲夫亡守節四十八年

庠生周泰繼妻陳氏二十八歲夫亡守節四十年

庠生曹奎妻黃氏二十四歲夫亡欲以身殉衆力勸乃止守節三十二年卒以上道光元年旌

沈兆成妻周氏二十一歲夫亡守節四十三年

沈鼎元妻趙氏二十九歲夫亡守節四十年

馮勛亭妻沈氏二十九歲夫亡守節四十一年

張應鉉繼妻周氏二十三歲夫亡守節四十五年

時大本妻朱氏二十四歲夫亡守節五十年以上道光二年旌

沈毓熹妻施氏十七歲夫亡守節四十五年

姚鳳觀妻張氏二十歲夫亡守節五十五年以上道光三年旌

庠生倪作楫繼妻方氏二十九歲夫亡守節三十二年
曹序賢繼妻邱氏二十四歲夫亡守節五十三年
陳松齡妻曹氏二十七歲夫亡守節三十年
陸鋗妻金氏二十六歲鋗故守節三十七年以上道光四年旌
沈嘉麒妻張氏二十五歲夫亡守節二十九年
傅美斯妻沈氏十九歲夫亡守節四十九年
張元其妻費氏二十五歲夫亡守節三十六年以上道光五年旌
張應麒妻歸氏二十九歲夫亡守節二十七年
陳芳洲妻姚氏十九歲夫亡守節五十三年
庠生孔繼陞妻徐氏二十三歲夫亡守節三十八年以上道光六年旌

邱志達妻張氏二十六歲夫亡守節二十七年
計樹本妻皇甫氏二十歲夫亡守節四十三年
俞德奎妻徐氏二十九歲夫亡守節二十九年
監生鄭庭耀妻夏氏二十二歲夫亡守節二十五年
沈善爲妻李氏二十七歲夫亡守節四十五年以上道光七年旌
監生沈大峯妻陳氏二十一歲夫亡守節三十六年
沈獻廷妻金氏二十七歲夫亡守節三十八年
庠生錢鑑澄妻程氏二十一歲夫亡守節四十三年以上道光八年旌
蔣枚妻潘氏二十八歲夫亡守節二十七年
李長春妻錢氏十八歲夫亡守節三十四年

高峻蒼妻錢氏二十二歲夫亡守節三十七年
陳德求妻嚴氏二十六歲夫亡守節四十五年以上道光九年旌
署正嚴寶傳妾張氏二十七歲寶傳故守節十六年
沈友椿妻張氏十九歲夫亡守節三十二年
沈溙妻馬氏十七歲夫亡守節十五年以上道光十年旌
陸佑山妻何氏二十五歲夫亡守節三十五年
監生蔣汝基妻畢氏二十四歲夫亡守節四十五年
監生蔣學原妻曹氏二十七歲夫亡守節四十四年
監生金鋤妻張氏二十九歲夫亡守節十七年
程之桀妻柴氏二十二歲夫亡守節三十四年

庠生吳鏞妾姜氏二十歲鏞故守節二十八年
張汝琮妻邵氏二十五歲夫亡守節二十二年
沈嗣興妻吳氏二十八歲夫亡守節十八年
監生鄔景華妻沈氏二十三歲夫亡撫孤守節三十年以上道光十一年旌
潘兆龍妻董氏二十五歲夫亡矢志不二針黹度日守節五十五年荼苦終身道光十二年旌
監生曹垣妻時氏二十歲夫亡守節五十八年
時鈞妻于氏二十三歲夫亡守節三十三年
于廷基妻陳氏二十一歲夫亡守節四十二年以上道光十三年旌
曹鑑妻周氏三十歲夫亡守節三十二年
孫執中妻姚氏二十八歲夫亡守節三十六年

戴德魁妻吳氏二十二歲夫亡守節六十二年

戴廣安妻趙氏二十四歲夫亡守節十六年以上道光十四年旌

監生曹聲宏妻王氏十六歲夫亡守節三十六年

監生曹宗桓妻潘氏二十八歲夫亡守節二十五年

監生葉之垣妻高氏二十七歲夫亡守節二十九年

監生黃杞妻朱氏二十九歲夫亡守節四十九年以上道光十五年旌

孫文泰妻曹氏二十三歲夫亡守節四十二年

曹承垣妻陳氏二十歲夫亡守節三十一年

邵敬天妻胡氏十八歲夫亡守節五十二年以上道光十六年旌

黃葵揚妻周氏二十一歲夫亡守節四十年以上道光十八年旌

陳紹元繼妻葉氏二十四歲夫亡守節四十一年卒

殳楷妻管氏十七歲成婚甫十月夫故氏投環者再俱以姑救獲甦姑歿而氏亦悲泣以死年三十二

徐堃妻淩氏二十七歲夫故衰翁孤子氏仰事俯育備極勤苦守節三十八年

張步青妻畢氏二十四歲生一女夫故誓不欲生母輒阻之家貧無以為活遂依母居守節十七年

徐釗妻吳氏二十八歲夫故奉姑以孝逾一年姑歿氏撫姪為嗣卒年六十

顧芳洲妻岳氏二十二歲夫故守節四十七年

徐景邦妻曹氏二十八歲夫故撫姪為子守節三十八年

朱寶林妻莫氏二十七歲生二子夫故家貧以針黹為生撫孤守節三十二年

趙應魁妻陳氏二十六歲夫故教養孤子名列成均守節四十七年

章大元妻岳氏二十八歲夫故小叔止六歲孤子周臣繞三歲氏一體撫養悉為婚娶卒年八十四

子周臣妻倪氏年二十四夫故撫孤旌年六十五

錢儒宗妻沈氏二十三歲夫故撫孤守節五十三年

范慶衡妻徐氏二十九歲夫亡守節四十五年

于德章妻張氏二十二歲夫亡撫孤守節三十八年

錢青來妻朱氏二十五歲夫亡遺一女守節五十年

朱成明妻張氏二十六歲夫亡無遺腹子守節六十二年

吳維周妻邵氏二十六歲而寡守節二十六年

張肇康妻岳氏二十六歲夫故撫養三孤喪葬二老守節三十六年肇康之子翰周妻章氏年二十六而寡繼姪承祧旌年六十五歲

庠生周龍章妻宋氏一作宗二十四歲夫故守節二十五年龍章之子祖望妻管氏年二十

一夫故守節四十九年

張美思妻張氏二十三歲夫亡撫養孤守節六十二年

張聖昌妻江氏二十八歲夫亡族人以其無子逼之嫁氏知遺腹有身以死拒之逾五月生一男躬操耕作撫之成立守節三十二年

陳世珍妻徐氏二十一歲夫遠遊不返聞已道亡氏矢志靡他撫姪為嗣守節三十五年

陳霖蒼妻范氏二十五歲夫亡撫姪守節五十一年

周松友妻高氏二十歲夫亡遺一女撫姪為子俱為婚嫁守節四十七年

沈掖亭妻張氏二十八歲夫亡撫姪守節四十九年

徐根心妻蔣氏二十三歲夫亡守節十五年

柴學聖妻王氏十九歲夫亡守節六十三年

俞通海妻孫氏二十四歲夫亡撫孤守節三十年
歐廷來妻范氏二十歲夫亡遺孤未週歲撫字成立子年四十四卒氏助寡媳苦守守節七十三年
葉瑞階妻朱氏二十八歲夫亡撫孤守節六十一年
許汝龍妻淩氏二十八歲夫亡守節四十年
沈正初妻程氏三十歲夫亡撫孤寶珍成立守節一十六年
程世榮妻孫氏二十四歲夫亡遺孤旋歿苦心守節二十六年
沈士龍妻俞氏二十七歲夫亡撫孤福成守節三十一年
孔廣源妻徐氏二十三歲夫亡撫孤昭訓成室昭訓早世氏與寡媳陳氏孀閨共守守節三十三年
宋維鏞妻范氏二十七歲夫亡守節二十七年
錢以甯妻張氏二十五歲夫亡守節四十九年

張美範妻張氏二十五歲夫亡手指辛勤撫幼孤成立守節五十七年
夏大受妻沈氏二十四歲夫亡守節五十八年
蔣繼麟妻孔氏二十六歲夫亡守節三十九年
程大壎妻楊氏二十二歲夫亡守節四十六年子宇鈐妻錢氏二十五歲夫亡守節十八年
朱戴宏妻姚氏二十九歲夫亡守節四十九年
生員楊洲妻蔣氏三十歲夫亡撫孤成婚子又早世與寡媳張氏同撫育幼孫守節二十七年
于景綸妻陳氏二十二歲夫亡守節五十二年
姚錫章妻朱氏二十八歲夫亡事姑撫孤守節五十一年
沈璘閣妻陳氏二十九歲夫亡守節三十六年
郭敦第妻張氏二十五歲夫亡撫姪守節二十一年

倪世珍妻王氏二十五歲夫亡撫姪文照為子守節四十七年
監生汪垂妻項氏十九歲夫病刲股療之無效守節四十五年
趙呂全妻吳氏二十一歲夫亡事翁姑撫遺孤守節十二年
蔡載王妻楊氏三十歲夫亡事姑教子守節四十四年
尤孟廉妻程氏二十五歲夫亡守節十一年
張耕三妻鄭氏三十歲夫亡守節二十九年
曹曰銂妻陳氏三十歲夫亡守節四十八年
庠生沈棱妻殳氏二十九歲夫亡守節四十二年
殳輔清妻于氏十九歲夫亡守節十五年
章德明妻倪氏二十一歲夫亡守節五十五年

朱國方妻陳氏二十九歲夫亡守節四十八年
朱裕坤妻章氏二十六歲夫亡守節三十一年
柴維垣妻張氏二十六歲夫亡守節四十一年
監生沈孝慕妻王氏二十二歲孝恭亡守節三十七年
沈玉琦妻金氏二十五歲夫亡撫孤守節四十七年
張可豐妻姚氏二十八歲夫亡守節四十三年
程攀龍妻潘氏三十歲夫亡氏紡績孝事邁翁撫孤成名守節四十年
桂尊五妻陳氏
張萬程妻錢氏二十六歲夫亡家貧事翁盡孝撫孤授室孤又亡復撫孫成立守節五十年
職員施烈妻李氏三十歲夫亡守節三十七年

施載亨妻沈氏二十三歲夫亡守節十一年

武生曹作忠妻李氏二十八歲夫亡守節十一年

張星矑妻邱氏二十九歲夫亡守節五十五年

張灌瀓妻程氏二十三歲夫亡守節三十二年

章自明妻錢氏二十七歲夫亡守節五十二年

庠生商受謙繼妻俞氏二十五歲夫亡守節二十三年

商履乾繼妻謝氏二十五歲夫亡守節五十四年

嚴成儀妻徐氏二十五歲夫亡守節五十四年

嚴玉山妻姚氏二十四歲夫亡守節二十年

沈世豐妻沈氏二十九歲夫亡守節二十二年

陳萬林妻吳氏二十六歲夫亡守節四十九年

沈大殷妻葛氏二十五歲夫亡孝事翁姑守節四十一年

張以安妻甯氏二十一歲夫亡家貧乞食養姑守節四十三年卒

徐大鈴妻李氏二十九歲而寡立志苦守奉姑撫孤守節四十五年

王詵振妻徐氏二十二歲夫亡事翁姑撫嗣子守節三十年

朱汝鏞妻陸氏二十七歲夫亡孝事舅姑撫嗣子浩成立守節十八年

朱汝錡妻盛氏二十六歲夫亡撫孤守節二十五年

朱汝錕妻陳氏二十三歲夫亡撫嗣守節二十一年

陳心傳妻沈氏二十歲夫亡撫孤守節四十七年

程瑞祺妻褚氏二十五歲夫亡守節四十一年

朱繼禎妻王氏二十九歲夫亡撫四子俱成立守五十四年

潘商衡妻顧氏二十四歲夫亡守節六十六年

許其清妻錢氏二十七歲夫亡家貧撫遺腹子成立守節四十九年

生員錢芳妻潘氏二十六歲夫亡奉姑撫孤守節三十七年

監生沈大生繼妻楊氏二十九歲夫亡撫前子元鎰元禮如己出守節二十一年

陳起麟妻馮氏二十九歲夫亡上奉翁姑下撫三孤守節四十九年

陳瑞忠妻潘氏二十九歲夫亡撫姪懷錦為嗣早遊庠守節三十八年

錢廷妻朱氏二十一歲夫亡嗣姪為後孝事翁姑守節三十九年

張大齡妻陸氏二十四歲夫亡孝奉翁姑撫嗣成立守節四十七年

王士標妻沈氏二十五歲夫亡貧苦無依歸奉父母後撫夫甥應彩為嗣守節五十年

周兆禎妻王氏二十七歲夫亡撫孤成室子又亡與媳鍾氏共矢冰操守節五十三年

周敬德妻鍾氏二十八歲夫亡撫孤守節三十九年

潘其熙妻胡氏二十九歲夫亡無子與娣茅氏共守苦節二十一年

趙廷柱妻張氏二十五歲夫亡孤又殤以姪為嗣守節五十三年

舉人高宏耀妻李氏二十九歲夫亡撫姪守節三十七年

高宏熙妻鍾氏十九歲夫亡撫孤守節五十六年

姚振揚妻李氏二十二歲夫亡守節二十三年

朱天授妻錢氏

張受琪妻都氏二十四歲夫亡守節三十四年

戴斐章妻屠氏二十歲夫亡守節四十八年

孫佩章妻徐氏二十九歲夫亡撫孤守節三十九年

孫見微妻戴氏二十七歲夫亡撫孤守節三十四年

蔣鳴玉妻胡氏二十九歲夫亡守節五十年

監生蔣映楠妻繆氏二十九歲映楠亡守節二十四年

莊聿德妻姚氏二十九歲夫亡嗣姪守節三十九年

孫有懋妻錢氏二十三歲歸孫不一載夫亡孝事孀姑嗣姪苦守卒年五十有六

吳祥雲妻淩氏二十六歲夫亡守節六十四年

施再榮妻蔡氏二十四歲夫亡守節六十一年

曹紋波妻施氏二十二歲夫亡守節二十六年

監生曹泰妾朱氏二十四歲泰亡守節二十四年

沈茂麟妻沈氏二十五歲夫亡守節十六年

沈玉豐妻江氏二十六歲夫亡守節四十年

張完宗妻王氏

朱文燦妻孫氏二十六歲夫亡守節四十四年

朱文華妻鍾氏二十九歲夫亡守節四十五年

沈永祥妻邱氏二十八歲夫亡守節三十三年

庠生孫鵠峙妻邱氏二十八歲夫亡守節三十年

孫永成妻費氏二十六歲夫亡守節二十七年

孫有恕妻朱氏二十六歲夫亡守節三十年

徐元基妻朱氏二十四歲夫亡守節十八年

曹炳文妻高氏二十八歲夫亡撫姪承祀卒年六十二

沈廷楨妻程氏十八歲夫亡撫姪守節四十八年

宋振公妻沈氏

陳士朝妻陳氏二十六歲夫亡撫姪爲嗣積十指所餘爲翁姑及夫安葬卒年七十有三

章士高妻申氏二十五歲夫亡事姑撫姪守節四十年

陳尚德妻費氏二十七歲夫亡苦守六十七年

鍾天錦妻費氏十九歲結縭數月夫亡撫姪持家年七十三卒

葛嘉祥妻姚氏二十一歲夫亡撫嗣守節五十二年

監生葛福妻曹氏二十八歲夫亡撫嗣守節二十八年

張洛川妻施氏十九歲夫亡苦志守節三十七年

張德彰妻沈氏十八歲夫亡守節五十七年

沈元發聘妻張氏未婚夫卒聞訃奔喪奉木主成禮事翁姑有孝聲卒年二十有八

監生鄭以凝妻何氏二十一歲夫客死保定氏悲不欲生翁姑力勸乃止孝事二老撫孤守節十八年

監生陳祖洪妻吳氏二十九歲夫亡守節三十二年

庠生沈以光妻錢氏二十九歲夫亡守節十五年

庠生姚應璉妻徐氏二十歲夫亡撫姪爲嗣孝事翁姑守節二十四年

朱龍飛妻顧氏二十四歲婚甫二月夫亡守節四十年

黃黼昌妻施氏十八歲夫亡撫遺腹子成立守節三十五年

葉良珪妻王氏二十三歲夫亡守節六十年

潘鑾士妻錢氏二十三歲夫亡屢欲自殉翁姑力勸乃止守節十五年
馮守忠妻沈氏二十一歲婚未兩月夫亡苦志守節三十八年
張發祥妻錢氏十九歲夫亡無子欲以身殉翁姑泣諭乃止守節三十二年
張啟麟妻孔氏二十六歲夫亡撫孤成立子又亡守節四十七年
監生金汝慶妻周氏二十八歲夫亡守節三十二年
徐孟章妻鄒氏二十五歲夫亡長子又早卒撫次子成立守節二十四年
潘震寰妻黃氏二十九歲夫亡撫孤守節四十九年
湯秀元妻黃氏十八歲夫亡守節六十二年
孔繼濬妻費氏二十九歲夫亡家貧撫孤守節二十七年
計友鯤妻衛氏二十四歲夫亡事姑撫孤守節五十年

朱振裘繼妻俞氏二十九歲夫亡撫孤守節三十六年
朱上林妻黃氏二十六歲夫亡撫姪為嗣守節二十九年
周廷棟妻唐氏三十歲夫亡撫孤守節三十七年
唐椿妻周氏二十四歲夫亡撫孤守節二十一年
孔廣孝妻潘氏二十九歲夫亡撫孤守節三十一年
張欽妻計氏二十二歲夫亡遺孤又殤苦志守節二十年
生員陸汝鏕妻錢氏二十八歲夫亡子又病歿復撫三孫成立守節二十六年
鄭以堦繼妻黃氏二十九歲夫亡孝奉翁姑撫前氏子成立守節三十二年
生員沈鈞妻張氏二十九歲夫亡撫孤守節二十一年
毛黼朝妻何氏二十七歲夫亡守節五十二年

監生沈啟咸妻宋氏二十三歲夫亡孝事翁姑以姪為嗣守節五十年
生員姜式如妻黃氏二十一歲夫亡撫孤守節四十六年
胡耀清妻管氏二十七歲婚甫數月夫亡無子守節三十一年
盛天龍妻沈氏二十五歲夫亡困苦撫孤守節十九年
朱二林妻黃氏二十六歲夫亡撫姪守節二十九年
陳南英繼妻鄒氏二十六歲夫亡撫孤守節十五年
陳維新妻淩氏三十歲夫亡撫三孤成立事姑以孝聞守節三十一年
周世奇妾朱氏十九歲世奇亡守節二十六年
附貢嚴繼棠妻沈氏二十八歲夫亡撫兩孤成立守節二十年
徐元龍妻淩氏二十二歲夫亡撫姪成婚子早歿又撫孫成立守節五十九年

附貢嚴澍妾任氏二十七歲澍亡兩子俱夭氏矢志靡他守節二十一年
錢啟人妻張氏二十九歲夫亡撫孤守節四十一年
孔廣支妻沈氏二十歲夫亡撫遺腹子昭煒成立納婦昭煒弱冠遊郡庠後子媳雙亡又撫姪為嗣守節五十三年
王文宗妻楊氏二十七歲夫亡撫孤守節四十三年
廩生皇甫熙妻唐氏二十八歲夫亡誓不欲生翁姑力勸而止撫孤守節四十八年
沈聿彰繼妻蔣氏十九歲夫亡撫嗣守節六十二年
黃虛懷妻朱氏二十五歲夫亡撫孤守節五十年
生員王夔妻施氏二十八歲夫亡家酷貧賴十指以度日守節三十七年
王里閭妻孔氏二十四歲夫亡撫孤守節四十七年

王朗行妻顧氏二十七歲夫亡上奉孀姑下撫孤子守節四十八年

鄭根先妻李氏

監生徐麟妻沈氏二十八歲夫亡姑耳聾且瞽常在牀褥叔祖姑年老多病氏曲意奉事心無少懈後更喪葬如禮并撫前氏二孤教養成立守節二十二年

蔣秀如妻陸氏十九歲夫亡撫遺腹子友艮成立上事舅姑克盡孝道守節五十年

吳以學妻汪氏二十三歲夫亡撫姪成立守節六十九年

沈子才妻濮氏適沈三載夫亡家貧無子依母族守節八十年

監生陳曾裕妻周氏二十七歲曾裕亡孝事孀姑守節四十六年

沈子發妻莊氏二十四歲子發亡守節六十四年

曹天御妻沈氏

周玉涵妻徐氏十九歲夫亡撫遺腹子成立守節四十三年

歸泰初妻張氏二十二歲夫亡撫遺腹子成立守節五十年

夏某妻胡氏

曹天御妻沈氏二十歲夫亡孝事孀姑守節四十年

鍾廷鈺妻曹氏二十九歲夫亡撫孤守節六十一年

庠生周暟妻曹氏二十三歲夫亡無遺腹子世豊成立守節三十三年

徐漢卿妻張氏二十四歲夫亡守節六十一年

庠生張汝翼妻徐氏二十九歲夫亡守節三十三年

濮應恆妻曹氏二十四歲夫亡無姪爲嗣守節三十年

庠生沈上源妻王氏二十四歲夫亡無遺腹子成立守節四十五年

夏德順妻徐氏二十九歲夫亡撫孤守節三十七年

沈元峻妻朱氏三十歲夫亡孝奉翁姑守節二十九年

沈克獻妻于氏二十八歲夫亡撫孤守節三十九年

濮嘉策妻范氏二十四歲夫亡守節四十年

錢友奇妻張氏二十九歲夫亡以姪星九爲嗣早世與孀媳仲氏共撫遺孫守節三十四年

楊充符妻鍾氏三十歲夫亡守節三十六年

張元功妻孫氏二十四歲夫亡守節五十年

監生方章妻范氏二十九歲章亡守節五十年

李祿妻孫氏二十四歲夫亡守節四十年

周武昌妻張氏二十八歲夫亡守節四十七年

濮景丹妻張氏二十歲夫亡家貧無子孝事翁姑守節四十四年

沈成六妻蘇氏二十二歲夫亡無子守節五十六年

朱日章妻王氏二十五歲夫亡子殤孝事祖翁生養死葬以姪爲嗣守節五十二年

陳鎬妻陳氏二十八歲夫亡撫孤守節四十六年

王士高妻歸氏三十歲夫亡撫姪守節五十五年

許景芳妻沈氏二十一歲夫亡撫孤守節四十三年

程錦川妻沈氏二十九歲夫亡以姪爲嗣守節四十五年

吳聲遠妻祝氏三十歲夫亡守節四十七年

馮浪妻蘇氏二十三歲夫亡無子孝事舅姑守節十五年

歸振家妻沈氏二十八歲夫亡守節二十七年

朱培妻夏氏二十七歲夫亡家貧撫孤鎔早卒與媳陸氏共撫遺孫成立守節五十年

曹曉滄妻陸氏二十九歲夫亡撫孤守節四十五年

曹蘭亭妻姚氏二十九歲夫亡孝事舅姑守節四十年

錢馭羣妻蔡氏二十三歲夫亡以姪爲嗣守節四十年

徐立朝妻邱氏二十六歲夫亡撫遺腹孤成立守節四十六年

陳天鑾妻皇甫氏二十三歲夫亡守節二十七年

劉凱妻張氏二十七歲夫亡撫孤守節六十一年

董如山妻黃氏二十九歲夫亡撫孤守節四十五年

沈燦鐘妻沈氏二十五歲夫亡守節四十九年

潘景唐妻胡氏二十三歲夫亡撫孤守節四十二年

庠生沈鍾泰妻俞氏二十四歲夫亡守節二十九年

監生沈鈞衡妻徐氏二十一歲夫亡以姪浚都爲嗣守節二十二年

輔玉書妻蘇氏二十四歲夫亡孝事孀姑撫孤成立守節二十九年

錢明載妻劉氏三十歲夫亡守節四十七年

夏桂妻張氏二十五歲夫亡守節四十六年

錢星九妻仲氏二十八歲夫亡撫孤守節三十六年

監生楊埰繼妻盧氏二十八歲夫亡守節四十二年

高勝成妻張氏二十五歲夫亡守節五十五年

沈運倉妻賈氏三十歲夫亡撫孤守節二十九年

監生沈鍾淑繼妻周氏二十九歲夫亡撫孤守節四十三年

宋天城繼妻沈氏二十八歲夫亡撫孤守節三十八年

錢大章妻顧氏二十歲夫亡撫遺腹子守節五十六年

包彩成妻莊氏二十八歲夫亡守節五十九年

庠生沈份妻朱氏二十二歲夫亡無子依叔翁以終守節二十九年

曹元炳妻張氏二十九歲夫亡撫孤守節四十年

宣應山妻顧氏二十六歲夫亡守節三十五年

曹魯珍妻李氏二十八歲夫亡守節四十六年

鍾宏烈妻程氏二十六歲夫亡守節四十七年

鍾禮仁妻李氏十八歲夫亡守節四十八年

鍾宏端妻張氏三十歲夫亡守節三十七年

夏用章妻楊氏二十三歲夫亡守節五十年

孫振雲妻曹氏二十九歲夫亡子紹榮又夭苦志守節五十六年

潘模妻孫氏二十歲夫亡撫姪守節五十八年

楊士銓妻邵氏二十九歲夫亡守節四十二年

劉少陽妻錢氏二十九歲夫亡以姪爲嗣守節二十二年

朱廷璧妻濮氏二十八歲撫四孤守節六十二年邑侯李給皓月爭光額

監生王彝鼎妻葛氏二十九歲夫亡撫子守節四十三年

庠生葉揚華妻莊氏二十六歲夫亡撫嗣守節四十年

戎廷桂妻唐氏二十九歲夫亡守節二十七年

陸茂先妻曹氏二十七歲夫亡孤又殀與寡媳鄒氏撫孫守節六十七年

孫大士妻朱氏二十四歲夫亡守節四十二年

庠生馮浚妻張氏二十五歲夫亡守節二十九年

濮金初妻程氏二十八歲夫亡依母族居守節三十八年

陸恒千妻謝氏二十六歲夫亡守節五十年

張鳴皐妻仲氏二十一歲夫亡撫嗣成立守節四十五年

莊景春繼妻徐氏二十八歲夫亡撫前氏子成立守節三十一年

陸粹然妻曹氏二十六歲夫亡守節五十年

曹慰祖妻項氏二十一歲夫亡以姪承嗣守節四十二年

殳端揆妻陸氏二十七歲夫亡守節二十五年

錢致和妻洪氏二十四歲夫亡撫遺腹子守節五十年

蔣廷模妻金氏三十歲夫亡撫子成立七旬壽戒勿稱觴重建佘家橋守節四十四年

訓導陳天鏞妾歐氏二十二歲天鏞亡撫姪祖命遊庠守節五十八年

夏德焜妻陳氏二十四歲夫亡守節三十八年

屠宗耀妻陸氏二十四歲夫亡撫孤守節三十年

俞德奎妻徐氏二十九歲夫亡守節三十九年

李雲占妻金氏二十九歲夫亡撫孤守節三十四年

胡秀川妻岳氏二十四歲夫亡守節四十七年

沈樾妻徐氏二十二歲夫亡守節二十八年

王聖嘉妻李氏二十八歲夫亡以姪爲嗣守節二十七年與歸章氏之姊氏同胞雙節

倪新齊妻殳氏二十七歲夫亡守節十六年

金夏揆妻王氏二十八歲夫亡守節十五年

岳恭賢妻殳氏三十歲夫亡守節五十一年

葉士禕妻呂氏二十一歲夫亡撫孤守節二十年

監生陳天鏻妾李氏二十七歲天鏻亡守節十七年

訓導胡琢繼妻徐氏二十一歲夫亡生子又亡撫姪孫賜曾爲嗣守節二十四年

陳心蘭妻施氏二十九歲夫亡守節二十二年

監生鍾秉鈞妻姚氏三十歲夫亡守節十六年

監生陸鈁妾朱氏二十三歲鈁亡撫孤成立子死又撫兩孫守節五十三年

庠生賈純武妻許氏二十九歲夫亡撫孤亦逵長娶於陳未幾陳寡姑媳伶仃恒至絕食撫姪玉堂爲嗣守節三十八年陳守節二十九年

監生鄒士魁繼妻王氏三十歲夫亡子熊又早卒氏與媳共勵冰操苦志守節四十二年

職監陳天鏡妾錢氏三十歲天鏡亡撫嗣子三卒又卒與媳蕭氏守節二十八年

職監濮廷輝妻楊氏二十八歲夫亡撫孤守節三十二年

歸宏緒妻朱氏二十九歲夫亡守節四十一年

賈舜輝妻曹氏二十四歲夫亡守節十七年

沈謂喬妻仲氏成婚甫十月夫亡家貧守節十六年

監生曹黼廷妻楊氏二十四歲夫亡守節二十二年

周永侯繼妻吳氏二十九歲夫亡守節五十年

顏馱懷妻鍾氏二十一歲夫亡守節三十六年

王瑞雲妻陸氏二十八歲夫亡守節四十七年

潘洪緒妻朱氏二十七歲夫亡撫三孤成立守節四十五年媳楊氏年二十五寡守節十六年

魏尚忠妻孫氏二十七歲夫亡繼姪爲嗣守節二十年娣施氏年二十六夫思忠病歿守節十六年

沈昌宏妻李氏十九歲生二子夫病籲天請代未應泣請于翁必得一疏焚東嶽神座越五日語翁曰夜夢二鬼來言神許我矣遂卒監察御史馬浩爲之傳

蔡敬宣妻周氏二十三歲夫亡守節五十四年

高維龍妻陸氏二十八歲夫亡撫孤南華成婚守節三十二年南華卒媳楊氏亦矢志守節姑歿氏以哀毀卒

朱元泰妻金氏二十三歲夫亡守節四十年

庠生朱承炳妻金氏二十四歲夫亡撫姪雙祧守節四十二年

徐文華妻李氏二十一歲夫亡守節四十三年

吳應元妻朱氏二十五歲夫亡守節四十一年

高鴻秀妻張氏二十八歲夫亡守節二十六年

張秉義妻程氏二十三歲夫亡守節五十八年

孔士珍妻山氏二十五歲夫亡守節四十四年

孔鳳池妻褚氏二十五歲夫亡守節三十七年

邱發元妻錢氏二十九歲夫亡守節五十年

錢潤之妻鍾氏二十一歲夫亡上事翁姑下撫弱媳苦志守節十六年

于學滄妻張氏二十五歲夫亡守節三十六年

周守仁妻王氏二十六歲夫亡守節十七年

王元臯妻金氏二十一歲夫亡守節四十三年

陳汝珏妻吳氏十八歲夫亡守節五十三年

鄭璞安繼妻周氏二十九歲夫亡守節二十一年

江聖祥妻沈氏十九歲夫亡守節五十年

柏秀峯妻吳氏二十九歲夫亡守節五十年

張儀門妻陸氏十八歲夫亡守節六十一年

張肇康妻岳氏二十六歲夫亡守節二十五年

管蘭生妻朱氏二十三歲夫亡守節十九年

宋佩珍妻王氏二十歲夫亡守節四十一年

生員張楚馨妻葉氏二十七歲夫亡守節四十一年

沈斯才妻宋氏二十歲夫亡守節二十五年

宋景高妻趙氏十七歲夫亡守節五十二年

武生錢璋妻沈氏三十歲夫亡守節二十六年

徐廷章妻杜氏三十歲夫亡守節五十二年

徐起成妻陳氏二十六歲夫亡守節十八年

沈剛峯妻張氏二十三歲夫亡守節六十二年

朱錦堂妻金氏十九歲夫亡守節三十二年

沈廷槐妻朱氏三十歲夫亡守節十八年

張國楨妻周氏二十八歲夫亡守節四十七年

朱永茂妻沈氏二十七歲夫亡守節二十三年

陸惟松妻陸氏二十四歲夫亡守節三十二年

查錦章妻謝氏三十歲夫亡守節三十一年
張耕心妻李氏二十八歲夫亡守節四十年
黃學達妻沈氏二十六歲夫亡守節二十一年
錢文治妻潘氏二十九歲夫亡撫孤守節三十一年
錢文蔚妻沈氏二十九歲夫亡撫孤守節三十六年
夏大受妻沈氏三十歲夫亡守節五十三年
夏廷文妻陳氏二十五歲夫亡守節五十八年
張純芳繼妻王氏二十八歲夫亡守節三十一年
朱鼎元妻徐氏二十四歲夫亡守節四十六年
姚端人妻高氏二十七歲夫亡守節四十七年

姚庭竹妻宋氏二十七歲夫亡守節四十年
張啟龍妻姚氏二十八歲夫亡守節二十二年
張福祥妻陳氏三十歲夫亡守節三十一年
沈聖釗妻孫氏二十八歲夫亡守節二十三年
鍾尚發妻沈氏二十六歲夫亡守節三十九年
王賜祚妻沈氏二十三歲夫亡撫孤授室子早亡又無兩孫守節五十二年
朱欽若妻謝氏二十七歲夫亡喪葬兩代撫姪爲嗣守節三十七年
奚爾發妻姚氏二十三歲夫亡撫遺腹子守節五十五年
錢樹屏妾陶氏二十八歲樹屏亡遺孤又卒守節四十二年
陳恆占妻張氏二十九歲夫亡撫孤守節三十九年

粱葉封妻張氏二十歲夫亡撫姪守節二十二年
監生孫許齡妻周氏二十四歲夫亡守節五十九年
王紹庭妻勞氏二十九歲夫亡守節十七年
施惠政妻陸氏二十九歲夫亡守節二十五年
周紹芳妻沈氏二十一歲夫亡紹芳弟紹佳妻彭氏年二十九而寡同撫姪仁安爲祧子仁安早卒各撫仁安之子爲孫沈守節五十四年彭守節五十一年
顧文炳妻錢氏二十六歲夫亡守節四十一年
胡文華妻李氏二十四歲夫亡守節十七年
陸星榆妻金氏二十八歲夫亡守節二十三年
李某妻周氏二十九歲夫亡撫孤成立守節四十三年

莊自鏡妻朱氏二十四歲夫亡撫姪爲嗣歿年六十四
趙連城妻沈氏十九歲歸趙二載夫亡氏撫小叔連墉成立墉入邑庠遽卒氏撫墉之子爲嗣旌年六十七
畢羽儀妾黃氏生二女二十六歲羽儀亡守節旌年五十三
黃如璋妻朱氏二十二歲歸黃止二月璋亡無姪苦守旌年四十八
朱錦妻沈氏二十九歲夫亡煢煢子立撫遺子澄以延宗祀旌年五十九
麋生柴維墉妻徐氏二十五歲夫亡遺一子三歲而亡事姑撫姪孝慈兩全旌年五十四
蔣鑛妻俞氏二十五歲夫亡家貧氏拮据撫孤旌年五十
徐鎬妻王氏二十六歲夫亡撫姪爲嗣旌年四十七
黃榮森妻朱氏二十四歲夫亡守節撫姪篘爲嗣旌年四十三

顧祁通妻于氏二十四歲夫亡遺二幼子氏勤苦撫孤旌年四十八

陸慎餘妻王氏二十六歲夫亡撫姪成家旌年六十八

施兆庭妻徐氏二十五歲夫亡矢志苦守旌年四十九

王萬鍾妻楊氏二十四歲夫亡守節旌年四十三

陳辛堯妻張氏二十七歲夫亡撫孤子壎守節旌年六十八壎婦王氏亦二十七而寡撫遺腹子守節旌年四十八

許發財妻鍾氏二十六歲夫亡守節旌年七十二

朱配敏妻顧氏十八歲夫亡守節旌年四十一

徐巽隆妻朱氏二十九歲夫亡守節旌年六十一

卜德齡妻沈氏二十二歲夫亡撫孤守節旌年六十五

錢正宗妻徐氏二十五歲夫亡守節旌年五十七

金順元妻沈氏二十四歲夫亡撫孤守節旌年五十七

朱振隆妻徐氏二十四歲夫亡家貧績木棉以養姑嫜撫孤守節旌年四十四

張廷珍妻程氏二十七歲夫亡撫姪爲子茹蘗飲冰足不踰閫旌年六十五

王夏珍妻朱氏二十三歲夫亡撫孤守節旌年六十四

王熙載妻周氏二十七歲夫亡撫孤守節旌年五十

吴浩然妻淩氏十八歲歸吴甫四月夫亡撫嗣守節旌年七十四

趙棻妻岳氏二十二歲夫亡遺一子氏苦志撫養堅貞自守旌年四十三

歐宏毅妻郭氏二十七歲夫亡守節長孤早歿撫幼子成立旌年七十二

顧佑尊妻管氏二十三歲夫亡上有寡姑而家極貧氏拮据奉養經理喪葬旌年六十九

謝作梅妻錢氏二十七歲夫亡遺孤四人皆撫養成室旌年六十五

錢允中妻張氏二十六歲夫亡撫孤守節旌年五十七

錢仁安妻章氏二十六歲夫亡撫孤守節旌年九十一

沈南祥妻施氏二十八歲夫亡撫孤守節旌年四十八

董惠斌妻平氏二十七歲夫亡弟敘斌妻岳氏又年二十八而寡家極貧乞食以飼其孤平守節四十三載岳守節已三十八年

朱周奇妻陳氏二十八歲夫亡守節旌年五十二

錢振海妻陳氏二十八歲夫亡守節旌年七十二

程浩妻朱氏二十八歲夫亡守節撫孤成立旌年四十八

陳冀善妻張氏二十四歲夫亡撫姪爲子守節旌年四十四

陳尚龍妻殷氏二十六歲夫亡遺孤纔五月撫以成立旌年四十八

監生岳韞崑妻張氏二十八歲而寡遺三女族有利其家貲者百計窘之氏矢志不移葬夫嫁女循禮無違旌年六十一

周里欽妻朱氏二十八歲夫亡守節撫孤成立旌年五十一

馬金洲妻趙氏二十八歲夫亡窮居守節旌年七十五

沈樂山妻金氏二十八歲夫亡撫孤成立旌年五十六

沈景秀妻楊氏二十六歲夫亡守節旌年七十三

馬心葵妻沈氏二十八歲夫亡撫孤成立旌年七十六心葵之子大魁妻陳氏年二十七夫亡勤苦奉姑撫姪爲子旌年五十七

周憲章妻高氏二十七歲夫亡撫孤守節旌年六十一

徐宏模妻程氏二十五歲夫亡撫二孤成室旌年五十五

許雲龍妻魏氏二十七歲夫亡守節旌年七十五

李堯章妻周氏二十四歲夫亡守節撫姪爲子旌年五十

府丞程同文妾劉氏二十五歲府丞卒於濮頭鎮舟次撫遺腹女許字嘉興原任給事中錢儀吉爲媳卽以夫主之姪爲嗣旌年四十五

徐瑞珍妻鄭氏三十歲夫亡撫孤成立旌年五十六

徐艮玉妻徐氏二十歲夫亡守節以姪爲嗣旌年四十四

張擎柱妻陳氏二十二歲夫亡旌年七十二

張餘慶妻沈氏二十四歲夫亡旌年七十歲

葉永春妻張氏二十二歲夫亡旌年七十四

王長年妻潘氏二十二歲夫亡旌年六十四

徐尚杰妻汪氏二十二歲夫亡旌年六十三

陳正倫妻張氏三十歲夫亡旌年七十八

張載豐妻陳氏二十六歲夫亡旌年七十五

倪小迁妻吳氏二十九歲小迁亡旌年六十五

吳鑲妻淩氏二十二歲夫亡旌年七十二

姚錫騏妻楊氏二十六歲夫亡旌年六十五

徐尚懷妻金氏二十五歲夫亡旌年五十二

尤衙衡一作清妻朱氏二十二歲夫亡孝事翁姑撫孤游庠旌年六十三

馮恩植妻孫氏二十五歲夫亡家貧事舅姑盡孝旌年六十九

吳芹川妻蔡氏二十一歲夫亡守節旌年五十八

陸應元妻姚氏二十九歲夫亡守節旌年五十二

戴允菘妻張氏二十七歲夫亡守節旌年五十九

生員施永濬妻沈氏三十歲夫亡守節撫姪爲嗣旌年七十五

潘繼珍妻沈氏二十五歲夫亡守節旌年四十五

生員施承熙妻錢氏二十九歲夫亡守節旌年五十八

楊維翰妻錢氏二十七歲夫亡守節撫孤成立旌年四十九

錢宸極妻陳氏二十三歲夫亡矢志守節孝事堂上旌年四十四

生員金敏時妻于氏三十歲夫亡矢志撫孤子璋增廣生旌年五十六

錢文炳妻李氏二十七歲夫客死氏矢志事姑以孝姻姑歿歸依母家兄子日儀得邀鄉薦受氏之總訓居多旌年六十六

陳蘭徵妻金氏二十四歲夫亡矢志守節旌年四十七

朱錫蘋妻曹氏生員曹墉女幼爲朱養媳將婚夫亡氏年二十奉木主成禮矢志不移旌年四十四

李瑞麟妻沈氏二十歲夫亡守節事翁姑以孝旌年四十五

章聖鳳妻周氏婚甫三十八日夫隨宦室赴廣東音信杳絕氏紡績以給歷歉歲至掘草根斫樹皮爲食每歲值夫外出日望東遙拜涕泣終朝旌年六十有五

商受霈妻沈氏二十七歲夫亡矢志守節旌年六十

曹時霖繼妻董氏二十二歲夫亡矢志守節旌年六十七

沈鳴玉妻姚氏二十歲夫亡守節旌年六十六

商天奇妻沈氏二十八歲夫亡守節旌年五十一

孟福齡妻張氏二十二歲夫亡守節旌年五十四

陸瑞元妻嚴氏二十五歲夫亡守節旌年七十一

衛大賓妻張氏二十二歲夫亡守節旌年六十六

鍾肇坤妻張氏二十六歲夫亡守節旌年六十二

鍾禹相妻吳氏二十八歲夫亡守節旌年五十九

鍾禹強妻錢氏二十九歲夫亡守節旌年五十九

陳自明妻胡氏二十四歲夫亡守節旌年六十八

沈文彬妻趙氏二十五歲夫亡守節旌年五十五

姚禹成妻朱氏二十二歲夫亡守節旌年七十五

姚自天妻朱氏二十七歲夫亡守節旌年六十一

徐佩章妻姚氏二十九歲夫亡守節旌年六十五

金祥麟妻周氏二十三歲夫亡守節旌年五十二

陳有章妻陸氏二十五歲夫亡守節旌年五十八

朱大元妻費氏二十八歲夫亡守節旌年五十九

張如生妻周氏三十歲夫亡守節旌年七十二

張士義妻許氏二十二歲夫亡子大昌甫週歲家極貧氏上事下育艱苦備嘗後翁姑相繼逝大昌又故媳亦亡撫二孫成立旌年七十餘

王士元妻顧氏二十七歲夫亡撫孤成立旌年七十六

沈聖林妻沈氏二十八歲夫亡遺孤又歿苦志守節旌年六十一

沈才江妻張氏二十四歲夫亡撫孤成室後子媳雙亡姪奕倫迎養焉旌年七十六

張甫王繼妻皇甫氏二十九歲夫亡撫二子成立長學仁夫婦相繼而亡又撫遺孫旌年七十

監生張樹驤妻陸氏二十九歲夫亡娣許氏樹驤妻年二十而寡共勵冰操孝奉舅姑陸旌年五十歲許旌年四十二

潘其俊繼妻沈氏二十九歲夫亡撫孤成立旌年六十二

范家振妻嚴氏二十三歲夫亡守節孝事翁姑旌年五十六

潘其烈妻顧氏二十八歲夫亡上事孀姑茹荼守志旌年六十八

潘其煥妻茅氏二十九歲夫亡撫孤成室子卒復與媳共撫孫廷成立旌年六十有二

皇甫基妻沈氏二十五歲夫亡撫遺腹子雨鑾成立雨鑾早亡又與媳共勵冰操旌年四十九

金元爔繼妻張氏二十九歲夫亡撫孤成立旌年五十四

武生張治敬妾徐氏二十六歲治敬亡與嫡撫孤成立旌年四十七

張治亘妻楊氏二十九歲夫亡守節撫孤旌年七十一

曹東來妻馮氏二十九歲夫亡撫孤守節旌年四十四

都霞村妾李氏二十八歲霞村亡守節旌年七十

嚴德墉妻周氏二十一歲夫亡守節旌年五十四

茅天祥妻時氏二十歲夫亡撫遺腹子守節旌年四十四

丁綸言妻周氏十六歲歸周不半載夫亡氏撫嗣守節旌年三十四

朱克楓妻楊氏十九歲夫亡守節旌年五十一

朱維珩妻吳氏二十二歲夫亡繼姪守節旌年五十五

莊福齡妻姚氏二十五歲夫亡遺孤生纔四十日撫以成立旌年五十九

生員姚復隆妻羅氏二十八歲夫亡遺孤亦歿撫繼孫為嗣孝事孀姑力營喪葬旌年五十一

姚復初妻顧氏二十九歲夫亡子又早殀氏撫姪守節旌年七十二

董廷相妻楊氏二十七歲夫亡守節旌年六十六

柏寶安妻祁氏二十九歲夫亡遺孤又殀氏以勤苦度日旌年五十

張子相妻卜氏二十七歲夫亡守節旌年六十

職員程震妻嚴氏二十六歲震以候補卒于京師氏撫孤守節旌年四十有五

陸求妻芮氏二十五歲夫亡家貧守節旌年六十四

生員陸坤妻徐氏二十九歲夫亡無子苦守清貧旌年五十五

徐浩泉妻楊氏二十六歲夫亡孝事繼姑撫養孤子旌年五十四

曹黼猷妻朱氏二十四歲夫亡守節旌年六十一

趙坤妻楊氏十八歲夫亡守節旌年五十八

監生孫鎬妻朱氏二十八歲夫亡喪葬姑嫜教養孤子濤入庠旌年四十九

徐在天妻蔣氏二十七歲夫亡守節旌年六十三

倪文璣妻朱氏二十一歲夫亡守節旌年六十五

王奇珍妻沈氏二十一歲夫亡守節旌年四十四

陸士相妻沈氏二十七歲夫亡守節旌年五十歲

沈椿楊妻朱氏二十歲夫亡守節旌年五十四歲

王書田妻潘氏三十歲夫亡守節旌年六十二

廩生鄒梧妻蔣氏二十八歲夫亡守節旌年五十六

監生鄒標妻陳氏二十八歲夫亡守節旌年四十九

監生鄒麒妻姚氏二十八歲夫亡守節旌年四十八

施淸泉妻朱氏二十七歲夫亡守節旌年六十六

王佑妻朱氏二十七歲夫亡守節旌年六十三

朱羽翽妻王氏二十九歲夫亡撫孤成立旌年九十

陳允賢妻高氏二十九歲夫亡撫孤成立旌年五十三

盛雲和妻鍾氏十九歲成婚不一載夫亡上事翁姑撫姪爲子旌年八十七

高順龍妻金氏二十九歲夫亡守節旌年六十五

沈百榮妻王氏二十二歲夫亡守節旌年四十八

倪萬榮妻彭氏三十歲夫亡安貧守節旌年五十一

宋錫年妻沈氏二十七歲夫亡家貧無以爲生氏安貧守節旌年四十七

潘德仁妻沈氏三十六歲夫亡撫姪守節旌年五十一

朱凝華妻袁氏二十七歲夫亡撫遺腹子成立旌年四十九

朱燦若妻黃氏二十五歲夫亡撫姪守節旌年七十四

邱德明妻戴氏二十三歲夫亡撫姪守節旌年五十九

曹佐堂妻張氏二十一歲夫亡撫姪守節旌年五十五

監生曹閎中妻鄭氏二十九歲夫亡撫孤成立旌年五十五

鄒雲驊妻張氏二十二歲夫亡守節旌年四十四

張啟庭妻沈氏二十四歲夫亡撫孤守節旌年五十七

徐錦華妻張氏二十六歲夫亡撫孤守節旌年五十二

徐憲邦妻莊氏二十七歲夫亡撫二孤成室旌年五十有三

徐汝端妻卜氏二十八歲夫亡事姑以孝聞撫兩孤成室旌年五十三

沈天佑妻陳氏三十三歲夫亡守節旌年七十三

都文通妻潘氏二十四歲夫亡守節旌年五十五

沈福田妻高氏二十歲夫亡守節旌年四十

張賦彤妻丁氏二十歲夫亡守節旌年四十二

楊玉和妻沈氏二十一歲夫亡守節旌年五十九

葛昂宗妻蔣氏二十一歲夫亡矢志守節旌年五十

鄭德興妻湯氏二十五歲夫亡撫姪廷鑣爲子翁姑歿後拮据喪葬旌年七十二廷鑣妻邱氏年二十二又寡同心守節旌年四十六

監生鄭煥妾顧氏二十八歲煥亡撫姪爲嗣旌年六十歲

鄭升階妻沈氏二十九歲夫亡翁姑相繼歿撫姪爲嗣旌年五十六

鄭叔城妻朱氏二十七歲夫亡子幼與從姒同心守節旌年四十七

生員嚴師言妻溫氏二十九歲夫亡守節旌年七十二

監生嚴繼志妻沈氏二十四歲夫亡撫嗣成立又早亡復撫育諸孫旌年七十

金永清繼妻朱氏二十二歲夫亡守節旌年七十二

職員沈世銓妻李氏二十九歲夫亡家極貧紡績撫孤旌年六十五

職員朱敘元妾張氏二十八歲敘元亡孤世傳早卒孫元福又卒復撫曾孫旌年六十三

楊繼椒妻鄭氏二十一歲夫亡遺孤又殀旌年四十一

朱鴻章妻卞氏十九歲成婚甫二月夫亡苦志守節旌年六十

周元佳妻王氏二十八歲夫亡孤又早卒旌年六十七

何豫亭妻楊氏二十七歲夫亡苦志守節旌年七十一

錢世昌妻丁氏二十五歲夫亡守節旌年六十八

沈光孚妻葉氏三十歲夫亡撫孤守節旌年七十六

黃元愷妻陸氏三十歲夫亡守節旌年六十一

周琴五妻周氏二十歲夫亡守節旌年五十二

鄭鼎成妻沈氏二十七歲夫亡撫孤守節旌年四十九

朱人英妻淩氏十七歲夫亡屢欲自盡翁姑勉以大義而止撫嗣子學源游庠旌年四十六

嚴肇堂妻吳氏二十五歲夫亡撫遺腹子未娶又卒煢煢苦守旌年七十一

沈士基妻潘氏二十七歲夫亡撫孤守節旌年五十四

陸汝銘繼妻夏氏二十二歲夫亡撫前氏子成立旌年四十二

徐高槐繼妻王氏二十一歲夫亡撫姪爲嗣旌年四十四

監生周廷桂妻朱氏三十歲夫亡孝事翁姑撫孤成立旌年六十一

錢仁夫妻張氏二十八歲夫亡撫姪守節旌年七十四

淩鶴其妻錢氏二十九歲夫亡撫姪守節旌年六十二

徐彩珍妻嚴氏二十九歲夫亡撫孤成立旌年六十

徐世成妻鄔氏二十九歲夫亡撫姪守節旌年六十四

朱世傳妻陳氏二十二歲夫亡孝事孀姑繼嗣又亡復撫遺孫旌年四十三

陳椿妻陸氏二十六歲夫亡守節旌年五十一

生員周冠羣妻施氏二十九歲夫亡撫孤成立子媳又雙亡復撫遺孫旌年八十三

職員蕭南宮妾沈氏二十三歲南宮亡撫孤守節旌年六十二

孔昭聲妻胡氏二十二歲夫亡家極貧撫遺腹子授室後又病歿與媳共勵沐操旌年五十八

職員吳鋐奎妻馬氏二十七歲鋐奎亡遺孤又夭失志守節旌年七十九

錢維楨妻陸氏二十二歲夫亡撫遺腹子又亡撫孫亦早亡復撫曾孫成立旌年八十三

范祜常妻鄭氏二十七歲夫亡家貧無子依母守節旌年六十六

何焯妻王氏二十四歲夫亡守節旌年四十四

陸汝鉦妻沈氏二十三歲夫亡撫孤成立旌年七十一

監生吳文烜妻徐氏二十一歲夫亡氏誓以身殉戚屬喻以撫孤大義乃強起撫元根成立殯葬翁姑咸盡其禮元根早卒妻徐氏又撫孤守志姑婦皆以節顯旌年五十四

周興如妻張氏二十九歲夫亡撫孤守節旌年五十八

丁掄元妻周氏十五歲歸丁不一載而寡撫孤守節旌年四十八

張寶名妻沈氏二十六歲夫亡撫孤守節旌年四十七

沈益三妻陳氏二十九歲夫亡撫孤成立旌年五十

沈震寰妻錢氏二十七歲夫亡撫嗣成立旌年七十一

錢載熙妻沈氏二十九歲夫亡撫三孤荼苦萬狀旌年六十五

周惠揚妻沙氏二十三歲夫亡撫孤守節旌年六十一

監生張桐妻楊氏二十四歲夫亡撫姪為嗣旌年六十七

監生顧棻妻嚴氏二十七歲夫亡上奉兩世孀姑下撫三月孤子娶媳程氏後子毓金旋歿無後一門苦節矢志旌年五十二

監生皇甫悅妻張氏二十五歲成婚甫九月夫亡撫嗣子嵤恩義兼至旌年四十九

監生徐潮妻皇甫氏二十六歲夫亡撫孤守節旌年五十五

張元埰妻蕭氏二十二歲夫亡撫姪守節旌年五十二

唐棨妻顧氏二十九歲夫遊幕卒于閩氏聞訃一慟幾絕勤女工以撫養孤女旌年五十六

王士連妻吳氏二十九歲夫亡家酷貧藉十指以上奉孀姑下撫孤子旌年七十歲

楊大觀妻陸氏二十三歲夫貿易在外卒于旅次撫嗣守節旌年七十

顧晉揆妻孔氏二十八歲夫亡守節旌年六十三

李懷音妻馬氏二十五歲夫亡無子矢志守節旌年七十八

監生周豐穀妻姚氏二十三歲夫亡繼姪為嗣貧苦守節旌年五十三

監生朱毓德妻陳氏二十一歲夫亡遺一子又殁氏躬勤紡績孝事衰姑旌年四十二

監生張裕成妾陳氏張納陳時已垂暮善病氏衣不解帶侍奉無懈張亡氏年二十勵志冰霜事嫡盡敬旌年四十五

生員徐丁模妻周氏十六歲夫亡上事翁姑繼以喪葬哭泣過哀二目盡瞽欲侍針黹以度日

禱于神一日復明撫姪為嗣旌年四十九

李泳繼妻沈氏二十九歲夫亡撫姪守節旌年四十九

沈誠修妻陸氏二十三歲夫亡撫姪守節旌年四十四

朱應鎬妻張氏二十二歲夫亡守節旌年四十八

陳望雲繼妻沈氏二十二歲夫以母喪哀毀卒遺腹生男氏上奉衰翁下撫孤子艱苦備歷旌年六十二

錢士珍妻楊氏二十八歲夫亡守節旌年八十七

富永南妾徐氏二十七歲永南亡守節旌年八十六

劉憲章妻葉氏二十八歲夫亡守節撫姪為嗣旌年八十二

鍾宏瑞妻錢氏二十三歲夫亡撫孤守節旌年八十二

顧聞昌妻徐氏二十一歲夫亡守節旌年八十□

賈士信妻曾氏二十一歲夫亡撫孤苦節自守旌年八十一

殳秉鈞妻徐氏二十一歲夫亡家貧無子孝事翁姑以姪爲嗣守節旌年七十九

高錫龍妻沈氏二十九歲夫亡孝事孀姑撫二孤俱歿以姪爲嗣守節旌年七十八

莊樹椿繼妻徐氏二十九歲夫亡撫前氏子成立旌年七十八

沈志鈞妻費氏二十八歲夫亡守節旌年七十七

孫大爲妻陳氏二十五歲夫亡撫姪守節旌年七十七

陸昌妻嚴氏二十三歲夫亡守節旌年七十七

吳省山妻王氏二十九歲夫亡守節旌年七十七

濮菼妻胡氏二十九歲夫亡守節旌年七十六

顧懷璋妻夏氏二十四歲夫亡守節旌年七十六

朱鎔繼妻陸氏二十六歲夫亡孝事孀姑撫孤成婚旌年七十六

夏尚珍妻殳氏二十六歲夫亡守節撫孤旌年七十六

監生夏承烈妻鍾氏二十三歲夫亡撫姪守節旌年四十五

蔣元鐙妻曹氏二十五歲夫亡撫遺腹孤守節旌年四十五

胡鳴玉妻楊氏二十歲夫亡撫遺腹孤守節旌年四十五

監生鄒熙妻曹氏二十四歲夫亡撫孤守節旌年四十五

董晉階妻王氏二十九歲夫亡撫孤守節旌年六十

莊福林妻姚氏二十七歲夫亡守節旌年六十

沈濱洄妻潘氏二十歲夫亡以兄子囑兼祧旌年四十一

錢巽孚妻仲氏二十九歲夫亡守節旌年四十九

沈愛棠妻潘氏二十一歲夫亡守節旌年四十三

趙松妻姚氏二十四歲夫亡守節旌年四十五

沈尚珍妻彭氏二十一歲夫亡翁姑年老氏拮据侍奉撫姪爲嗣旌年四十七

周彥選妻李氏二十一歲夫亡守節旌年六十九

葛毓鑛妻時氏二十歲夫亡守節旌年四十九

薛孔發妻周氏二十九歲夫亡守節旌年五十九

李一生妻邱氏三十歲夫亡守節旌年五十九

邱維松妻鍾氏三十歲夫亡守節旌年六十四

沈逢吉妻曹氏二十一歲夫亡守節旌年五十

游振滄妻時氏二十七歲夫亡守節旌年五十一

顧天爵妻王氏十九歲夫亡守節旌年七十三

沈俊英妻顧氏二十三歲夫亡守節旌年五十

沈元駿妻陸氏二十四歲夫亡撫姪守節旌年四十八

魏應麒妻陸氏二十歲夫亡撫姪守節旌年四十一

李維楨妻沈氏二十六歲夫亡守節旌年五十九

李配金妻姚氏二十三歲夫亡守節旌年四十七

李廷梅妻王氏二十六歲夫亡守節旌年四十六

陸費應湄妻潘氏二十九歲夫亡守節旌年五十四

朱秀彩妻沈氏二十四歲夫亡守節旌年五十五

沈自超妻陳氏二十五歲夫亡守節旌年七十一
夏懋德妻曾氏二十八歲夫亡守節旌年五十四
張耿昌妻陸氏二十二歲夫亡無繼嗣又歿復撫孫成立旌年七十八
陸文濬妻鄭氏二十三歲夫亡守節旌年六十八
吳志誠妻朱氏二十三歲夫亡守節旌年六十八
吳建周妻邱氏二十八歲夫亡守節旌年六十二
吳永順妻錢氏二十七歲夫亡守節旌年四十八
葛越麟妻鍾氏二十七歲夫亡守節旌年六十一
朱士奇妻李氏二十一歲夫亡守節旌年四十一
朱玉樹妻姚氏二十三歲夫亡守節旌年六十三
朱文相妻張氏二十六歲夫亡守節旌年五十一
朱大榮妻周氏二十八歲夫亡守節旌年四十九
蔣懷珍妻陸氏二十七歲夫亡守節旌年四十八
徐可達妻張氏二十九歲夫亡守節旌年五十七
徐士桂妻方氏二十四歲夫亡守節旌年六十七
夏朝源妻張氏二十七歲夫亡守節旌年七十
繆乾安妻吳氏二十五歲夫亡守節旌年四十八
張福隆妻李氏二十五歲夫亡守節旌年五十八
尤廷芳妻沈氏二十三歲夫亡守節旌年五十六
沈廷亭妻孫氏十九歲夫亡守節旌年四十九

張魁元妻董氏二十三歲夫亡守節旌年五十八
陸士龍妻張氏二十四歲夫亡守節旌年七十四
徐甫亘妻姚氏二十七歲夫亡守節旌年五十五
陸國華妻趙氏二十九歲夫亡守節旌年四十八
金桂寶妻張氏二十四歲夫亡守節旌年六十五
沈憲章妻周氏二十六歲夫亡守節旌年六十五
高焯妻沈氏十九歲夫亡守節旌年四十五
祖士相妻傅氏二十三歲夫亡守節旌年四十五
徐汝璉妻張氏二十歲夫亡守節旌年五十
倪廷炤妻吳氏二十八歲廷炤亡守節旌年六十五
徐汝珍妻沈氏二十二歲夫亡守節旌年四十五
茅毓英妻王氏二十一歲夫亡守節旌年四十一
徐尚杰妻汪氏二十一歲夫亡守節旌年六十三
鍾壽元妻張氏二十六歲夫亡守節旌年四十六
汪澄宗妻陳氏二十七歲夫亡守節旌年四十八
陳洪聲妻程氏二十九歲夫亡守節旌年六十一
王之升妻顧氏二十六歲夫亡守節旌年五十九
管秉權妻張氏二十九歲夫亡守節旌年七十八
張錫麒妻張氏二十三歲夫亡守節旌年五十八
管懋成妻朱氏二十四歲夫亡守節旌年五十二

沈德佩妻管氏二十九歲夫亡守節旌年五十一
淩鑑先妻葛氏二十六歲夫亡守節旌年五十四
沈洪鍾妻許氏二十三歲夫亡守節旌年五十一
朱東陽妻方氏二十九歲夫亡守節旌年六十三
張耀九妻李氏二十六歲夫亡守節旌年四十六
沈石麒妻周氏二十九歲夫亡守節旌年七十八
柴貫曾妻沈氏二十七歲夫亡守節旌年五十
朱天奇妻高氏二十五歲夫亡守節旌年八十
沈起珍妻夏氏二十五歲夫亡守節旌年五十六
王肇周妻張氏二十九歲夫亡守節旌年七十九

朱健庵妻管氏三十歲夫亡守節旌年五十二
吳敘方妻朱氏二十二歲夫亡守節旌年六十七
夏正方妻王氏二十七歲夫亡守節旌年八十一
張宏發妻沈氏二十七歲夫亡守節旌年五十二
朱雍時妻張氏二十四歲夫亡守節旌年四十七
吳義天妻張氏二十九歲夫亡守節旌年五十四
錢本揚妻吳氏二十四歲夫亡守節旌年六十五
陸敬王妻張氏二十六歲夫亡守節旌年六十三
沈耀宗妻高氏二十二歲夫亡守節旌年四十九
陳多福妻張氏二十七歲夫亡守節旌年五十

錢通吉妻朱氏十七歲夫亡守節旌年三十八
顧慶元妻孫氏二十歲夫亡守節旌年四十五
金元鑌妻高氏二十二歲夫亡守節旌年四十三
于興嘉妻沈氏二十歲夫亡守節旌年四十二
沈兆蕚妻鄭氏十九歲夫亡守節旌年四十四
孫文鑾妻聞氏二十三歲夫亡守節旌年五十三
馬尚周妻祁氏二十四歲夫亡守節旌年五十六
施鎮安妻蔡氏二十九歲夫亡守節旌年七十九
江禮祥妻沈氏二十五歲夫亡守節旌年六十
沈嘉生妻徐氏二十歲夫亡守節旌年四十九

沈潤芝妻金氏二十四歲夫亡守節旌年五十五
鍾明德妻姚氏二十九歲夫亡守節旌年七十
鍾藝妻俞氏二十三歲夫亡守節旌年五十一
朱西龍妻范氏二十九歲夫亡守節旌年七十六
錢宿初妻曹氏二十二歲夫亡守節撫姪為嗣旌年七十五
蔣世埰妻曹氏二十四歲夫亡孝事翁姑撫應檑入庠旌年七十五
稟生孫士熊繼妻朱氏二十九歲夫亡守節旌年七十五
夏德順妻徐氏三十歲夫亡遺孤二齡依母家守節旌年七十五
顧文初妻王氏二十四歲夫亡守節旌年七十三
孫士驎妻蔡氏二十四歲夫亡撫孤朱氏共守苦節旌年六十九

濮琛妻沈氏二十五歲夫亡守節旌年六十九

殳朝桂妻陸氏二十五歲夫亡撫孤守節旌年六十九

庠生張元瑞妻柴氏三十六歲夫亡撫姪守節旌年六十八

李奇昌妻夏氏二十五歲夫亡撫孤守節旌年六十八

沈大原妻錢氏二十七歲夫亡孝事翁姑撫姪守節旌年六十七

監生濮燾妻黃氏三十歲燾亡撫孤守節旌年六十五

鍾秉鈞妻許氏十九歲秉鈞亡與嫡姚氏並勵冰操上事孀姑旌年六十六

章德洪妻李氏二十九歲夫亡撫孤守節旌年六十六

周潤玉妻岳氏二十九歲夫亡撫孤守節旌年六十二

蔣元鏞妻俞氏二十七歲夫亡撫孤守節旌年六十二

庠生鍾錫齡妻金氏二十五歲夫亡守節撫孤慶瀾遊庠旌年六十二

周敦桂妻朱氏二十八歲夫亡守節旌年六十一

夏德瑛妻孔氏二十七歲夫亡守節旌年六十

倪修和妻管氏二十九歲夫亡守節旌年六十一

姚起方妻盛氏二十七歲夫亡守節旌年六十

黃樣妻賈氏二十二歲夫亡守節旌年五十九

張渭熊妻沈氏二十二歲夫亡守節旌年五十九

劉鏞妻岳氏二十四歲夫亡撫孤守節旌年五十六

吳節婦二十四歲夫亡守節旌年六十九

沈德慶妻汪氏二十二歲夫亡守節旌年五十七

徐珍妻于氏二十一歲夫亡守節旌年五十三

孔昭訓妻陳氏二十歲夫亡守節旌年五十二

徐茂堂妻郁氏三十歲夫亡守節旌年五十七

劉振馨妻屠氏二十六歲夫亡守節撫孤旌年五十二

金福麟妻姚氏二十五歲夫亡撫孤守節旌年五十二

何元涫妻沈氏二十二歲夫亡守節旌年五十二

周範成妻凌氏

沈森妻陳氏二十二歲夫亡撫孤炘成立旌年四十八

監生劉建勳妻沈氏二十一歲建勳亡與嫡徐共守孀闈旌年五十一

沈士粲妻顧氏二十四歲夫亡撫孤守節旌年五十一

孔維金妻徐氏三十歲夫亡守節旌年五十一

宋朝選繼妻錢氏二十五歲夫亡撫姪守節旌年五十歲

錢廷桂妻錢氏二十四歲夫亡無子苦守旌年四十八

鍾志才妻彭氏二十三歲夫亡撫嗣成立旌年六十九

趙禮先妻陳氏二十七歲夫亡撫嗣成立旌年六十

潘有禮妻陳氏二十歲夫亡撫遺腹子成立旌年六十

沈元章妻金氏二十四歲夫亡守節旌年四十八

沈才官妻徐氏二十七歲夫亡守節旌年四十七

徐爾驂妻茅氏二十八歲夫亡守節旌年四十八

徐貴龍妻趙氏二十九歲夫亡守節旌年五十歲

茹子聯妻朱氏二十八歲夫亡守節旌年五十六

潘省華妻張氏二十三歲夫亡守節旌年四十八

監生沈世仁妾陳氏二十六歲世仁亡守節旌年四十七

周震妻章氏二十五歲夫亡守節旌年四十六

監生鄒與齡妾范氏二十三歲與齡亡守節撫嫡子炘游庠旌年四十六

朱發元妻王氏二十九歲夫亡守節旌年六十七

鄭世齡妻程氏二十六歲夫亡守節旌年六十一

庠生鄭世珍妻嚴氏二十九歲夫亡守節旌年六十五

監生張中瓚妻岳氏三十歲夫亡撫二孤又夭翁姑早世氏絡絲孝事姑祖守節旌年四十九

趙芸閣妻岳氏二十五歲夫亡手指辛勤撫孤有成立守節旌年四十一以上于志

周師承妻沈氏

張廷輔妻陳氏二十五歲夫亡氏藉十指以仰事俯育備極艱辛守節六十年

生員方奇妻潘氏二十九歲夫亡遺孤殤撫嗣子守節二十年

沈仁堯妻朱氏仁堯少年力學縣試得首拔未及院試而卒氏年二十二善事舅姑撫孤子登元成立守節四十三年

生員錢豐妻李氏夫早亡氏欲身殉家人救之獲免守節三十餘年

吳燦妻沈氏二十五歲夫亡遺孤鑄氏親課之旋歿撫次子鼇成立氏父母年老無子氏曲盡孝養並爲之營葬時有吳節婦沈孝女之譽

贈公屠有禧妻董氏二十六歲夫亡守志撫二子幾成立而歿復撫諸孫年七十七卒以孫嘉正貴封

孫宏仁妻朱氏二十九歲夫亡守節十五年

陸廷年繼妻蔣氏二十九歲夫亡撫嗣子汝銘成立守節三十三年

孫宏熙繼妻錢氏二十六歲夫亡守節二十五年

費曰赤妻徐氏二十歲夫亡撫前子如已出守節三十五年

濮聖文妻許氏二十四歲夫亡遺孤未週苦撫成立守節三十八年

尤賡喜妾沈氏二十二歲賡喜亡守節四十一年

胡啟山妻張氏二十六歲夫亡守節三十九年

屠洪業妻鍾氏二十九歲夫亡撫孤成立守節三十三年

陳汝球妻吳氏二十九歲夫亡躬親耕作苦撫二孤守節三十一年

孫殿英妻周氏二十九歲夫亡撫孤成立守節五十六年

歸瑛妻尹氏三十歲夫亡守節四十餘年

蔡世貞妻嚴氏二十一歲夫亡奉舅姑撫嗣子守節四十餘年

孫志綬繼妻徐氏二十九歲夫亡家赤貧以指鍼度日守節三十餘年

俞亢貞妻陳氏二十九歲夫亡守節四十餘年

吳振華妻沈氏二十一歲夫亡事遵姑撫嗣子守節四十餘年

武生張懷方妻閔氏名淑蘭歸安進士閔樂天之女也懷方幼聘杜拱臣女拱臣以女病廢自絕於張請其改娶淑蘭既歸張杜女煢獨無依淑蘭勸夫迎歸仍結褵焉未幾懷方卒淑蘭遺腹生男麗浦自訓蒙餬口教之成立嘉慶四年淑蘭卒守節二十五年杜氏年亦六十餘矣

莊爲龍繼妻孫氏甫婚市月夫遽病亡苦志艱貞守節三十餘年

姚本妻吳氏吳郁芬女贅本爲壻因祧吳氏氏年二十九夫亡事父撫孤孝慈兼盡子林賴以成立守

節二十餘年

程紹韓妻施氏二十九歲夫亡家貧勤女紅以養翁姑歿則喪葬盡禮撫二子成立守節二十餘年

陳東藩妻時氏二十八歲夫亡事遺姑撫孤子守節三十餘年

生員沈譽章妻張氏　徐載王妻朱氏

傅天臣妻張氏　夏某妻姚氏以上四人事實無考

楊聿三妻王氏二十七歲夫亡遺孤鵠年甫七齡氏事姑課子曲盡孝慈守節五十餘年

朱承溪妻陸氏二十七歲夫亡守節縞素終身垂老不踰閾

孫質中妻姚氏二十九歲夫亡撫孤成立事翁姑以孝聞守節三十餘年

章啟文妻方氏二十四歲夫亡守節卒年七十八以上桐鄉李志

王某妻某氏妙智人適某半載某感疾暴卒氏矢志撫嗣子成立守節以終

吳運如妻姚氏二十六歲夫亡守節四十四年

沈鳳輝妻張氏二十九歲夫亡守節五十一年

陳守仁妻徐氏二十九歲夫亡守節四十六年

錢維忠妻徐氏二十九歲夫亡守節三十二年

楊靜思妻徐氏三十歲夫亡守節十六年

候補布政司經歷屠中柱妾陳氏三十歲中柱亡守節四十二年

儒童曹秉衡妻范氏二十五歲夫亡守節三十八年

王聲遠妻張氏三十歲夫亡守節四十年

郁士熙妻莊氏二十二歲夫亡守節十六年

監生沈琢章妻袁氏二十八歲夫亡守節四十三年

監生葉維賢妻歸氏二十四歲夫亡守節三十二年

鄭某妻徐氏二十九歲夫亡守節三十年

姚尊山妻顧氏二十九歲夫亡守節十二年

鍾崧如妻高氏三十歲夫亡守節二十三年

徐觀四妻陸氏二十八歲夫亡守節五十年

徐觀大妻薛氏二十九歲夫亡守節四十年

鄒維勤妻劉氏二十六歲夫亡守節十一年

徐永征妻郁氏二十九歲夫亡守節三十二年

鍾聞遠妻歸氏三十歲夫亡守節二十年

姚以遜妻張氏二十四歲夫亡守節二十八年

王順傑妻袁氏十九歲夫亡守節三十二年

陸德貴妻沈氏二十四歲夫亡守節三十四年

潘錦濤妻邵氏三十歲夫亡守節三十年

監生唐耀楨妻曹氏二十九歲夫亡守節四十六年

徐瑞麟妻臧氏二十八歲夫亡守節三十六年

王長齡妻張氏二十八歲夫亡守節三十五年

德清徐士元妻夏氏二十八歲夫亡守節二十五年

孫宏純妻王氏二十九歲夫亡守節二十八年

稟生殳增妻錢氏三十歲夫亡守節二十五年

劉湘繼妻嚴氏三十歲夫亡守節三十年

徐中和妻張氏二十三歲夫亡守節三十六年
朱嘉甫妻陸氏二十五歲夫亡守節四十三年
孫嘉琳繼妻劉氏二十九歲夫亡守節三十一年
監生劉自昆妻潘氏二十七歲夫亡守節三十四年
殳德隆妻王氏二十四歲夫亡守節三十四年
施鳳雲妻俞氏二十九歲夫亡守節三十年
趙盛榮妻馬氏二十七歲夫亡守節三十七年
王大鉉妻張氏三十歲夫亡守節三十四年
何士章妻王氏二十三歲夫亡守節五十九年
董榮成妻楊氏二十九歲夫亡守節三十年

施鳳堂妻俞氏三十三歲夫亡守節四十七年
蔣心如妻王氏三十八歲夫亡守節三十八年
劉如璋妻唐氏二十三歲夫亡守節五十一年
郭元鎔妻劉氏二十九歲夫亡守節三十一年
倪松林妻顧氏三十歲夫亡守節二十六年
費繼芳妻沈氏二十四歲夫亡守節四十年
章湘洲妻陳氏二十五歲夫亡守節三十八年
沈維賢妻鍾氏二十九歲夫亡守節三十五年
沈壽喬妻鍾氏二十六歲夫亡守節三十六年
生員濮紹垠妻楊氏二十四歲夫亡守節二十六年

馮聖耀妻徐氏二十三歲夫亡守節四十五年
施仁方妻岳氏二十五歲夫亡守節四十三年
李慕塘妻顧氏二十九歲夫亡守節二十一年
儒童曹鴻盛妻仲氏二十三歲夫亡守節二十六年
生員鄒炘妻劉氏二十八歲夫亡守節三十一年
朱榮藩妻謝氏二十八歲夫亡守節四十年
張惟康妻項氏二十歲夫亡守節三十九年
莊廷楣妻吳氏二十九歲夫亡守節三十一年
獨山州知州曹心田繼妻金氏二十九歲夫亡守節十四年
沈貴壽妻張氏二十六歲夫亡守節二十四年

輔朝元妻莊氏二十歲夫亡守節三十三年
陳樹杭妻王氏二十六歲夫亡守節三十八年
監生王梅溪妻沈氏二十三歲夫亡守節二十四年
許德芳妻曹氏十七歲夫亡守節三十五年
濮熙蓮繼妻朱氏二十一歲夫亡守節十二年
王芳林妻顧氏二十七歲夫亡守節三十年
潘錦溶妻陳氏二十六歲夫亡守節二十七年
谷漢波妻孫氏二十九歲夫亡守節十年
從九品劉成鈖妻濮氏二十九歲夫殉難守節十三年
梁文相妻姚氏二十三歲夫亡現年七十二

王聲周妻沈氏二十九歲夫亡現年七十一
候補布政司理問朱錡妻金氏三十歲夫亡現年六十九
申世芳妻錢氏二十四歲夫亡現年六十七
陳樹元妻王氏二十六歲夫亡現年五十八
姚左泉妻錢氏二十六歲夫亡現年六十六
曹西園妻陳氏二十一歲夫亡現年五十二
胡雲谷妻張氏二十三歲夫亡現年五十
姚樹琪妻錢氏二十六歲夫亡現年六十九
沈榮妻岳氏二十八歲夫亡現年六十七
曹秉衡妻范氏二十七歲夫亡現年六十六

朱貽孫繼妻陳氏三十歲夫亡現年六十六
曹文銓妻申氏二十四歲夫亡現年六十五
朱椒麓繼妻戴氏二十七歲夫亡現年五十八
姚俊妻嚴氏二十六歲夫亡現年五十八
陳卜堂妻劉氏二十二歲夫亡現年五十六
費上珍妻陳氏二十三歲夫亡現年五十四
張桂孫繼妻王氏二十一歲夫亡現年五十
蔣華封妻朱氏三十歲夫亡現年五十八
吳春臺妻沈氏二十九歲夫亡現年五十七
王申孚妻妻徐氏二十八歲夫亡現年五十六

劉漢照妻陳氏三十歲夫亡現年六十八
柴連科妻陳氏二十九歲夫亡現年五十四
劉涫妻姜氏二十八歲夫亡現年五十六
朱學行妻歸氏三十歲夫亡現年五十一
劉成鎔妻唐氏二十九歲夫亡現年五十四
潘錦淇妻朱氏二十五歲夫亡現年五十三
潘錦漣妻馮氏三十歲夫亡現年六十四
甯波訓導夏錫熊妾王氏二十九歲錫熊亡現年五十九
馮漢松妻張氏二十五歲夫亡現年五十五
吳純嘏妻沈氏二十四歲夫亡現年四十八

張自華妻陳氏二十歲夫亡現年四十七
附貢生沈時熙妾陳氏二十三歲時熙亡現年四十七
曹莪村繼妻朱氏二十八歲夫亡現年四十八
濮廷模妻章氏二十三歲夫亡現年四十八
沈蘭亭妻陳氏二十三歲夫亡現年四十八
戴松泉妻潘氏二十九歲夫亡現年四十六
沈大明妻劉氏二十五歲夫亡現年四十四
監生曹堉妻沈氏二十八歲夫亡現年四十四
監生曹欽義妻沈氏三十歲夫亡現年四十三
曹連溪妻濮氏二十九歲夫亡現年四十四

儒童濮希淦妻張氏 三十歲夫亡現年四十三以上見梅涇節孝録

錢君謙妻申氏 二十四歲夫亡欲以身殉咸以撫孤勸乃止及斂氏曰不能同穴願以一指殉之遂斷指以並斂焉

沈兆蓉妻鄭氏 二十歲夫亡守節二十七年咸豐元年旌

朱榮春妻計氏 二十四歲夫亡守節旌年六十三

謝楨繼妻何氏 二十一歲夫亡守節旌年五十四以上二人咸豐八年旌

監生張堅妾計氏 二十六歲堅亡守節十九年

張欽妻計氏 二十歲夫亡守節二十年

張應鋐妻周氏 二十六歲夫亡守節四十三年

張紹洙妻姚氏 二十四歲夫亡守節五十七年

張棟妻桂氏 二十九歲夫亡守節五十三年

姚起榮妻項氏 陳莊人二十四歲夫亡守節五十二年

錢廷槐妻李氏 確坊浜人三十歲夫亡守節四十二年

張暘欽妻蕭氏 二十八歲夫亡守節四十九年

施紹庭妻徐氏 屠甸人二十五歲夫亡撫孤尚達成立守節四十六年

陸某妻朱氏 東南村人二十四歲夫亡撫嗣子順昌成立守節四十年

徐應冠妻朱氏 東南村人二十歲夫亡守節四十四年

徐應貴妻徐氏 東南村人二十四歲夫亡守節四十四年

沈世德妻陳氏 二十四歲夫亡守節四十餘年

馮日康妻張氏 二十三歲夫亡守節四十年

戴鳴玉妻張氏 青鎮人二十二歲夫亡守節四十年

鄔塏妻費氏 屠甸人二十四歲夫亡守節四十年

鄭某妻杜氏 二十四歲夫亡守節三十九年

徐子高妻徐氏 二十一歲夫亡守節三十五年

沈白山妾淇氏 屠甸人二十二歲夫亡撫孤鑾成立守節四十年

許陞階妻沈氏 二十八歲夫亡守節三十八年

沈繼魁繼妻嚴氏 二十四歲夫亡守節三十八年

茅如友妻朱氏 陳莊人三十歲夫亡守節三十餘年

陳秀年妻錢氏 二十三歲夫亡守節三十四年

陸榮椿妻費氏 二十歲夫亡守節三十餘年

張潛妻沈氏 二十九歲夫亡守節三十四年

沈有信妻許氏 後珠村人二十六歲夫亡守節三十餘年

沈禹富妻徐氏 青鎮人二十五歲夫亡守節三十餘年

陳士楷妻鮑氏 二十四歲夫亡侍姑極孝守節三十餘年

朱秀峯妻高氏 塘口人二十四歲夫亡守節三十餘年

卞某妻鄭氏 二十四歲夫亡守節三十餘年

沈邦達妻沈氏 二十一歲夫亡守節三十餘年

生員周楷妻郭氏 二十六歲夫亡撫幼子勳烈熊三人成立守節二十餘年

高良瑞妻朱氏 顏家村人十九歲夫亡守節二十餘年

沈省嚴妻沈氏 二十八歲夫亡守節二十五年

沈有恩妻金氏後珠村人二十五歲夫亡守節二十餘年

孔憲明妻沈氏北董家橋人二十五歲夫亡守節二十餘年

朱永卿妻馬氏二十九歲夫亡撫幼子起春廷瑛成立守節二十餘年

趙得才妻沈氏二十七歲夫亡撫孤成立守節二十餘年

姚希承妻沈氏二十九歲夫亡守節二十餘年

施兆壬妻馬氏青鎮人二十二歲夫亡守節二十年

馬孝忠妻陸氏十九歲夫亡守節十八年

楊某妻沈氏三十歲夫亡守節十九年以上同治八年旌

王士㫤妻楊氏二十九歲夫亡現年六十六　王士臣妻婁氏以上同治十二年旌

陸廣祥妻金氏　周鼎賢妻李氏

儒童李瑞生妻許氏二十八歲夫亡守節二十二年

徐瑞元妻張氏二十七歲夫亡遺腹一子苦心教養孝事寡姑守節十七年

徐春松妻張氏二十八歲夫病割股不效及夫亡勤儉苦守現年五十七

周士熙妻吳氏士熙屢躓童試發憤攻苦得瘵疾氏刲股和藥進尋愈至氏十八歲夫亡將殉之舅姑諭以遺腹得男延嗣爲大乃止及期舉一男名之曰善復撫養成立以第一人入泮氏現年七十一

未步雲妻沈氏二十三歲夫亡無子家赤貧紡績自給苦守三十四年

廩生朱武先妻姚氏妾陸氏

夏應㫤妻陸氏　姚用忠妻沈氏

范大棖妻王氏　鍾應乾妻邱氏

監生鍾應嘉妻沈氏　鄭世仁妻蔣氏

沈郁周妻朱氏　夏應登妻都氏

高應鋐一作錩妻茅氏　夏克勤妻姚氏以上同治十三年旌

沈大德妻胡氏十七歲夫亡守節二十七年

沈受康妻程氏二十歲婚兩月夫亡守節五十五年

沈兆芬妻鍾氏三十歲夫亡守節十年

程錕妻胡氏北港青龍坊人十六歲夫亡守節十一年

主簿田載興繼妻陳氏二十二歲夫亡守節四十餘年

陸樹人妻祝氏三十歲夫亡守節四十四年

王某妻徐氏二十一歲夫亡守節現年三十七

張古望妻朱氏二十六歲夫亡遺孤一家赤貧氏撫養成立守節四十六年

嚴世功妻庫氏二十九歲夫亡撫孤守節三十年

張世興妻朱氏二十四歲夫亡撫孤守節現年五十六

席士誠妻楊氏三十歲夫亡撫孤守節現年五十四

朱仲騏妻吳氏三十歲夫亡庚申之亂舅朱紱年七旬氏扶持于溝渠蘆葦中奔避十晝夜不離左右賊以兵脅舅氏身捍之賊詫其孝遂釋去同治五年秋得肺疾氏預爲舅整治寒衣比屬纊尚曰如舅老無依何守節二十一年

顧視堯妻徐氏二十九歲夫亡家貧勤紘黹以供姑甘旨十餘年如一日撫孤守節現年五十九

顧義昭妻莊氏二十二歲夫亡守節十八年

生員孫樘妻倪氏二十二歲夫亡誓殉家人力護之得免舅濤辦團嘉興庚申戰死遺孤二長五歲次三歲繼姑程所出也氏覓舅尸歸葬之繼姑旋歿兵荒洊至自食糠覈買梨棗以哺二孤弟寇至負之疾

縣既而夫長弟以府試第一爲諸生氏守節十八年走黑夜行數十里達錢王村僦居之上舅翁死賊狀于

鄭廷鏢妻邱氏二十三歲夫亡鍼指度日事姑孝姑晚年失明奉事益謹甘旨無缺守節四十二年

沈應嘉妻錢氏十八歲婚一月夫亡守節已三十餘年

茅運陛妻孔氏十九歲婚一載夫亡守節已二十餘年

皇甫桐生妻顧氏二十四歲夫亡守節已二十餘年

鄭元龍妻羅氏青鎮人二十六歲夫亡守節已二十餘年

蔣心田妻沈氏陳莊人二十六歲夫亡守節已二十餘年

生員張建勳妻陳氏二十六歲夫亡守節已二十餘年

梅時貢妻錢氏南高田人二十五歲夫亡守節已二十餘年

沈蘭芳妻沈氏二十二歲夫亡守節已二十餘年蘭芳邦達之子婦繼姑志一門雙節

陸心田妻管氏二十四歲夫亡撫孤長壽成立守節已十餘年

黃士琛妻陳氏二十六歲夫亡矢志撫孤守節已十餘年以上待旌

舉人張棻妻馬氏三十二歲夫亡守節三十九年

戴某妻施氏青鎮人三十二歲夫亡守節已五十年

鍾俊良妻姚氏陳莊人三十四歲夫亡守節四十三年

張樞妻楊氏三十三歲夫亡咸豐辛酉殉寇難守節三十八年

生員嚴廷燮妾朱氏三十五歲廷燮亡撫孤承鑒成立守節已四十餘年

茅景妻鮑氏二十五歲夫亡守節已三十九年

沈美珠妻潘氏塘樹村人三十一歲夫亡守節三十九年

從九品張廷棻繼妻孔氏三十二歲夫亡守節三十二年

張文梓妻周氏三十一歲夫亡守節十七年

監生貝榮桂妻張氏三十二歲夫亡同治三年殉寇難守節二十四年氏青鎮人貝烏程人

監生沈士元妻金氏三十四歲夫亡

徐明恕妻施氏三十二歲夫亡守節已二十四年

戴某妻張氏青鎮人三十五歲夫亡守節已二十三年

監生張耀繼妻金氏三十四歲夫亡守節已十四年

定遠縣主簿程世樾繼妻劉氏三十四歲夫亡守節十九年

以上十五人同治四年經浙江巡撫馬新貽各給節比松筠額旌之案桐鄉善後局採放節孝條規一已故婦人三十歲以外三十五歲以內夫亡守節十年外身故者准予憲旌一現存婦人三十歲以外三十五歲以內夫亡守節現年五十者准予憲旌蓋推廣于例旌之外以示善善從長之意爲邑中創舉云

監生魏丹峰妻李氏青鎮人三十四歲夫亡咸豐辛酉殉寇難守節四十三年

施楚望妻張氏二十三歲夫亡守節已四十年

趙連墉妻黃氏三十三歲夫亡撫幼孫成立守節十六年

陸雲衢妻岳氏三十四歲夫亡撫孤成立守節已三十一年

徐仲篪繼妻周氏三十四歲夫亡守節已二十七年

高應紛妻沈氏三十五歲夫亡撫孤成立守節已二十二年以上合請憲旌

介休縣知縣陸元鏸妾崔氏汾陽人佐嫡治家事儉順有度元鏸病獨焚香禱神請以身代道光十七年元鏸歿氏年二十八誓不他適衣縞茹素終其身同治六年卒守節三十一年

大足縣知縣陸清瑞妾劉氏吳氏魏氏劉氏御史秉樞庶母也道光十年清瑞歿廣州四氏將以身殉翁元鏸力止之乃共誓守志稚者年及笄長者年未逾三十也清瑞歿無餘財

而食指衍繁坎壈恒中斷四氏篝燈恤緯奉堂上甘旨撫弱子秉樞如己出尤勤于督課秉樞通籍入翰林以給事中治兵河南卒于軍大劉氏後秉樞一年卒小劉氏後秉樞六年卒惟吳氏魏氏存孫榮祖試令河南因往就養焉同治十三年郡紳之官河南者爲具牘河南巡撫奏請旌表大劉氏陽曲人小劉氏宛平人吳氏重慶人魏氏天津人

知縣陸以濬妻徐氏 三十歲夫亡守節四十年

陸世叔妻趙氏 二十九歲夫亡守節三十二年以嗣子元鏸官知縣贈太孺人

馮思永妻費氏 二十五歲夫亡竭力營葬撫孤守節二十餘年

馮樹松妻岳氏 十九歲夫亡家貧孝養耄姑女紅自給守節十一年

生員孫源妻沈氏 三十歲夫亡遺孤杞纔四齡撫之成立守節二十六年

屠本義繼妻朱氏 二十一歲夫亡守節以終

錢寶乾妻徐氏 二十五歲夫亡撫孤鴻年及成立氏曰吾將從吾夫于地下矣遂自盡守節十年

劉佩蘭妻嚴氏 三十歲夫亡守節二十年

照磨錢鵠儀妻沈氏 二十二歲夫亡守節現年五十四

職員蔡鑾圾一作坡妻何氏 十七歲夫亡守節三十一年

李某妻于氏 三十二歲夫亡守節二十四年

陳如松妻朱氏 三十一歲夫亡守節四十四年

楊某妻李氏 三十一歲夫亡守節三十三年

高俊儒妻許氏 三十二歲夫亡守節現年八十四

張履成妻羅氏 幼讀書通大義二十九歲夫亡遺二子長心源次元淇氏痛其夫之勤學以死因誓課其二子冀有所成立已而元淇夭心源復無所成就則又自教授其諸孫篝燈夜課往往至夜分不休年七十九卒守節五十年

張元淇妻費氏 羅氏婦也二十五歲夫亡無子以夫兄心源子紹貞爲嗣教督綦嚴不以姑息爲愛守節三十七年

沈家麒妻張氏 二十四歲夫亡無子以夫弟嗣龍子泰爲後嗣龍本爲氏所撫育備嘗艱苦然後得有繼嗣年五十四守節三十年

周駿卿妻楊氏 二十歲適周不三月夫亡氏誓以死殉兩次投繯俱遇救免又吞金及服毒並不得死其舅姑及其母咸苦勸之乃始無就死心晨夕侍姑膝下孝事惟謹姑病癱轉側須人氏小心服事凡進藥更衣便溺之類以一身任之及病危刲股和藥以進呼號籲天願以身代卒不起氏一慟而絕踰時始甦鄉里莫不賢之

周熙妻吳氏 十七歲歸周越一載夫亡遺腹生子氏撫養盡瘁延師教讀成諸生氏年近八十卒

李憲時妻吳氏 夫亡撫姪爲嗣奉姑以孝聞守節六十年知縣王蘊藻表其廬

孫某妻陳氏 適孫六載而寡無子撫夫兩幼弟俟其生子以爲夫嗣終日坐臥一小樓雖至戚罕見之及兩夫弟俱娶復皆早死且無子氏乃摒擋區具爲其舅納簉室生一子舉集而舅歿是時家無升斗儲而又多外侮氏以一身搘柱其間備極艱苦後舉集生子名天相氏始得立爲已嗣天相後成諸生

錢廷槐妻李氏 三十歲夫亡守節四十二年

周友松妻胡氏 三十一歲夫亡咸豐庚申殉寇難守節十四年

邵春煇妻沈氏 二十五歲夫亡守節已五十年

生員柴也愚繼妻許氏 二十四歲夫亡守節已三十二年

陸通妻某氏 年及笄將婚夫構奇疾父母欲另擇配氏誓守不二適陸月餘而夫亡含辛茹苦垂四十年現年幾六十矣

生員朱士林妻陸氏二十六歲夫亡無子撫養幼女守節已二十餘年

程熙妻沈氏二十六歲夫亡孝事舅姑撫三齡嗣子慶塄成立咸豐庚申慶塄又死于難氏煢煢苦守現年五十九

儒童陳炳裿妻張氏二十五歲夫亡守節二十九年

葛品宗妻蔣氏十九歲夫亡守節五十六年

葛滿宗妻蔣氏二十七歲夫亡守節四十三年

葛墉妻許氏二十七歲夫亡守節十八年

葛壎妻席氏二十三歲夫亡守節三十四年

葛恒豐妻于氏二十三歲夫亡守節已五十三年

王友槐妻朱氏二十二歲夫亡守節已五十四年

朱世鎔妻王氏二十六歲夫亡守節已二十七年

生員沈庭森妻徐氏二十一歲夫亡守節已十五年

監生殳長齡繼妻陳氏二十九歲夫亡遺孤壽徵未週屢欲自盡親族勸止事寡姑盡孝撫孤成立持家勤儉積勞成疾卒年三十九守節十年

李文熿妻周氏成墉妻高氏二十四歲夫亡無子撫姪成墉爲嗣爲之完姻生二孫明鑑明鈺成墉又病亡與寡媳高氏共持門戶守節五十年高氏年二十九夫亡毀妝樓居十餘年明鈺早殤撫明鑑成立現年六十餘

沈敬敷妻岳氏二十八歲夫亡無子撫姪錫中爲嗣守節二十六年

沈秉仁妻金氏三十一歲夫亡撫二孤成立守節三十七年

陳示格妻鍾氏二十六歲夫亡撫遺腹子烈經書皆所自授內外經理井井有條烈有至性家貧授徒餬口自餐脫粟奉母備極甘旨母色稍不豫輒偕其妻朱氏跪膝下必釋然而後起人謂苦節之報云

鄭曉元妻周氏二十二歲夫亡家貧藉十指度活現年五十六

黃雲巢妾吳氏二十二歲雲巢亡無子女嫡憐其少勸之改適吳云作人婢妾命薄可知又不獲侍主人中道而棄夫復何求願在此終餘生誓不他適吳有力家貧身兼作僕夙夜辛勤與嫡共撫嗣子鳳生成立及完姻鳳生又歿與寡媳陳氏共撫孤孫吳現年五十一陳二十一歲夫亡守節撫孤已十四年

張某妻畢氏二十五歲夫亡翁耄姑悍氏痛不欲生願以身殉自念殮至七終覓死者七後經其母苦勸攜二女歸依母家夙工吟詠有香霏閣詩詞鈔至是盡付之火不二年得心疾卒年二十七

費建春妻潘氏十九歲夫亡家貧藉紡績上奉翁姑下撫孤子寶賢成立守節已三十六年

倪永麒妻沈氏二十九歲夫亡撫孤發祥成立守節五十二年

程維鑑妻金氏三十歲夫亡撫世爵世興成立守節五十八年

孫度培妻陳氏二十八歲夫亡撫孤應金成立守節二十二年

張鈊妻費氏二十三歲夫亡咸豐庚申殉寇難守節二十七年

沈咸熙妻岳氏二十九歲夫亡撫孤溶成立守節二十五年

徐學洨妻潘氏二十九歲夫亡撫孤鼎彝成立守節二十五年

朱樹巖妻錢氏二十三歲夫亡撫嗣子頌堯成立守節已三十年

朱頌堯妻殳氏二十七歲夫亡撫孤兆祥成立守節已二十四年

生員陳田妾吳氏楊氏田亡時吳二十九歲守節二十六年楊二十八歲守節十一年

生員汪元照妻葛氏三十歲夫亡撫孤監生維垣成立守節二十年

戴久恭妻張氏二十二歲夫亡守節五十九年

儒童葛景墀妻高氏二十八歲夫亡撫孤世銈成立守節二十二年

葛俊升繼妻朱氏二十八歲夫亡撫二孤封球成立守節十一年

葛炳章妻彭氏三十一歲夫亡撫嗣子應堂成立守節二十七年

鄭敬懷繼妻李氏三十歲夫亡守節二十六年

象山縣教諭馮昌照繼妻蔡氏二十八歲夫亡守節十一年

程宗益妻陸氏二十五歲夫亡撫孤鈁傳成立守節已四十餘年

夏大森妻沈氏妾徐氏沈三十四歲夫亡徐二十四歲寡共撫孤蘊書成立守節皆已三十餘年

邵炯妻柴氏二十三歲夫亡遺孤寶璋早殤乃撫嗣子寶勳成立守節已三十餘年

李庭方妻徐氏二十八歲夫亡守節已三十五年

夏鴻庚妻歸氏三十歲夫亡撫孤恒初早殤又撫嗣子葆銓成立爲諸生守節已二十二年

監生葛輔陶妻沈氏二十九歲夫亡撫嗣子彩成立守節已四十四年

儒童錢寶煦妻張氏二十九歲夫亡守節已二十三年

儒童錢翰妻于氏二十八歲夫亡守節已二十八年

張舜濤妻徐氏二十二歲夫亡撫孤宗枚成立守節已三十五年

鄭敬恒妻時氏二十三歲夫亡守節已二十七年

儒童高應鋙妻葛氏二十七歲夫亡撫孤監生峻巖成立守節已二十五年

江玉章妻吳氏二十九歲夫亡撫孤成立守節已二十二年

都允烈妻張氏二十四歲夫亡守節已三十餘年

楊一清妻張氏二十四歲夫亡撫孤柏年成立守節已三十八年

高應鎔妻錢氏二十五歲夫亡守節已四十五年

蔣謙吉妻程氏三十歲夫亡撫孤喜生成立守節已二十年

胡守忠妻費氏二十八歲夫亡守節已二十三年

沈配傳妻沈氏二十九歲夫亡守節已四十九年

陸關福妻周氏二十八歲夫亡守節已二十五年

陳三辛妻蕭氏二十五歲夫亡撫孤成立守節二十年

儒童葛一飛妻沈氏十八歲夫亡撫幼孤成立守節十年

金鳳璋妻曹氏二十五歲夫亡撫孤永芳成立守節十四年

姚信奇妻曹氏二十五歲夫亡撫孤孔盈成立守節三十四年

殳聚山妻曹氏二十三歲夫亡撫嗣子祖豪成立守節十八年

潘聚山妻孫氏二十七歲夫亡撫孤福慶成立守節三十二年

潘永山妻楊氏二十七歲夫亡遺孤福林又殤守節三十六年

楊維鶴妻周氏二十一歲夫亡撫嗣子義財成立守節已三十六年

生員汪百樹繼妻陳氏二十七歲夫亡撫孤元焯成立守節三十八年

葉子清妻翁氏三十二歲夫亡撫孤世貞又殤守節十三年

沈載清妻黃氏三十二歲夫亡撫孤成璋成立守節已二十餘年

沈根堂妻姜氏三十四歲夫亡撫孤成志成立守節已二十餘年

李汝全妻沈氏三十一歲夫亡撫孤道莊成立守節已二十五年

曹懷玉妻姚氏三十三歲夫亡撫孤士良成立守節已二十五年

殳斐妻于氏十八歲夫亡遺孤同生未彌月忍死撫孤氷霜勵志守節十九年

陸某妻岳氏　徐某妻周氏

趙某妻黃氏　周某妻胡氏

朱步鄉妻沈氏　沈正寰妻錢氏

沈槶生妻蔣氏　孔昭炘妻姚氏

蔡學洪妻程氏　沈茂源妻王氏

褚柳汀妻何氏　沈有源妻祁氏

沈順源妻王氏　王恒德妻李氏

褚潤章妻賈氏　夏鳳雲妻朱氏

夏慶雲妻孟氏　張仁蘭妻金氏

金心揚妻張氏　金慶全妻王氏　以上采訪

監生鄭文成妻張氏 二十九歲夫亡守節三十一年

陸費崟妻鍾氏 年二十二適崟甫四月崟亡以兄鏊子泰為嗣泰又殤樓居奉佛旁皮紡織鍼紉之具非堂上問安足迹不越戶限機杼積金以半購墓地數弓以半備身後事曰吾不以累諸叔父也舅患足疾侍湯藥夜不交睫病賴以起計守節三十一年

監生姚棻妻孫氏 結縭甫一月夫暴病死氏年二十上奉孀姑下撫夫兄子岐豐為嗣耕讀家聲賴以不墜至同治四年卒計守節三十一年

錢謙妻申氏 年二十四謙卒欲殉身咸以撫孤勸乃止及殁氏曰不能速同穴之誓願先斷一指並殮 檇李詩繫續 出重

孫錫祚妻程氏 適孫閱六載夫卒無子自樓投地絕而甦又投繯救不死從舅姑勸居處小樓至戚不面見有兩叔亦卒皆無子舅年已五十出匳具請置側室叔聖集生舅姑相繼沒宗人不逞者謀毀室氏堅苦力持泣戒聖集後為婚娶生子吉修抱為子口授經教成立年六十六卒 丁子復撰傳 出重

列女 才媛

嘉興縣

宋

女給事沈氏 秀州人聰慧能屬文少選入宮為給事中孝宗嘗試六宮守宮論沈文最佳其發端云甚矣秦之無道也宮豈必守哉上悅擢為第一弟溥為貢士就試春官沈贈以詩時競傳誦之稗史彙編 案明詩綜載沈氏名瓊蓮字瑩中烏程人宏治初選入掖庭官女學士鄭元慶湖錄有沈選侍一條語與此同嘉禾徵獻錄載女給事中沈氏溥一詩又與稗史彙編詩相類惟檇李詩繫采稗史彙編以沈為宋孝宗時秀州人今不能臆定姑從稗史彙編

孫夫人 南宋服膺齋上舍鄭文妻文久寓行都孫寄秦樓月詞一時傳播其詞云花深深一鉤羅韈行花陰行花陰閒將柳帶試結同心耳邊消息空沈沈畫眉樓上愁登臨愁登臨海棠開後望到如今 古杭雜記參詞綜

明

宮正司女史黃婉 嘉興人婉有異徵幼敏慧通詩禮善文詞洪武中選入宮為宮正司女史洪熙元年以年老奉敕放歸有詩一帙皆歸後所作

彭夫人 名淑慧比部彭輅女大理沈元華繼室有秋閨文詩最佳

陸聖姬 字文鸞嘉興陸太守女適周槃得志有詩集其詩景色疎快氣味清芬

桑貞白 號月窗處士周履靖繼室有香奩詩草靜志居詩話周逸之處士作詩不暇持擇宜其閨人亦然然紙閣蘆簾倡予和女偕隱太平之時亦樂事已 案檇李詩繫貞白字月姝纂組之外留心典籍有月窗詩稿茅鹿門序之

沈靜專 字曼君吳江詞隱先生幼女適吳文學昌運早寡著有適適草一卷

黃德貞字月輝文學孫曾楠室少工詩賦與歸素英輩共輯名閨詩選二女蘭媛蕙媛俱能文子渭璜亦名下士著有冰玉雪椒避葉蕉夢諸稿

屠茝佩字瑤芳德貞子婦文學孫渭璜室著有咽露吟鈿奩遺詠其小詞悽思婉約不讓乃姑

沈翠華文學居懋和妻瑤華姊有遊仙詩

錢婉字我儀山萬春妻工詩詞著閨奩集

歸淑芬字素英文學高陽繼室夫婦偕隱初居花村晚遷香溪有雲和閣集嘗與秋涇黃月輝吳門申蘭芳共輯名閨詩百花詞歸自爲序兼工書畫然筆墨珍惜購之不多得也

長春姐黃氏婢著有惜春記事寒山陸夫人贈詩云剪破楚山雲繪作芙蓉履有時渡湘江片片隨流水

姜月上邑人後適烏程潘甚爲妾善詩以上檇李詩繫

鴛湖女郎見草堂詩餘

案檇李詩繫閨秀一門所載嘉興則自南齊蘇小小起以及元之芙蓉妓明之徐月英薛素周文吳綺徐畹顧娟娟並載其篇什但諸人俱屬名妓若志乘風教所關未便登載又寓鴛湖女子係楚人亦不附入非漏畧也

國朝

徐範字義靜又字蹇媛徐海門女布衣眞木姊璧足工詩人長孫后吳宋鸞宋惠齋張妙靜薛濤朱淑眞管道昇八家眞跡裒成一卷青要山人沈彩作跋卷首自題香閨秀翰四小篆後有跋語謂得之項元汴家洵媛墨妙也詩風裳水佩迥非凡品著有紅餘草

胡氏處士胡日華女適諸生常公振未幾而寡中歲飯空門住梅會里伏獅院有詩

周慧貞字挹芳吳江人孝廉黃婷室能詩早歿沈宛君爲之作傳

王氏工詞翰王端淑稱其鬆秀不凡可與言詩

袁瑞英字素如工吟咏見西湖倡和詩

徐簡字文漪王端淑稱其詩輕清宛轉無一率筆靜志居詩話文漪綠情有餘風格未老然亦閨中之秀以上檇李詩繫

馬福娥名家女適沈宏畧所居之室匾曰蘭齋因以爲號性至孝父卒哭之至瘞孕遂得疾臨歿與夫訣以指上金環貽之且吟一詩有云分手莫言無限恨金環留贈後人看詩名斷釵集里人王庭俞汝言序之檇李詩繫參何志

王荃字靜婉女紅之暇輒習韻語歸史秀才先震未二載郎病盡焚其稿歿後先震檢其奩具得零草數紙彙鈔成帙名飲綠軒殘稿朱檢討彝尊題詩云雀桁門才林下姿貧家門戶苦難持紡磚囂具多零落傳得盤中舊日詩

王元珠字淑齡方伯王庭幼女母蔣夫人耽禪旨嗜吟咏淑齡幼承庭訓綽有淵源歸徐孝廉剛振著有競秀閣稿

李瑤京字西瓊李寅長女適海甯祝翼鍠母顧氏嘗命詠院中柳絮有句云自甘潔白需泥住勝逐風花滿院飛母曰兒志可知矣後以節著

吳巽字道嫺小字秋蟬布衣鄭聯之室所著聽鴻樓詩集識者品爲浙西閨秀之冠聯四十無子巽爲納妾且禱之竈神願刊感應篇功過格手自精校刻甫竣即舉一子其誌喜詩云翻嗟姑舅先朝露未得生前一弄孫誌喜中轉復悲感彌見孝思矣

李茂蘭字芳谷監生錢思永室工詩與姊妹相倡和有萬綠居草竹素廬吟稿

蔣承端字含章沈芳洲德琮室芳洲抱夙痾不事事蔣孝於姑事芳洲十餘年鬱鬱而歿戚鄰于奩具中得詩百篇刊之名焚餘草李集爲之序稱其詩惻愴空侯瓏玲哀笛可謂怨矣以上梅里志

沈蘭字蘊貞著有繡餘遺筆雪齋詩餘行世

李心蕙錢文端之子婦雲南糧儲道錢汝豐之室工詩幼侍其父宗袁之任粵西題畫詩有云蛋雨蠻煙憶

昔遊是也殁後諸子輯
其遺詩名偶吟存草
沈氏 庠生褚鵬飛室少從母陸氏授文選及唐宋諸家詩
即能領悟性至孝父崧客死山左訃至沈嘔血數升
遂不起卒年三十一
著有倦繡吟四卷
黃珪 字瑲瑛貢生汪秉鈞妻工書
法善丹青尤以畫蘭得名
楊氏 行三適監生陳延鸞爲室少喪母育于祖母王授以
毛詩內則列女傳諸書間作小詩其送姊氏歸云歸
夢南樓月離情南浦雲無言正惆悵征燕不堪聞惜早
卒海鹽朱明府琰作詩輓之云小樓拈管麼吟眉八體
時參幼婦碑會得右軍書外旨思親除夕自堪悲
三妹書學曹娥碑有除夕思親詩 笠亭詩鈔
朱玉 字懿安吳江人讀書通經史歸生員戴彬爲繼室事
姑盡孝家貧以鍼黹佐薪水持家具有條約彬遠館與
于外授二子堯垣光曾句讀督課甚嚴玉能詩古文與
宋芝山人汪亮相倡和著有悅心齋集晚精于醫夫婦
鴻案相莊五十年人以梁孟比之年七十餘
彬先卒哀傷過情逾朞亦卒 以上伊志

唐敏 字夢蘭幼失怙母鍾愛特甚俾隨兄就傅既而兄天
母悲傷成疾乃以一身侍湯藥理家政女紅之外輒
繙閱書史拈弄筆墨年十七適邵生涞善事舅姑身主
中饋雖米鹽凌雜閒猶吟哦不輟惜天奪其算年未三
旬而殁著有
翠竹軒詩稿
王巽 字應綵諮南王益亭謙之長女幼敏慧謙延餘不谿
老儒士沈則庵宋教作畫山水翎卉並臻其能爲范
眉峯秀才繼室范家多名
蹟博覽精摹晚益工到
李璠 字瑤圃李旦華之女通詩禮習聞家訓嗜吟詩適同
里張之樑閨中倡和篇什漸多頗得風人之旨賦性
婉靜不以華靡攖心臨絕吟一律有云
卌載虀鹽甘澹泊一天風雪了因緣
汪玳 字杏圃楊文學德華之室秀水翰撰如洋從兄女能
詩朝夕吟詠有倡隨之樂結褵三載德華早殁歸依
母家不數年
悲鬱以卒
吳琦 字畹芬孝廉李貽德室廣文基女
工詩詞旨雋永而筆亦善達早卒

李畹 字梅卿庶吉士馮登府室文學能容女擅吟味兼能
倚聲吳江郭麐靈芬館詩話頗稱重之 以上于志
蔣素貞 字蘭如工韻語精倚聲婉麗秀
發善於言情著有德滋堂稿
范素英 字棲霞幼以孝聞適沈氏忽遘危疾半體偃卧病
楊岬吟詩多悽愴之音兼工倚聲得秦柳神悟著
有養痾軒小稾
以上檇李詩繫續
沈縠 字宋石自號瑣宮仙史父明經名光春有醉墨齋詩
母許名英有清芬閣吟稾擅山水縠詩畫得自庭訓
又與弟太守西雍相切磋一時有左太冲貴嬪之目適
崇安曾主簿頤吉爲室生子志沂娶婦通州范氏號湘
磬得姑宋石之傳題姑仕女圖有句云婦姑一心性各風
華眷屬神仙此一家宋石著有白雲洞天詩一卷 忝
履園叢話
畫史彙傳
任蘊昭 字夢檀生數月而孤復失恃育於祖母姚幼聰慧
耽書史倚兩姑習女紅分題拈韻調笑爲樂嫁諸
生陸頤高食貧自若于歸有別兩姑詩云分手各無言
惟有淚如雨寄語世間人生男莫生女生男別離少生

女別離多鼓吹喧滿堂行矣將如何
極有樂府音節早殁 履園叢話
朱瑩 字仲玉編修階吉女解元張慶榮室張爲竹里望族
舅廷濟主持風雅每拈句命瑩步韻自題春溪歸櫂
圖蓋從嚴仁鄉還由拳城北郭作
省親尤惓惓也著蘭心閣稿新纂
錢斐仲 號餐霞山西布政使寶甫女德清廣文戚士元室
素性淡泊偕隱角里善繪小品詩多商音詞亦然
有重過西堂七夕避寇南玉港諸題所謂幾闋尤
令讀者酸鼻著雨花盦詩餘詞話幾則 新纂

秀水縣

明

謝彩 字五雲謝彬女順治初適雲間丁七郎未幾徵疾卒有贈丁生詩云三生一笑舊姻盟石畔桃花月下笙惆悵滄桑經幾變于今纔了昔年情

沈紉蘭 字閑觀大參黃承昊室封恭人著效顰勸隱賓廬諸稿彤管之盛萃于一門近代所希有也

黃淑德 字柔卿黃葵陽幼女適屠氏早寡有遺集一卷案邑志淑德太學正憲女適文學屠耀孫早寡年不滿四十著遺芳草

沈鳳華 修撰自邠女工詩未嫁卒

項蘭貞 字孟畹太學黃卯錫室著有裁雲草月露吟寒山陸卿子爲序其詩最工寫景凊婉有致

沈瑤華 進士項鼎鉉室鳳華妹有咏庭前牽牛花詩最佳

姚氏 自號靑莪居士范應宮之妻有玉鴛閣遺稿靜志居詩話居士詩㞐緯貟賞其淸華流利陳仲醕大稱之及其卒藁砧哭之慟刊其遺詩及己哀悼倡隨之作傳之鄉里焉

黃雙蕙 字柔嘉大參黃承昊仲女母閒靚雅善吟咏柔嘉髫年禪悅嘗誦經聞鳥聲有詩云迦陵可解西來意又報人間夢不長年十六卒有閨禪剩詠

項珮 字吹聆處士吳統持室有藕花樓詩稿靜志居詩話吳處士巨手有大宅在北郭之秋涇得吹聆爲佳偶琴瑟靜好詩篇酬和甚樂也所題卍齋卽秋涇故居取方廣胸前字以爲曲闌鄉人題咏者紛紛惟吹聆詩俱從梵夾中出極其熨貼

申蕙 字蘭芳申時行曾孫女適沈廷植草書法孫過庭詩蒼老不作閨閣中語有縫雲閣集以上檇李詩繫

國朝

黃媛介 字皆令文學象三之妹與姊媛貞俱擅麗才而媛介尤有聲香奩間書法鍾王人以衛夫人目之畫亦點染有致適楊元勳夫婦偕遊江湖爲閨塾師以終有湖上草王端淑曰皆令倚馬自命落紙如煙摘其佳篇蒼然秀勁

黃媛貞 字皆德媛介之姊貴陽太守朱茂晭側室有臥雲齋詩集

孫蘭媛 字介畹德貞長女適桐邑文學陸㥜工詩詞多韻語不雜脂粉擅寫蘭竹著有研香閣詩王端淑曰介畹詩行雲流水在有意無意間

吳芳 吏部吳竹亭女適同邑徐然其寄遠詩有翠髻未偏羅帳冷欲憑淸夢到君邊之句以上檇李詩繫

潘畹芳 吳江檢討潘耒妹諸生陳鋐室工詩松陵詩徵

汪亮 字暎輝別字釆芝山人生二歲而孤性頴異好讀書適歸安費文學樹楩居禾之東郭外山人幼卽能詩兼擅山水學於張徵君庚盡得其妙時人得山人寸縑片楮俱珍惜之殁後嗣子融檢遺詩刻之僅十之一二然亦足以見山人之志已

徐錦 字珠村性聰慧少治女紅卽于燈下坐觀書史長歸朱辰應爲室家苦貧錦于操作之餘不廢吟咏嘗釆國朝閨秀詩多至一百七十餘家又欲廣歸淑芬百花詩史爲餘芳錄惜未卒業錦沒後其弟婦嚴蓉刊其遺詩六十首曰紅餘小草

陸氏 貢生沈崧室崧幕遊山左家貧子桐桂不能延師四書經傳陸親爲督課陸精選理工吟咏咏物倡和諸作散見崧鷗江詩草中

吳瑛 字瓊華工吟詠適同邑曹昌燕昌燕殁吳年四十繡佛長齋甘受茶苦著有箴功餘藝

程氏 早失怙恃依兄度日所居有明遠樓自號明遠主人能詩善弈有明遠樓詩草年十六歸王樾庵王家故貧樾庵年已五十猶薄遊南北越三年歸舉一子程有句云護雛紫燕啄泥忙人咸傳誦之梅里李隽聞而賦詩曰東風一任卷羅幃紅雨飄殘綠葉肥輸與呢喃梁上燕儘他雙宿又雙飛

葛綵 字梅軒少聰慧喜讀書歸楊元照爲室事姑甚孝主中饋亦井井有法每課子女篝燈至夜分不輟書聲

與紡聲相間嘗有句云詩書推裏裁千縷機杼聲中課幾行蓋記實也著有梅軒剩草一卷以上伊志

陳氏 給事中鴻寶女弟錢載子敏錫室孝事尊章工吟詠一日載有珍藏古籍被人汙損慍焉氏重爲寫錄補綴完好如初作書必手自繕寫書法趙吳興秀韻獨絕宗伯未第時力貧訓子或乞鈔五代史得二千錢爲兒製衣操作勤苦時以餘閒濡毫吮墨有讀書樓稿 聽松樓遺稿

李祥芝 敎諭傑女孫諸宮贊錦稱其穎悟拈題成章其父攜詩呈錢宮傅評騭極稱賞性純孝母沒哀毀疾篤自焚其稿惟未彙入者得存

汪如瀾 字聽月修撰如洋從姊適海昌許孝廉申瑑著有雙桂樓詩草

胡順 字坤德州判樹槐女適魏塘丁氏錢侍郎載曰坤德幼穎慧嗜讀書通詩禮內則及三唐近體詞綜諸集年十三四見駕詩詞步韻立就郎中繩度不逾時諸體皆工于歸一載而逝著有焚餘小草 以上檇李詩繫續

吳素聞 工詩畫康熙年永康吳士騏敎諭秀水其女絳雪與素聞遊翰墨素聞得詩敎於潘母山陰祁修嫣西泠周瓊諸女史詩筒恒相往還有春閨奇和修嫣句妝樓有記焚香讀弈局無書似悟參新穎獨絕雪夜偕絳雪圍爐取古人詠雪句可入畫者繪雪意圖冊子別後絳雪寄同心梔子圖迴文詩拈題賠韻並擅風雅 摘吳宗愛六宜樓綠華草各稿

金禮嬴 號雲門山陰人孝廉王曇繼室工詩善畫人物樓臺界畫工緻生動有西王母降集靈臺班婕妤辭輦吳彩鸞寫韻諸圖更有建安七子大幅曇持贈陳公子小雲者尤極飛動著有秋紅丈室詩生平愛吹鶴骨簫女紅精絕繡有五百應眞像於幢幔間供奉西湖昭慶寺錢塘陳文述記以詩 徐渭仁春輝堂叢書

張氏 汪孝廉大紳母系出烏程太史張雪子次女門以內毀齒皆能斲句時比之屠赤水葉虞部家云著有清心玉映樓稿

梅倩 字永若號月樓適海鹽張氏明慧擅操琴精繪事設色花鳥娟秀絕倫既嬪以孝謹稱暇則怡情翰墨年

三十賦未亡守節三十載詩筆沖和淡遠得風雅正軌 以上檇李詩繫續

沈道嫻 字蘭佩職員陶琳室琳善詩畫伉儷娛情翰墨間長女韞字翠娟未笄能代題畫次女韶字月娟適吳江殷學士壽彭子兆鈞題畫白牡丹有富貴要留眞本色世間多事費胭脂自饒淡趣女姪王鈞適陶鎮有閑情草婦計氏光炘女名珠儀工道染爲南潯女史汪趙儀姑寫紈扇儀姑酬傳言玉女一閱見遠月軒集閨門風雅道嫻提倡爲多著紫薇花館詩稿 參墨林今話聞湖詩續鈔

吳氏 訓導王澄妻幼孤能讀父書與母居克盡孝養及于歸恩流奉帚惠助脫簪詠絮香奩一庭倡和未幾母家受祝融虐子舍遺二豎侵處境艱虞幽憂侘傺所抒寫者遂多悲音著淸閨遺稿 王駿之跋語

張荔卿 字怡筠母周氏夢得荔支故名周操家艱苦擔薪汲水悉身任有賢勤聲惟不識字乃令荔卿問字姊姒十歲時女紅外喜泛覽書卷講忠義事世母鍾楠繪事熟子平侍案良久便悟寫生且推算休咎語妹棻卿曰吾年恐不永以弗克送親老爲憾年二十歸同邑金福曾得舅姑歡心未三載遽卒 新纂

姚僊霞 號蕚梅仙史江蘇庫大使王姚泰室職員姚星垣女有吟香閣詩 新纂

嘉善縣

國朝

吳黃 字衣裳相國士升子孝廉拭室駕部吳志遠女拭從
黃道周講學大滌山黃畫蘭題句勉以覲賢若芝之蘭
詩語傳誦嗣寡茹荼守節崇禎申酉間叔氏文部君毀
家紓難亦撤環助義閩劉節婦淑英倡義有我亦髡髦
者深閨愧執殳之句巾幗鬚眉外家茜溪秋宵月白荻
花如雪托吟詠以志肥泉竹竿之思因名荻雪集錢復
字吹蘭士升女孫有桐花閣詩拾瑤草蔣紉蘭字秋佩
尚書以塏室有鮮潔亭繡餘詩存石瀨山房詩話新
纂補

沈榛 字伯虔麟溪人南昌府推官沈德
滋女適進士錢黯以詩名于時

沈栗 字仲栒榛之妹亦善
詩諸生陳誼臣室

吳朏 號冰蟾子華亭人適曹允明王端
淑曰詩多古意嬌嬌如千丈松

嘉興府志 卷七十九 才媛 卅五

宋娟 杭州人以寇被掠至清風店題詩于壁後歸曹太
史王端淑稱其詩哀情似蔡琰而情思纏綿過之

沈琨 字未男主事丁彥元配嫻吟咏妾鄒蓮午亦能詩繼
娶吳中燕嘉興人性高寒解文藝鄒頗不爲吳所容
入空門焚修以終

陸觀蓮 字少君別號兩鬘道人石輝里人也適桐廬歿丹
生後隱震澤之西村草屋蕭蕭煙火時絕惟與道
人相倡和最後以避水患隱嘉善蔣湖之西園康熙丁
未山人將攜家入九峯而道人病逝其女默亦逝道人
自輯其詩曰蔣湖寓園草吳江顧有孝序
之題曰歿史閨隱集并附其女默之作焉

歿默 字季小字墨姑歿丹生女九歲能詩凡刺繡刀尺
無不入妙習小楷摹畫李龍眠白描大士年十六未
字母死三日姑亦卒
以上檇李詩繫

查氏 性婉淑自幼工詩年十八適錢庭柯爲室而寡彙
其所作詩一卷題曰自憐吟年四十二卒 伊志

金淑 字純一歸華亭沈氏早寡有子璇中式道光壬午舉
人淑幼慧通書史家富收藏因工繪事山水人物花

鳥蟲魚以宋元人爲師工細入豪髮而具有士氣居
課子以畫自給人爭購之年至八十餘猶不廢道染世
稱文沙老人與聽秋朱夫人爲閨中吟侶阮文達葺江
浙輶軒錄皆已故者獨選其詩文沙報謝曰未亡人得
從寬例文選臺應被誤傳一時傳播以爲立言得體阮
答詩曰郎事又添佳話在此才原當古人看麟河帥
國朝正始集亦採冠閨秀
著有得樹樓詩鈔新纂

戴素蟾 字月卿適吳江教諭宋景和宋著聞川櫂歌閨門
倡和沈宗伯德潛序之教女貞琇貞珮貞球貞琬
俱明慧嫻韻語有彤管彙編濤
風逕雜詠石瀨山房詩話

孫畹蘭 號愛蓮主人石門進士王綸女來歸廪貢陳秉元
生長高門夙工柔翰著飲吟編有春晝絕句採雨
浙輶軒錄續
檇李詩繫

陳苣 字挹芳諸生許鉦曾室生女若英號瘦梅適施上舍
母女均早孀相依一室針指餘間翰墨排遣苣有冬
夜感懷云斗帳寒侵玉漏遲半牕淡月印花枝夢回添
得如珠淚正是殘燈欲滅時淒涼不堪卒讀載入風溪

嘉興府志 卷七十九 才媛 卅六

詩存若英有春閨云隔院流鶯驚午夢歸簾燕子話春
愁送別云桃花浪暖鷗尋侶荇葉風微鴨引雛才艷境
窮眞是傷心韻事

曹珍 字岫雲吳昌柱室居巢翠樓罩思硿詠鞦韆云一
番舞罷嬌無力斜拔金釵撩鬢絲有岫雲小草

畢慧 號習珠自號靜怡主人尚書沅女風逕陳光祿子二
瓶室工詩畫吳文溥採踏青詞入南野草堂筆記有
遺香閣
吟稾

陳醑宜 廣東連平州知州鵬孫女適陸宧廣西學政芝祥
編修母性耽吟詠族伯鴻墀題其詩卷有刺繡吟
成謝女篇居然字
字色絲妍之句

盛如華 常州人工部郎中思道女適楓溪陳杞孫爲室雪
消云纔得斜陽照何來雨作聲袁安當此夕可否
夢還成著
有繡餘集

金蘭貞 字紉芳適平湖王孝廉青士父爲青田縣學官幼
隨任學詩畫花鳥墨蘭秀韻獨絕歸王後家貧早

海鹽縣

宋

蔣廿二孺人 蔣十八居士之妻日誦大乘經四十年同日更衣焚香書頌而終

郭氏 樞密郭三益孫女適雲間葉氏早寡能詩

明

朱妙端 字靜庵一名令文字仲嫻海甯人尚寶卿祚女教諭周濟室于歸後移家海鹽有詩文集十五卷

虞嫄 孝廉勳姪女也幼通文義年十六歸董消兩月消暴死嫄哀慟欲絕乃自述其夫狀貌募工刻畫而自雕繪之久之像頽忽𦶜𦶜汗出消父以爲怪投之火嫄遂鬱悒而死許雲村爲之立傳有咏物絕句十餘首 以上檇李詩繫

國朝

王㷦 字功史又字辰若太倉人太原相國之裔文學陳光緯室博通詩書書法衛夫人畫竹學管仲姬花鳥師趙文淑著有續列女傳燕譽樓稿與卞夫人爲師弟交得其清秀苕潁之傳有林下風偕隱于婁博學敦古詩多名句顧伊人稱爲笄幃中道學宿儒不當以香奩目之

彭琬 字雙壁王瑛進士期生妹浙江總兵馬孟驊婦與妹玫稱王端淑曰琬詩巧慧俊令不作淺浮小語

彭玫 字幼玉適文學朱化鵬詩不多見而名句絡繹王端淑稱其才情兩足似勝姊氏姊惟幽艷妹則英特而博大矣

沈彥選 舉人俞鴻德妻善花鳥分枝布葉自得異致不以嫵媚爲工

虞兆淑 字蓉城讀書能詩尤工于詞著玉映詞稿徐豫貞爲之序朱彝尊即用其春雨黠絳唇詞調題其集原詞附刻曝書亭集內

仇氏 生員韓嶠妻秉性恭順孝事翁姑子銓娶婦錢氏知書史女紅之餘嘗咏唐人句以抒情性 以上伊志

媳錢鼒紡績以佐甘旨值兵亂流離困苦奉事勿衰其姑嘗嘆曰家貧見孝子世亂識忠臣吾媳可當之矣有繡佛樓詩稿 以上楓溪小志

周之鍈 字硯芬爾塏女爲丁廷鸞繼室幼聰慧好讀書長能詩善畫書法率更能作擘窠大字以堂額請書者絕無閨閣柔輭之病夫妹丁韻芬年最幼弱愛護之爲己女及韻芬遇賊投河以殉悲傷者彌年著有研芬詩草 新纂

沈琁 字夢窗庶吉士㳘曰楷母妣陸氏精通選理琁女兄弟閨閣倡和稟承慈訓長適嘉興褚鵬飛名列才媛教女鳳鳴適盛善持載秀水賢母傳琁居幼教子成名訓女潔芳亦能詩許字袁及笄未嫁而卒有悼女詞悽惋不堪卒讀溫柔詩教具見淵源著爆竹餘吟夢窗詩餘 新纂

李沈氏 平湖監生沈熞女性孝耽吟詠夫彬儒歿慟欲殉身時方姙姑以望得男止之撫遺孤讀書善鼓琴能詩有曉霞遺稿 新纂

錢徵字霞表一字玩塵明臨江太守錢琦孫女工詩及駢語楷法亦秀媚所居玉梅閣插架儲書其夜讀句云鄰將杼軸爲酬和婢解丹黃亦友生時傳誦之有繡餘草錢氏家譜

俞光蕙字滋蘭少司農穎園孫女于殿撰敏中配性好畫年七歲寫折枝于壁穎園見而異之長受法於錢太夫人陳書筆枝清穎古秀布置亦極大雅畫徵錄

錢氏錢文端公從妹少從陳太夫人學山水花鳥無不精妙年十九歸張大觀爲室越十一年而寡遂棄筆硯日勤紡績夜課孤子讀書未四十卒

周氏江南吳縣人適監生張大鵬爲繼室女紅之暇每事吟咏所著有蘋香閣詩稿

朱逵字虞齋海昌人運副陳克鋐妻母祝氏工書文朱之博學能詩家學然也所著有慈雲閣詩存進士朱笠亭爲之序其上燈日祀祖詩云傳柑節到蘋蘩采琴鶴蕭然憶祖風薄養生前能幾日御敎賜斷祭蒔豐

陳品閭字筠齋逵之第三女性至孝聰明過人適諸生陸肇錫三載卒生平所作詩數百首錄其尤雅者附

梓于慈雲閣詩後

程靜貞字素庵工詩善琴年二十適吳天麟六載而寡抑鬱成疾至三十三卒

查淑順諸生馮桂室讀書識大義割臂以療父疾工詩詞著有擷秀軒稿年三十三卒其夢後哭父詩云饑鼠窺鐙滅復明綺窗月冷夜三更分明獨坐拈鍼綉猶聽耶娘喚女聲

陳絢字蓮慧海甯監生陳汴女幼穎敏學爲韻語下筆輒工絢有至性孝事父母母喪泣血三年戚黨稱之年二十七適諸生張上發姑患疽甚劇絢晝夜侍湯液者兩閱月姑歿絢以疽發病中猶賦哭姑詩以述哀旋以毀瘠卒著吟香閣集一卷

陳玉徽進士陳鷁女適王熤通經史工詩畫年二十四而寡著有冰崖詩草其哭母詩云薄命生成寡且孤五年不聽母聲呼背人暗滴傷心淚偏見枝頭哺食烏

任湘字蘭因諸生許師謙妻賢淑多才與師謙倡和有秦嘉徐淑風惜早卒著海上雜咏紅餘小稿 以上伊

志

彭孫瑩字信芳庠生徐復貞室自幼穎慧嫻文史居恒鍼黹之暇好以吟咏自娛其詩詞旨雋永風格秀麗得唐賢遺響著有碧筠軒詩稿

陸瞻雲字蘅磯舉人沈麟振室自幼讀書邃于易理有周易註指象徵事自成一家言兼能帖括尤工詩吟稿甚富與夫倡和白頭偕老逮抱伯道之傷取中年所著悉拉雜燒之年八十一卒賸有適吾廬詩存

張貞字拾翠山人庠生周樹聲室二子一女皆能詩家雖赤貧倡和自若句如鳥到春深嬌韻減人從病後道心多麥塵糊餅聊充午梅水烹茶正及時酸偏有味虀充甕淡自生香水在瓢湯沸竹爐醫病胃光分績火讀殘書清貧景況風趣灑然能不爲境地所苦

顧德字愼儀監生楊文海繼室習女訓嫻內則年二十二適楊事翁姑孝著有繡月樓稿

畢氏庠生朱盈科室幼慧諸兄同堂讀書氏聽屏後即成誦適朱家貧躬操井臼自課子至成立性慈愛每入

廚必留餘飯初昏時不點燈語家人曰我不必燒香念佛即此便是佛法因誦蘊詩續成一絕云念鼠常留飯憐蛾不點燈呼兒同靜坐最上佛家乘

張步讓字貽令號紙田庠生李步雲室幼慧讀書明大義爲詩本性情法學士式善賞其木棉詩錄入詩話與吳騫副室徐女史蘭貞爲神交書疏往還相倡答年二十四以蓐勞卒著有嗣香樓詩稿 以上續檇李詩繫

朱葆瑛闈學爲弼女適曲阜孔孝廉敘仲女善屬文工分書兼繪事父歿遺腹有子葆瑛恐其無貌於心不思厥父將久而失墜也乃排比求聞過齋詩十卷付錄 朱錦琮詒經堂集

徐氏名八雅監生徐純德女性孝母病刲肱適海甯生員朱蘭如讀書能詩自號藕仙女史夫力學早世事翁姑盡孝撫孤成立暇輒吟哦遺懷詩云彩筆長辭鏡裏描亂頭粗服度昏朝好花總有埋香日何必風狂雨又驕著有紡餘吟稿

金氏 監生沈兆倫妻文節五世祖母善繪事工詩詞有拾遺集 以上新纂

平湖縣

明

曹氏 適諸生陸大礽大礽赴鄉試病革寄夫一絶云金風吹散碧天雲雞骨支牀體似焚夢想吳山無限恨對人含淚惜劉蕡尋卒

周蘭秀 字淑英一作弱英吳江周應懿女孫諸生孫愚公室母沈媛著聲香奩淑英秉其家學善吟咏有梨花遺稿以上檇李詩繫

國朝

錢涓 字裴文薛振猷婦有抱雪咏一卷自爲序

施璲昭 廣文施鉉女適庠生沈炳孚早卒有秋聞詩見柘上遺詩

趙昭 字子惠寒山隱君女擅詞翰適庠生馬班葛彩椎髻自擬道民會班亡命遂入空門更號德隱結庵洞庭西山中有侶雲居遺稿

陸言 字鸝仙閨學陸棻長女歸貢生沈季友工文墨有京邸傷母詩悽惋可誦以上檇李詩繫

吳瑛 字若華侍郎吳嗣爵女歸監生屈作舟擅制藝鏤刻極工詩亦秀穩早卒有芳蓀書屋藁國朝別裁集

鮑詩 字令暉州同鮑怡山女知書能詩從嶽州老諸生程之廉學畫傳白陽法專寫花草後歸徽士張雲錦有鶴舞堂小稿一卷吾亦愛吾廬詩鈔二卷造句幽秀攸縣彭湘南采入國朝詩選

屈鳳輝 字梧清舉人屈宗到妹適舉人胡之垣所著有古月樓詩鈔工于詠物其詠洋雞詩一律清新可誦見水曹清暇錄

高瑍 字含貞號晚香高沆長女沆精繪事瑍自幼習弄筆墨遂以花鳥名尤善沒骨法賞鑒家比之徐黃云性閒靜好潔工吟咏其懷父客秦右詩有此夕月明茆店裏故鄉兒女正安眠之句至性可見已後以所適非偶悒鬱成疾年二十四卒以上伊志

顧慈字昭德江蘇金匱人觀察光旭女舉人張誠室七歲受毛詩女戒諸書能通大義比長工詩性謹模深以内言逾閾爲非集中倡和之篇無及門外者著有韻松樓詩

胡緣字香輪許景鍾室自少習聞父昌基緒論長于吟咏兼工書嫁後四年卒著有琴韻樓詩

孫湘畹字九蘭增貢生烜女烜無子延師課讀甫及笄已工詩兼善書歸府庠生張采爲室著有舊窗居詩鈔紅餘詞

張鳳字合珍誠女適諸生高蘭曾性貞靜能讀毛詩離騷列女傳六朝人小賦尤嗜詩著有讀書樓詩

陸彬字雯英嫻文翰歸徐秀才軏閨閫之内如師友焉先軏卒著有問花評月樓詩爐

朱蘭貞字畹芳工花鳥

陸素心字蘭垞生員夢求女幼聞庭訓詩矩獲三唐氣韻清逸間爲小賦雅麗絶倫歸徐孝廉熊飛越七年殁著有碧雲軒詩鈔蘭垞族妹孟貞名荷清教諭宗蓮女有淑靜韻語之外兼工制藝一時稱爲女中二陸

以擇配過慎年逾三十始歸熊飛爲繼室齊眉吟咏樂而忘貧並授徒以佐膏火之需其才而賢蓋亦如蘭垞也著有唐韻樓集以上于志

倪夢庚字蓮仙庠生居耀蘅母氷蘗撫孤經書皆出口授吟咏之暇篝燈夜課機杼之聲與書聲相應夜分稍倦輒以然著有聽松書屋詩草

朱衣珍字也點庠生陸夢求室隨夫高蹈居東湖銀杏村設塾爲童子師與友素心閉門倡和三旬九日

沈彩字虹屏號掃花女史貢生陸烜側室家多儲藏凡圖書鉛槧分置左右工詩善畫尤工小楷得管夫人筆樂而忘貧著有樹萱小草妙著有春雨樓集

趙德珍字蘭素德清監生趙岐鳳女詩筆韶秀如野水碧無際桃花紅一村花光醒午倦鳥語破春愁等語頗有晚唐遺響適平湖進士楊于高著有得月樓存稿以上續檇李詩繫

孟折蓮布衣用久女性聰敏觀書過目成誦詩亦清雅可中柱花香裏御清風不能成帙臨絶口占云相逐嫦娥入月認生身處塵海茫茫一回頭欲

孫霄號翠樓貢生沈垣妾能詩脫稾輒棄去兼工寫菊嘗自題畫菊詩云上夜來風雨急搖影到疎窗

汪毓英字緑君性耽文史長於吟咏尤工駢體著有春暉閣詩文鈔黄金臺爲之序稱近時閨秀之冠惜遇人不淑依母氏以居其四十自咎詩有伏櫪馬之頽添鶴齒惜枝鳥亦戀鳥情詩名浪博應知媿家道恒乖枉費謀之句淒婉言情讀者爲之歎息子婦瑛字蓮貞比亦工韻語閨中倡酬無虛日一門風雅人以婦姑比之

李淑雲東流知縣陸培妻工吟詠菊江晚眺詩云一幅丹青入望中著霜楓樹點輕紅半江雁字寫行行斫帆飛葉葉風翳淡織雲斜落照微茫寒月挂疎桐詩人莫倚秋光好蕭颯商飆萬木空

沈金魏字竹梅邵松妻幼慧父子卞教以毛詩四子書及漢三唐詩皆能成誦女紅之暇輒事吟哦曉景詩云玉露初收滴金雞旋報曉月隨花影盡星逐曉雲微殘夢醒猶惜餘香散更霏開窗臨古鏡相照倍依依女文

媛英俱能詩

陸全貞生茂修女幼嫻禮法工詩適錢塘太學生王坦居貧好學多病全貞脫簪珥市參苓以療及殁哀毀竭力奉姑頗得姑歡且撫孤小姑嫁事姑殁後針黹自給辛苦備嘗初遺腹生女撫姪爲嗣尋又殤又撫一姪與女相繼殤因撫姪女長成嫁平湖葉莊年五十四卒著有松石遺篓一卷其湖上云紛紛桃李門芳妍湖上春晴尉可憐孤塚不知誰是主空留野草色娟娟飯而之識兆於詩矣

李檀字宗潤永昌女歸高衛督儲閔中權陳臬事檀一綜理内政暇爲韻語不假雕鐫自然合節題畫蝶云任滿園桃李謝東風吹畫不知春格意頗高著有生香樂意齋稿

吳誦芬字麗春監生紹洲女髫年聰穎卽解吟咏比長延能詩者訓於家吮墨含毫吟帙遂滿匳篋一時談風雅者以左嫣鮑妹擬之著有寫韻樓詩稿以上新纂

石門縣

國朝

沈珮 字飛霞適吳侍御震方子起代爲室工小令有元夜調寄卜算子詞一闋甚佳其詞云臺館遍笙歌又是黃昏後寂寂梅花小院開報道春依舊步斷月初斜素影淸如畫光景年年一樣新且放眉間皺伊志

梅麗春 字玉英工詩其採菱歌云一鏡光搖映面浮隨他鄰女盪涼秋白蘋風急鴛鴦冷不及蓮花有並頭

徐氏 舉人鑛女幼通經學訓子勞斯淸四子五經均係口授斯淸得舉於鄉皆母教也

孫畹蘭 字愛蓮適嘉善貢生陳秉元其詩淸麗絶俗春盡一絶云風急雲昏雨似絲銷魂最是綠肥時可憐春去憑誰挽靜對花飛有所思 案畹蘭已見嘉善

勞純一 字安岐勞心齋女適仁和劉玉峯有題寄外書後云南枝初放故園花屈指行人到海涯欲折一枝憑驛使恐勞客夢屢還家

沈氏 治中吳日熺室幼耽書史愛吟咏于歸後繡閣書燈屢有酬唱日熺成進士寄詩有幸邀一第休愉快補報君親事正名之句後官奉天治中又勸以詩曰種德在官爲力易反躬有愧教人難

盧蘭露 武林盧鶴山女家多藏書博覽經史能詩文適貢生胡家琪著有倡隨集

倪氏 貴勝初繼室著映雪齋吟稿過羅氏宅詩云空庭無主長莓苔蛛網重門黯不開明月那知人已逝淸輝猶照讀書臺

吳潤卿 字硯齋貢生吳森女性至孝嘗刲肱療父母病與妹文卿俱讀書能詩繡牀粧閣之旁時相倡和潤卿有浣香記事文卿著瑯環集賞識者以爲工力悉敵

吳玖 字瑟兮布衣吳克諧女兵部郎中程同文繼室幼慧博覽書史家有寫韻樓恒吟咏其中後隨夫居京師與姪女嫺相酬唱喜作畫初寫折枝花繼爲山水蘭竹皆出心悟追蹤古人都中人得其片紙皆寶貴之以上于志

胡吳氏 進士吳曾貫女幼聰慧隨任秦中曾貫休沐授以毛詩歷朝詩選兼與講論史學故所著多咏史作後適庠生胡斯煌有椒堂女史遺稿 新纂

程芬 適烏程庠生施重芬靑年守志寄居母家茹苦含辛孤雁一律蓋爲自己寫照讀之令人酸鼻著有吐鳳軒稿續檇李詩繫

聞璞 字楚璞譽彥女能韻語婉麗秀發掃脂粉氣續檇李詩繫選其詩 新纂

桐鄉縣

國朝

孫蕙媛 字靜畹黃德貞女適孝廉莊國英丞寡著有愁餘草

顏佩芳 字芳在工詩王端淑曰一氣雄壯出人意表而靈警之句介畹爭勝滿幅

顏畹思 字宛在工詩王端淑曰蒼老靈異洗去近日蹊逕

王夢鸞 字仙御其妹字仙駕俱有和蘇楊柳枝詞以上檇李詩繫

汪嘉淑 字德容海陽名家女貢生金集妻工詠著有剪燈吟

吳巖 字妙音顏祁之妻亦能詩與佩芳畹思二姑相伯仲臨野堂集

孔素英 字玉田生員孔毓楷女大令金尚東繼室善畫山水工人物花鳥書畢即題詩其上能作晉人小楷著有飛霞閣詩集蕙齋題畫詩歌以上國朝練音初集

程芝 字瑞卿生員程世機女精女紅通文墨適烏程生員施重芬結禱二十日夫歿父母憐其年少無依挈歸守志著有吐鳳軒詩其孤雁詩云關山經歷遍孤雁獨司更念爾有常無伴思羣只苦鳴深宵江月白長路曉霜清寄語閨中婦嗷嗷聽此聲

魏月如 貢生魏光烈女工山水及寫生閒事吟咏有叢桂吟藁後適海鹽舉人陸以謙未久以心疾卒

孔蘭英 監生孔世球女孤貧以鍼黹供母工詩兼繪事許字汪聖清未婚而卒聖清往唁其母出所繪燕姬出獵圖便面遺之上題一絕云霜氣冷征衣秋原雉兔肥燕姬年十五挾彈勢如飛汪啟淑采其詩入擷芳集以上伊志

李媰蘭 貢生金文度妻倡隨之際多所吟咏著有媰蘭吟草于志

孔繼孟 字德隱州牧傳忠次女胚胎世澤居然劉謝家風適烏程夏氏具松筠節操著有桂窗小草續檇李詩繫

案孔氏閨秀多才繼坤字芳洲以錢武肅鐵券歌著名又昭蟾號月亭有詩集昭燕號珖梁昭瑩號明珠均從伯姊昭蕙學詩蕙父廣南有詩云合教兩妹為高弟可得名師帶笑看蓋實錄也

沈宛珠 號淑圃運河道啟震女適烏程唐晉錫與樹香老人為表姊行風華濡染有和王漁洋秋柳原韻四律得風雅之正著有怡致軒詩稿孔憲采雙溪詩匯

顧英 字仲英青鎮人幼秉內則性嫺詩禮夫著節英作詩哭之詞旨悽惋桐溪詩述

鄭以和 字碧仙南河主簿沈澤生室少具詠絮才及于歸王臺聯詠無巾幗氣始居郡城報忠里與夫姊沈宛珠暨樹香老人倡酬暮景清寂遂多侘傺之音有虆餘集

朱素誠 字淑珠適嘉興岳廷枋親歿竭十指撫弟成立與青鎮女史嚴鈿倡和鈿序刻之

陸瑪華 訓導嚴銓聘室貞靜而慧十歲為詩詩出筆韶秀性不喜華飾年十六病卒有裁香室詩草以上雙溪詩匯

褚琬珍 字楚玉祖母沈氏入嘉興才媛傳琬幼承心訓留翰墨適選拔生程文浩工詩早卒桐溪詩述

案元時有汪佛奴歌兒也濮院濮樂閒娶為妾一日濮有感於中酒闌淚下佛奴問故濮曰吾老矣汝宜善事後人佛奴亦泣下誓無二志既而濮死佛奴獨居尼寺操行潔白以終其身事載輟耕錄究以其為歌兒也爰附才媛之末以不沒其人云

此冊原係全書之第四十七冊，
因編者誤將「第四十冊」
編纂，故最後乃將原書之「第四十六冊」
通誌補作第四十冊，而於全書目錄下
則寫第四十冊（實即全書之第四十八冊）矣。
頁仍作卅886，並未脫漏。
江朝
三十二．

嘉興府志卷八十

嘉興府知府善化許瑤光重輯

經籍一

經籍一門至伊志而分部核卷閒述大旨畧序撰人較詳於前矣兹延嘉興孝廉陳君其榮重訂補輯乃知編次未協時代不符卽伊志尚有訛脫也𠡠始者難踵事亦不易纂緝者難校刋亦不易徧讀未見者難卽能知其名者亦豈易哉夫知其名未必果能讀其書也然欲求其書讀之非先自知名始不可志經籍

經部

三國 陸績周易注十五卷隋書志十三卷經典釋文作周易述十三卷會通一卷四庫全書著錄陸氏易解一卷乃明海鹽姚士粦案陸氏注已亾鹽邑志林載有一卷京房傳彙成之國朝宋李氏集解陸氏釋文及績注京房易傳注爲周易述平湖孫堂正誤補遺刻入二十一家易注古堂書目作毛氏刋入津

京房易傳注三卷陸績易解題書錄解題三卷案錢氏述古堂書目作明常熟毛氏刋入津逮祕書書錄解題又有陸績注積算雜占條例兹云陸

晉 干寶周易注十卷隋書志卦爻配月或配日時傳諸人事以王應麟曰寶之易學以前世已然之迹證之訓義頗有據居曾序畧曰干氏易有注者僅三十卦卦惟乾備六爻餘止一彖一爻而已要皆自古易類萃中摘抄案今存二十一卷卽元海鹽屠曾所輯刋入胡氏鹽邑志林孫氏二十一家易注

周易宗塗四卷錄七周易爻義一卷志隋書周易問難

二卷 周易元品二卷兹見冊府元龜經義考此四種兹云佚

唐

陸元朗周易文句義疏二十四卷 周易大義二卷 新舊唐書志通志畧經義考云佚案文句義疏本傳作二十卷大義從隋書志唐志作文外大義

宋

曾旼易說二十卷 周必大曾公墓誌經義考云佚

趙彥肅復齋易說六卷 四庫著錄莊仲方曰其書卽象明理取義密而爲說精案今刻入通志堂經解

林至易裨傳二卷 四庫著錄宋史志作一卷書錄解題又有外篇一卷莊仲方曰上卷三篇曰法象本之太極曰極數本之天地之數曰觀變本之揲蓍十八變下卷一篇論反對相生世應互體納甲變爻動爻卦氣八事案至字德久官至祕書省正字此書今刻入通志堂經解

易注釋 杭氏歷代藝文志

衞富益周易集說 王氏續通考經義考云佚

衞謙讀易管窺三十卷 王氏續通考經義考云佚

明

鮑恂學易舉隅三卷 四庫存目明史志嘉禾徵獻錄作大易鉤元二十卷采集書錄曰首卷論易之原中卷論讀易法末卷論卦爻義例各條舉一二十則案此書甯王權序而梓之更名大易鉤元四庫全書提要云仍其舊名於義爲近

易大傳義 卦爻要義 嘉禾徵獻錄

姚綬大易天人合旨十卷 王氏續通考明史志

朱綬易經精蘊二十四卷 明史志經義考自序畧曰周子曰聖人之精畫卦以示聖人之蘊因卦以發易有理象數理卽蘊之發象卽精之寓數因一以積畫卦示象之吉凶繫辭論理之吉凶數之吉凶觀象玩辭聖人體易君子學易以成盛德大業至矣非專作卜筮書也

鍾繼元四易 高佑釲曰一曰易錄二曰易準三曰易考四曰易原案經義考及吳志錄作竅原作占

袁顥周易奧義八卷 杭氏藝文志

陳言易疑四卷 經義考四庫存目三卷自序畧曰易非聖人卜筮之書孔子之易先義理而托象數者也學者索卜筮於卦爻之外參程傳於本義之中斯孔子之易備矣胡震亨序畧曰觀所爲說大都因象以顯理不援占以傳象撮紫陽氏之勝而紬其主卜筮者成爲一家言則作者大指云爾

張大雅易卦緯論 經義考

許聞至易經微言 兩浙名賢錄

袁仁大易心法 經義考一作周易大義

沈懋孝周易程朱傳義箋 自序畧曰疏易義者惟程朱二書竝垂余更擇兩先生平日所爲易與其弟子所說者各箋所作傳義下雖言或重複旨有出入要以旁諸互見無所不極

周易四聖象詞 案自序謂宋儒談易有交易變易之義大父曾語余曰養吾之眞任彼之假守吾之正告彼之邪而交相化焉此交易之義也凶者轉而爲吉吝者轉而爲祥此變易之義也可以見其大指矣又案自序謂晚而好易抱其圖象卦象爲一卷象爻之詞爲一卷孔子之贊爲一卷藏之笥中似書爲三卷

周易博義 案自序謂首述象辭以備四聖之交二述箋文箋程朱平日語也三述古疏兼存漢晉下注疏也四述孔子贊疏文循孔子贊義疏其交也五述補義特疏所闕自成一氏言也六述蒙引補輯他氏論以補蔡介夫書也七述儒論論周子太極易通邵子皇極經世張子西銘易傳正蒙及楊敬仲己易等書八述博義以圖書八卦六十四卦等圖考其義也

任惟賢周易義訓十卷 明史志經義考自序畧曰本義所有者加之訓釋辨惑解疑期於至當而勉齋黃氏節齋蔡氏雲峯胡氏諸儒之說亦擇而取之高世泰曰惟賢字功懋黃陂人嘉靖庚子鄉舉知荏平縣改廩延中蜚語謫嘉興教諭著五經往釋以傳

黃洪憲周易集說四卷 明史志經義考作三卷一作學易詳說

黃正憲易象管窺十五卷 明史志四庫存目采集書錄曰多詮義理不及象占案其自記有云易之占乃吾心觀省之占所謂幾者動之微吉凶之先見者也豈專主卜筮哉其大指亦可見矣

岳元聲易說三卷 明史志經義考朱彝尊曰石帆先生談易一曰觀易圖記二曰觀象微言三曰探策初籌四曰探策一通五曰學易數賛六曰壁記私譚七曰環中指掌圖訣八曰玩易卮譚九曰問易采風十曰知止方言十一曰參疑十二曰研幾私乘十三曰譚易

袁黃周易補傳四卷 河圖洛書解一卷 經義考嘉善志有袁氏易傳十卷

朱

鶴齡曰黄著作甚富多散佚說書義解多與
儒先牴牾然其砭詆發覆則俗學所未有也　馮洪業
易羨六卷經義考不徵獻錄嘉　錢士升周易揆十二卷明史志
四庫存目提要曰是書用注疏本裸采前人之說斷以
己意在明人易解中持擇尚爲精審采子蘂跋曰此書
因爻探象因彖觀爻別二卦於一卦定主爻於六爻至
於互體側體龎不該盡許譽卿序謂是書卦前設互
卦後設對卦兩說分合直舉氣與理與象兼
融而並攝之以其明於變通錯綜之故也　錢繼登
易簣三卷明史志　曹勳易說三卷嘉善楊志本傳著述門又作學易初編
徐世湆易就六卷明史志經義考四庫存目提要曰其書似儒家之語錄又似禪
家之機鋒非說經之正軌也　李奇玉雪圍易義四卷　圖說一卷
四庫存目明史志作六卷曹勳序曰其觀象玩辭則一本乎說卦其觀變玩占則兼取乎中爻案奇玉
爲高氏攀龍弟子故多本師說而推演之　陸基仁易元杭氏藝文志　馮存貞

嘉興府志　卷八十　經籍一　四

中天易經義考作大明中天易　沈瑞鍾廣易筌四卷四庫存目經義考
作周易廣筌二卷采集書錄亦作二卷云總論卦義及爻象大旨四庫全書提要曰自序言先嘗爲易意筌
十九卷後復爲廣易筌書中稱家先生古筌則述其爻之說多主人事不取象數之學自宋李光楊萬里多以
史事證易義是書蓋亦是意　姚士勳易臏義經義考　錢棻讀易緒
言三卷四庫存目經義考采集書錄並作二卷徵之序曰我家仲芳更歷世變卓然於古今治亂
之故其著易上以明陰陽之消長下以審君子小人進退之幾而殷殷扶抑之義情見乎詞　陳梁
易說五卷經義考繆泳曰所爲易說有箋易三篇溫易二篇易屑二篇易論二卷易頌一卷
陳藎讀易傳杭氏藝文志　呂濬易類辨疑經義考案吳志作易數辨疑
陳許廷周易注傳嘉禾徵獻錄　張綸易說一卷　河圖
洛書說　三極圖說經義考　宋咸易說檇李詩繫　陸山太

極解三卷經義考作一卷　李公柱讀易述餘四卷經義考　錢
士馨古文易二卷經義考　李天植易經疏義尤氏明史藝文志
徐世湜易參一卷經義考　屠肇芳周易大旨　太極
圖說浙江通志　吳蕃昌大易圖說杭氏藝文志

國朝

俞汝言京房易圖一卷經義考　周宏起大易集義四
卷案經義考作大易三義嚴沆序云三義者疏義通義要義也疏義取疏通本義而止通義順文鋪敘要義
研勘異同五相發明　李鏡周易參義三卷經義考案鏡字無塵李良年曰晚歲精
易著有周易參義　屠焯周易大義浙江通志　孫鍾瑞易學心符
浙江通志　徐昌治周易旨　徐震亨周易圖說二卷　周
易象意孔自洙序略曰理則原於太極數則本於河洛象取則宗諸聖人之所取而一以繫辭爲斷據

嘉興府志　卷八十　經籍一　五

主以朱子參以諸儒而集其成　讀易隨錄烏青文獻　沈進文言會粹二
卷經義考繆泳序略曰文言孔子十翼之一也言古易者分十翼以復孔氏之舊於文言傳僅錄乾坤二
篇不知散入於繫辭者尙多也山子取繫辭諸卦類乎文言者附於乾坤之後又以論語戴記諸書文義相近
者增益之　徐善四易十二卷經義考朱彝尊序略云一曰天易二曰義易三曰商易
四曰周易凡三十卷其於圖書博采諸家之論而一本乎邵子程子張子及朱子之初說采集書錄寫本二
冊云推究天人象數之原迴異章句家言案天易以闡圖書義易以敘八卦商易以辨十辟周易以明四正
八交之旨經義考目作十二卷序云三十卷殆後編定成書爲十二卷歟　易論四庫存目　錢
龍珍臆易四卷經義考　于琳易經參同九卷又名周易義參節錄
本義於前以己說參附於後故也四庫存目采集書錄寫本並作六卷　廣變四卷　象
告二卷浙江通志　金式玉三易通經義考　陸攀易義韻譜

伊志

沈廷勱身易實義五卷經義考四庫存目自序謂以心言易未若以身體之爲實以身體易又必以見諸用之爲實也六十四卦既有大象闡發卦意以著其用若三百八十四爻之用則尚闕焉乃即小象之意放大象之例以補之附於箋注之末使人知爻之理加詳於卦而切於日用也其於宋明各家間有采集則取其同於程朱者或程朱之所互異則深研之以求其一是焉

馮昌齡易學參說二卷四庫存目采集書錄云分內外編內編於圖書推五行之原外編於干支究五行之用

陸奎勳陸堂易學十卷四庫存目前有發凡十八條圖說一卷

楊變易論一原一卷　周易或問二卷伊志

張仁浹周易集解增釋八十卷四庫存目采集書錄寫本曰是書體大語詳其中集解居十之七自注疏以降所集不下二百家增釋居十之三皆前人所未發者諸錦曰宋房審權之義海久亡得此可以無恨

曹庭棟易準四卷四庫存目采集書錄曰詳於洛書而畧於河圖推數衍說凡五十一篇

李榮昌易學微言

沈塾易彙十二卷桐鄉李志曰摘京房卦驗焦氏易林參同契而融其旨

陳泰初易緯四卷

崔學淇讀易偶得三卷伊志

沈之泓周易井觀二十卷桐鄉李志曰以啓蒙本義爲宗參以王注程傳

沈潛周易思通圖說顧光序畧曰遯谷沈子所著思通三十六圖說具言天地否泰水火升降陰陽剝復動靜安危進退死生存亡盈虛消息之旨使圖書卦畫理氣象數無通非思無思不通

唐棿周易實義六卷陶澍序畧曰談名理而不入元渺述象數而不失支離其中偶有一二新義要皆確有所本

徐甘來周易于補吳志

陳唐易學于志

馬俊良易象要旨于志

曹鈺章易理粹言十二卷于志

王元啟周易講義

倪象占周易索詁十二卷卷首列卦目圖反對圖八卦立體圖八卦運行圖陰陽變化圖卦變象主圖大卦圖十辟圖互卦圖

其復蔣楞書云據翼傳以求象爻拘經例而不拘各家之注例其自序又謂按圖以檢之據變以索之援象以校之因名指事象經爻緯數極循環而爻之所由乃確然可會蓋已道其所自得也　案象占號九山任嘉善訓導卒於官

王琨周易鄭注攷證丁子復王君墓誌銘　案琨字次瑤先世居杭琨自成安解官歸遂居秀水

朱廣川周易繹義未刊　朱緒曾序畧曰參用王輔嗣李資州以乾坤文言分隸二卦後以序卦冠各卦之首又以說卦爲易之凡例雜卦爲易之撮要兼取荀九家之象移此二傳於前其說以十翼爲主與沈氏孔義集說宗旨相近而詳畧則異其於鄭虞程邵亦不苟同也

鍾晉周易學四卷　周易象義觀通十二卷徐士芬跋曰書凡十三卷言象宗仲翔居多言義宗伊川居多而貫串諸家別裁穿鑿附會之說頁能觀其通者也

筮占古例一卷竝未刊

孫熹周易虞氏義補十一卷于志

方本恭易學象數述四卷

陳經國讀易傳義會通陳氏家狀

馬金章易學探原問天樓集

郭咫顏易義指掌徐熊飛郭君墓誌銘

周幹易庸四卷其書以說卦序卦雜卦爲易之大旨學者所當先明移列首卷又創爲雜卦圖以六十四卦分而爲八一方各配八卦自謂一郎用伏羲圓圖對待逆行之象上下經後取文言別爲一卷以繫辭刻於後

方垌讀易日識失卷錢泰吉曰所著僅至无妄而止多反躬實得之言

孫堂漢魏二十一家易注三十卷第一冊子夏孟喜京房馬融荀爽各一卷第二冊鄭元注三卷補遺一卷劉表宋衷陸績董遇各一卷第三冊四冊虞翻注十卷第五冊王肅姚信王廙張璠向秀干寶蜀才翟元各一卷九家集注一卷劉瓛義疏一卷凡二十一家傳注述章句集解義疏悉依釋文序錄

胡祥麟虞氏易消息圖說一卷是書近潘侍郎祖蔭刊入滂喜齋叢書其序云治虞氏易者張皋文後有劉氏申受易表李氏尚之易例得孝廉此書以求消息發揮旁通矣

李富孫周易集解賸義三卷校異二卷莊仲

方曰取李鼎祚三十六家言易之未及者自漢唐至宋凡遺文賸義蒐輯成編校異句序曰盧氏雅本爲元和惠氏棟所校往往據别本改易然資州傳采眾家異同並列未嘗妄生一說況諸家師承各異詎可私肊突改目其所據鄭虞本並从釋文亦有不盡从鄭虞體例復參錯不一茲復合舊刻諸本參校並取唐宋易義所引譬勘頗有增損不同明末氏毛氏本皆據宋刻影鈔亦多譌胡氏本尤舛脫閒有勝於諸本者著之爲校異二卷案李氏易解賸義石門顧氏刊入讀畫齋叢書　易異文釋六卷末栞　倪以植易說異同考　張元忭周易集說　施啓人周易闡義郡守成世瑨序　鍾文烝河圖洛書說一卷

右易

宋　黃榦尚書說十卷杭氏藝文志經義考云佚　輔廣尚書注經義考云佚

明　貝瓊中星考一卷　鄭曉尚書考二卷經義考未彝尊案書考一冊得之公家失其上卷中多辨證古文之非　禹貢圖說一卷明史志四庫存目又有禹貢說一卷采集書錄曰列圖於前而依經爲說於後亦附及明代地制　陳言書疑經義考自序畧曰於蔡傳比而同之不爲纂擄而正之不爲嫌以成紫陽之遺而暢未盡之旨命其草曰疑疑之者翼之也　樊光遠尚書解三卷經義考　李儒烈尚書啟蒙一卷嘉禾徵獻錄　湯日新尚書錄　呂穆書經講意　陸相儒尚書正說並載經義考　袁仁尚書砭蔡篇一卷四庫著錄自序畧曰國朝與令書主古疏兼蔡傳未嘗專主蔡也因博考先儒舊說參以己意正其謬誤案曹氏學海類編有尚書蔡注放誤一卷當即是書　俞鯤百家尚書彙解經義考　禹貢元珠一卷四庫存目　鍾庚陽尚書傳心錄七卷明史志嘉禾

徵獻錄作十卷張雲章曰庚陽父名天才老於經學口授庚陽而述之爲書盛楓曰卽今所行吳縣申文定之會編案王宵堂跋有云檇李說經者屠氏之研幾鄭氏之題旨皆能味經之腴不囿宿見惜皆失傳　陸光宅尚書主說經義考　陸基仁尚書傳鉢浙江通志平湖志無鉢字　馮夢禎尚書大意經義考　沈自邠尚書衷引經義考　陳泰交尚書注考一卷四庫著錄案是書糾正蔡傳之訛凡前後互異同字異解者並錄之使人自見經義考作陳泰來誤　袁黃虞書大旨經義考案吳志有皇極考　范應賓壁業經義考　項德楨尚書說要　尚書別錄　書經釋嘉禾徵獻錄　賀燦然書畧經義考　陳泰甯尚書集解　禹貢圖考吳志　趙維寰尚書蠡四卷　陸鍵尚書傳翼十卷明史志四庫存目采集書錄曰意以翼蔡亦舉業家言　袁儼尚書百家彙解六卷明史志吳江沈志　夏允彝禹貢古今合注五卷經義考四庫存目采集書錄曰前列四十六圖於古今輿地分合及河渠原委頗詳有陳子龍序及自序　孫宏祖尚書詮注經義考　沈希仲尚書印宗浙江通志　陸又機尚書集解　陸萬達尚書講畧　沈澣尚書印六卷繆泳曰舉業書也　姚之鳳尚書定解以上並載經義考　邵璜禹貢通解一卷經義考四庫存目　尚書說統新溪文鈔

國朝　莊日思尚書說準經義考　沈嗣選尚書傳四卷浙江通志經義考自序畧曰微言大旨爲前賢所未發者每篇作一論其章句之閒有獨得者亦疏而記之　錢煌壁書辨疑六卷經義考案是書專攻古文尚書之僞　嚴觀禹貢

輯要一卷 陸敷樹禹貢注一卷經義考 趙洄禹貢新書一卷經義考 案是書每節下雜列眾說而加案字發揮己意其議論精闢處有爲前人所未到者 張天植尚書心印伊志 張雍敬書經參注靈雀軒著書目 陸隴其古文尚書攷一卷學海類編四庫存目 朱彝尊古文尚書辨一卷學海類編 陸奎勳今文尚書說三卷四庫存目采集書錄日專釋今文能補蔡氏漏義不襲舊解後有古文尚書辨二篇附刊 郭兆奎心園書經知新八卷四庫存目采集書錄日於蔡傳中有相沿承訛者爲辨析以發其義 金鑾尚書馬鄭注抄案是書因馬融鄭元尚書注散失已久博采羣書手輯成編 顧民珩尚書通解 盛百二尚書釋天六卷自序謂集傳不免承襲訛謬因取書之涉於麻象者以集傳爲主旁采諸書而疏證之案任城書院刻本後有補遺二則爲陸氏世儀月道圖說九道圖解末附分野考 朱廣川禹貢輿圖攷未刊朱緒曾序謂覩蔣氏地理今釋記載尤詳 王錫圭禹貢地理考證四卷于志 周用錫今文尚書正義二十八卷于志自序 吳東發尚書後案質疑 書序鏡梁同書吳侃叔傳 時樞禹貢詳注二卷于志未刊 李富孫尚書異文釋八卷自序畧曰所釋異文祇今文二十八篇其依託晚出之古文疑而闕如亦尊信古初之意也 李遇孫尚書隸古定釋文八卷馬錦跋曰漢孔安國以科斗文難知取伏生今文次第之爲隸古定宋薛季宣因之成古文訓金灡又以隸古文難知引說文諸書疏通之輯爲釋文譌者正疑者闕可爲孔氏功臣 計朱培尚書外傳松陵詩徵 案朱培東從孫桐鄉縣學生是書仿韓詩外傳體爲之凡若干卷三易稿而成臨沒猶沈吟訂正某句呼其孫改訖而目始瞑

右書

三國 陸璣毛詩草木鳥獸蟲魚疏二卷隋書志著錄 莊仲方四庫曰時去古未遠於物之今昔異名考核頗確 案是書鹽邑志林有之

宋 輔廣詩童子問十卷四庫著錄宋集書錄作八卷經義考作二十卷是書首列綱領及師友粹言其說多補朱傳之未備 詩經協韻攷異一卷學海類編

明 陳言詩疑自序畧曰序有原乎詩意而詩無證乎序辭者朱子以爲非而我疑其是也故命曰詩疑 詩序傳案言自述謂先王之詩各論其世悉依時代爲次故首商頌次二南以下及於王風及諸侯之詩依春秋列國序次首魯頌次邶鄘衛唐鄭齊秦諸風而終以陳檜曹 黃洪憲學詩多識經義考云佚 陸坳詩傳存疑一卷經義考自序畧曰晦庵詩傳學者當以爲主至其改易古說間有意未能遽曉者則以諸家參之 朱彝尊曰簣齋詩說至衛詩而止今附集中未成之書也 沈檠詩經漫語浙江通志 袁仁毛詩或問二卷明史志學海類編四庫存目自序畧曰余讀詩不廢序說亦不純主序說舉其所服膺者設爲或問以發之 董穀國風解一卷經義考作國風辨一篇 徐必達南州詩說六卷明史志經義考俞汝言曰其書爲舉子業而作 戴鳳儀詩經纂義浙江通志 沈萬鈳詩經類考三十卷四庫存目沈思孝曰仿王伯厚詩攷旁引博稽別門相附凡類三十而卷亦同焉 案是書卷一古今論詩考卷二逸詩考卷三音韻考以下分天文時令地理列國人物宗族官制飲食服飾宮室器具珍寶禮樂井田封建賦役刑獄兵制四夷禽蟲艸木諸考卷二十六分國風異同小雅異同大雅異同三頌異同考末爲羣書字異考 陸基仁詩說纂元浙江通志 趙琮葩經約說十卷明史志浙江通志經義考 高承埏五十家詩義裁中十二卷明史志經義考自序畧曰明道程子

謂詩學必於大序中求伊川則云序非聖人不能作蓋序所云發乎情止乎禮義無邪之說也本乎孔子集傳去序言詩求詩人之志於千載之上以意逆志之說也本乎孟子因二者而裁其中於國風淫奔諸詩仍存舊序其餘則以朱子爲歸而五十家之義附之

國朝 顧玘徵十五國風疏一卷經義考繆泳曰說鄭衛詩不盡泥朱子傳 錢龍珍毛詩正義八卷經義考 顏鼎受誦詩弋獲四卷六義辨一卷 國風演連珠一卷 高士奇毛詩講義三十卷 鍾淵映詩序證一卷經義考云佚繆泳曰引左氏內外傳暨周秦子書以證之惜沒後稾佚矣 朱彝六詩學緒餘五卷伊志 陸奎勳陸堂詩學十二卷四庫存目案是書論詩不屑取正變之說前有讀詩總論 詩補亡二卷伊志 諸錦毛詩說三卷四庫存目采集書錄作毛詩說二

卷通論一卷自識曰小序採其首句從欒城例也隨筆不拘篇數從歐陽張宛邱例也先左證而後發明毛鄭諸子而外有佳說則采之有與義則補之廣益也 沈青崖毛詩明辨錄伊志桑調元序略曰貫穿諸經又身歷邊地考古風俗之遺辨析名物卽音韻亦細與折中而大旨發明朱子之集傳 陸以誠毛詩鳥獸草木本旨十三卷于志 張紹曾毛詩鳥獸草木詁四卷 孫燾毛詩說三十卷于志 陸錫讓詩經異文考證二十二卷 詩經句讀考證一卷于志竝未刊 朱廣川毛詩廣訓朱緒曾序略曰詩毛氏訓詁傳廣義冠鄭譜於前每章專用毛傳采漢以來諸說注釋於下於鄭箋孔疏朱傳無所偏癈皆取於毛無所抵牾者以發明之引典確實說理曉暢 馮登府三家詩異文疏證六卷補遺三卷續補遺一卷自序略曰王伯厚詩考只存條目通釋闕如余卽王氏所引三家異文略爲疏證與傳箋互相發明所列條目悉依原文稍加訂正至異字異義與毛氏異者不能確指爲誰氏采坿於後仍王氏例也 三家詩遺說翼證二十卷未刊案登府舊有三家詩異文綜補六卷異義綜補四卷此當是合編成之 李超孫詩氏族考六卷案此書海甯蔣氏刻入別下齋叢書 李富孫毛詩異文釋十六卷自序略曰瀏覽經史呂及說文傳注諸子百家漢唐石刻不惟三家之文有與今毛詩異者援羅薈萃紬繹其誼或異或同一一詮解而疏證之竝依古人之文以正逸儒及今本之譌閒有王氏詩攷所未及者 李貽德詩經攷異 詩經名物考均未刊 鍾晉毛詩學徐士芬漱芳閣集 時樞詩經說志未刊錢泰吉曰秋鶴治詩於唐宋儒先之說援采詳備大旨以毛傳爲宗閒出新意 顧廣譽學詩詳說三十卷 正詁五卷案是編初名學詩求是錄後改今名自序謂志反約也倣毛公故訓傳釐爲三十卷而別出其專論字句異同者爲正詁五卷又自序略曰衷之毛鄭

陸孔朱呂以正其端參之歐陽蘇李范嚴以究其趣博采宋元明國朝諸家以暢其支擇其合於經者取之違者去之說似可通而實乖正義者辨之或申或駮務直陳所見將以窺尋四始六義之本而無失乎孔子編詩垂教之心

右詩

晉 干寶周官禮注十二卷隋書志經典釋文作十三卷經義考云佚 荅周官駮難五卷新唐書志隋書志周官禮駮難四卷孫略撰舊唐書志周官駮難五卷孫略問干寶荅陸德明曰宮正以下鄭總列六十職序干注則各於其職前列之經義考云佚

宋 聞人宏周官通解十卷王氏續通考經義考云佚 葉時禮經會元四卷四庫著錄莊仲方曰書凡百篇首總序次駮漢儒之失末篇補冬官之亾餘九十七篇皆括禮經以立論能闡體國經野之淡旨 周禮衍義經義考案是書嘉善錢貿以葉氏本刪梓之

明

朱大啟考工記輯注一卷 采集書錄曰融會舊解順文詮釋頗簡而明

吳昂周禮音釋 經義考吳志

錢士馨周禮說一卷 周禮荅疑三卷 冬官補亡三卷 經義考朱彝尊曰說周禮者言冬官不亡散五官中故自臨川俞氏而後多以意取五官之屬强補冬官獨平湖錢氏据尚書大小戴記春秋內外傳補亡凡二十有一不襲前人之言

曹津周禮五官集傳五卷 經義考案此書闕考工記不解以其譌也

國朝

吳治周禮彙斷五卷 未刊案自序謂班固藝文志周官六篇則河間獻王所上五官而附以考工記五官為全經非有闕也自宋俞廷椿作復古編謂冬官錯簡五官之內於是以意移補而五官大亂然世遠文湮有疑闕之形名不相中者作私論以駁辨之古本不可不存也

考工記集說一卷 未刊並載經義考自序畧曰此記既不同周禮體例於設官本意又無與然為古書無疑

治復正五官古本不沒其舊仍以此附後有所晦通而釋之有所見表而斷之

浦越喬周禮冬官補 自序 訂正考工記 自序畧曰周禮六官三百六十而五官所存者三百四十有餘則四十有餘皆冬官也非錯簡而何余故取五官之餘以補冬官而復將考工記如其目而次第之六工亦遂有條矣考工記之文本不足以補一官而且猶有雜亂者況五官之屬數倍於考工者乎余因考工之有錯簡而可訂正也益以信冬官之不亡

陸隴其禮經會元疏釋四卷 案先生嘗語及門曰禮經會元一書將周禮分門別類融會貫通最為有益但指斥康成有過當處於是手自圈點逐段分疏焉

張庚周禮封建井田疆域考 朱辰應張先生行狀盛百二張徵君墓誌銘

盛百二周禮句解 自序畧曰取盧陵朱氏尚書之例為之句解專以後鄭為去取其司農及杜子春與鄭異義者別表出之注或簡古閒以疏參之

周震榮周禮萃說四十二卷 伊志

朱鴻考工記車制參解圖說 朱氏家傳

未刊

陸士杰周禮類畧 于志

李貽德周禮賸義 時孫星衍纂集十三經佚注延貽德分任之因成是書 以上周官禮

宋

趙彥肅士冠士昏饋食禮圖 王氏續通考

黃幹續儀禮經傳通解二十九卷 四庫書錄

元

龔端禮五服圖解一卷 阮元曰此書載絳雲樓及述古堂書目朱氏經義考云未見端禮祖頤正嘗著服圖端禮又復參考越十載成書其例以五服列五門每門立男女已未成人之科分正加降義四等之服畫圖分章展卷釐然足為參考禮制之助泰定元年嘉興路牒呈此書於江浙行省移咨中書省

明

聞人詮飲射圖解一卷 明史志盛楓曰詮本嘉興人入籍餘姚督南京學政

譚貞良儀禮名物考八卷 經義考朱彝尊曰詮其名物度數便學者誦習惜

避地漳州之瑄溪失於寇

陸贊居喪撮要 兩浙名賢錄

錢士馨儀禮說一卷 經義考

國朝

諸錦饗禮補亡一卷 四庫著錄采集書錄曰以饗禮尚缺舉周官賓客之事聯而比次之并取傳記中相發明者條注其下以補焉

盛世佐儀禮集編四十卷 四庫著錄采集書錄曰凡注或連傳經為傳隔之類悉為更定於鄭賈及楊氏之圖有失者胥正之前列綱領二卷末附勘正監本石本補顧炎武張爾岐之闕庶幾經之功臣莊仲方曰采古今說儀禮者凡一百九十七家而斷以己見考據詳明

朱建子服制圖考八卷 四庫著錄伊案是書集歷代喪服禮制每條下分古有今無古無今有古重今輕古輕今重四目後為襍問篇凡三十九條所引經傳禮書及諸家文集頗稱該洽亦車垓內外服制通釋之類

王廷桂儀禮義疏酌要 曝書雜記 以上儀禮

宋

輔廣禮記解（衛湜曰取注疏方氏馬氏陸氏胡氏諸說倣呂氏讀詩記編集間有己說）

岳珂小戴記集解（經義考云佚）

衛湜禮記集說一百六十卷（宋史志 四庫著錄 魏了翁序畧曰平江衛氏世善爲禮正叔又自鄭注孔義陸釋以及百家之所嘗講者薈萃成書朱彝尊曰衛氏援引解義凡一百四十四家不專采成書如文集語錄雜說及羣經講論有涉於禮記者皆裒輯焉伊案自明以來府志湜與其兄涇竝著列傳有其先避亂居秀州之語攷浙江通志已收是書）

明

陳言禮疑（經義考自序畧曰於陳氏注有可分繫有可互發者取裁於程朱博采於鄭孔旁研曲證救偏補遺他日就緒不妨爲陳氏一忠臣爾）

聞人德潤禮記要旨補十六卷（明史志作德行 經義考 四庫存目作十卷德潤 伊案德潤本嘉興人入籍餘姚）

黃洪憲讀禮日抄（經義考）

周履靖投壺儀制一卷（經義考）

余心繩禮經捘義二十八卷（明史志 經義考 黃洪憲序畧曰大都爲制舉作近世伯魯集注詳於訓故而不爲繫公之捘義主於會要而不爲畧均有功於禮經案心繩黃岡人爲嘉善令卒于官）

陸基仁禮經刪注導竅（浙江通志案吳志平湖王志本傳無刪注字）

朱泰禎禮記意評四卷（明史志 四庫存目宋集書錄曰每節舉其指歸而畧於考證似僅爲科舉設者）

朱元弼禮記通注（鹽邑志林祇存一卷）

李天植禮記疏義（尤氏藝文志）

錢士馨禮記申惑一卷

王制說一卷（沈皞日曰大指謂漢文時博士穰取虞夏舊文并集秦漢之事總四代而爲說不獨存周人一代之）經

月令說一卷（朱彝尊曰錢氏謂月令於劉向別錄屬明堂陰陽記則是篇本古明堂遺制呂氏從而錄之中間雜以秦官無足怪也錄舊文於首以爲綱附以入覽六論爲目）

緇衣說一卷（經義考作一篇）

中庸說一卷（竝載經義考）

國朝

陸隴其禮論一卷（經義考作四卷）

周篔投壺譜一卷（經義考）

宋瑾禮記集注（仰志）

陸奎勳戴記緒言四卷（四庫存目 自敘大意謂衛正叔集說捃摭已備故第舉每篇作小序以辨其爲周爲秦爲漢之文其先儒之說有足正陳氏舛誤者錄之尚有遺義則就己見論定焉）

諸錦夏小正詁一卷（四庫存目宋集書錄曰專釋名物以經詁經）

陳熷樂記逸篇（拜經樓藏書題跋記吳壽暘曰秀水陳氏熷補亾凡十三篇丁學博杰校訂竝書所引各書於逐條上且云所不知者尚四五條擬寄吳君兎牀付梓以傳）

吳瀛禮記衍脫錯考一卷（濮錄）

李聿求夏小正注四卷（自序畧曰自漢至唐經傳相襍兼以時本改竄字句今以傳崧卿本爲主又以鄭郭孔賈諸人所引校之而附以釋）

許燿夏小正經傳集證（于志）

沈可培夏小正注一卷

李富孫禮記異文釋八卷（自序畧曰據鄭注及陸氏釋文唐開成石經曰至經傳所稱引者校異攷誤旁通曲證別是非而訂得失所以圖前人之異證辨古今之文字音聲與假借通用之義類俾學者廓所見聞也海甯蔣氏刊入別下齋叢書）

張昌衢禮記地理考（曝書雜記）

（以上禮記）

晉

干寶後養義五卷（隋書志）

明

袁仁三禮穴法十八卷（千頃堂書目 經義考 自序畧曰聖人列爲章服物采其儀章可陳其制度可測其精神統會若藏之有穴者竊謂三禮之穴總在一中喜怒哀樂未發者是也聖人因喜而爲吉禮因怒而爲軍禮因哀而爲喪禮因樂而爲賓嘉之禮然皆末也非所謂未發也識情未動廓然太虛斯爲未發之中故不著喜怒哀樂之情然後可以行吉凶軍賓嘉之禮予第三禮爲一帙隨文演義而總之以中爲本領）

三禮要旨（浙江通志案此即三禮穴法一書）

屠明靖考定三禮疏解（杭氏藝文志）

國朝　徐晨全三禮考一百卷構李詩繫　陸隴其讀禮志疑六卷四庫著錄　張伯行序畧曰先生於古今之名物位號吉凶饗祭之品物序次皆精究深考又折衷於孔鄭注疏務明古人之精意而皆衷以考亭之書　沈文對四禮守約案是書所論皆民間冠昏喪祭之禮取其繁簡適中者大抵本朱子家禮而變通之　曹庭棟昏禮通考二十四卷四庫存目　采集書錄曰前列今制昏禮別為一卷以下援据羣籍分條目六十以經為綱先列儀禮大小戴記左傳等文而引史傳各家文為目臚於後　徐作霖祭物祭器考

陳經國三禮證訓陳氏家傳　王元啟祭法記疑二卷

蔣元喪祭雜說丁子復蔣大始傳　郭咫顏喪制考徐熊飛郭君墓誌銘

顧廣譽四禮榷疑八卷未刊　自序畧曰禮時為大一執古義以槩近今則施諸事多格閡故變通者法守之善則也默持此意又折衷於通禮之書以明當今之所尚詮次之為四禮榷疑　案廣譽初成家行四禮一書先載儀節各繫集說終以附論後復更正芟削尚存附論　以上三禮

右禮

晉　干寶春秋左氏函傳義十五卷隋書志　舊唐書作春秋義函傳十六卷新唐書作春秋函傳十六卷　春秋序論二卷隋書志　新唐書作一卷　晉書寶有春秋左氏義外傳經義考云並佚

宋　輔廣春秋注王氏續通考　趙崇度左氏常談于志補纂

元　潘著春秋聖筆全經經義考云佚　貢師泰曰澤民從吳朝陽氏受春秋有聖筆全經一編發明春秋微旨甚悉

明　袁顥春秋傳三十卷明史志經義考　袁祥春秋或問四卷經義考云一作疑問　子仁狀曰以大父菊泉所著春秋傳有獨得其奧而人不易明者因著春秋疑問四卷以發其微旨　陳言春秋疑十二卷浙江通志　盛楓曰義例主經文取紫陽直書其事美惡自見之說言草易疑前後二十餘年春秋疑亦十有二年始成　吳國倫春秋世譜十卷明史志　經義考　陸元輔曰其書以春秋列國事實見於史記及他書者分國為諸侯世家

徐晟左氏摘事　沈啟原麟經考浙江通志　袁仁春秋胡傳考誤一卷四庫著錄　明史志經義考皆作春秋鍼胡編　案學海類編作胡傳攷異

徐泰春秋鄙見海甯衛志　吳志經義考云佚　黃洪憲春秋左傳釋附二十七卷明史志　經義考　自序畧曰考訂其全文畧采諸家箋釋而擇公穀之有文者附之　黃正憲春秋翼附二十卷明史志　經義考　四庫存目　采集書錄曰正憲謂前人拘拘於日月爵氏為褒貶曲為正例變例及美惡不嫌同辭之類愈繁愈晦茲特取其不詭於筆削之旨者錄之所采於明人王樵季本之說較多　沈堯中春秋本義四

卷經義考　自序畧曰孔子修春秋據事采人斷以大義其諸筆削凡以存王迹而已聖人之精義先儒謂朱晦翁得之而未有成書爰采各傳附以己意一以經意為主而鑿者不與焉亦竊比晦翁之意云爾

陳懿典讀左隨筆一卷四庫存目　學海類編並作漫筆　陳許庭春秋左傳典畧十二卷經義考四庫存目　徐世淯春秋會編嘉禾徵獻錄　陸基仁春秋刪補胡傳浙江通志　馮伯禮春秋羅纂十二卷明史志　沈經德左傳彙事吳志　朱泰貞公穀二傳箋嘉禾徵獻錄　卜無忌春秋講義卜氏著述考　錢士馨春秋志禮八卷經義考　朱彝尊曰其綱為吉凶軍賓嘉吉禮之目八郊望雩考烝嘗禘大事凶禮之目五喪荒弔救災禬軍禮之目四大閱治兵大蒐狩賓禮之目十一朝周朝魯公如他國外諸侯相朝內大夫如周聘列國聘周諸國來聘內大夫聘列國諸侯侯相聘周來聘周聘諸國嘉禮之目七飲食冠昏賓射

燕饗賑膰賀慶錫命有三曰周來錫命周命列國周命諸大夫其一爲雜記　姚斌春秋辨義于志　顧朱春秋本義于志

國朝

俞汝言春秋平義十二卷四庫著錄采集書錄寫本曰朱彝尊稱其能取宋儒之論平反解釋惜未刊刻流傳　春秋四傳糾正一卷四庫著錄案所糾正者其自序云有六端一曰尊聖而忘其僭二曰執理而近于迂三曰伺辭而鄰于鑿四曰億測而涉於誣五曰稱美而失情實六曰摘瑕而傷鍥刻　春秋正月辨一卷經義考　周拱辰公羊墨史二卷錢儀吉序畧曰其治公羊有特見大義則書之凡一百四十事名曰墨史取繩墨誠陳不可欺以曲直也案是書道光閒七世孫桂始刊行　徐善春秋地名考略十四卷浙江通志　四庫著錄　朱彝尊序畧曰吾鄉徐處士善所輯考迹疆理多所釐正簡而能周博而有要采集書錄曰援据各書以證杜注兼補其闕所考最爲詳核此書當時借刻於高氏故今本署士

奇名　張雍敬春秋義　左傳平　春秋長麻考靈雀軒著書目　高士奇左傳姓名同異考四卷四庫存目　春秋屬辭比事記四卷　春秋講義三十卷朱氏小萬卷樓書目　沈岸登春秋紀異伊志　徐庭垣春秋管窺十二卷四庫著錄采集書錄寫本曰謂春秋與禮經相表裏禮存其體春秋著其用曾史記注本周公遺制史書舊章卓然俱有法式因以左傳質經以經之異同辨例於公穀二傳蓋於漢晉唐宋諸儒之說皆不肯爲苟同者　春秋類辨十卷嘉興司志自序畧曰前著管窺依經順次散而不比覽者非遍考經傳審其同異即難遽定其是非茲復著類辨一編事從類分各臚經以列傳而因事考文得辨異而察同庶幾先後瞭然如在指掌支離剌謬自無所容與管窺相爲表裏　陸奎勳春秋義存錄十二卷四庫存目采集書錄曰襍采經傳子緯爲佐證不專主胡氏首列綱領三十條別撰春秋或問一篇附　盛九鼎春

秋說　沈青崖春秋三傳明辨錄桑調元序畧曰通三家之郵啓全經之奧　金甌春秋正義經傳刪本十六卷四庫存目　朱乾春秋纂傳朱氏家傳　朱廣川春秋三傳異同考　陳經國春秋四傳糾正陳氏家狀　周用錫公穀正義二卷于志　孫熹春秋公羊說十一卷于志　鍾晉春秋往例質疑三卷顧廣譽序畧曰杜氏所撰左氏集解分正例變例非例以蔽全經之條貫先生於三者分條爲之疏證辨難者十之八九其中或有意求疵未盡平允然所駁之義剖析亦多入微　春秋夷庚徐士芬漱芳閣集　張紹曾春秋經傳考異三卷費鑑如張君墓誌銘　方坰春秋說四卷于志未刊　陳謨春秋約旨書凡四冊未刊　讀左摘論一卷後附刻古文六篇　周幹春秋集義六十卷案是書於三傳及胡氏文存其要者

集義則采前人之說以己意聯貫之亦自有見末二卷載王朝列國世次興廢攷國圖便攷氏族支圖　李富孫春秋三傳異文釋十二卷自序畧曰三傳之文最爲錯雜茲就經史傳注諸子百氏所引㠯及漢唐宋石經宋元槧本校其異同或字有古今或音近通假或沿襲乖舛悉據古誼而疏證之而前儒之論說並爲蒐緝使正其譌繆辨其得失折衷以求一是　海甯蔣氏刊入別下齋叢書　李貽德春秋左傳賈服注輯述二十卷劉恭冕曰漢儒注左氏者以賈逵服虔爲最備自杜氏集解孔氏疏出而二家遂亾近金谿王氏謨始有輯本先生輯此稍後而捜采較多抉擇尤慎於義有未安者亦加駁難　錢儀吉穀梁說四卷未刊　鍾文烝春秋穀梁經傳補注二十四卷案與俞樾書自云於范注載全楊疏擷要而指其違謬於墜文佚注則從他籍弋獲於二傳國語管晏史記則擧其可相補備辨其大相乖剌者於羣經及唐以前諸書苟相出入必備援證於董何賈服韋杜諸說及徐孔二疏與啖趙以來百餘家一字可用

亦必摘采其畧例云凡春秋中不決之疑今悉決之

右春秋

宋　黃幹論語注義問答通釋十卷 宋史志趙希弁曰勉齋通釋晦庵集注或問之書也　輔廣論語答問 經義考袁桷論孟答問總序曰輔公此書直彰其義衍者隱之幽者暢之文理炳著不別爲標的微文小義簡焉以釋經爲急其子季章刻於武岡兵禍散佚其從孫政與其子華亭丞友仁復刻於家塾　曾旹論語解十卷 周必大魯公墓志浙江通志

明　沈懋孝論語類求 經義考自序畧曰學六籍者宜以魯論爲衡必類求其故然後六籍可論百家之統紀可得而一其弟子之言與其所記列之後簡使各成家不相淆亂其因問以對因事以發者又自爲一類以觀聖人接物應機之槩　袁黃論語箋疏十卷 浙江通志經義考

陳懿典論語貫義二卷 經義考自序畧曰論語注疏各篇之首有正義論次一篇次

第之意孔顏達所著也朱子傳注亦間有之予偶爲推廣聯貫始於微子一篇後因漸演積久成帙考之曾子有子兩家弟子序次之意未必盡合不無牽强聊用以發明分篇之意而已　鍾韶論語逸編三十一卷 采集書錄曰首載與列國君臣問答之語其與門弟子問答者則自顏曾以降俱以聖言分系於各人焉海鹽圖經作論語逸篇一卷　陸山論語集疑 王建中陸孝子祠碑

國朝　沈嗣選論語沈氏傳 浙江通志　馮登府論語異文攷證十卷 李富孫序畧曰以異文之散見於經史傳注諸子百家以逮石刻蒐羅遺佚并援前人之說稽其同異之恉以闡明古義俾引既博詮釋亦復精審　沈濤論語孔注辨僞二卷 自序畧曰其詮義膚淺徵典舛誤有不待明眼人而知者蓋因鄭學盛行平叔思有以雜鄭恐人之不信於是託於西京博士闕里裔孫以欺天下後世有不得不辨者也　萬籛齡論語別解一卷 案籛齡自錢塘遷居嘉興　戈銑鄉黨釋典四卷　顧廣譽江氏鄉

黨圖攷補正四卷 未刊　鍾文烝鄉黨集說備攷一卷 未刊

右論語

唐　褚无量刪正孝經疏 蘇頲褚公神道碑

宋　黃幹孝經本旨一卷 宋史志陸元輔曰朱子嘗欲掇取他書之言可發孝經之旨者別爲外傳未及屬草勉齋繼其志輯孝經本旨二十四篇

明　陸山孝經正義一卷 經義考　沈檗孝經刊誤　陳藎謨孝經疏傳 浙江通志　蔣芬孝經疏義 魏學濂序

國朝　葉鈔孝經注疏大全一卷 經義考　曹庭棟孝經通釋十卷 四庫存目自序畧曰取古文與今文章第及字句有同異者悉注于本章本節之下其採錄諸說則自漢唐以降凡九十家　朱鼎鋐孝經補注 李績撰詩繫　屠焯孝經

補注　盧生甫孝經注 盧譽士上諸草廬宮贊書所著又有論孟偶舉　李集孝經後傳九卷 從孫超孫跋曰首列今文十八章畧取注疏坿陶黃二贊爲一卷次列聖孝一卷次采各史孝行悉依世次分處常處變割股廬墓內行弟道爲六卷末坿物類一卷蓋當時命超孫分任編訂云　許雄孝經坿錄 于志

右孝經

宋　黃幹孟子講義一卷 經義考案此係守漢陽時與士子講說者凡二十章幹自述　輔廣孟子答問 經義考

明　陳懿典孟子貫義二卷 經義考自序畧曰大學中庸本皆一篇朱子析爲章句其次第貫通脈絡自在不必添說論語孟子注疏集注於一章下有小引而有無詳畧不同予曾爲論語衍其義又演孟子七篇　陸山孟子廣義 王建中陸孝子祠碑記　譚貞默孟

子編年畧一卷經義考

國朝　沈嗣選尊孟小傳浙江通志

右孟子

唐　陸德明經典釋文三十卷四庫著錄序錄次易書詩三禮春秋三傳孝經論語老子莊子時孟子尚不列經而老莊固時尚也音義畢詳異同兼載後人鑽研古學者注疏而外獨推是書

宋　黃幹六經講義一卷宋史志　輔廣五經注釋正德崇德縣志

浙江通志吳志並作六經集解經義考云佚　岳珂刊正九經三傳沿革例

一卷四庫著錄自述曰世所傳九經自監蜀京杭而下又有建余氏興國于氏二本爲善廖氏又合諸本參訂爲最精元板不復存懼其無傳爰命良工悉倣其舊且與明經老儒分卷校勘又證以許愼說文毛晃

韻畧不使有毫釐訛錯視廖氏世綵堂本加詳焉莊仲方曰以廖剛本九經加三傳校刊爲相臺家塾本此其總例也其目有七一書本二字畫三注文四音釋五句讀六脫簡七考異參訂詳而考據博實足是正後學

葉時對制談經十五卷經義考杜涇序畧曰舊文百篇散出無緒今立十五門分統之便簡閱也以其可資制作之用命之曰對制談經云

元　汪逢辰七經要義經義考黃虞稷曰逢辰字虞卿歙人元崇德州教授　陸

正七經補注海鹽文獻志經義考云佚

明　支立五經解經義考　姚思仁五經疏注嘉禾徵獻錄　卜

大有經學要義五卷經義考黃虞稷曰正集四卷補遺一卷　章察五經

纂要浙江通志　沈堯中學殸經籍說三卷經義考　王文祿

經疑條陳海鹽文獻志　項夢原項氏經蘽嘉禾徵獻錄　屠明

靖易詩書三經注解杭氏藝文志　陳龍正朱子經說十四

卷經義考自序畧曰朱子語類畧定無憾惟說經一類占且大半實傳注之餘別爲一書使窮經者尤便考證　顧朱詩書易解志　孫茂芝讀經疑志　沈起墨

庵經學無卷數四庫存目采集書錄閩集曰凡六種一大易測二春秋經引三春秋傳引四詩說五詩逆偶存六四書愼思錄總名墨庵經學

國朝　郭兆奎心園說二卷四庫存目　張雍敬六經餘論二十

卷靈雀軒著書目　朱彝尊經義考三百卷四庫著錄陳經曰每書先列撰人姓氏書名卷數次列注存佚闕與未見次列原書序跋諸儒論斷及其人爵里而先生考正案語載於後覽者不必盡讀原書而大旨瞭如指掌矣案太史元孫休承曾輯續經義考數十卷沒後爲人取去無從搜求又桐鄉馮浩亦有續輯本稾　張庚五經臆三卷盛百二張徵君

己散佚故爲坿記於此

傳未刊　陸費墀經典同文十六卷自序畧曰諸經文字傳

王氏詩考體例取諸傳本不同者依篇疏列首標武英殿奉敕校刊本而他本條系焉凡所采摭上究先秦下逮唐止若宋人之帙百一而已　吳澐詁經欣賞集志　孟晟五

經集釋志　汪世楨十三經翼注九十三卷志　高亮

功五經問答志　沈可培濼源問答十二卷案此係主講山東濼

源書院時取經史詩文旁稽曲證著爲是編其前八卷部辨經義故列入經部　吳東發羣經

字攷十卷案易書詩論孟佩叔手自詮次三禮春秋則屬草未定其子本履編成之又有讀經筆記

見梁同書所撰傳　馮登府十三經詁答問十卷未刊　石經補

攷十二卷阮元序畧曰雲伯精於叔重之學撿漢魏唐蜀兩宋及國朝石經詳加校勘間採予撰

十三經校勘記晰其古今通借之原洵能補所未備　馬應潮九經古義疏證書曝

雜記未刊 石經續考金石學錄李遇孫因聚諸家之說加案語以補其缺而正其非

李遇孫北宋石經補考一卷 張昌衢經義咫聞曝書雜記未刊

譚封眾郭攷辨四卷 胡芝生經義豹窺

錢炳奎讀書劄記顧廣譽曰論學問論禮樂具徵心得 章全考正古微書三十六卷自序畧曰七緯之文火於魏絕於隋今所傳者微乎微耳此孫氏所由以古微名也夫微而欲其顯必取資乎徵引而孫氏原書既難得傳鈔者又復舛錯徵者不益晦耶爰取經史百家之文急爲校讎沿波討源謬誤者芟已什去其七八矣

右羣經

宋

黃幹大學聖經解一卷 大學章句疏義一卷並載經義考

四書集義明內閣書目 四書紀聞經義考 輔廣四書

纂疏正德崇德縣志案明浙江通志載有四書問答因沿論孟答問而誤 衛富益四書攷證經義考云佚

明

沈肆四書口義經義考 鄭曉四書講義六卷四庫存目采集書錄曰官南太常時所作 朱綬四書補注三卷經義考 胡憲仲四書講義浙江名賢錄 周寅四書音考經義考云佚 朱元弼中庸通注一卷 大學通注一卷經義考 湯彬四書心解兩浙名賢錄 董穀碧里疑存二卷經義考鄭玥曰皆說四書 毛尚忠四書會解十卷經義考四庫存目周炳謨序畧曰其中自悟自信之語十三用前人之語十七間有兩解而互發者亦並存之不嫌於異同也采集書錄作四書答講曰條論大旨分章以釋之 沈懋嘉四書說槩經義考 施鳳來四書攜囊集經義考

沈槩四書贅言浙江通志 張綸四書原經義考綸汝上人隆慶間官秀水訓導 陳懿典四書緯一卷嘉禾徵獻錄 陸鍵四書傳翼經義考 宋鳳翔四書證學錄十三卷經義考 沈澣學庸棠筏二卷經義考 沈堯中古文大學集注劉志 周從龍大學遵古編一卷李日華序畧曰世所傳石經不知何所本楊止庵少宰痛排之而先生良有當焉何居全書不分經傳以六所謂溯繹而上知首章卽已備格物無俟更補又詠淇澳詩知文武心法乃在武公定爲子思居衞時作朱彝尊曰周氏誤信石經大學爲古文名曰遵古不知非古也伊案石經大學係明豐坊僞撰 中庸發覆編二卷陳懿典序曰茲編訂定如武周達孝繼述二條次於作述之下纘緒之上故君子不可以不修身一條次於在下位一條之下天道人道之上其中與傳注不同者什之九 李日華大學心詮一卷 袁黃中庸疏意

二卷 石經大學解一卷並見經義考嘉善楊志曰石經大學耿楚侗表章以爲全書黃節分而句解之 陸基仁四書說元 陸鼇四書標旨

沈瑞鍾四書聽浙江通志 葉祺徇大學臆說一卷 中庸臆說二卷經義考 吳麟瑞大學通吳氏家乘 屠肇芳四書孝弟編浙江通志 譚貞默四書見聖編一百卷經義考四庫存目作三經見聖編一百八十卷高佑釲曰先生五經皆有解詁惟此書鋟版白門以論語中庸大學爲孔經謂中庸大學皆子思所作也以孟子七篇爲孟經陸隴其曰見聖編未見全書讀其論語考目及孟子總論旨大畧二篇亦足見其大槩其最謬者謂儒佛無二義謂自漢唐北宋以前曰回由曰由賜至南宋始謬起顏曾之稱然曾非顏匹其最是者謂讀書必論世就事質言則辭實而意長因言析事則指顯而義定然所謂就事質言因言析事其的確者固有其穿鑿坿會者亦不少

國朝　張履祥四書語類鈔三十六卷　居焯四書大義浙江通志　馬廣幹四書讀　四書提鉤經義考　周宏起四書集義乍浦志　陸隴其序稱其排斥姚江有功考亭　祝文彥四書通解吳志

陸隴其松陽講義十二卷四庫著錄　采集書錄曰係宰靈壽時與諸生講授四書之義共一百十有八條自爲序　四書講義六卷是書爲門人趙鳳翔所輯　增訂四書大全四十卷四庫存目　困勉錄三十七卷續困勉錄七卷四庫存目　莊仲方曰刪彥陵張氏講義而刻其精要益以明季諸家之說復以己意參焉蓋其得朱子之學深故其抉擇最當所著分學問思辨行五門續錄則專解四書　顧廣譽曰困勉錄正續之刻陸嵩庵據公手稾錄以成書卽以當晚年所思輯書之名然實悉遵原本一無增損其間　見聖編訂正未刻　趙鳳翔跋曰譚氏見聖編喜與程朱抵牾國初嘗燬其板不欲迷學者之見聞也我師將因其

取材富有援据詳洽嘗以博雅君子稱之癸丑客武林加之訂正辨其穿鑿之失存其精確之論每條之下必衷以己見其論理之謬既不足以惑人而其考訂之詳適足以補集注之未備惜原本至萬章上篇而止是我師鈔撮有所未竟爾　徐昌治四書旨　陳起隆四書辨疑浙江通志

金松四書講四十卷自序謂元氣之無盡藏大文與集注一也於無盡藏中採其無盡未嘗於大文集注外另有聰明意見也於前人講說所未到必極力闡發之前載看書十則尤爲學者切要之言　顧天健四書一貫講十九卷自撰例言謂是編雖本大全諸書而一貫折衷於朱子或問語類曾與陸君公鏐參訂困勉錄一書故所載其說居多後坿松陽劄記爲陸公鏐於清獻公靈壽任時問答之語可與松陽日鈔並傳　張雍敬四書參注　四書講義箋是靈雀軒著書目　陸邦烈聖門釋非錄五卷四庫存目　吳元音四書宗朱明辨大全四十卷丁子復吳逖收傳雷鋐序　李

寅學庸要旨松陵詩徵　案寅號東崖秀水歲貢生晚年粹於性理之學著學庸要旨張中丞伯行爲序稱許之　錢霑四書大全合纂松陵詩徵　案霑字上沐秀水歲貢生　祖功四子書眾說異同條辨　盧生甫中庸安溪私記四記纂顧廣譽盧仲山先生傳　陳梓四書質疑五卷餘姚志　李祖惠虹舟講義二十卷四庫存目　采集書錄曰分章總詮多自抒所得不襲訓詁　陸燿大學合鈔伊志　案燿本吳江人官濟南布政使時以母病請歸侍養買宅郡城花倉里　徐根四書集說見堂文鈔　孫志錫四書隨講節錄二卷于志　王元啟四書講義十卷　朱來蓁四書大全辨譌　朱乾四書集成朱氏家傳　徐甘來四書口義于志　周大用四書章句解于志　王鈺四書闡注于志　楊殿銓四

書彙解　曹鳳熹四書質疑桐溪詩述　周榦四子書說約冷廬雜識　陸以湉曰鼻氏固軒先生所著書說約尤爲精粹間有與朱子集注異者自謂非敢矜奇惟求歸於至當以闡明聖道而已　倪以植四書諸說異同考

右四書

宋　李如篪樂書一卷宋史志

元　陸正樂律考王氏續通考

明　錢薇樂律杭氏藝文志　冷謙太古正音一卷尤氏藝文志

岳和聲大成樂舞圖說一卷明史志　沈堯中音律啟蒙千頃堂書目　陳藎謨樂律希聲杭氏藝文志　周續之黃鍾律呂音四卷浙江通志　李景孟明朝正音吳志

國朝 金式玉律呂新書注平湖張志 陸奎勳古樂發微張雲錦陸堂先生傳 朱廣川樂章律呂編朱緒曾松溪經學三書序

右樂

陳 顧野王玉篇三十卷四庫著錄 隋書志作三十一卷新舊唐書志書錄解題文獻通考並作三十卷 案今世所行為唐孫強增字宋陳彭年等奉敕重修非復顧氏原本矣 爾雅音陸德明釋文序錄

宋 婁機班馬字類二卷宋史志 四庫著錄 陳振孫曰取二史所用古字及假借通用者以韻類之 漢隸字源六卷宋史志 四庫著錄 莊仲方曰凡漢碑三百有九魏晉碑三十一依韻畧分二百六部次為五卷首卷則碑目也多存古音古字足資攷證 廣干祿字書五卷書錄解題 文獻通考 宋史志 馬端臨曰取許慎說文及諸家字書按以蔡伯喈五經備

嘉興府志〈卷八十 經籍一〉 廿二

體張參五經文字田敏九經字樣與經典釋文子史古字參以本朝丁度集韻為廣干祿字書 王應麟曰參校字書凡一字數義一義數字較其同異並載本源總為字七千六百 李曾伯班馬字類補編愛日精廬藏書志 張金吾曰是編以原書列前補遺郎坩每字之下洵可與婁氏書相輔而行惜藏本絕稀 錢泰吉曰婁公於二史假借之字第識首出己見於經子則疏於下然亦有漏畧覃懷李曾伯可齋為補一千餘字自序稱隨先君入蜀時與老儒王撲共成之可齋為丞相邦彥之孫南渡後流寓嘉興故於婁公稱鄉先生云 海昌蔣光煦曾以鈔本重刊印本亦少流傳

明 莫藏五音字數辨訛案吳志作五等字書辨訛 周履靖漢隸正宗四卷杭氏藝文志 駱文衡字學源委浙江通志 十二京秦漢篆文講義伊志 陸堯封歷代鐘鼎文考浙江通志

國朝 譚吉璁爾雅廣義五十一卷經義考 案檇李詩繫作爾雅綱目一百二十卷 吳震方讀書正音四卷四庫存目 毛奇齡序曰自一音異讀分類考辨而外凡字音字義有與音聲相離合者更溯其源流互相推暨至于奇文祕字又因韻分之而尋常字義時師亦多訛謬復總釋之洵有功於字學 案于志孫淯有重訂本 古今字辨靈雀軒著書目 陸奎勳字音舉要平湖張志 陸炯音義叶通 說文類編 戴錡漢隸字源訂譌伊志 曹庭棟隸通二卷伊志 謝墉書學正說伊志 畢宏述六書通畢星海六書通摭遺于志 吳東發六書述 商周文拾遺 鐘鼎款識釋文 石鼓文讀書不分卷次第為七種一釋文攷異二石鼓章句三石鼓辨四石鼓鑑五釋文攷異或問六石鼓爾雅七敘鼓 張燕昌石鼓文釋存一卷燕昌重摹北宋本石鼓文因著此釋 吾祖望方言考畧于志

嘉興府志〈卷八十 經籍一〉 廿三

田朝恒增訂金壺字考十九卷續編二十一卷補錄一卷補注一卷 葉楓六書分類沈叔埏頤綵堂文集 張龍光六書約旨張躍鱗當湖人文遂續編 周震發說文字原 沈可均唐隸辨五卷張廷濟桂馨堂集 張宏牧增注篆韻二卷濮錄 陸沅字學辨譌朱王林陸君事狀 李賡芸炳燭編案此係總編有經訓錄一卷急就訓纂一卷文字證古編一卷漢書地理志藝文志攷誤二卷古書脫誤一卷古書糾誤錄一卷易文辨正說文例不一說文脫字省文入聲配合攷同聲借字轉音相近音均類韻攷聲均述聞六書述聞讀書識小錄漢書發揮稻香叢筆入甎佳話雜著凡二十二種均未刊行以其多小學攷訂之書故列於此 王琨爾雅正義刊誤是編匡邵氏晉涵之闕 說文編韻讀是書各從義以補徐氏朱氏之音並見丁子復王君墓志銘 胡重說文字原韻表 校正

干祿字書曝書雜記未刊　沙木藝文備覽一百二十卷後坿補詳字義十四篇　案是書初名通覽以地支十二字分部部各十卷每字先列正書次分書次篆文所詳音義具有原本末間坿以案語尤能刊謬訂訛　李富孫說文辨字正俗八卷錢泰吉曰自序謂世俗相承之文多違古義今所假借通用說文自有本字有得通借者有不容通借而爲俗誤者援據經典以相證契大旨多折衷於金壇段氏之注而亦有段注所未及者　沈濤說文古本攷十四卷未刊　錢寶惠說文義緯曝書雜記錢泰吉曰金壇段氏謂說文以形爲經義與聲緯之苟取義之相同相近者各比其類爲一書精密當過爾雅子雋因名其書曰義緯自爲序例未坿聲類二篇亦有序　張廷濟清儀閣集古款識考金石學錄未刊　徐同柏從古堂鐘鼎款識學稾本四冊家藏未刊李遇孫曰同柏爲張叔未孝廉之甥能識奇字叔未每得款識之難辨者屬其細意融會卽犂然通解　程文榮鐘鼎款識校誤一卷均未刻　朱美鏐文字辨正　唐壎通俗字林辨證　錢景朗小學人物考十二卷依于志坿列於後

右小學

元

黃玠纂韻錄王氏續通考

明

陳藎謨皇極圖韻一卷四庫存目自序畧曰從康節先生聲音倡和之說而推衍之闡其幽元銓其遺復條舉源委之圖五十有八審定河洛之韻三十有六冀韻學若網在綱學者得門而入爾采集書錄曰達本皇極經世之說而推衍之以闡聲音字韻之原　元音統韻二十二卷四庫存目作二十八卷合坿刊字彙補六卷莊仲方曰同里門人胡邵瑛續凡通釋二卷類音六卷統韻十卷古韻疏唐韻疏各二卷蓋謨言古人有訓詁之學有偏旁之學有音韻之學此書能兼三家之長然辨別等韻時有所得而於音學源流則考核猶未精也後六卷字彙補爲吳任臣纂康熙間范廷瑚刊坿

國朝

張坋清文聲存古自注云與字彙異　三聲古音古韻　三聲定音　周易古音　詩經古音　老子古音　楚詞古音靈雀軒著書目　吳景晰韻類經緯二百卷　沈不負韻鈔四卷伊志　萬光泰轉注緒言二卷　漢音存正二卷　遂初堂類音辨一卷詞科掌錄案吳江潘耒著有類音八卷光泰爲之辨正　吳元音音學條辨丁子復吳遯牧傳　郁文普字母證十二卷自序畧曰正音莫如反切反切全憑字母茲集成字母全圖其間取周易陰陽分兩儀調聲於四象則母中音韻各得其所且便於聲取其字反切之義卽標射之中的也有發而不中得之左右者卽濁聲之舊法或遇左右皆空必歸庶母古名隔標繼韻位之不虛則借字圈其身以全反切之道又作五行爲部首立于母以明章

亦可以字取其聲排字體之相似者可免於認非與順非之傳誤也　孟晟音韻集考于志　馬俊良韻通于志　朱履中叶韻考正十六卷于志　王琨集韻正丁子復王君墓志銘是編糾曹氏刊本之失　吳甯榕園詞韻案周春序畧曰取廣韻之字依紐編入正沈毛兩家之誤　屈爲夔詩音分部集證小雲廬文稾　方本恭等子述周介人序畧曰等子作於唐舍利溫首座其原實出梵書於圖例爲最備山子幼通反切自華嚴而外閱大藏經及諸家言韻者甚多因存其是汰其非條分縷析彙合成編而圖之全例乃一一見其指歸　朱珊元音韻表辨徵未刊　朱鴻聲音譜　聲字薈錄朱氏家傳未刊　錢寶惠唐韻聲類曝書雜記未刊　朱嘉金韻學闡奧五卷未刊

右韻書

史部

晉 干寶晉書二十二卷 新唐書志 鄭樵曰殘闕

陳 顧野王陳書三卷 新舊唐書志 通志畧 劉知幾曰陳史初有吳郡顧野王北地傅縡各爲撰史學士武文二帝紀即顧傅所修 案陳書本傳又有國史紀傳二百卷吳江沈志云未就

明 金九成元史考誤四十卷 王世貞金九成傳

國朝 朱坤五代史考異 朱氏家傳 未刻

王元啟史記正譌 自序曰余所考定史記本皆仍其原文別加繕寫稍爲誌別如闕文用左氏春秋戰國策班固漢書補入者用朱書別三書所不載則用穆天子傳例爲口以空其處譌字則於字外加闌爲誌復朱書本字於其下使讀者一覽可得衍字則用側書仍於字外加闌以別於徐廣諸家之小注又史記自兩漢時未有訓釋讀史者往往自以其意隨筆記注數語附於本文之下傳寫者不察攙入正文誤升爲大字遂使文體割裂首尾不貫流俗所傳班固漢書本亦然今用孔穎達諸經正義之例於後儒傳注雖用正書縮爲小字使不與正文相混其訛踳甚者如律書天官書二篇則用蔡氏尚書武成篇例存其舊文於前別錄考正文於後庶便於讀者 漢書正譌 案史記先刊律歷天官三書漢書先刊律歷志二卷元啟謂史漢於此數書訛踳最甚故評注尤多其中章句後先亦多更定予尚珏以校正定本攷定位次排比付刊今校注史漢原本並在盛澤一藏仲氏一藏秀水王氏

漢書地理志辨證一卷 未刊

吳東發史記龜筴傳解 桂馨堂集

沈銘彝後漢書注又補一卷

潘眉三國志攷證八卷 案眉字稚韓吳江廩貢生移居嘉善

錢儀吉三國志證聞三卷 未刊 自云陳志傳本官槧而外以明馮祭酒本爲勝然譌奪亦不少予釆集諸家之言肄勘積謬爲三國志證聞三卷

丁子復新舊唐書攷異二卷 案此編附刊沈氏新舊唐書合鈔之後

李貽德十七史攷異 未刊 錢儀吉曰余得其手藁其十七史攷異最完善辨覈諦審當與嘉定錢氏書並行

嘉興府志 卷八十 經籍一 三四

右正史

陳 顧野王通史要畧一百卷 玉海 吳江沈志云未就

唐 褚无量帝王紀錄三卷 蘇頲褚公神道碑

國朝 張承宗古史紀畧 靈雀軒著書目

右通史

晉 陸機晉紀四卷 舊唐書志作晉帝紀 劉知幾曰洛京時著作郎陸機始撰三祖紀

干寶晉紀二十三卷 隋書志新舊唐書志俱作二十二卷又有劉協注干寶晉紀六十卷

宋 婁機歷代帝王總要 王氏續通考 樓鑰序畧曰始自唐虞以至光宗皇帝凡君道之汙隆治效之優劣既書其大畧以至離合割據餘分閏位五德之相生世系之聯屬靡不提綱撮要又擇前賢立論精確者各系世次之末

王朙清熙豐日歷一卷 杭氏藝文志

魯詧漢紀考異十二卷 周必大魯公墓志銘

輔廣通鑑集義 王氏續通考

明 呂原宋元通鑑續編 嘉禾徵獻錄 錢菱曰義例甚精有先儒所未到者

徐咸史畧啟蒙 劉志

袁祥革除編年一卷 尤氏藝文志 四庫存目 章士雅曰此記建文時事乃挨月挨日而細紀之俱有案卷可據者 案浙江通志作袁仁撰

陳泰交建文年表 嘉禾徵獻錄

支大綸永陵編年史四卷

昭陵編年史二卷 尤氏藝文志 四庫存目 案二書紀世宗穆宗時事總名嘉隆編年史

卜大有續通紀六卷 尤氏藝文志

卜世昌通紀述遺十二

嘉興府志 卷八十 經籍一 三五

卷四庫存目采集書錄曰所載起元至正十一年迄明隆慶六年事伊案是書第三第六第七第十一
等卷題潚水居衡撰蓋二人合作　陸萬垓通鑑便蒙杭氏藝文志　袁仁
歷代紀事一卷　徐世湜通鑑類纂徐氏遺書志　黃洪憲
宋資治歷朝紀政綱目七十四卷杭氏藝文志　邵文懋綱目
約記八卷新溪詩文續鈔
國朝俞汝言宋元舉要歷　紀年譜嘉興何志又有紀年同聲錄　案右吉
錢龍珍史綱三十卷浙江通志　張翊清尊王新義四卷
伊志案所記始自唐昭宗天復元年凡例謂書之所由作發於朱溫是年昭宗復位改元溫逆迹亦著於此
而下迄於莊宗元年蓋所以斥弒逆之惡明春秋之義也　張庚通鑑釋地補注六
卷糾繆六卷四庫存目采集書錄曰庚以王幼學集覽馮智舒質實二書於釋地多疏舛因據

胡身之注及顧祖禹讀史方輿紀要更加參訂一補其闕一糾其繆　李旦華十六國春
秋世系表二卷朱琰李君墓表案是編所以補萬氏之漏畧　陳鴻墀全唐
文年表四卷魏塘人物記　蔣元補戰國策編年丁子復蔣大始傳
周楚續齊召南歷代帝王年表　國朝信史年表震澤鎮志
右編年
宋趙與篡校正袁樞通鑑紀事本末四十二卷元教授陳良弼序畧曰節齋患嚴陵本字小且訛於是精加讎較易爲大字刊版後寘之嘉禾學宮
明陳許廷洪永紀事本末嘉禾徵獻錄　徐世湜明紀事本
末嘉興何志

國朝高士奇左傳紀事本末五十三卷四庫著錄采集書錄曰倣袁樞通
鑑之例條載春秋列國大事其雜采自諸子史傳與左氏相表裏者謂之補逸與左氏異詞以備參訂者謂之
考異其傳聞失實畧駮不倫者謂之辨誤其有證據可爲典要者謂之攷證其出自己見者謂之發明其分例
如此　莊仲方曰因章沖書而廣之沖以十二公爲紀此以國爲紀增例有五視沖書爲勝　陳鴻
墀全唐文紀事一百二十卷魏塘人物記　案鴻墀號範川嘉善人濱州知州蘭
徵之孫
右紀事本末
宋葉隆禮契丹國志二十七卷四庫著錄　莊仲方曰凡帝紀十二卷列傳七
卷雜載八卷皆襲取通鑑長編歐史松漠紀聞燕北雜記諸書爲之　案是書卷首有湆熙七年葉氏進書表
契丹世系圖契丹地理圖晉獻契丹全燕地理圖契丹年譜契丹初興本末自大祖神冊丙子稱帝至天祚保

大甲辰計九主二百一十五年所載有與遼史異同皆足以資考證乾隆癸丑承恩堂重刊
明姚士粦北魏春秋杭氏藝文志　伊案是書補魏收史書之闕今佚不傳　錢
士升南宋書六十卷四庫存目　莊仲方曰士升欲刪宋史之繁冗而無翦裁鎔鑄之才
幷畔臣姦臣於衆人列傳中尤爲無識且岳忠武妻李氏侍姑南旋以孝順稱而乃誣以在北改適可稱疏謬
案嘉慶閒埽葉山房刊本六十八卷卷皆有贊許重熙爲之蓋當時有贊助之力云　蔣之翹
晉書別本一百三十卷四庫存目　案此書以晉書原本重加刪潤旁采他書增益其
文卷首有圖有表有釋例本名刪補晉書陳繼儒謂之曰此可爲晉書別本又引孫盛作晉陽秋先寫別本之
語爲證四庫全書因以名之
國朝李旦華後唐書續檇李詩繫　胡昌基曰起天祐元年至宋開寶八年唐爲正統自太祖
至潞王爲本紀劉仁恭朱溫居列傳之首如王世充竇建德之例更爲載記五曰汴曰吳曰蜀曰南漢曰北漢

錢鏐馬殷王審知俱入列傳以正歐史之失體例論表悉備惟紀傳尚未卒業 李聿求後漢書儒林傳補二卷 自序畧曰范氏後漢書儒林傳凡四十二人序云今但錄其能通經名家者其自有列傳者則不兼書竊疑通經名家不止此數人以班氏漢書京房傳例其自有列傳者宜兼書因考各書及諸傳紀得百十餘人其治經而無家法者不錄

右別史

唐 陸贄玄宗編遺錄二卷 宋史志 徐岱奉天記一卷 新唐書志 紀德宗西狩事

宋 李正民己酉航海記一卷 文獻通考 四庫存目 陳振孫曰又名建炎居邠訃 魯訔皇朝要覽一百卷 周必大魯公墓誌銘 聞人宏中興要覽十卷 王氏續通考 錢昱太平興國錄一卷 于志

明 徐咸四朝聞見錄 吳志 袁顥主德編 杭氏藝文志 許相卿革朝志十卷 明史志 四庫存目 董穀洪武聖政纂二卷 祁氏澹生堂書目 鄭曉遜國君紀鈔一卷臣事鈔六卷 四庫存目 吾學編六十九卷 案此書記明代事凡大政記十卷遜國記一卷同姓諸王表二卷傳三卷異姓諸侯表一卷傳二卷文淵閣諸臣表一卷兩京典銓表一卷名臣記三十卷遜國臣記八卷天文述一卷地理述二卷三禮述二卷百官述二卷四夷考二卷北狄考一卷 吾學編餘錄一卷 案此編刻入鹽邑志林 徵吾錄二卷 采集書錄曰取明代大事分條述之凡三十一篇 今言四卷 四庫存目 案鹽邑志林有今言類編六卷 袁祥建文私記一卷 明史志 章士雅曰祥念建文不修實錄恐湮沒無傳遂博訪遺事諸部院殘文舊案下至軍司之冊敘坊之籍亦旁求筆錄以爲私記 陸瑯建文私記 杭氏藝文志 王文祿

龍興慈記 尤氏藝文志 馮汝弼革除備遺三錄 兩浙名賢錄 明史藝文志 張芹建文備遺錄二卷 何孟春續備遺錄一卷 馮汝弼補備遺錄一卷 項篤壽路紀八卷 浙江通志 屠叔方建文朝野彙編二十卷 明史志 四庫存目 采集書錄曰悉取諸家所紀以年編之述建文事爲最詳 陳懿典神廟聖學紀要二卷 聖政紀要二卷 尤氏藝文志 嘉禾徵獻錄又有左陛紀畧十卷 案二書采輯肅顯兩朝有關修齊之要者書中指切官官不得干政以寓規諫魏忠賢銜之魏敗得免 朱國祚孝宗大紀一卷 明史志 朱彝尊曰萬歷二十二年允禮部尚書陳于陛之請修國史先太傅分撰孝宗大紀皆附之家集中緣陳公逝書未果成康熙己未史局既開以之送館 張奇齡大政記 吳志 岳和聲辛亥京察始末八卷 岳駿聲闖宮始末一卷 竝見澹生堂書目 李日華倭變志一卷 明史志

采九德倭變事畧四卷 杭氏藝文志 胡震亨曰嘉靖倭變時九德取幕府日報爲事畧談倣擾時事及諸帥功罪頗晰足備海上一時故實 案吳志作東寇事畧 沈德符萬歷野獲編三十卷補遺六卷 采集書錄曰德符家世仕宦習聞國家掌故且及見嘉靖間名流遺獻講求故事網羅放失朱彝尊謂其事有左證論無偏黨明代野史未有過焉者 錢士升遜國逸書七卷 四庫存目 是書凡四種一曰衲滕錄一曰從亡隨筆一曰致身錄一曰鐵老先生寃報錄 項德楨名臣寗攘要編十卷 杭氏藝文志 胡震亨靖康盜鑑錄 尤氏藝文志 沈起明書 檇李詩繫 沈季友曰訖於成化 郭鼎征南錄 浙江通志 錢士馨甲申傳信錄十卷 尤氏藝文志 沈國元明從信錄四十卷 兩朝從信錄三十五卷 案是編紀天啟崇禎兩朝時事 甲申大事紀六卷 竝見千頃堂書目

錢潤徵大政廣考 嘉禾徵獻錄　李天植平寇志十二卷 四庫存目　朱士遷全城志 于志　卞燝

國朝　彭孫貽平寇志 吳志　胡偉明稗三十卷 吳志本傳

丁旭合纂啟禎實錄 吳志　朱觀賓及闕編 此書詳載勝國逸事

周瑗社屋舊聞 冷廬雜識此書采輯前朝軼事

右雜史

唐　陸贄制誥集十卷 郡齋讀書附志

明　陳懿典外制十卷 嘉禾徵獻錄　黃洪憲鑾坡制草五卷 焦氏經籍志

右制誥

唐　陸贄議論表疏集十二卷 新唐書志　奏草六卷奏議六卷 郡齋讀書附志

宋　趙汝愚奏議十五卷 書錄解題　諸臣奏議一百五十卷 四庫著錄 簡明目錄曰以北宋及南宋奏議統爲十二門析子目一百一十四每篇之末各附注所居之官與奏進之年月　魯詹奏議二卷 張守魯公墓誌銘

明　屠勳東湖內奏一卷 百川書志　陸琳蘭臺疏稾 浙江通志　吳鵬歷任疏稾十一卷 千頃堂書目 尤氏藝文志作三十卷　鄭曉奏議十五卷　淮陽奏稾十卷 千頃堂書目 案明刻端簡鄭公文集卷九至卷十二爲奏疏其卷十一及十二上爲淮揚類中與下又分兵部刑部類　陸杰文檄奏疏 閩　陸光祖掌銓疏畧　金汝諧西署疏稾 浙江通志

趙漢漸齋奏疏四卷 澹生堂書目作趙當湖奏議　張應治南垣奏疏四卷 浙江通志　錢薇海石疏草二卷 千頃堂書目　項篤壽小司馬奏草六卷 四庫存目　劉廷元中臺疏草　畿南疏草　馬維銘經畧朝鮮疏　陳奇謀南臺奏議 浙江通志吳志作奇謨 案下　黃正色兩臺奏草 嘉禾徵獻錄　倪壯猷軍門本稾 浙江通志　過庭訓救荒疏稾　陸萬垓中丞疏稾 浙江通志　彭宗孟楚臺疏畧 吳志　朱國祚冊立疏草一卷 澹生堂書目朱大啟跋曰先少傅署宗伯時神廟建儲冊立未舉御戚復與異議勢甚危疑公屢抗疏言甚剴切竟得俞旨冠昏冊立一時並行讀公序言公前後請建儲凡七十餘疏何公典禮之久必有所據及檢笥中手書疏草僅二十餘通餘散佚不可考蓋公存日絕不以示人也　賀萬祚

兵垣疏畧　姚思仁歷官奏議 並見嘉禾徵獻錄　錢士升綸扉奏草 千頃堂書目高攀龍序　支如玉綸扉奏草 吳志　李奇珍兵垣疏草 萬歷開奇珍官兵科給事中時所上凡十九疏錢士升序　朱大啟東曹筆疏 日下舊聞　陸澄源疏草 浙江通志　陳龍正祕垣疏草四卷 千頃堂書目　陸清源北臺焚草　按閩疏畧　陸基志浙士讜言 浙江通志皆嘉隆以下浙人奏疏 伊案是書

國朝　陸光旭疏草 伊志　何元英南臺奏疏　張惟赤入告編三卷 于志　王益朋黃門奏議 案益朋仁和籍以康熙丙午年移居秀水子士駿隸籍桐鄉　楊雍建黃門奏疏二卷　西臺奏議一卷　撫黔奏疏八卷 案雍建海鹽籍海甯人伊志有傳　王應綵清慎堂奏

稾桐鄉李志　譚瑄涵萬樓疏稾　錢福胙奏御存稾一卷

錢儀吉重輯錢氏疏草四卷 自序謂五世祖瑞徵著有錢氏疏草宛平王文貞公序行之書已久佚儀吉重輯之爲臨江知府錢琦疏二首永州知府錢芹疏二首贈太常少卿錢薇疏十七首監察御史錢嘉徵疏二首訖明季而止以存舊觀

右奏疏

明

黃洪憲箕子實紀一卷 千頃堂書目　胡其久夷齊考疑四卷 四庫存目　采集書錄曰以史傳所載如采薇不食周粟之說爲可疑因而考辨之并取前人論贊諸作彙坿焉　呂元善聖門志六卷 四庫存目　案書凡聖門表傳一卷從祀列傳一卷四氏封典一卷禮樂一卷東野氏仲氏世系一卷其子目凡六十有五鹽邑志林有之　三遷志五卷 案元善因史鶚胡繼先之舊訂補此志未成而殉流寇之難其子兆祥孫逢時續成之皆紀孟

廟事跡每卷中又各分三子目　呂兆祥宗聖志十卷　陋巷志八卷

東野志四卷 四庫存目　伊案三書皆成於明崇禎中而宗聖志東野志竝載及國朝順治康熙中事蓋後人所增非盡兆祥之舊矣案三書所輯曾氏顏氏東野氏事跡周公第三子居東野因以爲氏

國朝

朱彝尊孔子弟子門人攷孟子弟子攷三卷 學海類編

沈德涓聖門志二卷 于志以上聖賢

宋

魯訔杜工部詩年譜一卷 四庫著錄　王士禎曰呂汲公始創爲年譜訔書成於紹興癸酉譜說蓋沿汲公之舊簡明目錄曰訔注杜詩冠以此譜今注佚譜存　趙汝愚篤行事實一卷 陳振孫曰丞相趙汝愚子直編集其父善應彥逵公事狀而羅願朱熹所撰行狀墓銘及諸賢哀詞題跋萃爲一編篤行者陳福公題其墓云爾　趙崇憲趙丞相行實一卷附錄二卷 陳振孫曰崇憲忠定公長子也其一時諸賢祭文輓歌與嘉定更化之後昭雪誣枉改正史牒本末皆見附錄

柴中行趙忠定行狀一卷　諡議一卷 陳振孫曰諡議一卷劉允濟全之楊方子直所爲也　李燔趙華文行狀一卷 陳振孫曰忠定之子吏部崇憲履常也　以上竝見書錄解題

胡穉陳簡齋年譜一卷 錢泰吉曰宋刻胡穉箋註簡齋詩集三十卷無住詞一卷前有年譜一卷

岳珂金佗粹編二十八卷續編三十卷 四庫著錄　采集書錄曰珂編次其祖忠武王飛事前編五種曰宸翰曰行實曰家集曰籲天辨誣曰天定錄嘉定戊寅自序係珂爲奉議郎權發嘉興府事時進續編曰宸翰摭遺曰絲綸傳信錄曰天定別錄曰百代昭忠錄紹定改元自序係珂官朝請大夫權尙書戶部侍郎封通城縣開國男時進前序有云郎漢制佩章之義粹五編爲一名之曰金佗後序有云先王佩佗綬手鄂不肖幸因天子沛泰畤之澤獲以支邑紹分舊封則金佗者蓋因封爵取義後遂名其所居也　錢大昕曰初編刻於

檇李續編刻於南徐端平甲午又合刻藏於庶塾皆有倦翁自序元季重刻於杭州西湖書院則有臨海陳基會稽戴洙二序明嘉靖壬寅晉江洪富刊於兩浙運司後十七年莆田黃日敬復修補其漫漶者然中多斷簡脫葉惜無善本是正也案是書歲久散佚元刻已有脫簡闕文明刻竝仍其舊無從考補

明

鄭履涫鄭端簡公年譜七卷 千頃堂書目作鄭履洵伊志作復涫竝誤采集書錄曰述其父曉生平事蹟末坿卹典哀詞　朱維陛東方先生類語十六卷 采集書錄曰列東方朔事而廣採後人傳贊等作分類系焉蓋深纂乎滑稽之所爲者　范明泰米襄陽志林十三卷 明史志四庫存目作十六卷又有米襄陽外紀十二卷案是編紀米芾遺事分十三目各爲一卷後附四種爲襄陽遺集海嶽名言寶章待訪錄研史凡四卷　姚士粦吳少君遺事一卷 鹽邑志林　李日華梅墟先生別錄二卷 四庫存目　案是編日華與閩人鄭琰同撰爲嘉興周履靖而作履靖字逸之能詩與其妻桑貞白

自相唱和多刊書籍以行夷門廣牘郎其所編上卷爲日華所撰載其生平甚悉） 陳懋仁李杜志林（杭氏藝文志） 孫茂芝梅道人志林（錢芬梅道人遺墨題識）

吳遇賢（一作道賢）楊公清政錄二卷（焦氏經籍志 案是書紀明嘉興知府楊繼宗事）

項德楨襄毅公年譜五卷 實紀四卷（項氏家乘 陸樹聲序畧曰公以文武壯猷洊歷三朝出入嶺南齊楚陝洛所在立奏膚功始終保有令名皆從死生譏讒中鍛鍊得之乃能脫狡寇抗姦同吏事兵刑指麾如意而公則愈自挹損凡寓書子弟惓惓以禍福相倚爲訓恭儉慈和牘中三致意焉宜公之功名兩完而子孫世有令聞也 伊案浙江通志項襄毅年譜九卷秀水呂㦖撰誤）

項承芳襄毅公實紀補遺四卷（杭氏藝文志） 賜謚簡肅孫公錄（明內閣書目 未詳撰人名氏） 吳太宰鵬年譜二卷（千頃堂書目 未詳撰人名氏） 丁清惠公榮哀錄四卷（杭氏藝文志 未詳撰人名氏） 支大綸江陵逸事二卷（浙江通志 案是書紀相國張居正事） 朱大啟自敘年譜一卷（沈曰富序） 魏大中自撰年譜一卷（杭氏藝文志） 石琳殉隨瑣述（徐氏族譜 案琳吳縣人是書紀明隨州知州徐世淯殉節事） 梁凝祺殉節錄（徐氏族譜 案是編隨州諸生凝祺等撰亦載徐世淯知隨州時事） 朱茂暘闡德錄一卷（蒋谷文鈔 案是書紀其祖文恪公國祚言行備史傳碑版所未悉者） 吳蕃昌吳貞肅公年譜二卷（杭氏藝文志）

國朝

姚夏張楊園先生年譜一卷（乾隆癸酉學政雷鋐序刊 丁子復曰大也自幼受業楊園先生後客驅四方所著年譜皆追憶而得故紀年多舛然得據以考證者賴有此） 陳梓張楊園先生年譜四卷坿錄一卷（案是編取姚氏原本及楊園全集與凡生平聞見之足證者重爲補輯視姚本該備而先生爲學之大要亦始終俱見自後平湖方坰與顧廣譽更爲校訂補正舛漏尤見精詳道光甲午沈侍郎維鐈刊行 又案平湖蔣元有年譜參訂嘉興李汝龍有年譜發明海鹽徐棖有年譜附錄嘉興丁子復以蔣元訂本錢馥陳璋補訂本幷取姚氏元本陳氏重輯本參考得失刪尤補漏爲年譜合訂聞已付刊未見其書又海鹽崔德華有補輯年譜采錄未刻諸書多姚陳所未備者）

陸宸徵長洲陸子年譜一卷（浙江通志 案先生年譜凡有數本一爲先生次子宸徵與姪禮徵所輯曰長洲陸子年譜宸徵又與先生壻李鉉合訂康熙戊戌吳郡尊永芳序而刻之曰陸侍御年譜乾隆丙寅儀封張師載重訂曰陸子年譜乾隆壬申金山楊開基復即舊本增入從祀贈謚諸典曰陸清獻年譜此數本與家藏舊本初無甚異一康熙丁丑門人周纁輯一門人王素行輯一雍正戊申吳光酉更合諸書重輯爲年譜定本）

吳光酉陸稼書先生年譜定本二卷附錄一卷（案先生年譜自家藏舊本外向推周好生本尤詳吳氏定本多採先生日記中語更爲詳備其關乎學術治績之大者本末具見與方顧重訂陳梓楊園年譜均可一書單行） 黃家遴楊公政績紀一卷（四庫存目 案家遴奉天人曾任嘉興知府是編述明楊繼宗遺事）

朱彝尊汪翁志林十二卷（鮑廷博跋曰此係竹垞太史手輯未有刻本汪翁品槃在元代如九霄白鶴其筆墨流傳當時江南士大夫家以有無論清濁此書博采汪翁詞翰逸事分類編輯首以年譜作弁合閱者無遺珠之歎 案此紀元倪瓚遺事可與范氏襄陽志林並行） 沈鴻宜山外紀一卷（伊志 案鴻是書紀其師盛遠遺事） 高孝本高氏家傳一卷（浙江通志） 張酉樵家傳一卷（于志） 章輅自撰質庵年譜一卷（魏塘人物記 汪能肅曰輅富陽人官至山東運河兵備道自著年譜一卷具載其治河方畧可爲後人取法者因積勞得病奏請回籍卜居嘉善今子孫入籍） 胡善榮懷忠集一卷（案此書輯其遠祖忠簡公銓遺事顧廣譽有跋） 程夢麟楊貞肅公政績錄（徐士芬序畧曰前明楊貞肅公郡有祠先生倡捐重新之官斯土隸斯土者咸爲詩落成得若干首爰錄公傳並考逸事彙爲

一編而系詩於後案夢麟德清人官嘉興訓導 錢儀吉盧江錢氏年譜六卷續譜二卷 錢聚仁紫雲先生年譜錢儀吉序以上名人

明

徐咸名臣言行錄前集十二卷後集十二卷明史志焦氏經籍志作近代名臣言行錄四庫存目 袁祥忠臣錄浙江通志章士雅曰錄當年死事諸臣分類而叙較之遜國臣紀尤詳 許相卿革朝五忠錄一卷 桃源死事錄一卷焦氏經籍志 錢薇名臣事實二十卷明史志案吳志作國朝名臣錄 郁天民一名袞 華朝遺忠錄二卷四庫存目采集書錄曰據宋端儀張芹二錄并何孟春續錄而彙次之者案吳志作靖難盡心錄 順命錄一卷焦氏經籍志 項篤壽今獻備遺四十二卷明史志莊仲方曰采明代自洪武至宏治凡二百四人事跡爲傳叙次簡明有法 戚元佐檇李往哲初編一卷四庫存目作前編采集書錄曰述鄉先達之有勳望者自明初迄隆萬間凡十有四人王世貞爲序 吳國倫四烈傳一卷尤氏藝文志 賓卿聚順傳芳錄浙江通志 黃洪憲明文獻杭氏藝文志 倪輔獻存錄吳志 陳懿典廣就李往哲傳十卷嘉禾徵獻錄 同姓諸王傳三十卷杭氏藝文志 金汝諧歷代名臣芳躅二卷四庫存目采集書錄曰采古言行而分次之凡爲類九 過庭訓名臣類纂浙江通志案庭訓分省人物考序云列爲內外篇內篇則學術行誼著述等門外篇則經濟推轂忠烈等門 直省分郡人物考一百十五卷明史志采集書錄作分省人物考取明初至萬曆間人物分省分郡而詳載之 聖學嫡派四卷四庫存目 賀萬祚名臣品隲嘉禾徵獻錄 錢士升表忠錄二卷 遜國表忠記十卷尤氏藝文志四庫存目

采集書錄曰凡忠於建文者爲傳八卷又爲三不忠傳一卷則李景隆茹常陳瑛也凡例云酉芳遺臭合之而勸懲之義始備末卷曰正譌則辨致身錄從亾隨筆等書之僞 吳麟徵纂鑑四卷于頊堂書目 項德禎彌直錄嘉禾徵獻錄 周履靖景行錄李日華梅墟別錄 王路冰蘗薈檇李詩繫案是編輯古今安貧之士爲之 馬維銘宋史列傳十八卷 朱元弼猶及編一卷 王文祿海鹽文獻二十卷杭氏藝文志 陳泰交七國人物志嘉禾徵獻錄 陳九德名臣經濟錄十八卷嘉禾徵獻錄 劉廷元宋名臣言行畧十二卷 明名臣言行畧四卷王氏續通考自序畧曰所載由洪武沿正德無關入嘉隆後者即嘉隆前而衆議未定亦姑舍是以志闕疑也至如革除之際殉難諸家氣誼難磨又理學家或問受徵辟而終家食併附收之 顧文輝名臣言行錄吳志 賓交照孝義集十卷 馮孜貞節錄杭氏藝文志 陸啟淤古人幾部檇李詩繫陳允衡曰陸叔度著古人幾部始管夷吾終史天澤凡八十一人 蔣宗澹先賢言行錄 古逸民傳贊檇李詩繫 沈堯中高士彙林二卷 陳懋仁壽者傳三卷明史志 朱廷旦廣交友錄四卷尤氏藝文志 浦端模嘉善人文記畧十二卷嘉善章志 吳爾塤元臣傳朱彝尊曰先生開道潛行依史閣部軍中以身許國卒死於兵平居嘗撰死臣傳目曰仁書傳存小序 戴笠忠義事蹟杭氏藝文志張履祥曰戴耘野閭忠孝節義爲人稱道惟恐或遺遇人輒以爲問 殉國彙編嘉禾徵獻錄盛楓曰戴耘野本吳江諸生乙酉國破去爲僧久之返初服隱朱家村考甲申以後殉難者爲殉國彙編 錢陛壺天玉露四卷四庫存目采集書錄曰海鹽錢陛輯春秋以來迄明隆萬間士大夫廉介可

法之事凡錄二百九十六則後附清士一卷 錢儀吉跋曰六世祖紫芝府君著書十餘種皆名壺天玉露今存者惟廉鑑四卷清士一卷而已廉鑑以萬歷間喬氏懋敬所輯者爲本而刪益潤色之清士集古隱逸之士人系一詩

吳孝章名臣志鈔二十四卷 四庫存目

李天植隱林列傳十卷

明忠清隱林合傳四卷 案陸菉明季兩貞士傳合傳作列傳

褒忠錄三卷 一名表忠錄三書並未刻

高承埏自靖錄考畧八卷 朱彝尊曰公晚年輯自靖錄紀崇禎以來殉節諸臣迄歲丁亥止子佑紀續之案是書又名崇禎忠節錄嘉興縣志云刻於江甯旋因書禁綦嚴遂置復壁祕不刷印後即燬去沈廣文銘彝覓得舊抄底稾八卷其間紀錄死事除京師畿輔外惟載江南浙江江西福建等省故或謂原書共有十六卷今僅存其半也咸豐間王逢辰重爲考證刻之

國朝

曹溶續徵獻錄六十卷 檇李詩繫沈季友曰溶以明季門戶紛爭是非失實因輯此錄

崇禎五十宰相年表傳一卷 四庫存目采集書錄曰明莊烈朝輔臣更易至五十人事勢可知矣溶爲表以著其拜罷之歲月復爲傳以書其行事而賢姦得失自見焉初稾一卷乃傳稾也有溶之門人陶越跋云與後來訂本互有詳畧今兩存之

崇禎五十輔臣傳五卷 檇李詩繫四庫存目有五十輔臣編年錄殘本一卷特其稾本之一冊爾

蔣平階東林始末一卷 四庫存目

徐震亭古今人物紀年考 烏青文獻

項玉筍檇李往哲續編一卷 四庫存目采集書錄曰續元佐爲之自隆萬至於明季凡述九十一人

俞汝言閩史掇遺 日下舊聞朱彝尊曰右吉博稽三百年典故撰有明大臣年表官閥贈諡廢不簡而有要惜未流傳

黃齊賢孝史類編十卷 四庫存目采集書錄曰前列孝經次述歷代帝王孝行次述歷代孝子名以事跡相似者分類凡二十有二每人系傳寓以史翼經之義

葉鈔人譜大全 魏塘詩陳

陸榮秋

武塘耆舊傳 伊志

盛楓嘉禾徵獻錄四十六卷 四庫存目一名就李先民錄盛百二書後曰先王父丹山府君徵獻錄五十卷傳吾郡七邑有明一代人物皆采取家乘行狀墓志以成之別有外紀十卷名譜成齋雜記王父殁於安吉州學正之任伯父葉令公支焯復依裴松之注三國志例補其未備而正史及稗官小說之與本書異者亦多案此書未刻今所傳鈔本五十卷外紀六卷

張景陽當湖人文逸初編

張躍鱗當湖人文逸續編

汪能肅魏塘人物記六卷 自序謂嘉善縣志自嘉慶五年萬公重修至道光辛卯張公如梧欲續修會其去不果成而采訪已過半己亥冬于府尊修府志復承命采訪於是萬志後四十年人物畧備可爲修縣志之用此余作記之旨也

曹煥百歲編 于志

陸時杰百歲考

吳修疑年錄續錄四卷 案此編補輯以續嘉定錢氏之書

崔以學疑年錄質疑

續疑年錄質疑

陳善福建通志列傳稾三卷補編一卷 映雪樓藏書目 莊仲方曰善字壽客號扶雅仁和人官嘉善教諭道光中將修福建通志善以浙人專分撰傳文直而事核全書不成余爲采行其傳國朝閩省名人具於是編

李富孫鶴徵錄八卷 後附李超孫雜綴一卷

鶴徵後錄十二卷 並自序案鶴徵前後錄所載康熙己未乾隆丙辰薦舉博學鴻詞諸人並詳其出處事蹟纂著以備徵文獻考掌故焉

勝朝殉節列女傳 未栞自序畧曰采明史及志乘碑傳綜而錄之首列后妃以逮閭閻先殉國難次殉寇難並以年月爲敘

馮登府唐宋詞科題名錄一卷 未栞自序畧曰李香子鶴徵前後錄與杭堇浦詞科掌錄全謝山公車徵士錄互有詳畧而其備一代掌故爲功甚鉅惜其未溯源起爰輯唐宋詞科題名錄一卷

錢儀吉國朝碑傳集一百二十卷 未栞自序畧曰依杜氏大達焦氏竑集錄之例採諸先正碑版狀記之文旁及地志別傳得若干篇以其時以其爵以其事比而厤之爲若干卷其於二百

年文獻之林可以致德行可以習掌故不徒飛文染翰爲耳目之玩已也 國朝先正事畧 未棨曾國藩曰道光之末聞錢衎石給事仿明焦竑徵獻錄爲國朝徵獻錄因屬其從子應溥寫其目錄得將相大臣循良忠節儒林文苑等凡八百餘人積二三百卷借名人之碑傳存名人之事蹟自別京師久從征役而此目錄冊不可復睹同治初又得鄂陵蘇源生文集具述其師錢給事於徵獻錄外復節錄名臣爲先正事畧知錢氏頗有造述不僅鈔纂諸家之文矣

艮吏述補一卷 自序謂此續彭允初之書

莊仲方歷史碧血錄五卷 映雪樓書目自跋曰取歷史忠臣爲茲佞讒害者各錄小傳後附以論首列以圖使昭垂鑒

錢泰吉清芬世守錄二十六卷 陳用光序自跋云首六卷恭錄聖製賜題賜藏卷冊以及石渠寶笈儲藏之品後二十卷敬錄四百年來十餘世之翰墨名公鉅儒騷人墨客之題詠雖一家懿美而官箴世範朝廷掌故蔌苑叢談往往而在

沈筠壬寅乍浦殉難錄一卷 以上總錄

唐 陸贄遣使錄一卷 新唐書志宋史志

宋 魯詹吏役錄三卷 張守魯公墓志銘

魯訔南征錄二卷 周必大魯公墓志銘

丁銳仁和活民書二卷 書錄解題文獻通考作仁政活民書銳會稽人官秀州司戶

婁伯高好還集一卷 文獻通考陳振孫曰編報應之事爲十門

明 程本立雲南西行記 千頃堂書目

馬文升西征石城記一卷 學海類編伊案是書記項襄毅事

鍾兆斗烏槎幕府記一卷 鹽邑志林盛楓曰給事中鍾兆斗臯謨門人也著烏槎幕府記以述其南征之績伊案是書紀明廣東按察副使海鹽馮臯謨平海寇張璉林朝曦事

姚士粦蓮花幕記 浙江通志盛楓曰士粦以同郡右都御史沈思孝出撫陝西招入幕府遍歷九邊沙磧

李樂金川紀事 烏青鎮志

張甯奉使錄二卷 鹽邑志林

鄭振先嘉禾事紀二卷 尤氏藝文志

陸基忠平湖科甲考 杭氏藝文志

朱茂暉棘闈記 日下舊聞

國朝 杜臻閩粵巡視紀畧六卷 四庫著錄采集書錄曰康熙二十二年臻自述奉使清釐二省界外田畝給民耕種并防守事宜卷首列兩省輿圖後一卷附彭湖臺灣事案吳志載有閩粵疆理記又本傳作閩粵紀畧臺灣記當即一書采集書錄作五卷脫後附記彭湖臺灣一卷粵或作述

盧崇興治禾紀畧五卷 四庫存目

張方起平滇始末 烏青鎮志

陸祚蕃粵西偶記一卷 四庫存目

高士奇扈從東巡日錄二卷 康熙壬申士奇扈從東巡所作蓋自京至奉天抵烏喇虞村往返萬餘里備歷松花混同白山黑水諸勝云

扈從西巡日錄一卷 四庫著錄康熙癸酉士奇扈從西巡至五臺山途所見聞而作

松亭行紀二卷 四庫著錄康熙辛酉扈從聖祖出喜峰口口外八十里有松亭關因以作記其途山川風景足備考證

塞北小鈔一卷 四庫存目康熙癸酉扈從北巡所作

張師范平臺記 烏青鎮志康熙辛丑師范佐閩中藩幕記平定臺灣逆寇朱一貴事

右傳記

唐 褚无量史記至言十二卷 蘇頲褚公神道碑案杭州府志作十二篇

宋 衞富謚讀史纂要 明浙江通志

明 袁祥新舊唐書折衷二十四卷 明史志

許相卿史漢方駕三十五卷 四庫存目錢泰吉曰班馬異同三十五卷劉須溪評點倪文節公思之書也海昌許黃門相卿苦其細書文相連屬但以字形廣狹爲分不便疾讀別爲史漢方駕史漢同者從中大書史

漢異者分左右行書右史左漢井然較思書爲勝　四庫提要謂其條理案吳志又有沈啟原班馬異同

張甯讀史錄六卷明史志　馮敏効史纂一卷　陸基

仁史記寶鏡浙江通志　沈科史記鈔二十卷尤氏藝文志　包

節二十一史意鈔嘉禾徵獻錄　項篤壽全史論贊八十卷

四庫存目　沈國元廿一史論贊三十六卷采集書錄崇禎間徐必泓序

云止錄斷制敏中手彙摻隱招微事取已然義多未發　陳許廷漢書雋十卷杭氏

藝文志　馬維銘史書纂畧二百二十卷四庫存目明史志作一百卷

千頃堂書目作四十四卷　采集書錄曰以世次摘錄各史紀傳自盤古迄元代止萬歷癸丑自序

趙維寰讀史快編六十卷明史志四庫存目作四十四卷誤　陸啟浤

讀史十部四十卷檇李詩繫　陸萬逵漢書鈔浙江通志　項夢

嘉興府志　卷八十　經籍一　垔

原宋史偶識二卷四庫存目采集書錄曰節錄宋史所載事之可法者　袁黃

史漢定本千頃堂書目　沈維鏡史漢鈔　沈紹滋史摘浙江

通志　項鼎鉉史類五卷尤氏藝文志　文德翼宋史存二卷

四庫存目　案德翼德化人任嘉興府推官所輯皆南宋名臣事

國朝　錢龍珍史編浙江通志　吳爲龍諸史拾遺二十卷澉浦詩語

朱昆田南史識小錄八卷　北史識小錄八卷四庫著錄

案此二書與錢塘沈名蓀同輯　楊九垓廿一史類纂檇李詩繫沈季友曰九

垓嘗手錄廿一史類纂三百餘卷　韓孔贊古史彙編四卷采集書錄未刊

右史鈔

明　吳國倫陳張本末畧一卷　方國珍本末畧一卷四庫

存目　屠喬孫重輯十六國春秋一百卷四庫著錄朱彝尊曰今世所

傳十六國春秋乃後人采晉書北史册府元龜太平御覽等書集成之非原書也　案魏崔鴻原書一百二十

卷至北宋已佚屠喬孫與項琳之乃摭諸書所引鴻書以成此編　姚士粦後梁春秋

二卷四庫存目　明史志作十卷　采集書錄曰士粦以蕭詧乃昭明第三子梁之嫡系宜有史書故次

其三十三年之事輯爲專編　錢士馨續越絕書二卷經義考朱彝尊曰上卷

曰內傳本事吳內傳德序記子游內經外傳越後語西施鄭臣外傳下卷曰越外傳雜事別傳變越上別傳變

越下內經雅琴考叙傳後紀其云得之石匣謂是漢吳平著蜀譙峴注蓋詭託之辭

國朝　陸隴其戰國策去毒二卷四庫存目　曹溶劉豫事跡一

卷四庫存目　徐善流寇紀事丁子復徐處士傳云已燼於火　高涫陸游

南唐書補注于志　馬玉堂十國春秋補傳

嘉興府志　卷八十　經籍一　垔

右載記

明　胡震亨歲華紀麗四卷四庫全書總目曰唐韓鄂撰久無傳本此本爲胡震亨祕

冊函中所刻毛晉收入津逮祕書者震亨跋稱得之鄭曉家王士禎居易錄以爲郎震亨僞造　李日

華時物典彙二卷四庫存目　陸啟浤北京歲華記日下舊聞

國朝　陶越歲時小令四卷　陳士鑛擬十二月錦帶書一

卷伊志

右時令

陳　顧野王輿地志三十卷隋書志新舊唐書志志一作記

宋　李如篪輿地要覽二十三卷宋史志

明　項篤壽考定輿地圖十卷　沈元華輿地圖志三十

卷浙江通志自題曰余自以疏比市玉侔旨還山居輿所尊因寢憶舊文畫簿錄為圖圖日益多釐而次之凡數十種願諸圖皆倩畫史而輿地圖獨手自模畫　許聞造地理纂要浙江通志

國朝　屠焯輿地考浙江通志　葉維庚三國地理考李光洛葉君行狀

未刊以上總志

明　朱茂曙兩京求舊錄日下舊聞魏禧曰先生弱冠就婚京師僕聞中朝掌故中歲游學留都搏稽舊典撰兩京求舊錄一編遇亂避地栖眞寺南遂至眩篋失去案佩文齋書畫譜曾引是書世當尚有傳本

國朝　朱彝尊日下舊聞四十二卷浙江通志　繆泳黃圖雜志日下舊聞　錢儀吉　皇輿圖說四十八卷于志本傳以上都會

明　徐輔吉安郡志浙江通志　聞人詮南畿志六十四卷四庫

嘉興府志　卷八十　經籍一　吾

存目　董穀海甯縣志九卷千頃堂書目　包節陝西行都司志十二卷明史志四庫存目采集書錄曰明嘉靖閒修凡例云舊志沿元稱甘肅易行都司遵制也行都司國朝創　高文登葉縣志嘉禾徵獻錄　錢貞尤溪縣志福建通志　陳觀亳州志嘉禾徵獻錄　沈堯中直隸開州志明內閣書目　采士英海甯衛乘十卷嘉禾徵獻錄　趙維寰甯志備考浙江通志舊作海甯縣志非是朱一是曰趙無聲先生欲修甯志授采將成詢議譁張憤而謝事但刻甯志備考以先生筆削無諱見忌於人也備考甚祕人罕得見海甯許志曰分門標類皆出獨見如儒官不列縣屬水利別於山川祠廟別於寺觀後之蒐采邑乘者咸資為故實焉　高承埏寶坻全城記四卷尤氏藝文志　包鴻逵湘潭志嘉禾徵獻錄　黃承元安平鎮志十一卷明史志浙江通志

國朝　勞大與海昌志畧石門耿志　陸隴其靈壽縣志十一卷　陸世楷南雄府志　思州府志四卷皆世楷為郡守時所輯　俞汝言西平縣志浙江通志　朱元豐清河縣志十四卷　葉燮吳江縣志四十七卷　寶應縣志　錢霑吳江縣志續編十卷　萬光謙陽山縣志二十二卷　盛百二觀錄四卷案百二曾視觀城篆四月而去考其志之謬誤而詳載設官之源流兵農錢穀之法　田朝鼎遂甯縣志伊志　王元啟濟甯州圖記四十八卷嘉興司志　馮登府象山縣志二十二卷自序　錢泰吉海昌備志五十二卷附錄二卷以上郡縣

案鄉先喆所纂本郡中縣鎮諸志依前志例均載入舊志敘錄中

嘉興府志　卷八十一　經籍一　圭

明　林應亮秀水縣水利考浙江通志　徐栻新濬海鹽內河圖說一卷四庫存目案栻官浙江巡撫前有序畧曰海鹽地勢卑下與海沙平每潮水漲高出平地丈餘恃以障蔽者僅石塘石塘之內有土塘猶不能禦潮必有內河以納過塘之水而後洩其橫流之勢萬歷五年海溢鹽邑受害特甚是年遂開內河此編即詳記是役　仇俊卿海塘錄八卷四庫存目明史志作海錄十卷伊案萬歷十五年海鹽塘潰重修俊卿因錄其圖式案牘為此書　海鹽築塘記一卷浙江通志不詳撰人名氏　歷修海塘錄九卷浙江通志萬歷間纂不詳撰人名氏　嘉興七縣塘圩水利圖七卷浙江通志不詳撰人名氏　黃獻可嘉興縣水利圖志嘉興司志自序　潘鳳梧治河管見四卷四庫存目　許應逵修舉三吳水利考吳志　黃承元河漕通考二卷四庫存目四十五卷明史志作伊案是書

上卷論河防下卷論漕運皆上溯歷代下迄萬歷中年　北河紀畧十四卷明史志
陸夢韓沽頭閘志十二卷平湖路志　袁黃皇都水利考
一卷明史志 四庫存目 自序畧曰設險守國水利爲先悉考畿甸諸水并開屯種之法以告有位
治水正傳尤氏藝文志黃自序
國朝　陳士鑛江南治水記一卷四庫存目 伊案是書大旨主於廣濬分支共受三江之水多爲尾閭以殺震澤之怒故所錄以夏元吉議三條爲主　沈光曾安瀾文獻
一卷四庫存目 伊案是編載前明及國朝修治南湖大要分爲四篇一曰分黃二曰導淮三曰利運四曰全下皆錄前人奏議之詞　陸燿山東運河備覽十二卷案是書卷首爲運河圖五水濟運圖泉河總圖禹王臺圖茲有說前列沿革表職官表中分泇河廳河道運河廳河道捕河廳河道上下二河廳河道并記泉河諸泉沂河壩工挑河事宜錢糧款項及治蹟名論凡分十二卷自爲序

朱乾水經注箋朱氏家傳　盛百二問水漫錄未梓 案是編附入所選古文意宗內　陳訏隄海管見于志　王純橫橋堰水利記二
卷嘉慶己卯遇旱純請於平湖令開橫橋堰引泖水灌田因著是編　沈寶麟南汝光
水利志十卷案寶麟妻父崔景儀分巡河南南汝光道是書爲客河南時所撰　吳會
貫渭南河渠考于志本傳　錢嘉鍾七縣海塘圖說以上河渠
宋　魯簪邊防十二事周必大魯公墓志銘　徐綱邊防兵政十六
事王氏續通考
明　鄭曉九邊圖志海鹽圖經 杭氏藝文志九邊紀畧一卷　聞人詮東關
圖一卷四庫存目 伊案是書嘉靖中詮爲監察御史巡視山海等關時作所載關塞二百一十有二紀其道里遠近形勢險易頗詳　鄭茂靖海紀畧一卷鹽邑志林　沈堯中

籌邊七畧杭氏藝文志　錢薇歷代備邊策　河套議杭氏藝文志　海防畧檇李往哲列傳
國朝　杜臻海防述畧一卷學海類編 四庫存目 康熙二十二年臻奉命往閩粵定疆理茲書郎其時所著　譚吉璁延綏鎮志六卷四庫存目 檇李詩繫作二十四卷　吳文溥苗疆指掌一卷案是編采入南野堂續筆記　俞浩
西域考古錄朱錦琮序畧曰著書之意爲重邊防非矜博識於地名有誤亦刊其謬道里無差於是邊塞之險要疆域之沿革今昔之形勢攻守之難易縷析條分瞭如指掌　籌海芻言以上邊防
宋　陳舜俞廬山記五卷郡齋讀書志直齋書錄解題竝作五卷宋史志作二卷 四庫著錄本僅存前三卷陳振孫曰令舉熙甯中謫居所作 案是編道光閒金山錢氏刻入守山閣叢書

明　姚宏謨衡岳志十三卷四庫存目　卜世臣山水合譜卜氏著述考　李標箬隆山志六卷浙江通志 四庫存目
國朝　俞汝言嵩山志浙江通志　葉封嵩山志二十一卷王士禎蠶尾集　夏煜七星巖志烏青鎮志煜隨征廣西行部所至探幽選勝因作是志　錢
以塏羅浮外史二卷四庫存目 采集書錄作一卷羅浮西南屬東莞縣以塏時爲令自號羅浮外史其父煐嘗登是山繪圖列說於首以塏因輯成之　汪孟鋗龍井見聞錄
十四卷伊案是書於乾隆壬午南巡恭纂進呈　張誠我倉山小志一
卷于志未梓　朱馨元黃山志未梓 以上山川
晉　陸機洛陽記一卷隋書志
齊　陸道瞻吳郡記一卷通志畧

陳　顧野王十國都城記十卷　新唐書志　案吳江沈志野王又有建安地記二卷

唐　陸廣微吳地記一卷　宋史志陳振孫曰多記古吳國事唐末有秀州天禧中始割

嘉興縣置故此記合二郡爲一　伊案天禧誤當作天福

明　徐一夔宋行宮考一卷　焦氏經籍志　龔勉煙雨樓志四

卷　浙江通志　陸府修芸蘿志　檇李詩繫　陸基忠景賢祠志　吳志

國朝　高士奇金鼇退食筆記二卷　四庫著錄　周城宋東京考

二十卷　四庫存目　莊仲方曰專記北宋汴都一百七十年之遺跡體例仿日下舊聞而博贍精核遜

之　朱稻孫煙雨樓志四卷　張雲錦弄珠樓志　伊志

沈可培雲門書院志四卷　桂馨堂集　楊蟠竹垞小志五卷

以上古蹟

宋　朱輔溪蠻叢笑一卷　四庫存目　莊仲方曰溪蠻爲雄檇西漵辰五溪蠻在今辰州界輔官斯土爲記其風土物產

明　王樵檇李記一卷　鹽邑志林　沈思孝秦錄一卷　晉錄

一卷　學海類編　四庫存目　伊案秦錄多載陝西諸郡形勝風土晉錄多載邊障形勝及防守扼要之處

黃洪憲輶軒錄四卷　千頃堂書目　岳和聲續驂鸞錄

檇李詩繫　王濟君子堂日詢手鏡二卷　嘉禾徵獻錄濟官橫州時植湘竹

於庭日採其風物與故鄉異者類爲一編　李日華檇李叢談四卷　明史志

陳懋仁泉南雜志二卷　明史志　四庫存目　宋集書錄曰輯泉州山水事跡詩文隨

手雜錄故名　粵事抄　浙江通志　陶晉模楚書一卷　四庫存目　陸

上瀾湖邑紀聞　浙江通志

國朝　吳宗泰檇李稗編　自序濮鎮紀聞是書未刻已佚　順治六年　勞大與

甌江逸志一卷　四庫存目　提要云是編前記溫州舊事後記山川物產大意欲補郡乘之闕

故命曰逸志　案是書見說鈴後集石門耿志曰府志作大輿誤　高佑釲薊邱雜抄

日下舊聞　項維貞燕臺筆錄一卷　學海類編　四庫存目　朱彝尊

禾錄伊志云大半采取栁鄒二志及諸家本集蒐羅該博不加臆斷大約與日下舊聞同一體例惜編次

未成僅存六冊鈔本流傳絕少　張友心東湖乘　清溪張氏家乘　未栞　盧生

甫續東湖乘二卷　未栞　葉燮江南星野辨一卷　四庫存目

譚吉璁肅松錄二卷　浙江通志　周篔析津日記十卷　浙江通志

或作三卷　任森粵西叢載三十卷　四庫著錄　吳震方嶺南

雜記二卷　四庫存目　案是書石門馬氏刻入龍威祕書　錢以塏嶺海見聞

四卷　四庫存目　汪爲熹鄢署雜鈔十二卷　四庫存目　采集書錄曰鄢陵

令宜城縣熙時爲令因采典故幷見聞雜錄之而以自著詩文附焉　陳銘檇李耳餘錄

十二卷續錄四卷　嘉興司志銘字西堂乾隆中縣學生　馮浩橫塘紀

聞雜記　以上

明　李日華禮白嶽記一卷　璽召錄一卷　薊旋錄一

卷　浙江通志　姚士粦日畿訪勝錄二卷　四庫存目　陸啟浤客

燕雜記　日下舊聞

國朝　陸祚蕃粵西游記一卷　吳氏說鈴　案石門馬氏刻入龍威祕書作偶記

沈進行國錄　徐善洽然志　竝見日下舊聞　陳鼎滇黔游記

吳氏說鈴　張庚蜀南紀行畧三卷　盛百二張徵君墓誌銘未刊　杜致

遼東歸紀畧二卷嘉興司志 奚大綬楚游記畧一卷 楚游雜記一卷魏塘人物記 賈敦復鬱林游記案是編刻入吳江沈氏昭代叢書 孔憲采西征日記冷廬雜識陸以湉曰雅六學博嘗游秦中歷主古莘文昌岷陽書院講席因撰此記備載遊蹟以上游記

唐 顧愔新羅國記一卷新唐書志 伊案大歷中歸崇敬使新羅愔爲從事顧況有送從兄愔奉使新羅詩

明 黃洪憲朝鮮國記一卷學海類編案吳志作朝鮮典志 嚴從簡殊域周咨錄二十四卷吳志采集書錄曰分紀外國事蹟風土以備皇華之咨詢

國朝 沈鈞日本紀畧一卷未采以上外紀

右地理

晉 陸機晉惠帝百官名三卷新唐書志

明 鄭曉直文淵閣表一卷明史志 項篤壽列卿年表浙江通志 周昆六科仕籍六卷 朱延益南京通政司志六卷 徐必達南京都察院志四十卷 光祿寺志二十卷張履祥曰徐公必達爲光祿寺丞時大官耗匱歲入不能支而宮中之供日益多賜予充濫公請停減部送頒費不貲公議裁折奏上報可因準絜令甲勅輯寺志自米鹽靡密包能之細以及庖宰休番俱立法句稽焉天啟中閹勢益橫求索無藝高公擊龍據令甲裁抑嘗言中官無日不至寺讒詬得以頑然不動處之者寺志之力也 沈若霖南京太常寺志四十卷以上並載明史志 李日華官制備考二卷千頃堂書目四庫存目采集書錄曰用明代官制標題溯其源流以見古今之別 陳懋仁掾史列卿表浙江通志 徐石麒官爵志三卷四庫存目采集書錄作十卷何焯曰此編條理淸晰可備明史志職官之採

國朝 袁定遠歷代銓選志一卷四庫存目定遠官吏部文選司郎中時作 俞汝言左氏晉軍將佐表 漢官差次考 品級廣考 崇禎大臣年表 卿貳表 朱彝尊瀛洲道古錄十四卷浙江通志 沈登職官志四十四卷梅里詩輯 李賡芸唐學士年表 續年表 五代學士年表 宋學士年表 續年表 宋中興學士年表以上官制

明 殷近仁莅政戒銘二十四篇分省人物考吳志作殷原善 朱逢吉牧民心鑑三卷浙江通志 李華春牧史吳志作李春 張應

宿守欽蠡見 姚思仁京兆政畧並見嘉禾徵獻錄 包鴻逵治譚紀事錄浙江通志 袁黃寶坻政書十二卷案是書爲邑人劉氏編輯未經刊行今爲後裔家藏分門爲卷其論馬政邊防最爲洞達時務末卷雜入學禪家言殊乖體例 袁氏政書二卷千頃堂書目 姚以亨曲陽政畧嘉禾徵獻錄

國朝 勞大與經世要畧石門縣志 仲宏道理嶧拙言四卷吳志 楊雍建政學編一卷 陸隴其莅政摘要二卷上卷輯宋胡大初所著書十五篇呂居仁官箴來賀循良卓異二賦下卷輯明陳于王令句容政績及論莅官各法余健吾治譜李陳玉內篇劉士林治河要畧序卷末署陸某政暇補過先生殆賚是以爲座右箴與道光間陸震刻 卜陳燾西河治譜卜氏著述考 陸燿濟南信讞四卷案此皆讞獄之詞自序謂情眞事確不飾不漏引律比例務在明顯 陳廷采執柯錄續檇李詩

繫所著執柯錄牧民者當奉爲座右箴（胡昌基曰石泉爲錢文端舅）　陳㮚公餘自省錄四卷（顧廣譽陳君墓碣銘）　程同文從政觀法錄三十卷（案同文没後稿本歸其甥朱方增乃爲編校刊行于志直署爲朱方增書）　朱輔從政錄（千志）　黄安壽嶺南從政錄　權濟錄　吴會貫仕津要言（干志本傳）

陳桼爲政須知官箴（以上）

右職官

宋　陳舜俞治説三卷（宋史志）　陳之純資事樸議二十篇

（王氏續通考）　衛逕帝王治要（吴志）

明　包節文獻通考意鈔（王氏續通考）　胡震亨文獻通考纂

（尤氏藝文志）　陳懿典古授二十卷　今宜二十卷（杭氏藝文志）

錢龍正政書二十卷（千頃書目）　錢士晉經濟錄十卷

（嘉禾徵獻錄）　郭紹儀康濟譜二十卷（檇李詩繫）　錢繼登經世

環應編六卷（杭氏藝文志）　沈槼時務議（兩浙名賢錄）　陸啟浤

經世譜十卷（檇李詩繫）

國朝　俞汝言弇州三述補（浙江通志）　陳國器時務臆説二卷

李宗傳序畧曰於治河防海歷叙源流得失而京畿水利尤致意焉於鹽法錢法備述古今沿革而漕務尤殫思焉於驛站守險實指其形勢利害而鄉官則暗設焉且以爲立法雖善官不足以任事尤不能無病故以居官說德禮政刑議終焉　錢儀吉三國會要（自作序例有云是書庚分編陳志實始椎輪朱鈞麓前輩鴻爲注乾象景初二術海昌張神羊豸冠更審定之案是編稾本十餘卷末晉會要稾本數十卷未渠又著南北朝會要均爲未成之書以上通制）

晉　干寶司徒儀一卷（隋書志作司徒儀注五卷新唐書志）　雜議五卷

（新唐書志）

明　徐一夔明集禮五十卷（明史志著錄五十三卷四庫）　袁仁紀年

備考（浙江通志案吴江沈志祇收紀年類編四卷）　戚元佐宗藩議一卷（明史志）

馮夢禎歷代貢舉志一卷（學海類編四庫存目）　朱國禎

冊立儀注一卷（千頃堂書目）　沈德符秦璽始末一卷（學海類編）

（四庫存目）　歷朝正閏考十卷（杭氏藝文志案沈純祉所撰行狀作十二卷）

陳懋仁年號韻編一卷（明史志表之式以韻次歷代各年號凡采集書錄曰畧仿史正統閏位及諸僭僞之年皆具焉）

國朝　彭孫貽儀部條議（嘉禾徵獻錄）　俞汝言謚法考補　禮

服沿革考（浙江通志）　徐震亨孔孟二廟從祀考（烏青文獻）　鍾

淵映歷代建元考十卷（四庫著錄本歷代建元考三卷外編四卷案映雪樓書目鈔）

建元類考一卷（莊仲方曰記正統之元并及僭僞諸國其例首列前八建元書目及總論其歷代先紀正統以僭僞諸國附後外編四卷爲外國建元考末附建元類考則以年號分韻編排也又案金山錢氏刻入守山閣叢書爲十卷）　陸賞墀歷代帝王廟謚年諱譜一卷　葉

維庚紀元通攷十二卷（王凱泰序畧曰凡古今正閏年號以至僭竊外藩皆一一臚列并前後之相同一歲之屢更者無不攷證及之其中條分縷析經緯燦然）　郁鼎鐘校補袁

氏紀年類編（未梨）　金衍宗尊經閣祀典錄二卷（典禮以上）

明　陸琳賑荒事宜（分省人物考）　劉世教荒箸畧十二篇（浙江通志盛楓曰時浙苦水患世教著此獻當事議欲留浙漕挽粟以備荒）　徐學周採運條

議一卷嘉禾徵獻錄　丁賓排門條鞭便民冊尤氏藝文志　陸
長庚清糧意說嘉禾徵獻錄　賀燦然備荒議一卷明史志
陳龍正救荒策會七卷四庫存目采集書錄曰取宋董煟元張光大明朱熊三家之書益以時事彙成此編　姚思仁救荒全書嘉禾徵獻錄　開採圖說千頃堂書目明萬歷中河南開採議起思仁上疏力爭之不報乃復繪開礦圖二十四幅各著一說以極言其害　金汝礪荒政錄浙江通志　沈宏光均平議浙江通志宏光感里徭之弊作均平議　卜大同歷代市舶記一卷卜氏著述考　汪珂
玉古今鹺略九卷　鹺略補九卷浙江通志四庫存目采集書錄曰述明代鹽法因革之端分爲九門門各一卷曰生息曰借用曰職掌曰會稽曰政令曰利弊曰法律曰徵異曰雜考補編亦九卷分門如之二編皆自序崇禎壬申所刊也　岳元聲田糧沿革年譜

三邑錯壤圖說嘉禾徵獻錄盛楓曰元聲家居熟悉鄉井利弊後百餘年嘉善民借爲糧浮田虧之說乞割嘉秀田以益善元聲力持之著田糧沿革年譜三邑錯壤圖說巡撫以聞詔如故後數復校卒莫能易其議　沈受祺嘉善清賦平役新書四卷浙江通志

國朝　曹溶明漕運志一卷四庫存目案學海類編有是書　金昭鑑
革嘉郡諸弊全書六卷伊志　陳璞時務臆說于志　蔣元
救荒補編未采丁子復序略曰補前明徐光啟農政全書之未備也　王純救荒
借箸略二卷嘉慶甲戌旱災純率里中籌賑因著是編　馮登府福建鹽法
志三十卷　戚馹曾錢法志四卷未采以上邦計

明　盛萬年嶺西水陸兵紀二卷四庫存目伊案是編乃萬年官廣西按察使時值倭人寇萬年擊破之因增設戰船繕治營壘卒爲善後計以電白吳川東南濱海番舶內犯二地先受其害遂審度地勢添置堡寨圖其兵弁制度巡船款式以成此書其陸地則由電白吳川至於高州添置員弁凡郵傳之政及攻守之器悉載焉歲久版佚此本乃國朝雍正辛亥其裔孫熙祚署吳川縣知縣郎萬年駐兵之地因校舊本重梓以行　卜大同備倭圖記四卷四庫存目作備倭記二卷學海類編有之　征苗圖記一卷卜氏著述考　蔡懋德兩浙備兵
杷言八卷浙江通志案吳志作兵道蔡雲怡著

國朝　譚吉璁歷代武舉考一卷四庫存目學海類編　王元啟補
漢兵志正譌一卷未刊　錢儀吉補晉兵志一卷是編刻入記事
稾　秦光第行軍法戒錄蔣敦復序未采以上軍政

明　黃承昊律例析微二十卷浙江通志　姚思仁律例解浙江通志

國朝　彭孫貽提刑通要嘉禾徵獻錄　沈之奇大清律輯注吳志
馬俊良律目類鈔　例案提要于志以上法令

右政書

陳　顧野王顧氏譜傳十卷海鹽圖經

元　趙珪趙氏世譜　聞人貞聞人氏家譜杭氏藝文志徐一夔序

明　貝瓊貝氏族譜杭氏藝文志瓊自序　李日華姓氏譜纂七
卷尤氏藝文志采集書錄曰凡三種曰百姓新箋曰散姓曰覆姓皆有故實注于下　陳懋仁
年譜韻編　統譜　異姓譜　鄭曉鄭氏家譜　姚士
粦陸氏世譜　顧氏世譜　陸濬源陸氏世史六卷四庫存目作陸氏世史鈔采集書錄寫本云以新唐書有宰相世系表因推衍其義例采自史記迄元代凡陸氏

之著于史冊者得一百二十八人 錢喬錢氏家史十八卷 杭氏藝文志 許

閎造許氏家乘 兩浙名賢錄 陳懿典陳氏家乘四卷 嘉禾徵獻

錄 孫成名孫氏家乘 平湖程志 姚以亨南姚文獻 嘉禾徵獻

錄 俞汝言明世家考 浙江通志 施博施氏族譜 國朝張履祥

序

國朝 彭孫貽國恩家乘錄 嘉禾徵獻錄 錢汝霖彭城志 錢氏藝文

畧 一名彭城文獻稾本久佚 姚澍姚氏族譜 朱彝尊序 屠爀屠氏家

乘一卷 爀自序伊案卷首有姓考系考又輯漢以後屠氏之見於載籍者爲存考 李繩

遠李氏族譜七卷 朱彝尊序 徐善徐氏譜二十二卷 善自序

伊案是編姓原一篇圖譜四篇大傳八篇志五篇共十八篇 張履祥楊圓張氏族

譜 自序 卜不疑卜氏家乘八卷 卜氏著述考 盛楓廣陵家

紀一卷 陳有馨陳氏家乘二十二卷 錢昌齡朱方增序

石譜系

宋 許棐梅屋書目 曝書雜記錢泰吉曰余先世居海鹽之秦溪宋嘉熙中許梅屋先生種

梅結屋之所也梅屋獻醜集刻入百川學海有梅屋書目序

明 胡彭述好古堂書目 海鹽圖經自序 許士奇刑部書目

浙江通志 沈啟原存石草堂書目十卷 焦氏經籍志

國朝 沈嗣選法宋樓書目四卷 浙江通志自序 曹溶靜惕堂

書目 王上禎曰所載宋集自栟櫚河東集已下凡一百八十家元集自耶律楚材湛然集已下凡一百十

有五家 朱彝尊曝書亭著錄 彝尊自序李富孫編次其序曰竹垞先生好聚書

多祕鈔善本其最難得者首葉識以購此書甚不易願子孫勿輕棄印章於是構亭池南以暴之計得八萬卷

先生嘗欲編其著錄而迄未成不數十年漸就散佚從

弟金瀾於其家得曝書亭書目一冊錯雜登載並不次

以四部亦但記冊數不記卷有廳東西廂廚娛老軒諸

皮書處僅標第幾廚而已八萬卷亦尚未全復從吳門

黃蕘圃主事假得吳君枚庵手鈔本畧分四部亦非原

書而所錄較多因即先生所定八門釐加編次至明人

別集本各分省予曾於六忍居見有寫本又得潛采堂

所藏焦氏經籍志於明人集下先生手注某省益足徵

信今書雖已散幸茲錄存則或猶未散也 金檀文瑞樓書目十二卷 是編刻入

石門顧氏讀畫齋叢書 陸隴其三魚堂書目 案是編於各書得失均有論述本邑

魯氏有藏本今佚 吳文暉燈庵藏書跋尾一卷 伊志案伊志又有張翊

淸靈雀軒書目係載張氏一家著述唯兩三葉新塍瑣志曰伊志作雍敬誤 馬玉堂讀書

敏求續記 莊仲方映雪樓藏書目考十卷 寫本五冊前有桂林

呂璜宜興吳德旋陽湖吳敬承三序自跋曰余生平所嗜唯書與花而書尤甚積五十年得書幾五萬卷合

經史子集區爲十卷注爲三編內編有醇無疵外編醇疵參半附編多僞書或淺陋疵類者各著撰人名氏爵

貫畧及行事并著書之意他日書即雲散留此一目亦足以見余精神所寄矣 胡惠孚小重

山館書目 凡六冊今爲子孫家藏 朱壬林小萬卷樓書目 今存

盛時霖聞湖盛氏撰述總目一卷 時霖以先代著述未刊者多因輯是編刻

之每人各繫小傳所有文章言行藉以表揚 以上經籍

國朝 曹溶古林金石表一卷 四庫存目自序畧曰余行塞上古碑橫𦵏草間念古人

遺跡歷千百年當我世而湮沒之爲可惜拔自境內以及遠地積五年得八百餘本手自校勘合而爲表 李

遇孫曰侍郎藏碑之富甲於東南裝界精整有一定之分寸每冊必手書其籤至今人稱爲曹籤云 朱

彝尊古金貞石志 日下舊聞李遇孫曰先生本有吉金貞石志後併入諸題跋於全集中

不復成此書矣

葉封嵩陽石刻集記二卷 王士禎曰葉井叔精研爾雅說文訓詁工於篆隸手輯嵩志二十卷復旁求漢唐碑版文字別爲石刻集記二卷 李遇孫曰時官登封知縣錄境內古碑而成此書其辨論推爲博洽

李光映觀妙齋金石文字考畧十六卷 四庫著錄 李遇孫曰子中上舍藏碑六百餘種延同里金介復佐其輯錄王籍渠爲之繕寫共采金石之書及地志文集說部之類不下百種實開王司寇萃編之先聲唯辨證絕少意在論碑帖法書而存古人之說耳

汪孟鋗考證金石文二卷 伊志 王復偃師金石遺文補錄十六卷 案是書復爲縣令時因武億原纂四卷更爲采緝裒集成之嘉慶二年錢坫序刻

吳文溥漢唐石刻目錄一卷 李遇孫曰詹川客關中時購得于中州漢唐石刻拓本二百餘通鈔而存其目年月州縣撰書人姓氏及文字之全缺無不於目下注之殊爲清斷

張燕昌金石契五卷 三吳古甎錄 張開福三吳古甎續錄 金石學錄

李富孫漢魏六朝墓銘例四卷 自序未刊 郭麐金石例補二卷 馮登府金石綜例六卷 閩中金石志十四卷 原名閩中訪碑錄未刊 浙江甎錄四卷 金屑錄四卷 石餘錄四卷 未刊

沈濤常山貞石志二十四卷 莊仲方曰濤守眞定時搜郡中古碑自周穆王至元順帝時凡二百五十餘種摹刻强半爲前人所未見亦足珍已

黃錫蕃金石表六卷 內分初易稾二易稾均未刊 刻碑姓氏錄一卷 金石學錄

張廷濟金石刻題跋 金石學錄

岳洙傳石刻攷畧四卷 後附漢碑讀字 金石學錄

徐同柏古履仁鄉漢錄 金石文字記七卷附錄一卷 履仁鄉古器物銘三卷 清儀閣古印偶存附注六卷 吉石羊金樓金石文

三卷 並未采

胡重秀州金石考畧 張煊金石吉光 吳應和谷水校碑錄 並見金石學錄

李遇孫栝蒼金石志十二卷 金石學錄四卷補錄一卷 金石原起說考補一卷

王福田竹里秦漢瓦當文存 案福田篁里人以所得六十一瓦摹刻諸木後各系以考證

程文榮江甯金石志補四卷 嘉興府金石志 未采

蔡錫恭醉經閣金石考十二卷 未采 以上金石

右目錄

晉

干寶史論 杭氏藝文志

宋

徐綱史論百篇 趙圖記作時務史論

陳埴讀鑑隨筆 明浙江通志 案吳志作讀史隨筆

南宮靖一小學史斷二卷 杭氏藝文志 采集書錄曰端平丙申自序云取先儒之說與前史之文芟摭類次自周平王迄五代每代爲論一篇其宋元兩朝廬陵晏彥文所續明嘉靖間趙瀛編刻時并取潘榮通鑑總論合焉 案學海類編有靖一隋史斷一卷

明

鄭儒讀史備忘 海鹽圖經志作鄭儒泰 吳

沈津讀史備遺 明浙江通志作沈琮 吳

金九成史論三十卷 史辨三十卷 王世貞金九成傳

戚元輔歷朝史論七卷 尤氏藝文志

張甯刪攺史論十八卷 明史藝文志

卜大有史學要義四卷 浙江通志

仇俊卿通史他石三卷 鹽邑志林

鄭曉史論 吳志

陳懿典讀史漫筆二卷 四庫存目一卷

郭紹儀史諾 杭氏藝文志

范光宙史評十卷 四庫存目 采集書錄曰取自春秋左傳至宋史止於著名之人各評一則

支允堅讀史隨筆 吳志

黃耀如讀史緒言 吳志

譚貞默

韻史蒐詮三百卷 浙江通志自序曰凡有韻無韻之彙定韻史上自邃古下迄元代其間宮府臣庶士女散流次第標序必繫一王使紀傳通於編年詞章通於紀傳云

國朝 仲宏道增定史韻四卷 采集書錄曰因明趙南星原本而增輯之補帝王世紀於前而續明紀於後各以史事編爲韻語 讀史小論一卷 四庫存目潘耒序

張天柱讀史綱要 浙江通志 陳忱讀史隨筆六卷 四庫存目采集書錄曰皆取史事以世次爲先後并及明代掌故而加論斷焉

朱坤五代史筆記 朱氏家傳 朱宏棫史辨三十卷 未刊 王曇史論三卷 未采已佚

陳謨讀史摘論 自序稾本凡十二冊未刻今所見者惟朱彝所輯國朝古文彙鈔初集尙存數篇 吳震衛讀史要錄 于志

右史評

嘉興府志卷八十一

嘉興府知府善化許瑤光重輯

經籍二

子部

漢 莊助四篇 漢書志

三國 陸績太元經注十卷 隋書志 舊唐書志十二卷 宋仲子曾作解詁績以宋解爲本其合於道者因仍其說其失者因釋而正之所以不復爲一解欲令學者瞻覽彼此論其曲直故合聯之耳見績自述

晉 干寶干子十八卷 隋書志 正言十卷 立言十卷 舊唐書志 陸雲新書十卷 通志畧

唐 褚无量儲君翼善記二卷 新唐書志 帝王要覽二十二卷 心鏡三十篇 蘇頲褚公神道碑 案浙江通志子部儒家有陸贄君臣圖翼康教論今考唐書藝文志鄭樵通志皆載陸質君臣圖翼二十五卷邱光庭康教論一卷並非陸贄所撰浙江通志誤

宋 聞人宏經史旁闕十六卷 輔廣日新錄 師訓編 明浙江通志 黃幹輔仁錄 勉齋語錄 杭氏藝文志

元 陸正正學編十二卷 王氏續通考

明 鄭曉古言二卷 焦氏經籍志 四庫存目 學海類編有學古瑣言二卷 鍾繼元子史雜著 杭氏藝文志 顧嘗讀書備忘 沈宏光受正編 浙江通志 錢薇學錄 海鹽圖經 王文祿廉矩一卷 四庫存目

胡其久 芻蕘子嘉禾徵獻錄 鍾韶 論語逸編三十二卷四庫存目 陸萬垓 知非小鑑浙江通志 陳揆 省心日記十卷嘉禾徵獻錄 吳宗佑 經史質實海鹽文獻志 胡震亨 讀書雜記二卷四庫存目尤氏藝文志 巢鳴盛 洙泗問津一卷采集書錄寫本日摘錄經史幷儒先行畧語錄而次之

國朝 高陽 顏子疏解二卷四庫存目作顏子鼎編浙江通志作顏子彙編采集書錄顏子鼎編二卷元吳郡徐達左輯郎李存仁李鼐一所編顏子書重加訂正明嘉興高陽爲之注解 張履祥 備忘錄四卷 初學備忘錄二卷 訓門人語一卷 陸隴其 三魚堂賸言十二卷案是編爲其甥陳濟錄乃從清獻日記中摘出而編次之 松陽鈔存二卷並四庫著錄案是書金山楊開基編隴其宰靈壽時以

所著問學錄日記二書撮其切要以示學者凡七十八條以張伯行刪削不全故開基重編以復其舊靈壽古松陽地 曹庭棟 逸語十卷四庫存目 沈德滔 志學萃言一卷于志 吾祖望 春秋繁露注于志 顧廣譽 悔過齋劄記一卷未栞案沈叔埏曾從吳門得其手鈔一冊僅四卷附刊文集後 周榦 讀書管見悔過齋續集以上儒術

宋 衛富益 性理集義明浙江通志

明 張復 性理大全釋嘉禾徵獻錄 高士 明性理指要明內閣書目 李蓘 克念圖說嘉禾徵獻錄 陸邦傳 習辨疑一卷檇李往哲列傳 陸繡 性理翼 陸基仁 明性理翼浙江通志 陸基志 龍溪會語摘錄杭氏藝文志 沈肆 程朱書類 鍾繼元 定性衍義 沈枝旦 書錄 沈枝 道學源 伊蔚子浙江通志 沈棨 筆思記明浙江通志 董穀 冥影契一卷續說郛 胡其久 語溪宗輔錄四卷案是書以慶源得朱子正宗因宗輔氏之學輯錄成之采集書錄曰是書每章先列高攀龍集注次徐必達發明 徐必達 正蒙發明四卷蓋二人合作者名爲正蒙釋 編訂 豫章全書徐氏遺書志徐善曰豫章先生蓋伊洛正脈著述不少概見傳于世者獨有尊堯錄及訓子姪文等尚書公爲編次成帙每篇附以己意善獨見序一篇四帝十臣論五篇于南州草又見書訓子姪文後一段於他書餘皆未睹也伊案浙江通志以是書入地理類誤案必達所編周子張子弥子二程子各家全書俱載浙江通志 鍾韶 編辯程胡王四氏語錄海鹽圖經 陸光宅 天全證道圖說一卷浙江通志 黃洪憲 性理要刪尤氏藝文志 岳元聲 聖學範圍圖說

一卷四庫存目 吳麟瑞 講學編杭氏藝文志 朱元弼 士林密約 敬道會編海鹽圖經 金汝礪 昭性錄 理學訓 陸宓 捫心錄 運甓餘鈔浙江通志 李公柱 學脈正編五卷四庫存目采集書錄曰輯明辥瑄胡居仁顧憲成錢一本高攀龍五家語之粹者 陳龍正 學言二十卷 文錄二十卷 內述二卷尤氏藝文志 陽明先生要書八卷檇李詩繫 年譜三卷坿 逸事辨證二卷 程子詳本二十卷四庫存目采集書錄曰取二程子論學說經及雜著仿近思錄例爲之 馮孜 明儒要錄浙江通志 李培 講學二卷采集書錄寫本培少從唐一菴王龍溪游蓋亦宗心學者 范瑄 勤省錄于志 施博 姚江淵源錄丁子復曰始月川先生終念臺先生宗旨則姚江也文成傳中有云洙泗子斯爲盛亦夸甚矣

國朝 俞汝言先儒語要六卷浙江通志 王庭理學辨一卷四庫
存目采集書錄曰多雜辨心性理氣之說 陸隴其讀朱隨筆四卷四庫著錄
張伯行序畧曰於朱子之書究研討揆務見精意每條之末綴以愚案數言而朱子全書遂已得其要領
學術辨一卷四庫存目 問學錄四卷四庫存目采集書錄寫本曰此書張伯
行曾刊之今本爲陸氏裔孫家藏者內多增刪蓋晚年手訂本 問學續錄六卷采集遺書
續錄寫本曰此續問學前錄亦隨時講習道學間論經史之文 錢采性理提綱八卷
儀吉跋曰亮臣師事族兄商隱先生所著性理提綱去取精審詮解簡當 吳治表章聖學
四卷浙江通志 孫鍾瑞聖學大成十二卷四庫存目 補遺一
卷采集書錄 朱鼎鉉理學淵源錄續檇李詩繫 朱澐性理管
見海鹽新志 馮昌齡日省編一卷四庫存目伊案是書取太極圖說西銘及劉

宗周人極圖說等篇疏之後有附語康熙己巳胡煦序 茅星來近思錄集注四
卷四庫著錄 張庚太極一氣流行圖說一卷盛百二張徵君墓誌銘
未刊 祝文彥理學就正言十卷采集書錄曰多雜論性理古今人物遺事
宋瑾習是編 教學圖 紫陽會講問答吳志本傳 陶圻
業儒聽說一卷四庫存目 朱舜傳心錄四卷海鹽續圖經 朱
鼎年傳心錄續編海鹽新志 朱篚性理旨要 何全理學
薪傳集海鹽新志 朱坤閒居師資錄 思學筆記 陽明
白沙象山雜學錄朱氏家傳諸書未見刊行 案此 蔣元闕毛先聲
陳謨序一名毛西河集糾謬未刊已佚 陳經國閒齋思辨錄陳氏家狀 俞
文行續性言十六章于志 吳東發西銘釋文于志 胡直

方安定正學承啟錄 就正錄于志 周元成語類輯要
存誠錄于志 方垌生齋自知錄三卷 生齋日識二
卷 方金彪寅甫日記一卷于志 周幹顧諟錄海過齋續集
以上理學
宋 魯宗道家訓一篇案公曾宰海鹽
明 袁顥袁氏家訓一卷 袁衷庭闈雜錄二卷四庫存目嘉善
袁衷等撰案千頃堂書目作袁顥撰一卷學海類編作錢曉撰二卷 辥厚敦家類纂
十卷四庫存目作辥夢李編八卷杭氏藝文志亦作八卷 許相卿許氏貽謀
四則一卷浙江通志 孫植家訓一卷明史志 吳麟徵家誡
要言一卷四庫存目案學海類編有之 吳蕃昌日月歲三儀 閫

職三儀杭氏藝文志伊案張履祥曰三儀之作修身以是善俗以是又曰閫職三儀以範其家
國朝 張履祥訓子語二卷采集書錄 卜雲從小學旁注卜氏著述
考 吳元音延陵家訓丁子復吳遜牧傳 姚晉錫閑家述要
一卷伊志 王元啟家言二卷嘉興司志一名恭壽堂家訓未刊 費
敬費氏家規于志 戈定戈溪訓言于志以上家規
宋 輔廣朱子讀書法一卷四庫著錄案宋張洪齊熙同編朱子讀書法其上卷卽
輔氏原本又元程端禮讀書分年日程自序謂本輔漢卿所萃朱子讀書法修之
國朝 張履祥學規一卷采集書錄 門人所記一卷于志以上學規
明 朱逢吉童子習一卷明史志 周寅小學集注浙江通志
吳國倫訓初小鑑四卷明史志 陸基忠蒙養類編 陸

基仁家塾養正編浙江通志 袁黄訓兒俗説尤氏藝文志

國朝 張履祥呂氏童蒙訓評本三卷采集書録 葉鈔續小學六卷四庫存目 朱澐小學便蒙海鹽新志 王元啟弟子職補注一卷自序畧曰弟子職班固藝文志列諸孝經類朱子謂管子作内政時作此教五鄉之士與曲禮少儀内則並爲小學支流餘裔余夙重其爲古人小學之書又取其節短韻諧便於童蒙諷習因採管子房劉二家之注稍加增損近張爾岐亦有注釋訪得書重有採摭命之曰補注 葉家琬養蒙術一卷 曹烈蒙養録魏塘人物記 蔣元人範六卷輯案是書以後賢人君子之言行以繼小學一書間有體裁未合或於學者工夫非切近者頗廣譽復爲更定刪節弁取他書及葉氏續小學以補其未備各注所採之書成豐九年盛澤沈氏刊版 又案元所著有廣人譜訓蒙全書當郎是書

以上蒙訓

明 徐泰女學海甯衛志

國朝 王元啟校正女誡一卷伊志 自序畧曰班昭女誡知禮義異日出而從人不致貽羞父母因爲別其句讀正其訛字補其闕文兼闡其義蘊所歸擬與管子弟子職篇並刊家塾以訓童幼孫曾云 王純二南訓女解四卷

以上女誡

明 沈棨鄉約釋義 馮孜甯儉約浙江通志

國朝 錢龍珍家鄉禮節四卷浙江通志

以上鄉約

宋 魯訔自警録四卷周必大魯公墓誌銘

明 高夢説蕉鹿醒言浙江通志 孫植嘉言便録杭氏藝文志 過庭訓名言類纂浙江通志 孫叔文我鑑嘉禾獻徵録 錢繼登經世環應編八卷四庫存目 采集書録曰類集古人事蹟分八門曰先幾曰應卒曰圖大曰心計曰決疑曰解紛曰用譎曰料事 賀燦然賀氏危言杭氏藝文志 陳其德垂訓樸語一卷四庫存目 案是編統論讀書處世之要附紀事數則記崇禎十三四年間災荒大旨主敦行勸善爲多 錢袠厚語四卷四庫存目 采集書録曰其體首録前明及歷代凡善事之可以勵俗者分十七門蓋官於潛時所作 高道淳最樂編四卷嘉興湯志 施博曰先生爲高忠憲弟子砥行堅操內求身心怡然自得因輯古人言行可師法者爲最樂編

國朝 張履祥近古録四卷 見聞録四卷 近鑑一卷 經正録一卷 喪葬雜録采集書録 勞大與萬世太平書十卷四庫存目 石門縣志曰是書所載皆前人格言懿行末附儒門功過格當官功過格二篇初名聞鐘集後以聞之義近於禪乃易爲萬世太平書考周密癸辛雜志曰集諸道學儒自稱爲生民立極爲天地立心爲萬世開太平爲前聖繼絕學之名義取此其子崚所跋甚明伊府志分聞鐘太平爲二集非是 高元標經術要義四卷四庫存目 案是編雜采舊文所載嘉言懿行以類編次自孝行至閨範凡分二十五目 張天柱進善集四庫存目 沈李楷景行録三十卷 朱輔章弦自佩録十二卷采集書録 吳文溥慎餘編一卷刻在南野堂續筆記 程鵬程續楊園近古録四卷 勸誡類鈔十二卷 賈三登言行集要二卷 黃凱鈞庸言録一卷于志 崔應榴廣孝編三卷 廣慈編二卷于志 曹烈果行編魏塘人物志 褚文栻景行編是編文栻集儒先語録以爲身範 朱紘州泉積善録于志 沈應彤程式編三卷取先民是程古訓是式之義分目三十有四 周城範身録四卷 鄭之

僑課餘日省二卷以上雜訓

右儒家

明　馮孜古今將畧四卷明史志四庫存目　錢繼登孫武子繹嘉禾徵獻錄　潘鳳梧地水師四卷浙江通志　錢芹兵畧三卷尤氏藝文志

國朝　朱廣川孫吴子輯注　吴文溥師貞備覽一卷刻入南野堂續筆記

右兵家

元　無冤錄二卷四庫存目　伊案宋集書錄不載撰人名氏永樂大典載此書題元王與撰書中自稱嘗官海鹽縣令

國朝　譚瑄續刑法敘畧一卷學海類編四庫存目案此續宋劉筠之書　陳士鑛折獄巵言一卷學海類編四庫存目　盧生甫讀律質疑伊志　馬遂良刑部駁案提要于志　吴克諧自辨成案十二卷于志

右法家

明　袁黄寶坻勸農書二卷明史志浙江通志　許聞造蠶譜兩浙名賢錄　沈如封吴中蠶法浙江通志

國朝　張履祥補農書一卷四庫存目　吴連稔補補農書一卷吴氏家乘　盛百二增訂教稼書二卷伊志　自序曰館陶毅齋孫氏教稼書辛卯歲得之東郡可與吾鄉張楊園農書竝傳恐區田之說人未深信又宜北者未必宜南爰爲續訂數條取其近而有徵及南北可通行者又治沙鹼及溝渠爲北地切要之務故特詳焉其間甘薯蜀黍種瓠及開井法乃戊戌歲補錄　小　李聿求桑志十卷于志　吴連稔栽桑訣一卷微補詩話

右農家

唐　陸贄古今集驗方十五卷新唐書志宣公經驗方二卷　趙希弁曰陸公在忠州時所集陸游跋

明　袁顥袁氏脈經二卷浙江通志　伊案是書所言皆本素問靈樞故曰經曰袁氏者別于王氏也　瘟疹全書千頃堂書目　趙瀛紺珠經四卷劉志伊案杭氏藝文志以此書入醫家袁志宦績傳作小學紺珠誤　賀岳診脈家寶　藥性準繩　明醫會要三卷　醫經大旨四卷浙江通志　蔣

儀藥鏡四卷四庫存目誤作蔣儀　宋集書錄曰藥分四部曰溫熱平寒又著三賦曰拾遺曰滋生曰疏原其書悉本金壇祁法而旁采別家以補之案儀爲王肯堂弟子肯堂著有醫鏡儀乃著此藥鏡合刻之　沈宏醫筌浙江通志　陸長庚體仁會編嘉禾徵獻錄　王文禄醫先一卷續說郛　鄭曉内經素問摘語一卷述古堂書目　陸道充金鏡錄浙江通志　唐守元後金鏡錄案鏡舊並誤作統今改正　醫鑑　醫林繩墨嘉禾徵獻錄　黄承昊折肱漫錄九卷明史志四庫存目　許輯薛立齋内科十卷浙江通志　錢萼醫林會海四十卷明史志　姚能傷寒家祕心法　藥性辨疑　小兒正蒙海鹽圖經　嚴萃藥性賦四篇嘉禾徵獻錄　陳諫素庵醫要十五卷案萬歷杭州府志素庵名沂本汴人扈蹕而南遂居錢塘嘗療

高宗妃危疾得賜御前羅扇其後人習婦科有成吾禾者刻木爲扇以爲世傳謙字直之其裔孫也在嘉靖間
輯成是編 沈堯中保赤全書二卷千頃堂書目 周履靖恠痾
單一卷尤氏藝文志 蔣宗澹懿濟易簡方檇李詩繫 姚思仁
萊竹堂醫方考嘉禾徵獻錄 徐謙仁端錄十六卷四庫著錄案
是書專論治痘諸法 殷仲春醫藏目錄一卷浙江通志 李延昰藥
品化義 醫學口訣 脈訣彙辨 痘疹全書朱彝尊高士李
君塔銘 吳文冕醫學指南十卷 元科祕要四卷 經
驗良方十二卷 幼幼心法二卷
國朝 卜祖學藥鏡 傷寒脈訣卜氏著述考 俞汝言本草摘
要浙江通志 錢經綸脈法須知三卷 徐彬金匱要畧論

注二十四卷四庫著錄 案彬字可忠嘉興人喻昌弟子 高隱醫論廣見
十二卷 雜證十六卷案隱字果哉嘉善人爲明季王肯堂弟子 錢學洙
貫經錢儀吉曰大旨似張介賓類經而體例尤精案鈔本一冊祇四篇似非全書今爲錢氏後人家藏
錢臨辟立齋醫案疏六卷 許璞補輯名醫類案海鹽
續圖經 張大齡醫學辨僞十卷 馮兆張馮氏錦囊祕
錄二十卷 沈江岷奇證匯八卷伊志 吳儀洛成方切
用十四卷四庫存目莊仲方曰取古今一千三百餘成方本經按治加以論斷分二十四門首載
內經十二方末附劉藥元詮七十二條 傷寒分經十卷四庫存目采集書錄日本張
機傷寒論分經論辨之又以喻昌原注間有訛謬更爲改正 本草從新三卷 徐
大椿神農本草經百種錄一卷四庫著錄莊仲方曰世傳神農本草三卷凡

藥三百六十五味分上中下三品見唐慎微本草以陰文書者是也大椿以集注皆不言其所以然因采擇百
種備列經文而推闡主治之義其箋釋皆精當而簡要 難經經釋二卷四庫存目莊
仲方曰大椿以難經一書悉本靈素之言而敷暢其義不可名曰經乃隨文詮釋別其異同辨其是非爲此書其
難經有不合內經之旨者援引經文以駮正亦有一經之學與毛奇齡釋經同 蘭臺軌範八
卷四庫著錄 莊仲方曰以張機經方爲主所錄病論惟取靈樞素問難經金匱要畧傷寒論隋巢元方病
源唐孫思邈千金方王燾外臺祕要而錄方亦取于諸書至宋元以後則采其義有可推試多獲效者去取極
嚴其疏通證明皆有精理 傷寒類方一卷四庫著錄莊仲方曰大椿以張機傷寒論乃
晉王叔和蒐采成書非機原編此乃救誤之書隨證立方本無定序非機依經立方之書也乃芟除陽六經名
目但使方以類從證隨方注使人可案證以求方而不必循經以求證一埽論傷寒者之紛紛聚訟 醫
學源流論二卷四庫著錄莊仲方曰是書論方病其大綱有七子目九十有三指摘利弊頗

爲精鑿但矯枉過直論病則詆及秦越人論方則駮詰孫思邈劉守眞李朱諸人不免過高之病 醫
貫砭二卷四庫存目莊仲方曰砭明趙獻可之醫貫也醫貫發明薛己醫案之說以八味丸六味
丸通治各病而主持太過幾於盡廢古人經方大椿詆其偏駮是也而詞氣則未免過激已 洄溪
醫案二卷海昌蔣氏刊版 愼疾芻言一卷大椿謂醫學絕傳邪說殺人因著是
編近時烏程汪氏有刊本案江震人物續志大椿曾占籍秀水補諸生 吳晞淵續名醫
類案海鹽續圖經 沈明宗傷寒論注八卷莊仲方曰傷寒論向有王編成
往至明方有執 國朝喻昌前後攻之甚力明宗以爲未盡善乃作此編 石楷傷寒五法
證治百問 新方八法海鹽新志案楷涵玉子縣學生 王賢脈
貫伊志本傳 錢一桂醫畧四卷 郭志邃痧脹玉衡書四
卷莊仲方曰謂諸病多痧邪而前人未察因作痧脹玉衡推窮極變成一家之言足備前賢所未備案志

遂字右陶秀水人 田枌醫門八法六十四卷 孫榮台內經指要 南岍脈學 女科集成 沈又彭醫經讀 傷寒論讀 王士雄曰二書簡明切當允爲善本 女科輯要二卷 王士雄曰其書頗多入理深談發前人所未發者是編楊氏刻入潛齋醫學叢書 案 證治心編三卷 未刊 俞震古今醫案按十卷 是書刻於乾隆四十三年 沈潞敦仁堂醫案 魏塘人物記 方本恭內經述 自序畧曰于靈樞則取經俞而列其文于素問則取運氣而實其旨合運氣于經俞醫之能事畢經之大要明矣 戈恩育嬰常語三卷 于志 邵澍成方輯要二卷 于志 沈志裕瘍科遺編二卷 于志 沈祖赤醫學指要四卷 于志 祝貽燕治肝三法 葉案心法 傷寒易知錄 于志 黃凱鈞友漁齋醫話

三卷 張源痘科正宗續集 姚慎樞脈案三卷 並見魏塘人物記 案慎樞所著于志載有臨證辨訛醫案 談金章痘疹誠書 周笙靈素寶藏 醫林口譜 亦名六治秘書 未刊 沈濟遠女科名醫類案十卷 于志 章魯璠保幼心法 慎疾要畧 顧民瑸醫方綱目 張思田幼科採要五卷 張震醫學發蒙 譚耐冷 張仁錫痢疾重編二卷 奪錦瑣言一卷 醫案二卷 藥性便讀二卷 並未刊 案仁錫字希白青浦籍僑寓嘉善三十餘年 方耀證治集腋十卷 醫方歌訣六卷 本草補注六卷 許栽古今名方摘要歌 醫案賞奇 勞倓內傷論 痢證述 金匱述 海鹽新志 沈培基醫語箴規初集四卷 沈寶豪醫述二卷 仲泰老醫一得 痘疹仁端錄 並未刊 胡春田醫要便讀八卷 程菊孫四診便讀三卷 姚鑑傷寒合璧二卷 未刊 自序畧曰傷寒爲外因之總稱仲景獨以名其書陶尙文始變原文自立方法論者謂首變古法爲長沙之罪人然守成方以治溫熱疫癘時行之邪其致人夭殤多矣不若向文以下諸書列指觀陳隨時隨地而變通之爲得也是編上卷列類傷寒諸證辨其似也下卷列四時之邪窮其變也率取尙文以下諸家之說蓋仲景之書日也尙文以下諸書月也月固受日之明以爲明然無月則晝夜不能繼照是月又濟日之明之窮者也故名曰合璧云 傷寒集方一卷 未刊

右醫家

三國 陸績渾天圖注 三國志

陳 顧野王分野樞要一卷 元象表一卷 陳書本傳

明 鍾繼元渾象析觀 千頃堂書目 袁祥天官紀事 彗星占驗 沈宏天文二論 浙江通志 陸燕蘭臺鈔選 尤氏藝文志 袁黃歷法新書四卷 吳江沈志作五卷 徐世湜明紀天文一卷 浙江通志 陳藎謨象林二卷 明史志采集書錄一卷首載步天歌玄考伊案此編乃藎謨與 度變 礵庵槧一卷 四庫存目黃道周往復書札四篇所論皆律 占歷之 度測三卷 柚堂續筆談伊案是書專解周髀經 學

國朝 徐震亭二十八宿圖考說 烏青文獻 徐善周髀密法會通 弧矢六宗疏 丁子復徐處士傳云已燼於火 容圖寶珠綱 浙江通志 璇室洞詮 吳志 徐發天元歷理全書四十五卷 自序

吳元音天旋圖說丁子復遐牧傳 吳 張雍敬定歷玉衡十八

卷朱彝尊序畧曰博綜歷法五十六家正古今歷術之謬始質之吳江王寅旭氏繼又往證之宣城梅定九氏凡西洋之書溺于數之中出于理之外皦以所不知者弗受其惑焉是足以伸儒者之氣折泰西之口矣

宣城遊學記一卷潘耒序曰簡庵潛心歷術多主中歷往質勿庵講論逾年得窮歷法底蘊始知中西各有長短可以相成與勿庵昆弟及汪喬年輩往復辨難不下三四萬言此編是也 益

天秝法 閑道編自序畧曰閑道編者闢邪說之害於歷道也 恆星考

春秋長歷考 西術推步法闕 弦矢立成靈雀軒著書目 陳

訐句股述二卷采集書錄曰剖析句股源流黃宗羲爲之序 句股引蒙二

卷采集書錄曰以古周髀積冪皆句股法而句股尤爲測量諸法之原坿載明唐荆川李涼菴二論

萬光泰方程管窺 方程詳說 續說 筆算新術

王元啟句股衍九卷自序錢林曰宋賢以算法始於句股撰爲句股衍一書分甲乙丙三集甲集論開平十法爲句股因積求邊起義次論立方以及平方法再論和數開立方以盡立方諸法之變爲術原三卷乙集兩卷爲相求法百三十二則之綱要故名曰綱要丙集即相求法遂則分之以發明立法之意凡四卷雖本舊法而分條析目及入手前後之次悉出新意其標題名目及運思布算多有不循其舊者更有舊法不載而以意補入者 嘉定錢塘題後曰開方句股之法算家遞相推衍至梅勿庵之少廣拾遺句股闡微幾無餘蘊惺齋尚以舊術爲繁更立簡法先以開方究其原繼於句股窮其變以開方爲句股所取資也統名之曰句股衍 角度衍未栞 歷法記疑 九章雜論並未刻

方本恭象數述四卷 算術述一卷案此二種與內經述等子進合刻之爲春水船易學然此乃易道之旁通者也故各以類分列之 沈可培星度釋畧

六卷桂馨堂集 周以炘開方圖說一卷魏塘人物記 宋景洛

九章集成 鄭瑞淸天星一覽二卷

右天文算法

宋

釋曇瑩珞琭子三命消息賦注二卷永樂大典本四庫存目

岳珂三命指迷賦補注一卷明文淵閣書目四庫著錄 錢如璧

三辰通載三十四卷書錄解題陳振孫曰如璧編集五星命術 陸文遠

皇極大衍數浙江通志

明

袁祥六壬大全三十六卷明史志 吳澄沙滌難經嘉善

章志思賢里人吳澄世傳之術其法以十二支配合十干錯綜推演人之窮通壽夭一覽可決 鍾

繼元京房康節啟蒙錄 袁仁三命要訣 選擇新書

沈啟源星卦論浙江通志 王文祿葬度一卷續說郭 徐

必達元經訂注五卷徐氏遺書志徐善曰所輯宮宅諏選之書凡八十一篇晉宏農郭氏著其間曰注曰解出青田劉氏曰參則公所益入也伊案浙江通志以是書入史部運歷蓋誤以爲紀元之書也 吳組神相編 陳懋仁演禽玉鏡浙江通志 朱臣

維皇極義圖經海鹽續 吳文冕三才匯璧四卷海鹽新志

國朝

蔣平階地理辨正五卷 地理古鏡歌一卷 翻卦

挨星圖訣攷一卷 水龍經五卷案檇李詩繫平階字大鴻華亭人入庠嘉

善國初避地居嘉興 萬育和形家五要補編查慎行序 崔學泗

訂定爬沙經二卷 曹庭棟火珠林遺意四卷 著測

六卷伊志自序畧曰京氏房著火珠林示人趨避之道原本久已無傳而散見他書者法猶可考今市肆間擲錢布卦亦得竊其說以決人疑惟是世俗相沿或穿鑿傅會而且納甲飛伏數大端亦無異議其失京

氏之遺意多矣竊謂此亦易理之一節世俗往往妄憑臆見致昧本眞於是博稽傳述溯其源流證其是非分門類聚輯爲一書 吳元音葬經箋注于志 張九錫輯玉尺經二卷附劉氏心書 閔如愚地理盤鍼圖說 地理元空說一干支卦爻說魏塘人物記 孫濤盤鍼正義 張心言地理辨正疏六卷 朱蕙地理辨正補于志 徐均潮地理擷華 地理辨非海鹽新志 錢嘉鍾六壬兵占 奇門彙考六卷

右術數

唐 顧況畫評一卷新唐書志

宋 岳珂寶眞齋法書贊二十八卷永樂大典本四庫著錄

元 李衎竹譜十卷永樂大典本四庫著錄 錢昱竹譜三卷于志 吳鎮文湖州竹派一卷學海類編

明 周履靖藝苑一百卷 周氏繪林十六卷 閒雲館畫藪九卷明史志頌堂書目 干 書法通釋二卷 漢隸鉤元二卷 書苑瑤華二卷 墨池白璧三卷 字學釋疑三卷 字學要語二卷 九畹遺容一卷 嚶翔春谷一卷 淇園肖影二卷 羅浮幻質一卷 畫評會海二卷 綠綺新聲五卷梅墟別錄 吳繼墨娥小錄十四卷嘉禾徵獻錄 項穆書法雅言一卷四庫著錄穆爲墨林山人項元汴子論次書法凡十七篇 項道民筆道通會一卷四庫存目采集書錄曰亦論運筆法道民穆從弟 項聖謨墨君題語二卷四庫著錄案是編皆題詠墨竹之文上卷爲李肇亨作下卷爲李日華作肇亨日華子 朱象衡筆道通會一卷四庫著錄 項芀原雲煙過眼錄嘉禾徵獻錄 吳景長畫繼補遺二卷采集書錄案是書補鄧椿畫繼之遺紀宋代畫家凡九十有九元代諸家附焉 李日華竹嬾畫媵一卷 續畫媵一卷四庫存目 書畫想像錄四十卷並載明史志 汪顯節繪林題識一卷四庫存目案萬歷中秀水周履靖鉤摹古今名畫勒於石題曰繪林一時文士多有題識顯節編次爲一卷 郁逢慶書畫題跋記十二卷 續題跋記十二卷四庫著錄采集書錄曰采唐宋元明書畫題跋及詩詞等彙錄之郁氏於明代收藏稱富故見聞亦頗廣云吳壽暘曰逢慶字叔遇嘉興人性喜收藏書畫崇禎中嘗手輯古今名人法書名畫題跋記可與汪氏珊瑚網相頡頏惜未有刊行之者 汪

珂玉珊瑚網四十八卷四庫著錄案書凡古今法書題跋二十四卷古今名畫題跋二十四卷又附錄一卷係畫法 譚貞默近代畫名家實錄 沈奇怪石供印譜于志 朱奎祥印藪于志

國朝 高士奇江村消夏錄三卷四庫著錄采集書錄曰取古人書畫眞蹟詳識其尺度廣狹及印記跋語閒以己意評隲之 汪文柏古香樓書畫題跋三卷 顧仲清歷代畫家姓氏韻編七卷四庫著錄采集書錄寫本六卷是書以韻編姓各注里籍出處大畧并表其所長其釋道閨秀別附後題曰小長蘆顧仲清編次孫繡虎補輯 金陶奏御琴譜一卷陶自識畧曰康熙四十六年南巡恭獻太平奏萬國來朝兩調 張庚畫徵錄三卷續錄二卷四庫存目案庚自謂國朝畫家徵其跡而可信者著於篇其宗派何出造詣何至一一推測而論著之餘槩從附錄而止其品鑑爲尤愼焉

圖畫精意識一卷後坿論畫八則一卷　案此以所見古人眞跡推論其章法起伏布
置以古文法喻之能抉其精意　強恕齋題跋二卷盛百二張徵君墓誌銘未刊
戴錡畫史十卷梅里詩輯　曹庭棟幽人面目譜三卷伊志
琴學內篇一卷外篇一卷四庫存目　采集書錄曰內篇二十二證正律之外有變
律半律與律呂新書之說相發明外篇則薈萃古今琴說攷訂焉　許瀚書法集要一
卷于志　濮祖型墨君論古案是編多題古人蘭竹棵菊詩兼論畫派　戈守
智漢溪書法通解八卷四庫存目　朱履貞書學捷要二卷
刻入鮑氏知不足齋叢書　方薰山靜居論書二卷　論畫二卷此編
刻入知不足齋叢書　張宏牧篆學津梁一卷濮錄　朱宗文草聖
彙辨四卷　李士錡書畫記于志　蔣山琴譜易知五卷

魏塘人物記　徐光燦琴譜徐熊飛綱齋先生墓誌銘　未刊　柯煜簫譜
新編　錢一桂雙橋漁父琴譜一卷　張燕昌飛白錄
二卷案是書與吳中陸紹曾同輯嘉慶九年黃錫蕃刊於閩中　董棨養素居畫學
鉤深一卷近爲烏程汪氏所刊　馮登府玉臺書史補六卷　未刊自
序畧曰樊榭徵君集古今閨媛精筆翰者晉爲玉臺書史分宮闈女仙名媛姬侍名妓女冠靈異雜錄爲七門
不分卷目未成之書也余從武林汪氏海昌馬氏假錄之補纂八十餘則爲六卷　黃錫蕃續
古印式二卷金石學錄　張廷濟墨林清語　金石奇緣金石
學錄　陸璜傳畫樓讀畫錄顧廣譽陸蕡鄉傳

右藝術

漢　嚴助相貝經一卷新唐書志

宋　張掄紹興內府古器評二卷津逮祕書　張炎眞曰掄汴人南渡賜居于秀
之青鎭　常詵孫天閑錄杭氏藝文志

明　范明泰石譜一卷尤氏藝文志　項元汴蕉窗九錄九卷
學海類編　四庫存目紙錄墨錄筆錄硯錄帖錄書錄畫錄琴錄香錄凡九　周履靖元賞
編一卷杭氏藝文志　茹草編四卷明史志　菊譜一卷　湯
品一卷　續易牙遺意一卷尤氏藝文志　王文祿與物傳
一卷浙江通志　李芳續牡丹譜一卷嘉禾徵獻錄　王路花史
左編二十四卷四庫存目　宋景關曰花史左編甚博雅簡首有李日華序又曰花史署名檇
李仲遵王路纂修先字後名明季習氣采集書錄題曰仲遵撰蓋誤　案采集書錄作二十七卷分花之品花
之候花之友花之器等名色　陳詩教灌園史四卷杭氏藝文志四庫存目又有

花裏活三卷　支立十處士傳一卷四庫存目　采集書錄曰仿韓愈毛穎傳之體
取衾枕爐帳等物各爲之傳共十篇　陳懋仁異魚贊杭氏藝文志四庫存目　錢
壓藥圃種花錄錢氏家乘　釋智舷酒春秋四卷四庫存目　茗
箋一卷學海類編　穆希文蟫史十一卷采集書錄曰蓋以蟫之蠹於書而文
爲諸蟲作一史也　巢鳴盛老圃良言一卷學海類編　譚貞默譚
子雕蟲二卷四庫存目　一名小化書詳考百蟲種類爲蟲賦一篇分三十七段逐加詮釋采集
書錄閏集作譚埽撰誤

國朝　曹溶硯錄一卷學海類編　倦圃蒔植記三卷四庫存目　朱
彝尊說硯一卷學海類編　高士奇北墅抱甕錄一卷四庫存目
張雍敬雞冠花譜一卷靈雀軒著書目　俞顯蝶譜一卷

朱琰陶說二卷伊志　陸烜人參譜四卷　盛百二淄川

硯銘譜二卷未刊　黃欽阿端溪硯史于志本傳　李汝章灌

圃餘事四卷檇李續詩繫　郭鳳茶譜天香錄　岳鏞菊譜四

卷濮錄　王逢辰檇李譜一卷

右譜錄

晉　陸機要覽三卷新唐書志

陳　顧野王符瑞圖十卷　祥瑞圖十卷新唐書志鄭樵曰起三代止梁武又有符瑞圖一卷

宋　沈揆顏氏家訓攷證一卷讀書敏求記自序畧曰揆家有閩本嘗苦字譌難讀顧無善本可讎比去年春來守台郡得故參知政事謝公家藏舊蜀本行間朱墨細字多所竄定則其子景思手較也迺與郡丞樓大防取兩家本讀之大抵閩尤謬誤惟謝氏所較本頗精善自題以五代和凝本參定而側注旁出類非取一家書然亦時有疎外讎書之難如此於是稍加刊正多采謝氏書定著為可傳又別列攷證二十有三條為一卷　錢曾日沈君讎勘此書當時稱為善本　許棐樵談一卷兩浙名賢錄　四庫存目千頃堂書目又有樵漁錄二卷　李如篪東園叢說三卷案如篪括蒼人官桐鄉丞　采集書錄曰前二卷條論經義後一卷係雜記　岳珂愧郯錄十五卷四庫著錄　莊仲方曰記宋代制度參證舊典異同足補史氏之闕　劉昌詩蘆浦筆記二卷四庫著錄　自序畧曰服役海販貢鹽外無職事惟繙書以自娛凡先儒之訓傳歷代之故實文字之訛舛地理之遷變皆得溯其流而尋其源　莊仲方曰此作于監華亭蘆瀝場鹽課時故名蘆浦考　辨疑義多糾正吳曾能攷齋漫錄之失間及軼事

元　俞鎮學易居筆錄一卷　陳世隆北窗筆記一卷四庫著錄　嘉興司志曰是書前有小傳云世隆字彥高錢塘人至正中館嘉興陶氏沒於兵所著詩文皆不傳惟宋書拾遺與此書存於陶氏家　案司志作北軒筆記

明　徐一夔藝圃蒐奇十六卷　補闕二卷一夔自序　案是書亦作陳世隆所編凡一百三種　沈宏緯畧類編三十五卷采集書錄曰專取瑣逸之事以類次之卷首止署崇德芹溪沈五字　陸垹賓齋雜著一卷四庫存目　姚翼玩畫齋雜著編八卷采集書錄　錢琦錢子測語一卷四庫存目　采集書錄曰凡分八門皆論經世理身之事　鹽邑志林有之　禱雨錄一卷四庫存目　胡憲仲仰崖遺語一卷　錢薇海石子一卷鹽邑志林　周履靖螺冠子十卷梅墟別錄　夷門廣牘一百二十六卷四庫存目　案是書凡八十六種分十門　包衡清賞錄十二卷明史志

沈堯中沈氏學弢十六卷四庫存目　采集書錄曰所采皆軼事凡二十八門　空空子內外篇四卷千頃堂書目　王文祿海沂子五卷　竹下寤言二卷尤氏藝文志　四庫存目　書凡十四篇篇各分章仿子家體為之　文昌旅語一卷　輔衍二卷　機警一卷邱陵學山　邱陵學山案是書所載諸書凡七十四種類多刪節原文非全本也　寶文照紀閏類編四卷四庫存目　采集書錄曰自天文至鳥獸分類二十有四皆雜採史傳及見聞隨筆論述非以備故實也　袁黃祈嗣真詮一卷四庫存目　姚士粦於陵子一卷四庫存目　王士禎曰於陵子姚叔祥作也　樊維城鹽邑志林六十二卷浙江通志　案是書輯海鹽歷朝著作凡四十一種　胡震亨秘冊彙函十七種檇李詩繫　四庫存目　鄭端允培壘居雜錄四卷四庫存目采集書錄曰多述

其曾祖曉之家學廣以先正格言并錄成此 朱廷旦𢣫堅錄二十四卷 四庫
存目 案是書採輯故實綴以評論凡一百類 李日華六研齋筆記四卷
二筆四卷 三筆四卷 四庫著錄 紫桃軒雜綴三卷 又
綴三卷 四庫存目 味水軒日記八卷 蔣光煦曰自萬歷己酉至丙辰記其所見
書畫異聞時事附及焉 戈允堅異林十卷 千頃堂書目作梅花渡異林 四庫存目
案是編凡軼史隨筆二卷哟事漫記三卷軼語考鏡三卷藝苑閒評二卷 穆希文說原
十六卷 四庫存目 采集書錄十二卷 動植紀原四卷 明史志 沈德
符飛鳧語畧一卷 學海類編 四庫存目 案是書論字墨法帖及古器眞贗之別
宋鳳翔秋涇筆乘一卷 四庫存目 馬嘉松十可篇十卷 四庫
存目 采集書錄曰采取史傳新異之事分可景可味可快可鄙可泯可坦可遠可諧可嘉可副十則

項皐謨學易堂筆記五卷 四庫存目 采集書錄曰前雜論經傳後附學易三章滴
露軒雜著一卷明歷年圖一卷賸言一卷 李樂拳勺園小刻 烏青鎮志 陳懋
仁析酲漫錄六卷 四庫存目 吳統持典林十卷 高承埏
稽古堂羣書秘簡 浙江通志凡二十二種 王文楨操瑟迂談二
卷 于志 朱逢吉大理集四卷 童子集一卷 于志 郁起
麟子勺 胡其友人鏡 茲于志增
國朝 陸隴其三魚堂日記十卷 道光間吳江柳氏刊行卷首爲順治丁酉戊戌兩年
所記係從舊鈔本補刊 彭孫貽彭氏舊聞錄 項眞無事編二
卷 四庫存目 陳恂餘庵雜錄三卷 四庫存目 陶煒課業餘談
三卷 學海類編 四庫存目 吳震方說鈴前後集 浙江通志 虞兆

潑天香樓偶得十卷 四庫存目 是書雜錄古今事 陳光緈竹素辨
譌二卷 漁洋文畧 高士奇天祿識餘二卷 四庫存目 曹庭棟
老老恆言五卷 四庫存目 采集書錄曰皆言調養老人之法 永宇溪莊識
畧 于志 金檀消暑偶錄一卷 張庚短檠瑣記二卷 盛百
二張徵君墓誌銘 未刻 施錫晉不遠復齋雜著一卷 筆記一
卷 盛百二借林施先生傳 未刊 沈廷瑞東畬雜記二卷 未刻 朱坤
靈泉筆記一卷 錢世錫復齋隨筆 朱履貞閒雲雜
志一卷 以上二書未見刊行本 盛百二柚堂筆談四卷續筆談
八卷 柚堂居士著述序曰筆談考據及講學多所心得嘉言懿行忠孝節義神仙怪異及鄙瑣之事無所
不談意在醒世非泛然也 沈濤銅熨斗齋隨筆八卷 交翠軒筆

記四卷 沈濂懷小編二十卷 賈朝琮嘯軒偶筆二
十卷 未刻 丁泰仙菽廬札記一卷 未刻 岳鑑金佗祠事
錄八卷 鄭炎雜著一卷 于志 計楠一隅草堂雜著十
卷 魏正錡鴛水舊聞 于志 項映薇古禾雜識一卷 道光
間王壽增輯爲四卷刻之 曹湯鼎咫聞暇錄 于志 吳遇坤天咫錄
魏塘人物記 吳汶擊千文鈔 于志 吳維楷羣言明辨錄 于志
曹開裕半村草堂雜綴十卷 于志 徐熊飛雪舫齋讀書
書後二卷 耆舊錄二卷 朱馨元吳蒙瑣證 未刻 陸
烜隴頭芻語 梅谷偶筆 查奕照東望閣隨筆
郭麐江行日記一卷 樗園消夏錄一卷 許燦春風

錄　李遇孫天香錄　馮登府小謫仙館摭言十卷未刊
酌史巖摭譚十卷　朱方增識大錄　識小錄　張
純照遺珠貫索八卷　朱錦琮信疑隨筆十二卷　錢
年登夢漁日記　吳肇璒竹香偶識春雪亭詩話案肇璒所著又有讀
史窺瑣　黃金臺聽鸝館日識稾本十二冊未刊　岳廷枋西泠
紀游錄一卷濮錄　陸以湉冷廬雜識八卷　金衍宗颿
隱錫言二卷　錢泰吉曝書雜記三卷　甘泉鄉人遡
言二卷雜文一卷爲書跋學職考一卷爲海昌學職禾人考　鍾文烝乙閏錄四
卷未刊

右雜家

唐　陸贄備舉文言二十卷新唐書志　趙希弁曰總四百五十餘門議者謂大類六帖而文辭過焉崇文總目中有之　案宋史志有陸贄靑囊書十卷入類事而明浙江通志入五行類蓋以爲葬書也恐誤今考新唐書志類書有國子司業竇常靑囊書十卷鄭樵通志畧所載類書靑囊書十卷有竇常無陸贄恐宋志亦誤也附記于此

宋　錢諷回溪史韻四十九卷宋史志類事類便檢閱　陳振孫曰附韻　趙希弁曰依唐韻分四聲而以十七史之句注于下　朱彝尊跋曰回溪錢諷正初吾鄉人也所撰史韻四十九卷予嘗見宋時鋟本于京師僅存七冊嫌其殘闕未之錄也歸田後從琴川毛氏長洲何氏訪其所藏合之才十七卷亟寫而存之宋人免園冊類摘雙字編四聲以便簡閱回溪獨采成語有多至三四句者未嘗割裂原文信著書之良法矣天下之寶離者會有合時安知後來所求不適少此十七卷耶

明　鍾繼元羣書選要杭氏藝文志　沈校祭魚類纂浙江通志

沈堯中玉府鈞元六卷杭氏藝文志　沈懋孝類苑總目八
十卷浙江通志　李日華姓氏譜纂七卷　時物典策二卷四庫存目　采集書錄自天文至鳥獸爲類二十有四　卞洪章類苑秘鈔四十
卷嘉禾徵獻錄　陶涵中男子雙名記一卷四庫存目　李肇亨
婦女雙名記一卷四庫存目　陳懋仁庶物異名疏三十卷四庫存目　采集書錄曰凡稱名之涉險怪歧異者悉錄之所采頗廣足備異聞　顏茂猷六
經纂要無卷數四庫存目

國朝　高士奇編珠補遺二卷　續編珠二卷四庫著錄　朱彝
尊韻粹一百七卷四庫存目　陳忱同姓名錄伊志　李繩遠
李氏類纂五十卷　姓氏譜六卷　龔在升三才彙編

四卷　朱昆田三體摭韻十二卷四庫存目　采古今騷詩詞三體傳語依韻分編　汪文柏杜韓集韻八卷四庫存目　采集書錄曰取唐杜甫韓愈二家之詩編入四聲使學者知造句押韻之法以爲古韻通轉之證　吳寶芝花木鳥獸集
類三卷四庫著錄　姚晉錫俗語有本錄三卷自序畧曰困學紀聞載俗語有本百餘條止云出自某書未錄原文於下暇日因補錄之後閱書隨手增益久而遂多合編爲卷以資閒覽　萬光泰說文凝錦錄一卷自識畧曰以五經無雙才訓文字其奇奧即在說解不僅以詁訓視也撮其單詞儷爲耦語　案是錄今杭州汪氏刊坿篆韻之後
涼庵已未叢鈔于志　沈叔埏古今同姓名錄　魏正錡清
稱名紀麗四卷未刊　錢昌齡喻林一枝自跋畧曰明徐汝賢編輯喻林一百二十卷余以其卷帙太繁摘其尤要者錄成四冊題曰喻林一枝　李轂人海韻編

姓氏類纂編 梅里詩輯竝未梓 毛猷廣編珠三十卷 引
書海錯四十冊 竝未梓毛氏後人家藏 何炳帝輿合覽二卷
右類書
晉 干寶搜神記二十卷 新唐書志 漢魏叢書八卷 莊仲方曰原書久佚此爲後人鈔撮成編然其文固斐然可觀 案是書石門馬氏刻入龍威祕書
陳 顧野王續洞冥記一卷 陳書本傳
宋 王明清揮麈錄共二十三卷 讀書附志 四庫著錄 投轄錄一卷 文獻通考 陳振孫曰所記奇聞異事客所樂聽不待投轄而留也 王照新志五卷 讀書敏求記 四庫著錄 岳珂桯史十五卷 文獻通考 四庫著錄 莊仲方曰記南宋雜事一百四十餘條意主褒刺借物論以明時事亦畧述俳優詼諧之詞 魯應龍閒窗括異志一卷 鹽邑志林 四庫存目 采集書錄曰所志多三吳軼事 莊仲方曰記古今事言神怪以明因果 常謊孫櫟齋筆記 海鹽文獻志
元 姚桐壽樂郊私語一卷 四庫著錄 莊仲方曰多記瑣事軼聞元末寇亂相仍桐壽避地海鹽獨免兵火故曰樂郊
明 張甯方洲雜言一卷 董穀碧里雜存一卷 丁原薦西山日記二卷 以上竝四庫存目 李樂見聞雜記九卷續記二卷 四庫存目四卷 徐泰玉池談屑四卷 海甯衛志 徐咸澤山野錄 又西園雜記 海鹽圖經 沈大奎廣玉壺冰 浙江通志 王文祿庭聞述畧一卷 尤氏藝文志 馮夢禎快雪堂漫錄一卷 馮汝弼祐山雜說一卷 四庫存目 包餘釋疑錄

嘉興府志 卷八十一 經籍二 三十六

呂炯山林漫言 藝苑日錄 嘉禾徵獻錄 倪鍾湄五湖外史 課餘拾古 浙江通志 包汝楫南中紀聞 金忠湄曰包公以孝廉知縉甯縣著循吏聲此其所述紀事居多可備邑乘也 案是書刻入硯雲甲編其自序謂仿昔賢方言遺意 消夏綴言 嘉興湯志 陳泰交二碧記二卷 前星監苑八卷 嘉禾徵獻錄 馮伯禮賸言一卷 浙江通志 姚士粦見只編三卷 鹽邑志林 李日華雅笑錄十二卷 浙江通志 案筆記雜綴通志竝列小說今析出 陸上瀾閒齋志林四卷 嘉禾徵獻錄 倪醇白雪談柄 檇李詩繫 屠紹芳眞寄亭臆言 浙江通志 項鼎鉉呼桓日記十二卷 學易堂筆記 千頃堂書目 李培塵尾支談 浙江通志 胡夏客谷水談林六卷 尤氏藝文志 陳邦俊廣諧史十卷 四庫存目 采集書錄曰錄古今誹諧之文始唐迄明仿徐氏舊刻諸史增多二百四十二則 錢繼登東皋問耕錄 高道素明水軒筆記 嘉禾徵獻錄 藥房隨筆二卷 千頃堂書目 陸基仁藝苑蔓言 馮伯禋南歸漫筆 浙江通志 朱廷旦散花軒雜俎 嘉禾徵獻錄 彭宗孟江上雜疏一卷 鹽邑志林 姚宏謨錦囊雜綴八卷 嘉禾徵獻錄 沈德符敝帚軒賸語三卷 補遺一卷 四庫存目 案金氏硯雲乙編所收爲敝帚齋餘談 陳藎謨祥異編年 陳懋仁後述異記 瑰秘初函 浙江通志 朱國望雨窗庚桑記一卷 嘉禾徵獻錄 朱茂曜徵夢錄 檇李詩繫 高承埏鴻一亭筆記 嘉禾徵獻錄 南部聞見記四卷 尤氏藝文志 錢潤徵弋獲

嘉興府志 卷八十一 經籍二 三十七

鈔嘉禾徵獻錄 李琪枝清異續錄三卷四庫存目 卜世臣拄頰言卜氏著述考 支廷訓十影君傳一卷尤氏藝文志 李天植山房日錄四十卷未刊 灌園日錄十二卷未刊 山居雜志宋景濂龍湫集序 馬嘉松花鏡雋聲 北游瑣言李檇詩繫 李延昰南吳舊話錄朱彝尊高士李君塔銘 鴛湖百家談異錄八卷千頃堂書目不詳撰人名氏 李儁烈東溟鑫測一卷于志

國朝 沈嗣選惜陰雜錄十卷 弋獲編 咫聞錄 飛神傳記浙江通志 彭孫貽茗齋雜記嘉禾徵獻錄 吳治筆記六卷 俞汝言雙湖雜錄竝見浙江通志 勞大與宜齋隨筆 芥園寶錄 陸棻雅坪散錄日下舊聞 高士奇栢西開居

錄八卷 讀書筆記十二卷 張天植萷因偶記一卷浙江通志 蔣如馨因語錄四卷 吳震方述異記三卷說鈴 王濂蚓庵瑣語一卷 徐岳見聞錄一卷 王著亘區八友傳一卷以上竝四庫存目 李符花南老屋歲鈔日下舊聞 俞縣桐葉偶書四卷 馮王棵犂鋤叢語五卷 陶越過庭紀餘錄三卷四庫存目 陳忱不出戶庭錄 柯維楨小丹邱客談日下舊聞 張翊清養疴雜筆新塍瑣志自序 盛禾稼部筆記十六卷 屠元濬昭代舊聞 尊樂類編伊志 朱芸杉亭雜鈔柚堂筆記 陳球燕山外史八卷 王綱觀鄉記四卷 黃凱鈞悅目益心八卷 遺睡雜言八卷于志 李璜小窗偶錄 佳聞手編 俞兆晟海樹堂雜錄 蔭華軒筆記 柯汝錫甕天錄 吳濟世小友錄 葉棠象名錄 張宏照撥雲堂日鈔 姜之垣癸甲閒鈔以上于志 沈濤客吳隨筆一卷未刊 續恆言錄一卷未刊 毛獻詹詹錄二卷未刊後人藏稾 黃安濤吳諺集自序未刊 賢已編六卷自序未刊 賈敦艮花南小志二卷 蔡錫琳移雲軒筆記 吳潤卿浣香記事聞秀于志增

右小說家

唐 釋光範釋會章句十五卷浙江通志

後唐 釋虛受湟槃義評鈔十四卷宋高僧傳

宋 釋契嵩輔教編三卷宋史志 傳法正宗紀十一卷王氏續通考 釋晧端金光明經隨文釋十卷宋高僧傳 釋清欲了庵語錄三卷 釋萬金西白語錄竝載浙江通志

元 釋念常佛祖通載二十二卷四庫全書著錄案念常華亭人元延祐中居嘉興祥符寺 釋宏道楞伽經注釋浙江通志 釋本誠性學指要杭氏藝文志 釋維則楞嚴經會解十卷 楞嚴擲丸一卷黃氏書目 天台四教儀要正 冰巢禪師語錄浙江通志

明 釋梵琦六會語錄二十卷焦氏經籍志 西齋淨土詩 慈氏上生偈 釋法聚玉芝語錄浙江通志 釋海明破山語錄明詩綜 釋道濟法舟語錄三卷黃氏書目又有法舟和尚賸語一卷

釋眞可紫柏語錄一卷 釋可觀金剛通論一卷
金剛事說一卷 蘭盆補注一卷 楞嚴說題一卷
楞嚴集解補注三卷 圓覺手鑑一卷 山家義苑二
卷 竹庵草錄二卷 釋通容心經圖輪解 五燈嚴
統 祖庭鉗鎚錄 居士禪燈錄 釋景曇竺雲語錄
四卷 竝載浙江通志 釋盛勤源宗集 錢士升楞嚴外解 千頃堂書目
陸長庚楞嚴述旨十卷 明史志

國朝 釋期懷拙安語錄五卷 釋明涵萏石語錄 俞昱
禪悅輯畧二卷 正宗指南二卷 禪餘玉屑二卷
眾香雜組二卷 金作楫衣珠自覓 楞嚴心識 馮
登府梵雅一卷 錢嘉鍾翻譯名義摘要四卷

右釋家

晉 陸士龍陸子十卷 新唐書志

宋 陸文遠老子解 平湖朱志

明 冷謙修齡要旨一卷 四庫存目 吳宣道德經注 子午
流注通論 王氏續通考 鍾繼元道德要覽 陰符經注 浙江通志
仇俊卿元機通 王文祿陰符經疏畧一卷 杭氏藝文志
胎息經疏一卷 續說郛 黃洪憲老子解 裳莊獨
契 劉廷元老子解 莊子解 竝載浙江通志 郭紹儀三續
養生論 杭氏藝文志 呂炯道德經解 錢繼登南華拈笑

嘉禾徵獻錄 錢士升莊子內編詮二卷 千頃堂書目 沈棨攝
生要義十篇 周履靖煉形內旨一卷 八段錦圖一
卷 益齡單一卷 赤鳳髓三卷 海外三珠四卷
鶴月瑤笙三卷 玉函祕典一卷 金筒元言一卷
天形道貌一卷 浙江通志 沈懋孝導引圖訣 浙江通志 陸長
庚老子元覽二卷 南華經副墨八卷 卷各分上下 陰符
經測疏一卷 周易參同契測疏一卷 金丹就正篇
一卷 金丹四百字測疏一卷 方壺外史八卷 明史志
參同契口義一卷 悟眞篇小序一卷 麗眉子金
丹印證測疏一卷 金丹大旨八圖七破論一卷 崔
公入藥鏡測疏一卷 平湖志 袁黃靜坐要訣一卷 尤氏藝文
志 陳蓋謨參同契注 沈堯中古今參同契解 杭氏藝文
志 吳文冕元修最上乘二卷

國朝 彭孫貽方士外紀 嘉禾徵獻錄 周拱辰南華眞經影史
九卷 自序畧曰古人之書古人之影也其人已滅矣而吾從有有無無之際追其所爲神情魂魄而一以筆出之使人晤之躍然而欲與語也是眞善詮影者 徐善莊子注 浙江通志 葉鈐
果山修道居志二卷 四庫存目 徐大椿道德經注二卷
陰符經注一卷 竝四庫著錄

右道家

集部

宋 林至楚辭故訓傳六卷 楚辭草木疏一卷 楚辭補音一卷 讀書附志 繹騷 王氏續通考

明 周履靖九歌八卷 杭氏藝文志 黃洪憲離騷解 浙江通志

陸時雍楚辭疏十九卷 首有讀楚辭一卷時雍自著雜論一卷則采諸家之論其序次則首離騷次九章次遠遊次天問次九歌次卜居次漁父次九辨次招魂次大招以爲脈絡相承每篇各有序論以明作者之意天問一篇則取周拱辰注謂其論辨博可令諸家都廢也

蔣之翹楚辭集注 末附後語附覽辨證三種 伊志

國朝 周拱辰離騷草木史十卷 朱乾楚辭古音

右楚辭

漢 莊忌莊夫子賦二十四篇 常侍郎莊忽奇賦十一篇 嚴助賦三十五篇 朱買臣賦三篇 漢書藝文志

案集始于東漢而班固藝文志序詩賦爲五種實郎集之所自昉也其莊夫子賦等篇今錄入以冠別集之首

晉 陸機集四十七卷 錄一卷 七錄 隋書志十四卷 新舊唐書志十五卷郡齋讀書志書錄解題十卷

陸雲集十卷 錄一卷 七錄 隋書志十二卷新舊唐書志郡齋讀書志書錄解題十卷 四庫著錄陸士衡陸士龍集並十卷

干寶集五卷 七錄 隋書志新舊唐書志四卷

陳 顧野王集十九卷 隋書志 南史本傳二十卷 案 吳江沈志顧侍郎文集二十卷

唐 邱爲集卷亡 新唐書志

顧況集二十卷 新唐書志 陳振孫曰湜序言吾自爲顧況作序未嘗許他人況在唐蓋爲人推重也集本十五卷今止五卷不全 四庫著錄華陽集三卷

皇甫湜序 案此本乃其裔孫名端苑合成帙而以其子非熊詩附之

陸贄翰苑集十卷 韋處厚纂 新唐書志 權德輿序陳振孫曰序稱制誥集十三卷奏章七卷中書奏議七卷今所存者翰苑集十卷牓子集十二卷序又稱別集文賦表狀十五卷今不傳晁公武曰陸贄奏議十二卷舊有牓子集五卷議論集三卷翰苑集十卷元祐中蘇子瞻乞校正進呈改從今名疑是裒諸集成此書 趙希弁曰讀書志云陸贄奏議十二卷希弁所藏制誥十卷奏草六卷奏議六卷凡二十二卷 錢曾曰陸宣公翰苑集二十二卷大字宋槧本惜其詩文別集十五卷失傳于世 四庫著錄二十二卷 伊案明內閣書目有陸宣公文集菁華三卷宋唐仲英纂

陸扆集七卷 新唐書志 宋史鄭氏通志陸扆禁林集七卷

殷堯藩詩一卷 顧非熊詩一卷 新唐書志

宋 陳舜俞都官集三十卷 應制策論一卷 宋史志 蔣之奇序樓鑰後序 案都官集其曾孫杞知慶元府時重刊與原序卷數同 四庫著錄十四卷簡明目錄曰原本久

佚今從永樂大典錄出凡文十一卷詩三卷

莫蒙臥駝集十卷 至元志

毛滂東堂集十五卷 宋史志 書錄解題東堂集六卷詩四卷書簡一卷樂府二卷 至元志東堂集十卷 沈季友曰其板刊于嘉禾郡庫 四庫著錄簡明目錄曰原本久佚今從永樂大典錄出

聞人宏文集十五卷 浙江通志

魯詹詩十卷雜文二十卷 張守魯公墓志銘

魯訔文集三十卷 周必大魯公墓志銘

魯訔蒙溪己矣集四十五卷 後集二十卷 周必大魯公墓志銘 案浙江通志有冷齋集

鄭伯英歸愚翁集二十六卷 陳振孫曰伯英紹興登甲科第四人以親養三十年不調竟不出

朱敦儒陳淵集二十六卷 宋史志

巖壑老人詩文一卷 文獻通考 陳振孫曰希真初以遺逸召用嘗爲館職旣挂冠秦檜之孫壎欲學爲詩起希真爲鴻臚少卿將使教之懼禍不敢辭不久秦亡物論少之合有全集未見

陳與義

簡齋集二十卷文獻通考宋史志詩十卷又岳陽紀詠一卷陳振孫曰其先蓋蜀人東坡所傳陳希亮公弼者其曾祖也崇觀間尚王氏經學風雅幾廢絕而去非獨以詩鳴中興後遂顯用晁公武日宣和中徽宗見其所賦墨梅詩喜之遂登册府建炎中掌內外制拜參知政事以卒晚年詩尤工周葵得其家所藏五百餘篇刊行之號簡齋集四庫著錄十六卷伊案靜惕堂書目有宋鋟本胡穉仲孺箋註陳簡齋詩十三卷 陸埈益齋集十卷浙江通志 李曾伯可齋雜藁三十四卷續藁八卷續藁後十二卷四庫著錄總目曰曾伯丞相邦彥之孫南渡後流寓嘉興曾伯官至觀文殿學士爲南渡以後名臣其雜藁編于淳祐壬子續藁編于寶祐甲寅續藁後不著年月不知編於何時皆有曾伯自序其子杓嘗彙三藁刻之荆州湖北倉使劉鎔又刻之武陵咸淳庚午書肆又爲小本刊行其序即杓所作三藁皆各自爲編至元志始稱爲可齋類藁蓋後人合而名之非宋刻之舊 趙孟堅彝齋文編四卷明內閣書目朱彝尊曰相傳趙子固覆舟于嘉興疾呼蘭亭在否舟人負以出子固大書云性命可輕此寶難得好事者目爲佳話又子昂仕元子固不仕其弟過之行後拂塵于座子觀袁伯長跋禊帖稱子固疕帖入賈相家賈敗籍于官有官印然則子固卒于宋未亡之前伯長所云蓋不誣矣四庫著錄總目曰其集宋史藝文志不著錄惟見於明祕閣書目者四册世久失傳今從永樂大典摭拾補綴釐爲四卷大都清遠絕俗頗其爲人 岳珂玉楮集八卷四庫著錄王士禎曰安邸張杞園貞以寫本宋岳珂玉楮集相寄有嘉熙庚子自序謂之著書甚多有東陲事略未見案宋集書錄玉楮集有珂十六世孫元聲刊本 棠湖詩藁一卷四庫存目伊案此編爲北宋宮詞百首有珂自序宋以來公私書目皆未著錄惟浙江采集書錄有之 許棐梅屋集五卷名賢小集四庫著錄簡明目錄曰凡梅屋詩四藁一卷融春小綴一卷第三藁一卷第四藁一卷雜著一卷伊案四庫全書存目又有獻醜集一卷僅短文十一篇樵談三十則 張堯同嘉禾百詠一卷至元志四庫著錄簡明目錄曰足與圖經參考

趙孟僩湖山汗漫集 釋契嵩鐔津集二十卷浙江通志四庫著錄二十二卷伊案是編明宏治嘉興釋如卺所刊凡文十九卷詩三卷 釋慧梵蓮居集浙江通志 趙汝愚趙忠定集十五卷書錄解題 李正民大隱集三十卷宋史志四庫著錄十卷簡明目錄曰原本久佚今從永樂大典錄出正民初從高宗航海後知陳州爲金所執紹興十六年南還仍歷官禁近奉祠以終其文制誥爲多率溫潤流麗詩亦不失爲雅音 李長民汴都賦一卷宋史志厲鶚曰長民正民之弟南渡寓家海鹽 黃幹勉齋集四十卷宋史志四庫著錄 張宰蓮社文集五卷宋史志張炎曰張掄汴人賜第於秀之青鎮子宰孫庶曾孫屋因世居焉 徐綱桐鄉居士詩集 莫若冲語溪集十卷浙江通志 徐龜年淡軒集十卷續見聞雜記 衛涇後樂集二十卷四庫著錄簡明目錄曰原本久佚今從永樂大典錄出伊案趙圖記後樂集五十卷今考松江府志其集凡七十卷乃其子樵所編嘗刻之永州歲久已失 蔡開畏齋集十五卷 陳塏可齋瓿藁二十卷浙江通志 錢昱二卿文藁二十卷于志 沈晦學士集于志 陳炳退庵居士集十五卷于志

元

張伯淳養蒙先生文集十卷四庫著錄總目曰其集刊版久佚輾轉傳鈔殘闕頗甚此本文六卷詩三卷詞一卷乃錢塘厲鶚自繡谷吳氏者鶚頗爲校正然脫簡終弗能補考顧嗣立元詩選中闕字與此本同則嗣立所見即此 俞鎮修辭藁四十二卷浙江通志 黃玠弁山小隱吟錄二卷四庫著錄伊案明湖州府志云玠嘗樂吳興山水因卜居弁山與趙文敏遊文敏稱許之有弁山集知非藁今本題弁山小隱吟錄或疑是後人以卞山集知非藁合爲一編前有自序 吳鎮梅道人墨荼詩千頃堂書目 梅花道

人遺墨二卷 四庫著錄總目曰嘉興志稱其卒於明洪武中考鎮墓碣生於至元十七年庚辰
卒於至正十四年甲午則志爲外誤又陳繼儒梅花庵記稱鎮自題墓碣爲梅花和尚後札木揚喇勒智所至
椎冢燔鄉獨鎮之墓疑爲僧塔遂舍去考札木揚喇勒智發宋陵在至元甲申乙酉之間元史與癸辛雜識所
記並同是時鎮方五六歲繼儒據以爲說亦疏謬也鎮舊無專集此本題曰遺墨乃其鄉人錢棻摭拾題畫之
作萃成編 孫固聽雪齋稾 浙江通志 陳堯道竹林集 葉
廣居自得齋集 檇李詩繫 陳秀民寄亭集 元詩選 錙堪芝
林集 浙江通志 陸景龍湖峯稾 檇李詩繫 陳景仁愛山詩集
明內閣書目 秦約樵海集 尤氏藝文志 范致大金帚集 于志
朱志道教授集 于志 周致堯 一名棐 山長集 元詩選二集朱彝尊曰
山長舊有集鈔存崇德縣學有闕人知縣事者攜之歸遂失傳今所存者檇李英華湖海者英集所收一二而

已曹能始石倉詩選載山長詩較富或在閩得覩其全爾予友高念祖謂山長名棐以字行而蔣布衣楚穉則
云字煥文致堯其名攷陳緝熙有送周煥文從唐伯剛之吳興作疑布衣之言得其實也沈季友曰致堯先
世來自四明居崇德州石門鎮著有石門集淮海泰約序之稱其詩不事雕飾特以雅致爲佳 顧瑛
玉山璞稾一卷 四庫著錄沈季友曰顧瑛在台溪有暮雲集今佚 譚復見心
小草 檇李詩繫 釋克新雪廬南詢稾二卷 浙江通志克新鄱陽人住嘉
興水西寺沈季友曰克新初著南詢稾已燬於兵今惟雪廬集行世 釋宗衍碧山堂
集 錢氏元史藝文志案宗衍字道源吳人住持平湖德藏寺僧

明

鮑恂西溪漫稾四卷 續見聞雜記周賀曰西溪詩傳者絕少聞海鹽胡氏有刊本
求之不得 貝瓊清江文集三十卷詩十卷 明史志四庫著錄康熙間
桐鄉金檀刊版 江漢月下清遊集 徵獻錄 徐一夔始豐類稾

十五卷 千頃堂書目朱彝尊曰大章遺稿罕傳王貽上所四冊比余家藏倍之然無詩猶非足本也
四庫著錄十四卷簡明目錄曰世有二本其一六卷頗闕略其一即此本以千頃堂書目考之佚詩一卷
張翥梓宇集十卷 浙江通志朱彝尊曰洪武修禮書吾鄉與者徐一夔陳世昌及翥
也翥所居有巨梓一夔爲作記梓宇集不傳朱翰檇李英華取其詩壓卷 朱逢吉朱大理
集四卷 焦氏經籍志 貝翱舒庵集十卷 明史志明詩綜作平澹集
陳世昌希言集一卷 浙江通志案世昌錢塘籍檇李詩繫作希賢集誤 陳
約一默居士集 陳綱竹林集 浙江通志 程本立巽隱集
四卷 明史志四庫著錄伊案崇德新志作十卷然見聞雜記所載卷數與明史同今桐鄉金檀刻本
亦止四卷 高遜志嗇庵遺稾二卷 明史志朱彝尊序略曰先生去官走永嘉山
中窮餓以死其門人翰林侍書同里蔣兢葬之芙蓉峰北野史所載盛庸兵敗自經者誤也所著有辛丑集今

佚不傳其十世孫佑鈀收輯其詩文爲嗇庵遺稾二卷鋟版傳之 李進西園先生集
五卷 明詩綜 姚黼可閒集 明詩綜 李均南莊集 李平
西溪集 檇李詩繫 陳顯竹鄰集 明詩綜 楊述蘭谷集四卷
續見聞雜記 呂原介軒集十二卷 明史志曝書亭著錄呂文懿集文十四卷詩
二十二卷 孫詢武塘勝覽集一卷 千頃堂書目 姚粵七香詩
稾 沈滄拙庵集 徐輔怡素集 浙江通志 項忠藏史居
集十卷 檇李詩繫尤氏藝文志遺稾一卷其元孫德楨輯 施奎竹坡稾十二
卷 浙江通志 陳鑑方庵集 嘉禾徵獻錄 周鼎土苴集二卷 明詩
綜陸垙曰先生學務實用如議水利鑿鑿不迂 沈琮石牕漫稾 檇李詩繫 沈
肆橋門漫稾 柏臺新稾 明詩綜 張甯方洲集三十二

卷明史志焦氏經籍志四十卷朱彝尊曰黃門賦才捷敏兩使朝鮮水館星郵留題殆遍陪臣朴元亨以刑曹判司爲館伴詩篇酬和尤多四庫著錄二十六卷又附讀史錄四卷　周寅百櫞堂集杭氏藝文志　懷悅鐵松集四卷檇李詩繫　伍方柳庵集十八卷焦氏經籍志　朱彝尊曰柳庵集予少日於金明僧舍見之凡四册會覽一過今購之不復可得

楊森東皋集　趙廷玉芝巖集檇李詩繫　陳延齡玉崖子集明詩綜檇李詩繫作松雲集　姚綬雲東集十卷明史志　明詩綜作穀庵集　朱彝尊曰先生吟情甚敏今穀庵集所錄不及什一吾宗寒中上舍購得先生七律多至二百餘又從書畫家儲藏眞蹟所見尤不少念遺集爲先生手定故集外詩不多錄云　案穀庵集十四卷爲足本　俞山梅莊集檇李詩繫　倪輔類劇藏稾　沈棨頤貞集　陳昌顗菊莊集　蕭子鵬雲邱子集梅江曰先生從康齋吳聘君遊詩文體製不一而本諸性命道德之懿

沈樾楞軒稾　姚翼桂巖集八卷明詩綜　朱翰石田稾十四卷明史志　曝書亭著錄作石田淸嘯集　陸琦友蘭集明詩綜　莫藏素軒集　佩觽集　咏史詩杭氏藝文志　沈季友曰稾皆失傳惟檇李英華載有其詩　居動東湖稾十二卷明史志　四庫存目　太和堂集六卷　湯滌思庵雜稾檇李詩繫　呂憲九柏集六卷明史志　焦氏經籍志作九柏山房存稾　朱彝尊曰太常詩名藉甚是時詩派方習爲纖麗圓熟太常獨好盤硬語宜其傲睨一世也　劉珏西林集　滕鸞翠厓集明詩綜

朱祚拙齋雲谷集　徐晟燕石存稾檇李詩繫　范璋靜蓮堂集浙江通志　鄭延東谷存笥集明詩綜　李璋嗜泉詩存二卷附錄一卷四庫存目　董澐從吾道人詩稾十卷尤氏藝文

志四庫存目　宋集書錄二卷　朱綬清溪草檇李詩繫　朱朴西村詩集二卷補遺一卷四庫著錄　袁仁一螺集八卷尤氏藝文志　徐泰玉池稾明詩綜　孫璽峯溪集五卷　祁山小稾一卷尤氏藝文志　四庫存目　袁黃兩行齋集十四卷　袁儼抱膝齋集一作漫筆三卷　錢琦東畬集十四卷曝書亭著錄　尤氏藝文志臨江集六卷　四庫存目　王周雁湖釣叟自在吟九卷附錄一卷檇李詩繫　四庫存目　鍾梁西皋集八卷尤氏藝文志　徐咸東濱三稾明詩綜　魏楷民懷集浙江通志　趙漢漸齋集四卷　聲承集二卷尤氏藝文志　宋集書錄漸齋詩草二卷　陸杰石涇集嘉禾徵獻錄　許相卿雲村集十四卷　黃門集十二卷焦氏經籍志　明史藝文志　許相卿全集二十六卷　四庫全書著錄文集十四卷　簡明目錄曰章疏多剴切文亦雅潔詩多近體五言沿洄大歷七言出入江西　董穀碧里集八卷曝書亭著錄　焦氏經籍志作漢陽集九卷　戴經雙湖小稾三卷浙江通志　陸淞東濱逸稾一卷　遠遊稾嘉禾徵獻錄　陶照一庵吟稾　吳昻南溪集　陳鑑句溪集　沈袺澮樸園稾　沈棨平齋集檇李詩繫　蔣澳竹山小稾　陳諮東溪遺稾四卷　記行錄浙江通志　胡顏春崖詩稾一册曝書亭著錄　張璵南溪集浙江通志　鄭曉端簡公文集十二卷明史志　四庫存目　吳鵬飛鴻亭集十二卷千頃堂書目　四庫存目二十卷　宋集書錄四卷　陸埛賓山集十二卷尤氏藝文志　明史陸埛文集十二卷　四庫存目　丁賓清惠公遺集

張徽和古集檇李詩繫　呂希周東匯詩集十卷焦氏經籍志
四庫存目　張文憲殳山先生集三卷曝書亭著錄　屠應埈蘭
暉堂集八卷明史志作漸山集十二卷四庫存目四卷萬歷乙卯曾孫繩德重刻四卷曝書亭著錄　聞人詮芷蘭集一卷嘉禾徵獻錄　范言菁陽集五
卷明史志又有四音存稾尤氏藝文　沈爚石聯遺稾四卷浙江通志
沈謐石雲家藏集明詩綜　陸鼇南濵詩集浙江通志　王梅
柘湖集二卷　王世祿王生藝艸十二卷曝書亭著錄　包
節侍御集六卷明史志集湟中集明詩綜有臺中四庫存目　馮汝弼祐
山集十六卷明史志尤氏藝文志有祐山詩選一卷四庫存目文集十卷詩集四卷
趙伊庠芳園稾二卷尤氏藝文志四庫存目　錢薇海石集二十

八卷明史志尤氏藝文志作承啟堂稾四庫存目承啟堂集二十九卷　康太和礪
峯集十四卷焦氏經籍志太和寓居嘉興有禾城集　孫植嘉樂堂集十
二卷浙江通志　彭輅彭比部集二十卷尤氏藝文志千頃堂書目六卷　千
四庫存目八卷　沈宏芹溪吟稾浙江通志　陳瀚求志齋詩集三
十卷四庫存目　徐文和鱸湖吟稾檇李詩繫　仇俊卿瀛仙集
浙江通志　顧萁少豐稾海鹽文獻志　馮皐謨豐陽集十二卷
檇李詩繫兩浙名賢錄有居閒集白鷗園漫稿四庫存目采集書錄作豐山先生集　陸光
祖莊簡公集浙江通志　卞錫豹山集明詩綜　司勳遺集
胡憲仲仰匡集浙江通志　沈啟原存石居士集　鷃園艸
四卷焦氏經籍志黄志有巢雲館詩紀　秀水沈啟南溪居草檇李詩繫　戚

元佐青藜閣稾三卷　錢貢愛存稾一卷尤氏藝文志　卜
大同監泉集　卜大有益泉詩集二卷明詩綜　錢芹永
州集八卷四庫存目　卜大順鹽泉集明詩綜　鍾夏劍津集
檇李詩繫　吳國倫甑甄洞稾五十四卷　續稾二十七卷
明史志四庫存目案明史志又載其詩稾十五卷今未之見　郁蘭比部稾明詩綜
劉熠同春堂遺稾嘉禾徵獻錄四庫存目　仲春龍九山樵子
詩集二卷尤氏藝文志　項元淇少芷山人詩集四卷尤氏藝文
志四庫存目　劉鋭春臺集明詩綜　項元汴墨林山堂詩集
嘉禾徵獻錄　尢嘉西陵集　陸光宙俎餘稾明詩綜　姚堯
倘元草八卷采集書錄元岳山人詩選八卷　咏物詩二卷四庫存目　李

儒烈見川集海鹽文獻志　盛周滴露堂稾　南曹倡和集
嘉禾徵獻錄　鍾一元水竹居集四卷　姚宏謨寶綸閣集
八卷浙江通志　呂炯友芳園雜詠　素心居集嘉禾徵獻錄
姚惟芹東齋稾檇李詩繫　譚稷西䆫漫稾浙江通志　吳郡學
步吟草　殳山社草　陸光祚湛庵遺稾浙江通志　張應
治元陽堂稾　沈元華竹葉軒稾　王錫命葆光閣草
沈榮懋仁詩二卷檇李詩繫盛楓日與正統甲子順天中式官知府者兩人
陳九德子吉集四卷　郁應元北征草　南遊雜編浙江
通志　錢與映淵甫詩一卷檇李詩繫　吳繼文蔚編四卷浙江
通志　沈思孝陸沈漫稾六卷明史志　繼山草堂集二十

卷尤氏藝文志案刻本吾美堂集八卷　溪山堂草四卷四庫存目　龔勉
尙友堂集五卷明詩綜　錢士升賜餘堂集　支大綸支
子餘集五十二卷四庫存目明詩綜有華芊集宋集書錄支子全集五十四卷分政餘六卷歎餘二卷藝餘十四卷耕餘八卷逃餘六卷屯餘八卷永陵編年史八卷昭陵編年史八卷其全集一名
華芊集　沈懋孝沈司成集二卷　滴露軒藏稾一卷
長水文鈔十卷　鍾庚陽焚餘集明詩綜　徐宏澤竹浿
齋詩集一卷曝書亭著錄　李應徵青蓮館集　瀓遠堂集
偶寄軒集　藿園集八卷采集書錄藿園詩存四卷　寄茗漫草
薊易寓言　河梁兩都集　汗漫遊集尤氏藝文志　金
九成借竹軒稾　春懷小草檇李詩繫　韓子祁醯雞集明詩

綜　黃洪憲碧山學士集十九卷　馮夢禎快雪堂集
六十四卷明史志四庫存目　陳泰來員嶠集四卷曝書亭著錄
沈自邠沈修撰詩集尤氏藝文志　沈堯中沈司寇集六卷
曝書亭著錄　朱國祚介石齋集二十卷明史志繆泳日集未刊行爲鄉曲
一老儒塗竄朱墨混淆失其眞矣　徐必達南州集　岳元聲潛初子
集十二卷尤氏藝文志　澹漢集二卷焦氏經籍志　岳和聲餐
微子集三十卷　岳駿聲秋膍偶拈一册曝書亭著錄　姚
思仁蔡竹堂遺稾嘉禾徵獻錄　盛萬年曼寄軒集一卷尤氏
藝文志明詩綜拙政編附詩後　黃承元盟鷗堂集十四卷嘉禾徵獻錄
黃承昊闇齋吟稾二册竝曝書亭著錄　戈用泰適適軒集

明詩綜　項扆枋幽湖居士詩草　永和集　敖陽集
芝水集嘉禾徵獻錄　陳懿典吏隱齋集三十六卷　陶朗
先元暉先生遺稾　李日華恬致堂集四十卷　賀燦
然六欲軒集　五欲軒集明詩綜　項鼎鉉魏齋佚稾九
卷　陸錫恩雙島草明詩綜　趙維寰雪廬焚餘稾十卷
嘉禾徵獻錄　范應賓水部集十三卷浙江通志　胡震亨赤城
山人稾明詩綜　沈孝徵元暢閣集十二卷曝書亭著錄　項
穆貞元子詩草四庫存目　曹徵庸冰雪軒詩集明詩綜　劉
世教研寶齋遺稾六卷曝書亭著錄　孫光裕廉善堂集二
十卷尤氏藝文志　支如玉半衲庵集檇李詩繫　支如璔硯亭

濡削八卷　譚昌言猾石居集八卷尤氏藝文志　仕學遺
編四卷曝書亭著錄　徐從治徐忠烈集　包汝楫絣硐草
二卷曝書亭著錄　賀萬祚大業齋遺稾十卷曝書亭著錄　朱
大啟曼寄軒集明詩綜　李衷純激楚齋草六卷曝書亭著錄
崔培元橫山草堂集明詩綜志有音潮草堂集杭氏藝文　朱泰禎
遠人樓詩集五卷曝書亭著錄　沈德符淸權堂集二十二
卷尤氏藝文志　鄭士奇松膍老人稾明詩綜　陳萬言餅園
集十四卷杭氏藝文志徵獻錄又有謙九堂續集　吳麟瑞金陵閒草一
卷　己巳詩草一卷　秋蟀篇一卷　寄愁草一卷
哀鴻草一卷　尊經草一卷吳氏家乘　高道素景元堂詩

度蘦雪樓詩鈔一卷 五願齋詩集 容餘軒詩稾盛楓

北遊草 畏吟小草 陳山毓靖質先生遺集六卷山毓弟龍正輯 陳龍正幾亭文錄三卷 幾亭外書九卷

陳士鵠鍛齋集浙江通志 沈昭徵吟一卷檇李詩繫 彭期生弱水山人詩集一册曝書亭著錄 沈如封見山集 北遊稾檇李詩繫 卜二南雞肋集卜氏著述考 吳中台淡寄齋集嘉禾徵獻錄又有飛隱草 蔣宗澹碩邁堂吟稾檇李詩繫 屠中孚聯合軒集二十二卷曝書亭著錄宋集書錄重暉堂集二十五卷 錢繼登壑專堂集檇李詩繫 金麗兼補軒集 槤園詩草浙江通志 石經錢陞西乘庵稾二卷曝書亭著錄 陳懋仁越遊草 石經

草堂集十二卷嘉興湯志 塵栖稾四卷尤氏藝文志 汪珂玉嘉禾韻史浙江通志 馬維銘池塘草 徐石麒可經堂集十二卷嘉禾徵獻錄 李培水西集十卷嘉興湯志 高承埏稽古堂集二十卷尤氏藝文志 沈中柱懷木庵詩草 李公柱澹齋草 譚貞良猾石居遺稾 譚貞竑清音閣詩草 彭長宜瞿瞿齋詩稾 小草吟 汪挺會城遺稾

顧朱石磷主人詩草 李自明謫仙居稾明詩綜 李士標蒼雪齋稾二卷曝書亭著錄 朱茂時咸春堂遺稾

朱茂暉晦在先生集 朱茂曙春草堂遺稾 朱茂曜稚木散人稾明詩綜 朱茂晒石門遺稾檇李詩繫 朱茂晥

集十二卷尤氏藝文志 卞勳有石居集 沈懋嘉白巖遺稾明詩綜 馮敏効小有亭集三十卷分省人物考 馮科東皋吟明詩綜 彭宗孟侍御集檇李詩繫 馮伯禮虛舟草四卷曝書亭著錄嘉禾徵獻錄有南歸詩蓬門草 陳泰交齋志齋集十卷嘉禾徵獻錄四庫存目宋集書錄作齋志先生集 魏大中藏密齋集 魏學洢茹蕾集八卷明史志四庫存目 魏學濂後藏密齋詩稾

王屋學可齋詩箋 顧猷桃花里集四卷曝書亭著錄 殷仲春棲老堂集一卷尤氏藝文志四庫存目 張志遠竹嶼吟稾一卷曝書亭著錄 吳麟徵蛻園孤吟尤氏藝文志忠節公遺集四卷 李奇玉雪園遺草明詩綜 陶晉椟楚遊集浙江通志 沈嗣貞荀

草堂詩稾一册曝書亭著錄 駱雲程廣脩言明詩綜 許愉如秣陵遊草 燕遊代奕錄 秀州百咏 陳詩教非業稾 曹勳存笥集 行篋集 未有居集 東干集浙江通志 鄭履滈衡門集十五卷 鄭心材鄭京兆集十二卷 外集二卷四庫存目 錢應晉閬風館集一册曝書亭著錄 沈木近竹稾 丁元薦尊拙堂文集十二卷四庫存目

周履靖梅墟雜稾明詩綜曝書亭著錄泛𨗴吟一卷閒雲集四卷野人清嘯一卷 梅顛稾選二十卷四庫存目 趙桓烏青感古集一卷烏青文獻 郭紹儀青蒲草 陸澄原芝房集尤氏藝文志有鬱林薙草遺草各一卷 錢千秋青崖集 錢嘉徵松龕賸稾明詩綜 沈宏

顧頷集明詩綜　朱茂晭鏡雲亭集九卷　續集二卷曝書
亭著錄　卜舜年綠曉齋集四卷明詩綜　姚士粦蒙古堂
詩集五卷　見只齋集尤氏藝文志　屠應詔松吟草　沈
章芒莊集明詩綜　李肇亨寫山樓草浙江通志　曾元良煙
波集十二卷　項嘉謨讀選堂詞賦集　錢應金古處
堂詩一卷曝書亭著錄　南雅集明詩綜　吳爾塤滋瀾堂初
集　聶許堂遺草浙江通志　夏完淳玉樊集　南冠草鍾淵
映曰陳大樽選明詩存古年纔十餘爾而宋轅文援其
論詩以作序已許其作後進領袖迨十五從軍十七授
命磨盾草檄不異老生宿儒信異稟也　陳艮覓園集　个亭集　陳許廷
蘇庵集　錢栴白門集　徐爾穀畫水草堂詩稾　鍾
欽立信志堂稾明詩綜　陸啟浤貢趾山房集尤氏藝文志
錢士馨賡笳集明詩綜　吳統持明月樓集四卷　危齋
逸稾六卷浙江通志　馮延年秋月庵稾明詩綜　黃子錫麗
農山人遺稾曝書亭著錄　顏俊彥好歌齋片墨二刻一卷
杭氏藝文志　金嗣蓀鐵巖詩集　沈起愼思堂集二卷曝書
亭著錄　學圃集六卷續編一卷四庫存目　孫爽容庵詩集
十卷曝書亭著錄　陸時雍千川遺稾　項眞鬘園詩草
西湖草　李標東山遺稾明詩綜　顏統不除草嘉禾徵獻錄
項聖謨朗雲堂集　沈嗣選儉娛堂集　顧玘徵讀
書臺詩草曝書亭著錄　陳素隨鶴吟　塞園小草　行邸

閒箋李樵詩繫　吳晉晝蓬蒿園詩集八卷徐世溥序　李天植
蜃園詩前集五卷後集五卷續集二卷餘集二卷　蜃
園文集十卷未刊　山遊集明詩綜　九山遊草一卷陸樵刻於
嶺南　梅花百詠一卷四庫存目　王忘機社月令詩六卷　送
秋詩一卷　龍湫集五卷為同里後學陸培選本宋景關編刊又附作川諸前輩遺
詩一卷　沈麐黃庵遺集一卷浙江通志錢陳羣序曰黃庵先生明末肥遯以道
纔已陶然自得詩筆沖澹如其為人尤工于詞所著有
籟頷詞箋琴嘯軒樂府遊天台武夷羅浮詩名山詩等
集郡文藝志內載弔古紀遊數詩本朝御選
詩餘載長短調十餘闋餘皆散逸郡中士大夫家多藏
鈔本先生孫艮思參藩閩中　吳麟玉醉月軒瀏吟草
政事之餘手錄家集一帙
聽溪軒稾明詩綜　包麟趾浮峯閣倡和稾錢陳羣曰包氏麟趾
有浮峯閣倡和稾今不傳　徐肇森焚餘草一卷四庫存目魏禧序曰先生為太僕
家子自以不得同弟標從太僕於難而太僕守城死賊
功烈不得聞先生重跰走燕楚痛哭陳訴當事感動乃
得贈恤及國變先生與其友巢端明杖策江東辭榮祿
歸息先壠而感憤抑鬱不平之氣則皆見於詩未幾遭
母喪遂病以死至今讀其丙戌清明太僕公壠上作孝
子忠臣之志情見乎辭又有野田黃雀寄燕再避及城
南思婦諸作觸物寄意沈痛專壹掃墓口占則垂絕之
辭也　伊案是編僅存二十餘首今刊附抱經齋集後
謝錫教懶園詩存一卷以下並于志　張頤漱墨遺鈔一
卷　朱廷訓荔丹堂草　王文禎湖海長吟八卷　孫
敬叔愼齋文集　朱儆孟寬遺集一卷　俞榮棲鈞詩
集　李如心十詠倡和集　郭子直二京集　三浙集
中林集　田方生敬業堂集　吳心恒存我編一卷

郁起麟梅花草堂詩集 周九曵子鳴集 汪子祜石西集八卷 汪伯騰崇禮堂詩一卷 倪文楷讀禮吟一卷 呂茂良蔭芳園集 曹度帶存堂詩文集 吳爾篪歸雲樓集 吳宗漢心逸道人吟稾二卷 沈誼徵香雪庵集 朱士遷重遊草 譚貞默埽庵詩存（檇李詩繫） 巢鳴盛永思草堂集（浙江通志 曝書亭著錄詩存一卷） 桑貞白香匳詩草二卷（梅墟別錄 以下閨秀） 沈紉蘭效顰集一卷（浙江通志） 徐簡簡佩蘭閣草 夢居集（明詩綜） 項蘭貞裁雲草一卷 月露草一卷（嘉禾徵獻錄） 項佩藕花樓集八卷（浙江通志） 黃媛貞臥雲齋詩集 徐淵水月軒稾（明詩綜 以下道流） 徐穎元洲集（檇李詩繫 朱彝尊曰穎海鹽學生逃于僧自楚歸入茅山爲道士） 徐斗支蜀道吟 荆南雜咏 陳泓椰梅居詩稾（明詩綜） 釋梵琦北遊詩一卷（曝書亭著錄 以下釋子） 釋萬金澹泊齋稾（檇李詩繫） 釋明秀雪江集三卷（浙江通志） 釋惟則鵶臭吟（千頃堂書目） 釋文湛蘆葦亭稾 紀遊詩（檇李詩繫） 釋永瑛石林外集一卷（明詩綜） 釋方澤冬谿內集二卷 外集二卷（曝書亭著錄 四庫存目） 釋法聚玉芝內外集（明詩綜） 釋守節東林遺稾 釋圓理雲東漫稾二卷（檇李詩繫） 釋戒襄平野集二卷（浙江通志） 釋眞蘊谷聲集（檇李詩繫） 釋圓憲靑蓮

居集（明詩綜） 釋德勝藕花社集（檇李詩繫） 釋斯德金粟齋漫稾二卷（曝書亭著錄） 釋法濟竹間語（檇李詩繫） 釋如觀夢華集 幻住集 禪餘集 釋明曠小品齋詩略二卷（浙江通志 檇李詩繫有緋園集） 釋斯學幻華集二卷（四庫存目） 釋智舷黃葉庵集六卷（尤氏藝文志 采集書錄黃葉庵詩草二卷） 釋道昂苾蒭文集（于志）

國朝

錢汝霖紫雲先生遺稾七卷（錢儀吉編輯） 曹溶靜惕堂詩集四十四卷（四庫存目 總目曰溶記誦淵博詩文亦富然其集初無定本此本爲雍正乙巳刊行凡古今體詩幾四千首乃其外孫朱丕戭所裒輯溶生平吟咏具在于是） 文集四卷（未刊） 俞汝言漸川集十卷（浙江通志） 李寅視彼亭詩存（檇李詩繫） 枕波亭詩草 徐白竹笑庵詩鈔 殳丹生貫齋遺集三十卷（周廷諤編） 胡明遠壽花居詩鈔（浙江通志） 徐柏齡鼂光樓集（檇李詩繫） 張履祥楊園詩文集十八卷（門人姚璉編輯 四庫存目 楊園全書三十四卷 考夫遺書五卷 案朱坤重刻本十九卷今吳郡局刻全書文二十四卷蒼彙合未刻之文通爲刊行） 周拱辰聖雨齋詩文集十卷 問魚篇二卷 朱萬錡惠風堂集（浙江通志） 張嘉玲安孝先生遺稾（未刊 鈔本現藏盛澤秀水王氏） 蔣薰留素堂詩集十卷文集十卷（檇李詩繫） 計東改亭文集十六卷詩集六卷（四庫存目） 徐贊宸霞蔚軒稾（浙江通志） 王睿曠明堂集 莆陽稾（檇李詩繫） 魏廷薦息踵居集 屠爌勗齋集（檇李詩繫 陳鼚曰屠氏爌錢

有郊居集今不傳(案今刻本作大經堂遺集二卷) 屠焯漁莊詩集一卷(梅會詩人遺集)
徐眞木懷古堂集(清芬集) 黃濤檇李古蹟詩一卷
李新枝淡巖小詠(檇李詩繫) 孫一驪硯隱居集(浙江通志)
徐淮愛竹軒詩 沈文輝瓜田遺稾(檇李詩繫) 王翃二槐
草存(四庫存目 沈季友曰其舊作春槐堂集後作秋槐堂集共千餘首壬辰舟次贛州被盜皆沒于水深自痛惜每終夜擁被記憶後入粵惘惘自失復摭拾記聞作詩二百餘首買舟向北其稾又爲鼠嚙不可綴補益不樂泊京口無疾而卒友人朱彝尊有選抄一册其弟庭刻之) 彭孫貽茗齋集
百花詩二卷 王庭三仕草一卷 二西草一卷 秋
閒草一卷(浙江通志) 漫餘草一卷(四庫存目 總目曰是集刻于康熙戊辰乃其晚歲所訂時年已八十有二矣凡五百餘首大約近體多于古體七律又多于各體) 浦越喬樗

岡聊宣稾十二卷 郭裒采西翠樓集(清芬集) 陸濬睿
木庵詩十刻(檇李詩繫) 施洪烈詩史集 粵遊集 觀海
集 雄遊集 天中集(浙江通志 沈季友曰詩史集弔甲申殉難者凡四十九章)
錢本一柏園集(張履祥序) 胡夏客谷水集二十二卷(四庫
存目) 周恂耕餘集 陳孝治友于集 周映康雪芸詩
草一卷 姚世靖翠樾軒稾(檇李詩繫) 徐豫貞滄浮子詩
鈔 崔培芳止庵遺稾(兩浙詩鈔) 陳恪瞿庵詩草 沈中
琛抱一軒吟稾 李明嶅樂志堂集(檇李詩繫) 葉封慕廬
詩稾 錢玟昀亭詩稾(兩浙詩鈔) 丁彥暇日堂集 魏學
渠青城山人集(浙江通志) 曹爾堪南溪集(浙江通志) 南溪文

略二十卷 詞略二卷(施閏章曹公墓誌銘 案爾堪詩新城王侍讀士正嘗萃爲八家刻之吳中) 陸濬明東園漫興稾(檇李詩繫) 勞之辨靜觀堂
詩集十九卷文集二卷(兩浙詩鈔) 沈朝英晚香亭五集(伊志)
施日升蠹餘草 使楚吟 燕河漫錄 陳增新高
儆堂集(浙江通志) 杜臻經緯堂文集十六卷詩集十卷
繆師伋學圃吟(曝書亭著錄) 曾王孫清風堂集六卷 姚
汝鼐黽勉園詩稾 姚夏雨溪文集十卷 俞長策檀
溪詩文集六卷 俞長城可儀堂文集四卷 仲宏道
子來堂集(檇李詩繫 又有改庵集二十卷 采集 書錄閩集改庵偶集詩八卷雜著一卷)
王檠山飛泉立堂集(經世文編) 沈日星蘭石齋詩草(浙江通志)

卜休漫存稾 錢芷欸乃餘吟 滄洲集(兩浙詩鈔) 張
天植北遊草 湖上偶吟 陸渭燕齊遊草 登岱詩
漱雪堂集(浙江通志) 繆永謀荇谿集一卷(梅會詩人遺集) 徐
賁楮崖稾(兩浙詩鈔) 柯聳霽園詩集(浙江通志) 屠又良佇月
軒草 陳忱誠齋詩集(兩浙詩鈔) 陸之瀚蜀歸記 鶴山
草堂集 沈煌宏益堂稾(浙江通志) 吳蕃昌囦勉齋文集
祗欠庵詩集八卷 吳門同遊草 思居堂集 吳
謙牧藹窩集八卷(吳氏家乘) 王之圻鳴鶴堂稾 錢鴻撫松
居集 周宸藻柿葉齋詩 自東詩 客遊詩 楊應
標永思堂集(浙江通志) 顏鼎受嶧山堂集 半樂亭詩(檇李

詩繫 魏允柟維風集浙江通志 魏允枚壺領山人詩集
楚游集浙江通志 魏允札東齋詩文集 支隆求泊菴集
高佑釲懷寓堂詩 沈進袁溪文稾 東園詩 藍
村稾 半巢居稾 退叟行吟 力圃蕭閒詞浙江通志
徐震亭且漁草 蘭舲集 聲最齋集 澄江雜咏
灞橋寓詠 西溪雜咏烏青文獻 楊琯栗齋詩稾二卷
楊樹本蔭軒文稾 自蔭軒詩鈔 張宏範靄陽詩鈔
四卷 虞兆清素業堂文集 蜀行草浙江通志 邵延齡
耐軒全稾李檇詩繫 虞兆漋軒渠詩稾浙江通志 徐善矗谷
遺稾李檇詩繫 沈廷勸克齋遺稾浙江通志 鍾淵映信志堂

詩集二卷曹溶序 王益朋清貽堂存稾四卷 楊雍建
景疏樓詩文集十卷 自怡集一卷 徐發清引亭稾
四 嘉禾續古百咏李檇詩繫 陸世楷越吟一卷 秋吟一
卷 晉吟一卷 齊吟一卷 嶺外集 思陽集 陸
棻雅坪文稾十卷詩稾四十卷浙江通志 朱彝尊曝書亭
集八十卷附錄一卷四庫著錄 浙江通志曰初刻竹垞文類二十五卷未通籍時所作
騰笑集八卷官翰林時所作 曝書亭外集十卷案是編爲馮登府補輯 朱
昆田笛漁小稾十卷四庫著錄 李繩遠尋壑外言五卷
李良年秋錦山房集二十二卷 外集三卷 李符香
草居集七卷四庫存目 李莉房跋曰刻于滇南者曰香草居詩刻于金陵者曰耒邊詞耒刻者
日花南老屋集排偶之文曰補袍集後補袍集寄於容城胡其慶家遂亡其本花南老屋亦僅存詩一冊此集
卽以香草花南二集合爲一編凡五卷第六卷以下卽耒邊詞也 彭孫遹松桂堂全
集三十七卷 南淮集三卷四庫著錄 徐嘉炎抱經齋集
二十四卷四庫存目 周篔采山堂集二十四卷 周篁寒
玉樓集 徐晟全刈圍稾六十卷浙江通志 孫琮山曉閣
詩十二卷四庫存目 吳震方晚樹樓詩稾四卷四庫存目 陸
祚蕃涫意齋詩草二卷浙江通志 沈岸登黑蝶齋詩鈔四
卷 沈不負老雲齋詩刪十卷四庫存目 陸浴原話山詩
文類稾三十六卷 吳之振黃葉村莊詩集十卷四庫存目
周元會冰淵集六卷 雪崖詩集八卷 趙香營采

采樓稾 錢以塏研雲堂詩 沈廷文廣居樓詩集六
卷 沈燮蓉湖詩集 唐堯天落花詩一卷 唐永齡
鳴候稾二卷絜里志 盧生甫懋散齋詩稾 李元纁澹
甯堂稾二十四卷 于東景錦璇閣詩稾 沈廉雲錦
齋詩鈔八卷 沈德潛曰補隅方壯入秦有去題百二關中壁要看三千里外山之句聞者壯之後足跡幾遍天下而蜀遊一集沈鬱中復極縱橫頗得杜陵氣骨一時勘摩其壘者 張劭木威
詩鈔六卷 徐懷仁柘南詩集兩浙詩鈔 沈孔鏈小羅浮
山人詩鈔十卷 柴門集一卷 曹曰瑚大珠山房稾
陳廷煒二觀齋稾兩浙詩鈔 楊煒桐鳴小草一卷 雲
竹詩集二卷 楊燮鼎亭詩文集八卷 張其是碧草

軒詩鈔一卷濮川詩鈔　湯敘金臺集三卷　白下集二卷
狎鷗集二卷伊志　岳昌源經野堂詩刪厲鶚序案昌源字泗庵
元聲從子遷居歸安之菱湖　張雍敬閒留集一卷　環愁草一卷
靈雀軒書目　張翊清靈雀軒詩集　丁嗣徵雪庵詩存二
卷四庫存目　譚吉璁嘉樹堂集二十卷　鴛鴦湖櫂歌一
卷檇李詩繫　錢熿息深齋詩集八卷浙江通志　陸隴其三魚
堂文集十二卷　外集六卷　附錄一卷四庫著錄　葉燮
已畦集二十一卷　語溪倡和一卷　禾中倡和一卷
葉舒崇宗山集　謝齋集　曹鑑平南溪集　濮淙
半閒樓集　浣雪居草一卷　月巢草　遶園草浙江通志

嘉興府志　卷八十一　經籍二　五十四

沈機鷃笑軒詩稾四卷　梅涇草堂集二卷檇李詩繫
陳瀌寄松堂集　李明嶅樂志堂集浙江通志　陳國政陳
子古業二卷　詩集二卷　蔣睿聽鴻樓詩集檇李詩繫
趙洄資眞集　度嶺言　郭襄圖更生集浙江通志　李煒
圃趣偶存檇李詩繫　陳光緯調鍾集　周紹宗岐陽詩鈔
浙江通志　盾廷楫鹿干草堂集十二卷朱彝尊序　高士奇清
吟堂全集七十二卷凡清吟堂集詩九卷附神功聖德詩平漠北頌各一卷經進文稾六
卷隨輦集詩十卷續集一卷苑西集詩十二卷城北集詩六卷歸田集詩十四卷獨旦集詩八卷竹窗詞蔬香
詞各一卷　案士奇所著又有四明山題詠一卷簡靜齋集唐悼亡詩四卷田間恭紀一卷竹牕集十二卷清
吟堂續集十四卷載見浙江通志　沈皞日柳慶集十二卷沈氏家乘　顧

八龍流憩軒詩草一卷　征途襍詠四卷　思樂軒文
集一卷　吳家騏雙硯堂集十卷　吳鴻振寶書堂集
松陵詩徵　金樟南廬詩文集　金檀文瑞樓稾十卷　曹
三才廉讓堂詩集三卷葉燮序　范路靈蘭館集二卷梅會
詩人遺集　高陽山南草堂集　項玉筍懶眞堂集兩浙詩鈔
沈槎墨亭詩鈔　蔣玉立泰茹堂集浙江通志　徐天秩雙
桂堂詩稾　盛遠瓣香庵稾兩浙詩鈔　蔣玉章三逕草
靈威集檇李詩繫　陸敷樹世滋堂集浙江通志　錢枋南村長
圃詩兩浙詩鈔　張葭學心堂詩鈔　陳奇談思集浙江通志
柯崇樸振雅堂集兩浙詩鈔　柯維楨紀遊草　澄煙閣詩

嘉興府志　卷八十一　經籍二　五十五

檇李詩繫　曹鑑徵紅藥園集　白石樓集初月樓聞見錄　吳源
起硯山稾兩浙詩鈔　張英一經堂集鶴徵錄　陳葵東谿詩
稾鶴徵錄　卜玠宣泠溪詩草卜氏著述考　沈時瑞芝堂詩
草　沈棻柏亭稾　于琳香祖庵草浙江通志　范長發息
園集兩浙詩鈔　孫鍾麟可人集三卷徐善序　俞昱茗柯詩
集王曾孫序　俞㬎石函詩集十二卷　文集四卷　王霦偷
閒集　沈祖蔭古音齋詩集二卷　沈傳弓朗山遺稾
兩浙詩鈔　曾安世梅聽吟稾四卷　朱丕戭洞庭湖櫂歌
一卷　盛大鏞匏庵集十二卷錢陳羣高士傳　盛　沈宗良鴛
鴦湖竹枝詞一卷李良年序曰吾友朱檢討竹垞倡鴛鴦湖櫂歌譚登州舟石繼作盍倣湖

湘欸乃體猶竹枝也今沈子賦竹枝五十章風調頗類採取或殊葢同工而異曲者 戴錡魚計

莊集二十六卷檇李詩繫 顧仲清扶青閣詩草清芬集 郭

麐徵西翠草堂詩稾清芬集 莊歆休休吟五卷歆武進籍康熙

閒自元和遷秀水孫肇奎入籍 沈范孫又希齋詩集四卷 盛楓丹

山草十二卷 鞠業集 盛禾胥馥集十二卷齊召南序 馮

刊 周暇緩庵詩鈔 張師范花外集二卷兩浙詩鈔

嗣京梓紅亭詩稾 因樹屋詩稾朱彝尊序 鈕世楷草亭

詩文鈔二卷 鴛鴦湖櫂歌一卷 陸埜曠庵集檇李詩繫

蔣禹錫漁郎稾檇李詩繫 高孝本固哉叟詩鈔八卷四庫

存目 王燮素心堂稾二卷 魏坤倚晴閣詩鈔十卷

沈季友學古堂詩集六卷四庫存目 曹偉謨和鴛鴦湖櫂

歌一卷朱彝尊序 陳謀道百尺樓稾 朱宏栻蘜塘詩存

八卷 夜雨對牀集二卷 高以永高戶部詩集姜宸英序

馮辰鄉絳雪亭集 沈嵕椁花草 項奎晚盥堂詩

學檇李詩繫 錢爾復半完圃詩集 錢綸光晚香文鈔

王明福聞川懷古詩 聞川雜詠 沈炘如文史園詩

稾二卷 蔣鶴鳴愼餘軒稾 吳朝銓巳晚亭詩文集

三十卷澉浦詩話 汪森小方壺文鈔六卷 小方壺存稾

十八卷 汪文桂鷗亭漫稾 六州噴飯集 西湖近

詠 汪文柏柯庭餘習十二卷朱彝尊序 柯庭文藪 李

宗渭瓦缶集十二卷四庫存目 杜致遠玉東詩集皇朝風雅

懷應聘冰齋文集四卷四庫存目 汪繼熺雙椿草堂集

馬維翰墨麟詩十二卷 鍾彝則鳴集八卷檇李續詩繫

王錫樓碧堂詩稾蘇州石志 陸奎勳陸堂文集二十卷

詩集十六卷續詩集八卷四庫存目 馬金章問天樓文集

蔣如馨若林詩鈔二卷未刻 葉之淇寒碧齋詩五卷

黃山遊草 葉之溶小石林詩稾兩浙詩鈔 柯煜石庵

樵唱十二卷國朝詩別裁集 慈恩集五卷 張楷雪泉詩

存四卷 沈廷瑞靜趣軒詩草一卷 陳光裕石墩草

荻書樓草 王士駿清貽堂賸稾一卷 錢陳羣香

樹齋詩集十八卷續集二十六卷文集二十八卷續集

五卷 閻元晟竹洲詩鈔二卷袁枚序 金陳登蔗餘集

四卷 錢元昌益翁詩存四卷 諸錦絳跗閣詩稾十

一卷四庫存目 朱荃香南詩鈔鶴徵錄 祝維誥綠溪詩稾

鶴徵錄 祝喆西澗草堂詩稾墨林今話 褚菊書投筆齋集

李宗潮二守齋詩鈔鶴徵錄 沈青崖寓舟詩集八卷

沈德潛序 屠嘉正恂齋文集八卷別集八卷朱公珪序略曰恂齋先生

詩古文講畫利病如指諸掌 鄭世元耕餘居士詩集二十四卷沈德

潛曰耕餘詩未嘗求新立異而胸次高朗卓犖可觀 曹庭棟產鶴亭詩集十卷

曹庭樞謙齋詩稾二卷補遺一卷四庫存目 會都宮亭

詩存 曾郁竹廈吟稾 曾鄃茨舫詩存兩浙詩鈔 張庚強恕齋文鈔六卷詩鈔四卷四庫存目 張時泰實嬾齋詩集四卷四庫存目 汪紹焻金佗吟藁 吳紹曾愚庵集 陳梓刪後文集十六卷 刪後詩存十卷 張敬業篁園吟稾六卷 淩樹屏瓠息齋集二十四卷四庫存目 朱稻孫六峯閣詩稾盛百二曰所刻皆少年之作又有續稾十餘卷未刻 紀行絶句二卷 擬古樂府三卷 萬光泰柘坡居士集十二卷四庫存目 蔡以封觀光集五卷四庫存目 陸天錫古香閣詩稾二卷 陸祖錫松鱗集鶴徵錄 周宣猷禾中禊吟一卷 胡慶豫東坪詩集八卷四庫存目 鄭韻蘆村偶存

詩稾二卷 鈕汝騏南雅堂文集十卷 江浩然北田詩臆二卷 鄭虎文呑松閣詩集二十卷 文集二十卷 張雲鶴抱山詩鈔四卷 朱佩蓮東江詩鈔 徐廷棟晚香堂集二十六卷 王元啓祇平居士集三十卷 沈祖惠虹舟集九卷鐵橋漫稾嚴可均曰虹舟詩各體穩稱五律尤高渾遒眞唐音其賦草先君子鈔存一卷其高弟子王元文蒐輯遺詩得三秦遊草四卷洞庭遊草一卷拾存草二卷經進草一卷謀付梓不果余獲之合編爲九卷世間無第二本 吳文暉燈庵文鈔一卷詩鈔三卷 徐肇泰棣鄂詩草四卷 施曾錫借林棲遺稾四卷兩浙詩鈔 吾定保築巖詩鈔十二卷 吳懋政八銘堂集 鄭炎雪杖山人詩集八卷外附其祖典友陶居士詩父挺秦濤居士詩各一卷 姚夏石經堂詩文集 方鼎雪屏詩存 沈光曾夢遊錄六卷 錢載蘀石齋詩集五十卷文集二十六卷 王又曾丁辛老屋集十二卷 汪筠謙谷集六卷 錢受穀沖齋遺稾四卷 王德普竹堂詩稾十卷 曹培亭松風堂集 開閒居集句偶存 朱嵩齡予齋集六卷 朱一蜚浣桐詩鈔六卷 沈初蘭韻堂詩集十二卷 御覽集六卷 蘭韻堂文集五卷 經進文稾二卷 朱玫笠亭詩集十二卷分二十集 朱芳藹春橋草堂詩集八卷 陳朗青柯館詩鈔琴思堂集四卷 鍾洪溪南書屋文集 玉溪生詩集兩浙輶軒錄

汪孟鋗厚石齋詩集十二卷 汪仲鈖桐石草堂集八卷 汪又辰彡石齋集一卷 汪彝銘吉石齋集二卷 汪大鏞綠雪齋詩稾八卷 張性鶴蜂吟八卷 李集願學齋文鈔十四卷 曹秉鈞種梅詩鈔 金標怡耕堂稾 盛百二柚堂文存四卷 皆山樓吟稾四卷 汪如洋葆沖書屋集四卷外集二卷 汪如淵靡提居士詩集 吳熙春星草堂詩稾八卷 王焯白華堂文集二卷詩集八卷外集二卷 皇甫檟勘書閣詩集二十二卷案檟有牛鐸集雙槐居士逸稾 李旦華青蓮館集六卷凡詩四卷詞二卷 李三才茹古閣遺稾四卷

薛廷文聽雪齋詩鈔四卷 方薰山靜居詩稾八卷 題畫詩二卷 金德輿桐華館詩鈔四卷 馮浩孟亭居士文稾五卷詩稾四卷 馮應榴踵息居士詩文集 馮省槐蜀游草一卷 馮集梧貯雲居詩文集 陸燿切問齋集十六卷 朱辰應清谷文鈔六卷 朱麟應賴業齋詩詞稾 續鴛湖櫂歌一百首 楊繼伽陵詩稾三卷 朱珏秋籟閣詩集十卷 咏史樂府三卷 方廷瑚曇華集二卷 王復晚晴軒稾八卷 吳文溥南野堂詩集七卷 沈叔埏頤綵堂文集十六卷詩鈔十卷 陸世崧蟬吟草四卷 陳熙騰嘯軒詩鈔三

十六卷 夏敘典力軒遺稾二卷 夏葛謙受齋稾五卷 旦聞亭詩二卷 張大齡西園詩稿八卷 懷眞自言四卷 董潮紅豆詩人集十九卷附錄一卷（潮號東亭武進人少孤贅於海鹽遂寄籍焉其詩沈博絕麗爲嘉禾八子冠嘗題紅豆山莊圖以潮詩爲最果邸賞之贈以紅豆詩人玉章遂以名集） 邵源盧白詩鈔一卷 邵澂方滋集一卷 郭咫宸集虛齋詩草二卷 呂坤茼坡集 瀟船草 鴛鴦湖櫂歌一百首（和朱彝尊原韻） 湯萬祚潔圃詩稿二卷 丁子復見堂文鈔五卷見堂詩鈔四卷 鍾駕鼇海六詩鈔八卷 武承烈秋樵詩鈔四卷 吳肇塏竹香詩鈔 吳錫麟自怡集十二卷 吳展成春在

草堂集八卷 潘孝基餘香草堂集四卷 潘鴻謨小餘香詩鈔六卷 葛嵩晚晴閣詩二卷 葛澂谿陽詩屋稾 姚雙慶稼軒遺稿五卷 鄭湘得蔭軒賸稾二卷 王鏞小鹿柴遺稾二卷 邱光華三畝草堂詩鈔五卷 陸應㸌瓣香書屋詩鈔二卷 蔣浩思無邪齋詩鈔十卷 李寅熙秋門草堂詩鈔四卷 岳鏞省齋詩文集八卷 岳鴻振菊照山房詩稾五卷 岳澐金佗詩存八卷 沈步瀛擷英軒詩鈔 王炳虎秋坪詩鈔五卷 金永昌凝雪書屋詩集二卷 朱天衣漁山詩稾十卷 朱啓盈川小草三卷 高型守愚詩鈔二

卷 費融紅蕉山館集十卷 李震鴛湖櫂歌百首 金綸養痾集 金璋春草堂集 姚鴐鼇粟窩詩存 梅花谿櫂歌百首 徐世鋼通介堂稾八卷 題畫詩二卷 朱桂巖客詩鈔十二卷 黃大本南遊吟草（乾隆戊辰自序） 濮祖型竹石居詠物詩四卷 沈可培依竹山房詩集四卷 閔朝珍五雋居詩二卷 周汝珍舞艸堂詩文集八卷 徐澍谿南老屋詩集一卷（柱馨堂集） 鄭國僑書帶草堂詩艸二卷（黎里志） 朱廣川政和堂詩文稾（未刊） 范璨樂志堂集（南潯鎮志） 王璋安流舫存稾二卷 王璣復初集賸稾一卷 王元鑑鶼谿草堂詩稾

十國宮詞一百首一卷（並附刊所選聞湖詩鈔後） 汪大經借秋山居詩鈔八卷 楊學林捫心齋詩稾七卷 金菖古春詩稾二卷 李賡芸稻香吟館詩稾六卷文稾一卷 張逢年懷永堂詩存二卷 李大翰雲莊詩鈔 輪臺使草 李大恆鐵巖小草（梁里志） 唐桐封愚峯小草一卷 唐寶霞藝菘莊詩稾（梨里志） 沈之璵雲暢樓詩草二十二卷 顧修蒃匡詩鈔 譚學詩傳清堂稾 汪淮小海自定稾 譚有淇橫山遺稾 汪聖清賜書堂集（未刊） 王寅牆東吟草 居巢小草 潛夫學吟稾 程泉十年一覺草 夢硯齋稾 姚城西村文集 天一齋詩存 楚游草 陳濆治塘櫂歌一百首 汪雲雪谷詩鈔 程拱宜淨綠居詩稾 程拱寓邗上閒吟草 程拱宿竹香堂詩集一卷 柏悅堂詩集六卷 竹所堂詩集二卷 松風堂集六卷 雪爪軒詩集十二卷 花深樓詩集二卷 小漫吾亭詩集一卷 孫祖赤小石山房集八卷 金蓉青岳詩稾 吳瀛蚓吟集 樊鍾岳壺山草堂詩稾二卷 鍾山古雲集 鍾肇封蛾術居詩草 仲學孟大雅堂集 李敏芬學古堂集 錢世錫麂山老屋詩集十六卷 蔣元龍春雨齋詩集十六卷 朱輔紉蘭集 李兆熊白蘊堂稾

六卷 王錦藺堂詩草一卷 石杰虹村詩鈔五卷（詩分焚餘鵑帝江皋雅南柘枝五集各一卷冠以小序道光間莊仲方刊） 莊肇奎胥園詩鈔十卷詩餘一卷（詩分浙西黔滇塞外嶺南四稿） 章愷北亭全集八卷 湘江吟稾二卷（錢陳羣序） 奚大綬紅豆山莊詩文集二十六卷（魏塘人物記） 王家英冰壑寒林館詩集 吳東發尊道堂詩文集（桂馨堂集） 劉錫勇待廬集二卷（宋景關刻） 劉世教寶硯齋稾十二卷 崔應榴吾亦廬稾 蔣元叢桂堂詩文集（未刊） 王士玆峨眉山人集 埽紅仙子集 鍾錫齡小山山房詩文稾五卷（濮川所聞記） 曹三選吹雲閣詩稾十二卷 程荀三十六鷗草堂詩集（靈芬館詩話） 朱方靄小長蘆漁唱四卷 王澄橘香堂賸稾一卷 北游草一卷 錢人杰華陔吟館詩鈔四卷 張源濬寫韻樓集 方泂洞庭遊草 唐維申磨閒詩文集（梨里志） 錢楷綠天書屋存草六卷 王曇煙霞萬古樓文集六卷（錢泳序曰王君仲瞿著作甚多有經解三卷史論三卷西夏書四冊洪範五事宮人書五類未分卷歷代神史一百卷仿班固漢書例居今稽古錄二十卷讀竺貫華三十卷繙釋集一百卷傳家六法一卷隨園金石考四冊煙霞萬古樓文集四十四卷計散體六卷四六文六卷本集十六卷外集十六卷俱未刻僅刻駢體文六卷亦殘闕矣） 煙霞萬古樓詩選二卷（原稾十餘卷道光間錢塘陳文述選存二卷今刻入上海徐氏春暉堂叢書） 張翀寶書堂遺稾二卷 陳珍從吾好齋文稾（顧廣譽先生傳） 三 孟彬賦魚齋稾二卷

虞黃昊景銘集　顧列星苦雨堂詩集八卷　朱休度
梓廬吟稾六卷　壺山自吟稾三卷附錄一卷　俟甯居偶
詠二卷　計楠一隅草堂詩十六卷　孟晟松韻詩鈔
汪世楨春草稾十二卷　夏儀清琅室詩鈔二卷續
鈔一卷　錢梘雲門詩鈔四卷　朱仁榮桂軒小稾二
卷詩餘一卷　陳覲圻星圃詩略二卷　楊培立春隄
詩稾　沈旋吉姑存集二卷　俞沅紹德堂詩二卷
曹三才半硯冷雲集三卷　沈燮文鶴園詩鈔二卷
徐濟貞霞蔚軒稾　徐仲遐鶴友詩稿　史宣綸茗游
草　史翼經吹箎集　許箕捫蝨軒詩草　湯璘偶成

詩鈔　張愼南廬詩鈔　顧雲清暉山屋詩稾　王曾
厚粟阜詩鈔四卷　吳有榆居易居詩文集　張世傑
希白詩艸　夏鑾磊軒詩稾　崔學泗蒙齋叢稾　胡
季瀛灌木庵詩集　查遺學圃堂稾　吳雲龍希淵詩
文鈔　黃鼇鳳巢前後集　濮六草堂集　張皓賦閒
樓詩集　錢振鷺一庵詩草　錢樟耕蒿堂詩集　陳
世倕成齋詩稾　錢大樽復齋詩稿　朱鼎鉉豐岩文
集　豐岩詩鈔　陳克鎬柳塘詩稾四卷　徐煥然桐
村詩文集　葛覃無隅館集　張元龍松筠齋詩稾
張宗松寒坪詩鈔　朱丕烈如蘭軒詩集　李常吉傳

巖集　朱邦垣梅簃詩鈔　蔣泰來寅谷詩鈔　顧一
清邇綠軒詩　朱鴻緒小滄洲詩集　潘華懷古偶成
寄湖詩稾　張柯搓雲樓詩稾　陸以諴沃洲草
剡溪草　廣李西涯擬古樂府二卷　鴛鴦湖櫂歌一
卷次朱彝尊原韻　吾祖望以章山房詩鈔　陸以謙太冲詩
選　徐容半舫詩存四卷耐冷談　孫墉湘碧堂詩鈔四
卷　沈禮雙樹軒詩草六卷　沈家珍竹素居詩存一
卷　吳陳動梢雲山館詩鈔一卷　陳寬津門吟草
張謂筠心堂稾　陳熙春臺詩存　徐震修東村吟稾
陳濤問渠詩草　錢溶應雅吟　張訒晚香樓吟草

湯衡出岫吟四卷　紫雲草二卷　浦銑百一集正
續集二卷　丁維時拙漁詩存　柯汝鍔眠琴居詩鈔
劍川集　魏正錡清涼庵詩鈔　石如詩筌魏塘人物記
顧之炎眄柯軒詩集五卷　褚鳳祥大愚稾二十卷
禾事雜吟一卷　張咸德卷石山房詩鈔四卷　沈
鈺雲泉佚存稾　周霱半村居詩草　丁棠發侍御公
遺稾　陳宏業雪樵稾　孫甡半齋詩集　丁旭寶晉
齋初刻二刻　孫燕昌柳南艸堂吟草　延春竹舍吟
草　魏塘竹枝詞　曹應青烏榜閒吟草　花陰不繫
舟吟草　錢濤雪山詩課一卷　曹奕雲寶綸堂詩艸

曹煥硯香齋集　吳遇坤隅齋自訂文稾二卷　查
奕照東望望閣詩鈔十八卷　張請耜洲詩鈔八卷
馮應泰東湖櫂歌百首　徐光燦山影樓詩存二卷
陳謨拙修書屋文稾五册未刊　張誠婁山小園詩集十
六卷　賈朝琮嘯軒詩集十二卷　屈何煥騷餘吟館
詩稾八卷　胡昌基石瀨山房詩文集十卷　胡正基
瑤潭集　吳鵬鑑湖詩草二卷　孫熊越中吟三卷
屈宗建萍槎吟稾　張躍鱗搗庵詩草六卷　張論春
農草堂文集二卷　朱鍾古白山房詩鈔四卷　邵澍
修竹廬詩鈔三卷　邵沭鷗臯館詩鈔四卷未刻　郭暄

適意航詩鈔一卷　屈爲彝古音閣吟草　屈爲章紫
華舫詩集四卷二集未刊　胡金題桐華館詩鈔三卷　胡
金勝聽秋室詩鈔四卷　陸坊草心亭詩鈔八卷　陸
樹蘭抱月軒詩鈔四卷　高廷璨小瓶廬詩鈔四卷
鍾晉勺泉集一卷未刻　方樹本詠花軒詩草三卷　袁
步先循陔吟草二卷　袁路先日香居詩草二卷　戈
温如適我廬詩鈔三卷　星溪詩存四卷　胡雅塤小
隨庵詩草四卷　錢仁榮蒨霞軒詩鈔二卷　徐士偉
鉢花館詩鈔二卷　戈士英愛墨軒遺稾　蔣殿敏帚
集　張達慶聽泉詩鈔二卷　張慶成秋樵文鈔二卷

秋樵詩鈔六卷　張湘任抱璞亭詩文集　丁泰儒萩
廬詩文集　陸拱斗當湖竹枝詞一卷百首一　蔣澐春
煦秋陰館詩　朱爲霖似山堂詩鈔二卷文稾一卷
方垌生齋詩稾九卷　生齋文稾八卷續刻一卷　方
金彪寅甫小稾一卷　錢椒數峯草堂稾三卷　俞嗣
勳翠微小草三卷　陳文藻鏡池樓詩草六卷　徐軾
鐵匏樓詩二卷　莊敬南華堂詩鈔　屈庚輿小園牘
稾　王文海乍浦竹枝詞一卷　何慶熙紅藥山房詩
文稾　徐士芬潄芳閣詩文集十卷　馬世榮倂浦詩
草二卷　鄭時敏寶拙堂集　鄭亮三山遊草　陸三

德莉隱小草　馮汝麟完璞堂吟稾　沈延銘靜園集
句　繆天章雪舫齋詩草一卷　葉耕清嘯堂集七卷
湯欽退食吟　陳樽古衡山房詩集十二卷　陳士
麟清源志三卷　俞兆曾鷗外吟箋四卷　任昌運香
杜草初集二卷二集四卷三集一卷　馮八佺娛齋雜
詠　徐景穆柘塘遊草　曹森山左紀行草一卷　徐
友貞焚餘草　沈曾懋遊燕草　王延龢胥川草堂詩
稾四卷　馬之炎對山詩鈔二卷　陸張烈愚亭近詠
馬緒抱璞居詩四卷　孫廷權宦楚吟稾　朱殿颺
斯覺堂百花詩一卷　馬駿僧廬集一卷　王用誠西

樓詩鈔 俞用繁賢已小稾 吳應和榕園吟稾十二
卷 朱絲雪芽詩選 吳以敬匏齋詩文鈔二卷 朱
維魚眉洲詩草四卷 孫映煜黼齋詩存二卷 陳顯
晦韜詩存一卷 夏宸英竹趣山房集 徐泰清樾存
稾 陳玉垣集翠軒詩集七卷 吳修居易居小草三
卷 吉祥居存稾四卷 湖山吟嘯集一卷 思亭近
稾一卷 居易居文集 青霞館論畫詩 朱瑞椿春
山詩存四卷外編一卷 陳廷獻玉樹齋詩稾 陳履
亭挹翠樓詩草一卷 吾德懋南園詩鈔 馬國偉愚
庵詩稾四卷 馬用俊少白詩稾五卷 兄弟二人詩合刻爲鄂韡聯吟

集 黃仙根銀花藤館詩集十卷 陳石麟小信天巢
詩鈔十八卷續鈔一卷文集四卷 朱履中玉堂存草
十二卷 錢一桂雙橋居詩草四卷 陳震省意釣山
房詩稾一卷 李應占小方壺仙館詩鈔一卷 張燕
昌石鼓亭集 鴛鴦湖櫂歌百首一卷 王善樵禦兒
集一卷 杜正藹語溪偶吟一卷 吳寶芝小斜川詩
集 小蓬萊集 重校月泉吟社一卷 吳渭復齋詩
鈔 吳子畸竹裏吟 胡毓琦郎山居集 吳瀚友鯤
詩文鈔 吳滔以牧詩鈔 田錫祚自怡集 吳惟楷
敬直文鈔 吳闞杰更崖詩文鈔 勞斯清止泉比事

集四卷 陳世修因埜樓詩文集 吳蘭同迴瀾詩集
十卷 顧鎔鴻鳴小草 游梁集 曹肩吾自貽集 胡宗
袞濤聲倡和集 葉棠野雀軒文集 初桄集 山右
行稾 山左行稾 滇南行稾 暮年行稾 歸田集
陳淇漁晴遺稾 周光大綱堂詩鈔 史善煌灘江
唱和雜咏 吳宗元約言書屋詩鈔四卷 金鏻留雲
樓詩稾 倪大宗鶴亭遺稾 費芝惜陰齋集 李元
綸留眞稾惆悵集 陳萬全三湘吟館詩鈔 吳于宣
楚遊吟稾 范成模夢園文集 芷怡詩草 蔡衡元
秋漁詩草 姜之垣百鹽詩 章英秋浦詩鈔四卷

惕若樓咏物一卷 吳克諧南泉詩草一卷 戈朝英
扶雲堂詩鈔 施嵩少峯詩鈔 施鍾成贊初學唫一
卷 秀芝堂遺稾一卷 夏惟善碧雲春樹樓稾 程
同文密齋文集 密齋詩存四卷 徐瑩北遊小草
陸世埰秋畦詩鈔二卷 陸元鋐青芙蓉閣詩集六卷
沈啟震慎一齋詩集 陸應麒寄閒集 吳森欽亭
遺稾 沈大成靜觀齋詩集八卷 孫甡半山詩集三
卷 汪繼熊聽香館詩鈔五卷 孫元琦清芬館詩集
十卷 錢清履松風老屋詩詞稾十二卷續稾五卷
黃凱鏞書耕堂詩集三卷 黃凱鈞友漁齋詩正續集

十六卷　黄安濤詩娛室詩二十四卷　息耕草堂詩十八卷　眞有益齋文編十卷　黄苕濟百藥山房詩集十卷　郭麐靈芬館詩初集四卷二集十卷三集四卷四集十二卷五集九卷　靈芬館雜著二卷續編四卷　郭鳳山蓉書屋詩初集八卷　孫貫中桐谿草堂詩十卷　徐鐖春郊詩集四卷　程綸小隱山房詩鈔　沈世勳卷石山房詩鈔　李炎耕雨草　周鳴盛桐北偶稾　郭演雲門集　北征草　東華草　帝京篇　嚴寶傳吟秋館詩存　沈棱東廬遺稾　方駕鶴仙漫稾　吳下遊草　嚴大奎醉經齋存稾　陸費鑑虛堂待定稾　柴源桐陰草堂詩集　徐鑛鐵庵詩文集　東遊集　朱雯自知齋詩集　吳軨茶廬吟稾　黄士塤宏雅堂集　瀛山館課詩　馬俊艮嘯山詩鈔　許觀光迎素樓詩　吳汝近言集　吳涵匯庵詩文鈔　董釆始學齋遠遊草四卷後遠遊草一卷　盛宗楷鍾溪竹枝詞　徐錦釣珊瑚客詩選　汪澍古梅谿館二集詩八卷　沈寶麟雙琴齋文集　戴光曾從好齋詩集　曹言純徵賢堂詩集八卷　擬唐宋雜體詩二卷竝未刊　陸開誠花南老屋詩鈔　鍾鼎月橋吟稾　金蓀香谷詩鈔　屠雲堯薇右吟草二卷　張昌衢春

陰閣詩稾　馮登府石經閣文集八卷　拜竹詩堪詩存初集十卷續集二卷　沈濤十經齋文集四卷　柴辟亭詩集四卷　荃畹補題一卷　李貽德攬靑閣詩鈔二卷　馬汾耨雲軒詩鈔四卷　徐錫可得酒趣齋詩鈔未刊　張廷濟桂馨堂集八卷外集三卷　張慶榮稻香樓詩稾一卷　張邦棟花臺吟草四卷　張邦樞鶴齋存稾六卷　李超孫拙守齋詩文鈔十五卷　李富孫校經廎文稾十八卷　李遇孫芝省齋集　沈愛蓮靑珊盦初集　六峯攬秀閣初稾　讓庵偶存稾　楊春夢蕉書屋詩鈔四卷　錢天樹是耶樓初稾一卷未刻　章溥蘋花閣集未刻　岳鴻慶寶爵堂詩鈔　沈步靑鍾溪櫂歌　王楨絜華樓詩稾三卷　王相無止境初存稾六卷續存稾六卷　鄉程日記一卷　鄭炎雪杖山人詩集八卷　胡祥麟省過齋詩鈔　沈濂蓮溪詩稾八卷續稾三卷　葉維庚鍾秀山房吟草四卷　陶琯綠蕉山館詩正續集　王士珠槐蔭草堂集六卷案此皆士珠四十歲以前之作晚年更編數卷未刊　計芬二硯齋詩集　計光炘守甓齋詩稾八卷竝未刊　張岳鎮二欲齋詩鈔未刊　楊景雲芸客詩稾　曹大經吟秋館集　姚吉祥竹雨吟鈔二卷　鄭士喬雪樵山人詩稾　郁鼎鐘彝齋文

集　倪以埴銀藤花館集　斜塘竹枝詞　管溥恬養齋詩鈔　柯萬源墨磨人齋集未刻　斜塘竹枝詞百首　曹信賢魏塘竹枝詞　沈丹培青箱館詩鈔八卷　朱蓮燭樓僻園詩鈔二卷　朱時謙靜濤齋詩鈔一卷附刊其父蓮燭詩後　汪能肅韓齋詩文稾　魏塘集　可休集　沈濤紅藥山房詩存二卷詞存一卷　幽湖百詠一卷　鄭以嘉谷口山房詩草六卷新塍瑣志　鄭鐮抱山樓詩集六卷新塍瑣志　新溪櫂歌百二十首二卷　翟以學桐石山房詩二卷海鹽蔣氏刊版　朱葵之妙吉祥室詩鈔二十二卷文鈔二卷詞鈔一卷雜著一卷　黃錫蕃醉經

樓存稾二卷未刊　海上竹枝詞百首　朱恆武原竹枝詞　張步蟾壺隱詩集二十卷　陳希敬菰蘆老屋吟稾　退畊堂詩集　陳謙就莊詩二卷古文一卷　張伯魁寄吾廬詩稾二卷　俞浩海月堂詩文集　朱方增求聞過齋詩鈔十卷詩爲女子葆瑛編次朱錦琮序　朱錦琮治經堂詩文集二十卷續編四卷外集四卷續編一卷　朱昌頤鶴天鯨海樓詩文稾　吳廷燮小梅花館詩詞集　朱毓文坦坦居詩文稾　朱嘉玉水心雲意軒詩鈔　任沛霖雙桂軒詩稾一卷　馬恆錫古直廬詩三卷　劉東藩硯北吟巢稾一卷　徐熊飛白鵠山房詩

集十卷凡初集三卷詩選四卷挂笠吟一卷風鷗集一卷前溪風土詞一卷　駢體文四卷鈔畧二卷後附詩賸　古文鈔四卷案所著又有續詩選四卷詩類四卷詩鈔補遺二卷彝藹軒刪集四卷續文稾三卷並未刻　徐金鏡山滿樓詩文遺稾　朱爲弼蕉聲館文集八卷詩集二十卷　俞鉎踽涔集　吳松古琴樓詩稾　沈廷燿愛吾廬遺稾　沈以堯白石山房稾　陳錦蘭芳堂集　高三祝輭紅集　京口草　劉以燦友花居詩一卷未刻　蔣槐瘦藤書屋詩鈔　謝燧池春詩詞稾未刊　陸增鴨船吟草　鸚鵡湖櫂歌百詠　韓戴錦寶墨齋詩鈔　陸沅蒔桂堂詩鈔二卷　張躍鱗拙存居詩草二卷　盧奕春乍浦紀事詩

顧邦杰橫山草堂詩鈔三卷　賈敦復知止堂詩集十卷　粵西集二卷未刊　賈敦臨守約齋詩鈔二卷　賈敦艮餐霞僊館文集八卷詩集八卷未刊　郁載瑛味雪齋集　張嘉錦棣華廬詩稾　張嘉鈺晚香居詩稾　清溪竹枝詞　吳文照在山草堂詩稾　吳文杰讀易軒遺稾　吳蘭森紅蕉花館詩鈔　吳玉森紫櫻桃花館詩鈔　胡鈖了齋詩鈔　譚有洞茀葉邨莊吟稾　顧丙南有竹居吟草　蔡錫琳梅花猶是廬稾　畢發潄研齋集八卷　沈宗德靈蘭僊館詩存　王發栐葉山房吟草　陸瀚愜所遇居詩草　陸憲曾繕性居

詩草　沈鈺雪香舍詩稾　沈鎔夢瀛齋詩稾　沈瀛
遙岑挹翠樓詩草　沈浩凝碧軒遺稾一卷　沈沆桐
蔭草廬遺稾　沈鴻藻紫薇花館詩集　沈炳垣斲硯
山房詩鈔八卷　祥止室詩鈔十四卷　沈淮三千藏
印齋詩鈔　張千里珠村草堂集未刻　閩遊草　蔆塘權
歌百首　孫德中晴雲小草　畢灝息影廬詩存　周
楨愚堂詩鈔四卷　張陶詠瞿溪草堂詩稾三十二卷
闕鳴珂碧筠仙館集　馬洵五千卷室詩集　馬濬
春星帶草堂稾　岳廷枋醉六居詩稾四卷　錢儀吉
衎石齋紀事稾十卷紀事續稾十卷　刻楮集一卷

旅逸小稾一卷　錢泰吉甘泉鄉人稾二十四卷　錢
炳森郊農偶吟稾一卷　吳昌榮登嘯集　沈維鐈補
讀書齋遺稾十卷　胡永成鶴谿草堂集　沈道腴櫶
樹軒詩草　楊建維園詩錄　楊韻息笠庵詩集　楊
智涵山堂吟稾　徐錦靈素堂詩文集七卷未刻　朱嘉
金耀偃吟館詩詞稾未刻　莊仲方映雪樓文稾　唐樸
蕉閒館詩鈔七卷　姚仁瑛懷芬館詩鈔四卷　姚覲
光寶甗堂集　陶鵠元六有西齋吟稾　陳坤清娛閣
詩草　金衍宗思貽堂詩稾十二卷文稾一册　汪元
源三十三峯硯室詩稾　陸鑅鬱林山館詩集八卷

于源一粟廬詩一稾四卷二稾四卷　鄭瑞清求是室
詩稾六卷未刊　許楨二畝半園稾　許煌閩遊草　怡
清吟稾　張來儀蓬萊仙館集未刊　龔璜橋西草堂稾
陶淇忠孝堂集未刊　高均儒可亭文稾未刊　葉思澄夢
玉仙館詩稾　錢維榦愛日吟詩草四卷　俞錦澹如
齋吟稾　北遊草　黃燮清倚晴樓詩集十二卷續集
四卷　陳其泰桐華鳳閣詩文稾　王燮陶塔影樓詩
稾十六卷駢體文一卷　朱文治珠宿山房駢體文稾
崔德華秋聲山館詩稾　朱恒武原竹枝詞百首
杏閒吟稾　黃金臺木雞書屋文集三十卷凡初集四卷二集六卷三集八卷四集六卷五集六卷

詩稾刪存五卷　沈筠守經堂詩集十六卷　乳水流
芳錄一卷　瑤沚冰雪編一卷　鍾步崧夢琹山館集
七卷　劉建標吟白廬稾　顧廣譽悔過齋文稾七卷
續文稾八卷　徐金誥春暉堂文集五卷　王均暢眞
機室詩稾　朱嶽宗玉溪漁唱百詠　鄭敬懷帶草堂
詩鈔　張光裕紫荷花樹小草　宋恭敬小壺山館詩
詞稾　陸費瑔眞息齋詩鈔四卷續鈔一卷　馬蘭芬
青溪一曲樓集　周官勳深柳讀書堂稾　何毓芳秋
芬館遺稾　嚴廷珏小琅玕山館詩詞集十卷　嚴謹

清歒樓集　嚴錫康餐花室詩稾六卷
黃媛介越游草兩浙詩鈔以下閨秀　陸觀蓮蔣湖寓園草檇李詩繫
觀蓮爲殳丹生室　沈榛松籟閣集國朝詞綜　錢吳黃荪雪集
嘉善舉人錢栻室　彭孫瑩碧筠軒詩稾續檇李詩繫海鹽諸生徐復貞室
歸淑芬雲和閣集浙江通志　徐範紅餘草清芬集布衣貢木妹
陳瑞麟綠窗閒吟　沈畹餘香詩草桐鄉吳雋室　蔣紉蘭
鮮潔亭繡餘詩存嘉善人禮部尚書錢以塏室　閻璞詩鈔一卷
費倪氏映雪齋吟稾一卷桐鄉人石門費勝初繼室　陳元琳渤海
遺吟海鹽武舉人沈定穎室　沈金山青堂集平湖諸生邵松室　朱逵
慈雲閣詩存海甯人海鹽運同陳克鉉室　蔣素貞德滋堂稾　楊

守儉靜君閣稾海甯人中允楊中訥女海鹽縣丞彭載奕室　吳元善玉軒
吟稾海鹽庠生朱奏室　林枝芳生翠集　蕉軒別集平湖諸生陸𪅷
室　丁文鸞倚雲樓詩稾海鹽知縣沈燮文室　吳巽聽鴻樓詩
草梅里詩輯　沈珮繡餘殘稾　張周氏蘋香閣詩草　沈
蘭繡餘遺筆　雪齋詩餘續檇李詩繫　陳克穀餘生集
吳文卿瑯嬛集一卷于志　張儷青繡餘稾　孫淡英繡
閒集　李貞媛凝香閣集平湖知縣陸培室　錢復桐花閣詩
拾瑤草復嘉善人明大學士升女孫監生查開室　陳絢吟香閣集
沈吳氏青霞寄學吟　惜陰樓賸稾　汪亮采芝山人
詩存　鮑詩鶴舞堂小稾一卷　吾亦愛吾廬詩鈔二

卷初月樓續聞見錄平湖張𢿱士雲錦室　詩　楊素中煮石軒詩　陸全
松石居詩平湖諸生王垣室　吳瑛芳蓀書屋存稾四卷國朝別
裁集　倪夢庚聽松書屋詩草　鄭李氏黃梅詩草　陸
瞻雲適吾廬詩存二卷　王範蕉雨樓吟草桐鄉諸生李靈皋室
錢查氏自憐吟嘉善人知縣查學女庠生錢庭栜室　王荃飲綠軒殘
稾句圖詩話　曹鑑冰繡餘試硯稾　梅玉卿紅豆山房稾
孫蘊雪紅餘集　汪張氏清心玉映樓稾　盧蘭露
倡隨集石門貢生胡家琪室　梅清月樓吟稾　楊素書茗香樓
集　李檀生香樂意齋稾嘉興人知府李宗渭女平湖官福建糧儲道高衡室
胡順焚餘小草　顧德繡月樓稾　徐錦紅餘小草一

卷清谷文鈔　陸許氏篆雲樓稾海鹽人工部主事惟枚女嘉興通判陸昌祖室
朱衣珍樹萱小草平湖諸生陸夢求室　孔昭蕙樹香詩艸　陳
玉徽冰崖詩草　蔣永端焚餘草　查淑順攬秀軒稾
沈彩春雨樓集　屈鳳輝古月樓詩詞鈔平湖舉人胡之垣室
王允執玉映廬詩鈔于志　沈小芳遺芳集　顧慈韻
松樓詩草二卷　張鳳讀畫樓詩草二卷于志　鄭辛攬
翠樓稾秀水鄭虎文女孫許樸室　王吳氏清閨遺稾一卷秀水王訓導澄
室　任湘海上雜吟　紅餘小稾海鹽諸生許師謙室　范素英
養痾軒小稾　李璠倚閣吟嘉興人貢生李旦華女張之梁室　陳如
璋西溪集初月樓續聞見錄吳德旋曰嘉興女子陳如璋受詩於華亭沈大成所著有西溪集

金禮嬴秋紅丈室遺詩一卷 秀水舉人王曇室是編刻入春暉堂叢書 趙德珍得月樓存稾 平湖進士楊于高室 陸素心碧雲軒詩鈔一卷 平湖人武康舉人徐熊飛室 陸荷清唐韻樓詩鈔一卷 徐熊飛繼室 周桐春棲鳳樓吟稾 海鹽人庠生張步曾室 唐敏竹影軒詩二卷 張鏡蓉紅蔭閣詩存 海鹽人庠生任百卿室 胡緣琴韻樓詩鈔二卷 張步蘐嗣香樓稾 陸彬評花問月樓詩燼一卷 孫湘畹倩窻吟稾二卷 徐淑安嗣陶吟一卷 陳爾士聽松樓遺稾四卷 錢儀吉室 陸以湉日錢新梧給事給諫官京師時無力延師教子與其室陳煒卿女史親自督課女史嘗於講貫之暇推闡經旨著授經偶筆以訓子女 包韞珍淨綠軒詩詞稾 嘉興莊丙照室 吳畹香早花

集一卷 嘉興舉人李貽德室 陳葆貞綺餘書室詩稾 陸瑀華裁香室詩鈔一卷 冷廬雜識 郁徵吟香閣詩鈔 邱杏紅餘小課 趙棻序 王文瑞韻篁樓詩存 朱素誠德隱樓詩稾 嘉興庠生岳廷枋室 張朱瑩蘭心閣詩稾 嘉興舉人張慶榮室 潘蕙種紅樓小稾 張茗蓀餞月樓詩鈔 朱蘭先得月樓遺詩 徐寶輝翫月樓遺詩 錢斐仲雨花盦詩詞稾 僅刻詩餘一卷 嚴澂華含芳閣集

釋通復冬關詩鈔六卷 四庫存目 以下釋子 釋宏言澗庵詩草 浙江通志 釋達純悉擅吟草 印須集 釋行日萍遊草 釋聖潛蕊香詩草四卷 釋德衛停雲檳影集 釋元璟完玉堂詩集 釋岳峙朵霞集十卷 尤侗序 未刊 釋心香聽月詩稾 釋行深寄寄吟 釋宗泰閱世堂稾 伊志 釋常岫祖華堂集 聽濤稾 寒濤閣稾 墨香幢集 遂清堂集 遂園稾 東峯蘭若集 復古堂稾 釋通容漁樵集 挂瓢集 浙江通志 釋明中烎虛詩鈔 杭世駿序 釋復顯雪廬吟草 釋成修達意辭詩文集十四卷 釋心印分柿山房集 釋際一日樓公梓梅里名士詩行世此禪家風韻之不多見者 釋露文舊松詩草 釋際一田衣詩鈔 釋傳發環清集 攝山集 釋潛朗抱月庵存稾 釋源衍柏谷詩草 當湖百詠 徐熊飛曰朗懷嘗作當湖櫂歌一百首水鄉舊迹搜歷殆盡

釋達鑑雲塢詩存 釋乘誠西竺軒稾 谷水集 天台行草 書田詩稾 釋本白二竹軒詩鈔三卷 黃安濤刻 入慰託集 釋天寥詩稾二卷 釋際囦觀幻山房稾 續檇李詩繫 釋智幻疏庵詩鈔 釋涫恬鄰沙稾 釋瑞文愚山詩鈔一卷 釋海鷗臥雲詩集 新塍瑣志 釋德山酉雲草堂詩集 新溪雜詠 釋眞見寄閒山房詩草 釋傳嚴石城集 釋彌邵芥園詩稾 釋文峯如山居木悟編 新塍瑣志 釋悟瑩旅泊吟草 釋竺溪黃葉吟草 鐙窗瑣語 賀炳雲濤散人集 以下羽士 王蘅湘草詩稾

右別集

晉 干寶百志詩集五卷新唐書志 諸朝彥過顧況宅賦詩

一卷鄭氏通志略詳編輯者姓氏 未 嘉禾詩一卷書錄解題禾詳編輯者姓氏

宋 曾喆會稽酬倡二卷周必大魯公墓誌銘 李如篪古樂府十

卷 莫琮椿桂堂詩一卷 莫若沖清湘泮水酬和一

卷宋史志 錢勰會稽公集一百卷于志

元 黃玠唐詩選王氏續通考 繆思恭至正庚子倡和詩郁謙

識伊案是集思恭與高巽志徐一夔姚桐壽釋克新江漢陳世昌鮑恂樂善金絅潘澤民殷從先朱德輝郁

遷凡十四人 曹睿至正辛丑倡和詩徐一夔識伊案是集睿與呂安坦鮑恂

牛諒釋智寬常眞邱民張翼王綸來志道聞人麟徐一夔尤存周棐凡十四人又案四庫全書存目浙江采

集書錄俱有至正庚辛倡和詩一卷前有周伯琦序稱庚子兵後之作悲音於邑辛丑避暑之作逸與超羣是

元季已合二集爲一編矣其二十六人爵里事蹟郁嘉

慶爲考世編附于後而朱彝尊亦嘗編訂是書於每詩

之前人各爲傳所述與考世

編相出入蓋未見郁本也 釋克新金玉集杭氏藝文志

明 高遜志自得齋類編徐一夔序略曰河南高公德進甫有藏修之室曰自得齋既得

宗工鉅儒爲之論著而先隴白雲山舍亦皆有述其子

遜志慮其久而散軼也彙而次之合記序銘贊誌狀詩

詞凡若干首公由御史掾調浙東宣

慰司都事善詞詩有紀夢集十卷 師友集杭氏藝文志

梅江檇李耆英倡和詩靜志居詩話盛楓曰項忠家居日與金禮梅江戴祐姜

諒伍方包鼐湯麓陳蒙福爲檇李耆英會江彙其先後倡和詩爲一集府教授蕭子鵬序之 朱翰

檇李英華十六卷自川書志盛楓曰翰取洪永以來一郡諸家之詩詮以成集附以己作

惜其搜羅不廣去取未當然用心良苦有功先哲爲不可泯 劉常武原集檇李詩繫

包節苑詩類選三十卷嘉禾徵獻錄 黃洪憲明文憲 李

景孟明正音浙江通志朱彝尊曰是編所錄多嘉興人作若沈鑑孟鈞陶瑾廷璧朱孟德維新

陳善敬佐李澄若淵往子輯詩綜悉無從採掇卽景孟詩亦遺之景孟曾孫儒烈曾刊是編以行惜今之雕本

流傳者寡矣 徐泰明風雅四十卷明內閣書目 釋文湛江海

羣英集 龔勉三過堂集浙江通志 陸坍風雅輯略檇李往哲

列傳 陸基仁明四部律選 絶句類選 十子詩選浙江

通志 周履靖古今歌紀二十四卷 羣英赤幘十二卷

宋明名公和陶詩二卷 晉宋明十三家歸去來辭

一卷 毛公培倡和一卷梅墟類稾 梅塢貽瓊杭氏藝文志四庫

存目伊案是編皆明人贈周履靖之作姚士粦刪定爲四卷 古今宮閨詩十六卷

浙江通志 懷悅士林詩選二卷尤氏藝文志四庫存目 鄭履湻衡

門集十五卷四庫存目總目曰是編乃履湻以其父曉所喜讀古人詩文近於曠達閒適者彙

以成集分體排纂凡詩十一卷文四卷每篇之首皆不題作者姓名始刊於隆慶乙巳至萬歷乙酉其子心材

補輯爲此本 卜大有古文翼 曾王文粹卜氏著述考 錢孺

穀小瀛洲社詩六卷四庫存目伊案是編孺穀與鍾祖述同編爲明嘉靖中海鹽徐咸

與其兄泰同邑朱朴錢琦吳昂陳鑑劉鈗鍾梁陳瀛釋永瑛共十人社會之詩孺穀琦孫祖述梁孫孺穀又各

爲小傳列于首卷 姚氏尙元齋三世詩十二卷四庫存目案爲姚悅于

兗孫舜聰撰 釋正勉古今禪藻集二十八卷四庫著錄 陳

懿典明館閣文抄一百卷嘉禾徵獻錄 沈懋孝文林合璧

十卷 選鈔 七言律詩韻編浙江通志 李日華四六類

編十六卷采集書錄 陳泰交廣秀水藝文志嘉禾徵獻錄 馬

維銘廣文選二十五卷 湯紹祖續文選二十七卷采集書錄三十二卷所錄唐人明人且明人惟取正嘉後七子一派 胡震亨續文選十四卷莊仲方曰錄梁代及後魏北齊後周陳隋之文以補文選之遺 唐音統籤一千二十四卷明史志傳是樓書目曰甲籤帝王詩一凡七卷乙籤初唐詩七十九卷丙籤盛唐詩一百二十五卷丁籤中唐詩三百四十一卷戊籤晚唐詩二百一卷又餘閏六十四卷己籤五代雜詩四十六卷庚籤僧詩三十八卷道士詩六卷宮閨詩九卷外國詩一卷辛籤樂章十八卷雜曲五卷塡詞十卷歌一卷謠一卷諧謔一卷諺一卷語一卷酒令一卷題語判語一卷讖記一卷占辭一卷蒙求一卷章咒一卷偈頌二十四卷王籤仙詩三卷神詩一卷鬼詩二卷夢詩一卷物怪詩一卷癸籤體凡發微評彙樂通詁箋談叢集錄凡三十六卷 王士禎曰胡孝轅唐詩統籤戊集二百一卷皆晚唐五代人詩統籤凡千餘卷未盡刻梓此其什一也又曰唐詩統籤卷帙浩汗久未版行余僅見其癸籤一部耳康熙四十一年 上命購其全書令織造

兼理鹽課通政使曹寅鳩工刻於廣陵胡氏遺書幸不湮沒然版藏 內府人間亦無從見之也 案四庫全書存目唐音戊籤二百一卷所錄皆晚唐之詩閏餘六十四卷所錄皆南唐吳越閩廣之詩刻于康熙二十四年其後癸籤僅有續刊全書唯繕本流傳康熙四十二年 御定全唐詩郎以唐音統籤爲稾本而詳加補正者也 王氏云廣陵重刻版藏 內府說恐未確 李杜詩通四十卷杭氏藝文志李二十一卷杜四十卷 鹽邑藝文志前編黃虞稷曰前集始秦漢迄元後集明 案是編爲凡天啓時知縣樊維城輯刻凡甲集二卷乙集四卷 陳梁潁水遺編浙江通志盛楓曰集其祖父著述 陳禧武陵倡和詩一卷嘉禾徵獻錄 伊案浙江通志作武林倡和詩今考嘉禾徵獻錄天順中禧以鄉貢任常德府教授因有此集當作武陵爲是 蔣之翹李詩乘四十卷浙江通志朱彝尊曰楚穉搜錄鄉黨先正詩無遺兼能備舉軼事晚年無子書籍散佚無存詩乘亦亾可歎也 卜世昌明八大家文選卜氏著述考

釋文貞檇李禪林詩輯 徐濟貞海谷遺風集浙江通志沈季友曰集海鹽先輩詩 袁黃評注八代文宗八卷四庫存目 八代文腴類選杭氏藝文志 陳山毓賦略五十卷明史志 陳龍正李文饒集刪本 李忠定集刪本十卷雪舫齋讀書書後徐熊飛曰李忠定集幾亭先生錄存十卷篇刪其句刪其字頗稱簡要宏光初已用朱文方格繕寫付梓適丁國變未及剞劂而止李文饒集刪本與此合編今蓋失傳矣 陸時雍古詩鏡三十六卷 唐詩鏡五十四卷四庫著錄 陳許廷八代詩箋嘉禾徵獻錄 宋咸忘機社詩選浙江通志 姚澣八代文統徵獻錄 譚貞默鴛社詩選一卷伊案是編爲明萬歷己未上元至六月凡六集李日華序嘉興湯志作四卷

國朝

沈嗣選南宋文鑑一百卷浙江通志錢泰吉曰果庵南宋文鑑序目二冊序作於順治戊戌凡例九條則康熙改元七月晦前一日也目凡四十八卷每體各有小序持論多平允文章宗旨已畧具卷中多附評論亦姚呂所未及也倘全集尚存於世則果庵撰集之苦心或終不泯沒歟 查大韶漢魏六朝百三名家選 陳葵明九大家詩選選李夢陽何景明李攀龍王世貞徐中行吳國倫宗臣梁有譽謝榛九人之詩 陳忱南湖倡和詩一卷曹溶序略曰我禾自乙酉有兵革之事作者不復出越三十七年用宣陳子始置酒尙友堂鳩里彥爲談詩之會今刻倡和是也原詩所由興不當無因而作遭時瘖痾耳目所親歷不能托諸諷諭備史氏採則爲失職可恥繼自今追古者風人之遺人才進退土俗盛衰物力登耗舉于此有所考以風凡百有位者 彭孫貽歷代詩鈔 五言妙境 茗齋四韻合編嘉禾徵獻錄 蔣薰梅溪詩選伊志 朱彝尊明詩綜一百卷四庫

著錄莊仲方曰彝尊以錢謙益列朝詩集顛倒是非乃編此以糾其謬每人略具始末備載諸家評論而以所作靜志居詩話附後

朱譚倡和詩二卷浙江通志朱彝尊譚吉璁撰

陸棻歷朝賦格十五卷四庫存目凡文賦格五卷騷賦格五卷騈賦格五卷

吳之振宋詩鈔一百六卷四庫著錄之振與同邑呂氏同輯

八家詩選八卷浙江通志

汪森粵西詩載二十五卷 粵西文載七十五卷四庫著錄案此二書合粵西叢載爲粵西通載全書

貫珠集三卷自序案是編輯錄古人聯句之詩

高士奇續唐三體詩八卷莊仲方曰士奇嘗注周弼三體唐詩復爲此書弼以七絕五七律爲三體士奇選五七言古詩排律爲續體以補其缺惟此每體以人爲序各有小傳詩話爲稍異耳

唐詩掞藻八卷竝四庫存目

沈季友檇李詩繫四十二卷四庫著錄朱彝尊序略曰比來編輯有明一代詩陸子聚緱貽示

南疑沈君檇李詩繫其於逸民寓公方外閨秀蒐羅甚備余頗得什一之助宋元而下以迄今代詩人間有闕略卽借聚緱手抄補入越三月卒業其間忠節孝義之事森然臚列山川古蹟土風物產攟摭靡遺雖曰一郡詩林是千秋文獻資也

李繩遠澄遠堂三世詩存八卷四庫存目總目曰是集合刻其曾祖應徵祖士標父寅之詩

陸奎勳八代詩掞六卷

洛如詩鈔六卷

吳震方朱子論定文鈔二十卷四庫存目總目曰是編取經傳子史以至唐宋諸家之文曾經朱子論定者纂錄成編皆先列朱子之論而以其文列於後

杜庭珠唐詩叩彈集十二卷 續集三卷四庫存目案庭珠與無錫杜詔同編

釋淨溥興善寺歷代名賢留題集二卷四庫存目

陳增新柳洲詩集十卷四庫存目總目曰順治初增新與同里魏學渠等結詩社稱柳洲八子因遴次所作爲一編案魏允柟曹鑑平有台選本

盛大鏞竹林倡和詩集六卷康熙庚辰至乙酉朱彝尊序盛百二曰魏庵先生結竹林詩社多至百餘人

盛遠南池詩集五卷康熙丙戌丁亥戊子三年之詩海甯查昇序盛百二曰昔吾鄉有南池詩社首倡者盛宜山先生也

瓣香庵倡和詩四卷

瓣香詩匯二卷

沈鴻輯瓣香詩鈔

李光基梅里詩選

李集梅里詩鈔

陳光裕濮川詩鈔四十五卷四庫存目案光裕與沈堯咨同編所採沈機仲宏道濮淙周映康馮允秀沈朗周龍雯陳選勳楊煒楊爕陳曾祉張其是徐嘉沈履端鍾梁周甸周曒陳樂濮光孝徐晞張宏牧楊炯曹士動陳梓張宏範潘亮程琦沈孔鏈沈鍾泰釋佛眉寂解三十一人及光裕堯咨二人之詩凡三十三家

李元黼新溪詩鈔六卷案元黼與沈莘士同編元黼先歿莘士重加增訂郎以元黼詩入之卷末自明以來作者凡九十二人元黼有斐亭詩話莘士有郊居詩話亦間附焉

沈莘士新溪文鈔四卷

朱乾樂府正義十九卷門人大興朱珪序自序乾隆己酉刊行者僅十五卷卷首原樂辨證頗精其唐人之沿古樂府體者別鈔爲二卷又新樂府二卷均未刻

黃家遴凝香亭瑞蓮詩一卷

曾郁墨松題咏一卷案是編郁以曾祖贈員外郎元良墨松眞跡徵題得同時高孝本諸人詩詞錄爲此集

李維鈞梅會詩人遺集案是書編次明季國初李衷純王翃范路屠爌周篔徐貞士繆泳屠焯徐在史宣綸史翼經李琇李符蔡耀十四人詩刊行之

諸錦兩浙詩鈔二十四卷

秀水文廟學宮詩文集一卷自序略曰己卯庚辰兩歲以來得秀水文廟學宮詩凡若干首薈萃付雕以備學校藝文掌故之一則

嘉興郡廨梅花詩一卷厲鶚跋曰使君延草廬諸太史掌鴛湖書院課士以郡廨梅花爲詩題且限清字韻二絕句徧徵同人屬和積成卷軸梓而行之

咏物倡和詩一卷自序略曰是集海甯施叟蘭坨倡之水村項氏和之同人屬和者數十人不爲事縛不爲韻拘

殆有得于唐宋作家三昧者　曹庭棟宋百家詩存二十八卷（四庫著錄）

曹氏一家詩　徐庭棟四六菁華　程鵬程桐溪遺詩十卷　陸燿切問齋文鈔三十卷　沈廷鏕文章宗範（海鹽續圖經）　盛百二古文意宗三十卷（自序曰余年二十五始有古文徵信錄之鈔意在於考據壬辰四月自都南下阻風潞河因發舊篋刪其大半加以新得定爲六編曰內曰外曰雜曰通曰逸曰餘凡若干首年來遞有增損先儒文集亦略見一二因取昭明太子意易名曰意宗）　唐詩式十六卷（自序）　馬俊良麗體金膏八卷（是編輯歷代名臣四六奏疏凡國朝人五卷漢宋梁周一卷唐宋一卷補遺一卷刻人龍威祕書）　吳光昭賦彙錄要箋略二十八卷（沈德潛序）　李稻塍梅會詩選三十二卷　許燦梅里詩輯三十卷　梅里三家詩（爲朱翰宣王鴻字陳源三人之詩刊版豫章）　錢佳魏塘詩陳十五卷（佳與丁廷烺同編）　周一鳴鹽邑藝林二十五卷　宋景關乍川文獻　汪大經江湖故人集（續檇李詩繫）　馮時桂歷朝閨媛詩選（未刊）　勺園詩話　曹三德歷朝尺牘六卷　靜惕堂尺牘二卷（于志）　馬維翰宋詩選七卷　舊雨集七卷　顧列星舊雨遺音　孟彬聞湖詩鈔七卷　胡昌基續檇李詩繫四十卷（未刊今存三十九卷）　朱爲弼清河五先生詩選八卷（平湖張氏合刻一家著作爲張世昌世仁兄弟張誥張誠兄弟及張達慶之詩徐申錫補選慶成詩二卷爲六先生詩選）　戈溫如星溪詩存四卷　徐中道和聲唱和詩　朱玟明人詩鈔正集十四卷續集十四卷　八三朱子

詩選三卷　張朌鹽邑藝文續鈔十二卷　釋名一禪林詩品六卷　蕭應櫆方壺合編二卷　李應占蘭言集　鍾篤馨遊詩精理（桂馨堂集）　郭麐唐文粹補遺二十六卷　岳涞傳濮川詩續鈔二十二卷　朱嶽宗讀山樓談藪八十卷（耐冷談摘錄名人著述之精者）　馮登甫清芬集八卷（輯錄梅里詩人之無後者）　黃安濤慰託集十六卷　徐熊飛錦囊集二卷　聞湖盛氏詩鈔五卷（盛民譽盧陽集盛大鏞匏庵集盛楓鞠業集盛熙祚春草亭稾盛禾膏薇集）　愛蓮梅里詩輯續編十二卷　宋咸熙桐溪詩述三十六卷　沈美鏐胥溪文會堂詩鈔八卷　郁鼎鐘平川詩徵　朱莊仲方南宋文範七十

卷外編四卷作者考二卷（凡賦二卷騷詩七卷文六十一卷其文未合選而或以人存或以人所傳誦而存爲外編作者考爲作者之小傳以具知人論世之意）　金文雅十六卷（體例一同文範凡賦一卷詩二卷文十三卷）　古文練要三十八卷（未刊此選歷代之文取其尤警練者及關一代開國經世之要者分類成編其周秦諸文不可類分別爲四卷曰前編其寫本今藏嘉興徐氏案仲方所選各朝之文讀本有國語文四卷公羊穀梁傳文二卷戰國策文四卷周秦諸子文十四卷史記文八卷西漢文十卷東漢文八卷三國文三卷晉文四卷南北朝文三卷唐文四十六卷北宋文三十五卷南宋文八卷金文五卷元文十二卷明文十六卷均未刊）　黃金臺今文愜（此選國朝人古文凡十一冊家藏未刊）　盛藻集（此選國朝人駢體文凡五冊家藏未刊）　孔憲采雙溪詩匯　許楨新溪詩續鈔十卷（未刊）　朱壬林當湖文繫二十四卷　當湖朋舊遺詩　錢儀吉

廬江錢氏文匯四十九卷　廬江錢氏詩匯　廬江錢氏清風集十二卷　錢泰吉頤和室合稾四卷　沈筠龍湫嗣音集十二卷 徐一麟序　海上文徵八卷　滄海遺珠編二十四卷　乍浦集詠十六卷　徐同柏竹里詩存　王逢辰竹里詩輯八卷　顧煥楓水詩存　王均柘上遺詩續編四十卷　閨秀徐寶輝柘上名媛錄二卷

右總集

宋　魯訔杜詩傳注十八卷 張守魯公墓志　魯訔編注杜少陵詩十八卷 周必大魯君墓志銘 自序略曰余因舊集略加編次古詩近體一其先後摘諸家之善有考于當時事實及地理歲月與古語之的然者聊注其下若其意律乃詩之六經神會意得隨人所到不敢

易而言之　姚桐壽曰杜少陵集自遊龍門至過洞庭詩目次第爲此州先正魯季欽編定大都一循少陵生平行跡可以見其詩法升降隨其年自少而壯而老愈入于細而化也注嗣多所補益極爲後學借資第音切類多吳音不免可議　蔣光煦曰魯訔杜工部草堂詩箋有高麗刻本相傳爲善本蓋聞之吳枚庵明經翌鳳云

明　陳許廷李義山詩箋 嘉禾徵獻錄　朱丕基曰許廷蒐奇摘隱語多前人所未發

蔣之翹韓昌黎集輯注三十五卷　外集十卷　遺文一卷　柳河東集輯注四十五卷　外集五卷　附錄一卷 之翹韓柳集論例曰韓詩舊多爲校讐者所誤得朱子攷異一一正之茲悉遵焉倘有所未是則第注云某當作某不敢妄改至于柳集竄謬特多爲遍搜諸本訛者正闕者補計千有餘條多所臆見亦竊比于考異云韓集李漢所編則詩在文前柳集劉禹錫所編則詩在文後其例不同而余不爲改者存其舊也詩之次序亦然

國朝　高士奇唐三體詩補注六卷 案是書宋周弼編以五七言律詩七言絕句分爲三體元釋圓至注士奇爲之補注　張庚古詩十九首解一卷　樊紹述遺文輯注一卷 自序　案唐樊宗師絳守居園池記艱澁奇澀讀者皆以怪目之注者向有七家各有是非庚乃輯各家注本正其句讀分節疏義遂令積滯胥通　盛百二李播大象賦注一卷 柚堂著述序　案唐志大象賦黃冠子李播撰　王元啓讀韓記疑十卷　馮浩樊南文集詳注八卷　玉溪生詩詳注三卷　馮集梧樊川詩注四卷　馮應榴蘇文忠公詩合注五十卷　金檀高青邱詩箋注十八卷　江浩然曝書亭詩箋注十二卷 案凡例有云同邑前輩沈荣陛周文石諸先生並有注本今都

不傳　楊謙曝書亭詩注二十二卷　許河袁文後案二卷 未刊　浦銑唐宋律賦箋注四卷　孫銀槎曝書亭集箋注二十三卷　柯汝鍔曝書亭詩補注 魏塘人物記　吳修曝書亭詩集集注　李富孫曝書亭集詞注七卷

右詩文注

元　陳秀民東坡文談錄一卷　東坡詩話三卷 四庫存目

秦約詩話舊聞 杭氏藝文志　海甯衛志

明　徐泰詩談一卷 四庫存目　王文祿文脈三卷 浙江通志　存目 四庫　黃洪憲玉堂日鈔三卷 四庫存目總目曰是編鈔撮宋陳騤文則李耆卿文章精義明何良俊論文王世貞藝苑巵言吳訥文章辨體五家之言爲一書　周履靖

騷壇祕語三卷浙江通志 懷悅詩家一指一卷尤氏藝文志

陳懋仁續文章緣起一卷 文章緣起注一卷杭氏藝文志 李日華恬致堂詩話一卷浙江通志宋集書錄作二卷 袁黃詩外別傳二卷尤氏藝文志 支允堅藝苑閒評二卷 吳統持屺齋詩話杭氏藝文志 項嘉謨清居詩話嘉禾徵獻錄 李天植深省堂詩話伊志 李瑋嗜泉詩說于志

國朝 朱彝尊靜志居詩話二十四卷 徐嘉炎賦範一卷學海類編 柯維楨小丹邱客譚鶴徵錄 葉燮原詩二卷沈德潛曰先生論詩以少陵昌黎眉山爲宗成原詩內外篇埽除陳見俗諸沈珩序略曰內篇標宗旨也外篇肆博辨也 吳文暉澉浦詩話二卷 方薰山靜居詩話二卷 吳文溥南野堂筆記十二卷 吳東發續澉浦詩話四卷 張誠梅花詩話二十卷未刊 胡昌基石瀨山房詩話未刊 浦銑歷代賦話二十八卷 復小齋賦話二卷 魏正錡詩筌魏塘人物記 孫濤重訂全唐詩話六卷原書宋尤袤輯 續輯全唐詩話二卷 全宋詩話十二卷 陳克鎬柳堂詩話十二冊 孫謀意林詩話未刊 郭麐靈芬館詩話十二卷續詩話六卷 爨餘叢話四卷 徐熊飛春雪亭詩話一卷 修竹廬譚詩問荅一卷 沈濤匏廬詩話三卷 瑟榭叢談二卷 馮登府勺

園詩話二卷 沈愛蓮小靈蘭館詩話 黃安濤詩娛室詩話未刊 王燮陶吟窗揮麈錄六卷 于源鐙窗瑣話十卷 柳隱叢譚四卷 陸攀湘幽芳齋詩話二卷未刊

右詩文評

宋 毛滂東堂詞一卷書錄解題四庫著錄 呂濱老聖求詞一卷宋六十名家詞作呂渭老 書錄解題四庫著錄 陳與義簡齋詞一卷書錄解題百川書志作無住詞 四庫著錄 朱敦儒樵歌一卷杭世駿日今三卷 張掄蓮社詞一卷書錄解題 許棐梅屋詩餘一卷王氏續通考 岳珂續東几詩餘書目明內閣

明 支大綸華萼詞一卷 王屋草賢堂詞十卷明詞綜

沈懋德湖月詞歷代詩餘 周履靖閒雲館詩餘 李肇亨醉鷗長短句杭氏藝文志 錢繼章菊農詞一卷浙江通志 錢應金古處堂詞二卷 朱一是梅里詞一卷 夏完淳玉樊堂詞一卷 吳熙非水居詞三卷 周珽疑夢詞明詞綜

國朝 王翃槐堂詞浙江通志遠所刻爲秋槐詞 案王言 曹溶靜惕堂詞一卷 陸世楷種玉亭詞一卷 踞勝臺詞一卷 王庭秋閒詞一卷 徐嘉炎華隱詞 魏學渠青城詞三卷 曹爾堪南溪詞二卷 丁裔沆香草堂詞國朝詞綜續

魏坤水村琴趣四卷（朱彝尊序略曰予嘗持論謂小令當法汴京以前慢詞則取諸南渡錫山顧典籍不以爲然也魏塘魏孝廉獨信予說頻與予倡和詞成掩其名示人見者或疑予所作云） 柯崇樸振雅堂詞（朱彝尊序略曰柯子寓匏助予編次宋元人之詞又同周布衣青士博采詞八體製採其源流爲樂章考索一書） 戴錡魚計莊詞（朱彝尊序略曰林寓戴生錡僑居長水從予游其爲詞務去陳言謝朝華而啓夕秀蓋兼南北宋而擅場者也） 陸埜曠庵詞一卷 陸棻雅坪詞譜三卷 高士奇蔬香詞一卷 竹聰詞一卷（浙江通志） 彭孫遹金粟詞 延露詞三卷 朱彝尊江湖載酒集三卷（案曝書亭集又有靜志居琴趣一卷茶煙閣體物集二卷蕃錦集一卷） 李良年秋錦山房詞二卷 沈皞日柘西精舍詞一卷 李符耒邊詞一卷 沈岸登黑蝶齋

詞一卷（浙西六家詞） 葉舒崇謝齋詞二卷 汪森月河詞 桐扣詞 汪文柏柯亭樂府一卷 鈕世楷秋樹根詞一卷（新溪詩鈔） 魏允札東齋詞略四卷 徐梗西溪詞一卷 沈進藍村詩餘一卷 沈季友迴紅詞一卷 袁揆燮華煙詞一卷（國朝詞綜） 張奕樞芳荘詞二卷 盛楓梨雨選聲二卷 盛禾稼村詞二卷 盛本柟滴露堂小品二卷（案盛氏兄弟三人之作彙爲一編名曰棣華樂府楓及本柟歿後禾乃刊之） 俞兆曾鷗外吟箋四卷 沈崑味菜山房詞 顧仲清喝月詞一卷 柯炳月波詞 徐懷仁柘南詞草一卷 鄭培芸西詞一卷 葉之溶小石林詩餘 陸綸

莞爾詞一卷 柯煜月中簫譜二卷 小丹邱詞一卷 楊恆賞靜軒詞 張宗橚藕村詞存二卷 張玉綸練峯詞鈔一卷 陸培白蕉詞四卷 張奕樞紅螺詞一卷 沈修齡蜜香紙閣詞一卷 萬光泰月波欵乃詞二卷 聞漁閣雅詞一卷 章愷蕉雨秋房詞一卷 張雲錦紅蘭閣詞一卷 陸烜夢影詞三卷 徐志鼎玉雨詞二卷 朱芳藹小長蘆漁唱四卷 汪孟鋗語冰詞 汪仲鈖懷新詞一卷 王又曾丁辛老屋詞一卷 金蓉滄荘詞鈔（清芬集） 張庚瓜田詞一卷（柚堂文存未刊） 查奕照滕琴館詞鈔一卷 董潮澂花集詩餘一

卷 張宗松捫腹齋詩餘 方薰山靜居詞二卷 金德輿醲春詞二卷 施曾錫香草詞一卷（未刊） 胡奕勳蓴菜詞一卷 馬緯雲鶯聲細雨草堂詞 王方岡亦是山人詞 王啟曾南田詞二卷 蔣元龍桃花亭詞一卷 吳展成擘絮詞 啖蔗詞 李旦華青蓮館詞二卷 顧列星風雨閉門詞一卷 姚汝翼江邨買花詞三卷 沈一誠鏤冰詞一卷 屈爲章竹滬漁唱七卷 徐態飛六花詞一卷 胡雅堤遠香詞 胡金題金屑詞一卷 酒邊詞一卷 胡金勝笛家詞四卷 陸錫謨清芬館詞二卷 邵源虛紅柳詞一卷 王復

晚晴軒詞一卷 朱仁榮桂軒詩餘一卷 屠默生餐花吟館詞鈔四卷 汪如洋葆冲書屋詩餘一卷 張誠鶴厂詞一卷 陳朗六銖詞二卷（集漢魏六朝人句） 陳玨瑤林詞一卷 沈振鷺紅樹山房詞四卷 李汝章求霞樂府二卷 邵豐城蕉隱詞 陳咸慶紅蕉仙館詩餘 陳新濤舉樓詞稾 沈蓮生香草溪詞 余鵬飛夢牕書屋詞一卷 施鍾成玉屑詞一卷 柴源桐陰草堂詞一卷 沈濤洺州唱和詞一卷 九曲漁莊詞一卷（未刊） 汪繼熊花樓詞 黃安濤綠箋詞鈔二卷（未刊）（案是編爲黃燮清手定其稾本爲袁氏子攜往湖北失於粵匪之亂見國朝詞綜續編） 蔣澐

睫巢詞稾 張昌衢春陰閣體物詞一卷 馬汾耨雲軒詞二卷 馮登府種芸仙館詞（月湖秋瑟二卷花墩琴雅二卷釣船笛譜一卷） 曹言純種水詞四卷 項映薇藤花館詞 周樽元寶晉軑室詞集 馬洵瓶隱詞 楊懋麐閒雲潭景詞二卷 李貽德夢春廬詞鈔 胡咸臨求硯詞 朱聲希吉雨詞二卷 趙華恩碩軒詞鈔四卷 計光炘守甓齋詞一卷 柯萬源杏花春雨館詞 吳廷燮小梅花館詞集 水仙別譜 沈愛蓮小靈蘭仙館詞鈔 王家英鴛湖漁唱詞四卷 陸增紅蕉詞 秦光第半枯樹齋詩餘 邵建蒔聽春閣詞 陳其泰鴻雪詞

宋恭敬拜石齋詞一卷 黃燮清倚晴樓詩餘四卷 張金鏞絳跗山館詞錄 賈敦艮東武聟吉二卷（未刊） 俞錦濬如齋詞稾

沈榛松籟閣詞一卷（嘉善錢進士騂室以下閨秀） 虞兆淑玉映樓詞（國朝詞綜） 吳藻花簾詞 香南雪北詞 錢斐仲雨花盦詩餘一卷（以上詞集）

明 錢應金北憩詞箋（嘉禾徵獻錄）

國朝 曾王孫名家詞鈔（凡六十家案王孫與廬陵聶先同纂） 朱彝尊詞綜三十六卷（四庫著錄案彝尊與汪森同編） 周篔詞綜三十卷 今詞綜十卷（浙江通志） 汪森明詞選（自序） 陳澍蕉雨軒詩

餘策選八卷（四庫存目） 汪大經詞雅（續檇李詩繫） 程鵬程桐溪詩餘十卷 金蓉紅香館詞選 薛廷文梅里詞緒六卷（清芬集） 馮登府浙西後六家詞十卷 梅里詞輯八卷 黃安濤續 昭代詞選 黃燮清 國朝詞綜續編二十四卷（以上詞選） 彭孫遹詞統源流 李良年詞家辨證 詞林紀事（學海類編） 張宗橚詞林紀事二十二卷（後附樂府指迷詞旨詞韻考略三卷以上詞話）

明 沈德符顧曲雜言一卷（四庫著錄） 姚宏誼樂府統宗十五卷（嘉禾徵獻錄自序曰採摭南北樂府新舊牌名類入九宮十一調仍各以引子分列于前以過曲具贅于後而詞中過字有多寡句有長短版有不同腔有不一者亦隨其牌名以附綴之） 卜世臣

樂府巵言　樂府指南以上南北曲

右詞曲

嘉興府志卷八十二

嘉興府知府善化許瑤光重輯

藝文

文之記事論事詠事者已詳見各門矣藝文則取有關茲土而無門可附者也伊志柳貞女記戚孝子記暨于志各記各碑擬改編列傳節孝門而表其撰人姓氏焉至姚思仁岳元聲錢嘉徵徐石麒諸疏于志采之雖伉直可風似止宜歸入本傳以其事與嘉禾無涉也地志之書文以地屬胡可濫登志藝文

詔誥

漢

武帝賜嚴助詔

詔會稽太守君厭承明之廬勞侍從之事懷故土出爲郡吏會稽東接於海南近諸越北枕大江間者闊焉久不聞問具以春秋對毋以蘇秦縱橫

宋

神宗元豐四年前秀州崇德縣尉左惟温詔劉敞行

天下無事人得養老長幼修孝悌之行甚善而猾惡民起爲盜賊奪攘以侵擾之郡縣所患者也汝以邑尉捕擊如律尚書條上閥閲遷爾紀曹祗服明命益思自奮可漣水

軍錄事參軍

表

唐

錢珝代陸扆謝再入表

臣扆言臣昨蒙恩制除授中書侍郎同中書門下平章事今日面宣聖旨不令更有陳讓者臣聞虞舜成湯之爲君也舉皋陶伊尹之賢處袞宰衡之任不仁自遠大道甚夷上可致君下可遂物相須之用古策具書獲彼寵靈再當變理仰成之重內省至難披肝鬲之所藏冀封章之可達煩言無取瞻莫迴親奉淸光復傾丹懇讓不容於稽首進可務以沃心臣誠憂誠感頓首伏惟尊號皇帝陛下

濬哲守文高明立極廣好問則裕之美推任賢勿貳之誠思舉直以化人待封比屋念偃兵而屈已欲拜昌言是宜慎擇濟川博求在野竝稷契之稱前代若姚宋之贊本朝使燮謨猷以光輔弼臣器殊王佐質謝卿才常念立身但希承嗣未曉必聞之政合居不急之官雖臨事秉心如秤敢畸於輕重而自天率性佩弦亦戒於因循頃者徒幸遭逢且乘斟酌既塵公餗果驗素飧旋叨就列之榮每荷匿瑕之道今者忽流霑澤又執洪鈞信夢寢之難期詎蓍龜之可卜頃雖當軸竊類代庖是非誠畏於人言去就敢違於君命中台不耀先慙箕斗之光元首自明何效股肱之力銜恩匪稱揣分彌憂詞不盡於抽毫淚空滋於承睫負戴聖造辭莫能揮臣某無任感激榮忭屏營之至

宋

沈括秀州謝表

伏蒙聖恩授臣秀州團練副使本州安置不得簽書公事勲賜如故臣巳於今月日到秀州訖祗荷寬恩曲矜舊物重見故里獲庇餘生伏念臣早以庸才謬叨繁寄上負任使客祭已決於此身下念孤忠生還特出於聖造復覩江湖之路尚疑夢寐之遊感極心驚潸然涕落此葢皇帝陛下揚對天之大烈握盡神之潛機丕圖庶工總攬滔治造

化至力肖翹亦荷於昭蘇天地爲心枯槁一均於化育使垂盡之朽骨與萬化而同新雖奮竭之心難伸於已廢之日惟忠孝之志敢罄於未死之前瞻望闕庭臣某無任感天荷聖激切屏營之至

明

王升謝賜金帛藥物表

洪武四年閏三月日布衣臣王某言伏蒙聖恩賜臣詔書并銀絹椒藥謹上表稱謝者伏以聖明御極自慚無補於涓埃詔命臨門忽沐分霑於雨露輝生蓬蓽歡動鄉閭欽

惟皇帝陛下德厚道高功崇業廣智勇天錫聖敬日躋任賢使能與堯舜之心同大賞功罰罪如天地之德無私端居九重之中明見萬里之外伏念臣性資愚陋學術迂疎分甘老於山林名敢求於簪紱教子乏義方之訓承恩忝科甲之榮大邑分符深佩選掄之重安書寄遠勉加忠孝之全俾恪守於廉勤庶少酬於知遇何冀上聞於天闕過承下逮於星軺白金光照於琴書黃絹春生於篋笥芳椒助養上藥扶衰豈期枯朽之餘遽[illegible]駢蕃之賜徵徭特免喜懼交臻臣瞻仰清光鈞陶聖化心同犬馬願攄報効之誠景迫桑榆欣覩太平之盛

明

疏

施儒請分立縣治疏 嘉靖十七年十一月

奏爲便宜創立縣治以弭鹽盜以安地方等事臣竊照隣近烏鎮大市地僻人稠商賈四集財賦所出甲于一郡第烏鎮爲烏程歸安桐鄉秀水崇德吳江等六縣輻輳四衢八達之地比年以來民風惡薄鹽徒出沒盜賊倡獗賭博盈街娼優塞巷甚至白晝殺人肆無忌憚且如烏程唐纓唐珣父子桐鄉吳愷夫婦歸安蔣仁兄弟及不知姓名徽州等處商客或因小忿被殺或以見財謀害或賭錢宿娼爭鬬致命不下百數此臣所目擊耳聞者也至於本鎮左右前後溪港私鹽拒捕惡少剽刼殺傷人命姦汚婦女不可枚舉遠近恐恐眠不貼席官府亦嘗禁捕緣係六縣交割兇徒各立黨與分聚窠穴彼追此遁互相拒奪官兵限於越界之禁竟莫誰何葢緣歸安秀水吳江等縣俱與本鎮相去百里遠難控制此固習俗不良亦由地勢使然欲求地方甯謐必須在鎮創立縣治庶事權歸一民有依庇又恐獨見有礙再三訪諸有識耆老曉事生儒及鄉鎮大小居民俱各踴躍稱便又慮擬立衙門工費浩大衆口皆曰立縣治則有普靜廣福慈雲等廢寺立儒學則有密印寶閣等寺立倉場則有北利濟等寺堂宇廨舍前項寺院房屋足勾修改搬移工食居民咸願酌量多寡出辦何費於官何害於民臣思立大事以人爲本今人心悅服事必有濟但以君門萬里上達無由臣故不敢以樗朽自棄昧死爲陛下陳之臣又思往年叨受廣東惠潮兵備正值彼處盜賊滋蔓愈熾比臣查得廣東江西福建先年各因盜賊生發奏立平和和平東鄉等縣俱有明驗臣乃訪順民情通呈撫按奏請改設惠來大埔二縣迄今盜息民安遂爲樂土由是觀之設縣弭盜誠爲急務本鎮事勢無異前項地方若不早爲區處不無醸成大患良民轉徙市鎮盡

儆洊爲可憂伏望皇上軫念生靈荼毒特敕戶部轉行撫按衙門委官體勘相度將各縣附近里分酌量分割百里上下添立一縣則前患可消居民安堵況各縣大者五六百里其次二三百里每縣分割一二十里不踰二十之一夫仁人以公天下爲心而論治以利國家安民生爲上又何分之足惜哉有議設巡檢司以鎮之者有議設巡捕通判以鎮之者見今東有爛溪巡司北有後潘巡司南有皁林巡司西有璉市巡司各與本鎮相離不遠盜賊生發略無顧忌又福建南詔地方會設捕盜通判并千戶所賊發竟不能支後請設縣遂乃寗謐以彼驗此應否昭然且本

鎮地厚土沃風氣凝結居民不下四五千家叢塔宮觀週布森列橋梁闤闠不煩改拓宛然縣城氣象似乎有待開創以補前人區畫未及傳曰不一勞者不久逸不暫費者不永寗伏乞聖明留神採納地方幸甚緣係請立縣治以弭盜以安地方事理爲此激切具本專差義男親齎奏

聞伏候敕旨

屠仲律禦倭五事疏

一絕亂源夫海賊稱亂起於負海姦民通番互市爲賊腹心勾引深入因而作亂其人雖槩稱倭其實多編戶齊民此所謂亂源也故禦盜之標在腹裏防守弭盜之本當邊海制之邊海諸處漳泉福爲始而甯紹次之其一禁放洋巨艦其二禁窩藏巨家其三禁下海姦民三法者立而亂源塞矣即使舊賊未盡殄滅然而後無所繼其勢自孤退無所歸其情知懼矣二防海口夫海口涯涘無際然賊泛海來犯放洋則衝濤入口則起陸非可絕險而徑渡也故其往來出入所可防拒者姑自浙東西大江以南濱海數郡言之入平陽港則近金鄉入黃花澳則近盤石而逼溫州入海門則越新河而寇台州入甯海關入湖頭灣則窺象山定海而瞰甯波入三江口則搖尾於紹興入龕子門則垂涎於杭州入乍浦硤則流毒於嘉興入吳淞江則犯

松江入劉家河入七丫港則寇蘇州此其大勢也中間經行或潛形於馬蹟山或遁跡於大七洋及大小衢上下川則其要害也此沿海諸郡之通患也故守平陽港拒黃花澳據海門之險則不得犯溫台塞甯海關絕湖頭澳遏三江之口則不得窺甯紹把龕子門則不得近杭州防吳淞江備劉家河七丫港揚威馬蹟大七洋大小衢上下川諸險則不得掩蘇松嘉興此皆險地一處失守蔓延各處不可以彼此分遠近異也且賊長於陸戰短以水鬬以其船不敵而火器不備也在我宜用所長棄所短則莫若恃海船請以見在把總船隻通行查齊不足則令福建如法添

造或卽令沿邊地方買補每大小船百隻或五十隻號爲
一𦪇募以梢工水手而充以原額水軍於前諸海口各量
緩急以爲置船多寡又爲遊艟數𦪇分布上流往來要害
芻糧衣甲之給比陸軍加優令其更番巡邏併力捍禦來
遏其衝去擊其惰責以毋令賊入賊入而力拒有功者陞
賞其失備者重究此禦寇之長算也三信賞罰臣聞倭之
入也豈盡無軍之患蓋有有軍而移入便地者矣有失於
巡哨者矣甚有買渡報水受其釣餌者矣若此則地方奚
賴焉夫百處守之一處失之無益也千日防之一日疏之
無益也是在督撫及海道諸臣明信其賞罰耳夫荷戈戟

載甲胄爭鋒死刃者將士之能也保封域固郊圻全境安
民者守令之任也今之守令不肖者棄城守走矣其賢者
大率遇警則嬰城守耳其關廂村落委之無可柰何夫城
之外獨非赤子乎且邊海孤城猝然無備猶可諉也腹裏
巖都江南奥壤寇非可長驅而卒至者顧使倘徉去來若
履無人之境則國家建邦設邑張官置吏將焉用耶自今
江南守令之職當以訓練士兵保全境土爲殿最仍敕吏
部凡遇沿海守令員缺必愼擇其才且賢者然後授之庶
保障足賴耳四議調發近日徵調各處兵民遠近四集徐
邳山東永保川廣及軍門編調各府義勇無慮數萬然師

老財殫竟不見膚功之奏者臣請指諸臣不善用兵之弊
陳之夫古者用兵潛機密計電馳霆擊進退倏忽妻子莫
聞所以能有成功也今則先發後行剋期始動前軍未啟
而先聲已聞其弊一也古者名將算不百勝不輕動今也
謀不預成計不先定冥行突進動陷伏中其弊二也守不
據險屯不列要奔急救難賊逸我勞其弊三也語曰夜戰
聲相聞足以相救晝戰目相見足以相識懽愛之心足以
相死言兵之貴熟習也今也兵不專一主客雜聚卒遇狡
賊易衣變飾突然來前不能別識其弊四也兵無素統將
不預設一遇有警卒然命官以烏合之人帥以未經識面

之將其弊五也夫三軍之衆所以冒白刃蒙矢石至死而
無敢卻顧者威之素也今法令姑息紀律不肅進有必死
之恐退無伏鑕之慮是以但畏敵而不畏將其弊六也地
形不習險易不識趨利不及避難不早其弊七也糧糗不
儲料理不周遠兵勞役撫恤未至枵腹待爨窮愁思歸其
弊八也士不精選勇怯無辨前擊後懈讙然而散雖有悍
夫勇士或以無援而力屈或見先奔而膽喪其弊九也地
狹人衆不能旋轉互相排擠雖有勇敢無以效其所長其
弊十也近日汀州如賴百戶兵敢死先登足當一面以不
善用之使頭領陣亡軍士逃遁如此則徵兵雖多亦何益

哉夫賊非有遠略大志約束號令不過羣聚爲姦利在貪淫耳所以制禦之則非兵少之憂而實寡算之患蓋欲防盜者必知盜情欲制盜者必怵盜心故必詳謀而熟計之然後成功可期也五作勇敢沿海如沙民鹽徒打生手及村莊悍夫皆勇敢可用然多樂效用於私室而不樂報名於公家何者以公家勢遠而役繁也豪民以之保村里則有餘以之充行伍則無益何者以行伍之多而心力渙也然則順其情相其宜以振作鼓舞之必有術矣乞敕下各該有司通諭豪家大族及里巷豪傑各爲身家併力拒守其有能團結鄉民保固村鎮者先與免其糧里押運重役

及均徭一應雜差獲功者一體陞賞其有願授文職審其果能保障一方及斬首十顆以上民得比輸粟例入監係有職役者並得起送赴郡與本等常選陞授閭里之人並得以其功累增至赴部實選其不願官爵者則重給賞優恤之或亦制賊之一策也近蘇松嘉湖之民常有糾集智勇乘賊怠玩或掩其昏暮間能殺賊奪其輜重隨爲官軍刦其財而奪其功夫居民出百死之力卒被劫奪曾不獲分毫之報不亦激衆怨而失民心乎又有村民團結自相防護志在全家保妻子耳有司輒謂其能遂報名入官以致人各畏避不敢復謀拒賊此又沮民之氣而抑其怨也請諭地方官凡義民不願在官者不得一切附報且嚴禁官軍不得攘奪民功則民見利而動無畏而奮各思所以自效矣

陸清源白糧官運疏

臣閱邸報見應天巡撫黃希憲北運當極敝之時一疏奉

聖旨白糧僉占滋擾包梩胥役歲滋侵蠹種種積弊委宜釐正奏內照畝均派專官督解及復近裁員缺等議誠裕

國便民長策該部速與議覆夫北運至今日而疲困甚矣如僉點之鑽營而漏富坐貧也如包梩之盤踞而誤公蝕私也如抽兌之侵漁而名存實亡也如總協之公費而科

派多端也如胥舍之虎視而勒索不休也如船戶之淩詐而遁借無限也如引戶之包納而違制横加也如漕壓之雞越而剝費浩繁也百千難苦誠有繪圖難盡者至邇年以來在在起剝節節提淺一解數年浮費不貲室家如洗性命隨之總捕魏通判因糧無措而仰藥詳同知續委受事而挂冠官之慘至此民之痛可知今幸應撫詳計聖聽如流特允照畝均派專官督解釐從前之積弊晝百世之長算行見蘇松常三郡之遺民欣欣有起色矣但嘉湖與三府其糧派大約相同而罷累亦彼此不異今三郡特蒙官解而嘉湖尚仍民運是受困不與三郡異而受恩未與

三郡同當亦聖明所不靳均施者臣備員侍從目擊兩露洪敷而能不爲桑梓請命乎謹比例上陳乞敕該部將嘉湖二府照蘇松常一體議覆官解并移咨撫按確核經久良規庶聖明惠養窮黎之德意徧滿東南矣抑臣更有請者十三年分嘉湖二府糧解一運三年時日既久起剝復多米之在途者偷竊去其半滛爛去其半彼十二年以前已蒙捐免十四年未經起解亦蒙改折三分獨十三年分介在兩年之間奇荒異若跋涉到京欲終事而不得仰句聖明矜憫俯照十四年改折之例量與蘇息在皇上止是改本爲折不虧國課在窮民各得以銀代米生還有日於

以再生兩郡非淺鮮也事關民生大計謹瀝陳上告

徐必達國賦原平奸民釀亂乞敕嚴行勘結以靖地方疏

先該南京督理黃冊給事中一本爲田糧欺隱有據收正無時等事又該嘉善縣里老俞汝猷等一本爲隱田三萬餘畝有據賠糧三十餘年無休等事總以欺隱爲名歸之正疆界以圖肆其攘田之實臣等以爲當道自有主持小民自當靜聽不意今日奸民羣起不逞庭辱持公秉正任勞任事查冊燭奸之道臣府臣縣臣至各杜門求去則臣等靜聽之局始窮敢直陳始末竊照洪永間止嘉興縣耳至宣德四年始分秀水嘉善時承平垂六十年人戶既以籍定田地過割從人如趙甲本一都人戶而買坐落十都或二十都田地值大造彼推此收一切坐落十都或二十都之田地總收爲一都趙甲之事產此祖制也計宣德四年以前大造黃冊者六次矣據冊分縣自多錯壤如一都分屬嘉興縣趙甲即是嘉興人戶其原買田地雖坐十都而分屬嘉善者不得不從趙甲爲嘉善一都之事產蓋承平分縣故與草昧不同草昧恒因疆界以定冊籍承平必因冊籍以定疆界就今嘉秀界中錯有嘉善田地是錯壤原在未分縣之前而疆界豈得正于既分縣以後也同時海鹽分出平湖見今海鹽田錯在平湖最多崇德分出桐

鄉見今崇德田錯在桐鄉者最多見有嘉興縣先爲別事弔存嘉善縣遷西區底冊一本內開本區田地蕩各若干外縣田各若干千戶所田若干所載錯壤甚明今又弔取平湖底冊所載錯有海鹽縣田地亦同前法必如嘉善所云正疆界平湖桐鄉之爭甯有極與至萬歷九年丈量嘉秀錯在嘉善界者丈歸嘉秀嘉善錯在嘉秀界者丈歸嘉善攢造實徵黃冊以八年之原額爲舊管以九年丈量之歸戶爲新收此戶有開除必查彼戶有新收甲合里里合都都合縣查算磨對毫無差誤士民各守分義毫無異言不意嘉善有故紳自謀隱漏者藉口瘠土將丈實田或二

三畝折一畝以濟其私合縣譁然始倡議取償嘉秀以謝
國人主令里長吳旃等誑呈府縣會有所挾自作申文强
令余知縣張知府用印不令一毫漏泄暗中撫按詳允霹
取二邑額田三萬三千畝嘉秀士民鬨然大震不謀而奔
訴三院者數萬人三院色動批道行府合同本府官及七
縣正官三縣鄉官于城隍廟博采輿情再三酌議僉謂當
仍舊額以萬歷八年實徵冊爲主當立議單俱僉花押隨
經轉詳三院蒙劉巡撫復批據會勘三縣田糧士民旣僉
以復舊額爲便如議行各該縣查照八年冊額徵輸永爲
遵守李巡按復批三邑田糧旣有萬歷八年實徵冊額徵

輸不缺羣情稱便似宜聽其便也會議無異候行給告示
知悉又蒙葉巡鹽批據詳三邑田糧照舊冊徵輸此息爭
釐弊之要法也如議行等因夫三院非有前後更代也刻
印銷印不吝翻然亦悔其始之誤聽耳憲案具在勒石大
察院中永久依行邇來又將二十年矣汝猷等忽將後詳
盡行抹殺直據暗申前詳以誑君父是猶獄四已經審明
猶執前案以議斬也至云朦朧暗繳大察院中歸然豐碑
是何物與且據彼疆界之說不過以請復舊額爲由又查
嘉善初析原額田地共六千二百六十二頃六十二畝零
至丈量後十五年題准刊定碑式開載田地六千二百七

十頃一十九畝零虧乎不虧乎彼自亦苦無辭乃乘吳知
府弔冊之時將通縣魚鱗冊擡至家中逐圩任意割去又
擡至慈雲寺中逼令縣官補印以致吳知府止據割冊誤
信有二萬八千之虧比蒙嘉興陸知縣查對該縣誌書迴
異建議逐圩抽丈汝猷等懼露又復增入以致見蒙王僉
事行令府縣開局磨算比較前吳知府縣冊纔及四圩已
多六千餘畝俱係昔割今增印文各別具載三縣申文中
而姦謀始盡敗矣據稱飛詭俱在九年丈量時何不執八
年原冊比對九年文冊要見每戶八年原額若干九年飛
詭嘉興若干又飛詭秀水若干在嘉秀何辭之有今問以

八年田冊則曰無之要見前冊的是何年何人減去及查
嘉秀實徵各田原無隱漏則又曰昔漏今增夫增則增矣
新增之糧有無申報誰爲乾沒且就此三萬三千秀水籍
中嘉善鄉紳亦有一百三十畝與焉但問本紳遞年有無
完糧原與某人交易契上原開某縣田糧委否先在嘉善
何人名下今于何年月日用何機關忽飛秀水田糧作何
開豁著令何人賠補請自隗始而餘可例矣嘉善又以糧
之輕重爲言則其故尤三尺童子所知者三吳之糧獨甲
天下國初以二十七則起科自三升民田以至九斗二斗
三升官田至懸也卽一戶之中數畝之田科則輕重迴自

不同至嘉靖間有趙知府扒平通爲一則然各縣自爲扒平各不相及如此縣民田少官田多糧額原多計畝扒平自多彼縣民田多官田少糧額原少計畝扒平自少本府七縣各不相同卽秀水已重于嘉興而嘉善安得以此欺世夫田至三萬三千其賦則七千金其糧里等役則一百六十餘名也今嘉善一則曰册不可查再則曰田不可丈直欲白奪三萬三千之田令嘉秀代賠七千餘金之賦代供一百六十餘名之役瘠人以肥已卽驕子不能得之慈父而嘉善顧欲得之至平至公之公祖不一得而攘臂相加磨牙相向稍持定則狂奔闕下敢罪官府之擔延稍清

查則鼓譟公庭敢亂清朝之法紀誰生厲階至于此極伏乞敕下部院覈兩各臣嚴究倡亂仍乞備加查核劃册增册之姦欺守二百餘年之舊額以安三縣錯壞之生靈地方幸甚

國朝

周宸藻兌漕奏疏

竊惟財賦半由東南故漕運爲

國家大命然東南諸郡兌漕之法臣不能悉知獨至臣鄉而弊已極臣不憚悉爲

皇上陳之兌漕之法以軍運爲定制每歲旗軍運京倉米一百石外贈隨船耗米二十五石進倉耗米一十五石是民間兌糧一百四十石旗軍交完止一百石也是謂官貼又以米或溼潤故令民間兌米百石外加四石免其晒乾又加四石免其篩颺百石之中七十平斛三十加尖每尖折米三升總算添米一石八斗此九石八斗所自起也是謂私貼則是九石八斗凡米色篩颺折尖無不在其中矣若安家則有月耗鹽菜則有行糧起剝僱夫別有輕齎以至修船有銀凹窑有銀費

國課三石而得收一石之用

朝廷之所以恤軍者甚詳且至迨相沿久而加四之耗粒粒

皆曰正糧矣于是巧爲截貼之說不論正耗每兌米一百石貼銀三十八兩外加火耗三兩八錢糧長投之于官官給之於軍敲扑追比不異正項銀糧之完納矣又於截貼之外有綱司話會錢開厫錢篩颺錢著押錢名色甚多不能枚舉稍不遂意則勒措不兌甚而綱司水手什伯成羣辱官刼搶江南之已事可見挨厫所由軍强民弱官不敢與軍爭民又安敢與軍抗惟祈剜肉補瘡得以交卸爲厚幸比年以來民困日甚每臨出兌如蹈鼎鑊遂有不保田畝輕去其鄉者以臣愚見漕規宜復舊也截貼使用軍雖驁悍終爲私勒聞江南兌糧百石止加米五石銀五兩經

蘇松舊按臣秦世禎條奏遵行此正合九石八斗之制而
臣鄉獨照舊徵比雖
嚴綸之屢頒漕臣之申飭而地方有司絕不奉行小民之膏血
有限旗軍之谿壑無窮誰非
朝廷赤子安能歲歲供若輩之机肉哉若行糧舊制每石折
銀五錢于條鞭項下取之自明季改徵本色積漸至今行
糧亦索使用每石二三錢不等臣愚以爲行糧旣照時價
給發必須嚴禁雜費然非
天語嚴飭力復舊規痛革積弊欲民之振起也不可得矣至如
兌漕稽遲皆由出兌之時多方需索而地方倉蠹又交通

旗軍私行講兌以致耽延誤期今新運在卽伏乞
敕下管漕諸臣嚴行釐剔去害民之弊以恤民并去害軍之弊
以恤軍務使漕規一而起運速
國儲庶有攸賴耳

范承謨請買穀平糶疏

竊照嘉湖杭紹四府被灾雖有輕重而小民總無儲蓄嗷
嗷待哺拯救似難刻緩臣雖代爲請蠲免請折漕稍甦其
困然有田者耕種三番車戽之工已竭無田者平無半菽
將成溝瘠之捐設非買米急救何能暫延喘息除勸諭鄉
紳富民及各官捐助並罰贖米穀通發備賑外更令災民
墾除荒淤急種菜麥以備來春惟是民多米少雖目前稍
可支吾至冬必竭非預爲之計米穀一盡民必流亡彼時
雖招荒議賑恐無及矣臣再四圖維惟量發司庫存留銀
兩遴選能員前往江楚等處採買米穀照價平糶得價之
後照數還庫民免炊珠之歎官無仰屋之嗟救荒良策莫
此爲善更請
敕下榷關守隘等官毋得苛稅阻撓庶百萬之生機可延而
朝廷不蠲之蠲恩同天地矣

請緩徵漕折疏

爲照嘉湖二府異常水灾臣以漕糧關係國儲不敢輕爲
籲免乃酌爲改折之請荷蒙

俞允百萬窮黎莫不仰沐
如天之仁叩頭感激歡聲如雷惟是被災已深重者顆粒無收
輕者斗石不繼入冬以來又雨雪連綿飢寒滿路呼泣傷
心地方有司不敢稽悞正供凡漕糧白糧等項俱已極力
徵完而折漕一項追呼盡術收納無多臣每檄問有司及
傳窮民之在省者詰其拖緩之故咸稱小民感
朝廷再生之恩恨不卽輸將柰以前用三番車插工費已窮
以後秋未收成冬遭久雪不但錢米俱乏而田無稈草薪
爨皆空是以奉公之心雖急措辦之術無從臣聽其訴言

深爲憫惻伏念嘉湖所產惟穀與絲上年籽粒固已無成今歲蠶桑尚有所望凡未完漕折銀兩懇乞
皇上准俟蠶熟之候催徵起解統於康熙十年歲終奏報雖曰限期稍寬實於原額無損可免百姓賣妻鬻子之苦而恤災拯溺之
洪恩始終克全矣

請蠲正白糧耗米疏

浙省糧賦之重莫過嘉湖二府而額外多給之款無如白耗一項案查全書開載嘉屬白糧每正米一石連耗并舂折准徵糙平米一石八斗而額設夫船經費每石銀八錢

湖屬白糧每正米一石連耗并舂折准徵糙平米一石五斗五升而額設夫船經費每石銀一兩五分蓋嘉屬耗米比湖屬多編二斗五升而湖屬經費較嘉屬多編二錢五分兩府錢米之數雖若參差而嘉屬多米湖屬多銀兩相折算數亦相當至於耗米則皆以五斗五升徵給也惟是編徵正耗全書明註准徵糙米四字並未令徵白米也歷年奏冊報銷無異乃該府兌給不分正耗皆係全白則不惟民力難堪且與全書甚悖夫全書所以給耗者原爲徵糙以備舂折之費今既皆徵白則無舂可折乃仍徵舂折之耗且并耗而亦給白是軍之所取多而益多民之所出重而又重當此百姓窮苦之際安能歲歲供無已之耗賠乎臣自上年嚴飭行查隨發糧道確議茲據詳稱每石五斗五升之耗照條議舊例相沿未改臣以當時徵糙恐有舂折故加五斗五升今皆徵白並無舂折何可仍舊臣檢奏銷康熙七年等事案內部查進倉白耗止交四升有奇則是所交者甚少所給者甚多徒竭民膏以恣軍欲大非經制之初意也臣駁復再三務求至當有議止給白耗四斗者有議仍給五斗五升平糙者臣恐弁軍借端稽遲致悞上供於是再四籌畫除原編銀米折算相當并各項經費俱照舊不議外今請將兩府正項白米一石外給白米

四斗五升以爲盤剝進倉之耗則運軍所得不爲不厚而減徵一斗以抵糧里舂折則窮民之力藉以稍寬與全書徵糙之意亦無大悖軍民兩利事屬可行也今值全書改纂之際正宜核定永著爲規不過釐正全書之所無並非議減全書之所有仰祈
皇上敕部議覆俯賜允行刊入全書恪爲遵守此後如有弁丁印糧官役私加顆粒者臣即據實題參庶歷年之積弊永除而國賦民瘼均有裨益矣

張惟赤海氛蕩平謹陳末議疏

國家景命方新滇黔底定正屬寖昌之會而海氛橫肆乘我

不備深入江干虛聲振動人心惶駭令桓桓
禁旅迅速徂征或誘其登陸而殲之或扼諸海口而擊之從
此合閩浙江南三省之全力會同大兵擣其巢穴必以勦
滅爲期彼亦何能以偏僻之一隅當全盛之大勢此在
皇上神武睿謀必有經畫非廷臣所能參贊萬一也獨是封疆
騷亂之餘宜先聯不可動之人心先固不可犯之守備敬
抒末議一一爲我
皇上陳之一曰困危之民心宜收也賊乘虛入犯沿江郡縣多
被破傷雖由賊勢披猖亦屬平時長吏撫循無術亦致人
心渙散不能固守夫

皇上恤民之德意無所不至而有司未必眞實奉行窮民往往
失所即江浙郡縣錢糧逋欠爲多雖民閒或有未輸而大
半皆爲官吏之侵漁數年以後官則陞降更易吏則花費
無存新任守令事關參罰不得不仍取於民往往攤派重
役民力何由不困至於蠹役狠虎百方呑噬疾苦顚連控
訴無從官民相與初無恩義相維是以臨變倉皇不復相
顧至於失守諸處或賊兵闖入或逃竄一空百姓挈家失
業奔走流離焚掠殺傷在所不免又如山東河南一帶雖
寇亂所不經但孔道之區兵馬過往縴夫則動點數千挨
門拿取或守候連朝或追驅過界貧民無食累死道傍芻
粟則一時取辦不入正供供億星驅疲竭財力則有司雖
無可奈何而百姓已不堪其苦臣辦事垣中見東撫許題
爲水災異常等事一疏內稱濟甯單鄒曲阜等縣陰雨連
綿山水泛漲已登之禾麥盡爲漂蕩在野之秋苗全然淹
沒婦號子泣嗷嗷待斃乃其連名公呈則云不敢望蠲求
賑但求本年秋分錢糧稍緩一分則民受一分之賜是明
以蠲賑遷延時日徒屬虛文無救旦夕之死亡夫使百姓
遭此奇荒窮餓之慘而且不敢望蠲望賑其苦可知矣以
如是困苦之民而欲供夫役芻粟之費其能堪乎請乞
皇上敕部速行各撫按細心籌畫其內地孔道之區供應疲勞

作何休養災傷里分作何救濟或
皇言軫恤如在春臺但得民心樂附而堅固不搖矣一曰姦宄
之竊發可虞也頻年以來近自齊豫遠至江浙盜賊竊發
所在而有大則刼庫刼獄小則搶掠客商今江上震驚此
輩思亂之心愈熾若內蠹不淸重爲民擾地方官亦不能
專心辦賊克奏膚功夫盜之盤踞必有地窩主必有人有
司苟申嚴保甲加意澄淸何難窮其踪跡請乞
敕部通行各撫按責成郡縣長吏協同駐防將領嚴緝密拿或
偵其始聚或掩其方萌務比平時百倍嚴飭至有一等姦
民專造訛言煽惑人心希圖逞亂幷乞

嚴敕該撫按密訪嚴拿審實正法則姦宄可弭而亂萌可靖矣一曰駐防之汛地宜嚴也海寇犯順雖在在可登而前朝設有軍衛城堡阨守要害不爲不密防守者守于要害之地賊縱欲捨舟登陸而我兵遏其方至自不能奮飛直上臣竊聞各處駐防鎮將每貪安逸高居腹裏郡縣圖放營債盤剝小民其海口汛地不過命千百總瞭望撥兵不過一二十人即如江南之吳淞爲賊舟可泊之地而松江府遠去海口離吳淞二百餘里今鎮將不駐吳淞而駐松江臣鄉之乍浦爲賊舟可泊之地海鹽縣雖臨海口舟不可泊離乍浦四十餘里今鎮將不駐乍浦而駐海鹽一時賊

艘驟至止憑撥兵飛報往返數十里數百里之遥則賊已安然登岸矣臣辦事垣中見浙撫佟題有僞將馬龍帶水踞船五隻率眾百餘泊乍浦城投誠一事幸彼係投誠之賊撥兵飛報該鎮將始往接應倘係犯順之舟幾何不乘虛直入而地方受其荼毒乎請乞

敕部通行各撫按嚴督該汛鎮將務須駐防海口不得仍匿內地以致疏虞則汛地既嚴而防守自密矣右各欵皆從固圉起見雖儒生末議未必有當但目擊江上震驚不能緘默緣係條陳字多逾額伏乞

睿鑒施行

楊雍建改折白糧疏畧

康熙三年戶部議將康熙四年江浙白糧正耗盡行改折以充兵餉每石照舊例折徵銀二兩以臣愚見合諸所聞竊歎其病民也比年江浙之米每石價七八錢今每石改折二兩加以倉蠹勒索非本色三石不足以完折色一石小民終歲勤動所獲畝止一鍾令以有盡之膏脂供逾額之催科徵收敲扑勢必賣男鬻女流離播遷

國家天庾所備半仰給於東南數年以來江浙民力竭矣錢糧積欠百餘萬叠奉蠲免方仰

皇上之深仁乃以改折一項重累窮簷

宸衷能無惻然也查二省白糧正米二十一萬七千四百七十二石五斗零耗辦等米一十六萬六千一百四十七石九斗零加以本色之三完折色之一改折而多費民間八十萬石矣又況有夫船等銀二十九萬三千九百兩零一併徵解者乎臣愚以爲有本色則有耗辦既已改折不應併耗辦而折之有本色則有夫船既已改折不應并夫船而又徵之事有便于

國而未便于民者則改折之議可以權宜不可以久遠也京師根本之地太倉之粟陳陳相因必不得已而議折則當權衡穀價之高下酌量折徵總在便民而已

錢以塏教忠善被疏

皇上臨御萬方整齊綱紀秩叙彝倫開導人心勸忠教孝凡屬從前守義盡節之人特敕該直省查明核實建祠崇祀臣一介庸愚仰荷聖恩拔擢歷陛卿貳高天洪造未效涓埃茲臣有下情展轉五內不得不跪陳始末叩籲於聖主之前者竊臣祖錢楞係浙江嘉善縣貢生國初隨征入閩順治四年總督臣張存仁委署延平府將樂縣知縣於三月十八日到任因山寇竊據建甯連陷數縣

將樂被圍城中守弁先已調援順昌無兵禦敵臣祖督領鄉勇家丁登陴固守至九月初六日賊眾破城臣祖猶率家丁夏允中沈貴等巷戰中銃墮馬被殺主僕同殉是時臣父錢煥年十一歲遠在浙籍音信不通一家離散至順治九年三月福建巡撫臣張學聖為邑令殉難等事將沙縣知縣董濬順昌縣知縣錢嘉倫永安縣知縣高咸臨大田縣知縣胡天湛并臣祖錢楞具題部議董濬等四員俱准賜卹臣祖楞因係委署知縣咨文尚未到部册鈌無名議駁不准孤忠沉鬱垂八十年矣恭遇雍正四年欽奉諭旨通查八旗各省從前被難之人自王公大臣官員以下至末弁微員兵丁人等賜給卹典建立廟宇設牌入祀臣在部檢閱舊卷現有臣祖錢楞與董濬等四人同時殉難之案伏思委署雖非部選殉難均屬孤忠臣若隱默不言上負皇上曠典殊恩下掩臣祖効忠苦志靦顏臣子跼蹐何以自安用敢瀝陳叩懇伏祈敕部查明順治九年撫臣張學聖題請舊案俾臣祖錢楞得以上荷皇恩分叨俎豆之榮孤忠不致泯滅臣節得以表揚不但臣祖

感戴九泉臣子子孫孫生生世世頂祝永遠無極矣

錢陳羣代母恭謝疏

本年二十一日跪聆聖訓蒙皇上垂念臣母年近八旬恩賜硯一方人參二觔內府紬緞各四匹臣祗領後即差家人恭齎到浙臣母恭設香案跪領訖今于本月內接臣母寄臣信內云汝自幼孤苦寒素食貧遭際聖明久叨侍從清班屢昇文衡重任每接邸報見汝蒙恩遷轉我感激惶悚清夜思之輒至涕下但願汝恪守官箴力

圖報稱我卽布衣蔬食實爲榮幸乃仰荷
恩賞下賁蓬門被命服之五章光逾翟茀拜靈苗之三秀澤潤
衰顏感切餘生舉家頂戴但我係婦道所有感激下忱無
由上達汝現在視學直隸密邇禁籞其敬謹繕摺代申蟻
悃等語伏念臣一介微賤少承母訓長沐
皇恩自通籍以來一絲一粟得盡子職皆出自
皇上生成所賜今臣母復膺
錫類洪仁實臣世世子孫浹髓淪肌矢報靡涯之厚典所有臣
母感激下忱理合繕摺恭謝可勝感激惶悚之至

劄

宋

黃榦石門申提領所請截留本錢劄

榦么麽小官無足比數適承庫務積年久壞後雖未及踐事而曠敗之狀已見近準使帖以前官拖欠煮界格目錢遂截去來年歲計三百千以補煮界之欠榦聞命恐懼不能自甯已具申懇未蒙允可故敢復布陳之竊見本庫每年歲計所給本錢二千七百貫趁辦息錢八千貫吏之請給塲務之支費又幾千貫是以一錢而取三分之息也累政之所以敗壞者正以本少息多耳本少息多則造酒必薄私酒必多拍戶必逃移官課必虧折此不待智者而後知也盡得二千七百貫本錢猶不能辦況又截去三百千邪況榦今之所處尤有可矜念者每仗月造麯以供煮界之用榦之到庫麯數殊少比之常年已將本錢買麯計三百千矣清酒本錢例得一千二百貫爲六月造買清酒之用榦之到庫御有兩月發賣清酒本已不復有又將本錢四百千造兩月清酒矣以二者計之無故坐費七百千則本錢所餘二千貫耳若使又截去三百千則所餘者一千七百貫耳以二千七百貫尚不能辦歲計況又削去其半又何以支吾邪竊念犒賞諸庫所以敗壞者皆生于上下之情不通監官不恤酒之厚薄必欲拍戶之納錢使所不恤本錢之多寡必欲監官之趁辦上下煎熬但見追專知

索印紙對移閤俸終歲紛紛而酒課卒不辦榦愚庸無似惟知關防滲漏撙省餘費縮水加料使所造之酒于心無愧則拍戶不患其拖欠然亦須使所多給本錢然後可辦方欲于清本之外再有陳請況又截去其九分之一也故敢冒瀆台嚴欲乞盡與支撥使榦得以悉力展布庶幾不誤使令石門爲酒庫之首其敗壞不振積有年數使榦勉竭駑鈍是庫久敗而復興則不惟小吏得以逃責而使所亦免追胥之勞以使臺輟三百千特一毫毛耳而庫中解發不至虧欠則其爲利豈但三百千而已

元　頌

柳貫嘉興鹽運分司紀惠頌

漢置郡國均輸鹽鐵官鹽官天下凡二十八郡而在大江
以南者會稽郡治海鹽會稽地聯東西部封域廣矣海鹽
以地產得名庸詎止嘉興一州境哉負海之利煮水爲鹽
齊蓋微之爲富國强兵之術漢均輸法猶曰推夫人用之
數官自受之而以平價出之敢私鬻者鈦左趾沒入其物
所以佐百姓之急奉軍旅之費抑兼并而防滛佚也當時
所舉賢良文學皆對願罷鹽鐵均輸議者重以安邊足用

之本難之遂卒不罷唐置巡院峻榷增估民已甚病至宋
給官本請鈔受鹽則厲禁加密而公私交瘉無遺策矣漢
之鹽官其制莫詳若會稽所部縱廣數千里海濱斥鹵之
地地盡鹽也而以一官領之大數百升而釜十釜而鍾偶
筴之而爲籍錢人無以避此數也今給本請鹽之法尚仍
宋舊而統之以轉運鹽使司置使員二同知副使判官員
四重其官故常遴用能臣然佩以三品銀章出入乘三乘
傳其所部之總管府州若縣承命不敢少後官以轉運名
則夫開闔利柄隨時變通諸使判官固得專而制之非如
他有司受成法于上按而行之猶衡石之不可以輕重低

昂之也國制二使總凡司事同知副使判官歲出分司准
校其鬻鹽之次第而上下其賞罰凡冒禁而私鬻者郎議
寘于法任專責重則雖同知副使判官職有等差固視二
使而與之侔焉其選宜不輕矣嘉興大郡郡內列置五場
場歲有課有官吏以奉其成畫有倉庾以時其出納自比
年旱乾潦溢之不常凶荒札瘥之繼起亭民疲於剖鬻逋
課未償新額日積官吏胥爲詬戾若束溼然急則促數耗
矣元統改元之明年轉運副使潁川李侯賓分涖其郡于
是侯在官踰三年諗于聽聞酌知其弊至則進其長貳曹
吏而誡之曰鬻鹽有火服給本有戶帳私鹽必出于場亭

私鬻必受之卒伍法所當禁吾不貸之以情法所當予吾
不私諸其屬利所當舉弊所當革爾明告吾吾其敢不悉
力自吾身以及吾之屬吏知以簡御煩以廉率貪而已凡
著令之所具吾與若曹共守之一或不恭吾不以絲毫貰
汝也唱名給本隨至隨與無晷刻之淹無銖兩之損按行
團竈單馬羸童糗糒所資取諸囊橐勸其勤而懲其怠不
啻父兄之督其子弟教戒之出威于笞箠有犯私鬻者就
逮而來則爲之疚心疾首推見至隱傳之輕典開其自新
使不陷于酷吏之深文不入于上罪之桎梏雖被重錮人
自以爲不冤倉庾受納辨其色澤爲之平槩取足釜鍾無

贏合龠贏孺瘠叟以次進輸莫敢先後手執算籌鈎校登耗飯蔬飲水若固有之無賓客之迎將無庖傳之讌娛去之日如始至焉蓋亭戶鹵丁躬受涵煦之恩感戢不忘義也而若齊民獲安力作以無驫突之虞以免織羅之害如春風時雨之及物而物不之知則仁不勝用矣今侯以治辦還司而民之飲惠沐德者咸願列侯之績刊之貞石示後至楷法乃相顧言曰吾儕小人躬稼而食無盡藉於鹽官而終歲勤動積布縷粟粒之贏曾不足以當捕吏一飲嚼之資自吾侯之至而始得率作興事以遂有生之樂孰能詩乎其往請辭以永無窮之思予方悲世鑒之不明慨

民碞之滋甚而于是舉獨喜夫人心天理之不可以終泯者如此則為叙而繫之侯名某字正卿由中書掾入官宰滿城守泗上皆有惠政在民民為樹碑以頌遺愛有為有守今將陟明于朝宣其智畧紓民隱憂薄海東南于胥望之鹽筴固其一事焉耳侯之四子皆學為儒仲子國子進士第三子舉至治丁卯進士第一詩書之教藹然一門侯之所存茲可見矣頌為郡民紀惠而作非其屬之私焉先之以辦課之實亦推本而詳言之庶俾來者皆有所攷焉

頌曰

鹽實地產厥味惟鹹海王之國利盡東南齊正其筴積之成富漢鹽鐵官視為寶路均輸使屬賦及邱民籠利而行兼并相因唐置鹽院宋始定課權其重輕以滋食貨經費之出有國之常權法既密民用疾傷聖元龍興制則因舊轉運名司官以遴授籍戶給本課無羨贏請鈔以估予鹽以平徒法不行人執其柄校厥盈虧戒不恭命曰是嘉禾望於浙西臚分五場有弗能齊歲龍在戌元統之二副使李侯持節往涖謂吾奉法維以視成毋忽于素毋蹙于傾官育工傭俾時散給爾有常輪則以時入稽其耗登示之勸懲爾無私鬻麗于大刑法令在人照如星日吾將與汝守而勿失國有加量坊民于姦吾飭庾吏毋爾面謾吾少

也賤衣麄食糲令而賦祿行有舍茇繼粟繼肉有稟有庖敢以口腹貽爾告勞一夫逮繫株連百室侯鑒孔明鑄宄斯室邱民力生食稲與魚向非吾侯曷甯爾居昔侯未來甕頌屢嘔侯既戾止燕及黃耈治功成矣侯則言旋民之戴侯列宿在躔傒侯重來持節按部以卒保我綏我眉壽顯允吾侯家有詩書掄魁碩望承慶之餘懷仁負義侯所自致鼎芴如林覲厥報施宦守言責世豈嘗無無得有失是誠負予侯德之純如金如錫矢詩揚之垂後楷式

記

宋

陳舜俞海鹽李宰遺愛碑記

秀州海鹽縣有賢宰太常博士李君愛養其民而爲之興利又教其敦本節用既去而民思之有吳承潤潘彥昌者與衆紀君自始至及去爛然見於成牘藏於羣心稱於衆口之事詣余求爲文詞以信當世云瀕海之民其生不勤有川不瀦有田不耕若歲屢雨四野爲瀾而注於海旋時微暘則無所溉坐視赤地攜手流徙者衆矣故十年之耕稔無一二君初即事人方頻饑轉入山海持茗與鹽以給衣食而君皆權宜弗禁乘春可耕而室無稻粱之種君曰天有其時而人無其力咎將誰執會運使元公絳行郡君

持告身敕文數通乞置郡帑假官錢三百萬貸民糴種及糧元公嘉許之歲終民賴以稔先是唐有賢令李諤通邑鑿涇凡三百有一歲久以塞君曰溝川不浚而望歲猶氣血之竭求爲無病不可得也於是作勸書一篇二百餘言布告於民始命之積貯慎畜以養生送死卒詔其具畚鍤隨所占田人自浚治因土爲塍以禦水旱提憲張公師中察其能即以上聞君曰浚涇利之略耳我功未完已而歲亦小歉君乃大勸民爲橫塘堰旁植木爲閘長水永泰開濟鄉以下皆爲鄉底堰幾三十所以訖一時之利凡前後輿作命令一下民知以佚道用其力未嘗不老幼相告語勸從之惟恐後不戒不扑而告備戊戌仲冬吳中雨迄於已亥之仲夏而後已旁州接軫幅員千里皆被水患獨君之邑有堤防流決之備而君則去矣以是民之思君也尤甚噫古者劭民務農而爲之開地利以當天時於政爲最先是以周有司勳掌六卿賞地之法而民功爲庸在漢若杜詩召信臣之屬始能當之以君視古奚其愧哉君之政大略其刑以寬其令以簡其分爭辯訟皇皇焉惟恐不得盡其情其視一夫不獲靦然愧於面目宜其居則勸以至法去則久而益思也已予嘗陪君爲別頭主試官知君有文行嘉興之新舊又能爲余道之實悉如來告者之言故

不愧爲之辭以俟史氏之捃摭君名維幾字景純嘉祐元年四月受署四年四月代還其年六月乙亥嘉興陳某記

常棠鮑郎場東陽厲君政績記

鮑郎催煎場舊共澉浦政事裕如也自分創以來局令如冰廩稍不足以供事育庚子歲大歉亭民相鬻肉自捄九竈不煙倖活無幾宿奸陸梁倒持蓮勺撞搪傲睨來者當署涉筆噤不敢問催煎之職至是難爲矣東陽厲君夔龍到官庭空阜走案卷塵蕪埜廢盤舍鹺火爓熄上官朱勔紛來自立不容頃於是喟然曰旱魃肆虐饑饉荐臻則鹽不可催銜勸寬縱期會玩愒則鹽不可催賂門乘機洗手

未淨則鹽不可催倚海築場刮壤聚土暴曬釣鹹漏竅瀝滷三日而成功驟雨至則前功又廢催鹽之職重難如此洒清苦檢飭奉公竭廉藏月披星鋤獮狡蠹盡心力而爲之復鹽竈一所復鹽丁四十餘戸復鹽額一萬六千八十七石有奇一年而鹽場之課額羨所謂才全而能鉅者也省臺薦剡奬諭疊至將以上幕奏辟不且有功於鹽場乎哉湻祐五年記

元

黃溍新成大成樂記

古之釋奠折俎升觴而已其爲禮也畧故其用樂之始莫

得而詳記曰凡釋奠者必有合也說者或以合爲合樂然則釋奠之有樂其出于古歟若其音節器數則自漢儒未嘗言之前史所載元嘉之六佾特施于太學開元之宮縣僅設于兩京政和造雅樂名大成始頒行于天下而紹興著令郡邑釋奠其樂二成蓋至是而州縣學有事于先聖先師無不用樂者矣我國家有因有革存其聲音器物之舊而變其稱號以新一代之觀聽今所謂大成樂是也海鹽昔爲縣時既立學而廟祀孔子建版圖入職方朝廷以其地大人衆易縣爲州而廟學之制猶循其故禮具樂缺有司以吏議所不責久置弗講至正元年夏四月陳侯某來知是州首務興舉學政問其籍則爲士者百家爲田者萬畝問其春秋之祀則有牲幣而無樂侯爲之愓然與僚佐延諸儒共圖之僉言義眞有貝君者善樂事老而不仕寓迹于雲間欲正雅樂非君不可侯聞之卽俾持書幣迎至焉侯躬率者俊詢作樂之要君曰樂以導和不和不足以爲樂僕觀江淮閒所用樂雜出伶人賤工之手器不中法音不中律左右高下參差混淆烏足致和哉苟徒捐厚費而飾虛文僕弗爲也侯曰作樂以和神惟君言是聽君乃爲考其數度齊量範金爲鍾而協以古律管彼此適均吹其律而鍾自應至于琴瑟亦率自製惟笙磬之屬擇善

工使受指畫而爲之集諸生三十二人教之肄習而以明年春二月上丁合奏焉在列者無不忻豫于是教授陳暘翁以狀來屬予書于麗牲之石用垂永久予聞帝王之設教莫重于樂非止用于釋奠也侯之于樂不但欲辨其鏗鏘又必求通其義者相與討論之可不謂知所本乎宜其能舉天子之命而爲民師帥也諸君子從侯修其時事周旋升降于堂序之閒必有聞其樂而知其所感動奮發而鼓舞于鳶飛魚躍之下者矣溍勿辭而謹志之至正二年

明

楊一清嘉興何縣令見思碑記

嘉興縣故有見思碑碑有亭嘉興之人爲其前令尹何公天衢而作也公以宏治丙辰進士出令嘉興逾六歲惠政及民甚多壬戌徵拜河南道監察御史民不忍舍至請其鞾留以寄思明年癸亥始爲亭貯之其鄉宦戴僉事佑爲之記越今正德辛巳二十年于茲公已累遷至浙江左布政使近拜都察院右副都御史巡撫江南矣先是桐城秦潮來丞茲邑嘗即茲亭莅事瞻誦亭記而詢諸邑之人知公之惠政入人之深去而人思之至于今勿置也歎曰召棠勿翦羊碑垂淚所以表先烈貽後芳茲亭以之顧孤立草莽間規制勿稱久不葺治將敝且頹矣請于郡守徐君

盈欲有以新之君曰可顧時絀難舉贏越三年歲豐人和力稍紓乃蒇事庀物鳩工卜良即其地而堂之而樓之以壯亭觀自門徂廊次第就緒經始于庚辰之冬凡數月而告成是皆秦丞所規畫邑之人無老稚愚頑聚觀嗟咨第見崇楹巨欐巍然煥然不知經費所從出儼若何公之臨乎其上又以嘉秦丞之志而羨其能也僉是謂役雖小而足以慰輿情且可風厲夫天下之爲吏者宜有言以詔後秦丞于是具書肅使者走數百里至鎮江以告予予維古今天下凡有官者守令最親民而縣令尤親何者其令易行而澤易流士苟無志及民則已有志于民無弗被其澤者是故名易起然心之弗淑政之弗臧則怨讟易生謗易騰坐是以姦法觸禁敗厥官遺穢後來者亦多矣公爲人予所素知精敏而廉潔其爲政大不綱弛細不目漏不茹柔吐剛其視民溫然如恐傷之而法之所執確不可撓民隱吏慝蒐剔幾無遺而實未嘗爲矯亢凌烈之行嗚呼令而若是宜其得民之深去而思之不衰也已漢室循吏最多而何武去思之名最著史稱其在官無赫赫名去則有遺愛焉公固其苗裔乎何其政之相似也雖然古之人有優于郡縣而登之高位則不相副者故黃霸郡治爲當時第一比入相功名頓損豈小大之才各有所宜而宦成

名立亦或有驕心乘之乎武後爲御史大夫爲大司空俱以公諒收時譽其可重者以此公爲御史爲郡守爲按察爲藩伯所至聲稱赫然柄用方自今日始要其所造何武有不足爲予直以去思一事及之耳記成系以詩俾邑之人歌焉詩曰曷去之思公政在茲我氓我心惟惠之懷曷去之思公我父母恤我飢寒問我疾苦曷去之思公我師帥我有子弟迪公是賴曷去之思碑之亭之公開之先後賢其承之公之至矣我甯我止公之去矣我思曷已

張廷志宗都督碑記

古忠臣孝子所重者一死耳惟重者故能輕之當其時忠

義所激視死如歸至功及萬姓名垂千古而英靈永永則一死之所關甚重茲於宗將軍益徵矣將軍諱禮媚韜畧善騎射迺河朔驍將非官守於浙也嘉靖丙辰倭寇入犯連艦蔽海而來分鋭趨浙所至蹂躪時中丞阮公鶚與將軍有素因其挾樸入閩道經浙甸遂畱爲部署阮公移節巡檇李將軍與副將霍貫道侯槐何衛實爲後勁倭雄徐海帥兵亟追阮公公入桐鄉城將軍奮勇而前禦寇于皁林市之三里橋桐邑之襟喉也時將軍精鋭悉屯塘棲卒未集將軍以單騎格賊且戰且東一勝於崇德再勝於石門三戰至此未得一食枵腹血戰衝突往來于數千輩雖

面少年之中斬首闐河河水爲之不流賊乃退伺其隙登龍翔寺之鴟吻望將軍止踽踽殘師賊復嘯集合圍四擊將軍砍桑木壘橋西堍以當櫓楯賊入河夾橋分射箭發如雨礌石中馬足將軍一躍而墜失所執持徒步空拳與賊鬬攫賊刀復斬數人勢莫支踴躍大呼挾二賊投橋下遂自刎越月餘寇退始覓將軍尸眉目如生將軍眞英烈哉是時大司馬胡公宗憲總督四省方誘汪直議和不復聲言戰爭阮公困守桐鄉宗以客將死事功幾弗敘已而卒得題請史載遊擊宗禮帥兵九百禦倭于皁林之三里橋三戰賊兵斬首四百餘兵興以來稱血戰第一功卽其事也祭法有云能捍大患則祀之今將軍廟食桐鄉而家尸戸祝亦不負將軍一死矣風雨淒黯之夕里中士庶猶見霓旌霜戟飄忽隱現於長林野水之間此其忠勇猶擁庇我桐也乃巫覡託之以惑愚民凡有疫癘咸曰宗實爲祟豈庇此者而反爲厲於此耶廟貌塵生諸生父老倡義修葺余紀此以慰將軍之靈解愚民之惑有敢祟者將軍當以桃弧百萬射卻之

孫植門攤碑記

粤自先王體國經野國有廛賦野有田賦卽唐虞三代不廢也顧其法貴均焉我檇李田稱膏腴而征徭亦甚重先

是占田者率十年一編役役有輕重重者至鬻田不足供費民甚苦之隆慶間侍御龎公廉其狀疏請爲均平之法于是田野之民得保恒業矣至市民所爲供億如總甲火夫義官坊民之數其法猶未均也富而狡者得夤緣而脫漏貧而良者率疊役無更休甚至破產廢箸而不得免乃有里民施于國慨然條其隱情列其寶禍首鳴諸當事者之前然且甲可而乙否幸天之猶未忍不民也而施于國之剖陳益詳其利病若別黑白藩臬郡邑諸公遂可其議定爲門攤之法薦紳大夫與鄉歲例貢賓序之士所居不起稅其餘則估其屋舍値十金大都租一金租一金稅其

壓歲不過八分五釐百金上下准是爲衰益而道路僻陋人甿貧苦者則又遞減之不滿法嘉興爲坊者九總六千九百五十戸稅可得銀一千三百八十一兩八錢五分輸之官官乃召募習事者爲總甲坊民諸役總甲役最繁而宣公放生爲旌旆駐節之所其役尤甚故食于官値約一十二兩如春波北板鹽倉常豐其值十兩八錢蒯搭王家角里其值九兩六錢次義官八名伺候巡道府縣馬頭逐日差使其值每名七兩二錢又八名聽候院道按臨背護敕印府縣差用稍減其值每名三兩六錢次火夫其值五兩四錢次坊民其值三兩六錢下至儀從鼓吹木鐸執燭

汲水之屬皆量其役繁簡受値多寡總其費亦共銀八百五十五兩六錢五分于是民樂輸而易辦上薄征而事集富者無規避貧者無重困焉則其法之均也於休哉余以爲有三善焉民之由于官也力役則無常費僱役則有定額初坊間屋舍不滿百金者輒充總甲歲値一月一月之費少者不下七八金而多者過十金民甯不坐困哉茲門攤行郎屋舍百金者稅不足一金民勉力輸稅則可安枕而臥矣善一也役在民則其費多役在官則其費少如總甲坊十二人其費以百金爲常茲定爲僱役之法則不及十金而辦矣諸役皆稱是善二也市廛之民非商則工不諳于官足跡入府縣輒爲股栗矣故其費常多且時遇譴責焉茲募習事者爲之則練而不罹于法且使民無職業者得以役于官而恤其私善三也蓋一法行而三善集其便俗而惠民也不徼渺矣雖然昔人有云有治人無治法一法之立一弊之隨也善始善終其在循良哉其在循良哉

鄭茂靖海記畧

嘉靖甲寅夏四月五日乙亥夜漏下三刻倭船二自乍浦來亟登城召居民分垛守六日丙子黎明二船抵龍王塘吹螺登賊五百餘直趨東門箭如雨發佛郎機御之賊退焚其船復進時戍守海鹽者有參將盧鏜兵調赴廣陳無

可出戰余塞四門以死守諭衆衆皆惟命賊攻西門燬民舍三百餘煙焰蔽空矢鏃交集攻城幸擊斃當先者一人遂退屯天甯寺左右聠復出擾城下羣情洶懼乃與衛所諸君分守各門方君泰東門彭君瑞劉君潮北門南西二門則余與陳簿鈇余仍左右督焉邑博士鄭歐陽許三君暨諸縉紳先生賓造秀士咸徒步從爲士卒先每垛軍一民一垛十有五一胥吏攝之敵臺以驍兵勇壯老人攝之人各米二升燭五枝夜及子賊以長竿探于北城守垛者以亂石擊退是夜馬不停策火不滅燼梆鈴矢石聲相屬

統城六市天始辨曙賊乃解圍去犯郡城八日戊寅賊還至孟家堰盧兵遇之敗績是午復進薄城下知不可犯又去十一日至海昌石墩立柵巢焉嗣後揮使劉君岱松丞林子士儀朱子光裕尉李子茂並歸自調所協力守巡督益嚴四門惟開其西出入諸水關皆瓦甃軍民守垜如初置竹牌以避矢石建篷厰以禦風雨修鞭銃火藥弓矢以壯軍實皆先後就緒可禆實用旦則詣縣治兵事夜則宿西城樓視公廨若浮萍矣賊在石墩四出刼掠縣西北境瀕海昌者多殘至五月十八日丁巳賊掠飽奪海舟四宵遁水兵者舟百餘追擊之覆其三舟斬首二百有奇時統

領水兵者揮使劉君隆潘君鼎千戸晏君繼芳也奮翼桑榆過緣功準亦不負初心焉

范言何侯政畧記

俗有鬼祠捸一總管者旌旗鼓吹喧夜塞途牲醴舟楫往來輻輳雖縉紳章縫之士輒相附和大夫曰此聖世之弊俗也竟毀其像召師祝杖而遣之俗好怙勢羣小或呈身豪貴人陵轢其鄉里以肥其家投鼠忌器往往陰怒而陽恕之大夫一切寘之法不少貸貴人亦跼蹐歛戢知懼歲飢作粥以食貧者日嘗千餘人肩摩踵接出入顛仆或相枕籍大夫爲之唱名給籌魚貫而列又慮其涉遠匍匐也乃五日一散錢穀活者無算歲課之餘積羨金五千餘兩一無所取貯庫以給公私之綫急丁田歲派大率畝餘五分以贍里甲他邑所徵或倍蓰之大夫悉自處辨未始毫髮擾民

徐泰海城外墉記

嘉靖癸丑夏四月漳倭海寇犯海鹽鹽及乍浦内外居民傷害逃移無算惟時撫按藩臬當道諸公咸用驚惕既謀檄邳州參戎湯侯克寛泌陽令仝陞僉按察司事羅侯拱辰相繼提兵勦殺寇用潰散然鯨鯢未即斂跡洪濤巨艘猶不時出沒乃復謀必求智勇元戎坐守其地葢慮客兵

或弗克卒應於是中軍都指揮台衞劍崖張侯鈇承檄分督西浙駐節吾鹽侯既至軍民生氣流移復業寇不量力輒復敗去鹽有海甯衞侯乃自衞躬歷澉乍及海甯等守禦所相度地勢求防禦之策乃具畚鍤役戎卒各築城濠掘土築爲外墉基厚僅六尺惟其堅其崇一丈三尺惟其峻削不可涉外鑿深濠而減其内以洩水各關外爲關門門有柵柵置守卒惟澉委成于衞使徐行健餘各委官監築而侯則往來督視役以樂從功固易集葢自是城有障蔽衞及各所官軍咸曰吾其可力守矣四城黎庶咸曰吾其可甯居矣當道諸公嘉之咸曰吾其可舒海上之憂矣

令侯旣握兩浙兵符坐鎭列城海鹽之大夫士及諸父老相與謀曰是惡可無述乃代徵予言記之予惟南仲城朔方而玁狁于襄張侯墉四濠而海寇斯遠孰謂古今人不相及然予竊有說焉功以大垂業以嗣久是墉霖滂崩剝或不免於他日時加修葺無墜侯功是則嗣守者之責也亦記者意也敢卽民誦侯之詩倂詔將來詩曰崇崇外墉下瞰深濠捍彼寇攘屹如虎牢伊誰是築張侯孔勞崇崇外墉內障城垣壯我形勢嵯如龍蟠伊誰是築張侯孔煩侯築外墉詎曰千名民之攸恃恃此孤城城有障蔽士有甲兵蠢彼醜物壘之逃形侯築外墉詎曰徒飾不傷民財

載守載役惟是戎卒成之不日天念我民生我張侯克武克文有爲有猷海寇旣遠邊防益修外墉之築計遠慮周桓桓張侯功垂千秋

陳懿典嘉興縣太和陸侯碑記

史稱何武爲法去後常見思夫爲治而民思于去後則其任事之日無赫赫炎炎之聲以釣奇無沾沾煦煦之恩以悅衆明矣夫不釣奇不悅衆則其所爲永賴地方者必非取快目睫可知其闇然約已裕民于不見不聞之中又明矣追其去後而地方受其賜上下信其誠彌久而不忘故足述也獨怪近世貢諛風盛當令長蒞事瓜期將及卽倡建生祠廟貌如林工作接踵而悃愊循良者或反闕焉故爲憤世之論者欲建一總祠行營寬大之所凡遇長吏遷去卽置主升祔如廟制之禮以次而升以次而祧而功德之最著者久而不遷蓋公論惟久則愈定人心惟久則愈眞去後之論斯定論去後之感乃眞感也太和陸公之令嘉興也凡七年三修覲事丙辰以治行高等借留春曹以侯掖垣之選自侯去邑今又數年矣侯治不近名淸畏人知士民愛戴感慕不啻召杜而仰體侯意又不敢以世俗建祠肖像之事獻媚乃侯去邑愈久其淸眞之德澤愈益顯毋論其他卽如三縣田糧一事武塘蓄謀愈久詭算甚

深假名擅而發毒迅幾弄兩邑于股掌之間賴侯力持得未卽決裂而其最握要領則以他訟事弔彼中有總魚鱗冊中數本每區皆明開本縣田若干別縣田若干以及千戶所田若干一一如指掌者封識留貯不發且題曰嘉善爭田太急則發此卽今所索匿册中之數本也丁巳大閱開所封識遂盡露其割補藏匿諸弊案卽有力如虎有口如簧而卒莫能逞微侯遠識周慮不及此侯雖不以此見德兩邑人能無繫思于去後乎侯治邑念念在民求可久而最不欲取虛怪緣飾之名初下車謂莞庫端緒淆雜難于窮詰乃創置手籍出納勾稽耗羨扣除之例盡絕而胥

吏莫能高下其手侯去後有不入人嘆頌否大造之役集衆議而折衷調劑然後畫一頒行今日公府遵斂解之規民間省繁重之累京運有津貼之利而出途無苛索之擾伊誰之賜也侯加意黌序月課歲程髦髦才俊每推轂宏奬而不令其知士之受知于侯者皆陰荷陶鑄而無煩于奔走羔雉之瀆紛聽訟務求得情諄諄懇懇民自不忍欺不能欺案無留牘獄無覆盆蓋侯治求自信而不求信人施實德于民而不爲炫赫類如此今天下多故邊事孔棘動稱掣肘則惟取民狥人之意多于實心擔荷之意而不默收其成也用侯之心行侯之事言期必行行期必效豈復憂難阻哉余交侯日久周旋盛德穆如恬如鄙吝盡消而侯亦信余之樸拙虛懷折節皆非世局謬相引重之比父老子弟及文學金生星耀子泰甯等謀所以志去思徵文以勒貞珉顧余雖不文何敢辭且頌德于去後不以廟而以碑庶幾余所稱百世不遷者也侯勳名方遠異日當爲國家名臣重臣治邑不足以盡侯而余邑人也在邑言邑論其大者爲鼎彝竹帛之發軔云侯名獻明字君謨別號太和丁未進士直隸之太倉州人

嘉興縣新定均田役法碑記

國初我郡領縣三曰嘉興曰海鹽曰崇德宣德中析嘉興

增置秀水嘉善而海鹽增置平湖崇德增置桐鄉爲七縣而嘉興爲首賦多役繁又與秀水同附郭界吳越爲孔道冠蓋之甲第阡陌繡錯肩比一切蹊更皆免新安大賈與有力之家又以田農爲拙業每以質庫居積自潤戶無多田用是往時編審不能畫一其田以均三百八十里之數或以數十畝而充者或戶無田而充者困累莫訴識者憂之乃援外邑之例有均里均甲之議又因里多田少復有銷里之說以求其均而卒齟齬不行也今皇上龍飛天啟之元年適當十年大造之期邑侯蔣公軫念民瘼求爲地方永利計與秀水湯侯博詢輿論斟酌時宜謂創法未可以速成而革弊必先其太甚有久沿之寬政不可不爲更張者有新立之規條不可不爲劑量者有一切之中不可不特爲加意而存厚者列欵上之中丞直指藩臬司府諸當事皆稱善報可侯殫厥心力始于季夏迄于初冬凡四閱月告竣士若民無不帖然服懽然誦者吁斯亦難矣語云非常之原黎民懼焉及臻厥成晏如也夫均田之議言之非一日講之非一人行之非一方而我郡中獨難之非法之難行而行之無其法耳侯大指坊里兼論田與力小里崇論田而論力之意亦在其中士大夫昔全免而今限免昔分其戶而分免今併其戶而額免又恐官里與民戶

混則民猶受其累令官里與民里刑民始實減其役官里不與民同其役則官自全其體官里與民里同其費則民益甦其困以此行之至公應之至虛宜人人其安之至于外邑寄莊之久免也則以他邑不受我邑之寄連杜其口故宦與他途之日濫也則以久近中外遞其等名臣大賢之裔存其最著徵貢之舊以稅免市民之以不緣南畝免則以坊里責其往役此數者盡出而應公賦入版籍所以減舊役之不能堪者何啻什百皆所謂以美意行其良法也垂之于後行之愈熟愈便甯不爲百世之師哉父老子弟孫宏祚翁尚賓鄧九徵等徵文勒之貞珉媿無如椽之筆聊論次其大如斯東南民力久困今疆事孔棘徵兵轉餉皆從履畝以佐公家此法行之至均計之至遠昔人謂周官一書乃姬公運用天理爛熟而成余于侯亦云郡中國初有官民田諸則自五升至數斗相懸殊甚避重就輕雜泛之徭不一重者立傾家侍御龐公條鞭法行歲增派不可勝窮自郡伯趙公爬平迄今稱便郡中自賦稅外有于田徵銀僱役海內無不遵行二者之均其功並稱不朽今併蔣侯而三矣不可不記侯名允儀丙辰進士直隸之宜興人

賀燦然郡丞初庵方公碑記

郡太守綰符篆得專發興之宜澤易究故去而人多碑之貳特佐贊太守施澤難自非懿政較著去則泯泯爾故檇李郡貳昔無碑碑之自方大夫始也方大夫多懿政更僕未易數請表其大者先是有星孛于斗占在吳越臨安襟江帶海吳越一大都會也頃執政者議減兵餉三之一兵訌焉鼓噪至排轅門擁督臣去幾爲變未幾愚民效之以苦踐更燬人屋舍攫人金錢又幾爲變賴天子神靈命少司馬張公重歷之得便宜從事張公捕臧百餘人民遂定閱歲廉兵之首事者密謀誅之兵亦遂定天子嘉張公勲勞賜緋魚服召還本兵浙人亦深德張公相與刻石頌功德焉迺兵民之變我檇李亦有之竟安堵無恐不致上厪宵旰則方大夫之伐也我檇李往者水潦相踵民不聊生至望屋乞食少者數百人多者千餘人富人稍不予輒抉其倉庾攘分之莫敢誰何市野騷然至喧而遮郡邑之吏而請賑人情洶洶幾爲變大夫乃昂首諭之曰爾等皆良民將爲亂抑欲賑耶民皆叩首曰某等安敢爲亂欲賑耳大夫曰賑固有司事有司業已議賑不三日當分賑爾等爾等當保首領念及妻孥毋蹈國法取大罪不赦于是民皆羅拜歡呼去大夫迺爲佐畫發粟之策全活數萬人我檇李十餘年無桴鼓之警兵聚而無事乃爲分戍巷市郊

野更番稍後期遂怨詈騰起會臨安兵變未有創兵益驕至椎牛歃血盟欲賊殺武胄之典兵者又幾爲變公密聞之出片紙曉以禍福兵皆頓首謝爲部分之均其逸勞于是兵皆頓首謝夫臨安號稱善地日者兩變繼起鄉縉紳先生都人士女咸用凜凜藩臬郡邑長吏至裹足不欲入幸張公撫定之迺大夫消變未形不戮一民不殲一卒令檇李若不知有兵民之變也者此其功德豈渺小哉無論他懿政卽此足碑矣大夫寬和似黃霸儒雅似文翁端亮似尹翁歸好古敎化似韓延壽發奸摘伏善發巨盜似趙廣漢張敞清白遺子孫似楊震至禔身被俗動則古人則

孔門冉閔之儔又非漢吏所及也大夫人品海內所共推轂其懿政略具黃太史生祠記中兹不復贅云大夫諱揚歙人隆慶辛未進士

姚宏謨汝上張釣石遺敎碑記

太史公稱齊魯間於文學蓋猶有古聖人之遺焉釣石君生汝上博學好古不爲世俗所染嘗讀易蜀山中盡搜其元與而齊魯間推文學者必首釣石官秀水惟篋圖書隨兩三蒼頭來冷局環堵處之脩然匾其軒曰尊樂日進弟子員匡坐談經不廢寒暖間出所著三極說暨河圖洛書考示弟子員象數理奥點畫指扣發儒先所未發眞與羲文心畫千古相符契其容貌甚莊繩趨矩步動可楷法于是弟子員咸彬彬嚮方矣吳越士聞風者率擔笈從君游焉且其操甚介每歲時弟子員例有餽遺輒弗省雖菜果亦謝去家人化之卽蒼頭奴亦以弗受爲恆每從東魯致莪麥爲饘餅以自給冬夏一葛一裘嚼然自持視文錦粱肉如羶土然噫若釣石君庶幾古人哉君在秀水方三祺卽遷去今且數年矣弟子員過尊樂軒者猶欷歔慨頌謀樹石以垂不磨因屬宏謨爲之記宏謨昔官祠曹前太宰望湖先生吳公爲予稱釣石君行義爲甚詳比歸而所見符所聞故爲記之如此是舉也予嘉釣石君予又嘉碑釣

石君者近世重制科博士白首寒氈無復公輔之望卓卓者固有之大都闒茸無聞者耳今釣石君遡齊魯淵源闡學振敎俾博士輩去久益思相與伐石而頌德故予嘉釣石君然釣石君以貢起非聲勢焜奕去且久博士輩猶不忘謀所以志永久豈樹碑規勢利者比耶故予又嘉碑釣石君者予嘗謂校官雖卑與宰臣等校官育才宰臣用才弗育奚用今視校官爲冗員徒取人于帖括之陋譬之鉛刀韜以錦貝飾以瓊琚非不煜然若莫邪用之截楮葉弗銛矣剔斷蛟兕切金玉耶故誠欲羅眞才佐明主則莫若重儒師之官簡天下碩德重望如張君者豐其祿晋其秩

即部院監司賓遇之俾儼然爲博士範其敎士振肅者輒論薦補三公如國初故事次則補胄監學使者如此則師儒官必章軌貞敎育眞才以待國家之選用弟子員亦斌斌多眞才持此登至治無難矣予因記鈞石君不能無感于斯云鈞石君諱綸字宣甫前秀水縣博後遷靑縣以薦令三河今爲通州守所至輒有聲云

國朝

張履祥生公遺事記

宣德閭知邑事牛公報最入覲疏言邑僻民窮科不及額請即司寇上聞焉特旨減桐鄉賦又御書一畫於牛字之

下賜姓生復任三載自是桐鄉之賦輕於崇德葢其原如此甲午重九前一日里老云　遺民張履祥曰桐鄉分自崇德而賦不同竊嘗疑焉則解之曰阜林驛移至崇德故未有詳生公之事者也若老者之言民到于今受其賜而邑乘曾不之及何耶豈所謂沒世不忘不俟金石而壽者耶亦因以見天子仁民愛士之異數可以爲百世作牧者勸也

鄭寒村希聖堂記

家有塾黨有庠術有序國有學古也後世學校自成均而外唯設於郡縣而鄉里無聞焉此書院所由興也書院盛於宋元之際至明季而大壞葢天下之無敎也久矣嘉興之有養賢堂書院類也兵火之餘瓦礫茂草雲間袁公治郡之明年將爲郡中士聘名儒講聖學乃與鄉薦紳某某等謀建堂於故址而命郡學訓導范光燮董其事既竣工更名之曰希聖堂以光燮與余有舊好俾來求文爲記余考養賢之說始於大易之頤卦而未嘗明言其所以養竊嘗疑聖人養賢必非徒祿糈餼廩之末頤之爲象下動而上止有範圍曲成優柔漸漬之意殆即孟子所云中也養不中才也養不才之養周禮之六德六行六藝固即其養之之具也由此言之先王之養賢也無非敎天下以爲聖

人而後之人不察以爲養終與敎異於是學校之中徒優之以廩祿而誘之以富貴置一切智仁聖義中和孝友睦婣任卹禮樂射御書數古之人所以學爲聖人者漠然不問而其弊也士惟知有科名仕宦不復以聖人爲人所當爲即幸而得功名氣節之士亦往往非三代以上之人物嗚呼士不希聖而可以爲賢乎則是不明於養之一言誤之也公搆堂以養賢而必更其名曰希聖其所以敎禾之多士者遠且大矣雖然史稱鄭侯餽餉於漢有萬世功而其言不過曰養民以致賢而已其後桑大夫以鹽鐵均輸爲國大利而疾賢良文學之士如仇漢之根本遂摇動而

不復安是賢之不可不養也又如此今天下用兵五六年
矣供億煩調度闊主計之臣苟免乏興凡朝廷所以優禮
士大夫者一切奏罷牧民者但知奉急符從事不土芥書
生則已更何暇爲國家培植人材嘉興當江浙之衝王師
征閩豫孔道應酬日不暇給而公顧於錢穀兵刑之隙留
心敎化復修承平時書院故事就使養之而止其意亦與
蕭鄭侯之意合而可以愧當世之爲桑大夫者矣又况諄
諄以聖人相期而欲躋多士於三代以上乎吾聞之劉辰
翁曰凡干戈潰亂之出於宇宙如雷霆風雨危不可慮而
天體霽然不待明日光復其舊必歸於禮樂性情道德風

俗方今聖天子右文禮士而粤蜀滇黔之寇漸以削平吾
知四海之內文治蒸蒸起矣他日復黨庠術序之制以敎
天下尋源遡本其必曰自嘉興之希聖堂始是誠可書也
堂建於己未之七月五日成於某月某日郡丞季公某知
嘉善沈公某知海鹽張公某及縉紳士某某等凡若干人
實相與助之因併記焉以俟有聖人者起尙其不忘所自

錢陳羣張東侯郡守屏風記

江浙同爲財賦重地浙東西十一郡計財賦所出浙西三
郡實可曹鄗餘郡國家轉漕每歲貢
天庾數溢平江西郡至蠶桑所成供三尙衣諸織局衣被華
夷重洋絕島翹首企足面內而仰章身者惟嘉湖兩郡是
賴凡官於浙者得浙西一邑治之咸稱賀以爲榮至領郡
符爲通侯則必由
宸衷特簡或封疆大吏薦剡非是弗獲膺斯任也乾隆二十六
年海豐張君東侯以解州牧報最來守吾郡下車之日郡
民咸肅然瞻仰所屬胥吏咸凜然畏君威名屏息不敢犯
君平易坦白未嘗務赫赫名初入境時聞子衿有不守臥
碑興滅詞訟者思小懲示警適一生以田土細故被人控
其滋事令承勘得免君批令戒飭翼日生伏地訴曰生貧
贅於婺婦家婦無子且病令生具狀耳君察知其情且年

纔二十補博士弟子甫一歲遂釋之曰爾毋悸但歸讀書
吾不罪汝也不泥成見類是郡習俗棄產之家杜絕多年
猶屢索益價嘵嘵不休君曰是紬在售者亦有恃富欺貧
利人之產依年例取贖屢請不許請添價以絕亦不許孤
貧困之君斟酌情理務求其平郡漕粟甲於諸郡徵納發
兌有弊在官者有弊在胥吏者有弊在運弁者君條列榜
示公私便之偶遇旱率屬步禱甘霖應時以沛連歲有秋
公餘課士必躬詣講塾勸經論文雖溽暑祁寒未嘗廢也
歲科試童子弊絕風清古學時義並重凡列前茅者往往
受學使賞拔郡城河久湮塞君延集紳士耆老酌議疏濬

有建言開支汊曲洪悉請復古道者君曰郡城河故狹通
舟楫納粟輸倉居民擔水漿以活流濟食不致遠涉足矣
毀甯居以浚甚無取焉議遂寢二十七年調杭州是年
上親視海塘時大吏仰稟
睿畫加築石塘君督修甚力數月工竣柴塘亦次第告竣海不
為患杭為旗民雜處地閭廛通衢莠民相與為匪蹤跡詭
祕君密得其情痛懲為首者數人餘散去為良民各屬刑
法將成讞時愚民罔識輕重自蹈重罪君為平反者數案
曰吾敢紲法滅之耶民愚如盲者墮溝中一拯之耳居無
何以前任晉中失察州民邪教例應鐫級

上令督撫勘君治狀仍
命來浙先是吾郡缺出三韓甘君來守是邦適湖州守李君以
親老乞養去大吏奏請君守湖州君奉檄之官湖毗連秀
州熟知君政懷德威民四境帖然君亦雅愛苕霅佳山水
且曰浙西三大郡代多賢守唐韋左司刺蘇州嘉禾僅半
屬吳郡白少傅由杭遷蘇未治湖也眉山先後杭湖未守
嘉郡予何人斯五載中握浙西三郡符惟景行前徽勉稱
職守上報
國恩耳月餘奉
特旨仍知吾郡郡民扶老攜幼歡笑望在旛道迎者數里君勤
勞父老曰吾政何能及此數日君詣予請見曰鎮重涖茲
土思欲師古人聽事壁記請先生文識之庶幾朝夕觀省
乎君齊海豐右族自高曾祖父及君父子皆以縣令起家
代有治行尊甫季膺先生與予先後出德清大司空徐公
之門予視學直隸知君官畿東劇邑有聲及君守吾郡予
縣車郡城目擊君為政清勤寬猛相濟予平生不能作諛
詞所書一二事皆得之里巷所稱述及君自言鞫勘刑罰
宜詳慎體察不迎不拒以協於平予深然之以君之才方
受
主知毗倚屏藩沾溉通省特是以洞酌之議予于君有厚望焉

唐貞元初韋應物房孺同時守蘇杭以詩酒相尚後白傅
繼之旬宴一章與左司燕寢凝香同為風雅公案予所期
於君殆又有進於此者本末先後間惟賢者自度之耳是
為記

張惟赤濬河濟民永利碑記

鹽邑三面環海惟西北流為通吳會且其地平高而民務
農業貫澮穿溝遙源難激以故常苦旱不苦澇地勢然也
況茲城歷千百年生斯聚斯壒埃瓦礫久久彌積不覺其
益有時而壅聞之每歲冬春之交輸漕孔亟倘霖雨愆期
則舟楫不通荷擔道路汗揮若雨喘發成雷費添額外之

貲勞頓民間之力可勝道哉歲在辛丑壬寅兩年亢旱近城數里之地溪塵鮒涸井深盡枯山川絕雲呼天莫應將問之海濱乎即莅玆土者心迫憫惶能驅饑餓之民負鋤鍤事開濬乎仰屋而歎誠爲無策然而古之大臣謀國洪心有當凶荒之際復起興作蓋窮民離散必去而爲盜欲聚之以食故鳩之以工而賴以弭患者不少適給諫張公讀書家居恤衆之心本以愛　國不謀之野不費之官捐貲備糧經營慘澹選於邑中得者老王紹俊者屬以董事環濠深浚迤及漕倉救貧郭之枯苗立起生色於是糧艘屆期鱗集城根出入倉厫祗須進艇上以裕　國下以庇

民厥功偉哉至於減損家食施粥賑饑體恤閭閻營民平市遠邇之衆藉以安全者不少尚德好義士人樂得而傳誦之霖雨四海此其先徵矣邑人德公求表其事以壽諸碣雖不敏其奚辭憶辛丑之旱余嘗步禱備苦天亦憐而應之然祇一時事孰與我公爲地方永賴也余故珥筆以識將以勵後之官此土者并以勵後之搢紳先生世此土者

查培繼重修海鹽縣儒學碑記

蓋聞先王之造士也教始於黨庠州序以達於王國固無地而不設之學也乃曩時學宮之建自魯頌而外靡述焉何居蓋其黨有正州有長皆以其鄉之賢者爲之猶以父兄教其子弟而朝夕絃誦之必聞則其經營學宮以爲讀法之地者當無不豫也後世州縣學不常建漢文翁守蜀郡修起學宮於成都市中而蜀地學者比齊魯晉范甯爲餘杭令興學校洎守豫章又立學臺庾亮於武昌開學宮繕造禮器皆以牧民者維風而式士見褒史乘而求其鄉之賢士大夫有事於學校者不少槩見則以學校之典載之令甲牧民者司之而士大夫得以謝其責也宋初士大夫更建鄉黨之學其後遂廣爲書院而教養之厚往往過於州縣學是又以州縣之學爲具文矣豈猶古庠序之義

哉　國家建學徧宇內山陬海澨莫不有學生徒多者至數百人文教廣敷矣然牧民者簿書期會之餘間且累日而計貲方蕆秩滿而遷何暇勸學其司教者俸祿益薄惟歲時釋奠之兢兢而士大夫之振迹於學者又視其學爲蘧廬焉故有議修佛圖仙壇者未必蒙福也而聞者色喜有議修鄉校者未必不蒙福也而聞者以爲迂闊而弗報豈非俗之敝使然乎海鹽瀕海多烈風學宮頹圮今三韓靖公張公以神明愷悌宰是邑將追武城單父之治每遇上丁習禮而薦馨香仰瞻廟庭輒低徊而不能去會司教者錢塘千里張公以周情孔思之文廣勵學者而考業講

德於斯體公之意捐其歲之俸祿更請於督學使者以學租養士之餘佐繕脩之一二且兢兢焉懼不勝任維大司諫螺浮張公稔知二公之廉而不能以身爲精衞也抑大祲薦至而多士屢空鳩工庀材之未遑也乃捐槖中裝而不日鼎新俾肄業者如生於成周而覩黨庠州序之雍雍也其賢於建書院以標榜而以學宮爲具文者遠矣雖古之賢士大夫疇能尚之公筮仕以來豐功偉績天下莫不聞而其爲德於鄉也塗歌巷謳日新月異蓋嘗修鎮海龍王廟而海波不揚從形家言開新河於白苧橋而人文蔚起皆其德之大者余故因是役也并記之以示輿人俾知

公之爲德於鄉恆有如是役者云公名惟赤海鹽人順治乙未進士令官刑科都給事中靖公名素仁其知海鹽也由歿蔭知鳳縣以能治劇遷千里公名文鴻以順治辛卯鄉進士授令職皆勵教化於學而與公爲道義交者也宜竝書之

馮浩重修城隍廟碑記

自古建都立邑必爲城池以莅官治民輯寧遏暴易所謂王公設險以守其國也在泰否之交象取城隍以示戒治亂所繫大矣哉沿及後世云有神焉主之視社稷爲震燿且或云某賢某官歿而陰居其職務要之祀事虔重民所敬信服畏必爲神所憑依感應之理昭昭也吾縣桐鄉明宣德五年析崇德置禮制備舉始廟祀城隍景泰天順間邑侯永平張泰修增之詳秀水呂文懿公撰記於今三百年矣歲月之頹朽風雨雀鼠之剝損幾傾覆是懼曷以尊吾神而肅禋祀邑侯江右新城潘君安置勤慎明練民悅安其政既修學宮遂及斯廟居高一倡四境響應輸金庀材選工趨事經畫皆得其宜舊觀聿新規模載廓重門顯闢堂殿安敞廊廡垣墉旁室環繚經始於乙未六月成於丙申歲而侯以卓薦遷擢矣邑之人屬余紀其役余世居邑治西偏雖移嘉興恪守舊籍桑梓必恭敬況赫赫明神

哉夫人神之道相通治民治幽皆以天地閶闔裁成輔相之責者方今重熙累洽德化醲厚成民致神陰陽咸理而保泰持盈宜其凜日中之惕必得庶徵協應年穀順成儒術懋修賢才輩出養之以怡和敦之以湻樸有俯仰作息之樂無疵癘夭札之憂庶長此承平之福於無疆普天之下一邑之中不言而同然矣余敢因廟貌之維新敬陳民隱以申祈禱聰明正直之神鑒觀不爽其必默相治理而永綏斯民也乎

錢儀吉宋某官知嘉興縣事段公遺愛碑

嗚呼昌黎韓子有言矣事有曠百世而相感者不自知其

何心葢聞黼依之咨儆聰懷良佐軫壘圉之決策拊髀將材跱躇闕史之文潡印殘隴之碣其疇不恨失同時神遊千古者乎而況七百年之代嬗猶是人民十數字之勵存樂只父母于讀弁陽野語之文攷浙西公田之事而於故侯段公不勝甘棠之思遺愛之頌焉公田者議萌於謝方叔之限田禍稔於吳勢卿之覗漕詭謂和糴可罷邊儲易供始也準官品而除贏繼也履民莊而攘利三分買一及於百畝之小家十斗輸八偏於兩年之受代而且督催提領法重于青苗度牒告身價粼于白沒公方踡跼驥駕輙行鴛湖濟物存心爲民請命擬歐陽之擅止新法而時異

元豐類尹鐸之庶媿趙宗而功在保障當是時也立東南之蕞壤增中外之吏二萬竭數十之郡資養環衞之兵七億危同棋累窘甚矛炊豈惟盧扁庸醫亦且驚心將圖風雲鷙鳥必先蓄爪然而季氏世卿冠軍外戚不悟賂虞之計旋興入洛之師齎五日之糧議三京之復病不求息鋌愈走險於是葵范珙玠張眷冒刃漢蜀荊淮塗原膏草幸也李璮之請未行郝經之使繼至庶幾知難悔禍保境息民猶且輕性命而張聲氣方謀括脂膏而奉軍實公以爲割肢體以果腹緜惙奚存鑿某址以增高巖敧立待甘觸權網何恤身災假令象笏近君之輔墨綬親民之官咸能

抱公之明見敎公之直節孤忠徇國衆志成城敗二帥而上軍不動殺三人而執簡如故庶幾君之一悟回天眷于渙汗何至日蹙百里悲宗社之淪胥也哉噫析珪擔爵愛閭閻者何人吮脂茹柔輕去就者幾輩若乃君詡端門之受降侈興土木相忘合州之議幣娛嚇湖山徒傳字民之訓竟無褒廉之賞莫知我心猶行其志斯豈非神明公忠之宰豈弟子惠之風乎若使遇堯湯之朝憂深水旱遭文景之際詔勤滋殖而或競肆饕貪不顧魚爛登朝嚇寬卹之言行野忍流亾之哭誰尸民社有靦面目哀哉古人不可望淚起枯蟻之穴九京如可作魂歸負鼇之碑按公諱

浚本貫未詳景定二年以不奉行公田爲提領劉良貴所劾其同時被罪者又有宜興宰葉悊佐其人焉其先事謝去者又有吾邑分司陳茂濂其人焉皆罕傳者因附書之

蔡履元重建田公墩橋閣碑記

距邑城西北里許有田公墩兀峙中流環水四面舊建傑閣其上奉祀田公地毋名稱殊不典而遠近業耕桑者祈報集焉考古者天子諸侯以下卿大夫有采地者皆立社六鄉中有州社六遂中有縣社下此百家之社二十五家之社凡以五土之神能生萬物故宜崇祀之示有土也古制之湮沒者多矣苟有其意名不妨從俗也石門蕞爾邑

城僅三里而贏由郊而野水田桑地犬牙相錯故樹藝之利田與蠶亦相埒茲墩因土建祠爲土穀之神所憑依重農寶穡於是乎在閣之上層供奉文武及斗奎三星夫亦既富加教之意乎有其舉之莫敢廢也乃歲久而通往來之木筏先圮欲度無梁由是閣漸頹廢同志諸人慮舊跡之就湮也謀更新之勸輸樂助稍廣故址築石爲峙崇構周垣不雕不飾則易木以石樹門於上令僧人司啟閉是役也經始於乾隆三十九年六月落成於十月其經營相度則周子鶴閭子汞綏二人實始終其事焉經其地者見樓閣崢嶸層波迴繞而像設謹嚴儼乎田祖效其靈奎光

助其彩肅謁之餘其油然興孝弟力田之思乎夫農桑者民生之本計也文學者教化之先聲也衣食足而禮義生教化行而風俗厚則斯舉也庸有合於教稼明倫之至意若夫形家言茲墩西北二水迤邐而東當城池之衝故築以爲鎮則余素未諳此未敢瀆論也

秦瀛貞壽圖記

嘉慶元年二月桐鄉金節婦年六十距其夫之死已四十有四年矣先是乾隆五十八年其宗鄰具節婦事實上之有司有司以聞於

朝得

旨旌門如制及是屆節婦週甲之辰方處士薰寫松石爲圖以壽節婦又閱一年爲嘉慶二年六月比部金君德輿持是圖來杭州屬余爲之記節婦姓王氏適貢生金際堃金故桐鄉著姓而際堃無兄弟不幸以瘵疾夭時節婦年十七無子將殉焉而節婦舅氏一晴多方慰諭之曰吾老矣如天不絕我嗣後舉子子長而生男卽後汝汝家婦何遽死爲節婦乃強起視事際堃故旁生子其生母死而繼母在節婦勸其姑爲舅氏廣置簉室遂連舉男子四女子七四子者以報以執以垂在茲不十年其舅姑相繼歿子女皆幼節婦佐其庶姑劉張馬鞠育之卒爲四子娶而嫁七女

其間爲舅姑及其夫辦治窀穸悉中於禮今以垂舉子元鑑後節婦余惟節烈之行世所艷稱顧烈婦以身殉夫而節婦者堅貞不渝往往多壽考其節同而轍則異也今夫物之貞者莫如石而樹之壽者莫如松節婦喪其所天歷艱屯連蹇之遭而確然不易其守草木黃落百物萎死而凌霄之姿雖豪犯霜雪而無改柯易葉之態處士寫是圖而題曰貞壽此志也余故參傳體記節婦之生平如此茲以復於比部

序

元

俞鎮盧侯德頌詩序

東平盧公來知是州時旱潦相仍浙以西米斗七十錢關陜且七倍于此朝募能輸粟往賑則賜爵以差於是州有甲輸粟若干爵七品乙輸粟若干爵九品州以飢民方阽死溝壑匍匐遮公馬首告丁丑公立召甲乙等十有五人喻之曰年饑勸分古之政也然分人以財必自近始今貿貿然來鵠立鳶吟吾前者皆若等苍南舍北人也若等尚能輸數千粟赳關陜民況隣里鄉黨乎十五人皆愧謝許諾請歸轉粟于州減糴價之半以賑三日而盈四千焉公乃括口定法裂楮書期大口人日二升小口人日一升俾

民得什五相保計口更番以糴及期公必親坐於堂視民易粟庭下如持左劵責償無不足乃去未幾鵠立者腴鳶吟者呼阽溝壑者甦而流逋者安厥家咸扶老攜幼稽顙道傍遮公馬首謝公乃弭節下立撫之曰活汝等者亦汝州粟非我粟也第當謝甲乙等我何與邪民益喜是歲恒雨自夏五月至秋舉目一見日輒旬月汨陵谷焉閏七月甲申夜大雨連十日震風夜作州人大恐甲午公宿齋待旦袖香之浮屠寺露藁拜伏中庭禱于天風雨立止州社在道宮南叢棘中門無側堂典祀時舉天雨人無所於宿公除道封壇新其門翼齋室以衛之延祐中浙漕用會口

食鹽筴州戶爲口三十五萬九千九百有一歲食鹽爲引八千四百六十有三輸鈔爲錠三萬八百有二歲旣荐饑民方絕粒不能獨食鹽頁鏹視他歲尤夥漕司急取盈焉公爲移楮富僧大家視力等差均買以輸且建議轉白大府乞體聖天子恤河北詔責諸商賈無派吾民而民未之知也若乃公明馭吏而蔽欺絕焉平易治民而壅塞決焉簡訟恤刑而德化宣焉崇儒興學而風俗湻焉蓋不二月而綱舉目張矣由是州之民愛公如父母敬公如神明感公之德無窮服公之才有餘或贈之詩或紀之書或謠於郊或歌於途謂歷州以來見未之見而公聞之以爲此特

常職之萬一夫何足以盡吾區區也予失怙讀禮苫塊中不可以頌然幸邦大夫賢無橫征科以窘吾廬無悍吏卒以騷吾鄉使吾負土以葬吾親耕田力學以敎吾子孫生養死葬而無憾不知所自邪予將原始以爲公美要終以爲公勉故不頌而采其出於學校縉紳之林者爲敘列之以俟觀人風者採焉食者民之命也故勸粟先之得民則得天矣故禱晴次之社稷舉則食不闕矣故修社次之賦斂均則力不絀矣故理鹽次之吏或失馭則權下移矣民或可遠則中不孚矣故馭吏近民次之訟或不簡則不能無訟矣刑或不恤則不能無刑矣故簡訟恤刑又次之儒

不知崇則忘道矣學不知與則無教矣既富而教政之治終備矣故崇儒與學終之是則敘詩之義也

明

貝瓊送嘉興知事雨齋徐公上淮安推官序

治天下之事非一而事莫重於司刑唐胡元禮爲少卿欲殺一囚司丞李日知以爲不可元禮曰吾不離刑曹此囚必無生理日知曰吾不離刑曹此囚必無死法當是時其事之曲直固不可辨而君子以爲元禮之嚴不如日知之恕焉吾從而攷之舜典自象刑至於流贖各有一定之法而繼之欽哉欽哉惟刑之恤哉則司刑者當以恕爲本不

可以嚴爲事蓋恕者德恒勝法嚴者法恒勝德德恒勝法則無心於用刑無心於用刑者惟聽人之所犯法從而輕重之雖殺之而無怨法恒勝德則有心於用刑有心於用刑者必以刑加人而不得其當者衆矣此胡李二公皆以至公行之而優劣之判不啻霄壤如此世之刑官宜有所擇而處之乎洪武四年春正月三衢徐公雨齋由嘉興府知事陞淮安推官實材選也余聞之喜而不寐蓋雨齋讀書而通律其掌簿書四年上下稱其文而無害則今專用刑之寄必能日知之恕而無元禮之嚴可以上副明天子恤刑之意而淮安小大之獄知其無寃矣其行也邑之大夫士咸賦詩以餞之屬余爲之序於是乎書

送石仲明序

嘉興尹秦郵石侯仲明之代也三吳之士莫不悵然而憾與山墟海聚之氓雖不及識侯而一登其堂者咸駭焉非特秀之一邑也及其守崑山也則其士又躍然而喜山墟海聚之氓不及識侯而一登其堂者咸信也非特一州也吁仲明何以致是耶夫民之利病繫其守令之得失天下之廣環百里而爲邑者非一求令之賢者不數人環千里而爲郡者非一求守之賢者不數人令而賢則利及于百里守而賢則利及于千里故能安生樂業于遐陬僻壤大山長谷之中否則爲病奚啻蛇虎之毒哉守令之賢者不數人其德之難也如此故日夜冀其父母于我也若歲焉

使一朝以無罪去則是終不得賢守令以父母于我而民之窮且死者欲其脫蛇虎之毒無時矣仲明之爲人予雖不獲接而攷其所施郎三吳之士與民稱之者若符之合其賢可知已嗟乎有國者務仁其民爲簡守令而牧之恒病不得其人得其人而使不能行其志又豈務仁其民之心乎此余以毀譽進退數易不安爲今日惜而幸仲明由秀而升崑山也秀爲余鄉侯之均賦與學于歲月間其父兄子弟蒙其利者深矣其行也必推其施于秀者施于崑

山可知已然不能不為秀之父兄子弟惜焉王君宏道者與余言侯之賢且求文以道其行故書其說蓋不獨為守令之勸而為天下守令之警侯名光著由寶泉庫提舉四轉而為今職云

楊述送大尹田公考績序

浙有郡十一而嘉興為大舊統屬縣三宣德中大理卿胡公奉敕巡撫東南以地大民眾賦稅夥繁難于剸理請諸朝分嘉興一縣為三崇德海鹽為二而桐鄉則崇德之分地也當分縣時若官吏率背公徇私凡富庶之里膏腴之田悉為崇德有而桐鄉之所治多貧民所徵多逋賦為令

者難其人正統辛酉內江田公德潤以太學生來尹是邑始下車問所疾苦前政有不宜于民者立更之鋤奸抑強植弱扶善居三載貧民遂有生之樂逋賦無後期之懲方將奏績天曹適以外艱去任瀕行垂髫戴白之人扶老攜幼挽其舟不得去已而闔邑父老連署姓名詣郡乞留郡上事于藩臬轉而上聞廷議僉曰敎民以孝縣令職也太平之世奪情豈令典哉事遂寢公既去繼之者多非才民愈思之不置俟公釋禫之京復申前請益力聖天子順民所欲俾再治桐鄉民既得公嬉嬉然如赤子之依慈母公亦視民如子而疾痛疴癢若切于身又三年政以平訟以理簿書雜沓軍務紛紜而公處之若無事焉凡若是者豈聲音笑貌所能為哉由其存心以恕出令惟公故百里之民陰受其福有莫知其誰之為而為之者矣當六載報政趨朝司訓儲君偕庠友孔珵皆踵門求贈言予辱公愛厚知公久且深雖不請固所願也方今皇上奉天子民愼擇守令而寄以民社凡有循良之政者率不次用之矧公之才德為浙東西縣令最郡守知之藩臬大臣知之天官少宰知之者乎魯子敬謂龐士元非百里才使處治中別駕之任始當展其驥足予于公亦云

王世貞桐鄉馮節母詩序

故茂才馮公之與張太夫人訣也實手之曰而殉我身乎乃殉我心微而孰與代吾之為子若父也蓋馮公訣而太夫人隕越不欲全也旣而曰有成言矣為死者死則可為生者生則可吾不忍於馮氏之生者也於是馮公之父母老矣有一子今大夫孜僅三齡而其一子敏在腹太夫人出而哭於堂曰從公乎微未亡人孰與代而子也入而哭於室曰從公乎微未亡人孰與代而父也甫輟哭益日夜拮据治生而盡斥其生之餘以奉公父母卽斥奉父母之餘以資大夫及所謂遺腹者咸就外傳業文事彬彬有成矣馮公之父歿其母朱獨存老而甘太夫人之養忘乎孤

且獨也大夫之兄弟幼而共義方之訓忘乎孤也今上隆慶之二年大夫成進士矣而會有詔旌天下之婦而節烈者大夫上書闕下言狀有司覆覈無異上曰俞旌其門節婦如故事大夫繇進士得吾蘇之太倉比二千石太夫人不以子貴而用節婦稱來就養業已六袠大夫謀所以觴太夫人者進之太夫人卻不御曰家不幸而使我有此名即吾觴如若父何固進之乃請以觴公母曰所不即下從公者以姑在姑幸健善匕箸是姑授我年也姑一釂即以釂大夫曰所不即下從公者以若兄弟在若幸而有成立煇赫其家而聲大之是若授我年也雖然若何以報我則

又曰毋以我爲也天子過采若言而以旌我我何以報若也樀白一心而事之毋使若愧於爲我子州之民若赤子也爲我所以撫若者而撫之毋使我憾於爲若母於我足矣大夫再拜曰請受教於是州之薦紳士沐大夫澤而高太夫人者合詩以頌屬世貞序其事

范言贈少尹鄒東賓序

嘉郡平原膴野一望如掌無高山疊嶂爲之阻限一旦有不逞之徒操艇揭竿得以肆行無忌散漫潰決而不可制防禦之具識者慮焉而惜材者莫之舉也未幾海寇憑陵勾引深入其來自海鹽者犯吾南境自乍浦平湖者犯我東境自蘇松及杭湖還者犯我北境膏血塗草野煨燼積闤闠俘虜剽掠至不可算郊關之民靡有甯止艮有司悽然悲惕然而有儆也曰郊關獨非天子之愛民耶何至此極也于是有敵樓之議聞之巡撫諸公皆報可于是僉憲方湖王公實總督其事簡屬分理而錢塘尉鄒東濱則有事南境至則揣高低度厚薄計徒庸量工程約餼稟其磚石竹木之需出納惟謹不苛于猛不緩于縱民樂趨之不踰時先他境竣事樓爲三層高五丈廣倍之厚及半而差其井竈牀厠之備垛堞梯磴之周旋弓弩銃礮之頓置莫不委曲安妥觀者嘖嘖東濱將歸錢塘諸同事者請贈言於范子范子曰嗟乎官不在崇卑惟其賢事不在鉅細惟

其才昔白居易尉盩厔婁師德尉江都竟以顯名登樞要陳平宰社胙張湯訊鼠獄人占其大志後竟如左券亦奚必官之崇事之具哉敵樓鎮一方爲兆姓保障非區區胙鼠比而自之詞華婁之德望吾竊于東濱望之且干戈衡斥郡邑騷動九重方切側席之思使賢且才得如東濱者數輩布列上下何功不就何事不成而東顧之憂且藉以少釋矣吾獨怪夫暴者以繫搏貪者以乾沒而吾民如之何其不困且憊也故于敵樓之立東濱之行諸同事者之請而重有感焉

黃洪憲郡守黃縠庵海塘奏功序

今皇帝五年天下吏當朝正月浙撫臣奏嘉郡海塘工鉅請留李太守董成率報聞罷而李公因中蜚語徙守梧鄉大夫集都下者相視而嘻曰縣官不念海菑耶何爲徙李公李公去而天官推擇可者以縠庵黃公名上制曰可鄉大夫拊髀爵躍慶太守得人復相與諗公曰敝郡介在東表往遭兵燹仍以水旱物力詘而民阽于危亡賴聖朝德澤賢有司先後噢咻之郡稍安堵今不幸懼海菑蕭然煩費士民思見明府如百穀之仰膏雨焉願明府自愛黃公繖纓而語曰唯唯否否竊聞之災由人興故五行志曰奢

侈逆祀厥災水又曰政令失時誅罰絕理厥水流入國邑夫政之溺民甚于海故曰防民甚于防川吾不及目擊海患願圖所以固吾防者鄉大夫稽首曰幸甚于是明府涖嘉約已裕民敦道範俗其爲政要在禁煩文省浮費崇敎化之實每月朔羣子弟讀法曉諭馴之俗用少變葢自吾奉使而歸也見鄉士大夫宴有常品少年多逡逡禮讓銚鎒利而倡優拙鳴桴稀于道庶幾哉凜凜向化矣人謂公下車以來天無颶風海無怒濤公亦時調錢穀嚴勾稽以助隄縣故不踰時而塘工告成東南永賴督撫奏功狀上晉秩錫金有差而公首膺寵錫諸屬邑令徵余言爲賀余故述其治行所爲弭患防災者當不在經營畚鍤之科也昔成周盛時道隆化洽越裳氏重譯而至曰中國有聖人海不揚波今天子冲聖方隆成周之業得長厚如公者破觚斲雕順流與民更始將風移俗易海晏河淸兆民亟蒙祉福何論嘉郡頃天曹業已奏最有如一日降璽書召公入朝問何以治海邦公惟曰聖德日隆海波永且不揚臣何功之有顧毋效渤海太守曰此下里黃生言也

屠應埈吳浙水政圖志序

屠應埈曰予觀游燕薊兖豫之間見中原之水河爲宗然其隄斷寘滅此殆有天意非人力所能制也江淮之南吳

越之間三江五湖表裏襟帶沃壤斥原彌望而有其他陂山通道股引停蓄河渠之數以億萬計也此皆有人力浚防水旱之備焉而地濱在東海夾障之費歲數千萬即稍稍侵決吏不時緝輒有溢溢湛溺反壞之危又漁艘海賈往來其間小則剽竊甚則交東夷爲中國患故國制以憲臣總江南十五郡水政職專而理劇視他僚重倍也天子臨馭之十二年詔有司若曰夫財用所以經國也水泉浸漑所以生五穀也比者東南數郡旱澇失序貨源堙沈而租挈甲他郡元元流移朕憫然無甯慮其令有司務舉才雋以行水懋利毋循故常于是銓曹具浙憲僉朱公專督

其政公既至則行視諸山川形勢財用長久之宜物土均野博議利害裒爲圖志則間以示竣中覽而歎曰嗟乎甚哉水之爲利害也禹之平揚州也厥田下下今田租乃當天下十九軍國取給焉豈非工力底績勤勞之漸哉夫爲政者始未嘗不勑而後稍弛靡也明興以來東南經理之臣夏忠靖周文襄其最矣楊廷獻之于鹽城民猶戴焉而今之興利者苟浚民以給賦至言水政則曼視而哂耳是何異索夏冰而榮槁木也于國家何賴哉夫瀹源厮流深注時泄增埤益障三者水政之綱也是故揆川澤之原量輸納之宜順水性之所奔湊大川無防小水得入所以

慮始也原隰殊勢山壤別任深溝浚洫瀦瀉無壅旱不淤絕水不爲敗所以導利也江南之地土疏水溢衝決爲患畎澮之間陂岸故設因頹舉廢倍薄就堅使左右游波迫而不得入至于捍海之役無取具文歲徵樁石以漸集事不爲奸吏豪猾之所侵牟所以豫患也三者事便而易循民悅而永安勢無格弗行也而有司或怠弗事非執憲之臣臨振之于其上而以歲責功蔑有濟矣夫朱公天子之所簡而使也予習與之遊又何其彊毅不反君子也迺圖志之作辯原委具經畧論周而慮遠三者詳焉吳浙之利其將有興乎其將有興乎予故有竢焉而并望於後之司水政者嘉靖十三年冬十一月朔翰林院修撰邑人屠應埈序

黄獻可嘉興縣水利圖志序

案嘉興舊爲吳越分境無高山大川環邑平時沃壤水道縱横爲渚爲湖爲河爲塘曠者爲蕩支者爲渠其迂入爲港號曰澤國縈紆周迴有古井田溝遂之形制水發源自天目西來而入北抵于太湖東及平湖海鹽之流會入于松江直注于大泖野平水多岐流無奔潰激突之驟灌溉利之國家疆理底定是地爲東南財賦邑是故無閒原曠土民耕播維勤修防捍築維時河堰圩岸悉維舊疏導溉

沃各因其利是故無廢壞全吳水勢近太湖者有瀰漫停蓄之患近潮海者有隄防不支之虞嘉興距吳門松江各百餘里當數邑之中據東北之支流非衝瀉要害地也田高下去水近旱澇及之可桔槔而給也是故其患差少而疏治差易焉邑所轄爲都區二十有八田七千九百頃一十四畝九分二釐七毫而河塘蕩港什田之二云嘉靖十三年九月知縣黄獻可撰

錢夢得甯輯石門市民序

吾邑接壤而近者爲禦兒之石門一日諸父老踴躍嚮余曰盍爲吾一方頌侯德乎余曰靳侯德翔爾邑將一邑尸

祝之而一方何居父老曰請先以一方爲一邑頌我邑之句侯也造士我文翁也平反獄我于公也巡行問疾苦我召伯也乃若均徭役緩催科裁夫甲令不擾戢隷胥令不敢玩標先賢達之遺跡令世有典刑諸惠政未易更僕數吾一邑實尸祝之無甯茲一方雖然吾一方獨倍有感也石門故商賈藪也土著流民錯而居隣壤髡黥之餘往往匿名托傭工作于其間久之羣聚驕横大爲鄉井蠹一夫怒呼千百攘臂市白晝而攫之金莫敢誰何近且滋無狀捲楊氏之廬威懾其婦吾民方惴惴焉竊羣而嘆曰嘻異哉邑已有神君郎虎若宜渡郎鱷若宜馴何物么麿而猶

公行也幸而聞于侯侯既憫且震而霆擊之殲渠魁諸脇從俱褫魄喪膽去吾儕小人乃始帖席式歌且舞侯之德吾一方獨倍有感請先一邑以微惠于天祈侯萬年盍爲吾一方頌侯德乎余踴躍曰有是哉宜誦東里大夫之撫鄭民也實維紀綱而繄之曰惠人莠不芟則嘉種不殖侯其衆人之母哉一方之頌一邑之頌也無甯茲一邑天子修漢故事褒卓異行且下璽書超擢將海內尸祝之自爾一邑始矣父老復踴躍嚮余曰允善頌于是率子弟暨商賈躋彼公堂稱彼兕觥舉手加額而爲之禱曰願世世食侯之恩願世世受天之寵萬歷戊申歲孟冬日

許相卿贈倪公在先生榮擢序

正德十三年春詔起前禮科給事中今嘉善丞倪公之任邱縣嘉善人士相與惜之弗已又相與留之弗得相議乞言贈之而使來謁予今夫天下仕者近于君惟諫官近于民惟縣令丞令之佐也故昔人論道易行者曰宰相曰諫官余則曰縣令宰相以道諫官以言縣令以政政道之迹也言道之文也亦道爾矣且夫政行于一邑而推之一郡猶是也擴之一方猶是也達之天下亦猶是也故能爲縣斯可以爲天下矣公以天子諍臣謫丞遠鄙能不卑其官以其未盡于言者施之政盛氣銳志職丞而當令之任興

革損益修舉抑揚仆植之宜悉若民志至于建書院而興文教修水利而惠農民庶幾乎有漢吏敦本之風焉宜嘉善之民感之頌之之不能已也持是而往任邱昔佐行者今則專行之繼將大行之公其益勵厥志益慎厥政也哉況夫任邱水旱師旅之後凋羸蕈蕰之民邇當畿輔而以沃衍名諸賦百役倍于前地材物力才半南服民何以堪命乘以豪右并兼之徒媚謁而悍撓以瘠其鄉以肥其家者武屬于庭也尚其堅持而力拯之無惕于威無恤于怨甯病吾官與病吾身而不忍病吾民也庶其有瘳乎夫朝廷之于四方猶心腹四肢也病內虛者必愼外感公姑爲

之愼于外也哉腹心之憂當有任其責者

朱大啟陳貳郡條議序

夫民以衛社稷兵以衛民自古議字民詰兵者豈易更僕數而若令若軍司馬其于兵民最親于以關治平尤最鉅乃功令日急而民生日促兵氣日驕民之思亂者且將弄兵潢池彼朽鈍安所用不一厭意又脫巾輒呼以爲吾民梗有司莫可誰何噫其甚矣葢能議者未必能任卽任矣或阿徇上官以爲名未必嘔血誠冒嫌怨以爲實也西陽陳君治清豐再閱歲多惠政公府稟神明其狎于民若嬰孺之就哺當事者以爲能移貳吾郡吾禾故瀕海水陸兵

碁布沿海其四千餘人歲縻餉數萬有奇大都把哨而上遞爲侵削士卒相習爲窳惰非一朝夕已逮陳君爲政悉以其狀上赫然振之旌旗頓易夙蠹一淸海上庶幾稱有備會二三不逞爲苕上賊所誘將有變竟捜捕盡得罪人地方安堵人咸頌軍司馬振刷功已而讀條議并得其所以治清豐者鴻石犁舉確不可奪乃知陳君先行其言非胸中素有定畫豈隨試輒效如此淸豐諸治狀不具論卽如其地不可水田輒移檄力爭以罷使其稍喜事好名或徇上官指姑試之驛騷井里貽害有不可言者惟其實意爲民民安其業平原自無造福孔多陳君能以無事治民而以有事治兵各有攸當已陳君爲人直亮有特操遇事必辦一片眞實心任之署郡時適督學下檄校諸士一人窮日夜力毛析而絲分之穎異畢拔寒畯罔遺又人人稱快以爲陳君非徒能治兵也又能治士總之以實心任事治民民安治兵兵肅治士士服非可以口舌得也衛民以衛社稷終將賴之指日且拭目下璽書召君矣

郡司馬晏季復署秀邑得代序

吾秀水爲浙西巖邑曩令是邑者鮮不銓瑣選官無虧賦民多樂生數年來邑胥侵賦輒鉅萬計大司農責逋檄如雨上官及他司隸省郡奉文守催吏趾相錯會舊登撫濫

出官帑錢勘償其家家籍盡傾不償百之一逮若族姻戚中人無完膚不償百之二檄責嚴急則虛報數千金塞責實烏有于是邑長令日攢眉束手仰屋而歎會艱去更難署者郡之佐暨他邑令畏避署檄若螫毒當是時軍司馬晏公下車甫旬日僉議屬之慨然曰臣子安所避難吾辭誰當署者單車入邑邑胥吏故踉蹌跛倚以嘗公公陽不知明日坐堂皇摘其素黠而驁者大創之左右股栗治文書猾胥舞故智更顚倒急緩以嘗公公一一立剖姦利狀又大創之葢相顧懾服不敢謾故事交盤册詳載已未徵賦若干公閱庫如洗册具文而已無所載僅藉日徵而句

校之乃得解給盈縮之數而以次繩之火耗旣絕比勘更精經承無所上下其手有應給庫金數百緡胥隱匿不出公廉得狀低首盡入官抵法積逋金花上供五千餘金太守坐罰不得奏最議者擬以見金代解公遲不報一日立呼承胥書所逋戶約日如開不以實必任償而置之法悉責認狀而獄之亟令丞若簿分任徵前逋遂不那而解出入公帑一錢必手自識日辰不遑暇食夜乙輒至丙口血咯下不可飲也于是邑中錢穀頓異舊觀公私急需無不立辦諸守倅吏亦漸漸引去矣若夫兩造盈庭就讞立剖濡毫灑灑各數十百言庭訟人人無不厭意扣額謂府君

賓揭我肺肝多解去不復科罪成讞牘或搆細忿輒溫諭息爭卽事有掣肘必引經以斷不少徇先是登撫案轉相援告追捕紛出見告者家立破僅以飽追捕者腹爲脫兔計而饒有力者窩多金不可問不得入官帑一錢公洞鑒夙蠹不復遣一役往捕有挾詐上首者卽令首人呼愬情實悉條上開釋不株連無辜一人而向所貧脫者竟伏法吐萬餘金凡應輸者亦洗心樂輸惟恐後待青衿有禮而以非分干雖簧巧不爲動頃奉檄刻期試儒童以文面質者公爲明析題義間有改竄試之日而閱幾半覆試人各一題以杜替倩之弊不數日竣事情法兩盡士心翕歸俄

而新尹至公得代士大夫聚而頌于室曰吾輩所覩記近邑長吏之賢潔躬焦心不遺餘力能差肩晏公者幾何人父老子弟復聚而謀于野曰吾儕所身被近邑長吏之賢眞心而造民命精心而悉民隱能差肩吾晏公者幾何人卽通邑吏胥亦疇不瞿然自訟曰晏公秉法綜覈府庫仍歸之府庫吏胥仍歸之吏胥庶不以吾糜公賦以公賦糜身家公實生我誰其嗣之若人人恨公署邑之晚而還郡之速也余稽昔人謂處以治中別駕之任庶可展其驥足其治中隋改爲司馬卽今郡同也然地節五鳳間所謂循吏者豔稱潁川渤海亦多以丞尉佐郡何寥寥寡所稱述

獨黃霸內斂溫良爲丞處議當于法太守甚任之及隋散肅非躬詣東都則心如鐵石之狀未必上聞當亡而後世之佐郡者率以綰符握篆而顯豈壓于長吏不獲盡騁其材用見其底裏乎而以治中別駕署篆者又往往傳舍厥官一切興釐遇難輒罷能騁材用罄底裏者亦不數數見則豈官之負人也哉晏公家世篤于道誼以循良著稱者指不勝屈余司李江右素巳欽其風尚起家粵西州守有異蹟余典選得之以高第借寇郡司馬乃署我邑于極難措手之日不三月而大治能深得士民之意悃惻若是霸肅不足專美于前矣以是爲良二千石則潁川渤海之譽

舍公其誰天子且璽書褒公召入爲公卿如漢故事吾郡邑遺澤在人尸祝永不磨也耶其以余今日之言爲劵

李日華兵憲蔡公浙西憲牘序

浙以西苕禾二郡皆澤國也受天目諸谿谷水縵地漫流紆折以達江海以故便耕畬而通航販一時走集遂目爲殷蕃然婦子終歲力作僅足支常賦性又柔愿隸卒虎冠以虛聲恫喝之即便委命萑苻之雄處處可出亦處處可沒崇禎辛壬間有兇渠一人白晝橫行都市跡捕者不敢問事連省直上軫宸慮環海扞掫狃平而玩闘粵之警與之脣齒白羽交馳闔閭震悚迨癸酉秋冬官民交慴幾於

莫可誰何矣廷議謂須卓品眞才文武兼濟緩急可倚者往鎭而消之於是恰雲蔡公由豫章學憲晉秩浙藩秉憲節以臨禾郡公昔司理於杭浙西利弊靡不燭照又公家姑胥農田水利江海禦防無不與此地共之既得命公慨然登車有永奠我一方意矣及莅事韻度殊蕭然然而意念深穆日進郡邑大夫與之陳心論道因而與商地方事宜則指畫井井期于宿垢盡滌頹綱悉整氣和旨嚴即深中士大夫之隱弗顧也郡邑大夫承之靡不瞿然心佩者已又進職戎者司警者暨諸材官將士延羅而申飭之期於疏玩必繩紕隙必杜而又激昂以開功名之路諸將士靡不人人思奮者故事監司體尊所釐畫文具行不稍一督之不復甚措意以故多在行不行間公所條畫不需胥手皆自運之事必洞其源飭其歸不徒力任督而亦力任行有所費則蠲贖鐲俸百端補湊令下若虛炊有所忤不便於豪者亦必力任之如海糶之闌出役兵之曠伍夷諜之窩住皆公瞪目而行之者也顧機事之密有不容播之文告形之意色者公寸心自窺沉慮審括指縱既定而一旦提得之如公之擒兇渠屠阿丑不遺一矢不糜斗粟一壯夫縛之麾下賓佐明確礫之以謝人心之積憤以消諸郡國不可知之隱憂以紓廟堂南顧之患勲亦鉅矣機亦

神矣公不自矜炫即諸功賞自捐犒酬之不以煩上下公甚定綏輯之畧亦可窺一斑矣劇寇既夷海氛稍靖公又按行域中知此中形勢以水爲控扼頗采余舊議於繞城水會三墖白蓮等處建大柵九座以遏賊艘又建陸路城內外港柵二十五座以禁小偷所費不貲咸公自營曆與嘉邑張令君鳳翥捐助乃百年鞏固之長策也公又手畫鄉約保甲事宜將倡率行之以逆折奸萌釀美風俗會一時令長入覲稍徐之而公罹太夫人之憂奉旐旐而行矣公之心精注于政事政事行于憲令人得奉而行之是公之福我無窮也於是各屬盡彙公牘梓行之而委敘於不

侫以不侫頗辱公知或能言其一二也

國朝

朱彝尊太守佟公述德詩序

嘉興在吳越號開元府更爲秀州者百餘年宋慶元中卒升爲府以地則海環其東南具區浸其西北受苕霅諸水分注百川陸有蠶桑麻麥秔稻之利水有菱藕魚蟹之租行者乘船戶外居者織機宵中蓋終歲勤動而忘其勞也鄉之大夫士好讀書雖三家之邨必儲經籍恥爲胥吏卒習武事其俗少險狡訟者始躁而終柔有辜恩而不滋怨毒故易與爲治今也不然游民薄夫農胥吏榮于大夫士

武人雜之子衿比邱尼多於蠶織婦僑居者奪土著之利僕訐其主女懟其夫婚姻非其耦且也奇贏之利不逮吳閶十之二三而畝稅幾與相埒冠婚喪祭燕享效其靡麗惟恐不及民貧而奢苟非課農桑以足本富崇學校以明禮教將見風俗日敝而莫之救已以言爲治之要不其難哉濟陽佟公來守斯土化民以誠不亟亟於市德而在於下者帖然如赤子之依慈父母焉會上丁釋奠於庠公親詣廟下齋宿五鼓旣畢衣朝衣正冠束帶樂備升階執爵奉帛於先師而教授錢塘屠君率弟子駿奔襄事祼酒割牲祇祇肅肅數十年所未覩也而又進諸生童子試之拔其尤者資以奉錢蠶月舍於郊勸民織農月造於野勸民耕勤者勞以酒脯公之重民也至矣夫農桑國之本計本計修而佐以魚鹽果蓏則民可使富學校者士習所出士習端而下及百工商賈則俗可使移奢示之以儉儉示之以禮然則公之爲政其知所先務者與於是輿人之頌公者連章累牘屠君會粹其詩成若干卷鏤板傳之請予爲序予聞古之爲治者歷三年而政成惟仲尼有以自信謂期月而可然其用魯魯人騖誦之至云投之無戾若是其不易也公下車甫九月爾而邦人之述德者千舌一口言者心之聲此非可以力致者也詩言之矣樂只君子邦家

之基序以爲得賢則能爲邦家立太平之基也良二千石其治天下者也公其始基之矣由是而政教日明則邦家之光由是而言之不足長言之則德音不已將太平之基上以贊

天子之治自我公始予舊史氏也願操邦國之志特書之

鮑鈖嘉興郡廨梅花詩序

梅植于郡廨以爲梅之遺乎否也梅品高潔不夭冶與桃李爭妍宜托根于山之坳水之裔充野夫園林籬徑之觀斯不妨其性也以爲非梅之遺乎則又否否當繁英早動物序標先假無帟扆之寵游酒茗之矜賞何足以償三冬

蘊蓄暢厥敷榮也蓋栽之培之者所以重其品詠之歌之者所以揚其芬懽娱者藉以蕩情志淸寂者假之博興趣梅之遭固自有在詩人其所倚重者乎在昔梅之咏於詩自三百篇以來稱盡致矣其最著者惟水曹東閣處士孤山何遜以高韻流聲林逋以雅音擅勝此官梅野梅之區別其人其地之相遭也今嘉禾郡廨公堂之兩墀列梅森然胥吏跡于前供帳施于側花時州人士女喧囂襍遝俗塵坌起原夫種植之初乃前守山右閻公之所憩茇至今思人愛樹流連不絕意爲一城遊集地若綺思妍唱爲之洗穢則甘棠亦幾可翦伐矣太史諸草廬先生翰苑之幽

人詞場之名宿也里居暇日首賦二絕句一時傳唱三吳繼聲屬和哀然盈帙太史不欲遺余名編次以待第余自領嘉興首邑摳衣東帶常時趨走梅所每以不勝折腰爲嘆逡巡簷索笑爲且素不多勤損爲詩而又不忍拂太史意今卷中所錄余作乃一一鶴聲飛上天句也故太史亦不必強余作乃獨以序屬之余於是作郡廨梅花詩序

雲中鮑鈐

錢陳羣圩岓樂成詩序

嘉善去郡城三十里而近余歸田後往來其地熟聞邑大夫粱侯之賢蓋侯以名孝廉來令此邑積于今六年矣豈弟明允民安其政而尤以敦崇本計董勸有方爲課最先大都浙西三郡嘉禾地苦卑下善邑又處郡之下委東接三泖北逼震澤每春漲秋霖水不歸其壑則流溢阡陌間圩田受其害方春農事未興地方大吏檄下有司督民加築圩岓預爲之防然狃因循而憚興作閭閻視爲具文久矣維侯擘畫于數年之前經營于農隙之候籲衆矢言往來相勸俾數百圩之圍岸不帀月而工竣而又教民種植以期鞏固刋定規條以垂久遠從此田盡可耕潦不爲害宜乎邑之人士同聲歌咏以道其美也詩既多謀付梓請余弁其首余維侯之興利惠民慮周務切誠足以希古循

良之治而嘉郡七邑下隰之地所在多有尤宜倣其法以行之若乃邑中風雅能推述侯意以傳無窮其于歌謠之義抑尤有當歟故不辭而爲之序

錢臻程氏義莊序

余歷官三十餘載仰見我

國家周道親親敎民敦本睦族者至深且遠吾郡各屬仰體

聖天子訓俗型方之意置田贍族不一其人休哉是非興仁之大效哉然往往以出息之有限致規畫之難周未有如我程素莽觀察之法良意美者觀察以族中生齒日繁成先人未成之志建立祠宇捐置義田一千五百畝有奇式法

一如吳郡范氏請之有司申之大吏
奏章榮列志乘光昭其必緜遠而弗替者實爲遹年同郡善舉之冠考范氏之後有若吳奎何執中向子諲余晦等俱有是舉詳見宋史列傳而世皆莫知獨范氏緜延至今譽滿人口匪特創始之難亦由文正之法良意美得與一生之功德竝傳也觀察雖未大用於世而能承先啟後誼篤本支如此將見後之繼美者亦如范氏之忠厚傳家越數百年子孫守法如舊無不齒於庠序之事貧者猶賴以養豈非既富方穀流澤孔長與且觀察又於本邑義學捐田五百餘畝以資寒士膏火之需樂善好施福田彌廣洪範

以好德居五福之一大易以餘慶爲積善之徵以天道論之其食報又安可量哉觀察與余族孫衡卿爲葭莩之好介衡卿丐余序之後之覽斯文者孝弟之心桑梓之情皆可以油然生矣

魏攀龍平林義學序

濂溪子周子云師道立則善人多唐虞三代之盛稱黎獻頌時雍端由以養以教之有素耳國學大學正教之鄉學鄉大夫頒吏教之凡族黨里閭莫不有學此民日遷善而鄉鄰風俗之美也子周子裔孫日商尊居鄉食貧識超而願大見夫鄉隅貧窶者流幼則無力從師一丁不識長而罔知禮法犯義干名心甚憫焉誓建義學養而教之迨經年廣募迄無一遇甚且焚香告天效趙清獻故事雖至餐風沐雨百折不回其所以爲教養計者亦至矣癸亥秋天作之合有朱伍二君先容于湯君紹岐卽首助重貲弁邀袁在山張錦淵諸同志爲衆擎之舉度地鳩工延師授粲予曾信宿修道齋不第外觀輪奐而且學徒百人書聲溢戶外皆循循規矩歲科試近更有采芹者此雖非一木之支然歷盡艱難在周君洵能遵祖訓以立師道而湯袁張諸君合捐經費田畝功亦不淺凡在鄉曲能倣而行之將見戶習詩書人知禮教善人者集歌詠太平

聖朝舉行超拔流俗巍科平林諸善士應運而興起不與唐先天中杜昱賈登輩後先輝映乎哉

吳璥當湖五事紀畧序

爲善之難創之固難傳而行之者亦難世有惑於報應之說從而奔走附和之則其嚮善之心先薄而其行善之心必不堅惟天性仁厚常充不忍之心而又宅衷恬澹見有利人利物不見所爲利已也乃能積德累行而其事可法可傳矣當湖風土淯美搢紳士夫樂善好施由來舊矣而邑令之賢者往往爲之倡立義舉凡興學育才仁民愛物之規槩然俱備莫爲之後雖盛弗傳則所以董其事者尤

不可不得其人吾鄉黃封翁菊坪好善之士也憶自甲寅歲不辭遠道訪余梁園商所以修葺文廟經費余爲捐俸緡幷爲之記其畧已菊坪繼迺捐貲創設思源義塾以補社學之闕復偕同里諸君公捐永安局修復馮陸兩氏放生湖贊成普濟堂以紓惸獨之哀盡心竭力擘畫周詳彙成當湖五事紀畧一書計垂久遠焉今值余引疾家居攜編問序余惟甲寅迄今且三十稔矣余氣體羸弱而菊坪五年以長神明不衰其子若孫俱筮仕南河勖以奮勉圖報仍獨居鄉里前後數十年孳孳爲善今且老而彌堅知其嚮善之心不薄也而書中綱舉目張則皆出之仁厚之

性恬澹之衷其爲利人利物而絕無利己之意亦槩可見已然則五事剏之難傳而行之亦難惟賴司事諸君及菊坪後人黽勉經營永行勿替有厚望焉

徐鏞謝孝子傳序

余守禾中聞謝孝子之名心嚮往之詢於耆老悉無所間意必其人能人之所難能不然何稱頌之多也惜未見其事實其詳不可得聞焉明年冬其孫丕勳持郭君麐沈君維鐈黃君安濤所作傳誌乞序於余余曰孝子之名已旌於　朝而祠於鄉矣奚待余之表揚哉且三君既有傳與誌孝子之行亦詳言之矣余又何言哉獨念孝者人之庸行何謝君多出於非常之變也豈天故阨之以成其孝歟人情所懼者莫如死如其視親之死不甚於己之死安往不形其可懼當孝子之投水赴火搏虎也豈有入水不濡入火不然與夫暴虎之技哉葢誠動則情迫情迫則志專志專則氣壯此卽捐軀而無所濟孝子已不朽矣況猶有鬼神必呵護之詎忍違孝子之心遺人世無窮之憾耶夫能處變者誠篤皆積於平時非於倉卒中方見其孝也不幸於倉卒見其孝孝子之心所不忍焉凡爲人子當師其處常無徒重其處變然覩其處變者若此而處常者不愈當自勉耶是爲之序

嘉興府知府善化許瑤光重輯

藝文二

論

國朝

盛百二編審論

編審者治道之根本也蓋積州縣而成天下積鄉里而爲州縣積戸口而成鄉里故戸口淸而鄉里治鄉里治而州縣治州縣治而天下亦治矣周禮鄉遂之法始於比鄰詳稽其夫家之衆寡貴賤老幼廢疾六畜車輦田野以施政

敎以行徵令以辨施舍以起徒役而奇衺奸宄亦無所容此歴代以來不易之法也明洪武十四年令天下編黃册在城曰坊近城曰廂鄉都曰里其編爲册册首爲一圖里有一百十戸以十戸爲長餘百戸爲十甲里長甲首董一里一甲之事鰥寡孤獨不任役者附十甲後爲奇零其册凡十年一更定此卽今編審之制也明初但有夏稅小麥秋稅粟米及絲綿之徵百姓皆聽役於官十六成丁六十而免無所云丁銀也自後乃有銀力二差力差者差役也銀差者雇役也又其後雖有二差之名亦皆一例徵銀而已於是胥吏上下其手隱匿脫漏百弊叢生又丁銀之增損關於考課故丁口有增無減所謂溝中之瘠猶爲籍上之丁黃口小兒已入追呼之册此仁人君子所以歎息也自我

朝康熙五十二年滋生人丁永不加賦至雍正四年又行丁歸地畝之法百姓優遊於耕鑿之中有司無考課之累從容而賦繭絲良法美意三代以來未之有也然因此有司遂視編審爲具文惟胥吏是任以至戸口不淸而貧富不辨貧者有貧之實而無貧之名富者無富之名而有富之實又飛灑詭寄遂有無田之稅無稅之田矣且雇役惟可行於平日如非時力役河防土工之類其勢有不得不出

於差者於是徭役有不均之歎況編審時吏胥按戸索其飮食餽遺之費百姓又恐差役之及身也於是并戸減口專爲一切徼倖平時案籍而稽不見其多不幸天災流行

朝廷有大恩卹計口給發其數又驟增於是編審賑卹二册自相矛盾雖有才能亦無所措其手足始悔平時之失計亦已晚矣況欲求賦役均平奸宄屛息安可得哉論者不察竟以編審爲不足憑而無益於治道益惑矣

說

國朝

屠延禧跨水弓說

丈量舊有跨水一弓之說殊不得其解因詢之父老云凡高鄉之田圩岸之外尚有堋灘雖不能藝黍稷亦可刈草栽蔬故以一弓跨之非眞以水爲田也若低鄉水與岸齊者亦跨一弓高鄉于堋灘外復跨一弓眞無謂矣偶閱濤堅錄記成化初邢宥爲蘇州守以民多隱田立丈量之法有投邢詩曰量盡山田與水田只留滄海與青天如今郡少閒洲渚寄語沙鷗莫亂眠邢爲廢法今康熙乙巳奉
旨清丈各屬圩長有欲逢迎當事者每每跨水一弓以此法求多田至溢額七千有奇嗟乎嘉興欲以虛報壓糧平湖則以跨水增地均屬厲政我嘉興幸賴金父師涖任伊始力

除苛令闔井安全不特羣黎無賠糧之害并令武塘免起釁之端此實係惠民一大政當湖溢額既多自乙巳歲增糧起歷年帶比夫本年條銀尚難猝辦而欲併徵數載當湖萬姓敲骨吸髓苦不堪言乃欲補救于事後嗟何及矣今丈局已竣無容復議而余姑記此者或數十年之後或百年之後倘復有丈量之舉豈可以此法厲民乎故備陳之以爲後來者勸

書

宋

陳舜俞上歐陽內翰書

具官某謹齋沐裁書頓首載拜有聞於郡牧內翰先生坐下某雖不肖從事於學蓋有得古人一言竊藏於心日思所以行言之道而未能者矣某自少小時誦禮記至曾子曰夫所謂孝者國人稱願然曰幸哉有子如此可謂孝矣是使其親爲君子未嘗不撫卷三復又追考古人之所以著見功業顯榮其親必先有志於斯言耶自是居就師友出遊場屋未嘗不恐恐自重於言語去就之際懼有以辱乎親者慶歷中天幸及第爲天台從事歲未滿而罪罰逮至先人不幸卒於官舍旣而由深山窮谷中負柩獲返於家輒自號訴於宗族鄉里之人曰某罪逆深矣顧隕身草

土不足贖而適重之請得變禮行葴塗之事使某夙夜勉强固所樹立萬一有聞於當世而吾先人敎子之勤見紀述於天下取重之人且能冡取朝廷一命及於漏泉而後葬然而聲名不章道德不進聱牙連蹇於簿領文墨心日負而事日違至於今十有三年前此者嘗求天下賢士大夫而歸之至於不愧而置身門下自此於門生故吏是亦大懼日沈沒於小人俗吏之中使先人之德不足以有聞也某今也天重其幸由科選改官屈指日月其覬贈典以酬其言者所不逮三年耳若其獲以先人之見於紀述以取重於當世而垂信於後人則未知果能也然念某始以

頑殘奉教誨於坐下往來牆宇之閒亦於今十年矣提其誠心而欲以先人之事見紀述於一言則又在其前也卒以今日果於不避棄絕而布之者非敢卽謂有可稱願葢某拳拳之心以爲勉强行道至於樹立稱家有無以事窀窆過此以往亦將有日求金玉之賜爲論撰之美不在今日言之旋踵先生入宰天下大政方提其筆進退天下之賢不肖位日隆而不可聞而某求償其心則無時矣謹錄友人姚闢所狀涕泣俯伏門下以俟裁擇不宣

明

王守仁與李太守書 案李名伸名宦有傳

此學不講久矣鄙人之見自謂於此頗有發明而聞者往往詆以爲異獨執事傾心相信確然不疑其爲喜慰何啻空谷之足音別後時聞士大夫傳說近又徐曰仁自西江還益得備聞執事任道之勇執德之堅令人喜躍奮迅士不可以不宏毅任重而道遠誠得宏毅如執事二三人自足以爲天下倡彼依阿僂傴之徒雖多亦奚以爲哉幸甚幸甚比聞到郡之始卽欲以此學爲教仁者之心自然若此僕誠甚爲執事喜然又甚爲執事憂也學絕道喪俗之陷溺如人在大海波濤中且須援之登岸然後可授之衣而與之食若以衣食投之波濤中是適重其溺彼將不以爲德而反以爲尤矣故凡居今之時且須隨機援引因事啟沃寬心平氣以薰陶之俟其感發興起而後開之以其說是故爲力易而收效溥不然將有扞格不勝之患而且爲君子愛人之累不知尊意以爲何如耶病疏已再上尙未得報果遂此圖舟過嘉禾面話有日

夏浚與徐泰論志書凡例書

昨妄擬縣志凡例將以就正有道若附衞所于有司之末之類皆有深意但鄙意猶有一二未盡者猶俟請質以求成一家之言葢志也者史也禹貢職方萬世作志之法後之爲志者取則于方輿諸書條析雖詳而史法遠矣昨者

所擬其義實取諸禹貢職方也但恨無古人筆力無緣倣之如食貨總于地輿者有土此有産有産此有賦物産以詔其地之所出貢賦以詔其地之所入任土作貢固夏后氏之法也祀祠載于職官似若未安然傳有之先王先成民而後致力于神故曰有民人焉有社稷焉又曰建學立師乃釋菜于先聖先師是其序也此所以置祀祠于職官也人物選舉二者後先若無大區別然人物實統言之凡仕進隱逸孝子順孫義夫烈女皆是也選舉特仕進之一途所以增地靈而關世敎者豈專在此哉此人物選舉之序也至若雜志者將以言天下之至雜也易有雜卦詩有

亂辭皆此義也故名物不可以預設也凡此數端皆愚意
所未盡而欲求終教焉者也有疑不厭往復惟裁之

吳麟徵上某撫軍書

澉浦斗大一城吭衝海上實東南之門戶先年屢經寇亂危而復安以城壘高厚守備完好也自改里遞為官修而城垣日隳無過而問者幸雲怡蔡公祖毅然振舉一時改觀今數載復遭風潮樓櫓雉堞窩鋪在在傾圮千百生齒日夜孤露寄命于盜賊之手此地去縣既遠情同孽子不復關切而天聽彌高衆弁力微徒作大聲之呼未聞流水之令日復一日究且無城居此土者惟有轉徙一法而人

盡轉徙寇至曷守

國朝

屠廷禧上嘉邑林父師書

謹啟丈量一案費繁事重因奉
明旨圩長弓算手各役方將竭蹷從事以仰副師臺憂勞至意不意近有新頒號票一紙要開原載姓名田數必須照萬歷九年魚鱗底册因經鼎革自藩司府縣俱無一存或民間偶有私本不過十之一二且浥爛殘缺者居多未可遽以為準而欲懸空以追百年之故籍其勢萬萬不能況官册既無在民間者保無有奸人私加增損以開索詐之端者乎丈溢一款節奉師臺面諭謂溢者開溢虧者不可開虧則是以虧作實不過虛報陞糧一語盡之此其所未便者約有數端進議者必謂增糧若干方可報功乃閱邸抄康熙三年九月內戶部題覆揑墾之弊一疏奉
旨云據奏臨鞏二府知縣許上通等揑報開墾荒地府道各官劉芳聲等朦混轉報巡按金鼎張吉午不行查核草率具題等語開墾荒地原以便民裕國似此虛行揑報利己邀功反致見徵錢糧拖欠貽累小民有悞國計殊為可惡著該部嚴加議處具奏則知報墾陞糧當萬分詳慎倘以虧作實日後難免指摘竊計嘉興一邑勢屬平陽既難移愚

公之山以塡滄溟地遠江海無能竭精衛之力以漲浮沙古今止此塊土東開則西嬴此增則彼絀截長補短大率八十七萬有奇之土田減之不能增之亦未可必也今之要領或于各圖之中計其原額總數若干或甲圖有虧而乙圖有溢丙圖有溢而丁圖有虧將溢補虧適如原額已足告成事矣即或八十七萬之田數稍虧而八十七萬之糧額自在
朝廷正供原無少減又何煩師臺之過慮乎更有當為早計者益七縣之中各有嵌田如糧完本縣而田坐于外縣界內必須移文關會始得總數無差故或六縣丈局已完而

一邑移文未到卽碍難合總此尤望亟飭經承卽行移會庶日後造册不致紛更于以惜民膏而遵憲限胥在此矣

朱坤上督學雷公請祀張楊園書

當明季姚江良知之說盛行獨考夫張子確守程朱其邃密似薛文清篤實似胡敬齋醇乎醇者也曾受業劉念臺門下往來問答見于劉子之集及張子之書所輯劉子粹言尤大有功于師門者今紹興蕺山書院爲劉子講學故里前守曾爲專祠以祀而配以門弟子二十二人及其子伯繩獨遺張子至嘉興鴛湖書院祠祀陸清獻公而張子爲此邦先輩均宜行府造主合享俾後生末學知道德之

報不在一生之顯晦誠有死而愈明久而益光如布衣張子者則所以敦薄寬鄙廉頑立懦出自大人之教思無窮矣昔了翁陳公與滄夫范公同事禮部范公曰顏子之不遷不貳惟伯淳有之陳公曰伯淳誰也范公默然久之曰不知有程伯淳耶陳公遂作責沈文以自警今張子名不登仕籍畊則農讀則士憂勤惕厲于窮簷破屋之中閒有著述如伊川易傳踐履已盡因而寫成一布帛焉非有錦製翠織可以娛人目也一菽粟焉非有異饌珍羞可以適人口也没後數十載姓氏里居幾不挂人齒頰大人今之范公也發潛表微揭其名而日月懸之將見窮鄉僻壤恥不早知有張子之學誦其詩讀其書論世以知人心嚮往而力行以求至之其功豈小補哉元揭文安誌陳定宇之墓云吳先生澄居通都大邑又數登用于朝天下學者四面歸之故其學遠而彰尊而明陳先生棲居萬山閒與木石爲伍不出戸門動數十年故其學必待書之行乃能知之及其行也亦莫之禦世以爲知言今清獻公與先生道德相埒一用一不用惟其用也故天下知有陸子之學矣惟其不用故天下至今不知有張子之學猶幸遺書具在不至泯絶伏冀刊布學官俾師生講習倘久而論定如宋之蔡九峯元之趙仁甫明之胡敬齋俱以布衣從祀則天

下幸甚萬世幸甚坤知識淺陋無所發明好善之誠竊懷有素冒昧瀆陳不勝戰慄之至

啟

宋

黄幹通兩浙趙漕使啟

財貨源流之寄孰與畿甸之尊塵埃簏楚之閒無若酒人之賤豈姓名之敢徹冀悃愊之少輸竊以在昔肇民以酒爲禮五齊之掌周始列於天官大酋之監秦復著于月令凡祭祀之供賓客之奉皆秫稻必齊麴蘖必時苟爲曠職以弗虔每以乾餱而失德至詩人而有酤我之訓及夫子

而有沽酒之文則是懋遷有無奚間今古然皆旨且多旨
且有孰不醉言舞醉言歸至於厭棄而不售于人則亦薄
惡而不適于口自世已降奚弊不生漢人以米麴三斛成
一釀而味不醋唐人以銅錢三百飲一斗而價苦貴遂使
天下命士類多空薄之歎市上酒徒稀復醉眠之樂究弊
原之自出皆吏道之不修背公狥私見利忘義夜入此舍
不辭盜飲之名日醉後園自取廢事之責及課額之不辦
則奸計之愈生求善價而沽諸皆市貨之滯者于于然來
矣何異餔糟而餟醨望望然去之無復登臺而飲酎聞有
悉心營職洗手奉公求以自見其長庶幾獲免于戾然木
以冗蠹冗深則木何由生水以源長源竭則水於何有所

謂通變斡旋之策實資聰明仁惠之賢激濁揚清興壞補
廢卹其有無而究其實憫其卑賤而通其情庶疵賤之微
官得展布其四體求之于世今見其人恭惟某官實大聲
宏行高能鉅歆向之學博雅該通賀白之文溫醋典麗蚤
攄素抱俯拾巍科揚歷滋多聲稱甚籍悉心州縣屢興襦
袴之歌策足班聯自結冕旒之眷卽正秉鈞之任尙淹挽
粟之權有巴蜀之轉輸始見酇侯之績非江淮之運漕孰
明劉晏之功奏課朝聞璽書夕至幹迂疏無學局促不才
瓠落半生偶叨一命蹉跎十載備涉百艱齒髮侵尋神識
凋耗自合退歸于農圃豈宜復玷於縉紳家無數十畝之
田身有二百指之累既飢寒之未免于仕進以難忘智類
負瓶自知無用職當滌器猶恐弗堪待君子以爲歸則官
箴之可免豈其幸會獲隸按廉雜居傭保之間惟有鞠躬
而盡力仰賴帡幪之庇尙蘄藏疾以納汙

考

宋

潛說友吳越考

杭地本屬吳屬越諸家爲說不同以爲屬吳者晏元獻公
類要皇都郡縣志及乾道舊志皆然而不著其說惟淳祐
志引吳越春秋所載越王勾踐入臣于吳羣臣送至浙江

臨水祖道又載吳王夫差爲越所敗而走止秦餘杭山又
史記楚威王伐越盡取故吳地至浙江遂謂吳越必以浙
江爲分界以爲屬越者杜佑通典歐陽忞輿地廣記皆云
春秋時屬越越敗屬吳東陽王象之本其說謂錢塘舊爲
越有夫差敗越地始入吳雖皆知爲越地而未知分界所
在惟太平寰宇記引吳地記云越國西北界至禦兒則是
吳越以禦兒爲分界二說各有所據今精考之當以後說
爲是春秋魯定公十四年五月於越敗吳于檇李杜預註
云嘉興縣南檇李城又史記世家闔閭十九年伐越勾踐

迎擊之檇李賈逵註云檇李越地據此則檇李以南皆爲越境杭在其中矣此杭爲越地一也吳越春秋勾踐旣臣于吳夫差賜之書增其封東至句甬西至檇李南至姑末北至平原縱橫八百餘里且謂越本興國千里吾雖封之未盡其國則是所封之地皆越故疆又越絶書越地記云語兒鄉故越界本名就李吳疆越地以爲戰地至柴辟亭吳地記云柴辟亭到語兒就李吳侵以爲戰地則吳越疆界尤極明白此杭爲越地二也若淳祐志所引三說皆有可辨論者其一謂越羣臣祖句踐于浙江則是吳越以浙江爲界殊不知是時句踐保棲會稽之山浙江以西皆爲

吳有宜其祖道止于江濱又未嘗云送之境上耶其一謂夫差走餘杭山姑蘇志云陽山又名秦餘杭山在長洲西北三十里夫差棲于此死因葬焉至今號夫差墓又越絶書吳地記云秦餘杭山去毘陵縣五十里有湖水近太湖今餘杭去長洲太湖遠甚豈可以名之偶同强合爲一且越在東南吳在西北吳王不西北走蘇常而反東南走餘杭必無此理其一謂楚伐越盡取故吳地至浙江則浙江之西乃吳地殊不知此句自是兩義所謂故吳地者言越故取于吳者也所謂至浙江者言倂越原有之地而盡取之也豈可槪以爲吳故地乎皇極經世以其詞不別白故于楚滅越盡取其地之下書曰東開地至浙江則是浙江以西本非吳境乃楚因越地而開者也合是三說則前志之誤可以渙然無疑矣

國朝

朱彝尊浙江分地考

浙江布政使司初設所轄九府而已嘉興湖州統于直隸故實錄洪武九年十二月書直隸湖州嘉興諸府水災遣戶部主事趙乾等賑給十一年五月敕工部定議造軍器之數其書嘉興湖州亦冠以直隸字至十四年四月復置巡檢司嘉興府一嘉興縣之杉青牐湖州府三烏程縣之

後潘德淸縣之下塘新市仍以直隸文冠之宋濂京畿鄉闈記錄序云洪武辛亥秋八月洊當鄉貢之期凡畿內三州十七府之士皆歡忻相告裹帳而奔走儀曹具以狀聞所云十七府者直隸之府十四其一廣德四年以後始降爲州合嘉興湖州而共計之也天台徐一夔送趙鄉貢序云元置行省于浙領郡三十二杭隸焉今領郡九杭亦隸焉崇德貝瓊穀江漁者詩序云洪武五年秋校文浙江太末徐復禮迫有司命起與九府之士俱遂與四十人之選鄞人鄭眞跋同年錄云洪武壬子秋浙省承詔旨合九郡之士試之得四十名上諸京師又送何本道還金華序云

洪武五年詔命三年疊試于是浙江所屬九郡以其名上之行省而金華何本道與焉其云九郡者嘉興湖州不在其內逮洪武十四年十一月始以二府改隸浙江攷清類天文分野之書于洪武十七年進呈二府沿革祗書今屬浙江布政司語焉勿詳後之人罔聞知由是柳玹鄒衡趙瀛劉應鈳志嘉興勞鉞栗祁張鐸志湖州俱不言分地本末惟仁和夏時正撰杭州府志獨云元至正二十六年十一月皇朝平浙置浙江等處行中書省領府九洪武九年改爲浙江等處承宣布政使司十五年割直隸嘉湖二府隸浙江領府十一又云洪武三年詔開科舉浙江行省即

杭州府學之西爲貢院合試九府之士書之特詳嘉靖中武進薛應旂修通志自言郡縣志可采錄者十無一二顧夏氏之志具在何漫無考稽夫畫野分疆地志之大綱乃置而勿書後之紀方輿者率本通志則紕繆多矣作浙江分地考

辨

國朝

張炎貞丁晉公祠辨

舊志靑鎭索度明王祠內有丁晉公謂像公嘗知嘉興免民丁錢里人感德因祀之然宋史丁謂傳不言知嘉興府志職官考亦無謂名今考祝允明前聞記載沈君玉逸民漫抄云國初蘇州人戶編免丁錢一萬六千餘貫今無之世言繇丁謂爲三司使日請而除之案眞宗實錄祥符四年七月詔除兩浙福建等身丁錢凡四十五萬四百貫當時謂實爲三司使而實錄不書其請謂本倖進天下不聞其德而能此舉史氏不應沒人之美如此是年八月謂言東封汾陰賜予億萬加以給復諸路常租除免東南口算皇澤寬大然有司慮經費不給上曰國家所貴澤及于民但敦本抑末節用愛人自富足矣則知身丁之免必非謂所請無疑也又嘉熙閒王實齋以法從典吳門詣岳廟拘

捕不係祀典之神碎其像沈于河覩謂亦在從祀之列問典謁李祁云奸謂何得廟食于此祁以昔曾奏免丁錢對實齋信之乃倖免至寶祐閒丁大全當國與謂同姓騷動天下吳門汎糴三百萬皆以官誥折直有士人李姓者入岳廟書一絕曰實齋昔欲便加刑幸得全完土木身底事若無悛改意又教孫子害生民詩傳四方人皆發笑允明按僧文瑩湘山野錄云吳越舊式民間盡算丁壯錢以增賦輿眞宗一切蠲放吳俗始蘇文瑩當時人其言想得其實云云予詳錄此欲後之人瞭然知謂非知嘉興而免丁錢吾里謹而祠之於義無當也

朱丕基東江谷水辨

東江即谷水之説肇於續文獻通考而原于水經注所引吳記至胡渭禹貢錐指并繪圖而爲之説于是東江于海鹽澉浦所入海若自唐以前故道確有可指然浙西地高自錢塘海寧海鹽以漸殺水逆而上非水性或謂築捍海塘始自唐塘未築東江入海故有道顧江流清而不滓不若濁河易淤地高水下不若太湖之旁可占作圍田而唐書海鹽有古涇三百長慶中令李諤開以禦水旱苟縣受東江水道雖湮其支港必多何俟後人鑿以漑又宋書元嘉二十二年揚州刺史始興王濬上言二吳晉陵義興四

郡之水同注太湖而松江滬瀆壅噎不利故處處涌溢浸漬成災欲從武康紵溪開河直出海口一百餘里梁書吳興郡屢以水災失收有上言當漕大瀆以瀉浙江中大通二十年詔遣前交州刺史王弁假節發吳郡吳興義興三郡人丁就役苟縣受東江水何云二吳之水同注太湖苟縣受東江水何必別漕大瀆以瀉是知海鹽古故無東江道且水經注之不足信久矣唐李吉甫有刪水經十卷宋崇文總目云酈注四十卷亡其五金蔡正甫撰補正水經三卷元歐陽原功爲之序謂其可正蜀版遷就之失則自明以前已多增損況今所傳酈氏水經注大抵出明李長

庚本以宋時亡其五者一旦復四十卷之舊其掇拾割剝必有迥異宋槧本者故自序亦曰紬繹補正十之六七若吳記一書隋經籍志稱顧夷撰杜佑通典載海鹽曾引其説自後史志及書錄解題讀書志文獻通考皆不載蓋亡逸已久今觀水經通考二書迥然不侔使原水經注而引吳記則通考何別爲二使原水經注而不引吳記則後人附會之言何足爲唐以前水道證且馬睪城在鹽官縣東北而曰谷水又東南逕鹽官縣古城南舊海昌都尉治谷水之右有馬睪城柘湖在今華亭地鹽官即今海寧地而曰鹽官縣即海鹽縣故城後没爲柘湖散浦疑澉字之譌

然東江可塞焉知鹽官縣故城南不別有散浦以通巨海則其書果出顧夷酈道元亦不足信即堅信顧夷酈道元之書亦難確指東江在海鹽澉浦所入海考揚都賦注吳地記史記正義三江其入海道祗有二而東江故道至今未湮蓋三書無松江入海文所云松江但指震澤東注三江口七十里地若婁江東江則松江下流而入海者故朱長文曰今松江大黃浦入海者爲東江太倉劉家河入海者爲婁江潘應武曰一路徑下吳淞江二百六十餘里抵海又一路自急水港五十里下澱山湖由港浦入海夏原吉曰嘉定之劉家港即古婁江又松江大黃浦乃通吳淞

江要道此卽禹貢入海之迹王同祖曰今太湖自吳江長橋東北合龐山湖者又東南分流出白蜆江入急水港澱山湖迤東入海者爲東江此單鍔水利書所謂開白蜆江使水由華亭青龍江入海者是也今三江口在崑山縣治南劉家河在太倉州治東于三江口爲東北境白蜆湖在吳江縣治東南澱山湖在崑山縣治東南黃浦在松江府治東于三江口爲東南境然則澱山湖雖塞東江徙道終不離松江府境透迤于黃浦入海何得云于海鹽澉浦所入海夫東江于海鹽有亡亦無關邑利害然宋欲穿紀溪以出海梁欲瀉吳郡之水從浙江入海而王圻引故老言

亦欲以太湖之水納之錢塘一旦有拗執如王安石者輿水利據水經之說而尋東江故道雖地勢高卑議必寢然陸公隴其論修志凡古蹟可疑者例不載慮擾民也

贊

宋

鄭清之陸宣公像贊

賢才降嶽問學源深道濟台衡文光翰林忠翊國步善牖君心廟謨奏議救旱商霖立朝正論治世德音於昭廟貌祀典永欽

程俱陸宣公祠堂贊

唐相陸宣公贊嘉興人建炎三年夏四月信安程俱假守秀州始訪公之像圖之資聖佛寺率僚吏祠而拜之謹爲贊曰天下無事湛于宴安視此神器隱如泰山是以其臣惟得是嗜以諛爲恭以儉爲智世方紛亂上下岌岌忍於其閒覬得患失偉哉宣公興元之初夷險一致爲君矢謨如彼大廈載支載扶如彼赤子以調以虞格君之非砭國之肓卒以一旅還之巽方西平之功宣公之畫外戡內籌心膂惟一檇李之郊吳越所虞公生其閒種蠡汗顏顧視故國喬木蒼然豈無若人與九壥兮

箴

明

樊維城海鹽官署十箴

人亦何失多欲爲愆欲之所起以身爲緣衣皮血食世固不沿列珍曳綺在身可捐推此以類抑其次焉聖學之要無欲而全王道之佐寡欲爲先素朴以化百姓自然帛冠衣布騋牝三千魚飧脫粟齊晉以安儉其治本聞諸昔賢寶吾共德不殄于天 儉箴

心聲無出出則可覩人苟未諒爾何人斯洪鐘雖叩鏘響易虧既鮮知德豈易託辭微言不悟强聒奚爲況以口頰發人陰私隰子伐樹胡不鑒之兵頸莫救剌血焉追道可

目擊交在心期待言而合其合必離聖臣無口百世可師
吾守吾默以養吾知默箴
人責于我以爲過求我之已甚人乎何尤五官百體時不
自由豈隔軀殼而即相投天空海闊能任物遊器果大受
誰不當收前路若狹祇以自愁欲容吾足寧爲人謀污茵
何害聾丞可哂此持世法亦獲其休士志于道可顧其脩
變化蕃若惟恕之猷恕箴
需能賊事輕實喪功二害雖異失忍則同吾所謂忍剛柔
必中舍近圖遠制臘濟洪勿快一擊勿惜一恫彼逆來者
如刀截風行常守黑心則知雄堅惟無忍垂晉興戎寇賈

排難豈賴谷崇虞侯乳母斯見令公此大人作如日當空
丈夫用世惟忍有終忍箴
屬垣之耳其聽必真瞷室之目其視必親謂予不信不密
失身妻子慮泄胡不謂人詭辭而出豈獨愛君上貴可望
猶惜笑嚬代終之責矧不自遵李杜憂國更以禍民龔生
竟天坐不隱鱗黃龍甘露抑又非倫誰知幾者而不諱諄
害成可戒生寧不辰密箴
好生之德其象威如若雷春震甲坼蟄舒發爲事業羣陰
盡鋤威克厥愛不激不徐以正天下正家之餘如而夫者
可使親疏是謂易與是謂尤虛豈振其末曷循其初何以
嚴治反身在予敬以直內驕氣盡袪瞻其顏色孰不承諸
洪澳之什請以紳書嚴箴
大人不作寧取鏗鏗管言害霸不果爲京先賢惡窒正愛
其名房謀杜斷相濟乃亨唸而不發舜禹亦盲怯夫速決
坐享休聲矧智而勇萬夫之英達仁必武守義須貞以戰
則克從政斯成自茲以降何事不行蓄疑弗果謀用是傾
鑒于古訓斷以全明果箴
本無隔礙只此分形思通其際如魘得醒君民親友動以
吾誠肝膽胡越形氣列星思不思異豈有徑庭山崩鐘響
落月謝蓂無情尙爾況人之靈感竹躍鯉隕霜致霆虎渡

蛇避賊去身寧昭然史册孰謂不經動于天地去辱而榮
君子有九使一情冥思箴
百年寓宇樂少憂多以吾觀之憂樂者何神交而夢或泣
或歌形開俱失孰別唯阿而吾眞樂實不關他若人羈旅
洵美非家得返其室樂且無譁孔樂蔬水浮雲經過人難
堪者顏樂不磨後儒尋得名安樂窩天下爲任先後一科
彼或未窺尙寐無訛樂箴
彼教有成儒者不敦寧知可患惟此六根聞諸夫子及吾
聖孫畧陳三槩精入賭原蒙莊稱引義命是尊即此已攝
麤細二門人守戒律如室有藩設教寇至不毀我垣久而

習慣有律覺煩頭冠腰帶自適忘言何爲逐物後輊前軒
戒亦有要君形者存箴戒

銘

朱

黃幹石門酒庫器銘

上動下靜象天地前推後盪象父子晝夜運行命不已精粗紛紜物資始君子省身盍顧諟無大無小亦一理銘磨

貴酒淸易責人淸難智者於酒可以反觀銘酢牀

一綫之漏足以敗酒一念之差得無敗所守乎銘陶器

厚其耳廣其腹厚故勝廣故蓄綿薄任重祇以覆其餗器燒

銘

凡物之理不平則鳴不足則歉太溢則傾誰謂剖斗而民不爭其取也寗過于嗇其予也寗過於盈是又所以爲不平之平乎銘升

議

明

沈棨養士議

國家養士所以植材儲用也設師儒端訓導豐廩餼廣優恤恩至渥矣及其仕而歸老猶得以恤典令終故農工商賈不齒于士蓋以士民殊業大小異能則於所謂士者望之厚而養之豫待之周分則然也昔有軍餘陳質缺籍當補我聖祖特原之夫役莫重于軍質以爲士得免況其他乎優養有恩眞才輩出養士之效可覩也厥後學校漸弛其教士也不惟其行惟其藝故士方藏脩于家惟藝之工拙是較苟非豪傑之士能無至于苦窳弗式而器使之則缺也者幾希夫惟士不自器也故臨士諸公率勿器之而生卑視之心一遇審徭役案籍點差罔有寬貸呼遣繩督下同編氓而士氣爲索餒如掌稅京解之屬皆典守錢穀刑憲所係自好者不屑爲近年此役或編士類爲之使其人更有親子弟同財爨者當遵奉優免三丁詔敕事例休

其家以資文業如其無之而以田執役則乞養僮奴謹寄肝膈者名雖他委勢必親爲而較利保家之心作矣夫貨利之場禁而遠之猶懼其邇顧乃或廹之使然而用之非其所長是驅衣冠而納之商賈之羣也譬諸向茂梗楠萌芽摧拉可復責成于梁棟乎此固有濫籍靑衿者所宜自取然而門牆可惜也職此之故在學者年抱役擾之憂不免降志于鄉人乞哀于官長豫養之情安在哉至于已仕之人賢勞既久一旦捐賓客而其家輒困征徭者已不足訶雖引恬辭祿以禮乞身者亦或受累以故在位臣僚詐于却顧不免以官爲家無暇爲骸骨計也此等情狀雖近

年以來役重民貧勢或波及然而救弊足民當自有長策焉夫士夫免役既有成憲今復爲此紛紜者不過以產多爲辭孰念力役時制里甲均徭皆輪年戶役也所應優免者以位秩崇卑分其品節但與士夫之家量與銀差使無勞力之累斯可矣若夫糧長之屬乃雜泛身役耳雜差優免衣冠所同初不計田之多寡也鄉閭黠輩未明斯旨而以士民援爲一律搖惑上聽其意葢欲柔脆儒流染指財利咸得視爲魚肉以濟其私耳化本陵夷浸淫若是如其漸之不防使崇文之典日墜吾恐業儒者囂然解體而士習益偷其風不可復振豈朝廷之福哉爲司衡者計孰若敦本褒實士可教教之優而養之不可教者擯之歸農乃執民役俾所養必所用所用必所養使彬彬之士不至戾法辱身林泉耆舊亦遵例優崇以風勸來學如此而謂士習不變材器不奮治化不隆元氣不厚國祚不昌者吾未之信也

章士雅夜防議

縣當浙直交壤東爲華亭青浦吳淞江在焉北爲長洲吳江震澤洞庭在焉南爲平湖西爲嘉秀煮海負鹽之徒在焉其地無山谷橋梁一望皆水澤支河千派湖蕩連接蘆葦蒹葭曠野無際輕舟小舫條往忽來鼓浪乘風瞬息百里是以舟船商賈擄掠之警不息也今已嚴行禁戢樹立栅壩不許夜行但本縣設立巡船僅僅六隻而河港瀠洄相去多三四十里防禦難周宜添設兵船六隻共爲十二隻其各船兵械即于守城民壯內量行增加工食分派汛地于各要害去所防守遇有緝獲盜贓量行充賞如或失事責有所歸前船時加修緝以便永久其巡檢衙門近在城內見今議遷移出外以便巡獲但原係魏塘止可禦東南鹽盜之往來其直北數十里蘇松四縣交界之地勢難遙控必得特請增設巡檢一員駐於斜塘鎮之北專緝北來鹽盜則防禦密而道路清亦息盜安民之一策也

抑囂訟議

嘉興俗故靡而嘉善獨稱健訟爲七邑之最每至告期遮擁者數百人而常日叫呼爭鬬不絕于耳及案而審之十不得一實焉皆由屢荒之後民失本業猥薄之夫聚而爲黨日以告訐爲生至有良民目不識城市生未嘗與人爭競輒詭名其中牽纏不休買和求息棄產傾家相習成風戶皆樂訟人能作狀其初錙銖之利訟言之傷至後必至文卷數宗歷告各衙門而後已葢原被本皆願息而中間衣食主唆之輩徑自作狀代告有一日數狀齊下者原告畏其迫脅只得順從此輩即爲借貸費用後則傾產而償

每上司一狀告準鄉里且有酌酒稱賀者次日遂誇耀于
里中以此相高卽至坐誣終不爲耻此各縣所無而嘉善
獨有者也且告一人必提開惡行一紙事皆烏有人皆鬼
名惟圖聳聽而一狀中必告三四鄰縣之人關提動至數
月不得歸結彼之計已售而欲已飽矣本縣雖嚴加禁戢
乃積習已深勢不可挽甚有冒籍別縣告擾關提紛紛無
已時自今務嚴行反誣主唆之律不可輕恕其隔屬冒告
者審非緊要不得槩行關提凡中證里遞限有名數不得
于連數十狀中一事不得牽連別事其戶婚田土數年之
前者不得迭加訐詐庶刁奸或可懲其萬一也

置柵議

案本邑昔于要津橋下各設木柵督令本境塘長協同附
近總甲輪撥火夫晨昏啟閉凡以禦寇安民在魏塘鎮者
四在斜塘者三在風涇者二週有朽壞歲或脩葺其在村
落者三百五十六橋有圯廢柵多不存是以水鄉舟楫宵
行達旦縱徒出沒肆無阻遏矧今四鎮各設常平倉積貯
在野建柵之議似不容緩矣第恐乘機生事者或妄派脩
橋椿木或私索守柵工食間又以視柵爲名掊括地方指
爲供饋而徒從又縱漁獵挾詐善良是欲安民而顧擾之
也然則于鄉都內量擇要津處置木柵興廢舉墜而務在
使民無擾不有厚望于將來之司水利巡捕者乎

蘄一派申詳均役議

本縣坐臨劇衝差煩役重民多苦之今蒙撫按二院準均
解呈詞批行道府轉屬下議卑縣奉牒之次退而三思何
以答上行至意伏睹縣道府參詳海鹽縣揭申或議加貼
或議裁減或議仍舊皆因役之重輕爲劑量官民兩便勞
逸以均再閱先詳寗邑刋書齊編有漏均貼無遺齊編年
煩均貼永逸況編雖定其人未必果堪榜雖懸其後未必
不改雖均贍不免于加賦然照解偏費與贍解均費總屬
民膏而偏屬與公則莫如均貼便矣更查徐寺丞奏準內

米解非民不可絹銀等解決宜差官等因爰會同父老士
民虛心採訪法惟期于使民事必求于經久今據闔邑輿
情參互斟酌大率兼用寗鹽寺丞之條例而通融于有餘
不足調濟于在官在民漕米等解宜民三四等解宜官宜
民則僉民役而以槩縣之秋糧照田派費務令貼銀者不
病力役任役者不虞賠補宜官則休民役而以原額之水
腳量勢厚給務令以官府代民解之苦以合屬答官解之
勞至於民解貼銀則縣給印信官票聽令圖內對支其官
解給費之法則新舊貼銀隨正另封解府倒批驗給員役
似屬官民兩便勞逸均適或謂輸財小民之分以官代民

于體非宜不知設官食祿正以爲民民財旣徵亦卽官物十三藩司歲歲解額入京何嘗非官哉況省吏書之稞費釋愚民于欺累無若官解是卽以家督而經營子姪之勞也或謂重議減不得何堪再派不知每年分潤節餘便穩過十載黃册合邑衆擎力易不致獨撐破家且使有田者不須花分詭寄當運者可無避重就輕派貼一行是卽散癬疥于肢膚而救癰疽者也或謂派銀須徵入庫照役點發沿戶支收似滋掩賴不知民間派數有幾逸亨無窮苟有仁心豈忍不與況以官徵民敲扑未免滋擾由庫發役出入豈保無奸竊恐時局滄桑胥吏上下今日以正額而

加派異日以加派爲乾沒皆不可知對支之法是卽桔槔灌苗甫涓涓滴滴皆田受之者也或謂本縣里長每年二百一十三名計今承役北白等項止八十三人耳餘旣按產編里安得退而甲戶竝幫不知役由田僉貼由田派彼願出力則役卽是脊脂此願認幫則膏脂何非役色人戶田最寡津貼亦寡遞年田稍多津貼亦多且里長尙有輪流見年奚遽而與人戶同者均貼之說是卽兄弟各營一業而左右手自相爲也若乃通邑士紳例有優免計大計小宜寡宜多此皆本縣之所嘔心熟思而與吏民共權之者且使今茲以往鑽刺請托之計漸無所庸嚇詐需索包攬靡費之弊亦不復長衆議旣同人情允便

陳龍正墾荒議

財之用不過三端人口所食人身所衣出入起居所依賴而已其他耳目玩好皆暴殄減越非用也天下之財亦不過三端布帛菽粟器械而已其他金錢貨幣皆以權輕重便分合而非財也生財之人亦不過三端農夫織女工匠而已其他皆享財之人耗財之人也惟商賈處生耗之間任轉輸之事蓋五方所產互相資藉農不能輸工不暇輸士不屑輸此商之亦有輔于生也腹地墾荒近來自徐貞明汪應蛟數人而外絕口不道或以爲無荒可墾或以爲

積荒終不可墾而其通病則尤在混認墾荒卽爲興屯豈知國初之制二事截然以興屯之事責之邊腹衛所之軍兵以墾荒之事聽之百姓屯者官爲政授產有定數所耕之人皆官人也所耕之田皆官田也其專爲養兵設也墾荒者民自爲政日儘力墾闢產無定數矣日與其世業雖王土實私田矣曰永不起科則又自古未有之曠恩特以阜西北之遠民矣此屯墾之異異在官民更有事相類而名不容混者屯屯聚之義上之人統領其衆團聚以耕若夫富商巨室或以千夫耕萬夫耕亦有團聚之象顧人不率于官事不隸于官非初制所云屯也一號之曰屯雖就

其中分官分民分軍分商分舊分新總爲官物矣誰敢輕赴惟專提之曰墾荒見其爲民間事而官法不預夫然後與特制相合而仁言可信故興大利必先正其名也至于山谷細民各從所居附便而墾多或百畝少者數十畝饒瘠隨其土土各自占厚薄隨其力力各自給正以參差分散故可使地無遺利人無遊閒必待有統聚之者而後興則僻野孤村人多袖手矣此尤與興屯之事判不相蒙者也但使招徠有法民樂耕耘別無驚恐數年後民間菽粟漸多上可資京儲旁可通邊餉漕速固兼美漕遲未大憂故今日事勢墾易于屯今日濟急墾又捷于屯奈何苦求

其難且遲者而不先試其易且捷者本西北爲倉箱存東南爲外府則公私常便南北均裕矣豈至如今使軍民上下遑寄命于不可必之漕艘乎於今物極勢窮欲大挽回惟茲一策欲行茲策尤在及時墾闢之事勞來安集二三年而見矣廬舍溝洫四五年而成矣禾黍桑麻十年後約與東南相似矣然東南屢荒于天而西北恒荒于地惟治地荒庶可救天荒凡人賴飽暖以生皆飽暖于布帛菽粟誰謂飽暖于金銀珠玉使及今設法招大商巨室廢官爲主農則隨地貧民皆爲之用餓殍可生最切於荒政者也民之財生而國用憂詘乎足用之外猶有切時六大利焉兵亦可強有力者能率衆開耕其財求智斷優于駁下家自爲營人自爲衛遠勝客旅矣流焰亦可衰主農招新民爲客農彼脅從者聞之必多舍賊巢而還故土增一田夫減一賊黨矣戎馬亦可困東南其畝水土縱橫榆柳棗栗側斜掩映利步不利騎矣河決亦可殺禹盡力溝洫至周定王時千七百年無河患使後此溝洫長脩中國皆容水之處莊農皆行水之人及今相水道闢荒田固與治河相表裏矣苞苴亦可清庸情專貴折色不惟舞智亦以便貪使兵餉改主本色少佐以銀扣剋饋遺畧阻大半矣海運亦可罷凡一艘壞溺者數十人以人命與養人之糧爭倖

容忍言乎隆慶間王宗沐曾再運三百艘遇龍躍壞七艘而罷往事可鑒況今議海運者慮涸耶畏河旁賊耶慮涸實謀濬法可矣與其避堂奧之梗傳餐于牆外曷若圖廓清于牆內哉再久之而衛丁亦可省舟廠亦可裁也

文德翼均徭役議

國初編賦役以百一十戶爲里推十戶丁糧多者爲長餘百戶爲甲甲十戶曰全圖不能十戶四五六七朋爲戶者曰半圖而里册皆有首曰總圖力不任役繫於百一十戶外者曰畸零期將改造許戶各以實自占貿易者一除一收過割其糧稅而長消乏者於百十戶內遴于糧近上者

補之戶絶者附畸零他欺隱影射飛灑詭寄者皆科罪已更定爲糧長者以殷實者爲之督切鄉賦多者至萬石次亦不下數千石大抵立法里長多主賦而糧長兼主役矣初則有司若細民便之其後糧長永充不易力能爲細民重輕得陽浮科斂之甚有收糧不解而私貿易家累巨萬者雖終歸隕絶而當時所在有司多不能治議者始欲革永充以里甲爲差次從公僉充一里甲任役全圖派銀六兩半圖三兩而奸猾一無所上下其間然邑之祗應多名賦錢曰里甲銀或以戶斷往往優形勢之家而攤之單小戶議者始以爲均徭之法如稽册籍乎則富商大賈多積

厚藏得免役而土著困矣如覈人戶平則官吏里胥輕重其手恣胸臆而細民壓矣故不若以丁糧爲專斷也苟以丁糧爲專斷上下編點必得其徭役難易輕重之適將應役中除優復外先丁糧多者畢以次編其小者居後自極大以至極小編塡一鼠尾册上戶一名或二名下戶朋編一名其丁糧畸零者幷免法至簡而便也自本朝十歲一改造五歲一均徭無慮皆以里甲定丁糧以丁糧定徭役無名之派雖墨吏不敢爲非此大較也職於西浙而不能不致疑焉天下賦江南居十九浙東西居江南十九而嘉禾半之民力方竭浮巧之役名沿之而不可更極重難反

艮有司當之而且誰何也必有所致難於此矣均徭他省五歲一更惟嘉禾率歲更徭役輕重難易凡三等曰北白曰北絹曰胖襖重役也曰南白曰南糙曰永福漸輕矣曰三倉曁府斗級輕又輕矣而莫重於北白北白正米止二百五十餘石石加耗八斗矣貼米百二十石矣又庫腳水腳銀二百兩矣脫有不測邑且與本運衆運三分派補矣如斯優之而北白猶重者何也僱艘一難也涉險而遠二難也曠日持久三難也候凍守淺四難也盤剝雜煩五難也投收勒抑六難也掛銷不以時七難也役如此乎其重也其可不以上戶充之歟上戶挾狡獪之伎倆與歇家比

陰賄朋書或不無居間輒以田賄入宦戶至散入甲戶已得脫然於重役之外審榜旣揭昔之暗入散入者仍推歸本戶自若也久之而單小戶翻爲長上戶翻爲甲且爲畸零事至怪也議者以爲歇家册書奸可摘而特動色於居間者盍以長令苟毅然以上戶獨名充重役獨名盡而始稍及朋名否則竟執歇家册書而責充之奸計阻喪上戶之與比者不敢不陰任其力歇家册書之奸得除而居間者曉然於艮有司爲細戶之心可以義勸矣昔都御史歐陽公撫南畿倡從圩不從戶之說以徵一抑大族衆譁然訟搖之時吳中顧相公當國曰徵一法若行吾家增額且

千石然細戶減千石矣固當爲地方遠慮不可易也嘉禾紳士多賢者獨不可以此事風之乎茍較丁糧之多寡次定徭役之重輕法至平也然職之所致疑而復以爲長吏之所致難者尙不在此蓋嘉興之例重輕徭役約凡三等三等之外里甲殊多贏餘特設一空役名空役者無所役而空之云爾空役之下或兌軍或貼白或收頭爲名不一兌軍者漕兌也貼白者卽北白貼米百二十者也收頭者管櫃者也輕與空役差等三者僅什之二三餘空者皆收貼役貼役者納銀於庫猶宋之免役錢也空役之爲名至遠久而上多不得核實始也潘巡道曾代爲請申然不能

定其名而稍裁其名之數大率名納銀八兩三錢云雜泛祇應無慮皆取諸其中然以所聞十年來坊漸圮矣加至十八九兩二十三十兩寖加至百兩強半皆胥吏乾沒縣之所爲雜泛祇應者得半而已矣高皇帝之大誥天下也以多名上溢害民之奸甚於虎也蓋實指斥浙西所司云耳今概皆賢能謹凜功令何難翻然一更卽不然宜稍復潘巡道之所故定額縣歲僉空役理亦宜以實數申報若所納免役錢數盡取入查盤册庶幾吏胥知上之有以譏之也不敢大爲非以浮巧盡漁獵之術近奉旨練鄉兵節縮之輒可得餉然外是猶能代畫三策爲一曰脩城額派以縣計之年且數百兩久未度支可議一也一曰南運額貼案全書南運皆有耗米解戶仍貿易從蘇湖市米貼之如請改折則縣歲可餘米萬石可議二也一曰糧米派補派補法至輕例宜準里均攤近有批坐以射利者至不貲可議三也三者爲均徭役計法宜悉捐然未能捐而移之以餉鄉兵未必非寄一時之權

嚴漕兌議

國家轉餉江南經絡二千餘里之水以爲漕說者譬漕於人身猶員官也員官通塞繫天下之大命然以準江南猶人身有脾胃也脾胃不病可以授權員官脾胃病矣員官

日流注必無益於大命之數矣故察理脾胃至急矣江南之賦兩浙爲重而全浙獨西有漕漕獨嘉興爲稱首云攷全浙夏秋二稅共米麥二百五十一萬二百九十九石嘉興漕糧已共五十三萬三千一百一十二石六斗而北白南白南糙承福常積廣儲斗級之數不與焉繇是以推是以一郡當全浙之半也官軍之視糧長秦人之視越人肥瘠也豈惟不恤之而已且因而剝之以取利焉愛人者莫如行恕立法者莫如持平糧長吾人也官軍亦吾人也揖進官軍而與之屬饜糧長最病勢格形禁抑勒之受而不顧其可安官軍亦最病矣蓋國家漕法凡三四易始制

海險陸費者無論矣其變爲支運也更淮徐臨德四倉雖
軍民各半乎西浙糧長無慮皆狎洪閘淺凍風濤之阻與
官軍共之其變支運而爲兌運也實始於工部侍郎周公
忱平江伯陳公瑄上請然西浙糧長猶民運至瓜洲至淮
安乃兌與軍耗有給腳價有給撥淺有給蘆蓆費有給而
軍乃勉受之其變兌運而爲改兌也實始於都御史滕公
昭上請然罷瓜淮兌運令裏河官軍於江南水次交兌糧
長加過江耗視遠近爲差且議者疏論方其改兌之初也
民惟恐官軍之不來一至水次賓主懽然犒待有加八八
以爲如釋重負焉久之而糧長視官軍無德色矣又久之

而如商賈較量稍形爭攘矣又久之而隱若一敵國交尋
怨矣嗟乎使吾民而不忘疇昔之患苦也亦稍念官軍矣
況勤勞軍國乎職愚以爲官軍特以發難端者心雖主於
耗贈而口必以米爲責無米者固受責也而插和有責蒸
溼有責細碎有責責雖無已時而卒無可以加責於米之
足與圓若乾潔者至若加贈漕規九石八斗功令日星官
軍雖猛於虎貪於狼無所用之參伍上下未嘗不適於權
然卒爲惠於法之內而已故受事以來與諸長令約其開
徵也必以全書之實徵冊爲主徵以是冊徵比以是冊比
若巧胥甲乙冊移近造名約量冊者可焚也其已徵也倉

有定廒廒有定號號有定名名有定米借廒有禁移名易
米有禁草囤柴墊有禁而後乃比米曰圓曰乾曰潔始問
之收者中間之上者終問之颺者而已矣其將兌也無他
防防私折耳在總書之欲私折也割裂兌單而爲碎派官
軍一而派兌之戶八九則守候難而官軍不能不議折矣
在官軍之欲私折也貿亂兌單而爲花搭糧長一而派兌
之船八九則需索難而糧長不能不議折矣他若押差宜
去也倉甲宜去也綱司宜去也籌手宜去也公役宜去也
督兌時惟有騶從損舖設損儀席損犒賞損靜以治之耳
職與長令敬守其約五年庶幾無得罪於斯漕乎然持一

日之法不如釐百年之弊夫官軍之所過責於糧長者非
敢悍然欲決漕規而隳之也蓋自詘力於耗贈少也耗贈
有額一旦而漸至少者何也宦戶日加而民戶日減也嘉
興人文雖隆盛乎視昔亦上下而參伍之者也何以驟盛
曰僞宦戶多也僞宦戶者內則綱紀外則姻戚假宦以立
戶耳近歲於徵糧日持一籍齎至縉紳先生家取一私記
爲信狐鼠稍稍戢去然此其小者也至大而可汰者凡三
曰故宦曰客宦曰不成宦案國制宦故仍免徭三年況明
德子孫理宜優復者今則强半非是也且故已數十年至
三百矣優卹之恩宜有所底止此豈亦國制不可改者乎

可汰者一也邑之爲力有幅也四鄰有邑而俱占籍焉邑之力竭矣四鄰之郡而俱占籍焉邑之力愈竭矣四隣之省直而俱占籍焉邑之力殆不可支三者雖已故亦仍懸而不刊此豈今之君子求田問舍如此之遠乎强半胥吏爲之耳可汰者二也孝廉明經清貧而優復之宜已若弁種若貲郎若上舍生之三者邑至無數也非擁世祿之稱卽擅素封之號且上以冒乎紳袍而下以累乎編戶何以稱焉可汰者三也三者汰而宦戶清矣宦戶清而民戶力漸復其初矣民戶力漸復其初而官軍之加耗已裕漕規始可議循矣說者持以爲主怨之事不敢行愚則謂此法行而宦戶不惟不致怨且致德何也以鄉三者闒冗宦戶

之名而且墮損宦戶之實也苟一汰之今後喜可知也

練鄉兵議

鄉兵者民兵也攷諸古無之在宋始有禁兵廂兵蕃兵鄉兵四制之號鄉兵名始此矣然其制視鄉大小爲之數選土著以充有部伍無營壁所在團結訓練以爲防法不得擅調如斯而已本朝軍民異籍民力農養兵兵守戍衛農已與古制殊科後衛所不足賴清勾抽丁無虛日皆以犁切軍卒無一及民者後釋軍不深治令府州縣招募民壯所在官率領操練以待調發民壯之名自正統末年始也後令州縣增額民壯百里里五名五百里里四名七八百里里二名小不減至百大不踰千快手會手打手不一名然約名爲機快機快之名自宏治中始也後不惟衞所亡具漸幷機快寡實議者欲調土漢狠達兵而用之狠達天性暴戾所過患苦之王文成公提督南贛始命兵備官於所屬州縣機快中選驍勇者大縣十餘名小縣八九名二省數僅五六百人名爲精兵因用以平盜精兵之名自正德中始也迨後更民壯爲精兵復精兵爲民壯無慮悉以傭奴充竟詘於用始參伍舊制城司守緝鄉立保伍盜王堂起山東大司馬彭公議欲調邊兵詒之崔文敏公公曰不可邊兵至中國弱必致輕且恃功恣睢難御不如調

保定達舍在前土民從後而總以一將旣可平賊我兵以漸練矣彭公從之王堂卒賴以平是土兵之名卽保甲遺法自嘉靖中始也後者保甲法不力行盜平漸且撤而譏守緝之民壯盡化而供追胥守巡官始有增選標營之議標營兵大抵取自招募初應募者多客戶無家室以累其心漸且爲土著利害不相捐然卒無一試於用者標營之議增自萬歷中始也繇正統末以至今國家所以戰守之具皆在民不在軍矣雖法屢以意變然要不離民壯者近是今特奉有練鄉兵之明旨守令奉行惟謹豈宜無應書

者職愚以為民壯不足用而始改練鄉兵蓋猶軍兵不足用而始改練民壯也置軍兵而練民壯是輕將領而重有司置民壯而練鄉兵是寬有司而嚴編戶矣民壯練而軍兵冗食可也以有屯也鄉兵練而民壯冗食不可也以無餉也豈惟無餉而已民壯之初應募也因事立防應之者必多材武起自徒步者久之而無事安食坐避丁徭得以更易獲頂首錢矣久之而守若令假之事權擾儹追呼一身不足供且有副名而郡邑多白捕矣久之而大家巨族利其餼廩虛設册中倩人應點而郡邑多空名矣身不任甲目不識兵縱數百虎狼於郡邑之中雖欲禁其不噬人

豈可得哉有識者謂莫若即練民壯為鄉兵有十利蓋額有餉不煩更派一衣甲器械素所具備二類多土著無鄉井思三力能為役此其家不貧不敢為非四郡邑役頓減肅清易治五身就伍鄉市白捕無所容六操宿不得虛七應捕即其徒為之練習使盜益懼八大家巨族無所私之九踐更不敢取利入伍亦損將領所需十也然奉行練鄉兵矣民壯雖有十利將焉用之勢莫若參伍而上下之立朔會招募一曰試之以力力不任不與也二曰授之以技技不成汰之三曰肅之以法犯法者治以律大抵欲練五十人者招募百人始有所伸縮而法不窮然招募之始亦不無權衡矣苟或乖爽其愚我者市以市傭應鄉以鄉傭應其强有力而欲專斷我者市以市黠應鄉以鄉黠應弱者懦而不可用驕者悍而不可使異日之患也至若餉之為餉各邑稍於貼役中為盈詘亦不至於放濫不理而民壯之罷老不任者可更也更其人旋收其餼廩以給鄉兵法為至平且以嘉興計民壯額設載在全書嘉興三百六十名秀水二百七十五名嘉善平湖各三百名海鹽二百五十四名崇德三百二十名桐鄉二百五十七名若以宏治間額推之里多者二名里少者五名合於嘉興府所屬之里今於數為絕遠矣豈宏治之練民壯者可繇里準今

時之練鄉兵者獨不可繇里準歟無論為民壯為鄉兵或大縣以五百名為率小縣以三百名為率額有所定法在必行募鄉兵以合民壯汰民壯以餉鄉兵因時設勢寓變通於其間豈徒可以守而已攻取戰勝於是乎在矣

弭盜賊議

國家設守令以治民郡吏設丞邑吏設尉主盜賊盜賊害民者也事有主者守令之責宜稍寬近復以盜發不捕重守令罰綦嚴矣盜賊猶不為衰止其咎安在近者天幸歲多登脫一二年水旱相仍盜不當益多乎嘉興所轄雖劇邑非嚴邑也一時長吏天幸多賢能以賢能吏治內地二

三竊發不能靖脫一旦當寇賊之衝講戰守攻取無虛日
勢不當益紕乎盜聚亦什爲羣伍爲耦見斗粟銖絲輒滿
志去大者不至斬揭小者亦何至推發不必用穎川鉤鉅
朝歌誘劫法儻一示嚴輒得旬月靜矣失今不治脫漸有
連巨浸伏匿山藪開威重不當益墮損乎然令之治盜立
法不爲不峻矣莫不曰保甲莫不曰連坐夫保甲者舒國
之所用以振宋而連坐者商君之所行以强秦法至弊也
今不難舉而任之以勝盜而盜間作如初時何也葢保甲
者虛名而連坐者終碍而難施也宋蘇學士軾著論古者
朝夕求民間之小盜而搜剔之以至於盡若農夫之耘畮

不欲一莠雜置其中庶幾大姦無所得乘閒以肆而民得
安漢陳尚書忠疏曰穿窬不禁則致强盜强盜不禁則爲
攻盜攻盜成羣則大姦生而土崩今州郡諱以盜賊爲負
會莫省憂雖有發覺不務澄湔至遲咸怒僵仆告者或蹋
踣比伍轉相賦斂是以盜發之家不敢申告隣舍比里至
出私財以償所亡其大章著不可掩者乃得發露陵遲成
俗寇攘之咎皆原於此言盜至痛深夫盜芽一抓而可絕
不爲而尋用斧柯豈智不足歟抑牽於斷也如尚書旨卽
保甲連坐法不碍而難施而亦無裨於止盜誠在乎治民
主盜者之得人也苟得人而善度用其法盜賊不難弭職

愚以爲弭法凡三一曰治地二曰治竊三曰治捕然治地
不如治竊治竊不如治捕盜賊非能自天而下者也勢必
緣地地之交接有水陸二者陸衢道易治也而蹊徑難治
水通河易治也陸多徒步踉蹌風雨不可跡而水捨舟不
能舟龐然大物也其理不難察矣以嘉興論之固水國也
東南大海防倭夷甚謹乍澉二浦羊許三關有衛有所有
參府有總司有巡哨官春秋二汛法至毖也不具論論其
壤之錯接也崇之大麻接杭之仁和而海甯之硤石長安
二鎭則錯於嘉海崇矣桐之靑鎭接湖之烏鎭而湖之嚴
墓則又錯於秀矣善之楓涇接松之華亭而松之五保六

保則又錯於平矣秀之王江涇接蘇之吳江而蘇之平望
湖之南潯則又兩錯於秀矣郡無大山絕塞以爲阻水之
縈迴如腸胃盤辟此固盜賊之樂郊也然舊法有二巡哨
恃船阻絕恃斷船之絡繹奔會以有兵聲援也一船例捕
盜及兵凡十二人今聞宿者僅三四人多僱替罷弱不可
使而悍者且爲村墅深患曾聞之父老江陵相公當國時
雖洞庭彭蠡之阻險盜不得輒發詢其故葢責指縱於漁
船不獲輒坐之何當時漁船亦用命而今日兵船反衡命
也江南呼水中之橫木曰斷斷者斷宵夜之往來也此法
惟洄隘時始可施然亦必有人謹司其啓閉苟無偵守鐵

索且可爟而鎔況一木之力乎曾攷之史册南唐防淮甸每冬當淺涸恆發兵戍守謂之把淺議者以爲無事坐費資糧罷之劉仁贍固爭不勝而江南國卒以失守把淺之法何古可用以防敵而今不可用以防盜也治地之法二者審焉何謂治窩古之綜吏事者曰盜非通容則不能爲通容言窩也然有通窩有容窩容窩者容盜至偶一居停之耳偶一指縱之耳偶一伏匿之耳爲患猶小通窩則養盜爲奴矣招盜爲卒矣連絡盜爲指臂使矣船則其所任也兇器火具則其所備豫也妻子則其所恩畜而養也未就縛而搞伏彌縫之則其狡獪之伎倆也或一就縛而串

胥吏獄制官祝網否則劫質而鬪奪取之皆其役鬼通神之權數也故爲之部下者劫則有三七納贓法不劫則有月比法凡此者非埋輪之威發屋伐樹之令不能破壁下車而立取也爲患至大嘉興如通窩者雖鮮著聞然江南之聞是也遠矣治窩之法二者審焉何謂治捕捕者盜賊之大父母也養盜而養於盜者捕乎天下共患苦之而嘉興爲甚以耳目所覩記盜則必不捕而捕則必非盜不止一二數也捕者有一非客盜者乎主盜無恙也有一非新盜者乎宿盜無恙也有一非助盜者乎執牛耳盜無恙也且有盜發矣一月而盜輒得者無有乎且有盜發矣一黨而盜全獲者無有乎且有盜發矣一案而窩與贓歷可數者無有乎按月金錢非盜無納經年火檄逢捕便沈矣至若窮鄉之民單戶之婦瓶有儲粟牀餘繭絲輒以爲奇貨居之排衙於古廟設案於浪船有炮烙之刑有懸吊之刑有麻繩反指之刑有灰湯灌喉之刑納之陰室閉之重門賈虐宣淫奪田攘室無所不至爲司牧者收捕不得而知之縱舍亦不得而問之迨痛定禍已弱植不能牒訴者什之九其稍能自通於所司者諸捕輒鬨而執之曰某故積盜也嗚呼窮鄉單戶之爲荼毒也極矣治捕之法儻循捕之所以拷盜與窩之所以比盜法而用之豈不愉快矣乎

故曰治地不若治窩治窩不如治捕三者治而彊盜賊思過半矣

錢薇修塘濬河議

執事軫恤時艱以修塘濬河之策下問某也生長斯土見聞所習敢不披瀝以俟收採竊維修塘濬河雖爲兩事而重實在塘則修爲急河特修之一事耳請以塘之利弊論夫築塘捍海非堅不可顧其易壞有四海之爲水與江湖異顛風怒浪浴日吞天衝盪所及山岳披靡況於人力所築之塘其易壞一也吾邑海之外有白塔諸山角立其閒潮之來也從夾峙之中奔湧而入其勢憤激雄壯噴濤撼

地其易壞二也瀕海煮鹽戶必藉鹹水灑之謂之曬灰塘圍則水不入鹽戶乘閒鑽穴引水初若一線終乃滔天難於捄塞其易壞三也沿海之夫每利築塘塘不壞無以爲生故日毁月剝以侵削之希冀包攬其易壞四也而築塘之難又有三患舊制郡徵塘工銀獨平湖以瀕海免徵餘六邑約各該千兩遇塘壞則僱夫買石塘偶不壞則徵積郡帑待用及其弊也相通爲姦漫無稽考議者遂欲削去前銀此又因噎廢食也築價何需焉此可患者一每當築時調各邑人夫應役相去海塘近者百里遠者倍之皆樂避而畏出多齎銀到塘僱募土著土著利其僱有一身包

嘉興府志　卷八十三　藝文二　四七

數丁者過點閘援彼應此百計支吾夫雖多而力實少此可患者二又民不可與慮始興功之日浮議雜然一有不逹信聲吠形吏相傳遞以白爲黑化蘭成蕕前者蹶而後者恐遂因循塞責以掩目前莫肯堅任此可患者三夫兼此四壞又值三患塘之所以未築而先傾方事而難固也然百雉孤懸溟濤澒洞雷霆砰轟相隔曾不百武億萬生靈係此一線塘可不議築築可不議亟乎今且酌芻蕘爲執事獻受洪流之衝當擊盪之勢此係於天吾弗論也其竈戶鑽穴引海實資鹽課則有可說焉閩竈場每歲所入運司鹽價不過百兩盍若於塘夫銀六千兩之內歲支百

兩代解於是而猶有穴隙者重懲之塘庶其可固乎其每歲塘夫銀停徵之說不可徇也但往日有侵詭未完者可不追乎追不可罪乎其各縣應役之夫齎銀僱土著者宜令納銀者聽而官自僱募就役之夫不得冒代不猶愈乎雖然是補偏救弊之論猶其膚也竊意今之急務在用得其人耳今之執事紀綱於上水利憲臬督率於中其隨地分布責之董眾者或以武職或以耆老愚謂此曹奔走車塵之前而不恤甘受不測之辱而不憚此其意何哉亦欲乘機射利耳一萌利心不過承上之旨徇已之欲苟且畢事豈復遠圖故爲今計莫如總計當修之數畫界分區選

嘉興府志　卷八十三　藝文二　四八

擇素有廉隅者不拘官民使之督役其工價卽付之使募健夫聽其驅率但期以十年不毁如不及年數卽歸咎其人而在今任事之秋宜稍加禮意或擬以隨從或優其餼廩事完之日立石爲紀一遇毁壞隨令整葺如此塘庶幾有永乎顧督工之人不在聰明才辨而在有心計知水利者又必絕其他務得專精銳思於塘朝而往暮而歸程眾能以勸懲之合眾策以商確之成敗利鈍之故一肩於身而不以付之天斯得人矣人得而塘之修無難矣若河之濬似可不加力而自致者何也築塘必以土取土必於附塘之地土以漸取而墟則河亦不力而濬一事而兩效也

若夫運石築塘宜舟乎宜車乎抑宜以人力乎要在因其便矣水便則舟陸便則車不可車則人力挽之務求濟用非膠一定也雖然天下事有治人無治法懸法核人難以求濟以人運法庶或亟成考之吾邑之塘亦有難一槩者如近城一帶潮水似緩若宋莊天闕其潮十倍故於此則當如常法於彼特宜表裏皆石石必擇其最巨且以鐵尺貫之不爲一時速就之功務期經久不刊之利嘗稽之昔王介甫築寗海之塘但用甃石以其潮平也高駙築瓊州之塘則用排石即取諸海濱之岩也河南築黃犢岡之法可以捍河而不可以捍海江左築長隄排木之法可以捍

湖而不可以捍海要在得人而已得人而宜與不宜惟所用矣執事固善用人之人也宏遠之猷高明之識有出於尋常萬萬可以吞吐滄溟底柱碣石者區區一塘何有於愚言

國朝

黃季瀚浮糧議

浮糧之增非古也江西則南昌袁州瑞州三府以元季陳友諒竊據之故江南則蘇州松江二府浙江則嘉興湖州二府以宋季賈似道公田及元季張士誠竊據之故建文時曾減之至永樂時復增我

世祖章皇帝軫念故明初與一方讐怨錢糧加重惟袁瑞二府已叨輕減矣南昌以人告稍後因未逮及至若蘇松浮糧中外言事屢請酌減獨是嘉湖浮糧從未有流貫生之涕者夫一方之利弊必本土有芻蕘而後可以備仁人之採擇將來度支稍裕正沐浴膏澤之時倘獲仰邀薄賦嘉湖之民得與蘇松一體減徵不至如南昌之補牘豈非浙西二府生靈之大幸哉伏讀律例開載官田起科每畝五升三合五勺民田每畝三升三合五勺重租田每畝五升五合五勺沒官田每畝一斗二升今全書所載嘉湖二府屬惟長興縣無浮糧其餘一州十二縣除徵平徭馬兵壯雜

項銀外有每畝另徵折色米又徵本色米一斗二升以上至有將及二斗者非惟不得與民田比即沒官之田亦無此等重科其爲

聖世之必當減徵可知矣且兩浙同壤而浙東之賦較輕如紹興府蕭山縣之田每畝科米七合六勺他縣亦不甚相遠乃浙西之科米數十倍於浙東議者動謂嘉湖財賦之鄉絕不知啼飢號寒窮苦萬狀眞昔人所謂可爲流涕者也

毛一駿海防議

海防大勢浙西要地專在海鹽澉浦南乍浦北分左右兩

翼海賊入犯之處如西海口蔡岐港梁莊獨山白馬廟秦駐山黃道關壺蘆山等處南北約二百里防海之要遠哨海外不令入港爲上策循塘拒守不令登岸爲中策若縱令登岸斂兵入城閉門固守受其攻圍則無策矣且查前朝舊制本縣有福艙等船一百餘隻水兵三千餘員名遠哨吳淞嵛羊許等處又設有陸兵二千五百餘員名防守沿海地方等處威伸海外烽火潛消數十百年太平之民不復知有兵革之苦職是故也今鼎革之交海防盡弛水師船隻無一存者安能遠哨海外止有循塘拒守一法尚得中策然澉乍三處守兵一千二百視昔已減其半合則

實此虛彼分則寥寥數人政復有幾連艅入犯之賊多則萬餘少亦數千人安能遂拒其來不令登岸乎且海上列城遠者二三十里近亦十數里獨海鹽相去數百十步近在咫尺之內賊若登岸便是到城城卽無恙城外室廬財產玉帛子女之饒盡爲賊有可不爲之寒心哉今若欲慎固封疆便當盡復前朝之舊不得不議增兵不得不議增餉四盡三空之日安得雨金雨粟而酌於不竭之源耶捉襟露肘事實兩難關係錢糧未敢輕爲置喙也如造船一款本縣曠土平夷實無干霄蔽日佳材堪作艨艟之用又係鐵板硬沙造成亦難出水所以三百年來專責浙東而不及浙西者以此似應卽爲停止不煩覆議者也又築堡一款本縣沿海二百里皆是巨浪衝擊處所別無支港入我內地土墻木柵無所用之若烽堠臺寨久已鞠爲茂草不行修復則防兵不能露居修則應用何項錢糧事在上臺題請議行非有司所敢擅專者也

袁國梓均田均役條議

看得均田之利首在革除現年革除糧長次在革除總甲幷革除塘長此均田之所以稱善也然均田之法又必彙田以收各區圖散亂之田使人自成圖人自成甲則花分之弊絕又須設板串以定花名應完地丁之總額計一年

之總數分每月之完數則比較之法簡而又恐彙田則區圖田號混淆故仍存新舊二冊以憑查對而田號瞭然且恐設板串則銀數煩重難完故又分一月三限以紓其力則輸將易便他若關河雜徭勢不可廢者則按田出夫衆擎易舉至於官戶加徵田畝昔以免雜差而起加徵今仍加銀米以免力役則賦役均平而法始可久也今將條議開列于後　一均田從來圖分大小不齊田之多寡不等如遇雜項差徭田多者尚難支撐田少者益見困苦自前憲有均圖之行每圖以三千畝爲準各縣遵行今應仍照前届定額如有推收不得踰數以致盈縮參差都則領圖

每[illegible]編十圖圖則領甲每圖列十甲每甲額田三百畝總一里計之爲田三千畝便可杜多寡偏枯之患　一併田凡田地大約零星置買分屬各圖錢糧既分頭完納差徭又各處奔馳甚爲民困今將一己之田盡收一圖如田多者儘圖彙收田少者儘甲收戶或少至數畝數十畝不足一甲者各就弟男子姪親族共成一甲務使人自併田合成圖甲則百姓完糧既便亦不苦差役分擾庶糧徭易值矣　一挨原號新圖之田皆從舊圖收來田入新圖恐幾經推收而舊册之原號杳不可問矣今須將舊圖原號與新圖號戶挨對註明凡舊册則挨號領戶新册則定戶領號兩册會同不許一號舛錯一戶遺失任田之推收分散而坐落原册瞭然也　一併戶從來立戶之弊患于子戶花分或父兄已故而仍舊鬼名或殷實田多而揑析名號以致徵比花戶之法難行今必合併田之時一人止立一戶業戶務須的名則戶少易稽而徵比不煩一洗花詭之積習　一革糧見先奉憲行革現年糧長名色然名雖去而實猶存或改稱柱頭或設當分名色是欲去糧見而仍移禍于圖首甲首也今併田併戶則正項錢糧花戶各自輸納凡有雜辦差徭照田承值可無按甲輪當挨年催辦之事庶不致以一甲而支十甲之費以十年而併一年之

累則糧見可以頓除歇家包攬之弊亦從此永杜矣　一設板串浙中地丁錢糧不能歲內全完其弊在每月不定分數每石不設板串故頑戶得以遲延今仿江南華婁事例定限每月一分一分又分三限計一年十分設立四十連板串每連四張其一張留作串根每戶總算額縷析一分分註每月三串之上如每月應完銀一兩每串填三錢三分三釐三毫每月初限初幾日完一串二限十幾日完一串三限二十幾日完一串足一分之數如本戶全納一月之銀則全截一月之三串如止完一限之銀則截一限之串仍存二限之串查對串限而完欠了然則官之稽比

完欠便也每月一分如數完足至十月則全完官之考成更便也況一月一分又三限限期不促爲數又輕則民易輸將民力之拮据尤便也況板串一設胥役無從侵隱可無民完役蝕之弊矣　一禁優免各縣俱有官圖儒圖之分向猶循優免陋例故民圖有徭役不均之歎嗣後止除加徵圖分外其餘如遇開濬河道修築海塘葺理城垣等項須照田承值閭邑均攤不許濫行優免役既得均民困永甦矣　一便推收凡民間之田有買有賣則大造之年其推其收圖非一人人非一戶田數紛煩或查舊册爲推或入新册作收百姓必東奔西走于新舊胥役之門日既

遲延且恐勒掯多費今莫若于縣擇一公所爲編房册局使百姓各將田地數目造明細册投入編房該書照造推收册則彼推此收當面了了既無舛錯之患亦可省需索之端　一䘏賠荒每縣必有荒圖每圖必有絶墳絶地在百姓則視爲不毛之土在有司同在稅額之中向來每令糧見包賠今糧見既除勢必正額有虧應仿江南華婁事例就近攤搭如在某號中有絶墳即令某號業戶承管如某戶近則有絶地即令近地民承召如或居民不願承召似難强以所不便則或合縣均攤每畝不過毫釐之間而荒地得有著落官民均受其益矣

金昭鑑條議官收官兌漕政八款

一造滿倉廒之利古制漕兌一法能使軍不見民民不見軍者由于倉廒櫛比秋成後有司即斂正額以貯足于倉故臨兌糧無不足旗軍無需索之釁則造廒一節爲清規杜詐之第一喫緊事也邇來廒舍傾圮窄狹不過十分之三以致糧米或散貯別所或不足掩藏勢不能不使民輸米于軍軍取米于民欲不相見得乎相見則弊有不可勝言者矣是故造廒最急而費于何出竊計嘉興一縣共三百八十一里除去坊廂銷圖六十里官民圖共三百二十一里其該三百二十一廒一圖除均攤白糧雜糧若干外嘉興約貯漕米二百五十餘石秀水約貯三百五十餘石每廒約費銀三十兩每甲出銀三兩秀水亦照里起造此係衆擎易舉一勞永逸勝于頻年妄費無益爲小民之所樂輸不作者伏乞憲天頒飭郡縣出示徵取前項分費責令糧官鳩工董成務須堅緻牢固勿令狹陋塞責年久修葺官民酌視量捐　一徵糧之法每年當于未起徵前先給均攤易知由單令糧書細塡里遞田數算徵米若干除均攤白糧南耗南糧鹽糧行糧外磬運入倉自十月間起寬設數限至十二月止徵足即給完單如有不足許糧長開里遞頑戶單比追完足糧盡入倉矣若防維之策自有

更夫數十名晝夜巡警其每人工悉照舊規不贅　一上倉經管之法糧米上倉勢不得不用倉甲蠹弊者多當互爲保給又倉甲之中點一樸誠練達者爲十廒領袖名曰什長倘糧長上米若干必眼同本圖倉甲并糧官什長庶無插和水穀之弊驗畢即將倉廒封固如盡行上足再給完單以杜重徵苛索之累糧長上米十石再加一石防折耗也　一承革派單照蘇松倒廒掣兌之法每糧長約出漕米二百五十餘石一軍約兌米六百餘石則一軍兌二民有餘矣歷年派單雖出督糧道衙門然糧蠹上下通弊作奸故將一單零星散派有一軍而兌數十民者有一民

而應數十軍者苛索之端自派單始今既貯足倉厫則集收時糧已交卸給票矣臨期只須堂官照直隸倒厫掣兌之法有一厫掣一軍立督兌完不足鱗次挨補則糧長零星派單之害可永除矣　一出兌之法斛米既軍民不相見矣然運米下船勢不得不用脚擔向來舊例每擔脚米二升以升四合給散籮夫六合給籮夫頭挑數以竹牌爲記朝給暮收後因夫頭尅減復有加籮錢之索今議照舊給足短少許散籮夫不時呈稟其加籮錢亦不許妄索

一漕規宜復舊例每歲旗軍運京倉米一百石外贈隨船耗米二十五石進京倉耗米十五石民間兌正米一百四

十石旗軍交完止百石也是謂官貼又念嘉禾水鄉米多溼潤故令民間兌米百石外加四石免其曬乾復慮米或不堪再加四石免其篩颺百石之中七十平斛三十加尖每尖折米三升算共六十斛米總添米一石八斗此九擔八斗所自起也是爲私貼則是九擔八斗米色在其中篩颺在其中折尖順風在其中矣若安家則有月糧鹽菜則有行糧剝淺僱夫則有輕齎以至修船有銀囘空有銀費

三石

國課而得收一石之用

朝廷亦何負于軍哉迨相沿久而加四之耗晦矣官軍發兌粒粒皆曰正供也又久而九擔八斗之耗晦矣漕規發運粒粒皆曰額糧也于是巧爲截頭之說初謂以耗米本色因時價改折色銀十七兩六錢四分猶之可也何爲乎外又添綱司二兩又添截頭使用銀十八兩共三十七兩六錢四分之議乎豈非旗軍得官貼之外又有九擔八斗之私貼私貼之外又有綱司截頭之私貼則耗外有耗耗之外又有耗也然則此議也出於糧道張之條示以付旗軍者實欲行軍不見民民不見軍之說也不意近歲兌漕日增月累又私加米色錢免篩颺錢開厫錢伍長錢著押錢順風錢綱司話會錢獻土地錢東道錢插籌錢倒籮錢管

船錢洗湯錢踢斛錢折尖錢搖籮錢名類頗多不堪枚舉民間兌米一石則有倍石之費設復有進于此者流將安止乎揆厥所由皆緣民不明其本不敢與軍爭官不明其本則不與軍爭畏其咆哮安其習狃積漸然也爲今而籌救時之急者則漕規宜復舊也截頭使用軍雖嚚悍終屬私勒自三十八兩之議完之在官而居然官物矣使此議行久而日晦將此三十七兩六錢四分必又如昔日加四加一之耗作爲正供曷足怪乎前制旗軍兌米倉門外止許一旗一綱不許打花違者坐以軍法今不能禁之勢必聽之聽之必且嚴比以授之是何爲者惟其視爲官物而

需索米色如故需索話會如故需索著押篩颺如故則是民有百石之糧無端而添出三十七兩六錢四分之櫃銀矣故加耗一說首宜痛懲　一行糧宜復舊例行糧資旗軍鹽菜薪水路費故每石折銀五錢于條鞭項下取之自崇禎六年公家之賄賂盛而運軍之倖竇生交通藩司移文改折本色其時徵書雖下而民之折與軍者較米時價猶能稍減故人樂從而趨之積漸至今逢兌行糧亦索使用索票錢索重兌爲浮于時價者每石不啻三四錢矣故曰行糧宜復舊也夫同一輓漕也同一飛運也蘇松常鎮兌米百石糧里雜費不過四五兩並無米色之增並無折尖踢淋之酷彼獨非軍也哉時同地同交卸完納同彼未嘗獨欠此未嘗獨完則知禾地之重困吾民者徒奉旗弁之狠籍盤飱繭絲家室也竭萬姓之脂血以奉軍隨路呼盧到處宿娼是誠可慨已蘇松之糧一老人董之而晏然嘉禾之糧以糧道刑廳數上臺臨之而時或生變慁深維其故由于倒厫掣兌之法不行也今既造滿倉厫自無從前陋習而直隸艮法可一朝舉矣　一永除差單之害每年兌漕既責成倉甲徵收給發矣而單差何爲者此衙門虎蠹巧立押單名色每單先賄通糧蠹隨差糧單一紙差人不過袖手旁觀立厫中數日耳何爲乎欲索糧長銀每

石一錢二錢者名曰工食約共計之則糧長無端又費錢數十兩矣或糧長有不肯如其數者則曰我先費本錢在內極其追迫糧長兌漕之後無有不賣男鬻女以飽單差之腹者更可恨者與刁軍串通巧立各項名色始因糧蠹之得銀任其索取繼爲梟旗之首尾仗其威神故單差之害雖經憲臺屢革之而不能革者殊非解也今既照直隸官收官兌民困頓甦則無所用此輩矣

馮至城河議

城之有河財之源人文之淵藪也海上前賢自顧陸權輿下綿唐宋史不絕書而前明尤爲極盛

國朝百餘十年元相詞林尚復聯鑣接武自董庶常以後則寂寂無嗣音于今三十年矣士大夫咸知其故在城河之不濬也決策濬之而兩河居民抱無涯之怨思當事者亦既無可如何而署訓事馮至願得以權宜之說進有請也請於城門之內取七尺之松椿入地三尺出地四尺築爲泥壩常令城中之水有四尺之深深則清清而深則財聚深而清則人文復振此壩之利也有利則必有害載柴薪而至者壩阻而不得入矣載糞土而至者壩阻而不得出矣怨之興也亦復何涯而吾以爲無阻也問壩上之水盈盈乎則依然無阻也壩上之水平平乎又可以拖而過也

猶無阻也壩內之水深深而壩外之水淺淺乎則可以搬而過也終無阻也有發大難于前者曰築壩之利未必財源之魚貫而人文之鵲起也而搬運之害已及於貧民則請應之曰未壩之先外之水淺淺矣曾見內之水深深焉而舟楫之可通乎吾但見其涸也雖求搬運之害而不可得也與其未壩而舟楫原不可通也則何如壩焉而舟楫得不通而通之利乎而況財源之必魚貫而人文之必鵲起乎故請得以權宜之說進爲士大夫陳之

顧廣譽乍浦九山辨 補錄

我邑與松江壤相接談雲間山水之勝輒曰九峰三泖以

故我邑亦稱焉乍浦濱海多山故老相傳以當九山之名而濳夫李氏遂舉龍湫山苦竹山觀山湯山暈頂山高宮山益山雅山獨山實之作九山志人多宗其說龍湫山者陳山也予嘗陟其巔以望審其岡巒之起伏陘嶂之斷連不過一兩山而已烏覩所謂九山者哉心頗疑之後覽趙子固彜齋集曾子謙閒窗括異志皆言陳山絕不涉其餘諸山益疑苦竹暈頂諸稱至明始有而非古且就九山志言亦尚有東西常山馬鞍龍尾黃山尖山者又何以定彼六山之不當數而此八山之必當數邪論山勢則未見判然爲九論峰巒又不止有九予固知乍浦非有九山而九山之初不指乍浦也及讀徐氏碩至元嘉禾志於乍浦僅載陳山雅山然後信向所疑之果不謬志言山高八十一丈周回一十五里括異志亦云然此九山志與各志之所同也試如其言而加之以八山若六山則周回當以數十里計是豈區區乍浦所能容者邪然志於碑碣門載宋紹熙閒陸峻叢冢記稱縣治東北三十六里曰湯山則湯山古亦有之觀徐氏之失載湯山與獨山其閒未必一無挂漏度在宋元時必不多至十有餘山如今所云云也不然九山之說果有自來徐氏何以槩不之舉而祇舉陳山雅山爲也大抵自明初築乍浦城而民居始稠密名稱亦益

繁世俗喜析一山爲數山用以相識別故太行中條皆一山也其隨地異名至不可勝記而吾浙會城之吳山曰某山某山者亦未易以僂指數其皆此類邪而志又有故邑山高八十丈周二十里李氏辨之以爲鹽邑舊治在此後徙而西回視此山槩稱之爲故邑云耳非別有一山名故邑其說良是然則故邑山之云統西東雅山至獨山言之也徐亦未核而其書較近古差可依據徐志首及松江於水明云三泖山阜則臚列至二十有三亦無九山之說可知九峰云者特以形容其山之多而非實有九峰之可指彼松江且然而況在乍浦李氏之折衷雖善要之於事實

未符予故辨之以補其千慮之一失焉

祭文

宋

蘇軾祭陳令舉文

天之生令舉初若有意厚其學術而多其才能益已兼百人之器既發之以科舉又輔之以令名使取重于天下者若將畀之以位而令舉亦能因天之所予而日新之慨然將以身任天下之事夫豈獨其自任將世之士識與不識莫不望其如是是何一奮而不顧以至于斥一斥而不復以至于死嗚呼哀哉天之所付為偶然而無意耶將亦有

意而人之所以周旋委曲輔成其天者不至耶將天既生之以畀斯人而人不用故天復奪之而自秘耶不然令舉之賢何為而不立何立而不遂使少見其毫末而出其餘緒必有驚世而絕類者矣予與令舉別二年而令舉沒三年而予乃始一哭其殯而弔其子也嗚呼哀哉

明

仲聞韶祭徐中明文

嗟乎中明我郡一人死忠死孝罕有其倫上慰祖考下光友姻憶昔總角歌風咏幽各言其志侃侃誾誾歲在辛亥結盟洞眞意氣遒邁文彩嶙峋仲欽霞變秉生雲屯惟余誕肆酒中稱臣歷落數載共抽效顰兼余不造連哭二親直至戊午君始魁鱗又復三年獲步後塵同上公車屢困燕秦繼均師席亦共社民惟余不才早遂思蓴惟君望隆蜀楚秉均餉窮兵盡隻手莫伸挺身赴闘匹馬橫嗔父子爭死許遠張巡在地為嶽在天為神千古英杰百代維新聲揚四海名震九宸卹典優崇仰聽殊綸春來飛札念我誕辰仲欽秉生存沒諄諄某自後死觸目驚心詎謂寓言竟成其眞楚山之側楚水之濱怒車奔馬彷彿來臨出師未捷泣下沾衿英魂不泯誓殺狂氛無戀故園鑒我明禋文可在傍赫然其振

國朝

錢陳羣祭范大夫文 祠在城西金明寺

由拳之墟檇李之城地實介乎吳會為伯圖之所必爭曠百世其相感惟令德之可馨當辭政而出質借柘稽而行成翳此邦之眾庶倚夫子而為命懼偵諜之相躡會肅肅而宵征既宰嚭之中餌羆二紀之甲兵伺夫差之驕縱敗齊師于艾陵僅老弱之留守遂搗虛而繫頸決生死于指掌俄已亂而扶傾緬王佐之不克見兮夫孰與子抗行功既立而不有兮師介山子之孤清變姓名而躬耕海壖兮薄卿相于守廷歷三徙而不遑處兮規利入以遺餘生嗟

英雄之末路兮心耿靡甯至今邦人之蒙業兮申麥飯以來迎洵無德之不報兮神歆鑒而式憑亂曰宛之三戸君故土兮孰辰而往動則樹兮逝水不可返靈其奚取兮又曰鴟夷浮海乃行意兮名難久居行避地兮齊非所安兮則不我棄不我棄兮降福濃濃沙戸祈蠶兮秔稌祈農擊鼓兮考鐘雲旗飄兮雨濛濛鳴玉佩兮雍容翾其來兮城之墉

跋

朱彝尊書孫氏同爨會圖後

吾鄉孫簡肅公治家以嚴子弟侍立暑不去衣然其教初

學飯後必散步歌詩以吟咏性情故其子六人皆善詩家居爲同爨會三日一集必有詩列圖于前聚詩其後裝池爲卷孝友之語充溢丈幅之中可謂天倫樂事矣公嘗誡諸子曰家人暌離必起于婦人但得兄弟時時相聚讒何由生今裙屐子弟往往晝居於內兄弟無幾相見此讒慝所由階也若盡如孫氏六公飲酒之飫而不慾其儀讌集之頻而勿傷其侈賢子孫循而行之雖百世可已公裔孫某出示予因跋其後歸之幷著于禾録焉

張履祥書保甲論後

保甲之法即管敬仲內政遺意內政猶是井田遺意行得其道不獨設險守國爲第一義雖選賢與能講信脩睦亦存乎此變十家爲百家可以行於城市若鄉則村與村相結其奇零散戸隷于人烟衆多之村而不限以家數遷徙往來必有驗士農工商必有業啟閉巡警必有時但使一保之中推其衆所信服者一人主之不得則富室或薦紳家主之循等而上百統于千千統于萬如軍之有伍官司不以苛法生擾則人自爲守而無宄靡所駐足衆勢固於金城矣蓋暴民不作流亡不生天子所以守富貴也盜賊寢息鄉保相救亦封君巨室所以長子孫也自天子至庶民富貴有大小其欲長保所有以貽後人一而已上下志

通何事不善後世有司動至倚法擾民無賴亡命遂攘臂奮舌以撓敗其間所以有事力之家縮首避禍不得已甯東西播越不敢在事雖有保甲徒爲厲階而盜勢日昌士田日蕪里俗日敗矣夫人情古今大率喜亂者皆窮人憂亂者皆富人也不與憂亂者共守而與喜亂者滋擾惑甚已嗚呼安得實心生民如循吏相與講求安集之策乎

嘉興府志卷八十四

嘉興府知府善化許瑤光重輯

藝文三

賦

元

佚名語溪賦

市曰義和古之禦兒州曰崇德今之語溪境接吳越道達京畿居湖之東鎮浙之西澤通運漕陸走輪蹄昔子男邦漢封韓終古爲語兒侯文恬武熙今開州治元陞縣爲州民繁而滋闤闠星列樓觀雲齊運河一帶彩鷁交飛南北二橋橫跨虹霓

其地產也山川秀麗土壤膏肥桑綠宜蠶蔺白宜絲夏麥芃芃秋穀離離四時之果千乘之梨其風俗也魯泮文雅義塾禮儀武城弦誦洙泗書詩衣冠萃止商賈駢斯農耕而食女織而衣其人物也鍾靈產瑞毓秀孕奇福王忠定世奇安危狀元沈晦文耀壁魁臺省八座椿桂五枝子明曹監先哲成規蔡開潛庵理學後進蓍龜輔廣繡衣獻替朝廷羽儀徐寵年蔡闕皆御史翰苑詔勅文章階梯陳瓘伯滔張清廉郡守道德賓師橋梓聯芳棠棣交輝石門張氏子姪金紫雲仍門楣聲名文物四海遠馳詠之於楮傳之無期

國朝

陳佑檇李人物賦

吳越之邦斗牛之宿睎天目以山明匯具區而水秀乃有檇李名城辟塞古堞跨澱湖於澤國抗疎峰乎胥阜會山川以信美越古今之儔偶地固奧區產亦才藪詎止淮海賦會稽之人物甫里載襄陽之耆舊未遑殫述試畧鋪揚建炎之際帝子之祥宋孝宗虹流華渚誕毓少陽此乃其偶不復再詳若夫炎精炳漢桂華靈長孝武之盛賡和柏梁忌嚴忌工詞賦助嚴助舉賢艮會稽翁子朱買臣後先翱翔嚴夫子與兩中大夫並摛藻以雕章匹鄒枚與皋朔傲文囿而頡頏南粵東甌之域朔方東越之疆駕樓船以薄伐董功

載乎旂常此則椎輪爲大輅之始制而雕漢爲繪藻之前光也已迨三國六朝哲人杳矣僅野王顧野王之書臺止徐熙之故里豈顧陸占籍乎古鹽而吳越或淆乎載紀至唐而瀛洲之選德明陸元朗肇起貂蟬奕葉以昌厥裔內相宣公本仁祖義侍從平章垂於奏議過邑式甜瓜之巷游客訪寶花之宇俎豆猶馨風流未墜彼裴相休之清暉遜先民之遺矩若乃邱爲三畝顧況雙峰處仁徐岱復禮表里採風侍金鑾而作賦佐蓮幕以從公陸祥文扆之屬詞疇匹殷堯藩之風采誰同於唐爲盛亦未易逢越宋聚奎文浙宗洙泗行禀誠於安道聞人安道學博識乎令舉陳舜俞清叔衛涇

談經正叔（衛湜）考禮誦後樂之篇合櫟齋之著一門師友闡明傳註化南（謝炎）宗韓柳之傳彥發（婁機）開馬班之緒若晦（沈炎）之抗直於言路宗厚（朱張恂）之殉節於海壖炳於青史又其著已至有元碩儒萃於鴛渚東甬（張翼）之長西溪（鮑恂）之子澤民（潘著）宗考亭之傳竹林（陳堯道）與鐵崖之侶歎何代之乏才感斯人之在邇若乃高曾規矩故國儀型金甌卜相玉鼎調羹則有若郕府舊輔（俞綱）入贊槐衡文懿（呂原）宅揆正色守經文恪（朱國祚）歷事乎三朝正國本而泰階以平文昌樞府畫省名卿則有若襄毅（項忠）折衝樽俎偃武銷兵越南州司馬（徐必達）運籌開濟丹陛再振乎履聲中臺之亞六卿之貳

則有若俞少宰（山）之清介畫圖寵賜朱司寇（大啟）之平反門閭表異俱夙夜以匪懈矢靖共於爾位承明金馬著作之廷則有若蘭畢宮諭（屠應埈）碧山學士（黃洪憲）金門吏隱（先宮詹）具區司成（馮夢禎）郎未視草乎鑾坡雅若尚寶（戚元佐）博若同卿（李日華）譚公（呂言）藻鑑垂粵與閩早蜚聲乎藝苑並咀華以含英彤墀露奏白簡霜凝則有若滄江虹月柏府風清（姚綬）身非臺諫抗疏攖鱗則有若受杖之主政（沈思孝）爲民之監丞（岳元聲）媿杜石之遺直追折檻之朱雲運逢百六天步既傾則有若太僕（徐世溍）殉城以激烈司寇（徐石麒）殉國以忠貞烈更甚於常山忠不忝於盧陵識其大者尚論久矣寧俟淵雲之麗賦已烈南董之良史試徵文而考獻慨前人其專美倘繼往以開來昜大賢其有俟

趙佃白龍宮賦

海浦之偏陳山之巔俯千盤之危石瀲勺水之清泉曰是所謂龍湫者也爰有樵客出於松間余詢之曰是湫也何以龍名客其爲我言之客曰嘻子以龍之不於湫耶夫龍神物也或躍在淵或飛在天伏于一泓遊于百川蓋大小之齊形久矣又何疑乎與蝘蜓同觀若乃旱魃爲祟巫尫涕漣豐隆失御雨師告愆父老扶攜而祈望大夫禱祀而致虔起視湫中有物乎蜿蜒金光玉曜游戲無端白日爲

之退舍赤熛于以摧遷俄不知其所之行上薄于穹圓蓋膚寸方合而甘澍已溉乎千萬頃之田也于是邑士大夫請曰是不可不報賜乎天遂築宮山暵勒名顯濟豐碑如椽而肇始于崇甯之年至于今而彌宣嘻子以所聞止于是耶當山之椒有龍母冢在焉鉅石忽起而盤陀雲霧時覩其連緜湫之所見者即其子也不知其所自來此蓋出于相傳緊神龍之變化而不可測也夫又安見其不然余聞其說曠曠乎若遊六合之表而與神者往還也久之乃與樵客徜徉乎山之隩瀏覽乎勝槩之全象勺陳之翼衛兮知遥應乎星躔俯羣峰之環列兮不足當夫一卷面稽

天之巨浸兮駭潮汐之奔騖望三山其可接兮以彷彿夫羣仙雲山萬疊而若可辨兮羡鷗鳥之飛旋欲淩飈而直上兮庶幾與浮邱洪厓把袂而拍肩時惟春暮風和日暄翠禽集于沙渚芳草繡于陌阡都人羅拜士女闐駢金鞍驄驟而屨卻香車躑躅而不前已來恨晚欲去流連莫不快山容之靚麗恰海色之澄鮮斯可謂極遊覽之樂而娛心意之便者乎樵客曰子知其樂而不知其所以樂也惟昔之日長鯨振鬣猛虎奮銛比屋播蕩負擔迍邅欲求一日之安而不可得矣今者

聖人在上有司皆賢蛟穴已掃海波不濺將軍罷樓船之號堡

塞無斥堠之煙猛獸絕蹟夜戶不拴鬣市匼匝林木蔥芊飢則折松而爨倦即倚石而眠風雨以時取禾百千祝釐如織棟宇益堅斯遠近之至者但知茲山之樂而不知其有由先也今取其語著之于篇

詩

周

越王五年五月吳破檇李王入吳與羣臣臨水祖道軍陳固陵作祝詞二章

皇天祐助前沈後揚禍爲德根憂爲福堂威人者滅服從者昌王離牽致其後無殃君臣生離感動上皇衆夫哀悲莫不感傷臣請薄脯行酒三觴

大皇德壽無疆無極乾坤受靈神祇輔翼我王厚之祉祐在側德銷百殃利受其福去彼吳庭來歸越國

越王二十一年冬十月王伐吳國人各送其子弟于境上三日從軍檇李作離別相去辭

躒躁摧長恧兮擢戟馭殳所離不降兮以泄我王氣蘇一軍飛降兮所向皆殂一士判死兮而當百夫道祐有德兮吳卒自屠雪我王宿恥兮威振八都軍伍難更兮勢如貔貙行行各努力兮於乎於乎

晉

佚名阿子歌三首 晉樂苑嘉興人養鴨兒鴨兒既死因有此歌

阿子復阿子念汝好顏容風流世希有窈窕無人雙

春月故鴨啼獨雄顛倒落工知悅弦疤故來相尋博

野田草欲盡東流水又暴念我雙飛鳧饑渴常不飽

齊

陶宏景書海鹽陸逸沖十賚文後

賚爾十事事準前史對揚嘉策循言求理無或驕惰以騫斯旨援筆申懷敢告處士

梁

簡文帝題海鹽令蕭特墓

戚鳳五色朝陽千仞孫枝發響將離流韻瑾既誕子恒迺
璀允銀鈎之巧重世遹儁况此臨池蟬輕露潤

唐

獨孤及觀海弔秦皇

北登渤海島迴望秦東門誰尸造化工鑿此天池源澒洞呑百谷周流無四垠廓然混茫際望見天地根白日自中吐扶桑如可捫迢遞蓬萊峰想像金臺存秦帝昔至此登臨冀飛翻揚旌百神會望日羣山奔徐福竟何成羨門徒空言惟見石橋足千年潮水痕

邱爲湖中寄王侍御

日日湖水上好登湖上樓終年不向郭過午始梳頭嘗自愛杯酒得無相獻酬小童能膾鯉少妾事蓮舟每有南浦信仍期後月遊方春轉摇蕩孤興時淹留驄馬真傲吏翛然無所求晨趨玉階下心許滄江流少别如昨日何言經數秋應知方外事獨往非悠悠

王維送邱爲下第歸江東

憐君不得意况復柳條春爲客黄金盡還家白髮新五湖三畝宅萬里一歸人知爾不能薦羞稱獻納臣

劉長卿送陸澧倉曹西上

長安此去欲何依先達誰當薦陸機日下鳳翔雙闕迴雪中人去二陵稀舟從故里難移棹家在寒塘獨掩扉臨水自傷流落久贈君空有淚沾衣

錢起送陸贄擢第還蘇州

鄉路歸何早雲間喜擅名思親盧橘熟帶雨客帆輕夜火臨津驛晨鐘隔浦城華亭養仙羽計日再飛鳴

崔峒送邱二十二歸

春水與寒烟嘉禾路幾千孤猿鳴海嶠羣雁起湖田曾見長洲苑嘗聞大雅篇却將封事去知爾得閒眠

南歸

老病力難任猶多鬢雪侵鱸魚消宦況鷗鳥識歸心急雨

江帆重殘更驛樹深鄉關殊可望漸漸入吳音

顧況歸山作

心事數莖白髮生涯一片青山空林有雪相待古道無人獨還

邱丹奉酬韋使君送歸山之作

側聞郡守至偶乘黄犢出不別桃源人一見經累日蟬鳴念秋稼蘭酌動離瑟臨水降麾幢野艇纔容膝參差碧山路目送江帆疾涉海得驪珠棲梧慙鳳質媿非鄭公里歸掃裳籠室

姚合送顧非熊下第歸越

失意尋歸路親知不復過家山向城遠日月在船多楚塞
數逢鴈浙江長有波秋風別江老還聽鹿鳴歌

朱慶餘送顧非熊東歸

但取詩名遠甯論下第頻惜爲今日別共受幾年貧聽雨
宿吳寺過江逢越人知從本府薦秋晚又辭親

許渾酬殷秀才堯藩

相知愧許詢寥落向溪濱竹馬兒猶小荆釵婦慣貧獨愁
憂過日多病不如人莫怪青袍選長安隱舊春

再寄殷堯藩秀才

直道知難用經年向水濱宅從栽竹貴家爲買書貧就學

多新客登朝盡故人蓬萊自有路莫羨武陵春

羅隱秦望山僧舍

巉巉危岫倚滄洲聞說秦王亦此遊霸主捲衣纔二世老
僧傳錫已千秋陰厓水瀬松根直蘚碧苔侵畫像愁各是
病來俱未了莫將煩惱問湯休

宋

梅堯臣送羅拯知秀州

陸雲嘗誇千里蓴便輕羊酪同埃塵君今得郡正千里已
患無羊厭北珍乃知南北各所樂乘舟豈如乘馬惡水邊
不見秦羅敷縱有西施肌肉薄使君事事未稱意綠水芙
蓉定何若

與海鹽李寺丞

吳帆千里去邑屋富魚鹽霜鶴亭皋淚風烏海客占滄溟
朝日近紫翠晚山尖若過陸機宅寒蕪應不嫌

蘇舜欽送張統尉嘉禾

濯濯桂枝郎尉邑上檇李青衫未足榮蘭衣應自喜（萊子衣荊）
蘭之威聲入萑蒲吟思發山水美才仕云初令聞當日起

蔡襄崇德夜泊寄福建提刑章屯田

宿昔神都別于今浙水曹故情彌切到佳月事追遨太守
才賢重清明土俗豪犀珠成戍削鉦鼓去啾嘈湖樹延天

闊船旗胃月高醉中春渺渺愁外夕陶陶新曲尋聲倚名
花逐種褒吟亭披越岫夢枕攬胥濤論議刀矛快心懷鐵
石牢淹留趨海內分散念霜毛鱸鱠紅隨箸蓴波綠滿篙
試思南北路燈暗雨蕭騷

蘇軾次韻周開祖長官見寄（周時令崇德）

俯仰東西閱數州老于岐路豈伶優初聞父老推謝令旋
見兒童迎細侯政拙年年祈水旱民勞處處避嘲謳河吞
巨野那容塞盜入蒙山不易搜仕道固應慚孔孟扶顛未
可責求由漸謀田舍猶懷祿未脫風濤且傍洲罔罔可憐
真喪狗時時相觸是虛舟揭來震澤都如夢只有苕溪可

倚樓齋釀酸甜如蜜水樂工零落似風飄遠思顏棚升諸
謝近憶張子野陳令舉與老劉孝叔風定軒牕飛豹脚雨餘闌檻
上蝸牛舊遊到處皆蒼蘚同甲惟君尚黑頭憶昔湖山共
尋勝相逢杯酒兩忘憂醉看梅雪清香過夜棹風船駭汗
流百首共成山上集三人俱作月中遊海南未起垂天翼
澗底仍依徑寸麻已許秋風歸過我預憂詩筆老難酬此
生歲月行飄忽晚節功名亦繆悠犀首正緣無事飲馮驩
應爲有魚留從今便踏青州麴薄酒知君笑督郵
贈錢端公安道兼寄其弟惠山山人時錢以臺官爲秀州監稅
鴛鴦湖邊月如水孤舟夜傍鴛鴦起平明繫纜石橋亭懶

愧昌寒錢御史結交最晚情獨厚論心無數今有幾寂寞
抱關嘆蕭生者老執戟哀揚子怪君顏采却秀發無乃遷
謫反便美天公欲困無奈何世人共仰眞疎矣毘陵高山
錫爲骨陸子遺味泉冰齒賢哉仲氏早拂衣占斷此山常
洗耳山頭望湖光潑眼山下濯足波生指儻容逸少問金
堂記與稽康留石髓
韓琦周沆著宰秀州嘉禾
庇身名邑得嘉禾銅墨猶嗟滯後科前席未期宣室召聞
絃還繼武城歌酒旗穿柳春堤迥魚艇藏花夕唱和對此
不勞披縣譜且求新句解詩魔

沈括秀州秋日
草滿池塘霜送梅林疎野色近樓臺天圍故越侵雲盡潮
上孤城帶月回客夢冷隨楓葉斷秋心低逐鴈聲來流年
又喜經重九可意黃花是處開
李綱嘉禾道中遇夏子陽
京華契闊已再冬扁舟野岸欣相逢天寒水遠飛霜風談
笑坐覺迴春容年踰七十兩頰紅眞氣上泝泥丸宮剖符
南海寬祇融欲求丹砂訪葛洪問汝執筆侍九重胡爲謫
墮溪山中迂愚久合親耕農君恩未報徒忡忡飄零孤蹟
隨斷蓬他日相憶看雲鴻

沈與求過嘉禾野塘
木末孤煙起夕炊茅檐直下釣魚磯蒼荒遠水連天碧一
葉短蓬何處歸
楊億寄劉秀州
驛置迢迢阻玉音鱸魚江海遂初心朱紱道直消浮謗春
草才多動苦吟震澤析醒千樹橘華亭驚夢九臯禽郡樓
晴日東西望幾處甘棠接翠陰
呂祖謙送邱宗卿博士出守嘉禾以視民如傷爲韻案宗卿名宻
檇李國西門道里去天咫訟庭人摩肩客館舟銜尾涼燠
變須臾怵聽復歡視心平理自見周道本如砥

堂下萬休戚堂上一笑嚬是心苟不存對面越與秦豚魚尚可孚況此能言民君看津頭柳葉葉皆相親

奮髯疾抵几解衣徐探雛古來多快士氣吞雨輪朱簿書高沒人迎筆風摧枯自許豈不豪歲晏終何如

折肱稱良醫識病由身傷開府事如麻豈盡昔所嘗平生老農語易置復雖忘麥黃要經雪橘黃要經霜

游九言秀州道中二首

一春煙雨歇空濛高下川原杳靄中畢竟春光遮不得滿郊花柳自青紅

漠漠秋原禾黍空藤蘿古木梵王宮孤郊野水斜陽外無

數歸鴉落晚風

拍岸清波拍岸埃黑頭霜鬢幾徘徊禾興門外宮楊柳又

范成大秀州門外泊舟

見扁舟上堰來

楊萬里過崇德二首

北關落日送船行欲到嘉興天已明睡起一河冰片滿槌瓊攙玉夢中聲

水面光浮赤玉盤也應知我犍夫寒滿河圭璧無人要吹入詩翁凍筆端

劉仙倫過嘉興

惆悵嘉興路三年幾度經雲帆連夜發更鼓隔城聽落月低煙樹秋風冷露螢客懷容易感宜醉不宜醒

魏塘道中

霜葉紅于染寒溪湛若澄幾聲歸鴈急數點暮山青深淺頻斟酒長途小作程萬緣天已定得喪一毫輕

葉適秀州寄王道夫二首

衮衮紅塵五月留來時落木不勝秋只今春事濃如許萬里滄浪又一舟

潘君狂甚詩能古葉子文高世莫驚何處有田求二頃向來三月決歸耕

葉紹翁過崇德

野塍泉自注斷岸柳空存雨霽雲開塔船過犬吠門柴籬斜著水草逕別通村翻羨田家樂盈盈酒瓦盆

趙潛夫澉浦

怪他蟹舍蠔房地不是吟情住亦難數尺短牆圍畫寂半鉤疎箔障春寒水生草滿蛙鳴合日薄花陰鶴夢安底處青山病司馬浩歌東望取琴彈

陸埈送奚宰二首

茂宰慈祥意三年只似初折腰甯為米掣肘固難書機靜漏浮鳥刑疎網漏魚終然清議在衮字到公車

失學兒俱賴師資點化開砭鍼瘳痼疾膏馥起枯荄指授
方知緒從遊奈溯迴武城門下士應許厠澹臺
周紫芝送黃文若歸嘉禾
烏帽猶銜九陌塵扁舟誰釣兩溪春久憑歸夢尋香國忽
喜清樽對故人滿眼窮愁嗟我老此生交舊獨君眞華亭
一水無多地細作來書莫厭頻
將軍十載半鳴珂才武憐君中異科但把長吟作回雪不
妨瀕海看鰲波 時黃授鹽監 方愁隻影身如寄便買扁舟意若
何一別應須五年事好詩從此爲誰哦
程珌送常世卿歸嘉興

悔作塘山來山深交友絕相逢忽相得乍見乃乍別嗟此
冰玉人寒梅疎帶雪胸次羅文奎筆底耀離纈朝家渴英
雋結網仍高設行且收殊科勉哉嗣先烈一編忠義傳姦
萌歎先折千載懦夫魂胒骨變奇節識此吳中奇復幸拜
前哲何異魯國人一朝獲雙玦晴雲起芝田東風催啼鴂
慈庭有近書明朝動歸轍新抽草可茵微露花堪折相思
復相思後夜天邊月
朱南杰曉發嘉禾
曉發嘉興路人家門未開鬧船側過水漲堰平堆濃綠
暗官柳肥紅綻野梅城中簫鼓發知是使君回
出嘉禾
舟出嘉禾五里城僧樓山塔互崢嶸酒旗密比隨風舞漁
網橫拖漾日晴畫舫貴人帆去穩單衣遊女著來輕山歌
已接長河堰到得臨平月又明
趙善應甯師西閣
飄泊南來幾歲寒追譚往事謾心酸雲煙莫隔中原望歸
折梅花忍淚看
趙汝愚題竹贈衛清叔之潭州
颼颼忽見青鸞尾掃遍翠崖岡上頭昨夜月明仙子過玉
笙吹徹萬山秋

黃幹謝葉宰四首 有序錄二
劾官語溪與金華鄭君聯事相好葉明府鄭出予未及
識適有以予閔雨詩呈似者不鄙而和之輒以爲謝
誰推雙轂達天飛短髮蕭踈早是遲腸斷金錢門外月曉
天秋露稻花時 自注余嘗侍東萊先生出金錢門觀稻花甚樂
歲晚投身糟甕傍旋除野服著公裳折腰可愧更無米羸
得虛堂一味凉
莫若沖初春趙仁甫宴邑官平綠見招
平綠題詩四十年尋幽不厭水雲邊一犁還又耕春後三
白曾來醉臘前自笑挂冠林下客獲陪揮麈坐中賢絕嫌

幻色撩人思怏覯晴川遠接天

吳龍翰嘉禾道中

趂得東風便千錢買一舟嘉禾三日路陰木四山秋野色緘詩思鵁聲替客愁煙波渺無際是處可盟鷗

汪應辰送删定聞人丈歸嘉禾

漫作中都士柴門每日扃遺經究終始奇字講聲形前輩今無幾微言世莫聽扁舟轉河曲已見故山青

婁機題日哦軒

高軒多暇日燕寢獨怡神風俗隨今古雲山自主賓灘平分燕尾松老半龍鱗徙倚清陰下吟懷媿昔人

姜特立出使過嘉禾城外

幾蟻穴天地一漁蓑安得元眞子同編唱和歌

江南清絕處此地數經過疎柳依秋浦歸船亂晚波王佐

王廷珪和葛主簿寄朱希眞

主簿四海士先生千載人羈遊厭旗鼓談笑出風塵高卧

屢違旨榮名怨中身清詩何絕妙鞏曰識餘辛

陳必復舟行崇德

落日挂征帆西風客袂單燈明村店近船重水程寬蘆蓼作秋意汀洲生晚寒鐘聲煙外寺山色夢中看

周文璞檇李道中

吹徹鵝笙醉碧桃古城斜日泛輕舠此行憶著維舟處綠樹黃桑一樣高

何昌弼橫塘道中郎牛邏北橫塘鬨

一舸淩風去縈紆度幾村水清魚引子田美稻生孫山近塵埃遠秋晴枕席濕悠悠迷處所疑是武陵源

方回聽航船歌四首

北來南去鴈還飛四十年間萬事非惟有航船歌不改夜深老淚欲沾衣

南到杭州北楚州三江八堰水通流牽板船篙爲飯碗不能辛苦把鋤頭

雇載錢輕載不輕阿郎拽牽阿奴撐五千斤蠟三千漆甯馨時年欲夜行

南姚村打北姚村鬼哭誰憐枉死魂爭似稍工啚口喫秀州城外鴨餛飩癸辛雜識作跳上岸頭須計取秀州門外鴨餛飩

林景熙五月五日寓嘉禾學宮顧東浦載酒相過二博士偕來飲就醉翌日畱詩爲別

嘉禾古三輔積水何蒼茫舊遊夢歷歷況此逢端陽東艾背人形傾葵抱天常蕭蕭老逢掖得依夫子牆鴛湖無五月宿雨生微涼客從東浦來手持紫霞觴采蒲泛織玉沃我書傳香殷勤兩博士雜出肴與漿書囊談未了一醉齊

彭殤酒醒忽不樂起看北斗芒歲月感疎髩風煙渺殊方
明當理征棹斜日鱸魚鄉
文天祥次韻劉左司營繕事落成適潘秘丞得郡檇李併
餞以詩
蓬壺日月四時春金碧新來絢帝宸俎豆幸陪麟省儁衣
冠中有虎符新詩餘和氣生談麈坐久風光入醉茵多謝
蘭臺舊盟主好歸羣玉領儒珍
元
趙孟頫秀州
秀州人家知幾多郎君兒女唱山歌白馬橋頭拾明月鴛

鴦湖畔折天荷碧水朱樓爲誰惱短簫長笛柰儂何共歸
田園對山色江南江北更巍峩
陳秀民送陸德中赴海鹽知州
陸侯有仙骨晚歲學長生服氣歸元海游神入太清渴惟
餐玉露飢不飯青精酒後頻看劍愁來卽洗纓宦情聊復
爾江海一麾輕
馬祖常送史正翁經歷之嘉興
京華春滿眼楚客傍船歸花送行衣舞鶯從上苑飛盤餐
隨俸入桑芒接田肥鈴閣文書少還知小吏稀
傳與礪送唐子華赴嘉興
聞君秋思滿南湖行李今晨發帝都幕府初乘從事馬江
城還憶步兵鱸村浮白日山侵越湖矙青天海入吳閒暇
凭高動詩興須來一醉掃新圖
黃庚石門
贏馬東山路駸駸抵石門落花春雨夜流水暮煙村久客
悲行役新愁攪夢魂勞生多感慨餘恨付乾坤
陳孚嘉興二首
簫鼓聲中十萬家垂楊淺映綠窗紗象梳兩兩蟬鬟女笑
擁紅橋買藕花
燕子穿煙水荇開顧家猶有讀書臺平生雙耳松風裏又

向華亭聽鶴來
薩天錫石門懷舜咨夜坐
道人挂劍丹陽去欲入茅山恐未曾飛去難尋雲外鶴歸
來獨禮斗前燈夢回洗鉢分秋水酒渴敲壺碎夜冰獨有
江東未歸客西風詩骨瘦稜嶒
方瀾石門曉行
風高木葉脫從此曉寒新積雨初見日遠山如故人煙郵
一葦渡野寺數家鄰獨念行藏異沙鷗未我馴
楊載送邱子正赴海鹽教授
珠生滄海底玉韞碧山中夜氣交明月陽精現白虹有賢

兼重價當代振英風好學由天性能書至國工知名傳冀北作賦擬河東始欲徵楊子旋聞薦褚公陰符難道美遺教實爭雄絕藝雖宜進奇才自不同交遊傾上國掄選屬南宮鄧禹官初試匡衡對漫迴海邦終寂寞學館尙穹崇已注千人錄當成五典功星辰皆在水渤澥信浮空把酒歡何限乘槎興不窮文章趨浩瀚物態入牢籠子必登芸閣吾方守桂叢索居彌寡陋荒業孰磨礱勿獲披雲霧惟思對華嵩知音期郭泰流俗易王充江海從茲逝飄飄任短蓬

周致堯登崇德州城有感

溪上孤城百雉餘城門猶自獲儲胥灞陵空宿將軍騎范叔應隨使者車雞犬蕭條兵過後漁樵散漫市休初老年觸事多成感悶向芭蕉葉上書

送崇德州夏同知

慷慨持征節雄談息戰塵有生皆帝力無地不王臣爲國丹心在論功白髮新他年忠義傳端合繼前人

邳亭貞橫泖（在平湖縣東又名谷泖）

橫泖清晨望人煙樹幾重三江歸禹貢衆水會吳封雲倚孤郈墖潮生半夜鐘田翁談古蹟隔浦是青龍

廣廈人來少青山遠對門緩潮通曲港高樹接遙郈井記袁松宅鄉連宰我墩行吟聊適興心迹未須論

胡奎過崇德

一灣流水碧船到語兒溪官舍三通鼓人家半夜雞大星臨水動斜月傍城低擬作還家夢驚烏莫浪啼

梁寅贈濮元戎

回首英雄郎是仙孤標直跨子房先毓精鉅野麟生處感歎華亭鶴杳年驚坐頗存遊俠氣忘機不似愛空禪遼陽破亂經三載亟起東山試逖鞭

黃玠酉石門待內弟子經不至

乘舟篤言邁長夜方漫漫滄涼物華老趍趕年景換顧予遠適子庶與同館粲近行乃未來久別良足歎

飛鳥有遺音啁鳴念故鄉長風鎩羽翰迴薄空翱翔顧我日衰邁樂子年富強飄零豈不遠死生貴勿忘

方行東歸謠贈貝仲琚

天目青逾藍上有危峯橫空插漢高巉巖滄海深莫測下有六鼇迭負蓬壺方丈於其側山峻極兮水波瀾千盤萬折行路難愁看混沌開鑿處尙有斧跡留人間殳山仙翁髮如雪胸蟠太和吐日月手中鍊石輕女媧五色曾將補天裂憶聞羽客從之遊青霞光亂雲錦裘金雞叫海白日慘桂樹四落空山愁昔年寒月照樽俎明珠百斛輕于土

君山鐵笛悲向人羞殺堂前柳枝舞君歸東吳懷故廬明星古宅非吾居會稽泱漭浙江險誰探千載太史禹穴之遺書輿因東歸發遂作東歸謠他年相憶五情熱應知淚濕雙龍綃

倪瓚元初真士居嘉禾紫虛觀好與吳仲圭隱君遊今年十月出示畫幀命僕賦詩因次隱君韻題於上紫虛觀在海鹽治西南

鴛湖在嘉禾湖水春浩穰家住梅花邨夢繞白雲香弄翰自清逸題詩更悠長緬懷圖中人看雲杖桄榔

釋克新初至檇李

通越門中逢故人爽溪橋上送餘春燕飛官巷桃花老鶯囀江亭楊柳新行李風塵千里道縕袍天地百年身未聞淮海休兵甲回首關山一損神

馬臻送范起之赴海鹽州判分得一字

喬木蔭高陰多君富儒術分符佐海郡不減江左逸晚茲鄉黨彥餞祖賓筵秩此邦足魚鹽利自昔庶出願言問凋瘵惠化均所恤萬物適生意茲理在得一維時青春深烏語柔間日懷君鬱素抱返軫守蓬蓽倘寄雲中書飛鴻及秋律

寄澉川楊如山

吾聞沙邱之馬黃驪牝牡世莫知九方臯去不復有天風吹我滄海邊忽地相逢釣鼇手論文托契輸心胸傾倒金尊斟綠酒登高望遠古意多百年之樂能幾何男兒屑屑志不展秋霜滿鬢空蹉跎酒酣眼極情未畢笑指青山歌落日郤憐徐福向蓬萊蒼蒼煙浪無消息明朝挂席我歸來西湖十月梅花開梅花開動詩思思君不待春鴈回因之一寄平安字

明

貝瓊檇李郭宗夏兄弟五人友愛尤篤後值兵變東西散處宗夏思之爲作五鴈圖賦詩一首

五鴈何翩翩飲啄同清池失路在中道飢寒不相知昔爲八龍聚今作四鳥離驚飈廣漠至十月百草衰天高羽翮短苦受胡鷹欺上林豈不廣念汝歸何時管蔡興流言坐使君臣疑京城死太叔瘡生手刃之淮南歌尺布千歲有餘悲東阿苦不容七步詠燃萁骨肉成虎狼所爭毫與釐我觀五鴈圖爲繼鶺鴒詩

送黃仲篪上官檇李

嚴霜戒秋杪百草俱已衰子別何匆匆一尊聊共持今晨白門道後夜滄海湄長歌獨慷慨健步何逶迤古來聲利場日出紛奔馳進非才不任退亦分所宜吹竽我豈濫售

璞入皆唖峻節當自厲坦途方在玆從容有新語千里慰

相思

嘉禾道中

秀州城下雪漫漫旅客蕭蕭行路難鷹渡空江孤月冷馬嘶長路曉風酸吳趨欲賦知誰和漢節忘歸幾自看俯仰乾坤正寥落雲間身寄一枝安

歸石門

不待秋風起匆匆歸石門宦遊情已薄婚嫁願猶存竹所方開徑花時獨灌園比鄰共來往適意倒芳樽

江漢濮川月夜清遊歌

有客來扣門邀我清夜遊夜長苦無寐夜遊慰淹留于時仲冬十五夜小星嘒嘒奎與婁乾坤上下絕塵滓團圓月色如中秋恰如銀盤出東海照我毛髮寒颼颼此時清興發與客相綢繆即從西街入便至西河頭行行渡溪曲石梁跨清流魚鱗萬屋似城市市廛行盡皆田疇我行興已盡客指歸路休歸去語妻子此時是清幽不知百齡內夜夜得此不生平不作不平事遊時不覺心優游客如有期我不爽相攜再作明朝謀

高敞贈武塘沈徵士

清時猶在野獨卧見高情移艇聞煙唱開簾見雨耕江晴

雙鶴下樹晚一牛鳴回首徒相憶柴車不入城

送唐博士肅移家檇李

楊柳發初齊春陰厭院西故人乘醉別新鳥傍愁啼舟重全家去詩多一路題杏花開北闕誰復共招攜

送陳郎中出守醉李

出幙方為郡行車動畫輪圖書歸省吏風俗問州人塘水龍鱗細城槐兎目新莫言花已盡君到自陽春

送范架閣赴嘉禾兼簡李使君

陸相祠前路孤舟欲上時空江難晚別荒郡易秋悲月送潮生早雲隨鴈去遲幙中知有子太守只題詩

送張文學之檇李

回川帶綠樹窈窕有鳴禽江郭去非遠傷離空滿襟林中古殿靜池上高齋陰應想彈琴士杏花春雨深

徐賁曉發秀州

路出雙湖煙樹東舟行長是雨兼風夢回重有離家恨惆悵春寒此夜中

卞榮嘉興留別諸友

春波門外上春船春漲葡萄綠浸天共君細細酌蓬底西望落日橫孤煙倚篷橫玉徵三弄飛花誰遣回風送須臾月出光滿湖杯光灧灧金波動美人相逢良不多美景豈

可成蹉跎爲歡未久又爲別空勞春夢落春波

張以甯嘉興有感陸宣公事

官家忘却奉天時歲晚忠州兩鬢絲今日北來車馬客夕陽祠下讀殘碑

張甯贈楊憲副築塘

吾聞浙江潮湧撼勢莫比迴流趨鹽官一射數百里海鹽當其衝適際南北趾何年作長防去郭數丈許壘石類懸崖壁立瞰其涘刳中實外障高岸堙入水表裏湖海間相隔纔一指譬如潰瓜形皮好肉已毀潮來石奮角潮去石拔齒時平漸離缺風汛遽披靡工役歲無涯漂蕩日常耳

皇皇魚鼈民藐藐冠裳子剝牀不及膚解牛未得理豈無達務材遺我徒好語使君人中英萬物備一已杳詢度谿如顧盼心隱只發彼巉巖孤砌作盤屈峙軒然巨鼇側坦若長坂迤鏬漏互蔽虧力勢相併倚盈不與石鬭縮不隨浪委肉厚骨不疏腹飽背復僂秦鞭竟空談漢絙無用此何期旣倒瀾忽見急流砥但恐述者能不類創者美速成功易隳舉重力易弛安得百使君歷歲如大禹

徐禎卿嘉禾道中

檇李城何在蕭條艸樹存未温吳苑酒已動越鄉魂問水來天目看桑過石門愁聞鵓領語甯聽楚山猿

徐中行檇李舟中贈張生

相逢秋色滿江湖攜手羅浮興不孤試問舍人春殿柳還如張緒少年無

從庚嶺寄梅花

海中樓閣盡仙家明月遙隨秋落槎若道炎方無過鴈好從庚嶺寄梅花

吳國倫聞故人沈純甫復官志喜二首

微官不解事一語欲回天死決投荒地生餘謁帝年仙班誰舊侶優詔只名賢直道無今古賈生還席前

去國關何事還朝此一時天心存骨鯁吾道起鴟夷瘴癘身差健冠裳夢亦疑向來梅福疏曾恨徙薪遲

途中得吳中望書有感祖墓在嘉興

闕下仙班夢未回白頭相望遠登臺馬經芒部山煙邊鴈帶昆明瘴雨來萬里論心天咫尺百年懷土日徘徊離離高冢虹橋畔猶自延陵瑞氣開

嘉禾道中

津亭落日繫蘭橈檇李城臨海國遙百里魚鹽長水市萬家煙雨瑞虹橋青樓越女歌相屬白苎吳兒舞自嬌最是江南佳麗地可憐機杼日蕭條

鄭曉秋日海上

孤城海上若星棋聞說三遷事更悲百谷東南空地力九

秋潮汐自天時黃灣水落魚鰕亂白塔煙深草木遲暮鼓
年來猶未息何人肉食抱長思
獨立滄溟歎禹功長隄隱現亂濤中鹽田何處蘆花雨茅
屋誰家燕子風漂泊苔痕連水碧參差楓葉帶霜紅珊瑚
樹底垂綸者豈盡天涯白髮翁
徐渭送鳴敎赴嘉興館
念子將飛棹而我亦閉門開筵出海俎滿酌坐芳園客寓
無三月論詩上萬言同心不在此秋夜起煩寃
盧柟登西城嘉禾樓重送張嶁山赴部
高樓西望縈空煙南風渺渺吹河船碧河細草遠相送一

夜飛過黎陽川驚魂如縷隨君還恨無雙翼淩青天魏闕
霾陰雷隱怒霸水橫波不可渡此時揮手重堪悲千里相
逢未有期燕臺倘値悲歌飲擊筑先尋高漸離
王世貞莫大參招飲天甯寺
東風依步屧愛此禪房幽一雨忽秋色諸天來暝愁鳥隨
托鉢下僧逐鳴鐘投倘有三車喻能同信宿留
寄鄭窒甫
十年封事爽鳩多總爲憂時鬢早皤天地祇看容一柱風
霜不遣夢三禾懸車坐領青山色扣角聞爲白石歌共道
履聲明主識璽書何日下煙蘿

劉鳳晚行石門鎭望西湖寄杭州太守
乘輿遠遊無定期舟行常及暝鐘時河平兩岸月初上溪
到石門帆自遲春來花鳥宜晴日湖上風煙有夢思爲報
使君多勝事酒深蘭棹更堪移
至嘉禾
霜滿馳歸鞅言過檇李亭石門猶挂月舊館有疏星已隱
吳煙白還憐越甸青可能悲泛梗客歲幾沉冥
田汝成嘉興曉發別陳子常
江南春盡落花天桑柘籠煙水滿田野店酒香新雨後斷
橋人渡夕陽邊羈懷瀟灑惟歌嘯世路崎嶇只醉眠傾蓋

逢君成坐久片帆乘月下吳川
孫承恩過嘉興
望望吳山水鄉音聽漸眞天涯空歲月脚底幾風塵桑梓
人情好鶯花客夢新男兒詎懷土堂上白頭親
高穀送倪廷用致仕還嘉興
青雲遺宦轍白首夢歸田舊著宮袍重新裁野服鮮草堂
留月色花徑隔塵緣陶令門前柳春來穩繫船
王守仁石門晚泊
風雨石門晚停舟問舊遊煙花春欲盡惆悵遶溪頭
屠本畯次檇李

暮雨飛仍急飄飄檇李船重雲不歸海積水自浮天捩舵鵁鶄逕開香菡萏偏濁醪吾已醉隨分過澄川

薛應旂答鄭嘉興

驛舍臨西水相逢鄭子真幽懷在空谷征旆尚風塵日暮憐漂泊途窮念苦辛文翁元愛士應不爲官貧

茅坤七月三日過檇李城移舟避暑南湖

雲漢火初流江城暑未收憔非蒼水使倦倚木蘭舟伐鼓沖鳧鴈凌波問斗牛夜闌芳杜曲露氣貯新秋

蔡經贈鄭次山守嘉禾

陌頭楊柳綠毿毿相送臨岐酒半酣獨贈一枝君識否欲

將春意到江南

潞河南下望江村草屋無人空閉門誰信三吳歌舞地邇來財賦及雞豚

春波門

旭日照高樹之子戒晨裝雙鵠㩻且鳴孤琴發清商迢迢春波門祖送分道傍感嘆有垂泣顧之縈我腸食祿倏三載撫字慚無方羣囂未屏息歲歉飢以僵殷勤諭主德黽勉事發棠民心轉湑懿菜色甘稻粱茲將遠行邁解纜河之梁黃童與白叟惻惻牽衣裳提攜不可及眷戀徒徬徨

戚元佐任長卿按西江過余泛鴛湖觴之王氏園亭同宗晉卿沈瑞伯作

蘿徑穿雲入松亭抱水斜吏人涼傍竹驄馬晝嘶花臺省留分地文章是一家相過即成別甯惜醉流霞

張佳允送余舜畊曹長歸嘉興

抱病誰憐楚執珪江東芳草正萋萋茂陵春樹浮城郭檇李青山急鼓鼙明月懷人滄海上落花高枕太湖西清時未許先招隱漢柱功名好再題

沈榮聞王伯安過嘉興驅舟特訪不遇

出門未梳頭旭日紅欲起遙持十年意瀼瀼扁舟裏停橈問北郭遲回復西市高人不可逢寒雲卧秋水

沈周題沈月溪卷

月爲大家物何獨此溪有千溪萬溪月同光無薄厚惟是溪上人雅與月相偶君于此溪外他月能識否超遙見在鏡此月隨所取低頭弄清華白璧落我手尚呼酒酹之溪月我三友

項元淇重陽後嘉禾堂翫月

王麈清談秋水涯竹林深憩夕陽斜蘭尊未盡歌前酒菊檻猶芳賞後花灌水涼多風屢拂虛堂夜靜月偏嘉不知坐久侵苔石已覺衣裳浥露華

乙卯春倭奴據海壖自八團七團以次侵入柘林曹涇等

地荅自去年夏秋間去住自由了無阻扼當事者計無
所出若置此地於度外正月稍稍南出二三月徑襲崇
德城陷因剽掠德清練市烏鎮南潯震澤皆湖州地盤
旋幾月四百餘艘捆載北自平望循嘉興東還官兵奔
潰死者三千餘遂安然抵柘林舊巢矣至四月廿二日
復南出自鹽官趨嘉興沿西河秋涇北去聲將指蘇也
會永順保靖兵徵至遇於央江東乘鋭斬獲殆三千餘
此未之有也師旋凱樂播之歌詠前是田州守岑孟妻
瓦氏率兵勤王雖無成功亦勇矣義在得述
君王神武馭英雄五寨保靖三溪永順率服同敵愾本期終殄

絕太常已擬待元功
利刀八尺一鉤彎軍有鉤刀手名勁弩千鈞箭羽斑蕩寇疾如風
電掃歸師競執馘俘還
自昔倭奴畔海陬元戎獨數廣甯劉洪武初平江倭功封廣陵伯于今
郢楚多飛將當亡甯勞南顧憂
皮服猩猩血染腥兜鍪鳳翼赤龍鱗翻令婉嫕爭雄武始
信鬚眉多婦人
沈奎和史大參登嘉善西城翫月
朝發西水濱夕登城上樓凭樓望行客落日明長洲天際
征哀鴈雲邊急歸舟相攜得高侶呼尊成讌遊滄海放孤
月桂滿清光浮良晤豈前期嘉賓信難求露下忘嚴寒城
隅行且謳慮淡勢自輕心交意終投此夕是何夕張筵爲
誰酉中夜忍分袂城戍傳更籌不寐憶清勝翻疑夢初收
人生貴適意一遣遺百憂
胡應麟登檇李煙雨樓寄沈純父侍郎
夾岸春波漾緑蘋千家晴色照垂綸獨爲煙雨樓中客遥
憶昆明殿裏臣九塞兵車閒仗鉞五陵冠蓋避埋輪應知
屠狗風塵下大有華陽擊筑人
屠隆喜馮開之予告歸
滄江豈是學垂綸龍性終於不可馴三殿晴雲傳賜詔五

湖煙月引歸人西灣水緑堪消夏南浦花紅好送春持節
歸來還四壁蕭然惟有馬卿貧
申時行御史大夫沈純父邀泛南湖集眞如寺
畫舸乘流錦席開招攜仍到給園來新投慧遠三生社舊
識休文八詠才抗疏功名眞脱屣逃人踪蹟且銜杯相從
並是忘機者湖上羣鷗莫浪猜
祝允明秋晚嘉禾道中二首
晚發西南郭秋深雨氣偏人家低似岸湖水大於天日嶬
長如閣風檣不用牽辭燕還入越纔費半流年
湖尾横波急船頭轉港頻幾家危傍水一木老存身黄菊

看如客青山坐送人空舟隨處泊不用擇行鄉

王穉登夜泊嘉禾

此邦名檇李異代產嘉禾煮海嚴刁斗栽桑富綺羅魚燈歸市盡鴈塔出城多百里分吳越鄉心奈客何

湯顯祖秀州

雨溼松陵春滿煙杏花榆莢映新田不知何處唱歌好東柵平湖日夜船

孫遜司還嘉禾懷馮心易岳石帆

家近南湖煙雨邊漁歌那復羨臨川君看滿目高華客大向雲林作散仙

不爲蓴絲想越鄉斷帆秋老秣陵霜歸家得向錢郎醉分取吳江蟹半黃

王叔承入越觀潮同陳濟之諸子石門雨

孤帆下石門旅宿暗秋原兩岸蘆荻雨幾家桑柘村酒堪今夕醉心與古人論此去錢塘近江潮引客魂

章士雅大滂行二首

濃陰不可極五月氣如秋水闊搖殘樹沙傾出亂流村農無故業野老有新愁最是滄洲吏含嚬向白鷗

白浪全生戶青泥半掩扉溼薪燃鬼火嬌女泣牛衣萬井蛙聲合千畦荇葉肥流民應可繪莫道一官微

方太古嘉善夜泊

十月望之後崎人何所歸江清霜氣薄堂靜夜燈微木葉背風落孤禽向月飛援琴不成調新淚欲沾衣

何喬遠答嘉興陳無功

野鶴羣中不受塵歸家屠釣得天眞泉書兩牘（無功所著）堪稱史爾雅稗官有此人吳蜀名都皇甫序春秋繁露漢時臣江湖魏闕吾無與已掩山扉欲廿春

都穆舟次石門

讀罷新篇如靦面石門知有幾番遊小軒暮坐清樹甚落日蟬聲碧樹頭

黃輝送章循之赴嘉善

東來翻出國門西雪路南枝望不迷仙吏故鄉長水近美人別恨遠山齊乍便越舫移萱背不隔吳歌過韭溪家世風流誰得似向來看劍氣成霓

李日華題由拳讀書圖

淞陵南指禦兒東小築濛濛煙雨中繞箭王餘千縷白堆盤郭索滿筐紅朱簾竹檻家家月青舫蒲帆浦浦風合眼不須思岱華一痕猶得見胥峰

樊維城覲還東鄉薦紳詩

二載徒䓁飽千程入帝都人如春柳弱蹟似塞鴻孤注考

誠宜下無才亦不虞見君仍賜璽又得仰前模

父兄夙所事承教尙如新梅柳皆生趣桑麻可得春年深

吏事習宦久物情眞勿以疏慵棄箴當朝夕頻

海邦春已暮民事始相侵紅女修筐筥漁人視罻罧插青

祈甯雨熬白苦多陰不識今時候容能愜衆心

吳山禾水道中　秀　閔

春早猶寒草未齊落梅村墅鷓鴣啼虎林煙月勞清夢秀

水雲山入品題竹岸人家門巷靜桑園風景夕陽低小橋

漁艇閒來往何處花源更有溪

嘉興府知府善化許瑤光重輯

藝文四

詩

國朝

吳偉業送曹秋岳以少司農遷廣東左轄

秋風匹馬尉佗城銅鼓西來正苦兵萬里虞翻空遠宦十

年楊僕自專征山連鳥道天應盡日落蠻江浪未平此去

好看宣室召漢皇前席問蒼生

朱彝尊題嘉興李武曾灌園圖

荷鋤忘旦暮得愬北堂萱人在一方水天留數畝園讀書

知孝貴食力羨農尊閉戶高吟外垂垂雨露恩

姜垛自楓橋至嘉善舟中雜詩

天子念堯封將軍重保庸荒烟浮地遠戍壘望雲重羽箭連青

海銅牙障黑龍傳聞帷殿出惟傍翠華容

方拱乾檇李感舊

甲申來檇李乾坤方多虞傷弓投穩枝羣指鴛鴦湖湖上

借書屋俯手拾茭蒲湖下繫畫船夜酒朝可漁朋知多餽

遺米白盈酒壺是年春大雪梅花壓屠蘇野麋耽集聚今

哺謀妻孥鬮議昧先幾遂欲長安居誓賣桐城田并棄白

門廬轉盻大地搖遁跡海西隅眼望烟氛紅腥風徹太虛回船泊舊岸華屋成荒墟戊子再經過人民漸耕鋤今來景物壯城闕耀臺輿煌煌甬里街高甍百貨都向無片瓦存今如崇禎初眞如浮屠寺劫火延浮屠寺僧指檀那木石謀更圖興廢廢復興轉換付須臾一身歷治亂得天賴頑愚三宿戀桑下況乃歲月餘步履獨故新中腸鬱難舒復此悟身世漚沫同乘除當年披破衲入市兒童呼至今平橋畔依稀識老夫

曹溶袁寶齋王邁人項東井陳用宣姪堯夫集采山亭限鍼字

斗運初熹節州依薄海陰萬家迴凍冢一老塞蕭森臥輟嗟廉吏郡丞季闓山以鐫級去揮戈惕素襟牛將疲漢喘象莫審商霖火借星橋剩春從蟄戶尋狎來存土俗動處見天心古致閒雲在

恩光湛露深新得免加徵詔掩關情不愜贈縞道相欽肆雅當酤酣陳著到盍簪碩儒周自貴渴病越同吟歲歉餘盤菜寒消感砌禽竹迷茶臼遠苔淨鶴巢侵小藝凌霜樹堪橫啟曙參皴乾貧石髓鬢嫩怯蜂鍼泥軟輪無染寶齋邁人皆步至欄空屐易沈醉呼燕市月清逼晉人槼此會聊投轄諸侯孰贈金傷多添意氣痛定必山林寶劍鳴如昨扁舟逆至今挂帆乖甕偶闕匣待知音窮鬼全膠漆文鋒侈縱擒勇曾逃仕瘴羸勿悔書淫拂蠹僮能習浮蛆麯更斟憤腸崩峽溜苦語激秋砧捷奏方乘傳苛征乏獻箴違時耽巘嶫遠座乞球琳韻齋神適助毫香帶亦款輿移殘永漏快甚撤重衾反籍狂爲藥兼容礦作琛屐期湖上去傑構補危岑美闓山修復烟雨樓

與右吉商草檇李先賢傳

幼學何來髮漸皤銳心積日恨空磨地分星野春秋古道叶明良宰輔多自失鄭公無斧鉞謂端簡公眞嫌戚子隘搜羅秉閒小屈如椽手益部襄陽並駕過檇李往哲列傳戚尚寶元佐著不及明以前人物

當湖懷古四首

菁事惟聞巨鎭偏彈丸封壤畫原田天闓桑柘收平野地擁蛟龍俯百川積鹵夜明千竈月麗譙朝散石湖船近逢仙令多閒暇臨眺長歌大有年

宋室南遷此附畿溪連村郭憺忘歸僅傳宗子耽書癖謂趙孟堅亦有名卿得性微謂闞魯諸氏遊舫畫停花外榜釣絲秋漾石爲磯一從別邑開雄象滄海雲霞百道飛

分穎新圖海上餘煙横萬井見安居山靈欲厭秦皇氣鄉俗爭誇陸贄書鄉水西迴漁舍集朱樓俯瞰雉城虛欣逢

盛世徵求備叢竹初開處士廬

乍浦孤城泣遠烽島夷曾此駐艨艟兵威閩粵開專閫廟算神仙仰世宗騤馬沙平吹萬柳射魚波靜立千峰即今荒服圖王會戰士無勞甲數重

黃雲經落帆亭是癸巳春與陳澹仙先生別處

故交十載散浮萍檇李風煙此再經今日獨嚌磨鏡具當時相送落帆亭東門蟻酒春猶綠南浦絲楊晚更青只有寢園生宿草鷓鴣啼處不堪聽

李振宜送沈磬聞歸嘉禾

明月何皎皎白雪何漫漫借問誰家子中坐發哀彈沈子

來檇李腰細帶殊寬少輸并州兒不屑事銀鞍抱書守家風夜猶升屋看二十餘年間都爲兵火殘海內今無事烽火報平安家道已衰歇萬緒如歲闌豈無木石銜大海何時乾思憐微禽志結痒心力殫異人授祕籙亦知玉當餐祇園慚邑馬世俗實寡歡苦言接軟語余聞再長歎朱門臭酒肉高士稱貧寒身墮塵壒中可謂無心肝一唱黃鷄曲星斗欲闌干江畔有輕舟羽翼未爲難但憐餘雪在愼勿著衣單

張玉書送吳孟舉歸石門

殘雪官橋路鶯啼送客亭人歸芳草綠春入片帆靑摩碣收奇字囊書擁石經清流眞第一相望暮雲停

孔尚萃嘉興道中

苕霅村村水流來有落花好峰行恐盡芳草思無涯棋局雲容變機絲[illegible]陣斜鄰舟星月下野泊即爲家

陸圻風雨過

昨宵泊鶯脰今[illegible]近南潯四野寒烟重三江新漲深景陽曾苦雨子建亦悲霖何況停橈客鄉思淚不禁

項玉筍朱芬石招遊鶴洲與旅師茶話

載酒尋春乞看梅到鶴洲雲深三過寺（東坡訪文長老處）雪映兩湖舟（圖居鴛湖之中）喜客開芳徑延僧閉竹樓亂流趨渡處補得

小山幽

朱克生同計甫草泛東溪訪朱子蓉不遇

迴廊高閣幾躋攀鼓枻仍尋舊路還翠竹兩崖人不見塔鈴聲在水雲灣

徐崧冬日集曹司農秋岳倦圃分賦

聞有金佗集（武穆孫名珂著金佗粹編于此）曾居武穆孫昭忠（又昭忠書院故址）書名不滅懷古蹟堪論老樹山藏徑扁舟水到門臨淄觴詠在直欲擬西園

孫自式夏日游嘉禾褚孝廉園林登峰在閣

高閣白雲齊相招共怡悅開襟受涼風不覺生冰雪孤塔

當窗牖平疇接林樾時時見山僧來往踏松月竹窗常晝
陰花繁自夜發王八意無窮清歌時散髮

徐乾學海鹽同吳修齡彭駿孫作

鹽官郭外霽烟開馬鞏遺蹤問俗來百里風帆連浦漵千
畦井竈變汙萊海雲想像鴛機錦潮信分明葭管灰東望
扶桑幾萬里陽烏易逝不勝哀

俞汝言檇李三忠詩

吾鄉故饒忠義即建文中程楊輩其人也精忠苦節布
在方策以時遠不具論天啟丁卯魏公首忤奸璫瘐死
詔獄崇禎甲申京師被陷帝后殉國吳公自縊以從地
下乙酉江南不守徐公時家居誓與城俱亡三公者鄉
先生也魏吳兩公生不獲瞻拜顏色徐公屢獲燕閒得
侍杖履然魏公子學濂孫栯吳公子繁昌徐公嗣子杜
臣皆生友且親見其槩托諸詠歌以志景仰之私云

吏科都給事中贈太常寺卿魏忠節公大中

魏公稟庭直矯矯負奇節夙昔厭膏粱食貧以自潔十載
伏青蒲封事屢摩切時當驪龍睡豎貂肆竊竊痛哭丹陛
陳壯志何偈桀朝騰司諫章夕暮膺金鐵妻子飽糠秕獄
吏日饕餮鍛鍊既以深土囊一朝設褒章榮身後帝曰斯
臣烈三子志不同忠孝亦並揭

太常寺少卿贈兵部右侍郎吳忠節公麟徵

奉常何卓卓夙齡表英朗鸞翮既云翔志已超吾黨再司
郡國理金矢貞不爽帝用嘉直臣屢擢青瑣長蹇蹇事匪
躬屈軼樹廷壤紛何國守疎黃巾遂攘攘龍馭忽已升雉
經亦繼往實惟妖夢踐國破委草莽斯人千古徒我昔瞻
遺像清風百代師頑懦興景仰公第時夢人書文信公詩山河破碎風飄絮身世浮沈雨打萍之句

太子太保吏部尚書徐忠懿公石麒

尚書秉清規雅範式朝彥婉婉晝遠謨休休獎羣善夷居
何恬愉深藏類愚賤及乎臨大節圭鎮屹然奠援忠忘身

眚體國計時便一違柄臣意曳履下清殿遯野自蕭條社
稷隨舒卷江介既已披忠懷亦云展存亡與代俱魄往神
不變吞聲譜徽烈遺風有餘絢

二十篇

乙酉之變高子昌荅死於兵居子震光削髮入道二子
者余友詩以述之

南風飄飄暗塵陌戎馬一夜屯城北馬上纍纍載婦女抽
矢橫刀恣戕賊牛酒迎拜者何人戔戔進賢居顯職高生
居生志不平棄置家室捐爾生穿齒透爪傑士分空門老
去全其名泰華崩摧黃河走誰能砥柱砣然守就義從容

香滿城二生烈烈眞難偶秦溪賤士何所為霜天老樹俯東籬一絃獨鼓被髮臥五柳牆低醉不辭豈無妻子飢欲死禾薇千載高名垂嗚呼二生眞我友保我初服期永久

高珩泊舟三塔寺前見先大父築隄碑記感賦

百載金堤利尚宏橫遮衣帶浪崩騰遲舟看竹穿荒寺下馬尋碑問老僧載酒須穿霜後葉放生誰續塔中燈先公賜履遺謨在再拜摩挲百感興

三塔堤邊一繫船殘碑讀罷意淒然水犀百戰春秋地花甲重周壬子年芒屩行沾吳岫雨布帆遠挂越溪烟羊公峴首思前事自愧江湖雪滿顛（案碑文爲萬歷壬子秋郎念東先生生于浙署之年）

支許追隨喜此行滄桑過眼意還驚新來風物或同異舊日交遊半死生煙水雙舟楓下宿霜天雨度越中行故人湖上應翹首為祝長風促去程

嘉禾道中

煖應小春十日晴濃雲潑雨怒潮生孤舟短燭薰香臥斜漢殘星破曉行人望青帘商酒價馬嘶紅葉帶溪聲妙高峰頂知誰在童子南詢憶福城

落照荒陂急槳行幾驚滴瀝綠波盈寒霜催柝人無寐急雨連溪夜有聲雲嶠青蹊追舊約蓬窗紅日待新晴茫茫震澤天無際又喜飛雲貼水平

潘耒過長水訪朱竹垞閱其藏書同過天香菴看梅尋繆天士李斯年周文石諸故舊口占長句

將為汗漫遊取別膠漆友小別動經年那能遽分手我已懸旌不可留君言停橈且少休予非壯年我頭白豈可相遇如浮鷗感君此意住一日閱君藏書富無匹列櫝芸籤盡祕本連牀蹏紙多鈔筆隻字搜來刦火餘兼金購自故家出一鬻已堪壓鄴架三篋定可補石室今年積寒勒江梅絕奇上巳逢梅開野菴疎籬十數樹娟娟香雪粘蒼苔此鄉故友多零落繆李猶存欣矍鑠浮沈不異九秋萍出處何殊一邱貉古南禪伯今則無（牧雲和尚）米市詩翁不可作（文石之父青士）人生良晤非偶然不惜明燈照深酌吾曹自有千秋

期莫嗟衰晚愁鬢絲旂常鍾鼎非吾事著書藏山猶未遲我方躡屩登匡廬君亦浮舟遊武夷歸來各攜赤文綠玉字要補上世石鼓銅槃辭

彭孫遹夏日過孫大山梅溪精舍題壁

灌木蕭森敞夕陰禪關下枕碧溪深徵君廬阜新歸社高士蘇門獨鼓琴疎磬晚通風竹響清蜩晨抱露桐吟頻年湖海嗟行役何處相期出世心

南湖觀漲

水滿寒塘似不流亂帆乘漲晚來收斷溪不辨孤村路遠

嚴冬凜凜朔風餘碧天生雲雲卷舒寒光杳冥白日晦吁嗟萬物方權輿琳宮寶閣生輝彩霜花凍瓦遙相待蘭亭艷質未足觀梓澤高人竟誰在高人今日自相將莫辭晝短苦夜長作賦還思驚八斗雄談直欲傾千觴先生飈發吾黨間清風灑然不可攀軒裳雲晃舉一笑襟期放浪留湖山湖山飄飄解人意烟霞結伴尋眞寄渺渺雲開天始靑迢迢歲晚波空逝却憶名賢此日生峨眉秀插雙芙蓉徒聞墨跡遺三過幾見丹靑下九重當年磨蝎時長嘆只今海內傳詞翰待漏金鑾詎足榮押牙紫府初登岸前暉後映誰酬唱先生却出秦黃上海南明月古今同嶺外梅

花今已放先生歌爲諸君壽諸君試進一杯酒不向溪邊采杜若那堪塞外歌楊柳寒花春花參差開江南亦有嶺南梅凝霜結露曉難必感時懷古空徘徊文章月旦留芳躅山水應知君所欲不然胡爲六合皆鴻濛長嘯一聲下視塵寰中先生小子詩酒長相逢張華自識三都賦愧我才非左太冲

查愼行禾中田家

到耳初聞鵓鴣啼平疇小稜趁高低茅鍼已老桑芽嫩時節人家正劚泥

冬曉語溪舟中

樹高懸細雨舟催渡客歸紅葉暮釣魚人老白蘋秋西風處處煙波闊搖落空生萬里愁

病南湖客樓以疾不及訪旭曙悵然作

湖上風吹綠滿林憑欄商氣入蕭森高樓雨過延秋暝遠水帆迴卸晚陰多病自驚吟骨瘦澆愁不厭酒杯深故人近在城西舍乘興行當更一尋

登郡樓眺望

晚出嚴城道步至東郭門高樓一長眺秋色滿郊原地帶江湖阻山連海嶠昏天低雲影碧日夕秋陰繁東髮倦行役車馬怠且煩途窮起痛哭慷慨憑誰言解劒謝知己荷

鋤歸邱園意氣忽已盡功名安足論

黃與堅語水道中

垂垂雲影黑吹雨入篷窗樹迴爭遮越山低欲渡江一灣打魚舍數點採菱艭更作回頭望汀飛白鷺雙

朱彝尊送樊明府咸修之嘉興

仙鳧南發指江關到及梅花點地斑倚郭千家齊傍水登樓百里更無山郊坰近日園亭少旱潦頻年稼穡艱憑仗賢侯妙爲政不難風景舊時還

徐嘉炎十二月十九日東坡生日譚掃庵先生於南宮舉滌塵第七會

江鄉已半落冬候更蕭條風葉鳴孤樹霜溪影一橋沿塘收蟹斷遠市插魚標雀鼠何多耗軍荒爾獨驕

曉過鴛湖

曉風吹我挂帆行綠漲春蕪岸欲平長水塘南三日雨菜花香過秀州城

蚤發嘉興

茫茫曉路出杉青風色初回霧氣醒夾岸黃雲三十里片帆飛渡菜花涇

萬斯備嘉禾寄懷巢端明先生山居

戎馬徧南國荆扉獨隱淪琴書娛白髮肦蕩失青春世事袁閎老生涯阮籍貧向來高蹈志寂絕更誰鄰

楊樹聲褚研耘招飲園亭

寂寞揚雄宅蕭疎仲蔚棲雲封石砌暖月出版橋低弱柳迎樽舉名花引杖藜那知千古意珍重付黃鸝

黃陽生醉里訪褚研耘先輩園居

十載聞風義今來訪隱淪浪遊爲俗累高臥足天真暗水趨池滿秋聲出樹頻會心何在遠魚鳥自親人

王爾梅晚泊嘉興

日斜低檇李蕭寺起鐘聲燈火移舟見星辰穿樹行近城喧爆竹到岸罷棋枰應對鴛湖月飄零酒一觥

張履祥壬子仲秋許大辛過半邏候予不至留詩一章末有閔農句述此以答之

閔農初望雨插植苦不前植之未成苗飛蝗忽至焉趯趯蝝既出憂心殆已煎八月霖雨作溝渠成巨川車戽兼晨夜伊誰敢息肩所冀雨滅蝗庶幾小有年重經水旱後殘喘或得延豈知既尤篤降此蟲萬千集根苗遂槁集穗幹失鮮初猶十二三漸乃靡一全爾望皆朽折西陌接東阡蒼天誠何意斯民日顛連仁愛甯異古必也民多愆我友其敬矣三復有皇篇

俞瑒右吉先生過桐溪鹿牀與余皆同姓也作長句贈之

月上梧桐映草堂尊前握手語文章三人恰喜皆同姓一夕相逢在異鄉江左詩篇推大謝西都經學辨公羊吾宗並有耽書癖欲向名山問所藏

王士祿禾中二首

挂席東南日裴回問水鄉山連秦駐遠溪溯越來長阜帽江花映青簾杜若香落帆亭畔路吟眺意蒼涼

江城還檇李望古一踟躕老寺裴休宅春沙范蠡湖遠烟明渚鳥斜日冷檣烏太息東流水年年浸綠蕪

石門

落日石門路語溪明夕波女牆纔幾尺一半入藤蘿

王士禎送杜尚書肇余
予告還嘉禾二首
遺榮一疏謝金貂祖帳東門集百僚北斗文星兼將相南宮地望迴雲霄直淸譽重推三禮禁近
恩深荷
兩朝最羨鱸鄉亭下泊蓴絲入饌雨瀟瀟
潞亭雲樹望中迷一片歸帆落日低心戀瓢稜別金馬夢迴煙水聽潮鷄五湖鰕菜身將隱九列功名物久齊亦欲投簪東海去便從梅里問幽栖
俞昰僻處芒谿幸無兵馬之衝感賦
市盡橋通一柳郵先人風雨敝廬存門沿細草鷄豚散路折平林鳥雀喧客過每逢花在几躬耕直欲稼名軒牀頭數卷猶無恙自覺箕裘吾道尊
周篔懷桐鄉張考夫
契闊張夫子平生實典型立言惟布粟爲政在家庭上下論千古東西有二銘開堦帶草色幾日又靑靑
彭孫貽桐鄉夜泊
桐鄉無限綠桑柘抱城灣微雨冷秋色淸溪明客顔岸花村逕暝船火夜漁還遙指靑帘下提壺叩竹關
沈荃壬子長至日過嘉禾適古燈和尚駐錫龍淵以詩見

示依韻酬之
葭管陽囘客裏過幽懷常自遣烟蘿擬從初地窺金相未許雙林繫玉珂塔影曉浮寒樹迥鐘聲晚逐野雲多與君漫話無生諦十載風塵悵逝波
屠廷楫淲湖雜占
五龍溪遶仁王塔放鶴洲藏釋子廬好景兩湖猶未足碧光池上看朱魚
坐嘯乾坤雲與齊故侯落筆笑天低二三父老霜侵鬢猶對新樓說舊題
李繩遠南湖春詞
鴛鴦湖頭翡翠樓鴛鴦湖畔木蘭舟幾度相思隔春水憑欄日暮不勝愁
倡家門巷柳陰迷吹管調笙和曲低曉帳春寒人未覺城烏聲起畫樓西
嚴勳夜泊語水
一望寒烟渺扁舟傍大溪怒濤兩岸闊雲樹萬山齊風急漁燈暗霜淸鴈字低客途愁不寐危坐聽鳴鷄
查容由西塘抵楓涇
蘆荻風多颭雨涼漁村歷歷似瀟湘烟波千里横塘路鴉背西來帶夕陽

沈季友雙珉詩（爲王柘湖李龍湫兩先生題墓作）

埋玉荒留野蔓中柘湖遺韻湖嘉隆世皆欲殺眞名士官亦宜呼小醉翁（先生由中祕謫判滁州）有客苔碑題晩翠無兒麥飯哭春紅一抔不閉才千古葉葉吹入鶴鷺風

龍湫老去大名存一拜春荒小墓門鷗外盧空符劍夢（先生居日鄰鷗會夢天上墜劍而喪子）梅邊月到想詩魂（遺稾有梅花百咏）青山獨映連蜷字白叟同澆塊磊尊（謂王復園）不有半堆冰雪裹誰將冷骨傲乾坤

雨俎詩（爲李因仲馬和衷兩先生從祀鄉賢作）

吾生不識老夫潛（李改名確字潛夫）仰止高於萬仞尖葱嶺倘穿

居士屩（嘗織椶鞵鬻於僧以易食）屐園空閉隱居簾（其居曰屐園）魂來午海潮頭壯名在丁祠座尾嚴所重豈關香一瓣要將苦節破濃甜

聞風自小束書藤今日纔容拜豆登同氣難爲聯璧弟（馬之兄給諫亦貧隱操）渾身苦似打包僧香名國典還堪勒碧血人心尚可憑無後益章公論在熱雲不化此清冰（惟一女適吾家雙松老人夫婦皆下世矣）

陳維崧舟次石門

小邑一江明江頭鸛自鳴那堪今夜雨獨宿語兒城作客年空老依人氣未平此鄉烽火後戶戶擣衣聲

姜圖南晩過語溪

歸棹已如此微微向暮情豈知秋月滿更覺野烟生帆落斜依渚人歸半入城紅霞飛不盡一片樹中明

楊雍建南湖有感

佳人何縹緲綠水夜光浮寂寞梨園曲蕭疎竹徑秋滌愁還問酒乘興旣登舟鄉夢蘋花冷浮生愧浪游

吳爲龍壬寅九日長水李分虎席上醉贈諸同人詩

九月九日天氣涼出門爲問君子鄉挂帆一下秦谿路乘風直到長水旁長水邐連李氏堂芝蘭玉樹生輝光（李氏昆季長斯年次武曾次分虎）二陸風流昔鳳翥三謝文章今雁行雁行儒

雅眞堪羨冥冥高飛雲漢翔公超舊里變成市海內名士居相望海內名士稱朱郎雙珠照耀何煌煌（朱氏昆季長彝尊次彝鑒皆有詩名自郡城遷于長水）休公石公揚清風道安慧遠同芬芳（休公武林人石公故鄣人皆來振錫于長水）坐上客滿皆賢良周生林生才昂藏（周名負林名尹詩最著）後來英俊不可量是中年少推周篔（負之弟）我行對之喜欲狂相知爲新樂未央丈夫意氣會有在見之不覺披肝腸玉漏迢迢秋夜長明月皎皎照嚴霜論文浮白慨以慷高歌長嘯神飛揚吾儕會合甯無意素心原在窮縹緗今日相見不盡樂明日相思天一方

殷薽嘉禾道中

柳邑旗亭半郭村昔年遊處景猶存船過三塔驚龍窟漁集雙橋見石門乍得市酤銷白日卻看戍火又黄昏南行不厭宵征苦十載滄洲繫夢魂

沈道映登武水城橋望胥塘

閒攜雙屐向河橋綠墊青塍入望遥幾處鶯花迷古巢一川煙雨送輕橈英雄去後名還在芳草春來恨未銷無限吳宮零落盡空城猶在伍胥潮

鍾欽立秋涇晚發

落日片帆輕春江一望平微風三十里已度射襄城岸岸垂楊接村村布穀鳴不愁明發雨魚尾斷霞生

錢芷退倭歌

明嘉靖丙辰倭寇東南間由乍浦入攻禾轉掠桐邑金令之築城阮副都之設守宗義勇之血戰功績著國史縣志而父老每言城圍時困四十餘日阮鎔釜鐵以灌麇賊數千遂遁得全法創而效捷曾不知計出何人康熙庚寅春過柞溪沈氏讀其先東溪公退倭紀畧始聞所未聞于遺錄而百五十載之湮没得賢裔表揚知設策功不在宗阮諸公下歌紀其實以備採風之補掇云

嘉靖年中海氛擾鯨鯢走陸蛟離島東南一帶盡遭迍廟算無成空撫勦禾郡近海稱要衝沿塘轉掠蹂吾桐桐城蕞爾況新築築工未竟城先攻阮公金公相犄犄遊擊將軍血戰死四旬圍困苦難支斗絕何堪累卵似誰歟畫策挫鋒布衣乃有東溪公獻奇宵倚礟石力卻敵惟將釜鐵鎔鐵鎔成汁勢彌熾一灼旋澆百人斃骨糜肉爛幾千餘俄頃之間窮賊技火攻那必法孫吳田單火牛能似無全城退寇厥功偉匾書衙授徒區區此事沈埋百餘載故國邱墟朝市改但知績向當時傳豈識名從田塍採柞溪賢裔琳與梁少年秀萬工文章競追祖烈廣搜採從兹志乘添輝光功德于民世祀永如公保捍事實審俎豆春秋報若何金阮宗祠應附沈

陳光裕歸自桐鄉途中口占

雨過桑畦潤風來麥壠香深村人寂寂忙殺養蠶娘

沈進自桐鄉至濮院舟行二十里夾岸深林茂竹清幽可愛口占四絕與碧巢

出郭迤東正午晴小舟欹側御風行麥枯豆坼蠶成繭桑柘陰中見太平

溪橋罨畫掩籬門處處繅絲不出村野老看人漫停棹綠波翻動小魚綸

粉瓣檀心葉底藏刺花開落拂衣香水楊陰下清無暑細語黃鸝白晝長

欲尋深隱臥溪山咫尺雲林未擬攀何日把茅苫老屋留君小住萬松間

俞南史阜林舟中和薩天錫韻懷汪晉賢

南風吹船疾如射遙山隱隱飛蒼鶻溪灣葉亂魚戲波菡萏花濃香未謝美人不見空暮雲月出山橋傍茅舍思君不寄一行書舊驛荒涼無使借

張劭贈陸稼書先生

屏居移疾後課士罷官時進退平生裕文章當代師簞瓢存至樂風月有新詩倘許過從數洮洮領緒思

朱鶴齡朱錫鬯過訪時膺舉將入都

相國門庭高孫枝盛繁衍韋經與魏笏傳家未云遠予蓉懷儁才錫鬯霸文苑相攜入竹林時推大小阮望望一水間韭溪清且淺形跡何參商如隔陂陀緬席門忽見臨藺風拂倜儻予肯遊京都才名噪軒冕今者徵賢良一舉覲禁籞豈無傾國媒行見霜蹄展如余悠忽身自安蹩齒蹇江千肯維舟木榻同息偃

錢陳羣乾隆甲戌上旬郡守舉鄉飲酒禮即事敬賦和張徵士庚韻

由升及拜既禮樂安且節器數本自然於以寓施設聖務重引年鉅典三光揭眾著達州郡如星各陳列孝治隆漸摩四海歸有截闔茂守歲辰孟陬指寅月堯階蓂莢齊萬彙方生發盛氣導之來溫肅見更迭行立和不流身正義無褻我生慕緇衣對之心如結洋洋聞二南雍雍告三闋信修比造車自合門外轍君子飲無數令矩必中折惇史我未逮厥事敢勿述側聞司正言賓主幸無越乞憲念上庠同日胥欣悅

沈天基和前詩韻

王道本自然聖人以禮節制爲鄉飲酒位如天地設三讓定賓筵四維互昭揭煌煌俎豆陳肅肅冠裳列齒德苟非儔坐與善良截布澤自

朝廷欣逢始和月庠門善氣迎生意油油發嘉哉鄉大夫洗爵相酬造觀者如堵牆長幼無敢褻此爲仁義根至性所由結拜至禮益恭拜既樂乃闋攸好在秉彝古今同一轍揖讓靖囂爭規矩中周折小子樂觀型先民盛傳述欲清聚訟端罔遺範圍越風俗繫持衡揚休符眾悅

羅鳴鑾同張鐵珊訪浦山徵君

移家近在子城西妙畫貽來手自題十丈松風樓上坐須知高士愛幽棲

李濂九日嘉禾道中

越水吳船去不窮鴛鴦湖畔望空濛天雲漸釀重陽雨客

兒行愁九月風樯背菊殘緣兩岸渡頭桑棧列千叢明朝棹入南屏路似拭秋山翠靄中

張賁秀州道中

樵李兵戈地勾吳接戰門溪流荒時落煙火幾家存古陣陰雲合秋風老馬奔行行田陌斷隔水問前村

沈廉秋日過南湖有感

湖天冷浸蓼花秋耆舊風騷逝水流荒草斜陽映淒絕嬾香閣畔水明樓

梁瑤峰舍人載酒同人遊南湖烟雨樓集浮玉亭分韻得南字

天空落木淨寒潭畫裏樓臺載酒探雨映楓林霞散綵烟橫鷗渚水挼藍傾心縞紵成膠漆抵掌風雲寄笑談他日往來成逸事旗亭畫壁又江南

汪由敦舟過嘉興曹載庸貿經三兩文學道別

峭帆指城闉水西報律鼓故人出郭候扁舟臨曲渚送別申平生遠遊愴徒侶巖程易分手離思無終緒前歡悵難追後期尚斯阻景光各自愛素心敦古與勖德事媭修申章託贈處社雨燕初來春彼渺南浦迴艫隔楊柳烟中聽鳴櫓

尹繼善吳門喜晤香樹前輩卽和見贈原韻

居傍鴛湖勝十洲停橈昔日記曾游遙山雲樹頻牽夢白露蒹葭幾度秋見面定驚頭似雪裁詩寬覺目無牛漫因兒女添離緒好看雙旌引去騶（時送東麓少司寇還京）

揚帆暫出白蘋洲楓落吳江任泳游愛我多情吟暮雨思公有何寄殘秋（有懷香樹詩九月望寄去）林深每羨幽棲鶴力倦空慚負重牛纔喜相逢還悵別西風前路促行騶

屠嘉正題桐鄉余明府青芥圖

味淡莫如畦中菜氣烈莫如菜中芥淡則清兮烈則剛維清與剛遠俗派桐鄉令君黔中來青氊廿載神不憊苞苴屏絕耽藿藜種菜青青滿官廨紫陽爲貽青芥圖箇中氣味誰能解介然之胸辨渑淄介然之守恤痌瘝菜根日齩百爲果菜色絕無萬民快我觀此圖轉自箴薑桂之性何可壞與君其勉矢清剛報國無他在匪懈人世紛紛競寵榮繙書且凜官邪戒

馬湘送春日懷故鄉

何事春歸人未歸故園風景覺依稀蠶車雨過豆初熟（禾中以蠶月之雨爲蠶車雨）燕壘泥乾笋正肥（燕來笋最早出）白玉欄邊橫芍藥紅雲架上覆薔薇最憐香閣諵諵語買得生𥿄促製衣

周篔贈拜張楊園先生遺像

濂洛再傳薪天心寄此人撐持徵道力恬靜葆天眞曲徑

花爭豔空庭草自春寒風儀範在千古照常新
吳昌祺甲戌之澶淵任留別桐溪紳士
每憶賓朋接軫遊桐溪人物盛風流多情舊雨分離近薄宦深春去任愁雲滿甑山催別騎波搖練浦促行舟遲留莫唱驪駒曲驚起沙邊兩白鷗
輕裝千里去如梭北望寒雲雁影過自笑儒宮官舍冷更憐衰鬢道途多人家細雨黎陽樹客渡殘春瓠子河落日江天凝盼久故園芳物恐蹉跎
舒瞻舟過皁林
皁林百戰地薄宦兩番遊我自慚新政人猶識故侯日斜

村市散雨過堑塘秋望裏烟波好無緣更泊舟
桐溪雜咏
浙西名勝屬桐溪百里柔桑一望齊最是養蠶時候好綠楊多處鵓鴣啼
鳳鳴寺裏鳳曾鳴來鳳橋邊瑞靄生滿地桐花開又落一溪春水十分清
皁林古驛戍樓荒是否當年舊戰場一片蒹葭隔秋水亂蟬聲裏幾斜陽
車溪烟水雨茫茫夾岸菰蘆泛野航滿目秋容堪入畫西風十里稻花香

當時避地有詩翁曾與金華角兩雄試問讀書牀在否行人指點野田中
白衣歸臥舊茅茨寓客風流是我師碧玉壺中弄孤棹何人重唱鐵龍詩
鮑鈐晚發秀州
鴻飛迹又留異國有歸舟天氣淡於夕人情涼似秋流螢闖帆腹落月仰船頭浩浩忘腰組吾身原自浮
讀秀州沈大經明倫泳賡集有贈
天從江岸起山帶樹聲來集中句五字驚人句千秋大雅才此邦饒麗則斯道闢榛萊當代沈千運篋中須見推

由拳官舍雜咏四首
西院梧桐樹中庭檜柏陰已看秋色老爾覺曉雲深猶是郎官宰重違客子心不知誰始事覆轍理難尋
天下稱窮處陽山彷彿如甘從謝莊笑轉達巨源書豈謂謀家食應須愼國儲十年故鄣長一月此躊躇
聽雨眠難穩憂時穫正殷心無俄晷暇迹有遽人勤薦僕書盈帙應官橐少銀皤然雙鬢雪瑣瑣語誰聞
憂思且無暇況復賞心時俸爲他人損神因底事疲朝歌迴墨翟貪水飲夷齊意豈在高爵止期名不虧
盛禾移居聞湖酬芸村見贈卽用來韻二首

先人蓬戸柳橋西松竹雖存徑草迷隙地空餘三畝宅舊巢方搆一枝棲田家過雨鋤春陌釣艇初晴泛碧溪好待舍南秔稻熟閒情應不厭招攜

平生結想在巖阿羨殺林泉勝槩多屏迹故園甘寂寞賞心風景正清和蒼松嘯雨聲如虎怪石堆烟碧似螺梧竹早涼消溽暑不嫌岑寂一來過

讀清權堂集有感即倣其體

南國蘭爲畹名家鳳有雛才華推阮曲花月擅留都儷句韋端已叢書洪景盧凄涼耆舊傳第宅半榛蕪

盧存心嘉禾雜咏

摘向枝頭帶葉繁吳王苑裏一枝存欲知淨相流傳種先看西施指爪痕

馬嚾黃雀勝熊蹯秋鳥屠墳引絲蓴獨有一船風味別飣盤堆置鴨餛飩

運杵成風臘底忙家家舂米上新倉今年收秋饒三石隔壁人家煮酒香

宋錦人傳出秀州清歌不用舊纏頭如今花樣新翻出海內爭誇濮院紬

杭世駿禾中雜興

近水家家小築塘暝烟初起接湖光香茅縛作尖頭屋賃與吳淞上水航

密葉叢根貼水高菱湖十里不容篙小娃時蕩瓜皮艇劃破橫塘賽剪刀

烏戍

蒼涼西北柵六邑一灣通遠樹歸帆隔斜陽戍壘空風流思九老顛頷倚孤蓬回首吳趨路荒荒有朔風

送舒明府還桐溪

暫寬趨謁當還鄉路指桐溪水驛長密樹童童迎偃蓋雙隄宛宛翼歸航官多善政詩篇美邑有流風草木香回首六街徵舊事因君忽發酒邊狂

諸錦鮑明府自嘉興再調海甯作雲中君一篇以爲贈

前年得太守太守之清冰不如去年得使君使君之操玉不渝太守臥理治有餘使君有鞭只用蒲樓邊烟雨五邑敷分司朱轓隼旟下考再屆爲萑苻盜賊爾獨非人乎坐令賢者牽絲紆抱關不如寵傳呼金布令甲他時須然非內熱心冰壺我只有懷吟且呿言容藹藹綴不殊敢賦無衣代捋裾胸羅武庫萬卷書入則客舍出借車長安秋雨同萊蕪瞥然二十年光徂重來鴛水華頭顱戴星如織安亡道烟波往來非釣徒咄哉三遷縣大夫龍宮寂寥企歐蘇海神鼓舞入奏無有驄我芻隸我酤莫言陛下三萬

歲臣至執金吾于蕎于蕎勝菀枯爲問雲中君我言有是
夫

沈青崖里門雜感

八月江鄉吐稻齊秋涇橋畔水平畦小舟乘月尋三徑高
士門闌似剡溪（謂蔣敬持孝廉）童時弄筆讓吹塤（張浦山徵士爲余中表伯兄）至竟鴻詞數芑村只愛
浣花追杜老千旌未許叩衡門

鄭虎文莊中翰愈廬招飲南湖次韻奉柬兼示徐茂才南
田

瓣香人去斷清遊（盛宜山舉南皮詩社時先君子與焉居士殁後瓣香之遺址既荒而南湖文酒之會亦絕響矣）挂杖從誰覓阮修勝地空傳高士會遺編無復茂
陵求西風湖面菱絲弱落日堤邊樹影稠極目蒼茫秋水
闊一痕殘月上漁鈎

錢載隔湖望朱大進士（沛然）所居偶圃

雪意澹河天村深隱爨烟詩人茅屋底梅樹石闌前未試
彈琴宰都亡坐客氈此時池上酌寒甚鷺鷥肩

少司寇公擕（汝恭）從叔及載至海鹽舟經半邏歟城檢得石
湖詩田園雜興三十一首分賦公得十一首從叔及載
各得十首錄二

花事纔過二月頭短筇擕我上扁舟買將燕筍隨虀菜春

味今年傍故邱

乍瞖河泥未出鉏桑含雀口尙如枯兩涯白屋東西問門
掩書聲早納租（八世祖太常封公號兩涯半邏村先宅後水門舊題額曰兩涯白屋）

萬光泰初歸嘉興題北郭新屋壁

稻花深處結柴荆南陌東阡十字橫鄰近鐘魚資佛力巷
疎冠蓋得山情烹雞作社年時稔種柳當門樹價輕一水
蕭蕭澄晚碧小窗憑罷濯纓淸

汪孟鋗送董曉滄庶常歸海鹽

玉署清嚴選俊才看花得意首頻回一鞭疾試春風馬想
見歸來雁未來

海濱百里近堪航頁土經今廿二霜此日因君腸轉轂披
離秋草墓田荒（先塋在海鹽餘塍）

汪仲鈖三月二十九日同芋湘客錢蘀塘陳介亭錢蘀石
陳匏村陳魚所兄厚石泛舟城南紀游

丱桃髫柳四垂陰健舌黃鸝嘶革音無限韶光去如矢今
朝纔得果幽尋

樓子湖陰勝槩稱攬衣也逐衆人登煮茶亭址河邊是塍
岸青黃菜幾塍

名園客至版扉開檻檻𢈪𢈪繡遍苔卸罷袷衣池上坐嘗
新先撲一竿梅

竹環松覆最深堂鬱樜攜來占酒場一笑主人行作吏眼前風物代平章

冬至前二日俗謂米王生朝即先農神也率以風之南北卜來歲豐歉今冬是日南風人咸憂之

粱懸龍骨宮藏牛太平菽麥地上流農人得隴更望蜀私心但祝明年秋米價端能占貴賤自來村落成謠諺旁皇最是瑄灰飛吹背風來勝吹面（諺云吹我背無米不貴吹我面有米不賤）飄飄昨夜聲自南無方辟穀將奚堪刲牲灑酒賽田祖再拜祈熟先春蠶

王又曾彡石招同過白苎村看荷花晚泊釣鼇磯待月禁體得泊字二十韻

好風東南來追涼勇出郭樓臺鬱中洲有國魚亦樂衆客集淸曉開襟赤雙脚暫得避塵喧如鳥脫纆縛風潭漾百頃菱葉光的皪延緣烟汊屢到處香漠漠羣鷗導靑篙船唇栁陰著于時日卓午豔蒸萬紅萼細浪蹴不勝風外枝枝弱誰能惜娉婷覆以千丈幕嗚烟翡翠低曬翅蜻蜓薄心地已淸凉微雨忽間作迴橈就深樹冷剩蓮蓬嚼漁村漏斜照翳翳片雲閣此中釀酒情詩思亦澹泊沄沄釣磯水鑒我髮鬖鶴花外愧陳人相顧輒命酌三五盈復缺嬲眼又今昨狂欲坐深宵衣上淸露落我醉與不醻但夢花綽約

盛百二題柚有序

先府君令龍川時官舍東西齋各有柚一樹東樹瓤微紅西樹瓤白而微碧味更勝爲邑中冠予攜核以歸種之北堂十七年不花丁丑春予入長安其歲始花垂實六且大味亦不減于粵十月歸里見餘果二一投瓜田徵君張丈張丈繪圖題詩并爲說以贈又以其一並徵君說呈于司寇香樹先生先生亦題詩又刪爲圖並書詩與說彙成卷屬百二題詩于尾作吾鄉嘉話俾後之誌物產者有取焉

淮海惟揚州厥貢兼橘柚柚實橘之魁體大壓橙榛榮讓桃李先凋與松柏後殿春花始敷入夏子方逗漸肥黃梅時初熟白露候晚秋始懸金流芬入淸襲肆之滑肌膚剖處尋理湊液解步兵酲殼已督郵嗽名雖雲夢同味則交廣厚憶昨鯉庭趨齒方陸績幼臨窗對佳樹垂實滿涼囿素中含碎玉甘裹醞重酎品第一城推風聲鄰邑購自從歸五湖此味不可復初疑物性遷或謂書傳謬幷無閩舶傳中乾皮外縐幸有懷核存降之北堂霤莩甲油然生扶蘇忽爾茂雪壓霜更欺幹挺直不仆彈指十七年濃蔭空自覆稿處化爲條（爾雅柚條疏云柚一名條案此則終南有條亦即柚但不花不實）私心

默自祐去年長安遊歸及日在穐開軒覩碩果狂喜遶庭
走喧然動里閭求者爭輻輳應接苦不遑强索或遭訴好
事瓜田翁揮圖肯償售深情猶未已著說白司寇胡盧竊
自嗤彤飾竟忘陋篇章敵華衮珠玉耀圭竇經進呈
御座鄭驛遞牋奏（御製賜司寇詩有詩筒附牋奏翰苑傳風流之句益司寇家居每有作許隨時進也）他年光志乘紀歲在丁戊遭逢柿亦榮千古一時
逅不羨閒瑤琨包貢錫夏后

蔣士銓嘉興謁錢香樹先生

玲瓏淺碧認由拳通德門依略彴偏立雪人來千里外開
眉歡動一鐙前忙中問對兼悲喜別後精神驗食眠且效

團圞三宿話絳紗帷底坐彭宣

薛亡廷南湖客感

霜天雁影度雲深倚徧湖亭傷客心隄柳如人半搖落沙
鷗與我對浮沉無端感舊山陽笛不分移情海上琴（謂蔡季實修撰錢根堂編修）歸計未能淹節序月波勸貰散愁斟

宮去矜舟抵平湖

舟楫吾能慣篷窗引興長煙銷明粉郭水落出魚梁估客
白沙岸人家黃葉莊并刀快何許一段翦秋光

發乍川

布帆十幅小鳥蓬如練溪光信晚風剛是一年秋絢爛霜
林紅併夕陽紅

夜過石門

人靜板橋橫水郵斜帶郭沉沉夜春聲篝鐙耿籬落

題朱梁在孝廉續鴛鴦湖櫂歌

供奉音塵渺十洲先河故自有支流五千六百眞珠顆檃
括滮湖事不留

沈初三君詠有序

自清溪至乍浦不數里于明季有三人焉慮其久而無
傳也各爲詠之

沈進士中桂字石臣

進士厲清節始受吉水令抗疏賑飢莩嚴刑制豪橫欃槍
掃明堂草竊據天柄白衣孤軍中矢志擊梟獍（白衣從軍擊李自成）
轉眼見太平披緇理清淨常感風樹悲（晚擇初地名懷木菴）爲謝纁
帛聘當其通籍初憂時氣方勁能救黃石齋上書諷執政
末造投英才設施詎能竟

李孝廉天植字因仲

李君遠塵俗潔身棄簪組偃息東山隅（遯跡龍湫山中）著書北堂
廡名字經變易（改名確字潛夫）居止少儕伍梅花伴孤吟（著有梅花百味尚存）泉聲拂淸塵餧糧無宿舂杖屨有閒圃（有歷園以名其集）詩憐
晞髮窮跡與桃椎古（嘗賣草屨自給）

王處士端

王生有令名遭際時艱虞青衫謝塵土黃冠揖沖虛棄諸生稱道士身行萬里路歸寫五嶽圖徧遊名山歸自畫五岳圖普陀山五臺山二圖尚存壯遊涉幻海靜慮依圓蒲生前自營墓老梅環其區老友李天植送之歸元廬題曰明處士遂表靈邱隅

朱炎曬海謠有序

鹽場曬鹽曰曬海海塘下開竇引潮作溝曲曲依鹽田田在石塘內土塘外治之甚謹不容一黍許瓦礫細如粉光如鏡隨丁爲界每丁子田中積土四高中陷以竇灰曰灰池池旁有井以積滷曰滷井溝水潑日曝乾曰

灰灰入池漬水入井曰滷滷入竈燒之成鹽團竈之丁依此爲業戴星負日沐露櫛風如農夫之望歲也而商人販夫場吏倉卒亦緣之爲利矣作曬海謠

吳東有海鹽志地詳班史漢封老濞王鬻鹽從此始洞洞起小竇引潮來作溝沿塘犁作田町町橫廣晴漉田細而勻砑田平又整田中方築池池畔圓掘井井滷自地滲池灰自田來田溼泥是海田乾泥是灰灰乾必須攤海溼必須曬曬海法搆水潑田日中曬之晷乾以木板刮灰積田中如硬坎第歸池滷好始煎鹽煎鹽分有界南場曰海沙北場曰鮑郎塡引付肩販待掣歸鹽倉本縣食鹽用肩販設公堂商人領引販子納稅販鹽引有額額滿士商出錢買之歸官倉以待掣滷缸試鹽滷浮沈視蓮子蓮子多苦心鹽花出海水試滷法以蓮子浮而直者爲滷足沈者薄甚江鄉幾稞志十蓮子爲官鹽爲此也東南船載鹽莫嗟上阪車包葦載莫盡鹽田還有餘人謂鹽作餘越絕書注越

築塘謠有序

海鹽三面海賴石塘衛之所係甚重大近歲奏安瀾而秋汛作時不無所損歲修不免焉然不可不慎移東掩西虛內實外處工吏之奸宜預防之也作築塘謠

登登聞築塘築塘衛廬舍伐石南山巔伐木南山下木截討梅花石琢排魚鱗鐵錠筋絡骨土備齒附齶截木作樁五五相比曰梅花樁築石上狹下闊縱橫間之曰魚鱗塘鐵錠聯石交處積土護石曰土備塘此舊制也海門兩山

夾怒濤一箭射吐納海與江來往潮又汐

天子時下詔暘侯近有靈磊磊海上石歷歷天上星沓潮最足虞颶風秋作汛防秋如防邊避風如避刃風來胡可避築塘計已周塘石小齟齬官府議歲修塘工歲修例有經費歲修誠難爲倉卒愼次第有石不能言毋使失連理談山通鹽官驪馬看塘來莫謂蹋石面安步過平臺

汪如洋懷鄉詩

卅年興廢城南社裘履重新事亦宜道暑瓜教蒲鴿買消寒裘稱木棉披潮樓續禊晴筒泛壇院登高野榼移想得迴溪老居士醉懷落拓似東籬

書樓裘杼太荒凉
帝里居同傳舍忙但使征帆歸阜驛終思葬地指桐鄉孤城
蜎縮人蹤僻老屋鱗排祖德長寄語當時王謝燕雙雙棲
穩舊雕梁
金風亭長吾州望百首懷鄉妙孰倫楊柳竹枝音節換蛤
蜊黃蜆土風陳歸漁笛唱淒涼夢故里梅魂黯淡春約畧
烟波餘韻在綠蓑青箬一元眞
白頭籛老歲華增幻寫林坰妙筆矜
丹詔頻聞憂旱歎青疇何計慰豐登鄉心病鶴常延頸宦跡游
僑未脫罾報

國文章慚力竭艱難休道角磨蔆
王昶過石門
秋水鴛湖路。涼風薄暮天。殘燈臨驛市。寒笛隔溪船。桑柘
蕭蕭雨。菰蒲漠漠煙。披衣清露下。吟望意脩然。
過桐鄉訪朱吉人不値
遠道三年別開門一櫂過蕭晨空悵望芳會尚蹉跎徑曲
行人少橋荒落葉多吳閶留滯客相憶更如何
過鴛湖懷受銘西曹
初冬陽景暄竹樹互葱蒨扁舟㵎湖濱蘅蕪尚連衍馳懷
軫暮節結念屬親串喆兄解華簪於茲得蕭散雖殊茂陵
渴頗學嵇生嬾煙波遶幽居花藥翳高館屢空日晏如稍
喜塵累遣夙枉新詩貽數奉清尊讌相望非迢遙緘情豈
云展永懷滄洲期來往接芳欵蘅杜霜未零歎攜庶繾綣
秋杪桐鄉訪金雲莊西曹
橫橋界小溪蕭瑟萬竿竹頓覺清風寒照此征帆綠桑柘
已久枯蠶梅頗可劚遂造主人居荒城等郊牧開扉晝常
掩俗侶矢弗告花影上書籤茗香浮畫軸計自遂初衣十
載理幽獨矧有同岑人賞雨共茆屋頗喜道心深詎願生
事足嗟我幸歸田貧賤尚局促水程百里餘未獲遂信宿
所期肺氣蘇兼俟春暉燠抱被過高齋論文再翦燭

朱珪題海鹽張氏重模石鼓文
韓謌石鼓張手持千年又覩君家奇北撫十碣辨汧沔南
校宋本親簪治籀文可讀三百廿蛟鼉斷斫皆闕疑升庵
完璧吾豈敢呴嘍誰篆承帝咨作亭架覆石笱列攝召魂
魄鞭冰斯示我目眩舌更撟但覺元氣施心脾我游禹陵
摩窆石不識科斗空嗟噫君思信宿臥其側鳥翎蟲股求
偏欹又言此刻願移置郡庠鄉校千秋垂斯舉誠豪會有
數知君好事公非私
阮元用朱石君師韻題海鹽張氏重模石鼓文
北搨石鼓槌親持又登范閣搜瑰奇辨析章句證訓故古

文直與經同治周篆四百四十九察書樹石無然疑薛鄭
施潘各有釋同聚一室相詢咨安置妥貼鳩匠作具刻明
白有僕斯昌黎所謂乃唐搨先時已入人肝脾 義山句 蘇公
若見張生本何勞晝肚多嗟噫今君所模出北宋願傳億
載無傾欹辛年有
詔舉十鼓
命下籀史諸工垂此本若能入
太學小臣之願非敢私

詞

宋

張先花月亭 天仙子

水調數聲持酒聽午醉醒來愁未醒送春春去幾多時臨
晚鏡傷流景往事後期空記省 沙上並禽池上暝雲破
月來花弄影重重翠幙密遮燈風不定人初靜明日落紅
應滿徑

陳與義青墩僧舍作 玉樓春

山人本合居巖嶺聊問支郎分半境殘年藜杖與綸巾八
尺庭中時弄影 呼兒汲水添茶鼎甘勝吳山山下井一
甌清露一爐雲偏覺平生今日永

予甲寅歲自春官出守湖州秋杪道中荷花無存者乙卯
歲自瑣闥以病得請奉祠卜居青墩鎮立秋後三日行
舟之前後如朝霞相映望之不斷也以長短句記之 虞美人

扁舟三日秋塘路平度荷花去病夫因病得來遊更值滿
川微雨洗新秋 去年長恨拏舟晚空見殘荷滿今年何
以報君恩一路繁花相送到青墩

夜登小閣憶舊遊 臨江仙

憶昔午橋橋上飲坐中多是豪英長溝流月去無聲杏花
踈影裏吹笛到天明 二十餘年如一夢此身雖在堪驚
閒登小閣看新晴古今多少事漁唱起三更

朱敦儒漁父詞 好事近

失却故山雲索手指空爲客蓴菜鱸魚留我住鴛鴦湖側
偶然添酒舊葫蘆小醉度朝夕吹笛月波樓下有何人
相識

元

張可久別澉川楊安撫 越小桃紅

晚風吹上海雲星山色秋偏淨了得相思去年病不堪聽
尊前一曲陽關令斜陽恁明寒波如鏡分照別離情

明

錢繼章秋夕同曹顧菴學士集滌覽堂 一萼紅

憶當年飛絮燕泥香往往落芸編記宗雷在座阿連攜手
靈運齊肩俯仰亭臺猶昔殘淚溼紅鵑芳草池邊路一樣
芊綿　生怕老懷作惡似常凋短髮乍冷秋天賴高談如
綺潑悶晚山前儘破除名香法酒付餘情晚柳與衰烟又
爭柰虞淵日薄笛響淒然

國朝

王翃南湖秋宿 醉高歌

半湖明月蘆花淡照一泓秋影空邊風雁哀相應聲與客
懷相并　叢他短髮如蓬深得閒愁似井誰堪獨夜孤舟
冷又是離蛩喚醒

曹溶題項東井畫贈文公 木蘭花慢

禾興慳岫色賴張璪富霜毫忝翠蔓安籬烟絲倚瀑全取
空寥登臨送情不淺帶斜暉又聽暮鐘飄疑有支公故業
閉關安問征橈　名山何許傍雲招吾欲借書寮向王猷
買竹蘇耽釀橘兼種芭蕉春應去人未遠肯蹉跎三萬六
千朝除却圖成景物眼前都是蓬蒿

陳維崧雪中舟次語溪 浪淘沙

枯柳挂疎汀烟火星星昨宵西水驛邊經猶記津樓綃幔
底誰喚銀瓶　寒氣逼空船客夢初醒亂帆又過語兒亭
我與落花同一例隨路飄零

寄嘉禾俞右吉朱子葆子蓉 憶舊遊

松陵東去路記水程煙驛幾多般鴛鴦湖裏泊重城燈火
一派潺湲船樓玉人行酒碧浪瀉紅顏更羃歷丹鱗綿濛
黛甲上下哀湍　十年成間別想怪侶良朋一樣嘯斑縱
玉清歸去怕滿天風露猶憶人間只是南湖柳色憔悴不
堪攀長望語兒亭故人爲我且加餐

沈謙嘉興曉發 夜飛鵲

前汀月初上喧動鄰舟漁火遠映津樓從來客睡不曾著
況聽旅雁啾啾征衫露華暗滿恨孤身衝曉衰鬢驚秋吳
歌欸乃動離情一樣聲柔　宛轉寒溪數里回首見孤城
擬緘書又怕沈浮柰鴛鴦湖水再三囑付不肯西流

朱彝尊送魏禹平還魏塘 摸魚子

宿霧徐收遙憶蘭閨昨夜殘燈欹枕也恁閒愁苦無消息
一身藏萬人海裏姓名慵注官簿秋深門巷堪羅雀只共
酒徒爲伍君又去認百疊寒山似幾鄉關路冰霜最苦吩
到得江南平波斷岸猶及冷風舞　竹林伴依舊攀嵇交
呂笆家琴調簫譜燕臺縱有尋春約忍負鏡邊眉嫵君且
住算我便歸遲定不過關暑高荷大芋待縛個茅亭能來
夜話同聽紙窗雨

汪森午日同俞犀月舍弟季青泛舟皋林 鶯山溪

蒲觴令節共凝閑遊好搖曳木蘭舟趁片霎招提尋到榴紅艾碧隨意插蓬窻官亭小女牆低郭外人家少青娥勸飲只解雙眸俏試著接䍦歸伴既醉何妨也倒沙頭乳鴨占斷柳陰眠風驟起雨斜時一里漁歌杳

洑修齡庚子冬日自長水歸西郡感賦 遣波塘

放儂船鴛鴦湖上一篙早指西浦雙鬟悄攏銅魚鑰多少珠絲織戶儂此住似烏鵲南飛三帀寒林樹不堪細數悵倏忽春殘刹那秋盡吟鬢遽如許　浮生事只算蓬飄萍聚薄遊休恨耽誤蘆簾紙閣清于水歸也依然羈旅煙暝處看柿葉翻風愁對屏山句此懷誰語但長簟相尋短檠

自剔聽到殺更鼓

陸培落帆亭漫興示胡近言 八歸

杉青閘口舟移如畫帆影片片低壓荒亭一角斜陽裏遙岐繞城翬堞矗雲香塔捩柁吳娃生笑語看卻落檣竿時霎最好是景占江南水次鬧花鴨　誰分裝攜襆被籤程同數波浪今番輕狎渚烟凝淡白蘋浮小漸遠高樓簾押傍虹橋跨處六幅翻催趁風插閘輪輿載歸鳥榜棹轉嘔啞行歌聲互答

萬光泰鴛鴦兩湖俱以菱繩取勝支河小澳在在有之九月後淨如明鏡矣春末夏初漁船競集盎植竿種菱時也 蝶戀花

湖水一冬平似鏡春水生時湖上鴛鴦病玉唾無痕柔漲淨五龍橋下漁船並　插水長竿千个勁長短菱繩那憶風波定綠葉青枝鋪漸竟月微黃處烟千頃

朮曹圩荷花以六月二十四日爲極盛好事者謂花初度是日亂絲繁竹嘲哳波間兩湖畫船俱移入內浦矣 解語花

圍波入障展岸成圖入外天無縫靜香微滃紅衣密入道彩雲晨凍烟嬌霧寵剛放著文鴛相共翠蓋深雙羽偷移幾箭青蘆動　還道撅簫伴遠趁花深不見獨倚紅闌越

謳潛送清音出卻在暗橋深洞蘭圍桂擁更十色游船齊縱銷夏灣休種梧桐怕晚風成夢

嘉興府志卷八十五

嘉

嘉興府志卷八十六

嘉興府知府善化許瑤光重輯

金石

伊志列金石云父已鬲見沈揆古鼎記始自秦漢地碑目赤烏東晉殘塼斷碣時見海上唐宋以降碑文載至元志掇畧賫采殊簡當也于志分金石碑碣爲二門又其所收金石多家藏物似淆體例茲仍遵伊例而稍變之首石次金次甎以甎乃陶屬也至私家珍秘既非公物聊入叢談不混志金石

府治

蘇州嘉興屯田紀續碑頌文存唐廣德間李翰撰至元志高豐廟唐屯田之所

嘉興監記文存貞元十七年歲在辛巳正月朔記前秘書省著作郎顧況撰伊志此爲嘉興監廷評渤海高日倫作

月波樓記文存宋政和四年十一月日記毛滂撰

重建州學記文存紹興癸亥十月辛酉襄陽張嵲記

秀州陸宣公祠堂記碑存淳熙四年東萊呂祖謙記廉里龔敦頤書石後十有一年五月辛亥郡太守天台陳揚善立石伊志陸宣公祠本在府學後遷城外屬嘉興縣嘉靖間改建城內又屬秀水縣茲總列于府治

州學古鼎記文存淳熙己酉中秋日中大夫守國子祭酒兼權中書舍人沈揆題伊志秀州于慶元元年始升爲嘉興府此記應稱州學或稱府學誤

府學承置柴蕩記 文存 紹熙四年從事郎充州學教授尚朴記

府學田記 文存 嘉定元年十月望日通□郎秘書郎兼吳王益王府教授陸□

嘉蓮圖記 文存 癸酉孟秋既望東陽潘友德書 伊志此記有寺丞商公治郡之語則爲嘉定六年商逸卿守郡時作

復學田記 文存 嘉定十二年三月既望朝奉郎充樞密院編修官錢撫記

復學田記 文存 嘉定十□年七月文林郎充嘉興府府學教授吳杜謹誌

增修府學記 文存 嘉定十三年□月朝議大夫寶謨閣待制提舉南京鴻慶宮袁燮記

海頭謠 文存 謠後有四明樓淮樓瀍錢唐于有成題嘉定十四年

府學新創小學記 文存 嘉定甲申文林郎國子正高熙績記

重建觀頤堂記 碑存 紹定二年己丑郡文學黃夢高記 寶祐五年丁巳郡守謝堂重建咸淳四年

戊辰府學教授林靁方恢立石學正沈□學錄婁拱辰馬□發直學顧德龍司計侯□發監刊直學李文虎書

廣惠院記 文存 紹定辛卯七月朝散郎權發遣嘉興軍府兼管內勸農事節制金山水軍吳濳記 在天馬橋北

改建城隍廟記 文存闕半 嘉熙改元歲在丁酉正月初吉日中奉大夫知嘉興軍府事兼管內勸農使節制澉浦金山水軍劉炳記

渙堂記 文存 嘉熙改元冬十二月朝議大夫煥章閣待制知嘉興軍府事兼管內勸農使節制澉浦金山水軍鄞縣開國男食邑三百戶賜紫金魚袋四明史宅之記

增建府學記 文存 開慶改元六月望日通奉大夫尚書吏部侍郎兼國子祭酒兼直學士院時暫兼權給事中攝吏部尚書兼同修國史實錄院同修撰兼侍讀張鎮記

嘉興府進士題名記 前進士葉隆禮序 咸淳改元九月吉日書

免解歷甲記 文存 咸淳三年六月朔日朝散郎權發遣嘉興軍府兼管內勸農事節制澉浦金山水軍陳肖孫記

嘉興推廳碑 文存 咸淳己巳三月望日後學永嘉王持厓拜手謹書

府學重建小學置田記 文存 咸淳五年己巳三月望日迪功郎差充嘉興府府學增差教授方恢記

皇帝御製牧民之銘 碑存 咸淳辛未

嘉禾王總管守城記 輿地碑目侯渙文 按嘉興湯志有王總管廟在通越門內總管因高田賊作以身死難

曹史君廟記 至元志廟在郡治西北二百五十步有碑在廟後磨滅不可讀 輿地碑目云吳感文

尊經閣記 元至元丙戌徐碩撰

嘉興路儒學正禮堂基址本末 碑存 上刻劄付一道下刻記一篇甲午四月望日何觀謹書 伊志此記作于前至元三十一年

重修嘉興路總管府記 碑存 大德己亥仲秋既望里人前太學進士金吾撰崇德州儒學教授鄧文原書并篆額總管府提控案牘韓昱邊汝翼將仕佐郎嘉興路知事薛亨從仕郎嘉興路經歷趙昇承事郎嘉興路總管府推官劉鐸承務郎嘉興路總管府推官燕允賢承信校尉嘉興路總管府判官岳兀魯赤朝請大夫同知嘉興路總管府事李術等立石 伊志記云大中大夫達魯花赤撒刺兒字仲文中憲大夫總管辛仲實字仲和重修 舊志作辛仲寶字仲延皆誤

嘉興路重修儒學記 碑存 嘉興路儒學教授傅光龍記嘉興路儒學教授孔照書□□□□□□浙等處儒學提舉范霖篆蓋大德庚子

儒人免役公文并記 碑存闕數十字 上刻公文一道大德七年十二月下刻記一篇大德甲

辰孟秋既望嘉興路儒學教授沈天佑記山陽王國書

嘉興路儒學歸復田租記 碑存郎牧民碑陰闕數十字 大德甲辰季秋前太學進士雋李金吾撰應奉翰林文字承事郎同知制誥兼國史院編修官東昌周馳書朝列大夫前江南浙西道肅政廉訪副使堯山霍肅篆額

嘉興路重修儒學記 碑存奉大夫大理少卿牟巘記集賢直學 大德十一年七月既望前朝士朝列大夫前江浙等處儒學提舉趙孟頫書并篆額前進士趙由漳立石 伊志趙由漳官泰州錄事與記中之學正趙由儒是兩人或合爲一誤

加封大成至聖文宣王敕 碑存 天下金石志云大德十一年

重修廟學記 碑存 嘉興路儒學教授陳良弼撰集賢大學士榮祿大夫廉希貢書榮祿大夫齊國公劉□篆額延祐庚申

嘉興路重建廟學記 碑存 奉議大夫前常州路無錫州知州兼勸農事郡人張采撰朝列大夫僉江南浙西道肅政廉訪司事向師簡篆額中議大夫前江南浙西道肅政廉訪使徐傑書至順二年八月十有五日記中大夫嘉興路總管府達魯花赤兼管內勸農事八札中憲大夫嘉興路同知別肅臺武德將軍嘉興路治中李新奉直大夫嘉興路判官童童承務郎嘉興路推官金惠潤承務郎嘉興路推官王勛承事郎嘉興路經歷劉巨源登仕郎嘉興路知事□元振將仕佐郎嘉興路照磨程茂路吏石義玨儒學教授朱謙學正孟良貴學錄董珪等立石 伊志府學大成殿梁上題云時至順二年歲次辛未三月丙子朔越九日甲申吉辰謹題中大夫嘉興路總管府達魯花赤八札鼎建至今字跡如新合以此記知八札二字乃達魯花赤之名舊志作八札崇者誤

重修尊經閣記 文存 至元五年歲在己卯三月望日記張采撰 伊志此記作于教授强可仕在任時而舊志以可仕列入前至元者誤

重修嘉興總管府治記 至元五年後己卯賜進士出身承事郎秘書監典簿韓璵撰正奉大夫江浙等處行中書省參知政事吳秉道書光祿大夫江浙等處行中書省平章政事馬合謀篆額中大夫嘉興路總管府達魯花赤兼管內勸農事也列不千中順大夫同知嘉興路總管府事閭兒朝列大夫嘉興路總管府治中馬合馬承德郎嘉興路總管府判官小雲失海牙承務郎嘉興路總管府推官劉好禮承德郎嘉興路總管府推官陳惟一承事郎嘉興路總管府經歷項文質將仕佐郎嘉興路總管府知事馬皐將仕郎嘉興路總管府提控案牘兼照磨承發架閣馬原道董工路吏王敬袤元士民陳敏王日升等立石 伊志記云至元五年後己卯夏四月法忽魯丁守茲郡蒞嘉興路總管也

嘉興路太守興舉學校之記 碑存 前鄉貢進士鮑恂撰承務郎江浙等處提學副提舉李祁書奉議大夫江浙等處行中書省左右司郎中張純仁篆額至正六年十二月日立

嘉興路重修宣公書院碑銘 文存 至正十五年三月既望青田劉基撰

重建宣公書院記 文存 至正二十二年六月日中奉大夫江浙等處行中書省左丞鄱陽周伯琦記并書篆山長常貞直學陸光祖司吏周誥立石

嘉興路重修儒學記 文存 至正二十三年建甯路儒學教授徐一夔序 案此記全文惟見始豐稿中趙圖記刪存前半

重修陸宣公祠堂記 碑存 承事郎前太常寺博士錢唐陳彥博撰并書篆洪武六年秋九月日耆老陳子貞司禮唐景純立石

禮部曉諭生員卧碑 碑存 洪武年

重建陸宣公祠堂記 文存 資善大夫太子少保禮部尚書兼武英殿大學士國史總裁臨江金幼孜撰宣德四年

胡槩祭陸宣公文 碑存 宣德五年戊申閏四月朔 案文內列名教授陳立舊志失載

嘉興府儒學鄉貢題名記碑存 中順大夫詹事府少詹事兼翰林院侍讀學士國史總裁泰和王直撰 奉政大夫吏部郎中兼侍書廣平程雲書篆 宣德十年乙卯冬十月吉 案此碑題名自洪武甲子科起至成化丙午科止專記府學諸生也

嘉興府儒學重建明倫堂記文存 正統九年陳循撰

陸宣公祠奏准春秋祭祀勘合石刻石存 景泰三年閏九月二十二日

唐陸宣公祠廟記文存 薛瑄撰 嘉議大夫南京大理寺卿河東薛瑄撰 景泰六年歲次乙亥九月吉日 嘉興府知府延平同知侯康遠通判麗端鄧鏞推官傅恭等立石

嘉興府儒學祭器記碑存 嘉興府儒學訓導會稽章璠撰 吏部考功清吏司郎中錢塘董璵書丹并篆 明景泰七年歲次丙子季春吉日 案此記府載祭器甚詳

重修嘉興府儒學記知府 賜進士出身中順大夫福建汀州府前禮科給事中賜一品服海鹽

張甯撰 賜進士大中大夫浙江等處承宣布政使司左參政盱江左贊篆 賜進士出身文林郎前廣東道監察御史郡人姚綬書 成化二十一年歲乙巳五月望日立石

嘉興府重修儒學碑陰 郎張甯碑陰 成化二十一年乙巳歲孟秋吉日 賜進士第中憲大夫嘉興府知府前刑部員外郎金谿徐霖用濟識

嘉興府儒學明倫堂重建記碑存 嘉議大夫吏部右侍郎前詹事府少詹事兼翰林院侍講學士長洲吳寬撰 正議大夫資治尹太常寺卿仁和林章書丹 朝議大夫雲南等處承宣布政使司右參議秀水金禮篆額 宏治九年歲在丙辰六月吉日立石

重建嘉興府儒學尊經閣并宣聖燕居記碑存 將仕佐郎嘉興府儒學教授新淦蕭子鵬撰文并書篆 宏治十二年歲次己未秋八月日

嘉興府重修廟學記碑存 賜進士及第嘉議大夫禮部左侍郎前南京國子祭酒經筵講官同修國史永嘉王瓚撰文 賜進士出身通議大夫戶部左侍郎前都察院右副都御史總督漕運無錫邵寶書丹 賜進士第翰林院國史檢討徵仕郎四明吳惠篆額 正德己卯三月朔吉

書遺愛祠碑陰碑存 嘉靖元年壬午冬十月之吉 知府事貴溪徐盈書

陸宣公祠漱芳亭記文存 正德庚辰四月既望後學秀水范言記 又張本潔撰 又有書漱芳亭記後一篇嘉靖己亥秋九月既望陸泉 又有謁唐陸宣公廟詩三首嘉靖二年四月望晚學當塗祝鑾書 新安後學胡宗明拜 嘉興縣儒學教諭錢文拜

帝王聖賢贊石存府學 嘉靖四年陳鳳梧謹贊

嘉興新建察院記碑存 陸深撰 嘉靖五年

新修嘉興府廟學記碑存 賜進士出身中順大夫知濟南府在告海鹽鍾梁撰文 賜進士出身翰林院檢討楚府左長史進階亞中大夫嘉興朱綬書丹 賜進士出身南京雲南道監察御史奉敕巡按江

西秀水陶儼篆額 嘉靖六年歲次丁亥季春吉旦立石

嘉興府題名記文存 嘉靖十□年鄭曉撰

明嘉興府儒學進士題名記碑存 賜進士第行人司行人秀水沈伯咸公甫撰 嘉靖甲午二月吉旦 案此記自洪武七年乙丑科至嘉靖十一年壬辰科止

嘉興府鄉貢進士題名記碑存 前鄉貢進士知泰安州郡人雙湖戴經謹撰 嘉靖甲午 案此記自洪武三年庚戌科至嘉靖十三年甲午科止

嘉興府儒學歲貢題名記碑存 賜進士出身奉敕提督學校貴州按察司僉事前兵部武選員外郎郡人吳鵬撰 嘉靖甲午春三月吉旦

嘉興府儒學歲貢續題名記碑存 嘉靖十三年歲在甲午春三月辛巳之吉 賜同進士出身徵仕郎刑科給事中侍經筵官秀水沈謐撰

改建唐陸宣公祠記 文存 嘉靖十八年夏六月既望賜進士第中憲大夫知嘉興府事安福
東蒙王學孔撰同知林鳴鑾通判陳文昌陳嘉猷推官嚴光治嘉興縣知縣盧楩秀水縣知縣阮復初同立石

改建陸宣公祠記 嘉靖十有八年秋仲月吉旦賜進士第奉政大夫廣東提刑按察使司僉事奉
敕提督學校秀水後學默泉吳鵬撰 伊志今祠自嘉靖十八年遷建于嘉興縣學舊址處

改祀陸宣公祠文 碑存 署嘉興縣事本府通判張本潔立 嘉靖十八年歲次己亥七月立石

上刻公文一道 後刻祭文一篇

重修嘉興府儒學記 文存 嘉靖戊申 趙文華撰

嘉禾新築敵樓記 文存 趙文華撰

嘉興府重修吏廨記 文殘闕 賜進士出身奉政大夫奉敕整飭沂州兵備山東等處提刑按
察司僉事前本府同知蒼溪任希祖撰賜進士出身中順大夫知臨江府事前工部都水司郎中郡人沈科書

丹嘉靖癸丑

陸宣公祠象賢堂記 碑存 嘉靖戊午秋七月後學同郡沈爚記

重修陸宣公祠堂記 碑存 嘉靖癸亥秋八月賜進士出身資善大夫南京工部尚書致仕前
南京禮部右侍郎翰林院學士掌院事右春坊太子諭德兼侍講同修國史會典莆田康太和撰

嘉興府儒學重修紀成碑 碑存 萬歷丙子仲秋賜進士出身朝列大夫南京國子監祭
酒前翰林院編修奉敕提督學校湖廣按察司副使郡人姚宏謨撰賜進士第朝列大夫四川布政使司右參
議前侍經筵工科左給事中郡人沈伯龍書丹賜進士出身奉政大夫刑科山西司員外郎郡人許應逵篆額

重修嘉興府儒學碑記 碑存 萬歷癸未歲孟春吉旦賜進士第奉議大夫前行人司行人
刑科右給事中治下生嚴從簡撰文賜同進士出身階正議大夫雲南提刑按察司按察使秀水范之箴書丹
賜進士出身朝列大夫廣東布政使司左參議項篤壽篆額

重修嘉興府治紀略 萬歷十二年甲申季夏立賜進士出身中憲大夫知嘉興府事錫山龔勉
撰文賜進士第奉政大夫嘉興府同知北海顧達壁書丹賜進士第承事郎嘉興府推官漳南俞咨禹篆額

曹郡侯修學記 碑存 萬歷丙申仲春立賜進士出身正治上卿資政大夫吏部尚書前刑部尚書
南京工部刑部吏部尚書平湖陸光祖撰賜進士出身奉議大夫南京大理寺寺丞前考功司郎中奉敕提督
江西學政光祿寺少卿郡人朱廷益書賜進士出身奉訓大夫工部虞衡清吏司署員外郎郡人樂元聲篆額

嘉興府儒學義田記 碑存 賜進士第中順大夫知嘉興府事前戶部浙江司郎中洛原張似
良撰文萬歷二十七年季夏十五日賜進士第中順大夫知嘉興府事安成劉應鈳立石郡人項穆書

重修嘉興府儒學碑記 碑存 賜進士及第通議大夫吏部右侍郎兼翰林院侍讀學士記
注起居經筵日講官郡人朱國祚撰賜進士第奉政大夫修正庶尹通政使司右參議前江西道監察御史
巡按直隸山東河南侍經筵官郡人姚思仁書丹賜進士第承德郎吏部文選清吏司主事前行人司行人郡

人賀燦然篆額萬歷癸卯

重建嘉興批驗所碑記 文存 萬歷戊申青浦張以誠撰

郡侯長谷吳公鼎新儒學記 碑存 賜進士及第通議大夫吏部右侍郎兼翰林院侍
讀學士記注起居經筵日講官郡人朱國祚撰賜進士第奉直大夫右春坊右諭德兼翰林院侍講前編修贊
善中允同修正史直起居注纂輯章奏管文官誥敕郡人陳懿典書丹賜進士及第文林郎翰林院編修郡人
施鳳來篆額萬歷辛亥

嘉興府學重修明倫堂記 碑存 萬歷三十九年郡人沈思孝記雲間董其昌書

嘉興府城記 文存 吳鵬撰

李邦華祭陸宣公文 碑存 萬歷四十三年歲次乙卯正月戊申朔越九日丙辰

郡守鄭公鼎建宏文館記 碑存 賜進士第嘉議大夫協理詹事府詹事兼翰林院侍讀

學士前翰林院侍讀學士掌南京翰林院事右春坊諭
德中允贊善起居注纂輯奏章管理文官誥敕正史纂
修官通家治生陳懿典拜撰并篆崇禎十年歲
次丁丑冬仲長至月　舊志作黃承昊撰誤

嘉郡詹侯德政碑記　碑存　賜進士第光祿大夫柱國太
子太保工部尚書通家治生姚思仁
拜撰　賜進士第中憲大夫詹事府少詹事兼翰林院侍
讀學士右春坊諭德中允贊善直起居注纂輯管理文
官誥敕正史纂修官通家治生
陳懿典書丹天啟七年孟秋

世祖章皇帝欽頒臥碑文　立石府學

至聖先師孔子贊　康熙二十五年七月張玉書奉敕書立石府學

聖廟四配贊　康熙二十八年閏三月張玉書奉敕書

御製訓飭士子文碑　康熙四十二年

上諭訓士文碑　乾隆五年　以上二碑乾隆十三年知府馬淇
理教授沈廷標訓導鄭瑞鳳敬月生員朱振聲

嘉興府志　卷八十六　金石　十

敬繕

嘉興郡重修儒學碑記　欽命予假國子監司業兼掌祭酒
事整理祭器書籍前戊辰二甲進
士工部虞衡清吏司郎中大理寺左寺副里人譚貞默
撰　賜進士第銀臺觀政里人汪挺書丹賜進士第工
部員外郎里人莊鏻篆額順治
十三年歲在丙申仲秋吉旦

重建嘉興府學碑記　賜同進士出身觀工部政吳元英書
丹賜同進士出身觀戶部政朱霞篆
額順治丁酉歲
秋八月吉旦

嘉興郡重修儒學碑記　康熙十有六年丁巳夏六月中憲
大夫知府廣甯盧崇興記并識

重修嘉興府學明倫堂序　康熙丁巳季夏浙江嘉興府教
授舉人會稽姜廷擇撰并書

兩浙劉文宗學政碑記　賜進士第文林郎翰林院編修奉
命纂修明史治年家弟彭孫
遹頓首拜撰賜進士出身第一特召博學宏詞御
試簡授翰林院編修奉命纂修明史治年家弟沈
珩拜篆賜進士第文林郎翰林院編修奉命纂
修明史治年家弟陸棻拜書康熙三十年辛酉正月

兩浙文宗畸峯張公學政碑記　翰林院編修奉命纂
修明史治年家弟彭孫遹
拜撰翰林院編修奉命纂修明史治年家弟沈珩
拜篆日講官起居注翰林院檢討內廷供奉治年家
弟朱彝尊拜書
康熙二十二年

王公錄士碑記　賜進士出身第一名翰林院侍讀御賜博學鴻儒第一等
院編修治年家眷弟彭孫遹拜撰賜進士及第國子監司業翰林
翰林院編修治年家眷侍生吳涵拜篆賜進士及第文林郎
林郎翰林院編修治年家眷侍生許汝
霖拜書康熙二十有五年丙寅冬臘月

周大文宗學政碑記　賜進士出身奉命纂修明史年
眷弟陸棻拜撰日講官起居注右春
坊右諭德兼翰林院修撰年眷弟徐嘉炎拜篆額賜進士及
第　欽授翰林院修撰年家眷門人沈廷文頓首拜
書丹康熙二十
八年己巳仲冬

嘉興府志　卷八十六　金石　十一

文廟祭器樂舞碑記　嘉興府郡公佟公捐製康熙四十年
歲次辛巳孟冬朔日賜進士第光祿
大夫經筵講官禮部尚書治年家眷弟杜臻拜撰賜同
進士出身朝議大夫奉　旨特調吏部文選清吏司
郎中治年家弟袁定遠拜篆額賜進士出身奉政大
夫雲南曲靖府同知年家晚生屠文良頓首拜書丹

重修嘉興府學碑記　巡撫浙江等處地方提督軍務都察
院右副都御史兼管兩浙鹽政盧焯
拜撰乾隆四年
歲次己未仲冬

聖賢像贊　照禮部頒式爲題欵像贊八十首高增敬撰初
刻于山陰縣王給事澍書再刻于保定府方公
觀承書今刻贊八十首原跋六首續跋三首皆秀水張
廷桂書各像標目及篆額皆構李徐鈞書蔣塈繪武林
陳履安張漢文刻乾隆乙未仲秋望日構李吳高增謹
識　先贈公旭昭先生殫心聖域學粹行醕少時謁孔
陵四配聖廟恭紀以詩出家藏吳道子畫本命兄高增
勒石山陰茲復重鐫樹立嘉興郡庠雷翠廷先生謂一
舉而三善備洵不
誣予吳高增謹識

清理楊公祠田並附入徐何二公合祀碑記 乾隆三十二年丁亥六月 秀水縣知縣馮玲撰嘉興府儒學教授麥樹屏篆額嘉興府儒學訓導張淇圖書丹

鴛湖書院增定經費碑記 乾隆四十年乙未三月署知府如皋王燧并書

鴛湖書院再增經費碑記 乾隆四十三年戊戌十月署杭嘉湖兵備道兼理海防事務湖州府知府兼攝嘉興府事如皋王燧撰并書

鴛湖書院規約碑記 嘉慶三年三月知府長白伊湯安撰嘉邑庠生朱□書丹

重輯嘉興府志碑記 嘉慶五年秋八月知府伊湯安纂仁和縣學生朱文藻書并篆額

改建試院文場碑記 賜進士出身誥授朝議大夫知府嘉定李賡芸撰文并篆額賜進士出身誥授榮祿大夫尚書房行走內閣學士兼禮部侍郎嘉善錢樾書嘉慶十有一年丙寅冬十月

重修嘉興府學碑記 廣東潮州府知府黃安濤譔鄉貢士張廷濟書工部左侍郎安徽學政沈維鎬篆額道光丙申四月

嘉郡禁販字紙碑文 石在鴛湖書院道光二十四年仲冬長洲陳奐譔嘉興張廷濟書

重建嘉興宏文館碑記 同治四年乙丑知府善化許瑤光譔書

重建鴛湖書院碑記 同治四年乙丑四月知府善化許瑤光譔

嘉興府常平倉碑記 同治八年己巳四月知府善化許瑤光譔書

東瓶山銘 同治十三年甲戌知府善化許瑤光譔書

右石

父己鬲銘 府學祭器其文曰癸亥王徙刊作冊收新宗王商作冊豐貝太子錫練大貝用作父己寶鬲

篆文四行計二十八字博古圖其末云作父己寶鬲己見于商之帝號蓋商以十干名至周則有乙公得于己則未之見焉是器欵足素耳純緣之外作蟠紋而雷紋間之文鑠皆周制也鍾鼎欵識觀其銘文乃周鼎也而曰父己寶鬲蓋商末周初之器耳 宋沈揆府學古鼎記曰鬲屬也凡銘稱父乙父丁父己皆商器鐘鼎帖及趙明誠金石錄皆云此商末周初器其說是矣重和戊戌歲知安州安持圖上孝感縣民賈鄉田中所獲六器此鬲在焉中更亂離莫知存亡紹興中嚴私鑄之禁故家藏器悉上送官遂歸秀之公帑乾道己丑守徐藏子禮嘗出以相示器已穿蝕寶下一字頗漫滅而銅色紺潤形制醇古殊可愛去年冬因語前使君郎中陳侯呼吏問器安在則猶無恙也相與摩挲嘆玩久之侯曰此非藏器之所命寘諸學宮使學者目見三代之器稍考識其讀以知古人制器崇禮之意嘉興令黃度文叔因請摹勒于石于此可以觀二君之政矣 伊志徒舊釋作徒王勒商作冊舊釋作王賡皆非是收新宗新當讀爲親書新逆我國家大學在親民新親古通用也徒遷也收集也親謂九族宗謂五服以外收親庚猶左氏云遷合族蓋王因遷都作冊安輯同姓之猶盤庚之作誥也商章也錫具以章有功豐貝言錫多練縉也大貝也以大爲貴書云大貝是也此蓋公族之受命用作其父廟器已者其父之字非名不名其父錫練商周人皆以十干爲字此則疑爲商末之器何以證之也練素縉也商人尚白故錫練此器久失而其文具見于博古圖及鐘鼎欵識故附考如此 明章璠有嘉興府儒學祭器記

大德銅鐘欵 沈天佑造篆文三行凡二十四字上下模糊不可辨案此器章璠記不載

銅鑪欵 至大戊申嘉興路學文廟祭祀用篆文二行凡十三字

至順銅鑪欵 嘉興路嘉興縣儒學教諭俞觀孫學生賓居敬至順三年十月吉日凡二十六字

至大四柱銅餅欵 至大戊申冬嘉興儒學置分書二行凡十字

又銅餅欵 至大戊申孟冬嘉興路儒學造篆書三行凡十二字案此器章璠記不載

銅酒尊欵 至大戊申孟冬嘉興路儒學造篆書三行凡十二字 象尊欵 犧尊欵

銅簠欵 銅簋欵 銅豆欵 盥洗盆欵 篆文皆同上

鐘欵 至元三年歲在丁丑十有二月十五日嘉興路儒學造篆文三行凡二十一字

爵欵 嘉興府學篆文四字以上府學祭器

宋景定漏壺 知府長白瑞元著府庫舊存刻漏銅壺五件鑴灑編燭制度古樸其一方形高一尺七寸面徑約一尺五六寸底徑七八寸腹微鼓底旁鑲一銅龍口內有細孔可以滴水腹上鑄有陽文其辭曰余以景定癸亥孟秋十有三日領郡事首見麗譙不整更鼓不明非所以示觀聽亟命工葺理樓宇鑄造銅壺越歲甲子季春壺成為之銘曰晝夜往來是之謂道昔有挈壺罔差忽渺彼何人斯竊取莫考號令無居不暮則丞是究是圖載用有造天一所生中涵渺杳匪徒正時亦我儀表是能畜之勿使澤槁是能疏之勿使瀾倒如受斯循如刻斯曉上下同流補豈曰小凡我後人必戒必保敬勤諸銘萬古浩浩嘉禾郡太守小天台陳旹書又一面腹上亦有文曰嘉興府新鑄壺大小三件又舊百分壺一件其三皆圓形上下勻停口面徑二尺及一尺七八寸不等高亦如之底旁亦有細孔可以通水並無刻鑲文字右四件殆即陳公時物惟所稱舊百分壺者今亦無從辨識又一件圓形高三尺許面徑尺許上下如一腹上亦有鑄刻序文銘語悉仍陳公之舊後數行刻云萬歷歲次乙巳季秋知府蔡承植嘉興縣知縣顏欲章秀水縣知縣陳于廷重造督工老人顧元鑄銅匠易旺此件自係明代之物惟銘語是究是圖圖字誤刻罔字欵內天台陳旹旹字誤刻譽字義殊難曉案旹字郎古文訓字攷府志官師表宋景定間守郡者有陳公塤鄞縣人又陳公著奉化人皆入名宦傳名旹者並無其人豈纂志者之漏略與又查府志金石志此器亦未列入未解何故前賢制作留傳至今良非易易用特廣徵詠歌以誌梗槩庶此器之不朽云　張廷濟跋此壺貯嘉典府庫舊不知有是器長白瑞少梅世叔始以此器發題課士　案嘉興何志職官表載景定三年陳旹以府丞督催秀水嘉興公田攷景定三年系壬戌明年即癸亥似與文辭相合實舊志所失載也

右金

嘉興府志　卷八十六　金石　十四

嘉興縣

胥山碑 嘉興湯志胥山上有子胥廟廟左有石龜蓋碑趺也故有古胥山碑有石棧自錢塘抵禦兒之胥口

凡十一字

陳夫人碑 文存　趙圖記晉張林陳夫人碑曰夫人姓徐吳郡嘉興人也

神龍本蘭亭敘 張廷濟跋褚摹本神龍蘭亭以六字雙勾本為第一此卷紙墨俱古潤宋本也　同治十有一年知府善化許瑤光以石有廷濟跋乃屬嘉興秀才鍾沈霖上石嵌之南湖

唐故中書舍人吳郡朱府君神道碑 文存建中四年北海李紓撰

淨土寺石幢 至元志淨土院邑人陸求宅基曾歧得唐咸通十二年石幢至清泰元年奏漢南王捨宅為安福寺　伊志今在移風九都聞寺僧修殿以碑石作階基矣

宋米芾草書 同治癸酉知府善化許瑤光得此蹟于禾中甲戌摹于鑑亭銘之碑陰

嘉興府志　卷八十六　金石　十五

馬券 碑存嘉興縣學流虹亭

元祐元年予初入玉堂蒙恩賜玉鼻騂今年出守杭州復沾此賜東南例乘肩輿得一馬足矣而李方叔未有馬故以贈之又恐方叔別獲嘉馬不免賣此故為出公據四年四月十五日軾書　方叔來別子瞻館于東齋將行子瞻以賜馬贈之方叔作詩次韻奉和轍　小牀卧客笑元龍彈鋏無輿下舍中五馬不辭分後乘輕裘初許敝諸公隨人射虎氣終在□□□□□□□遲想據鞍橫槊□□□□□建安風　翰林蘇子瞻所得天廐馬其所從來甚寵加以妙璺作券此馬價應十倍方叔豆羹常不繼將不能有此馬御以如富貴之家輒曰非良馬也故不售夫天廐雖饒馬其知名絕足亦時有之爾豈可求錫馬甚良也或又責方叔受翰林公之惠當乘之往來田間安用汲汲索錢此又不識蚌痛者從旁論砭疽爾甚窮亦難忍哉使有義士能捐廿萬并券與馬取之不惟解方叔之倒懸亦足以豪矣眾不可蓋遇人中磊落者試以余書示之元祐四年十月甲寅黃庭堅書贈李方叔　伊志山谷跋中闕常不繼以下二十八字　順治甲午仲冬陸卿文跋　乾隆丙申三月韓城王杰跋略云蘇文忠公馬券帖並穎濱詩黃山谷跋共四石舊藏陸宣公

祠歲久散失順治甲午宜公後裔求得之尋有好事者
購取其二餘二石遂湮榛蕪中今乾隆甲午嶺南梁君
宰不訪購入閒所藏二石又於祠中檣角并獲二石而
四石復完　知府許瑤光跋蘇文忠與李方叔馬券向
在流虹亭有穎濱詩暨山谷跋語咸豐十年亭燬于賊
同治三年春官軍復之四月余來守郡命嘉興訓導蔡
欽堯于廢營壘石中覓得之而字已漫滅乃訪舊本倩
秀才鍾沈霖修洗之今年孝廉石君中王程君瑞生謀
復流虹亭嵌石于壁眞盛事也因誌顛末并系以詩昔
賢斅友誼此券足吾師數載沉兵燹千秋見筆姿杭州
君賜遲元祐故交知玉鼻今何在人猶磊落思吳越森
金石於今賸幾何蘇黃留寶墨滄海未消磨舊蹟南湖
鎮高風北宋多友朋
無馬共愧我守嘉禾

宋岳武穆王謝和議表 武勝定國軍節度使開府儀同三司湖北京西宣使兼營田大使臣

岳飛上表言今月十二日准進奏院遞到赦書一道臣
己即恭率統制將佐官屬等望闕宣讀訖觀時制變
仰聖哲之宏規善勝不爭實帝王之妙算念此艱難之
久姑從和好之宜睿澤誕敷輿情胥悅臣飛誠懽誠忭

嘉興府志　卷八十六　金石　共

頓首頓首竊以婁敬獻言于漢帝魏絳發策于晉公皆
盟墨未乾顧口血猶在俄驅南牧之馬旋興北伐之師
蓋古魯不情犬羊無信莫守金石之約難充谿壑之求
圖永固而解倒垂猶之可也顧長慮而爭中國豈其然
乎恭惟皇帝陛下大德有容神武兼備體乾之健行巽
之權務和衆以安民迺講信而修睦已漸還于境土想
喜見于威儀臣幸遇明時獲觀盛事身居將閫功無補
于涓埃口誦詔書面有慚于軍旅尚作聰明而過慮徒
懷猶豫而致疑謂無事而請和者謀恐卑辭而益幣者
進臣願定謀于全勝期收地于兩河唾手燕雲終欲復
讎而報國誓心天地當令稽顙以稱藩時建炎二年三
月黃道之吉臣岳飛上　于志此表墨蹟向藏新安程
作頊家道光八年作頊送歸秀水岳
祠裔孫岳鴻逵藏于支祠之寶經閣

惠寂院觀音記 文存宋慶元丁巳閏月望日朝奉大夫知嘉興府軍事遭囦王補之書

東塔廣福教院記 文存慶元庚申二月巳未日承議郎新僉書江陰軍判官廳公事賜緋魚袋永嘉鮑義叔記

東塔寺置田度僧記 文存歲次甲子仲夏初吉中奉大夫行秘書省著作郎兼資善堂小學
教授兼權駕部郎官婁機記伊志甲子爲
嘉泰四年此與鮑義叔記皆爲僧清雅作也

嘉興軍府給永昌院榜示 文存嘉定十六年二月日榜伊志永昌院額題云皇伯奉
國軍節度使開府儀同三司充萬觀使嗣秀王食邑三
千八百戶食實封一千二百戶師㢙書嘉定二年歲在
己巳十一月辛卯朔初二日壬辰開山住持賜紫金淨
惠大師智圓立又殿梁題云皇宋紹定五年壬辰閏九
月庚戌朔二十四日辛未吉辰住
山釋道欽建　在嘉會二十都

易庵寂照講師雅公塔記并銘 文存嘉定甲申不著撰人姓名

嘉興府嘉興縣重建永昌院記 文存寶祐甲寅五月五日朝請大夫直秘閣差知
沅州軍州兼管內勸農事賜緋魚袋許應龍記承議郎
通判嘉興軍府兼管內勸農事陳造書訓武郎閤門祗
候持添差嚴州兵馬鈐轄仍釐務
石孝儼篆額住山釋道欽立石

嘉興府志　卷八十六　金石　七

施府君廟賜靈顯額牒 文存太傅右丞相魯國公同知樞密院事兼權參知政事葉簽
書樞密院事兼權參知政事姚　景定五年九月日牒
郡人進義副尉新浙西安撫司準備差使臣聞人依
叔請立臣曹元德刊
在思賢二十二都

浮水橋柱題石 石存歲次戊辰咸淳四年十一月吉日重建都勸緣李六二郎□六三公謹題
在新行里北一里湧卍禪
院橋柱上今名浮水廟橋

申請興學校公文 文存咸淳五年七月七日迪功郎嘉興縣主學張夢吉狀　咸淳五年八月
八日迪功郎知嘉興府嘉興縣主管勸農公事兼本府
安撫司僉廳張洊狀　咸淳五年十月十六軍府帖文

嘉興縣學記 文存咸淳六年宣教郎宗學博士福王府教授梅應發記

殷澄殘碑 高道淳瑤池長生記子里瑤池畔得殘碑有大宋年號及殷澄二字澄故宋遺民即郡志所載泖南浪翁也

善住庵記 文存元至元癸未夏月旦日立前進士郡人曾天琪撰在感化鄉

石縣尹善政碑 文存至元二十五年十月初吉承務郎前衢州路總管府推官張世昌撰

八大人覺經 石存東塔寺禪堂至元三十一年釋溥光雪庵書明萬歷間包公檉芳命工勒石國朝咸豐間遭兵劫字有殘缺光緒二年里人金涵捐貲楞嚴僧朗珠捨石鍾沈霖摹原拓補刻之

徐家橋題字 皇慶元年建上有題名皇慶改元歲在壬子冬仲吉辰當里高森一力建立謹題二十三字在竹林廟西

嘉興路智覺寺常住之記 文存延祐元年僧文彬狀并田畝四至在長水二十一都

淨相寺重興記 文存延祐二年八月二十四日前朝奉大夫大理寺少卿牟巘撰在里仁九都

西沈橋題字 延祐四年建上有題名國號大元歲在丁巳延祐四年仲秋吉辰造主首沈端書二十三字在新篁里西

淨相寺橋題字 至治二年建上有題名當寺前本路梵天敎寺住持百川法海一力重建時至治二年歲在壬戌正月吉日主首嗣景題兩行三十七字

南倪橋題字 泰定二年建上有題柱泰定二年歲次乙丑八月日建十二字在淨相寺南

西廟橋題字 至正二年建上有題名大元至正二年壬午仲春吉日淸隱比邱□□□所集功德上報山門歷代祖宗同登道品共證菩提二行四十字在新篁鎮東

曹邨涇橋題字 至正九年建左右二柱各有題名一云嘉興路嘉興縣永豐鄉二十三都□上里辰字圍居□信士于文貴同妻錢氏壽一娘同發誠心施財并募衆緣建造所覬增延壽算雙太吉祥伏願八千歲靈椿獻壽愈老愈堅九萬里金翅摶風日富日貴者至正九年十月吉日謹題四行九十字一云嘉興路嘉興縣永豐鄉陸墓□居檀越信士戴國珍同妻陸氏謹施長財助立橋架梓砥柱通濟往來跋行大道所冀現在之功身全五福門闌增瑞靄之風□他世之中性□□品蓮社證菩提之密□□□□時在至正九年

□月□□□□□□四行可識者八十字其餘不可讀在曹村

韓公義井石欄 石存韓公義井皇元至正十一年歲次辛卯仲夏吉辰謹題在淨相寺大殿前

嘉興縣儒學重修大成殿記 文存陳達記至正十三年歲在癸巳六月吉日本學賓序將仕佐郎邵武路泰甯縣主簿朱魯卿鄉貢進士太平路儒學正陳善宣聖五十四代孫將仕佐郎前廬州路總管府知府孔善元等立石

嘉興縣尹承務郎陳公德政記 文存將仕郎蘄州路錄事解觀記至正十四年三月望日

梅道人畫竹 石存煙雨樓自題云山窗思寂寥銅博香委曲客中乞丹青寫作秋雲綠知府許瑤光詩鴛鴦湖上釣鰲磯舊時翠竹含烟霏兵後何有有苦笋孤負淸風無處歸我藏梅花道人竹枝搖曳秋雲綠刻石湖中龍夜吟碧波萬頃戛寒玉滄桑金石半消沈藉與邦人話前躅我聞道人劍術奇臨老卻題和尚

碑仙耶佛耶且莫辨筆墨自與乾坤垂魏塘墓前有八竹題詩字字騰蛟螭究竟道人以竹重至今重竹兼重詩人生那可無絕藝丹青也定千秋計我思古人貽後人他年應入禾中志同治六年刻并題

禮部曉諭生員卧碑 碑存縣學洪武年

重修嘉興縣儒學記 文存洪武六年秋八月吉日立石承事郎前太常博士錢塘陳彥博記

重建普光明殿記 文存賜進士及第奉議大夫翰林院侍讀學士兼修國史廬陵曾棨撰伊志此記是永樂二十年壬寅作在東塔寺

三賢祠記 文存宣德五年廬陵羅汝敬撰

嘉興縣丞署修建記 宣德九年尚書魏驥撰

復閣和尚重修東塔華嚴講寺記 碑存正統八年歲次癸亥秋九月吉日通議大夫禮部左侍郎兼翰林院侍講學士國史總裁經筵官臨川王英撰

重建嘉興縣儒學記 文存景泰三年歲在壬申春二月既望賜進士及第翰林院侍講承德郎兼經筵官吉水劉儼撰

重修東塔華嚴經閣之記 碑存景泰三年歲次壬申閏九月菊節賜進士及第翰林院右春坊右中允承德郎兼經筵官秀水呂原撰

明中奉大夫福建等處承宣布政使司左布政使黃公神道碑 文存景泰六年呂原撰在勸善鄉

資善大夫吏部左侍郎俞公墓誌銘 文存天順二年呂原撰

方沈庵記 天順戊寅御史姚綬撰

重建興善寺記 文存天順五年歲次辛巳孟秋七月日賜進士及第翰林院學士奉議大夫知制誥春坊大學士秀水呂原撰

奉政大夫翰林院學士贈禮部右侍郎謚文懿呂公神道碑 文存天順癸未八月二十日資德大夫正治上卿太子少保吏部尚書兼翰林院學士知制誥南陽李賢撰

鬱秀道觀重建殿宇碑記 文存成化三年丁亥張甯撰

新豐鎮重修建妙峰環橋記 文存成化六年歲次庚寅冬十二月吉旦立賜進士吏部稽勳司員外郎進階一級邑人沈富撰

清眞道院銘 文存成化十四年戊戌冬孟吉旦賜進士第前廣東道監察御史姚綬撰

淨相寺重建觀音記 文存成化十四年歲在戊戌應鐘月十有九丁未吉日賜進士資德大夫正治上卿禮部尚書鄒幹撰

崇元道院碑文 成化壬寅秋張甯撰

嘉興縣學科第題名記 吳寬撰宏治年立

新築常豐塘碑 文存承直郎江西南昌府通判致仕郡人徐春撰并篆書宏治四年歲次辛亥八月吉旦住山志甯立

漏澤寺重建山門記 文存宏治六年歲在癸丑夏四月吉旦賜進士第文林郎南京廣東道監察御史曾東徐璘撰

修建白蓮寺碑 文存宏治六年龍集癸丑孟冬之吉賜狀元彭教榜進士出身文林郎前廣東道監察御史郡人姚綬撰并書

東隱庵記 宏治七年歲在甲寅五月吉日賜進士出身蘭臺遞史雲東姚綬撰

圓通寺重修佛殿記 文存宏治七年歲在甲寅孟夏朔日承直郎江西南昌府通判徐春撰

重建嘉興縣廳堂碑 文存宏治八年九月四川按察使僉事梅江撰

丹邱先生墓志銘 文存賜進士出身承德郎禮部儀制清吏司主事吳門楊循吉撰宏治十年

董節婦墓志 碑存正德二年歲次丁卯三月上浣吉旦賜同進士出身文林郎知嘉興縣事金谿洪範撰 嘉興湯志地藏庵係烈婦王桂芳碑亭故址

重建太古道院碑記 正德二年丁卯春三月之吉郡人朱綬撰

壓隱道院重建記 文存翰林院孔目支立撰正德七年

東湖書院記 文存正德十五年十二月吉旦賜進士及第資善大夫禮部尚書前翰林院學士經筵日講官同修國史太倉毛澄撰 卽屠康禧祠

明四進士記 碑存正德間包鼎撰在東塔寺

嘉興縣重修預備倉記 文存嘉靖五年龍集丙戌季冬賜進士吏科給事中平湖趙漢識

嘉興縣令題名記 文存嘉靖丁亥六月嘉興縣鄉進士甘陵胡遵頓首拜書賜進士第文林郎

知嘉興縣事湖廣茶陵龍欽迪功郎縣丞張雲翔安邦直將仕郎主簿顧瀾典史梁珍仝立

嘉興縣重修預備倉記 文存 嘉靖十年辛卯夏六月朔旦賜同進士出身文林郎知嘉興縣事新安黃訓撰

大中大夫南京光祿寺卿陸公神道碑 文存 賜進士及第吏部尚書致仕進階榮祿大夫前經筵官國史副總裁泰和羅欽順撰 嘉靖甲午

新遷嘉興縣儒學記 文存 嘉靖十五年四月朔日之吉奉訓大夫左春坊左諭德同修大明會典校對累朝寶訓經筵講官前翰林院修撰明山姚淶謹記

黃獻可登東塔寺詩 碑存 丙申元夕 案黃獻可莆田進士嘉靖十三年知嘉興縣事

正役亭記 文存 嘉靖丙申歲八月朔日賜進士知嘉興縣事莆田黃獻可記

黃侯新遷嘉興縣儒學記 文存 嘉靖丁酉春王正月之吉賜進士出身承德郎兵部職方司主事甬江趙文華撰

漢朱買臣墓碑 碑存 嘉靖戊戌知縣盧楩題

陸宣公遺像并贊石刻 碑存 嘉靖乙巳李時行撰

右春坊右諭德居公墓誌銘 文存 嘉靖丁未賜進士出身通議大夫吏部左侍郎兼翰林院學士會典副總裁纂修玉牒校錄國史經筵講官長沙張治撰

重建烟雨樓記 文存 嘉靖二十八年己酉歲十一月中澣賜進士及第國史修撰淮南李春芳撰

重建烟雨樓記 文存 嘉靖二十八年歲在己酉季冬吉旦賜進士出身奉政大夫致仕前國子監丞五經博士郡人范言撰文

重修石筍夫人廟碑記 文存 嘉靖庚戌秋九月望立前徽漳二州文學掌記南湖野人同郡曾丙撰

重修嘉興縣儒學記 文存 嘉靖壬戌仲春旦日賜進士出身中憲大夫整飭密雲等處兵備山東按察副使前尚書刑部郎中賈名儒撰

義勇武安王神祠碑記 文存 嘉靖四十一年歲次壬戌臘月賜同進士出身文林郎直隸蘇州府推官予告致仕王三錫撰

嘉興縣新建便民倉碑記 文存 嘉靖歲在癸亥春三月吉賜進士第通議大夫南京刑部右侍郎前南京大理寺卿吳邑錢邦彥著

新建白馬堰萬程橋記 文存 嘉靖四十三年甲子歲季春月望日賜進士前工科給事中奉直大夫同知揚州府事平湖馮汝弼祐山撰

修建元眞觀碑記 嘉靖甲子 李芳撰

重修石佛教寺碑 碑存 嘉靖乙丑夏賜進士出身翰林院庶吉士前國史編修郡人姚宏謨撰

明監察御史穀庵姚公行祠記 文存 嘉靖丙寅秋月吉旦賜進士出身資善大夫南京工部尚書莆田康太和撰

嘉興縣儒學重新廟門記 文存 隆慶元年孟春之吉賜進士出身中憲大夫整飭密雲等處兵備山東按察司副使奏准致仕邑人賈名儒撰

嘉興縣淨土寺重修觀音殿碑記 文存 隆慶歲次戊辰冬十二月吉旦賜進士第奉政大夫刑部河南清吏司郎中平湖春宇張大忠撰

宋曹武惠王廟碑 文存 隆慶歲次辛未季冬日賜進士出身前資德大夫正治上卿南京刑部尚書都察院掌院事右都御史郡人孫植撰

修建瀛塘橋記 文存 隆慶歲次壬申仲冬日賜進士出身前資德大夫正治上卿南京刑部尚書都察院掌院事右都御史郡人孫植撰

重建玉樞道院東嶽寶殿碑記文存萬歷四年歲次丙子孟冬月吉旦賜進士出身中憲大夫通政使司右通政郡人湯日新撰　郎天尊閣

清眞道院重建三元堂碑記文存萬歷戊寅五月吉旦賜進士出身承德郎兵部職方清吏司主事奉敕鎮守山海關邑人王家棟撰

重修烟雨樓記文存萬歷癸未孟春朔錫山龔勉撰并書後有豫章曾維倫跋

釣鼇磯三大字石存毅所書　郎龔勉書彭輅有記

重修積慶庵記文存明萬歷十一年癸未八月望日賜進士出身南京刑部尚書平湖孫植撰

唐氏修復先塋記文存萬歷癸未孟冬之吉賜進士出身行人司行人八代孫仲寅稽首謹書

石佛寺復古蹟記碑存萬歷乙酉仲夏日賜進士出身資德大夫正治上卿南京工部尚書前南京刑部尚書都察院右都御史郡人孫植撰文賜進士出身亞中大夫福建布政司右參政郡人馮皋謨篆

額賜進士出身苑馬寺少卿兼陝西按察司僉事郡人戴鳳翔書丹

新建嘉興縣養濟院記文存包檉芳撰萬歷乙酉歲孟秋之吉立石

重修嘉興縣儒學建聚奎門碑記文存萬歷十三年歲次乙酉秋賜進士出身通議大夫吏部左侍郎兼翰林院侍讀學士經筵講官郡人姚宏謨撰

重建竹林廟記碑存萬歷十三年歲次乙酉九月吉旦舉人瀛臺高文登撰後有重修記一天啟五年高道素撰一康熙三十六年高宗濂撰

資德大夫正治上卿南京刑部尚書蠡川孫公墓誌銘文存賜進士出身資政大夫都察院左都御史仙居吳時來撰萬歷丁亥

東塔廣福華嚴講寺青白池記碑存萬歷戊子季春二日賜進士第中大夫浙江布政司右參政前知嘉興府事錫山龔勉撰并書篆

光祿大夫太子太保吏部尚書默泉吳公墓誌銘文存賜進士及第光祿大夫柱國少師兼太子太師吏部尚書建極殿大學士知制誥知經筵事國史總裁致仕奉敕誥存問華亭年眷生徐階撰萬歷十六年

新豐鎮重建登雲寺記萬歷十八年歲次庚寅仲秋賜進士出身大中大夫江西布政使司右參政分守湖東道前山東按察司副使兵部武選司郎中秀水王偆撰

重建明倫堂記碑存萬歷二十年二月朔日之吉賜進士出身中大夫督理蘇松常鎮糧儲奉敕專管江南水利湖廣布政使司右參政前太僕寺少卿邑人許應逵撰

陸氏祠堂碑記萬歷二十一年歲次癸巳仲秋賜進士第通議大夫欽差提督軍務巡撫江西等處地方都察院右副都御史宗生陸萬垓撰

重修東塔廣福講寺記文存萬歷甲午冬十月吉旦奉敕贊畫薊遼保定山東等處軍務

加四品服兵部職方司主事了凡居士袁黃撰

嘉興縣新建常平倉碑文存萬歷二十四年丙申夏六月朔日賜同進士出身奉政大夫南京大理寺丞前光祿寺少卿邑人朱廷益撰　立石本縣延賓館中

重修嘉興縣學文廟記碑存萬歷二十四年歲次丙申孟秋賜進士第整飭淮徐兵備山東布政使司右參政前太僕寺少卿邑人許應逵撰

重修智覺寺碑記文存萬歷丙申歲孟秋賜進士出身提督軍務兵部職方司主事袁黃撰　伊志此記稱寺基肇自東漢明帝十三年乃僧徒誑語嘉興湯志駁之甚是

嘉興縣北板坊興復社學記萬歷丁酉歲孟冬朔日賜進士出身朝列大夫南京國子監祭酒前左春坊左庶子兼翰林院侍讀纂修正史副總裁侍班官里人馮夢禎撰

嘉興府嘉興縣新建預備濟衆倉記文存萬歷二十六年歲在戊戌仲冬十

五日賜進士第資善大夫都察院右都御史兼兵部右侍郎協理戎政侍經筵前以右僉都御史巡撫河南陝西督理軍務以太常寺少卿提督翰林院四夷館邑人沈思孝譔

嘉興縣學義田記碑存萬歷歲在戊戌季冬賜同進士出身奉政大夫南京通政使司右參議前大理寺右寺丞光祿少卿奉敕提督江西等處學校僉事郡人朱廷益撰文賜進士第中大夫昌平兵備參政前太僕寺少卿奉敕督理蘇松常鎮糧儲兼管水利整飭淮徐兵備右參政邑人許應逵篆額郡人項穆書

嘉興縣儒學義田記萬歷二十七年己亥四月朔旦賜進士第翰林院編修文林郎同纂修正史兼直起居注郡人陳懿典撰

嘉興縣漏澤教寺承佃官地歸寺碑記文存萬歷三十二年甲辰春仲賜進士第文林郎知嘉興縣事延吳鄭振先撰

妙法蓮華殘碑黃承昊法華庵記陸太宰莊簡公一日至水濱見青蓮花數十枝掘地獲殘碑彷彿如有妙法蓮花字義相傳即宋之蘆庵

漏澤寺新建金湯室碑記文存萬歷甲辰初冬南京國子監祭酒眞實居士馮夢禎記

嘉興縣創建仁文書院記中憲大夫知嘉興府事邵陽車大任撰萬歷三十二年

魚樂國三大字碑存萬歷乙巳董其昌書

魚樂國記文存萬歷三十三年歲在乙巳正月之吉賜進士第中憲大夫浙江提刑按察司副使奉敕整飭嘉湖兵備前南京禮部郎中知福州嘉興二府事邵陽子仁父車大任撰

鬱秀道觀重建殿宇門廡新碑記萬歷三十六年新正吉旦賜進士第南京國子監司業前翰林院修撰奉敕纂修兩朝實錄寶訓兼理制誥記注起居充經筵官當湖沈懋孝撰

邑侯顏公重修嘉興縣儒學碑記文存萬歷三十有六年歲次戊申孟夏上浣之吉賜進士及第通議大夫吏部右侍郎兼翰林院侍讀學士記注起居經筵日講官郡人朱國祚撰文

陸侯重修嘉興縣儒學碑記文存萬歷三十九年歲次辛亥孟冬之吉賜進士及第通議大夫吏部右侍郎兼翰林院侍讀學士記注起居經筵日講官郡人朱國祚撰

嘉興縣給東塔寺免役帖文存萬歷四十年七月廿一日給帖

嘉興陸侯東塔寺免役碑記文存萬歷壬子仲冬賜進士第福建按察司建南道副使前湖廣提督學校翰林院編修知制誥經筵東宮日講官華亭董其昌撰并書

東塔白蓮講寺禁約碑記文存萬歷歲次癸丑孟冬賜進士及第通議大夫吏部右侍郎兼翰林院侍讀學士記注起居經筵日講官郡人朱國祚撰

重修興善寺毘盧閣碑記文存萬歷四十八年孟夏立石包世杰撰

仁文書院義田記賜進士第奉命冊封益藩禮部精膳司員外郎岳和聲撰

重修東塔寺記碑存萬歷年朱國祚撰

重復淨土禪院碧鮮亭坡公井記文存沈懋孝撰

蔣侯重修嘉興縣儒學碑記天啟元年吉旦賜進士第奉直大夫翰林院侍讀學士掌南京翰林院事前右春坊右諭德直起居注纂輯章奏管理文官誥敕正史纂修官陳懿典撰

虹橋吳氏祖塋碑記文存賜進士及第翰林院修撰經筵侍講史官文震孟撰賜進士第中憲大夫福建布政司參議前奉敕提督學政雲南按察司僉事范允臨書賜進士第文林郎知嘉興縣事湯齊篆天啟二年孟冬朔日八代孫麟徵等立石

東塔講寺重建禪堂碑記碑存天啟二年十二月臘日武英殿大學士太子太保兼戶部尚書朱國祚撰秀水吳中龍書

邑侯湯公捐助學田記文存天啟四年十一月賜進士第光祿大夫太子太保工部尚書年通家治生姚思仁謹撰

隱君春門徐公墓誌銘 天啟丁卯華亭友弟陳繼儒頓首撰

重修嘉興縣學碑記 碑存。賜進士第中議大夫提督操江兼管巡江都察院右僉都御史前分守浙西道轄杭嘉湖三府駐劄湖州府左布政使閩唐際盛撰，賜進士第中議大夫太僕寺少卿邑人李日華篆額，賜進士第承德郎吏部文選清吏司主事前行人司行人邑人金麗兼書丹，崇禎三年庚午立

重修嘉邑儒學碑記 碑存。崇禎三年史官陳懿典撰，華亭陳繼儒書

重建慶善橋及太平橋橫㘭橋記 文存。崇禎四年歲次辛未正月穀旦敕授徵仕郎南京光祿寺大官署署丞恭遇冊儲覃恩晉文林郎里人高道濬撰

黃忠端贈高寓公詩 石存高家埭

重建樂善庵關帝廟記 文存。高道素撰，陳繼儒書，趙宧光篆額。郎宋鮑廉葬處，名鮑塔庵

董文敏題唐璵像石刻 崇禎八年乙亥八十一翁董其昌。石存新豐唐氏

世祖章皇帝欽頒臥碑文 立石縣學

御製訓飭士子文碑 康熙四十二年

上諭訓士文碑 乾隆五年。以上二碑乾隆十三年知縣楊承綜、儒學教諭沈莫尚、訓導諸葛秀敬刊

御題烟雨樓用韓子祈詩韻 乾隆辛未春

御賜錢陳羣詩 石存鴛湖書院。一乾隆壬申秋七月，一辛卯孟冬，一壬辰暮春

御賜錢陳羣詩 石存鴛湖書院。一壬申嘉平月，一丁丑春二月

御製烟雨樓詩 此名勝志處州洒陽皆有煙雨樓，並而三，故及之。乾隆丁丑春二月

御書米字 乾隆二十二年十二月賜刑部侍郎在籍食俸錢陳羣

御題煙雨樓詩 乾隆壬午仲春

御製登煙雨樓與莊有恭聯句用石鼎體 乾隆二十七年四月朔日之吉浙江巡撫臣莊有恭記

恭和

御製登煙雨樓與莊有恭聯句 臣錢陳羣敬書并跋，時年七十有七

孝經 錢塘王曾期敬書，康熙丁丑徐潮識，乾隆三年史珏、沈鵬勒石

重修嘉興縣儒學記 賜進士出身奉政大夫原任浙江道監察御史巡視西城郡人徐鳳池撰文，賜進士出身翰林院編修邑人陸紹琦篆額，康熙五十四年六月

重修嘉興縣學碑記 雍正癸卯夏敍陞府同知知石門縣事署理嘉興縣印務襄平王以和撰

流虹勝地 乾隆八年十一月知縣鮑鈐立石

重修嘉興縣學聖廟記 知嘉興縣事雲中鮑鈐撰記，葛世華書丹，乾隆九年十二月

重修嘉興縣學泮池記 乾隆十二年丁卯六月天䦕節昌黎閻公銑撰

流虹亭記 賜進士出身知嘉興縣事閻公銑撰記，乾隆十二年歲次丁卯仲夏

楊承綜煙雨樓記事詩 乾隆十六年

重建嘉興縣儒學明倫堂碑記 乾隆閼逢閹茂皋月知府磁州張照乘記并書，知縣中州張元文篆額

太傅錢陳羣八十自壽詩 石存鴛湖書院

東塔廣福講寺清理禪堂碑記 乾隆三十三年歲在戊子九月之吉杭嘉湖兵備道前嘉興府知府刑部郎中馮章宿撰，秀水縣儒學訓導陸勤棻篆

重修嘉興縣學宮碑記 乾隆三十五年歲次庚寅夏五月，賜進士出身光祿大夫供奉經筵講官太子太傅刑部尚書在籍食一品俸邑人錢陳羣謹識并書，時年八十有五

庚子重修煙雨樓記 潞河金仁撰，錢塘梁同書書

杭嘉湖道秦瀛遊煙雨樓詩 嘉慶丁巳冬

汪淮遊煙雨樓詩 與秦瀛同作

重修嘉邑城隍廟碑 嘉慶六年辛酉秋八月內閣中書嘉善沈鳳輝撰秀水朱休甫書并篆額

嘉邑創舉梯雲會集詳定條約 道光十五年立石

杭嘉湖道陳鍾麟遊煙雨樓詩

嘉興梯雲集碑記 道光二十年庚子四月四日嘉興鄉貢士張廷濟撰并書歲貢生徐同柏篆額

東塔講寺放生碑記 嘉興徐榴生撰德清戚士彥書咸豐元年歲次辛亥

朱竹垞太史祠堂記 同治五年知府許瑤光撰書

重建嘉興縣治碑記 同治七年歲次戊辰二月知縣諸城臧均之撰書

重修嘉興縣學碑記 同治七年歲次戊辰孟夏月知府許瑤光撰并書

重建嘉興縣儒學記 同治七年孟冬月知縣諸城臧均之撰國子監學正秀水蔣人彥書

南湖八詠 同治九年歲在庚午知府許瑤光撰并書

南湖八景圖 同治庚午夏五包山秦敏樹畫

來許亭記 同治十有二年癸酉夏六月前翰林院庶吉士雲南迤東道嘉興吳仰賢撰書

鑑亭銘 同治十有三年四月知府許瑤光撰書

煙雨樓編年詩 同治十有三年孟夏知府善化許瑤光錄

重建城隍廟行宮記 同治十有三年知縣陽湖史致馴撰秀水朱龢仁書

杭嘉湖道何　題煙雨樓詩 署尾云同治甲戌十月古昇州何兆瀛撒叟稿後刻

知府許瑤光和作

彭宮保梅花橫直石刻各一 其直石題詩云鴛鴦湖畔暫停舟烟雨來登島上樓一幅梅花乘醉寫何妨半日爲句留我在孤山頂上來水邊籬落見花開筆端飽釀惟春色疏影橫斜信手裁其橫石自題云作別孤山處士家又來鶴渚泛輕艖風流太守多情甚笑索梅花向水涯橫斜亂寫兩三枝雜肖林逋月下詩寄與鴛鴦湖上去年年歲歲繫相思光緒乙亥季春予由西湖退省盦出江道過嘉興許雪門太守傳翼良總戎邀遊煙雨樓於水際得此石索畫梅乘醉走筆並繫二絕南嶽七十二峯樵人彭玉麐并識 知府許瑤光構寶梅亭題詩云世亂挺身天地中世治抗身天地表迎得春來不關春惟有梅花似宮保石鐘山畔焦山頭鐵幹橫鎖長江流蛟龍戰罷風雨卷卻向西湖伴鶴遊娛老山林臣實恥一盦蕭爽湖心峙栽花植石寓經綸明月深潭足知己暮春道出鴛鴦湖橫直梅花乞兩株直者龍伸橫者卧筆墨變化乾坤驅千秋不受霜雪虐四海環顧同輩無淡香疏影臣心孤樓臺生色水鳥呼寄語禾人永寶諸自古名勝端賴名臣扶

梅里先蠶祠碑 光緒二年蠶月邑人石中玉撰秀水王鼎華書

右石

金塗塔 曝書亭集吳越王嘗於宮中冶烏銀爲瓦繪梵夾故事塗之以金台以成塔鄉人蔣爾齡得一版作放下屠刀立地成佛相以以施城東白蓮寺僧吾友周青士所目擊曾以語余余歸田則爾齡青士皆逝詢之寺僧堅不肯承眞蹟不可復覩周篔過白蓮寺觀銅塔詩銅塔如片瓦鎔鑄何工巧墜起欄楯形圖識尚可了知是五代物厥惟錢王造是類萬有千聚散不可保幾歷兵火災存者今已少蔣生偶獲之什襲逾重寶施舍鎮𥳑廬此意實微渺誦公喜我至出示光尚皎窣處填黃金顯見諸相好屠兒額偏廣下放刀仗小一者旣若斯諸餘皆可曉原註是錢氏故物蔣子僧果得之施鎮此寺 金石契金塗塔有文云吳越國王錢宏俶敬造八萬四千寶塔乙卯歲記凡一十九字伊志程珌龍山勝相寺記吳越忠懿王用五金鑄十萬寶塔而竹垞以爲武肅王殆承周青士之訛耳

鐵塔 于志錢忠懿王所造舍利寶塔座方二寸高四寸每面分三層下層佛像五中作割肉飼虎捐舍寶首等像上四尖角外金剛像八內佛像四致忠懿王用五金造八萬四千塔其銅而塗金者每版分鑄一版鑿款再

用銅汁鎔合若鐵則一范鎔就座內無可鑿字故無字也自宋至今銅塔五見至烏金所造從此一出眞僅見之品阮元兩浙金石志亦載此

岳祠銅爵 泰瀛岳氏銅爵記吾友桐鄉金比部德輿藏有銅爵一蓋岳忠武王孫珂所製以祀王者也爵高五寸六分深二寸七分口徑長四寸五分闊二寸三分腹容四合重五百十四銖中鐫精忠報國四字三足二柱左側有小印一曰岳珂建造舊傳嘉泰四年珂鑄祭器奉祀忠武此其一與比部以爵為岳氏物不敢私將訪王裔而歸諸王之廟或曰珂家嘉興之金陀坊坊故有王裔爵故珂物宜仍歸金陀坊余獨以為不然王之廟最著者曰湯陰曰西湖湯陰者王之舊里而西湖則南宋故都且王葬處也非金陀坊比王之精靈固無乎不之而西湖之有岳廟也雖駸至匈夫竈婦無不過而生敬者高宗之敕王父子之像其守墓子孫至今藏焉是爵也歸于西湖之王廟當亦珂之志也比部聞而韙之遂歸之而余為一記其事時嘉慶二十年也中丞謝公啟昆詩冬青麥飯一抔土絮酒無人酹秋雨一鄂國巍巍尚廟宇相臺裔孫作彝器精忠仍鐫涅背字一勺深涵萬古淚

此部藏弆不敢私觀察作記無剩詞爵歸西湖僉曰宜我甫謁廟鳩衆材光堯御敕嵌蒔苔恰遇此爵光雲雷申王祭器頌宗府冰山瓦解杯化羽此爵不蝕篆文古精貫金石甘鼎鐵豈繫區區一銅爵子孫永保王愉樂于志此爵舊在西湖祠裔岳開鼎收藏嗣以此爵本金陀故物今歸嘉禾祠內

右金

漢甘露甎 兩浙金石志甎出嘉興厚一寸五分長四寸文曰甘露二年年字已損其半漢宣帝紀元也

晉永和甎 永和四年作隸書 于志嘉慶七年冬後田村田氏搰土築牆獲是甎二藏張廷濟清儀閣

晉隆安甎 兩浙金石志甎出嘉興長八寸餘厚二寸文曰隆安五□□□周令周氏之郭□□□典晉安帝紀元也字體八分實近今楷矣

右甎 案甎非金非石嗜古者多擴入金石茲附於後

秀水縣

重摹天一閣北宋本石鼓碑文 碑存秀水學石鼓文似據剪貼本摹寫字之缺半者不收且有顚倒之處至於刻本多譌更不勝計今復摹刻天一閣北宋本鈔本因屬儀徵江氏德地據彼校此註其誤於字之旁以祛學者之惑嘉慶二年阮元識嘉興王其杭州府學重鐫

趺隱寺碑 閒川懷古詩註浮隱寺在王江涇西萬歷年間民家築牆掘出一斷碣始知寺名趺隱為唐貞觀年建有鉅鐘沈斜橋河中泗者能識之然移從無常處或云深夜有物如囷浮水面人或見之則入水作鉸鉉聲亦神矣 王明福詩梵宮無復見巍然水底鐘沈不計年佛土難逃三劫外溪南溪北盡桑田 伊志趺隱寺惟見王明福所刻懷古詩

中宗皇帝御製華嚴宗主賢首國師眞讚 文存

寶花尼寺碑 集古目錄唐殿中侍御史鄒儒撰蘇州刺史于頔書秘書監陸齊望有女為尼曰法與齊望捨宅為寺以居之子渭等以貞元二年正月造寺始成立此碑 墨池編嘉興縣寶花寺碑于頔書 通志金石略同 輿地碑目今碑刻猶存僅可讀大歷丙申歲夏五月七日至元志寺在郡治西南二百步 古今碑刻記陸贄祖宅碑贄祖齊望捨宅為寺碑刻在嘉興府治之南 嘉興湯志碑刻存在府治西南 案吳志寺久廢

靈光寺靈祐塔銘 元和十一年夏沈亞之撰

文宗皇帝御製華嚴疏主清涼國師眞讚 文存

尊勝陀羅尼經石幢 石存 唐咸通七年 在精嚴寺

尊勝陀羅尼經石幢 石存 唐咸通十年三月癸未九日辛卯□內奉先考府君遺言於當縣永安禪院前建立幢兩所功德至當年內各得成就福資主蘇州嘉興□□□□馮應榴訪本覺寺濟如上人見咸通石幢詩原註濟如上人近於寺外土田中掘得唐咸通十年尊勝陀羅尼經幢二因移置之大殿前

庭左右

棲眞觀北極殿記至元志宋乾道中開齋堂掘得二小石刻其一北極殿記知州宋坦以俸金創殿雍熙三年五月二十七日記其二井銘軍事推官解九臯擬徐鉉茅山許長史井銘爲之九臯鉉門下士也雍熙四年立

秀州棲眞觀井銘文存解九臯撰文僅八句見至元志有脫譌處

靈光寺碑記沙門法敏撰湻化年至元志云今石刻不存

仁宗皇帝御讚釋迦佛牙舍利文存

徽宗皇帝御讚釋迦佛牙舍利文存嘉興湯志吳越王得佛舍利納於金鐸以小銅塔緘之寘諸寺中門側二舍利塔各有石刻御讚

眞如教院法堂記文存見寺觀皇祐四年館閣校勘同知太常禮院司馬光記

眞如院石刻至元志有蔡元長周開祖范德鎮留題小石刻商逸卿華嚴閣記寺有題名石刻

秀州資聖禪院故暹禪師影堂記文存皇祐五年僧契嵩撰

秀州資聖禪院故和尚懃公塔銘文存嘉祐庚子僧契嵩撰

修長水大師塔亭記元祐戊辰章衡撰在眞如寺

闞廟碑聞川懷古詩註王江涇塘東廟最古有碑勒元祐年號長虹橋未建以前里人祈禱者皆渡河而祭

趙龍圖贈卹記至元志建炎初知州趙叔近龍圖以王事死殯於中因鐫贈卹之詞于僧房鄉人爲立祠

法華經　維摩經至元志精嚴寺之西北有五臺山內石經屋一十二間刻法華維摩等經建炎兵火後石經獨存

惠安禪院記文存紹興甲子四月壬午朝請大夫充秘閣修撰權發遣秀州軍州事主管學事兼管內勸農事交安縣開國男食邑三百戶賜紫金魚袋信安劉阜民記秀水黃志云碑刻剝落

天慶觀增修聖祖殿記文存紹興二十七年十月一日左朝請郎致仕維揚朱敦儒記

醉翁操碑宋陸游入蜀記乾道六年六月四日熱甚午後始稍有風晚泊舟本覺寺前故神霄宮也廢於兵火建炎後再修今猶甚草創寺西廡有蓮池十餘畝飛橋小亭頗華潔池中龜無數聞人聲皆集駢首仰視兒曹驚之不去亭中有小碑乃郭功甫元祐中所作醉翁操後自跋云見子瞻所作未工故賦之亦可異也

保安寺碑記文存宋乾道七年歲在辛卯冬十二月吉奉敕督師江淮樞密院使張浚撰

三塔白龍潭記文存湻熙元年十月九日通直郎知秀州嘉興縣事毘陵李時習記

精嚴禪寺記文存朝散郎試兵部尙書兼給事中兼修玉牒官兼侍讀王希呂記湻熙六年

東坡三過詩并跋碑存慶元元年五月望日住山本覺跋

眞如寶塔記文存慶元三年陽至後五日奉議郎新知紹興府上虞縣主管勸農公事賜緋魚袋永

嘉鮑義叔記

興聖禪院記文存通奉大夫參知政事兼太子賓客權提舉國史院實錄院權提舉編修國朝會要同提舉編修敕令嘉興郡開國侯食邑一千七百戶食實封三百戶臣婁機撰嘉定三年

眞如教院華嚴閣記文存嘉定壬申八月旦日朝散郎權知嘉興軍府兼管內勸農公事商逸卿記

嘉興府准尙書省劄子景德禪院復十方事文存嘉定十二年三月日給　從事郎嘉興府觀察推官趙　文林郎嘉興軍節度推官魏　承事郎簽書嘉興軍節度判官廳公事史　承議郎通判嘉興軍府兼管內勸農事程　奉議郎權發遣嘉興軍府兼管內勸農事岳

本覺禪院三過堂記文存嘉定甲申潼川北礀居簡題

三教院碑記文存宋紹定六年歲在癸巳三月賜進士出身東宮教授知兩浙貢舉官吏部尙書嘉

興縣開國子敕封三千戶實食一千六百戶陸德輿撰　在靈宿鄉濮院鎮北

隱眞道院記　文存　端平改元巧夕前三日汲古軒闕栻表卿記

招提教院置田記　文存　嘉熙庚子暮春既望朝散郎新知雷州軍州事兼管內勸農事徐植記

參政婁機墓碑　樓鑰撰文　天下金石志在嘉興府

重建慈恩塔院記　文存　淳祐五年上巳日宣教郎知紹興府諸暨縣主管勸農公事兼弓手寨兵軍正趙孟堅題

興聖寺記　文存　淳祐十一年龍集辛亥仲夏初吉謹記　中大夫寶章閣待制新知婺州軍州事兼勸農使眉山縣開國子食邑五百戶賜紫金魚袋程公許撰

興聖寺碑　嘉興湯志宋理宗賜額流虹勝地興聖之寺御書碑存在府治東北

報忠觀記　文存　寶祐二年六月甲子寶章閣學士大中大夫新知福州軍州事兼管內勸農使充福建路安撫使馬步軍都督管嘉興縣開國男食邑三百戶陸德輿記

本覺禪院記　文存　寶祐乙卯中和節朝奉郎前差通判昭信軍兼管內勸農事徐聞詩記

報忠觀置田記　文存　咸淳五年秋七月朝散大夫行太常丞兼樞密院編修官兼權尚右郎官黃夢炎記

重修興聖寺記　文存　朝奉郎添差浙東安撫司主管機宜文字兼福王府教導官周方記咸淳癸酉

精嚴寺徐熙祠記　朝議大夫行開封府司士曹事侯渙記案渙又有王總管守城記當是宋人

舞蛟二大字　石存　趙孟頫籀書詳見古蹟今在徐太僕祠

南涇道院記　文存　趙孟頫撰大德初年　在濮院鎮

嘉興路資聖禪寺長生修造局記　碑存　本覺禪寺住持佛鑑禪師如芝撰前翰林學士承旨榮祿大夫知制誥兼修國史趙孟頫書至治元年辛酉冬十月十五日建

嘉興路重創元妙觀記　文存　至治三年六月將仕佐郎沅州路麻陽縣主簿顧文琛記略曰嘉興之天慶觀在郡城北宋亡有道士削髮爲沙門遂改觀爲寺易名天福道侶無所歸大德五年以宋參政婁公天星湖故第址建元妙觀

慈濟通慧石湖美禪師塔銘　至順癸酉無撰書人姓氏

稅暑亭記　文存　至元朱岑士貴撰　在王江涇

市涇報恩院碑記　至正二年龍集壬午三月廿有五日語溪覺隱釋本誠記并書奎章閣學士院參書柯九思篆額　伊志此記爲朱張穹壽所作

本覺寺大悲閣記　文存　至正五年僧梵琦撰

資聖禪寺故傚禪師舍利塔銘　文存　至正九年僧克新撰　塔在長水鄉桃花里

鏡寶庵記　文存　元至正十二年春三月望日吳興趙雍仲穆撰文并書住山比邱尼無像立

嘉禾天甯光孝萬壽禪寺記　文存　元至正十二年歲次壬辰秋翰林侍講學士中奉大夫同知經筵事金華黃溍撰

嘉興路景德禪寺之記　碑存　至正十二年十月十五日前翰林院侍講學士中奉大夫知制誥同修國史同知經筵事黃溍記崇文少監亞中大夫同檢校書籍事兼經筵參贊官周伯琦書篆

惠安禪寺重興記　文存　至正十三年秋七月六日楊維楨記　在府西坊今廢爲內教場即察院基

敕大中祥符院碑記　碑存　至正十五年歲在甲午夏五月承務郎嘉興路總管府推官方道叡記將仕郎翰林國史院編修官倪中書丹崇文大監校書籍事周伯琦篆額

資聖禪寺記　文存　至正二十年歲在庚子智文辨大禪師住持釋克新記

大中祥符禪寺重興碑記 至正年楊維禎記

深雪軒記 文存　夷白居士臨海陳基記

白庵禪師行業碑銘 宋濂撰

徹見樓記 文存　永樂三年冬十一月長至日浦江趙友同記　在天甯寺

天甯光孝萬壽禪寺記 文存　永樂六年歲次戊子春三月中澣資政大夫戶部尚書長沙夏原吉撰

堅密軒記 文存　永樂戊子冬十二月望日湖廣主文江陰縣儒學教諭豐城朱叔服記　在天甯寺

重修長生道院記 正統乙未項忠撰

天甯寺毘盧閣記 文存　宣德三年龍集戊申孟夏閏四月甲午賜進士出身嘉議大夫大理寺卿廬陵胡槩元節撰并書

甯慶菴記 文存　景泰六年乙亥秋七月資政大夫太子少傅兼吏部左侍郎經筵官同邑俞山積之撰

眞聖庵記 文存　天順壬午賜進士及第奉政大夫知制誥前春坊大學士秀水呂原撰

秀水縣廟學記 天順五年翰林學士林文撰

濯纓磯三大字 閩川懷古詩註在雁蕩東北四面皆水名蓮花墩東首有石勒三大字萬歷初爲澄溪橋築工取去置杞下今具在焉

秀水縣儒學題名碑記 碑存　賜進士及第奉直大夫尚寶司少卿兼翰林院修撰充太子講讀官柯潛撰從仕郎中書舍人羅麟書丹賜進士朝列大夫吏部郎中孫恭篆蓋成化三年歲次丁亥冬

秀水縣重修儒學記 碑存　成化四年孟夏賜進士第知南雄府事前兵部郎中林茂撰

本覺寺雲開堂記 成化戊子姚綬撰

重修報忠寺記 文存　成化□□賜進士出身中順大夫福建汀州府知府前禮科都給事中賜一品服海鹽方洲張甯撰

元眞道院建復旌烈廟碑記 文存　賜進士出身中順大夫福建汀州府知府前禮科都給事中海鹽張甯撰成化己丑後作

嘉興金明寺興復記 文存　明成化五年冬十二月二十又六日賜進士出身中憲大夫廣東南雄府知府致仕前兵部郎中同郡林茂撰

重修報恩祠記 明成化七年歲次辛卯正月同郡荷鋤軒人革川周鼎撰文

雨金嶽宮記 碑存　正德紀元歲次丙寅秋通議大夫南京太常寺卿前通政司左通政郡人呂㦂撰　在新塍鎮　舊志作成化甲午誤

本覺禪寺事蹟碑 文存　成化十五年龍集己亥八月十有二日賜進士出身前廣東道監察御史郡人姚綬撰并書　伊志文長老乃蜀僧文及翁乃太守而和東坡詩者姚記合爲一人誤

楞嚴寺重建佛殿碑記 文存　成化癸卯項忠撰

福善寺記 成化年遼府長史里人楊遞記

元眞道院翠筠記 文存　宏治改元戊申秋七月十八日賜進士第資政大夫兵部尚書前都察院左都御史致仕郡人項忠撰

重建保安講寺碑記 通議大夫資政尹南京太常卿前通政使司左通政郡人呂㦂撰文

修建市曹廟碑記 文存　宏治六年歲在癸丑賜進士出身中憲大夫福建汀州府知府前禮科都給事中賜一品服郡人張甯撰

兵部尚書致仕進階光祿大夫贈太子太保諡襄毅項公神道碑銘 文存　榮祿大夫太子太保戶部尚書兼謹身殿大學士知制誥經筵講史會典總裁長沙李東陽撰宏治十六年九月

景德禪寺歷年修造記文存 正德十二年龍集丁丑孟秋賜進士第朝列大夫廣東參議前南京兵科給事中吳江周用撰同郡興聖惠海書

元妙觀重修碑記文存 正德十三年歲在戊寅孟夏鄉貢進士海鹽董穀秀實書於蓬萊方丈

楊公祠記費宏撰 正德年

重建陡門橋記文存 正德年屠勳撰

秀水縣修理儒學記嘉靖元年十二月提學僉事吳鵬記

帝王聖賢贊石存縣學 嘉靖四年陳鳳梧贊

御製敬一箴石存縣學 嘉靖五年六月二十日

秀水縣重修儒學記碑存 賜進士第雲南道監察御史奉敕巡按江西地方陶儼撰嘉靖五年丙戌十二月望日立石

秀水縣學修理告功記 八閩鄉舉士本學教諭南臺散仙翁泳撰嘉靖五年臘月望

湖天海月閣記文存 嘉靖戊子九月戴經撰

文湖書院碑記在聞家湖中 嘉靖十三年賜進士第文林郎知秀水縣事林應亮撰

撤抵精嚴寺殿宇檄碑刻 嘉靖十四年奉巡按御史張景文檄知縣林應亮立

重修三過堂記 嘉靖丙申呂希周撰

項襄毅公祠堂記文存 嘉靖十有六年九月上澣之吉賜進士出身工科給事中長洲陸粲撰

賢鄉 在象

修運河官塘碑記文存 嘉靖丁未趙文華撰

秀水縣重修儒學記文存 嘉靖二十七年賜進士第奉政大夫通政司左參議趙文華撰

天甯寺重修轉藏殿記 嘉靖己酉秋九月戊辰精嚴寺冬溪沙門方澤撰

重建萬橋碑記文存 嘉靖己酉九月韶州府推官郡人鶴山徐元春撰

重建隆興橋記碑存 嘉靖三十一年季冬陸儒撰陸准跋并書

漢壽亭侯廟記碑存 賜進士出身通議大夫兵部右侍郎奉敕督察直隸浙江等處軍務四明趙文華撰賜進士出身中憲大夫提督通政司右通政前吏部文選司郎中郡人呂希周書賜進士出身中憲大夫山東按察司副使整飭密雲等處兵備前刑部郎中郡人賈名儒篆額嘉靖三十四年十月

秀水縣儒學修塔濬池開路立扁記碑存 嘉靖四十年辛酉長至日國子監博士王諷識訓導丁汝書訓導容文科篆額

平倭碑 閩川懷古詩註嘉靖年間立石紀功旌其地曰平倭涇王明扁詩地自倭平後時清華戶煙石塘表京觀還憶記功年

平倭大捷山五字 閩川懷古詩註在射襄橋夾河水中名倭墩石勒平倭大捷山

重建天妃宮碑記碑存 賜進士第嘉議大夫江西布政使司前奉敕提督廣東雲南貴州學校郡人吳鵬撰嘉靖己酉春三月

棲真禪寺增建禪堂記文存 隆慶改元嘉平月哉生明前太常少卿五臺山人陸光祖記

能仁寺修改陸宣公祠記文存 隆慶辛未僧方澤記

復禮鄉義倉碑記文存 隆慶年馮夢禎撰

重修金明佛閣碑記萬曆戊寅鍾一元撰

陶朱公里石存 滇南□池郭□書 萬歷辛巳九月四明董潤立

東禪寺法雲堂記文存 萬曆十年十月朔五臺居士陸光祖識

市曹火德二廟碑記文存 萬曆甲申項篤壽撰

重修三過堂記 萬曆甲申鍾庚陽撰

楞嚴寺初建禪堂碑記碑存賜進士出身翰林院編修文林郎邑人馮夢禎撰文賜進士出身通議大夫吏部左侍郎兼翰林院侍讀學士邑人姚宏謨篆額進士及第翰林院修撰邑人朱國祚書丹萬歷丙戌正月廿八日記

新建長水法堂記文存萬歷丁亥孟冬朔日書錫山龔勉撰

東坡小像碑存彭輅贊周履靖貌并書萬歷十五年十月朔旦立石今在本覺寺三過堂

秀水縣新建四鎮常平倉記萬歷戊子吳宏濟撰

秀水縣儒學新建尊經閣記文存賜進士第右春坊諭德兼翰林院侍讀直起居注充纂修實錄官奉使冊封曾藩陳懿典撰萬歷二十三年

重建能仁寺記碑存萬歷丙申仲春陸光祖撰

秀水縣重修儒學碑記碑存萬歷丙申夏五月之吉南京國子監祭酒纂修正史副總裁

馮夢禎撰本學訓導陳嘉謨篆額許椎書丹

重修眞如寺碑文文存萬歷二十有五年丁酉十月三幸居士史叔成書於眞如寺槐龍山房

秀水縣儒學義田記碑存賜進士第中順大夫太子少詹事翰林院侍讀學士掌院事知起居注經筵日講官黃洪憲撰萬歷戊戌季冬知秀水縣事李培立石

金明寺放生池碑萬歷甲辰車大任撰

天甯寺禁約碑記碑存賜進士及第通議大夫吏部右侍郎兼翰林院侍讀學士記注起居經筵日講官邑人朱國祚撰賜同進士出身文林郎江西南昌府推官邑人朱大啟篆額賜同進士出身文林郎湖廣長沙府湘潭縣知縣邑人包鴻逵書丹萬歷四十一年秋九月

重建新城西津土地祠碑碑存萬歷庚戌張之裔撰

周高士墓四面碑碑存一董其昌題明海內高士周履靖墓碑十字一孫克宏畫像履靖自贊

又文嘉皇甫汸茅坤屠隆陳繼儒五贊一葉向高撰傳一朱之蕃撰記萬歷甲寅立石伊志周墓在縣西十里白苧村歲久碑仆士中嘉慶庚申秀水令林鳴岡得其遺蹟始掘土出碑重構石亭覆之悉如舊制

楞嚴寺妙莊嚴路記碑存萬歷丙辰季夏眞悅居士朱大猷

嘉興千戶所均田碑記萬歷丁巳黃承元撰

三塔寺重建觀音大士殿碑記文存賜進士第奉直大夫翰林院侍讀學士掌南京翰林院事前右春坊右諭德直起居注纂輯章奏管理文官誥勅正史纂修官郡人陳懿典撰萬歷庚申歲春王正月之望立陶欽惠書

重建興賢橋碑記彭輅撰

郡城修復天星湖碑記碑存賜進士第奉直大夫翰林院侍讀學士掌南京翰林院事前右春坊右諭德直起居注纂輯奏章管理文官誥勅正史纂修官郡人陳懿典撰賜進士第通議大夫提督軍

務巡撫福建等處地方都察院右副都御史前應天府尹郡人黃承玄篆額府學生員陳寶集晉右將軍王羲之書萬歷己未菊月吉旦立石按舊志作天啟誤

重建祥符寺蔣侯祠記明天啟二年歲次壬戌仲春吉旦賜進士第資德大夫正治上卿工部尚書前奉敕協理殿門工程事務尚書都察院右都御史工部右侍郎通政使司通政使應天府尹大理寺左右少卿通政司左右參議巡按直隸山東河南侍經筵講官江西道監察御史邑人姚思仁撰

金明寺復地記文存天啟五年乙丑三月穀雨後三日書于英溪草堂梁父岳和聲

楞嚴寺重建天王殿碑碑存賜進士第中憲大夫詹事府少詹事兼翰林院侍讀學士前南京翰林院學院事侍讀學士右春坊諭德中允贊善兼本院侍讀編修檢討直起居注纂輯章奏管理文官誥勅正史纂修官秀水陳懿典撰文賜同進士出身光祿大夫柱國太子太傅工部尚書前太子太保都察院右都御史巡按直隸山東河南奉勅閱視紫荊山海居庸三關邊務江西道監察御史姚思仁篆額四川重慶

府涪州知州里人馮立鑑書丹崇禎元年九月望日立石

崇道宮斗閣捨道藏記 碑存 崇禎己巳八月九日岳元聲書

重修神應順濟龍王廟碑記 文存 崇禎甲戌陳懿典撰

琮師退院卓庵得嘗泉廢址緣起記 文存 崇禎甲戌六月望後五日郡人竹懶居士李日華齋沐撰并書

秀水縣儒學重修諸門碑記 賜進士第通議大夫詹事府詹事兼翰林院侍讀學士掌南京翰林院事直起居注正史纂修官陳懿典撰 崇禎七年歲次甲戌七月

至聖先師孔子贊 康熙二十五年七月張玉書奉勅書立石縣學

聖廟四配贊 康熙二十八年閏三月張玉書奉勅書立石縣學

能仁寺碑記略 碑存 順治乙未蔡聯璧撰

般若庵記 賜進士及第欽授翰林院編修提督湖南全省學政特旨內召提督四譯館太常寺少卿通政司左右通政大理寺正卿兵部右侍郎蘧林張天植撰 康熙六年 在新塍鎮

天妃宮碑記 王庭撰 康熙三十一年仲春

能仁寺松路碑記 康熙四十年歲次辛巳賜進士及第翰林院修撰同里沈廷文撰

重建秀水縣學明倫堂記 賜進士及第提督浙江等處學政鴻臚寺少卿支正四品俸仍兼管戶科給事中事太原姜𣡸撰文 賜進士出身奉政大夫吏部文選司郎中邑人袁定遠篆額 吳江沈天寶書 康熙四十一年五月立

重修秀水縣儒學碑記 雍正四年仲夏秀水知縣程世絢謹記

重修栅堰橋碑記 賜進士出身經筵講官內廷供奉刑部左侍郎兼禮部侍郎事今養痾林居奉旨在家食俸里人錢陳羣撰并續時乾隆二十二年六月朔

重築傾脂河岸碑記 乾隆乙酉年清和月朱芬撰 王模書

重修忠孝祠記 乾隆二十八年一陽月秀水縣儒學訓導後學陸棻謹撰

重修能仁寺功德林碑記 乾隆三十七年歲次壬辰沈莘士撰并書 里人馮錫佑篆額

重建秀邑城隍廟殿記 署理嘉興糧捕分府知原任秀水縣事張圖南撰 府學生員朱振飛書 乾隆三十九年歲次甲午三月

秀水縣學移建崇聖宮記 賜進士出身吏部稽勳清吏司主事邑人沈叔埏撰文 秀水縣學生員朱休甫篆額 恩貢生戚純浩書丹 嘉慶三年九月

吏部稽勳司主事沈公墓誌銘 嘉慶八年阮元撰

重修楞嚴寺大殿記 道光八年四月吳江郭麐撰 錢塘高瑄敬書 吳郡石韞玉篆額

重修能仁寺碑記 道光九年歲次己丑仲冬里人王承勳撰 梅友氏立石 同里屠枌秋園氏書丹

重修武廟碑記 道光十六年知嘉興府事正白旗蒙古伊克精額盥手謹誌 嘉興方惟寅敬書

重建秀水學宮碑記 同治五年知府許瑤光撰

皇清勅授修職佐郎嘉興府儒學張公墓碑銘 道銜知府善化許瑤光撰并書 同治八年

重建嘉興武廟碑銘 同治十有三年歲次甲戌孟夏月道銜知府善化許瑤光撰并書

翔雲書院碑記 光緒二年丙子歲補用道知府許瑤光撰 在濮院鎮

修建秀石桐沿河跨河各橋碑記 光緒三年知府許瑤光撰書

右石

唐聚慶墓誌甎 太和六年十月諸葛𡵆撰正書 沈銘彝跋 秀水治南五里有螺潭潭上有廟廟南五十步土人耕田得古甎係唐聚君慶墓誌吾鄉除僧寺經幢外無唐刻此可存也予志 張廷濟藏

宋政和嘉泰甎 錢泰吉序甎修廣各一尺楷書八字曰人豐翁集市井騈闐左一行云大宋政和三年癸巳歲右一行云大宋嘉泰元年辛酉正月十六用石重砌甎陰文十行書募緣姓氏嘉慶庚午里人修宏文館側集街葛孝廉星垣董其役於土中得此甎

右甎

嘉善縣

梁高史君廟記 輿地碑目崔琪臣文 至元志高王廟在遷善鄉高史君也晉建武中出為監屯校尉梁大通年立廟於縣北二百步梁步兵校尉劉績之記後移廟於此地名江涇村 伊志宋張堯同詩有步兵碑在否之句謂劉績之也琪臣或別有記今俱不傳

宋寶積禪院記 文存范宗尹撰 尚書右僕射

婁億墓銘 文存陳舜俞撰

博士陳光遠墓石 嘉善章志墓在荒墩景泰間掘地得碑角上有博士陳光遠數字陳舜俞墓在烏程縣荒墩之墓必其子孫 伊案呂嘗記謂郎舜俞墓光遠撰銘恐非是

元泉石散人墓表 元至大四年二月丙寅日翰林承旨榮祿大夫知制誥兼修國史吳興趙孟頫撰并書 伊案散人為項冠

嘉興路魏塘鎮慈雲寺記 碑存 泰定元年甲子冬十一月吉日比郎宗敬謹誌

重脩慈雲禪寺記 碑存 泰定二年乙丑夏六月六日江行省左丞番陽周伯琦撰 案以上二碑合一碑上截有保安禪院記係武宗時文僞託宣公撰故不載

元義士吳森墓志 吳興趙孟頫撰 墓表 南陽胡長孺撰 墓碑 義烏黃溍撰

風涇仁濟道院高王祠碑記 文存 虞集撰 嘉興湯志高王者高昌山帖木不花

伊案此記荒誕不經恐非伯生作

白牛鎮蔵氏義塾記 文存 至正元年歲次己丑冬十有一月二十一日戊寅中順大夫侍講學士前江浙等處儒學提舉金華黃溍撰

幽瀾二大字 盛唐幽瀾泉記景德寺右相傳有異僧禪定於月下見一女子僴厲聲叱之至牆隅忽隱因識其處厥明掘之得一石刻有幽瀾二字石上清泉一泓

梅花道人畫竹八幀石存藏嘉興方氏今存梅花道人墓祠 明李日華鐫石于志載石
梅花和尚之塔元吳鎮自題墓石六字今在梅花里北萬歷間建庵守之嘉善章志在縣治東
嘉善縣治記文存明宣德六年府學教授新淦張魁撰伊案是年知縣鄭時始建縣署
義倉記文存宣德十年大學士黃淮撰
新建嘉善縣儒學夫子廟碑記碑存正統元年布政使三山黃澤撰知府淮陽齊政率屬立石舊志作宣德八年誤
景德寺大悲閣記天順二年吏部尚書魏驥撰
嘉善縣重脩廟學記碑存天順二年知縣林弘協撰立石
雲隱道院記文存天順壬午正月桐村老牧周鼎撰
重脩嘉善縣儒學記碑存成化二十三年教諭蕭時撰文訓導陸鑾李鏞立石

嘉興府志　卷八十六　金石　四八

大雲禪寺碑記文存宏治七年十月郡人姚綬撰并書篆
題名碑碑存缺宏治十年上半縣丞耿亮等同立石
重脩儒學記宏治戊午程楷撰
演武廳記蔣愷撰
城隍廟碑邑人孫詢撰
嘉善縣儒學記碑存宏治十三年縣丞朱暕訓導劉汝聰仝立石
開便民河記華亭錢福撰
水利成功記文存宏治十四年翰林脩撰華亭錢福撰
增脩學宮記碑存宏治十五年訓導王緒劉汝聰及主簿典史等立石
瓶山洞虛觀重脩記文存宏治十五年八月莘鄉縣知縣致仕邑人汪吉撰

重脩慈雲寺阿育王塔記碑存賜進士奉議大夫江西贛州府知府嘉善周澤撰承事郎前江西萍鄉縣知縣邑人汪吉書直隸河間府景州儒學訓導同里孫璧篆正德二年丁卯春二月立
陳令舉福源庵祠記正德五年七月呂常撰記云墓在縣治東南七里有敦隆然而石函在焉兆為寺僧所廢銘則先生之孫遠郡博撰者寺僧欲滅跡故碎之或從瓦礫中得石一光嗎始知先生首邱之處而寺有三木主其一則先生也
八蜡祠記文存正德中員外郎蔣愷撰
思賢書院記文存正德十二年提學副使劉瑞撰
重脩嘉善縣儒學碑記碑存正德辛巳訓導太倉呂屏撰立石
陸宣公祠記文存嘉靖癸未知府蕭士賢撰又記嘉靖二十九年知縣于業撰
帝王聖賢贊碑存嘉靖四年陳鳳梧謹贊

嘉興府志　卷八十六　金石　四九

築城記文存嘉靖乙卯尚書趙文華撰
築城成功碑記文存嘉靖乙卯郡人侍郎姚宏謨撰
劉公墩碑記文存嘉靖丙辰邑人沈惀撰嘉善章志嘉靖間郡守劉慤以伍子塘水勢衝突為臺障之士民豎碑久仆
甯和道院記刑部主事劉演記
重脩亞聖公祠堂碑記嘉靖間知縣陳道基撰嘉善戈志陳公記亞聖祠石刻尚存莫公如江篆額陸公夢韓書丹廣三尺長六尺餘斷殘零廢
溟陽蔡先生去思碑碑存嘉靖四十一年六月吉旦門下生袁表撰
嘉善邑博暘谿謝先生去思碑碑存嘉靖四十三年八月賜進士第行人司行人迪功郎邑人嚴從簡譔

陳公去思碑 碑存賜進士及第翰林院編修經筵講官纂修實錄邑人李自華撰賜進士第中憲大夫湖廣按察司副使前湖廣道監察御史邑人盛唐篆賜進士第中順大夫湖廣布政司參議前吏部考功司郎中邑人毛汝賢書隆慶六年季夏

重脩請益堂記 知縣晉江史朝鈜撰隆慶間立

重脩學宮記 碑存萬歷二年知縣李仕華教諭淩廷錫訓導高善同立

指揮蔡某安人彭氏墓石 嘉善章志萬歷戊子邑侯蔡公彭以縣治湫隘議拓之重築後垣掘地得一石上刻指揮蔡某安人彭氏之墓夫婦二姓適與侯姓名相符亟命加土覆焉

陸宣公祠記 萬歷辛卯知縣章士雅撰

重脩嘉善縣儒學記 碑存萬歷癸巳兵部職方司主事袁黃撰教諭祝彥訓導郭希召立石

伊志作十九年誤

重建便民倉記 文存萬歷二十一年邑人盛唐撰

大勝寺記 吏部尚書陸光祖記

重脩劉公臺碑記 文存萬歷二十四年吏科左給事中葉繼美撰

嘉善縣學宮記 碑存萬歷二十六年知縣余心純教諭李白春訓導朱煥等同立石

嘉善縣重脩儒學記 碑存萬歷四十年布政使京山李維楨撰

脩梅花道人墓記 碑存萬歷庚申華亭陳繼儒撰

嘉善縣儒學義田記 碑存天啟三年監祭酒朱國楨撰知縣康元裕立石

魏忠節家訓石刻 光緒二年邑人金安清得遺墨勒石

大勝寺禪堂齋僧常住田碑記 碑存賜進士及第詹事府詹事兼翰林院侍讀學士實錄副總裁邑人錢士升撰明崇禎二年歲在己巳臘月立春日同邑孫叔呂書邑人葉德陞篆額

重脩嘉善縣儒學碑記 碑存崇禎癸酉知縣馬成教諭徐肇律訓導朱樹杞同立石

大勝寺請藏建閣記 碑存崇禎甲戌太子太保詹事府掌詹事禮部尚書董其昌撰并書

景德講寺重建大慈悲閣記 碑存明崇禎十六年歲次癸未孟春吉旦賜進士及第資善大夫禮部尚書兼東閣大學士奉敕同知經筵日講制誥總裁國史玉牒予告同籍邑人錢士升撰并書

後有天目頭陀元神徑山比邱愈奇二跋

御製訓飭士子碑文 康熙四十二年

欽頒太學訓飭士子文碑 乾隆五年以上二碑乾隆十三年知縣黃正學奉督撫轉飭敬刊立石

重脩儒學記 康熙癸丑知縣莫大勳撰文立石

重脩嘉善縣學宮碑記 康熙十二年學使劉元琬撰知縣莫大勳立石

重建聖宮捐助姓名碑 康熙十二年學使劉元琬知縣莫大勳教諭任雲蛟縣丞盧燦主簿

周樞典史王應舉及邑人皆捐助

嘉善縣重脩儒學記 康熙十二年教諭任雲蛟撰立

重脩文廟碑記 康熙五十九年甯波府同知攝知縣事趙丞譽撰立

重脩嘉善縣學宮碑記 嘉慶六年侍講周升桓撰

重脩學宮記 道光十六年知縣李東育撰教諭汪能肅訓導沈金淮陳春華立石

重脩城隍廟碑記 同治四年邑人張祖陸撰秀水王鼎華書

同善育嬰合辦記 同治五年邑人顧福仁撰秀水沈景脩書

訓導署新建怡雲小築記 同治八年訓導章朱紱建錢塘譚廷獻記邑人錢啓錕書

新脩文昌廟碑記 同治十二年邑人金安清撰錢啓錕書

重建吳涇橋碑記 光緒二年教諭汪繩武撰書

右石

海鹽縣

始皇碑 輿地碑目九州要記始皇登秦望山以望海今始皇碑在嘉興縣　伊案海鹽秦駐山水經稱秦望山晉樂資九州志稱秦經山山有始皇廟則碑當在秦駐山嘉興湯志𡗝合天星湖旁古碑殊不足據

秦駐山碑 至元志梁天監二年八月二十三日樹今破碎失字不知何人作其可攷者有云前賢灼灼後聖茂哉始皇承天越受帝命業起上古有臧周滅鄭灼七雄靡餘六國是并功齊太古道深前王埒炎均吳美冠顧黃通靈七代欽構商堂縱聖迎神將紀　百幾奄藹餘輝飛聲萬祀右刺史敬素立石其碑不存　續澉水志武原志載秦駐山有古碑趙宋時已不存見于志者惟六十八言其詞高古頌美功德真先秦文字考史記始皇刻石頌德凡七處史載其詞者五東南惟會稽秦望者尚存則此碑乃史記所失載豈遵海而南先登秦駐而後登秦望歟　伊案此碑無古字無古韻與嶧山諸碑迥異將紀百幾尤不辭續澉水志以爲史記失載非也

漢戚姬葬碑 宋澉水志石碑在六里堰西地名竹根有二碑夾道而立高一丈五尺舊傳漢戚姬葬碑歲久磨滅　續澉水志云今不存　伊案戚姬葬碑恐屬附會

六里山石刻 輿地碑目在海鹽天册元年旃蒙協洽之歲孟冬陽月日惟壬寅朔石質神道忽自開發拾得青玉璽符云吳真皇帝其三十八字　至元志在縣西南三十五里金粟山上刻云天册元年共三十八字唐太和四年閏十二月蘇州刺史崔蒧元帖縣取此石攝令程予差人送州今不復存　樂郊私語六里山舊有石刻云天册元年共三十八字　余按吳天册元年爲晉武帝咸甯元年是年七月甲申晦日有食之則孟冬朔非甲申乃乙酉也壬寅當在望後安得有壬寅朔此必里人僞爲符瑞漫不考其日月以悅世主於一時耳　海鹽圖經案吳志天璽元年陽羨山有空石長十餘丈上有文亦云旃蒙協洽之歲月次陬訾之舍日惟重光大淵獻上天璽文云吳真皇帝與此　正同　伊案刺史崔蒧續澉水志作崔銑

征北將軍海鹽侯陸禕墓碑 集古錄目吳陸禕碑隸書不著書譔人名氏禕字元容吳郡吳人仕吳至征北將軍海鹽縣侯碑以東晉泰甯三年立　南豐集古錄碑云禕字元容其先家于陸鄉因

氏姓焉吳志云凱子爲黃門侍郎拜偏將軍皆與此碑合　武原志海鹽侯陸禕墓碑政和間知秀州毛滂取碑之置月波樓建炎三年金人南侵將逼郡城太守鄧根碑爲砲石　伊志案海鹽圖經載此文殘缺不成語末云泰甯七年歲次乙酉十二月壬戌朔十一日壬申立七年當是三年之誤

宣城內史陸喈碑 集古錄目晉陸喈碑隸書不著書讙人名氏喈字公聲禕子晉宣城內史前將軍碑以咸和七年立　金石錄陸氏有二碑余皆有之墨池編有前將軍陸喈碑在秀州

梁蘇驃騎廟碑 至元志廟在縣西一百三十步梁大同間立碑圖經云名舉字羽封烏程侯葬金牛山北宋高祖嘗夢其神因贈平南大將軍明帝加使持節都督征北大將軍　海鹽圖經引舊圖經云廟舊有碑梁大同二年立今廢墓亦無考

唐劉長卿攝令詩刻 海鹽圖經此攝令詩上浙西節度李公者碑本與集稍異

唐彭城劉府君墓誌 文存　貢士潘圖撰文畧曰君諱源字文宗　以開成元年十一月二十五日卒于私第以其年十二月庚寅朔十五日甲辰葬于海鹽縣南三里地號烏夜鄉

大中十四年經幢題名

咸通五年經幢題名 元無名氏艮準大法師傳云經幢石刻大中十四年庚辰咸通五年甲申俱有老宿艮準題石　明許相卿重脩法喜寺記云寺創於梁斷石仆幢蘚書隱隱

準高僧塔 塔角有題名云僧師約僧自宗贖僧清遠頭又女弟子潘廿五年女弟子徐六孃女弟子張九孃塔中刻云聖宋宣和四年正月十五日重移　至元志準高僧塔在法喜寺飛鳥不栖時有舍利放光高僧名艮準唐司空曙有詩寄之宋宣和四年正月自東廊移就西廊袈裟飛去集僧誦楞嚴衣復歸塔有頌刻于塔云宣和年中重脩塔舍利乘空暫騰躍眾諷楞嚴咒得歸永隆佛日輝無著　續瀲水志法喜寺高僧艮準所建　伊案唐司空曙有寄準上人詩郎上經幢題名所謂老宿艮準者是也此蓋其骨塔續瀲水志請高僧艮準所建非是題名僧三人女弟子三人建塔時所刻其云贖者蓋謂出錢建塔爲功德贖罪也唐經幢及造佛像記題名皆有某贖之文宣和四年云者則移塔時所刻其塔至今無恙並無頌語至元志惑於傳聞之誤耳

光興寺記 寶刻叢編引復齋碑錄云唐譚匡合撰龍紀二年立在海鹽　至元志晉戴威爲右將軍故宅在縣西一十七步恭帝時因井放光捨宅爲寺唐昭宗時脩寺古碑尚存其字剝落不可讀　伊案龍紀乃唐昭宗改元當是一碑

義忠國佐匡國功臣故節度左押衙親衞第三都指揮使靜海鎮遏使銀青光祿大夫檢校尚書右僕射御史上柱國朱府君墓誌銘 文存　謝鶚撰畧曰府君諱行先字蘊之吳郡人也以寶大二年秋七月二十三日終于靜海鎮之官舍府君世墓在湖州烏程縣不克歸葬續致桑梓在開元府海鹽縣以其年歲次甲申十一月乙未朔六日庚子厝於本縣德政鄉通福里瀲墅村之原禮也　董穀碧里雜存五代史載吳越國王錢鏐封落星石制書稱寶正六年辛卯則知其嘗改元余家舊藏武原志內載土中所得朱府君墓銘則知尚有寶大二年在甲申乙酉歲又自稱爲義忠國惜歐公不及見耳　伊志案至元志碑碣門中全載朱行先墓誌銘而沿革門中不言開元置府事鄉志據此乃書云唐同光二年甲申錢鏐改元寶大于嘉興置開元府趙劉以下各志從之然以厝瓌智墓誌銘證之則錢鏐天寶五年已稱開元府矣細檢五代會要舊五代史郡縣志五代史職方考宋史地里志及太平寰宇記輿地廣記元豐九域志皆不載開元府之名至義忠國三字他未之見蓋郎忠義軍之訛耳

吳越故忠義軍匡國功臣越州都指揮使前授常州刺史特贈武康節度使銀青光祿大夫檢校尚書右僕射開府儀同三司上柱國海鹽厝將軍墓誌銘 文存　丞相皮光業撰畧曰將軍諱瓌智字寶光世爲蘇州海鹽人死事於昭宗天復二年壬戌八月以衣冠歸葬於開元府海鹽縣南

三十六里澉川之青山德政鄉歸仁里開化村今天寶五年特贈忠義軍匡國功臣武康節度使宋澉水志青山在鎮東三里下有屠瓌智墓海鹽圖經引屠勳砧基手記云此吾先世祖也正德七年海鹽十三都人劚地得此磚伊志案容齋四筆載明慶寺白傘蓋陀羅尼幢稱吳越國天寶五年壬申乃後梁之乾化二年也踰四年丙子光業始以浙西安撫判官入貢於梁不應預稱丞相此疑有誤

海鹽縣儒學記 文存宋大中祥符改元之二月二十九日試校書郎知縣翁緯記

鬙浦亭記 文存天聖六年正月朝奉郎守祕書丞騎都尉黃鑾撰

重脩法喜寺碑 景祐間元無名氏艮準大法師傳云景祐重脩法喜寺碑云異人間出有如艮準業四分律慧行精通

李侯惟幾遺愛碑記 嘉祐丙申後陳舜俞撰

秀野堂記 文存嘉祐乙亥夏五月望竹牕常棠記承議郎新判兩浙路轉運司事常棣書在鮑郎場

脩海鹽縣學記 文存嘉祐八年季冬二十有七日朝奉郎尚書屯田員外郎知縣事兼管勾鹽場騎都尉賜緋魚袋褚珵記

淨業院結界記 元祐元年五月甲子通直郎知廣德軍廣德縣事葛繁記

重脩黃郎中廟碑 元祐年何執中撰畧曰黃公不知何代不知何名亦不知何許人惟此中舊老云公爲縣有善政入民民不解于心相與尸祝者又樂知幾何年今廟且傾圮民復奉幸環泣請余新之郊私語州衙前有黃郎中廟相傳是前代賢令考之舊記惟紹興間有黃昱乾道間有黃綸然廟爲何執中重建則何又先於二黃竟不知爲誰海鹽圖經引宋志云縣衙前相傳爲古賢令生祠知縣何執中重建林仲李直養繼脩又永樂志云魯公祠并入黃郎中主亦名二賢祠

何侯執中去思碑記 元祐丁卯後劉發撰

彰慶館記 海鹽陳志紹聖四年縣令閻建以樞密使郭三益父所居隘陋令對門蓋亭爲延賓之所名彰慶館宣和間縣令徐盤立石國子司業朱登作記建炎三年十二月敵騎戰於館前碎碑爲砲石

東嶽廟記 文存大觀四年七月日奉議郎權通判杭州軍州管勾學事兼管內勸農事借緋陸周撰文將仕郎權海鹽縣尉管勾學事吳遷登仕郎行海鹽縣主簿管勾學事趙昌宗通仕郎監海鹽監兼管砂腰海鹽場煎買鹽貨晏述奉議郎知秀州海鹽縣管勾學事管勾勸農公事兼管勾鹽場徐嘉言立石 姚士粦云東嶽碑今尚完好可搨文亦快徹可喜

知縣題名碑記 文存政和三年冬十月丙子西安徐嘉言記伊案此記云得爲令者名氏斷自魯公而下凡四十餘人刊之於壁蓋始於咸平六年魯宗道也

脩嶽廟記 文存紹興三年五月既望從政郎新硤州軍事推官張祿記并書

題維摩像 文存紹興壬戌十月望日大隱居士李正民題

法喜寺改十方記 文存紹興十四年二月一日左朝奉大夫充徽猷閣待制提舉江州太平觀平原縣開國伯李正民記伊志案海鹽圖經於此文頗有刪改

資聖寺佛殿記 文存紹興廿五年十二月辛未朔日左朝奉大夫充徽猷閣待制提舉江州太平觀平原縣開國伯李正民記

重脩海鹽縣學記 文存紹興十六年二月十日左朝奉大夫充徽猷閣待制提舉臨安府洞霄宮平原縣開國伯李正民記

縣學講堂齋銘 文存李正民撰

城隍廟碑 至元志陳文惠公八分書

乾道井闌 石存在海鹽城內錦繡里古井闌上刻西焚化院脩造僧永乾道元年正月旦日

鄉校頌 乾道年陸崧譔

資聖寺塔記 開窗括異志資聖寺本晉明院舊記晉將軍戴威捨宅爲寺司徒王珣建爲光興寺天禧

二年賜今名寺有寶塔極高峻伊案陸崧乾道間人所謂乃貧聖塔記也括異志貧聖寺本普明院句截舊記二字屬下句海鹽圖經云普明院舊記又云或即陸崧蓋句讀不明因致悞耳

貧聖寺塔心經文 王文祿云貧聖塔災後有游僧欲重建撤基予齠齡猶及見塔心青石丈餘上鐫有經文可識後功竟不成

宋宣諭使吳公墓碣 于志墓在治南三十五里吳家山有碣題曰宋宣諭使雪樵吳公之墓楷書無年月

法喜寺牖竿石刻 于志在通圓鎮寺山門外紹興三十年三月初五日謹題

宋尚書徐勝二公木氏夫人墓碑 澉水新志在徐灣南路山河西考徐氏家譜官尚書者亘墓碑上名氏不見於譜未敢確指爲三尚書之一疑當時别有姓徐官尚書者葬於此

米芾書第一山三大字石刻 入甎精舍金石記米襄陽第一山大字原刻在安徽盱眙而錢塘紫陽山瑞安集雲山皆從盱眙摹刻此刻在海鹽澉浦金牛山係碑刻非磨崖半掩土中友人方明經榕搜出筆勢飛騰與他刻同

鳳凰山磨崖文 南國子華營父墳於山南淳熙六年春凡十五字在澉浦孫灣

省稼亭碑 治南一圖十四里俗呼沈家亭乾隆二十七年郁氏宅旁掘得殘碑額書省稼軒遗篆文及淳熙九年等字相傳爲南宋時勸農之地

縣丞廳壁記 文存淳熙己酉歲除邦城李直養識記云緝諸名氏得五十有五人蓋自紹興元年始

知縣續題名壁記 文存紹熙元年六月中澣邗城李直養記伊志案此記云可考者東漢一人六朝十一人唐四人

海鹽進士題名碑 文存紹熙三年十二月朔從政郎新監行在右藏西庫常濬孫記

新脩海鹽縣學記 文存紹熙三年四月壬寅朔奐章閣直學士朝奉大夫提舉江州太平興國

宮清江縣開國子食邑六百戸賜紫金魚袋謝諤記并書

小學記 紹熙四年六月修職郎監秀州海鹽縣砂腰催煎場施棐記

宋故孺人郎氏墓碣 任澤和跋云海鹽城河淤塞余蒞任以來屢欲開濬去年麥熟民嬉始決第從事於魯公祠下石岸中得此石額題宋故孺人郎氏墓乃墓碣也碑已磨滅不成文可讀者孺人郎氏嘉興海鹽人曾祖頡朝請大夫祖元亮秉□郎父□隱德□孺人年十有九而嫁家世儒學□方幼而□不及養四十九字耳此碑當在慶元以後惜年月俱泐不可推考嘉慶三年戊午清和月知海鹽縣事新息任澤和書

澉浦鎮題名記 文存嘉定九年四月望日朝散郎宗正丞兼江淮創制置大使司參謀官常褚記伊案是時以鮑郎鹽場兼澉浦鎮稅

鮑郎場題名記 文存嘉定十七年甲申仲春月朔朝奉郎新充福建路轉運司主管文事李昌宗記國學免解進士常令孫書伊案是時初設鹽場專官朱脩爲之

思賢碑 文存寶慶二年七月望日建安葛紹禮譔渭南高不華書伊案此記爲鎮尹趙潛夫作

羅君德政碑 文存紹定六年二月望日楊敵書伊案此記爲鎮尹羅叔韶作

澉浦鎮新創廨舍記 文存端平三年上巳日儒林郎監嘉興府海鹽澉浦鎮稅煙火公事張思齊記伊案是時分監稅鹽場爲二

福業院碑記 文存端平丙申重陽日西蜀常棐記奉議郎知嘉興府海鹽縣主管勸農公事兼兵馬郎監李諡書

重脩法喜寺記 文存淳祐甲戌承議郎新權發遣南康軍兼管內勸農事楊幼度撰文奉議郎司農事主簿趙與弼書皇弟武甯節度使開府儀同三司充萬壽觀使嗣榮王食邑三千七百戸實封一千四百戸趙與芮篆蓋伊案淳祐甲辰海鹽圖經誤作甲戌

鮑郎場政績記 文存淳祐五年七月竹牕常棠記并書伊案此記爲鹽司令厲夢龍作

美固堂記文存淳祐庚戌六月癸未二十六日庚申淨光邢子政記并書在澉浦鎮軍營中

艮澤記文存湻祐十一年在黃道山一作黃道山水池記

澉浦鎮續題名記文存寶祐二年二月朔竹隐常棠記并書

伍胥廟碑海鹽仇志德祐元年徐林撰里社宋瑶詹習等立石伊志案海鹽圖經宋初封子胥為清忠英烈威惠顯王

秦溪二大字至元志法喜寺有石鐫秦溪二字續澉水志云秦溪二字猶存海鹽圖經法喜寺傍有石鐫秦溪二字樹水濱是宋時物

甘泉義井于志在海鹽棲眞觀內欄上刻甘泉義井沈口口至元十九年七月吉日凡十六字

重建福業院陳山龍君行祠記碑存元至元三十年歲次癸未仲秋吉辰敕授從仕郎海鹽縣尹顧泳撰文宣授顯武將軍管軍千戶鎮守海鹽縣張士特重建宣授通眞靈妙宏敎法師浙西

道道敎提點住持西太乙宮兼元眞萬壽宮事馬世良立石宣授大中大夫嘉興路總管兼府尹趙若秀篆蓋伊案龔頤正陳山顯濟廟記本在乍浦之陳山而此記稱陳山龍君行祠則在海鹽城內之福業院海鹽圖經合而為一非也

加封忠孝威惠顯聖王伍員敕碑存上刻大德三年八月某日敕旨一道下刻大德六年儒學耆宿梅泰來記成化八年邑人張𢌿重摹立石

法喜寺艮準大法師傳文存大德九年結制日立石不詳撰人名氏

復永安湖碑記文存至大四年二月前權東坡書院山長趙若源撰從仕郎鮑郎瑒鹽司令全汝礪書承務郎嘉興路同知海鹽州事趙泰篆奉政大夫嘉興路兼勸農事朱緒立石案續澉水志作至正誤

宋咸和銘在甯海寺

宣慰楊公報親齋糧記文存皇慶二年歲次癸丑結制日敕授嘉興路海鹽州儒學教授

徐思敬撰將仕郎嘉興路海鹽州海沙場鹽司丞江正書朝散大夫嘉興路海鹽州知州兼勸農事朱維禎篆蓋在天甯寺

三賢堂碑記文存泰定甲子不著撰人姓名案此篇專記知州李仲彬州同知李藺奚海沙鹽司令抹速忽之事

鼎建帥正堂記文存泰定四年歲在丁卯前鄉進士華亭陸居正撰案此乃達魯花赤之廨也

海鹽州新脩廟學記文存後至元六年孟春吉日應奉翰林文字從事郎同知制誥兼國史院編修官莆田陳旅撰伊志案樂郊私語州學在淨業寺南神宇齋舍頗宏敞有至元六年知州趙孟貫買禧重修碑未知此碑是否

海鹽州新設大成樂記文存至正二年壬申三月翰林侍講學士大中大夫金華黃溍撰

海鹽州脩學記樂郊私語至正六年葉彥中再脩州學亦有碑

砂腰村馮氏義塾記始豐徐一夔撰至正年立

資聖寺大隱禪室記元末總管宣城貢師泰撰

常氏墓碑續澉水志常同七世孫所立碑述各墳本末破碎不可讀

海門寺氷檗禪師惟則傳海鹽圖經氷檗禪師維則骨塔在本寺師荼毘後獲舍利無數頂骨牙齒舌根不壞釋道原述傳立碑

鎮海塔記宋濂撰香樹齋集鎮海塔之功始於元僧梵石琦公有龍舞于丈室天雨寶花之應潛溪宋先生碑志其異

天甯寺西齋和尚傳海鹽仇志永樂四年丙戌二月資善大夫太子少師吳郡姚廣孝識

海門寺禮部劄付石刻石存禮部劄付宣德十年九月初三日對同都吏王才知縣楊克敬縣丞吳璽王昇主簿李永宣平湖縣丞海口劄付海門寺住持宗福

廣文沈盛墓誌銘海鹽圖經近有掘北門外塚得墓碑乃是宣德中廣文沈盛墓有誌銘莫用行
撰莫布衣能文爲張靖之所推獎侯罪發墓者爲改葬
之邑人鄭端允有詩云古木彫殘陌上墳哀猿聲慘不
堪聞憐君今日知名
姓好事爭傳竄石文
慧辨禪師塔銘文存海鹽仇志正統四年己未四月亞中大夫翰林學士知制誥兼脩國史金華
宋濂撰中順大夫翰林侍讀學士知制誥同脩國史臨
川危素篆額奉議大夫僉浙江等處提刑按察使事暨
陽陳穎書在天
甯寺即楚石禪師
重脩金粟廣慧禪寺記資德大夫正治上卿禮部尚書前太子賓客兼國子祭酒毘陵胡濙
撰文正統十四年歲次
己巳住持沙門崇源立
覺林禪寺碑記天順三年己卯春三月上吉日賜進士及第翰林學士兼脩國史秀水呂原撰文
慈會寺碑記文存天順七年邑人陳善撰

重脩捍海塘眞武廟記南京吏部尚書致仕蕭山魏驥撰
海門禪寺碑文存成化四年戊子九月重陽日賜進士第中順大夫福建汀州守前禮科都給事中
賜一品服邑人
吳興張甯撰
重脩海鹽縣儒學記文存成化庚寅賜進士中順大夫福建汀州府知府前禮科給事中賜
一品服邑諸
生張甯撰
重脩伍胥廟碑記文存張甯撰
張方洲給事自撰墓碑文存在順甯橋南給事名甯
海鹽縣儒學鄉試題名記成化八年某月日賜進士出身翰林侍讀學士奉訓大夫鶴城
錢溥撰嘉靖戊子教諭廖輊重
刻有序嘉靖丁未教諭孫寮有跋
方洲草堂井欄銘銘云海鹽方洲草堂西井其源□其流靖載之以利生不竭不傾子孫其永承

成化癸巳草堂主人張靖之銘并書刻
楊公塘碑記仇俊卿云海上舊有楊公塘碑記歲久損裂爲風潮飄沒初有司慮其不存置諸牆堵迨
今欲纂入縣志不可蹤跡伊志案楊公
乃成化十三年副使楊瑄築坡陀塘者也
南化城新建東西石梁記文存成化丙午冬十月鄉貢進士邑人朱祚撰
重脩城隍廟記宏治元年邑人姚禎撰
重脩資聖寺兩廊記宏治九年劉演撰
重建歟城橋記文存宏治中邑人張甯撰
重建海甯衞記宏治甲子夏四月望賜進士及第翰林院脩撰華亭錢福撰
王邑令葬子碑文存海鹽仇志宏治甲子前令王璽葬子金粟山有碑記
城隍廟碑碑存正德七年邑人饒州通判姚禎撰

太公呂望廟碑邑人鍾梁撰在廿泉鄉俗名三官堂
明何訓術墓像贊石存澉水新志在金牛山下坡首題東軒何公像贊末題嘉靖元年壬午三
月吉旦鄉進士錢塘福應麒題并書
脩海塘記嘉靖三年蘇州府知府吏部郎中天水進士胡纘宗撰
海鹽儒學教職題名記嘉靖戊子孟夏日教諭廖輊記
歷代縣令題名記嘉靖九年某月海鹽知縣事玉山夏浚識
思仲橋記嘉靖十一年知縣夏浚撰
重脩海塘記文存嘉靖十五年丙申秋進士及第華亭徐階撰
總司前題名記嘉靖辛丑邑人徐泰撰
重脩海塘記文存嘉靖三十年邑人給事中錢薇撰

太尉廟碑文存賜進士禮科右給事中海石錢薇撰
重脩黃道山神廟碑嘉靖三十二年邑人董穀撰祀皇甫嵩在縣西北二里
便民倉記文存嘉靖甲寅邑人鍾梁撰
海城外塘記文存嘉靖丙辰冬十月豐匡徐泰撰
重脩法喜寺記文存嘉靖三十五年許相卿撰
頭亭子義社記嘉靖戊午王文祿撰在縣治西四里
脩明倫堂記嘉靖己未知縣董玢書
增建參將府記文存嘉靖庚申冬古鹽楊緒撰
福業寺藏經閣碑記文存嘉靖庚申王文祿撰
甯海寺中興碑記海鹽經嘉靖間婁江太史陸深撰

靈祠吳真人碑記碑存嘉靖甲子孟夏海昌沈友儒撰嘉禾徐行道書在澉浦東門外青山下
蕭相國廟碑碑存人錢琦撰嘉靖年在澉城里
浙西參將題名記文存隆慶二年馮皋謨撰
茶磨山磨崖文澉水新志許黃門雲村先生相卿棄官後隱此山有高巖其上廣平可坐百許人下
空洞可列十餘席石上題曰天只峯曰文昌星晶石曰弄月臺曰枕流巖後懸崖昂首陡絕之處題曰豐崖皆
古好事者所摹巖下正北大書天南第一山五字旁東向曰獨往皆先生所刻巖背正南曰清修壯節則海甯
尹題石首廉泉高尚士所題也
學田記文存萬歷元年知縣范梅撰
重脩敬一亭會講堂碑記碑存萬歷六年秋季之吉海鹽縣教諭江左新昌徐元中撰舊志作二年誤

築捍海塘記文存萬歷五年董份撰
築捍海塘記文存萬歷五年陸光祖撰伊案董陸二碑海鹽圖經謂陸光寶錄也
楊公報功祠記文存萬歷八年管浙直水利浙江布政司右參議晉安陳詔記
黃烈祠紀忠碑萬歷乙酉蔡逢時撰
重脩昭烈武成王祠碑萬曆丙戌朝列大夫維揚郡丞前比部尚書員外郎海昌沈友儒撰
重築捍海塘記文存萬歷十八年黃洪憲撰鹽官里人陸延韶篆
重築城記文存萬歷二十一年王穉登撰
吳丞相步侯廟碑萬歷二十四年丙申五月朔邑人陳昌期撰
重脩海門寺記碑存皇明萬歷歲在丁酉仲秋既望□□□山僧守德立貴州道監察御史許聞

造撰鄉進士邏南錢與暁篆
增置學田記文存萬歷二十八年知縣李當泰撰
雲岫庵藏經閣記文存萬歷庚子知縣李當泰記
字侯重脩海鹽儒學碑記萬歷庚子教諭葉楙撰
鼎建城隍廟齋閣碑記碑存萬歷庚子知縣李當泰撰
增築六里堰閘涵洞碑記碑存萬歷壬申春里人吳仲儁記在澉城西北六里舊志作壬寅誤
重脩鎮海塔記文存萬歷三十一年邑人吳仲儁撰
邑父母喬侯聿新黌序碑記萬歷三十七年沈孝徵撰
重脩便民倉記文存萬歷三十七年里人鍾光斗撰

衛籍生員免丁碑記 萬歷四十一年知縣何杲立在學署庫中

天甯永祚寺藏經碑記 萬歷四十八年彭宗孟撰

重建城隍廟記 碑存萬歷庚戌里人沈孝徵撰

總司後題名記 文存萬歷庚戌春孟海甯備倭把總指揮使崔天錫撰

澉乍賑運始末記 碑存萬歷四十一年癸丑仲夏湖廣按察使副使前奉敕提督貴州學政刑部福建司員外郎里人吳仲僑撰在澉城東門內

重建金粟寺碑記 文存浙江按察使副使趙國琦撰萬歷丁巳

海鹽縣新建關帝廟碑 碑存萬歷丁巳知縣何杲撰

重脩東嶽廟碑 萬歷年邑人沈孝徵撰

黄道山重建顯應廟記 董穀撰

普門覺路碑記 碑存知縣樊維城撰

白馬廟重建常平倉碑記 碑存天啟辛酉知海鹽縣事黃岡樊維城撰

樊侯重建常平倉記 天啟元年辛酉邑人胡震亨撰

重建金粟山寺記 文存天啟三年歲次癸亥長夏小暑之吉真丹居士樊維城撰

海鹽縣學樂器庫記 文存天啟四年邑人胡震亨撰

重脩甯武橋碑記 崇禎元年董嗣舒撰

廣福庵碑記 碑存崇禎十年里人胡震亨撰

脩建學宮記 順治十二年給事中柯聳撰

永安湖張公堤碑 在永安湖東颺山之麓康熙十一年知縣張公素仁與邑紳張給諫惟赤開濬永安湖脩築堤澉人立碑頌德碑中題張公堤三大字旁題康熙壬子立光緒二年知縣王公彬重脩堤閘掘土得碑三年移置大閘旁悟空寺

重脩海鹽縣儒學碑記 康熙甲寅九月給事中查培繼撰文內閣中書吳甫及篆額

張給諫捐建營房碑記 康熙乙卯內閣學士杜臻撰在資聖寺前

重復新河中壩碑記 康熙二十一年邑人彭孫遹撰

福業院均房碑記 康熙二十八年邑人彭孫遹撰

重脩海鹽縣關壯繆侯廟記 康熙三十年邑人曹三才撰查聲書

育嬰堂碑記 乾隆三年錢陳羣撰

重建天甯佛閣寶塔記 乾隆三十六年錢陳羣撰

永安湖鮑公題碑 在颺山麓乾隆三十五年知縣鮑公鳴鳳倡捐濬築湖堤茅塘脩大閘小閘張老人閘又開引河西北積水接濟大閘澉民築亭立碑題曰鮑公堤里人吳懋政過鮑公亭詩自註云康熙十

年知縣張素仁與張給諫惟赤開湖築塘舊有張公堤三字碑此堤張創鮑脩功蹟相埒新碑但鐫鮑公殊未安也光緒二年重脩堤閘掘土得張公碑

永安湖德政碑記 乾隆三十五年邑人吳懋政撰

重脩大成殿碑記 乾隆四十年知縣何肇灝撰

蔚文書院碑記 乾隆四十二年知縣張力行撰

重建福業寺大殿碑 乾隆四十四年知縣張力行撰

脩海鹽縣石塘記 道光二年巡撫帥承瀛撰

障海樓記 道光四年知縣汪仲洋撰

風神祠記 道光四年知縣汪仲洋撰

重建孔子廟碑 同治八年邑人顏宗儀撰

南魁星閣銘 同治十年知府善化許瑤光撰

潮州府同知徐公暨朱夫人墓誌銘 光緒元年戶部員外郎朱丙壽撰前翰林院侍讀學士顏宗儀書

重建蔚文書院碑記 光緒二年邑人徐用儀撰

重建文星臺記 光緒二年知縣王彬撰書

右石

宋咸平鐘款識 檇水新志在通元鎮甯海寺款云秀州大明寺僧慶先咸平三年奉敕鑴

魯簡肅公銅印 于志朱文諱二字近海鹽鄉民掊土得此藏畢士楷家公裔孫模購而度之祠中

元延祐鐘銘 鐘存在禪悅寺奉佛中大夫前浙東道宣慰副使僉都元帥府事楊梓男初雄振杰孫
男泰孫元孫泊家眷等謹啟誠心喜施淨財鑄造洪鐘
捨入澉浦鎮禪悅華嚴教寺常住鐘樓永遠崇奉所集

善因先伸回向眞如實際莊嚴無上佛果菩提四恩等
報三有齊□□伸報薦宣授懷遠大將軍池州路總管
輕車都尉宏農郡侯先考楊公宣授宏農郡夫人先妣
杜氏宣授宏農郡夫人先室陸氏門中祖禰親姻俱伎
良緣同超淨土者峕太歲延祐七年十月十一日題
本寺伏承大檀越中大夫前浙東道宣慰副使僉元帥
府事楊相公喜施淨財鑄造洪鐘供入本寺晨昏崇奉
所集良因專爲祈求國泰民安風調雨順文武官僚同
增祿位右伏惟三寶洞明天龍昭格延祐七年十月十
一日吉辰禪悅華嚴教寺傳賢首教觀住持沙門懷寶
謹題
上作四天王像腰圍環作心經下有梵書六字
明豐坊禪悅寺神鐘記云海鹽禪悅寺神鐘勝國時
宣慰楊梓用海外銅五千四百八十斤範鑄建六丈樓
懸之聲聞數十里國朝天順中忽無聲渡海者覩其影
在波中浮屠用法攝之聲乃復 董穀續澉水志楊梓
以倭銅鑄成其聲清和洪壯甚靈異常好出神時不受
杵今二百餘年猶
存鎮一城風水

至正鐘銘 于志藏棲眞觀重十六觔銘曰至正二十四年三月日置凡十六字

明海門寺銅鐘銘 鐘存洪武十一年正月日造住持比邱惟則題

資聖寺銅鐘銘 正統十一年造上有梵書

天甯寺銅鐘銘 天順三年己卯冬十一月住持沙門道彝監製

大成殿鼎 于志篆文銘凡十八言萬歷重光大淵獻鹽官令喬拱璧摹勒

金粟寺銅鍋題銘 檇水新志文云海鹽金粟山廣慧寺臨濟正宗第三十三世密雲悟禪師嗣法
石車乘禪師募僧通立併護法檀越平湖陸致沖錢天
生張玉綱韓琦胡成孝等鑄造捨銅姓氏勒石於寺爐
匠梅啟義時大明崇禎七年正月吉日置飯依金粟弟
子陸門通裕同男陸東比邱尼通度妙圓頭鍋領龍施
主趙嶸寺志云
鍋重一千斤

右金

漢五鳳甎 金石契甎嘉興李上舍一徵得於吾鄉海上側有篆文五鳳□年字吾竹房爲琢硯錢宗伯籜

石爲製銘今藏儀徵阮氏

漢甘露甎 浙江磚錄長二寸厚一寸文曰甘露元三字出海鹽嘉興張廷濟藏

漢黃龍甎 兩浙金石志厚二寸二分長四寸四分文曰黃龍元年建五字側面又有泉文得于海鹽張氏

浙江磚錄出海鹽

吳天冊甎 浙江磚錄文曰天冊元年上有掌文孫吳第六改元也出海鹽爲儀徵阮相國藏

潘墓甎 金石契右甎兩側有文曰嘉興象西潘儒南父母壙甓甎兩端曰潘家曰潘墓皆篆書 浙江磚錄
嘉興之名不見于兩漢志沈約宋書州郡志吳孫權黃
龍四年由拳縣生嘉禾改曰禾興孫皓父名和又改嘉
興則此磚當爲孫吳時物磚出海鹽本吳鹽官縣地而
云嘉興吳記云鹽官屬嘉興知在吳末置鹽官以前也
象西疑地名已淪於滄
海矣海鹽張燕昌藏

晉太康甎 浙江磚錄長九寸五分厚一寸二分文曰太康四年八月十七日太作大古文又一品康上誅

大字又長五寸二分厚一寸八分文曰太康五年太歲
下斷篆文奇古並出海鹽又長一尺一寸厚一寸二分
左側有文曰大晉平吳六年造墓右側文曰七年吳郡
陳囗上端文曰囗陳囗造瞿中溶曰吳亡在晉太康元
年則此磚爲太康六年所作也出海鹽張氏藏又伊志
載太康五年十一月郭家葬分書藏嘉興張氏得于海
鹽

晉元康甎 浙江磚錄長五寸一分厚一寸四分文曰元康五年八月七下缺出海鹽陳氏藏又二磚長九
寸四分厚一寸五分文曰元康九年八月癸未朔八日
庚寅哀子楊猛造一文曰元康九年八月癸未朔囗日
哀子楊若首磚八月兩字旁增次磚一字缺損蓋是九
字癸未朔九日則辛卯也若字作甞見古文四聲韻出
海鹽張燕昌藏兩浙金石志古喪祭稱哀吉祭稱孝
此墓甎葬時稱哀後世加之區別父没稱孤母没稱哀
不合于古矣 伊
于志俱作湯猛

晉永甯甎 永甯元年六月十九日涫于氏作奉在立 伊志藏嘉興張氏得于海鹽

陽武亭侯墓甎 浙江磚錄長九寸九分厚一寸四分文曰永嘉六年六月庚戌朔郎中陽武亭侯甍
世子涫于康所作反文出海鹽吳東發藏考云陽武漢
屬河南郡晉屬滎陽郡續漢書百官表郎中比二千石
此系于亭侯之上蓋由郎中封侯猶漢滕侯更始初爲
郎中舍人亦泉侯楊喜以郎中騎從灌嬰共斬項籍封
侯是也亭侯次於鄉侯在關內侯上陽武亭侯由郎中
封必有功動而不見於晉史疑即永嘉三年王模之將
涫于定破劉芒蕩五斗叟
者見晉史亦傳疑之說也

晉大興甎 浙江磚錄長五寸六分厚一寸六分文曰大興二年五凡五字下斷字陰文以坯時未經火釘
頭劃之元帝第二改
元也出海鹽陳氏藏

晉泰甯甎 浙江磚錄長一尺厚一寸三分文曰泰甯三年太歲在囗囗囗六月廿四日反文側有兒羕作三
字出海鹽張氏藏三年乙酉
也兒郎倪羕郎永字假借

將軍甎 文曰囗北將軍篆文 伊案上
一字當是征字疑即陸禕墓甎

晉建元甎 浙江磚錄長五寸厚一寸五分上下俱空中有建元二字出海鹽

晉永和甎 浙江磚錄長三寸厚一寸三分文曰永和二年右有虞固二字出海鹽 郡守許瑤光云光緒
二年六月十三夜海鹽大風潮潮退甎露居民得者
有永和五年歲在己酉及元康年吳師蜀師作諸款

晉太元甎 浙江磚錄長六寸厚一寸九分文曰太元四年字在上端出海鹽資聖寺橋下

東晉井甎 宋澉水志黃盤山邊在海中淳祐十年有于旁灘潮裏得古井及小石橋大樹根之類驗井甎
上字則知東
晉屯兵處

晉億世典人甎 錢氏大昕潛研堂文集典人之官爲民父母億世銀艾希風卓魯得之何所澉之海
渚誰其貽予
吳子芸父

寄奴城甎 于志文曰寄奴城 國朝道光己丑得於海鹽東城資聖寺橋下

宋元嘉甎 浙江磚錄長四寸五分厚一寸五分文曰元嘉六年下斷出海鹽

唐干府君墓志 澉水新志在通元西道光十二年土人耕田掘得墓志甎文畧曰唐故囗川干府君
以咸通五年甲申歲五月終於私第以六年乙酉二月
窆於縣西南卅里尙父鄉脩化里通元寺西其甎約尺
半縱橫稱之厚約二寸許碎而爲
三膠合之後爲硤石蔣光煦所得

案伊志尙載殷氏甎殷明分書馬氏甎馬皋所作分書戴氏甎戴氏篆書
高氏甎皋震作分書宮壁甎宮壁丁卯甎丁卯櫺壁舊並未詳所出
以源列海鹽金石故附于後

右甎

平湖縣

漢白馬將軍墓碑 九山補志龍虎山下盛姓宅後有一高阜欲治屋具畚鍤平之得一碑曰白馬將軍之墓去城西二十里砂腰村有白馬廟祀白沃使君或是其遺跡云

唐吳郡陸府君墓志銘 輿地碑目陸府君碑在海鹽縣北五十五里 魯應龍閒窗括異志昨得石刻乃唐吳郡陸府君墓銘葬於蘇州海鹽縣齊景鄉當湖里

唐吳郡陸使君夫人周氏墓志 閒窗括異志唐貞元十四年太子左贊善大夫吳郡陸使君夫人汝南縣君周氏墓志云祔於嘉興縣東界海鹽縣齊景鄉青墩原西北塋 伊桑海鹽圖經引朱志正與此同又引王象之輿地碑目亦云此碑在海鹽但未覩全文竊疑王象之所收乃陸府君碑或者墓一而誌銘有二耶

唐故陳府君墓志銘 文存無撰人姓名

齊景公廟碑 輿地碑目在海鹽縣齊景公鄉志齊景鄉有廟圖經號齊景公廟 一閒窗括異志大王古志相傳齊景公遊海而南觀於轉附朝儛曾游於此立廟於斯舊有碑今磨滅不存矣

宋參知政事魯簡肅公墓誌銘 李迪撰天聖七年立 平湖朱志在齊景鄉當湖里

神道碑銘 張士遜撰

敕建秀州海鹽縣普照寺碑記 宋慶歷三年九月三班奉職監廣陳鎮茶鹽鐵稅兼煙火公事江宗立石程珪撰

金山顯忠行廟記 文存宋建炎三年將仕郎曾壽淵宣教郎致仕賜緋魚袋曾壽朋建朝請郎提舉兩浙路市舶司賜緋魚袋魯詹記紹熙丙寅廟燬碑仆有紹興二十七年四月十八日魯可封重刻

重脩德藏寺碑記 至元志隆興二年重脩廊宇曾衢爲之記

法界庵主自製塔銘 文存釋可觀撰塔在德藏寺西北隅

普度庵記 平湖程志宋淳熙間尼僧慧性建曾拜有碑記斷毀故址在三登橋北

叢冢記 文存紹熙二年五月既望奉議郎新知建康府江甯縣事陸竣記

陳山顯濟廟記 文存紹熙三年龔頤正撰 伊案此文至元志中脫去二百三十餘字柳志全載海鹽圖經亦刪二百餘字作浦志於封號內誤增威佑薦福四字此四字乃紹熙五年加封見至元志此文不應預載也

高郵司理曾公墓銘 喬行簡撰紹定元年立

墓碑 魯鑄撰紹定元年立

金山順濟廟英烈錢侯碑文 文存淳祐五年舜齋趙孟堅記在廣陳鎮

石總管墓碑 平湖程志在東泖口總管廟西有石氏磧田者嘗探出碑板爲學士歐陽元功筆

元處士趙友一墓碑 平湖程志在新倉鹽運河南七世孫趙漢題墓碑曰元處士趙友一之墓

靖獻先生陸正墓碑銘 王昭大撰至大元年立在廣陳鎮

福源普慧禪寺記 文存鄧文原撰 陳循重脩寺記延祐五年戊午記其存者巴西鄧善之碑虞伯生篆額吳興趙子昂書石

重脩福源普慧禪寺碑 文存永樂二十年立 陳循撰

重建城隍廟碑 文存成化二十年立 沈棨撰

鈞翁橋記 文存宏治十五年歲在元默閹茂南京翰林院侍講學士奉訓大夫前經筵官兼脩國史南昌張元禎撰

明太子太保屠康僖公墓誌銘 楊一清撰正德十三年立

重脩平湖儒學記 鄭曉撰嘉靖十六年立

縣署記 嘉靖十六年知縣黎循典撰

開濬蘆瀝場鹽運河記 文存邑人陸杰撰嘉靖二十八年立

重建譙樓記孫枝撰嘉靖三十一年立

築城記文存鄞縣張時徹撰嘉靖三十四年立

陸氏景賢祠記文存賜進士出身浙江按察司提督學校副使吳郡范惟一撰嘉靖三十三年立

報功祠記文存馮汝弼撰嘉靖三十七年立

乍浦新建欽總司記文存嘉靖甲子夏孟徹水董穀撰即今守備署

儒學更置義田記文存隆慶己巳張大忠撰

三計堂石刻隆慶三年知縣泗州謝良弼書文曰種穀一年之計種木十年之計種德百年之計

報本塔記文存孫植撰隆慶四年立

平湖縣令題名記文存沈懋孝撰萬歷四年丙子十二月朔日

遷建福源普慧禪寺記文存徐階撰萬歷七年立

平湖縣始建廟學記三原温純撰萬歷十五年立案此記乃補述義民陸珪始建縣學之功

普照寺基優免碑記文存萬歷庚寅觀大理寺政邑人戈用泰撰并書

重脩城隍廟記文存陸光祖撰萬歷二十二年立

重建福臻寺碑文存陸恩錫撰萬歷二十三年立

重建東林禪院碑文存馬維銘撰

重建金山之神顯忠祠碑記文存沈懋孝撰萬歷二十九年立

重建西林禪院碑記文存包世杰撰萬歷甲午後作

重脩德藏寺前殿碑記文存馬維銘撰萬歷三十一年立

重脩三將軍廟碑文存馬維銘撰祀田横及其兒榮廣在梁莊

福臻寺長生田碑記南海陳熙昌撰

乍浦新開水門記文存許丕祚撰崇禎十二年立志案記云洪武十九年湯和築七十餘城乍其一然猶擁土爲牆埠正統間有柵崇德城孔因爲僞吳張士誠所築徙築於乍等語考柳志云洪武十九年將崇德城拆運公用即湯和築城時也記誤

存巖祠碑記鄞縣王六龍撰順治元年立在湯山

曉鐘山堂記王六龍撰在湯山

世祖章皇帝欽頒臥碑文順治九年立在縣學

知縣朱公祠記陸之祺撰爲知縣朱之翰立在接官亭

關廟土神祠合記曹溶撰順治十七年立在乍浦城

重建縣堂碑記金鋐撰順治十八年立在縣署

張侯去思亭記楊爗撰爲知縣張鳴遠立在三聚庵

李高士潛夫墓誌銘王漣撰

雲水寮記鄭龍光撰康熙三年立在德藏寺後

張氏宗祠記張著撰康熙九年立在兼葭圖

重脩全公亭記何暐撰康熙十年立在東十九都錢武肅王廟左

永垂菴記陸之祺撰康熙十一年立在縣治東十里

大乘菴記郭紹儀撰在張家廟下

獅子林記越人姜希轍撰康熙十四年立在乍浦北郭外三里

抱膝主人像贊石刻倪鍾瑞自撰男淑明謹識陸擎書丹張遠畫像康熙十七年立在十相庵

重脩便民倉碑記陸棻撰康熙十八年立在倉內

靈溪陸氏宗祠記陸之祺撰康熙十八年立在窰灘

香嚴庵記　過銘籑撰康熙十九年立在小南門外葛家

聖祖仁皇帝御製學校論　康熙二十三年立

重脩文廟記　教諭姚渻撰康熙二十三年立在儒學

沈氏樹德祠記　陸棻撰康熙二十四年立在石莊里

重脩學宮紀事　謝師呂撰康熙二十七年立在明倫堂右

新建義學碑記　朱維熊撰康熙二十七年立在城隍廟左

重建明倫堂碑記　陸棻撰康熙二十七年立在明倫堂右

義塚碑記　朱維熊撰康熙二十八年立在四十九都號字圩

搆營房勒石　康熙三十二年四月立在德藏寺

社學義田碑記　知縣王璋撰康熙三十六年立在城隍廟左

改建弄珠樓記　陸棻撰康熙三十六年立在湖濱

大慈庵碑記　康熙三十七年立在新溪

御製訓飭士子文　康熙四十二年立

御製製硯說石刻　康熙四十二年立在化城庵

聖祖仁皇帝御製平定朔漠告成太學碑　康熙四十三年立在儒學

高文恪公墓諭祭碑　康熙四十三年立在東湖南

陶贈君墓表　陳廷敬撰王鴻緒書康熙四十三年孟冬立在高公山

新建育嬰堂記　周維翰撰康熙四十五年立在佑聖宮右

三山會館碑記　福建余正健撰康熙四十八年立在會館內

儒學藏書記　董美脊撰康熙五十一年立在儒學

董邑宰德政碑　康熙五十一年立在儒學

法慶林記　嚴思位撰康熙五十三年立在南門外

樂器贊言石刻　陸世琛撰康熙五十七年立在儒學

蜃園先生神道表　全祖望撰康熙間立在乍浦

沈氏家圜紀畧　沈瑞鑒撰在石都尉莊

西平令沈棻墓誌銘　長洲宋德宜撰在楊樹漊

竹溪菴記　陸棻撰康熙間立在葛家橋

內閣學士陸棻墓表　陸棻自題在南門外聽字圩　神道碑銘　蕭山毛奇齡撰

劉氏永思祠記　陸祚蕃撰在清溪

明高士李延是塔銘　朱彝尊撰在芳橋東北

思州知府陸世楷墓銘　朱彝尊撰在五行涇

義友李慶乙墓表　馬培原撰在乍浦

興隆橋碑記　知縣楊克慧撰雍正三年立在乍浦城隍廟

節孝祠碑記　楊克慧撰雍正間立在祠內

東嶽行宮記　王通叟撰雍正四年立在乍浦

增建育嬰堂記　陸奎勳撰雍正五年立在堂內

重脩文廟碑記　陸奎勳撰雍正六年立在儒學櫺星門外

世宗憲皇帝御製平定青海告成太學碑　雍正七年立在儒學

鸚鵡洲菴記　方以恭撰雍正十年立在鸚鵡洲

三義廟塑像記　張誠撰乾隆元年立在蒹葭圖

先儒陸清獻公墓諭祭碑乾隆二年立在泖上書字圩

御製碑文清獻墓神道左乾隆二年立在

九峯書院記劉錫勇撰乾隆四年立在書院

聖諭碑乾隆五年立在儒學

磚城碑記乾隆六年十二月立在滿洲營

陸清獻公祠碑記納蘭常安撰戈守智書乾隆九年立在祠內

陸清獻公祠堂碑記知縣高國楹撰戈守智書乾隆九年立在祠內

濬復清水若故河并築松風港東西兩隄紀畧高國楹撰

陸清獻公祠碑記督學彭啟豐撰乾隆九年立在祠內

登燈光山記常安撰乾隆十年立

登弄珠樓記常安撰乾隆十年立在湖濱

重建陸清獻公祠堂碑弟壽撰文管世昌書乾隆十年立在祠內

亭橋碑記乾隆十年立在乍浦城

福建臺灣道黃公墓誌銘陸嗣蕃撰乾隆十年立在乍浦

重建關帝廟記知縣閻公鉷撰乾隆十三年立在廟內

高宗純皇帝御製平定金川告成太學碑乾隆十四年立在儒學

新建中普陀禪院碑記畧同知葉齊撰乾隆十四年九月立在外蒲山

當湖書院碑記知縣閻公鉷撰乾隆十五年立在陸清獻公祠後

縣丞署碑記孫象治撰乾隆十六年立在署內

高宗純皇帝御製平定準噶爾告成太學碑乾隆二十年立在儒學

百善會碑記高衡撰乾隆二十一年立在同善公所

重脩祭器誌言王恒撰乾隆二十一年立在儒學

高宗純皇帝御製平定回部告成太學碑乾隆二十四年立在儒學

重脩存濟祠碑記宋景關撰乾隆三十三年立在湯山瑞祥寺

重脩文廟碑記周大樞撰乾隆三十四年立在儒學戟門

重脩神聖宮碑記婺源張圖南撰乾隆三十年立在乍浦博陸侯廟內

重建三里橋碑記沈初撰乾隆三十八年立在橋側

閩汀會館石刻乾隆四十年立在會館內

節孝祠碑記劉雁題撰乾隆四十年立在祠內

重建文昌閣碑記畧知縣劉雁題撰乾隆四十一年立在鏡瀞堂

鄒氏宗祠記鄒璵撰乾隆四十一年立在祠內

還珠行石刻知縣張力行撰乾隆四十四年立在弄珠樓

詮香書屋記張力行撰乾隆四十四年立在縣署

陸清獻公祠巷租碑記張力行撰鮑輝書乾隆四十六年立在祠內

江村義學規條十則勒石乾隆四十四年立在朱江坊

世宗憲皇帝訓飭士子碑文乾隆四十七年立在儒學

重建東西兩廡碑記沈初撰乾隆四十七年立在學宮

先儒陸清獻公墓碑張誠題乾隆四十八年立在墓前

重脩當湖書院碑記知縣王恒撰乾隆五十年立在陸清獻公祠後

咸甯公所碑記同知李賡芸撰乾隆五十年立在乍浦公所

重脩祭器記 王恒撰乾隆五十一年立在儒學

脩建便民倉碑記 王恒撰乾隆五十一年十月立在倉內

重脩文昌閣碑 王恒撰乾隆五十一年立在鸚鵡洲

重脩陸清獻公墓記 王恒撰并書乾隆五十二年立在墓前

沁泉亭記 錢洪撰乾隆五十二年立在乍浦

世宗憲皇帝聖諭碑 王恒書乾隆五十三年立在陸清獻公祠內

重脩關帝廟記 王恒撰乾隆五十三年立在廟內

義塚記 張誠撰乾隆五十三年立在小西溪

桐陰書舍記 縣丞彭澤濂撰乾隆五十三年立在縣丞署

飽經堂記 教諭何蕙撰乾隆五十三年立在儒學

孝子張世昌墓碣 無錫顧光旭題在小西溪市圩

瘞骼會記 王恒撰乾隆五十三年立

就樹軒記 王恒撰乾隆五十四年立在縣署

三魚堂記 張誠撰乾隆五十四年立在陸清獻公祠

當湖書院義田碑記 王恒撰乾隆閒立在書院

當湖書院義田後記 張誠撰乾隆五十四年立在書院

重脩節孝祠碑記 王恒撰乾隆五十四年立在祠內

永安局瘞柩碑記 華亭沈步垣撰乾隆五十四年立在局內

重脩陸孝子祠記 王恒撰乾隆五十四年立在東湖左

關帝殿碑記 錢超撰乾隆五十七年立在陳山寺

文廟歲脩田租記 吳璥撰乾隆五十八年立在學宮

關帝廟碑記 陳譔撰乾隆閒立在馬家蕩

重濬飲馬池記 陳譔撰在乍浦城

重脩聖塘菴記 知縣李賡芸撰嘉慶元年立在庵內

重建甯善橋記 李賡芸撰嘉慶二年立在橋側

重脩宋魯簡肅公祠記 署按察使秦瀛撰嘉慶三年立在祠內

全公亭鎮城隍廟記 李賡芸撰嘉慶三年立在廟內

白沙司巡檢張大成墓碣 新倉李賡芸題在西坊

當湖書院放生湖記 知縣路鋍撰嘉慶三年立

放生湖記後跋 教諭何蕙撰

放生湖記畧冊題詩 巡撫阮元撰

耘雅堂記 訓導淩象山撰嘉慶四年立在訓導署

吳氏義田記 錢塘梁同書撰嘉慶四年立在吳氏宗祠

沈文恪公墓諭葬碑 嘉慶六年立在落木圍成圩

重建廣行橋記 李賡芸撰嘉慶七年立在橋側

永安祠勒石 嘉慶七年立

重建關帝廟記 路鋍撰嘉慶八年十月立在廟內

放生院易田并立規條記 吳顯德撰嘉慶八年立在棲心寺

李介節先生祠記 無錫秦瀛撰錢塘梁同書書嘉慶八年六月立在祠內

重建普福庵并置立義塚記 張躍鱗撰嘉慶八年立在乍浦

創建呂仙觀記 吳璥撰嘉慶九年立在觀內

滿營續置義冢碑記 副都統本智撰嘉慶九年立在乍浦

滿營續置義冢碑記 協領噶爾杭阿撰嘉慶九年立在乍浦

重建鴻義橋記 陸嗣淵撰嘉慶十四年立在新溪

滿洲營重濬營河記 武康徐熊飛撰嘉慶十六年立在營內

重脩神聖宮碑記 阮元撰嘉慶十七年立在乍浦

重脩城隍廟碑記 都統西淩阿撰嘉慶十九年仲秋立在乍浦

重建觀海書院記 署知縣事王鳳生撰嘉慶二十一年立在書院

重脩龍王廟碑記 嘉慶二十三年立在雅山南

生生泉碑記 顏崇耀撰嘉慶二十五年立在乍浦水仙廟

重脩石塘記 巡撫帥承瀛撰布政使吳榮光書道光三年立在乍浦

歲脩文廟碑記 徐士芬撰道光十八年立在學宮

重建萬程橋碑記 朱壬林撰咸豐元年立在白馬堰

重脩陸清獻公祠墓碑記 布政使司楊昌濬撰并書同治五年八月立在祠內

蘆瀝場忠義祠碑 同治五年知府許瑤光撰

開斜橋堰記 知府宗源瀚撰并書同治十二年立在新溪

右石

太康甎 乍浦志乾隆二十一年臘月雅山下居民營壙穿土得古墓取二甎以出仍掩之甎長尺餘色黃側有太康七年七月七日造九字

咸和甎 九山補志觀山西麓有青龍觀故址僧欲開築得一古墓方下圓上石甎甃頂甎徑長可尺有咫橫三之一而斜甃其徑之一角使可規圓而合砌題其側曰咸和元年八月十五日作橫曰宜侯王墓斜甃角徑可五之一鍥爲虎頭而虛其甃角之側徑無別識甎質堅細懸而下中多紫藤香甚有石版長數尺瓷鉢一鉢中水甚清大鏡一純緑小鏡一又小似鉢者數枚俱無款識墓南數步有一隧道碑塞之碑有方孔二疑內即窆所惜無辨其字者知縣賴垓聞之禁勿令開所得鏡觸手輒碎及出墓道迎風漸堅小鏡與餘鉢俱歸之縣時崇禎壬申五月二十八日

唐元和甎 于志案徐志鼎詩註邑北邱墳塘相傳爲唐邱爲葬處村氓于墓旁掘得古甎有元和十一年凡五字又胡金題于月夜得一元和甎于塘側築爲硯

唐佛墖甎 于志墖在廣陳普照寺唐咸通二年建明嘉靖間毀今墖基尚有遺甎首有佛墖成就四字戈温如得其一長一尺四寸二分廣七寸有朱書大悲咒一徧五字

右甎

石門縣

紀目坡碑 至元志石碑斷闕大略謂吳王夫差募兵教養於此詳見古蹟

唐朱夫人墓刻 趙圖記唐長慶初李公明母朱夫人墓宋嘉定中土人得墓刻云在吳郡嘉興縣洲錢之陽

陀羅尼幢 屠本畯祇園寺碑記余曳杖洲錢之晚莊過祇園寺有石幢屹然左右峙乃手摹其所刻經文誦之字半明滅然字字皆唐隸賓沙門佛陀波利譯識曰大唐咸通十年立暨各善信名氏莓苔剝蝕

崇福寺石幢 至元志唐乾符中所立崇福寺二石經幢一云嘉興縣語兒鄉一云語兒市

無著禪師贊甯寺碑記 輿地碑目在崇德縣至元志崇福寺有唐無著禪師贊甯寺碑記

崇德團寺記 輿地碑目在崇德縣

武肅王回翰碑 十一月三日報道宏法師冬冷想當安適得狀勞以節送歉棗茶麪等已令收領為愧殊多迴人遣此不具使人委曲付道宏法師秋冷想當安適得進奏院狀報蒙恩加太師兼九錫叨功臣名號勞致賀狀迴人遣此不具使人委曲付道宏法師月日上有總鎮東南節度使之印 崇德靳志碑石向存證聖院觀音殿今藏裔孫錢懋脩家

嘉興府志　卷八十六　金石

宋米芾襄陽紀遊詩詞石刻 今在屠家壩胡安定公支祠

脩證院法堂記 文存宋景祐乙亥季冬十二日宣德郎守崇德縣令李嵩叟記

脩證院浴堂記 至元志元豐中立

福嚴禪院記 文存宋至和二年八月一日宣德郎試大理評事權雄州防禦推官陳舜俞記

縣學記 文存朝散郎守光祿少卿分司南京騎都尉沈括撰 伊案是記爲元豐八年

眞覺禪師草庵歌 元祐己巳黃庭堅書

社壇碑記 至元志宋政和間重脩社壇碑記磨滅幾不可讀大率全備敕牒之語敕牒則述江東提舉沈延禧奏請之辭當時案式圖鏤版行下故式圖刻在碑首

東嶽廟碑 至元志東嶽行宮在縣西南宋政和脩廟舊碑磨滅猶可讀

崇德縣記 文存紹興乙亥六月甲申文林郎知秀州崇德縣主管勸農公事黃楊記 柳志作乙亥誤

平易堂記 文存乾道三年正月壬寅初六日丁未左文林郎杜申記

椿桂堂記 文存紹熙三年三月朔煥章閣直學士朝奉大夫提舉江州太平興國宮清和縣開國男食邑三百戶賜紫金魚袋謝諤記

崇福寺田記 文存慶元三年十月旦文林郎新滁州州學教授陸埈記 案此記是陸埈非陸峻

崇福寺藏記 文存慶元三年十一月日從政郎新隆興府錄事參軍蔡開記

魁星亭記 文存慶元戊午上元日文林郎新滁州州學教授陸埈記

縣學田記 文存嘉定六年五月初一日朝散郎權知嘉興軍府兼管內勸農事商逸卿記

嘉興府志　卷八十六　金石

懷庵記 文存嘉定丙子臘月九日朝奉郎秘書丞兼權右司郎官程珌謹記

縣尉題名記 文存嘉定十三年中和節樓擇撰

崇福寺記 文存嘉定十三年十一月望棘庵抄門妙甯記

主簿題名記 文存紹定初元仲秋趙汝遂撰

知縣題名記 文存紹定己丑春上巳日邑令東陽樓演叙幷書

縣樓記 文存紹定二年四月望日承議郎行秘書省校書郎吳潛記

縣丞題名記 文存紹定辛卯月正元日俞夢符撰

主簿廳記 文存從政郎行太學正釣臺洪揚祖撰 案此記是嘉熙戊戌年

新建行衙記 文存淳祐十一年三月初九日廛下吟隱錢達善記

傳貽書院記 文存咸淳五年陽生十日朝請郎直華文閣權知嘉興軍府兼管內勸農事節制澉浦

金山水軍文及翁記

嘉興路儒學教授俞君墓誌銘劉岳申撰

千佛閣記明景泰乙亥賁敬記

重脩廟學記明資政大夫南京吏部尚書致仕蕭山魏驥撰賜進士出身文林郎禮科給事中海鹽張甯書賜進士出身文林郎禮科給事中桐鄉楊青篆天順三年立

重脩明倫堂記成化六年海鹽張甯撰

石門東高橋記成化十六年潘蕃撰

何城廟碑成化二十年俞德芳撰

脩建廟學記賜進士出身中憲大夫福建汀州府知府前禮科都給事中賜一品服同郡張甯撰賜進士出身廣東道監察御史同郡姚綬書太僕寺寺丞同邑呂聲篆額宏治八年立

鄉賢祠記文存仁和趙鋭撰正德戊寅春三月既望

重脩崇福寺二塔記正德八年僧一峯撰

名宦祠記文存吳興陳霆撰正德十三年

重立傳貽書院記文存邑人姚汝舟撰嘉靖十三年

儒學科第題名碑嘉靖十六年知縣喻沖教諭鄧楷訓導盧如岡同立

贍學田記進士邑人姚汝舟撰邑人范栻書篆嘉靖戊申年立

關王廟記姚汝舟撰

築城記嘉靖三十五年呂希周撰

改建啟聖公祠記隆慶二年知縣朱潤撰

改建名宦祠記隆慶二年知縣朱潤撰

改建鄉賢祠記隆慶二年知縣朱潤撰

重脩儒學記賜進士出身原任通政使司通政使前提督膺黃右通政以吏兵兩部文選職方郎中奉制充文武考試官邑人呂希周撰隆慶二年立

崇德縣重濬清河碑記賜進士出身前資德大夫正治上卿南京刑部尚書郡人孫植撰萬歷二年歲次甲戌孟春吉旦在龍吟寺內

復包角堰碑記文存萬歷三年武林陳善撰

興復孝義里龍舌灣水利頌萬歷十四年沈校撰

崇福寺碑記文存萬歷乙未知縣周應秋撰

重脩學宮記萬歷二十六年德清許孚遠撰

學田記萬歷二十七年知縣陳允堅撰

重建南觀音堂記萬歷三十二年顧爾行撰

重建衞曹廟碑萬歷三十二年郭子直撰

重脩名宦鄉賢祠記萬歷三十二年郭子直撰

張文穆公墓道記文存周應秋撰萬歷丁未歲仲夏望日

復張文穆公墓道記萬歷三十五年知縣靳一派撰

重脩傳貽書院記萬歷三十七年知縣靳一派撰

重脩魁星亭記萬歷三十八年知縣靳一派撰

甘露菴記萬歷三十八年陸典撰

石門鎮彰憲亭碑記碑存萬歷三十九年嘉興賀燦然撰

靳侯增置學田碑記賜進士出身奉敕整飭四川安綿道兵備僉事趙賢意撰邑人李太音書

萬歷辛亥孟春日

知縣續題名記 文存萬歷辛亥春王正月上元日知縣靳一派撰

戴星別署記 文存武林陳禹謨撰萬歷辛亥仲春花朝記

重建預備倉記 文存知縣靳一派撰萬歷辛亥孟夏日

重建趙忠定公祠記 桐鄉錢夢得撰

重脩儒學碑記 進士邑人勞永嘉撰太清書戊午年立

祇園寺重建大殿碑記 萬歷四十八年鄞縣屠本畯撰

演慶寺重建祥雲閣記 萬歷四十八年嘉興沈儆炌撰

重脩順慶寺碑記 崇禎六年知縣龔立本撰

石門鎮關帝祠記 崇禎六年知縣龔立本撰

福嚴寺止翁亭碑記 康熙五十九年知府吳永芳撰

蔡錫琳畫梅石刻 道光戊戌戴熙張廷濟錢泳諸人有題詠

雲版和尚塔銘 道光十八年里人朱麟撰徐兆璘書丹在玉溪鎮永福庵

蔡烈婦墓碑 道光二十六年里人沈振名書立

掛瓢亭記 海昌應時良撰錢塘孫元培書道光二十八年秋八月

重建福嚴禪院碑記 道光二十九年邑人蔡錫琳撰餘杭董枚書丹

蓬居庵捨田券石刻 咸豐紀元辛亥里人鍾烺誌

戴文節公綌雲石圖石刻 在福嚴寺

脩石門縣城碑記 同治六年知府許瑤光撰主簿楊純禮書丹

重建傳貽書院碑記 同治六年里人譚逢仕撰汪福椿書

建復洲錢鎮趙忠定公祠碑記 同治八年知縣陳謨撰

天中山訪勝詩畫石刻 郡守許瑤光同治甲戌上巳偕嘉興石孝廉中玉驛丞李寵桂履勘橋梁石門令余麗元邀同主簿楊純禮遊福嚴寺紀事石孝廉余大令楊主簿各有和詩包山秦敏樹畫

石門縣脩橋碑記 光緒二年知府許瑤光撰

右石

唐螭尾平底斗 洪志嘉定中洲錢農劚地植蠶穴中有甎乃唐長慶元年李公明等葬母朱夫人之識內有螭尾平底斗一枚

宋刻漏圖銘 文存嘉定八年五月望日嘉興府司戶參軍權縣事趙與袞書

元崇福寺銅鐘 洪志延祐七年僧本然等建鐘樓於寺東南隅募鑄銅鐘計重萬觔聲聞十里

福嚴禪院石補鐘 順治間福嚴住持通容募鑄大鐘鎔時銅汁不足通容投以石三鐘遂成聲尤清遠四方來觀者咸詫爲奇蹟

右金

桐鄉縣

惠雲院碑 周顯德四年無撰人姓名

密印寺碑記 無撰人姓名宋祥符七年甲寅正月二十八日僧惠聰立石

孔飛傷廟碑文 烏青文獻南高田村有土地堂相傳神係聖裔宋大觀間建碑文近祝史言故不錄

密印寺鐘樓銘 文存至元志瀘帥馮檝撰

索度王廟記 文存淳熙三年丙申六月乙亥迪功郎新荊門軍當陽縣尉兼主簿主管學事萬珪記

監石門鎮酒庫碑記 慶元間閭縣黃幹撰國朝康熙四十六年大旱水涸民潘玉溪鎮之德水岸獲石碑一蓋宋黃勉齋曾於此權酒稅所酌規條刋於石因築亭貯之標以宋賢遺跡四大字

青鎮從役之碑 文存烏青志宋嘉定二年中秋日寄理從政郎新監行在點檢所糴場莫光朝記并書奉直大夫主管建甯府武夷山冲祐觀崇德縣開國男食邑三百戶張顧篆額脩職郎監湖州嘉興府烏

青鎮稅兼主管煙火公事趙善垍立石

重脩土地廟記 嘉定四年平江府長洲縣丞張侶記學正莫淩書

橋道記 文存寶慶二年四月望日朝奉大夫致仕賜紫金魚袋莫若沖記

青鎮酒務題名碑 嘉熙三年邑人沈平撰

青鎮興德橋記 文存元至元元年廣西僉事宇文公諒撰

古心禪師半葬塔銘 碑存曹鑑撰趙孟頫書至正辛卯年立石在濮院福壽寺

重脩殿廡明倫堂記 明天順四年南陽李賢撰

前朱村重建東嶽廟碑 天順四年蕭山魏驥撰上虞壽章書丹會稽陳贄篆額

義冢記 天順五年學博危山撰

重建大成殿記 成化五年安城劉宣撰

新建便民倉碑 宏治八年餘姚王華撰

重脩桐鄉縣治記 宏治十年蕪湖胡爟撰

重建鄉賢祠記 宏治十六年華亭錢福撰

重脩淨土庵碑記 碑存正德二年丁卯春江左外史廣源撰并書郡人項忠篆額弟子智深立石在濮院鎮之南

重建明倫堂碑 正德九年知縣任洛撰

儒學科目題名碑 正德九年海鹽吳昂德翼撰

新建尊經閣碑 嘉靖二十七年崇德呂希周撰

大司馬胡公平倭全績記 嘉靖四十年教諭方懋撰

胡公生祠碑 刑部尚書顧德祥撰并書知縣陳應詔立石無年月

報功田碣 嘉靖四十年署知縣通判萬禾撰署云軍門胡公解桐鄉圍建祠肖像邑人姚崑捐田十五畝以膳守者樹碣祠中

重脩儒學記 嘉靖四十二年萬時和撰沈子勉書祁鯨篆額

脩城碑記 隆慶元年主簿江以同撰

青鎮新建分水墩記 萬歷九年邑人李樂撰

青鎮密印寺鐘成碑記 續見聞雜記萬歷四十年十月里人尚寶司卿李樂撰唐瀧篆額書

錢夢得神道碑 萬歷四十三年郡人朱國祚撰李樂篆額馬孟華書丹

高峯妙禪師香火碑 萬歷丙辰上元之吉董其昌撰并書在密印寺

李龔鄉祠堂碑 秀水朱國祚撰

皁林建關帝廟碑 邑人陸時雍撰以上兩碑年月剝蝕無考

閬中張公生祠碑順治二年邑人沈錫撰

坤德祠碑記順治十年知縣張鳳羽撰邑人沈元錫書丹

匯龍山碑記康熙六年司知于琨撰

生生菴記康熙九年邑人張超撰

雙惠流芳碑康熙十五年秀水杜臻撰教諭馮勸書丹并篆額

重脩明倫堂記康熙二十年知縣何金蔺撰

重建名宦祠記康熙二十一年知縣何金蔺撰

挹注亭記康熙三十五年邑人汪文柏撰并書

重脩壽聖寺記康熙三十六年邑人徐汝嵊撰

前朱村重脩東嶽廟碑康熙三十九年歸安唐之鳳撰

重脩福壽禪寺碑記康熙四十年里人仲宏道撰

惠雲寺重建華嚴藏經閣碑康熙四十六年邑人汪文柏撰

誠求堂記康熙六十一年邑人汪森爲陳侯撰并書

居敬堂記雍正元年邑人汪森爲知縣陳大慶撰并書

重建明倫堂記雍正八年知縣蔡可遠撰

新建忠義孝悌祠記雍正八年知縣蔡可遠撰

重建雲龍閣碑記雍正十年邑人馮景夏撰金樟書

重脩寶閣寺記乾隆十一年邑人鈕汝騏撰

重脩縣治廳記乾隆十八年知縣王逭撰劉貢書丹朱明儀篆額

重脩城隍廟碑記乾隆四十一年邑人馮浩撰潘鏞書丹孫映槐篆額

新建分水書院記乾隆五十三年湖州府知府雷輪撰并書嘉興府知府鄭交泰篆額

重脩文廟碑記嘉慶四年知縣李廷輝撰

重脩桐鄉縣學宮碑同治十一年邑人嚴辰撰

三賢堂碑記光緒元年邑人嚴辰撰

梅守備殉難碑記光緒元年邑人嚴辰撰

右石

嘉興府志卷八十六

嘉興府志卷八十七　嘉興府知府善化許瑤光重輯

叢談

志史類也而綴以叢談取之雜家小說乃予類矣然魏劉劭人物志列於雜家矣班固稱小說家流蓋出於稗官是小說亦史之別出者矣事涉典雅而門無可歸存以助文獻之徵亦居是邦者所不敢忘也志叢談

秦漢會稽郡治所統甚大舉今兩浙之地皆在焉武帝制詔所謂東指海南近諸越北枕大江是也是時嚴助朱買臣皆爲是郡其任甚重至後漢順帝時分會稽之半爲吳郡之地尙全有浙西之地亦未爲狹也自孫皓分吳郡爲吳興郡但兼有杭秀睦之地而已唐之蘇州但兼秀州之地而已晉天福間錢武肅又分嘉興海鹽二縣爲秀州其隸於蘇者地益削不得漢會稽郡十五之一而在浙右已爲巨鎭爲是守顧亦偉且大矣況嚴朱之在漢統全浙之地乎 野客叢書

朱買臣爲會稽太守懷章綬還至舍亭而國人未知也所知錢勃見其暴露乃勞之曰得無罷乎遺與紈扇買臣至郡引爲上客尋還爲掾吏 西京雜記

相貝經是朱仲上之嚴助者仲曾受經於琴高助爲會稽

守仲以經寸之貝并致貝經其文甚奇載緯畧 嘉興何志

陸績爲鬱林太守罷官不持南中一物泛海而歸舟輕兀傲用巨石支之中流風濤横作同泛者胥溺績舟獨安流無恙 趙圖記

晉干寶父榮先有所寵侍婢母甚妒忌及父亡母乃生推婢於墓中寶兄弟年少不知審也後十餘年母喪開墓而婢伏棺如生載還經日乃蘇言其父常取飲食與之恩情如在生時家中吉凶輒語之考校悉驗地中亦不覺爲惡既而嫁之生子又感兄病絶見鬼神事寶以此撰搜神記示劉惔惔曰卿可謂鬼之董狐 海鹽圖經

干寶之兄干慶無疾而終時有術士吳猛語慶之子曰侯算未窮我爲試請命未可殯斂尸卧静舍惟心下稍暖居七日猛浚晨至以水激之日中許慶遂張目開口尚未發聲闔門皆悲喜猛又令以水含灑乃起吐血數聲兼能言語三日平復初見十數人來執縛桎梏到獄同輩十餘人以次旋對俄見吳王北面陳釋王遂敕脱械令歸所經官府皆見迎接吳君與之抗禮不知悉何神也 太平廣記引幽明録

嘉興徐祖幼孤叔隗養之如所生隗病祖營作甚勤是夜夢二人來云汝叔應合死也祖叩頭祈請哀愍二人云念汝如此爲活之祖覺叔乃瘥 搜神記

杜子恭有異術嘗就人借瓜刀其主索之子恭曰當即送還主行至嘉興有魚躍入船中破魚腹瓜刀在焉 幽怪録

開成元年宰相裴休留心釋典精於禪律常披毳衲於歌姬院持鉢乞食自言不爲俗情所染可以說法爲人每自設願願世世爲國王宏護佛法後于闐國王生子手文中有裴休二字聞於中朝 北夢瑣言

唐顧況子非熊年十七而殤游魂不離況所況悲啼不已作詩哭之曰老人苦喪子日暮泣成血老人年七十不作多時别其子應之曰若得輪迴當復爲顧家子況果

復生一子七歲不能語其兄戲批之忽曰我爾兄也何敢批我因叙生前事歷歷不悮弟妹小名悉徧呼之始知羊叔子事非怪也此即進士顧非熊常親訪之涕泣爲言如此 酉陽雜俎

仇愈爲沿海制置使建司於浙西吕頤浩言近創此司最爲得策然金人從海來有二道一自北岸來至明之定海一自南岸來至秀之海鹽萬一有警遠不能及乞令愈專管浙西别命人管浙東從之 羣書考索

唐以前自杭州至嘉興皆懸流其南則水草沮洳以達於海故水則設閘以破閉陸則設棧以通行古胥山碑謂

石棧自錢塘北抵禦兒之胥口乃其證也至今有石門陸門之名而其迹則湮没於阡陌久矣紫桃軒雜綴

東坡志林載貞元五年李白子伯禽爲嘉興乍浦下場雜鹽官侮慢廟神以死及考曾子固序太白於寶應元年卒去貞元五年幾三十載伯禽年甚高矣李華撰太白墓志云有子伯禽梯公之德范傳正太白墓碑云訪公女孫二人云父伯禽以貞元八年不祿俱無服官之説然則慢神之伯禽非太白子甚明胡元瑞讀書佔畢有兩伯禽一太白子一嘉興監與神婿亦一證析酲漫錄

嘉興令吳士季者曾患瘧乘船經昌武廟遂遣人祠乞斷瘧鬼焉既而去廟二十餘里忽夢塘上有一騎追之意甚疾速見士季乃下與一吏共入船後縛一小兒將去既而瘧疾遂愈太平廣記引錄異傳

張祜字承吉爲冬瓜堰稅官憾牛戶無禮實欲鞭笞無不取給於其中也然無名秀才居多職事皆怯於祜錢塘朱沖和小舟經過祜令語曰張祜前稱進士不亦難乎沖和乃自敵名贈詩嘲之祜平生傲誕至於公侯未有如斯之挫也詩曰白在東都元已薨蘭臺鳳閣少人登冬瓜堰下逢張祜牛矢堆邊說我能雲溪友議

張祜以詩上牢盆使出其子授漕渠小職得堰俗號冬瓜

或戲之曰賢郎不宜作等職張曰冬瓜合出祜子桂苑叢談

張祜子虔望小名椅兒祜死虔望亦有詩名求濟於嘉興監裴洪慶署之冬瓜堰官虔望不服洪慶曰祜子守冬瓜已過矣南部新書　伊志云以上三説不同如此今姑並存之

和魯公有豔詞一編名香奩集凝後貴嫁其名爲韓偓今世傳韓偓香奩集乃凝所爲也凝生平著述分爲演綸遊藝孝悌疑獄香奩籯金六集自爲遊藝集序予有香奩籯金二集不行於世凝在政府避議論諱其名又欲後人知故於遊藝集序述之此凝之意也予在秀州其曾孫和惇家藏諸書皆魯公舊物末有印記甚完夢溪筆談

夜航唯浙西有之然其名舊矣古樂府有夜航船曲皮日休答陸天隨詩云明朝有物充君信榼酒三瓶寄夜航中吳紀聞

吳越時民間盡算丁壯錢以增賦貧乏之家生子不能保守或棄於襁褓或賣爲僮妾至有寄於釋老者宋眞宗一切蠲放民俗得蘇湘山野錄

兩浙田稅畝三斗錢氏國除上遣王方贄均兩浙雜稅方贄悉令畝出一斗使還責擅減稅王謂畝稅一斗天下之通法兩浙既爲王民豈當循僞國之法上從之王後官轉運使仕學軌範

熙甯初龍圖閣學士祖無擇以臺官下秀州獄時鄭獬知杭州上章救解言甚切直爾後許將沈季長劉奉世舒亶相繼下臺獄而天下習熟見聞莫有爲救解者東軒筆錄

宋劉忠憲公韐宣和間鎮長樂公以書生起白屋一旦持帥節過家上塚與親舊把酒勞問平生留連旬日不忍去晚益厭宦游買田嘉興舍旁有水竹自長樂歸日與里中賢士大夫逍遙放浪相娛樂恬然無仕進意宋名臣言行錄

陳周士爲嘉禾倅攝郡篆一日宴客於月波樓有周監酒者乃趙與籌之隸是日適亦載客薄游知郡守在樓急令艤棹趨避周士已顧見卽怒形於色曰某不材望輕被一卒相侮如此遂抵其數事作書以達於趙時趙守吳卽日遣逮決脊編置仍押至嘉禾示衆時方炎暑周士令暴之日中瘡血臭腐數日而斃周臨危嘆曰受陳通判屈害當訴之陰府是冬周士疽發背死齊東野語

韓世忠留秀州會上元節張燈高會忽引兵趨鎮江及金兵至則世忠軍已屯焦山矣宋史本傳

浙西自宋南渡以半壁支中原竭取苛斂久矣末年賈相謬畫凡所籍没田抑以售民名曰公賣於民多田者抑三分之一抑以售官名曰公買此二種田俱以原入佃

租之數爲税額不啻十分而取其六七民厭厭就困入元仍之明興因張士誠負固後服凡其宗族戚里之產悉以佃額充賦國初之田分官民二則而則又各分數等輕重懸殊民間以田轉售利於速脫改官作民改重作輕田去而糧存本戸以累後嗣所不惜也嘉靖間郡守趙瀛建扒平之議盡刬去則第而以一則徵收民始得安吳志

紹興二十二年有曾璩者赴省試納卷畢將出門偶思卷中詩誤押旁韻倉皇反走求之卷軸山積斷難檢尋有一老吏曰吾能爲公取之璩許以鏹吏於亂卷中一探得之遂塗竄其誤吏囑曰謝鏹送吳山坊第幾宅卽我家也叩其家則云某爲太常吏死已旬日矣詢其狀貌正貢院所見者也璩驚嗟以鏹付其家已而登第睽車志

岳珂知嘉興府時譙樓上更鼓連夜不聞責問司更者云每夜更次卽有五人至云係侍郎姻戚羅列珍錯懽飲於此所以不敢支更岳曰今夜若來宜報至晚自居清香樓俟之令提振官二人攜府印并擇兵二十名執器械以待未幾司更者報五人至提振官卽持印前曰侍郎在此請相見五人驚竄遺器皿滿案取以貯庫邪魅遂息異聞總錄

紹興間有海鹽丞簡傲不羈志輕一世嘗謁一鄉大夫主人偶遲遲而出丞故好睡比主人出則丞已鼻聲如雷矣主人以客睡不敢呼亦復就睡丞覺亦以主睡不敢呼更復就睡如初究之主客更相卧醒至日没丞起而去不交一言趙子固愛其事作圖紀其說於上置之座右曰此二人大有華胥風氣足以愧世之責望賓主者樂郊私語

孝宗本生母張夫人常夢絳衣人自言崔府君擁一羊謂之曰以此爲讖已而有娠及孝宗誕育之際赤光照天室中如晝時秀王方爲秀州嘉興縣丞郡人皆以爲丞

廨遭火久之方知爲張夫人免身是歲丁未其屬爲羊又有前夢之應故孝宗小字曰羊雲谷雜記

張魏公在秀州聞苗劉之亂議舉勤王之師一夕獨坐從者皆寢忽一人持刃立燭後公問曰苗傅劉正彥遣汝殺吾耶曰然公起欲避之且許以金帛客笑曰殺公何患無財顧吾亦知書者豈爲賊用況公忠義如此安忍相害懼防閑不嚴有繼至者故特相告耳問姓名不答公留之曰有老母在河北未可留也振衣登屋去屋瓦無聲翼日公命取囚斬之曰夜來獲奸細後公以事至河北屢物色之不可得趙圖記

舊聞戴子微云崇德有市人吳隱忽棄家寓旅邸終日默坐一室室中惟一卧榻客至共坐榻上或載酒過之亦不拒清談竟日隱初不學問至是聞與人言易數皆造精微亦能先知人吉凶壽夭見者莫能測也因見吳命道夫問之云皆信然今徙居村落間矣入蜀記

秀水祥符院僧智和蓄一古琴瑟瑟徽碧文細石爲軫音韻清越中刻李陽冰篆三十九字朱長文琴譜亦著此琴即李勉所製響泉也澠水燕談

謝諤字昌國新喻人爲監察御史奏減秀州月樁錢諤里居時創義役法編爲一書至是上之詔行其法於諸路

民以爲便宋史本傳

薛元鼎字升雲莆田人淳熙中除戶部左曹郎有獻貢籍之說元鼎被旨往秀州欲以一州歲計綜覈盈縮爲天下則議者以爲此法果行民受其病元鼎還奏曰但見郡縣窘束不見有餘上可其奏曰卿眞實才而物議亦僉歸重福建通志參循吏載

趙子固清放不羈好飲酒醉則以酒濡髮歌古樂府自執紅牙以節曲其風流如此又嘗目姜堯章爲詞家申韓研北雜志

朱希眞居嘉禾其家室中懸琴筑阮咸之類檐間多育珍

禽籃缶貯果實脯醢客至挑取以佐杯酌賞喜弄笛於煙波間其詩云青羅包髻白行纏不是凡人不是仙家在洛陽城裏住卧吹銅笛過伊川可想見其風致矣澄懷錄

吳萊詩云插竹侵沙魚扈短篝燈映草蟹埼空漢書地理志會稽有鮚埼亭埼曲岸也鮚生其中故名鮚埼鮚如蚌有小蟹常在其腹中名蟹所生處爲蟹埼本此凡捕蟹用燈照多獲云黃溍詩河塘燈火機聲裏墟落鹽煙海氣間此一聯與前一聯寫海鹽風景宛然畫筆也南窗新志

至正丙申寒食趙初心宰子姓掃壠忽有老鶴聲戛戛不絶注聽乃一柏樹頭則衆樹同聲和之移時方止至八月軍火其居明年六月紅軍掠其家姪善如死焉輟耕錄

元末後朱村徐通判素慕洞賓朝夕供禮一日疽發於背勢垂死猶扶起禮之如昔見淨水盂下白紙一幅視之有詩云紛紛墓上黃金屑片片花飛白玉芝君主一觔臣四兩調和服下即平夷意其仙方然不知何物爲黃金白玉乃召仙以大黃白芷爲問仙曰然服之果驗後以之醫人無不效徐無子方竟傳壻沈氏至今以治生數百里來貨藥者無虛日七修類稾

距禦兒東六十里曰澄林其地多竹溪水瀠洄嵐光翠影不啻左泉而右淇也處士朱克恭家於此顏其廬曰水竹居郡人馬盛爲記貝瓊爲志一時題咏者有王鏞王鈞金天蕖陳麟陳熊陳振孫詢諸人緝爲水竹居詩一卷

元季浙西有詩社濮市濮仲温集一時名士爲聚桂文會以卷赴者五百人請楊廉夫評其優劣於是紀風土者目爲樂郊楊完者之亂州無完郛繆同知思恭猶招羣彦集南湖與會分韻者一十四人越二年曹教授睿復集於景德寺是時聞人麟彦昭葉廣居居仲金絅子尙

潘著澤民劉堪子輿咸有詩名吳鎮仲圭居魏塘貝瓊廷琚居千金圩鮑恂仲孚居郡城之西溪郁遵子路居商陳村四方避地者温州陳秀民庶子居竹鄰巷閩人卓成大器之居璧川江陰孫作大雅居南湖崑山顧德輝仲瑛居合溪天台徐一夔大章居白苎里會稽江漢朝宗居濮院桐廬姚桐壽樂年居海鹽之峨溪河南高遜志士敏東平牛諒士良江都邱民克莊錢塘陳世昌彦博建德張翼翔南皆來僑居四明周斐以陸宣公書院山長留居黎林日以文酒唱酬詩成輒鏤版鏡壁間聞者以爲勝事以上靜志居詩話

楊廉夫來禾中撰吳越兩山亭志併選詞人題咏已就稿矣夜半聞剝啄聲起視之則皆江南之能詩者約數百人各執金繒乞楊留選其詩楊笑曰生平於三尺法亦有時以情少借若詩文則心若借眼眼不從心未嘗敢欺當世之士遂運筆批選見收者止鮑恂張翼顧文昭金炯四首楊顧諸公曰四詩猶爲彼善於此諸什更須託胎耳然被選者無不在座諸人相視驚駭固乞寬假以留姓名楊揮出門外閉闔滅燭罵曰風雅掃地矣樂郊私語

楊僉事青自少有才思警敏過人辛未試南宮尚書以織

皮崑崙命題同郡張黃門甯號舍相比張曰僕曾禱於城隍夢登故鄉海塘見前有大山一老人指謂曰此崑崙山也今乃驗矣青得中式名在第七而張顧下第及甲戌張始登第而名次亦如之他日官位亦畧相同嘉禾徵獻錄

陸莊簡以司寇假歸令來謁問曰今歲不登錢糧合徵否公沉吟不答令再問公又不答既去子弟進曰彼竭誠相叩一邑事待大人一言奈何終不答耶公曰吁爾何知我以爲應徵則得罪鄉里以爲不應徵則國家經費將何出令揣公意遂經歲不徵及公起大冡宰而令以不催科議落職九卿僉押時公亦無他語但顰蹙曰如做鄉賢父母何遂俱不署令得無恙東湖乘

嘉興金晟永樂中爲刑部主事時湖廣有强盜若干人械部金鞫之其渠魁年百二十五歲面如童子金不信移文驗之果然因問其所以致壽之故蓋少時居荊山有人以草炙其臍云令而多壽遂活至此耳朝廷以其老命杖殺之都公談纂

劉方伯炌居官最廉余嘗見其手錄私記自縣令以至藩司每官識其所積蓋守令積俸亦有數百金若臬副至方伯每任不過百金而已又嘗讀鄭端簡公撰方伯父

咸縣公墓誌銘以縣令進部郎尋卒盎中止餘脫粟數斗不能具殮清白門風亦其流傳有素也芳州雜言

項襄毅以功業顯其里居日結檇李耆英之會月一集於僧房道院中同會者雲南布政司參議金禮敬之四川按察司僉事梅江文淵福建按察司僉事戴祐元吉漳州知府姜諒用貞武岡知州伍方公矩碭山知縣包鼒汝和通判湯彥和教授陳蒙福主之者公也會始於宏治戊午春所賦詩文淵彙爲一集府學教授新淦蕭子鵬序之比於香山洛社云

沈宏字惟遠嘉靖乙未進士廣東按察司乞歸與里中者

舊蔡典籍天錫呂州倅棟胡上苑鑰范博士栻姚别駕汝吉孫博士穀郭轉運鼎范郡幕鵬呂納言希周呂曹簿翀爲眞率會徜徉林圃有洛下風

孫詢嘉善人廣西布政司檢校諭服洞蠻尋致仕邑令李懷玉等爲眞率飲尊齒德也適詢歸改爲耆英會約里中頒白知禮讓者十二人按歲朔之數并詢爲十三則餘閏也月朔小酌命子弟講禮讀法歌詩撫琴習奢惡儉者勿與焉 以上靜志居詩話

呂文懿公原勤學至老不倦居秘閣左右圖書有得即識之手錄口誦自晨至昃不輟暮歸少暇卽爲門人誦解

書史退則呼唔聲達於外蓋寢不踰時而起所修宋元通鑑續編義例甚精有先儒所未到者嘗考一事不獲不懌者累昕夕一日考得之謂門人曰進我二階不若得此之可喜 厚語

鄭端簡家規雖晏貴客不使粉墨粧場雖給用有羨不營子母之利雖子姓繁衍無一人入歌妓之室者此規至今行之誠縉紳家久遠之藥石也 見只編

陸相晟出典夷陵時有士子修謁與之從容因飲以酒辭曰天性不飲酒相曰誠如所言已校五分矣蓋生平悔吝若有十分不爲酒困自然減半也 嘉興湯志

嘉興太守郭公應奎一日副憲駐驛郭入見副憲偶閱文書未出見郭呼門子告曰爲吾上復知府無久站禮竟出副憲對少府以下力自白非作意復相見兩公皆前輩人風味也

王公貽德乙丑進士廣西全州人以嘉興守陞河南副使將去夫人曰聞此地多絲以俸金易一綿紬製衣何如公欣然袖銀五錢出堂僉役持票往鋪家鋪家曰府公從不票取緞匹此必詐也役與爭鋪家捶之碎其票扭至堂鋪家知狀叩頭請罪且曰以平日無票故悞犯公喜曰汝信得我過且我從不發票今忽有此宜不信釋

之去卽以袖銀賞役人曰汝爲我受捶特此酬汝且索一醉入內與夫人言之笑曰今日悔氣差人打了銀子失了紬又不曾買得夫人亦一笑而止 以上見聞雜記

袁了凡寄徐賓嶽書云吾鄉前輩陸質齋名垹治岳州有異政世宗皇帝以已勤勞於上而羣臣無効忠宣力者爲靑詞告上帝夢上帝語之曰本鄉有賢太守仁明淸愼無媿兩漢循良而十年不調何謂無賢臣哉明晨敕吏部查之則岳州守俸適十年矣因命行取進京授太僕寺卿足下駐節岳陽觀風弔古亦嘗知其人而倘論其行事乎 明人尺牘

趙掌垣漢佃戶陸大朴野勤儉頗足衣食忽有由拳捕兵數人擁入其家拳害拷掠追索不勝其楚罄家所有悉與之猶不足則賣田房以贖中不勝憤控監司行縣追問陸素訥不能質對謀於趙趙付以詩云自昔只聞人捕虎於今駕虎徧傷民何時得向龔黃語除盜先除捕盜人戒之曰先勿洩質對時出此陸如其言遂得直 烏衣佳話

楊公繼宗知嘉興府治一豪强伏罪而釋之其民改行杜門五年不出後以事入城行由治前橋公識之使人召而來曰爾今爲吾良民矣遺米一斛勢人子由醫官謀

署縣篆大竊帑金莫敢誰何公至收治追金御史行部欲出之乃詰公曰盜有失主何人也公曰朝廷卽失主又曰原告何人也公曰知府卽原告御史慚而退公蒞壯年卽獨居在嘉興九年止一老僕朝夕飯兩盂蔬兩豆而已夫人自其鄉來閱三日促歸去 後集雜識

伍文定初爲常州推官以簡伉忤提學御史陳琳左遷起爲嘉興府同知而陳亦來爲郡守相見握手道舊懽若平生彼此各無芥蔕時兩賢之 延休堂漫錄

沈純父先生封事觸江陵之怒杖畢卽加鎖鍊復下獄三日始僉解發戍旣抵嶺南巡撫欲殺之以媚政府遣以尺符召之行至思平先生袖匕首示縣令曰巡撫必欲殺我我當與俱斃不然伏戶軍府中令天下士大夫皆知巡撫殺也縣令密以告得不死蔡副使文範作壯哉行送之其歸也胡元瑞贈詩云豆蔻花前千里夢桄榔樹下十年人 靜志居詩話

正統七年九月海鹽縣民沈興進漆一萬斤禮部請給與時值之半上曰小民不遠數千里効勤宜照時價給之不可減事載實錄中 讀書雜錄

葛山在海鹽縣治西南二十里其山卑猥而所踞地亦僻陋人罕至惟石獨堅白與秦駐豐雅諸山所產不同萬歷丁亥有築塘之役議者欲開此山採石業設官鳩工

矣忽傳山有銀礦翕然聚觀然其石皆碎小銀星而實無礦脉重不滿分釐煎之十無一二有司以礦砂微薄不欲開利孔爲民害閉不以聞并採石而禁之事遂寢因記之以杜他年之妄覬者 崔嘉祥紀事

阜林有張浩者身幹短而膂力絕人其地有昌武廟廟前石獅重七百觔嘗持以行有二僧在廟相撲浩旁觀竊笑之僧遂拳浩浩應手擲僧於空中僧稱師下拜漁舟數十取魚於浩門之灘浩斥之使去漁不顧浩擲石破其舟衆漁起責其償舟浩擠數人墮水衆方呼號適嘉

興府同知伍文定提兵東征聞之召見曰汝可與我吳將軍對乎吳蓋北人長大而多勇力乃巡檢之子伍取偕行者也浩諾之因命以鐵錨泊舟各牽之行吳雙手僅舉而浩則挈以登岸伍又曰汝二人可相搏乎吳氣阻爲浩傷脅伍因曰吾欲用汝汝可喚家人來對曰止有祖母不可出也因召其外祖與銀十兩命代養之後至開化殺賊甚衆賊懼以計刺之死浩平日獲賊馬匹及受賞銀牌甚多七修類稿

嘉靖甲辰大荒有趙通判者下縣催徵刑法嚴刻邑人大恐時乞兒甚多有犬作人言曰趙通判領庫銀三千行

賑盍往懇相率詣趙倏忽數百人無賴子又乘之大噪趙惶懼遁去乃得停徵湧幢小品

嘉靖庚戌西門外居民姚姓掘竹園中見一古穴磁器無數中忽飛出一物近視莫辨其形遠視宛然一婦人也立竹間須臾躍水而去荻莊雜錄

少司馬沈純甫戍嶺南神電衛有故光祿卿劉玹子淮宅以嘗屯聚蠻兵疫死者衆故多厲魘忽淮夢羣鬼語曰避去避去中朝直臣至矣是日先生卜居焉影響皆絕六研齋筆記

陸莊簡少時館於陶氏夜夢三神舁火器至前曰祝融將有所儆以公在薄其罰語畢倏起莊簡力懇曰第及三舍不旁延也翼日果爇三楹嘗渡江遇疾風舟幾覆肅衣冠自訟須臾若有物曳舟者抵淺洲免焉湧幢小品

陸御史埛授南京刑部主事道出河間郡守惡其倨居以廢館館多祟遇者輒死比暮輿皁懍然告出既寢半夜有聲剨然其怪頎而黑立於榻前陸以手擊床曰陸某在此汝何爲怪遁去後知武昌府郡人謠曰陸青天勝明月青天無不青明月有時缺槜李詩繫

嘉靖中指揮李振夜夢綠衣百數乞命於前覺而異之晨往郡舟次遇籠蛙百數閣閣鳴若哀救者李憶所夢贖

之歸放家池中囑曰蛙可生特憎其聒耳吾救汝生汝毋聒我後蛙果不鳴海鹽仇志

郭紹儀雪夜讀書地湧汞盈尺許因悟坎離之義又嘗飲酒肆見一人古貌翛然徧身絲縷如牛毛紅類丹砂異之就與語自言是靖難時人遂從受養生之術居易錄

嘉靖時海鹽諸生陸斯溟鶻讀書太學時陸武惠方大用索鶻譜系視之知出自御史韶之後曰吾與若族也鶻笑曰吾狄將軍不敢擅附粱公武惠數招之飲不赴益器重之端居錄

我鄉先正若呂文懿有子秉之屠康僖有子文升詩名皆

勝其父然兩公韻語亦自成家屠集如浦樹遠分揚子渡江風吹過石頭城吟看雁影秋來早坐聽潮聲月上遲夢裏只疑身有翼燈前未信眼生花江湖路遠身仍健天地恩深罪亦宜野寺可能添一榻水田應只欠雙鷗山腰樓閣天低樹江上人家水拍城入韻八叉皆秀句一年一度此深杯均饒風致宜西涯篁墩守溪邃庵諸公交與和酬也靜志居詩話

海鹽朱朴明嘉隆時布衣其西村詩雖未脫臨摹之跡亦有佳句因畧加揀擇以備盛明時一種七言如數峯蒼翠寺門迴三月落花溪水深棟花風過蠶蛾老麥秀城

空雉子斑千年玉骨湘纍墓萬里堅城少保家雁來關塞暮天碧龍起江湖秋水腥巫峽曉風鬖短髮楚江秋水練長裙山圍野色迷秦駐海送潮頭上浙江落花時節已寒食流水陂塘還祓除白雲出岫澹如掃紅藕作花香可憐月明蒼壁繫仙舫風細幔亭流白雲此例皆佳漁洋詩話

桐鄉令陸公枝字培吾在邑五年家常熟離桐一日夜之程耳終其官無親戚故人投刺囑託留衙者今之從政者鄉里親舊接踵塡門已不以爲非上官亦不以爲怪矣見聞雜記

林宏龍溪人令嘉善性嚴酷作生革鞭決人斃者不可勝計小吏周顯發其奸假他事捕顯及親黨論殺者十八人雖孕婦幼女館客皆不免顯别弟訟寃於監司獄久不決會中官與藩臬飲宴一優扮雪獅子出一優曰獅則美矣第怕烈日必無日地方可跳因問何地歷山陰江陰皆不可曰惟嘉善可耳眾詰其故曰嘉善林知縣打殺一家十八人而不償命非有天無日地乎時問官亦在坐相顧竦然罷宴乃按宏論死嘉善志

吾鄉有三黃門咸以敢諫著聲張方洲先生以見忌時宰出知汀州棄官而歸許雲村先生以知時不可挂冠而

歸錢海石先生以犯顏觸忌削籍而歸歸雖不同而絕意岩廊終焉邱壑者如一揆也海鹽圖經

黃少蒙老而喪子包瑞溪其老友也憐之贈以一婢黃笑曰安知此婢能生子耶若再得一我有後矣包復贈一婢歲餘二婢俱生子瑞溪此舉古今所無宜乎子孫科甲綿延也雲間雜識

明姚大司空羅浮萬歷二十五年巡按河南適奉旨開採役始南陽公上疏極陳開礦之害不報因刻原奏官孫恪仲春置之法復命繪開採圖以進圖各有說後礦役罷於商邱沈文端公而公之斯圖則鄭監門流民圖是

也鄭疏謂但經眼目已可涕泣而況有甚於此者乃明神宗覽之甚怒猶不及宋神宗之反覆觀圖長吁數四且至於寢不能寐也圖有副本向刋姚氏家乘中竹垞序之今罕見矣錄其目曰發帑救荒奉旨開採編派逼縊搭棚折廬石塌殞命虎食殘屍熏死溺亡斷指刎頸官民逃竄賣妻完官假牌激變賣產包課礦徒刦掠兵餉繁勞驛遞騷動村舍蕭條星隕樹妖山吼沙竭攀告苦楚繪圖復命罷礦興農選將揚武倭虜納款福壽齊天公之忠愛若是則享遐齡而昌支裔也宜矣開採圖說

士夫費堯年者前宦浙臬家食數年矣忽一日端坐化去

艮久復甦云有數輩走卒來請得便擁去所歷異境非一耳畔備聞諸禽獸與人類呼號慘楚之聲意是地獄及至一院卒備章服肅進云此第六殿王也費仰視乃故南祭酒馮具區先生降與費相慰藉如平生云召公無他乃上帝前鈇一掌判故舉公補職耳此美任乃人所不易得者費求歸與妻子別馮曰亦可但上帝限嚴止可八日耳因呼卒輿去至家得甦日夜辦後事八日果歿去 味水軒日記

沈繼山少保以忠諫戍粵神電衛副室王碩人身冒瘴毒萬里隨侍有附炎人刦奪行李致王襪步百里公偶染瘴病絶王蹋地哀號公如井底聞喚而甦一時有女忠臣之目乾隆癸丑冬少保公賜塋被發幸圭穴堅不可攻左右祔葬七姬俱罹暴露獨王碩人乃空棺也衆咸驚異謂神仙出忠孝益信尸解爲不虛云 明姚士粦集參善邑讞牘

萬歷丁丑沈比部純父劾江陵奪情戍神電衛游某山剎辥見石刻翠巖亭三大字旁題謫仙三百載此樂有誰傳鐫宋某年月日因推至是年此日正三百年也巡臺徐時可欲辱之示期閱武純父短後衣横矛踞罵於演武堂遂不至總督臨武劉堯誨檄高州同知令以戍見純父應役中道止之環召時總督長樂陳瑞得報方啜茗失甌墮地責中軍曰城内有謫臣何不我告亟通幣

起居且致賀求面純父行追不往遣蒼頭報謝賜茶中堂語次泣下 棗林藝簣

萬歷八年言官建議量田計畝核實有司務以額外增田爲功乃立扇長圖長弓正到田覆丈伸縮其間水涯草塹盡出虚弓古塚荒塍悉從實稅夫田閒形勢以四圍通水爲一圩而圩之大小不齊不可以計畝限也法當每圩立一圩長通計圩内田只若干每只實田若干某戸田若干可無隱漏今各役不論圩頭止限田數人一圩之田數人分丈一人之役數圩分量立法不善滋弊

至此惜當時未有爲上人告者海鹽圖經

吾郡新行鎭淨相寺有狡僧乘民間多疾穴地置一人其中朝暮飲食之以木橫安其口候風雨夜令羣僧拽倒殿屋瓦石覆壓故遲三數日始率鄉民撤所覆則其人起坐無傷因囈語喃喃作神附體狀且云余觀音大士也憐此人無罪又敬信我我故芘之鄉民譁然稱活觀音出現僧輩百端誑惑刮地泥雜他香藥號靈丹治疾又潛僱男婦僞作聾瘖跛躃狀得藥服之卽示瘳愈人益信惑遠近相煽所聚幾數千人賺騙銀錢萬計郡守吳長谷公廉得其奸狀捕獲械繫之始散誠撲亂萌之

首功也稍緩旬月卽滋蔓難圖矣

史仲純來言亡友陳元康死後月餘忽附體其將笄之妹敕斷家事了了如生平且曰速具飯食焚楮錠二健者在戸守余以妹權質余來耳問妹何在曰在城隍司又具悉已受苦之狀悔平生所爲多過犯偶語人陰事一不實輒摘舌出痛不可言又呼其婢至前罵云初次作功課被汝不淨衝破惟第三次小女所作功課得實且正在油鑊邊爲赦書至幸免耳又責其子慢游不讀書談久倏然起執其妻手擁至內室令並枕卧又附耳語絮絮不令人覺俄起坐如前其父慰無久苦妹曰妹有師保護之何得傷迨妹醒述所見城隍司事歷歷果爲城隍之夫人留侍坐賜茶不謬蓋妹平日誦金剛經齋素自治故鬼神欽之如此余觀睽車宣室搜神諸記錄以爲有飾語不盡信今此事乃覩聞之極眞者人可不於善惡轉頭處直惕之耶以上味水軒日記

魏忠節大中舉於鄉夫人製綢衣公不悅解而裂之歷官都諫家人紡木綿一如素士江南風俗富民避役率以田詭寄官戸紳士入其賄爲之優免公獨不徇例每冬月本邑開倉揭示於門曰本宦田止二十五畝兌米若干並無寄戸假託情弊其淸白如此嘉善戊志

吳忠節麟徵家居時値歲荒旱民生糠豆不贍委棄童齡塞露乃鬻郭外田加假貸畜米菽若干鍾收羣兒於路爲糜僧寺身督奴御徧授之饘以葆葬宿之或痺熱作厲兼製善藥且禁禱於神爲之請命遠邇襁負至者日千餘人其父母來者抱持泣曰汝豈有父母耶已而歎呼感歎聲動閭巷迨麥熟相繼攜去無歸者更留養之全活不可勝計忠節年譜

萬歷戊午六月初十夜雷雨大作圖澤居民馬若虛家有布裙在庭中見紅印數十字畫俱不可識舉家惶懼請道士以符水經懺禱之付裙於火火燄中現出佛壽二

字佛壽乃其家僮名也又見雷神露一手手執皷光怪變異莫測其故後馬亦無恙 埜談

居民王禮家一日雷震其後圍地少陷掘之得斧十三事狀似鉞而各異色紫澤如漆 雷藪

嘉郡備兵使者春汛例發標兵船十四隻過堰出海協守乍浦萬歷末年一兵自南門出日將夕矣經湯山南見有物如龍頭大過於牛兩角白髯自山而下若赴海者兵驚仆半晌始甦已不見 九山志

嘉興東門外有史痴者娶婦甚美遣之別嫁蓬首垢面行乞於市所乞之家貨必倍售以是人多樂與之得錢卽

沽飲餘置道旁牆隙中云有緣者任求之間與人言禍福多奇驗里中有老嫗爲其素相識忽詣曰詰朝當有少錢助汝是夜卽於其家門首端坐坐化人聞其事咸致厚賻嫗果大有所獲既殮舉棺輕若無人蓋尸解矣 觚賸

屠諭德應埈居秋涇橋有鄰人負其子孟元銀以屋基及小塋償之孟元不肯受曰吾當另酬汝直前銀不追也鄰人感之以實訴云契因抵負故昂寫今酬直何敢多領孟元高其義曰汝不讀書尙知禮義不欲虛受値我反見利忘義耶固與之及諭德歸鄰人來訪述其子之厚德公曰爾房已售今何居曰移某所矣呼孟元檢契還之且爲葺基戒家人毋相侵犯 勞善錄

朱公國祚號養淳爲人平易慷慨一日雨公子行街坊暑月張蓋觸損小戶店蓬家人與店家喧競適公乘轎過店家泣訴公爲駐轎借坐一人家命僕呼張蓋二人并持竹箆責奴各三十謝店家而去當此季世宦燄熾甚如朱公者其可多見乎 李臨川集

文恪篤於內行孝親恭兄與何夫人相敬如賓坐必以次里居時座主朱相國賡過之久不出賡詢家人始知袍帶留質庫中賡嘆息不置故諭祭文有曰忠著三朝清師百世公之生平具見於此 嘉禾徵獻錄

海鹽之沈蕩有賢夫婦借久而失其姓名其夫教授村落一日偶出過桑隴有懸囊樹間視之纍然遺鏹也持歸告其妻將榜其地以招失者妻曰不可是非失者之招且招猾者不如默往以待從之果得所主歸焉 吳袁仲稱其事 見聞錄

東漢風俗之厚期功之喪咸得棄官持服如賈逵以祖父喪戴封以伯父西鄂長柳弼以伯母繁陽令楊君以叔父上虞長度尙以從父渤海王郎中劉衡以兄思善侯相楊著以從兄太常丞譙元槐里令曹金以弟廣平令

仲定以姊王純以妹馬融以兒子皙以憂棄官至晉而嵇紹拜徐州刺史以長子喪去職陶潛以程氏妹喪自免作歸去來辭自是而後古之道莫之行也先伯祖名大啟掌銓東曹聞先文恪公之訃請於朝乞歸持服德陵允焉當時典禮者亦不以爲過斯國史所當附書於禮志者此事尚未百年今則父母之喪有不去其官者矣先文恪以宰輔歸所遺僅墓田七十畝先伯祖五倍之恒曰吾官階三品而恒產倍蓰於保傅死何以見叔父地下鄉黨傳其言數清門者必先吾朱氏焉

平湖馬嘉楨號和衷己卯舉人遇變隱於禪同時負高行二人孝廉巢端明李潛夫也端明寄蹟黃冠潛夫逃於山野人號爲三高士

陸澄原當思陵初政以職方首攻魏崔海內想其風采無雖遽躋膴仕而乃厭薄門戶不屑附東林其封事畧云有市恩修怨舉劾失平者雖東林亦可謂之小人不得以楊左爲護身之符有特立獨行恪共厥職者雖非東林不失爲君子不得以崔魏爲陷人之穽又云臣甯寡援孤立爲硜硜之小人決不依草附木爲疑似之君子由是見嫉於東林拒之惟恐不力一官蹭蹬被察而歸放浪山水以詩酒自娛斯狂狷之流也

詩流結社自宋元以來代有之迨明慶歷間白門再會稱極盛矣至於文社始天啟甲子合吳郡金沙槜李僅十有一人張溥天如張采來章楊廷樞維斗楊彝子常顧夢麟麟士朱隗雲子王啟榮惠常周銓簡臣周鍾介生吳昌時來之錢栴彥林分主五經文字之選而效奔走以襄厥事者嘉興府學生孫淓孟樸也是曰應社當其始取友尚隘而來之彥林謀推大之訖於四海於是有廣應社貴池劉誠伯宗吳應箕次尾涇縣萬應龍道吉蕪湖沈士柱崑銅宣城沈壽民眉生咸來會聲氣之孚先自應社始也崇禎之初嘉魚熊開元宰吳江進諸生而講藝於時孟樸里居結吳翻扶九吳允夏去盈沈應瑞聖符等肇舉復社於時雲間有幾社浙西有聞社江北有南社江西有則社又有歷亭席社崑陽雲簪社而吳門別有羽朋社匡社武林有讀書社山左有大社僉會於吳統合於復社始於戊辰成於己巳其盟書曰學不殖將落毋蹈匪彝毋讀非聖書毋違老成人毋矜厥長毋以辯言亂政毋干進喪乃身嗣今以往犯者小用諫大用擯僉曰諾是役也孟樸渡淮泗歷齊魯以達於京師賢大夫士必審擇而定襟契然後進之於社故天如之言曰忘其身惟取友是急義不辭難而千里必應

三年之間若無孟樸則其道幾廢蓋先後大會者三復社之名動朝野孟樸勞居多然而斂怨深矣十年正月蘇州民陸文聲疏陳風俗之獘皆原於士子庶吉士張溥知臨川縣事張采倡立復社以亂天下思陵下提督學政御史倪元珙察覈倪公言諸生誦法孔子引其徒談經講學互相切劘文必先正品必賢良實非樹黨文聲以私憾妄訐宜罪閣臣以公蒙飾降光祿寺錄事蘇州推官周之夔者與溥同年舉進士初亦入社至有草檄以聲復社十罪者大畧謂派則婁東朶下雲間學則天如維斗卧子上搖國柄下亂羣情行殊入俊三君迹

近入闕五鬼外吾黨者雖房杜不足言事業異吾盟者雖屈宋不足言文章或呼學究智囊或號行舟太保傅檄則星馳雷發宴會則酒池肉林所云行舟傳檄殆指孟樸言之至十五年御史金毓峒給事中張垛各上疏白其事始奉旨朝廷不以語言文字罪人復社一案準注銷後福藩稱制阮大鋮怨戊寅秋南國諸生顧杲等一百四十人之具防亂公揭也日思報復爰有王實鼎東南利孔久湮復社渠魁聚斂一疏大鋮語馬士英云孔門弟子三千而維斗等聚徒至萬不反何待至欲陳兵於江以為防禦心知無是事而意在盡殺復社之主

盟者時崑銅暨宜興陳貞慧定生輩皆就逮繫獄桐城錢秉鐙宣城沈壽民亡命得脫假令

王師下江南少緩則復社諸君難乎免於白馬之禍矣自昔黨錮之傳列於後漢之書月泉之社附諸亡宋之籍故錄其詩綴於崇禎之末以上靜志居詩話

馮開之築室孤山之麓家藏快雪時晴帖名其堂曰快雪為詩文踈朗通脫不以刻鏤為工西湖志

嘉興高氏稽古堂藏書八十櫝與項氏萬卷樓爭富寓公先生譚承埏解組歸田雖當干戈俶擾不輟吟哦案頭留烈皇帝御書折疊扇一柄有詩云蕭蕭翠竹野人家

靜裏經春玩物華綠樹千章啼百舌香風吹盡紫藤花上用寶璽其文曰崇禎御筆時一展玩每每流涕臨卒題句云惟將前進士慘淡表孤墳嗚呼亦可以見其志節矣檇李詩繫

鄉會試作多篇者不準謄錄成例也故明崇禎壬午科嘉興譚元孩貞良全作五經二十三篇中順天鄉試至

國朝康熙壬午科桐鄉俞駁世長策以五經

特旨授舉人嗣後以五經掄魁者秀水則張卓人起文嘉善則孫頍年霖嘉興則錢主敬陳羣平湖則胡近顏馬瑾桐鄉則朱丹宸向中自明至今一郡止七人而已頍年有

五經文一千五百首行世孔毓圻爲撰梅川五經堂記以襃其支行云吳志

嘉禾童謠云貍貍斑斑跳過南山南山北斗獵迴界口界日北面二十弓箭朱竹垞静志居詩話云此余童穉日偕閭巷小兒聯臂蹋足而歌不詳何義亦未有驗檇李詩繫

支立之父爲刑房吏案嘉善列傳支立父名茂爲樂安丞當先爲吏而後爲丞也有因無辜陷獄意哀之欲求其生因語其妻曰支公加意䘏無以報明日延之下鄉汝以身事之或肯援我妻泣諾及支至其家妻出告以夫意支正色拒之卒爲平反因出獄夫婦登門叩謝曰公如此厚德我有弱女送爲箕

帚妾是則禮之可通者支爲備禮納之生立弱冠中魁曾孫大綸登萬歷甲戌進士迪吉錄

司空姚公思仁家居時嘗患熱症魂忽入冥至一殿冥王冕而登座公長揖進見請王勘校善惡王命主者持簿至公名下所註惡即一念之動悉書公曰此未嘗爲王日未爲曰過若爲即罪不可解矣及閱善簿于請賑畿南一疏下註有大善字公曰此疏思仁僅具名乃友人賀燦然筆也王命取賀籍閱之賀名下初註無子復註代姚思仁草救荒疏報以一子是歲燦然舉子話舊志

某孝廉將赴禮闈乏路資適邑一富人初以女許貧士已委禽矣旣復改許某以百金賄孝廉乞邑令批照即日與某成婚孝廉夢其祖責之曰汝作事大謬本應登第今拆人婚姻貧士祖宗爲此事日來相爭我理屈而退上帝已削汝祿籍矣孝廉驚寤急訪女欲還初聘者而已無及隨呼貧士以前銀給之使别娶深自愧悔及計偕被斥神氣騷擾旋一病而卒海鹽圖經

水西寺僧眞實揭云順治二年閏六月二十六日

大兵臨城居民死者甚衆隨奉本府給示着通城寺僧收化積骸眞實等遵即斂屍焚化時有本府鍾太爺鼎臣鄉官徐尙書石麒俱殉國自縊鍾太爺屍懸府署後堂當

即收殮明日往徐尙書宅屍懸可經堂後廊面色微黑肉不腐隨舁一米櫃將骸扶入櫃中厝之中堂并取書房中詩扇二柄有寶摩圖書者各置一袖又寫一木主書忠孝寶摩徐公僧念一係郡主一係大臣各以大義捐身理合揭明始末云徐忠懿事蹟

彭期生殉難章江守備楊大器潛收其尸瘞萬安之百家村仲子孫貽訪其遺骸未得久之鄉人胡樞知萬安縣一夕夢期生語曰遺骸在縣境君能歸之故鄉幸甚會大器之友曾堯臬亦以狀白樞樞資遣之至海鹽子女旋以血漬遺骨俱沁入乃慟哭葬之說者比於思歸之

温序焉靜志居詩話

董雲驤字紫冒南都旣亡雲驤登闖榜授行人考選吏部主事數上書言事忤鄭氏時御史劉湘客嘗以言事廷杖雲驤上書爭之隆武出亡延平依同年桂林司理以居鬱鬱病卒司理以遺金買地葬山寺順治壬辰雲驤之友查培繼任東莞夢雲驤角巾握手道故曰吾今得偕子歸矣心怪之已而東莞一孝廉上謁曰明府文章海內莫不誦習至於明府爲人俶友董紫冒稔悉之矣查驚曰先生何從識紫冒曰同年也曰今安在閔然曰已作古人矣悉言其始末查遂飛書招其子來而桂林

司理適以他事至東莞與之言捐金遣其子入粤西迎喪歸圖經 海鹽續

王鹿柴名廷宰占籍嘉興著名鴛水詩社乙酉之春過外舅馮翁小飲余陪末坐忽問曰曾學詩否對曰未也先生乃言曰詩有一學而能者有終身學之而不能者洵有別才焉余問學詩何從曰試作對句酒至先生舉古人名俾屬對偶記憶顧野王對沈田子鄭虎臣對沈麟士蔡興宗對崔慰祖蕭子雲對任伯雨魏知古對顏相時吉中孚對溫大有楊完者對晁補之杜審言對蕭思話貢師泰對齊履謙任蠻奴對張惡子金安上對鄭居中劉辰翁對逢丑父韓擇木對李棲筠蔡有鄰對徐無黨王巖叟對阮佃夫李思齊對石作蜀柳三變對張九成鄭櫻桃對郭芍藥王僧綽對馬仙琕祕彭祖對庾黔婁劉方平對徐圓朗劉仁本對范道根先生見余應對之不窮也語馮翁曰此將來必以詩名也其取材博矣自遭喪亂不復見先生并不復見先生之詩僅從社艸中錄其一二回思知己之言是亦蒙之李邕王翰也

王介人翃初擅詞曲後研聲詩志取多師不遺僞體其論詩於合處見離於離處求合啟禎之間大雅不作殺然以起衰自任而知者寥寥惟平湖陸職方嗣端心賞之

嘗訪君於長水値君洗硯河頭挾之登舟家人不知也遍游茗霅乃返旣而入越謁陳推官臥子方置酒送客君詩有前路夕陽外行人春草中之句臥子擊節曰此今之高三十五也爲序其詩詞遭亂所居不戒於火惟餘小屋二間一供婦爨一吟咏其中有故人官府寮者造之不見尋卒於京口五言如江湖長至日風雪上方山驛路通秦遠峯陰入晉多桃椰千樹雨瘴霧百蠻天日氣涵秋雨嵐光變夕曛楓林依水盡雲物近秋多一二故人在飄零佳訊稀江山雄白下人物近黃初山雪行人少江梅臘月多文章身後事邱隴夢中山白社遠

人日元闕閉子雲江山開一望吳越在孤舟七言如夜月旌旗五馬渡秋風草木八公山周道秋風行黍稷漢宮春雨長蒲桃西蜀喻通司馬檄中山謗滿樂羊書秦塞忽驚三月火漢家空待貳師功三月晴風高戰鼓九江春水下樓船鑄語高華此方虛谷所云律髓是也以上靜志居詩話

周質字青士家禾郡之梅里以賣米爲業自晨至午居肆過午輒下簾閉肆登小樓讀書喜爲詩與朱彝尊李良年鍾淵映比鄰相善一日游嘉善館柯氏園月夜吟詩達旦適郡丞季某以事至署與園鄰聞周吟聲彷徨不

能寐詰朝詢知其故逮至杖而逐之予曰袁彥伯使不遇謝鎭西幾不免虎口池北偶談

黃九煙名周星性極簡傲或以詩文就正者哂而置之其寓武水也遇隱士崔金友於市負擔而吟黃揖之入室索觀近著崔出樵隱近詠其五律書懷云花落無人徑雲飛到處山訪友日野曠天垂遠花深月出遲七律憶舊云因風去住憐黃蝶與世浮沈笑白鷗贈友日吟思白社傾佳釀坐對青山讀異書不禁驚賞日此眞鏗金霏玉之音也吾所厭惡者大抵皆蛙鳴犬吠耳遂與之定交香祖筆記

予嘗面請學使者以程公本立姚公瑄楊公任高公遜志建四忠祠於嘉興而以蔣侍書競配食於高公之右學使者諾而不果行也世有主持風敎者表忠之典冀吾黨君子留意焉靜志居詩話

前明萬歷癸未與先太傅同捷南宮者禾郡凡八人余皆未及見獨太子太傅司空羅浮姚公享有眉壽兒時曾謁公豐頤廣顙至今尙能髣髴也戊寅秋日公之裔孫繩遠以所藏癸未硃卷示余讀其文益想見爲人昔范文正公當秀才時卽以天下爲己任而歐陽之譏子瞻亦第就其風檐揮灑之文決其出一頭地公生平所學

雖與年俱進然他日之匡君定儲救荒恤刑弭亂止姦者已於闈墨露其端倪如公者豈特不媿科名耶念舊懷賢率題數語繩遠其永寶之比於魏公之笏可也朱彝尊跋姚尙書闈卷

駱復旦字叔夜山陰人嘗同會稽姜承烈徐允定蕭山毛甡赴十郡大社連舟數百艘集於嘉興南湖太倉吳偉業長洲宋德宜寶潁吳縣沈世英彭瓏尤侗華亭徐致遠吳江計東宜興黃永鄒祗謨無錫顧宸崑山徐乾學嘉興朱茂曒彝尊嘉善曹爾堪德清章金牧金范杭州陸圻越三日乃定交去毛西河集

沈山子進與朱竹垞周篔谷同里詩篇倡和名亦相埒一日錢塘陸麗京遇之於潛采堂甫問姓名卽大聲曰得非梅花高館落春草斷垣生之沈山子乎遂訂交劇飲而別柳亭詩話

秀水西北前馬頭在爛溪旁西南轄湖之烏程東南轄桐鄉北則轄於吳江爲江浙商旅通津屢遭盜刦因地介兩省捕緝最難諸生張祚因弟被盜刦殺三年不獲具盜遂條議上之王大中丞畧云地轄三縣巡緝維艱郎飭民擊柝亦始勤終怠將設柵河中波流急而難久莫如於馬頭空地給之官價以開池面照杭州松木場潭

子式使商賈泊舟其內撥兵防守復設木柵爲禦亦弭盜之一策也中丞下其議以秀令去任不果行吳志

康熙庚申歲旗丁橫索議漕時肆毆紳士擒五人歸漕艘路經學東有王四者支氏僕也登屋飛瓦奮救翌日衆紳造謝其門時縣令私派紳衿有狗庇附和者人皆謂不如王四一編氓矣後辛未歲旱徐令建壇祈雨王四挺身白令謂七日不雨願捐生焚死因隨法師叩禱旬內果沛甘霖邑令具花紅酒肴酬之潛匿不受嘉善戈志

倪翁名仲仁澉浦所人也壽百有五歲卒翁貌不揚而精神特堅頑以孝弟力田教子孫於世一無所營而壽過其算此殆無懷葛天之遺民歟海鹽圖經

陸稼書爲嘉定令有瞽者詣案自陳曰聰明正直之謂神公卽神也我不幸兩目無見特乞公一字批斷來生作有目人地下冥王必不違公言耳公笑允之瞽者歡謝而去

陸孝山爲南雄守迎養其父値誕日官屬紳士有餽遺孝山悉以呈侯有所受密令備之以進而外則盡卻之眞不媿養志矣以上受中編

錢侍郎載歸里後深巷閉門日繙閱舊書課諸孫作文尤以爲善勗後人故爲諸孫命名以善字爲行嘗曰爲善

而不讀書可也爲善而讀書可也讀書而爲善可也讀書而不爲善不可也鄉黨奉爲名言

錢翰林世錫居家喜接寒士有以詩文相質者一語之奇輒擊節不去口嘗語門人及子弟曰增光門戶不在科第仕宦每見仕宦之家不念其先人寒苦黽勉保守得有今日乃驕溢矜誇至子弟紈袴氣習不可嚮邇此適爲父母辱何榮之有又云凡人學問文章之高下淺深人品之賢否不關功名之得失其人果賢學問果好果能文章雖一老秀才一老布衣何嘗不足重若其人歪斜無所謂學問而並不能文雖得高第亦何足貴登車

不落爲著作體中何如則祕書雖祕書矣著作矣而其人或未必稱不反爲人所嗤笑乎以上伊志

陸桴亭世儀危齋銘云檇李巨手吳子始搆卍齋與其少君項朝夕吟誦其中有詩刻行世巨手至婁予讀其詩得接其人蓋奇邁卓特之士旣游四方歸深悉世故復搆一室隱居讀書名之曰危獻可陳子爲之說云夫卍古萬字也於數爲盈於義爲博吳子其有博學之義乎博而不已必盈盈而不已將有窮大失居之慮焉繼之以危惕辭也吳子其又有兢惕之思乎桴亭陸子喜爲兢惕之學者也故不辭而爲之銘其詞曰孰危爾身富貴勳名以勞爾形孰危爾心得喪榮辱以亂爾聰明戒之哉不知危而危其危也乃亡之續知危而危其危也爲安且福乾之惕坤之敬朝斯夕斯永天命卽此一銘古人之交道可見矣所謂直諒之友非耶

趙敔周者紹興山陰人年十三父某爲縣令於福建力不能偕往敔周與母祝氏及弟留京師不數月母病卒同里人爲經紀其喪厝之城外刻片石識之又數月父始使人取二子至閩二年而父卒於官敔周習幕務僅能餬口乾隆辛卯年六十餘始得歸葬其父乃至京師尋母瘞處故老一無存者一望亂塚迷不能辨而資斧旣竭不可久留憂疑成疾有其友之子曹君裕仲恐其年老旦夕且不測因速之歸曰當爲先生徐圖之訪求半年不得曰我旣許之無終負理禱於神一夕夢老嫗指其處旦而跡之果得焉片石中泐入地二尺餘矣飛書報趙趙力不能行日夜號泣有感其孝者與偕至京師抱骨以歸而合葬焉裕仲名基倦圃曾孫

秀水布衣屠岐山名金益博覽不應試喪偶不再娶無子接人無貴賤一以敬一木棉裘數十年不易兄福金爲縣令不一往强之乃曰余訓蒙足以自給兄但撫諸弟我心已安矣數分俸寄之置篋笥以周戚友惟一女寡及女卒人弔之曰我平生惟此一大事今女完節以死是當賀何弔焉

桐鄉馮柳墅先生名嗣京倜儻不羈善詼諧與查初白顧秀野輩以詩文相唱和掉鞅名壇者二十餘年不得志以長興學博致仕築別業於白芒村題曰大悲庵或問先生何故作禪語不答但微吟云少壯不努力老大徒傷悲以無子自題一聯於柱云樂事不防兒輩覺詩篇自有後人傳先刻梓紅亭詩稿又有因樹軒集未刻爲朱香南翰林借去不可問矣曝書亭集所謂馮君詩集序者卽先生也過無錫句云三疊吳歌千疊浪亂帆如

雪下蘇州一時傳誦趙書山編修晉題梓紅亭稿云當代髯翁沈畤功論詩員有古人風項斯標格知何似著我燒燈讀梓紅

秀水陳藎謨字猷可所著有度測三卷皇極圖韻若干卷象林二卷步算與占驗二者本兩途罕能兼之王寅旭精於歷法而占驗則不知嘗云若將此事問先生先生肚裏黑漆漆惟猷可於此特精梅勿庵送章穎叔歸山陰詩有兩法孰能兼構李有耆英問津今非遥嘉禾爾去程之句沈堇浦爲勿庵作傳凡與勿庵聞聲相知長於象數之學者皆爲之附傳而獨鈌猷可因畧述梗槩以示後來

米價驟昂固有因乎富戶頓積及牙戶高擡者然當事者從而抑之非惟不能而或轉生他病且物之貴賤因乎自然亦非牙行之所得而操縱也吾邑韞齋觀察李公璜爲南澳冏知時値天小旱米驟貴朝異而夕不同公開常平倉連夜轉集鄉夫數百秉燭籌穀平糶不及二百石而米價卽平止不復糶以其價買補常平之鈌上官初不知也以上柚堂續筆談

陳太學元愷樂善好施遠近稱長者年踰三十尚無子時石岳和尚駐錫天童寺陳往叩之石岳曰有子無子總在寸心爾第爲善何患焉閱三載復往石岳乃遍召寺中僧曰陳居士善人也尚未有嗣爾衆僧中有肯爲其後者否衆莫應有執爨僧進曰我願往師領之謂陳曰子且歸三年內育麟必矣既而生子廷敏克世其家迄今雲仍蕃衍皆其出也伊志

錢太傅封公曬麥於庭稚童竊見其家蒼頭竊麥童潛告公公搖手曰渠我家人視我家物如已物偶取以飼雞鴨耳戒勿洩公之忠厚積累人罕有知之者南野堂筆記

乾隆庚寅南門外張家涇有馬姓者掘古冢中有磚長約二尺濶尺許朱書云元至正三年處士趙素功之墓及

發棺肌膚鬚眉宛然若生幅巾青袍雲履顏色與新製無異焉懼以棺蓋擊其面應手黑乃出而焚之臭聞數里焚不能盡投諸河自是村人夜聞鬼哭時乍浦諸生楊以梅方舉瘞骸會聞之率工人往撈取之見其骸血筋縷縷徙至原冢爲加土築之平湖王志

秀水汪上堉知大理府卒於任卒前半月夢輿蓋導從至一處若大官署者僉云迎新太守有紅袍人迓於門心惡之不入又數日疾革乃召僚友告以夢且云帝命不敢違期在十九矣衆未信至十九有知雲南縣王曰仁者來言昧爽行街上見紅燈數十輿蓋導從云迎新太

守一如上埥言內外方驚異而上埥果以是夕卒乾隆
丙寅八月也後七年上埥弟鎬道經大理先一夕郡廟
巫夢上埥衣冠出蹤巫趍曰吾弟且至其速候於途旦
往伺鎬果憇候館矣於是大理人咸知上埥爲府城隍
神蓋生而勤民没而祭祀理固有之

乾隆四十四年有獸匿海筏至澉形似犬尾散絶有力迅
走如飛名山狗遇小兒輒嚙其喉負之去不數年生育
甚夥山谷間所在皆有獵戸捕捉罕能獲者辛丑六月
十八日颶風大作山狗自戕而絶其先謂仙嶺寺僧見
有楊府燈驅逐之人謂楊四將軍之神應云

乾隆五十年大旱餘賢埭東南里餘有鄉農繆姓者其婦
産一物墮地卽遶室跳走適繆氏子闖入怪欲奪門出
子持櫥擊之應手倒斃唧唧有聲其物長尺有咫面具
人形身膚赤色頂上有一目腦後赤髮一叢約五寸餘
此或旱魃是也

澉浦介海甯海鹽之間三面瀕海一綫土隄向無石塘而
幸免潮患者全頼有高陽山颺山葫蘆山長牆山青山
秦駐山環峙海口足資捍禦乃乾隆五十七年間有宕
戸承攬海甯塘工於葫蘆山開採石塊剷斷山嘴海水
濫進沙塗坍卸至今私鑿不已伏讀
御製閱海塘記云南岸紹興有山爲之禦故其患常輕北岸海
甯無山爲之禦故其患常重是海口之山俱關保障以
山捍海卽以山爲塘况葫蘆山嘴名獅子山者形如挑
水壩尤關要害所當查照雍正八年禁止湯山採石之
案一體請禁以免射利宕戸貽害地方民生幸甚以上伊志

汪雲壑先生之族叔在明少孤不知生日祈夢於于少保
祠于公贈以桃核且曰問新狀元自知在明不解所謂
詢之先生先生曰桃爲三月核字乃木亥當是三月十
八日亥時後先生登第在明年九旬外五世同堂補樓筆記

邑民李懷玉等始爲眞率飲尊齒德也孫詢致政回改爲

耆英會約里中斑白知禮讓者十二人按一年月朔之
數并詢爲十三則餘閏也月吉治具週而復始其日不
宰牲不用樂不談俗務肴以魚肉果以時品命子弟講
禮讀法歌詩撫琴習奢惡儉者弗與焉嗣後神宗丙申
邑侯章士雅加意敬老延鄉人之耄耋者爲耆英勝會
盛唐八十八曹德修八十五孫嵐八十八張可大八十
三呂洙八十一姜圻八十一凡六人市廛皆結綵列綺
筵張聲樂社師率童子歌南山之詩遍邑侈爲曠舉云嘉善萬志

沈心崧慈祥愷悌十六歲而孤適里中派以大糧之役恐

破家走匿蘆墟後聞里人更報其叔心松曰叔家不及我柰何我安逸而叔受困乎卽自出任役幸不大費爲人樂易與人語煦煦惟恐傷之一日赴燕浦氏夜深僕從皆醉沈自操舟而回及旦未起其夫人促之起公曰吾恐諸僕見我慚故未忍起耳其忠厚不肯斥人之過如此生子科孫道原皆登進士爲邑望族 嘉善萬志引迪吉錄

魏忠節公之將生也其母夫人方寢于床見火光奕奕緣壁而上因急呼贈公告以所見公曰異哉予適夢二童以絳紗燈導一少年入室金冠緋服儀狀俊偉已而忠節生少時卽以不朽自期後殉璫難名滿海內 嘉善萬志

乾隆辛巳邑紳蔡秋澄聚里中耆舊仿香山故事爲九老會在會者戴典簿二蕉年八十八程封公績三年八十七壽司訓準菴年八十二顧州牧虎仲年八十一蔡封公秋澄年七十八許閣學竹君年七十三謝封公宸圍年六十八錢州牧第五年六十七曹徵君慈山年六十三集于所居之尊德堂設宴陳樂卽席賦詩并繪圖以紀其勝刋有尊德會詩吳門沈支懿公爲之序 嘉善萬志

縣役楊三素無賴以事革役仍怙惡不改乾隆四十二年患時疫僵卧旬餘忽蹶然而起兩手反接若被綑縛語其妻曰我適至冥間冥王檢籍謂我生平無一善狀行將入畜生道姑使回陽藉以警衆耳遂匍匐出門伏道上觀者如堵楊哀呼曰神杖我矣視其臀肉皆墳起有青紫痕呼號宛轉三日而殂 嘉善萬志

漕胥曹永康性狡獪與刑胥王大榮稱莫逆交兩人同惡相濟適諸城劉公來令善邑伺間而入苞苴牟利侵漁不數年貲雄一邑有職監倪光遠者素豪爽以任俠聞鄉里惡曹之橫嘗塗辱之乾隆辛丑永康與大榮爲巡撫陳公訪拿下獄衆怒稍平會邑神誕日羣聚賽神言及永康無不裂眥立毀其屋曹之妻子僅以身免闔邑稱快事聞上憲檄縣擒首事者未獲曹心銜光遠嗾其

子控倪于官誣指拆屋係倪所使屢訊不移讞成劉令以縱役革職曹比積蠹例論絞如律大榮刺配湖南而光遠竟以擅毀人屋亦問軍山左 嘉善萬志

焉念羅學博名盛世値旱災作救荒書致邑令甫脫稿有蟻數萬環集於牆繪爲山林雲物狀里人神之名其齋曰蟻繪軒 嘉善萬志

張太學正銓字雪門十齡時與鄰童過荒塚間見髑髏戲溺其口俄而患病恍惚至一署有官南面坐責其何故穢人骸骨張心知髑髏故惟祈原宥官檢籍閱畢曰爾祿壽尙綿今姑宥爾命吏引之出至堂下見羽毛之族

紛然向之乞命詰之皆平日所戲殺者惶怖無措吏諭
之曰渠大限未終俟回生後爲爾等作福可也舉手揮
張背蹶然而醒已氣絕一晝夜矣自後日誦金剛經放
生戒殺壽至八十三歲 嘉善萬志

陸佃曰龍珠在頷蛇珠在口魚珠在眼蛟珠在皮鼈珠在
足蛛珠在腹是知物類皆能孕珠非獨蚌也近日嘉興
九里滙農人徐心橋畜一牂羖已五六歲因爲子娶婦
宰以饗客屠者覺羊肚中纍纍然剖而濯之得珠盈掬
圓大如豌豆有老人云羊食仙草或雷雨時與龍交則
生珠然博物之書所未載也 鄘臚

處士錢鉞立獲古鏡於新塍市之西以百錢購之田父土
蝕其半命工刮摩之晶光瑩澈挂諸壁若弦月之燭霄
漢也驗其背銘辭曰方尙作鏡眞大好上有仙人不知
老渴飲玉泉飢食棗鏡省文作竟蓋尙方鑑也 曝書亭集

順治乙丑探花張文脩天植由編修至太常轉通政端午
世祖召入龍舟賜晏人稱異數

康熙戊辰狀元秀水沈原衡廷文年二十父仲霖於
大兵入粵時被執監禁廷文哭訴軍府得釋年已七十矣及
廷文官修撰爲介壽徵詩同里陶越作引言有孝子身
經百戰幸覩止於鯨波鱷沫之餘孤臣跡赴千鄉正徬
徨於電閃沙驚之候之句都下盛傳 以上熙朝新語

國初有道士薛存素住嘉興紫虛觀爲含山盜所刼索金
不與盜殺之視其首乃鵞也存素仍無恙盜異而釋之
王瞻人有化鵞堂記 履園叢話

嘉善武塘地方有劉姓世業醫其祖墓上古栢一株偶爲
暴風雨所摧遂伐去栢幹中空其脂膏凝結成普門大
士像長五寸許妙相端嚴纖悉畢具因送招提供奉焉
同上

秀水王寄廷布衣工草書詩不留稿見其剔銀燈一首剔
銀鐙看細字莫嫌鐙不明模糊隔老淚苦吟似孟東野
南野堂筆記

吾邑周孟侯先生拱辰明季貢生先世累著清德母夫人
夢硯生花而生公比長聰穎絕人又勵志於學嘗坐小
樓去梯三年讀古今文五千篇有奇由是才藻豔發名
噪一時吳興莊廷鉞將刊明史以厚幣聘公先一夕公
夢其父畀以一盒啓視之則赫然一人頭也驚而寤適
莊使至有警於是夢峻辭却之及明史禍發諸名士株
連被戮者多公獨脫然無累識者謂世德之報 冷廬雜識

平湖東門外太平橋之北有趙墳今其後裔皆業農家有
王牒眞王孫嫡派也族繁散處鄉城相傳每年居城中

者來展墓既歸檢點什器缺一壺知遺失墓所必爲行人所得矣明年復往則見壺懸樹枝上無恙也問鄰人見否曰我儕但見一舊草履耳不見壺也

丹霞師澹歸姓金名堡錢塘人爲諫官隨永歷入滇後入丹霞山爲僧及歸吳與陸楷山有舊遂住平湖武塘流寓黃九煙者白下黃周星也爲師同年生迎於郡之天甯寺謂師曰汝今乃始歸乎汝沽名汝高於龔鼎孳吳偉業毫髮耳師作騷九章以貽之後九烟益無聊五月五日縛所著詩文於臂自投於洙涇之高橋下不數年師亦示寂於湖

陸鍾奇者故太宰莊簡公孫也邑諸生富甲東南日聚無賴子飲博讙呼爲樂一日獨坐書齋欻見一道人從空降見鍾奇便下拜曰公眞主也我將輔公鍾奇不信道人曰公家中某井照影便知鍾奇往窺井果見已儼然冕旒黈纊帝者服也道人曰湖州某處某已聚義若千人待公舉事盍潛往鍾奇從之於是與李九仙馬聞玄及蘇湖不逞如葉朗生邱太虛吳野樵輩數十人嘯聚圖不軌一日密會於煙雨樓約以長至日乘拜賀突入嘉興縣先殺令據郡城而後徐圖大舉會謀洩鍾奇與聞玄宵遁至松江之白龍潭以蹤跡不倫爲捕所擒事聞道院一時駭愕時詹簿陸基志爲鍾奇叔父而我邑侍御某於鍾奇之兄有連欲方赫蘇松道某又侍御門人也詹簿傾貲侍御殫力屬當事者立殺聞玄以滅口而鍾奇始得脫此天啟某年事方鍾奇之獲於松江也松捕周某搜其冊得行頭八戒一冊發餉記一冊龍衣一襲又人肝三寸周故虎捕多心計械鍾奇送之官而陰匿四物爲奇貨詹簿聞急託內戚屠生猶龍星夜往叩周周索十萬賂屠亦老於世事者爲捐三千金取四物歸詹簿急滅其跡於是奇以無證漏網以上當湖外志

吳少村中丞昌壽少負奇氣成進士以知縣分發廣東比

擢撫河南時百姓號哭罷市相傳歿後其幕友紹興俞君方家居正欲午餐忽捨箸起立若爲接物者繼又作拆信之狀戚然曰吳中丞書也中丞今已爲冥官以公事殷煩仍邀我前往勷理然須得某厨侍我耳是夕俞君卒次日某厨無疾亦卒庸閒齋筆記

石門洪志載吳越王俶挈家屬朝宋歸周妃至阜林而卒葬於證聖院北後墓出一玉杯係殉葬之物朱芬有玉杯歌今藏錢林里姚氏新纂

碑碣宜收入金石至帖板之藏舊志附之式以西安之碑林非盡出於西安耳然藏之公家與藏之私室究屬有

間茲將各家所藏碑板收入叢談嘉興張廷濟藏有王右軍臨鍾太傅宣示表石宋賈平章以王右軍臨鍾太傅宣示表眞跡刻石表前細書一行是嶽宗所書國初杭州葛嶺掊土所出乾隆初金壽門作跋桐鄉汪援鶉以腴田從寺僧易得汪後歸金雲莊有朱春橋趙味辛跋金歸趙晉齋趙歸張叔未他處所刻皆遠遜此洵是寶刻蘭亭叙原刻此元時所刻褚摹本頁常王虛舟所謂張金界奴本也筆法遒勁明時覆刻諸石俱不能到蘭亭叙定武派本原刻此歐摹是定武派數百年前舊刻剝蝕尚未甚唐內侍高福墓志銘開元十二年正月孫翌撰并書唐美原縣張昕墓志銘開元二十四年十月正書唐內常侍孫志廉墓志銘天寶十三載六月申堂撰韓獻之行書唐折衝都尉張希古墓志銘天寶十五載四月田潁行書子產廟殘碑于志殘石二其一不霜京天寶七載專知判十字其一道寂等三字黃本誠官河南新鄭縣時攜歸今在張廷濟家大興翁覃谿學士方綱復初齋集有贈張叔未詩句志引中州金石考曰見舊搨本中有天寶七載五月十三日落款處有元皓敬三字張廷濟日王元皓敬口是碑陰中兩人姓名趙孟頫行書後赤壁賦眉壽圖阮文達與張孝廉廷濟同坐石几觀周齊侯罍漢甎後各有題跋江都嵇樞畫道光二十三年四月新篁鎮王氏藏有寶鐵齋蘇文忠公詩石刻

蘇文忠公詩結廬得法仲長統困病求閑馬上卿此日壺中聊取適宅年谷口尚留名過薦福用前韻喚客山中去秋清屬此辰碧波涵日淨紅葉隕霜新世味老逾薄交情久吏親種蓮開淨社茲事付吾人邑堂明經以宋人無款詩幾見示余定以爲坡老無疑因口占四絕句跋之俟世之具隻眼者同賞乾隆壬寅二七秋禊之日山舟同書張廷濟跋蘇書刻石之傳於吾郡者文長老詩在本覺寺馬券帖在流虹亭橋頌帖在王惺齋進士家安國教授詩圖覺經謝若農中翰家刻明包氏蕭爽齋所刻承天寺遊記近在余齋而馬券帖亦藏有舊刻此蠟牋眞蹟海鹽支魚徵士得自澉浦畢氏梁學士題後旋爲有力者購去已不知流轉何

嘉興府志　卷八十七　叢談　叄

所今王心耕上舍得徵士所贈手鈎本而其從子嘏精摹上石爲嘉禾增一寶刻已道光六年丙戌九月張廷濟秀水姚觀光藏有元趙子昂竹石幽蘭碑一題詠十人小雲東仙館集帖張廷濟跋秀水姚六榆明經富於鑒古國朝人書四冊昔以索余跋尾今復以明人書四冊作書其後刻者爲金陵馮半泉甚精慎有筆法道光二十七年丁未五月五日郭照藏有唐靈飛經石靈飛經墨蹟郎海甯陳氏渤海藏眞所摹刻者後歸海鹽黃氏同治已巳郭照刊石停雲館帖石聞者軒帖考嘉靖間文衡山父子摹勒舊蹟及近時名筆上石原十二卷今有殘缺嘉善程氏藏有晉蘭亭叙王羲之撰正書永和九年三月後有明錢士升及錢旛重摹跋唐兒寬贊褚遂良正書後有明錢旛重摹跋唐顏魯公與郭僕射書顏眞卿撰并草書無年號王虛舟云當在廣德二年十一月後有明錢旛重摹跋于志案碑共四其一爲錢旛跋語蓋錢氏手摹魏氏校正者也後碑歸魏氏竟棄跋不拓故觀妙齋金石文考遂以爲魏氏摹刻唐麻姑仙山壇記顏眞卿撰并正書大歷六年四月後有明錢旛重摹跋唐隨喜帖顏眞卿行書後有明錢旛重摹跋元佑聖觀捐施題名記胡長孺撰趙孟頫正書延祐四年正月海鹽張氏藏有重摹天一閣北宋本石鼓文重摹瘞鶴銘新纂

禾郡金石如岳祠銅爵景定漏壺諸器已列金石門至于志將藏金亦復載入似無關掌故矣然名流賞鑑亦足以資談助如嘉興張廷濟藏有商象鼎象形于志著象於鼎示主器者象賢之意商燕父已爵燕父已于志燕象燕鳥形通作燕飲之燕商御尊蓋癸未王在圃雚亭王賞御貝用作父癸寶尊于志圃田豫州藪雚觀省觀亭遊觀之亭賓本商賈字讀爲賞御從卿作器者名徐同柏藏商陸父庚卣冊冊陸父庚隰籀文陸此作隱從籀文省

周婦鴐觚婦鴐作彝亞形中人持㽙形于志人持㽙形蓋古臾字斞酒之象漢黃山鐙
黃山第三漢書地理志右扶風槐里注有黃山宮孝惠二年起漢館陶鐙口口一徑二寸八分
高三寸九分重一斤八兩館陶家口漢書外戚傳竇姬生女嫖爲館陶公主地理志館陶屬魏郡漢大
吉壺大吉漢大富壺大富漢宜錢宜古謂田器爲錢見詩臣工傳箋安邑朱孝廉藻涪
云宜禾也漢永平洗永平三年四月造作宜兩旁有魚鷺形于志宜是宅字通作室謂考工
室第六也漢置鼎第六置鑪一容一斗五升重十二斤蓋通于志鼎字作鑪從金從目省從鼎足補字書
所未備吳赤烏甎赤烏九年作吳永安甎永安六年八月廿四日造作甓晉太
康甎太康三年七月廿日蜀師所作晉元康甎元康六年八月廿日計氏作晉太安
甎太安二年八月廿日王梟作晉甯康甎甯康二年太歲甲戌錢師造唐處士包
公夫人墓志銘甎會昌三年十二月正書蜀槧韓文範桐板方二寸厚四分

嘉興府志　卷八十七　叢談　吾

反書四行每行四字曰易奇而法詩正而葩春秋謹嚴左氏浮誇弟沅藏有商日父癸
爵日人丮父癸周諸女尊諸女舉尊彝于志諸省作者諸女九嬪之屬舉字從積古齋釋周
庚姬鬲庚姬作媍尊鬲其永寶用于志媍嬃省文通作須楚辭女嬃周易鄭注作女須周
祖辛敦口作祖辛寶敦其萬年孫孫子子永寶用責漢永興洗永興九年堂狼造作工
晉咸和甎晉咸和二年翁方綱有銘姪邦梁藏有商父乙鼎作父乙尊彝
于志尊彝猶宗彝宗尊也云商立戈人癸尊立戈形囗形人癸左傳銘其功烈以示子孫
此立戈形之義商冊冊乙觶冊冊乙于志作兩冊𦉫𦈢君命有加也周子爵子形子
志子字上象囪有髮形下象足跡形新莽大泉五十範泉文二漫文二漢書食貨志大泉
徑寸二分重十二銖文曰大泉五十子慶榮藏有商福父辛爵畐父辛于志畐古
文福福備也能備然後能祭所謂福者如此周兮中敦蓋兮中作寶敦其萬年子子孫孫永寶

用新莽貨泉範泉文二漫文二背有十六字漢書食貨志貨泉徑一寸重五銖文右曰貨左
曰泉枚直一晉咸和甎咸和九年七月廿日刻之晉咸康甎咸康五年八月一門
羣從無不以金石名學又同里徐同栢藏有漢五銖範
泉文二漫文二晉太元甎太元四年同邑方惟祺藏有周三家彝載入
積古齋鐘鼎彝器款識沈氏藏有父乙鼎銘子父乙伊志銘文子字一手上一手下
有奮發作爲之象他鼎彝每云子作父某篆文作從兩手此子字蓋已寫作字之義秀水姚觀光
藏有商虬至戈銘面背各二字曰虬至周婦姑甗銘曰子孫作婦姑齋彝高一尺
腰東雷紋獸面三足晉永和甎永和九年七月十明天籟閣鐵如意銘二十四
字曰非竹非玉出自昆吾指揮三軍張我令圖毋或濫驕遲志珊瑚今藏秀水郭照家文鼎藏有
漢銅三斗鋗長安共廚銅三斗鋗世枚弟廿重十五斤八兩元延元年十月造嘉善程曰

嘉興府志　卷八十七　叢談　圭

氏藏有晉永和甎永和四年後周佛頂尊勝陀羅尼幢丁巳四月
瞿中溶考爲後周顯德四年海鹽張氏藏有父癸匜蓋銘子口父癸伊志子
字下一字作猴形疑古爲字說文爲象母猴之形言子爲其父癸祭器也馬氏藏有漢雙魚
洗富貴昌宜侯晉永和甎左側晉永和元年右側高辛氏凡八字梁天監甎梁天
監十年平湖朱爲弼藏有商㽙卣文曰㽙作父己彝重七十二斤高周三尺六寸
圖徑一尺二寸有提梁商亞形爵高周尺一尺三寸亞形內則史酉二字文在鋬內商子
父癸爵高九寸五分文在腹商父戊爵高與癸爵同周新宮叔碩父鼎
文曰新宮叔碩父監姬作寶則其萬年子子孫孫永寶用周義仲鐘鉦間及鼓左其二十七字文曰
兮中作大龢鐘其用追孝于皇考己伯用侃喜前文人子孫永寶用享此皆一時搜藏者
兵燹後金石散亡老成凋謝備錄之以見此鄉多好古

之士焉伊于志參金石學錄

全椒薛時雨咸豐乙卯來宰嘉興其明年歲大旱薛扁舟下鄉烈日履勘鄰縣動擁官出署而嘉興地尤高阜民泯怨咨荒政稱最他若拔寒畯戢吏胥重農桑平賦斂慈惠周至移篆嘉善治亦如之同治壬癸間蘇撫李乘勝將掃鄰境賊氛時薛久去禾痛舊治之瘡痍冀出民於鼎鑊往來蘇滬間請緩師百計諭賊降事雖未成具徵軫恤民瘼比甲子恢復守杭州權糧儲道惠徧浙西遽解組歸杭人爲築廬於西湖禾郡亦深切去思焉新纂

禾中詩社之盛自竹垞秋錦宜山匏菴諸老梅里竹林敦

槃壇坫風流餘韻沿至嘉道間景物繁昌一時歌頌承平詩才輩出嘉興岳餘三鴻慶孫次公融聯吟鴛水集吳越英髦闔題分韻遠寄郵筒近共硯席積久成二十集亦吟朋樂事云新纂

郡廟松化石高四尺餘圍三尺有咫其形模肌理則斷松也舊爲梅里馮氏物馮觀察克聾購自古北口歸而寘諸七硯齋者馮素有石癖既獲此石歸日與朋游飲酒賦詩其側其題李徵士穀蒼雲石圖有我有一卷松花石輪君畫裏小玲瓏句馮後人以石送郡廟載以宋岳倦翁珂洗鶴石池寘葛仙翁井北石池則秀水陳別駕宗栢所助也郡人文鼎繪爲圖名流競爲詩歌以紀之于志

沙哥者吳姓名萬里震澤嚴墓鎮田心里人面赤絕有力爲嚴墓汛俞千總操舟俞授以鎗法習而精隨俞往白龍山擒盜爲盜困單身鬥掖俞出之越庚申嘉興府屬團練首先應募有妖人方梅屏者投妖書嗾謀逆辭以不義將書上府尊繇是保軍功銜四月賊陷蘇州禾當其衝命率所部鎗船守平望賊屢攻屢却因留屯平望北鄉田堵里淩姓宅沙哥夜率所部往剿伐淩氏門入賊從後遁顧見來兵少無繼者遂率大隊回攻乃血戰殺賊數十人被圍不得脫遂以醢死或曰沉入鸎脰湖

死夫沙哥博徒耳非士著奚記爲以志在保禾奮身殺賊雖激於血氣捐軀洵得死所矣哉新纂

周之瀚歲貢鳳翔號梧岡子屢困小試授徒餬口庚申避難梅里爲無賴王四手戕先是嘉庠有周生者被酒失檢不協鄉評爭至學籍除名悒鬱走杭州投西湖死周生同學秦光第適幕錢塘王令有齡署勸居停親自檢驗以明死所而息浮議顧鄉人不信也至是以同姓嫌坐受奇禍時有識周面欲辨者置喙已無及矣士論哀之新纂

周木匠吳淞江人傭於禾時與諸詩人唱和有木屑邊閒吟咏冬日詩云竹榻生香新稻草布衣添暖舊棉花閒居云墻低喜借鄰家竹屋漏先防架上書宋茗香助教恒愛誦之耐冷談

平湖梓工楊某執業外兼治蔬圃爲生夜則挑燈觀書入旬餘忽解詩其佳句如門掩庭中花自落夢回枕上鳥初啼此如佛家頓悟非經數十年靜脩工夫不能也屈明經芥舟題其廬曰熙朝絳老耐冷談

余庶常弼家梅里籍休甯其兩世封翁皆好善祖佐瑤業醝寓郡之碧漪坊後遷鎭性嚴正里有忤父者批頰責

之其人卒感悔改行父聖本幼聞義方亦慷慨好施與聞人急難援濟若不及爲姻戚方氏掌計簿方被火出契要於欝攸中篋得矣肺受薰灼病幾殆友李容蜀以孥寄閩十六年歸已爲其子成婚兼善醫術時出其技濟鄉里貧人新纂

禾郡山水淸淑本人文薈萃之區時流稅駕有流連斯土耆風雅如武康徐熊飛幼甚貧議學櫛工母周氏堅不許命就村塾稍長來乍浦爲人測字決休咎旅居刻苦卒以名孝廉噪江南北後館渚涇邵澍家每附航歸省母猶袖書默爾行誼文章卓然成家主講觀海書院詩矢正音騈體亦得六朝遺意經術如吳江潘眉寓魏塘賃屋三間左右圖書留心許鄭讀史尤有識病裴松之三國志疏漏更爲增補屬稿盈笥詩出入韓杜間學邑谷與郭麐黃凱鈞爲倡和老友精六法者嘉慶間有錢塘高塏瘦勁纖秀得髓於褚登善先應禾郡方氏聘得其指授咸成名後遊京師公卿乞書者門限爲穿歸遊魏塘與郭麐友善自述少時臨池際嚴寒手凍置盃水胥上使筆無欹側暑夜畏蚊置足於甕而揮灑如故肄業勤故造詣極騷人墨客足跡所至鄉閭亦生色焉故備錄之新纂

萬處士充宗五世孫名籛齡其先世自鄞遷杭傳至乃父雲號子雨以名進士宦粵歿任所籛齡奉母蔣氏僑居郡角里街好集賓客散金鄉里不屑屑求田問舍母恒以徵時事驚覺之謂雲爲諸生時一夕自館辭歸燭燼無以續燈拾道旁詛祭殘蠟跋以行比親歿捽欲辦楮帛至索紡綿竿頭錢應急今倖藉遺蔭毋忘爾父斷虀塊粥時籛齡與弟壽昌每敬聽之懿訓所及得振門楣可爲勉勵世家子弟者法新纂

嘉興府志卷八十七

嘉興府志卷八十八

嘉興府知府善化許瑤光重輯

舊志序錄

伊志小序云唐陸廣微吳地記多及禾中事蹟而事非一郡至元志及趙圖記所引舊圖經其書久佚譔人姓名與成書時代都已無聞宋張元成嘉禾志五卷故事一卷見於直齋書錄解題洪皓嘉興府志見於絳雲樓書目並無傳本今所賴取徵者以至元志爲最古自明迄今遞修諸志雖繁簡不同純疵互見皆足以紀掌故徵文獻因錄其序文爲一卷七縣新舊志目并隸入焉瑤以爲踵而增之其事易創而始之其事難則舊志固後志師也志前志序錄

郭晦嘉禾志序 劉志

圖志之書古史筆也成周職方掌天下之圖外史掌四方之志事亦重矣嘉禾爲志何昉乎猶記袁似道爲郡治中其家富有古書江浙圖志無不備獨禾興闕然非闕也禾興經邑爲州纔三百載五代至宋初皆倥偬不暇眞宗景德四年嘗詔諸道脩圖經僅得海鹽一志而已淳熙甲午郡守張元成始延聞人伯紀爲郡志此作古也前乎伯紀所謂舊經雖博覽之士無所見其簡略可知後乎伯紀郡

守岳珂嘗命鄉先輩闕表卿重修且徧檄諸邑搜訪古跡可謂勞於用力書未成而倦翁改調上而無紀錄之冊可參次而無老成之士可質又次而無賢子弟可詢其家世其欲正譌補闕豈不難哉仰惟皇帝考圖數貢自北而南此不容於寢廢往者郡經歷單君慶因請重脩郡博士徐君碩承命屬筆蒐獵散亡其綱正其篇目加多且完矣而毋邱之版則未也萊山劉公傑來殿是邦路推翟公汝踰啟其議諸路官又相其成可謂是書之幸夫圖志重事也其存亡夫豈偶然雷次宗非無豫章記洪駒父求之不得宋范石湖初成吳郡志稾以妄議而不得刊今嘉禾志闕而全絕而續郡侯其有功矣哉昔竇德元不能對帝邱之問人到於今嘔之今郡人得是書可以不德元矣余故喜爲之辭至元戊子孟夏

又唐天麟序

郡有志倣九邱遺意也書以志名凡一郡之事皆在所當錄豈特土地所生風氣所宜而已哉嘉禾在春秋爲檇李至吳黃龍三禩以禾生由拳野故名自春秋距今千七百餘年其間有沿有革有廢有置世道汚隆之故人物盛衰之由與夫山川風景之所以殊郡邑事蹟之所以異其可紀者何可勝數而舊志多簡略弗載宋嘉定甲戌郡守岳

侯珂悼前聞之遺缺嘗命鄉先輩闕表卿栻任行人子羽之事編纂將上而岳侯去論者惜之越六十三載皇帝撫有江南寸天尺地無一不入版圖內及至元甲申克齋單公慶來佐郡幕公餘過從輒淸談竟日每喟然歎曰圖志三歲一上法也此邦自總府開藩亦旣數年而郡志未備非闕典歟遂創議檄委郡博徐君碩重加脩纂君承命惟謹網羅散失抉剔幽眇攷古訂今裒集會粹纂之爲卷者五今之爲卷者三十有二纂之爲門者二十有五今之爲門者四十有三鑣分臚列此志得爲全書徐君之用功亦勞矣編成而萊山劉侯傑實來一日戲鶩戾泮路推亙佐

翟公汝弼以是白侯侯喜退而諗於同列同列亦喜亟命工刻之梓時與人會事與機投莫不慶是書之遭昔張茂先志博物士歎其才蕭相國收圖籍史韙其識向非侯有相國之識思以具知戶口爲急務則此志編而不刊與不編等徐君雖有茂先之才其何以自見是舉也侯旣能俾創議者不至爲岳之中沮又能俾脩纂者不至爲闕之徒勞侯亦賢矣哉侯不鄙屬余敘奚敢以老鈍辭雖然此一郡事也侯賦政於外屢殿名邦入坐廟堂將以均四海爲己任他日志輿地志九域必有紀侯之勳業者侯其勉之

朱彝尊至元嘉禾志跋

嘉禾志三十有二卷至元中經歷單慶延郡博士徐碩纂輯成書序之者郡人郭晦唐天麟也嘉禾之有志肇自宋淳熙間郡守張元成延聞人伯紀修之旣而岳珂來守郡復延鄉先輩闕栻表卿續脩因珂改調中輟僅存五卷是書蓋踵栻舊本而增益之者栻分門二十五碩廣之凡四十三而官師治蹟經籍目錄俱闕焉又吳越錢氏建國曾改秀州爲開元府乃是編不載未免失之疏略然所采碑碣題詠居全書之半舊章藉以考證足快於心矣碩他無表見晦舉宋淳祐十年方逢辰榜進士天麟字景仁寶祐四年文天祥榜第四甲進士自稱納軒叟居嘉禾軒

伊志案是書於碑碣獨詳爲從來志乘所未有可與史書相發明者如吳征北將軍陸禕碑梁秦駐山碑唐黃州司馬陸元感陳府君瑋墓銘宗城令顧謙墓志皆歐趙所未著錄吳越靜海鎮遏使朱行先碑吳任臣十國春秋實據以立傳其搜羅剔抉足以正訛補闕是書今入

欽定四庫全書著錄

李東陽嘉興府志序　柳志

先王之政隨世文質以爲簡繁蓋自天下之有書契有墳典以明理道紀政事有邱索以象風氣明土物世久事繁

國有史地有志至周大備史之在朝廷者固不俟論天下圖志尤詳而不殺職方所司外史所掌皆是物也春秋列國各置史官秦罷侯置守廢經書而圖籍未盡去漢高定天下始收得之雖郡國並置制亦未備東漢以降紀載日益繁而放逸磨滅不可勝計守令之賢者未嘗不致力於斯凡制度名物人材風俗工作之事前有繼後有據而國家之史亦有資焉然視爲細事末務而不加之意者亦多矣嘉興府古揚州域歷代之爲縣爲州爲郡沿革不同五季以前未有圖志宋袁似道爲郡治中家多書浙江圖志惟此焉闕眞宗時詔諸道脩輯僅得海鹽一志而已孝宗

時郡守張元成始延聞人伯紀爲志後守岳珂命關表卿重修未成而去元世祖時經歷單慶命學官徐碩復脩之入國朝爲府領嘉興海鹽崇德三縣宣宗朝始析嘉興爲秀水爲嘉善析海鹽爲平湖析崇德爲桐鄉爲縣七今天子御極之三年吾友柳君邦用來知府事得宋元舊志病其簡略乃博采羣籍下諸屬縣諏訪耆宿屬平湖教諭林緝熙光修之爲卷三十有二於是秩然爲完書焉予聞爲政之道必準諸古而因革損益亦惟其時今文運熙洽疆域之廣人物之富殆過前代浙江首藩嘉興大都非上古之荆蠻偏安之畿輔可比凡天下之號令制度皆累朝德澤所在正修典章隆文獻之日况地之尤盛如玆郡者乎然世所謂政若教化若戸口若賦税詞訟往往取辦乎書簿文字間而究其實不及其半此則文勝之弊分保邦制治之慮者所宜愼也若志以文尙其質尤易志而不實亦孰若勿志之爲愈哉觀是志者苟取其敘述之詳紀錄之實則文質之際兩無遺憾由是而傳之可以久而不墜矣君名琰世爲儀眞人成化丙戌進士以戸部主事歷佐三府至今官廉愼而文其所爲志特其一事耳宏治壬子冬十二月

伊志案是編知府柳琰延平湖教諭林光纂府與七縣

各爲一志各分二十一門

欽定四庫全書總目言其敘述參差詳略失當惟至元以後事迹略具足資後人考證其官師一門補至元志所未備尤爲可取舊尙有莊景序於志無所發明不錄

鄒衡嘉興志補序

嘉興志補者東邱鄒衡所纂集也衡自弱冠時承藩伯吳公郡侯金谿徐公檄委纂府縣志起自天順八年止於成化二十三年尙未鋟梓宏治二年儀眞柳侯來守是邦視篆之餘慨然以梓行志書命工其時衡在制中兼病弗克與于是郡諸生曾君春承侯命復加修訂而於人物錄事

司碑碣遺文古蹟頗有遺失厥後聘南川林先生光校正付梓而於宋元志及統志中或新而無定者增之或舊而有考者遺之尚未慊吾郡士君子之意衡自慙罔昧迂拙愧無由有補於閭閻乃於暇時覽宋元志及大明統志於吾郡中七邑有遺失者脩而補之若人物若名宦若貞節若孝行論定後有可爲人師法者有陵墓學校寺觀橋梁碑碣文章所未載者仍分上中下三帙成十二冊開卷之初肇自二帝三賢今圖其像敬製贊語補志成書庶古蹟不使有遺而賢人君子後世有可考焉正德元年丙寅秋日識

伊志案是書嘉興諸生鄒衡纂專補柳志所未備其已載者不錄考訂譌謬不下數十條

欽定四庫全書總目云卷首並載徐碩舊志唐天麟郭廱二人序蓋欲表舊志義例故存其原序以見端末也元本有府學教授何鑑序不錄

趙瀛嘉興府圖記序

夫郡有志識文獻也上焉以遡既往下焉以續將來示昭鑑垂不朽而備采風者也故杞宋之文獻不足雖孔子之言禮無徵其所關顧不重與予一日閱郡舊志遺略頗多繆訛殊甚遂行七邑正官并儒學教官生員公同搜訪以

成實錄既而閱之猶夫郡也將奚以布信而俟後世之不惑哉竊歎而欲新之以爲可傳之典第簿書煩劇厥力有未逮焉時甬江趙君以世之聞人守制家居偕同寅而趨請之君慨然諾曰斯志之不講也久矣乃若茲舉實獲我心願敬志焉於是筆昉於丁未之夏藁脫於戊申之秋逾年而始就焉遺者補之略者詳之繆訛者訂之其精神心術之運用亦既勞矣允乎文省而事增微顯而闡幽迹古之良史何加焉眞足以示昭鑒垂不朽而備采風者矣世之言若郡者斯有證於文獻焉覽者當知君之秉筆云爾

嘉靖己酉歲春三月

又趙文華序

嘉興古吳越之交秦漢時邑於會稽於吳其自爲郡領縣昉五季至南宋爲畿輔入明爲浙藩甲郡領縣三繼分而七制置加詳矣我皇祖列聖德澤暨海隅民生日繁賦產滋多搢紳學士薙薙鏘鏘名於南服孔子所謂富而教者非歟文華自少遊寓其地惟是時庬裕之俗日趨以靡益遡而前其相去益以不逭將世變就下沃土易瀉世莫有可挽者乎予於是深有慨焉左山趙侯守郡之二載予適憂居疇咨授簡俾志其立政與教之籍顧不敏無文安能爲役然惟風俗化理古今時變所貴傳信發微具載方冊

俾有司得以按籍推移㛰於治理而非以爲文也迺不自揆取舊志刪正之補其缺漏爲方畫邦制物土人文凡四篇所宜廣備者附以叢紀凡若干卷名曰圖記蓋卽古所謂圖籍者云夫俗之弊也本於事失其實官壞其方民亡其度夸毘浮僞之習浸淫於人心而流風靡下漸不可極是故圖以考世變記以盡物軌使司斯土者執此以往振儆習而更化之反流靡爲厖俗則斯籍也庸爲輔理經世之實錄匪以空文爲也矧侯之爲郡也敦本實正經界戢奸宄興教行凡所施措皆以移易民志而還之於古庶幾懔懔德義君子之風光昭斯籍有餘烈者矣又豈徒爲文具已哉舊志撰於宋聞人伯紀馬端臨評其草草其後元徐碩宏治間林光皆輯之恐亦不免端臨之誚耳於乎又豈知予之能免是否耶侯名瀛字文海左山其號關中三原人與予爲同年進士相斯役者郡判陳君守義節推姜君文序令則嘉興張君鳳秀水方君詳海鹽李君華魯平湖李君僑嘉善于君業崇德周君應祿桐鄉徐君麒

伊志案是書文華官通政使時遭憂家居應知府趙瀛之請而作分方畫邦制物土人文四門附以叢紀詳而不支簡而有要至元志後以此爲善本

欽定四庫全書總目稱其敘述頗有體例蓋不以人廢言也

劉應珂嘉興府志序

嘗考周官小史掌邦國之志外史掌四方之志職方掌天下之圖而又有土訓掌地圖地慝誦訓掌方志方慝法甚備焉小史職方土訓之所掌皆侯國外史誦訓之所掌則諸侯之下邑也自罷侯置守而劉向著郡國之事南陽撰風俗之紀郡邑志載蓋殷繁矣要以辨風俗紀政治物土宜徵往詔來與石渠圖籍並稱不朽檇李名著於春秋其先當在荒服之外以故紀載無聞歷世綿邈作者僅存宋聞人氏而馬端臨議之其後元有徐氏明興有林氏趙氏見聞略備數十年來人文日盛土田賦役之沿革師旅旱潦之非常賢良文學之昌熾孝子仁人閨貞女秀之激揚以至龍藏珠函山謳野嘯之裔宇瑣屑至不可勝記而墨守舊聞將文獻無徵闕略日甚何以爲一方實錄使後之君子有所考信用是不量椎魯竊有志於脩葺而未逮也仄聞郡先生瀛壺沈公宿德清望早歲卷懷所著郡志凡三易藁未嘗出以示人於是造請先後數反然後舍諸帳中蓋銷燭研露積十有餘年而考訂纂組已至詳至核不佞復檄下諸邑日益薈所未聞公偕馮司成又進諸文學分曹讐校自夏徂冬凡六閱月而工竣爲圖十爲卷三十二爲目六十事稽諸掌故議集於周諮其發凡見例取義

折衷則公出自獨斷大要文簡於前事增於昔爲一方信史迺不佞則竊有感焉檇李自入句吳以後文物漸開逮今美盡東南爲兩夏名郡雄城鼎峙加險於由拳射襄乾粟萑剗加富於嘉禾野穀厲兵講武甯減六千君子之遺教禮陳詩匡時砥節詎讓莊忌買臣二陸平章諸顧之烈煒曄變化月異歲殊皆足動君子問俗之思仰止之慨故是志也徵故實則布在簡編起新裁則義存勸戒薑議與革則治切補捄居後視今由今視古一舉而三善備焉郎周禮外史訓誦所紀何以尚茲不佞不敏闇於治然聞之語云不習爲吏視已成事是役也非徒附公以不朽實藉公以寡過已先是守茲土者姑蘇龔公有嚴給諫志洛陽曹公有黄宫詹志皆未脱稾而以事去不佞承乏也晚乃得藉公十年編摹之力以成此盛舉會逢其適亦厚幸云

萬歴庚戌

伊志象是書刑部員外沈堯中所輯知府劉應珂以卷帙繁重削去大半天啟中太僕李日華應知縣湯齊聘修縣志乃悉爲采入禾中文獻得取徵焉萬歴閒又有府志遺稾知府龔勉聘嚴從簡修未脱稾後知府曹代蕭聘黄洪憲補修未刻失傳

杜臻嘉興府志序　袁志

志猶史也志史者詳於人略於地志志者詳於地略於人此大較也古者自千乘以及附庸之國皆置史官以掌紀時事其所載者一國之政及其君若臣之言動而已外此而山川土田民物風俗不具載意別有圖籍以主之也則夫郡邑之有志於以備山川土田民物風俗者又曷可少哉然建置沿革千百年乃一更張耳以故山川之名勝土田之廣狹津梁關隘方物出產爲是土表著者苟向有成書無俟增飾已若夫風土之滈漓操之者在上賦役之利弊受之者在下他如人材之迭興道德勳業節義文章碩彥賢才文人逸士孝婦烈女智媛文姬以逮高僧羽流或功德足以垂遠彝行足以範世苦節足以維風語言足以翼教上之徵民收之治本下之見地靈之鍾奇日盛而月新者斷不可以不增此固後起者之責也吾嘉郡故有舊志自

本朝定鼎以來未經脩葺其於人事不無少缺也今自郡侯袁公之莅吾嘉凡數載政脩人和誦聲隆隆溢人耳而又能以其餘閒考核舊志作而歎曰是不可以不修也於是訪忠孝節烈之遺規採碩彥高逸之芳躅脩飾潤色不期年而書成自明季迄今數十年之人與事燦然具備不致有詳地略人之憾洋洋乎大觀也哉留俟他日備太史之

採訪資國乘之編紀其功非淺鮮也抑余猶有感焉昔王文恪之志姑蘇曰蘇民西近華東近質海濱之民多悍此眞留心風俗之語也余謂吾郡之民華與質相半大概驁勢利而鮮岀誼有如長民者案籍而識其風尚揣其性情防之以分義申之以勸懲救奢以儉救逸以勤不聽民之自爲政由是而習俗趨淳治化希古則皆袁侯一人之力也故不辭侯之請而爲之序康熙壬戌季春三月

袁國梓脩嘉興府志序

皇帝御極十有一載用輔臣言詔天下纂輯通志于是憲檄下所司徵郡縣志甚急禾志自宋張公元成創始元劉公傑

一脩明柳公琰再脩趙公瀛劉公應珂三四脩後歷歲久殘缺殆甚前守盧公崇興學博姜君廷梧謀於鄉大夫士方聚徒授簡網羅見聞會軍書鞅掌厥功未竟予不敏承乏守土爬梳搰据惴惴於其職伏賴

國家鴻庥各上憲廉明仁恕一切寬大之政與民休養而吏亦稍息其肩竊不自揣輒有志於郡志鄉大夫士出其鄉所哀集予與太倉陳君邀商榷攷訂分類定帙閱寒暑而成書更以質諸鄉大夫士皆曰可將付剞劂乃爲其序予維古者列國地不過千里視今之郡縣晉乘楚檮杌魯春秋皆編年紀事之書視今之郡縣志春秋之義本天咫採人紀善善惡惡孔子竊取之以爲史史而經者也後之人苟能竊取春秋之義以爲志則志而史且經矣載筆者於此懼其僭又懼其陋也予斟酌之次反覆深思喟然而歎嘉興浙藩首郡南越北吳東瀕大海舟車孔道賦粟歲百萬繁難之區也在昔時和年豐民俗殷阜聲明文物與名彊頡頏而後漸不可問矣舊志距今且百年其間天地之常變人事之得失制度之廢興戶口錢糧之登耗文章政治之純駁備著於篇宜覽者數計而得之獨故朝名臣鉅儒比肩接踵並以德功言顯當世垂無窮而捐軀肥遯之士碧血丹忱爭光日月詎謂不古若哉

聖代肇基化洽寰宇東南材產之地其君子秉禮義樹風聲彬彬大雅軌斯盛矣其小人務耕桑安條教亦油然自得有先民之矩焉惟是淄澠異尚淸濁別流一二不逞之徒磨牙礪角日相尋於錐刀鋒刃之利而其類從之漸以成俗豈種蠡之遺未盡澌泯一再變而致此乎此司世教者所爲感慨痛念而予之所不能極論者也是編之作求詳舉要特於國計民生之故一篇之中三致意焉嗚呼反敦厖惜罷敝行所無事以厝一郡於衽席之安予與鄉大夫士共勉之矣庸備採擇獻

天子塞有司者之責若夫褒譏美刺大書特書必有起而任之

者敢曰志在春秋不以俟諸其後康熙辛酉蒲月

又吳源起序

古者列國皆有史各掌其山川封域之所自建國受姓之所由以及賦役之煩簡風俗之淯漓靡不畢紀三代以上遠不可得而攷也史記以世家紀傳明其等而天官河渠平準貨殖諸書纂取郡國所上以昭一代之鉅典孟堅十志倣而行之蓋漢時計吏先上太史其副白丞相故考核爲獨詳後世浸失其制無所依憑成一史者則必網羅天下考據郡邑而參伍錯綜始無漏失則志之爲功於史者重矣

皇上御極十有一載詔天下纂輯通志先有成書者厥惟山左陝右餘則漸次告成迄今未竟然第臚列故明舊志至於本朝定鼎垂四十年所爲因革損益興教化而厚人紀者概乎未之錄也如是而不亟爲捜輯後有作者不幾慮其湮滅而無據乎府君袁若還先生歷三郡留心文獻涖禾之始上籌兵食下撫窮黎拮据靡暇矣值四方大定退食從容爰取前守盧公所修郡志未竟之緒刪繁舉要去僞存眞續舊志以啟來茲定爲若干卷傳之梨棗予惟郡故有志其在宋元者不可得見今所稱者惟趙志爲最優其書據事直書足以信今而傳後是故觀夫戶口之登耗則知生聚之未周觀夫水旱之啼號則知蓄積之無備觀夫賦役之游更則知國用之日詘觀夫風俗之遷變則知起化之尚淆觀夫士品之純疵則知學宮之宜厲觀夫居官之難易則知文法之未寬覽斯志而職司郡邑者引而伸之觸類而長之正已率屬而鄉之大夫士庶亦罔不靡然向風如文翁之化蜀常袞之易閩卓然爲天下稱首斯則重修郡志之意而數千百年以後如見我侯之振衰而濟弱也不然而徒取前志所未備者裒藝文載家世其孝弟不必見稱於族黨其節行不必表著於鄉曲緣飾觀美以爲成書又豈我侯之意而亦豈異日史官徵信於是以昭一代之鉅典者哉康熙壬戌夏季

伊志案是書知府袁國梓脩體裁整贍卷末補遺正訛二門惜不得見海鹽人物載顧陸特詳華亭未革之前皆海鹽産也袁志不載陸氏當是據分隸以後不欲借才異地耳又朱檢討彝尊輯禾錄一書藝文附於古蹟之下不更作藝文志采取大半柳鄒二志及諸家本集蒐羅該博不加臆斷大約與日下舊聞同一體例惜編次未成僅存六册失去海鹽平湖二册抄本流傳絕少附記於此

吳永芳嘉興府志序

嘉興爲古檇李春秋時名始著說者以前此屬荊蠻故外之然禹貢隸揚州會稽嘗大會諸侯則亦玉帛來同之地何歷夏至周千餘年竟湮沒無聞豈古簡失徵抑地僻者碩使然與蓋嘗論天地之氣化五行迭王而疆索之興盛亦有其候嘉興於秦漢皆爲縣唐稱緊稱望至宋徽宗始陞州爲郡越南宋而尤盛山川猶是土田猶是向之斷髮文身一變而衣冠鼎盛直甲天下詎非屈於前者伸於後而地維南朔之旋轉信有待乎元置路明稱府而分嘉興縣爲秀水嘉善分海鹽縣爲平湖分崇德縣爲桐鄉則又在宣德之時蓋以兩浙咽喉地衝事劇分之析之尙苦繁重而難紀苟欲裒益往籍以昭示來茲非易易乎其任也嘉之志創於宋成於元雖代有纘述而

本朝任脩明者則維前刺史袁公國梓然自辛酉迄今又四十年矣保無時勢異宜革因不相襲或生於斯而行事卓然可稱仕宦茲土而善政容有未傳以至丁田之消長賦役之盈縮廢者奚以興隆者奚以替續而成之端在今日倘以簿牒紛糾漫謝未遑坐令舊聞放失不幾同於刈薪楚而弗束委敗隨之紛衆流而無歸汗漫何極乎鄉先生太僕錢公廌山讀禮家居深藉其力以總裁斯舉復延進士高君孝本陳君廷煒孝廉徐天秩陳祐明經沈起孟諸

生曹熙分司採集而校字訂訛則委諸廣文何景雲龔汝賓至於點竄釐定余亦未敢多讓焉惟是誌以記事或災祥見於一邑而徵乎天下或人物式於一鄉而風乎百世是即史臣之珥筆也故於舊志所載未敢妄加芟節而今茲新附者則必考諸故家之紀載採諸士大夫之傳述雖耳目未周不無烏焉成馬然夏五郭公仍存其闕而善善欲長以垂四十年之感奮則亦聽諸後人之論定而余但期罔媿於厥衷斯已耳抑又聞之太璞不雕則精英內祕菁文飾美則發越無遺今之嘉興猶之檇李而踵事增華習尙稍異疇昔當盛滿而思返吾尤願都人士之共相挽回而力持之以至於千萬年其不敝也是爲序康熙六十年夏五月

伊志案是書知府吳永芳聘進士高孝本等纂修蕆成手自閱定援据賅廣歸於簡約書始於康熙己亥四月成於辛丑冬凡十六卷分二十册列目二十五

又錢以塏序

史有志有傳江淹謂修史之難莫過於志蓋傳止紀一人本末志則貫串千百年事而經緯條理班班不紊也郡邑之志即郡邑之史也不稱史而稱志如陳壽三國亦稱志志猶史也以體國經野則制定以移風易俗則教施以興

殿舉墜則政理以旌淑別慝則鑒著其事雖在一方而歷
代之因革損益莫不於是考其得失驗其理亂則豈徒誇
繁庶侈游觀臚圭組綴吟咏之爲志乎哉吾郡自槜李始
載春秋地介蘇杭閭賦役繁重人文代興吾
皇上南巡屢經
駐蹕振興鼓舞農勤於耕士勸於學益丕變於前矣郡志南宋
太守張公元成創之岳公珂繼之俱未有成書其有志自
至元始明之宏治有柳志嘉靖有趙志鄒君衡之補志萬
歷有劉志至
國朝辛酉而有袁志辛酉至今四十年則今所應補者此四
十年之事耳乃閱袁志所載萬歷以來鉄畧甚多則今不

獨續袁志而并以續劉志也且如五臺瓶山其非山明甚
至元志載古蹟他志俱載山川假借如此況人與事之易
於混淆者乎是又不獨續劉袁二志而并以校正宏治以
來諸志也郡志之外有戚尚寶之社哲列傳陳宮詹之廣
往哲傳朱漢翔之英華蔣楚穉之詩乘曹司農俞處士紀
載人物雖未成編亦有藏槀近則有朱太史之禾錄盛孝
廉之徵獻錄沈南疑之詩繫皆當廣搜而詳校者也然非
學足以綜今古鑒足以別涇渭何以彰癉悉當而無媿著
述也乎太守吳公守吾郡七載清潔慈惠爲政持大體敦
實行尤以作人爲首務闢學宮傍隙地建鴛湖書院祀陸
稼書先生俾多士誦法先生言行以有所興起而文學之
士斐然矣教化成於上風俗醕於下公乃得以燕閒有事
于郡志于是延訪老成以諸志及各家著書互相考核再
三約束謂甯闕毋誕甯簡毋繁甯嚴毋濫同人亦共矢公
慎槀成公手自閱定增刪一字煩毫煥彩余適奉諱家居
亦謬與參訂見所紀農桑學校民俗土風皆公所綜理裁
成見於仿彿者也以公之政事爲公之文章豈苟袁政驗
所能仿彿萬一哉志於今年秋告成余承乏同寺公書來
屬余叙其畧余固不能已於言然柳志則莊定山李西涯
兩先生爲之序今志遠勝於柳而余固陋無文不無媿於

莊李兩先生云康熙庚子

阮元嘉興府志序

地志之尚繁富始於樂史寰宇記自有此作後之志郡縣
者皆以爲例于欽齊乘康海武功志獨能參用古法爲志
家所重然使簡而不得其要固不若詳者之足資考證也
嘉興之有志作於宋成於元至明凡三修文益加詳矣然
猶未足爲美備我
朝
列聖相承重熙累洽混同天下惟壹之庳中和郡縣之政教人

材無不度越前代則郡志之作斷非宋元明所能及康熙
十一年袁太守國梓修之六十年吳太守永芳重修迄今
周八甲矣長白伊太守來守是郡懼舊聞之放失重加纂
輯閱一載而書成卷帙倍於前志是非前人陋而後人詳
也前人質而後人文也蓋自百餘年來沐浴
皇化日盛月新凡典章文物之修明至此而大備使仍簡而不
文則
累朝德澤之所在何以宣揚而闡發哉余觀其作書體例有三
善焉一在經界之明析嘉靖趙志作方畫簡而有法倣其
意爲之疆域之廣袤水利之隄防展卷瞭如此合乎夾漈

圖譜之學也一在金石之著錄至元志所載碑碣搜羅獨
富吳任臣作十國春秋藉以證據今悉存其目甄錄其文
此合乎輿地碑目之例也一在採錄之詳出處舊志引用
不詳所自使閱者無可考見宋元明來著作家往往而是
乃廣爲搜錄一事一文必載本書杜撰勦襲之病庶幾可
免此合乎古人實事求是之道也其他各門亦具體要則
是志之足重不在於詳哉然余更有說焉凡一府數百里
中政教之得失風化之漸被奢儉趨向之殊致作於上者
下輒應發於邇者遠輒至日異而歲不同此其要在乎守
令之得人也今
聖天子布化於上賢太守承流於下將使民康物阜時和年豐
養其源使之不竭培其本使之不顛治化隆而民生厚庶
幾此志非託空言余願與守令諸君子共勉之嘉慶庚申
浙江巡撫揚州阮元序

又百齡序

志者史之餘也國有史固藉一代之宗工領其事郡邑有
志尤賴一時之巨手總其成誠使採錄必周鑒裁有法以
勒爲全書則志之所繫與史等今年春余奉
命按浙適吾世好耐園太守以新撰嘉興府志見示而問序於
余蓋志以去年秋鋟竣其修志之端委吾中丞以暨各臺

之述備矣余尚何言雖然請言志之大畧可乎今夫嘉興
志沿自宋元明自入
本朝一再修於康熙辛酉庚子嗣後失修者八十年而我
國家撫有區宇大澤漸涵蹈德詠仁熙游熙皞嘉興雖片壤
然百餘年來
上之湛恩醲化勿勝書也下之閎猷懿行勿勝書也則所以薈
萃綜核於以揚
聖治闡民風胥於志乎是賴而抑有進焉者原夫甄綜撰次存
乎學而興廢懲勸關乎政今吾觀耐園之志則非徒見紀
載之長實可以想設施之善蓋蒞疆域則知所以撫綏者

焉稽戶口則見所以保聚者焉農桑必資勸課學校端在振興一切城隍橋梁與夫倉儲漕運郵傳鹽法水利海防諸大務靡不本綢繆孔固之心經營盡善之道有以貫攝乎其間而爲之所而後筆之書者皆可以得其政績之所存而非僅區區備掌故已也然而其書則固典而核辨而婉博而不煩志也而一以史法行之昔施武子志會稽陸務觀嘆爲氣雄文雅斯志胡多讓焉抑余少時以先大夫司馬甯波嘗省侍過浙道經煙雨樓而登眺焉蓋是郡之形勝在余心目間久矣今而適會斯志之成尤一展卷而悠然有觸也拼名簡端余所竊幸是爲序歷任貴州布政使浙江按察使三韓百齡譔

又劉炌序

志與史異名而同義周禮地官誦訓掌道方志春官外史掌四方之志即今直省通志府州縣志之權輿也嘉興爲浙西名郡川原沃衍地居津要其中賦役之繁風土人文之秀偉甲於吳會洪惟我
國家
聖聖相承重熙累洽東南尺土盡繫
宸衷殉自
聖祖仁皇帝暨
高宗純皇帝先後
翠華六幸
省方行慶中錫無疆嘉興爲入境首程醲化覃敷最先霑被而一時政治之懋風化之醇往往喜溢
天顏發爲
睿藻允宜敬摹敬纂弁諸乘簡之端俾奕禩臣民永欽
謨訓以誌一方之幸於無窮也則郡志之宜修久矣雖然志亦史之一體也史多紀人志多紀地非兼才學識三長則詳畧失宜不足以信今而傳後嘉興之有志刱於宋聞人伯紀纂於關表卿成於元之郡博徐碩在明凡三修柳邦用屬林緝熙重梓後趙氏沈氏繼輯之要皆優劣各殊未臻完

粹康熙十一年
詔天下增輯通志而府州縣志亦以次成書嘉興自康熙辛酉以迄庚子一修於郡守袁公國梓再修於吳公永芳非不體例嚴明上掩前代然距今垂八十年之久其間
恩綸所錫
宸翰所頒與夫民風土俗之沿革官師人物之留遺均未備著於編譜非守土者之責歟長白伊公耐圃守郡之三載政成民洽爰於公暇裒集舊聞延訪耆宿缺者補之冗者汰之譌者正之混者析之爲門四十爲卷八十首列

天章巡典而歷年欽奉
諭旨郎隨其事而分纂於各門則
盛朝之所以仁壽斯民者於以大備良由下車以來祗以宣
上恩德爲急務而於國計民生蓋有見乎其大也豈特爲一郡徵
文獻備掌故已哉書成問序於余余惟耐園之才之學之識胥於是志覘之而竊以爲闡幽訂墜深有合乎誦訓外史之遺者特其爲政之餘緒焉耳由是而理行卓然爲
聖天子所倚重其於邦國之制曰安擾曰建依吾知匪異人任也耐園其勉之矣時嘉慶辛酉仲春布政使南豐劉𢘿序

又秦瀛序

嘉興郡守伊君輯郡志成丙序於余序曰嘉興故雄郡北控長洲南脅臨安闕吳興而扼巨海蓋兩浙一門戶也其地人物蕃廡川原浩衍商賈之所湊百貨之所聚稌稷之美魚蟹蠃蛤之利甲他郡其俗敦禮讓說詩書自唐宋及今人材輩出見於史冊者不可勝紀可謂盛矣志一修於康熙壬戌雲間袁守再修於辛丑三韓吳守閱今已八十年雖建置沿革城池形勢無所更易而戶口田賦官師科第以次漸闢闕而弗增非所以重文獻也周禮職方氏掌天下之圖辨其人民財用穀畜之數以周知利害而大司徒掌邦之土地別其名物佐王安擾邦國又有土訓誦訓之官春官小史外史復掌邦國四方之志自後班固有地理志司馬彪有郡國志此方輿之記所濫觴也晉宋以降如唐李吉甫元和郡縣志宋樂史太平寰宇記王存九域志等書著於經籍者甚衆曩官京師方
詔修
大清一統志余與編纂之役適得浙江大府薈粹十一郡志書詣送志館淄澠互見比者代匱監司每按部嘉禾與其鄉之士大夫討論及此而伊君來典斯郡克成是書蓋由
我
國家承平百數十年鐫復之

詔屢下省繇賦勸農桑休養無事生息理極浙西涵沫膏澤年穀數登萬物熙熙靡不各得其所是以伊君於此得從容治理而郡志之成適際其盛詎不美哉余奉
命移官湖南旋將去浙而是書之輯余實引歸安吳蘭庭佐其役蘭庭多讀書能講求史法宜其簡愼詳覈相與有成無戾乎前人志乘之體而非他郡縣志所可比也是爲序按察使無錫秦瀛撰

又袁秉直序

不郡之有志創於宋成於元大備於明宋志不可得見焉端臨評其草草其缺略可知元志僅有鈔本流傳向爲完

善以不載官師經籍亦不得謂之詳備至明凡三修然柳志增訂徐碩之本而鄒氏即補其缺劉志取材堯中所輯而後人更病其疏惟甬江圖記詳簡有法其人又不爲賢士大夫所重志書之不易作固若是哉

國朝自定鼎以來統一區宇德化翔洽超軼前代康熙十七年先曾大父來守禾郡政治之暇裒集歷朝郡志及七邑志并采錄前明神宗以來事迹參互考訂定爲一書其於民生之利弊田賦之多寡政事之得失反覆推勘不遺餘力不特備掌故紀風土已也書成於康熙辛酉閱四十年郡守吳公永芳重爲修輯自此而後缺焉不備其間豈無一二賢太守留心及此而卒不遑從事者誠以國計民生

之所在典章文物之所歸體大物博故不能造次有成也嘉慶元年長白伊公自括蒼移守嘉禾下車即訪問民間疾苦而以整風俗興教化爲急務數年之間政通人和治臻上理乃慨然於郡志之久佚也網羅遺籍博採舊聞親爲釐定而於民生田賦政事之所係尤三致意焉其力專故其文粹其政舉故其說長坐言起行燦然具備不期年而告成夫禾郡爲先曾大父遺愛之邦郡志實所手定今余又幸承乏茲土不惟樂得賢太守教養斯民導揚善氣而尤樂此邦文獻日盛而月新也且以先人政事文章傳諸循吏不朽之業共訂千秋則是書之觀成豈特禾中賢士大夫之幸哉況所成書其詳數倍於前雖使馬氏見之當不病其簡至於紀載謹嚴動關風化反澆漓而爲渟樸轉罷敝而即安恬成效所臻度越前軌庶以昭

聖世重熙累洽之盛治而亦以詒來者於無窮也爰拜手而爲之序嘉慶五年庚申仲夏杭嘉湖道華亭袁秉直撰

伊湯安重修嘉興府志序

今之府州縣即古之侯國府州縣之志即小史所謂邦國之志也志與史相表裏古所謂晉志鄭志之屬今不可得而見矣班史改史記之八書爲十志而始志地理則志者特史之一端而地理又志之一端耳江文通云作史莫難

於志而府州之志則又難焉者何則史志多即事成文標舉大指取備一朝掌故而府州之志即一地理而天文律數諸志以及人物之紀表傳序胥統著之則一志實備史之全又且古今連屬幾成通史其所係顧不重歟且夫事無論當否取其覈語無論繁簡取其雅固載筆所首務矣然闕而勿曬則采摭者難也散而無紀則整齊者難也尋源竟委不知所裁其何以綜述前聞踵成新製耶故常謂史可數百年一修志不可數十年不再修也蓋史有實錄起居注會典檔案班班具在志之所取材者故家譜狀類

多溢美失實幽芳潛德積遠愈晦金石刻文字仆翳於荒
山叢冢之間卽故府成憲胥吏或援合假借以成其私甚
或不戒於水火徵文徵獻漸以無稽此孔子所爲致慨於
杞宋也
皇朝撫有九有百六十餘年
列聖勤求至理政化翔洽薄海內外一道德而同風俗況嘉興
爲浙江支郡之首介蘇杭二大府間川澤沃衍聲名文物
蔚爲東南之望顧自康熙吳志以後迄今垂八十年其間
遷改漫滅與夫人風物產興廢升降及傳聞覩記所異同
何可勝數使第曰苟安毋動姑以待後之人此其待之者

將何所底耶然則網羅釐定以備
國史之采擇非守土者之責而誰責歟安承乏於茲兢兢以
不克稱職爲懼洒謀之七邑令君暨鄉之士大夫削觚援
簡往復商榷而安以案牘之隙復謬加裁訂閱寒暑幾一
周始克藏事除卷首
天章
巡典不計卷外爲書凡八十卷爲目三十八體例一依準舊志
間稍爲變通蓋旣乏才學識之三長不欲輒事更張以駭
一時之耳目也語有之不習爲吏視已成事又曰前事之
不忘後事之師也周官土訓掌道地圖誦訓掌道方志而

皆以訓名官則是圖之與志其足爲涖治之軌範者多矣
是故志者記也積記其事而且美惡勸戒之義昭然共著
焉是亦今昔得失之林也而豈曰一府州縣之志云乎哉
嘉慶庚申秋七月
案伊志云嘉興府志自康熙五十九年修葺迄今已八
十載
重熙累洽日新月盛是用博稽載籍參諸採訪舊事遺聞悉歸
徵信兼以補遺訂誤備一方之文獻
卷首恭錄
天章尊

謨訓也恭紀
巡典沐
膏澤也洪惟
昭代
列聖相承
義書
堯文炳耀海宇嘉興地稱名勝
翠華屢幸仰邀
宸咏而且世族舊臣多蒙
頒賜秘書名畫時荷

款題又如
省方布澤而嘉興爲
幸浙首程霑被尤先敬繹
綸言用誌頌揚於萬一其餘欽奉
諭旨訓行奕禩者均於各門敬謹分載
前志自吳越分境至明宣德析縣各有圖以著沿革顧
皆揣方度向或頗參錯不合茲祗遵
皇輿圖按里開方一府七縣瞭如指掌以今揆古自有同符
大營暨煙雨樓
駐蹕

宸游之所俱當敬謹摹繪以顯
日月之光華海洋海塘二者於嘉興特重今雖各立專門而圖
列於前覽者更可得其樞要
宋人舊志首列星野次以建置此一定之序也嘉興建
置前志頗多沿誤今謹遵
皇輿表
大清一統志參以各史地理志及元和郡縣志諸書逐條核
正統析有考沿革有表全志綱領具在於是
建置定而疆域形勝城池坊巷市鎮橋梁俱可以次類
敘今參覈至元以下諸志旁引他書分門臚列加以考
證凡境內廣輪遠近之數無不了然矣
公署學校爲政治教化所從出皆當備述興建始末以
肅觀瞻以勸絃誦前志於公署附署中古蹟於學校附
書院社學比類各宜並從其舊
壇廟載在祀典例得備書其有舊建專祠功德昭著實
堪俎豆者自應附及前志於祠祀但分有無祀典而七
城內外叢祠野廟多所闌入未免詭誕不經今第存其
著者
府境本無名山大川然濱海之地岡巒緜亙實資屏障
又素稱澤國川原錯互經流支港不可勝數今考證舊
聞而標其名勝至於灌溉蓄洩隄防之法則別具水利

志此以載其體彼以詳其用宋人舊志分山川水利爲
二門例本如此
古城臺閣連類比錄長安志例也園林第宅分門別載
吳郡志例也今參而用之統爲古蹟園宅仍從附列以
後來興構礙難稱古耳坊表冢墓寺觀亦古蹟之分著
者水經注多牽連而書今各爲一門以類相次
戶口繁耗治本所繫嘉興自唐迄明志籍可考者並載
其槪我
朝康熙五十二年欽奉

恩詔續增人丁永不加賦尤曠古所未有今備登滋生之數以見

聖世休養生息之盛

任土作貢古有常經而田賦一類條目繁多宜衷簡要用便鉤稽附以嵌田則嘉興秀水嘉善三縣之舊事所當兼及者我

朝減浮額免正賦蠲䘏

殊恩自宜大書特書昭垂永戴至如養濟院普濟堂之屬鄉閭善舉亦以推廣

皇仁茲用附書於末

食貨爲民生大計前志以倉厫附城池綴合無當而常平倉又附便民倉下規制闕畧今特立倉儲一門廣積貯以備荒此爲最重至於轉輸輓運之宜則詳考漕政全書別纂爲編以著興利除弊之大要

鹽政與田賦有別前志併爲一門又僅載課額若干凡海蕩弓畝歷代經制及

國朝優商䘏丁諸善政一槩闕如今備採兩浙鹺志之有關於嘉興者逐條列載而立法之盡善亦可參互而得之矣

郵傳之設首在嚴禁騷擾凡馬匹船隻夫役諸利弊備

有成憲故續可稽茲爲特立一門以補前志之畧

水利海塘舊併一門今爲分列凡開濬河渠修築隄堰之事備具水利至於築塘捍海諸法前明海鹽圖經言之詳矣百數十年來石塘土塘以次修築今海鹽平湖二縣永慶安瀾其因地制宜永資保護者自當詳著海塘篇中以備採擇

兵政海防各具源委凡營汛等制七縣所同者具詳武備而海鹽平湖防海事宜尤所特重

國朝於乍浦特設駐防八旗勁旅屹然巨鎮所當增入其切要規畫悉爲登載於篇

農桑物產要皆因其土宜風俗祥異亦多驗諸人事豐耗登眘時有不齊覘風者可於此覘得失焉

官師表祗載郡守以下不及統轄大僚以符體制而紀名宦則節鎮監司亦兼及之甘棠遺愛民不能忘也宋人舊志曰官蹟錄其立朝本末不備載以別於列傳體耳

選舉姓名俱列於表其事蹟著爲列傳並倣諸史之例別立孝義文苑隱逸藝術流寓等目而方外附諸其後綜述生平悉有依據無濫無遺視前志加審焉

列傳論定必在身後列女中惟以貞節經

朝廷旌表者不分存歿俱著於篇其有身處窮約無力闡揚
而風烈卓然衆所共信亦兼錄以彰苦節

鄉賢著述見於史志及各家書目者分經史子集四部
採入而題咏投贈之作簿錄所著並皆登載近時著述
曾經刊刻傳抄已有定本行世乃得收入惟其人現存
者不錄

前人詩文序記業已散附各門而藝文總志則諸體畧
備凡概稱茲土無所附麗者量爲收入惟採擇必精庶
不嫌於蕪累

金石文字足資考證嘉興現存之碑碣唐以前者絕少
宋元遺跡亦已珍同珪璧今甄而錄之若其文已見他

門者不復贅餘或概存其目莆陽鄭氏之畧亦其例也

雜說短牘不無可採各門所不及備者剌取而條繫之
是爲叢談要必軼事遺聞有關風教者綴於簡後

舊志自張元成嘉禾志以下纂修本末悉爲錄敘並取
各縣舊志考列於後即偏隅紀載如澉浦乍浦志之類
亦得附書

地志引書始於潛說友而秀水朱氏日下舊聞亦用其
例今依此爲法凡採錄正史舊志以及前賢詩文集悉
本原文於各條下注明所出惟列傳畧加櫽括則曰參
用某書要無失古人之本意其餘或據公牘或採鄉評
已經考核得實則以新纂別之其或折衷羣說歸於一
是特標案語以期傳信

本書引用府志明有柳志鄒志趙圖記劉志
國朝有袁志吳志各縣則嘉興湯志秀水黃志之類皆入所
習稱今即因之蓋亦自來府縣志之通例即如文獻通
考所載宋人地志他書引用者多稱談鑰吳興施宿會
稽洪遵東陽羅願新安不盡如乾道建康咸淳臨安之
繫以年號也本書有舊志敘錄其時代源流業皆詳載
覽者可考而知各門引用小註無庸疊見以省繁文

馮浩嘉興府志序

寰宇之內各郡縣之有志所以正疆域紀政治表賢達識
文物羅品類貫通古今垂示久遠也吾郡嘉興介在江南
浙西道中追考前代屬蘇州分置秀州改嘉禾郡升嘉興
府并轄松江明初置浙江等處承宣布政使司統轄浙西
東而嘉興領各縣始與蘇松畫界扼浙江行省之門戶襟
帶江海障以山岡中間湖蕩陂塘浸淫匯注連絡互錯農
桑沃衍財賦輸將風尚儒雅近文章厲廉隅首藩名郡固
宜時加記載自明以來賢郡守如柳公邦用趙公瀛劉公
應珂各志皆罕傳

國朝康熙辛酉袁公國梓所修亦不易得辛丑吳公永芳志猶存殘本此後闕如垂八十年矣我

朝重熙累洽教養羣黎德洋恩普郡士民沐浴熏陶無不循守身之矩籛各勤厥事土物心臧四方稱美名人輩出泮宮俎豆惟先賢陸淸獻得與餘凡公卿名德文學勝流常不乏焉欽惟

高宗純皇帝法

祖時巡翠華六幸入浙首程必

登煙雨樓一舒賞覽疊煥

雲章

詔旨下頒蠲漕賜帑捍海增塘

召試羣英定有蒙甄錄者

膏澤優渥不能悉數尤不可不敬謹登載何因循未遑也茲得郡尊耐圃伊公湯安來涖五載心淸政平時和歲稔旣葺學宮興講院濬城河以及普濟堂育嬰堂漏澤園諸善政具舉爰有事於府志飭屬令各遴其邑之士分纂成冊乃設局鴛湖書院羣襄合纂參稽互證漸次成書以稿上大中丞阮公鑒定乃詳校鋟版屬余亦爲序余老耄觀其大槩紀

盛典列衆門凡志書所宜有者近事既無不備且搜古碑補遺闕釐訂之功倍昭勤慎公今已膺卓剡行將入覲

楓宸必蒙

眷倚超擢勳業宏敷未可量吾郡得此大編俾後來者樵梨棗而詠甘棠之績玩詩篇以思風雅之材洵足爲立功立言之不朽者矣當體例初定時公辱訪於予曁余長子鴻臚卿應榴偕沈靑齋觀察共爲商榷應榴侍養之餘力疾披閱頗有討論今書已告成而俯仰間余忽抱喪子之痛衰頽日甚然準理含情不可無一言以頌當途修訂之盛舉也爰書以爲序

于尚齡重修嘉興府志序

嘉興府凡十志一曰聞人志宋淳熙甲午張元成延聞人伯紀撰此其創始也一曰岳志嘉定甲戌岳守珂延邑人闕栻輯甫成五卷而珂去一曰至元志元至元甲申單經歷慶請修徐郡博碩踵栻舊本增爲三十四卷劉守傑梓之其碑碣極詳吳任臣作十國春秋藉以證據一曰柳志明宏治壬子柳守邦用屬林教諭光輯其官師一志補至元志所未備正德丙寅邑人鄒衡復撰柳志補分上中下三帙成十二冊一曰趙圖記嘉靖己酉趙守瀛延甬江趙文華輯分爲方晝邦制物土人文四門附以叢記一曰劉志劉守應鈳輯先是龔守勉曹守代蕭延邑人嚴從簡黃

洪憲兩修未竣而邑人沈堯中搜羅散失十年稿成萬歷庚戌劉守復刪其繁重梓三十二卷天啟中邑人李日華又悉取所刪採入禾中文獻一曰郡紀

國朝順治已丑李守國棟撰其紀凡十六一曰袁志康熙辛酉袁守國梓輯蓋因盧前守崇興未竟書而成之惜補遺正訛二門未刻一曰吳志康熙庚子吳守永芳輯凡十六卷成二十册一曰伊志嘉慶庚申伊守湯安輯凡八十卷成四十册此十志者袁志以前未得見吳志僅存殘本伊志版蝕不多得而曰伊志去今又四十年矣已亥秋予來權是郡因舊本散佚傷七邑稽案牘八學任採擇將輯而

梓之適聊城李明府汝霖復任嘉興五臺王明府丕顯攝篆秀水二君皆淹古能文留意於民風禮俗者欣然相與商榷而纂成之為分門十卷六十成四十册十閱月而書竣是為序昔道光庚子夏五月權知府事于尚齡識

各縣舊志

宋

武原志 紹熙中知縣李直養修董穀碧里雜存余家舊藏武原仇志據此前代儲藏家尚有其書也紹熙海鹽縣志作湻熙又吳志云景德中始有武原志俱誤

澉水志 紹定三年監澉浦鎮稅羅叔韶儀市屬海鹽常棠召仲撰凡八卷

湻祐語溪志 知縣黃元直延縣人錢達善朱鵬飛修陳塏序凡十卷

烏青鎮志 處士沈平撰四卷

明

永樂海鹽縣志 見胡震亨圖經未詳何人撰

天順桐鄉縣志 續見聞雜記天順五年教諭危山纂修七卷

宏治桐鄉縣續志 續見聞雜記十五年鄉進士錢榮續修十四卷

桐鄉新志 邑人馮孜修見吳志

宏治海鹽縣志 教諭陳遷纂修知縣譚秀校刻

正德嘉善縣志 知縣倪璣創修六卷分目二十有五續志餘三卷

正德崇德縣志 知縣洪異聘蘭溪董遵修凡五卷董玘序云縣故有語溪志志以地名洪君續為之志不以地而以縣者從今制也

正德桐鄉縣志 內閣書目甲戌年邑令任洛修十卷邑人譚鎧同編

嘉靖嘉善縣志 知縣于業增修以縣人陸垹所訂草本增輯成書八卷分九門列四十四目

嘉靖海鹽縣志 知縣夏浚聘縣人徐泰修六卷

嘉靖平湖縣志 知縣顧廷對教諭法暄創修暄序云凡三閱月而書成分為九卷

隆慶崇德縣志 知縣朱潤修

秀水縣志 邑人戴經撰浙江通志莫詳年代天啟嘉興縣志秀邑前未有志志自經始

秀水縣志 浙江通志莫詳年代萬歷嘉興府志周顯宗撰

萬歷秀水縣志 知縣李培聘縣人黃洪憲續修十卷

萬歷嘉善縣志 知縣章士雅重修盛庚袁黃同編十二卷列綱九目五十

萬歷海鹽縣志 署縣事推官張瑀修縣人仇俊卿纂

萬歷崇德縣舊志 知縣陳履聘縣人胡其久修

萬歷崇德縣志 知縣靳一派重修李太冲等編凡十二卷爲紀八爲目五十九凡例云舊志俱燬藏書家亦鮮全袠茲采摭參考做聶純中錢塘志以定義例

天啟嘉興縣志 知縣湯齊聘縣人李日華沈德符屠中孚等修未成崇禎丁丑知縣羅炌聘縣人黃承昊續修二十四卷李日華序云自秦餘越絶上下二千餘年禹杭苕霅淞泖平江東西五百餘里方言地志簡策稗編靡不捃摭其書未免過於繁富而網羅放佚足備後人考證厥功偉焉

天啟海鹽縣圖經 知縣樊維城聘縣人胡震亨姚士粦纂修 欽定四庫全書總目書凡七篇首方域次食貨次戊海次提海次官師次人物次雜識其不曰志而曰圖經者用北宋州縣圖經例也

天啟平湖縣志 知縣程楷重修一十九卷分十門 伊志案平湖縣志序錄云程志之前萬歷間有知縣黃焰教諭吳迪重修志見過庭訓乞旌母節疏崇禎間知

縣吳春枝復修見袁志吳志藝文

續澉水志 鎮人董穀纂九卷

九山志 李天植因仲撰天植明季舉人後改名確字潛夫浙江通志誤作兩人

乍浦九山補志 乍浦志序云雕本不得見不知所補何事補之者何人

九山續志 乍浦志序云天植從子蔗村纂

重修烏青鎮志 鎮人李樂撰五卷　案樂隆萬間人本宋沈平志重修

國朝

康熙嘉興縣志 知縣何鋕重修九卷列綱九目五十四

康熙秀水縣志 知縣任之鼎重修教諭正幹編輯十卷分目八

康熙嘉善縣志 知縣楊廉修采錢芬熹廟邑乘劉肅之啟禎條欵薈萃成書爲十二卷

康熙嘉善縣志 知縣崔惟華修八卷分目三十有八 案吳志作邑令莫大勳修

康熙平湖縣志 二十八年知縣朱維熊重修縣人陸葇總其事十卷分十門

康熙石門縣志 知縣鄺世培修凡十二卷列綱八分目五十七

康熙桐鄉縣志 戊午年知縣徐秉元重修邑人仲宏道編輯五卷列綱四分目五十二

雍正嘉善縣志 知縣戈鳴岐羅緒先後續修十二卷分十門

海鹽縣志 縣人朱祚纂

乾隆海鹽縣續圖經 知縣王如珪重修如珪序曰卽仿圖經篇目續爲一編向有彭羿仁童松門楊彪崖三君未鐫藁本取而重加論定

乾隆平湖縣志 乾隆十年知縣高國楹重修十卷分十門

乾隆平湖縣志 乾隆四十四年知縣張力行重修二十卷分十門

伊志案王志序錄云張志修葺甫竣而分纂之宋景關做毛奇齡蕭山縣志刊誤體作糾繆二卷多所釐正

乾隆平湖縣新志 五十四年知縣王恒重修十卷列綱十分目五十四

嘉慶嘉興縣志 知縣司能任重修三十六卷

嘉慶嘉善縣志 知縣萬相賓修二十卷

再續澉水志 吳爲龍纂十二卷

澉水新志 邑人方溶纂十二卷未刻

嘉慶平湖縣續志 知縣路錞修十卷

乍浦九山續補志 宋景濂纂

九山補志 里人李確纂二卷

乍浦志六卷題詠一卷續志二卷續題詠一卷 宋景關纂

烏青文獻張園貞撰十二卷

烏青鎮志司知董世甯修十二卷

嘉慶桐鄉縣志四年知縣李廷輝修凡十二卷

桐溪記畧程鵬程撰八卷

濮川紀畧桐鄉張其是文韓纂二卷

濮鎮紀聞桐鄉胡琢其章纂六卷

濮川志濮侶莊撰

濮川誌畧濮孟青撰七卷

濮院志乾隆間屠本仁撰

濮川所聞記六卷續編二卷嘉慶間濮鑛撰

梅里志道光三年里人楊謙撰李富孫補十六卷

道光石門縣志知縣耿維祜修二十六卷

乍浦續志嘉慶年間許河纂六卷未刊

乍浦備志道光六年里人鄒璟編輯三十六卷

新塍瑣志道光間里人鄭鳳鏘纂凡十四卷未刊

海鹽縣志光緒三年知縣王彬里人鴻臚寺少卿徐用儀編輯共二十二卷